Dr. Stephan Scherer (Hrsg.)
Münchener AnwaltsHandbuch
Erbrecht

Münchener Anwalts Handbuch

Erbrecht

Herausgegeben von

Dr. Stephan Scherer
Rechtsanwalt und Fachanwalt für Erbrecht in Mannheim

Bearbeitet von
Dr. *Joerg Andres*, Rechtsanwalt, Fachanwalt für Steuerrecht, Director Legal & Tax in Düsseldorf; Prof. Dr. *Manfred Bengel*, Notar in Fürth; *Carl-Günther Benninghoven*, Notar in Koblenz; Dr. *Holger de Leve*, Rechtsanwalt und Fachanwalt für Familienrecht in Nordhorn; *Ingolf Erker*, Notar in Wiesloch; Dr. *Ernst Martin Feick*, Rechtsanwalt in Mannheim; *Carsten Hennicke*, Rechtsanwalt in Mannheim; *Dieter Jeschke*, Rechtsanwalt in Leinfelden-Echterdingen, Dr. *Martin Alexander Kasper*, Rechtsanwalt und Fachanwalt für Arbeitsrecht in Heilbronn; Prof. Dr. *Christopher Keim*, Notar in Bingen und Gau-Algesheim; Dr. *Rainer Kögel*, Rechtsanwalt in Stuttgart; Dr. *Rainer Lorz LL.M.*, Rechtsanwalt in Stuttgart; *Martina Machulla-Notthoff*, Rechtsanwältin in Neustadt a. Rbge.; Dr. *Michael Malitz*, Rechtsanwalt in Düsseldorf; Dr. *Christian von Oertzen*, Rechtsanwalt und Fachanwalt für Steuerrecht in Frankfurt am Main; *Dirk Oppelt*, Notar in Wiesloch; *Mark Pawlytta*, Rechtsanwalt in Frankfurt am Main; *Oliver Ridder*, Rechtsanwalt in Hamburg; Dr. *Jörg Risse, LL.M.*, Rechtsanwalt in Frankfurt am Main; Dr. *Jörg Ritter*, Rechtsanwalt und Fachanwalt für Steuerrecht in München; *Ernst Sarres*, Rechtsanwalt, Fachanwalt für Erbrecht und Fachanwalt für Familienrecht in Düsseldorf; Dr. *Jochen Scheel, LL.M.*, Rechtsanwalt in Frankfurt am Main; Dr. *Georg T. Scherl*, Rechtsanwalt und Fachanwalt für Steuerrecht und Steuerberater in Frankfurt am Main; Dr. *Stephan Scherer*, Rechtsanwalt und Fachanwalt für Erbrecht in Mannheim; Dr. *Gerhard Schlitt*, Rechtsanwalt und Fachanwalt für Erbrecht in Fulda; Dr. *Matthias Siegmann*, Rechtsanwalt in Karlsruhe; *Ulf von Sothen*, Rechtsanwalt und Steuerberater in Hamburg; *Ingrid Stahl*, Rechtsanwältin in Mannheim; Dr. *Thomas Steinhauer*, Notarassessor in Koblenz; Dr. *Carola Stenger*, Rechtsanwältin in Hamburg; Dr. *Roland Wiester*, Rechtsanwalt in Mannheim

2., überarbeitete und erweiterte Auflage

Verlag C. H. Beck München 2007

Zitiervorschlag: Scherer/*Bearbeiter* MAH Erbrecht § ... Rdnr. ...

Verlag C. H. Beck im Internet:
beck.de

ISBN 10: 3 406 54705 2
ISBN 13: 978 3 406 54705 8

© 2007 Verlag C. H. Beck oHG
Wilhelmstraße 9, 80801 München

Druck: Druckerei C.H.Beck, Nördlingen (Adresse wie Verlag)
Satz: Cicero Computer GmbH, Mirecourtstr. 14, 53225 Bonn

Gedruckt auf säurefreiem, alterungsbeständigem Papier
(hergestellt aus chlorfrei gebleichtem Zellstoff)

Vorwort zur 2. Auflage

Die 1. Auflage des Münchener Anwaltshandbuchs hat weite Verbreitung gefunden. Die Art der Darstellung, die die theoretische Erläuterung mit praktischen Arbeitshilfen verbindet, wurde von den Nutzern des Werkes insbesondere zur Vorbereitung der Mandantenberatung und der Vertragsgestaltung begrüßt. Die Neuauflage bleibt daher diesem Konzept treu.

Neu aufgenommen wurde ein Kapitel zu dem Thema „Nießbrauchsrecht" und ein Kapitel zum Thema „Minderjährige Kinder im Erbrecht". Die Darstellung zum Stiftungsrecht wurde vertieft und auf zwei Kapitel ausgeweitet. Sämtliche bisherigen Beiträge wurden gründlich überarbeitet, optimiert und mit Rechtsstand September 2006 aktualisiert.

Die Autoren, der Herausgeber und der Verlag haben sich im Übrigen lange gefragt, ob es sinnvoll ist, mit der 2. Auflage zu warten, bis die im Koalitionsvertrag der CDU/CSU und SPD vom 11.11.2005 angekündigte Reform der Erbschaftsteuer vor dem Hintergrund des anstehenden Generationswechsels in Unternehmen umgesetzt ist. Es wurde jedoch nach Abschluss der Druckfahnenkorrektur dieses Buches deutlich, dass keineswegs sicher ist, wie und wann das neue Erbschaftsteuerrecht (und der für das Erbschaftsteuerrecht wichtige Teil des Bewertungsrechts) tatsächlich geändert werden.

Nach verschiedenen Vorentwürfen hat das Bundeskabinett am 25. Oktober 2006 einen „Entwurf eines Gesetzes zur Erleichterung der Unternehmensnachfolge" vorgelegt und dem Bundesrat zugeleitet. In diesem Entwurf sind wesentliche Änderungen der Erbschaftsteuer im Zusammenhang mit der Unternehmensnachfolge vorgesehen. Im Grundsatz geplant ist der stufenweise Erlass der auf Betriebsvermögen entfallenden Erbschaftsteuer bei 10-jähriger Weiterführung des Unternehmens unter weitgehend gleichen Parametern (unter anderem auch weitgehend gleicher Arbeitsplatzzahl). Die genannten Begünstigungen sollen zudem nur für sog. produktives Vermögen gewährt werden, nicht aber für unproduktives Vermögen, das das Gesetz definiert (Geldvermögen, vermietete Grundstücke, Anteile an Kapitalgesellschaften unter 25 %, Kunstbestände etc.). Damit soll angeblichen Missbräuchen vorgebeugt werden. Ob dieses Gesetz wirklich ein Gesetz zur „Erleichterung" der Unternehmensnachfolge darstellt, darf angesichts der Komplexität der Berechnungsschritte bezweifelt werden, zumal in der Diskussion um das Gesetz verschiedene Gegenfinanzierungsmaßnahmen (beispielsweise Höherbewertung von Personengesellschaften durch Bewertung nach dem sog. Stuttgarter Verfahren unter Einbeziehung der Ertragssituation) erörtert werden. Diese führen im Fall ihrer Umsetzung dazu, dass in vielen Fällen die Erbschaftsteuer höher ausfällt als bisher, auch wegen der geplanten Abschaffung der Begünstigungsnormen der §§ 13 a, 19 a ErbStG mit der Folge der vollen Besteuerung von sog. unproduktiven Teilen des Betriebsvermögens (vgl. zu den Gesetzesplänen auch § 3 Rn. 46).

Wichtig zu wissen ist in diesem Zusammenhang auch, dass sich angekündigte Steuererhöhungen im Hinblick auf die Erbschaftsteuer nicht nur im Entwurf des Gesetzes zur Erleichterung der Unternehmensnachfolge verbergen, sondern auch im Entwurf des Jahressteuergesetzes 2007. In diesem Entwurf ist unter anderem vorgesehen, dass die Bewertung von bebauten Grundstücken im Grundsatz nicht mehr nach dem 12,5-fachen der Durchschnittsmiete der letzten drei Jahre erfolgen soll, sondern nach der aktuellen Durchschnittsmiete. Auch bei unbebauten Grundstücken sind im Jahressteuergesetz Verschärfungen vorgesehen, vgl. Art. 18 Nummer 3 (zu § 145 BewG).

Da jedoch im Augenblick nicht absehbar ist, ob und wann die Ländervertreter (die Erbschaftsteuer steht ausschließlich den Bundesländern zu) das Gesetz zur Erleichterung der Unternehmensnachfolge billigen werden und wann daher das Gesetz umgesetzt wird, haben wir an unserem „Fahrplan" des Buches festgehalten. Die steuerliche Behandlung der Unternehmensnachfolge ist ohnehin nur ein kleiner Ausschnitt aus dem Gesamtkomplex des Erbrechts, dessen Entwicklung in den vergangenen fünf Jahren seit der 1. Auflage ihren Niederschlag im vorliegenden Band gefunden hat. Im Übrigen hat das Bundeskabinett bereits angedeutet, dass das Gesetz zur Erleichterung der Unternehmensnachfolge nicht zum 1. Januar 2007 vorliegen wird, vielmehr soll es – unter Berücksichtigung der seit Jahren erwarteten Entscheidung des Bundesverfassungsgerichts auf den Vorlagebeschluss des BFH vom 22.5.2002, Az. II R 61/99 – im Laufe des Jahres 2007 mit Rückwirkung auf den 1. Januar 2007 verabschiedet werden. Ob dieser Zeitplan eingehalten werden wird, ist wiederum fraglich, da im kommenden Jahr auch die Unternehmensteuerreform umgesetzt werden soll, die ihrerseits Auswirkungen auf das Erbschaftsteuerrecht hat.

Somit kann sich der gesamte Gesetzgebungsverlauf noch längere Zeit hinziehen. Fünf Jahre nach Erscheinen der 1. Auflage wollten wir mit der 2. Auflage jedoch nicht mehr weiter zuwarten. Wir hoffen, dass auch diese Auflage wieder freundliche Aufnahme finden wird.

Mannheim, Ende Oktober 2006   Dr. Stephan Scherer

Aus dem Vorwort zur 1. Auflage

Die Anzahl der Erbrechtsfälle und der damit verbundenen Vermögenstransfere erhöhen sich ständig, dementsprechend wächst auch der erbrechtliche Beratungsbedarf. Eine Schwierigkeit der Informationsbeschaffung liegt für den Praktiker darin, dass sich hinter erbrechtlichen Problemstellungen häufig Fragen verbergen, die sich allein mit gründlicher Kenntnis des Fünften Buches des BGB nicht beantworten lassen, weil diese Fragen untrennbar mit Problemen aus einer Vielzahl anderer Rechtsgebiete verknüpft sind. Leider wächst aber das Zeitbudget der mit diesen Fragestellungen befassten Berater nicht entsprechend mit. Ein Anliegen der Autoren war es daher, dieser sich immer weiter auftuenden Schere mit einem angepassten Konzept zu begegnen:

Das Buch will einerseits entsprechend seinem Titel gründlich über das Erbrecht informieren, es möchte aber auch Hilfe bieten, die mit dem Erbrecht verbundenen Fragen aus weiteren Rechtsgebieten zu beantworten. Zum anderen soll das Buch Ausführungen und Erklärungen zu den einzelnen rechtlichen Institutionen mit einer Vielzahl von Formulierungsbeispielen und Praxisempfehlungen verbinden. In diese praxisorientierten Erläuterungen fließen daher Darstellungen des Schenkungsrechts, des Familienrechts, des Gesellschaftsrechts, des Versicherungsrechts, des landwirtschaftlichen Erbrechts etc. mit ein, soweit diese Gebiete für die Nachfolgeberatung von Bedeutung sind. Da kaum eine vernünftige erbrechtliche Beratung möglich ist, ohne auch die steuerrechtlichen Konsequenzen zu bedenken, wurde hierauf ein weiterer Schwerpunkt gelegt. Das Buch stellt nicht nur das Erbschaftsteuerrecht dar, sondern auch das Besteuerungsverfahren, das für Nachfolgefragen bedeutsame Einkommensteuerrecht und das Steuerstrafrecht. Darüber hinaus werden exemplarisch typische Gestaltungsmodelle aufgezeigt, die in der Praxis häufig zur Steuervermeidung oder -reduktion zur Anwendung kommen. Der derzeitigen Renaissance der Stiftungsgründungen trägt ein entsprechendes Kapitel Rechnung. Weil das Erbrecht aufgrund des in der täglichen Beratung immer häufiger vorkommenden Auslandsvermögens und der vielen multi-nationalen Familien längst keine nationalen Grenzen mehr kennt, wurden auch dem internationalen Erb- und Erbschaftsteuerrecht Kapitel gewidmet.

Die anwaltliche Tätigkeit im Bereich des Erbrechts stellt aber an den Anwalt nicht nur Beratungsanforderungen, vielmehr müssen erbrechtliche Ansprüche gegebenenfalls auch in Prozessen durchgesetzt oder erfolgreich abgewehrt werden. Ein weiterer Schwerpunkt setzt sich daher mit den erbrechtlichen Verfahren auseinander. Dabei wurde auch auf moderne Streitschlichtungsverfahren (Schiedsverfahren, Mediation) eingegangen. In etlichen Bundesländern sind Rechtsanwälte gleichzeitig auch als Notare tätig, deshalb wurde das Buch durch ein Kapitel zu den Besonderheiten des notariellen Verfahrens im Erbrecht abgerundet. Die Besonderheiten des deutsch-deutschen Erbrechts infolge der Vereinigung Deutschlands schließen das Buch ab.

Abschließend möchte ich mich an dieser Stelle beim Verlag und bei den Autoren herzlich bedanken. Dies gilt sowohl für den Verzicht auf viele Stunden der knappen Freizeit, zum anderen aber auch für den mit einem Praktikerhandbuch notwendig verbundenen Know-how-Transfer. Für Kritik und Anregungen, was man in künftigen Auflagen verbessern und ergänzen kann, sind die Autoren dankbar.

Mannheim, im Oktober 2001   Dr. Stephan Scherer

Inhaltsübersicht

Vorwort	V
Inhaltsverzeichnis	XI
Autorenverzeichnis	XLV
Abkürzungs- und Literaturverzeichnis	XLVII

Teil A. Das Mandatsverhältnis

	Seite
§ 1 Die Vermögensnachfolge in der beratenden und forensischen Praxis (*Scherer*)	1
§ 2 Mandatsannahme und Feststellung des Sachverhalts (*Scherer*)	13

Teil B. Die Beratung in der Vermögensnachfolge

§ 3 Kompendium für die Beratung (*Scherer*)	37

1. Abschnitt. Der erbrechtliche Erwerb des Nachlasses

§ 4 Gesamtnachfolge und gesetzliche Erbfolge (*Hennicke*)	72
§ 5 Testament (*Stahl*)	90
§ 6 Auslegung letztwilliger Verfügungen (*Machulla-Notthoff*)	109
§ 7 Unwirksamkeit und Anfechtbarkeit letztwilliger Verfügungen (*Malitz*)	125
§ 8 Erbeinsetzung und Enterbung (*Ritter*)	143
§ 9 Widerruf und Aufhebung des Testaments (*Siegmann*)	159
§ 10 Erbvertrag (*Scherl*)	176
§ 11 Ehegatten- und Lebenspartnererbrecht (*Ridder*)	191
§ 12 Nichteheliche Lebensgemeinschaft, nichteheliche Kinder und eingetragene Lebenspartnerschaften (*Ritter*)	233

2. Abschnitt. Die Anordnungen des Erblassers

§ 13 Vermächtnis (*Schlitt*)	246
§ 14 Auflage (*Stahl*)	314
§ 15 Bedingungen und Befristungen (*Stahl*)	328
§ 16 Teilungsanordnungen (*Steinhauer*)	343
§ 17 Vor- und Nacherbschaft (*Hennicke*)	356
§ 18 Familienrechtliche Anordnungen (*Keim*)	413
§ 19 Testamentsvollstreckung (*Lorz*)	418
§ 20 Trans- und postmortale Vollmacht (*Lorz*)	520
§ 21 Verwirkungs- und Pflichtteilsklausel (*Kasper*)	535

3. Abschnitt. Die Nachlassabwicklung

§ 22 Annahme und Ausschlagung (*Malitz*)	545
§ 23 Haftung für Nachlassverbindlichkeiten (*Siegmann*)	563
§ 24 Nachlassverwaltung (*Wiester*)	612
§ 25 Nachlassinsolvenz (*Wiester*)	640
§ 26 Miterben und Miterbenauseinandersetzung (*Erker/Oppelt*)	679
§ 27 Der Erbschaftsanspruch (*Keim*)	750
§ 28 Erbschafts- und Erbteilskauf (*Keim*)	757

Inhaltsübersicht

4. Abschnitt. Der Ausschluss von der Erbfolge

§ 29 Pflichtteilsrecht (*Kasper*) 765
§ 30 Erb- und Pflichtteilsunwürdigkeit (*Machulla-Notthoff*) 828
§ 31 Erb- und Pflichtteilsverzicht, Zuwendungsverzicht (*Bengel*) 838

5. Abschnitt. Lebzeitige Übertragungen

§ 32 Lebzeitige Vermögensübertragungen und Verträge auf den Todesfall (*Stenger*) 854

6. Abschnitt. Auslandsvermögen

§ 33 Internationales Erbrecht (*von Oertzen/Pawlytta*) 918
§ 34 Internationales Erbschaftsteuerrecht (*von Oertzen*) 965

7. Abschnitt. Steuerrecht und steuerlich motivierte Gestaltungen

§ 35 Steuerrecht (*von Sothen*) 990
§ 36 Steuerlich motivierte Gestaltungen (*von Sothen*) 1106
§ 37 Steuerstrafrecht (*von Sothen*) 1245

8. Abschnitt. Stiftungsrecht

§ 38 Stiftungszivilrecht (*Feick*) 1257
§ 39 Stiftungssteuerrecht (*Feick*) 1276

9. Abschnitt. Unternehmensnachfolge

§ 40 Die Nachfolge in Unternehmen und Gesellschaftsanteile (*Jeschke/Kögel*) 1285

10. Abschnitt. Spezielle Themen in der Vermögensnachfolge

§ 41 Behinderte Kinder im Erbrecht (*Bengel*) 1333
§ 42 Minderjährige im Erbrecht (*Pawlytta*) 1348
§ 43 Landwirtschaftliches Sondernachfolgerecht (*Stenger*) 1380
§ 44 Vorsorgevollmacht und Patientenverfügung (*Keim*) 1403
§ 45 Auskunftspflichten im Erbrecht (*Sarres*) 1422
§ 46 Bewertung im Erbrecht (*Kasper*) 1446
§ 47 Lebensversicherungen im Erbrecht (*Andres*) 1467
§ 48 Deutsch-deutsches Erbrecht (*de Leve*) 1489
§ 49 Nießbrauch im Erbrecht und bei der vorweggenommenen Erbfolge (*Scheel*) 1511

Teil C. Die Vermögensnachfolge im Verfahren

1. Abschnitt. FGG-Verfahren

§ 50 Erbschein und sonstige Aufgaben des Nachlassgerichts (*Scherl*) 1529
§ 51 Testamentsvollstreckerzeugnis (*Lorz*) 1541
§ 52 Testamentseröffnung (*Keim*) 1549
§ 53 Sicherung des Nachlasses (*Benninghoven*) 1557
§ 54 Vermittlungsverfahren zur Erbauseinandersetzung (*Erker/Oppelt*) 1566
§ 55 Grundbuch und Handelsregister (*Benninghoven*) 1570

2. Abschnitt. Prozessverfahren

§ 56 Klagen im Zusammenhang mit der Anfechtung (*Malitz*) 1579
§ 57 Klagen im Zusammenhang mit der Vermächtniserfüllung (*Schlitt*) 1589
§ 58 Klagen im Zusammenhang mit der Vor- und Nacherbfolge (*Hennicke*) 1603
§ 59 Klagen im Zusammenhang mit der Testamentsvollstreckung (*Lorz*) 1610

Inhaltsübersicht

§ 60 Klagen im Zusammenhang mit der Erbenhaftung (*Siegmann*) 1621
§ 61 Klagen im Zusammenhang mit Miterben (*Erker/Oppelt*) 1638
§ 62 Klagen im Zusammenhang mit dem Pflichtteilsanspruch (*Kasper*) 1655
§ 63 Klagen in Zusammenhang mit § 2018 BGB (*Keim*) 1667
§ 64 Klagen im Zusammenhang mit § 2287 BGB (*Scherl*) 1671
§ 65 Die Klage bei Zuwendungen auf den Todesfall (*Stenger*) 1677
§ 66 Klagen im Zusammenhang mit dem Auskunftsanspruch (*Sarres*) 1681

3. Abschnitt. Schiedsverfahren und Mediation

§ 67 Das erbrechtliche Schiedsgericht (*von Oertzen/Pawlytta*) 1688
§ 68 Mediation von Erbstreitigkeiten (*Risse*) 1704

Teil D. Steuerverfahren

§ 69 Besteuerungsverfahren (*Andres*) 1729

Teil E. Besonderheiten bei der Tätigkeit eines Notars

§ 70 Besonderheiten bei der Tätigkeit eines Notars (*Bengel*) 1773

Sachverzeichnis (*Hagen*) 1795

Inhaltsverzeichnis

Teil A. Das Mandatsverhältnis

§ 1 Die Vermögensnachfolge in der beratenden und forensischen Praxis   Seite

I. Die Bedeutung des Erbrechts 1
   1. Zahlen und Statistik 1
   2. Erbrechtlicher Beratungsbedarf 2
II. Anwaltliche Tätigkeit im Erbrecht 3
   1. Nachlassplanung („estate planning") 4
   2. Verfahrensrecht 9
   3. Beratung nach dem Erbfall 10
III. Fachliche Spezialisierung auf das Erbrecht 12

§ 2 Mandatsannahme und Feststellung des Sachverhalt

I. Mandatsannahme 14
   1. Kollisionsprüfung 14
   2. Honorare 17
   3. Rechtsschutzversicherung 23
   4. Haftung und Haftungsbegrenzung 25
II. Die Feststellung des Sachverhalts 33
   1. Feststellung des Nachlasses 33
   2. Feststellung der gesetzlichen Erbfolge und Feststellung eventueller Pflichtteilsberechtigter 34
   3. Feststellung von Einschränkungen der Testierfreiheit 34
   4. Feststellung von evtl. geleisteten Erb- und Pflichtteilsverzichten 35
   5. Prüfung, ob der Erblasser Vollmachten erteilt hat bzw. der Erbe oder sonstige Nachlassbeteiligte über Vollmachten verfügen 35
   6. Feststellung eventueller behinderter Personen 35

Teil B. Die Beratung in der Vermögensnachfolge

§ 3 Kompendium für die Beratung

I. Das Berliner Testament 38
II. Steuergefahren durch ungewollte Aufdeckung oder Bildung stiller Reserven 39
   1. Betriebsvermögen 40
   2. Sonderbetriebsvermögen 41
III. Testamentsvollstreckung 42
   1. Die Anordnung der Testamentsvollstreckung 43
   2. Die Durchführung der Testamentsvollstreckung 45
IV. Vor- und Nacherbschaft 46
V. Ersatzbestimmungen 50
VI. Wichtige bewertungsrechtliche Hinweise 51
VII. Vorteile betrieblichen Vermögens 53
VIII. Die Familienvermögensverwaltungsgesellschaft 54
IX. Renaissance zweier Gesellschaftsformen: Stiftung und KGaA 55
   1. Stiftungen 56
   2. Kommanditgesellschaft auf Aktien 57
X. Mögliche Probleme mit Auslandsvermögen 58
XI. Hinweise zu den Güterständen 59

Inhaltsverzeichnis

	Seite
XII. Die Notwendigkeit des Abgleichs zwischen Testament und Gesellschaftsvertrag	60
XIII. Die Überprüfung von Lebensversicherungsverträgen und Pensionsansprüchen	61
XIV. Die Tücken der Ausschlagung	62
XV. Pflichtteils- und Erbverzicht	63
XVI. Einkommensteuerbelastung der Miterbenauseinandersetzung	64
1. Privatvermögen	65
2. Betriebsvermögen	65
XVII. Schenkung und Vererben	66
1. Ratschläge zur Schenkung	67
2. Ungleichheiten zwischen Schenkung- und Erbschaftsteuer	68
XVIII. Teilungsanordnung und Vorausvermächtnis	70

1. Abschnitt. Der erbrechtliche Erwerb des Nachlasses

§ 4 Gesamtnachfolge und gesetzliche Erbfolge

I. Gesamtnachfolge und Übergang des Vermögens	73
1. Gesamtnachfolge	74
2. Sondernachfolge	74
3. Umfang der Gesamtnachfolge	75
4. Rechtsstellung der Erben vor dem Erbfall	78
II. Gesetzliche Erbfolge	78
1. Das Verhältnis zwischen gesetzlicher und gewillkürter Erbfolge	78
2. Grundlagen der gesetzlichen Erbfolge	79
3. Das Erbrecht der Verwandten	80
4. Das Ehegattenerbrecht	86
5. Das Erbrecht Eingetragener Lebenspartner	87
6. Gesetzliche Vermächtnisse	87
7. Das Erbrecht des Staates	88
8. Die Erbteilserhöhung	88

§ 5 Testament

I. Einführung	92
1. Praktische Bedeutung	92
2. Testament	92
3. Schranken der Testierfreiheit	93
4. Testierfähigkeit	96
5. Testierwille	98
6. Verwahrung	99
7. Herausgabepflichten	99
8. Sonderregelungen nach dem ZGB	99
9. Auslandsberührung	100
10. Steuerliche Gestaltungsaspekte	100
II. Testamentsformen	100
1. Privatschriftliches Testament	100
2. Öffentliches Testament	102
3. Wahl der Testamentsform	104
4. Nottestamente	105
III. Formulierungsbeispiele	106
1. Eigenhändiges Testament	106
2. Gemeinschaftliches Testament	107
3. Nottestamente	107

Inhaltsverzeichnis

	Seite
§ 6 Auslegung letztwilliger Verfügungen	
I. Einführung	109
II. Grundsätze der Testamentsauslegung	110
1. Ausdruck des Erblasserwillens im Testament	110
2. Ermittlung des maßgeblichen Erblasserwillens	111
3. Umstände nach der Errichtung der letztwilligen Verfügung	114
4. Ergänzende Testamentsauslegung	115
5. Gesetzliche Auslegungsregeln	117
III. Auslegung von Erbverträgen und gemeinschaftlichen Testamenten	120
1. Vorbemerkung	120
2. Besonderheiten bei der Auslegung gemeinschaftlicher Testamente	120
3. Besonderheiten bei der Auslegung von Erbverträgen	120
IV. Auslegungsverträge	120
1. Rechtliche Qualität	120
2. Gesetzliche Formerfordernisse	121
3. Rechtsfolgen eines Auslegungsvertrages	121
V. Prozessuale Hinweise	124
§ 7 Unwirksamkeit und Anfechtbarkeit letztwilliger Verfügungen	
I. Allgemeines	125
II. Unwirksamkeit der Verfügung von Todes wegen	126
1. Testierwille und Testierfähigkeit des Erblassers	126
2. Inhaltliche Mängel	127
3. Sonstige Unwirksamkeitsgründe	130
4. Rechtsfolge der Unwirksamkeit	130
5. Recht der DDR	131
III. Anfechtbarkeit der letztwilligen Verfügung	131
1. Vorrang der Auslegung	132
2. Anfechtungsgründe	133
3. Erheblichkeit des Anfechtungsgrundes	135
4. Bestätigung/Anfechtungsverzicht	136
5. Anfechtungsberechtigte	136
6. Adressat der Anfechtungserklärung	137
7. Form und Frist der Anfechtungserklärung	137
8. Rechtsfolge der Anfechtung	138
9. Recht der DDR	139
10. Anfechtung eines Erb-/Pflichtteilsverzichts	139
IV. Unwirksamkeit und Anfechtbarkeit bei Ehegattentestament und Erbvertrag	140
1. Unwirksamkeit wechselbezüglicher und vertragsmäßiger Verfügungen	140
2. Anfechtbarkeit wechselbezüglicher und vertragsmäßiger Verfügungen	141
§ 8 Erbeinsetzung und Enterbung	
I. Wesen der Erbeinsetzung	144
II. Grundsatz der Erbenbestimmung durch den Erblasser	145
III. Gemeinschaftliche Erbeinsetzung	148
IV. Auslegung von ungenauen Erbeinsetzungen	149
1. Teilvergabe	149
2. Fehlende Bestimmung der Erbquote	149
3. Gegenständliche Erbeinsetzung und Anordnung zur Verteilung	150
4. Rechenfehler	151

Inhaltsverzeichnis

	Seite
V. Form der Erbeinsetzung	151
1. Berliner Testament	152
2. Frankfurter Testament	152
VI. Ersatzerbeinsetzung	153
VII. Anwachsung	154
VIII. Erbeinsetzung unter einer Bedingung oder einer Befristung	155
1. Grenzen	155
2. Potestativbedingung	155
3. Rechtsfolgen einer nichtigen Bedingung	156
IX. Verwirkungsklauseln	157
X. Besondere gesetzliche Auslegungsregeln; Auslegungsvertrag	157
XI. Enterbung	157

§ 9 Widerruf und Aufhebung des Testaments

I. Bedeutung in der anwaltlichen Praxis	160
1. Erbrechtliche Gestaltung	160
2. Streitige Abwicklung eines Erbfalls	161
3. Abgrenzung zu sonstigen Widerrufen	161
II. Die gesetzliche Regelung im Überblick	161
1. Widerruf	161
2. Aufhebung	162
III. Einzelne Widerrufsformen	162
1. Widerrufstestament	162
2. Vernichtung oder Veränderung	165
3. Rücknahme aus amtlicher Verwahrung	167
IV. Aufhebung	169
1. Aufhebung durch Testament	169
2. Aufhebung durch Erbvertrag	171
V. Widerruf und Aufhebung gemeinschaftlicher Testamente	171
1. Einseitige Verfügungen	171
2. Das gemeinschaftliche Testament im Ganzen	172
3. Widerruf wechselbezüglicher Verfügungen	172
VI. Die Regelung des ZGB	175

§ 10 Erbvertrag

I. Einführung	176
1. Testament oder Erbvertrag? Gesichtspunkte zur Gestaltungswahl zwischen Erbvertrag und Testament	177
2. Inhalt, Beteiligte und Bindungswirkung des Erbvertrages	178
3. Der Erbvertrag in der Unternehmensnachfolge – grundsätzliche Hinweise	180
II. Errichtung und Verwahrung von Erbverträgen	181
III. Arten des Erbvertrages	182
1. Einseitiger Erbvertrag	182
2. Zwei- oder mehrseitige Erbverträge	182
IV. Schutzwirkung des Erbvertrages	183
1. Schutz der Bedachten durch Bindungswirkung	183
2. Schutz gegen beeinträchtigende Schenkungen. Verfügungsunterlassungsvertrag	183
3. Schutz gegen spätere letztwillige Verfügungen	184
V. Aufhebung und Lösung von Bindungswirkung und Erbvertrag	185
1. Zustimmung des vertraglich Bedachten	185
2. Aufnahme von Änderungsvorbehalten	185
3. Aufhebung des Erbvertrages	186

Inhaltsverzeichnis

	Seite
4. Rücktritt vom Erbvertrag	186
5. Anfechtung des Erbvertrages	188
VI. Muster für Erbverträge	188
1. Erbvertrag zwischen Ehegatten und einem Kind	188
2. Erbvertrag zwischen Ehegatten	190
3. Erbvertrag einer nichtehelichen Lebensgemeinschaft	190

§ 11 Ehegatten- und Lebenspartnererbrecht

I. Das gesetzliche Erbrecht des Ehegatten bzw. eingetragenen Lebenspartners	192
1. Prinzip	192
2. Voraus des Ehegatten und eingetragenen Lebenspartners	196
3. Der Dreißigste	196
4. Der Eintritt des überlebenden Ehegatten und eingetragenen Lebenspartners in den Mietvertrag	196
5. Das Erbrecht bei gleichzeitigem Versterben beider Ehegatten bzw. eingetragener Lebenspartner	196
6. Internationales Privatrecht	197
7. Erbrecht der DDR	198
II. Die gewillkürte Erbfolge	199
1. Medium der Verfügung von Todes wegen	199
2. Checkliste zur Errichtung des Ehegatten- oder Lebenspartnertestaments	200
3. Einheitslösung/Trennungslösung	201
4. Nochmals Güterrecht	201
5. Internationales Privatrecht	202
6. Erbrecht der DDR	203
7. Gemeinschaftliches Testament	203
8. „Berliner Testament" als klassischer Fall des gemeinschaftlichen Testaments	212
9. Gemeinschaftliches Testament mit Trennungslösung	219
10. Erbvertrag	223
11. Wahl der „richtigen" Verfügungsart	223
III. Ausschluss des Ehegatten- bzw. Lebenspartnererbrechts	224
1. Ausschlussgründe des gesetzlichen Erbrechts	224
2. Ausschluss des Ehegattenerbrechts nach § 1933 BGB	224
3. Ausschluss des Lebenspartnererbrechts nach § 10 Abs. 3 LPartG	226
4. Ausschluss nach § 1318 Abs. 5 BGB	227
5. Ausschluss des Erbrechts bei gewillkürter Erbfolge	227
IV. Pflichtteilsrecht	228
1. Prinzip	228
2. Berechnung bei Ehegatten bzw. Lebenspartnern	229
V. Verhalten des Überlebenden nach dem Erbfall	229
1. Prinzip	229
2. Die Ausschlagung durch den überlebenden Ehegatten bzw. Lebenspartner	230
VI. Die Ansprüche des geschiedenen Ehegatten bzw. ehemaligen Lebenspartners nach dem Erbfall	231
1. Der Unterhaltsanspruch nach § 1586 b BGB	231
2. Gestaltungen im Hinblick auf den geschiedenen Ehegatten bzw. ehemaligen Lebenspartner	232

§ 12 Nichteheliche Lebensgemeinschaft, nichteheliche Kinder und eingetragene Lebenspartnerschaften

I. Einleitung	234

Inhaltsverzeichnis

	Seite
II. Gesetzliches Erbrecht des nichtehelichen Lebensgefährten, Verfügungsformen und sonstige Gestaltungsmöglichkeiten	234
1. Gesetzliches Erb- und Pflichtteilsrecht	234
2. Verfügung von Todes wegen	235
3. Sonstige Gestaltungsmöglichkeiten	238
III. Grenzen der Erbeinsetzung des nichtehelichen Lebensgefährten durch Verfügung von Todes wegen	239
IV. Vermögenszuordnung in der nichtehelichen Lebensgemeinschaft	239
1. Partnerschaftsverträge	239
2. Gesellschaft bürgerlichen Rechts	239
V. Nichteheliche Kinder	240
1. Rechtslage bis 1969	240
2. Rechtslage zwischen 1969 und 1998	240
3. Rechtslage seit dem 1.4.1998	240
VI. „Eingetragene Lebenspartnerschaft" für gleichgeschlechtliche Paare	241

2. Abschnitt. Die Anordnungen des Erblassers

§ 13 Vermächtnis

I. Rechtsnatur und Bedeutung des Vermächtnisses	249
1. Regelungsinhalt des Vermächtnisses im Vergleich zur Erbeinsetzung, Teilungsanordnung und Auflage	249
2. Die Notwendigkeit der Anordnung durch den Erblasser und seine besonderen Gestaltungsmöglichkeiten	253
3. „Gesetzliche Vermächtnisse"	254
II. Die Vermächtnisarten	255
1. Das Vermächtnis auf Übereignung von Sachen	255
2. Das Vermächtnis auf Einräumung und Umgestaltung von Rechten	261
3. Das Geldvermächtnis	275
4. Das Universalvermächtnis	277
5. Die Qualität der Rechtsstellung des Vermächtnisnehmers als Unterscheidungskriterium	278
III. Anordnung, Anfall, Fälligkeit und Erfüllung von Vermächtnissen	291
1. Die Bestimmung des Vermächtnisgegenstandes und die Person des Vermächtnisnehmers	291
2. Anfall, Fälligkeit, Haftung und Erfüllung des Vermächtnisanspruchs	295
3. Wegfall des Vermächtnisnehmers	300
IV. Der Vermächtnisnehmer im Schutze des Pflichtteilsrechts	303
1. Das Vermächtnis als Beschwerung des pflichtteilsberechtigten Erben oder Vermächtnisnehmer	303
2. Die Zuwendung von Vermächtnis und Erbteil an den Pflichtteilsberechtigten	304
3. Besonderheiten beim Güterstand der Zugewinngemeinschaft	307
4. Übersicht über die einzelnen Fallgestaltungen	307
5. Kürzungsrechte des Erben gegenüber dem Vermächtnisnehmer	309
V. Fazit	313

§ 14 Auflage

I. Einführung	315
1. Rechtsnatur und Zweck	315
2. Inhalt der Auflage	315
3. Begünstigte	316
4. Beschwerte	316
5. Vollziehungsberechtigte	317

Inhaltsverzeichnis

                                                                                                Seite

      6. Formalia 317
  II. Gestaltungsmöglichkeiten und ihre Grenzen 318
      1. Anordnungen zugunsten von Lebewesen und anderen nicht rechtsfähigen Begünstigten 318
      2. Grabpflege 318
      3. Anordnungen zum Erwirken eines bestimmten Verhaltens 318
      4. Anordnungen zugunsten eines noch nicht bestimmbaren Personenkreises ... 320
      5. Grenzen 321
      6. Durchsetzung der Auflage 322
      7. Kontrolle des Bestimmungsrechts 323
      8. Sekundärpflichten 324
      9. Anfechtung, Ausschlagung oder Verzicht 325
    10. Insolvenz 325
    11. Auflage und Pflichtteilsrecht 326
    12. Erbschaftsteuerliche Behandlung 326
    13. Zivilgesetzbuch 327
    14. Unwirksamkeit 327

§ 15 Bedingungen und Befristungen

   I. Einführung 329
      1. Die gesetzliche Regelung 329
      2. Arten der Bedingungen 330
      3. Befristung 332
      4. Abgrenzung zu Rechtsbedingung, Beweggrund, Motiv, Auflage und Wunsch 332
      5. Der Bedingungs- und Befristungseintritt 332
      6. Anfechtbarkeit 333
      7. Zeitliche und rechtliche Grenzen 333
      8. Sicherung und Haftung beim Vermächtnis 334
      9. Rechtslage nach dem ZGB 335
    10. Steuerliche Regelung 335
  II. Typische Gestaltungsformen 336
      1. Verwirkungsklauseln 336
      2. Veräußerungsverbote 336
      3. Klauseln betreffend die Lebensgestaltung des Bedachten 337
      4. Grenzen der Einflussnahme 338
      5. Kaptatorische Klauseln 339
      6. Pflichtteilsklauseln 340
      7. Ersatzregelungen 340

§ 16 Teilungsanordnungen

   I. Einleitung 344
  II. Wesen der Teilungsanordnung 344
      1. Arten 344
      2. Wirkung 345
      3. Anrechnung und Ausgleichung 346
 III. Zuweisung von Nachlassgegenständen 347
      1. Reine Teilungsanordnung 347
      2. Teilungsanordnung und Vorausvermächtnis 347
      3. Übernahmerechte 348
      4. Steuerliche Überlegungen 350
 IV. Erbteilungsverbote 350
      1. Arten 351

Inhaltsverzeichnis

	Seite
2. Wirkung	351
V. Anordnungsbefugnisse für Dritte	352
1. Erbteilung durch Dritte	352
2. Schiedsgutachten und Schiedsgericht	352
VI. Teilungsanordnung und Nacherbfolge	353
VII. Teilungsanordnung und erbrechtliche Bindung	353
1. Herstellung erbrechtlicher Bindung	353
2. Beeinträchtigende Verfügung	354
VIII. Sicherung von Teilungsanordnungen	354
1. Auflage und Testamentsvollstreckung	354
2. Bedingte Erbeinsetzung und Strafklauseln	355

§ 17 Vor- und Nacherbschaft

I. Begriff und Bedeutung	359
1. Begriff	359
2. Abgrenzung zu anderen Rechtsinstituten	359
3. Bedeutung	362
II. Anordnung der Vor- und Nacherbschaft	364
1. Anordnung durch letztwillige Verfügung	364
2. Einfluss des Vorerben auf die Nacherbenbestimmung	364
3. Auslegung der Verfügung von Todes wegen	367
4. Gesetzliche Auslegungs- und Ergänzungsregeln	368
5. Gestaltungsmöglichkeiten bei der Anordnung der Vor- und Nacherbfolge	371
III. Die zeitlichen Grenzen der Vor- und Nacherbschaft	377
1. Grundsatz	377
2. Ausnahmen	378
IV. Die Rechtstellung des Vorerben	378
1. Allgemeines	378
2. Surrogation	378
3. Verpflichtungs- und Verfügungsfreiheit	379
4. Verfügungsbeschränkungen	379
5. Verwaltung und Sicherung des Nachlasses	384
6. Erweiterung der Beschränkungen des Vorerben durch den Erblasser	387
7. Haftung für Nachlassverbindlichkeiten	388
8. Innenverhältnis zwischen Vor- und Nacherben	388
V. Befreite Vorerbschaft	390
1. Allgemeines	390
2. Grenzen der Befreiung	391
3. Die einzelnen Befreiungsmöglichkeiten	391
4. Weitere Maßnahmen zur Stärkung der Position des Vorerben	393
VI. Die Rechtstellung des Nacherben	395
1. Anwartschaftsrecht	395
2. Wirkungen des Eintritts des Nacherbfalls	397
3. Pflichtteilsrecht und Ausschlagung der Nacherbschaft	400
4. Minderjährige und unbekannte Nacherben	401
VII. Testamentsvollstreckung bei Vor- und Nacherbschaft	402
1. Testamentsvollstreckung nur für die Vorerbschaft	402
2. Testamentsvollstreckung nur für die Nacherbschaft	403
3. Testamentsvollstreckung für den Nacherben bis zum Eintritt des Nacherbfalls	403
4. Testamentsvollstreckung für Vor- und Nacherbschaft	403
VIII. Vor- und Nacherbschaft im Unternehmensbereich	404
1. Einzelkaufmännisches Unternehmen	404
2. Personengesellschaften	405

Inhaltsverzeichnis

	Seite
3. Kapitalgesellschaften	408
IX. Erbschaftsteuer bei Vor- und Nacherbschaft	409
1. Besteuerung des Vorerben	409
2. Besteuerung des Nacherben	410

§ 18 Familienrechtliche Anordnungen

I. Beschränkung der elterlichen Vermögensverwaltung	413
1. Anwendungsfälle in der Beratungspraxis	414
2. Ausschluss der Eltern von der Verwaltung des zugewendeten Vermögens	415
3. Verwaltungsanordnungen für das zugewendete Vermögen	415
4. Musterformulierungen	416
II. Vormundbenennungsrecht der Eltern	416
1. Möglichkeiten der Vormundbenennung	416
2. Verhältnis zur Testamentsvollstreckung	416
III. Regelung güterrechtlicher Verhältnisse	417

§ 19 Testamentsvollstreckung

I. Grundlagen der Testamentsvollstreckung	421
1. Praktische Bedeutung – Zweck und Vorteile der Anordnung einer Testamentsvollstreckung – Typische Fallgestaltungen	421
2. Überblick über die gesetzliche Regelung	423
3. Die rechtliche Stellung des Testamentsvollstreckers	424
4. Der Aufgabenkreis des Testamentsvollstreckers	425
5. Abgrenzung zur postmortalen Vollmacht	427
6. Grenzen der Rechtsmacht des Testamentsvollstreckers	429
II. Anordnung, Person und Ernennung des Testamentsvollstreckers	431
1. Anordnung der Testamentsvollstreckung	431
2. Person des Testamentsvollstreckers	435
3. Ernennung des Amtsinhabers	439
4. Annahme und Nachweis des Amtes	441
III. Pflichten und Befugnisse des Testamentsvollstreckers	444
1. Die Konstituierung des Nachlasses	444
2. Weitere Pflichten des Testamentsvollstreckers nach Amtsannahme	447
3. Die Abwicklung und die Auseinandersetzung des Nachlasses	449
4. Das Recht und die Verpflichtung zur (ordnungsgemäßen) Verwaltung des Nachlasses (§§ 2205 S. 1, 2216 Abs. 1 BGB)	451
5. Die Verpflichtungsbefugnis des Testamentsvollstreckers (§§ 2206, 2207 BGB)	457
6. Das Verfügungsrecht des Testamentsvollstreckers	458
IV. Das gesetzliche Schuldverhältnis zwischen Testamentsvollstrecker und Erben	463
1. Überblick	463
2. Der Grundsatz höchstpersönlicher Amtsausübung	465
3. Die Informationspflicht gegenüber dem Erben	465
4. Der Auskunftsanspruch des Erben	467
5. Die Pflicht zur Rechenschaftslegung	468
6. Entlastung des Testamentsvollstreckers	469
7. Die Haftung für die Amtsführung	469
8. Die Vergütung des Testamentsvollstreckers	472
9. Beendigung von Testamentsvollstreckeramt und Testamentsvollstreckung	484
V. Testamentsvollstreckung über unternehmerische Vermögenswerte	488
1. Problemstellung/Übersicht	488
2. Fremdverwaltung einzelkaufmännischer Unternehmen	489
3. Fremdverwaltung von Personengesellschaftsanteilen	495

Inhaltsverzeichnis

	Seite
4. Testamentsvollstreckung an Kapitalgesellschaftsanteilen	505
5. Neugründung von und Umwandlung auf Kapitalgesellschaften	506
VI. Der Testamentsvollstrecker im Steuerrecht	508
1. Die steuerrechtlichen Pflichten des Amtsinhabers	508
2. Steuerliche Abzugsfähigkeit der Testamentsvollstreckergebühren	516
VII. Das Internationale Erbrecht und die Testamentsvollstreckung	518

§ 20 Trans- und postmortale Vollmacht

I. Trans- und postmortale Vollmachten: Begriff und Funktion	521
1. Begriff	521
2. Mögliche Funktionen und praktische Bedeutung	522
II. Abgrenzung zur Testamentsvollstreckung	525
1. Unterschiede der beiden Rechtsinstitute	525
2. Wechselwirkungen zwischen Anordnung der Testamentsvollstreckung und trans-/postmortaler Bevollmächtigung	525
III. Die Erteilung der trans-/postmortalen Vollmacht	527
1. Die Erteilung durch Rechtsgeschäft unter Lebenden	527
2. Erteilung durch Verfügung von Todes wegen	527
3. Formfragen	528
IV. Person des Bevollmächtigten	528
V. Rechtsstellung des Bevollmächtigten	529
1. Handeln in Vertretung des Erben	529
2. Missbrauch der Vertretungsmacht – Vermeidungsmöglichkeiten	530
3. Umfang der Verpflichtungsbefugnis	531
VI. Erlöschen der Vollmacht	532
1. Die Frage der Widerruflichkeit	532
2. Ausübung des Widerrufs	532
3. Weitere Erlöschensgründe	533
VII. Verstärkung der Vollmacht durch erbrechtliche Druckmittel	533

§ 21 Verwirkungs- und Pflichtteilsklausel

I. Verwirkungsklauseln	536
II. Pflichtteilsklauseln	538

3. Abschnitt. Die Nachlassabwicklung

§ 22 Annahme und Ausschlagung

I. Ausgangssituation	545
II. Annahme	546
1. Annahmeerklärung	547
2. Wirksamkeit der Annahme	548
3. Rechtsfolge der Annahme	549
4. Beweislast	549
5. Recht der DDR	549
III. Ausschlagung	549
1. Ausschlagungserklärung	551
2. Wirksamkeit der Ausschlagung	551
3. Ausschlagungsfrist	552
4. Adressat und Form der Ausschlagungserklärung	552
5. Rechtsfolge der Ausschlagung	553
6. Ausschlagung bei Ehegattentestament/Erbvertrag	555
7. Ausschlagung von Vermächtnissen	555
8. Recht der DDR	556

Inhaltsverzeichnis

	Seite
IV. Anfechtbarkeit von Annahme und Ausschlagung	556
1. Anfechtungsgründe	556
2. Anfechtung der Annahme oder Ausschlagung durch den Pflichtteilsberechtigten	559
3. Erheblichkeit des Irrtums	559
4. Anfechtungsberechtigter	560
5. Form und Frist der Anfechtungserklärung	560
6. Rechtsfolge der Anfechtung	561
7. Recht der DDR	561
8. Beweislast	562
9. Anfechtung der Anfechtung von Ausschlagung und Annahme	562

§ 23 Haftung für Nachlassverbindlichkeiten

	Seite
I. Bedeutung der Erbenhaftung in der anwaltlichen Praxis	567
II. Die gesetzliche Regelung im Überblick	568
1. Grundsatz der unbeschränkten, aber beschränkbaren Haftung	568
2. Ausnahmen	569
III. Einteilung der Nachlassverbindlichkeiten	571
1. Erblasserschulden	571
2. Erbfallschulden	573
3. Nachlasserbenschulden	575
4. Zur Abgrenzung: Eigenschulden des Erben	577
IV. Die haftungsrechtlich gebotene Verwaltung des Nachlasses durch den Erben	577
1. Allgemeine Verwaltungspflichten	577
2. Klärung der Nachlassverhältnisse im Aufgebotsverfahren	580
3. Inventarerrichtung	582
V. Haftungsbeschränkung außerhalb von Nachlassverwaltung und Nachlassinsolvenz	585
1. Grundsatz	585
2. Die Beschränkung der Haftung bei dürftigem Nachlass	585
3. Die Überschwerungseinrede des § 1992 BGB	587
4. Erschöpfungseinrede (§ 1989 BGB)	588
5. Aufschiebende Einreden (§§ 2014 ff. BGB)	589
VI. Haftung des Erben trotz Nachlassabsonderung	590
1. Unbeschränkbare Haftung	590
2. Nachlasserbenschulden	591
3. Dingliche Haftung	591
4. Haftung des Erben bei Bestehen einer Testamentsvollstreckung	591
VII. Haftung des Vor- und Nacherben sowie des Erbschaftskäufers	592
VIII. Die Miterbenhaftung	592
1. Grundlagen	592
2. Haftung der Miterben vor der Teilung	592
3. Die Haftung der Miterben nach der Teilung	594
4. Haftung der Miterben gegenüber einem Miterbengläubiger	595
IX. Die Haftung des Erben für Geschäftsschulden	596
1. Die Haftung des Alleinerben für Verbindlichkeiten aus einem einzelkaufmännischen Betrieb des Erblassers	596
2. Haftung der Miterben bei unternehmenstragender Miterbengemeinschaft	599
3. Erbenhaftung für gesellschaftsrechtliche Verbindlichkeiten	601
X. Haftung für öffentlich-rechtliche Verbindlichkeiten	605
1. Allgemeines	605
2. Sonderregelungen des öffentlichen Rechts	605
3. Haftung für öffentlich-rechtliche Geldschulden des Erblassers	606
4. Öffentlich-rechtliche Erbfallschulden	608

Inhaltsverzeichnis

	Seite
5. Übergang sonstiger Pflichten	608
6. Haftungsbeschränkung, Enthaftung	610

§ 24 Nachlassverwaltung

I. Einleitung	613
II. Voraussetzungen	615
1. Antragsbefugnis	615
2. Antragsformalien	617
3. Anordnung der Nachlassverwaltung durch das Nachlassgericht	619
III. Wirkungen	620
1. Materiellrechtliche Auswirkungen	620
2. Prozessuale Auswirkungen	622
IV. Verfahrensablauf	624
1. Anordnungsbeschluss des Nachlassgerichts, Bestellung eines Nachlassverwalters	624
2. Inverwaltungnahme der Nachlassgegenstände durch den Verwalter	624
3. Gegebenenfalls: Stellung eines Insolvenzantrages	625
4. Verwertung der Nachlassgegenstände, Berichtigung der Nachlassschulden	625
5. Verfahrensbeendigung	625
V. Der Nachlassverwalter	626
1. Rechtliche Stellung	626
2. Pflichten	626
3. Haftung	633
4. Vergütung	633
VI. Das Nachlassgericht	634
1. Auswahl und Bestellung des Verwalters	634
2. Überwachungspflicht	634
3. Genehmigungsvorbehalte	635
VII. Der Erbe	635
1. Rechte	635
2. Pflichten	637
VIII. Die Nachlassgläubiger	639
1. Erfüllungsanspruch	639
2. Auskunftsansprüche	639
3. Geltendmachung von Ansprüchen aus Erben- oder Verwalterhaftung	639
4. Antrags- und Rechtsbehelfsrechte bei Gericht	639

§ 25 Nachlassinsolvenz

I. Grundlagen	641
1. Das Nachlassinsolvenzverfahren als Möglichkeit zur nachträglichen Vermögensseparation	642
2. Die Nachlassinsolvenz als Insolvenzverfahren über ein Sondervermögen	642
3. Nachlassinsolvenz und Erbeninsolvenz	643
II. Zulässigkeit	643
1. Antragsbefugnis	643
2. Eröffnungsgründe	645
3. Massekostendeckung	648
4. Antragsformalien	649
III. Wirkungen	650
1. Materiellrechtliche Auswirkungen	650
2. Prozessuale Auswirkungen	654
3. Auswirkungen auf Zwangsvollstreckungsmaßnahmen	655
IV. Verfahrensgang	656

Inhaltsverzeichnis

	Seite
1. Grundsätzliches	656
2. Eröffnungsverfahren	656
3. Konsolidierung der Insolvenzmasse	657
4. Geltendmachung und Prüfung der Insolvenzforderungen	657
5. Insolvenzplan	659
6. Masseverwertung	660
7. Verteilungsverfahren	660
8. Verfahrensbeendigung	661
V. Der Insolvenzverwalter	662
1. Rechtliche Stellung	662
2. Pflichten	662
3. Haftung	667
4. Vergütung	668
VI. Das Insolvenzgericht	668
1. Bestellung des Verwalters	668
2. Verfahrensleitung	669
3. Überwachungspflicht	669
VII. Der Erbe als Gemeinschuldner	670
1. Allgemeines	670
2. Rechtsstellung im Verfahren	670
3. Haftung des Erben für die bisherige Nachlassverwaltung	672
4. Ansprüche des Erben aus Verwaltungstätigkeit	673
VIII. Die Gläubiger	674
1. Insolvenzgläubiger	674
2. Massegläubiger	674
3. Gläubiger mit Aus- oder Absonderungsrechten	675
4. Organe der Gläubigerschaft	676

§ 26 Miterben und Miterbenauseinandersetzung

I. Die Erbengemeinschaft: Ihre Entstehung und ihre Grundlagen	683
1. Einleitung	683
2. Der Umfang des Nachlasses und das Surrogationsprinzip	684
3. Das Gesamthandsprinzip	686
II. Die Verwaltung des Vermögens durch die Erbengemeinschaft	694
1. Übersicht über einzelne Verwaltungsmaßnahmen	694
2. Muster zur Beschlussfassung und zu sonstigen Verwaltungsmaßnahmen	699
3. Vollmachten	702
4. Die Verteilung gezogener Früchte, der Gebrauch von Nachlassgegenständen und die Lasten	705
III. Vorbereitende Maßnahmen zur (einvernehmlichen) Erbauseinandersetzung	705
1. Sachverhaltsermittlung	706
2. Strategien zur Streitvermeidung	707
IV. Die Auflösung der Erbengemeinschaft entsprechend den gesetzlichen Regelungen	708
1. Einführung „Die gesetzlichen Teilungsregeln"	708
2. Anspruchsgrundlage für das Auseinandersetzungsverlangen	708
3. Forderungsberechtigte	709
4. Die einzelnen Schritte der Auseinandersetzung nach Maßgabe der gesetzlichen Vorschriften	710
5. Genehmigungserfordernisse	712
6. Anrechnungs- und Ausgleichspflichten	712
7. Schadensersatzansprüche der Erben untereinander wegen verspäteter Teilung	717

Inhaltsverzeichnis

	Seite
V. Auseinandersetzung durch einvernehmliche Regelungen	718
1. Einführung	718
2. Übertragung sämtlicher Nachlassgegenstände aus der Gesamthand heraus	718
3. Abschichtung	723
4. Übertragung sämtlicher Erbanteile auf einen der Erben	726
5. Sonstige Auseinandersetzungsmöglichkeiten	726
6. Vor- und Nachteile der einzelnen Gestaltungsmöglichkeiten	728
7. Teilerbauseinandersetzung	729
VI. Besonderheiten der Auseinandersetzung bei angeordneter Testamentsvollstreckung	730
1. Einleitung	730
2. Durch die Testamentsvollstreckung eintretende Erleichterungen bei der Erbauseinandersetzung	730
3. Der Vollzug des Auseinandersetzungsplans	732
VII. Teilungsverbote	732
1. Allgemeines zu Auseinandersetzungsverboten	732
2. Bindung der Erben an Verfügungen des Erblassers	733
VIII. Besonderheiten bei der Beteiligung von Minderjährigen an der Erbengemeinschaft	734
1. Die Vertretung des Minderjährigen	734
2. Das Minderjährigenhaftungsbeschränkungsgesetz	737
IX. Sonderfall: Der vergessene Nachlassgegenstand bzw. der vergessene Erbe	737
1. Der vergessene Nachlassgegenstand	737
2. Der vergessene Miterbe	737
X. Nachlassplanung zur Vermeidung von Erbengemeinschaft	738
1. Alleinerbeneinsetzung	738
2. Lebzeitige Zuwendung	739
XI. Nachlassplanung zur Streitvermeidung in der Erbengemeinschaft	740
1. Lebzeitige Maßnahmen	740
2. Letztwillige Verfügungen	742
XII. Besonderheiten bei Unternehmen bzw. Unternehmensbeteiligungen in der Erbengemeinschaft	744
1. ABC zum Übergang der Beteiligungen	744
2. Verwaltung und Auseinandersetzung	746
3. Einzelkaufmännisches Handelsgeschäft	749

§ 27 Der Erbschaftsanspruch

I. Bedeutung des Erbschaftsanspruchs	751
1. Verbesserungen der Gläubigerstellung gegenüber Einzelansprüchen	751
2. Verbesserungen der Schuldnerstellung gegenüber Einzelansprüchen	752
3. Taktik: Gesamtanspruch oder Einzelansprüche im Prozess?	752
II. Voraussetzungen des Erbschaftsanspruchs	753
1. Gläubiger des Erbschaftsanspruchs	753
2. Schuldner des Erbschaftsanspruches	753
III. Umfang der Herausgabepflicht	753
1. Herausgabe des Erlangten	753
2. Surrogate	754
3. Nutzungen	754
IV. Haftung des Erbschaftsbesitzers	754
1. Der gutgläubige, nicht verklagte Erbschaftsbesitzer	754
2. Der bösgläubige und der verklagte Erbschaftsbesitzer	754
3. Der deliktische Erbschaftsbesitzer	754
V. Einwendungen/Einreden des Erbschaftsbesitzers	755
1. Verwendungsersatzanspruch	755
2. Sonstige Einwendungen und Einreden	755

Inhaltsverzeichnis

	Seite
VI. Verjährung und Ersitzung	755
VII. Auskunftsansprüche gegen den Erbschaftsbesitzer und Dritte	756

§ 28 Erbschafts- und Erbteilskauf

I. Vertragstypen und Anwendungsfälle in der Praxis	758
1. Erbteils- und Erbschaftskauf, unentgeltliche Erbteilsveräußerung	758
2. Anwendungsfälle und Alternativen	758
II. Form, Inhalt und Wirkung der Erbteilsveräußerung	759
1. Formfragen	759
2. Vertragsgegenstand	759
3. Wirkung der Erbteilsübertragung	760
4. Genehmigungserfordernisse, Anzeigepflichten, Vorkaufsrechte	760
5. Sicherung des Austauschverhältnisses	761
6. Sonstiger Vertragsinhalt	762
7. Steuerfragen	763
III. Vertragsmuster	763

4. Abschnitt. Der Ausschluss von der Erbfolge

§ 29 Pflichtteilsrecht

I. Einführung	768
II. Der Kreis der Pflichtteilsberechtigten	769
1. Die Abkömmlinge des Erblassers	769
2. Der Ehegatte des Erblassers	770
3. Die Eltern des Erblassers und entferntere Abkömmlinge	770
4. Ausgeschlossene Angehörige	771
III. Der Pflichtteilsanspruch	771
1. Voraussetzungen	771
2. Inhalt	772
3. Stundung und Verjährung des Pflichtteilsanspruchs	773
4. Die Vervollständigungsansprüche	775
IV. Entziehung und Beschränkung des Pflichtteils	782
1. Entziehung des Pflichtteils	782
2. Pflichtteilsbeschränkung in guter Absicht	784
V. Die Pflichtteilsquote	785
1. Grundlagen zur Berechnung der Pflichtteilsquote	785
2. Die Pflichtteilsquote des Ehegatten	786
3. Anrechnung und Ausgleichung	788
VI. Die Pflichtteilshöhe	790
1. Die Ermittlung des Nachlassbestandes	791
2. Der Nachlasswert	793
VII. Die Pflichtteilslast	794
1. Grundlagen	794
2. Das Kürzungsrecht des Erben/Vermächtnisnehmers gemäß § 2318 BGB	795
VIII. Der Pflichtteilsergänzungsanspruch	796
1. Voraussetzungen des Anspruchs	796
2. Die Berechnung des Pflichtteilsergänzungsanspruchs	802
3. Der Beschenkte als Anspruchsgegner	804
4. Pflichtteilsergänzungsanspruch, Anrechnung und Ausgleichung	805
IX. Auskunft- und Wertermittlungsansprüche	807
1. Der Auskunftsanspruch gemäß § 2314 BGB	807
2. Der Wertermittlungsanspruch	813
X. Pflichtteil und Gesellschaftsrecht	814
1. Personengesellschaften	814

Inhaltsverzeichnis

	Seite
2. Kapitalgesellschaften	817
XI. Gestaltungshinweise für die Praxis zur Pflichtteilsanspruchsreduktion	818
1. Beeinflussung der Pflichtteilsansprüche durch den ehelichen Güterstand	818
2. Pflichtteil und Voraus des Ehegatten	821
3. Pflichtteilsansprüche und vorweggenommene Erbfolge	822
4. Erb- und Pflichtteilsverzicht	824
5. Ausschluss von Pflichtteilsansprüchen durch Anordnung der Vor- und Nacherbschaft	826

§ 30 Erb- und Pflichtteilsunwürdigkeit

I. Einführung	828
II. Grundsätze der Erbunwürdigkeit	829
1. Eintritt und Wirkung der Erbunwürdigkeit	829
2. Die einzelnen Erbunwürdigkeitsgründe	829
3. Nichteintritt der Erbunwürdigkeit in bestimmten Fällen	831
4. Ausschluss der Erbunwürdigkeit	832
5. Zeitpunkt für die Geltendmachung der Anfechtung	832
6. Anfechtungsberechtigter	833
7. Form der Anfechtung	834
8. Muster einer Anfechtungsklage	835
III. Vermächtnis- und Pflichtteilsunwürdigkeit	837
1. Vorbemerkung	837
2. Vermächtniswürdigkeit	837
3. Pflichtteilsunwürdigkeit	837

§ 31 Erb- und Pflichtteilsverzicht, Zuwendungsverzicht

I. Einführung	839
II. Gesetzliche Grundlagen, Rechtsnatur	840
1. Abstraktes Verfügungsgeschäft	840
2. Verhältnis Kausal-/Verfügungsgeschäft	841
3. Erb- und Pflichtteilsverzicht nur zu Lebzeiten des Erblassers?	842
4. Formvorschriften	843
III. Teilweiser Verzicht	844
1. Zulässigkeit	844
2. Wirkungen	845
3. Formfragen	845
4. Aufhebung des gegenständlich beschränkten Pflichtteilsverzichts	845
IV. Erb- oder Pflichtteilsverzicht?	846
1. Wirkungen des Erbverzichts	846
2. Wirkungen des Pflichtteilsverzichts	846
3. Praktische Bedeutung	847
V. Geschiedenenunterhalt und Erb-/Pflichtteilsverzicht	848
1. Nachlassverbindlichkeit	848
2. Wertfortschreibung	848
3. Pflichtteilsergänzung	848
4. Auskunftsanspruch	849
5. Pflichtteilsverzicht	849
6. Vertraglicher Unterhalt	849
7. Zusammenfassung	849
VI. Zuwendungsverzicht	850
1. Praktischer Anwendungsbereich, gesetzliche Grundlage	850
2. Gegenstand des Zuwendungsverzichts	851
3. Wirkung des Zuwendungsverzichts	852

Inhaltsverzeichnis

	Seite
VII. Aufhebung des Verzichts	852
1. Form	852
2. Wirkungen des Aufhebungsvertrages	853
3. Rechtsgrund/Kausalverhältnis	853

5. Abschnitt. Lebzeitige Übertragungen

§ 32 Lebzeitige Vermögensübertragungen und Verträge auf den Todesfall

I. Einleitung	856
II. Schuldrechtliche Einordnung der lebzeitigen Gestaltungsmöglichkeiten vorweggenommener Erbfolge	858
1. Reine Schenkung	858
2. Gemischte Schenkung und Schenkung unter Vorbehalt des Nießbrauchs	860
3. Schenkung unter Auflage	862
4. Zweckschenkung	863
5. Schenkung von Todes wegen und Schenkung aufschiebend bedingt auf den Tod des Schenkers	863
6. Entgeltlicher Austauschvertrag	865
7. Leihe	865
8. Pacht	866
9. Ausstattung	866
10. Ehebedingte und lebenspartnerschaftsbedingte Zuwendung	867
III. Vollzug der Schenkung unter Lebenden	868
1. Beurkundung des Schenkungsversprechens	868
2. Zuwendungen durch Vertrag zugunsten Dritter auf den Todesfall	869
3. Heilung des Formmangels durch Vollziehung der Schenkung	869
4. Formbedürftigkeit der Zuwendung eines Nießbrauchs	870
5. Formbedürftigkeit der Zuwendung von Grundvermögen	871
6. Formbedürftigkeit der Zuwendung des gegenwärtigen Vermögens oder des Nachlasses	871
7. Formbedürftigkeit des Leibrentenversprechens	872
8. Formbedürftigkeit des Erb- und Pflichtteilsverzichts	872
9. Vertraglich vereinbarte Formerfordernisse	872
10. Registerrechtliche Formerfordernisse	872
IV. Wahl zwischen Rechtsgeschäft unter Lebenden und Verfügung von Todes wegen	873
1. Überblick	873
2. Schenkung mit aufgeschobener Erfüllung auf den Tod des Schenkers	873
3. Schenkung auf den Todesfall	874
4. Lebzeitig vollzogene Schenkung auf den Todesfall	876
5. Vertrag zugunsten Dritter auf den Todesfall	878
V. Zustimmungs- und Genehmigungserfordernisse	880
1. Zustimmung des Ehegatten bzw. Lebenspartners	880
2. Ergänzungspflegerbestellung bei Rechtsgeschäften mit minderjährigen Kindern	881
3. Familiengerichtliche/vormundschaftliche Genehmigung	883
4. Genehmigung nach dem Grundstücksverkehrsgesetz	884
VI. Typische Verpflichtungen des Beschenkten oder anderer Erbanwärter	884
1. Verpflichtungen des Empfängers gegenüber dem Schenker	884
2. Verpflichtungen des Empfängers gegenüber Dritten	892
3. Verpflichtungen der Begünstigten gegenüber dem Schenker	893
VII. Rückgängigmachen des Aktes der vorweggenommenen Erbfolge	895
1. Gesetzliche Rückforderungsmöglichkeiten bei Schenkung	895
2. Gesetzliche Rückforderungsmöglichkeiten bei gemischter Schenkung	899

Inhaltsverzeichnis

	Seite
3. Gesetzliche Korrekturmöglichkeiten des künftigen Erblassers bei nicht als Schenkung zu qualifizierenden Zuwendungen	899
4. Gesetzliche Korrekturmöglichkeiten der weichenden Erben	902
5. Gesetzliche Korrekturmöglichkeiten des Zuwendungsempfängers	903
6. Ausschluss des gesetzlichen Rückforderungsrechts im Altenteilvertrag	903
7. Vertragliche Gestaltungsmöglichkeiten	904
VIII. Sicherungsinstrumente für den Erblasser	908
1. Grundbuchliche Sicherungen	908
2. Rückforderungsrechte des Schenkers	910
3. Güterstands- bzw. Vermögensstandsregelungen	911
4. Verwaltungsanordnung für Zuwendungen an Minderjährige	913
5. Gesellschaftsvertragliche Sicherungs- und Kontrollinstrumente	916

6. Abschnitt. Auslandsvermögen

§ 33 Internationales Erbrecht

I. Einführung	920
II. Probleme des internationalen Erbfalles	921
1. Anwendbare Rechtsordnung und Statut	921
2. Formfragen	921
3. Verfahrensrechtliche Schwierigkeiten	922
4. Sachverhaltserfassung Internationales Erbrecht	922
III. Deutsches Internationales Erbrecht	922
1. Prüfung deutsches IPR	922
2. Grundlagen der Fallprüfung (Überblick)	923
3. Umfang des Erbstatuts	932
4. Abgrenzung des Erbstatuts von anderen Statuten	933
5. Wahl des Erbstatuts durch den Erblasser	940
6. Internationale Formfragen	941
7. Rechtsfragen der Nachlassspaltung	942
8. Staatsvertragliches Internationales Erbrecht	949
IV. Internationales Erbverfahrensrecht	950
1. Streitige Gerichtsbarkeit	950
2. Internationales Nachlassverfahrensrecht	952
3. Internationale Nachlassverwaltung	955
4. Internationale Nachlassinsolvenz	955
V. Gestaltungsüberlegungen im internationalen Erbrecht	958
1. Rechtliche Nachlassspaltung	958
2. Faktische Nachlassspaltung	958
3. Internationale Pflichtteilsvermeidungsstrategien	959
4. Internationale Pflichtteilsstrafklausel	960
5. Internationales Forumshopping und deren Vermeidung	960
6. Gestaltungsüberlegungen im Zusammenhang mit Formfragen	961
7. Grenzüberschreitende Testamentsvollstreckung	962
8. Vollmachten	962
9. Abstützung der erbrechtlichen Struktur durch lebzeitige Rechtsgeschäfte	963
10. Herstellung des Gleichlaufs von Erb- und Vermögenstatut	963
VI. Ausblick	964

§ 34 Internationales Erbschaftsteuerrecht

I. Einführung	966
II. Probleme des internationalen Erbschaftsteuerrechts	966
1. Entstehung einer Mehrfachbesteuerung	966
2. Bewertungsprobleme	967

Inhaltsverzeichnis

	Seite
3. Verfahrensrechtliche Aspekte	967
III. Die persönliche Steuerpflicht	967
1. Die unbeschränkte Steuerpflicht (§ 2 Abs. 1 Nr. 1 a bis d ErbStG)	967
2. Die beschränkte Steuerpflicht (§ 2 Abs. 1 Nr. 3 ErbStG)	971
3. Erweitert beschränkte Erbschaftsteuerpflicht (§§ 2, 4 AStG)	972
IV. Verfahrensrechtliche Aspekte bei Auslandsberührungen	973
V. Ausländisches Zivilrecht und deutsches Erbschaftsteuergesetz	974
VI. Besondere Steuertatbestände mit Auslandsbezug	975
1. Ausländische Familienstiftung	975
2. Trust	977
VII. Anrechnung ausländischer Erbschafts- oder Schenkungsteuer nach unilateralem Recht	978
1. Art der persönlichen Steuerpflicht	978
2. Auslandsvermögensbegriff	978
3. Steuerbarkeit des Auslandsvermögens im In- und Ausland	979
4. Anrechenbare Steuer	979
5. Zeitliche Begrenzung	979
6. Anrechnungsbetrag und Anrechnungshöchstbetrag	980
7. Verfahren der Anrechnung	980
VIII. DBA Recht	980
1. DBA Dänemark und Schweden	981
2. DBA Griechenland	982
3. DBA Österreich	982
4. DBA Schweiz	982
5. DBA USA	983
6. Zusammenfassender Überblick	983
IX. Deutsches internationales Erbschaftsteuerrecht und EU-Recht	984
X. Gestaltungen im internationalen Erbschaftsteuerrecht	986
1. Bei unbeschränkter Erbschaftsteuerpflicht	986
2. Bei beschränkter Erbschaftsteuerpflicht	986
3. Bei erweitert beschränkter Erbschaftsteuerpflicht	987
XI. Ausblick	987

7. Abschnitt. Steuerrecht und steuerlich motivierte Gestaltungen

§ 35 Steuerrecht

I. Einführung	992
II. Erbschaftsteuer	992
1. Erwerb von Todes wegen	993
2. Schenkung unter Lebenden	996
3. Ermittlung des steuerpflichtigen Erwerbs	998
4. Steuerklassen	1058
5. Freibeträge	1059
6. Steuertarife	1060
7. Stundung und Erlöschen der Erbschaftsteuer	1062
III. Einkommensteuer	1064
1. Besteuerung des Erblassers	1065
2. Besteuerung des Erben	1066
3. Besteuerung der Erbauseinandersetzung	1072
4. Erbfallschulden	1079
5. Schenkung	1082
IV. Gewerbesteuer	1092
V. Grunderwerbsteuer	1093
VI. Umsatzsteuer	1093
VII. Anhang: Tabellen	1095

Inhaltsverzeichnis

	Seite
§ 36 Steuerlich motivierte Gestaltung	
I. Einführung	1109
1. Steuerlich relevante Fristen	1110
2. Wirtschaftliches Eigentum	1116
II. Mittelbare Schenkung	1117
1. Checkliste: Voraussetzungen für eine mittelbare Schenkung	1117
2. Einleitung	1118
3. Mittelbare Grundstücksschenkung	1119
4. Mittelbare Geldschenkung	1121
5. Mittelbare Schenkung von Gesellschaftsanteilen und Betriebsvermögen	1122
III. Familiengrundbesitzgesellschaften	1123
1. Einleitung	1123
2. Gewerbliche Familiengrundbesitzgesellschaft	1124
3. Vermögensverwaltende Familiengrundbesitzgesellschaft	1126
IV. Generierung von Betriebsvermögen	1131
1. Checkliste	1131
2. Einleitung	1131
3. Umwandlung in Betriebsvermögen	1132
4. Konsequenzen im übrigen	1135
V. Familiengesellschaften	1136
1. Checkliste	1136
2. Einleitung	1137
3. Kurzdarstellung der typischen Gesellschaftsformen	1138
4. Steuerliche Kernprobleme	1148
5. Erbschaftsteuer	1153
VI. Betriebsverpachtung	1154
1. Checkliste	1154
2. Einkommensteuer	1155
3. Gewerbesteuer	1163
4. Steuerliche Konsequenzen im übrigen	1164
VII. Betriebsaufspaltung	1165
1. Checkliste	1165
2. Einleitung	1165
3. Begriffsabgrenzung und Erscheinungsformen	1166
4. Beendigung der Betriebsaufspaltung	1169
VIII. Vermögensübergabe gegen wiederkehrende Leistungen	1171
1. Checkliste	1171
2. Einleitung	1172
3. Vermögensübergabe gegen Versorgungsleistungen	1175
4. Vermögensübergabe gegen Versorgungsleistungen (Typus 2)	1195
5. Nachträgliche Umschichtung des übertragenen Vermögens	1197
6. Vermögensübergabe gegen Austauschleistungen	1199
7. Vermögensübergabe gegen Unterhaltsleistungen	1202
IX. Nießbrauchsgestaltungen	1203
1. Checkliste	1203
2. Einleitung	1204
3. Vorbehaltsnießbrauch	1204
4. Zuwendungsnießbrauch	1212
5. Vermächtnisnießbrauch	1216
6. Steuerklauseln	1217
7. Finger weg vom Verzicht auf den Nießbrauch!	1218
X. Gestaltungspotential der Zugewinngemeinschaft	1219
1. Checkliste	1219
2. Grundsätzliches zur Zugewinngemeinschaft	1219

Inhaltsverzeichnis

	Seite
3. Modifikation der Zugewinngemeinschaft statt Gütertrennung	1221
4. Lebzeitige Beendigung des Güterstands der Zugewinngemeinschaft	1223
5. Grenzen der Gestaltung	1224
XI. Vermächtnisgestaltungen	1227
1. Checkliste	1227
2. Einleitung	1227
3. Schenkung	1228
4. Rollentausch-Modell	1229
5. Auflagen-Modell	1229
6. Miterben-Modell	1230
XII. Ausschlagung als Gestaltungsmittel	1231
1. Checkliste	1231
2. Einleitung	1232
3. Ausschlagung gegen Abfindung	1234
4. Ausschlagung nach Maß	1236
5. Typische Gestaltungssituationen	1237

§ 37 Steuerstrafrecht

I. Einführung	1245
II. Steuerberichtigung	1247
1. Checkliste	1247
2. Einführung	1247
3. Voraussetzungen für eine Steuerberichtigung	1247
III. Selbstanzeige	1248
1. Checkliste	1248
2. Einführung	1249
3. Voraussetzungen	1250
4. Ausschlussgründe	1252
IV. Fremdanzeige	1254
1. Checkliste	1254
2. Einleitung	1254
3. Voraussetzungen	1255
V. Strafrechtliche Verantwortung des Beraters	1255

8. Abschnitt. Stiftungsrecht

§ 38 Stiftungszivilrecht

I. Überblick	1258
1. Begriff und Typen der Stiftung	1259
2. Sonderformen der Stiftung	1260
3. Stiftungs-GmbH und Stiftungsverein	1263
4. Die unselbstständige Stiftung	1264
5. Die Doppelstiftung	1264
6. Die Stiftung & Co. KG	1265
II. Die Entstehung der Stiftung und Gestaltung der Satzung	1265
1. Die Entstehung der Stiftung	1265
2. Die Gestaltung der Satzung (Verfassung) der Stiftung	1268

§ 39 Stiftungssteuerrecht

I. Die steuerbegünstigte (gemeinnützige) Stiftung	1276
1. Voraussetzungen für die Anerkennung als steuerbegünstigt	1276
2. Die Besteuerung des Stifters bei Errichtung	1278
3. Überblick zum Spendenabzug	1278

Inhaltsverzeichnis

	Seite
4. Die Besteuerung der Stiftung	1279
5. Die Besteuerung der Destinatäre	1280
II. Die privatnützige Stiftung (insb. die Familienstiftung)	1281
1. Steuern bei Errichtung der Stiftung	1281
2. Laufende Besteuerung	1282
3. Auflösung der Stiftung	1282
4. Die Besteuerung der Destinatäre	1282
5. Ausländische Familienstiftung	1283
III. Die unselbstständige Stiftung	1283
IV. Die Stiftung und Co. KG	1284

9. Abschnitt. Unternehmensnachfolge

§ 40 Die Nachfolge in Unternehmen und Gesellschaftsanteile

I. Einführung	1286
II. Die Entwicklung eines ganzheitlichen Nachfolgekonzeptes	1289
III. Die Übertragbarkeit von Unternehmen bzw. Gesellschaftsanteilen	1290
1. Gesetzliche Grundlagen	1290
2. Vertragliche Nachfolgeregelungen für Personengesellschaften	1293
3. Vertragliche Nachfolgeregelungen für Kapitalgesellschaften	1298
IV. Gesellschaftsrechtliche Maßnahmen zur Vorbereitung und Sicherung der Unternehmensnachfolge	1299
1. Die Wahl der Rechtsform und deren erbschaftsteuerliche Behandlung	1299
2. Die Schaffung klarer Unternehmensstrukturen	1300
3. Vertragliche Anpassungen zur Vorbereitung und Ausgestaltung der Nachfolge im Unternehmensvermögen	1301
4. Die Einsetzung beratender/entscheidender Gremien zur Begleitung der Unternehmensnachfolge	1301
V. Der Einfluss des Steuerrechts auf die Übertragung von Unternehmensvermögen	1303
1. Erbschaftsteuerliche Aspekte	1303
2. Einkommensteuerrechtliche Aspekte	1305
VI. Die Versorgung des Ehepartners	1306
1. Vorüberlegungen zur Versorgung des Ehepartners	1306
2. Die Zuwendung von Vermögensgegenständen unter Lebenden	1307
3. Die Vererbung von Privatvermögen	1308
4. Rentenzahlung und/oder sonstige feste Leistungen	1308
5. Variable Leistungen aus dem Nachlass oder Unternehmensvermögen	1310
VII. Die vorweggenommene Erbfolge	1312
1. Vorteile und Risiken der vorweggenommenen Erbfolge	1312
2. Mögliche Arten der vorweggenommenen Erbfolge	1314
3. Die Ausgestaltung der vorweggenommenen Erbfolge	1315
4. Die Beteiligung Minderjähriger an Gesellschaftsvermögen	1318
VIII. Der Unternehmensnachfolger als Alleinerbe	1322
1. Alleinerbenbestellung des Unternehmensnachfolgers	1322
2. Bestimmung von Ersatzerben	1322
3. Vor- und Nacherben	1323
4. Auflagen bezüglich der Unternehmensführung	1323
5. Vermächtnisse an überlebenden Ehepartner, Kinder und Dritte	1324
IX. Der Unternehmensnachfolger als Vermächtnisnehmer	1324
1. Änderung der Rechtsprechung zur Besteuerung von Sachvermächtnissen?	1324
2. Einzelunternehmen	1324
3. Anteile an Personengesellschaften	1325
4. Anteile an Kapitalgesellschaften	1326

Inhaltsverzeichnis

	Seite
X. Die Vererbung des Unternehmens/von Gesellschaftsanteilen an eine Erbengemeinschaft	1326
1. Einzelunternehmen	1326
2. Anteile an Personengesellschaften	1326
3. Anteile an Kapitalgesellschaften	1328
XI. Die Auswahl des Unternehmens-/Beteiligungsnachfolgers durch Dritte	1328
1. Wirtschaftliche Aspekte und Festlegung der Auswahlkriterien	1328
2. Rechtliche Rahmenbedingungen und Gestaltungsmöglichkeiten	1329
XII. Die Vererbung ausländischer Unternehmen und ausländischen Beteiligungsvermögens	1330
1. Der Erbfall mit Auslandsberührung	1330
2. Bedeutung ausländischer Rechtsnormen bei Anwendbarkeit deutschen Erbrechts	1331
3. Wirtschaftliche, rechtliche und steuerliche Aspekte einer Einbringung von Auslandsbeteiligungen in deutsche Gesellschaften	1331
XIII. Die Testamentsvollstreckung über Unternehmensvermögen	1332
1. Typische Anwendungsfälle einer Testamentsvollstreckung über Unternehmensvermögen	1332
2. Die Vergütung des Testamentsvollstreckers bei Unternehmensvermögen	1332

10. Abschnitt. Spezielle Themen in der Vermögensnachfolge

§ 41 Behinderte Kinder im Erbrecht

I. Sozialhilferechtliche Grundlagen	1334
II. Motivsuche, Interessenkollisionen	1335
III. Erbrechtliche Konsequenzen, Gestaltungsvarianten	1336
1. Vorbemerkung	1336
2. Ehevertragliche Überlegungen/Rechtsgeschäfte unter Lebenden	1337
3. Erbrechtliche Gestaltungsmöglichkeiten	1338
4. Schwachstellen und Detailprobleme beim „Behindertentestament"	1343

§ 42 Minderjährige im Erbrecht

I. Einführung	1349
1. Die Vertretung	1350
2. Die gerichtliche Zustimmung	1352
3. Internationales	1352
II. Besonderheiten der Mandatsannahme	1353
1. Minderjähriger Mandant als Erbe	1353
2. Der Minderjährige als Testator	1354
III. Der Minderjährige und der Erbvertrag	1355
IV. Der Minderjährige als Alleinerbe	1356
1. Die Annahme der Erbschaft	1356
2. Die Ausschlagung der Erbschaft	1356
3. Die Anfechtung der Annahme oder der Ausschlagung der Erbschaft	1358
V. Der Minderjährige als Miterbe	1358
1. Die Annahme und Ausschlagung der Erbschaft sowie entsprechende Anfechtungserklärungen	1358
2. Die Verwaltung des gesamthänderischen Nachlasses	1359
3. Die Erfüllung eines Vermächtnisses	1363
4. Der Austritt aus der Erbengemeinschaft und ihre Beendigung	1364
VI. Der Minderjährige als Vorerbe	1366
1. Nacherben sind die Eltern oder ein Elternteil	1367
2. Nacherben sind minderjährige Geschwister des minderjährigen Vorerben	1368
3. Mehrere minderjährige Geschwisterkinder sind Vorerben	1369

Inhaltsverzeichnis

	Seite
4. Genehmigung des Familien-/Vormundschaftsgerichts	1369
VII. Der Minderjährige als Nacherbe	1369
1. Vorerben sind die Eltern oder ein Elternteil	1369
2. Vorerben sind minderjährige Geschwister des minderjährigen Nacherben	1370
3. Nacherben sind mehrere minderjährige Geschwisterkinder	1370
4. Genehmigung des Familien-/Vormundschaftsgerichts	1370
5. Besonderheiten bei der Ausschlagung	1370
VIII. Der Minderjährige als Vermächtnisnehmer	1370
IX. Der Minderjährige als Vor- oder Nachvermächtnisnehmer	1371
X. Der Minderjährige als Pflichtteilsberechtigter	1371
1. Pflichtteilsansprüche gegen einen Elternteil	1371
2. Pflichtteilsansprüche gegen Geschwister	1372
XI. Der Minderjährige als Erb- und Pflichtteilsverzichtender	1373
XII. Der Minderjährige und der Erb- und Pflichtteilsverzicht der Eltern	1373
XIII. Der Minderjährige und die Testamentsvollstreckung	1373
1. Die Verwaltung des Nachlasses	1374
2. Die Nachlassauseinandersetzung durch den Testamentsvollstrecker	1375
3. Die Beendigung der Testamentsvollstreckung	1376
XIV. Der Minderjährige und die Anfechtung	1377
XV. Der minderjährige Erbe im Gesellschaftsrecht	1377
1. Der erbrechtliche Eintritt	1377
2. Die laufende Geschäftsführung unter Beteiligung minderjähriger Erben	1378
3. Änderung des Gesellschaftsvertrages unter Beteiligung minderjähriger Erben	1378
4. Die Haftungsbeschränkung für minderjährige Erben	1379

§ 43 Landwirtschaftliches Sondernachfolgerecht

I. Prüfungspunkte bei der landwirtschaftlichen Sondernachfolge	1381
II. Hoferbrecht	1381
1. Prinzip	1381
2. Rechtsgrundlagen	1382
3. Die wesentlichen Regelungen der Höfeordnung	1384
4. Die wesentlichen Regelungen des BGB zum Hoferbrecht	1388
5. Das landesrechtliche Anerbengesetz für Rheinland-Pfalz	1390
6. Erteilung des Erbscheins, Landwirtschaftsgericht	1391
III. Lebzeitige Übertragung des Hofes im Wege der vorweggenommenen Erbfolge nach der Höfeordnung	1391
1. Zivilrechtliche Einordnung und Abgrenzung zu anderen Geschäften	1391
2. Wirksamkeitsvoraussetzungen der Hofübergabe	1393
3. Formerfordernisse	1396
4. Typischer Inhalt des Übergabevertrags	1397
5. Genehmigung des Übergabevertrags	1400
IV. Übergabeverträge nach den Vorschriften des BGB	1402

§ 44 Vorsorgevollmacht und Patientenverfügung

I. Vorbemerkungen	1404
II. Vorsorgevollmacht	1405
1. Wirksamkeit und Reichweite	1405
2. Inhaltliche Ausgestaltung	1406
4. Widerrufsprobleme	1410
5. Mehrere Bevollmächtigte	1411
6. Vollmachtsbetreuung	1412
7. Form und Kosten der Vorsorgevollmacht	1412
8. Hinterlegung/Registrierung/Unterrichtungspflicht	1413

Inhaltsverzeichnis

	Seite
III. Betreuungsverfügung	1415
1. Allgemeines	1415
2. Regelungsinhalt	1416
IV. Patientenverfügung	1417
1. Begriff und Inhalt	1417
2. Wirksamkeit, Ausgestaltung und Form	1418
3. Vormundschaftsgerichtliche Genehmigung	1419
4. Reformbestrebungen	1420

§ 45 Auskunftspflichten im Erbrecht

I. Basiswissen zum Auskunftsrecht	1424
1. Verfahrensrechtliche Erwägungen	1424
2. Rechtsquellen und Anspruchsgrundlagen	1425
3. Auswahl wichtiger Anspruchsgrundlagen für die Auskunftserteilung/Erbenermittlung	1426
II. Einsatzzeitpunkte für Auskunftspflichten	1426
1. Der Erbfall	1426
2. Lebzeitige Auskunftsansprüche?	1426
III. Auskunftsrechtliche Termini, Inhalt und Rechtsfolgen	1427
1. Auskunft als Oberbegriff	1427
2. Instrumentarien zur Auskunftserteilung	1427
3. Aktiva und Passiva bei Aufzeichnungspflichten	1428
4. Inventar/Nachlassverzeichnis: Abgrenzung und Überschneidung	1428
IV. Die einzelnen Auskunftsansprüche im Erbrecht	1428
1. Ansprüche gegen den vorläufigen Erben, §§ 1959 ff., 666 BGB	1428
2. Ansprüche gegen den Erbschaftsbesitzer und gegen den sonstigen Besitzer, §§ 2027 Abs. 1 und Abs. 2 BGB	1429
3. Ansprüche gegen den Hausgenossen, § 2028 BGB	1431
4. Auskunftsobliegenheiten bei der Testamentsvollstreckung	1433
5. Ansprüche gegen den Nachlasspfleger/Nachlassverwalter	1436
6. Auskunftsansprüche des Pflichtteilsberechtigten gegen den Erben, § 2314 BGB	1437
7. Auskunftsansprüche des Vermächtnisnehmers	1437
8. Auskunftsansprüche bei Vor- und Nacherbschaft	1438
V. Auskunfts- und Informationspflichten innerhalb der Erbengemeinschaft	1439
1. Realer Nachlassbestand	1440
2. Gesetzliche Miterben und wechselseitige Informationsrechte bei Vorempfängen gemäß § 2057 BGB	1440
3. Auskunftsverzichtsvertrag	1440
4. Auskunftsberechtigte	1441
5. Verjährung	1442
VI. Erbengemeinschaft und Hausbank des Erblassers	1442
1. Allgemeines	1442
2. Auskunftspflichten des anderen Miterben	1442
3. Auskunftsverhältnis Miterbe – Hausbank des Erblassers	1443
VII. Auskunftsquellen: Übersicht	1444
VIII. Wer kann auf Auskunftsansprüche verzichten?	1445
IX. Die Verjährung von Auskunftsansprüchen	1445

§ 46 Bewertung im Erbrecht

I. Die Bewertung des Nachlasses	1446
II. Einzelfälle der Bewertung	1451
1. Unternehmen	1451
2. Grundstücke	1458

Inhaltsverzeichnis

	Seite
3. Bargeld/Geldforderungen	1461
4. Aktien/Festverzinsliche Wertpapiere	1462
5. Lebensversicherungen	1462
6. Kunstgegenstände, Schmuck, Sammlungen	1463
7. Kraftfahrzeuge	1464
8. Möbel, persönliche Gegenstände und Hausratsgegenstände	1464
9. Sonstige Rechte	1465
10. Bewertung im Landwirtschaftsrecht	1465

§ 47 Lebensversicherungen im Erbrecht

I. Einleitung	1468
1. Überblick	1468
2. Arten der Lebensversicherung	1469
II. Die Lebensversicherung im Erbrecht	1470
1. Die Bedeutung der Lebensversicherung im Erbrecht	1470
2. Die Zugehörigkeit der Lebensversicherung zum Nachlass	1470
3. Deckungsverhältnis	1471
4. Valutaverhältnis	1472
III. Die Lebensversicherung im Erbschaftsteuerrecht	1475
1. Fälle der Unentgeltlichkeit	1475
2. Fälle der Entgeltlichkeit	1476
3. Die Lebensversicherung im Erlebensfall	1476
4. Die Lebensversicherung im Erbfall	1476
5. Bestimmung des steuerbaren Zuwendungsgegenstandes/Bewertung	1476
6. Erbschaftsteuerbefreiung	1481
7. Gestaltungsempfehlungen/Praktische Hinweise	1483

§ 48 Deutsch-deutsches Erbrecht

I. Einführung	1491
1. Was ist deutsch-deutsches Erbrecht?	1491
2. Bedeutung	1491
II. Kollisionsrecht	1491
1. Problemstellung	1492
2. Sonderregelung für nichteheliche Kinder in Artikel 235 § 1 Abs. 2 EGBGB	1493
III. Materiellrechtliche Fragestellungen	1495
1. Gesetzliche Erbfolge	1495
2. Gewillkürte Erbfolge	1495
3. Erbschaftsausschlagungen und ihre Anfechtung	1501
4. Besonderheiten des Pflichtteilsrechts	1504
5. Erbverzichte	1507
6. Zusammenfassung	1508
IV. Nachlassverfahrensrechtliche Fragestellungen (Erbscheinsverfahren)	1508
1. Erbfälle vor dem 3.10.1990 (Altfälle)	1508
2. Erbfälle nach dem 2.10.1990 (Neufälle)	1510

§ 49 Nießbrauch im Erbrecht und bei der vorweggenommenen Erbfolge

I. Einleitung	1512
1. Nießbrauch als beschränktes dingliches Recht	1512
2. Aufspaltung von Verfügungsbefugnis und Erträgen	1512
3. Nießbrauchbestellung und Vermögensnachfolge	1512
4. Nießbrauchbestellung und steuerliche Gestaltung	1512

Inhaltsverzeichnis

	Seite
II. Nießbrauch als dingliches Recht	1513
1. Einräumung des Nießbrauchs	1513
2. Dinglicher Rechtsschutz des Nießbrauchers	1515
3. Inhaltliche Ausgestaltung des Nießbrauchs	1516
4. Einschränkungen der Übertragbarkeit des Nießbrauchs	1517
5. Nießbrauch in Zwangsvollstreckung und Zwangsverwaltung	1519
III. Zuständigkeitsabgrenzung zwischen Eigentümer und Nießbraucher	1519
1. Ausgestaltung von Rechten und Pflichten zwischen Eigentümer und Nießbrauchberechtigtem	1520
2. Ausübung von Mitwirkungsrechten	1523
IV. Nießbrauchsvermächtnis versus Vor- und Nacherbschaft	1525
1. Abgrenzung zwischen Nießbrauchsvermächtnis und Vor- und Nacherbschaft	1526
2. Unterschiede beider Gestaltungen	1526
V. Nießbrauch und Herausgabeansprüche von Pflichtteilsberechtigten und Vertragserben	1527
1. Pflichtteilsergänzungsanspruch gemäß § 2325 BGB	1527
2. Ausgleichsansprüche von Begünstigten aus Erbverträgen und Ehegattentestamenten	1528

Teil C. Die Vermögensnachfolge im Verfahren
1. Abschnitt. FGG-Verfahren
§ 50 Erbschein und sonstige Aufgaben des Nachlassgerichts

I. Überblick	1529
1. Aufgaben und Pflichten des Nachlassgerichts, der Notare und anderer beteiligter Behörden	1529
2. Aufgaben und Pflichten des Nachlassgerichts im Einzelnen	1530
II. Erbscheinsverfahren	1531
1. Erbscheinsantrag	1531
2. Materielle und prozessuale Rechtswirkungen des Erbscheins	1533
3. Verfahren zur Erteilung von Erbscheinen	1534
4. Arten und besondere Formen des Erbscheins	1537
5. Auslandsberührung	1538
6. Rechtsbehelfe/Einziehung/Kraftloserklärung	1538

§ 51 Testamentsvollstreckerzeugnis

I. Funktion und Rechtswirkungen des Testamentsvollstreckerzeugnisses	1541
II. Verfahren	1543
1. Zuständigkeit, Antrag auf Erteilung	1543
2. Verfahren des Nachlassgerichts	1544
3. Inhalt des Testamentsvollstreckerzeugnisses	1545
4. Rechtsmittel	1546
III. Einziehung und Rückgabe des Testamentsvollstreckerzeugnisses	1547
IV. Sachverhalte mit Auslandsberührungen	1548

§ 52 Testamentseröffnung

I. Verfahrensbesonderheiten	1549
1. Allgemeines	1549
2. Zuständigkeit	1550
3. Rechtsbehelfe und Kosten	1550

Inhaltsverzeichnis

	Seite
II. Voraussetzungen der Testamentseröffnung	1550
1. Testament in Verwahrung des Nachlassgerichts	1551
2. Tod des Erblassers	1551
III. Eröffnungsverfahren	1552
1. Terminbestimmung und Ladung	1552
2. Eröffnungstermin	1552
3. Benachrichtigung der Beteiligten	1553
4. Rechtsfolgen der Eröffnung	1553
5. Besonderheiten beim gemeinschaftlichen Testament und beim Erbvertrag	1553
IV. Ermittlung der Testamentserben	1555
1. Auskunftsansprüche gegenüber dem Nachlassgericht	1555
2. Einsichtnahme in das eröffnete Testament	1556
3. Auskünfte von Meldebehörden und Standesämtern	1556

§ 53 Sicherung des Nachlasses

I. Zuständigkeit	1557
II. Unklarheit über die Erbfolge	1558
III. Sicherungsbedürfnis	1559
IV. Sicherungsmaßnahmen	1560
1. Anlegung von Siegeln	1560
2. Amtliche Inverwahrungnahme	1561
3. Sperrung von Bankkonten	1561
4. Aufnahme Nachlassverzeichnis	1562
V. Nachlasspflegschaft	1562
VI. Prozessnachlasspflegschaft	1564
VII. Nachlassverwaltung	1565
VIII. Rechtsbehelfe	1565

§ 54 Vermittlungsverfahren zur Erbauseinandersetzung

I. Antragsvoraussetzungen	1566
1. Einleitung	1566
2. Zuständigkeit	1567
3. Antrag und Antragsberechtigung	1567
II. Antrag auf Vermittlung	1567
III. Verfahren und Maßnahmen	1568

§ 55 Grundbuch und Handelsregister

I. Beratungscheckliste	1570
II. Grundbuch	1571
1. Pflicht zur Berichtigung des Grundbuches/Ausnahmen	1571
2. Berichtigungsantrag	1571
3. Unrichtigkeitsnachweis	1571
4. Sonderfälle	1573
5. Kosten der Grundbuchberichtigung	1574
6. Rechtsbehelfe	1575
III. Handelsregister	1575
1. Anmeldepflicht	1575
2. Verfahren	1575
3. Einzelfirma	1575
4. Offene Handelsgesellschaft	1576
5. Kommanditgesellschaft	1577
6. GmbH	1577

Inhaltsverzeichnis

	Seite
7. Kosten der Registerberichtigung	1578
8. Rechtsbehelfe	1578

2. Abschnitt. Prozessverfahren

§ 56 Klagen im Zusammenhang mit der Anfechtung

I. Klage auf Feststellung des Erbrechts bei unwirksamer oder angefochtener Verfügung von Todes wegen	1579
1. Allgemeines	1580
2. Antrag	1581
3. Klagebegründung	1582
4. Erwiderung	1583
5. Darlegungs- und Beweislast	1583
6. Vorläufiger Rechtsschutz	1584
II. Anfechtungsklage bei Erbunwürdigkeit	1585
1. Allgemeines	1585
2. Antrag	1586
3. Klagebegründung	1587
4. Erwiderung	1587
5. Darlegungs- und Beweislast	1587
6. Vorläufiger Rechtsschutz	1588

§ 57 Klagen im Zusammenhang mit der Vermächtniserfüllung

I. Prozessuale Grundsätze zur Durchsetzung des Vermächtnisanspruches	1590
II. Außergerichtliche und gerichtliche Maßnahmen zur Durchsetzung des Vermächtnisanspruchs	1592
1. Sicherung und Erfüllung eines Vermächtnisanspruches auf Übertragung eines Grundstückes oder Einräumung von Grundstücksrechten	1592
2. Antrag auf Erlass einer einstweiligen Verfügung zwecks Eintragung einer Vormerkung	1597
3. Arrestgesuch	1598
4. Klage auf Auflassung des Grundstückes	1599
5. Klage auf Einräumung von sonstigen Grundstücksrechten	1601
6. Klage auf Übereignung beweglicher Sachen und Abtretung von Rechten	1601
7. Klage im Zusammenhang mit der Leistung eines nur der Gattung nach bestimmten Vermächtnisgegenstandes	1602
8. Gerichtliche Überprüfung von Bestimmungs- und Auswahlrechten	1602

§ 58 Klagen im Zusammenhang mit der Vor- und Nacherbfolge

I. Allgemeines zu den Klagen	1603
1. Verfahrensart und -grundsätze	1603
2. Zuständigkeit	1604
3. Beweislast	1604
4. Einstweiliger Rechtsschutz	1605
5. Zwangsvollstreckung	1606
II. Ausgewählte Klagen	1606
1. Klage des Vorerben gegen den Nacherben auf Einwilligung in bestimmte Geschäfte	1606
2. Klage des Nacherben gegen einen beschenkten Dritten auf Einwilligung in eine Grundbuchberichtigung	1607
3. Sonstige Klagen	1608

Inhaltsverzeichnis

Seite

§ 59 Klagen im Zusammenhang mit der Testamentsvollstreckung

    I. Der Testamentsvollstrecker als Partei kraft Amtes 1611
    II. Aktivklagen des Testamentsvollstreckers 1612
        1. Umfang der Prozessführungsbefugnis gemäß § 2212 BGB 1612
        2. Einschränkungen der Prozessführungsbefugnis 1613
        3. Prozessführung durch den Erben 1613
        4. Rechtskraftwirkung (§ 327 ZPO) 1614
        5. Gerichtsstand 1614
    III. Passivprozesse gegen den Testamentsvollstrecker 1615
        1. Prozessführungsbefugnis des Testamentsvollstreckers (§ 2213 BGB) 1615
        2. Geltendmachung von Ansprüchen gegen den Erben 1616
        3. Geltendmachung von Pflichtteilsansprüchen 1617
        4. Gerichtsstand 1617
        5. Urteilswirkung 1617
        6. Zwangsvollstreckung 1618
    IV. Klagen gegen den Testamentsvollstrecker persönlich 1619
    V. Einstweiliger Rechtsschutz 1620

§ 60 Klagen im Zusammenhang mit der Erbenhaftung

    I. Allgemeines 1622
        1. Haftungsbeschränkungsvorbehalt bei Leistungsklagen 1622
        2. Kein Beschränkungsvorbehalt bei Feststellungsklagen und dinglichen Pflichtenlagen 1624
        3. Die Zwangsvollstreckung gegen den Erben 1625
        4. Kosten, Prozesskostenhilfe 1625
        5. Gebührenanspruch; Streitwert 1626
        6. Zuständigkeiten; Zulässigkeit des Verfahrens 1628
    II. Musterklagen und -anträge 1629
        1. Antrag bei Klage eines Nachlassgläubigers gegen den Alleinerben auf Auflassung eines Grundstücks 1629
        2. Klage eines Nachlassgläubigers auf Auflassung bei Verwaltungsvollstreckung 1629
        3. Klagen gegen Miterben 1630
        4. Einwendungsklagen des Erben nach § 785 ZPO 1633
    III. Vorläufiger Rechtsschutz im Zusammenhang mit der Erbenhaftung 1634
        1. Allgemeines 1634
        2. Arrestantrag 1635
        3. Antrag auf Erlass einer einstweiligen Verfügung auf Eintragung einer Vormerkung 1636
        4. Besonderheit bei Miterben 1636
        5. Antrag auf Erlass einer einstweiligen Verfügung auf Eintragung eines Widerspruchs 1636
        6. Eintragung eines Rechtshängigkeitsvermerks 1637

§ 61 Klagen im Zusammenhang mit Miterben

    I. Auseinandersetzungsklage 1639
        1. Erstes Beratungsgespräch 1639
        2. Vorbereitung der Teilungsklage 1640
        3. Prozessplanung durch Kläger 1644
        4. Klageerhebung 1646
        5. Verteidigung des beklagten Miterben 1648
    II. Teilungsversteigerung 1648
        1. Einleitung 1648

Inhaltsverzeichnis

	Seite
2. Zuständigkeit	1649
3. Beizufügende Unterlagen nach § 35 GBO	1649
4. Antragsmuster	1650
5. Die wichtigsten Rechtsmittel	1650
6. Übersicht über die wichtigsten Fristen	1651
7. Ergebnis einer erfolgreichen Versteigerung	1652
8. Kosten	1652
9. Großes und kleines Antragsrecht	1652
III. Klage eines Miterben auf Erfüllung eines Anspruchs des Nachlasses	1652
1. Einleitung	1652
2. Prozesstaktik	1652
3. Muster mit Erläuterungen	1652
IV. Klage eines Miterben auf Zustimmung zu Verwaltungsmaßnahmen	1653
1. Einleitung	1653
2. Muster für einen Klageantrag	1653
V. Verwaltungsmaßnahmen und einstweiliger Rechtsschutz	1653
1. Einleitung	1653
2. Einstweiliger Rechtsschutz bei Willenserklärungen	1654

§ 62 Klagen im Zusammenhang mit dem Pflichtteilsanspruch

I. Zuständigkeit	1656
II. Klagen des Pflichtteilsberechtigten	1657
1. Auskunftsklage	1657
2. Stufenklage auf Auskunft, Eidesstattliche Versicherung und Zahlung des Pflichtteils	1657
3. Leistungsklagen wegen eines Pflichtteilsergänzungsanspruches	1660
4. Klage auf Feststellung des Pflichtteils	1664
III. Einreden gegen den Pflichtteilsanspruch	1664
IV. Darlegungs- und Beweislast	1665
V. Rechtsmittel	1665

§ 63 Klagen in Zusammenhang mit § 2018 BGB

I. Klageanträge	1667
1. Verbindung des Herausgabeanspruchs mit der Auskunftsklage und der Erbenfeststellungsklage	1667
2. Klageantrag	1668
II. Prozessuale Besonderheiten der Klage in Zusammenhang mit § 2018 BGB	1668
1. Zuständigkeit	1668
2. Gebührenstreitwert	1669
3. Beweislastfragen	1669
4. Vorläufiger Rechtsschutz	1670

§ 64 Klagen im Zusammenhang mit § 2287 BGB

I. Die Interessenlage der Beteiligten Klagevoraussetzungen	1671
1. Allgemeines	1671
2. Materielle Klagevoraussetzungen	1672
II. Gerichtliche Geltendmachung zu Lebzeiten des Erblassers	1675
1. Einstweilige Verfügung und Vormerkungsfähigkeit des Herausgabeanspruchs	1675
2. Klagen des Vertragserben auf Rückforderung nach § 826 BGB und auf Feststellung eines künftigen Anspruches aus § 2287 BGB	1675

Inhaltsverzeichnis

Seite

§ 65 Die Klage bei Zuwendungen auf den Todesfall

 I. Verträge zugunsten Dritter auf den Todesfall (mit Lebensversicherung) 1677
 II. Aufschiebend bedingte Versprechensschenkung im Zweipersonenverhältnis 1678
 III. Notgeschäftsführung 1679
 IV. Muster einer Klageschrift bei Vertrag zugunsten Dritter auf den Todesfall 1679

§ 66 Klagen im Zusammenhang mit dem Auskunftsanspruch

 I. Vorbemerkung 1681
 II. Auskunftsklage 1681
 III. Stufenklage gemäß § 254 ZPO 1682
  1. Rechtsverfolgung und Stufenklage 1682
  2. Die Prinzipien bei der Stufenklage 1682
  3. Drei Stufen und ihre Unwägbarkeiten 1682
  4. Stufenklage und Klägerherrschaft 1683
  5. Streitwertfragen und Kostenlast 1683
 IV. Auskunft und einstweiliger Rechtsschutz 1684
 V. Akteneinsichtsrechte 1684
 VI. Informationen aus Gutachten für das eigene Klagevorbringen Sachverständigengutachten/Krankenakten 1684
 VII. Klagemuster 1685
  1. Auskunftsklage gegen den Erbschaftsbesitzer 1685
  2. Stufenklage/Erbschaftsklage gegen den Erbschaftsbesitzer 1685
  3. Stufenklage gegen den Hausgenossen 1686
  4. Stufenklage des Pflichtteilsberechtigten 1686

3. Abschnitt. Schiedsverfahren und Mediation

§ 67 Das erbrechtliche Schiedsgericht

 I. Einführung 1689
  1. Begriff des erbrechtlichen Schiedsgerichts 1689
  2. Zweckmäßigkeit des erbrechtlichen Schiedsgerichts 1689
 II. Abgrenzung zu verwandten Rechtsinstituten 1691
  1. Das vertragliche Schiedsgericht 1691
  2. Schiedsgutachteranordnung 1691
  3. Mediation 1691
 III. Zulässigkeit und Rechtsnatur der Anordnung 1692
 IV. Formerfordernisse 1694
 V. Inhaltliche Reichweite und erfasster Personenkreis 1694
  1. Testament 1694
  2. Erbvertrag und gemeinschaftliches Testament 1698
 VI. Das Schiedsgericht 1698
 VII. Das Schiedsverfahren 1699
 VIII. Schiedsspruch und Schiedsvergleich 1700
  1. Schiedsspruch 1700
  2. Schiedsvergleich 1700
  3. Steuerliche Berücksichtigung 1700
 IX. Honorierung des Schiedsgerichts 1701
  1. Gebühren 1701
  2. Steuerliche Abzugsfähigkeit 1701
 XI. Formulierungsmöglichkeiten 1702

Inhaltsverzeichnis

§ 68 Mediation von Erbstreitigkeiten

	Seite
I. Einführung	1705
1. Begriff der Mediation	1705
2. Angewandte Verhandlungsforschung	1705
3. Falsches Image und nüchterne Realität	1706
4. Abgrenzung zu Prozess, Schiedsverfahren und Schlichtung	1707
5. Mediation als qualifizierte Dienstleistung	1708
II. Eignungskriterien für die Erbmediation	1708
1. Ausgangspunkt: Nachteile gerichtlicher Erbauseinandersetzungen	1708
2. Vor- und Nachteile der Mediation	1709
3. Grundbedingungen der Mediation	1710
4. Checkliste für die Verfahrenswahl	1710
5. Warum Mediation funktioniert	1711
III. Verfahrenseinleitung: Vom Konflikt zur Mediation	1711
1. Mediationsvereinbarung nach Ausbruch des Konflikts	1711
2. Mediationsklauseln in Testamenten und Erbverträgen	1711
3. Musterklauseln	1713
4. Alternative Verfahrenseinleitung	1714
IV. Vorbereitung der Mediation	1714
1. Bestimmung und Beauftragung des Mediators	1714
2. Schriftliche Vorbereitung der Verhandlung	1715
V. Der Verfahrensablauf	1716
1. Erste Phase: Der Verhandlungsvertrag	1716
2. Zweite Phase: Ermittlung wechselseitiger Interessen	1717
3. Dritte Phase: Objektive Informationserhebung	1718
4. Vierte Phase: Verhandlung und Lösungssuche	1719
5. Fünfte Phase: Abschluss des Vergleichsvertrags	1721
VI. Kosten des Verfahrens	1722
1. Gebühr der Mediationsvereinigung	1722
2. Vergütung des Mediators	1722
3. Honorar der Parteianwälte	1723
4. Sonstige Kosten	1723
5. Kostenerstattung	1723
6. Kostenvorteil gegenüber dem Zivilprozess?	1724
VII. Mediation als anwaltliche Aufgabe	1724
1. Tätigkeit als Mediator	1724
2. Tätigkeit als Parteianwalt	1725
VIII. Ausblick: Erbmediation – ein Verfahren mit Zukunft	1727

Teil D. Steuerverfahren

§ 69 Besteuerungsverfahren

I. Allgemeines	1730
1. Das Verfahrensrecht	1730
2. Aktuelle Gesetzesänderungen	1730
II. Systematische Einordnung des Besteuerungsverfahrens	1731
1. Einschlägige Gesetze und Ausführungsvorschriften	1731
2. Aufbau und grundlegende Besonderheiten des Steuerverfahrens	1732
III. Darstellung der Rechtsbehelfe	1742
1. Außergerichtlicher Rechtsbehelf: Einspruch	1742
2. Gerichtliche Rechtsbehelfe und Rechtsmittel	1745
IV. Darstellung des finanzgerichtlichen Prozesses	1753
1. Verfahrensgrundsätze	1753

Inhaltsverzeichnis

    2. Sachaufklärung und Entscheidungsfindung durch das Gericht 1754
    3. Entscheidung des Gerichts 1756
  V. Praxisrelevante Fragen zum Erbschaftsteuerrecht 1757
    1. Erklärungsverpflichtung und Anzeigeverpflichtung 1757
    2. Steuererklärung bei der Bedarfsbewertung 1757
  VI. Amtliche Formulare zur Erbschaftsteuererklärung 1757
    1. Erbschaftsteuererklärung 1757
    2. Amtliche Anleitung zur Erbschaftsteuererklärung 1764
    3. Ergänzende Hinweise zum Ausfüllen der Steuererklärung 1770
    4. Muster: Einspruchsschreiben mit Antrag auf Aussetzung der Vollziehung ... 1770
    5. Muster: Finanzgerichtliche Klage 1771

Teil E. Besonderheiten bei der Tätigkeit eines Notars

§ 70 Besonderheiten bei der Tätigkeit eines Notars

  I. Grundzüge des Beurkundungsrechts 1774
    1. Vorbemerkung 1774
    2. Sinn und Zweck der Form 1774
    3. Stellung und Zuständigkeit des Notars im Beurkundungsverfahren 1775
    4. Aufsicht/Disziplinarrecht 1780
  II. Das Beurkundungsverfahren bei Verfügungen von Todes wegen 1781
    1. Privatschriftliches oder öffentliches Testament? 1781
    2. Besonderheiten für die Beurkundung einer Verfügung von Todes wegen ... 1782
  III. Die Amtshaftung des Notars 1784
    1. Allgemeine Haftungsgrundsätze 1784
    2. Verjährung 1787
    3. Haftungsbeschränkung 1787
  IV. Kosten des Notars 1787
    1. Grundzüge des Kostenrechts, Gebührentatbestände im Erbrecht 1787
    2. Wertermittlung 1792
    3. Fälligkeit und Vollstreckbarkeit der Notarkosten 1793

Sachverzeichnis 1795

Autorenverzeichnis

Dr. Joerg Andres, Rechtsanwalt, Fachanwalt
für Steuerrecht und Steuerberater,
Director Legal & Tax/Human Resources
Düsseldorf

Prof. Dr. Manfred Bengel, Notar
Prof. Dr. Bengel & Dr. Fleischer
Fürth

Carl-Günther Benninghoven, Notar
Benninghoven & Dr. Hilsbos
Koblenz

Dr. Holger de Leve, Rechtsanwalt und
Fachanwalt für Familienrecht
Eilts & Kollegen
Nordhorn

Ingolf Erker, Notar
Wiesloch

Dr. Ernst Martin Feick, Rechtsanwalt
Shearman & Sterling LLP
Mannheim

Carsten Hennicke, Rechtsanwalt
Rowedder Zimmermann Hass
Mannheim

Dieter Jeschke, Rechtsanwalt
Leinfelden-Echterdingen

Dr. Martin Kasper, Rechtsanwalt und
Fachanwalt für Arbeitsrecht
Magnus Lang Rechtsanwälte
Heilbronn

Prof. Dr. Christopher Keim, Notar
Bingen und Gau-Algesheim

Dr. Rainer Kögel, Rechtsanwalt
Hennerkes Kirchdörfer & Lorz
Stuttgart

Dr. Rainer Lorz, LL.M., Rechtsanwalt
Hennerkes Kirchdörfer & Lorz
Stuttgart

Dirk Oppelt, Notar
Wiesloch

Mark Pawlytta, Rechtsanwalt
Shearman & Sterling LLP
Frankfurt am Main

Oliver Ridder, Rechtsanwalt
*Glauber Steinberg Stenger
Hannemann Uhlmannsiek*
Hamburg

Dr. Jörg Risse, LL.M., Rechtsanwalt,
Attorney at Law (New York)
Baker & McKenzie Partnerschaftsgesellschaft
Frankfurt am Main

Dr. Jörg Ritter, Rechtsanwalt und
Fachanwalt für Steuerrecht
Holme Roberts & Owen
München

Ernst Sarres, Rechtsanwalt,
Fachanwalt für Erbrecht und
Fachanwalt für Familienrecht
Düsseldorf

Dr. Jochen Scheel, LL.M., Rechtsanwalt
Smeets Haas Wolff
Frankfurt am Main

Dr. Georg T. Scherl, Rechtsanwalt,
Fachanwalt für Steuerrecht und Steuerberater
Schröder – Hilgendorff
Frankfurt am Main

Dr. Stephan Scherer, Rechtsanwalt
und Fachanwalt für Erbrecht
Shearman & Sterling LLP
Mannheim

Dr. Gerhard Schlitt, Rechtsanwalt und
Fachanwalt für Erbrecht
Dr. Hohmann – Dr. Schlitt
Fulda

Dr. Matthias Siegmann, Rechtsanwalt
Siegmann & Kollegen
Karlsruhe

Ulf von Sothen, MBA, Rechtsanwalt,
Fachanwalt für Steuerrecht und Steuerberater
Schwanenland
Hamburg

Autorenverzeichnis

Martina Machulla-Notthoff, Rechtsanwältin
Neustadt am Rübenberge

Dr. Michael Malitz, Rechtsanwalt
Taylor Wessing
Düsseldorf

Dr. Christian von Oertzen, Rechtsanwalt und
Fachanwalt für Steuerrecht
Flick Gocke Schaumburg
Frankfurt am Main

Dr. Roland Wiester, Rechtsanwalt
bjw Rechtsanwälte
Mannheim

Ingrid Stahl, Rechtsanwältin
Rowedder Zimmermann Haß
Mannheim

Dr. Thomas Steinhauer, Notarassessor
Notarkammer
Koblenz

Dr. Carola Stenger, LL.M., Rechtsanwältin
*Glauber Steinberg Stenger
Hannemann Uhlmannsiek*
Hamburg

* * * *

Günther R. Hagen, Rechtsanwalt
München
(Sachverzeichnis)

Abkürzungs- und Literaturverzeichnis

Hinweis: Literatur, die nur Bezug zu speziellen Kapiteln hat, wird dort aufgeführt (insbesondere Zeitschriftenaufsätze).

a.A.	anderer Ansicht
a.a.O.	am angegebenen Ort
abl.	ablehnend
ABl	Amtsblatt
Abs.	Absatz
Abschn.	Abschnitt
AcP	Archiv für die civilistische Praxis
a.E.	am Ende
a.F.	alte Fassung
AG	Aktiengesellschaft, Amtsgericht, Ausführungsgesetz
AGB	Allgemeine Geschäftsbedingungen
AGBG	Gesetz zur Regelung des Rechts der Allgemeinen Geschäftsbedingungen
AKBGB/*Bearbeiter*	Alternativkommentar zum BGB, 1979 ff.
AktG	Aktiengesetz
ALB	Allgemeine Lebensversicherungs- Bedingungen
Allg.M.	allgemeine Meinung
ALR	Allgemeines Landrecht für die preußischen Staaten
Alt.	Alternative
a.M.	anderer Meinung
AnfG	Anfechtungsgesetz
Anh.	Anhang
Anl.	Anlage
Anm.	Anmerkung
AnwBl	Anwaltsblatt (Zeitschrift)
AO	Abgabenordnung
Art.	Artikel
Aufl.	Auflage
Az.	Aktenzeichen
BAG	Bundesarbeitsgericht
BAGE	Amtliche Sammlung von Entscheidungen des Bundesarbeitsgerichtes
BAnz	Bundesanzeiger
Baumbach/Lauterbach/*Bearbeiter*	Baumbach/Lauterbach/Albers/Hartmann, Kommentar zur Zivilprozessordnung, 64. Aufl 2006
BayObLG	Bayerisches Oberstes Landesgericht
BayObLGZ	Amtliche Sammlung von Entscheidungen des BayObLG in Zivilsachen
BayVBl	Bayerische Verwaltungsblätter
BB	Der Betriebs-Berater
Bd	Band
Bengel/Reimann	Handbuch der Testamentsvollstreckung, 3. Aufl. 2001
bestr.	bestritten
betr.	betrifft
BetrVG	Betriebsverfassungsgesetz
BeurkG	Beurkundungsgesetz
BezG	Bezirksgericht
BFH	Bundesfinanzhof
BFHE	Sammlung der Entscheidungen des Bundesfinanzhofes

Abkürzungs- und Literaturverzeichnis

BFH/NV	Sammlung der nicht veröffentlichten Entscheidungen des Bundesfinanzhofes
BGB	Bürgerliches Gesetzbuch
BGBl	Bundesgesetzblatt
BGH	Bundesgerichtshof
BGHSt	Amtliche Sammlung von Entscheidungen des Bundesgerichtshofes in Strafsachen
BGHZ	Amtliche Sammlung von Entscheidungen des Bundesgerichtshofes in Zivilsachen
Bl.	Blatt
BMF	Bundesminister der Finanzen
BMJ	Bundesminister(ium) der Justiz
BMWi	Bundesminister(ium) für Wirtschaft
BNotO	Bundesnotarordnung
BR	Bundesrat
BR-Drucks	Drucksache des Bundesrates
BRAO	Bundesrechtsanwaltsordnung
BRAGO	Bundesrechtsanwaltsgebührenordnung
Brox	Erbrecht, 21. Aufl. 2004
BSG	Bundessozialgericht
BSHG	Bundessozialhilfegesetz
BStBl	Bundessteuerblatt Teile I, II, III
BT	Bundestag
BT-Drucks	Drucksache des Deutschen Bundestages
BVerfG	Bundesverfassungsgericht
BVerfGE	Amtliche Sammlung der Entscheidungen des BVerfG
BVerwG	Bundesverwaltungsgericht
BVerwGE	Amtliche Sammlung der Entscheidungen des BVerwG
BWNotZ	Zeitschrift für das Notariat in Baden-Württemberg
bzgl.	bezüglich
bzw.	beziehungsweise
c.i.c.	culpa in contrahendo
Crezelius	Unternehmenserbrecht, 1998
DB	Der Betrieb
DBA	Doppelbesteuerungsabkommen
DGVZ	Deutsche Gerichtsvollzieherzeitung
d. h.	das heißt
DNotZ	Deutsche Notarzeitung
DÖV	Die öffentliche Verwaltung
DRiZ	Deutsche Richterzeitung
Drucks	Drucksache
DStR	Deutsches Steuerrecht
DtZ	Deutsch-Deutsche Rechts-Zeitschrift
DVO	Durchführungsverordnung
DWiR/DZWiR	Deutsche Zeitschrift für Wirtschaftsrecht
Ebenroth	Erbrecht, 1992
EFG	Entscheidungen der Finanzgerichte
EG	Europäische Gemeinschaft; Einführungsgesetz
EGBGB	Einführungsgesetz zum BGB
1. EheRG	Erstes Gesetz zur Reform des Ehe- und Familienrechts
Einf	Einführung
Einl	Einleitung
ErbbRVO	Verordnung über das Erbbaurecht
ErbStR	Erbschaftsteuer-Richtlinie

Abkürzungs- und Literaturverzeichnis

Erman/*Bearbeiter*	Handkommentar zum Bürgerlichen Gesetzbuch, 11. Aufl. 2004
Esch/Baumann/ *Schulze zur Wiesche*	Handbuch der Vermögensnachfolge, 6. Aufl. 2001
EStG	Einkommensteuergesetz
EuGH	Europäischer Gerichtshof
EWiR	Entscheidungen zum Wirtschaftsrecht, Loseblattsammlung
FamRZ	Zeitschrift für das gesamte Familienrecht
f./ff.	folgende
Ferid/Frisching/ Lichtenberger/ Bearbeiter	Internationales Erbrecht (Loseblattsammlung)
FG	Finanzgericht
FGG	Gesetz über die Angelegenh. der freiwilligen Gerichtsbarkeit
Firsching/Graf	Nachlaßrecht, 8. Aufl. 2000
Fn.	Fußnote
Frieser, Anwaltliche Praxis	Die Anwaltliche Praxis in Erbschaftssachen, 1995
Frieser, Anwaltliche Strategien	Anwaltliche Strategien im Erbschaftsstreit, 2. Aufl. 2004
Frieser/Sarres/ Bearbeiter	Frieser/Sarres/Stückemann/Tschichoflos, Handbuch des Fachanwalts Erbrecht, 2005
FR	Finanz-Rundschau
Fritz/Bünger	Praxishandbuch Erbrecht (Loseblattsammlung)
FS	Festschrift
FuR	Familie und Recht
GBO	Grundbuchordnung
GE	Das Grundeigentum
gem	gemäß
GenG	Genossenschaftsgesetz
GewO	Gewerbeordnung
GewStG	Gewerbesteuergesetz
GG	Grundgesetz
ggf.	gegebenenfalls
GKG	Gerichtskostengesetz
GmbH	Gesellschaft mit beschränkter Haftung
GmbHG	Gesetz betreffend die Gesellschaften mit beschränkter Haftung
Gottwald	Pflichtteilsrecht, 2000
Graf	Erb- und Nachlassrecht, 2006
GrEStG	Grunderwerbsteuergesetz
GrStG	Grundsteuergesetz
GrdstVG	Gesetz über die Maßnahmen zur Verbesserung der Agrarstruktur und zur Sicherung land- und forstwirtschaftlicher Betriebe (Grundstücksverkehrsgesetz)
Groll/*Bearbeiter*	Praxis-Handbuch Erbrechtsberatung, 2. Aufl. 2005
Gürsching/Stenger	Kommentar zum Bewertungsgesetz und Vermögensteuergesetz (Loseblatt)
Gursky	Erbrecht, 4. Aufl. 2004
GVBl	Gesetz- und Verordnungsblatt
GVG	Gerichtsverfassungsgesetz
GVKostG	Gesetz über Kosten der Gerichtsvollzieher
GWB	Gesetz gegen Wettbewerbsbeschränkungen
Haegele/Winkler	Der Testamentsvollstrecker: nach bürgerlichem, Handels- und Steuerrecht, 17. Aufl. 2005

Abkürzungs- und Literaturverzeichnis

HaftpflG	Haftpflichtgesetz
Halbs./HS	Halbsatz
Hartmann	Kostengesetze, Kommentar, 36. Aufl. 2006
HausratsV	Hausratsverordnung
HausTWG	Gesetz über den Widerruf von Haustürgeschäften und ähnlichen Geschäften
HeimG	Heimgesetz
Heldrich/Eidenmüller	Erbrecht, 4. Aufl. 2001
Hennerkes	Familienunternehmen sichern und optimieren, 1998
HGB	Handelsgesetzbuch
h.L.	herrschende Lehre
h.M.	herrschende Meinung
HöfeO	Höfeordnung
Hrsg.	herausgegeben
Hübner	Unternehmensnachfolge im Erbschafts- und Schenkungsteuerrecht, 1998
i. d. F.	in der Fassung
i. d. R.	in der Regel
INF	Die Information über Steuer und Wirtschaft
insb.	insbesondere
InsO	Insolvenzordnung
IPRax	Praxis des Internationalen Privat- und Verfahrensrechts
i. S. d.	im Sinne des/der
IStR	Internationales Steuerrecht
i.S v.	im Sinne von
i.Ü.	im Übrigen
i.V. m.	in Verbindung mit
IWB	Intrenationale Wirtschafts- Briefe
Jauernig/*Bearbeiter*	Bürgerliches Gesetzbuch, Kommentar, 11. Aufl. 2004
JFG	Jahrbuch für Entscheidungen in Angelegenheiten der freiwilligen Gerichtsbarkeit und des Grundbuchrechtes
JherJb	Jherings Jahrbücher
JMBl	Justizministerialblatt
JR	Juristische Rundschau
JurBüro	Das juristische Büro
JuS	Juristische Schulung
Justiz	Die Justiz
JW	Juristische Wochenschrift
JZ	Juristen-Zeitung
Kap.	Kapitel
Kapp/Ebeling	Erbschaftsteuer- und Schenkungsteuergesetz (Loseblatt)
Kerscher/Riedel/ Lenz	Pflichtteilsrecht in der anwaltlichen Praxis, 3. Aufl. 2002
Kerscher/Tanck/Krug/ Bearbeiter	Das erbrechtliche Mandat, 3. Aufl. 2003
KG	Kammergericht, Kommanditgesellschaft
KGaA	Kommanditgesellschaft auf Aktien
Kipp/Coing	Erbrecht, 14. Bearb. 1990
Komm.	Kommentar
KostO	Kostenordnung
KostRspr	Kosten-Rechtsprechung, Entscheidungssammlung
KreisG	Kreisgericht
Krug/Rudolf/Kroiß/ Bearbeiter	Erbrecht, 2. Aufl. 2003

Abkürzungs- und Literaturverzeichnis

KTS	Zeitschrift für Konkurs-, Treuhand- und Schiedsgerichtswesen
KWG	Kreditwesengesetz
Landsittel	Gestaltungsmöglichkeiten von Erbfällen und Schenkungen, 3. Aufl. 2006
Lange/Kuchinke	Lehrbuch des Erbrechts, 5. Aufl. 2001
Langenfeld	Testamentsgestaltung, 3. Aufl. 2002
Leipold	Erbrecht, 16. Aufl. 2006
LM	*Lindenmaier/Möhring*, Nachschlagewerk des BGH in Zivilsachen
LS	Leitsatz
m. abl. Anm.	mit ablehnender Anmerkung
MaBV	Makler- und Bauträgerverordnung
Mayer/Bonefeld/Daragan	Praxishandbuch Testamentsvollstreckung, 2000
MDR	Monatsschrift für Deutsches Recht
Meincke	Erbschaftsteuer- und Schenkungssteuergesetz, 14. Aufl. 2004
MittRhNotK	Mitteilungen der Reihnischen Notar-Kammer
Mot	Motive zu dem Entwurf eines Bürgerlichen Gesetzbuches für das Deutsche Reich (Bände I–V)
MünchKommBGB/*Bearbeiter*	Münchener Kommentar zum BGB, 4. Aufl. 2001 ff.
MünchKommHGB/*Bearbeiter*	Münchener Kommentar zum HGB, 1. Aufl. 1997 ff., 2. Aufl. 2005 ff.
MünchKommInsO/*Bearbeiter*	Münchener Kommentar zur Insolvenzordnung, 2001 ff.
MünchKommZPO/*Bearbeiter*	Münchener Kommentar zur Zivilprozessordnung, 2. Aufl. 2000 ff.
m.w.N.	mit weiteren Nachweisen
MWSt	Mehrwertsteuer
m. zust. Anm.	mit zustimmender Anmerkung
NdsRpfl	Niedersächsische Rechtspflege
n.F.	neue Fassung
Nieder	Handbuch der Testamentsgestaltung, 2. Aufl. 2000
NJW	Neue Juristische Wochenschrift
NJW-FER	NJW- Entscheidungsdienst Familien- und Erbrecht
NJW-RR	NJW-Rechtsprechungs- Report Zivilrecht
Nr.	Nummer(n)
NWB	Neue Wirtschafts- Briefe für Steuer- und Wirtschaftsrecht
o. g.	oben genannte
OGHZ	Entscheidungen des Obersten Gerichtshofs für die Britische Zone in Zivilsachen
OHG	Offene Handelsgesellschaft
OLG	Oberlandesgericht
OLGZ	Rechtsprechung der Oberlandesgerichte in Zivilsachen
OVG	Oberverwaltungsgericht
OWi	Ordnungswidrigkeit
OWiG	Gesetz über Ordnungswidrigkeiten
p.a.	per annum
Palandt/*Bearbeiter*	BGB, Kommentar, 65. Aufl. 2006
Prot	Protokolle der Kommission für die 2. Lesung des Entwurfs des BGB
PStG	Personenstandsgesetz
pVV	positive Vertragsverletzung

Abkürzungs- und Literaturverzeichnis

RabelsZ	Zeitschrift für ausländisches und internationales Privatrecht
RdL	Recht der Landwirtschaft
Rdnr.	Randnummer
RE	Rechtsentscheid
Reimann/Bengel/J.Mayer/ *Bearbeiter*	Testament und Erbvertrag, 5. Aufl. 2006
RG	Reichsgericht
RGBl	Reichsgesetzblatt
RGRK/*Bearbeiter*	das Bürgerleiche Gesetzbuch, Kommentar, herausgegeben von Mitgliedern des Bundesgerichtshofs, 12. Aufl. 1974 ff.
RGZ	Entscheidungen des Reichsgerichtes in Zivilsachen
Rohlfing	Erbrecht in der anwaltlichen Praxis, 2. Aufl. 1999
Rpfl.	Der Deutsche Rechtspfleger
RpflegerG	Rechtspflegergesetz
Rspr	Rechtsprechung
RsprN	Rechtsprechungsnachweis(e)
RWS	Kommunikationsform Recht – Wirtschaft – Steuern
s.	siehe
S.	Satz, Seite
Schauhoff	Handbuch der Gemeinnützigkeit, 2. Aufl. 2005
Schlüter	Erbrecht, 15. Aufl. 2004
SeuffA	Seufferts Archiv für Entscheidungen der obersten Gerichte
s. o.	siehe oben
Soergel/*Bearbeiter*	Bürgerliches Gesetzbuch, Kommentar, 12. Aufl. 1991 ff.
sog	sogenannte(r)
Spiegelberger	Vermögensnachfolge, 1994
Staudinger/*Bearbeiter*	Bürgerliches Gesetzbuch, Kommentar, 13. Aufl. 1993 ff.
StBerG	Steuerberatungsgesetz
StGB	Strafgesetzbuch
StPO	Strafprozessordnung
St. Rspr.	ständige Rechtsprechung
s. u.	siehe unten, siehe unter
Sudhoff/*Bearbeiter*	Unternehmensnachfolge, 5. Aufl. 2005
Sudhoff GmbH & Co. KG/*Bearbeiter*	GmbH & Co. KG, 6. Aufl. 2005
Sudhoff Personengesellschaften/*Bearbeiter*	Personengesellschaften, 8. Aufl. 2005
TestG	Gesetz über die Errichtung von Testamenten und Erbverträgen
TestÜbk	Haager Testamentsübereinkommen
Thomas/Putzo	ZPO, Kommentar, 27. Aufl. 2005
Troll/Gebel/Jülicher	Erbschaftsteuer- und Schenkungsteuergesetz (Loseblatt)
Tschichoflos	Erbrecht in der anwaltlichen Beratung, 2000
u. a.	unter anderem; und andere
u. Ä.	und Ähnliche(s)
UmwG	Umwandlungsgesetz
UnStFG	Unternehmenssteuer- Fortentwicklungsgesetz
Urt	Urteil
UWG	Gesetz gegen den unlauteren Wettbewerb
UStG	Umsatzsteuergesetz
usw	und so weiter
u. U.	unter Umständen
UVR	Umsatz- und Verkehrsteuer- Recht
VG	Verwaltungsgericht

Abkürzungs- und Literaturverzeichnis

VGH	Verwaltungsgerichtshof
vgl.	vergleiche
VO	Verordnung
VOBl	Verordnungsblatt
Vor/Vorbem.	Vorbemerkung
WährG	Währungsgesetz
Warn Rspr	Rechtsprechung des Reichsgerichts, hrsg von Warneyer
WEG	Gesetz über das Wohnungseigentum und das Dauerwohnrecht v. 15.3.1951, BGBl I, 175
Weirich	Erben und Vererben, 5. Aufl. 2004
WiStG	Wirtschaftsstrafgesetz
WM	Zeitschrift für Wirtschaft und Bankrecht, Wertpapiermitteilungen
WRP	Wettbewerb in Recht und Praxis
WuM	Wohnungswirtschaft und Mietrecht (Zeitschrift)
z. B.	zum Beispiel
Zerb	Zeitschrift für die Steuer- und Erbrechtspraxis
ZEV	Zeitschrift für Erbrecht und Vermögensnachfolge
ZGB	Zivilgesetzbuch der ehem DDR
Ziff.	Ziffer
Zimmermann	Die Testamentsvollstreckung, 2. Aufl. 2003
ZIP	Zeitschrift für Wirtschaftsrecht und Insolvenzrecht
Zöller/*Bearbeiter*	ZPO, Kommentar, 25. Aufl. 2005
ZOV	Zeitschrift für offene Vermögensfragen
ZPO	Zivilprozessordnung
ZRP	Zeitschrift für Rechtspolitik
ZSEG	Gesetz über die Entschädigung von Zeugen und Sachverständigen
ZSW	Zeitschrift für das gesamte Sachverständigenwesen
z. T.	zum Teil
ZVG	Zwangsversteigerungsgesetz
z . Z.	zur Zeit
zzgl.	zuzüglich

Teil A. Das Mandatsverhältnis

§ 1 Die Vermögensnachfolge in der beratenden und forensischen Praxis

Übersicht

	Rdnr.
I. Die Bedeutung des Erbrechts	1–3
1. Zahlen und Statistik	1
2. Erbrechtlicher Beratungsbedarf	2/3
II. Anwaltliche Tätigkeit im Erbrecht	4–28
1. Nachlassplanung („estate planning")	5–18
a) Aufnahme des Sachverhalts	6
b) Abgleichung der Erbfolgeplanung mit Gesellschaftsverträgen	7
c) Planung der vorweggenommenen Erbfolge	8
d) Strukturierung des Nachlasses	9/10
e) Steuerplanung	11
f) Liquiditätsprüfungen	12
g) Überprüfung und Entwurf von Eheverträgen	13
h) Prüfung und Planung von Pensionen und Lebensversicherungsverträgen	14
i) Vollmachten	15
j) Gestaltungsberatung bei Auslandssachverhalten	16
k) Fertigung von Entwürfen	17
l) Vormundschaft für minderjährige Kinder	18
2. Verfahrensrecht	19–21
3. Beratung nach dem Erbfall	22–28
III. Fachliche Spezialisierung auf das Erbrecht	29

Schrifttum: *Albach*, Nachfolgeregelungen im Mittelstand – ein Praxistest, BB 2000, 781; *Deutsche Bundesbank*, Monatsbericht Januar 1999; DIW Berlin, Wochenbericht 4/05; *Hess*, Bemerkungen zur geplanten Übergangsregelung des Erbrechtsgleichstellungsgesetztes, FamRZ 1996, 781; *Klein-Blenkers*, Unternehmensnachfolge in Zahlen, ZEV 2001, 329; *Kleine-Cosack*, Testamentsvollstreckung durch Steuerberater und Banken, BB 2000, 2109; *Institut für Mittelstandsforschung*, Neue Entwicklung auf dem Markt für die Übertragung mittelständischer Unternehmen", IFM Materialien-Nr. 136; *Lehmann/Treptow*, Zusammensetzung und Diskrepanz der Schenkung- und Erbschaftsteuer 2002, WiStra 2006, 952; *Merrill Lynch – Cap Gemini Ernst & Young*, German Wealth Report 2003; *Reimann*, Nachlassplanung als erbrechtsübergreifende Beratungsaufgabe, ZEV 1997, 129; Statistisches Bundesamt, Einkommensteuerstatistik 2001; *Sudhoff/Bearbeiter* Unternehmensnachfolge, 5. Aufl. 2005.

I. Die Bedeutung des Erbrechts

1. Zahlen und Statistik

Die Bedeutung des Erbrechts für die anwaltliche Praxis geht schon aus der in Deutschland vorhandenen Nachlassmasse hervor. Das Privatreinvermögen der Deutschen wurde, bezogen auf das Ende des Jahres 2000, auf € 7,5 Billionen geschätzt,[1] dem Zehnfachen des Privatvermögens der Deutschen von vor 20 Jahren. 3.700 Deutsche verfügen über mehr als € 30 Mio. Geldvermögen und zusammen über € 612 Mrd., also im Schnitt über € 165 Mio. Über 365.000 Deutsche verfügen über ein Geldvermögen von über € 1 Mio.[2] Die Einkommensteuerstatistik weist für das Jahr 2001 12.2623 Einkommensmillionäre aus,[3] wobei steu- 1

---

[1] Also Geldvermögen und Sachvermögen. Vgl. im Einzelnen Deutsche Bundesbank, Monatsbericht Jan. 1999, S. 33 ff., 47 (damaliger Vermögenswert – Jahr 1998 – DM 14 Billionen; vgl. zu den Zahlen für das Jahr 2003 German Wealth Report 2003).
[2] German Wealth Report. Nach diesem Report leben 90,5% der reichen Deutschen im Westen.
[3] Statistisches Bundesamt, Einkommensteuerstatistik 2001; vgl. hierzu auch FAZ 29.6.2005.

erfreie Einkünfte nicht erfasst wurden. Zum Einkommensteueraufkommen tragen diese knapp 13.000 Personen etwa gleich viel bei wie die 13 Millionen Steuerpflichtigen mit den niedrigsten Einkünften. Interessant ist in diesem Zusammenhang auch, dass nach Schätzung der Europäischen Union innerhalb der nächsten Jahre in ca. 1/4 aller Unternehmen mit 50 bis 500 Beschäftigten ein Inhaberwechsel bevorsteht.[4] Ca. 40% aller Selbständigen in Westdeutschland älter als 55 Jahre,[5] alleine in Deutschland wird – bezogen auf einen 5-Jahres-Zeitraum – mit annähernd 300.000 Übertragungen mittelständischer Unternehmen gerechnet.[6]

Nach jüngeren Erhebungen wird das Erbvolumen mit € 50 Mrd. pro Jahr angenommen.[7] Während die Zahl der jährlichen Todesfälle in Deutschland seit Ende der 60er-Jahre tendenziell sinkt und derzeit zwischen 841.686 (2002) und 818.271 (2004) liegt,[8] sind die kassenmäßigen Einnahmen aus der Erbschaft- und Schenkungsteuer kontinuierlich angestiegen. 1986 lagen die Einnahmen noch unter € 1 Mrd., 1990 bereits bei gut € 1,5 Mrd., 1996 bei € 2 Mrd. 1999 wurde erstmals die Marke von € 3 Mrd. überschritten und in den Jahren 2004 und 2005 lagen die Einnahmen sogar über € 4 Mrd. Wie eine kürzlich veröffentlichte Studie belegt, beruhen die Einnahmen aus der Erbschaftsteuer auf nicht einmal 10 % der Nachlässe.[9] Die große Mehrzahl der Begünstigten bleibt offenbar aufgrund hoher persönlicher Freibeträge, der rechtzeitigen Ausnutzung von Freibeträgen im Rahmen der vorweggenommenen Erbfolge und in der Masse niedriger Nachlasswerte erbschaftsteuerfrei. Unter den steuerlich erfassten Nachlässen liegt der Saldo aus positiven und negativen Nachlasswerten im Schnitt bei € 250.000. Fast die Hälfte der untersuchten Nachlässe bleibt allerdings unterhalb eines Wertes von € 100.000, zwei Drittel liegt unter € 200.000. Dem stehen knapp 3.000 Nachlässe im Wert von über € 1 Mio. bzw. knapp 300 über € 5 Mio. gegenüber, die den rechnerischen Durchschnitt entsprechend anheben. Vermögenswerte von mehr als € 20 Mio. hinterließen immerhin 37 Erblasser.[10]

2. Erbrechtlicher Beratungsbedarf

Allein diese Zahlen verdeutlichen, dass der Markt für Rechts- und Steuerberatung im Zusammenhang mit der Nachfolgeplanung trotz in der Breite niedriger Nachlasswerte auch eine ansehnliche Anzahl an hohen Vermögenswerten mit entsprechendem Beratungsbedarf bereithält. Es liegt daher die Möglichkeit nahe, sich auf das Erbrecht und die damit zusammenhängenden Fragen (vorweggenommene Erbfolge, Vermögensstrukturierung, steuerrechtliche Beratung, Testamentsvollstreckungen etc.) zu spezialisieren, zumal die erbrechtliche Beratung durch die betroffenen Gegenstandswerte auch finanziell ein attraktives Rechtsgebiet ist. Abgesehen von diesen Aspekten hat die Beratung in diesem Bereich aber auch den weiteren großen Reiz, dass die Arbeit oft von einem besonders engen **menschlichen Kontakt** zum beratenen Mandanten, sei dieser nun Erblasser oder Erbe, verbunden ist. Es bleibt nicht aus, dass der Klient in der erbrechtlichen Beratung sein familiäres und pekuniäres Umfeld dem Berater anvertrauen muss. Der Berater muss, wenn er eine abgewogene Gestaltung vorschlagen soll, die Familienbeziehungen, aber auch die Vermögenssituation des Klienten kennen. Nur so kann er beispielsweise bemerken, ob sich bestimmte Vermögenswerte im Ausland befinden und daher eventuell besonderen Regelungen unterliegen.[11] Auch im Übrigen muss er die Nachlasswerte kennen, um zu wissen, ob beispielsweise bestimmte Sondererbfolgen[12] eine Rolle spielen oder ob das Erbschaftsteuer- oder das Einkommensteuerrecht eine Gestaltungsrichtung vorgeben.

---

[4] Vgl. Mitteilungen in Amtsblatt der Europäischen Gemeinschaften 1994, C 204 S. 1 ff. Nach diesen Mitteilungen gehen 10% der Unternehmensinsolvenzen auf eine schlecht vorbereitete Erbfolge zurück. Der German Wealth Report geht in Deutschland von 320 000 Unternehmen aus, die bis 2004 vererbt werden. Vgl. zur Statistik auch *Albach* BB 2000, 781 ff.
[5] Schrift des Instituts für Mittelstandsforschung IFM 136, S. 15 ff.
[6] Vgl. die Schrift des Instituts für Mittelstandsforschung IFM 136, S. 15 und 28 ff.
[7] *Schupp/Szydlik* DIW Berlin, Wochenbericht 5/04; hierzu auch *Klein-Blenkers* ZEV 2001, 329; zum Teil werden auch deutlich höhere Summen angegeben, vgl. Deutsche Bundesbank Monatsbericht, a.a.O., S. 35 (€ 100 Mrd. bis € 125 Mrd.), *Kleine-Cosack* BB 2000, 2109 (€ 200 Mrd.).
[8] Vgl. Statistisches Bundesamt, Lange Reihen – Geborene und Gestorbene, 2006.
[9] Vgl. *Lehmann/Treptow* WiStra 2006, 952.
[10] Vgl. *Lehmann/Treptow*, a.a.O. 13.
[11] Vgl. im Einzelnen § 33 und § 3 Rdnr. 61 f.
[12] Vgl. im Einzelnen § 3 Rdnr. 61, § 40 Rdnr. 19.

Umgekehrt wird sich ein Klient nur dann offenbaren, wenn ein besonderes Vertrauensverhältnis zwischen Anwalt und Klient besteht. So ist es von allergrößter Bedeutung, dass der Anwalt seine **Verschwiegenheitsverpflichtungen** sehr ernst nimmt. Eine solche, vom besonderen Vertrauensverhältnis geprägte Mandatsbeziehung hat den weiteren Effekt, dass der Klient, wenn er dem Anwalt vertraut, sich auch mit anderen Problemen an diesen Anwalt wenden wird. Diese Tendenz zu sehr **dauerhaften Beziehungen** wird noch dadurch verstärkt, dass der Anwalt den Mandanten daran erinnern sollte, seine letztwillige Verfügung nicht als ein statisches Instrument zu verstehen, sondern als eine Willenserklärung, die in regelmäßigen Abständen unter Betrachtung der dann gegebenen Lebensumstände oder des dann geltenden rechtlichen und steuerrechtlichen Umfelds zu überprüfen ist. Damit korrespondiert die Möglichkeit des Anwalts, die sich in manchen Mandaten zur Pflicht verdichtet, den Mandanten auf bestimmte Rechtsänderungen – einschließlich solcher des Steuerrechts – aufmerksam zu machen.

Aber auch der Anwalt, der auf andere Gebiete spezialisiert ist, wird zwangsläufig in der Praxis immer wieder Berührungspunkte mit dem Erbrecht haben. So geschieht es beispielsweise im **Handels- oder Gesellschaftsrecht** häufig, dass sich erbrechtliche sowie handels- und gesellschaftsrechtliche Probleme vermengen, etwa wenn ein Testamentsvollstrecker ein Unternehmen führt oder ein Unternehmen von einem Vorerben erworben wird. Welche Rechtsmacht hat ein Testamentsvollstrecker? Darf er das Unternehmen umwandeln, darf er die Gesellschaftsverträge ändern?[13] Welche Umwandlungen, Kapitalerhöhungen, Statutenänderungen etc. darf ein Vorerbe durchführen, ohne sich zuvor der Zustimmung des Nacherben zu vergewissern?[14] Hinzu kommen die bekannten Probleme der Nachfolge in Personengesellschaftsanteile: Im Grundsatz sind vollhaftende Anteile an Personengesellschaften gemäß § 131 Abs. 3 S. 4 HGB nicht vererblich. Wollen die Gesellschafter, was in der Praxis sehr häufig der Fall ist, dass sich ihre Gesellschafterstellung dennoch vererbt, so muss sich der mit der gesellschaftsvertraglichen Beratung mandatierte Anwalt zwangsläufig mit dem Erbrecht befassen. Nahe liegend sind auch die Querverbindungen zwischen dem Erbrecht und dem **Familienrecht**. Der Güterstand hat Auswirkungen auf die Feststellung der gesetzlichen Erbquoten und ermöglicht bestimmte erbrechtliche Gestaltungen, etwa das gemeinsame Ehegattentestament.[15] Zudem hat der Güterstand Einfluss auf die Erbschaftsteuer, so bestimmt etwa § 5 ErbStG, dass der Zugewinnausgleich erbschaftsteuerfrei ist.[16] Weiterhin entstehen häufig Querverbindungen zum **Sozialrecht**, etwa bei der Beurteilung der Berechtigung bestimmter Regressansprüche des Sozialhilfeträgers gemäß §§ 93, 94 SGB XII gegenüber Erben und Beschenkten.[17] Grenzüberschreitende Sachverhalte führen selbstverständlich zur Berührung mit dem **internationalen Erbrecht**.[18] Gelegentlich muss der im Erbrecht beratende Anwalt sich auch überlegen, ob bestimmte Rechtssätze oder letztwillige Verfügungen (noch) **verfassungsgemäß** sind.[19] Allein diese kurze Aufstellung verdeutlicht die Ausstrahlungswirkung des Erbrechts auf andere Rechtsgebiete, die eine intensive Befassung mit diesem Gebiet immer wieder erforderlich macht.

II. Anwaltliche Tätigkeit im Erbrecht

Die anwaltliche Tätigkeit im Erbrecht ist vielseitig. Um sie wenigstens grob zu erfassen, lassen sich drei Tätigkeitsgebiete voneinander abgrenzen, zum einen die Beratung **vor** dem Erbfall

---

[13] Vgl. im Einzelnen § 19, Rdnr. 261, 272 ff.
[14] Vgl. § 17 Rdnr. 141.
[15] Vgl. § 11 Rdnr. 27 ff.
[16] Vgl. im Einzelnen § 35 Rdnr. 84 ff; § 36 Rdnr. 245 ff.
[17] Vgl. *Ruby* ZEV 2005, 102.
[18] Vgl. § 33.
[19] So stand erst kürzlich das Pflichtteilsrecht auf dem Prüfstand, s. Beschl. 1 BvR 1644/2000 zu § 2333 BGB sowie den BVerfG Beschl. v. 30.8.2000 – ZEV 2000, 399; ein anderes Bsp. ist die Entscheidung des BVerfG v. 19.1.1999 – ZEV 1999, 147, zum verfassungswidrigen Ausschluss schreibunfähiger Stummer von jeglicher Testiermöglichkeit. Derzeit wird beispielsweise der Ausschluss der vor dem 1.7.1949 nichtehelich Geborenen vom Erbrechtsgleichstellungsgesetz sehr krit. betrachtet, vgl. nur *Hess* FamRZ 1996, 781.

(Nachlassplanung, so genanntes „estate planning"), sodann die Beratung **nach** dem Erbfall, sowie schließlich der gesamte Bereich der **verfahrensrechtlichen** Bearbeitung von Erbrechtsfällen.

1. Nachlassplanung („estate planning")

5   Vor jeder erbrechtlichen Gestaltungsempfehlung steht die Aufnahme des Sachverhalts und die Planung der möglichen und für den jeweiligen Klienten passenden Gestaltungen,[20] unabhängig von der Größe des Nachlasses, wenngleich natürlich der zu betreibende Aufwand häufig mit dem Umfang des Vermögens wächst. Leider hat sich in Deutschland die Erkenntnis der Notwendigkeit einer Nachlassplanung als allumfassende Planung der Nachfolge noch nicht so durchgesetzt, wie dies in anderen Ländern, insbesondere im anglo-amerikanischen Raum der Fall ist. Dies wird unter anderem dadurch deutlich, dass nur wenige Erblasser ein Testament errichten, die meisten vertrauen auf die gesetzliche Erbfolge.[21] Gleichwohl wächst der Beratungsbedarf, da es sich – insbesondere in Unternehmerkreisen – immer mehr herumspricht, dass die gesetzliche Erbfolge[22] nicht unbedingt glückliche Lösungen der betrieblichen Nachfolgeproblematiken bietet. Auch macht sich immer mehr die Erkenntnis breit, dass sich durch Nachfolgeplanungen, die auf die speziellen Bedürfnisse eines Erblassers oder einer Familie zugeschnitten sind, in großem Umfang **Erbschaftsteuern,** aber auch **Ertragsteuern** (also insbesondere Einkommensteuern) sparen lassen.[23] Angesichts der Vielzahl von Berichten über gescheiterte Nachfolgen, gerade im unternehmerischen Bereich, wächst auch mehr und mehr die Erkenntnis, wonach das frühzeitige Angehen der Nachlassplanung Teil der **unternehmerischen Verantwortung** ist und nur derjenige ein erfolgreicher Unternehmer ist, der sich auch um die erfolgreiche Weiterführung seines Unternehmens nach seinem Tod rechtzeitig kümmert. Ein weiterer wichtiger Nebenaspekt der Nachlassplanung liegt schließlich darin, nach Möglichkeit **Streit** unter den Erben zu vermeiden. Kommt es zur Nachlassplanung, sind einige (manchmal auch alle) der nachfolgenden Schritte zu beachten.

6   a) **Aufnahme des Sachverhalts.** Eine Checkliste über die Aufnahme des Sachverhalts findet sich unter § 2 Rdnr 51 ff. Über das schematische Abfragen der dort aufgeführten einzelnen Punkte hinaus ist es aber auch wichtig, dass der Berater das **menschliche Umfeld** des Klienten kennt. Nur dann wird er den Klienten in zwar unjuristischen, für die eigentliche Nachfolgeplanung aber höchst wichtigen Fragen beraten können. So ist beispielsweise bei testamentarischen Gestaltungen, in denen ein großes Vermögen zur Vererbung ansteht, aus erbschaftsteuerlichen Gründen die unmittelbare Erbeinsetzung der Kinder der Erbeinsetzung der Ehefrau oft vorzuziehen.[24] Eine solche Gestaltung wird aber nur dann vernünftig durchgeführt werden können, wenn dem Berater der **Versorgungsbedarf** des Ehegatten und anderer versorgungsbedürftiger Personen bekannt ist, die bei der angedeuteten Gestaltung angemessen berücksichtigt werden müssen. Ebenso ist bei allen Modellen der vorweggenommenen Erbfolge selbstverständlich auch der eigene Versorgungsbedarf des Mandanten gründlich zu ermitteln. Schließlich sollte der Berater dem Erblasser auch bei der Beantwortung der Frage beratend zur Seite stehen, ob ein **Unternehmen fortgeführt** werden kann oder eher **veräußert** werden sollte. Nur der Berater aber, der über das Unternehmen, seine Erträge und Marktchancen Kenntnisse hat, wird hier vernünftig (mit-)beraten können. In diesem Zusammenhang ist es teilweise auch erforderlich, dem Klienten bei der höchst schwierigen und überaus persönlichen Beurteilung zur Seite zu stehen, ob seine Abkömmlinge überhaupt in der Lage sind, das Unternehmen aktiv weiterzuführen. Fällt die Prognose negativ aus, ist der Mandant anschließend häufig beim Aufbau eines Fremdmanagements zu beraten, um die Leitungsmacht vom Eigentum am Unternehmen zu trennen.[25] Manchmal wird der Mandant und der Berater auch vor der Situation stehen, dass die Nachkommen noch nicht einmal in der Lage sind, verantwortungsvoll die Gesell-

---

[20] Vgl. auch *Reimann* ZEV 1997, 129.
[21] Nach einer Mitteilung der Kommission im Amtsblatt der Europäischen Gemeinschaften 1994, C 204/1, 3, haben 52% der Unternehmer noch nicht über eine Nachfolge nachgedacht, weitere 14% haben sich zwar Gedanken gemacht, aber mangels fachkundiger Beratung Vorkehrungen getroffen, die keinen rechtlichen Bestand haben.
[22] Vgl. § 4.
[23] Vgl. §§ 35, 36 und (für internationale Sachverhalte) § 34; einl. § 3 Rdnr. 6 ff.; 39 ff.; 72 ff.; 81 ff.
[24] Vgl. § 40 Rdnr. 58 f.
[25] Vgl. § 40 Rdnr. 9 ff.

schaftsanteile zu verwalten. In dieser Situation werden dann Lösungen untersucht, in denen das Unternehmen in eine **Stiftung**[26] eingebracht wird oder die weitere Verwaltung der Anteile durch einen **Testamentsvollstrecker** vorgenommen wird. Nicht selten steht aber auch die Erkenntnis am Ende dieser Überlegungen, dass der Unternehmer sein Unternehmen **verpachten** oder **verkaufen** sollte. Dabei steht der Verkauf des Unternehmens an Dritte (Konkurrenz oder sonstige Dritte) im Vordergrund, gelegentlich wird auch der Verkauf an Mitarbeiter, häufig im Wege des so genannten **MBO** (Management Buy Out), zu erwägen sein. Diese Beratung wiederum ist stark beeinflusst auch von steuerlichen Fragestellungen. Schließlich hat der Berater bei der Aufnahme des Sachverhalts einige **menschliche Hürden** zu überwinden. Erblasser rechnen sich – ob aus Prestigegründen oder weil man den Wert des Eigenen oft überschätzt – häufig reicher als sie sind, was Probleme bei der Einschätzung des wirtschaftlichen Risikos von Pflichtteilsansprüchen bereiten kann. Auch sonst wird der Berater immer wieder bemerken, dass der Klient nur nach einigem Zögern über familiäre Probleme, behinderte Kinder,[27] uneheliche Kinder, Scheidungen, nichteheliche Lebensgemeinschaften,[28] wirtschaftliche Schwierigkeiten, Schwarzgeld[29] etc. berichten wird. Nur dann aber, wenn der Berater wirklich genaue Kenntnisse über das Vermögen hat, wird er auch in der Lage sein, auf die tatsächlichen Bedürfnisse des Mandanten zugeschnittene Gestaltungsmöglichkeiten zu konzipieren.

b) **Abgleichung der Erbfolgeplanung mit Gesellschaftsverträgen.** In der Unternehmensnachfolgeplanung ist es unabdingbar für den Berater, sich auch die jeweiligen Gesellschaftsverträge vorlegen zu lassen. Der Berater muss klären, ob die Nachfolgeplanung, die sich der Erblasser wünscht oder die er bereits verfügt hat, mit den Gesellschaftsverträgen, insbesondere den **Nachfolgeklauseln** in den Gesellschaftsverträgen, korrespondiert.[30] Aber auch umgekehrt ist der Anwalt dem das Mandat übertragen wurde, die Gesellschaftsverträge zu überprüfen, in der Regel verpflichtet, den Mandanten auch auf seine letztwilligen Verfügungen anzusprechen. Wird dieser notwendige Planungsbestandteil unterlassen, kann dies sehr nachteilige Konsequenzen für den Erblasser und infolgedessen auch Haftungsansprüche gegen den Berater auslösen (vgl. § 2 Rdnr. 44). In diesem Zusammenhang sei nur an die Problematik erinnert, dass bestimmte Nachfolgeklauseln den Erwerb der Gesellschaftsanteile nur durch bestimmte Personen zulassen („qualifizierte Nachfolgeklauseln"). Sind diese Personen aber nicht durch letztwillige Verfügungen auch zu Nachfolgern (Erben oder Vermächtnisnehmern) eingesetzt, gehen also Nachfolgeklauseln und erbrechtliche Verfügung verschiedene Wege, ergeben sich bedeutsame gesellschaftsrechtliche,[31] aber auch **steuerrechtliche** Probleme.[32]

c) **Planung der vorweggenommenen Erbfolge.** Ein weit reichender und wichtiger Bereich in der anwaltlichen Praxis ist die Planung der vorweggenommenen Erbfolge.[33] Die vorweggenommene Erbfolge umfasst insbesondere die Übertragung des Vermögens zu Lebzeiten auf die designierten Erben, gelegentlich aber auch Rechtsgeschäfte unter Lebenden auf den Todesfall.[34] Die vorweggenommene Erbfolge ist ein probates Mittel für den Erblasser, um zum einen Erbschaftsteuern zu sparen und zum anderen die Nachfolge aktiv zu steuern.[35] Die steuerlichen Vorteile der vorweggenommenen Erbfolge liegen insbesondere in der Ausnutzung von **Steuerfreibeträgen**.[36] Derzeit können an jedes Kind € 205.000,– steuerfrei übertragen werden. Dieser Freibetrag steht dem Erblasser nicht etwa nur einmal im Leben, sondern periodisch alle 10 Jahre zur Verfügung. Vielfach unbekannt ist im Übrigen auch, dass dieser Freibetrag

---

[26] Vgl. § 38.
[27] Vgl. § 41.
[28] Vgl. §§ 11, 12.
[29] Vgl. § 37.
[30] Vgl. § 40 Rdnr. 14 ff., 29 ff.
[31] Vgl. § 40 Rdnr. 59 und einl. § 3 Rdnr. 62.
[32] Vgl. § 35 und einl. § 3 Rdnr. 10.
[33] Vgl. § 32 und einl. § 3 Rdnr. 81.
[34] Vgl. § 32.
[35] Vgl. § 36.
[36] Vgl. § 35 Rdnr. 162; einl. § 3 Rdnr. 81.

gegenüber jedem Elternteil gilt.[37] Werden innerhalb einer Familie konsequent die Möglichkeiten, die sich allein durch die Freibeträge ergeben, genutzt, kann ein beachtliches Vermögen auf die Kinder steuerfrei übertragen werden.[38] Ein weiterer Vorteil der vorweggenommenen Erbfolge besteht darin, dass der Erblasser in der Lage ist, gegebenenfalls noch selbst **korrigierend** in seine Nachfolge **einzugreifen**. Insbesondere in Fällen der Unternehmensnachfolge kann der Erblasser Fehlentwicklungen ggf. aktiv entgegensteuern. Wichtig ist es daher, dass der Anwalt auch daran denkt, bei Schenkungsverträgen **Widerrufs- und Rückfallklauseln** in die Verträge aufzunehmen.[39] In diesem Zusammenhang ist der beratende Anwalt nicht nur gefordert, zivilrechtlich und steuerrechtlich möglichst günstige Verträge zu gestalten, vielmehr obliegt ihm auch die Sorge der hinreichenden Sicherung des Übergebers. Beliebte Mittel zur Sicherstellung des Übergebenden sind insbesondere der vorbehaltene **Nießbrauch** am Vermögen,[40] aber auch die Vereinbarung von **Rentenverpflichtungen,** wobei diese Gestaltungen wiederum auch steuerlich zum Gesamtnachfolgeplan passen müssen.[41]

9   d) **Strukturierung des Nachlasses.** Ein weiteres großes Betätigungsfeld im Bereich der Nachlassplanung ist die Strukturierung des Nachlasses. Häufig erkennt der beratende Anwalt im Laufe der Befassung mit dem Mandat, dass das Vermögen anders strukturiert sein sollte, um einen möglichst **reibungslosen** Übergang des Vermögens auf die Erben zu ermöglichen. Ist der Erblasser beispielsweise Inhaber eines einzelkaufmännischen Handelsgeschäftes, sind mit dem Übergang dieses Handelsgeschäftes auf die Miterbengemeinschaft zahllose Probleme verbunden. Es mag hier nur darauf hingewiesen werden, dass im Erbgang keine Umwandlung in eine Gesellschaft als Trägerin des Unternehmens erfolgt, vielmehr führt die Miterbengemeinschaft als eine auf Auflösung angelegte Gemeinschaft das Unternehmen weiter.[42] In solchen Fällen bietet es sich beispielsweise an, mit dem Unternehmer nach Möglichkeiten zu suchen, noch zu seinen Lebzeiten das Unternehmen in eine Rechtsform umzuwandeln, die für eine Nachfolgeregelung besser geeignet ist.[43] In gleicher Weise mag der Anwalt erkennen, dass bei einer anderen Struktur des Nachlasses die **Streitanfälligkeit** der Erben nicht so hoch ist. Zum Beispiel lässt sich die spätere Teilung des Nachlasses unter den Erben bereits zu Lebzeiten des Erblassers durch eine entsprechende Umstrukturierung des Nachlasses vorbereiten, etwa durch eine Aufteilung eines Mietzinshauses in Eigentumswohnungen. Endlich und insbesondere können **steuerrechtliche** Gründe für eine Umstrukturierung des Nachlasses sprechen. So ist gelegentlich die Umwandlung von privatem in **gewerbliches Vermögen** zu erwägen. Das Erbschaftsteuerrecht bietet auch nach den Änderungen zum Jahr 2004 weit reichende Begünstigungen für das Betriebsvermögen.[44] Erwähnt sei der 35%ige Bewertungsabschlag, der besondere Freibetrag in Höhe von € 225.000,– sowie die Anwendung der günstigen Steuerklasse I auf Erben betrieblichen Vermögens. Hier ist sorgfältig im Einzelfall zu prüfen, ob die gegenwärtigen Reformüberlegungen der Bundesregierung für ein rechtzeitiges Handeln vor In-Kraft-Treten der Reform oder eher für ein Abwarten sprechen. Gelegentlich ist auch an die Gründung von Unternehmen, Stiftungen und Trusts im **Ausland** zu denken.[45]

10   In diesem Zusammenhang ist es auch sehr wesentlich, dass sich der Berater im Rahmen der Unternehmensnachfolgeplanung Gedanken darüber macht, mit welchen Werten das Unternehmen für die Berechnung der Erbschaftsteuer **bewertet** wird und ob dieser Wert durch Umstrukturierungen verändert werden kann.[46] Es ist wichtig zu wissen, dass ein und derselbe Unternehmensgegenstand in jeweils unterschiedlichen Gesellschaftsformen erbschaftsteuerlich äußerst unterschiedlich bewertet wird. Ist beispielsweise ein Unternehmen mit guter Ertragslage, das in der Rechtsform der Personenhandelsgesellschaft (OHG, KG, GmbH & Co. KG)

---

[37] Vgl. auch die einl.en Empfehlungen zur Schenkung in § 3 Rdnr. 81.
[38] Vgl. das Bsp. in § 3 Rdnr. 81.
[39] Vgl. § 32 Rdnr. 96 ff.
[40] Vgl. § 40 Rdnr. 85; § 36 Rdnr. 210.
[41] Vgl. § 36 Rdnr. 137.
[42] Vgl. *Sudhoff/Berenbrok* Unternehmensnachfolge §§ 56 ff.; *Sudhoff/Hübner* Unternehmensnachfolge § 74.
[43] Vgl. § 40 Rdnr. 48 ff.
[44] Vgl. § 35 Rdnr. 117 ff.; einl. § 3 Rdnr. 42.
[45] Vgl. § 34 Rdnr. 32.
[46] Vgl. § 35 Rdnr. 21 ff.; einl. § 3 Rdnr. 6 ff.; 39 ff.; 72 ff.; 81 ff.

betrieben wird, mit € 10 Mio. zu bewerten, so kann es sich ohne weiteres ergeben, dass das gleiche Unternehmen, betrieben in der Rechtsform einer GmbH, mit € 100 Mio. oder – nach einem Börsengang – gar mit mehreren Hundert Millionen Euro allein auf Grund der geänderten Rechtsform zu bewerten ist. Diese Unterschiede sind zu erkennen, der Mandant entsprechend aufzuklären und gegebenenfalls Konsequenzen anzuraten.

e) **Steuerplanung.** Niemals sollten ausschließlich steuerrechtliche Gesichtspunkte für die Frage entscheidend sein, wie sich die Nachfolge gestaltet. Gleichwohl zeigt bereits der zuvor erwähnte Punkt, dass selbstverständlich die Steuerplanung ein Wesentlicher und oft zentraler Teil der Nachlassplanung ist.[47] Dabei haben sich die steuerrechtlichen Überlegungen nicht nur auf die Schenkung- und Erbschaftsteuer zu erstrecken, sondern auch auf die **Einkommensteuer.** Gerade die Miterbenauseinandersetzung kann bedeutsame einkommensteuerrechtliche Folgen nach sich ziehen. Dies gilt insbesondere im Bereich des betrieblichen Vermögens[48] (einschließlich des Sonderbetriebsvermögens[49]), aber auch für Erbauseinandersetzungen im Bereich des (steuerlich verhafteten) Privatvermögens.[50] Die entscheidende Weichenstellung liegt in diesem Zusammenhang darin, ob die Miterbenauseinandersetzung entgeltlich oder unentgeltlich erfolgt, insbesondere also, ob die Miterben auf Grund von Teilungsanordnungen untereinander zum **Wertausgleich** verpflichtet sind.

f) **Liquiditätsprüfungen.** Ein weiterer Punkt einer verantwortungsvollen Nachlassplanung ist die Berechnung der Liquidität, die zur Verfügung steht, um Ansprüche, die auf die Erben im Erbfall zukommen können, bezahlen zu können. Neben den **Steuerverbindlichkeiten** sind dies zum Beispiel Ansprüche, die auf die Erben infolge von **Teilungsanordnungen** zukommen können. Anders als bei Vermächtnissen sind Wertunterschiede, die sich durch Teilungsanordnungen ergeben, unter den Erben **auszugleichen.**[51] Im Rahmen der Unternehmensnachfolge ist zu beachten, dass ein Nachfolger, der im Rahmen einer qualifizierten Nachfolgeklausel einen Gesellschaftsanteil erwirbt, der mehr wert ist, als ihm auf Grund seiner Erbquote am Nachlass zusteht, verpflichtet ist, den Mehrwert unter den Miterben auszugleichen.[52] In besonderer Weise kann schließlich die Geltendmachung von **Pflichtteilsansprüchen** zu einem enormen Liquiditätsabfluss führen. Der Pflichtteilsanspruch ist auf Geld gerichtet und sofort fällig.[53] Es liegt auf der Hand, dass die unerwartete Geltendmachung von Pflichtteilsansprüchen die beste Nachlassplanung völlig durcheinander bringen kann, wenn die Möglichkeit eines solchen Liquiditätsabflusses nicht berücksichtigt wurde. In diesem Zusammenhang muss der Berater auch wissen, wann (höchst ausnahmsweise!) Abkömmlinge gemäß § 2306 Abs. 1 S. 2 BGB die Erbschaft ausschlagen und stattdessen den Pflichtteilsanspruch geltend machen können.[54]

g) **Überprüfung und Entwurf von Eheverträgen.** Ebenfalls Teil der Nachlassplanung ist die Überprüfung des Güterstandes, in dem der Erblasser lebt.[55] Der Güterstand hat Auswirkungen auf die Höhe des gesetzlichen Erbrechts des überlebenden Ehegatten und damit auf die Höhe eventueller Pflichtteilsansprüche.[56] Im Übrigen sind bedeutsame erbschaftsteuerliche Folgen mit dem jeweiligen Güterstand verbunden.[57]

h) **Prüfung und Planung von Pensionen und Lebensversicherungsverträgen.** Auch diese Prüfung ist Teil der Nachlassplanung. Die Aufnahme späterer Lebensversicherungsansprüche ebenso wie betrieblicher oder privater Versorgungsansprüche in die Vermögensübersicht ist einerseits wichtig, um den **Vorsorgebedarf** des Mandanten abzuschätzen. Zudem lassen sich durch die richtige Gestaltung der Versicherungsverträge beträchtliche **Steuerersparnisse** reali-

---

[47] Vgl. §§ 40, 35, 36.
[48] Vgl. § 35 Rdnr. 157 f., 190 ff., einl. § 3 Rdnr. 6 ff., 72 ff.
[49] Vgl. § 35 Rdnr. 185; § 3 Rdnr. 72 ff.
[50] Vgl. einl. § 3 Rdnr. 6, 73.
[51] Vgl. § 16 Rdnr. 6.
[52] Vgl. § 40 Rdnr. 35
[53] Vgl. § 29 Rdnr. 18.
[54] Vgl. § 29 Rdnr. 34; Sudhoff/*Scherer* § 17 Rdnr. 41.
[55] Vgl. § 11 Rdnr. 3; einl. § 3 Rdnr. 58.
[56] Vgl. § 11 Rdnr. 82; § 29 Rdnr. 78 ff., § 11 Rdnr. 9 ff.
[57] Vgl. § 36 Rdnr. 245 ff.

sieren.[58] In diesem Zusammenhang ist auch daran zu erinnern, dass gerade im unternehmerischen Bereich Lebensversicherungsverträge häufig zur Tilgung betrieblicher Verbindlichkeiten abgeschlossen werden. Hier muss unbedingt sichergestellt und überprüft werden, ob auch beim Tod des Unternehmers die Auszahlungsbeträge aus den Lebensversicherungsverträgen dem künftigen Unternehmensnachfolger zufallen.

15   i) **Vollmachten.** Auch die Überprüfung vom Erblasser gegebener Vollmachten bzw. die Überprüfung eventuell noch zu erteilender Vollmachten ist Teil der Nachlassplanung.[59] Der Einsatz solcher Vollmachten ist oft ein taugliches Mittel für Erben, aber auch für Testamentsvollstrecker, um bereits unmittelbar nach dem Erbfall **handlungsfähig** zu sein und nicht abwarten zu müssen, bis ein Erbschein oder ein Testamentsvollstreckerzeugnis vorliegt. Die Ausstellung dieser Zeugnisse kann, insbesondere wenn es Streitigkeiten gibt oder sonstige Schwierigkeiten auftreten, oft Monate in Anspruch nehmen. Hier ist es günstig, wenn der Erbe oder der Testamentsvollstrecker auf Vollmachten zurückgreifen kann. In diesen Zusammenhang gehört auch die Beratung über die Erteilung von **Betreuungsverfügungen** sowie **Vorsorgevollmachten**, in denen der Mandant Vorschläge für die Wahl eines Betreuers sowie Vorstellungen und Wünsche hinsichtlich seiner Lebensführung nach Eintritt eines Betreuungsfalls äußern und festlegen kann.[60] Ein ganz neuer Bereich anwaltlicher Tätigkeit hat sich in diesem Zusammenhang mit der Kreation so genannter **Patientenverfügungen** aufgetan.[61] Patientenverfügungen sind keine echten Testamente, sie unterliegen auch nicht den erbrechtlichen Formvorschriften. Es handelt sich vielmehr um die Formulierung der Wünsche der Klienten, wie mit ihnen in bestimmten extrem persönlichen Situationen, in denen sie ihren Willen nicht mehr selbst verständlich äußern können, beispielsweise bei lebensbedrohlichen Krankheiten oder im Koma, umzugehen ist.

16   j) **Gestaltungsberatung bei Auslandssachverhalten.** Stets sollte der Berater genau prüfen und analysieren, ob und inwieweit der ihm zur Beratung übertragene Fall Auslandsberührungen hat.[62] Viele Deutsche haben Vermögen im Ausland oder sind mit Ausländern verheiratet. Es ist aber oft unbekannt, dass Auslandsvermögen, insbesondere unbewegliches Vermögen, sich nach dem Tod eines Deutschen oft nicht nach deutschem Recht, sondern nach dem jeweiligen lokalen Recht des Staates, in dem das Grundstück gelegen ist, vererbt. Dieses Recht kann vollständig vom deutschen Recht abweichen. Beispielsweise kennen etliche ausländische Rechte kein dem deutschen Recht vergleichbares Pflichtteilsrecht oder erachten gemeinsame Ehegattentestamente nicht als wirksam oder erkennen nicht an, dass der Ehegatte (unter Zurücksetzung der Kinder) als Erbe eingesetzt wird. Auch diese Sachverhalte hat der Berater gegebenenfalls unter Beiziehung ausländischer Rechtsanwälte aufzuarbeiten und in die Beratung zu integrieren, gleiches gilt natürlich auch für die Beratung im Bereich des internationalen Erbschaftsteuerrechts.[63]

17   k) **Fertigung von Entwürfen.** Am Ende der Nachlassplanung steht dann üblicherweise die Fertigung von Entwürfen letztwilliger Verfügungen für den Klienten. Spätestens an dieser Stelle ist der Mandant auch zu beraten, ob er seine Verfügungen als Einzeltestament[64] oder als Ehegattentestament[65] verfasst oder ob er die Form des Erbvertrages[66] wählen sollte. Entscheidet sich der Klient für ein Einzel- oder ein Ehegattentestament, ist weiter zu beraten, ob das Testament als öffentliches Testament oder als privatschriftliches Testament verfasst wird.[67] Bei der Fertigung der Entwürfe wird der Anwalt den Klienten auch über die Bedeutung der von

---

[58] Vgl. § 47; einl. § 3 Rdnr. 63.
[59] Vgl. § 20.
[60] Vgl. § 18.
[61] Vgl. § 44 Rdnr. 34.
[62] Vgl. § 33; einl. § 3 Rdnr. 56.
[63] Vgl. § 34.
[64] Vgl. §§ 5, 8.
[65] Vgl. § 11, 12.
[66] Vgl. § 10.
[67] Vgl. § 5.

ihm jeweils vorgesehenen Regelungsinstrumentarien (z. B. Bedingungen,[68] Auflagen,[69] Verwirkungsklauseln,[70] Pflichtteilsverzichte,[71] Vor- und Nacherbschaften,[72] Testamentsvollstreckungen,[73] Vermächtnisse,[74] Teilungsanordnungen,[75] Erbeinsetzungen,[76] Enterbungen[77]) im Einzelnen belehren. Nicht vergessen werden sollte trotz der Regelung in § 2258 BGB im Übrigen bei Abfassung eines jeden Testamentes, eventuell früher niedergelegte letztwillige Verfügungen aufzuheben oder zu widerrufen.[78]

l) **Vormundschaft für minderjährige Kinder.** Sind minderjährige Kinder vorhanden, werden die Eltern häufig einen Vormund für den Fall benennen wollen, dass sie zu einem Zeitpunkt versterben, zu dem die Kinder noch minderjährig sind.[79] Dies ist gemäß § 1777 Abs. 3 BGB testamentarisch möglich. Die eigentliche Bestellung erfolgt durch das Vormundschaftsgericht, das, außer in den in § 1778 BGB aufgeführten Fällen, an die testamentarische Regelung gebunden ist. Eine Bestellung scheidet beispielsweise gemäß § 1778 Abs. 1 Nr. 4 BGB aus, wenn dies das Kindeswohl gefährden würde. Ebenso ergibt sich aus § 1781 BGB, auf den § 1778 Abs. 1 Nr. 1 BGB verweist, dass derjenige, der zum Betreuer bestellt werden soll, nicht selber minderjährig sein oder unter Betreuung stehen darf. Die Bestellung verpflichtet den Bestellten nicht zur Übernahme der Vormundschaft.[80] Denkbar ist auch, dass die Eltern einzelne Personen als Betreuer testamentarisch ausschließen. Das Vormundschaftsgericht soll gemäß § 1782 Abs. 1 BGB einen derartigen Wunsch bei der Bestellung eines Vormundes beachten.

2. Verfahrensrecht

Neben der Nachlassplanung ergibt sich ein bedeutendes Aufgabengebiet des im Erbrecht tätigen Anwalts natürlich auch in den Verfahren **vor Gericht**.[81] An erster Stelle stehen hier – quantitativ – Streitigkeiten wegen Pflichtteilsansprüchen und Miterbenauseinandersetzungen.[82] Gerade hinsichtlich der forensischen Betätigung im Zusammenhang mit Pflichtteilsansprüchen könnte man auf den ersten Blick meinen, es handele sich um einfache Verfahren, da der Pflichtteilsberechtigte nur seine Quoten angeben muss und im Übrigen der Erbe auf Kosten des Nachlasses verpflichtet ist, die Wertfeststellung der Nachlassgegenstände durchzuführen, § 2314 BGB. Dem ist jedoch nicht so. Gerade im Bereich der Pflichtteilsergänzungsansprüche, § 2325 BGB, treten oft Schwierigkeiten mit der Formulierung des Antrages in der Klageschrift auf.[83] Zudem stellen sich schwierige Fragen im Bereich des Bewertungsrechts.[84] Solche Probleme sind offensichtlich, wenn sich beispielsweise ein Unternehmen im Nachlass befindet. Was ist das Unternehmen wert? Sind besondere gesellschaftsvertragliche Klauseln gegebenenfalls wertmindernd zu berücksichtigen? Sind die latenten Steuerbelastungen, d. h. die Steuern, die beim Verkauf des Unternehmens zu bezahlen sind, mitzuberücksichtigen?[85] Was geschieht, wenn der Wert des Ererbten nach dem Erbfall drastisch sinkt, beispielsweise der Wert von im Nachlass befindlichen Aktien? Aber nicht nur, wenn sich im Nachlass Unternehmen befinden, kommt es auf Bewertungsfragen an, vielmehr ist häufig genug der Wert von Grundstücken und anderen Wertgegenständen, beispielsweise Schmuck, Bildern nur schwer zu ermitteln. Ein weiteres Gebiet der gerichtlichen Tätigkeit des Anwalts ist der Bereich der bereits erwähnten

---

[68] Vgl. § 15.
[69] Vgl. § 14.
[70] Vgl. § 21.
[71] Vgl. § 31.
[72] Vgl. § 17.
[73] Vgl. § 19.
[74] Vgl. § 13.
[75] Vgl. § 16.
[76] Vgl. § 8.
[77] Vgl. § 8.
[78] Vgl. § 9.
[79] Vgl. im Einzelnen § 18 Rdnr. 8 ff. mit Gestaltungsvorschlag.
[80] Vgl. Palandt/*Diederichsen* § 1776 Rdnr. 2.
[81] Vgl. §§ 50 ff.
[82] Vgl. §§ 26, 61.
[83] Vgl. § 62.
[84] Vgl. § 46.
[85] Vgl. § 46 Rdnr. 23.

Miterbenauseinandersetzung.[86] Die Streitanfälligkeit von Miterbengemeinschaften ist sprichwörtlich, oft genug geht es im Übrigen auch bei diesen Streitigkeiten um Bewertungsfragen. Ein sehr wichtiger Bereich der forensischen Tätigkeit des Anwalts ist die Durchsetzung von Auskunftsansprüchen.[87] Oft genug hat derjenige, sei er Erbe oder Pflichtteilsberechtigter, der von einem anderen Nachlassbeteiligten etwas zu fordern hat, keine hinreichenden Sachverhaltskenntnisse, weil oft nur diejenigen die erforderlichen Kenntnisse haben, die in räumlicher Nähe zum Erblasser lebten. Daneben kommen immer wieder Klagen im Zusammenhang mit der Vermächtniserfüllung,[88] der Vor- und Nacherbschaft,[89] der Testamentsvollstreckung[90] und der Erbenhaftung[91] vor. Schließlich erlebt der im Bereich des Erbrechts tätige Praktiker auch immer wieder Klagen, mit denen der Erbe, auf § 2018 BGB gestützt, die Herausgabe von Nachlassgegenständen vom (unberechtigten) Erbschaftsbesitzer verlangt.[92] Häufig sind auch Klagen, mit denen der Erbe, der in einem Erbvertrag oder einem gemeinschaftlichen Ehegattentestament zum (Schluss-)Erben eingesetzt wurde, sich gemäß § 2287 BGB dagegen wehrt, dass der Erblasser noch zu Lebzeiten versucht hat, die Stellung des Erben dadurch zu beeinträchtigen, dass er Nachlassgegenstände an dritte Personen verschenkt hat.[93]

20 Neben der ordentlichen Gerichtsbarkeit spielt in der erbrechtlichen Praxis die **freiwillige Gerichtsbarkeit** eine große Rolle. Zu erinnern sei insbesondere an die Erbscheinsverfahren,[94] an Verfahren zur Erteilung des Testamentsvollstreckerzeugnisses[95] und an Probleme im Zusammenhang mit der Sicherung des Nachlasses.[96] Auch das Vermittlungsverfahren zur Erbauseinandersetzung gem. §§ 86 ff. FGG ist Teil der freiwilligen Gerichtsbarkeit.[97]

21 Eine immer größere Rolle zur Vermeidung von öffentlichen Verfahren spielen **erbrechtliche Schiedsverfahren**. Zu solchen Schiedsverfahren kann es entweder kommen, wenn der Erblasser weitsichtig in seinem Testament bereits angeordnet hat, dass die Erben, wenn sie sich streiten, vor ein Schiedsgericht treten sollen, oder aber die Erben sich selbst darauf geeinigt haben, ihren Streit unter Ausschluss der Öffentlichkeit auszutragen.[98] Immer mehr an Bedeutung gewinnt auch die Möglichkeit, dass die Miterben versuchen, unter Einsatz eines geeigneten **Mediators** ihre Streitigkeiten selbst lösen.[99]

3. Beratung nach dem Erbfall

22 Ein weiterer, bedeutsamer Tätigkeitsbereich im Erbrecht eröffnet sich nach dem Erbfall. Die in diesem Zusammenhang zu erbringenden Tätigkeiten beginnen oft bereits damit, dass das Testament des Verstorbenen **auszulegen** ist.[100] Ist das Testament erst einmal ausgelegt, steht der Wille also fest, ist nicht selten die **Anfechtung** des Testamentes zu überlegen.[101] In diesem Zusammenhang wird häufig über die **Testierfähigkeit** und Fragen einer Testamentsfälschung gestritten.[102] Innerhalb kurzer Fristen, nämlich nur 6 Wochen, ist weiterhin mit dem Erben gelegentlich zu bedenken, ob nicht besser die Erbschaft **ausgeschlagen** wird.[103] **Pflichtteilsansprüche** sind geltend zu machen oder abzuwehren, auch hierbei sind Verjährungsfristen zu beachten, im Bereich des Pflichtteilsrechtes eine Frist von nur 3 Jahren.[104] **Vermächtnisse**, die

---

[86] Vgl. § 26.
[87] Vgl. §§ 45, 66.
[88] Vgl. § 57.
[89] Vgl. § 58.
[90] Vgl. § 59.
[91] Vgl. § 60.
[92] Vgl. § 63.
[93] Vgl. § 64.
[94] Vgl. § 50.
[95] Vgl. § 51.
[96] Vgl. § 53.
[97] Vgl. § 54.
[98] Vgl. § 67.
[99] Vgl. § 68.
[100] Vgl. § 6.
[101] Vgl. § 7.
[102] Vgl. §§ 5, 7.
[103] Vgl. § 22; einl. § 3 Rdnr. 66.
[104] Vgl. § 29 Rdnr. 24 ff.

der Verstorbene angeordnet hat, müssen erfüllt werden, auch in diesem Zusammenhang treten Fragen auf: Was gilt beispielsweise, wenn der Verstorbene einen bestimmten Gegenstand an eine bestimmte Person vermacht hat, der Gegenstand aber beim Erbfall im Nachlass nicht mehr vorhanden ist, etwa weil er einige Jahre zuvor verkauft wurde? Muss nun als Surrogat der seinerzeit erzielte Gegenwert an den Vermächtnisnehmer herausgegeben werden oder muss der Erbe sich gar um die Neubeschaffung des Gegenstandes kümmern? Was gilt, wenn der Vermächtnisnehmer selbst nicht mehr lebt, er aber Abkömmlinge hinterlassen hat? Treten diese an die Stelle des Vermächtnisnehmers?[105] Nach dem Erbfall ist gelegentlich auch der **Erbschaftsanspruch** gemäß § 2018 BGB geltend zu machen, d. h. Nachlassgegenstände vom unberechtigten Besitzer herauszufordern.[106] Auch der **Erbteilskauf**, häufig unter Miterben, sowie der gesamte Kauf einer Erbschaft ist ab und an Gegenstand der Beratung nach dem Erbfall.[107]

Selbstverständlich ist auch **nach** dem Erbfall **steuerrechtliche** Beratung gefordert, sei es im Zuge der Erstellung der Erbschaftsteuererklärung, sei es im Versuch, auch nach dem Erbfall durch bestimmte Sachverhaltsgestaltungen steuergünstige Ergebnisse herbeizuführen.[108] Immer wieder fällt auf Grund fehlender oder fehlerhafter testamentarischer Beratung aus steuerlichen Gründen zusammengehörendes Betriebsvermögen und Sonderbetriebsvermögen nicht an ein und denselben Unternehmensnachfolger, sondern an verschiedene Personen. Folge ist, dass in diesen Fällen der Erbe nicht die Buchwerte des Vermögens weiterführen kann, vielmehr kommt es zur sog. **Aufgabebesteuerung**, was verheerende Folgen haben kann.[109] In ähnlicher Weise drohen Steuerfallen, wenn gerade durch den Erbgang Privat- und Betriebsvermögen so zusammentreffen, dass das Privatvermögen zu (steuerverhafteten) Sonderbetriebsvermögen wird.[110] In diesen Fällen kann gelegentlich durch **Ausschlagung** auch noch nach dem Erbfall korrigierend auf die sonst entstehende Erbschaft- und Einkommensteuer eingewirkt werden.[111] Nicht selten ist der Erbe auch **steuerstrafrechtlich** zu beraten, etwa wenn er feststellt, dass der Erblasser Steuerpflichten nicht erfüllt hat. In diesen Fällen, aber auch bei eigenen Steuervergehen des Erben, ist an die **strafbefreiende Selbstanzeige** gem. § 371 AO zu denken.[112]

Weiterhin hat sich nach dem Erbfall der erbrechtlich tätige Anwalt um **Registerberichtigungen** zu kümmern. Sind die Grundbücher falsch, d. h. stehen nach dem Erbfall der Erblasser und nicht die Erben im Grundbuch, müssen diese berichtigt werden.[113] Gleiches gilt für die Handelsregister.[114]

Wurde die Erbschaft nicht innerhalb der knappen 6-Wochenfrist ausgeschlagen und stellt sich danach heraus, dass der Nachlass **überschuldet** ist, so ist der Berater aufgefordert, die Erben hinsichtlich des erbrechtlichen Haftungsbeschränkungssystem zu beraten,[115] d. h. mit den Erben zu überlegen, ob ein **Nachlassinsolvenzverfahren** oder Nachlassverwaltung[116] zu beantragen ist oder ob die Erhebung Einzelner, die Haftung mindernder oder ausschließender Einreden, insbesondere die **Dürftigkeitseinrede** ausreicht.[117]

Ein weiteres Beratungsfeld für den Berater eröffnet sich schließlich, wenn der Erblasser **Vor- und Nacherbschaft** verfügt hat.[118] Der Vorerbe will wissen, welche Rechte er trotz der Nacherbenbelastung hat, den Nacherben interessiert häufig, welche Sicherungsrechte er am vom Vorerben verwalteten Nachlass hat. Immer wieder stellen sich zudem schwierige Fragen, wenn zu ermitteln ist, welcher Teil der Erbschaft eigentlich durch die Vorerbschaft gebunden ist und welcher freies Vermögen des Erben darstellt.

---

[105] Vgl. § 13 Rdnr. 195 f.
[106] Vgl. § 27.
[107] Vgl. § 28.
[108] Vgl. §§ 36 Rdnr. 271 ff.; § 3 Rdnr. 4.
[109] Vgl. § 35 Rdnr. 173 ff.; einl. § 3 Rdnr. 8 ff.
[110] Vgl. § 3 Rdnr. 11 und auch § 36 Rdnr. 289.
[111] Vgl. § 36 Rdnr. 289; § 3 Rdnr. 67; § 22.
[112] Vgl. § 50.
[113] Vgl. § 55.
[114] Vgl. § 55.
[115] Vgl. §§ 23, 24, 25.
[116] Vgl. §§ 24, 25.
[117] Vgl. § 23 Rdnr. 46 ff.
[118] Vgl. § 17.

27 Wird der Anwalt als **Testamentsvollstrecker** tätig, ist er in eine Reihe von Verpflichtungen und Aufgaben eingebunden.[119] Der Testamentsvollstrecker muss ein Nachlassverzeichnis anfertigen, er hat sich um die Abgabe der Erbschaftsteuererklärung und die Abführung der Erbschaftsteuer zu kümmern, ihm obliegt gelegentlich die Verwaltung des Nachlasses und in der Regel die Auseinandersetzung des Nachlasses unter den Miterben. Vielfach sieht sich der als Testamentsvollstrecker tätige Anwalt in diesem Zusammenhang mit Aufgaben konfrontiert, die mit dem beruflichen Alltag eines Anwalts wenig zu tun haben, insbesondere wenn ihm die Verwertung des Nachlasses obliegt. Häufig muss sich dann der Anwalt mit (zum Teil sehr lästigen) Fragen zur Haushaltsauflösung, Verkäufen von Immobilien sowie Verkäufen oder Versteigerungen von Kunstgegenständen auseinander setzen. Neben den fachlichen Schwierigkeiten, die mit der Führung des Amtes als Testamentsvollstrecker verbunden sind, ergeben sich oft nicht minder schwierige menschliche Aufgaben im Umgang mit den Erben. Schwierigkeiten treten häufig schon deswegen auf, weil es der Testamentsvollstrecker selten allen gleichermaßen recht machen kann. Erschwerend kommt hinzu, dass für den Erben kaum ersichtlich ist, wie viel mühselige und zeitraubende Tätigkeiten mit der Abwicklung des Nachlasses verbunden sind, dazu kommen die oft langwierigen Verhandlungen über die Teilung des Nachlasses.

28 Ein zusätzliches Beratungsspektrum eröffnet sich schließlich, wenn der Anwalt nicht nur als Anwalt tätig wird, sondern auch als **Notar**, was in verschiedenen Bundesländern möglich ist.[120]

III. Fachliche Spezialisierung auf das Erbrecht

29 Bereits aus der vorstehenden Zusammenfassung geht hervor, dass es mit ausschließlich auf das zivilrechtliche Erbrecht beschränkten Kenntnissen, kaum möglich ist, die vielfältigen Aufgaben der anwaltlichen Praxis im Bereich des Erbrechts zu erfüllen. Vielmehr sind auch gute Kenntnisse des Erbrechts, Steuerrechts und des Gesellschaftsrechts erforderlich und zudem die Fähigkeit, diese verschiedenen Rechtsgebiete miteinander zu verbinden. Die notwendigen theoretischen Kenntnisse kann sich derjenige, der sich im Bereich des Erbrechts spezialisieren will, durch die Lektüre einschlägiger Werke aneignen.[121] In diesem Zusammenhang ist darauf hinzuweisen, dass es seit einiger Zeit verschiedene juristische Periodika gibt, die sich auf das Erbrecht spezialisiert haben oder zumindest regelmäßig auch erbrechtliche Fragen aufgreifen. Diese Periodika berichten auch regelmäßig über interessante Seminare im Bereich der Vermögensnachfolge. Schließlich gibt es zwischenzeitlich eine ganze Reihe von Institutionen, die sich mit erbrechtlichen Fragestellungen sowie den erwähnten Querbeziehungen zu anderen Rechtsgebieten befassen, eigene Schriftenreihen auflegen und Seminare veranstalten.

---

[119] Vgl. § 19; einl. § 3 Rdnr. 12.
[120] Vgl. § 70.
[121] Vgl. hierzu auch die Literaturangaben, die vielen der nachfolgenden Kapitel vorangestellt sind.

§ 2 Mandatsannahme und Feststellung des Sachverhalt

Übersicht

	Rdnr.
I. Mandatsannahme	1–50
1. Kollisionsprüfung	1–9
a) Die einzelnen Normen zur Interessenkollision	4–6
b) Interessenkollision bei erbrechtlichen Mandaten im Besonderen	7–9
2. Honorare	10–24
a) Gegenstandswerte und Gebührensätze	11–19
b) Vergütungsvereinbarungen	20–24
3. Rechtsschutzversicherung	25–30
a) Reichweite des Versicherungsschutzes	26/27
b) Anspruch auf Versicherungsschutz	28
c) Besorgen der Deckungszusage	29/30
4. Haftung und Haftungsbegrenzung	31–50
a) Anwaltliche Haftung	32–45
b) Haftungsbegrenzung	46–50
II. Die Feststellung des Sachverhalts	51–57
1. Feststellung des Nachlasses	52
2. Feststellung der gesetzlichen Erbfolge und Feststellung eventueller Pflichtteilsberechtigter	53
3. Feststellung von Einschränkungen der Testierfreiheit	54
4. Feststellung von evtl. geleisteten Erb- und Pflichtteilsverzichten	55
5. Prüfung, ob der Erblasser Vollmachten erteilt hat bzw. der Erbe oder sonstige Nachlassbeteiligte über Vollmachten verfügen	56
6. Feststellung eventueller behinderter Personen	57

Schrifttum: *Baumbach/Lauterbach/Albers/Hartmann* Zivilprozessordnung, 64. Aufl. 2005; *Bonefeld*, Haftungsfallen im Erbrecht, 2003; *ders.*, Erbrechtliche Beratung und Rechtschutzversicherung, ZERB 1999, 11; *ders.*, Gebührentipps für Erbrechtspraktiker, ZERB 2001, 37; *Borgmann* Interessenkollision, BRAK-Mitt. 2000, 77; *dies.*, Ein eingeschränktes Mandat, BRAK-Mitt. 2000, 288; BRAK-Information, Heft 5: Thesen zu Vergütungsvereinbarungen, Jan. 2006; *Büchting/Heussen*, Beck'sches Rechtsanwaltshandbuch, 8. Aufl. 2004; *Eckert*, Die Verjährung vertraglicher Schadensersatzansprüche gegen Rechtsanwälte und Steuerberater, NJW 1989, 2081; *Feuerich/Braun* Bundesrechtsanwaltsordnung, 5. Aufl. 2000; *Fischer*, Tendenzen der Rechtsprechung des BGH zum Anwaltshaftungsrecht, NJW 1999, 2993; *Franzen*, Prozessaufwand bei Gericht und Anwalt – betriebswirtschaftlich und anschaulich – mit Folgerungen, NJW 1993, 438; *Frieser*, Die anwaltliche Praxis in Erbschaftssachen, 1995; *ders.*, Interessenkollision und Berufspflichten im erbrechtlichen Mandat, ZERB 2001, 158; *ders.*, Anwaltliche Strategien im Erbschaftsstreit, 2. Aufl. 2004; *Gerold/Schmidt/von Eicken/Madert/Müller-Rabe*, Bundesgebührenordnung für Rechtsanwälte, 17. Aufl. 2006; *Grams*, Möglichkeiten der Haftungsbeschränkung für Rechtsanwälte, AnwBl. 2001, 233 ff., 292 ff.; *Grunewald*, Das Problem der Vertretung widerstreitender Interessen und ihre Vermeidung, AnwBl. 2005, 437; *ders.*, Die Vertretung mehrerer Miterben durch einen Rechtsanwalt bzw. eine Sozietät, ZEV 2006, 386; *Harbauer* Rechtsschutzversicherung, 7. Aufl. 2004; *Hartung/Holl*, Anwaltliche Berufsordnung, 2. Aufl. 2001; *Hartung/Römermann/Schons* RVG, 2. Aufl. 2006; *Henssler*, Haftungsrisiken anwaltlicher Tätigkeit, JZ 1994, 178; *ders.*, Das Verbot der Vertretung widerstreitender Interessen, NJW 2001, 1521; *ders./Prütting* Bundesrechtsanwaltsordnung, 2. Aufl. 2004; *Hempfing/Traut* Rechtsschutzversicherung, 2. Aufl. 1993; *Hensen/Graf von Westphalen*, Anwaltliche Haftungsbeschränkung im Widerstreit mit der Verbraucherschutzrichtlinie, ZIP 1995, 546; *Hillach/Rohs*, Handbuch des Streitwerts in Zivilsachen, 9. Aufl. 1995; *Jessnitzer/Blumberg* Bundesrechtsanwaltsordnung, 8. Aufl. 1998; *Kerscher/Tanck/Krug*, Das erbrechtliche Mandat, 2. Aufl. 2000; *Kleine/Cosack* Bundesrechtsanwaltsordnung, 4. Aufl. 2003; *ders.*, Sozietätserstreckung des Verbots der Interessenkollision, AnwBl. 2006, 13; *Klinger/Ruby*, Gebühren im erbrechtlichen Mandat nach dem neuen RVG, ZEV 2004, 181; *Lang*, Anwaltliche Beratungsfehler auf dem Gebiet des Erbrechts, AnwBl. 1983, 166; *Lindacher/Zimmermann*, Lachende Doppelerben? – Erbfolge und Schadensersatz bei Anwaltsverschulden, FamRZ 1980, 99; *Lorenz*, Anwaltshaftung wegen Untätigkeit bei der Errichtung letztwilliger Verfügungen, JZ 1995, 317; *Madert*, Die Erstberatungsgebühr, AnwBl. 1996, 246; *Medicus* Schuldrecht I (Allgemeiner Teil), 16. Aufl. 2005; *Palandt*, Bürgerliches Gesetzbuch, 65. Aufl. 2006; *Rinsche*, Die Haftung des Rechtsanwalts und des Notars, 7. Aufl. 2005; *Schlitt/Seiler*, Anwaltshaftung für fehlerhafte Erblasserberatung, NJW 1996, 1325; *Schlosser*, Anwaltsrechtliches Verbot der Vertretung widerstreitender Interessen, NJW 2002, 1376; *Schmidt/Madert*, Der Gegenstandswert in bürgerlichen Rechtsangelegenheiten, 4. Aufl. 1999; *Schneider*,

Der Streitwert der Miterbenklagen nach § 2093 und § 2050 BGB, Rpfleger 1982, 268; *Stein/Jonas* Zivilprozessordnung, Bd. 1 (§§ 1 bis 90), 22. Aufl. 2003; *Sudhoff* Unternehmensnachfolge, 5. Aufl. 2005; *Tiling,* Die Vergütung des Testamentsvollstreckers, ZEV 1998, 331; *Tröndle/Fischer* Strafgesetzbuch, 53. Aufl. 2005; *Graf von Westphalen,* Leitlinien zur Haftungsbeschränkung in Mandats-AGB, MDR 1997, 989; *Wolf/Horn* AGB-Gesetz, 4. Aufl. 1999; *Wölk,* Möglichkeiten der Haftungsbeschränkung des Rechtsanwalts, AnwBl. 2003, 328.

I. Mandatsannahme

1. Kollisionsprüfung

1

Checkliste zur Kontrolle einer Interessenkollision

☐ Liegt eine Vertretung vor, die gegen Interessen eines anderen Klienten verstoßen könnte?
☐ Besteht die Gefahr, dass der Anwalt bei Mandatsdurchführung seine Verschwiegenheitsverpflichtungen aus einem früheren Mandat verletzt?
☐ Verschafft der Anwalt bei Mandatsdurchführung seinem neuen Klienten einen ungerechtfertigten Sondervorteil aus der Verwertung von tatsächlichem, mandatsbezogenen Wissen aus früherem Mandat?

Die **Grundnorm § 43 a Abs. 4 BRAO** bestimmt: „Der Anwalt darf keine widerstreitenden Interessen vertreten". Die gesetzlichen Regeln der §§ 45, 46 BRAO, § 59 b Abs. 2 Nr. 1 lit. e BRAO sowie die Standesregeln des § 3 der Berufsordnung der Rechtsanwälte (im Folgenden kurz: „BerufsO") und die Berufsregeln der Rechtsanwälte der Europäischen Gemeinschaft (Conseil des Barreaux de la Communauté Européene, kurz CCBE) konkretisieren und erweitern dieses Verbot und beschreiben Fälle, in denen der Anwalt ein Mandat wegen bestehender oder zu befürchtender Interessenkollision nicht annehmen darf.[1] Eine Interessenkollision setzt stets **Sachverhaltsidentität** voraus, auch wenn dies die entsprechende Norm, etwa § 43 a Abs. 4 BRAO, nicht ausdrücklich besagt.[2] Diese **Sachverhaltsidentität** (bzw. „dieselbe Rechtssache" oder „Angelegenheit", wie die Sachverhaltsidentität von einzelnen Normen auch bezeichnet wird), liegt vor, wenn es sich bei natürlicher Betrachtungsweise um ein innerlich zusammengehöriges, einheitliches Lebensverhältnis handelt.[3] Die der Sache zu Grunde liegenden historischen Vorgänge müssen zumindest teilweise identisch sein, mag es sich auch um verschiedene Verfahren oder verschiedene Ansprüche handeln.[4]

2
Bevor jedoch ein Anwalt schwierige Überlegungen zu der Frage anstellt, ob er bei Annahme eines neuen Mandats in „derselben Rechtssache" im Verhältnis zu einer früheren Rechtssache tätig wird, sollte er Folgendes bedenken: Die hier zu erörternden Normen bezwecken, dass zwar einerseits das Mandat zum Besten seines Auftraggebers geführt wird, gleichzeitig aber Sondervorteile für den eigenen Mandanten vermieden werden. Folgerichtig ist der Anwalt an der Mandatsausführung erstens gehindert, wenn er in derselben Rechtssache **gegenläufige Interessen** zu berücksichtigen hat.[5] Zweitens ist er gehindert, wenn die Gefahr der Verletzung der **Verschwiegenheitspflicht** bezüglich der von einem früheren Mandanten anvertrauten Informationen besteht (vgl. § 3 Abs. 5 BerufsO; Art. 3.2.3 CCBE). Drittens schließlich ist die Tätigkeit nach dem gleichen Artikel der CCBE auch dann verboten, wenn die Kenntnis der Angelegenheit aus der Befassung mit einem früheren Mandat dem neuen Mandanten zu einem

---

[1] Die Berufsregeln der CCBE sind unter anderem abgedruckt bei *Hartung/Holl,* Anwaltliche Berufsordnung.
[2] *Henssler/Prütting/Eylmann* § 43 a Rdnr. 139; vgl. zum Ganzen auch *Borgmann* BRAK-Mitt. 2000, 77.
[3] *Frieser* Rdnr. 217; *Kerscher/Tanck/Krug* § 4 Rdnr. 9.
[4] *Henssler/Prütting/Eylmann* § 43 a Rdnr. 140.
[5] Dabei ist indes zu beachten, dass § 43 a BRAO dem Anwalt (der grundsätzlich von Berufs wegen naturgemäß subjektiv zu Gunsten der Sache seines Klienten eingestellt ist) wohl nicht verbietet, kollidierende Interessen auszugleichen, indem er beispielsweise als Mediator (vgl. zur Mediation im Einzelnen: § 65) tätig ist, vgl. *Feurich/Braun* BRAO § 43 a Rdnr. 65; vgl. auch OLG Düsseldorf Beschl. v. 1.6.1989 – NJW 1989, 2901. Grds. zum Verbot der Vertretung widerstreitender Interessen *Henssler* NJW 2001, 1521 ff.

§ 2 Mandatsannahme und Feststellung des Sachverhalt 3, 4 § 2

ungerechtfertigten **Sondervorteil**, zum Beispiel in der Zwangsvollstreckung, gereichen würde. Außerhalb dieses **Dreiecks**
- keine Vertretung gegenläufiger Interessen,
- keine Gefahr der Verletzung der Verschwiegenheitspflicht aus früheren Mandaten,
- keine ungerechtfertigte Sondervorteile für den neuen Mandanten aus Verwertung alter Kenntnisse

sind kaum Fälle vorstellbar, in denen ein Anwalt ein Mandat wegen Interessenkollision nicht annehmen darf.

Liegt eine Interessenkollision vor, so ist dem Anwalt nicht nur jede prozessuale Tätigkeit, sondern auch **jegliche beratende Tätigkeit verboten**.[6] Ob eine Interessenkollision vorliegt, muss daher schon bei der Mandatsannahme geprüft werden. Ein Mandat darf nicht angenommen werden, ein angenommenes muss sofort niedergelegt werden, vgl. auch Art. 3.2 BerufsO. Wurden **mehrere kollidierende Mandate** wahrgenommen, so müssen alle niedergelegt, es darf keines aufrechterhalten werden.[7] Die Tätigkeitsverbote der BRAO und BerufsO erstrecken sich auf **Sozietätsmitglieder oder sonstige gemeinschaftlich mit dem betroffenen Anwalt Tätigen**; darunter fallen auch freie Mitarbeiter, angestellte Rechtsanwälte, alle Mitglieder einer EWiV[8] und gem. § 3 Abs. 2 und 3 BerufsO auch alle Anwälte einer bloßen **Bürogemeinschaft**, wobei die bisherige Regelung zu Sozietätswechslern verfassungswidrig war[9] und die Neuregelung nur wenig ändert. Die anderen Anwälte in einer Sozietät oder Bürogemeinschaft dürfen ein wegen Interessenkollision abgelehntes oder niedergelegtes Mandat nicht annehmen oder fortführen, §§ 45 Abs. 3, 46 Abs. 3 BRAO, § 3 Abs. 2 und 3 BerufsO, Art. 3.2 CCBE. Ein Verstoß gegen diese Bestimmungen hat zunächst **standesrechtliche Konsequenzen**, wobei die standesrechtliche Ahndung eines Verstoßes gem. § 113 Abs. 1 BRAO bereits bei fahrlässigen Verstößen droht. Zudem verliert der Anwalt jeglichen **Vergütungsanspruch**: Der Anwaltsvertrag ist bei Verstoß gegen §§ 43 a Abs. 4, 45 BRAO gem. § 134 BGB nichtig, obwohl sich das Verbot nur gegen eine Partei, den Anwalt, richtet.[10] Hat der Mandant bereits das Honorar gezahlt, kann er es kondizieren.[11] Wer kollidierende Interessen vertritt, macht sich zudem unter den Voraussetzungen des § 356 StGB **wegen Parteiverrates strafbar**; der kollusive Parteiverrat ist gem. § 356 Abs. 2 StGB sogar ein Verbrechen. Eine Bestrafung wegen Parteiverrates setzt Vorsatz voraus, eine fahrlässige Begehung des Parteiverrats ist strafrechtlich irrelevant. **Verfahrensrechtlich** bleibt ein Verstoß gegen das Verbot der Vertretung widerstreitender Interessen folgenlos: Der Anwalt kann nicht analog § 156 Abs. 2 ZPO zurückgewiesen werden,[12] Rechtshandlungen des Anwalts und die Prozessvollmacht bleiben wirksam.[13] Die vorgenannten standes- und strafrechtlichen Normen schützen nicht nur die anwaltliche Treuepflicht gegenüber dem Auftraggeber, sondern sollen nach ihrem hergebrachten Verständnis vornehmlich das abstrakte Vertrauen in die Integrität der Rechtspflege verteidigen.[14] Eine **Einwilligung** des Mandanten lässt weder die Rechtswidrigkeit des Parteiverrates gem. § 356 StGB entfallen,[15] noch hindert sein **Einverständnis** oder das des jetzigen Gegners die Verwirkung der standesrechtlichen Vorschriften.[16]

a) **Die einzelnen Normen zur Interessenkollision.** Der komplexe § 45 BRAO konkretisiert das Verbot des § 43 a BRAO. Die (nicht abschließende) Norm zählt eine Reihe von Fällen auf, in denen der Rechtsanwalt seine Tätigkeit versagen muss, da er mit der Sache vorbefasst ist.

---

[6] *Kerscher/Tanck/Krug* § 4 Rdnr. 8; *Frieser* Rdnr. 217. Für § 356 StGB *Tröndle/Fischer* § 356 Rdnr. 10.
[7] EGH München Urt v. 5.2.1980 – BayEGH II/22/79; *Frieser* Rdnr. 220; *Kerscher/Tanck/Krug* § 4 Rdnr. 14.
[8] *Hartung/Holl* § 3 Rdnr. 56; dort eingehend auch zum gesamten Problemkomplex der Geltung des Verbotes für Dritte.
[9] BVerfG AnwBl 2003, 521.
[10] *Hartung/Holl* Anh. § 3 Rdnr. 64.
[11] *Hartung/Holl* § 3 Rdnr. 71.
[12] *Hartung/Holl* § 3 Rdnr. 72.
[13] BGH v. 19.3.1993 – NJW 1993, 1926; OLG Hamm v. 21.2.1989 – AnwBl. 1989, 397.
[14] Ganz h.M. Für § 356 StGB *Tröndle/Fischer* § 356 Rdnr. 1; *Henssler/Prütting/Eylmann* § 43 a Rdnr. 131. Für die standesrechtlichen Normen etwa *Kerscher/Tanck/Krug* § 4 Rdnr. 4; *Henssler/Prütting/Eylmann* § 43 a Rdnr. 132; *Feuerich/Braun* § 43 a Rdnr. 54; *Hartung/Holl* § 3 Rdnr. 13. Vgl. auch die amtl. Begr. zu § 43 a Abs. 4 BRAO, BT-Drucks. 12/4993, S. 27.
[15] Vgl. nur *Tröndle/Fischer* § 356 Rdnr. 13; vgl. auch die Nachweise in Fn. 20.
[16] *Kerscher/Tanck/Krug* § 4 Rdnr. 4; *Frieser* Rdnr. 216; vgl. auch die Nachweise in Fn. 20.

Gem. § 45 Abs. 1 BRAO ist **dem Anwalt** die Tätigkeit in einer Sache verboten,
- in der er bereits als Richter, Schiedsrichter, Staatsanwalt oder Angehöriger des öffentlichen Dienstes tätig war,
- wenn er als Notar oder Notarvertreter eine Urkunde aufgenommen hat, deren Rechtsbestand oder Auslegung jetzt streitig ist oder wenn die Vollstreckung aus ihr betrieben werden soll,
- in der er als Insolvenz-, Vergleichs- oder Nachlassverwalter, Testamentsvollstrecker, Betreuer oder in ähnlicher Funktion tätig war, soweit er jetzt gegen den Träger des Vermögens vorgehen soll, schließlich
- in der er außerhalb seiner Anwaltstätigkeit oder sonstigen Tätigkeit i. S. d. § 59 a Abs. 1 S. 1 BRAO beruflich tätig war, wenn es sich um dieselbe Angelegenheit handelt und die berufliche Tätigkeit noch nicht beendet ist.

§ 45 Abs. 2 BRAO verbietet **jegliche Tätigkeit**
- als Insolvenz-, Vergleichs oder Nachlassverwalter, Testamentsvollstrecker oder in ähnlicher Funktion, wenn der Betreffende als Rechtsanwalt gegen den Träger des zu verwaltenden Vermögens befasst war und
- außerhalb der anwaltlichen Tätigkeit oder einer sonstigen i. S. d. § 59 a Abs. 1 S. 1 BRAO in einer Sache, in der er bereits als Rechtsanwalt tätig war.

5 § **46 BRAO** verbietet in Abs. 1 einem in ständigen Dienstverhältnis stehenden Anwalt, für seinen Dienstherren vor Gericht als Rechtsanwalt aufzutreten. Gem. Abs. 2 ist dem Anwalt die Tätigkeit in einer Sache verboten, in der er als Berater in einem Dienstverhältnis bereits tätig wurde, umgekehrt die Tätigkeit als Berater in einem Dienstverhältnis, wenn er als Rechtsanwalt in der Sache tätig war.

6 Ist der Anwalt **gleichzeitig auch Notar,** sind noch weitere Vorschriften zu beachten, die die Pflicht des Anwaltnotars zur Unparteilichkeit unterstreichen (§ 14 Abs. 1 S. 2 BNotO). Wichtig ist in diesem Zusammenhang auch die Vorschrift des § 3 Abs. 1 Ziff. 7, Abs. 2 BeurkG, die es dem Notar dringend nahe legt, nicht an Beurkundungen mitzuwirken, wenn er mit der Angelegenheit **vorbefasst** war, d. h. für einen der Beteiligten bereits tätig war oder ist. In diesem Zusammenhang spielt es keine Rolle, ob sich die Tätigkeit auf beratende oder notarielle Tätigkeiten bezog.

7 **b) Interessenkollision bei erbrechtlichen Mandaten im Besonderen.** Zunächst ist auch hier an das zuvor skizzierte Dreieck der Interessenkollision zu erinnern (keine Vertretung gegenläufiger Interessen, keine Gefahr der Verletzung der Verschwiegenheitspflicht aus früheren Mandaten, keine Sondervorteile für den neuen Mandanten aus Verwertung alter Kenntnisse). In der erbrechtlichen Beratung erweist es sich häufig als problematisch, dass es dem Anwalt untersagt ist, gegenläufige Interessen zu berücksichtigen. Gerade diese Problematik stellt sich häufig, wenn der Anwalt beispielsweise von einer „Familie" gebeten wird, die Testamente zu konzipieren, etwa im Zuge der Unternehmensnachfolgeplanung. Hier geschieht es nicht selten, dass der Anwalt eine Gesamtlösung für alle Familienmitglieder ausarbeiten soll. Es liegt aber auf der Hand, dass die Interessen der Generation der Übergeber sich nicht in allen Punkten mit denen der übernehmenden Generation decken. In diesem Zusammenhang ist beispielsweise an das Problem zu denken, dass es dem Erblasser häufig recht wäre, wenn bei lebzeitigen Übertragungen Rückforderungsklauseln vereinbart werden, bzw. der Anwalt dem Erblasser zur Aufnahme solcher Klauseln in die Übertragungsverträge raten sollte, während der Anwalt, der die Übernehmer berät, sicherlich nicht zur Aufnahme solcher Klauseln drängt. Gleichermaßen entstehen Konflikte, wenn der Übergeber weit reichend auf die Nachfolge Einfluss nehmen will und etwa im Rahmen einer Vor- und Nacherbschaft bestimmt, wer nach seinen Kindern den Nachlass erwirbt. Umgekehrt möchte die nachfolgende Generation nur ungern, dass auf die Gestaltung ihrer letztwilligen Verfügungen umfangreich Einfluss genommen wird. Die widerstreitenden Interessen in solchen Konstellationen liegen auf der Hand. In gleicher Weise drohen Interessenkonflikte, wenn der Anwalt für eine **Miterbengemeinschaft** tätig wird, etwa die Mitglieder der Miterbengemeinschaft beim Einzug einer Forderung vertritt. Er kann dann selbstverständlich nicht anschließend einzelne Miterben bei Streitigkeiten der Auseinandersetzung (§§ 2042 ff. BGB) oder des Ausgleichs (§§ 2050 ff. BGB) gegen andere Miterben

vertreten.[17] Ähnliche, offensichtliche Probleme ergeben sich, wenn der Anwalt beide Ehegatten bei der Errichtung eines **Ehegattentestaments** berät.[18] Treten kollidierende Interessen in Form unterschiedlicher Gestaltungswünsche der Mandanten zutage, so muss der Anwalt beide Mandate[19] niederlegen. Zu solchen kollidierenden Rechten kann es aber rasch kommen, zum Beispiel in Fällen, in denen Kinder aus verschiedenen Ehen vorhanden sind oder erhebliche Unterschiede in den Vermögensverhältnissen der Ehegatten bestehen.

In allen diesen Fällen sollte sich daher der Anwalt gut überlegen, ob er nicht von vornherein **nur eine** der Familienmitglieder, Miterben oder Ehegatten vertritt. Ansonsten, wenn widerstreitende Interessen zwischen den Beteiligten auftreten, kommt der Anwalt schnell in eine Situation, in der er das Mandat insgesamt niederlegen muss, sofern nicht ausnahmsweise eine Einwilligung der Mandanten den Interessengegensatz beseitigt.[20] Im Übrigen ist ein Anwalt, der für beide Seiten tätig geworden ist, auch in anderen Angelegenheiten nicht mehr frei, die eine Seite gegen die andere Seite zu vertreten. Beispielsweise ist es nicht möglich, dass ein Anwalt, der beide Ehegatten bei Abfassung eines gemeinschaftlichen Ehegattentestamentes vertreten hat, einen der beiden Ehegatten zu einem späteren Zeitpunkt in der Frage berät, wie er sich vom gemeinsamen Ehegattentestament lösen kann.

Besonders relevant im erbrechtlichen Kontext sind schließlich auch die Fälle des § 45 Abs. 1 Nr. 2, Abs. 2 Nr. 1 BRAO: War der Anwalt **Nachlassverwalter,** darf er in einer Angelegenheit, mit der er als solcher befasst war, nicht mehr gegen den Träger des von ihm verwalteten Vermögens vorgehen; im umgekehrten Fall darf er nicht mehr als Nachlassverwalter tätig werden, wenn er als Anwalt mit einer Angelegenheit gegen den Träger des zu verwaltenden Vermögens befasst war. Eine Interessenkollision tritt bei Beratung mehrerer **Pflichtteilsberechtigter**[21] trotz zunächst gleichgerichteter Interessenlagen z. B. dann auf, wenn einer der Pflichtteilsberechtigten auf Grund von Vorgeschenken oder anderen Vorwegempfängen gem. § 2316 BGB gegenüber den anderen Pflichtteilsberechtigten intern ausgleichspflichtig ist. Hinsichtlich der **Anwaltsnotare** ist schließlich auf § 45 Abs. 1 Nr. 2 BRAO hinzuweisen. Hat der Anwalt als Notar eine erbrechtliche Erklärung beurkundet (etwa ein öffentliches Testament), §§ 2231 Nr. 1, 2232 BGB, oder eine erbrechtliche Erklärung beglaubigt, darf er dann nicht tätig werden, wenn diese Urkunde den Gegenstand eines Rechtsstreits bildet.

2. Honorare

Die Grundlage des anwaltlichen Vergütungsanspruches ist der Anwaltsvertrag, regelmäßig ein Geschäftsbesorgungsvertrag,[22] im Rahmen eines Dauerberatungsverhältnisses unter Umständen auch ein reiner Dienstvertrag.[23] Die Höhe des Anspruches bestimmt sich im Grundsatz nach § 2 Abs. 1 RVG. Sie ist abhängig vom Gegenstandswert, worauf der Anwalt den Mandanten vor Übernahme des Auftrags hinweisen muss, § 49 b Abs. 5 BRAO. Eine von diesen gesetzlichen Gebühren abweichende **Vergütungsvereinbarung** kann gem. § 4 RVG getroffen werden. Die Vergütungsvereinbarung gewinnt zunehmend an Bedeutung, zumal zum 1.7.2006 zahlreiche außergerichtliche Gebührentatbestände im 2. Teil des Vergütungsverzeichnisses, insbesondere die Beratungsgebühr (früher Nr. 2100 VV RVG), gestrichen wurden.

Grundsätzlich nicht nach dem RVG bestimmt sich die **Vergütung für eine Tätigkeit als Nachlassverwalter,** § 1 Abs. 2 S. 1 RVG. Für sie sieht § 1987 BGB eine angemessene Vergütung vor; deren Höhe bestimmt sich insbesondere nach dem Wert des zu verwaltenden Vermögens, der Bedeutung der Verwaltung, Schwierigkeit, Umfang und Dauer der Tätigkeit, Verantwortung des Nachlassverwalters und dem Erfolg der Verwaltung.[24] Die Vergütung muss dem übrigen

---

[17] Vgl. nur BayObLG Urt. v. 26.7.1989 – NJW 1989, 2903.
[18] *Kerscher/Tanck/Krug* § 4 Rdnr. 16 ff.; *Frieser* Rdnr. 220.
[19] *Kerscher/Tanck/Krug* § 4 Rdnr. 16 ff.; *Frieser* Rdnr. 220.
[20] Nach *Grunewald* AnwBl. 2005, 439 soll der Anwalt nach entspr. Hinweis auf die Interessengegensätze das Mandat fortführen dürfen, vgl. auch RG JW 1929, 3168; BGHSt 71, 231; *Schlosser,* NJW 2002, 1376 ff; *Grunewald* ZEV 2006, 386, 387.
[21] *Kerscher/Tanck/Krug* § 4 Rdnr. 20 ff.; *Frieser* Rdnr. 222.
[22] Vgl. nur Palandt/*Thomas* Vor § 611 Rdnr. 21, § 675 Rdnr. 24.
[23] *Frieser* Rdnr. 179.
[24] *Gerold/Schmidt/Eicken/Madert/Müller-Rabe* § 1 Rdnr. 222; vgl. BayObLG v. 12.6.1985 – JurBüro 1986, 90.

Berufseinkommen des Anwaltes entsprechen,[25] sie wird vom Nachlassgericht festgesetzt. Der **Vergütungsanspruch des Testamentsvollstreckers**[26] bestimmt sich ebenfalls im Grundsatz nicht nach dem RVG, § 1 Abs. 2 S. 1 RVG. Auch hier sieht das Gesetz lediglich generalklauselartig eine angemessene Vergütung vor, wenn nicht der Erblasser etwas anders bestimmt hat, § 2221 BGB. Im Übrigen haben sich in der Praxis verschiedene Systeme etabliert, wie diese angemessene Vergütung des Testamentsvollstreckers sich errechnet, vgl. im Einzelnen § 19 Rdnr. 164 ff. Wird der Anwalt **als Testamentsvollstrecker oder Nachlassverwalter** tätig, so kann er gem. § 1 Abs. 2 S. 2 RVG für die Führung eines Prozesses nach dem Rechtsgedanken des § 1835 Abs. 2 BGB zusätzlich eine entsprechende **Vergütung nach dem RVG** verlangen, soweit für die Prozessführung ein Anwalt zugezogen zu werden pflegt, was üblicherweise der Fall ist.[27] Ebenso kann der Anwalt für solche Tätigkeiten Vergütung nach dem RVG verlangen, bei denen ein Laie in gleicher Lage vernünftigerweise einen Anwalt zuziehen würde.[28]

11   a) **Gegenstandswerte und Gebührensätze.** Treffen Anwalt und Mandant keine Vergütungsvereinbarung, so bestimmt sich die Vergütung der anwaltlichen Tätigkeit nach den Vorschriften des RVG, nach Gegenstandswert und Gebührensatz, § 2 Abs. 1 RVG.

12   *aa) Gegenstandswerte.* **Gegenstand** der anwaltlichen Tätigkeit ist das gegenwärtige, angestrebte, zukünftige oder nur behauptete Rechtsverhältnis, auf das sich die Tätigkeit des Rechtsanwalts nach dem Auftrag bezieht.[29] Ist der Gegenstand der Tätigkeit der eines gerichtlichen Verfahrens oder könnte er es sein, so ist der Gegenstandswert nach den für die Gerichtsgebühren maßgeblichen Wertvorschriften zu errechnen, § 23 Abs. 1 RVG. Sonst, etwa bei der Begründung von Rechten oder der Gestaltung von Verträgen,[30] gelten §§ 18 Abs. 2, 19 bis 23, 24 Abs. 1, 2, 4, 5, 6, §§ 25, 39 Abs. 2 und 3 sowie 46 Abs. 4 KostenO entsprechend, § 23 Abs. 3 S. 3 RVG. Ergibt sich aus diesen Vorschriften der Gegenstandswert nicht und steht er auch sonst nicht fest, so ist er nach billigem Ermessen zu bestimmen; ist auch dies nicht möglich oder liegt keine vermögensrechtliche Streitigkeit vor, so beträgt der Gegenstandswert im Zweifel € 4.000,–, niemals jedoch mehr als € 500.000,– § 23 Abs. 3 S. 2 RVG.
Nachfolgend werden im Überblick **typische erbrechtliche Streitgegenstände mit Besonderheiten bei der Streitwerterrechnung** genannt:
- Der Gegenstandswert im **Erbscheinverfahren** entspricht dem Umfang des geltend gemachten Erbteils (Wert des Nachlasses nach Abzug der Verbindlichkeiten, vgl. auch § 107 Abs. 2 KostO).[31] Anderes gilt beim **Erbscheineinziehungsverfahren.** In diesem Verfahren kommt es für die Wertbestimmung nicht darauf an, in welchem Umfang der Antragsteller selbst am Nachlass beteiligt war. Maßgebend ist vielmehr das im jeweiligen Einzelfall zu berechnende Interesse an der Einziehung des unrichtigen Erbscheins.[32]
- Bei der **Erbteilungsklage (Auseinandersetzung einer Erbengemeinschaft)** ist nicht der volle Wert des zu teilenden Nachlasses entscheidend, sondern nur der Wert dessen, was der klagende Miterbe erhalten will, vgl. auch § 107 Abs. 2 S. 2 KostO.[33]
- Soll der Beklagte wegen **Erbunwürdigkeit** aus der Erbengemeinschaft ausgeschlossen werden, so ist umstritten, ob sich der Streitwert nach dem Anteil des Beklagten am Nachlass bemisst [34] oder der Wert entscheidet, um den der Kläger durch das Ausscheiden des Beklagten bessergestellt ist.[35]

---

[25] *Gerold/Schmidt/Eicken/Madert/Müller-Rabe* § 1 Rdnr. 224.
[26] Eingehend hierzu *Tiling* ZEV 1998, 331 bis 339.
[27] LG Flensburg v. 1.8.1958 – SchlHA 1958, 288; LG Hannover v. 26.9.1958 – NJW 1958, 2073; LG Nürnberg-Fürth v. 28.9.1967 – JurBüro 1967, 986.
[28] OLG Frankfurt v. 10.2.1961 – MDR 1961, 691 f.; AG Hamburg v. 12.7.1955 – MDR 1955, 740.
[29] *Gerold/Schmidt/Eicken/Madert/Müller-Rabe* § 2 Rdnr. 3 ff.
[30] *Kerscher/Tanck/Krug* § 6 Rdnr. 43.
[31] BGH v. 30.9.1968 – NJW 1968, 2334; BayObLG v. 5.12.1991 – AnwBl. 1992, 331.
[32] OLG Düsseldorf v. 13.7.1994 – FamRZ 1995, 102 m.w.N.
[33] BGH v. 24.4.1975 – NJW 1975, 1415 f.; *Stein/Jonas* § 2 Rdnr. 21.
[34] So OLG Koblenz v. 11.12.1996 – MDR 1997, 693; OLG Frankfurt v. 2.2.1971 – JurBüro 1971, 540 f.; *Schmidt/Madert* Gegenstandswert Rdnr. 195.
[35] So BGH v. 10.7.1959 – MDR 1959, 922.

§ 2 Mandatsannahme und Feststellung des Sachverhalt

- Bei der **Klage eines Miterben**[36] **auf Leistung an den Nachlass** gem. § 2039 BGB gegen einen Nachlassschuldner bestimmt sich der Streitwert nicht nur nach dem Anteil des Klägers an der Leistung, sondern nach deren vollem Wert.[37] Ist ein Miterbe beklagter Nachlassschuldner, wird dessen Anteil zur Berechnung des Streitwertes abgezogen.[38]
- Klagt ein Mitglied der Erbengemeinschaft auf **Zustimmung der Erbengemeinschaft zur Verwertung eines Nachlassgegenstandes**, so bestimmt sich der Streitwert nur nach dem Miterbenanteil des Klägers und nicht nach dem vollen Wert des Gegenstandes.[39]
- Die **Beschränkung der Erbenhaftung** hat auf den Streitwert im ersten Rechtszug keinen Einfluss;[40] ist sie Gegenstand eines Rechtsmittels, so ist dessen Streitwert nach dem Unterschied zwischen dem Anspruch und der voraussichtlichen Befriedigung zu ermitteln, ebenso, wenn mit dem Rechtsmittel die erstinstanzlich unterlassene Beschränkung gefordert wird.[41]
- **Feststellung des Erbrechts**: Begehrt der Kläger die Feststellung, Alleinerbe geworden zu sein, so bestimmt sich der Streitwert nach dem Wert des Anteils, dessen sich der Beklagte berühmt; der Streitwert einer Klage auf Feststellung des Eintritts der gesetzlichen Erbfolge bestimmt sich nach dem Wert des Anteils, der dem Kläger nach gesetzlicher Erbfolge zusteht,[42] abzüglich des Wertes eines eventuell unstreitig bestehenden Pflichtteilsanspruchs.[43] Umstritten ist, ob im Hinblick auf die Besonderheiten der Feststellungsklage 20% abzuziehen sind.[44]
- Bei einer **Klage auf Auskunftserteilung oder Vorlage eines Nachlassverzeichnis, der Rechnungslegung oder einer eidesstattliche Versicherung** ist das Interesse des Klägers entscheidend; üblicherweise wird dies mit einem Fünftel bis einem Viertel des Wertes des Hauptanspruches angesetzt.[45] Feste Richtlinien gibt es nicht. Teilweise wird auf die Kosten der Aufklärung abgestellt.[46] Bei der Rechnungslegung liegt der Streitwert in der Nähe des Werts des Hauptanspruches, wenn dessen Durchsetzung von der Rechnungslegung abhängt,[47] bei bloßer Erleichterung der Durchsetzung soll vom halben Wert des Hauptanspruches auszugehen sein.[48] Bei einer Stufenklage gem. § 254 ZPO entscheidet gem. § 18 GKG der höchste Streitwert.
- Ob sich der Streitwert bei der **Geltendmachung der Unwirksamkeit eines Testaments** nach dem Wert des Beklagtenanteils am Nachlass[49] oder dem Wert des Anteiles, den der Kläger bei Nichtigkeit des Testamentes überhaupt oder zusätzlich erhält,[50] ist streitig; letzteres entspricht den Grundprinzipien des Streitwertrechts.[51]
- Bei einer **Klage auf Erfüllung des Pflichtteilsanspruches** ist normalerweise die mit der Klage geltend gemachte Höhe des Anspruchs maßgeblich.

bb) Gebühren. Zu unterscheiden ist für die Ermittlung der Gebührensätze zwischen gerichtlicher und außergerichtlicher Tätigkeit. Der Auftrag, **außergerichtlich tätig** zu werden, umfasst im Zweifel nicht nur einzelne Tätigkeiten, sondern jede Tätigkeit, die der effizienten und sachgerechten Erledigung des Mandats dient. Wird der Anwalt außergerichtlich tätig, so bemessen sich seine Gebühren insbesondere nach Nr. 2300 ff. VV RVG, der eine **Geschäftsgebühr** mit

---

[36] Zum Streitwert von Miterbenklagen allg. *Schneider* Rpfleger 1982, 268 bis 271.
[37] *Schmidt/Madert* Gegenstandswert Rdnr. 201; *Schneider* Rpfleger 1982, 269.
[38] BGH v. 7.11.1966 – NJW 1967, 443; *Schneider* Rpfleger 1982, 270.
[39] *Schmidt/Madert* Gegenstandswert Rdnr. 204; *Schneider* Rpfleger 1982, 270.
[40] OLG Celle v. 15.12.1961 – NJW 1962, 540; *Baumbach/Lauterbach/Albers/Hartmann* Anh. § 3 Rdnr. 43.
[41] *Schmidt/Madert* Gegenstandswert Rdnr. 205.
[42] *Schmidt/Madert* Gegenstandswert Rdnr. 195.
[43] BGH v. 7.11.1974 – NJW 1975, 539; *Frieser* Rdnr. 184.
[44] Dafür OLG Köln v. 27.5.1979 – JurBüro 1979, 1704; dagegen *Schmidt/Madert* Gegenstandswert Rdnr. 179; *Frieser* Rdnr. 184.
[45] Vgl. BGH v. 10.3.1960 – BB 1960, 796.
[46] BGH v. 21.10.1954 – Rpfleger 1959, 110.
[47] BGH v. 30.4.1962 – NJW 1962, 1248.
[48] *Frieser* Rdnr. 195.
[49] So BGH v. 20.10.1969 – NJW 1970, 197; OLG Koblenz v. 11.12.1996 – ZEV 1997, 252 – der Leitsatz ist missverständlich.
[50] So *Roth* ZEV 1997, 253: Entscheidend sei nur der „Klägerwert". BGH v. 10.7.1959 – LM § 3 ZPO Nr. 16; *Schmidt/Madert* Gegenstandswert Rdnr. 195; *Baumbach/Lauterbach/Albers/Hartmann* Anh. § 3 Rdnr. 41. Vgl. auch oben „Erbunwürdigkeit".
[51] So auch *Roth* ZEV 1997, 253.

einem Gebührenrahmen zwischen 0,5 und 2,5 und einer Regelgebühr von 1,3 vorsieht. Erschöpft sich jedoch „das Geschäft, das der Anwalt für den Klienten erledigt" in dem Verfassen eines einfachen Schreibens, ist Nr. 2302 VV zu beachten, der Anwalt erhält dann lediglich 0,3 einer Gebühr. Wird der Anwalt nach der außergerichtlichen Tätigkeit noch im gerichtlichen Verfahren in derselben Angelegenheit tätig, so wird auf die anfallende Prozessgebühr die bereits nach Nr. 2300 VV fällig gewordene Geschäftsgebühr nur noch zur Hälfte, maximal zu 0,75 angerechnet. Dies kann unter Umständen zu unangenehmen Haftungsfolgen für den Anwalt führen, macht er nicht den nicht anrechenbaren Teil der außergerichtlich angefallenen Gebühren im Rahmen der Klage geltend.[52] Nach dem Fortfall der bisher in Nr. 2100 VV RVG geregelten Gebühr für die außergerichtliche Beratung zum 1.7.2006 muss der außergerichtlich tätige Anwalt verstärkt auf eine Vergütungsvereinbarung achten. Dies gilt umso mehr, als § 34 RVG die Gebühr für ein erstes Beratungsgespräch (Erstberatungsgebühr) auf € 190,- begrenzt. Fasst der Anwalt das Ergebnis der Beratung schriftlich zusammen, ist diese Tätigkeit nicht von der Kappung erfasst.

14 Wichtig im Rahmen der erbrechtlichen Beratung ist zudem, dass nach dem RVG für die Tätigkeiten eines Anwalts im Verfahren der **freiwilligen Gerichtsbarkeit**, im erbrechtlichen Bereich etwa für das Verfahren auf Erteilung eines Erbscheines oder eines Testamentsvollstreckerzeugnisses, nunmehr eine Verfahrensgebühr nach Nr. 3100 VV anfällt.[53]

15 Wird der Anwalt in derselben Sache sowohl in der streitigen als auch freiwilligen Gerichtsbarkeit tätig, so kann er beide Verfahren abrechnen: Die Gebühr für das FGG-Verfahren umfasst diejenige für das Zivilprozessverfahren nicht.[54]

16 Erstellt ein Anwalt ein **Gutachten,** so muss er seine Vergütung aushandeln. Allgemein kann gesagt werden, dass das Honorar für ein Gutachten jedenfalls höher sein sollte als für eine schlichte Beratung.[55] Ein Gutachten muss die geordnete Darstellung des zu beurteilenden Sachverhaltes enthalten, weiterhin die Herausarbeitung der rechtlichen Probleme, deren Würdigung durch Rechtsprechung und Schrifttum und eine Stellungnahme hierzu.[56] Das gesamte Gutachten muss vom Auftraggeber rechtlich und tatsächlich überprüfbar sein.[57]

17 Hat der Anwalt an einem Vergleich mitgewirkt oder lediglich zu einem Vergleich geraten, der dann abgeschlossen wurde,[58] so hat er Anspruch auf eine 1,5 **Einigungsgebühr**, Nr. 1000 VV RVG. Gemeint ist ein Vergleich wie im Rahmen des § 779 BGB, also ein gegenseitiger Vertrag zur Beseitigung von Streit oder Ungewissheit der Parteien über ein von ihnen behauptetes oder bestehendes Rechtsverhältnis, wobei ein gegenseitiges Nachgeben in Form von wechselseitigen Zugeständnissen durch die Parteien stattgefunden haben muss.[59] Der Gegenstandswert berechnet sich nicht aus der nach dem Vergleich geschuldeten Leistung, sondern nach derjenigen, über die sich die Parteien vergleichen.[60] Wird der Vergleich schriftlich auf Vorschlag des Gerichts nach § 278 Abs. 6 ZPO geschlossen, tritt eine 1,2 Terminsgebühr nach Nr. 3104 Abs. 1 Nr. 1 VV RVG hinzu, auch wenn noch kein Verhandlungstermin stattgefunden hat, weil der Fortfall des Erfordernisses eines Vergleichstermins durch die Neufassung des § 278 ZPO nicht den anwaltlichen Gebührenanspruch reduzieren sollte.[61]

18 Vertritt der Rechtsanwalt **mehrere Mandanten in derselben Rechtssache,** so erhält er seine Gebühren nur einmal. Die Gebühren erhöhen sich jedoch wegen der größeren Verantwortung, des höheren Haftungsrisikos und des größeren Aufwands je zusätzlichem Mandanten um 0,3, § 7 Abs. 1 RVG. Wichtig ist in Unterscheidung hierzu, dass der Anwalt, der in derselben Angelegenheit wegen **mehrerer unterschiedlicher Gegenstände** tätig wird, vollständig anders abrechnen muss: Bei Gegenstandsverschiedenheit ist § 22 Abs. 1 RVG einschlägig mit der Folge,

---

[52] Bonefeld/Daragan/Wachter/*Bonefeld* 2. Kap. Rdnr. 47.
[53] *Gerold/Schmidt/Eicken/Madert/Müller-Rabe* VV 3100 Rdnr. 60.
[54] *Kerscher/Tanck/Krug* § 6 Rdnr. 19; *Gerold/Schmidt/Eicken/Madert/Müller-Rabe* VV 3100 Rdnr. 60.
[55] *Gerold/Schmidt/Eicken/Madert/Müller-Rabe* VV 3100 Rdnr. 81; *Frieser* Rdnr. 200.
[56] Fehlt diese, so liegt nur eine Auskunft nach VV 2100 vor, *Gerold/Schmidt/Eicken/Madert/Müller-Rabe* VV 2100 Rdnr. 76.
[57] *Gerold/Schmidt/Eicken/Madert/Müller-Rabe* VV 2100 Rdnr. 72.
[58] *Frieser* Rdnr. 200; die Vergleichsgebühr fällt dann zusätzlich zur Ratsgebühr an.
[59] *Kerscher/Tanck/Krug* § 6 Rdnr. 20.
[60] BGH v. 27.4.1964 – AnwBl. 1964, 204.
[61] BGH v. 27.10.2005 – AnwBl. 2006, 71.

dass die verschiedenen Gegenstände zu addieren sind und die Anwaltsgebühr dann aus dem Gesamtbetrag zu ermitteln ist. Die für § 7 Abs. 1 RVG in Abgrenzung zu § 22 Abs. 1 RVG erforderliche Gleichheit des Gegenstandes liegt vor, wenn der Anwalt für mehrere Auftraggeber wegen desselben Rechts oder Rechtsverhältnisses tätig wird[62] bzw. wenn der Auftraggeber nur notwendigerweise gemeinsam mit den anderen etwas verlangen kann oder für etwas einzustehen hat.[63] Von einer Gleichheit ist allerdings nur selten auszugehen, sie liegt nicht vor, wenn etwa **mehrere Pflichtteilsberechtigte gegen den Erben** vertreten werden[64] oder **mehrere Miterben gegen weitere Miterben** klagen.[65] Umgekehrt ist eine **Erbengemeinschaft** eine Mehrheit von Auftraggebern i. S. d. § 7 Abs. 1 RVG;[66] macht sie als Gesamthand Rechte geltend oder wird sie als solche in Anspruch genommen, liegt daher in der Regel bei Mehrvertretung durch einen Anwalt Gegenstandsgleichheit i. S. d. § 7 Abs. 1 RVG vor.

Der **Abgeltungsbereich der Gebühren** bestimmt sich nach § 15 RVG. Es soll die anwaltliche 19 Tätigkeit durch eine Pauschalgebühr abgegolten werden; die Gebühren entgelten grundsätzlich die gesamte Tätigkeit des Anwalts im Rahmen einer Angelegenheit. Maßgeblich ist daher der Begriff der „Angelegenheit": Das Gesetz enthält Abgrenzungskriterien nur in § 15 Abs. 2 S. 2 RVG: Ein Rechtszug wird einer einzelnen Angelegenheit gleichgestellt. Nach der Rechtsprechung ist unter einer Angelegenheit im gebührenrechtlichen Sinne das gesamte Geschäft zu verstehen, das der Rechtsanwalt ordnungsgemäß für einen Auftraggeber besorgen soll.[67] Kumulative Abgrenzungskriterien sind demnach: Es muss ein einheitlicher Auftrag vorliegen, der Anwalt muss bei der Verfolgung mehrerer Ansprüche den gleichen Rahmen einhalten, zwischen den einzelnen Gegenständen muss ein innerer Zusammenhang bestehen.[68]

b) **Vergütungsvereinbarungen.** *aa) Vereinbarung einer höheren Vergütung.* Grundsätzlich 20 kann gem. § 4 Abs. 1 RVG eine höhere Vergütung vereinbart werden, als sie sich nach dem RVG ergibt. Trotz der in Erbrechtsfällen oft hohen Streitwerte kann eine solche höhere Vergütung mit Rücksicht auf den in Erbrechtsfällen ebenfalls oft anzutreffenden überproportionalen Arbeitsaufwand zu empfehlen sein. Unzulässig ist gem. § 49 b Abs. 2 BRAO die **Vereinbarung eines Erfolgshonorars.** Eine Verfassungsbeschwerde gegen das Verbot des Erfolgshonorars liegt dem BVerfG derzeit zur Entscheidung vor.[69] § 49 b Abs. 2 BRAO verbietet es auch, dass sich der Anwalt einen Teil des erstrittenen Betrages als Honorar versprechen lässt (**quota litis**). Schließlich kann ein im Wege der Prozesskostenhilfe beigeordneter Anwalt keine verbindliche Vergütungsvereinbarung mit seinem Mandanten treffen, § 4 Abs. 5 RVG.

Inhaltlich muss das vereinbarte Honorar bestimmbar sein, die Vereinbarung muss also einen 21 Maßstab enthalten, der eine ziffernmäßige Berechnung zulässt.[70] Dies lässt unzählige Gestaltungen zu. Denkbar sind zum **Modifikationen der gesetzlichen Gebühren**, also die Vereinbarung eines höheren Gegenstandswertes, eines Aufschlages auf die gesetzlichen Gebühren, einer Zusatzgebühr oder eines mehrfachen Gebührenanfalls. Der Mandant kann auch der Nichtanrechnung von Gebühren oder der Nichtanwendung von Kappungsgrenzen zustimmen. Ebenso können sich Modifikationen auf den Begriff der Angelegenheit oder auf die zu erstattenden Auslagen beziehen. Zulässig ist eine völlig von den gesetzlichen Gebühren losgelöste Abrechnung, insbesondere also **Pauschal- und Zeithonorare** auf Stundenbasis.[71] Pauschalen können sich als Anteile am Streitwert orientieren oder im Rahmen eines Dauerberatungsvertrages die Gestalt einer monatlichen Beratungsgebühr annehmen. Soll auf **Stundenbasis** abgerechnet werden, so liegt die Untergrenze eines angemessenen Stundensatzes etwa bei € 150,–;[72] bei spezifischen Wissen des Anwalts können Stundensätze zwischen € 250,– und über € 700,–

---

[62] *Gerold/Schmidt/Eicken/Madert/Müller-Rabe* § 7 Rdnr. 5.
[63] *Kerscher/Tanck/Krug* § 6 Rdnr. 61.
[64] OLG München v. 25.1.1990 – Rpfleger 1990, 270.
[65] OLG Karlsruhe v. 25.8.1988 – JurBüro 1990, 334.
[66] OLG Düsseldorf v. 28.2.1995 – AnwBl. 1995, 376 = JurBüro 1995, 304.
[67] BGH v. 17.11.1983 – JurBüro 1984, 537; OLG Köln v. 20.10.1983 – JurBüro 1984, 97 f.
[68] *Gerold/Schmidt/Eicken/Madert/Müller-Rabe* § 15 Rdnr. 15 ff.
[69] Az: 1 BvR 2576/04.
[70] BGH v. 25.2.1965 – NJW 1965, 1023; OLG Hamm v. 28.1.1986 – AnwBl. 1986, 452.
[71] Vgl. *Büchting/Heussen/Brieske* M Rdnr. 96.
[72] Vgl. *Franzen* NJW 1993, 438; *Kerscher/Tanck/Krug* § 6 Rdnr. 29; *Madert* Vergütungsvereinbarung B Rdnr. 34.

angemesssen sein.[73] Empfohlen wird in der Literatur bei speziellen Erbrechtskenntnissen ein Stundensatz von mindestens € 200,–.[74] § 4 Abs. 1 S. 1 RVG fordert für die Vereinbarung einer höheren als der gesetzlichen Vergütung eine **qualifizierte Schriftform:** Die schriftliche Erklärung des Auftraggebers darf nicht in der Vollmacht oder auf einem auch andere Erklärungen umfassenden Vordruck abgegeben werden. Jedoch heilt die freiwillige und vorbehaltlose Leistung den Formmangel, § 4 Abs. 1 S. 3 RVG.

22 Ob §§ 305 ff. BGB Anwendung finden, wenn für eine Vergütungsvereinbarung Vordrucke verwendet werden, ist umstritten.[75] Da aber das RVG die Kontrolle unangemessener Vergütungsvereinbarungen selbst regelt, kommt es auf diese Frage nicht an.[76] Ist das vereinbarte Honorar nach den Umständen unangemessen hoch, so kann es gerichtlich herabgesetzt werden, § 4 Abs. 4 RVG.

23 *bb) Vereinbarung einer niedrigeren Vergütung.* Grundsätzlich unzulässig ist gem. § 49 b Abs. 1 BRAO die Vereinbarung einer niedrigeren als der im RVG zugelassenen Gebühr; es soll ein Preiswettbewerb verhindert werden.[77] Mit dem Zurückweichen gesetzlicher Gebühren im außergerichtlichen Bereich nimmt auch die Bedeutung dieser Regelung ab. So ist die Vereinbarung eines Pauschal- oder Zeithonorars gem. § 4 Abs. 2 RVG im **außergerichtlichen Bereich** zulässig, auch wenn sie im Ergebnis zu einer Vergütung unter den gesetzlichen Gebühren führt. Eine solche Vereinbarung soll, muss jedoch nicht zwingend **schriftlich** vereinbart werden, § 4 Abs. 2 S. 4 RVG; die Beweislast für eine solche Vereinbarung trägt der Auftraggeber. Angesichts der regelmäßig hohen Streitwerte in Erbrechtssachen gibt § 4 Abs. 2 RVG dem Anwalt die Möglichkeit an die Hand, in Angelegenheiten, in denen zwar der Gegenstandswert hoch ist, das involvierte Wissen des Anwalts und der zu betreibende Aufwand, insbesondere der Zeitaufwand, jedoch nur sehr gering sind (etwa bei der Erstellung eines einfachen Testamentes), angemessen, aber eben nicht überhöht, abzurechnen.

Muster einer Vergütungsvereinbarung:

24
Vergütungsvereinbarung

Zwischen

...

– nachstehend „Rechtsanwälte" genannt –

und

...

– nachstehend „Mandant" genannt –

wird folgende Vergütungsvereinbarung getroffen:

Für anwaltliche Tätigkeiten in den Streitigkeiten mit ... wegen ... zahlt der Mandant den Rechtsanwälten anstelle der gesetzlichen Gebühren ein Stundenhonorar in Höhe von € ... zuzüglich gesetzlicher Mehrwertsteuer für jede Stunde anwaltlicher Tätigkeit.

(Alt. 1. (Vereinbarung eines Pauschalhonorars): ... zahlt der Mandant den Rechtsanwälten anstelle der gesetzlichen Gebühren ein Pauschalhonorar in Höhe von € ...)

(Alt. 2. (Vereinbarung eines kombinierten Honorars): ... zahlt der Mandant den Rechtsanwälten anstelle der gesetzlichen Gebühren ein Pauschalhonorar in Höhe von € ... zuzüglich gesetzlicher Mehrwertsteuer. Dieses Pauschalhonorar umfasst eine anwaltliche Tätigkeit von ... Stunden. Sollte die Rechtsanwälte mehr Stunden auf die Angelegenheit verwenden, zahlt der Mandant den Rechtsanwälten für jede Stunde anwaltlicher Tätigkeit ein Stundenhonorar in Höhe von € ... zuzüglich gesetzlicher Mehrwertsteuer.)

---

[73] *Kerscher/Tanck/Krug* § 6 Rdnr. 31 unter Berufung auf den Informationsdienst für Rechtsanwälte.
[74] *Kerscher/Tanck/Krug* § 6 Rdnr. 32.
[75] Bejahend AG Krefeld v. 25.3.1980 – NJW 1980, 1592; *Gerold/Schmidt/Eicken/Madert/Müller-Rabe* § 6 Rdnr. 52; verneinend: *Wolf/Horn/Lindacher* § 9 Rdnr. 3.
[76] Ebenso *Wolf/Horn/Lindacher* § 9 Rdnr. 3.
[77] *Kleine/Cosack* § 49 b Rdnr. 6; vgl. BT-Drucks. 12/4993, S. 31.

Alle Auslagen, wie Mehrwertsteuer, Reisekosten, Tagegeld, Abwesenheitsgelder, Schreibauslagen und dergleichen werden daneben gesondert vom Mandanten den Anwälten erstattet. Der Ausgang des Verfahrens ist ohne Einfluss auf die Höhe des Honorars. Die Rechtsanwälte haben insbesondere darauf hingewiesen, dass die vorstehende Vereinbarung von der gesetzlichen Regelung abweicht und dass durch die Vereinbarung entstehende etwaige Mehrkosten auch im Falle des Obsiegens weder vom Gegner noch von einer Rechtsschutzversicherung erstattungsfähig sind. Eine Erstattungsfähigkeit ist allenfalls im Rahmen der gesetzlichen Gebühren gegeben. Das Honorar ist nach Beendigung des Mandats fällig; die Rechtsanwälte sind aber berechtigt, für erbrachte Leistung Abschlagsrechnungen zu stellen.
Von dieser Vereinbarung haben alle Vertragsschließenden je ein Exemplar erhalten.

..., den ...   ..., den ...
...   ...
(Rechtsanwälte)   (Mandant)

3. Rechtsschutzversicherung

Praxistipp:
- In Erbrechtssachen besteht reiner Beratungsrechtsschutz, nicht jedoch Schutz für die Wahrnehmung rechtlicher Interessen (Vertretung des Mandanten).
- Der Anspruch auf Beratungsrechtsschutz entsteht mit der Änderung der Rechtslage.

Die Kostentragungspflicht der Rechtsschutzversicherungen ist im Erbrecht sehr eingeschränkt. Soweit sich aus der individuellen Vereinbarung zwischen Versicherungsnehmer und Versicherer nichts anderes ergibt, ist in den Allgemeinen Bedingungen für die Rechtsschutzversicherung (**ARB**) nur eine Kostentragung für **Beratungsleistungen** des Anwalts (so genannter Beratungsrechtsschutz) vorgesehen. Rechtsvertretende Tätigkeiten des Anwalts, d. h. insbesondere Tätigkeiten i. S. des Vergütungsverzeichnisses des RVG, sind hingegen normalerweise **nicht** erfasst. Im Einzelnen:

a) **Reichweite des Versicherungsschutzes.** Die Reichweite der Rechtsschutzversicherung bestimmt der von dem Mandanten mit seinem Versicherer geschlossene Vertrag. Im Regelfall liegen diesem Vertrag die ARB zugrunde, abweichende Individualvereinbarungen sind jedoch durchaus möglich. Wesentliche Veränderungen erfuhren diese Standardbedingungen durch Reformen in den Jahren 1969, 1975, 1994 und 2000. Seit dem Jahr 2000 werden überwiegend die ARB 2000 verwendet, vor diesem Zeitpunkt geschlossenen Verträgen liegen im Regelfall die ARB 94 zugrunde. Den Umfang der versicherten Leistungen nennen § 2, 21 ff. ARB 94 und ARB 2000. Die Wahrnehmung rechtlicher Interessen im Bereich des Erbrechtes sind vom Versicherungsschutz **ausgenommen,** § 3 Abs. 2 lit. g ARB 94 und ARB 2000: Das subjektive Risiko dieses „streitträchtigen" Rechtsgebietes soll nicht der Risikogemeinschaft aufgebürdet und einem kollusiven Zusammenwirken naher Angehöriger zulasten der Versicherungsgemeinschaft vorgebeugt werden.[78] „Erbrecht" in diesem Sinne ist die Gesamtheit aller privatrechtlichen Vorschriften, die den Übergang des Vermögens auf den oder die Erben regeln.[79] Dem Versicherungsausschluss unterfallen daher erbrechtsspezifische Ansprüche aller Art, insbesondere auch erbrechtliche Schadensersatzansprüche (gegen einen Nachlasspfleger, Nachlassverwalter, Testamentsvollstrecker),[80] auch die Auflösung eines vor dem Tode zugunsten anderer eingerichteten Gemeinschaftskontos.[81] Entscheidend ist, ob die Beauftragung des

---

[78] *Harbauer* § 4 ARB 75 Rdnr. 81.
[79] Palandt/*Edenhofer* Einl. Vor § 1922 Rdnr. 1; *Harbauer* § 4 ARB 75 Rdnr. 84.
[80] *Harbauer,* § 4 ARB 75 Rdnr. 84.
[81] LG Oldenburg v. 8.7.1986 – ZfS 1987, 178.

Anwalts letztlich mit der Lösung erbrechtlicher Fragen zusammenhängt.[82] Die Verfolgung eines nur ererbten Anspruches wird daher von dem Ausschluss nicht erfasst.[83] Unter den ARB 75 vom Versicherungsschutz noch ausgenommen waren gem. § 4 Abs. 1 lit. p ARB 75 Angelegenheiten der freiwilligen Gerichtsbarkeit, also z. B. das Erbscheinverfahren; dieser Ausschluss findet sich in den ARB 94 und ARB 2000 allerdings nicht mehr.

27   Besondere Standardversicherungsformen gewähren jedoch einen **Beratungsschutz** in Erbrechtsangelegenheiten (für ARB 75 auch in Angelegenheiten der freiwilligen Gerichtsbarkeit), §§ 25 ff. ARB 75, §§ 2 lit. k, 23, 25 ff. ARB 94 und ARB 2000. Für die ARB 75 gilt dies nur, wenn deutsches Recht anwendbar ist und die Angelegenheit mit keiner anderen gebührenpflichtigen Tätigkeit des Rechtsanwalts zusammenhängt.[84] Der so gewährleistete Beratungsschutz deckt jedoch nur **Rechtsberatung** und **Auskunft** ab. Für den Anwalt bedeutet dies auch, dass er den Mandanten darüber aufzuklären hat, dass der Mandant seinen Beratungsrechtsschutz verliert, wenn die anwaltliche Tätigkeit sich vom reinen Beratungsmandat zu einem Mandat wandelt, in dem sonstige Tätigkeiten vom Anwalt erbracht werden. Im Übrigen ist der Mandant gehalten, sich die jeweiligen Policen genau anzusehen, denn es gibt einzelne Rechtsschutzversicherungen, die einen über die hier gezeichneten Grenzen der ARB hinausgehenden Rechtsschutz bieten.

28   b) **Anspruch auf Versicherungsschutz.** Der Anspruch auf Versicherungsschutz besteht im erbrechtlichen Beratungsrechtsschutz mit Eintritt des Ereignisses, das eine **Änderung der Rechtslage** des Versicherungsnehmers zur Folge hat, §§ 25 ff. ARB 75; § 4 Abs. 1 lit. b ARB 94 und ARB 2000. Im Erbrecht ist dies generell jedes von außen einwirkende oder von dritter Seite herbeigeführte Geschehen,[85] soweit es die erbrechtliche Position des Erblassers tangiert, insbes. der Tod.[86] Kein Versicherungsfall ist gegeben, wenn zur Vermeidung von Streitigkeiten vorsorglich Rechtsrat eingeholt wird[87] oder ein Kind geboren wird, woraus sich erbrechtliche Folgen ergeben oder beispielsweise ein Testament errichtet oder geändert wird.[88] Ob auch die **Änderung der Gesetzeslage** ein Ereignis darstellt, das zum Eintritt des Versicherungsfalles führt, ist umstritten. Dagegen spricht der Wortlaut „Ereignis" als sinnfälliger tatsächlicher Vorgang[89] und auch die ratio der Norm: Andernfalls hätte jede größere Gesetzesänderung im Erbrecht eine unüberschaubare Kostenlawine für die Versicherer zur Folge.[90]

29   c) **Besorgen der Deckungszusage.** Die Gebühren für die Besorgung der Deckungszusage sind gesondert nach Nr. 2400 VV RVG geltend zu machen, sie werden nicht durch die Gebühren im Verfahren abgegolten, da das Einholen der Deckungszusage beim Rechtsschutzversicherer keine nach § 19 RVG mit dem Verfahren zusammenhängende Tätigkeit ist.[91] Den Gegenstandswert bilden die von der Versicherung zu tragenden erwarteten Kosten. Die durch Besorgen der Deckungszusage anfallenden Kosten selbst unterfallen dem Versicherungsschutz nicht.[92] Darauf ist der Mandant hinzuweisen, bevor der Anwalt für ihn eine Deckungszusage einholt. Aufgrund der eingeschränkten Bedeutung der Rechtsschutzversicherung im Erbrecht kommt jedoch der Einholung einer Deckungszusage in der erbrechtlichen Beratung keine große Bedeutung zu.

---

[82] AG Düren v. 11.1.1980 – ZfS 1980, 74. Verneint wurde der spezifisch erbrechtliche Zusammenhang auch bei Auseinandersetzungsstreitigkeiten aus einem Erbschaftskauf, OLG Düsseldorf Urt. v. 15.12.1999 – VersR 2000, 579.
[83] *Harbauer* § 4 ARB 75 Rdnr. 85. LG Karlsruhe (bei ererbten Schadensersatzanspruch) R + S 2000, 506.
[84] Hat der Versicherungsnehmer etwa den Anwalt schon mit der Auseinandersetzung einer Erbengemeinschaft beauftragt, so dass eine Gebühr gem. Nr. 2400 VV RVG anfiel, so besteht kein Beratungsschutz mehr, AG Brühl v. 29.8.1983 – ZfS 1984, 207 (zu § 118 Abs. 1 Nr. 1 BRAGO).
[85] AG Aachen v. 3.3.1989 – ZfS 1989, 311.
[86] *Harbauer*, Vor § 21 ARB 75 Rdnr. 157; vgl. auch *Bonefeld* ZERB 2001, 37 ff.
[87] LG Augsburg v. 9.10.1981 – ZfS 1982, 48; *Harbauer* Vor § 21 ARB 75 Rdnr. 164.
[88] AG Augsburg v. 20.5.1986 – ZfS 1986, 303.
[89] BGH v. 27.6.1957 – NJW 1957, 1477, 1478.
[90] *Harbauer* Vor § 21 ARB 75 Rdnr. 159; krit. zu diesem Ausschluss: *Kerscher/Tanck/Krug* § 7 Rdnr. 11 m.w.N.
[91] OLG Schleswig v. 10.5.1979 – JurBüro 1979, 1321; *Hartung/Römermann/Schons* § 19 Rdnr. 23.
[92] *Harbauer* § 2 ARB 75 Rdnr. 150.

§ 2 Mandatsannahme und Feststellung des Sachverhalt

> **Muster: Anschreiben an die Rechtsschutzversicherung**
>
> An Rechtsschutzversicherung
> (Adresse)
> Versicherungsnummer: ...
> Sehr geehrte Damen und Herren,
> Ihr oben genannter Versicherungsnehmer hat uns mit der Wahrnehmung seiner Interessen beauftragt. In diesem Zusammenhang haben wir Herrn/Frau ... erstmalig in einer erbrechtlichen Angelegenheit beraten. Die Beratung hatte folgenden Gegenstand:
> ...
> Alt.: Um Wiederholungen zu vermeiden, verweisen wir auf die in Kopie als Anlage beigeschlossene Aktennotiz, in der der Sachverhalt aufgenommen ist.
> Bitte entnehmen Sie diesem Sachverhalt auch, dass sich durch ... (darzustellender Sachverhalt) die Rechtslage Ihres Versicherungsnehmers geändert hat, eine vorbeugende Tätigkeit unsererseits somit nicht vorlag und Deckungsschutz besteht. Sollten Sie weitere Informationen benötigen, bitten wir um entsprechende Mitteilung.
> Alt. 1. (Erstberatung): Für die Beratung Ihres Versicherungsnehmers sind Kosten im Rahmen einer erbrechtlichen Erstberatung angefallen. Wir fügen über diese Kosten in der Anlage eine Gebührennote bei und bitten um Ausgleich.
> Alt. 2. (Beratung): Für diese Beratung ist eine Beratungsgebühr in Höhe von X/10 angefallen, wir fügen ...
> Mit freundlichen Grüßen
>
> Rechtsanwalt

30

4. Haftung und Haftungsbegrenzung

> **Praxistipp:**
> - Es gilt das Gebot des „sichersten Weges".
> - Der Anwalt, der schuldhaft eine Pflicht verletzt hat, muss den Klienten auf die eintretende Verjährung der gegen ihn laufenden Ersatzansprüche hinweisen.
> - Nach den Haftpflichtversicherungsbedingungen ist der Anwalt gehalten, der Versicherung die Angelegenheit frühzeitig anzuzeigen, will er seinen Versicherungsschutz nicht gefährden.
> - Der Anwalt haftet im Rahmen des Anwaltsvertrages als Vertrag mit Schutzwirkung zu Rechten Dritter nicht nur gegenüber seinem Klienten.
> - Die Haftung kann durch individuelle oder vorformulierte Vereinbarungen beschränkt werden.

31

a) **Anwaltliche Haftung.** Gesetzlich geregelt ist die anwaltliche Haftung nur durch §§ 51 a, 51 b BRAO in Beziehung auf die vertragliche Haftungsbegrenzung und die Verjährung von Ersatzansprüchen. Haftungsgrundlage ist daher primär der Anwaltsvertrag, möglich sind aber auch deliktische Ansprüche.

32

aa) *Haftungsgrundlagen.* Der **Anwaltsvertrag** ist in der Regel ein Geschäftsbesorgungsvertrag (vgl. Rdnr. 12), auf dessen Abschluss mit einem Verbraucher die Regeln zum Fernabsatz (§§ 312 b ff. BGB) Anwendung finden können. Nur ausnahmsweise kann er ein Werkvertrag sein,[93] da meist kein bestimmter Erfolg geschuldet und auch die Vereinbarung

---

[93] *Kleine/Cosack* Vor § 51 Rdnr. 64; denkbar insb. dann, wenn z. B. ein schriftliches Rechtsgutachten erstellt werden soll.

eines Erfolgshonorares grundsätzlich unzulässig ist;[94] werkvertragliches Gewährleistungsrecht greift daher in den seltensten Fällen. Das Dienstvertragsrecht weist keine Gewährleistungsvorschriften im Hinblick auf Schlechtleistung und Nichterfüllung auf; die Haftung des Anwalts gegenüber seinem Mandanten gründet sich daher zumeist auf § 280 BGB (p.V.V.) und des § 311 Abs. 2 BGB (c.i.c.). Die Haftung aus § 311 Abs. 2 BGB verlangt eine schuldhafte Verletzung der vorvertraglichen Pflichten, § 280 BGB eine solche der Vertragspflichten. Bei beiden Haftungsgrundlagen muss selbstverständlich auch ein kausal auf die Pflichtverletzung zurückzuführender Schaden gegeben sein. Wichtig ist in diesem Zusammenhang, dass der Anwalt durchaus auch dann zum Schadenersatz verpflichtet sein kann, wenn er aus **Gefälligkeit** außerhalb eines ausdrücklichen Mandats eine unrichtige, schadensverursachende Auskunft erteilt. Dies gilt jedenfalls dann, wenn der Anwalt bei der Auskunftserteilung erkennen musste, dass derjenige, der den Anwalt fragt, seine Entscheidungen von der Auskunftserteilung abhängig macht.[95]

33   bb) *Pflichtenkreis.*[96] Der anwaltliche Pflichtenkreis ist **sehr weit**. Zwar richtet sich sein Umfang grundsätzlich nach dem Anwaltsvertrag; mangels schriftlicher Fixierung aber entscheiden letztlich in der Praxis die „Umstände des Einzelfalles": Der BGH fordert eine Allgemeine, umfassende, möglichst erschöpfende Beratung, wenn nicht der Mandant unzweifelhaft zu erkennen gibt, er bedürfe des Rates nur in einer bestimmten Hinsicht.[97] Dieser sehr weitgehende Pflichtenkreis trifft den Anwalt indes nur hinsichtlich der tatsächlichen und rechtlichen Aufgaben, die das Mandat mit sich bringt. Vorgänge, die der Anwalt nur bei Gelegenheit des Mandates erfährt, die jedoch keinen Zusammenhang mit dem Mandat aufweisen, muss er nicht daraufhin untersuchen, ob sie Veranlassung zu einem Rat oder Hinweis geben.[98] Der Anwalt hat seinen Mandanten umfassend und allgemein zu belehren und seine Belange in einer Weise wahrzunehmen, dass Nachteile möglichst vermieden werden, soweit sie voraussehbar und vermeidbar sind.[99] Er muss den besten und sichersten Weg zur Sicherung der Mandantenrechte gehen („**Gebot des sichersten Weges**"),[100] unterlassene Vorsichtsmaßnahmen stellen eine Pflichtverletzung dar. Der Haftungsmaßstab wird dadurch sehr scharf. Gesetzlich geregelt ist die vorvertragliche Pflicht des Anwalts, bei Nichtannahme eines Auftrages **unverzüglich** dessen Ablehnung zu erklären, § 44 S. 2 BRAO. Bei schuldhaftem Verstoß haftet der Anwalt aus § 280 BGB auf Schadensersatz. Eine **Pflichtverletzung** liegt beispielsweise in der Versäumung von Fristen und der unzureichenden Sachverhaltsaufklärung; der Anwalt muss den Mandanten zur Erteilung erforderlicher Information auffordern.[101] Diese Verpflichtung gilt unter Umständen schon für die erste Kontaktaufnahme mit dem Mandanten, insbesondere bei der telefonischen Terminvereinbarung: Auch hier muss der Anwalt unter Umständen den Sacherhalt so genau klären, dass es zu keiner Fristversäumung zwischen der Kontaktaufnahme des Klienten mit dem Anwalt und dem Besprechungstermin kommt. Informiert der Rechtsanwalt den Mandanten fehlerhaft über die Rechtslage, weil er neuere Rechtsprechung nicht kennt, stellt auch dies eine Pflichtverletzung dar. Vom Anwalt wird erwartet, dass er spätestens 6 Wochen nach Veröffentlichung der Rechtsprechung in einer allgemein-juristischen Zeitschrift (insbesondere der NJW) die Rechtsprechung kennt.[102]

34   Haftet der Anwalt dem Mandanten bereits wegen Verletzung des Anwaltsvertrages (**Primäranspruch**), so muss er den Mandanten auf das Bestehen dieses Anspruches gegen sich selbst **und** dessen gegebenenfalls drohende Verjährung (vgl. zur Verjährung § 51 b BRAO sowie hier

---

[94] Vgl. o. Rdnr. 20.
[95] Vgl. BGH Urt. v. 13.2.1992 – NJW 1992, 2080 (st. Rspr.). Gegen das Verbot des Erfolgshonorars und der quota litis-Abrechnung ist eine Verfassungsbeschwerde beim BVerfG (Az: 1 BvR 2576/04) anhängig.
[96] Umfassend *Rinsche* Haftung Rdnr. I 71 bis 147.
[97] BGH v. 17.12.1997 – NJW 1998, 1860, 1863; BGH v. 13.3.1997 – NJW 1997, 2168, 2169.
[98] BGH v. 11.5.1995 – NJW 1995, 2842; BGH v. 13.3.1997 – NJW 1997, 2168, 2169; *Fischer* NJW 1999, 2993.
[99] BGH v. 20.10.1994 – NJW 1995, 449; BGH v. 9.12.1992 – NJW 1993, 1323.
[100] BGH v. 18.3.1993 – NJW 1993, 1779, 1780.
[101] BGH v. 8.10.1981 – NJW 1982, 437; BGH v. 2.4.1998 – NJW 1998, 2048.
[102] BGH v. 29.3.1983 – NJW 1983, 1665. Nach neuerer Rspr. billigt der BGH für die Lektüre von Spezialzeitschriften eine Frist zu, die im Einzelfall auch länger als 6 Wochen sein kann, vgl. BGH Urt. v. 21.9.2000 – NJW 2001, 675.

Rdnr. 37) **hinweisen**. Andernfalls entsteht ein **Sekundäranspruch** des Mandanten: Der Anwalt hat den Klienten dann so zu stellen, als wäre die Verjährung nicht eingetreten, § 249 BGB.[103]

cc) Verschuldensmaßstab. Der Anwalt haftet im Rahmen der Verletzung vertraglicher Pflich- 35 ten für jede Fahrlässigkeit:[104] Er muss diejenige Sorgfalt anwenden, die von einem gewissenhaften Durchschnittsanwalt verlangt werden kann.[105] Dieser Sorgfaltsstandard ist in der Praxis wegen der Anforderungen der Rechtsprechung recht hoch: Anders als nach der Rechtsprechung zum Amtshaftungsrecht schließt es z. B. das Verschulden des Anwaltes nicht aus, wenn auch ein Kollegialgericht dem gleichen Irrtum erlegen ist.[106]

dd) Der Kreis der Haftenden. Gem. § 51 a Abs. 2 S. 1 BRAO haften dem Mandanten in- 36 nerhalb einer **Sozietät** als Gesamtschuldner alle Sozien, die Vertragspartner des Mandanten geworden sind. In der Regel ist davon auszugehen, dass allen Sozien das Mandat erteilt worden ist, da es sich bei einer Sozietät üblicherweise um eine Gesellschaft bürgerlichen Rechts handelt.[107] Ein Einzelauftrag liegt ausnahmsweise vor, wenn dies der Mandant wünscht, etwa weil nur ein Sozius über bestimmte Kenntnisse oder Qualifikationen verfügt,[108] oder wenn ihm nur ein Mitglied der Sozietät gerichtlich beigeordnet wurde.[109] In diesem Fall haften die anderen Sozien dem Mandanten mangels Vertragsverhältnisses nicht. Nach gesellschaftsrechtlichen Grundsätzen haften nach der Rechtsprechung auch **Nichtsozien** – z. B. angestellte Anwälte –, die als Mitglieder der Sozietät erscheinen, etwa auf Grund eines gemeinsamen Praxisschildes, Briefbogens oder Stempels, gesamtschuldnerisch mit den Sozien;[110] dies wird aus den Grundsätzen der Anscheins- bzw. Duldungsvollmacht gefolgert. Anderes gilt nur, wenn dem Mandanten die tatsächlichen Umstände bekannt sind. Eine **partnerschaftlich** organisierte Mehrheit von Anwälten haftet dem Mandanten neben dem Partnerschaftsvermögen gesamtschuldnerisch, § 8 Abs. 1 PartGG. Die Mitglieder einer **Bürogemeinschaft** haften dem Mandanten nicht, es sei denn, sie traten nach außen wie eine Sozietät auf.[111]

ee) Verjährung, § 51 b BRAO. § 51 b BRAO, d. h. die Norm, die die Verjährung von Er- 37 satzansprüchen regelt, findet direkte Anwendung auf Ansprüche aus § 280 BGB[112] und gilt analog für Ansprüche aus § 311 Abs. 2 BGB.[113] Ansprüche aus **unerlaubter Handlung** unterfallen § 51 b BRAO grundsätzlich nicht, sie verjähren gem. § 852 Abs. 1 BGB in drei Jahren, nachdem der Geschädigte Schädiger und Schaden kennt. Konkurrieren jedoch deliktische und vertragliche Ansprüche, so soll sich nach h. M. die Geltung des § 51 b BRAO auch auf die deliktischen Ansprüche erstrecken.[114] Gem. § 51 b BRAO **beginnt die Verjährung** grundsätzlich mit der **Entstehung des Anspruches** und nur dann mit dem Ende des Mandates, wenn dies zeitlich **vor** der Entstehung des Anspruches liegt. Nach allgemeinen Regeln ist ein Anspruch entstanden, wenn er klageweise durchsetzbar ist,[115] die Tatbestandsvoraussetzungen voll ver-

---

[103] BGH v. 23.5.1985 – NJW 1985, 2250, 2252; BGH v. 14.11.1991 – MDR 1992, 193; *Jessnitzer/Blumberg* § 51 b Rdnr. 7. Interessanterweise gibt es aber keinen Tertiäranspruch: Weist der Anwalt auf die drohende Verjährung des Sekundäranspruches nicht hin, so entstehen ihm hieraus keine Nachteile (vgl. BGH v. 23.5.1985 – NJW 1985, 2250, 2253; *Jessnitzer/Blumberg* § 51 b Rdnr. 9; *Henssler/Prütting* § 51 b Rdnr. 86).
[104] Vgl. nur BGH v. 26.2.1985 – NJW 1985, 1151.
[105] *Henssler* JZ 1994, 183.
[106] BGH v. 31.10.1985 – WM 1986, 199, 202 f.; diff. *Henssler* JZ 1994, 181.
[107] BGH v. 8.7.1999 – ZEV 1999, 446, 447 f.; BGH v. 19.1.1995 – NJW 1995, 1841; BGH v. 5.11.1993 – NJW 1994, 257; *Rinsche* Haftung Rdnr. I 18.
[108] Vgl. BGH v. 11.12.1978 – VersR 1979, 232.
[109] BGH v. 7.5.1991 – NJW 1991, 2294.
[110] BGH v. 5.11.1993 – NJW 1994, 257 f.
[111] *Rinsche* Haftung Rdnr. I 167.
[112] BGH v. 1.2.1977 – VersR 1977, 617, 618.
[113] *Rinsche* Haftung Rdnr. I 287. Umstr. ist die Geltung des § 151 b BRAO, wenn zwischen Anwalt und Mandant ausnahmsweise ein Werkvertrag vorliegt. Nach h.M. verjähren die Schäden dann nach 6 Monaten gem. § 658 BGB. § 51 b BRAO führt zu keiner Verlängerung dieser Frist: § 51 BRAO soll lediglich die Regelung des § 195 BGB einschränken, nicht aber kürzere gesetzliche Verjährungsvorschriften zu Lasten der Anwälte verlängern (BGH v. 20.10.1964 – NJW 1965, 106).
[114] *Rinsche* Haftung Rdnr. I 289; *Jessnitzer/Blumberg* § 51 b Rdnr. 14; dagegen *Henssler/Prütting* § 51 b Rdnr. 13.
[115] Palandt/*Heinrichs* § 199 Rdnr. 3.

wirklicht sind und der Anspruch fällig ist.[116] In früheren Entscheidungen ließ die Rechtsprechung die Möglichkeit der Erhebung einer Feststellungsklage genügen.[117] Seit einigen Jahren verlangt aber auch die Rechtsprechung, dass die Voraussetzungen gegeben sind, unmittelbar einen fälligen Anspruch klagweise geltend zu machen.[118] Insbesondere muss bereits ein Schaden eingetreten sein: Die Vermögenslage des Mandanten muss sich verschlechtert haben, eine bloße Vermögensgefährdung genügt nicht.[119] Wie unter Rdnr. 34 ausgeführt, ist dem Anwalt auf Grund des **Sekundäranspruches** die Verjährungseinrede de facto versagt, wenn er schuldhaft nicht auf das Bestehen des Primäranspruches und dessen drohende Verjährung hingewiesen hat. Dies gilt aber nur, wenn der Eintritt der Verjährung auf der Verletzung dieser Hinweispflicht beruht.[120] Der Sekundäranspruch seinerseits verjährt gem. § 51 b 2. Alt. BRAO in drei Jahren ab dem Mandatsende, sofern das Mandat vor Verjährung des Primäranspruches beendet war.[121] Ansonsten, d. h. dann, wenn ausnahmsweise der Primäranspruch während des noch bestehenden Mandatsverhältnisses verjährte, beginnt die Verjährung des Sekundäranspruches mit dem Entstehen dieses Anspruches.[122] Da Schadensersatzansprüche ohne Rücksicht auf Anspruchsentstehung und Kenntnis nach § 199 Abs. 3 Nr. 2 BGB erst nach spätestens 30 Jahren verjähren, sollte gerade der im Erbrecht tätige Anwalt seine Handakten über die in § 50 Abs. 2 S. 1 BRAO genannten Fünfjahresfrist hinaus aufbewahren, um sich gegen mögliche Schadensersatzforderungen verteidigen zu können.[123]

38   ff) *Beweislast.* Der Grundsatz, dass die Beweislast für die Haftungsvoraussetzungen beim Kläger liegt, gilt auch im Anwaltshaftungsrecht.[124] Jedoch ist der Anwalt gehalten, das Vorbringen des Klägers substantiiert zu bestreiten.[125] Weiterhin besteht bei Verstößen gegen die Beratungspflichten eine **Vermutung,** dass der Mandant sich bei richtiger Beratung auch beratungsgemäß verhalten hätte,[126] er also beispielsweise einen Regressanspruch gegen den Anwalt geltend gemacht hätte, wäre er vom Anwalt pflichtgemäß auf den Regressanspruch hingewiesen worden.[127] Diese Vermutung hat die Wirkung eines **Anscheinsbeweises,** nicht aber die einer Beweislastumkehr. Die neuere Rechtsprechung schränkt diese Vermutung insoweit ein, als sie nur dann gelten soll, wenn nach der Lebenserfahrung bei pflichtgemäßer Beratung lediglich **ein** bestimmtes Verhalten des Mandanten nahe lag.[128]

39   gg) *Mitverschulden.* Ein gem. § 254 BGB zu berücksichtigendes Mitverschulden des Mandanten ist allenfalls denkbar, wenn der Mandant seine **Informationsobliegenheiten** verletzt,[129] er also trotz umfassenden anwaltlichen Hinweisen – vgl. soeben Rdnr. 33 – nicht über den vollen tatsächlichen Sachverhalt aufklärt. Ein Mitverschulden trifft den Mandanten aber auch bei juristischer Vorbildung nicht, wenn er der Rechtsauffassung des Anwalts vertraut,[130] dies gilt auch hinsichtlich der Überwachung von Fristen. Mit Einschaltung des Anwaltes soll der Mandant sich gerade nicht mehr um seine eigenen Interessen kümmern müssen.[131]

---

[116] *Henssler/Prütting* § 51 b Rdnr. 39.
[117] BGH v. 1.12.1990 – NJW-RR 1990, 459; BGH v. 23.3.1987 – NJW 1987, 1887, 1888.
[118] BGH v. 20.6.1996 – NJW 1996, 2929, 2930.
[119] Vgl. nur BGH v. 5.11.1992 – NJW 1993, 1320; *Feuerich/Braun* § 51 b Rdnr. 16; *Rinsche* Haftung Rdnr. I 262.
[120] BGH v. 15.12.1988 – VersR 1989, 286; BGH v. 14.11.1991 – MDR 1992, 193.
[121] Vgl. nur BGH v. 26.2.1985 – NJW 1985, 1151.
[122] BGH v. 23.5.1985 – NJW 1985, 2250, 2252; anders noch BGH v. 8.5.1984 – NJW 1984, 2204.
[123] *Mansel/Budzikiewicz* NJW 2005, 321, 322; DAV Depesche Nr. 08/05 v. 24.2.2005.
[124] Gegen eine Beweislastumkehr BGH v. 9.6.1994 – NJW 1994, 3295, 3298; LG Erfurt v. 18.11.1997 – ZEV 1998, 391, 392.
[125] *Kleine/Cosack* Vor § 51 Rdnr. 41 ff.
[126] BGH v. 17.12.1997 – NJW 1998, 1860, 1863; BGH v. 30.9.1993 – NJW 1993, 3259; vgl. auch *Bonefeld* ZERB 1999, S. 66.
[127] BGH v. 21.9.1995 – NJW 1996, 48, 49.
[128] BGH v. 17.12.1997 – NJW 1998, 1860, 1863.
[129] Vgl. BGH v. 20.6.1996 – VersR 1997, 187, 190.
[130] BGH v. 4.6.1996 – NJW 1996, 2648, 2651; BGH v. 17.6.1993 – NJW 1993, 2797, 2799.
[131] Vgl. BGH v. 17.10.1991 – WM 1992, 62; BGH v. 19.12.1991 – NJW 1992, 820.

hh) Besonderheiten anwaltlicher Haftung im Erbrecht. Die obigen Grundsätze gelten 40
ohne Abweichung auch im erbrechtlichen Context.[132] Eine **Pflichtverletzung** liegt auch hier
insbesondere darin, dass der Anwalt seinen Mandanten nicht auf den drohenden Ablauf von
Gestaltungs- (insbes. Ausschlagungs- oder Annahmefristen, §§ 1944, 1954 etc. BGB) oder
Verjährungsfristen (z. B. § 2332 BGB) hinweist. Auch eine falsche Beratung dahin gehend,
welches der zur Verfügung stehenden erbrechtlichen Gestaltungsrechte auszuüben war, löst
die anwaltliche Haftung aus, z. B. wenn zur Ausschlagung des Erbrechts in dem Irrglauben
geraten wurde, der ausschlagende Erbe würde auf Grund der **Ausschlagung** den Pflichtteil
erhalten.[133] Verlangt wurde von der Rechtsprechung vereinzelt auch die Berücksichtigung
steuerrechtlicher Fragen bei der erbrechtlichen Beratung. So kann es unter Umständen erforderlich sein, einem hoch betagten Mandanten zur Ausschlagung eines Erbes zu Gunsten der eigenen Erben zu raten, um Erbschaftsteuer zu sparen.[134] Auch das Unterlassen der Aufnahme eines haftungsbeschränkenden Vorbehalts kann ebenfalls eine Haftung begründen.[135] Nachfolgend einige weitere Beispiele aus der jüngeren Rechtsprechung für Pflichtverletzungen mit erbrechtlichem Hintergrund:

- Hat der Mandant einen **aufschiebend bedingten Vermächtnisanspruch** auf Übereignung ei- 41
nes Grundstückes, so hat der Anwalt zu prüfen, ob dieser Anspruch durch Eintragung einer Vormerkung gesichert werden kann und sollte.[136]
- Soll ein Anwalt ein amtlich verwahrtes **Testament** für den Testator vom Nachlassgericht 42
zurückholen, und wird es ihm wegen § 2256 Abs. 2 S. 2 BGB nicht ausgehändigt (die Aushändigung darf nur an den Testator persönlich erfolgen), so genügt nicht die Mitteilung an den Mandanten, er müsse das Testament selbst abholen: Der Anwalt muss dem Klienten vielmehr auch raten, dass er das hinterlegte Testament durch Errichtung eines handschriftlichen Testamentes widerrufen kann.[137]
- Ist ein Mandant mit seiner Ehefrau durch einen **Erbvertrag** verbunden und beauftragt er auf 43
Grund einer gescheiterten Ehe den Anwalt, nach Lösungsmöglichkeiten von der erbvertraglichen Alleinerbeinsetzung zu suchen, so greift der Anwalt zu kurz, wenn er dem Mandanten lediglich empfiehlt, ein Scheidungsverfahren einzuleiten, er also §§ 2279, 2277 BGB im Auge hat, wonach letztwillige Verfügungen, in denen ein Erblasser seinen Ehegatten bedacht hat, unwirksam sind, wenn zurzeit des Todes des Erblassers die Voraussetzung für die Scheidung der Ehe gegeben war und der Erblasser die Scheidung beantragt hat. Der Anwalt muss vielmehr auch auf die Möglichkeit hinweisen, durch notariell beurkundete Rücktrittserklärung vom Erbvertrag zurückzutreten, § 2296 BGB.[138]
- Auch kann es haftungsbegründend sein, wenn der Erblasser nicht die notwendige **Ab-** 44
stimmung zwischen **Gesellschaftsvertrag** und **Testament** herstellt. Wie im Einzelnen an späterer Stelle ausgeführt wird (vgl. § 3 Rdnr. 60 und § 40 Rdnr. 25 ff.), ist es erforderlich, die Nachfolgeklausel in Gesellschaftsverträgen und die Testamente so abzustimmen, dass den in den Gesellschaftsverträgen genannten Unternehmensnachfolgern auch erbrechtlich der Unternehmensanteil zufällt. Nimmt der Anwalt diese Abgleichung nicht vor, kann das dazu führen, dass die gesellschaftsrechtliche Nachfolgeklausel ins Leere geht und der Gesellschaftsanteil nicht auf den im Gesellschaftsvertrag vorgesehenen Nachfolger übergeht.[139] Haftungsgefahren ergeben sich an dieser Stelle auch für den beurkundenden Notar.[140]

---

[132] Vgl. hierzu allg. *Lang* AnwBl. 1983, 167 ff.; *Kerscher/Tanck/Krug* § 2 Rdnr. 36 bis 57; *Frieser* Rdnr. 245 bis 258; zu Auslandssachverhalten vgl. § 39 Rdnr. 2.
[133] Den Pflichtteil erhält der ausschlagende Erbe nur unter den Voraussetzungen des § 2306 Abs. 1 S. 2 BGB sowie in einigen wenigen anderen Sonderfällen, vgl. *Sudhoff/Scherer* § 17 Rdnr. 41; vgl. auch die Fälle bei *Rinsche* Haftung Rdnr. I 386 ff.
[134] LG Köln v. 14.3.1980 – NJW 1981, 351; a.A. *Henssler* JZ 1994, 181.
[135] Vgl. § 26 Rdnr. 2 und BGH v. 11.7.1991 – NJW 1991, 2839; *Wölk* AnwBl. 2003, 328.
[136] OLG Hamm v. 5.10.1995 – 28 U 22/95.
[137] BGH v. 17.12.1998 – BRAK-Mitt. 1999, 72, 73 = ZEV 1999, 357.
[138] BGH, v. 13.7.1994 – NJW 1995, 51.
[139] BGH v. 13.6.1995 – NJW 1995, 2551.
[140] BGH v. 18.4.2002 – DNotZ 2002, 768.

45 Eine besondere Rolle spielt bei der anwaltlichen Haftung in Erbrechtsfällen die personale Haftungserweiterung durch den **Vertrag mit Schutzwirkung für Dritte**.[141] Häufig löst in dieser Konstellation der Tod des Mandanten in Kombination mit der fehlerhaften Beratung durch den Anwalt den Schaden Dritter aus. Voraussetzung der Haftung gemäß des Instituts „Vertrag mit Schutzwirkung für Dritte" ist, dass der Dritte einerseits bestimmungsgemäß mit der Leistung des Schuldners in Berührung kommt, was andererseits für den Schuldner – den Anwalt – erkennbar sein muss.[142] Nach Aufgabe der „Wohl-und-Wehe-Formel"[143] durch die Rechtsprechung muss der Dritte dem Gläubiger nicht mehr „anvertraut" sein. Es genügt vielmehr, wenn die Personengruppe objektiv eingrenzbar ist,[144] solange sich dem schlüssigen Verhalten der Parteien der Wille entnehmen lässt, sie in den Schutzbereich einzubeziehen.[145] Lässt sich der Erblasser bezüglich eines Testamentes beraten, so sind in aller Regel die in diesem Testament besonders Bedachten in den Schutzbereich des Vertrages zwischen Anwalt und Mandant einbezogen.[146] Ist das Testament auf Grund eines Beratungsfehlers unwirksam oder entsteht den Bedachten auf Grund eines Beratungsfehlers ein sonstiger Schaden, so haben sie einen vertraglichen Anspruch gegen den Anwalt. Wollte der Erblasser eine bestimmte Person zum Erben einsetzen, wurde das Testament jedoch wegen eines anwaltlichen Fehlers nicht aufgesetzt, so hat der „Wunscherbe" einen Schadensersatzanspruch gegen den Anwalt in Höhe des entgangenen Erbes aus dem Beratervertrag zwischen Erblasser und Anwalt.[147]

46 **b) Haftungsbegrenzung.** Das vorangegangene Beispiel zeigt, dass erbrechtlich beratende Anwälte mit besonderen Haftungsrisiken konfrontiert werden, zumal durch die hier oft einschlägige Figur des Vertrags zugunsten Dritter der Anwalt nicht nur die Interessen seines Mandanten und dessen Nachlass zu schützen hat, sondern auch die mitunter große Zahl an Personen, die der Erblasser bedenken möchte. Dies hat zur Folge, dass der Anwalt auch dann für Beratungsfehler haftet, wenn der Nachlass hierdurch zwar nicht gemindert, aber anders als vom Erblasser gewünscht verteilt wird. Daher sieht sich der erbrechtlich beratende Anwalt mehr noch als in anderen Rechtsgebieten der strengen Rechtsprechung zur Anwaltshaftung ausgesetzt, weshalb sich die Frage nach Haftungsbegrenzungsmöglichkeiten stellt. In den nachfolgenden Absätzen werden solche Möglichkeiten aufgezeigt,[148] die zudem auch dann greifen, wenn das Mandat Schutzwirkung zugunsten Dritter hat; die Haftungsbeschränkungen sind auch gegenüber Dritten wirksam.[149] Umgekehrt ist aber Folgendes zu beachten: Die nachfolgend dargestellten Haftungsbeschränkungen, soweit sie sich an § 51 a BRAO orientieren, gelten nicht für die Tätigkeiten des Anwalts als Testamentsvollstrecker. Insoweit sollte auf die unter Rdnr. 47 dargestellten Haftungsbeschränkungsmethoden zurückgegriffen oder eine eigene Versicherung für das Amt abgeschlossen werden. Wichtig ist in diesem Zusammenhang schließlich, dass weiter gehende Haftungsbeschränkungen als nachfolgend beschrieben nicht möglich und un-

---

[141] BGH v. 13.6.1995 – WM 1995, 1504, 1505; *Lorenz* JZ 1995, 320 f.
[142] Vgl. nur *Medicus*, Schuldrecht AT, Rdnr. 776 ff.
[143] So noch BGH v. 26.11.1968 – BGHZ 51, 91, 96.
[144] BGH v. 10.11.1994 = JZ 1995, 306; BGH v. 3.12.1992 – NJW 1993, 1139.
[145] BGH v. 13.7.1994 – NJW 1995, 51, 52.
[146] BGH v. 17.12.1998 – ZEV 1999, 357; BGH v. 13.6.1995 – WM 1995, 1504, 1505.
[147] BGH v. 17.12.1998 – ZEV 1999, 357. Die erwähnte Rspr. ist nicht ohne Widerspruch geblieben. Gegen die Rspr. wird eingewandt, dass auf diese Art und Weise sich die Zahl der Begünstigten verdopple: Die einen erhalten auf Grund der fehlerhaften Beratung eine Erbenstellung, die anderen erlangen Schadenersatzansprüche gegen den Anwalt allein auf Grund einer evtl. unbestimmten Absichtserklärung des Erblassers hin, sie sollen Erben werden (vgl. *Schlitt/Seiler* NJW 1996, 1326; *Lindacher/Zimmermann* FamRZ 1980, 103).
[148] Vor dem 9.9.1994 getroffene haftungsbeschränkende Vereinbarungen unterfallen noch altem Recht: Formularmäßig war ein Ausschluss der Haftung für grobe Fahrlässigkeit wegen § 11 Nr. 7 AGBG unmöglich; nach h.M. unterfielen im Hinblick auf die Vertrauensstellung des Rechtsanwaltes alle berufstypischen Pflichten den „wesentlichen" Vertragspflichten gem. § 9 Abs. 2 Nr. 2 AGBG, so dass auch für leichte Fahrlässigkeit die Haftung nicht formularmäßig ausgeschlossen werden konnte, *Graf v. Westphalen* ZIP 1995, 546 f; *Feuerich/Braun* § 51 a Rdnr. 4. In vorformulierten Vertragsbedingungen war nur unabhängig vom Haftungsmaßstab eine Beschränkung der Haftung auf DM 100.000,– möglich. Individualvertraglich war lediglich ein Ausschluss der Haftung für leichte Fahrlässigkeit möglich: Die Vorsatzhaftung konnte wegen § 276 Abs. 2 BGB nicht ausgeschlossen werden; die Haftung für grobe Fahrlässigkeit nicht wegen des Grundsatzes, dass eine derartige Vereinbarung das Vertrauen in die Anwaltschaft und zum einzelnen Anwalt nicht wahrt, *Feuerich/Braun* § 51 a Rdnr. 3.
[149] *Grams* AnwBl. 2001, 233 m.w.N.

wirksam sind (abgesehen von den im Rahmen dieses Beitrages nicht beschriebenen Haftungsbegrenzungsmöglichkeiten durch die Rechtsformwahl einer Partnerschaftsgesellschaft, einer Rechtsanwalts-GmbH und Rechtsanwalts-AG). Der Anwalt kann sich daher auch dann, wenn er beispielsweise sehr kurz vor Ablauf einer erbrechtlichen Frist, etwa der sechswöchigen Ausschlagungsfrist, ein Mandat annimmt, weder die Haftung vollständig ausschließen noch Haftungssummen vereinbaren, die unter den in § 51 a BRAO gezogenen Grenzen liegen.[150] Schon deshalb sind auch Klauseln auf den Briefbögen mancher Anwälte, wonach für telefonische Auskünfte nicht gehaftet werde, unwirksam. Auch die Vereinbarung einer Verkürzung der Verjährung von Haftpflichtansprüchen gilt als unzulässig.[151]

aa) Beschränkung des Mandates. Eine relativ einfache und sinnvolle Methode, die anwaltliche Haftung zu beschränken, liegt in der **Begrenzung des Pflichtenkreises** durch Beschränkung des Mandats etwa auf einen bestimmten Anspruch oder einen bestimmten Prozess. Allerdings muss auch in diesem Fall der Klient über das Mandat hinausgehend auf eventuell bestehende Drittansprüche hingewiesen werden, falls deren Durchsetzbarkeit andernfalls gefährdet scheint.[152] Diese Eingrenzung des Mandats darf zudem nicht verwechselt werden mit dem Ausschluss der Beratungspflicht für bestimmte Rechtsgebiete, beispielsweise für das Steuer- oder für ausländisches Recht.[153] Auch solche Ausschlüsse sind möglich, aber auch nur oberhalb der von § 51 a BRAO gezogenen Grenzen. Zudem wird der Anwalt, wenn er bestimmte Rechtsgebiete aus dem Mandatsumfang herausnehmen will, verpflichtet sein, dem Klienten die Beiziehung von Spezialisten zu empfehlen.[154]

bb) Vertragliche Haftungsbeschränkung, § 51 a Abs. 1 BRAO. Der Gesetzgeber hat 1994 durch Einfügung des § 51 a BRAO Möglichkeiten der anwaltlichen Haftungsbegrenzung ausdrücklich geregelt, allerdings können ausschließlich vertragliche, nicht aber deliktische Ansprüche begrenzt werden.[155] Zu unterscheiden ist zwischen der **individualvertraglichen** und der **vorformulierten** Haftungsbegrenzung: § 51 a Abs. 1 Nr. 1 BRAO erlaubt die individualvertragliche Haftungsbeschränkung auf die **Mindestversicherungssumme**, also derzeit € 250.000,–, § 51 Abs. 4 BRAO. Mit Hilfe der individualvertraglichen Haftungsbeschränkung ist es sogar möglich, die Haftung für **grobe** Fahrlässigkeit auszuschließen.[156] An die Individualität der Vereinbarung werden hohe Anforderungen gestellt.[157] Sie muss, mehr noch als dies für die wirksame Einbeziehung Allgemeiner Geschäftsbedingungen gilt, im Einzelfall tatsächlich **ausgehandelt** werden, was wiederum voraussetzt, dass dem Klienten eine Alternative zur Annahme der vom Anwalt vorgelegten Konditionen der Haftungsbegrenzungsmöglichkeit geboten werden muss, die nicht nur in der schlichten Ablehnung der Erteilung des Mandats bestehen darf. In diesem Zusammenhang kann der Anwalt durchaus auch bereits formulierte Bedingungen einsetzen. Umso schwerer wird dem Anwalt aber gegebenenfalls der Nachweis fallen, dass die Bedingungen gleichwohl individuell ausgehandelt wurden. Zu empfehlen ist daher, die getroffene Vereinbarung in einen persönlichen Brief an den Mandanten festzuhalten. Da die individuelle Haftungsbeschränkung, um wirksam abgeschlossen zu sein, **schriftlich** vereinbart werden muss, ist sie von jeder Partei zu unterschreiben.[158] Es empfiehlt sich daher, den Klienten um unterschriebene Rücksendung eines Doppels des Briefes zu bitten. **Vorformulierte Haftungsbeschränkungen** gemäß § 51 a Abs. 2 BRAO bieten geringere Begrenzungsmöglichkeiten.[159] Die Haftung kann nur für **leichte** Fahrlässigkeit (worauf ausdrücklich hingewiesen werden muss) und nur auf das **Vierfache** der Mindestversicherungssumme (derzeit € 1.000.000,–) beschränkt werden und auch dies nur, wenn der Versicherungsschutz tat-

---

[150] Vgl. *Kleine/Cosack* § 51 a Rdnr. 3 f.
[151] *Grams* AnwBl. 2001, 233.
[152] Vgl. BGH v. 29.4.1993 – WM 1993, 1508; *Henssler* JZ 1994, 181; *Borgmann* BRAK-Mitt. 2000, 288.
[153] S. a. § 33 Rdnr. 2; zur Pflichtenverteilung zwischen einem Steuerrechtsexperten und dem steuerlichen Berater, der die Umsetzung des Vorhabens „begleitet", vgl. BGH Urt. v. 4.5.2000 – WM 2000, 1591.
[154] *Grams* AnwBl. 2001, 233, 234.
[155] Vgl. *Grams* AnwBl. 2001, 233.
[156] Vgl. *Grams* AnwBl. 2001, 233. und BGH v. 4.12.1997 – NJW 1998, 1864, 1866.
[157] Vgl. *Kerscher/Tanck/Krug* § 5 Rdnr. 6.
[158] Vgl. *Grams* AnwBl. 2001, 233, 235.
[159] Vgl. hieraus auch *Graf von Westphalen* MDR 1997, 989.

sächlich besteht, also der mit der Versicherung vereinbarte Haftungshöchstbetrag nicht schon anderweitig ausgeschöpft wurde. Auch hier gilt selbstverständlich, dass die Haftungsbeschränkung wirksam vereinbart werden muss. Insoweit gelten die §§ 305 ff. BGB; so ist beispielsweise wegen § 305 c BGB die formularmäßige Haftungsfreizeichnung in der Vollmachtsurkunde als überraschende Klausel unwirksam.[160] Wichtig ist zusammenfassend, dass zum Teil in der Literatur aufgrund der strengen Haftungsrechtsprechung des BGH davon ausgegangen wird, dass nur in sehr seltenen Fällen von einer einfachen Fahrlässigkeit hinsichtlich der anwaltlichen Fehlleistung ausgegangen werden kann und daher die Haftungsbegrenzungsmöglichkeiten durch vorformulierte Haftungsbeschränkungen nur eingeschränkt wirksam sind.

Muster: Vorformulierte Haftungsbeschränkung gemäß § 51 a Abs. 1 Nr. 2 BRAO[161]

Herrn/Frau
(Mandant)

Haftungsbeschränkung

Sehr geehrte Frau ... /Sehr geehrter Herr ...,
ich komme zurück auf unsere Besprechung vom ..., in der wir über eine Haftungsbeschränkung gesprochen haben. Ich habe unsere Vereinbarung nachfolgend schriftlich zusammengefasst und bitte, dass Sie zum Zeichen Ihres Einverständnisses ein gegengezeichnetes Exemplar an mich zurückreichen.
Wir hatten vereinbart, dass unsere Haftung in Fällen leichter Fahrlässigkeit auf einen Höchstbetrag von €... (Anm: derzeit mindestens € 1.000.000,–) beschränkt ist. Die Haftung für Vorsatz und grobe Fahrlässigkeit bleibt unberührt.
Für Rückfragen zu dieser Haftungsbeschränkung stehe ich Ihnen natürlich gerne zur Verfügung.

Mit freundlichen Grüßen   Einverstanden:

Rechtsanwalt/in   (Mandant)

49   *cc) Begrenzung der Haftung auf einzelne Anwälte § 51 a Abs. 2 BRAO.* Innerhalb einer **Sozietät** kann die Haftung zudem auf bestimmte, namentlich bezeichnete Mitglieder beschränkt werden, die das Mandat bearbeiten. Dies ist auch formularmäßig möglich, jedoch darf die Zustimmungserklärung keine anderen Angaben enthalten und muss vom Mandanten unterschrieben sein, § 51 a Abs. 2 S. 2 und 3 BRAO. Ähnlich bestimmt § 8 Abs. 2 PartGG für die **Partnerschaft,** dass die Partner ihre Haftung auch formularmäßig bei Schäden wegen fehlerhafter Betriebsführung auf denjenigen von ihnen beschränken können, der innerhalb der Partnerschaft die beruflichen Leistungen zu erbringen hat.[162]

50   *dd) Die Haftpflichtversicherung.* Jeder Anwalt muss, um seinen Beruf ausüben zu dürfen, gemäß § 51 Abs. 1 BRAO haftpflichtversichert sein. Die Mindestversicherungssumme beträgt gemäß 51 Abs. 4. S. 1 BRAO pro Schadensfall € 250.000,–, kann jedoch gemäß § 51 Abs. 4 S. 2 BRAO auf € 1 Mio. im Jahr begrenzt werden. Es ist daran zu erinnern, dass die jeweiligen Obliegenheiten des Anwalts in den AVB der Versicherungen ausführlich geregelt sind. Diese werden in der Regel vorsehen, dass es dem Anwalt obliegt, jeden Vorfall, der Haftpflichtansprüche begründen **könnte**, seiner Versicherung **unverzüglich** zu melden. Unterlässt er diese Anzeige, kann er den Versicherungsschutz aus der Haftpflichtversicherung verlieren.[163]

---

[160] *Feuerich/Braun* § 51 a Rdnr. 9.
[161] Da es sich um eine vorformulierte Haftungsbeschränkung handelt, ist die Schriftform und damit die Gegenzeichnung durch den Klienten entbehrlich, wenngleich empfehlenswert um spätere Streitigkeiten über die Frage der wirksamen Einbeziehung der Haftungsbeschränkung in den Anwaltsvertrag vorzubeugen.
[162] Vgl. hierzu *Graf von Westphalen* ZIP 1995, 548 f. Vgl. i. E. bei *Grams* AnwBl. 2001, 292, die Folgen, wenn bei Beschränkung der Haftung auf einzelne Sozien auch andere Anwälte mitarbeiten, z. B. als Krankheitsvertreter.
[163] In *Feurich/Braun* § 51 Rdnr. 5 sind beispielhaft die AVB der R+V Versicherung AG abgedruckt. Diese sehen die Meldeobliegenheit in § 5 Abs. 2 Nr. 1 AVB vor. Bei Verletzung dieser Obliegenheit erlischt der Versicherungsschutz gem. § 6 AVB.

Zu warnen ist in Sozietäten auch davor, die Haftungssummen einzelner Sozien, die z. B. nur kleinere Mandate bearbeiten, niedriger festzulegen. Die Versicherungsleistungen für alle Haftungsfälle einer Sozietät werden auf alle Sozien jeweils nach Köpfen anteilig umgelegt, selbst wenn nur einige am jeweiligen Mandat beteiligt waren. Dies kann bei den geringer Versicherten zu fatalen Unterdeckungen führen.[164]

II. Die Feststellung des Sachverhalts

Checkliste: Fragen vor der Testamentsgestaltung zur Feststellung des Sachverhalts 51

1. Feststellung des Nachlasses:
   ☐ Feststellung von Auslandsvermögen und Feststellung der Staatsangehörigkeit von Erblasser, Erben bzw. sonstigen Nachlassbeteiligten
   ☐ Feststellung vorhandener Verträge zu Rechten Dritter auf den Todesfall
   ☐ Feststellung von Lebensversicherungen
   ☐ Feststellung eventueller Sondererbfolgen, insbesondere Prüfung, ob zum Nachlass Personal- oder Kapitalgesellschaftsanteile gehören
2. Feststellung der gesetzlichen Erbfolge und Feststellung eventueller Pflichtteilsberechtigter
   ☐ Feststellung der eventuell vorhandenen Kinder (mit Feststellung des Alters)
   ☐ Feststellung der eventuell noch lebenden Eltern (mit Feststellung des Alters)
   ☐ Feststellung des Ehestandes
     - Ledig?
     - Verheiratet? (mit Aufnahme des Alters des Ehepartners)
     - Geschieden?
     - Verwitwet?
   ☐ Feststellung des Güterstandes
   ☐ Ermittlung der Pflichtteilsberechtigten
3. Feststellung von Einschränkungen der Testierfreiheit
   ☐ Bindung durch frühere gemeinschaftliche Ehegattentestamente?
   ☐ Bindung durch Erbverträge?
   ☐ Bindung durch Vor- oder Nacherbschaften?
   ☐ Bindung durch Herausgabevermächtnisse?
4. Feststellung von evtl. geleisteten Erb- und Pflichtteilsverzichten
   In diesem Zusammenhang ist die genaue Durchmusterung evtl. Eheverträge empfehlenswert, da diese Verträge oft mit Erb- und Pflichtteilsverzichten kombiniert sind.
5. Prüfung, ob der Erblasser Vollmachten erteilt hat bzw. der Erbe oder sonstige Nachlassbeteiligte über Vollmachten verfügen.
6. Feststellung eventueller behinderter Personen (Ist/sind der Erblasser, die Erben oder sonstige Nachlassbeteiligte körperlich oder geistig behindert?)

Es hat sich in der Praxis bewährt, vor der Arbeit der Testamentsgestaltung zunächst gründlich den Sachverhalt anhand der vorstehend dargestellten Checkliste zu ermitteln. Nur dann, wenn alle Daten des Klienten lückenlos bekannt sind, kann der Berater auch ein auf die spezielle Situation des Klienten zugeschnittenes Testament konzipieren. Zu der Liste:

1. Feststellung des Nachlasses

Zunächst sollte der **Nachlass** bekannt sein, d. h. es sollte geklärt werden, welche Nachlassgegenstände zum Nachlass gehören und welchen Wert diese haben. Nur dann, wenn der Berater diese Verhältnisse kennt, kann er ermitteln, ob und inwieweit bei bestimmten Gestaltungen (z. B. bei der unmittelbaren Einsetzung der Kinder zur Reduktion der Erbschaftsteuer)[165] der überlebende Ehegatte durch die ihm zugewandten Gegenstände hinreichend (auch unter Be- 52

---

[164] *Grams* AnwBl. 2001, 294.
[165] Vgl. § 3 Rdnr. 12.

rücksichtigung der Steuerlast) gesichert ist. In diesem Zusammenhang sollte sich der Berater auch erkundigen, welche Staatsangehörigkeit der Erblasser bzw. die designierten Erben oder Vermächtnisnehmer haben und er sollte ausdrücklich danach fragen, ob der Erblasser über Auslandsvermögen verfügt. Obgleich Art. 25 Abs. 1 EGBGB anordnet, dass die Rechtsnachfolge eines deutschen Erblassers deutschem Recht unterliegt, sind ohne weiteres Sachverhalte denkbar, bei denen im Ausland belegenes Grundvermögen doch der Jurisdiktion ausländischen Rechts unterliegt.[166] Auch sollte in diesem Zusammenhang nachgefragt werden, ob auf Grund von Verträgen zu Rechten Dritter auf den Todesfall[167] bestimmte Vermögensteile mit dem Tod des Erblassers unmittelbar auf Begünstigte übergehen. Aus diesem Grunde, aber auch um das Sicherungsbedürfnis abzustimmen, sollte der Berater sich auch nach den Lebensversicherungen erkundigen.[168] Endlich sollte er ausdrücklich nachfragen, ob zum Nachlass Personen- oder Kapitalgesellschaftsanteile gehören. Insbesondere dann, wenn zum Nachlass auch Personengesellschaftsanteile (also Anteile an einer GbR, OHG, KG) gehören, ist es unabdingbar, sich auch die Gesellschaftsverträge vorlegen zu lassen, um zu überprüfen, ob eine hinreichende Übereinstimmung zwischen den letztwilligen Verfügungen und den Gesellschaftsverträgen besteht.[169] Wird dies nicht getan, ist es möglich, dass die Nachfolge in eine andere Richtung verläuft, als dies vom Erblasser gewünscht war, darüber hinaus können aus dieser Unterlassung empfindliche steuerliche Nachteile resultieren.[170]

2. Feststellung der gesetzlichen Erbfolge und Feststellung eventueller Pflichtteilsberechtigter

53 Ist die Zusammensetzung des Nachlasses festgestellt, sollte der Berater prüfen, welche **gesetzliche Erbfolge** eintritt, wenn sein Klient verstirbt. Nur dann, wenn die gesetzliche Erbfolge bekannt ist, kann eine vernünftige gewillkürte Erbfolge durch Testament oder Erbvertrag geplant werden, da nur dann beispielsweise bekannt ist, welche Pflichtteilsansprüche unter Umständen auf den Nachlass zukommen können.[171] Sind Personen pflichtteilsberechtigt, hat dies für den Berater nicht nur dann Relevanz, wenn der Erblasser plant, Einzelne der Pflichtteilsberechtigten zu enterben oder aber ihnen einen Nachlass zu hinterlassen, der geringer als die Hälfte des gesetzlichen Erbteils ist und daher Pflichtteilsansprüche auslöst: Gemäß § 2306 Abs. 1 S. 2 BGB kann ein Pflichtteilsberechtigter auch dann, wenn der hinterlassene Erbteil größer als die Hälfte des gesetzlichen Erbteils ist, die Erbschaft ausschlagen, soweit er durch Einsetzung eines Nacherben, die Ernennung eines Testamentsvollstreckers oder die Anordnung einer Teilungsanordnung beschränkt oder mit einem Vermächtnis oder einer Auflage beschwert ist und – ausnahmsweise – dennoch den Pflichtteilsanspruch geltend machen.[172] Der Berater muss daher wissen, wer Pflichtteilsberechtigter ist, um den Erblasser entsprechend zu beraten, dass bei gewissen Gestaltungen (z. Bsp. Anordnung der Testamentsvollstreckung) zumindest das theoretische Risiko besteht, dass einer der Pflichtteilsberechtigten unter der Voraussetzung des § 2306 Abs. 1 S. 2 BGB die Erbschaft ausschlägt und den Pflichtteil fordert.

3. Feststellung von Einschränkungen der Testierfreiheit

54 Schließlich ist es zwingend erforderlich, dass der Berater vor dem Entwurf einer letztwilligen Verfügung genau prüft, ob der Erblasser evtl. in seiner **Testierfreiheit** beschränkt ist. Zu solchen Beschränkungen kann es beispielsweise dann kommen, wenn der Erblasser verwitwet ist und mit seinem früheren Ehegatten ein – mit Bindungswirkung versehenes – gemeinschaftliches Ehegattentestament verfasst hatte.[173] In gleicher Weise können Bindungen in der Testierfreiheit dadurch bestehen, dass der Klient bereits zu einem früheren Zeitpunkt einen Erbvertrag[174] geschlossen hat oder durch seine Stellung als Vorerbe nicht über alle Nachlassgegenstände, die

---

[166] Vgl. § 3 Rdnr. 56 und insb. § 33.
[167] Vgl. § 32 Rdnr. 43.
[168] Vgl. § 47.
[169] Vgl. § 3 Rdnr. 60 und § 40 Rdnr. 14 und § 35 Rdnr. 183 ff.
[170] Vgl. § 40 Rdnr. 58 und § 35 Rdnr. 183 ff.
[171] Vgl. zur gesetzlichen Erbfolge § 4.
[172] Vgl. § 29 Rdnr. 34 und Sudhoff/*Scherer* § 17 Rdnr. 41.
[173] Vgl. § 11 Rdnr. 57.
[174] Vgl. § 10 Rdnr. 33.

zu seiner Eigentumssphäre gehören, frei verfügen kann, da bestimmte Nachlassgegenstände nach seinem Tod an die Nacherben fallen, die keinesfalls mit seinen Erben identisch sein müssen.[175] In ähnlicher Weise kann der Erblasser dadurch gebunden sein, dass ihm selbst als Erbe bestimmte Gegenstände angefallen sind, er aber mit einem Herausgabevermächtnis zu Gunsten eines Dritten, der ebenfalls nicht mit seinen Erben identisch sein muss, belastet ist.[176]

4. Feststellung von evtl. geleisteten Erb- und Pflichtteilsverzichten

Auch sollte der Berater wissen, ob designierte Erben bereits mit dem Erblasser und Klienten Erb- oder Pflichtteilsverzichte vereinbart haben. Die Kenntnis solcher Verzichte ist schon deshalb wichtig, um die eventuellen Pflichtteilsansprüche genau zu berechnen. In diesem Zusammenhang ist zu bedenken, dass eine Person, die einen Erbverzicht geleistet hat, gemäß § 2310 BGB bei der Ermittlung des Pflichtteilsanspruches nicht mitgerechnet wird, was die Pflichtteilsansprüche enorm erhöhen kann.[177]

Beispiel:

Ein Ehemann, der zum zweiten Mal heiratet, vereinbart mit seiner Ehefrau anlässlich der Eheschließung einen Erbverzicht. Nach einigen Jahren der Ehe möchte er seine Frau als Alleinerbin einsetzen und sein Kind aus erster Ehe, zu dem er keinen Kontakt mehr hat, enterben. Setzt er nun den Ehegatten als Alleinerben ein, ohne den Erbverzichtsvertrag zu berücksichtigen, so erhöht sich allein deshalb die Pflichtteilsquote des Kindes von 1/4 auf 1/2!

Das kurze Beispiel macht auch deutlich, dass es oft erforderlich ist, eventuelle Eheverträge des Klienten kritisch zu durchmustern, da solche Verträge oft mit Erb- und Pflichtteilsverzichtsverträgen kombiniert sind.[178] Umgekehrt ist es natürlich auch wichtig zu wissen, ob eventuelle Erb- und Pflichtteilsverzichtsverträge bestehen, um genau zu wissen, inwieweit der Klient ungeachtet eventueller Pflichtteilsansprüche über seinen Nachlass verfügen kann.

5. Prüfung, ob der Erblasser Vollmachten erteilt hat bzw. der Erbe oder sonstige Nachlassbeteiligte über Vollmachten verfügen

Schließlich sollte der Berater auch prüfen, ob der Erblasser **Vollmachten** (insbesondere Generalvollmachten) erteilt hat oder ob die designierten Erben oder sonstige Nachlassbeteiligte über Vollmachten verfügen.[179] Dies sollte schon deswegen bekannt sein, damit es nicht dann, wenn beispielsweise der Erblasser nach seinem Tod Testamentsvollstreckung anordnet, zu Konflikten zwischen dem (evtl. über den Tod hinaus) bevollmächtigen Erben und dem Testamentsvollstrecker kommt.[180]

6. Feststellung eventueller behinderter Personen

Endlich sollte der Berater noch eruieren, ob einer der Nachlassbeteiligten körperlich oder geistig behindert ist. Körperliche oder geistige Behinderungen können einerseits Auswirkungen auf die Testierfähigkeit haben, zum anderen haben Kautelarjuristen Testamentsformen entwickelt, die es ermöglichen, einem geistig behinderten Kind einerseits Wohltaten aus dem Nachlass zukommen zu lassen, ohne das Kind deswegen von evtl. Sozialhilfeempfängen abzuschneiden.[181]

---

[175] Vgl. § 17 Rdnr. 1.
[176] Vgl. § 13 Rdnr. 218 und § 17 Rdnr. 5.
[177] Vgl. §§ 29 Rdnr. 230 ff.; 3 Rdnr. 70.
[178] Vgl. § 21.
[179] Vgl. § 20.
[180] Vgl. § 20 Rdnr. 15.
[181] Vgl. § 41.

Teil B. Die Beratung in der Vermögensnachfolge

§ 3 Kompendium für die Beratung

Übersicht

	Rdnr.
I. Das Berliner Testament	1–5
II. Steuergefahren durch ungewollte Aufdeckung oder Bildung stiller Reserven	6–11
1. Betriebsvermögen	7
2. Sonderbetriebsvermögen	8–11
a) Sonderbetriebsvermögen und Gesellschaftsverträge	9/10
b) Sonderbetriebsvermögen und Wiesbadener Modell	11
III. Testamentsvollstreckung	12–27
1. Die Anordnung der Testamentsvollstreckung	13–21
2. Die Durchführung der Testamentsvollstreckung	22–27
IV. Vor- und Nacherbschaft	28–35
V. Ersatzbestimmungen	36–38
VI. Wichtige bewertungsrechtliche Hinweise	39–41
VII. Vorteile betrieblichen Vermögens	42–46
VIII. Die Familienvermögensverwaltungsgesellschaft	47–49
IX. Renaissance zweier Gesellschaftsformen: Stiftung und KGaA	50–55
1. Stiftungen	51–54
2. Kommanditgesellschaft auf Aktien	55
X. Mögliche Probleme mit Auslandsvermögen	56/57
XI. Hinweise zu den Güterständen	58/59
XII. Die Notwendigkeit des Abgleichs zwischen Testament und Gesellschaftsvertrag	60–62
XIII. Die Überprüfung von Lebensversicherungsverträgen und Pensionsansprüchen	63–65
XIV. Die Tücken der Ausschlagung	66–68
XV. Pflichtteils- und Erbverzicht	69–71
XVI. Einkommensteuerbelastung der Miterbenauseinandersetzung	72–80
1. Privatvermögen	73–75
2. Betriebsvermögen	76–80
XVII. Schenkung und Vererben	81–92
1. Ratschläge zur Schenkung	82–86
a) Nutzung der Kettenschenkungsmöglichkeit	82
b) Grundstücksschenkung und Möglichkeiten der mittelbaren Schenkung	83
c) Zuwendung des Familienwohnheims an den Ehegatten	84
d) Berücksichtigung der übernächsten Generation	85
e) Übernahme der Schenkungsteuer	86
2. Ungleichheiten zwischen Schenkung- und Erbschaftsteuer	87–92
a) Gemischte Schenkungen	88–91
b) Außensteuergesetz, Steuerentstrickung	92
XVIII. Teilungsanordnung und Vorausvermächtnis	93/94

Schrifttum: Der Übersichtlichkeit halber sind die Literaturhinweise in diesem Kapitel nach den jeweiligen Einzelabsätzen, gegliedert nach römischen Zahlen, aufgeführt.

Das nachfolgende Kompendium kann und soll die gründliche Befassung mit dem Erbrecht nicht, auch nicht annähernd, ersetzen. Dem Leser soll es aber ermöglichen, sich in kurzer Zeit über einige der wesentlichen Problemfelder und Haftungsgefahren, die im Erbrecht drohen, zu informieren.

I. Das Berliner Testament

Schrifttum: *Dressler*, Vereinbarungen über Pflichtteilsansprüche – Gestaltungsmittel zur Verringerung der Erbschaftsteuerbelastung, NJW 1997, 2848; *Ebeling*, Nochmals zum Thema: Vereinbarungen über Pflichtteilsansprüche, NJW 1998, 358; *Daragan*, Die Auflage als erbschaftsteuerliches Gestaltungsmodell, DStR 1999, 393.

1 Das Berliner Testament ist und bleibt eine äußerst beliebte, wenn nicht gar die beliebteste erbrechtliche Gestaltungsform unter Ehegatten.[1] Es handelt sich dabei um die häufig anzutreffende gegenseitige Erbeinsetzung der Ehegatten mit der weiteren Bestimmung, dass nach dem Tod des Längerlebenden der beiden Ehegatten der Nachlass an einen Dritten, in der Regel an die Kinder, fallen soll. Oft finden sich noch weitere Regelungen, die verhindern sollen, dass die Kinder, die durch diese Testamentsform nach dem Tod des Erstversterbenden der Eltern enterbt werden, ihren Pflichtteil geltend machen.[2] Das Berliner Testament ist wie kaum eine andere Testamentsform geeignet, dem normalen und **tradierten Erbfolge- und Gerechtigkeitsdenken** unter Ehegatten Rechnung zu tragen. Der Übergang des Vermögens vom einem Ehegatten auf den anderen und der spätere Übergang des Vermögens auf die Kinder nach dem Tod des längerlebenden Ehegatten entspricht in den meisten Fällen genau der Erbfolge, die sich Ehegatten vorstellen. Mit dieser Testamentsform wird der überlebende Ehegatte in optimaler Weise gesichert, denn er wird der Alleinerbe. Gleichzeitig ist auf Grund der Bindungswirkung des Testamentes sichergestellt, dass der überlebende Ehegatte nicht mehr anderweitig testieren kann und somit das gemeinsame Vermögen letztendlich an die im Testament bestimmten Dritten, oft eben die Kinder, gelangt.[3]

2 Gleichwohl sollte vor dem Einsatz des Berliner Testaments darüber nachgedacht werden, ob diese Testamentsform nicht im konkreten Fall erbschaftsteuerrechtlich ausgesprochen ungünstige Konsequenzen hat. Beim Berliner Testament wird das Vermögen bei wirtschaftlicher Betrachtung **zweifach besteuert**, nämlich zum einen beim Übergang des erstversterbenden auf den längerlebenden Ehegatten und anschließend beim Tod des längerlebenden Ehegatten auf die Kinder. Zudem gehen oft die beträchtlichen erbschaftsteuerlichen Freibeträge (bei Kindern beispielsweise derzeit Euro 205.000,– pro Kind, vgl. § 16 ErbStG) ungenutzt verloren, die jedem Kind nach dem Tod eines jeden der beiden Elternteile zustehen, wenn nach dem Tod des Erstversterbenden das Vermögen auf den Längerlebenden der Ehegatten übergeht. Es sollte daher bei größerem Vermögen stets überlegt werden, ob nicht anstelle der Form des Berliner Testaments nach dem Tod des Erstversterbenden unmittelbar die **Kinder zu Erben** eingesetzt werden und der Ehegatte anderweitig, zum Beispiel durch Zuwendung von Vermächtnissen, gesichert wird.[4] Selbstverständlich muss bei dieser Gestaltung sehr darauf geachtet werden, dass unter Berücksichtigung der **Steuerlast**, die natürlich auch auf den Zuwendungen an den Ehegatten lasten, die ihm zu seiner **Sicherung** hinterlassen werden, dem überlebenden Ehegatten auch wirklich hinreichende Mittel verbleiben, damit er frei und unbeschwert leben kann. Gestaltungen, die in ihrer Konsequenz den überlebenden Ehegatten zum Bittsteller der Kinder degradieren, sind unbedingt zu vermeiden. Andererseits ist es aber häufig nicht erforderlich, zunächst das gesamte Vermögen an den überlebenden Ehegatten fallen zu lassen und dann an die Kinder. Eine vollständige Sicherung des überlebenden Ehegatten lässt sich auch dadurch erreichen, dass ihm beispielsweise das Familienwohnheim (nebst Einrichtung) und ein bestimmter Geldbetrag oder ein Rentenanspruch oder Nießbrauchsansprüche hinterlassen werden.

3 Möchte der vermögende Klient, aus welchen Gründen auch immer, einer solchen Gestaltung nicht näher treten und legt er auf eine Alleinerbeinsetzung seines Ehegatten im Rahmen eines Berliner Testaments Wert, so ist weiter zu überlegen, ob das Berliner Testament mit Gestaltungen kombiniert wird, bei denen die erbschaftsteuerlichen Freibeträge, die für die Kinder nach dem Tod des Erstversterbenden entstehen, ausgenutzt werden. So kann, in einfacher Ausgestal-

---

[1] Vgl. im Einzelnen § 11 Rdnr. 76; § 36 Rdnr. 291.
[2] Vgl. zu den Einzelheiten des Berliner Testaments, auch zu den Pflichtteilsstrafklauseln § 11 Rdnr. 101, § 21.
[3] Vgl. zur Bindungswirkung im Einzelnen § 11 Rdnr. 45.
[4] Vgl. im Einzelnen zu den Sicherungsmöglichkeiten des überlebenden Ehegatten § 40 Rdnr. 72 und § 3 Rdnr. 12.

tung, beispielsweise der längerlebende Ehegatte als Alleinerbe eingesetzt und den Kindern auf den Tod des Erstversterbenden ein **Vermächtnis** in Höhe der erbschaftsteuerlichen Freibeträge (zurzeit € 205.000,–) ausgesetzt werden.[5]

Wurden Regelungen, wie sie vorstehend kurz aufgezeigt wurden, zwischen den Ehegatten nicht letztwillig verfügt, so sollte der beratende Anwalt wissen, dass auch nach dem Tod des ersten Ehegatten Abhilfemöglichkeiten bestehen, die im Ergebnis darauf hinauslaufen, noch einige der oben aufgezeigten Erbschaftsteuervorteile zu retten. Ist der überlebende Ehegatte beispielsweise auf Grund seiner eigenen Vermögenssituation vollständig abgesichert, benötigt er kurz gesagt die ihm angefallene Erbschaft nicht, so ist zu überlegen, ob er nicht die Erbschaft ausschlägt, wenn sichergestellt ist, dass auf Grund der **Ausschlagung** das Vermögen an die Kinder fällt.[6] Auch so kann ein doppelt erbschaftsteuerbelasteter Transfer des Vermögens zunächst vom Verstorbenen auf den überlebenden Ehegatten und dann auf die Kinder vermieden werden: Das Vermögen fällt auf Grund der Ausschlagung unmittelbar an die Kinder, nur diese schulden Erbschaftsteuern. Als Alternative ist auch zu überlegen, ob nicht die Kinder – im wohlverstandenen Einvernehmen mit dem überlebenden Ehegatten – ihren **Pflichtteil** geltend machen, um auf diese Art und Weise in erbschaftsteuerrechtlich zulässiger Weise die Kinder doch noch am Nachlass des Erstverstorbenen zu beteiligen, mit der Folge, dass sie ihre erbschaftsteuerlichen Freibeträge, die ihnen nach dem Tod des Erstverstorbenen zustehen, nutzen können.[7] Eine eventuell in der letztwilligen Verfügung vorhandene Pflichtteilsstrafklausel, die ein Kind, das nach dem Tod des Erstversterbenden der Eltern den Pflichtteil fordert, von der Erbfolge nach dem zweitversterbenden Elternteil ausschließt, spricht nicht gegen eine solche Regelung, da der Ausschluss von der Erbfolge auf Grund der Klausel nach herrschender Meinung in der Regel so auszulegen ist, dass er nur greifen soll, wenn in der Geltendmachung des Pflichtteils ein Aufbegehren gegen den Willen des Verstorbenen liegt, was bei der hier vorgeschlagenen familienfreundlichen Geltendmachung gerade nicht der Fall ist.[8]

Schließlich liegt noch ein besonderes Problem des Berliner Testaments in der Kombination eines solchen Testaments mit einer Verbindung von Vermögensmassen nach dem **Wiesbadener Modell**. Während diese Verbindung die scharfe Trennung der betroffenen Vermögensmassen beider Ehegatten voraussetzt, um steuerlich anerkannt zu werden, führt das Berliner Testament zu einer Vereinigung der Vermögen der Ehegatten, was steuerlich äußerst nachteilige Folgen haben kann (vgl. dazu im Einzelnen sogleich unter Rdnr. 11).

II. Steuergefahren durch ungewollte Aufdeckung oder Bildung stiller Reserven

Schrifttum: *Crezelius*, Unternehmenserbrecht, 1998; *Geck*, Unternehmensteuerreform und Unternehmensnachfolge, ZEV 2001, 41; *H. Hübner*, Die Unternehmensnachfolge, 1998; *Landsittel*, Gestaltungsmöglichkeiten von Erbfällen und Schenkungen, 3. Aufl. 2006; *Nieder*, Handbuch der Testamentsgestaltung, 2. Aufl. 2000; *Scherer/Blanc/Kormann/Groth/Wimmer*, Familienunternehmen, 2005; *Schmidt*, Kommentar zum EStG, 25. Aufl. 2006; *Strahl*, Einbringungsgeborene Anteile: Probleme und Gestaltungsmöglichkeiten, KÖSDI 2001, 12728 ff.; *Troll/Gebel/Jülicher*, Kommentar zum ErbStG (Loseblatt); *Piltz*, Die Besteuerung beim Ausscheiden aus einer Personengesellschaft mit dem Tode, ZEV 2006, 205.

Erbfälle können nicht nur eine Erbschaftsteuerbelastung nach sich ziehen, sondern auch eine erhebliche Belastung mit **Ertragsteuern**, insbesondere Einkommensteuern.[9] In der Praxis sind es insbesondere zwei Sachverhaltsbereiche, in denen besondere Gefahren drohen: Es handelt sich zum einen um den Bereich der **Erbauseinandersetzung**, der nachfolgend in Rdnr. 72 ff. behandelt wird. Zum anderen drohen Ertragsteuerbelastungen aus der **ungewollten Aufdeckung von stillen Reserven**. Solche Reserven können im **Betriebsvermögen** entstehen, wenn betriebliche Vermögenswerte mit Wertansätzen in der Bilanz aktiviert sind, die hinter ihren tatsächlichen Werten zurückstehen. Wird beispielsweise ein Grundstück im Jahr 2006 gekauft, so ist das Grundstück in der Bilanz gemäß § 253 Abs. 1 HGB höchstens mit den Anschaf-

---

[5] Zu Gestaltungen, die die Liquidität des überlebenden Ehegatten stärker schonen, vgl. § 14 Rdnr. 36 sowie *Daragan* DStR 1999, 393 ff.
[6] Vgl. § 22 Rdnr. 33.
[7] Vgl. im Einzelnen *Dressler* NJW 1997, 2848 mit Anmerkung *Ebeling* NJW 1998, 358.
[8] Vgl. Palandt/*Edenhofer* § 2075 Rdnr. 8; *Dressler* NJW 1997, 2848, 2850.
[9] Vgl. im Einzelnen § 35 Rdnr. 173 ff.

fungskosten zu aktivieren. Tatsächliche Wertsteigerungen des Grundstückes in den Folgejahren werden bilanziell nicht erfasst, vielmehr werden auch in den Bilanzen der Folgejahre nur die Anschaffungskosten aktiviert, so dass über die Jahre – sofern der tatsächliche Wert des Grundstückes steigt – eine immer größer werdende Differenz zwischen dem tatsächlichem Wert des Grundstückes und seinem Bilanzwert auftritt und somit kurz gesagt stille Reserven entstehen. Wird das Grundstück nach einiger Zeit veräußert, ist die Differenz zwischen den aktivierten Anschaffungskosten und dem tatsächlich erzielten Kaufpreis als Gewinn zu versteuern. Nach einem Grundprinzip des deutschen Steuerrechts sind solche Wertsteigerungen nur bei Betriebsvermögen steuerpflichtig, nicht jedoch Wertsteigerungen, die sich im **Privatvermögen** vollziehen. Allerdings gibt es einige beachtliche Ausnahmen von diesem Grundsatz, die zu Steuerverstrickung auch von Privatvermögen führen können. Das ist beispielsweise der Fall, wenn zwischen Anschaffung und Veräußerung Fristen liegen, die so kurz bemessen sind, dass der Steuergesetzgeber den Gewinn, der durch den Unterschied des Veräußerungspreises zum Anschaffungspreis entsteht, als **Spekulationsgewinn** (Gewinne aus privaten Veräußerungsgeschäften) ansieht. Gemäß § 23 Abs. 1 Nr. 1 EStG liegt bei Grundstücksgeschäften (mit Ausnahme solcher, die zu eigenen Wohnzwecken selbst genutzte Grundstücke betreffen) die maßgebliche Frist bei 10 Jahren, bei Wertpapierverkäufen gemäß § 23 Abs. 1 Nr. 2 EStG bei einem Jahr. Nach Ablauf dieser Fristen endet die Steuerverstrickung, der nach Ablauf der Haltefristen realisierte Veräußerungsgewinn ist nicht steuerpflichtig. Allerdings wird derzeit über die ersatzlose Streichung dieser Fristen zum 1.1.2009 diskutiert. Ein weiterer Fall, in dem es zur Steuerverstrickung von Privatvermögen kommen kann, sind **Beteiligungen an Kapitalgesellschaften** (insbesondere GmbH oder AG), die im Privatvermögen liegen. Solche Beteiligungen sind stets steuerverstrickt, wenn der Gesellschafter zu irgendeinem Zeitpunkt innerhalb der letzten 5 Jahre an der Gesellschaft zu mindestens 1% (seit 1.1.2002; bis 31.12.2001: 10%) beteiligt war, vgl. § 17 EStG. Schließlich kann Privatvermögen dann steuerverstrickt werden, wenn zwischen dem Privateigentum und der betrieblichen Nutzung dieses Privateigentums im Rahmen des Betriebs so enge sachliche und persönliche Verflechtungen bestehen, dass das Privatvermögen steuerlich als Privatvermögen qualifiziert wird (sog. **Sonderbetriebsvermögen**). Insbesondere von dieser Form des steuerverstrickten Privatvermögens wird nachfolgend die Rede sein.[10]

1. Betriebsvermögen

Ein einfaches Beispiel zum Betriebsvermögen: Ein Erblasser, der an einer Personenhandelsgesellschaft beteiligt ist, vererbt diese Beteiligung an seine Kinder. Zur Sicherung seiner Ehefrau ordnet er in seinem Testament an, dass die Erben aus dem Vermögen der Gesellschaft ein Wirtschaftsgut, beispielsweise ein Grundstück, an die Ehefrau vermächtnisweise übertragen sollen. Die Erfüllung dieses Vermächtnisses würde zu einer Entnahme des Grundstückes aus dem Betriebsvermögen führen. Konsequenz wäre, dass die Differenz zwischen dem Buchwert des Grundstückes, also dem Wert, mit welchem es in der Bilanz der Gesellschaft aktiviert ist, und dem tatsächlichen Wert des Grundstückes (dem sog. Teilwert, § 6 Abs. 1 Ziff. 4 EStG) als aus dem Betrieb entnommen gilt und als Betriebseinnahme der Einkommensteuer unterliegt (sog. **Entnahmegewinnbesteuerung**).[11] Das einfache Beispiel zeigt, dass nach Möglichkeit kein

---

[10] Daneben existiert noch eine weitere Ausnahme, die zur Steuerverstrickung von Privatvermögen führt, aber im Rahmen dieser sehr allgemeinen Einführung nicht interessiert. Es handelt sich um die einbringungsgeborenen Anteile gemäß § 21 UmwStG. Solche Anteile entstehen, wenn gegen Gewährung von Gesellschaftsrechten ein Betrieb, Teilbetrieb oder ein Mitunternehmeranteil in eine Kapitalgesellschaft eingebracht wird. Wird beispielsweise eine Personengesellschaft in eine Kapitalgesellschaft umgewandelt und hält ein Gesellschafter einen Anteil von 0,5% an der Gesellschaft, so wäre die Veräußerung dieses Anteils nach der Umwandlung in eine GmbH nicht mehr steuerpflichtig, weil dort die Veräußerung erst bei einer Beteiligung ab 1% (ab 1.1.2002) steuerpflichtig gem. § 17 EStG ist. Damit die Steuerverstrickung des Anteils nicht durch bloße Umwandlung beendet wird (in der Form der Personengesellschaft wäre die Veräußerung des Anteils gemäß § 16 EStG auch bei einer Beteiligung von nur 0,5% an der Gesellschaft steuerpflichtig gewesen), ordnet § 21 UmwStG in den Fällen der Veräußerung solcher einbringungsgeborenen Anteile eine entsprechende Steuerpflicht an, vgl. hierzu Strahl KÖSDI 2001, 12728 ff.; das zur Zeit der Abgabe des Manuskripts dieses Beitrags (August 2006) diskutierte SEStEG würde die Systematik der einbringungsgeborenen Anteile im Übrigen neu regeln.

[11] Vgl. nur *Schmidt* EStG § 6 Rdnr. 490; vgl. auch *Scherer/Blanc/Kormann/Groth/Wimmer* Familienunternehmen Kap. 4 Rn 30 ff., 40 ff.

Betriebsvermögen an eine Person vererbt oder vermacht werden sollte, die nicht selbst an dem Betrieb beteiligt ist oder zusammen mit dem Sonderbetriebsvermögen eine Beteiligung an dem Betrieb erwirbt, steuerlich gesprochen also nicht Mitunternehmer ist oder jedenfalls Mitunternehmer wird.

2. Sonderbetriebsvermögen

In gleicher Weise können Ertragsteuerbelastungen drohen, wenn Sonderbetriebsvermögen an einen Nichtgesellschafter fällt. Bei **Sonderbetriebsvermögen** handelt es sich um Wirtschaftsgüter, die zwar im Privateigentum eines Mitunternehmers stehen, aber dazu geeignet und bestimmt sind, dem Betrieb zu dienen. Diese Wirtschaftsgüter werden handelsrechtlich nicht der Gesellschaft zugerechnet, auf Grund der **engen persönlichen und sachlichen Verflechtung** gilt aber anderes für die steuerrechtliche Behandlung; steuerlich wird das Sonderbetriebsvermögen als Betriebsvermögen qualifiziert.[12] Im Veräußerungsfall ist daher der Unterschiedsbetrag zwischen den Anschaffungskosten und dem Veräußerungserlös der Einkommensteuer und ggf. der Gewerbesteuer unterworfen. Ein typisches Beispiel für Sonderbetriebsvermögen ist ein im Privateigentum eines Mitunternehmers liegendes Grundstück, das der Gesellschaft vermietet wird. Die Besteuerung der Differenz zwischen den Anschaffungskosten und dem tatsächlichen Wert des Grundstückes droht aber nicht nur im Veräußerungsfall, sondern auch, wenn das Grundstück als aus dem Betriebsvermögen entnommen gilt (Entnahmegewinnbesteuerung), beispielsweise weil es einer anderen (privaten) Nutzung zugeführt oder auf eine Person übertragen wird, die selbst nicht Gesellschafter ist. Hier aber setzt die Gefahr im Erbfall an: Wird ein Grundstück des Sonderbetriebsvermögens an eine Person vererbt oder vermacht, die nicht Unternehmer wird, gilt das Grundstück mit der Folge der Entstehung des Entnahmegewinnes als entnommen. Im Erbfall kann diese Situation rasch eintreten, wenn beispielsweise einerseits der Gesellschaftsanteil an einer Personenhandelsgesellschaft (etwa ein Kommanditanteil) an die Kinder des Erblassers vererbt und andererseits das Grundstück, dass der Verstorbene an die Gesellschaft vermietet hatte (und dessen Eigenschaft als Sonderbetriebsvermögen eventuell den Beteiligten gar nicht bekannt war) dem überlebenden Ehegatten zu dessen Sicherung vermacht wird. Diese Situation ist für alle Beteiligten äußerst misslich, da Steuerschulden ausgelöst werden, ohne dass den Beteiligten irgendwelche Liquidität zufließt.[13] Ein Auseinanderfallen von Mitunternehmerstellung und Sonderbetriebsvermögen durch die letztwilligen Verfügungen ist daher unbedingt zu vermeiden.

a) **Sonderbetriebsvermögen und Gesellschaftsverträge.** Um diese regelmäßig unerwünschte Entnahmegewinnbesteuerung zu vermeiden, ist es bei Abfassung der letztwilligen Verfügungen stets erforderlich, nicht nur genau zu analysieren, ob Vermögenswerte des Erblassers eventuell die Eigenschaft als Sonderbetriebsvermögen haben, sondern es ist auch notwendig, die den Erblasser betreffenden Gesellschaftsverträge kritisch zu durchmustern. Gefahren drohen bei den in diesem Zusammenhang interessierenden Personenhandelsgesellschaften (OHG, KG, GmbH & Co KG), wenn der Vertrag nach dem Tod eines Gesellschafters die bloße Fortsetzung der Gesellschaft unter den verbliebenen Gesellschaftern anordnet (**Fortsetzungsklausel**),[14] die Beteiligung an der Gesellschaft also nicht vererblich gestellt war. Folge einer solchen Klausel ist, dass sich der Anteil des verstorbenen Gesellschafters, soweit er persönlich haftender Gesellschafter war oder sich die Klausel auch auf die Kommanditisten bezog, nicht vererbt, sondern den verbleibenden Gesellschaftern anwächst. Diese schulden dann den Erben eine Abfindung entsprechend dem Wert der Beteiligung,[15] falls der Gesellschaftsvertrag keine geringere

---

[12] Vgl. nur *Schmidt* EStG § 15 Rdnr. 506 und nachfolgend § 35 Rdnr. 174, 185; sowie *Hübner* S. 86, 87.
[13] Vgl. *Landsittel* Rdnr. 784.
[14] Vgl. im Einzelnen § 35 Rdnr. 181.
[15] Steuerrechtlich ist die Anwachsung des Gesellschaftsanteils an die übrigen Gesellschafter Veräußerung des Mitunternehmeranteils des Verstorbenen an die übrigen Gesellschafter. Der Veräußerungsgewinn (§ 16 Abs. 2 EStG) ist die Differenz zwischen dem Wert des Abfindungsanspruchs und dem Buchwert des Anteils. Die Erbengemeinschaft hat dann als Nachlassverbindlichkeit die daraus resultierende Einkommensteuer zu bezahlen, unter den Voraussetzungen des § 34 Abs. 3 ist der Gewinn tarifbegünstigt (Steuersatz von 56 % für Veräußerungsgewinne bis € 5 Mio., zudem ist gemäß den in § 16 Abs. 4 EStG geregelten Voraussetzungen ein Freibetrag zu gewähren. Vgl. im Einzelnen § 35 Rdnr. 181; siehe auch *Piltz* ZEV 2006, 205.

Abfindung vorsieht oder die Abfindung ganz ausschließt.[16] Bei dieser Konstellation kann es leicht zur Aufdeckung stiller Reserven im Sonderbetriebsvermögen kommen, da die Erben von der Fortführung des Unternehmens ausgeschlossen werden und daher ab dem Erbfall keine Verknüpfung zwischen der Mitunternehmerstellung und dem Sonderbetriebsvermögen mehr besteht. Folge wäre, dass nicht nur der Abfindungsbetrag zu versteuern ist, sondern auch die aufgedeckten stillen Reserven des Sonderbetriebsvermögens.[17]

10 In gleicher Weise drohen Gefahren, soweit im Gesellschaftsvertrag eine **qualifizierte Nachfolgeklausel** vorgesehen ist, nach der sich die Beteiligung nicht auf alle Erben vererben kann, sondern die Vererblichkeit nur an die in der Klausel zugelassenen Personen möglich ist.[18] Fällt das Sonderbetriebsvermögen auf Grund der letztwilligen Anordnungen an die Erben, so behält es seine Eigenschaft als Sonderbetriebsvermögen nur in Höhe der Erbquote der Erben, die auf Grund der qualifizierten Klausel zur Nachfolge berechtigt sind. Entsprechend der Erbquote der übrigen Erben, die nicht Unternehmensnachfolger werden, entsteht wiederum ein laufender Entnahmegewinn.[19] Bei der **einfachen Nachfolgeklausel,** nach der die Gesellschaftsanteile auf alle Miterben übergehen, entstehen die erwähnten Probleme nicht, denn hier fallen die Gesellschaftsanteile ebenso wie das Sonderbetriebsvermögen an die Miterben.

11 b) **Sonderbetriebsvermögen und Wiesbadener Modell.** Genau umgekehrt drohen Gefahren, wenn bei der Trennung von Vermögensmassen – in der Regel einerseits dem Unternehmen und andererseits dem Grundstück, auf dem das Unternehmen betrieben wird – nach dem so genannten Wiesbadener Modell ungewollt Sonderbetriebsvermögen und damit eine Steuerverstrickung durch ungeschickte letztwillige Verfügungen entsteht. Bereits oben (Rdnr. 5) wurde kurz angedeutet, dass beim Wiesbadener Modell versucht wird, der Entstehung von Sonderbetriebsvermögen dadurch vorzubeugen, dass von Anfang an auf eine **strikte Trennung** der Vermögensmassen geachtet wird. Voraussetzung für das Funktionieren dieses Modells ist – steuerrechtlich gesprochen – das Fehlen der personellen Verflechtung zwischen dem Besitz- und dem Betriebsunternehmen. Dieses Ziel wird beim Wiesbadener Modell oft so erreicht, dass nur ein Ehegatte die Gesellschaftsanteile hält, während der andere Ehegatte, der nicht Mitunternehmer ist, ausschließlicher Eigentümer des Grundstückes ist und das Grundstück an die Gesellschaft vermietet. Da bei dieser Konstellation das Unternehmen anders beherrscht wird als das Grundstück, wird das Grundstück nicht zu Sonderbetriebsvermögen, eine Steuerverstrickung dieses Grundstücks tritt nicht ein. Beerbt aber ein Ehegatte den anderen Ehegatten, zum Beispiel im Rahmen eines **Berliner Testaments,** endet die Trennung und das Grundstück wird ab diesem Zeitpunkt zu Sonderbetriebsvermögen.

III. Testamentsvollstreckung

Schrifttum: *Best,* Steuerberater als Testamentsvollstrecker, DStR 2000, 2000; *Winkler,* Der Testamentsvollstrecker, 17. Aufl. 2005; *Kleine-Cosack,* Testamentsvollstreckung durch Steuerberater und Banken, BB 2000, 2109; *Klingelhöffer,* Testamentsvollstreckung und Pflichtteilsrecht, ZEV 2000, 261; *Ott-Eulberg,* Die Nachlasspflegschaft als taktisches Mittel zur Durchsetzung von Pflichtteils- und Pflichtteilsergänzungsansprüchen, ZERB 2000, 222; *Sudhoff/Bearbeiter,* Unternehmensnachfolge, 5. Aufl. 2005; *Zimmermann,* Die Testamentsvollstreckung, 2. Aufl. 2003; *Grunsky/Theiss,* Testamentsvollstreckung durch Banken, WM 2006, 1561.

12 Die Testamentsvollstreckung ist eine häufig angeordnete Verfügung von Todes wegen.[20] Die Anordnung ist oft sinnvoll, da die Abwicklung des Nachlasses durch einen Testamentsvollstrecker in der Regel zeit- und mittelschonender vollzogen werden kann als durch die Erben

---

[16] Zur Zulässigkeit vgl. *Nieder* Rdnr. 1233.
[17] Der Betrag ist zum Wert des Abfindungsanspruches zu addieren und erhöht den (unter den Voraussetzungen des § 34 Abs. 3 tarifbegünstigten) Veräußerungsgewinn.
[18] Vgl. im Einzelnen § 35 Rdnr. 184.
[19] Vgl. auch *Crezelius* Rdnr. 277. In dieser Konstellation ist der Gewinn zudem (anders als bei der soeben dargestellten Situation der Fortsetzungsklausel, vgl. Fn. 15) nicht gemäß § 34 Abs. 3 EStG tarifbegünstigt. Hinzu kommt eine weitere Gefahr: Da bei dieser Konstellation der BFH in Beschl. v. 31.8.1995 – BStBl. II 1995, 890 die ertragsteuerliche Aufgabe des gesamten Mitunternehmeranteils angenommen hat, hat dies zur weiteren Konsequenz, dass die Begünstigungen des § 13 a ErbStG für den Übergang des Vermögens nicht gewährt werden, vgl. *Troll/Gebel/Jülicher* ErbStG § 13 a Tz 41.
[20] Vgl. im Einzelnen § 19.

selbst. Stand der Testamentsvollstrecker dem Erblasser nicht selbst sehr nahe, kann er meistens auch **effektiver und rascher** die Nachlassabwicklung angehen, als dies den Erben aus Pietätgründen oft möglich ist. Schließlich vermag der Einsatz eines Testamentsvollstreckers nicht selten die Erben davor zu bewahren, sich im Zuge der Nachlassabwicklung zu zerstreiten. Neben diesen allgemeinen Erwägungen gibt es eine Reihe weiterer guter Gründe für die Anordnung der Testamentsvollstreckung: Beispielsweise kann durch die Anordnung Vorsorge für das Versterben des Erblassers zu einem Zeitpunkt getroffen werden, zu dem die Kinder noch zu jung sind, um selbst den Nachlass abzuwickeln und das ererbte Vermögen zu verwalten.[21] Schließlich gibt es Fälle, in denen der Erblasser einer bestimmten Person, oft einem Angehörigen, eine besonders **starke Position** einräumen will. So ist beispielsweise dann, wenn der Erblasser aus erbschaftsteuerlichen Gründen nicht seinen Ehegatten,[22] sondern unmittelbar seine Kinder zu Erben einsetzt, zu überlegen, ob nicht ein Element der dann erforderlichen **Sicherstellung** des überlebenden Ehegatten darin liegt, den Ehegatten zum Testamentsvollstrecker zu ernennen.[23] Endlich spricht für die Anordnung der Vollstreckung auch die ganz allgemeine Erwägung, seine Erben von der gesamten Auseinandersetzungsarbeit freizuhalten. Viele der vom Testamentsvollstrecker zu leistenden und nachfolgend kurz darzustellenden Aufgaben sind rechtlicher Natur, deren fehlerhafte Ausführung Haftungsgefahren nach sich ziehen kann. Es liegt daher nahe, diese Aufgabe **professionellen Dienstleistern** zu überlassen. Aus diesem Grund bieten heutzutage viele auf Testamentsvollstreckungen spezialisierte Anwälte und Steuerberater ihre entsprechenden Dienstleistungen an, gleiches gilt für Banken und Sparkassen.[24]

1. Die Anordnung der Testamentsvollstreckung

Es sollte klar geregelt werden, ob der Vollstrecker ausschließlich zur **Abwicklung des Nachlasses** berufen ist oder ob er für einen längeren Zeitraum den Nachlass verwalten soll. Im letzteren Fall sollte angegeben werden, ob ihm eine schlichte Verwaltungsvollstreckung oder eine **Dauervollstreckung** obliegt.[25]

Liegt die Aufgabe des Testamentsvollstreckers ausschließlich in der Auseinandersetzung des Nachlasses, sollte ihm **Ermessen** für die Durchführung der Auseinandersetzungsarbeit eingeräumt werden. Ohne eine solches Ermessen hat der Testamentsvollstrecker die Auseinandersetzung entsprechend dem Gesetz (§ 2042 BGB) vorzunehmen. Danach ist teilbares Vermögen (insbesondere Geldvermögen) zwischen den Erben zu teilen, nicht teilbares Vermögen (Grundstücke, Bilder etc.) dagegen zu veräußern; der Erlös ist zu verteilen. Eine solche Art der Auseinandersetzung ist oft ungünstig und wird in aller Regel nicht den Interessen der Beteiligten gerecht, weshalb es sich in der Regel anbietet, dem Testamentsvollstrecker nach § 2048 Satz 2 BGB Ermessen für die Durchführung der Auseinandersetzung zu gewähren; nur dann ist der Testamentsvollstrecker in der Lage, unteilbare Nachlassgegenstände einzelnen Miterben zuzu-

---

[21] Vgl. zur Kombination von Testamentsvollstreckung und letztwillig angeordneter Vormundschaft § 18 Rdnr. 9.
[22] Vgl. § 36.
[23] So kann eine recht gute Absicherung des Ehegatten beispielsweise dadurch herbeigeführt werden, dass ihm vermächtnisweise zunächst das Familienheim nebst seinem Inhalt (Hausrat, Bilder, Einrichtung etc.) sowie ein Geld- oder Depotvermögen zugewendet wird. Bei der Höhe der Zuwendung ist stets auch die Erbschaftsteuerlast zu berücksichtigen. Daneben kann dem Ehegatten vermächtnisweise ein Nießbrauch am Nachlass oder an einzelnen Vermögensgegenständen oder ein Rentenanspruch zugewiesen werden, wenngleich dies erbschaftsteuerliche Nachteile gemäß § 25 ErbStG nach sich zieht (vgl. § 36 Rdnr. 210 ff.). Auch ist zu überlegen, die Position des längerlebenden Ehegatten durch Anordnung der Testamentsvollstreckung und eventuell zusätzlich der Anordnung zu verbessern, dass die Auseinandersetzung der Erbschaft auf Lebenszeit des Ehegatten (vgl. § 2044 BGB) ausgeschlossen wird. Wird so verfahren, wird der überlebende Ehegatte zwar nicht Erbe, an seinem persönlichen Umfeld ändert sich aber nicht viel. Endlich sollte darüber nachgedacht werden, ob nicht in Fällen, in denen nach dem Tod des Erblassers mit der Geltendmachung von Pflichtteilsansprüchen gerechnet werden muss, eine Regelung getroffen wird, die den überlebenden Ehegatten und Vermächtnisnehmer auch von der Pflichtteilslast freistellt, vgl. §§ 2318 ff. BGB.
[24] Mit zwei Urt. v. 11.11.2004 – ZEV 2005, 122 sowie ZEV 2005, 123 (m. Anm. *Stracke*) hat der BGH in Abweichung von der früher h.M. (vgl. OLG Düsseldorf Urt. v. 30.5.2000 – ZEV 2000, 458; OLG Karlsruhe Urt. v. 27.5.1993; *Kleine-Cosack* BB 2000, 2109) entschieden, dass die Testamentsvollstreckung keine rechtsberatende Tätigkeit darstellt und ihre Ausübung durch Steuerberater und Banken nicht der Erlaubnis nach Art. 1 § 1 Abs. 1 RBerG bedarf; *Grunsky/Theiss* WM 2006, 1561 ff.
[25] Vgl. im Einzelnen § 19.

weisen und dafür entsprechende Kompensationsleistungen festzulegen.[26] Besondere Gefahren sind mit dieser Vorgehensweise nicht verbunden, da unbillige Auseinandersetzungsbestimmungen für die Erben nicht bindend sind, § 2048 Satz 3 BGB.

15 Außerdem ist zu überlegen, welche **Rechte** dem Testamentsvollstrecker eingeräumt werden. Ohne ausdrückliche Befreiung von § 181 BGB darf er keine In-Sich-Geschäfte abschließen. Ebenfalls ist das Zusammenspiel aus §§ 2206 Abs. 1 Satz 1 BGB und 2207 BGB zu bedenken. Gemäß § 2206 Abs. 1 Satz 1 BGB darf der Testamentsvollstrecker Verpflichtungen für den Nachlass nur eingehen, soweit dies für die ordnungsgemäße Verwaltung erforderlich ist. Diese Regelung ist für den Rechtsverkehr und den Testamentsvollstrecker gleichermaßen misslich, da bei Vornahme des Geschäftes niemand mit letzter Sicherheit weiß, ob das Geschäft tatsächlich zur ordnungsgemäßen Verwaltung erforderlich war. Während sich zum Schutz des Rechtsverkehrs eine Rechtsprechung entwickelt hat,[27] nach der der Vertragspartner unter normalen Umständen annehmen darf, die Verpflichtung halte sich im Rahmen ordnungsgemäßer Verwaltung, ist der Testamentsvollstrecker insoweit schutzlos: Stellt sich im Nachhinein heraus, dass die Verfügung nicht im Rahmen ordnungsgemäßer Verwaltung lag, kann dies unter Umständen zu einer persönlichen Haftung des Testamentsvollstreckers führen. Daher sollte stets auch überlegt werden, ob der Erblasser nicht das Recht des Vollstreckers, Verbindlichkeiten einzugehen, gemäß § 2207 BGB erweitert,[28] was häufig zu empfehlen ist.

16 Wenn keine wichtigen Gründe entgegenstehen, sollte dem Testamentsvollstrecker zur Stärkung seiner Position zusätzlich eine **Vollmacht** erteilt werden, die entweder zu Lebzeiten gegeben wird und über den Tod hinaus wirkt oder erst ab dem Tod als gegeben gilt.[29] Eine solche Vollmacht ermöglicht es dem Testamentsvollstrecker, unmittelbar nach dem Erbfall zu handeln, er muss nicht erst warten, bis er das Amt angenommen hat oder er (sofern es darauf ankommt) ein Testamentsvollstreckerzeugnis in der Hand hält. Missbrauch kann der Erblasser dadurch vorbeugen, dass er die Vollmacht befristet, zum Beispiel auf den Zeitpunkt, zu dem der Testamentsvollstrecker das Amt annimmt oder ihm das Testamentsvollstreckerzeugnis erteilt wird. Auch kann der Erblasser die Vollmacht weiter gehend insoweit einschränken, als dem Bevollmächtigten die Befugnis genommen wird, **Schenkungen** zu erbringen, zumal diese Befugnis auch ansonsten dem Testamentsvollstrecker nicht zusteht (auch dem Vollstrecker nicht, der gemäß § 2207 BGB befreit ist).

17 Soll der Testamentsvollstrecker ein **Handelsgeschäft** oder eine **Beteiligung** an einer Personenhandelsgesellschaft fortführen, insbesondere eine vollhaftende Beteiligung (Gesellschaft bürgerlichen Rechts, OHG, Komplementär bei KG), sind besondere letztwillige Anordnungen dringend empfehlenswert, auf die jedoch im Rahmen dieses Kompendiums nicht eingegangen werden kann.[30]

18 Der Erblasser sollte schließlich darüber belehrt werden, dass die Anordnung der Testamentsvollsteckung den pflichtteilsberechtigten Erben das Recht gibt, die Erbschaft **auszuschlagen** und trotz der Ausschlagung ausnahmsweise den Pflichtteil zu fordern, vgl. § 2306 BGB.[31]

19 Es sollte in der Regel ein **Ersatztestamentsvollstrecker** benannt werden. Ohne einen entsprechenden Anhalt im Testament, dem der Wille des Verstorbenen entnommen werden kann,[32] dass nach dem Wegfall des zunächst eingesetzten Testamentsvollstrecker ein Ersatztestamentsvollstrecker eingesetzt werden soll, ist auch das Nachlassgericht nicht befugt, einen Ersatztestamentsvollstrecker zu berufen.[33] Dies gilt selbst dann, wenn die Erben das Nachlassgericht bitten, einen Vollstrecker zu benennen.[34] In diesem Zusammenhang ist auch

---

[26] Vgl. im Einzelnen § 19 Rdnr. 90.
[27] Vgl. bereits RGZ 83, 348.
[28] Vgl. im Einzelnen § 19 Rdnr. 113 ff.
[29] Vgl. im Einzelnen zur Vollmacht § 20 Rdnr. 15; § 19 Rdnr. 22.
[30] Vgl. im Einzelnen *Scherer/Blanc/Kormann/Groth* Kap. 4 Rdnr. 274 ff. sowie nachfolgend § 19 Rdnr. 215 ff.
[31] Gemäß § 2306 Abs. 1 S. 2 BGB gilt das allerdings nur, wenn den pflichtteilsberechtigten Erben überhaupt eine Quote hinterlassen wurde, die mindestens größer als die Hälfte des gesetzlichen Erbteils ist. Ist sie kleiner, gilt gemäß § 2306 Abs. 1 S. 1 BGB die Testamentsvollstreckung hinsichtlich dieses Teils als nicht angeordnet.
[32] Vgl. zur Andeutungstheorie § 6 Rdnr. 2.
[33] Vgl. im Einzelnen Sudhoff/*Scherer* § 9 Rdnr. 2.
[34] Bei unklaren Verhältnissen, wer Erbe ist, kann jedoch unter Umständen ein Nachlasspfleger bestellt werden, vgl. *Ott-Eulberg* ZERB 2000, 222.

an die Neigung vieler Erblasser zu erinnern, Personen als Vollstrecker zu benennen, mit denen sie seit langer Zeit vertraut und befreundet sind, die aber oft mehr oder weniger gleichaltrig sind. Gerade dann aber ist die Gefahr besonders groß, dass der Benannte auf Grund seines Lebensalters nach dem Tod des Erblassers die Aufgaben eines Testamentsvollstreckers nicht erfüllen kann, wenn er nicht sogar selbst bereits vorverstorben ist. Aus diesen Gründen empfiehlt sich in aller Regel die Benennung eines Ersatztestamentsvollstreckers.

Ist einer der Erben **Vor- oder Nacherbe**, ist bei der Anordnung der Testamentsvollstreckung 20 in besonderer Weise auf eine klare Formulierung zu achten. Ist der Testamentsvollstrecker nur für die Vorerben berufen oder auch für die Nacherben nach dem Nacherbfall? Oder ist der Testamentsvollstrecker ausschließlich berufen, die Nacherbenrechte während der Vorerbenzeit auszuüben (§ 2222 BGB)? Im Zusammenhang mit Vor- und Nacherbschaft sind vielschichtige Arten der Testamentsvollstreckung möglich, die es in der letztwilligen Verfügung möglichst eindeutig zu benennen gilt.[35]

Viele Streitigkeiten zwischen Testamentsvollstrecker und Erbe ließen sich verhindern, wenn 21 im Testament eine Bestimmung zu der Frage getroffen würde, welche **Vergütung** der Vollstrecker für seine Tätigkeit erhält. In § 2218 BGB ist lediglich geregelt, dass der Vollstrecker Anspruch auf eine angemessene Vergütung hat. Es haben sich zwar in der Praxis einige Tabellen etabliert, die angeben, bei welchem Nachlasswert welche Vergütung angemessen sein soll,[36] gleichwohl bleibt auch bei Anziehung dieser Tabellen die konkrete Höhe der Vergütung im Einzelfall oft unbekannt, zumal die Tabellen kaum oder nicht auf die Schwierigkeiten der Abwicklung im Einzelfall eingehen. Ein weiteres Problem bei der Benutzung der Tabellen stellt sich bei der Beantwortung der Frage, wie viele Gebühren der Vollstrecker erhält. Häufig empfiehlt es sich daher, dass der Erblasser klare Regelungen hinsichtlich der Vergütungen trifft, also etwa anordnet, dass der Vollstrecker für seine Bemühungen einen bestimmten Betrag erhalten oder entsprechend der aufgewendeten Zeit nach einem bestimmten Stundensatz abrechnen soll.[37] Die oft anzutreffende Bestimmung, dass der Vollstrecker einen bestimmten Prozentsatz des Nachlasswertes als Vergütung enthält, hat den Nachteil, dass auch in Fällen, in denen die Nachlassabwicklung keine Bewertung des Nachlasses erfordert, eine solche Bewertung doch erforderlich ist, falls Erben und Vollstrecker sich nicht auf eine Vergütung einigen können, die von geschätzten Nachlasswerten ausgeht. Wenn der Erblasser die Vergütung regelt, sollte er auch festlegen, ob sich die Vergütung einschließlich oder zuzüglich der **Umsatzsteuer** versteht, um Streitfragen zwischen Erben und Testamentsvollstrecker zu diesem Thema möglichst zu vermeiden.[38]

2. Die Durchführung der Testamentsvollstreckung

Die Erteilung des **Testamentsvollstreckerzeugnis** ist mit Kosten verbunden, § 109 KostO. Es 22 sollte daher nur beantragt werden, wenn die Vorlage tatsächlich verlangt wird. Oft genügt dem Rechtsverkehr auch die Vorlage der so genannten Annahmeerklärung: Gemäß § 2202 BGB beginnt das Amt als Testamentsvollstrecker erst mit der Erklärung der Annahme gegenüber dem Nachlassgericht.[39]

Gemäß § 2215 BGB ist der Testamentsvollstrecker verpflichtet, dem Erben alsbald nach 23 Annahme des Amts ein **Nachlassverzeichnis** zu übermitteln.[40] Diese wichtige Pflicht des Testamentsvollstreckers wird häufig unterlassen, obgleich die Erstellung des Verzeichnisses vergleichbar einfach zu bewerkstelligen ist: Geschuldet ist lediglich eine einfache Auflistung der Nachlassgegenstände, eine genaue Beschreibung oder gar Wertschätzung muss nicht erfolgen. Erfüllt der Testamentsvollstrecker diese Pflicht nicht, ist das in der Regel ein Entlassungsgrund.[41]

---

[35] Vgl. Bengel/Reimann/*Meyer* Kap. 5 Rdnr. 279 ff.; *Winkler* Rdnr. 153; Sudhoff/*Scherer* § 9 Rdnr. 5.
[36] Vgl. § 19 Rdnr. 164 ff.
[37] Dieser Stundensatz sollte indexiert werden.
[38] Vgl. hierzu § 19 Rdnr. 194.
[39] Vgl. § 19 Rdnr. 56.
[40] Vgl. im Einzelnen § 19 Rdnr. 70.
[41] Vgl. nur BayObLG Urt. v. 18.7.1997 – ZEV 1997, 381.

24 Die Erfüllung von **Pflichtteilsansprüchen** ist nicht Aufgabe des Testamentsvollstreckers, sondern eine höchstpersönliche Aufgabe der Erben, falls der Erblasser nicht ausdrücklich den Testamentsvollstrecker zur Erfüllung dieser Aufgabe ermächtigt.[42]

25 Auch wenn im Testament nichts geregelt ist, ist der Testamentsvollstrecker gemäß § 2217 BGB verpflichtet, Nachlassgegenstände, derer er zur Erfüllung seiner Pflichten nicht bedarf, an die Erben **freizugeben**. Bei Dauervollstreckung ist zudem in der Regel anzunehmen, dass der Testamentsvollstrecker den Erben aus dem Nachlass oder aus den Gewinnen Ausschüttungen zu erbringen hat, die den Erben einen **angemessenen Lebensunterhalt** sichern.[43]

26 Eine der wichtigsten Pflichten des Testamentsvollstreckers besteht darin, alle **Steuerpflichten** zu erfüllen, die aus dem verwalteten Vermögen resultieren.[44] Erfüllt der Testamentsvollstrecker diese Pflichten nicht oder nur unzureichend, droht eine **persönliche Haftung** des Vollstreckers, vgl. § 69 AO.[45] Hinsichtlich der steuerlichen Pflichten ist eine grobe Einteilung in **drei** Tätigkeitsgebiete sinnvoll. **Erstens** hat sich der Vollstrecker um die **vor** dem Erbfall entstandenen Steuern zu kümmern, das heißt insbesondere die Einkommensteuer des Verstorbenen. **Zweitens** muss sich der Testamentsvollstrecker um die **durch** den Erbfall entstandenen Kosten kümmern, also die Erbschaftsteuer. Gerade hinsichtlich dieser Steuer ist es aber wichtig, dass die steuerrechtlichen Pflichten des Testamentsvollstreckers **nur soweit reichen, wie sein zivilrechtliches Aufgabengebiet** reicht. Ein Beispiel: Hat der Erblasser in seinem Testament Erben und Vermächtnisnehmer eingesetzt und Testamentsvollstreckung angeordnet, so ist der Vollstrecker im Grundsatz nur für die Erbschaftsteuererklärung der Erben zuständig, nicht für die der Vermächtnisnehmer, die sich selbst um die Erfüllung ihrer steuerlichen Pflichten zu kümmern haben.[46] Anderes gilt, wenn die Vollstreckung auf die Vermächtnisnehmer erstreckt wurde, also der Vollstrecker (ggf. zusätzlich zu seinen sonstigen Aufgabe gegenüber den Erben) Vermächtnisvollstrecker gemäß § 2223 BGB ist. Da sich in dieser Konstellation der Pflichtenkreis (auch) auf die Vermächtnisnehmer erstreckt, ist der Vollstrecker hier zur Abgabe der die Vermächtnisnehmer betreffenden Steuererklärungen verpflichtet. **Drittens** sind schließlich die **nach** dem Erbfall entstehenden Steuern zu betrachten. Hinsichtlich dieser Steuern trifft den Testamentsvollstrecker in der Regel keine Verpflichtung. Dies gilt auch für das der Vollstreckung unterliegende Vermögen. Allerdings muss der Vollstrecker dem Erben aus dem verwalteten Vermögen die Beträge überlassen, die der Erbe benötigt, um seine aus dem verwalteten Vermögen resultierenden Steuerschulden zu bezahlen.

27 Der Testamentsvollstrecker ist – entgegen einem weit verbreiteten Irrtum – **nicht** verpflichtet, nur **mündelsichere** Geschäfte durchzuführen oder bei Anlageentscheidungen stets den sichersten Weg zu beschreiten. Der Vollstrecker ist vielmehr gehalten, den verwalteten Nachlass möglichst zu mehren.[47] Der Vollstrecker sollte sich daher bemühen, möglichst zinsgünstige Vermögensanlagen, die nicht gerade spekulativen Charakter haben, zu tätigen.

IV. Vor- und Nacherbschaft

Schrifttum: *Timmann,* Vor- und Nacherbschaft innerhalb der zweigliedrigen OHG oder KG, 2000; *Langner,* Vor- und Nacherbschaft an Personengesellschaftsanteilen, 1999; *Friederich,* Rechtsgeschäfte zwischen Vorerben und Nacherben, 1999; *Sudhoff/Bearbeiter,* Unternehmensnachfolge, 5. Aufl. 2005; *Werkmüller,* Bankrechtliche Probleme der Vor- und Nacherbschaft, ZEV 2004, 276; *Steiner,* Das aufschiebend befristete Herausgabevermächtnis, Gestaltungstipps zu einer Alternative zur Nacherbschaft, ErbStB 2004, 164.

28 Die Anordnung der Vor- und Nacherbschaft findet sich in sehr vielen letztwilligen Verfügungen, obgleich die Vor- und Nacherbschaft in der Praxis ein schwierig zu handhabendes erbrechtliches Instrument ist.[48] Bei der Vor- und Nacherbschaft werden Erben hintereinander eingesetzt. Zunächst beerbt der Vorerbe den Erblasser, mit dem Nacherbfall fällt der Nachlass

---

[42] Vgl. *Klingelhöffer* – ZEV 2000, 261.
[43] Vgl. im Einzelnen Sudhoff/*Scherer* § 9 Rdnr. 32.
[44] Vgl. hierzu im Einzelnen § 19 Rdnr. 279.
[45] Zur Haftung gemäß § 20 Abs. 6 S. 2 ErbStG, wenn Vermögen vor Sicherstellung der Erbschaftsteuer in das Ausland verbracht wird, vgl. § 34 Rdnr. 27.
[46] Bengel/Reimann/*Piltz* Kap. 8 Rdnr. 59; *Winkler* Rdnr. 759; *Zimmermann* Rdnr. 586 ff.; BFH Urt. v. 9.6.1999 – NJW-RR 1999, 1594.
[47] Vgl. BGH Urt. v. 14.12.1994 – NJW-RR 1995, 577; Urt. v. 3.12.1986 – NJW 1987, 1070.

dann an den Nacherben, der insoweit ebenfalls Erbe des Erblassers und nicht etwa Erbe des Vorerben ist. Der Nacherbfall kann ein vom Erblasser bestimmter Zeitpunkt sein; bestimmt der Erblasser nichts, ist der Tod des Vorerben der Nacherbfall, vgl. § 2106 Abs. 1 BGB. Beim Vorerben entstehen aufgrund der Vor- und Nacherbschaft letztlich zwei Vermögensmassen, zum einen sein eigenes Vermögen (hinsichtlich dessen er auch frei ist, wem er es erbrechtlich zuwendet) und der Vermögensteil, den er nur als Vorerbe erhalten hat und der im Nacherbfall an den Nacherben fällt.[49] Diese Aufspaltung in zwei Vermögensmassen bereitet in der Praxis Schwierigkeiten, man denke nur an die Situation, dass einem Vorerben Kontenvermögen des verstorbenen Erblassers anfällt und der Vorerbe anschließend sein eigenes Vermögen ebenfalls auf diesen Konten verwaltet und so eine Vermischung eintritt. Insgesamt ist daher vor einer leichtfertigen Anordnung der Vor- und Nacherbschaft zu warnen, zumal vielen Erblassern gar nicht bewusst ist, mit welchen Beschränkungen der Vorerbe, wenn er nicht ausdrücklich als befreiter Vorerbe eingesetzt ist, zu rechnen hat. Andererseits gibt es eine ganze Reihe von Situationen, auf die durch Anordnung der Vor- und Nacherbschaft geschickt reagiert werden kann. So erfassen beispielsweise Pflichtteilsansprüche, die sich gegen den Vorerben richten, nur dessen Eigenvermögen und nicht den Wert der Nacherbschaft. Aus diesem Umstand resultieren eine Reihe von Gestaltungsempfehlungen, die im Grundsatz verhindern sollen, dass ungewollt Personen wirtschaftlich am Nachlass des Erblassers teilhaben. Als Beispiel sei auf das so genannte **Geschiedenen-Testament**[48] hingewiesen. Setzt der geschiedene Erblasser sein Kind zum Alleinerben ein, so besteht die Möglichkeit, dass das Kind, nachdem es den Vater beerbt hat, selbst verstirbt und, wenn es selbst keine Abkömmlinge hat, der geschiedene Ehegatte als gesetzlicher Erbe des Kindes erbt. Diese Konstellation wird dem Erblasser regelmäßig nicht erwünscht sein. In solchen Fällen bietet es sich an, das Kind zum (in der Regel befreiten) Vorerben einzusetzen und eine andere Person, unter Umständen beispielsweise eine Stiftung, zum Nacherben zu bestimmen. Stirbt dann das Kind, hat der andere Elternteil keinen Anspruch, auch keinen Pflichtteilsanspruch, bezogen auf das Vermögen, das dem Kind als Vorerbe angefallen ist. Besondere Belastungen müssen für das Kind mit dieser Gestaltung nicht verbunden sein, jedenfalls dann nicht, wenn es einerseits als befreiter Vorerbe eingesetzt wird und andererseits selbst auf die Person des Nacherben Einfluss nehmen kann.[49] Wenngleich dem Erblasser daher mit der Vor- und Nacherbfolge ein Instrumentarium zur Verfügung gestellt wird, mit dem der Erblasser lange Zeit über seinen Tod hinaus Einfluss auf seine Nachfolge nehmen kann, sind aber auch die Kehrseiten dieser Anordnung zu beachten, die zu weitgreifenden (und oft in ihrer Konsequenz nicht gewollten) **Beschränkungen** des Vorerben führen. Mit dem Erbfall wird zwar der Vorerbe zunächst Herr des Nachlasses, das heißt ihm steht – wie jedem Erben – im Grundsatz das Recht zu, über die zum Nachlass gehörenden Sachen zu verfügen, § 2112 BGB. Zum Schutz des Nacherben ist dieses Verfügungsrecht aber stark eingeschränkt:

- Die bekannteste Einschränkung liegt in den Beschränkungen hinsichtlich eventueller Grundstücksgeschäfte. Der Vorerbe kann zwar nach dem Gesetzeswortlaut (§ 2113 Abs. 1 BGB) über **Grundstücksrechte** verfügen, diese Geschäfte werden aber mit dem Nacherbfall unwirksam, soweit sie Rechte des Nacherben beeinträchtigen. In der Praxis folgt daraus, dass ein Vorerbe über ein zum Nachlass gehörendes Grundstücksrecht nur verfügen kann, wenn der Nacherbe dieser Verfügung zustimmt,[50] denn ohne eine solche Zustimmungserklärung wird kein Käufer bereit sein, von einem Vorerben ein Grundstück zu erwerben. Diese Zustimmungserklärung des Nacherben ist aber in der Praxis oft nicht einfach zu erlangen, insbesondere in den häufigen Fällen, in denen der Nacherbe ein Kind des Vorerben ist, also oft noch minderjährig ist und vom Vorerben als dessen gesetzlicher Vertreter vertreten wird. In diesen Fällen muss ein Ergänzungspfleger bestellt werden und das Vormundschaftsgericht muss der Zustimmungserklärung zustimmen.[51] Diesen Schwierigkeiten kann dadurch vorbeugt werden, dass der Vorerbe in der letztwilligen Verfügung zum **befreiten** Vorerbe be-

---

[48] Vgl. § 17 Rdnr. 20.
[49] Vgl. hierzu im Einzelnen § 17 Rdnr. 16 ff.
[50] Zur Zustimmung im Einzelnen *Friederich* Rdnr. 136 ff.
[51] Vgl. §§ 1643 Abs. 1, 1821 Abs. 1, 1629 Abs. 2, 1795, 181 BGB; andere Auffassung Palandt/*Edenhofer* § 2120 Rdnr. 3; vgl. im Einzelnen § 42.

nannt wird. Für den befreiten Vorerben (§ 2136 BGB) gilt § 2113 BGB nicht, Grundstücksgeschäfte sind daher möglich.

30 • Nicht befreit werden kann der Vorerbe aber von § 2113 Abs. 2 BGB. Diese Vorschrift bestimmt die Unwirksamkeit (gegenüber dem Nacherben) von **unentgeltlichen Verfügungen.** Insbesondere in dieser Vorschrift liegt in der Praxis eines der größten Probleme im Zusammenhang mit der Vor- und Nacherbschaft. Es reicht nämlich zur Unwirksamkeit der Verfügung aus, wenn die Verfügung auch nur **teilweise** unentgeltlich war, also beispielsweise ein Nachlassgegenstand zu einem zu geringen Kaufpreis veräußert wurde.[52] Daher kann einem Käufer, der von einem Vorerben etwas erwerben will, jedenfalls bei bedeutenderen Geschäften nur **dringend** geraten werden, entweder ein Gutachten über den Wert einzuholen oder aber auf die Vorlage einer Nacherbenzustimmungserklärung zu bestehen.

31 • Dem Nacherben stehen bereits vor dem Nacherbfall eine Reihe von Rechten gegen den Vorerben zu. So muss der Vorerbe dem Nacherben auf dessen Verlangen ein **Verzeichnis** über die zur Vorerbschaft gehörenden Nachlassgegenstände fertigen, gemäß § 2122 BGB kann der Nacherbe (allerdings auf seine Kosten) den gegenwärtigen Zustand der zur Erbschaft gehörenden Sachen durch Sachverständige festlegen lassen. Bestehen Bedenken hinsichtlich der ordnungsgemäßen Verwaltung des Nachlasses durch den Vorerben, kann der Nacherbe **Auskünfte** über den Nachlass fordern und – als stärkste Sanktion – dem Vorerben sogar die Verwaltungsbefugnis entziehen lassen (§ 2129 BGB). Anders als ein Testamentsvollstrecker ist ein Vorerbe zudem tatsächlich verpflichtet, Geld **mündelsicher** anzulegen, § 2119 BGB. Darüber hinaus kann der Nacherbe verlangen, dass zum Nachlass gehörende Inhaberpapiere, also auch Aktien, zu hinterlegen sind, § 2116 BGB, und somit der Verfügungsbefugnis des Vorerben entzogen werden. Auch von diesen beiden Vorschriften sollte ein Vorerbe in der Regel befreit werden, was möglich ist, aber häufig übersehen wird.[53]

32 • Schon diese Aufzählung der Beschränkungen, die der Erblasser jedenfalls für den nicht befreiten Vorerben anordnet, zeigt die Notwendigkeit für den Erblasser, sich mit dem Institut der Vor- und Nacherbschaft gründlich zu befassen, bevor er es in der letztwilligen Verfügung anordnet. Damit korrespondieren im erbrechtlichen Mandat entsprechende **Belehrungspflichten.** Diese sollten sich auch darauf erstrecken, dem Testator deutlich vor Augen zu führen, welche Vermögenswerte nach der Anordnung der Vor- und Nacherbschaft dem Vorerben tatsächlich verbleiben. Grundsätzlich, das heißt wenn der Erblasser den Vorerben nicht befreit oder ihn – was einer Befreiung gleichkommt, vgl. § 2137 BGB – auf das einsetzt, was nach der Vorerbschaft **übrig bleibt,** darf der Vorerbe nur die **Nutzungen** des Nachlasses für sich verwenden, nicht aber Nachlassgegenstände selbst, vgl. das Zusammenspiel von §§ 2111 Abs. 1 und 2134 BGB. Verbraucht der nicht befreite Vorerbe Nachlassgegenstände für sich selbst, ist er dem Nacherben nach dem Nacherbfall zum Wertersatz und gegebenenfalls zum Schadensersatz verpflichtet. Da der Vorerbe nur die Nutzungen des Nachlasses verbrauchen darf, ist er umgekehrt aber gemäß § 2124 BGB auch nur verpflichtet, **die gewöhnlichen Erhaltungskosten** selbst zu tragen, andere Aufwendungen, die der Vorerbe zum Erhalt des Nachlasses tätigt, zum Beispiel Aufwendungen zur **Erhaltung** von Erbschaftsgegenständen, darf er dem Nachlass selbst entnehmen.

33 • Entnehmen darf der Vorerbe dem Nachlass auch die **Erbschaftsteuer,** vgl. § 20 Abs. 4 ErbStG. Dieser Hinweis auf die Steuern gibt aber Anlass darauf hinzuweisen, dass die Anordnung der Vor- und Nacherbschaft häufig erbschaftsteuernachteilig ist. Ähnlich wie beim oben abgehandelten Berliner Testament führt auch die Vor- und Nacherbschaft bei wirtschaftlicher Betrachtung zu einer doppelten Erbschaftbesteuerung, denn der Nachlass fällt zunächst steuerpflichtig an den Vor- und dann, ebenfalls steuerpflichtig, an den Nacherben. Sehr kritisch sind daher Gestaltungen zu betrachten, in denen zunächst der Ehegatte als Vorerbe und anschließend die Kinder als Nacherben berufen sind. Die aufgezeigte erbschaftsteuerliche Konsequenz lässt sich jedoch etwas mildern, indem der Nacherbfall nicht, wie das in der Praxis allerdings fast die Regel ist, an den Tod des Vorerben anknüpft, sondern an ein anderes Ereignis, etwa an das Erreichen eines bestimmten Alters des Vor-

---

[52] Vgl. § 17 Rdnr. 57.
[53] Vgl. *Werkmüller* ZEV 2004, 276.

oder Nacherben. In diesem Fall lässt § 6 Abs. 3 ErbStG die Anrechnung der vom Vorerben gezahlten Steuer auf die Steuer des Nacherben zu, was zu beträchtlichen Einsparungen führen kann.[54]

- Es gehört zu den Beraterpflichten, einen Erblasser, der eine Vor- und Nacherbschaft anordnen will, auf § 2306 Abs. 1 Satz 2 BGB hinzuweisen, insbesondere darauf, dass die Anordnung der Vor- und Nacherbschaft einem pflichtteilsberechtigten Abkömmling die Möglichkeit eröffnet, die Erbschaft auszuschlagen und stattdessen den **Pflichtteil** zu verlangen.[55]

34

Als **Fazit** lässt sich sagen, dass die Vor- und Nacherbschaft ein hervorragendes Instrumentarium ist, um für längere Zeit auf den Nachlass einzuwirken, zumal der Erblasser mehrere Nacherbfolgen hintereinander schalten kann.[56] Zudem eröffnet die Vor- und Nacherbschaft zahllose Gestaltungsmöglichkeiten zur **Pflichtteilsreduktion** oder zur Einflussnahme auf den Kreis künftiger Erben, die ohne die Anordnung der Vor- und Nacherbschaft nicht erzielt werden können. Umgekehrt ist aber auch nicht zu übersehen, dass die Vor- und Nacherbschaft empfindliche **Beschwerungen** für den Vorerben mit sich bringen kann und das Institut daher nur nach gründlicher Abwägung und Anpassungen an die jeweiligen Umstände des Einzelfalles verwendet werden sollte. Dies gilt insbesondere, soweit sich im Nachlass Gesellschaftsbeteiligungen an Personengesellschaften befinden.[57] Dazu kommen **erbschaftsteuerliche Nachteile** und das in der Praxis häufig festzustellende Unvermögen von Vorerben, mit der juristischen Aufspaltung ihres Vermögens in einerseits ihr Eigenvermögen und andererseits das Vermögen, welches den Bestimmungen des Rechts der Vor- und Nacherbschaft unterliegt, zurecht zu kommen. Es sollte deswegen auch immer überlegt werden, ob sich das Regelungsziel des Erblassers nicht durch **Alternativen** zur Vor- und Nacherbschaft genauso gut, unter Umständen aber in für den Vorerben weniger belastender Weise erreichen lässt. Zu denken ist insbesondere an ein Herausgabevermächtnis oder ein Nießbrauchsvermächtnis. Bei der Alternative des **Herausgabevermächtnisses** bestimmt der Erblasser einen Erben und beschwert diesen mit einem Herausgabevermächtnis zu Gunsten eines Dritten. Weiterhin regelt er, dass das Vermächtnis dem bedachten Dritten erst zu einem bestimmten Zeitpunkt oder bei Eintritt eines bestimmten Umstandes – beispielsweise beim Todesfall des Erben – anfällt.[58] Beim **Nießbrauchsvermächtnis** als Alternative zur Vor- und Nacherbschaft wird der Nachlass unmittelbar an diejenige Person vererbt, die ansonsten – als Nacherbe – den Nachlass erst nach einem anderen erhalten würde. Die Person, der ansonsten als Vorerbe der Nachlass anfallen würde, wird durch ein Nießbrauchsvermächtnis abgesichert. Ein großer Unterschied zur Vor- und Nacherbschaft liegt bei dieser Alternative allerdings darin, dass der Nießbraucher nicht selbst über die Nachlassgegenstände verfügungsbefugt ist. Ansonsten sind die Positionen des Nießbrauchers und des nicht befreiten Vorerben ähnlich; beiden stehen insbesondere die **Nutzungen** am Nachlass zu.[59] Möchte der Erblasser es trotz der möglichen Alternativen bei der Anordnung der Vor- und Nacherbschaft belassen, möchte er aber die Rechtsmacht des Vorerben in besonderer Weises stärken, so kann er ihm einerseits bestimmte Nachlassgegenstände im Wege des **Vorausvermächtnisses** zuwenden, auf diese Gegenstände beziehen sich dann die Nacherbenrechte nicht. Eine weitere Besserstellung erreicht der Erblasser dadurch, dass er dem Vorerben eine **Vollmacht** über den Tod hinaus erteilt.

35

---

[54] Vgl. im Einzelnen zu diesen Gestaltungen unten § 17 Rdnr. 146.
[55] Eine Möglichkeit, die sonst nicht besteht, vgl. im Einzelnen § 29 Rdnr. 34 ff. und Sudhoff/*Scherer* § 17 Rdnr. 41.
[56] Die zeitliche Grenze der Nacherbschaft zieht § 2109 BGB. Der dort genannte grundsätzliche 30jährige Höchstzeitraum für die Nacherbschaft ist auf Grund der ebenfalls in § 2109 BGB geregelten Ausnahmebestimmungen aber oft bedeutend verlängerbar.
[57] Zu den dann auftretenden Problemen (Mitwirkungskompetenz an Beschlüssen; Gewinnverteilung etc) vgl. § 17 Rdnr. 135 ff. und Sudhoff/*Scherer* § 8 Rdnr. 25 ff.; *Langner* 213 ff.; *Timmann* 122 ff.
[58] Vgl. auch Sudhoff/*Scherer* § 8 Rdnr. 23 m.w.N.; *Steiner* ErbStB 2004, 164; vgl. zudem § 13 Rdnr. 270.
[59] Vgl. Sudhoff/*Scherer* § 8 Rdnr. 24 m.w.N.; vgl. auch § 49.

V. Ersatzbestimmungen

36 Schon in den vorstehenden Kapiteln wurde immer wieder daran erinnert, wie wichtig es ist, nach Möglichkeit Ersatzbestimmungen in die letztwillige Verfügung aufzunehmen.[60] Viel Streit und Ärger wäre manchen Nachlassbeteiligten erspart geblieben, wenn im Testament oder im Erbvertrag klar geregelt gewesen wäre, wer einer im letzten Willen benannten Person, die aber vorverstorben ist, nachfolgt.[61] Selbst scheinbar einfache Fälle sind in diesem Zusammenhang nur schwer zu lösen.

Beispiel:
Der Erblasser hat einen Sohn aus erster Ehe. In seinem Testament hat er, ohne sonstige Bestimmungen zu treffen, als Alleinerbin seine zweite Ehefrau eingesetzt. Die Ehefrau verstirbt vor dem Ehemann, dieser passt sein Testament bis zu seinem Tod nicht mehr an. Seine Ehefrau hatte ihrerseits eine Tochter aus erster Ehe. Wer beerbt nun den Erblasser, sein Sohn als sein Abkömmling oder die Tochter der Ehefrau als Abkömmling der Person, die er zum Erben eingesetzt hat?[62]

Dabei beschränkt sich die Notwendigkeit, Ersatzbestimmungen zu treffen, nicht nur auf **Personen**; ebenso kann es beispielsweise im Vermächtnisrecht notwendig sein, Regelungen für den Fall zu treffen, dass ein vermachter **Gegenstand** im Zeitpunkt des Erbfalles nicht mehr vorhanden ist, zum Beispiel der Erblasser ein vermachtes Gemälde, etwa weil er das Vermächtnis vergessen hat, vor seinem Tod an eine andere Person als den Vermächtnisnehmer verschenkt.

37 Trifft der Erblasser keine Ersatzbestimmungen, stellt das Gesetz zum Teil gesetzliche **Auslegungsregelungen** bereit.[63] Diese können aber erst dann herangezogen werden, wenn weder durch **erläuternde** noch **ergänzende** Auslegung herausgefunden werden kann, ob und wie nach dem Willen des Erblassers eine bestimmte Ersatzregelung getroffen werden kann.[64] Die bedeutsamste Regelung in diesem Zusammenhang ist § 2069 BGB. Verfügt der Erblasser zugunsten seiner **Abkömmlinge** und fällt einer der Abkömmlinge weg, so gelten nach § 2069 BGB dessen Abkömmlinge als bedacht.[65] Neben der Auslegungsregel des § 2069 BGB ist § 2094 BGB von Bedeutung. Gemäß dieser Norm **wächst** der Erbteil des weggefallenen Erben den übrigen Miterben **an,** sofern diese nicht dem Kreis der gesetzlichen Erben angehören. Da die Testamentsauslegung aber stets Vorrang vor gesetzlichen Auslegungsregeln hat und sich dieser Vorrang auch auf die Anwachsungsbestimmung in § 2094 BGB bezieht,[66] ist es wichtig, dass die ergänzende Auslegung oft zu dem Ergebnis kommt, dass der Erblasser auch außerhalb des Anwendungsbereichs des § 2069 BGB, der unmittelbar den Wegfall eines Abkömmlings regelt, ein Nachrücken des Abkömmlings des weggefallenen Erben gewollt hätte. Setzt zum Beispiel ein Erblasser, der keine eigenen Kinder hat, seine Geschwister als Erben ein, wird man in aller Regel im Wege der ergänzenden Vertragsauslegung annehmen, dass der Wille des Erblassers auf das Anfallen des Erbteils des weggefallenen Geschwisterteils an dessen Abkömmlinge und

---

[60] Vgl. im Einzelnen § 8 Rdnr. 55 ff.
[61] Dabei beschränken sich die Ersatzregelungen nicht nur auf den Fall, dass der Benannte vorverstorben ist, sondern in der Regel auf alle Fälle, in denen der Benannte wegfällt. Der Begriff des Wegfalles ist aber sehr viel weiter als der Begriff des Vorversterbens, er umfasst auch den Erbverzicht, die Ausschlagung, die Erbunwürdigkeit.
[62] § 2069 BGB kann zur Lösung dieses Falles nicht herangezogen werden, vgl. die nachstehenden Ausführungen in Rdnr. 37. Entscheidend ist vielmehr, ob sich ein Wille des Erblassers feststellen lässt, die Tochter seiner Ehefrau einsetzen zu wollen oder nicht. Im letzen Fall geht das Testament ins Leere und der Sohn erbt als gesetzlicher Erbe. Vermutlich lässt sich aber ein Wille des Mannes, die Tochter der Frau einsetzen zu wollen, schon daraus ableiten, dass er deren Mutter als ihm nahe stehend eingesetzt hat, vgl. zu diesen Fällen Palandt/*Edenhofer*, § 2069 Rdnr. 4, 8 m.w.N.
[63] Vgl. hierzu im Einzelnen § 6 Rdnr. 35 ff.
[64] Vgl. zur Nachrangigkeit der gesetzlichen Auslegungsregeln zur ergänzenden und erläuternden Auslegung § 6 Rdnr. 35.
[65] Vgl. hierzu § 6 Rdnr. 37; § 8 Rdnr. 58.
[66] Vgl. auch MünchKommBGB/*Schlichting* § 2094 Rdnr. 4 und 5.

nicht an die übrigen Geschwister gerichtet war.[67] Dieses Ergebnis beruht nicht auf einer analogen Anwendung des § 2069 BGB, die nach Rechtsprechung und herrschender Literaturansicht nicht möglich ist, sondern auf einer ergänzenden Testamentsauslegung, die sich am Willen des Erblassers orientiert. Diese ergänzende Testamentsauslegung kann auch anderen gesetzlichen Regelungen vorgehen, beispielsweise dem § 2160 BGB, der anordnet, dass ein Vermächtnis unwirksam ist, wenn der Bedachte zur Zeit des Erbfalls nicht mehr lebt.

Obgleich daher gesetzliche Auslegungsregelungen bereitstehen, bzw. oft im Wege der ergänzenden Auslegung auf den Willen des Erblassers geschlossen werden kann, dass die Abkömmlinge des Erstbenannten ersatzweise berufen sein sollen, wären die Fälle einfacher, eindeutiger und damit weniger streitanfällig zu lösen, wenn eine klare Ersatzbestimmung im Testament vorgenommen worden wäre. 38

VI. Wichtige bewertungsrechtliche Hinweise

Schrifttum: *Elser/Neininger,* Gestaltungshinweise zur Erbschaftsteuerminimierung bei börsennotierten Wachstumswerten, DStR 2000, 1718; *Halaczinsky,* Höhere Erbschaftsteuer für Immobilien, BB 2000, 1597 ff. (Teil 1), 1649 ff. (Teil 2); *Kowallik,* Erbschaft- und Schenkungsteuerplanung für Immobilien im In- und Ausland durch das „Einlagemodell", DStR 1999, 1834; *Gürsching/Stenger,* Bewertungsgesetz, 9. Aufl. 1992 (Loseblatt); *H. Hübner,* Die Unternehmensnachfolge, 1998.

Überlegungen, welche erbschaftsteuerlichen Konsequenzen die Nachfolgeplanung hat, sind nur möglich, wenn jedenfalls überschlägig die in den Nachlass fallenden Werte bekannt sind. Die erbschaftsteuerliche Bewertung richtet sich nach § 12 ErbStG i. V. m. dem Bewertungsgesetz.[68] Im Grundsatz ist danach der gemeine Wert, das heißt der Verkehrswert maßgeblich, § 9 ErbStG. Von diesem Grundsatz existieren viele Ausnahmen, die im Rahmen dieses Kompendiums nur kurz angerissen werden können. Bedeutsam ist zudem, dass höchst unterschiedliche Bewertungsregeln existieren. So unterscheiden sich beispielsweise die Parameter, nach denen eine **Personengesellschaft** zu bewerten ist, grundlegend von denen, nach denen der Wert einer **Kapitalgesellschaft** bestimmt wird. Diese unterschiedlichen Bewertungsregeln können zu derart erheblichen Wertunterschieden führen, dass ein Berater unter Umständen dem Erblasser anraten muss, sein Unternehmen vor der Übertragung in eine andere Rechtsform umzuwandeln. 39

- **Gesellschaften:** Werden die Anteile von **Kapitalgesellschaften** an einer Börse gehandelt, werden die Anteile mit dem Kurs bewertet, der am Stichtag für sie festgestellt wurde, § 11 Abs. 1 BewG. Bei nicht notierten Kapitalgesellschaftsanteilen, oft bei Gesellschaften in der Rechtsform der GmbH, ist der Wert aus dem Kaufpreis früherer Anteilsveräußerungen abzuleiten. Haben solche im Laufe des letzten Jahres nicht stattgefunden, ist der gemeine Wert der Anteile durch Schätzung festzustellen. Dabei sind gemäß § 11 Abs. 2 Satz 2 BewG das **Vermögen** und die **Ertragsaussicht** der Kapitalgesellschaft zu berücksichtigen. Diese Schätzung wird allgemein als **„Stuttgarter Verfahren"** bezeichnet, die Einzelheiten regeln R 96 ff. der ErbSt-Richtlinien.[69] Bei der Bewertung von **Personengesellschaftsanteilen** werden demgegenüber die **Steuerbilanzwerte** angesetzt, § 109 BewG,[70] die Ertragsaussichten spielen demgegenüber **keine** Rolle. Häufig wird daher ein Unternehmen, das gute Ertragsaussichten, aber nur geringe Vermögenswerte hat, in der Rechtsform der Personengesellschaft viel günstiger bewertet als in der Rechtsform der Kapitalgesellschaft.[71] Bei einem Betriebsvermögen im Steuerwert von Euro 5 Mio. und einem geschätzten künftigen Jahresertrag von Euro 5 Mio. würde beispielsweise ein Unternehmen in der Rechtsform der Personengesellschaft mit Euro 5 Mio. bewertet, als Kapitalgesellschaft hingegen mit fast Euro 18 Mio. Es sind in der Praxis Fälle 40

---

[67] Vgl. auch MünchKommBGB/*Leipold* § 2069 Rdnr. 27.
[68] Vgl. im Einzelnen § 35 Rdnr. 21 ff.
[69] Vgl. im Einzelnen § 35 Rdnr. 27 und *Gürsching/Stenger* BewG § 11 Rdnr. 164 ff.; *H. Hübner* S. 78; zu beachten ist auch der gleich lautende Ländererlass vom 13.2.2001, veröffentlicht unter anderem in DB 2001, 565, der die Auswirkungen des Steuersenkungsgesetzes auf das Stuttgarter Verfahren regelt (zum Beispiel Abzug der Körperschaftsteuer vom Einkommen).
[70] Zur Bewertung der Betriebsgrundstücke vgl. Fn. 75.
[71] Die Grenze, ab der aus bewertungsteuerlicher Sicht eine Kapitalgesellschaft in eine Personengesellschaft umgewandelt werden sollte, dürfte nach einer Faustformel etwa bei einer Rendite von 8%, bezogen auf das Eigenkapital, liegen.

bekannt, in denen ein Unternehmen in der Rechtsform der Personengesellschaft mit Euro 10 Mio. zu bewerten war, als GmbH mit Euro 100 Mio. und nach dem Börsengang mit über Euro 500 Mio. Auch dieses Beispiel zeigt, dass es unabdingbar ist, sich **vor** der Umwandlung in eine Kapitalgesellschaft und erst recht vor einem Börsengang Gedanken über die aus den Bewertungsunterschieden resultierenden Steuerfolgen zu machen. Grundsätzlich gilt in diesem Zusammenhang die Devise, geplante Vermögenstransfers auf die nächste Generation stets vor der Umwandlung oder dem Börsengang durchzuführen. Werden diese Empfehlung nicht eingehalten, können die **Folgen katastrophal** sein. Verstirbt in dem oben genannten Beispiel der Unternehmer, dem auch nach dem Börsengang noch ein großer Teil der Aktien gehört, ergibt sich eine enorme Erbschaftsteuerbelastung, die – sofern nicht anderes Vermögen zur Verfügung steht – nur durch den Verkauf der Aktien zu tilgen ist. Der Wert des Aktienkurses wird aber drastisch sinken, wenn eine große Zahl Aktien zum Verkauf steht. Hinzu kommen unter Umständen erhebliche Einkommensteuerbelastungen gemäß § 17 EStG.[72]

41 • **Grundstücke:** Bis zum 1.1.1996 wurden Grundstücke nach den so genannten **Einheitswerten** bewertet, was zu ausgesprochen günstigen Werten – oft nur 15–25 % des tatsächlichen Werts der Grundstücke – geführt hatte. Ein Beschluss des BVerfG aus dem Jahr 1995 hat jedoch in dieser Bewertung von Immobilien einen Verstoß gegen den Gleichheitsgrundsatz gesehen, da andere Vermögenswerte sehr viel ungünstiger bewertet werden.[73] Seit 1996 gilt nun ein anderes Bewertungsverfahren, das zudem unterschiedliche Bewertungsmethoden für unbebaute und bebaute Grundstücke sowie Grundstücke im Zustand der Bebauung vorsieht (vgl. §§ 138 ff. BewG).[74] Die Bewertung **unbebauter** Grundstücke richtet sich insbesondere nach dem **Bodenrichtwert**, die von **bebauten** Grundstücken nach dem **Ertragswert**. Sehr verkürzt lässt sich sagen, dass sich der Ertragswert aus der Multiplikation der durchschnittlichen **Jahresmiete** mit dem Faktor **12,5** ergibt.[75] Von diesem Betrag sind Alterswertminderungsbeträge abzuziehen, die bis zu 25 % des Ausgangswertes ausmachen können. Umgekehrt sind bei der Bewertung selbstgenutzter Ein- und Zweifamilienhäuser wieder 20 % zuzurechnen. Der sich so ergebende Betrag darf nicht geringer sein als der Wert eines unbebauten Grundstücks, § 146 Abs. 6 BewG.[76] In der Entscheidung des BFH vom 2.7.2004 hat der BFH eine Überprüfung der bisherigen Bewertungsregeln angekündigt.[77] Daher bestehen Zweifel, ob vermächtnisweise zugewandte Grundstücke erbschaftsteuerlich künftig nicht mit dem Verkehrswert angesetzt werden müssen.

In allen Fällen hat der Steuerpflichtige die Möglichkeit, durch **Sachverständigengutachten** nachzuweisen, dass der sich aus der aufgezeigten Ertragswertbestimmung ergebende Wert über dem **Verkehrswert** liegt, in diesem Fall würde nur der Verkehrswert angesetzt. **Ausländische** Immobilien werden immer mit dem Verkehrswert angesetzt.[78] Zusammenfassend kann gesagt werden, dass die neuen Bewertungsmethoden zu deutlich höheren Werten führen als die früheren Einheitswerte. In der Praxis ist häufig zu hören, dass der bewertungsrechtliche Wert, der sich aus den neuen Regelungen ergibt, bei 50–70 % des Verkehrswertes liegt. Der Aussagegehalt solcher Faustformeln ist aber auf Grund der großen Bewertungsunterschiede von Grundstücken innerhalb Deutschlands sehr begrenzt.

---

[72] Vgl. auch die Lösungsansätze bei *Elser/Neininger* DStR 2000, 1718 ff.
[73] Vgl. BVerfG NJW 1995, 2624.
[74] Vgl. im Einzelnen *Halaczinsky* BB 2000, 1597.
[75] Vorsicht ist daher geboten, wenn bei Betriebsaufspaltungen die Mieten hoch angesetzt sind, vgl. *Halaczinsky* BB 2000, 1650. Grundsätzlich werden zwar bei Betriebsgrundstücken für die Bewertung des Grundstückes 70 % des Bodenrichtwertes und für die Gebäude die Steuerbilanzwerte herangezogen, anderes gilt aber, wenn die Betriebsgrundstücke vermietet werden. Dann gilt auch für die Betriebsgrundstücke das Ertragswertverfahren.
[76] Vgl. zu den sich hieraus ergebenden Gestaltungsmöglichkeiten zur Erbschaftsteuerreduktion *Halaczinsky* BB 2000, 1649, 1650.
[77] II R 9/02 – BStBl. II 2004, 1039; dazu *Carlé* KÖSDI 6/2005, 14685.
[78] Alternativen (Einlage in deutsche Gesellschaft) erörtert *Kowallik* DStR 1999, 1834.

VII. Vorteile betrieblichen Vermögens

Schrifttum: *Crezelius*, Unternehmenserbrecht, 1998; *Halaczinsky*, Höhere Erbschaftsteuer für Immobilien, BB 2000, 1597 ff. (Teil 1), 1649 ff. (Teil 2); *H. Hübner*, Unternehmensnachfolge, 1998; *Kowallik*, Erbschaft- und Schenkungsteuerplanung für Immobilien im In- und Ausland durch das „Einlagemodell", DStR 1999, 1834.

Noch immer sind die bedeutsamen Steuervorteile, die zur Begünstigung des Betriebsvermögens in das Erbschaftsteuerrecht eingefügt wurden, außerhalb der steuerberatenden Berufe vielfach recht unbekannt. Drei Privilegien betrieblichen Vermögens sollten jedem Anwalt, der im Erbrecht berät, zumindest im Grundsatz bekannt sein:[79] **42**

- Die Erwerber von Betriebsvermögen, egal ob ihnen das Betriebsvermögen von Todes wegen als Erben oder Vermächtnisnehmer oder unter Lebenden durch Schenkung anfällt, erhalten zusätzlich zu den „normalen" Freibeträgen einen Betriebsvermögensfreibetrag in Höhe **von € 225.000,–,** (vor 1.1.2004 noch € 256.000,–) vgl. § 13 a Abs. 1 ErbStG. Dieser Freibetrag steht alle 10 Jahre zur Verfügung. **43**
- Der verbleibende Wert wird nur mit **65%** (vor 1.1.2004 noch 60%) angesetzt, vgl. § 13 a Abs. 2 ErbStG.
- Der Erwerber von Betriebsvermögen wird gemäß § 19 a ErbStG ungeachtet seines familiären Verhältnisses zum Erblasser behandelt, als gingen 88% des Vermögen an einen Angehörigen über, der gemäß **Steuerklasse I** zu besteuern ist. Die früher zur Umgehung einer nachteiligen Steuerklasse gelegentlich beschrittenen Wege, eine Person, die als Unternehmenserbe in Betracht kommt, aber mit dem Erblasser nicht nahe verwandt ist, nur der Steuerklasse wegen zu adoptieren, sind damit im Wesentlichen obsolet.

Die sich so ergebenden Steuerentlastungen sind enorm. Wird beispielsweise ein Unternehmen mit einem Steuerwert von € 8 Mio. an eine Person vermacht, die nicht mit dem Erblasser verwandt ist, ergibt sich folgende Steuerlast: **44**

Steuerwert des Unternehmens	€ 8.000.000,–
./. Freibetrag gemäß § 13 a Abs. 1 ErbStG: € 225.000,–	€ 7.775.000,–
./. 35%iger Bewertungsabschlag gemäß § 13 a Abs. 2 ErbStG:	€ 5.053.750,–
./. Freibetrag gemäß § 16 Abs. 1 Ziff. 5 ErbStG: € 5.200,–	€ 5.048.550,–
Steuer aus € 5.048.500,– (Steuerklasse III):	€ 1.766.975,–
./. Entlastungsbetrag i.H.v. 88% der Steuer nach Steuerklasse I, §§ 19, 19 a ErbStG	€ 710.828,–
tatsächlich zu zahlende Erbschaftsteuer	€ 1.056.146,–

Zum Vergleich: Bei Steuerfällen vor dem 1.1.2004 hätte die Steuer lediglich € 876.698,– betragen; ohne die Begünstigungen und bei vollständiger Besteuerung nach Steuerklasse III würde die Steuer jedoch € 3.277 868,00 betragen.

Als Betriebsvermögen im Sinne der genannten Vorschriften gelten zunächst alle Anteile an **Personengesellschaften**. Anteile an **Kapitalgesellschaften** sind demgegenüber nur begünstigt, wenn der Schenker oder Erblasser zu **mehr als 25%** an der Gesellschaft beteiligt war. Wichtig ist schließlich noch, dass die aufgezeigten Steuervorteile **verloren** gehen, wenn der Erwerber gegen die so genannten Behaltensregeln verstößt, wonach er das steuerbegünstigt übertragene Vermögen mindestens **5 Jahre** behalten muss, vgl. im Einzelnen § 13 a Abs. 5 ErbStG. **45**

Die aufgezeigten Vorteile lassen es als nahe liegend erscheinen, darüber nachzudenken, privates in betriebliches Vermögen umzuwandeln.[80] Der Vollständigkeit halber soll aber in diesem Zusammenhang wenigstens kurz darauf hingewiesen werden, dass mit der Umwandlung auch **Nachteile** verbunden sein können: Alle Gewinne, die im Betriebsvermögen erwirtschaftet werden, sind steuerpflichtig, also auch **Wertsteigerungen** beispielsweise von Grundstücken oder Aktien, die – außerhalb der Spekulationsfristen, vgl. § 23 EStG – nicht steuerpflichtig sind, solange sich die Werte im Privatvermögen befinden. Vor einer Umwandlung von privatem Vermögen in betriebliches Vermögen hat daher eine gründliche Kosten/Nutzen-Analyse zu stehen. Zudem ist darauf hinzuweisen, dass derzeit **Gesetzgebungsinitiativen** diskutiert werden, **46**

---

[79] Vgl. im Einzelnen § 35 Rdnr. 117 ff., § 36 Rdnr. 37 ff. und *Crezelius* S. 133 ff.; *H. Hübner* S. 84 ff.
[80] Vgl. zum Beispiel die Hinweise bei *Kowallik* DStR 1999, 1834 zur Einlage von Immobilien in Gesellschaften.

die ein vollständig neues System der Begünstigung von Betriebsvermögen vorsehen. Nach dem derzeitigen Stand dieser Initiativen (25. Oktober 2006, vgl. auch das Vorwort zur 2. Auflage) soll ab 1.1.2007 die Vererbung von Betriebsvermögen und von Kapitalgesellschaftsanteilen innerhalb von Deutschland, der EU und dem europäischen Wirtschaftsraum vollständig von der Erbschaftsteuer befreit werden, sofern der Erbe das erworbene Unternehmensvermögen über einen Zeitraum von 10 Jahren fortführt. In dieser Zeit muss das Unternehmen nach dem Gesamtbild der wirtschaftlichen Verhältnisse in einem vergleichbaren Umfang fortgeführt werden, was sich auch auf die Anzahl der fortbeschäftigen Arbeitnehmer bezieht. Bei der Verschenkung oder Vererbung von Kapitalgesellschaftsanteilen soll diese Begünstigung nur gewährt werden, wenn der Schenker bzw. Erblasser zu mehr als 25 % an der Gesellschaft beteiligt war oder aber aufgrund von unwiderruflichen Stimmbindungsverträgen bei Hinzurechnung der (ebenfalls gepoolten) Stimmen sich eine solche Beteiligung ergibt. Sehr wichtig ist, dass der Ausschluss von der Erbschaft- und Schenkungsteuer nur greifen soll, sofern sog. „produktives" Vermögen weitergegeben wird. Als nicht begünstiges, unproduktives Vermögen werden nicht betriebsnotwendige Grundstücke, Finanzanlagen, Kunstbesitz etc. angesehen, allerdings soll das Fremdkapital gegen das unproduktive Vermögen verrechnet werden. Verbleibt ein positiver Saldo an unproduktivem Vermögen – was bei eigenkapitalstarken Unternehmen häufig vorkommen wird –, so wird auf dieses Vermögen die Erbschaft- bzw. Schenkungsteuer nicht gestundet. Offen ist bei Drucklegung dieses Buches noch die Gegenfinanzierung der geplanten Entlastungen, diskutiert wird die Anwendung des „Stuttgarter Verfahrens" bei der Bewertung von Personengesellschaften. Ob das Gesetz sein Hauptziel – Sicherung von Arbeitsplätzen – erreicht, darf bezweifelt werden, weil sicherlich die Gestaltungspraxis dazu übergehen wird, vor einer Unternehmensübergabe Arbeitsplätze abzubauen.

VIII. Die Familienvermögensverwaltungsgesellschaft

Schrifttum: *Breithaupt*, Aus für die Familiengrundbesitzgesellschaft?, Erbfolgebesteuerung 2005, 194; *Flume*, Gesellschaft und Gesamthand, ZHR 136 (1972), 177 ff.; *ders.*, Die Personengesellschaft, 1977; *Götz*, Vermögensverwaltender Familienpool mit begünstigtem Vermögen i.S. des § 13 a Abs. 4 Nr. 3 ErbStG, NWB 2002, 3871; *Slabon/Lappe*, Die Familiengesellschaft – ein Instrument zur dauerhaften Sicherung des Familienvermögens, Erbfolgebesteuerung 2006, 74; *Sudhoff/Bearbeiter*, Unternehmensnachfolge, 5. Aufl. 2005; *Langenfeld/Gail*, Handbuch des Familienunternehmens (Loseblatt); *Scherer/Feick*, Die GbR als Erbin – Thesen und Gestaltungsmöglichkeiten, ZEV 2003, 341; *Stahl*, Erbschaftsteuerreduzierung nach §§ 13 a, 19 a ErbStG durch vermögensverwaltende, aber gewerblich geprägte Personengesellschaften, NJW 2000, 3100; *Ulmer*, Die höchstrichterlich „enträtselte" Gesellschaft bürgerlichen Rechts, ZIP 2001, 585; *Zipfel*, BB-Forum: Die geplanten erbschaftsteuerlichen regelungen bei Übertragungen von unternehmerischen Vermögen, BB 2005, 1360.

47 Die Familienvermögensverwaltungsgesellschaft ist ein etabliertes Instrument im Bereich der vorweggenommenen Erbfolge.[81] Vom Grundsatz geht es bei der Familienvermögensverwaltungsgesellschaft darum, das Familienvermögen ganz oder teilweise in eine Gesellschaft einzubringen, die dann durch Schenkung oder durch Erbgang schrittweise auf die nächste Generation übertragen wird. Denkbar ist die Familienvermögensverwaltungsgesellschaft sowohl als rein vermögensverwaltende und damit im ertragsteuerlichen Sinne nicht gewerbliche Personengesellschaft als auch umgekehrt in der Form der gewerblichen (oder gewerblich geprägten, vgl. § 15 Satz 3 Nr. 2 EStG) Personengesellschaft.[82] Gelegentlich treten Familienvermögensverwaltungsgesellschaften auch in der Rechtsform einer Kapitalgesellschaft auf.

48 Die Idee, die hinter den meisten Familienvermögensverwaltungsgesellschaften steht, liegt insbesondere im **Zusammenhalt des Vermögens**. Normalerweise und nach tradiertem Rechtsverständnis vererbt sich das Vermögen auf die nächste Generation und wird im Zuge der Auseinandersetzung unter den Erben geteilt. Größere Vermögen werden auf diese Art und Weise schnell verkleinert. Hier setzt die Idee der Familienvermögensverwaltungsgesellschaften auf. Ist das Vermögen in eine Gesellschaft eingebracht und werden anschließend Gesellschaftsbeteiligungen verschenkt oder vererbt, bleibt das Vermögen an sich zusammen, im Idealfall profitieren künftig die Erben nicht mehr von der Substanz des Vermögens, sondern nur noch

---

[81] Vgl. im Einzelnen § 36 Rdnr. 48 ff. und Sudhoff/*Hübner* § 71.
[82] Vgl. auch *Stahl* NJW 2000, 3101.

§ 3 Kompendium für die Beratung

von den Erträgen oder sogar nur von einem Teil der Erträge, wenn der Gesellschaftsvertrag vorschreibt, dass ein gewisser Teil der Gewinne (zum Beispiel zum Inflationsausgleich, aber auch um ein gewisses Wachstum darzustellen) zu thesaurieren ist. Zwar kann gesellschaftsvertraglich so gut wie nicht verhindert werden, dass die Gesellschafter, also beispielsweise die Erben, die Gesellschaft auflösen und sich somit doch die Substanz des Vermögens zu Eigen machen. Die Praxis, insbesondere die anglo-amerikanische, zeigt jedoch, dass ein gut gemanagtes großes Vermögen und die mit großen Vermögen verbundenen psychologischen und soziologischen Faktoren (Zugehörigkeitsgefühl, emotionale Dividende etc.) Erben oft von einer Kündigung (die zudem durch Abfindungsbeschränkungen erschwert werden kann) oder einem von allen Erben getragenen Auflösungsbeschluss abhalten kann. Zudem genießt eine solche Familienvermögensverwaltungsgesellschaft auch einige steuerliche Vorteile, zum Beispiel durch die Aufteilung des Unternehmensgewinns auf mehrere Familienmitglieder, so dass der Einkommensteuer-Grundfreibetrag mehrfach ausgeschöpft werden kann. Insgesamt führt diese Vorgehensweise zu einer reduzierten Gesamteinkommensteuerbelastung der Familie. Hinzu kommt die Möglichkeit, unter **Ausnutzung der Freibeträge** nach § 16 Abs. 1 Nr. 2 ErbStG, regelmäßig Vermögenswerte auf die nächste Generation zu übertragen. Bekanntlich können die Freibeträge alle 10 Jahre ausgenutzt werden, vgl. § 14 ErbStG. Auch ist auf die Möglichkeit hinzuweisen, die Familienvermögensverwaltungsgesellschaft **als Erbin einzusetzen**. Handelt es sich nicht um eine Kapitalgesellschaft, sondern um eine Familienvermögensverwaltungsgesellschaft in der Rechtsform der Personengesellschaft, ist steuerlich nicht die Gesellschaft (in der ungünstigen Steuerklasse III), sondern sind die Gesamthandsgesellschafter als Erben anzusehen. Wird beispielsweise eine GbR als Erbin eingesetzt und sind Gesellschafter der GbR die Kinder des Erblassers, so erfolgt die Besteuerung nach der günstigen Steuerklasse I. Zivilrechtlich ist diese wirtschaftliche Betrachtungsweise des Steuerrechts jedoch nicht haltbar, weshalb bei der Erbeinsetzung beispielsweise einer Familienvermögensverwaltungs GbR eine Reihe von Problemen auftreten kann. Beispielsweise stehen den Gesellschaftern (wenn sie die Kinder des Erblassers sind) auch dann Pflichtteils- und Pflichtteilsergänzungsansprüche zu, wenn nicht sie, sondern die GbR als Alleinerbin eingesetzt wird.[83]

Handelt es sich bei der Familienvermögensverwaltungsgesellschaft nicht um eine (im ertragsteuerlichen Sinne) vermögensverwaltende Personengesellschaft, sondern um eine **gewerbliche oder gewerblich geprägte Personengesellschaft** oder um eine Kapitalgesellschaft (mit Beteiligung des Erblassers von mehr als 25%), können darüber hinaus beim Vermögensübergang, mag er sich lebzeitig oder im Erbgang vollziehen, auch die im vorstehenden Abschnitt beschriebenen Vorteile (bei Inkaufnahme der ebenfalls dort beschriebenen Nachteile) des betrieblichen Vermögens genutzt werden (weitere Vorteile der gewerblich oder gewerblich geprägten Personengesellschaft werden unter Rdnr. 89, 90 aufgezeigt). Wichtig ist in diesem Zusammenhang, dass der im vorstehenden Kapitel beschriebene **Freibetrag** gemäß § 13 a Abs. 1 ErbStG, d. h. der besondere Freibetrag für Betriebsvermögen in Höhe von Euro 225.000,–, ebenfalls alle 10 Jahre gewährt wird. Zu den Planungen einer gesetzlichen Neuregelung vgl. oben Rdnr. 46.

49

IX. Renaissance zweier Gesellschaftsformen: Stiftung und KGaA

Schrifttum: *Dietzel*, KGaA macht Familienunternehmen börsenfähig, Börsenzeitung vom 24.6.1995; *Halasz/Kloster/Kloster*, Die GmbH & Co KGaA, GmbHR 2002, 77; *Ihrig/Schlitt*, Die KGaA nach dem Beschluss des BGH vom 24.2.1997, Die GmbH & Co KGaA nach dem Beschluss BGHZ 134, 392; *Janssen*, Die Besteuerung der Kommanditgesellschaft auf Aktien und ihrer Gesellschafter, NWB 2001, Fach 18, 3811 (2189); *J. Maier*, Die Besteuerung der Stiftung nach der Reform, BB 2001, 494; *Schauhoff* (Hrsg.), Handbuch der Gemeinnützigkeit, 2. Aufl. 2005; *Schürmann/Groh*, KGaA und GmbH & Co. KGaA, BB 1995, 684 ff.; *Seifart/von Campenhausen* (Hrsg.), Handbuch des Stiftungsrechts, 2. Aufl. 1999; *Sudhoff/Bearbeiter*, Unternehmensnachfolge, 5. Aufl. 2005; *von Oertzen*, Auswirkungen der Unternehmenssteuerreform auf inländische Familienstiftungen, Stiftung & Sponsoring 2001, 24 ff.; *Scherer/Pawlytta*, Der Beginn der Zehn-Jahres-Frist gemäß § 2325 Abs. 3 BGB bei Zuwendungen an Stiftungen – zugleich eine Kritik an der BGH-Rechtsprechung zum Leistungsbegriff in § 2325 Abs. 3 BGB, Jubiläumsschrift 10 Jahre DVEV, 127; *Cornelius*, Zuwendungen

---

[83] Vgl. im Einzelnen (auch zu weiteren Problemen der Erbeinsetzung einer GbR) *Scherer/Feick* ZEV 2003, 341, 343.

an Stiftungen und Pflichtteilsergänzung, ZErb 2006, 230; *Feick*, Die Stiftung als Instrument der Unternehmensnachfolge, BB Special 6 zu Heft 34, 2006, 13.

50   Bereits oben wurde angedeutet, welche wichtige Bedeutung die Wahl der Gesellschaftsform für die Nachlassplanung hat.[84] Hier werden zwei Gesellschaftsformen, die derzeit wieder häufiger verwendet werden, vorgestellt. Dies erfolgt insbesondere, um Verständnis dafür zu wecken, warum diese Gesellschaftsformen im Rahmen der Nachfolgeplanung von besonderem Interesse sind. Für die Einzelheiten wird – wie im Rahmen dieses Kompendiums üblich – auf die Fachkapitel verwiesen.[85]

1. Stiftungen

51   Stiftungen sind ein wesentliches Instrumentarium im Zusammenhang mit der Nachfolgeplanung.[86] Die Stiftung ermöglicht die Kreation einer verselbstständigten Vermögensmasse, die das Vermögen davor schützt, in hintereinander geschalteten Erbfällen **zersplittert** zu werden. Zum Beleg sei darauf verwiesen, dass es in Deutschland etliche Stiftungen gibt, die mehrere hundert Jahre alt sind. Darüber hinaus schützt die Stiftung und die damit verbundene Abkopplung des in die Stiftung eingebrachten Vermögens vom sonstigen Vermögen des Stifters vor einem Zugriff der Erben des Stifters auf dieses Vermögen. Zudem ist das Vermögen, wenn es in die Stiftung eingebracht ist, vor Pflichtteilsansprüchen geschützt, wenn man von **Pflichtteilsergänzungsansprüchen** absieht, die in den ersten zehn Jahren nach Übertragung des Stiftungsvermögens auf die Stiftung gemäß § 2325 BGB zukommen können.[87] Natürlich hat die Stiftung auch Nachteile. Sie kann ein unflexibles Instrument sein; spätere Satzungsänderungen – die oft genug zur Anpassung an geänderte Umstände erforderlich sind – sind schwierig und müssen staatlich genehmigt werden.

52   Gleichwohl sind die oben kurz aufgeführten Vorteile so bedeutsam, dass die Stiftung aus der Nachfolgeplanung nicht wegzudenken ist. Dies gilt in besonderer Weise für die **gemeinnützige Stiftung**, da diese zudem mit besonderen Steuervorteilen verbunden ist: Die gemeinnützige Stiftung ist von allen wesentlichen Steuern (abgesehen der Umsatzsteuer) befreit, insbesondere unterliegt ihr Vermögen nicht der Erbschaftsteuer.[88] Hier liegt der entscheidende Unterschied zur privatnützigen Stiftung in der Form der **Familienstiftung**.[89] Viele Stiftungen, die im Bereich der Nachfolgeplanung eingesetzt werden, sind naturgemäß Stiftungen, die insbesondere den Zweck haben, den Interessen einer Familie zu dienen. Gerade diese Familienstiftungen aber hat der Gesetzgeber, um Erbschaftsteuerersparnisse durch Übertragung des Vermögens auf eine Stiftung zu vermeiden, mit der so genannten **Ersatzerbschaftsteuer** gemäß § 1 Abs. 4 ErbStG belastet. Diese Ersatzerbschaftsteuer fällt zwar nur alle 30 Jahre an und die gesetzlich geregelte Fälligkeit der Ersatzerbschaftsteuer schafft immerhin eine Planbarkeit dieser Steuer. Gleichwohl hat diese Steuer der Familienstiftung viel an Attraktivität genommen. In diesem Zusammenhang ist auch nur ein schwacher Trost, dass sich die Höhe der Ersatzerbschaftsteuer so berechnet, als würde das Vermögen im Abstand von je 30 Jahren zwei Kindern anfallen, § 15 Abs. 2 S. 3 ErbStG, d.h. Vererbung in der günstigen Steuerklasse I und Gewährung eines Freibetrags von insgesamt EUR 410.000,00. Zusätzlich ist nämlich zu beachten, dass bei der Familienstiftung die Übertragung des Vermögens auf die Stiftung einer Erbschaftsteuer unterliegt (§ 7 Abs. 1 Nr. 8 ErbStG). Nur bei der Erstausstattung der Stiftung richtet sich die Erbschaftsteuer nach dem Verwandtschaftsverhältnis zwischen Stifter und dem nach der Stiftungssatzung entferntest Berechtigten (§ 15 Abs. 2 S. 1 ErbStG), in den übrigen Fällen findet

---

[84] An anderer Stelle (Rdnr. 9 ff.; 60 ff.; 77 ff.) werden im Rahmen des Kompendiums kurz einige gesellschaftsvertragliche Besonderheiten aufgezeigt, auf die im Laufe jeder Nachfolgeplanung jedenfalls dann dringend zu achten ist, soweit in die Nachfolgeplanung Anteile an Personengesellschaft involviert sind.

[85] Vgl. § 38 und § 36 Rdnr. 71 ff.

[86] Vgl. im Einzelnen § 38; *Feick* BB Special 6 zu Heft 34 und Sudhoff/*Froning* § 50.

[87] Vgl. hierzu nur LG Baden-Baden v. 31.7.1999 – 2006, 13 ff. ZEV 1999, 152 (mit Anm. *Rawert*); zu Pflichtteilsergänzungsansprüchen hinsichtlich der Ausstattung einer Stiftung vgl. *Scherer/Pawlytta*, Jubiläumsschrift 10 Jahre DVEV, 127. Bei Pflichtteilsansprüchen von Ehegatten beginnt die 10-Jahres-Frist allerdings nicht vor der Auflösung der Ehe, § 2325 Abs. 3, 2. Halbs.

[88] Vgl. § 38 Rdnr. 62 ff. und *Schauhoff* § 3.

[89] Zu den Auswirkungen der Unternehmenssteuerreform auf Familienstiftungen vgl. *von Oertzen*, Stiftung und Sponsoring, 2001, 24.

die ungünstige Steuerklasse III Anwendung.[90] Überdies wird bei der Auflösung der Stiftung der Rückfluss des Vermögens an die Begünstigten besteuert (im Verhältnis Stifter-Empfänger, § 15 Abs. 2 S. 2 ErbStG).

In der Regel wichtiger für die Nachfolgeplanung ist daher die **gemeinnützige** Stiftung, die 53 eine Ersatzerbschaftsteuerbelastung nicht kennt. Zwar muss der Zweck der gemeinnützigen Stiftung der Förderung der Allgemeinheit auf materiellem, geistigem oder sittlichem Gebiet gewidmet sein. Gleichwohl ist dieser Stiftungstyp für die Nachfolgeplanung interessant, denn es steht steuerrechtlich der Gemeinnützigkeit der Stiftung nicht entgegen, wenn bis zu einem **Drittel** des Einkommens der Stiftung dazu verwendet wird, den Stifter und seine nächsten Angehörigen in **angemessener** Weise zu unterhalten (§ 58 Nr. 5 AO).[91] Die letzte Möglichkeit lässt die gemeinnützige Stiftung insbesondere in den Fällen als einen bedenkenswerten Teil der Nachfolgeplanung erscheinen, in denen das Vermögen bedeutsam, aber gleichzeitig auch illiquide ist. Man denke etwa an ein großes Aktienpaket, bei dessen Vererbung die Erbschaft- und Einkommensteuern (§ 17 EStG) ohne einen mindestens teilweisen Verkauf des Vermögens nicht aufzubringen sind. Dann verbindet die gemeinnützige Stiftung auf interessante Art und Weise Möglichkeiten zur Steuerersparnis mit Möglichkeiten, die Familie angemessen zu versorgen.[92] Es ist allerdings davor zu warnen, die gemeinnützige Stiftung als einziges Mittel der Sicherung des Finanzbedarfs der Familie einzusetzen, denn § 58 Nr. 5 AO eröffnet lediglich der Stiftung die Möglichkeit, bis zu einem Drittel ihrer Erträge für die nächsten Angehörigen des Stifters zu verwenden, verschafft diesen jedoch keinen Zahlungsanspruch gegen die Stiftung. Zudem ist in der Praxis bislang noch nicht abschließend geklärt und häufig umstritten, wie der Begriff der „nächsten Angehörigen"[93] auszulegen ist und welche Höhe der Versorgung als noch „angemessen" gilt.[94]

Wichtig ist in diesem Zusammenhang auch Folgendes zu wissen: Auch nach dem Tod besteht 54 die Möglichkeit, Erbschaftsteuern dadurch zu vermeiden, dass das Vermögen in eine gemeinnützige Stiftung eingebracht wird. § 29 Abs. 1 Ziff. 4 ErbStG bestimmt, dass die Erbschaftsteuer mit Wirkung für die Vergangenheit erlischt, soweit Vermögensgegenstände, die von Todes wegen oder durch Schenkung unter Lebenden erworben sind, innerhalb von 24 Monaten nach der Entstehung der Steuer dem Bund, einem Land, einer inländischen Gemeinde oder einer gemeinnützigen Stiftung zugewendet werden.

2. Kommanditgesellschaft auf Aktien

Bei der KGaA (§§ 278 bis 290 AktG) existieren zwei Gesellschaftergruppen, zum einen min- 55 destens ein persönlich haftender Gesellschafter, zum anderen die Kommanditaktionäre. Der persönlich haftende Gesellschafter nimmt die Stellung eines Vorstandes bei der Aktiengesellschaft ein; er vertritt die Gesellschaft nach außen und führt die Geschäfte. Die Kommanditaktionäre sind der Gesellschaft nur kapitalmäßig verbunden, ihre Stellung entspricht weitgehend der üblichen Stellung von Aktionären. Die Besonderheit der KGaA für die Nachfolgeplanung liegt im **Bewertungsrecht**. Bewertungsrechtlich werden zwar die Anteile der Kommanditaktionäre nach dem Börsenkurs oder dem Stuttgarter Verfahren (also unter besonderer Berücksichtigung des Ertrags) bewertet (§ 12 Abs. 1 ErbStG i. V. m. § 11 Abs. 1, 2 BewG, R 96 ff. Erbschaftsteuerrichtlinien), das Vermögen des persönlich haftenden Gesellschafters aber nach den Grundsätzen der Bewertung von Personengesellschaften, d. h. mit den oft niedrigeren Einheitswerten, § 12 Abs. 5 ErbStG i. V. m. §§ 95 ff. BewG. Diese besondere Bewertungssituation macht die KGaA für die Nachfolgeregelung interessant,[95] denn es wird einerseits mit dieser Rechtsform die Möglichkeit eröffnet, sich am organisierten Kapitalmarkt Eigenkapital zu beschaffen, andererseits sind mit dieser Gesellschaftsform nicht zwingend die Nachteile einer Höherbewertung des Vermögens des oder der persönlich haftenden Gesellschafter verbunden. Leider muss jedoch angemerkt werden, dass die Börse die Rechtsform der KGaA wegen der oft

---

[90] Vgl. § 39 Rdnr. 21.
[91] Vgl. § 39 Rdnr. 3 ff. und *Schauhoff* § 8 Rdnr. 109 ff.
[92] Vgl. auch *J. Maier* BB 2001, 494, 502.
[93] Vgl. § 39 Rdnr. 4 und zur Ansicht der Finanzverwaltung AEAO Tz. 6 und 7 zu § 58.
[94] Vgl. § 39 Rdnr. 4; zur Ansicht der Finanzverwaltung OFD Magdeburg v. 18.5.2004 – ErbStB 2004, 247.
[95] Vgl. *Schürmann/Groh* BB 1995, 684; *Diezel* Börsenzeitung vom 24.6.1995.

starken und wenig durchschaubaren Stellung des oder der persönlich haftenden Gesellschafter[96] nicht besonders schätzt.[97]

X. Mögliche Probleme mit Auslandsvermögen

Schrifttum: *Fetsch,* Auslandsvermögen im Internationalen Erbrecht, RNotZ 2006, 1, 77; *Flick/Piltz,* Der internationale Erbfall, 1999; *Gresser,* Gesetzliche und gewillkürte Erbfolge im französischen Recht, ZEV 1997, 492; *Kroiß,* Internationales Erbrecht, 1999; *Ferid/Firsching/Lichtenberger,* Internationales Erbrecht; *von Oertzen,* Praktische Handhabung eines Erbrechtsfalls mit Auslandsberührung, ZEV 1995, 167; *ders.,* Ausgewählte Zivilrechtsfragen deutsch-amerikanischer Nachfolgeplanungen, ZEV 1996, 210; *Sudhoff/Bearbeiter,* Unternehmensnachfolge, 5. Aufl. 2005; *Süß/Haas,* Erbrecht in Europa, 2004.

56 Trotz der hohen Internationalisierung und der ständig wachsenden Mobilität ist es erstaunlich, dass in der Praxis kaum Problembewusstsein für die vielfältigen Schwierigkeiten besteht, die entstehen können, wenn ein Ausländer mit Vermögen in Deutschland verstirbt oder umgekehrt ein deutscher Erblasser mit Auslandsvermögen. Auch hier kann Sinn dieses Abschnittes nur sein, das Problembewusstsein in diesem Bereich zu schärfen; für die Einzelheiten sei auf die Fachkapitel verwiesen.[98]

57 Zwar vererbt sich im Grundsatz das gesamte Weltvermögen eines deutschen Staatsangehörigen nach deutschem Recht (vgl. Art. 25 Abs. 1 EGBGB). Eine wichtige Besonderheit in diesem Zusammenhang stellt aber Art. 3 Abs. 3 EGBGB dar. Nach dieser Regelung vererben sich Gegenstände nicht nach deutschem Recht, sofern ein deutscher Erblasser Vermögen in einem Staat hinterlässt, in dessen Recht für diese Gegenstände „besondere Vorschriften" gelten. Als solche besonderen Vorschriften gelten nach deutschem Verständnis ausländische Normen, die im Gegensatz zu dem im Deutschland vorherrschenden Prinzip der Nachlasseinheit das System der **Nachlass-Spaltung** anordnen. Dieses System nun wiederum besagt, dass sich bewegliches Vermögen in der Regel nach dem Recht des Wohnsitzes des Erblassers vererbt, das unbewegliche Vermögen aber nach dem Recht des Staates, in dem es belegen ist (lex rei sitae). Da über Art. 3 Abs. 3 EGBGB das deutsche Recht diese Spaltung anerkennt, kommt es in Erbfällen mit Auslandsvermögen sehr häufig zur Nachlass-Spaltung. Diese Nachlass-Spaltung führt zu einer **vollständigen rechtlichen Selbständigkeit** der einzelnen Teile des Nachlasses. Jeder Teil unterliegt dann für sich der jeweiligen Rechtsordnung. So kann es durchaus passieren, dass ein Deutscher, der beispielsweise Immobilienvermögen in Frankreich hinterlässt, hinsichtlich seines deutschen Vermögens, aber auch hinsichtlich seines in Frankreich belegenden beweglichen Vermögens nach deutschem Recht beerbt wird, während sich die Vererbung der Immobilie in Frankreich nach französischem Recht richtet.[99] Das französische Recht weicht aber in vielen Fällen sehr deutlich vom deutschen Recht ab. Die Fälle, in denen eine solche Nachlass-Spaltung droht, sind keineswegs etwa nur auf Frankreich beschränkt, vielmehr kann es aus deutscher Sicht in sehr vielen Staaten der Welt zu einer solchen Nachlass-Spaltung kommen, etwa auch in den USA,[100] in Großbritannien, in Belgien etc.[101] Die durch die Nachlass-Spaltung eintretende Selbständigkeit der einzelnen Nachlassteile kann beispielsweise dazu führen, dass Vermögensteile, die in einem Ausland belegen sind, das kein Pflichtteilsrecht kennt, einem Pflichtteilszugriff entzogen sind. Überhaupt können hinsichtlich dieses Teils des Vermögens Gestaltungen gewählt werden, die dem deutschen Recht völlig fremd sind, etwa die Gestaltung der Unternehmensnachfolge durch Trusts. Umgekehrt, um beim Beispiel des Pflichtteilsrechts zu bleiben,

---

[96] Vgl. zu den organisationsrechtlichen Folgerungen *Ihrig/Schlitt,* Die GmbH & Co KGaA nach dem Beschluss BGHZ 134, 392, 33 ff.
[97] Aber es gibt durchaus einige (auch größere) börsennotierte KGaA's (z.B. Merck und Henkel). Es steht zu hoffen, dass sich die derzeitig zu verspürende Ablehnung der KGaA im Laufe der Zeit legt. Dies würde sicherlich einigen Familienvermögensverwaltungsgesellschaften den Weg an die Börse deutlich erleichtern. Wesentlich für die Einschätzung der KGaA durch die Börse wird die konkret ausgestaltete Satzung sein, diese sollte natürlich ein ausgewogenes Verhältnis zwischen der Stellung des persönlich haftenden Gesellschafters und den Rechten der Kommanditaktionäre beinhalten.
[98] Vgl. im Einzelnen §§ 33, 34; *von Oertzen* ZEV 1995, 167.
[99] *Gresser* ZEV 1997, 492.
[100] Vgl. *von Oertzen* ZEV 1996, 210.
[101] Vgl. im Einzelnen die Länderberichte bei *Süß/Haas,* Erbrecht in Europa sowie bei *Fetsch* RNotZ 2006, 77 ff.

kann die Nachlass-Spaltung dazu führen, dass dann, wenn das Auslandsvermögen in Staaten belegen ist, die ein sehr starkes Pflichtteilsrecht kennen, in Deutschland vereinbarte Pflichtteils- oder Erbverzichte nicht hinsichtlich dieses Auslandsvermögens gelten, etwa weil ausländische Staaten solche Verzichte nicht anerkennen. Im Übrigen eröffnet die Möglichkeit der Nachlass-Spaltung dem gewieften Erbrechtler auch die Möglichkeit des forum shoppings,[102] d. h. er kann sich zur Durchsetzung bestimmter Positionen die Rechtsordnung heraussuchen, für die er sich auf Grund der Rechtslage oder sonstiger Umstände den größten Erfolg verspricht.

XI. Hinweise zu den Güterständen

Schrifttum: *Langenfeld,* Handbuch der Eheverträge und Scheidungsvereinbarungen, 5. Aufl. 2005; *Stenger,* Güterstand bei Unternehmerehen – Die Zugewinngemeinschaft, ZEV 2000, 51; *dies.,* Güterstand bei Unternehmerehen – Gütertrennung und Gütergemeinschaft, ZEV 2000, 141.

Die Wahl der Güterstände hat nicht nur Auswirkungen im Familienrecht, sondern auch im Erb- und im Erbschaftsteuerrecht.[103] 58

Allgemein bekannt ist, dass im häufigsten Güterstand, dem gesetzlichen Güterstand der Zugewinngemeinschaft, die gesetzliche Erbquote des überlebenden Ehegatten um ein Viertel erhöht ist, vgl. §§ 1371, 1931 Abs. 3 BGB. Mit dieser Erhöhung wird **pauschal** der **Zugewinnausgleichsanspruch** des überlebenden Ehegatten verwirklicht, ungeachtet, ob überhaupt ein Zugewinn in der Ehe erzielt wurde und ob ein eventueller Zugewinnausgleichsanspruch nun gerade dem überlebenden Ehegatten zusteht. Diese Erhöhung erlangt ein Ehegatte, der in Gütertrennung verheiratet ist, nicht. Zwar richtet sich bei der Gütertrennung die exakte gesetzliche Erbquote nach der Anzahl der Kinder. Jedenfalls dann aber, wenn der Erblasser zwei oder mehr Kinder hinterlässt, ist die Erbquote des überlebenden Ehegatten, der mit dem Verstorbenen in Zugewinngemeinschaft lebte, höher als bei Gütertrennung. Aus dieser Unterscheidung resultieren wichtige Konsequenzen auch für das **Pflichtteilsrecht.** Es liegt auf der Hand, dass der Pflichtteilsanspruch von Abkömmlingen, der die Hälfte des gesetzlichen Erbteiles beträgt, umso höher ausfällt, je geringer der gesetzliche Erbteil des überlebenden Ehegatten ist: Erbt der überlebende Ehegatte gesetzlich 1/2 und jedes der beiden Kinder gesetzlich 1/4, so beträgt der Pflichtteilsanspruch jedes Kindes 1/8. Erbt der Ehegatte aber nur 1/4, weil er in Gütertrennung verheiratet war, so erbt jedes Kind 3/8, der Pflichtteilsanspruch beträgt mithin 3/16. Dies zeigt, dass allein der Wechsel von der Gütertrennung zur Zugewinngemeinschaft ein probates Mittel sein kann, Pflichtteilsansprüche von Angehörigen zu kürzen.[104]

Dabei braucht der Wechsel von der Gütertrennung zur Zugewinngemeinschaft kein besonderer Nachteil zu sein. Zwar ist die Gütertrennung, insbesondere bei Unternehmern, noch immer ein sehr beliebter Güterstand, um den Ehegatten, der während der Ehe Vermögen angesammelt hat, vor Ausgleichsansprüchen im **Scheidungsfall** zu schützen. Es lässt sich aber durchaus auch im Rahmen der Zugewinngemeinschaft vereinbaren, dass dann, wenn die Ehe unter Lebenden endet (also im Scheidungsfall), ein Zugewinnausgleich nicht geschuldet ist, wohingegen dann, wenn die Ehe durch Tod endet, keine Besonderheiten gelten (so genannte „modifizierte Zugewinngemeinschaft").[105] Diese modifizierte Zugewinngemeinschaft hat darüber hinaus noch einen weiteren, wesentlichen Vorteil: Weithin unbekannt ist, dass die Höhe des Betrages, den der überlebende Ehegatte bei tatsächlicher Durchführung des Zugewinnausgleichs auf den Todesfall des Erblassers verlangen kann, gemäß § 5 Abs. 1 ErbStG **steuerfrei** ist.[106] Auch diesen, zum Teil beträchtlichen Erbschaftsteuervorteil nehmen sich Ehegatten ohne Not, wenn sie Gütertrennung vereinbaren. Vereinbaren die Ehegatten hingegen die hier kurz vorgestellte modifizierte Zugewinngemeinschaft, verbinden sie den Ausschluss des Zugewinnausgleiches im Scheidungsfall und die Reduktion der Pflichtteilsansprüche von Abkömmlingen mit den erbschaftsteuerlichen Vorteilen der Zugewinngemeinschaft.[107] 59

---

[102] Sudhoff/*Scherer* § 1 Rdnr. 36.
[103] Vgl. § 36 Rdnr. 245 ff.; im Einzelnen *Stenger* ZEV 2000, 51 ff.; 141 ff.
[104] Vgl. auch Sudhoff/*Scherer* § 17 Rdnr. 52.
[105] Vgl. § 36 Rdnr. 245 ff. und *Langenfeld* Rdnr. 421 ff.
[106] Vgl. § 36 Rdnr. 245 ff.
[107] Zur Frage der Geltung des § 5 ErbStG bei Zugewinngemeinschaften ausländischen Rechts vgl. § 34 Rdnr. 31.

XII. Die Notwendigkeit des Abgleichs zwischen Testament und Gesellschaftsvertrag

Schrifttum: *Crezelius*, Unternehmenserbrecht, 1998; *Kerscher/Tanck/Krug*, Das erbrechtliche Mandat, 2. Aufl. 2000, *Sudhoff/Bearbeiter*, Unternehmensnachfolge, 5. Aufl. 2005.

60 Ein mit der Revision der Gesellschaftsverträge beauftragter Anwalt sollte, sofern er für natürliche Personen tätig wird, grundsätzlich das Thema der letztwilligen Verfügungen mit seinem Klienten ansprechen. Auch umgekehrt gilt der Satz: Ein Berater, der im Zusammenhang mit der Gestaltung der Nachfolge mandatiert ist, muss sich eventuell vorhandene Gesellschaftsverträge ansehen und prüfen, ob diese mit den geplanten letztwilligen Verfügungen übereinstimmen.[108]

61 Zur Erinnerung sei darauf hingewiesen, dass dann, wenn der Gesellschaftsvertrag einer Personenhandelsgesellschaft nichts zur Frage der Nachfolge nach dem Tod eines Gesellschafters regelt, gemäß § 131 Abs. 3 Nr. 1 HGB der verstorbene vollhaftende Gesellschafter aus der Gesellschaft ausscheidet. Seine Erben rücken aber nicht in die Gesellschafterstellung ein, vielmehr wächst der im Grundsatz **unvererbliche** Gesellschaftsanteil den verbleibenden Gesellschaftern an. Den Erben steht, sofern nichts Abweichendes im Gesellschaftsvertrag geregelt ist, ein Abfindungsanspruch in Höhe des Verkehrswerts gegen die übrigen Gesellschafter zu. Dieses gesetzliche Regelstatut stimmt häufig aber nicht mit den Vorstellungen der Gesellschafter überein, die in der Regel wünschen, dass ihr Gesellschaftsanteil an ihre Erben fällt und die Gesellschaft anschließend mit den Erben fortgesetzt wird. Solche Regelungen im Gesellschaftsvertrag, die den Anteil **vererblich** stellen, sind möglich und üblich. Trotz diverser Zweifelsfragen, auf die im Rahmen dieses Kompendiums nicht einzugehen ist, setzt beispielsweise § 139 Abs. 1 HGB ohne weiteres voraus, dass der Gesellschaftsvertrag auch bestimmen kann, dass im Fall des Todes eines Gesellschafters die Gesellschaft mit den Erben fortgesetzt werden kann. In der Praxis haben sich zur Regelung der Nachfolge drei Klauseln etabliert, zum einen die Eintrittsklausel, sodann die einfache und schließlich die qualifizierte Nachfolgeklausel. Durch die **Eintrittsklausel** erlangt ein Dritter das Recht, nach dem Tod eines Gesellschafters als neuer Gesellschafter in die Gesellschaft aufgenommen zu werden. Da nur ein schuldrechtlicher Anspruch des Nachfolgers gegen die Gesellschaft begründet wird, erfolgt seine Aufnahme als neuer Gesellschafter nicht automatisch, sondern ist davon abhängig, dass er sich für den Eintritt entschließt.[109] Bereits mit dem Erbfall fällt jedoch der Abfindungsanspruch des Erblassers an die Erben. Um zu verhindern, dass der Eintrittsberechtigte mit einer neuen Einlageverpflichtung belastet wird, muss die Einlage des Erblassers dem Eintrittsberechtigten erbrechtlich – also durch Erbanfall oder Vermächtnis – zugewandt oder durch gesellschaftsvertragliche Regelung auf ihn übergeleitet werden.[110] Letzteres geschieht üblicherweise so, dass gesellschaftsvertraglich die Mitgesellschafter verpflichtet werden, nach dem Tod des Gesellschafters den ihnen anwachsenden Kapitalanteil (bei Ausschluss des Abfindungsanspruchs der Erben) treuhänderisch zu halten und ihn – bei Eintritt des Berechtigten – auf diesen zu übertragen.[111]

Die **einfache Nachfolgeklausel** besagt lediglich, dass der Anteil des Gesellschafters vererblich ist. Wer Erbe ist und mithin die Gesellschaftsnachfolge antritt, bestimmt dann das Erbrecht, d. h. entweder die gesetzliche Erbfolge oder aber eine letztwillige Verfügung (Testament oder Erbvertrag). Fällt der Gesellschaftsanteil unter Geltung einer solchen Nachfolgeklausel nach dem Erbfall allerdings nicht nur an einen Erben, sondern an eine Miterbengemeinschaft, so ist zudem zu beachten, dass dieser Gesellschaftsanteil anders als die sonstigen Nachlassgegenstände nicht erst im Wege der Erbauseinandersetzung aufzuteilen und auf die Miterben zu übertragen ist, sondern sich der Anteil im Zuge der so genannten **Sondererbfolge** im Augenblick des Todes des Erblassers entsprechend den verfügten Erbquoten aufteilt und die einzelnen Anteile unmittelbar auf die Erben übergehen. Diese Sondererbfolge ist von der Rechtsprechung

---

[108] Vgl. im Einzelnen § 40 Rdnr. 14 ff. und *Kerscher/Tanck/Krug* § 8 Rdnr. 356.
[109] Münchener Handbuch Gesellschaftsrecht/*Klein* Band I § 79 Rdnr. 73.
[110] Vgl. näher: Sudhoff/*Scherer* Unternehmensnachfolge § 1 Rdnr. 17.
[111] *Nieder* Rdnr. 1260.

entwickelt worden, um gesellschaftsrechtlichen Besonderheiten, die nicht anders gelöst werden können, Rechnung zu tragen.[112] Letztlich bereitet die einfache Nachfolgeklausel in Erbfällen selten Schwierigkeiten.

Die Gefahrenlage, auf die in diesem Kapitel hinzuweisen ist, entsteht im Zusammenspiel zwischen Erbrecht und den **qualifizierten Nachfolgeklauseln**. In der Praxis finden sich häufig Nachfolgeklauseln, die zwar einerseits den Anteil vererblich stellen, aber andererseits auch regeln, dass nur bestimmte Personen zur Nachfolge gelangen können. So finden sich beispielsweise oft in Gesellschaftsverträgen Bestimmungen, dass nur die Abkömmlinge, nicht aber die Ehepartner oder nur bestimmte Abkömmlinge (etwa solche, die eine besondere Ausbildung absolviert haben) Gesellschafter werden können. Große Probleme ergeben sich aber, wenn die letztwillige Verfügung keine Rücksicht auf diese Klausel nimmt. Ist beispielsweise im Gesellschaftsvertrag angeordnet, dass nur die Kinder Nachfolger werden können, setzt aber der Erblasser im Wege des Berliner Testamentes seinen Ehegatten zum Alleinerben ein, stimmen die Folgen der qualifizierten Nachfolgeklausel und des Testaments nicht überein. Abgesehen von den zivilrechtlichen Problemen, die insbesondere dann entstehen können, wenn die Erben untereinander uneinig sind und die jeweils beste Position aus der Nichtübereinstimmung von Testament und Gesellschaftsvertrag ziehen wollen, drohen empfindliche **steuerliche** Nachteile.[113] Um diese Probleme zu vermeiden, sollten mithin stets die Nachfolgeklauseln in den Gesellschaftsverträgen mit der erbrechtlichen Situationen abgeglichen werden. 62

XIII. Die Überprüfung von Lebensversicherungsverträgen und Pensionsansprüchen

Schrifttum: *Geck,* Lebensversicherungen und Erbschaftsteuer, ZEV 1995, 140; *ders.,* ZEV-Steuerreport, ZEV 2000, 21; *Fiedler,* Die Besteuerung der unentgeltlichen Übertragung von Lebensversicherungsverträgen, DStR 2000, 533; *Grewe,* Lebensversicherung im Erbschaftsteuerrecht, Erbfolgebesteuerung 2004, 13; *Meincke,* Erbschaftsteuergesetz (Kommentar) 14. Aufl. 2004; *Müller/Ohland/Brandmüller,* Gestaltung der Erb- und Unternehmernachfolge in der Praxis (Loseblatt); *Lehmann,* Die Erbschaftsbesteuerung von Lebensversicherungsverträgen, ZEV 2004, 398.

Der Abschluss von Lebensversicherungen, insbesondere **Risikolebensversicherungen,** ist eine wichtige Säule in der Absicherung der Familie. Bei Abschluss des Vertrages sollten aber die Steuerfolgen beachtet werden; nicht selten lassen sich durch geringfügige Änderungen große Erbschaftsteuervorteile erzielen.[114] Schließt beispielsweise ein Ehemann eine Risikolebensversicherung ab und benennt als Bezugsberechtigten für den Fall seines Todes seine Ehefrau, so fällt zwar nach zivilrechtlicher Betrachtungsweise der Lebensversicherungsanspruch im Falle des Todes des Ehemannes nicht in den Nachlass, sondern gemäß § 330 BGB unter Lebenden an die Ehefrau als die Bezugsberechtigte. Gleichwohl ist der Erwerb gemäß § 3 Abs. 1 Nr. 4 ErbStG erbschaftsteuerpflichtig. Diese Steuerbelastung kann ohne weiteres dadurch vermieden werden, dass in dem gewählten Beispiel die Ehefrau die Versicherung abschließt (und anschließend die Prämie zahlt). Versichert wird das Leben des Ehemannes. Verstirbt der Ehemann, fällt bei dieser Ausgestaltung die Versicherungssumme **erbschaftsteuerfrei** an den Versicherungsnehmer. Bereits dieses kleine Beispiel zeigt, wie wichtig es ist, die Nachfolgeplanung auch auf existierende Lebensversicherungsverträge auszudehnen. Besteht die Versicherung bereits, ist gegebenenfalls auch daran zu denken, die Versicherung mit allen Rechten und Pflichten an den anderen Ehegatten schenkweise zu übertragen. Bei der Kapitallebensversicherung wird die **Bewertung** des abgetretenen Anspruches nach §§ 12 Abs. 1 ErbStG, 12 Abs. 4 BewG durchgeführt, Bemessungsgrundlage ist danach entweder der Rückkaufswert oder ein Betrag, der 2/3 der bisher eingezahlten Prämien entspricht. Dass diese Regelung eine überaus günstige Bewertung darstellt, liegt auf der Hand,[115] allerdings wird die Streichung dieser Vorschrift derzeit (Stand September 2006) diskutiert. 63

---

[112] Vgl. § 40 Rdnr. 19; *Crezelius* Rdnr. 77; *Sudhoff/Scherer* § 1 Rdnr. 25.
[113] Vgl. § 40 Rdnr. 58; § 35 Rdnr. 184, 185; *Crezelius* Rdnr. 260, 276, 287; *Kerscher/Tanck/Krug* § 8 Rdnr. 375, 378.
[114] Vgl. im Einzelnen § 47 Rdnr. 84.
[115] Vgl. auch *Fiedler* DStR 2000, 533; *Geck* ZEV 1995, 140; *Geck* ZEV 2000, 21; *Lehmann* ZEV 2004, 398.

64 Im Zusammenhang mit der Prüfung des Versorgungsbedarfs des überlebenden Ehegatten ist stets auch zu prüfen, welche Erbschaftsteuerbelastung auf den Ehegatten auf Grund des ihm zur Versorgung zugewendeten Vermögens zukommen wird. In diesem Zusammenhang sollte der Berater prüfen, ob die **Pension**, die der überlebende Ehegatte erhält, erbschaftsteuerfrei oder erbschaftsteuerbelastet ist. Grundsätzlich kann gesagt werden, dass die aus einem **Beamtenverhältnis** oder aus der **gesetzlichen Rentenversicherung** sowie (bei einigen Gruppen von **Freiberuflern**) aus berufständigen Pflichtversicherungen resultierende Pensionen erbschaftsteuerfrei sind.[116] Anderes kann aber gelten, wenn der Verstorbene **geschäftsführender Gesellschafter** war und aus diesem Verhältnis ein vertraglicher Versorgungsanspruch der Hinterbliebenen resultiert. Der BFH hat in diesem Zusammenhang entschieden, dass diese Pensionen nur dann erbschaftsteuerfrei sind, wenn der Erblasser als Gesellschafter einer Personengesellschaft oder einer GmbH dort eine **arbeitnehmerähnliche** Position inne hatte.[117] Dies wird in der Praxis bei einem Gesellschafter einer OHG oder dem Komplementär einer Kommanditgesellschaft so gut wie nie vorkommen.[118] Bei einem geschäftsführenden Gesellschafter einer GmbH kann gesagt werden, dass in der Regel keine arbeitnehmerähnliche Ausgestaltung des Verhältnisses vorlag, wenn der Verstorbene Allein- oder Mehrheitsgesellschafter war.

65 Im Zusammenhang mit den Versorgungsbezügen ist auch § 17 ErbStG zu beachten.[119] Nach dieser Vorschrift erhalten überlebende Ehegatten einen **besonderen Versorgungsfreibetrag** in Höhe von € 256.000,–, der neben den allgemeinen Freibetrag in Höhe von € 307.000,– tritt. Kinder erhalten ebenfalls einen solchen besonderen Versorgungsfreibetrag, dessen Höhe sich nach dem Alter der Kinder staffelt (§ 17 Abs. 2 ErbStG). Dieser Versorgungsfreibetrag wird jedoch um den Betrag **gekürzt**, der dem Ehegatten oder den Kindern als Pension erbschaftsteuerfrei zufällt.

XIV. Die Tücken der Ausschlagung

Schrifttum: Flick, Die Erbausschlagung als Instrument zur nachträglichen Gestaltung einer verunglückten Erbfolge, DStR 2000, 1816; *Zimmermann,* Einkommensteuerliche Risiken aus der Erbschaftsausschlagung gegen Abfindung, ZEV 2001, 5; *Ivo,* Die Teilausschlagung einer Erbschaft, ZEV 2002, 145.

66 Die Ausschlagung der Erbschaft ist ein wichtiges Instrument, um sich von unliebsamen Erbschaften zu befreien.[120] Nach dem System des deutschen Erbrechts fällt die Erbschaft dem Erben im Augenblick des Todes des Erblassers von selbst an, die Ausschlagung bietet hierzu das notwendige Korrektiv. Zwar bietet das Erbrecht ein ausgefeiltes System, um es dem Erben eines überschuldeten Nachlass zu ermöglichen, die Haftung für die Nachlassverbindlichkeiten auf den übernommenen Nachlass zu begrenzen und somit sein eigenes Vermögen vor einer Inanspruchnahme zu schützen.[121] Gleichwohl ist es für einen Erben, der sicher weiß, dass der Nachlass überschuldet ist, viel angenehmer, sich der Erbschaft einfach durch Ausschlagung zu entledigen. Die Ausschlagungserklärung, die übrigens durch Erklärung gegenüber dem Nachlassgericht zu erfolgen hat, kann nur in engen Fristen abgegeben werden. Die Frist beträgt 6 Wochen und verlängert sich auf 6 Monate, wenn der Erblasser seinen Wohnsitz im Ausland hatte oder sich der Erbe bei Beginn der Ausschlagungsfrist im Ausland befand. Von Ausnahmen abgesehen, ist die Ausschlagung unteilbar, kann also nicht auf bestimmte Nachlassteile begrenzt werden, §§ 1950, 1951 BGB.[122]

67 In gleicher Weise bietet die Ausschlagung auch eine willkommene Möglichkeit, um verunglückte Erbfolgen und deren **Steuerfolgen** zu korrigieren.[123] Stellt sich beispielsweise nach dem Erbfall heraus, dass das Berliner Testament, bei dem der überlebende Ehegatte unter Ausschließung der Kinder Alleinerbe wird, unangemessene erbschaftsteuerliche Folgen hat,[124] ist

---

[116] Vgl. *Meincke* ErbStG § 3 Rdnr. 84.
[117] Vgl. *Meincke* ErbStG § 3 Rdnr. 91.
[118] Vgl. aber *Müller/Ohland/Brandmüller* C 173.
[119] Vgl. § 35 Rdnr. 162.
[120] Vgl. § 22, § 36 Rdnr. 271 ff.
[121] Vgl. zur Nachlasshaftung, Nachlassverwaltung und Nachlassinsolvenz §§ 23, 24 und 25.
[122] Vgl. dazu ausführlich: *Ivo* ZEV 2002, 145.
[123] Vgl. *Flick* DStR 2000, 1816.
[124] Vgl. § 36 Rdnr. 271 ff.

zu erwägen, ob nicht der überlebende Ehegatte ausschlägt, wenn sichergestellt ist, dass die Erbschaft dann den Kindern anfällt.[125]

Gleichwohl sei vor voreiligen Ausschlagungen gewarnt. Erfolgt die Ausschlagung gegen Abfindung, wird hierin überwiegend ein entgeltliches Geschäft gesehen, das beim Ausschlagenden – ebenso wie die Veräußerung eines Erbanteils – beim Übergang von steuerverstricktem Vermögen steuerpflichtige Veräußerungsgewinne auslösen kann, denen Anschaffungskosten der anstelle des Ausschlagenden nächst Berufenen gegenüberstehen.[126] 68

Zwar kann die Erklärung der Ausschlagung, wie übrigens auch die Erklärung der Annahme, nach den allgemeinen Regeln der §§ 119 ff. BGB **angefochten** werden, hierzu bedarf es aber eines Grundes (Irrtum über Erklärungshandlung oder die Bedeutung oder Irrtum über eine verkehrswesentliche Eigenschaft).[127] Es stellt jedoch keine taugliche Begründung für eine Anfechtung dar, wenn sich der Ausschlagende über die Rechtsfolgen der Ausschlagung geirrt hat. Diese Rechtsfolgenirrtümer spielen aber immer wieder dann eine Rolle, wenn Angehörige des Erblassers im Irrglauben die Erbschaft ausschlagen, sie könnten statt der ausgeschlagenen Erbschaft den Pflichtteil verlangen. Da dieser Irrtum so schwerwiegende Folgen hat, sei an dieser Stelle nochmals darauf hingewiesen, dass es grundsätzlich auch für pflichtteilsberechtigte Personen **nicht** möglich ist, den Erbteil **auszuschlagen** und statt dessen den **Pflichtteil** zu verlangen. Lediglich ausnahmsweise ist diese Möglichkeit gegeben: Zum einen ordnet § 2306 Abs. 1 Satz 2 BGB an, dass dann, wenn einem pflichtteilsberechtigten Erben ein Erbteil hinterlassen wird, der zwar größer als der Pflichtteil ist, jedoch mit der Anordnung von Vor- und Nacherbschaft, Testamentsvollstreckung oder einer Teilungsanordnung beschränkt oder mit einem Vermächtnis oder einer Auflage beschwert ist, der pflichtteilsberechtigte Erbe **ausnahmsweise** ausschlagen und den Pflichtteil verlangen kann. In diesem Zusammenhang ist es ganz besonders wichtig, auch § 2306 Abs. 1 Satz 1 BGB zu beachten. Übersteigt nämlich der dem pflichtteilsberechtigten Erben hinterlassene Erbteil die Hälfte des gesetzlichen Erbteils nicht, so gelten die vorstehend benannten Beschränkungen und Beschwerungen als nicht angeordnet. Schlägt der pflichtteilsberechtigte Erbe gleichwohl aus, verliert er wiederum seinen gesamten Erbteil und erwirbt **keinen** Pflichtteil. Allenfalls erhält er den Pflichtteilsrestanspruch gemäß § 2305 BGB.[128] Eine weitere Ausnahme des Grundsatzes, dass nach Ausschlagung kein Pflichtteilsanspruch verlangt werden kann, gilt für den überlebenden Ehegatten, der mit dem Erblasser im gesetzlichen Güterstand der Zugewinngemeinschaft lebte. Hier ist es ebenfalls möglich, dass der Ehegatte ausschlägt und anschließend einerseits den Pflichtteil sowie andererseits die tatsächlich berechnete Zugewinnausgleichsforderung verlangt.[129] Abgesehen von den skizzierten Ausnahmefällen besteht indes keine Möglichkeit, die Erbschaft auszuschlagen und gleichwohl den Pflichtteil zu verlangen.[130]

XV. Pflichtteils- und Erbverzicht

Die ausgeklügelste Nachlassplanung kann durch die Geltendmachung von Pflichtteilsansprüchen, d. h. sofort fälligen Geldforderungen, nachhaltig gestört werden. Zudem sehen gerade komplizierte Unternehmensnachfolgeregelungen häufig Instrumentarien vor (etwa Testamentsvollstreckung, Anordnungen von Vermächtnissen etc.), die gemäß § 2306 Abs. 1 Satz 2 BGB pflichtteilsberechtigte Abkömmlinge berechtigen, sich von dem beschränkten oder belasteten Erbteil durch Ausschlagung zu trennen und ausnahmsweise den Pflichtteil zu verlangen.[131] Daraus erklärt sich die praktische Notwendigkeit von Pflichtteilsverzichten, die ein wesentliches Element der Unternehmensnachfolgeplanung darstellen.[132] 69

---

[125] Vgl. auch *Zimmermann* ZEV 2001, 5.
[126] BFH – IX R 59/94 – BStBl II 1998, 431; BMF v. 11.1.1993 – BStBl. 1993, 62 Rdnr. 40; *Schmidt/Wacker* EStG § 16 Rdnr. 591; krit. *Zimmermann* ZEV 2001, 5.
[127] Vgl. § 22 Rdnr. 43 ff.
[128] Vgl. im Einzelnen § 29 Rdnr. 30 ff.
[129] Vgl. § 29 Rdnr. 78 ff.
[130] Vgl. allerdings auch die Fälle des § 2307 und des § 1948 BGB sowie insgesamt *Sudhoff/Scherer* § 17 Rdnr. 41.
[131] Vgl. § 29 Rdnr. 34 ff.
[132] Vgl. im Einzelnen § 31.

70 Bei der konkreten Ausgestaltung des Verzichts (der stets notariell zu beurkunden ist) ist zu beachten, dass es kaum einen vernünftigen Grund gibt, statt eines **Pflichtteilsverzichtes** gemäß § 2346 Abs. 1 Satz 2 BGB einen Erbverzicht gemäß § 2346 Abs. 1 Satz 1 BGB abzuschließen. Im Gegenteil, der Erbverzicht hat häufig ausgesprochen nachteilige Wirkungen. Zu beachten ist, dass sich durch einen Erbverzichtsvertrag die Pflichtteilsansprüche anderer Pflichtteilsberechtigten **erhöhen**, denn gemäß § 2310 Satz 2 BGB werden Personen, die auf ihren Erbteil verzichtet haben, bei der Feststellung des für die Berechnung des Pflichtteils maßgebenden Erbteils nicht mitgezählt. Schließt beispielsweise ein Unternehmer, der drei Kinder (A, B, C) hinterlässt, mit A im Zuge einer Abfindungsregelung einen Erbverzicht und entscheidet er sich später, nur C als Alleinerben einzusetzen, weil er B, aus welchen Gründen auch immer, enterben will, so beträgt auf Grund des Erbverzichtes des A der gesetzliche Erbteil von B und C 1/2 und der Pflichtteilsanspruch des enterbten B 1/4. Hätte er mit A lediglich einen Pflichtteilsverzicht abgeschlossen, so würde A bei der Ermittlung des Pflichtteilsanspruches des B mitgezählt, so dass der gesetzliche Erbteil des B 1/3 und sein Pflichtteil mithin nur 1/6 betragen würde.

71 Ergeben sich Schwierigkeiten, die potentiellen Nachfolger dazu zu bewegen, einen Pflichtteilsverzichtsvertrag abzuschließen, lässt sich häufig ein Kompromiss dadurch erzielen, dass der Pflichtteilsverzicht (anders als der Erbverzicht) **gegenständlich beschränkt** abgeschlossen wird. So kann beispielsweise vereinbart werden, dass lediglich bestimmte Vermögensbestandteile, etwa Unternehmensanteile, nicht in die Nachlassbewertung zur Ermittlung des Pflichtteilsanspruches einbezogen werden.

XVI. Einkommensteuerbelastung der Miterbenauseinandersetzung

Schrifttum: *Crezelius*, Unternehmenserbrecht, 1998; *Esch/Baumann/Schulze zur Wiesche*, Handbuch der Vermögensnachfolge, 6. Aufl. 2001; *Landsittel*, Gestaltungsmöglichkeiten von Erbfällen und Schenkungen, 3. Aufl. 2006; *Mayer*, Grundzüge des Rechts der Unternehmensnachfolge, 1999; *Müller/Ohland/Brandmüller*, Gestaltung der Erb- und Unternehmensnachfolge in der Praxis (Loseblatt); *Sudhoff/Bearbeiter*, Unternehmensnachfolge, 5. Aufl. 2005; *Piltz*, Die Besteuerung beim ausscheiden aus einer Personengesellschaft mit dem Tode, ZEV 2006, 205.

72 Wenigstens im Grundsatz sollte bekannt sein, dass nach einem bedeutsamen Beschluss des BFH aus dem Jahr 1990 der Miterbenauseinandersetzung eine erhebliche **einkommensteuerliche** Bedeutung zukommen kann.[133] Auch hier gilt, dass überraschende und ungeplante Steuerfolgen jede Nachlassplanung vereiteln können; zudem ist es möglich, diese Steuerfolgen durch alternative Gestaltungen zu vermeiden:

Vereinfacht dargestellt geht es in dem angesprochenen BFH-Beschluss darum, dass die Miterbenauseinandersetzung dann einkommensteuerliche Folgen nach sich ziehen kann, wenn sie **entgeltlich** erfolgt.[134] Zu einer solchen entgeltlichen Erbauseinandersetzung kann es kommen, wenn entweder die Miterben bei der Aufteilung des Nachlasses untereinander Ausgleichsgelder zahlen oder solche Ausgleichsgelder auf Grund von **Teilungsanordnungen** anfallen.[135] Verfügt beispielsweise der Erblasser, dass zwar seine beiden Kinder je zur Hälfte Erben sind, erhält aber auf Grund einer Teilungsanordnung der eine Erbe ein weniger wertvolles Hausgrundstück aus dem Nachlass und der andere das wertvollere Hausgrundstück, so ist das Kind, das den wertvolleren Vermögensteil erworben hat, verpflichtet, dem anderen Geschwisterteil einen entsprechenden Wertausgleich zu leisten. Stellt sich die Auseinandersetzung aber auf Grund solcher Zahlungen als eine entgeltliche Auseinandersetzung dar, so behandelt – sehr vereinfacht und knapp dargestellt – die Finanzverwaltung die Fälle nicht anders, als wenn Verkäufe unter Lebenden vorgenommen worden wären. In diesem Zusammenhang kann es zu Steuerfolgen sowohl bei der Erbauseinandersetzung des **Privatvermögens** als auch bei der Erbauseinandersetzung über **Betriebsvermögen** kommen.[136]

---

[133] BFH Beschl. des Großen Senats v. 5.7.1990 – BStBl. II 1990, 837.
[134] Vgl. § 35 Rdnr. 190 ff.; Sudhoff/*von Sothen* § 54 Rdnr. 83 ff.; *Esch/Baumann/Schulze zur Wiesche* II Rdnr. 503 ff.; *Mayer* S. 123 ff.; die Entgeltlichkeit kann auch auf der überquotalen Übernahme von Verbindlichkeiten durch einen Miterben beruhen, BFH v. 14.11.2004 – ZEV 2005, 223.
[135] Zur Teilungsanordnung vgl. § 16 Rdnr. 13.
[136] *Crezelius* Rdnr. 176.

1. Privatvermögen

Wird Privatvermögen im Rahmen einer entgeltlichen Miterbenauseinandersetzung geteilt,[137] so ist der Sachverhalt zu beurteilen, als hätten die handelnden Personen ein **Veräußerungsgeschäft** getätigt. Als Beispiel sei auf Folgenden einfachen Fall hingewiesen: Ein Erblasser hinterlässt seinen beiden Kindern, die er je zur Hälfte als Erben eingesetzt hat, ein Hausgrundstück, das er selbst für € 250.000,- gekauft hat und dessen Wert zum Todestag € 500.000,- beträgt. Die Erben setzen sich so auseinander, dass einer der Miterben das Hausgrundstück vollständig übernimmt und den Differenzbetrag in Höhe von € 250.000,- an sein Geschwisterteil zahlt. Wenn der Grundstückskauf durch den Erblasser noch keine zehn Jahre zurücklag, handelt es sich um ein steuerpflichtiges privates Veräußerungsgeschäft gemäß § 23 Abs. 1 Nr. 1 EStG. In Höhe der Differenz zwischen den anteiligen Anschaffungskosten (€ 125.000,-) und den empfangenen € 250.000,-, also in Höhe von € 125.000,-, hat daher im vorliegenden Sachverhalt eines der Geschwisterteile einen der Einkommensteuer unterliegenden Spekulationsgewinn realisiert. Selbstverständlich fällt daneben Erbschaftsteuer an.

Gleiches gilt, wenn Gegenstand der Miterbenauseinandersetzung statt eines Grundstückes Wertpapiere innerhalb der Spekulationsfristen (§ 23 Abs. 1 Nr. 2 EStG) oder eine Beteiligung von zumindest 1% (bis 31.12.2001: 10%) (§ 17 EStG) oder ein einbringungsgeborener Anteil (§ 21 UmwStG)[138] an einer Kapitalgesellschaft sind.[139]

Diese ertragsteuerlichen Steuerfolgen können **vermieden** werden, indem die Auseinandersetzung zwischen den Erben so durchgeführt wird, dass sie als **unentgeltliche** Auseinandersetzung zu qualifizieren ist: Besteht beispielsweise im oben aufgezeigten Fall der Nachlass nicht nur aus dem Hausgrundstück, sondern auch aus anderen Werten und einigen sich die Geschwister so, dass eines der Geschwister das Haus und das andere Geschwisterteil das übrige Vermögen erhält, so liegt eine unentgeltliche **Realteilung** des Nachlasses vor, die keine ertragsteuerlichen Folgen nach sich zieht.

2. Betriebsvermögen

In der gleichen Wirkungsweise entstehen Steuerfolgen, wenn Betriebsvermögen entgeltlich auseinander gesetzt wird.[140] Mit dem Erbfall werden sämtliche Erben **Mitunternehmer** des geerbten gewerblichen Betriebes. Bei Auflösung der Mitunternehmerschaft, etwa im Rahmen der **entgeltlichen** Auseinandersetzung, können gemäß § 16 EStG steuerpflichtige Veräußerungs- oder Aufgabegewinne entstehen. Diese Steuerfolgen können vermieden werden, indem bereits durch die Gestaltung der Nachfolge eine Miterbengemeinschaft verhindert wird. Dies kann häufig so geschehen, dass einerseits ein Alleinerbe bestimmt wird und andererseits zur Sicherung der übrigen Angehörigen diesen Vermächtnisse zugewandt werden. Auch auf der Ebene der Miterben können die aufgezeigten Steuerfolgen oft dadurch vermieden werden, dass die Miterben das betriebliche Vermögen **real** teilen; auch dann ist die Auseinandersetzung wiederum als unentgeltliche Auseinandersetzung und nicht als steuerpflichtige, entgeltliche Auseinandersetzung zu qualifizieren. Die Realteilung muss allerdings gemäß § 16 Abs. 3 EStG in der seit 2002 geltenden Neufassung so vorgenommen werden, dass die teilenden Mitunternehmer entweder einen Teilbetrieb oder einen Mitunternehmeranteil erhalten. Einzelne Wirtschaftsgüter dürfen im Rahmen der **Realteilung** nicht zugewiesen werden; geschieht dies gleichwohl, so liegt eine Entnahme vor. Eine Buchwertverknüpfung ist insoweit nicht möglich, es entsteht vielmehr ein Entnahmegewinn.

---

[137] *Landsittel* Rdnr. 752 ff.
[138] Zum Begriff vgl. Fn. 10.
[139] Zum Begriff des Privatvermögens vgl. Rdnr. 6. Aufgrund der in den letzten Jahren zu beobachtenden ständigen Verschärfungen der steuerlichen Verhaftungen des Privatvermögens (Absenkung der Beteiligungsgrenzen bei Kapitalgesellschaften von 25% über 10% auf lediglich 1% (seit 1.1.2002), Verlängerung der Spekulationsfristen bei Grundstücken auf 10 Jahre etc.), werden diese Fälle immer mehr Praxisrelevanz bekommen. Dies gilt erst recht, wenn – wie derzeit geplant – ab dem Jahr 2008 alle Veräußerungsgewinne besteuert werden.
[140] Vgl. *Müller/Ohland/Brandmüller* D 82 ff.; *Landsittel* Rdnr. 761 ff.

77 Fällt den Miterben eine Beteiligung an einer Personengesellschaft zu, hängen die hier aufgeworfenen Fragen wiederum stark von den jeweiligen Nachfolgeklauseln ab.[141]

78 Unter Geltung einer **Fortsetzungsklausel** wird bekanntlich die Gesellschaft von den verbleibenden Gesellschaftern fortgeführt.[142] Die Erben des verstorbenen Gesellschafters erhalten einen Abfindungsanspruch. Steuerrechtlich wird die Situation beurteilt, als habe der Verstorbene seinen Anteil an die übrigen Gesellschafter verkauft. Die Abfindungssumme ist daher wie ein Veräußerungsgewinn zu behandeln, die Differenz zwischen dem Abfindungsbetrag und dem Buchwert des Anteils ist gemäß § 16 Abs. 1 Nr. 2 EStG zu versteuern. Unter den Voraussetzungen des § 34 Abs. 3 EStG ist der Gewinn tarifbegünstigt (Steuersatz von 56 % für Veräußerungsgewinne bis € 5 Mio. Bei den verbleibenden Gesellschaftern führt die Zahlung des Abfindungsanspruchs zu entsprechenden Anschaffungskosten.

79 Bei der **einfachen Nachfolgeklausel** ergeben sich keine besonderen Probleme. Der Anteil splittet sich und geht im Rahmen der Sondererbfolge unmittelbar und ohne dass es einer Erbauseinandersetzung bedarf, auf die Miterben über. Besondere ertrag- oder erbschaftsteuerliche Probleme stellen sich nicht, erbschaftsteuerlich ist der Erwerb gemäß § 13 a ErbStG begünstigt. Ertragsteuerliche Probleme entstehen aber dann, wenn einzelne Miterben ihren im Rahmen der Sondererbfolge erworbenen Anteil auf andere Erben übertragen. Geschieht dies gegen Ausgleichszahlungen, so entstehen beim veräußernden Erben gemäß § 16 EStG zu versteuernde Veräußerungserlöse.

80 Bei der **qualifizierten Nachfolgeklausel** ist der Anteil zwar vererblich, jedoch nur an eine bestimmte Gruppe von Erben. Diesen fällt der Anteil, ohne dass es einer Auseinandersetzung bedarf, im Wege der Sondererbfolge unmittelbar an. Empfangen sie mit dem Anteil mehr, als ihnen auf Grund der Erbquote zusteht, sind sie verpflichtet, den übrigen Erben einen entsprechenden Ausgleich zu leisten. Steuerlich ist hier zwischen der ertragsteuerlichen und der erbschaftsteuerlichen Wirkung zu differenzieren: Da auf Grund der qualifizierten Klausel und der Sondererbfolge der Anteil nie in die Erbengemeinschaft fiel, stellen die Ausgleichszahlungen für die empfangenden Erben, die nicht Gesellschafter wurden, keine Zahlungen im Rahmen der Auseinandersetzung dar und unterliegen daher auch nicht der **Einkommensteuer**. Umgekehrt stellen die Zahlungen für den qualifizierten Nachfolger auch keine (abschreibbaren) Anschaffungskosten dar. **Erbschaftsteuerlich** wird jedoch der Gesellschaftsanteil, obwohl er auf Grund der qualifizierten Klausel und der Sondererbfolge nie zur Miterbengemeinschaft gehörte, mit seinem Steuerwert der Miterbengemeinschaft zugeordnet. Die Miterben haben auf dieser Grundlage Erbschaftsteuern zu bezahlen. Dabei erhalten alle Miterben, sofern keine abweichende Erblasserbestimmung (vgl. dazu § 13 a Abs. 1 S. 1 Nr. 1 ErbStG: Schriftform genügt) vorliegt, die Vorteile des § 13 a ErbStG. Die empfangene Abfindungszahlung ist erbschaftsteuerfrei und kann umgekehrt vom qualifizierten Nachfolger nicht abgezogen werden.[143]

XVII. Schenkung und Vererben

Schrifttum: *Crezelius,* Unternehmenserbrecht, 1998; *Halaczinsky,* Höhere Erbschaftsteuer für Immobilien, BB 2000, 1597 ff. (Teil 1), 1649 ff. (Teil 2); *H. Hübner,* Die Unternehmensnachfolge, 1998; *Landsittel,* Gestaltungsmöglichkeiten von Erbfällen und Schenkungen, 3. Aufl. 2006; *Meincke,* Erbschaftsteuergesetz (Kommentar), 14. Aufl. 2004; *Sudhoff/Bearbeiter,* Unternehmensnachfolge, 5. Aufl. 2005; *Wöhrle/Schelle/Gross,* Außensteuergesetz, 21. Lieferung, 1999.

81 Grundsätzlich ist die oft zu hörende Empfehlung richtig, dass die vorweggenommene Erbfolge der Vermögensnachfolge von Todes wegen vorzugswürdig ist. Abgesehen von der menschlichen Erwägung, dass es natürlich für beide Seiten, den Übergeber wie den Übernehmer, viel erfreulicher ist, Vermögenswerte unter Lebenden zu übergeben, sprechen auch steuerliche Erwägungen für diese Empfehlung. Bereits durch konsequente Nutzung der Freibeträge lassen sich **erhebliche** Steuervorteile erzielen. Eltern, die drei Jahrzehnte lang im

---

[141] Wobei im Rahmen dieser sehr allgemeinen Einführung nur kurz die Situation der wichtigsten Klauseln beschrieben wird. Zur Situation der Eintrittsklausel vgl. § 35 Rdnr. 149.
[142] Zur Fortsetzungsklausel siehe § 40 Rdnr. 29 und § 35 Rdnr. 181.
[143] Vgl. im Einzelnen § 35 Rdnr. 184; *Crezelius* Rdnr. 287.

Rahmen der Freibeträge Vermögen auf ihre zwei Kinder übertragen, können fast Euro 2,5 Mio. erbschaftsteuerfrei übertragen. In diesem Zusammenhang lassen sich einige allgemeine Ratschläge erteilen (vgl. nachfolgend Rdnr. 82 ff.), allerdings ist auch ein Warnhinweis angebracht, denn nicht immer ist Schenken vorteilhafter als Vererben (nachfolgend Rdnr. 87 ff.).

1. Ratschläge zur Schenkung

a) **Nutzung der Kettenschenkungsmöglichkeit.** Unter einer Kettenschenkung versteht man die Zuwendung von Vermögen an eine Person, die langfristig das Vermögen nicht selbst behalten soll, sondern dies unter Nutzung der Freibeträge weiter reicht.[144] Die hinter der Kettenschenkung stehende Idee liegt darin, **Freibeträge** optimal zu nutzen. So ist beispielsweise vorstellbar, dass ein Ehegatte einerseits eine Schenkung im Rahmen der Freibeträge an sein Kind ausreicht (zurzeit maximal € 205.000,– je Kind, vgl. § 16 ErbStG) und andererseits eine weitere Schenkung in Höhe von € 205.000,– an den anderen Ehegatten im Rahmen der Freibeträge zwischen Ehegatten (zurzeit maximal € 307.000,–) vornimmt, die der empfangene Ehegatte an das Kind weiterleitet. Auf diese Art und Weise werden die Freibeträge, die das Kind gegenüber beiden Elternteilen in Höhe von jeweils € 205.000,– hat, optimal genutzt, am Ende erhält das Kind erbschaftsteuerfrei € 410.000,–. Solche Kettenschenkungen sind natürlich nicht nur im Verhältnis Ehegatten-Kinder möglich, sondern sind beispielsweise auch denkbar, wenn die Eltern dem Schwiegerkind etwas zukommen lassen wollen. Auch dann kann es sich beispielsweise empfehlen, zunächst eine Schenkung an das eigene Kind vorzunehmen, das Kind beschenkt dann seinerseits seinen Ehegatten. Auch auf diese Art und Weise werden die höheren Freibeträge zwischen dem Kind und seinem Ehegatten im Vergleich zu einer unmittelbaren Schenkung der Eltern an das Schwiegerkind genutzt. Die steuerliche Anerkennung der Kettenschenkung setzt jedoch **zwingend** voraus, dass die beschenkte Zwischenperson über die geschenkten Mittel **völlig frei verfügen kann**, d. h. die Weiterschenkung freiwillig erfolgt. Die Schenkung an die Zwischenperson darf daher keinesfalls beispielsweise unter der Auflage erfolgen, den empfangenen Betrag an die dritte Person weiter zu schenken. Zudem muss zwischen den zwei Schenkungen ein deutlicher **zeitlicher Abstand** von mehreren Monaten bestehen.

b) **Grundstücksschenkung und Möglichkeiten der mittelbaren Schenkung.** Bereits unter Rdnr. 41 wurde darauf hingewiesen, dass trotz zwischenzeitlich erfolgten Änderungen des Bewertungsrechtes Grundstücke häufig mit einem Wert bewertet werden, der unter dem Verkehrswert liegt. Deshalb hat die altbekannte Empfehlung noch immer in Regionen, in denen die Verkehrswerte von Grundstücken über den Steuerwerten liegen Gültigkeit, statt **Bargeld gegebenenfalls Grundvermögen** zu verschenken.[145] Wird beispielsweise ein Barbetrag in Höhe von Euro 1 Mio. verschenkt, so sind diese Euro 1 Mio. Bemessungsgrundlage für die Schenkungsteuer. Wird hingegen ein Grundstück im Verkehrswert von einer Euro 1 Mio. verschenkt, ist Bemessungsgrundlage der sich gemäß Rdnr. 41 errechnende Grundstücksbedarfswert, der nach einer Faustformel zwischen 50 % und 90 % des Verkehrswertes beträgt. Liegt der steuerliche Wert bei angenommenen Euro 800.000,–, sind nur diese Euro 800.000,– Bemessungsgrundlage für die Schenkungsteuer. Aus dieser grundsätzlichen Empfehlung, Grundstücke statt Geld zu verschenken, resultiert die Idee der mittelbaren Grundstücksschenkung: Wird ein Geldbetrag unter der Bedingung verschenkt, dass mit diesem Geld ein **genau bestimmtes**[146] **Grundstück** erworben wird, unterliegt nicht der Nominalgeldbetrag der Erbschaftsteuer, sondern der steuerliche Grundstückswert. Mit anderen Worten: Schenkt beispielsweise eine Mutter ihrer Tochter Euro 1 Mio. mit der Auflage, mit diesem Geld ein bestimmtes Grundstück zu erwerben, so sind Bemessungsgrundlage für die Schenkungsteuer nicht die Euro 1 Mio., sondern der bewertungsrechtliche Wert des Grundstückes, der, wie oben ausgeführt, in der Regel unter dem Verkehrswert liegt. Die steuerliche Anerkennung der mittelbaren Grundstücksschenkung setzt voraus, dass über die Schenkung und die Auflage, mit dem geschenkten Geld ein Grundstück zu erwerben, ein **schriftlicher** Vertrag geschlossen

---

[144] Vgl. *Meincke* § 7 ErbStG Rdnr. 68.
[145] *Halaczinsky* BB 2000, 1649.
[146] Vgl. jetzt aber auch (erweiternd) FG Neustadt Urt. v. 6.4.2000 – ZEV 2000, 468; insgesamt auch *H. Hübner* S. 53 (auch zur mittelbaren Schenkung von Gesellschaftsanteilen).

wird und zwischen Zuwendung des Geldes und bestimmungsmäßiger Verwendung des Geldes ein **zeitlich enger Zusammenhang** besteht.[147]

84 **c) Zuwendung des Familienwohnheims an den Ehegatten.** Relativ unbekannt ist aus dem Katalog der erbschaftsteuerfrei möglichen Zuwendungen (§ 13 ErbStG) die Regelung in § 13 Abs. 1 Ziff. 4 a ErbStG. Nach dieser Vorschrift kann ein Ehegatte dem anderen Ehegatten Eigentum oder Miteigentum an einem in Deutschland belegenen und **zu eigenen Wohnzwecken** genutzten Haus (gleiches gilt für eine Eigentumswohnung) verschaffen. Dabei kennt § 13 Abs. 1 Ziff. 4 a ErbStG weder Höchstgrenzen noch Begrenzungen in der Objektzahl. Es ist nach dieser Vorschrift daher möglich, dass ein Ehegatte dem anderen Ehegatten auch ein überaus wertvolles Haus, wenn es nur eigenen Wohnzwecken dient, schenkungsteuerfrei überträgt. Diese Möglichkeit kann ein weiterer, interessanter Baustein in der konsequenten Nutzung der Freibeträge sein, zumal solche Übertragungen auch mehrmals möglich sind: Es ist in der Praxis häufig zu erleben, dass sich das Familienvermögen in den Händen eines der Ehegatten ansammelt. Stirbt der andere Ehegatte, bleiben häufig die Freibeträge, die den Kindern auch hinsichtlich dieses Elternteils zustehen, ungenutzt. Es ist daher in der Praxis in der konkreten Nachlassplanung nach Möglichkeiten zu suchen, Vermögenswerte von einem Ehegatten auf den anderen Ehegatten zu übertragen, um die Freibeträge nach jedem Elternteil möglichst vollständig auszunutzen. In diesem Zusammenhang ist es natürlich ein interessantes Gestaltungsmittel, das selbstgenutzte Wohnhaus auf den anderen Ehegatten zu übertragen.[148]

85 **d) Berücksichtigung der übernächsten Generation.** Ist die Generation der als Erben in Betracht kommenden Kinder selbst vermögend, sollte immer wieder erwogen werden, ob nicht unter Ausnutzung der Freibeträge auch ein Teil des Vermögens unmittelbar an die nächste Generation, häufig also die Enkel, vererbt oder vermacht wird. Gemäß § 16 Abs. 1 Ziff. 3 steht den Enkeln immerhin ein Freibetrag in Höhe von € 51.200,– zu.[149]

86 **e) Übernahme der Schenkungsteuer.** In aller Regel empfiehlt es sich, dass der Schenker die Schenkungsteuer übernimmt. Zwar gilt die übernommene Steuer ebenfalls als Zuwendung, jedoch stellt die auf die übernommene Steuer entstehende Steuer keinen weiteren zu versteuernden Erwerb dar, § 10 Abs. 2 ErbStG.[150]

2. Ungleichheiten zwischen Schenkung- und Erbschaftsteuer

87 Die Steuersätze zwischen der Schenkung- und Erbschaftsteuer sind zwar identisch, auch gleicht sich häufig die Systematik der Besteuerung, es darf jedoch nicht übersehen werden, dass mitunter bedeutsame Besteuerungsunterschiede bestehen.

88 **a) Gemischte Schenkungen.** Wichtigstes Beispiel hierfür ist die Schenkung von Vermögen bei gleichzeitiger Übernahme von Belastungen durch den Beschenkten. Bei solchen **gemischten Schenkungen** (wie im Übrigen auch bei Schenkungen unter Leistungsauflagen)[151] ist, anders als bei Übergang von in gleicher Weise belastetem Vermögen im Erbfall, die Belastung **nicht** mit ihrem vollen Wert abzuziehen.[152] Ein Beispiel: Verschenkt der Erblasser ein Grundstück mit einem steuerlichen Wert in Höhe von € 1 Mio. und einem Verkehrswert von € 2 Mio. mit der weiteren Maßgabe, dass der Beschenkte die noch auf dem Grundstück lastenden und valutierenden Verbindlichkeiten in Höhe von € 500.000,– übernimmt, so ist nach R 17 Abs. 2 der Erbschaftsteuerrichtlinien der Gesamtsteuerwert der Schenkung entsprechend einer Formel zu berechnen, nach der der Steuerwert der Leistung des Schenkers (€ 1 Mio.) mit dem Verkehrswert der Bereicherung des Beschenkten (€ 2 Mio. abzüglich Schulden = € 1,5 Mio.) zu multiplizieren und dieser Wert durch den Verkehrswert der Leistung des Schenkers (€ 2 Mio.) zu dividieren ist. Im genannten Beispiel ergibt sich somit ein Steuerwert der Schenkung von € 750.000,–, die sich daraus ergebende Schenkungsteuer beträgt (bei Annahme der

---

[147] Vgl. § 36 Rdnr. 7 ff. und Sudhoff/*von Sothen* § 58 Rdnr. 56 ff. zur mittelbaren Grundstücksschenkung gegen wiederkehrende Leistungen.
[148] Vgl. im Einzelnen § 35 Rdnr. 104 ff.
[149] Vgl (mit Berechnungsbeispielen) auch Sudhoff/*Hübner* § 77 Rdnr. 30.
[150] Sudhoff/*Hübner* § 77 Rdnr. 35.
[151] Vgl. *Landsittel* Rdnr. 574 ff.
[152] Vgl. *Landsittel* Rdnr. 574 ff.; *H. Hübner* S. 43 ff.

Steuerklasse I) € 142.500,–. Wesentlich günstiger (und einfacher zu berechnen) ist demgegenüber die im Todesfall anfallende Erbschaftsteuer: Hier sind vom Steuerwert des Grundstückes (€ 1 Mio.) die Schulden (€ 500.000,–) abzuziehen, so dass sich ein erbschaftsteuerlicher Steuerwert von lediglich € 500.000,– ergibt und eine Schenkungsteuer von € 75.000,–.

Als **Fazit** ist daher zunächst darauf hinzuweisen, dass das Vererben eines Grundstückes mit Schulden oft steuergünstiger ist als die Schenkung eines solchen Grundstückes. Dies muss aber nicht bedeuten, dass das Verschenken von Grundstücken kein wichtiger Teil der vorweggenommenen Erbfolgeplanung ist. Man sollte jedoch darauf achten, möglichst unbelastete Grundstücke zu verschenken. Im Übrigen ist auch zu bedenken, ob die belasteten Grundstücke nicht in eine **gewerbliche Personengesellschaft** (insbesondere eine GmbH & Co. KG) eingebracht werden. Dann ist für die Berechnung der Schenkungsteuer nicht mehr zwischen Grundvermögen und Verbindlichkeiten zu trennen, sondern es ist nur noch ein einheitlicher Kommanditanteil für die Berechnung der Schenkungsteuer zu bewerten (vgl. § 12 Abs. 5 ErbStG).[153] Da aber für die Bewertung des Kommanditanteiles das Grundstück nur mit seinem erbschaftsteuerlichen Bedarfswert (vgl. hierzu Rdnr. 40), die Verbindlichkeiten hingegen mit ihrem valutierten Nennwert angesetzt werden, kann dies zu **negativen Werten** für den Kommanditanteil führen.[154] Betragen beispielsweise die Grundstückswerte € 5 Mio. und haben diese einen Steuerwert von € 3 Mio. und wurde der Erwerb der Grundstücke durch Kreditaufnahme in Höhe von € 4 Mio. finanziert, so ergibt sich als Wert des Kommanditanteiles ein negativer Wert in Höhe von € 1 Mio.[155] Es entsteht dann nicht nur keine Schenkungsteuer, sondern es können unter Umständen sogar in Höhe des negativen Betrages positive Werte zugewandt werden, ohne dass eine Erbschaftsteuer entsteht.[156]

Wichtig ist jedoch, dass die vorgestellte Bewertung des Betriebsvermögens nur möglich ist, wenn es sich um eine **gewerblich tätige oder eine gewerblich geprägte Personengesellschaft** handelt.[157] Handelt es sich hingegen um eine lediglich **vermögensverwaltende Personengesellschaft**, für die § 12 Abs. 5 ErbStG nicht gilt, ist § 10 Abs. 1 S. 3 ErbStG zu beachten.[158] Nach dieser Vorschrift ist bei rein vermögensverwaltenden Personengesellschaften der Erwerb der Beteiligung als Erwerb der anteiligen Wirtschaftsgüter zu behandeln. In diesem Fall ist, um die schenkungsteuerlich relevanten Werte zu ermitteln, nach den Grundsätzen der gemischten Schenkung (vgl. R 17 Abs. 2 der Erbschaftsteuerrichtlinien) zu verfahren (vgl. Rdnr. 88). Es ergibt sich dann nach der in Rdnr. 88 beschriebene Formel ein zu versteuernder positiver Wert in Höhe von € 600.000,–. Anderes würde wiederum gelten, wenn der belastete Anteil nicht verschenkt, sondern vererbt wird. Dann ist, wie ebenfalls in Rdnr. 88 dargestellt, wiederum der Wert der Verbindlichkeit vom Steuerwert der Grundstücke abzuziehen, so dass insgesamt kein positiver, sondern ein negativer Wert am Ende der Berechnung stünde.[159]

Handelt es sich bei der Übertragung um einen Anteil an einer gewerblich tätigen oder gewerblich geprägten Personengesellschaft, kommen zudem (zur Zeit noch) die in Rdnr. 43 erwähnten weiteren Vergünstigungen für Betriebsvermögen nach §§ 13, 19a ErbStG zur Anwendung (besonderer Freibetrag in Höhe von € 225.000,–, 35%-iger Bewertungsabschlag, Steuersätze weitgehend nach Steuerklasse I). Allerdings sind dann auch die in Rdnr. 45 angedeuteten Nachteile zu beachten, d. h. die drohende Nachversteuerung, wenn der Beschenkte das Betriebsvermögen nicht mindestens für fünf Jahre in seinem Besitz hält. Vgl. auch das Vorwort und Rdnr. 46 zu den anstehenden Gesetzesänderungen.

---

[153] Vgl. *H. Hübner* S. 52, 53.
[154] Vgl. zu den Einzelheiten Gürsching/Stenger/*Dötsch* § 97 BewG Rdnr. 705 ff.
[155] Vgl. *Crezelius* Rdnr. 472.
[156] Vgl. *Crezelius* Rdnr. 472; zu den technischen Einzelheiten *Meincke* § 7 ErbStG Rdnr. 65, 66.
[157] Vgl. zu den Reformplänen oben Rdnr. 46.
[158] Die Vorschrift ist letztlich eine Reaktion auf eine ihm missliebige Rechtsprechung des BFH (14.12.1995 – BStBl. II 1996, 546), die auch bei der vermögensverwaltenden (nicht gewerblichen) Personengesellschaft den Abzug der Gesellschaftsschulden vom Gesamtwert des Vermögens der Gesellschaft zugelassen hatte, weil sie auch die Übertragung von Anteilen einer vermögensverwaltenden Gesellschaften als Anteilsübertragung und nicht als bloße Übertragung von Aktiva und Passiva angesehen hat.
[159] Vgl. *Landsittel* Rdnr. 581, aber auch *Crezelius* Rdnr. 472 a. E. mit dem Hinweis, dass sich aus dem Wortlaut des § 10 Abs. 1 S. 3 keine Begrenzung auf Schenkungsfälle ergibt und daher das Risiko besteht, dass die Vorschrift ein Einfallstor für das Institut der gemischten Schenkung auch auf Erbfälle sein könnte.

92 b) **Außensteuergesetz, Steuerentstrickung.** Der Vollständigkeit halber ist schließlich auf § 6 Abs. 3 Ziff. 1 AStG hinzuweisen. § 6 AStG erstreckt § 17 EStG auf den Wohnsitzwechsel ins Ausland mit der Folge, dass unbeschränkt Steuerpflichtige insbesondere mit ihrem Übertritt in die beschränkte Steuerpflicht Wertsteigerungen von Anteilen an einer inländischen Kapitalgesellschaft ebenso zu versteuern haben, wie wenn die Anteile veräußert worden wären. Die hiermit verbundene Sofortbesteuerung führt jedoch zu einer Beschränkung der Kapitalverkehrsfreiheit nach Art. 52 EG-Vertrag und wird im Anschluss an das EuGH-Urteil „Lasteyrie du Saillant"[160] als **europarechtswidrig** angesehen.[161] Mit Datum vom 12.7.2006 hat das Bundeskabinett einen Referentenentwurf[162] zur Änderung unter anderem des § 6 AStG beschlossen, nach dem in Fällen, die andere EU-Staaten sowie Staaten des EWR betreffen, ein Besteuerungsaufschub ohne Sicherheitsleistung und ohne Verzinsung vorgesehen ist, vgl. § 6 Abs. 4 und 5 AStR-E. Wie nach bisherigem Recht soll – kurz gesagt – eine Steuerpflicht grundsätzlich ausgelöst werden, wenn Anteile an einer Kapitalgesellschaft ins Ausland **verschenkt** werden. Weiterhin tritt aber keine Steuerpflicht ein, wenn Anteile ins Ausland (genau: an eine nicht in Deutschland unbeschränkt steuerpflichtige Person) **vererbt** werden.[163]

XVIII. Teilungsanordnung und Vorausvermächtnis

Schrifttum: *Körner,* Anmerkungen zum SEStEG-Entwurf vom 31.4.2006, IStR 2006, 469; *Carlé,* Vermächtnis und Teilungsanordnung – Zivil- und erbschaftsteuerrechtliche Probleme, KÖSDI 6/2005, 14685; *Schoor,* Zurechnung von Unternehmensgewinn bei Teilungsanordnung, efv 2003, 285.

93 Eine Teilungsanordnung dient der gegenständlichen Verteilung der Nachlassgegenstände in der Miterbenauseinandersetzung.[164] Mit Hilfe der Teilungsanordnung gemäß § 2048 BGB kann der Erblasser Anordnungen treffen, wie das Vermögen unter den Erben aufzuteilen ist. Hat der Erblasser beispielsweise zwei Erben zu je 1/2 eingesetzt, kann er im Wege der Teilungsanordnung anordnen, dass der eine Erbe das Wertpapierdepot, der andere das Hausgrundstück erhält. Die Teilungsanordnungen führen nicht zu Wertverschiebungen: Erhält der eine Erbe auf Grund der Teilungsanordnung einen Mehrwert, so ist er verpflichtet, diesen gegenüber dem anderen Erben auszugleichen. In diesem **Wertausgleich** liegt der entscheidende Unterschied zum Vorausvermächtnis. Mit Hilfe eines Vorausvermächtnisses kann ein einzelner Gegenstand einem Erben unabhängig von dessen Erbstellung und ohne Anrechnung auf dessen Erbquote zugewendet werden. Ein Beispiel zur Verdeutlichung: Ein Erblasser setzt zwei Erben je zu 1/2 ein und bestimmt, dass dem einen Erben das Hausgrundstück 1 im Steuerwert (Grundstücksbedarfswert, vgl. Rdnr. 40) von € 500.000,– und mit einem Verkehrswert von € 1 Mio. und dem anderen Erben das Hausgrundstück 2 mit einem Steuerwert von € 1 Mio. und einem Verkehrswert von € 2 Mio. zufallen soll. Verfügt er dies als Teilungsanordnung, so ist der eine Erbe, der das Hausgrundstück im Verkehrswert von € 2 Mio. erworben hat, verpflichtet, € 500.000,– an den anderen Erben zu leisten, so dass jeder der Erben im Ergebnis über einen Wert von € 1,5 Mio. verfügt, was ihrer Einsetzung zu Erben auf je ein Halb entspricht. Hätte der Erblasser demgegenüber verfügt, dass zwar beide Erben zu 1/2 eingesetzt sind, jedoch den beiden Erben die beiden in Rede stehenden Grundstücke im Wege des Vorausvermächtnisses zugewandt, so hätten sie sich nur hinsichtlich des Restnachlasses auseinander zu setzen, im Übrigen hätte jeder, ohne dass er dem anderen zu Wertausgleich verpflichtet ist, einen Anspruch auf Übertragung des jeweiligen Hauses.

94 So bedeutsam wie der zivilrechtliche Unterschied zwischen Teilungsanordnung und Vorausvermächtnis ist, so bedeutsam sind auch die **erbschaftsteuerlichen Unterschiede.**[165] Die Anordnung der Teilungsanordnung ändert nichts daran, dass die Miterbengemeinschaft den Gesamt-

---

[160] Urt. v. 11.3.2004 – Rs. C-9/02 – DStR 2004, 551.
[161] Vgl. etwa *Körner* IStR 2006, 469; vgl. auch Rundverfügung der OFD Berlin vom 19.3.2001 – IV B 4 – S 1300 – 65/01 – IStR 2001, 228.
[162] Entwurf eines Gesetzes über steuerliche Begleitmaßnahmen zur Einführung der Europäischen Gesellschaft und zur Änderung weiterer steuerrechtlicher Vorschriften (SEStEG) vom 21.4.2006.
[163] Vgl. *Wöhrle/Schelle/Gross* § 6 AStG Rdnr. 36.
[164] Vgl. im Einzelnen § 16.
[165] Zur ertragsteuerlichen Zuordnung von Unternehmensgewinnen vgl. *Schoor* efv 2003, 285.

wert erwirbt: Zu versteuern sind im Beispielsfall (unterstellt, es gibt einen weiteren Nachlass im Steuerwert von € 1 Mio.) durch die Erbengemeinschaft insgesamt € 2,5 Mio., so dass auf jeden der Erben ein zu versteuernder Wert von € 1.250.000,– entfällt. **Völlig anders** stellt sich die Situation hingegen dar, wenn die beiden Grundstücke den beiden Erben als Vorausvermächtnis zugedacht werden. Hier muss jeder Erbe den Wert des ihm zugefallenen Vermächtnisses vererben. Nur der beiden als Miterben zugefallene Restnachlass ist durch zwei zu teilen, hier ergibt sich weiterhin eine gleiche Erbschaftsteuer. Im genannten Beispiel ergibt sich daher, dass der Restnachlass (€ 1 Mio.) von beiden zu versteuern ist, daneben aber der eine Erbe individuell € 500.000,– für das Grundstück 1 und der andere € 1 Mio. für das ihm voraus vermachte Grundstück 2 zu versteuern hat. Dieser bedeutsame erbschaftsteuerliche Unterschied zwischen Vermächtnis und Teilungsanordnung sollte immer mitberücksichtigt werden, bevor Vorausvermächtnisse oder Teilungsanordnungen angeordnet werden, insbesondere bei verschiedenen Steuerwerten. Hinzu kommt, dass nach der Entscheidung des BFH vom 2.7.2004 Zweifel bestehen, ob ein Grundstück bei Zuwendung durch Vorausvermächtnis künftig mit dem Verkehrswert bewertet werden muss.[166]

Will der Erblasser, dass trotz Anordnung des Vorausvermächtnisses beide Erben letztlich mit der gleichen Erbschaftsteuer belastet werden, muss er diesen Willen entsprechend in seiner letztwilligen Verfügung ausdrücken und muss beispielsweise verfügen, dass der eine Erbe gegenüber dem anderen Erben ein Vermächtnisanspruch in Höhe des Erbschaftsteuerunterschiedes auf Grund der unterschiedlichen Besteuerungssituation durch die Anordnung der Vorausvermächtnisse zusteht.[167]

---

[166] II R 9/02 – BStBl. II 2004, 1039; dazu *Carlé* KÖSDI 6/2005, 14685.
[167] Vgl. § 16 Rdnr. 13.

1. Abschnitt. Der erbrechtliche Erwerb des Nachlasses

§ 4 Gesamtnachfolge und gesetzliche Erbfolge

Übersicht

	Rdnr.
I. Gesamtnachfolge und Übergang des Vermögens	1–14
1. Gesamtnachfolge	1
2. Sondernachfolge	2/3
a) Sondererbfolge	2
b) Sondernachfolge außerhalb des Erbrechtes	3
3. Umfang der Gesamtnachfolge	4–13
a) Allgemeines	4
b) Einzelfälle	5–12
4. Rechtsstellung der Erben vor dem Erbfall	14
II. Gesetzliche Erbfolge	15–62
1. Das Verhältnis zwischen gesetzlicher und gewillkürter Erbfolge	15–18
a) Vorrang der gewillkürten Erbfolge	15
b) Gesetzliche Erbfolge neben gewillkürter Erbfolge	16
c) Bedeutung der gesetzlichen Erbfolge innerhalb gewillkürter Erbfolge	17
2. Grundlagen der gesetzlichen Erbfolge	19
3. Das Erbrecht der Verwandten	20–42
a) Verwandtschaft	20–30
b) Grundsätze der Verwandtenerbfolge	31–37
c) Das Erbrecht in den einzelnen Ordnungen	38–41
4. Das Ehegattenerbrecht	43–53
a) Voraussetzungen	44
b) Umfang des Ehegattenerbrechtes ohne Berücksichtigung des Güterstandes	45–49
c) Einfluss des Güterstandes	50–52
5. Das Erbrecht Eingetragener Lebenspartner	54
6. Gesetzliche Vermächtnisse	55/56
a) Voraus	55
b) Dreißigster	56
7. Das Erbrecht des Staates	57–61
a) Rechtspolitischer Zweck	57
b) Berufung zum Erben	58
c) Träger des Erbrechtes	59
d) Rechtsstellung	60
8. Die Erbteilserhöhung	62

Schrifttum: *Bartenbach,* Die Rechtstellung der Erben eines Arbeitnehmererfinders, MittdPatAnw 1982, 205; *Belling,* Einführung in das Recht der gesetzlichen Erbfolge, Jura 1986, 579; *Bühler,* Hinweise und Einzelfragen zum gesetzlichen Erbrecht bei der Adoption nach neuem Recht, BWNotZ 1977, 129; *Bungeroth,* Zur Wirksamkeit von Verfügungen über bedingt vermachte Gegenstände, NJW 1967, 1357; *Diestelkamp,* Adoption und Erbrecht, NJW 1965, 2041; *Dieckmann,* Erbrechtliche Fragen familienrechtlicher Reformgesetze im Spiegel neuerer Lehrbücher, FamRZ 1979, 389; *Dittmann,* Adoption und Erbrecht, Rpfleger 1987, 277; *Dubischar,* Zur Erbfolge bei Wegfall eines verheirateten oder in nichtehelicher Lebensgemeinschaft lebenden Kindes, insbesondere bei Vorhandensein minderjähriger Enkel, DNotZ 1989, 132; *Götting,* Die Vererblichkeit der vermögenswerten Bestandteile des Persönlichkeitsrechts – ein Meilenstein in der Rechtsprechung des BGH, NJW 2001, 585; *Heiderhoff,* Das Erbrecht des adoptierten Kindes nach der Neuregelung des internationalen Adoptionsrechtes, FamRZ 2002, 1682; *Hoeren,* Der Tod und das Internet – Rechtliche Fragen zur Verwendung von E-Mail und WWW-Accounts nach dem Tod des Inhabers, NJW 2005, 2113; *Michalski,* Nachfolgeklauseln in der GmbH-Satzung, NZG 1998, 301; *Nägele,* Auswirkungen des § 1925 Abs. 4 BGB auf die Erbfolge, BWNotZ 1978, 79; *Kemp,* Bemerkungen zum gesetzlichen Erbrecht bei der Adoption nach neuem Recht, MittRhNotK 1977, 137; *Laule/Bott,* Vererbbarkeit von Verlustvorträgen, DStR 2002, 1373; dies., Nochmals: Vererbbarkeit von Verlustvorträgen, DStR 2005, 497; *Muscheler,* Die erbrechtliche Universalsubzession, Jura 1999, 234, 289; *Olzen,* Die gesetzliche Erbfolge, Jura 1998, 135; *Schmitt-Kammler,* Zur erbrechtlichen Problematik der Verwandten- und

§ 4 Gesamtnachfolge und gesetzliche Erbfolge § 4

Stiefkinderadoption nach § 1756 BGB, FamRZ 1978, 570; *Villinger,* Vergütungsansprüche des Arbeitnehmers bei Gesamtrechtsnachfolge und Betriebsinhaberwechsel, GRUR 1990, 169.

I. Gesamtnachfolge und Übergang des Vermögens

Checkliste

1. Vorrang der gewillkürten Erbfolge
   - ☐ Fehlen oder Unvollständigkeit einer letztwilligen Verfügung
   - ☐ Nichtigkeit oder Unwirksamkeit der Erbeinsetzung
   - ☐ Anfechtung der Erbeinsetzung
   - ☐ Ausschlagung der Erbschaft oder Erbunwürdigkeit
2. Gesetzliche Erben
   - ☐ Blutsverwandte
     - Abkömmlinge
     - Eltern, Großeltern, Urgroßeltern und deren Abkömmlinge
   - ☐ Adoption Minderjähriger
     - Umfassende Erbberechtigung adoptierter Minderjähriger im Verhältnis zum Annehmenden und dessen Verwandten
     - Erlöschen der Verwandtschaftsverhältnisse zu den leiblichen Eltern und deren Verwandten
     - Ausnahme: Kein vollständiges Erlöschen der Verwandtschaftsverhältnisse bei Verwandten- und Stiefkindadoption gemäß § 1756 BGB
     - Trotz nach § 1756 BGB bestehen bleibender Verwandtschaft keine Erbberechtigung des adoptierten Kindes und der Abkömmlinge der leiblichen Eltern bzw. des verstorbenen Elternteils im Verhältnis zueinander, § 1925 Abs. 4 BGB, aber:
       – Bei Verwandtenadoption Erbrecht kraft Eintrittsrecht nicht ausgeschlossen
       – Bei Stiefkindadoption Erbrecht nur im Verhältnis zu einseitigen Abkömmlingen des vorverstorbenen Elternteils ausgeschlossen
   - ☐ Adoption Volljähriger
     - Verwandtschaft und Erbberechtigung nur im Verhältnis zum Annehmenden
     - Verwandtschaftsverhältnis zu leiblichen Verwandten bleibt bestehen
     - Belehrungs- und Beratungsverpflichtung, dass Vermögen des Annehmenden bei kinderlosem Versterben des Angenommenen an leibliche Verwandten weitervererbt werden kann
   - ☐ Ehegatte
     - Bestehende Ehe
     - Gütertrennung
     - Zugewinngemeinschaft
     - Gütergemeinschaft
   - ☐ Fiskus
     - Kein anderer Erbe vorhanden
3. Rechtstellung der Erben
   - ☐ Grundsatz Gesamtnachfolge
   - ☐ Ausnahme Sondernachfolge
     - Höfe- und Anerbenrecht
     - Personengesellschaften
     - Verträge zugunsten Dritter
     - Grundsätzlich keine Nachfolge in persönlichkeitsbezogene Rechte und Pflichten

1. Gesamtnachfolge

1   Gemäß § 1922 Abs. 1 BGB geht mit dem Tode[1] einer Person deren Vermögen als Ganzes (die Erbschaft) auf den oder die Erben über. Es findet also mit dem Erbfall ipso jure, d.h. ohne zusätzliche Erwerbs- oder Übertragungsakte, eine **Gesamtnachfolge** („Universalsukzession") in den Nachlass statt, wobei mehrere Erben zur gesamten Hand und damit jeweils nur eine quotale Beteiligung am Nachlass – den sog. Erbteil – erben (zur Miterbengemeinschaft s. unten § 29). Die Gesamtnachfolge bedeutet den Übergang aller vererblichen Rechte und Verbindlichkeiten[2] auf den oder die Erben.[3] Sie erhält hierdurch insbesondere den Nachlass im Interesse der Nachlassgläubiger als Haftungseinheit und dient gleichzeitig der Rechtsklarheit, lassen sich doch die Erben als neue Träger des Vermögens des Erblassers verhältnismäßig leicht ermitteln.[4]

Eine Gesamtnachfolge der Erben in den Nachlass findet auch dann statt, wenn der Erblasser das Schicksal einzelner Nachlassgegenstände durch **Vermächtnis** oder **Teilungsanordnung** besonders geregelt hat. Die Erben werden stets alleinige Rechtsträger aller, auch der sonderzugeteilten Nachlassgegenstände;[5] sie sind lediglich schuldrechtlich verpflichtet,[6] die betreffenden Gegenstände entsprechend der Anordnung des Erblassers auf die Bedachten zu übertragen.

Ebenso wenig ändert die Anordnung einer **Testamentsvollstreckung** etwas daran, dass der Nachlass mit dem Erbfall unmittelbar auf die Erben übergeht. Der Testamentsvollstrecker übernimmt zwar in dem vom Erblasser angeordneten Umfang die Verwaltungs- und Verfügungsbefugnisse der Erben, die vermögensrechtliche Zuordnung des Nachlasses wird dadurch jedoch nicht berührt.[7]

2. Sondernachfolge

2   **a) Sondererbfolge.** Das Prinzip der Gesamtnachfolge wird in einigen Ausnahmefällen zugunsten einer unmittelbaren Sondererbfolge („Singularzession") in Einzelne, vom übrigen Nachlass abgesonderte Nachlassbestandteile durchbrochen. Einen gesetzlich geregelten Fall der Sondererbfolge bildet das **Höfe- und Anerbenrecht**, welches zur Erhaltung landwirtschaftlicher Betriebe als geschlossene Einheit bestimmt, dass der Hof als selbständige Vermögensmasse einem Miterben als Hoferben zufällt. Wegen der Einzelheiten ist auf die Ausführungen zum landwirtschaftlichen Erbrecht in § 38 zu verweisen. Gesetzlich nicht geregelt, aber praktisch der wichtigste Fall[8] ist die Sondernachfolge in **Personengesellschaftsanteile**, die ausführlich in § 14 behandelt wird.

3   **b) Sondernachfolge außerhalb des Erbrechtes.** Neben den genannten Fällen der Sondererbfolge gibt es Vermögensübergänge von Todes wegen durch Sonderrechtsnachfolge, die außerhalb des Erbrechtes stattfinden. Hier sind insbesondere die Zuwendungen durch **Verträge zugunsten Dritter** auf den Todesfall, darunter vor allem die **Lebensversicherungsverträge**, zu nennen (näher dazu unten § 41). Eine gesetzliche Sonderrechtsnachfolge findet sich in § 563 BGB, der den Eintritt des mit dem Erblasser im gemeinsamen Hausstand lebenden Ehegatten/Lebenspartners oder dessen Angehörigen oder dessen Lebensgefährten in das Mietverhältnis des Erblassers als Mieter anordnet.

---

[1] Der Zeitpunkt des Todes ist im BGB nicht näher bestimmt. In Lit. und Rspr. werden dazu unterschiedliche Auffassungen vertreten. Während nach einer Auffassung der endgültige Stillstand von Atmung und Kreislauf als Todeszeitpunkt anzusehen ist, stellt die wohl herrschende Meinung auf den Eintritt des Gesamthirntodes, d.h. des vollständigen und irreversiblen Ausfalls aller Funktionen von Großhirn, Kleinhirn und Hirnstamm ab; näher zum Streitstand mit umfangreichen Nachweisen MünchKommBGB/*Leipold* § 1922 Rdnr. 12 f. Die Auffassung der h.M. ist jedenfalls in den Fällen sachgerecht, in denen Atmung und Kreislauf durch Intensivtherapie künstlich aufrecht erhalten werden, vgl. MünchKommBGB/*Leipold* § 1922 Rdnr. 12; Palandt/*Edenhofer* § 1922 Rdnr. 2.

[2] Zu dem – wegen § 1967 BGB – praktisch bedeutungslosen Streit, ob mit „Erbschaft" in § 1922 Abs. 1 BGB nur das Aktivvermögen gemeint ist, vgl. MünchKommBGB/*Leipold* § 1922 Rdnr. 16 m.w.N.

[3] MünchKommBGB/*Leipold* § 1922 Rdnr. 96.

[4] MünchKommBGB/*Leipold* § 1922 Rdnr. 93; *Ebenroth* Rdnr. 41.

[5] Staudinger/*Marotzke* § 1922 Rdnr. 48.

[6] Eine Ausnahme bildet das dem alleinigen Vorerben zugewendete Vorausvermächtnis, dieses hat auch dingliche Wirkung.

[7] Allerdings ist die Verschmelzung des Nachlasses mit dem eigenen Vermögen der Erben weniger intensiv, wenn der Nachlass einer Testamentsvollstreckung unterstellt ist, vgl. Staudinger/*Marotzke* § 1922 Rdnr. 80.

[8] Palandt/*Edenhofer* § 1922 Rdnr. 8.

3. Umfang der Gesamtnachfolge

a) Allgemeines. Die Gesamtnachfolge vollzieht sich gemäß § 1922 BGB in das **Vermögen** des Erblassers. Was im Einzelnen als Vermögen in diesem Sinne zu verstehen ist, sagt das Gesetz nicht. Während die volkstümliche Anschauung in der Erbschaft nur konkrete Vermögensgegenstände (Grundstück, Wertpapiere etc.) erblickt,[9] ist die rechtliche Betrachtung komplizierter. Nach ihr hat der Vermögensbegriff des § 1922 BGB im Wesentlichen die Funktion, die **unvererblichen Rechte und Pflichten** aus dem universalen Rechtsstatus des Erblassers auszuscheiden und diesen Status auf das zu reduzieren, was ohne Bindung an die persönliche Existenz des Erblassers von den Erben fortgesetzt werden kann.[10] Ausgeschieden werden regelmäßig die überwiegend **persönlichkeitsbezogenen** Rechte und Pflichten; dagegen sind die **vermögensbezogenen** Rechte und Pflichten grundsätzlich vererblich.[11] Letztlich entscheiden bei persönlichkeitsbezogenen wie bei vermögensbezogenen Positionen die einzelnen Vorschriften des positiven Rechts über die Vererblichkeit.[12] Fehlt eine klare Regelung, wird man danach fragen müssen, ob vermögensbezogene oder personenbezogene Aspekte überwiegen,[13] wobei die Übertragbarkeit einer Rechtsstellung Indiz für die Vererblichkeit sein kann.[14]

b) Einzelfälle.[15] *aa) Sachenrechte.* **Dingliche Rechte**, wie Eigentum, Erbbaurechte oder Pfandrechte, sind als Vermögensrechte grundsätzlich vererblich. Dies gilt auch für die Rechtsstellung aus der erklärten Auflassung (§ 873 Abs. 2 BGB) und aus einer Vormerkung (§§ 883 ff. BGB). Kraft ausdrücklicher Bestimmung nicht vererblich sind hingegen der Nießbrauch (§§ 1061, 1068 Abs. 2 BGB), beschränkte persönliche Dienstbarkeiten (§ 1090 Abs. 2 i.V.m. § 1061 BGB) sowie dingliche Vorkaufsrechte, sofern nichts anderes vereinbart ist (§ 1098 Abs. 1 S. 1 i.V.m. § 473 BGB).

bb) Schuldrechtliche Positionen. Grundsätzlich vererblich sind auch **Ansprüche und Verbindlichkeiten aus Schuldverhältnissen**, wobei die Vererblichkeit auch die aus dem Rechtsverhältnis erwachsenden Gestaltungsrechte (Anfechtungsrecht, Rücktrittsrecht u. a.),[16] Hilfsansprüche, wie den Anspruch auf Auskunftserteilung[17] oder auf Rechnungslegung, sowie akzessorische Sicherungsrechte, wie Bürgschaften, erfasst. Von der Vererblichkeit ausgeschlossen sind hingegen die **personenenbezogenen** Arbeits-, Dienstleistungs- und Geschäftsbesorgungsverpflichtungen (§§ 613 S. 1, 673 S. 1, 675 BGB). Mit dem Tod erlöschen auch dem Erblasser erteilte Vollmachten, während Vollmachten, die der Erblasser erteilt hat, idR nicht mit dessen Tod erlöschen.[18] Nicht vererblich sind auch Unterlassungsverpflichtungen, die ihrer Natur nach an die Person des Erblassers gebunden sind, wie ein dienstvertragliches Wettbewerbsverbot.[19]

cc) Immaterialgüterrechte. **Immaterialgüterrechte** sind trotz ihres Persönlichkeitsbezuges im Hinblick auf ihre starke wirtschaftliche Komponente vererblich. Dies gilt kraft Gesetzes für Urheberrechte (§§ 28 Abs. 1, 70 ff. UrhG), Patentrechte (§ 15 Abs. 1 PatG), Gebrauchsmusterrechte (§ 22 Abs. 1 GebrMG), Geschmacksmusterrechte (§§ 7 Abs. 1, 29 Abs. 1 GeschmMG) und Markenrechte (§ 27 Abs. 1 MarkenG). Für Ansprüche des Arbeitnehmers aus dem ArbnErfG fehlt eine gesetzliche Regelung, auch sie werden jedoch als vererblich angesehen.[20]

dd) Familienrechtliche Beziehungen. **Familienrechte** sind grundsätzlich höchstpersönlicher Natur und damit unvererblich. Anderes kommt in Betracht, soweit der Vermögensbezug überwiegt. So sind vor dem Tod entstandene Zugewinnausgleichsforderungen vererblich (§ 1378

---

[9] *Lange/Kuchinke* § 5 III 3; OLG Hamm Beschl. v. 4.10.1978 – OLGZ 1979, 44, 45.
[10] Soergel/*Stein* § 1922 Rdnr. 14; OLG Hamm Beschl. v. 4.10.1978 – OLGZ 1979, 44, 45.
[11] Soergel/*Stein* § 1922 Rdnr. 14; OLG Hamm Beschl. v. 4.10.1978 – OLGZ 1979, 44, 45.
[12] MünchKommBGB/*Leipold* § 1922 Rdnr. 19.
[13] *Brox* Rdnr. 11.
[14] *Brox* Rdnr. 11; MünchKommBGB/*Leipold* § 1922 Rdnr. 19; Soergel/*Stein* § 1922 Rdnr. 14.
[15] Die nachfolgende Auflistung beinhaltet nur eine subjektive Auswahl; weitergehende Einzeldarstellungen finden sich in der einschlägigen Kommentarlit. zu § 1922 BGB, s. z. B. Staudinger/*Marotzke* § 1922 Rdnr.113 ff.
[16] BGH Urt. v. 26.1.1951 – NJW 1951, 308.
[17] BGH Urt. v. 28.2.1989 – NJW 1989, 1601; OLG Frankfurt Beschl. v. 7.5.1965 – MDR 1966, 503.
[18] Palandt/*Edenhofer* § 1922 Rdnr. 33.
[19] MünchKommBGB/*Leipold* § 1922 Rdnr. 32 m.w.N.
[20] *Bartenbach* MittdPatAnw 1982, 205; *Villinger* GRUR 1990, 169.

Abs. 3 S. 1 BGB). Das Gleiche gilt für Unterhaltsansprüche (und -verbindlichkeiten), die bereits entstanden und auf im Todeszeitpunkt fällige Leistungen gerichtet waren.

9 *ee) Körper, Körperteile.* Der **Leichnam** des Erblassers ist nach h. M. zwar eine Sache,[21] gehört jedoch nicht zum Nachlass. Fest mit dem Leichnam verbundene künstliche Körperteile, wie Herzschrittmacher u. ä. teilen dieses rechtliche Schicksal. Hingegen sind vom Leichnam abgetrennte künstliche Körperteile dem Nachlass zuzurechnen.[22]

10 *ff) Persönlichkeitsrechte.* Das **allgemeine Persönlichkeitsrecht** wurde früher als unvererblich angesehen. Nach den **Marlene Dietrich**-Entscheidungen des BGH vom 1.12.1999[23] ist seither jedoch zu differenzieren:
- Soweit Persönlichkeitsrechte dem Schutz **ideeller Interessen** dienen, sind sie als höchstpersönliche Rechte nicht vererblich.[24] Der Persönlichkeitsschutz erlischt in diesem Fall gleichwohl nicht mit dem Tode. Im Interesse der Wahrung des Andenkens des Verstorbenen erkennen Rechtsprechung und der überwiegende Teil des Schrifttums einen postmortalen Persönlichkeitsschutz an, der notfalls mit der Unterlassungs- oder Beseitigungsklage durchgesetzt werden kann.[25] Zur Geltendmachung dieser Abwehransprüche sind die Angehörigen (§ 22 S. 3 und 4 KUG) oder die hierzu berufenen Wahrnehmungsberechtigten befugt.[26]
- Indessen sind die **vermögenswerten Bestandteile** des Persönlichkeitsrechtes vererblich.[27] Die Erben können daher bei rechtswidriger Nutzung dieser vermögenswerten Bestandteile nicht nur Abwehr-, sondern auch Schadenersatzansprüche geltend machen.

11 *gg) Verein.* Die Mitgliedschaft in einem **rechtsfähigen Verein** ist nach § 38 BGB nicht vererblich. Gemäß § 40 BGB kann die Satzung jedoch anderes bestimmen. Für den **nicht** rechtsfähigen Verein gilt entsprechendes.[28]

12 *hh) Unternehmen.* Die Vererbung von **Unternehmen und Unternehmensbeteiligungen** wird ausführlich in § 14 dieses Buchs behandelt; im Folgenden werden daher nur Grundzüge aufgezeigt:
Einzelkaufmännische Handelsgeschäfte sind, wie sich aus § 22 HGB ergibt, vererblich. Der Erbe darf die Firma, den Handelsnamen des Erblassers, fortführen, die Firma ist jedoch nicht ohne das Handelsgeschäft übertragbar und vererblich. Die Kaufmannseigenschaft als solche ist nicht vererblich, sie entsteht gegebenenfalls in der Person des Erben neu.[29] Sind mehrere Erben vorhanden, tritt keine Sondererbfolge ein, vielmehr wird die Erbengemeinschaft selbst Trägerin des Unternehmens. Die Erbengemeinschaft wird also nicht zwangsläufig zu einer OHG oder einer GbR.[30] Auch sonstige, nichtkaufmännische gewerbliche Unternehmen sind vererblich,[31] soweit eine Fortführung durch den Erben oder Dritte (als wirtschaftliche Einheit) nicht auf Grund der Art des Unternehmens ausgeschlossen ist.[32]
Auch Anteile an **Kapitalgesellschaften** fallen in den Nachlass (s. etwa § 15 Abs. 1 GmbHG). Die Vererblichkeit kann nicht gesellschaftsvertraglich ausgeschlossen werden,[33] jedoch kann in der Satzung die Einziehung des Geschäftsanteils/der Aktien für den Fall des Todes eines Gesellschafters vorgesehen werden.[34] Sind mehrerer Erben vorhanden, erben diese zur gesamten Hand; eine Sondererbfolge tritt nicht ein.

---

[21] S. MünchKommBGB/*Holch* § 90 Rdnr. 30 m.w.N.
[22] *Brox* Rdnr. 14 b.
[23] BGH Urt. v. 1.12.1999 – ZEV 2000, 323, 326; näher dazu *Götting* NJW 2001, 585.
[24] BGH Urt. v. 1.12.1999 – ZEV 2000, 323, 324.
[25] Ausf. hierzu *Lange/Kuchinke* § 5 III 5.
[26] BGH Urt. v. 1.12.1999 – ZEV 2000, 323, 326.
[27] BGH Urt. v. 1.12.1999 – ZEV 2000, 323, 326.
[28] MünchKommBGB/*Leipold* § 1922 Rdnr. 43; *Erman/Schlüter* § 1922 Rdnr. 23.
[29] MünchKommBGB/*Leipold* § 1922 Rdnr. 41; *Soergel/Stein* § 1922 Rdnr. 80; *Staudinger/Marotzke* § 1922 Rdnr. 222.
[30] BGH Urt. v. 8.12.1984 – NJW 1985, 136; *Sudhoff/Scherer* § 1 Rdnr. 28.
[31] BGH Urt. v. 22.1.1951 – NJW 1951, 229.
[32] MünchKommBGB/*Leipold* § 1922 Rdnr. 41.
[33] Für die GmbH ist dies str., vgl. *Soergel/Stein* § 1922 Rdnr. 76 m.w.N.
[34] Vgl. nur *Michalski* NZG 1998, 301 (für die GmbH); *Crezelius* Unternehmenserbrecht Rdnr. 383.

Genossenschaftsanteile sind ebenfalls vererblich, allerdings endet die Mitgliedschaft mit dem Ablauf des Jahres, in dem der Erbfall eingetreten ist, § 77 Abs. 1 S. 2, 3 GenG.

Anteile **persönlich haftender Gesellschaften an Personengesellschaften** sind grundsätzlich nicht vererblich. Bei der **GbR** führt der Tod eines Gesellschafters zur Auflösung der Gesellschaft, sofern der Gesellschaftsvertrag nichts anderes vorsieht (§ 727 Abs. 1 BGB), während bei den **Personenhandelsgesellschaften** seit In-Kraft-Treten des Handelsrechtsreformgesetzes vom 22.6.1998[35] am 1.7.1998 der Tod eines Gesellschafters nicht mehr die Auflösung, sondern das Ausscheiden des Verstorbenen aus der Gesellschaft und deren Fortsetzung unter den übrigen Gesellschaftern zur Folge hat (§§ 131 Abs. 3 Nr. 1, 161 Abs. 2 HGB). Ein von Gesetzes wegen nicht vererblicher Gesellschaftsanteil kann allerdings durch eine sog. Nachfolgeklausel vererblich gestellt werden. Des Weiteren kann den Erben oder Dritten ein von einer Erbenstellung unabhängiges Eintrittsrecht eingeräumt werden (rechtsgeschäftliche Eintrittsklausel).

Anteile von **Kommanditisten** an Kommanditgesellschaften sind vererblich, soweit der Gesellschaftsvertrag nichts anderes bestimmt, § 177 HGB. Nach h. M. tritt bei mehreren Erben eine Sondererbfolge ein, d.h. jeder Erbe erwirbt einen seinem Erbteil entsprechenden Anteil an der Kommanditbeteiligung, ohne dass es einer entsprechenden Aufteilung im Zuge der Erbauseinandersetzung bedarf.[36]

ii) Öffentlich-rechtliche Ansprüche und Pflichten. Der Übergang öffentlich-rechtlicher Ansprüche und Pflichten bestimmt sich nach dem einschlägigen öffentlichen Recht und ist unterschiedlich nach dem Zweck der jeweiligen Vorschrift geregelt. Bei Fehlen ausdrücklicher Vorschriften über die Vererblichkeit kann jedoch der Rechtsgedanke des § 1922 BGB entsprechend angewendet werden.[37] Fällige **Sozialhilfeansprüche** auf Geldleistungen sind beispielsweise nach Maßgabe der §§ 58, 59 SGB I vererblich. Im **Beamtenrecht** ist das Beamtenverhältnis als höchstpersönliches Rechtsverhältnis unvererblich, auf den Erben gehen jedoch gemäß § 17 Abs. 1 BeamtVG rückständige Bezüge für den Sterbemonat des Verstorbenen über. Darüber hinaus stehen den Hinterbliebenen unter Umständen Sterbe-, Witwen- und Waisengeld selbständig zu, §§ 18 ff. BeamtVG. Beihilfeansprüche erlöschen mit dem Tod des Berechtigten, sofern die Beihilfe nicht noch zu Lebzeiten des Erblassers festgesetzt wurde[38]

Im **Steuerrecht** gilt Folgendes: Gemäß § 45 Abs. 1 AO gehen die Forderungen und Schulden aus dem Steuerschuldverhältnis mit Ausnahme etwaiger Zwangsgelder auf den Erben über. Der Wortlaut des § 45 Abs. 1 AO ist jedoch zu eng; nach ständiger, wenn auch nicht unbestrittener Rechtsprechung des BFH[39] tritt der Erbe materiell- und verfahrensrechtlich in die **abgabenrechtliche Stellung** des Erblassers ein. Erwähnenswert ist in diesem Zusammenhang die seit einigen Jahren zwischen einzelnen Senaten des BFH umstrittene Frage, ob vom Erblasser nicht ausgenutzte Verluste auf den Erben übergehen und von diesem gemäß § 10 d EstG genutzt werden können.

Im Unterschied zur früheren Rechtsprechung des RFH ist diese Frage vom BFH seit 1962 in ständiger Rechtsprechung bejaht worden, bis der I. Senat in einer Divergenzanfrage vom 29.3.2000[40] an den IV., VIII. und XI. Senat für eine Abkehr von dieser Rechtsprechung eintrat. Obgleich die drei Senate sich mit einer abweichenden Entscheidung des I. Senats einverstanden erklärten, blieb dieser in seinem Urteil vom 16.5.2001[41] bei der von ihm in Zweifel gezogenen Ansicht. Nach einer weiteren, abschlägig beantworteten, Divergenzanfrage des XI. Senats an den I. Senat legte der XI. Senat dem großen Senat mit Beschluss vom 28.7.2004[42] die Rechtsfrage zur Entscheidung vor. Mit der überwiegenden Meinung im Schrifttum[43] ist der

---

[35] BGBl. I S. 1474.
[36] BGH Urt. v. 4.5.1983 – NJW 1983, 2376; BGH Urt. v. 20.4.1972 – BGHZ 58, 316, 317; RG Beschl. v. 9.9.1943 – DR 1943, 1228.
[37] BVerwG Urt. v. 6.7.1965 – BVerwGE 21, 302.
[38] Palandt/*Edenhofer* § 1922 Rdnr. 40.
[39] Vgl. nur Urt. v. 13.1.1993 – BStBl. II 1993, 346, 348 m.w.N.
[40] ZEV 2000, 330.
[41] BStBl. II 2002, 487.
[42] DStR 2005, 13; näher dazu *Laule/Bott* DStR 2005, 497.
[43] Nachw. bei BFH DStR 2005, 13, 15.

XI. Senat des BFH der Auffassung, dass die dogmatischen und systematischen Einwände gegen den Übergang der Verlustabzugsmöglichkeit auf den Erben so schwerwiegend sind, dass die bisherige Rechtsprechung aufgegeben werden muss. Die Entscheidung des großen Senats steht bei Redaktionsschluss dieses Buches noch aus.

4. Rechtsstellung der Erben vor dem Erbfall

14 Vor dem Erbfall haben gesetzliche wie gewillkürte Erben nur eine tatsächliche **Aussicht** auf die Erbschaft, die kein Anwartschaftsrecht begründet. Denn einerseits ist bis zum Erbfall offen, ob der Erbanwärter den Erbfall erlebt, andererseits kann der Erblasser eine anderweitige Verfügung von Todes wegen treffen oder eine frühere Erbeinsetzung widerrufen. Grundsätzlich anderes gilt auch nicht bei der Erbeinsetzung durch gemeinschaftliches Testament (§ 2270 BGB) oder durch Erbvertrag (§ 2278 BGB), da auch das gemeinschaftliche Testament – jedenfalls bis zum Tod eines der Ehegatten – widerruflich[44] (§ 2271 BGB) und der Erbvertrag in bestimmter Weise aufhebbar ist (§§ 2290 ff. BGB).[45] Die Erbanwärterstellung begründet demnach keine vermögenswerten Rechte. Sie kann nicht übertragen oder in sonstiger Weise zum Gegenstand von Verträgen gemacht werden. Gemäß § 311 b Abs. 4 BGB sind Verträge dieses Inhalts nichtig, sofern es sich nicht um Verträge zwischen gesetzlichen Erben über den gesetzlichen Erbteil oder den Pflichtteil handelt, § 311 b Abs. 5 BGB. Vor diesem Hintergrund scheiden auch Maßnahmen zur Sicherung des künftigen Nachlasses, wie die Eintragung einer Vormerkung oder einer Hypothek sowie einstweilige Verfügungen aus.[46] Des weiteren sind Feststellungsklagen des Erbanwärters über sein künftiges Erbrecht, das Bestehen/Nichtbestehen eines Vermächtnisses oder über einzelne Voraussetzungen des künftigen Erbrechtes, wie die Gültigkeit eines Testamentes, unzulässig.[47]

In der Beratungspraxis sollte jedoch beachtet werden, dass das Fehlen subjektiver Rechte des Erbanwärters nicht die Entstehung von **Schadenersatzansprüchen** gegen Rechtsanwälte und Notare wegen fehlerhafter Beratung bei der Nachfolgegestaltung hindert.[48] So können sich Schadenersatzansprüche leer ausgegangener Erben aus dem Vertrag zwischen Erblasser und anwaltlichem Berater unter dem Gesichtspunkt des Vertrages zugunsten Dritter ergeben.[49] Dies kommt bspw. in Betracht, wenn eine fehlerhafte Beratung des Erblassers zum Verlust von Gesellschaftsanteilen auf Grund der Einziehungsregelung im Gesellschaftsvertrag führte.[50]

II. Gesetzliche Erbfolge

1. Das Verhältnis zwischen gesetzlicher und gewillkürter Erbfolge

15 a) **Vorrang der gewillkürten Erbfolge.** Das Erbrecht des BGB gewährt dem Erblasser die Möglichkeit, über die Erbfolge nach seinem Tod durch letztwillige Verfügung frei zu bestimmen. Dieser **Testierfreiheit**, die ein Ausfluss der auch im Erbrecht geltenden Privatautonomie ist,[51] sind zwar durch das Pflichtteilsrecht, den erbrechtlichen Form- und Typenzwang und die §§ 134, 138 BGB gewisse Grenzen gesetzt, im Übrigen geht die **gewillkürte Erbfolge** (§§ 1937, 1941 BGB) der gesetzlichen Erbfolge jedoch vor. Andernfalls wären die Bestimmungen über die Erbeinsetzung durch Rechtsgeschäft gegenstandslos.[52]

---

[44] Zur Ausübung des Widerrufs s. u. § 11 Rdnr. 45.
[45] Vgl. statt aller Palandt/*Edenhofer* § 1922 Rdnr. 3.
[46] Palandt/*Edenhofer* § 1922 Rdnr. 4.
[47] Vgl. Palandt/*Edenhofer* § 1922 Rdnr. 5; indessen kann die Rechtsposition eines Pflichtteilsberechtigten bereits vor dem Erbfall und die eines Schlusserben ab dem Tod des ersten Ehegatten Gegenstand einer Feststellungsklage sein. Gleiches gilt für die Wirksamkeit eines Erbvertrages, OLG Düsseldorf Urt. v. 11.2.1994 – FamRZ 1995, 58. Auch kann der in einem gemeinschaftlichen Testament Bedachte, wenn das Testament vom überlebenden Ehegatten angefochten wurde, gegen diesen Klage auf Feststellung erheben, dass die Vermächtnisanordnung durch die Anfechtung nicht unwirksam geworden ist, BGH Urt. v. 4.7.1962 – BGHZ 37, 331, 334 f.
[48] MünchKommBGB/*Leipold* § 1922 Rdnr. 123 a.
[49] BGH Urt. v. 6.7.1965 – NJW 1965, 1955 ff.; MünchKommBGB/*Leipold* § 1922 Rdnr. 123 a.
[50] BGH Urt. v. 13.6.1995 – NJW 1995, 2551; MünchKommBGB/*Leipold* § 1922 Rdnr. 123 a; näher dazu o. § 2 Rdnr. 44.
[51] *Ebenroth* Rdnr. 48; *Kipp/Coing* § 1 II 3.
[52] *Brox* Rdnr. 44.

Die **gesetzliche Erbfolge** (§§ 1924 bis 1936 BGB) kommt somit nur zum Zuge, wenn der Erblasser nicht oder nicht wirksam durch Testament, gemeinschaftliches Testament oder Erbvertrag über sein Vermögen verfügt hat. Dies ist der Fall,[53]
- wenn eine Verfügung von Todes wegen gänzlich fehlt oder diese keine Erbeinsetzung, sondern nur Vermächtnisse (§ 1939 BGB) oder Auflagen (§ 1940 BGB) enthält;
- wenn die Erbeinsetzung, z. B. mangels Testierfähigkeit des Erblassers oder wegen Formmangels, nichtig ist;
- wenn sie aus anderen Gründen, beispielsweise wegen Vorversterben (§ 1923 Abs. 1 BGB) oder Erbverzicht (§ 2352 b BGB) des Eingesetzten, unwirksam ist;
- wenn die Erbeinsetzung wirksam angefochten ist (§§ 2078 ff., 2281 ff. BGB);
- wenn der Erblasser die Erbeinsetzung gültig widerrufen hat (§§ 2253 ff. BGB), ohne dass dadurch eine frühere Verfügung in kraft gesetzt worden wäre;
- wenn der Eingesetzte das Erbe ausschlägt (§ 1953 BGB) oder für erbunwürdig erklärt wird (§ 2344 BGB).

Angesichts der **Subsidiarität** der gesetzlichen Erbfolge ist ihre systematische Stellung im BGB am Anfang des 5. Buches vor der gewillkürten Erbfolge streng genommen dogmatisch verfehlt; mit Rücksicht darauf, dass die meisten Menschen keine Verfügung von Todes wegen hinterlassen, die gesetzliche Erbfolge im Rechtsleben somit der Hauptfall ist, und die in ihr zum Ausdruck kommenden Wertentscheidungen überdies Vorbild für die gewillkürte Erbfolge sind, ist dieser Aufbau jedoch verständlich.[54]

b) **Gesetzliche Erbfolge neben gewillkürter Erbfolge.** Bedeutung erlangt die gesetzliche Erbfolge auch, wenn zwar eine wirksame letztwillige Verfügung vorliegt, diese jedoch das Schicksal des Erblasservermögens nur unvollständig regelt. Dies kann der Fall sein,
- wenn der Erblasser nur über einen **Bruchteil seines Vermögens** verfügt hat. Nach § 2088 Abs. 1 BGB tritt dann in Ansehung des übrigen Teils die gesetzliche Erbfolge ein;
- wenn der Erblasser **Vor- und Nacherbfolge** angeordnet, aber nur einen Erben als Vor- bzw. Nacherben eingesetzt hat; Nach- bzw. Vorerben sind dann im Zweifel diejenigen, welche gesetzliche Erben sein würden (§§ 2104, 2105 BGB).

c) **Bedeutung der gesetzlichen Erbfolge innerhalb gewillkürter Erbfolge.** *aa) Ergänzung und Auslegung letztwilliger Verfügungen.* Die gesetzliche Erbfolge kann ferner für die **Ergänzung und Auslegung unklarer letztwilliger Verfügungen** eine Rolle spielen. Hat etwa der Erblasser ohne nähere Bestimmung seine gesetzlichen Erben bedacht, sind nach der Ergänzungsregel des § 2066 S. 1 BGB im Zweifel diejenigen zu Erben berufen, welche gesetzliche Erben sein würden. Entsprechende Verweise auf die gesetzliche Erbfolge enthalten die §§ 2066 S. 2, 2067 und 2069 BGB.

bb) Pflichtteilsrecht. Schließlich ist die gesetzliche Erbfolge auch für das Pflichtteilsrecht der von der Erbfolge ausgeschlossenen Angehörigen des Erblassers maßgebend, denn gemäß § 2303 Abs. 1 S. 2 BGB besteht der Pflichtteil in der **Hälfte des Wertes des gesetzlichen Erbteils.** Die Höhe des Pflichtteilsanspruchs hängt somit davon ab, mit welcher Quote der Pflichtteilsberechtigte als gesetzlicher Erbe am Nachlass beteiligt wäre.

2. Grundlagen der gesetzlichen Erbfolge

Die gesetzliche Erbfolge des BGB beruht auf drei Berufungsgründen: **Verwandtschaft, Ehe und Zugehörigkeit zum Staat.** Der Staat kommt als Erbe allerdings nur zum Zuge, wenn weder ein Ehegatte noch Verwandte vorhanden bzw. auffindbar sind. Der Ehe sind seit 1.8.2001 durch das LPartG **Eingetragene Lebenspartnerschaften** Gleichgeschlechtlicher erbrechtlich weitgehend gleichgestellt.[55]

Die gesetzlichen Erben sind allein kraft ihrer normativen Rechtsstellung berufen; ihr persönliches Verhältnis zum Erblasser ist unbeachtlich, sofern keiner der Erbunwürdigkeitsgründe des § 2339 Abs. 1 BGB vorliegt. Beim Ehegatten- und Lebenspartnererbrecht wird die Verbindung zum Erblasser lediglich insoweit abstrakt in die gesetzgeberische Wertentscheidung einbezo-

---

[53] Vgl. *Kipp/Coing* § 2 I; *Nieder* Rdnr. 1.
[54] *Lange/Kuchinke* § 9 II 1 b); *Brox* Rdnr. 44.
[55] Näher zur Lebenspartnerschaft u. §§ 11 und 12.

gen, als das Erbrecht des Ehegatten oder Lebenspartners bei vermutetem Scheitern der Ehe oder Lebenspartnerschaft aufgrund Scheidungs- oder Aufhebungsantrag ausgeschlossen ist (§ 1933 BGB, § 10 Abs. 3 LPartG).

3. Das Erbrecht der Verwandten

20 a) **Verwandtschaft.** Das gesetzliche Erbrecht der Verwandten des Erblassers ist in den §§ 1924 bis 1930 BGB geregelt. Die Verwandtschaft kann auf Abstammung beruhen, aber auch eine rein rechtliche sein.

21 *aa) Blutsverwandtschaft.* Miteinander verwandt sind nach der auch für das Erbrecht maßgeblichen Legaldefinition in § 1589 BGB Personen, die voneinander (gerade Linie) oder von derselben dritten Person (Seitenlinie) **abstammen**. Nicht kraft Verwandtschaft als Erben berufen sind danach der Ehegatte des Erblassers (der freilich ein eigenes Erbrecht hat) und die mit dem Erblasser verschwägerten Personen, also beispielsweise die Schwiegereltern, der Schwager und die Schwägerin des Erblassers.

22 *bb) Rechtliche Verwandtschaft.* Für das gesetzliche Erbrecht bindend ist indessen nicht die Blutsverwandtschaft sondern die rechtliche Verwandtschaft.

23 *(1) Adoption*[56]. Rechtliche Verwandtschaft wird insbesondere begründet durch **Adoption** (Annahme als Kind). Insoweit ist zwischen der Adoption **Minderjähriger** (§§ 1741 bis 1766 BGB) und der Adoption **Volljähriger** (§§ 1767 bis 1772 BGB) zu unterscheiden.[57]

24 *(a) Minderjährigenadoption.* Die **Adoption Minderjähriger** begründet ein umfassendes Verwandtschaftsverhältnis zwischen dem Kind und dem Annehmenden sowie dessen Verwandten (sog. **Volladoption**). Nach § 1754 Abs. 2 BGB erlangt das Kind durch die Adoption die **rechtliche Stellung eines Kindes** des Annehmenden. Nimmt ein Ehepaar ein Kind an oder nimmt ein Ehegatte ein Kind des anderen Ehegatten an, so erlangt das Kind die rechtliche Stellung eines gemeinschaftlichen Kindes der Ehegatten, § 1754 Abs. 1 BGB.

Das **Verwandtschaftsverhältnis** des Kindes zu den leiblichen Eltern und deren Verwandten **erlischt** durch die Adoption, § 1755 Abs. 1 BGB. Von diesem Grundsatz macht § 1756 BGB zwei Ausnahmen:
- Wird das Kind von Verwandten oder Verschwägerten **zweiten oder dritten Grades** angenommen, erlischt nach § 1756 Abs. 1 BGB nur das Verwandtschaftsverhältnis zu den leiblichen Eltern;
- Nimmt jemand das Kind seines **Ehegatten** an, erlischt nach § 1756 Abs. 2 BGB das Verwandtschaftsverhältnis nicht im Verhältnis zu den Verwandten des anderen Ehegatten, wenn der andere leibliche Elternteil die elterliche Sorge hatte und verstorben ist.

25 Diese familienrechtlichen Ausnahmen sind allerdings für das Erbrecht insoweit unbeachtlich, als trotz bestehen bleibender Verwandtschaft nach § 1925 Abs. 4 BGB in den Fällen des § 1756 BGB das angenommene Kind und die Abkömmlinge der leiblichen Eltern bzw. des verstorbenen Elternteils **im Verhältnis zueinander nicht Erben** sind. § 1925 Abs. 4 BGB ist jedoch in mehrfacher Hinsicht einschränkend zu interpretieren:
- Bei der **Verwandtenadoption** nach § 1756 Abs. 1 BGB erlischt das Verwandtschaftsverhältnis zu den leiblichen Eltern nur bezüglich der durch die leibliche Abstammung des Kindes vermittelten Verwandtschaft. Dementsprechend ist ein Erbrecht der Geschwister des Kindes und umgekehrt in der **dritten Ordnung** kraft Eintrittsrechtes nicht ausgeschlossen. Sind gesetzliche Erben des angenommenen Kindes (Abkömmlinge, Adoptiveltern, Adoptivgeschwister) und gemeinsame Großeltern als Erben der dritten Ordnung nicht vorhanden, können die Geschwister des Kindes als **Abkömmlinge der Großeltern** bei dem Tod des Kindes also gemäß § 1926 Abs. 3 BGB Erben der dritten Ordnung sein.[58] Gemäß § 1925 Abs. 3 BGB können die Geschwister des Kindes auch Erben der **zweiten Ordnung** sein, wenn das Kind

---

[56] Im Folgenden wird nur zur aktuellen Rechtslage nach dem Adoptionsgesetz vom 2.7.1976 (BGBl. I S. 1749) und nach dem Kindschaftsrechtsreformgesetz vom 16.12.1997 (BGBl. I S. 2942) Stellung genommen; zur früheren Rechtslage, die in Erbfällen und Adoptionen vor dem 1.1.1977 noch von Bedeutung sein kann, vgl. *Rohlfing* Erbrecht § 2 Rdnr. 52 ff., 65 ff.

[57] Zu den Besonderheiten bei der Auslandsadoption s. *Heiderhoff*, FamRZ 2002, 1682.

[58] Vgl. *Nieder* Rdnr. 40 m.w.N.

§ 4 Gesamtnachfolge und gesetzliche Erbfolge

von den gemeinsamen Großeltern angenommen wurde und diese vorverstorben sind,[59] denn das Verwandtschaftsverhältnis zwischen den Geschwistern des Kindes und den annehmenden Großeltern wird durch § 1925 Abs. 4 BGB nicht berührt.[60] Dies gilt nach h. M.[61] auch für die leiblichen Eltern des Kindes, so dass diese bei der Adoption durch Großeltern als deren Abkömmlinge ebenfalls ein Eintrittsrecht gemäß § 1925 Abs. 3 BGB haben.
- Bei der Adoption des Kindes des anderen **Ehegatten** nach § 1956 Abs. 2 BGB bezieht sich der im Verhältnis zwischen dem angenommenen Kind und den Abkömmlingen des anderen Ehegatten bestehende Ausschluss des gesetzlichen Erbrechts in der zweiten Ordnung nach h. M.[62] nur auf die **einseitigen Abkömmlinge** des vorverstorbenen Elternteils (halbbürtige Geschwister des Angenommenen und deren Abkömmlinge).

(b) Volljährigenadoption. **Adoptierte Volljährige** erlangen nach § 1767 Abs. 2 BGB in Verbindung mit § 1754 BGB ebenfalls die rechtliche Stellung eines Kindes des Annehmenden bzw., bei Ehegatten als Annehmenden, die rechtliche Stellung eines gemeinschaftlichen Kindes der Ehegatten. Im Unterschied zur Adoption Minderjähriger wird der adoptierte Volljährige aber **nur mit dem Annehmenden** und nicht auch mit dessen Verwandten verwandt, § 1770 Abs. 1 S. 1 BGB. Des Weiteren bleiben die Rechte und Pflichten des Angenommenen und seiner Abkömmlinge aus dem durch Abstammung begründeten Verwandtschaftsverhältnis zu ihren Verwandten bestehen, § 1770 Abs. 2 BGB.[63] Dies führt dazu, dass das Vermögen des Annehmenden, soweit er von dem Angenommenen beerbt wird und dieser später kinderlos stirbt, an die **leiblichen Verwandten des Angenommenen** fällt. 26

Dieses Ergebnis muss bei einer anwaltlichen Beratung des Annehmenden im Hinblick auf seine Vermögensnachfolge berücksichtigt und, falls es dem Willen des Erblassers nicht entspricht, durch **gewillkürte Erbfolgeregelung** ausgeschlossen werden.[64] Entsprechendes gilt für den mit der Beurkundung des Annahmeantrags befassten Notar. Dieser ist, will er sich nicht nach § 19 BNotO schadensersatzpflichtig machen, gemäß § 17 Abs. 1 BeurkG zur **Belehrung** darüber verpflichtet, dass die Adoption das gesetzliche Erbrecht der Verwandten des Kindes nicht berührt; er muss dabei auch die Möglichkeiten erörtern, wie der Annehmende durch eine letztwillige Verfügung den Heimfall seines Vermögens sicherstellen kann.[65] Hierfür bieten sich mehrere Lösungen an: 27
- Der Erblasser kann mit dem Angenommenen zugleich mit dem notariellen Adoptionsantrag einen in seiner Wirksamkeit durch den Ausspruch der Adoption aufschiebend bedingten Erbvertrag schließen, in dem der Adoptierte seine leiblichen Verwandten ausdrücklich **von der Erbschaft ausschließt**.[66] Diese Lösung ist allerdings insofern unvollkommen, als sie das Pflichtteilsrecht der leiblichen Eltern des Angenommenen unberührt lässt. Wenn verhindert werden soll, dass die Eltern des Angenommenen über ihr Pflichtteilsrecht an der Erbschaft teilhaben, ist daher auch mit ihnen eine Regelung (Erb-/Pflichtteilsverzicht) zu treffen.[67]
- Der Erblasser setzt den Angenommenen als **Vorerben** (§ 2100 BGB, dazu unten § 19) ein und bestimmt dessen Abkömmlinge bzw. für den Fall, dass der Angenommene kinderlos verstirbt, diejenigen zu Nacherben, die seine (des Erblassers) Erben wären, wenn er erst zum Zeitpunkt des Todes des Annehmenden verstorben wäre.[68] Pflichtteilsrechte der Eltern des Angenommenen sind dann ausgeschlossen, die Erben des Angenommenen können jedoch in

---

[59] Vgl. *Schmitt/Kammler* FamRZ 1978, 570, 571.
[60] Staudinger/*Werner* § 1925 Rdnr. 7.
[61] *Schmitt/Kammler* FamRZ 1978, 570, 574; Staudinger/*Werner* § 1925 Rdnr. 7; MünchKommBGB/*Leipold* § 1925 Rdnr. 13; Soergel/*Stein* § 1925 Rdnr. 10; a.A. Erman/*Schlüter* § 1925, Rdnr. 11.
[62] *Schmitt/Kammler* FamRZ 1978, 570, 574; *Nägele* BWNotZ 1978, 79; Staudinger/*Frank* § 1756 Rdnr. 30; MünchKommBGB/*Leipold* § 1925 Rdnr. 14; Soergel/*Stein* § 1925 Rdnr. 11.
[63] Unter gewissen Voraussetzungen kann das Vormundschaftsgericht allerdings auf Antrag des Annehmenden und des Anzunehmenden bestimmen, dass sich die Wirkungen der Annahme nach den Vorschriften über die Annahme eines Minderjährigen richten, § 1772 BGB.
[64] *Rohlfing* Erbrecht § 2 Rdnr. 63; Staudinger/*Frank* § 1770 Rdnr. 17; MünchKommBGB/*Maurer* § 1770 Rdnr. 7.
[65] BGH Urt. v. 2.5.1972 – BGHZ 58, 343 = NJW 1972, 1422.
[66] *Nieder* Rdnr. 42.
[67] MünchKommBGB/*Maurer* § 1770 Rdnr. 7.
[68] *Nieder* Rdnr. 42.

den Genuss der von dem Angenommenen hinterlassenen Nutzungen der Erbschaft bzw. des damit Erworbenen kommen.[69] Außerdem hat diese Lösung die üblichen Nachteile der Vor- und Nacherbschaft (s. unten § 19 Rdnr. 14).
- Der Erblasser setzt den Angenommenen zum Vollerben ein und beschwert ihn mit dem durch sein kinderloses Versterben aufschiebend bedingten und erst bei seinem Tod anfallenden **Herausgabevermächtnis** zugunsten der Verwandten des Erblassers.[70] Vorteil dieser Gestaltung ist, dass der Angenommene nicht den Beschränkungen des Vorerben unterliegt, allerdings sind die Vermächtnisnehmer gegen beeinträchtigende Verfügungen des Angenommenen nur nach den §§ 2179, 160 BGB durch Schadenersatzansprüche geschützt.[71]

28 Unklar ist die Erbfolge, wenn der Angenommene **vor dem Annehmenden** stirbt. In diesem Fall konkurrieren die leiblichen Eltern und die Adoptiveltern des Angenommenen als Erben der 2. Ordnung, § 1925 BGB. Das Gesetz hat aber weder eine Regelung über die Erbanteile noch über die Ersetzung vorverstorbener Elternteile getroffen. Zu welchen Konsequenzen das Vorversterben einzelner Elternteile führt, ist demgemäß streitig. Die wohl überwiegende Meinung geht in analoger Anwendung von § 1926 BGB davon aus, dass Adoptiveltern und leibliche Eltern wie Großelternpaare zwei Linien bilden, von denen jede die Hälfte erbt, solange auch nur ein Verwandter jeder Linie vorhanden ist.[72] Im Einzelnen gilt Folgendes:
- Sind **leibliche Eltern** vorverstorben, treten an ihre Stelle ihre Abkömmlinge (§ 1926 Abs. 3 S. 1 BGB), **vorverstorbene Adoptiveltern** werden indes nicht durch ihre Abkömmlinge ersetzt, da diese mit dem Angenommenen nicht verwandt sind (§ 1770 Abs. 1 S. 1 BGB).[73]
- Ist **ein** Adoptivelternteil weggefallen, erbt demnach der andere Adoptivelternteil die auf die Adoptivelternlinie entfallende Hälfte des Nachlasses allein.
- Sind **beide** Adoptivelternteile weggefallen, fällt der Nachlass vollständig an die leiblichen Eltern oder, falls auch diese weggefallen sind, an deren Abkömmlinge.[74]
- Umgekehrt gilt mit der bereits genannten Modifikation, dass Abkömmlinge der Adoptiveltern nicht ersatzweise berufen sind, das Gleiche: Überleben nur die Adoptiveltern, erben diese allein.[75] Nach anderer Auffassung[76] sollen an die Stelle der weggefallenen leiblichen Verwandten zweiter Ordnung hingegen die leiblichen Verwandten dritter Ordnung treten; aus der Selbständigkeit der leiblichen und der Adoptivseite folge in diesem Fall die Nichtanwendbarkeit der §§ 1926 Abs. 4, 1930 BGB. Diese Auffassung entbehrt allerdings einer gesetzlichen Grundlage.[77]

Da Rechtsprechung zu der vorgenannten Problematik bislang fehlt, empfiehlt es sich, die durch das Vorversterben von Elternteilen nach dem Angenommenen eintretende Erbfolge durch letztwillige Verfügung ausdrücklich zu regeln.[78]

29 *(2) Abstammungsregelungen.* Eine rechtliche Verwandtschaft kann sich auch aus den – durch das am 1.7.1998 in Kraft getretene Kindschaftsrechtsreformgesetz vom 16.12.1997[79] neu gefassten – Abstammungsregelungen der §§ 1591 ff. BGB ergeben.

Nach § 1591 BGB ist Mutter eines Kindes die Frau, die es **geboren** hat. Der Streit über die Mutterschaft genetischer und austragender Mütter ist damit beigelegt; eine Eispenderin ist nicht Mutter im Rechtssinne.[80]

Vater eines Kindes ist gemäß § 1592 BGB der Mann,
1. der zum Zeitpunkt der Geburt mit der Mutter des Kindes **verheiratet** ist,

---

[69] S. dazu *Nieder* Rdnr. 42.
[70] *Nieder* Rdnr. 42.
[71] Vgl. *Bungeroth* NJW 1967, 1357.
[72] Vgl. Soergel/*Liermann* § 1770 Rdnr. 9; Erman/*Saar* § 1770 Rdnr. 5; *Bühler* BWNotZ 1977, 129, 132; a.A. Staudinger/*Werner* § 1925 Rdnr. 9; MünchKommBGB/*Maurer* § 1770 Rdnr. 6: Elternteile erben nebeneinander zu gleichen Teilen.
[73] Vgl. Soergel/*Liermann* § 1770 Rdnr. 9; Staudinger/*Werner* § 1925 Rdnr. 18.
[74] Vgl. *Dittmann* Rpfleger 1978, 282, 283.
[75] Vgl. MünchKommBGB/*Leipold* § 1925 Rdnr. 8; Staudinger/*Werner* § 1925 Rdnr. 18.
[76] *Kemp* MittRhNotK 1977, 139; *Dittmann* Rpfleger 1978, 282, 283.
[77] MünchKommBGB/*Maurer* § 1770 Rdnr. 6.
[78] MünchKommBGB/*Maurer* § 1770 Rdnr. 6; Soergel/*Liermann* § 1770 Fn. 20.
[79] BGBl. I S. 2952 ff.
[80] Vgl. *Rohlfing* Erbrecht § 2 Rdnr. 3.

2. der die Vaterschaft **anerkannt** hat oder
3. dessen Vaterschaft nach § 1600 d BGB **gerichtlich festgestellt** ist.

§ 1592 Nr. 1 BGB gilt entsprechend, wenn die Ehe durch Tod aufgelöst wurde und innerhalb von 300 Tagen nach der Auflösung ein Kind geboren wird, § 1593 S. 1 BGB.

In all diesen Fällen wird das Verwandtschaftsverhältnis zum Vater auch dann begründet, wenn **keine blutsmäßige Verbindung** gegeben ist.

cc) Nichtehelichenrecht. Nichteheliche Kinder und Ihre Väter stehen seit dem In-Kraft-Treten des Erbrechtsgleichstellungsgesetzes vom 16.12.1997 am 1.4.1998[81] hinsichtlich ihrer im Verhältnis zueinander bestehenden Erbberechtigung **ehelichen Kindern/Vätern gleich**. Zwar galten das nichteheliche Kind und sein Vater bereits seit der dahin gehenden Änderung des § 1589 Abs. 2 a.F. BGB durch das am 1.7.1970 in Kraft getretene Nichtehelichengesetz vom 19.8.1969[82] als miteinander verwandt, nach §§ 1934 a ff. BGB stand ihnen beim Tode des anderen jedoch nur ein schuldrechtlicher Zahlungsanspruch als Erbersatzanspruch zu, der nach dem Wert des gesetzlichen Erbteils bemessen war. Durch die Aufhebung der §§ 1934 a ff. BGB besteht nunmehr eine volle Erbberechtigung.

Die Einzelheiten des Erbrechtes nichtehelicher Kinder und ihrer Väter, insbesondere das wichtige Übergangsrecht, sind in § 12 ausführlich behandelt. Von einer näheren Darstellung wird daher hier abgesehen.

b) Grundsätze der Verwandtenerbfolge. *aa) Parentelsystem.* Das BGB geht bei der Auswahl der gesetzlichen Erben vom **Parentel- oder Ordnungssystem** aus. Unabhängig von ihrem Verwandtschaftsgrad werden die Verwandten des Erblassers zu Gruppen, den Parentelen,[83] zusammengefasst. Zu jeder Parentel gehören alle von **dem selben Vorfahren** (Parentes) abstammenden Verwandten sämtlicher Generationen einschließlich dieses Vorfahrens selbst.[84] Das Parentelsystem fasst so, von Grad zu Grad nach oben aufsteigend, den Erblasser, seine Eltern, seine Großeltern, seine Urgroßeltern und die weiteren Voreltern mit jeweils ihren Abkömmlingen zu einer selbständigen Gruppe zusammen.[85] Die erste Parentel geht danach vom Erblasser selbst aus, d.h. der ersten Ordnung gehören die Abkömmlinge des Erblassers an, § 1924 Abs. 1 BGB. Zur zweiten Ordnung gehören die Eltern und ihre Abkömmlinge (§ 1925 Abs. 1 BGB), zur dritten Ordnung die Großeltern und ihre Abkömmlinge (§ 1926 Abs. 1 BGB) usw.

Die einzelnen Ordnungen sind **nacheinander berufen.** Zunächst berufen ist die vom Erblasser ausgehende erste Ordnung, dann folgen nach oben aufsteigend die weiteren Ordnungen. Jede früher berufene Ordnung schließt die spätere aus. Nach § 1930 BGB ist ein Verwandter einer ferneren Ordnung nicht zur Erbfolge berufen, solange ein Verwandter einer vorhergehenden Ordnung vorhanden ist. Ist auch nur ein Kind, Enkelkind oder Urenkel usw. des Erblassers vorhanden, schließt dieses alle Erben der zweiten Ordnung (z. B. Eltern, Geschwister, Neffen, Nichten) von der Erbfolge aus. Die Abkömmlinge des Erblassers genießen somit Vorrang vor dessen übrigen Verwandten. Dem liegt der Gedanke der Liebe und Fürsorge für die eigenen Nachkommen[86] sowie die Vorstellung zugrunde, dass die Erbschaft der jüngeren Generation beim Aufbau einer wirtschaftlichen Existenz helfen und ihre Selbständigkeit sichern soll;[87] überdies wird dadurch erreicht, dass das Erbe nicht zu häufig seinen „Besitzer" wechselt.[88]

Das Parentelsystem bildet freilich nur ein grobes Raster. Es trifft unter den Verwandten des Erblassers lediglich eine **Auswahl der Erben**. Die Bestimmung wer von diesen Ausgewählten Erbe ist, erfolgt mittels anderer Grundsätze.

bb) Stammes- und Liniensystem. Innerhalb der ersten drei Ordnungen findet die Aufteilung der Erbschaft nach dem **Stammes- und Liniensystem** statt. Unter einem **Stamm** versteht man

---

[81] BGBl I S. 2968 f.
[82] BGBl I S. 1243 ff.
[83] Das Gesetz spricht statt von Parentelen von Ordnungen.
[84] Staudinger/*Werner* Vorb. zu §§ 1924 bis 1936 Rdnr. 13.
[85] Lange/Kuchinke § 10 IV 1 a).
[86] Lange/Kuchinke § 10 III 3 a).
[87] Staudinger/*Werner* Vorb. zu §§ 1924 bis 1936 Rdnr. 13.
[88] Brox Rdnr. 53.

das Verhältnis einer Person zu ihren Abkömmlingen **in abwärtiger Richtung**.[89] Jedes Kind des Erblassers bildet einen eigenen Stamm. Seine Abkömmlinge (Enkel) bilden wiederum Unterstämme.

Als **Linie** werden die **aufsteigenden Verhältnisse** einer Person zu ihren Eltern und den weiteren Vorfahren bezeichnet. Jeder dieser Elternteile ist wiederum Ausgangspunkt eines neuen Stammes, die Kinder dieser Elternteile bilden mit ihren Nachkommen Unterstämme. Vollbürtige Geschwister des Erblassers gehören dem mütterlichen wie väterlichen Stamm an.

Innerhalb einer Ordnung erhält jeder Stamm **den gleichen Erbteil**. Die Erbschaft wird also nicht nach der Anzahl der vorhandenen Verwandten, sondern nach der Anzahl der Stämme verteilt.

34 *cc) Repräsentation und Eintrittsrecht*. Die Stämme werden durch ihre lebenden Stammeltern repräsentiert. Dieses **Repräsentationssystem** bedeutet, dass ein noch lebender erbberechtigter Stammelternteil seine durch ihn vertretenen mit dem Erblasser verwandten Abkömmlinge von der Erbschaft **ausschließt** (§ 1924 Abs. 2 BGB). Hinterlässt beispielsweise der Erblasser zwei Kinder, die wiederum Nachkommen haben, erben nur die Kinder und nicht deren Nachkommen.

35 Fällt ein Stammelternteil schon vor dem Erbfall durch Tod oder Enterbung bzw. nach dem Erbfall durch Erbausschlagung (§ 1953 Abs. 2 BGB) oder Erbunwürdigkeit (§ 2344 Abs. 2 BGB) weg, so treten seine durch ihn mit dem Erblasser verwandten Abkömmlinge an seine Stelle (§ 1924 Abs. 3 BGB). Man spricht insoweit von einem **Eintrittsrecht**.

36 In der Praxis sollte beachtet werden, dass das Eintrittsrecht, welches nach § 2069 BGB im Zweifel auch bei dem Wegfall eines testamentarisch eingesetzten Abkömmlings besteht, in der **Erbengemeinschaft** zu Problemen führen kann, hat es doch oft zur Folge, dass sich dort drei Generationen auseinander setzen müssen.[90] Angesichts des Generationenunterschiedes und der zwischen Großeltern und Enkeln gelockerten Familiensolidarität kann es schwer werden, in der Erbengemeinschaft zu konsensfähigen Lösungen zu gelangen.[91] Bei minderjährigen Enkeln kommt hinzu, dass deren Interessen kraft Personensorgerecht in der Regel durch den Ehe- oder Lebenspartner des verstorbenen Kindes wahrgenommen und bestimmt werden,[92] der nicht selten vorwiegend eigene, familienfremde Interessen verfolgt. Zu befürchtende Spannungen in dieser Richtung können zum Beispiel durch die **Benennung von Ersatzerben** für den Fall des Vorversterbens eines Kindes – was freilich eine Enterbung der eintrittsberechtigten Kindeskinder bedeutet und Pflichtteilsansprüche auslöst – sowie durch **Vermächtnisse** zugunsten der Kindeskinder umgangen werden.[93]

37 Ein Eintrittsrecht besteht ausnahmsweise dann nicht, wenn der Stammelternteil auf sein Erbrecht **verzichtet** hat (§ 2346 BGB), denn ein solcher Erbverzicht wirkt gemäß § 2349 BGB mangels anderer Bestimmung auch auf die Abkömmlinge des Verzichtenden.

38 **c) Das Erbrecht in den einzelnen Ordnungen. aa) Erste Ordnung.** Erben der ersten Ordnung sind nach § 1924 Abs. 1 BGB die **Abkömmlinge des Erblassers**, d h. seine **Kinder** sowie deren Abkömmlinge, also **Enkel** und **Urenkel**. Nichteheliche Kinder stehen in den seit dem 1.4.1998 eingetretenen Erbfällen (Art. 227 Abs. 1 EGBGB) den Ehelichen gleich.[94] Ein zurzeit des Erbfalls lebender Abkömmling schließt die durch ihn mit dem Erblasser verwandten Abkömmlinge von der Erbfolge aus, § 1924 Abs. 2 BGB. An die Stelle eines zurzeit des Erbfalls nicht mehr lebenden Abkömmlings treten die durch ihn mit dem Erblasser verwandten Abkömmlinge, § 1924 Abs. 3 BGB. Diese erben nach **Stämmen**, d.h. sie erben zusammen das, was der vorverstorbene Abkömmling erben würde, wenn er den Erbfall erlebt hätte. Jedes Kind und damit jeder Stamm erbt zu gleichen Teilen, § 1924 Abs. 4 BGB.

---

[89] *Ebenroth* Rdnr. 99.
[90] Vgl. hierzu *Dubischar* DNotZ 1989, 132.
[91] *Dubischar* DNotZ 1989, 132.
[92] *Dubischar* DNotZ 1989, 132 f.
[93] Zu Einzelheiten vgl. *Dubischar* DNotZ 1989, 132, 139 ff.
[94] S. o. Rdnr. 26; ausf. zum Nichtehelichenrecht unten § 12.

§ 4 Gesamtnachfolge und gesetzliche Erbfolge

Beispiel:
Hatte ein Erblasser 3 Kinder, wovon eines vorverstorben ist und zwei Enkelkinder hinterlassen hat, erben die lebenden Kinder jeweils ein Drittel und die Enkel zusammen das restliche Drittel, also je ein Sechstel.

bb) Zweite Ordnung. Die zweite Ordnung in der Verwandtenerbfolge bilden die **Eltern des Erblassers** und deren Abkömmlinge, also seine voll- und halbbürtigen **Geschwister** und deren Kinder (**Nichten und Neffen**), § 1925 Abs. 1 BGB. Leben beide Eltern beim Erbfall, erben sie allein und zu gleichen Teilen, § 1925 Abs. 2 BGB. Ist ein Elternteil verstorben oder erbrechtlich weggefallen und hat er keine Abkömmlinge hinterlassen, erbt der überlebende Elternteil allein, § 1925 Abs. 3 S. 2 BGB. Sind Abkömmlinge vorhanden, treten diese nach Stämmen (§ 1924 Abs. 2 bis 4 BGB) an die Stelle des verstorbenen Elternteils, § 1925 Abs. 3 S. 1 BGB. Wenn beide Elternteile verstorben sind und voll- und halbbürtige Geschwister des Erblassers vorhanden sind, findet eine Aufteilung nach **Linien** (mütterliche und väterliche Linie) statt. Halbbürtige Geschwister erben nur in der Linie desjenigen Elternteils, den sie mit dem Erblasser gemeinsam haben, während vollbürtige Geschwister in beiden Linien erben. **39**

Beispiel:
Hat der Erblasser zwei vollbürtige Brüder und einen Halbbruder hinterlassen, der durch ihn mit dem Vater verwandt ist, erben die beiden Vollbrüder zusammen 1/2 aus der mütterlichen Linie und 2/6 aus der väterlichen Linie, jeder also 5/12; der Halbbruder erbt das restliche 1/6 nach dem Vater.

cc) Dritte Ordnung. Gesetzliche Erben dritter Ordnung sind die **Großeltern des Erblassers** und diejenigen Abkömmlinge, die nicht Erben zweiter Ordnung sind, also **Onkel, Tanten** usw., § 1926 Abs. 1 BGB. Soweit alle vier Großelternteile leben, erben sie zu gleichen Teilen, d.h. nach vier Linien, § 1926 Abs. 2 BGB. Anstelle eines vorverstorbenen Großelternteils treten dessen Abkömmlinge – auch halbbürtige –, und zwar nach Stämmen, § 1926 Abs. 3 S. 1, Abs. 5 BGB. Sind Abkömmlinge nicht vorhanden, fällt der Anteil des Verstorbenen dem anderen Teil des Großelternpaares, bzw., wenn auch dieser vorverstorben ist, dessen Abkömmlingen zu, § 1926 Abs. 3 S. 2 BGB. Erst wenn von dem einen Großelternteil keiner, auch kein Abkömmling mehr lebt, erben das andere Großelternpaar oder deren Abkömmlinge allein, § 1926 Abs. 4 BGB. **40**

dd) Vierte und entferntere Ordnung. Die vierte Ordnung bilden die **Urgroßeltern des Erblassers** und deren Abkömmlinge, soweit sie nicht Erben einer der vorhergehenden Ordnungen sind, § 1928 Abs. 1 BGB. Lebende Urgroßeltern erben allein und zu gleichen Teilen; ihre Abkömmlinge bleiben ausgeschlossen, soweit nur ein Urgroßelternteil den Erbfall erlebt, § 1928 Abs. 2 BGB. Die Aufteilung nach Linien und das Eintrittsrecht nach Stämmen gelten also nicht mehr. Sind alle Urgroßelternteile verstorben, kommt **das Gradualsystem** zur Anwendung: Von den Abkömmlingen der Urgroßeltern erbt derjenige, der mit dem Erblasser dem Grad nach **am nächsten verwandt** ist; gleich nah Verwandte erben zu gleichen Teilen, § 1928 Abs. 3 BGB. Der Verwandtschaftsgrad richtet sich gemäß § 1589 S. 3 BGB nach der Zahl der vermittelnden Geburten. **41**

Die vorstehenden Regeln gelten entsprechend in entfernteren Ordnungen, § 1929 Abs. 2 BGB.

ee) Sonderfall: Mehrfache Verwandtschaft. Die konsequente Durchführung des Stammeserbrechtes führt innerhalb der ersten drei Ordnungen bei mehrfacher Verwandtschaft mit dem Erblasser, die z. B. durch Ehen unter Geschwisterkindern oder durch Verwandtenadoptionen begründet werden kann, zur Anerkennung **mehrfachen Erbrechtes** auf Grund Zugehörigkeit zu mehreren Stämmen.[95] § 1927 S. 2 BGB bestimmt für diese Fälle, dass die aus der unterschiedlichen Stammeszugehörigkeit resultierenden Anteile jeweils als **eigenständige Erbteile** gelten. Auf jeden Anteil finden somit die Vorschriften über die Erbschaft (§ 1922 Abs. 2 BGB) Anwendung. Der Erbe kann also über jeden Erbteil getrennt verfügen (§ 2033 BGB), jeder Anteil kann gesondert ausgeschlagen werden (§ 1951 Abs. 1 BGB)[96] usw. **42**

---

[95] Staudinger/*Werner* § 1927 Rdnr. 1.
[96] Staudinger/*Werner* § 1927 Rdnr. 9 m.w.N.

4. Das Ehegattenerbrecht

43 Das Ehegattenerbrecht wird ausführlich in § 11 dieses Buchs behandelt und daher im Folgenden nur kurz skizziert.

44 a) **Voraussetzungen.** Erbberechtigter Ehegatte ist derjenige, der zum Zeitpunkt des Erbfalls mit dem Erblasser in einer **gültigen Ehe** gelebt hat. An dieser Voraussetzung fehlt es bei einer sog. Nichtehe (§ 1310 Abs. 1 BGB), einer aufgehobenen (§§ 1313 ff. BGB) und einer rechtskräftig geschiedenen (§ 1564 BGB) Ehe.

Das Ehegattenerbrecht ist des Weiteren gem. § 1933 BGB ausgeschlossen, wenn im Erbfallzeitpunkt

- die Voraussetzungen für die **Scheidung** der Ehe gegeben waren und der Erblasser die Scheidung beantragt oder ihr zugestimmt hatte oder
- der Erblasser berechtigt war, die **Aufhebung** der Ehe zu beantragen und den entsprechenden Antrag gestellt hatte.

Formell setzt der Ausschluss nach § 1933 BGB nach h. M.[97] nicht lediglich die Einreichung des Scheidungs- bzw. Aufhebungsantrags beim Familiengericht sondern auch dessen Zustellung, also die Rechtshängigkeit voraus.

45 b) **Umfang des Ehegattenerbrechtes ohne Berücksichtigung des Güterstandes.** Anders als die Verwandten des Erblassers ist der Ehegatte nicht einer bestimmten Erbfolgeordnung zugewiesen. Er erhält eine **feste Erbquote**, deren Höhe davon abhängt, ob neben ihm Verwandte gesetzliche Erben sind und – wenn ja – zu welcher Ordnung diese gehören.

46 *aa) Erbteil neben Verwandten der ersten Ordnung.* Neben **Abkömmlingen** des Erblassers erbt der Ehegatte gem. § 1931 Abs. 1 S. 1 BGB, 1. Fall 1/4, unabhängig von der Anzahl der Abkömmlinge. Die Aufteilung des verbleibenden Nachlasses unter den Abkömmlingen richtet sich nach § 1924 Abs. 2 bis 4 BGB.

47 *bb) Erbteil neben Verwandten der zweiten Ordnung.* Sind nur **Eltern** des Erblassers oder deren Abkömmlinge vorhanden, erbt der Ehegatte neben ihnen gem. § 1931 Abs. 1 S. 1 BGB, 2. Fall 1/2. Der verbleibende Nachlass ist nach § 1925 Abs. 2, 3 BGB aufzuteilen.

48 *cc) Erbteil neben Verwandten der dritten Ordnung.* Neben **Großeltern** des Erblassers erbt der Ehegatte gem. § 1931 Abs. 1 S. 1 BGB, 2. Fall ebenfalls 1/2. Abkömmlinge kommen jedoch nicht mehr zum Zuge. Soweit gem. § 1926 BGB an Stelle vorverstorbener Großeltern Abkömmlinge erben würden, erhält der Ehegatte auch ihren Anteil, § 1931 Abs. 1 S. 2 BGB. Sind weder Großeltern noch Erben der ersten und zweiten Ordnung vorhanden, erbt der Ehegatte allein, § 1931 Abs. 2 BGB.

49 *dd) Erbrecht des verwandten Ehegatten.* Gehört der Ehegatte zu den erbberechtigten **Verwandten** des Erblassers, erhält er auch den Verwandtenerbteil, § 1934 S. 1 BGB. Die dem Ehegatten aufgrund des Ehegatten- und Verwandtenerbrechtes zufallenden Anteile gelten nach § 1934 S. 2 BGB als **besondere Erbteile,** können also z. B. getrennt angenommen oder ausgeschlagen werden.

50 c) **Einfluss des Güterstandes.** Für die Erbquote des Ehegatten ist neben der Frage, welche Verwandten des Erblassers gesetzlich erbberechtigt sind, auch von Bedeutung, in welchem **Güterstand** der Erblasser und der Ehegatte gelebt haben.

51 *aa) Gesetzlicher Güterstand.* Soweit der Erblasser mit dem Ehegatten im gesetzlichen Güterstand der **Zugewinngemeinschaft** (§ 1363 Abs. 1 BGB) gelebt hat, wird der Ausgleich des Zugewinns gemäß §§ 1931 Abs. 3, 1371 Abs. 1 BGB dadurch verwirklicht, dass sich der Erbteil des Ehegatten um 1/4 erhöht. Ob der Erblasser tatsächlich einen Zugewinn erzielt hat, ist unbeachtlich.

52 *bb) Gütertrennung.* Die Erbquote des Ehegatten bei **Gütertrennung** bemisst sich grundsätzlich nach § 1931 Abs. 1, 2 BGB. Eine Besonderheit gilt jedoch gemäß § 1931 Abs. 4 BGB für den Fall, dass gleichzeitig ein oder zwei Kinder zur gesetzlichen Erbfolge berufen sind. Der Ehegatte und jedes Kind erben dann zu gleichen Teilen. Dies gilt auch, wenn die Kinder vorver-

---

[97] Vgl. etwa BGH Urt. v. 6.6.1990 – BGHZ 111, 329, 330 ff.; Urt. v. 13.7.1994 – NJW 1995, 51 f.; Staudinger/*Werner* § 1933 Rdnr. 5.

storben sind, aber Abkömmlinge hinterlassen haben, § 1931 Abs. 4 Hs. 2 i.V.m. § 1924 Abs. 3 BGB.

cc) Gütergemeinschaft. Bestand zum Zeitpunkt des Erbfalls zwischen den Ehegatten **Güter-** 53 **gemeinschaft,** so gehört der Anteil des verstorbenen Ehegatten am **Gesamtgut** zum Nachlass, § 1482 Satz 1 BGB. Für die Beerbung verbleibt es nach § 1482 Satz 2 BGB bei den Grundregeln des § 1931 Abs. 1, 2 BGB. Die andere Hälfte des Gesamtgutes steht dem überlebenden Ehegatten kraft ehelichen Güterrechts zu, §§ 1416, 1419 BGB. Der Anteil des verstorbenen Ehegatten am Gesamtgut gehört jedoch nicht zum Nachlass, wenn die Gütergemeinschaft nach dem Tod eines Ehegatten fortgesetzt wird, § 1483 Abs. 1 S. 3 Hs. 1 BGB. Der verstorbene Ehegatte wird in diesem Fall nach den allgemeinen Vorschriften nur hinsichtlich eventuell vorhandenen **Sonder- und Vorbehaltsgutes** beerbt.

5. Das Erbrecht Eingetragener Lebenspartner

Gemäß § 10 LPartG[98] hat der überlebende Partner einer Eingetragenen Lebenspartnerschaft 54 ein gesetzliches Erbrecht, das dem eines Ehegatten weitgehend entspricht.[99] Der überlebende Lebenspartner ist wie der Ehegatte neben Verwandten der ersten Ordnung zu 1/4, neben Verwandten der zweiten Ordnung oder neben Großeltern zu 1/2 gesetzlicher Erbe (§ 10 Abs. 1 S. 1 LPartG). Zusätzlich hat der Lebenspartner Anspruch auf den **Voraus** (§ 10 Abs. 1 S. 2 LPartG; zum Voraus siehe unten Rdnr. 39). Sind weder Verwandte der ersten noch der zweiten Ordnung noch Großeltern vorhanden, erbt der Lebenspartner allein (§ 10 Abs. 2 LPartG). Das Erbrecht des Lebenspartners ist **ausgeschlossen,** wenn zurzeit des Todes des Erblassers die Voraussetzungen für die Aufhebung der Lebenspartnerschaft gegeben waren und ein Antrag des Erblassers auf Aufhebung gestellt wurde oder er einem solchen zugestimmt hat, oder aber ein Antrag auf Aufhebung der Partnerschaft wegen unzumutbarer Härte nach § 15 Abs. 2 Nr. 3 LPartG gestellt wurde und dieser Antrag begründet war (§ 10 Abs. 3 LPartG). Soweit die Lebenspartner in dem gesetzlichen Güterstand der Ausgleichsgemeinschaft gelebt haben, gilt § 1371 BGB gemäß § 6 Abs. 2 S. 4 LPartG entsprechend, d.h. der **Ausgleich des Zugewinns** wird gemäß § 1371 Abs. 1 BGB dadurch verwirklicht, dass sich der Erbteil des Lebenspartners um 1/4 erhöht.

6. Gesetzliche Vermächtnisse

a) Voraus. Dem als gesetzlicher Erbe berufenen überlebenden Ehegatten steht gemäß § 1932 55 Abs. 1 BGB ein Anspruch auf den **Voraus** zu. Das Gleiche gilt gemäß § 10 Abs. 1 S. 2 LPartG für den Eingetragenen Lebenspartner.[100] Der Voraus umfasst die zum **gemeinschaftlichen Haushalt** gehörenden Gegenstände des Erblassers, soweit sie nicht Zubehör eines Grundstücks sind, und die **Hochzeitsgeschenke bzw. die Geschenke zur Begründung der Lebenspartnerschaft.** Unter den Begriff der Haushaltsgegenstände fallen Möbel, Hausgeräte, Einrichtungsgegenstände, Haushalts- und Bettwäsche, die Miteigentumsanteile und gesamthänderischen Mitberechtigungen sowie die Anwartschaften hierauf und die Rechte aus Miete und Leihe solcher Gegenstände.[101] Der Voraus ist nicht als gesetzliches Erbrecht ausgestaltet sondern als ein dem Ehegatten/Lebenspartner neben seinem gesetzlichen Erbrecht zugewandtes gesetzliches **Vorausvermächtnis,**[102] § 1932 Abs. 2 BGB. Der Ehegatte/Lebenspartner hat damit gegen die anderen Miterben einen schuldrechtlichen Anspruch auf Übereignung der zum Voraus gehörenden Gegenstände, ohne dass diese auf seine Erbquote angerechnet werden.[103]

Soweit der Ehegatte/Lebenspartner nicht kraft Gesetzes sondern auf Grund **letztwilliger Verfügung** Erbe ist, steht ihm der Voraus nicht zu.[104] Falls der Erblasser dem Ehegatten/Lebenspartner sein gewohntes häusliches Umfeld erhalten möchte, empfiehlt es sich daher, dem Ehegatten/Lebenspartner durch Vermächtnis all das zuzuwenden, was normalerweise vom Voraus umfasst ist.

---

[98] Näher zur Lebenspartnerschaft u. §§ 11 und 12.
[99] Vgl. dazu *Bonefeld* ZErb 2001, 1 ff. und 80; *Kaiser* JZ 2001, 617, 622 f.; *N. Mayer* ZEV 2001, 169, 172 f.
[100] S. dazu o. Rdnr. 38.
[101] *Lange/Kuchinke* § 12 IV 2 c).
[102] Krit. zur Terminologie Palandt/*Edenhofer* § 1932 Rdnr. 3.
[103] MünchKommBGB/*Leipold* § 1932 Rdnr. 15, 16.
[104] Staudinger/*Werner* § 1932 Rdnr. 11.

56 **b) Dreißigster.** Nach § 1969 BGB haben Familienangehörige des Erblassers, die zurzeit seines Todes zu seinem Hausstand gehört und von ihm Unterhalt bezogen haben, für die ersten **30 Tage** ab dem Zeitpunkt des Erbfalls einen gegen die Erben gerichteten Anspruch auf **Unterhalt und Wohnungsnutzung,** soweit seitens des Erblassers nichts anderes bestimmt ist. Auch dieser Anspruch ist als **gesetzliches Vermächtnis** ausgestaltet, § 1969 Abs. 2 BGB.

7. Das Erbrecht des Staates

57 **a) Rechtspolitischer Zweck.** Das Staatserbrecht ist ein auf Zweckmäßigkeitserwägungen gegründetes **Noterbrecht.** Es soll im Interesse der Nachlassgläubiger herrenlose Nachlässe vermeiden und eine ordnungsgemäße Nachlassabwicklung sicherstellen. Dabei fallen an den Staat – meist auf Grund der Ausschlagung der Erbschaft durch die gesetzlichen oder gewillkürten Erben – vor allem die Erbschaften, die wertlos oder gar überschuldet sind.[105]

58 **b) Berufung zum Erben.** Als gesetzlicher Erbe[106] ist der Staat berufen, wenn **weder ein Verwandter noch ein Ehegatte** des Erblassers vorhanden sind, § 1936 Abs. 1 S. 1 BGB. Diese Voraussetzung ist nicht nur dann gegeben, wenn feststeht, dass kein Verwandter oder Ehegatte den Erblasser überlebt hat oder wenn ein vorrangiger Erbe nicht innerhalb einer den Umständen entsprechenden Frist ermittelt wird (§ 1964 Abs. 1 BGB, sondern auch bei einem Erbverzicht (§ 2346 Abs. 1 S. 1 BGB), bei der Ausschlagung der Erbschaft (§ 1953 Abs. 1 BGB) und der Erbunwürdigkeit (§ 2344 Abs. 1 BGB) dieser Personen.[107]

59 **c) Träger des Erbrechtes.** Erbberechtigt ist der Fiskus des Bundesstaates, dem der Erblasser zurzeit seines Todes angehört hat. Da eine Staatsangehörigkeit in den einzelnen Bundesländern nicht mehr existiert, kommt es nach § 4 Abs. 1 der VO über die deutsche Staatsangehörigkeit vom 5.2.1934[108] darauf an, in welchem **Bundesland** der Erblasser seine **Niederlassung** hatte. Der Begriff „Niederlassung" ist weiter als der des „Wohnsitzes" (vgl. §§ 7 bis 11 BGB) und bedeutet den **tatsächlichen Aufenthalt** an einem bestimmten frei gewählten Ort; es genügt, wenn der Erblasser nicht nur vorübergehend an einem bestimmten Ort Obdach und Unterkommen hatte.[109] Hatte der Erblasser Niederlassungen in mehreren Bundesländern, erben diese entsprechend § 1936 Abs. 1 S. 2 BGB zu gleichen Anteilen. War der Erblasser ein Deutscher, der keinem Bundesland angehörte, ist gemäß § 1936 Abs. 2 BGB der Bundesfiskus gesetzlicher Erbe.

60 **d) Rechtsstellung.** *aa) Erbausschlagung, Erbverzicht, Erbunwürdigkeit.* Der Staat ist, soweit er als gesetzlicher Erbe berufen ist, **Zwangserbe.** Entsprechend dem damit verfolgten Zweck, herrenlose Nachlässe zu verhindern, hat er kein Recht, die Erbschaft auszuschlagen, § 1942 Abs. 2 BGB. Er kann auch nicht auf sein Erbrecht verzichten; § 2346 Abs. 1 Satz 1 BGB regelt nur den Erbverzicht der Verwandten und des Ehegatten des Erblassers. Schließlich kann der Fiskus auch nicht ohne Bestimmung eines anderen Erben von der gesetzlichen Erbfolge ausgeschlossen (§ 1938 BGB) oder für erbunwürdig (§ 2344 Abs. 1 BGB) erklärt werden.

61 *bb) Haftung für Nachlassverbindlichkeiten.* Im Hinblick auf seine Stellung als Zwangserbe gelten für den Fiskus bezüglich der Erbenhaftung Besonderheiten: Nach § 780 Abs. 2 ZPO ist dem Fiskus die **Haftungsbeschränkung kraft Gesetzes** vorbehalten. Ferner kann ihm nach § 2011 S. 1 BGB **keine Inventarfrist** gesetzt werden.

8. Die Erbteilserhöhung

62 Durch Vorversterben Einzelner gesetzlicher Erben, Enterbung (§ 1938 BGB), Erbverzicht (§ 2346 Abs. 1 BGB), Erbausschlagung (§ 1953 Abs. 1 BGB) oder Erbunwürdigkeit (§ 2344 Abs. 1 BGB) können sich die **Erbquoten** der verbleibenden gesetzlichen Erben **erhöhen.** Die erhöhten Erbteile sind jeweils einheitliche Anteile, können also nur insgesamt angenommen oder ausgeschlagen werden. Dies kann unerwünschte Konsequenzen haben, wenn auf dem hinzugekommenen Erbteil **Belastungen** ruhen. Hat beispielsweise der Erblasser zwei Abkömmlinge,

---

[105] Vgl. *Lange/Kuchinke* § 13 I 1.
[106] Wie jedes andere Rechtssubjekt kann der Staat auch als gewillkürter Erbe eingesetzt werden; es gelten dann für ihn keine erbrechtlichen Besonderheiten.
[107] *Brox* Rdnr. 79.
[108] RGBl. I S. 85.
[109] *Brox* Rdnr. 79.

die zu gleichen Teilen als Erben berufen sind, und wird einer dieser Abkömmlinge durch Ausschlagung nicht Erbe, erhöht sich der Erbteil des überlebenden Abkömmlings um den des Ausschlagenden. Ist nun der Anteil des Ausschlagenden mit einem Vermächtnis beschwert, welches den Wert des Anteils übersteigt, würde dies bei unbeschränkter Haftung des verbleibenden Erben dazu führen, dass dieser jetzt weniger erhält als ihm ohne die Erbteilserhöhung zugekommen wäre, da er sich der Vermächtnisbelastung nicht durch die Ausschlagung lediglich des hinzugekommenen Erbteils entziehen kann. Im Hinblick hierauf bestimmt § 1935 BGB, dass der Teil, um welchen sich der Erbteil eines gesetzlichen Erben durch das Wegfallen eines anderen gesetzlichen Erben vor[110] oder nach dem Erbfall erhöht, in Ansehung der Vermächtnisse und Auflagen, mit denen der verbleibende oder der wegfallende Erbe beschwert ist, sowie in Ansehung der Ausgleichungspflicht als **besonderer Erbteil** gilt. Die Verpflichtung aus diesen Beschwerungen hat der Erbe somit nur aus dem beschwerten Erbteil zu erfüllen. Ist der beschwerte Erbteil durch diese Belastungen überschuldet, muss der Erbe nicht gemäß § 1992 BGB vorgehen.

---

[110] *Brox* (Rdnr. 63) weist zutreffend auf die begriffliche Ungenauigkeit der Vorschrift hin, denn *vor* dem Erbfall kann kein gesetzlicher Erbe wegfallen; gemeint ist die Person, die kraft Gesetzes Erbe geworden wäre, wenn sie nicht vorverstorben wäre, enterbt worden wäre oder auf ihr Erbrecht verzichtet hätte.

§ 5 Testament

Übersicht

	Rdnr.
I. Einführung	1–27
1. Praktische Bedeutung	1
2. Testament	2–5
a) Formen	2
b) Inhalt	3
c) Zwingende Rechtsfiguren	4/5
3. Schranken der Testierfreiheit	6–13
a) Beschränkung durch das Pflichtteilsrecht	6
b) Sittenwidrigkeit	7
c) Unvererbliche Rechte	8
d) Heimgesetz	9
e) Höferecht	10
f) Bindung durch letztwillige Verfügungen	11
g) Gesellschaftsrecht	12/13
4. Testierfähigkeit	14/15
a) Minderjährige	14/15
b) Geschäftsfähigkeit	16–20
c) Lesefähigkeit	17
d) Betreuung	18
e) Beurteilungzeitpunkt	19
f) Beweislast	20
5. Testierwille	21
6. Verwahrung	22
7. Herausgabepflichten	23
8. Sonderregelungen nach dem ZGB	24/25
a) Geltung	24
b) Formvorschriften	25
9. Auslandsberührung	26
10. Steuerliche Gestaltungsaspekte	27
II. Testamentsformen	28–42
1. Privatschriftliches Testament	28–31
a) Eigenhändig und höchstpersönlich	28
b) Ort und Datum	29
c) Formverstöße	30
d) Änderungen und Nachträge	31
2. Öffentliches Testament	32–36
a) Niederschrift durch den Notar	32
b) Übergabe einer Schrift	33
c) Mehrfachbehinderungen	34–36
3. Wahl der Testamentsform	37–39
a) Übersicht	37/38
b) Kosten	39
4. Nottestamente	40–42
a) Bürgermeistertestament	40
b) Dreizeugentestament	41/42
III. Formulierungsbeispiele	43–47
1. Eigenhändiges Testament	44
2. Gemeinschaftliches Testament	45
3. Nottestamente	45–47
a) Bürgermeistertestament	46
b) Dreizeugentestament	47
c) Seetestament	47

Schrifttum: Baumbach/*Hopt*, Handelsgesetzbuch, 32. Aufl. 2006; *Crezelius,* Unternehmenserbrecht, 1998; *Demharter,* Grundbuchordnung, 25. Aufl. 2005; *Grundmann,* Favor Testamenti. Zu Formfreiheit und

Formzwang bei privatschriftlichen Testamenten, AcP 187 (1987), 429; *Hüffer,* Aktiengesetz, 7. Aufl. 2006; Keidel/Kuntze/*Winkler,* Freiwillige Gerichtsbarkeit, 15. Aufl. 2003; *Klingelhöffer,* Testierunfähigkeit und ihre Geltendmachung im Nachlassverfahren, ZEV 1997, 92; *Korintenberg/Lappe/Bengel/Reimann,* Kostenordnung, Kommentar, 16. Aufl., 2005; *Maunz/Dürig,* Grundgesetz, Kommentar, Band 2, Loseblatt, Stand Juni 2002; *Mayer J.,* Berliner Testament Ade? – Ein Auslaufmodell wegen zu hoher Erbschaftsteuerbelastung?, ZEV 1998, 50; *Oechsler,* Pflichtteil und Unternehmensnachfolge, AcP 200 (2000), 603; *Rossak,* Neue Vorschriften zum materiellen Recht der Testamentserrichtung und zum Beurkundungsrecht bei Beteiligung von behinderten Erblassern, ZEV 2002, 435; Rowedder/Schmidt-Leithoff (Hrsg.), Kommentar zum GMBH-Gesetz, 4. Aufl. 2002, bearbeitet von *Bergmann/Kessler/Koppensteiner/Pentz/Rasner/Schaal/Schmidt-Leithoff/Tiedchen/Zimmermann; Roth A.,* Das Datum der Testamentserrichtung – Ein Beitrag zur Feststellungslast bei möglicher Testierunfähigkeit, ZEV 1997, 94; *Schaub,* Die Familienaktiengesellschaft und der Schutz vor Fremdeinflüssen, ZEV 1995, 82; *Schulze,* Über die Verwendung der Blindenschrift bei der Errichtung letztwilliger Verfügungen, DNotZ 1955, 629; *Stumpf,* Postscripta im eigenhändigen Testament, FamRZ 1992, 1131; *Wiedemann,* Gesellschaftsrecht Band II, 2004; *Wetterling/Neubauer/Neubauer,* Psychiatrische Gesichtspunkte zur Beurteilung der Testierfähigkeit Dementer, ZEV 1995, 46.

Beratungscheckliste

☐ Persönliche Verhältnisse des Erblassers
  • Familienstand, ggf. Güterstand
  • Abkömmlinge
  • Staatsangehörigkeit
  • Vermögensbestand
☐ Form
  • privatschriftliches Testament (handschriftlich)
  • gemeinschaftliches Testament bei Ehegatten
  • öffentliches Testament
    – mündliche Erklärung
    – Übergabe einer offenen oder verschlossenen Schrift
  • Nottestament
    – Bürgermeistertestament
    – Dreizeugentestament
    – Seetestament
☐ Inhalt
  • Erbeinsetzung
    – Alleinerbe
    – Miterben
    – Ersatzerben
    – Vor- und Nacherben
  • Enterbung
  • Vermächtnisse
  • Auflagen
  • Teilungsanordnungen
☐ Grenzen und Modifikationen
  • Pflichtteilsrecht
  • Güterrechtlicher Zugewinnausgleich
  • Heimgesetz
  • Anerbenrechte
  • Gesellschaftsrecht
  • Unvererbliche Rechte
  • Sittenwidrigkeit
☐ Sicherung
  • Amtliche Verwahrung
  • Testamentsvollstreckung
☐ Auslandsberührung
  • Formelle und materielle Sonderregelungen

☐ Steuerliche Gestaltungsaspekte
- Freibeträge
- Bewertungsvorschriften

I. Einführung

1. Praktische Bedeutung

1 In vielen Fällen wird die gesetzliche Erbfolge keine sachgerechte Vermögensnachfolge ermöglichen. Je nach Alter und Lebensumständen sind unterschiedliche Bedürfnisse der zu Bedenkenden zu beachten: Nichteheliche Lebensgemeinschaften, das Nebeneinander von Abkömmlingen aus verschiedenen Ehen oder Partnerschaften, der Ausschluss geschiedener Gatten, aber auch die Versorgung behinderter Kinder erfordern Modifikationen des gesetzlichen Erbrechts. Besteht das Vermögen aus Handwerksbetrieben, Handelsgeschäften, Unternehmensbeteiligungen oder landwirtschaftlichem Besitz, dient die **gewillkürte** Erbfolge dem möglichst reibungslosen Generationswechsel.

Neben der Versorgung von Hinterbliebenen und der Steuerung des Schicksals des Nachlassvermögens kann die Förderung des Gemeinwohls zum Ziel der letztwilligen Verfügung werden. Darüber hinaus ist stets der Gesichtspunkt der Steuerminimierung im Auge zu behalten; aus haftungsrechtlichen Gesichtspunkten ist der Mandant über die steuerlichen Folgen von Gestaltungsalternativen zu unterrichten.

Die praktisch bedeutendste Gestaltungsform, die der Gesetzgeber dem Erblasser zur Verfügung stellt, ist das Testament. Es erlaubt im Rahmen der Rechtsordnung eine weitgehende Einflussnahme auf den Erbgang. Um dem Zweck des Testaments gerecht zu werden, müssen der familiäre Hintergrund des Erblassers ermittelt, sein Vermögensbestand erfasst und bezüglich beider internationale Aspekte berücksichtigt werden, vgl. im Einzelnen § 2.

2. Testament

2 a) **Formen.** Für die Gestaltung der gewillkürten Erbfolge durch Testament stellt das BGB zwei Formen zur Verfügung: das **eigenhändige Testament**, § 2247 BGB, und das **öffentliche Testament**, § 2231 BGB. Ehegatten und Lebenspartner können zudem ein gemeinschaftliches Testament, § 2265 BGB bzw. § 10 Abs. 4 LPartG,, sowohl als eigenhändiges, § 2267 BGB, als auch als öffentliches Testament errichten. Das öffentliche Testament kann durch mündliche Erklärung zur Niederschrift vor dem Notar oder durch die Übergabe einer Schrift errichtet werden, § 2232 BGB. Ist der Erblasser minderjährig, leseunfähig oder körperlich beeinträchtigt, sind die Sondervorschriften des § 2233 BGB und die §§ 22 ff. des BeurkG zu beachten; diese sollen die zuverlässige Erfassung des Erblasserwillens sichern helfen. In lebensbedrohlichen Lagen kann der Erblasser – abgestuft nach Dringlichkeit – auf Nottestamente zurückgreifen, §§ 2249 bis 2252 BGB.

3 b) **Inhalt.** Die **Testierfreiheit** wird durch das Grundgesetz gewährleistet, Art. 14 Abs. 1 GG. Sie umfasst das Recht, selbst einen Nachfolger für das eigene Vermögen zu bestimmen oder es auf mehrere Erben nach eigenen Vorstellungen zu verteilen.[1] Eine verfassungsrechtliche Grenze bildet das **Pflichtteilsrecht** der Verwandten.[2] Im Rahmen der allgemeinen Gesetze wird sie durch die Verbote der § 138 BGB und § 134 BGB beschränkt. Zuletzt kann sie durch Rechtsgeschäfte des Erblassers oder die Vermögensgegenstände indirekt modifiziert sein. Unzulässig und unbeachtlich wäre jedoch die ausdrückliche vertragliche Verpflichtung, eine bestimmte Verfügung von Todes wegen zu errichten, nicht zu errichten oder eine bestehende Verfügung aufzuheben, § 2302 BGB.

4 c) **Zwingende Rechtsfiguren.** Die letztwilligen Verfügungen sind an das Prinzip der **Gesamtrechtsnachfolge** gebunden, § 1922 BGB. Die Erbeinsetzung, § 1937 BGB, kann einen Alleinerben vorsehen oder mehrere Erben nach Bruchteilen bedenken. Erbfähig ist jede natürliche Per-

---
[1] Maunz/*Papier* Art. 14 Rdnr. 297.
[2] Maunz/*Papier* Art. 14 Rdnr. 302.

son, die zum Zeitpunkt des Erbfalls zumindest gezeugt ist und jede juristische Person, § 1923 BGB. Ausnahmen bezüglich letzterer sind bei Auslandsberührung möglich, Art. 25 EGBGB. Die Erbeinsetzung muss höchstpersönlich erfolgen. Weder **Stellvertretung**, § 2064 BGB, noch die Auswahl des Erben durch einen Dritten werden gestattet, § 2065 BGB. Aus dem Testament muss erkennbar sein, wer Erbe werden soll. Eine – scheinbare – Ausnahme macht die Rechtsprechung[3] nur, wenn die Auswahl aus einem eng begrenzten Personenkreis erfolgt und nach sachlichen Kriterien objektiv festliegt.

Die bei rechtskundig beratenen Testatoren bevorzugte „Erbeinsetzung auf bestimmte Gegenstände" („mein Sohn bekommt das Haus, meine Tochter die Wertpapiere") ist vom Gesetz nicht vorgesehen.[4] Nur der Alleinerbe erwirbt das **Alleineigentum** an den einzelnen Nachlassgegenständen mit dem Erbfall, mehrere Erben erwerben den Nachlass stets gemeinschaftlich, § 2032 BGB. In diesen Fällen bleiben nur die Umdeutung oder Auslegung, §§ 140, 2084 BGB. Je nach Wert des zugedachten Nachlassgegenstandes kann eine Alleinerbeinsetzung gemeint sein. Erhalten mehrere Personen (etwa) gleichwertige Zuwendungen, kommt eine **Teilungsanordnung**[5] in Betracht, vgl. hierzu auch § 16.

Will der Erblasser einen bestimmten Gegenstand oder ein Recht zuwenden, ohne den Bedachten zum Mitglied der Erbengemeinschaft zu machen, wählt er das Vermächtnis. Der Bedachte erhält lediglich einen Anspruch gegen den oder die Erben, § 1939 BGB. Zu den einzelnen Vermächtnisarten vgl. § 13.

Die **Auflage** erlaubt die Begünstigung nicht rechtsfähiger oder noch nicht bestimmter Empfänger. Mit ihr kann der Erblasser dem Zuwendungsempfänger rechtsverbindliche Verpflichtungen auferlegen, § 1940 BGB, vgl. im Übrigen § 14 Rdnr. 12 bis 26.

Umgekehrt dürfen die gesetzlichen Erben auch enterbt werden, sei es indirekt durch die Einsetzung anderer Erben, sei es ausdrücklich gem. § 1938 BGB. Die ausdrückliche **Enterbung** gem. § 1938 BGB hat zur Folge, dass der Enterbte auch beim Wegfall der Testamentserben nicht zum Zuge kommt.

Beschränkt ist der Erblasser seit der Abschaffung des Fideikommiss auch hinsichtlich der **Geltungsdauer** seiner letztwilligen Verfügungen. Testamentsvollstreckung, § 2210 S. 1 BGB, Vor- und Nacherbschaft, § 2109 BGB, sowie das aufgeschobene Vermächtnis, §§ 2161, 2162 BGB, kommen nach 30 Jahren zum Wegfall, sofern die Bedingung oder Befristung für die Nachfolge der Zuwendungsempfänger nicht in den Personen der Zuwendungsempfänger angelegt ist oder ungeborene Geschwister als (weitere) Nacherben oder Vermächtnisnehmer eingesetzt sind.

3. Schranken der Testierfreiheit

a) **Beschränkung durch das Pflichtteilsrecht.** Beim Entwurf der letztwilligen Verfügung muss die Erfüllbarkeit möglicher Pflichtteilsforderungen mitbedacht werden, soll dem Erben der Nachlass dauerhaft verbleiben. Pflichtteilsberechtigt sind zunächst die Abkömmlinge und der Ehepartner, § 2303 Abs. 1 S. 1 BGB. Die Eltern des Erblassers treten nur hinzu, wenn keine Abkömmlinge erster Ordnung vorhanden sind, §§ 2303 Abs. 2, 2309 BGB. Der Pflichtteilsanspruch beträgt die Hälfte des Werts des gesetzlichen Erbteils, § 2303 Abs. 1 S. 2 BGB. Der Güterstand der **Zugewinngemeinschaft** lässt zudem die Wahl, neben dem kleinen Pflichtteil den güterrechtlichen Zugewinn geltend zu machen, §§ 6 LPartG, 1931 Abs. 2, 1371 BGB. Wurde das Vermögen im Wesentlichen in der Ehe erwirtschaftet, kann dies die Relation zugunsten des Ehegatten/Lebenspartners verschieben. Zur Vermeidung der Auszehrung des Nachlasses oder von Liquiditätsengpässen kann etwa ein lebzeitiger Pflichtteilsverzicht gem. § 2346 BGB gegen Abfindung ausgehandelt werden. Die gem. § 2331 a BGB vorgesehene Stundung gewährt nur bedingt Schutz.[6] Zum Erhalt des gesetzlichen Pflichtteils gewähren §§ 2306, 2307 BGB dem mit Vermächtnissen, Auflagen, Testamentsvollstreckung oder Nacherbanordnungen beschwerten Erben das Recht, ohne Pflichtteilsverlust auszuschlagen, vgl. auch § 29 Rdnr. 34 ff.

---

[3] BGH Urt. v. 18.11.1954, BGHZ 15, 199 = LM Nr. 1 zu § 2106.
[4] Palandt/*Edenhofer* § 1937 Rdnr. 87.
[5] Palandt/*Edenhofer* § 2087 Rdnr. 3, 4.
[6] *Oechsler* AcP 200 (2000) 603, 612 ff.

7   b) **Sittenwidrigkeit.** Schranken der Testierfreiheit können aus **Freiheitsrechten** der Bedachten und dem Schutz der **Familie**, Art. 6 GG, oder der **Religionsfreiheit**, Art. 4 GG, erwachsen.[7] Auch die böswillige Benachteiligung naher Angehöriger zugunsten Familienfremder wird von der Rechtsordnung nicht gebilligt.[8] Zu den Einzelheiten vgl. § 7 Rdnr. 12, 13 und § 15 Rdnr. 36 bis 41.

8   c) **Unvererbliche Rechte.** Soweit der Erblasser eine konkrete Verteilung des Nachlasses anordnen will, muss die **Unvererblichkeit** bestimmter Rechtspositionen beachtet werden. Sie ergibt sich aus den Sonderregelungen der jeweiligen Rechtsgebiete. So kann etwa der **Nießbrauch** nicht übertragen werden, § 1059 BGB. Nur Liquidationsgesellschafter wird der Erbe eines BGB-Gesellschafters, sofern die Satzung der Personengesellschaft nichts anderes regelt, § 727 BGB. Regelmäßig scheitert die Vererbung nicht vermögensrechtlicher Ansprüche wie die **Mitgliedschaft** in einem Verein, § 38 BGB.[9] Auch die Ansprüche auf Urlaub oder Urlaubsabgeltung nach dem BUrlG erlöschen mit dem Tod.[10] Zu den unvererblichen Rechten wird insbesondere auf § 4 Rdnr. 4 ff. verwiesen.

9   d) **Heimgesetz.** § 14 Abs. 1 HeimG verbietet es dem Träger eines Heims, sich von Heimbewohnern bzw. Bewerbern um einen Heimplatz oder zu ihren Gunsten geldwerte Leistungen versprechen oder gewähren zu lassen. Das Gleiche gilt für Beschäftigte und sonstige Mitarbeiter des Heims, § 14 Abs. 5 HeimG. Ausnahmen gelten bei Leistungen, die nicht vom Heimvertrag gedeckt werden, für geringwertige Leistungen, Zuschüsse zum Bau des Heims, die freilich zurückzugewähren sind und für Sicherheitsleistungen, vgl. § 14 Abs. 2 HeimG. Das Verbot erstreckt sich in entsprechender Anwendung auch auf die **Organe** des Heimträgers, wenn das Heim von einer Kapitalgesellschaft getragen wird, sowie auf **Familienangehörige** der Heimleiter, Beschäftigten und sonstigen **Mitarbeiter**.[11] Verstöße führen gem. § 134 BGB zur Nichtigkeit der Verfügung. Den Tatbestand erfüllen nicht nur Erbverträge, sondern auch einseitige, testamentarische Verfügungen. Die darin liegende Beschränkung der Testierfreiheit wurde für verfassungsmäßig erachtet.[12] § 14 Abs. 6 HeimG sieht einen Erlaubnisvorbehalt vor. Der Erblasser kann vor der Verfügung eine behördliche **Ausnahmegenehmigung** beantragen. Zuständig sind die durch Länderverordnungen bestimmten Behörden. Ferner wirksam sind Verfügungen, die ohne Kenntnis der bedachten Personen erfolgen.[13] Umstritten ist die Rechtslage, falls der Erblasser fälschlich annimmt, der Bedachte wisse nichts von der Verfügung.[14]

§ 14 Abs. 1 HeimG findet nur auf Verfügungen zugunsten deutscher Heime Anwendung.[15] Auch Verfügungen zugunsten eines **Betreuers** verbietet das HeimG nicht.[16]

10   e) **Höferecht.** Das **Anerbenrecht** dient dem Erhalt leistungsfähiger Landgüter, es ermöglicht den Übergang auf einen Erben mit **beschränkten Abfindungen** gegenüber den weichenden Erben. Die Regelungen sind fakultativ,[17] der Landwirt kann wählen, ob das Landgut dem jeweiligen Landesrecht unterstellt sein soll. Für die Beratung ist entscheidend, ob die Weiterführung des Landgutes beabsichtigt ist. Je nachdem gilt es, die Eintragung in die entsprechenden Verzeichnisse zu veranlassen oder die Streichung zu betreiben. Hinsichtlich der Rechtslage in den einzelnen Bundesländern sowie zur Regelung des Anerbenrechts wird auf § 43 verwiesen.

11   f) **Bindung durch letztwillige Verfügungen.** Der Erblasser kann seine testamentarische Verfügung jederzeit abändern oder widerrufen, § 2253 BGB. Zur Vermeidung von Auslegungs-

---

[7] BVerfG Beschl. v. 21.2.2000 – FamRZ 2000, 945.
[8] OLG Düsseldorf Urt. v. 20.7.1997 – FamRZ 1997, 1506, 1507.
[9] MünchKommBGB/*Leipold* § 1922 Rdnr. 17.
[10] BAG Urt. v. 23.6.1992 – NZA 1992, 1088.
[11] BayObLG Beschl. v. 9.2.2000 – ZEV 2000, 283; OLG Frankfurt Beschl. v. 29.1.2001 – ZEV 2001 Heft 3, VIII.
[12] BVerfG Beschl. v. 3.7.1998 – FamRZ 1998, 1498.
[13] BayObLG Beschl. v. 12.2.1992 – FamRZ 1992, 975; Staudinger/*Otte* Einl. § 1922 Rdnr. 66; *Rossak* ZEV 1996, 41, 43; a.A. *Soergel/Stein* § 1923 Rdnr. 11.
[14] *Rossak* ZEV 1996, 41.
[15] OLG Oldenburg Beschl. v. 19.2.1999 – FGPrax 1999, 111.
[16] BayObLG Beschl. v. 18.12.1997 – ZEV 1998, 232, 233.
[17] Palandt/*Bassenge* Art. 64 EGBGB Rdnr. 6.

schwierigkeiten sollten frühere letztwillige Verfügungen des Erblassers ausdrücklich widerrufen oder zum Umfang ihrer Fortgeltung Stellung genommen werden.

> **Formulierungsvorschlag**
> Hiermit widerrufe ich meine bisherigen Testamente und verfüge stattdessen wie folgt: ...

Zu den Einzelheiten der Widerruflichkeit wird auf § 9 Rdnr. 4, 6 ff. hingewiesen. Anderes gilt jedoch beim **gemeinschaftlichen Testament**, vgl. § 9 Rdnr. 29 ff. Mit Eheverträgen werden oft letztwillige Verfügungen oder Erbverträge verbunden. Bei verheirateten, verpartnerten oder verwitweten Erblassern muss daher besonders Augenmerk darauf gelegt werden, ob vorrangige letztwillige Verfügungen bestehen und eine Lösung von diesen Bindungen in Betracht kommt. Sofern kein Widerrufs- oder Änderungsvorbehalt vereinbart war,[18] kann eine **Anfechtung** gem. §§ 2078, 2079 BGB greifen. Erfolg versprechend ist sie vor allem, falls durch eine Eheschließung, Lebenspartnerschaft oder einen Abkömmling Pflichtteilsberechtigte hinzukommen, die bei der Errichtung der Verfügung noch nicht vorhanden waren.[19] Zu Lebzeiten beider Verfügenden kommt hinsichtlich der bindenden **wechselbezüglichen Verfügungen** im gemeinschaftlichen Testament ein einseitiger Widerruf durch notarielle Erklärung an den Ehegatten bzw. Lebenspartner in Betracht, §§ 2271 Abs. 1, 2296 BGB. Selbstverständlich ist lebzeitig stets eine einverständliche Aufhebung zulässig. Beim Vertrag ist die notarielle Form zu beobachten, § 2290 Abs. 4 BGB. Das gemeinschaftliche Testament kann, auch wenn es vor einem Notar errichtet wurde, durch ein eigenhändiges **Aufhebungstestament** widerrufen werden.[20]

Verfügungsbeschränkungen können sich aus dem Erbrecht ferner ergeben, soweit der Erblasser Vermögen nur als Vorerbe besitzt. Der Vermögenserhalt kann durch **kaptatorische** Verfügungen, vgl. § 15 Rdnr. 41, auch von der letztwilligen Verfügung zugunsten bestimmter Personen abhängen.

g) **Gesellschaftsrecht.** Gehören zum Nachlass Anteile an **Personengesellschaften**, sind vor dem Entwurf eines Testaments die Gesellschaftsverträge auf Nachfolgeregelungen zu überprüfen. Fehlen sie, wird die Gesellschaft bürgerlichen Rechts mit dem Tod des persönlich haftenden Gesellschafters aufgelöst, § 727 BGB. Die Erben werden Gesellschafter der Liquidationsgesellschaft.[21] Bei der OHG scheidet der verstorbene Gesellschafter gem. § 131 Abs. 2 HGB aus, die Erben erhalten den Abfindungsanspruch. Der Kommanditanteil und der Anteil des stillen Gesellschafters sind vererblich, §§ 177, 234 HGB. Bei der Rechtsnachfolge in Gesellschaftsanteile der KG tritt bei mehreren Erben eine **Sondererbfolge** nach Quoten ein.[22] Sieht der Gesellschaftsvertrag **qualifizierte Nachfolgeklauseln** vor, geht der Gesellschaftsanteil direkt an den vertraglich vorgesehenen Nachfolger über. Die Erben erhalten einen erbrechtlichen Ausgleichsanspruch, dessen Erfüllung möglichst testamentarisch geregelt werden sollte. Bei einer rechtsgeschäftlichen Eintrittsklausel geht auf die Erben nur der **Abfindungsanspruch** über. 12

Bei **Geschäftsanteilen** an Kapitalgesellschaften besteht weder eine erbrechtliche Sondernachfolge noch kann die Vererblichkeit ausgeschlossen werden.[23] Die Satzung kann aber Abtretungsverpflichtungen oder die **Einziehung** des Geschäftsanteils vorsehen, wenn die satzungsgemäß vereinbarte Nachfolge nicht zustande kommt.[24] Auch das Aktienrecht geht selbst bei **vinkulierten Namensaktien** von der freien Vererblichkeit aus.[25] Die Satzung kann die Einziehung vorsehen, § 237 Abs. 1 AktG, wenn vinkulierte Namensaktien aus dem Kreis der Berechtigten fallen.[26] Auch ohne Einziehung steht die **Vinkulierung** der Auseinandersetzung der 13

---

[18] Staudinger/*Kanzleiter* § 2271 Rdnr. 56.
[19] Staudinger/*Kanzleiter* § 2271 Rdnr. 73.
[20] Staudinger/*Kanzleiter* § 2267 Rdnr. 18.
[21] *Wiedemann* Gesellschaftsrecht II 461.
[22] St. Rspr. BGH Urt. v. 4.5.1983 – NJW 1983, 2376.
[23] Rowedder/*Bergmann* § 15 Rdnr. 114.
[24] *Bergmann* Rdnr. 118, 119; *Crezelius* S. 322.
[25] *Hüffer* § 68 Rdnr. 11.
[26] *Schaub* ZEV 1995, 82, 85.

Miterben und der Erfüllung von Vermächtnissen entgegen.[27] Soll die Unternehmensbeteiligung nur einem Erben überlassen werden, können die Pflichtteilsansprüche der weichenden Erben den Bestand des Unternehmens gefährden.[28] Zur Problemstellung im Einzelnen und den Lösungsmöglichkeiten vgl. § 40.

4. Testierfähigkeit

14   a) **Minderjährige.** Grundsätzlich erkennt das BGB jeder natürlichen Person die Fähigkeit zu, über das eigene Vermögen letztwillig zu verfügen. Minderjährige müssen das 16. Lebensjahr vollendet haben, § 2229 Abs. 1 BGB. Der Mitwirkung des **gesetzlichen Vertreters** bedarf es zum Testieren nicht. Geschützt wird der Minderjährige durch die zwingende Errichtung eines öffentlichen Testaments, § 2247 Abs. 4 BGB; mit der Einschaltung eines **Notars** wird seine Beratung sichergestellt. Der Minderjährige kann sein Testament zur Niederschrift und durch Übergabe einer offenen Schrift errichten, § 2233 Abs. 1 BGB. Vor Vollendung des 16. Lebensjahrs können keine wirksamen letztwilligen Verfügungen getroffen werden. Der Grundsatz der höchstpersönlichen Errichtung, § 2064 BGB, lässt keine Vertretung durch gesetzliche Vertreter oder gerichtlich bestellte Pfleger zu.

15   b) **Geschäftsfähigkeit.** Als Sonderfall der Geschäftsfähigkeit ist die **Testierfähigkeit** in § 2229 Abs. 3 BGB geregelt. Der Erblasser muss in der Lage sein, den Inhalt seiner Anordnungen zu erfassen, und sich über die persönlichen und wirtschaftlichen Auswirkungen auf die Bedachten ein Bild machen können. Er muss die sittliche Berechtigung seiner Verfügungen erkennen und frei von Einflüssen **Dritter** handeln können.[29] Störungen der Geistestätigkeit ergeben sich häufig im Alter bei arterio-sklerotischer **Demenz**, degenerativer Demenz oder Parkinson-Syndromen.[30] Auch Schwachsinn, hirnorganische Syndrome, Schizophrenieformen und manisch-depressives Irresein können die Testierfähigkeit aufheben.[31] Vorübergehende **Bewusstseinsstörungen** stehen den Störungen der Geistestätigkeit gleich.[32] Hierunter fallen die hochgradige Trunkenheit, Drogenrausch, Hypnose sowie bewusstseinstrübende körperliche und seelische Krankheitszustände, die den Erblasser die Bedeutung seiner Willenserklärung nicht mehr erkennen lassen. **Willensschwäche** schließt die Testierfähigkeit erst aus, wenn sie den Testator für vernünftige Erwägungen unzugänglich macht. Anregungen von Dritten darf er aufgreifen, sofern nur die Entscheidung darüber von ihm getroffen wird. Die Testierfähigkeit muss bis zur Unterschrift der letztwilligen Verfügung gegeben sein.[33] **Partielle Testierunfähigkeit** gibt es nicht,[34] jedoch können Wahnvorstellungen bezüglich bestimmter Personen Testierunfähigkeit begründen,[35] wenn eine als Erbe in Betracht kommende Person im Mittelpunkt der **Wahnvorstellungen** steht. Wenn der Erblasser **psychopathische Züge**[36] aufweist oder eine **querulatorische Veranlagung**[37] zeigt, verliert er nicht zwangsläufig seine Testierfähigkeit. Bezieht sich die krankhafte Störung nicht auf die für die Testamentserrichtung maßgeblichen Umstände und Personen, bleibt er testierfähig. Auch altersbedingte Minderungen der geistigen Leistungsfähigkeit mit vorübergehenden Zuständen der Desorientiertheit schließen die Testierfähigkeit nicht zwingend aus.[38]

16   Bei vaskulären Demenzen, insbesondere bei **Multiinfarkt-Demenzen,**[39] kann die Frage auftreten, ob der Erblasser in einem lichten Moment verfügt hat. Bei einer Arteriosklerose im letz-

---

[27] OLG Düsseldorf Urt. v. 23.1.1987 – ZIP 1987, 227, 230.
[28] *Oechsler* AcP Bd. 200 (2000), 603.
[29] BGH Urt. v. 1.7.1959 – NJW 1959, 1822, st. Rspr.; OLG Köln Beschl. v. 20.12.1993 – NJW-RR 1994, 396; BayObLG Beschl. v. 9.3.2005 – ZEV 2005, 348.
[30] *Wetterling/Neubauer/Neubauer* ZEV 1995, 46 ff.
[31] Staudinger/*Baumann* § 2229 Rdnr. 22.
[32] MünchKommBGB/*Burkart* § 2229 Rdnr. 14.
[33] Staudinger/*Baumann* § 2229 Rdnr. 34; RGZ 111, 247, 252.
[34] BayObLG Beschl. v. 31.1.1991 – NJW 1992, 248.
[35] OLG Celle Beschl. v. 28.4.2003 – NJW-RR 2003, 1093; BayObLG Beschl. v. 22.10.1984 – Rpfleger 1984, 467.
[36] BayObLG Beschl. v. 22.2.2000 – NJW 2000, 1959, 1960.
[37] BayObLG Beschl. v. 18.12.1991 – FamRZ 1992, 724.
[38] BayObLG Beschl. v. 31.7.1997 – ZEV 1997, 510, 511.
[39] *Wetterling/Neubauer/Neubauer* S. 48.

ten Stadium ist das regelmäßig zu verneinen.[40] Aus medizinischer Sicht wird auch eine lediglich kurzzeitige Verbesserung bei einer mittelschweren Demenz als kaum begründbar angezweifelt.[41] War der Erblasser kurz vor und nach der Testamentserrichtung anhaltend testierunfähig, spricht der erste Anschein für die Testierunfähigkeit im maßgeblichen Zeitpunkt.[42] Die Feststellungslast liegt bei dem, der sich auf den **lichten Moment** oder die ernsthafte Möglichkeit eines solchen beruft.[43] Bei einem wechselhaften Krankheitsverlauf hingegen, insbesondere vorübergehenden Verwirrtheitszuständen, trägt die Feststellungslast derjenige, der sich auf die Testierunfähigkeit beruft.[44]

c) **Lesefähigkeit.** Das eigenhändige Testament, § 2247 Abs. 4 BGB, sowie das notarielle Testament durch Übergabe einer Schrift, § 2231 Nr. 2 BGB, setzen zusätzlich die Lesefähigkeit des Erblassers voraus. Als leseunfähig gilt, wer Geschriebenes nicht zu entziffern vermag. Darunter fällt auch die Unfähigkeit, eine fremde Schrift oder **Schriftzeichen** zu lesen, wenn diese für die Testamentsurkunde verwendet wurden. Bei einem Testament durch Übergabe einer Schrift kann dieses Problem auftreten. Blinde gelten als leseunfähig, wenn sie nicht **Blindenschrift** lesen können.[45] Maßgeblich ist der Zeitpunkt der Errichtung des Testaments.[46] Auch hochgradige **Schwachsichtigkeit**[47] oder die Unfähigkeit, den Sinn des Geschriebenen zu erfassen, was bei **Rindenblindheit** vorkommen kann, können die Leseunfähigkeit i.S.d. §§ 2233 Abs. 2, 2247 Abs. 4 BGB begründen.[48] Die Feststellungslast trägt, wer sich auf die Leseunfähigkeit beruft.[49] Ein ärztliches **Gutachten,** das eine schwere Sehbehinderung feststellt und von „rudimentären visuellen Wahrnehmungen" spricht, gibt Veranlassung zu weiteren amtlichen Ermittlungen.[50] Geht ein Anerkennungsbescheid des Amtes für Versorgung und Familienförderung von der Blindheit des Erblassers aus und wird der Befund durch Auffälligkeiten im **Schriftbild** belegt, darf das Nachlassgericht die Leseunfähigkeit bejahen.[51] Verbleiben nach der Beweisaufnahme hingegen noch Zweifel, ist von der Lesefähigkeit auszugehen.[52]

d) **Betreuung.** Abweichend vom aufgehobenen Vormundschaftsrecht kennt das Betreuungsrecht keinen generellen Ausschluss der **Testierfähigkeit** mehr,[53] es verbleibt bei den allgemeinen Grenzen der §§ 104, 2229 Abs. 4 BGB. Bestehende **Entmündigungen** wurden durch Art. 9 § 1 BtG in Betreuungen umgewandelt. Stichtag war der 1.1.1992. Die Anordnung einer Betreuung führt weder zu einer Beweislastumkehr noch zu einer Vermutung gegen die Geschäftsfähigkeit. Für die Übergangszeit gilt Folgendes: Entmündigte sind ab dem In-Kraft-Treten des Betreuungsrechts zum 1.1.1992 in der Lage, im Rahmen der allgemeinen Regelungen rechtsgültig zu testieren; vorher errichtete Verfügungen bleiben unwirksam.[54]

e) **Beurteilungszeitpunkt.** Maßgeblich ist auf den Geisteszustand des Erblassers bei der Errichtung des Testaments abzustellen. Vorübergehende Störungen der **Geistestätigkeit** hindern die Testierfähigkeit nicht, wenn die freie Entschlussfähigkeit zeitweise vorhanden ist und die Tragweite des Testaments erkannt wird. Der **Errichtungszeitpunkt** hängt von der Testamentsform ab. Beim eigenhändigen Testament richtet er sich nach der Unterzeichnung der Schrift, beim öffentlichen Testament des Erblassers nach der **Beurkundung** der Übergabe der Schrift oder der Beurkundung der Niederschrift der mündlichen Erklärung.

---

[40] BayObLG Beschl. v. 28.12.1993 – ZEV 1994, 303 m. Anm. *Jerschke*.
[41] *Wetterling/Neubauer/Neubauer*, a. a. O.
[42] BayObLG Beschl. v. 4.9.2004 – ZErb 2004, 90.
[43] BayObLG ZEV 1994, 303.
[44] BayObLG Beschl. v. 24.3.2005 – ZEV 2005, 345.; OLG Jena Beschl. v. 4.5.2005 – ZEV 2005, 343.
[45] BayObLG Beschl. v. 25.3.1999 – FamRZ 2000, 322, 323.
[46] BayObLG a. a. O.
[47] SchlHOLG Beschl. v. 28.8.1969 – SchlHA 1970, 138.
[48] BayObLG Beschl. v. 27.6.1997 – NJW-RR 1997, 1438.
[49] BayObLG Beschl. v. 27.3.1985 – Rpfleger 1985, 239.
[50] BayObLG Beschl. v. 10.1.1997 – FamRZ 1997, 1028.
[51] BayObLG Beschl. v. 25.3.1999 – FamRZ 2000, 322, 323.
[52] OLG Düsseldorf Urt. v. 4.2.2000 – ZEV 2000, 316.
[53] Staudinger/*Bienwald* § 1896 Rdnr. 168.
[54] Staudinger/*Bienwald* § 1896 Rdnr. 169.

20 f) **Beweislast.** Das Gesetz geht von der Testierfähigkeit jedes Testiermündigen aus. Im Verfahren der freiwilligen Gerichtsbarkeit bringt die **Amtsermittlungspflicht** gewisse Erleichterungen, die jedoch nicht überschätzt werden sollten. Die **Feststellungslast** liegt bei dem, der sich auf die fehlende Testierfähigkeit beruft.[55] Wer die **Testierfähigkeit** erfolgreich in Zweifel ziehen will, darf sich nicht mit allgemeinen Hinweisen auf nachlassende Verstandeskräfte begnügen. Das Nachlassgericht wird nur dann zur Beweiserhebung veranlasst, wenn erhebliche Indizien für die Testierunfähigkeit zum maßgeblichen Zeitpunkt vorgetragen werden.[56] Für die Beratung kann es sich daher empfehlen, eine Begutachtung anzuregen, Zeugenaussagen zu sichern sowie eigene Wahrnehmungen durch Aktendossiers zu belegen. Zur Sachverhaltsermittlung ist das Nachlassgericht auf Krankenakten und Aussagen der behandelnden Ärzte angewiesen. Die **Schweigepflicht** der behandelnden Ärzte und der Geheimnisschutz bestehen nach dem Tod des Erblassers grundsätzlich fort.[57] Jedoch kann der ausdrücklich oder konkludent erklärte oder mutmaßliche Wille des Erblassers herangezogen werden. Die Rechtsprechung unterstellt, der **Nachweis der Testierfähigkeit** liege im wohlverstandenen Interesse des Erblassers, der ein Testament errichtet habe.[58] Auch die Vernehmung des beurkundenden Notars und des beratenden Rechtsanwalts kann geboten sein.[59] Zeugenaussagen von Laien zu privaten Kontakten mit dem Erblasser sind freilich vorsichtig zu bewerten, da z. B. bei Altersdemenz die Defizite überspielt werden können.[60] Hat das Nachlassgericht die maßgeblichen Anknüpfungstatsachen ermittelt, erfolgt die weitere Aufklärung regelmäßig durch die Erhebung eines **Gutachtens** eines Arztes für Neurologie, Psychiatrie oder Rechtsmedizin.[61] Verbleiben trotz der Erschöpfung aller Beweismittel Zweifel, ist von der Testierfähigkeit auszugehen.[62] Ein Gutachten muss allerdings nicht eingeholt werden, wenn die Aussagen des behandelnden Arztes und sonstiger Zeugen praktisch keine Anhaltspunkte für eine Testierunfähigkeit ergeben.[63] Bestehen andererseits erhebliche Bedenken bezüglich der Testierfähigkeit, widerlegt ein **Kurzgutachten** aus dem Betreuungsverfahren, das sich mit der Geschäftsfähigkeit nicht auseinander setzt, die Zweifel nicht.[64] Ärztliche Bekundungen, die der Natur der Krankheit nach auf lediglich vorübergehende Störungen schließen lassen, beweisen die Testierunfähigkeit nicht. Insbesondere bei dem praktisch häufigsten Fall, der **Altersdemenz,**[65] bestehen Schwierigkeiten, da eine ausführliche Begutachtung und Feststellung des **Krankheitsbilds** zu Lebzeiten vielfach unterbleibt. Zur Beweislast bei lichten Momenten und Leseunfähigkeit vgl. oben Rdnr. 16 und 17.

5. Testierwille

21 Die Frage nach dem Testierwillen stellt sich nur, wenn das Schriftstück die formellen Voraussetzungen einer letztwilligen Verfügung erfüllt.[66] Doch selbst bei einer Urkunde, die den Formerfordernissen eines Testaments entspricht, besteht lediglich eine widerlegbare Vermutung für den rechtsverbindlichen Testierwillen.[67] Dieser kann fehlen, wenn es zureichende tatsächliche Anhaltspunkte gibt, dass es sich um einen bloßen **Entwurf** handelt. Bedenken können sich z. B. aus der Vergänglichkeit des gewählten Materials der Urkunde ergeben.[68] Maßgeblich sind dabei die Umstände des Einzelfalls; so wurde bei einer Verfügung mit Kreide auf einer **Schiefertafel** auf Grund der Lebensverhältnisse des Erblassers der Testierwille bejaht.[69] Zweifel veranlasste auch eine Verfügung auf einem gebrauchten **Briefumschlag**[70] sowie die Niederle-

---

[55] KG Beschl. v. 7.9.1999 – FamRZ 2000, 912; *Klingelhöffer* ZEV 1997, 92, 93.
[56] OLG Hamm Beschl. v. 12.11.1996 – FGPrax 1997, 68; KG a. a. O.
[57] BGH Beschl. v. 4.7.1984 – BGHZ 91, 392, 398.
[58] OLG Frankfurt a. M. Beschl. v. 19.2.1997 – FamRZ 1997, 1306, 1307; BGH a. a. O., S. 400.
[59] OLG Frankfurt a. M. a. a. O., S. 1308; BayObLG ZEV 1997, 510, 511.
[60] BayObLG Beschl. v. 18.3.1997 – FamRZ 1997, 1511.
[61] KG a. a. O. S. 913; *Klingelhöffer* a. a. O.
[62] OLG Frankfurt a. M. Beschl. v. 21.12.1997 – NJW-RR 1998, 870, 871.
[63] KG a. a. O. S. 912.
[64] OLG Düsseldorf Urt. v. 14.8.2000 – ZErb 2001, 29.
[65] BayObLG FamRZ 1999, 819.
[66] BayObLG Beschl. v. 8.11.1999 – NJWE-FER 2000, 91.
[67] BayObLG Beschl. v. 4.2.2000 – ZEV 2000, 365 m. Anm. *Kroppenberg.*
[68] *Soergel/Harder* § 2247 Rdnr. 42.
[69] RG JW 1910, 291.
[70] BayObLG Beschl. v. 11.6.1991 – FamRZ 1992, 226, 227.

gung des letzten Willens in einem **Notizbuch**.[71] Mehrere Verfügungen verschiedenen Inhalts, die vom gleichen Tag datieren, lassen nicht mit hinreichender Sicherheit den Schluss auf eine über einen bloßen Entwurf hinausgehende Testierabsicht zu.[72] Abgrenzungsschwierigkeiten treten regelmäßig bei Bestimmungen in Briefen auf. Maßgeblich ist, ob der Erblasser von anderweitig getroffenen oder lediglich beabsichtigten Verfügungen berichtet oder im Schreiben selbst verbindliche Anordnungen treffen will oder sich jedenfalls bewusst ist, dass das Schreiben als letztwillige Verfügung verstanden werden kann.[73] Da die **Briefform** nicht den üblichen Gepflogenheiten entspricht, sind an die Feststellung des Testierwillens strenge Anforderungen zu stellen. Dass in dem Brief auch andere Themen berührt werden, schließt den Testierwillen noch nicht aus.[74] Auch der Verfügung auf einer **Postkarte** wurde bei entsprechenden Umständen Testamentsqualität zugesprochen.[75] Bestehen jedoch ernstliche Zweifel am Testierwillen, wird das Testament nicht als gültig angesehen. Der Testierwille muss vom Erblasser selbst zum Ausdruck gebracht werden, es reicht nicht aus, wenn er sich aus einem in Bezug genommenen, nicht vom Erblasser herrührenden Schriftstück, erschließen lässt.[76]

6. Verwahrung

Durch die amtliche Verwahrung, §§ 2258 a, 2258 b BGB, kann der Erblasser den Bestand und die **Eröffnung** seiner privatschriftlichen Verfügung sichern. Das öffentliche Testament kommt stets in amtliche Verwahrung, § 34 BeurkG. Die **Kosten** der amtlichen Verwahrung richten sich nach dem Nachlasswert[77] zum Zeitpunkt der Inverwahrnahme.[78] Sie betragen 1/4 **Gebühr**, § 101 KostO. Zuständig ist das Amtsgericht, § 2258 a BGB, in Baden-Württemberg das Notariat, § 1 Abs. 2 LFGG. Die Rücknahme des notariellen oder Nottestaments gem. § 2249 BGB aus der amtlichen Verwahrung gilt, unabhängig vom Willen[79] des Erblassers als Widerruf des Testaments. Sie kann, wie auch beim eigenhändigen Testament, nur durch den Erblasser selbst erfolgen, § 2256 BGB. Das **Nachlassgericht** eröffnet das Testament von Amts wegen, sobald es vom Tod des Erblassers erfährt, § 2260 Abs. 1 BGB. Zum Eröffnungstermin werden die gesetzlichen Erben und sonstigen Beteiligten, soweit tunlich, geladen.

7. Herausgabepflichten

Jeder, der letztwillige Verfügungen im Besitz hat, ist verpflichtet, nicht nur das zeitlich letzte Testament, sondern sämtliche Papiere, die ihrem Inhalt nach letztwillige Verfügungen betreffen können,[80] beim Nachlassgericht abzuliefern, § 2259 BGB. Auch **Briefe**, Widerrufe oder **geschlossene Umschläge** mit entsprechender Aufschrift unterliegen der Herausgabe. Eine Vorsortierung verbietet sich auf Grund der Kompetenz des Nachlassgerichts zur verbindlichen Feststellung der Verfügungslage. Zur Erzwingung der Herausgabe kann das **Nachlassgericht Zwangsgeld** festsetzen, § 83 Abs. 1 FGG. Wird vermutet, dass ein Testament vorhanden ist, kann es den Besitzer zur Abgabe einer **eidesstattlichen Versicherung** über dessen Verbleib auffordern, § 83 Abs. 2 FGG. Den Erben steht nach der Eröffnung umgekehrt kein Anspruch gegen das Nachlassgericht auf Herausgabe der Verfügung zu, auch wenn sie sich auf **ideelle Interessen** berufen.[81] Zu weiteren Einzelheiten wird auf § 52 verwiesen.

8. Sonderregelungen nach dem ZGB

a) Geltung. Auf Testamente, die nach dem 31.12.1975 und vor dem 3.10.1990 errichtet wurden, finden weiterhin die **Formvorschriften** des ZGB Anwendung, auch wenn der Erblasser erst nach dem Stichtag stirbt bzw. gestorben ist, Art. 235 § 2 EGBGB. Das ZGB gilt auch für die Frage seiner Testierfähigkeit, jedoch nicht für den Inhalt der Anordnungen oder die

---

[71] BayObLG ZEV 2000, 365, 366.
[72] BayObLG Beschl. v. 7.4.1989 – NJW-RR 1989, 1092.
[73] OLG Brandenburg Beschl. v. 9.9.1997 – FamRZ 1998, 985, 986.
[74] OLG Brandenburg a. a. O. S. 987; BayObLG Beschl. v. 19.10.2000 – NJWE-FER 2001, 20.
[75] KG JW 1937, 2770.
[76] OLG Hamm Beschl. v. 27.6.1991 – FamRZ 1992, 356, 358.
[77] BayObLG Beschl. v. 28.10.1999 – ZIP 2000, 186.
[78] Korintenberg/*Lappe* § 103 Rdnr. 17.
[79] BayObLG Beschl. v. 15.12.2004 – FGPrax 2005, 72
[80] Keidel/*Winkler* § 83 Rdnr. 1.
[81] BayObLG Beschl. v. 4.8.2000 – FamRZ 2001, 126.

Auslegungsregeln. Bestehende Verfügungen sollten daher überprüft und angepasst werden. Bei gemeinschaftlichen Testamenten gilt das ZGB bezüglich der **Bindungswirkung** fort. Daneben kann es von Relevanz sein, falls bei Todesfällen vor dem Stichtag nunmehr noch aufschiebende oder auflösende Bedingungen eintreten. Soweit sie wegen des Verbots der Vor- und Nacherbeinsetzung unzulässig[82] sind, kann eine Umdeutung in Betracht kommen.

25 b) **Formvorschriften.** Das **privatschriftliche Testament** musste vom Erblasser eigenhändig geschrieben und unterschrieben sein, die Angabe von Ort und Datum war nicht zwingend, § 385 ZGB. Beim **gemeinschaftlichen eigenhändigen Testament** musste ein Gatte das Testament eigenhändig schreiben und beide eigenhändig unterzeichnen, §§ 391 Abs. 2, 385 ZGB. **Notarielle Testamente** konnten durch mündliche oder schriftliche Erklärung errichtet werden, hierüber war eine Niederschrift anzufertigen, § 384 ZGB, sowie § 391 Abs. 1 ZGB für das gemeinschaftliche Testament. Ein Testament konnte nur errichten, wer volljährig und handlungsfähig war, § 370 Abs. 1 ZGB. Als handlungsfähig galten volljährige Bürger, die nicht entmündigt waren, §§ 49, 52 ZGB. Auch der Grundsatz der höchstpersönlichen Errichtung fand Anwendung, § 370 Abs. 2 ZGB.

9. Auslandsberührung

26 Will ein Erblasser mit ausländischer **Staatsbürgerschaft** oder ein deutscher Erblasser mit im Ausland belegenen Vermögen testieren, muss geklärt werden, welche Rechtsordnungen eine Rolle spielen können. Die Anknüpfung kann sich auf den letzten **Wohnsitz** oder den **Ort** der Verfügungserrichtung gründen. Der Sterbeort kann beim Versterben eines Deutschen im Ausland ebenfalls von Belang sein. Insbesondere bei **Grundvermögen** knüpfen viele Rechtsordnungen an die Belegenheit an, was zur Spaltung des Nachlasses führen kann. Vorsicht ist auch bei Verfügungen durch Erbvertrag oder gemeinschaftliches Testament geboten, da diese Formen von einigen Rechtsordnungen als unwirksam eingestuft werden. **Ausländer** können für ihre letztwillige Verfügung die Anwendung deutschen Rechts für unbewegliches Vermögen wählen, im Übrigen richtet sich das Erbrecht nach der jeweiligen Staatsangehörigkeit, Art. 25 EGBGB, oder nach dem deutschen Wohnsitz, wenn das IPR des Heimatstaates diesen als Anknüpfungspunkt festlegt. Für die formalen Anforderungen an die Gültigkeit einer letztwilligen Verfügung erfolgt die Anknüpfung über Art 26 EGBGB. Zum Kollisionsrecht wird auf § 33 verwiesen.

10. Steuerliche Gestaltungsaspekte

27 Beim Entwurf der letztwilligen Verfügung sind für die etwaige Bewertung der Vermögensgegenstände die Vorschriften des BewG heranzuziehen. Die sachbezogenen **Freibeträge**, § 13 a Abs. 1 ErbStG, und die persönlichen Freibeträge für die Angehörigen, §§ 16, 17 ErbStG, sind zu beachten. Auch die doppelte Besteuerung beim **Berliner Testament** sollte besonders bei schon älteren Erblassern nicht übersehen werden.[83] Hinsichtlich der Einzelheiten und Gestaltungsvarianten wird auf § 36 verwiesen.

II. Testamentsformen

1. Privatschriftliches Testament

28 a) **Eigenhändig und höchstpersönlich.** Diese Testierform steht nur dem volljährigen Erblasser offen, der zudem nicht durch körperliche Gebrechen in der **Schreib- und/oder Lesefähigkeit** beeinträchtigt sein darf, § 2247 Abs. 4 BGB. Die Testamentsurkunde muss vom Erblasser mit eigener Hand geschrieben und unterzeichnet sein. Lediglich beim gemeinschaftlichen Testament von Ehegatten genügt die Unterzeichnung der vom anderen Gatten geschriebenen Verfügung. Der Erblasser darf sich den Arm stützen lassen, die Buchstaben müssen jedoch von seinem Willen bestimmt sein.[84] Die **Schriftzüge** müssen individuell gestaltet sein, eine durchgepauste Handschrift genügt,[85] nicht jedoch die Verwendung von **Blindenschrift**.[86] Als eigenhän-

---

[82] KG Beschl. v. 13.6.1996 – FamRZ 1996, 1572, 1574.
[83] *Mayer J.* ZEV 1998, 50, 51.
[84] BGH Beschl. v. 3.2.1967 – BGHZ 47, 68, 71; OLG Hamm Beschl. v. 11.9.2001 – NJW 2002, 222
[85] BGH a. a. O., S. 68.
[86] *Schulze* DNotZ 1955, 629, 631.

dig gilt auch die Schrift, die der Erblasser mit dem Mund, dem Fuß oder mittels einer Prothese fertigt.[87] Der Urkundentext muss, notfalls mit Hilfe eines Sachverständigen, lesbar sein.[88] Bestehen nach dem Erscheinungsbild der Urkunde Zweifel an der Echtheit, hat das Nachlassgericht von Amts wegen ein Gutachten einzuholen. Sprechen keine besonderen Umstände gegen eine eigenhändige Errichtung, darf das Nachlassgericht Auffälligkeiten im Schriftbild durch den Vergleich mit anderen Schriftproben des Erblassers selbst prüfen.[89] Die Unterschrift muss den **räumlichen Abschluss** der Verfügung bilden.[90] Sie muss aber nicht zeitgleich mit der Errichtung des Testaments erfolgen.[91] Die Unterschrift auf einem **Umschlag**, der die Verfügung enthält, kann als solcher verstanden werden. Etwa dann, wenn die Unterschrift auf dem Umschlag keine selbstständige Bedeutung als Adressenangabe besitzt und mit dem eingeschlossenen Text in Zusammenhang steht,[92] wie z.B. durch die Aufschrift „Mein letzter Wille".[93] Ist der Umschlag allerdings mit Handlungsanweisungen versehen, z. B. „Nach meinem Tod unter Zeugen zu öffnen", wird der Bezug auf die Verfügung nicht für ausreichend erachtet.[94] Auch bei einem offenen Umschlag wird der erforderliche Zusammenhang verneint.[95] Ferner soll der Erblasser mit Vor- und Familiennamen unterzeichnen, anderenfalls hängt die Gültigkeit von der eindeutigen Bestimmbarkeit der Urheberschaft ab. **Künstler- und Spitznamen** können ausreichen, ebenso die Unterzeichnung mit „euer Vater".[96] Streitig ist, ob die Unterzeichnung mit den Anfangsbuchstaben „A. B." ausreicht.[97] In der Beratungspraxis ist auch zu beachten, dass handschriftlicher **Briefwechsel** letztwillige Bestimmungen enthalten kann, vgl. oben Rdnr. 21. Die Verfügung muss höchstpersönlich erfolgen, weder gewillkürte noch gesetzliche Stellvertretung sind gestattet, § 2064 BGB.

b) Ort und Datum. Die Testamentsurkunde soll ferner angeben, wann und wo die Verfügung errichtet wurde. Insbesondere bei mehrfachen Verfügungen ist dieser Umstand für die Ermittlung des letzten Willens bedeutsam.[98] Aber auch beim Streit über die Testierfähigkeit kommt dem **Zeitpunkt** große Bedeutung zu.[99] Die Angabe des **Orts** ist maßgeblich zur Beurteilung der formellen Gültigkeit der Verfügung. **29**

Verfügung	Ich, Rita Schmidt, geb. Maier, setze meinen Mann Gerd zum Alleinerben ein.
Ort	Mannheim
Datum	2.1.2005
Unterschrift	Rita Schmidt

c) Formverstöße. Gleichwohl kann in besonders gelagerten Fällen trotz der Missachtung dieser Förmlichkeiten eine rechtsgültige letztwillige Verfügung vorliegen. So wurde etwa die Zeichnung des Namens an der Seite der Urkunde für ausreichend erachtet, da im entschiedenen Fall unter dem Verfügungstext kein Platz für die Unterschrift verblieben war und sich die **seitliche Unterschrift** als räumlicher Abschluss der Urkunde darstellte.[100] Formwirksam kann auch ein Testament sein, bei dem die **Sollangaben** zu Ort und Zeit sowie der Name des Testa- **30**

---

[87] *Brox* Erbrecht § 11 III. 1. b) Rdnr. 125.
[88] KG Beschl. v. 20.3.1998 – ZEV 1998, 387.
[89] BayObLG Beschl. v. 4.11.1997 – FamRZ 1998, 644.
[90] BayObLG Beschl. v. 22.7.1998 – NJW 1999, 1118, 1119.
[91] BayObLG Beschl. v. 29.7.2004 – ZErb 2005, 25.
[92] BayObLG Beschl. v. 10.9.1985 – FamRZ 1985, 1286, 1287 m.w.N.
[93] *Soergel/Harder* § 2247 Rdnr. 29.
[94] OLG Düsseldorf Beschl. v. 8.11.1971 – NJW 1972, 260.
[95] OLG Hamm Beschl. v. 14.3.1986 – OLGZ 1986, 292.
[96] Palandt/*Edenhofer* § 2247 Rdnr. 11 m.w.N.; MünchKommBGB/*Burkart* § 2247 Rdnr. 26.
[97] Staudinger/*Baumann* § 2247 Rdnr. 103 m.w.N.
[98] BayObLG Beschl. v. 12.7.2004 – ZErb 2005, 27.
[99] *Roth* ZEV 1997, 94.
[100] OLG Köln Beschl. v. 5.11.1999 – MDR 2000, 523.

tors von fremder Hand herrühren.[101] Der Verweis auf **maschinenschriftliche** Anlagen[102] oder Einschübe von Dritten ist nicht formwirksam,[103] es sei denn, er dient der bloßen Erläuterung der Verfügungen. Auch umfangreiche, detaillierte Listen, Vertragsentwürfe oder Teilungsanordnungen müssen handschriftlich vom Erblasser ausgeführt werden. Großzügiger verfährt die Rechtsprechung bei der Bezugnahme auf öffentliche Testamente, wie folgendes Beispiel zeigt: Der Erblasser übernahm aus der Urkunde seiner öffentlich errichteten letztwilligen Verfügung das Wort „Testament" in seine im Übrigen handschriftliche Erklärung, mit der er genau diese letztwillige Verfügung widerrief. Die Erklärung wurde als formgültig erachtet.[104] Bei **mehrseitigen Verfügungen** reicht die Unterzeichnung der letzten Seite aus, wenn die fortlaufende Zusammengehörigkeit des Dokuments auf andere Weise sichergestellt ist.[105] So kann der Text mit fortlaufenden Nummern versehen oder eine feste Verbindung der Blätter geschaffen werden. Fehlen Seiten, ist beweispflichtig wer aus deren Inhalt Rechte herleiten will.[106]

31   d) **Änderungen und Nachträge.** Änderungen im Testament[107] führen nicht notwendig zu dessen Unwirksamkeit. **Ergänzungen** unterliegen jedoch auch den Formvorschriften.[108] Nachträge auf einem gesondertem Blatt bedürfen stets einer erneuten Unterschrift,[109] da sie keinen Zusammenhang mit der Verfügung aufweisen. Eine inhaltliche Anknüpfung an das bisherige Testament kann den Zusammenhang in diesem Fall nicht ersetzen.[110] Anderes kann gelten, wenn das Blatt mit dem Nachtrag voll geschrieben ist, und so von der Unterschrift abgedeckt wird.[111] Ein nicht unterzeichneter Nachtrag kann wirksam sein, wenn er das Testament ergänzt, das ohne ihn unverständlich oder lückenhaft wäre.[112] Auch eine Klarstellung oder Bekräftigung bedarf nicht notwendig einer erneuten Unterschrift.[113] Dies gilt nicht, wenn der unterzeichnete Text lediglich tatsächliche Ausführungen enthält und die Verfügungen erst im Nachtrag erfolgen[114] oder das Testament vor dem Verfassen des Nachtrags widerrufen worden war.[115] Eine weitere Unterschrift wird auch erforderlich, wenn der Nachtrag eine klare Verfügung ersetzt.[116] Aus praktischen Gründen empfiehlt sich die erneute, datierte Unterzeichnung daher stets. Einschübe oberhalb der Unterschrift sind von dieser zwar grundsätzlich gedeckt, in einem Extremfall wurde dies sogar bei Einschüben nach 17 Jahren bejaht. Wegen der Gefahr von **Manipulationen** durch Radierungen, Streichungen oder Ergänzungen sollte dem Mandant aber stets zu einer Neufassung geraten werden. Auch bei einem Verlust der Testierfähigkeit werfen undatierte Änderungen Schwierigkeiten auf.

2. Öffentliches Testament

32   a) **Niederschrift durch den Notar.** Die Errichtung eines öffentlichen Testaments erfolgt durch Erklärung gegenüber einem Notar, der die Erklärungen des Erblassers schriftlich festhält und sie vom Erblasser unterzeichnen lässt. Die Unterzeichnung kann nicht formwirksam auf einem Blankobogen vorgenommen werden, der nicht in räumlicher Beziehung zum Text steht.[117] Bei der Errichtung durch **mündliche Erklärung** können die erforderliche Erklärung und Genehmigung zusammenfallen, wenn bei der Testamentsaufnahme ein vorheriger Entwurf verlesen

---

[101] OLG Köln Beschl. v. 23.2.1998 – ZEV 1998, 435.
[102] OLG Zweibrücken Beschl. v. 11.1.1989 – FamRZ 1989, 900; LG Berlin Beschl. v. 26.5.2000 – NJWE-FER 2000, 293.
[103] BayObLG Beschl. v. 14.1.1986 – FamRZ 1986, 726.
[104] OLG Hamm Beschl. v. 3.11.1999 – FGPrax 2000, 31.
[105] OLG Hamm Beschl. v. 6.9.1982 – NJW 1983, 689; *Grundmann* AcP 187 (1987) 429, 459 ff.
[106] BayObLG Beschl. v. 21.2.2005 – ZErb 2005, 185.
[107] BGH Urt. v. 20.3.1974 – FamRZ 1974, 302.
[108] *Stumpf* FamRZ 1992, 1131, 1137.
[109] BGH a. a. O. S. 303; OLG Hamm Beschl. v. 6.9.1982 – NJW 1983, 689.
[110] *Stumpf* FamRZ 1992, 1131, 1134 ff.
[111] OLG Köln Beschl. v. 3.9.1993 – FamRZ 1994, 330.
[112] BGH a. a. O.; OLG Frankfurt a. M. Beschl. v. 13.2.1995 – NJW-RR 1995, 711.
[113] BayObLG Beschl. v. 1.3.1991 – FamRZ 1991, 962, 964.
[114] OLG Hamm Beschl. v. 15.6.1984 – Rpfleger 1984, 468.
[115] BayObLG Beschl. v. 5.6.1992 – NJW-RR 1992, 1225.
[116] BayObLG a. a. O.
[117] OLG Hamm Beschl. v. 13.7.2000 – FGPrax 2000, 242.

wird und der Erblasser bejaht, dass das Verlesene seinem Willen entspricht.[118] Die Rechtsprechung[119] verlangt, dass der Erblasser ein noch verständliches „ja" oder „nein" artikulieren kann. Nicken oder **Gebärden** genügen dem Prinzip der **Mündlichkeit** nicht. In problematischen Fällen spricht für das öffentliche Testament zur Niederschrift durch einen Notar dessen **Beweiskraft**. Ein Testament wird erst dann als unwirksam behandelt, wenn jede Möglichkeit der Richtigkeit der Urkunde ausgeschlossen ist.[120] Vermerkt freilich der Notar in der Niederschrift gem. § 28 BeurkG Zweifel an der Testierfähigkeit, verkehrt sich der Vorteil in sein Gegenteil. Der Notar kann in einem späteren Erbscheinsverfahren oder Prozess als **Zeuge** vernommen werden, ein Zeugnisverweigerungsrecht gem. § 383 Abs. 1 Nr. 6 ZPO besteht nicht.

b) **Übergabe einer Schrift.** An die Errichtung einer letztwilligen Verfügung durch Übergabe einer Schrift stellt das BGB die geringsten Anforderungen. Die Schrift muss nicht vom Erblasser herrühren, nicht von ihm unterzeichnet sein, die **Sprache** und formelle Gestaltung sind dem Erblasser freigestellt. So kann ein Blinder durch Übergabe einer Verfügung in **Blindenschrift** testieren.[121] Der Notar muss die Schrift nicht verstehen können, sie muss aber **lesbar** sein. Die Schrift kann verschlossen übergeben werden, wenn sich der Erblasser – etwa nach vorheriger anwaltlicher Beratung – der zusätzlichen notariellen Beratung begeben will. Wird eine offene Schrift übergeben, muss der Notar diese zur Kenntnis nehmen, § 30 S. 4 BeurkG, und den Erblasser bezüglich der Verfügung beraten. 33

c) **Mehrfachbehinderungen.** Einschränkungen der Testiermöglichkeiten ergaben sich bis zum 1.8.2002 bei Mehrfachbehinderungen aus den Anforderungen der §§ 2232, 2233 Abs. 3 BGB a.F. und des § 31 BeurkG a.F. an die Errichtung eines Testaments. Die Erklärung zur Niederschrift konnte nur ein zumindest rudimentär sprechfähiger Erblasser leisten. Durch Übergabe einer Schrift konnte nur ein schreib- oder sprechfähiger Erblasser testieren, da er erklären musste, dass die Schrift seinen letzten Willen enthalte, §§ 30, 31 BeurkG. Faktisch entfiel damit jede Testiermöglichkeit für Personen, die zugleich lesensunfähig und stumm, zugleich lesensunfähig, taub und nicht verständigungsfähig oder zugleich **sprech- und schreibunfähig** war. 34

Letztere Konstellation, die nach Schlaganfällen oft praktisch relevant wird, führte nach einer Entscheidung des Bundesverfassungsgerichts[122] zu einer Änderung der Rechtslage. Für die Vergangenheit gilt Folgendes: Testamente, die vor 1991 errichtet wurden, sind aus Vertrauensschutzgründen unwirksam. Für Testamente, die danach verfasst wurden, ist die konkrete Situation maßgeblich. Die Umstände der Errichtung sollten eine zutreffende Widergabe des Erblasserwillens sicherstellen. Gedacht war dabei an die Zuziehung von Zeugen und Vertrauenspersonen gem. §§ 22 bis 29, 34 f. BeurkG. Nach dem OLG Hamm konnte diesen Anforderungen nur durch die Einhaltung der §§ 22, 24 BeurkG genügt werden. Allein die Mitwirkung eines **Zeugen** oder **zweiten Notars** und einer **Vertrauensperson** gewährleiste die zuverlässige Erfassung des **Erblasserwillens**.[123] 35

Folgendes gilt seit dem 1.8.2002: Hörbehinderte, sprachbehinderte und sehbehinderte Personen sollen unter Beiziehung eines Zeugen oder zweiten Notars testieren. Auf Verlangen eines hör- oder sprachbehinderten Testators soll ein Gebärdendolmetscher zugezogen werden, § 22 BeurkG. Hörbehinderte sollen das öffentlich errichtete Testament durchsehen, § 23 BeurkG. Falls eine schriftliche Verständigung mit dem hör- oder sprachbehinderten Testator nicht möglich ist, muss zur Beurkundung eine Person zugezogen werden, die sich mit dem Beteiligten verständigen kann und mit deren Zuziehung er einverstanden ist, § 24 BeurkG. Diese Verständigungshelfer und die gem. § 22 BeurkG zugezogenen Gebärdensprachdolmetscher können jedoch nicht zugleich als Zeugen zugezogen werden.[124] Damit beschränkt sich die faktische Testierunfähigkeit jetzt auf Personen, die zu keiner Verständigung in der Lage sind. 36

---

[118] BayObLG Beschl. v. 21.10.1999 – ZEV 2000, 67.
[119] OLG Hamm Beschl. v. 7.9.1999 – FamRZ 2000, 703.
[120] BayObLG a. a. O S. 68.
[121] Palandt/*Edenhofer* § 2233 Rdnr. 2; *Schulze* DNotZ 1955, 629.
[122] BVerfG Beschl. v. 19.1.1999 – FamRZ 1999, 985.
[123] OLG Hamm Beschl. v. 15.5.2000 – ZEV 2000, 363, 364.
[124] *Rossak* ZEV 2002, 435; Palandt/*Edenhofer* § 2232 Rdnr.

Bei **Schreibunfähigen** muss ein weiterer Notar oder Zeuge beigezogen werden, § 25 BeurkG.

3. Wahl der Testamentsform

37 a) **Übersicht.** Für den beim Entwurf einer letztwilligen Verfügung anwaltlich betreuten Mandanten spielt der Vorteil einer – weiteren – **Beratung** durch den Notar bei Errichtung des öffentlichen Testaments keine ausschlaggebende Rolle. Natürlich bildet die Prüfung durch einen zweiten Juristen aber namentlich bei komplexen Sachverhalten und bedeutenden Vermögenswerten eine zusätzliche Sicherheit für die Umsetzbarkeit des letzten Willens. Die ausdrückliche Feststellung der **Testierfähigkeit** im notariellen Testament wird die Haltbarkeit der Verfügung erhöhen, vgl. Rdnr. 32. Vermerkt der Notar hingegen Zweifel, bietet dies Anlass zu Streitigkeiten. Die beim öffentlichen Testament notwendige amtliche **Verwahrung** bietet Schutz gegen die **Unterdrückung** oder Verfälschung der Verfügung. Bei eigenhändigen Testamenten kann diese Sicherung durch die freiwillige amtliche Verwahrung erzielt werden. Beide Testamentsformen erlauben dem Erblasser die jederzeitige Änderung seiner letztwilligen Verfügung durch ein eigenhändiges Testament.

38 Im Einzelnen ergeben sich die Testiermöglichkeiten gemäß nachstehender Tabelle:

	Eigenhändiges Testament	Gemeinschaftliches Testament	Notarielles Testament	Notarielles Testament durch Übergabe einer offenen Schrift	Notarielles Testament durch Übergabe einer verschlossenen Schrift
Volljährige Erblasser	*	E*	*	*	*
Minderjährige Erblasser	–	–	*	*	–
Blinde, die Blindenschrift lesen können	–	–	Z*	*	*
Hörbehinderte Erblasser	*	E*	DZG*	DZG*	DZG*
Sprechunfähige Erblasser	*	E*	ZG*	ZG*	ZG*
Schreibunfähige Erblasser	–	–	Zz*	Zz*	Zz*
Schreib- und sprechunfähige Erblasser	–	–	* ZzV	* ZzV	* ZzV
Lesensunfähige Erblasser	–	–	Z*	–	–
Lesens- und sprechunfähige	–	–	* ZV	–	–
Hörbehinderte und/oder sprechunfähige ohne schriftliche Verständigungsmöglichkeit	–	–	* ZzV GD	ZzD VG*	ZzD VG*

* = zulässige Verfügungsform;
– = unzulässige Verfügungsform
E = verheiratete Erblasser
Z = Beiziehung eines Zeugen oder zweiten Notars erforderlich, „soll"
Zz = Beiziehung eines Zeugen oder zweiten Notars zwingend
V = Beiziehung eines Verständigungshelfers erforderlich „muss"
G = auf Wunsch soll ein Gebärdensprachdolmetscher beigezogen werden
D = bei Hörbehinderten Vorlage der Urkunde zur Durchsicht statt verlesen

39 b) **Kosten.** Bei der Entscheidung zwischen eigenhändigem und notariellem Testament spielt vielfach die Kostenfrage eine Rolle. Dabei wird oft übersehen, dass bei einem eigenhändigen Testament die Kosten lediglich auf den Erben verlagert werden, der zum Nachweis seiner Berechtigung einen Erbschein benötigt. Für die eidesstattliche Versicherung gem. § 2356 Abs. 2 S. 1 BGB fällt gem. § 49 Abs. 3 KostO eine volle Gebühr an, eine weitere für den Erbschein, § 107 KostO. Werden bei der Anordnung einer Nacherbschaft oder Schlusserbschaft Erbscheine nach mehreren Erbgängen erforderlich, können bis zu 4 Gebühren entstehen. Das notarielle Testament erspart meist die Erbscheinskosten. Zusammen mit dem **Eröffnungsprotokoll** des Nachlassgerichts reicht es zur Vorlage beim **Grundbuchamt**, § 35 Abs. 1 S. 2 GBO, oder beim Registergericht, § 12 Abs. 2 S. 2 HGB, regelmäßig aus.[125] Vielfach wird es auch von **Banken** akzeptiert. Das Testament muss jedoch den Erben namentlich bezeichnen und darf keine Auslegung erfordern.[126] Für das notarielle Testament entsteht eine volle Gebühr nach dem Vermögenswert, §§ 32, 46 Abs. 1, 140 KostO, zuzüglich **Schreibauslagen**, sonstiger Auslagen, Mehrwertsteuer gem. §§ 136, 137, 151 a KostO und der **Verwahrungskosten**, § 101 KostO, von 1/4 Gebühr. Die Gebühr gem. § 46 Abs. 1 KostO hängt nicht davon ab, ob der Notar das Testament entwirft oder durch Übergabe einer Schrift testiert wird. § 2232 Abs. 1 BGB testiert wird.[127] Bei gemeinschaftlichen Testamenten entsteht das Doppelte der vollen Gebühr, § 46 Abs. 2 KostO. Für Änderungen und Berichtigungen fällt eine volle Gebühr an, die sich gem. § 46 Abs. 4 KostO nach dem Wert der **Änderung** berechnet. Für Erblasser, die ihre Verfügungen regelmäßig abändern, bleibt das eigenhändige Testament günstiger, es sei denn, sie verzichten für die Änderung des notariellen Testaments auf die erneute Zuziehung eines Notars.

4. Nottestamente

a) Bürgermeistertestament. Besteht die Besorgnis, dass vor dem Tod des Erblassers kein Notar mehr erreicht werden kann, § 2249 Abs. 1 BGB, kann vor dem Bürgermeister des Aufenthaltsorts ein öffentliches Testament errichtet werden. Es kann zur Niederschrift oder durch Übergabe einer Schrift testiert werden.

Zur Beurkundung müssen **zwei Zeugen** zugezogen werden, die nicht vom Testament profitieren dürfen. Für die Zeugen gelten die **Ausschließungsgründe** des § 6 Abs. 1 Nr. 1 bis 3 BeurkG, die **Teilunwirksamkeitsgründe** des § 7 BeurkG und die **Mitwirkungsverbote** des § 26 BeurkG.[128] § 2249 Abs. 1 S. 4 BGB verweist ausdrücklich auf im Einzelnen aufgeführte Vorschriften des BeurkG, die zu beachten sind. Auch hier wirken sich damit die Neuregelungen zugunsten behinderter Testatoren aus, vgl. oben Rdnr. 34 ff. Die Rechtsprechung[129] fordert zwar eine weite Auslegung zugunsten der Wirksamkeit des Testaments trotz Formfehlern, die Niederschrift muss jedoch den letzten Willen des Erblassers zuverlässig wiedergeben. Materielle Errichtungserfordernisse wie die Testierhandlung, **Todesbesorgnis**, **Zuständigkeit** der Urkundsperson, die Zuziehung von Zeugen und dauernde **Anwesenheit** der Mitwirkenden müssen vorliegen. Auch das Verlesen und die Genehmigung durch den Erblasser darf nicht fehlen.[130] Maßgeblich für die Todesbesorgnis sind die objektive Lage[131] oder die Einschätzung des Bürgermeisters, § 2249 Abs. 2 S. 2 BGB. Die Besorgnis ist im Testament festzuhalten. Das Testament muss vom Erblasser unterzeichnet werden, es sei denn, er ist daran gehindert, was ebenfalls im Testament festzuhalten ist. Auf die **Dreimonatsfrist** des § 2252 BGB für die Gültigkeit der Verfügung soll der Erblasser hingewiesen werden. Aufgrund der zeitgenössischen Infrastruktur ist die praktische Relevanz dieser Testierform gering. Sollte sich diesbezüglich gleichwohl Beratungsbedarf einstellen, empfiehlt es sich, ein Schriftstück zur Übergabe mit den gewünschten letztwilligen Verfügungen vorzubereiten und die Einhaltung der Förmlichkeiten zu überwachen.

Folgende Punkte, die in der Praxis Probleme aufwerfen, sind unbedingt zu berücksichtigen:
- ständige Anwesenheit der Zeugen;

---

[125] Baumbach/*Hopt* § 12 Rdnr. 5; *Demharter* § 35 Rdnr. 31
[126] OLG Hamm Beschl. v. 21.9.2000 – ZEV 2001, Heft 2 S. VI.
[127] *Korintenberg/Reimann* § 46 Rdnr. 2.
[128] OLG Nürnberg Urt. v. 9.6.1965 – OLGZ 1965, 157, 160.
[129] BGH Urt. v. 4.4.1962 – BGHZ 37, 79, 88.
[130] BGH BGHZ 115, 119
[131] RGZ 171, 27.

- Vorlesen, Genehmigung und Unterzeichnung durch den Erblasser, ersatzweise der Hinweis, dass der Erblasser nicht schreibfähig ist;
- das Testament ist teilunwirksam, soweit ein Zeuge, dessen Ehegatte oder Verwandte, darin bedacht oder als Testamentsvollstrecker eingesetzt werden;
- das Testament ist insgesamt unwirksam, wenn es Zuwendungen zugunsten des Bürgermeisters, seiner Ehefrau oder seiner Verwandten in gerader Linie enthält.

41   b) **Dreizeugentestament.** Lässt die Todesbesorgnis auch die Zuziehung des Bürgermeisters nicht mehr zu oder ist der Aufenthaltsort des Erblassers auf Grund besonderer Umstände für einen Notar nicht erreichbar, kann gem. § 2250 BGB auch in Gegenwart von **drei Zeugen** mündlich testiert werden. Die Neuregelungen für sprechunfähige Personen gelten hier nicht. Für die Aufnahme der **Niederschrift** der Verfügung gelten gewisse Mindestförmlichkeiten, § 2250 Abs. 3 BGB. Eine Niederschrift, § 8 BeurkG, des Inhalts der Verfügung, § 9 BeurkG, ist noch im Beisein des Erblassers aufzunehmen. Die Person des Erblassers ist festzustellen, § 10 BeurkG, sowie seine Geschäfts- und Testierfähigkeit, § 11 Abs. 1 S. 2, Abs. 2 BeurkG, § 28 BeurkG. Die Niederschrift ist vorzulesen, zu genehmigen und von allen Beteiligten zu unterschreiben, § 13 BeurkG. Zeichnen die Zeugen am Beginn der Niederschrift, liegt ein unschädlicher Formfehler vor.[132] Der Erblasser muss die verlesene und genehmigte Niederschrift unterzeichnen, die Unterzeichnung eines gleich lautenden Schriftstücks macht das Testament unwirksam.[133] Kann der Erblasser keine Unterschrift mehr leisten, ist auch dies festzuhalten. Die Besorgnis der **Todesgefahr** ist in die Niederschrift aufzunehmen, § 2249 Abs. 5 BGB. Außerdem findet § 2249 Abs. 6 BGB Anwendung. Für die Zeugen gilt das unter a) angeführte. Zu beachten ist insbesondere:
- Aufnahme der Niederschrift zu Lebzeiten des Erblassers;
- Vorlesen, Genehmigung und Unterzeichnung durch Erblasser, es sei denn er ist schreibunfähig, was ebenfalls in der Urkunde festzuhalten ist;
- ständige Anwesenheit von drei Zeugen;
- Unterschrift der drei Zeugen;
- ausgeschlossen sind als Zeugen der Erblasser, sein Ehegatte, und seine Verwandten in gerader Linie, ihre Mitwirkung führt zur Unwirksamkeit des gesamten Testaments;
- wirken Zeugen mit, die selbst oder deren Ehegatte oder deren Verwandte bedacht werden, oder die als Testamentsvollstrecker eingesetzt werden, ist die Verfügung insoweit unwirksam.

42   c) **Seetestament.** Auf die Errichtung vor drei Zeugen kann zurückgreifen, wer sich auf einem deutschen **Schiff** außerhalb eines deutschen Hafens befindet, § 2251 BGB. Die Vorschriften über die Anforderungen bezüglich Zeugen und Niederschrift sind die gleichen wie beim Dreizeugentestament. Eine Todesgefahr ist nicht erforderlich.

III. Formulierungsbeispiele

Im Folgenden werden einige beispielhafte Formulierungen für die o. g. Testamentarten wiedergegeben; für konkrete Formulierungshilfen wird auf die einschlägigen Formularbücher verwiesen.

1. Eigenhändiges Testament

43   Ich, Josef Müller, geb. am 12.12.1942, setze hiermit meine beiden Söhne Herbert und Hubert zu Miterben zu gleichen Teilen ein.
Mannheim, den 30.12.2000
Josef Müller

---

[132] BayObLG Beschl. v. 26.10.1990 – NJW 1991, 928.
[133] BGH Beschl. v. 18.9.1991 – BGHZ 115, 169 = NJW 1991, 3210.

2. Gemeinschaftliches Testament

> Wir, die Eheleute Herbert Müller und Sabine Müller, setzen uns gegenseitig zu Erben ein. Erbe des Längstlebenden soll unser Sohn Jonas sein.
> Mannheim, den 1.1.2001
> Herbert Müller
> Dies entspricht auch meinem Willen.
> Mannheim, den 1.1.2001
> Sabine Müller

44

3. Nottestamente

a) Bürgermeistertestament

> Verhandelt zu ... in der Wohnung des Testierers in der ... Straße Nr.... . am ...
> Es sind erschienen der Bürgermeister ... sowie als Zeugen (2 Personen) ... (Name, geb., Wohnsitz)
> Herr ..., geb. am ... in ..., ausgewiesen durch einen deutschen Personalausweis Nr... ., leidet an einer akuten Krankheit, die befürchten lässt, dass er vor seinem Ableben kein notarielles Testament mehr errichten kann. Von seiner Testierfähigkeit ist der unterzeichnete Bürgermeister auf Grund eines längeren Gesprächs mit ihm überzeugt. Er und die beigezogenen Zeugen sind mit Herrn ... nicht verwandt oder verschwägert.
> Seinen letzten Willen erklärt Herr ... in der Anwesenheit der Zeugen ... und des Bürgermeisters wie folgt:
> ... .
> Herr ... wird darauf hingewiesen, dass diese Verfügung nur für drei Monate gilt, wobei die Frist gehemmt ist, solange er an der Errichtung eines notariellen Testaments gehindert ist.
> Die Niederschrift wurde vom Bürgermeister vorgelesen, von Herrn ... genehmigt und von Ihm, dem Bürgermeister und den Zeugen unterschrieben.
> ... Unterschriften der vier Beteiligten

45

b) Dreizeugentestament

> Geschehen in ..., am ...
> Herr ..., geb. am ... und wohnhaft in ..., veranlasste uns, die drei Herren ..., geb. am ... und wohnhaft in ..., seinen letzten Willen schriftlich festzuhalten. Er ist so geschwächt, dass die Errichtung eines Testaments vor dem Notar oder Bürgermeister nicht mehr möglich erscheint. (ggf.: Aufgrund seiner Verletzung vermochte er die Verfügungen nicht mehr eigenhändig zu unterschreiben.)
> Gleichwohl konnte er sich klar und verständlich artikulieren, an der Testierfähigkeit besteht kein Zweifel.
> Herr ... verfügt über seinen Nachlass wie folgt:
> ...
> Das Protokoll wurde vom Zeugen Herrn ... niedergeschrieben, dem Erblasser vorgelesen, von ihm genehmigt und von allen Zeugen unterschrieben.
> ... Unterschriften der vier Beteiligten (ggf. nur der drei Zeugen)

46

c) Seetestament

47 Geschehen auf dem deutschen Tanker ..., Standort ... Grad östlicher Breite, ... Längengrad.
...
Im Übrigen wie Dreizeugentestament.

§ 6 Auslegung letztwilliger Verfügungen

Übersicht

	Rdnr.
I. Einführung	1
II. Grundsätze der Testamentsauslegung	2–46
1. Ausdruck des Erblasserwillens im Testament	2–4
2. Ermittlung des maßgeblichen Erblasserwillens	5–18
a) Wörtliche Auslegung	6–8
b) Auslegung unter Berücksichtigung des Textzusammenhangs	9/10
c) Berücksichtigung der Testamentsform	11/12
d) Berücksichtigung weiterer Erklärungen des Erblassers	13–17
e) Berücksichtigung weiterer außerhalb der letztwilligen Verfügung befindlicher Umstände	18
3. Umstände nach der Errichtung der letztwilligen Verfügung	19–22
4. Ergänzende Testamentsauslegung	23–34
a) Vorbemerkung	23–26
b) Anwendungsfälle ergänzender Testamentsauslegung	27–33
5. Gesetzliche Auslegungsregeln	35–46
a) Vorbemerkung	35
b) Hinweis auf einzelne Auslegungsregeln	36–45
III. Auslegung von Erbverträgen und gemeinschaftlichen Testamenten	47–49
1. Vorbemerkung	47
2. Besonderheiten bei der Auslegung gemeinschaftlicher Testamente	48
3. Besonderheiten bei der Auslegung von Erbverträgen	49
IV. Auslegungsverträge	50–58
1. Rechtliche Qualität	51
2. Gesetzliche Formerfordernisse	52
3. Rechtsfolgen eines Auslegungsvertrages	53–58
a) Zivilrechtliche Wirkungen eines Auslegungsvertrages	53–56
b) Wirkungen des Auslegungsvertrages auf das Grundbuchverfahren	56
c) Auswirkungen des Auslegungsvertrages auf die Erbschaftsbesteuerung	57/58
V. Prozessuale Hinweise	59–64

Schrifttum: *Brox*, Die Einschränkung der Irrtumsanfechtung: Ein Beitrag zur Lehre von der Willensbildung und deren Auslegung, 1960; *ders.*, Erbrecht, 21. Aufl. 2004; Foerste, Die Form des Testaments als Grenze seiner Auslegung, DNotZ 1993, 84; *Gerhards*, Ergänzende Testamentsauslegung und Formvorschriften („Andeutungstheorie" – OLG Frankfurt DtZ 1993, 216; *Grunewald*, Die Auswirkungen eines Irrtums über politische Entwicklungen in der DDR auf Testamente und Erbschaftsausschlagungen, NJW 1991, 1208; *Keuk*, Der Erblasserwille post testamentum und die Auslegung des Testaments 1965; *Kipp/Coing/Helmut*, Erbrecht – ein Lehrbuch, 14. Aufl. 1990; *Krug/Rudolf/Kroiß*, Erbrecht, 2001; *Lange/Kuchinke*, Lehrbuch des Erbrechts, 5. Aufl. 2001; *Rudolf*, Handbuch Testamentsauslegung und -anfechtung, 2000; *Selbherr*, Der erbrechtliche Auslegungsvertrag in der zivilrechtlichen und erbschaftssteuerlichen Gestaltungspraxis, Zerb 2005, 10; *Theysohn-Wadle*, Die Anerkennung unwirksamer Testamente im Steuerrecht, ZEV 2002, 222.

I. Einführung

Im Grundsatz unterliegt das Testament den Vorschriften der §§ 104 ff. BGB. Abweichungen ergeben sich insoweit aus dem Wesen des Testaments an sich zum einen und dem gesetzlichen Vorrang spezieller erbrechtlicher Regelungen zum anderen. Derart sind beispielsweise die Regeln über die Testierfähigkeit gemäß § 2229 BGB lex specialis gegenüber den Regeln über die Geschäftsfähigkeit gemäß §§ 104 ff. BGB. Da das Testament ein **einseitiges Rechtsgeschäft** bildet, finden auch die Vorschriften über Verträge gemäß §§ 145 ff. BGB keine Anwendung. Entsprechendes gilt für die Vorschriften über die Einwilligung und Genehmigung von Willenserklärungen nach §§ 182 ff. BGB; denn die Testamentserrichtung ist keiner Zustimmung fähig und bedürftig gemäß § 2065 Abs. 1 i. V. m. § 2229 Abs. 2 BGB. Sie stellt im Übrigen keine Verfügung i.S.d. § 185 BGB dar.[1]

Da jedoch das Testament eine Willenserklärung bildet, finden die Regeln der Auslegung von Willenserklärungen Anwendung. Auch insoweit hält das Gesetz spezielle Auslegungsregeln, die über diejenigen der §§ 133 ff. BGB hinausgehen, bereit.

Checkliste

Nachfolgende Übersicht fasst zunächst die wichtigsten Grundsätze der Testamentsauslegung als Ermittlung des wirklichen und des hypothetischen Willens des Erblassers kurz zusammen:
- ☐ Der Wille des Erblassers ist entscheidend, d.h. schutzwürdige Interessen anderer Personen, z.B. der Erben, sind grds. nicht zu beachten.
- ☐ Nur bei der Auslegung von erbvertraglich geregelten Verfügungen bzw. wechselbezüglichen Verfügungen in gemeinschaftlichen Testamenten gilt die Besonderheit, dass der Vertragspartner bzw. der anderer Ehegatte schutzwürdig ist und aus diesem Grund auch der Wille dieser Person Beachtung finden muss.
- ☐ Die gesetzlichen Auslegungsregeln greifen erst, wenn der Wille des Erblassers nicht ermittelt werden kann.
- ☐ Die Auslegung geht der Anfechtung vor.
- ☐ Um Streitigkeiten bei der Testamentsauslegung zu vermeiden können Dritte sog. Auslegungs- oder Feststellungsverträge schließen und sich auf diese Weise schuldrechtlich verpflichten.

II. Grundsätze der Testamentsauslegung

1. Ausdruck des Erblasserwillens im Testament

2   Ausgangspunkt der Testamentsauslegung ist stets der Wille des Erblassers, so wie er sich im Testament andeutet (**Andeutungstheorie**)[2]; dies folgt zwangsläufig daraus, dass ein Testament eine Willenserklärung ist und dementsprechend als eine solche zu behandeln ist[3].

Einem gegebenen Erklärungstatbestand ist also durch Auslegung anhand des üblichen Kanons, der aus Wortlaut, Geschichte, Systematik und Zweck besteht, ein bestimmter Erklärungswert beizumessen. Der Erklärungstatbestand ist damit i.S.d. § 133 BGB zu hinterfragen.

3   Als Besonderheit ergibt sich in diesem Zuge im Erbrecht, dass § 157 BGB keine Anwendung findet, also nicht auf das Verständnis oder Vertrauen eines Dritten abzustellen ist. Fraglich ist allerdings, wo die Grenzen der Testamentsauslegung liegen. Streitig sind in dieser Hinsicht insbesondere der berücksichtigungsfähige Umfang eines Erklärungstatbestandes einerseits und dessen historische Auslegung andererseits.[4] Die traditionelle Andeutungstheorie knüpft diesbezüglich allein an formgültige Erklärungen an. Darüber hinaus ist für sie das tatsächliche Verständnis des Erblassers von seiner Willensrichtung maßgeblich.[5] Gegen diese Begrenzung wird teilweise eingewandt, sie verfolge nicht in hinreichendem Umfang das Ziel, den wahren Willen des Erblassers zur Geltung zu bringen, sodass nach anderer Auffassung der relevante Erklärungstatbestand dahin gehend auszuweiten sein soll, dass dieser auch Willensäußerungen umfassen kann, die keinerlei Anknüpfungspunkte innerhalb des Testamentes finden.[6] Außerdem kann nach dieser Auffassung ein Testament auch entgegen dem tatsächlichen Verständnis

---

[1] Staudinger/*Otte* § 1937 Rdnr. 2.
[2] S. dazu: BayObLG Beschl. v. 18.12.2003 – ZEV 2004, 200.
[3] Staudinger/*Otte* Vorb. zu §§ 2064 ff. Rdnr. 23.
[4] Staudinger/*Otte* Vorb. zu §§ 2064 ff. Rdnr. 28 ff.
[5] BGH Beschl. v. 9.4.1981 – BGHZ 80, 246; Staudinger/*Otte* Vorb. zu §§ 2064 Rdnr. 38.
[6] *Brox* Erbrecht Rdnr. 200, 204; *Gerhards* JuS 1994, 648.

des Erblassers ausgelegt werden, solange dies den letztendlich verfolgten Zielen des Erblassers ähnlich erscheint.[7]

Auch in den vorgenannten Grenzfällen ist jedoch der hergebrachten **Andeutungstheorie** zu folgen. Diese verfolgt ebenso wie die dargestellte abweichende Ansicht den Schutz des Erblassers. Sie verwirklicht ihn aber dadurch besser, dass sie der Auslegung klare Grenzen setzt und so nachträglichen Verfälschungen vorbeugt. Der Erblasser wird also nur an demjenigen festgehalten, was er auch tatsächlich und formgültig erklärt hat. Außerdem ist es auf diese Weise möglich, einer Umgehung der Anfechtungsregelungen der §§ 2078 ff. BGB vorzubeugen.

Durchweg maßgeblich für die Testamentsauslegung ist folglich der im Testament angedeutete Wille des Erblassers.

2. Ermittlung des maßgeblichen Erblasserwillens

Der maßgebliche Erblasserwille ist umfassend zu ermitteln. Das bedeutet, es sind sämtliche Umstände heranzuziehen, die innerhalb und außerhalb der Testamentsurkunde liegen.[8] Dass auch außerhalb der Testamentsurkunde liegende Umstände zu berücksichtigen sind, ergibt sich bereits daraus, dass sich etwa schon die Feststellung der üblichen Bedeutung eines von Seiten des Erblassers gebrauchten Wortes auf ein außerhalb der Urkunde liegendes Element, nämlich die Umgangssprache, stützen muss.

Grundlegende Voraussetzung für die Berücksichtigung von Umständen, die außerhalb des Testaments liegen, ist, dass sich der Wille des Erblassers zumindest ansatzweise aus dem Testament selbst ergeben muss.[9]

a) **Wörtliche Auslegung.** Zentraler Ausgangspunkt des Auslegungsvorgangs ist die Ermittlung der jeweiligen **Wortbedeutung**, die jedoch nicht die Grenze der Auslegung darstellt.[10] Diese Wortbedeutung kann – je nach Erblasser – sehr unterschiedlich sein. Der Erblasserwille kann etwa der umgangssprachlichen genauso wie der fachspezifischen Bedeutung des im einzelnen Fall gebrauchten Wortes entsprechen.[11] Auch sprachliche Eigenheiten des Erblassers oder besondere Gewohnheiten können sich auf die Wortbedeutung auswirken. Selbst fachspezifischen Ausdrücken können von Seiten des Erblassers im Einzelfall andere Bedeutungen beigegeben worden sein, die es zu ermitteln gilt.[12]

Besonders häufig ist etwa die Verwendung des Wortes „vermachen" für den Fall der Erbeinsetzung und diejenige des Wortes „vererben" für den Fall der Zuwendung eines Vermächtnisses anzutreffen. Auch der Gebrauch von Verwandtschaftsbezeichnungen erfolgt häufig unscharf. So wird bisweilen ein Pflegekind als „Tochter" und die Ehefrau als „Mutter" bezeichnet. Schließlich ist gelegentlich die Gegenüberstellung zwischen dem Ehegatten einerseits und den „Erben" im Sinne von Abkömmlingen andererseits anzutreffen. Ebenfalls kann es vorkommen, dass sich die Ehegatten in einem gemeinschaftlichen Testament gegenseitig zu Alleinerben einsetzen und für den Fall des „gemeinsamen Todes" einen Dritten zum „Haupterben" bestimmen. Auch in diesen Fall muss dann die Frage gestellt werden, ob in den von den Erblassern verwendeten Worten eine Andeutung dafür gefunden werden kann, dass die Erbeinsetzung auch für den Fall des Nacheinanderversterbens gemeint war.[13]

Bisweilen werden auch Ausdrücke aus der kaufmännischen Fachsprache verwandt, ohne dass die diesen Worten üblicherweise beigegebene Bedeutung zugrunde gelegt wird. Dies betrifft etwa die Zuwendung der „Aktiva" eines Unternehmens, womit nicht notwendig (auch) die Betriebsgrundstücke gemeint sind.[14] Unter der Zuwendung einer „Wohnung" kann auch

---

[7] *Brox* Erbrecht Rdnr. 200, 204; *Gerhards* JuS 1994, 648.
[8] Staudinger/*Otte* Vorb. zu §§ 2064 ff. Rdnr. 59.
[9] S. dazu: OLG Brandenburg Urt. v. 6.5.2003 – FamRZ 2004, 983.
[10] S. dazu: BayObLG Beschl. v. 17.5.2001 – NJW-RR 2001, 1521.
[11] MünchKommBGB/*Leipold* § 2084 Rdnr. 11; Staudinger/*Otte* Vorb. zu §§ 2064 ff. Rdnr. 61.
[12] MünchKommBGB/*Leipold* § 2084 Rdnr. 11; BGB-RGRK/*Johannsen* § 2084 Rdnr. 4; Staudinger/*Otte* Vorb. zu §§ 2064 ff. Rdnr. 61.
[13] S. dazu: BayObLG Beschl. v. 18.12.2003 – ZEV 2004, 200; OLG Düsseldorf Beschl. v. 20.1.2004 – ZEV 2004, 202.
[14] S. dazu: BGH LM § 2084 Nr. 10.

und allein die Zuwendung der in dieser Wohnung vorhandenen Gegenstände zu verstehen sein, wenn es sich bei dem Erblasser etwa um den Mieter dieser Wohnung handelt.[15]

9 **b) Auslegung unter Berücksichtigung des Textzusammenhangs.** Eine weitere wichtige Grundlage zur Ermittlung des Erblasserwillens im Hinblick auf bestimmte von diesem gebrauchte Worte bildet der **textliche Zusammenhang** der jeweiligen Ausdrücke; denn Worte, denen – für sich betrachtet – eine eindeutige Wortbedeutung zukommt, können in bestimmten Zusammenhängen durchaus ihren Sinn mehr oder weniger entscheidend variieren. Sofern etwa Eheleute im Rahmen eines gemeinschaftlichen Testaments ihre Kinder „zu Nacherben nach dem Tode des Längstlebenden" berufen, ohne dass eine weitere Regelung getroffen wird, die die Erbfolge nach dem Längstlebenden regelt, ergibt sich aus dem textlichen Zusammenhang ein Hinweis darauf, dass die Erblasser hier möglicherweise an die Einsetzung einer Schlusserbschaft gedacht haben, weil die Kinder eine erbrechtliche Stellung erst „nach dem Tode des Längstlebenden" erhalten sollen und anderenfalls lediglich über das Vermögen des Erstversterbenden verfügt worden wäre. Demgegenüber wird der Ausdruck „Nacherbe" im Rahmen eines notariellen Testaments regelmäßig auf Grundlage der §§ 2100 f. gebraucht worden sein.[16]

10 Darüber hinaus kann etwa die **besondere Anordnung** des testamentarischen Textes Hinweise für die Ermittlung des Erblasserwillens geben. Dies gilt etwa für die Abfassung des Testaments in Briefform, ohne dass der Zuwendungsempfänger namentlich bezeichnet worden ist. In diesem Fall kann etwa aus der Anrede einer bestimmten Person sowie dem genauen brieflichen Inhalt des Testaments eine hinreichend sichere Bestimmung des Zuwendungsempfängers entnommen werden.[17]

11 **c) Berücksichtigung der Testamentsform.** Im Grundsatz gilt, dass die **Form der Testamentserrichtung** für den Wert des Testaments irrelevant ist. Das bedeutet, ein notarielles Testament ist im Grundsatz gleichermaßen wirksam und verbindlich wie ein eigenhändig errichtetes Testament. Gleichwohl kommt der Form der Testamentserrichtung im Einzelfall durchaus Bedeutung für die Ermittlung des Erblasserwillens zu. Dies gilt etwa insoweit, als im Zuge des notariellen Testaments unter Berücksichtigung der Beratungspflicht des Notars eine erheblich höhere Wahrscheinlichkeit dafür spricht, dass von Seiten des Erblassers verwandte Ausdrücke die diesen Ausdrücken immanente juristische Bedeutung zur Grundlage haben und in genau diesem Sinn gemeint sind.[18]

12 Allerdings ist auch in Bezug auf ein notarielles Testament eine **Auslegung juristischer Fachbegriffe** unter Berücksichtigung des diesen Fachbegriffen gewöhnlich beigegebenen laienhaften Sinns nicht ausgeschlossen. Dies gilt etwa für die Bedeutung des Ausdrucks „Besitz" anstatt des Wortes „Eigentum". Auf das Verständnis des Notars indes kommt es in keinem Fall an.[19] Unwesentlich ist in der Regel auch, wie der Erblasser vom Notar verstanden worden ist, es sei denn, der Notar hat dem Erblasser sein Verständnis von den erblasserseits gewünschten Erklärungen spätestens während der Beurkundung mitgeteilt, sodass davon ausgegangen werden kann, dass der Erblasser die entsprechenden Ausdrücke auch in dem solchermaßen vom Notar mitgeteilten Sinn benutzt haben wollte.[20]

13 **d) Berücksichtigung weiterer Erklärungen des Erblassers.** Grundsätzlich gilt, dass zur Ermittlung des Erblasserwillens im Hinblick auf die Auslegung einer Erklärung in dem jeweils in Rede stehenden Testament nicht nur die Erklärung für sich genommen bzw. der textliche Zusammenhang dieser Erklärung herangezogen werden kann. Vielmehr können entscheidende Anhaltspunkte für die Auslegung des Erblasserwillens auch unter **Zugrundelegung anderer Erklärungen** des Erblassers gewonnen werden. Dies gilt jedoch uneingeschränkt lediglich für

---

[15] S. dazu: BayObLG Beschl. v. 29.6.1994 – ZEV 1994, 377.
[16] Staudinger/*Otte* Vorb. zu §§ 2064 ff. Rdnr. 65; a.A.: RGZ 160, 109.
[17] Staudinger/*Otte* Vorb. zu §§ 2064 ff. Rdnr. 66.
[18] BGB-RGRK/*Johannsen* § 2084 Rdnr. 5; MünchKommBGB/*Leipold* § 2084 Rdnr. 11, Staudinger/*Otte* Vorb. zu §§ 2064 ff. Rdnr. 67.
[19] BGH LM § 2100 Nr. 1; OLG Hamm Beschl. v. 16.3.1993 – FamRZ 1994, 188, 189.
[20] Staudinger/*Otte* Vorb. zu §§ 2064 ff. Rdnr. 67.

Erklärungen des Erblassers, die zeitlich den jeweils auszulegenden erblasserseitigen Erklärungen vorausgehen.

Vollkommen unproblematisch ist die Heranziehung einer **zeitlich vorangehenden Erklärung** des Erblassers von Todes wegen für die Ermittlung des Erblasserwillens im Hinblick auf ein späteres Testament, sofern die spätere Verfügung des Erblassers lediglich die frühere Erklärung präzisiert oder ergänzt, sofern sowohl die frühere als auch die spätere Verfügung von Todes wegen jeweils uneingeschränkt gültig ist.[21]

14

Dies gilt etwa, wenn der Erblasser in seiner zeitlich ersten Erklärung im Hinblick auf ein näher bezeichnetes Sparbuch die Anordnung eines Vermächtnisses ankündigt und in dem späteren Testament erklärt, dass einer bestimmten Person das erwähnte Sparguthaben zufallen soll. In diesem Fall bildet die Gesamtheit der beiden gültig errichteten und nicht wieder aufgehobenen Verfügungen die – uneingeschränkt zu berücksichtigende – **Erklärung des Erblasserwillens**.[22] Daraus folgt, dass sich beispielsweise die testamentarische Einsetzung zweier Personen „zu gleichen Teilen" als Einsetzung lediglich einer der beiden Personen auf die Hälfte des Nachlasses ausweisen kann, wenn die andere der beiden Personen bereits erbvertraglich auf die andere Hälfte eingesetzt worden war.[23]

15

Problematisch ist indes, ob und inwieweit auch **zeitlich vorangehende Verfügungen** von Todes wegen zur Ermittlung des Erblasserwillens herangezogen werden können, wenn diese entweder aufgehoben oder formnichtig zustande gekommen sind. Insoweit gilt, dass die Heranziehung der früheren – wegen Formnichtigkeit oder Aufhebung – ungültigen Verfügung zur Ergänzung der späteren – gültigen – Verfügung, etwa durch eine in der späteren Verfügung nicht enthaltene Anordnung, nicht in Betracht kommt.[24] Dies ergibt sich bereits daraus, dass der Formzwang des Testamentsrechts der Berücksichtigung der früheren ungültigen Verfügung entgegensteht, der anderenfalls umgangen werden würde.[25] Sofern es jedoch allein um die Verdeutlichung des Willens des Erblassers geht, der sowohl in der früheren – unwirksamen – als auch in der späteren – gültigen – Verfügung von Todes wegen seinen Niederschlag gefunden hat, stehen der Berücksichtigung der früheren – ungültigen – Erklärung keine Gründe entgegen.[26] Das bedeutet, frühere formnichtige oder aufgehobene Verfügungen könnten lediglich dann Berücksichtigung finden, wenn die entscheidenden erblasserseitigen Erklärungen in der jeweils formgültigen Verfügung von Todes wegen enthalten sind und die ungültige frühere Verfügung den Erblasserwillen lediglich verstärkt. So kann auch zur Ermittlung des Erblasserwillens eine maschinenschriftliche Zusatzerklärung herangezogen werden, wenn jedenfalls der formunwirksam erklärte Wille im Testament selbst andeutungsweise zum Ausdruck gekommen ist.[27]

16

Derart führt auch der Verweis des Erblassers in einem Testament auf ein zuvor gefertigtes Testament, welches zum Zeitpunkt der Errichtung des zeitlich nachfolgenden Testaments noch gültig war, in der Folgezeit allerdings widerrufen worden ist, dazu, dass die frühzeitige erblasserseitige Verfügung nur insoweit Berücksichtigung findet, als diese seinen **in der späteren Verfügung zum Ausdruck gekommenen Willen verdeutlicht**.[28]

17

e) **Berücksichtigung weiterer außerhalb der letztwilligen Verfügung befindlicher Umstände.** Zur Ermittlung des maßgeblichen Erblasserwillens heranzuziehen sind auch weitere Umstände, die weder in dem Testament noch in früheren Erklärungen des Erblassers Niederschlag gefunden haben. Bei diesen Umständen handelt es sich um solche, die sich aus den **tatsächlichen und rechtlichen Rahmenbedingungen** für den Erblasser ergeben. Daher kann etwa im Falle eines während eines Auslandsaufenthalts des Erblassers errichteten Testaments das Recht des jeweiligen Auslands bzw. der dort übliche Sprachgebrauch zu beachten

18

---

[21] Staudinger/*Otte* Vorb. zu §§ 2064 ff. Rdnr. 68.
[22] BGB-RGRK/*Johannsen* § 2084 Rdnr. 11.
[23] BayObLG Beschl. v. 31.8.1990 – NJW-RR 1991, 6.
[24] Staudinger/*Otte* Vorb. zu §§ 2064 ff. Rdnr. 69.
[25] Staudinger/*Baumann* § 2047 Rdnr. 68 ff.
[26] Staudinger/*Otte* Vorb. zu §§ 2064 ff. Rdnr. 69.
[27] S. dazu OLG Brandenburg Urt. v. 6.5.2003 – FamRZ 2004, 981; OLG Hamm Beschl. v. 1.10.2002 – ZFE 2003, 128.
[28] Staudinger/*Otte* Vorb. zu §§ 2064 ff. Rdnr. 70 f.; MünchKommBGB/*Leipold* § 2084 Rdnr. 19.

sein.²⁹ Genauso können andere Verfügungen von bestimmten Örtlichkeiten abhängen. Dies gilt etwa für die Bestimmung der Währung eines Geldvermächtnisses nach Maßgabe des Wohnsitzes des Bedachten.³⁰ Sofern die maßgeblichen rechtlichen Vorschriften eine Änderung erfahren haben, kann für die Ermittlung des Erblasserwillens das maßgebliche Recht zum Zeitpunkt der Testamentserrichtung herangezogen werden; entsprechendes gilt dann, wenn etwa zum Zeitpunkt der Testamentserrichtung rechtliche Vorschriften bereits aufgehoben waren, gleichwohl aber die Vorstellung des Erblassers noch – und damit nachhaltig – geprägt haben.³¹

3. Umstände nach der Errichtung der letztwilligen Verfügung

19 Es ist der **Erblasserwille zum Zeitpunkt der Testierung** zu ermitteln. Dies schließt ein die Berücksichtigung der in Rede stehenden testamentarischen Verfügung zeitlich vorangehender – auch ungültiger – Erklärungen, soweit dadurch lediglich der Wille des Erblassers verdeutlicht oder ausgelegt wird. Fraglich ist jedoch, ob und inwieweit ein zum Zeitpunkt der Errichtung des maßgeblichen Testaments noch nicht vorhandener und erst später gebildeter Wille des Erblassers im Wege der Auslegung berücksichtigt werden kann.

20 Nach einer Auffassung soll, sofern die im Streit stehende Erklärung mehrere Deutungen zulässt oder sie dem Willen des Erblassers zurzeit seiner Erklärung nicht entsprach, auch eine **spätere Willenserklärung** für die Auslegung der im Streit stehenden Erklärung maßgeblich sein, sofern auch sie von der nämlichen Erklärung gedeckt wird.³² Nach anderer Auffassung ist ein zur Zeit der Testamentserrichtung noch nicht vorhandener, erst **später gebildeter Erblasserwille** für die Auslegung der jeweils in Rede stehenden Verfügung von Todes wegen unbeachtlich.³³

21 Der letztgenannten Auffassung ist zu folgen. Anderenfalls müsste regelmäßig die Zulassung formloser Testamentsänderungen bejaht werden. Indes ist Grundlage des Testamentsrechts ein System von verschiedenen Formvorschriften, das sich auch auf den Widerruf von Testamenten erstreckt.³⁴ Im Übrigen würde eine Berücksichtigung eines zur Zeit der Testamentserrichtung noch nicht vorhandenen und erst später gebildeten Erblasserwillens im Zuge der Auslegung dazu führen, dass eine völlige Verunsicherung der Praxis zu befürchten wäre; denn gegenüber jedem Nachweis eines Erblasserwillens zum Zeitpunkt der Errichtung des jeweiligen Testaments wäre die Behauptung einer späteren Willensänderung stets erheblich. Demnach ist an den Zeitpunkt der Testamentserrichtung als den für den zu ermittelnden Erblasserwillen maßgeblichen Zeitpunkt anzuknüpfen. **Umstände, die sich erst im Nachgang zur Testamentserrichtung** ereignet haben oder dem Erblasser erst im Anschluss an die Testamentserrichtung bekannt geworden sind, bleiben derart für die Auslegung unerheblich.³⁵

22 Von dem Grundsatz der Nichtberücksichtigung nachtestamentarischer Umstände zu unterscheiden ist die Indizfunktion, die nachgewiesene spätere Äußerungen des Erblassers oder ihm nahe stehender Personen, wie etwa diejenigen des überlebenden Ehegatten, bei der Auslegung gemeinschaftlicher Testamente für die Willensrichtung des Erblassers zum Zeitpunkt der Testamentserrichtung besitzen können.³⁶ Diese **Indizwirkung nachtestamentarischer Äußerungen** ist allgemein anerkannt, betrifft jedoch nicht einen erst nach Testamentserrichtung gebildeten Erblasserwillen.³⁷

---

²⁹ Staudinger/*Otte* Vorb. zu §§ 2064 ff. Rdnr. 75.
³⁰ Vgl. BGH Urt. v. 26.2.1970 – WM 1970, 480.
³¹ OLG Oldenburg Beschl. v. 31.8.1951 – NdsRPfl 1951, 198.
³² *Keuk*, Der Erblasserwille post testamentum und die Auslegung des Testaments, 1965, 105 ff.
³³ BGH Urt. v. 30.9.1959 – BGHZ 31, 13; *Brox*, Die Einschränkung der Irrtumsanfechtung: Ein Beitrag zur Lehre von der Willensbildung und deren Auslegung, 1960, 156 f.
³⁴ *Kipp/Coing* § 21 IV 3; Staudinger/*Otte* Vorb. zu §§ 2064 ff. Rdnr. 77.
³⁵ BGB-RGRK/Johanssen § 2084 Rdnr. 9.
³⁶ RGZ 142, 171, 174; BGH Urt. v. 3.7.1964 – FamRZ 1964, 501, 503; BayObLG Beschl. v. 22.4.1988 – NJW 1988, 2742; OLG Hamm Urt. v. 7.7.1961 – DNotZ 1963, 559.
³⁷ *Kipp/Coing* § 21 IV 3; MünchKommBGB/*Leipold* § 2084 Rdnr. 20 f.; Staudinger/*Otte* Vorb. zu §§ 2064 ff. Rdnr. 78.

4. Ergänzende Testamentsauslegung

a) **Vorbemerkung.** Im Gegensatz zur unmittelbaren oder erläuternden Auslegung letztwilliger Verfügungen, wonach Erklärungen stets als Ausdruck des wirklichen Erblasserwillens betrachtet werden, zielt die darüber hinausgehende, **ergänzende Auslegung** ab auf die Schließung etwaiger Lücken in der Erklärung des Erblassers. Eine Lücke in der erblasserseitigen Erklärung liegt auch in diesem Zusammenhang dann vor, wenn die Erklärung des Erblassers planwidrig unvollkommen ist, das bedeutet, eine Regelung fehlt, die der Erblasser, wäre ihm die Sachlage vollständig bekannt gewesen, getroffen hätte, die er indes irrtumsbedingt nicht getroffen hat.[38] Daraus ergibt sich, dass im Wege ergänzender Testamentsauslegung nicht der wirkliche Erblasserwille ermittelt wird, sondern im Zuge der Ergänzung der erblasserseitigen Erklärung dessen hypothetischer Wille.

Die **grundsätzliche Zulässigkeit** der ergänzenden Auslegung von Testamenten zur Ermittlung des hypothetischen Erblasserwillens ist inzwischen allgemein anerkannt.[39] Grundlage dieser grundsätzlichen Anerkennung ergänzender Testamentsauslegung ist die Tatsache, dass insbesondere im Bereich des Erbrechts der Vorrang der privatautonomen Gestaltung gegenüber dem dispositiven Gesetzesrecht gilt.[40] Im Übrigen ist es aus praktischen Erwägungen geradezu notwendig, den Inhalt testamentarischer Erklärungen etwa veränderten Lebensverhältnissen anzupassen; denn üblicherweise liegen zum einen zwischen Errichtung und Wirksamwerden des Testaments in der Regel nicht unerhebliche Zeiträume und zum anderen ist dem Erblasser eine Korrektur seiner einstigen Erklärungen denknotwendigerweise zum Zeitpunkt des Wirksamwerdens des Testaments unmöglich.

Die ergänzende Testamentsauslegung kommt allerdings nur dort in Betracht, wo der Erblasserwille an sich seinen Ausdruck in der Testamentsurkunde gefunden hat, sodass zu differenzieren ist im Zuge der ergänzenden Auslegung zwischen Ziel und Mittel des Erblasserwillens.[41] Die **ergänzende Auslegung** betrifft lediglich Fälle, in denen der Erblasser wegen einer unrichtigen Beurteilung der Verhältnisse zum Zeitpunkt der Testierung nicht das geeignete Mittel für das von ihm angestrebte Ziel ausgewählt hat. Daher findet anstelle des von Seiten des Erblassers in Ansatz gebrachten – ungeeigneten – Mittels ein anderes, eher geeignetes Mittel Anwendung zur Erreichung des vom Erblasser in Aussicht genommenen Ziels.[42] Folglich kann im Wege der ergänzenden Auslegung in Bezug auf das erblasserseits gewählte Mittel eine Substitution erfolgen.

Anders ist es jedoch im Hinblick auf das **erblasserseits erstrebte Ziel.** Hier ist es nicht möglich, mit Hilfe der ergänzenden Auslegung eine Ersetzung vorzunehmen. In Bezug auf das vom Erblasser bezweckte Ziel genügt nicht der im Wege der ergänzenden Auslegung ermittelte hypothetische Erblasserwille. Insoweit ist der tatsächliche Wille des Erblassers festzustellen; denn anderenfalls fehlte jegliche Rechtfertigung für eine etwa vorgenommene Ergänzung durch Auslegung.[43] Dieser tatsächliche erblasserseitige Wille muss niedergelegt worden sein in der testamentarischen Urkunde.[44]

b) **Anwendungsfälle ergänzender Testamentsauslegung.** Die Anwendungsfälle der ergänzenden Auslegung von Testamenten liegen im Wesentlichen im Umfeld der gesetzlichen Auslegungsregeln und dort, wo besondere Konstellationen zu zusätzlichen Betrachtungen zwingen. Insoweit haben sich im Laufe der Zeit verschiedene **Fallgruppen** als Anwendungsbereiche entwickelt.

aa) Übereinstimmung mit Grundgedanken gesetzlicher Auslegungsregeln. Die erste Fallgruppe betrifft Konstellationen, die nicht unmittelbar unter die gesetzlichen Auslegungsregeln zu subsumieren sind, sondern lediglich unter deren Grundgedanken passen. Dazu gehört etwa die **Ersatzerbenbestimmung im Falle des Vorversterbens** einer dem Erblasser nahe

---

[38] MünchKommBGB/*Leipold* § 2084 Rdnr. 39; Staudinger/*Otte* Vorb. zu §§ 2064 ff. Rdnr. 81.
[39] RGZ 99, 82; Staudinger/*Otte* § 2069 Rdnr. 26.
[40] MünchKommBGB/*Leipold* § 2084 Rdnr. 37.
[41] Palandt/*Edenhofer* § 2084 Rdnr. 9.
[42] Staudinger/*Otte* Vorb. zu §§ 2064 ff. Rdnr. 87.
[43] MünchKommBGB/*Leipold* § 2084 Rdnr. 85.
[44] RGZ 134, 277, 280; BGH Urt. v. 15.12.1956 – BGHZ 22, 357; BayObLG Beschl. v. 16.5.1988 – FamRZ 1988, 986, 988; Palandt/*Edenhofer* § 2084 Rdnr. 9; a.A. *Foerste* DNotZ 1993, 84, 98 ff.

stehenden Person, die jedoch nicht dessen Abkömmling ist. Weiterhin gehört dazu die etwaige Erstreckung eines Vermächtnisses auf ein rechtsgeschäftliches Surrogat für den Fall, dass der Erblasser den vermachten Gegenstand vor Eintritt des Erbfalls veräußert haben sollte.[45]

29 bb) *Abweichung einer Regelkonsequenz vom Erblasserwillen.* Eine weitere Fallgruppe bilden die Fälle, deren Charakteristikum ist, dass eine von der Rechtsfolge **einer gesetzlichen Auslegungsregel abweichende Willensrichtung** des Erblassers in Betracht zu ziehen ist. Dies betrifft etwa die Ausschließung der Vererblichkeit einer aufschiebend befristeten Nacherbschaft genauso wie die Aufrechterhaltung einer Zuwendung an den Ehegatten trotz Scheidung.[46]

30 cc) *Fortentwicklung der Rechtslage.* Auch eine Weiterentwicklung bzw. Änderung der rechtlichen Bestimmungen in dem Zeitraum zwischen der Errichtung des Testaments und dem Eintritt des Erbfalls erfordern gelegentlich eine ergänzende Testamentsauslegung. Besonderer Anwendungsfall dieser Fallgruppe war etwa die **Änderung des ehelichen Güterrechts** und ist die gesetzliche Gleichstellung zwischen ehelichem und nichtehelichem Kind, sodass ein dem nichtehelichem Kind ausgesetztes Vermächtnis entfallen kann, falls der nichteheliche Abkömmling dieses Vermächtnis nur als Ausgleich für das Fehlen der zum Zeitpunkt der Testamentserrichtung noch nicht absehbaren Nachlassbeteiligung sein sollte. Ein – in der Vergangenheit – besonders wichtiger Anwendungsfall der ergänzenden Testamentsauslegung angesichts der Änderung der rechtlichen Rahmendaten waren Verfügungen über in der DDR belegenes Vermögen vor dem Zeitpunkt des Beitritts der östlichen Bundesländer. Dies gilt insbesondere für solche Fälle, in denen der Erblasser Vermögen, namentlich Grundstücke, in der DDR zu Eigentum gehabt hat, diese jedoch angesichts der besonderen politischen Verhältnisse für wertlos gehalten hat oder der Auffassung war, er könne das Vermögen der Person, der er das Vermögen eigentlich zuwenden wollte, nicht tatsächlich zuwenden und sich diese Vorstellung späterhin als irrig erwiesen hat.[47] Hier ist zwischenzeitlich – in Abhängigkeit zu dem Zeitpunkt des jeweiligen Erbfalles – eine umfangreiche Kasuistik entwickelt worden, um auch solche Fälle mit Hilfe der ergänzenden Testamentsauslegung befriedigend regeln zu können.[48]

31 dd) *Änderung der volkswirtschaftlichen Rahmendaten.* Auch eine allgemeine **Änderung der volkswirtschaftlichen Eckdaten** kann im Wege ergänzender Testamentsauslegung Berücksichtigung finden. Dies gilt etwa für Zeiten erheblicher Geldentwertung. Hier kann im Wege der Anpassung eines Geldvermächtnisses oder eines erblasserseits normierten Übernahmepreises ein angemessenes Ergebnis herbeigeführt werden.[49]

32 ee) *Änderung der wirtschaftlichen Verhältnisse des Erblassers.* Ein wichtiger Anwendungsfall ergänzender Testamentsauslegung in der Praxis ist in dem Fall gegeben, dass der Erblasser zum Zeitpunkt der Testamentserrichtung von einer **vollständig anderen Vermögenssituation** ausgegangen ist als diese tatsächlich im Zeitpunkt des Erbfalls vorzufinden ist. Dies gilt etwa für die Frage, ob in Anbetracht eines unvorhergesehenen Vermögenszuwachses die Zuweisung eines Gegenstandes noch als Allein-Erbeinsetzung aufgefasst werden kann und im Übrigen generell im Hinblick auf die Bestimmung unterschiedlicher Erbquoten.[50]

33 ff) *Nicht absehbares Verhalten des Bedachten.* Die ergänzende Testamentsauslegung kann ein sinnvolles korrigierendes Element bei unvorhergesehenem **Verhalten des Bedachten** bilden, so etwa im Falle eines ehewidrigen Verhaltens der als Nacherbin eingesetzten Schwiegertochter des Erblassers oder für den Fall, dass die Vermächtnisnehmerin versucht, sich selbst und den Erben zu töten.[51]

---

[45] Staudinger/*Otte* Vorb. zu §§ 2064 ff. Rdnr. 95.
[46] S. dazu: Staudinger/*Otte* § 2077 Rdnr. 22.
[47] S. dazu OLG Frankfurt Beschl. v. 19.1.1993 – FamRZ 1993, 857; BayObLG Beschl. v. 9.11.1993 – ZEV 1994, 47, 49.
[48] S. dazu *Grunewald* NJW 1991, 1208; BGH Urt. v. 15.12.1956 – BGHZ 22, 357; OLG Frankfurt Beschl. v. 19.1.1993 – FamRZ 1993, 857; OLG Köln Beschl. v. 20.12.1993 – FamRZ 1994, 591; BayObLG Beschl. v. 9.1.1993 – ZEV 1994, 47, 49; KG Urt. v. 17.11.1994 – FamRZ 1995, 762; LG Hamburg Beschl. v. 28.11.1994 – FamRZ 1995, 833.
[49] S. RGZ 108, 83; MünchKommBGB/*Leipold* § 2094 Rdnr. 58.
[50] S. dazu: Staudinger/*Otte* Vorb. zu §§ 2064 ff. Rdnr. 96.
[51] S. BGH LM § 2084 Rdnr. 5; BGH Urt. v. 21.3.1962 – FamRZ 1962, 256, 257.

gg) Wesentliche Änderung der Vermögensstruktur. Die wesentliche **Änderung der Vermö-** 34
gensstruktur des Vermögens zum Zeitpunkt des Erbfalls gegenüber dem Zeitpunkt der Testamentserrichtung kann ebenfalls Anlass für eine ergänzende Testamentsauslegung sein. Dies gilt etwa dann, wenn eine Aktiengesellschaft in eine Kommanditgesellschaft umgewandelt worden ist mit der Konsequenz, dass der Erbe des Aktionärs die Kommanditanteile treuhänderisch dem vom Erblasser eingesetzten Verwaltungstestamentsvollstrecker übertragen muss.[52]

5. Gesetzliche Auslegungsregeln

a) **Vorbemerkung.** Die Willensrichtung des Erblassers lässt sich in der Praxis oftmals nicht 35
mit ausreichender Sicherheit ermitteln. Dies ist insbesondere dann der Fall, wenn die testamentarische Verfügung unklar oder unvollständig formuliert worden ist und somit verschiedene Auslegungsmöglichkeiten zulässt. Zur Vermeidung unbilliger Ergebnisse und zur Vermeidung einer Auslegung ohne Ergebnis mit der Folge einer letztendlich unwirksamen Verfügung mangels hinreichend feststellbaren Inhalts bietet das Gesetz für die wesentlichsten Fälle **ausdrückliche Auslegungsregeln**. Die gesetzlichen Auslegungsregeln, deren dogmatische Einordnung in Auslegungsregeln einerseits und ledigliche Ergänzungsregeln andererseits zum Teil umstritten ist, ohne dass dieser Differenzierung jedoch eine entscheidende praktische Bedeutung zukäme,[53] sind in zahlreichen Vorschriften des 5. Buchs des BGB enthalten.

b) **Hinweis auf einzelne Auslegungsregeln.** Da eigentlich zu den gesetzlichen Auslegungsre- 36
geln im weitesten Sinne im Rahmen des hier zu diskutierenden Zusammenhangs sämtliche nicht zwingenden Normen gehören würden, die den Inhalt der Sonderrechtsbeziehungen zwischen Vor- und Nacherben, Erben und Testamentsvollstrecker sowie Beschwertem und Vermächtnisnehmer betreffen, soll sich die nachfolgende Aufzählung auf wenige und besonders wichtige Regeln beschränken, deren wichtigste nachstehend einer näheren Erörterung unterzogen werden sollte. **Besondere Auslegungsregeln** sind etwa enthalten in § 2052 BGB (Ausgleichung unter eingesetzten Erben), § 2066 BGB (Zuwendung an die gesetzlichen Erben), § 2067 BGB (Zuwendung an die Verwandten), § 2068 BGB (Wegfall bedachter Kinder vor Testamentserrichtung), § 2069 BGB (Wegfall bedachter Abkömmlinge nach Testamentserrichtung), § 2071 BGB (Zuwendung an eine Gruppe von Personen), § 2074 BGB (Zuwendung unter aufschiebenden Bedingungen), § 2077 BGB (Unwirksamkeit letztwilliger Verfügungen bei Auflösung der Ehe),[54] § 2084 BGB (Wohlwollende Auslegung),[55] § 2085 BGB (Aufrechterhaltung bei Teilunwirksamkeit), § 2087 BGB (Zuwendung des Vermögens oder eines Vermögensbruchteils bzw. Einzelzuwendung von Einzelgegenständen),[56] § 2091 BGB (Unbestimmte Erbteile), § 2001 BGB (Erbeinsetzung einer noch nicht existierenden Person), § 2102 BGB (Verhältnis von Nacherbschaft zu Ersatzerbschaft), § 2104 BGB (Gesetzliche Erben als Nacherben), § 2148 BGB (Anteile mehrerer Beschwerter), § 2161 BGB (Wirksamkeit des Vermächtnisses bei Wegfall des Beschwerten), § 2188 BGB (Kürzungsbefugnis beim Untervermächtnis), § 2268 BGB (Wirksamkeit eines gemeinschaftlichen Testaments im Falle der Scheidung).

aa) Wegfall bedachter Abkömmlinge nach Testamentserrichtung. Besondere praktische Be- 37
deutung kommt in diesem Zusammenhang der Vorschrift des § 2069 BGB zu. Diese Vorschrift ist eine Vermutensvorschrift für die ergänzende Testamentsauslegung. Nach dem Gesetzestext besteht die Vermutung für die Annahme einer **stillschweigend erklärten Ersatzerbeneinsetzung der Abkömmlinge** eines eingesetzten Erben, wenn dieser eingesetzte Erbe seinerseits ein Abkömmling des Erblassers war. Abkömmlinge des Erblassers sind gemäß § 1589 BGB zunächst sämtliche Verwandte in absteigender Linie, d. h. seine leiblichen Kinder, Enkel, Urenkel u. s. w. Aber auch nichteheliche Kinder fallen unter den Anwendungsbereich des § 2069 BGB.[57]

---

[52] S. BGH Urt. v. 11.4.1957 – BGHZ 24, 106.
[53] S. zu den verschiedenen Auffassungen die ausf. Darstellung bei MünchKommBGB/*Leipold* Vorb. 3 zu §§ 2064 ff.; Staudinger/*Otte* Vorb. zu §§ 2064 ff. Rdnr. 110 ff.
[54] S. dazu BGH Beschl. v. 2.4.2003 – ZEV 2003, 284.
[55] S. dazu OLG Hamm Beschl. v. 10.2.2003 – NJOZ 2003, 1241.
[56] S. dazu BayObLG Beschl. v. 30.9.2002 – ZFE 2003, 159.
[57] Staudinger/*Otte* § 2069 Rdnr. 3.

Sofern der Erblasser Geschwister oder Freunde als Erben einsetzt, ist § 2069 BGB weder direkt noch analog anwendbar; eine analoge Anwendung der Vorschrift kann allenfalls gelten für Abkömmlinge eines Ehegatten im Falle eines gemeinschaftlichen Testaments oder Ehegattenerbvertrages.[58]

38 Sofern der eingesetzte Erbe stirbt und kein Ersatzerbe nach § 2096 BGB bestimmt ist, muss im Wege der Auslegung ermittelt werden, ob in der Einsetzung des verstorbenen Erben zugleich konkludent die Einsetzung der Abkömmlinge des Bedachten zu Ersatzerben gesehen werden kann. Dabei ist zweistufig vorzugehen: Zunächst ist im Rahmen des § 2084 BGB durch einfache Testamentsauslegung der **wirkliche Wille des Erblassers** festzustellen. Danach ist zu fragen, ob der Erblasser im Zeitpunkt der Testamentserrichtung die Möglichkeit eines vorzeitigen Wegfalls des Eingesetzten bedacht hat und bejahendenfalls, was er für diesen Fall wirklich gewollt hat.[59]

39 Im Regelfall wird sich der Erblasser aber über den vorzeitigen Wegfall des eingesetzten Erben keine Gedanken gemacht haben. Für diesen Fall ist im Rahmen der ergänzenden Testamentsauslegung der **hypothetische Willen** des Erblassers festzustellen; denn im Gegensatz zur einfachen Testamentsauslegung geht es nicht darum, dass der erwiesene oder nur zu vermutende wirkliche Wille des Erblassers zur Geltung gebracht wird, sondern dass der hypothetische Wille Berücksichtigung findet, den der Erblasser vermutlich gehabt haben würde, wenn er bei seiner letztwilligen Verfügung die künftige Entwicklung – hier das vorzeitige Versterben des eingesetzten Erben – vorausgesehen hätte.[60]

40 Die Anhaltspunkte, die für eine Ersatzerbfolge der Abkömmlinge des Bedachten sprechen, müssen von der Gestalt sein, dass zwischen dem Erblasser und dem vorzeitig verstorbenen Bedachten Beziehungen bestanden haben, die denen eines direkten Abkömmlings vergleichbar sind; sie müssen daher von der Intensität einer familiären Verbindung vergleichbar sein, wobei ein herzliches Verhältnis allein in der Regel nicht genügt.[61] Die Vermutung des § 2069 BGB spricht für Abkömmlinge als Ersatzerben, weil in diesen familiären Verhältnissen in der Regel eine über die Person des eigentlich Bedachten hinausgehende Verbundenheit auch mit den Abkömmlingen des Bedachten besteht.[62] Die Einsetzung von engen Verwandten spricht für den **hypothetischen Willen**, dass auch dessen Abkömmlinge als Ersatzerben bestimmt worden wären. Bei Nichtverwandten muss eine der Familienbande vergleichbare Verbundenheit vorliegen. Für die Abkömmlinge als Ersatzerben von Nichtverwandten kann aber auch sprechen, dass ansonsten die Verfügung unwirksam würde und der Fiskus als Erbe anzusehen sei. Im Übrigen gilt, dass die Auslegung gemäß § 2069 BGB auch der Anwachsung nach § 2094 BGB häufig vorgeht.[63]

41 *bb) Zuwendung an die gesetzlichen Erben.* Eine weitere praxiswesentliche Vorschrift ist in § 2066 BGB enthalten. Dieser regelt in zwei unterschiedlichen Situationen den Fall der Zuwendungen an die gesetzlichen Erben des Erblassers. Satz 1 der Vorschrift stellt eine Ergänzungsregel dar für den Fall, dass der Erblasser in seinem Testament ungenaue Formulierungen, wie z. B. „meine gesetzlichen Erben" verwendet, ohne zuvor bestimmte Personen als Erben eingesetzt zu haben. Anwendung findet die Vorschrift jedoch nur auf Verfügungen, in denen der Erblasser auch ausschließlich seine gesetzlichen Erben bedenken wollte, wenn er auch dies ohne nähere Begründung getan hat. Bei Formulierungen wie „meine Erben" oder „meine rechtmäßigen Erben" muss daher im Wege der Auslegung ermittelt werden, ob damit die **gesetzlichen Erben** gemeint sind, was allerdings in der Regel der Fall sein dürfte.[64] Lässt sich aber im Einzelfall feststellen, wen der Erblasser mit den ungenauen Formulierungen bedenken wollte, ist für die Anwendung des § 2066 BGB kein Raum.

---

[58] BayObLG Beschl. v. 24.3.1999 – ZEV 1999, 353; MünchKommBGB/*Leipold* § 2069 Rdnr. 5; Staudinger/*Otte* § 2069 Rdnr. 3.
[59] OLG Hamm Beschl. v. 1.7.1991 – FamRZ 1991, 1483; OLG Frankfurt Beschl. v. 7.9.1995 – FamRZ 1996, 829; BayObLG Beschl. v. 7.12.1999 – ZERB 2000, 85.
[60] BGH Urt. v. 20.10.1952 – DNotZ 1953, 100, 101; BayObLG Beschl. v. 7.12.1999 – ZERB 2000, 85.
[61] BayObLG Beschl. v. 23.6.1987 – NJW 1988, 1033.
[62] BayObLG Beschl. v. 24.3.1999 – ZEV 1999, 353.
[63] MünchKommBGB/*Leipold* § 2095 Rdnr. 5.
[64] MünchKommBGB/*Leipold* § 2066 Rdnr. 3.

§ 2066 S. 1 BGB zufolge sind sodann alle zur Zeit des Erbfalls vorhandenen gesetzlichen Erben durch das Testament als bedacht anzusehen. Dabei ist unter Hinweis auf die Formulierung des Gesetzes „sein würden" von der gewillkürten Erbfolge auszugehen, wovon sowohl die berufenen Verwandten als auch der Ehegatte umfasst sind. Im Hinblick auf die Höhe der Erbteile gelten die gesetzlichen Erbteile und nicht – wie im Rahmen des § 2091 BGB – die Aufteilung nach Kopfteilen.

§ 2066 S. 2 BGB trifft eine Auslegungsregel für den Fall bedingter oder befristeter Zuwendungen. Während Satz 1 der Vorschrift für die Bestimmung der bedachten gesetzlichen Erben auf den Eintritt des Erbfalls abstellt, verlagert Satz 2 der Norm den Zeitpunkt dafür deutlich nach hinten. In der Praxis ist diese Vorschrift relevant, wenn der Erblasser eine Nacherbfolge unter Berufung der gesetzlichen Erben als Nacherben festlegt. Für diesen Fall wird der Kreis der gesetzlichen Erben erst zum **Bedingungseintritt,** das bedeutet mit Tod der ausdrücklich im Testament als Erbe bedachten Person, bestimmt, sodass auch Personen, die erst nach dem Tod des Erblassers geboren werden, zum Kreis der Bedachten gehören.[65] Als Auslegungsregel bleibt der Vorschrift die Anwendung aber versperrt, wenn ein anderer Wille des Erblassers feststellbar ist.[66]

cc) Zuwendung an die Verwandten. § 2067 BGB schließt an die Regelung des § 2066 BGB unmittelbar an, indem durch diese Vorschrift vergleichbare Regelungen für den Fall vorgesehen werden, dass der Erblasser in seiner Verfügung pauschal auf die „Verwandten", die „nächsten Verwandten" oder einfach nur auf „Mitglieder meiner Sippe" verweist.[67] In Ermangelung weiterer Anhaltspunkte werden solche ungenauen Formulierungen im Testament dahin gehend ausgelegt, dass **alle gesetzlichen Erben** zum Zeitpunkt des Erbfalls bedacht werden sollen. Im Hinblick auf die Höhe sollen die Erben entsprechend der gesetzlichen Erbteile bedacht werden. Schließlich verweist § 2067 S. 2 BGB für den Fall einer Nacherbfolge auf die Regelung des § 2066 S. 2 BGB.

dd) Wegfall bedachter Kinder vor Testamentserrichtung. Die Vorschrift des § 2068 BGB weist in Abgrenzung zu § 2069 BGB nur einen engen Anwendungsbereich auf. Während § 2069 BGB den Wegfall eines bedachten Abkömmlings nach Errichtung des Testaments regelt, betrifft § 2068 BGB den Fall, dass ein Kind des Erblassers vor Errichtung des Testaments stirbt und der Erblasser in seinem Testament seine Kinder schlechthin bedenkt, ohne indes genauer auszuführen, ob die Abkömmlinge seines verstorbenen Kindes, folglich seine Enkel, auch bedacht werden sollen. In dem Fall einer pauschalen Verweisung des Erblassers auf seine Kinder greift die Auslegungsregel des § 2068 BGB ein. Als Rechtsfolge treten die **Abkömmlinge des verstorbenen Kindes** des Erblassers entsprechend den Regelungen des § 1924 Abs. 2 bis 4 BGB an dessen Stelle.

ee) Wohlwollende Auslegung. Regelungsinhalt des § 2084 BGB ist es, dem Willen des Erblassers so weit wie möglich zur rechtlichen Geltung zu verhelfen. Sofern die Formulierungen des Testaments mehrere Deutungen zulassen, ist zunächst in jedem Fall zu versuchen, den erklärten Willen des Erblassers zu ermitteln. Dazu stehen die Möglichkeiten der einfachen oder der ergänzenden Testamentsauslegung bereit. Sofern die Testamentsauslegung zu mehreren Möglichkeiten der Interpretation kommt, sind nach der **wohlwollenden Auslegung** gemäß § 2084 BGB all jene Deutungen nicht zu berücksichtigen, bei deren Anwendung die Verfügung unwirksam wäre. Dabei ist es unerheblich, ob es sich um Fälle der Nichtigkeit oder der nachträglichen Unwirksamkeit handelt. Es ist daher nicht am buchstäblichen Sinn des Ausdrucks zu haften, sodass auch in den Fällen eines an sich klaren und eindeutigen Wortlauts die Auslegung einer letztwilligen Verfügung nicht durch diesen Wortlaut begrenzt ist, sondern vielmehr auch dann der wirkliche Wille des Erblassers Vorrang hat, wenn sich aus den Umständen ergibt, dass der Erklärende mit seinen Worten einen anderen Sinn verbunden hat als es dem allgemeinen Sprachgebrauch entspricht.[68]

---

[65] Palandt/*Edenhofer* § 2066 Rdnr. 3.
[66] MünchKommBGB/*Leipold* § 2066 Rdnr. 14.
[67] RG JW 1910, 246, für die Gleichsetzung von „nächsten Blutsverwandten".
[68] LG Nürnberg-Fürth Urt. v. 1.12.1999 – ZERB 2000, 128; OLG Düsseldorf Urt. v. 16.4.1999 – NJW-RR 1999, 1527.

III. Auslegung von Erbverträgen und gemeinschaftlichen Testamenten

1. Vorbemerkung

47 Unter Berücksichtigung der **Besonderheiten des gemeinschaftlichen Testaments** und des **Erbvertrages** gilt der im Rahmen der Testamentsauslegung Gültigkeit beanspruchende Grundsatz der Unbeachtlichkeit des Empfängerhorizonts beim gemeinschaftlichen Testament und beim Erbvertrag nicht. Dies ergibt sich daraus, dass derjenige, gegenüber dem die Bindung besteht, den Umfang der Bindung selbständig beurteilen und demzufolge den Inhalt der jeweiligen Verfügung kennen muss. Im Zuge der Auslegung gemeinschaftlicher Testamente und Erbverträge gilt dieser Grundsatz daher nur in abgewandelter Form.

2. Besonderheiten bei der Auslegung gemeinschaftlicher Testamente

48 Im Zuge der Auslegung wechselbezüglicher Verfügungen i.S.d. § 2270 Abs. 1 BGB im Rahmen eines gemeinschaftlichen Testamentes ist der übereinstimmende Wille beider Ehegatten maßgeblich für das Ergebnis der Auslegung. Sofern ein derart übereinstimmender Wille fehlt, ist es erforderlich, dass jeder der beiden Ehegatten seine jeweiligen Verfügungen so gelten lässt, wie sie der jeweils andere unter Berücksichtigung der für ihn ersichtlichen Umstände hat erkennen können.[69] Das bedeutet, dass letztendlich im Falle des Fehlens eines übereinstimmenden Willens der **Empfängerhorizont des jeweils anderen Ehegatten** für die Auslegung der eigenen Verfügung entscheidend ist.

3. Besonderheiten bei der Auslegung von Erbverträgen

49 Auch im Rahmen der Auslegung erbvertraglicher Verfügungen i.S.d. § 2278 Abs. 1 BGB ist ausschlaggebend der **übereinstimmende Wille beider Vertragspartner** im Hinblick auf die vertragsgemäßen Verfügungen. Sofern ein übereinstimmender Wille nicht zu ermitteln ist, gilt auch hier, dass der jeweilig Verfügende seine Verfügungen so gegen sich zu gelten lassen hat, wie sie der jeweilige Vertragspartner hat verstehen dürfen.[70]

IV. Auslegungsverträge

50 Mit Hilfe eines Auslegungsvertrages können sich Dritte darüber einigen, wie die Verteilung bestimmter Zuwendungen zu verstehen ist. Nicht ändern können sie damit zwar den tatsächlichen Anfall der Zuwendungen; die Beteiligten können sich auf diese Weise aber schuldrechtlich verpflichten, einander so zu stellen, wie sie im Falle des Zutreffens ihrer Auslegung stehen würden. Dadurch können die Beteiligten **Streitigkeiten bei der Auslegung von Testamenten vermeiden** und einen so genannten Auslegungs- oder Feststellungsvertrag schließen.[71]

1. Rechtliche Qualität

51 In der Regel werden zwei Typen von Auslegungsverträgen unterschieden:
Sofern die Beteiligten unterschiedlicher Meinung über die konkrete Erbfolge nach dem Erblasser waren und sich nunmehr über die Auslegung der letztwilligen Verfügung einigen, beinhaltet der Auslegungsvertrag ein gegenseitiges Nachgeben. Dieser Vertrag hat dann Vergleichscharakter i.S.d. § 779 BGB.[72]

Waren sich die Beteiligten jedoch hinsichtlich der konkreten Auslegung lediglich unsicher, aber nicht uneinig, fehlt das gegenseitige Nachgeben. Der Auslegungsvertrag hat dann nur feststellenden Charakter.[73]

---

[69] BGH Urt. v. 20.9.1990 – BGHZ 112, 229; Staudinger/*Otte* Vorb. zu §§ 2064 ff. Rdnr. 140 ff.
[70] BGH Urt. v. 16.11.1982 – FamRZ 1983, 380; OLG Saarbrücken Beschl. v. 6.1.1994 – NJW-RR 1994, 844.
[71] S. dazu *Rudolf* § 1 Rdnr. 71.
[72] Soergel/*Loritz* § 2084 Rdnr. 31; *Rudolf* § 1 Rdnr 71.
[73] BGH Urt. v. 22.1.1986 – NJW 1986, 1812.

2. Gesetzliche Formerfordernisse

Ein Auslegungsvertrag fällt unter § 2385 Abs. 1 BGB und bedarf gemäß § 2371 BGB der **notariellen Beurkundung**, wenn die Vereinbarung eine **Erbteilsübertragung** enthält.[74] Auch für den Fall, dass in einem solchen Vertrag eine Erbteilsübertragung nicht vorgesehen sein sollte, kann jedoch Formbedürftigkeit gegeben sein. Dies ist etwa dann der Fall, wenn die Vereinbarung einen Erbverzicht oder einen Erbschaftskauf beinhaltet. Soweit der Vertrag lediglich Vermächtnisse oder Teilungsanordnungen betrifft, ist grundsätzlich keine notarielle Beurkundung erforderlich. Etwas anderes gilt lediglich dann, wenn die Übertragung des von einer solchen Verpflichtung betroffenen Gegenstandes formbedürftig ist.[75]

Ein Auslegungsvertrag kann aber auch während eines schwebenden streitigen Verfahrens vor dem Prozessgericht im Rahmen eines Prozessvergleichs geschlossen werden. Die erforderliche notarielle Beurkundung wird dann gemäß § 127 a BGB durch die Aufnahme der Erklärungen in das Protokoll ersetzt.[76]

3. Rechtsfolgen eines Auslegungsvertrages

a) **Zivilrechtliche Wirkungen eines Auslegungsvertrages.** Durch einen Auslegungsvertrag legen die Beteiligten verbindlich fest, wie die letztwillige Verfügung auszulegen ist. Indes hat der Vertrag lediglich **schuldrechtliche Wirkung,** sodass die Erbfolge oder einzelne Anordnungen des Testaments dadurch nicht verbindlich geregelt werden.[77] Sofern die Beteiligten zusätzlich erreichen wollen, dass die Vereinbarung auch eine dingliche Wirkung hat, ist es erforderlich Erbanteilsübertragungen gemäß § 2033 BGB vorzunehmen, wobei zu beachten ist, dass eine solche Vereinbarung wiederum unter § 2385 Abs. 1 BGB fällt und derart gemäß § 2371 BGB der notariellen Beurkundung bedarf.

Keine Einigkeit besteht indes in der Beurteilung der **Rechtsfolgen eines derartigen Auslegungsvertrages** gegenüber dem Gericht. Da die Beteiligten eines derartigen Vertrages weder die Erbfolge noch andere Verfügungen aufheben oder ändern können, bezieht sich der Auslegungsvertrag allenfalls mittelbar auf die Erbfolge.[78] Das Prozessgericht wird nach überwiegender Auffassung durch einen außergerichtlichen Auslegungsvertrag in seiner Entscheidung im Hinblick auf die Auslegung nicht gebunden; vielmehr kann der Auslegungsvertrag lediglich die Einrede der unzulässigen Rechtsausübung begründen, wenn eine beteiligte Vertragspartei einen Anspruch geltend macht, welche der vereinbarten Auslegung widerspricht.[79]

Nach entgegenstehender Auffassung soll das Prozessgericht einen außergerichtlichen Auslegungsvertrag in verfahrensrechtlicher Hinsicht und bei der Tatsachenermittlung berücksichtigen müssen.[80]

Indes kann das Prozessgericht schon deshalb durch einen **außergerichtlichen Auslegungsvertrag nicht gebunden werden,** weil die Parteien nicht in der Lage sind, die Anordnungen des Erblassers vertraglich festzulegen. Die Auslegung dieser Anordnungen kann vielmehr allein durch das Gericht erfolgen.[81]

Ungeachtet der Möglichkeit, einen außergerichtlichen Auslegungsvertrag zu schließen, besteht die Möglichkeit, einen solchen Vertrag als Prozessvergleich vor dem Prozessgericht zu schließen.[82]

b) **Wirkungen des Auslegungsvertrages auf das Grundbuchverfahren.** Im Grundbuchrecht ist die Erbenstellung nach Maßgabe der §§ 35, 36 GBO nachzuweisen. Bei Vorliegen eines Auslegungsvertrages, der sich auf eine privatschriftliche Verfügung von Todes wegen bezieht, ist somit die Beantragung eines Erbscheins für eine Grundbuchberichtigung erforderlich.

---

[74] BGH Urt. v. 22.1.1986 – NJW 1986, 1812; Staudinger/*Otte* Vorb. zu §§ 2064 ff. Rdnr. 133; *Krug/Rudolf/Kroiß* Erbrecht § 8 Rdnr. 214.
[75] *Rudolf* § 1 Rdnr. 74.
[76] Soergel/*Loritz* § 2084 Rdnr 32.
[77] Staudinger/*Otte* Vorb. zu §§ 2064 ff. Rdnr. 133.
[78] BGH Urt. v. 22.1.1986 – NJW 1986, 1812; Palandt/*Edenhofer* § 2359 Rdnr. 1.
[79] *Rudolf* § 1 Rdnr. 76.
[80] Lange/*Kuchinke* § 34 IV 3 c.
[81] So auch *Rudolf* § 1 Rdnr. 76.
[82] S. dazu Rdnr. 52.

Für den Ablauf des Eintragungsverfahrens ist dann folgende Unterscheidung maßgeblich: Sofern Inhalt des Auslegungsvertrages und im Erbschein festgestellte Erbfolge übereinstimmen, erfolgt die berichtigende Eintragung gemäß §§ 22 Abs. 1, 35 Abs. 1 GBO. Liegt jedoch keine Übereinstimmung vor, vollzieht das Grundbuchamt dann die (bedingt) im Auslegungsvertrag vereinbarte, vom wahren Eigentümer bewilligte Erbteilsübertragung.[83]

57 **c) Auswirkungen des Auslegungsvertrages auf die Erbschaftsbesteuerung.** Durch die zivilrechtliche Erbfolge wird festgelegt, auf wen ein Erbschein ausgestellt wird. Somit sind auch die Finanzbehörden und die Finanzgerichte bei der Festsetzung der Erbschaftsteuer an den Erbschein gebunden.[84] Nur wenn gewichtige Gründe für eine Abweichung vom Inhalt des Erbscheins vorliegen, sind die Finanzbehörden und Finanzgerichte berechtigt und verpflichtet, das Erbrecht und die Erbteile selbständig zu ermitteln.[85]

Für den Fall, dass kein Erbschein, wohl aber ein Auslegungsvertrag vorliegt, kann auch diese Vereinbarung der Parteien der Erbschaftsbesteuerung zu Grunde gelegt werden; dies gilt sogar dann, wenn sie der „wahren" Erbrechtslage nicht entspricht.[86]

Die Finanzrechtsprechung differenziert in solchen Fällen danach, ob es sich bei der zwischen den Beteiligten vereinbarten Vermögenszuweisung um eigene vermögensrechtliche Dispositionen der Beteiligten oder um einen erbschaftssteuerlich relevanten „Erbvergleich" handelt.[87]

Rechtsgrundlage hierfür ist § 41 Abs. 1 AO.[88] Durch den dort verankerten Grundsatz der wirtschaftlichen Betrachtungsweise knüpft die Erbschaftsteuer als Bereicherungssteuer somit an die beim Erwerber tatsächlich eingetretene Bereicherung an.[89] Die erbschaftssteuerliche Anerkennung eines erbrechtlichen Auslegungsvertrages als Erbvergleich führt dazu, dass in der Besteuerung so verfahren wird, als hätte der Erblasser eine entsprechende Verfügung von Todes wegen hinterlassen.[90]

Dies bedeutet im Einzelnen, dass die Besteuerung vom jeweiligen Steuerwert der den Vergleichspartnern zugewiesenen Vermögensgegenständen ausgeht. Ebenso ist der Erwerb auf Grund des Erbvergleichs keine Schenkung des Vertragspartners, sondern gilt als Erwerb von Todes wegen nach dem Erblasser im Sinne von § 3 ErbStG, mit der Folge, dass die §§ 15 und 16 ErbStG Anwendung finden. Des Weiteren kann der Abgebende auch eine Minderung seiner Bereicherung gemäß § 10 Abs. 5 Nr. 2 ErbStG geltend machen. d.h. er kann Verbindlichkeiten aus Vermächtnissen, Auflagen sowie aus geltend gemachten Pflichtteilen und Erbersatzansprüchen als Nachlassverbindlichkeiten in Abzug bringen.

Um jedoch einen Auslegungsvertrag überhaupt als erbschaftssteuerlich relevanten „Erbvergleich" anerkennen zu können, ist zunächst das Vorliegen einer auslegungsfähigen letztwilligen Verfügung erforderlich. Weiterhin muss zwischen den Beteiligten Unsicherheit bzw. Streit über die erbrechtlichen Rechtspositionen herrschen, und letztendlich muss die von den Beteiligten getroffene Vereinbarung auch dem ernsthaft geäußerten Willen des Erblassers entsprechen.

Diese Feststellungslast obliegt den Beteiligten,[91] so dass es hier manchmal problematisch sein kann, der Finanzverwaltung oder den Finanzgerichten die Umstände, welche auf den Erblasserwillen hindeuten, darzutun und glaubhaft zu machen.[92]

Aus diesem Grund ist es ratsam, die Unsicherheit oder den Streit über die Erbrechtslage in der Urkunde zu dokumentieren, um so die Anerkennung eines erbrechtlichen Auslegungsvertrages als Erbvergleich zu erleichtern. Gleiches gilt für die den Erblasserwillen belegenden Indizien.

---

[83] *Selbherr* ZErb 2005, 14 f.
[84] *Theysohn-Wadle* ZEV 2002, 221.
[85] *Theysohn-Wadle* ZEV 2002, 222.
[86] *Selbherr* ZErb 2005, 15.
[87] S. dazu BFH Urt. v. 24.7.1972 – BStBl. II 1972, 866; BFH Urt. v. 22.11.1995 – BStBl. II 1996, 242.
[88] Vergleichbare Fälle waren früher in § 14 ErbSTG 1925 ausdr. geregelt. 1951 wurde diese Vorschrift gestrichen und durch die allg. Regelung in § 41 AO ersetzt.
[89] *Selbherr* ZErb 2005, 16.
[90] S. dazu BFH Urt. v. 1.2.1961 – BStBl. 1961 III, 133; BFH Urt. v. 15.3.2000 – BStBl. 2000 II, 558.
[91] *Theysohn-Wadle* ZEV 2002, 222.
[92] *Selbherr* ZErb 2005, 16.

§ 6 Auslegung letztwilliger Verfügungen

Muster: Auslegungsvertrag

Vor mir, dem beurkundenden Notar ..., sind erschienen ...
Wir schließen den nachfolgenden

Auslegungsvertrag

a) Die Mutter der Beteiligten zu Ziff..., Frau ..., letzte Wohnanschrift ..., verstarb am ... Sie hat hinterlassen ein notarielles Testament, beurkundet von Notar ... in ..., UR-Nr..., sowie ein privatschriftliches Testament vom ... Die Testamente wurden vom Amtsgericht – Nachlassgericht – ... am ... – Az: ... – eröffnet.

Durch beide Testamente wird die Erbfolge geregelt. Die Art und Weise der Erbfolge ist derzeit unklar. Zwischen den Beteiligten zu Ziff ... und Ziff ... besteht Streit, in welchem Verhältnis die Testamente zueinander stehen und inwieweit das eine durch das andere Testament als aufgehoben gelten soll.

Alle Beteiligten kommen als gesetzliche Erben mit Erbquoten zu je ... in Frage. Weitere Personen, die erbrechtliche Ansprüche stellen könnten, sind nicht ersichtlich.

b) Die Beteiligten zu Ziff... und Ziff... haben beim Landgericht ... zu dem Az: ... eine Klage gegen die Beteiligte zu Ziff ... erhoben, und zwar auf Feststellung der Erbenstellung. Das Gericht hat der Klage mit Urteil vom ... vollen Umfanges stattgegeben, sodass alle ... Beteiligten zu je ... gesetzliche Erben nach ihrer Mutter wurden. Gegen diese Entscheidung hat die Beteiligte ... beim Oberlandesgericht ... zum Az: ... Berufung eingelegt, über die noch nicht entschieden wurde.

c) Die Beteiligten wollen die Erbschaftsangelegenheit nach ihrer Mutter einvernehmlich regeln. Zu diesem Zweck verpflichten sie sich gegenseitig, das Urteil des Landgerichts ... zum Az: ... anzuerkennen. Die Beteiligte zu Ziff... verpflichtet sich, die Berufung gegen das Urteil des Landgerichts ... zum Az: ... bis zum ... durch ihre Prozessbevollmächtigten zurücknehmen zu lassen.

Die Parteien vereinbaren, die Gerichtskosten beider Instanzen gegeneinander aufzuheben. Ihre außergerichtlichen Kosten trägt jede Partei selbst.

Die Beteiligten verpflichten sich gegenseitig, beim Nachlassgericht ... einen Erbschein zu beantragen, der das gleiche Ergebnis zum Inhalt hat, wie es das Urteil des Landgerichts ... vom ... ausweist, nämlich dass alle ... Beteiligten zu je ... Erben ihrer Mutter, der Frau ..., geworden sind.

d) Die Beteiligten verpflichten sich weiter, den Nachlass nach ihrer Mutter unter sich zu gleichen Teilen, also zu je ..., aufzuteilen; dies gilt unabhängig davon, wer im Erbschein als Erbe genannt werden wird. Die Beteiligten verpflichten sich, sich gegenseitig so zu stellen, als wären alle Beteiligten am Todestag ihrer Mutter zu je ... Erben geworden.

e) Die Kosten und Steuern – mit Ausnahme der Erbschaftsteuer –, die im Zusammenhang mit dem Nachlassverfahren nach Frau ... entstanden sind oder noch entstehen werden, tragen die Beteiligten zu je ... Die Erbschaftsteuer trägt jeder Beteiligte bezüglich seines Erwerbs.

f) Der Notar hat die Beteiligten darüber belehrt, dass nach der derzeitigen Rechtsprechung des Bundesgerichtshofs ein dinglich wirkender Vergleich in Bezug auf die erbrechtlichen Positionen nicht möglich ist und deshalb lediglich eine schuldrechtliche Vereinbarung getroffen werden konnte.

g) Eine steuerrechtliche Beratung hat ebenso wenig stattgefunden wie der Notar für steuerrechtliche Erfolge haftet.

h) Sollten einzelne Bestimmungen dieses Vertrages unwirksam oder nichtig sein oder werden bzw. Lücken enthalten, so berührt dies die Wirksamkeit der übrigen Bestimmungen dieses Vertrages nicht. Die Beteiligten verpflichten sich für diesen Fall, anstatt der unwirksamen oder lückenhaften Bestimmung eine Regelung zu treffen, die in rechtlicher und wirtschaftlicher Hinsicht der unwirksamen oder fehlenden Regelung am Nächsten kommt.

> Diese Niederschrift wurde den Erschienenen von dem Notar vorgelesen, von ihnen genehmigt und eigenhändig – wie folgt – unterschrieben:
>
> ....
>
> Unterschriften der Beteiligten

V. Prozessuale Hinweise

59   Es existieren keine starren Regelungen dafür, wie in einem Prozess der Erklärungswert einer eventuell vorliegenden letztwilligen Verfügung zu erkunden ist. Vielmehr ist die jeweilige **prozessuale Situation** entscheidend für die zweckmäßige Abfolge der Prüfungsschritte. Sofern jedoch eine Partei eine Behauptung über das Vorliegen bzw. den Inhalt einer bestimmten letztwilligen Verfügung aufstellt, sind dafür zunächst Anhaltspunkte im Testament zu suchen. Lassen sich derartige Anhaltspunkte finden und sind sie des Weiteren beweisbedürftig, sind in einem nächsten Schritt die Auslegungsregeln in den Blick zu nehmen.

60   Die erbrechtlichen **Auslegungsregeln** sind hier deshalb von Bedeutung, weil sie eine widerlegbare Vermutung für ein bestimmtes Verständnis des Erblasserwillens enthalten und somit die Beweislast steuern. Sofern unter Berücksichtigung etwaiger Auslegungsregeln die **Beweislastverteilung** feststeht, hat die beweisbelastete Partei die relevanten Tatsachen darzulegen und zu beweisen.

61   Da der innere Wille des Erblassers einem direkten Beweis nicht zugängig ist, sind unter diesen relevanten Tatsachen diejenigen **Indizien** zu verstehen, mit deren Hilfe eine Partei die für sie günstige Auslegung der letztwilligen Verfügung erreichen kann.[93] Bei diesen Indizien muss es sich nicht allein um solche handeln, die in der letztwilligen Verfügung selbst enthalten sind. Vielmehr sind auch außerhalb dieser Verfügung liegende Umstände für die Auslegung heranzuziehen.[94]

62   Im **Erbscheinsverfahren** gilt die Besonderheit, dass mit dem Amtsermittlungsgrundsatz gemäß § 2358 Abs. 1 BGB i. V. m. § 12 FFG das Gericht selbst die wesentlichen Tatsachen zu ermitteln hat.

63   Im Hinblick auf die **richterliche Beweiswürdigung** ist zu beachten, dass die Auslegung nicht zu einem zweifelsfreien Ergebnis geführt haben muss. Um dem Erblasserwillen die Geltung nicht zu verwehren, ist diejenige Interpretation zu wählen, für die überwiegende Gründe sprechen.[95] Unter Umständen genügt daher auch der nur nahe gelegte mutmaßliche Erblasserwille, um den Inhalt einer letztwilligen Verfügung festzustellen.[96]

64   Mit der **Auslegung** soll der Sinn einer individuellen Erklärung festgestellt werden. Einzelfallbezogene Auslegungsfragen sind aber der Revision oder der Rechtsbeschwerde entzogen, weil diese die Einheitlichkeit der Rechtsordnung wahren sollen, also insbesondere verallgemeinerungsfähige Aspekte nachgeprüft werden sollen.[97] Dementsprechend nachprüfbar sind jedoch die Auslegungsmethode, die Auslegung und Anwendung von Auslegungsregeln sowie die Anwendung von Erfahrungssätzen und Denkgesetzen. Des Weiteren ist überprüfbar, ob das Gericht alle in Betracht kommenden Auslegungsmöglichkeiten erwogen hat.

---

[93] Soergel/*Loritz* § 2084 Rdnr. 2
[94] S. dazu BayOLG Beschl. v. 1.10.2002 – ZFE 2003, 159; BayOLG Beschl. v. 10.5.2004 – FamRZ 2005, 310.
[95] S. dazu BGH Urt. v. 7.10.1992 – NJW 1993, 256.
[96] Palandt/*Edenhofer* § 2084 Rdnr. 10.
[97] Staudinger/*Otte* Vorb. zu §§ 2064 Rdnr. 136.

§ 7 Unwirksamkeit und Anfechtbarkeit letztwilliger Verfügungen

Übersicht

	Rdnr.
I. Allgemeines	1
II. Unwirksamkeit der Verfügung von Todes wegen	2–23
1. Bearbeitungscheckliste	3
2. Testierwille und Testierfähigkeit des Erblassers	4–7
3. Inhaltliche Mängel	8–17
a) Gesetzliches Verbot	9–11
b) Sittenwidrigkeit	12/13
c) Unmöglichkeit	14
d) Beeinträchtigung vertragsmäßiger und wechselbezüglicher Verfügungen	15–17
4. Sonstige Unwirksamkeitsgründe	18/19
5. Rechtsfolge der Unwirksamkeit	20–22
6. Recht der DDR	23
III. Anfechtbarkeit der letztwilligen Verfügung	24–52
1. Bearbeitungscheckliste	27
2. Vorrang der Auslegung	28–32
3. Anfechtungsgründe	33–38
a) Motivirrtum	34
b) Übergehung eines Pflichtteilsberechtigten	35
c) Subjektive Vorstellung des Erblassers	36
d) Widerrechtliche Drohung	37
e) Beweislast	38
4. Erheblichkeit des Anfechtungsgrundes	39–41
5. Bestätigung/Anfechtungsverzicht	42
6. Anfechtungsberechtigte	43
7. Adressat der Anfechtungserklärung	44
8. Form und Frist der Anfechtungserklärung	45–47
a) Formulierungsvorschlag für die Anfechtung einer Erbeinsetzung	46
b) Formulierungsvorschlag für die Anfechtung eines Vermächtnisses	47
10. Rechtsfolge der Anfechtung	48–50
11. Recht der DDR	51
12. Anfechtung eines Erb-/Pflichtteilsverzichts	52
IV. Unwirksamkeit und Anfechtbarkeit bei Ehegattentestament und Erbvertrag	53–59
1. Bearbeitungscheckliste	54
2. Unwirksamkeit wechselbezüglicher und vertragsmäßiger Verfügungen	55–57
3. Anfechtbarkeit wechselbezüglicher und vertragsmäßiger Verfügungen	58/59

Schrifttum: *Baumgärtel,* Handbuch der Beweislast im Privatrecht, Band 2, 1985; *Grunewald,* Die Auswirkungen eines Irrtums über politische Entwicklungen in der DDR auf Testamente und Erbschaftsausschlagungen, NJW 1991, 1208; *Koos,* Die Genehmigungsbedürftigkeit der Erbeinsetzung von Angehörigen des öffentlichen Dienstes aus zivilrechtlicher Sicht, ZEV 1997, 435; *Nieder,* Handbuch der Testamentsgestaltung, 2. Aufl. 2000; *Stach,* Nichtigkeit letztwilliger Verfügungen zugunsten Bediensteter staatlicher Altenpflegeeinrichtungen, NJW 1988, 943; *Schmidt,* Die Anfechtung des Stiftungsgeschäfts von Todes wegen bei Errichtung einer Unternehmensträgerstiftung – Mittel zur Sicherung des Unternehmens?, ZEV 2000, 308; *Sudhoff,* Unternehmensnachfolge, 5. Aufl. 2005; *Stach,* Nichtigkeit letztwilliger Verfügungen zugunsten Bediensteter staatlicher Altenpflegeeinrichtungen?, NJW 1988, 943; *Weirich,* Erben und Vererben, 5. Aufl. 2004.

I. Allgemeines

Der Erblasser kann sowohl einseitig durch Testament als auch zweiseitig durch gemein- 1
schaftliches Testament mit dem Ehegatten oder durch Erbvertrag mit einem Dritten in der
Form der Verfügung von Todes wegen rechtsgeschäftliche Anordnungen treffen. Gemeinsam

ist diesen Anordnungen, dass sie aus formellen und materiellen Gründen unwirksam oder anfechtbar sein können.

II. Unwirksamkeit der Verfügung von Todes wegen

2   Die Unwirksamkeitsfolge trifft insbesondere **eigenhändige Testamente**, soweit darin zwingende gesetzliche Formvorschriften oder die Höchstpersönlichkeit der Anordnung nicht beachtet werden. Neben der Nichtbeachtung von Formvorschriften haften eigenhändigen Testamenten häufig schwere inhaltliche Mängel an, welche ebenfalls regelmäßig zur Unwirksamkeit durch Nichtigkeit der Anordnung führen.

1. Bearbeitungscheckliste

3   **Checkliste:**

- ☐ Enthält das Testament mehrere Verfügungen, und wenn ja, welche?
- ☐ Handelte der Erblasser mit Testierwillen und war er bei Errichtung der Verfügung von Todes wegen testierfähig?
- ☐ Sind im Zeitpunkt des Erbfalls inhaltliche Mängel der Verfügung von Todes wegen festzustellen? Verstößt die Verfügung von Todes wegen gegen ein gesetzliches Verbot, indem sie den durch dieses verbotenen Erfolg herbeiführt? Verstößt der Grund oder der Zweck der Verfügung von Todes wegen gegen die guten Sitten? Beeinträchtigt die Verfügung ihrem Inhalt nach eine vertragsmäßige Verfügung aus einem Erbvertrag oder eine wechselbezügliche Verfügung nach dem Tod des einen Ehegatten?
- ☐ Hat der Erblasser die Formvorschriften, welche für die Errichtung der konkreten Verfügung von Todes wegen gelten, beachtet?
- ☐ Soweit der Erblasser einen Verlobten oder Ehegatten bedacht hat: Bestand das Verlöbnis oder die Ehe noch im Zeitpunkt des Erbfalls?

2. Testierwille und Testierfähigkeit des Erblassers

4   Der **Testierwille** beinhaltet, dass der Erblasser eine Regelung treffen will, die mit seinem Tode wirksam werden soll.[1] Hieran mangelt es, wenn etwa der Rechtsbindungswille fehlt, weil der Erblasser in einem Briefwechsel die Verfügung von Todes wegen lediglich ankündigt. Das Vorhandensein eines Testierwillens des Erblassers ist gegebenenfalls durch **Auslegung gemäß § 133 BGB** zu ermitteln. Die erbrechtliche Auslegungsregel des § 2084 BGB ist demgegenüber nicht anwendbar, da diese die Existenz einer rechtsgeschäftlichen Willenserklärung bereits voraussetzt. Die Frage, ob die Erklärung des Erblassers überhaupt eine Willenserklärung ist, beurteilt sich folglich allein nach § 133 BGB.[2] Dabei trägt derjenige die Feststellungslast, der Rechte aus dem Schriftstück herleitet.

5   Dem Schutz der Testierfreiheit und dem Erfordernis einer vollständigen Willensbildung des Erblassers dient das **Verbot der Drittbestimmung** über die Geltung einer letztwilligen Verfügung, welches in § 2065 BGB seinen Ausdruck gefunden hat. Der Erblasser kann danach eine letztwillige Verfügung nicht in der Weise treffen, dass ein anderer zu bestimmen hat, ob sie gelten soll oder nicht. Hat der Erblasser seine Verfügung gleichwohl von der Zustimmung eines Dritten abhängig gemacht, ist diese nichtig.

6   Die Regeln des Allgemeinen Teils über den **geheimen Vorbehalt** in § 116 BGB sowie über die **Scheinerklärung** in § 117 BGB finden keine Anwendung auf die testamentarische Anordnung des Erblassers, da diese letztwillige Verfügung keine empfangsbedürftige Willenserklärung zum Gegenstand hat.[3] Dies gilt entsprechend für nichtvertragliche Verfügungen beim

---

[1] BGH Urt. v. 14.4.1976 – WM 1976, 744, 745; BayObLG Beschl. v. 4.2.2000 – ZEV 2000, 365.
[2] BGH Urt. v. 8.6.1965 – LM Nr. 13 zu § 2084 BGB.
[3] RG Urt. v. 11.5.1922 – RGZ 104, 320, 322; OLG Düsseldorf Beschl. v. 18.4.1968 – WM 1968, 811, 812 f.; str.; a.A. *Lange/Kuchinke* ErbR § 35 I 1 b.

§ 7 Unwirksamkeit und Anfechtbarkeit letztwilliger Verfügungen   7–10 § 7

Erbvertrag sowie nicht empfangsbedürftige Parallelerklärungen beim gemeinschaftlichen Testament.[4] Daher sind die §§ 116–118 BGB allein auf die empfangsbedürftige vertragliche Verfügung beim Erbvertrag uneingeschränkt anwendbar.[5]

Neben dem Testierwillen des Erblassers ist ferner dessen **Testierfähigkeit** im Zeitpunkt der Errichtung der letztwilligen Verfügung Wirksamkeitsvoraussetzung. Der Erblasser muss in der Lage gewesen sein, sich über die Tragweite seiner Anordnungen und ihre Auswirkungen auf die persönlichen und wirtschaftlichen Verhältnisse der Betroffenen sowie über die Gründe, die für oder gegen ihre sittliche Berechtigung sprechen, ein Urteil zu bilden und nach diesem Urteil frei von Einflüssen etwa interessierter Dritter zu handeln.[6] Eine lediglich allgemeine Vorstellung des Erblassers von der Testamentserrichtung und dem Inhalt seiner letztwilligen Verfügung genügt daher nicht.[7] Testierunfähig ist gemäß § 2229 Abs. 1 BGB ein Minderjähriger bis zur Vollendung des 16. Lebensjahres sowie der in § 2229 Abs. 4 BGB beschriebene Personenkreis. Ein schreib- und sprachunfähiger Stummer kann ein notarielles Testament nicht durch reine Gebärden- oder Bewegungszeichen errichten.[8] Weitere Erläuterungen zu Fragen der Testierfähigkeit finden sich in § 5 Rdnr. 14 ff. 7

3. Inhaltliche Mängel

Die Unwirksamkeit einer Verfügung von Todes wegen können insbesondere inhaltliche Mängel begründen. Maßgeblich für das Unwirksamkeitsurteil ist regelmäßig der **Zeitpunkt der Errichtung der Verfügung**, nicht hingegen derjenige des Erbfalls.[9] 8

a) **Gesetzliches Verbot.** Unwirksam ist eine Verfügung von Todes wegen, die gegen ein gesetzliches Verbot verstößt, § 134 BGB. Von praktischer Bedeutung ist das gesetzliche Verbot des **§ 14 HeimG**, welches eine verfassungsgemäße Einschränkung der Testierfreiheit enthält.[10] Diese Vorschrift verbietet dem Träger und den Bediensteten des Heims, sich von den Heimbewohnern Geld oder geldwerte Leistungen über das vereinbarte Entgelt hinaus versprechen oder gewähren zu lassen. Letztwillige Zuwendungen unterfallen diesem Verbot, wenn sie sich auf ein **Einvernehmen zwischen Erblasser und dem Bedachten** gründen. Dieses Einvernehmen liegt beim Erbvertrag regelmäßig vor und ist bei testamentarischen Zuwendungen jeweils für den Einzelfall festzustellen. Für ein solches Einvernehmen streitet bei einer testamentarischen Zuwendung eine Vermutung, wenn dem Bedachten seine Einsetzung bereits zu Lebzeiten des testierenden Heimbewohners bekannt geworden war.[11] 9

Als weitere Verbotsgesetze, die sich auf den Inhalt der Verfügung beziehen, kommen **strafrechtliche Normen** sowie **Regelungen des Arbeits- und Dienstrechts**, welche die Annahme von Belohnungen und Geschenken durch den Bediensteten unter **Zustimmungsvorbehalt** stellen, in Betracht.[12] So dürfen Beamte und BAT-Angestellte ohne Zustimmung des Dienstherren keine Zuwendungen annehmen, welche ihre Grundlage im dienstlichen Bereich haben, § 43 BRRG, § 70 BBG, § 10 BAT. Dieses Zustimmungserfordernis gilt auch für Zivildienstleistende.[13] Ob die Nichtbeachtung eines solchen Zustimmungserfordernisses allerdings die schwebende Unwirksamkeit der Erbeinsetzung,[14] ein Verbot der Annahme der Erbschaft,[15] eine gesetzliche 10

---

[4] *Lange/Kuchinke* ErbR § 35 I 2 b.
[5] *Lange/Kuchinke* ErbR § 35 I 2 a.
[6] KG Beschl. v. 7.9.1999 – NJW 2001, 903.
[7] KG Beschl. v. 7.9.1999 – NJW 2001, 903.
[8] OLG Hamm Beschl. v. 15.5.2000 – NJW 2000, 3362, 3363, vgl. hierzu auch BVerfG Beschl. v. 19.1.1999 – NJW 1999, 1853.
[9] BGH Urt. v. 15.2.1956 – BGHZ 20, 71, 73 f.; BGH Urt. v. 17.3.1969 – FamRZ 1969, 323; Palandt/*Heinrichs* § 138 Rdnr. 10, str.; a.A. *Lange/Kuchinke* ErbR § 17 III 3 sowie § 35 IV 6.
[10] BVerfG Beschl. v. 3.7.1998 – NJW 1998, 2964 f.
[11] BayObLG Beschl. v. 9.2.2000 – NJW 2000, 1875, 1876; BayObLG Beschl. v. 22.6.2004 – DNotZ 2005, 56, 57.
[12] Näher *Stach* NJW 1988, 943; abl. BayObLG Beschl. v. 28.6.1991 – NJW 1992, 55, 57.
[13] BVerwG Urt. v. 14.12.1995 – NJW 1996, 2319 f.
[14] *Koos* ZEV 1997, 437, 439; wohl auch Palandt/*Edenhofer* § 1937 Rdnr. 19 a.E.
[15] *Stach* NJW 1988, 943, 946 f.

Verpflichtung zur Ausschlagung der Erbschaft,[16] eine relative Erbunfähigkeit[17] zur Folge hat oder erbrechtlich keine Wirkung entfaltet,[18] ist streitig.

11 Im Anwendungsbereich des § 134 BGB ist stets zu beachten, dass die Unwirksamkeitsfolge nicht nur dann greift, wenn der Tatbestand des Verbotsgesetzes verwirklicht ist. Sie tritt auch dann ein, wenn die gewählte rechtliche Gestaltung dem Verbotsgesetz selbst nicht unterfällt und dennoch der von ihm **verbotene Erfolg herbeigeführt** wird.[19] In Fällen mittelbarer Zuwendung kommt daher eine analoge Anwendung des § 14 HeimG in Betracht, soweit sich die betreffende Zuwendung – wenn auch durch den Umweg über einen Dritten – als Zuwendung des Erblassers an einen vom Verbot erfassten Adressaten darstellt.[20]

12 b) **Sittenwidrigkeit.** Die Unwirksamkeit einer Verfügung von Todes wegen kann ferner auf Grund von Sittenwidrigkeit festzustellen sein. Eine solche Nichtigkeit der Verfügung von Todes wegen kommt allerdings nur in **schwerwiegenden Ausnahmefällen** in Betracht, da das Erbrecht von dem Grundsatz der Testierfreiheit bestimmt ist.[21] Die Sittenwidrigkeit kann sich sowohl aus dem Grund als auch aus dem Zweck der Verfügung ergeben. Die persönlichen Wertvorstellungen des Erblassers sind dabei ohne Bedeutung. Zur Begründung der Sittenwidrigkeit werden regelmäßig die Leerformeln vom „Widerspruch gegen das Anstandsgefühl aller billig und gerecht Denkenden"[22] oder von einer „in der letztwilligen Verfügung zum Ausdruck kommenden und eine Verwirklichung erstrebenden unredlichen Gesinnung des Erblassers"[23] herangezogen, was ebenfalls nahe legt, das Sittenwidrigkeitsurteil auf besonders hervorstechende Ausnahmefälle zu beschränken.

13 Die **Enterbung naher Angehöriger** als solche ist im Hinblick auf die Testierfreiheit einerseits und die Einschränkung der Testierfreiheit durch das Pflichtteilsrecht andererseits nicht sittenwidrig.[24] Es steht dem Erblasser daher frei, unter Übergehung von Frau und Kindern einen Freund, ein nichteheliches Kind, den Partner einer nichtehelichen Lebensgemeinschaft[25] oder auch den gleichgeschlechtlichen Lebenspartner[26] zum Alleinerben einzusetzen. Auch führen die Motive, die den Erblasser zur Enterbung von nahen Angehörigen veranlasst haben, in der Regel nicht zur Sittenwidrigkeit. Dem Erblasser ist durch die von Art. 14 Abs. 1 S. 1 GG geschützte Erbrechtsgarantie die Möglichkeit eingeräumt, die Erbfolge durch Verfügung von Todes wegen weitgehend nach seinen persönlichen Wünschen und Vorstellungen zu regeln.[27] Eine Grenze besteht erst dort, wo die nahen Angehörigen aus rassischen oder religiösen Gründen diskriminiert werden.[28] Sittenwidrigkeit ist auch anzunehmen, wenn der Erblasser den Bedachten durch die Errichtung der letztwilligen Verfügung zu einem künftigen **Verhalten bestimmen** oder von ihm abhalten will, welches **höchstpersönliche Lebensentscheidungen** des Bedachten betrifft. Daher ist eine letztwillige Verfügung mit der Erbeinsetzung des Kindes unter der auflösenden Bedingung, dass dieses konvertiert, ehelos bleibt oder die Priesterweihe erhält,[29] entsprechend § 138 BGB unwirksam. Die Rechtsprechung urteilt allerdings zurückhaltend. So werden erbrechtliche Regelungen, die dem Bedachten auf der Grundlage eines fürstlichen Hausgesetzes Nachteile bei der Eingehung einer nicht hausverfassungsmäßigen[30] oder

---

[16] De lege ferenda MünchKommBGB/*Leipold* § 1943 Rdnr. 12.
[17] Soergel/*Stein* § 1923 Rdnr. 12, allerdings beschränkt auf den Fall des § 14 HeimG.
[18] Staudinger/*Otte* § 1943 Rdnr. 12 a, sowie § 1945 Rdnr. 29; Soergel/*Stein* § 1943 Rdnr. 7, für die Fälle außerhalb des § 14 HeimG.
[19] BGH Urt. v. 6.12.1990 – NJW 1991, 1060, 1061.
[20] BayObLG Beschl. v. 9.2.2000 – NJW 2000, 1875, 1876; BayObLG Beschl. v. 22.2.2000 – NJW 2000, 1959, 1961; BayObLG Beschl. v. 4.6.2003 – ZEV 2003, 462, 463.
[21] BGH Beschl. v. 2.12.1998 – NJW 1999, 566, 568 f.; OLG Hamm Beschl. v. 11.1.2005 – ZEV 2006, 167.
[22] BGH Urt. v. 9.7.1953 – BGHZ 10, 228, 232; BGH Urt. v. 29.9.1977 – NJW 1977, 2356, 2357.
[23] BGH Urt. v. 15.2.1956 – BGHZ 20, 71, 73 f.
[24] BVerfG Beschl. v. 30.8.2000 – ZEV 2000, 399; BGH Beschl. v. 2.12.1998 – NJW 1999, 566, 569; BGH Urt. v. 21.3.1990 – BGHZ 111, 36, 39 f.; BayObLG Beschl. v. 2.9.1986 – NJW 1987, 910, 911.
[25] BGH Urt. v. 24.3.1980 – BGHZ 77, 55, 59.
[26] OLG Frankfurt a. M. Beschl. v. 27.6.1994 – NJW-RR 1995, 265, 266.
[27] BVerfG Beschl. v. 21.2.2000 – NJW 2000, 2495; enger hingegen BVerfG Beschl. v. 22.3.2004 – NJW 2004, 2008, 2010 f.; *Nieder* Testamentsgestaltung § 3 I 2 c) bb) Rdnr. 260.
[28] *Nieder* Testamentsgestaltung § 3 I 2 c) bb) Rdnr. 257.
[29] Nachw. zu der Rspr. des RG bei Palandt/*Heinrichs* § 138 Rdnr. 49.
[30] BGH Beschl. v. 2.12.1998 – NJW 1999, 566, 569 f.

– einschränkend – einer nicht konsentierten Ehe[31] in Aussicht stellen, ebenso als wirksam angesehen wie erbrechtliche Regelungen, die Nachteile bei der Zugehörigkeit zu Sekten androhen.[32] Ebenbürtigkeitsklauseln in letztwilligen Verfügungen können allerdings sittenwidrig sein, wenn diese unzumutbar die Eheschließungsfreiheit beschränken.[33] **Erbrechtliche Zuwendungen an Geliebte** („Geliebtentestament") werden nur dann als sittenwidrig und damit unwirksam angesehen, wenn die Zuwendung ausschließlich den Zweck verfolgt, geschlechtliche Hingabe zu belohnen oder zu fördern.[34] Hierfür besteht keine tatsächliche Vermutung. Darlegungs- und beweispflichtig für die sittenwidrige Zweckbestimmung ist vielmehr derjenige, der sich auf die Unsittlichkeit der Zuwendung beruft.[35] Weiterhin ist eine Verfügung von Todes wegen, welche dem Nachlass dem Zugriff des Sozialhilfeträgers, der für ein behindertes Kind des Erblassers aufzukommen hat, entziehen soll, nicht sittenwidrig.[36] Zu den Einzelheiten derartiger ‚**Behindertentestamente**' vgl. § 13. Bei der Testamentsgestaltung sollten die vorhandenen achtenswerten Motive ausdrücklich herausgestellt werden, um späteren Auseinandersetzungen vorzubeugen. Ist Sittenwidrigkeit zu besorgen, sollte ein Ersatzgeschäft unter Lebenden durch „vorweggenommene Erbfolgeregelung" nicht erwogen werden, da ein solches Ersatzgeschäft in gleichem Maße von dem Sittenwidrigkeitsurteil erfasst wäre.[37]

c) **Unmöglichkeit.** Nach allgemeinen Regeln führen Anordnungen über **objektiv unmögliche** **14** Leistungen zur Unwirksamkeit einer letztwilligen Verfügung. Diese Rechtsfolge spricht § 2171 S. 1 BGB für das Vermächtnis ausdrücklich aus. Der Erblasser ist jedoch nicht gehindert, fremde Gegenstände in Form eines Verschaffungsvermächtnis zuzuwenden, §§ 2169 Abs. 1, 2170 BGB. Ferner kann ein **Dissens** sowohl beim Erbvertrag als auch beim gemeinschaftlichen Testament zur Nichtigkeit der Verfügung führen.[38]

d) **Beeinträchtigung vertragsmäßiger und wechselbezüglicher Verfügungen.** Schließlich ist **15** die letztwillige Verfügung unwirksam, wenn ihr die **bestandskräftige vertragsmäßige Verfügung** aus einem Erbvertrag entgegensteht, § 2289 Abs. 1 S. 2 BGB. Wird der vertragsmäßig Bedachte durch die letztwillige Verfügung zurückgesetzt, beschränkt oder beschwert, führt diese Beeinträchtigung seines erbvertraglichen Rechtes zur Unwirksamkeit der Verfügung.[39] Hierzu gehören etwa die nachträgliche Anordnung der Beschränkung durch Nacherbschaft, die Aussetzung von Vermächtnissen, die Anordnung der Testamentsvollstreckung oder die Erweiterung der Befugnisse des Testamentsvollstreckers. Allein die Auswechselung der Person des Testamentsvollstreckers ist regelmäßig nicht als unzulässige Beeinträchtigung des Bedachten zu bewerten.[40] Ob die nachträgliche Teilungsanordnung eine Beschränkung darstellt und damit unwirksam ist, ist umstritten, da der Bedachte wegen § 2286 BGB seine Erberwartungen nicht auf bestimmte Gegenstände richten kann.[41] Ebenfalls streitig ist, ob die Unwirksamkeit einer beeinträchtigenden Verfügung entfällt, wenn der vertraglich Bedachte seine (formbedürftige) Zustimmung erteilt.[42] Wird der Erbvertrag aufgehoben oder ist er nichtig, leben die zunächst unwirksamen früheren Verfügungen wieder auf. Denn die Frage der Benachteiligung ist mit Blick auf den Zeitpunkt des Erbfalls oder den Zeitpunkt des Erwerbs durch den vertraglich Bedachten zu beantworten. Durch Auslegung ist zu ermitteln, ob dies bei einem späteren Wegfall des Bedachten durch Tod oder bei dessen Verzicht vor dem Erbfall entsprechend gilt.[43]

---

[31] BayObLG Beschl. v. 3.9.1996 – BayObLGZ 96, 225; BVerfG Beschl. v. 21.2.2000 – NJW 2000, 2495.
[32] OLG Düsseldorf Beschl. v. 2.3.1988 – NJW 1988, 2615, 2616 f.
[33] BVerfG Beschl. v. 22.3.2004 – NJW 2004, 2008, 2010 f.
[34] BGH Beschl. v. 31.3.1970 – BGHZ 53, 369, 375 ff.; BGH Urt. v. 28.9.1990 – BGHZ 112, 259, 262.
[35] BGH Urt. v. 27.5.1971 – FamRZ 1971, 638, 639; BGH Urt. v. 10.11.1982 – NJW 1983, 674, 675; BGH Urt. v. 12.1.1984 – NJW 1984, 2150, 2151.
[36] BGH Urt. v. 20.10.1993 – BGHZ 123, 368, 371 ff.
[37] *Nieder* Testamentsgestaltung § 3 I 2 c) bb) Rdnr. 262.
[38] *Lange/Kuchinke* ErbR § 35 I 3.
[39] *Lange/Kuchinke* ErbR § 25 VI 2.
[40] OLG Düsseldorf Beschl. v. 17.6.1994 – FamRZ 1994, 123.
[41] Vgl. *Lange/Kuchinke* ErbR § 25 VI 2 a m.w.N.
[42] Vgl. Erman/*Schmidt* § 2289 Rdnr. 6.
[43] OLG Zweibrücken Beschl. v. 4.3.1999 – FGPrax 1999, 113, 114; Erman/*Schmidt* § 2289 Rdnr. 4.

16 Beim **gemeinschaftlichen Testament** tritt die Bindung an die wechselbezüglichen Verfügungen mit dem Tod eines Ehegatten ein, § 2271 Abs. 2 BGB. Soweit spätere letztwillige Verfügungen der Bindung widersprechen, sind diese – wie beim Erbvertrag – unwirksam.[44]

17 Sowohl beim **Erbvertrag** als auch beim bindend gewordenen **gemeinschaftlichen Testament** wird der Bedachte nicht nur gegen spätere widersprechende Verfügungen von Todes wegen geschützt. Die Rechtsprechung gewährt dem Bedachten durch eine **erweiternde Auslegung der §§ 2287 f. BGB** auch **Schutz gegen schenkweise Zuwendungen unter Lebenden**, soweit seine Beeinträchtigung nicht durch ein „**lebzeitiges Eigeninteresse**" des Erblassers gerechtfertigt ist.[45] Ist ein solches lebzeitiges Eigeninteresse des Erblassers nicht feststellbar, kann der Bedachte die Zuwendung beim Beschenkten kondizieren. Soweit der Bedachte im Rechtsstreit ein mangelndes lebzeitiges Eigeninteresse behauptet, muss der Beschenkte zunächst schlüssig die Umstände darlegen, welche für ein solches Interesse des Erblassers sprechen. Nur soweit dem Beschenkten dies gelingt, hat der Bedachte die angeführten Umstände zu widerlegen.[46] Zu den Einzelheiten vgl. § 10 Rdnr. 35 sowie § 60.

4. Sonstige Unwirksamkeitsgründe

18 Einzelverfügungen, durch die ein Verlobter oder Ehegatte den anderen Teil bedacht hat, sind nach § 2077 BGB im Zweifel[47] unwirksam, wenn beim Tod des Erblassers das Verlöbnis oder die Ehe nicht mehr besteht. Das Gesetz enthält eine dispositive Auslegungsregel,[48] nach der der Erblasser seinen Ehegatten regelmäßig nur auf Grund der durch die Eheschließung bewirkten familiären Bindung bedacht hat. Das gemeinschaftliche Testament und der Erbvertrag sind unter diesen Voraussetzungen ihrem ganzen Inhalt nach unwirksam, §§ 2268, 2279, 2298 BGB.

19 Die Nichtbeachtung der Formvorschriften führt zur Unwirksamkeit der letztwilligen Verfügung. Zu den Formvorschriften letztwilliger Verfügungen vgl. § 5 Rdnr. 28 ff.

5. Rechtsfolge der Unwirksamkeit

20 Stets ist zu beachten, dass die Unwirksamkeit einer von mehreren in einem Testament enthaltenen Verfügungen die Wirksamkeit der übrigen grundsätzlich nicht berührt. Insofern gilt in **Abweichung von § 139 BGB** die Sondervorschrift des § 2085 BGB, die ähnlich wie § 2084 BGB den Zweck verfolgt, dem erklärten Willen des Erblassers nach Möglichkeit zum Erfolg zu verhelfen. Danach sind die übrigen Verfügungen nur dann ihrerseits unwirksam, wenn anzunehmen ist, dass der Erblasser diese ohne die unwirksame Verfügung nicht getroffen hätte. Darin findet sich eine Umkehr der Beweislast, welche bewirkt, dass derjenige, der die Unwirksamkeit auch der übrigen Verfügungen behauptet, die vorbezeichnete Abhängigkeit zu beweisen hat.[49] Soweit nicht wechselbezügliche Verfügungen – dann § 2270 Abs. 1 BGB – oder vertragsgemäß bindende Verfügungen beider Vertragsteile beim Erbvertrag – dann § 2298 Abs. 1 BGB – betroffen sind, gilt die Auslegungsregel des § 2085 BGB auch für Verfügungen im gemeinschaftlichen Testament und im Erbvertrag.[50] Das rechtliche Schicksal der einzelnen Verfügungen kann daher völlig unterschiedlich sein.[51]

21 Ob auf **Teile einer Einzelverfügung** ebenfalls die Vorschrift des § 2085 BGB oder aber § 139 BGB Anwendung findet, ist umstritten.[52] Unabhängig davon setzt die Aufrechterhaltung eines Teils der Einzelverfügung jedenfalls voraus, dass diese gegenständlich teilbar ist.

22 Empfehlenswert ist, durch die Aufnahme einer **Teilunwirksamkeitsklausel** in das Testament die Ersetzung des unwirksamen Teils durch eine Regelung vorzuschreiben, die dessen Zweck

---

[44] BGH Urt. v. 30.11.1977 – NJW 1978, 423; OLG Köln Beschl. v. 22.8.1990 – NJW-RR 1991, 525.
[45] BGH Urt. v. 23.9.1981 – BGHZ 82, 274, 282; BGH Urt. v. 27.11.1991 – NJW 1992, 564, 566; OLG München Urt. v. 30.4.1987 – NJW-RR 1987, 1484.
[46] Palandt/*Edenhofer* § 2287 Rdnr. 9.
[47] Vgl. die Auslegungsregel des § 2077 Abs. 3 BGB.
[48] BGH Beschl. v. 2.4.2003 – NJW 2003, 2095 f.
[49] RG Urt. v. 14.2.1927 – RGZ 116, 148, 150; BayObLG Beschl. v. 8.5.2003 – FamRZ 2004, 312, 313.
[50] Palandt/*Edenhofer* § 2085 Rdnr. 1; OLG Stuttgart Urt. v. 29.8.2002 – ZEV 2003, 79 ff.
[51] *Lange/Kuchinke* ErbR § 17 I 2.
[52] Nachw. bei *Lange/Kuchinke* ErbR § 34 V 2 b).

im wirtschaftlichen Ergebnis auf eine zulässige Weise soweit als möglich erreicht und auch das Bestehenbleiben des übrigen Teils ermöglicht.[53]

> **Formulierungsvorschlag:**
>
> Im Falle der Unwirksamkeit einer Einzelanordnung und/oder eines Teils einer Einzelanordnung sollen die weiteren Anordnungen und der übrige Teil der Anordnung wirksam bleiben. Die ganz oder teilweise unwirksame Anordnung soll durch eine Regelung ersetzt werden, welche deren erstrebten Zweck am ehesten entspricht.

6. Recht der DDR

Die Wirksamkeit einer Verfügung von Todes wegen, welche **vor dem 3.10.1990** im Beitritts- 23 gebiet errichtet worden ist, beurteilt sich nach dem „bisherigen Recht", Art. 235 § 2 EGBGB. Gleiches gilt für Erbfälle vor dem Beitritt, Art. 235 § 1 Abs. 1 EGBGB. Das danach anwendbare bisherige Recht ist wiederum nach dem **interlokalen Erbrecht** zu ermitteln, mithin in entsprechender Anwendung der Art. 25 f. EGBGB.[54] Auf diese Weise kann das Erbrecht der DDR auch künftig noch Anwendung finden. Im Testamentsrecht der DDR galt **bis zum 31.12.1975** das BGB und nachfolgend bis zum 2.10.1990 das Zivilgesetzbuch der DDR (ZGB). Für Verfügungen von Todes wegen aus dem Zeitraum vor dem 1.1.1976 sind die Übergangsvorschriften des EGZGB zu beachten.[55] Nach dem ZGB setzte die Testierfähigkeit die Volljährigkeit des Erblassers voraus, §§ 370 Abs. 1, 49, 52 ZGB. Das Testament musste gemäß § 383 Abs. 1 ZGB entweder als notarielles Testament, welches nachfolgend in die Verwahrung des Staatlichen Notariats zu geben war, § 384 S. 3 ZGB, oder als eigenhändiges Testament errichtet werden. Für das eigenhändige Testament verlangte das ZGB die handschriftliche Errichtung und die eigenhändige Unterschrift, § 385 S. 1 ZGB. Ehegatten konnten auch gemeinschaftlich und in einer erleichterten Form testieren, § 391 ZGB. Eine Regelung über den Erbvertrag enthielt das ZGB nicht, so dass ein Erbvertrag nicht wirksam errichtet werden konnte.

III. Anfechtbarkeit der letztwilligen Verfügung

Auch wenn die letztwillige Verfügung nicht unwirksam ist, so kann ihr doch noch die 24 Maßgeblichkeit für die Erbfolge mittels Anfechtung entzogen werden. Das Gesetz lässt in den §§ 2078 ff. BGB recht großzügig die Anfechtung letztwilliger Verfügungen zu. Ausgangspunkt sind die Regelungen des Allgemeinen Teils des BGB zur Anfechtung, §§ 119 ff. BGB, welche durch die §§ 2078 ff. BGB erweitert werden. Damit soll dem **wahren Willen des Erblassers** ungeachtet eines Interesses des Bedachten an der Aufrechterhaltung der Erklärung zum Erfolg verholfen werden. Ein Vertrauen des Bedachten auf das in der Verfügung von Todes wegen Erklärte sieht das Gesetz als nicht schutzwürdig an, soweit der durch die letztwillige Verfügung Bedachte nicht Erklärungsempfänger war und unentgeltlich erwirbt. Dementsprechend kann der Erblasser zu Lebzeiten seine Verfügung jederzeit widerrufen. Angesichts dieses **Rechts zum Widerruf** entsteht ein Anfechtungsrecht erst mit dem Erbfall in der Person des Erbbeteiligten.

Ausnahmen ergeben sich für die Fälle des **Erbvertrages** und **des gemeinschaftlichen Testa-** 25 **ments,** soweit der Erblasser darin an seine Verfügung gebunden ist. Hier sieht das Gesetz die **vorrangige Anfechtung durch den Erblasser** selbst vor, §§ 2281 ff. BGB. Die Anfechtung des Erbvertrages und des gemeinschaftlichen Testaments wird daher nachfolgend unter Ziff. III. gesondert behandelt.

Bei der **einseitigen letztwilligen Verfügung** sind anfechtbar die Erbeinsetzung, die Einsetzung 26 zum Vor-, Nach- oder Ersatzerben, die Zuwendung eines Vermächtnisses, die Begünstigung eines Dritten durch eine Auflage, die Bestimmung einer Testamentsvollstreckung, die Ernennung zum Testamentsvollstrecker, die Teilungsanordnung, familienrechtliche Anordnungen, mithin sämtliche Zuwendungen und Anordnungen, welche in einer Verfügung von Todes wegen ent-

---

[53] Palandt/*Edenhofer* § 2085 Rdnr. 6.
[54] Palandt/*Heldrich* Art. 25 EGBGB Rdnr. 24.
[55] BGH Urt. v. 16.3.2005 – LKV 2005, 468.

halten sein können. Anfechtbar ist auch das Stiftungsgeschäft von Todes wegen.[56] Die Anfechtung nach den §§ 2078 ff. BGB erfasst dabei jedoch nicht das Testament als Ganzes, sondern die einzelne Verfügung des Erblassers[57] und diese nur soweit, als sie von dem Willensmangel berührt und bestimmt wird. Mithin sollte der Anfechtende stets beachten, dass gemäß § 2085 BGB die nicht angegriffenen Verfügungen wirksam bleiben.

1. Bearbeitungscheckliste

27

Checkliste:

☐ Enthält das Testament mehrere Verfügungen, und wenn ja, welche?
☐ Stimmen die Erklärung und der Wille des Erblassers überein? Wenn nein: Kann eine Übereinstimmung zwischen der Erklärung und dem Willen des Erblassers durch – ergänzende – Auslegung herbeigeführt werden, welche die Anfechtbarkeit ausschließt?
☐ Können unterschiedliche Auffassungen der Beteiligten über die Auslegung der letztwilligen Verfügung durch einen ggf. beurkundungspflichtigen „Auslegungsvertrag" zusammengeführt werden?
☐ Kommt dem Anfechtenden der Wegfall der Verfügung von Todes wegen zustatten und ist er damit zur Anfechtung berechtigt?
☐ Kann für die jeweilige Verfügung ein Anfechtungsgrund in der Form eines Erklärungs-, Inhalts-, Motivirrtums, einer widerrechtlichen Drohung oder der Übergehung eines Pflichtteilsberechtigten festgestellt werden?
☐ War der Irrtum oder die Drohung bestimmend für die Erklärung des Erblassers?
☐ Wer trägt die Darlegungs- und Beweislast für den Anfechtungsgrund und die Ursächlichkeit?
☐ Hat der Erblasser zu Lebzeiten seinen Irrtum erkannt oder wurde die Zwangslage noch zu Lebzeiten des Erblassers aufgehoben?
☐ Wem gegenüber ist die Anfechtungserklärung abzugeben?
☐ Ist die Anfechtungsfrist von einem Jahr seit Kenntnis des Anfechtungsgrundes gewahrt bzw. kann diese noch eingehalten werden?

2. Vorrang der Auslegung

28   In Anbetracht der Nichtigkeitsfolge der Anfechtung und angesichts des Vorrangs des Erblasserwillens, den das Erbrecht in § 2084 BGB bestimmt, hat die **Auslegung Vorrang vor der Anfechtung** der letztwilligen Verfügung.[58] Eine Anfechtung kommt folglich nicht in Betracht, soweit eine Übereinstimmung zwischen der Erklärung und dem Willen des Erblassers durch Auslegung gefunden werden kann.[59] Selbst eine objektiv eindeutige Erklärung ist der Auslegung zugänglich.[60] Die Auslegung findet ihre Grenze erst in den formalen Anforderungen des Gesetzes an die Gestaltung letztwilliger Verfügungen, so dass die Auslegung die Anfechtung in der Praxis weitgehend verdrängt hat.

29   Die Auslegung gewinnt ihre Bedeutung insbesondere bei eigenhändigen Testamenten, da notariell errichtete Testamente den Willen des Erblassers regelmäßig durch den beurkundenden Notar in die juristische Fachsprache umsetzen (sollten). Kann **der wirkliche Wille** des Erblassers nicht festgestellt werden, ist im Rahmen der Auslegung der Verfügung ein Sinn beizulegen, welcher dem **mutmaßlichen Willen** des Erblassers am ehesten entspricht.[61] Hat der Erblasser

---

[56] *Schmidt* ZEV 2000, 308, 309.
[57] BGH Urt. v. 8.5.1985 – NJW 1985, 2025, 2026.
[58] RG Urt. v. 11.3.1909 – RGZ 70, 391, 393; BGH Urt. v. 29.9.1977 – NJW 1978, 264, 266; Palandt/*Edenhofer* § 2078 Rdnr. 1.
[59] KG Beschl. v. 15.6.1971 – NJW 1971, 1992.
[60] BGH Beschl. v. 9.4.1981 – BGHZ 80, 246, 249 f.; BGH Urt. v. 8.12.1981 – BGHZ 86, 41, 46; BayObLG Beschl. v. 11.1.1984 – FamRZ 1984, 825.
[61] BGH Urt. v. 8.7.1981 – LM Nr. 2 zu § 2258 BGB; BGH Urt. v. 8.12.1981 – BGHZ 86, 41, 45.

die gegenwärtige Sachlage oder die künftige Entwicklung der Verhältnisse verkannt, ist im Wege der ergänzenden Auslegung der **hypothetische Erblasserwille** zu ermitteln.

Diese Art der Auslegung legt nahe, zunächst den Erblasserwillen zu erforschen und erst nachfolgend zu prüfen, ob der dergestalt ermittelte Erblasserwille auch förmlich erklärt worden ist. Gleichwohl sollte die **herkömmliche Prüfungsreihenfolge** beibehalten werden. Mithin ist zu prüfen, 30

- welcher Erblasserwille im **Wortlaut** der Erklärung objektiv zum Ausdruck kommt,
- was der Erblasser in Anknüpfung an den Wortlaut der Erklärung zum Ausdruck bringen wollte (**erläuternde Auslegung**),
- welche Regelung dem **hypothetischen Willen** des Erblassers entspricht und ob dieser Wille in der Verfügung zumindest im Ansatz zum Ausdruck kommt, falls dem Erblasser bei Errichtung der Verfügung wesentliche Umstände nicht bekannt waren oder sich Umstände seit der Errichtung der Verfügung wesentlich geändert haben und er bei Kenntnis der wahren Sachlage bzw. der Veränderung eine abweichende Regelung getroffen hätte (**ergänzende Auslegung**),
- welche Auslegung bei **verschiedenen Auslegungsmöglichkeiten,** von denen eine oder mehrere zur Unwirksamkeit der Verfügung führen, der Verfügung im Hinblick auf das vom Erblasser gewollte Ziel zum Erfolg verhilft (**wohlwollende Auslegung, § 2084 BGB**).

Im Rahmen der erläuternden Auslegung ist zu beachten, dass nicht der Empfängerhorizont des Bedachten maßgeblich ist. Vielmehr kommt es auf den tatsächlichen Willen des Erblassers im Zeitpunkt der Errichtung an. Aus diesem Grunde ist die Auslegung nicht zwingend an den klaren und eindeutigen Wortlaut gebunden,[62] vielmehr dürfen **alle zugänglichen Umstände** außerhalb des Testaments ausgewertet werden, die der Aufdeckung des Erblasserwillens dienlich sein könnten.[63] Bei der Ermittlung des hypothetischen Erblasserwillens im Wege der ergänzenden Auslegung ist ferner zu beachten, dass dieser hypothetische Wille in der Verfügung von Todes wegen irgendeinen Ausdruck gefunden haben muss (sog. **Andeutungstheorie**).[64] Gegenstand der Auslegung ist wiederum die einzelne Verfügung des Erblassers. Näher zur Auslegung vgl. § 6. 31

Häufig entschließen sich die von einer auslegungsfähigen Verfügung des Erblassers Betroffenen, sich durch einen sog. **Auslegungsvertrag** gegenseitig so zu stellen, als sei die darin vereinbarte Auslegung der letztwilligen Verfügung maßgeblich. Zwar obliegt es nicht den Betroffenen, die Verfügung des Erblassers auszulegen. Indes wird das Gericht einer derartigen Auslegungsvereinbarung regelmäßig folgen, wenn diese vertretbar ist.[65] Soweit durch den Auslegungsvertrag ein Erbrecht festgestellt wird, bedarf dieser der notariellen Beurkundung, §§ 2385, 2371 BGB.[66] Näher zum Auslegungsvertrag vgl. § 6 Rdnr. 50 ff. 32

3. Anfechtungsgründe

Die Gründe, welche die Anfechtung letztwilliger Verfügungen ermöglichen, sind in den §§ 2078 f. BGB normiert. Zur Anfechtung berechtigt zunächst der **Erklärungs-** und/oder **Inhaltsirrtum** des Erblassers. Insofern entspricht § 2078 Abs. 1 BGB dem § 119 Abs. 1 BGB. Diese Fälle sind bereits wegen des Vorrangs der Auslegung sowie regelmäßig mangels hinreichender Indizien für den Irrtum – der Erblasser ist tot – eher theoretischer Natur. 33

a) **Motivirrtum.** Eine Erweiterung der Anfechtungsgründe des Allgemeinen Teils findet sich in § 2078 Abs. 2 BGB, der die Anfechtung wegen eines Motivirrtums des Erblassers zulässt. Zur Anfechtung berechtigt danach, dass der Erblasser zu seiner Verfügung durch die irrige Annahme oder Erwartung des Eintritts oder Nichteintritts eines Umstands bestimmt worden ist. Ohne Bedeutung ist dabei, welche Ursache die Fehlvorstellung des Erblassers hatte und ob 34

---

[62] BGH Urt. v. 8.12.1984 – BGHZ 86, 41, 46; BayObLG Beschl. v. 10.3.1989 – NJW-RR 1989, 837 f.; *Weirich*, Erben und Vererben, Rdnr. 10 ff.; Sudhoff/*Scherer* Unternehmensnachfolge § 5 Rdnr. 1 ff.
[63] BGH Urt. v. 28.1.1987 – FamRZ 1987, 475, 476.
[64] BGH Urt. v. 27.2.1985 – NJW 1985, 1554, 1555; OLG Frankfurt a. M. Beschl. v. 19.1.1993 – OLGZ 1993, 382, 383.
[65] BGH Urt. v. 22.1.1986 – NJW 1986, 1812, 1813; Sudhoff/*Scherer* Unternehmensnachfolge § 5 Rdnr. 10; *Weirich*, Erben und Vererben, Rdnr. 338; *Nieder* Testamentsgestaltung § 14 I 5 Rdnr. 1123.
[66] BGH Urt. v. 22.1.1986 – NJW 1986, 1812, 1813; Palandt/*Edenhofer* § 2385 Rdnr. 2.

dieser die Fehlvorstellung hätte vermeiden können. Beachtlich ist jeder Irrtum im Beweggrund. Die Umstände, welche Gegenstand der Fehlvorstellung des Erblassers sind, können sowohl subjektiver als auch objektiver Natur sein und in Vergangenheit, Gegenwart oder Zukunft liegen. Eine **Änderung der Rechtslage** berechtigt ebenfalls zur Anfechtung. Zweifelhaft ist jedoch, ob selbst solche Umstände zur Anfechtung berechtigen, die sich erst **nach dem Erbfall** abweichend von der Vorstellung des Erblassers entwickeln.[67] Dagegen spricht, dass die Anfechtbarkeit der Verfügung im Zeitpunkt des Erbfalls aus Gründen der Rechtssicherheit feststehen muss. Ebenso wenig sollen einer älteren Rechtsprechung zufolge die Änderung von Umständen, welche der Erblasser selbst wider Treu und Glauben herbeigeführt hat, eine Anfechtung rechtfertigen.[68] Indes überzeugt diese Auffassung nicht, da der Erblasser durch Treu und Glauben nicht gehindert ist, seine Verfügungen zu widerrufen. Nichts anderes kann daher gelten, wenn der Anfechtungsgrund willkürlich durch den Erblasser herbeigeführt wird.[69]

35 **b) Übergehung eines Pflichtteilsberechtigten.** § 2079 BGB regelt sodann einen Unterfall des Motivirrtums, der das Übergehen eines im Zeitpunkt des Erbfalls vorhandenen Pflichtteilsberechtigten betrifft, von dessen Existenz der Erblasser bei Errichtung der Verfügung keine Kenntnis hatte oder der erst nach der Errichtung geboren oder pflichtteilsberechtigt geworden ist. Voraussetzung einer Anfechtung ist zunächst, dass die übergangene Person im Zeitpunkt des Erbfalls pflichtteilsberechtigt war. Diesen Pflichtteilsberechtigten muss der Erblasser bei Errichtung seiner letztwilligen Verfügung unbewusst übergangen haben. War dem Erblasser hingegen die Übergehung des Pflichtteilsberechtigten bewusst, ist eine Anfechtung ausgeschlossen. Eine Übergehung des Pflichtteilsberechtigten liegt daher nicht vor, sobald der Pflichtteilsberechtigte – sei es auch über § 2088 BGB[70] oder die Ersatzberufung nach § 2069 BGB – einen Anteil am Nachlass erhält. Selbst wenn der Erblasser einer Person, welche erst nach Errichtung der letztwilligen Verfügung pflichtteilsberechtigt wird, eine hinter dem gesetzlichen Erbteil zurückbleibende Zuwendung gemacht hat, ist die Verfügung nur anfechtbar, falls diese Zuwendung – absolut betrachtet – geringfügig ist.[71] Bei einer nicht geringfügigen Zuwendung bleibt allein die Anfechtung wegen Motivirrtums gemäß § 2078 Abs. 2 BGB mit einer abweichenden Behauptungs- und Beweislast gangbar. Soweit hingegen die Voraussetzungen des § 2079 S. 1 BGB festgestellt werden können, wird die Ursächlichkeit zwischen Unkenntnis und Verfügung des Erblassers gesetzlich vermutet. Diese Vermutung ist erst widerlegt, wenn festgestellt und bewiesen ist, dass der Erblasser die angefochtene Verfügung auch bei Kenntnis der Sachlage getroffen haben würde, § 2079 S. 2 BGB.

36 **c) Subjektive Vorstellung des Erblassers.** In subjekter Hinsicht setzt die Anfechtung nicht voraus, dass der Erblasser einer bewussten Fehlvorstellung erlegen war. Anders als bei der Auslegung ist auch nicht erforderlich, dass der Irrtum des Erblassers in der Verfügung selbst zum Ausdruck kommt.[72] In allen Fällen der Anfechtung verlangt die Rechtsprechung jedoch, dass die von einem Irrtum geprägte subjektive Vorstellung des Erblassers wenigstens als **unbewusste**[73] oder **selbstverständliche**[74] **Vorstellung** für den Zeitpunkt der Errichtung der Verfügung feststellbar ist. Bezugspunkt sind damit Umstände, welche dem Erblasser so selbstverständlich

---

[67] Bejahend RG Urt. v. 4.2.1915 – RGZ 86, 206, 210; BGH Urt. v. 1.12.1993 – BGHZ 124, 270, 279; OLG Köln Beschl. v. 3.11.2003 – NJOZ 2004, 3836, 3841; Staudinger/*Otte* § 2078 Rdnr. 16; Palandt/*Edenhofer* § 2078 Rdnr. 4; dagegen *Grunewald* NJW 1991, 1208, 1211 f.; Erman/*Schmidt* § 2078 Rdnr. 9; einschr. auch MünchKommBGB/*Leipold* § 2078 Rdnr. 35 f.

[68] BGH Urt. v. 29.11.1951 – BGHZ 4, 91, 96; BGH Urt. v. 4.7.1962 – FamRZ 1962, 426, 428; MünchKommBGB/*Leipold* § 2078 Rdnr. 37; Soergel/*Loritz* § 2078 Rdnr. 16.

[69] So zutreffend Staudinger/*Otte* § 2078 Rdnr. 15; *Lange/Kuchinke* ErbR § 36 III 2 b.

[70] Staudinger/*Otte* § 2079 Rdnr. 3; Soergel/*Loritz* § 2079 Rdnr. 3, str.; a.A. RGRK/*Johannsen* § 2079 Rdnr. 12.

[71] BayObLG Beschl. v. 21.12.1993 – FamRZ 1994, 1066, 1067; RG Urt. v. 3.3.1902 – RGZ 50, 238, 239; Palandt/*Edenhofer* § 2079 Rdnr. 3, str.; a.A. MünchKommBGB/*Leipold* § 2079 Rdnr. 7.

[72] BGH Urt. v. 14.1.1965 – NJW 1965, 584; OLG Köln Beschl. v. 28.5.1990 – FamRZ 1990, 1038, 1040; Palandt/*Edenhofer* § 2078 Rdnr. 11.

[73] BGH Urt. v. 31.10.1962 – NJW 1963, 246, 247; KG Urt. v. 1.12.1975 – FamRZ 1977, 271, 273.

[74] BGH Urt. v. 27.5.1987 – NJW-RR 1987, 1412 f.; KG Beschl. v. 7.9.1999 – NJW 2001, 903, 906; OLG Hamm Beschl. v. 17.4.1994 – FamRZ 1994, 849, 851; BayObLG Beschl. v. 14.2.1984 – FamRZ 1984, 1270, 1271; BayObLG Beschl. v. 12.11.2001 – NJW-RR 2002, 367, 369.

sind, dass er sie jederzeit abrufen und in sein Bewusstsein holen kann.[75] In der Literatur wird der Begriff der unbewussten oder selbstverständlichen ‚Vorstellung' als widersprüchlich und nicht hilfreich kritisiert.[76] Stattdessen wird vorgeschlagen, das Nichtkennen, mithin gerade das Fehlen einer bestimmten Vorstellung, oder eine hypothetische Vorstellung des Erblassers zum Anknüpfungspunkt zu nehmen und eine Ausuferung der Anfechtbarkeit über die Erheblichkeitsprüfung zu verhindern.[77] Das Fehlen einer zutreffenden Vorstellung soll nur dann erheblich sein, wenn die Verfügung auf der Unkenntnis beruht.[78] Die Ergebnisse der Rechtsprechung werden von der Literatur allerdings weitgehend gebilligt. Soweit es schließlich den **Irrtum über eine künftige Entwicklung** („Erwartung") betrifft, sind die Anfechtungsvoraussetzungen ungleich strenger. Insofern erfordert die Anfechtung neben einer **gefestigten Erwartung** des Erblassers von der künftigen Entwicklung auch die Feststellung, dass er abweichende und überraschende Veränderungen nicht bewusst in Kauf genommen hat.[79]

d) **Widerrechtliche Drohung.** Neben dem Motivirrtum lässt § 2078 Abs. 2 BGB die Anfechtung im Fall der widerrechtlichen Drohung zu, welche unter Umständen auch eine Anfechtung wegen Erbunwürdigkeit begründen kann,[80] § 2339 Abs. 1 Ziff. 3 BGB. Der Anfechtungsgrund der widerrechtlichen Drohung entspricht dem der Anfechtung nach § 123 Abs. 1 BGB. Die Drohung muss bezweckt haben, den Bedrohten gerade zu der Willenserklärung zu bestimmen, die Gegenstand der Anfechtung ist.[81] Die Widerrechtlichkeit wird regelmäßig gegeben sein, da niemand ein Recht darauf hat, vom Erblasser bedacht zu werden.[82] Sie ist anzunehmen, wenn Gegenstand der Drohung der Entzug einer bislang gewährten Leistung war und dies den Erblasser in eine akute Notsituation gebracht hätte. Dabei ist unerheblich, ob der Drohende zu dieser Leistung, etwa der Pflege des Erblassers, an sich nicht verpflichtet gewesen ist.[83]

e) **Beweislast.** Die Darlegung und der Beweis des Erblasserirrtums oder der widerrechtlichen Drohung obliegt dem Anfechtenden.[84] Soweit der Erblasser in der Urkunde das Motiv seiner Verfügung angegeben hat, begründet dies eine widerlegbare Vermutung dahingehend, dass dieses Motiv das bestimmende gewesen ist.[85] In der gestaltenden Praxis kann es daher empfehlenswert sein, das Motiv der Verfügung möglichst konkret zu beschreiben. Solchenfalls wird es dann keiner Anfechtung bedürfen, da dem Erblasserwillen bereits über die Auslegung der Verfügung zum Erfolg verholfen werden kann.

4. Erheblichkeit des Anfechtungsgrundes

Die Anfechtungsgründe des Irrtums und der Drohung führen zur Nichtigkeit der Verfügung, wenn der Irrtum oder die Drohung **bestimmend** oder jedenfalls nicht wegdenkbar bestimmend **für die Erklärung des Erblassers** waren. Anders als bei der Anfechtung unter Lebenden setzt die Anfechtbarkeit einer letztwilligen Verfügung nicht voraus, dass der Erblasser eine verständige Würdigung des Falles vorgenommen hat. Maßgeblich sind gemäß § 2078 Abs. 1 BGB vielmehr die **subjektiven Vorstellungen des Erblassers,** die auch durch Eigensinn und törichte Anschauungen bestimmt sein können. Es ist folglich zu prüfen, ob anzunehmen ist, dass der Erblasser die Erklärung bei Kenntnis der Sachlage nicht abgegeben hätte. Für eine derartige Kausalität zwischen Irrtum und Verfügung streitet im Fall des § 2079 BGB – Übergehen eines

---

[75] BGH Urt. v. 27.5.1987 – NJW-RR 1987, 1412 f.
[76] MünchKommBGB/*Leipold* § 2078 Rdnr. 25 ff.; Erman/*Schmidt* § 2078 Rdnr. 7; Soergel/*Loritz* § 2078 Rdnr. 18 f.; Staudinger/*Otte* § 2078 Rdnr. 19 ff.
[77] MünchKommBGB/*Leipold* § 2078 Rdnr. 28 f.; Soergel/*Loritz* § 2078 Rdnr. 19; Staudinger/*Otte* § 2078 Rdnr. 23.
[78] Erman/*Schmidt* § 2078 Rdnr. 8; *Lange/Kuchinke* ErbR § 36 III 2 c.
[79] BayObLG Beschl. v. 16.6.1993 – FamRZ 1993, 1494, 1496; BayObLG Beschl. v. 12.11.2001 – NJW-RR 2002, 367, 369; MünchKommBGB/*Leipold* § 2078 Rdnr. 32; Soergel/*Loritz* § 2078 Rdnr. 23.
[80] Zur Anfechtung wegen Erbunwürdigkeit vgl. § 35.
[81] KG Beschl. v. 7.9.1999 – NJW 2001, 903, 905.
[82] *Lange/Kuchinke* ErbR § 36 III 5.
[83] KG Beschl. v. 7.9.1999 – NJW 2001, 903, 905.
[84] BayObLG Beschl. v. 21.12.1993 – FamRZ 1994, 1066, 1068; BayObLG Beschl. v. 22.4.1971 – NJW 1971, 1565, 1566; Staudinger/*Otte* § 2078 Rdnr. 43; Soergel/*Loritz* § 2078 Rdnr. 32.
[85] BGH Urt. v. 14.1.1965 – NJW 1965, 584; BayObLG Beschl. v. 3.10.1989 – FamRZ 1990, 211, 213; BayObLG Beschl. v. 16.6.1993 – FamRZ 1993, 1494, 1496; BayObLG Beschl. v. 12.11.2001- NJW-RR 2002, 367, 369.

Pflichtteilsberechtigten – eine gesetzliche Vermutung. Ergibt sich der den Erblasser bewegende Grund aus der Verfügung selbst, begründet dies eine tatsächliche Vermutung dafür, dass dieser Grund der wirklich bestimmende war.[86] Im Übrigen muss derjenige, der aus der Anfechtung für sich Rechte herleitet, die Ursächlichkeit von Irrtum oder Drohung darlegen und beweisen.[87]

40 Zur Beurteilung der Erheblichkeit des Irrtums kommt es nach der Rechtsprechung maßgeblich auf die **Vorstellung des Erblassers im Zeitpunkt der Testamentserrichtung** an. Irrige Vorstellungen des Erblassers, welche erst nach der Errichtung auftreten, sind mangels Ursächlichkeit unbeachtlich.[88] Solchenfalls bleibt aber zu prüfen, ob die Fehlvorstellung nicht bereits als unbewusste oder selbstverständliche Vorstellung im Zeitpunkt der Errichtung der letztwilligen Verfügung vorhanden war und aus diesem Grunde zur Anfechtung berechtigte. Zum abweichenden Anknüpfungspunkt der Literatur, siehe Rdnr. 36.

41 Erkennt der Erblasser noch zu Lebzeiten seinen Irrtum, so beseitigt dessen Untätigkeit nicht die Anfechtbarkeit der Verfügung. Allerdings wird die Untätigkeit in der Regel ein Indiz dafür sein, dass der Irrtum gerade nicht wegdenkbar bestimmend für die Verfügung des Erblassers war.

5. Bestätigung/Anfechtungsverzicht

42 **Bestätigt der Anfechtungsberechtigte** nach dem Tod des Erblassers dessen letztwillige Verfügung, so wird dadurch deren Anfechtbarkeit beseitigt.[89] Eine **Bestätigung** der anfechtbaren Verfügung **durch den Erblasser** selbst kommt allein beim Erbvertrag (§ 2284 BGB) sowie bei der eigenen wechselbezüglichen Verfügung beim gemeinschaftlichen Testament in Betracht, da der Erblasser dort gebunden ist. Im Übrigen ist eine Bestätigung durch den Erblasser in entsprechender Anwendung des § 144 BGB nicht möglich, da dieser nicht anfechtungsberechtigt ist.[90] Der Anfechtungsgrund bleibt daher bei **bewusster Untätigkeit** des nicht anfechtungsberechtigten Erblassers grundsätzlich bestehen. Diese Untätigkeit kann jedoch ein Indiz für die mangelnde Ursächlichkeit des Irrtums, der Drohung oder der Übergehung des Pflichtteilsberechtigten (§ 2079 BGB) für die Errichtung der letztwilligen Verfügung sein.

6. Anfechtungsberechtigte

43 Hat sich der Erblasser geirrt, kann derjenige, dem der **Wegfall** der testamentarischen Verfügung **unmittelbar zustatten** kommt, das Testament anfechten, § 2080 BGB. Zur Anfechtung berechtigt ist mithin derjenige, der im Falle der Unwirksamkeit der letztwilligen Verfügung aus dem Nachlass etwas als Erbe oder Vermächtnisnehmer erhalten würde, was ihm nicht zugute käme, wenn die Verfügung bestehen bliebe.[91] Da nur die **einzelne Verfügung** der Anfechtung unterliegt, ist jeweils zu untersuchen, ob der Irrtum den Inhalt einer Erklärung betrifft, deren Aufhebung gerade dem Anfechtenden zugute käme.[92] Ist das Anfechtungsrecht entstanden, vererbt es sich auf die Erben des Anfechtungsberechtigten. Im Fall einer Erbengemeinschaft ist das Anfechtungsrecht nach zutreffender Auffassung gemäß der §§ 744, 2038 BGB von den Miterben gemeinschaftlich auszuüben.[93] Die Anfechtung durch einen Vertreter des Anfechtungsberechtigten ist zulässig,[94] wobei diese wegen § 174 BGB stets unter Vorlage der Vollmachtsurkunde erfolgen sollte. Isoliert ist das Anfechtungsrecht nicht übertragbar. Es unterliegt als **höchstpersönliches Recht** auch nicht der Pfändung durch einen Gläubiger und gehört nicht zur Insolvenzmasse.[95]

---

[86] BGH Urt. v. 14.1.1965 – NJW 1965, 584; BayObLG Beschl. v. 12.11.2001 – NJW-RR 2002, 367, 369; *Lange/Kuchinke* ErbR § 36 IV 2.
[87] KG Beschl. v. 7.9.1999 – NJW 2001, 903, 905.
[88] BGH Urt. v. 30.11.1964 – BGHZ 42, 327, 332; BayObLG Beschl. v. 24.7.2001 – NJW-FER 2001, 295, 298.
[89] BayObLG Beschl. v. 9.7.1965 – BayObLGZ 1965, 258, 265; MünchKommBGB/*Leipold* § 2078 Rdnr. 52, str.; a.A. *Kipp/Coing* ErbR § 24 VII 2.
[90] Sehr str., wie hier OLG Hamm Beschl. v. 8.12.1993 – NJW-RR 1994, 462, 464; Palandt/*Edenhofer* § 2081 Rdnr. 7; a.A. MünchKommBGB/*Leipold* § 2078 Rdnr. 51; *Lange/Kuchinke* ErbR § 36 V 2.
[91] *Lange/Kuchinke* ErbR § 36 VI 1 a).
[92] BGH Urt. v. 8.5.1985 – NJW 1985, 2025, 2026.
[93] *Lange/Kuchinke* ErbR § 36 VI 1 b).
[94] MünchKommBGB/*Leipold* § 2080 Rdnr. 12; Soergel/*Loritz* § 2080 Rdnr. 20.
[95] Palandt/*Edenhofer* § 2080 Rdnr. 4.

7. Adressat der Anfechtungserklärung

Der Adressat der Anfechtungserklärung bestimmt sich nach der Auswirkung der Anfechtung auf die vom Erblasser getroffene Regelung. Die Anfechtung erfolgt daher durch Erklärung gegenüber dem **Nachlassgericht**, wenn durch die letztwillige Verfügung ein Erbe eingesetzt, ein gesetzlicher Erbe von der Erbfolge ausgeschlossen, ein Testamentsvollstrecker ernannt, eine Auflage oder ein Teilungsverbot begründet oder eine Verfügung solcher Art aufgehoben worden ist, § 2078 Abs. 1, Abs. 3 BGB. **Alle anderen** letztwilligen Verfügungen sind nach der allgemeinen Vorschrift des § 143 Abs. 4 S. 1 BGB **gegenüber demjenigen** anzufechten, der durch die betreffende Verfügung **unmittelbar einen rechtlichen Vorteil erlangt** hat.

8. Form und Frist der Anfechtungserklärung

Die Anfechtungserklärung bedarf **keiner besonderen Form**. Die Anfechtung muss innerhalb einer **Ausschlussfrist** von **einem Jahr seit Kenntnis** des Anfechtungsgrundes, spätestens jedoch innerhalb einer Frist von 30 Jahren seit dem Erbfall erklärt werden, § 2082 BGB. Da das Anfechtungsrecht erst mit dem Erbfall entsteht, kann die Anfechtungsfrist frühestens ab diesem Zeitpunkt zu laufen beginnen. Auf die **Hemmung** der Verjährung finden die §§ 206, 210, 211 BGB entsprechende Anwendung, § 2082 Abs. 2 S. 2 BGB. Die auf einem Irrtum des Anfechtungsberechtigten beruhende Unkenntnis des Anfechtungsgrundes ist sowohl im Fall eines Tatsachen- als auch grundsätzlich im Fall eines Rechtsirrtums[96] beachtlich. Umstritten ist, ob diejenige Partei, die sich im Verfahren auf die Rechtsfolgen der Anfechtung beruft, neben der Darlegungs- und Beweislast für die Wirksamkeit der Anfechtung auch jene für die Wahrung der Ausschlussfrist trägt. Die überwiegende Auffassung sieht in dem Vorbringen des Fristablaufs zutreffend eine rechtsvernichtende Einwendung, so dass der Gegner des Anfechtenden beweisen muss, dass der Anfechtende die Kenntnis des Anfechtungsgrundes bereits frühzeitig erlangt hat.[97] Ist die Anfechtungsfrist versäumt, gewährt § 2083 BGB dem Beschwerten bei anfechtbarem Vermächtnis oder anfechtbarer Auflage noch ein Leistungsverweigerungsrecht.

a) Formulierungsvorschlag für die Anfechtung einer Erbeinsetzung.

Amtsgericht
– Nachlassabteilung –
(Adresse des Amtsgerichts)
Nachlass des am ... in ... verstorbenen Erblassers ..., geb. am ... in ...
Der gesetzliche Erbe des vorbezeichneten Erblassers, Herr ..., wohnhaft in ..., hat mich mit seiner Vertretung beauftragt. Eine auf mich lautende Vollmacht meines Mandanten vom ... überreiche ich anliegend im Original zum Verbleib.
Namens und in Vollmacht meines Mandanten erkläre ich die

Anfechtung

der unter dem Datum des ... errichteten letztwilligen Verfügung des Erblassers, mit der Frau ... zur Alleinerbin am Nachlass des Erblassers eingesetzt worden ist.
Mein Mandant ist anfechtungsberechtigt, da ihm der Wegfall der letztwilligen Verfügung vom ... unmittelbar zustatten kommt. Mit dem Wegfall der letztwilligen Verfügung vom ... tritt die gewillkürte Erbfolge entsprechend der letztwilligen Verfügung vom ... ein (oder: tritt die gesetzliche Erbfolge ein). Mein Mandant ist danach Alleinerbe am Nachlass des Erblassers.
Die Anfechtung betrifft die letztwillige Verfügung vom ... als Ganzes (oder: betrifft die Anordnung(en) ...), da diese insgesamt (oder: insofern) von Willensmängeln ergriffen und

---

[96] Im Fall des Rechtsirrtums finden sich jedoch zahlreiche Differenzierungen, vgl. die Nachw. bei *Lange/Kuchinke* ErbR § 36 VI 4 b).
[97] BayObLG Beschl. v. 3.10.1963 – BayObLGZ 1963, 260, 265; Staudinger/*Otte* § 1954 Rdnr. 18; Soergel/*Loritz* § 2082 Rdnr. 10; Baumgärtel/*Strieder*, Hdb. der Beweislast, Bd. 2, § 2082 BGB Rdnr. 1; a.A. *Lange/Kuchinke* ErbR § 36 VI 5; RGRK/*Johannsen* § 2082 Rdnr. 16.

durch diese bestimmt ist. Im Einzelnen hat sich der Erblasser über folgende Umstände geirrt:
a) Er habe meinem Mandanten vor Errichtung der Verfügung einen Betrag von 100.000,– DM unentgeltlich zugewandt. Tatsächlich hat mein Mandant keine derartige Zuwendung des Erblassers erhalten.
b) Mein Mandant habe einen Möbelwagen bestellt, um ihn in ein Altenheim zu verbringen. Tatsächlich hat mein Mandant nie einen Möbelwagen für den Erblasser bestellt, insbesondere nicht zu dem vorgenannten Zweck.

Diese Irrtümer des Erblassers sind bei der Abfassung der letztwilligen Verfügung bestimmend gewesen. Gegenüber der Zeugin ..., wohnhaft in ..., hat sich der Erblasser entsprechend erklärt.

Rechtsanwalt

b) **Formulierungsvorschlag für die Anfechtung eines Vermächtnisses.**

47

Zustellung durch den Gerichtsvollzieher gemäß § 132 Abs. 1 BGB

Frau
... (Name)
... (Adresse)

Betr.: Nachlass des am ... in ... verstorbenen Erblassers ..., geb. am ... in ...

Der Alleinerbe des vorbezeichneten Erblassers, Herr ..., wohnhaft in ..., hat mich mit seiner Vertretung beauftragt. Eine auf mich lautende Vollmacht meines Mandanten vom ... überreiche ich anliegend im Original zum Verbleib.

Der Erblasser hat Sie mit letztwilliger Verfügung vom ... mit einem Vermächtnis in Höhe von 100.000,– DM als Vermächtnisnehmerin bedacht.

Namens und in Vollmacht meines Mandanten erkläre ich die

Anfechtung

Ihrer Einsetzung als Vermächtnisnehmerin in der unter dem Datum des ... errichteten letztwilligen Verfügung des Erblassers.

Mein Mandant ist anfechtungsberechtigt, da ihm als Alleinerben Ihr Wegfall als Vermächtnisnehmerin unmittelbar zustatten kommt. Die Anfechtung betrifft allein Ihre Einsetzung als Vermächtnisnehmerin und wird mit der irrigen Erwartung des Nichteintritts eines Umstands begründet. Der Erblasser hat sich bei Errichtung der letztwilligen Verfügung vom ... grundlegend über Ihr künftiges Verhalten geirrt. Insbesondere war der Erblasser der Annahme, dass die nachfolgend eingetretenen Auseinandersetzungen zwischen ihm und Ihrer Familie ausbleiben würden.

Rechtsanwalt

10. Rechtsfolge der Anfechtung

48 Für die Rechtsfolge der Anfechtung gilt mangels erbrechtlicher Sonderregelung § 142 Abs. 1 BGB, so dass die anfechtbare Verfügung im Umfang der Anfechtung **als von Anfang an nichtig** anzusehen ist. Wird die gesamte Erbeinsetzung von der Anfechtung erfasst, gilt die gesetzliche Erbfolge.

49 Grundsätzlich beschränkt sich die Anfechtung auf die vom Irrtum des Erblassers beeinflusste **einzelne Verfügung**. Als **Ausnahme** erstreckt § 2079 BGB die Anfechtung bei **Übergehen eines Pflichtteilsberechtigten** nach überwiegender Auffassung auf die gesamte Verfügung von Todes wegen, weil die Berücksichtigung eines weiteren Erben alle Erbteile verschiebt.[98] Nach anderer Auffassung soll die Anfechtung nur in dem Umfang wirken, der erforderlich ist, um

---

[98] BayObLG Beschl. v. 26.3.2004 – NJW-RR 2005, 91, 93; OLG Brandenburg Beschl. v. 27.5.1997 – FamRZ 1998, 59, 62; Palandt/*Edenhofer* § 2079 Rdnr. 7.

dem Berechtigten den gesetzlichen Erbteil zu gewähren.[99] Praktisch ist dem Streit die Schärfe genommen, da vorrangig zunächst im Wege der Auslegung der hypothetische Erblasserwille zu ermitteln ist, auf dessen Grundlage der Fortbestand der Verfügung oder eines Teils derselben zumeist positiv festgestellt werden kann.[100]

Darüber hinaus steht dem durch ein **Vermächtnis** oder eine **Auflage** Beschwerten die **Einrede der Anfechtbarkeit** aus § 2083 BGB zu. Diese Einrede gewährt dem Beschwerten ein Leistungsverweigerungsrecht auch bei Versäumung der Anfechtungsfrist. Der Testamentsvollstrecker kann diese Einrede nur mit Zustimmung der Erben geltend machen.[101]

11. Recht der DDR

Ob auf eine Anfechtung das Recht der DDR anzuwenden ist, richtet sich nach dem Einigungsvertrag und den **interlokalen Kollisionsregeln**. Art. 235 § 2 S. 1 EGBGB bestimmt, dass sich die Errichtung einer Verfügung von Todes wegen nach dem bisherigen Recht beurteilt, auch wenn der Erbfall erst nach dem Beitritt der neuen Bundesländer eingetreten ist. Mithin sind die Vorschriften des Zivilgesetzbuchs der DDR (ZGB) für diejenigen Verfügungen von Todes wegen maßgeblich, welche **vor dem 3.10.1990** errichtet worden sind. Das ZGB ließ die Anfechtung eines Testaments wegen Inhaltsirrtums, arglistiger Täuschung und widerrechtlicher Drohung zu, § 374 Abs. 1 ZGB. Nach überwiegender Auffassung berechtigen darüber hinaus auch der Motivirrtum und die Übergehung eines Pflichtteilsberechtigten zur Anfechtung.[102] Anfechtungsberechtigt ist derjenige, zu dessen Gunsten sich die Nichtigkeit der testamentarischen Verfügung auswirken würde, wobei die Anfechtung im Klagewege geltend zu machen ist, § 374 Abs. 2 ZGB. Die Anfechtungsfrist beträgt ein Jahr beginnend mit der Kenntnis des Anfechtungsgrundes und endet spätestens 10 Jahre nach dem Erbfall. Da das Anfechtungsrecht nach § 2082 Abs. 3 BGB erst nach 30 Jahren erlischt, gilt – wenn die 10-jährige Anfechtungsfrist des ZGB am 3.10.1990 noch nicht abgelaufen war – entsprechend Art. 231 § 6 Abs. 3, Abs. 1 S. 1 EGBGB die längere Anfechtungsfrist des BGB; vgl. i. ü. auch § 67.

12. Anfechtung eines Erb-/Pflichtteilsverzichts

Der **Erbverzicht** ist ein selbständiges abstraktes Verfügungsgeschäft und beseitigt die Erbaussicht des künftigen Erben und Pflichtteilsberechtigten so, wie wenn dieser im Zeitpunkt des Erbfalls nicht mehr lebte, § 2346 BGB. Der Erbverzicht ist häufig mit einer Abfindung verbunden, welche in einem obligatorischen Vertrag geregelt wird. Die Unwirksamkeit dieses Vertrages hat die Nichtigkeit des Erbverzichts nur dann zur Folge, wenn beide Rechtsgeschäfte durch die Annahme einer Bedingung so miteinander verbunden sind, dass die Wirksamkeit des einen von der Wirksamkeit des anderen abhängen soll.[103] Der Erbverzichtsvertrag sollte daher stets unter der Bedingung der Wirksamkeit des Abfindungsversprechens oder dessen Vollzug formuliert sein.[104] Mangels gesetzlicher Sondervorschriften gelten für die Anfechtung des Erbverzichts die **allgemeinen Regeln** der §§ 119 ff. BGB.[105] **Vor dem Erbfall** hat die wirksame Anfechtung des obligatorischen Vertrags einen Rückabwicklungsanspruch des Verzichtenden zur Folge, welcher nach § 2351 BGB zu vollziehen ist. Da mit dem Erbfall der Erbverzicht nicht mehr nach § 2351 BGB aufgehoben werden kann, ist dessen Anfechtung **nach dem Erbfall** ausgeschlossen,[106] so dass allein ein **Wertersatzanspruch** des Verzichtenden gegen den Erben verbleibt, der Nachlassverbindlichkeit ist.[107]

---

[99] OLG Köln Beschl. v. 13.4.1956 – NJW 1956, 1522; MünchKommBGB/*Leipold* § 2079 Rdnr. 23 ff.; Staudinger/*Otte* § 2079 Rdnr. 15; Soergel/*Loritz* § 2079 Rdnr. 9.
[100] *Lange/Kuchinke* ErbR § 36 III 4 c.
[101] BGH Urt. v. 21.3.1962 – NJW 1962, 1058, 1059.
[102] BGH Urt. v. 1.12.1993 – BGHZ 124, 270, 276.
[103] BGH Urt. v. 4.7.1962 – BGHZ 37, 319, 327.
[104] Erman/*Schlüter* Vor § 2346 Rdnr. 3.
[105] *Lange/Kuchinke* ErbR § 7 IV 3.
[106] BayObLG Beschl. v. 4.1.2006 – ZEV 2006, 209, 210.
[107] OLG Koblenz Beschl. v. 4.3.1993 – MDR 1993, 656.

IV. Unwirksamkeit und Anfechtbarkeit bei Ehegattentestament und Erbvertrag

53 Erbvertrag und Ehegattentestament unterscheiden sich insofern, als das Ehegattentestament eine doppelte, weitgehend miteinander verknüpfte einseitige Verfügung von Todes wegen enthält, während der Erbvertrag die vertragliche Verfügung von Todes wegen verkörpert.

1. Beratungscheckliste

54

Checkliste:

☐ Zu beachten ist die Formerleichterung beim Ehegattentestament, da dieses lediglich von einem Ehegatten eigenhändig niederzulegen und sodann von beiden zu unterschreiben ist.
☐ War der Erblasser bei Errichtung des Erbvertrages geschäftsfähig? Ist der Erbvertrag notariell beurkundet?
☐ Zu beachten ist beim Ehegattentestament, dass nach dem Tod des ersten Ehegatten die Selbstanfechtung durch den Überlebenden zulässig ist. Beim Erbvertrag kann der Erblasser allein die vertraglichen Verfügungen anfechten, im Übrigen bleibt das Recht zum Widerruf der einseitigen Verfügungen. In beiden Fällen bedarf die Anfechtungserklärung der notariellen Beurkundung.

2. Unwirksamkeit wechselbezüglicher und vertragsmäßiger Verfügungen

55 Grundsätzlich gelten sowohl für das **Ehegattentestament** als auch für den Erbvertrag die unter Rdnr. 2 ff. beschriebenen allgemeinen Wirksamkeitsvoraussetzungen. Soweit es die **Eigenhändigkeit** der testamentarischen Verfügung betrifft, sieht § 2267 BGB für das gemeinschaftliche Testament jedoch eine Formerleichterung vor. Das gemeinschaftliche Testament ist lediglich von einem der beiden Ehegatten eigenhändig niederzulegen. Die Verfügungen des anderen Ehegatten werden sodann mit der eigenhändigen Unterschrift beider Ehegatten unter sämtliche Verfügungen des Testaments wirksam. Unabdingbare Wirksamkeitsvoraussetzung eines Ehegattentestaments ist, dass dieses durch Ehegatten oder eingetragene Lebenspartner[108] errichtet wird. Ein von anderen Personen errichtetes gemeinschaftliches Testament ist unwirksam. Ob die darin enthaltenen einzelnen Verfügungen in wirksame Verfügungen umgedeutet werden können, soweit sie den Formerfordernissen eines Einzeltestaments oder Erbvertrags genügen, wird jedenfalls hinsichtlich der wechselbezüglichen Verfügungen zu verneinen sein.[109] Siehe im Einzelnen § 11 Rdnr. 27.

56 Der **Erbvertrag** setzt über die allgemeinen Wirksamkeitsvoraussetzungen hinaus die **Geschäftsfähigkeit,** § 2275 BGB, und die **notarielle Beurkundung,** § 2276 BGB, voraus. Überdies sind die vertraglichen Erklärungen des Erbvertrags **empfangsbedürftig** und setzen daher die Annahme durch den Vertragsgegner voraus. Abweichend von der im Testamentsrecht vorausgesetzten Testierfähigkeit verlangt § 2275 Abs. 1 BGB zur Errichtung eines Erbvertrags die unbeschränkte Geschäftsfähigkeit des Erblassers. Ein 17jähriger kann folglich ein Testament, nicht jedoch einen Erbvertrag errichten. Soweit allerdings Verlobte, Ehegatten oder eingetragene Lebenspartner einen Erbvertrag schließen, genügt deren beschränkte Geschäftsfähigkeit, wobei solchenfalls der Zustimmungsvorbehalt des § 2275 Abs. 2 BGB zu beachten ist. Im Fall einer Unwirksamkeit des Erbvertrags wegen fehlender Geschäftsfähigkeit des Erblassers kommt die Umdeutung in eine einseitige Verfügung von Todes wegen in Betracht.[110] Für den Vertragsgegner, welcher nicht selbst Erblasser ist, gelten die allgemeinen Bestimmungen der §§ 104 ff. BGB. Mithin kann auch der beschränkt Geschäftsfähige wirksam vertragsmäßige

---

[108] Vgl. § 10 Abs. 4 LPartG.
[109] OLG Frankfurt a.M. Beschl. v. 20.3.1998 – NJWE-FER 1998, 182; Erman/*Schmidt* § 2265 Rdnr. 2.
[110] BayObLG Beschl. v. 17.2.1995 – NJW-RR 1996, 7, 8.

§ 7 Unwirksamkeit und Anfechtbarkeit letztwilliger Verfügungen

Erklärungen annehmen, soweit er lediglich rechtliche Vorteile aus dem Erbvertrag erlangt, § 107 BGB.

Ein **Erbvertrag** ist **sittenwidrig** und damit gemäß § 138 BGB nichtig, wenn die erbvertragliche Bindung des Erblassers unter bewusster Ausnutzung seiner Unerfahrenheit oder geistigen Beschränktheit oder einer psychischen Zwangslage durch den Vertragspartner herbeigeführt worden ist.[111] Der Erbvertrag ist indessen nicht sittenwidrig zustande gekommen, wenn der Vertragspartner lediglich eine günstige Lage ausgenutzt und die eigenen Interessen über diejenigen des Vertragspartners gestellt hat.[112]

Ist beim **zweiseitigen Erbvertrag** die Nichtigkeit einer vertragsmäßigen Verfügung festgestellt, hat dies nach der Auslegungsregel des § 2298 Abs. 1 BGB grundsätzlich die Unwirksamkeit des gesamten Vertrages zur Folge, und zwar unter Einschluss der einseitigen Verfügungen. Ob diese Auslegungsregel für die scheidungsbedingte Unwirksamkeit der Verfügungen gemäß § 2077 Abs. 1 BGB gilt, ist umstritten.[113] Vorrangig ist indes stets der Parteiwille, soweit dieser auch aufgrund von außerhalb des Vertrages liegenden Tatsachen ermittelt werden kann.

3. Anfechtbarkeit wechselbezüglicher und vertragsmäßiger Verfügungen

Beim **Ehegattentestament** ist die Anfechtung zu Lebzeiten beider Ehegatten ausgeschlossen, da diese ihre Verfügungen unter Beachtung der Formvorschriften der §§ 2271 Abs. 1 S. 1, 2296 BGB frei widerrufen können. Nach dem ersten Erbfall kann der **überlebende Ehegatte** sowohl seine eigenen wechselbezüglichen Verfügungen (**Selbstanfechtung**) entsprechend der Regelungen für den Erbvertrag, §§ 2281, 2078 f. BGB, als auch sämtliche **Verfügungen des Erstverstorbenen** anfechten. Die **Anfechtungserklärung** bedarf entsprechend § 2282 Abs. 3 BGB der **notariellen Beurkundung**.[114] Anlass einer Anfechtung des überlebenden Ehegatten sind hauptsächlich die Wiederheirat oder die Geburt eines weiteren Kindes. Durch die Selbstanfechtung kann der überlebende Ehegatte auf die neue Sachlage reagieren und damit verhindern, dass durch die spätere Anfechtung eines Dritten die gesetzliche Erbfolge eintritt. So wird der Überlebende in die Lage versetzt, vertragsmäßige oder wechselbezügliche Bindung zu beseitigen, um eine neue Verfügung von Todes wegen zu errichten, die von keiner Anfechtung bedroht ist. Zur Vermeidung der nachteiligen Folgen einer Anfechtung auf die testamentarischen Regelungen insgesamt kann es sich daher unter Umständen empfehlen, das Anfechtungsrecht des überlebenden Ehegatten ausdrücklich auszuschließen.[115] Regelmäßig führt die erfolgreiche Anfechtung einer wechselbezüglichen Verfügung zur völligen Nichtigkeit der abhängigen Verfügungen, § 2270 Abs. 1 BGB. Dann tritt rückwirkend auf den Todesfall des verstorbenen Ehegatten die gesetzliche Erbfolge ein, so dass der Nachlass an etwaige Miterben herauszugeben ist.[116] Auch bei der Anfechtung wechselbezüglicher Verfügungen durch den Überlebenden gilt jedoch der Vorrang des Erblasserwillens: Kann festgestellt werden, dass eine mit der angefochtenen Anordnung in Wechselwirkung stehende Verfügung auch unter Berücksichtigung der durch die Anfechtung herbeigeführten Rechtsfolge getroffen worden wäre, bleibt diese wirksam.[117]

Die **Anfechtung vertragsgemäßer Verfügungen** beim **Erbvertrag** durch den Erblasser, welche ebenfalls nach den §§ 2078 ff. BGB zu erfolgen hat, erfasst allein die vertraglichen Verfügungen. Denn die einseitigen Verfügungen kann der Erblasser jederzeit widerrufen. Für die **Anfechtungserklärung** schreibt § 2282 Abs. 3 BGB die **notarielle Beurkundung** vor. Sodann muss sie **dem Vertragsgegner zugehen**. Ist dieser verstorben, so ist die Anfechtungserklärung dem Nachlassgericht zuzuleiten, welches für den verstorbenen Vertragsgegner zuständig ist.[118] Dieses teilt die Erklärung dem Erben des Vertragsgegners sowie einem etwaig betroffenen Dritten mit. Die Anfechtung kann im Fall der Drohung nur innerhalb einer Jahresfrist nach Beendigung der Zwangslage und in den übrigen Fällen nur innerhalb einer Jahresfrist nach Kenntnis des

---

[111] BGH Urt. v. 5.4.1968 – BGHZ 50, 63, 70 f.
[112] BGH Urt. v. 5.4.1968 – BGHZ 50, 63, 71.
[113] Überblick bei OLG München Beschl. v. 13.9.2005 – NJW-RR 2006, 82, 83.
[114] OLG Düsseldorf Beschl. v. 8.12.1970 – DNotZ 1972, 42, 43; Palandt/*Edenhofer* § 2271 Rdnr. 29.
[115] Staudinger/*Kanzleiter* § 2271 Rdnr. 82.
[116] Sudhoff/*Scherer* Unternehmensnachfolge § 5 Rdnr. 19.
[117] OLG Hamm Beschl. v. 4.2.1972 – NJW 1972, 1088, 1089; OLG Hamm Beschl. v. 8.12.1977 – FamRZ 1980, 505; Lange/*Kuchinke* ErbR § 8 III 4 d; MünchKommBGB/*Musielak* § 2271 Rdnr. 36.
[118] Erman/*Schmidt* § 2281 Rdnr. 6.

Anfechtungsgrundes erfolgen, § 2283 BGB. Nach dem Tod des Erblassers steht das Anfechtungsrecht dem Nächstbegünstigten zu. Häufig wird eine Anfechtung durch den Nächstbegünstigten jedoch ausscheiden, da dessen Anfechtungsrecht davon abhängt, dass der Erblasser sein Anfechtungsrecht noch nicht verloren hatte, § 2285 BGB. Dies kann etwa durch Fristablauf, Verzicht oder Bestätigung geschehen sein.

§ 8 Erbeinsetzung und Enterbung

Übersicht

	Rdnr.
I. Wesen der Erbeinsetzung	1–4
II. Grundsatz der Erbenbestimmung durch den Erblasser	5–23
III. Gemeinschaftliche Erbeinsetzung	24–28
IV. Auslegung von ungenauen Erbeinsetzungen	29–44
1. Teilvergabe	30–32
2. Fehlende Bestimmung der Erbquote	33
3. Gegenständliche Erbeinsetzung und Anordnung zur Verteilung	34–42
4. Rechenfehler	43/44
V. Form der Erbeinsetzung	45–54
1. Berliner Testament	47/48
2. Frankfurter Testament	49–54
VI. Ersatzerbeinsetzung	55–62
VII. Anwachsung	63–65
VIII. Erbeinsetzung unter einer Bedingung oder einer Befristung	66–73
1. Grenzen	66–68
2. Potestativbedingung	69–72
3. Rechtsfolgen einer nichtigen Bedingung	73
IX. Verwirkungsklauseln	74
X. Besondere gesetzliche Auslegungsregeln; Auslegungsvertrag	75/76
XI. Enterbung	77–83

Schrifttum: *Beisenherz,* „Berechtigte Erberwartung" des Vertragserben, Anwachsung und Ausschlagung, ZEV 2005, 8; *Birk,* Die Problematik der Verwirkungsklausel in letztwilligen Verfügungen, DNotZ 1972, 284; *Daragan,* Die Auflage als erbschaftsteuerliches Gestaltungsmittel, DStR 1999, 393; *Dressler,* Der erbrechtliche Auslegungsvertrag – Gestaltungshilfe bei einvernehmlichen Nachlassregelungen, ZEV 1999, 289; *Edenfeld,* Europäische Entwicklungen im Erbrecht, ZEV 2001, 457; *Felix,* „Frankfurter Testament", KÖSDl 1990, 8265; *ders.,* Betriebsaufspaltung und vorweggenommene Erbfolge, GmbHR 1992, 517; *Flume,* Testamentsauslegung bei Falschbezeichnung, NJW 1983, 2007; *Goebel,* Drittbestimmung des Unternehmensnachfolger-Erben? – Eine Rückbesinnung auf die reichsgerichtliche Rechtsprechung zur materiellen Höchstpersönlichkeit des Testaments, DNotZ 2004, 101; *Grossfeld,* Höchstpersönlichkeit der Erbenbestimmung und Auswahlbefugnis Dritter, JZ 1968, 113; *Grziwotz,* Verfügungen von Todes wegen, FPR 2005, 283; *Gutmann,* Der Erbe und seine Freiheit, NJW 2004, 2347; *Happe,* Schiedsgerichtsklauseln im Testament in Böckstiegel (Hrsg.), Schiedsgerichtsbarkeit in gesellschaftsrechtlichen und erbrechtlichen Angelegenheiten, München 1996, 85; *Kanzleiter,* Keine wechselbezüglichen Verfügungen in gemeinschaftlichen Testamenten nach der Ehescheidung!, ZEV 2005, 181; *Keuk,* Der Erblasserwille post testamentum – Zur Unzulässigkeit der testamentarischen Potestativbedingung, FamRZ 1972, 9; *Koutses,* Nichteheliche Lebensgemeinschaft und das Erbrecht, FPR 2001, 41; *Litzenburger,* Auslegung und Gestaltung erbrechtlicher Zuwendungen an Schwiegerkinder, ZEV 2003, 385; *Mayer,* Erbteil oder Pflichtteil? Frist läuft – Zur Auslegung des § 2306 BGB, DNotZ 1996, 422; *Meincke,* Erbauseinandersetzung und vorweggenommene Erbfolge im Einkommensteuerrecht, NJW 1991, 198; *Muscheler,* Der Einfluss der Eheauflösung auf das gemeinschaftliche Testament, DNotZ 1994, 733; *Otte,* Die Nichtigkeit letztwilliger Verfügungen wegen Gesetzes- oder Sittenwidrigkeit, JA 1985, 192; *ders.,* Lässt das Erbrecht des BGB eine Erbeinsetzung auf einzelne Gegenstände zu?, NJW 1987, 3164; *Perkams,* Ergänzende Testamentsauslegung im Umfeld von § 2069 BGB, ZEV 2005, 510; *Scherer,* Die Nachlassbeteiligung von Abkömmlingen eines Enterbten, ZEV 1999, 41; *Scherer/Feick,* Die GbR als Erbin – Thesen und Gestaltungsmöglichkeiten, ZEV 2003, 341; *Schiffer,* Erbrechtliche Gestaltung: Letztwillige Schiedsklauseln – Möglichkeiten und Hinweise, BB Beilage Nr. 5 vom 27.4.1995; *Schrader,* Erb- und Nacherbeneinsetzung auf einzelne Nachlassgegenstände, NJW 1987, 117; *Siegmann,* Zur Fortbildung des Rechts der Anteilsvererbung, NJW 1995, 481; *Spanke,* Rechtsprobleme alternativer Erbeinsetzung, NJW 2005, 2947; *ders.,* Rechtsprobleme alternativer Erbeinsetzung, NJW 2005, 2947; *Stach,* Nichtigkeit letztwilliger Verfügungen zugunsten Bediensteter staatlicher Altenpflegeeinrichtungen, NJW 1988, 943; *Tappmeier,* Erbeinsetzung und Bezugsberechtigung des Ehegatten aus einer Kapitallebensversicherung nach Scheidung der Ehe, DNotZ 1987, 715; *Wacke,* Rechtsfolgen testamentarischer Verwirkungsklauseln – Anwachsung oder Ersatzerbschaft?, DNotZ 1990, 403; *Wilhelm,* Wiederverheiratungsklausel, bedingte Erbeinsetzung und Vor- und Nacherbfolge, NJW 1990, 2857.

> **Beratungscheckliste**
>
> ☐ Steht die Person des Erben fest oder ist mit dem Hinzutreten weiterer Erben zu rechnen?
> ☐ Kann der Kreis der potentiellen Erben eingegrenzt werden?
> ☐ Soll die Bestimmung des Erben anhand objektiver Kriterien durch einen Dritten erfolgen?
> ☐ Ist bereits jetzt die Benennung von Ersatzerben möglich?
> ☐ Soll die Erbeinsetzung von dem Eintritt einer objektiven Bedingung abhängig gemacht werden?
> ☐ Soll der Verstoß gegen die letztwilligen Anordnungen durch eine Regelung sanktioniert werden, insbesondere durch die Anordnung einer Pflichtteilsstrafklausel?
> ☐ Soweit ein gesetzlicher Erbe von der Erbfolge ausgeschlossen werden soll, ist die Enterbung ausdrücklich in der Verfügung enthalten?

I. Wesen der Erbeinsetzung

1   Als Erbeinsetzung bezeichnet § 1937 BGB die Bestimmung eines Erben seitens des Erblassers durch dessen Verfügung von Todes wegen. Die Erbeinsetzung ist gekennzeichnet durch die Wirkung der **Universalsukzession** bzw. Gesamtzuwendung des § 1942 Abs. 1 BGB. Eine Erbeinsetzung liegt daher immer dann vor, wenn der Erblasser sein **ganzes Vermögen** oder einen Bruchteil desselben, sei es nun einem einzigen oder aber mehreren Erben zuwenden möchte.[1] Das Charakteristikum der Universalsukzession unterscheidet die Erbeinsetzung von einem Vermächtnis als Einzelzuwendung im Sinne des § 1939 BGB.

2   Dabei ist auf Grund § 2087 Abs. 1 und 2 BGB, wonach die nur teilweise Verteilung des Nachlasses im Zweifel als Erbeinsetzung zu werten ist, für die Qualifikation einer letztwilligen Verfügung als Erbeinsetzung nicht entscheidend, ob der Erblasser den Bedachten ausdrücklich als Erben bezeichnet hat. Maßgeblich allein ist die Zuwendung des Vermögens als Ganzes bzw. eines Bruchteils davon; ihren Gegensatz bildet die Zuwendung einzelner Gegenstände. Eine Erbeinsetzung liegt insbesondere dann vor, wenn der Wille des Erblassers ersichtlich ist, den **Nachlass insgesamt** einem Nachfolger zu überlassen.[2]

3   Dennoch kommt der Vorschrift des § 2087 Abs. 1 und 2 BGB lediglich die Funktion einer gesetzlichen **Auslegungsregelung** für Zweifelsfälle zu,[3] da sich durch eine vorrangige Interpretation der Verfügung von Todes wegen sowohl eine Erbeinsetzung[4] als auch ein Quotenvermächtnis[5] ermitteln ließe. Je nach dem, in welchem Umfang der Erblasser die Bedachten am Schicksal seines Nachlasses teilhaben lassen will, kann eine Abgrenzung geschehen: Während die Stellung eines Erben durch seine Befugnis zur Verwaltung und Abwicklung des Nachlasses sowie durch seine Haftung für Nachlassverbindlichkeiten gekennzeichnet ist, steht dem Vermächtnisnehmer lediglich ein schuldrechtlicher Anspruch auf Erfüllung des Vermächtnisses gegen den Erben zu.

4   Die Erbeinsetzung hat, wie es § 1937 BGB bestimmt, im Rahmen einer Verfügung von Todes wegen zu erfolgen. Weiterhin bestehen keine formalen Beschränkungen; insbesondere ist eine ausdrückliche Bezeichnung der jeweiligen Verfügung als Erbeinsetzung vom Gesetz nicht gewollt,[6] wie bereits die Vorschrift des § 2087 Abs. 1 BGB zeigt. Aus § 2064 BGB folgt jedoch, dass den Erben nur der Erblasser persönlich einsetzen kann. Eine weitere Wirksamkeitsvoraussetzung, die Selbständigkeit, ergibt sich aus § 2065 BGB.

---

[1] *Lange/Kuchinke* § 27 II 1.
[2] Vgl. dazu im Einzelnen § 16.
[3] Staudinger/*Otte* § 2087 Rdnr. 2; Palandt/*Edenhofer* § 2087 Rdnr. 1; vgl. auch *Schrader* NJW 1987, 117.
[4] Soergel/*Loritz* § 2087 Rdnr. 9; Staudinger/*Otte* § 2087 Rdnr. 11.
[5] BGH Urt. v. 25.5.1960 – V ZR 57/59 – NJW 1960, 1759.
[6] Anders hingegen das römische Recht (Codex Iustinianus 6, 23, 15), nach dem die Erbeinsetzung am Anfang des Testamentes formelhaft genannt sein musste.

II. Grundsatz der Erbenbestimmung durch den Erblasser

Die gewillkürte Erbfolge ist vom Grundsatz der **vollständigen Willensbildung** durch den Erblasser geprägt. Auf Grund der Regelungen des § 2065 Abs. 1 und 2 BGB ist der Erblasser grundsätzlich daran gehindert, Entscheidungen sowohl über die Bestimmung des Erben als auch über die Höhe der Erbquoten Dritten zu überlassen.[7] Hierdurch soll sichergestellt werden, dass der Erblasser die Tragweite seiner Verfügung vollumfänglich erkennt, sich dieser bewusst bleibt und über deren Folgen einen abschließenden Willen bildet. Die Vorschrift lässt das gesetzgeberische Bestreben erkennen, die höchstpersönliche Verantwortung des Erblassers für die von ihm getroffene Verfügung zu sichern.[8]

So darf der Erblasser die Bestimmung des Erben grundsätzlich nicht der Auswahl eines Dritten überlassen. Gleichwohl führt die Vorschrift des § 2065 BGB nicht dazu, dass die **Übertragung der Entscheidungsgewalt auf Dritte** im Rahmen letztwilliger Verfügungen vollkommen ausgeschlossen wäre: Das Gesetz eröffnet nämlich in den §§ 2074 f. BGB Möglichkeiten der Erbeinsetzung unter aufschiebenden oder auflösenden **Bedingungen**. Dadurch bleibt eine Erbeinsetzung, die an künftige Vorgänge anknüpft, durchaus zulässig. Möglich ist es darum, die Erbeinsetzung von Ereignissen abhängig zu machen, deren Eintritt im Ergebnis allein vom Willen des Dritten abhängen. So ist es beispielsweise zulässig, die Erbenstellung an die erfolgreiche Ablegung der Meisterprüfung zu knüpfen. Eine Grenze für derartige Potestativbedingungen zieht jedoch wiederum § 2065 BGB, als diese nicht dazu führen darf, dass derjenige, an dessen Willen die Bedingung anknüpft, den Erblasser im Willen vertritt.[9]

Eindeutig unzulässig wäre folgende Verfügung:

Beispiel:
Mein Erbe soll sein, wen meine Frau hierzu bestimmen möchte.

Hierbei liegt zwar eine – grundsätzlich zulässige – Potestativbedingung vor, sie läuft jedoch auf eine **Willensvertretung**, die § 2065 BGB widerspricht, hinaus. Deshalb ist es für die Abgrenzung zulässiger von unzulässigen Gestaltungen entscheidend, ob und inwieweit ein vollständiger und abschließender Willensbildungsprozess seitens des Erblassers stattgefunden hat. Dies ist dann gegeben, wenn das Wahlrecht des Dritten nur darin besteht, den objektiv feststellbaren Willen des Erblassers zu verwirklichen. Mit anderen Worten: Potestativbedingungen in Verfügungen von Todes wegen sind zulässig, sofern der Erblasser die **Auswahlkriterien** so festlegt, dass eine objektive Wahl aus einem engbegrenztem Personenkreis möglich und objektiv nachprüfbar ist.[10] Somit bleibt die Aufnahme von Bedingungen, die von einer vollständigen Willensbildung unter Einbeziehung des willensabhängigen Ereignisses beruhen, möglich. Wird demgegenüber dem Dritten ein Wahl- oder Ermessensspielraum gewährt, verstößt die Verfügung gegen § 2065 BGB.

Die Entscheidung über den Eintritt derartiger objektiver Bedingungen ist vollumfänglich der richterlichen Nachprüfung zugänglich. Dies kann durch den Erblasser nicht ausgeschlossen werden, da ansonsten wiederum eine Willensvertretung vorläge.[11] Im Rahmen der gerichtlichen Überprüfung eröffnet sich die weiter gehende Fragestellung, ob die Aufgabe des Gerichtes alleine darin bestehen kann, die willkürliche und damit fehlerhafte Entscheidung des Wählenden aufzuheben, oder ob es darüber hinaus bestimmen darf, welche Auswahl der Dritte zu treffen hat.[12] Vor dem Hintergrund, dass die gerichtliche Entscheidung auf der Auslegung der Verfügung beruht, ist dem Gericht die Kompetenz zuzubilligen, die **Auswahl selbst zu treffen**. Da nämlich eine Übertragung der Erbenselektion auf Dritte keinen eigenen Entscheidungsspiel-

---

[7] MünchKommBGB/*Leipold* § 2065 Rdnr. 1.
[8] OLG Zweibrücken Beschl. v. 4.7.1988 – 3 W 29/88 – NJW-RR 1989, 453.
[9] BGHZ 15, 199, 200 = NJW 1955, 100.
[10] St. Rspr. seit RGZ 95, 278; 159, 296; grundlegend BGHZ 2, 35 = NJW 1951, 959; BGHZ 15, 199, 204 = NJW 1955, 100; BGHZ 59, 220 = NJW 1972, 1750.
[11] Lange/Kuchinke § 27 I 5.
[12] Für reine Kassationswirkung *Grossfeld* JZ 1968, 113; für eine Bestimmung des Gerichts Staudinger/*Otte* § 2065 Rdnr. 39.

raum duldet, muss das Gericht aus eigener Sachkompetenz eine rechtmäßige Entscheidung fällen.[13] Für die Praxis hat dies zur Folge, dass auch gegen fehlerhafte und willkürliche Auswahlentscheidungen des wählenden Dritten gerichtlich vorgegangen werden kann, wenn objektive Kriterien eine andere Erbeinsetzung notwendig gemacht hätten.

9   Sollen Klauseln, die eine Verfügung hinsichtlich der Erbeinsetzung enthalten, aufrechterhalten werden, bietet sich das Rechtsinstitut der **Auslegung** an: Ist eine letztwillige Verfügung unklar oder unvollständig, ist zunächst eine Auslegung gemäß § 2084 BGB anzustreben. Denn sowohl die einfache als auch die ergänzende Auslegung, die bei Lücken des Testaments in Betracht kommt, haben Vorrang vor § 2065 BGB.[14] Insbesondere eine Auslegung der Klausel als Zweckauflage im Sinne des § 2193 BGB ist in Betracht zu ziehen.[15] Allerdings findet die Auslegung dort ihre Grenzen, wo feststeht, dass der Erblasser bewusst die Entscheidung über Geltung oder Inhalt einer Verfügung nicht selbst treffen wollte, sondern einem Dritten überließ. Steht dies fest, kann § 2065 BGB nicht durch ergänzende Auslegung überwunden werden.[16]

10 Möchte der Erblasser dem Vorerben die Freiheit und Flexibilität gewähren, auf künftige Ereignisse und Entwicklungen reagieren zu können, und setzte er deshalb die **Nacherben nur unter der Bedingung** ein, dass der Vorerbe keine anderweitige Verfügung von Todes wegen über den Nachlass trifft, ist dies nach der überwiegenden Meinung in Literatur und Rechtsprechung zulässig.[17] Eine derartige Bestimmung beinhaltet nämlich die Einsetzung einer bestimmten und vom Erblasser selbst bezeichneten Person zum Nacherben unter der Bedingung, dass dieser auch Erbe des Vorerben wird. Es handelt sich hierbei um eine Potestativbedingung, insofern ihr Eintritt von der Verfügung des Vorerben abhängt; allerdings hängt die Nacherbeinsetzung nicht von einer Erklärung des Vorerben über die Fortdauer der ursprünglichen Bedingung ab, vielmehr von der eigenen Verfügung über seinen Nachlass.

11 Daher wäre folgende Bestimmung **zulässig**:

> **Formulierungsvorschlag:**
> Dem Vorerben wird jedoch gestattet, die Nacherbfolge dadurch zu beseitigen, dass er über seinen Nachlass – und damit auch über den Nachlass des Vorerben – abweichend von Todes wegen anderweitig verfügt. Die Anordnung der Vor- und Nacherbfolge ist an vorstehende auflösende Bedingung geknüpft.

12 Scheitert eine Erbenbestimmung in den von § 2065 BGB gezogenen Grenzen, kann diese auch im Wege einer **Umdeutung** im Sinne des § 140 BGB in eine Vermächtnisanordnung oder eine Zweckauflage nicht gerettet werden, da zum einen ein Vermächtnis nicht in einer Erbeinsetzung enthalten ist und zum anderen bereits aus der Vorschrift des § 2065 Abs. 2 das Verbot einer geltungserhaltenden Reduktion folgt.[18]

13 Zur Verdeutlichung dieser Grundzüge sollen nunmehr einige Beispiele erörtert werden. **Zulässig** sind folgende Verfügungen:

> **Formulierungsvorschlag:**
> Ich vermache B alles, was er aus meinem Nachlass möchte.

14 Hier ist durch Auslegung zu ermitteln, dass es sich um eine Alleinerbeneinsetzung handelt.[19]

---

[13] So auch Lange/Kuchinke § 27 I 5.
[14] MünchKommBGB/*Leipold* § 2065 Rdnr. 3.
[15] BGH LM BeurkG Nr. 22 = MDR 1987, 650.
[16] BayObLG Beschl. v. 16.10.1980 – 1 Z 52/80 – FamRZ 1981, 402.
[17] RGZ 95, 278; BGHZ 2, 35 = NJW 1951, 959; MünchKommBGB/*Leipold* § 2065 Rdnr. 9; Soergel/*Loritz* § 2065 Rdnr. 14; Staudinger/*Otte* § 2065 Rdnr. 19 ff.
[18] So auch Lange/Kuchinke § 27 I 8.
[19] OLG Zweibrücken Beschl. v. 4.7.1988 – 3 W 29/88 – NJW-RR 1989, 453.

> **Formulierungsvorschlag:**
> B erhält lediglich das Hausgrundstück, der übrige Nachlass wird an bedürftige Hilfsorganisationen verteilt.

Auch in diesem Fall lässt sich die Verfügung dahin gehend auslegen, dass B der mit einer Zweckauflage beschwerte Alleinerbe ist. Anders wäre der Fall zu beurteilen, wenn B nicht zum Erben eingesetzt, sondern lediglich ein Testamentsvollstrecker beauftragt wurde, das Gesamtvermögen an eine von ihm auszuwählende Hilfsorganisation auszukehren.[20] Da in diesem Falle keine Erben vorhanden sind, lässt sich die Verfügung nicht als Zweckauflage verstehen. Die einzige Auslegungmöglichkeit besteht in der Erbeinsetzung unter Verstoß gegen § 2065 BGB.

Zulässig wäre weiterhin folgende Verfügung:

> **Formulierungsvorschlag:**
> Erbe soll dasjenige meiner Kinder werden, das als erstes das Physikum besteht.
> D soll bestimmen, ob diese Kriterien vorliegen.

Auch hier liegen rein objektive Kriterien vor. Ein objektiv vollständiger Wille des Erblassers ist erkennbar.

Nicht zulässig hingegen sind Klauseln folgender Gestalt:

Beispiel:
D soll bestimmen, welches meiner Kinder am würdigsten ist, mein Unternehmen fortzuführen. Dieses soll sodann mein Erbe werden.

Hier wird dem D ein unzulässiges Auswahlermessen zuerkannt. Seine Entscheidung über die „Würde" der Kinder des Erblassers hängt nämlich nicht lediglich von objektiven Kriterien ab, die in der Verfügung selbst genannt sind.

Da die Beschränkungen der § 2064, 2065 BGB für **die Zuwendung eines Vermächtnisses nicht gelten,** können die vor dem Hintergrund der Erbeinsetzung unzulässigen Gestaltungsvarianten, insbesondere die Auswahl der Person des Bedachten durch Dritte, als Vermächtnis ausgestaltet werden.[21] Soll im Falle einer Unternehmensnachfolge die Person des Nachfolgers durch eine dritte Person nach auch subjektiven Kriterien – wie der besten Qualifikation – bestimmt werden, kann das Unternehmen an einen anderen Erben vergeben werden und gleichzeitig ein Vermächtnis an dem Unternehmen zugunsten des auszuwählenden Nachfolgers angeordnet werden. Besteht der Nachlass ausschließlich aus einem Unternehmen, so kann auch eine Alleinerbeinsetzung unter Beschwerung mit einem **Universalvermächtnis** bestimmt werden. Ist der auszuwählende Nachfolger (Mit-)Erbe besteht die Möglichkeit der Zuwendung eines drittbestimmten Vorausvermächtnisses. Dies könnte wie folgt formuliert werden:

> **Formulierungsvorschlag:**
> Ich setzte A zu meinem alleinigen Erben ein. Zugleich vermache ich im Rahmen eines Vermächtnisses mein Unternehmen [genaue Bezeichnung] entweder B, C oder D. Das Vermächtnis soll derjenige erhalten, den A für am geeignetsten für die Unternehmensnachfolge ansieht. Die Bestimmung des Vermächtnisempfängers erfolgt durch schriftliche Erklärung des A gegenüber B, C und D. Hat A nicht binnen drei Jahren nach Eintritt des Erbfalles einen Vermächtnisnehmer bestimmt, so sollen B, C und D jeweils ein Drittel des Unternehmens als Vermächtnis erhalten.

---

[20] BGH Urt. v. 4.2.1987 – IV a ZR 229/85 – WM 87, 565.
[21] Vgl. hierzu § 13.

19 Die Befristung des Bestimmungsrechtes bietet sich hier an, um einen Sanktionsmechanismus gegen den Erben A zu erlangen, die Bestimmung auch wirklich durchzuführen. Der Auswählende braucht dabei selbstverständlich nicht Erbe zu sein.

20 Das gleiche Ergebnis kann auch durch eine **drittbestimmte Teilungsanordnung** und damit ohne eine Verschiebung der Quoten erzielt werden.

21 Ferner kann der designierte Nachfolger unter der Bedingung zum Erben eingesetzt werden, dass der Vorerbe – insbesondere der überlebende Ehegatte bei der Trennungslösung – ihn auch zum Erben einsetzt. Unzulässig wäre jedoch die Bestimmung der Person des Nacherben durch den Vorerben. Damit kann dem Nachfolger noch eine gewisse Probezeit auferlegt werden, über deren Ausgang der Vorerbe entscheidet.

22 Schließlich kann das Verbot der Drittbestimmung gemäß § 2065 BGB auch durch das Institut der **Auflage** umgangen werden bzw. eingeschränkt werden.[22]

23 Die Unabdingbarkeit der persönlichen Erbbestimmung steht der Zulässigkeit einer **Schiedsgerichtsklausel** in einer Verfügung von Todes wegen grundsätzlich nicht entgegen.[23] Auch können Schiedsgerichtsklauseln dem Schiedsgericht – über das materielle Recht hinaus – einen eigenen Ermessensspielraum gewähren. Ausgenommen bleibt jedoch die Bestimmung des Erben, da ansonsten die Schranken des § 2065 BGB umgangen sind.[24] Ebenfalls zulässig ist die Berufung eines Schiedsgutachters, der die Erfüllung objektiver Auswahlkriterien zur Bestimmung des Erben gemäß den Regelungen der §§ 316 ff. BGB trifft.[25]

III. Gemeinschaftliche Erbeinsetzung

24 Der Erblasser kann Einzelpersonen alleine oder mehrere Personen gemeinschaftlich zu Erben berufen. Die Bestellung eines Alleinerben in letztwilligen Verfügungen bereitet in der Gestaltungsberatung regelmäßig keine Probleme. Unter Verwendung der spezifischen Terminologie könnte eine Alleinerbeneinsetzung beispielsweise wie folgt formuliert werden:

> **Formulierungsvorschlag:**
> Ich setze A zu meinem alleinigen Erben ein.

25 Darüber hinaus besteht auch die Möglichkeit, mehrere Personen gemeinsam auf einen **gemeinschaftlichen Erbteil** einzusetzen. Eine solche Einsetzung von Miterben sollte unter genauer Festlegung der jeweiligen Quoten erfolgen. Eine Formulierung könnte beispielsweise lauten:

> **Formulierungsvorschlag:**
> Ich setze A und B je zu 1/2 zu meinen Erben ein.

26 Der gemeinschaftliche Erbteil verbindet die in ihm **zusammengefassten Miterben** zunächst untereinander und erst dann als Einzelne mit den übrigen Miterben. Die Gemeinschaftlichkeit des Erbteils beruht auf dem Willen des Erblassers. Mit ihr kann insbesondere erreicht werden, dass auch bei der gewillkürten Erbfolge eine Verteilung des Vermögens nach bestimmten Personengruppen (z. B. nach Stämmen) sichergestellt wird.

27 Der gemeinschaftliche Erbteil bildet für die Berechnung der **Bruchteile** (§ 2093 i. V. m. §§ 2089–2092 BGB), für die **Anwachsung** (§ 2094 Abs. 1 Satz 2, Abs. 2 BGB) und die **Ersatzberufung** (§ 2098 Abs. 2 BGB) einen gedachten Einheitsbruchteil. Für die Veräußerung

---

[22] Vgl. hierzu § 14.
[23] RGZ 100, 76; OLG Hamm Urt. v. 8.10.1990 – 8 U 38/90 – NJW-RR 1991, 455; vgl. zu Ganzen: *Schiffer* BB 1995 Beilage 5, 5.
[24] RGZ 100, 76; MünchKommBGB/*Leipold* § 1937 Rdnr. 29.
[25] MünchKommBGB/*Leipold* § 2065 Rdnr. 6; *Lübtow* Erbrecht Bd. 1, 142; Staudinger/*Otte* § 2065 Rdnr. 11; *Schiffer* BB 1995 Beilage 5, 5.

§ 8 Erbeinsetzung und Enterbung 28–33 § 8

eines Miterbenanteils, der zu einem solchen Erbteil gehört, soll den verbundenen Miterben gemäß § 2034 BGB das Vorkaufsrecht vor anderen eingeräumt werden. Nach außen und im Übrigen nach innen sind die Unterbruchteile des gemeinschaftlichen Erbteils selbständige Erbteile.[26] Ob eine separate Berufung einerseits oder eine auf einen gemeinschaftlichen Erbteil andererseits anzunehmen ist, bestimmt sich aus sachlichen Gründen. Insbesondere wenn sich Anhaltspunkte dafür ergeben, dass bestimmte Erbengruppen immer zusammengeschlossen sein sollen, ist von einem gemeinschaftlichen Erbteil auszugehen; ergeben sich derartige Anhaltspunkte nicht, liegt regelmäßig ein Miterbenanteil vor.

Um Zweifel auszuschließen, sollte die Einsetzung auf einen gemeinschaftlichen Erbteil deutlich zum Ausdruck kommen. Dies berücksichtigt folgende Formulierung: 28

> **Formulierungsvorschlag:**
> Zum meinem Erben setze ich A zu einem Erbteil von 1/2, B und C zu einem gemeinschaftlichen Erbteil von ebenfalls 1/2 ein. Innerhalb des gemeinschaftlichen Erbteils soll B 2/3, C 1/3 erhalten.

IV. Auslegung von ungenauen Erbeinsetzungen[27]

Gerade im Zusammenhang der Unterscheidung zwischen Vermächtnis und Erbeinsetzung bereiten ungenaue und unvollständige Laientestamente häufig Probleme. Dabei können Folgende verschiedene Schwierigkeiten auftreten: 29

1. Teilvergabe

Immer wieder kommt es vor, dass lediglich über einen **Teil der Erbschaft** durch Erbeinsetzung verfügt wird. Bestimmt der Erblasser lediglich, dass einer Person A ein Erbteil von 1/2 zukommt, ohne festzulegen, was mit dem übrigen Erbteil geschieht, erweist sich die Erbregelung insoweit als lückenhaft. Diesen Problemen sucht die Ergänzungsregel des § 2088 BGB zu begegnen, wonach mangels eines erkennbar abweichenden Erblasserwillens die gesetzliche Erbfolge hinsichtlich des überbleibenden Bruchteils des Nachlasses eintritt. 30

Zu beachten ist hierbei allerdings der Charakter des § 2088 BGB als gesetzliche Ergänzungsregel. Lässt sich nämlich durch Auslegung nach allgemeinen Grundsätzen ein anderer Wille des Erblassers ermitteln, tritt die Vorschrift des § 2088 BGB zurück. Die Auslegung kann auf Grund der Existenz mehrerer Testamente ergeben, dass eine **Alleinerbeinsetzung** gewollt ist. Setzt der Erblasser beispielsweise in einem ersten Testament A und B zu seinen Erben zu gleichen Teilen ein und verfügt er später, B sei enterbt, liegt es nahe, den Willen des Erblassers als Alleinerbeinsetzung des A zu interpretieren. 31

Die Vorschrift des § 2088 BGB findet daneben auch bei der Teilnichtigkeit einer Erbeinsetzung Anwendung. Soweit die Einsetzung eines Erben auf Grund eines Sittenverstoßes unwirksam sein sollte, bestimmt die gesetzliche Erbfolge über das Schicksal dieses Erbteils.[28] 32

2. Fehlende Bestimmung der Erbquote

Weiterhin ist bei der Berufung mehrerer Personen zu Erben der Umfang ihrer Teilhabe am Nachlass zu bestimmen. Wurde dies versäumt, ist der Wille des Erblassers durch individuelle Auslegung zu ermitteln. Scheitert dieser Versuch, sind die Bestimmungen der §§ 2066 bis 2069 BGB als generelle Auslegungsregeln beachtlich. Soweit die Erben als gesetzliche Erben, Verwandte, Kinder oder Abkömmlinge angeführt sind, ist auf Grund dieser Bestimmungen im Zweifel anzunehmen, dass die **Bruchteile der gesetzlichen Erbfolge** gemeint sind.[29] Erst, wenn diese typisierte Auslegung misslingt, ist § 2091 BGB anwendbar, der in Vermutungswirkung bestimmt, dass mehrere zu Erben bestimmte Personen zu gleichen Teilen eingesetzt gelten. 33

---

[26] *Lange/Kuchinke* § 27 III.
[27] Zur Auslegung s. o. ausf. *Machulla* in § 6.
[28] BGHZ 52, 17 = NJW 1969, 1343; vgl. BGH Urt. v. 15.6.1955 – IV ZR 80/55 – FamRZ 1963, 287.
[29] *Lange/Kuchinke* § 27 IV 3 a.

3. Gegenständliche Erbeinsetzung und Anordnung zur Verteilung

34 In der Praxis kommt es recht häufig vor, dass eine Verfügung von Todes wegen, insbesondere wenn sie ohne professionelle Beratung errichtet worden ist, **keine Erbenbestimmung** und im Fall einer Mehrheit von Erben, keine Bestimmung über die quotale Verteilung des Nachlasses trifft.

35 Eine Erbeinsetzung auf einzelne Gegenstände gibt es nach dem System des BGB nicht. Vielmehr ist in diesem Fall die Zuwendung von Einzelgegenständen, aus deren Verteilung sich der Wille zur Erbeinsetzung ergibt, nur Wertmesser für die Erbquote.[30] Aus der Zuwendung einzelner Nachlassgegenstände lässt sich über die Erbeinsetzung hinaus meist auf den Wunsch nach der Anordnung einer Teilungsanordnung (§ 2048 BGB) oder eines Vorausvermächtnisses (§ 2150 BGB) oder eines Übernahmerechts schließen. Wird ein einzelner Nachlassgegenstand von der Verteilung – bewusst oder unbewusst – ausgenommen, so ist ein **Rückschluss auf ein Vermächtnis** zugunsten der gesetzlichen Erben möglich. Wendet der Erblasser den Bedachten Gegenstände zu, die nach seinem Erkenntnishorizont fast den gesamten Nachlass ausmachen, wird er regelmäßig den Wunsch gehabt haben, eine Erbeinsetzung vorzunehmen. Ein solcher Wille ergibt sich aber auch aus den weiteren Gesamtumständen, wenn das Motiv des Erblassers nach einer Übernahme der Nachlassschulden und einer Auseinandersetzung des Nachlasses zu erkennen ist.[31] Die Wertbestimmung der Nachlasswerte, insbesondere die Bestimmung des Gegenstands, der den wesentlichen Nachlasswert ausmacht, hat regelmäßig auf dem Vorstellungshorizont des Erblassers zum Zeitpunkt der Testamentserrichtung zu erfolgen. Kommt nach diesem Zeitpunkt noch weiteres Nachlassvermögen hinzu, so ändert dieser Umstand an dem grundsätzlichen Wunsch des Erblassers zur Erbeinsetzung nichts, wofür die unterlassene Korrektur der letztwilligen Verfügung ein starkes Indiz ist.

36 Hat der Erblasser sein gesamtes Vermögen durch Bezeichnung der wichtigsten Vermögensgegenstände (Bargeld, Inventar, Immobilien, Aktien) verschiedenen Personen zugedacht, **ohne dies als Erbeinsetzung zu bezeichnen,** so wird regelmäßig ein entsprechender Wille zur Erbeinsetzung anzunehmen sein.

37 Ist die Verfügung jedoch folgendermaßen ausgestattet:

Beispiel:
Meinen gesamten Grundbesitz samt Inventar vermache ich meiner Frau, meine Anzüge soll mein Sohn erben.

ist davon auszugehen, dass – trotz der gegenteiligen Terminologie – das Immobilienvermögen den gesamten Nachlass ausmacht und damit die Ehefrau zur Erbin und der Sohn nur zum Vermächtnisnehmer bestimmt werden sollte.

38 Die Verfügung:

Beispiel:
Das Haus in Berlin soll mein Sohn A, das Haus in München mein Sohn B erhalten.

ist bei einer Gleichwertigkeit der zugewendeten Gegenstücke als eine Erbeinsetzung jeweils zu Hälfte verbunden mit einer Teilungsanordnung gemäß § 2048 BGB auszulegen.

39 Deshalb richtet sich die Höhe der Quote der einzelnen Erbanteile, soweit diese durch Gegenstände oder durch Sachgesamtheiten bezeichnet sind, nach dem Wertverhältnis zwischen den zugewendeten Gegenständen auf Grundlage ihres Werts zum Zeitpunkt der Testamentserrichtung. Ist die Verteilung der Gruppen von Gegenständen vom Erblasser mit einer Wertbestimmung verbunden, so ist hieraus die quotale Verteilung zu ermitteln, sofern sich kein anderweitiger Wille ermitteln lässt.

40 Will der Erblasser Einfluss auf die Verteilung des Nachlasses nehmen, kann er eine **Auseinandersetzungsanordnung** treffen. Diese gängigsten Mittel zur Erreichung dieses Ziel sind die Teilungsanordnung und das Vorausvermächtnis. Mit der Aufnahme einer Teilungsanordnung[32] in die Verfügung von Todes wegen bringt der Erblasser seinen Wunsch zum Ausdruck,

---

[30] MünchKommBGB/*Schlichting* § 2087 Rdnr. 7.
[31] BayObLG FamRZ 1986, 728, 731.
[32] Vgl. § 16.

die von ihm festgelegte Höhe der Erbteile und deren Wert nicht zu verschieben. Sie entfaltet auch nur eine schuldrechtliche Wirkung zwischen den Miterben und gewährt ihnen einen Anspruch auf eine entsprechende Auseinandersetzung. Durch die Zuwendung eines Vorausvermächtnisses,[33] bei dem auch eine Drittbestimmung des Bedachten zulässig ist, wendet der Erblasser dem Bedachten über seine Erbquote einen Mehrwert zu, wodurch eine Wertverschiebung eintritt.[34] Hierdurch kann wirtschaftlich eine gegenständliche Erbeinsetzung erreicht werden. Eine solche Klausel könnte wie folgt lauten:

> **Formulierungsvorschlag:**
> Mein Unternehmen wird der aus dem Kreis der Erben von X zum Nachfolger bestimmten Person als Vorausvermächtnis zugewendet, ist also nicht auszugleichen.

Zur Absicherung einer Teilungsanordnung oder eines Vorausvermächtnisses, auf Grundlage einer quotalen Erbeinsetzung, empfiehlt es sich bereits zum Zeitpunkt der Errichtung der Verfügung von Todes wegen eine **postmortale Vollmacht** oder die Ernennung eines **Testamentsvollstreckers**, auch aus dem Kreis der Miterben, vorzusehen, wenn eine strittige Erbauseinandersetzung zu befürchten ist. Denn auch im Falle der Teilungsanordnung oder des Vorausvermächtnisses bedarf es eines Übertragungsaktes seitens der Erbengemeinschaft, dessen verweigerte Vornahme als Druckmittel zur Verbesserung der eigenen Verhandlungsposition missbraucht werden kann. Insbesondere im Falle der Anordnung von Vorausvermächtnissen zeigt die Praxis, dass uneinige Miterbengemeinschaften die einseitige wirtschaftliche Bevorzugung einiger Miterben zu blockieren suchen. 41

Wird der **Vorausvermächtnisnehmer zum Abwicklungstestamentsvollstrecker**, der ausschließlich die Übereignung des Vorausvermächtnisgegenstandes vornehmen darf, bestimmt, wird hierdurch (potentieller) Streit vermieden. Die Möglichkeit der Bestellung des Miterben zum Testamentsvollstrecker hat an sich eine befriedende Wirkung, so dass die Miterbengemeinschaft ohnehin bereit sein wird, die Übereignung vorzunehmen. 42

4. Rechenfehler

Bei der Abfassung eines Testaments unterlaufen dem Erblasser mitunter Rechenfehler. So, wenn auf Grund der vom Erblasser bestimmten Quoten Nachlassteile übrig bleiben, oder aber wenn die Quoten in ihrer Summe die Verteilungsmasse überschreiten. Ist im ersten Falle ermittelbar, dass der Erblasser über den Nachlass insgesamt und lückenlos bestimmen wollte, sind die **Bruchteile im Verhältnis zu erhöhen**.[35] Dementsprechend werden gemäß § 2090 BGB die Bruchteile gemindert, falls die vom Erblasser bestimmten Bruchteile das Ganze übersteigen. 43

Diese Auslegungsregeln sind gemäß § 2093 BGB entsprechend anwendbar, wenn vom Erblasser ein gemeinschaftlicher Erbteil bestimmt ist. 44

V. Form der Erbeinsetzung

Gemäß § 1937 BGB ist die Einsetzung von Erben durch einseitige Verfügung von Todes oder gemäß § 1941 BGB durch Erbvertrag möglich. 45

Die Erbeinsetzung ist von der Bedingung, dem Vermächtnis[36] sowie von der Teilungsanordnung und der Zweckauflage zu unterscheiden. Diese Rechtsinstitute werden im Rahmen dieses Werkes an anderer Stelle behandelt, so dass hier auf die entsprechenden Kapitel verwiesen werden kann.[37]

---

[33] Vgl. § 13.
[34] Vgl. § 13.
[35] § 2089 BGB.
[36] S. o. Rdnr. 3 ff.
[37] Vgl. §§ 13 ff.

46 Darüber hinaus haben sich in der Praxis bestimmte und **typisierte Formen** der Erbeinsetzung herausgebildet, die schlagwortartig als Erbeinsetzung im Rahmen eines Frankfurter und Berliner Testaments bezeichnet werden können.

1. Berliner Testament

47 Bei dem Berliner Testament gemäß § 2269 BGB handelt es sich um einen Sonderfall des gemeinschaftlichen Testaments zwischen Ehegatten.[38] Hierbei setzen sich die Ehegatten zunächst gegenseitig zu Erben ein und bestimmen gleichzeitig, dass nach dem Tode des überlebenden Ehegatten ein oder mehrere Dritte, zumeist die gemeinsamen Kinder, Erben sein sollen. Eine solche Verfügung ist unterschiedlich auszulegen:

48 Einerseits kann angenommen werden, dass der überlebende Ehegatte Vorerbe, die nach dessen Tode Eingesetzten Nacherben des erstverstorbenen Ehegatten seien. Da in diesem Falle von zwei getrennten Nachlassvermögen ausgegangen wird, spricht man bei dieser Auslegungweise vom **Trennungsprinzip** bzw. einer Trennungslösung.[39] Die Regelung des § 2269 Abs. 1 BGB entscheidet sich jedoch für eine dieser Auslegung widersprechenden **Einheitslösung:** Die Nachfolgekonstellation des Berliner Testaments ist demnach im Zweifel[40] so zu verstehen, dass der überlebende Ehegatte Vollerbe des Nachlasses seines verstorbenen Gatten wird. Da mit dem Erbfall die beiden Vermögensteile der Ehegatten zu einem verschmelzen und daraufhin dem Vermögen des überlebenden Gatten zuzurechnen sind, erben die im Berliner Testament eingesetzten Kinder das Vermögen des überlebenden Ehegatten nach dessen Tode.

2. Frankfurter Testament

49 Bei dem Frankfurter Testament handelt es sich um eine Gestaltung, die versucht, **steuerrechtliche Realisationstatbestände** im Rahmen einer Unternehmensnachfolge zu vermeiden. Soweit zum Nachlass ein Unternehmen gehört, wird der Erblasser dieses regelmäßig, um die Unternehmenssubstanz nicht zu zerschlagen, lediglich einem Erben zuweisen, obwohl die Teilhabe mehrerer potentieller Erben wirtschaftlich erreicht werden soll.

50 Das Frankfurter Testament sieht deshalb vor, dass **Betriebs- und Privatvermögen innerhalb einer Erbengemeinschaft durch Teilungsanordnung** entsprechend der Erbquote nach dem Wert des jeweiligen Nachlassgegenstandes aufgeteilt wird.[41]

51 Ein Mehrempfang des Unternehmensnachfolgers rechtfertigt sich dabei angesichts der Erwägung, dass dieser das Unternehmensrisiko zu tragen hat und mit der Gewinnbesteuerung belastet ist, während seine Miterben ein wesentlich geringeres Unternehmensrisiko tragen oder sogar ausschließlich Anteile aus dem privaten Nachlass erhalten.

52 Für den Sonderfall, dass der Erblasser die völlige wertmäßige Gleichstellung von Unternehmensnachfolge und sonstigen Erbfolgen wünscht, hat Felix[42] das **Frankfurter Testament** zur **Vermeidung von Veräußerungsgewinnen** vorgeschlagen. Da die rechtliche Verpflichtung zur Abfindungszahlung nur aus einer Wertdifferenz zwischen dem Erbteil und der Nachlassverteilung nach Vollzug der Teilungsanordnung entstehen kann, stellt Felix die Übereinstimmung zwischen Teilungsanordnung und Erbteil dadurch her, dass im Testament einerseits die Teilung angeboten wird, aber andererseits keine Erbquoten ausgeworfen werden und bestimmt wird, dass sich die Erbquote nach dem Wertverhältnis der gegenständlichen Zuteilung zum Zeitpunkt des Erbfalls bestimmt. Die Gleichstellung geschieht, indem der wertmäßig benachteiligte Miterbe ein Vorausvermächtnis auf eine Geldsumme in Höhe der halben Wertdifferenz erhält.

53 Das Frankfurter Testament könnte in einer **vereinfachten Standardfassung** wie folgt ausformuliert werden:

> **Formulierungsvorschlag:**
>
> Meine beiden Söhne A und B sind jeweils Miterben im Verhältnis der Werte, der ihnen durch eine Teilungsanordnung zugewiesenen Nachlassbestandteile. Mein Sohn A erhält mein Un-

---

[38] Vgl. hierzu ausf. § 11.
[39] *Brox* Rdnr. 185; *Schlüter* Rdnr. 347.
[40] BGHZ 22, 364, 366 = NJW 1957, 422.
[41] *Meincke* NJW 1991, 198.
[42] *Felix* GmbHR 1992, 517; *ders.* KÖSDl 1990, 8265.

> ternehmen und mein Sohn B mein Privatvermögen. Der Wirtschaftsprüfer K soll nach seinem pflichtgemäßen Ermessen und unter Zugrundelegung der entsprechenden berufsrechtlichen Standards das Betriebs- und das Privatvermögen bewerten. Mein Sohn B erhält ein nicht anrechnungspflichtiges Vorausvermächtnis in Höhe der Hälfte der Bewertungsdifferenz in bar, das zwar sofort geleistet werden, jedoch erst ein Jahr nach dem Eintritt des Erbfalls verlangt werden kann und den Erbteil meines Sohnes A belastet.

Bei solchen Regelungen wird das Nachlassgericht im **Erbscheinsverfahren** zur Festsetzung des jeweiligen Erbteils schwierige Wertermittlungen anzustellen haben. Diese Arbeit kann nur durch eine Abwandlung des Modells erleichtert werden, indem die Miterben zu gleichen Erbquoten eingesetzt und nicht nur der Wertausgleich, sondern die gesamte Nachlassverteilung durch Vorausvermächtnis geregelt wird.

VI. Ersatzerbeinsetzung

Für die Gestaltungsberatung sehr bedeutsam ist der häufige Fall, dass gewillkürte Erben des Erblassers vor Eintritt des Erbfalles wegfallen. Die Ursachen dieses Wegfalls sind verschiedene: So kann ein eingesetzter Erbe vorversterben oder eine aufschiebende Bedingung im Sinne des § 2074 BGB nicht erleben. Wegfallen kann der Erbe auch, wenn eine auflösende Bedingung gemäß § 2075 BGB eintritt oder die Erbeinsetzung unwirksam ist. Schließlich steht es dem eingesetzten Erben zu, einen Zuwendungsverzicht gemäß § 2352 BGB mit dem Erblasser zu vereinbaren.

Für diese Fälle bietet es sich an, einen **Ersatzerben** zu bestimmen. Eine solche Verfügung muss nicht auf alle Eventualfälle erstreckt werden, vielmehr ist es denkbar, die Ersatzbestimmung auf einzelne Gründe des Wegfallens zu beschränken.[43]

Nach der Funktion der Ersatzerbenstellung rückt der Ersatzerbe grundsätzlich in die **Stellung des Erstberufenen** ein. Da dies nicht zwingend ist, vermag der Erblasser die Rechtsposition des Ersatzerben auch abweichend von der des Erstberufenen zu regeln, beispielsweise ihm eine größere Erbquote zukommen zu lassen oder ihn mit anderen Auflagen oder Vermächtnissen zu beschweren.[44] Insbesondere bei der Gestaltung einer Verfügung von Todes wegen sollte deshalb im Rahmen der Ersatzerbeneinsetzung eine möglichst detaillierte und umfassende Regelung getroffen werden, die keinen oder möglichst reduzierten Auslegungsspielraum belässt. Es ist schließlich immer zu prüfen, welche Auslegungsgrundsätze bzw. gesetzliche Regelungen bestehen und inwieweit letztere der Disposition des Erblassers unterliegen. Eine Klausel könnte wie folgt formuliert werden:

> **Formulierungsvorschlag:**
> Fällt A vor oder nach Eintritt des Erbfalls als Erbe weg, so ist B Ersatzerbe. Fällt auch B vor oder nach dem Eintritt des Erbfalls weg, ist C Ersatzerbe. Diese Bestimmungen haben Vorrang vor allen gesetzlichen oder sonstigen Auslegungs-, Vermutungs- oder Ergänzungsbestimmungen.

Für den Fall einer ausdrücklichen Ersatzerbeneinsetzung nach § 2096 BGB gibt das Gesetz in § 2097 BGB folgende Auslegungsregel vor: Sind Ersatzerben für den Fall eingesetzt, dass der Erstberufene nicht Erbe sein kann, oder für den Fall, dass er nicht Erbe sein will, ist die Einsetzung im Zweifel so zu verstehen, dass sie für beide Fälle gilt. Ergänzend bestimmt § 2098 Abs. 1 BGB, dass Miterben, die gegenseitig zu Ersatzerben eingesetzt sind, in dem Verhältnis ihrer Erbteile als Ersatzerben eingesetzt sind. Wird hingegen für nur einen Miterben ein Ersatzerbe bestimmt, geht nach § 2099 BGB die Ersatzerbfolge der **Anwachsung** im Sinne des § 2094 BGB vor, d. h. der Erbteil eines weggefallenen Erben fällt ausschließlich dem Ersatzerben zu.

---

[43] Soergel/*Loritz* § 2096 Rdnr. 9.
[44] Soergel/*Loritz* § 2096 Rdnr. 14.

59 Handelt es sich bei den Erben um Abkömmlinge bestimmt § 2069 BGB, dass im Falle des Wegfalls eines Abkömmlings, im Zweifel dessen Abkömmlinge als bedacht gelten.[45] Hierdurch entsteht ein **Spannungsfeld** zu § 2094 BGB, das unter Umständen durch ergänzende Testamentsauslegung beseitigt werden kann. So kann die Auslegung ergeben, dass der Erblasser eine Anwachsung der Ersatzerbenberufung vorgezogen haben würde, wenn er diesen Umstand bei Abfassung des Testaments bedacht hätte. Denn der Anwachsung ist immanent, dass der Erblasser den gesamten Nachlass gerade unter den von ihm zu Erben berufenen Personenkreis verteilen wollte. Kann ein entsprechender Wille ermittelt werden, ist weiterhin die Schlussfolgerung zu ziehen, dass bei dem Wegfall eines Erben dessen Erbteil den übrigen Erben anwachsen soll. In jedem Fall sollte die Möglichkeit der **ergänzenden Testamentsauslegung** bedacht werden, die ähnliche Ergebnisse – besonders im Familienkreis – zu tragen vermag, insbesondere dann, wenn der Erblasser den Bedachten als Repräsentanten seines Familienteils betrachtet hat.[46]

60 Der **Ersatzerbe** ist insbesondere vom **Nacherben** zu **unterscheiden,** da der Ersatzerbe nur dann endgültig zum Erben wird, wenn der vorrangig Bedachte vor dem Eintritt des Erbfalls verstirbt oder nach dem Eintritt des Erbfalls die Erbschaft ausschlägt, wohingegen der Nacherbe in jedem Fall – mit dem Eintritt des Nacherbfalls – Erbe des Erblassers wird.

61 Dabei ist die Auslegungsregel des § 2102 Abs. 1 BGB zu beachten, wonach die Einsetzung als Nacherben im Zweifel auch die **Einsetzung** zum **Ersatzerben** bedeutet. Fällt also der Vorerbe weg, ohne dass ein bestimmter Ersatzerbe eingesetzt worden ist, rückt der Nacherbe in die Position des Ersatzerben des Vorerben ein. Ist die Einsetzung zum Ersatzerben oder zum Nacherben zweifelhaft, so gibt § 2102 Abs. 2 BGB der Ersatzerbeinsetzung den Vorrang.[47]

62 Ein besonders Spannungsfeld zwischen diesen Auslegungsregelungen entsteht, wenn der Erblasser Abkömmlinge zu **Nacherben** eingesetzt und **zusätzlich** eine **Ersatzerbfolge** angeordnet hat. Denn gehört der Ersatzerbe nicht zum Kreis der Abkömmlinge des verstorbenen Abkömmlings, so muss erst durch Auslegung ermittelt werden, ob im Falle des Versterbens des Nacherben auch dem angeführten Ersatznacherben der Erbteil zukommen soll oder ob trotz der Ersatznacherbenbestimmung gemäß § 2069 BGB den Abkömmlingen des Nacherben der Vorrang gebührt. Denn alleine aus der Aufnahme der Ersatznacherbfolge in die Verfügung von Todes wegen kann nicht zwingend auf eine Abbedingung des § 2069 BGB rückgeschlossen werden, da die Ersatznacherbschaftsregelung auch den Fall regeln sollte, dass der gesamte Stamm des vorrangig eingesetzten Nacherben wegfällt und bis zu diesem Ereignis die Abkömmlinge des Vorverstorbenen und nicht der bestimmte Ersatznacherbe zu Ersatzerben werden sollten. Zur Vermeidung dieser Konstellation sollte der **Vorrang** der Ersatzbestimmung ausdrücklich aufgenommen werden.[48] Dies ist bereits in dem obigen Formulierungsvorschlag durch den Ausschluss sämtlicher Auslegungsregeln zum Ausdruck gebracht.

VII. Anwachsung

63 Sieht die Verfügung von Todes wegen die vollständige Verteilung des Nachlasses vor und fällt einer der Miterben vor oder nach dem Erbfall weg, so wächst sein Anteil den übrigen Miterben nach dem Verhältnis ihrer Erbteile (§ 2094 Abs. 1 S. 1 BGB) zu.[49] Voraussetzung ist jedoch, dass sich der **Wille des Erblassers** ermitteln lässt, nur die in der Verfügung von Todes wegen angeführten Erben am Nachlass teilhaben lassen zu wollen. Miterben, die auf einen gemeinschaftlichen Erbteil eingesetzt sind, wächst der Anteil eines weggefallenen gemeinschaftlichen Miterbens nur unter ihnen zu (§ 2094 Abs. 1 S. 2 BGB).

---

[45] Nach LG Erfurt Beschl. v. 22.10.1999 – 7 T 112/99 – FamRZ 2000, 1187 ist § 2069 BGB auf andere Personen als Abkömmlinge nicht entsprechend anwendbar: War die bedachte Person kein Verwandter des Erblassers, rechtfertigt dies die Annahme, dass der Erblasser wegen der besonderen persönlichen Beziehung die Einsetzung auf den Bedachten beschränken wollte. Andererseits kommt in diesen Fällen häufig eine – vorrangige – ergänzende Testamentsauslegung in Betracht. Diese kann, unabhängig von § 2069 BGB, dazu führen, dass im Falle der Einsetzung naher Angehöriger der Erblasser nicht nur den Eingesetzten persönlich, sondern diesen zugleich als ersten seines Stamms oder seiner Familie bedenken wollte; vgl. Palandt/*Edenhofer* § 2069 Rdnr. 8.
[46] MünchKommBGB/*Leipold* § 2069 Rdnr. 27; Palandt/*Edenhofer* § 2069 Rdnr. 8.
[47] Palandt/*Edenhofer* § 2108 Rdnr. 4.
[48] Die Vorschrift des § 2108 Abs. 2 BGB, die das Nacherbrecht vererblich macht, ist dispositiv.
[49] *Lange/Kuchinke* § 27 VII 1.

§ 2094 Abs. 3 BGB eröffnet dem Erblasser jedoch die Möglichkeit, die Anwachsung durch eine **Verfügung von Todes wegen auszuschließen.** Dies muss nicht ausdrücklich gesehen, sondern kann sich auch aus einem entsprechenden Willen des Erblassers ermitteln lassen. Hat der Erblasser entsprechend keinen Ersatzerben bestimmt, so findet auf den nun freigewordenen Teil die gesetzliche Erbfolge Anwendung. Darüber hinaus ist aber auch der Ausschluss der Anwachsung für einzelne Miterben möglich. **64**

Die Anwachsung führt zur Vereinigung des bisherigen und des angewachsenen Erbteils zu einem **Gesamterbteil**, wobei diese jedoch weiterhin als selbständige Erbteile im Hinblick auf die Belastung mit Vermächtnissen, Auflagen oder der Beschwerung mit Ausgleichspflichten gelten (§ 2095 BGB). Die Einsetzung eines Ersatzerben geht jedoch der Anwachsung vor (§ 2099 BGB), so dass sich im Falle der Ermittlung eines dahin gehenden erblasserischen Willens, kein Platz für eine Anwachsung bleibt. **65**

VIII. Erbeinsetzung unter einer Bedingung oder einer Befristung

1. Grenzen

Die §§ 2074 bis 2076 BGB gehen stillschweigend von der Zulässigkeit von Bedingungen und Befristungen in Verfügungen von Todes wegen – insbesondere bei einer Erbeinsetzung – aus.[50] Bedingungen im Rechtssinne liegen vor, wenn die Wirksamkeit eines Rechtsgeschäfts nach dem erklärten Parteiwillen vom Eintritt oder vom Ausbleiben eines künftigen ungewissen Umstandes abhängig ist. Abzugrenzen sind Bedingungen insbesondere von **Beweggründen und Motiven,** die im Rahmen der gesetzlichen Regelungen über Testamente keine Erwähnung finden. Entscheidend ist insoweit die Auslegungsregel, für die Annahme einer Bedingung muss der Wille des Erblassers erkennbar sein, die Wirksamkeit der Verfügung mit dem angegebenen und von ihm selbst für ungewiss gehaltenen Umstandes unmittelbar zu verknüpfen. Im Gegensatz hierzu besteht bei Beweggründen oder Motiven keine Verknüpfung des motivierenden Umstandes mit der Rechtswirkung eines Rechtsgeschäftes.[51] **66**

Bringt der Erblasser zum Ausdruck, dass er ein bestimmtes künftiges Verhalten des Bedachten erwartet, so kann es sich dabei ebenfalls um eine bloße Angabe eines Beweggrundes handeln.[52] Auch wenn der Erblasser den Bedachten zu einem künftigen Verhalten veranlassen will, ist daher jeweils zu prüfen, ob dadurch eine rechtswirksame Bedingung gesetzt werden soll oder ob bloß ein rechtlich **unverbindlicher Wunsch,** eine Empfehlung des Erblassers vorliegt. Je mehr das gewünschte Verhalten dem Bereich der persönlichen Entschlussfreiheit des Bedachten zugehört, tendiert die Rechtsprechung dazu, die entsprechende Klausel nicht als Bedingung im Rechtssinne anzusehen, um die Problematik der Sittenwidrigkeit der Erbeinsetzung zu umgehen.[53] Daher ist insoweit eine sorgfältige Wertung notwendig. Für die Verfügungsgestaltung bedeutet dies, dass Bedingungen ausdrücklich als solche genannt sein sollten. Unklare, zweideutige Ausdrucksweisen sind zu vermeiden. **67**

Neben den in §§ 158 ff. BGB genannten Bedingungen, die lediglich auf zukünftige Ereignisse Bezug nehmen, sind auch sog. Gegenwartsbedingungen und Befristungen bei der Erbeinsetzung anzuerkennen. Von **Gegenwartsbedingungen** spricht man, wenn der Eintritt eines Ereignisses nicht in der Zukunft liegt, sondern gegenwärtig bereits erfolgt ist. Auch insoweit ist die Verknüpfung mit der Erbeinsetzung zulässig. Des weiteren kann die Erbeinsetzung befristet werden. **68**

2. Potestativbedingung

Probleme im Bereich der bedingten Erbeinsetzung ergeben sich lediglich bei sog. Potestativbedingungen: Eine Bedingung darf nämlich nicht dazu führen, den Grundsatz der persönlichen **Erbenbestimmung zu umgehen.** Daher sind solche Bedingungen unwirksam, die Geltung, Inhalt oder Empfänger einer Zuwendung von den bloßen Willensäußerungen eines anderen **69**

---

[50] Vgl. dazu im Einzelnen § 15.
[51] MünchKommBGB/*Leipold* § 2074 Rdnr. 4.
[52] BayObLGZ 1993, 248 = FamRZ 1993, 1494.
[53] BGH LM Nr. 5 zu § 138; Soergel/*Loritz* § 2074 Rdnr. 24.

abhängig machen, ohne objektive nachvollziehbare Kriterien für die Auswahl zu geben.[54] Eine Potestativbedingung liegt dann vor, wenn der Eintritt des Ereignisses, an den die Erbeinsetzung anknüpft, vom **Willen des Bedachten** abhängt. Eine zulässige Potestativbedingung könnte folgendermaßen aussehen:

> **Formulierungsvorschlag:**
> Ich setzte meinen Sohn A zum Erben ein. Die Erbeinsetzung ist auflösend bedingt für den Fall, dass mein Sohn in einem Strafverfahren rechtskräftig verurteilt wird.

70 Im Zusammenhang der Potestativbedingungen stehen die meist umstrittenen Fragestellungen der Sittenwidrigkeit letztwilliger Verfügungen. Nicht selten versucht der Erblasser nämlich durch bedingte Erbeinsetzungen auf die persönliche Lebensführung des Bedachten **Einfluss zu nehmen**. Diese Bestimmungen haben ihre Grenze dort, wo sie ein Verhalten zu erzwingen, das entweder gegen gesetzliche Verbote verstößt oder allgemein sittenwidrig ist.[55] Daher ist eine Bedingung, die die Zuwendung von einer strafbaren oder sonstigen nach herrschender Rechts- und Sozialmoral unehrenhaften Handlung abhängig macht, auf Grund § 138 Abs. 1 BGB nichtig. Unter Umständen kann es auch als sittenwidrig angesehen werden, wenn der Erblasser versucht, durch die Verteilung seines Vermögens auf bestimmte Entscheidungen des Bedachten (wirtschaftlichen) Einfluss zu nehmen. Dabei ist es entscheidend, ob eine gegen die guten Sitten verstoßende Verknüpfung von Mittel und Zweck vorliegt. Dies ist anzunehmen, wenn der Erblasser durch wirtschaftliche Anreize ein bestimmtes als unethisch empfundenes **Verhalten erzwingen** möchte.[56]

71 Hierbei kommt es auf die Würdigung des Einzelfalles an. Nach der Rechtsprechung sind insbesondere Bedingungen, die in den Bereich der **persönlichen Lebensführung** eingreifen und die in keinem Zusammenhang mit dem zugewendeten Vermögen stehen, regelmäßig sittenwidrig. Beispielsweise wurde die Erbeinsetzung unter der Bedingung des Wechsels der Konfession, des Eintritts in den Priesterstand und der Mitgliedschaft in einer politischen Partei als sittenwidrig angesehen.[57] Zum gleichen Ergebnis wird man gelangen, wenn der Erblasser die Erbeinsetzung von der Heirat einer bestimmten Person oder die Scheidung vom gegenwärtigen Ehepartner zur Bedingung der Erbeinsetzung gemacht hat.

72 Anders verhält es sich bei Bedingungen, die sich auf die **Verwaltung des vererbten Vermögens** beziehen und eine vernünftige Sorge für die Nutzung und Bewahrung des Vermögens erkennen lassen. Dies gilt insbesondere für die Bedingung, im Falle einer Heirat sei eine Gütertrennung zu vereinbaren, oder das vererbte Vermögen solle durch Vereinbarung vom Zugewinn ausgenommen werden.[58]

3. Rechtsfolgen einer nichtigen Bedingung

73 Im Falle der Anordnung einer sittenwidrigen und damit nichtigen Bedingung muss im Hinblick auf die Rechtsfolgen differenziert werden, ob die Verfügung insgesamt oder nur die Bedingung selbst sittenwidrig ist. Auf der Grundlage des erblasserischen Willens bilden seine **Verfügungen** und die von ihm **gesetzten Bedingungen eine Einheit**. Daher kann entgegen der Auslegungsregel des § 2085 BGB grundsätzlich nicht davon ausgegangen werden, der Erblasser wolle die Zuwendung auch ohne die Bedingung gelten lassen. Eine Aufrechterhaltung des wegen einer unsittlichen Bedingung unwirksamen Rechtsgeschäfts ist somit nur nach § 140 BGB möglich.[59] Gegen die Richtigkeit dieser Lösung werden seitens der Literatur immer wieder Bedenken erhoben, da der Wille des Erblassers im Übrigen dennoch zur Durchsetzung

---

[54] Vgl. § 2065 Abs. 1 und 2 BGB.
[55] BGH Urt. v. 28.1.1956 – IV ZR 216/55 – FamRZ 1956, 130; *Keuk* FamRZ 1972, 9; MünchKommBGB/*Leipold* § 2074 Rdnr. 14.
[56] Staudinger/*Otte* § 2074 Rdnr. 32 ff.
[57] RGZ 21, 279; Staudinger/*Otte* § 2074 Rdnr. 39.
[58] MünchKommBGB/*Leipold* § 2074 Rdnr. 16.
[59] Palandt/*Edenhofer* § 2074 Rdnr. 4; *Otte* JA 1985, 192.

käme.⁶⁰ Dagegen spricht allerdings, dass die Unwirksamkeit der Bedingung gerade auf einer Begrenzung der Privatautonomie des Erblassers beruht und die Freiheit des Bedachten vor ungerechtfertigtem Druck zu schützen sucht.⁶¹

IX. Verwirkungsklauseln

Unter Verwirkungs- bzw. Sanktionsklauseln versteht man gemeinhin die **letztwillige Sanktionierung der Bedachten** durch den Erblasser, seinen letzten Willen außerhalb einer Testamentsvollstreckung umzusetzen. Der Zweck derartiger Klauseln liegt darin, die Verwirklichung des letzten Willens zu sichern und Streitigkeiten unter den Hinterbliebenen zu vermeiden.⁶² Derartige Klauseln sind regelmäßig zulässig,⁶³ soweit der Erblasser den Erben für den Fall ihres Aufbegehrens die Begrenzung ihres Erbrechts auf den Pflichtteil bzw. die Enterbung, d. h. die Begrenzung ihres Erbrechts auf die Hälfte des Pflichtteils, androht.⁶⁴ 74

X. Besondere gesetzliche Auslegungsregeln; Auslegungsvertrag

Fällt ein in einer Verfügung von Todes wegen bedachter Abkömmling nach der Testamentserrichtung weg, ordnet § 2069 BGB an, dass im Zweifel dessen Abkömmlinge als bedacht gelten. Der Wegfall kann infolge des Vorversterbens oder durch Ausschlagung entstehen. Ein Wegfall im Sinne des § 2069 BGB besteht aber nicht, wenn der (pflichtteilsberechtigte) Ausschlagende ausschlägt und seinen Pflichtteil verlangt, da in diesem Fall der Erblasser, den Stamm des Ausschlagenden nicht wirtschaftlich besser gegenüber den anderen Stämmen stellen wollte. Auch hier sollte eine entsprechende Regelung aufgenommen werden. 75

Um Unklarheiten über die Auslegung zu beseitigen, empfiehlt sich das – teilweise – unbekannte Instrument des notariellen Auslegungsvertrags, der zwischen den Beteiligten geschlossen werden kann.⁶⁵ Dieser bindet nicht nur – wie andere obligatorische Verträge – die Vertragsparteien, sondern auch das Nachlassgericht und alle sonstigen Gerichte, deren Entscheidungen die Erbfolge zu Gegenstand haben, soweit er sich innerhalb der Grenzen einer vertretbaren Auslegung bewegt. Berührt der Auslegungsvertrag nur Fragen außerhalb der Erbfolge ist sein Abschluss auch formfrei möglich. 76

XI. Enterbung

Das Spiegelbild zur Erbeinsetzung bildet die Enterbung.⁶⁶ Die Enterbung kann vom Erblasser entweder **ausdrücklich** angeordnet sein, indem er im Sinne des § 1938 BGB eine Person durch letztwillige Verfügung von der gesetzlichen Erbfolge ausschließt. Anderseits kann eine Enterbung auch mittelbar bzw. **konkludent** dadurch geschehen, dass der Erblasser anderweitig verfügt. 77

Im zweiten Falle ist fraglich, welche Wirkungen sich ergeben, wenn die Einsetzung des Erben unwirksam oder nichtig ist. Anders gewendet stellt sich die Frage, ob in diesem Falle die Enterbung als isolierte Anordnung aufrechterhalten werden kann. Da die äußere Einheit der Erklärung nicht die Annahme zweier unabhängiger Verfügungen, die Einsetzung einerseits und die Enterbung andererseits, behindert, müsste im Hinblick auf § 2085 BGB die Enterbung nur dann als unwirksam gelten, wenn sie der Erblasser nicht ohne die (unwirksame) Erbeinsetzung getroffen hätte. 78

Vor dem Hintergrund allerdings, dass sich die Enterbung als bloßes Pendant zur Erbeinsetzung darstellt, und somit der Erblasser nicht die Enterbung alleine gewollt haben kann, lehnt 79

---

⁶⁰ Soergel/*Loritz* § 2074 Rdnr. 33.
⁶¹ MünchKommBGB/*Leipold* § 2074 Rdnr. 17 f.
⁶² *Birk* DNotZ 1972, 284.
⁶³ Vgl. aber BGHZ 120, 96 = NJW 1993, 1005.
⁶⁴ Einzelheiten zu Pflichtteils- und Verwirkungsklauseln s. § 21.
⁶⁵ Vgl. *Dressler* ZEV 1999, 289.
⁶⁶ Das Gesetz kennt den Ausdruck Enterbung nicht, sondern bezeichnet diesen Vorgang als Ausschluss von der Erbfolge. Mitunter wird unter dem Begriff der Enterbung auch der Entzug des Pflichtteils verstanden.

die Rechtsprechung[67] und die herrschende Meinung[68] die Anwendbarkeit des § 2085 BGB in diesem Falle ab. Ist somit die **Einsetzung unwirksam**, ist es **auch die Enterbung**, die mit jener in unmittelbarer Verbindung steht. Freilich kann dies nur im Zweifel gelten, und sofern keine den Enterbungswillen des Erblassers bestätigenden Anhaltspunkte ersichtlich sind.

80 Hat der Erblasser, wie es ihm auf Grund § 1938 BGB möglich ist, seine gesetzlichen Erben ausdrücklich enterbt, ohne einen Erben einzusetzen, erbt gemäß § 1936 BGB der **Fiskus** des Bundesstaates, dem der Erblasser zum Zeitpunkt seines Todes angehört hat, als gesetzlicher Erbe.[69] Das Erbrecht des Staates auszuschließen, ist nicht möglich, da die Erbschaft wegen des Grundsatzes der Universalsukzession zwingend auf einen neuen Rechtsträger übergehen muss.

81 Die Enterbung eines gesetzlichen Erbens gilt **regelmäßig nur in seiner Person** und hindert nach herrschender Meinung den Eintritt seiner Abkömmlinge nicht.[70] Damit ist der Enterbte im Wege einer Fiktion wie eine vor dem Erbfall verstorbene Person zu behandeln, an deren Stelle dessen Abkömmlinge treten. Dies gilt sowohl, wenn der Enterbte noch lebt als auch erst recht, wenn er tatsächlich vorverstorben ist.[71]

82 Durch Auslegung kann sich jedoch ergeben, dass der **gesamte Stamm**, also auch die Abkömmlinge des Enterbten, ihrerseits von der Erbfolge ausgeschlossen sein sollen. Da insoweit die Rechtsfolge zweifelhaft sein kann, sollte eine hinreichend sichere Regelung getroffen werden. Dabei ist insbesondere zu berücksichtigen, dass im Fall der Enterbung nur eines gesetzlichen Erbens, nicht aber des gesamten Stamms, dem Enterbten ein Pflichtteilsanspruch zustehen und zusätzlich sein Stamm den Erbteil erhält, so dass es zu einer wirtschaftlichen Besserstellung des Stamms des Enterbten kommt. Dieses Ergebnis kann sich beispielsweise bei korrespektiven Ehegattentestamenten noch kumulieren.

83 Als Formulierungsvorschläge einer ausdrücklichen Enterbung bieten sich an:

> **Formulierungsvorschläge:**
> Ich enterbe meinen Sohn A. Die Enterbung soll nicht für seine Abkömmlinge gelten.
> Ich enterbe meinen Sohn A sowie sämtliche seiner Abkömmlinge.

---

[67] OLG Stuttgart BWNotZ 1981, 141.
[68] Statt aller *Lange/Kuchinke* § 27 VIII 1.
[69] *Brox* Rdnr. 67 ff.
[70] RGZ 61, 14; BGH, FamRZ 1959, 149; LG Neubrandenburg Beschl. v. 11.8.1995 – MDR 1995, 1238; Palandt/*Edenhofer* § 1938 Rdnr. 3; Soergel/*Stein* § 1938 Rdnr. 7; *Brox* Rdnr. 266; *Lange/Kuchinke* § 27 VIII 2; a.A. *Scherer* ZEV 1999, 41, 42.
[71] Vgl. dazu *Scherer* ZEV 1999, 41, 42.

§ 9 Widerruf und Aufhebung des Testaments

Übersicht

	Rdnr.
I. Bedeutung in der anwaltlichen Praxis	1–3
1. Erbrechtliche Gestaltung	1
2. Streitige Abwicklung eines Erbfalls	2
3. Abgrenzung zu sonstigen Widerrufen	3
II. Die gesetzliche Regelung im Überblick	4/5
1. Widerruf	4
2. Aufhebung	5
III. Einzelne Widerrufsformen	6–22
1. Widerrufstestament	6–13
a) Allgemeines	6
b) Wirksamkeitsvoraussetzungen	7–9
c) Inhaltliche Voraussetzungen und Rechtsfolgen	10
d) Widerruf	11/12
e) Anfechtbarkeit	13
2. Vernichtung oder Veränderung	14–18
a) Allgemeines	14
b) Widerrufshandlung	15/16
c) Widerrufsabsicht	17
d) Widerruf des Widerrufs; Anfechtbarkeit	18
3. Rücknahme aus amtlicher Verwahrung	19–22
a) Allgemeines	19/20
b) Rückgabe	21
c) Widerruf des Widerrufs; Anfechtbarkeit	22
IV. Aufhebung	23–28
1. Aufhebung durch Testament	23–27
a) Allgemeines	23
b) Widerspruch der Testamente	24/25
c) Rechtsfolgen	26
d) Beseitigung der Aufhebungswirkung	27
2. Aufhebung durch Erbvertrag	28
V. Widerruf und Aufhebung gemeinschaftlicher Testamente	29–39
1. Einseitige Verfügungen	29
2. Das gemeinschaftliche Testament im Ganzen	30
3. Widerruf wechselbezüglicher Verfügungen	31–39
a) Widerruf zu Lebzeiten des anderen Ehegatten	32–37
b) Widerruf nach dem Tod des anderen Ehegatten	38
c) Exkurs: Selbstanfechtung wechselseitiger Verfügungen nach Tod des Ehegatten wegen Irrtums über die Bindungswirkung	39
VI. Die Regelung des ZGB	40/41

Schrifttum: *Helms*, Der Widerruf und die Anfechtung wechselbezüglicher Verfügungen bei Geschäfts- und Testierunfähigkeit, DNotZ 2003, 104; *Hohmann*, Anmerkung zu BayObLG Beschluss vom 21.2.1996, ZEV 1996, 271; *Janke*, Widerruf und Aufhebung von in der DDR errichteten gemeinschaftlichen Testamenten und Ehegattenerbverträgen, NJ 1998, 393; *Kanzleiter*, Anmerkung zu BGH Urteil vom 7.7.2004, ZEV 2005, 181; *von Lübtow*, Zur Lehre vom Widerruf des Testaments, NJW 1968, 1849; *Lüdecke-Glaser*, Anmerkung zu BayObLG Beschluss vom 24.2.2000, NotBZ 2000, 161; *Merle*, Zur Rückgabe eines öffentlichen Testaments aus der amtlichen Verwahrung, AcP 171 (1971), 486; *Muscheler*, Der Einfluss der Eheauflösung auf das gemeinschaftliche Testament, DNotZ 1994, 733; *Pfeiffer*, Das gemeinschaftliche Ehegattentestament – Konzept, Bindungsgrund und Bindungswirkung, FamRZ 1993, 1266; *Rappenglitz*, Der Widerruf wechselbezüglicher Verfügungen zu Lebzeiten anderer Ehegatten, JA 2001, 466; *R. Schmidt*, Der Widerruf des Testaments durch Vernichtung oder Veränderung der Testamentsurkunde, MDR 1951, 321; *ders.*, Überspannung des Formalismus im Testamentsrecht, JZ 1951, 745; *Schneider*, Problemfälle aus der Prozesspraxis: Zwei Testamente, MDR 1990, 1086; *Sonntag*, Auslegungskriterien bei sich widersprechenden Testamenten vom selben Tag, ZEV 1996, 1; *Stellwaag*, Nochmals: Zwei Testamente oder: Wenn drei sich streiten, MDR 1991, 501; *Zugehör (Hrsg.)*, Handbuch der Anwaltshaftung, 1999.

> **Beratungscheckliste**
>
> I. Liegen nach Auskunft des Mandanten frühere Verfügungen von Todes wegen vor?
>   □ wenn nein, dennoch vorsorglicher allgemeiner Widerruf im Eingang einer Verfügung von Todes wegen zweckmäßig (Rdnr. 10)
> II. Testamente als zeitlich frühere, nunmehr zu widerrufende Verfügungen
>   □ Widerruf durch Widerrufstestament (Rdnr. 6–13); **beachte:** Form des früheren Testaments irrelevant – öffentliches Testament kann durch eigenhändiges Testament widerrufen werden (Rdnr. 6)
>   □ Widerruf auch möglich durch
>   • Vernichtung oder Veränderung der Testamentsurkunde (Rdnr. 14–18)
>   • Rücknahme öffentlicher Testamente aus amtlicher Verwahrung (Rdnr. 19–22); **beachte:** gilt nicht für in besondere amtliche Verwahrung (§ 2248 BGB) genommene eigenhändige Testamente (§ 2256 Abs. 3 BGB)
>   □ in der Beratungssituation sollte nach dem Grundsatz des sichersten Weges auf ausdrückliches Widerrufstestament hingewirkt werden; erspart auch Rückgriff auf
>   □ Aufhebung des Testaments durch in der Sache widersprechende nachfolgende Regelung qua Gesetz (Rdnr. 23–28)
> III. Gemeinschaftliche Testamente als zeitlich frühere Verfügungen von Todes wegen
>   □ Widerruf einseitiger Verfügungen durch verfügenden Ehegatten nach allgemeinen Vorschriften möglich (Rdnr. 29); **beachte:** Rücknahme aus amtlicher Verwahrung verlangt nach § 2272 BGB Mitwirkung beider Ehegatten
>   □ Widerruf des gemeinschaftlichen Testaments im Ganzen wie Einzelner wechselbezüglicher Verfügungen durch beide Ehegatten nach allgemeinen Vorschriften möglich (Rdnr. 30–31)
>   □ Widerruf wechselbezüglicher Verfügungen durch einen Ehegatten zu Lebzeiten des anderen setzt Zugang notariell beurkundeter Widerrufserklärung des Widerrufenden persönlich beim anderen Ehegatten voraus (Rdnr. 32–35); **beachte:** Zugang einer Ausfertigung der notariellen Urkunde erforderlich; Zustellung durch Gerichtsvollzieher zu empfehlen. Bei einer Scheidung sollte dieser Weg vorsorglich beschritten werden (Rdnr. 37)
>   □ Widerruf nach dem Tode des anderen Ehegatten nur in Sonderfällen (Rdnr. 36); **beachte:** bei Widerrufsvorbehalt Widerruf durch Widerrufstestament erforderlich
> IV. Erbvertrag als zeitlich frühere Verfügung von Todes wegen
>   □ vgl. hierzu §§ 2290–2297 BGB und im Einzelnen Rdnr. 28 und § 10 Rdnr. 42.

I. Bedeutung in der anwaltlichen Praxis

1. Erbrechtliche Gestaltung

1 Der Rechtsanwalt, der von seinem Mandanten mit der vorsorgenden Gestaltung der erbrechtlichen Nachfolge beauftragt ist, wird in einem ersten Schritt neben den gestalterischen Zielen des Mandanten insbesondere auch zu ermitteln suchen, ob der Mandant bereits Verfügungen von Todes wegen errichtet hat, die der Verwirklichung seines aktuellen Erblasserwillens entgegenstehen könnten. Der Anwalt wird dabei sein Hauptaugenmerk darauf richten müssen, ob der Mandant bereits durch vertragsmäßige Verfügungen in einem Erbvertrag (§ 2278 BGB) oder nach dem Tod des Ehegatten bindend gewordene wechselseitige Verfügungen in einem gemeinschaftlichen Testament (§ 2270 BGB) in seiner erbrechtlichen Verfügungsmacht beschränkt ist. In diesem Fall genügt freilich der nachfolgend zu behandelnde schlichte Widerruf der Verfügung von Todes wegen oder deren bloße Aufhebung durch den Erblasser grundsätzlich nicht, um einen etwa nunmehr abweichenden Erblasserwillen umzusetzen.[1] Besteht eine Bindung des Mandanten an vorangegangene Verfügungen von Todes wegen dagegen nicht, liegen also bisher allenfalls jederzeit widerrufbare „letztwillige" Verfügungen des

---

[1] Vgl. dazu Rdnr. 28, § 10 Rdnr. 43 ff. und § 11 Rdnr. 88 ff.

§ 9 Widerruf und Aufhebung des Testaments

Mandanten vor (§ 1937 BGB), stellen sich hinsichtlich deren Beseitigung keine besonderen gestalterischen Schwierigkeiten. Der Rechtsanwalt wird vielmehr regelmäßig an den Beginn einer umfassenden Regelung der Nachfolge nach dem Mandanten von Todes wegen einen ausdrücklichen Widerruf aller bisher (etwa) errichteter letztwilliger Verfügungen stellen (§§ 2253, 2254 BGB).[2] Dies empfiehlt sich für den anwaltlichen Berater nach dem in der ständigen höchstrichterlichen Rechtsprechung herausgearbeiteten Gebot, stets den sichersten Weg zu beschreiten,[3] auch dann, wenn der Inhalt der bisherigen letztwilligen Verfügungen ganz oder teilweise auch in die nunmehr intendierte Verfügung von Todes wegen übernommen werden soll; die aus der Existenz mehrerer zeitlich aufeinander folgender Testamente resultierenden Unsicherheiten sollten in jedem Fall vermieden werden. Eine generelle Widerrufsklausel sollte schließlich auch dann in die zu errichtende Verfügung von Todes wegen aufgenommen werden, wenn der Mandant meint ausschließen zu können, Schriftstücke errichtet zu haben, die sich als letztwillige Verfügung deuten lassen. Zusätzliche Schritte und besondere Aufmerksamkeit des rechtlichen Beraters erfordert im vorliegenden Kontext danach lediglich das Vorliegen eines der aktuellen Nachfolgeplanung entgegenstehenden, aber noch nicht bindend gewordenen gemeinschaftlichen Testaments.[4]

2. Streitige Abwicklung eines Erbfalls

Ihre eigentliche Bedeutung für die anwaltliche Praxis haben die detaillierten gesetzlichen Vorschriften über Widerruf und Aufhebung des Testaments danach bei der Mandatierung des Anwalts in der streitigen Abwicklung eines Erbfalls. Liegen verschiedene einander teilweise oder vollständig widersprechende Verfügungen des Erblassers von Todes wegen vor – was durch eine zweckentsprechende rechtliche Beratung bereits bei der Testamentserrichtung vermieden worden wäre –, dienen die Bestimmungen zu Widerruf und Aufhebung des Testaments der Ermittlung des letztlich gültigen **Erblasserwillens.** Angesichts der hauptsächlichen Bedeutung der zu besprechenden Bestimmungen in der streitigen Auseinandersetzung, sei es im Erbscheinsverfahren, sei es in der zivilprozessualen Auseinandersetzung zwischen verschiedenen Erbprätendenten, wird in der nachfolgenden Darstellung besonderer Wert auch auf die jeweilige Verteilung der **Darlegungs- und Beweislast** im Prozess bzw. der **Feststellungslast** im Erbscheinsverfahren gelegt werden.

3. Abgrenzung zu sonstigen Widerrufen

Widerruf und Aufhebung des Testaments oder Einzelner in ihm enthaltener letztwilliger Verfügungen sind streng zu unterscheiden von Widerrufen rechtsgeschäftlicher **Erklärungen unter Lebenden,** die auch in einer Testamentsurkunde enthalten sein können. Nachdem der Widerruf einer rechtsgeschäftlichen Erklärung unter Lebenden jedoch für seine Wirksamkeit regelmäßig des Zugangs bei einem Erklärungsgegner bedarf, ist vor einer Aufnahme derartiger Widerrufe in die Testamentsurkunde angesichts der daraus ungeachtet der Vorschrift des § 130 Abs. 2 BGB resultierenden Risiken dringend zu warnen. Hinzuweisen ist insbesondere auf die Unwirksamkeit eines Widerrufs der Bezugsberechtigung für eine **Lebensversicherung** im Testament gemäß dem die Auslegungsregel des § 332 BGB verdrängenden § 14 Abs. 4 Satz 1 ALB, der für die Wirksamkeit des Widerrufs eine schriftliche Anzeige beim Versicherer fordert.[5]

II. Die gesetzliche Regelung im Überblick

1. Widerruf

§ 2253 BGB bekräftigt zunächst den sich bereits aus der Testierfreiheit ergebenden Grundsatz, dass der Erblasser ein Testament sowie Einzelne in einem Testament („letztwillige Verfügung", § 1937 BGB) enthaltene Verfügungen jederzeit widerrufen kann. Dieser die erbrechtliche Verfügungsmacht betreffende Grundsatz wird ergänzt durch die Regelung des § 2302 BGB,

---

[2] Vgl. dazu im Einzelnen nachfolgend § 9 Rdnr. 10 a. E.
[3] Vgl. aus der Rspr. zuletzt etwa BGH Urt. v. 11.2.1999 – NJW 1999, 1391; ausführlich *Zugehör* Rdnr. 598 ff.
[4] Vgl. dazu § 2271 BGB und nachfolgend Rdnr. 31 f.
[5] BGH Urt. v. 1.7.1981 – BGHZ 81, 95 = NJW 1981, 2245 zu § 13 Abs. 3 ALB 1957; BGH Urt. v. 14.7.1993 – NJW 1993, 3133 zu § 13 Abs. 3 ALB 1981.

nach der auch ein schuldrechtlicher Vertrag, durch den sich der Erblasser verpflichtet, eine Verfügung von Todes wegen nicht aufzuheben, nichtig ist. Damit sind auch aus einem Testamentswiderruf resultierende Schadensersatzansprüche des Erbschaftsanwärters von vornherein ausgeschlossen. Das Gesetz regelt im Folgenden drei verschiedene Widerrufsformen, nämlich als Grundtatbestand den Widerruf durch Testament (§ 2254 BGB), sodann den Widerruf durch Vernichtung oder Veränderung der Testamentsurkunde in Widerrufsabsicht, also durch eine rechtsgeschäftliche Handlung (§ 2255 BGB); schließlich fingiert § 2256 BGB einen Widerruf, wenn dem Erblasser auf dessen Verlangen hin ein in besonderer amtlicher Verwahrung (§§ 2258 a, 2258 b BGB) befindliches öffentliches Testament zurückgegeben wird. § 2257 BGB enthält sodann eine Auslegungsregel für den Fall, dass ein durch Testament erfolgter Widerruf (§ 2254 BGB) seinerseits widerrufen wird. Im Zweifel soll auf Grund eines solchen Widerrufs die ursprüngliche Verfügung wirksam sein, wie wenn sie nicht widerrufen worden wäre. Die vorgenannten Bestimmungen finden grundsätzlich auch auf gemeinschaftliche Testamente Anwendung. § 2271 BGB enthält insoweit jedoch wichtige Sonderregelungen für den einseitigen Widerruf wechselbezüglicher Verfügungen in einem gemeinschaftlichen Testament. Diese können grundsätzlich nur bis zum Tode des erstversterbenden Ehegatten und auch nur durch notariell beurkundete Erklärung gegenüber dem anderen Ehegatten widerrufen werden (§ 2271 Abs. 1 Satz 1 BGB i. V. m. § 2296 BGB).

2. Aufhebung

5   Von dem Widerruf eines Testaments zu unterscheiden ist nach der gesetzlichen Regelung dessen Aufhebung, die nach § 2258 BGB allein dadurch bewirkt wird, dass ein späteres Testament mit dem früheren in Widerspruch steht. Eines Widerrufswillens des Erblassers bedarf es insoweit nicht. Eine vergleichbare Regelung enthält schließlich § 2289 BGB für den Erbvertrag. Durch diesen wird eine letztwillige Verfügung des Erblassers unabhängig von einem entsprechenden Widerrufswillen aufgehoben, soweit sie das Recht des vertragsmäßig Bedachten beeinträchtigen würde. Weitere Möglichkeiten des Erblassers, eine einmal wirksam errichtete letztwillige Verfügung unabhängig von einem formgerechten Widerruf aufzuheben, kennt das Gesetz nicht. So führt das bloße Vergessen einer unter Umständen Jahrzehnte alten letztwilligen Verfügung nicht zu deren Aufhebung, selbst wenn der Erblasser nachweisbar davon ausging, dass die gesetzliche Erbfolge eingreife.[6] Einer an bestimmte Anfechtungsgründe gebundenen Anfechtung der letztwilligen Verfügung durch den Erblasser nach §§ 2078, 2079 BGB bedarf es andererseits nur dort, wo dem Erblasser ein schlichter Widerruf nicht hilft, also bei der bindend gewordenen wechselbezüglichen Verfügung in einem gemeinschaftlichen Testament.[7]

III. Einzelne Widerrufsformen

1. Widerrufstestament

6   a) **Allgemeines.** Grundform des Widerrufs ist nach der gesetzlichen Regelung (§ 2254 BGB) der Widerruf durch Testament. Das Gesetz differenziert dabei nicht zwischen den verschiedenen Testamentsformen des öffentlichen und des eigenhändigen Testaments (§ 2232 BGB bzw. § 2247 BGB). Daraus folgt, dass auch ein in amtlicher Verwahrung befindliches **öffentliches Testament** durch ein eigenhändiges Widerrufstestament widerrufen werden kann.[8] § 2256 BGB enthält demnach eine zusätzliche Widerrufsmöglichkeit für in besonderer amtlicher Verwahrung befindliche öffentliche Testamente, nicht etwa eine abschließende Regelung der Widerrufsmöglichkeiten bei einem öffentlichen Testament. Umgekehrt kann natürlich ein eigenhändiges Testament auch durch ein öffentliches Testament widerrufen werden. Schließlich kann der Widerruf eines Testaments auch durch ein formgültiges Nottestament[9] erfolgen.

---

[6] OLG Köln Beschl. v. 19.2.1986 – NJW 1986, 2199, 2200.
[7] Vgl. dazu im Einzelnen § 11 Rdnr. 45 ff.
[8] Vgl. aus der Rspr. etwa BGH Urt. v. 25.10.1965 – NJW 1966, 201. Zu Haftungsrisiken des Anwalts, wenn er den Hinweis auf diese einfache Widerrufsmöglichkeit bei einem öffentlichen Testament unterlässt, vgl. OLG Braunschweig Urt. v. 18.7.1997 und dazu Nichtannahme-Beschluss des BGH vom 17.12.1998, beide abgedruckt ZEV 1999, 357.
[9] Vgl. §§ 2249 bis 2251 BGB und dazu § 5 Rdnr. 40 ff.

§ 9 Widerruf und Aufhebung des Testaments 7–10 § 9

Nach Ablauf der dreimonatigen Gültigkeitsfrist des § 2252 BGB gelten Nottestamente jedoch als nicht errichtet, was dazu führt, dass die durch Nottestament zunächst wirksam widerrufene letztwillige Verfügung, wenn der Erblasser zu diesem Zeitpunkt noch lebt, erneut Wirksamkeit erlangt.

b) Wirksamkeitsvoraussetzungen. Als Testament muss das Widerrufstestament, um Wirksamkeit zu erlangen, den Anforderungen genügen, die für Testamente ganz allgemein gelten. 7

aa) Testierfähigkeit. Insbesondere muss der Widerrufende danach **testierfähig** sein (§ 2229 Abs. 4 BGB). Einer besonderen **negativen Testierfähigkeit** des wegen Geistesschwäche, Verschwendung, Trunksucht oder Rauschgiftsucht Entmündigten[10] bedarf es nach der Abschaffung der Entmündigung durch das Betreuungsgesetz[11] zum 1.1.1992 nicht mehr. Der Betreute ist allein durch die angeordnete Betreuung an der Errichtung einer Verfügung von Todes wegen nicht gehindert. Auch ein Einwilligungsvorbehalt zugunsten des Betreuers scheidet insoweit aus (§ 1903 Abs. 2 BGB nF). Freilich bleibt die Regelung des § 2253 Abs. 2 BGB a.F. für bis zum 31.12.1991 errichtete Widerrufstestamente der im Zeitpunkt des Widerrufs wegen Geistesschwäche, Verschwendung, Trunksucht oder Rauschgiftsucht Entmündigten zu berücksichtigen.[12] Die Sonderregelung des § 2253 Abs. 2 BGB a.F. half hier lediglich über die unmittelbar aus der Entmündigung nach § 2229 Abs. 3 BGB a.F. folgende Testierunfähigkeit hinweg; eine daneben bestehende Testierunfähigkeit nach § 2229 Abs. 4 BGB verhinderte dagegen auch nach der früheren Regelung die Wirksamkeit des Widerrufstestaments.[13]

bb) Ersatzlösung bei Testierunfähigkeit. Steht die **Testierunfähigkeit** nach altem wie nach 8 neuem Recht dem Widerruf einer wirksam errichteten letztwilligen Verfügung des Geschäftsunfähigen entgegen, so kann sich in der Beratungssituation die Frage nach einer Ersatzlösung stellen, wenn die in der ursprünglichen Verfügung von Todes wegen enthaltenen Regelungen gerade für einen Bedachten nachteilig sind. Hier ist ggf. ein **Zuwendungsverzichtsvertrag** (evtl. daneben auch ein vertraglicher Verzicht auf das gesetzliche Erbrecht nach § 2346 Abs. 1 Satz 1 BGB) zwischen dem Bedachten und dem gesetzlichen Vertreter des Erblassers nach §§ 2352, 2347 Abs. 2 Satz 2 BGB zu prüfen, der allerdings der Genehmigung durch das Vormundschaftsgericht bedarf.[14] Freilich bleibt stets zu berücksichtigen, dass auch auf diesem Wege nur negative Verfügungen möglich sind (Ausschließung des Verzichtenden von der gewillkürten und ggf. gesetzlichen Erbfolge), es im Übrigen aber bei der gewillkürten bzw. gesetzlichen Erbfolge verbleibt.

cc) Form. Die **Formerfordernisse** ergeben sich – je nach der gewählten Testamentsform – 9 aus § 2232 BGB bzw. aus § 2247 BGB. Danach kann eine letztwillige Verfügung jedenfalls in einem Prozessvergleich nicht wirksam widerrufen werden.[15] Dagegen kann ein wirksames Widerrufstestament in einem Zusatz zu dem zu widerrufenden Testament – auch auf dessen Umschlag – oder auf einer maschinenschriftlichen Abschrift desselben jedenfalls dann gefunden werden, wenn der Zusatz mit Orts- und Datumsangabe versehen sowie eigenhändig geschrieben und unterschrieben ist.[16]

c) Inhaltliche Voraussetzungen und Rechtsfolgen. Ein Testament im Sinne des § 2254 BGB 10 kann isoliert errichtet werden; es kann aber auch mit neuen positiven Verfügungen des Erblassers verbunden werden. Vorangegangene letztwillige Verfügungen müssen nicht ausdrücklich widerrufen werden, doch muss sich der Widerrufswille des Erblassers jedenfalls durch Auslegung des Testaments ermitteln lassen, wobei nach allgemeinen Grundsätzen neben dem Wortlaut des Testaments auch diejenigen Umstände außerhalb des Testaments mit heranzuziehen sind, die zur Ermittlung des wirklichen Willens des Erblassers von Bedeutung sein kön-

---

[10] Vgl. § 2253 Abs. 2 BGB a.F.; abgedruckt etwa bei Staudinger/*Baumann* § 2253 Rdnr. 2.
[11] Gesetz zur Reform des Rechts der Vormundschaft und Pflegschaft für Volljährige (Betreuungsgesetz – BtG) vom 12.9.1990, BGBl. I 2002.
[12] Einzelheiten hierzu etwa bei Staudinger/*Baumann* § 2253 Rdnr. 12 bis 15.
[13] Vgl. BayObLG Beschl. v. 12.6.1975 – BayObLGZ 1975, 212.
[14] Vgl. dazu im Einzelnen § 31 Rdnr. 52.
[15] BGH Urt. v. 6.5.1959 – DB 1959, 790.
[16] Vgl. BGH Urt. v. 25.10.1965 – NJW 1966, 201 in Abgrenzung zu RG JW 1925, 475.

nen.[17] Danach erscheint es nicht ausgeschlossen, den in einem formgültigen Testament enthaltenen – irrtümlichen – Hinweis des Erblassers, ein früheres Testament sei (durch einen Dritten) vernichtet worden und deshalb ungültig, im Wege der ergänzenden Auslegung als Widerruf im Sinne des § 2254 BGB zu werten.[18] Lässt sich ein Widerrufswille des Erblassers nach allgemeinen Auslegungsgrundsätzen demgegenüber nicht feststellen, kommt immer noch eine Aufhebung des früheren Testaments durch etwaige entgegenstehende positive Verfügungen des Erblassers nach § 2258 BGB in Betracht.[19] Rechtsfolge eines wirksamen Widerrufs ist die Unwirksamkeit des widerrufenen Testaments, die jedoch bis zum Tode des Erblassers nicht als endgültig angesehen werden kann, da stets ein Widerruf des Widerrufstestaments in Betracht kommt.[20]

Die bei einer umfassenden erbrechtlichen Nachfolgeregelung eingangs grundsätzlich zu empfehlende Widerrufsklausel könnte danach etwa wie folgt gefasst werden:

> **Formulierungsvorschlag:**
> Unter Widerruf aller (etwaigen) früheren letztwilligen Verfügungen, insbesondere meiner Verfügungen vom ..., verfüge ich hiermit letztwillig wie folgt: ...

11   d) **Widerruf.** Dass auch das Widerrufstestament als echtes Testament seinerseits widerrufbar sein muss, folgt bereits aus § 2253 BGB. Der Widerruf kann damit auch in allen anerkannten **Widerrufsformen** erfolgen.[21] Möglich – allerdings aus Gründen der Transparenz nicht zu empfehlen – ist auch ein nur teilweiser Widerruf des mehrere Verfügungen widerrufenden Widerrufstestaments. Wer sich auf das ursprüngliche Testament berufen will, muss – wenn die Errichtung des Widerrufstestaments festgestellt oder unstreitig ist – nachweisen, dass das Widerrufstestament seinerseits widerrufen wurde.[22] § 2257 BGB selbst enthält lediglich eine dahin gehende **Auslegungsregel,**[23] dass auf Grund eines solchen Widerrufs im Zweifel die ursprüngliche, zunächst widerrufene Verfügung wieder wirksam wird. Dies enthebt den Richter freilich nicht von einer sorgfältigen Würdigung des Erblasserwillens im Einzelfall.[24] Widerruft der Erblasser allerdings ein isoliertes Widerrufstestament, wird die erneute Geltung der ursprünglichen Verfügung stets sehr nahe liegen.

12   Das erneute In-Kraft-Treten der Ausgangsverfügung soll allerdings voraussetzen, dass die Urkunde nicht nach dem Widerruf durch Testament noch vernichtet bzw. verändert oder aus der amtlichen Verwahrung zurückgenommen wurde (vgl. §§ 2255, 2256 BGB).[25] Das überzeugt nicht. Ist das Ursprungstestament bereits durch Widerrufstestament widerrufen, fehlt es also an einem wirksamen Testament, stellt sich die Vernichtung der Testamentsurkunde nicht mehr als Fall des § 2255 BGB, die Rücknahme der Urkunde aus der amtlichen Verwahrung nicht mehr als Fall des § 2256 BGB dar. Dann dürfte es näher liegen hier – nicht anders als bei einer zufälligen Vernichtung der Testamentsurkunde – den Widerruf des Widerrufs nach § 2257 BGB zuzulassen. In der Beratungssituation sollte jedoch selbstverständlich die **Neuerrichtung** einer entsprechenden letztwilligen Verfügung veranlasst werden.

13   e) **Anfechtbarkeit.** Als letztwillige Verfügungen sind die in dem Widerrufstestament des Erblassers enthaltenen Anordnungen nach dessen Tod nach den allgemeinen erbrechtlichen Vor-

---

[17] BGH Urt. v. 8.7.1981 – NJW 1981, 2745; OLG Düsseldorf Urt. v. 4.2.2000 – ZEV 2000, 316; BayObLG Beschl. v. 24.1.2003 – NJW-RR 2003, 659.
[18] Anders aber RG Recht 1913 Nr. 2590 und dem folgend etwa Staudinger/*Baumann* § 2254 Rdnr. 8.
[19] Vgl. BGH Urt. v. 8.7.1981 – NJW 1981, 2745 und unten § 9 Rdnr. 23 f.
[20] Vgl. § 2257 BGB und sogleich unter Rdnr. 11.
[21] §§ 2254 bis 2256 BGB; vgl. etwa BayObLG Beschl. v. 18.4.1996 – FamRZ 1996, 1112 – Widerruf nach § 2256 BGB; siehe auch BayObLG Beschl. v. 22.6.2004 – FamRZ 2005, 558.
[22] Vgl. *Schmitz* in Baumgärtel, Beweislast § 2257 Rdnr. 1.
[23] BayObLG Beschl. v. 18.4.1996 – FamRZ 1996, 1112; OLG Zweibrücken Beschl. v. 17.4.2003 – NJW-RR 2003, 872, 873.
[24] BayObLG Beschl. v. 18.3.1965 – NJW 1965, 1276, 1277; jüngst OLG Köln Beschl. v. 8.2.2006 – FamRZ 2006, 73.
[25] Vgl. etwa Soergel/*Harder* § 2257 Rdnr. 4; RGRK/*Kregel* § 2257 Rdnr. 4; *v. Lübtow* NJW 1968, 1849, 1853.

schriften durch die Anfechtungsberechtigten, also diejenigen, denen die Aufhebung des Widerrufstestaments unmittelbar zustatten käme (§ 2080 Abs. 1 BGB), **anfechtbar**. Dabei ist zu berücksichtigen, dass der pauschale Widerruf eines verschiedene Verfügungen enthaltenden Testaments anfechtungsrechtlich differenziert zu behandeln ist. Nach der Rechtsprechung des Bundesgerichtshofs[26] ist im Rahmen einer hier praktisch wohl allein relevanten Anfechtung nach § 2078 Abs. 1 und Abs. 2 BGB nicht das Testament als solches, sondern sind immer nur **einzelne** in ihm enthaltene **letztwillige Verfügungen** anfechtbar; dabei geht die Anfechtbarkeit im Hinblick auf den ausdrücklichen Wortlaut des § 2078 BGB nur so weit, wie der Irrtum gereicht und auf den Inhalt der Erklärung eingewirkt hat. Wer etwa durch den Erblasser in einem Testament neben einem weiteren Erben als Miterbe und Vorausvermächtnisnehmer eingesetzt war, muss, wenn der Erblasser – etwa in einem Motivirrtum befangen – das Testament insgesamt widerrufen und es bei der gesetzlichen Erbfolge eines Dritten belassen hat, nach dem Tode des Erblassers den Widerruf der Einsetzung als Miterbe und den Widerruf der Einsetzung als Vorausvermächtnisnehmer gesondert anfechten.[27] Dabei hat die Anfechtung des Widerrufs der Erbeinsetzung innerhalb der Jahresfrist nach § 2082 BGB gegenüber dem Nachlassgericht zu erfolgen (§ 2081 Abs. 1 BGB), wohingegen die Anfechtung des Widerrufs des Vermächtnisses gegenüber dem ggf. durch das Vermächtnis Beschwerten erklärt werden muss, wobei zweifelhaft ist, ob insoweit auf den derzeitigen Erben oder aber auf denjenigen abzustellen ist, der durch die gleichzeitig erklärte Anfechtung der Erbeinsetzung bei deren Begründetheit zum Erben würde.[28] Hier sollte der Anwalt angesichts der unsicheren Rechtslage nach dem Gebot des sichersten Weges[29] die Anfechtung des Widerrufstestaments insgesamt sowohl gegenüber dem Nachlassgericht als auch gegenüber allen potenziell durch das widerrufene Vermächtnis Beschwerten erklären, in dem gebildeten Beispielsfall also sowohl gegenüber dem Dritten als gesetzlichem Erben als auch gegenüber dem vormals neben dem Anfechtungsberechtigten als Miterbe Eingesetzten.

2. Vernichtung oder Veränderung

a) **Allgemeines.** Neben dem Widerruf durch Widerrufstestament kennt das Gesetz in § 2255 BGB den Widerruf des Testaments durch die Testierfähigkeit voraussetzende rechtsgeschäftliche Handlung der **Vernichtung** oder **Veränderung** der Testamentsurkunde in Widerrufsabsicht. Daraus folgt zugleich, dass ein Testament, das **unfreiwillig** verloren ging, vernichtet wurde oder dessen Wortlaut unleserlich wurde, mangels Widerrufsabsicht des Erblassers gültig bleibt.[30] Allerdings sind an den Nachweis seines Inhalts durch den, der sich auf dieses Testament beruft, strenge Anforderungen zu stellen.[31] Auch der Widerruf nach § 2255 BGB ist nicht auf das eigenhändige Testament (§ 2247 BGB) beschränkt, sondern kommt grundsätzlich ebenso bezüglich eines **öffentlichen Testaments** (§ 2232 BGB) in Betracht. Voraussetzung ist dabei, dass dieses sich tatsächlich in der Hand des Erblassers befindet, was vor Übergabe an den Notar oder nach einer nicht den Erfordernissen des § 2256 BGB genügenden Rückgabe denkbar ist.[32] Dabei handelt es sich jedoch erkennbar um höchst seltene Ausnahmefälle.[33] Die praktische Bedeutung des § 2255 BGB liegt damit eindeutig bei dem Widerruf eigenhändiger Testamente, die sich in der Verwahrung des Erblassers befinden.

b) **Widerrufshandlung.** Als **Widerrufshandlungen** erkennt das Gesetz die Vernichtung der Urkunde, also die Zerstörung des Urkundenstoffs, z. B. durch Verbrennen, sowie deren Veränderung an, sofern durch die Veränderung der Wille, eine schriftliche Willenserklärung aufzuheben, ausgedrückt zu werden pflegt. Hierunter fallen etwa Ungültigkeitsvermerke – die als Veränderungen zu ihrer Wirksamkeit nach allgemeiner Auffassung nicht der Unterzeich-

---

[26] BGH Urt. v. 8.5.1985 – NJW 1985, 2025, 2026 im Anschluss an RGZ 70, 391, 394.
[27] BayObLG Beschl. v. 22.12.1960 – BayObLGZ 1960, 490; kritisch etwa MünchKommBGB/*Leipold* § 2081 Rdnr. 14.
[28] Für eine hypothetische Betrachtung BayObLG Beschl. v. 22.12.1960 – BayObLGZ 1960, 490; dagegen mit guten Gründen MünchKommBGB/*Leipold* § 2081 Rdnr. 14.
[29] Vgl. die Nachweise oben Fn. 3.
[30] BGH Urt. v. 10.5.1951 – NJW 1951, 559; allg. Meinung.
[31] Vgl. etwa BayObLG Beschl. v. 28.1.1992 – NJW-RR 1992, 653, 654.
[32] Vgl. BGH Urt. v. 16.9.1959 – NJW 1959, 2113 f.
[33] Ebenso etwa Staudinger/*Baumann* § 2255 Rdnr. 6.

nung bedürfen[34] –, Durchstreichungen, das Unleserlichmachen oder Zerknüllen der Urkunde etc.[35] Diese Veränderungen können sich auch auf einen Teil des Testaments beschränken. Die Veränderung einer bloßen **Testamentsabschrift** oder eines **Testamentsentwurfs** genügt demgegenüber nicht für einen Widerruf nach § 2255 BGB;[36] in Betracht kommt allein, dass die Veränderung der Abschrift ihrerseits den Anforderungen an ein Widerrufstestament entspricht.[37] Werden im Zusammenhang mit der Veränderung des Testaments neue **positive Verfügungen** durch den Erblasser getroffen, die sich nicht lediglich als gesetzliche Folge der Veränderung darstellen, bedarf es dafür an sich der **Testamentsform**.[38] Besondere Schwierigkeiten ergeben sich hieraus jedoch kaum mehr, seit in der Rechtsprechung des Bundesgerichtshofs in Abweichung von der noch zu § 2247 BGB a.F.[39] ergangenen Rechtsprechung des Reichsgerichts anerkannt ist, dass die Unterschrift des Erblassers unter einem eigenhändigen Testament auch nachträgliche Änderungen jedenfalls innerhalb des Testamentstextes deckt.[40]

16 Da es sich bei der Widerrufshandlung im weiteren Sinne um eine letztwillige Verfügung handelt, muss diese grundsätzlich durch den Erblasser **persönlich** vorgenommen werden. Jedoch ist in Rechtsprechung und Literatur anerkannt, dass der Erblasser zu seinen Lebzeiten einen **Dritten** als Werkzeug einschalten kann. Welche Anforderungen an die verbleibende Einflussnahmemöglichkeit des Erblassers zu stellen sind, ist noch nicht abschließend geklärt. Das BayObLG[41] hat einen Auftrag des im Krankenhaus liegenden Erblassers an seine Eltern, ein zu Hause lagerndes Testament zu vernichten, genügen lassen. Jedenfalls aber darf dem Dritten kein Entscheidungsspielraum über die vorzunehmende Vernichtung verbleiben.[42] Eine nachträgliche **Genehmigung** der ohne oder gegen seinen Willen vorgenommenen Vernichtung oder Veränderung der Urkunde durch den Erblasser kommt demgegenüber nach bisher einhelliger Auffassung in der Rechtsprechung nicht in Betracht.[43] Dass in diesem Fall die rechtsirrtümliche Annahme des Erblassers, auf Grund seiner Genehmigung der Vernichtung sei seine letztwillige Verfügung wirksam widerrufen, jedenfalls zu deren Anfechtbarkeit entsprechend § 2078 BGB führen kann,[44] wird man nicht annehmen können, weil es an einem Irrtum bei **Errichtung** des Testaments fehlt.[45]

Die **Beweis- bzw. Feststellungslast** dafür, dass die Vernichtung bzw. Veränderung der Testamentsurkunde auf einer Widerrufshandlung des Erblassers beruht, trägt derjenige, der sich zur Begründung seiner erbrechtlichen Ansprüche auf die Wirksamkeit des Widerrufs stützt.[46] Auch die Unauffindbarkeit der Originalurkunde begründet nicht die Vermutung, dass diese vom Erblasser selbst wirksam vernichtet wurde.[47] Dagegen wird die – erforderliche – Testierfä-

---

[34] Vgl. etwa RG JW 1911, 545; KG NJW 1957, 1364; BayObLG Beschl. v. 30.9.2002 – NJW-RR 2003, 150, 151; das von Staudinger/*Baumann* § 2255 Rdnr. 13 als a. A. angeführte Urteil OLG Stuttgart NJW-RR 1986, 632 verhält sich zu dieser Frage nicht, sondern betrifft die Anforderungen an einen in einem gemeinschaftlichen Testament vorbehaltenen Widerruf wechselbezüglicher Verfügungen nach dem Tod eines Ehegatten; dazu unten § 9 Rdnr. 38.
[35] Einen guten Überblick über die reichhaltige Kasuistik bietet etwa Staudinger/*Baumann* § 2255 Rdnr. 9; dort, Rdnr. 10, auch zu dem lebhaften Meinungsstreit über die Frage, ob und wie ein Testament allein durch Wegwerfen widerrufen werden kann; vgl. auch noch BayObLG Beschl. v. 18.3.1996 – FamRZ 1996, 1110: tiefe Einrisse auf zwei Seiten genügen.
[36] RG LZ 1923, 322 = Recht 1923 Nr. 901.
[37] Vgl. OLG Frankfurt NJW 1950, 607; BayObLG Beschl. v. 5.2.1996 – FamRZ 1996, 1112.
[38] Vgl. zur früheren Rechtslage etwa RGZ 71, 293, 301 f.; RGZ 111, 261, 265 f.
[39] Vgl. Staudinger/*Baumann*, § 2247 Rdnr. 2 bis 5.
[40] BGH Urt. v. 20.3.1974 – NJW 1974, 1083, 1084; nicht berücksichtigt etwa bei Staudinger/*Baumann* § 2255 Rdnr. 12.
[41] BayObLG Beschl. v. 10.2.1992 – FamRZ 1992, 1350, 1351; dagegen Staudinger/*Baumann* § 2255 Rdnr. 17.
[42] OLG Hamm Beschl. v. 11.9.2001 – FamRZ 2002, 769, 772.
[43] Vgl. BGH Urt. v. 10.5.1951 – NJW 1951, 559; a. A. vor allem *R. Schmidt* MDR 1951, 324; offengelassen in BGH Urt. v. 14.2.1990 – NJW-RR 1990, 515, 516.
[44] Dafür Staudinger/*Bauman* § 2255 Rdnr. 3.
[45] Vgl. zur Parallelproblematik bei § 2256 BGB unten § 9 Rdnr. 21 a. E.
[46] BayObLG Beschl. v. 10.2.1992 – FamRZ 1992, 1350, 1351 m. w. N.; BayObLG Beschl. v. 18.3.1996 – FamRZ 1996, 1110, 1111.
[47] Vgl. etwa BayObLG Beschl. v. 21.7.1992 – NJW-RR 1992, 1358; OLG Düsseldorf Beschl. v. 18.10.1993 – FamRZ 1994, 1283; OLG Zweibrücken Beschl. v. 26.2.2001 – FamRZ 2001, 1313; zur Führung des Beweises

§ 9 Widerruf und Aufhebung des Testaments

higkeit des Erblassers bei Vornahme der Widerrufshandlung zwar nicht nach § 2255 Satz 2 BGB,[48] wohl aber nach allgemeinen Grundsätzen vermutet.[49]

c) **Widerrufsabsicht.** Zu einem wirksamen Widerruf des Testaments führt die Widerrufshandlung des Erblassers oder eines von ihm eingesetzten Dritten nur, wenn bei dem Erblasser im Zeitpunkt der Handlung **Widerrufsabsicht** besteht. Diese wird, wenn eine dem Erblasser zuzurechnende Widerrufshandlung feststeht, nach § 2255 Satz 2 BGB widerleglich **vermutet** (§ 292 ZPO). Der hiernach erforderliche **Beweis des Gegenteils** der Vermutung kann etwa dadurch geführt werden, dass nachgewiesen wird, der Erblasser habe Veränderungen an der Testamentsurkunde nur zur Vorbereitung einer – inhaltlich nicht abweichenden – Neufassung des Testaments vorgenommen, zu der es dann nicht mehr gekommen ist.[50] Eine Widerrufsabsicht wurde in der Rechtsprechung auch für den Fall verneint, dass der Erblasser sein altes Testament in der Annahme vernichtete, er habe ein wirksames neues Testament errichtet.[51] Nach der Gegenauffassung kommt hier nur eine Anfechtung des Widerrufs nach § 2078 Abs. 2 BGB in Betracht.[52] Entscheidend dürfte sein, ob der Erblasser von einer bereits durch das neue Testament erfolgten wirksamen Aufhebung des sodann etwa zerrissenen Testaments ausging; in diesem Fall dürfte bereits eine Widerrufsabsicht nicht vorliegen. Ansonsten bedarf es der Anfechtung wegen eines Motivirrtums. 17

Die Vermutung des § 2255 Satz 2 BGB greift nicht ein, wenn **mehrere Urschriften** eines Testaments vorhanden sind, der Erblasser aber nur eine davon vernichtet. Hier ist der Erblasserwille anhand aller Umstände des Einzelfalls zu ermitteln.[53] Eine Widerrufsabsicht des Erblassers kommt hier aber wohl nur dann in Betracht, wenn der Erblasser nur die sodann vernichtete Urschrift zur Hand hatte.[54]

d) **Widerruf des Widerrufs; Anfechtbarkeit.** Ein **Widerruf** des in der Form des § 2255 BGB vollzogenen Widerrufs scheidet aus. Er ist insbesondere nicht in der Weise denkbar, dass eine zerrissene Urkunde wieder zusammengeklebt wird.[55] Dagegen ist eine **Anfechtung** des Widerrufs durch Vernichtung oder Veränderung der Urkunde grundsätzlich möglich, nachdem in der Sache eine letztwillige Verfügung vorliegt. Einer Anfechtung nach § 2078 Abs. 1 BGB wegen eines Inhalts- oder Erklärungsirrtums des Erblassers bedarf es allerdings nicht, weil es in einem solchen Fall bereits an der zum Tatbestand des § 2255 BGB gehörenden Widerrufsabsicht fehlt.[56] Dagegen kommt eine Anfechtung des Widerrufs nach § 2078 Abs. 2 BGB wegen eines Motivirrtums des Erblassers bei der Widerrufshandlung durchaus in Betracht.[57] Hinsichtlich des richtigen Anfechtungsgegners gilt das zur Anfechtung eines Widerrufstestaments Ausgeführte.[58] 18

3. Rücknahme aus amtlicher Verwahrung

a) **Allgemeines.** Neben der Möglichkeit des Widerrufs durch Widerrufstestament und derjenigen des Widerrufs durch Vernichtung oder Veränderung der Testamentsurkunde kennt das Gesetz in § 2256 BGB als zusätzliche Widerrufsmöglichkeit die **Rückgabe** (aus Sicht des Erblassers: die **Rücknahme**) des Testaments aus der **besonderen amtlichen Verwahrung**.[59] Ratio legis ist der Schutz öffentlicher – und damit eben nicht notwendig eigenhändiger – Testamente 19

---

vgl. etwa BayObLG Beschl. v. 15.1.1998 – FamRZ 1998, 1469 und zuletzt Beschl. v. 18.3.2003 – FamRZ 2003, 1595, 1600.
[48] BayObLG Beschl. v. 18.3.1996 – FamRZ 1996, 1110, 1111.
[49] Vgl. Baumgärtel/Laumen/*Schmitz* Beweislast § 2229 Rdnr. 1.
[50] Vgl. RGZ 71, 309; RGZ 111, 265; BayObLG Beschl. v. 7.7.1997 – FamRZ 1998, 258; BayObLGBeschl. v. 1.12.2004 – NJW-RR 2005, 525.
[51] OLG Freiburg Rpfleger 1952, 340; zustimmend etwa Staudinger/*Baumann* § 2255 Rdnr. 21.
[52] RGRK *Kregel* § 2255 Rdnr. 5; vgl. dazu sogleich im Text unter Rdnr. 18.
[53] Vgl. etwa KG Beschl. v. 6.1.1995 – FamRZ 1995, 897.
[54] Vgl. dazu auch BayObLG Beschl. v. 13.6.1990 – FamRZ 1990, 1281, 1283 f. (mehrere nahezu gleich lautende Testamente).
[55] BayObLG Beschl. v. 21.2.1996 – NJW-RR 1996, 1094 (besprochen von *Hohmann* ZEV 1996, 271).
[56] Zutreffend Staudinger/*Otte* § 2078 Rdnr. 9; offen RGZ 102, 69, 70.
[57] Allg. Auffassung seit RGZ 102, 69.
[58] Vgl. oben § 9 Rdnr. 13.
[59] Vgl. zur besonderen amtlichen Verwahrung §§ 2258 a, 2258 b BGB und zu weiteren Einzelheiten die einschlägigen Kommentierungen.

vor Verfälschung.⁶⁰ Es handelt sich dementsprechend um eine zusätzliche Widerrufsmöglichkeit für solche Testamente, die zwingend in besondere amtliche Verwahrung zu nehmen sind, also insbesondere vor einem Notar errichtete **öffentliche Testamente**. Daneben findet § 2256 Abs. 1 BGB auch auf das Nottestament des § 2249 BGB sowie nach § 68 Abs. 3 BeurkG auf vor In-Kraft-Treten des Beurkundungsgesetzes vor einem **Richter** errichtete Testamente Anwendung. Schließlich wird § 2256 Abs. 1 BGB nach allgemeiner Auffassung⁶¹ auf **konsularische Testamente** entsprechend angewendet. Die Rückgabe eines nach § 2248 BGB in besondere amtliche Verwahrung genommenen **eigenhändigen Testaments** hat dagegen nicht den Widerruf des Testaments zur Folge (§ 2256 Abs. 3 BGB). Hier bedarf es eines Widerrufs durch Widerrufstestament oder durch Vernichtung bzw. Veränderung der zurückerlangten Testamentsurkunde. Hiervon zu unterscheiden ist die viel erörterte Frage, ob ein den Formerfordernissen des § 2247 BGB genügendes Testament, das durch Übergabe an den Notar zu einem öffentlichen Testament wurde (§ 2232 BGB), nach Rücknahme aus der amtlichen Verwahrung als privatschriftliches Testament wirksam bleibt. Das ist nach zutreffender, wohl überwiegender Auffassung zu verneinen.⁶² Freilich kann der Erblasser die Testamentsurkunde zur Errichtung eines neuen eigenhändigen Testaments nach § 2247 BGB verwenden, in dem er auf die Urkunde eigenhändig einen eigenhändig unterschriebenen Gültigkeitsvermerk setzt.⁶³ Ebenso kann der Erblasser die Urkunde zur erneuten Errichtung eines öffentlichen Testaments verwenden.⁶⁴

20 Voraussetzung für eine Widerrufswirkung der Testamentsrückgabe ist weiter, dass das Testament tatsächlich in **besondere amtliche Verwahrung** gelangt ist. Verbleibt das wirksam errichtete Testament – aus welchem Grunde auch immer – entgegen § 34 Abs. 1 Satz 4 BeurkG bei dem beurkundenden Notar und wird es von diesem dem Erblasser wieder ausgehändigt, führt dies nicht zu einem Widerruf des Testaments.⁶⁵

Dogmatisch wird man die Rücknahme des Testaments aus der besonderen amtlichen Verwahrung – nicht anders als die Vernichtung bzw. Veränderung der Testamentsurkunde – als eine **rechtsgeschäftliche Handlung** ansehen müssen, die als Verfügung von Todes wegen **Testierfähigkeit** voraussetzt.⁶⁶ Nachdem das Gesetz hier allerdings die Widerrufswirkung fingiert, bedarf es einer besonderen Widerrufsabsicht des Erblassers – anders als bei § 2255 BGB – nicht.⁶⁷ Die praktische Bedeutung dieser Regelungsdifferenz ist freilich gering, seit § 2256 Abs. 1 Satz 2 BGB eine Belehrung des Erblassers über die Folgen der Rücknahme des amtlichen Testaments vorschreibt.

21 b) **Rückgabe.** Ein Widerruf nach § 2256 BGB setzt die Rücknahme des Testaments durch den Erblasser **persönlich**⁶⁸ auf dessen Verlangen voraus. Das **Rückgabeverlangen,** das nach der gesetzlichen Regelung (§ 2256 Abs. 2 BGB) der Rückgabe vorauszugehen hat, ist an keine Form gebunden und ergibt sich regelmäßig schon aus der Annahme der Schriftstücke auf der Verwahrungsstelle.⁶⁹ Die literarischen Kontroversen, ob das Verlangen als solches auch durch einen Vertreter des Erblassers erfolgen kann⁷⁰ und ob auch zu diesem Zeitpunkt Geschäftsfähigkeit des Erblassers gegeben sein muss,⁷¹ besitzen angesichts der unstreitigen Notwendigkeit einer persönlichen Rücknahme des Testaments durch den testierfähigen Erblasser keine praktische Relevanz. Die Widerrufswirkung entfällt damit nicht nur bei Herausgabe des Testaments an

---

⁶⁰ BayObLG Beschl. v. 13.2.1973 – BayObLGZ 1973, 35, 37; MünchKommBGB/*Burkart* § 2256 Rdnr. 1; allg. Meinung.
⁶¹ Vgl. nur Staudinger/*Baumann* § 2256 Rdnr. 7.
⁶² Überblick über den Streitstand etwa bei Staudinger/*Baumann* § 2256 Rdnr. 19 f., der selbst eine differenzierende Lösung vertritt.
⁶³ Vgl. etwa Soergel/*Harder* § 2256 Rdnr. 7 m. w. N.
⁶⁴ BayObLG Beschl. v. 13.2.1973 – BayObLGZ 1973, 35, 37.
⁶⁵ Allg. Auffassung, vgl. nur BGH Urt. v. 16.9.1959 – NJW 1959, 2113 f.
⁶⁶ Vgl. BGH Urt. v. 30.1.1957 – BGHZ 23, 207, 211; zuletzt BayObLG Beschl. v. 9.3.2005 – NJW-RR 2005, 957; a. A. etwa Soergel/*Harder* § 2256 Rdnr. 5 m. w. N. zum Streitstand.
⁶⁷ Hierzu BayObLG Beschl. v. 15.12.2004 – FamRZ 2005, 841, 842.
⁶⁸ BGH Urt. v. 16.9.1959 – NJW 1959, 2113 f.
⁶⁹ RGRK *Kregel* § 2256 Rdnr. 8.
⁷⁰ Dafür etwa MünchKommBGB/*Burkart* § 2256 Rdnr. 5 m. N. zur Gegenansicht.
⁷¹ Vgl. m. w. N. Staudinger/*Baumann* § 2256 Rdnr. 12.

einen **Bevollmächtigten** des Erblassers,[72] sondern auch bei einer – heute praktisch ausgeschlossenen – Übersendung der Urkunden per Post.[73]

Meint der Erblasser irrtümlich, die Rückgabe der Urkunde an einen Bevollmächtigten habe zu einem Widerruf des Testaments geführt, vernichtet die – wirksam gebliebene – Testamentsurkunde aber nicht, so hilft dem durch das wirksam gebliebene Testament von der Erbfolge Ausgeschlossenen auch die Anfechtung des bestehen gebliebenen Testaments nicht, weil es an einem Irrtum bei dessen Errichtung fehlt.[74]

c) **Widerruf des Widerrufs; Anfechtbarkeit.** Ein **Widerruf** des Widerrufs nach § 2256 BGB scheidet – nicht anders als bei § 2255 BGB – nach ganz überwiegender Auffassung aus.[75] Der Erblasser kann das zurückgenommene Testament also nicht einfach wieder in die besondere amtliche Verwahrung zurückreichen, um das Testament wieder in Kraft zu setzen. Nach überwiegender, insbesondere durch die Rechtsprechung vertretener Auffassung kann jedoch auch ein Widerruf nach § 2256 BGB als Verfügung von Todes wegen nach dem Tode des Erblassers durch die nach § 2080 BGB zur **Anfechtung** Berechtigten angefochten werden. In Betracht kommt im Hinblick auf die nach § 2256 Abs. 1 Satz 2 BGB erfolgende Belehrung des Erblassers über die Rechtsfolgen des Widerrufs wohl nur eine Anfechtung nach § 2078 Abs. 2 BGB.[76] Als Anfechtungsgrund wurde neben einer widerrechtlichen Drohung[77] in der Rechtsprechung etwa ein Irrtum des Erblassers über die Wirksamkeit eines anderweitig errichteten, weitgehend inhaltsgleichen Testaments anerkannt.[78] Bezüglich des Anfechtungsgegners gilt auch hier das zur Anfechtung eines Widerrufstestaments Gesagte.[79]

IV. Aufhebung

1. Aufhebung durch Testament

a) **Allgemeines.** Neben dem Widerruf eines Testaments in den soeben besprochenen Formen kennt das Gesetz in § 2258 BGB die **Aufhebung** eines früheren Testaments **von Gesetzes wegen** durch ein nachfolgendes – auch gemeinschaftliches – Testament, soweit dieses Testament mit dem früheren in Widerspruch steht. Voraussetzung ist in formeller Hinsicht – nicht anders als bei § 2254 BGB – also ein formwirksames Testament; jedoch bedarf es – insoweit vergleichbar mit der Widerrufsfiktion des § 2256 BGB – hinsichtlich des vorangegangenen Testaments gerade **keines Widerrufswillens** des Erblassers. Dieser muss an das frühere Testament nicht einmal mehr gedacht haben.[80] Demgegenüber ist bei einem ausdrücklich angeordneten Widerruf nach § 2254 BGB für die Anwendung des § 2258 Abs. 1 BGB kein Raum.[81]

b) **Widerspruch der Testamente.** Voraussetzung für die Anwendung des § 2258 BGB ist damit die Feststellung, dass ein nachfolgendes Testament einem – oder mehreren – früheren Testamenten widerspricht.

aa) Feststellung des Errichtungszeitpunkts. Der für die Beurteilung der Aufhebungsfrage wesentliche Errichtungszeitpunkt der Testamente lässt sich dann leicht ermitteln, wenn beide unterschiedlich **datiert** sind. Wer die Unrichtigkeit der eigenhändigen Zeitangabe des Erblassers behauptet, trägt hierfür die Feststellungs- bzw. Beweislast.[82] Fehlt bei einem oder mehreren der sich widersprechenden Testamenten die Datumsangabe, ist der **Errichtungszeitpunkt** durch Auslegung der Testamente und Erhebung angebotener bzw. sich anbietender Beweise zu ermit-

---

[72] OLG Saarbrücken Beschl. v. 16.10.1991 – NJW-RR 1992, 586.
[73] Vgl. BGH Urt. v. 16.9.1959 – NJW 1959, 2113 f.; KG JW 1935, 3559.
[74] OLG Saarbrücken Beschl. v. 16.10.1991 – NJW-RR 1992, 586; zu vergleichbaren Konstellation bei § 2255 BGB vgl. oben § 9 Rdnr. 16.
[75] Vgl. zuletzt etwa BayObLG Beschl. v. 6.7.1990 – FamRZ 1990, 1404, 1405; kritisch aber KG Beschl. v. 12.12.1969 – NJW 1970, 612, 613.
[76] KG Beschl. v. 12.12.1969 – NJW 1970, 612, 614.
[77] BayObLG Beschl. v. 22.12.1960 – BayObLGZ 1960, 490, 494.
[78] KGJ 41, 94, 97.
[79] Vgl. oben § 9 Rdnr. 13.
[80] Vgl. BayObLG Beschl. v. 15.11.1988 – FamRZ 1989, 441, 442 m. w. N.
[81] Vgl. BayObLG Beschl. v. 15.10.1992 – FamRZ 1993, 605, 606; Staudinger/*Baumann* § 2258 Rdnr. 4.
[82] Vgl. BayObLG Beschl. v. 10.8.1990 – FamRZ 1991, 237 m. w. N.

teln.[83] Lässt sich die zeitliche Reihenfolge der Errichtung der Testamente nicht klären, so ist zu unterscheiden: Ist lediglich eines der sich widersprechenden Testamente undatiert, gilt dieses nach § 2247 Abs. 5 BGB als das ältere, das im Umfange des Widerspruchs zu dem datierten Testament aufgehoben wird. Sind dagegen beide Testamente undatiert oder aber auf den gleichen Tag datiert, gelten sie als **gleichzeitig errichtet**,[84] sodass sie sich **gegenseitig** aufheben, soweit sie sich widersprechen.[85]

25 *bb) Vorliegen eines Widerspruchs.* Ein zur Aufhebung des zeitlich früheren Testaments führender Widerspruch besteht einmal dann, wenn die Testamente **sachlich nicht miteinander vereinbar** sind, also die getroffenen testamentarischen Anordnungen nicht nebeneinander Geltung erlangen können, sondern einander entgegengesetzt sind und sich dadurch gegenseitig ausschließen.[86] Ein derartiger sachlicher Widerspruch kann auch im Weglassen einer früheren Verfügung, etwa einer Nacherbeneinsetzung, liegen.[87] Aber auch wenn die Einzelnen testamentarischen Anordnungen sachlich miteinander in Einklang stehen, besteht ein Widerspruch im Sinne des § 2258 BGB dann, wenn die kumulative Geltung der mehreren letztwilligen Verfügungen den in einem späteren Testament zum Ausdruck kommenden Absichten des Erblassers zuwiderliefe, etwa weil dieser mit dem späteren Testament seine Erbfolge umfassend regeln wollte, ohne dies durch einen einleitenden Widerruf seiner vorangegangenen Verfügungen von Todes wegen klarzustellen.[88] Die Feststellung eines Widerspruchs in diesem Sinne erfordert zunächst die gesonderte Auslegung der beiden letztwilligen Verfügungen und sodann die Prüfung, wie sich die in ihrem Inhalt ermittelten Verfügungen zueinander verhalten.[89]

26 c) **Rechtsfolgen.** Anders als bei einem ausdrücklichen Gesamtwiderruf des früheren Testaments nach § 2253 BGB wird das frühere Testament im Falle des § 2258 BGB kraft Gesetzes nur insoweit aufgehoben, wie es mit dem späteren Testament in Widerspruch steht. Die Erbfolge kann sich danach kraft § 2258 BGB aus **mehreren** Testamenten ergeben, soweit nicht einerseits das spätere Testament seinem Inhalt nach eine abschließende Regelung darstellt, die eine vollständige Aufhebung früherer Verfügungen von Todes wegen verlangt, oder andererseits die teilweise Aufhebung des früheren Testaments nach § 2085 BGB kraft Erblasserwillen zu dessen gänzlicher Unwirksamkeit führt.

27 d) **Beseitigung der Aufhebungswirkung.** Wird das jüngere Testament, dem nach § 2258 Abs. 1 BGB bezüglich eines früheren Testaments Aufhebungswirkung zukommt, nach § 2253 BGB **widerrufen**, so ist nach der Auslegungsregel des § 2258 Abs. 2 BGB im Zweifel das frühere Testament in gleicher Weise wirksam, wie wenn es nicht aufgehoben worden wäre. Für den Widerruf des Aufhebungstestaments gilt also das Nämliche wie für den Widerruf des Widerrufstestaments nach § 2257 BGB. Auch hier bedarf es folglich einer sorgfältigen Ermittlung des Erblasserwillens im Einzelfall.

Auf eine **Aufhebung** des Aufhebungstestaments nach § 2258 BGB kann § 2258 Abs. 2 BGB demgegenüber keine Anwendung finden, da hier eine Unwirksamkeit der früheren Verfügung

---

[83] BayObLG Beschl. v. 18.10.1978 – Rpfleger 1979, 123.
[84] Zur Beweiswürdigung bei letztwilligen Verfügungen vom gleichen Tag vgl. BayObLG Beschl. v. 12.7.2004 – FamRZ 2005, 482.
[85] Vgl. KG Beschl. v. 6.11.1990 – FamRZ 1990, 486, 487; BayObLG Beschl. v. 10.8.1990 – FamRZ 1991, 237 und zuletzt Beschl. v. 23.8.2002 – FamRZ 2003, 711, 713; zum Umfang des Widerspruchs zweier Testamente, die unterschiedliche Alleinerbeneinsetzungen enthalten, vgl. auch die Kontroverse zwischen *Schneider* MDR 1990, 1086 und *Stellwag* MDR 1991, 501; für die an gemeinrechtlichen Grundsätzen ausgerichtete Behandlung als einheitliches Testament *Sonntag* ZEV 1996, 1.
[86] Vgl. etwa BayObLG Beschl. v. 24.2.2000 – FamRZ 2000, 1538, 1539 mit Anm. *Lüdecke-Glaser* NotBZ 2000, 161; einen Fall sachlicher Vereinbarkeit behandelt OLG Bremen Urt. v. 28.5.1998 – NJWE-FER 1999, 277.
[87] Vgl. BayObLG Beschl. v. 24.2.2000 – FamRZ 2000, 1538, 1539 m. w. N.
[88] BGH Urt. v. 8.7.1981 – NJW 1981, 2745; zuletzt etwa BayObLG Beschl. v. 24.1.2003 – NJW-RR 2003, 659, 660. Anschauungsmaterial für die Frage, wann auf Grund einer Auslegung des späteren Testaments eine abschließende Regelung angenommen werden kann, bieten etwa BayObLG Beschl. v. 30.11.1995 – FamRZ 1996, 826, 828; OLG Saarbrücken Beschl. v. 18.7.1991 – FamRZ 1992, 109, 113; BayObLG Beschl. v. 26.4.1991 – FamRZ 1992, 607.
[89] Vgl. hierzu BayObLG Beschl. v. 10.3.2003 – FamRZ 2003, 1779, 1780.

stets nur im Hinblick auf eine entgegenstehende spätere positive Verfügung in Betracht kommt; für ein Wiederaufleben noch früherer Verfügungen bleibt daher kein Raum.[90] Gleiches gilt, wenn die spätere Verfügung (z. B. auf Grund Vorversterben des Bedachten, Ausschlagung etc.) allein aus **tatsächlichen Gründen** keine Wirkung entfaltet.[91] Auch hier bleibt es also bei der Unwirksamkeit der früheren Verfügung. Dagegen soll es nach einer Entscheidung des OLG Dresden[92] für eine Wiederinkraftsetzung der aufgehobenen Verfügung genügen, wenn der Erblasser in die frühere Verfügung eigenhändig ein neues Datum einfügt und diese Datumsangabe unterzeichnet. Rechtlich liegt hier eine Aufhebung des Aufhebungstestaments durch erneute inhaltsgleiche Verfügung vor (§ 2258 Abs. 1 BGB).

Werden schließlich die eine Aufhebung des früheren Testaments bewirkenden Verfügungen des späteren Testaments nach dem Tod des Erblassers wirksam **angefochten,** lebt das frühere Testament – so es nicht seinerseits ebenfalls angefochten wurde – nach allgemeinen Grundsätzen wieder auf.

2. Aufhebung durch Erbvertrag[93]

Eine Sonderregelung hat die Aufhebung eines früheren Testaments durch einen nachfolgenden **Erbvertrag** in § 2289 Abs. 1 Satz 1 BGB gefunden. Auch insoweit ist freilich zu berücksichtigen, dass es auf diese von Gesetzes wegen bewirkte Aufhebung früherer letztwilliger Verfügungen nicht anders als bei § 2258 Abs. 1 BGB nur ankommt, wenn der Erblasser nicht in dem Erbvertrag – wie auch hier dringend zu empfehlen – durch einseitige Verfügung im Sinne des § 2299 BGB vorangegangene Testamente ausdrücklich (oder auch nur konkludent) widerrufen hat. 28

Auch im Übrigen entspricht die Regelung des § 2289 Abs. 1 Satz 1 BGB im Grundsatz der Regelung des § 2258 Abs. 1 BGB. Sie bezieht sich insbesondere nur auf zeitlich **frühere,** nicht aber zeitgleich im Erbvertrag getroffene letztwillige Verfügungen des Erblassers und setzt einen im Todesfall noch wirksamen und auch nicht rückwirkend vernichteten Erbvertrag voraus. Nachdem es für die Aufhebung der früheren letztwilligen Verfügung hier aber nach dem Gesetzeswortlaut auf eine **Beeinträchtigung** des Vertragserben ankommt, soll ein etwa durch Ausschlagung oder Erbunwürdigkeit des Vertragserben gegenstandsloser Erbvertrag – anders als ein gegenstandsloses Testament[94] – nicht zu einer Aufhebung einer früheren, den Vertragserben an sich beeinträchtigenden letztwilligen Verfügung führen.[95] Ein vollwirksamer Erbvertrag führt demgegenüber nicht anders als ein nachfolgendes Testament zu einer Unwirksamkeit der früheren letztwilligen Verfügung, soweit diese den Vertragserben rechtlich schlechter stellt. Von eher theoretischer Natur ist demgegenüber die Streitfrage, ob nach § 2289 Abs. 1 Satz 1 BGB auch eine frühere letztwillige Verfügung aufgehoben wird, die den Bedachten besser stellte,[96] oder ob es hier einer entsprechenden Anwendung des § 2258 Abs. 1 BGB[97] oder gar der Fiktion eines konkludenten Widerrufs nach §§ 2299, 2253 BGB bedarf.[98]

V. Widerruf und Aufhebung gemeinschaftlicher Testamente

1. Einseitige Verfügungen

Keine Besonderheiten gelten für den **Widerruf** der in gemeinschaftlichen Testamenten enthaltenen einseitigen, nicht wechselbezüglichen letztwilligen Verfügungen. Diese **einseitigen Verfügungen** kann der verfügende Ehegatte jederzeit – also auch nach dem Tod des Vorversterben- 29

---

[90] Verkannt von Staudinger/*Baumann* § 2258 Rdnr. 20.
[91] Vgl. BayObLG Beschl. v. 30.11.1995 – FamRZ 1996, 826, 827 m. w. N.
[92] Beschl. v. 12.12.1997 – NJWE-FER 1998, 61.
[93] Vgl. zu der hiervon streng zu trennenden Frage der Aufhebung des Erbvertrags selbst gemäß §§ 2290 bis 2292 BGB unten § 10 Rdnr. 44 ff.
[94] Vgl. oben Rdnr. 27 bei Fn. 91.
[95] Vgl. etwa MünchKommBGB/*Musielak* § 2289 Rdnr. 4 m. w. N.; offen BGH Urt. v. 8.1.1958 – BGHZ 26, 204, 213 = NJW 1958, 498.
[96] BGH Urt. v. 8.1.1958 – BGHZ 26, 204, 213.
[97] Dafür etwa Erman/M. *Schmidt* § 2289 Rdnr. 3.
[98] So MünchKommBGB/*Musielak* § 2289 Rdnr. 11.

den – nach den vorstehend erörterten allgemeinen Vorschriften (§§ 2253 bis 2255 BGB) frei widerrufen oder aufheben (§ 2258 Abs. 1 BGB). Dagegen kommt ein Widerruf des verfügenden Ehegatten nach § 2256 BGB im Hinblick auf die Bestimmung des § 2272 BGB nicht in Betracht.[99]

2. Das gemeinschaftliche Testament im Ganzen

30   Auch für den Widerruf des gemeinschaftlichen Testaments insgesamt durch beide Ehegatten gelten grundsätzlich die allgemeinen Vorschriften der §§ 2253 ff. BGB. Auch eine Aufhebung nach § 2258 BGB durch ein späteres gemeinschaftliches Testament ist selbstverständlich möglich; genauso sind Widerruf oder Aufhebung eines Erbvertrags durch nachfolgendes gemeinschaftliches Testament möglich.[100] Freilich muss der Widerruf insgesamt stets durch **beide Ehegatten** gemeinsam vorgenommen werden. Bei einem Widerruf durch ein neues gemeinschaftliches Testament (§ 2254 BGB) ist dabei nicht entscheidend, welcher der Ehegatten in dem Testament verfügt und welcher dieser Verfügung lediglich zustimmt.[101] Möglich ist auch ein Widerruf des Testaments durch gemeinschaftliche **Vernichtung** oder **Veränderung** der Testamentsurkunde, wobei die Vernichtung von einem Ehegatten mit Zustimmung des anderen Ehegatten vollzogen werden kann.[102] Dagegen genügt nach allgemeinen Grundsätzen die nachträgliche **Genehmigung** des anderen Ehegatten für einen wirksamen Widerruf des gemeinschaftlichen Testaments im Ganzen nicht.[103] Schließlich modifiziert § 2272 BGB die Bestimmung des § 2256 BGB (Widerruf durch Rücknahme aus öffentlicher Verwahrung) konsequent dahin gehend, dass die Rückgabe des Testaments nur an beide Ehegatten gemeinsam erfolgen kann, die dementsprechend zur Herbeiführung der Widerrufswirkung auch beide im Zeitpunkt der **Rücknahme** testierfähig sein müssen.

3. Widerruf wechselbezüglicher Verfügungen

31   Nicht anders als das gemeinschaftliche Testament insgesamt können auch einzelne **wechselbezügliche Verfügungen** gemäß der Regelung des § 2253 BGB durch beide Ehegatten gemeinsam jederzeit widerrufen werden. Besonderheiten gelten jedoch für den Widerruf wechselbezüglicher Verfügungen durch nur einen Ehegatten.

32   a) **Widerruf zu Lebzeiten des anderen Ehegatten.** Nach § 2271 Abs. 1 BGB erfolgt der **Widerruf** einer wechselbezüglichen Verfügung zu **Lebzeiten** nach den für den Rücktritt von einem Erbvertrag geltenden Vorschriften des § 2296 BGB. Er bewirkt die Unwirksamkeit der wechselbezüglichen Verfügungen des Widerrufenden und nach § 2270 BGB damit zugleich die Unwirksamkeit der wechselbezüglichen Verfügungen des anderen Ehegatten.

aa) Inhalt und Form. Erforderlich ist demnach eine **notariell** beurkundete, dem anderen Ehegatten zu übermittelnde Widerrufserklärung des testierfähigen Ehegatten **persönlich**. Dadurch soll verhindert werden, dass die Widerrufserklärung heimlich hinter dem Rücken des anderen Ehegatten erfolgt, der auf die Gültigkeit des gemeinschaftlichen Testaments vertraut.[104] Zu berücksichtigen ist, dass der – jederzeit mögliche – Widerruf etwaiger einseitiger Verfügungen des Widerrufenden in dem gemeinschaftlichen Testament demgegenüber in den Formen der §§ 2253 f. BGB zu erfolgen hat.[105] Die notarielle Widerrufserklärung sollte sich nach dem Gebot des sichersten Weges zumindest bei Zweifeln über den Umfang der Wechselbezüglichkeit der Verfügungen auf alle Verfügungen des Widerrufenden in dem gemeinschaftlichen Testament beziehen.

---

[99] Vgl. dazu sogleich Rdnr. 30 a. E.
[100] Dazu zuletzt BayObLG Beschl. v. 18.3.2002 – FamRZ 2002, 1434.
[101] KG DNotZ 1935, 401.
[102] BayObLGZ Beschl. v. 18.3.1965 – BayObLGZ 1965, 86, 92.
[103] Vgl. dazu oben Rdnr. 16 bei Fn. 43.
[104] BGH Urt. v. 31.1.1975 – BGHZ 64, 5, 9 = NJW 1975, 827.
[105] Vgl. MünchKommBGB/*Musielak* § 2271 Rdnr. 7.

§ 9 Widerruf und Aufhebung des Testaments

> **Formulierungsvorschlag:**
> (notarieller Eingang !)
> Herrn XY
>
> ...
>
> Hiermit widerrufe ich meine sämtlichen in dem (ggf. in Abschrift beigefügten) gemeinschaftlichen Testament vom ... getroffenen Verfügungen von Todes wegen nach § 2271 Abs. 1 Satz 1 BGB.
> Frau XY

bb) Übermittlung. Die Widerrufserklärung ist dem anderen Ehegatten in **notarieller Ausfertigung** zu übermitteln; eine beglaubigte Abschrift genügt nicht. Sofern der Widerrufsempfänger unter Betreuung steht und zum Aufgabenkreis des Betreuers die Vermögenssorge zählt, kann der Widerruf auch gegenüber dem Betreuer erklärt werden.[106] Ist der andere Ehegatte geschäftsunfähig, kommt allein eine Zustellung des Testamentswiderrufs an den Betreuer in Betracht. Ist der Widerrufende zum Betreuer seines Ehegatten bestellt, ist gemäß § 1899 Abs. 4 BGB für die Entgegennahme der Widerrufserklärung ein Ergänzungspfleger zu bestellen.[107] Eine bestimmte **Form** der Übermittlung ist nicht vorgeschrieben. Es empfiehlt sich aber zu Beweiszwecken eine **Zustellung** durch den Gerichtsvollzieher (§ 132 BGB). Ist der Aufenthaltsort des anderen Ehegatten unbekannt, ist die **öffentliche Zustellung** zu veranlassen.[108] An der Wirksamkeit der öffentlichen Zustellung ändert es nichts, wenn die Bewilligung der Zustellung von dem Widerrufenden **erschlichen** wird. Gegenüber demjenigen, der aus einem nach öffentlicher Zustellung des Widerrufs eines gemeinschaftlichen Testaments errichteten Testament Rechte geltend macht, kann aber der durch das gemeinschaftliche Testament Begünstigte den Einwand des **Rechtsmissbrauchs** erheben.[109] Darüber hinaus trifft den Ehegatten, der den Widerruf eines gemeinschaftlichen Testaments durch öffentliche Zustellung hat übermitteln lassen, nach Treu und Glauben die Pflicht, seinen Partner von dem Widerruf zu unterrichten, wenn er die eheliche Lebensgemeinschaft mit ihm nachfolgend wieder aufnimmt. Eine Verletzung dieser Pflicht kann zu Schadensersatzansprüchen des anderen Ehegatten gegen den – nichts desto trotz wirksam eingesetzten – neuen Erben führen.[110]

Der **Tod** des Adressaten vor Zugang des Widerrufs lässt diesen nicht wirksam werden.[111] Dagegen hindert der Tod des Widerrufenden vor **Zugang** des Widerrufs dessen Wirksamwerden nicht (§ 130 Abs. 2 BGB), es sei denn, dass der Widerrufende seine Erklärung bewusst und geplant erst nach seinem Tode dem anderen Ehegatten zustellen lässt.[112] Ebenso wenig ermöglicht die Bestimmung des § 130 Abs. 2 BGB die Heilung der unwirksamen Zustellung einer beglaubigten Abschrift einer Widerrufserklärung zu Lebzeiten des Widerrufenden durch Zustellung einer Ausfertigung der Widerrufserklärung nach dem Tod des Widerrufenden.[113]

cc) Beseitigung des Widerrufs. Da es sich bei dem Widerruf ungeachtet des Übermittlungserfordernisses um eine Verfügung von Todes wegen handelt, ist dessen Anfechtung nach dem Tod des Widerrufenden grundsätzlich möglich.[114] Dagegen scheidet ein einseitiger Widerruf des Widerrufs durch Widerrufstestament nach § 2257 BGB nach Sinn und Zweck des § 2271 BGB ersichtlich aus.

dd) Widerruf durch Testament. Ein Widerruf einer wechselbezüglichen Verfügung durch **einseitiges Testament** ist demgegenüber auch zu Lebzeiten des anderen Ehegatten grundsätzlich

---

[106] So LG Hamburg Beschl. v. 17.2.2000 – DNotI-Report 2000, 86. Nach dem Gebot des sichersten Weges sollte hier aber auch dem Betreuten persönlich eine Ausfertigung der Widerrufserklärung übermittelt werden.
[107] Vgl. DNotI-Report 1999, 173.
[108] § 132 Abs. 2 BGB i. V. m. §§ 185 ff. ZPO.
[109] Vgl. BGH Urt. v. 31.1.1975 – BGHZ 64, 5, 9 = NJW 1975, 827.
[110] Vgl. BGH Urt. v. 31.1.1975 – BGHZ 64, 5, 10 f.
[111] RGZ 65, 270, 273.
[112] BGH Beschl. v. 16.4.1953 – BGHZ 9, 233 = NJW 1953, 938.
[113] BGH Beschl. v. 19.10.1967 – BGHZ 48, 374 = NJW 1968, 496.
[114] MünchKommBGB/*Musielak* § 2271 Rdnr. 11.

unwirksam (§ 2271 Abs. 1 Satz 2 BGB). Er ist nur möglich, wenn eine derartige Form des Widerrufs den Ehegatten im gemeinschaftlichen Testament ausdrücklich vorbehalten wurde oder aber der andere Ehegatte durch das einseitige Widerrufstestament besser gestellt wird.[115]

37   ee) *Widerruf nach Scheidung.* Da nach § 2268 Abs. 2 BGB die Verfügungen gemeinschaftlich testierender Ehegatten trotz späterer Auflösung der Ehe bei entsprechendem Willen voll inhaltlich aufrechterhalten bleiben können,[116] ist bei der Beratung anlässlich einer Scheidung stets zu ermitteln, ob ein gemeinschaftliches Testament der sich trennenden Ehegatten vorliegt. Ggf. muss nach dem Grundsatz des sichersten Weges geraten werden, ein etwa bestehendes gemeinschaftliches Testament **vorsorglich** durch Zustellung einer Ausfertigung der notariell beurkundeten Widerrufserklärung zu widerrufen, um keine unnötigen Auslegungsschwierigkeiten zu provozieren.

38   **b) Widerruf nach dem Tod des anderen Ehegatten.** Nach dem **Tod** des anderen Ehegatten ist ein Widerruf der in dem gemeinschaftlichen Testament enthaltenen wechselbezüglichen Verfügungen grundsätzlich ausgeschlossen (§ 2271 Abs. 2 BGB). Anderes gilt nur, wenn ein solcher Widerruf dem überlebenden Ehegatten in dem gemeinschaftlichen Testament **vorbehalten** ist. Freilich kommt nach der Rechtsprechung entsprechend der erbvertraglichen Regelung des § 2297 BGB auch in diesem Fall allein ein Widerruf durch **Testament** (§ 2254 BGB) in Betracht, nicht aber ein Widerruf durch Vernichtung der Testamentsurkunde nach § 2255 BGB.[117] Darüber hinaus hat der überlebende Ehegatte bei **Verfehlungen** des Bedachten ein Widerrufsrecht nach Maßgabe der §§ 2271 Abs. 2 Satz 2, 2294, 2336 BGB; ist der durch die wechselbezügliche Verfügung Bedachte ein **pflichtteilsberechtigter** Abkömmling des überlebenden Ehegatten steht diesem schließlich nach §§ 2271 Abs. 3, 2289 Abs. 2 BGB das Recht zu, hinsichtlich des Zugewandten insgesamt die nach § 2338 BGB zulässigen beschränkenden Anordnungen zu treffen. Im Übrigen kann der überlebende Ehegatte seine Testierfreiheit regelmäßig nur wiedergewinnen, indem er das ihm Zugewendete **ausschlägt** (§ 2271 Abs. 2 Satz 1 2. Halbsatz BGB). Insoweit ist für die Einzelheiten auf die Ausführungen zum Ehegattenerbrecht zu verweisen.[118]

39   **c) Exkurs: Selbstanfechtung wechselseitiger Verfügungen nach Tod des Ehegatten wegen Irrtums über die Bindungswirkung.** Für den Fall, dass sich der überlebende Ehegatte über die mit dem Tod des Erstversterbenden eintretende, einen schlichten Widerruf des Testaments ausschließende Bindung bei Abfassung des gemeinschaftlichen Testaments geirrt haben sollte, kommt auch nach Ablauf der Ausschlagungsfrist allerdings noch eine Selbstanfechtung der wechselbezüglichen Verfügungen nach § 2078 Abs. 1 oder 2 BGB in Betracht, um – regelmäßig auf Kosten des vom Erstverstorbenen Ererbten, § 2270 Abs. 1 BGB – die Testierfreiheit insgesamt wieder zu erlangen.[119] Allzu große Erfolgsaussichten dürfte dieses Vorgehen jedoch nicht haben, da Ehegatten, die sich zur Abfassung eines gemeinschaftlichen Testaments entschließen, regelmäßig bekannt sein dürfte, dass durch die Gemeinschaftlichkeit des Testierens eine Bindung an die eigenen Verfügungen nach dem Tode des Erstversterbenden eintreten kann. Deshalb legt die Praxis an den Nachweis eines Irrtums über die Bindungswirkung strenge Maßstäbe an.[120]

---

[115] BGH Beschl. v. 13.7.1959 – BGHZ 30, 261 = NJW 1959, 1730.
[116] Nunmehr ausdrücklich BGH Urt. v. 7.7.2004 – BGHZ 160, 33, 37 = NJW 2004, 3113 gegen *Mascheler* DNotZ 1994, 733 (ablehnend besprochen von *Kanzleiter* ZEV 2005, 281); ebenso BayObLG Beschl. v. 23.5.1995 – NJW 1996, 133; OLG Hamm Beschl. v. 22.10.1991 – NJW-RR 1992, 330.
[117] OLG Hamm Beschl. v. 12.10.1995 – NJW-RR 1996, 1095; OLG Stuttgart Beschl. v. 25.2.1986 – NJW-RR 1986, 632.
[118] Vgl. § 11 Rdnr. 141 ff.
[119] *Pfeifer* FamRZ 1993, 1266, 1271; offen gelassen von BayObLG Beschl. v. 2.5.2002 – FamRZ 2003, 259, 260; ablehnend Palandt/*Edenhofer* § § 2078 Rdnr. 3.
[120] Ebenso BayObLG Beschl. v. 2.5.2002 – FamRZ 2003, 259, 261.

VI. Die Regelung des ZGB[121]

Die in § 387 ZGB enthaltene Regelung zum **Widerruf** von Testamenten entsprach sehr weitgehend derjenigen des BGB. Auch das ZGB kannte den Grundsatz der jederzeitigen Widerruflichkeit des Testaments (§ 387 Abs. 1 ZGB) und benannte als Widerrufsformen das Testament, die Rücknahme eines notariellen oder Nottestaments aus amtlicher Verwahrung sowie – beschränkt auf eigenhändige Testamente – die Vernichtung und Veränderung der Testamentsurkunde (§ 387 Abs. 2 und 3 ZGB). Erfolgte die Vernichtung etc. der Testamentsurkunde durch den Erblasser, wurde auch nach ZGB der Widerrufswille vermutet.

Der Widerruf gemeinschaftlicher Testamente durch Ehegatten war in den §§ 390, 392 ZGB gleichfalls in einer der Rechtslage nach dem BGB vergleichbaren Weise geregelt.[122] § 390 Abs. 1 ZGB stellte ausdrücklich fest, dass beide Ehegatten gemeinsam ihr Testament jederzeit in den allgemeinen Formen widerrufen könnten. Sie konnten sich auch gegenseitig ermächtigen, von dem gemeinschaftlichen Testament abweichende Verfügungen zu treffen. Der einseitige Widerruf des gemeinschaftlichen Testaments hatte nach § 392 Abs. 2 ZGB zu Lebzeiten der Ehegatten durch notariell beurkundete Erklärung gegenüber dem anderen Ehegatten zu erfolgen. Nach dem Tod des Ehegatten war ein Widerruf nach Ausschlagung der Erbschaft möglich, die dem Ehegatten allerdings einen Pflichtteilsanspruch gibt (§ 392 Abs. 4 ZGB). Schließlich enthielt § 393 ZGB eine hier nicht näher zu erörternde eigenständige Aufhebungsmöglichkeit für den überlebenden Ehegatten, sofern dieser das Erlangte, soweit es seinen gesetzlichen Erbteil überstieg, den im Testament genannten Rechtsnachfolgern überließ.

---

[121] Vgl. zu der angesichts der identischen Regelungsinhalte praktisch kaum relevanten Frage des Anwendungsbereichs der Widerrufsvorschriften des ZGB Art. 235 EGBGB § 2 und dazu etwa die Kommentierung von MünchKommBGB/*Leipold* Ergänzungsband EGBGB Art. 235 § 2, insb. Rdnr. 9, 15.

[122] Vertiefend *Janke* NJ 1998, 393.

§ 10 Erbvertrag[1]

Übersicht

	Rdnr.
I. Einführung	1–20
1. Testament oder Erbvertrag? Gesichtspunkte zur Gestaltungswahl zwischen Erbvertrag und Testament	4–6
2. Inhalt, Beteiligte und Bindungswirkung des Erbvertrages	7–19
3. Der Erbvertrag in der Unternehmensnachfolge – grundsätzliche Hinweise	20
II. Errichtung und Verwahrung von Erbverträgen	21–25
III. Arten des Erbvertrages	26–32
1. Einseitiger Erbvertrag	26–28
2. Zwei- oder mehrseitige Erbverträge	29–32
IV. Schutzwirkung des Erbvertrages	33–43
1. Schutz der Bedachten durch Bindungswirkung	33–35
2. Schutz gegen beeinträchtigende Schenkungen / Verfügungsunterlassungsvertrag	36–40
3. Schutz gegen spätere letztwillige Verfügungen	41–43
V. Aufhebung und Lösung von Bindungswirkung und Erbvertrag	44–65
1. Zustimmung des vertraglich Bedachten	45/46
2. Aufnahme von Änderungsvorbehalten	47–49
3. Aufhebung des Erbvertrages	50–52
4. Rücktritt vom Erbvertrag	53–59
5. Anfechtung des Erbvertrages	60–65
VI. Muster für Erbverträge	66–68
1. Erbvertrag zwischen Ehegatten und einem Kind	66
2. Erbvertrag zwischen Ehegatten	67
3. Erbvertrag einer nichtehelichen Lebensgemeinschaft	68

Schrifttum: Beck'sches Notarhandbuch, 4. Aufl. 2006; *Borgmann/Haug*, Anwaltshaftung, 4. Aufl. 2005; *Brox*, Erbrecht, 21. Aufl. 2004; *Crezelius*, Unternehmenserbrecht, 1998; *Dittmann/Reimann/Bengel*, Testament und Erbvertrag, 4. Aufl. 2002; *Esch/Baumann/Schulze zur Wiesche*, Handbuch der Vermögensnachfolge, 6. Aufl. 2001; *Felix*, Testament und Erbvertrag – Steuerungsinstrumente mit hohem Beratungsrisiko, DStZ 1987, 601; *Ivo*, Die Zustimmung zur erbvertragswidrigen Verfügung von Todes wegen, ZEV 2003, 58; *ders.*, Die Zustimmung zur erbvertragswidrigen lebzeitigen Verfügung, ZEV 2003, 101; *Kanzleiter*, Umverteilung des Nachlasses mit Zustimmung des Vertragserben und Eintritt der Ersatzerbfolge, ZEV 1997, 261; *ders.*, Keine wechselbezüglichen Verfügungen in gemeinschaftlichen Testamenten nach der Ehescheidung!, ZEV 2005, 181; *Keim*, Der Änderungsvorbehalt beim Erbvertrag – bei richtiger Handhabung ein sicheres Gestaltungsmittel, ZEV 2005, 365; *Kipp/Coing*, Erbrecht, 14. Aufl. 1990; *Kerscher/Tanck*, Pflichtteilsrecht in der anwaltlichen Praxis, 2. Aufl. 1999; *Kerscher/Tanck/Krug*, Das erbrechtliche Mandat, 3. Aufl. 2003; *Langenfeld*, Testamentsgestaltung, 3. Aufl. 2002; *ders.*, Grundstückszuwendungen zur lebzeitigen Vermögensnachfolge: „Die zivil- und steuerrechtliche Gestaltung von vorweggenommener Erbfolge ... ", Handbuch mit Formulierungsmustern, 5. Aufl. 2005; *Kuchinke*, Erbrecht: Ein Lehrbuch (begr. v. Heinrich Lange), 5. Aufl. 2001; *Landsittel*, Gestaltungsmöglichkeiten von Erbfällen und Schenkungen, 2. Aufl. 2001; *Mayer/Bonefeld/Daragan*, Testamentsvollstreckung, 2000; *Mayer*, Der Änderungsvorbehalt beim Erbvertrag – erbrechtliche Gestaltung zwischen Bindung und Dynamik, DNotZ 1990, 755; *K. Schmidt*, Gesellschaftsrecht, 4. Aufl. 2002; *Sudhoff*, Unternehmensnachfolge, 5. Aufl. 2005; *Wegmann*, Ehegattentestament und Erbvertrag, 3. Aufl. 2004; *Weiler*, Änderungsvorbehalt und Vertragsmäßigkeit der erbvertraglichen Verfügung, DNotZ 1994, 427.

I. Einführung

1   Die Interessen des Erblassers werden vor der Errichtung einer Verfügung von Todes wegen im Regelfall vor allem von seinem Alter, seinen Familien- und Vermögensverhältnissen oder denen seiner künftigen Erben bestimmt. Es ist daher erforderlich, sich genaue Kenntnisse über

---

[1] Autor der 1. Auflage: *Ralf E. Hess.*

den Willen und die Lebensumstände des Erblassers zu verschaffen, um zu richtigen Empfehlungen und Gestaltungen zu kommen.

Die folgende Checkliste erfasst, um Wiederholungen von Sachverhalten, die bereits in den einschlägigen Fachkapiteln zu finden sind, zu vermeiden, lediglich die wesentlichen Fragen, die zu klären sind, um zu einer Entscheidung zwischen einem oder mehreren Rechtsgeschäften unter Lebenden und/oder der Errichtung einer Verfügung von Todes wegen in Form eines Testaments oder eines Erbvertrags zu kommen.

Beratungscheckliste

☐ Soll ein Rechtsgeschäft unter Lebenden auf den Tod mit den sich daraus ergebenden Vorteilen geschlossen oder eine letztwillige Verfügung (Testament) bzw. ein Erbvertrag errichtet werden?
☐ Sind zur Vorbereitung einer Verfügung von Todes wegen vorbereitende Erbfolgemaßnahmen durch Rechtsgeschäft unter Lebenden angezeigt?
☐ Welchen Beruf hat der Erblasser? Bestehen Gesellschaftsverträge, deren Regelungen zu beachten oder anzupassen sind?
☐ Gehören zum Vermögen Gegenstände im Ausland, für die möglicherweise deutsches Erbrecht keine Anwendung findet (Nachlassspaltung)?
☐ Welche Staatsangehörigkeit hat der Erblasser. Besteht doppelte Staatsangehörigkeit?
☐ Wie viele Kinder hat der Erblasser in welchem Alter? Wie ist das Verhältnis zu seinen Kindern? Welches Kind soll die Unternehmensnachfolge antreten? Sind uneheliche oder adoptierte Kinder vorhanden?
☐ Ist der Erblasser verheiratet? Welche früheren Ehen haben bestanden? Welcher Güterstand?
☐ Sind bereits Testamente oder Erbverträge formgültig vorhanden?
☐ Rücktrittsvorbehalte, Änderungsvorbehalte, auflösende Bedingungen, Verzicht auf Anfechtungsrechte?

---

1. Testament oder Erbvertrag? Gesichtspunkte zur Gestaltungswahl zwischen Erbvertrag und Testament

Vielschichtig und problematisch ist die Abwägung, ob man eine Verfügung von Todes wegen in Form eines Erbvertrages oder eines (meist gemeinschaftlichen) Testamentes errichten soll. Einige ausgewählte wesentliche Entscheidungskriterien seien hier angeführt:

- Ein Erbvertrag ist regelmäßig zu erwägen, wenn in einer **einheitlichen Urkunde** gleichzeitig ein **Ehevertrag** oder Lebenspartnerschaftsvertrag (vgl. § 2276 Abs. 2 BGB) oder auch die Änderung eines bestehenden Güterstandes vereinbart werden soll. Hier ist das Kostenprivileg des § 46 Abs. 3 KostO, das für gemeinschaftliche Testamente nicht gilt, regelmäßig ausschlaggebend.
- Ein Erbvertrag ist dann ein zu empfehlendes Instrument für eine bindende Nachlassplanung, wenn **nur der Erblasser** (erb-)vertraglich von Todes wegen verfügen will, nicht jedoch der Ehegatte oder ein anderer Beteiligter. Ausser dem Erblasser können andere Personen am Erbvertrag sowohl beteiligt sein, um Bindungswirkungen herbeizuführen als auch selbst letztwillige Verfügungen zu treffen. Angezeigt ist hier der Abschluss eines einseitigen Erbvertrags, weil in einem gemeinschaftlichen Testament beide Ehegatten verfügen müssen.
- An dem vorhergehenden Beispiel zeigt sich der entscheidende Vorteil des Erbvertrages gegenüber dem Testament für die Fälle, in denen zu Lebzeiten des Erblassers und der Erben, Vermächtnisnehmer, kurz aller am möglichen Nachlass beteiligten Personen, **Bindungswirkungen zu Lebzeiten** herbeigeführt werden sollen. Dieses Ziel kann mit einem Testament allein nicht erreicht werden.
- Ein Erbvertrag ist geeignete Gestaltungsform, wenn **fremde Dritte**, also Personen, die nicht kraft gesetzlicher Erbfolge am Nachlass beteiligt sind, vom Erblasser in die Nachlassregelung mit sofortiger Bindungswirkung für alle Beteiligten einbezogen werden sollen.

- Für Personen, die nicht miteinander verheiratet oder verlobt sind oder eine Lebenspartnerschaft begründen (§§ 1, 10 Abs. 4 LPartG), kommt ausschließlich der Erbvertrag in Betracht, wenn eine gemeinsame Verfügung von Todes wegen errichtet werden soll. Insbesondere in einem solchen Erbvertrag ist regelmäßig ein Rücktrittsvorbehalt aufzunehmen.

6 Selbstverständlich darf nicht übersehen werden, dass in bestimmten Fällen gerade die **freie Widerruflichkeit eines Testaments zu Lebzeiten** (§§ 2253 ff. BGB) bestimmendes Gestaltungselement sein kann. Dies ist jedoch insbesondere bei der **Planung der Unternehmensnachfolge** meist nicht angebracht. Eines der tragenden Prinzipien für eine erfolgreiche Unternehmensfortführung ist Rechtsklarheit für alle Beteiligten zu schaffen, die oft nicht vorliegt, wenn für die Nachfolgeregelung ein – widerrufliches – Testament gewählt wurde und damit Möglichkeiten zur Aushebelung für übergangene Erben bestehen. Auch der Erblasser selbst muss bedenken, dass er auf Grund fortgeschrittenen Alters oft nicht mehr über die früher gewohnte Flexibilität für das Fassen von Entscheidungen verfügt und die Anpassung an sich schnell verändernde Marktstrukturen nicht mehr vollziehen kann. Rechtssicherheit und Unterstützung für den Nachfolger sind in solchen Fällen unverzichtbar. Im Übrigen können auch Erbverträge sehr flexibel abgefasst werden, indem man z. B. **Änderungs- oder Rücktrittsvorbehalte** oder Beschränkungen der Bindungswirkung aufnimmt. Letztlich muss ein wirksamer Erbvertrag zumindest **eine vertragsmäßig bindende Verfügung enthalten**; andere letztwillige Verfügungen können als **einseitige** beliebig hinzugefügt werden (§ 2299 BGB). Aus all dem ergibt sich, dass ein Erbvertrag als Regelungsinstrument insgesamt oft leistungs- und anpassungsfähiger ist als ein Testament.

2. Inhalt, Beteiligte und Bindungswirkung des Erbvertrages

7 Ein Erbvertrag als gesetzlich geregelte Ausnahme vom Verbot des § 2302 BGB, vertraglich die Testierfreiheit einzuschränken, enthält einerseits höchstpersönliche Verfügungen von Todes wegen, andererseits freiwillig eingegangene vertragliche Bindungen der beteiligten Personen.

8 **Verfügungsbeschränkungen zu Lebzeiten** ergeben sich aus den eingegangenen Bindungen für den Erblasser aber **nicht** (§ 2286 BGB). Die Wirkungen des Erbvertrages treten erst mit dem Tod des oder der Erblasser ein. Insbesondere greift erst dann im Regelfall die „Sicherung" des § 2287 BGB gegen den Vertragserben beeinträchtigende Schenkungen.

9 Daraus ergibt sich, dass die Regeln für schuldrechtliche, insbesondere gegenseitig verpflichtende Verträge (§§ 320 ff. BGB), **für den Erblasser** nicht anwendbar sind.[2] Für **Vertragspartner, die nicht Erblasser** sind, gelten die allgemeinen Vorschriften über Verträge, d. h. sie sind an die eingegangenen Verpflichtungen mit Abschluss des Vertrages gebunden. Wenn sich also eine Person in einem Erbvertrag zur Erbringung bestimmter Leistungen zu Lebzeiten des Erblassers verpflichtet (z. B. Versorgung und Pflege des Erblassers), gelten hierfür die Grundsätze für Rechtsgeschäfte unter Lebenden.[3]

10 Für die Auslegung **vertragsmäßiger** Verfügungen ist gegebenenfalls § 157 BGB heranzuziehen.[4]

11 Grundsätzlich gelten für Erbverträge die **allgemeinen Auslegungsregeln**,[5] da das Gesetz keine speziellen Auslegungsregeln oder -hilfen vorsieht. Zur Klärung der Frage, ob eine vertragsmäßige Verfügung vorliegt oder nicht, ist also der hypothetische oder erkennbare Wille **aller** vertragschließenden Parteien heranzuziehen und zu erforschen.[6] Es empfiehlt sich daher, zu **jeder** Verfügung anzuordnen, ob Bindungswirkung gewollt ist oder nicht.[7] **Möglich ist es auch, bestimmte Vorschriften** mit ihren Rechtsfolgen zum Inhalt des Erbvertrages zu machen, so z. B. die Folgen des § 139 BGB.

12 **Beteiligte** eines Erbvertrags können fremde oder miteinander verwandte Personen oder Ehegatten, ein oder mehrere Erblasser, gegebenenfalls auch in der Eigenschaft als Vertragsgegner, sein.

---

[2] Vgl. MünchKommBGB/*Musielak* vor § 2274 Rdnr. 21 m. w. N.
[3] *Kerscher/Tanck/Krug* § 8 Rdnr. 492, 498 m. w. N.
[4] Palandt/*Edenhofer* Überblick zu § 2274 Rdnr. 8 m. w. N.
[5] Vgl. § 6.
[6] Vgl. hierzu Dittmann/Reimann/Bengel/*J. Mayer* vor §§ 2274 ff. Rdnr. 21 ff. m. w. N.
[7] Sudhoff/*Scherer* § 4 Rdnr. 7 m. w. N.

§ 10 Erbvertrag   13–19 § 10

Für den Erblasser tritt die gesetzlich vorgesehene **sofortige Bindungswirkung** nur für seine **vertragsmäßigen Verfügungen** von Todes wegen ein, § 2278 Abs. 2 BGB. Diese können **nur** sein 13
- Erbeinsetzungen
- Vermächtnisse
- Auflagen.

Der Erbvertrag setzt begriffsnotwendig zumindest eine **vertragsmäßige Verfügung** voraus. Besteht er nur aus einseitigen, also nicht vertragsmäßigen Verfügungen, liegt kein Erbvertrag vor, sodass eine Bindungswirkung nicht gegeben ist. Es empfiehlt sich also klarzustellen, ob mit der jeweiligen letztwilligen Anordnung eine vertragliche Verfügung getroffen wird oder eine mögliche einseitige Verfügung nach § 2299 BGB.

Einseitige Verfügungen im Sinne des § 2299 Abs. 1 BGB sind auch alle weiteren denkbaren 14 Verfügungen, die durch Testament getroffen werden können. Auf sie finden die Vorschriften zum Testament Anwendung (§ 2299 Abs. 2 S. 1 BGB), d. h. sie unterliegen nicht der Bindungswirkung nach § 2289 BGB und sind nach § 2253 ff. BGB jederzeit aufhebbar oder veränderbar.[8]

Solche einseitigen Verfügungen stehen mit den vertragsmäßigen nur in einem äußerlichen 15 Zusammenhang. Ob eine vertragsmäßige oder eine einseitige Verfügung vorliegt, ist im Zweifel durch Auslegung zu ermitteln, sofern sie nicht ausdrücklich als „vertragsmäßig" bezeichnet wird. Einseitige Verfügungen können insbesondere auch sein
- Enterbung[9] (§ 1938 BGB)
- Vormundbenennung (§ 1777 Abs. 3 BGB)
- Ausschluss eines oder beider Elternteile eines Zuwendungsempfängers von der Vermögenssorge (§ 1638 BGB)
- Ausschluss der Auseinandersetzung (§ 2044 BGB)
- Teilungsanordnungen (§ 2048 BGB)
- Anordnung von Testamentsvollstreckung (§ 2197 BGB)
- Pflichtteilsentziehung (§ 2333 BGB).[10]

Vertragsmäßige Verfügungen des Erbvertrags können nur zu **Lebzeiten** durch gemeinschaft- 16 liches Testament der vertragschließenden Ehegatten oder Lebenspartner (§ 2292 BGB) oder einen **(Erb-)Vertrag** bzw. bei Mitwirken aller Beteiligten aufgehoben werden, §§ 2290, 2291, 2292, 2298 BGB. Insbesondere kann ein Ehegatte die **eigenen vertragsmäßigen Verfügungen** für den eigenen Todesfall grundsätzlich nicht durch Ausschlagung des ihm Zugewendeten aufheben. Etwas anderes gilt, sofern ein Anfechtungsgrund (§ 2281 BGB) vorliegt oder Rücktrittsrechte (§§ 2294, 2295, 2298 BGB) oder Änderungsvorbehalte (§ 2293 BGB) bestehen.

Der vertragsmäßig Bedachte, der nicht Vertragspartner ist, erwirbt nur eine Aussicht auf 17 einen späteren Erwerb, da der Erbvertrag **kein Vertrag zugunsten Dritter** im Sinne von § 328 BGB ist.[11] Der Bedachte, der gleichzeitig Vertragspartner ist, erwirbt eine rechtlich nicht gesicherte Anwartschaft – nicht ein Anwartschaftsrecht – die zu Lebzeiten des Erblassers nur in wenigen Sonderfällen sicherungsfähig durch Vormerkung oder einstweilige Verfügung ist.[12]

Bei Abschluss eines Ehe- bzw. Lebenspartnerschafts- und Erbvertrags (§§ 1408, 2276 Abs. 2 18 BGB; § 10 Abs. 4 LPartG) zwischen Ehegatten bzw. Lebenspartnern, bei denen Vermögen im **Ausland** vorhanden ist oder ein Partner **Ausländer** ist, sollte unbedingt darauf geachtet werden, sowohl für die **Rechtswahl** bezüglich des Güterstandes (Art. 14, 15 EGBGB) als auch für das Erbrecht (Art. 25 Abs. 2 EGBGB) Regelungen in den Vertrag aufzunehmen.

Formulierungsvorschlag für die Rechtswahl:

Da wir unseren Wohnsitz in Deutschland haben und ein Ehepartner deutscher Staatsangehö- 19 riger ist, machen wir mit Wirkung vom Zeitpunkt der Eheschließung an hiermit von der Mög-

---

[8] Vgl. hierzu § 9 a.F.
[9] Vgl. OLG München DNotZ 2006, 132.
[10] *Bengel*, ZEV Jahrestagung 2000/2001, S. 26.
[11] RG WarnR 1917 Nr. 91, S. 130, 132.
[12] Vgl. hierzu die Ausführungen des Verfassers zu § 2287 BGB in § 64.

lichkeit zur Rechtswahl gemäß Art. 15 Abs. 2 Nr. 1 u. 2 EGBGB für das Güterrecht und Art. 14 EGBGB für die allgemeinen Rechtswirkungen der Ehe Gebrauch.

Wir sind uns darüber einig, dass im Inland wie auch im Ausland deutsches Recht, soweit dies möglich ist, für die güterrechtlichen und allgemeinen Rechtswirkungen unserer Ehe maßgebend sein soll.

Der Notar hat die Beteiligten darüber belehrt, dass gemäß Art. 25 Abs. 1 EGBGB die Erbfolge sich nach dem Recht des Staates, dem der Erblasser zuletzt angehörte, richtet, im Rahmen einer Verfügung von Todes wegen eine Rechtswahl aber für das in Deutschland belegene unbewegliche Vermögen zulässig ist.

Daraufhin erklärten die Beteiligten, dass für das in Deutschland belegene unbewegliche Vermögen ausschließlich deutsches Recht anzuwenden ist.

Soweit eine Rechtswahl nach dem Recht des Heimatstaates möglich ist, wählen die Beteiligten auch für ihr gesamtes sonstiges Vermögen die Anwendbarkeit deutschen Rechts.

3. Der Erbvertrag in der Unternehmensnachfolge – grundsätzliche Hinweise.

20   Für ein **Familienunternehmen** kann der Abschluss eines Erbvertrages zum richtigen Zeitpunkt (häufig verbunden mit lebzeitigen Zuwendungen mit dem Ziel, unter Ausnutzung steuerlicher Vorteile, z. B. Pflichtteilsansprüche zu mindern) der Schlüssel zum Bestand des Unternehmens nach dem Tod des Unternehmers sein. In Erkenntnis dessen haben viele Banken eigene Nachlassabteilungen eingerichtet, die sich im Rahmen der Beurteilung eines Unternehmens damit beschäftigen, ob und welche Nachlassregelungen vom Unternehmer getroffen worden sind. Ein frühzeitiges Herangehen an die bestehenden Probleme muss daher uneingeschränkt empfohlen werden. Da mit einem Erbvertrag sofortige Bindungen aller möglichen Beteiligten erzielt werden können, ist er gewöhnlich das geeignete Instrument zur Regelung der Unternehmensnachfolge. Der Anwalt wird mit den steuerlichen Beratern des Unternehmens eng zusammenarbeiten, um bereits zu Lebzeiten zu gesellschaftsvertraglichen Konstruktionen und Verträgen zu kommen, die den Bestand des Unternehmens und die Erhaltung des erforderlichen Kapitals sichern und gleichzeitig die steuerlichen Möglichkeiten ausschöpfen. Bei der Gestaltung ist insbesondere zu berücksichtigen, dass Gesellschaftsbeteiligungen als unvererblich oder nur eingeschränkt vererblich gestaltet werden können. Im Extremfall kann ein Erbe mit Abschluss eines Erbvertrages und entsprechender Ausgestaltung von Gesellschaftsverträgen aus einem Unternehmen zugunsten eines fremden Dritten, den der Unternehmer für geeignet hält, die Nachfolge anzutreten, „herausgehalten" werden. Durch lebzeitige Zuwendungen und Offenlegung bestimmter möglicher gesellschaftsvertraglicher Gestaltungen wird der Erbe auch häufig zu bewegen sein, einen Erbvertrag abzuschließen. Immer zu beachten ist in solchen Fällen, dass der designierte Nachfolger nur dann **unmittelbar** in den Besitz der erforderlichen Beteiligungen kommt, wenn er **zumindest Miterbe** ist.[13]

Für den Praktiker lassen sich nur wenige Leitlinien aufzeigen. Grundsätzlich gilt jedoch, dass die **gesetzliche Erbfolge** oder eine **Erbengemeinschaft** im Regelfall nicht geeignet sind, um eine sachgerechte Unternehmensnachfolge sicherzustellen. **Gleiches** gilt für die Anordnung der Nacherbfolge, da ein **Vorerbe**, der durch eine Nacherbschaft beschränkt ist, im Regelfall **nicht der geeignete Unternehmensnachfolger** ist.[14]

Kapitalgesellschaften, die zu Lebzeiten gegründet werden, sind oft **Personengesellschaften** vorzuziehen[15], insbesondere dann, wenn Testamentsvollstreckung angeordnet werden soll. Ein geeigneter Testamentsvollstrecker sollte in jedem Fall namentlich benannt werden.

Besteht das Unternehmen wegen steuerlicher oder betriebswirtschaftlicher Gründe aus mehreren Gesellschaften, so empfiehlt es sich oft, die Einzelgesellschaften in eine Unternehmensholding einzubringen, die dann als einzige Gesellschaft vererbt wird.

---

[13] MünchKommBGB/*Ulmer* § 727 Rdnr. 40 f.; Wegen der Einzelheiten der Behandlung gesellschaftsrechtlicher Beteiligungen wird auf § 40 und wegen der steuerlichen Besonderheiten auf § 35 des vorliegenden Bandes verwiesen.
[14] *Felix* DStZ 1987, 601.
[15] Vgl. jedoch § 3 Rdnr. 40 zu Fällen, in denen Personengesellschaften vorzuziehen sind.

Ist es nicht möglich, bereits einen Nachfolger einzusetzen, muss § 2065 Abs. 2 BGB beachtet werden, der **jegliche Ermessensausübung** eines Dritten bei der Erbeneinsetzung ausschließt. In solchen Fällen kann versucht werden, auf **Vermächtnisse** auszuweichen, bei denen eine flexiblere Handhabung durch Dritte regelbar ist (vgl. § 2151 BGB). Bei mehreren nachfolgeberechtigten Personen sollten langfristig klare Vertretungs- und Übernahmeregelungen für die Geschäftsanteile vereinbart werden. Auch die Anordnung einer obligatorischen Gruppenvertretung durch einen gemeinsamen Bevollmächtigten mittels einer **Auflage** für jeden Familienstamm ist denkbar.[16]

II. Errichtung und Verwahrung von Erbverträgen

Im Gegensatz zum Testament, das bekanntlich auch privatschriftlich (eigenhändig) verfasst werden kann (§ 2247 BGB), bedarf der Erbvertrag der **notariellen Beurkundung** (§ 2276 BGB) mit entsprechenden Kostenfolgen. Erbvertragliche Erklärungen können zur Niederschrift eines Notars entsprechend den Vorschriften über das öffentliche Testament mündlich oder schriftlich durch Übergabe einer offenen oder verschlossenen Schrift abgegeben werden, §§ 2276, 2232 BGB. **Nur** ein **Erbvertragspartner**, der im Erbvertrag vertragsmäßige letztwillige Verfügungen treffen will, muss **persönlich** den Vertrag schließen, § 2274 BGB. Für die anderen Vertragsbeteiligten, die auch juristische Personen sein können, genügt Stellvertretung. **Alle Beteiligten** müssen jedoch bei der Errichtung vor dem Notar gleichzeitig anwesend sein, § 2276 Abs. 1 S. 1 BGB. 21

Da die **gerichtliche Protokollierung** nach den Vorschriften der Zivilprozessordnung die notarielle Beurkundung ersetzt, § 127 a BGB, kann im Zusammenhang mit einer Scheidungsfolgenvereinbarung oder einem sonstigen gerichtlichen Vergleich auch ein Erbvertrag wirksam abgeschlossen werden. Die Verbindung des Erbvertrags mit einem anderen Rechtsgeschäft ändert grundsätzlich nichts an der Selbstständigkeit der einzelnen Rechtsgeschäfte. 22

Bei möglichen **Unsicherheiten** über die **Geschäftsfähigkeit** sollte grundsätzlich ein Vermerk über die Entbindung des Arztes von seiner Schweigepflicht in die Urkunde aufgenommen werden. 23

> **Formulierungsvorschlag:**
> Ich entbinde hiermit die mich bisher und zukünftig behandelnden Ärzte von ihrer Schweigepflicht, soweit es um die Feststellung meiner unbeschränkten Geschäftsfähigkeit geht. 24

Im Gegensatz zum Testament, bei dem die allgemeine Testierfähigkeit des § 2229 BGB, die Vollendung des 16. Lebensjahres, ausreicht, ist beim Erblasser für einen Erbvertrag grundsätzlich **unbeschränkte Geschäftsfähigkeit** erforderlich, § 2275 BGB.

Für Ehegatten und Verlobte sieht § 2275 Abs. 2 und 3 eine **Abschlusserleichterung** auch **bei beschränkter Geschäftsfähigkeit** vor. Für den Vertragsgegner, der nicht Erblasser ist, gelten die allgemeinen Vorschriften über Verträge.[17]

Der Erbvertrag muss **nicht** wie ein notarielles Testament in **amtliche Verwahrung** gegeben werden. Die mit der Hinterlegung entstehende Gebühr des § 101 KostO kann demzufolge eingespart werden. Dies gilt auch für die anschließende Verwahrung, z. B. nach Eröffnung eines zweiseitigen Erbvertrags. Diese so genannte Aktenverwahrung löst keine Gebühr nach § 101 KostO aus. 25

Zwar ist nach § 34 Abs. 2 BeurkG die besondere amtliche Verwahrung (§§ 2300, 2258 a-2263, 2273 BGB) die Regel für den Erbvertrag. Die Vertragschließenden können dies jedoch durch übereinstimmende Erklärung ausschließen; dies ist im Zweifel anzunehmen, wenn Erbverträge mit anderen Verträgen verbunden sind, z. B. Eheverträge. Seit 1.8.2002 kann nach § 2300 Abs. 2 BGB der Erbvertrag, also die Originalurkunde, den Vertragschließenden zurückgegeben werden. Wird ein Erbvertrag nach § 2300 Abs. 1 S. 1 und Abs. 2 S. 1, 2 BGB

---
[16] Vgl. im Einzelnen § 13 Rdnr. 83 ff.; § 14; § 8 Rdnr. 4 ff.
[17] Vgl. Palandt/*Edenhofer* § 2275 Rdnr. 3 m. w. N.

aus der amtlichen oder notariellen Verwahrung **zurückgenommen**, gelten in entsprechender Anwendung von § 2256 Abs. 1 BGB alle darin enthaltenen vertragsmäßigen und einseitigen Verfügungen von Todes wegen als widerrufen.[18]

III. Arten des Erbvertrages

1. Einseitiger Erbvertrag

26 Ein als Erbvertrag bezeichneter Vertrag, der keine vertragsmäßige Verfügung enthält, ist nicht von vornherein unwirksam, sondern kann eine testamentarische Verfügung mit den sich daraus ergebenden Folgen vor allem im Hinblick auf die Widerruflichkeit sein. Enthält er aber eine Erbeinsetzung, ein Vermächtnis oder eine Auflage, die mit Bindungswirkung ausgestattet ist, handelt es sich um einen **einseitigen Erbvertrag**, wenn **nur der Erblasser** vertragsmäßige Verfügungen trifft. Der Vertragspartner kann sich zu einer **Gegenleistung**, z. B. den Erblasser auf Lebenszeit zu pflegen, verpflichten oder nicht.

27 Verspricht der Vertragsgegner eine Gegenleistung, so handelt es sich **nicht** um einen **gegenseitig verpflichtenden Vertrag**, sondern um ein Rechtsgeschäft unter Lebenden, auf das die Vorschriften der §§ 320 ff. BGB keine Anwendung finden, da die vertragsmäßige Verfügung des Erblassers als abstraktes Rechtsgeschäft aus sich heraus die erbrechtliche Zuwendung ohne eine Leistungspflicht im Sinne der §§ 320 ff. BGB begründet.[19]

28 Die Verpflichtung zu einer Gegenleistung kann als Bedingung, Vertragszweck im Sinne des § 812 Abs. 1 S. 2 Halbs. 2 BGB, oder als miteinander zusammenhängendes Rechtsgeschäft, das bei Teilunwirksamkeit insgesamt gemäß § 139 BGB unwirksam wird, ausgestaltet sein. Sind dem Erbvertrag keine eindeutigen Regelungen zu entnehmen, so ist durch Auslegung der Wille **aller Vertragsparteien** zu erforschen. Von einem **allseitigen Bindungswillen** wird man ausgehen können, wenn der Vertragspartner selbst oder ein mit ihm verwandter Dritter durch den Erbvertrag begünstigt worden ist.[20] Ist eine Gegenleistung des Vertragspartners nicht vereinbart, spricht man auch von einem **unentgeltlichen** Erbvertrag.

2. Zwei- oder mehrseitige Erbverträge

29 Enthält ein Erbvertrag vertragsmäßige Verfügungen mehrerer Personen mit Bindungswirkung, spricht man von einem **zwei- oder mehrseitigen oder gemeinschaftlichen Erbvertrag**. Die Parteien sind also jeweils Vertragserblasser. Gemeinschaftliche Erbverträge werden oft von Ehegatten oder geschiedenen Ehegatten abgeschlossen und unterliegen, soweit die innere Abhängigkeit (Wechselbezüglichkeit) der vertragsmäßigen Verfügungen in Frage steht, weitgehend den Regeln über gemeinschaftliche Testamente, wie z. B. § 2269 BGB, der über § 2280 BGB Anwendung findet.

30 Im Unterschied zum gemeinschaftlichen Testament ist beim Erbvertrag, vorausgesetzt ein entgegenstehender Wille ist nicht erkennbar, **stets von der gegenseitigen Abhängigkeit (Wechselbezüglichkeit)** der getroffenen Verfügungen voneinander **auszugehen**, § 2298 BGB.

31 Für Ehegatten oder geschiedene Ehegatten ist ein Erbvertrag das geeignete Instrument, um im Erbfall gemeinsames Vermögen bestimmten Personen wie z. B. Kindern oder nahen Verwandten zu sichern. **Nur** mit Abschluss eines Erbvertrages, gegebenenfalls in Kombination mit einem Scheidungsfolgenvertrag, kann erreicht werden, dass neue Ehegatten oder Kinder aus anderen Ehen von der Nachfolge in gemeinsam erworbenes Vermögen weitgehend ausgeschlossen werden.[21]

32 Konsequenz der unterstellten Wechselbezüglichkeit vertragsmäßiger Verfügungen ist, dass z. B. bei Scheidung oder Anfechtung nach Abschluss eines gemeinschaftlichen Erbvertrages die Nichtigkeit einer vertragsmäßigen Verfügung gemäß § 2298 Abs. 1 BGB die Unwirksamkeit des ganzen Erbvertrages nach sich zieht. Entsprechende Folgen ordnet grundsätzlich für den

---

[18] Vgl. hierzu ausführlich Beck'sches Notarhandbuch *Bengel/Reimann* C. Rdnr. 47 ff.
[19] BayObLGZ 1998, 22, 25 = NJW-RR 1988, 729; MünchKommBGB/*Musielak* vor § 2274 Rdnr. 21.
[20] Vgl. Sudhoff/*Scherer* § 4 Rdnr. 6.
[21] Vgl. *Kerscher/Tanck/Krug* § 8 Rdnr. 500; zu den Folgen einer Scheidung OLG Hamm Urt. v. 8.11.1993 – ZEV 1994, 367.

Fall der Auflösung einer Ehe nach Abschluss eines gemeinschaftlichen Erbvertrages § 2279 Abs. 2 BGB an, indem § 2077 BGB entsprechend für anwendbar erklärt wird.
Im Hinblick auf das Urteil des BGH, wonach über § 2268 Abs. 2 BGB ausnahmsweise fortgeltende wechselbezügliche Verfügungen auch nach der **Ehescheidung**[22] ihre Wechselbezüglichkeit behalten, ist gegebenenfalls zu empfehlen, die Ehescheidung bzw. die Rechtshängigkeit eines Scheidungsantrages als auflösende Bedingung vom Erbvertrag vorzusehen.[23]

IV. Schutzwirkung des Erbvertrages

1. Schutz der Bedachten durch Bindungswirkung

Wenn auch der Vertragserbe keine Anwartschaft auf bestimmte Vermögensgegenstände erlangt, so erwirbt er doch im Gegensatz zum jederzeit widerruflichen Testament – auf Grund der Einschränkung der letztwilligen Verfügungsfreiheit des Erblassers gemäß § 2289 BGB, des Schutzes gegen beeinträchtigende Schenkungen gemäß § 2287 BGB und der Möglichkeit zu weitgehenden Vereinbarungen unter Lebenden – weit **begründetere Aussichten** als ein Testamentserbe darauf, das Vermögen des Erblassers zu erhalten. Insbesondere im Rahmen der Ausgestaltung von Nachfolgeregelungen kann die eingetretene Bindungswirkung Entschlüsse eines möglichen Nachfolgers oder Gesellschafters entscheidend beeinflussen.

In die Gestaltungsüberlegungen einbezogen werden sollte in diesem Zusammenhang auch die **wechselseitige Einsetzung von Gesellschaftern** mit ihren gemäß § 19 a Abs. 2 ErbStG begünstigten Gesellschaftsanteilen zu Vermächtnisnehmern, was wegen der Tarifbegrenzung des § 19 a Abs. 4 ErbStG auch bei Nichtverwandten vorteilhaft sein kann.

Übersicht: Unterschiede in der Bindungswirkung von gemeinschaftlichem Testament und Erbvertrag

Beseitigung der Bindung	Gemeinschaftliches Testament	Erbvertrag
Vor dem 1. Erbfall:		
Durch Widerruf	Ja	Nein
Durch Selbstanfechtung	Nein	Ja
Durch Rechtsgeschäft unter Lebenden	Ja	Nein, außer durch alle Erbvertragsparteien (§ 2290 BGB)
Nach dem 1. Erbfall:		
Durch Widerruf	Nur bei Ausschlagung	Nur bei vorbehaltenem Rücktritt und zusätzlicher Ausschlagung
Durch Selbstanfechtung	Ja	Ja
Durch Ausschlagung	Nur mit zusätzlichem Widerruf	Nur bei vorbehaltenem Rücktritt und zusätzlichem Widerruf
Durch Rechtsgeschäft unter Lebenden	Nein	Nein

2. Schutz gegen beeinträchtigende Schenkungen / Verfügungsunterlassungsvertrag

Aus der Grundentscheidung des Gesetzgebers, der Verfügungsfreiheit des Erblassers zu Lebzeiten über sein Vermögen grundsätzlich den Vorrang vor erbvertraglichen Bindungen einzuräumen (§ 2286 BGB), folgt, dass die Vorschriften der **§§ 2287, 2288 BGB** grundsätzlich erst nach dem Tod des Erblassers unter den dort genannten Voraussetzungen dem Vertragserben Ansprüche auf Herausgabe von Schenkungen oder gemischten Schenkungen in Beeinträchtigungsabsicht nach den Bereicherungsvorschriften der §§ 812 ff. BGB geben. Da nach der neueren Rechtsprechung[24] die **Beeinträchtigungsabsicht nicht mehr überwiegendes Motiv**

---

[22] BGH DNotZ 2005, 51 = ZEV 2004, 423.
[23] Vgl. hierzu auch *Kanzleiter* ZEV 2005, 181, 184.
[24] BGH Urt. v. 27.11.1991 – NJW 1992, 564.

einer Schenkung sein muss, ist eine Abwägung nach objektiven Kriterien zwischen einem anerkennenswerten lebzeitigen Eigeninteresse oder einer missbräuchlichen Ausnutzung der Verfügungsfreiheit des Erblassers vorzunehmen.[25]

37 Ist es für den Bedachten entscheidend, dass er nach dem Tode des Erblassers einen **bestimmten Gegenstand** aus dem Nachlass, wie z. B. ein Betriebsgrundstück, auch erhält, so bietet sich eine Sicherung in Form eines sog. **Verfügungsunterlassungsvertrages** in Anwendung des § 137 BGB an, der auch, wenn er sich auf Grundstücke bezieht, keiner Form bedarf, gewöhnlich jedoch mit einem Erbvertrag verbunden wird.[26]

38 **Vertragswidrige Verfügungen** des Erblassers sind grundsätzlich wirksam, da ein Verfügungsunterlassungsvertrag ein schuldrechtlicher Vertrag unter Lebenden ist. Sie führen jedoch zur Schadensersatzpflicht des Erblassers und zur Erbenhaftung für die sich daraus ergebende Nachlassverbindlichkeit, §§ 1922, 2058 BGB.[27]

> **Formulierungsvorschlag: Mit dem Erbvertrag verbundener Verfügungsunterlassungsvertrag**
>
> Die Beteiligten sind sich darüber einig, dass die Erlangung des (unbelasteten) Eigentums an dem Betriebsgrundstück, eingetragen im Grundbuch des Amtsgerichts ..., Band ..., Blatt ..., für den in dem heutigen Erbvertrag eingesetzten Vertragserben grundlegende Bedeutung hat.
>
> Demzufolge verpflichtet sich der Erblasser hiermit, jede den Vertragserben beeinträchtigende Verfügung über das Grundstück oder Rechte an diesem zu unterlassen.

39 Der Anspruch darauf, eine Verfügung zu **unterlassen,** ist durch Vormerkung nicht sicherbar. Erreicht werden kann aber eine Sicherung gemäß § 938 Abs. 2 ZPO durch **einstweilige Verfügung,** die ein gerichtliches Verfügungsverbot zum Gegenstand hat. Wird vereinbart, dass ein Verstoß gegen das Verfügungsverbot zu einer Verpflichtung zur Übertragung des Vermögensgegenstandes auf den Vertragserben oder Vermächtnisnehmer führt (auch „Sicherungsschenkung" genannt), kann dieser Anspruch im Grundbuch durch Vormerkung gesichert werden.[28] Für diese Vereinbarung ist eine Verbindung mit dem Erbvertrag, der ohnehin zu beurkunden ist, zweckmäßig, da der bedingte Übertragungsanspruch zur Beurkundungspflicht bei Grundstücken führt.

> **Formulierungsvorschlag:**
>
> 40 Verstößt der Erblasser gegen die vorstehende Verpflichtung, über den beim Amtsgericht in ... Band ..., Blatt ... eingetragenen Grundbesitz nicht zu verfügen, weder durch Belastung noch Übertragung an Dritte, so erwirbt der Erschienene zu ... bereits mit Abschluss eines schuldrechtlichen Vertrages gegen den Erblasser einen Anspruch auf Eigentumsübertragung an dem vorgenannten Grundstück mit der im heutigen Vertrag vereinbarten Gegenleistung. Zur Sicherung dieses Anspruchs wird von den Beteiligten die Eintragung einer Vormerkung im Grundbuch bewilligt und beantragt.

3. Schutz gegen spätere letztwillige Verfügungen

41 An der wirksamen Errichtung weiterer letztwilliger Verfügungen ist der Erblasser nach Abschluss eines Erbvertrages gehindert, § 2289 Abs. 1 S. 2 BGB, **soweit** die Rechte des Bedachten hierdurch beeinträchtigt werden. Im gleichen Umfang wird eine frühere Verfügung von Todes wegen aufgehoben, § 2289 Abs. 1 S. 1 BGB.

---

[25] BGH Urt. v. 23.9.1981 – NJW 1982, 43; wegen der weiteren Einzelheiten wird auf die Ausführungen in § 64 II. Rdnr. 12 ff. dieses Handbuches zu den Klagen nach § 2287 BGB verwiesen.
[26] BGH Urt. v. 27.2.1967 – FamRZ 1967, 470; BGH v. 30.9.1959 – BGHZ 31, 13.
[27] BGH Urt. v. 2.10.1963 – NJW 1964, 549; OLG Köln v. 14.9.1995 – NJW-RR 1996, 327.
[28] BayObLGZ 1978, 287; Dittmann/Reimann/Bengel/*J. Mayer* § 2286 Rdnr. 29; MünchKommBGB/*Musielak* § 2286 Rdnr. 12.

Eine spätere Verfügung von Todes wegen kann aber wirksam werden, wenn **der Bedachte vor dem Erblasser verstirbt** und der Erbvertrag gegenstandslos wird.[29]

Im Gegensatz zu Verfügungen unter Lebenden ist damit der Schutz des vertraglich Bedachten gegen weitere letztwillige Verfügungen des Erblassers absolut ausgestaltet. Der BGH[30] stellt ausschließlich auf eine Beeinträchtigung in rechtlicher Hinsicht ab, während in der Literatur auch vertreten wird, wirtschaftliche Beeinträchtigungen müssten ebenfalls berücksichtigt werden.[31] Als Rechtsbeeinträchtigung angesehen hat die Rechtsprechung z. B. die nachträgliche Anordnung einer Nacherbschaft[32] oder die spätere Anordnung einer Testamentsvollstreckung, wenn die Beschränkung der Verfügungsbefugnis vom Erbvertrag nicht gedeckt ist.[33] Eine Betrachtungsweise nach rein wirtschaftlichen Gesichtspunkten ist abzulehnen, wird in der Regel jedoch zu den gleichen Ergebnissen führen.

Familienrechtliche Veränderungen, die keine unmittelbare Beeinträchtigungsabsicht erkennen lassen, wie z. B. das Eingehen einer neuen Ehe und eventuell damit verbundene Beeinträchtigungen der erbrechtlichen Rechtsstellung des Vertragserben, werden von § 2289 BGB jedoch nicht erfasst. Eine Besonderheit findet sich in § 2289 Abs. 2 BGB, der eine Beschränkung des Rechts des vertraglich bedachten pflichtteilsberechtigten Abkömmlings **in guter Absicht** in den Grenzen des § 2338 BGB zulässt.

V. Aufhebung und Lösung von Bindungswirkung und Erbvertrag

Einschränkungen oder Aufhebungen der Bindungswirkung können auf vielfältige Weise erreicht werden, wie sich bereits aus den vorangehenden Ausführungen entnehmen lässt. So ist es im Vorfeld eines Erbvertrages grundsätzlich möglich, indirekt mögliche Bindungen zu ändern, indem vor Abschluss eines Erbvertrages Verträge unter Lebenden geschlossen werden, die eine für den Erblasser wünschenswerte bürgerlich- und steuerrechtliche Ausgangsposition für den folgenden Erbvertrag herstellen. Im Folgenden werden die vorwiegend zur Verfügung stehenden Gestaltungsinstrumente dargestellt.

1. Zustimmung des vertraglich Bedachten

Die Zustimmung des oder der vertragsmäßig Bedachten oder Vermächtnisnehmers zu letztwilligen oder anderen Verfügungen stellt die Verfügungs- bzw. Testierfreiheit des Erblassers grundsätzlich in dem von der Zustimmung umfassten Umfang wieder her, §§ 2290 Abs. 4, 2291 (Vermächtnis, Auflage), 2276 BGB. Für die **Zustimmungserklärung** zu beeinträchtigenden Verfügungen von Todes wegen ist notarielle Beurkundung vorgeschrieben.[34] Nach **Zugang beim Erblasser** – nicht nach Beurkundung – ist sie unwiderruflich.

Ob auch die Zustimmung zu einzelnen beeinträchtigenden Handlungen des Erblassers **unter Lebenden** der notariellen Beurkundung bedarf, wird unterschiedlich beurteilt.[35] Es empfiehlt sich daher grundsätzlich, notarielle Beurkundung zu wählen, zumal im Einzelfall die Abgrenzung zu einer teilweisen Aufhebung, für die Beurkundung vorgeschrieben ist, nicht einfach vorzunehmen ist.

2. Aufnahme von Änderungsvorbehalten

Im Rahmen der auch im Erbvertragsrecht bestehenden **Vertragsfreiheit** ist es zulässig, Änderungen zu vereinbaren oder sich vorzubehalten, **solange** nur **eine vertragsmäßig** getroffene letztwillige Verfügung im Erbvertrag enthalten bleibt.[36] Deshalb kann sich ein Erblasser zwar vorbehalten, abweichend vom Erbvertrag zu testieren, von im Vertrag enthaltenen Vereinba-

---

[29] Bsp. in Sudhoff/*Scherer* § 4 Rdnr. 10; vgl. auch MünchKommBGB/*Musielak* § 2289 Rdnr. 4; zur Aufhebung von früheren Testamenten vgl. § 9 Rdnr. 28.
[30] BGH v. 8.1.1958 – JZ 1958, 399; BGHZ 26, 204, 213 f.
[31] Vgl. MünchKommBGB/*Musielak* § 2289 Rdnr. 2 u. Soergel/*Wolf* § 2289 Rdnr. 2.
[32] OLG Hamm NJW 1974, 1774.
[33] BGH NJW 1962, 912; vgl. auch die Beispiele bei *Erman* § 2289 Anm. 5.
[34] BGH Urt. v. 12.7.1989 – NJW 1989, 2618; *Kanzleiter* ZEV 1997, 261; differenzierend *Ivo* ZEV 2003, 58 ff., 101 ff.
[35] Vgl. Sudhoff/*Scherer* § 4 Rdnr. 16.
[36] BGH Urt. v. 2.12.1981 – NJW 1982 441, 442; *Mayer* DNotZ 1990, 755; *Weiler* DNotZ 1994, 427; Kerscher/Tanck/*Krug* § 8 Rdnr. 563, 564; differenzierend hält Staudinger/*Kanzleiter* § 2278 Rdnr. 13 auch

rungen unter Lebenden oder von vertragsmäßigen letztwilligen Verfügungen zurückzutreten oder wirksame beeinträchtigende Verfügungen zu treffen. Diese Vorbehalte können auch an den Eintritt bestimmter Bedingungen geknüpft werden.

48 Dies kann aber nicht so weit gehen, dass der Vorbehalt in der Sache die Wirkung eines Rücktritts vom Erbvertrag hat, weil ein **Rücktritt** (§ 2293 BGB) vom Erbvertrag auf Grund der bestehenden Formvorschriften (§ 2296 BGB) dem Vertragspartner **bekannt werden muss**, die Ausübung eines Änderungsvorbehaltes dagegen nicht. Die teilweise abweichende Auffassung in der Literatur ist daher abzulehnen.[37] So wird teils versucht, den Vertrag durch Aufnahme eines sog. Totalvorbehalts,[38] d. h. der Änderungsvorbehalt kann den gesamten Erbvertrag betreffen, oder Vorbehalts, über nahezu das **gesamte Vermögen** beeinträchtigend verfügen zu können, zu unterhöhlen. Verfügungen über das vertragsmäßig gebundene Vermögen sollen hier nahezu **vollständig** der Disposition des Erblassers unterliegen.

49 Auch hier müssen nach Meinung des Verfassers die vorgenannten Grundsätze zur Anwendung kommen, wobei bisher ungeklärt ist, ob sämtliche Vorbehalte oder sogar der gesamte Erbvertrag als unwirksam betrachtet werden müssen, was wohl der Fall ist, wenn die Rechtswirkungen des § 139 BGB nicht abbedungen worden sind, oder im Gegensatz dazu nur diejenigen Vorbehalte, die einen jeweiligen Kläger betreffen.

3. Aufhebung des Erbvertrages

50 Zu Lebzeiten aller Vertragschließenden ist eine vollständige oder teilweise Aufhebung eines Erbvertrages möglich, wenn alle Beteiligten mitwirken, § 2290 BGB. Wie der Erbvertrag bedarf auch der Aufhebungsvertrag der **notariellen Form, § 2290 Abs. 4 BGB**. Nicht nur die vertragsmäßigen, sondern auch die einseitigen Verfügungen treten mit der Aufhebung grundsätzlich außer Kraft, § 2299 Abs. 3 BGB. Nach dem Tod einer der Vertragschließenden ist die Aufhebung nicht mehr möglich, auch nicht durch Vertrag des Erblassers mit dem Bedachten (abgesehen von dessen Zustimmung zu einzelnen beeinträchtigenden Verfügungen; vgl. Rdnr. 44 f.).

51 Vermächtnisse oder Auflagen, die in einer vertragsmäßigen Verfügung des Erbvertrags niedergelegt sind, können vom Erblasser durch Testament mit notariell beurkundeter Zustimmung der Vertragsbeteiligten aufgehoben werden, § 2291 BGB.

52 **Ehegatten** können einen Erbvertrag unter den **erleichterten Voraussetzungen** des § 2292 BGB durch Errichtung eines gemeinschaftlichen Testaments aufheben. Falls in einem Erbvertrag kein anderer Wille der Ehegatten oder Verlobten erkennbar ist, führt eine Scheidung oder Aufhebung eines Verlöbnisses gemäß den §§ 2279 Abs. 2, 2077 BGB zur Unwirksamkeit eines Erbvertrages.[39]

4. Rücktritt vom Erbvertrag

53 Dem Erblasser stehen **vertragliche** oder **gesetzliche** Rücktrittsrechte vom Erbvertrag zu, §§ 2293 ff. BGB. Vorbehalte zum Rücktritt können sowohl zu vertragsmäßigen letztwilligen Verfügungen als auch zu vertraglichen Vereinbarungen unter Lebenden, unbeschränkt oder beschränkt auf bestimmte Fälle, bedingt oder befristet, vereinbart werden.[40] Der Rücktritt muss vom Erblasser **höchstpersönlich** erklärt werden und bedarf der **notariellen Beurkundung**, §§ 2296, 2297 BGB.

---

einen Vorbehalt im Ganzen für zulässig, soweit seine Ausübung der Willkür entzogen ist, d.h. an das Vorliegen bestimmter Voraussetzungen gebunden ist; a. A. MünchKommBGB/*Musielak* § 2278 Rdnr. 16 f.

[37] BGH Urt. v. 8.1.1958 – BGHZ 26, 204, 208; vgl. *Kerscher/Tanck/Krug* § 8 Rdnr. 565 f. m. w. N.; zum Stand der Diskussion vgl. Dittmann/Reimann/Bengel/*J. Mayer* § 2278 Rdnr. 15.

[38] *Lange/Kuchinke* Erbrecht § 25 VI. 4.

[39] OLG Hamm Urt. v. 8.11.1993 – ZEV 1994, 367; OLG Zweibrücken Urt. v. 24.3.1998 – FamRZ 1998, 1540; zum Fortbestand wechselbezüglicher Verfügungen vgl. auch Rdnr. 31 f. mit Hinweis zur neueren Rechtsprechung des BGH.

[40] Palandt/*Edenhofer* § 2293 Rdnr. 2.

Formulierungsvorschlag: Rücktrittserklärung

Am ... habe ich mit Urkunde Nr ... des Notars ... in ... einen Erbvertrag errichtet. Dem Beteiligten ... habe ich ein Wertpapierdepot mit wechselndem Bestand als Vermächtnis zugewendet. Im Hinblick auf diese Verfügung habe ich mir ein Rücktrittsrecht vorbehalten.
Hiermit trete ich von der vorbezeichneten Verfügung zurück. Der beurkundende Notar bzw. sein Vertreter im Amt werden beauftragt, dem Vermächtnisnehmer eine Ausfertigung der Rücktrittserklärung zuzustellen.

54

Ein Vertragspartner, der nicht Erblasser ist, kann bei für ihn vorbehaltenem Rücktrittsrecht (z. B. im Hinblick auf § 2295 BGB) formlos zurücktreten, da die Formvorschriften für Erklärungen des Erblassers für ihn nicht gelten. Zumindest die Einhaltung der Schriftform ist jedoch zur Sicherheit anzuraten. Im Übrigen gelten für den Vertragspartner, **nicht für den Erblasser**, die §§ 346 ff. BGB, jedoch nicht die §§ 323 ff. BGB, weil der Erbvertrag nicht gegenseitiger Vertrag im Sinne der §§ 320 ff. BGB ist.

55

Rücktrittsvorbehalte sollten **umfassend und präzise** formuliert sein und auch Fälle von **Schlechterfüllung, verzögerter oder Nichterfüllung** regeln, da die Jahresfrist für eine Anfechtung oft verstrichen ist.[41] Nicht vergessen werden sollte auch das **rechtliche Schicksal** von **Vereinbarungen unter Lebenden**, das nicht unbedingt mit einseitigen oder vertragsmäßigen Verfügungen deckungsgleich sein muss. Im Einzelfall, so z. B. bei Schlechterfüllung einer übernommenen Pflegeverpflichtung (sog. Verpfründungsverträge), kann der Grundsatz von Treu und Glauben es erfordern, den Vertragspartner vor Ausübung des Rücktrittsrechts **abzumahnen**.[42]

56

In der Praxis nur untergeordnete Bedeutung kommt dem gesetzlichen Rücktrittsrecht des § 2294 BGB zu, das einen Rücktritt ermöglicht, wenn die Voraussetzungen für die **Entziehung des Pflichtteils** vorliegen. Mehr Bedeutung hat das Rücktrittsrecht aus § 2295 BGB bei Aufhebung der Verpflichtung zu **wiederkehrenden Leistungen**. Dieses Rücktrittsrecht setzt eine Verpflichtung des Bedachten zur Erbringung wiederkehrender Leistungen zugunsten des Erblassers voraus, die aufgehoben worden ist. Da die Vorschrift **nur** den Fall der Aufhebung und **nicht** der Leistungsstörung regelt, sollte unbedingt das Rücktrittsrecht vertraglich wie bereits erwähnt auf **Leistungsstörungen** erstreckt werden.

Formulierungsvorschlag: Im Erbvertrag vorbehaltenes Rücktrittsrecht

Die Vertragsbeteiligten erklären, dass die Erbeinsetzung des Bedachten mit Rücksicht auf die im heutigen Erbvertrag in § ... vereinbarte Unterhaltsverpflichtung (oder ggf. andere wiederkehrende Leistung) des Erschienenen zu ...) erfolgt ist. Sie sind sich darüber einig, dass dem Erblasser über den in § 2295 BGB geregelten Fall hinaus auch bei Vorliegen einer Leistungsstörung im Sinne der §§ 275 ff. BGB auf Seiten des Bedachten ein Rücktrittsrecht vom Erbvertrag zusteht.

57

Das Rücktrittsrecht erlischt zwingend mit dem Tod des Rücktrittsberechtigten (§§ 2065, 2279 Abs. 1 BGB).[43] Hingegen lässt der Tod des Vertragsgegners bei einem **einseitigen Erbvertrag** das Rücktrittsrecht unberührt, dieses verwandelt sich jedoch in ein Recht zur einseitigen Aufhebung des Erbvertrags oder der vertragsmäßigen Verfügung durch Testament (§ 2297 BGB); anderes gilt grundsätzlich beim **zweiseitigen Erbvertrag**, sofern kein anderer Wille der Vertragsteile anzunehmen ist (§ 2298 Abs. 2 S. 2 und Abs. 3 BGB). Das Aufhebungstestament ist im Gegensatz zur Rücktrittserklärung nach § 2296 BGB widerruflich.[44]

58

---

[41] Vgl. OLG Karlsruhe NJW-RR 1997, 708.
[42] Palandt/*Edenhofer* § 2293 Rdnr. 3.
[43] Vgl. Palandt/*Edenhofer* § 2293 Rdnr. 1.
[44] Dittmann/Reimann/Bengel/*J. Mayer* § 2296 Rdnr. 23.

59 Zu beachten ist, dass bei einem Rücktritt wegen Verfehlungen des Bedachten gemäß § 2294 BGB der Grund zum Rücktritt zum Zeitpunkt der Testamentserrichtung noch bestehen muss und entsprechend §§ 2336 Abs. 2, 2297 S. 2 BGB in dem Testament anzugeben ist.

5. Anfechtung des Erbvertrages

60 Einseitige Verfügungen kann der Erblasser jederzeit frei widerrufen; diesbezüglich gelten keine Besonderheiten. Anderes gilt bei den vertragsmäßig bindenden Verfügungen. Die §§ 2281 ff. BGB räumen dem Erblasser die Möglichkeit der Selbstanfechtung ein, die unter den in §§ 2078, 2079 BGB genannten Gründen (Irrtum, Drohung, Übergehung eines Pflichtteilsberechtigten) in Frage kommt.

Zur Vermeidung von Wiederholungen wird auf die Ausführungen in § 7 Rdnr. 58 ff. verwiesen. Ergänzend ist festzuhalten, dass grundsätzlich die Regeln über die Anfechtung von Testamenten, §§ 2281, 2078, 2079 BGB, gelten und die in § 119 BGB vorgesehene Einschränkung des Anfechtungsrechts weder für den einseitigen noch für den mehrseitigen Erbvertrag gilt.

61 **Allein die Vorstellungen des Erblassers** bei Abgabe seiner Erklärungen sind für die Beurteilung, ob ein Anfechtungsgrund vorliegt, maßgebend. Dabei müssen diese Vorstellungen nicht unbedingt Eingang in den Erbvertrag gefunden haben.[45] Die erfolgreiche Anfechtung führt zur Nichtigkeit der vertragsmäßig bindenden Verfügungen, § 142 Abs. 1 BGB, und beim gegenseitigen Erbvertrag grundsätzlich zur Nichtigkeit des gesamten Vertrags, da die innere Abhängigkeit der Verfügungen im Erbvertragsrecht vermutet wird, § 2298 BGB; ansonsten ist § 2085 BGB zu beachten.

62 Wie beim Inhalts- und Erklärungsirrtum besteht auch bei Vorliegen eines **Motivirrtums** ein Anfechtungsrecht, §§ 2281, 2078 Abs. 2 BGB.

63 Die **Anfechtungserklärung** kann nicht zurückgenommen werden und muss vom Erblasser höchstpersönlich gegenüber den Vertragsbeteiligten abgegeben und notariell beurkundet werden, § 2282 Abs. 3 BGB. Nach dem Tod des oder der Anfechtungsgegner ist die Anfechtung dem Nachlassgericht gegenüber zu erklären, § 2281 Abs. 2 BGB. Die **Anfechtungsfrist** ist Ausschlussfrist und beträgt ein Jahr ab Kenntnis des Anfechtungsgrundes, § 2283 Abs. 1 BGB.

64 Der Erblasser kann trotz Vorliegens eines Anfechtungsgrundes **formlos** die Verbindlichkeit des Erbvertrages **bestätigen** (§§ 2284, 144 BGB), um für den Fall seines Todes vor Ablauf der Anfechtungsfrist ein Anfechtungsrecht der Erben auszuschließen.

65 In der Praxis sollte regelmäßig das Anfechtungsrecht wegen **Übergehens eines Pflichtteilsberechtigten**, § 2079 S. 2 BGB, ausgeschlossen werden, um die nach dem Tode des Erblassers möglicherweise eintretenden schwerwiegenden Folgen (evtl. Haftung nach §§ 2024, 932 Abs. 2, 142 Abs. 2 BGB) zu vermeiden. Einem **Dritten**, der einen unmittelbaren Vorteil aus der Anfechtung erlangen kann, steht ein Anfechtungsrecht nach den §§ 2080, 2285 BGB zu.

VI. Muster für Erbverträge

1. Erbvertrag zwischen Ehegatten und einem Kind

66 Die Erschienenen sind dem Notar von Person bekannt.

Die Frage des Notars nach einer Vorbefassung entsprechend den Regelungen des § 3 Abs. 1 Nr. 7 BeurkG wurde von den Beteiligten verneint.

Die Erschienenen besitzen, wovon sich der Notar in längeren Gesprächen vor der heutigen Beurkundung und am heutigen Tag überzeugen konnte, die uneingeschränkte Geschäfts- und Testierfähigkeit. Auf Befragen wurde die Hinzuziehung von Zeugen oder eines zweiten Notars nicht gewünscht.

Die Erschienenen sind deutsche Staatsangehörige, wollen einen Erbvertrag schließen und sind durch frühere Verfügungen von Todes wegen hieran nicht gehindert. Die Erschienenen zu

---

[45] OLG Hamm Urt. v. 8.12.1977 – Rpfleger, 1978, 179; BGH Urt. v. 31.10.1962 – NJW 1963, 246; *Kerscher Tanck/Krug* § 8 Rdnr. 576 ff.

1) und 2) sind am ... vor dem Standesamt in ... die Ehe eingegangen und leben im Güterstand der Zugewinngemeinschaft. Der Erschienene zu 3) ist einziger gemeinsamer Sohn der Eheleute ... Weitere einseitige Abkömmlinge sind nicht vorhanden.

Der Erbvertrag soll unverschlossen in der amtlichen Verwahrung des Notars bleiben.

Die Erschienenen erklärten zur notariellen Beurkundung den nachfolgenden.

Erbvertrag

§ 1 Aufhebung früherer letztwilliger Verfügungen

Jeder von uns hebt hiermit frühere letztwillige Verfügungen, insbesondere das gemeinschaftliche Testament vom ... (UR Nr... / ... des Notars ... in Frankfurt am Main) und die darin enthaltenen Anordnungen zur Testamentsvollstreckung auf.

§ 2 Erbeinsetzung

Wir, die Erschienenen zu 1) und 2), setzen hiermit vertragsmäßig unseren einzigen Sohn ... zum Alleinerben ein. Im Fall der Erbausschlagung oder des vorzeitigen Versterbens unseres Sohnes soll der überlebende Ehegatte Erbe, danach eventuelle eheliche Abkömmlinge von ... Erben sein.

Falls weder unser Sohn noch dessen Abkömmlinge zur Erbschaft gelangen sollten, ist der längstlebende Ehegatte in der Bestimmung der Schlusserben frei.

Wir nehmen diese Erklärungen gegenseitig und mit erbvertraglicher Wirkung an.

§ 3 Vermächtnis

Die Erschienene zu 2) erhält von dem Erschienenen zu 1) ein Vermächtnis in Höhe von ... Euro (i. W... Euro), das mit der Übertragung von Wertpapieren aus dem Wertpapierdepot des Erschienenen zu 1) erfüllt werden soll.

Das Vermächtnis ist fällig innerhalb von vierzehn Tagen nach dem Erbfall und ist auf den Pflichtteil der Erschienenen zu 2) anzurechnen.

Die Beteiligten nehmen hiermit die vorstehende Aussetzung des Vermächtnisses als erbvertraglich an.

§ 4 Verfügungsunterlassungsanspruch

Die Erschienene zu 2) verpflichtet sich hiermit schuldrechtlich gegenüber den Erschienenen zu 1) und 3), sich der Verfügung über das heute im Wege der vorweggenommenen Erbfolge übertragene Grundstück ... zu enthalten oder sich zu einer solchen Verfügung zu verpflichten. Sollte die Erschienene zu 2) gegen diese Verpflichtung verstoßen, so können die Erschienenen zu 1) und 3), jeder handelnd als Gesamtberechtigter im Sinne des § 428 BGB, verlangen, dass die Erschienene zu 2) unentgeltlich einem der Gesamtberechtigten oder beiden zu gleichen Teilen den Grundbesitz auf deren Kosten unentgeltlich zu Eigentum überträgt.

Zur Sicherung dieser bedingten Übertragungsansprüche bewilligen und beantragen die Erschienenen zu Gunsten der Erschienenen zu 1) und 3) die Eintragung einer Vormerkung im Grundbuch an bereitester Rangstelle. Die Vormerkung ist löschungsfähig mit dem Nachweis des Todes der Berechtigten.

§ 5 Vollmachten

Die Beteiligten erteilen hiermit dem Erschienenen zu 3) Vollmacht unter Befreiung von den Beschränkungen des § 181 BGB zur Verfügung über den Nachlass des jeweiligen Erblassers, insbesondere Bankkonten und Wertpapierdepots.

Diese Vollmachten sollen über den Tod hinaus Geltung haben.

§ 6 Belehrungen

Der Notar belehrte die Erschienenen eingehend über die Rechtswirkungen des vorstehenden Erbvertrages, das Pflichtteilsrecht der Ehefrau und die Auswirkungen der Aussetzung von Vermächtnissen und der in § 5 erteilten Vollmachten.

§ 7 Kosten und Steuern

Die aus diesem Erbvertrag entstehenden Kosten und Steuern trägt der Erschienene zu 1).

2. Erbvertrag zwischen Ehegatten

67 Eingangsformel im Wesentlichen wie 1.

Wir setzen uns gegenseitig vertragsmäßig zu Alleinerben ein und nehmen die Erbeinsetzung gegenseitig an.

Schlusserben und damit Erben des Längstlebenden von uns sollen unsere drei Kinder zu gleichen Teilen sein.

Gelangt ein Schlusserbe z. B. durch Ausschlagung oder aus anderen Gründen nicht zur Erbfolge, so treten an dessen Stelle seine Abkömmlinge zu gleichen Teilen entsprechend den Regeln der gesetzlichen Erbfolge. Sollte ein weggefallener Schlusserbe keine Abkömmlinge hinterlassen haben, so wächst der diesem zustehende Erbteil den übrigen Miterben nach dem Verhältnis ihrer Erbteile an.

Der Längstlebende ist berechtigt, Dritten Vermächtnisse bis zum Gesamtwert von EUR (…) zuzuwenden, sofern diese und eventuell auszuzahlende Pflichtteile aus dem im Zeitpunkt des Todes des Erstversterbenden vorhandenen gemeinsamen Vermögen erfüllt werden können.

Nach Belehrung durch den Notar über mögliche Rechtsfolgen verzichteten die Beteiligten auf die Aufnahme einseitiger Rücktrittsvorbehalte von vertragsmäßigen Verfügungen im vorliegenden Erbvertrag. Sie erklärten weiterhin, auf mögliche Anfechtungsrechte wegen Übergehens einer gegenwärtig oder zukünftig pflichtteilsberechtigten Person zu verzichten.

Verlangt eines unserer Kinder beim Tode des Erstversterbenden den Pflichtteil, sollen weder dieses Kind noch dessen Kinder Schlusserben werden.

Die vorstehenden Verfügungen sind vertragsmäßig im Sinne der erbvertraglichen Vorschriften. Weitere erbvertraglich bindende Verfügungen wollen wir heute nicht treffen.

In einseitiger, also frei widerruflicher Weise, treffen wir für den Fall des Todes des Letztversterbenden folgende Teilungsanordnungen: (…)

Den Wert unseres gemeinschaftlichen Reinvermögens geben wir mit (…) Euro an.

3. Erbvertrag einer nichtehelichen Lebensgemeinschaft

68 Notarielle Eingangsformel

Die Erschienenen sind unverheiratet, kinderlos und deutsche Staatsangehörige. Sie leben in nichtehelicher Lebensgemeinschaft und sind durch letztwillige Verfügungen oder andere Verfügungen von Todes wegen nicht gebunden. Sie erklärten den nachfolgenden Erbvertrag:

Wir setzen uns hiermit vertragsmäßig gegenseitig zu Alleinerben ein. Einseitig testamentarisch setzen wir nach dem Tode des Letztversterbenden . . . . . als Schlusserben zu gleichen Teilen ein.

Wird unsere Lebensgemeinschaft durch dauerndes Getrenntleben im Sinne des § 1567 BGB oder in anderer Weise als durch Tod beendet, so ist jeder von uns zum Rücktritt von dem heute abgeschlossenen Erbvertrag berechtigt.

§ 11 Ehegatten- und Lebenspartnererbrecht

Übersicht

	Rdnr.
I. Das gesetzliche Erbrecht des Ehegatten bzw. eingetragenen Lebenspartners	1–26
1. Prinzip	1–16
a) Rein erbrechtliche Betrachtung	2–8
b) Einbeziehung der güterrechtlichen Betrachtung	9–16
2. Voraus des Ehegatten und eingetragenen Lebenspartners	17
3. Der Dreißigste	18
4. Der Eintritt des überlebenden Ehegatten und eingetragenen Lebenspartners in den Mietvertrag	19
5. Das Erbrecht bei gleichzeitigem Versterben beider Ehegatten bzw. eingetragener Lebenspartner	20
6. Internationales Privatrecht	21–25
7. Erbrecht der DDR	26
II. Die gewillkürte Erbfolge	27–125
1. Medium der Verfügung von Todes wegen	27/28
2. Checkliste zur Errichtung des Ehegatten- oder Lebenspartnertestaments	29/30
3. Einheitslösung/Trennungslösung	31
4. Nochmals Güterrecht (insb. modifizierte Zugewinngemeinschaft)	32/33
5. Internationales Privatrecht	34–38
6. Erbrecht der DDR	39
7. Gemeinschaftliches Testament	40–75
a) Übersicht über die Vor- und Nachteile	40
b) Prinzip	41
c) Formen der Testamentserrichtung	42–44
d) Inhalt (insb. Bindungswirkung)	45–72
e) Ausschluss des Erbrechts	73–75
8. „Berliner Testament" als klassischer Fall des gemeinschaftlichen Testaments ...	76–106
a) Prinzip	76
b) Gegenseitige Einsetzung der Ehegatten/Lebenspartner	77–79
c) Bestimmung des Erben nach dem Längstlebenden	80–87
d) Vermächtnis in § 2269 Abs. 2 BGB	88
e) Rechtsstellung des überlebenden Ehegatten/Lebenspartners bei Wiederverheiratungsklauseln	89–98
f) Sicherungen im Zusammenhang mit Immobilienvermögen	99/100
g) Pflichtteilsklauseln	101–106
9. Gemeinschaftliches Testament mit Trennungslösung	107–122
a) Vor- und Nacherbschaft	108–118
b) Nießbrauchsvermächtnis für den Ehegatten/Lebenspartner	119–121
c) Vermächtnisnehmerstellung des Ehegatten/Lebenspartners	122
10. Erbvertrag	123/124
a) Übersicht über die Vor- und Nachteile	123
b) Prinzip	124
11. Wahl der „richtigen" Verfügungsart	125
III. Ausschluss des Ehegatten- bzw. Lebenspartnererbrechts	126–138
1. Ausschlussgründe des gesetzlichen Erbrechts	126
2. Ausschluss des Ehegattenerbrechts nach § 1933 BGB	127–129
a) Formelle Voraussetzungen	127
b) Materielle Voraussetzungen	128
c) Rechtsfolgen	129
3. Ausschluss des Lebenspartnererbrechts nach § 10 Abs. 3 LPartG	130–134
a) Prinzip	130/131
b) Voraussetzungen	132/133
c) Rechtsfolgen	134
4. Ausschluss nach § 1318 Abs. 5 BGB	135
5. Ausschluss des Erbrechts bei gewillkürter Erbfolge	136–138

IV. Pflichtteilsrecht 139/140
   1. Prinzip 139
   2. Berechnung bei Ehegatten bzw. Lebenspartnern 140
V. Verhalten des Überlebenden nach dem Erbfall 141–145
   1. Prinzip 141/142
   2. Die Ausschlagung durch den überlebenden Ehegatten bzw. Lebenspartner 143–145
VI. Die Ansprüche des geschiedenen Ehegatten bzw. ehemaligen Lebenspartners nach dem Erbfall 146–148
   1. Der Unterhaltsanspruch nach § 1586 b BGB 146
   2. Gestaltungen im Hinblick auf den geschiedenen Ehegatten bzw. ehemaligen Lebenspartner 147/148

Schrifttum: Beck'sches Formularbuch zum Bürgerlichen, Handels- und Wirtschaftsrecht, 8. Aufl. 2003, 9. Aufl. 2006; *Bergschneider,* Der Tod des Unterhaltsverpflichteten, FamRZ 2003, 1049; *Bonefeld,* Kurzüberblick – „Eingetragene Lebenspartnerschaft" und Erbrecht, ZERB 2001, 1; *Bosch,* Anmerkungen zu BayObLG Beschl. v. 27.8.1985, FamRZ 1986, 606; *ders.,* Neuordnung oder nur Teilreform des Eheschließungsrechts?, NJW 1998, 2004; *Buchholz,* „Einseitige Korrespektivität", Rpfleger 1990, 45; *Dickhuth-Harrach,* Die analoge Anwendung der §§ 2287, 2288 BGB auf gemeinschaftliche Testamente schon vor Eintritt der Bindungswirkung, FamRZ 2005, 322; *Dressler,* Vereinbarungen über Pflichtteilsansprüche – Gestaltungsmittel zur Verringerung der Erbschaftsteuerbelastung, NJW 1997, 2848; *Finger,* „Registrierte Lebenspartnerschaften" – Die aktuellen Änderungen des Lebenspartnerschaftsgesetzes, MDR 2005, 121; *Frisch,* Zur Wechselbezüglichkeit der Schlusserbeneinsetzung juristischer Personen, BWNotZ 2000, 63; *Iversen,* Die Selbstanfechtung beim gemeinschaftlichen Testament, ZEV 2004, 55; *Jünemann,* Rechtsstellung und Bindung des überlebenden Ehegatten bei vereinbarter Wiederverheiratungsklausel im gemeinschaftlichen Testament, ZEV 2000, 81; *Kaeser,* Steuerliche Probleme beim betagten Vermächtnis, ZEV 1998, 210; *Kaiser,* Pflichtteilsrecht der eingetragenen Lebenspartner, FPR 2005, 286; *Kanzleiter,* Keine wechselbezüglichen Verfügungen in gemeinschaftlichen Testamenten nach der Ehescheidung!, ZEV, 2005, 181; *ders.,* Keine wechselbezüglichen Verfügungen in gemeinschaftlichen Testamenten nach der Ehescheidung!, ZEV, 2005, 181; *Keim,* Der stillschweigende Erbverzicht: sachgerechte Auslegung oder unzulässige Unterstellung?, ZEV 2001, 1; *ders.,* Das BGH-Urteil vom 16. Januar 2002: Eine Erleichterung für den Testamentsgestalter?, ZEV 2002, 437; *ders.,* Der Änderungsvorbehalt beim Erbvertrag – bei richtiger Handhabung ein sicheres Gestaltungsmittel!, ZEV 2005, 365; *Kemper,* Der zweite Schritt – Die Lebenspartnerschaft auf dem Weg vom eheähnlichen zum ehegleichen Rechtsinstitut, FF 2005, 88; *Kuchinke,* Anmerkung zu BayObLG Beschl. v. 23.5.1995, DNotZ 1996, 302; *Lange,* Neuere Entwicklungen des IPR auf den Gebieten des Erbrechts und der Vermögensnachfolge, ZEV 2000, 469; *Langenfeld,* Handbuch der Eheverträge und Scheidungsvereinbarungen, 5. Aufl. 2005; *Malitz/Benninghoven,* Erbschaftsausschlagung und Rechtsirrtum, ZEV 1998, 415; *Märker,* Das Erbrecht in den neuen Bundesländern, ZEV 1999, 245; *Mankowski/Osthaus,* Gestaltungsmöglichkeiten durch Rechtswahl beim Erbrecht des überlebenden Ehegatten in internationalen Fällen, DNotZ 1997, 10; *Mayer,* Wenn das Kind bereits in den Brunnen fiel – Möglichkeiten der Erbschaftsteuerreduzierung nach Eintritt des Erbfalls, DStR 2004, 1541; Münchener Vertragshandbuch, Bd. 4 Bürgerliches Recht 1. Halbband, Hrsg. Langenfeld 4. Aufl. 1998; *Muscheler,* Der Einfluss der Eheauflösung auf das gemeinschaftliche Testament, DNotZ 1994, 733; *Nehlsen/von Stryk,* Zur Anwendbarkeit von § 2102 Abs. 1 BGB bei der Auslegung gemeinschaftlicher Testamente, DNotZ 1988, 147; *Radke,* Die Darstellung des Berliner Testaments und der gegenseitigen gemeinschaftlichen Erbeinsetzung der Ehegatten zu Vorerben in Formularsammlungen, 1999; *ders.,* Verlangen, Erhalten oder Durchsetzen: Gestaltungsalternativen bei der Pflichtteilsklausel, ZEV 2001, 136; *Ritter,* Der Konflikt zwischen erbrechtlicher Bindung aus erster Ehe und einer Verfügung des überlebenden Ehegatten zugunsten eines neuen Lebenspartners, 1999; *Schlitt,* Der mit einem belasteten Erbteil und einem Vermächtnis bedachte Pflichtteilsberechtigte, ZEV 1998, 216; *ders.,* Das Erbrecht der Ehekrise, ZEV 2005, 96; *Schlütter,* Die erbrechtliche Stellung eines Kindes nach der Adoption durch den anderen Lebenspartner einer gleichgeschlechtlichen Lebenspartnerschaft aus verfassungsrechtlicher Sicht, FF 2005, 234; *Stenger,* Güterstand bei Unternehmerehen – Die Zugewinngemeinschaft, ZEV 2000, 51; *Stüber,* Gesetz zur Überarbeitung des Lebenspartnerschaftsrechts, FamRZ 2005, 574; *Tiedke,* Zur Bindung des überlebenden Ehegatten an das gemeinschaftliche Testament bei Ausschlagung der Erbschaft als eingesetzter aber Annahme als gesetzlicher Erbe, FamRZ 1991, 1259; *Tschernitschek,* Der missglückte § 1318 BGB, FamRZ 1999, 829; *Wagner,* Das Geschiedenentestament – eine sinnvolle erbrechtliche Gestaltungsform?, ZEV 1997, 369; *Wellenhofer,* Das neue Recht der eingetragenen Lebenspartnerschaften, NJW 2005, 705; *Wendl/Staudigl,* Das Unterhaltsrecht in der familienrichterlichen Praxis, 6. Aufl. 2004.

I. Das gesetzliche Erbrecht des Ehegatten bzw. eingetragenen Lebenspartners

1. Prinzip

1 Ein gesetzliches Erbrecht hat derjenige Ehegatte, der mit dem Erblasser bis zu dessen Tod in gültiger Ehe gelebt hat und gegen den keine besonderen Ausschlussgründe vorliegen. Der Umfang des Erbrechts des Ehegatten bestimmt sich zum einen danach, ob Verwandte des Erblassers vorhanden sind und welcher Ordnung diese angehören, zum anderen danach, in welchem

§ 11 Ehegatten- und Lebenspartnererbrecht 2–9 § 11

Güterstand die Ehegatten im Zeitpunkt des Erbfalls gelebt haben. Seit In-Kraft-Treten des Lebenspartnerschaftsgesetzes (LPartG) am 1.8.2001 sowie insbesondere des Gesetzes zur Überarbeitung des Lebenspartnerschaftsrechts vom 15.12.2004,[1] welches am 1.1.2005 in Kraft getreten ist, sind gleichgeschlechtliche eingetragene Lebenspartnerschaften den Ehegatten erbrechtlich – nicht jedoch (erbschafts-) steuerrechtlich[2] – gleichgestellt.[3]

a) **Rein erbrechtliche Betrachtung.** Bei rein erbrechtlicher Betrachtung, d. h. unter Vernachlässigung des Güterrechts an dieser Stelle, richtet sich der Erbteil des überlebenden Ehegatten/Lebenspartners danach, welcher Erbordnung (§§ 1924 ff. BGB) die anderen noch vorhandenen Verwandten angehören. Er bemisst sich im Einzelnen wie folgt: 2

aa) Erben erster oder zweiter Ordnung sowie Großeltern sind nicht vorhanden. In diesem Fall haben der überlebende Ehegatte und der eingetragene Lebenspartner ein Alleinerbrecht (§ 1931 Abs. 2 BGB, § 10 Abs. 2 S. 1 LPartG). Verwandte dritter Ordnung, die nicht Großeltern sind, kommen ebenso wie Verwandte fernerer Ordnungen nicht zum Zuge. 3

bb) Es sind Erben erster Ordnung vorhanden. Neben Abkömmlingen des Erblassers (Verwandte erster Ordnung), ohne Unterschied, ob ehelich oder nichtehelich, sind der überlebende Ehegatte und der eingetragene Lebenspartner Erbe zu einem Viertel (§ 1932 Abs. 1 S. 1 BGB, § 10 Abs. 1 S. 1 LPartG). Auf die Anzahl der Abkömmlinge kommt es hierbei nicht an. 4

cc) Es sind Erben zweiter Ordnung vorhanden. Neben Eltern und deren Abkömmlingen (Verwandte zweiter Ordnung), mögen beide Eltern oder nur deren Abkömmlinge leben, sind Ehegatte oder Lebenspartner Erbe zu ein Halb (§ 1931 Abs. 1 S. 1 BGB, § 10 Abs. 1 S. 1 LPartG). 5

dd) Es sind Großeltern vorhanden. Neben Großeltern (nicht aber neben deren Abkömmlingen) sind Ehegatte und Lebenspartner ebenfalls Erbe zu ein Halb (§ 1931 Abs. 1 S. 1 BGB, § 10 Abs. 1 S. 1 LPartG). Leben nicht mehr alle Großelternteile, so geht der Anteil, der an sich nach § 1926 Abs. 3 S. 1 BGB auf die Abkömmlinge der verstorbenen Großeltern übergehen würde, auch auf den Ehegatten/Lebenspartner über (§ 1931 Abs. 1 S. 2 BGB, § 10 Abs. 1 S. 2 LPartG). Sind ein oder mehrere Großelternteile allerdings vorverstorben, ohne Abkömmlinge zu hinterlassen, fallen die entsprechenden Anteile nicht dem Ehegatten/Lebenspartner, sondern dem anderen Teil des Großelternehepaars oder dem anderen Großelternpaar zu (§ 1926 Abs. 3 S. 2 u. Abs. 4 BGB).[4] 6

ee) Der verwandte Ehegatte/Lebenspartner. Ist der Ehegatte/Lebenspartner zugleich als Verwandter erbberechtigt, erhält er zwei Erbteile, nämlich denjenigen, der ihm als Ehegatte/Lebenspartner zusteht und denjenigen, der ihm als Verwandter zusteht (§ 1934 BGB, § 10 Abs. 1 S. 6 LPartG). Da es sich nach § 1934 S. 2 BGB (bzw. § 10 Abs. 1 S. 7 LPartG) um besondere Erbteile handelt, können sie unabhängig voneinander ausgeschlagen werden. 7

ff) Doppelehe. Führte der Erblasser eine Doppelehe, steht der nach den oben genannten Grundsätzen berechnete Erbteil beiden überlebenden Ehegatten gemeinsam zu, erhöht sich aufgrund dieses besonderen Umstands jedoch nicht.[5] 8

b) **Einbeziehung der güterrechtlichen Betrachtung**[6]. *aa) Übersicht.* Entscheidend für den Umfang des Erbrechts des Ehegatten ist der Güterstand. Seit dem 1.1.2005 gibt es auch insoweit zwischen der Ehe und der eingetragenen Lebenspartnerschaft keine Unterschiede mehr, da nunmehr auch für die Lebenspartnerschaft der gesetzliche Güterstand der Zugewinngemein- 9

---

[1] Hierdurch wurden § 10 Abs. 1 S. 2, 6, 7 und Abs. 2 S. 2 LPartG eingefügt, § 10 Abs. 5 LPartG wurde geändert. Vgl. hierzu auch *Stüber* FamRZ 2005, 574 ff.; *Kemper* FF 2005, 88.
[2] Das LPartErgG, das Regelungen zur Gleichstellung mit Ehegatten im Bereich des Steuerrechts enthält, konnte mangels Zustimmung des Bundesrates nicht in Kraft treten. Der eingetragene Lebenspartner ist daher im Erbschaftsteuerrecht der Steuerklasse III zuzuordnen, während der Ehegatte der Steuerklasse I angehört. Vgl. hierzu § 35 Rdnr. 262 ff.
[3] Vgl. auch Überblick über erbrechtliche Regelungen des LPartG in § 12 Rdnr. 41 ff.
[4] Beispiele hierzu bei Palandt/*Edenhofer* § 1931 Rdnr. 7 a.E.
[5] Vgl. KG OLGZ 77, 386, 387.
[6] Im Folgenden werden die Güterstände der Gütertrennung, der Gütergemeinschaft und der Zugewinngemeinschaft behandelt. Für Altfälle gibt es zudem die Errungenschaftsgemeinschaft nach dem Familiengesetzbuch der DDR (vgl. Art. 234 § 4 EGBGB).

schaft gilt, wenn nicht etwas anderes vereinbart ist (§ 6 LPartG). Vereinbart werden können, wie unter Ehegatten, Gütertrennung oder Gütergemeinschaft (§ 7 LPartG). Vor dem 1.1.2005 gab es im Recht der eingetragenen Lebenspartnerschaft statt der Zugewinngemeinschaft die als Vermögensstand bezeichnete sog. **Ausgleichsgemeinschaft**, deren Begründung ausdrücklich erklärt werden musste. Inhaltlich entsprach jedoch schon die Ausgleichsgemeinschaft trotz unterschiedlicher Terminologie der ehelichen Zugewinngemeinschaft. Einen Überblick über die Wirkungen der einzelnen Güterstände bietet folgende Übersicht:

10

Erbrecht des Ehegatten/Lebenspartners je nach Güterstand		
Zugewinngemeinschaft	Gütergemeinschaft	Gütertrennung
§§ 1931 Abs. 1 bis 3 BGB/ §§ 6, 10 Abs. 1 u. 2 LPartG; § 1371 Abs. 1 BGB	§ 1931 Abs. 1, 2 BGB/ § 10 Abs. 1 u. 2 LPartG (beachte: § 1416 BGB)	§ 1931 Abs. 1,2 u. 4 BGB/ § 10 Abs. 1 u. 2 LPartG
neben Erben 1. Ordnung: gesetzlicher Erbteil 1/4 + Erhöhung 1/4 = 1/2	neben Erben 1. Ordnung: 1/4	neben Erben 1. Ordnung: bei einem Kind oder dessen Abkömmlingen: 1/2 bei 2 Kindern oder deren Abkömmlingen: 1/3 bei 3 und mehr Kindern oder deren Abkömmlingen: 1/4
neben Erben 2. Ordnung: gesetzlicher Erbteil 1/2 + Erhöhung 1/4 = 3/4	neben Erben 2. Ordnung: 1/2	neben Erben 2. Ordnung: 1/2
neben Großeltern: gesetzlicher Erbteil 1/2 + Abkömmlingsanteil weggefallener Großeltern (sofern weitere Abkömmlinge vorhanden) + Erhöhung 1/4	neben Großeltern: gesetzlicher Erbteil 1/2 + Abkömmlingsanteil weggefallener Großeltern (sofern weitere Abkömmlinge vorhanden)	neben Großeltern: gesetzlicher Erbteil 1/2 + Abkömmlingsanteil weggefallener Großeltern (sofern weitere Abkömmlinge vorhanden)
neben Erben 3. Ordnung, wenn keine Großeltern mehr leben, sowie neben Erben 4. oder fernerer Ordnung: allein	neben Erben 3. Ordnung, wenn keine Großeltern mehr leben, sowie neben Erben 4. oder fernerer Ordnung: allein	neben Erben 3. Ordnung, wenn keine Großeltern mehr leben, sowie neben Erben 4. oder fernerer Ordnung: allein

11 *bb) Gütertrennung.* Bei Gütertrennung sorgen § 1931 Abs. 4 BGB und § 10 Abs. 2 S. 2 LPartG dafür, dass der überlebende Ehegatte/Lebenspartner neben den zu Erben berufenen Kindern (oder deren Abkömmlingen) an dem Nachlass mindestens gleichermaßen beteiligt ist: bei einem Kind zu ein Halb, bei zwei Kindern zu einem Drittel. Im Übrigen, so auch bei drei oder mehr zu Erben berufenen Kindern, führt die Gütertrennung zu keinen Besonderheiten. Es gilt die rein erbrechtliche Betrachtung.[7]

12 *cc) Gütergemeinschaft.* In der in Gütergemeinschaft geführten Ehe bzw. Lebenspartnerschaft verändert sich die Erbquote nicht. Der überlebende Ehegatte/Lebenspartner erhält – wenn die Gütergemeinschaft nicht von dem Überlebenden und den Abkömmlingen fortgesetzt werden soll (§ 1483 BGB) – zunächst die Hälfte des Gesamtgutes im Wege der Auseinandersetzung der Gütergemeinschaft (§ 1482, §§ 1471 bis 1481 BGB). Der hälftige Anteil des Verstorbenen am Gesamtgut der Gütergemeinschaft sowie dessen Sonder- und Vorbehaltsgut (§§ 1417, 1418 BGB) gehören zum Nachlass, an dem der überlebende Ehegatte dann in Höhe seiner Erbquote beteiligt ist. Während der Durchführung der Auseinandersetzung nach Beendigung der Gütergemeinschaft durch Tod eines Ehegatten besteht die Gesamthandgemeinschaft aus dem überlebenden Ehegatten und den sonstigen Erben. Der überlebende Ehegatte ist

---

[7] Vgl. Rdnr. 2 ff.

§ 11 Ehegatten- und Lebenspartnererbrecht

während dieser Zeit sowohl mit seinem eigenen hälftigen Anteil als auch mit seinem von der Hälfte des Erblassers ererbten Anteil am Gesamtgut beteiligt.

Die **fortgesetzte Gütergemeinschaft**, bei welcher der überlebende Ehegatte/Lebenspartner 13 die Gütergemeinschaft nach dem Tod der Partners aufgrund ehevertraglicher Vereinbarung mit den gemeinsamen Abkömmlingen fortsetzt (§ 1483 BGB), bewirkt, dass der Anteil des Erblassers am Gesamtgut nicht zum Nachlass gehört und ein Erbfall insoweit nicht eintritt. Der Nachlass besteht dann nur aus dem Vorbehalts- und dem Sondergut.[8] Der überlebende Ehegatte kann die Fortsetzung der Gütergemeinschaft allerdings ablehnen (§ 1484 Abs. 1 BGB), so dass dann auch der Anteil am Gesamtgut in den Nachlass fällt.

dd) Zugewinngemeinschaft. Bei der Zugewinngemeinschaft sind die sog. erbrechtliche und 14 die güterrechtliche Lösung zu unterscheiden. Die **erbrechtliche Lösung** kommt immer dann zur Anwendung, wenn der überlebende Ehegatte/Lebenspartner Erbe oder Vermächtnisnehmer ist. Innerhalb der erbrechtlichen Lösung ist zu unterscheiden: Ist der Überlebende **gesetzlicher Erbe**,[9] so wird der Ausgleich des Zugewinns dadurch verwirklicht, dass sich der gesetzliche Erbteil des Überlebenden um ein (weiteres) Viertel erhöht – d. h. neben Abkömmlingen auf die Hälfte, neben Eltern und deren Abkömmlingen sowie den Großeltern auf drei Viertel (§ 1371 Abs. 1 BGB). Die Erhöhung nach § 1371 Abs. 1 BGB erfolgt auch dann, wenn der Überlebende „als gesetzlicher Erbe" eingesetzt (vgl. §§ 2066, 2067 BGB)[10] oder zum Vorerben[11] berufen wird. Erbrechtlich (nicht steuerrechtlich[12]) unerheblich ist, ob die Ehepartner einen Zugewinn tatsächlich erzielt haben und wie lange der Güterstand gedauert hat.[13] Problematisch und umstritten ist die Berechnung in dem Fall, dass neben Großeltern noch Abkömmlinge vorverstorbener Großeltern vorhanden sind, deren Erbrecht nach § 1931 Abs. 1 S. 2 BGB / § 10 Abs. 1 S. 2 LPartG verdrängt wird.[14] Der Überlebende wird in diesem Fall evtl. bereits ohne Anwendung des § 1371 Abs. 1 BGB Erbe zu 3/4. Wird dieser Erbteil um 1/4 erhöht, bleibt für die noch lebenden Großeltern nichts übrig. Die herrschende Ansicht kürzt daher den nach § 1931 Abs. 1 S. 2 BGB / § 10 Abs. 1 S. 2 LPartG dem Lebenspartner bzw. Ehegatten zuzuschlagenden Anteil um die Hälfte.[15] Aus dem zusätzlichen Viertel sind ggf. die Ausbildungskosten der Stiefkinder zu tragen (§ 1371 Abs. 4 BGB). Es kann nicht gesondert ausgeschlagen werden, da es sich nicht um einen besonderen Erbteil handelt (§ 1950 BGB). Ist der Überlebende **nicht gesetzlicher Erbe**, so bleibt es bei der durch Verfügung von Todes wegen angeordneten Erbfolge. Der Überlebende kann ggf. einen **Pflichtteilsrestanspruch**[16] gemäß §§ 2305, 2307 Abs. 1 S. 2 BGB (i. V. m. § 10 Abs. 6 LPartG) bis zum Wert des sog. „großen Pflichtteils" geltend machen. Dieser berechnet sich nach dem gemäß § 1371 Abs. 1 BGB um ein Viertel erhöhten Erbteil.[17] Ein Zugewinnausgleich erfolgt in diesen Fällen nicht. Der Überlebende kann jedoch durch Ausschlagung der Erbschaft die güterrechtliche Lösung herbeiführen.

Die **güterrechtliche Lösung** gilt, wenn der überlebende Ehegatte/Lebenspartner weder 15 Erbe[18] noch Vermächtnisnehmer ist, auch wenn er diese Rechtsposition durch Ausschlagung

---

[8] Die Reduktion des Nachlasses bei der fortgesetzten Gütergemeinschaft um das Gesamtgut hat auch Einfluss auf die Berechnung von Pflichtteilsansprüchen und kann dementsprechend als Gestaltungsinstrument dienen.
[9] Die Tatsache, dass § 1371 Abs. 1 BGB nur der „gesetzliche Erbteil" erhöht wird, bei Erben eines sonstigen Erbteils also keine Erhöhung erfolgt, wird häufig übersehen. Missverständlich insoweit Palandt/*Brudermüller* § 1371 Rdnr. 2 f., nach dessen Wortlaut sogar die Einsetzung auf ein Vermächtnis auszureichen scheint, solange dieses nicht nur bloßen Erinnerungswert hat.
[10] Vgl. MünchKommBGB/*Koch* § 1371 Rdnr. 10.
[11] So wohl BGH FamRZ 1965, 604; Unklar bleibt in dieser Entscheidung jedoch, ob die als Vorerbin eingesetzte Ehefrau tatsächlich den gesetzlichen Erbteil erhalten hatte, da die vollständigen Verwandtschaftsverhältnisse nicht in den Tatbestand aufgenommen wurden.
[12] Das Steuerrecht vollzieht die Erhöhung des Erbteils nicht nach, sondern nimmt nur den tatsächlich während der Ehezeit entstandenen Zugewinn von der Erbschaftsteuer aus. Siehe dazu § 35 Rdnr. 85 f.
[13] Staudinger/*Thiele* § 1371 Rdnr. 14; auch Vorempfänge werden nicht berücksichtigt.
[14] Vgl. hierzu Rdnr. 6.
[15] Vgl. MünchKommBGB/*Leipold* § 1931 Rdnr. 29 mit Bsp.; Lange/Kuchinke § 12 III 4. b); a.A.: Erman/*Schlüter* Rdnr. 25.
[16] S. hiezu § 29 Rdnr. 30 ff.
[17] Siehe zum Pflichtteilsrecht des Ehegatten auch Rdnr. 139 f. sowie § 29 Rdnr. 7 f., 78 ff.
[18] Wurde der Überlebende auf den Pflichtteil gesetzt, gilt dies gemäß § 2304 BGB im Zweifel nicht als Erbeinsetzung.

der Erbschaft herbeigeführt hat.[19] Sie gewährt anstelle des um ein Viertel erhöhten Erbteils den „tatsächlichen" Zugewinn[20] und den Pflichtteil nach dem nicht erhöhten Erbteil (sog. „kleiner Pflichtteil", z. B. 1/2 aus 1/4 neben Erben 1. Ordnung = 1/8), der sich auf den nach Abzug des Zugewinnausgleichs verbleibenden Nachlass bezieht (§ 1371 Abs. 2, 3 BGB).[21] Der Überlebende hat **kein Wahlrecht** zwischen dem „kleinen" Pflichtteil und dem güterrechtlichen Zugewinnausgleich einerseits und dem „großen" Pflichtteil unter Verzicht auf den güterrechtlichen Zugewinnausgleich andererseits.[22] Ist er also weder Erbe noch Vermächtnisnehmer oder hat er die Erbschaft ausgeschlagen, kann er den großen Pflichtteil unter keinen Umständen verlangen. Hieran ändert auch der Verzicht auf den Zugewinnausgleich nichts.

16   Erbrechtliche Vorteile des gesetzlichen Güterstandes können auch bei sog. „**modifizierter Zugewinngemeinschaft**" nutzbar gemacht werden, indem in dem Ehevertrag der Güterstand der Zugewinngemeinschaft für den Fall der Beendigung der Ehe durch Scheidung ausgeschlossen, für den Fall der Beendigung durch Tod beibehalten wird.[23]

2. Voraus des Ehegatten und eingetragenen Lebenspartners

17   Als gesetzlichem Miterben (für den gewillkürten Erben gilt dies nicht[24]) gebühren dem überlebenden Ehegatten/Lebenspartner unabhängig vom Güterstand die **zum ehelichen Haushalt gehörenden Gegenstände** und die **Hochzeitsgeschenke** als Voraus (§ 1932 Abs. 1 BGB, § 10 Abs. 1 S. 3 u. 4 LPartG), und zwar neben Erben erster Ordnung insoweit, als er die Gegenstände zur Führung eines angemessenen Haushalts benötigt (sog. „kleiner Voraus"), neben Erben zweiter Ordnung oder Großeltern vollständig (sog. „großer Voraus"). Der Ehegattenvoraus ist **gesetzliches Vorausvermächtnis**, begründet als solches einen Anspruch auf Übereignung gegen die Miterbengemeinschaft (§ 2174 BGB i. V. m. § 1932 Abs. 2 BGB/§ 10 Abs. 1 S. 5 LPartG) und wirkt pflichtteilsreduzierend,[25] da er bei der Berechnung des Nachlasses von dessen Bestand abzuziehen ist.

3. Der Dreißigste

18   Ebenfalls als gesetzliches Vermächtnis hat der Ehegatte/Lebenspartner als Familienangehöriger der Erblassers (vgl. § 11 Abs. 1 LPartG) ungeachtet seiner Erbenstellung einen **Anspruch auf Unterhalt** und das Recht zur **Nutzung der Wohnung** für die ersten 30 Tage nach dem Erbfall (§ 1969 BGB). Dieser Anspruch besteht jedoch nur, wenn der Ehegatte/Lebenspartner vor dem Tod des Erblassers zu dessen Hausstand gehörte und von ihm Unterhalt bezog.

4. Der Eintritt des überlebenden Ehegatten und eingetragenen Lebenspartners in den Mietvertrag

19   Nach § 563 Abs. 1 BGB treten Ehegatten oder Lebenspartner, die mit dem Mieter in der Wohnung in **häuslicher Gemeinschaft** gelebt haben, im Falle des Todes des Mieters in den Mietvertrag ein, es sei denn, sie erklären innerhalb eines Monats, dass sie das Mietverhältnis nicht fortsetzen wollen (§ 563 Abs. 3 S. 1 BGB). Der Eintretende haftet für die bis zum Tod des Mieters entstandenen Verbindlichkeiten aus dem Mietverhältnis als Gesamtschuldner (§ 563 b Abs. 1 BGB)

5. Das Erbrecht bei gleichzeitigem Versterben beider Ehegatten bzw. eingetragener Lebenspartner

20   Da die Erbenstellung das **Erleben des Erbfalles** voraussetzt (§ 1923 Abs. 1 BGB), werden die Ehegatten/Lebenspartner im Falle des gleichzeitigen Versterbens nicht Erben. Auch der nach der güterrechtlichen Lösung an sich dem Überlebenden zustehende Zugewinnausgleich

---

[19] § 1371 Abs. 3 BGB enthält eine Ausnahme von dem Grundsatz, dass der Ausschlagende auch keinen Pflichtteil erhält, vgl. Rdnr. 140, § 22 Rdnr. 36.
[20] Zur Berechnung des Zugewinnanspruches s. *Langenfeld* Rdnr. 223 ff.; *Stenger* ZEV 2000, 51, 53.
[21] MünchKommBGB/*Leipold* § 1931 Rdnr. 31; s. zum Pflichtteilsrecht des Ehegatten auch Rdnr. 139 f. sowie § 29 Rdnr. 7 f., 78 ff.
[22] BGHZ 42, 182, 187; BGH NJW 1982, 2497.
[23] Siehe dazu näher mit Formulierungsvorschlag Rdnr. 32 f.
[24] BGHZ 73, 29, 31 ff.
[25] Vgl. hierzu § 29 Rdnr. 105 sowie § 29 Rdnr. 218 ff. zu entspr. Gestaltungsmöglichkeiten.

entsteht nicht, wenn beide Partner gleichzeitig versterben. Die Vererblichkeit des Zugewinnausgleichsanspruchs nach § 1378 Abs. 3 Satz 1 BGB setzt voraus, dass der Anspruch vorher entstanden ist.[26] Dies ist bei gleichzeitigem Versterben nicht der Fall. Die gleichzeitig versterbenden Ehegatten/Lebenspartner werden deshalb getrennt beerbt, ohne dass ein Zugewinn ausgeglichen wird.

6. Internationales Privatrecht

Äußerste Sorgfalt erfordert die Prüfung der gesetzlichen Erbfolge in Fällen mit Auslandsbezug. Ein solcher Auslandsbezug liegt regelmäßig vor, wenn der Erblasser kein deutscher Staatsbürger war, kann aber auch schon gegeben sein, wenn sich nur einzelne Nachlassgegenstände im Ausland befinden. In diesen fehlerträchtigen Fällen sind stets zunächst die Regelungen des Internationalen Privatrechts (IPR) zu prüfen. Hierzu wird zunächst auf die umfassenden Ausführungen in § 33 verwiesen.

Besondere Probleme ergeben sich beim Tod eines Ehegatten/Lebenspartners durch die Verknüpfung erbrechtlicher mit güterrechtlichen Regelungen,[27] da nach den Normen des deutschen IPR das **Erbstatut**[28] und das Güterrechtsstatut häufig auseinander fallen.[29] So unterliegt die Rechtsnachfolge von Todes wegen nach Art. 25 Abs. 1 EGBGB dem Recht des Staates, dem der Erblasser im Zeitpunkt seines Todes angehörte. Zu beachten ist hierbei, dass Art. 25 Abs. 1 EGBGB gemäß Art. 4 Abs. 1 S. 1 EGBGB eine Gesamtverweisung enthält, also auch auf die Regeln des internationalen Privatrechts des Heimatstaates des Erblassers verweist. Knüpfen diese das Erbstatut nicht an die Staatsangehörigkeit sondern zum Beispiel an den letzten Wohnsitz des Erblassers, kann hierin eine Rückverweisung auf das deutsche Recht liegen, so dass dann auch für den Erblasser ohne deutsche Staatsangehörigkeit das deutsche Erbrecht zur Anwendung kommt (Art. 4 Abs. 1 S. 2 EGBGB). Diese Regelungen gelten grundsätzlich auch dann, wenn ein eingetragener **Lebenspartner** Erblasser ist (Art. 17 b Abs. 1 S. 2 Hs. 1 EGBGB). Art. 17 b Abs. 1 Satz 2 Halbsatz 1 EGBGB enthält jedoch eine **Ausnahme** von diesem Grundsatz, nach welcher sich das Erbrecht des überlebenden Lebenspartners nach dem Recht des Staates richtet, in welchem die Lebenspartnerschaft eingetragen ist, wenn ihm das Erbstatut kein gesetzliches Erbrecht gewährt. Dies wird regelmäßig in den Rechtsordnungen der Fall sein, die ein der eingetragenen Lebenspartnerschaft entsprechendes Institut nicht kennen. Im Übrigen gilt jedoch auch in diesen Fällen das Erbstatut nach Art. 25 Abs. 1 EGBGB, welches also nur hinsichtlich des Erbrechts des überlebenden Lebenspartners überlagert wird.[30] Zu beachten ist bei alledem der Vorrang des Einzelstatuts nach Art. 3 Abs. 3 EGBGB.[31]

Gemäß Art. 15 Abs. 1 i.V.m. Art. 14 EGBGB bestimmt sich das **Güterrechtsstatut für Ehegatten** dagegen nach anderen Kriterien. Nach Art. 14 Abs. 1 EGBGB ist vorrangig maßgeblich, welchem Staat beide Ehegatten zuletzt gemeinsam angehörten, wobei zum Zeitpunkt des Todes einer der beiden diesem Staat noch angehört haben muss. Lässt sich danach kein Güterrechtsstatut begründen, ist auf den letzten gemeinsamen gewöhnlichen Aufenthaltsort, hilfsweise auf eine enge Verbundenheit mit einem Staat abzustellen. Das **Güterrechtsstatut für eingetragene Lebenspartner** richtet sich gemäß Art. 17 b Abs. 1 Satz 1 EGBGB danach, in welchem Staat die Lebenspartnerschaft eingetragen ist. Ist die Lebenspartnerschaft in verschiedenen Staaten eingetragen, so ist die letzte Eintragung maßgeblich (Art. 17 b Abs. 3 EGBGB). Es handelt sich hierbei im Gegensatz zu der in Art. 14 EGBGB enthaltenen Regelung um eine Sachnormverweisung und nicht um eine Gesamtverweisung nach Art. 4 Abs. 1 Satz 1 EBGBG. Das IPR des Register führenden Staates kommt somit nicht zur Anwendung, so dass eine Rück- oder Weiterverweisung ausscheidet.

---

[26] BGHZ 72, 85, 89 ff.; BGH ZEV 1995, 262.
[27] Vgl. Rdnr. 9 ff.
[28] Zum Begriff des Statuts vgl. § 33 Rdnr. 4.
[29] Vgl. hierzu auch ausführlich § 33 Rdnr. 51 ff.; zur Möglichkeit der auf den Tod eines Ehepartners bedingten güterrechtlichen Rechtswahl im Gleichklang mit dem Erbstatut siehe *Mankowski/Osthaus* DNotZ 1997, 16 mit Formulierungsbsp.
[30] Vgl. Palandt/*Heldrich* Art. 17 b EGBGB Rdnr. 9.
[31] Vgl. § 33 Rdnr. 26 ff.

Beispiel:[32]
Verstirbt also ein Schwede, der mit seiner deutschen Ehefrau in Hamburg lebte, so wird er nach schwedischem Recht (dieses knüpft ebenfalls an die Staatsangehörigkeit an) beerbt, während sich die güterrechtlichen Folgen nach deutschem Recht richten. Gleiches gilt, wenn er Teil einer in Deutschland eingetragenen Lebenspartnerschaft war.

24 Dabei ist stets zu beachten, dass die güterrechtliche Auseinandersetzung dem Erbrecht vorgeht, zunächst also die güterrechtliche Aufteilung vorzunehmen ist.[33] Nur die Masse, die danach verbleibt, bildet den Nachlass und unterliegt dem Erbrecht.

25 Um die Folgen des Erbfalls abschließend bewerten zu können, muss man zudem wissen, welche Regelungen dem Erbstatut und welche dem Güterrechtsstatut unterfallen.[34] Dies ist teilweise umstritten. So ist § 1931 Abs. 4 BGB nach herrschender Ansicht erbrechtlich zu qualifizieren, die Anwendbarkeit richtet sich also nach dem Erbstatut.[35] Umstritten ist darüber hinaus, ob die Anwendung deutschen Erbrechts allein bereits zur Anwendbarkeit des § 1931 Abs. 4 BGB führt, oder ob darüber hinaus auch deutsches Güterrecht anwendbar sein muss, weil nur dann eine Gütertrennung im Sinne der Norm vorliegen kann. Diese Frage ist noch nicht abschließend geklärt.[36] Ebenfalls umstritten ist die Einordnung des § 1371 Abs. 1 BGB. Die herrschende Ansicht geht von einer güterrechtlichen Qualifikation der Norm aus.[37] Auch hier stellt sich im Falle der Anwendbarkeit deutschen Güterrechts die Anschlussfrage, ob eine Erhöhung des Erbteils nur erfolgen darf, wenn deutsches Recht auch als Erbstatut anwendbar ist, weil nur dann ein „gesetzlicher Erbteil" im Sinne der Norm vorliegt. Auch diese Frage ist noch nicht abschließend geklärt.[38] Verhältnismäßig unproblematisch ist die Einordnung der Absätze 2 und 3 des § 1371 BGB. Während § 1371 Abs. 2 Halbs. 1 BGB dem Güterrechtsstatut unterfällt, sind § 1371 Abs. 2 Halbs. 1 und Abs. 3 BGB erbrechtlich einzuordnen.[39] Die Vorfrage, ob dem Ehegatten oder Lebenspartner ein Erbrecht oder Vermächtnis zusteht, wird vorab durch das Erbstatut entschieden. Umstritten ist wiederum die Qualifikation des § 1371 Abs. 4 BGB. Die wohl herrschende Meinung sieht hierin ein güterrechtliche Regelung.[40] Die Regelungen zur Gütergemeinschaft und fortgesetzten Gütergemeinschaft sind schließlich güterrechtlich einzuordnen.[41]

7. Erbrecht der DDR

26 Für die neuen Bundesländer gilt verfahrens- und materiellrechtlich das bisherige Erbrecht der DDR für den Fall des Versterbens des Erblassers vor dem Wirksamwerden des DDR-Beitritts fort (Art. 235 § 1 EGBGB). Für die Zukunft wurde Rechtseinheitlichkeit hergestellt.[42] Das deutsch-deutsche Kollisionsrecht sowie materiellrechtliche Fragestellungen werden ausführlich in § 67 erläutert. Hingewiesen werden soll an dieser Stelle lediglich darauf, dass der Ehegatte nach dem Recht der DDR Erbe erster Ordnung ist.[43] Er erbt mit den weiteren Erben erster Ordnung zu gleichen Teilen, mindestens jedoch ein Viertel, und wenn keine Abkömm-

---

[32] Vgl. weiteres Bsp. mit Erläuterung in § 32 Rdnr. 52 ff.
[33] Vgl. Staudinger/*Mankowski* Art. 15 EGBGB Rdnr. 329.
[34] Vgl. hierzu ausf. Staudinger/*Mankowski* Art. 15 EGBGB Rdnr. 324 ff.
[35] Vgl. Staudinger/*Mankowski* Art. 15 EGBGB Rdnr. 370 f. m.w.N.
[36] Vgl.hierzu Staudinger/*Mankowski* Art. 15 EGBGB Rdnr. 372 ff. m.w.N.
[37] Vgl. OLG Karlsruhe NJW 1990, 1420, 1421; Staudinger/*Mankowski* Art. 15 EGBGB Rdnr. 342 ff. m.w.N.; Staudinger/*Dörner* Art 25 EGBGB Rdnr. 32 ff. OLG Stuttgart NJW-RR 2005, 740.
[38] Keine Erhöhung OLG Düsseldorf IPRspr 1987, Nr. 105; OLG Stuttgart NJW-RR 2005, 740; anders jedoch das LG Mosbach ZEV 1998, 489, das bei Anwendung österreichischen Erbrechts und deutschen Güterrechts zu einer Ergänzung nach § 1371 Abs. 1 BGB kommt; vgl. auch Staudinger/*Dörner* Art. 25 EGBGB Rdnr. 33 ff. m.w.N.; der Ehegatte darf jedoch nicht mehr erhalten, als er nach einer der in Betracht kommenden Rechtsordnungen erhielte, so dass die Ergebnisse ggf. im Wege der Anpassung zu korrigieren sind, vgl. Palandt/*Heldrich* Art. 15 EGBGB Rdnr. 26; Staudinger/*Mankowski* Art. 15 EGBGB Rdnr. 376 ff.
[39] Vgl. Staudinger/*Mankowski* Art. 15 EGBGB Rdnr. 365; Staudinger/*Dörner* Art. 25 EGBGB Rdnr. 36.
[40] Vgl. Staudinger/*Mankowski* Art. 15 EGBGB Rdnr. 366 ff.; Staudinger/*Dörner* Art. 25 EGBGB Rdnr. 37.
[41] Vgl. Staudinger/*Dörner* Art. 25 EGBGB Rdnr. 38 ff.; Staudinger/*Mankowski* Art. 15 EGBGB Rdnr. 333.
[42] Mit der – infolge der Gleichstellung ehelicher Kinder mit nichtehelichen Kindern nicht mehr bedeutsamen – Ausnahme, dass für vor dem 3.10.1990 geborene nichteheliche Kinder die BGB-Vorschriften für eheliche Kinder galten, Art. 235 § 1 Abs. 2 EGBGB.
[43] Vgl. § 48 Rdnr. 10.

linge vorhanden sind, allein (§§ 365, 366 DDR-ZGB). Aus dem Güterrecht wächst ihm kein weiteres Viertel zu, denn das nach dem Familiengesetzbuch der DDR gebildete gemeinschaftliche Eigentum der Ehegatten ist vorab aufzuteilen. Dies wird jedoch nur noch in seltenen Fällen praktische Bedeutung erlangen, da nach Art. 234 § 4 Abs. 1 EGBGB die Eigentums- und Vermögensgemeinschaft der Ehegatten in die Zugewinngemeinschaft überführt wurde – wodurch § 1371 BGB Anwendung findet –, wenn nicht bis zum 2.10.1992 von der Option für den bisherigen Güterstand Gebrauch gemacht wurde (Art. 234 § 4 Abs. 2 EGBGB).

II. Die gewillkürte Erbfolge

1. Medium der Verfügung von Todes wegen

Soll eine andere als die gesetzliche Erbfolge eintreten, so kann der zukünftige Erblasser dies in einem Testament oder einem Erbvertrag regeln. Oberbegriff für diese beiden Institute ist die Verfügung von Todes wegen. Ehegatten und eingetragenen Lebenspartnern stehen zur Regelung der gewillkürten Erbfolge neben dem Erbvertrag jeweils getrennt errichtete Einzeltestamente (§§ 2229 ff. BGB) sowie die nur für Ehegatten und eingetragene Lebenspartner bereitgehaltene Möglichkeit des gemeinschaftlichen Testaments (§§ 2265 ff. BGB, § 10 Abs. 4 LPartG) zur Verfügung.[44] Ein von Personen, die weder Ehegatten noch eingetragene Lebenspartner sind, dennoch errichtetes gemeinschaftliches Testament ist grundsätzlich nichtig. Eine **Umdeutung** in wirksame Einzeltestamente setzt zunächst die Wahrung der vollständigen Form für jeden Testierenden voraus (§ 2247 BGB), die häufig nicht erfüllt sein wird. Inhaltlich ist eine Umdeutung einseitiger Verfügungen unproblematisch, während eine Umdeutung wechselbezüglicher Verfügungen nur dann in Betracht kommt, wenn ein entsprechender Wille zur isolierten Geltung zu erkennen ist.[45] Die Entscheidung der Ehegatten/Lebenspartner für eine Testierung in jeweils unabhängigen **Einzeltestamenten** wird davon abhängen, ob sie in ihrer Verfügungsbefugnis von Todes wegen auch zukünftig flexibel bleiben wollen. Nur das Einzeltestament ist unkompliziert in seiner **Abänderungsmöglichkeit**. Jeder Ehegatte/Lebenspartner kann darin ohne Bindung für die Zukunft und ohne den Zwang zu einem förmlichen Widerruf gegenüber dem anderen seine letztwilligen Anordnungen treffen, wenn und soweit er sich nicht zuvor bereits in einem gemeinschaftlichen Testament oder Erbvertrag gebunden hat. Unabhängige Einzeltestamente sind sorgfältig – gegebenenfalls auch vor dem anderen Ehegatten/Lebenspartner – aufzubewahren, denn leicht ist aus der einseitigen Verfügung durch Mitunterzeichnung[46] unter Anbringung eines Zusatzes auf der Testamentsurkunde 27

> **Formulierungsvorschlag:**
> Dieses Testament soll auch als mein Wille gelten.

ein gemeinschaftliches Testament kreiert. Für die Entscheidung zwischen einem **gemeinschaftlichen Testament** und einem **Erbvertrag** wird die **Bindungswirkung** den Ausschlag geben. Der vollständige Ausschluss der einseitigen Abänderbarkeit der Anordnungen schon zu Lebzeiten kann nur durch vertragsmäßige Verfügungen im Erbvertrag erreicht werden.[47] Beim gemeinschaftlichen Testament hängt die Möglichkeit der einseitigen Abänderbarkeit davon ab, ob die Verfügungen wechselbezüglich sind und ob der andere Ehegatte bzw. Lebenspartner noch lebt.[48]

Parallel zur Testierung sollte die Erteilung einer **Vollmacht** durch den Erblasser an den Erben 28 und/oder einen Dritten für den Fall sofortiger Handlungsfähigkeit nach dem Todesfall erwogen

---

[44] Das gemeinschaftliche Testament kommt also für nichteheliche Lebensgemeinschaften oder Verlobte nicht in Betracht! Zu den Testamentsformen und -förmlichkeiten s. § 5, zum Erbvertrag s. § 10.
[45] Vgl. *Lange/Kuchinke* § 24 I 4. b); Palandt/*Edenhofer* § 2265 Rdnr. 3.
[46] Soergel/*Wolf*, § 2267 Rdnr. 2.
[47] S. dazu § 10 Rdnr. 33 ff., 44 ff.
[48] S. dazu Rdnr. 45 ff.

werden. In Betracht kommt insbesondere eine rein postmortale Vollmacht, die in einer separaten Urkunde oder im Testament aufgenommen werden kann.

> **Formulierungsvorschlag:**
> Meiner Ehefrau ... erteile ich hiermit Vollmacht, nach meinem Tode meine Firma ... fortzuführen, insbesondere alle Arten von gerichtlichen und außergerichtlichen Handlungen vorzunehmen, die der Betrieb des Handelsgeschäfts mit sich bringt. Ausgenommen von der Vollmacht ist die Veräußerung des Handelsgeschäfts als Ganzes oder in Teilen. Weiterhin ist meine Frau bevollmächtigt, über meine Konten bei ... zu verfügen. ...
> Von den Beschränkungen des § 181 BGB wird die Vertreterin befreit.

2. Checkliste zur Errichtung des Ehegatten- oder Lebenspartnertestaments

29   Ungeachtet des Mediums – Einzeltestament, gemeinschaftliches Testament, Erbvertrag – sollten bei Erstellung letztwilliger Verfügungen für Ehegatten und Lebenspartner neben den allgemeinen Erwägungen[49] folgende Prüfungspunkte einbezogen werden:

> **Checkliste zur Errichtung des Ehegatten- oder Lebenspartnertestaments**
>
> ☐ Sachverhaltsermittlung
> - Staatsangehörigkeit der Beteiligten zur Frage der Rechtswahl und der gemeinschaftlichen Testierung
> - Wohnsitz und gewöhnlicher Aufenthalt der Erblasser
> - Anzahl der Eheschließungen bzw. eingetragene Lebenspartnerschaften
> - Unterhaltsansprüche geschiedener Ehegatten oder Lebenspartner
> - gesetzliches Erbrecht geschiedener Ehegatten bei gemeinsamen Kindern
> - bestehende (gemeinschaftliche oder vorangegangene) bindende Testamente oder Erbverträge
> - Ehevertrag
> - Güterstände
> - gesetzliche Erben und deren Pflichtteilsrechte
> - Minderjährige Erben und Vormundregelung
> - behinderte Erben und Betreuungsregelung
> - Stellung des Testierenden als Vorerbe, Vollerbe, Nutznießer von Vermögen, als Erbe bei Güterstand der Gütergemeinschaft
> - Auslandsvermögen
> - erbrechtliche Vorgänge in der ehemaligen DDR
> - Verteilung des Erbgutes
> - Einsetzung von Erben, Vermächtnisnehmern
> - Absicherung Dritter
> - besondere Vermögensmassen: Gesellschafts- oder Geschäftsanteile
> - Lebensversicherungen und Bezugsrechtsanordnung im Lebensversicherungsvertrag
> - Anrechnungsbestimmungen bei lebzeitigen Zuwendungen an Ehegatten, Lebenspartner und andere Pflichtteilsberechtigte
> - Ausgleichungspflichten, Teilungsanordnungen
> - Schicksal von Unterhaltsverpflichtungen, evtl. Gleichlauf mit Pflichtteilsverzicht
> - Streitvermeidung
>
> ☐ Widerruf letztwilliger Verfügungen
> ☐ steuerrechtliche Auswirkungen
> ☐ Belehrungsklauseln für die Hinterbliebenen
> ☐ Form und Verwahrung der letztwilligen Verfügung
> ☐ regelmäßige Überprüfung des Testaments wegen veränderter Umstände

---

[49] S. hierzu § 5.

Auch wenn für die Ehegatten/Lebenspartner der Wunsch gegenseitiger Absicherung und uneingeschränkter Verfügungsmöglichkeit Priorität hat, sollten dennoch eine Überversorgung des Ehegatten/Lebenspartners und damit häufig einhergehende unnötige Steuerbelastungen vermieden werden. Dies kann bei jeder Form der Gestaltung der letztwilligen Verfügung und auch bei Alleinerbeneinsetzung des Ehegatten/Lebenspartners erreicht werden.[50]

3. Einheitslösung/Trennungslösung

Ehegatten und eingetragene Lebenspartner haben zu entscheiden, ob sie bei der Abfassung ihres letzten Willens Verfügungen nur für den ersten Todesfall eines Ehegatten/Lebenspartners oder auch für den zweiten Todesfall des zunächst Überlebenden zu regeln wünschen und wie die jeweiligen Vermögensmassen der beiden Ehegatten/Lebenspartner zu behandeln sein werden. Es stehen dafür zwei Alternativen zur Verfügung, bekannt unter den Begriffen Einheits- und Trennungslösung. Bei der **Einheitslösung** kommt es im Erbfall zu einer **Vereinigung** des Nachlasses (oder eines Nachlassteils) des Erstversterbenden mit dem eigenen Vermögen des Überlebenden. Klassisches Beispiel hierfür ist das Berliner Testament, bei dem der Überlebende vollberechtigter Erbe wird.[51] Bei der **Trennungslösung** ordnet die letztwillige Verfügung eine **Trennung** des Nachlasses (oder eines Nachlassteils) des Erstversterbenden vom Eigenvermögen des Überlebenden an. Dem Überlebenden wird bei der Trennungslösung in der Regel nur eine eingeschränkte Rechtsposition als Vorerbe,[52] Vorvermächtnisnehmer[53] oder Nießbrauchsvermächtnisnehmer[54] eingeräumt.

4. Nochmals Güterrecht (insb. modifizierte Zugewinngemeinschaft)

Der jeweilige Güterstand der Ehegatten/Lebenspartner hat auf die gewillkürte Erbfolge grundsätzlich keinen Einfluss. Es gilt jedoch eine Ausnahme: Zu der **Erhöhung** des gesetzlichen Erbteils nach § 1371 Abs. 1 BGB im Güterstand der Zugewinngemeinschaft kommt es auch bei Erbeinsetzung als gesetzlicher Erbe (§§ 2066, 2067 BGB). Allerdings sollte anlässlich der Testierung auch der Güterstand der Ehegatten überdacht werden. Der für die Ehegatten/Lebenspartner erbrechtlich vorteilhafte Güterstand der Zugewinngemeinschaft kann ehevertraglich auch nur für den Fall der Beendigung der Ehe durch Tod eines Ehegatten/Lebenspartners vereinbart werden (sog. „modifizierte Zugewinngemeinschaft").

Formulierungsvorschlag:
Der Zugewinnausgleich soll nur für den Fall der Beendigung des Güterstandes durch Tod eines Ehegatten stattfinden, in allen übrigen Fällen soll er ausgeschlossen sein.

Die Zugewinngemeinschaft kann aber auch in anderer Weise modifiziert werden, zum Beispiel durch Herausnahme bestimmter Vermögenswerte aus dem Zugewinnausgleich.[55] Die modifizierte Zugewinngemeinschaft bietet sich immer dann als Gestaltungsmittel an, wenn verhindert werden soll, dass im Fall der Scheidung ein Zugewinnausgleich erfolgt, der zu hohen Forderungen das geschiedenen Ehegatten führt. Dies wird besonders häufig bei Unternehmerehen der Fall sein. Wird im Unternehmen des einen Ehegatten ein hoher Zugewinn erwirtschaftet, so kann der Ausgleichsanspruch des anderen Ehegatten Dimensionen erreichen, welche die Existenz des Unternehmens bedrohen. Durch den Ausschluss des Zugewinns für den Fall der Scheidung oder die Herausnahme des Unternehmens aus dem Zugewinnausgleich kann diese Gefahr gebannt werden. Zwar kann diese Folge grundsätzlich auch durch Vereinbarung von Gütertrennung erreicht werden. Die modifizierte Zugewinngemeinschaft bringt jedoch einen

---

[50] S. dazu § 40 Rdnr. 72 ff.
[51] S. dazu Rdnr. 76 ff.
[52] S. dazu Rdnr. 108 ff. sowie § 17.
[53] S. dazu § 13 Rdnr. 198 ff.
[54] S. dazu Rdnr. 119 f.
[55] S. auch weitere Formulierungsbsp. in § 36 Rdnr. 252 f. und bei *Scherer* Familienunternehmen Kap. 4 Rdnr. 326 f.

erheblichen steuerrechtlichen Vorteil mit sich, denn nach § 5 ErbStG bleibt der Zugewinnausgleichsanspruch steuerfrei. Nach § 5 Abs. 1 ErbStG gilt zudem die Besonderheit, dass im Fall des fiktiven Zugewinnausgleichs nach § 1371 Abs. 1 BGB der Betrag steuerfrei bleibt, den der Überlebende nach § 1371 Abs. 2 BGB verlangen könnte, und zwar unabhängig davon, in welcher Höhe und ob überhaupt ein Zugewinn ausgeglichen wird. Selbst wenn es also, zum Beispiel aufgrund vertraglichen Ausschlusses auch für den Todesfall, nicht zu einem Zugewinnausgleich kommt, steht dem Überlebenden ein Freibetrag in Höhe des fiktiven Zugewinns nach § 1371 Abs. 2 BGB zu, der dann auf seinen Erbteil angerechnet wird. Voraussetzung ist lediglich, dass eine – ggf. modifizierte – Zugewinngemeinschaft bestand. Dieser Vorteil wird verschenkt, wenn die Ehegatten Gütertrennung vereinbaren.[56] Auf Lebenspartnerschaften ist § 5 Abs. 1 ErbStG allerdings nicht anwendbar.

5. Internationales Privatrecht

34   Aus dem Bereich des Internationalen Privatrechts (IPR)[57] sind an dieser Stelle insbesondere zwei Aspekte von Bedeutung. Zunächst stellt sich bei Auslandsbezug die Frage, unter welchen Voraussetzungen ein (Einzel- oder gemeinschaftliches) Testament oder ein Erbvertrag unter Ehegatten/Lebenspartnern wirksam ist. Dies beurteilt sich in **materieller Hinsicht** gemäß Art. 25 Abs. 1 EGBGB nach der Rechtsordnung des Staates, dem der Erblasser im Zeitpunkt des Todes angehörte. In **formeller Hinsicht** ist die letztwillige Verfügung nach Art. 26 EGBGB (trotz eines nach deutschem Recht evtl. zu bejahenden Formverstoßes) wirksam, wenn sie den Formerfordernissen des Staates entspricht,
- dem der Erblasser ungeachtet des sonst geltenden Personalstatuts (Art. 5 Abs. 1 EGBGB) im Zeitpunkt der letztwilligen Verfügung oder des Todes angehörte,
- in dem der Erblasser letztwillig verfügt hat,
- in dem der Erblasser im Zeitpunkt der letztwilligen Verfügung oder des Todes seinen Wohnsitz oder gewöhnlichen Aufenthalt hatte,
- in dem sich unbewegliches Vermögen befindet, soweit über dieses testiert wurde, oder
- dessen Recht auf die Rechtsnachfolge von Todes wegen anzuwenden ist oder im Zeitpunkt der Verfügung anzuwenden wäre.

35   Diese Statute entscheiden auch über die Wirksamkeit des Widerrufs einer letztwilligen Verfügung durch neue letztwillige Verfügung (Art. 26 Abs. 2 EGBGB). Die Zulässigkeit eines gemeinschaftlichen Testaments sowie eines Erbvertrages bestimmt sich daher in der Regel nach Art. 25 Abs. 1 EGBGB,[58] es sei denn, die danach anzuwendende Rechtsordnung stuft dies lediglich als **Formfrage** ein, woraufhin Art. 26 EGBGB zur Anwendung käme. Gemeinschaftliche Testamente und Erbverträge müssen immer den Gültigkeitserfordernissen der (ggf. unterschiedlichen) Erbstatute beider Ehegatten/Lebenspartner oder Vertragsparteien entsprechen, um vollständig wirksam zu sein. Die Bindungswirkung beurteilt sich für jeden Beteiligten jeweils nach dem für ihn maßgebenden Erbstatut.[59]

36   Der zweite Aspekt betrifft eine in bestimmten Fällen sinnvolle Anordnung, an die bei der Beratung von Ausländern gedacht werden sollte. Wenn deutsches Recht auf das Erbrecht oder einzelne Nachlassgegenstände der Ehegatten/Lebenspartner oder eines von ihnen nicht anwendbar ist, hat der ausländische Erblasser ein **Wahlrecht,** dass es ihm erlaubt, in der letztwilligen Verfügung hinsichtlich in Deutschland belegener Immobilien deutsches Erbrecht zur Anwendung gelangen zu lassen (Art. 25 Abs. 2 EGBGB). Von diesem Wahlrecht sollte ggf. in der letztwilligen Verfügung Gebrauch gemacht werden.

Formulierungsvorschlag:

37   Zu meinem Erben setze ich … ein. Als Erbstatut für mein gesamtes in Deutschland belegenes Immobilienvermögen wähle ich deutsches Erbrecht. Es ist mir bekannt, dass sich die Rechts-

---

[56] Vgl. hierzu ausf. auch § 36 Rdnr. 245 ff., 252 ff.; *Scherer* Familienunternehmen Kap. 4 Rdnr. 304 ff., 311 ff.
[57] S. dazu die vertieften Ausführungen in § 33; weiterhin *Lange* ZEV 2000, 469 bis 473.
[58] BayObLGZ 1995, 47, 51.
[59] OLG Zweibrücken NJW-RR 1992, 587, 588.

> wahl nicht nur auf die in der Urkunde enthaltenen Verfügungen von Todes wegen, sondern auf deutsches Erbrecht im Ganzen, auch auf Bestimmungen des Pflichtteilsrechts, bezieht.
> Ggf: Soweit eine Rechtswahl nach dem Recht meines Heimatstaates möglich ist, wähle ich als Erbstatut auch für mein gesamtes sonstiges Vermögen deutsches Erbrecht.

Es können dann mehrere Rechtsordnungen den Erbfall regeln, nämlich das deutsche Erbrecht die Nachfolge hinsichtlich der Immobilie, das Erbrecht des Heimatstaates hinsichtlich des sonstigen Nachlassvermögens. Anteile an Gesellschaften und Erbengemeinschaften stellen kein Immobilvermögen dar, auch wenn diese Grundbesitz halten,[60] und unterfallen daher keinem Rechtswahlrecht. Der Erblasser muss seinen Wunsch, deutsches Erbrecht für in Deutschland belegenes Immobilienvermögen zur Anwendung kommen zu lassen, hinreichend zum Ausdruck bringen.[61]   38

6. Erbrecht der DDR

Für die neuen Bundesländer gilt das bisherige Recht nicht nur für die vor dem Wirksamwerden des DDR-Beitritts eingetretenen Erbfälle (Art. 235 § 1 EGBGB), sondern auch für die formelle Wirksamkeit der vor diesem Zeitpunkt getroffenen **letztwilligen Verfügungen** und die Frage der Bindungswirkung eines gemeinschaftlichen Testaments[62] (Art. 235 § 2 EGBGB) fort, auch wenn der Erblasser nach dem 2.10.1990 verstorben ist. Die inhaltliche Wirksamkeit und die Frage der Anfechtung richten sich dagegen gemäß Art. 235 § 1 Abs. 1 EGBGB nach BGB. Für die nach dem 2.10.1990 angeordnete gewillkürte Erbfolge wurde Rechtseinheitlichkeit hergestellt.[63]   39

7. Gemeinschaftliches Testament

a) Übersicht über die Vor- und Nachteile.

Vorteile: 40
- Möglichkeit privatschriftlicher Errichtung,
- ähnliche Bindungswirkung wechselbezüglicher Verfügungen wie beim Erbvertrag,
- Wechselbezüglichkeit muss nicht zwingend geregelt werden,
- Widerruf zu Lebzeiten der Ehegatten/Lebenspartner möglich,
- Schutz vor Ansprüchen und Mitwirkungswünschen drängender gesetzlicher Erben,
- Gestattung eines Totalabänderungsvorbehaltes.

Nachteile:
- Errichtung nur durch Ehegatten/Lebenspartner möglich,
- Ehegatten/Lebenspartner müssen beide letztwillige Verfügungen treffen,
- Formerfordernisse bei einseitigem Abänderungswunsch zu Lebzeiten beider Testierenden,
- Bindungswirkung nach dem Tod des Erstversterbenden nur bezüglich wechselbezüglicher Verfügungen, nicht bezüglich einseitiger Verfügungen (Wechselbezüglichkeit beschränkt nach § 2270 Abs. 3 BGB),
- kein absoluter Schutz gegen lebzeitige Verfügungen des Erblassers, sondern nur gemäß §§ 2287, 2288 BGB analog oder wenn besondere Umstände die Sittenwidrigkeit begründen,
- Einbuße an Flexibilität nach dem Tod des Erstversterbenden im Hinblick auf unvorhergesehene Entwicklungen.

b) Prinzip. Dem Willen zu aufeinander abgestimmten Verfügungen mit der Folge einer eingeschränkten Möglichkeit der einseitigen bzw. eigenmächtigen Abänderbarkeit trägt das gemeinschaftliche Testament Rechnung (§§ 2265 ff. BGB, 10 Abs. 4 LPartG). Dieses erlaubt es Ehegatten und Lebenspartnern, die Folgen ihres Todes gemeinsam und aufeinander abgestimmt zu regeln. Zugleich kann durch die Art der Verfügungen das häufig vorhandene Sicherheitsbedürf-   41

---

[60] Str., vgl. Palandt/*Heldrich* Art. 25 EGBGB Rdnr. 7 m.w.N.
[61] LG Hamburg ZEV 1999, 491, 492.
[62] LG Leipzig NJW 2000, 438, 439.
[63] Mit der – infolge der Gleichstellung ehelicher Kinder mit nichtehelichen Kindern nicht mehr bedeutsamen – Ausnahme, dass für vor dem 3.10.1990 geborene nichteheliche Kinder die BGB-Vorschriften für eheliche Kinder galten. Vgl. i.Ü. § 48 Rdnr. 12 ff.

nis der Beteiligten befriedigt werden, indem zwischen den einzelnen Verfügungen eine Abhängigkeit geschaffen wird, die eine einseitige Änderung erschwert und teilweise ausschließt.[64]

42   c) **Formen der Testamentserrichtung.** Die Errichtung erfolgt in öffentlicher Form zur Niederschrift eines Notars oder durch eigenhändiges Testament, und zwar jeweils entweder durch ein gemeinsames oder zwei getrennte Testamente,[65] da mit dem Begriff der Gemeinschaftlichkeit die **Einheit der Erklärungen,** nicht die Einheit der Urkunde gemeint ist. Bei getrennten Urkunden muss der Wille zur Errichtung eines gemeinschaftlichen Testaments klar zum Ausdruck gebracht werden.[66] Bei Errichtung eines **eigenhändigen Testaments** in einer gemeinsamen Urkunde gewährt das Gesetz eine Formerleichterung: Sämtliche Verfügungen beider Ehegatten/Lebenspartner können von nur einem Ehegatten/Lebenspartner niedergeschrieben werden, sind jedoch von beiden Ehegatten/Lebenspartnern zu unterzeichnen (§ 2267 BGB). Gleichzeitigkeit ist dabei nicht verlangt. Beide Ehegatten/Lebenspartner müssen aber zum Zeitpunkt der endgültigen Errichtung des gemeinschaftlichen Testaments leben. Zeit- und Ortsangaben beider Ehegatten/Lebenspartner sind daher erwünscht (§§ 2247 Abs. 2, 2267 S. 2 BGB).

43   Das **öffentliche gemeinschaftliche Testament** wird zur Niederschrift des Notars errichtet. (§ 2232 BGB). Hierfür ist es nicht zwingend erforderlich, dass beide Ehegatten/Lebenspartner gleichzeitig anwesend sind. Vielmehr kann ein gemeinschaftliches Testament auch in der Weise errichtet werden, dass jeder Ehegatte vor einem anderen Notar sein Testament errichtet. Es muss dann jedoch klar zum Ausdruck gebracht werden, dass es sich um ein gemeinschaftliches Testament handeln soll.[67] Das notarielle Testament wird zwingend in die **amtliche Verwahrung** gegeben (§ 34 BeurkG), das eigenhändig errichtete nur auf Veranlassung eines oder beider Ehegatten/Lebenspartner. Die Herausgabe erfolgt nur an beide Personen gemeinschaftlich (§ 2272 BGB). Ein öffentliches Testament muss gewählt werden, wenn ein Ehegatte/Lebenspartner nicht volljährig ist oder nicht lesen kann (§ 2233 Abs. 1 u. 2 BGB). Da eine Lebenspartnerschaft ohnehin nur von Volljährigen eingegangen werden kann (§ 1 Abs. 2 Nr. 1 LPartG), dürfte insoweit nur § 2233 Abs. 2 BGB Bedeutung erlangen.

44   Im Unterschied zum Erbvertrag müssen beim gemeinschaftlichen Testament zwingend beide Ehegatten/Lebenspartner letztwillige Verfügungen treffen. Ein Nottestament[68] kann als gemeinschaftliches Testament errichtet werden, wenn die Voraussetzungen bei einem Ehegatten/Lebenspartner vorliegen (§ 2266 BGB). Ein gemeinschaftliches Testament kann durch Erbvertrag oder späteres gemeinschaftliches Testament ergänzt oder geändert werden.[69]

45   d) **Inhalt (insb. Bindungswirkung).** Alle in Einzeltestamenten gestatteten letztwilligen Verfügungen können auch in gemeinschaftlichen Testamenten geregelt werden. Unerheblich ist hierbei auch, ob die letztwillige gemeinschaftliche Verfügung die Verbindung des Nachlasses des Erstversterbenden mit dem Nachlass des Längstlebenden (Einheitslösung) oder die Trennung beider Nachlässe (Trennungslösung) vorsieht. Die Besonderheit des gemeinschaftlichen Testaments besteht darin, bei bestimmten Verfügungen eine Beziehung **gegenseitiger Abhängigkeit** herzustellen, die einseitig nicht ohne weiteres beseitigt werden kann. Dies kann in Form sog. wechselbezüglicher Verfügungen (§ 2270 Abs. 1 BGB) oder sog. qualifizierter Verfügungen geschehen.[70] Daneben können gemeinschaftliche Testamente auch Verfügungen enthalten, die nicht in Abhängigkeit anderer Verfügungen stehen.

46   Die allgemeinen Grundsätze zur **Auslegung** eines Testaments[71] gelten auch für das gemeinschaftliche Testament, jedoch mit der Maßgabe, dass geprüft werden muss, ob das Auslegungsergebnis dem Willen beider Ehegatten/Lebenspartner entspricht.[72] Lässt sich eine Übereinstimmung nicht feststellen, dann muss auf den Willen des Erblassers abgestellt werden, um dessen

---

[64] S. hierzu Rdnr. 45 ff.
[65] Palandt/*Edenhofer* Einf. Vor § 2265 Rdnr. 9; vgl. zu den allg. Formerfordernissen auch § 5 Rdnr. 28 ff.
[66] BGHZ 9, 113, 115.
[67] Vgl. MünchKommBGB/*Musielak* § 2267 Rdnr. 5.
[68] Vgl. hierzu § 5 Rdnr. 40 ff.
[69] BGHZ 112, 229, 233 = NJW 1991, 169, 170.
[70] S. hierzu näher Rdnr. 47 ff.
[71] S. dazu § 6.
[72] BGHZ 112, 229, 233 = NJW 1991, 169, 170.

letztwillige Verfügung es geht. Anders als beim Einzeltestament muss dann jedoch eine Beurteilung gemäß § 157 BGB aus der Sicht des anderen Ehegatten/Lebenspartners vorgenommen werden.[73] Bei gemeinschaftlichen Testamenten besteht die Gefahr, dass hierin im Wege der Auslegung zugleich ein „stillschweigender" **Pflichtteilsverzicht** gesehen wird, insbesondere bei notariell beurkundeten Testamenten.[74] Grund hierfür ist, dass die Geltendmachung des Pflichtteilsanspruchs dem mit den gemeinschaftlichen letztwilligen Verfügungen verfolgten Zweck zuwiderlaufen würde. Um zu vermeiden, dass in das Testament ein ungewollter Verzicht hineininterpretiert wird, sollte eine entsprechende Klarstellung aufgenommen werden, wenn dies dem Willen der Testierenden entspricht.

Formulierungsvorschlag:
Trotz Belehrung wünschen die Ehegatten keinen Pflichtteilsverzicht.

aa) Wechselbezügliche und qualifizierte Verfügungen. Gemeinschaftliche Testamente können aus wechselbezüglichen, aus so genannten „einseitigen" und gegebenenfalls aus qualifizierten Verfügungen bestehen. Diese Bezeichnungen sind jedoch mit Vorsicht zu behandeln, da auch wechselbezügliche Verfügungen einseitige Verfügungen sind. Zweiseitige Verfügungen sind nur solche, die von zwei Personen vertragsmäßig vereinbart wurden. Sie finden sich daher lediglich in Erbvertragsurkunden. Unter **wechselbezüglichen Verfügungen** versteht man solche, von denen anzunehmen ist, dass die Verfügungen des einen Ehegatten/Lebenspartners nicht ohne die Verfügung des anderen Ehegatten/Lebenspartners getroffen worden wären (§ 2270 Abs. 1 BGB). Die Verfügung des einen Ehegatten/Lebenspartners ist also gerade in Hinblick darauf getroffen worden, dass auch der Andere eine bestimmte Verfügung traf, das heißt nach dem Willen der Verfügenden soll die eine Verfügung mit der anderen „stehen und fallen". Wechselbezügliche Verfügungen sind nur möglich bei Erbeinsetzung, Vermächtnis und Auflage (§ 2270 Abs. 3 BGB) und stellen die wesentliche Besonderheit des gemeinschaftlichen Testaments dar. An sie sind besondere Wirkungen geknüpft, die in Rdnr. 51 ff. im Einzelnen dargelegt werden. 47

Qualifizierte Verfügungen – teilweise auch etwas widersprüchlich als „einseitig wechselbezügliche Verfügungen" bezeichnet[75] – führen zu einer nur einseitigen Abhängigkeit der Verfügung, da nur einer der Ehegatten/Lebenspartner möchte, dass der Bestand der von ihm getroffenen Verfügung von dem Bestand der anderen abhängt. Die für die wechselbezüglichen Verfügungen gesetzlich angeordneten Besonderheiten (§§ 2270, 2271 BGB) gelten auch für die qualifizierten Verfügungen.[76] Für die Verfügungen des anderen Ehegatten/Lebenspartners gelten sie jedoch nicht. Dieser Ehegatte/Lebenspartner bleibt, unabhängig vom Bestand der qualifizierten Verfügung seines Partners, grundsätzlich gebunden. Die so genannten **einseitigen Verfügungen** stehen hingegen nicht in einer Wechselwirkung zueinander, so dass für sie auch die besonderen Vorschriften der §§ 2270, 2271 BGB nicht gelten. Auch die folgenden Ausführungen zu Nichtigkeit, Widerruf und Bindungswirkung gelten für die einseitigen Verfügungen nicht. 48

Aufgrund der noch näher auszuführenden Folgen der Wechselbezüglichkeit empfiehlt sich eine genaue Festlegung, welche Verfügungen wechselbezüglich sein sollen: 49

Formulierungsvorschlag:
Alle Verfügungen in diesem Testament sind wechselbezüglich.

---

[73] BGH NJW 1993, 256.
[74] BGH NJW 1977, 1728; die Ehegatten hatten am gleichen Tag Gütertrennung vereinbart. Zum stillschweigenden Erbverzicht s. auch *Keim* ZEV 2001, 1 ff.
[75] MünchKommBGB/*Musielak* § 2270 BGB Rdnr. 3.
[76] Vgl. hierzu *Buchholz* Rpfleger 1990, 45 ff.

50 Wenn die Wechselbezüglichkeit nicht bereits im Testament ausdrücklich angeordnet worden ist, muss ihr Bestehen durch Auslegung ermittelt werden. Das Gesetz hält für diese Fälle in § 2270 Abs. 2 BGB eine Auslegungsregel bereit, nach welcher das Verhältnis der gegenseitigen Abhängigkeit in zwei Fällen **gesetzlich vermutet** wird (§ 2270 Abs. 2 BGB), nämlich dann,
- wenn die Ehegatten sich gegenseitig bedenken (ein Vermächtnis genügt), oder
- wenn der eine dem anderen Ehegatten/Lebenspartner etwas zuwendet und dieser für den Fall seines Überlebens wiederum anderen Personen etwas zuwendet, die mit dem ursprünglich zuwendenden Ehegatten verwandt sind oder diesem nahe stehen. Das gilt auch, wenn der Eingesetzte mit beiden Ehegatten verwandt ist oder diesen nahe steht.[77]

Unbedingt zu beachten ist jedoch, dass diese Auslegungsregel nur dann anwendbar ist, wenn nicht aufgrund individueller Auslegung im Einzelfall,[78] die keinen festen Regeln unterliegt, zu ermitteln ist, ob Wechselbezüglichkeit gewollt ist.[79] Auch gilt § 2270 Abs. 2 BGB grundsätzlich nicht für Ersatzerben.[80]

51 *bb) Nichtigkeit.* Grundsätzliche Folge der Wechselbezüglichkeit einer Verfügung ist deren Unwirksamkeit, sobald die entsprechende Verfügung des anderen Ehegatten/Lebenspartners widerrufen wird oder nichtig ist (§ 2270 Abs. 1 BGB). Die Nichtigkeit kann dabei auf formellen oder inhaltlichen Mängeln basieren. Führen andere Gründe als Widerruf oder Nichtigkeit zur Unwirksamkeit einer Verfügung (z. B. Ausschlagung, Erbunwürdigkeit), ist durch Auslegung zu ermitteln, ob auch in diesen Fällen die wechselbezügliche Verfügung des anderen Ehegatten/Lebenspartners unwirksam sein soll.

52 *cc) Widerruf.* Leben noch beide Ehegatten/Lebenspartner, so können sie sich lediglich durch Widerruf von ihren wechselbezüglichen Verfügungen lossagen. Hierbei ist zwischen einvernehmlichem und einseitigem Widerruf zu unterscheiden. Der **einvernehmliche Widerruf** wechselbezüglicher Verfügungen durch gemeinschaftliches Testament ist jederzeit möglich, und zwar ohne Wahrung der bisherigen Form des gemeinschaftlichen Testaments.[81] Lediglich die allgemeinen Formvorschriften der §§ 2253 ff. BGB sind zu beachten. So kann ein einvernehmlicher Widerruf beispielsweise auch durch Erbvertrag, durch Rücknahme des öffentlichen Testaments aus der amtlichen Verwahrung oder durch schlichte Vernichtung des Testaments geschehen. Die entsprechende Erklärung in einer gemeinsamen letztwilligen Verfügung kann lauten:

> **Formulierungsvorschlag:**
> Unser am ... vor dem Notar ... in ..., UR-Nr... , errichtetes gemeinschaftliches Testament widerrufen wir hiermit in vollem Umfang.

Entsprechendes gilt für den einseitigen Widerruf einseitiger (= nicht wechselbezügliche) Verfügungen. Diese kann der Verfügende in der allgemeinen Form[82] widerrufen.

53 Die Möglichkeit des **einseitigen Widerrufs** wechselbezüglicher Verfügungen in einem gemeinschaftlichen Testament ist hingegen eingeschränkt. Zwar ist auch ein einseitiger Widerruf zu Lebzeiten beider Ehegatten/Lebenspartner immer möglich. Dieser kann jedoch nicht durch Testament, sondern ausschließlich durch **notariell zu beurkundende Erklärung** gegenüber dem anderen Ehegatten/Lebenspartner erfolgen (entsprechend den Vorschriften über den Rücktritt

---

[77] Nahestehende Personen sind z. B. Stiefkinder, enge Freunde, langjährige Angestellte, Hausgenossen, BayObIGZ 1982, 474, 478 f. In einem Fall des LG München FamRZ 2000, 705 f. ging das Gericht davon aus, dass jeder Elternteil unabhängig von der Verfügung des anderen wolle, dass die gemeinsamen Kinder Erben werden. Gemeinsame Verfügungen der Ehegatten zu Gunsten gemeinsamer Kinder könnten wechselbezüglich sein, wenn es den Eltern auf eine gleichmäßige Verteilung des beiderseitigen Vermögens an die Kinder ankomme, was bei ungleichmäßiger Verteilung des Nachlasses nicht der Fall sei.
[78] Vgl. allg. zur Testamentsauslegung § 6.
[79] BayObLG ZEV 1994, 362, 363 f. = FamRZ 1995, 251; OLG Hamm ZEV 1995, 146, 147 = FamRZ 1995, 1022.
[80] Vgl. BGH ZEV 2002, 150 m. Anm. *Otte*; hierzu auch *Keim* ZEV 2002, 437.
[81] MünchKommBGB/*Musielak* § 2271 BGB Rdnr. 3; a.A. Staudinger/*Kanzleiter* § 2271 BGB Rdnr. 7.
[82] Vgl. hierzu § 9.

vom Erbvertrag, §§ 2296, 2271 Abs. 1 BGB). Die Erklärung muss dem anderen zugehen, das heißt er muss die notarielle Urkunde im Original oder in Ausfertigung zu Lebzeiten erhalten. Hierdurch soll das Vertrauen beider Testierenden auf den Bestand der Verfügungen des jeweils anderen geschützt und verhindert werden, dass ein einseitiger Widerruf heimlich hinter dem Rücken des anderen geschieht. Die notarielle Willenserklärung kann lauten:

> **Formulierungsvorschlag:**
> Am ... habe ich mit meiner Frau ... vor dem Notar ... in ..., UR-Nr... , ein gemeinschaftliches Testament errichtet, in dem als wechselbezügliche Verfügungen . . . enthalten sind. Ich widerrufe hiermit gegenüber meiner Frau ... meine sämtlichen in diesem Testament enthaltenen Verfügungen und beauftrage den amtierenden Notar mit der Zustellung einer Ausfertigung dieses Widerrufs an meine Frau ... durch einen Gerichtsvollzieher.

54

Der Widerruf zieht die **Unwirksamkeit sämtlicher wechselbezüglicher Verfügungen** nach sich, also sowohl der eigenen als auch der des anderen (§ 2270 Abs. 1 BGB). Um die Ehegatten/Lebenspartner darüber zu belehren, kann in der letztwilligen Verfügung ein Hinweis über diese Folge aufgenommen werden.

55

> **Formulierungsvorschlag:**
> Der Widerruf des Testaments bedarf der notariellen Beurkundung und führt zur Unwirksamkeit des Testaments insgesamt.

Nach dem Tod eines Ehegatten/Lebenspartners erlischt das Recht zum Widerruf wechselbezüglicher Verfügungen (§ 2271 Abs. 2 S. 1 Hs. 1BGB). Dann tritt für den Überlebenden eine erbrechtliche Bindung an seine wechselbezüglichen Verfügungen ein. Er ist gehindert, wechselbezügliche Verfügungen zu widerrufen oder abweichend letztwillig zu verfügen. Seine Testierfreiheit ist insoweit genommen.[83] Dies gilt nicht, wenn testamentarisch etwas anderes vereinbart worden ist.[84]

56

cc) Bindungswirkung. (1) Inhalt. Mit dem Tod des Erstversterbenden tritt hinsichtlich der wechselbezüglichen Verfügungen die erbrechtliche Bindungswirkung ein. Gleiches gilt hinsichtlich der Verfügungen eines Ehegatten/Lebenspartners, an welche der andere den Bestand seiner qualifizierten Verfügung geknüpft hat. Diese Bindungswirkung hat zur Folge, dass der Überlebende seine Verfügungen grundsätzlich nicht mehr abändern, insbesondere **nicht mehr widerrufen** kann (§ 2271 Abs. 2 S. 1 BGB). Da die Bindungswirkung jedoch eine rein erbrechtliche ist, kann der Überlebende grundsätzlich weiterhin ungehindert durch Rechtsgeschäfte unter Lebenden über sein Vermögen verfügen. Auf diese Weise kann also zum Beispiel dem Schlussbedachten ein zukünftiges Erbgut entzogen werden. Um diese Möglichkeit einzuschränken, gelten die **erbvertraglichen Schutzvorschriften** (§§ 2287, 2288 BGB)[85] entsprechend auch bei bindenden Verfügungen in einem gemeinschaftlichen Testament.[86] Hierdurch besteht also im gewissen Maße Schutz gegen beeinträchtigende Schenkungen. Zu beachten ist, dass diese Schutzvorschriften erst ab dem Zeitpunkt des Todes des Erstversterbenden anwendbar sind, da auch erst zu diesem Zeitpunkt die Bindungswirkung eintritt.[87] In besonderen Fällen können Verfügungen unter Lebenden zudem nach § 138 BGB sittenwidrig sein.

57

---

[83] BayObLG ZEV 1994, 362, 363, zur Bindungswirkung auch bei Wiederverheiratung des Erstversterbenden nach Scheidung. Der Schlusserbe war zwischenzeitlich verstorben, dessen Abkömmlinge wurden als Ersatzschlusserben angesehen, nicht der zweite Ehegatte, zu dessen Gunsten zwischenzeitlich testiert worden war.
[84] Vgl. Rdnr. 65 ff.
[85] S. dazu eingehend § 10 Rdnr. 36 ff.
[86] BGH NJW 1982, 43, 44.
[87] BGHZ 87, 19, 23 f. = NJW 1983, 1487, 1488; a.A. *Dickhuth-Harrach* FamRZ 2005, 322 ff.

58 *(2) Lösung durch Ausschlagung.* Von einer bindenden wechselbezüglichen Verfügung kann sich der überlebende Ehegatte/Lebenspartner durch **Ausschlagung** lösen (§ 2271 Abs. 2 S. 1 BGB). Diese ist grundsätzlich nur bis zur Annahme der Erbschaft oder innerhalb von sechs Wochen seit Kenntnis von Erbfall und Berufungsgrund möglich, wenn bis dahin keine Annahme erfolgt ist (§ 1944 BGB).[88] Die Ausschlagung bewirkt, dass die Bindungswirkung entfällt und der Ausschlagende seine Verfügung nun widerrufen kann, wodurch auch die entsprechenden Verfügungen des anderen Ehegatten/Lebenspartners unwirksam werden (§ 2270 Abs. 1 BGB), wenn dies nicht dem durch Auslegung zu ermittelnden Willen der Ehegatten/Lebenspartner widerspricht.[89] Der Nachlass des Erstverstorbenen fällt dann demjenigen zu, der nun dessen Erbe wird. Aufgrund der nach § 1948 Abs. 1 BGB gegebenen Möglichkeit, das testamentarisch Zugewendete auszuschlagen und gleichzeitig die Erbschaft als gesetzlicher Erbe anzunehmen, soll der Überlebende in besonderen Fällen nach einer Auffassung sogar die **Testierfreiheit** ohne oder nur mit geringen wirtschaftlichen Einbußen wiedergewinnen können.[90] Denn hat der Erstverstorbene weder Verwandte erster noch zweiter Ordnung noch Großeltern, bleibt der Überlebende trotz Ausschlagung der testamentarischen Zuwendung gesetzlicher Alleinerbe (§ 1931 Abs. 2 BGB). Bei § 1948 Abs. 1 BGB ist allerdings Vorsicht geboten. Voraussetzung der Ausschlagung ist nämlich, dass der Ausschlagende hierdurch gesetzlicher Erbe wird. Dies ist nicht der Fall, wenn die gesetzliche Erbfolge durch erschöpfende testamentarische Bestimmungen gänzlich ausgeschlossen ist, so dass zum Beispiel der ausgeschlagene Erbteil den übrigen eingesetzten Erben anwächst (§ 2094 BGB) oder der Erbteil einem Ersatzerben zufällt (§ 2096, 2097 BGB).[91] Gleiches gilt, wenn das Gesetz für den Fall der Ausschlagung eine andere Erbfolge vorsieht (§§ 2069, 2102 BGB).

59 Dementsprechend kann der Ausschlagung nach § 1948 Abs. 1 BGB durch eine Ersatzerbenbestimmung im Testament vorgebeugt werden.

> **Formulierungsvorschlag:**
> Die Schlusserben sind zugleich Ersatzerben des Erstversterbenden von uns.

60 Möglich ist auch eine bedingte Enterbung im Testament.

> **Formulierungsvorschlag:**
> Schlägt der Längstlebende die Erbschaft aus, so ist er nicht als gesetzlicher Miterbe berufen.

61 Bei Anordnung der Vor- und Nacherbschaft gilt die **Zweifelsregelung,** dass die Einsetzung als Nacherbe auch diejenige als Ersatzerbe enthält (§ 2102 BGB).[92] Diese Zweifelsregelung gilt auch bei Ausschlagung durch den Überlebenden. Unabhängig hiervon sollte für den Fall der Ausschlagung durch den Überlebenden jedoch immer eine Ersatzerbenbestimmung im Testament erfolgen.

> **Formulierungsvorschlag:**
> Für den Fall, dass der Längstlebende nicht Erbe sein kann oder will, beruft jeder von uns die Nacherben als seine Erben.

---

[88] Vgl. zur Annahme und Ausschlagung § 22.
[89] Palandt/*Edenhofer* § 2271 Rdnr. 24.
[90] Vgl. *Tiedke* FamRZ 1991, 1259, entgegen dem KG, OLGZ 1991, 6, 11 = NJW-RR 1991, 330, welches zur Wiedererlangung der Testierfreiheit verlangt, dass der gesetzliche Erbteil hinter dem Zugewendeten erheblich zurückbleibt und der Überlebende in diesen Fällen deshalb auch den gesetzlichen Erbteil ausschlagen muss, um das erforderliche Vermögensopfer zu erbringen.
[91] S. hierzu *Mayer* DStR 2004, 1541, 1542 m.w.N.
[92] Zur Anwendung des § 2102 Abs. 1 BGB bei gemeinschaftlichem Testament OLG Hamburg FGPrax 1999, 225; BGH ZEV 1999, 26.

Bei Verlust der testamentarischen und gesetzlichen Erbschaft bleibt möglicherweise der 62
Pflichtteils- oder Pflichtteilsrestanspruch. Wenn nur einem Dritten, nicht aber dem Überlebenden etwas zugewendet war, kann dieser nicht ausschlagen und auch nicht widerrufen. Der Dritte kann dann zwar seinerseits ausschlagen, jedoch wird hierdurch nicht die Bindungswirkung beseitigt.[93]

(3) Wegfall der Bindungswirkung in besonderen Fällen. Die Bindungswirkung entfällt auch, 63 wenn die wechselbezügliche Verfügung **gegenstandslos** geworden ist, beispielsweise durch ersatzlosen Wegfall des Bedachten infolge Vorversterbens, Zuwendungsverzicht (§ 2353 BGB), Erbunwürdigerklärung (§ 2344 BGB) oder Ausschlagung. In diesen Fällen kann ohne förmlichen Widerruf neu verfügt werden.

Der Ehegatte/Lebenspartner ist von der Bindungswirkung ebenso befreit, wenn dem Bedach- 64 ten **schwere Verfehlungen** zur Last fallen (§ 2271 Abs. 2 S. 2 i.V.m. §§ 2294, 2333 ff. BGB). Es muss sich um eine solche Verfehlung handeln, die den Erblasser zur Entziehung des Pflichtteils nach den §§ 2333 ff. BGB berechtigt oder, wenn der Bedachte nicht pflichtteilsberechtigt ist, berechtigen würde, wenn der Bedachte ein Abkömmling des Erblassers wäre (§ 2294 BGB).[94]

(4) Im Testament vorbehaltener Widerruf und vorbehaltene Freistellung. Den Ehegat- 65 ten/Lebenspartnern steht es frei, die gesetzlichen Wirkungen der Wechselbezüglichkeit durch vorbehaltenen Widerruf auszuschließen (anders als im Erbvertrag, in dem das Verbot der Totalabänderungsbefugnis gilt[95]) oder zu beschränken, z. B. durch Gestattung beliebiger Verteilung unter den Abkömmlingen oder durch Freistellung eines Teils des Nachlasses.[96]

Formulierungsvorschlag:
Nach dem Tod des Erstversterbenden von uns ist der Überlebende berechtigt, sämtliche Verfügungen für den zweiten Todesfall aufzuheben oder abzuändern. Die Verfügungen, welche für den ersten Todesfall getroffen worden sind, bleiben auch bei Aufhebung oder Änderung der Verfügungen für den zweiten Todesfall durch den Überlebenden bestehen.
[alt.: Nach dem Tod des Erstversterbenden ist der Überlebende berechtigt, die für den zweiten Todesfall angeordneten wechselbezüglichen Bestimmungen wie folgt aufzuheben: Als Erben oder Vermächtnisnehmer dürfen nur gemeinschaftliche Abkömmlinge von uns bestimmt werden. Hinsichtlich der Verteilung des Erben ist der Überlebende jedoch frei, soweit alle Kinder oder an deren Stelle getretenen Abkömmlinge mindestens in Höhe ihres Pflichtteils bedacht werden.]

Weitere Beispiele beschränkter Freistellung sind die Freistellung hinsichtlich der Verwandten 66 eines Ehegatten/Lebenspartners, die Gestattung von Vermächtnisanordnungen und die Festlegung der Höhe solcher Vermächtnisse sowie die Freistellung des nach dem Tod des Erstverstorbenen hinzuerworbenen Vermögens. Jedem Verfügenden kann nur das Recht eingeräumt werden, seine eigenen Verfügungen zu ändern, nicht die des anderen (§ 2065 BGB). Widerrufsvorbehalt und Freistellung können auch konkludent vereinbart werden. Es ist dann im Wege der Auslegung zu ermitteln, ob und inwieweit die Bindungswirkung aufgehoben werden sollte. So wird beispielsweise eine vollständige Freistellung angenommen, wenn das Testament eine Wiederverheiratungsklausel enthält, nach welcher der Überlebende im Falle einer neuen Heirat enterbt oder auf den gesetzlichen Erbteil gesetzt wird, und es dann zu einer solchen zweiten Ehe/Lebenspartnerschaft kommt.[97]

Die Freistellung ändert in der Regel nichts an der **Wechselbezüglichkeit** (mit der Folge des 67 § 2270 Abs. 1 BGB), sondern beseitigt lediglich die Bindungswirkung.[98] Auch insoweit kann

---

[93] ; MünchKommBGB/*Musielak* § 2271 Rdnr. 22; Staudinger/*Kanzleiter* § 2271 Rdnr. 41; a.A. Soergel/*Wolf* § 2271 BGB Rdnr. 20.
[94] S. zur Entziehung des Pflichtteils ausf. § 29 Rdnr. 61 ff.
[95] Vgl. § 10 Rdnr. 47 ff.
[96] BGHZ 2, 35, 37.
[97] OLG Karlsruhe NJW 1961, 1410.
[98] BGH NJW 1987, 901.

jedoch der ggf. durch Auslegung zu ermittelnde Wille der Verfügenden etwas anderes ergeben. Die Ausübung des im Testament vorbehaltenen Widerrufs bedarf nicht mehr der notariellen Beurkundung gemäß § 2271 Abs. 1 BGB. Ausreichend, aber auch erforderlich, ist die Form der letztwilligen Verfügung (Widerrufstestament analog § 2297 BGB). Verfügungen in Form der Vernichtung oder Veränderung gemäß § 2255 BGB reichen nicht aus.[99] Mit dem Widerruf werden auch die durch die Wechselbezüglichkeit verbundenen Verfügungen des anderen Ehegatten/Lebenspartners unwirksam (§ 2270 Abs. 1 BGB). Auch dies gilt jedoch nur dann, wenn nicht ein entgegengesetzter Wille durch Auslegung feststellbar ist. Insbesondere ist im Wege der Auslegung zu ermitteln, ob auch die Erbeinsetzung des Überlebenden nach dessen Widerruf unwirksam werden oder bestehen bleiben soll. Es bietet sich an, dies ausdrücklich festzulegen.[100]

68 *(5) Anfechtungsmöglichkeit wechselbezüglicher Verfügungen.*[101] Zu Lebzeiten beider Ehegatten/Lebenspartner ist das Recht der Anfechtung ausgeschlossen. Insoweit hat jeder die Möglichkeit des Widerrufs nach § 2271 Abs. 1 BGB. **Nach dem Tod** des Erstversterbenden ist die Anfechtung unter bestimmten Umständen sowohl dem überlebenden Ehegatten/Lebenspartner als auch Dritten gestattet. Die Ehegatten/Lebenspartner können allerdings auf das Anfechtungsrecht verzichten. Der **Verzicht** wirkt auch zu Lasten anfechtungsberechtigter Dritter (§ 2285 BGB analog).

Formulierungsvorschlag:

69 Die in diesem Testament wechselbezüglich getroffenen Verfügungen sollen auch dann nicht beseitigt werden können, wenn bei dem Tod eines/beider Ehegatten heute noch nicht bedachte Pflichtteilsberechtigte vorhanden sein sollten. Wir verzichten jeweils auf ein eventuelles zukünftiges Anfechtungsrecht wegen Irrtums und wegen Übergehens eines beim ersten oder zweiten Erbfall vorhandenen Pflichtteilsberechtigten.

Da die verschiedenen Anfechtungsmöglichkeiten ausführlich in § 7 behandelt werden, soll an dieser Stelle der folgende Kurzüberblick genügen.
Selbstanfechtung des überlebenden Ehegatten/Lebenspartners:

70
- *Was:* Der überlebende Ehegatte/Lebenspartner kann die eigenen wechselbezüglichen Verfügen in analoger Anwendung der §§ 2281 ff. BGB anfechten, wenn er die Anfechtbarkeit nicht selbst durch treuwidriges Verhalten herbeigeführt hat. Für eigene einseitige (also nicht wechselbezügliche) Verfügungen steht ihm das allgemeine Widerrufsrecht zu (§§ 2253 ff. BGB), weshalb die Anfechtung ausgeschlossen ist.
- *Warum:* Anfechtung wegen Irrtums oder Drohung (§ 2078 BGB) oder wegen Übergehens eines Pflichtteilsberechtigten (§ 2079 BGB).[102]
- *Wie:* Die Anfechtungserklärung ist notariell zu beurkunden (§ 2282 Abs. 3 BGB analog). Sie erfolgt bei Erbeinsetzung gegenüber dem Nachlassgericht (§ 2281 Abs. 2 BGB).
- *Folge:* Unwirksamkeit der angefochtenen Verfügungen sowie derjenigen, die hierzu im Abhängigkeitsverhältnis stehen (§ 2270 Abs. 1 BGB). Ein früheres Einzeltestament des vorverstorbenen Ehegatten, das durch das gemeinschaftliche Testament als widerrufen galt (§ 2258 BGB), wird wieder wirksam.[103] Im Fall des § 2079 BGB tritt grundsätzlich Nichtigkeit des gesamten Testaments ein.[104]

71 **Anfechtung von Verfügungen des Erstverstorbenen durch den überlebenden Ehegatten/Lebenspartner:**

---

[99] OLG Stuttgart NJW-RR 1986, 632: nicht ausreichend ist auch ein auf das Testament gesetzter Ungültigkeitsvermerk; OLG Hamm NJW-RR 1996, 1095.
[100] Vgl. Formulierungsvorschlag Rdnr. 65.
[101] Siehe zur Anfechtung letztwilliger Verfügungen ausf. § 7 Rdnr. 24 ff., zur Anfechtung speziell wechselbezüglicher Verfügungen § 7 Rdnr. 58 f.; zur Selbstanfechtung beim gemeinschaftlichen Testament *Iversen* ZEV 2004, 55 f.
[102] OLG Hamm NJW 1972, 1088.
[103] BayObLG ZEV 1999, 397.
[104] BayObLGZ 1971, 147, 152; NJW-RR 2005, 91, 93; str., vgl. Palandt/*Edenhofer* § 2079 Rdnr. 7 m.w.N.

- *Was:* Der überlebende Ehegatte/Lebenspartner kann sowohl die einseitigen als auch die wechselbezüglichen Verfügungen des Erstverstorbenen anfechten. Einer analogen Anwendung der §§ 2281 ff. BGB bedarf es nicht, da insoweit keine Bindungswirkung zugunsten eines anderen besteht.
- *Warum:* Anfechtung wegen Irrtums oder Drohung (§ 2078 BGB), nicht jedoch wegen Übergehens eines Pflichtteilsberechtigten (Grund: § 2080 Abs. 3 BGB).
- *Wie:* Die Anfechtung erfolgt bei Erbeinsetzung gegenüber dem Nachlassgericht (§ 2081 BGB), bei Verfügungsbegünstigungen, die nicht in der Aufzählung des § 2081 Abs. 1 oder Abs. 3 BGB enthalten sind – wie Vermächtnisse oder Teilungsanordnungen – gegenüber dem Verfügungsbegünstigten.[105]
- *Folge:* Unwirksamkeit auch der im Abhängigkeitsverhältnis stehenden Verfügungen des Anfechtenden, soweit wechselbezügliche Verfügungen der Erstverstorbenen angefochten wurden (§ 2270 Abs. 1 BGB). Wurden nur einseitige Verfügungen angefochten, werden lediglich diese unwirksam.

Anfechtung durch Dritte:

72

- *Was:* Dritte können einseitige (nicht wechselbezügliche), qualifizierte und wechselbezüglichen Verfügungen des erstverstorbenen oder überlebenden Ehegatten/Lebenspartners anfechten. Bei Anfechtung wechselbezüglicher Verfügungen des Letztverstorbenen (aber auch nur dann), ist § 2285 BGB analog anzuwenden.[106]
- *Warum:* Anfechtung wegen Irrtums oder Drohung (§ 2078 BGB) oder wegen Übergehens eines Pflichtteilsberechtigten (§ 2079 BGB).
- *Wie:* Die Anfechtung erfolgt bei Erbeinsetzung gegenüber dem Nachlassgericht (§ 2081 BGB), bei Verfügungsbegünstigungen, die nicht der Aufzählung des § 2081 Abs. 1 oder Abs. 3 BGB enthalten sind, gegenüber dem Verfügungsbegünstigten.
- *Folge:* Die Anfechtung führt zur Nichtigkeit der angefochtenen Verfügung (§ 142 Abs. 1 BGB) bei Wechselseitigkeit auch zur Nichtigkeit der im Abhängigkeitsverhältnis stehenden Verfügung des anderen. Im Fall des § 2079 BGB tritt grundsätzlich Nichtigkeit des gesamten Testaments ein.[107]

e) Ausschluss des Erbrechts. Die für das gesetzliche Erbrecht bestehenden Ausschlussgründe gelten zum Teil auch beim gemeinschaftlichen Testament, wenn nicht anzunehmen ist, dass der Erblasser im Zeitpunkt der Testamentserrichtung die Verfügung auch für den Fall der Nichtigkeit oder Auflösung der Ehe oder der Aufhebung der eingetragenen Lebenspartnerschaft getroffen haben würde (§ 2077, 2268 BGB).[108] Schwierigkeiten bei der Ermittlung der **Willensrichtung** der Ehegatten/Lebenspartner im Wege der ergänzenden Auslegung kann durch ausdrückliche Regelung begegnet werden. Insbesondere können auch der regelmäßige Auslöser, nämlich die vollzogene Scheidung oder Aufhebung, die Stellung eines Scheidungs- oder Aufhebungsantrages oder die Zustimmung dazu testamentarisch geregelt werden. Eine solche Regelung empfiehlt sich sowohl für die Einheits- als auch für die Trennungslösung.

73

> **Formulierungsvorschlag:**
> Sollte die Ehe geschieden [alt.: Lebenspartnerschaft aufgehoben] werden oder Antrag auf Scheidung [alt.: Aufhebung] bei Gericht – gleich von wem – gestellt worden sein, so entfällt unsere wechselbezügliche Vollerbeneinsetzung [alt.: ... so entfällt unsere wechselbezügliche Vorerbeneinsetzung. Die Nacherben treten als Vollerben an die Stelle des Vorerben]. Die wechselbezüglichen Anordnungen für den Fall des Todes des Längstlebenden von uns behalten jedoch weiterhin Geltung. Die Schlusserben [alt.: von uns bestimmten Nacherben] beerben dann auch den Erstversterbenden von uns.

74

---

[105] Ggf. ist die Anfechtung sowohl ggü. dem Nachlassgericht als auch ggü. dem Begünstigten zu erklären, Palandt/*Edenhofer* § 2081 Rdnr. 6.
[106] BayObLG NJW-RR 1989, 587, 588; FamRZ 2004, 1068; LG Stuttgart ZEV 1999, 441, 442.
[107] BayObLGZ 1971, 147, 152; NJW-RR 2005, 91, 93; str., vgl. Palandt/*Edenhofer* § 2079 Rdnr. 7 m.w.N.
[108] S. dazu Rdnr. 136 ff.

75 Nach neuerer Auffassung des BGH[109] behalten über § 2268 Abs. 2 BGB fortgeltende wechselbezügliche Verfügungen auch nach Scheidung der Ehe ihre Wechselbezüglichkeit bei, so dass die Bindungswirkung nach § 2271 BGB bestehen bleibt. In der Literatur wird diese Auffassung vielfach bestritten.[110]

8. „Berliner Testament" als klassischer Fall des gemeinschaftlichen Testaments

76 **a) Prinzip.** Das Berliner Testament bezeichnet eine **Zweifelsregelung** in § 2269 Abs. 1 BGB: Für den Fall, dass sich Eheleute im gemeinschaftlichen Testament wechselseitig zu Erben einsetzen und bestimmen, dass nach dem Tod des Überlebenden der beiderseitige Nachlass an einen Dritten fallen soll, soll der Dritte für den gesamten Nachlass als Erbe des Überlebenden eingesetzt sein. Ein Berliner Testament kann auch von Lebenspartnern errichtet werden (§ 10 Abs. 4 S. 2 LPartG). Inwieweit einem solchen Testament unter Lebenspartnern infolge der nun eingeführten Möglichkeit, die Kinder des anderen Lebenspartners anzunehmen,[111] praktische Bedeutung zukommen wird, bleibt noch abzuwarten. Die Entscheidung für die Reinform des Berliner Testaments, das heißt den Anfall des gesamten Vermögens des Erstversterbenden zunächst bei dem überlebenden Ehegatten, kann bei großen Vermögen zu erheblichen steuerlichen Nachteilen führen, denn weder werden weitere Erbschaftsteuerfreibeträge neben demjenigen des Ehegatten ausgenutzt noch wird die Gefahr eines alsbaldigen zweiten Erbfalles (des überlebenden Ehegatten) und der damit verbundenen „zweiten Besteuerung" desselben Vermögens gebannt.[112] Schon aus diesem Grund sollte genau überlegt werden, ob das Berliner Testament im Einzelfall sinnvoll ist, oder ob nicht besser eine alternative Gestaltungsform genutzt werden sollte. Für die Umsetzung des Wunsches, dem überlebenden Ehegatten zunächst das gemeinsame Vermögen zu belassen und dieses nach Ableben des Längstlebenden einem gemeinsam bestimmten Dritten zukommen zu lassen, stehen drei Wege zur Verfügung: (1) die Voll- und Schlusserbfolge, (2) das Nießbrauchsvermächtnis mit Vollerbschaft sowie (3) die Vor- und Nacherbfolge. Das Berliner Testament beschreitet den Weg der **Voll- und Schlusserbfolge** und wird im Folgenden behandelt (zu den weiteren Gestaltungsvarianten siehe Rdnr. 107 ff.).

77 **b) Gegenseitige Einsetzung der Ehegatten/Lebenspartner.** In der letztwilligen Verfügung findet sich zur gegenseitigen Erbeinsetzung typischerweise folgende Formulierung:

> **Formulierungsvorschlag:**
> Hiermit setzen sich die Ehegatten A und B gegenseitig zu Vollerben [alt.: gegenseitig zu alleinigen Erben] ein.
> Schlusserben sind unsere gemeinsamen Kinder X und Y zu gleichen Teilen.

78 Der Überlebende wird zunächst alleiniger Erbe. In seiner Hand vereinigen sich Nachlass und Eigenvermögen zu einer Vermögensmasse. Über diese kann er zu seinen Lebzeiten frei verfügen, soweit nicht die §§ 2287, 2288 oder § 138 BGB entgegenstehen.[113] Es folgt in dem Testament dann typischerweise die Schlusserbeneinsetzung. Um den Willen zum Berliner Testament unmissverständlich zum Ausdruck zu bringen, kann in dem Testament ein klarstellender Zusatz angebracht werden, insbesondere bei Verwendung des Begriffs Alleinerbe, denn auch der Vorerbe kann Alleinerbe sein.

> **Formulierungsvorschlag:**
> Eine Nacherbfolge findet nicht statt.

---

[109] NJW 2004, 3113, 3114 f.
[110] Vgl. *Muscheler* DNotZ 1994, 733 ff.; *Kuchinke* DNotZ 1996, 306 ff.; *Kanzleiter* ZEV 2005, 181 ff.
[111] Vgl. zu gemeinsamen Kindern von Lebenspartnern §§ 1754 Abs. 1 BGB, 9 Abs. 7 LPartG; näheres hierzu bei *Schlütter* FF 2005, 234 ff.
[112] S. dazu § 36 Rdnr. 260 ff.
[113] Vgl. hierzu Rdnr. 57, § 10 Rdnr. 36 ff.

Mehr ist nicht nötig und gelegentlich sogar missverständlich.[114] Hinweise auf die „unbeschränkte" Alleinerbenstellung oder die „freie Verfügungsmöglichkeit über das beiderseitige Vermögen" könnten die **Wechselbezüglichkeit** in Frage stellen oder als Ausschluss der Schutzvorschriften zugunsten der Schlusserben vor beeinträchtigenden Schenkungen (§§ 2287 f. BGB) verstanden werden. Soweit solche Anordnungen wirklich gewollt sind, sollten sie im Testament ausdrücklich erfolgen.

Formulierungsvorschlag:
Der überlebende Ehegatte kann über das gesamte Vermögen unter Lebenden frei verfügen, auch wenn dadurch das künftige Erbrecht seiner Erben beeinträchtigt wird.
[Die fachsprachliche Alt.: §§ 2287 f. BGB werden ausgeschlossen.]

c) **Bestimmung des Erben nach dem Längstlebenden.** Der eingesetzte Schlusserbe wird Erbe des Längstlebenden, nicht jedoch des Erstversterbenden. Testiert der längstlebende Ehegatte/Lebenspartner nachträglich abweichend, kann der Schlusserbe im Wege der **Feststellungsklage** schon vor dem Tod des Längstlebenden erreichen, dass sein Erbrecht festgestellt wird. Will der Schlusserbe seinen Pflichtteil geltend machen, kann er dies zweimal tun, nämlich nach dem Tod des Erstversterbenden – das Berliner Testament führt zu einer Übergehung der Abkömmlinge und Eltern – und nach dem Tod des Längstlebenden.

Die Erben des Letztversterbenden sollten im Testament als „**Schlusserben**" bezeichnet und deren Quoten exakt bestimmt werden. Auch sollten sich die Ehegatten darüber im Klaren sein, ob einseitige oder nur gemeinschaftliche Kinder bedacht sein sollen.

Formulierungsvorschlag:
Schlusserben sind unsere gemeinsamen Kinder X und Y zu gleichen Teilen.

Allein ein Verweis auf die gesetzliche Erbfolge nach dem Längstlebenden oder einen unbestimmten Personenkreis ist nicht genügend.[115] Allerdings müssen die Schlusserben im Testament nicht konkret, sondern können auch abstrakt unter Bezugnahme auf gesetzliche Erben benannt werden.[116]

Formulierungsvorschlag:
Schlusserben sind etwaige gemeinsame Abkömmlinge zu gleichen Teilen und nach Stämmen gemäß den Regeln über die gesetzliche Erbfolge.
[alt.: Schlusserben sind unsere gemeinsamen Abkömmlinge, und zwar einschließlich adoptierter, zu gleichen Teilen und ...]

Die **abstrakte Benennung** der Schlusserben mindert das Risiko der Anfechtung (§ 2079 S. 1 BGB) und damit das der Unwirksamkeit der angestrebten Gesamtgestaltung, denn die Anfechtung der Schlusserbeneinsetzung nach § 2079 BGB führt grundsätzlich zur Nichtigkeit des gesamten Testaments.[117] Bei der Verwendung des Begriffs „Abkömmlinge" ist zu bedenken, dass damit nicht nur Kinder, sondern auch entferntere Deszendenten gemeint sind.

---

[114] Nachw. und Analyse weiterer Formulierungen bei *Radke* S. 20 ff.
[115] KG ZEV 1999, 313; Staudinger/*Otte* § 2066 Rdnr. 3.
[116] *Radke* S. 47 warnt vor der Verwendung juristischer Begriffe wie „Stämme" oder „gesetzliche Erbfolge", da diese von Laien häufig nicht richtig verstanden werden.
[117] BayObLGZ 1971, 147, 152; BayObLG NJW-RR 2005, 91, 93; str., vgl. Palandt/*Edenhofer* § 2079 Rdnr. 7 m.w.N.

84 Für Schlusserben sollten, soweit vorhanden, im Testament auch immer Ersatzerben genannt werden:

> **Formulierungsvorschlag:**
> Zu Ersatzerben eines jeweiligen Schlusserben bestimmen wir dessen Abkömmlinge, auf welche sich der auf den weggefallenen Schlusserben entfallende Erbteil zu gleichen Teilen verteilt.

Fehlen Ersatzerben, sollte eine Anwachsung bei den übrigen Schlusserben angeordnet werden.

85 Eine Regelung im Testament für den Fall **gleichzeitigen Versterbens** ist zu empfehlen,[118] wenn nicht klar zum Ausdruck kommt, dass Schlusserben auch Erben beider Ehegatten bei gleichzeitigem Versterben sein sollen.[119] Bei gleichzeitigem Versterben können sich die Ehegatten nicht gegenseitig beerben, so dass Unklarheiten entstehen können, da Schlusserben nicht auch als Ersatzerben gelten (anders als Nacherben, § 2102 Abs. 1 BGB).

> **Formulierungsvorschlag:**
> Für den Fall unseres gleichzeitigen Versterbens gelten unsere Schlusserbenregelungen entsprechend mit der Maßgabe, dass der Schlusserbe die dem Längstlebenden auferlegten Vermächtnisse zu erfüllen hat.

86 Sicherheitshalber sollte klargestellt werden, dass mit dem gleichzeitigen Versterben der Tod beider Ehegatten infolge eines Ereignisses oder in sehr engen zeitlichen Rahmen gemeint ist, nicht schlechthin jeder Fall des kurzzeitigen Nacheinanderversterbens.

87 Für **minderjährige Kinder** kann der Erblasser zugleich eine Pflegeanordnung treffen (§§ 1917, 1909 BGB).[120] Dies ist bei sofortiger Fälligkeit eines Vermächtnisses sinnvoll:

> **Formulierungsvorschlag:**
> Solange unsere Tochter ... minderjährig ist, soll die Verwaltung ihres Erbteils durch unseren Anwalt ... als Pfleger erfolgen. Dieser soll auch in anderen rechtlichen Angelegenheiten, in denen ein Pfleger bestellt werden muss, berufen werden.

88 d) **Vermächtnis in § 2269 Abs. 2 BGB.** Eine weitere Zweifelsregelung enthält § 2269 Abs. 2 BGB für Vermächtnisnehmer. Als **Erblasser**, dem der Vermächtnisnehmer das Vermächtnis verdankt, soll nur der längstlebende Ehegatte/Lebenspartner gelten, wenn in dem Testament ein Vermächtnis angeordnet ist. Erst nach dem zweiten Erbfall können also Ansprüche aus dem Vermächtnis entstehen.

89 e) **Rechtsstellung des überlebenden Ehegatten/Lebenspartners bei Wiederverheiratungsklauseln.** Die Aufnahme von Wiederverheiratungsklauseln dient vorrangig dazu, den Schlusserben den **Nachlass** des Erstversterbenden Ehegatten ohne neu entstehende Pflichtteilsansprüche des hinzutretenden Ehegatten zu **erhalten** und zudem auch eine gewisse Teilhabe an dem Nachlass des Längstlebenden durch Beibehaltung der Wechselbezüglichkeit zu sichern.[121] Praktisch verlangt der Schutz der Abkömmlinge jedoch auch die Bereitschaft des Überlebenden, für diese

---

[118] Beck'sches Formularbuch zum Bürgerlichen, Handels- und Wirtschaftsrecht/*Graf zu Castel* VI 6 Nr. III.
[119] *Nieder*, Handbuch der Testamentsgestaltung, 2. Aufl. 2000, Rdnr. 605; OLG Frankfurt ZEV 1999, 66, 67, zu dem umgekehrten Fall der Annahme der Schlusserbenbestimmung für den Fall des „gleichzeitigen Versterbens".
[120] Zu der Verwaltungsanordnung des zugewendeten Kindesvermögens s. a. § 32 Rdnr. 119 ff.
[121] Vgl. hierzu Rdnr. 45 ff.

Teilhabe zu sorgen. Für Lebenspartnerschaften gelten die folgenden Ausführungen entsprechend.

Häufig sind Wiederverheiratungsklauseln als Kombination von Voll- und Vorerbschaft oder in Form von Wiederverheiratungsvermächtnissen anzutreffen. Die Kombination von auflösend bedingter Voll- und aufschiebend bedingter Vorerbschaft kann durch ausdrückliche Formulierung dieser rechtstechnischen Konstruktion, was der Klarheit halber zu empfehlen ist, angeordnet werden.[122]

> **Formulierungsvorschlag:**
> Bei Wiederverheiratung des Längstlebenden von uns ist er nur als Vorerbe eingesetzt. Der Nacherbfall tritt mit Wiederverheiratung des Längstlebenden von uns ein.

Um die **Härten** von Wiederverheiratungsklauseln der vorgenannten Art abzumildern, kann die Anordnung der Vorerbschaft auch lediglich hinsichtlich eines Teils des Nachlasses erfolgen. Möglich ist zum Beispiel die Anordnung der Auseinandersetzung nach der gesetzlichen Erbfolge oder nach einer testamentarisch bestimmten Erbfolge.

> **Formulierungsvorschlag:**
> Der Längstlebende hat sich bei Wiederverheiratung mit unseren gemeinsamen Kindern nach den Regeln der gesetzlichen Erbfolge auseinander zu setzen.

Der Längstlebende unterliegt bei dieser Klausel jedoch auch in seiner Stellung als Vollerbe während der Schwebezeit den **Beschränkungen** der § 2113 ff. BGB zugunsten der Schlusserben, die als aufschiebend bedingte Nacherben angesehen werden.[123] Wenn dies nicht gewünscht wird, sollte auf die Verwendung des Begriffs Vorerbe bzw. Nacherbe ganz verzichtet werden. Eine Alternative zur auflösend bedingten Vollerbschaft ist die Anordnung von auf die Wiederverheiratung aufschiebend bedingten Vermächtnissen.[124] Diese sollten eine genaue Regelung über Vermächtnisnehmer, Gegenstand und Umfang der vermachten Forderung und Bindungswirkung enthalten. Beliebte Anordnungen im Testament sind **Quotenvermächtnisse** zur Verschaffung eines Zahlungsanspruchs in Höhe eines Anteils am Nachlass,

> **Formulierungsvorschlag Quotenvermächtnis:**
> Bei Wiederverheiratung des Längstlebenden von uns hat dieser unseren gemeinsamen Abkömmlingen nach Maßgabe der gesetzlichen Erbfolge, wie sie beim Tod des Erstversterbenden im Zeitpunkt der Wiederverheiratung Geltung hätte, einen Geldbetrag in Höhe ihrer Erbteile an dem Nachlass des Erstversterbenden im Zeitpunkt des Erbfalls auszuzahlen.

Herausgabevermächtnisse

> **Formulierungsvorschlag Herausgabevermächtnis:**
> Bei Wiederverheiratung des Längstlebenden von uns hat dieser unseren gemeinsamen Abkömmlingen das Anwesen in München lastenfrei zu gleichen Anteilen zu Eigentum zu

---

[122] Diese Einordnung ist die herrschende: BGH WM 1986, 108 ff.; a.A. MünchKommBGB/*Musielak* § 2269 Rdnr. 54 ff. Detaillierte Untersuchung der Rechtsstellung des überlebenden Ehegatten bei *Jünemann* ZEV 2000, 81 ff.; vgl. allg. zur Vor- und Nacherbschaft § 17.
[123] H.L.: Staudinger/*Kanzleiter* § 2269 Rdnr. 42.
[124] Vgl. zum Vermächtnis allg. § 13.

übertragen, und zwar sowohl den von dem Längstlebenden ererbten Miteigentumsanteil als auch den ihm schon vor dem Erbfall gehörenden Miteigentumsanteil.

94 oder **Betragsvermächtnisse.**
Mit **Strafklauseln** kann die Belastung des Überlebenden abgemildert werden, wenn einer der Abkömmlinge bereits beim ersten Erbfall seinen Pflichtteil verlangt hat.[125] Das Vermächtnis kann für jeden Vermächtnisnehmer selbständig und unabhängig gewährt werden. Das Ausscheiden eines Vermächtnisses hat dann keine Auswirkung auf die übrigen Vermächtnisnehmer.

> **Formulierungsvorschlag:**
>
> Der Anspruch eines jeden Abkömmlings ist selbständig und unabhängig von dem Vermächtnisanspruch der anderen Abkömmlinge. Der Vermächtnisanspruch besteht nicht, wenn der Abkömmling oder sein weggefallener Vorfahr beim ersten Erbfall seinen Pflichtteilsanspruch geltend gemacht hat.

95 Alternativ kann der Pflichtteil auch auf das Vermächtnis angerechnet werden. Fehlt es an einer diesbezüglichen Regelung im Testament, ist § 2307 Abs. 1 BGB zur Frage der Behandlung aufschiebend bedingter Vermächtnisse zu bemühen: Der Schlusserbe hat die Wahl zwischen Pflichtteil und Wiederverheiratungsvermächtnis. Entweder er schlägt das Vermächtnis aus und fordert den Pflichtteil oder er fordert ihn ohne Ausschlagung, muss sich jedoch dann den Wert des Vermächtnisses anrechnen lassen (Pflichtteilsrestanspruch). Die aufschiebende Bedingung der Wiederverheiratung schmälert den **Wert des Vermächtnisses** nicht, weil diese als Beschränkung i. S. des § 2307 Abs. 1 S. 2 BGB gewertet wird.[126] Da allerdings auch die Auffassung vertreten wird, der Pflichtteilsanspruch dürfe ohne Ausschlagung und zunächst ohne Anrechnung auf das Vermächtnis, bei späterem Anfall unter Anrechnung des Pflichtteils, geltend gemacht werden,[127] gebietet sich eine unmissverständliche Regelung im Testament. Um den Wert des Nachlasses im Zeitpunkt des Todes des Erstversterbenden bestimmen zu können, ist die Anordnung zur Erstellung eines Verzeichnisses hilfreich.

> **Formulierungsvorschlag:**
>
> Zur Feststellung des Wertes des Nachlasses des Erstversterbenden ist unverzüglich auf Kosten dieses Nachlasses ein amtliches Vermögensverzeichnis zu erstellen.

96 Soll diese testamentarische Anordnung zugleich Anspruch der Abkömmlinge sein, ist sie als **Auflage** zu formulieren. Häufig besteht das Bedürfnis, Haushalts- und persönliche Gegenstände davon auszunehmen.

97 Der Längstlebende sollte mit der Erfüllung der Vermächtnisse und Wiederverheiratung seine Bindung an die Schlusserbenbestimmung verlieren.

> **Formulierungsvorschlag:**
>
> Mit Wiederverheiratung entfällt die Bindung des Längstlebenden an die Einsetzung der Schlusserben. Er kann diese [alt.: alle] wechselbezüglichen Verfügungen widerrufen.

---

[125] S. dazu Rdnr. 101 ff.
[126] OLG Oldenburg NJW 1991, 988.
[127] MünchKommBGB/*Lange* § 2307 Rdnr. 6.

Um dem Überlebenden bei Wiederverheiratung **liquiditätsschonende Maßnahmen** zu ermöglichen und zugleich zu verhindern, dass der Nachlass durch hinzutretende Pflichtteilsberechtigte für die Schlusserben geschmälert wird, bietet sich ein Pflichtteilsverzicht an.

> **Formulierungsvorschlag:**
> Das Vermächtnis für unsere Abkömmlinge entfällt trotz Wiederverheiratung, wenn der Längstlebende von uns mit jedem neuen Ehegatten Gütertrennung vereinbart und der neue Ehegatte auf seinen Pflichtteil am Nachlass des Längstlebenden von uns unwiderruflich und rechtswirksam verzichtet.

f) **Sicherungen im Zusammenhang mit Immobilienvermögen.** Übereignungspflichten an Immobilienvermögen können grundbuchlich gesichert werden (§ 883 BGB). Im Testament kann dies z. B. durch eine Auflage angeordnet werden.

> **Formulierungsvorschlag:**
> Zur Sicherung der Übereignungsverpflichtung ist für unsere Abkömmlinge A, B und C auf Kosten des Erben eine Auflassungsvormerkung im Grundbuch einzutragen.

Das Schicksal der mit Immobilienvermögen einhergehenden grundbuchlichen Sicherheiten sollte im Testament für Darlehen

> **Formulierungsvorschlag:**
> Mit Fälligkeit des Vermächtnisses haben die Vermächtnisnehmer das für die Finanzierung bestehende Darlehen bei der X-Bank zu übernehmen.

und für Grundschulden ebenfalls geregelt werden.

> **Formulierungsvorschlag:**
> Bis zur Fälligkeit des Vermächtnisses bei Wiederverheiratung des Längstlebenden hat der Längstlebende Zins- und Tilgungsleistungen des grundschuldgesicherten Krediets bei der X-Bank mindestens in Höhe des bisherigen Tilgungsplanes zu tragen. Eine erneute Valutierung der Grundschuld ist ausgeschlossen. [alt.: Eine erneute Valutierung ist nur zulässig, wenn der Kredit notwendigen Verwendungen auf die Immobilie dient. In diesem Fall sollen die Vermächtnisnehmer mit ihrer Auflassungsvormerkung im Grundbuch im Rang hinter die neue Grundschuld treten. Das zulässigerweise neu aufgenommene Darlehen ist von den Vermächtnisnehmern nach Fälligkeit des Vermächtnisses ebenfalls zu übernehmen.]

g) **Pflichtteilsklauseln.**[128] Das Berliner Testament bewirkt die Enterbung der nach dem Erstversterbenden pflichtteilsberechtigten Abkömmlinge und begründet Pflichtteilsansprüche. Die Geltendmachung dieser Pflichtteilsansprüche läuft den Absichten der Ehegatten/Lebenspartner in der Regel zuwider, da sich der Wunsch nach Gleichstellung mehrerer Abkömmlinge dann nur eingeschränkt verwirklichen lässt. Ein Pflichtteilsverlangen lässt zwar in der Regel die **Bindungswirkung** des überlebenden Ehegatten/Lebenspartners an die Einsetzung des Schlusserben entfallen, soweit dieser derjenige ist, welcher den Pflichtteil verlangt.[129] Das pflichtteilsberechtigte Kind beider Eltern kann jedoch im Ergebnis vom Vermögen des Erstversterbenden den

---

[128] Eine umfassende, nicht auf Ehegattenerbrecht bezogene Darstellung des Pflichtteilsrechts findet sich in § 29; zu Pflichtteilsklauseln siehe insb. § 21 Rdnr. 8 ff.
[129] BayObLGZ 1990, 58, 60.

Pflichtteil doppelt erlangen, da im Vermögen des Überlebenden das des Erstverstorbenen mit enthalten ist. Eine Anrechnung des ersten auf den zweiten Pflichtteil ist rechtlich nicht möglich. Das Pflichtteilsverlangen kann durch verschiedene Regelungen in der letztwilligen Verfügung sanktioniert werden, etwa durch Aussetzung von (Geld-)Vermächtnissen an Dritte für den ersten Todesfall, welche die Erbmasse schmälern.[130] Als Anknüpfungspunkt für die Entstehung eines solchen Vermächtnisses kann bereits die einfache Anmahnung des Pflichtteils oder präziser eine verzugsbegründende Mahnung bestimmt werden,[131]

> **Formulierungsvorschlag:**
> Sollte eines unserer Kinder oder deren Abkömmlinge seinen Pflichtteil mit verzugsbegründender Wirkung geltend machen, ...

alternativ auch ein Auskunftsverlangen in Hinblick auf den Pflichtteil, eine Erfüllungsklage oder erst der Erhalt des Pflichtteils.

> **Formulierungsvorschlag:**
> Sollte eines unserer Kinder oder dessen Abkömmling beim Tod des Erstversterbenden seinen Pflichtteil verlangen, steht denjenigen pflichtteilsberechtigen Abkömmlingen, die ihren Pflichtteil nicht verlangen und nicht erhalten, jeweils ein Geldvermächtnis zu, welches beim Tod des Längstlebenden fällig wird. Das Geldvermächtnis beläuft sich auf die Höhe des gesetzlichen Erbteils des jeweiligen Vermächtnisnehmers, wie er sich beim Tod des Erstversterbenden an dessen Nachlass errechnet. Das Vermächtnis ist bis zum Anfall verzinslich mit ... % p.a.

102 Entfällt ein Vermächtnis, weil der Bedachte seinen Pflichtteilsanspruch geltend macht, ist zu entscheiden, ob dies dem Erben durch ersatzlosen Wegfall des Vermächtnisses oder den übrigen Vermächtnisnehmern, z. B. durch Erhöhung ihrer Anteile, zugute kommen soll.

> **Formulierungsvorschlag:**
> Bei Wegfall eines Vermächtnisnehmers wegen seines Pflichtteilsverlangens erhöht sich das Vermächtnis der übrigen Vermächtnisnehmer anteilmäßig um den Betrag des weggefallenen Vermächtnisses.

103 Stirbt der Vermächtnisnehmer **vor Anfall** des Vermächtnisses, ist durch Auslegung zu ermitteln, ob die Vermächtnisanwartschaft auf die Abkömmlinge übergeht (§ 2069 BGB), wegfällt (§ 2074 BGB) oder anderen Vermächtnisnehmern anwächst (§ 2158 BGB). Stirbt der Vermächtnisnehmer **nach Anfall** des Vermächtnisses, geht das Vermächtnis an dessen Erben. Auch diese Fälle können testamentarisch geregelt werden.

104 Eine andere Sanktionsmöglichkeit des Anspruchstellers in der testamentarischen Anordnung ist die **Schlechterstellung** des den Pflichtteil Verlangenden auch oder nur für den zweiten Erbfall.

> **Formulierungsvorschlag:**
> Sollte eines unserer Kinder oder deren Abkömmlinge seinen Pflichtteil gerichtlich [alt.: mit verzugsbegründender Wirkung] geltend machen, ist der Längstlebende in Abweichung von den wechselbezüglichen Anordnungen berechtigt, das Kind, welches seinen Pflichtteil verlangt, und dessen Abkömmlinge von der Schlusserbfolge auszuschließen.

---

[130] Steuerlich können dadurch Freibeträge ausgenutzt werden, s. dazu *Kaeser* ZEV 1998, 210 ff.
[131] *Radke* S. 99; *ders.* ZEV 2001, 136 ff.

> [alt.: Sollte eines unserer Kinder oder deren Abkömmlinge seinen Pflichtteil mit verzugsbegründender Wirkung geltend machen, erhalten er und seine Abkömmlinge auch vom Nachlass des Längstlebenden von uns nur den Pflichtteil.]

Wenn die Sanktion auch eintreten soll, wenn der Überlebende den Pflichtteilsanspruch aus eigenem Antrieb befriedigt, ist ein Zusatz anzubringen.

> **Formulierungsvorschlag:**
>
> Sollte eines unserer Kinder oder deren Abkömmlinge seinen Pflichtteil mit verzugsbegründender Wirkung geltend machen oder von dem Längstlebenden erlangen, so erhalten er und seine Abkömmlinge auch vom Nachlass des Längstlebenden von uns nur den Pflichtteil.

Durch die Pflichtteilsklausel wird die Schlusserbschaft unter die **auflösende Bedingung** der Pflichtteilsforderung gestellt (§ 2075 BGB). Der Bedingungseintritt ist noch nach dem Tod des Längstlebenden möglich, wenn der überlebende Ehegatte innerhalb der dreijährigen Verjährungsfrist (§ 2332 BGB) verstirbt. Die eingesetzten Schlusserben sind dann zunächst Vorerben.[132] Die Sanktion kann diese Konstellation mit einbeziehen und auf das Verlangen gegenüber dem Längstlebenden oder auf das Verlangen gegenüber der Erbengemeinschaft – welcher der Pflichtteilsberechtigte ja selbst angehört – abstellen.

Das Pflichtteilsverlangen sollte jedoch nicht immer nur unter dem Sanktionsgesichtspunkt gesehen werden. Um z. B. die Ausnutzung steuerlicher Freibeträge für die Kinder nicht verstreichen zu lassen, kann es sogar wünschenswert sein, dass die Kinder ihren Pflichtteilsanspruch nach dem Tod des Erstversterbenden geltend machen.[133] Eine Klausel, die nicht automatisch zu einer Enterbung kommt, sondern dem Längstlebenden den Ausschluss von der Schlusserbfolge erst gestattet, trägt einer familienfreundlichen Pflichtteilsausübung Rechnung.

9. Gemeinschaftliches Testament mit Trennungslösung

Im Unterschied zur Einheitslösung, die insbesondere in der Form ihres klassischen Vertreters „Berliner Testament" behandelt wurde, bleibt bei der Trennungslösung beim Tod des Erstversterbenden dessen Nachlass von dem Nachlass des Überlebenden getrennt. Die Trennungslösung kann durch Anordnung der Vor- und Nacherbschaft oder eines Nießbrauchsvermächtnisses verwirklicht werden. Die detaillierte Bearbeitung dazu in den §§ 15 und 19 soll im Folgenden lediglich um einige ehegatten- bzw. partnerschaftsspezifische Details ergänzt werden.

a) Vor- und Nacherbschaft. *aa) Übersicht über die Vor- und Nachteile.*

Vorteile:
- Durchgangserwerb bei dem Vorerben,
- lange Nutzung bei dem Vorerben und Sicherung seiner Versorgung,
- keine Einmischung des Familiengerichts/Pflegers bei Nacherbenstellung minderjähriger Kinder,
- Störfallvorsorge wegen Beseitigung etwaiger Pflichtteilsberechtigter des Vorerben auf den zweiten Todesfall,
- Substanzerhaltung und Kontrollrechte nach §§ 2113 ff. BGB,
- mehrstufige Steuerung des Vermögensanfalls,
- steuerliches Wahlrecht des Nacherben bzgl. des Erblassers,

Nachteile:
- rechtliche Kompliziertheit und von Laien schwer zu handhaben,
- Gefahr der Ausschlagung durch den Vorerben oder den Nacherben,
- Einschränkung des Vorerben,
- Änderungsmöglichkeiten für den Vorerben nur durch ausdrückliche letztwillige Verfügung (z. B. auflösend bedingte Vorerbeneinsetzung, Gestattung der Umverteilung unter Nacherben) möglich,
- Abgrenzungsschwierigkeiten zwischen Substanz und Nutzungen des Nachlasses,
- erbschaftsteuerliche Belastung durch zwei Erbfälle in kurzer Abfolge.

---

[132] OLG Stuttgart DNotZ 1979, 104, 106.
[133] Diese Vorgehensweise wird z.B. empfohlen von *Dressler* NJW 1997, 2848.

109 *bb) Prinzip.*[134] Bei der Vor- und Nacherbschaft bleiben die jeweiligen Vermögen der Ehegatten/Lebenspartner getrennt. Die Zuwendung an den Nacherben auf dem Umweg über den Vorerben gilt als **Zuwendung des Erstversterbenden**. Im Testament sollten die Begrifflichkeiten klar verwendet werden. Auch bei wechselseitiger Einsetzung zum Vorerben hat zusätzlich zur Nacherbenanordnung nach dem Erstversterbenden eine Schlusserbenanordnung nach dem Überlebenden zu erfolgen, da die Nacherbenanordnung nur den Nachlass des Erstversterbenden betrifft und sich deshalb sonst beim Tod des Überlebenden Probleme ergeben können.[135] Die testamentarische Anordnung kann lauten:

> **Formulierungsvorschlag:**
> Wir setzen uns gegenseitig zu alleinigen Vorerben ein. Nacherben des Erstversterbenden sind unsere Enkelkinder A und B je zu gleichen Teilen. Sie sind zugleich wechselseitig Ersatznacherben. Für den Fall des Versterbens beider Nacherben vor dem Vorerben ist Ersatznacherbe unser Sohn X.
> Nach dem Tod des Längstlebenden sind Erben unsere Enkelkinder A und B je zu gleichen Teilen...

110 Der Begriff der Vor- und Nacherbschaft macht jedoch die Auslegung des Testaments nicht überflüssig, wenn die Möglichkeit besteht, dass der bzw. die Erblasser die Begriffe unzutreffend gebraucht haben.[136] Das wurde z. B. bei dem Zusatz der Befreiung des Vorerben „von allen Beschränkungen" angenommen, denn § 2136 BGB lässt eine Befreiung nur eingeschränkt zu.[137]

> **Formulierungsvorschlag:**
> Der Vorerbe soll von den Beschränkungen und Verpflichtungen befreit sein, soweit es das Gesetz zulässt. [alt.: soweit dies nach § 2136 BGB zulässig ist]

111 *cc) Pflichtteilsklauseln.*[138] Die Sanktionierung von Pflichtteilsansprüchen beim ersten Todesfall kann sowohl durch Ausschluss des Pflichtteilsberechtigten von der Nacherbschaft als auch von der (getrennten) Erbschaft des Längstlebenden erreicht werden. Die Gefahr der **Doppelbegünstigung** durch Verlangen des Pflichtteilsanspruches nach dem ersten und zweiten Todesfall ist hier nicht gegeben. Der Verlangende kann jedoch auch für den zweiten Erbfall in der letztwilligen Verfügung enterbt werden. Der Anschluss des Pflichtteilsberechtigten kann wie folgt erreicht werden:

> **Formulierungsvorschlag:**
> Sollte ein erbberechtigter Abkömmling nach dem Tod des erstversterbenden Ehegatten/Lebenspartners seinen Pflichtteil verlangen oder erhalten, sind er und seine Abkömmlinge von der Nacherbfolge ausgeschlossen. Bei dem Tod des längstlebenden Ehegatten ist er nicht Erbe.

112 Der Ausschluss der Ersatznacherben kann folgendermaßen erreicht werden:

> **Alternativer Formulierungsvorschlag:**
> Sollte ein erbberechtigter Abkömmling auf den Tod des erstversterbenden Ehegatten seinen Pflichtteil verlangen oder erhalten, sind er und die für ihn als Ersatznacherben in Betracht kom-

---

[134] S. hierzu ausf. § 17.
[135] *Nehlsen/von Stryk* DNotZ 1988, 147 ff.; zur Geltung des § 2102 BGB in diesen Fällen BGH ZEV 1999, 26.
[136] BGH JZ 1983, 147, 148; OLG Düsseldorf FamRZ 1996, 1567, 1568 = ZEV 1996, 310.
[137] OLG Karlsruhe OLGZ 1969, 495, 498.
[138] Vgl. hierzu auch Rdnr. 101 ff. Eine umfassende, nicht auf Ehegattenerbrecht bezogene Darstellung des Pflichtteilsrechts findet sich in § 29; zu Pflichtteilsklauseln siehe insbesondere § 21 Rdnr. 8 ff.

> menden Abkömmlinge von der Nacherbfolge ausgeschlossen. Bei dem Tod des längstlebenden Ehegatten ist der erbberechtigte Abkömmling nicht Erbe.

Sind sich allerdings alle Nacherben einig und verlangen den Pflichtteil – mit der Folge, dass der Vorerbe Vollerbe wird –, ist zu überlegen, ob besondere Sanktionen vorgesehen werden sollen. 113

dd) Befreiung. Befreiungen des Vorerben von Beschränkungen als Vorerbe über die **Aufzählung im Gesetz** hinaus (§ 2136 BGB) sind nicht zulässig.[139] Weitergehende Befreiungen müssen außerhalb der Regeln der Vor- und Nacherbschaft angeordnet werden, z. B. durch Vorausvermächtnis bestimmter Nachlassgegenstände oder Vermächtnis eines Anspruchs auf Zustimmung der Nacherben zu bestimmten Verfügungen. 114

> **Formulierungsvorschlag:**
> Wir setzen uns zu alleinigen Vorerben ein. Der Längstlebende von uns erhält als Vorausvermächtnis vom Erstversterbenden frei von der Nacherbfolge den Miteigentumsanteil des Erstversterbenden an dem Hausgrundstück in …

Allerdings kann dem Vorerben unter genau definierten Optionen gestattet werden, die Nacherbfolge zu beseitigen.[140] Weiterhin können Freistellungen vorgesehen sein, zum Beispiel für die Verteilung des Nachlasses unter den Nacherben. 115

ee) Wiederverheiratung/Begründung neuer Lebenpartnerschaft. Die Anordnung des Nacherbfalls für den Fall der Wiederverheiratung des Längstlebenden oder der Eingehung einer neuen eingetragenen Lebenspartnerschaft sichert den **Erhalt des Vorerbschaftsvermögens** für die Nacherben. 116

> **Formulierungsvorschlag:**
> Der Nacherbfall tritt mit der Wiederverheiratung und dem Tode des Längstlebenden von uns ein. Die Nacherbfolge erstreckt sich auf den gesamten Nachlass des Erstversterbenden von uns.

Die Anordnung des Wechsels der befreiten zur nicht befreiten Vorerbschaft bei Wiederverheiratung oder Eingehung einer neuen eingetragenen Lebenspartnerschaft ist ebenfalls möglich. Je nach Ausstattung des Ehegatten/Lebenspartners sollte ihm bei erneuter Bindung ein Teil der Erbschaft verbleiben. 117

> **Formulierungsvorschlag:**
> Heiratet der Längstlebende von uns wieder, behält er den gesetzlichen Erbteil als Vorerbe [alt.: wird ein Viertel des Nachlasses von der Nacherbfolge frei und verbleibt dem Längstlebenden von uns als Vollerbe]. Hinsichtlich des weiteren Nachlasses tritt mit Wiederverheiratung die Nacherbfolge ein.

Ist der Ehegatte/Lebenspartner Vorerbe und löst die neue Bindung den Nacherbfall aus, so ist er in der Regel auch an seine wechselbezüglichen Verfügungen für den zweiten Todesfall nicht mehr gebunden, so dass er diese widerrufen kann.[141] Diese Rechtsfolge kann testamentarisch abbedungen werden. 118

---

[139] Vgl. § 17 Rdnr. 86 ff.
[140] OLG Hamm ZEV 2000, 197, 198: Bedingungseintritt durch letztwillige Verfügung oder durch lebzeitiges Rechtsgeschäft; s. dazu a. § 17 Rdnr. 16 ff., 101 f.
[141] BayObLG BayObLGZ 1962, 137, 139.

> **Formulierungsvorschlag:**
> Wenn der Längstlebende von uns wieder heiratet und deshalb die Nacherbfolge eintritt, ist er an die Erbeinsetzung für den zweiten Todesfall unverändert gebunden.

119 **b) Nießbrauchsvermächtnis für den Ehegatten/Lebenspartner.** Will der Erblasser einen Dritten stärker schützen als den Ehegatten/Lebenspartner, kann er den bedachten Dritten zum Vollerben einsetzen und mit dem Vermächtnis beschweren, dem überlebenden Ehegatten/Lebenspartner den Nießbrauch an dem Nachlass oder einem Nachlassteil einzuräumen (§§ 1089, 1085 ff., 1030 ff. BGB). Dem Nießbrauchnehmer steht die **Nutzung** an dem Vermögen zu (§ 1030 Abs. 1 BGB). Anders als die Vorerbschaft ist der Nießbrauch unvererblich und nicht übertragbar (§§ 1061, 1059 BGB).

> **Formulierungsvorschlag:**
> Wir setzen unsere Kinder zu gleichen Teilen zu Erben ein. Ersatzerben sind deren Abkömmlinge nach Maßgabe der gesetzlichen Erbfolge. Wenn keine Abkömmlinge vorhanden sind, treten an die Stelle des Kindes sämtliche Geschwister zu gleichen Teilen.
> Der Längstlebende von uns erhält am Nachlass des Erstversterbenden den lebenslangen unentgeltlichen höchstpersönlichen Nießbrauch.

120 Die Lasten des Nießbrauchers können abweichend von den gesetzlichen Anordnungen verteilt werden.

> **Formulierungsvorschlag:**
> Abweichend von den gesetzlichen Anordnungen trägt der Nießbraucher für die Dauer des Nießbrauchs auch die Lasten, die nach dem Gesetz der Eigentümer zu tragen hat.

121 Dem überlebenden Ehegatten sollte in jedem Fall durch Vermächtnis die Nutzung des gemeinsamen Hausrats an der Familienwohnung verbleiben, damit auch im Streitfalle mit dem Erben das vertraute Umfeld nicht aufgegeben werden muss. Bei Immobilienhinterlassenschaften ermöglichen diverse Anordnungen zudem die rasche Bestellung des Nießbrauchs und die Sicherung des Fortbestehens, so die Anordnung der Testamentsvollstreckung durch den Überlebenden oder der Ausschluss der Auseinandersetzung der Erben hinsichtlich des Nießbrauchsgegenstandes zur Vermeidung des Erlöschens in der Teilungsversteigerung.

> **Formulierungsvorschlag:**
> Erben zu gleichen Teilen sind unsere Kinder. Der Längstlebende erhält als Vermächtnis den lebenslangen Nießbrauch an dem Hausgrundstück in ... sowie dem gesamten Hausrat an dem Familienheim.
> Der Vermächtnisnehmer wird zum Testamentsvollstrecker bestellt. Dieser hat die einzige Aufgabe, den Nießbrauch an dem Hausgrundstück ... zu bestellen. Er ist von § 181 BGB befreit

122 **c) Vermächtnisnehmerstellung des Ehegatten/Lebenspartners.** Soll der Ehegatte/Lebenspartner nicht als Erbe in die gesamte Rechtsstellung des Erblassers einrücken, sondern lediglich einen obligatorischen Anspruch auf die Zuwendung eines **einzelnen Vermögenswertes** erhalten, steht die Vermächtnisanordnung zur Verfügung.[142] Soll der Ehegatte/Lebenspartner dennoch Erbe sein, kann die Zuteilung von einzelnen Nachlassgegenständen an den Längstlebenden zusätzlich zu seinem Erbteil im Wege des **Vorausvermächtnisses** erfolgen. Eine

---

[142] Vgl. zum Vermächtnis ausf. § 13.

solche Anordnung macht Sinn, wenn der Überlebende Vorerbe werden soll und im Wege des Vorausvermächtnisses der zugewendete Gegenstand endgültig, das heißt auch bei Eintritt des Nacherbfalls, in dem Vermögen des Überlebenden bzw. seinem Nachlass verbleiben soll.

10. Erbvertrag

a) Übersicht über die Vor- und Nachteile[143]

Vorteile:
- Möglichkeit der Errichtung nicht nur auf Ehegatten oder Lebenspartner beschränkt,
- nur der Erblasser muss letztwillige Verfügung treffen, der andere Teil nicht,
- Bindungswirkung auch schon zu Lebzeiten,
- Schutz des Vertragspartners vor beeinträchtigender Schenkung bezüglich vertragsmäßiger Verfügungen gemäß §§ 2287, 2288 BGB,
- Kostenersparnis bei gemeinsamer Beurkundung mit Ehevertrag (§ 46 Abs. 3 KostO).

Nachteile:
- starke Bindungswirkung,
- gesetzliche Rücktrittsrechte von den vertragsmäßigen Verfügungen können nicht abbedungen werden,
- Verbot des Totalabänderungsvorbehaltes.

b) Prinzip. Die letztwilligen Verfügungen der Ehegatten/Lebenspartner können formell auch durch einen Erbvertrag beurkundet werden, der in seiner **Bindungswirkung** schon zu deren Lebzeiten weiter geht als das gemeinschaftliche Testament. Vertragsmäßige Verfügungen im Erbvertrag können einseitig nicht mehr widerrufen, sondern nur noch angefochten oder durch einseitig vorbehaltenen Rücktritt beseitigt werden (§ 2293 ff. BGB).[144] Der Erbvertrag ist zwingend notariell zu beurkunden (§ 2276 Abs. 1 S. 1 BGB). Anders als bei dem gemeinschaftlichen Testament kann er Verfügungen auch nur eines Vertragspartners enthalten. Zumindest eine solche Verfügung muss jedoch **vertragsgemäß**, d.h. zweiseitig zwischen den Parteien vereinbart sein, weil nur dann ein Erbvertrag vorliegt. Daneben können einseitige Verfügungen bestehen, die auch einseitig widerrufen werden können (§ 2299 BGB). Dagegen sind im gemeinschaftlichen Testament nur einseitige – mit und ohne Wechselbezüglichkeitscharakter ausgestattete – Verfügungen möglich. Eine einvernehmliche Aufhebung ihres Erbvertrages können Ehegatten und Lebenspartner durch ein gemeinschaftliches Testament herbeiführen (§ 2292 BGB).

Eine ausführliche Darstellung zum Erbvertrag, insbesondere zu den Einzelheiten der Bindungswirkung und den Möglichkeiten, sich hiervon zu lösen, findet sich in § 10.

11. Wahl der „richtigen" Verfügungsart

Die Entscheidung der Ehegatten/Lebenspartner für die passende Verfügungsart – namentlich für ein Einzeltestament, ein gemeinschaftliches Testament mit Trennungs- oder Einheitslösung oder für den Erbvertrag – wird unter anderem von folgenden Überlegungen bestimmt:

Checkliste:

☐ Einzeltestamente eignen sich besonders für gemischt-nationale Ehen und Lebenspartnerschaften, ansonsten spricht vieles für die aufeinander abgestimmte Nachlassregelung in einem gemeinschaftlichen Testament oder einem Erbvertrag.
☐ Will nur ein Ehegatte eine letztwillige Verfügung treffen, scheidet ein gemeinsames Testament aus. Es steht das Einzeltestament und – wenn die Herbeiführung einer Bindungswirkung gewollt ist – der einseitig bindende Erbvertrag zur Verfügung.
☐ Ist eine privatschriftliche Regelung gewünscht, scheidet der Erbvertrag aus.
☐ Der Erbvertrag setzt zwingend die Bindung an mindestens eine vertragsmäßige Verfügung voraus. Haben die Ehegatten den Wunsch zur vollständigen Abänderung der letztwilligen Verfügung durch den Längstlebenden, scheidet der Erbvertrag aus. Es empfiehlt sich in diesem Fall, ein gemeinschaftliches Testament zu verfassen, da dort die entsprechenden Freistellungen geregelt werden können.

---

[143] Vgl. auch § 10 Rdnr. 3 ff.
[144] Vgl. hierzu *Keim* ZEV 2005, 365 ff.

□ Steht die Sicherung des späteren Übergangs des Erbvermögens auf die Nacherben im Vordergrund – insbesondere bei Perpetuierung der Nachfolge über mehrere Generationen (wegen etwa heute noch minderjähriger Kinder) in einem Unternehmen –, sollten die Ehegatten das Trennungsprinzip in Betracht ziehen.

□ Bei einer Vermischung eigenen und ererbten Vermögens durch die Einheitslösung sind bei in zweiter Ehe verheirateten Ehegatten mit Kindern aus erster Ehe Streitigkeiten häufig vorprogrammiert. Es bietet sich auch hier die Trennungslösung an.

III. Ausschluss des Ehegatten- bzw. Lebenspartnererbrechts

1. Ausschlussgründe des gesetzlichen Erbrechts

126 Das gesetzliche Erbrecht des Ehegatten/Lebenspartners besteht nicht,[145] wenn
- gar keine wirksame Ehe oder Lebenspartnerschaft bestand, also zum Beispiel eine Nichtehe[146] vorlag,
- die Ehe vor dem Tod des Erblassers aufgehoben (§§ 1313 ff. BGB), aufgelöst (§ 1319 Abs. 2 BGB), geschieden (§ 1564 BGB) oder nach altem Recht für nichtig erklärt (§ 23 EheG) wurde oder die Lebenspartnerschaft vor dem Tod des Erblassers aufgehoben wurde (§ 15 LPartG),
- zum Zeitpunkt des Todes des Erblassers die Voraussetzungen für die Scheidung der Ehe vorlagen und der Erblasser entweder die Scheidung beantragt oder dem Scheidungsantrag des Ehegatten zugestimmt hatte (§ 1933 S. 1 BGB),[147]
- der Erblasser berechtigt war, die Aufhebung der Ehe nach den §§ 1313 ff. BGB zu beantragen und den Antrag gestellt hatte (§ 1933 S. 2 BGB),[148]
- zum Zeitpunkt des Todes des Erblassers die Voraussetzungen für die Aufhebung der Lebenspartnerschaft vorlagen und der Erblasser entweder die Aufhebung beantragt oder ihr zugestimmt hat (Art. 1 § 10 Abs. 3 LPartG),[149]
- der überlebende Ehegatte in bestimmten Fällen die Aufhebbarkeit der Ehe bei Eheschließung gekannt hat (§ 1318 Abs. 5 BGB)[150]
- Ausschlagung des gesetzlichen Erbrechts,[151] Erbunwürdigkeit,[152] Erbverzicht[153] oder testamentarische Enterbung[154] vorliegen.

2. Ausschluss des Ehegattenerbrechts nach § 1933 BGB

127 a) **Formelle Voraussetzungen.** Der überlebende Ehegatte verliert sein gesetzliches Erbrecht (§ 1931 BGB), den Anspruch auf den Voraus (§ 1932 BGB) und auch seinen Anspruch auf den Pflichtteil, wenn der Erblasser den **Scheidungsantrag** vor seinem Tod gestellt oder dem Scheidungsantrag des anderen Ehegatten zugestimmt hatte (§ 1933 S. 1 BGB) oder einen **Antrag auf Aufhebung der Ehe** gestellt hatte (§ 1933 S. 2 BGB). Die Stellung des Scheidungs- oder Aufhebungsantrags (§§ 622, 630, 631 ZPO) entfaltet ihre das Erbrecht ausschließende Wirkung erst mit Rechtshängigkeit, also mit Zustellung des Schriftsatzes (§§ 622 Abs. 2, 261 Abs. 1, 253 ZPO).[155] Die bloße Anhängigkeit des Scheidungsverfahrens vor dem Tod des Erblassers genügt nicht. Dies ist bei der anwaltlichen Beratung zu bedenken, so dass parallel weitere Maßnah-

---

[145] Nicht ausgeschlossen werden aber Ansprüche, die nicht an die Erbenstellung anknüpfen, wie der Dreißigste (vgl. Rdnr. 18) oder das Recht auf Eintritt in den Mietvertrag (hier muss aber die Ehe oder Lebenspartnerschaft zum Zeitpunkt des Todes noch bestanden haben, vgl. Rdnr. 19).
[146] Zu Begriff und Bsp. s. Palandt/*Brudermüller* Vor § 1313 Rdnr. 5 f.
[147] Dazu sogleich Rdnr. 127 ff.
[148] Dazu sogleich Rdnr. 127 ff.
[149] Dazu näher Rdnr. 130 ff.
[150] Dazu näher Rdnr. 135.
[151] S. hierzu ausf. § 22 Rdnr. 17 ff.; der Ausschlagende kann aber ausnahmsweise einen Pflichtteilsanspruch haben, vgl. Rdnr. 15 Fn. 19, Rdnr. 139, § 22 Rdnr. 36.
[152] S. hierzu ausf. § 30.
[153] S. hierzu ausf. § 31.
[154] S. hierzu § 8 Rdnr. 77 ff.; dem Enterbten steht aber in der Regel ein Pflichtteilsanspruch zu.
[155] BGHZ 111, 329, 330 ff. = NJW 1990, 2382.

men wie zum Beispiel der Rücktritt von einem Erbvertrag empfohlen werden sollten, um ein Haftungsrisiko zu vermeiden.[156] Eine Rückwirkung auf den Zeitpunkt der Einreichung (§ 167 ZPO) scheidet aus, weil es weder um eine Fristwahrung zur Erhaltung eines Rechts noch um die Unterbrechung oder Hemmung einer Verjährung geht.[157] Nicht ausreichend ist die Stellung eines Antrags auf Prozesskostenhilfe. Die **Zustimmung** des Erblassers **zum Scheidungsantrag** des überlebenden Ehegatten ist eine Prozesshandlung und setzt demzufolge Rechtshängigkeit voraus.[158] Ausreichend ist jedoch die Erklärung im Prozesskostenhilfeverfahren, wenn das Scheidungsverfahren anschließend rechtshängig wird.[159] Sie kann durch Schriftsatz eines bevollmächtigten Rechtsanwalts,[160] in der mündlichen Verhandlung zur Niederschrift des Gerichts oder zu Protokoll der Geschäftsstelle erklärt werden. Die Rechtsfolge des § 1933 BGB entfällt, wenn der Erblasser die Zustimmung widerrufen hat (§ 630 Abs. 2 S. 1 BGB). Die Rücknahme des Scheidungsantrags durch den überlebenden Ehegatten nach dem Erbfall beseitigt die Wirkung des § 1933 BGB hingegen nicht.[161]

b) **Materielle Voraussetzungen.** Der Ausschluss des Ehegattenerbrechts setzt voraus, dass die Ehe geschieden oder aufgehoben worden wäre, wenn sich das Verfahren nicht nach § 619 ZPO durch den Tod eines Ehegatten erledigt hätte. Im Fall des Scheidungsverfahrens müsste dazu die **Ehe gescheitert** sein (§ 1565 Abs. 1 BGB). Unerheblich ist, ob für das Scheitern der Ehe eine der Vermutungen des § 1566 BGB gesprochen hätte oder ob die Scheidung auf den Grundtatbestand des § 1565 Abs. 1 BGB und ggf. die Härtefallregelung des § 1565 Abs. 2 BGB gestützt worden wäre. Voraussetzung ist weiterhin, dass der Scheidung nicht die Schutzklausel des § 1568 Abs. 1 BGB entgegengestanden hätte.[162] Soweit eine einvernehmliche Scheidung Verfahrensgegenstand war, ist streitig, ob auch die Einigung über die Folgesachen nach § 630 Abs. 1 Nr. 2, 3 ZPO bereits vorgelegen haben muss.[163] Die Berechtigung des Erblassers zur Stellung eines Antrags auf Aufhebung der Ehe ist nach den §§ 1314 ff. BGB zu beurteilen. Insbesondere muss einer der **Aufhebungsgründe** des § 1314 BGB vorliegen, die Aufhebung darf nicht nach § 1315 BGB ausgeschlossen sein und der antragsberechtigte Erblasser (§ 1316 BGB) muss den Antrag fristgerecht gestellt haben (§ 1317 BGB). Die endgültige Klärung der Frage des Erbrechts erfolgt im Rahmen des Erbscheinverfahrens oder eines Zivilprozesses über das Erbrecht.[164] Die Beweislast dafür, dass die Ehe geschieden oder aufgehoben worden wäre, trifft denjenigen, der sich darauf beruft.[165] Das werden in der Regel die das Ehegattenerbrecht bestreitenden Verwandten sein.

c) **Rechtsfolgen.** Liegen die genannten Voraussetzungen vor, verliert der Ehegatte neben dem gesetzlichen Erbrecht (§ 1931 BGB) und dem Anspruch auf den Voraus (§ 1932 BGB) auch den Anspruch auf das Pflichtteilsrecht, weil er ja nicht mehr von der gesetzlichen Erbfolge ausgeschlossen werden kann (vgl. § 2303 Abs. 2 Satz 1 BGB). Dies gilt nicht für den Erbteil, den der Ehegatte aufgrund des zugleich mit dem Erblasser bestehenden Verwandtschaftsverhältnisses erhält (vgl. § 1934 BGB). Dieser bleibt bestehen. Die bei Beendigung der Zugewinngemeinschaft bestehende sog. erbrechtliche Lösung[166] entfällt vollständig. Bestand zwischen den Ehegatten der Güterstand der Zugewinngemeinschaft, kann der Zugewinnausgleich nach der güterrechtlichen Lösung gemäß § 1371 Abs. 2 Halbs. 1 BGB[167] geltend gemacht

---

[156] So auch MünchKommBGB/*Leipold* § 1933 Rdnr. 6; BGH NJW 1995, 51, 52 ff.; Vgl. hierzu auch *Bartsch* FamRZ 1995, 1339; *Schlitt/Seiler* NJW 1996, 1325.
[157] BGHZ 111, 329, 333 = NJW 1990, 2382; 90, 20, 23.
[158] Außergerichtliche Zustimmung genügt nicht, BGHZ 128, 125, 127 = NJW 1995, 1082, 1083; BGHZ 111, 329, 331 = NJW 1990, 2382.
[159] Vgl. OLG Zweibrücken NJW 1995, 601.
[160] OLG Stuttgart OLGZ 93, 263, 264.
[161] OLG Frankfurt NJW 1997, 3099; a.A. § 29 Rdnr. 7 f. (*Kasper*).
[162] BayObLG Rpfleger 1987, 358.
[163] OLG Zweibrücken NJW 2001, 236; OLG Bremen FamRZ 1986, 833, 834; OLG Schleswig NJW 1993, 1082; a.A. OLG Frankfurt OLGZ 90, 215, 218 f.; MünchKommBGB/*Leipold* § 1933 Rdnr. 10.
[164] MünchKommBGB/*Leipold* § 1933 Rdnr. 8; s. zu dem Verhältnis von Erbscheinverfahren und Klage § 20.
[165] BayObLG FamRZ 1992, 1349, 1350.
[166] Vgl. Rdnr. 14.
[167] Vgl. hierzu Rdnr. 15.

werden.¹⁶⁸ Für die Berechnung ist der Zeitpunkt der Rechtshängigkeit des Scheidungsantrags heranzuziehen.¹⁶⁹ Da der überlebende Ehegatte so gestellt wird, als sei die Scheidung oder Aufhebung der Ehe bereits rechtskräftig, ordnet § 1933 S. 3 BGB an, dass ihm auch ein entsprechender Unterhaltsanspruch nach Maßgabe der §§ 1569 bis 1586 b BGB zusteht. Ein Verweis auf die Einschränkungen des § 1318 Abs. 2 BGB für den Fall der Aufhebung fehlt, so dass ein Ehegatte, dem ein Unterhaltsanspruch nach Eheaufhebung gemäß § 1318 Abs. 2 BGB verwehrt wäre, im Fall der bloßen Antragstellung gemäß § 1933 BGB durchaus unterhaltsberechtigt sein kann.¹⁷⁰ Der Anspruch richtet sich gemäß § 1586 b BGB gegen die Erben.¹⁷¹

3. Ausschluss des Lebenspartnererbrechts nach § 10 Abs. 3 LPartG

130   a) **Prinzip.** Für Lebenspartner enthält § 10 Abs. 3 LPartG eine dem § 1933 BGB entsprechende Regelung. Die Unterscheidung zwischen Scheidung und Aufhebung entfällt hier, da es im Lebenspartnerschaftsrecht nur die **Aufhebung** nach § 15 LPartG gibt. Dieser partnerschaftsrechtliche Aufhebungstatbestand entspricht nicht der Aufhebung des Eherechts sondern umfasst sowohl die eherechtlichen Scheidungsgründe (§ 15 Abs. 2 S. 1 LPartG) als auch seit dem 1.1.2005 einige der eherechtlichen Aufhebungsgründe (§ 15 Abs. 2 S. 2 LPartG). Soweit Aufhebungsgründe des § 1314 BGB in § 15 Abs. 2 S. 2 LPartG nicht genannt sind (wie zum Beispiel die „Scheinlebenspartnerschaft"), führen diese gemäß § 1 Abs. 2 LPartG dazu, dass die Lebenspartnerschaft von Anfang an unwirksam ist,¹⁷² so dass es im Gegensatz zur Ehe keiner Aufhebung mehr bedarf. In diesen Fällen entfällt also schon mangels wirksamer Lebenspartnerschaft das Erbrecht des Überlebenden.¹⁷³

131   Nach § 10 Abs. 3 LPartG ist das Erbrecht des überlebenden Lebenspartners ausgeschlossen, wenn zur Zeit des Erbfalls entweder die Voraussetzungen des § 15 Abs. 2 Nr. 1 oder 2 LPartG vorlagen und der Erblasser die Aufhebung beantragt oder ihr zugestimmt hatte oder der Erblasser einen begründeten Antrag nach § 15 Abs. 2 Nr. 3 LPartG gestellt hatte. Richtigerweise müsste seit dem 1.1.2005 jedoch auf § 15 Abs. 2 Satz 1 Nr. 1 oder 2 LPartG sowie § 15 Abs. 2 S. 1 Nr. 3 LPartG verwiesen werden. Es wurde versäumt, die Vorschrift dem geänderten § 15 LPartG anzupassen, was sich insbesondere dadurch auswirkt, dass auch eine Verweisung auf den neu eingefügten § 15 Abs. 2 S. 2 LPartG fehlt. Dies führt dazu, dass der überlebende Lebenspartner bei Vorliegen eines Willensmangels im Sinne des § 1314 Abs. 2 Nr. 1 bis 4 BGB nach dem Gesetzeswortlaut auch dann erbberechtigt ist, wenn der Erblasser bereits einen Antrag auf Aufhebung gestellt hatte. Da hierin eine wohl nicht gewollte Abweichung von der eherechtlichen Regelung des § 1933 BGB liegt, die zudem in Anbetracht der erbrechtlichen Folgen der §§ 1 Abs. 2, 10 Abs. 3 S. 1 LPartG nicht erklärbar ist, spricht einiges dafür, das Erbrecht des Überlebenden auch dann als ausgeschlossen anzusehen, wenn die Voraussetzungen des § 15 Abs. 2 S. 2 LPartG vorliegen und der Erblasser den Aufhebungsantrag gestellt hatte. Dies ließe sich beispielsweise durch analoge Anwendung des § 10 Abs. 3 S. 1 LPartG oder des § 1933 S. 2 BGB erreichen.

132   b) **Voraussetzungen.** Die **formellen Voraussetzungen** entsprechen sowohl im Fall der Antragstellung durch den Erblasser als auch im Fall der Zustimmung zum Antrag des Überlebenden denen des § 1933 BGB.¹⁷⁴ Gemäß § 661 Abs. 2 ZPO gelten die Vorschriften über das Scheidungsverfahren für das Verfahren über die Aufhebung der Lebenspartnerschaft entsprechend.

---

¹⁶⁸ BGHZ 46, 343, 350 = NJW 1966, 2109, 2111; MünchKommBGB/*Leipold* § 1933 Rdnr. 20; im Fall der Aufhebung erscheint es sachgerecht, § 1318 Abs. 3 BGB anzuwenden, wonach ein Anspruch auf Zugewinnausgleich bei grober Unbilligkeit entfällt. In § 1933 S. 3 BGB hat der Gesetzgeber eine entspr. Einschränkung für den Unterhaltsanspruch jedoch nicht aufgenommen, s. dazu sogleich.
¹⁶⁹ BGHZ 99, 304 = NJW 1987, 1764.
¹⁷⁰ Vgl. Kritik hieran von *Beizke*, FS Knur, S. 39, 51; *Schmidt-Dalhoff* S. 109.
¹⁷¹ Vgl. hierzu ausf. Rdnr. 146.
¹⁷² Vgl. Palandt/*Brudermüller* § 1 LPartG Rdnr. 6; teilweise wird die Ansicht vertreten, die Vorschriften des allg. Teils des BGB (§§ 116 ff.) seien anwendbar, so z.B. *Finger* MDR 05, 121, 122.
¹⁷³ Vgl. o. Rdnr. 126.
¹⁷⁴ S. hierzu Rdnr. 127.

In materieller Hinsicht müssen die Aufhebungsvoraussetzungen gemäß § 15 Abs. 2 LPartG 133 vorliegen. Diese entsprechen weitgehend[175] denen der Ehescheidung. So reicht nach § 15 Abs. 2 Satz 1 Nr. 1 LPartG eine einjährige Trennungszeit aus, wenn beide Lebenspartner den Antrag gestellt bzw. diesem zugestimmt haben oder nicht erwartet werden kann, dass eine partnerschaftliche Beziehung wieder hergestellt werden kann. Nach Nr. 2 liegt ein Aufhebungsgrund vor, wenn die Lebenspartner seit drei Jahren getrennt leben, und nach Nr. 3 wird die Lebenspartnerschaft bei Vorliegen der dort bestimmten unzumutbaren Härte für den Antragsteller aufgehoben. Voraussetzung ist weiterhin, dass der Aufhebung nicht die Schutzklausel des § 15 Abs. 3 LPartG entgegengestanden hätte. Noch unklar ist, ob im Fall einer einvernehmlich beantragten Aufhebung auch die Erfordernisse des § 630 ZPO erfüllt sein müssen.[176]

c) Rechtsfolgen. Liegen die genannten Voraussetzungen vor, verliert der Lebenspartner sein 134 gesetzliches Erbrecht sowie den Anspruch auf das Pflichtteilsrecht, weil er ja nicht mehr von der gesetzlichen Erbfolge ausgeschlossen werden kann (vgl. § 2303 Abs. 2 Satz 1 BGB). Der Ausschluss umfasst auch den in § 10 Abs. 3 LPartG im Gegensatz zu § 1933 BGB nicht ausdrücklich aufgeführten Voraus, da dieser ein gesetzliches Erbrecht voraussetzt. Hinsichtlich des Zugewinnausgleichs ergeben sich im Vergleich zu § 1933 BGB keine Unterschiede (vgl. § 6 LPartG).[177] Gleiches gilt für den Unterhaltsanspruch, der dem überlebenden Lebenspartner nach §§ 10 Abs. 3 S. 2, 16 LPartG zusteht. Der Anspruch richtet sich gemäß § 1586 b BGB gegen die Erben.[178]

4. Ausschluss nach § 1318 Abs. 5 BGB

Eine Erweiterung des § 1933 S. 2 BGB enthält das Gesetz an versteckter Stelle[179] in § 1318 135 Abs. 5 BGB. Während § 1933 S. 2 BGB voraussetzt, dass der Erblasser einen Aufhebungsantrag gestellt hat, kann der überlebende Ehegatte nach § 1318 Abs. 5 BGB auch ohne Stellung dieses Antrags seines Erbrechts verlustig gehen, wenn er die Aufhebbarkeit der Ehe zum Zeitpunkt der Eheschließung gekannt hat. Dies gilt jedoch nur bei Vorliegen eines der in § 1318 Abs. 5 BGB genannten Aufhebungsgründe, nämlich bei Geschäftsunfähigkeit eines Ehegatten zum Zeitpunkt der Eheschließung (§ 1304 BGB), bei der Doppelehe (§ 1306 BGB), bei der Inzestehe (§ 1307 BGB), bei einem Formmangel nach § 1311 BGB sowie bei Bewusstlosigkeit oder vorübergehender Störung der Geistestätigkeit zum Zeitpunkt der Eheschließung (§ 1314 Abs. 2 Nr. 1 BGB). Die Auswahl der Aufhebungsgründe durch den Gesetzgeber folgt keinen nachvollziehbaren Regeln und wurde vielfach angegriffen.[180] So erbt der Ehegatte, wenn kein Aufhebungsantrag durch den Erblasser gestellt wurde, sogar dann, wenn er den Erblasser durch Täuschung oder Drohung zur Eingehung der Ehe bestimmt hatte (§ 1314 Abs. 2 Nr. 3 und 4 BGB). Auf eine Kenntnis des Erblassers kommt es nicht an, so dass § 1318 Abs. 5 BGB selbst dann eingreifen kann, wenn der Erblasser in Kenntnis der Aufhebbarkeit bewusst von einem Aufhebungsantrag abgesehen hat. Eine Anwendung der Norm scheidet jedoch aus, wenn die Aufhebung nach § 1315 BGB ausgeschlossen ist. Eine dem § 1318 Abs. 5 BGB entsprechende Regelung für Lebenspartner gibt es nicht.

5. Ausschluss des Erbrechts bei gewillkürter Erbfolge

Der durch gewillkürte Erbfolge berufene Erbe ist nach den allgemeinen Regeln von der 136 Erbfolge ausgeschlossen, wenn er sein Erbe ausgeschlagen hat,[181] darauf verzichtet hat[182] oder erbunwürdig ist.[183] In Hinblick auf die Ausschlagung gilt jedoch die praktisch wenig bedeut-

---

[175] Vgl. zu den Unterschieden Kemper FF 2005, 88, 91; Wellenhofer NJW 2005, 705 ff.
[176] Vgl. MünchKommBGB/Leipold § 1933 Rdnr. 29; vgl. zu dem entspr. Streit im Rahmen des § 1933 BGB Rdnr. 128.
[177] S. hierzu Rdnr. 129.
[178] Vgl. hierzu ausf. Rdnr. 146.
[179] Vgl. Tschernitschek FamRZ 1999, 829, 830; Erman/Roth § 1318 Rdnr. 9: „systematisch falsche Stelle".
[180] Vgl. auch Staudinger/Strätz § 1318 Rdnr. 42; Tschernitschek FamRZ 1999, 829, 830; Bosch NJW 1998, 2004, 2011, der von einer „schreckenerregenden Aufzählung" spricht.
[181] S. hierzu ausf. § 22 Rdnr. 17 ff.; der Ausschlagende kann aber ausnahmsweise einen Pflichtteilsanspruch haben, vgl. Rdnr. 15, § 22 Rdnr. 36.
[182] Sog. Zuwendungsverzicht gem. § 2352 BGB, s. hierzu ausf. § 31 Rdnr. 51 ff.
[183] S. hierzu ausf. § 30.

same Besonderheit des § 1948 BGB, wonach der durch Verfügung von Todes wegen berufene Ehegatte/Lebenspartner die Möglichkeit hat, die Erbschaft als eingesetzter Erbe auszuschlagen und als gesetzlicher Erbe anzunehmen.[184]

137 Das Einzeltestament, das gemeinschaftliche Testament und der Erbvertrag werden zudem **im Zweifel unwirksam**, wenn die Ehe vor dem Tod des Erblassers aufgelöst wurde oder die Voraussetzungen des § 1933 S. 1 oder 2 BGB[185] vorliegen (§§ 2077 Abs. 1, 2268 Abs. 1, 2279 Abs. 1 und 2 BGB). Eine Auflösung liegt vor, wenn die Ehe aufgehoben (§§ 1313 ff. BGB), aufgelöst (§ 1319 Abs. 2 BGB), geschieden (§ 1564 BGB) oder nach altem Recht für nichtig erklärt (§ 23 EheG) wurde. Das gemeinschaftliche Testament und der Erbvertrag sind in diesen Fällen insgesamt unwirksam, so dass auch nicht wechselbezügliche Verfügungen sowie Verfügungen zugunsten Dritter erfasst sind (§§ 2268 Abs. 1, 2279 Abs. 2, 2298 Abs. 1 BGB). Diese Vorschriften gelten auch, wenn die Ehegatten zum Zeitpunkt der Erstellung der Verfügung von Todes wegen noch verlobt waren, später heirateten und zum Zeitpunkt des Erbfalls dann die oben genannten Voraussetzungen vorlagen.[186] Im Unterschied zur gesetzlichen Erbfolge handelt es sich hierbei jedoch um **Auslegungsregeln**, die nur gelten, wenn nicht anzunehmen ist, dass die Verfügung auch für diese Fälle getroffen worden wäre (§§ 2077 Abs. 3, 2268 Abs. 2, 2279 BGB).[187] Ob dies der Fall ist, ist durch Auslegung[188] zu ermitteln, wobei es auf den Zeitpunkt der Testamentserrichtung ankommt.[189] Die Beweislast trägt derjenige, der sich auf die Wirksamkeit der Verfügung beruft.[190] Diese Regelungen gelten für **Lebenspartner** entsprechend (§§ 10 Abs. 4 S. 2, Abs. 5 LPartG, 2279 Abs. 2 BGB). An die Stelle der Auflösung der Ehe tritt die Aufhebung der Lebenspartnerschaft gemäß § 15 LPartG, an Stelle der Voraussetzungen des § 1933 S. 1 oder 2 BGB gelten die Voraussetzungen des § 10 Abs. 3 LPartG.[191] Entsprechendes gilt zudem gemäß §§ 2077 Abs. 2, 2279 BGB für **Verlobte** (§§ 1297 ff. BGB, § 1 Abs. 3 LPartG), wenn das Verlöbnis vor dem Tode des Erblassers aufgelöst worden ist.

138 Die genannten Regelungen gelten nicht für Ansprüche aus Lebensversicherungen, da diese in der Regel nicht zum Nachlass gehören.[192] Bei Rechtshängigkeit eines Scheidungsverfahrens sollte daher der Lebensversicherungsgesellschaft eine gewünschte Änderung des Bezugsrechts aus der Lebensversicherung mitgeteilt werden. Einfache Schriftform der Willenserklärung an die Versicherungsgesellschaft genügt:

> **Formulierungsvorschlag:**
> Hiermit widerrufe ich das zu dem Lebensversicherungsvertrag Nr ... ausgesprochene Bezugsrecht meiner Frau. Der Anspruch aus dem Lebensversicherungsvertrag soll in den Nachlass fallen.

IV. Pflichtteilsrecht

1. Prinzip

139 Der Ehegatte und die Kinder des Erblassers sowie, wenn Abkömmlinge nicht vorhanden sind, dessen Eltern haben einen **Pflichtteilsanspruch** in Höhe der Hälfte des Wertes des gesetzlichen Erbteils, wenn sie durch Verfügung von Todes wegen von der Erbfolge und damit von der Teilhabe des Vermögens des Erblassers ausgeschlossen sind (§ 2303 BGB).[193] Der eingetragene Lebenspartner hat ebenfalls einen Pflichtteilsanspruch in Höhe des Wertes

---

[184] S. zu § 1948 BGB auch Rdnr. 58 sowie § 22 Rdnr. 22.
[185] Vgl. zu diesen Voraussetzungen Rdnr. 127 f.
[186] BayObLG FamRZ 1993, 362.
[187] Bleibt die Verfügung wirksam, bleibt auch die Bindungswirkung bestehen, vgl. BGH ZEV 2004, 423 ff. mit Anm. *Keim*; ebenso *Schlitt* ZEV 2005, 96 ff.; a.A. *Kanzleiter* ZEV 2005, 181 ff. m.w.N.
[188] S. hierzu ausf. § 6.
[189] BayObLG FamRZ 1993, 362; BayObLG BayObLGZ 1993, 240, 245 f.
[190] BGH NJW 1995, 1082, 1084; BayObLG FamRZ 1993, 362, MünchKommBGB/*Leipold* § 2077 Rdnr. 9.
[191] Vgl. Zu diesen Voraussetzungen Rdnr. 132 f.
[192] BGH NJW 1987, 3131; 1995, 1082, 1084; s. dazu auch § 47 Rdnr. 14 ff., 41 ff.
[193] Vgl. hierzu insgesamt § 29.

§ 11 Ehegatten- und Lebenspartnererbrecht

der Hälfte des gesetzlichen Erbteils.[194] Die Vorschriften des BGB zum Pflichtteilsrecht gelten für den Lebenspartner nach § 10 Abs. 6 LPartG mit der Maßgabe entsprechend, dass der Lebenspartner wie ein Ehegatte zu behandeln ist. Voraussetzung für den Pflichtteilsanspruch des Ehegatten/Lebenspartners ist stets, dass die Ehe oder Lebenspartnerschaft zum Zeitpunkt des Erbfalls noch bestand und kein Ausschlussgrund nach den §§ 1933, 1318 Abs. 5 BGB oder § 10 Abs. 3 LPartG vorlag.[195] Erbunwürdigkeit, Erbverzicht und Ausschlagung führen in der Regel ebenfalls zum Verlust des Pflichtteilsrechts. Die Ausschlagung einer Erbeinsetzung oder eines Vermächtnisses erhält dem Pflichtteilsberechtigten nur in den gesetzlich eigens dafür vorgesehenen Fällen den Pflichtteilsanspruch, nämlich bei Beschränkung und Beschwerung des Pflichtteilsberechtigten (§ 2306 BGB),[196] bei Vermächtnis zugunsten des Pflichtteilsberechtigten (§ 2307 BGB)[197] und bei Ausschlagung durch den zugewinnberechtigten Ehegatten/Lebenspartner (§ 1371 Abs. 3 BGB).[198] In allen anderen Fällen gibt die Ausschlagung keinen Pflichtteilsanspruch. Die Pflichtteilsansprüche schränken den Erblasser ein und belasten die Erben wegen des **Liquiditätsbedarfs**, der zur Erfüllung der in der Regel auf Zahlung eines Geldbetrages gerichteten Pflichtteilsforderung nach § 2317 BGB erforderlich ist. Es ist daher bereits vor dem Erbfall an Gestaltungsmittel der vorweggenommenen Erbfolge und an Erb- und Pflichtteilsverzichtsvereinbarungen zu denken bzw. Vorsorge für den Erbfall zu treffen.[199]

2. Berechnung bei Ehegatten bzw. Lebenspartnern

Der Pflichtteilsanspruch besteht in Höhe der Hälfte des gesetzlichen Erbteils. Bei der Berechnung des Pflichtteils für Abkömmlinge wirkt der Voraus gemäß § 1932 BGB pflichtteilsreduzierend, da er bei der Pflichtteilsberechnung vom Bestand des Nachlasses abzuziehen ist.[200] Hinsichtlich der Höhe des gesetzlichen Erbteils des Ehegatten/Lebenspartners ist auf die Ausführungen unter Rdnr. 1 ff. sowie insbesondere 9 ff. zu verweisen, die auch bei der Berechnung des Pflichtteilsanspruchs Gültigkeit besitzen.[201] So ist beim gesetzlichen Güterstand der Zugewinngemeinschaft zu unterscheiden: Ist der Ehegatte oder Lebenspartner weder Erbe noch Vermächtnisnehmer, so gilt die so genannte **güterrechtliche Lösung**.[202] Der Ehegatte bekommt danach den **kleinen Pflichtteil** nach § 1371 Abs. 2 BGB. Daneben besteht ein Anspruch auf Ausgleich des tatsächlichen Zugewinns. Ein Wahlrecht, stattdessen den nach § 1371 Abs. 1 BGB berechneten und somit um ein Viertel erhöhten Erbteil zur Berechnungsgrundlage zu machen, besteht nicht.[203] Ist der Partner hingegen Erbe oder Vermächtnisnehmer geworden, so hat er nach der **erbrechtlichen Lösung**[204] einen Anspruch auf den nach § 1371 Abs. 1 BGB erhöhten so genannten **großen Pflichtteil**, kann also bis zu dieser Höhe einen Pflichtteilsrestanspruch nach § 2305 BGB geltend machen. Er kann jedoch auch, und hierin liegt eine Besonderheit, die Erbschaft nach § 1371 Abs. 3 BGB ausschlagen und den **kleinen Pflichtteil** sowie den konkret berechneten Zugewinn verlangen. Im Gegensatz zu dem vollständig enterbten Ehegatten/Lebenspartner hat er also ein Wahlrecht. Ob dieses ausgeübt werden sollte, ist sorgfältig zu überlegen.[205]

V. Verhalten des Überlebenden nach dem Erbfall

1. Prinzip

Die Rechtsfolgen der erbvertraglichen oder testamentarischen Anordnungen und/oder der gesetzlichen Erbfolge sollten im Zeitpunkt des Todes des Erblassers überprüft werden, zumal

---

[194] Vgl. zum Pflichtteilsrecht des Lebenspartners *Kaiser* FPR 2005, 286 f.
[195] Vgl. zu den genannten Ausschlussgründen Rdnr. 126 ff.
[196] Vgl. hierzu § 29 Rdnr. 34 ff.
[197] Vgl. hierzu § 29 Rdnr. 56 ff.
[198] Vgl. hierzu Rdnr. 15.
[199] Vgl. § 29 Rdnr. 204 ff.
[200] Vgl. hierzu § 29 Rdnr. 105 sowie § 29 Rdnr. 218 ff. zu entspr. Gestaltungsmöglichkeiten.
[201] Vgl. zusätzlich § 29 Rdnr. 78 ff.
[202] Vgl. Rdnr. 15.
[203] BGHZ 42, 182 ff.; BGH NJW 1982, 2497.
[204] Vgl. Rdnr. 14.
[205] Vgl. § 29 Rdnr. 80 ff.

sich die wirtschaftlichen und gesetzlichen Verhältnisse zwischen Erstellung der letztwilligen Verfügung und dem Zeitpunkt des Todes verändert haben können. Das Testament sollte daher mit einem Hinweis auf **Einholung rechtlichen Rates** beginnen:

> **Formulierungsvorschlag:**
> Ich mache es meinen Erben zur Auflage, meinen letzten Willen binnen zwei Wochen nach meinem Tode auf seine Rechtsfolgen für einen jeden von einem Anwalt überprüfen zu lassen.

142 Die Prüfung der letztwilligen Verfügung nach dem Todesfall kann in dem Ratschlag an den Ehegatten/Lebenspartner (oder die anderen Erben) münden, die Erbschaft oder das Vermächtnis auszuschlagen, weil entweder erbschaftsteuerliche Belastungen[206] auf diese Weise vermieden werden können, gesellschaftsrechtliche Abstimmungen fehlen,[207] oder die Ausschlagung für den Überlebenden Zahlungsansprüche begründen würde, die den Wert seines Erbteils übersteigen. Allerdings wird die Ausschlagung als „Reparaturmaßnahme" nur in Betracht kommen, wenn
- der Pflichtteilsanspruch erhalten bleibt[208] oder
- eine verständige Erbengemeinschaft angesichts der Berechnungsergebnisse bereit ist, den Ausschlagenden abzufinden, oder
- sich die Ausschlagung auch ohne Abfindungs- und Pflichtteilsansprüche empfiehlt.[209]

Die Prüfung hat zweifelsfrei zu klären, welche wirtschaftlichen Folgen der Erbfall zeitigt, welche wirtschaftlichen Folgen die Ausschlagung für Erben, Vermächtnisnehmer und Pflichtteilsberechtigte hat und wer nächstberufener Erbe bzw. Vermächtnisnehmer wird.

2. Die Ausschlagung durch den überlebenden Ehegatten bzw. Lebenspartner

143 Die Ausschlagung und deren Folgen sind ausführlich in § 22 beschrieben. Es soll daher an dieser Stelle nur auf einige wichtige Punkte hingewiesen werden. Der Ehegatte/Lebenspartner kann die **Erbschaft** oder das **Vermächtnis** ausschlagen mit der Folge, dass der Anfall an den Ausschlagenden als nicht erfolgt gilt (§ 1953 Abs. 1 BGB).[210] Die Ausschlagung muss innerhalb von sechs Wochen erfolgen, bei Auslandswohnsitz des Erblassers oder Auslandsaufenthalt des Erben innerhalb von sechs Monaten (§ 1944 BGB). Die Ausschlagung eines Vermächtnisses ist dagegen nicht fristgebunden. Den ungewissen Zustand kann der mit dem Vermächtnis belastete Erbe jedoch dadurch beenden, dass er den Vermächtnisnehmer auffordert, sich binnen angemessener Frist zu erklären (§ 2307 Abs. 2 BGB). Wurde ausgeschlagen, fällt das Erbe demjenigen zu, der berufen wäre, wenn der Ausschlagende zurzeit des Erbfalls nicht gelebt hätte (§ 1953 Abs. 2 BGB). Das **Ausschlagungsrecht** des überlebenden Ehegatten/Lebenspartners ist zwar nicht übertragbar, aber **vererblich** (§ 1952 Abs. 1 BGB). Jeder Erbeserbe kann jeweils für sich quotal ausschlagen (§ 1952 Abs. 3 BGB). Streitig ist hingegen, ob auch jeder Erbeserbe für sich das dem Überlebenden zustehende Wahlrecht nach § 1371 Abs. 3 BGB ausüben kann, wenn die Partner im gesetzlichen Güterstand der Zugewinngemeinschaft gelebt haben und so kurz hintereinander gestorben sind, dass das Ausschlagungsrecht des Überlebenden bei seinem Tod noch bestand.[211] Wurde nach § 1371 Abs. 3 BGB ausgeschlagen, hat der Ausschlagende

---

[206] Der Erbfall kann z.B. zur Realisierung von Entnahmen aus Sonderbetriebsvermögen oder Beendigung einer Betriebsaufspaltung führen. Aber bereits die Berufung des Ehegatten zum Alleinerben und der – wiederum erbschaftsteuerpflichtigen – Kinder zum Schlusserben der Ehegatten kann zu ungewollten Mehrbelastungen des Nachlasses führen und dürfte häufiger Anlass für eine Erbschaftsausschlagung durch den Ehegatten sein. Dies gilt auch besonders für den erbschaftsteuerrechtlich benachteiligten Lebenspartner. S. dazu auch § 22 Rdnr. 17, § 36.
[207] Fehlen können zum Beispiel Fortsetzungsklauseln bei der BGB-Gesellschaft, Nachfolgeklauseln, Regelungen zu Abfindungsansprüchen, Ausscheidensklauseln.
[208] S. hierzu Rdnr. 139, § 22 Rdnr. 36.
[209] Bsp. bei *Landsittel* Rdnr. 1520.
[210] Zu den steuerlichen Vor- und Nachteilen vgl. *Mayer* DStR 2004, 1581 ff.
[211] Dagegen Palandt/*Edenhofer* § 1952 Rdnr. 4: Wahlrecht kann nur von allen Erbeserben gemeinsam ausgeübt werden; Staudinger/*Thiele* § 1371 Rdnr. 32: die Miterben dürfen nicht besser oder schlechter stehen als bei Ausschlagung durch den Ehegatten selbst.

einen Anspruch auf den kleinen Pflichtteil sowie den konkret zu berechnenden Zugewinnausgleich.[212] Ob die Ausschlagung mit der Folge des Anspruchs auf den kleinen Pflichtteil und ggf. den Zugewinn aus **wirtschaftlicher Sicht** zu empfehlen ist, hängt von der Höhe der jeweiligen Vermögensmassen ab: Neben Verwandten erster Ordnung muss der Anteil des Zugewinns am Nachlass mindestens 6/7 = 85,71 % betragen, neben Verwandten zweiter Ordnung ist die erbrechtliche Lösung vorteilhafter.[213] Bei der Annahme der Erbschaft braucht sich der Ehegatte/Lebenspartner als gesetzlicher Erbe Zuwendungen nicht anrechnen zu lassen, die nach § 1380 BGB bei der Zugewinnausgleichsforderung zu berücksichtigen wären.

Die Ausschlagung kann nicht auf einen Teil der Erbschaft beschränkt werden (**Teilausschlagung**, § 1950 BGB). Ist der Überlebende allerdings zu mehreren Erbteilen berufen oder ist er Erbe und zugleich mit einem Vermächtnis bedacht, kann er die Ausschlagung auf einen der Erbteile beschränken (§ 1951 BGB) oder nur den Erbteil oder nur das Vermächtnis ausschlagen. In diesem Falle bleibt er aber Erbe oder Vermächtnisnehmer und ist von der güterrechtlichen Lösung ausgeschlossen. Ausgleich des Zugewinns kann er nur verlangen, wenn er alle Erbteile oder sowohl den Erbteil als auch das Vermächtnis ausschlägt. Voraussetzung der Teilausschlagung ist die **Berufung zu mehreren Erbteilen**, die auf **verschiedenen Berufungsgründen** beruhen, was in den folgenden Fällen vorliegt: 144

- ein Teil fällt durch Verfügung von Todes wegen, ein anderer kraft Gesetzes an,
- ein Teil fällt durch Testament, ein Teil durch Erbvertrag an,
- mehrere Teile fallen durch mehrere Erbverträge mit mehreren Personen an,
- ein Ehegatte/Lebenspartner ist kraft Gesetzes mehrfach berufen (§ 1934 BGB, § 10 Abs. 1 S. 6 und 7 LPartG)

Einheitlichkeit des Berufungsgrundes liegt dagegen vor bei Berufung durch ein oder mehrere Testamente, bei Berufung durch einen Erbvertrag, bei Berufung durch mehrere Erbverträge des Erblassers mit der selben Person. Der Erblasser kann den Ehegatten/Lebenspartner jedoch in beliebiger Weise auf mehrere Erbteile einsetzen und gestatten, dass jeder Teil selbständig ausgeschlagen wird (§ 1951 Abs. 3 BGB). Schon an einem besonderen Erbteil fehlt es hingegen bei der Erhöhung nach § 1371 Abs. 1 BGB.[214] 145

VI. Die Ansprüche des geschiedenen Ehegatten bzw. ehemaligen Lebenspartners nach dem Erbfall

1. Der Unterhaltsanspruch nach § 1586 b BGB

Wird die Ehe oder Lebenspartnerschaft durch Tod eines Partners beendet, so erlischt der gegenseitige Unterhaltsanspruch für die Zukunft (§§ 1615 Abs. 1, 1360 a Abs. 3 BGB, § 5 LPartG) und der Überlebende ist erbberechtigt. Wurde die Ehe oder Lebenspartnerschaft vor dem Erbfall geschieden oder aufgehoben, ist es genau umgekehrt. Der Unterhaltsanspruch besteht dann gegen die Erben fort (1568 b BGB, § 16 Abs. 1 LPartG), bildet also eine **Nachlassverbindlichkeit** und kann nach Umschreibung eines schon bestehenden Titels gemäß § 727 ZPO ohne neues Gerichtsverfahren durchgesetzt werden.[215] Ist der Überlebende aufgrund eines Ausschlussgrundes gemäß §§ 1933 BGB, 10 Abs. 3 LPartG nicht erbberechtigt, besteht ein solcher Unterhaltsanspruch aufgrund gesetzlicher Anordnung ebenfalls (§§ 1933 S. 3 BGB, 10 Abs. 3 S. 2 LPartG).[216] Voraussetzung ist jedoch immer, dass einer der Unterhaltstatbestände im Sinne der §§ 1569 ff. BGB erfüllt ist und der Berechtigte bedürftig ist (§ 1577 BGB).[217] Leistungsfähigkeit im Sinne des § 1581 BGB ist hingegen nicht erforderlich, da der Unterhalt des ursprünglich verpflichteten Erblassers nicht mehr gefährdet sein kann (§ 1586 b Abs. 1 S. 2 BGB). Die Erben haften für diese Nachlassverbindlichkeit als Gesamtschuldner, allerdings betragsmäßig begrenzt auf den **fiktiven Pflichtteilsanspruch** des geschiedenen Unterhaltsgläubigers zum Zeitpunkt des Erbfalls. Dieser fiktive Pflichtteilsanspruch berechnet 146

---

[212] Vgl. Rdnr. 15.
[213] Kerscher/Tank S. 114 unter Bezugnahme auf Nieder; vgl. hierzu auch § 29 Rdnr. 80 ff.
[214] Palandt/Brudermüller § 1371 Rdnr. 6.
[215] BGH NJW 2004, 2896.
[216] Vgl. hierzu Rdnr. 127 ff., 130 ff.
[217] Wendl/Pauling § 4 Rdnr. 60.

sich ohne Berücksichtigung der Besonderheiten des Güterrechts[218] (§ 1586 b Abs. 2 BGB), so dass immer von dem nicht erhöhten kleinen Pflichtteil nach § 1371 Abs. 2 BGB auszugehen ist. Hinzuzurechnen sind jedoch fiktive Pflichtteilsergänzungsansprüche.[219] Vorsicht ist daher bei Vermögensübertragungen unter Lebenden geboten, die nur unter dem Blickwinkel steuerlicher Vorteile vollzogen werden, ohne die Einbeziehung nach § 1586 b BGB zu berücksichtigen. Die fiktive Berechnung führt zudem dazu, dass ein neuer Ehe- oder Lebenspartner des Erblassers bei der Berechnung unberücksichtigt bleibt. Nach der Scheidung oder Aufhebung geborene Kinder werden hingegen miteinbezogen.

2. Gestaltungen im Hinblick auf den geschiedenen Ehegatten bzw. ehemaligen Lebenspartner

147 Der geschiedene Erblasser möchte seine Erben in der Regel vor den Ansprüchen des geschiedenen Ehegatten bzw. ehemaligen Lebenspartners verschonen. Ob sich hierzu im Hinblick auf die Pflicht der Erben auf Unterhaltszahlung an den geschiedenen Ehegatten (§§ 1586 b BGB, 16 Abs. 1 LPartG) ein ggf. zu vereinbarender **Pflichtteilsverzicht** des geschiedenen Ehegatten eignet, ist umstritten, aber wohl zutreffend, da der geschiedene Ehegatte sonst besser steht als er ohne Scheidung stünde.[220] Um sein Ziel zu erreichen, kann der Erblasser auch zugunsten des geschiedenen Ehegatten bzw. ehemaligen Lebenspartners ein Geldvermächtnis aussetzen und dies mit der Auflage verbinden, dass der Empfänger mit Erfüllung des Vermächtnisses auf den Unterhaltsanspruch verzichtet. Ebenso kann er noch zu Lebzeiten einen Unterhaltsverzicht gegen Zahlung einer Abfindung vereinbaren. Zur Vermeidung von Auseinandersetzungen kann ein Testamentsvollstrecker eingesetzt werden, der (allein) damit betraut ist, die Ansprüche abzuwickeln.

148 Ein weiteres Anliegen des Testators besteht häufig darin, zu verhindern, dass der Geschiedene von den Zuwendungen an einen **gemeinsamen Abkömmling** profitiert, wenn dieser nach dem Testator, aber vor dem überlebenden Ehegatten/Lebenspartner[221] verstirbt. Der Erblasser kann sich zu diesem Zweck der Nacherbfolge oder Nachvermächtnisfolge (§ 2191 BGB) bedienen[222] oder ein nach dem Tod des erstbedachten Erben anfallendes Vermächtnis aussetzen. Bei gemeinsamen minderjährigen oder behinderten Kindern kann dem geschiedenen Ehegatten bzw. ehemaligen Lebenspartner durch den Erbfall die Vermögenssorge für das Kind zufallen. Der Erblasser kann testamentarisch die Vermögenssorge ausdrücklich abweichend regeln und eine Person seiner Wahl dazu berufen (§ 1638 BGB).

---

[218] Vgl. Rdnr. 9 ff.
[219] BGH NJW 2001, 828; BGH NJW 2003, 1796.
[220] So Wendl/*Pauling* § 4 Rdnr. 60; Palandt/*Brudermüller* § 1586 b Rdnr. 8, jeweils m.w.N.; vgl. umfassend *Bergschneider* FamRZ 2003, 1049, 1057.
[221] Vgl. zu gemeinsamen Kindern von Lebenspartnern §§ 1754 Abs. 1 BGB, 9 Abs. 7 LPartG; näheres hierzu bei *Schlütter*, FF 2005, 234 ff.
[222] Vgl. hierzu § 17 Rdnr. 25.

§ 12 Nichteheliche Lebensgemeinschaft, nichteheliche Kinder und eingetragene Lebenspartnerschaften

Übersicht

	Rdnr.
I. Einleitung	1/2
II. Gesetzliches Erbrecht des nichtehelichen Lebensgefährten, Verfügungsformen und sonstige Gestaltungsmöglichkeiten	3–25
1. Gesetzliches Erb- und Pflichtteilsrecht	3/4
2. Verfügung von Todes wegen	5–23
a) Testament (§ 1937 BGB)	6–9
b) Erbvertrag (§ 1941 BGB) und dessen Besonderheiten bei nichtehelichen Lebenspartnern	10–23
3. Sonstige Gestaltungsmöglichkeiten	24/25
III. Grenzen der Erbeinsetzung des nichtehelichen Lebensgefährten durch Verfügung von Todes wegen	26
IV. Vermögenszuordnung in der nichtehelichen Lebensgemeinschaft	27–29
1. Partnerschaftsverträge	28
2. Gesellschaft bürgerlichen Rechts	29
V. Nichteheliche Kinder	30–40
1. Rechtslage bis 1969	31
2. Rechtslage zwischen 1969 und 1998	31–36
3. Rechtslage seit dem 1.4.1998	37–40
VI. „Eingetragene Lebenspartnerschaft" für gleichgeschlechtliche Paare	41–58

Schrifttum: *Beck*, Die verfassungsrechtliche Begründung der Eingetragenen Lebenspartnerschaft, NJW 2001, 1894; *Braun*, Gleichgeschlechtliche Partnerschaft und Ehe – Reflexionen über den Sinn einer überkommenen Institution, ZRP 2001, 14; *ders.*, „Eingetragene Lebenspartnerschaft" und Grundgesetz, NJW 2001, 393; *Dethloff*, Die Eingetragene Lebenspartnerschaft – Ein neues familienrechtliches Institut, NJW 2001, 2598; *Eggen*, Gleichgeschlechtliche Lebensgemeinschaften – Kontinuität und Wandel intimer und familialer Lebensformen, FPR 2001, 444; *Everts*, Eingetragene Lebenspartnerschaften zwischen Personen verschiedenen Geschlechts – de lege lata, FPR 2004, 597; *Finger*, Verfahrensrecht der Lebenspartnerschaft, FPR 2001, 460; *Gaier*, Die Bedeutung der Grundrechte für das Erbrecht, ZEV 2006, 2; *ders.*, Der Erbvertrag nichtehelicher Partner, ZEV 1999, 299; *ders.*, Die Lebenspartnerschaft zweier Personen gleichen Geschlechts – Beratungspraxis und Vertragsgestaltung, DNotZ 2001, 280; *ders.*, Erbrechtliche und erbschaftsteuerrechtliche Probleme des nichtehelichen Zusammenlebens, ZEV 1994, 267; *ders.*, Gleichstellung der Lebenspartnerschaft nach dem Gesetz zur Überarbeitung des Lebenspartnerschaftsrechts – Beratungs- und Gestaltungsprobleme, DNotZ 2005, 13; *ders.*, Letztwillige Verfügungen zugunsten des nichtehelichen Partners, MDR 1999, 913; *ders.*, Möglichkeiten der Vertragsgestaltung nach dem LPartG, FPR 2001, 466; *ders.*, Verfügungen von Todes wegen, FPR 2005, 283; *Heidrich*, Anerkennung ausländischer Entscheidungen in Ehe- und Lebenspartnerschaftssachen, FPR 2004, 292; *Hess*, Bemerkungen zur geplanten Übergangsregelung des Erbrechtsgleichstellungsgesetzes, FamRZ 1996, 781; *Kaiser*, Pflichtteilsrecht der eingetragenen Lebenspartner, FPR 2005, 286; *Kanzleiter*, Keine wechselbezüglichen Verfügungen in gemeinschaftlichen Testamenten nach der Ehescheidung!, ZEV 2005, 181; *Kemper*, Die Lebenspartnerschaft in der Entwicklung – Perspektiven für die Weiterentwicklung des Lebenspartnerschaftsrechts nach dem Urteil des BVerfG vom 17.7.2002, FPR 2003, 1; *Kirchhof*, Lebenspartnerschaftsgesetze und Grundgesetz, FPR 2001, 436; *Klein*, Für die Verfassungskonformität des Lebenspartnerschaftsgesetzes, FPR 2001, 434; *Kornmacher*, Erbrecht in eingetragenen Lebenspartnerschaften unter Beteiligung von Ausländern, FPR 2005, 291; *Koutses*, Nichteheliche Lebensgemeinschaft und das Erbrecht, FPR 2001, 41; *Krause*, Vermögenszuordnung unter eingetragenen Lebenspartnern, FPR 2003, 11; *Krings*, Die „eingetragene Lebenspartnerschaft" für gleichgeschlechtliche Paare – Der Gesetzgeber zwischen Schutzabstandsgebot und Gleichheitssatz, ZRP 2000, 409; *Krings*, Die „eingetragene Lebenspartnerschaft" für gleichgeschlechtliche Paare, ZRP 2000, 409; *Leipold*, Die neue Lebenspartnerschaft aus erbrechtlicher Sicht, insbesondere bei zusätzlicher Eheschließung, ZEV 2001, 218; *Liebl-Wachsmut*, Sittenwidrigkeit letztwilliger Verfügungen von Partnern einer nichtehelichen Lebensgemeinschaft zugunsten Drittgeliebter?, MDR 1983, 988; *Mayer*, Das Gesetz zur Beendigung der Diskriminierung gleichgeschlechtlicher Gemeinschaften, Lebenspartnerschaften, ZEV 2001, 169; *ders.*, Der Fortbestand letztwilliger Verfügungen bei Scheitern von Ehe, Verlöbnis und Partnerschaft, ZEV 1997, 280; *Müller*, Partnerschaftsverträge nach dem Lebenspartnerschaftsgesetz (LPartG) – Hinweise zur Vertragsgestaltung, DNotZ 2001, 581; *Reich*, Erbschaft- und schenkungsteuerliche Rahmenbedingungen der Vermögensnachfolge eingetragener

Lebenspartner, ZEV 2002, 395; *Ritter,* Der Konflikt zwischen einer erbrechtlichen Bindung aus erster Ehe und einer Verfügung des überlebenden Ehegatten zugunsten eines neuen Lebenspartners, Berlin 1999; *ders.,* Die Anfechtung gemeinschaftlicher Testamente und erbvertraglicher Verfügungen zugunsten eines nichtehelichen Partners des überlebenden Ehegatten, DEuFamR 1999, 153; *Scholz/Uhle,* „Eingetragene Lebenspartnerschaft" und Grundgesetz, NJW 2001, 393; *Schotten,* Lebenspartnerschaft im Internationalen Privatrecht, FPR 2001, 458; *Schwab,* Eingetragene Lebenspartnerschaften – ein Überblick, FamRZ 2001, 385; *v. Dickhuth-Harrach,* Das Lebenspartnerschaftsrecht Version 2005, FPR 2005, 273; *Walter,* Das gesetzliche Erbrecht in der eingetragenen Lebenspartnerschaft, FPR 2005, 279; *Weber,* Lebenspartnerschaftsvertrag, FPR 2005, 151; *Wellenhofer,* Das neue Recht für eingetragene Lebenspartnerschaften, NJW 2005, 705.

☐ Bestehen Bindungen des zukünftigen Erblassers an frühere Verfügungen von Todes wegen, insbesondere durch Erbvertrag? Können diese Bindungswirkungen beseitigt werden? Ist der Abfluss von Vermögen aus der Kernfamilie erwünscht?
☐ Ist die Testierfreiheit des zukünftigen Erblassers durch Pflichtteilsberechtigungen beschränkt? Ist der künftige Erblasser noch verheiratet? In welchem Güterstand lebt er?
☐ Besteht der Wunsch der nichtehelichen Lebensgefährten nach Bindungswirkung der Verfügung? In welchem Umfang soll der nichteheliche Lebenspartner an der Vermögensnachfolge teilhaben?
☐ Sind erbschaftsteuerliche Gestaltungsmöglichkeiten im Hinblick auf § 13 a ErbStG und § 19 a ErbStG sinnvoll?
☐ Ist die Vermögenszuordnung innerhalb der nichtehelichen Lebensgemeinschaft bereits unabhängig vom Todesfall vertraglich geregelt? Ist insbesondere ein Partnerschaftsvertrag vorhanden oder ist Gesellschaftsrecht anwendbar?
☐ Sind nichteheliche Kinder der Lebensgefährten vorhanden? Handelt es sich um gemeinsame Kinder der nichtehelichen Lebensgefährten? In welchem Jahr und an welchem Ort sind diese geboren? In welchem Jahr ist der Erbfall eingetreten?

I. Einleitung

1   Die heutige Familienwirklichkeit ist durch eine Vielfalt von Bedingungen geprägt, die dem Erbrechtskonzept des BGB-Gesetzgebers nicht zugrunde lagen. Während das traditionelle Ehe- und Familienmuster weitgehend deinstitutionalisiert ist, gewinnen nichteheliche Lebenspartnerschaften stark an Bedeutung. Gleichwohl besteht für die Partner nichtehelicher Partnerschaften gleicher Solidaritätsbedarf wie für Ehegatten.
2   Im Gegensatz zum Institut der Ehe mangelt es im Erbrecht an gesetzlichen Regelungen über das nichteheliche Zusammenleben. Die Rechtsposition des nichtehelichen Partners ist im Erbrecht sehr schwach ausgestaltet. Dies führt dazu, dass sich die Partner einer nichtehelichen Lebensgemeinschaft meist durch Testament oder Erbvertrag gegenseitig binden wollen, um die zu befürchtenden Nachteile durch vertragliche Regelungen zu kompensieren.

II. Gesetzliches Erbrecht des nichtehelichen Lebensgefährten, Verfügungsformen und sonstige Gestaltungsmöglichkeiten

1. Gesetzliches Erb- und Pflichtteilsrecht

3   Zum gesetzlichen Erben wird nach geltendem Recht berufen, wer zum Zeitpunkt des Erbfalles mit dem Erblasser verwandt oder mit ihm rechtsgültig verheiratet war. Ein **gesetzliches Erbrecht** des nichtehelichen Lebenspartners besteht deshalb nicht. Eine analoge Anwendung des § 1931 BGB, der das gesetzliche Erbrecht des Ehegatten regelt, ist nach herrschender Ansicht[1] nicht möglich.

---

[1] OLG Saarbrücken Beschl. v. 18.5.1979 – 7 W 8/79 – NJW 1979, 2050; OLG Frankfurt Beschl. v. 23.10.1981 – 17 W 29/81 – NJW 1982, 1885.

Demzufolge steht dem nichtehelichen Lebenspartner **auch kein Pflichtteilsanspruch** im Sinne 4
der §§ 2303 ff. BGB zu, da der Pflichtteilsanspruch das Bestehen eines gesetzlichen Erbrechts
voraussetzt.

2. Verfügung von Todes wegen

Ein Erbrecht des nichtehelichen Lebensgefährten kann somit einzig durch **Verfügung von** 5
Todes wegen in Form eines Testaments oder eines Erbvertrages begründet werden. Hierbei ist
zu beachten, dass der nichteheliche Lebensgefährte grundsätzlich wie jeder (fremde) Dritte zu
behandeln ist.

a) **Testament (§ 1937 BGB).** Die **Ausgestaltung** des gewillkürten Erbrechts des nichtehe- 6
lichen Lebensgefährten auf Grund eines Testaments wird zumeist auf zwei Arten erfolgen:
Zum einen kann das Erbrecht durch voneinander unabhängige Verfügungen begründet werden, indem jeder Lebensgefährte für sich und jeweils unabhängig vom anderen Lebensgefährten eine letztwillige Verfügung trifft. Zum anderen ist die Errichtung **reziproker Testamente**
möglich, d. h. die gegenseitige (nichtbindende) Erbeinsetzung der nichtehelichen Lebensgefährten durch zwei (Einzel-)Testamente.

> **Formulierungsvorschlag:**
> Hiermit setze ich, [Name des künftigen Erblassers], meinen nichtehelichen Lebenspartner, [Name des Lebenspartners], zu meinem Alleinerben ein. (Diese Verfügung muss von jedem der Lebenspartner gesondert und formgerecht errichtet werden.)

Hierbei ist dringend zu beachten, dass durch eine derartige Verfügung **keine Bindungswir-** 7
kung für den künftigen Erblasser begründet wird, denn ein Testament ist jederzeit und auch
ohne jeden Grund nach den §§ 2253 ff. BGB frei widerruflich.[2] Rechtlich gesehen stehen beide
Testamente völlig selbständig nebeneinander und hängen inhaltlich nicht zusammen. Somit
steht es einem künftigen Erblasser frei, den einstmals zum Erben eingesetzten Lebenspartner
ohne dessen Wissen durch die Errichtung eines neuen Testaments von der Erbfolge auszuschließen.

Die Partner einer nichtehelichen Lebensgemeinschaft haben im Gegensatz zu den Ehegatten 8
nicht die Möglichkeit, ein **gemeinschaftliches Testament** mit wechselbezüglichen Verfügungen,
die im Falle des Versterbens eines Lebenspartners einer dem Erbvertrag vergleichbaren Bindungswirkung unterliegen, zu errichten (vgl. § 2265 BGB).

Sollten die Lebenspartner dennoch ein gemeinschaftliches (Ehegatten-)Testament errichten, 9
kann dies unter Umständen dennoch als Einzeltestament aufrechterhalten werden. Eine derartige **Umdeutung** ist jedoch nur möglich, soweit das Testament formwirksam errichtet wurde.
Ist das Testament, wie regelmäßig bei Ehegattentestamenten, von einem Partner eigenhändig
errichtet und vom anderen Partner lediglich mitunterzeichnet worden, kommt eine Aufrechterhaltung nur für den errichtenden Partner in Betracht.

b) **Erbvertrag (§ 1941 BGB) und dessen Besonderheiten bei nichtehelichen Lebenspart-** 10
nern. Da es sich beim Erbvertrag um eine in Vertragsform errichtete Verfügung von Todes
wegen handelt,[3] stellt der Erbvertrag für Partner einer nichtehelichen Lebensgemeinschaft die
einzige Möglichkeit dar, gegenseitig bindende Verfügungen von Todes wegen zu treffen.[4] Der
Erbvertrag wird so zum eigentlichen Gestaltungsmittel der Nachfolgeregelung unter Partnern
einer nichtehelichen Lebensgemeinschaft. Zu beachten ist aber, dass diese **Bindungswirkung**
nur bei vertragsmäßigen Verfügungen eintritt. Solche können gem. § 2278 Abs. 2 BGB aber
nur die Erbeinsetzung, die Vermächtniszuwendung und die Auflage sein. Als Folge dieser Bindungswirkung sind die im Erbvertrag getroffenen vertragsmäßigen Verfügungen grundsätzlich
nicht mehr einseitig durch den künftigen Erblasser widerrufbar.[5]

---

[2] Vgl. insoweit § 9.
[3] Zum Erbvertrag allg. sowie seinem zulässigen Inhalt vgl. § 10.
[4] Vgl. *Grziwotz* ZEV 1994, 268; *ders.* ZEV 1999, 299.
[5] *Leipold* § 1941 Rdnr. 1.

11 Eine gegenseitige Erbeinsetzung durch notariell zu beurkundenden Erbvertrag könnte wie folgt geregelt werden:

> **Formulierungsvorschlag:**
> [Notarieller Eingang] Vertragsmäßig setzen wir, [Namen der Vertragspartner], uns hiermit gegenseitig zu alleinigen und ausschließlichen Vollerben ein. Eine Nacherbfolge findet nicht statt. Wir nehmen diese Erklärungen gegenseitig als vertragliche an. Der Überlebende von uns trifft heute keine Verfügungen von Todes wegen.

12 Bei der Gestaltung der Nachfolgeregelung unter nichtehelichen Lebenspartnern durch Erbvertrag sind, um insbesondere die Unterschiede zum Erbrecht von Ehegatten zu nivellieren, folgende Aspekte besonders zu beachten:

13 Der Erblasser hat zwar die Möglichkeit, seine nächsten Angehörigen als auch seinen Ehepartner zu enterben und die gesetzliche Familienerbfolge zugunsten seines nichtehelichen Lebensgefährten außer Kraft zu setzen. Dennoch haben die Familienangehörigen durch das **Pflichtteilsrecht** der §§ 2303 ff. BGB wirtschaftlich am Nachlass teil, indem sie wertmäßig von der Erbmasse einen Mindestanteil in Höhe der Hälfte ihres gesetzlichen Erbteils beanspruchen können. Es sollten deshalb bei der Gestaltung der Erbfolge durch Verfügung von Todes wegen etwaige Pflichtteilsansprüche von vornherein berücksichtigt werden. Denn die Belastung mit Pflichtteilsansprüchen kann bei nichtehelichen Lebenspartnern wesentlich höher sein als bei Ehegatten, da dem nichtehelichen Lebensgefährten kein gesetzliches Erbrecht zukommt, das die Pflichtteilsberechtigung Dritter reduzieren würde. Letztendlich kann dem nichtehelichen Lebenspartner bereits im Falle des Bestehens nur einer Pflichtteilsberechtigung wirtschaftlich nur noch die Hälfte des Nachlasses zugewandt werden. Es sollte deshalb besonders sorgfältig geprüft werden, wie die gedachte Erbregelung gegen bestehende Pflichtteilsansprüche abgesichert werden kann. Erfahrungsgemäß machen nämlich nicht oder nur unzureichend bedachte Erben ihren Pflichtteils(rest)anspruch sehr häufig geltend und gefährden dadurch das vom Erblasser erwünschte wirtschaftliche Ziel seiner Verfügung.

14 Dieser unerwünschten Folge kann durch die Vereinbarung von **Pflichtteilsverzichten** mit den Berechtigten zu Lebzeiten des Erblassers – auch in Verbindung mit der Zahlung von Abfindungen – begegnet werden.

15 Es bietet sich beispielsweise an, letztwillige Zuwendungen an die (ehelichen) Kinder unter der Bedingung zu unternehmen, dass sie keine Pflichtteilsansprüche geltend machen. Eine solche sog. **Sanktionsklausel** könnte folgendermaßen lauten:

> **Formulierungsvorschlag:**
> Ich, [Name des künftigen Erblassers], vermache meinem Sohn für den Fall, dass er nicht Erbe wird, meine Gemäldesammlung. Ein Anspruch aus diesem Vermächtnis besteht nicht, wenn [Name des Vermächtnisnehmers] den Pflichtteil verlangt.

16 Die Geltendmachung der Pflichtteile lässt sich ansonsten nur durch **ein Ausweichen in eine (Erb-)Rechtsordnung** ausschließen, die keine entsprechende zwangsweise Teilhabe von Angehörigen kennt (wie z. B. die meisten Bundesstaaten der USA). Hierfür ist aber zumeist ein Wechsel des Erbstatus, also der anwendbaren Rechtsordnung, notwendig, der teilweise mit erheblichen Schwierigkeiten verbunden ist.[6]

17 Ferner ist darauf hinzuweisen, dass die Vorschriften der § 2077 und § 2279 BGB **keine Anwendung** auf die letztwillige Verfügung eines Partners einer nichtehelichen Lebensgemeinschaft finden.[7] Nach diesen Regelungen ist eine letztwillige Verfügung, in der der Erblasser

---

[6] Vgl. §§ 29 ff., 36 zu den weiteren Möglichkeiten einer Strategie zur Pflichtteilsvermeidung.
[7] Zu mögl. Gestaltungen: *Mayer* ZEV 1997, 280, 283.

seinen Ehegatten bedacht hat, unwirksam, wenn die Ehe vor dem Tode des Erblassers aufgelöst worden ist bzw. wenn die Voraussetzungen für die Scheidung der Ehe gegeben waren und der Erblasser die Scheidung beantragt oder ihr zugestimmt hat. Diese Fiktion setzt die nahe liegende Vermutung um, dass ein Erblasser seinen Ehegatten regelmäßig wegen der durch die Eheschließung bewirkten familienrechtlichen Bindung bedacht hat.[8] Darum kann eine gleiche Rechtsfolge nicht auch für die nichteheliche Lebensgemeinschaft gelten, da innerhalb dieser gerade keine familienrechtlichen Bindungen gewollt sind. Auch eine analoge Anwendung dieser Vorschrift auf die nichteheliche Lebensgemeinschaft ist deshalb nicht begründbar.[9] Sie kann aber erbvertraglich für entsprechend anwendbar erklärt werden.

Demzufolge bleibt die letztwillige Verfügung zugunsten eines nichtehelichen Lebenspartners auch dann wirksam, wenn die nichteheliche Lebensgemeinschaft vor dem Tode des Erblassers aufgelöst wurde. Es sollte deswegen vorsorglich die Klausel in die Verfügung von Todes wegen aufgenommen werden, das Testament oder zumindest die Erbeinsetzung des nichtehelichen Lebenspartners werde unwirksam, wenn **die nichteheliche Lebensgemeinschaft anders als durch Tod aufgelöst** wird. Dies kann in Form einer aufschiebenden oder auflösenden Bedingung gemäß § 158 Abs. 1 und 2 BGB geschehen. Bei Erbverträgen empfiehlt sich insbesondere die Aufnahme eines **Rücktrittsvorbehalts**, der wie folgt formuliert werden kann: 18

Formulierungsvorschlag:
Jeder von uns beiden ist zum Rücktritt von diesem Erbvertrag berechtigt, wenn die nichteheliche Lebensgemeinschaft anders als durch Tod eines der Partner aufgelöst wird. Als Auflösung ist ein dauerndes Getrenntleben entsprechend den Voraussetzungen des § 1567 BGB anzusehen.

Gemäß § 2296 Abs. 2 BGB muss der Rücktritt allerdings gegenüber dem Vertragspartner erklärt werden; weiterhin bedarf er der notariellen Beurkundung. Einfacher ist daher die Möglichkeit eines **Änderungsvorbehalts**,[10] wie die folgende Klausel zeigt: 19

Formulierungsvorschlag:
Ich, [Name des künftigen Erblassers], behalte mir das Recht vor, mein unbebautes Grundstück in [. . . . . .] meiner Tochter zu vermachen.

Die Vereinbarung eines **Totalvorbehalts**, der die uneingeschränkte einseitige Änderbarkeit sämtlicher vertragsmäßiger Verfügungen vorsieht, ist allerdings nach der Rechtsprechung des BGH nicht möglich, da ansonsten der Erbvertrag seines Wesens entkleidet würde.[11] Der Erbvertrag muss damit mindestens eine unabänderbare vertragsmäßige Verfügung enthalten. Setzen sich die Lebenspartner gegenseitig zu Erben ein und bestimmen ihre Kinder zu Schlusserben, so kann die **Schlusserbeinsetzung** unter einen Totalvorbehalt gestellt werden, da die gegenseitige Erbeinsetzung der Lebenspartner nicht abänderbar ist. 20

Schließlich ist auf die **Anfechtungsmöglichkeiten** nach den §§ 2078, 2079 BGB i. V. m. § 2281 Abs. 1 BGB hinzuweisen. Vor allem § 2079 BGB, der die Anfechtung wegen des unbewussten Übergehens eines Pflichtteilsberechtigten regelt, spielt im Zusammenhang mit Erbverträgen zwischen Partnern einer nichtehelichen Lebensgemeinschaft eine große Rolle. Denn höchstrichterlich ungeklärt ist die Frage, inwiefern das Übergehen eines nichtehelichen Partners als Motivirrtum im Sinne des § 2078 BGB angesehen werden kann und sich der Überlebende aus der erbrechtlichen Bindung einer Verfügung von Todes wegen durch eine

---

[8] MünchKommBGB/*Leipold* § 2077 Rdnr. 6.
[9] Vgl. BayObLG Beschl. v. 6.9.1983 – 1 Z 53/83 – FamRZ 1983, 1226 m.w.N. str.; a.A.: MünchKommBGB/*Wacke* nach § 1302 Rdnr. 41.
[10] Vgl. *Mayer* ZEV 1997, 280 ff.
[11] Seit BGHZ 26, 204 = NJW 1958, 498 st. Rspr.; vgl. zum Ganzen: *Ritter* S. 179 ff.

hierauf gestützte Anfechtung lösen kann.[12] Denn der Anfechtungsgrund gem. § 2079 BGB stellt nur einen Unterfall des Motivirrtums gem. § 2078 BGB dar.[13]

21 Die Angabe des **Motivs** für die (gegenseitige) Erbeinsetzung reduziert die Gefahr einer Anfechtung, kann aber auch zur Grundlage einer Anfechtung werden.[14] Sinnvoller erscheint deshalb der Verzicht auf das Anfechtungsrecht insgesamt oder teilweise, insbesondere im Hinblick auf die Anfechtung wegen des Übergehen eines Pflichtteilsberechtigten gem. § 2079 BGB. Denn der in den weit reichenden Anfechtungsmöglichkeiten umgesetzte Schutz der Testierfreiheit kann vom Überlebenden leicht zu einer (bei Erbvertragsschluss) ungewollten Lösung aus der Bindungswirkung missbraucht werden. Hierzu reicht beispielsweise die Adoption oder Heirat aus. Eine, einer Anfechtung insgesamt vorbeugende Klausel, die allerdings auch eine Kassation wegen tatsächlich veränderter Umstände versagt, könnte wie folgt formuliert werden:

> **Formulierungsvorschlag:**
>
> Auf das Anfechtungsrecht nach §§ 2078, 2079 BGB wird jeweils verzichtet, und zwar auch bezüglich solcher Umstände, mit denen wir nicht rechnen und die wir nicht voraussehen konnten.

22 Die **erbschaftsteuerliche Belastung** des nichtehelichen Lebensgefährten ist im Fall der Erbeinsetzung wesentlich höher als die eines Ehegatten. Während der Ehegatte gemäß § 15 Abs. 1 ErbStG der Steuerklasse I unterliegt, gehört der nichteheliche Lebenspartner der Steuerklasse III an. Dies hat zur Folge, dass der nichteheliche Lebenspartner neben einem geringeren persönlichen Freibetrag gemäß § 16 Abs. 1 ErbStG außerdem gemäß § 19 Abs. 1 ErbStG einem wesentlich höheren Steuersatz unterliegt. Auch die Steuerfreiheit des Zugewinnausgleichs gemäß § 5 ErbStG kommt ihm nicht zugute, da die Regelungen des ehelichen Güterrechts im Allgemeinen und die der Zugewinngemeinschaft im Besonderen auf eine nichteheliche Lebensgemeinschaft keine Anwendung finden.

23 Diesen Benachteiligungen kann durch eine **gewerbliche Prägung des Nachlassvermögens** im Hinblick auf die durch die Vorschriften der §§ 13 a, 19 a ErbStG gewährten Vorteile entgegengewirkt werden. Im Ergebnis lässt sich hierdurch grundsätzlich ein Wechsel in die Steuerklasse I, ein zusätzlicher sachlicher Freibetrag in Höhe von DM 500.000,– und ein Bewertungsabschlag von 40% erreichen.[15]

3. Sonstige Gestaltungsmöglichkeiten

24 Weiterhin bestehen für die nichteheliche Lebensgemeinschaft Gestaltungsmöglichkeiten durch die **postmortale Vollmacht** und **den Vertrag zugunsten Dritter auf den Todesfall**,[16] die selbstverständlich auch von Partnern einer nichtehelichen Lebensgemeinschaft als Instrument zur Regelung der Nachfolge genutzt werden können.

25 Eine postmortale Vollmacht kann etwa folgendermaßen formuliert werden:

> **Formulierungsvorschlag:**
>
> [Name des nichtehelichen Lebensgefährten, der bevollmächtigt werden soll] wird hiermit unwiderruflich auf den Todesfall unter Befreiung von den Beschränkungen des § 181 BGB Vollmacht erteilt, sich mein Grundstück in [. . . . . .] selbst aufzulassen und alle Erklärungen abzugeben, die zum Eigentumserwerb notwendig sind. Der Vertreter ist berechtigt, Untervollmacht zu erteilen. Der Unterbevollmächtigte darf jedoch nicht von der Beschränkung des § 181 BGB befreit werden.

---

[12] Vgl. *Ritter* DEuFamR 1999, 153 ff.
[13] Vgl. *Ritter* DEuFamR 1999, 153 ff.
[14] *Grziwotz* MDR 1999, 913.
[15] Vgl. §§ 20, 32 ff.
[16] Vgl. im Einzelnen hierzu §§ 35 ff.

III. Grenzen der Erbeinsetzung des nichtehelichen Lebensgefährten durch Verfügung von Todes wegen

Ausgangspunkt für die Beurteilung der Gültigkeit einer Verfügung von Todes wegen ist der Grundsatz der **Testierfreiheit**. Diese Freiheit besteht allerdings nicht völlig unbeschränkt. Abgesehen von den vom Erblasser selbst herbeigeführten Bindungen auf Grund Erbvertrags oder gemeinschaftlichen Testaments unter Ehegatten (vgl. §§ 2271, 2289 BGB), ist dessen Testierfreiheit auf Grund § 2302 BGB zwar nicht vertraglich einzuschränken, jedoch ergeben sich Schranken direkt aus dem Gesetz. Zu denken ist hier insbesondere an die Regelungen der §§ 2303 ff. BGB sowie des § 138 Abs. 1 BGB. Dennoch darf nur in besonders schwerwiegenden Ausnahmefällen die Sittenwidrigkeit eines Testaments angenommen werden.[17] Verfügungen von Todes wegen zugunsten eines nichtehelichen Lebensgefährten, obwohl der Erblasser mit einer anderen Frau verheiratet ist, werden nach neuerem Verständnis nur noch dann für sittenwidrig gehalten, wenn durch die Verfügung ausschließlich sexuelle Hingabe belohnt werden soll.[18] Die frühere Rechtsprechung zu den sog. Mätressentestamenten ist damit heute praktisch nicht mehr relevant.

Diese Grundsätze gelten auch für Verfügungen von Todes wegen unter Partnern homosexueller Beziehungen.[19]

IV. Vermögenszuordnung in der nichtehelichen Lebensgemeinschaft

Wer eine nichteheliche Lebensgemeinschaft gründet, ändert nichts an der Güterzuordnung innerhalb derselben, da insbesondere die Vorschriften des ehelichen Güterrechts nicht entsprechend anwendbar sind.[20] Da die Rechtsprechung im Falle der **Auseinandersetzung** einer nichtehelichen Lebensgemeinschaft (insbesondere bei Tod des Lebensgefährten) bei der Gewährung von nicht ausdrücklich vereinbarten Ausgleichsansprüchen mitunter zurückhaltend ist,[21] sollte hinsichtlich der Vermögenszuordnung bei der Planung der Nachfolgeregelung besondere Sorgfalt walten. Mögliche Ausgestaltungen könnten wie folgt gewählt werden:

1. Partnerschaftsverträge

Zur Vermeidung von Streitigkeiten für den Fall der Auflösung der Lebensgemeinschaft empfiehlt es sich, die Vermögenszuordnung durch einen lebzeitigen **Partnerschaftsvertrag** klarzustellen. Derartige Vereinbarungen verstoßen grundsätzlich nicht gegen die guten Sitten.[22] Im Übrigen kann hierdurch schon eine Vermögenszuordnung zugunsten des nichtehelichen Lebensgefährten getroffen werden.

2. Gesellschaft bürgerlichen Rechts

Das Gesellschaftsrecht ist auf Sachverhalte der nichtehelichen Partnerschaft jedenfalls dann anwendbar, wenn dies ausdrücklich vereinbart ist. Im Übrigen gilt es, auch wenn sich die Partner dessen nicht bewusst sind,[23] unter der Mindestvoraussetzung, dass die Partner im Innenverhältnis die **Absicht** verfolgt haben, einen **wirtschaftlich gemeinschaftlichen Wert zu schaffen**, der von ihnen nicht nur für die Dauer ihrer Partnerschaft gemeinsam genutzt wird, sondern ihnen – nach ihrer Vorstellung – auch gemeinsam gehören soll (z. B. ein gewerbliches Unternehmen, ein Eigenheim).[24] Um bereits im Voraus möglichen Streit zu vermeiden, ist jedoch auch in diesen Zusammenhängen eine ausdrückliche Vereinbarung empfehlenswert.

---

[17] BGHZ 111, 36 = NJW 1990, 2055; BGH Beschl. v. 2.12.1998 – IV ZR 19/97 – NJW 1999, 566, st. Rspr.; *Liebl-Wachsmut* MDR 1983, 988, 989.
[18] Vgl. etwa BGHZ 52, 17 = NJW 1969, 1343; BGHZ 77, 55, 59 = NJW 1980, 1520.
[19] Vgl. OLG Frankfurt Beschl. v. 27.6.1994 – 20 W 108/94 – NJW-RR 1995, 265.
[20] Vgl. Palandt/*Brudermüller* Einl. Vor § 1297 Rdnr. 22.
[21] Vgl. *Schwab* Familienrecht Rdnr. 856.
[22] Vgl. OLG Karlsruhe Urt. v. 13.1.1988 – 6 U 202/86 – FamRZ 1989, 866; *Grziwotz* ZEV 1999, 299, 300.
[23] BGH Urt. v. 25.9.1972 – III ZR 97/70 – DB 1972, 2201.
[24] BGHZ 77, 55 = NJW 1980, 1520; BGH Urt. v. 30.6.1999 – XII ZR 230/96 – NJW 1999, 2962, 2964.

V. Nichteheliche Kinder

1. Rechtslage bis 1969

30   Obwohl der Gesetzgeber seit der Weimarer Reichsverfassung um 1919 bestrebt war, die Rechtsstellung des nichtehelichen Kindes zu verbessern, scheiterten jegliche Reformvorhaben bis in die späten sechziger Jahre.[25] So waren nichteheliche Kinder bis zum Jahre 1969 von dem **Erbrecht nach dem Vater** gänzlich ausgeschlossen. Den nichtehelichen Kindern stand außerdem kein Pflichtteilsrecht zu. Denn nach § 1589 Abs. 2 BGB a. F. galten das nichteheliche Kind und sein Vater als nicht verwandt.

2. Rechtslage zwischen 1969 und 1998

31   Ein erster Reformschritt wurde schließlich durch das Gesetz über die rechtliche Stellung der nichtehelichen Kinder (**NEhelG**) vom 19.8.1969 verwirklicht. Nach diesem war zwischen dem Erbschaftsverhältnis zur Mutter und zum Vater zu unterscheiden:

32   Im **Verhältnis zur Mutter** gehört das nichteheliche Kind bei deren Tod zu den gesetzlichen Abkömmlingen erster Ordnung wie eheliche Kinder.

33   Bei der gesetzlichen **Erbfolge nach dem Vater** kamen nichteheliche Kinder nun grundsätzlich durch eine Vaterschaftsfeststellung gemäß § 1600 a BGB a. F. als dessen Abkömmlinge zum Zuge, es sei denn, sie waren vor dem 1.7.1949 geboren, enterbt oder für erbunwürdig erklärt worden, sie hatten ausgeschlagen bzw. verzichtet oder waren durch vorzeitigen Erbausgleich weggefallen (§ 1934 e BGB a. F.). Gleichwohl besaßen die nichtehelichen Kinder neben miterbenden ehelichen Kindern und/oder dem Ehegatten des Erblassers durch § 1934 a BGB a. F. nur einen Erbersatzanspruch auf Zahlung des Wertes ihres gesetzlichen Erbteils. Das nichteheliche Kind war mithin nicht dinglich am Nachlass beteiligt, sondern nahm lediglich die Position eines Nachlassgläubigers ein. Gesetzliche Erben waren nichteheliche Kinder dennoch in Folgenden beiden Fällen: erstens, wenn die privilegierten ehelichen Kinder und die Ehefrau bei der gesetzlichen Erbfolge insgesamt ausfielen; zweitens, wenn in Erbfällen zwischen dem 3.10.1990 und dem 1.4.1998 das vor dem Beitritt der **DDR geborene nichteheliche Kind** durch die Übergangsregelung des Art. 235 § 1 Abs. 2 EGBGB mit Ehelichen bereits gleichgestellt war, weil sein Vater am 2.10.1990 seinen gewöhnlichen Aufenthalt noch in der DDR gehabt hatte.

34   Durch die neue Regelung wurde die Testierfreiheit nicht eingeschränkt, so dass dem Erblasser die Möglichkeit offen stand, den Erbersatzanspruch durch letztwillige Verfügung zu entziehen. Allerdings hatte dies zur Folge, dass ein Pflichtteilsanspruch begründet wurde (§ 2338 a BGB a. F.).

35   Mit der Regelung des § 1934 BGB a. F. wurde dem nichtehelichen Kind, das das 21., aber noch nicht das 27. Lebensjahr vollendet hatte, das Recht zugestanden, einen **vorzeitigen Erbausgleich** zu verlangen. Die Inanspruchnahme des vorzeitigen Erbausgleichs schloss das nichteheliche Kind von der Erbfolge nach sämtlichen väterlichen Verwandten aus. Außerdem wurde durch § 2027 a BGB a. F. ein Ausgleichsanspruch eingeführt, der auch dem nichtehelichen Abkömmling zustand, der durch Mitarbeit oder andere Zuwendung einen Beitrag zum Vermögen des Erblassers geleistet hatte.

36   Auf Grund Art. 227 Abs. 1 Nr. 1 EGBGB und Art. 12 § 10 Abs. 1 NEhelG sind Erbfälle, die sich vor dem 1. April 1998 ereignet haben, nach der in diesem Abschnitt besprochenen Rechtslage zu beurteilen.

3. Rechtslage seit dem 1.4.1998

37   Für Erbfälle, die seit dem 1.4.1998 eingetreten sind, hat das ErbGleichG die **volle Gleichstellung** der nichtehelichen Kinder mit den ehelichen hergestellt. Bei der gesetzlichen Erbfolge wird das nichteheliche Kind grundsätzlich nach dem Tod des Vaters wie ein eheliches Kind (Mit-)Erbe.

---

[25] *Lange/Kuchinke* § 14 V 3.

Die Möglichkeit, durch Verfügung von Todes wegen das nichteheliche Kind aus der Miterbengemeinschaft auszuschließen, besteht zwar weiterhin. Allerdings kann in diesem Falle das enterbte nichteheliche Kind wie jeder andere Abkömmling auf Grund § 2303 Abs. 1 S. 1 BGB seinen Pflichtteil vom Erben verlangen. 38

Allerdings gilt die Neuregelung nicht ausnahmslos: Gemäß Art. 224 EGBGB und Art. 12 § 10 Abs. 2 NEhelG genießen nichteheliche Kinder, die vor dem **1.7.1949** geboren sind, weiterhin kein Erbrecht. Vor dem Hintergrund, dass das Vertrauen auf die Weitergeltung des alten Rechtszustandes zu berücksichtigen ist, erscheint diese Ausnahmeregelung durchaus sachlich gerechtfertigt.[26] Als Ersatz für die weggefallene Möglichkeit der Legitimation oder Ehelichkeitserklärung des Kindes ist allerdings mit Art. 12 § 10 a NEhelG eine Regelung eingefügt worden, wonach der Vater und sein Kind die Nichtanwendung des früheren Rechts vereinbaren können; dies kann jedoch nur für künftige Erbfälle gelten und ist an strenge formelle Voraussetzungen, insbesondere die notarielle Beurkundung, gebunden.[27] Auch in diesem Zusammenhang ist die Vorschrift des Art. 235 § 1 Abs. 2 EGBGB zu beachten. 39

Übersicht zum gesetzlichen Erbrecht des nichtehelichen Kindes nach seinem Vater: 40

Geburtstag des nicht-ehelichen Kindes	Eintritt des Erbfalles	Gesetzliches Erbrecht nach dem Vater
vor dem 1.7.1949	Gleichgültig	Grundsätzlich besteht kein Erbrecht des nichtehelichen Kindes nach seinem Vater, es sei denn, die Anwendung des früheren Rechts ist für künftige Erbfälle durch eine Vereinbarung nach Art. 12 § 10 a NEhelG ausgeschlossen, oder das nichteheliche Kind ist vor dem 3.10.1990 geboren und sein Vater hatte am 2.10.1990 seinen gewöhnlichen Aufenthalt in der ehemaligen DDR.
ab dem 1.7.1949	vor dem 2.10.1990	Das nichteheliche Kind ist nur dann gesetzlicher Erbe seines Vaters, wenn eheliche Abkömmlinge und/oder der überlebende Ehegatte als gesetzliche Erben ausfallen; im Übrigen besteht lediglich ein Erbersatzanspruch des nichtehelichen Kindes gemäß § 1934 BGB a. F.
ab dem 1.7.1949	nach dem 2.10.1990 und vor dem 1.4.1998	Es gelten grundsätzlich die in der vorherigen Zeile gemachten Ausführungen. Darüber hinaus besteht ein gesetzliches Erbrecht des nichtehelichen Kindes, das vor dem 3.10.1990 geboren ist und dessen Vater am 2.10.1990 seinen gewöhnlichen Aufenthalt in der ehemaligen DDR gehabt hatte (Art. 235 § 1 Abs. 2 EGBGB).
ab dem 1.7.1949	ab dem 1.4.1998	Das nichteheliche Kind ist gesetzlicher Erbe seines Vaters.

VI. „Eingetragene Lebenspartnerschaft" für gleichgeschlechtliche Paare

Eine der größten Veränderungen des Erbrechts der jüngsten Zeit beruht zwar nicht auf einer unmittelbaren Änderung der gesetzlichen Vorschriften des BGB, wohl aber auf der Einführung 41

---

[26] Vgl. zur Kritik an der Regelung (starke verfassungsrechtliche Bedenken) *Hess* FamRZ 1996, 781.
[27] Palandt/*Edenhofer* § 1924 Rdnr. 10.

eines **Lebenspartnerschaftsgesetzes,** das durch das Rechtsinstitut der „eingetragenen Lebenspartnerschaft" für **gleichgeschlechtliche Paare** eine ehegleiche Rechtslage zu schaffen sucht.[28]

42 Das LPartG eröffnet die Möglichkeit zur Begründung einer auf Lebenszeit geschlossenen gleichgeschlechtlichen Partnerschaft, der damit ehegleiche Wirkung zukommen soll. Diese Regelungen werden durch das LPartGErgG und die in ihm unter anderem enthaltenen Bestimmung zur Begründung der Lebenspartnerschaft ergänzt. Die Ausgestaltung der Rechtsfolgen ist denen der **Ehe sehr stark angenähert.**[29]

43 Am 1.1.2005 ist die Novelle zum Lebenspartnerschaftsrecht in Kraft getreten,[30] wodurch das LPartG in wesentlichen Punkten geändert und weiter an das Eherecht angepasst wurde.[31] Die ursprüngliche Fassung des LPartG enthielt, wie der Gesetzgeber in der Begründung der Novelle selbst einräumt,[32] aus Respekt vor Art. 6 I GG eine Reihe von „künstlichen Unterscheidungen" zwischen Ehe und Lebenspartnerschaft. Nachdem das BVerfG mit seinem Urteil vom 17.7.2002 die verfassungsrechtlichen Zweifel zerstreut hat,[33] konnte die beabsichtigte Novelle verabschiedet und die weitgehende Gleichstellung der eingetragenen Lebenspartnerschaft mit der Ehe[34] erreicht werden. Einige profiskalische Bereiche, wie insbesondere das Steuerrecht, sind bislang nicht angeglichen worden.[35]

44 Das gesetzliche Erbrecht des überlebenden Lebenspartners stand schon bisher demjenigen des überlebenden Ehegatten nur in drei vergleichsweise unbedeutenden Punkten nach, da den §§ 1931 Abs. 1 S. 2, Abs. 4 und 1934 BGB entsprechende Regelungen fehlten. Diese Lücke ist nun durch die Übernahme entsprechender Normen in § 10 LPartG beseitigt worden. Damit sind allerdings zugleich die Mängel des systemwidrigen § 1931 Abs. 1 S. 2 BGB und des unstimmigen § 1931 Abs. 4 BGB in das LPartG transferiert.[36] Die Neufassung hat zudem

---

[28] Das LPartG ist am 1.8.2001 in Kraft getreten (BGBl. I, 266). Zum Gesetzgebungsverfahren und dessen großer verfassungsrechtlicher Problematik: *Scholz/Uhle* NJW 2001, 393; zur Entstehungsgeschichte *Schwab* FamRZ 2001, 385. Konkrete Ausführungen finden sich auch oben in § 11.

[29] So entspricht bspw. der Katalog der Hindernisse zur Begründung einer Lebenspartnerschaft denen zur Eingehung der Ehe. Ferner wird die Lebenspartnerschaft in ein Lebenspartnerschaftsbuch eingetragen, das an das Heirats- bzw. Familienstammbuch für Eheleute angelehnt ist. Auch verpflichten sich die Lebenspartner, füreinander Verantwortung zu übernehmen und können einen gemeinsamen Namen bestimmen, der nach Beendigung der Lebenspartnerschaft beibehalten werden kann. Weiterhin besteht die Möglichkeit des Abschlusses eines Lebenspartnerschaftsvertrags, der dem herkömmlichen Ehevertrag entspricht.

[30] Gesetz zur Überarbeitung des Lebenspartnerschaftsrechts, BGBl I 2004, 3396.

[31] Güterrechtlich gilt gem. § 6 LPartG neuerdings, dass die Lebenspartner im Güterstand der Zugewinngemeinschaft leben, wenn sie nicht durch Lebenspartnerschaftsvertrag (§ 7 LPartG) etwas anderes vereinbaren. § 9 LPartG, der bislang nur die sorgerechtlichen Befugnisse des Lebenspartners regelte, wurde um drei Absätze ergänzt und enthält nun die Regelungen in Bezug auf Kinder eines Lebenspartners und ermöglicht so u.a. die umstrittene Stiefkindadoption. Ferner ist (nun) die Einbenennung eines Kindes möglich, das mit seinem Elternteil und dessen Lebenspartner in einem gemeinsamen Haushalt lebt. Während § 5 LPartG a.F. die Lebenspartner einander lediglich zu angemessenem Unterhalt verpflichtete und im Übrigen auf die §§ 1360 a, 1360 b BGB verwies, sind nunmehr die Lebenspartner einander verpflichtet, durch ihre Arbeit und mit ihrem Vermögen die partnerschaftliche Lebensgemeinschaft angemessen zu unterhalten. § 1360 S. 2 und die §§ 1360 und 1360 b BGB sowie § 16 Abs. 2 gelten entsprechend. Eine weitgehende Änderung hat das Recht der Lebenspartnerschaftsaufhebung erfahren. Zwar gilt weiterhin, dass die Lebenspartnerschaft auf Antrag eines oder beider Lebenspartner durch gerichtliches Urteil aufgehoben wird, § 15 Abs. 1 LPartG. Die Aufhebungsvoraussetzungen sind nun jedoch weitgehend an die Scheidungsvoraussetzungen angepasst worden. Die umfangreichste Neuregelung betrifft den Versorgungsausgleich. Während dieser bei der Lebenspartnerschaft bislang gar nicht stattfand, bestimmt nun § 20 LPartG, dass bei Aufhebung der Lebenspartnerschaft ein Versorgungsausgleich durchgeführt wird. Die Regelung lehnt sich an die Formulierung in § 1587 BGB an. Eine bestehende Ehe bildet im Hinblick auf eine zu gründende Lebenspartnerschaft ein absolutes Lebenspartnerschaftshindernis, § 1 Abs. 2 Nr. 1 LPartG. Eine dennoch eingetragene Lebenspartnerschaft wäre als von Anfang an nichtig anzusehen. Der umgekehrte Fall, dass man trotz bestehender Lebenspartnerschaft eine Ehe eingeht, war bislang – wegen der Bedenken im Hinblick auf Art. 6 I GG – nicht geregelt (*Wellenhofer*, Das neue Recht für eingetragene Lebenspartnerschaften, NJW 2005, 705; *v. Dickhuth-Harrach*, Das Lebenspartnerschaftsrecht Version 2005, FPR 2005, 273).

[32] BT-Dr 15/3445, S. 1.

[33] BVerfGE 105, 313 = NJW 2002, 2543 = FPR 2002, 576.

[34] BT-Dr 15/3445, S. 14.

[35] Ebenso wie im Steuerrecht, insb. im Einkommensteuer- und Erbschaftsteuerrecht, fehlt es an einer Angleichung noch etwa bei Sozialhilferecht und bei der Hinterbliebenenversorgung der Beamten und Richter, vgl. *Wellenhofer* NJW 2005, 705, 705.

[36] *v. Dickhuth-Harrach* FPR 2005, 273, 276.

den Pflichtteilsanspruch des Lebenspartners materiell-rechtlich dem Pflichtteilsanspruch des Ehegatten bis auf marginale Unterschiede angeglichen.[37] Mittelbar wurde ferner das Erbrecht durch die Möglichkeit künftiger Lebenspartner, sich zu **verloben**, geändert.[38] Denn an § 1 LPartG wurde ein neuer Abs. 3 angehängt, wonach aus dem Versprechen, eine Lebenspartnerschaft zu begründen, nicht auf Begründung der Lebenspartnerschaft geklagt werden kann.[39] Die erbrechtlichen Normen wurden jeweils ergänzt, so dass sie nunmehr auch „Verlobte im Sinne des Lebenspartnerschaftsrechts" betreffen. Bemerkenswert ist dabei die Erstreckung von § 2275 Abs. 3 BGB auf Lebenspartner. Denn daraus folgt, dass ein **beschränkt geschäftsfähiger Partner**, der nach § 1 Abs. 2 Nr. 1 LPartG noch keine wirksame Lebenspartnerschaft begründen kann, immerhin schon mit Zustimmung seines gesetzlichen Vertreters ein wirksames Verlöbnis i.S. von § 1 Abs. 3 LPartG eingehen und als Verlobter mit seinem künftigen Lebenspartner einen Erbvertrag abschließen kann.[40]

Der überlebende Lebenspartner des Erblassers ist gem. § 10 Abs. 1 und 2 LPartG neben Verwandten der ersten Ordnung zu einem Viertel und neben Verwandten der zweiten Ordnung oder neben den Großeltern zur Hälfte **gesetzlicher Erbe**.[41] Zusätzlich stehen ihm die zum lebenspartnerschaftlichen Haushalt gehörenden Gegenstände, soweit sie nicht Zubehör eines Grundstücks sind, und die Geschenke zur Begründung der Lebenspartnerschaft als **Voraus** zu. Ist der überlebende Lebenspartner neben Verwandten der ersten Ordnung gesetzlicher Erbe, so steht ihm der Voraus nur zu, soweit er ihn zur Führung eines angemessenen Haushaltes benötigt. Auf den Voraus werden die für Vermächtnisse geltenden Vorschriften für entsprechend anwendbar erklärt. Wenn allerdings weder Verwandte der Ersten noch der Zweiten Ordnung noch Großeltern vorhanden sind, erhält der überlebende Lebenspartner die ganze Erbschaft. Zwar wurde die Regelung in § 1931 Abs. 3 BGB, wonach die Vorschriften des § 1371 unberührt bleiben, nicht von § 10 LPartG übernommen. Die Teilhabe am Nachlass wird jedoch über die **güterrechtliche Erhöhung** aufgrund der Verweisung des § 6 Abs. 2 S. 4 LPartG, der die §§ 1371 bis 1390 BGB für anwendbar erklärt, erhöht.[42] Keine entsprechende Regelung findet sich hingegen für § 1931 Abs. 1 S. 2 und Abs. 4 BGB. Damit ähnelt die Position des auf gesetzlicher Grundlage erbenden überlebenden Lebenspartners dem Erbrecht des Ehegatten gem. §§ 1931 und 1932 BGB.

Das gesetzliche Erbrecht des überlebenden Lebenspartners wird – ähnlich der Regelung für Ehegatten in § 1933 BGB – ausgeschlossen,[43] wenn zurzeit des Todes des Erblassers die **Voraussetzungen für die Aufhebung der Lebenspartnerschaft** nach § 15 Abs. 2 Nr. 1 oder 2 LPartG gegeben waren und der Erblasser die Aufhebung beantragt oder ihr zugestimmt hatte oder der Erblasser einen Antrag nach § 15 Abs. 2 Nr. 3 LPartG gestellt hatte und dieser Antrag begründet war.[44] § 10 Abs. 3 LPartG ist wohl dahin zu verstehen, dass unter den dort genannten Voraussetzungen auch der Voraus entfällt, da der Voraus in § 10 Abs. 1 S. 2 als Annex zum Erbrecht geregelt ist.[45]

---

[37] *Kaiser*, Pflichtteilsrecht der eingetragenen Lebenspartnerschaften, FPR 2005, 286.
[38] Parallel dazu wurden auch verfahrensrechtliche Normen über Zeugnisverweigerungsrechte von Verlobten (§ 383 Abs. 1 Nr. 1 ZPO, § 52 Abs. 1 Nr. 1 StPO) auf Verlobte i.S.d. LPartG erstreckt.
[39] Das entspricht der Regelung in § 1297 Abs. 1 BGB. Die §§ 1297 bis 1302 BGB, die Vorschriften über das Verlöbnis, wurden für entsprechend anwendbar erklärt.
[40] *Wellenhofer* NJW 2005, 705, 709.
[41] *Scholz/Uhle* NJW 2001, 393, 399, halten das gesetzliche Erbrecht des Lebenspartners vor dem Hintergrund der von Art. 14 GG garantierten Testierfreiheit, die nur durch die Institutsgarantie der Ehe nach Art. 6 GG eingeschränkt werden darf, für verfassungswidrig. Diese Bedenken dürften durch die eindeutige Rspr. des BVerfG (BVerfGE 105, 313 = NJW 2002, 2543 = FPR 2002, 576) jedoch ausgeräumt sein.
[42] *Schwab* FamRZ 2001, 385, 395; *Mayer* ZEV 2001, 169, 173.
[43] § 10 Abs. 3 LPartG.
[44] § 15 Abs. 2 LPartG lautet nunmehr: Das Gericht hebt die Lebenspartnerschaft auf, wenn 1. die Lebenspartner seit einem Jahr getrennt leben und a) beide Lebenspartner die Aufhebung beantragen oder der Antragsgegner der Aufhebung zustimmt oder b) nicht erwartet werden kann, dass eine eingetragene Lebensgemeinschaft wieder hergestellt werden kann, 2.ein Lebenspartner die Aufhebung beantragt und die Lebenspartner seit drei Jahren getrennt leben, 3. die Fortsetzung der Lebenspartnerschaft für den Antragsteller aus Gründen, die in der Person des anderen Lebenspartners liegen, eine unzumutbare Härte wäre.
[45] *Mayer* ZEV 2001, 169, 173. Die sich ergebenden Zweifelsfragen für das gesetzliche Erbrecht im Hinblick auf den Widerruf eines Lebenspartners gem. § 15 Abs. 2 Nr. 1 LPartG sind durch die Neuregelung des Aufhebungsrechts obsolet geworden.

47 Im Hinblick auf die gewillkürte Erbfolge wird den Lebenspartnern die Errichtung eines **gemeinschaftlichen Testaments** ermöglicht, wofür die §§ 2266 bis 2273 BGB entsprechend gelten.[46] Von einer Regelung der Vorschriften des **Erbvertrags** wurde abgesehen, da dies – angesichts der fehlenden Exklusivität dieses Instituts – wohl nicht für notwendig erachtet wurde. Damit fehlt es aber auch an einer Anpassung der Sondervorschriften für Ehegatten gem. § 2275 Abs. 2, § 2276 Abs. 2, § 2290 Abs. 3 S. 2 BGB.[47]

48 Ferner sind für eine letztwillige Verfügung, durch die der Erblasser seinen Lebenspartner bedacht hat, die Regelungen über **die Unwirksamkeit letztwilliger Verfügungen bei Auflösung der Ehe** gem. § 2077 Abs. 1 und 3 BGB entsprechend anzuwenden.[48]

49 Enterbt ein Lebenspartner den anderen durch letztwillige Verfügung, hat der Enterbte gem. § 10 Abs. 6 S. 1 LPartG einen **Pflichtteilsanspruch**, der dem Pflichtteilsanspruch des enterbten Ehegatten nach § 2303 BGB entspricht. Zudem ordnet § 10 Abs. 6 S. 2 LPartG ausdrücklich an, dass die Pflichtteilsvorschriften des BGB für Ehegatten entsprechend gelten.[49] Schließt nicht der Erblasser den Lebenspartner von der Erbfolge aus, sondern verhindert der überlebende Lebenspartner seine Erbenstellung durch Ausschlagung der Erbschaft selbst, löst dies grundsätzlich keinen Pflichtteilsanspruch aus, es sei denn der Lebenspartner erbt zwar mehr, als ihm wertmäßig in Höhe des Pflichtteilsanspruchs zustünde, die Erbschaft aber durch Beschränkungen oder durch Beschwerungen belastet wird. Eine weitere Ausnahme gilt für Lebenspartner, die im Regelgüterstand der Zugewinngemeinschaft leben. Denn gem. § 6 Abs. 1 S. 2 LPartG i.V.m. § 1371 Abs. 3 BGB kann der Lebenspartner die Erbschaft ausschlagen und neben dem güterrechtlichen Ausgleich des Zugewinns auch den Pflichtteil verlangen.

50 Umstritten und durch die Novellierung nicht geklärt ist, ob § 10 Abs. 6 LPartG umfassend auf die Vorschriften des Ehegattenpflichtteilsrechts verweist.[50] Nach § 10 Abs. 6 S. 2 LPartG gelten die Pflichtteilsvorschriften des BGB mit der ausdrücklichen Maßgabe entsprechend, dass der Lebenspartner wie ein Ehegatte zu behandeln ist. Schon aus dem Wortlaut folgt, dass das LPartG die Gleichstellung von Ehegatten und Lebenspartnern umfassend meint und auch Ansprüche Dritter erfassen will. Damit sind die letzten Unterschiede zwischen dem Pflichtteilsanspruch des Lebenspartners und dem des Ehegatten beseitigt worden. Deswegen wird etwa bei der Berechnung des Pflichtteils von Kindern und Eltern des Erblassers gem. § 2311 Abs. 1 S. 2 BGB der dem überlebenden Lebenspartner nach § 10 Abs. 1 S. 3 bis 5 LPartG zustehende Voraus vorab vom Nachlass abgezogen, und es beginnt die Zehnjahresausschlussfrist des § 2325 Abs. 3 BGB für den Pflichtteilsergänzungsanspruch bei beeinträchtigenden Schenkungen des Erblassers an seinen Lebenspartner erst mit der Aufhebung der Lebenspartnerschaft zu laufen. Nach § 10 Abs. 6 S. 1 LPartG beträgt der Pflichtteil die Hälfte des gesetzlichen Erbteils. Nicht in die ursprüngliche Fassung des LPartG übernommen worden war § 1931 Abs. 1 S. 2 BGB. Diese in sich widersprüchliche Regelung hat der Gesetzgeber aufgehoben, so dass nunmehr der Lebenspartner Abkömmlinge von Großeltern vollständig von der Erbfolge verdrängt. Erbteile von Großelternabkömmlingen erhöhen damit seinen Erb- und auch seinen Pflichtteil. Sterben Großeltern ohne Abkömmlinge, bleibt es hingegen wie in der Ehe gem. § 10 Abs. 6 S. 2 LPartG bei der Grundregel des § 1926 Abs. 2 BGB.

51 Ebenfalls nicht in die ursprüngliche Fassung des LPartG übernommen worden war eine dem § 1934 BGB entsprechende Regelung, nach der ein Ehegatte kumulativ auch als Verwandter erbte – unter entsprechender Erhöhung seines Pflichtteils. Diese Konstellation war kam häufiger vor als bei Ehegatten, da der Lebenspartner nicht nur als Verwandter erster Ordnung erben konnte, sondern wegen Fehlens einer dem § 1931 Abs. 1 S. 2 BGB entsprechenden Regel auch als Erbe dritter Ordnung. Nunmehr ist ausdrücklich geregelt, dass ein Lebenspartner zugleich als Verwandter erben kann (§ 10 Abs. 1 S. 6 LPartG).[51]

---

[46] § 10 Abs. 4 LPartG.
[47] Hingegen wurden die Regelungen in § 2279 Abs. 2, § 2280 und § 2292 BGB um den Begriff des Lebenspartners ergänzt.
[48] § 10 Abs. 5 LPartG.
[49] *Kaiser*, Pflichtteilsrecht der eingetragenen Lebenspartner, FPR 2005, 286.
[50] *Kaiser* FPR 2005, 286, 287.
[51] *Kaiser* FPR 2005, 286, 287.

Durch Verweis auf § 1371 BGB in § 6 S. 2 LPartG enthielt das LPartG von Anfang an 52 Sondervorschriften für den Pflichtteil im Güterstand der (nunmehrigen) **Zugewinngemeinschaft**. Ist der überlebende Lebenspartner ohne Zuwendung eines Vermächtnisses enterbt worden (§ 1372 Abs. 1 BGB) oder schlägt er die Erbschaft aus (§ 1373 Abs. 3 BGB), hat er kumulativ Anspruch auf den nach § 10 Abs. 1 und 2 LPartG berechneten, so genannten kleinen Pflichtteil und auf Zugewinnausgleich gem. § 6 S. 2 LPartG mit §§ 1371 ff. BGB; nach ganz herrschender Meinung kann er stattdessen nicht Anspruch auf den großen Pflichtteil. Hat der Erblasser den überlebenden Lebenspartner zwar enterbt, ihm aber ein Vermächtnis zugewandt, kann der Lebenspartner gem. § 10 Abs. 6 S. 2 LPartG i.V.m. § 2307 Abs. 1 S. 1 BGB sein Vermächtnis ausschlagen und kumulativ den kleinen Pflichtteil und den Zugewinnausgleich verlangen. Nimmt der überlebende Lebenspartner das Vermächtnis an, so richtet sich sein Pflichtteilsrestanspruch aus § 2307 Abs. 1 S. 2 BGB hingegen nach dem großen Pflichtteil, da ein güterrechtlicher Zugewinnausgleich unterbleibt. Auch der Pflichtteilsrestanspruch des nicht enterbten Lebenspartners aus § 10 Abs. 6 S. 2 LPartG i.V.m. § 2305 BGB ist auf Grundlage des so genannten großen Pflichtteils zu berechnen.[52]

Im Fall der **Gütertrennung** ist mit § 10 Abs. 2 S. 2 eine dem § 1931 Abs. 4 BGB entsprechende Regelung in das LPartG eingefügt worden, da der Lebenspartner als Erbteil mindestens 53 so viel erhält wie die als gesetzliche Erben berufenen Kinder, mindestens aber ein Viertel; der Pflichtteil erhöht sich entsprechend.

Nach § 10 Abs. 7 LPartG gelten die §§ 2346 ff. BGB über den **Erbverzicht** für Lebenspartner 54 entsprechend. Zweifelhaft ist, ob § 10 Abs. 7 LPartG nur auf die Vorschriften zum Erb- und Pflichtteilsverzicht des Lebenspartners oder aber vollumfänglich auf die §§ 2346 ff. BGB verweist und damit auch die Auslegungsregel des § 2350 Abs. 2 BGB erfasst, nach der ein Erbverzicht eines Abkömmlings im Zweifel nur zu Gunsten der Abkömmlinge und des Ehegatten des Erblassers gelten soll. Dagegen spricht, dass § 10 Abs. 6 S. 2 LPartG den Lebenspartner für das Pflichtteilsrecht ausdrücklich dem Ehegatten gleichstellt und sich deswegen etwa auf § 2325 Abs. 3 BGB erstreckt, während § 10 Abs. 7 LPartG eine Gleichstellung mit dem Ehegatten für den Erbverzicht unterlässt.[53]

Anders als für den Erbverzicht fehlt ein ausdrücklicher Verweis auf die Vorschriften über 55 die **Pflichtteilsunwürdigkeit** nach §§ 2345 Abs. 2, 2339 BGB und die Pflichtteilsentziehung nach §§ 2333ff.BGB. Daraus kann jedoch nicht geschlossen werden, dass diese Vorschriften für Lebenspartner nicht gelten. Vielmehr erfasst der Verweis auf den Pflichtteilsanspruch des Ehegatten auch diese Vorschriften.

Schließlich werden die Bestimmungen über den **Erbverzicht** für entsprechend anwendbar erklärt.[54] Der Lebenspartner soll damit als Inhaber des gesetzlichen Erbrechts auf dieses verzichten können. Ob hiervon auch die gesetzliche Auslegungsregel des § 2350 Abs. 2 BGB, wonach ein Erbverzicht eines Abkömmlings im Zweifel nur zu Gunsten der anderen Abkömmlinge und des Ehegatten gilt, umfasst wird, erscheint jedoch zweifelhaft.[55] 56

Zusammenfassend kann gesagt werden, dass das **Gesamtvorhaben** eines Lebenspartner- 57 schaftsgesetzes nunmehr – zumindest erbrechtlich – abgeschlossen ist. Es ist aber mit weiteren Änderungen, beispielsweise im Hinblick auf die (erbschaft-)steuerrechtlichen Vorschriften, zu rechnen. Zu einem späteren Zweitpunkt kann auch eine Vollintegration in das BGB erwartet werden.[56]

Erbrechtliche Gestaltungen unter Lebenspartnern entsprechen damit weitgehend denen von 58 Ehepartnern. Besonderheiten dürften sich aber wohl aus der Abwesenheit von gemeinsamen Abkömmlingen und der unterschiedlichen steuerlichen Behandlung ergeben. Insbesondere die Vorschrift des § 13 a ErbStG ermöglicht jedoch die (künstliche) Anwendbarkeit der Steuerklasse I sowohl auf nichteheliche Lebensgemeinschaften wie auf eingetragenen Lebenspartner.

---

[52] *Kaiser* FPR 2005, 286, 287.
[53] *Kaiser* FPR 2005, 286, 287.
[54] § 10 Abs. 7 LPartG.
[55] *Mayer* ZEV 2001, 169, 173.
[56] *Wellenhofer* NJW 2005, 705, 709.

2. Abschnitt. Die Anordnungen des Erblassers

§ 13 Vermächtnis

Übersicht

	Rdnr.
I. Rechtsnatur und Bedeutung des Vermächtnisses	1–40
1. Regelungsinhalt des Vermächtnisses im Vergleich zur Erbeinsetzung, Teilungsanordnung und Auflage	1–22
2. Die Notwendigkeit der Anordnung durch den Erblasser und seine besonderen Gestaltungsmöglichkeiten	23–27
3. „Gesetzliche Vermächtnisse"	28–40
a) Voraus	28–33
b) Dreißigster	34/35
c) Ausbildungskosten bei Stiefabkömmlingen	36
d) Unterhaltsanspruch des geschiedenen Ehegatten § 1586 b BGB	37–40
II. Die Vermächtnisarten	41–263
1. Das Vermächtnis auf Übereignung von Sachen	41–82
a) Das Stückvermächtnis	46–57
b) Das Wahlvermächtnis	58–64
c) Das Gattungsvermächtnis	65–76
d) Das Verschaffungsvermächtnis	77–82
2. Das Vermächtnis auf Einräumung und Umgestaltung von Rechten	83–164
a) Die Vielfalt der Rechte des Erblassers	83–105
b) Die Einräumung von Besitz- und Nutzungsrechten	106–143
c) Das Vermächtnis auf Einräumung oder Umgestaltung von Schuldverhältnissen	144–164
3. Das Geldvermächtnis	165–182
a) Rechtsnatur des Geldvermächtnisses	165–173
b) Leistungen von Grundstücken an Erfüllung statt	174–178
c) Ersetzungsbefugnis durch Zahlung einer Geldsumme	179/180
d) Das Quotenvermächtnis	181/182
4. Das Universalvermächtnis	183/184
5. Die Qualität der Rechtsstellung des Vermächtnisnehmers als Unterscheidungskriterium	185–263
a) Das Untervermächtnis	186–194
b) Das Ersatzvermächtnis – Wegfall eines Vermächtnisnehmers sowie des Beschwerten	195–197
c) Das Nachvermächtnis im Vergleich zur Nacherbfolge	198–215
d) Das Herausgabevermächtnis	216–225
e) Das Vorausvermächtnis	226–232
f) Das Auflagenvermächtnis	233–237
g) Beschränkung mit Testamentsvollstreckung	238–243
h) Bedingte und befristete Vermächtnisse, insbesondere die Potestativbedingungen bei der Vermächtnisanordnung	244–257
i) Die Jastrow'sche Klausel	258–263
III. Anordnung, Anfall, Fälligkeit und Erfüllung von Vermächtnissen	264–345
1. Die Bestimmung des Vermächtnisgegenstandes und die Person des Vermächtnisnehmers	264–289
a) Auswahl durch den Erblasser	264–274
b) Auswahl durch Dritte	275–289
2. Anfall, Fälligkeit, Haftung und Erfüllung des Vermächtnisanspruchs	290–324
a) Anfall des Vermächtnisses	290/291
b) Fälligkeit des Vermächtnisanspruchs	292–294
c) Erfüllung, Haftung, Durchsetzung und Sicherung des Vermächtnisanspruchs	295–321
d) Die Testamentsvollstreckung zwecks Erfüllung des Vermächtnisses	322–324
3. Wegfall des Vermächtnisnehmers	325–345

a) Annahme von Ausschlagung durch Vermächtnisnehmer	325–342
b) Sonstige Gründe des Wegfalls	343–345
IV. Der Vermächtnisnehmer im Schutze des Pflichtteilsrechts	346–388
1. Das Vermächtnis als Beschwerung des pflichtteilsberechtigten Erben oder Vermächtnisnehmer	346–349
2. Die Zuwendung von Vermächtnis und Erbteil an den Pflichtteilsberechtigten	350–367
a) Annahme von Erbteil und Vermächtnis	353–355
b) Annahme des Erbteils und Ausschlagung des Vermächtnisses	356–359
c) Ausschlagung des Erbteils und Annahme des Vermächtnisses	360–363
d) Ausschlagung des Vermächtnisses und des Erbteils	364–367
3. Besonderheiten beim Güterstand der Zugewinngemeinschaft	368–371
4. Übersicht über die einzelnen Fallgestaltungen	372/373
5. Kürzungsrechte des Erben gegenüber dem Vermächtnisnehmer	374–388
a) Kürzung des Vermächtnisses nach § 2318 Abs. 1 BGB	377–379
b) Kürzungsmöglichkeit gemäß § 2318 Abs. 3 BGB	380/381
c) Problemlage bei § 2318 Abs. 2 BGB	382–385
d) Weitergehende Kürzungsmöglichkeiten	386–388
V. Fazit	389/390

Schrifttum: *Bengel,* Rechtsfragen zum Vor- und Nachvermächtnis, NJW 1990, 1826; *ders./Reimann,* Beck'sches Notarhandbuch, 2. Aufl. 1997; *ders./Reimann,* Handbuch der Testamentsvollstreckung, 1994; *Brox,* Erbrecht, 9. Aufl. 1984; *Brunner,* Theorie und Praxis im Leichenrecht, NJW 1953, 1173; *Bühler,* Das Verschaffungsvermächtnis, Inhalt und Durchsetzung, DNotZ 1964, 581; *ders.,* Erbschaftsteuerreform: Übersicht und Vorschläge zur Verminderung der Steuernachteile beim Berliner Testament, BB 1997, 551; *Bühler,* Zum Inhalt der Vermächtnisanwartschaft im Vergleich zur Anwartschaft des Nacherben, BWNotZ 1967, 174; *Bungenroth,* Zur Wirksamkeit von Verfügungen über bedingt vermachte Gegenstände, NJW 1967, 1357; *Bunke,* Der Nießbrauch an der Beteiligung an einer Personengesellschaft, DNotZ 1968, 5; *Crezelius,* Bewertung eines im Wege eines Vermächtnisses übergegangenen Grundstücks mit einem Gebäude auf fremden Grund und Boden, ZEV 2004, 474; *Daragan,* Mögliche Änderung der Rechtsprechung des BFH zur Bewertung eines Grundstücksvermächtnisses – Hinweise für die Praxis, ZErb 2005, 40; *Deutsch,* Das Transplantationsgesetz vom 5.11.1997, NJW 1998, 777; *Dieckmann,* Zur Auswirkung von Erb- oder Pflichtteilsverzichts in die nachehelichen Unterhaltsansprüche eines (früheren) Ehegatten, NJW 1980, 2777; *Dieterle,* Das Geschiedenen-Testament, BWNotZ 1971, 14; *Dittmann/Reimann/Bengel,* Testament und Erbvertrag, 2. Aufl. 1986; *Dressler,* Vereinbarungen über Pflichtteilsansprüche – Gestaltungsmittel zur Verringerung der Erbschaftsteuerbelastung, NJW 1997, 2848; *Dütz,* Das Zurückbehaltungsrecht des § 273 Abs. 1 BGB bei Erbauseinandersetzungen, NJW 1967, 1105; *Ebeling,* DStR 2005, 1633; *Eberling,* Korrekturvermächtnisse im Berliner Testament und deren erbschaftsteuerliche Folge, ZEV 2000, 87; *Erman/Schlüter/Schmitt,* Handkommentar zum BGB, 9. Aufl. 1993; *Engler,* Handlungsbedarf bei Sachvermächtnissen und Verbindlichkeiten im Nachlass aus erbschaftsteuerlicher Sicht, NJW 2006, 649; *Everts,* Neues zum „Erbschaftsteuervermächtnis"?, ZErb 2004, 373; *Ferid,* Die Bedeutung einer „joint tenancy" für deutsches Nachlassvermögen unbeweglicher und beweglicher Art bei Erbfällen nach Amerikanern, DNotZ 1964, 518; *Fichtelmann,* Der Nießbrauch an Unternehmen und Beteiligungen, DStR 1974, 305; *Flume,* Das Rechtsgeschäft, 4. Aufl. 1992; *Grziwotz,* Pflichtteilsverzicht und nachehelicher Unterhalt, FamRZ 1991-2, 1258; *Haegele,* Zulässigkeit der Bezeichnung eines Erben oder eines Vermächtnisnehmers durch einen Dritten, BWNotZ 1972, 74; *ders.,* Nießbrauch an einem Handelsgeschäft sowie bei Personen- und Kapitalgesellschaften, BWNotZ 1974, 24; *Hartmann,* Das sog. Behindertentestament: Vor- und Nacherbschaftskonstruktion oder Vermächtnis-variante?, ZEV 2001, 89; *Horber,* Grundbuchordnung, 20. Aufl. 1993; *Ivo,* Der Fachanwalt für Erbrecht, 2005, S. 29; *ders.,* Wie erfüllt der Vorerbe ein Grundstücksvermächtnis?, Erbrecht effektiv 2004, 206; *ders.,* Die Zuwendung von Personengesellschaftsanteilen durch Vermächtnis, FAErb 2006, 29; *Jansen/Wrede,* Renten, Raten, dauernde Lasten, 7. Aufl. 1980; *Joers-Kunkel-Wenger,* RömR, 3. Aufl. 1949; *Johannsen,* Die Rechtsprechung des BGH auf dem Gebiet des Erbrechts, 8. Teil, Das Vermächtnis, WM 1972, 866; *ders.,* Erbrecht in der Rechtsprechung des BGH 1973–1976, WM 1977, 270; *ders.,* in RGRK, Kommentar zum BGB, 12. Aufl. 1982; *Jülicher,* Zwei Stolpersteine beim „Vorbehaltsnießbrauch", ZEV 2000, 183; *Kallmann,* Rechtsprobleme bei der Organtransplantation, FamRZ 1969, 578; *Keuck,* Der Erblasserwille post testamentum zur Unzulässigkeit der testamentarischen Potestativbedingung, FamRZ 1972, 9; *Klunzinger,* Die erbrechtliche Ermächtigung zur Auswahl des Betriebsnachfolgers durch Dritte, BB 1970, 1197; *Korn,* Nießbrauchgestaltungen auf dem Prüfstand Teil I und II, DStR 1999, 461 und 512; *Lange/Kuchinke,* Lehrbuch zum Erbrecht, 4. Aufl. 1995; *Langenfeld,* Das Ehegattentestament, 1994; *ders.,* Das Testament des Gesellschafters-Geschäftsführers einer GmbH, 1980; *Leipold,* Verwendungsersatzanspruch des Vorausvermächtnisnehmers, JZ 1991, 990; *Lohritz,* Teilungsanordnung und Vorausvermächtnis, NJW 1988, 2697; *Mampel,* Das Erbrecht im neuen Zivilrecht der DDR, NJW 1976, 593; *Mattern,* Einzelzuwendungen auf den Todesfall, BWNotZ 1965, 1; *Maur,* Die Rechtsstellung des Vorvermächtnisnehmers bei zugunsten des Nachvermächtnisnehmers eingetragener Vormerkung, NJW 1990, 1161; *Mayer,* Berliner Testament ade? – Ein Auslaufmodell wegen zu hoher Erbschaftsteuerbelastung?, ZEV 1998, 50; *ders.,* Der superbefreite Vorerbe? – Möglichkeiten und Grenzen der Befreiung des Vorerben, ZEV 1/2000, 9; *ders.,* Neues zum Berliner Testament auf Grund der Erbschaftsteuerreform, ZEV 1997, 325; *Meinke,* Erbschaftsteuergesetz, 11. Aufl. 1997; *Menz,* Die Regelung der Unternehmensnachfolge bei noch jugendlichen Erben, Der Betrieb 1966, 1719; *Mönch,* Kommentar zum Erbschaftsteuergesetz, 10. Aufl. 1994; *Münchener Kommentar* zum BGB, 3. Aufl. 1993; *Nieder,* Handbuch der Testamentsgestaltung, 2. Aufl. 2000; *Otte,* Die Nichtigkeit letztwilliger Verfügungen wegen Gesetzes- oder Sittenwidrigkeit, JA 1985, 192; *Pietsch/Schulz/Zellfelder,* Erbschaftsteuer, Schenkungssteuer, 5. Aufl.; *Pilz,* Beratungsbedarf vor steuerlichen Rechtsänderungen bei der Vermögensnachfolge (Vortrag anlässlich der ZEV Jahrestagung 2006); *Planck/Greiff,* in Plancks Kommentar zum BGB, 5. Bd. Erbrecht, 4. Aufl. 1930; *Reimann,* Das Vermächtnis als Alternative zur Nacherbfolgeanordnung und als deren Ergänzung, Skript zur ZEV Jahrestagung 2000/2001, S. 9; *ders.,* Gesellschaftsvertragliche Abfindung und erbrechtlicher Ausgleich, ZEV 1994, 7; *Reymann,* Das Vermächtnis des Kommanditisten, ZEV 2006, 307 ff.; *Ripfel,* Der gesetzliche Voraus des überlebenden Ehegatten, BWNotZ 1965, 268; *Schäfer,* Die Mindestanforderungen an die Bestimmtheit des Erblasserwillens bei der letztwilligen Verfügung, BWNotZ 1988, 206; *Schlichting,* Der Verwendungsersatzanspruch des Vorvermächtnisnehmers gegen den Nachvermächtnisnehmer, ZEV 2000, 385; *Schlitt,* Aufteilung der Pflichtteilslast zwischen Erbe und Vermächtnisnehmer, ZEV 1998, 91; *ders.,* Der mit einem belasteten Erbteil und einem Vermächtnis bedachte Pflichtteilsberechtigte, ZEV 1998, 216; *ders.,* Der Schutz des Pflichtteilsberechtigten vor belastenden Anordnungen des Erblassers, Diss. Gießen, 1990; *ders.,* Klassische Testamentsklauseln 1991; *ders.,* Zur Anrechnung aufschiebend bedingter Vermächtnisse auf den Pflichtteil, NJW 1992, 28; *ders.,* Münchener Prozessformularbuch Erbrecht, 2004; *ders.,* Das Universalvermächtnis ZErb 2006, 226; *Schmitz,* Kein nachehelicher Unterhaltsanspruch gegen den Erben nach Erb- oder Pflichtteilsverzicht, FamRZ 1999, 1569; *Schön,* Der Nießbrauch am Gesellschaftsanteil, ZHR 158 (1994), 229; *Scholz,* Kommentar zum GmbHG, 9. Aufl. 2000; *Skibbe,* Testamentsauslegung: Abgrenzung Vermächtnis – Teilungsanordnung, ZEV 1995, 145; *Soergl,* Kommentar zum BGB, Bd. 9, 12. Aufl. 1992; *Steiner,* Vermögensrechtliche Fragen während des Zusammenlebens und nach der Trennung Nichtverheirateter, NJW 1986, 686; *Strecker,* Pflichtteilsansprüche bei Wiederverheiratungsvermächtnissen im Berliner Testament, ZEV 1996, 327; *Strohal,* Das deutsche Erbrecht auf der Grundlage des BGB, 2. Bd., 2. Aufl. 1903/1904; *Strübing,* Haftungsbeschränkung des Erben bei Steuerverbindlichkeiten, ZErb 2005, 177; *Sudhoff,* Die Regelung der Unternehmensnachfolge bei noch jugendlichen Erben, Der Betrieb 1966, 1720; *Tanck,* § 2318 Abs. 3 BGB schützt nur den „Pflichtteilskern", ZEV 1998, 132; *von Olshausen,* Die Verteilung der Pflichtteilslast zwischen Erben und Vermächtnisnehmer, MDR 1986, 89; *Wingerter,* Die Erweiterung der Befugnisse des befreiten Vorerben, 2000; *Weipert* in *Ebenroth/Boujong/Jost,* Kommentar zum HGB, 2001; *Zawar,* Das Vermächtnis in der Kautelarjurisprudenz, 1983, S. 61; *Zimmermann,* Gesellschaft, Tod und medizinische Erkenntnis, NJW 1979, 570.

Beratungscheckliste

☐ Will der Erblasser ein Vermächtnis anordnen oder nur Teilungsanordnungen im Rahmen einer bestehenden Erbengemeinschaft treffen?
☐ Welcher Nachlassgegenstand soll vermacht werden?
☐ Soll der Vermächtnisgegenstand an einen oder mehrere Begünstigte übertragen werden?
☐ In welchem Beteiligungsverhältnis soll bei mehreren Vermächtnisnehmern der Gegenstand übertragen werden?
☐ Soll der Vermächtnisnehmer zugleich Erbe sein oder nicht?
☐ Wer soll mit dem Vermächtnis beschwert sein, der Erbe oder die Erbengemeinschaft oder der oder die Vermächtnisnehmer?
☐ Wann soll das Vermächtnis anfallen und wann ist der Vermächtnisanspruch fällig?
☐ Ist der Vermächtnisgegenstand im Nachlass vorhanden oder ist dieser im Besitz oder im Eigentum Dritter?
☐ Wer soll bei einem Sachinbegriff oder einem nur der Gattung nach bestimmten Vermächtnisgegenstand die Auswahl des Vermächtnisgegenstandes treffen?
☐ Ist der Zweck des Vermächtnisses vom Erblasser hinreichend bestimmt?
☐ Ist der Vermächtnisnehmer konkret bestimmt oder soll unter dem Kreis mehrerer die Auswahl des Vermächtnisnehmers getroffen werden und wer trifft die Auswahl?
☐ Wer soll bei einem Vorversterben oder einem Wegfall des Vermächtnisnehmers an dessen Stelle treten oder soll das Vermächtnis insoweit gegenstandslos werden?
☐ Was soll geschehen, wenn der vermachte Vermögensgegenstand beim Tode nicht mehr zum Vermögen des Erblassers gehört?
☐ Ist es geboten, die Erfüllung des Vermächtnisses durch die Anordnung einer Testamentsvollstreckung oder eine Vollmacht über den Tod hinaus zu erleichtern?

☐ Wer soll bei minderjährigen Vermächtnisnehmer die Vermögenssorge hierüber wahrnehmen?
☐ Lässt der Gesellschaftsvertrag überhaupt die vermächtnisweise Verfügung über einen Gesellschaftsanteil zu?
☐ Sind Potestativbedingungen, die im Zusammenhang mit der Vermächtnisanordnung an den Vermächtnisnehmer gestellt werden von sachlichen Erwägungen getroffen oder liegt ein Verstoß gegen das Diskriminierungsverbot nach § 138 BGB vor?
☐ Verstößt die Vermächtnisanordnung möglicherweise gegen ein gesetzliches Verbot?
☐ Welcher steuerliche Freibetrag kann der Vermächtnisnehmer bei Annahme des Vermächtnisses realisieren und welchem Erblasser wird die Zuwendung erbschaftsteuerrechtlich zugeordnet?

I. Rechtsnatur und Bedeutung des Vermächtnisses

1. Regelungsinhalt des Vermächtnisses im Vergleich zur Erbeinsetzung, Teilungsanordnung und Auflage

Nach der in § 1939 BGB normierten Definition handelt es sich bei einem **Vermächtnis** um 1 eine **letztwillige Zuwendung eines Vermögensvorteils** an einen anderen, ohne diesen als Erben einzusetzen. Der Nachlass, der gemäß §§ 1922, 1937 BGB zunächst ausschließlich auf die Erben übergeht, kann aus den unterschiedlichsten Vermögensgegenständen und -vorteilen bestehen. Er setzt sich auf Grund statistischer Erhebungen im Wesentlichen zu 42% aus **Geldvermögen,** zu 39% aus **Grundvermögen,** zu 2% aus **Lebensversicherungen** und zu 18% aus **Gebrauchsvermögen** zusammen.[1] Diese einzelnen Nachlassgegenstände können selbstverständlich auch Gegenstand eines Vermächtnisses sein.

Während der Erbe gemäß § 1922 BGB ohne besonderen Übertragungsakt im Rahmen der 2 Universalsukzession in alle Rechte und Pflichten des Erblassers eintritt (ipso iure), hat der Vermächtnisnehmer gegen den Beschwerten, der hier regelmäßig Erbe oder Vermächtnisnehmer sein kann, lediglich einen **schuldrechtlichen** Anspruch auf Erlangung dieses Vermögensvorteils, der durch besonderen rechtsgeschäftlichen Übertragungsakt zwischen dem Beschwerten und dem Begünstigten zu erfüllen ist (§ 2174 BGB). Vermächtnisse haben grundsätzlich keine dingliche Wirkung, sondern begründen einen **Anspruch auf Leistung des vermachten Gegenstandes.**[2]

Die Verpflichtung aus dem Vermächtnis ist gleichfalls für den beschwerten Erben eine **Nach-** 3 **lassverbindlichkeit** im Sinne des § 1967 Abs. 2 BGB. Der Vermächtnisnehmer ist zwar Nachlassgläubiger, Erblasserschulden, Erbfallschulden und Ansprüche Pflichtteilsberechtigter gehen ihm jedoch vor, es sei denn, der Erblasser hat gemäß § 2189 BGB eine andere Rangfolge festgelegt (§ 226 Abs. 2 InsO). Der Vermächtnisanspruch ist grundsätzlich **mit dem Erbfall** fällig.

Zu Fragen des **Anfalls,** der Fälligkeit und der **Erfüllung** von Vermächtnisansprüchen wird im 4 Übrigen auf Rdnr. 117–135 dieses Kapitels verwiesen. Bei **hinausgeschobenen Vermächtnissen** besitzt der Bedachte während der Schwebezeit bereits eine rechtlich **geschützte Anwartschaft.** Diese kann übertragen und gepfändet werden, auch wenn die Auslegungsregel des § 2074 BGB Platz greift.[3]

Das ältere römische Recht kannte ursprünglich zwei Vermächtnisarten, das wohl ältere **le-** 5 **gatum per vindicationem** und das **legatum per damnationem.** Das Erstere war an bestimmte verbale Zuwendungsformen gebunden und führte zu einem unmittelbarem Rechtserwerb des Vermächtnisgegenstandes vom Erblasser an den **Legatar.** Das letztere wirkte nur schuldrechtlich. Der Vermächtnisgegenstand ging zunächst auf den Erben über und der Legatar konnte von diesem mit der **actio ex testamento** die Leistung fordern.[4]

---

[1] Statistik des Bundesverbandes Deutscher Banken.
[2] Einzige Ausnahme ist das Vorausvermächtnis an den alleinigen Vorerben.
[3] Palandt/*Edenhofer* § 2179 Rdnr. 1; vgl. hierzu auch Rdnr. 80 ff.
[4] *Joers/Kunkel/Wenger* RömR § 221, 4 b; *Lange/Kuchinke* § 27 I 1 a.

6 Die Erfüllung der Vermächtnisse hing jedoch von der Annahme der Erbschaft durch den Erben ab; zu dessen Schutz wurde bereits 40 Jahre vor Christi durch die lex Falcidia bestimmt, das ihm trotz der angeordneten Legate wenigstens 1/4 seines Erbteiles verbleiben musste (**falzidisches Quart**).

7 Neben dem Vermächtnisrecht hatten sich im Laufe der Zeit auch **Fideikommisse**[5] entwickelt. Hier handelte es sich anfangs um eine formlose, nur durch die Erbsitte gewährleistete Bitte des Erblassers an den Erben, die entweder im Testament oder in einem formlosen Kodizill ausgesprochen wurde. Sowohl die Anordnung des **Vindikationslegats, Damnationslegats** als auch der **Fideikommisse** waren zunächst an bestimmte mündliche Formen geknüpft („bestimmte Worte"), *Justinian* verlangte später die Schriftform oder die mündliche Errichtung vor 5 Zeugen, ließ aber weiter die Oralfideikommisse zu. Später vermischten sich dann auch unter Justinian die einzelnen Vermächtnisformen.

8 Das **Deutsche Recht** kannte das einseitige Vermächtnis und den Vermächtnisvertrag. Durch die **Rezeption** wurde das Römische Recht der Legate und der Fideikommisse **gemeines Recht**. Während die **Partikularrechte** das Vindikationslegat überwiegend zuließen, hier insbesondere das Preußische Allgemeine Landrecht und das sächsische BGB, haben sich die Väter des **BGB** dafür entschieden, ausschließlich das Damnationslegat als einzige Vermächtnisart aufrechtzuerhalten. Hintergrund für diese Entscheidung war insbesondere der **Schutz der Nachlassgläubiger** und auch das sich bereits entwickelnde **traditionelle Grundbuchsystem**.

9 Das Vermächtnisrecht hat im BGB in den Vorschriften der §§ 2147–2191 BGB detaillierte Regelungen erfahren, obwohl von den Möglichkeiten des Vermächtnisrechts im Rahmen der Kautelarjurisprudenz allzu wenig Gebrauch gemacht wird.

Auch das **ZGB der DDR** hat das Vermächtnisrecht gekannt und in § 380 ff. geregelt. Inhaltlich lehnte sich die Definition des Vermächtnisses an die Vorschriften des BGB an.[6] Lediglich die Frage, ob das ZGB bedingte Vermächtnisse zulässt, blieb bis zuletzt bestritten.[7]

10 Im Gegensatz zum Vermächtnis ist mit einer **Teilungsanordnung** nach § 2048 BGB nicht zwangsläufig auch ein Vermögensvorteil im Vergleich zu den anderen Miterben oder Vermächtnisnehmern verbunden, sondern hierbei handelt es sich lediglich um die Begründung eines schuldrechtlichen, durch letztwillige Verfügung **zwischen** den **Miterben** begründeten Anspruches auf eine **bestimmte Auseinandersetzung** oder **Verwaltung des Nachlasses**. Die Teilungsanordnung nach § 2048 BGB beinhaltet lediglich eine oder mehrere Auseinandersetzungs- und Verwaltungsbestimmungen des Erblassers, die sich an die Erbengemeinschaft als solche richten und deshalb Regelungen **innerhalb der Erbengemeinschaft** betreffen. Soweit durch die Teilungsanordnung des Erblassers der eine oder andere Miterbe aus dem Nachlass im Rahmen der Auseinandersetzung des Nachlasses wertmäßig mehr erhält als der andere Miterbe, ist bei der Teilungsanordnung von der gesetzlichen Zielsetzung vorgesehen, dass insoweit ein **interner Wertausgleich** zwischen den Miterben stattfindet, während das Vermächtnis dem Begünstigten den Vermögensvorteil ohne „Wenn und Aber" gewährt und Wertverschiebungen grundsätzlich keine Bedeutung haben.

11 Praktische Schwierigkeiten ergeben sich indes in der Abgrenzung zwischen der **Teilungsanordnung** und § 2048 BGB und einem **Vorausvermächtnis** nach § 2150 BGB, das dadurch gekennzeichnet ist, dass der Vermächtnisnehmer zusätzlich Erbe des Nachlasses ist. Zu diesem Problemkreis kann gleichfalls auf die Ausführungen in § 19 dieses Buches verwiesen werden.

12 Da der Erblasser die vorgenannten Rechtsbegriffe in einer letztwilligen Verfügung regelmäßig nicht als terminus technicus verwendet, obwohl hieraus bestimmte Rechtsfolgen resultieren, ist im Regelfall erst durch **Auslegung der letztwilligen Verfügung** der Erblasserwille zu ermitteln (§§ 133, 2084 BGB). Wollte der Erblasser, dass dem begünstigten Miterben der **Vermögensvorteil zusätzlich zu seinem Erbteil** und ohne Anrechnung auf diesen gewährt wird, geht die herrschende Meinung von der Anordnung eines **Vorausvermächtnisses** aus. Wenn allerdings nach dem Erblasserwillen der Vermögensvorteil unter den Miterben insoweit auszugleichen ist, dass bei einer entsprechenden Mehrzuwendung der Begünstigte an die übrigen

---

[5] *Joers/Kunkel/Wenger* RömR § 5, 225.
[6] Übersichten bei *Mampel* NJW 1976, 593, 598.
[7] Staudinger/*Otte* Vorbem. zu §§ 2147 ff. Rdnr. 13.

Miterben einen **Wertausgleich aus seinem eigenen Vermögen** zu zahlen hat oder eine **Anrechnung auf den Erbteil** erfolgen soll, spricht dies eher für die Anordnung einer **Teilungsanordnung**.[8]

Soweit sich aus dem Testament selbst oder aus Umständen außerhalb der Urkunde der Erblasserwille nicht ermitteln lässt, ist **im Zweifel** von einer **Teilungsanordnung** auszugehen.[9] Vorgenannte Auslegungsregeln können allerdings nur vage Hilfestellungen leisten, da selbst bei einer angeordneten Anrechnung der Zuwendung auf den Erbteil dennoch ein von der Erbeinsetzung unabhängiger Geltungsgrund für die Zuwendung gewollt sein kann, wenn hierin ein selbständiger Vermögensvorteil liegt.[10]

Ob der Erblasser ein Vorausvermächtnis oder eine Teilungsanordnung anordnen wollte, hat auch wesentliche Auswirkungen auf das **Ausschlagungsrecht**. Das Vorausvermächtnis kann unabhängig vom Erbteil ausgeschlagen werden (§ 2180 BGB), die Teilungsanordnung dagegen nicht.

Das Vermächtnis ist auch in der **Rangfolge nach der Insolvenzordnung** besser gestellt (§ 1991 Abs. 2 BGB, § 327 InsO). Wenn es zur beschränkten Erbenhaftung kommt, ist der bereits erfüllte Vermächtnisanspruch als solches generell von der Haftung ausgeschlossen, während der durch Teilungsanordnung zugewandte Gegenstand immer zu der **Haftungsmasse** gehört. Es ist allerdings zu berücksichtigen, dass ein erfüllter Vermächtnisanspruch möglicherweise nach § 322 InsO i. V. m. § 5 AnfG anfechtbar sein kann.

Auch in der **Bindungswirkung** des Erblassers beim **gemeinschaftlichen Testament** oder **Erbvertrag** gibt es wesentliche Unterschiede. Die Teilungsanordnung als solches kann jederzeit als einseitige Verfügung widerrufen werden (§§ 2270 Abs. 3, 2278 Abs. 2 BGB), während der Vorausvermächtnisnehmer auch schon vor dem Erbfall den Schutz der §§ 2287, 2288 BGB genießt und gleichfalls die Bindungswirkung der §§ 2270, 2271, 2289 bis 2291 BGB eintritt.[11]

Auch **steuerlich** ist es wichtig, zu unterscheiden, ob der Erblasser eine Teilungsanordnung oder zugunsten des Erben ein Vermächtnis anordnen wollte. Das Vermächtnis unterliegt beim Vermächtnisnehmer – je nach Bewertung des Vermächtnisgegenstandes und nach der Ausnutzung der Freibeträge – in voller Höhe der Schenkung- und Erbschaftsteuer (§ 3 Abs. 1 Nr. 1 ErbStG). Auch ein formunwirksam angeordnetes Vermächtnis ist im Sinne des Steuerrechts als gültig anzusehen.[12]

Während die Steuerpflicht und die persönlichen und betrieblichen Freibeträge kaum Schwierigkeiten bereiten, hat der BFH in seiner Entscheidung vom 2.7.2004, AZ: II R 9/02 (ZEV 2004, 474 ff.) eine Änderung der Rechtsprechung zur Bewertung von Grundstücksvermächtnissen angekündigt. Der BFH hat bisher auch beim Grundstücksvermächtnis die Auffassung vertreten, dass der Vermächtnisnehmer mit dem Erbfall zwar einen schuldrechtlichen Sachleistungsanspruch erwirbt (§ 2174 BGB), der aber ausnahmsweise nicht mit dem gemeinen Wert, sondern wegen des so genannten Korrespondenzprinzips mit dem Steuerwert des zu übertragenden Grundstücks gemäß § 12 ErbStG i. V. m. § 138 BewG anzusetzen ist.[13] Diese Bewertung laufe jedoch auf eine „teilweise Steuerbefreiung" hinaus, weil die Steuerwerte erheblich niedriger als die Verkehrswerte der Grundstücke seien (BFH a.a.O.) Diese in der Literatur zu Recht vielfach kritisierte Entscheidung führt zu einem erheblichen Beratungsbedarf sowohl hinsichtlich alter als auch neuer letztwilliger Verfügungen.[14] Daragan empfiehlt künftig statt des Grundstücksvermächtnisses die Anordnung einer Auflage sowie die Erbeinsetzung unter Teilungsanordnungen und die Regelung des Spitzenausgleichs durch Vorausvermächtnisse.[15] Der Auflagenbegünstigte erwerbe keinen Sachleistungsanspruch (§ 1940 BGB),

---

[8] Palandt/*Edenhofer* § 2048 Rdnr. 5; BGH Urt. v. 15.10.1997 – IV ZR 327/96 – NJW 1998, 682; *Lohritz* NJW 1988, 2697.
[9] BGH Urt. v. 6.12.1989 – IV a ZR 59/88 – FamRZ 1990, 396.
[10] BGH Urt. v. 8.11.1961 – V ZR 31/60 – BGHZ 36, 115; BGH Urt. v. 7.12.1994 – IV ZR 281/93 – NJW 1995, 721; *Skibbe* ZEV 1995, 145.
[11] Palandt/*Edenhofer* § 2048 Rdnr. 7; MünchKommBGB/*Frank* § 2048 Rdnr. 1.
[12] BFH Urteil v. 15.3.2000 – II R 15/98 – BFH/NV 2000, 1165.
[13] BFH ZEV 1996, 37; ZEV 2000, 335 m.w.N.
[14] *Daragan* ZErb 2005, 40 ff.; *Crezelius* ZEV 2004, 474; *Engler* NJW 2006, 649 ff.; *Ebeling* DStR 2005, 1633 ff.
[15] Einzelheiten hierzu: *Daragan* a.a.O.

der Erbschaftsteuer unterliege dasjenige, welches er infolge der Auflage bekommt (§ 3 Abs. 2 Nr. 2 ErbStG). Auch *Pilz*[16] bietet hier unterschiedliche Modelle an, damit die angekündigte BFH-Rechtsprechung nicht zu untragbaren erbschaftsteuerlichen Problemen führt. Insoweit bestünde die Möglichkeit, den Grundstücksvermächtnisnehmer zum Alleinerben einzusetzen und den sonstigen Nachlass im Wege des Vermächtnisses an unterschiedliche Vermächtnisnehmer zu verteilen. Außerdem könnte man darüber nachdenken, dass das Grundstück zu Lebzeiten verschenkt wird, wobei auch die Variante einer Schenkung auf den Todesfall überlegenswert ist, die den Vorteil hat, dass der Schenker bis zu seinem Tod noch Eigentümer des Grundstückes bleibt und die Steuer erst mit dem Tod des Erblassers entsteht (§ 3 Abs. 1 Nr. 2 mit § 9 Abs. 1 Nr. 1 EStG). Neben der bereits vorstehend zitierten Auflage wäre auch die Zuwendung des Grundstückes im Wege einer Teilungsanordnung nach § 2048 BGB denkbar, die dazu führt, dass hier der günstige Steuerwert des Grundbesitzes angesetzt wird. Denkbar wäre aber nach Auffassung von *Pilz* auch die Variante, dass dem Begünstigten zunächst ein Geldvermächtnis zugewendet wird, das dieser ausschlagen und als Entgelt hierfür das Grundstück erhalten müsste, um in den Besteuerungstatbestand des § 3 Abs. 2 Nr. 4 ErbStG zu gelangen. Auch hier wäre formell jedenfalls nur der Steuerwert des Grundstückes anzusetzen. Schon diese Konstruktionen belegen, dass das obiter dictum des BFH zu völlig unsachgerechten Ergebnissen führt, weil bei Schenkungen unter Lebenden oder Übertragungen von Grundstücken im Wege der Erbfolge der Steuerwert des Grundstückes zugrunde gelegt wird und bei einem Grundstücksvermächtnis dagegen der Verkehrswert. Diese Ungleichbehandlung eines nahezu gleichen Lebensvorganges führt zu einer Steuerungerechtigkeit, die zur Folge hätte, dass der Erblasser aus steuerlichen Gründen hier der Möglichkeit einer Vermächtnisanordnung beraubt würde, die das Erbrecht aber ausdrücklich vorsieht. Da sich hier bei allen Lösungsversuchen möglicherweise die Problematik des § 42 AO stellt, sind Einzelheiten hierzu noch völlig offen. Ungeachtet dessen hat das FG Köln in einer Entscheidung vom 5.4.2005, AZ: 9 K 7416/01,[17] bereits als Folge der Rechtsprechung des BFH entschieden, dass ein nur der Gattung nach bestimmtes (Kauf einer wertmäßig begrenzten Eigentumswohnung) Verschaffungsvermächtnis mit dem gemeinen Wert anzusetzen ist. Es ist im Ergebnis aber jedenfalls nicht sachgerecht, Grundstücksvermächtnisse anders zu bewerten als der Erwerb von Grundstücken im Wege der reinen Erbfolge, weil § 3 Abs. 1 Nr. 1 ErbStG den Vermächtnisanspruch dem Erbanspruch gleichstellt. Fraglich ist in diesem Zusammenhang auch, ob der BFH sein obiter dictum auch auf die vermächtnisweise Zuwendung von Gesellschaftsanteilen ausweitet, weil auch hier Steuerwert und Verkehrswert divergieren.

19 Eine Änderung der Rechtsanwendung der Finanzverwaltung wird sich auch aufgrund einer Entscheidung des BFH vom 27.8.2003, AZ II R 58/01,[18] im Hinblick auf solche Vermächtnisse ergeben, die im Rahmen des Berliner Testaments auf den Tod des zuerstverstorbenen Ehegatten zugunsten der Kinder angeordnet, deren Fälligkeit jedoch auf den Tod des zuletztverstorbenen Ehegatten hinausgeschoben werden. Derartige Vermächtnisanordnungen, wie etwa bei der Jastrow'schen Klausel, gelten danach künftig erbschaftsteuerlich ausschließlich auf den Tod des Zuletztverstorbenen als angeordnet, so dass persönliche Freibeträge auf den Tod des Zuerstverstorbenen nicht mehr ausgenutzt werden können.[19]

20 Aus **erbschaftsteuerlicher Sicht** ermöglicht das Vermächtnisrecht bei richtiger Gestaltung jedoch nach wie vor ein Instrumentarium, neben der Erbeinsetzung auch einzelne Nachlassgegenstände bereits an Kinder und Enkelkinder unter Ausnutzung der für diesen Personenkreis bestimmten Freibeträge zu übertragen, ohne dass man die generell angedachte Erbfolge wesentlich abändern muss. Werden die Vermächtnisnehmer noch mit einem Untervermächtnis belastet, wonach dem überlebenden Ehegatten oder anderen Personen das Nießbrauchsrecht einzuräumen ist, kann damit durchaus eine Steueroptimierung erreicht werden. Im Übrigen wird auf die Darstellung in § 36 des Buches verwiesen.

---

[16] *Pilz* Beratungsbedarf vor steuerlichen Rechtsänderungen bei der Vermögensnachfolge (Vortrag anlässlich der ZEV Jahrestagung 2006).
[17] FG Köln ZErb 2005, 257.
[18] BFH ZErb 2004, 74.
[19] Zur Problematik vgl. *Everts* ZErb 2004, 373.

Wenn das **Entstehen eines Anspruches** durch ein sog. **Übernahmerecht** oder gar eine **Übernahmepflicht** in die Entscheidung des Miterben gestellt ist, hat dies lediglich eine Auswirkung auf die Frage, ob der **Anspruch** nach der Wahl des Begünstigten entsteht oder nicht.[20] Zu Einzelfragen des Vorausvermächtnisses wird gleichfalls auf die Ausführungen in Rdnr. 85–88 dieses Kapitels verwiesen.

Im Gegensatz zum Vermächtnis ergibt sich der Unterschied zur **Auflage** (§ 1940 BGB) aus der Definition, dass durch die Auflage selbst zwar der Erbe oder Vermächtnisnehmer zu einer Leistung verpflichtet ist, dass aber der **Auflagenbegünstigte** selbst **keinen schuldrechtlichen Anspruch auf Erfüllung oder auf Zuweisung dieser Leistung** hat. Die Auflage stellt also keine Zuwendung im Sinne eines Vermögensvorteils dar, sondern ist eine letztwillig auferlegte Verpflichtung des Erben oder des Vermächtnisnehmers. Der Auflagenbegünstigte hat deshalb kein Recht auf Leistung oder auf Schadenersatz wegen Nichterfüllung; allenfalls können gewisse Personen oder Behörden im Falle einer **erzwingbaren Auflage** die Leistung an den Begünstigen fordern, ohne dass diesem selbst ein direkter Anspruch zusteht (§ 2194 BGB).[21] Die Erfüllung der Auflage kann jedoch zusätzlich durch die Anordnung einer **Testamentsvollstreckung** abgesichert werden. Wegen weiterer Einzelheiten wird auf § 17 dieses Buches verwiesen.

2. Die Notwendigkeit der Anordnung durch den Erblasser und seine besonderen Gestaltungsmöglichkeiten

Grundsätzlich muss ein **Vermächtnis durch den Erblasser** im Rahmen seiner Testierfreiheit durch Testament oder Erbvertrag persönlich **angeordnet werden** (§ 1937 BGB). Dieses Recht resultiert aus der verfassungsrechtlich verankerten **Testierfreiheit des Erblassers** (Art. 14 GG). Ein formwirksam angeordnetes Vermächtnis, das dem Erblasserwillen entsprechend erfüllt wurde, wird jedoch von der Finanzverwaltung unter engen Voraussetzungen anerkannt.[22]

Wie beim allgemeinen Vertragsrecht im Sinne von § 305 BGB ist der Erblasser grundsätzlich in der Ausgestaltung der **rechtlichen Beziehungen zwischen dem Beschwerten und dem Begünstigten**, wie auch bei der Ausgestaltung der **rechtlichen Beziehungen des Vermächtnisnehmers zu dem Vermächtnisgegenstand** frei, insbesondere was Fragen der Fälligkeit, der Erfüllung und Verwaltung des Vermächtnisgegenstandes betrifft. Aus diesem Grunde werden auch bei verschiedenen Vermächtnisarten die **Vorschriften des Allgemeinen und besonderen Schuldrechts** grundsätzlich analog angewendet, soweit keine Spezialvorschriften bestehen. Bei Vermächtnissen wird die Verpflichtung zur Leistung einseitig durch letztwillige Verfügung begründet, während bei Verträgen die Leistungsverpflichtung aus dem Vertrag als solches, den übereinstimmenden Willenserklärungen beider Vertragsteile resultiert. Das Vermächtnis gibt dem Erblasser ein **besonderes Regelungsinstrument** in die Hand, das in der Kautelarjurisprudenz nur selten genutzt wird.

Wegen des Grundsatzes der höchstpersönlichen Errichtung kann der Erblasser die Erbeinsetzung als solches keinem Dritten überlassen (§ 2065 BGB); der Nachlass geht im Rahmen der Universalsukzession insgesamt auf die Erben über. Das Vermächtnisrecht gibt allerdings die Möglichkeit, sowohl die **Auswahl des Begünstigten** als auch die **Auswahl des Vermächtnisgegenstandes** einem Dritten zu überlassen, was sich insbesondere dann als „segensreiche Gestaltungsmöglichkeit" erweist, wenn im Zeitpunkt der Errichtung des Testament unter mehreren potentiellen Begünstigten noch nicht feststeht, wer sich in naher und ferner Zukunft als **geeigneter Nachfolger** des konkreten Vermächtnisgegenstandes ausweist. Hierzu wird gleichfalls auf die Darstellung zu Rdnr. 264 ff. verwiesen. Die vermächtnisbezogenen Gestaltungsmöglichkeiten sind insbesondere im Zusammenhang mit der **Unternehmensnachfolge** ein wichtiges Instrumentarium, das man bei minderjährigen Kindern nutzen kann, in dem man die Auswahl des qualifiziertesten Abkömmlings Dritten oder dem überlebenden Ehegatten überlässt.

Im Gegensatz zur Erbeinsetzung gibt das Vermächtnisrecht dem Erblasser Möglichkeiten, bei noch unklaren Lebenssituationen die Gestaltung und Umverteilung von Vermögenswerten einem Beschwerten oder Dritten zu überlassen. Das Vermächtnisrecht bietet insbesondere im Rahmen des **Vor- und Nachvermächtnisses** auch eine sinnvolle Alternative zur Anordnung der

---

[20] *Mattern* BWNotZ 1965, 4; *Bühler* DNotZ 1964, 581.
[21] Palandt/*Edenhofer* § 1940 Rdnr. 1; MünchKommBGB/*Frank* § 1940 Rdnr. 1.
[22] FG Köln ZErb 2005, 257.

Vor- und Nacherbfolge.[23] Wegen vertiefender Einzelheiten wird bereits jetzt auf die Darstellung in Rdnr. 198 verwiesen.

27 Das Vermächtnisrecht lässt zu, dass der Erblasser im Hinblick auf die Verwaltung, Verwertung und Nutzung des Vermächtnisgegenstandes konkrete Anordnungen trifft, die spezieller sein können als bei der bloßen Erbeinsetzung. Der Erblasser kann dem Vermächtnisnehmer einen konkreten **Verhaltenskodex** an die Hand geben, der, ähnlich wie bei einem Vertrag unter Lebenden, sicherstellt, dass der Vermächtnisgegenstand im Sinne des Erblassers genutzt wird.

3. „Gesetzliche Vermächtnisse"

28 a) **Voraus.** Der **Voraus** setzt den **Eintritt der gesetzlichen Erbfolge** voraus. Beim Voraus handelt es sich um ein gegenüber dem Ehegatten zusätzlich zum gesetzlichen Erbteil begründeten Anspruch gegen die Erben auf **Eigentumsübertragung von Haushaltsgegenständen und Hochzeitsgeschenken.** Wenn der überlebende Ehegatte **neben Verwandten der 1. Ordnung** gesetzlicher Erbe wird, gebühren ihm diese Gegenstände nur, **soweit sie zur Führung eines angemessenen Haushalts benötigt werden.** Neben den **Verwandten der 2. Ordnung** und den **Großeltern** gebühren dem überlebenden Ehegatten sowohl **Haushaltsgegenstände als auch die Hochzeitsgeschenke.** Gemäß § 1932 Abs. 2 BGB kommen die Vorschriften über das Vermächtnis nur analog zur Anwendung, so dass sich schon hieraus ergibt, dass die Bezeichnung als gesetzliches Vermächtnis unzulässig ist.

29 **Haushaltsgegenstände** sind Sachen, die dem Erblasser gehören und dem gemeinsamen Haushalt gedient haben, ohne Rücksicht auf ihren Wert und ihren tatsächlichen Gebrauch. Ausgenommen hiervon sind Sachen, die dem Grundstück nach § 97, 98 BGB zuzuordnen wären.

30 Zum Voraus gehören insbesondere **Möbel, Teppiche, Geschirr, Haushalts- und Wohngegenstände, Bücher, Schallplatten, Bilder** (sofern es keine Kunstsammlung ist) sowie der **Familien-Pkw,** soweit dieser nicht beruflich genutzt wurde (Leasing).[24] Zu dem Voraus gehören aber auch **vertragliche Besitzrechte** (wie Leasing oder Miete) **oder Miteigentumsanteile** an den Hausratsgegenständen. Zu den Haushaltsgegenständen gehören jedoch **nicht die dem persönlichen Gebrauch des Erblassers dienenden Gegenstände** wie Kleider und Schmuck.

31 Bei Ermittlung des Leistungsumfanges des Vorauses neben Abkömmlingen hängt der Übereignungsanspruch davon ab, ob die Gegenstände nach den **Verhältnissen zum Zeitpunkt des Erbfalles**[25] zur Führung eines angemessenen Haushaltes des überlebenden Ehegatten notwendig sind. Dies ist dann der Fall, wenn der überlebende Ehegatte weder genügend Gegenstände dieser Art besitzt, noch ihm die Beschaffung aus eigenen Mitteln zugemutet werden kann.[26]

32 Das Forderungsrecht auf Übereignung des Voraus ergibt sich aus § 1932 Abs. 2 i. V. m. § 2174 BGB. Der Erfüllungsanspruch erfolgt durch Einigung und Übergabe, die entbehrlich ist, wenn der Ehegatte die Haushaltsgegenstände bereits im Besitz hat.[27] Wegen weiterer Einzelheiten kann auf § 11 verwiesen werden.

33 Gemäß § 2311 Abs. 1 S. 2 BGB wird der Voraus bei der **Berechnung des Pflichtteils** der Abkömmlinge nach den Eltern – **anders als sonst bei Vermächtnissen** – als **Nachlassverbindlichkeit** abgezogen. Zu Einzelheiten wird hier auf die Ausführungen in § 36 verwiesen.

34 b) **Dreißigster. Familienangehörige,** die zum Hausstand des Erblassers gehörten (§ 1619 BGB), also wegen ihrer persönlichen Beziehung zum Erblasser und ihrer tatsächlichen Aufnahme in die Familiengemeinschaft des Erblassers als zu ihr gehörig angesehen werden, haben einen Anspruch auf fortlaufende Zahlung des vom Erblasser gewährten **Unterhalts bis 30 Tage** (§ 1969 BGB) **nach dem Erbfall.** Zu den Familienangehörigen gehören hier auch **Pflegekinder** und die **Lebensgefährtin.**[28]

---

[23] *Mayer* ZEV 1998, 51, 54; *Wingerter* S. 3.
[24] Strittig, Palandt/*Edenhofer* § 1932 Rdnr. 4; andere Auffassung MünchKommBGB/*Leipold* § 1932 Rdnr. 4, weil der Bezug zur Wohnung fehle.
[25] *Ripfel* BWNotZ 1965, 268.
[26] RGRK/*Johannsen* § 1922 Rdnr. 8, Palandt/*Edenhofer* § 1932 Rdnr. 3.
[27] Palandt/*Edenhofer* § 1932 Rdnr. 3.
[28] Strittig: bejahend OLG Düsseldorf Urt. v. 14.12.1982 – 21 U 120/82 – NJW 1983, 1566; MünchKommBGB/*Siegmann* § 1990 Rdnr. 2; Soergel/*Stein* § 1969 Rdnr. 2; ablehnend *Steiner* NJW 1986, 686.

Vor Annahme der Erbschaft ist möglicherweise ein Pfleger zu bestellen, der diesen Anspruch 35 auf den Dreißigsten erfüllt (§§ 1958, 1960 Abs. 3 BGB). Nach Annahme der Erbschaft richtet sich der Anspruch gegen den Erben, dem keine aufschiebende Einrede nach § 2014 BGB zusteht. Der Anspruch ist grundsätzlich **nicht übertragbar** und **unpfändbar**; er unterliegt damit dem **Aufrechnungsverbot des § 394 BGB** und dem **Ausschluss des Zurückbehaltungsrechtes**.[29] Wegen weiterer Einzelheiten kann gleichfalls auf § 11 dieses Buches verwiesen werden.

c) **Ausbildungskosten bei Stiefabkömmlingen**. Gemäß § 1371 Abs. 4 BGB ist der überlebende Ehegatten im Rahmen der Zugewinngemeinschaft verpflichtet, zusätzlich zu dem gewährten Viertel auch die **Ausbildungskosten der Stiefabkömmlinge** zu zahlen. Der Anspruch setzt die Erbberechtigung der Abkömmlinge aus der früheren Ehe unter **Eintritt der gesetzlichen Erbfolge** voraus. Eine Verpflichtung besteht nur, wenn der Ehegatte tatsächlich gesetzlicher Erbe geworden ist. Wenn er durch **letztwillige Verfügung** Erbe oder Vermächtnisnehmer geworden ist, **entfällt der Anspruch** von vornherein.[30]

d) **Unterhaltsanspruch des geschiedenen Ehegatten § 1586 b BGB**. Gemäß § 1586 b BGB 37 hat der **geschiedene Ehepartner**, dem der Erblasser **monatlichen Unterhalt** gewährt hat, einen über den Tod hinausgehenden weiter gehenden Unterhaltsanspruch, der allerdings **durch den fiktiven Pflichtteilsanspruch begrenzt wird**, so wie er im Zeitpunkt der noch bestehenden Ehe **güterstandsunabhängig** bestanden hätte. Dies bedeutet, dass hier als Obergrenze der „**kleine**" **Pflichtteil** im Sinne von § 1931 BGB zugrundezulegen ist,[31] der neben Abkömmlingen ein Achtel betragen würde.

Zu erfüllen ist dieser **Unterhaltsanspruch als Nachlassverbindlichkeit** von dem Erben; **der** 38 **Höhe nach beschränkt durch den fiktiven Pflichtteilsanspruch.** Bei der Berechnung des fiktiven Pflichtteilsanspruchs wird der Fortbestand der Ehe fingiert und eine eventuelle Wiederheirat des Verpflichteten bleibt unberücksichtigt. Dagegen sind andere Pflichtteilsberechtigte zu berücksichtigen, insbesondere auch **nach der Scheidung geborene weitere Kinder**. In die Berechnung der Haftungsgrenze des § 1586 b BGB sind auch (fiktive) **Pflichtteilsergänzungsansprüche** des Unterhaltsberechtigten gegen den Erben miteinzubeziehen.[32]

Bei einem **Erbverzicht** entfällt nach wohl herrschender Meinung der Unterhaltsanspruch des 39 geschiedenen Ehegatten. Dies gilt gleichfalls für den reinen **Pflichtteilsverzicht**.[33] Die Gegenmeinung vertritt die Auffassung, dass es sich insoweit um einen gesetzlichen Unterhaltsanspruch handelt und die Beschränkungen auf den Pflichtteil lediglich eine Obergrenze für die Berechnung dieses Unterhalts darstelle.[34]

Gegen die letztere Meinung spricht der Umstand, dass dann derjenige Ehegatte, der zwar 40 einem Scheidungsverlangen ausgesetzt war, aber noch nicht von dem Erblasser geschieden worden ist, gegenüber demjenigen schlechter gestellt sei, der bereits geschieden ist und einen Unterhaltsanspruch realisiert habe, unterstellt, beide hätten einen Erbverzicht erklärt.

II. Die Vermächtnisarten

1. Das Vermächtnis auf Übereignung von Sachen

Wenn die Vermächtnisarten nach **Sachen** klassifiziert werden, ist grundsätzlich auf die Vor- 41 schrift des § 90 BGB zu verweisen, wonach Sachen als **körperliche Gegenstände** definiert werden. Bei der Frage der Zuordnung, ob es sich bei den Vermächtnisgegenständen um Sachen handelt, ist also auf die Normen des Allgemeinen Teils des BGB zu verweisen. Bei den Sachen unterscheidet man zwischen **beweglichen** und **unbeweglichen Sachen**, **nicht vertretbare** und **vertretbare Sachen**, **Einzelsachen** und **Sachgesamtheiten**, **Haupt-** und **Nebensachen** sowie **teil-**

---

[29] *Dütz* NJW 1967, 1107.
[30] Palandt/*Brudermüller* § 1371 Rdnr. 7 ff.
[31] Palandt/*Brudermüller* § 1586 b Rdnr. 7.
[32] BGH DNotI-Report 2001, 57; Palandt/*Brudermüller* § 1586 b Rdnr. 7; Der Anspruch aus § 2329 BGB wird jedoch von der herrschenden Meinung als nicht anwendbar betrachtet.
[33] *Dieckmann* NJW 1980, 2777, MünchKommBGB/*Maurer* § 1586 b Rdnr. 2.
[34] Palandt/*Brudermüller* § 1586 b Rdnr. 8, *Grziwotz* FamRZ 1991, 1258; *Schmitz* FamRZ 1999, 1569.

bare und **unteilbare Sachen**.[35] **Scheinbestandteile** im Sinne des § 95 BGB sind nach gesetzlicher Anordnung als bewegliche Sachen zu qualifizieren.[36]

42 Die in der Praxis häufigsten Vermächtnisgegenstände dürften die **unbeweglichen Sachen** sein. Den Grundstücken gleichgestellt sind insoweit die **Erbbaurechte, das Wohnungseigentum** sowie möglicherweise nach **Landesrecht** als Immobiliarrecht ausgestaltete Rechte. Zu den Grundstücken gehören selbstverständlich auch die **wesentlichen** und **unwesentlichen Bestandteile** sowie das **Zubehör**.

43 Tiere sind auf Grund des Gesetzes vom 20.8.1990[37] ausdrücklich nicht mehr als Sachen deklariert worden. Auf diese werden nur die Vorschriften über Sachen entsprechend angewendet.

44 Auch ein **Handelsgeschäft** kann als **Sachgesamtheit** Gegenstand eines Vermächtnisses sein.[38] Probleme können sich allenfalls dann ergeben, wenn nicht bestimmbar ist, welche Sachen als dem Unternehmen **zugeordnete Wirtschaftsgüter** Vermächtnisgegenstand sind. Eine Bezugnahme auf die Bilanz reicht auch hier möglicherweise nicht aus, da nicht alle dem Unternehmen zuzuordnenden Wirtschaftsgüter in der **Bilanz** erfasst werden. Zu den **Rechten** und **sonstigen Verbindlichkeiten** des Handelsgeschäftes, wie Steuerbelastungen, wird auf Rdnr. 16 dieses Kapitels verwiesen.

45 Die Frage, ob es sich bei einer **Organspende** um eine Vermächtnisanordnung handelt, weil es sich bei den einzelnen Organen oder der Leiche des Erblassers selbst um Sachen handelt, wird kontrovers diskutiert. Die herrschende Meinung geht davon aus, dass der **Leichnam** zwar Sache ist, aber **in niemanden Eigentum** steht und auch nicht zum Nachlass gehört.[39] Die mit dem Leichnam fest verbundenen Körperteile, vorher Bestandteile des Schutzgutes Körper, unterliegen nach dem Tode einem **Aneignungsrecht der Erben,** das nur mit Zustimmung der Angehörigen ausgeübt werden darf, denen die Totenfürsorge obliegt.[40] Eine andere Auffassung befürwortet das ausschließliche Aneignungsrecht der Angehörigen.[41] Die Problematik der Organentnahme ist nunmehr detailliert durch das **Transplantationsgesetz vom 5.11.1997** geregelt.[42]

Die **Widmung des eigenen Körpers zur Anatomie** bedarf zwar grundsätzlich keiner besonderen Form, der Wille des Erblassers muss jedoch eindeutig zu ermitteln sein.[43]

a) Das Stückvermächtnis.

Beispiel:

46 Zugunsten meines Sohnes Adam ordne ich ein Vermächtnis des Inhaltes an, dass ihm nach meinem Tode aus dem Nachlass das Grundstück der Gemarkung Fulda, Grundbuchblatt 2000 BV lfd. Nr. 1, Hof- und Gebäudefläche, Am Frauenberg 1, zu Alleineigentum zu übereignen ist.

Beim Stückvermächtnis begründet der Erblasser zugunsten des Vermächtnisnehmers einen Anspruch auf Übereignung eines **bestimmten Gegenstandes** (§ 2169 Abs. 1 BGB). Dieser bestimmte Gegenstand kann eine Sache oder ein Recht sein, muss aber im Zeitpunkt des Erbfalles, nicht des Anfalles, noch im Vermögen des Erblassers sein. Der bestimmte Gegenstand kann in **beweglichen und unbeweglichen** Sachen bestehen. Für die letzte Variante ist das **Grundstücksvermächtnis** der häufigste Anwendungsfall.

Der bestimmte Vermächtnisgegenstand ist grundsätzlich unentgeltlich zu übereignen. Der Erblasser kann aber auch anordnen, dass der Vermächtnisnehmer den Gegenstand zu einem verbilligten Preis erwerben kann (*Kaufrechtsvermächtnis*). Zum Zwecke der Erbschaftsteuer ist dann nicht der Steuerwert, sondern der gemeine Wert abzüglich des Kaufpreises anzuset-

---

[35] Palandt/*Heinrichs* Überblick vor § 90 Rdnr. 3 ff.
[36] Palandt/*Heinrichs* § 95 Rdnr. 1.
[37] Gesetz zur Verbesserung der Rechtsstellung des Tieres im bürgerlichen Recht vom 20.8.1990 BGBl. I 1990, S. 1762.
[38] Palandt/*Edenhofer* § 1922 Rdnr. 14.
[39] Palandt/*Edenhofer* § 1922 Rdnr. 44; *Kallmann* FamRZ 1969, 578; *Zimmermann* NJW 1979, 570; a.A. *Brunner* NJW 1953, 1173.
[40] Strittig: Palandt/*Edenhofer* § 1922 BGB Rdnr. 44.
[41] *Kallmann* FamRZ 1969, 578.
[42] Gesetz über die Spende, Entnahme und Übertragung von Organen (Transplantationsgesetz-TPG) vom 5.11.1997 BGBl. I 1997, S. 2631; *Deutsch* NJW 1998, 777.
[43] Palandt/*Edenhofer* § 1922 Rdnr. 44.

zen.⁴⁴ Wenn der **Vermögensgegenstand** im Zeitpunkt des Erbfalles nicht mehr im **Nachlass** vorhanden ist, geht das Gesetz grundsätzlich von der Bewertung aus, dass insoweit das Vermächtnis **unwirksam** ist.

Dieser Grundsatz gilt dann nicht mehr, wenn sich im Wege ausdrücklicher Anordnung im Testament oder im Wege der **Auslegung** desselben ergibt, dass der Erblasser das Vermächtnis auch für den Fall als angeordnet wissen wollte, wenn der Vermächtnisgegenstand nicht mehr im Nachlass ist. Dann kann es sich hier um ein **Verschaffungsvermächtnis** im Sinne des § 2170 BGB handeln. 47

Wenn im Zeitpunkt des Erbfalles die Sache selbst im Eigentum Dritter steht, allerdings der Erblasser noch den Besitz hieran hat, gilt mindestens dann der **Besitz** hieran als vermacht.

Wenn die Sache als solches noch nicht im Nachlass vorhanden ist, der Erblasser allerdings einen **Anspruch auf Übereignung dieser Sache** gegenüber Dritten hat, gilt dieser Anspruch auf Übereignung des Nachlassgegenstandes als vermacht (§ 2169 BGB).⁴⁵

Zum **Umfang des Vermächtnisanspruches** gehören im Zweifel auch die **gesetzlichen** Bestandteile, das vorhandene **Zubehör** und die auf dem Vermächtnis ruhenden **Belastungen.** 48

Hat der Erblasser den **Vermächtnisgegenstand** allerdings **veräußert** und den **Erlös** selbst noch **eingezogen**, geht die herrschende Meinung trotz der Vorschrift des § 2169 Abs. 3 BGB davon aus, dass der Erlös dann grundsätzlich nicht anstelle des Vermächtnisgegenstandes tritt⁴⁶ und das Vermächtnis insoweit **unwirksam ist**.⁴⁷ Lediglich im Wege der **ergänzenden Testamentsauslegung** kann unter Umständen doch der Erlös als vermacht angesehen werden.⁴⁸ 49

Zu **Lebzeiten des Erblassers** besteht beim Stückvermächtnis weder ein Anwartschaftsrecht noch ein sonstiger Sicherungsanspruch. Die Erwartung des Vermächtnisnehmers auf den künftigen Erwerb des bestimmten Gegenstandes begründet nur eine tatsächliche Aussicht, die nicht durch **Vormerkung** gesichert werden kann. Nur wenn der Erblasser selbst eine Sicherheitsleistung für den Vermächtnisnehmer vorsieht, kann sich daraus ein lebzeitiger Anspruch auf Sicherung ergeben. So kann der Erblasser in einem Erbvertrag mit dem Beschwerten einen Verfügungsunterlassungsvertrag über den Vermächtnisgegenstand vereinbaren und zusätzlich einen aufschiebend bedingten Anspruch auf Auflassung für den Fall des Verstoßens gegen den Verfügungsunterlassungsvertrag begründen, der dann auch schon als künftiger Anspruch zu Lebzeiten des Erblassers durch Vormerkung abgesichert werden kann.⁴⁹ 50

Nach **Eintritt des Erbfalls** besteht der Vermächtnisanspruch als solches mit der Folge, dass bis zur Erfüllung des Vermächtnisanspruches durchaus ein Sicherungsanspruch bestehen kann, der durch **Arrest** oder durch **einstweilige Verfügung** gesichert werden kann (§§ 916 Abs. 2, 936 ZPO). 51

Bei einem Grundstücksvermächtnis ist auch die Eintragung einer **Vormerkung** gemäß §§ 883, 885 BGB zulässig.⁵⁰ Für den Fall des Anfalls des Vermächtnisses kann der Erblasser aber auch schon zu der letztwilligen Verfügung eine Vormerkung bewilligen. 52

Eine andere Problematik stellt sich im Hinblick auf den vermachten Gegenstand, wenn dieser unter **Sachmängeln** leidet. Beim Stückvermächtnis geht die herrschende Meinung davon aus, dass eine Haftung für Sachmängel nicht besteht.⁵¹ Im Rahmen der Testierfreiheit ist der Erblasser aber ungehindert, **andere Anordnungen** zu treffen, insbesondere eine Sachmängelhaftung oder Rechtsmängelhaftung für den Beschwerten, hier den Erben oder Vermächtnisnehmer⁵² anzuordnen. 53

Bezahlt ein Erbe Reparaturen, die bereits der Erblasser für das einem Vermächtnisnehmer vermachte Haus bestellt hatte, liegen mangels Freiwilligkeit keine erstattungspflichtigen Ver- 54

---

⁴⁴ FG Nürnberg DStR 2000, 1042.
⁴⁵ Palandt/*Edenhofer* § 2169 Rdnr. 1; Staudinger/*Otte* § 2169 Rdnr. 16.
⁴⁶ BGH Urt. v. 30.9.1959 – V ZR 66/58 – BGHZ 31, 13.
⁴⁷ Staudinger/*Otte* § 2169 Rdnr. 16.
⁴⁸ BGH Urt. v. 15.12.1956 – IV ZR 238/56 – BGHZ 22, 357; KG Berlin Urt. v. 13.3.1975 – 12 U 2643/74 – FamRZ 1977, 267, 270.
⁴⁹ BGHZ 134, 182; *Schlitt*, in: Münchener Prozessformularbuch O I. 6.
⁵⁰ Palandt/*Edenhofer* § 2169 Rdnr. 1.
⁵¹ Palandt/*Edenhofer* § 2183 BGB Rdnr. 2; MünchKommBGB/*Schlichting* § 2183 Rdnr. 2.
⁵² Palandt/*Edenhofer* §§ 2169 Rdnr. 6, 2165 Rdnr. 1; MünchKommBGB/*Schlichting* § 2169 Rdnr. 6.

wendungen vor. Es gibt keine beweisrechtliche Vermutung, dass der Erblasser den Erben insoweit von Zahlungsansprüchen wegen des Vermächtnisgegenstandes freistellen wollte.[53]

55 Auch was **Rechtsmängel** betrifft, insbesondere was Belastungen des Grundstückes mit **Hypotheken, Grundschulden** oder **Rentenschulden** oder **sonstigen Rechten,** kann der Vermächtnisnehmer im Zweifel nicht die Beseitigung dieser Rechte verlangen (§ 2165 BGB). Soweit allerdings der Erblasser selbst schon **Löschungsansprüche** gegenüber den Grundpfandgläubigern erworben hat, gelten diese Löschungsansprüche als mitvermacht.

56 Hinsichtlich der **Hypothekenschulden** schränkt § 2166 BGB die Haftung des Vermächtnisnehmers dahin gehend ein, dass für die Haftung allenfalls das Grundstück in Anspruch genommen werden kann (§ 2166 BGB)[54] und eine persönliche Haftung grundsätzlich ausscheidet.

57 Das Stückvermächtnis unterliegt grundsätzlich mit dem gemeinen Wert der Erbschaftsteuer (§§ 3 Abs. 1 Nr. 1, 12 ErbStG, 9 BewG). Lediglich für bebaute und unbebaute Grundstücke, nicht notierte Anteile an Kapitalgesellschaften, Betriebsvermögen eines Einzelunternehmens, Anteilen an gewerblichen oder freiberuflichen Personengesellschaten (Mitunternehmeranteile) sowie land- und forstwirtschaftliches Vermögen bestehen Bewertungsprivilegien, die der BFH dem BVerfG zur Überprüfung der Verfassungskonformität vorgelegt hat. Wegen der geänderten Rechtsprechung des BFH zur Bewertung von Grundstücksvermächtnissen wird auf die Ausführungen unter Rdr. 6 dieses Kapitels verwiesen.

58 **b) Das Wahlvermächtnis.**

Beispiel:
Ich ordne ein Vermächtnis des Inhaltes an, dass sich meine Tochter Eva aus der in meinem Eigentum stehenden Kunstsammlung zwei Bilder aussuchen kann.

Nach § 2154 BGB kann der Erblasser auch ein Vermächtnis des Inhaltes anordnen, dass der Bedachte von mehreren konkreten Sachen nur eine erhalten soll. Mit der Anordnung eines Wahlvermächtnisses wird eine **Wahlschuld** im Sinne des allgemeinen Schuldrechts nach §§ 262–265 BGB begründet.

59 Der Erblasser sollte jedoch stets anordnen, wer das **Wahlrecht** ausüben soll, **der Bedachte selbst, der Beschwerte** oder möglicherweise auch eine **dritte Person.** Alle drei Varianten sind denkbar. Hat der Erblasser keine konkrete Anordnung getroffen, geht § 2154 BGB davon aus, dass in erster Linie der Beschwerte wahlberechtigt ist (§ 2062 BGB).

60 Der durch den Erblasser benannte **Dritte** übt das Wahlrecht grundsätzlich gegenüber dem Beschwerten aus. Wenn der Dritte die Wahl nicht treffen kann, geht das Wahlrecht nach § 2157 Abs. 2 BGB auf den Beschwerten über. Wenn auch dieser die Wahl nicht treffen kann, geht das Wahlrecht insoweit auf den **Bedachten** über. Dies ergibt sich aus der analogen Anwendung des § 2151 Abs. 3 S. 2 BGB.

61 Der Erblasser kann selbstverständlich das Wahlrecht auch nicht nur einer Person, sondern auch **mehreren Dritten** übertragen. Für diesen Fall muss dann das Wahlrecht gemeinschaftlich und übereinstimmend ausgeübt werden (§§ 317 Abs. 2, 747, 2040 Abs. 1 und § 2224 BGB). Nach herrschender Meinung sind ansonsten die Bestimmungen der §§ 317 ff. BGB nicht anwendbar.[55]

62 Wenn durch **Ausübung des Wahlrechts** der Gegenstand konkretisiert ist, bezieht sich der Übereignungsanspruch auf diesen konkreten Gegenstand; die Wahlschuld wandelt sich in eine **Stückschuld** mit der Folge um, dass hier wegen eventueller Gewährleistungsansprüche, gleich welcher Art, die vorstehend angeführten Grundsätze zum Stückvermächtnis gelten müssen.

63 Ein Wahlvermächtnis, bei dem das Wahlrecht dem Bedachten zusteht, richtet sich bereits vom Erbfall an ausschließlich auf denjenigen Gegenstand, für den sich der Bedachte entscheidet. Allein dieser Gegenstand ist nach den Wertverhältnissen im Zeitpunkt des Erbfalls gemäß § 12 ErbStG zu bewerten.[56] Betrifft die Wahl ein Kaufrechtsvermächtnis gelten die Grundsätze des BFH-Urteils vom 6.6.2001, AZ II R 76/99.[57] Der testamentarisch vermachte An-

---

[53] LG Osnabrück NJW-RR 2003, 1373
[54] Staudinger/*Otte* § 2166 Rdnr. 6 ff.
[55] Palandt/*Edenhofer* § 2154 Rdnr. 1; Staudinger/*Otte* § 2154 Rdnr. 8.
[56] BFH FR 2001, 1117.
[57] BFH BStBl. II 2001, S. 605.

spruch, ein Grundstück vom Erben für einen verbilligten Preis zu erwerben (Kaufrechtsvermächtnis), ist für Zwecke der Erbschaftsteuer nicht mit dem Steuerwert des Grundstücks, sondern mit dem gemeinen Wert abzüglich des Kaufpreises anzusetzen.[58]

Wenn der Erblasser zugleich die Auswahl des Vermächtnisnehmers unter mehreren Personen dem Beschwerten oder einem Dritten überlässt, handelt es sich hier nicht um ein Wahlvermächtnis, sondern um einen Anwendungsfall der §§ 2151, 2152 BGB.[59]

c) Das Gattungsvermächtnis.

Beispiel:
Ich vermache meinem langjährigen Freund Felix 100 Flaschen Rotwein.

Durch das Gattungsvermächtnis wird durch den Erblasser zugunsten des Vermächtnisnehmers eine **Gattungsforderung** im Sinne des § 243 BGB begründet, wobei die allgemeinen Vorschriften zur Gattungsschuld wesentlich durch § 2155 BGB modifiziert werden.[60] Im Gegensatz zur Stückschuld, bei der die Sache als solches individuell festgelegt ist, liegt eine **Gattung von Gegenständen** vor, wenn diese durch gemeinschaftliche Merkmale (Typ, Sorte, Preis und sonstige Kriterien) gekennzeichnet sind und sich dadurch von Gegenständen anderer Art abheben und unterscheiden.[61] **Der Erblasser** kann die Gattung **durch Festlegung bestimmter Eigenschaften** der Sache konkretisieren und bei der Festlegung der Gattung bestimmte Kriterien festlegen.

Das Gattungsvermächtnis betrifft einen relativ unbestimmten Vermächtnisgegenstand, der erst durch die Leistung als solches konkretisiert wird (§ 243 BGB). Nach herrschender Meinung kann sich die Gattungsschuld **nur auf körperliche Sachen** beziehen; sie kann auf vertretbare und unvertretbare Sachen begründet werden, **nicht aber auf Rechte**.[62]

Bei einem **Geldvermächtnis** geht die herrschende Meinung gleichfalls davon aus, dass es sich insoweit um kein Gattungsvermächtnis handelt, sondern um ein Vermächtnis **eigener Art**.[63]

Vermächtnisgegenstand kann nicht nur eine der Gattung nach zu konkretisierende Einzelsache, sondern auch ein **Sachinbegriff** nach § 92 Abs. 2 BGB mit wechselndem Bestand sein. Für diesen Fall ist die Sachgesamtheit als Vermächtnisgegenstand anzusehen, wie sie im Zeitpunkt des Erbfalles vorhanden ist.

Wenn sich ein Vermächtnisgegenstand, der nur der Gattung nach bestimmt ist, **nicht im Nachlass** befindet, ist das Vermächtnis, anders als bei dem Stückvermächtnis, dennoch wirksam. Wenn sich die Gattung nicht im Nachlass befindet, muss der Beschwerte dennoch **im Sinne eines Verschaffungsvermächtnisses** leisten.

Dem Erblasser bleibt es jedoch unbenommen, im Rahmen seiner Testierfreiheit anzuordnen, dass das Gattungsvermächtnis nur zu erfüllen ist, wenn im Nachlass auch eine entsprechende Gattungsart vorhanden ist (**beschränktes Gattungsvermächtnis**).[64]

Wenn der Erblasser allerdings bereits **zu Lebzeiten** dem Vermächtnisnehmer eine entsprechende Gattung von Sachen übereignet hat, erhebt sich die Frage, ob damit die Vermächtnisanordnung als solches gegenstandslos geworden ist oder ob das Vermächtnis zusätzlich zu der lebzeitigen Zuwendung angeordnet bleiben soll. Hier ist regelmäßig der **Erblasserwille** zu eruieren. Dies dürfte auch davon abhängen, wie konkret in dem Vermächtnis die Gattung nach Merkmalen bestimmt worden ist und ob die lebzeitige Zuwendung sich an diesen Gattungsmerkmalen im Testament orientiert hat. Wenn hier eine **Identität der Gattungsmerkmale und der Anzahl des Vermächtnisgegenstandes** vorliegt, dürfte dies eher dafür sprechen, dass dann das Gattungsvermächtnis als solches unwirksam ist, weil es zu Lebzeiten bereits erfüllt wurde.[65]

---

[58] FG Nürnberg DStRE 2000, 1042.
[59] Vgl. Rdnr. 110 ff. dieses Kapitels.
[60] Palandt/*Edenhofer* § 2155 Rdnr. 1; MünchKommBGB/*Schlichting* § 2155 Rdnr. 1.
[61] Palandt/*Heinrichs* § 243 Rdnr. 2.
[62] Palandt/*Edenhofer* § 2155 Rdnr. 1; a.A. MünchKommBGB/*Schlichting* § 2155 Rdnr. 2.
[63] Andere Auffassung: MünchKommBGB/*Schlichting* § 2155 Rdnr. 2, zum Geldvermächtnis Rdnr. 57.
[64] Palandt/*Edenhofer* § 2155 Rdnr. 1.
[65] Palandt/*Edenhofer* § 2155 Rdnr. 1.

72 Wie bei dem Wahlvermächtnis kann der Erblasser auch die **Bestimmung des Vermächtnisgegenstandes** auch dem **Bedachten** selbst, dem **Beschwerten** oder **einem Dritten** übertragen. In diesem Fall gelten die vorstehenden Ausführungen zum Wahlvermächtnis (Rdnr. 19 dieses Kapitels).

73 Während § 243 BGB der Gattung nach bestimmte Sachen von mittlerer Art und Güte fordert, bestimmt § 2155 BGB, dass die Gattung bei dem Gattungsvermächtnis soweit konkretisiert wird, dass die **Gattung eine den Verhältnissen des Bedachten entsprechende Qualität** aufweisen muss. Der Bedachte kann eine seinen persönlichen Verhältnissen entsprechende Sache dieser Gattung fordern.[66] Wenn also in dem vorstehenden Beispiel der Bedachte regelmäßig nur teure Rotweine zu sich nimmt, muss es sich der Gattung nach um eine Qualität von Rotweinen dieser Güte handeln.

74 Wenn der mit dem Vermächtnis Beschwerte die Verhältnisse des Bedachten nicht berücksichtigt und sich nur an das Kriterium der mittleren Art und Güte der Gattung richtet oder qualitätsmäßig darunter liegende Vermächtnisgegenstände leisten will, ist der Bedachte berechtigt, diese **Leistung zurückzuweisen**. Dieser ist dann berechtigt, **auf Leistung zu klagen**, wobei dem Gericht bei dem Gattungsvermächtnis dann regelmäßig konkrete Kriterien an die Hand gegeben werden müssen, weil das Gericht die Auswahl oder die Bestimmung der Gattung nicht ersetzen kann.

75 Die **Vollstreckung** erfolgt nach § 884 ZPO, wenn die Gegenstände im Nachlass vorhanden sind, anderenfalls nach § 893 ZPO.

76 Im Unterschied zum Stückvermächtnis gelten für das Gattungsvermächtnis besondere Gewährleistungsvorschriften. Nach § 2182 BGB gelten die **Gewährleistungsbestimmungen des Kaufvertragsrechts** gemäß §§ 433 Abs. 1, 434 bis 437, 440 Abs. 2 bis 4 und §§ 441 bis 444 BGB. Der Vermächtnisgegenstand muss **frei von Rechten Dritter** übereignet werden. Bei Sachmängeln kann der Vermächtnisnehmer nach § 2183 BGB die **Ersatzlieferung einer mangelfreien Sache** verlangen. Bei arglistigem Verschweigen eines Fehlers kann der Vermächtnisnehmer insoweit **Schadensersatz wegen Nichterfüllung** verlangen.

77 **d) Das Verschaffungsvermächtnis.**

Beispiel:
Mein Erbe wird im Wege des Vermächtnisses verpflichtet, meiner langjährigen Lebensgefährtin von meinem Sparvermögen ein Haus in der Toskana zu kaufen und zu übereignen.
Mein Erbe wird verpflichtet, meiner Lebensgefährtin das im Eigentum des Herrn Schulz stehende Grundstück der Gemarkung Fulda, Am Frauenberg 1, zu übereignen.

Das Verschaffungsvermächtnis begründet ein Anspruch des Vermächtnisnehmers gegenüber dem Beschwerten auf **Übereignung von Sachen** oder auf **Einräumung von Rechten, die nicht zum Nachlass gehören** (§ 2170 BGB).[67] Da sich die Klassifizierung der Vermächtnisarten in diesem Kapitel nur auf körperliche Sachen bezieht, wird wegen der Verschaffung von Rechten auf Rdnr. 27 ff. dieses Kapitels verwiesen. Der Gegenstand, der zu leisten ist, kann ein **individualisierter Gegenstand** wie beim Stückvermächtnis oder auch eine nur der **Gattung nach bestimmte Sache** sein. Wegen der Konkretisierung des Vermächtnisgegenstandes wird deshalb auf die Ausführungen zum Stück-, Wahl- und Gattungsvermächtnis verwiesen. Der Erblasser muss sich nicht darüber bewusst sein, dass der vermachte Gegenstand sich nicht im Nachlass befindet.[68]

78 Ähnlich wie beim Vertragsrecht wird durch das Verschaffungsvermächtnis eine Verpflichtung des Beschwerten begründet, die Leistung des vermachten Gegenstandes zu erbringen. Ist der vermachte Gegenstand im **Eigentum des Beschwerten,** ist der Beschwerte verpflichtet, das Eigentum hieran dem Vermächtnisnehmer zu verschaffen. Ist der Vermächtnisgegenstand **im Eigentum Dritter,** muss der Beschwerte veranlassen, dass das Eigentum entweder zunächst auf ihn und in der Folge auf den Vermächtnisnehmer oder unmittelbar an den Vermächtnisnehmer übertragen wird.

---

[66] Palandt/*Edenhofer* § 2155 Rdnr. 2; MünchKommBGB/*Schlichting* § 2155 Rdnr. 2.
[67] Palandt/*Edenhofer* § 2170 Rdnr. 1; *Bühler* DNotZ 1964, 581, 586; BGH Urt. v. 3.11.1982 – IV a ZR 47/81 – NJW 1983, 937.
[68] Palandt/*Edenhofer* § 2169 Rdnr. 3 und § 2170 Rdnr. 1; Soergel/*Wolf* § 2170 Rdnr. 1.

Selbstverständlich ergeben sich in der Praxis Schwierigkeiten, wenn der Dritte nicht bereit 79
ist, die vermachte Sache an den Vermächtnisnehmer zu übereignen, weil hier Fälle des **Unvermögens oder der Unmöglichkeit** vorliegen:
Bei **subjektivem Unvermögen** des Beschwerten muss er dem Bedachten den **Wert** ersetzen. Wenn die Beschaffung der Sache nur mit **unverhältnismäßig hohem Aufwand** möglich ist, was sicher eine Einzelfallfrage darstellt, kann sich der Beschwerte gleichfalls durch **Entrichtung des Wertes** von der Verschaffungsverpflichtung befreien.

Bei **anfänglicher objektiver Unmöglichkeit** ist die Anordnung des Vermächtnisses von Anfang an als unwirksam anzusehen (§ 2171 BGB).

Wenn die Verschaffung des Vermächtnisses **nachträglich** ohne Verschulden und ohne Verzug des Beschwerten **objektiv unmöglich** wird, wird der Beschwerte von der Leistungsverpflichtung befreit, ist allerdings zu Ersatzleistungen nach § 281 BGB verpflichtet.[69] Wenn die nachträgliche Unmöglichkeit von dem Beschwerten **verschuldet** worden ist, gilt indes § 280 Abs. 1 BGB.[70]

Geht der Vermächtnisgegenstand **im Zeitraum zwischen Anordnung und Erbfall** unter und 80 kann er deshalb nicht mehr vermacht werden, gilt allenfalls ein Anspruch auf Wertersatz gemäß § 2169 Abs. 2 BGB als vermacht, wenn wegen des Unterganges Ersatzansprüche des Erblassers begründet sind. Anders als in § 306 BGB wird hier auf den Zeitpunkt des Erbfalles, ausnahmsweise bei einem **bedingten oder befristeten Vermächtnis** wird auf diesen Zeitpunkt abgestellt.

Wenn die Erfüllung des Vermächtnisses im **Zeitpunkt des Erbfalles** objektiv unmöglich ist, allerdings bis zum **Eintritt der Bedingung oder Befristung** möglich wird, gilt insoweit § 308 BGB, wonach dann das Vermächtnis zu erfüllen wäre.

Wenn die Leistung des zu vermachenden Gegenstandes unmöglich wird, weil die Sache mit einer anderen Sache **verbunden, vermischt oder vermengt** worden ist, so dass sich nach §§ 946 bis 948 BGB das Eigentum an der anderen Sache auf sie erstreckt, Miteigentum eingetreten ist oder das Eigentum nach § 950 BGB untergegangen ist, ist insoweit von der Unmöglichkeit der Leistung auszugehen. Hilfsweise gilt dann der dadurch entstehende Ersatzanspruch des Vermächtnisgegenstandes als vermacht, ohne Rücksicht darauf, ob diese Tatbestände nur Sachen des Erblassers oder auch fremde Sachen betreffen.[71]

Ein Verschaffungsvermächtnis kann allerdings auch gegen ein **gesetzliches Verbot** verstoßen 81 (§ 134 BGB) oder **sittenwidrig** sein.[72] Für diesen Fall ordnet § 2171 BGB an, dass das Verschaffungsvermächtnis gleichfalls unwirksam ist. Bei der Frage der Sittenwidrigkeit ist grundsätzlich auf den Zeitpunkt der letztwilligen Anordnung abzustellen. Wenn sich die sittlichen Maßstäbe allerdings ändern, geht die herrschende Meinung davon aus, dass hier auf den Zeitpunkt des Richterspruchs abzustellen ist.[73]

Ein Sonderproblem stellt sich im Rahmen des Verschaffungsvermächtnis für den Fall, dass 82 der Erbe die **beschränkte Erbenhaftung** durch Nachlassverwaltung, Nachlassinsolvenz oder die Dürftigkeitseinrede nach § 1992 BGB herbeiführt. Die herrschende Meinung nimmt wohl in diesem Zusammenhang an, dass sich in diesem Fall dann die Verschaffungspflicht in eine Wertersatzpflicht umwandelt.[74]

2. Das Vermächtnis auf Einräumung und Umgestaltung von Rechten

a) **Die Vielfalt der Rechte des Erblassers.** Der Erblasser selbst kann **Inhaber von übertragbaren** 83 **Rechten** sein, die er im Wege des Vermächtnisses auf einzelne Rechtsnachfolger übertragen kann. Ist er selbst nicht Inhaber der nachfolgenden Rechte, handelt es sich um ein **Verschaffungsvermächtnis**.

Bei einem Vermächtnis zugunsten der Lebensgefährtin des Erblassers dieser ein Wohnungs- 84 recht an einer angemessenen Zwei-Zimmer-Wohnung einzuräumen, handelt es sich um ein

---

[69] RGRK/*Johannsen* § 2170 Rdnr. 6; *Bühler* DNotZ 1964, 518, 586.
[70] Diese Frage ist allerdings umstritten RGRK/*Johannsen* § 2171 Rdnr. 12.
[71] Palandt/*Edenhofer* § 2172 Rdnr. 1; MünchKommBGB/*Frank* § 2172 Rdnr. 1.
[72] Vgl. hierzu § 7 dieses Buches sowie Rdnr. 95 ff. dieses Kapitels.
[73] Palandt/*Heinrichs* § 138 Rdnr. 9, 10.
[74] *Bühler* DNotZ 1964, 586.

kombiniertes Verschaffungs- und Gattungsvermächtnis, wenn eine derartige Wohnung weder im Zeitpunkt der Testamentserrichtung noch im Zeitpunkt des Erbfalls im Nachlass vorhanden war.[75] Auch wenn die Einräumung eines Wohnrechts nicht als Sache im Sinne von § 90 BGB zu qualifizieren sei, könne § 2155 BGB hier analog angewendet werden.

85 Bei den Gegenständen eines Verschaffungsvermächtnisses kann es sich auch um Gesellschaftsrechte an einer **Gesellschaft bürgerlichen Rechts, einer OHG** und einer **Partnerschaftsgemeinschaft** oder einer **KG** handeln. Auch die Rechte aus einer **stillen Gesellschaft**, Anteile an einer **Kapitalgesellschaft,** die **Rechte des Aktionärs** und **Genossenschaftsanteile** fallen hierunter.

86 Soweit hier **durch Gesellschaftsvertrag** oder auch **per Gesetz** der Gesellschaftsanteil vererblich gestellt ist, kann selbstverständlich der Erblasser auch statt des Eintritts der Erbfolge diese Rechte **im Wege des Vermächtnisses** auf einen oder mehrere Rechtsnachfolger übertragen.[76] In diesen Fällen müssen der oder die Erben, die zunächst in die Gesellschafterrechtsstellung als Erben eingetreten sind, das Vermächtnis durch Abtretung der Gesellschafterrechte erfüllen.[77]

87 Die **generelle Vererblichkeit** des Anteils an **Kapitalgesellschaften,** der Rechte des **Aktionärs,** der **GmbH-Anteile** sowie der Mitgliedschaft bei einer **eingetragenen Genossenschaft** ist gesetzlich geregelt. Die entsprechenden Gesellschaftsanteile gehen kraft Gesetzes **im Wege der Gesamtrechtsnachfolge in Erbengemeinschaft** auf die Erben über und können deshalb auch im Wege des Vorausvermächtnisses durch letztwillige Anordnung auf den oder die Miterben oder auf Vermächtnisnehmer letztwillig übertragen werden.[78]

88 Bei **Personengesellschaften,** insbesondere der **OHG,** der **Kommanditgesellschaft,** der **Partnerschaft** und der **stillen Gesellschaft** sieht das Gesetz vor, dass mit dem Tod eines Gesellschafters nicht die Auflösung der Gesellschaft eintritt. Der verstorbene Gesellschafter scheidet aus der Gesellschaft aus und die Gesellschaft wird **unter den verbleibenden Gesellschaftern fortgesetzt.** Diesen wächst der Gesellschaftsanteil des Verstorbenen nach den gesetzlichen Regelungen an. Die Erben erwerben einen **Abfindungsanspruch** gegen die Gesellschaft (§§ 738 – 740 BGB; § 105 Abs. 3 HGB; § 161 Abs. 2 HGB; § 9 Abs. 1 PartnerschaftsG).[79] Wenn die Gesellschafter allerdings diese **Anwachsungsvariante nicht wünschen, müssen** sie durch Gesellschaftsvertrag entweder durch die so genannte **einfache oder qualifizierte Nachfolgeklausel** oder eine **kombinierte Nachfolge- und Umwandlungsklausel** oder eine kombinierte **Nachfolge- und Fortsetzungsklausel** den Gesellschaftsanteil vererblich stellen oder durch eine so genannte **rechtsgesellschaftliche Nachfolge- oder Eintrittsklausel** einem Dritten die Befugnis einräumen, in die Gesellschaft einzutreten.

89 Lediglich beim Tod des Gesellschafters einer **Gesellschaft bürgerlichen Rechts,** sieht das Gesetz grundsätzlich die **Auflösung der Gesellschaft** vor (§ 727 BGB), es sei denn, dass hier ebenfalls eine erbrechtliche Nachfolgeklausel im Gesellschaftsvertrag vereinbart ist.[80]

90 Wenn der Erblasser seinen Anteil als Gesellschafter im Gesellschaftsvertrag vererblich gestellt hat, treten bei der **einfachen Nachfolgeklausel** alle Erben oder bei der **qualifizierten Nachfolgeklausel** nur ein Erbe im Rahmen der **Singularsukzession** in die Gesellschaft ein.[81]

91 Die herrschende Meinung geht jedoch davon aus, dass es im Rahmen der **erbrechtlichen Nachfolgeklausel nicht ausreicht,** durch letztwillige Verfügung zugunsten des Nachfolgers **ein Vermächtnis** anzuordnen. Für den Eintritt der Singularsukzession bedarf es hier **zwingend der Erbeinsetzung eines oder mehrere Nachfolger** an dem Gesellschaftsanteil als Miterbe,[82] der dann mit einem Vermächtnis belastet werden kann.

92 Die **Singularsukzession** und die damit verbundenen positiven, steuerlichen Auswirkungen können primär nur durch Erbeinsetzung erreicht werden. Wenn der Gesellschaftsvertrag die Anordnung eines Vermächtnisses zulässt, worauf im Rahmen der Gestaltung von Gesell-

---

[75] OLG Bremen ZEV 2001, 401.
[76] Zu den steuerlichen Auswirkungen wird auf die nachfolgenden Ausführungen verwiesen.
[77] In den unterschiedlichen Nachfolgeklauseln vgl. *Ivo* FAErb 2006, 29 ff.; *Reymann* ZEV 2006, 307 ff.
[78] Palandt/*Edenhofer* § 1922 Rdnr. 15 ff.
[79] Vgl. hierzu *Reimann* ZEV 1994, 7; Palandt/*Edenhofer* Vorbem. § 2147 Rdnr. 6 und 17 ff.
[80] Vgl. hierzu Sudhoff/*Scherer* Rdnr. 15–28 sowie § 14 dieses Buches.
[81] Palandt/*Edenhofer* § 1922 Rdnr. 17.
[82] MünchKommBGB/*Ulmer* § 727 Rdnr. 32.

schaftsverträgen zu achten ist, kann aber auch der Vermächtnisnehmer die Vorteile der §§ 13 a, 19 a ErbStG in Anspruch nehmen.

Der Erblasser kann die **Miterben**, die zunächst im Wege der Ausnutzung der erbrechtlichen Nachfolgeklausel in die Gesellschaft eingetreten sind, mit einem **Vermächtnis** des Inhalts beschweren, dass diese wiederum verpflichtet sind, den Gesellschaftsanteil im Wege des **Vermächtnisses** auf einen von dem Erblasser benannten oder von dem Beschwerten oder einem Dritten zu benennenden Vermächtnisnehmer zu übertragen. Durch diese Gestaltungsvariante können jedenfalls die Vorteile, die das Vermächtnisrecht im Rahmen der Unternehmensnachfolge durch die Zulassung der Auswahl des Vermächtnisnehmers durch Dritte bietet (§ 2151 BGB) auch bei der erbrechtlichen Nachfolgeklausel ausgenutzt werden.[83] Wenn der Gesellschaftsanteil **im Wege des Vermächtnisses** auf einen oder mehrere Vermächtnisnehmer übergehen soll, bedarf es jedoch noch eines besonderen **Übertragungsaktes** durch die Erben als Sonderrechtsnachfolger.[84] 93

Praktische Probleme können sich hierbei allerdings wegen des **Umfangs des Vermächtnisses** ergeben. Bei **Personengesellschaften** umfasst der Gesellschaftsanteil grundsätzlich auch nicht **separierbare Rechte und Pflichten** aus dem Gesellschaftsverhältnis, wie anteilige Guthaben an einer gemeinsamen **Rücklage**. Nicht automatisch erfasst werden **Darlehensforderungen** oder **bereits entstandene Auszahlungsansprüche** gegen die Gesellschaft. Besonderes Augenmerk ist durch spezielle Erblasseranordnungen auch auf **Guthaben auf variablen Kapitalkonten** oder **Anteilen an einem Gesellschaftsgrundstück** zu legen. Kreditverpflichtungen des bisherigen Erblasser-Gesellschafters oder **nachträgliche Steuerbelastungen** sind nicht ohne weiteres Gegenstand des Gesellschaftsanteiles. 94

Bei **Kapitalgesellschaften** sind von dem Gesellschaftsanteil grundsätzlich alle **Kapital- und Gewinnrücklagen** sowie die **Gewinnbezugsrechte** erfasst; dagegen sind **Gesellschafterdarlehen** oder **bereits entstandene Gewinnauszahlungsansprüche** ohne entsprechende Erblasseranordnung nicht automatisch Vermächtnisgegenstand. 95

Im Zweifel gehören zum jeweiligen Gesellschaftsanteil jedoch diejenigen **Rechte und Pflichten**, die der Erblasser im Zeitpunkt des Erbfalles selbst inne hatte. Im Zweifel wird davon auszugehen sein, dass er seine Gesellschaftsanteile in diesem Umfang übertragen wissen wollte. Ist die **Übertragbarkeit** der Gesellschafterrechte im Gesellschaftsvertrag oder in der Satzung eingeschränkt, gilt dies grundsätzlich auch für die Vermächtniserfüllung (**Vinkulierungsbestimmungen, Zustimmungs- oder Einziehungsvorbehalte**).

Soll nach dem Willen des Erblassers ein **Testamentsvollstrecker** unter den engen Voraussetzungen des § 2065 BGB den Nachfolgeerben **bezeichnen**[85] oder den Nachfolgevermächtnisnehmer gemäß § 2151 BGB **bestimmen**, muss diese Möglichkeit des Testamentsvollstreckers ausdrücklich im Gesellschaftsvertrag vereinbart sein oder die übrigen Gesellschafter müssen zustimmen.[86] 96

Wie die konkrete Nachfolgeklausel im Gesellschaftsvertrag ausgestaltet und vom Erblasser durch Testament ausgenutzt wird, hat letztendlich auch wesentliche **einkommenssteuerrechtliche** und **erbschaftsteuerliche Auswirkungen**. Während bei der **einfachen** und **qualifizierten Nachfolgeklausel** stille Reserven als Veräußerungsgewinn nicht aktiviert werden, müssen diese bei der **Anwachsungsvariante** und der **Auszahlung von Abfindungen** an die Erben voll versteuert werden. 97

Während bei der **Anwachsungsvariante** der an die Erben zu zahlende Abfindungsbetrag in voller Höhe der Erbschaftsteuer unterliegt und keine steuerliche Begünstigung des Betriebsvermögens eintritt, können die Rechtsnachfolger auf Grund **einfacher und qualifizierter Nachfolgeklausel** den **Bewertungsabschlag von 35%**, den zusätzlichen **betrieblichen Freibetrag von 225.000 EUR**, die **Tarifbegünstigung durch Steuerklasse I** sowie die **Möglichkeit der Steuerstundung** für sich in Anspruch nehmen (§ 13 a, 19 a ErbStG). Schon bei der Gestaltung des Gesellschaftsvertrages werden deshalb entscheidende Weichen gestellt, ob die Rechtsnachfol-

---

[83] Zu den einkommenssteuerrechtlichen Folgen der Vererbung von Anteilen an Personengesellschaften: BFH Beschl. v. 5.7.1990 – GrS 4–6/89 – NJW 1991, 254.
[84] *Ivo*, Der Fachanwalt für Erbrecht, S. 29 ff.
[85] Vgl. hierzu Palandt/*Edenhofer* § 2065 Rdnr. 5; nachfolgend Rdnr. 45.
[86] BGH Urt. vom 13.5.1985 – II ZR 196/84 – NJW-RR 1986, 28.

ger die vorstehenden steuerlichen Begünstigungen bei der Übertragung von Betriebsvermögen für sich in Anspruch nehmen können oder nicht. Wegen der steuerlichen Auswirkungen der unterschiedlichen Nachfolgeregelungen wird im Übrigen auf § 35 verwiesen.

98 Eine Vermächtnisanordnung kann auch dann vorliegen, wenn einem Miterben ein so genanntes **Eintrittsrecht** durch **Gesellschaftsvertrag** oder durch **Testament** eingeräumt wird. Der Vermögensvorteil liegt hier in dem Recht, den Eintritt in die Gesellschaft von den verbleibenden Mitgesellschaftern oder den Erben zu verlangen.[87]

99 Wenn der Erblasser bereits als Gesellschafter aus der Gesellschaft ausgeschieden ist, kann selbstverständlich auch sein **Auseinandersetzungsanspruch** oder **Abfindungsanspruch**, der im Gesellschaftsvertrag vereinbart ist, Vermächtnisgegenstand sein. In der Gestaltungspraxis besteht der Vorteil der Vermächtnisanordnung eindeutig darin, dass der Erblasser **die Auswahl des Vermächtnisnehmers** und eingeschränkt auch die Auswahl des Vermächtnisgegenstandes den **Beschwerten** oder auch **dritten Personen** überlassen kann (§§ 2151, 2152, 2153, 2154 BGB). Hierin ist eine Erweiterung des § 2065 BGB zu sehen, der vorsieht, dass die **Bestimmung des Erben Dritten** nicht überlassen werden darf, während **Vermächtnisnehmer** durchaus von Dritten **bestimmt** werden können.

100 Auch ein **Handelsgeschäft** ist grundsätzlich vererblich und kann als **Inbegriff von Rechten** Gegenstand eines Vermächtnisses sein. Soweit hierbei Rechte betroffen sind, muss genau eruiert werden, welche **Verbindlichkeiten, Vertragsverhältnisse, schwebende Verträge** oder **Steuerbelastungen** dem Vermächtnisnehmer zugeordnet werden sollen. Wird einem Miterben als Vorausvermächtnis ein Geschäftsbetrieb zugewandt, gehört ein eventuelles Guthaben auf dem Geschäftskonto zum Umfang des Vermächtnisses.[88] Besondere Schwierigkeiten können sich bei **Forderungen mit Abtretungsausschluss** ergeben.

101 Der Erblasser kann auch sonstige vermögensrechtliche Beziehungen im Wege des Vermächtnisses auf den Vermächtnisnehmer übertragen, insbesondere das **Anfechtungsrecht** nach § 119 BGB, das **Recht zur Annahme eines Vertragsantrages** (§ 153 BGB), **Honoraransprüche**, alle **Geldforderungen** sowie **Herausgabeansprüche**, es sei denn, dass diese höchstpersönlicher Natur sind und auf die Person des Erblassers beschränkt waren, **Schmerzensgeldansprüche** nach § 847 BGB,[89] **Ansprüche aus Spar- und Bankkonten, Urheberrechte** und sonstige Schutzrechte nach § 34 VerlG, § 13 GebrauchsmusterG, § 13 GeschmacksmusterG, § 15 PatentG sowie § 8 WarenzeichenG.

102 Bei **Grundstücken** ist nicht nur das **Eigentum** als solches, sondern sind auch die **Rechtsstellung aus der erklärten Auflassung** sowie der **Besitz** vererblich und können damit auch Gegenstand eines Vermächtnisanspruchs sein.

103 Auch ein so genanntes **Kaufrechtsvermächtnis** kann der Erblasser anordnen. Ein solches liegt vor, wenn der Vermächtnisnehmer durch letztwillige Anordnung einen **Anspruch auf Abschluss eines Kaufvertrages** über einen Nachlassgegenstand gegen den Erben oder sonstige Beschwerte erhält. Steuerrechtlich wird hier als Vermächtnisgegenstand das **Erwerbsrecht** angesehen, dessen Wert sich nach dem gemeinen Wert des zu erwerbenden Gegenstandes abzüglich der Kaufpreisverpflichtung bemisst.[90]

104 **Unvererbliche Rechte** sind in der Regel höchstpersönliche Rechte, wie der **Nießbrauch** (§ 1061 BGB), **beschränkt persönliche Dienstbarkeiten** (§ 1090 Abs. 2 BGB), die **Leibrente** (§ 759 I BGB), **Unterhaltsansprüche** und **Familienrechte**. Wenn es sich um höchstpersönliche Rechte handelt, die nicht vererblich sind, schließt dies jedoch keinesfalls aus, dass der Erblasser dennoch dem Vermächtnisnehmer höchstpersönliche Rechte zuweisen kann, insbesondere **einen Anspruch auf Einräumung eines Wohnungsrechts** oder eines **Nießbrauchsrechts** an einem Grundstück oder Grundstücksteilen hiervon. Hierbei handelt es sich dann um ein Verschaffungsvermächtnis im Sinne des § 2170 BGB mit den entsprechenden bereits in Rdnr. 24 ff. dargelegten Rechtsfolgen.

---

[87] Palandt/*Edenhofer* § 1922 Rdnr. 16; MünchKommBGB/*Frank* § 1922 Rdnr. 16, BGH Urt. v. 25.5.1987 – II ZR 195/86 – NJW-RR 1987, 989.
[88] OLG Koblenz ZErb 2004, 271.
[89] BGH Urt. v. 6.12.1994 – VI ZR 80/94 – NJW 1995, 783.
[90] Zu Einzelheiten *Meincke* ErbStG § 3 Rdnr. 44.

Der Anspruch aus einer **Lebensversicherung oder Kapitalversicherung** auf den Todesfall 105 gehört beim Tod des Versicherungsnehmers nicht zu dessen Nachlass, wenn bereits im Versicherungsschein die Versicherung zur Leistung an einen **Bezugsberechtigten** verpflichtet wurde.[91] Fehlt es hieran, fällt der Auszahlungsanspruch in den Nachlass. Zu Einzelfragen ist hier auf die Ausführungen zu § 47 des Buches zu verweisen.

Die vorstehenden Beispiele sollen nur belegen, wie umfangreich die vermögensrechtlichen Beziehungen des Erblassers zu seinem Vermögen sein können, die dann auch im Wege der Vermächtnisanordnung auf den Vermächtnisnehmer übertragen werden können.[92]

b) Die Einräumung von Besitz- und Nutzungsrechten. 106

Beispiel:
Zugunsten meiner Ehefrau ordne ich im Wege des Vermächtnisses an, dass diese berechtigt ist, meine Kunstsammlung bis zu ihrem Lebensende in Besitz zu nehmen.
Mein Erbe ist verpflichtet, meinem Freund, der Naturliebhaber ist, auf Lebenszeit jährlich die Ernte aus den auf meinem Grundstück stehenden Kirschbäumen zur Verfügung zu stellen.

An einzelnen Nachlassgegenständen kann der Erblasser dem Vermächtnisnehmer, ohne die 107 Übereignung von Sachen anzuordnen, lediglich **Besitzrechte** einzuräumen und den an sich vererblich gestellten Besitz an einer **Sachgesamtheit oder einzelnen Gegenständen** im Wege des Vermächtnisses auf einen bestimmten Vermächtnisnehmer übertragen (§ 857 BGB).

Der Begriff der **Nutzung** umfasst außer den **Früchten**, die in § 99 BGB definiert sind, auch die 108 **Gebrauchsvorteile**. Unter den Begriff der Früchte können unmittelbare **Sachfrüchte** im Sinne des § 99 Abs. 1 BGB oder **Rechtsfrüchte** im Sinne des § 99 Abs. 2 BGB fallen. Sachfrüchte sind insbesondere alle natürlichen Tier- und Bodenfrüchte wie Eier, Milch, Käse, Obst, Pflanzen, Bäume und sonstige Ausbeute, wie Sand, Kohle, Mineralwasser. Rechtsfrüchte stellen beispielsweise die **Dividenden** aus Aktienvermögen, **Zinsen** aus Forderungen, **Erträge** eines Unternehmens dar.[93]

So kann beispielsweise der Erblasser, ohne dass er hier seinen Gesellschaftsanteil oder sein 109 Einzelunternehmen auf den Vermächtnisnehmer übertragen muss, im Wege des Vermächtnisses **Gewinnbezugsrechte** oder **Ansprüche aus den Tantiemen** auf den Vermächtnisnehmer übertragen.

Auch mittelbare Sach- und Rechtsfrüchte, wie **Mietzinsansprüche** bei Mietshäusern, bei 110 Verpachtung eines Betriebs der **Pachtzins**, **Überbaurenten** und dergleichen können Gegenstand eines Vermächtnisses sein und fallen unter den Begriff der Früchte.

Unabhängig von der Frage, wer in dem vorstehenden **Beispiel** Eigentümer an der Kunst- 111 sammlung wird, hat der Vermächtnisnehmer Anspruch auf Einräumung des Besitzes, der gemäß § 2194 BGB gerichtlich durchsetzbar ist.

Der Erblasser kann die **Nutzung an Nachlassgegenständen** anordnen. Dem Vermächtnisneh- 112 mer können weiter gehende Nutzungsrechte schuldrechtlicher Art in Form von **Wohnungsrechten** an bestimmten Räumen eingeräumt werden, wobei hier der Erblasser an der inhaltlichen Ausgestaltung völlig frei ist. Die Nutzung kann **zeitlich beschränkt** sein, unter einer **Bedingung** stehen, sich auf einzelne **Nachlassgegenstände** oder auf den **Gesamtnachlass** beziehen. Nutzungsrechte können auch im Grundbuch durch **beschränkt persönliche Dienstbarkeiten**, durch **Nießbrauchsrechte** und dergleichen abgesichert werden.

aa) Die Einräumung einer beschränkt persönlichen Dienstbarkeit. 113

Beispiel:
Für den Fall der Wiederverheiratung des überlebenden Ehegatten tritt Nacherbfolge ein. Nacherbe ist unser einziger Sohn Adam. Dieser ist verpflichtet, dem überlebenden Ehegatten im Wege eines Vermächtnisses auf Lebenszeit ein unentgeltliches Wohnungsrecht an sämtlichen Räumen des Erdgeschosses des in unserem Eigentum stehenden Wohnhauses, eingetragen im Grundbuch von Fulda Blatt 2000 BV lfd. Nr. 1, einzuräumen, das durch eine beschränkt persönliche Dienstbarkeit im Grundbuch abzusichern ist.

---

[91] Pflichtteilsergänzungsansprüche können ausgelöst werden mindestens in Höhe der gezahlten Prämien oder der Versicherungssumme (str.); vgl. hierzu BGH NJW 2004, 214.
[92] Vgl. hierzu Palandt/*Edenhofer* § 1922 Rdnr. 12 ff.
[93] Palandt/*Heinrichs* § 99 Rdnr. 1.

Dieses Beispiel zeigt einen in der Praxis häufigen Fall, das sog. **Wohnungsrecht**, insbesondere für **Abkömmlinge** oder den **überlebenden Ehegatten**. Im Rahmen einer **Wiederverheiratungsklausel** wird oftmals die Lösung gewählt, dass bei Wiederverheiratung – zur Sicherung des Vermögens in der Familie – Nacherbfolge eintritt und die Nacherben mit einem Vermächtnis des Inhaltes belastet werden, dass dem überlebenden Ehegatten ein Wohnungsrecht an bestimmten Räumen oder allen Räumen des bisher von den Eheleuten genutzten Wohnhauses eingeräumt wird.

114   Damit wird ein **Anspruch auf Einräumung eines Wohnungsrechts** nebst der Eintragung einer beschränkt persönlichen Dienstbarkeit zugunsten des Vermächtnisnehmers begründet, der gerichtlich einklagbar ist und gegen die beschwerten Erben oder Vermächtnisnehmer gerichtet wäre.

115   Durch diese Vertragsvariante wird einen **Interessenausgleich** zwischen den Interessen des überlebenden Ehegatten an der Nutzung des Objektes und dem Interesse des Erblassers an der Sicherung des Nachlasses für die Nacherben, meist die Abkömmlinge, erreicht.

116   *bb) Die Zuwendung eines Nießbrauchsrechtes.*

Beispiel:
Der Alleinerbe wird mit einem Vermächtnis des Inhaltes belastet, dass meiner Ehefrau an dem Grundstück, eingetragen im Grundbuch von Fulda Blatt 2000 BV lfd. Nr. 1, Am Frauenberg 1 in Fulda ein lebenslanges Nießbrauchsrecht eingeräumt werden soll. Der Erbe hat alle Lasten, auch die Kosten des gewöhnlichen Unterhalts des auf dem Grundstück aufstehenden Hauses, die Kosten der Versicherung sowie alle wiederkehrenden öffentlichen und privaten Lasten zu tragen.

Beispiel:
Ich halte an der „Erblasser-Gewinn-GmbH", eingetragen im Handelsregister des Amtsgerichts Fulda unter HRB einen Geschäftsanteil von 50.000,- EUR. Das Stammkapital beträgt 100.000,- EUR. Sämtliche Bareinlagen sind vollständig eingezahlt. Nach der Satzung kann der jeweilige Geschäftsanteil eingezogen werden, wenn ein Gesellschafter weder durch Eintritt der gesetzlichen Erbfolge oder durch gewillkürte Erbfolge sichergestellt hat, dass der Geschäftsanteil beim Tod des Gesellschafters auf dessen Abkömmlinge oder Ehegatten als dessen Erben oder Vermächtnisnehmer übergeht. Nach der Satzung bedarf die Übertragung, Verpfändung und seine Belastung mit einem Nießbrauch der Zustimmung der Gesellschaft, es denn diese Verfügungen erfolgen zugunsten der Abkömmlinge oder des Ehegatten des Gesellschafters. Meine vorgenannten Abkömmling belaste ich nunmehr als meine Erben mit einem Vermächtnis des Inhalts, dass meiner Ehefrau das lebenslängliche Nießbrauchsrecht an dem vorbezeichneten Geschäftsanteil mit folgendem Umfang und Inhalt eingeräumt wird:
– Die mit dem Geschäftsanteil verbundenen Mitverwaltungsrechte, insbesondere das Stimmrecht, stehen weiterhin meinen Abkömmlingen als Erben zu. Sie haben jedoch alles zu unterlassen, was den Nießbrauch beeinträchtigen oder vereiteln könnte.
– Der Nießbraucherin steht gegenüber den Erben ein Anspruch auf Auskunft über die wirtschaftlichen Verhältnisse der Gesellschaft zu.
– Die Nießbraucherin hat Anspruch auf den auf den Geschäftsanteil entfallenden Gewinn.
– Zu den Nutzungen des Nießbrauchsrechts gehören nicht die Liquidationsquote nach § 72 GmbHG bzw. das Abfindungsguthaben, das Einziehungsentgelt nach § 34 GmbHG, das Bezugsrecht auf neue Geschäftsanteile nach § 55 GmbHG, zurückgezahlte Nachschüsse nach § 30 Abs. 2 GmbHG, Teilrückzahlungen der Stammeinlage nach § 58 Abs. 2 GmbHG sowie ein etwaiger Überschuss aus dem Verkauf des abandonnierten Geschäftsanteils nach § 27 Abs. 2 GmbHG. In den vorgenannten Fällen der Liquidation oder der Einziehung sind die Erben verpflichtet, der Nießbraucherin an den jeweiligen Beträgen erneut den Nießbrauch zu bestellen.
Bei Kapitalerhöhungen oder Ausgabe neuer Geschäftsanteile stehen den Erben die erhöhten bzw. neuen Anteile zu, die auch die Mittel hierfür aufbringen müssen. Sie sind jedoch verpflichtet, der Nießbraucherin an den neuen Anteilen gleichfalls ein Nießbrauchsrecht einzuräumen.
Das Nießbrauchsrecht erlischt mit dem Tode der Nießbraucherin oder durch schriftliche Aufgabeerklärung.74

Beispiel:
Ich bin Gesellschafter der im Handelsregister des Amtsgerichts Fulda unter HRA eingetragenen „Erblasser-Gewinn-OHG. Nach dem Gesellschaftsvertrag wird beim Tode eines Gesellschafters die Gesellschaft nicht aufgelöst, sondern mit dessen Erben oder Vermächtnisnehmer als Nachfolger fortgesetzt. Die Abtretung, Verpfändung oder Belastung des Gesellschaftsanteils an Abkömmlinge oder den Ehegatten

ist ohne Zustimmung der Gesellschafter zulässig. Wer durch Abtretung oder Erbfolge Gesellschafter wird, ist berechtigt, seine vollhaftende Beteiligung in eine Kommanditbeteiligung umzuwandeln. Die Mitgesellschafter können die Umwandlung verlangen, wenn der Betreffende minderjährig ist oder aus Sicht der Mitgesellschafter nicht über die notwendige Qualifikation verfügt oder schwerwiegende Bedenken gegen den Betreffenden bestehen.
Meinen vorgenannten minderjährigen Erben mache ich hiermit zur Auflage, ihre ererbten OHG-Anteile in eine Kommanditbeteiligung umzuwandeln.
Meine vorgenannten Erben belaste ich mit einem Vermächtnis des Inhalts, dass sie verpflichtet sind, meiner Ehefrau das lebenslängliche unentgeltliche Nießbrauchsrecht an den vorgenannten Kommanditbeteiligungen mit folgendem Inhalt und Umfang einzuräumen:
– Die beiden Nießbrauchsrechte an den Kommanditbeteiligungen sollen als Vollnießbrauch und in der Weise ausgestaltet werden, dass die Nießbraucherin Mitunternehmer im steuerlichen Sinne wird.
– Der Nießbrauch erstreckt sich auf alle meine Privat- und Darlehenskonten und das Sonderbetriebsvermögen und umfasst die Kommanditanteile in ihrem jeweiligen Bestand.
– Für den Fall der Auflösung der KG oder des Ausscheidens erstreckt sich der Nießbrauch auf die Auseinandersetzungsguthaben bzw. Abfindungsansprüche.
– Die Nießbraucherin hat Anspruch auf Auszahlung der auf die belasteten Kommanditanteile entfallenden Gewinnen in dem Umfang, wie die Kommanditisten zur Entnahme berechtigt wären. Der Nießbraucherin gebühren darüber hinaus auch die Zinsen der auf die Kommanditisten lautenden Privat- und Darlehenskonten sowie Miet- und Pachtzinsen ihres etwaigen Sonderbetriebsvermögens.
– Bei Erhöhungen der Kapitalanteile gegen Einlagen hat die Nießbraucherin die auf ihre Kommanditanteile entfallenden Erhöhungsbeträge vorzuschießen, wenn sie nicht durch Guthaben von Rücklagenkonten oder mit nicht entnommenen Gewinnen verrechnet werden können. Nach Beendigung des Nießbrauchs sind ihr die vorgeschossenen Beträge zu ersetzen.
– Soweit die Kommanditisten auf die Erträge Steuern zu zahlen haben, die auf Grund des Nießbrauchs nicht ihnen, sondern der Nießbraucherin zufließen, sind sie ihnen zu erstatten. Außerdem können sie die Erstattung der etwa auf die Anteile entfallenden Vermögensteuer verlangen. Sollte die Nießbraucherin ihrerseits Steuern für Erträge zu bezahlen haben, die handelsrechtlich nicht ihr, sondern den Kommanditisten zugerechnet werden, ist sie berechtigt, ihrerseits Erstattung zu verlangen. Bezüglich aller vorgenannter Steuererstattungsansprüchen sind die zu versteuernden, aber nicht zugeflossenen Einkünfte jeweils als Spitzeneinkünfte des Betreffenden anzusehen.
– Da die Nießbraucherin im Außenverhältnis Kommanditistin wird, steht ihr auch in vollem Umfang das Stimmrecht zu. Bei Veräußerung und Belastung von Kommanditanteilen, der Änderung der Beteiligungsverhältnisse oder des Gewinnverteilungsschlüssels, der Erhöhung von Einlagen, der Kündigung der Gesellschaft, der Erhebung einer Aufhebungsklage und der Auflösung oder Umwandlung der Gesellschaft soll sie im Innenverhältnis die Zustimmung der Kommanditisten einholen. Verstößt die Nießbraucherin gegen dieses schuldrechtliche Pflichten, sind die Kommanditisten berechtigt, das Nießbrauchsverhältnis aufzukündigen.
Die Nießbrauchsrechte enden mit dem Tod der Nießbraucherin oder mit ihrer Aufgabeerklärung. Die Überlassung der Nießbrauchsrechte an Dritte ist nicht gestattet.[94]

Beispiel:
Meine Ehefrau erhält als Vermächtnis das lebenslange Recht auf Zahlung eines Geldbetrages, der 10% des auf meinen Gesellschaftsanteil an der „Erblasser-Gewinn-GmbH entfallenden Jahresüberschusses entspricht. Auf diesen Überschuß ist eine monatliche Vorauszahlung von jeweils 1/12 , errechnet nach dem Jahresüberschuß der letzten Jahresbilanz zu leisten.[95]

Das umfangreichste Nutzungsrecht stellt das **Nießbrauchsvermächtnis** dar.
In rechtlicher Hinsicht ist ein Nießbrauch an konkreten **Nachlassgegenständen**, ein Nießbrauch am **Gesamtnachlass** (§ 1046 ff. BGB) oder der **Nießbrauch an einer Quote** des Nachlasses (§ 1089 BGB) zulässig. Der Nießbrauch kann sich auch über einen **Bruchteil des Gesamtvermögens** oder Nachlasses beziehen oder **auf einen einzelnen Erbteil** beschränken. Der Nießbrauch ist auch an einem **Miteigentumsanteil** an einem Grundstück, an einer **Sache** (§ 1066 BGB) als auch an einer **Quote der Gesamtnutzungen** an einer in ungeteiltem Eigentum stehenden Sache denkbar.[96] Der Nießbrauch kann auch an **Rechten**, insbesondere an Gesellschafterrechten, wie in den vorstehenden Beispielen, oder an Urheber- und Patentrechten

---

[94] Vorgenannte Beispiele angelehnt an *Nieder*, Münchener Vertragshandbuch/Bürgerliches Recht, 4. Aufl. 1996, XVI.25.
[95] Ausführliche Formulierungsvorschläge bei § 40 Rdnr. 70 und § 36; § 49.
[96] Palandt/*Bassenge* § 1030 Rdnr. 9.

begründet werden. Zu Einzelheiten des Nießbrauchsgegenstandes wird ergänzend auf die Ausführungen von Jeschke in § 14 Rdnr. 70 ff. verwiesen. Eine der häufigsten Anwendungsfälle ist, wie im ersten Beispielsfall, das **Nießbrauchsvermächtnis an Grundstücken**.

118 Der Nießbrauchsberechtigte kann das Grundstück selbst nutzen, es vermieten, verpachten oder auch die Nutzung Dritten überlassen. Für den Inhalt des Nießbrauchs an Sachen gelten hier insbesondere §§ 1030 ff. BGB, es sei denn, dass der Erblasser hier abweichende Anordnungen getroffen hat.

119 Besondere praktische Schwierigkeiten des **Grundstücksnießbrauches** ergeben sich bei der Frage, wer die **gesetzlichen Lasten** zu tragen hat. Wenn der Erblasser hier keine besonderen Bestimmungen getroffen hat, hat der Nießbrauchsberechtigte die Sache in ihrem wirtschaftlichen Bestand zu erhalten und die **Kosten der gewöhnlichen Unterhaltung** zu tragen. Hierzu gehören beispielsweise die Wiederaufforstung nach Kahlschlag eines Waldgrundstückes,[97] die Neubestockung eines Weinberges,[98] nicht aber der Wiederaufbau eines durch höhere Gewalt zerstörten Hauses.[99] Er muss nur die gewöhnlichen Unterhaltungskosten tragen, da ihm auch nur die **gewöhnlichen Nutzen** gebühren.[100] **Außergewöhnliche Unterhaltungsmaßnahmen**, wie eine Dachsanierung nach Ablauf der Lebensdauer, hat der **Eigentümer** zu tragen. Für einen **verschuldeten Schaden** haftet der Nießbraucher nach §§ 276, 278 und 249 BGB, aus positiver Forderungsverletzung aus §§ 823 Abs. 1 BGB. Aber auch § 1048 und § 1050 BGB sind zu beachten.

120 Der Nießbrauchsberechtigte muss auch im Innenverhältnis die laufenden öffentlichen Abgaben, wie Grundsteuer, Gewerbesteuer, Kanal- und Schornsteinfegergebühren, Beiträge zur Landwirtschaftskammer und zur Berufsgenossenschaft und Versicherungsprämien (§ 1045 BGB) übernehmen. **Außergewöhnliche Lasten** muss der Eigentümer tragen, soweit sie auf den **Stammwert der Sache angelegt sind**, d. h. wenn sie nicht aus den Erträgen, sondern aus der Substanz zu leisten sind.[101] **Einmalige öffentliche Lasten**, wie Erschließungsbeiträge und Beiträge zur Umlagenverpflichtung, im Rahmen der Flurbereinigung bleiben Sache des Eigentümers, hier des Erben.

121 Wenn das Grundstück mit **Grundpfandrechten** belastet ist, hat der **Nießbraucher die Zahlung der Zinsen, der Eigentümer die Zahlung der Tilgungsbeträge** zu übernehmen.[102] Um hier Streit zwischen den Erben und den Nießbrauchsberechtigten zu vermeiden, sollte bei der Errichtung einer letztwilligen Verfügung die Ausgestaltung des Nießbrauchsrechts sehr wohl bedacht, insbesondere sollten die Einzelheiten der Lastentragung geregelt werden.[103] Der Erblasser kann hier in Abweichung vom gesetzlichen Leitbild (§§ 1041, 1047 BGB), **die Lastentragung abweichend regeln und auch alle dem Erben** auferlegen. Weitere praktische, oft relevante Anwendungsfälle sind die durch Vermächtnis angeordneten **Nießbrauchsrechte an Gesellschaftsanteilen einer Personen- oder Kapitalgesellschaft**.[104]

122 Ein Nießbrauch am Gesellschaftsanteil ist nur zulässig, wenn die gesetzlichen Vorschriften oder der **Gesellschaftsvertrag** die Übertragung oder die Belastung von Gesellschaftsanteilen erlauben oder die Mitgesellschafter zustimmen.[105]

123 Beim Tod eines Gesellschafters einer *Personengesellschaft* wird mit Ausnahme der Regelung bei der Gesellschaft bürgerlichen Rechts die Gesellschaft nicht aufgelöst, sondern mit den verbleibenden Gesellschafter oder durch gesellschaftsvertragliche Nachfolgeklauseln mit den Erben oder qualifizierten Erben fortgesetzt.[106] Die Erben erwerben dann die Beteiligung nicht in Gesamtrechtsnachfolge, sondern in Einzelrechtsnachfolge automatisch aufgeteilt im

---

[97] Palandt/*Bassenge* § 1041 Rdnr. 1.
[98] OLG Zweibrücken Urt. vom 25.1.1984 – 2 U 62/83 – OLGZ 1984, 460.
[99] Palandt/*Bassenge* § 1041 Rdnr. 1.
[100] Palandt/*Bassenge* § 1041 Rdnr. 2.
[101] Palandt/*Bassenge* § 1047 Rdnr. 5; BGH Urt. vom 21.3.1956 – IV ZR 317/55 – NJW 1956, 1070.
[102] Palandt/*Bassenge* § 1047 Rdnr. 6 ff.
[103] Zur Auswirkung einer abweichenden Lastentragung beim sog. Vorbehaltsnießbrauch *Jülicher* ZEV 2000, 183 ff.
[104] *Fichtelmann* DStR 1974, 299 ff.; *Buncke* DNotZ 1967, 5 ff.; *Haegele* BWNotZ 1974, 24, 27; *Schön* ZHR 158 (1994), 229 ff.; *Götz* ZErb 2005, 365.
[105] Palandt/*Bassenge* § 1068 Rdnr. 4.
[106] Zu den Einzelheiten der unterschiedlichen Nachfolgeklauseln, vgl. vorstehend.

Verhältnis ihrer Erbteile.¹⁰⁷ Diese Gesellschaftsanteile gehören ungeachtet der Sondererbfolge zum Nachlass¹⁰⁸ und können auch Gegenstand einer Vermächtnisanordnung sein.

Bei einem **Nießbrauch an Personengesellschaftsanteilen** ist die Einräumung eines **Nießbrauches** mit voller Gesellschafterstellung durch **treuhänderische Abtretung (Volltrechtsnießbrauch)** oder durch **Aufspaltung der Gesellschafterstellung** zwischen Nießbrauch und Gesellschafter ohne Vollrechtsübertragung möglich. Die Zulässigkeit des Nießbrauchs mit voller Gesellschafterstellung bei einer Personengesellschaft richtet sich nach der Übertragbarkeit dieses Rechts (§ 1069 Abs. 2 BGB). Nach den auch für die OHG und KG einschlägigen Bestimmungen der §§ 717, 719 BGB sind die einzelnen Ansprüche aus dem Gesellschaftsverhältnis und der Anteil am Gesellschaftsvermögen grundsätzlich nicht übertragbar. Dieses generelle Übertragungsverbot kann im Gesellschaftsvertrag oder bei Zustimmung der Gesellschafter abbedungen werden. Die generelle Zustimmung zur Veräußerung beinhaltet auch die Zustimmung zur Belastung mit einem Nießbrauch.¹⁰⁹ Beim Vollrechtsnießbrauch tritt der Nießbraucher in die volle Gesellschafterstellung ein, Beschränkungen können sich allenfalls im Innenverhältnis durch letztwilligen Anordnungen oder Vereinbarungen zwischen Nießbraucher und den mit dem Nießbrauchsrecht belasteten Gesellschaftern ergeben.

Nach dem Grundsatz der Einheitlichkeit der Mitgliedschaft einer Personengesellschaft ist es jedoch nicht möglich, zwei oder mehr Anteile in der Hand eines Gesellschafters getrennt zu halten und zum Gegenstand gesonderter Verfügungen zu machen.¹¹⁰ Erhält ein bisheriger Mitgesellschafter im Wege der Sondererbfolge einen weiteren Gesellschaftsanteil, der mit einem Nießbrauch belastet ist, geht die h. M. jedoch davon aus, dass insoweit ein Quotennießbrauch an einem Anteil einer Personengesellschaft zulässig ist.¹¹¹

Der Nießbraucher an einer Kommanditeinlage haftet nur mit der Einlage, der Nießbraucher an einer Komplementärbeteiligung haftet dagegen persönlich mit seinem gesamten Vermögen und er hat Geschäftsführungs- und Vertretungsbefugnis. Dem Nießbraucher steht das uneingeschränkte Stimmrecht zu. Die Erfüllung des Vermächtnisses erfolgt, wie die Vollrechtsübertragung, durch formlos gültigen Vertrag zwischen Erben und Nießbraucher. Der Nießbrauch besteht nicht unmittelbar am Gesellschaftsvermögen, sondern an der Beteiligung selbst, so dass dem Nießbraucher auch nur insoweit die Erträge aus dieser Beteiligung zustehen. Hierbei handelt es sich um die Gewinne, die der Gesellschafter nach Gesetz, Gesellschaftsvertrag und festgestelltem Jahresabschluss zu entnehmen berechtigt ist. Gesellschaftsvertragliche Entnahmebeschränkungen wirken deshalb auch zulasten des Nießbrauchers. Bei einer Kommanditbeteiligung wird das Entnahmerecht des Nießbrauchers durch § 169 Abs. 1 HGB beschränkt.

Ohne besondere Festlegung erstreckt sich das Nießbrauchsrecht nicht auf Privat- und Darlehenskonten oder etwaiges Sonderbetriebsvermögen. Um Zweifel zu vermeiden, sollte auch festgelegt werden, dass sich das Nießbrauchsrecht auch auf einen erhöhten Kapitalanteil sowie einen eventuellen Liquidationserlös oder ein Auseinandersetzungsguthaben erstreckt. Da auch die steuerrechtlichen Fragen bei der Ertrags- und Vermögensteuer weitgehend umstritten sind, empfiehlt sich auch hierzu eine Regelung in der letztwilligen Verfügung, soweit diese gesetzlich zulässig ist, zu treffen.

Obwohl der Nießbraucher gegenüber den mit dem Nießbrauchsrecht belasteten Gesellschaftern zur Substanzerhaltung verpflichtet ist (§§ 1041, 1044, 1050 BGB), empfiehlt es sich gleichfalls, bestimmte Maßnahmen von der Zustimmung der mit dem Nießbrauchsrecht belasteten Gesellschafter abhängig zu machen.¹¹²

---

¹⁰⁷ Wenn ein OHG-Gesellschaftsanteil vererbt wird, stehen dem Sonderrechtsnachfolger außerdem die Rechte des § 139 HGB zu.
¹⁰⁸ BGH NJW 1996,1284.
¹⁰⁹ *Bunke* DNotZ 1968, 5/7; *Fichtelmann* DStR 1974, 305; BGH NJW 1996,1284.
¹¹⁰ Ebenroth/Boujong/Jost/*Weipert* HGB 2001, § 161 Rdnr. 161 m.w.N.
¹¹¹ *Haegele* BWNotZ 1974, 24, 27; Staudinger/*Frank* Anhang zu 33 1068 Rdnr. 47; *Schön* ZHR 158 (1994) 229 ff.
¹¹² Palandt/*Bassenge* § 1068 Rdnr. 5.; *Nieder*, Handbuch der Testamentgestaltung, 2. Aufl. 2000, Rdnr. 995; zur Klauselumschreibung bei einem Nießbrauchsvermächtnis OLG Zweibrücken ZErb 2005, 251.

129 Eine Alternative zur vermächtnisweisen Einräumung des Vollnießbrauchs kann in der Anordnung einer Vor- und Nacherbschaft bestehen, wenn sich diese durch zusätzliche Anordnung von Vermächtnissen allein auf die gesellschaftsrechtliche Beteiligung erstreckt.[113]

130 Die steuerrechtlichen Vorteile des Nießbrauchsrecht sind in § 25 ErbStG wesentlich reduziert worden, wenn der überlebende Ehegatte zum Nießbraucher bestellt wird. Die Erben können den Kapitalwert des Nießbrauchs nicht vom steuerlichen Gesamterwerb abziehen und haben lediglich die Möglichkeit der zinslosen Stundung der Erbschaftsteuer bis zum Erlöschen des Nießbrauchs. Der Nießbraucher muss gemäß § 3 Abs. 1 Nr. 1 ErbStG den Nießbrauch zum Kapitalwert (§§ 13, 14, 16 BewG) versteuern und hat nach § 23 Abs. 1 ErbStG die Wahl zwischen sofortiger oder jährlicher Versteuerung mit der Möglichkeit einer späteren Ablösung.

131 Im Gegensatz zu den Beteiligungen an Personengesellschaften sind Beteiligungen an Kapitalgesellschaften voll vererblich und gehen im Wege der Gesamtrechtsnachfolge auf den oder die Erben über. Die Vererblichkeit kann nicht ausgeschlossen, sondern der nachfolgeberechtigt Kreis der Erben kann allenfalls durch Gesellschaftsvertrag eingegrenzt werden, dass nicht nachfolgeberechtigte Erben zur Abtretung verpflichtet werden, einem bestimmten Dritten oder einem Erben eine Eintrittsrecht eingeräumt wird oder der Gesellschaft das Recht zur Einziehung eingeräumt wird.

132 Der Gesellschaftsvertrag kann die Übertragbarkeit von Gesellschaftsanteilen an einer GmbH beschränken oder nach bestrittener Auffassung auch ganz ausschließen.
Gemäß § 1069 Abs. 2 BGB sind derartige Verfügungsverbote oder -beschränkungen auch bei der Nießbrauchsbestellung zu prüfen. Soweit die Übertragung und damit auch die Belastung von GmbH-Anteilen von der Genehmigung der Gesellschaft oder der Gesellschafter abhängig gemacht werden kann, sollte diese in jedem Falle vor der letztwilligen Anordnung eines Nießbrauchsvermächtnisses eingeholt werden. Wird sie nicht erteilt, könnte allenfalls ein Nießbrauchsrecht an den Gewinnbezugsrechten oder eine Unterbeteiligung zulässig sein. Die Bestellung eines im Wege des Vermächtnisses angeordneten Nießbrauchsrechts an einem GmbH-Anteil bedarf gemäß § 1069 Abs. 1 BGB, § 15 Abs. 3 GmbHG der notariellen Beurkundung. Im Gegensatz zur Personengesellschaft ist ein Vollnießbrauch nicht möglich. Dem Nießbraucher stehen nur die Vermögensrechte zu, während das Stimmrecht und die Mitverwaltungsrechte beim Gesellschafter verbleiben, der jedoch die Interessen des Nießbrauchers wahren muss. Dazu ist es sinnvoll, im Innenverhältnis bestimmte Entscheidungen an die Zustimmung des Nießbrauchers zu knüpfen oder durch ergänzende Vollmachten die Rechtsmacht des Nießbrauchers zu erweitern. Bei Entscheidungen, die zum Untergang oder einer wesentliche Veränderung des Geschäftsanteils führen, sieht bereits § 1071 BGB eine internes Zustimmungserfordernis des Nießbrauchers vor.

133 Der Nießbraucher hat gegenüber der GmbH einen unmittelbaren Anspruch auf den auf den Anteil entfallenden Jahresgewinn (§ 29 GmbHG), wenn der Nießbrauch gemäß § 16 GmbHG der Gesellschaft gegenüber angemeldet wurde.

134 Eine eventuelle Liquidationsquote, das Abfindungsentgelt oder das Einziehungentgelt sind an den Gesellschafter und den Nießbraucher gemäß § 1077 BGB gemeinschaftlich auszuzahlen. Beide haben das Kapital mündelsicher und verzinslich anzulegen, wobei der Nießbraucher die Art der Anlegung bestimmt. Der Nießbrauch ist an dem Kapital neu zu bestellen (§ 1079 BGB). In entsprechender Anwendung des § 1075 BGB setzt sich das Nießbrauchsrecht auch an den Surrogaten gemäß §§ 55, 30 Abs. 2, 58 Abs. 2 und 27 Abs. 2 GmbHG fort.[114]
Der Nießbraucher hat keinen Anspruch auf Übernahme neuer Geschäftsanteile im Rahmen einer Kapitalerhöhung, kann aber die Einräumung des Nießbrauchs hieran verlangen.
Wegen der steuerlichen Auswirkungen des Nießbrauchs kann auf das zur Personengesellschaft Ausgeführte verwiesen werden.

135 Zusammenfassend bleibt festzuhalten, dass der **Nießbrauch an Anteilen einer Kapitalgesellschaft** nur als **Ertragsnießbrauch** möglich ist. Hierbei handelt es sich gleichfalls um einen Nießbrauch an Rechten, der die Übertragung bzw. Abtretung des Anteils erfordert. Bei dem Nießbrauch an Aktien und GmbH-Anteilen bleibt der **Gesellschafter stimmberechtigt.** Der

---

[113] BGH NJW 1996, 1284; zu den inhaltlichen Unterschieden *Nieder* a.a.O.
[114] Scholz/*Winter* GmbH § 15 Rdnr. 145.

Gewinnanteil steht dem **Nießbraucher** zu.[115] Einzelheiten sind hier höchst umstritten. Eine eventuelle **Liquidationsquote** (§ 271 AktienG, § 72 GmbHG) gebührt dem Gesellschafter, der Nießbraucher hat entsprechend § 1079 BGB hierauf einen Anspruch auf Nießbrauchsbestellung. Ähnliches gilt für **Bezugsrechte** nach § 186 AktienG und § 55 GmbHG, die nach der herrschenden Meinung dem Gesellschafter zustehen, der allerdings verpflichtet ist, dem Nießbraucher hieran die Rechte einzuräumen.

Bei einem **einzelkaufmännischem Unternehmen** kann an dem gesamten Unternehmen ein 136 Nießbrauch mit der Folge eingeräumt werden, dass der Nießbraucher **Inhaber des Handelsgeschäftes** wird und **Besitz am Anlagevermögen, Verfügungsmacht über das Umlaufvermögen** sowie das **Recht auf die Erträge** erhält. Hierzu **haftet** er für die Verbindlichkeiten **persönlich**.

Wenn der Erblasser nur minderjährige Kinder hat und er diesen aber sein Unternehmen oder 137 seine Gesellschaftsanteile übertragen will, wird in der Praxis oft die Fallgestaltung gewählt, dass den **Kindern die Gesellschaftsanteile** unmittelbar im Wege der Erbfolge oder im Wege des Vermächtnisses zugewandt werden und zugunsten des **überlebenden Ehegatten** oder eines Dritten ein **Nießbrauchsvermächtnis bis zur Volljährigkeit oder einem bestimmten Alter der Kinder** angeordnet wird. Damit auch neben der Wahrung der Gesellschaftsrechte weiter gehende Verfügungen der minderjährigen Gesellschafter möglich sind, sollte der überlebende Ehegatte gleichfalls zum **Testamentsvollstrecker** ernannt werden.[116]

Bei sehr werthaltigem Nachlass ist das klassische **Berliner Testament** zwischen Eheleuten, 138 in dem sich diese gegenseitig zu Alleinerben und die Kinder zu Schlusserben einsetzen, aus **steuerlicher Sicht** nicht immer eine sinnvolle Lösung, da es hier zu einer **Doppelbesteuerung des Nachlasses** des zuerstverstorbenen Ehepartners und zu einem **Verlust von Freibeträgen** kommen kann.[117] Um diese Nachteile zu vermeiden, wird oft die Fallgestaltung gewählt, dass dem oder den Schlusserben bereits auf den Tod des Zuerstverstorbenen die volle Miterbenstellung eingeräumt wird und der überlebende Ehegatte im Wege des Vermächtnisses lediglich das **Nießbrauchsrecht am gesamten Nachlass** erhält. Außerdem sollte man durch ein Vermächtnis sicherstellen, dass der überlebende Ehegatte wenigstens den Hausrat zu Alleineigentum erhält.

Mit dieser letztwilligen Anordnung ist gesichert, dass der überlebende Ehegatte den gesamten Nachlass zu seinen Lebzeiten wirtschaftlich nutzen kann. Es ist allerdings zusätzlich 139 notwendig, dass er gleichzeitig zum Testamentsvollstrecker ernannt wird und alle notwendigen Rechtsbefugnisse erhält, also notwendigerweise zum **Dauertestamentsvollstrecker auf Lebenszeit** ernannt und zur **Eingehung von Verbindlichkeiten** für den Nachlass ermächtigt wird (§ 2209 BGB, 2206 BGB).[118] Auf die nachteilige Wirkung des § 25 ErbStG wurde vorstehend bereits verwiesen. Wichtig dabei ist aber auch, dass dem überlebenden Ehegatten durch **Vermächtnis der Hausrat** und **alle sonstigen Gegenstände** innerhalb der bisherigen **Ehewohnung** zugewiesen wird, so dass sich an der praktischen Lebensart und -weise für den überlebenden Ehegatten keine wesentliche Veränderung ergibt. Mit dieser Gestaltungsvariante liegt einerseits die Vermögensverwaltung ausschließlich in der Hand des überlebenden Ehegatten, andererseits kann der Nachlass auch nicht durch Eigengläubiger der Erben, hier möglicherweise Gläubiger der Kinder als Schlusserben, gefährdet werden. **Nachteil dieser Lösung** bleibt allerdings, dass der überlebende Ehegatte an einer Verwertung des Nachlasses gehindert ist und auch die Erben über ihren Erbteil verfügen können, diese verpfänden oder eine Pfändung der Erbteile durch Gläubiger möglich ist.

Ob ein vom Erblasser angeordnetes **Auseinandersetzungsverbot** nach § 2044 Abs. 1 S. 2, 140 § 751 S. 2 BGB **Pfändungen von Eigengläubigern** der Erben **verhindern** kann, ist allerdings höchst **umstritten**. Die herrschende Meinung geht davon aus, dass nur durch die zusätzliche Anordnung einer Dauervollstreckung Pfändungen der Eigengläubiger des Erben in dem Nachlass ausgeschlossen sind.[119] **Gegenüber Nachlassgläubigern** hat das Auseinandersetzungsver-

---

[115] Palandt/*Bassenge* § 1068 Rdnr. 3.
[116] *Bühler* BB 1997, 551, 557; *Korn* DStR 1999, 1461, 1512.
[117] *Mayer* ZEV 1998, 50 ff.
[118] *Bühler* BB 1997, 551 ff. (357).
[119] *Nieder*, Handbuch der Testamentsgestaltung, Rdnr. 995; Bengel/Reimann/*Schaub*, Handbuch der Testamentsvollstreckung, IV Rdnr. 216, Palandt/*Edenhofer* § 2044 Rdnr. 3, 4.

bot keine Wirkung bei Pfändung des Erbteils. Auch hier bedarf es jedenfalls mindestens der Anordnung einer Dauervollstreckung.

141 Die **Einräumung des Nießbrauchsrechts** bestimmt sich nach den **sachenrechtlichen Gesichtspunkten**. Bei **Grundstücken** ist die **Einigung** zwischen Beschwerten und Vermächtnisnehmer sowie die **Eintragung in das Grundbuch** notwendig; bei **beweglichen Sachen** bedarf es der Voraussetzungen der §§ 929 ff. BGB und bei **Rechten** sind die Formvorschriften, die für die Übertragung der Rechte maßgebend sind, einzuhalten (§ 1032 ff. BGB).

142 **Erbschaftsteuerrechtlich** wirkt sich das Nießbrauchs- oder ein Leibrentenvermächtnis für den Erben in der Weise aus, dass der **Erbe** durch das Vermächtnis nur vorübergehend bis zum Tod des Vermächtnisnehmers belastet wird und dieser grundsätzlich ein solches Vermächtnis mit dem **Kapitalwert von seinem Erwerb** in Abzug bringen kann. **Besonderheiten** gelten jedoch dann, wenn der **überlebende Ehepartner des Erblassers** als Vermächtnisnehmer bedacht worden ist. Für diesen Fall schließt § 25 Abs. 1 S. 1 ErbStG den Abzug der Vermächtnisverbindlichkeit beim **Erben** aus.[120]

143 Der **Vermächtnisnehmer** selbst hat den **Kapitalwert seines Nießbrauchs-** oder **Rentenrechts** zu versteuern, kann die Steuer jedoch statt in einmaliger Zahlung jährlich im Voraus vom Jahreswert des Nießbrauchs- oder Rentenrechts entrichten (§ 23 ErbStG), was dann günstiger erscheint, wenn die Jahressteuer als dauernde Last gemäß § 10 EStG zum Abzug bei der Einkommenssteuer zugelassen wird.[121] Die Steuer, die auf den Kapitalwert dieser Belastungen entfällt, ist jedoch bis zum Erlöschen des Vermächtnisses **zinslos zu stunden** (§ 25 ErbStG). Wegen weiterer Einzelheiten zu der Besteuerung des Nießbrauchsvermächtnisses wird auf § 43 dieses Buches verwiesen.

c) **Das Vermächtnis auf Einräumung oder Umgestaltung von Schuldverhältnissen.** aa) *Das Forderungsvermächtnis.*

Beispiel:

144 Der Erbe wird verpflichtet, an den überlebenden Ehegatten eine monatliche Leibrente von 1.500,– EUR, jeweils fällig zum 1. des Monats, zu zahlen.[122]

Beispiel:

Meiner Ehefrau vermache ich zulasten meines Sohnes Jonathan eine monatlich im Voraus ab dem auf meinen Tod folgenden Monat zahlbare Versorgungsrente von 1.200,– EUR auf Lebenszeit. Die Höhe dieser Rente soll ab dem Erbfall in dem gleichen prozentualen Verhältnis nach oben oder unten verändern, wie sich der vom Statistischen Bundesamt in Wiesbaden amtlich festgestellte Lebenshaltungskostenindex für die mittlere Verbrauchergruppe (Basis ... = 100) verändert. Danach soll sich die Rente nur bei Veränderungen über 10% jeweils ab Beginn des folgenden Jahres entsprechend ändern.
Die Erben sind verpflichtet, diese Rentenzahlungsverpflichtung innerhalb von 3 Monaten nach meinem Tode durch Eintragung einer Reallast im Grundbuch auf meinem Grundstück der Gemarkung Fulda, Blatt 2000 BV lfd. Nr. 1, Am Frauenberg 1, an nächstoffener Rangstelle dinglich zu sichern.[123]

Durch die Anordnung eines Forderungsvermächtnisses erlangt der Bedachte gemäß § 2174 BGB gegen den Beschwerten den **Anspruch auf Übertragung der vermachten Forderung** (§ 398 BGB) nebst **Zinsen** (§ 2184 BGB) und etwaigen **Nebenrechten** (§§ 401, 402 BGB). Wenn die Forderung verbrieft ist, z.B. durch **Sparkassenbuch** oder bei einer **Hypothekenforderung** durch **Hypothekenbrief**, gehört zum Anspruch gleichfalls auch die **Übertragung dieser Schuldurkunde**.

145 Vermächtnisgegenstand können **bestehende, künftig entstehende, bedingte und betagte Forderungen** sein, wie dies auch beim Abtretungsvertrag unter Lebenden möglich ist. Die Forderungen müssen abtretbar sein und dürfen keinem **Abtretungsverbot** unterliegen. Wenn die Forderung als solches noch nicht in der Inhaberschaft des Erblassers stand, sondern erst **durch den Beschwerten begründet** werden muss, handelt es sich auch hier wiederum um ein Verschaf-

---

[120] *Meincke* ErbStG § 25 Anm. 2 ff.; BVerfG Urt. v. 15.5.1984 – BvR 427/82 – BStBl. II 1984, S. 608; vgl. vorstehend.
[121] BFH Urt. vom 23.2.1994 – XR 123/92 – BStBl. II 1994, S. 690.
[122] Ausführlicher Formulierungsvorschlag für eine Leibrente bei Unternehmensnachfolge in § 14 Rdnr. 68 und § 43 Rdnr. 137 ff.
[123] Ein Formulierungsvorschlag für den Fall der Unternehmensnachfolge ist in § 14 Rdnr. 68 zu finden.

fungsvermächtnis, wie dies – wie im Beispiel – bei der Begründung einer **Leibrente** zugunsten des überlebenden Ehegatten der Fall ist.

Für die gegenseitigen Rechte und Pflichten des Bedachten und Beschwerten gelten bei allen Rechten grundsätzlich die **Vorschriften des allgemeinen Schuldrechts** (Fälligkeit, Verschulden, Unmöglichkeit, Verzug, Verzinsung, Einreden, Erfüllungsort).[124] 146

Eine **Haftung** des Beschwerten für den **Bestand der Forderung** wird regelmäßig nicht begründet. Bestand die Forderung beim Erblasser, ist diese jedenfalls auf den Vermächtnisnehmer so zu übertragen, wie sie bereits im Zeitpunkt des Erbfalles bei diesem bestanden hat.[125] 147

Die Forderung kann gleichfalls einredebehaftet sein. **Einreden** können auch dem Vermächtnisnehmer gegenüber nach wie vor geltend gemacht werden (§ 407 BGB). 148

Ist die Forderung bereits **vor dem Erbfall** durch **Erfüllung** getilgt worden, ist damit das Vermächtnis nicht gegenstandslos, sondern im Zweifel ist der Vermächtnisgegenstand der geleistete Gegenstand, soweit er sich noch im Nachlass befindet(§ 2173 S. 1 BGB). Wenn es sich um die Zahlung einer Geldsumme handelte, ist Vermächtnisgegenstand jedenfalls die entsprechende Zahlung einer gleich hohen Geldsumme (§ 2173 S. 2 BGB). Was der Erbe nach dem Erbfall durch Zahlung eingenommen hat, hat er dem Bedachten zu ersetzen. 149

Sollte im Verhältnis zwischen dem Beschwerten und dem Schuldner eine **Aufrechnungslage** bestehen und tritt insoweit **Erfüllung** durch Aufrechnung ein, muss der Beschwerte dem Vermächtnisnehmer den **Wert der Forderung** gleichfalls ersetzen. 150

Bei einer langfristigen oder lebenslangen **Leibrente** – wie in vorstehendem Beispiel – ist es ratsam, die **Wertsicherung** durch entsprechende **Indexklauseln** oder eine **Anpassung an sonstige variable Größen** sicherzustellen. Wenn keine automatische Anpassung der Leibrente gewünscht wird, genügt insoweit auch die Anordnung des Erblassers, dass für das Vermächtnis § 323 ZPO gilt. 151

Die im zweiten Beispielsfall gewählte indexbezogene Wertsicherungs- oder Gleitklausel ist **genehmigungspflichtig.** Die Genehmigungspflicht ergibt sich aus § 2 PaPKG in Verbindung mit der hierzu erlassenen Preisklauselverordnung vom 23.9.1998. Genehmigungsbehörde ist das **Bundesamt für Wirtschaft** in Eschborn.[126] Die Genehmigungspflicht tritt **erst mit dem Erbfall** ein. Vorher ist sie nicht genehmigungspflichtig. Bei einer derartigen Klausel kann zusätzlich vereinbart werden, dass der Vermächtnisnehmer unter bestimmten Voraussetzungen ein **Ablösungsrecht** hat und unter Zugrundelegung eines Zinssatzes und der allgemeinen Lebenserwartung des Vermächtnisnehmers nach der neuesten amtlichen allgemeinen Sterbetafel die Leibrente **in einer Summe** fordern kann, insbesondere wenn Zahlungsverzug gegeben ist, die Eröffnung des Konkurs- oder Vergleichsverfahrens droht oder Zwangsversteigerungs- oder Zwangsverwaltungsmaßnahmen in das belastete Grundstück angeordnet sind.[127] In jedem Falle ist bei der Anordnung einer Leibrente darüber nachzudenken, wie die Leibrente auf Jahre hinaus beispielsweise durch **Reallasten** oder **Rentenschulden** abgesichert werden kann. 152

In **steuerlicher Hinsicht** ist bei der Ausgestaltung einer Rente zu beachten, dass der **Vermächtnisnehmer** die Einnahmen nach § 22 Nr. 1 a EStG nur in Höhe des **Ertragsanteils** zu versteuern hat. Der Ertragsanteil ist vom Lebensalter des Begünstigten bei Rentenbeginn abhängig. Umgekehrt darf der **Rentenverpflichtete** die Belastungen aus der Rente auch nur **in Höhe des Ertragsanteils** abziehen. 153

Wenn jedoch unter **Anwendung des § 323 ZPO** die monatliche Zahlung an den Vermächtnisnehmer als **dauernde Last** ausgestaltet ist, ist diese als Betriebsausgabe in voller Höhe beim Erben abzugsfähig. Hierzu wird auf die Formulierungsvorschläge in § 40 Rdnr. 83 ff. dieses Buches verwiesen. 154

---

[124] BGH Urt. v. 20.6.1962 – V ZR 219/60 – BGHZ 37, 240; *Johannsen* WM 1972, 877.
[125] Palandt/*Edenhofer* § 2174 Rdnr. 1; MünchKommBGB/*Frank* § 2174 Rdnr. 1; BGH Urt. v. 29.2.1984 – IV a ZR 188/82 – NJW 1984, 2570; OLG Koblenz Urt. v. 28.11.1997 – 10 U 491/96 – FamRZ 1998, 579.
[126] Preisklauselverordnung v. 23.9.1998 (zum Preisangaben- und Preisklauselgesetz) BGBl. I 1998, S. 3043; zu Einzelheiten vgl. Palandt/*Heinrichs* § 245 Rdnr. 24 ff.
[127] *Langenfeld,* Das Testament des Gesellschafter-Geschäftsführer einer GmbH & Co., 1980; *Jansen/Wrede,* Renten, Raten, dauernde Lasten, 7. Auflage 1980; Palandt/*Heinrichs* § 245 Rdnr. 24–37.

155　*bb) Das Erlassvermächtnis.*

Beispiel:
Ich habe meinem Sohn zu Lebzeiten ein Darlehen in Höhe von 60.000,- EUR gewährt. Im Wege des Vermächtnisses ordne ich an, dass ihm im Falle meines Todes diese Schuld erlassen wird.

Der Erblasser kann gleichfalls an dem Vermächtnisnehmer eine gegenüber dem Erblasser bestehende **Schuld erlassen** (§ 2173 S. 2 BGB).[128] Der Vermögensvorteil liegt hier in der **Befreiung von der Verbindlichkeit,** insbesondere in dem Erlass der Forderung. In diesem Fall können die Erben die Schuld nun nicht mehr als Nachlassverbindlichkeit geltend machen, sondern zugunsten des Vermächtnisnehmers tritt hier die Erlasswirkung nach § 397 BGB ein.

156　Das auch als **Befreiungsvermächtnis** bezeichnete Erlassvermächtnis ist nicht besonders geregelt und entfaltet keine dingliche Wirkung. Der Bedachte kann lediglich verlangen, von einer Schuld befreit zu werden. Wenn es eine Schuld gegenüber dem Erblasser war, kann der Bedachte **Schulderlass,** eventuelle **Freigabe der Sicherheiten** für die erlassene Schuld, **Quittung** und **Rückgabe des Schuldscheines** beanspruchen.

Handelt es sich um eine Schuld gegenüber einem Dritten, hat der Beschwerte durch **Zahlung, Aufrechnung** oder sonstwie den Bedachten zu befreien.[129]

cc) Das Zweckvermächtnis.

157　**Beispiel:**
Meine Erben belaste ich mit einem Vermächtnis des Inhaltes, dass meinem Sohn Adam aus dem Nachlass das Studium der Rechtswissenschaften ermöglicht werden soll.

Sowohl die Zuwendung eines **Sachvermächtnisses** als auch die **Zuwendung eines Rechts** kann mit einem **Zweck** verbunden werden. Bei einem Zweckvermächtnis verbindet der Erblasser mit dem Vermächtnisgegenstand, den er dem Bedachten zuwendet, zugleich einen **bestimmten Zweck.** In diesem Zusammenhang kann er gleichfalls auch den Leistungsgegenstand in das **billige Ermessen des Beschwerten** oder eines **Dritten** stellen, wenn dieser entscheiden soll, durch welche Leistungen hier der Zweck am sinnvollsten erreicht wird.

158　Den Vermächtniszweck muss der Erblasser in der letztwilligen Verfügung so genau bestimmen, dass der Beschwerte oder ein Dritter für die **Ausübung seines billigen Ermessens** genügend Anhaltspunkte hat (§ 2156 BGB).[130] Auf ein derartiges Zweckvermächtnis finden die Vorschriften des §§ 315–319 BGB entsprechend Anwendung.

In dem Beispielsfall hat der Erblasser nicht bestimmt, durch welche Leistungen konkret der Zweck erreicht werden soll. Hier hat der Erbe selbst oder der Dritte **nach billigem Ermessen** zu entscheiden, durch welche Leistungsart der Zweck erreicht wird.

159　**Dem Bedachten** selbst kann der Erblasser die Bestimmung der Leistung nicht überlassen, es sei denn, er hat hier das Wahl- oder Gattungsvermächtnis nach §§ 2154, 2155 BGB gewählt. Dem **freien Belieben des Dritten** kann das Bestimmungsrecht **nicht** überlassen bleiben, dieser muss nach billigem Ermessen den Leistungsgegenstand bestimmen (§ 2173 S. 2 BGB).

160　Das Bayerische Oberlandesgericht hat in einem Beschluss vom 2.2.1999 entschieden, dass ein **Zweckvermächtnis** dann **unwirksam** ist, wenn der Erblasser **ohne Angabe eines weiteren Zwecks** der Zuwendung die **Bestimmung der Höhe des Geldbetrages** dem Erben überlassen hat und auch dem Zweck der Einrichtung eine sachliche Begrenzung der Höhe der Zuwendung nicht entnommen werden kann. Der Erblasser hatte in dem vom BayObLG entschiedenen Fall letztwillig verfügt, dass die Alleinerbin mit Geldvermächtnissen zugunsten des Tierschutzvereines und einer Behindertenwerkstätte belastet sein sollte, „deren Höhe die Alleinerbin bestimmen sollte". Hier hatte die Erblasserin nicht einmal bestimmt, dass die Alleinerbin den Vermächtnisgegenstand und Zweck „**nach billigem Ermessen**" bestimmen soll und es unterlassen, den genauen Zweck und die Höhe der Geldvermächtnisse im Testament festzulegen.[131]

---

[128] Palandt/*Edenhofer* § 2173 Rdnr. 4; zur steuerlichen Anerkennung von Darlehensverträgen BFH Urt. v. 6.4.1991 – IX R 150/85 – BStBl. II 1991, S. 838; BGH Urt. v. 8.1.1964 – V ZR 5/62 – FamRZ 1964, 140.
[129] Palandt/*Edenhofer* § 2173 Rdnr. 4.
[130] Palandt/*Edenhofer* § 2156 Rdnr. 1; Soergel/*Wolf* § 2156 Rdnr. 2; Erman/M. *Schmitt* § 2156 Rdnr. 1; *Eberling* ZEV 2000, 87.
[131] BayObLG München Urt. vom 2.2.1999 – 1 Z BR 143/98 – NJW-RR 1999, 946.

dd) Das Schuldvermächtnis. **161**

Beispiel:
Mein Freund Felix hat mir zu Lebzeiten ein Darlehen in Höhe von 60.000,- EUR gewährt. Im Wege des Vermächtnisses ordne ich hiermit an, dass dieses Darlehen als solches anerkannt und ihm 60.000,- EUR aus dem Nachlass zu zahlen sind.

Vermacht der Erblasser etwas, was er dem Bedachten ohnehin schuldet, liegt der Vermögensvorteil hier in einem **Schuldanerkenntnis** mit der Folge, dass der Bedachte den Beweis des Bestehens der Forderung nicht mehr führen muss.[132] Im Falle des Schuldvermächtnisses können die Erben die **Erfüllung** der bestehenden Schuld nicht mehr wirksam gegenüber den Gläubigern verweigern. Wenn der Erblasser hingegen irrtümlich von dem Bestehen einer Forderung ausgegangen ist, kann der Beschwerte nach § 2078 BGB die Anordnung des Schuldvermächtnisses **anfechten**, wenn die Schuld nicht bestand. Wenn die Schuld vor dem Erbfall bereits getilgt war, ist das Vermächtnis nach § 2171 BGB unwirksam. Die Bestätigung einer unwirksamen Schenkung in einem Testament kann als Vermächtnis ausgelegt werden.[133]

Eine oftmals in Testamenten gefundene Anordnung, in der eine **Darlehensforderung des überlebenden Ehegatten** gegenüber dem zuerstverstorbenen Ehegatten in bedeutender Höhe bestätigt wird, um zu erreichen, dass diese **Darlehensschuld** vor der Berechnung der Pflichtteile der Abkömmlinge als Nachlassverbindlichkeit in Abzug zu bringen ist, ist wegen der rechtlichen Zulässigkeit mehr als fraglich.[134] Wenn **tatsächlich** eine **Darlehensverbindlichkeit** bestand, ist diese selbstverständlich bei der Berechnung von Pflichtteilsansprüchen in Abzug zu bringen und kann auch im Rahmen eines Schuldvermächtnisses anerkannt werden. Wenn es sich allerdings hier um eine **fiktive Forderung** handelt, die nur von „dem Ziel beseelt ist", Pflichtteilsansprüche von Abkömmlingen zu minimieren, dürfte dieses Schuldvermächtnis deshalb unwirksam sein, weil die Darlehensschuld als **Scheingeschäft** nicht wirksam begründet worden ist. Gleichfalls ist die **Sittenwidrigkeit** dieser Anordnung nach § 138 BGB zu überprüfen mit der Folge, dass die Vermächtnisanordnung möglicherweise unwirksam wäre. **162**

Entscheidend für die **zivilrechtliche** als auch für die **steuerrechtliche Anerkennung** von Darlehensverträgen ist der Umstand, dass **die getroffenen Vereinbarungen tatsächlich vollzogen**, insbesondere **die Zinsen** regelmäßig gezahlt worden sind. **163**

An einer endgültigen Darlehensvollziehung zwischen Darlehensnehmer und Darlehensgeber fehlt es dann, wenn die Eltern ihren Kindern im Wege des Vermächtnisses auf den Tod des zuerstverstorbenen Ehegatten Geldvermächtnisse zuweisen oder zu Lebzeiten Geldgeschenke machen und sich diese in einem weiteren Vertrag, der in einem engen zeitlichen Zusammenhang mit der Geldzuwendung steht, gleichzeitig verpflichten, die geschenkten Beträge den Eltern im **Darlehenswege** wieder zur Verfügung zu stellen.[135] **164**

3. Das Geldvermächtnis

Beispiel:
Meine Miterben belaste ich mit einem Vermächtnis des Inhaltes, dass an meinen Freund Felix 50.000,- EUR aus dem Nachlass zu zahlen sind.

a) **Rechtsnatur des Geldvermächtnisses.** Das Geldvermächtnis begründet zugunsten des Vermächtnisnehmers einen **Anspruch auf Übereignung von Geld in Höhe einer bestimmten Summe** (Geldsummen- oder -betragsschuld). Die Geldschuld ist eine Schuld eigener Art und abgesehen von der Sortenschuld auch keine Gattungsschuld im eigentlichen Sinne.[136] **165**

Es sind keine Geldscheine mittlerer Art und Güte, sondern es ist eine bestimmte Geldsumme zu leisten. Geld ist in seiner wirtschaftlichen Funktion nach allgemeines Tauschmittel, Wert- **166**

---

[132] Palandt/*Edenhofer* § 2173 Rdnr. 5.
[133] RG Urt. v. 10.4.1913 – IV 647/12 – RGZ 82, 149.
[134] BFH Urt. v. 6.4.1991 – IX R 150/85 – BStBl. II 1991, S. 838; BFH Urt. v. 25.1.2000 – VIII R 50/97 – ZEV 2000, 328.
[135] BFH Urt. vom 17.6.1994 – III R 30/92 – NV 1995, 197; hierzu auch FG Münster Urt. v. 8.6.1999 – 6 K 4017/97 F – ZEV 1999, 433.
[136] *Larenz* § 12 III; Staudinger/*Schmitt,* Vorbemerkung C 6 Vorbem. § 244; MünchKommBGB/*Meidel* § 244 Rdnr. 8; Palandt/*Edenhofer* Vorbem. § 2147 Rdnr. 6.

messer, Rechnungseinheit und Wertaufbewahrungsmittel. **Geld im weiterem Sinne** sind die im Verkehr anerkannten Zahlungsmittel, also nicht nur das inländische Währungsgeld, sondern auch ausländische Münzen, ausländisches Papiergeld, ausländische Banknoten. **Geld im engeren Sinne** ist nur das Geld, das kraft staatlicher Anordnung als solches angenommen werden muss, also die gesetzlichen Zahlungsmittel, das Staatsgeld.[137]

167 Geldschuld ist im Wesentlichen eine Wertverschaffungsschuld, so dass der **Untergang** bestimmter Zahlungsmittel oder gar der ganzen Gattung den Beschwerten nicht von seiner Leistungsverpflichtung befreit.[138]

168 Bei **Bargeld** geht man davon aus, dass es sich hier um eine Übereignung von Sachen handelt, bei **Giral- und Buchgeld** kann die Erfüllung nur durch Abtretung der Forderung gegenüber der Bank erfolgen. Ein Geldvermächtnis kann auch in Währungseinheiten nach dem Preis einer Ware angeordnet werden.[139]

169 Vom **Geldsummenvermächtnis**, dessen Höhe der Erblasser in Zahlen festgelegt hat, ist das **Geldwertvermächtnis** zu unterscheiden, bei dem die Geldzahlung durch die Höhe des Wertes eines bestimmten Gegenstandes festgelegt wird.

170 Das Geldvermächtnis kann in **einer Summe**, in **Raten** oder **Teilbeträgen** erfolgen, je nachdem wie der Erblasser den Leistungsanspruch ausgestaltet. Bei Leibrenten und dauernden Lasten[140] darf der Erblasser die Fragen der **Wertsicherung** und der **Gewährung von Sicherheiten** nicht vernachlässigen.

171 Besteht der **Nachlass überwiegend in Sachwerten**, hat der Erbe dem Vermächtnisnehmer aber Geld auszuzahlen, dann muss sich der Erbe das Geld im Zweifel durch Veräußerung von Sachwerten verschaffen.

172 Wenn der Erblasser dem Vermächtnisnehmer **Geld zuwendet**, damit dieser mit Hilfe des Geldes **ein Grundstück erwerben kann**, liegt kein Verschaffungsvermächtnis vor und die schenkungssteuerlichen Grundsätze zur mittelbaren Grundstücksabwicklung finden keine Anwendung.[141] Auch die vermächtnisweise Zuwendung eines Sparguthabens, von Bundesschatzbriefen und Festgeldguthaben kann im Sinne eines Geldvermächtnisses so ausgelegt werden, dass dem Vermächtnisnehmer nicht nur das zum Zeitpunkt des Erbfalls noch vorhandene Guthaben, sondern die Geldsumme zu gewähren ist, die bei Anordnung des Vermächtnisses noch auf den Konten gebucht war.[142] Letztendlich ist dies allerdings Auslegungsfrage.[143]

173 Kein Geldvermächtnis liegt vor, wenn der Erblasser dem Testamentsvollstrecker eine unangemessen hohe Testamentsvollstreckervergütung letztwillig zuweist.[144]

174 **b) Leistungen von Grundstücken an Erfüllung statt.** In der Praxis stellt sich häufig die Frage, ob gerade ein **Geldvermächtnis** aus erbschaftsteuerlichen Gründen sinnvoll ist, weil das Geldvermächtnis zu seinem Nominalwert gemäß § 3 Abs. 1 Nr. 1 Erbschaftsteuergesetz besteuert wird.

175 Diese Schenkungs- und Erbschaftsteuerlast konnte man in der Vergangenheit dahin gehend mindern, indem statt des Geldvermächtnisses **an Erfüllung statt ein Grundstück gleichen Wertes** an den Vermächtnisnehmer übertragen wurde. Dadurch konnte erreicht werden, dass nur der geringere Grundstückswert (**Ertragswert oder Bodenrichtwert**) bei der Erbschaftsteuer zugrunde gelegt wurde mit der Folge, dass durch diese Variante regelmäßig Erbschaftsteuer eingespart werden konnte.[145]

176 Diese Möglichkeit hat der **Bundesfinanzhof** allerdings in einer Entscheidung vom 7.10.1998 unterbunden mit der Folge, dass bei Leistung eines Grundstückes an Erfüllung statt nach § 364

---

[137] *K. Schmitt* JuS 1984, 739.
[138] RG Urt. v. 1.3.1924 – V 129/23 – RGZ 107, 371; RG Urt. v. 12.6.1936 – V 285/35 – RGZ 151, 307.
[139] MünchKommBGB/*Schlichting* § 2155 Rdnr. 2.
[140] Vgl. vorstehend zum Forderungsvermächtnis Rdnr. 48 ff.
[141] *Meincke* ErbStG § 3 Rdnr. 42, § 7 Rdnr. 17.
[142] OLG Karlsruhe ZErb 2006, 57 ff.
[143] Hierzu im einzelnen *Engler* NJW 2006, 649
[144] BFH ZErb 2005, 221.
[145] Vgl. BFH Urt. vom 17.2.1982 – II R 160/80 – BStBl. II 1982, S. 350; BFH Urt. v. 21.6.1989 – II R 135/85 – BStBl. II 1989, S. 731.

BGB der **Nominalwert der Geldsumme** zugrunde gelegt wird und **nicht mehr der Grundbesitzwert**.[146]

Bei der vorstehend beschriebenen Gestaltungsvariante muss der Vermächtnisnehmer nunmehr den **Nominalanspruch seines Geldvermächtnisses** versteuern; eine Reduzierung der Erbschaftsteuer durch Hingabe eines niedrig bewerteten Grundvermögens ist nicht mehr möglich.[147]

Dies gilt auch dann, wenn der **Geldvermächtnisnehmer** von **Erben ein Grundstück** kauft und den **Kaufpreis durch Aufrechnung** mit der **Vermächtnisforderung** tilgt.[148] Etwas anderes gilt dann, wenn der Vermächtnisnehmer bei einem Geldvermächtnis das Vermächtnis ausschlägt und sich als **Abfindung für die Ausschlagung** von dem Erben ein Grundstück übereignen lässt. Dann bildet nach § 3 Abs. 2 Nr. 4 ErbStG das abfindungshalber übertragene Grundstück den Erwerb des mit dem Vermächtnis Bedachten, so dass ihm der günstige Grundbesitzwert zugutekommt.[149] Die gleiche Folge tritt auch dann ein, wenn auf den **Pflichtteilsanspruch gegen Abfindung verzichtet** wird und ein Grundstück als Abfindung für den Verzicht übertragen wird.[150]

c) **Ersetzungsbefugnis durch Zahlung einer Geldsumme.** Umgekehrt ist es jedoch zulässig, primär ein **Grundstücksvermächtnis** anzuordnen, dem Erben als Schuldner aber eine **Ersetzungsbefugnis** einzuräumen, dass anstelle der Übereignung des Grundstückes das Vermächtnis durch **Zahlung eines Geldbetrages** erfüllt werden kann.[151]

Da hier der Vermächtnisinhalt von vornherein auf **Erfüllung eines Grundstückvermächtnisses** gerichtet ist, kann die spätere Ausübung der Ersetzungsbefugnis, anders als bei der Wahlschuld, durch Leistung eines Geldbetrages nicht dazu führen, dass von vornherein eine Kapitalforderung als vermacht gilt. Die **herrschende Meinung** geht trotz der Ausübung der Ersetzungsbefugnis davon aus, dass Gegenstand des Vermächtnisses ausschließlich das vermachte **Grundstück ist** (§ 3 Abs. 1 Nr. 1 ErbStG).[152]

d) **Das Quotenvermächtnis.** Unter Quotenvermächtnis versteht man die Zuwendung eines **Bruchteils des Nachlasswertes.** Von einem Quotenvermächtnis spricht man auch dann, wenn der Erblasser ein Geldvermächtnis in Höhe eines dem Erbteil bei gesetzlicher Erbfolge entsprechenden Sparbetrages aussetzt.[153] Auch dieses ist ein echtes Vermächtnis in dem Sinne, dass sich die Höhe der Geldforderung aus der Quote zum Gesamtnachlass ergibt.[154]

Ob die „**Zuwendung des Pflichtteils**" als Quotenvermächtnis in vorstehendem Sinne oder als schlichte Enterbung anzusehen ist, ist Einzelfallfrage. Im Zweifel ist davon auszugehen, dass hier nur die Enterbung als solches positiv ausgedrückt werden sollte[155]

4. Das Universalvermächtnis

Beispiel:
Die gesetzliche Erbfolge möchte ich nicht abändern. Zugunsten meiner Ehefrau ordne ich ein Vermächtnis des Inhalts an, dass ihr mein gesamter Nachlass (bewegliches und unbewegliches Vermögen mit allen Aktiva und Passiva) zu Alleineigentum bzw. Alleininhaberschaft zu übertragen ist.

Bei einem Universalvermächtnis vermacht der Erblasser seinen ganzen oder nahezu ganzen Nachlass ausdrücklich einem Vermächtnisnehmer und will damit die Zuwendung dem **Vermächtnisrecht** unterstellen. Will der Erblasser verhindern, dass die Auslegungsregel des § 2087 BGB zur Anwendung kommt, muss er bei einem Universalvermächtnis ausdrücklich darauf

---

[146] BFH Urt. v. 7.10.1998 – II R 52/96 – BStBl. II 1999, S. 23; BFH Urt. v. 25.10.1995 – II R 5/92 – BStBl. II 1996, S. 97.
[147] BFH Urt. v. 25.10.1995 – II R 5/92 – BStBl. II 1996, S. 97; vgl. *Pietsch/Schulz/Zellfelder* S. 32.
[148] BFH Urt. v. 21.6.1995 – II R 62/93 – BStBl. II 1995, S. 783.
[149] *Meincke* § 3 Rdnr. 43; BFH, Urt. v. 1999 – NWB Nr. 102001, 783.
[150] *Meincke* § 3 Rdnr. 98; FG Baden Württemberg Urt. v. 18.12.1999 – 9 K 218/95 – ZEV 2001, 66.; zur Problematik einer mittelbaren Grundstücksschenkung vgl. BFH ZErb 2005, 95.
[151] *Dittmann/Reimann/Bengel* Anhang Rdnr. 44.
[152] *Mayer* ZEV 2000, 58.
[153] BGH Urt. v. 25.5.1960 – V ZR 57/59 – NJW 1960, 1759; BGH Urt. v. 29.5.1974 – ZR 65/72 – FamRZ 1974, 652.
[154] BGH Urt. v. 18.1.1978 – IV ZR 181/76 MDR 1978, 649; *Lange/Kuchinke* § 27 II 2.
[155] Staudinger/*Otte* § 1939 Rdnr. 6.

hinweisen, dass es sich um eine Vermächtnisanordnung handeln soll, da ansonsten die gesetzliche Vermutung des § 2087 BGB eingreifen würde.[156]

184 Ob der Erblasser bei einem Universalvermächtnis zugleich die **Auswahl des Bedachten** gemäß § 2151 BGB einem **Dritten** überlassen kann, ist umstritten. Die Mindermeinung geht davon aus, dass es sich bei dem Universalvermächtnis faktisch um eine Alleinerbeinsetzung handelt, bei der gleichfalls § 2065 BGB Anwendung findet und die Bestimmungen des Erben eben Dritten nicht überlassen werden darf.[157] Die wohl herrschende Meinung lässt die Drittbestimmung auch beim Universalvermächtnis zu. Begründet ist dies im Wesentlichen damit, dass § 2087 BGB eine Auslegungsregel sei und der Erblasser mit der Anordnung des Vermächtnisses eindeutig bekundet habe, dass das Vermächtnisrecht zur Anwendung kommt. Wenn diese Gestaltung für möglich erachtet wird, muss es gleichfalls möglich sein, dass die Bestimmungen des Vermächtnisrechts, hier insbesondere § 2151 BGB, zur Anwendung kommen.[158]

5. Die Qualität der Rechtsstellung des Vermächtnisnehmers als Unterscheidungskriterium

185 Der Erbe selbst kann, wie vorstehend dargelegt, durch die Einsetzung eines **Nacherben**, die Ernennung eines **Testamentsvollstreckers** oder eine **Teilungsanordnung** beschränkt oder mit einem **Vermächtnis** oder einer **Auflage** beschwert werden. Was für den Erben gilt, gilt gleichfalls für den Vermächtnisnehmer, wobei allerdings die rechtlichen Möglichkeiten des Erblassers durch die Rechtsnatur des Vermächtnisses im Vergleich zum Erben vielfach modifiziert sind.

a) Das Untervermächtnis

Beispiel:

186 Zugunsten meines Freundes Felix ordne ich ein Vermächtnis des Inhaltes an, dass diesem aus dem Nachlass 100.000,– EUR als Geldforderung zu zahlen sind. Als Hauptvermächtnisnehmer belaste ich diesen wiederum mit einem Untervermächtnis des Inhaltes, dass er zugunsten meines weiteren Freundes Otto 100 Flaschen Wein kaufen und diesem übereignen soll.

Bereits § 2147 BGB sieht vor, dass sowohl der Erbe als auch ein Vermächtnisnehmer mit einem Vermächtnis beschwert werden können. Wenn die Frage der Beschwerung im Testament nicht eindeutig geregelt ist, geht das **Gesetz davon aus, dass im Zweifel der Erbe beschwert** ist. Wenn allerdings im Testament der Erblasser ausdrücklich bestimmt hat, dass der **Vermächtnisnehmer** seinerseits wieder ein **Vermächtnis** zu erfüllen hat, spricht man von einem **Untervermächtnis** (§§ 2147, 2186 BGB).[159] Dies gilt gleichfalls für den Fall, dass der Vermächtnisnehmer mit der **Auflage** beschwert ist, die zwar keinen eigenen Leistungsanspruch des Auflagebegünstigten begründet, sondern nur die Beschwerung des Vermächtnisnehmers festlegt. In beiden Fällen sieht das Gesetz vor, dass das Untervermächtnis nicht vor dem Zeitpunkt zu **befriedigen** ist, in dem der Vermächtnisnehmer selbst das ihm zugewendet Vermächtnis erhalten hat.[160] Haupt- und Untervermächtnis müssen wegen des Vermächtnisgegenstandes – wie im vorstehenden Beispiel – nicht identisch sein. Das Hauptvermächtnis kann beispielsweise ein **Stückvermächtnis** sein, während das Untervermächtnis ein **Forderungsvermächtnis** ist und umgekehrt.

187 Die **Haftung** für die Erfüllung des Untervermächtnisses wird für den Hauptvermächtnisnehmer gemäß § 2187 BGB jedoch insoweit **begrenzt**, als er ein **Leistungsverweigerungsrecht** für den Fall hat, dass dasjenige, was der Vermächtnisnehmer aus seinem eigenen Hauptvermächtnis erhält, zur Erfüllung des Untervermächtnisses nicht ausreicht. Ebenso wie der Erbe soll der mit einer Auflage oder einem Vermächtnis Beschwerte nicht weiter haften, als das ihm zugewendet reicht. Auch wenn der Vermächtnisnehmer in Kenntnis der Beschwerungen und einer möglicherweise bestehenden übermäßigen Belastung mit dem Untervermächtnis das Vermächtnis annimmt, ändert dies an der Haftungsbeschränkung nichts.[161] Eine **Überbelastung** oder **Überschuldung** des Hauptvermächtnisnehmers kann für den Vermächtnisnehmer ohne-

---

[156] *Schlitt* ZErB 2006, 226.
[157] *Menz* Der Betrieb 1966, 1719; *Sudhoff* Der Betrieb 1966, 1720.
[158] *Schäfer* BWNotZ 1962, 188, 203; *Klunzinger* BB 1970, 1197, 1199; *Haegele* BWNotZ 1972, 74, 79; Staudinger/*Otte* § 2151 Rdnr. 2; MünchKommBGB/*Schlichting* § 2151 Rdnr. 8.
[159] Palandt/*Edenhofer* § 2147 Rdnr. 2 § 2186 Rdnr. 1; MünchKommBGB/*Schlichting* § 2147 Rdnr. 2.
[160] KG Urt. v. 10.3.1964 – 6 U 840/62 – NJW 1964, 1808; Palandt/*Edenhofer* § 2186 Rdnr. 1.
[161] Unterschied zur Falllage des § 2306 BGB, wenn ein belasteter Erbteil angenommen wird.

hin nur durch die Anordnung eines Untervermächtnisses oder einer Auflage eintreten, da er für sonstige Nachlassverbindlichkeiten nicht wie der Erbe haftet.

Wenn infolge der Erfüllung des Untervermächtnisses oder der Auflage der Vermächtnisgegenstand des Hauptvermächtnisses verbraucht wird, muss er sich hier gemäß § 2187 Abs. 3 BGB auf die Bestimmungen des § 1992 BGB berufen. Eine **Haftungsbeschränkung** wird dadurch bewirkt, dass er das aus dem Hauptvermächtnis Erlangte dem Zweitbedachten zwecks Befriedigung überlässt. Er haftet dann nur wegen seiner Verwaltung und auf Rechnungslegung (§§ 1991, 1978 BGB). Hierbei muss der **Hauptvermächtnisnehmer** beweisen, dass dasjenige, was er aus dem Vermächtnis zu erhalten hat, von vornherein oder mangels Beitreibungsmöglichkeiten nicht ausreichen wird. Auch eine **Inventarerrichtung** kann zweckmäßig sein. 188

Wenn der Untervermächtnisnehmer den Hauptvermächtnisnehmer verklagt, muss sich dieser dennoch gemäß **§ 780 ZPO die beschränkte Haftung** vorbehalten und die Haftungsbeschränkung im Falle der Zwangsvollstreckung in andere Gegenstände des Vermächtnisnehmers gemäß **§ 767, 770 oder 785 BGB** geltend machen. 189

Der Hauptvermächtnisnehmer hat ähnlich wie der Erbe gemäß § 2188 BGB gegenüber dem Vermächtnisnehmer und dem Pflichtteilsberechtigten ein **Kürzungsrecht**.

Der **Erbe** selbst kann gegenüber dem Hauptvermächtnisnehmer das Vermächtnis nach Maßgabe der §§ 1990 bis 1992, 2187, 2318 Abs. 1, 2322, 2323 ff. BGB sowie § 327 InsO oder gemäß § 70 Altlastenausgleichsgesetz verhältnismäßig **kürzen**. Der infolge der vom Erben vorgenommenen **Kürzung beeinträchtigte Hauptvermächtnisnehmer** ist dann keinesfalls verpflichtet, das Untervermächtnis in voller Höhe zu erfüllen. Im **Innenverhältnis** zwischen Hauptvermächtnisnehmer und Untervermächtnisnehmer oder dem Auflagenbegünstigten ist dann der Hauptvermächtnisnehmer gleichfalls berechtigt, die ihm widerfahrende **Kürzung** im Verhältnis zwischen Hauptvermächtnis und Untervermächtnis **weiterzugeben**. Der mit dem Untervermächtnis beschwerte Vermächtnisnehmer kann die Vermächtnisleistung verhältnismäßig kürzen, als ob er und der Untervermächtnisnehmer nebeneinander bedacht wären (§ 2188 BGB). Dies gilt auch für den Fall, dass die Zuwendungen des Hauptvermächtnisses für die Erfüllung des Untervermächtnisses noch ausreichen würden.[162] 190

Wenn der Erblasser allerdings diese Rechtsfolge nicht will und hier eine unterschiedliche Rangfolge anordnen will, wenn es hier zu **Kürzungen** kommt, kann der Erblasser hier **abweichende Regelungen** treffen (§ 2189 BGB). Er kann also anordnen, dass das Untervermächtnis oder die Auflage Vorrang vor dem Hauptvermächtnisnehmer hat mit der Folge, dass dann das Kürzungsrecht nach § 2188 BGB ausgeschlossen ist. 191

Beim **Berliner Testament** bietet es sich bei größeren Vermögenswerten an, neben der Alleinerbeinsetzung des überlebenden Ehegatten den Abkömmlingen bereits **auf den Tod des Zuerstverstorbenen Vermächtnisse in Höhe der Freibeträge** auszusetzen, die sofort zur Zahlung fällig sind. Diese Gestaltungsvariante hat den Vorteil, dass die Kinder auf den Tod des Zuerstverstorbenen bereits Freibeträge ausnutzen können und damit auch die Erbschaftsteuerlast für den überlebenden Ehegatten reduziert werden kann. 192

Werden die Abkömmlinge – wie vorstehend beschrieben – mit dem Tod des zuerstverstorbenen Ehegatten im Rahmen eines Berliner Testaments jeweils mit **Geldvermächtnissen in Höhe ihrer Erbschaftsteuerfreibeträge** bedacht, allerdings zusätzlich mit einem **Untervermächtnis** belastet, diese Geldbeträge wiederum als zinsloses **Darlehen dem überlebenden Ehegatten** zur Verfügung zu stellen, kann mit dieser Gestaltungsvariante allerdings keine Erbschaftsteuer eingespart werden. Bei rein formaler Betrachtung fällt den Kindern bei Eintritt des ersten Erbfalles zwar ein erbschaftsteuerpflichtiger Erwerb durch Vermächtnis (§ 3 Abs. 1 Nr. 3 ErbStG) mit der Möglichkeit der Ausnutzung der Freibeträge und der Abzinsungsmöglichkeit nach § 10 Abs. 5 Nr. 2 ErbStG an. **Das Untervermächtnis** an den überlebenden Ehegatten führt allerdings bei diesem wiederum zu einem **weiteren steuerpflichtigem Erwerb** nach § 3 Abs. 1 Nr. 1, Nr. 3 ErbStG. Die Steuerverwaltung wird in Anwendung der Entscheidung des BFH vom 27.8.2003, AZ: II R 58/01, von einem Vermächtniserwerb auf den Tod des überlebenden Ehegatten ausgehen.[163] 193

---

[162] BGH Urt. v. 21.12.1955 – IV ZR 105/55 – BGHZ 19, 309; Palandt/*Edenhofer* § 2188 Rdnr. 1.
[163] BFH ZErb 2004, 74.

194 Wenn eine **zinslose Darlehenshingabe** letztwillig als Untervermächtnis verfügt wurde, dürfte auch hier wieder § 12 Abs. 3 BewG über unverzinsliches Kapital Anwendung finden, was zu einer Einkommensteuerproblematik mit einer Verzinsung von 5,5% jährlich führt.[164] Zusammenfassend ist diese spezielle Gestaltungsvariante, auch wenn zivilrechtlich durchdacht und sinnvoll, keine effektive Möglichkeit, die Freibeträge und Erbschaftsteuer voll auszunutzen.[165]

195 **b) Das Ersatzvermächtnis – Wegfall eines Vermächtnisnehmers sowie des Beschwerten**

Beispiel:
Sollte der Vermächtnisnehmer Adam vorverstorben sein oder in sonstiger Weise wegfallen, benenne ich meinen Freund Felix zum Ersatzvermächtnisnehmer.

Der Erblasser sollte sich in der Regel auch die Frage stellen, was passiert, wenn der Vermächtnisnehmer vor oder nach dem Erbfall weggefallen ist. Der **Wegfall** kann vor dem Erbfall eintreten durch **Vorversterben** sowie durch **Erbverzicht,** nach dem Erbfall durch **Ausschlagung, Erbunwürdigkeitserklärung, Nichterleben einer aufschiebenden Bedingung, Anfechtung** oder die **Nichterteilung der staatlichen Genehmigung.**[166]

196 Für diesen Fall sollte der Erblasser einen **Ersatzvermächtnisnehmer** bestimmen, **eine oder mehrere Personen**, die anstelle des bisher als Vermächtnisnehmer Berufenen in den Genuss des Vermächtnisses kommen sollen. Für die Anordnung des Ersatzvermächtnisnehmers geltend die für die Einsetzung eines Ersatzerben geltenden Vorschriften des §§ 2096–2099 BGB entsprechend (§ 2190 BGB). Treten **mehrere** als Ersatzvermächtnisnehmer benannte Personen für den Fall des Fehlens anderweitiger Anordnungen des Erblassers zu gleichen Teilen als Vermächtnisnehmer ein, sind sie **im Zweifel zu gleichen Anteilen** bedacht.

197 Handelt es sich bei dem Vermächtnisgegenstand um eine Sache, tritt insoweit eine **Miteigentumsgemeinschaft** ein, bei Rechten ist von einer **Gesamtgläubigerschaft** auszugehen.[167] Wegen weiterer Besonderheiten eines Wegfalls des Vermächtnisnehmers wird auf nachfolgende Rdnr. 136 ff. verwiesen.

198 **c) Das Nachvermächtnis im Vergleich zur Nacherbfolge**

Beispiel:
Zugunsten meines Sohnes Adam ordne ich ein Vermächtnis des Inhaltes an, dass dieser aus dem Nachlass das in meinem Eigentum stehende Grundstück der Gemarkung Fulda Blatt 2000 BV lfd. Nr. 1, Am Frauenberg 1, zu Alleineigentum erhält. Adam ist allerdings nur Vorvermächtnisnehmer und mit einem Nachvermächtnis des Inhaltes belastet, dass er verpflichtet ist, das Grundstück mit seinem Tode auf seine beiden Kinder Jonathan und Magdalena zu gleichen Miteigentumsanteilen zu übereignen und aufzulassen. Der Vorvermächtnisnehmer ist gleichfalls verpflichtet, das Grundstück im Falle einer Wiederverheiratung an die vorbezeichneten Nachvermächtnisnehmer zu gleichen Miteigentumsanteilen aufzulassen. Diese sind für diesen Fall wiederum mit einem Untervermächtnis des Inhaltes belastet, dass dem überlebenden Ehegatten nach dessen Wahl Zug-um-Zug gegen Übereignung des Grundstückes das Wohnungsrecht an allen Räumen des Erdgeschosses oder ein Nießbrauchsrecht am Gesamtobjekt eingeräumt wird.

199 Das **Nachvermächtnis** ist eine besondere Art des Untervermächtnisses. Ein Nachvermächtnis liegt vor, wenn der Erblasser denselben Nachlassgegenstand zeitlich nacheinander verschiedenen Personen mit der Maßgabe zuwendet, dass bei **Eintritt eines Termins oder einer Bedingung** der erste Vermächtnisnehmer den Gegenstand dem zweiten Vermächtnisnehmer (Nachvermächtnisnehmer) herauszugeben hat (§ 2191 BGB).[168] Der Erblasser kann durchaus auch mehrere Nachvermächtnisfälle zeitlich hintereinander anordnen.

200 Das Nachvermächtnis ähnelt nur **vordergründig der Vor- und Nacherbfolge**, weil die rechtliche Ausgestaltung des Nachvermächtnisses von der der Vor- und Nacherbfolge wesentlich abweicht. Auf das Nachvermächtnis finden lediglich für die Einsetzung eines Nacherben gel-

---

[164] Im Übrigen wird auf § 52 dieses Buches verwiesen.
[165] *Mayer* ZEV 1998, 57.
[166] Palandt/*Edenhofer* § 2094 Rdnr. 2; MünchKommBGB/*Schlichting* § 2094 Rdnr. 1.
[167] Palandt/*Edenhofer* § 2190 Rdnr. 1; MünchKommBGB/*Schlichting* § 2190 Rdnr. 1.
[168] Palandt/*Edenhofer* § 2191 Rdnr. 1 ff.; MünchKommBGB/*Schlichting* § 2191 Rdnr. 1.

tenden Vorschriften des §§ 2102, 2106 Abs. 1 bis 2107, 2110 Abs. 1 BGB Anwendung (§ 2191 Abs. 2 BGB).

Wie die Formulierung des vorstehenden Beispieles eines Nachvermächtnisses zeigt, erfolgt 201 im Gegensatz zur Nacherbfolge der Anfall des Vermächtnisses an den Vor- oder Hauptvermächtnisnehmer durch einen **besonderen Übertragungsakt**. Auch der Nachvermächtnisnehmer wird nicht kraft Gesetzes Eigentümer des Vermächtnisgegenstandes, sondern dieser muss seinen Anspruch gegenüber dem Vorvermächtnisnehmer gleichfalls als schuldrechtlichen Anspruch gegen den Hauptvermächtnisnehmer oder Erben durchsetzen. Das Nachvermächtnis gewährt dem **Nachvermächtnisnehmer** nur einen Leistungsanspruch gegenüber dem Vorvermächtnisnehmer gemäß § 2174 BGB. In diesem Zusammenhang stellt § 2191 Abs. 1 BGB klar, dass der **Vorvermächtnisnehmer** als mit dem Nachvermächtnis **Beschwerter** anzusehen ist.

Die **Rechtsstellung des Nachvermächtnisnehmers** ist im Gegensatz zum Nacherben grund- 202 sätzlich wesentlich **schwächer** ausgestaltet. Während der **Nacherbe** durch die den Vorerben belastenden **Verfügungsbeschränkungen** des §§ 2113 ff. BGB geschützt ist und selbst beim befreiten Vorerben zumindest vor Schenkungen des Vorerben bewahrt bleibt, hat der Nachvermächtnisnehmer zwar ab Erbfall eine **Anwartschaft**,[169] die aber in keinster Weise mit dem Anwartschaftsrecht des Nacherben vergleichbar ist, weil für diesen gerade nicht § 2108 BGB gilt.[170] Während das Recht des **Nacherben** in § 2108 BGB vererblich gestellt ist, ist das **Nachvermächtnis** beim Wegfall des Vermächtnisnehmers vor dem Anfall grundsätzlich **nicht vererblich**, es sei denn, der Erblasser hat einen Ersatzvermächtnisnehmer benannt oder § 2069 BGB findet unmittelbar Anwendung.[171]

Um den Nachvermächtnisnehmer abzusichern, sollte dieser darauf bestehen oder der Erb- 203 lasser im Testament anordnen, dass der Anspruch des Nachvermächtnisnehmers grundsätzlich **vormerkbar** ist, wenn Gegenstand des Nachvermächtnisses ein Grundstück oder ein Grundstücksrecht ist.[172] Wenn eine dingliche Sicherung des Nachvermächtnisnehmers gewollt ist, kann die **Eintragungsbewilligung** bereits **in der Verfügung von Todes wegen** enthalten sein.[173]

Eine zusätzliche Absicherung der Nachvermächtnisnehmer kann der Erblasser allerdings 204 auch dadurch erreichen, dass er neben der **Eintragung einer Vormerkung** die Verwaltung und Erfüllung des Vermächtnisgegenstands einer **Testamentsvollstreckung** unterstellt (Nachvermächtnisvollstreckung).[174] Ohne derartige Anordnungen ist der Nachvermächtnisnehmer lediglich über § 2179 BGB geschützt.[175]

Der Vorvermächtnisnehmer zieht die **Nutzungen** bis zum Anfall des Vermächtnisses an den 205 Nachvermächtnisnehmer und darf sie auch behalten, es sei denn, der Erblasser hat in dem Testament etwas anderes bestimmt. Der Vorvermächtnisnehmer trägt allerdings die **gewöhnlichen Erhaltungskosten** und bestimmte **Lasten**.[176] Der Anspruch auf **Verwendungsersatz** bestimmt sich nach **§ 2185 BGB**,[177] allerdings erst ab Anfall an den Nachbedachten.

Im Gegensatz hierzu kann der **Vorerbe** nach **§ 2124 Abs. 2 BGB und § 2126 BGB** auch 206 **andere Aufwendungen** als gewöhnliche Erhaltungskosten, wenn er sie den Umständen nach für erforderlich halten durfte, sowie außerordentliche Lasten, die **als auf den Stammwert der Erbschaftsgegenstände** angelegt anzusehen sind, aus der Erbschaft, insbesondere zulasten ihrer an sich dem Nacherben gebührenden Substanz bestreiten oder aber nach Eintritt der Nacherbfolge vom Nacherben Ersatz verlangen. Nur bei solchen Aufwendungen, die der Vorerbe nicht für erforderlich halten durfte und die über die bloße Erhaltung von Erbschaftsgegenstände hinausgingen, ist die Ersatzpflicht des Nacherben nach § 2125 BGB beschränkt auf **Ansprüche aus Geschäftsführung ohne Auftrag**.

Nachdem aber die §§ 2124–2126 BGB in § 2191 Abs. 2 BGB beim Nachvermächtnis gerade 207 nicht zur Anwendung kommen, regelt sich der **Aufwendungsersatzanspruch** des Vorvermächtnisnehmers ausschließlich über § 2185 BGB, nach den **Vorschriften über das Eigentümerbe-**

---

[169] Palandt/*Edenhofer* § 2191 Rdnr. 3; BGH Urt. vom 25.3.1963 – III ZB 2/63 – MDR 1963, 824.
[170] *Bengel* NJW 1990, 1826.
[171] Vgl. hierzu auch Rdnr. 136 und Rdnr. 1.
[172] BayObLG München Urt. v. 22.12.1980 – 2 Z 62/80 – Rpfl. 1981, 190; *Bengel* NJW 1990, 1826.
[173] *Maur* NJW 1990, 1161; *Bengel* NJW 1990, 1826.
[174] Palandt/*Edenhofer* § 2223 Rdnr. 2.
[175] BGH Urt. v. 12.7.1961 – V ZR 94/60 – BWNotZ 1961, 265; Palandt/*Edenhofer* § 2179 Rdnr. 1.
[176] Palandt/*Edenhofer* § 2223 Rdnr. 2; MünchKommBGB/*Frank* § 2223 Rdnr. 1.
[177] BGH Urt. v. 6.3.1991 – IV ZR 114/89 – BGHZ 114, 16; *Leipold* JZ 1991, 990.

sitzerverhältnis.[178] Folgt man jedoch der Verweisung auf § 2185 BGB stellt sich die Frage, ob der Verwendungsersatz fordernde Vorvermächtnisnehmer wie ein gutgläubiger Besitzer nach § 994 Abs. 1 BGB oder wie ein bösgläubiger Besitzer, der seine Herausgabepflicht kennt, zu behandeln ist.

208 Diese Problematik löst der BGH in der Weise, dass er **bis zum Anfall** des Nachvermächtnisses von der **Gutgläubigkeit** des Vorvermächtnisnehmers ausgeht. **Mit dem Anfall** des Nachvermächtnisses ist allerdings **Bösgläubigkeit** mit der Konsequenz zu unterstellen, dass die Regelung des Verwendungsersatzes dem § 994 Abs. 2 BGB entnommen werden muss.

209 Diese unterschiedliche Behandlung der Vor- und Nacherben sowie des Vor- und Nachvermächtnisnehmers rechtfertigt die herrschende Meinung aus den unterschiedlichen Interessenlagen. Die herrschende Meinung geht davon aus, dass bei der Vor- und Nacherbschaft das **Sacherwerbsinteresse** überwiegt, während bei dem Vor- und Nachvermächtnis das **Sacherhaltungsinteresse** überwiege.[179]

210 Der Vorvermächtnisnehmer ist schon vor dem Anfall zur **ordnungsgemäßen Verwaltung** verpflichtet.[180] Ein besonderes Rechtsproblem kann sich dann stellen, wenn der Erblasser im Zeitpunkt der Errichtung des Testaments zugunsten eventueller Abkömmlinge des Vermächtnisnehmers ein **Nachvermächtnis** angeordnet hat, **im Zeitpunkt der Errichtung aber keine Abkömmlinge** vorhanden waren, sondern **erst im Zeitpunkt des Todes des Vorvermächtnisnehmers**. Hier geht die wohl herrschende Meinung davon aus, dass dann auch das Nachvermächtnis als solches wirksam und zu erfüllen ist.[181]

211 Da das Nachvermächtnis aus vorstehenden Gründen nicht die weit reichenden Folgen einer Vor- und Nacherbfolge mit sich bringt, kann es sich zur Verbesserung der Rechtsstellung des überlebenden Ehegatten anbieten, dass man in einer letztwilligen Verfügung den überlebenden Ehegatten, im Wege eines **Vorausvermächtnisses** einen wesentlichen Nachlassgegenstand, beispielsweise ein Grundstück, zuwendet und diesen gleichzeitig mit einem **Nachvermächtnis zugunsten der Abkömmlinge** belastet.

212 Mit dieser Vorgehensweise hat man dann dem Vorvermächtnisnehmer, der Eigentümer des Grundstückes wird, **nicht die zwingenden Verfügungsbeschränkungen** der Vor- und Nacherbfolge auferlegt, andererseits ist sichergestellt, dass das Grundstück nicht durch Scheidung, Wiederverheiratung oder in sonstiger Weise auf familienfremde Personen übergeht. Da der Anspruch des Nachvermächtnisnehmers **vormerkungsfähig** ist, können durchaus auch lebzeitige Verfügungen des Vorvermächtnisnehmer verhindert werden. Ob Vor- oder Nacherbfolge oder das Vor- und Nachvermächtnis sinnvoll ist, bleibt allerdings eine Einzelfallentscheidung im Rahmen der Kautelarjurisprudenz. Dies gilt insbesondere auch für die Anwendung der beiden Gestaltungsvarianten beim **Behindertentestament**.[182]

213 Aus **erbschaftsteuerlicher Sicht** sind die Folgen des Vor- und Nachvermächtnisses nach wie vor umstritten, weil dem Nachvermächtnisnehmer das Vermächtnis erst mit Eintritt eines bestimmten Zeitpunktes oder Ereignisses anfällt und insoweit grundsätzlich § 6 Abs. 2 S. 1 ErbStG Anwendung findet. Der Nachteil des Vor- und Nachvermächtnisses liegt in dem Umstand, dass **sowohl der Anfall an den Vorvermächtnisnehmer** als auch der an **den Nachvermächtnisnehmer der Erbschaftsteuer** unterliegt, wobei allerdings die **Zuordnung der Freibeträge** eindeutig auf den Erblasser bezogen ist, der die Vor- und Nacherbschaft angeordnet hat.[183]

214 Anders beurteilt die Rechtsprechung und Literatur die Frage, wie ein Vermächtnis zu behandeln ist, das **beim ersten Erbfall anfällt**, aber dessen **Fälligkeit auf den Tod des überlebenden Elternteil** hinausgeschoben wird. Ein derartiges Vermächtnis wird oftmals im Rahmen der „Jastrow'schen Klausel" angeordnet, die als Pflichtteilsstrafklausel eine Benachteiligung derjenigen vermeiden soll, die auf den Tod des Zuerstverstorbenen keinen Pflichtteil verlangt haben. In diesen Fällen geht die Rechtsprechung des BFH davon aus, dass hier auf den Zeitpunkt der

---

[178] *Schlichting* ZEV 2000, 385 sowie BGH Urt. v. 6.3.1991 – IV ZR 114/89 – BGHZ 114, 16.
[179] *Schlichting* ZEV 2000, 385.
[180] BGH Urt. v. 9.1.1963 – V ZR 41/61 – BWNotZ 1963, 70.
[181] BGH Urt. v. 24.10.1979 – IV ZR 31/78 – JR 1980, 282 mit Anmerkungen von *Schubert*.
[182] Vgl. hierzu *Hartmann* ZEV 2001, 89; zu Einzelheiten hierzu vgl. auch *Spall* MittBayNot 2001, 249 ff.
[183] Vgl. hierzu § 42; *Weiher* ZEV 1998, 54.

Fälligkeit des Vermächtnisses abzustellen ist und der Vermächtniserwerb jedenfalls als Erwerb von dem überlebenden Ehegatten anzusehen ist mit der Folge, dass **die Freibeträge auf den Tod des zuerstverstorbenen Elternteils nicht ausgeschöpft** werden können.[184]

Auch das so genannte **Rückvermächtnis** ist als Nachvermächtnis zu qualifizieren. Ein Rückvermächtnis liegt vor, wenn der Erblasser verfügt hat, dass bei Eintritt einer **Bedingung** oder einer **Befristung** der Vermächtnisnehmer den vermachten Gegenstand an dem mit dem Vermächtnis **Beschwerten zurückzuübertragen** hat.[185]

d) Das Herausgabevermächtnis.

Beispiel:
Zu meiner Alleinerbin setze ich meine Ehefrau ein. Diese belaste ich mit einem Vermächtnis des Inhaltes, dass mit Vollendung des 25. Lebensjahres unserer gemeinsamen Tochter Magdalena dieser das Alleineigentum an dem Grundstück der Gemarkung Fulda Blatt 2000 BV lfd. Nr. 1 zu übertragen ist.

Dem Vor- und Nachvermächtnis verwandt ist gleichfalls auch das **bedingte oder befristete Herausgabevermächtnis**. Hier bestimmt der Erblasser zunächst einen oder mehrere Erben und beschwert diese mit einem Herausgabevermächtnis zugunsten eines Dritten.[186] Belastet mit diesem Vermächtnis ist deshalb nicht ein Vorvermächtnisnehmer, sondern der oder die **Erben**.

Auch das aufschiebend bedingte oder aufschiebend befristete Herausgabevermächtnis kann eine **sinnvolle Alternative zu der Anordnung der Vor- und Nacherbfolge** unter Ehegatten sein. Selbst wenn man die Vor- und Nacherbfolge unter Eheleuten als befreite Vorerbschaft ausgestaltet, kann der überlebende Ehegatte zu Lebzeiten jedenfalls keine unentgeltlichen Verfügungen durchführen. Im Übrigen stellt die Vor- und Nacherbschaft bei bestimmten Familienkonstellationen eine zu starke Einschränkung für den überlebenden Ehegatten dar, insbesondere wenn es sich um eine **junge Ehe** handelt und **minderjährige Kinder** vorhanden sind, deren persönliche Entwicklung noch nicht absehbar ist.

Die Vermächtnislösung hat insoweit auch deshalb **unübersehbare Vorteile** gegenüber der Nacherbfolgeanordnung, weil der Erblasser hier zunächst mehrere mit einem Vermächtnis in der Weise bedenken kann und der **Beschwerte** oder ein **Dritter** bestimmen kann, **wer von den mehreren das Vermächtnis erhalten soll**. Der Erblasser kann gleichfalls anordnen, dass der Beschwerte oder ein Dritter, hier der überlebende Ehegatte, entscheiden soll, was jeder Vermächtnisnehmer von dem Nachlass erhalten soll. Er kann darüber hinaus, wie vorstehend dargelegt, den **Zweck eines Vermächtnisses** bestimmen und die **Leistung dem billigen Ermessen des Beschwerten** überlassen.[187]

Wenn der **Dritte wegfällt** oder dieser das **Bestimmungsrecht** nicht ausübt, entscheidet die Billigkeit schlechthin. Eine Nachprüfung des Bestimmungsrecht erfolgt nach § 315 Abs. 3 BGB, bei Bestimmung durch Dritte nach § 319 BGB.

Um die Vermächtnisnehmer andererseits vor zu **übermäßigen Vermögensverschiebungen** durch den **überlebenden Ehegatten** zu sichern, sollte durch den Erblasser überlegt werden, inwieweit er den Vermächtnisanspruch nicht besser **vormerkungssicher** anordnet und auch **Surrogationsvorschriften analog § 2111 BGB** in die letztwillige Verfügung mit aufnimmt. Der **Anfall des Vermächtnisses** hängt vom **Erblasserwillen** ab; jedenfalls ist mit Eintritt der vorgenannten Bedingung oder der Befristung das Vermächtnis an die Vermächtnisnehmer von Seiten des überlebenden Ehegatten herauszugeben. Gleichfalls kann aber auch der **Anfall auf den Tod des überlebenden Ehegatten** verfügt werden, was § 2163 BGB trotz der 30-jährigen Verjährungsfrist des § 2162 BGB zulässt.[188]

Bei dem **aufschiebend bedingten** oder **befristeten Vermächtnis** erlangt der Bedachte mit dem Erbfall eine bereits rechtlich geschützte **Anwartschaft**, die rechtsgeschäftlich übertragen und unbeschadet der Ausschlagungsmöglichkeit gepfändet werden kann. Auch die **Sicherung durch**

---

[184] *Mayer* ZEV 1998, 55; *Langenfeld* Ehegattentestament Rdnr. 213, 214; *Bengel/Reimann* Beck'sches Notarhandbuch, 2. Auflage 1997, C Rdnr. 73; BFH ZErb 2004, 74.
[185] OLG Frankfurt/Main Urt. v. 19.6.1996 – 19 U 163/95 – rkr. ZEV 1997, 295; BayObLG München Urt. v. 22.12.1980 – 2 Z 62/80 – Rpfl. 1981, 190; *Johannsen* WM 1977, 276.
[186] *Bengel* NJW 1990, 1826.
[187] *Mayer* MittBayNot 1999, 447; *Mayer* ZEV 2000, 1, 8.
[188] BayObLG München Urt. v. 2.2.1999 – 1 Z BR 143/98 – NJW-RR 1999, 946.

einstweilige Verfügung (§ 916 Abs. 2, § 936 ZPO) wird für möglich erachtet,[189] sofern nicht ein solcher Sicherungsanspruch bereits mitvermacht ist. Grundsätzlich ist die Absicherung durch entsprechende **Vormerkung** denkbar. Aus dem Zusammenspiel der Vorschriften in §§ 2177 und 2179 BGB ergibt sich zugleich, dass der **Beschwerte vom Erbfall an** für **jedes Verschulden** (§ 276 BGB) haftet, durch das der Anspruch des Bedachten vereitelt oder beeinträchtigt wird (§ 160, 281, 282 BGB).[190] Die herrschende Meinung geht gleichfalls davon aus, dass § 181 BGB auf das Herausgabevermächtnis nicht anwendbar ist.[191] Die Anwendbarkeit des § 281 BGB wird wohl überwiegend bejaht.[192]

222 Ob ein **betagtes Herausgabevermächtnis**, bei dem die Vermächtnisforderung schon mit dem Erbfall entsteht und nur deren Fälligkeit hinausgeschoben wird, eine Befristung im Sinne des § 2177 BGB darstellt, ist in der Literatur bestritten.[193] *Nieder* bejaht diese Einschätzung,[194] während *Edenhofer* wohl die Annahme einer Befristung verneint.[195] Nach *Otte*[196] und *Soergel*[197] muss vielmehr im Einzelfall geprüft werden, ob wirklich eine **Befristung im Rechtssinne** gewollt ist oder ob der Anfall des Vermächtnisses mit dem Tod des zuerstverstorbenen Ehegatten anzunehmen ist und nur die **Fälligkeit aufgeschoben werden** soll (§ 2176 BGB).[198]

223 In jedem Falle wird ein auf das **Ableben des Erstbedachten** betagtes Herausgabevermächtnisses für zulässig erachtet. In diesem Fall nimmt man an, dass der **Anfall des Vermächtnisses** erst mit dem **Tod des Erben** (des Beschwerten) eintritt.

224 Da das Herausgabevermächtnis von dem zuerstverstorbenen Erblasser angeordnet ist, begründet es eine **Nachlassverbindlichkeit des Erstbedachten**. Für den Erben ist es eine aufschiebend bedingte und befristete Nachlassverbindlichkeit gegenüber dem Vermächtnisnehmer mit der Folge, dass dieses Vermächtnis bei der Berechnung der Pflichtteile nach dem Tod des überlebenden Ehegatten als Nachlassverbindlichkeit abzuziehen ist und deshalb ähnlich wie bei der Jastrow'schen Klausel zur Folge hat, dass dieses bei der Pflichtteilsberechnung nach dem Erstbedachten nicht zum Nachlass gehört.[199]

225 Bei der **Pflichtteilsberechnung des überlebenden Ehegatten** sind Vermächtnisgegenstände, die aus dem Nachlass des Erblassers als Nachlassverbindlichkeit zu erfüllen sind, vorab in Abzug zu bringen. Das Herausgabevermächtnis ist deshalb ähnlich wie bei der Vor- und Nacherbfolge als „**pflichtteilsfest**" zu qualifizieren. Zur Vermeidung der Folge des § 2176 BGB geht *Mayer* – mit gleichem Ergebnis – davon aus, dass das Vermächtnis auf den Tod des Zuerstverstorbenen anfällt und auf den Tod des überlebenden Ehegatten fällig wird.[200]

226 e) Das Vorausvermächtnis

Beispiel:
Meinem Miterben Adam vermache ich als Vorausvermächtnis meine gesamte Münzsammlung.

Beispiel:
Zu meinem nichtbefreiten Vorerben setze ich meine Ehefrau ein. Nacherben sind meine Abkömmlinge Jonathan und Magdalena, ersatzweise deren Abkömmlinge nach den Regeln der gesetzlichen Erbfolgeordnung.
Der Nacherbfall tritt ein mit dem Tod des Vorerben oder seiner Wiederverheiratung.
Auf meinen Tod ordne ich zugunsten meiner Ehefrau ein Vorausvermächtnis des Inhaltes an, dass dieser das Alleineigentum an meinem Ferienhaus in der Toskana übereignet wird.

---

[189] *Bungenroth* NJW 1967, 1357; Palandt/*Edenhofer* § 2177 Rdnr. 2.
[190] Staudinger/*Otte* § 2179 Rdnr. 4, 5 und 7; *Brox* Rdnr. 429; Palandt/*Edenhofer* § 2179 Rdnr. 2.
[191] *Bungenroth* NJW 1967, 1357; Staudinger/*Otte* § 2179 Rdnr. 5; MünchKommBGB/*Schlichting* § 2179 Rdnr. 4.
[192] Palandt/*Edenhofer* § 2179 Rdnr. 2.
[193] Palandt/*Edenhofer* § 2177 Rdnr. 9; *Mayer* ZEV 2000, 8.
[194] *Nieder* Testamentsgestaltung Rdnr. 672.
[195] Palandt/*Edenhofer* § 2177 BGB Rdnr. 4.
[196] Staudinger/*Otte* 13. Bearbeitung 1996, § 2177 Rdnr. 5.
[197] Soergel/*Wolf* BGB § 2177 Rdnr. 4.
[198] Zu dieser Problematik auch *Reimann*, Skript zur ZEV-Jahrestagung 2000/2001, S. 9 ff.
[199] *Mayer* ZEV 2000, 1, 9; *Dieterle* BWNotZ 1971, 14, 19; andere Meinung: *Zawar* S. 61; *Reimann* ZEV Jahrestagung 2001, S. 13.
[200] Betagtes Vermächtnis *Mayer* ZEV 2001, 9.

Von einem **Vorausvermächtnis** spricht man dann, wenn einem **Miterben, neben seinem** 227
bestehenden Erbrecht, ein zusätzlicher Vermögensvorteil in Form eines Vermächtnisses zugewandt wird, den er sich im Gegensatz zur Teilungsanordnung nach § 2048 BGB nicht auf seinen Erbteil anrechnen lassen muss (§ 2150 BGB).[201]

Bei der Errichtung von privatschriftlichen letztwilligen Verfügungen gibt es aber regelmäßig 228
Auslegungsprobleme, wenn der Erblasser, ohne eine Erbeinsetzung nach Quoten vorzunehmen, Teile seines Nachlasses durch gegenständliche Einzelzuordnungen auf die Bedachten verteilt. Hier stellt sich regelmäßig die Frage, ob es sich hier um eine Erbeinsetzung handelt, wobei dann die Quoten nach § 2087 BGB im Verhältnis des Gesamtnachlasses zu den Einzelzuwendungen ermittelt werden müssen, oder ob hier durch die Einzelzuwendungen nur **Teilungsanordnungen, Vermächtnisse oder Vorausvermächtnisse** angeordnet sein sollen.

Gerade diese **Auslegungsproblematik** gebietet es zwingend für den Erblasser, sich vorab 229
rechtlichen Rat einzuholen mit der Folge, dass dann diese Auslegungsprobleme vermieden werden können.[202] Die Frage, ob ein Vorausvermächtnis oder eine Teilungsanordnung gewollt ist, ist deshalb im Regelfall immer schwierig zu beantworten, wenn dies nicht im Testament explizit geregelt ist. Aus der Formulierung, dass nach Erfüllung der Einzelzuwendungen **kein interner Ausgleich zwischen den Miterben** stattzufinden hat, spricht vieles für die Auslegung, dass hier eher ein Vorausvermächtnis als gewollt anzusehen ist.[203]

Im Verhältnis zu Nachlassgläubigern, die nicht Vermächtnisnehmer sind, ist der Vorausbe- 230
dachte als Vermächtnisnehmer anzusehen. Das Vorausvermächtnis ist nicht von **Beschränkungen und Beschwerungen,** die auf den Nachlass bezogen sind, betroffen. Der Erblasser kann deshalb dem **Vorerben** durch Vorausvermächtnis Gegenstände gesondert und über die Erbschaft hinausgehend zur freien Verfügung überlassen. Es macht insbesondere dann Sinn, wenn sich eine generelle Anordnung der Nacherbfolge nur auf Teile des Vermögens erstrecken soll. Das **Vorausvermächtnis an den Vorerben** hat **unmittelbare dingliche Wirkung.**[204] Es handelt sich hier um den einzigen Ausnahmefall, dass ein Vermächtnis zunächst durch sachenrechtlichen Übertragungsakt erfüllt werden muss. Das Vorausvermächtnis an den Vorerben wird in der Literatur auch als Fall des „**superbefreiten Vorerben**" bezeichnet.[205] Demzufolge ist im **Erbschein** anzugeben, dass sich das Recht des Nacherben nicht auf den Gegenstand des Vorausvermächtnisses erstreckt.

Wenn aber der Vermächtnisgegenstand, auf den sich das Vorausvermächtnis bezieht, von 231
der Nacherbfolgeordnung nicht erfasst ist, ist es bei der Kautelarjurisprudenz zwingend notwendig, dass der Vermächtnisnehmer **die Nachfolge in diesem Vermächtnisgegenstand gesondert** durch letztwillige Verfügung regelt. Die Nacherben sind jedenfalls nicht per se an diesem Vermächtnisgegenstand berechtigt. Wenn von Seiten des Erblassers gewünscht ist, dass der Vermächtnisgegenstand nach dem Tod des überlebenden Ehegatten als Vermächtnisnehmer wiederum auch auf die Nacherben übergehen soll, muss er **zusätzlich ein Nachvermächtnis** im Sinne § 2191 BGB anordnen.

Der Nachteil für diese Vorausvermächtnisanordnung an die Vorerben besteht für den Vor- 232
erben jedoch darin, dass er seine **Aufwendungen auf den Vermächtnisgegenstand** nur sehr **eingeschränkt** zurückverlangen kann. Diesbezüglich verweisen wir auf die vorstehenden Ausführungen zum Vor- und Nachvermächtnis. Das Vorausvermächtnis **belastet den ganzen Nachlass** und kann gegen die Erbengemeinschaft durchgesetzt werden. Der Vorausbedachte kann die Erfüllung aus dem ungeteilten Nachlass mit der **Gesamtvermächtnisklage** verlangen.

Der mit einem Vorausvermächtnis bedachte Miterbe kann die Erfüllung seines Vermächtnisses schon vor der **Erbauseinandersetzung** verlangen.[206]

---

[201] Vgl. zu Abgrenzungsfragen vorstehend Rdnr. 1; Palandt/*Edenhofer* § 2150 Rdnr. 2; OLG Koblenz NJW-RR 2005, 1601 ff.
[202] Vgl. hierzu Palandt/*Edenhofer* § 2048 Rdnr. 5, § 2150 Rdnr. 1; *Lohritz* NJW 1988, 2697.
[203] Zu den Rechtsfolgen dieser Problematik wird auf das in Rdnr. 1 f. Gesagte verwiesen; Palandt/*Edenhofer* § 2150 Rdnr. 5; *Lohritz* NJW 1988, 2697.
[204] BGH Urt. v. 10.2.1960 – V ZR 39/58 BGHZ 32, 60; *Johannsen* WM 72, 871.
[205] *Mayer* ZEV 2000, 1; *Langenfeld* Testamentsgestaltung Rdnr. 28.
[206] Staudinger/*Otte* § 2150 BGB Rdnr. 6.

233 **f) Das Auflagenvermächtnis**

Beispiel:

Zugunsten meines Freundes Felix ordne ich ein Vermächtnis des Inhaltes an, dass ihm das gesamte Sparvermögen bei der Euro-Bank in Höhe von 500.000,– EUR unter der Auflage übertragen wird, dass dieser von dem Sparvermögen monatlich 500,– EUR an den Tierschutzverein Fulda e. V. zu zahlen hat.

Ebenso wie der Erbe kann selbstverständlich auch der Vermächtnisnehmer durch den Erblasser mit einer **Auflage** im Sinne der §§ 2192 ff. BGB belegt werden. Die Auflage gewährt, wie bereits vorstehend dargelegt, **keinen eigenen Leistungsanspruch** des Begünstigen. Durch die Auflage wird lediglich der Vermächtnisnehmer als solcher beschwert.[207]

234 Gegenstand der Auflage kann ein **Tun oder Unterlassen** betreffen, insbesondere alle Leistungen, wozu man sich auch schuldrechtlich verpflichten kann. Die standardmäßigen Auflagen liegen regelmäßig in der Anordnung, **das Grab für die Dauer der Liegezeit** regelmäßig **zu pflegen** und mit den ortsüblichen Bepflanzungen zu versehen, die **Aufstellung einer Büste** vorzunehmen, Verpflichtungen des Vermächtnisnehmers, auf seine Kosten die **Leiche der Anatomie** zu übergeben oder ihr keine Organe zu entnehmen. Weiterhin denkbar ist die Anordnung in Gesellschaften einzutreten, bei Eintrittsklauseln mit bestimmten Mitteln **Stiftungen** zu errichten und sie für eine solche zu verwenden, **Verfügungen über Nachlassgegenstände zu unterlassen,** insbesondere Grundbesitz nicht zu veräußern.[208]

235 Eine **Auflage, ein bestimmtes Testament zu errichten,** ist jedoch unzulässig.[209] Dieser Grundsatz ergibt sich aus § 2302 BGB. **Kaptatorische Klauseln** dagegen, bei denen die **Erbeinsetzung unter der Bedingung** erfolgt, dass der Bedachte seinerseits eine bestimmte Person mit einer letztwilligen Zuwendung bedenkt oder die Erbeinsetzung zugunsten einer bestimmten Person nicht abändert, werden für zulässig erachtet, da hier keine Verpflichtungen im Sinne des § 2302 BGB begründet werden, die gewünschte Erbeinsetzung vorzunehmen.[210] Zur **erzwingbaren Auflage** und zu der weiteren Frage, wer die Durchsetzung der Auflagen begehren kann, wird auf die Ausführung in § 14 dieses Kapitels verwiesen.

236 Wenn der Erblasser sicher sein will, dass seine Auflage auch erfüllt wird, bietet es sich an, dass er **zusätzlich Testamentsvollstreckung** anordnet und den Testamentsvollstrecker mit der Aufgabe betraut, die Auflage zu erfüllen. Bei der **Vor- und Nacherbfolge** kann der Erblasser beispielsweise die Nacherben mit der Auflage beschweren, **bestimmten Verwaltungshandlungen oder Verfügungen des Vorerben zuzustimmen.**[211] In diesem Fall ist es jedenfalls sinnvoll, zusätzlich Testamentsvollstreckung anzuordnen.

237 Im Rahmen dieses „**Zustimmungsvermächtnisses**" wird die Frage diskutiert, ob der Erblasser die Nacherben im Wege des Vermächtnisses auch **verpflichten** kann, **lebzeitige Vermögensverfügungen,** die unter die Verfügungsbeschränkung des Vorerben fallen könnten, **zu genehmigen.** Eine Verpflichtung zur Zustimmung zu derartigen Geschäften im Vorfeld wird von der überwiegenden Literaturmeinung abgelehnt. Außerdem stellt sich das Problem, ob durch dieses Zustimmungsvermächtnis, soweit es sich auf den gesamten Nachlass bezieht, **nicht § 2136 BGB umgangen wird.**[212]

Die herrschende Meinung geht davon aus, dass man neben der vorstehenden Auflagelösung allenfalls die **Nacherbfolge auflösend bedingt gestalten kann,** dass diese dann entfällt, **wenn die Nacherben zu bestimmten Rechtsgeschäften keine Zustimmung erteilen.** Wenn man aber diese Verpflichtung zur Zustimmung wiederum so allumfassend gestaltet, dass sie quasi zu der Rechtsstellung des „superbefreiten Vorerben" führt, der auch in jedem Falle betreffend jeden Nachlassgegenstandes **Schenkungen zu Lebzeiten** tätigen kann, **verstößt** aber auch eine derartige letztwillige Verfügung **gegen § 2136 BGB.**

---

[207] Palandt/*Edenhofer* § 2192 Rdnr. 3; MünchKommBGB/*Frank* § 2192 Rdnr. 3.
[208] BayObLG München Urt. v. 30.12.1985 – 1 Z 96/85 – FamRZ 1986, 608.
[209] Palandt/*Edenhofer* § 2192 Rdnr. 6.
[210] Soergel/*Loritz* § 2065 Rdnr. 22; Staudinger/*Otte* § 2065 Rdnr. 24; MünchKommBGB/*Leipold* § 2065 Rdnr. 11; vgl. auch die Ausführungen bei § 17 Rdnr. 41.
[211] Palandt/*Edenhofer* § 2138 Rdnr. 2; *Meyer* ZEV 2001, 4; *Müller* ZEV 1996, 179, 180.
[212] *Bühler* BWNotZ 1967, 174, 179.

g) **Beschränkung mit Testamentsvollstreckung.** 238

Beispiel:
Zur Erfüllung des Vermächtnisses ordne ich zulasten des Vermächtnisnehmers Testamentsvollstreckung an. Zum Testamentsvollstrecker soll Herr Rechtsanwalt Klug aus Fulda ernannt werden.

Zur Sicherstellung des Vermächtnisanspruches bietet es sich an, dass der Erblasser den mit dem Vermächtnis beschwerten Erben mit Testamentsvollstreckung belegt. Aufgabe des Testamentsvollstreckers ist es, im Rahmen seiner **Verpflichtungs- und Verwaltungsbefugnis die letztwilligen Verfügungen des Erblassers zu erfüllen,** insbesondere auch die Vermächtnisse zugunsten der Vermächtnisnehmer zu erfüllen und auszuführen.

Unabhängig davon, ob der Vermächtnisnehmer seine Ansprüche gegenüber dem beschwerten Erben oder seine Ansprüche gegenüber einem anderen Vermächtnisnehmer geltend machen muss, kann die Anordnung der Testamentsvollstreckung hier zu einer **wesentlichen Verfahrensvereinfachung** führen und unnötige Prozesse zwischen Erbe und Vermächtnisnehmer und Vermächtnisnehmer und Vermächtnisnehmern verhindern. Aufgrund der **Verpflichtungs- und Verfügungsbefugnis** des Testamentsvollstreckers kann dieser auf Grund eigener Rechtsmacht die Erfüllung der Vermächtnisse herbeiführen, ohne dass es hier besonderer Klageverfahren bedarf. 239

§ 2223 BGB sieht aber auch für das Vermächtnisrecht vor, dass der Erblasser den **beschwerten Vermächtnisnehmer** mit **Testamentsvollstreckung** belasten kann, wobei es die Aufgabe des Testamentsvollstreckers ist, die **Erfüllung der dem Vermächtnisnehmer auferlegten Beschwerungen herbeizuführen.**[213] Aufgabe des Testamentsvollstreckers ist es dann, die entsprechenden **Untervermächtnisse** oder **sonstige Beschränkungen und Beschwerungen,** die der Erblasser dem Vermächtnisnehmer selbst aufgebürdet hat, zu erfüllen. Wie bereits vorstehend erwähnt, bietet sich dies in besonderer Weise für den Fall an, dass ein Nachvermächtnis angeordnet worden ist.[214] 240

Die Aufgabe des Testamentsvollstreckers kann sich aber auch auf die **Verwaltung des Vermächtnisgegenstandes,** den der Erblasser dem Vermächtnisnehmer zugewendet hat, beschränken. Dies ergibt sich insbesondere aus der entsprechenden Anwendung der §§ 2209 und 2210 BGB.[215] 241

Bei einer **Vermächtnisvollstreckung nach § 2223 BGB** sind weitestgehend die Vorschriften entsprechend anwendbar, die auch für eine Testamentsvollstreckung gegenüber den Erben gelten. Dazu gehören insbesondere die §§ 2203, 2205 BGB, so dass der Testamentsvollstrecker den vermachten Gegenstand verwaltet und darüber verfügt. Wenn es sich hier um ein Grundstück handelt, ist die **Eintragung des Testamentsvollstreckervermerks** im Grundbuch entsprechend § 52 GBO möglich.[216] Der Testamentsvollstrecker ist dem Untervermächtnisnehmer nach § 2186 BGB und dem Nachvermächtnisnehmer nach § 2191 BGB verantwortlich. 242

Ob der Erblasser generell Testamentsvollstreckung im Sinne des § 2203 BGB oder nur eine Vermächtnisvollstreckung im Sinne von § 2223 BGB angeordnet hat, ist im **Wege der Auslegung** zu ermitteln. Die Auslegung einer letztwilligen Verfügung dahin gehend, ob neben der Vermächtnisvollstreckung auch eine unbeschränkte Testamentsvollstreckung im Sinne einer Abwicklungsvollstreckung angeordnet sein sollte, kann sich möglicherweise auch aus **Umständen außerhalb der Urkunde** oder aus vorangegangenen letztwilligen Verfügungen ergeben.[217] 243

h) **Bedingte und befristete Vermächtnisse, insbesondere die Potestativbedingungen bei der Vermächtnisanordnung.** 244

Beispiel:
Zugunsten meines Sohnes Felix ordne ich ein Vermächtnis des Inhaltes an, dass diesem im Wege des Vermächtnisses 50.000,- EUR aus dem Nachlass zu zahlen sind, wenn er Mitglied der CSU wird.

---

[213] Palandt/*Edenhofer* § 2223 Rdnr. 1.
[214] Palandt/*Edenhofer* § 2223 Rdnr. 1; MünchKommBGB/*Brandner* § 2223 Rdnr. 1.
[215] BayObLG München Urt. v. 29.10.1990 – 1 a Z 39/90 – FamRZ 1991, 490; Palandt/*Edenhofer* § 2223 Rdnr. 2.
[216] Palandt/*Edenhofer* § 2223 Rdnr. 1; *Haber* GBO § 52 Anmerkung 1.
[217] OLG Karlsruhe Beschl. v. 19.8.1999 – 14 Wx 44/99 – ZEV 1999, 439.

Beispiel:
Meinem Sohn wende ich ein Geldvermächtnis in Höhe von 50.000,– EUR zu. Dieses ist auflösend bedingt für den Fall, dass er seine langjährige farbige Freundin Angelika tatsächlich heiratet.

245 Die Zuwendung eines Vermächtnisses kann generell auch unter einer **auflösenden, aufschiebenden Bedingung** oder unter der **Bestimmung eines Anfangstermins** oder **Endtermins** angeordnet werden (§ 2177 BGB). Gemäß § 2162 BGB ist ein Vermächtnis, das unter einer **aufschiebenden Bedingung** oder unter der Bestimmung eines **Anfangstermins** angeordnet ist, grundsätzlich mit **Ablauf von 30 Jahren** nach dem Erbfall unwirksam, wenn nicht vorher die Bedingung oder der Termin eingetreten ist. Dieser Grundsatz wird allerdings in § 2163 BGB für besondere Fälle eingeschränkt, die für die Kautelarjurisprudenz von besonderer Bedeutung sind.

246 Ein aufschiebend bedingtes Vermächtnis bleibt auch nach Ablauf von 30 Jahren wirksam, wenn es für den Fall angeordnet ist, dass **in der Person des Beschwerten** oder des Bedachten ein **bestimmtes Ereignis** eintritt und derjenige, in dessen Person das Ereignis eintreten soll, zurzeit des Erbfalles lebt.[218] Die in der Praxis häufig vorkommenden Fälle, dass **im Falle der Wiederverheiratung** des Erben oder **im Falle des Todes des Erben** ein Herausgabevermächtnis oder ein Nachvermächtnis anfällt, bleiben deshalb in jedem Falle gemäß § 2163 BGB auch nach Ablauf von 30 Jahren wirksam.

247 Der zweite Ausnahmefall liegt dann vor, wenn ein Erbe, ein Nacherbe oder ein Vermächtnis für den Fall, dass ihm **ein Bruder** oder **eine Schwester** geboren wird, mit einem Vermächtnis zugunsten des Bruders oder der Schwester beschwert ist. Handelt es sich allerdings bei dem Beschwerten oder des Bedachten um eine **juristische Person**, bleibt es bei der 30-jährigen Frist (§ 2163 BGB). Zur Entstehung gelangt das Vermächtnis mit Eintritt der Bedingung oder des Anfangstermins.

248 Soweit das Vermächtnis unter einer **auflösenden Bedingung** oder **auflösenden Befristung** steht, endet damit das Vermächtnis mit der Folge, dass dies bei entsprechender Anordnung **auf den Erben, Ersatzvermächtnisnehmer oder Nachvermächtnisnehmer zurückfällt**. Wenn keine entsprechende Anordnung getroffen ist, fällt der Vermächtnisgegenstand an den **Beschwerten** zurück, der dessen Rückgewähr verlangen kann.[219] Ein testamentarisches **Weitervererbungsverbot** an dem Vermächtnisnehmer ohne ausdrückliche Bestimmung der Folgen der Zuwiderhandlung kann eine auflösende Bedingung seines Vermächtnisses, eine Auflage oder ein aufschiebend bedingtes Nachvermächtnis sein.[220]

249 Besondere Probleme stellen sich bei der **Potestativbedingung,** bei der das **Tun oder Unterlassen** des Begünstigten zur Bedingung des Anfalls des Vermächtnisses oder dessen Wegfalls gemacht wird.[221] Grundsätzlich ist eine Potestativbedingung wirksam, wenn sie auf ein bestimmtes Verhalten des Bedachten, ein Tun oder Unterlassen, abstellt, das ohne **Diskriminierungsabsicht** des Erblassers zur Bedingung erklärt wurde.[222]

250 Obwohl der Erblasser derartige Bedingungen innerhalb von Gesetz und Sitte (§§ 134, 138 BGB) weitgehend bestimmen kann, ist die **Grenze** für Potestativbedingungen allerdings dann erreicht, wenn damit so massiv in das **Persönlichkeitsrecht des Vermächtnisnehmers** eingegriffen wird, dass dieses im Verhältnis zur Testierfreiheit als höherwertig anzusehen ist. Die herrschende Meinung geht davon aus, dass derartige Bedingungen unwirksam sind, wenn sie ausschließlich darauf abzielen, den Bedachten unter **Verstoß gegen das Diskriminierungsverbot des Art. 2 GG** und **Art. 3 Abs. 3 GG** mit der entsprechenden Wirkung über die **Generalklauseln des BGB** zu diskriminieren und die Anordnungen nicht durch **sonstige achtenswerte Motive** des Erblassers gerechtfertigt sind. Die **Testierfreiheit des Erblassers** ist von vornherein auf **vermögensrechtliche Anordnungen** und Motive beschränkt.

251 So wird von der herrschenden Meinung die **Wiederverheiratungsklausel** deshalb für zulässig erachtet, weil hier der Erblasser primär nicht eine Wiederverheiratung als persönliche Ent-

---

[218] Palandt/*Edenhofer* § 2163 Rdnr. 1.
[219] RGRK/*Johannsen* § 2177 Rdnr. 12; *Bungenroth* NJW 1967, 1357.
[220] BGH Urt. v. 13.6.1961 – V ZR 88/60 – BWNotZ 1961, 229.
[221] RG Urt. v. 22.2.1922 – I 405/21 – RGZ 104, 100; BGH Urt. v. 30.3.1967 – II ZR 102/65 – BGHZ 47, 301; BayObLG München Urt. v. 25.10.1995 – 2 Z BR 114/95 – NJW-RR 1996, 1167.
[222] *Schlitt* Diss. Gießen, 1990, S. 62 ff.; *Schlitt*, Klassische Testamentsklauseln, S. 60, 68.

scheidung des Erben oder Vermächtnisnehmers sanktionieren will, sondern weil diese Klausel von dem Ziel beseelt ist, das Vermögen innerhalb der Familie zu erhalten.[223] Auch hier sind **überwiegend vermögensrechtliche Aspekte** für die Anordnung der Wiederverheiratungsklausel maßgebend, keinesfalls der Eingriff in Persönlichkeitsrechte. Letztendlich kann diese Frage aber immer nur einzelfallbezogen geprüft und geklärt werden.

Wenn der Erblasser diese Potestativbedingung primär dazu nutzt, um den bedachten Vermächtnisnehmer wegen seines **Geschlechts**, seiner **Abstammung**, seiner **Rasse**, seiner **Sprache**, seiner **Heimat** und Herkunft, seines **Glaubens**, seiner **Religions- und Weltanschauung** zu diskriminieren, um nach dem Erbfall noch Einfluss auf dessen Handlungsfreiheit und dessen Lebensführung zu nehmen, ist einzelfallabhängig von der **Sittenwidrigkeit der entsprechenden Bedingung** auszugehen.[224]

Wenn aber eine derartige Bedingung über § 138 BGB in Verbindung mit den Grundwerten des Art. 2 Abs. 1 GG, Art. 3 Abs. 3 GG sittenwidrig sein sollte oder gegen ein gesetzliches Verbot verstößt, besteht die Frage, welche **rechtlichen Auswirkungen** diese Unwirksamkeit auf die Zuwendung des Vermächtnisses selbst hat.

Die **herrschende Meinung** differenziert dabei grundsätzlich unter folgenden Fallgestaltungen. Bei der **auflösenden Bedingung** habe der Erblasser regelmäßig in erster Linie – unabhängig vom Bedingungseintritt – den Rechtserfolg der Zuwendung gewollt. Nur zusätzlich habe er angeordnet, dass der Rechtserfolg bei Eintritt der Bedingung wegfällt.[225] Wenn die auflösende Bedingung sittenwidrig sei, könne **die Zuwendung** selbst als insoweit **von der Bedingung abtrennbarer Teil der Verfügung** über die Auslegungsregel des § 2085 BGB bestehen bleiben. Bei der **aufschiebenden Bedingung** dagegen sei dieser Weg nicht gangbar, weil die Verfügung nicht, wie bei der auflösenden Bedingung, in zwei abtrennbare Verfügungsbestandteile – die unbedingt gewollte Verfügung und die Bedingung – aufgelöst werden könne, was allerdings § 2085 BGB als Tatbestandsvoraussetzung fordere. Die Nichtigkeit der Bedingung führe deshalb auch zur Aufhebung der Zuwendung insgesamt, es sei denn, die Verfügung kann gem. § 140 BGB umgedeutet werden.

In diesem Fall versucht dann die herrschende Meinung über die Ermittlung des **hypothetischen Erblasserwillens** (ergänzende Testamentsauslegung) zu ermitteln, ob es dem Erblasser entscheidend auf die mit der Bedingung bezweckte Willensbeeinflussung angekommen sei oder ob er die Zuwendung auch ohne die Bedingung gemacht hätte. Wenn der Erblasser allerdings den Bedachten in erster Linie etwas hat zukommen lassen wollen und ihn erst in zweiter Linie durch die Bedingung habe beeinflussen wollen, hätte der Erblasser bei Kenntnis der Bedingungsproblematik die Zuwendung auch unbedingt zugewandt.[226]

Die bessere **Lösung** dürfte allerdings bei beiden Varianten in der **Ermittlung des hypothetischen Erblasserwillen** liegen. Wenn man über die **Umdeutung nach § 140 BGB** nicht zur Aufrechterhaltung der Zuwendung als solches kommt, kann sich die Wirksamkeit des Vermächtnisses nur über die **ergänzende Testamentsauslegung** ergeben, wenn der Erblasser bei Kenntnis der Bedingungsproblematik die Zuwendung auch unbedingt gewährt hätte. Diese Lösung rechtfertigt sich insbesondere aus der Tatsache, dass es oft **willkürlich** erscheint, ob der Erblasser eine auflösende oder aufschiebende Bedingung angeordnet hat.[227]

Bei den vorbezeichneten Beispielen ist deshalb davon auszugehen, dass hier das Persönlichkeitsrecht des Vermächtnisnehmers in einer Weise verletzt wird, dass diesem bei der gebotenen **Güterabwägung** gegenüber der Testierfreiheit des Erblassers der Vorrang einzuräumen wäre mit der Folge, dass die Bedingungen unwirksam sind. Wenn der Erblasser – was einzelfallbezogen geprüft werden muss – bei Kenntnis dieser Rechtsfolge dennoch die Zuwendung angeordnet hatte, bliebe sie als unbedingte Vermächtnisanordnung aufrechterhalten.

---

[223] Palandt/*Edenhofer* § 2077 Rdnr. 7; § 2269 Rdnr. 16, 19; Staudinger/*Otte* § 2077 Rdnr. 40.
[224] *Keuck* FamRZ 72, 9; *Schlitt* Diss. Gießen, 1990, S. 58 ff., vgl. hierzu auch § 15 Rdnr. 39 ff.
[225] Soergel/*Lohritz* § 2074 Rdnr. 33.
[226] MünchKommBGB/*Leibold* § 2074 Rdnr. 19; *Flume* § 384 d; *Otte* JA 1985, 192 ff.; Staudinger/*Dilcher* Vorbem. 158 Rdnr. 12, 28.
[227] *Schlitt*, Klassische Testamentsklauseln, S. 77, 68.

258 i) Die Jastrow'sche Klausel

Beispiel:
Verlangt einer unserer Abkömmlinge auf den Tod des Zuerstversterbenden gegen den Willen des Überlebenden von uns den Pflichtteil, so ist er auch auf den Tod des Zuletztversterbenden von der Erbfolge ausgeschlossen.
Ferner ordnen wir für diesen Fall zugunsten derjenigen Abkömmlinge, die auf den Tod des Zuerstversterbenden ihren Pflichtteil nicht geltend gemacht haben, auf den Tod des Zuerstverstorbenen ein Geldvermächtnis in Höhe ihres jeweiligen gesetzlichen Erbteils nach dem Zuerstversterbenden an, das auf den Tod des Längstlebenden zur Zahlung fällig wird.

Diese Klausel soll ein Lösungsmodell für das **Berliner Testament** für den Fall bieten, dass nach dem Tod des Zuerstverstorbenen von mehreren Abkömmlingen einer den Pflichtteil geltend macht.

259
Mit dem Tod des **Zuerstverstorbenen** tritt Alleinerbfolge zugunsten des überlebenden Ehegatten mit der Maßgabe ein, dass die gemeinsamen **Abkömmlinge auf den Tod des Zuerstverstorbenen enterbt** sind (§ 1938 BGB) und erst auf den Tod des überlebenden Ehegatten zu Schlusserben eingesetzt sind. Jeder der Abkömmlinge könnte also auf den Tod des Zuerstverstorbenen seinen **Pflichtteil** geltend machen mit der Folge, dass der überlebende Ehegatte als Alleinerbe mit erheblichen Pflichtteilsansprüchen belastet wäre. Da eine **Pflichtteilsunwürdigkeit** (§ 2345 BGB) ganz selten gegeben ist, eine **Pflichtteilsentziehung** (§ 2333 BGB) auch nur unter den ganz strengen Voraussetzungen möglich ist und ein **Pflichtteilsverzicht** (§ 2346 Abs. 2 BGB) regelmäßig nicht ohne Entgelt erklärt wird, wird mit der Jastrow'schen Klausel zumindest eine Sanktion dahin gehend normiert, dass derjenige, der auf den Tod des Zuerstverstorbenen den Pflichtteil geltend macht, dann auf den Tod des Überlebenden gleichfalls nur den Pflichtteil erhält.

260
Dennoch besteht bei der so genannten **Einheitslösung** bei der Berechnung des Pflichtteilsanspruches für den „ungehorsamen Abkömmling" der weitere Vorteil, dass dieser **aus dem Nachlass des Zuerstverstorbenen insgesamt zweimal den Pflichtteil erhält**. Einmal bei der Berechnung des Pflichtteils auf den Tod des Zuerstverstorbenen und danach nochmals aus der weitervererbten Nachlassmasse im Vermögen des überlebenden Ehegatten.

261
Um auch diesen Vorteil nochmals auszugleichen, werden dann zugunsten derjenigen Abkömmlinge, die den Pflichtteil nicht geltend gemacht haben, auf den Tod des Zuerstverstorbenen **Vermächtnisse in Höhe des gesetzlichen Erbteils** oder des Pflichtteils angeordnet, **die erst auf den Tod des überlebenden Ehegatten fällig sind**.[228] Mit diesem „juristischen Schachzug" wird erreicht, dass der „ungehorsame Abkömmling" bei der Berechnung des Pflichtteils auf den Tod des überlebenden Ehegatten nicht nochmals im Rahmen seiner Pflichtteilsberechnung an dem Nachlass des zuerstverstorbenen Elternteils partizipiert, weil hier vorab als Nachlassverbindlichkeit die Vermächtnisansprüche der anderen Abkömmlinge in Höhe ihres jeweiligen gesetzlichen Erbteils zu erfüllen und in Abzug zu bringen sind.

262
Es kann aber trotz einer Jastrow'schen Klausel durchaus sinnvoll sein, dass die Kinder nach dem Tod des zuerstverstorbenen Elternteils ihren Pflichtteil geltend machen, um ihnen zu ermöglichen, bereits die **Steuerfreibeträge** in Höhe von derzeit jeweils 205.000,– EUR pro Kind ausnutzen zu können. Mit der Geltendmachung des Pflichtteils würde allerdings die Sanktion eintreten, dass auf den Tod des überlebenden Elternteils automatisch eine Enterbung eintreten würde. Aus diesem Grunde sollte deshalb die übliche Formulierung der Jastrow'schen Klausel dahin gehend ergänzt werden, dass die Sanktion der Enterbung auf den Tod des Überlebenden nur dann eintritt, wenn der Pflichtteil **gegen den Willen des überlebenden Elternteils** geltend gemacht wird.[229] Wenn ein Sozialhilfeträger den Pflichtteil geltend macht, findet die Strafklausel keine Anwendung.[230]

---

[228] *Mayer* ZEV 2000, 55; Pfälzisches OLG Zweibrücken Beschl. v. 30.10.1998 – 3 W 116/98 – ZEV 1999, 108.
[229] *Dressler* NJW 1997, 2848, 2850.
[230] BGH ZEV 2005, 117; BGH ZEV 2006, 76.

263 Die **steuerlichen Auswirkungen** der zusätzlich auf den Tod des überlebenden Ehegatten fälligen Vermächtnisse sind zwischenzeitlich seit der Entscheidung des BFH vom 27.8.2003, AZ: II R 58/01, geklärt.[231]
Der BFH geht davon aus, dass auf die vorgenannten Vermächtnisse, die zwar auf den Tod des zuerstverstorbenen Elternteils angeordnet sind, aber deren Fälligkeit auf den Tod des überlebenden Elternteil hinausgeschoben wird, § 6 Abs. 4 ErbStG Anwendung findet mit der Folge, dass **auf den Tod des zuerstverstorbenen Elternteils keine Freibeträge** der Abkömmlinge wegen dieser Vermächtnisse geltend gemacht werden können und die **Steuerpflicht und die Freibeträge ausschließlich dem überlebenden Ehegatten** zugeordnet werden. Seinem Wortlaut nach sei § 6 Abs. 4 ErbStG eindeutig auf die vorliegende Fallgestaltung anwendbar, so dass es neben dem zivilrechtlichen Zweck der Jastrow'schen Klausel nicht zusätzlich die gewünschte Erbschaftsteuerentlastung auf den Tod des zuerstverstorbenen Elternteils erreicht werden kann.[232]

III. Anordnung, Anfall, Fälligkeit und Erfüllung von Vermächtnissen

1. Die Bestimmung des Vermächtnisgegenstandes und die Person des Vermächtnisnehmers

264 a) Auswahl durch den Erblasser

Beispiel:
Meine Briefmarkensammlung vermache ich meiner Nichte Anne.

Der Grundsatz ist, dass der **Erblasser** im Rahmen seiner Testierfreiheit sowohl den **Vermächtnisgegenstand** als auch den **Vermächtnisnehmer selbst bestimmt**.

265 Wichtig bei der Anordnung des Vermächtnisses durch den Erblasser ist allerdings auch, dass hier der **Bestimmtheitsgrundsatz** insoweit erfüllt ist, dass sowohl **die Person des Bedachten** als auch der **Vermächtnisgegenstand** unter Zugrundelegung der besonderen Möglichkeiten des Vermächtnisrechtes, hier Entscheidungen auch dem Beschwerten oder Dritten zu überlassen, besonders **zu ermitteln** ist. Wenn hier keine hinreichend konkrete Bestimmung getroffen wird, ist im Wege der Auslegung nach § 2084 BGB und den gesetzlichen Auslegungsgrundsätzen dem Willen des Erblassers zur Geltung zu verhelfen. Der **Grundsatz der höchstpersönlichen Bestimmungen des Vermächtnisgegenstandes** und des **Vermächtnisnehmers** ist in § 2065 Abs. 2 BGB normiert.

266 Vermächtnisnehmer kann jede **natürliche** und **juristische** Person sein. Auch die **Vorgesellschaft** einer juristischen Person kann Vermächtnisnehmer sein. Besteht die juristische Person im Zeitpunkt des Erbfalles nicht mehr, wird das Vermächtnis unwirksam, es sei denn, dass der Erblasser hier einen besonderen Zweck fördern wollte und dann eine **Nachfolgeorganisation** deren Zwecke weiterverfolgt (ergänzende Auslegung). Der Erwerb durch eine ausländische juristische Person mit Sitz außerhalb des EG-Bereichs kann nach Landesrecht im Rahmen des **Art. 86 EGBGB** genehmigungsbedürftig sein.

267 Dass die Anordnung eines Vermächtnisses wegen des Verstoßes des Erblassers gegen ein **gesetzliches Verbot** oder **wegen Sittenwidrigkeit** unwirksam sein kann, wurde bereits vorstehend erwähnt. Diesbezüglich wird auf die Ausführungen zur Erbeinsetzung in § 7 dieses Buches verwiesen.

268 Die Anordnung eines Vermächtnisses muss selbstverständlich auch in der **Form einer letztwilligen Verfügung** erfolgen. Ein lediglich mündlich vom Erblasser angeordnetes Vermächtnis ist aus materiellrechtlichen Gründen unwirksam. Ist eine Vermächtnisanordnung nur deshalb unwirksam, weil trotz eines **mündlich bekundeten Erblasserwillens** die Form für die letztwillige Verfügung nicht eingehalten wurde oder werden konnte und wird dennoch **unter Beachtung dieses Erblasserwillens** das **formunwirksame Vermächtnis** erfüllt, hat der Bundesfinanzhof in einem Urteil vom 15.3.2000 entschieden, dass das formunwirksame Vermächtnis bei der Berechnung der **Erbschaftsteuer** jedenfalls **anerkannt** wird und auch als Vermächtnis zu versteuern ist.[233]

---

[231] BFH ZErb 2004, 74.
[232] *Mayer* ZEV 1997, 325, 327; *Bengel/Reimann* Beck'sches Notarhandbuch C Rdnr. 69 ff.
[233] BFH Urt. v. 15.3.2000 – II R 15/98 – ZERB Ausgabe 2/2001, 18.

269 Die Unwirksamkeit des Vermächtnisses kann sich auch aus dem Pflichtteilsrecht, hier insbesondere aus **§ 2306 Abs. 1 S. 1 BGB** ergeben.[234]

270 Wenn sich tatsächlich nach der Ermittlung des Erblasserwillens herausstellt, dass die Anordnung eines Vermächtnisses unwirksam oder nichtig ist, stellt sich die weitere Frage, was mit den übrigen letztwilligen Verfügungen des Erblassers geschieht. Im Gegensatz zu § 139 BGB bleiben die **übrigen Verfügungen** in dem Testament grundsätzlich aufrechterhalten (§ 2085 BGB). Ähnlich wie § 2084 BGB verfolgt auch § 2085 BGB den Zweck, dem erklärten Willen des Erblassers nach Möglichkeit zum Erfolg zu verhelfen.[235]

271 Der Erblasser kann selbstverständlich nicht nur einem, sondern auch **mehreren** ein Vermächtnisgegenstand zuweisen (§ 2157 BGB). Hat der Erblasser unter mehreren keine Angaben über das **Beteiligungsverhältnis** gemacht, dann liegt ein **gemeinschaftliches** Vermächtnis vor. Dasselbe gilt, wenn der Erblasser die Bestimmungen der Anteile gemäß § 2153 Abs. 1 BGB dem Beschwerten oder Dritten übertragen hat.

272 Sind die Anteile der einzelnen Vermächtnisnehmer an dem Gegenstand nicht von dem Erblasser bestimmt worden, so sind diese **zu gleichen Teilen** berufen, soweit sich nicht aus § 2066–2072 BGB etwas anderes ergibt. Nach §§ 2066–2072 BGB ergibt sich aus der **Bezeichnung des Erblassers**, wie **gesetzliche Erben**, **Verwandte** oder **Abkömmlinge** des Erblassers, das insoweit vermutete Beteiligungsverhältnis. Wenn es sich um die **gesetzlichen Erben** handelt und diese auch als Vermächtnisnehmer so bezeichnet sind, müssten die Miteigentumsanteile den **gesetzlichen Erbquoten** entsprechend ermittelt werden (§ 2066 BGB). Kann man aus der Bezeichnung des Vermächtnisnehmers keine Beteiligungsverhältnis über § 2066 bis § 2072 BGB ableiten, folgt die Aufteilung nach § 2089 bis § 2093 BGB (§ 2157 BGB).

273 Bei **Grundstücken und sonstigen Sachen** wird im Regelfall davon auszugehen sein, dass der Erblasser bei familienfremden Personen gewollt hat, dass der Vermächtnisgegenstand **zu gleichen Miteigentumsanteilen** zu übertragen ist. Letztendlich entscheidet hier der **Erblasserwille**; falls dieser nicht erkennbar und auch nicht andeutungsweise in der Vermächtnisanordnung zu erkennen ist, ist in der Regel Miteigentum zu gleichen Teilen zu begründen.[236] Einhellige Auffassung ist jedenfalls, dass die Vermächtnisnehmer bei einem gemeinschaftlichen Vermächtnis nicht **Gesamtgläubiger** nach § 428 BGB sind, es sei denn, der Erblasser hat diese Folge angeordnet. Ob sie **Teilgläubiger** nach § 420 BGB oder **Mitgläubiger** nach § 432 BGB sind, richtet sich generell danach, ob der Vermächtnisgegenstand teilbar ist oder nicht.

274 Vorstehende Auslegungsregeln und -schwierigkeiten zeigen, dass es in der **Praxis** sinnvoll ist, bei der Anordnung eines Vermächtnisses an mehrere Personen gleichzeitig zu bestimmen, ob sie Gesamt- oder Teilgläubiger sind und in welchem **Beteiligungsverhältnis** der Vermächtnisgegenstand letztendlich an mehrere Vermächtnisnehmer zu übertragen ist (Miteigentum, Gesellschaft nach GbR usw.).

275 b) **Auswahl durch Dritte.** *aa) Auswahl des Vermächtnisnehmers.*

Beispiel:
Eines meiner Kinder soll als Vermächtnis mein Original-Picasso-Gemälde erhalten.

Beispiel:
1. Meine unter der Firma ... einzelkaufmännisch betriebene Zimmerei übertrage ich im Wege des Vermächtnisses mit allen Aktiva und Passiva und dem Betriebsvermögen, wie es sich aus der letzten Jahresbilanz vor meinem Tod ergibt, auf meine Tochter Magdalena oder meinem Sohn Jonathan in der Weise, dass mein Prokurist Paul Geschäftstüchtig frühestens im Zeitpunkt der Volljährigkeit des Jüngsten meiner Kinder nach freiem Ermessen – ohne der Möglichkeit einer gerichtlichen Nachprüfung – entscheiden soll, wer von ihnen als für die Betriebsführung am geeignetsten das Vermächtnis erhalten und Unternehmensnachfolger werden soll. Das Vermächtnis ist Vorausvermächtnis. Ersatzvermächtnisnehmer werden nicht bestellt.
2. Zu meinem Testamentsvollstrecker mit dem ausschließlichen Wirkungskreis zur Fortführung meines einzelkaufmännischen Unternehmens bis zur Benennung des Unternehmensnachfolgers ernenne ich mei-

---

[234] Hierzu Rdnr. 145 ff.
[235] BayObLG München Urt. v. 2.2.1999 – 1 Z BR 143/98 – NJW-RR 1999, 946; Palandt/*Edenhofer* § 2084 Rdnr. 1; zu einem bedingten oder befristeten Vermächtnis vgl. vorstehend.
[236] Staudinger/*Otte* § 2157 Rdnr. 2, 4; Palandt/*Edenhofer* § 2157 Rdnr. 1.

nen Prokuristen Paul Geschäftstüchtig. Er hat das Unternehmen bis zu diesem Zeitpunkt nach seinem freien Ermessen entweder im eigenen Namen oder unter eigener persönlicher Haftung als Treuhänder für Rechnung der Erben und im Namen und unter Haftung der Erben als deren Bevollmächtigter zu führen.
Die Erben werden hiermit im Wege der Auflage verpflichtet, dem Testamentsvollstrecker die entsprechenden Befugnisse einzuräumen.
Die Testamentsvollstreckung endet mit der Benennung des geeigneten Unternehmensnachfolgers.

In Abweichung zu dem Grundsatz von § 2065 Abs. 2 BGB gibt das Vermächtnisrecht dem Erblasser Möglichkeiten an die Hand, die **Auswahl unter mehreren Bedachten**, sowohl **dem Beschwerten** als auch **einem Dritten** zu überlassen (§ 2151 BGB).[237] Für die Bezeichnung des Erben hat das Reichsgericht in seiner „Rittergutentscheidung"[238] für die **Erbenauswahl** durch einen vom Erblasser bestimmten Dritten nur insoweit einen Gestaltungsspielraum eingeräumt, das hier lediglich die **Bezeichnung des Erben durch den Dritten** für möglich erachtet wird. Der BGH hat die Möglichkeit einer Drittbestimmung wesentlich eingeschränkt und festgelegt, das die letztwillige Verfügung so konkretisiert sein muss, dass die **gesetzlich zulässige Bezeichnung** anhand vorgegebener **objektiver Kriterien von jeder mit genügender Sachkenntnis ausgestatteter Person** erfolgen kann, ohne dass hier auch nur ein geringfügiges Ermessen bestimmt oder mitbestimmend sein darf.[239]

Im Gegensatz hierzu gibt das **Vermächtnisrecht** einen **größeren Gestaltungsspielraum**, die Entscheidung, nicht nur die Bezeichnung, sondern auch die **Benennung** des Vermächtnisnehmers einer dritten Person zu überlassen. Nach § 2151 BGB genügt es, wenn der Erblasser den Personenkreis der Vermächtnisnehmer allgemein bestimmt und die **endgültige Auswahl dem Beschwerten** oder **einem Dritten** überlässt.

Die **Auswahl des Vermächtnisnehmers** kann **nicht in das freie Belieben eines Dritten** gestellt werden, sondern der Erblasser muss zumindest den **Personenkreis**, die als Vermächtnisnehmer in Betracht kommen, **hinreichend genau konkretisieren.**[240] Zu dem Kreis potentieller Vermächtnisnehmer können nicht nur mehrere Dritte, sondern auch der bestimmungsberechtigte Erbe oder der Beschwerte selbst gehören.[241] Die herrschende Meinung geht gleichfalls davon aus, dass die Zahl der in Betracht kommenden Personen nicht zu weit ausgedehnt werden darf. Die Anzahl muss jedenfalls so begrenzt sein, dass diese als potentielle Gesamtgläubiger nebeneinander in Betracht zu ziehen sind.[242] So dürfte es ausreichen, wenn der Erblasser die **Mitglieder eines bestimmtes Vereins**, einer **Partei** oder **Studentenverbindung** als mögliche Vermächtnisnehmer qualifiziert. Wenn der Personenkreis zu ungenau bestimmt ist, liegt eher die Auslegung nahe, dass der Erblasser hier eine Auflage im Sinne des § 2193 BGB gewollt hat.[243]

Den Bestimmungsberechtigten, der – anstelle des Erblassers – den Vermächtnisnehmer **bestimmen** soll, sollte der Erblasser in seiner testamentarischen Verfügung genau benennen. Wenn das Testament wie im vorstehenden Beispiel keine Anhaltspunkte für das Bestimmungsrecht des Beschwerten oder eines Dritten gibt, in dem Testament aber eindeutig geregelt ist, dass unter mehreren Personen nur der eine oder andere Vermächtnisnehmer sein soll, ordnet das Gesetz in § 2152 BGB an, dass **im Zweifel der Beschwerte** das Bestimmungsrecht ausüben soll. Dieser Fall wäre auch in dem ersten Beispielsfall anzunehmen.

Das **Bestimmungsrecht** geschieht durch **formlose unwiderrufliche Erklärung** gegenüber demjenigen, der das Vermächtnis erhalten soll. Soweit ein **Dritter** das Bestimmungsrecht ausübt, muss dieser das Bestimmungsrecht durch Erklärung **gegenüber dem Beschwerten** ausüben (§ 2151 Abs. 2 BGB).

Als **Willenserklärung** ist die Ausübung des Bestimmungsrechts **anfechtbar**. Ein Irrtum über die **Eignung der ausgewählten Person** ist allerdings ein unbeachtlicher Motivirrtum.[244] In der

---

[237] Palandt/*Edenhofer* § 2151 Rdnr. 1.
[238] RG Urt. v. 6.2.1939 – IV 188/38 – RGZ 159, 296, 299.
[239] BGH Urt. v. 18.11.1954 – IV ZR 152/54 – BGHZ 15, 199, 203; BGH Beschl. v. 14.7.1964 – V BLw 11/65 (Hamm) – NJW 1965, 2201.
[240] RG Urt. v. 13.5.1919 – VII 89/19 – RGZ 96, 15; Palandt/*Edenhofer* § 2151 Rdnr. 1.
[241] MünchKommBGB/*Schlichting* § 2151 Rdnr. 3; Palandt/*Edenhofer* § 2151 Rdnr. 1.
[242] *Haegele* BWNotZ 1972, 74.
[243] BayObLG München vom 2.2.1999 – 1 Z BR 143/98 – NJW-RR 1999, 946.
[244] *Klunzinger* BB 1970, 1197 ff.

Praxis kann es hier durchaus Probleme geben, wenn die an sich zurückgesetzten potentiellen Vermächtnisnehmer nicht von Seiten des bedachten Beschwerten oder des Dritten bestimmt worden sind. Eine **gerichtliche Überprüfung der Auswahl** des Vermächtnisnehmers ist jedoch nur sehr eingeschränkt möglich. Die Frage, ob überhaupt eine Prüfung möglich ist, wird in der Literatur kontrovers kommentiert[245] und dürfte auf **Fälle der Arglist** beschränkt bleiben, denn Kriterium für die richtige Auswahl des Dritten ist lediglich die **Beachtung des Erblasserwillens, keinesfalls** aber **Billigkeitserwägungen**.[246]

282 Nach § 2153 BGB kann der Erblasser auch anordnen, dass bei der **Teilung eines Gegenstandes** unter mehreren Vermächtnisnehmern der Bestimmungsberechtigte die **Anteile jedes Einzelnen bestimmt.** Da eine Verbindung dieser Vorschrift mit § 2151 BGB zulässig ist,[247] kann der Erblasser dem Bestimmungsberechtigten auch die Aufgabe übertragen, seine Nachlassgegenstände vermächtnisweise innerhalb eines bestimmten Personenkreises gegenständlich (§ 2151 BGB) und bruchteilsmäßig (§ 2153 BGB) zu verteilen. Dabei kann der Bestimmungsberechtigte auch einzelne Angehörige des vom Erblasser bezeichneten Personenkreises bei der Verteilung **gänzlich übergehen**.[248]

283 Wenn das **Bestimmungsrecht** von dem Beschwerten und von dem Dritten nicht ausgeübt wird, besteht die Möglichkeit, dass beantragt wird, dass das **Nachlassgericht** dem Beschwerten oder dem Dritten eine **Frist zur Abgabe der Erklärung** setzt. Die Zuständigkeit des Nachlassgericht für die fristgemäße Abgabe der Bestimmungserklärung ergibt sich aus § 3 Nr. 2 c RpflG. Wenn die **Frist ohne Ausübung des Bestimmungsrecht** verstreicht, sind die vom Erblasser benannten potentiellen Begünstigten Gesamtgläubiger des Vermächtnisses (§ 2151 Abs. 3 BGB).

284 Besondere praktische Bedeutung hat die Möglichkeit, das **Bestimmungsrecht auf den Beschwerten oder auf Dritte** zu übertragen, im Zusammenhang mit der **Unternehmensnachfolge**, insbesondere wenn die Kinder bei dem Tod des Erblassers noch minderjährig sind. Wenn noch nicht feststeht, wer unter dem **Kreis der potentiellen Abkömmlinge** der geeignetste Unternehmensnachfolger ist, kann der Erblasser einem fachkompetenten Dritten oder dem Beschwerten, hier möglicherweise dem überlebenden **Ehegatten** oder Dritten – wie im Beispiel –, ein Bestimmungsrecht einräumen, wer aus dem Kreis der potentiellen Vermächtnisnehmer die Gesellschaftsanteile im Wege des Vermächtnisses erhalten soll.

285 Der Bestimmungsberechtigte muss nicht zwangsläufig zugleich oder daneben Testamentsvollstrecker sein. Ob der Bestimmungsberechtigte zugleich Testamentsvollstrecker sein soll, muss sich durch Auslegung aus dem **Erblasserwillen** ergeben. Der Dritte hat grundsätzlich eine isolierte **Rechtsbefugnis auf Grund Erblasseranordnung**, ohne hier auch zusätzlich die Aufgaben eines Testamentsvollstreckers wahrnehmen zu dürfen.

286 *bb) Auswahl des Vermächtnisgegenstandes*

Beispiel:
Mein Sohn Adam soll als Vermächtnis ein Bild aus meiner Kunstsammlung erhalten.

Den **Vermächtnisgegenstand** als solchen muss **der Erblasser** selbst auswählen. Die einzige Ausnahme ergibt sich aus §§ 2154–2156 BGB in den Fällen des **Wahl-, Gattungs- und Zweckvermächtnisses**.[249]

287 Bei einem **Wahlvermächtnis** gemäß § 2154 BGB kann der Erblasser bestimmen, dass der Beschwerte oder ein Dritter den Vermächtnisgegenstand auswählt. Er kann hier aber auch die Wahl dem Bedachten selbst überlassen. **Wenn keine besondere Anordnung** im Hinblick auf die Wahl des Vermächtnisgegenstandes getroffen wird, gilt insoweit auch das **Wahlrecht des Beschwerten** (§ 2154 BGB).

288 Auch beim **Gattungsvermächtnis** nach § 2155 BGB kann der Erblasser die der nur der Gattung nach bestimmte Sache sowohl dem **Beschwerten**, dem **Bedachten** oder **einem Dritten** über

---

[245] MünchKommBGB/*Schlichting* § 2151 Rdnr. 12; Staudinger/*Otte* § 2151 Rdnr. 6; *Schäfer* BWNotZ 1962, 188, 206.
[246] Palandt/*Edenhofer* § 2151 Rdnr. 2; MünchKommBGB/*Schlichting* § 2151 Rdnr. 1.
[247] RG Urt. v. 13.5.1919 – VII 89/19 – RGZ 96, 15, 17.
[248] Palandt/*Edenhofer* § 2151 Rdnr. 2; Staudinger/*Otte* § 2153 Rdnr. 1.
[249] Vgl. vorstehend Rdnr. 19, 20 ff., 53.

lassen, wobei hier in § 2155 BGB, wie bereits vorstehend erwähnt, besondere Kriterien geregelt sind, dass die Sache den Verhältnissen des Bedachten entsprechend auszuwählen ist.

Auch im Zusammenhang mit dem **Zweckvermächtnis** kann hier ein **Bestimmungsrecht** 289 **durch Dritte** oder des Beschwerten des Inhalts angeordnet werden, dass der Beschwerte entscheidet, durch welchen Vermächtnisgegenstand der Zweck des Erblassers am ehesten erreicht wird (§ 2156 BGB).

2. Anfall, Fälligkeit, Haftung und Erfüllung des Vermächtnisanspruchs

a) **Anfall des Vermächtnisses.** Der Vermächtnisanspruch nach § 2174 BGB begründet eine 290 **Nachlassverbindlichkeit** des Beschwerten und entsteht regelmäßig mit dem Erbfall, unabhängig von dem Erwerb oder der Annahme der Erbschaft durch den zunächst berufenen Erben. Vor Annahme der Erbschaft kann er allerdings nicht eingeklagt werden; die Forderung des Vermächtnisnehmers wird allerdings mit dem Erbfall existent.[250] Vom **Anfall** spricht man dann, wenn der Vermächtnisanspruch im vorgenannten Sinne entstanden ist. Eine andere Frage ist indes, wann das Vermächtnis zu erfüllen ist. Die **Fälligkeit** kann nie vor dem Anfall, wohl aber erst nach ihm eintreten, wenn dies vom Erblasser bestimmt oder sich eine solche Bestimmung aus den Umständen ergibt.[251]

Eine Ausnahme von dem Grundsatz, dass das Vermächtnis mit dem Erbfall anfällt, gibt es 291 lediglich im Falle des **aufschiebend bedingten** oder **aufschiebend befristeten Vermächtnisses.** Hier gilt der Anfall des Vermächtnisses erst mit dem Eintritt der Bedingung oder mit dem Anfangstermin als eingetreten (§ 2177 BGB). In der Schwebezeit hat der Bedachte ein **Anwartschaftsrecht,** das übertragen und gepfändet werden kann.[252]

b) **Fälligkeit des Vermächtnisanspruchs.** Das Vermächtnis ist grundsätzlich **mit dem Anfall** 292 **fällig,** es sei denn, dass der Erblasser hinsichtlich der **Fälligkeit** des Vermächtnisses **im Testament besondere Regelungen** getroffen hat. Der Erblasser kann die Fälligkeit beliebig auf einen **künftigen Zeitpunkt hinausschieben,** kann den Vermächtnisanspruch **stunden** oder von sonstigen **Zahlungsmodalitäten** abhängig machen. Hier sind alle Fallgestaltungen möglich, die auch im Zusammenhang mit dem allgemeinen Schuldrecht zulässig sind.[253]

Hier ist insbesondere auf den in der Praxis häufigen Fall der **Jastrow'schen Klausel** zu ver- 293 weisen, bei der bereits mit dem Tod des Zuerstverstorbenen Geldvermächtnisse in Höhe des Erb- oder Pflichtteils der Abkömmlinge angeordnet werden, die allerdings erst auf dem **Tod des überlebenden Ehegatten** zur Auszahlung **fällig** sind. Die Jastrow'sche Klausel bedingt also nunmehr ausschließlich zivilrechtlich eine Sanktion des Abkömmlings, der auf den Tod des zuerstverstorbenen Elternteil den Pflichtteil geltend macht. **Zusätzliche steuerrechtliche Vorteile** des Inhaltes, dass dann auch die Vermächtnisse als dem zuerstverstorbenen Erblasser zugehörig zu betrachten sind, sind nicht zu erzielen. Der BFH geht von einem **steuerlichen Erwerb nach dem überlebenden Ehegatten** aus. Nach der bereits unter Rdnr. 263 zitierten Entscheidung des BFH vom 27.8.2003, AZ: II R 58/01, ist davon auszugehen, dass auch die Finanzverwaltung diese Rechtsauffassung teilt und künftig von diesen steuerlichen Auswirkungen auszugehen ist.[254]

Hat der Erblasser die Erfüllung des Vermächtnisses in das **freie Belieben des Beschwerten** 294 gestellt, so wird die Leistung im Zweifel erst mit dem Tode des Beschwerten fällig (§ 2181 BGB). Nicht die Erfüllung als solche, sondern lediglich die **Bestimmung des Erfüllungszeitpunktes** wird hier in das Belieben des Beschwerten gestellt. Hier kann der Beschwerte das Vermächtnis zu Lebzeiten erfüllen, der Vermächtnisnehmer kann allerdings die Erfüllung nicht **vor dem Ableben des Beschwerten** verlangen.[255] Der Nachteil einer derartigen Anordnung für den Vermächtnisnehmer ist, dass der Beschwerte zwar erfüllen kann, dass der Bedachte aber die Erfüllung nicht einklagen kann. In diesem Falle wäre allerdings eine **Feststellungsklage nach § 256 ZPO** denkbar.

---

[250] BGH Urt. v. 16.6.1961 – V ZB 3/61 NJW 1961, 1915; Palandt/*Edenhofer* § 2154 Rdnr. 1.
[251] Palandt/*Edenhofer* § 2181 Rdnr. 1 § 2186 Rdnr. 2; MünchKommBGB/*Frank* § 2186 Rdnr. 2.
[252] Palandt/*Edenhofer* § 2179 Rdnr. 1, 2.
[253] Palandt/*Edenhofer* § 2181 Rdnr. 2.
[254] BFH ZErb 2004, 74.
[255] Soergel/*Wolf* § 2156 Rdnr. 3.

295 c) **Erfüllung, Haftung, Durchsetzung und Sicherung des Vermächtnisanspruchs.** Der Leistungsanspruch des Vermächtnisnehmers wird in § 2174 BGB begründet.[256] Die gegenseitigen Rechte und Pflichten des Bedachten und des Beschwerten richten sich nach den Vorschriften des allgemeinen Schuldrechts. Das Vermächtnis begründet einen letztwilligen, durch den Erblasser angeordneten, schuldrechtlichen Leistungsanspruch gegen den Beschwerten auf Übertragung des Vermächtnisgegenstandes. Bedarf es zur Ermittlung oder Berechnung des Vermächtnisgegenstandes besonderer Informationen des Beschwerten, die nur dieser erteilen kann, besteht gemäß § 242 BGB ein Auskunftsanspruch des Vermächtnisnehmers gegen den Beschwerten. Ist einem Vermächtnisnehmer ein Anteil eines Nachlassgrundstückes als Geldanspruch zugewandt, dann steht dem Vermächtnisnehmer eine Anspruch auf Wertermittlung des Nachlassgrundstückes zum Stichtag des Erbfalls gemäß § 242 BGB zu.[257]

296 Der Anspruch auf Vermächtniserfüllung **verjährt** frühestens nach 30 Jahren nach § 197 Abs. 1 Nr. 2 BGB. Die **Verjährungsfrist** beginnt mit dem Anfall des Vermächtnisses (§§ 200, 2176 ff. BGB). Der Vermächtnisanspruch ist vom Erbfall an **abtretbar** und **pfändbar** und auch auf die Erben des Bedachten **übertragbar**. Zu dem Kreis der **Beschwerten** können nicht nur **Erben** und **Vermächtnisnehmer** gehören, sondern auch der **Ersatzerbe**. Voraussetzung hierfür ist allerdings, dass der Ersatzerbfall (§ 2096 BGB) eintritt. Entsprechendes gilt für den Nacherben, wenn der Nacherbfall eintritt.

297 Sind dem **Nacherben** Leistungen auferlegt, die er schon vor Eintritt des Nacherbfalls erbringen soll, handelt es sich hier um eine **bedingte Vermächtnisanordnung**. Wenn die Beschwerung mit dem Vermächtnis vom Erblasser nicht näher bestimmt ist, gilt der Vorerbe insoweit als beschwert.

298 Ein Sonderfall ergibt sich auch im Wege der vorweggenommen Erbfolge nach dem **Höferecht**. Der Übernehmer des Hofes kann unter Anwendung des § 17 Abs. 2 Höfeordnung mit einem Vermächtnis beschwert werden.[258]

299 Sind mehrere Erben oder mehrere Vermächtnisnehmer mit demselben Vermächtnis beschwert, haften sie gemäß § 2058 BGB im Außenverhältnis als **Gesamtschuldner** nach § 428 BGB. Im Innenverhältnis kann allerdings der Erblasser eine andere Anordnung hinsichtlich der Vermächtnislast vornehmen.

300 Grundsätzlich **haften** die Beschwerten **mit ihrem gesamten Vermögen**, also sowohl mit dem Ererbten (**Nachlass**) als auch mit dem bereits Besessenen (**Privatvermögen**). Die Erben können jedoch, sofern sie nicht unbeschränkt haften (§ 2013 BGB), was nur bei der **Verletzung der Inventarpflicht** (§ 1994 BGB), bei Inventaruntreue (§ 2005 BGB) und bei Verzicht auf die Beschränkung gegenüber allen Nachlassgläubigern (§ 2021 Abs. 1 S. 3 BGB) der Fall ist, die **Haftung auf den Nachlass beschränken**. Hierzu bedarf es der **Anordnung der Nachlassverwaltung** (§ 1975 BGB), der Eröffnung des **Nachlassinsolvenzverfahrens** (§ 1975 BGB) oder falls sich beide mangels Masse oder Vorschusses nicht lohnen, die Erhebung der **Dürftigkeits- und Unzulänglichkeitseinrede** (§ 1990 BGB). Die Dürftigkeitseinrede kann auch dann erhoben werden, wenn die **Überschuldung lediglich durch Vermächtnisse und Auflagen** eintritt, im Übrigen aber eine die Kosten der Nachlassverwaltung des Nachlasskonkursverfahrens deckende Masse vorhanden wäre. Der Erbe kann gemäß § 1992 S. 2 BGB Vermächtnis- und Auflagegläubigern gegenüber die **Herausgabe der noch vorhandenen Nachlassgegenstände durch Zahlung des Werts** abwenden. Umgekehrt ist es allerdings auch zulässig, dass der Vermächtnisnehmer die Befugnis hat, gegen **eine die Überschuldung ausgleichende Zahlung** in Geld die Übertragung des Vermächtnisgegenstandes in Natur (in ungekürztem Umfang) zu verlangen.[259] Zu Einzelfragen wird hier gleichfalls auf § 23 Rdnr. 50 verwiesen.

301 Der Erbe muss sich wie bei allen Nachlassgläubigern unabhängig von vorstehenden Möglichkeiten eine **Beschränkung seiner Haftung im Urteil** gemäß § 780 Abs. 1 ZPO vorbehalten lassen, um Vollstreckungen in sein Eigenvermögen zu verhindern. Die Geltendmachung des Vorbehalts nach dem Schluss der mündlichen Verhandlung ist kein Wiedereröffnungs-

---

[256] Palandt/*Edenhofer* § 2174 Rdnr. 1.
[257] LG Karlsruhe ZErb 2005, 130; OLG Koblenz ZEV 2005, 397 ff.
[258] BGH Urt. v. 6.3.1985 – IV a ZR 171/83 – NJW-RR 1986, 164; zu den unterschiedlichen landesrechtlichen Höfeordnungen vgl. Palandt/*Edenhofer* § 1922 Rdnr. 9.
[259] BGH Urt. v. 29.5.1964 – V ZR 47/62 – NJW 1964, 2298.

grund;[260] die Geltendmachung erst in der Berufungsinstanz führt zur Präklusion. Bei Steuerverbindlichkeiten des Erblassers geht die h. M. davon aus, dass der Vorbehalt nach § 780 ZPO und sonstige haftungsbeschränkende Einwendungen trotz des § 45 Abs. 2 AO erst im Vollstreckungsverfahren geltend gemacht werden können.[261]

Will sich der Erbe oder Vermächtnisnehmer jedoch gänzlich seinen Verpflichtungen entziehen, muss er zwingend die Erbschaft **ausschlagen** (§§ 1944, 1945 BGB). 302

Zur Erfüllung des Vermächtnisses bedarf es eines besonderen Übertragungsaktes, der nach 303 den sachenrechtlichen Grundsätzen bestimmt ist. **Grundstücke** sind nach § 873, 925 BGB, **bewegliche Sachen** nach § 929 ff BGB zu übereignen und **Forderungen** sind nach § 398 BGB abzutreten. Ist der Vermächtnisnehmer bereits im Besitz der Sache, genügt zur Übereignung die Einigung nach § 929 S. 2 BGB. Der Vermächtnisnehmer kann sich wie jeder Dritte bei Vorliegen der Voraussetzungen auch auf den Gutglaubensschutz bei Grundstücken und beweglichen Sachen berufen.[262] Ein **Muster eines Vermächtniserfüllungsvertrages** ist in § 57 Rdnr. 11 beschrieben. Wegen entsprechender **Klagen** und **Klageanträge** sowie **einstweiligen Rechtsschutz** wird auf das dortige **Muster** verwiesen.

Wenn der Vermächtnisnehmer bereits im Besitz des vermachten Gegenstandes ist, besteht 304 dennoch die Gefahr, dass der Beschwerte über den Vermächtnisgegenstand verfügen könnte, wenn er insoweit den **Herausgabeanspruch** an den Dritten im Sinne von § 931 BGB abtritt. Dem Herausgabeverlangen des Dritten kann der Vermächtnisnehmer jedoch nach § 986 Abs. 2 BGB seinen eigenen Vermächtnisanspruch entgegensetzen, aus dem ein **Recht zum Besitz** des Vermächtnisgegenstandes resultiert.

Eine einzige Ausnahme von der nur schuldrechtlichen Wirkung des Vermächtnisses besteht 305 nur beim **Vorausvermächtnis zugunsten des alleinigen Vorerben**, der sofort Eigentümer des ihm vermachten Gegenstandes wird.[263] Ist der **Bedachte alleiniger Vorerbe**, hat das Vorausvermächtnis, sofern es auf den Erwerb eines Nachlassgegenstandes gerichtet ist, **dingliche Wirkung**.[264] Daraus ergibt sich, dass der Bedachte sofort Eigentümer an der Sache wird und es einer sachenrechtlichen Übertragung nicht mehr bedarf und auch das Vermächtnis nicht der Nacherbfolge unterliegt. Ist der nichtbefreite oder befreite Vorerbe dagegen selbst mit einem Vermächtnis beschwert, bedarf er zur Erfüllung des Vermächtnisses nach h. M. nicht der Zustimmung der Nacherben, weil durch die Erfüllung der Nachlass von einer Verbindlichkeit befreit wird und deshalb keine unentgeltliche Verfügung im Sinne von § 2113 Abs. 2 BGB oder keine Beeinträchtigung des Nacherbenrechts vorliegt.[265] Die Gegenmeinung verlangt die Zustimmung des Nacherben, zu deren Erteilung er allerdings gemäß § 2120 S. 1 BGB verpflichtet sei.[266]

Ein weiteres Problem stellt sich dahin gehend, wenn **ausländische Rechtsordnungen** so ge- 306 nannte Vindikationslegate zulassen und der Erbfall sich nach Art. 25 EGBGB nach ausländischem Recht beurteilt. In diesem Zusammenhang ist strittig, ob die Vermächtnisanordnung dann im Hinblick auf in Deutschland belegenden Sachen dingliche oder nur schuldrechtliche Wirkung hat. Diese Frage ist höchst umstritten, weil die herrschende Meinung davon ausgeht, dass dem **Erbstatut hier dem Sachstatut** Vorrang einzuräumen ist. Der BGH geht jedenfalls davon aus, dass es hier noch eines besonderen schuldrechtlichen Übertragungsaktes bedarf.[267] Der Übertragungsakt bedarf deshalb möglicherweise auch **öffentlich-rechtlichen Genehmigungen** z.B. der Genehmigung nach § 1 Grundstücksverkehrsgesetz.[268]

Die **Formvorschriften** richten sich hier entsprechend ebenfalls nach dem allgemeinen Schuld- 307 recht. Für die Auflassung gilt § 925 BGB. Gleichfalls muss § 313 BGB beachtet werden. Möglicherweise bedarf es einer **Ergänzungsbetreuung** bei der Vertretung minderjähriger Vermächt-

---

[260] OLG Bremen ZEV 2001, 401.
[261] *Strübing* ZEerb 2005, 177.
[262] OLG Naumburg NJW 2003, 3209.
[263] Staudinger/*Otte* § 2150 Rdnr. 4, vgl. vorstehend zum „superbefreiten Vorerben".
[264] BGH Urt. v. 10.2.1960 – V ZR 39/58 – BGHZ 32, 60 ff.
[265] BayObLG ZEV 2001, 403; OLG Düsseldorf ZEV 2003, 296; OLG Celle OLGR 2004, 488 m.w.N.; *Ivo* Erbrecht effektiv 2004, 206.
[266] MünchKommBGB/*Grunsky* BGB, 4. Aufl. § 2113 Rdnr. 13.
[267] Staudinger/*Otte* § 2174 Rdnr. 3 m.w.N.
[268] Zu weiteren Fragen hierzu: Palandt/*Edenhofer* § 2174 Rdnr. 4.

nisnehmer. Bei der Erfüllung eines Grundstücksvermächtnisses sind die Eltern grundsätzlich nicht von der Vertretung ihrer Kinder ausgeschlossen und können in ihrem Namen den Vermächtniserfüllungsvertrag nebst Auflassung erklären. Dies gilt auch dann, wenn in der Urkunde nachteilige Regelungen enthalten sind, die nur die Rechtslage wiedergeben oder sich als Beschränkung des Vermächtnisses darstellen.[269] In der Vermächtniserfüllung liegt die Erfüllung einer Verbindlichkeit gemäß §§ 1629Abs. 2 S. 1, 1795 Abs. 1 Nr. 1 BGB.

308 Ist der Vermächtnisgegenstand ein Anteil einer OHG oder KG kann die Abtretung durch **Gesellschaftsvertrag** entsprechend eingeschränkt sein (§ 399 BGB). Steht der Gesellschaftsvertrag einer Beteiligung des Vermächtnisnehmers entgegen und stimmen die Gesellschafter nicht zu, stehen diesem ersatzweise dann die übertragbaren Rechte auf Gewinnausschüttung und Auseinandersetzungsguthaben zu.[270]

309 **Erfüllungsort** für das Vermächtnis ist gemäß § 2069 Abs. 1 BGB der **Wohnort des Beschwerten**, es sei denn, dass sich aus der Anordnung und aus der Art des Schuldverhältnisses etwas anderes ergibt.

310 Die **Kosten** für die Erfüllung des Vermächtnisses fallen dem Beschwerten zur Last. Dies gilt insbesondere für die Kosten der Beurkundung und der Grundstücksüberschreibung.[271] Die **Klage auf Erfüllung** ist in jedem Falle beim Gericht der Erbschaft nach § 27 ZPO zu erheben und richtet sich im Zweifel gegen den Erben, vor der Annahme gegen den Nachlasspfleger oder Testamentsvollstrecker oder Insolvenzverwalter (§§ 2147, 1958, 2213 BGB, § 327 Abs. 1 S. 2 InsO).

311 Im **Insolvenzverfahren** ist die Vermächtnisschuld eine Nachlassverbindlichkeit, die allerdings erst nach Abzug der Schulden des Erblassers befriedigt werden kann (§ 327 Abs. 1 Nr. 2 InsO).

312 Die **Rangfolge des Vermächtnisses** ergibt sich aus § 327 Abs. 1 InsO. Vorrangig sind die Nachlassverbindlichkeiten nach §§ 1972, 2060, 1992, 2306, 2318, 2322, 2323 BGB. Die Rangfolge im Zusammenhang mit der Erfüllung und auch im Insolvenzverfahren kann der Erblasser allerdings anderweitig bestimmen (§ 2189 BGB).

313 Nachdem sich das BGB gegen das Vindikationslegat entschieden hat, ist der **Schutz des Vermächtnisnehmers** nur sehr schwach ausgestaltet. Der Vermächtnisnehmer geht den sonstigen Nachlassgläubigern nach § 226 Abs. 2 Nr. 5 InsO vor. Aber auch ohne dass das Vermächtnis möglicherweise durch Nachlassgläubiger verbraucht wird, kann der Beschwerte den Vermächtnisgegenstand an einen **Gutgläubigen** nach § 892 BGB veräußern. In diesem Falle wäre der Vermächtnisnehmer auf einen Anspruch aus § 816 Abs. 1 S. 1 BGB und im Falle des **Verschuldens** auf **Schadenersatz** nach §§ 280, 823 Abs. 1 BGB, eventuell auch aus § 887 Abs. 2, § 678 BGB verwiesen.[272]

314 **Vor dem Erbfall** besteht kein besonderes Sicherungsrecht. Nach dem Erbfall muss der Vermächtnisnehmer seinen Anspruch durch **Arrest, einstweilige Verfügung, Nachlassverwaltung** (§ 1981 BGB), bei Grundstücken durch **Vormerkungen** (§§ 883, 885 Abs. 1 S. 2 BGB) absichern. Wegen eines **außergerichtlichen Aufforderungsschreibens** wird auf das Muster in § 57 Rdnr. 9 f. verwiesen.

315 Erfährt der Vermächtnisnehmer von der Absicht des Erben, den Vermächtnisgegenstand zu veräußern, ohne dass die Veräußerung zur Befriedigung von Nachlassgläubigern geboten ist, kann der Vermächtnisnehmer eine **einstweilige Verfügung** erwirken, durch die dem Erben ein **gerichtliches Verfügungsverbot** (§ 938 Abs. 2 ZPO, § 136 BGB) oder die Eintragung einer Vormerkung auferlegt wird. Wegen des **Musters** einer einstweiligen Verfügung und eines Arrestgesuches wird auf § 57 Rdnr. 12 verwiesen.

316 Besteht die Gefahr, dass ein Gläubiger des Erben in den Vermächtnisgegenstand vollstreckt, bevor das Vermächtnis erfüllt ist, kann der Vermächtnisnehmer nach geltendem Recht die Zwangsvollstreckung in den Vermächtnisgegenstand nicht verhindern, da **schuldrechtliche Verschaffungsansprüche** keine die Veräußerung hinderndes Recht im Sinne des **§ 771 ZPO** sind.

---

[269] BayObLG ZErb 2004, 291.
[270] Vgl. vorstehend Rdnr. 27–56.
[271] BGH Urt. v. 20.3.1963 – V ZR 89/62 – NJW 1963, 1602.
[272] Staudinger/*Otte* § 2179 Rdnr. 2 ff.

Gleichfalls begründet das Insolvenzverfahren des Erben **kein Aussonderungsrecht** nach § 43 InsO. Der Vermächtnisnehmer kann jedoch **Nachlassverwaltung** beantragen mit der Folge (§ 1981 Abs. 2 BGB), dass der Nachlassverwalter dann die Aufhebung bisher durchgeführter Vollstreckungsmaßnahmen verlangen kann (§ 784 Abs. 2 ZPO). 317

Strittig ist die Frage, ob eine in einem **Erbvertrag** zusätzlich übernommene **schuldrechtliche Verpflichtung, zu Lebzeiten nicht über einen Vermächtnisgegenstand zu verfügen**, deren Zulässigkeit vom BGH anerkannt wird, durch **Vormerkung** gesichert werden kann. Sie wird von der herrschenden Meinung bejaht.[273] Ein schuldrechtlicher Vertrag, durch den sich der Erblasser gegenüber dem Vermächtnisnehmer verpflichtet, über das vermachte Grundstück auch unter Lebenden nicht zu verfügen, bedarf jedenfalls nicht der Form des § 313 b BGB.[274] 318

Auskunftsansprüche des Vermächtnisnehmers gegenüber dem Beschwerten bestehen grundsätzlich nicht, es sei denn, dass diese sich aus § 242 BGB oder aus § 2314 BGB ergeben, weil der Vermächtnisnehmer zugleich Pflichtteilsberechtigter ist. In jedem Falle erstreckt sich der Auskunftsanspruch **nur auf die für die Erfüllung des Vermächtnisses notwendigen Angaben**.[275] Auch eine **Pflicht zur Rechnungslegung** oder Vorzeigung kann nur aus § 242 BGB abgeleitet werden.[276] 319

Die gemäß **§ 3 Abs. 1 Nr. 1 ErbStG** vom Erwerb auf Grund eines Vermächtnisses zu entrichtende Erbschaftsteuer schuldet gemäß § 20 Abs. 1 ErbStG der **Vermächtnisnehmer**. Die bisher bestandene Gesamtschuldnerhaftung des Nachlasses und jedes Erben in Höhe des Wertes der aus der Erbschaft Empfangenen ist durch den Gesetzgeber aufgehoben worden. 320

Als Grundsatz ist jedenfalls festzuhalten: Der **Erfüllungs- und Übertragungsakt** richtet sich nach den Regeln des allgemeinen Sachenrechts, insbesondere was Art, Inhalt, Form und eventuelle Genehmigungsbedürftigkeit der Vermögensverfügung betrifft. Wegen entsprechender **Muster** wird auf § 57 dieses Buches verwiesen.[277] Wegen eventueller Gewährleistungsrechte wegen Sach- und Rechtsmängel wird auf die Darstellung zu den einzelnen Vermächtnisarten verwiesen. 321

d) Die Testamentsvollstreckung zwecks Erfüllung des Vermächtnisses. Dass auch die **Erfüllung der Vermächtnisse** zum Aufgabenkreis des Testamentsvollstreckers gehört, bedarf keiner besonderen Ausführung.[278] Hauptaufgabe eines Testamentsvollstreckers ist es, testamentarische Anordnungen, insbesondere auch Vermächtnisanordnungen, zu erfüllen (§ 2216 Abs. 2 BGB sowie § 2203 BGB). 322

Aufgrund der **Verpflichtungs- und Verfügungsbefugnis** des Testamentsvollstreckers nach § 2205 S. 2 BGB ist sichergestellt, dass der Testamentsvollstrecker die **Vermächtnisse im Namen des Erblassers erfüllen** kann. Auch der Testamentsvollstrecker bedarf jedoch der besonderen, für den Vermächtnisgegenstand erforderlichen sachenrechtlichen Übertragungsakte. Seine Rechtsposition leitet er aus dem **Testament** ab. Dritte sind durch das auf ihn ausgestellte **Testamentsvollstreckerzeugnis** geschützt (§ 2368 BGB).[279] 323

Zur Vereinfachung der Erfüllung des Vermächtnisses ist es deshalb sinnvoll, **zusätzlich einen möglicherweise nach § 2151, 2152 BGB benannten Bestimmungsberechtigten** auch zum Testamentsvollstrecker zu bestellen. 324

Wenn der Vermächtnisnehmer selbst mit einem Untervermächtnis oder mit sonstigen Beschränkungen und Beschwerungen belastet ist, bietet sich hier die **Vermächtnisvollstreckung nach § 2223 BGB** an.[280]

---

[273] Palandt/*Bassenge* § 883 Rdnr. 9; Palandt/*Edenhofer* § 2174 Rdnr. 8.
[274] *Bühler* BWNotZ 1967, 174 ff; BayObLG München Urt. v. 22.12.1980 – 2 Z 62/80 – Rechtspfleger 1981, 190; Palandt/*Edenhofer* § 2179 Rdnr. 1; BGH Urt. v. 20.3.1963 – V ZR 89/62 – NJW 1963, 1602.
[275] LG Köln Urt. v. 25.4.1989 – 22 O 331/88 – NJW-RR 1990, 13, 14.
[276] Palandt/*Edenhofer* § 2174 Rdnr. 4 und 5.
[277] Vgl. auch Muster in *Schlitt*, Münchener Prozessformularbuch I O. 1 ff.
[278] Palandt/*Edenhofer* § 2203 Rdnr. 2 und 3; MünchKommBGB/*Frank* § 2203 Rdnr. 1.
[279] Palandt/*Edenhofer* § 2203 Rdnr. 1.
[280] Zur Abgrenzung OLG Karlsruhe Beschl. v. 19.8.1999 – 14 Wx 44/99 – ZEV 1999, 438.

3. Wegfall des Vermächtnisnehmers

325 **a) Annahme von Ausschlagung durch Vermächtnisnehmer.** Für die Annahme des Vermächtnisses als auch für die Ausschlagung gibt es grundsätzlich keine gesetzliche Fristen.

Die **Annahme** sowie die **Ausschlagung** des Vermächtnisses erfolgt gemäß § 2180 Abs. 2 BGB durch **Erklärung gegenüber dem Beschwerten**. Die Erklärung kann erst nach Eintritt des Erbfalles abgegeben werden; sie ist unwirksam, wenn sie unter einer **Bedingung** oder **Zeitbestimmung** abgegeben wird. Auf die Annahme und Ausschlagung einer Erbschaft werden lediglich die §§ 1950, 1952 Abs. 1 und 3, § 1953 Abs. 1 und 2 BGB entsprechend angewendet.[281] Auf der anderen Seite will selbstverständlich der Beschwerte wissen, ob der Vermächtnisnehmer das Vermächtnis annimmt oder nicht.

326 Aus Rechtssicherheitsgründen hat der mit einem Vermächtnis Beschwerte jedenfalls die Möglichkeit, den **pflichtteilsberechtigten** Vermächtnisnehmer aufzufordern, sich innerhalb **einer angemessenen Frist über die Annahme des Vermächtnisses** zu erklären. Wenn er innerhalb der Frist die Annahme des Vermächtnisses nicht erklärt, **gilt** das Vermächtnis von Seiten des Vermächtnisnehmers als **ausgeschlagen,** wenn nicht vorher die Annahme erklärt wird (§ 2307 Abs. 2 BGB).

327 Nach dessen Wortlaut gilt § 2307 Abs. 2 BGB nur für den mit einem **Vermächtnis beschwerten Erben,** nicht aber für den mit einem **Vermächtnis beschwerten Vermächtnisnehmer.** Gleichfalls gilt § 2307 Abs. 2 BGB nur gegenüber dem **pflichtteilsberechtigten** Vermächtnisnehmer, nicht gegenüber dem bedachten Vermächtnisnehmer generell. Begründet wird dies überwiegend damit, dass nur derjenige, der den Pflichtteil des Vermächtnisnehmers zu tragen hat, ein Bedürfnis auf Rechtssicherheit habe, ob er den Pflichtteil oder das Vermächtnis erfüllen soll. Aber auch in den Fällen, in denen der Vermächtnisnehmer nicht zugleich auch Pflichtteilsberechtigter ist, hat der mit dem Vermächtnis Beschwerte, gleichgültig ob Erbe oder Vermächtnisnehmer, ein **Interesse an der Rechtssicherheit,** ob er das Vermächtnis erfüllen muss oder nicht. Auch wenn das Gesetz hier keine Ausschlagungsfristen vorsieht, sollte deshalb § 2307 Abs. 2 BGB auch auf diese Fälle **analog** angewandt werden. Der Erblasser könnte aber auch zur Herstellung der Rechtssicherheit für den Beschwerten das Vermächtnis bereits in der letztwilligen Verfügung auflösend bedingt für den Fall ausgestalten, wenn der Vermächtnisnehmer das Vermächtnis binnen einer von dem Erblasser frei zu bestimmenden Frist nicht ausschlägt oder nicht förmlich annimmt und die Erfüllung verlangt.

328 Muster eines Aufforderungsschreibens zur Abgabe einer
Erklärung über Annahme oder Ausschlagung eines Vermächtnisses

Herr Felix ...
(Datum)

Betrifft.: Fristsetzung nach § 2307 Abs. 2 BGB wegen Annahme oder Ausschlagung des Vermächtnisses

Sehr geehrter Herr Felix,

in vorbezeichneter Angelegenheit teile ich Ihnen laut anliegender Vollmacht mit, dass mich der Alleinerbe des am 1.2.1997 verstorbenen Erblassers ... mit der Wahrnehmung seiner Interessen beauftragt hat.

Dieser ist auf Grund des Testaments vom 1.1.2000, eröffnet am ..., mit einem Vermächtnis zu Ihren Gunsten belastet, wonach er verpflichtet ist, Ihnen das Alleineigentum an dem Pkw Mercedes-Benz des Erblassers mit dem amtlichen Kennzeichen ... zu übertragen.

Ich fordere Sie nunmehr auf, innerhalb einer Frist von drei Monaten, also bis zum ... verbindlich zu erklären, ob das vom Erblasser angeordnete Vermächtnis von Ihnen angenommen oder ausgeschlagen wird.

---

[281] Palandt/*Edenhofer* § 2307 Rdnr. 1, § 2180 Rdnr. 1; MünchKommBGB/*Brandner* § 2307 Rdnr. 1 und § 2180 Rdnr. 1.

> Sollte innerhalb der Frist keine Erklärung über die Annahme des Vermächtnisses bei mir eingehen, gehe ich davon aus, dass insoweit das Vermächtnis als ausgeschlagen gilt.
> Mit freundlichen Grüßen
>
> Rechtsanwalt

Diese nach § 2307 BGB zu setzende Frist muss **angemessen** sein; es ist davon auszugehen, dass hier eine längere Überlegungszeit für den Vermächtnisnehmer notwendig ist, insbesondere bedarf er aller Erkenntnisse, die für die Entscheidung wichtig sind, ob er das Vermächtnis annimmt oder ausschlägt. Dies setzt voraus, dass der Vermächtnisnehmer zunächst wissen muss, dass es überhaupt zu dem **Erbfall** gekommen ist, dass er **Kenntnis von der zu seinen Gunsten getroffenen testamentarischen Verfügungen** haben muss, dass er **Kenntnis** darüber haben muss, ob sein Vermächtnis **beschränkt** oder **beschwert** ist und wie sich die **Beschränkungen und Beschwerungen** des Vermächtnisses auf dessen wirtschaftlichen Wert auswirken.[282] Erst nachdem der Vermächtnisnehmer von den vorstehenden Entscheidungsgrundlagen Kenntnis erhalten hat, darf man ihm eine angemessene Frist setzen, die – ähnlich wie in dem vorstehenden Muster – **sechs Wochen** nicht unterschreiten sollte. 329

Die Fiktionswirkung des § 2307 BGB darf sicher auch dann nicht eintreten, wenn die **Fristsetzung rechtsmissbräuchlich** durchgeführt wird und der Vermächtnisnehmer keine Möglichkeit hat, die Sach- und Rechtslage hinreichend auf Grund der Tatsachen und Rechtslage zu überprüfen. Dem Vermächtnisnehmer ist auch eine **Fristverlängerung** einzugestehen, wenn er die für seine Entscheidung erforderlichen Kenntnisse noch nicht hat oder hier möglicherweise über **§ 242 BGB** erst Auskunftsansprüche gegenüber dem Beschwerten geltend machen muss. 330

Die Annahme des Vermächtnisses sowie die Ausschlagungserklärung unterliegen gleichfalls, wie jede Willenserklärung, dem **Anfechtungsrecht** (§§ 119, 123 BGB; sowie analog § 1954 BGB). 331

Sind **mehrere Miterben** mit demselben Vermächtnis beschwert, können sie das Fristsetzungsrecht nur **gemeinsam** ausüben.[283] 332

Wie vorstehend erwähnt, ist die Möglichkeit der **Fristsetzung** nach dem Wortlaut des § 2307 Abs. 2 BGB **nur dem beschwerten Erben** zugebilligt worden. Wenn der **Vermächtnisnehmer** selbst mit einem **Nach- oder Untervermächtnis** beschwert ist, gibt es keine entsprechende Bestimmung, die hier Rechtssicherheit schafft. Obwohl diese Frage in der Literatur wenig oder gar nicht kommentiert ist, sollten die Bestimmungen des § 2307 Abs. 2 BGB **analog** auf den **beschwerten Vermächtnisnehmer** und auch **gegenüber dem nicht pflichtteilsberechtigten Vermächtnisnehmer** Anwendung finden. 333

Auch der beschwerte Vermächtnisnehmer hat Anspruch auf Rechtssicherheit, ob er das Unter- oder Nachvermächtnis erfüllen muss oder nicht. Das **Recht zur Fristsetzung** sollte allerdings auch hier dem Vermächtnisnehmer erst **mit dem Anfall des Nach- oder Untervermächtnisses** zugebilligt werden. 334

Wenn der Vermächtnisnehmer selbst Pflichtteilsberechtigter ist, sollte er trotz des an sich unbefristeten Ausschlagungsrechtes gleichfalls die **Verjährung seines Pflichtteilsanspruches** gemäß § 2332 BGB nicht vergessen, wonach Pflichtteilsansprüche innerhalb von **drei Jahren** ab dem Zeitpunkt des Eintritts des Erbfalles und der ihn beeinträchtigenden Verfügung verjähren. 335

Da die **Geltendmachung des Pflichtteilsanspruches** mit Ausnahme der Falllage des § 2306 Abs. 1 S. 1 BGB die Ausschlagung der Zuwendung nach § 2306 Abs. 1 S. 2 BGB oder nach § 2307 BGB voraussetzt, beginnt die Verjährung frühestens mit der Kenntniserlangung der testamentarischen Verfügung (§ 2332 Abs. 3 BGB). 336

Ein Vermächtnisnehmer muss deshalb in der Falllage des § 2307 BGB **innerhalb von drei Jahren** überlegen, wenn ihm nicht vorher eine Frist nach § 2307 Abs. 2 BGB gesetzt worden ist, ob er das Vermächtnis ausschlägt oder annimmt. Dies gilt erst recht, wenn der Pflicht- 337

---

[282] Palandt/*Edenhofer* § 2307 Rdnr. 1.
[283] OLG München Urt. v. 9.2.1987 – 17 U 4133/86 – FamRZ 1987, 752; Palandt/ *Edenhofer* § 2307 Rdnr. 6.

teilsberechtigte nur durch die Ausschlagung des Vermächtnisses, wie im Regelfall, die vollen Pflichtteilsansprüche oder Pflichtteilsergänzungsansprüche realisieren kann.

338 Nach § 2307 Abs. 1 S. 2 BGB steht dem Pflichtteilsberechtigten, der mit einem Vermächtnis bedacht ist und dieses nicht ausschlägt, **ein Recht auf den Pflichtteil nicht zu, soweit der Wert des Vermächtnisses reicht.** Bei der Ermittlung des hinterlassenden Wertes wird nur das Vermächtnis **ohne Beschränkungen und Beschwerungen** des Vermächtnisses ermittelt.[284]

339 Der Erbe muss also sofort entscheiden, ob er den Pflichtteil geltend machen will oder unter Annahme des Vermächtnisses nebst Beschränkungen und Beschwerungen allenfalls den Wertunterschied zwischen Vermächtnis und Pflichtteil verlangt. Um den vollen Pflichtteilsanspruch begehren zu können, ging die bisher herrschende Meinung davon aus, dass auch ein Vermächtnisnehmer, der lediglich ein **aufschiebend bedingtes oder aufschiebend befristetes Vermächtnis** erhalten hat, sich innerhalb des Verjährungszeitraumes des Pflichtteils entscheiden muss, ob er das Vermächtnis annimmt oder ausschlägt.

340 Der BGH hat zur Ausschlagungsproblematik beim aufschiebend bedingten und befristeten Vermächtnis entschieden, dass dieses, hier insbesondere ein aufschiebend bedingtes Nachvermächtnis, **nach Eintritt des Erbfalls** und **vor Eintritt des Nachvermächtnisfalles** ausgeschlagen werden kann. Die Ausschlagungserklärung ist – anders als die Erbausschlagung (§ 1945 BGB) – **nicht formbedingt** und kann auch **durch schlüssiges Verhalten zum Ausdruck kommen.**[285] Der Vermächtnisnehmer kann das Vermächtnis jedenfalls dann **nicht mehr ausschlagen,** wenn er es **angenommen** hat (§ 2180 Abs. 2 BGB).

341 Während die herrschende Meinung dem **aufschiebend bedingten Nacherben** gemäß § 2306 Abs. 2 BGB nicht die Verpflichtung auferlegt, mit dem Erbfall die aufschiebende Nacherbschaft auszuschlagen und ihm das Recht zubilligt, ihn zunächst als Enterbten anzusehen mit der Folge, dass er für den Fall des Eintrittes des Nacherbfalles dann den erhaltenen Pflichtteil auf seine Nacherbschaft anrechnen lassen muss, soll sich der **aufschiebend bedingte Vermächtnisnehmer** jedoch **sofort entscheiden,** ob er das aufschiebend bedingte Vermächtnis annimmt oder ausschlägt. Schlägt er nicht aus, wird diese aufschiebende Bedingung als Belastung des Vermächtnisanspruches angesehen, so dass der Vermächtnisnehmer hier lediglich den Zusatzpflichtteil geltend machen kann. Dieser Lösungsansatz der herrschenden Meinung ist allerdings mehr als unbillig, weil das Vermächtnis ohne Rücksicht auf den ungewissen Eintritt der Bedingung mit seinem vollen Wert angerechnet wird. Diese **Ungleichbehandlung** sollte allerdings dahin gehend korrigiert werden, dass dem aufschiebend bedingten Vermächtnisnehmer die gleichen Rechte zugebilligt werden wie dem aufschiebend bedingten Nacherben. Dieser ist zweckmäßigerweise so zu behandeln, als hätte er zunächst noch kein Vermächtnis erhalten, so dass der Pflichtteil zunächst aus dem gesamten Nachlass zu errechnen ist.[286] Dies rechtfertigt sich insbesondere deshalb, weil die **Rechtsstellung des aufschiebend bedingten Vermächtnisnehmers** im Vergleich zu dem aufschiebend bedingten Nacherben noch **wesentlich schwächer** ausgestaltet ist.[287] Für den unter einer aufschiebenden Bedingung eingesetzten Vermächtnisnehmer besteht erst Recht **die Gefahr, dass der Vermächtnisgegenstand im Zeitpunkt des Eintritts der Bedingung** nicht mehr im Nachlass vorhanden ist. Diese unsichere Rechtsposition rechtfertigt es, den aufschiebend bedingten Vermächtnisnehmer mit dem aufschiebend bedingten Nacherben gleichzustellen. Auch dieser müsste nach dem Wortlaut des § 2306 II BGB das Erbe zwingend ausschlagen; dennoch betrachtet man diesen als **zunächst Enterbten.** Auch wenn § 2307 BGB den Fall des aufschiebend bedingten Vermächtnisnehmers nicht besonders regelt, handelt es sich hier um eine **gesetzliche Lücke,** die auch durch teleologische Auslegung oder Analogie geschlossen werden kann. Mit der hier favorisierten Lösung gibt man einerseits dem **Erblasserwillen eine Chance,** andererseits wird dem Interesse des pflichtteilsberechtigten Vermächtnisnehmer Rechnung getragen.

---

[284] *Lange/Kuchinke* § 39; Palandt/*Edenhofer* § 2307 Rdnr. 3.
[285] BGH Urt. v. 18.10.2000 – IV ZR 99/99 – ZEV 2001, 20.
[286] *Schlitt* NJW 1992, 28.
[287] Vgl. vorstehend zu Nachvermächtnis Rdnr. 195 ff.

Für den Fall, dass das Vermächtnis oder Nachvermächtnis **später** dennoch anfällt, muss sich der Pflichtteilsberechtigte den schon erhaltenen Pflichtteil **anrechnen lassen**.[288] Dies gilt insbesondere dann, wenn sich die **Ansprüche auf den Pflichtteil** und auf das **Vermächtnis gegen dieselbe Person** richten. Ist der Erbe als **Schuldner des Pflichtteils nicht identisch mit dem Schuldner des Nachvermächtnisses**, kann dieser die Leistung des Nachvermächtnisses nicht mit der Begründung verweigern, der Nachvermächtnisnehmer müsse sich den vollen Pflichtteil auf das Nachvermächtnis anrechnen lassen. Die Entscheidung, ob der Erbe seinen möglicherweise bestehenden **Bereicherungsanspruch** gegen den Pflichtteilsberechtigten wegen aus zu Unrecht gezahlten Pflichtteilsbeträgen geltend macht, ist allein Sache des Schuldners dieses Anspruches.[289]

b) **Sonstige Gründe des Wegfalls.** Der Wegfall eines Vermächtnisnehmers kann neben der Ausschlagung durch **Vorversterben** sowie durch **Erbverzicht**, durch **Erbunwürdigkeitserklärung**, **Nichterleben einer aufschiebenden Bedingung**, **Anfechtung** oder die **Nichterteilung der staatlichen Genehmigung** erfolgen. Insoweit wird auf die Ausführungen zum Ersatzvermächtnis verwiesen. Der Ersatzvermächtnisnehmer muss den Erbfall erleben, keinesfalls aber den Wegfall des zunächst bedachten Vermächtnisnehmers (§§ 2160, 2178 BGB). Handelt es sich bei dem Vermächtnisnehmer um einen **Abkömmling des Erblassers**, findet hier § 2069 BGB direkt Anwendung, so dass auch ohne entsprechende ausdrückliche Anordnung im Testament dessen Abkömmlinge insoweit bedacht sind, als sie bei der gesetzlichen Erbfolge an dessen Stelle treten würden.[290]

Beim **gemeinschaftlichen Vermächtnis** stellt sich die Frage, was bei dem Vorversterben oder dem sonstigen Wegfall eines Vermächtnisnehmers geschehen soll. Wenn keine **Abkömmlinge** vorhanden sind, die gemäß § 2069 BGB als Ersatzvermächtnisnehmer in Frage kommen, und wenn keine Ersatzvermächtnisnehmer benannt werden, die dann in die Vermächtnisposition des ursprünglichen Vermächtnisnehmers eintreten, tritt insoweit nach § 2158 BGB **Anwachsung** zugunsten der anderen gemeinschaftlichen Vermächtnisnehmer ein. Die Anwachsung kann gemäß § 2158 Abs. 2 BGB ausgeschlossen werden. Gleichfalls geht der Anwachsung immer die Anordnung eines Ersatzvermächtnisnehmers vor.[291]

In Ansehung der möglicherweise auf dem Vermächtnis ruhenden weiteren Vermächtnisse und Auflagen gilt der angewachsene Vermächtnisanteil als besonderes Vermächtnis mit der Folge, dass hier ähnlich wie bei der gesetzlichen Erbfolge gemäß § 1935 BGB und bei der Anwachsung nach § 2094 BGB die Belastung im Innenverhältnis so verteilt wird, als handele es sich um selbständige Zuwendungen. Wenn hingegen der **Beschwerte selbst wegfällt**, bleibt das Vermächtnis nach der Wertung des § 2161 BGB voll wirksam.

IV. Der Vermächtnisnehmer im Schutze des Pflichtteilsrechts

1. Das Vermächtnis als Beschwerung des pflichtteilsberechtigten Erben oder Vermächtnisnehmer

Wie vorstehend im Rahmen der Fristsetzung des § 2307 Abs. 2 BGB bereits erwähnt, kann ein mit Beschränkungen und Beschwerungen belasteter **Vermächtnisnehmer zugleich Pflichtteilsberechtigter** sein.

Wenn der pflichtteilsberechtigte **Erbe** mit Beschränkungen und Beschwerungen belastet ist, hat das Gesetz hier gemäß § 2306 BGB dem Erben unterschiedliche Verhaltensmodalitäten in die Hand gegeben, wie er seinen Pflichtteilsanspruch realisiert. In diesem Zusammenhang sei insbesondere auf **§ 2306 Abs. 1. S. 1 BGB** verwiesen, wonach die **Anordnung eines Vermächtnisses** dann **unwirksam** sein kann, wenn der mit dem Vermächtnis beschwerte pflichtteilsberechtigte Erbe quotenmäßig weniger oder nur einen Erbteil erhält, der seiner Pflichtteilsquote entspricht. In diesem Fall darf der pflichtteilsberechtigte Erbe seinen **Erbteil nicht ausschlagen**,

---

[288] MünchKommBGB/*Frank* § 2307 Rdnr. 6; *Schlitt* NJW 1992, 28; Palandt/*Edenhofer* § 2307 Rdnr. 3; *Strecker* ZEV 1996, 327.
[289] BGH Urt. v. 18.10.2000 – IV ZR 99/99 – ZEV 2001, 20.
[290] Palandt/*Edenhofer* § 2069 Rdnr. 2; Palandt/*Edenhofer* § 2160 Rdnr. 2.
[291] Staudinger/*Otte* § 2158 BGB Rdnr. 5, 6.

sondern kann hier allenfalls den Ergänzungspflichtteil nach § 2305 BGB verlangen. Das **Vermächtnis** gilt diesem jedenfalls gegenüber als **nicht angeordnet**.[292]

Der Erblasser muss deshalb bei der Errichtung seiner letztwilligen Verfügung exakt eruieren, wie hoch die dem Miterben oder Vermächtnisnehmer zugewiesene Erbteilsquote ist. Ist der **Erbteil** geringer als die **Pflichtteilsquote**, sind Vermächtnisanordnungen und sonstige Belastungen und Beschwerungen per se unwirksam mit der Folge, dass allerdings die sonstigen letztwilligen Verfügungen gemäß § 2085 BGB im Zweifel aufrechterhalten bleiben.

347 Für den Vermächtnisnehmer besteht in der Falllage des § 2306 Abs. 1 S. 1 BGB die Gefahr, dass dieser auf die Wirksamkeit des Vermächtnisses vertraut, obwohl dieses kraft Gesetzes nach § 2306 Abs. 1 S. 1 BGB unwirksam ist. Diese schwierige Rechtsfrage kann der Vermächtnisnehmer nur selbst – bei der zivilrechtlichen Durchsetzung seines Anspruches – im Klageverfahren klären, da das **Bestehen** oder **Nichtbestehen von Vermächtnissen im Erbscheinsverfahren nicht überprüft wird**. Wenn der Vermächtnisnehmer jedenfalls zugleich Pflichtteilsberechtigter ist, hätte er infolge der **Unwirksamkeit seines Vermächtnisses** nach § 2306 Abs. 1 S. 1 BGB seinen **vollen Pflichtteilsanspruch** (§ 2303 BGB).[293]

348 Wenn das Vermächtnis dagegen wirksam ist, befindet sich der pflichtteilsberechtigte Erbe in der Falllage des § 2307 BGB. Selbst wenn sein Vermächtnisanspruch mit **Beschränkungen und Beschwerungen** belastet ist, kann er in jedem Falle das Vermächtnis **ausschlagen** und dadurch seinen **vollen Pflichtteilsanspruch** realisieren. Hierin liegt ein wesentlicher Unterschied zu dem mit Beschränkungen und Beschwerungen belasteten pflichtteilsberechtigten Erben, der zunächst überlegen muss, in welcher Falllage, der des § 2306 Abs. 1 S. 1 BGB oder des § 2306 Abs. 1 S. 2 BGB, er sich befindet.[294]

349 Nimmt der **Vermächtnisnehmer das mit Beschränkungen und Beschwerungen** belastete Vermächtnis an, hat er lediglich Anspruch auf den **Zusatzpflichtteil** nach §§ 2305, 2307 BGB, wobei bei der Ermittlung der Differenz zwischen dem Vermächtniswert und dem Zusatzpflichtteil die **Beschränkungen und Beschwerungen** als solches **nicht von dem Wert** des Hinterlassenen **abgezogen** werden.[295] Hierzu hat der BGH entschieden, dass sich ein Pflichtteilsberechtigter **ein Nachvermächtnis** dann nicht auf den Pflichtteil anrechnen lassen muss, wenn er dieses vor Eintritt des Nachvermächtnisfalles ausgeschlagen hat.[296]

2. Die Zuwendung von Vermächtnis und Erbteil an den Pflichtteilsberechtigten

350 Für den Pflichtteilsberechtigten, der **isoliert** betrachtet entweder Erbe oder Vermächtnisnehmer geworden ist und zugleich mit **Beschränkungen** und **Beschwerungen** des Erblassers[297] belastet ist, normieren die Bestimmungen der §§ 2305, 2306, 2307 BGB eindeutige Vorgaben, **wie sich der mit den belastenden Anordnungen des Erblassers beschwerte Pflichtteilsberechtigte verhalten muss, um seinen Pflichtteil in voller Höhe zu realisieren**. Bei genauer Subsumtion der Einzelfälle unter diesen Normen ergeben sich hier meist keine besonderen Schwierigkeiten. Ist dem Pflichtteilsberechtigten dagegen **neben dem Vermächtnis zusätzlich ein Erbteil zugewandt**, gestaltet sich die Rechtslage für den Pflichtteilsberechtigten jedoch schwieriger. Hier besteht die Notwendigkeit einer **Koordination der §§ 2305, 2306, 2307 BGB** zueinander.

351 Zunächst ist darauf hinzuweisen, dass der Pflichtteilsberechtigte sowohl das Vermächtnis als auch den Erbteil isoliert ausschlagen kann. **Beschränkungen und Beschwerungen** sind im Rahmen des § 2307 BGB jedenfalls für das Recht zur Ausschlagung des Vermächtnisses ohne Bedeutung, denn auch die **Ausschlagung eines belasteten Vermächtnisses** berechtigt gemäß § 2307 BGB in jedem Fall zur **Geltendmachung des vollen Pflichtteils**.

352 **Anders** verhält es sich bei einem **belasteten Erbteil**. Hier ist gemäß § 2306 Abs. 1 S. 1 BGB stets darauf zu achten, ob der hinterlassene Erbteil[298] die Pflichtteilsgrenze erreicht oder diese übersteigt. Denn im ersten Fall kommt ein Wegfall der Beschränkungen gemäß § 2306 Abs. 1

---

[292] Palandt/*Edenhofer* § 2306 Rdnr. 1; MünchKommBGB/*Frank* § 2306 Rdnr. 1.
[293] Zum Pflichtteilsrecht der Erben wird auf § 36 verwiesen.
[294] Zum Pflichtteilsrecht der Erben wird auf § 36 verwiesen.
[295] Palandt/*Edenhofer* § 2307 Rdnr. 2 und 3.
[296] BGH Urt. v. 18.10.2000 – IV ZR 99/99 – ZEV 2001, 20.
[297] Zu den Einzelfällen vgl. Übersicht bei Palandt/*Edenhofer* BGB § 2306 Rdnr. 6 bis 8; *Schlitt* ZEV 1998, 216.
[298] Ungeachtet der Quoten- oder Werttheorie vgl. hierzu Palandt/*Edenhofer* § 2306 Rdnr. 3 m.w.N.; *Schlitt* ZEV 1998, 216; MünchKommBGB/*Frank* § 2306 Rdnr. 1.

S. 1 BGB in Betracht, der dazu führt, dass eine Ausschlagung dieses unbelasteten Erbteils keinen Pflichtteilsanspruch begründet und nur der Pflichtteilsrestanspruch nach § 2305 BGB geltend gemacht werden kann. In der weiteren Falllage des § 2306 Abs. 1 S. 2 BGB muss dagegen der belastete Erbteil ausgeschlagen werden, um den Pflichtteil in voller Höhe zu realisieren.

Bei der letztwilligen **Zuwendung eines Erbteils** und **eines Vermächtnisses** sind deshalb verschiedene Fallkonstellationen denkbar, die in der folgenden Übersicht über die unterschiedlichen Fallgestaltungen behandelt werden.

a) **Annahme von Erbteil und Vermächtnis.** Nimmt der Pflichtteilsberechtigte sowohl den **353** **belasteten Erbteil** als auch das **Vermächtnis** an, werden diese beiden Größen ohne Berücksichtigung der darauf ruhenden Belastungen **wertmäßig zusammengerechnet.** Anhand dieses Gesamterwerbs wird untersucht, in welcher Falllage des § 2306 BGB sich der Erbe und Pflichtteilsberechtigte befindet.

Bleibt dieser **Gesamterwerb hinter dem Pflichtteil** zurück oder erreicht er gerade den Pflicht- **354** teilswert, so fallen Beschränkungen und Beschwerungen, die auf den Erbteil lasten, ipso iure gemäß § 2306 Abs. 1 S. 1 BGB weg. Die **Belastungen**, die auf dem Vermächtnis ruhen, **bleiben dagegen bestehen,** da insofern der Wertentscheidung des § 2307 BGB Rechnung zu tragen ist, dass ein Wegfall von Belastungen grundsätzlich nicht normiert ist.[299] In dieser Falllage kann allenfalls noch der **Pflichtteilsrestanspruch** gemäß §§ 2305, 2307 BGB geltend gemacht werden.

Wenn der Erbteil zwar gerade den Pflichtteilswert erreicht und isoliert betrachtet die Falllage **355** des § 2306 Abs. 1. S. 1 BGB begründet wäre, durch Hinzurechnung des Vermächtnisses aber der Gesamterwerb über den Pflichtteilswert hinausgeht,[300] liegt die Falllage des § 2306 Abs. 1 S. 2 BGB vor. Ist dagegen der **Gesamterwerb größer als der Pflichtteil**, so kann deshalb durch die Annahme von **Vermächtnis** und **Erbteil** der volle Pflichtteilsanspruch realisiert werden.

b) **Annahme des Erbteils und Ausschlagung des Vermächtnisses.** Sind Erbteil und Vermächt- **356** nis **zusammen kleiner als der Pflichtteil,** führt die Ausschlagung des Vermächtnisses zur Realisierung des Pflichtteilsanspruchs gemäß § 2305 BGB. Beschränkungen und Beschwerungen des Erbteils fallen gemäß § 2306 Abs. 1 S. 1 BGB ipso iure weg.[301]

Ist der Erbteil isoliert betrachtet zwar kleiner oder gleich groß wie der Pflichtteil, der **Ge-** **357** **samterwerb jedoch größer** als dieser, liegt die Falllage des § 2306 Abs. 1 S. 2 BGB vor. Die Ausschlagung des Vermächtnisses führt jedoch dazu, dass das Schicksal des belasteten Erbteils nunmehr nach § 2306 Abs. 1 S. 1 BGB beurteilt wird.

Ohne die Berücksichtigung des Vermächtnisses ist der verbleibende erbrechtliche Erwerb **358** kleiner oder gleich hoch wie der Pflichtteil, so dass alle auf dem Erbteil ruhenden Beschränkungen und Beschwerungen wegfallen.[302] Der Pflichtteilsberechtigte kann den Pflichtteilsrestanspruch gemäß § 2305 BGB geltend machen.

Ist schon der **hinterlassene Erbteil größer als der Pflichtteil,** so bleibt es auch bei der Aus- **359** schlagung des Vermächtnisses bei der Falllage des § 2306 Abs. 1 S. 2 BGB. Um einen Pflichtteilsanspruch zu realisieren, müsste dieser, über dem Pflichtteil liegende Erbteil, ausgeschlagen werden. Durch die isolierte Ausschlagung des Vermächtnisses hat der Pflichtteilsberechtigte jedenfalls nichts gewonnen.[303]

c) **Ausschlagung des Erbteils und Annahme des Vermächtnisses.** Schlägt der Pflichtteilsbe- **360** rechtigte dagegen nur **seinen Erbteil** aus und nimmt **das Vermächtnis** an, könnte man umgekehrt annehmen, dass sich das Bestehen eines Pflichtteilsanspruchs nunmehr ausschließlich nach § 2307 BGB beurteilt, der dem Vermächtnisnehmer stets das Recht zur Ausschlagung des

---

[299] Palandt/*Edenhofer* § 2307 Rdnr. 4; Soergel/*Dieckmann* BGB § 2307 Rdnr. 6; RGRK/*Johannsen* § 2307 Rdnr. 12, 13; *Schlitt* ZEV 1998, 216; MünchKommBGB/*Frank* § 2307 Rdnr. 13 ff.; BGH Urt. v. 30.4.1981 – IV a ZR 128/80 – BGHZ 80, 263, 265.
[300] OLG Neustadt Beschl. v. 28.6.1957 – 3 W 56/57 – NJW 1957, 1523; Staudinger/*Ferid/Cieslar* § 2307 Rdnr. 9; RGRK/*Johannsen* § 2307 Rdnr. 8, 12, 13, § 2306 Rdnr. 17; OLG Düsseldorf Urt. v. 15.9.1995 – 7 U 282/92 – FamRZ 1996, 444.
[301] Staudinger/*Ferid/Cieslar* § 2307 Rdnr. 6; *Schlitt* ZEV 1998, 216.
[302] Staudinger/*Ferid/Cieslar* § 2307 Rdnr. 9, 10; BGH Urt. v. 30.4.1981 – IV a ZR 128/80 – NJW 1981, 837, 1838; Soergel/*Dieckmann* 2307 Rdnr. 6; *Strohal* § 49 I 3 Fn. 19; *Planck/Greiff* Erbrecht 2307 Anm. 6 b.
[303] Staudinger/*Ferid/Cieslar* § 2307 Rdnr. 8; MünchKommBGB/*Frank* § 2307 Rdnr. 13; OLG Düsseldorf Urt. v. 15.9.1995 – 7 U 282/92 – FamRZ 1996, 444.

Vermächtnisses gewährt und die Geltendmachung des vollen Pflichtteils ermöglicht oder aber bei Annahme eines Vermächtnisses jedenfalls einen Pflichtteilsrestanspruch gemäß §§ 2307, 2305 BGB begründet. Dieses Ergebnis würde jedoch nicht ausreichend berücksichtigen, dass der Pflichtteilsberechtigte einen gemäß **§ 2306 Abs. 1 S. 1 BGB unbelasteten Erbteil** ausgeschlagen hat und damit einen Pflichtteilsanspruch in dieser Höhe vereitelt haben könnte.

361 Die **wohl herrschende Meinung** bejaht für den Fall, dass Erbteil und Vermächtnis zusammen kleiner oder gleich groß wie der Pflichtteil sind, die Falllage des **§ 2306 Abs. 1 S. 1 BGB** mit der Folge, dass Beschränkungen und Beschwerungen des Erbteils weggefallen sind. Belastungen des Vermächtnisses bleiben dagegen bestehen, da § 2307 BGB einen Wegfall solcher Belastungen nicht vorsieht und die Ermittlung des Gesamterwerbs nicht zur Aufhebung des Grundsatzes des § 2307 BGB führen kann.[304]

362 Ist der Erbteil – isoliert betrachtet – zwar kleiner oder gleich groß wie der Pflichtteil, aber der **Gesamterwerb größer als der Pflichtteil**, befindet sich der Pflichtteilsberechtigte in der Falllage des **§ 2306 Abs. 1 S. 2 BGB** mit der Folge, dass alle Belastungen des Erbteils bestehen bleiben. Durch die Ausschlagung des Erbteils kann der Pflichtteilsberechtigte neben der Annahme des Vermächtnisses gemäß § 2307 Abs. 1 S. 2 BGB den Pflichtteilsanspruch realisieren, auch wenn der Erbteil isoliert betrachtet kleiner als der Pflichtteils ist. Durch die **Ermittlung des Gesamterwerbs** ist die Falllage des § 2306 Abs. 1 S. 2 BGB sozusagen festgeschrieben, eine Auflösung dieses Erwerbs in Einzelzuwendungen bei der Untersuchung eines Pflichtteilsanspruchs wäre sinnwidrig.[305]

363 War der ausgeschlagene Erbteil dagegen schon **isoliert betrachtet größer als der Pflichtteil**, können § 2306 Abs. 1 S. 2 BGB und § 2307 BGB ohne Bedenken nebeneinander angewendet werden. Die Ausschlagung des über dem Pflichtteil liegenden belasteten Erbteils bringt nun § 2307 BGB voll zur Geltung und rechtfertigt die Geltendmachung eines Pflichtteilsanspruchs bis zur Höhe des Pflichtteils.

364 **d) Ausschlagung des Vermächtnisses und des Erbteils.** Schlägt der Pflichtteilsberechtigte sowohl den belasteten Erbteil als auch das Vermächtnis aus, hängt die Frage der Realisierung des Pflichtteilsanspruchs wiederum von der Höhe der Zuwendungen und der **zeitlichen Abfolge der Ausschlagungen** ab. Sind **Erbteil und Vermächtnis zusammen kleiner oder gleich groß** wie der Pflichtteil, so führt die gleichzeitige oder sukzessive Ausschlagung des Gesamterwerbs dazu, dass nur ein Pflichtteilsanspruch abzüglich des Wertes des lastenfreien Erbteils realisiert werden kann.

- Schlägt der Pflichtteilsberechtigte **zunächst** den gemäß § 2306 Abs. 1 S. 1 BGB **lastenfreien Erbteil** aus, ist der Wert dieses Erbteils bei dem nachfolgenden durch Ausschlagung des Vermächtnisses realisierten Pflichtteilsanspruch gemäß § 2307 BGB anzurechnen.
- Schlägt der Pflichtteilsberechtigte **zunächst das Vermächtnis** aus und erst danach den Erbteil, so muss auch hier auf den durch die Ausschlagung des Vermächtnisses begründeten Pflichtteilsanspruch der Wert des ausgeschlagenen Erbteils angerechnet werden.[306]

Erreicht der **Erbteil gerade die Pflichtteilsgrenze** und ist der Gesamterwerb größer als der Pflichtteilswert, so soll es nach herrschender Meinung[307] auf die **zeitliche Abfolge** der Ausschlagung ankommen, was zu **unbefriedigenden Ergebnissen** führt. Der Pflichtteilsberechtigte befindet sich hier – wie vorstehend schon festgestellt – in der Falllage des § 2306 Abs. 1 S. 2 BGB. Schlägt er zuerst den belasteten Erbteil aus, verbleibt ihm das Vermächtnis. Die nachfolgende Ausschlagung dieses Vermächtnisses realisiert gemäß § 2307 Abs. 1. BGB den vollen Pflichtteilsanspruch.

365 Schlägt der Pflichtteilsberechtigte dagegen **zuerst das Vermächtnis** aus, bringt sich der Pflichtteilsberechtigte damit in die Falllage des § 2306 Abs. 1. S. 1 BGB mit der Folge, dass die Belastungen wegfallen und die nachfolgende Ausschlagung dieses unbelasteten Erbteils keinen

---

[304] Staudinger/*Ferid/Cieslar* § 2307 Rdnr. 5, 7; RGRK/*Johannsen* § 2307 Rdnr. 1; *Schlitt* ZEV 1998, 216.
[305] Staudinger/*Ferid/Cieslar* § 2307 Rdnr. 10; MünchKommBGB/*Frank* § 2307 Rdnr. 14; RGRK/*Johannsen* § 2307 Rdnr. 13; *Schlitt* ZEV 1998, 216.
[306] Staudinger/*Ferid/Cieslar* § 2307 Rdnr. 5, 7; MünchKommBGB/*Frank* § 2307 Rdnr. 15, *Schlitt* ZEV 1998, 216.
[307] Vgl. z.B. MünchKommBGB/*Frank* § 2307 Rdnr. 7, 14.

vollen Pflichtteilsanspruch mehr begründen würde,[308] sondern allenfalls einen Pflichtteilsrestanspruch nach § 2305 BGB. Eine **Korrektur dieses Ergebnisses** ist nur schwer begründbar.

Da es sich hier um einen **Rechtsfolgeirrtum** handelt, führt auch eine Anfechtung nicht weiter. Ebenso wenig kann über die Konstruktion einer bedingten Ausschlagung des Vermächtnisses eine Lösung gefunden werden, weil die Ausschlagungserklärung grundsätzlich bedingungs- und befristungsfeindlich ist. Letztlich könnte es nur zu einer Korrektur dieses unbilligen Ergebnisses führen, wenn man die zuerst erwirkte Ausschlagung des Vermächtnisses im Wege **ergänzender Auslegung** im Sinne von § 1949 Abs. 2 BGB **als auf alle Berufungsgründe** erstreckt ansieht und damit die gleichzeitige Ausschlagung des Vermächtnisses und des Erbteils annimmt. Schlägt der Pflichtteilsberechtigte nämlich Vermächtnis und Erbteil gleichzeitig aus, begründet er damit aus der Falllage des § 2306 Abs. 1 S. 2 BGB heraus seinen vollen Pflichtteilsanspruch.

Ist schon der hinterlassene Erbteil größer als der Pflichtteil und damit auch der Gesamterwerb, führt die Ausschlagung unabhängig von der Frage einer zeitlichen Abfolge stets zur Begründung des vollen Pflichtteilsanspruchs aus § 2306 Abs. 1 S. 2 und § 2307 Abs. 1 BGB.[309]

3. Besonderheiten beim Güterstand der Zugewinngemeinschaft

Eine Besonderheit besteht für den überlebenden Ehegatten, der mit dem Erblasser in Zugewinngemeinschaft lebte. Grundsätzlich gelten für eine Zuwendung an den überlebenden Ehegatten gleichfalls die Bestimmungen der §§ 2305 bis 2307 BGB. Der überlebende Ehegatte ist allerdings über § 1371 Abs. 3 BGB in der Falllage des § 2306 Abs. 1 S. 1 BGB in der Weise **privilegiert,** dass er auch einen in der Folge **unbeschränkten und unbeschwerten Erbteil,** der kleiner oder gleich groß ist wie die Pflichtteilsquote, ohne Sanktionen, ausschlagen kann mit der Folge, dass er dann **immer** den „**kleinen Pflichtteil"** (§§ 1371 Abs. 2 u. 3, 1931, 2305 BGB) **neben dem Zugewinnausgleichsanspruch** nach § 1371 Abs. 1 BGB realisieren kann.

Für das hier zu entscheidende Spezialproblem, dass der überlebende Ehegatte möglicherweise mit einem belasteten Erbteil und einem Vermächtnis begünstigt ist, ist auch hier wieder der **Gesamterwerb** zu ermitteln und von dem Grundsatz auszugehen, dass der überlebende Ehegatte sowohl den Erbteil als auch das Vermächtnis getrennt ausschlagen oder annehmen kann.

Für die Frage, in welcher Falllage des § 1371 BGB sich der überlebende Ehegatte befindet, ist von entscheidender Bedeutung, ob der überlebende Ehegatte eine der beiden Zuwendungen (Erbteil oder Vermächtnis) oder beide Zuwendungen angenommen hat oder den Erwerb insgesamt ausschlägt.

Nimmt der überlebende Ehegatte auch nur eine der vorbezeichneten Zuwendungen des Erblassers an, kann er in jedem Falle die **Ergänzung zum „großen Pflichtteil"** gemäß §§ 1371 Abs. 1, 1931, 2305, 2307 Abs. 1 S. 2 BGB geltend machen, wobei er jedoch berücksichtigen muss, dass sowohl im Fall des § 2307 Abs. 1 BGB als auch im Fall des § 2306 Abs. 1 S. 2 BGB die auf der Zuwendung lastenden Beschränkungen und Beschwerungen bestehen bleiben. Schlägt der überlebende Ehegatte dagegen den Gesamterwerb (Erbteil und Vermächtnis) aus, realisiert er damit den „kleinen Pflichtteil" und zusätzlich den Zugewinnanspruch nach § 1371 Abs. 3 BGB.[310]

4. Übersicht über die einzelnen Fallgestaltungen

Als Fazit ist anzunehmen, dass die **Ermittlung des Gesamtwertes** der Zuwendung von entscheidender Bedeutung bei der Frage ist, in welcher Falllage sich der Pflichtteilsberechtigte befindet und ob er – ohne den Verlust des Pflichtteils zu riskieren – bedenkenlos eine Einzelzuwendung oder den Gesamterwerb ausschlagen kann. Ob trotz der Ausschlagung einer Einzelzuwendung ein Pflichtteil realisiert werden kann, bemisst sich nach den für die verbleibenden Zuwendung maßgeblichen Vorschriften der §§ 2305, 2306 oder 2307 BGB.

---

[308] MünchKommBGB/*Frank* § 2307 Rdnr. 14; § 2307 Rdnr. 6; Staudinger/*Ferid/Cieslar* § 2307 Rdnr. 9; *Schlitt* ZEV 1998, 216.
[309] Staudinger/*Ferid/Cieslar* § 2307 Rdnr. 8.
[310] Vgl. hierzu MünchKommBGB/*Frank* § 2307 Rdnr. 16; Palandt/*Edenhofer* § 2307 Rdnr. 2 m.w.N., *Schlitt* ZEV 1998, 216.

Übersicht[311]

Entscheidung des Pflichtteilsberechtigten	Auswirkungen
1. Gesamterwerb Erbteil + Vermächtnis ≤ Pflichtteil:	
1.1. Annahme Erbteil + Vermächtnis	Falllage § 2306 Abs. 1. S. 1 BGB: nur Pflichtteilsrestanspruch § 2305 BGB
1.2. Annahme Erbteil + Ausschlagung Vermächtnis	Falllage § 2306 Abs. 1 S. 1 BGB: nur Pflichtteilsrestanspruch nach §§ 2305, 2307 BGB
1.3. Ausschlagung Erbteil + Annahme Vermächtnis	Falllage § 2307 BGB: Pflichtteilsrestanspruch nach § 2305 BGB
1.4. Ausschlagung Erbteil + Vermächtnis, unabhängig von zeitlicher Abfolge der Ausschlagung	Falllage § 2307 BGB oder § 2306 Abs. 1 S. 1 BGB: nur Pflichtteilsrestanspruch nach §§ 2305, 2307 BGB
2. Gesamterwerb Erbteil + Vermächtnis > Pflichtteil:	
2.1. Annahme Erbteil + Vermächtnis	kein Pflichtteil, auch wenn Belastungen der Gesamtzuwendung diese wirtschaftlich aufzehren
2.2. Annahme Erbteil + Ausschlagung Vermächtnis	
• wenn Erbteil ≤ Pflichtteil	Falllage § 2306 Abs. 1 S. 1 BGB: nur Pflichtteilsrestanspruch § 2305 BGB
• wenn Erbteil > Pflichtteil	Falllage § 2306 Abs. 1 S. 2 BGB: kein Pflichtteilsanspruch, auch wenn Belastungen des Erbteils diesen wirtschaftlich aufzehren
2.3. Ausschlagung Erbteil + Annahme Vermächtnis	Falllage § 2307 BGB: nur Pflichtteilsrestanspruch nach §§ 2305, 2397 BGB
2.4. Ausschlagung Erbteil + Vermächtnis:	
• Hinterlassener Erbteil > Pflichtteil: zeitliche Abfolge	Falllage § 2307 BGB: voller Pflichtteilsanspruch
1. Ausschlagung Erbteil 2. Ausschlagung Vermächtnis oder zeitliche Abfolge: 1. Ausschlagung Vermächtnis 2. Ausschlagung Erbteil	Falllage § 2306 Abs. 1 S. 2 BGB: voller Pflichtteilsanspruch
• Hinterlassener Erbteil ≤ Pflichtteil: zeitliche Abfolge	Falllage § 2307 BGB: voller Pflichtteilsanspruch
1. Ausschlagung Erbteil 2. Ausschlagung Vermächtnis oder zeitliche Abfolge: 1. Ausschlagung Vermächtnis 2. Ausschlagung Erbteil	Eigentlich Falllage § 2306 Abs. 1 S. 1 BGB: nur Pflichtteilsrestanspruch nach § 2305 BGB; aber unbilliges Ergebnis: deshalb Korrektur durch Auslegung der ersten Ausschlagungserklärung als eine im Zweifel auf alle Berufungsgründe sich erstreckende gleichzeitige Ausschlagungserklärung

---

[311] *Schlitt* ZEV 1998, 216.

5. Kürzungsrechte des Erben gegenüber dem Vermächtnisnehmer

Nach § 2311 BGB sind Vermächtnisse bei der Berechnung der Pflichtteilsansprüche nicht als Nachlassverbindlichkeiten vorweg abzuziehen, sondern im Pflichtteilsrecht stehen sich **Vermächtnis- und Pflichtteil rangmäßig gleichgeordnet** gegenüber. Vermächtnisse sind grundsätzlich mit den Pflichtteilsansprüchen gleichrangig und mindern nicht die Berechnungsgrundlage für den Pflichtteil.[312]

Auch bei der **Anordnung eines Vermächtnisses** geht der Vermächtnisnehmer zunächst davon aus, dass ihm der volle Anspruch als solches zusteht. Der mit dem Vermächtnis beschwerte **Erbe kann allerdings das Vermächtnis kürzen, wenn er neben dem Vermächtnis** auch **Pflichtteilsansprüche** zu erfüllen hat.

Hat ein Miterbe einen ihm hinterlassenen mit Beschränkungen und Beschwerungen belasteten Erbteil in der Falllage des § 2306 Abs. 1 S. 2 BGB angenommen, ohne dass ein Wegfall der Belastungen gemäß § 2306 Abs. 1 S. 1 BGB in Betracht kommt, muss er die auf der Erbschaft beruhenden Belastungen grundsätzlich voll erfüllen, gleichgültig wie viel ihm dadurch von der Erbschaft verbleibt. Nur für den Fall, dass der Erbe neben der Erfüllung eines **Vermächtnisses** zugleich auch die **Pflichtteilslast** eines nicht zur Erbfolge berufenen Pflichtteilsberechtigten zu tragen hat, eröffnet sich für den Erben die Möglichkeit, **das Vermächtnis anteilmäßig zu kürzen**. Da bei der Berechnung des Pflichtteils die Vermächtnisse gemäß **§ 2311 BGB** nicht vom Nachlasswert abgezogen werden, ist es nur sachgerecht, auch den Vermächtnisnehmer entsprechend seiner Beteiligung am Nachlass faktisch mit der Pflichtteilslast zu beschweren.[313]

a) Kürzung des Vermächtnisses nach § 2318 Abs. 1 BGB

Beispiel:

Beträgt der Wert des Nachlasses 600.000,– EUR und hat der Alleinerbe sowohl eine Vermächtnislast in Höhe von 100.000,– EUR, als auch eine Pflichtteilslast in Höhe von 150.000,– EUR zu tragen, kann der Erbe das Vermächtnis um 25.000,– EUR kürzen:

$$\frac{\text{Pflichtteil } 150.000,- \text{ EUR} \times \text{Vermächtnis } 100.000,- \text{ EUR}}{\text{Nachlasswert } 600.000,- \text{ EUR}} = \text{Kürzungsbetrag } 25.000,- \text{ EUR}$$

Dem Miterben verbleiben dann nach Kürzung des Vermächtnisses 375.000,– EUR; ohne Kürzung des Vermächtnisses wären ihm nur 350.000,– EUR Erbteilswert verblieben.

Der Erbe oder die Erbengemeinschaft (§§ 2058, 2019 BGB) sind grundsätzlich im Außenverhältnis alleine Schuldner des Pflichtteils gegenüber dem Berechtigten. § 2318 Abs. 1 BGB lässt jedoch ausdrücklich die verhältnismäßige Kürzung des Vermächtnisses zu und verteilt so intern die Pflichtteilslast entsprechend auf Erbe und Vermächtnisnehmer. § 2318 BGB gilt sowohl für den mit einem Vermächtnis belasteten **Alleinerben**, als auch für den **Miterben**.[314]

Das Kürzungsrecht gewährt dem Erben ein **Leistungsverweigerungsrecht** gegenüber dem Vermächtnisnehmer in Höhe des Kürzungsbetrages. Einfach gestaltet sich die Rechtslage bei Kürzungen, wenn es sich um ein Geldvermächtnis handelt. § 2318 BGB gilt aber auch dann, wenn **Vermächtnisgegenstand Sachen oder Rechte** sind.

Auch wenn die Kürzung – wie vorstehend berechnet – durch den Wert des Vermächtnisses in gleicher Weise berechnet werden kann, ergeben sich Probleme in der praktischen Ausführung, wenn der **Vermächtnisgegenstand nicht teilbar** oder „kürzbar" ist. Hier kann die Kürzung – etwa wenn ein Grundstück Vermächtnisgegenstand ist – nur Zug-um-Zug gegen Übereignung der vollständigen Sache oder des Rechts gegen Zahlung des entsprechenden Kürzungsbetrages durch den Vermächtnisnehmer an den Erben erfolgen. Bei unteilbarer Leistung hat deshalb der Vermächtnisnehmer einen Ausgleichsbetrag an den Erben zu zahlen.

---

[312] MünchKommBGB/*Frank* § 2311 Rdnr. 11.
[313] Vgl. hierzu auch *v. Olshausen* MDR 1986, 89; BGH Urt. v. 10.7.1995 – IV a ZR 151/83 – BGHZ 1995, 222, 228; Lange/Kuchinke Erbrecht § 39 VIII 1; Palandt/*Edenhofer* BGB § 2318 Rdnr. 1; Schlitt ZEV 1998, 91.
[314] BGH Urt. v. 10.7.1985 – IV a ZR 151/83 – JZ 1986, 87, 89; Palandt/*Edenhofer* § 2318 Rdnr. 5, 6; MünchKommBGB/*Frank* § 2318 Rdnr. 11; a.A. ohne nähere Begründung Staudinger/Ferid/Cieslar 2318 Rdnr. 35; RGRK/*Johannsen* § 2318 Rdnr. 9; Schlitt ZEV 1998, 91.

379 Auch die „gesetzlichen Vermächtnisse"[315] können mit Ausnahme des Voraues gekürzt werden, denn der Voraus wird bei Berechnung des Pflichtteils vorab als Nachlassverbindlichkeit abgezogen (§ 2311 Abs. 1 S. 2 BGB).[316] Die Kürzung des Vermächtnisses findet allerdings dann seine Grenze, wenn der **Vermächtnisnehmer pflichtteilsberechtigt** ist. In diesem Fall darf der Erbe das Vermächtnis nur bis zur Höhe des Pflichtteilsanspruchs des Vermächtnisnehmers kürzen. Geschützt ist hier allerdings nur der Pflichtteilsbetrag, der dem Vermächtnisnehmer in der Falllage des § 2307 BGB nach Abzug der auf dem Vermächtnis ruhenden Belastungen verbleiben würde (§ 2318 Abs. 3 BGB). Wenn der mit dem Vermächtnis beschwerte Erbe selbst pflichtteilsberechtigt ist, wird diese Kürzungsproblematik über § 2318 Abs. 2 und Abs. 3 BGB gelöst. Diese Fallgestaltung wird in dem nachfolgenden Kapitel zu Rdnr. 162 ff. gelöst.

380 **b) Kürzungsmöglichkeit gemäß § 2318 Abs. 3 BGB**

Beispiel:
Der Erblasser hat als Witwer einen Nachlass von 1.000.000,– EUR hinterlassen und seinen Sohn S. und einen Freund F. je zur Hälfte des Nachlasses zu Erben eingesetzt, ohne dass der Freund F im Sinne von § 2320 Abs. 2 BGB anstelle der Tochter eingesetzt werden sollte. Seine Tochter T. wurde ausdrücklich durch Testament enterbt und zugleich wurde für die Haushälterin H. ein Vermächtnis in Höhe von D 600.000,– EUR ausgesetzt.[317]

§ 2318 Abs. 1 BGB gestattet die verhältnismäßige Kürzung von Vermächtnissen und Auflagen unabhängig von der Frage, ob der **Erbe selbst pflichtteilsberechtigt** ist oder nicht. Ist der mit einem Vermächtnis **belastete Erbe** allerdings **selbst pflichtteilsberechtigt,** kann er von der weiter gehenden Kürzungsmöglichkeit des § 2318 Abs. 3 BGB Gebrauch machen, wonach er Vermächtnis und Auflage soweit kürzen kann, dass ihm **sein eigener Pflichtteil** verbleibt.[318]

Nach dem Wortlaut des § 2318 Abs. 3 BGB könnte man annehmen, dem Erben müsse unabhängig von der Höhe der Belastung des Erbteils stets der volle Pflichtteilswert verbleiben. Dies würde aber im Widerspruch zu § 2306 Abs. 1 S. 2 BGB stehen, der davon ausgeht, dass ein Miterbe, der einen belasteten Erbteil angenommen hat, auch die Belastungen erfüllen muss. Die **systematische Auslegung** dieser Norm führt deshalb dazu, dass der pflichtteilsberechtigte Erbe eine Kürzung der Vermächtnisse und Auflagen wegen der daneben bestehenden Pflichtteilslast nur insoweit vornehmen darf, dass ihm der **Pflichtteilswert verbleibt, wie er sich aus der Falllage des § 2306 Abs. 1 S. 2 BGB ergeben würde.**[319]

381 Eine Kürzung der durch die Annahme der Erbschaft übernommenen Belastungen kommt dagegen nicht in Betracht. Der Erbe muss jedoch eine Pflichtteilslast nur soweit tragen, dass ihm wenigstens der hinter dem vollen Pflichtteilsbetrag liegende Wert verbleibt, der dem hinterlassenen Erbteil abzüglich der darauf ruhenden Belastungen entspricht. Anhand vorstehenden Beispiels ergibt sich damit folgende **Lösung:**

Durch die Annahme der Erbschaft sind die Erben F. und S. gemäß §§ 2147, 2148 BGB als Gesamtschuldner zunächst zur Erfüllung des zugunsten der Haushälterin angeordneten Vermächtnisses in Höhe von 600.000,– EUR verpflichtet. Daneben besteht ein Pflichtteilsanspruch der Tochter T. gemäß § 2303 BGB in Höhe von 250.000,– EUR.

Zunächst ist hier an eine **Kürzung des Vermächtnisses gemäß § 2318 Abs. 1 BGB** zu denken, da im Innenverhältnis sowohl Erbe als auch Vermächtnisnehmer die Pflichtteilslast der Tochter T. zu gleichen Teilen zu tragen haben. Die Vermutung des § 2320 Abs. 2 BGB wurde in dem Testament ausdrücklich vom Erblasser widerlegt.

Unter Berücksichtigung der Kürzungsmöglichkeiten nach § 2318 BGB ergibt sich nachfolgender Kürzungsbetrag:

$$\frac{\text{Pflichtteil } 250.000,- \text{ EUR} \times \text{Vermächtnis } 600.000,- \text{ EUR}}{\text{Nachlasswert } 1.000.000,- \text{ EUR}} = \text{Kürzungsbetrag } 150.000,- \text{ EUR}$$

---

[315] Vgl. vorstehend I 3.
[316] Palandt/*Edenhofer* § 2318 Rdnr. 1.
[317] Weiteres Beispiel: Palandt/*Edenhofer* § 2318 Rdnr. 2.
[318] Bei Zugewinngemeinschaft wird vom „großen Pflichtteil" ausgegangen: Palandt/*Edenhofer* § 2318 Rdnr. 3.
[319] Palandt/*Edenhofer* § 2318 Rdnr. 5; *Lange/Kuchinke* Erbrecht § 39 VIII 3 a; *Schlitt* ZEV 1998, 91; *Tanck* ZEV 1998, 132.

Unter Berücksichtigung der Kürzung des Vermächtnisses erhält deshalb die Haushälterin V. statt der ursprünglich angeordneten 600.000,– EUR ein Vermächtnis in Höhe von zunächst nur 450.000,– EUR. Unter Berücksichtigung dieser Vermächtnislast und der Pflichtteilslast ergibt sich nach § 2318 Abs. 1 BGB eine vorläufige Nachlassverteilung unter den Miterben S. und F., wonach auf jeden Miterben als verbleibenden Nachlasswert je 150.000,– EUR entfallen (1.000.000,– EUR – 250.000,– EUR – 450.000,– EUR = 300.000,– EUR: 2 = 150.000,–EUR).

Die bisherige Kürzungsmöglichkeit des § 2318 Abs. 1 BGB hat jedoch nicht berücksichtigt, dass der Miterbe S. zugleich auch **Pflichtteilsberechtigter** ist.

Aus diesem Grunde ergibt sich aus **§ 2318 Abs. 3 BGB für S.** eine weitere Kürzungsmöglichkeit. Dem reinen Wortlaut des § 2318 Abs. 3 BGB folgend könnte man meinen, dem Pflichtteilsberechtigten S. müssten Kürzungsmöglichkeiten in einem Umfang eingeräumt werden, dass ihm „sein eigener Pflichtteil verbleibt". Der rechnerische Pflichtteil würde ebenso wie bei der Tochter 250.000,– EUR betragen, während der vorstehend ausgerechnete Erbteil nur 150.000,– EUR beträgt.

Aus dem Umstand aber, dass der Pflichtteilsberechtigte S. in der Falllage des § 2306 Abs. 1 S. 2 BGB einen belasteten Erbteil angenommen hat, kann nun aber auch über das Kürzungsrecht keine Korrektur dieser Entscheidung mehr erfolgen, dass dem S. in jedem Falle der rechnerische Pflichtteil von 250.000,– EUR (1/4 Pflichtteil aus 1.000.000,– EUR) verbleiben müsste. Die Entscheidung, einen belasteten Erbteil anzunehmen, muss sich auch im Zusammenhang mit dem Kürzungsrecht wiederum auswirken mit der Folge, dass allenfalls eine weitere Kürzung des Vermächtnisses im Vergleich zu dem nicht pflichtteilsberechtigten Miterben F. nur dahin gehend möglich ist, dass dem pflichtteilsberechtigten Miterben S. eine Kürzung nur bis zur Höhe des rechnerischen Erbteils verbleibt, wie er sich aus der **Falllage des § 2306 Abs. 1 S. 2 BGB** ergeben würde.

Ausgehend von der grundsätzlichen Entscheidung des S., den belasteten Erbteil anzunehmen, ergibt sich in der Falllage des § 2306 Abs. 1 S. 2 BGB ein **Erbteilswert** für S. von 200.000,– EUR.

Bruttowert des Erbteils D 500.000,– EUR ./. Vermächtnisbelastung D 300.000,– EUR = Erbteil in der Falllage des § 2306 Abs. 1 S. 2 BGB: D 200.000,– EUR.

Trotz der Wertentscheidung des § 2306 Abs. 1 S. 2 BGB i. V. m. § 2318 Abs. 3 BGB müsste dem pflichtteilsberechtigten S. also mindestens der vorstehende Pflichtteilswert von 200.000,– EUR verbleiben. Unter Berücksichtigung des Vermächtnisses für H. und der Pflichtteilslast für T. hat er allerdings lediglich einen Auseinandersetzungsanspruch in Höhe von 150.000,– EUR. Gemäß § 2318 Abs. 3 BGB ist deshalb der Pflichtteilsberechtigte berechtigt, im Verhältnis zu dem Vermächtnisnehmer dieses nochmals **um die Differenz zwischen dem Wert des Erbteils nach § 2306 Abs. 1 S. 2 BGB** von 200.000,– EUR und dem **tatsächlich errechneten Erbteil** von 150.000,– EUR, also um weitere 50.000,– EUR zu kürzen.

Im Ergebnis muss der Sohn S. nachfolgende Belastungen tragen:

Erbteil		500.000,– EUR
./. Pflichtteilslast T.		125.000,– EUR
	300.000,– EUR	
./. aus § 2318 Abs. 1 BGB	75.000,– EUR	
./. aus § 2318 Abs. 3 BGB	50.000,– EUR	
./. Vermächtnislast	175.000,– EUR	175.000,– EUR
		200.000,– EUR

Die weitere Kürzung nach § 2318 Abs. 3 BGB hat für S. zur Folge, dass ihm 200.000,– EUR verbleiben. Infolge der Anwendung des Kürzungsrechts ergibt sich nunmehr nachfolgendes **Ergebnis:**[320]

Erbteilswert des S.	= 1.200.000,– EUR
Pflichtteil T.	= 1.250.000,– EUR
Vermächtnis H.	= 1.400.000,– EUR
Erbteilswert F	= 1.150.000,– EUR
Gesamtnachlass	1.000.000,– EUR

c) **Problemlage bei § 2318 Abs. 2 BGB.** Die bisher behandelte Fallgestaltung des § 2318 Abs. 3 BGB berücksichtigt nur die Pflichtteilsberechtigung des mit einem Vermächtnis belasteten Erben. Ist dagegen der **Vermächtnisnehmer auch pflichtteilsberechtigt,** – wie bereits in 4. a) erwähnt – ist daneben § 2318 Abs. 2 BGB einschlägig. Dieser erklärt eine Kürzung von Vermächtnissen nur insoweit für zulässig, als dem selbst pflichtteilsberechtigten Vermächtnisnehmer der eigene Pflichtteil verbleibt. Ebenso wie bei § 2318 Abs. 3 BGB ist hier mit dem zu schützenden Pflichtteil nur der Betrag gemeint, der dem Vermächtnisnehmer abzüglich der übernommenen Belastungen in der Falllage des § 2307 BGB entspricht.

---

[320] *Schlitt* ZEV 1998, 91.

383 Fraglich ist jedoch, wem bei gleichzeitiger Pflichtteilsberechtigung des belasteten Erben und des Vermächtnisnehmers der **Vorrang** gebührt und ob sich das Kürzungsrecht nach § 2318 Abs. 3 BGB auch gegenüber dem pflichtteilsberechtigten Vermächtnisnehmer durchsetzten lässt.

Die herrschende Meinung[321] räumt fast ausnahmslos dem § 2318 Abs. 3 BGB den Vorrang mit dem Argument ein, der **Erbe** sei auch in anderen Zusammenhängen gegenüber dem Vermächtnisnehmer **privilegiert**, so etwa bei §§ 2319, 2328 BGB, so dass auch im Rahmen des § 2318 BGB eine Privilegierung des Vermächtnisnehmers nicht zu rechtfertigen sei.[322] Hierbei handelt es sich jedoch um ein nur **vordergründiges Argument**, da der Gesetzgeber **jeden Pflichtteilsberechtigten** unter **den besonderen Schutz des Pflichtteilsrecht** stellen wollte, unabhängig davon, ob dieser durch letztwillige Verfügung ein belasteter Vermächtnisnehmer oder ein belasteter Erbe geworden ist.

384 Ein **anderer Lösungsansatz** könnte jedoch darin bestehen, dass sich bei gleichzeitiger Pflichtteilsberechtigung von beschwerten Erben und Vermächtnisnehmer (Falllage § 2318 Abs. 2 BGB neben § 2318 Abs. 3 BGB) die Kürzungsmöglichkeiten **gegenseitig aufheben** und es nur bei der Kürzung nach § 2318 Abs. 1 BGB verbleibt.

Diese Lösung ließe sich damit rechtfertigen, dass beide in Kenntnis der Belastungen des Erbteiles oder des Vermächtnisses die Zuwendung des Erblassers – auch in Kenntnis des Pflichtteilsrechts Dritter – angenommen haben.

385 Nicht zu rechtfertigen ist die unterschiedliche Behandlung von Vermächtnisnehmer und Erben beim Kürzungsrecht in § 2318 Abs. 2 und Abs. 3 BGB, wenn **beide pflichtteilsberechtigt** sind. Hier sollten die Nachteile, die durch die Annahme der belasteten Zuwendung eintreten, in der Konsequenz von Erbe und Vermächtnisnehmer gleichmäßig getragen werden. Stehen sich die Kürzungsrechte nach § 2318 Abs. 2 und Abs. 3 BGB gleichwertig gegenüber, müssen sich diese in der Folge aufheben.

386 **d) Weitergehende Kürzungsmöglichkeiten.** Über § 2318 BGB hinausgehende, weitere Möglichkeiten der Kürzung von Vermächtnissen sieht das Gesetz nicht vor. Die **§§ 2319 bis 2324 BGB** sind nur **Spezialvorschriften** über die Verteilung der Pflichtteilslast zwischen mehreren Erben oder Vermächtnisnehmern im **Innenverhältnis**, insbesondere für den Fall, dass der Erbteil oder das Vermächtnis ausgeschlagen wird. §§ 2320 und 2321 BGB regeln die Pflichtteilslast in der Weise, dass derjenige, dem die Ausschlagung zustatten kommt oder anstelle des insoweit weggefallenen Bedachten[323] die Zuwendung erhält, auch im Innenverhältnis zwischen mehreren Erben oder Vermächtnisnehmern die Pflichtteilslast zu tragen hat.

387 Kürzungsrelevante Bestimmungen ergeben sich allenfalls noch aus § 2319 und § 2322 BGB. Während § 2319 BGB das **Kürzungsrecht** des **selbst pflichtteilsberechtigten Miterben** nach der Teilung unter mehreren Miterben gegenüber den Pflichtteilsberechtigten normiert,[324] regelt § 2322 BGB **das Kürzungsrecht des insoweit Nachrückenden** bei Ausschlagung der Erbschaft oder eines Vermächtnisses durch den Pflichtteilsberechtigten. Hier hat der Gesetzgeber vorgesehen, dass nicht die umfassenden Kürzungsmöglichkeiten des § 2318 BGB für den Nachrückenden bestehen sollen, sondern dieser allenfalls das Vermächtnis insoweit kürzen darf, als er die Pflichtteilslast nach §§ 2320 und 2321 BGB gegenüber seinem „Vormann" erfüllen kann.[325]

388 Als Ergebnis bleibt festzuhalten, dass der Gesetzgeber eine interessengerechte Verteilung der Pflichtteilslast zwischen den Erben und Vermächtnisnehmer gefunden hat, wobei allerdings der **pflichtteilsberechtigte** Erbe dank seiner umfassenden Rechtsposition eine gewisse Besserstellung gegenüber **den pflichtteilsberechtigten Vermächtnisnehmern** erfahren hat, die aus dem vom Erblasserwillen gedeckten, lediglich schuldrechtlich ausgeformten Rechtsanspruchs des Vermächtnisnehmers resultiert, aber aus der Sicht des pflichtteilsberechtigten Vermächtnis-

---

[321] Staudinger/*Ferid/Cieslar* § 2318 Rdnr. 17; Soergel/*Dieckmann* BGB § 2318 Rdnr. 5; *Johannsen* § 2318 Rdnr. 8; Palandt/*Edenhofer* § 2318 Rdnr. 5, 6; Erman/*Schlüter* BGB § 2318 Rdnr. 3; a.A. *Frank* a.a.O. § 2318 Rdnr. 10; *Schlitt* ZEV 1998, 91.
[322] Palandt/*Edenhofer* § 2318 Rdnr. 2.
[323] Beispiel des Wegfalls vgl. Palandt/*Edenhofer* § 1935 Rdnr. 2.
[324] Palandt/*Edenhofer* § 2319 BGB Rdnr. 1 ff., MünchKommBGB/*Frank* § 2319 Rdnr. 1.
[325] Palandt/*Edenhofer* § 2319 Rdnr. 1 § 2322 Rdnr. 1; MünchKommBGB/*Frank* § 2322 Rdnr. 1.

nehmer eine nicht zu rechtfertigende Ungleichbehandlung darstellt. Wegen des **Kürzungsrechtes des Hauptvermächtnisnehmers gegenüber dem Untervermächtnisnehmer** gemäß §§ 2188, 2189 BGB wird auf die Ausführungen zu dem Untervermächtnis verwiesen.

V. Fazit

Das **Vermächtnisrecht** wird in der **Kautelarjurisprudenz** viel zu wenig ins Kalkül miteinbezogen, insbesondere was die **erbschaftsteuerlichen und gestalterischen Möglichkeiten** des Vermächtnisrechtes betrifft. Die **Testierfreiheit des Erblassers** ist im Rahmen des Vermächtnisses nicht so eingeschränkt wie bei der Erbeinsetzung. Insoweit wird nochmals auf die Möglichkeiten verwiesen, Entscheidungen über die Vermächtnisnehmer oder den Vermächtnisgegenstand hier auch **fachkompetenten Dritten** oder den **Beschwerten** selbst zu überlassen, wenn der Erblasser die Entscheidung selbst im Zeitpunkt der Errichtung der letztwilligen Verfügung noch nicht oder auf Grund der tatsächlichen Umstände nicht treffen kann.

Auch die **Nachteile des Vermächtnisrechts,** dass es hier eines besonderen **zusätzlichen Übertragungsaktes** von dem Beschwerten auf den Vermächtnisnehmer bedarf, können in der Praxis nachhaltig verbessert werden, in dem man zusätzlich eine **Testamentsvollstreckung zwecks Erfüllung des Vermächtnisses** anordnet oder darüber hinaus weiter gehende Anordnungen trifft, die künftiges Streitpotential vermeiden helfen. Das Vermächtnis gibt darüber hinaus dem Erblasser die Möglichkeit, erbschaftsteuerliche Freibeträge zugunsten der engsten Verwandten auszunutzen, ohne diese zwingend zu Erben einsetzen zu müssen.

§ 14 Auflage

Übersicht

	Rdnr.
I. Einführung	1–8
1. Rechtsnatur und Zweck	1
2. Inhalt der Auflage	2–4
a) Auflagearten	2
b) Fälligkeit	3
c) Vererbbarkeit	4
3. Begünstigte	5
4. Beschwerte	6
5. Vollziehungsberechtigte	7
6. Formalia	8
II. Gestaltungsmöglichkeiten und ihre Grenzen	9–46
1. Anordnungen zugunsten von Lebewesen und anderen nicht rechtsfähigen Begünstigten	9
2. Grabpflege	10
3. Anordnungen zum Erwirken eines bestimmten Verhaltens	11–16
a) Verwaltungsvollmachten für den Testamentsvollstrecker	12/13
b) Verwaltung des Nachlassvermögens durch die Erben	14
c) Schenkungen auf den Todesfall	15/16
4. Anordnungen zugunsten eines noch nicht bestimmbaren Personenkreises	17/18
a) Wissenschafts- und Kunstförderung	17
b) Caritative Anliegen	18
5. Grenzen	19–21
a) Zeitliche Beschränkungen	19
b) Sachliche Beschränkungen	20
c) Wegfall des Beschwerten	21
6. Durchsetzung der Auflage	22–30
a) Ausgangslage	22
b) Kosten	23
c) Zivilklage	24
d) Fristsetzung durch das Nachlassgericht	25–27
e) Testamentsvollstreckung	28
f) Sonstige Möglichkeiten	29/30
7. Kontrolle des Bestimmungsrechts	31/32
8. Sekundärpflichten	33–36
a) Gewährleistung	33
b) Nutzungen und Verwendungen	34
c) Unmöglichkeit	35
d) Haftung bei Unmöglichkeit	36
9. Anfechtung, Ausschlagung oder Verzicht	37
10. Insolvenz	38/39
11. Auflage und Pflichtteilsrecht	40
12. Erbschaftsteuerliche Behandlung	41–43
a) Steuerpflicht	41
b) Zweckzuwendung	42/43
13. Zivilgesetzbuch	44
14. Unwirksamkeit	45/46

Schrifttum: *Bengel,* Zum Erbteilungsverbot durch Auflage, ZEV 1995, 178; *Daragan,* Die Auflage als erbschaftsteuerliches Gestaltungsmittel, DStR 1999, 393; *Haegele/Winkler,* Der Testamentsvollstrecker, 17. Aufl. 2005; *Hass,* Zur „schwierigen" Auflage im Erbrecht, SchlHA 1978, 61; *Kümpel,* Konto und Depot zugunsten Dritter auf den Todesfall, WM 1979, 1186; *Lange/Kuchinke,* Lehrbuch des Erbrechts, 5. Aufl. 2001; *Mayer,* Erbschaftsteuersparen um jeden Preis? (Teil II), DStR 2004, 1409; *Mayer/Bonefeld//Wälzholz/Weidlich,* Testamentsvollstreckung, 2005; *Meincke,* Erbschaftsteuer- und Schenkungsteuergesetz, Kommentar, 14. Aufl. 2004; *Nerlich/Römermann,* Insolvenzordnung, Kommentar, Loseblatt Stand Sept. 2005; *Damrau,* Praxiskommentar Erbrecht, 2004 *Sturm,* Der Vollziehungsberechtigte der erbrechtlichen Auflage und seine Befugnisse, Diss. 1985;

Tipke/Kruse, Abgabenordnung, Kommentar, Loseblatt Stand November 2005; *Vorwerk*, Geldzuwendung und erbrechtliche Auflage, ZEV 1998, 207.

I. Einführung

Beratungscheckliste

- ☐ Inhalt der Auflage
- ☐ Bestimmung des Beschwerten
- ☐ Auswahl des/der Begünstigten
  - Ermessensvorschriften
  - nichtrechtsfähige Begünstigte
  - Drittbestimmung
- ☐ Sicherung der Durchsetzung
  - Vollziehungsberechtigte
  - Testamentsvollstreckung
- ☐ Grenzen
  - Geltungsdauer
  - § 2306 BGB

1. Rechtsnatur und Zweck

Mittels der **Auflage** kann der Erblasser bestimmte Zwecke verfolgen, denn sie setzt keinen Begünstigten voraus.[1] Typischerweise dient sie der Umsetzung von Anweisungen des Erblassers zur Bestattung und Grabpflege oder zur Versorgung von Haustieren. Damit sind ihre Einsatzmöglichkeiten jedoch keineswegs erschöpft. Sie ermöglicht z. B. Nachlassgestaltungen, die **stiftungsähnlich**[2] Zuwendungen an einen noch nicht feststehenden Personenkreis vorsehen. Auch Verhaltensvorschriften für die Zuwendungsempfänger oder den Testamentsvollstrecker können per Auflage festgesetzt werden. Im Unterschied zu den übrigen Zuwendungen liegt das **Durchsetzungsrecht** jedoch nicht in der Hand des Begünstigten, selbst wenn dieser bestimmbar und rechtsfähig ist, sondern bei den Vollziehungsberechtigten.

2. Inhalt der Auflage

a) **Auflagearten.** Durch die Auflage kann dem **Beschwerten** jedes rechtlich zulässige Tun oder Unterlassen auferlegt werden.[3] Umstritten ist, ob die Beschwer auf Handlungen der **höchstpersönlichen Lebensgestaltung** erstreckt werden darf.[4] Für die Zuwendung von Geld- oder Sachleistungen können in entsprechender Anwendung die Vorschriften des Vermächtnisrechts herangezogen werden:[5]

- Die **Wahlauflage**, §§ 2192, 2154 BGB, gestattet dem Beschwerten die Auswahl des Begünstigten aus mehreren möglichen Zuwendungsempfängern;
- die **Gattungsauflage**, §§ 2192, 2155 BGB, erlaubt dem Beschwerten die Auswahl der Zuwendung aus einer bestimmten Gattung;
- die **Zweckauflage**, §§ 2192, 2156 BGB, ermöglicht dem Beschwerten oder einem Dritten nach eigenem Ermessen die Bestimmung des Mittels zur Erreichung des vorgegebenen Zwecks;

---

[1] MünchKommBGB/*Schlichting* § 2192 Rdnr. 1.
[2] MünchKommBGB/*Leipold* § 1940 Rdnr. 6.
[3] MünchKommBGB/*Leipold* § 1940 Rdnr. 4.
[4] MünchKommBGB/*Schlichting* § 2192 Rdnr. 1; AK-BGB/*Dubischar* § 2192 Rdnr. 3; *v. Lübtow* Erbrecht Bd. I S. 392; a.A. MünchKommBGB/*Leipold* § 1940 Rdnr. 4; RGRK/*Kregel* § 1940 Rdnr. 4.
[5] Staudinger/*Otte* § 2192 Rdnr. 5 bis 7.

- die **Verteilungsauflage**, entsprechend § 2153 BGB, ermächtigt den Beschwerten oder einen Dritten, das benannte Vermögen nach eigenem Ermessen unter bestimmten Begünstigten aufzuteilen;
- die **Verschaffungsauflage**, entsprechend §§ 2169 Abs. 1, 2170 Abs. 1 BGB, verpflichtet den Beschwerten, den zuzuwendenden Gegenstand auch zunächst zu verschaffen;
- die **Ersatzauflage**, entsprechend § 2190 BGB, bestimmt, wer beim Wegfall des zunächst Begünstigten an dessen Stelle tritt;
- die **Quotenauflage**, entsprechend § 2155 BGB, fordert vom Beschwerten die Leistung eines bestimmten Bruchteils des Wertes des Nachlasses.[6] Ihre Verwendung kann nur mit Vorbehalt empfohlen werden, da sie zur Ermittlung der exakten Quote die sachverständige Begutachtung des gesamten Nachlasses erfordern kann.

3   b) **Fälligkeit.** Enthält die Auflage keine andere Bestimmung, ist sie grundsätzlich mit dem Anfall der Erbschaft fällig.[7] Zulässig ist es auch, die Fälligkeit ins Belieben des Beschwerten zu stellen, § 2181 BGB, sie tritt dann spätestens mit seinem Tod ein. Bezüglich der Beschwerung eines Vermächtnisnehmers gilt § 2186 BGB: Er muss erst erfüllen, wenn er seinerseits die Zuwendung erhalten hat.

4   c) **Vererbbarkeit.** Da die Auflage dem Begünstigten kein subjektives Recht und damit auch keine Anwartschaft gewährt, ist sie auch nicht vererblich.[8] Gleichwohl kann in besonders gelagerten Fällen, insbesondere wenn sie Abkömmlinge des Erblassers begünstigt, ersatzweise ein Anfall an deren Abkömmlinge in Betracht kommen.[9] Wünscht der Erblasser die Berücksichtigung weiterer Begünstigter nach dem Wegfall des Erstbegünstigten, sollte er jedoch ausdrückliche Anordnungen treffen, schon um eine Umdeutung in ein Vermächtnis zu vermeiden.

> **Formulierungsvorschlag:**
> Sofern die auflagenbegünstigte A wegfällt, sollen ihre Abkömmlinge als Begünstigte zu gleichen Teilen an ihre Stelle treten.

3. Begünstigte

5   Die Auflage ermöglicht Zuwendungen an jede juristische oder natürliche Person und an nicht rechtsfähige Empfänger (Begünstigte). Der Erblasser kann ihre Auswahl dem **gebundenen** oder **freien Ermessen**[10] des Beschwerten oder eines **Dritten** überlassen, § 2193 BGB. Der Erblasser muss lediglich den Zweck der Auflage benennen.[11]

4. Beschwerte

6   Sowohl der Erbe als auch der **Vermächtnisnehmer** können mit einer Auflage beschwert werden. Im Zweifel gilt der Erbe als beschwert, §§ 2147, 2192 BGB. Bei mehreren Erben erfolgt die Beschwerung im **Verhältnis** ihrer **Erbteile**, § 2148 BGB. Beim Wegfall des Beschwerten findet § 2161 BGB Anwendung, im Zweifel bleibt die Auflage wirksam. Beschwert wird derjenige, dem der **Wegfall** des zunächst Beschwerten zugute kommt. Eine Auflage kann nicht mit einer weiteren Auflage beschwert werden.[12] Bei der Formulierung muss auf die genaue, möglichst namentliche Bezeichnung des Beschwerten geachtet werden.

> **Formulierungsvorschlag:**
> Meinem alleinigen Erben A mache ich zur Auflage ...

---

[6] *Lange/Kuchinke* § 30. II. 3. c).
[7] *Lange/Kuchinke* § 30. III. 1. a).
[8] KG Urt. v. 29.5.1997 – ZEV 1998, 306, 307; *Vorwerk* ZEV 1998, 297, 298.
[9] MünchKommBGB/*Leipold* § 2069 Rdnr. 23.
[10] BGH Urt. v. 24.2.1993 – BGHZ 121, 356; Palandt/*Edenhofer* § 2193 Rdnr. 1.
[11] Palandt/*Edenhofer* § 1940 Rdnr. 1.
[12] Soergel/*Dieckmann* § 2192 Rdnr. 3.

Formulierungsvorschlag bei einer Mehrheit von Erben:
Mit dieser Auflage beschwere ich den Miterben A.

Alternative:
Meine Erben A und B beschwere ich zu gleichen Teilen/entsprechend ihren Erbquoten mit der Auflage, ...

Formulierungsvorschlag bei Vermächtnisnehmern:
Mit der nachstehenden Auflage werden die Vermächtnisnehmer A, B und C entsprechend ihrer quotenmäßigen Anteile beschwert.

5. Vollziehungsberechtigte

Der Erbe oder Miterbe kann von dem beschwerten Miterben oder dem beschwerten Vermächtnisnehmer die **Vollziehung** der Auflage verlangen, § 2194 S. 1 BGB. Ferner kann jeder, dem der Wegfall des Beschwerten zugute kommt, die Vollziehung verlangen. Hierunter fallen der **Miterbe**, sofern ein Anwachsungsrecht besteht und der **Ersatzerbe** sowie der Nacherbe, wenn er zugleich Ersatzerbe ist, § 2102 BGB, außerdem der Ersatzvermächtnisnehmer, aber auch der **Testamentsvollstrecker**. Letzterer jedoch nur, wenn er nicht ohnehin über die Mittel zur Durchsetzung der Auflage verfügen kann, also insbesondere bei der Durchsetzung **unvertretbarer Handlungen** des Beschwerten.[13] Im Übrigen steht ihm schon Kraft seines Amtes die Durchsetzung der Auflage zu, da er die letztwilligen Anordnungen auszuführen hat, § 2203 BGB. Sofern die Vollziehung im öffentlichen Interesse liegt, § 2194 S. 2 BGB, kann auch die zuständige Behörde die Auflage durchsetzen. Hierbei ist beispielsweise an die Öffnung eines Hauses oder Gartens für die Öffentlichkeit oder an Leihgaben für Museen zu denken. Die **vollziehungsberechtigte Behörde** bestimmt sich nach Landesrecht.[14] Der Erblasser kann auch Personen von der Vollziehungsberechtigung ausschließen und damit den Kreis einschränken.[15] Dies empfiehlt sich bei vorhersehbaren Querelen zwischen dem Beschwerten und einzelnen Vollziehungsberechtigten. Ob die letztwillige Verfügung sämtliche Vollziehungsberechtigte ausschließen darf, ist zweifelhaft,[16] praktisch liegt damit ein nur moralisch verbindlicher **Wunsch** statt einer Auflage vor. Auch der Begünstigte kann als Vollziehungsberechtigter benannt werden.[17] Diese Ansicht ist allerdings nicht unumstritten,[18] weshalb sich eine zusätzliche Absicherung durch Testamentsvollstreckung empfiehlt.

6. Formalia

Die Auflage kann im Testament, § 1937 BGB, im Erbvertrag, § 1941 BGB, und im gemeinschaftlichen Testament getroffen werden, §§ 2270 Abs. 3 und 2278 Abs. 2 BGB. Die jeweiligen Formerfordernisse dieser Verfügungen sind § 5, § 10 und § 11 zu entnehmen. Eine letztwillige Verfügung kann sich in der Anordnung einer Auflage erschöpfen, wenngleich dies sicher nicht der typische Fall ist. Zur Vermeidung von Unklarheiten sollte jedoch bei einer solchen Verfügung ausdrücklich festgehalten werden, ob über die Erbeinsetzung gesondert verfügt wird oder es bei der gesetzlichen Erbfolge verbleibt. Die Auflage wird weder im Erbschein noch im

---

[13] MünchKommBGB/*Schlichting* § 2194 Rdnr. 4.
[14] MünchKommBGB/*Schlichting* § 2194 Rdnr. 8 m.w.N.
[15] MünchKommBGB/*Schlichting* § 2194 Rdnr. 5.
[16] *Lange/Kuchinke* § 30. III. 3. b).
[17] OLG Karlsruhe Urt. v. 2.5.2004 – NJW-RR 2004, 1307; Staudinger/*Otte* § 2194 Rdnr. 6, 9; MünchKommBGB/*Schlichting* § 2194 Rdnr. 5.
[18] RGRK/*Johannsen* § 2194 Rdnr. 4; Soergel/*Dieckmann* § 2194 Rdnr. 7.

Grundbuch eingetragen. Sie kann jedoch gegebenenfalls als Beschränkung der Testamentsvollstreckung in das Testamentsvollstreckerzeugnis einzutragen sein.[19]

II. Gestaltungsmöglichkeiten und ihre Grenzen

1. Anordnungen zugunsten von Lebewesen und anderen nicht rechtsfähigen Begünstigten

9   Sofern der Erblasser keine zuverlässige Privatperson zur Vollziehung der Auflage benennen kann und auf ein gewerbliches oder gemeinnütziges Tierheim zurückgegriffen werden muss, sollten die finanziellen und praktischen Möglichkeiten im Vorfeld mit der ausgewählten Institution abgeklärt werden. Die Regelung der Versorgung durch eine explizite Auflage gewährleistet die Anerkennung der Aufwendungen als steuermindernde Nachlassverbindlichkeit.[20]

> **Formulierungsvorschlag:**
> Dem Tierheim X vermache ich € 10.000,– mit der Auflage, meinen Hund R in Pflege zu nehmen. Sofern eine angemessene Unterbringung dort nicht oder nicht dauerhaft möglich ist, fällt das Vermächtnis an eine andere geeignete Institution. Bei einer vorübergehenden Betreuung verbleibt das Vermächtnis in Höhe der dafür üblichen Betreuungssätze beim Erstbedachten.

Bei der Bemessung des Ausstattungsbetrages darf dessen **Besteuerung** gem. § 8 ErbStG nicht vergessen werden, sofern der Empfänger nicht als gemeinnütziges Tierheim anerkannt ist und der Freibetrag von derzeit € 10.000,– überschritten wird, §§ 15, 16 ErbStG. Neben den Haustieren rechnen z. B. nichtrechtsfähige Vereine oder bestimmte Fakultäten einer Universität zu den typischen Zuwendungsempfängern, denen es an der Rechtsfähigkeit fehlt.

2. Grabpflege

10 Wenn der Erblasser Regelungen zur Gestaltung seiner Beerdigung in die letztwillige Verfügung aufnimmt, muss er sicherstellen, dass seine Anweisungen den mit der Gestaltung der Trauerfeier betrauten Personen nicht erst mit der zeitlich meist späteren Testamentseröffnung bekannt werden.

> **Formulierungsvorschlag für einfache Auflage:**
> Ich möchte in unserem Familiengrab auf dem hiesigen Friedhof bestattet werden. Das Grab soll regelmäßig gepflegt werden.

> **Formulierungsvorschlag für ausführliche Grabpflege:**
> Meinen Erben mache ich zur Auflage, für mich eine Grabstelle auf dem Friedhof der Kirchengemeinde auf 25 Jahre zu pachten. Als Grabstein möchte ich einen Marmorblock der Größe … mit folgender Inschrift … . Das Grab soll vierteljährlich neu gestaltet werden, mit der Ausführung ist die Friedhofsgärtnerei zu betrauen. Die Trauerfeier ist mit der … Messe gesanglich zu gestalten. Anschließend sind die Teilnehmer der Trauerfeier angemessen zu bewirten.

3. Anordnungen zum Erwirken eines bestimmten Verhaltens

11 Der Rückgriff auf die Auflage empfiehlt sich, wenn der Erblasser den **Bestand** der Zuwendung nicht von dem gewünschten Verhalten abhängig machen will. Gegenüber der Erbeinsetzung unter einer Bedingung vermeidet er so die Schwierigkeiten einer Vor- und Nacherbfolge. Andererseits ist der Begünstigte bei **auflagewidrigen,** aber gleichwohl rechtswirksamen Handlungen des Beschwerten mit **Schadensersatzansprüchen** ausgeschlossen, § 2196 BGB.

---

[19] *Haegele/Winkler* Rdnr. 691.
[20] FG München Urt. v. 3.9.2003 – FG Report 2003, 19

a) **Verwaltungsvollmachten für den Testamentsvollstrecker.** Im Spannungsfeld von Erb- und Gesellschaftsrecht reicht die gesetzliche Stellung des Testamentsvollstreckers nicht stets zur Verwaltung der vererbten Unternehmensbeteiligung aus.[21] Die Auflage kann die Erben zur Erteilung der erforderlichen Vollmachten oder gegebenenfalls auch **treuhänderischen** Übertragung der Beteiligungen an den Testamentsvollstrecker anhalten. Bei der Beratung darf nicht übersehen werden, dass die **Vertretungslösung** vom BGH skeptisch beurteilt wird, da sie zur Haftung des Erben mit seinem eigenen Vermögen führen kann.[22] Auch die Verpflichtung zur Erteilung einer unwiderruflichen Generalvollmacht wird zunehmend in Zweifel gezogen.[23] Eine frei widerrufliche Vollmacht oder eine beschränkte Vollmacht wird wiederum den praktischen Bedürfnissen nicht gerecht. Die Treuhandlösung wirft die Schwierigkeit auf, jemanden zu finden, der bereit ist, die im Außenverhältnis unbeschränkbare Haftung zu übernehmen.

> **Formulierungsvorschlag für OHG:**
> Meinen Erben mache ich zur Auflage, dem Testamentsvollstrecker ihre Komplementäranteile an der A-OHG zu treuen Händen zu übertragen, um die angeordnete Verwaltungsvollstreckung zu ermöglichen.

> **Formulierungsvorschlag für GmbH:**
> Meinen Geschäftsanteil an der A-GmbH vermache ich meiner Tochter mit der Auflage, den Testamentsvollstrecker zur Wahrnehmung ihres Stimmrechts zu bevollmächtigen.

Eine gangbare Alternative bietet die Auflage, eine juristische Person zu gründen. Wegen der Einzelheiten wird auf § 40 und auf § 19 Rdnr. 215 ff. verwiesen.

Auch außerhalb des **Gesellschaftsrechts** bietet sich die Anordnung der Testamentsvollstreckung zur Durchsetzung von **Verwaltungsauflagen** an. Der Verstoß gegen die Auflage kann mit der Absetzung des Testamentsvollstreckers sanktioniert werden. Anders als eine Verwaltungsanordnung gem. § 2216 BGB kann die Auflage nicht vom Nachlassgericht außer Kraft gesetzt werden.[24]

> **Formulierungsvorschlag:**
> Zur Verwaltung des Haus- und Grundbesitzes in …, … Straße …, ordne ich Testamentsvollstreckung an. Zum Testamentsvollstrecker ernenne ich Herrn A, ersatzweise Herrn B und weiter ersatzweise Herrn C. Dem Testamentsvollstrecker mache ich zur Auflage, meinen langjährigen Mietern X und Y nicht zu kündigen. Verstößt ein Testamentsvollstrecker gegen die Auflage, endet seine Berufung.

b) **Verwaltung des Nachlassvermögens durch die Erben.** Mit Auflagen kann der Erblasser die **Verwaltung** seines Vermögens durch die Erben steuern. Sie kann gegenüber der Anordnung der Verwaltungsvollstreckung eine Alternative bieten, wenn der Erblasser die Kosten einer Testamentsvollstreckung scheut, dem Erben die **Verfügungsbefugnis** grundsätzlich belassen möchte oder nach seiner Einschätzung die familiäre Situation hinreichende Gewähr für die **Überwachung** der Auflage bietet.

---

[21] Mayer/Bonefeld/Wälzholz/Weidlich S. 207.
[22] BGH Urt. v. 20.1.1969 – WM 1969, 492, 493.
[23] Mayer/Bonefeld/Wälzholz/Weidlich S. 208, 209 m.w.N.
[24] Soergel/Damrau § 2216 Rdnr. 10; BayObLG Beschl. v. 14.4.1961 – BayObLGZ 61, 155.

> **Formulierungsvorschlag:**
> Mein Sohn erhält das Aktienpaket mit der Auflage, bis zum erfolgreichen Abschluss seiner Ausbildung nicht über die Substanz zu verfügen.

> **Alternative:**
> Meinen Erben mache ich zur Auflage, dass sie sich vor einer eventuellen Veräußerung der Vermögensanlagen mit meinem Geschäftspartner, Herrn A, beraten.

Die Beeinflussung des Erben in Vermögensfragen findet ihre Grenze in § 2302 BGB. Auch über eine Auflage können ihm keine Vorgaben für sein **Testament** aufgezwungen werden. Je nach Konstellation kann jedoch die Umdeutung unzulässiger Testiervorgaben in eine Nacherbfolge in Betracht kommen.

15   c) **Schenkungen auf den Todesfall.** Um bei Schenkungen den Wettlauf zwischen Widerruf und Vollzug zu vermeiden, kann die Auflage den Widerruf verbieten.[25]

> **Formulierungsvorschlag:**
> Die Erben erhalten die Auflage, die Schenkung des bei der Bank zugunsten Frau B auf meinen Todesfall angelegten Depotkonto Nr.... ., nicht zu widerrufen.

Handelt der Beschwerte der Auflage zuwider, kann ein gleichwohl erfolgter **Widerruf** als **unzulässige Rechtsausübung** der Rückforderung der Zuwendung entgegengehalten werden.[26]

16   d) **Verteilung von Andenken.** Die Auflage erlaubt eine flexible Verteilung von Gegenständen, bei denen der Erinnerungswert den Sachwert übersteigt und deshalb eine zwanglose Behandlung der Nachlassverteilung wünschenswert scheint.

> **Formulierungsvorschlag:**
> Meine Erben beschwere ich zu gleichen Teilen mit der Auflage, meine Jagdtrophäen an meine Kameraden des Jagdvereins J zu verteilen und dabei nach Möglichkeit deren Wünschen nachzukommen.

4. Anordnungen zugunsten eines noch nicht bestimmbaren Personenkreises

17   a) **Wissenschafts- und Kunstförderung.** Die Auflage ermöglicht es, anders als die Erbeinsetzung, einem Dritten die endgültige Auswahl der Begünstigten zu überlassen. Nicht zulässig ist jedoch die Angabe eines **Personenkreises** ohne **Zweckbestimmung,** sofern letztere nicht durch Auslegung ermittelbar ist.[27] Der Erblasser kann damit für caritative, künstlerische oder wissenschaftliche Zwecke Vermögen bereitstellen. Als Dritte kommen natürliche Personen oder juristische Personen in Betracht. Die Stiftung empfiehlt sich insbesondere bei größeren Vermögen, vgl. §§ 38, 39.

> **Formulierungsvorschlag für Wissenschaft:**
> Die Erben werden zu gleichen Teilen mit der Auflage beschwert, jährlich 10% der Rendite meines Aktienvermögens zur Förderung der Krebsforschung zu verwenden. Sie können den Be-

---

[25] BGH Urt. v. 14.7.1976 – WM 1976, 113, 115.
[26] *Kümpel* WM 1977, 1186, 1192.
[27] Staudinger/*Otte* § 2193 Rdnr. 1.

§ 14 Auflage

trag geeigneten Hochschulen oder Forschungsinstituten nach eigenem Ermessen zur Verfügung stellen.

Formulierungsvorschlag für Künstlerförderung:
Mein Erbe soll jährlich ein Stipendium in Höhe des jeweiligen Bafög-Höchstsatzes für einen Studenten der Kunsthochschule in A-Stadt zur Verfügung stellen. Die Auswahl des Stipendiaten überlasse ich dem Zulassungsgremium der Hochschule.

b) **Caritative Anliegen.** Bei wohltätigen Zuwendungen gilt es, die Grenzen des **Schonvermögens** bei Sozialhilfeempfängern zu berücksichtigen, vgl. § 88 BSHG i.V.m. der DVO zu § 88 BSHG. Anderenfalls wird sich die Zuwendung als Entlastung der öffentlichen Kassen auswirken, was die Zwecke der Anordnung im Zweifel verfehlt. Die Auflage ermöglicht flexiblere Lösungen als ein Vermächtnis zugunsten des Bedürftigen selbst. Eine gesetzliche Auslegungsregel[28] enthält § 2072 BGB für letztwillige Zuwendungen zugunsten der **Armen**. Die unbestimmte Bezeichnung des Personenkreises gilt im Zweifel als Zuwendung an die Träger der Sozialhilfe des letzten Wohnsitzes des Erblassers, mit der Auflage, die Zuwendung unter den Armen zu verteilen. Entsprechend wird die Vorschrift angewandt, wenn die Zuwendung an „Minderbemittelte" oder „sozial Schwache" oder eine bestimmte Gruppe Bedürftiger[29] gerichtet ist. Auflageanordnungen zugunsten „gemeinnütziger Zwecke" rechtfertigen die analoge Anwendung nicht.[30]

Formulierungsvorschlag:
Dem Altersheim S vermache ich € 15.000,– mit der Auflage, sozialhilfebedürftigen Bewohnern davon Sachspenden nach deren Auswahl zukommen zu lassen.

5. Grenzen

a) **Zeitliche Beschränkungen.** Obschon eine Regelung fehlt, sind doch die Grundentscheidungen der Nachlassbindung zu beachten. § 2210 BGB aber auch die Bestimmungen bei Vor- und Nacherbfolge können einen Maßstab bilden. Die Vorschriften des Vermächtnisrechts, §§ 2162, 2163 BGB, sind nicht für anwendbar erklärt worden, da die Auflage auch stiftungsähnlichen **Dauerzwecken** dienen soll.[31] Die zeitlichen Grenzen folgen aber indirekt aus den Beschränkungen für die Anordnung von Nacherbschaft oder Nachvermächtnis.[32] Umgehen lassen diese sich konstruktiv nur durch die Beschwerung einer juristischen Person.[33] Bei **Unterlassungspflichten** und **Verwaltungsauflagen** wird in der Literatur die entsprechende Anwendung des § 2210 BGB gefordert.[34] Der Anspruch auf **Vollziehung** einer Auflage unterliegt der Verjährung gem. § 197 Abs. 1 Nr. 2 BGB[35] nach 30 Jahren; die Verjährung beginnt bei einer Unterlassungsauflage allerdings gem. § 199 Abs. 5 BGB erst nach der ersten Zuwiderhandlung. Bei einem andauernden Verpflichtung beginnt die Verjährung gem. § 212 Abs. 1 Nr. 1 BGB mit jedem Vollzug neu. Der Anspruch auf Vollziehung dürfte auch kaum vererblich sein, da er kein vermögenswertes Recht beinhaltet.[36] Für den Verjährungsbeginn sind §§ 2109, 2162 BGB zu beachten.

---

[28] Str. Palandt/*Edenhofer* § 2074 Rdnr. 1.
[29] BayObLG Beschl. v. 19.4.2000 – NJW-RR 2000, 1174.
[30] MünchKommBGB/*Leipold* § 2072 Rdnr. 9.
[31] Palandt/*Edenhofer* § 2192 Rdnr. 4; MünchKommBGB/*Schlichting* § 2192 Rdnr. 3.
[32] Staudinger/*Otte* § 2192 Rdnr. 20.
[33] Staudinger/*Otte,* 2192 Rdnr. 10.
[34] Staudinger/*Otte* § 2192 Rdnr. 10.
[35] Staudinger/*Otte* § 2194 Rdnr. 14 a.
[36] *Vorwerk* ZEV 1998, 297, 298.

20 **b) Sachliche Beschränkungen.** Bei der Beschwerung eines Pflichtteilsberechtigten mit einer Auflage darf § 2306 Abs. 1 BGB nicht übersehen werden. Übersteigt der Wert des Erbteils nicht den des Pflichtteils, gilt die Auflage als nicht angeordnet. Doch auch wenn der Wert höher ist, kann der Beschwerte durch eine Ausschlagung gem. § 2306 Abs. 1 S. 2 BGB die Erfüllung der Auflage umgehen.

21 **c) Wegfall des Beschwerten.** Die Vererblichkeit der Beschwerung mit der Auflage wird bei ihrer Anordnung in einem Erbvertrag teilweise abgelehnt, da sonst ein Vertrag zu Lasten Dritter vorläge.[37] Auch §§ 2192, 2161 BGB führten nur zum Eintritt der Erbeserben, wenn diese vor dem Erblasser verstürben.[38] Sofern es sich nicht um eine höchstpersönliche Auflage handelt, die nur einen bestimmten Beschwerten betrifft, geht jedoch die Verbindlichkeit aus einer Auflage gem. § 1967 Abs. 2 BGB auf die Erben des Beschwerten über.[39]

6. Durchsetzung der Auflage

22 **a) Ausgangslage.** Ein wesentlicher Punkt der Beratung eines Testierwilligen ergibt sich aus der Besonderheit der Auflage, dass der Begünstigte ihren Vollzug nicht erzwingen kann. Die Vollziehungsberechtigten, denen die rechtliche Durchsetzung der Auflage möglich wäre, haben nicht unbedingt ein Interesse daran. Dann kann es passieren, dass der letzte Wille nicht umgesetzt wird. Zur Durchsetzung verpflichtet ist nur der Testamentsvollstrecker.[40]

23 **b) Kosten.** Die Bereitschaft zur Durchsetzung der fremdnützigen Auflage wird zudem durch die kostenrechtliche Situation leiden. Nur der Testamentsvollstrecker kann gem. § 670 BGB seine **Auslagen** für die **Rechtsverfolgung** gegenüber dem Beschwerten dem Nachlass anlasten, im Übrigen fallen sie dem Vollziehungsberechtigten zur Last.[41] Eine Erstattung ist allenfalls möglich, sofern ein Vollziehungsberechtigter im **Auftrag** der anderen Vollziehungsberechtigten handelt oder wenn eine GoA für den Begünstigten[42] bejaht wird. Im Prozess trägt der Vollziehungberechtigte das Beurteilungsrisiko hinsichtlich der Rechtslage sowie der Beitreibbarkeit.[43]

24 **c) Zivilklage.** Die gerichtliche Durchsetzung erfolgt im Wege der **Leistungsklage,** wobei darauf zu achten ist, dass der Antrag auf Leistung an den Begünstigten, nicht an den Vollziehungsberechtigten zu stellen ist. Die Vollstreckung erfolgt sodann gemäß den gesetzlichen Vorschriften der §§ 803 ff. ZPO für **Geldforderungen.** Die Herausgabe richtet sich nach § 883, § 894 ZPO findet für **Willenserklärungen** Anwendung und bei Handlungen wie Unterlassungen gelten §§ 887, 888, 889, 890 ZPO. Ist dem Vollziehungsberechtigten Ermessen bei der Auswahl des Begünstigten eingeräumt, muss zuerst auf die **Ausübung des Wahlrechts** geklagt werden. Erst nach Fristablauf geht das Auswahlrecht auf den Kläger über, § 2192 Abs. 2 BGB.

Formulierungsvorschlag:
Der Beklagte wird verurteilt, nach billigem Ermessen einen Begünstigten auszuwählen. Die Auswahl hat bis zum … zu erfolgen. Nach erfolglosem Fristablauf geht das Wahlrecht auf den Kläger über.

---

25 **d) Fristsetzung durch das Nachlassgericht.** Steht einem Dritten das Bestimmungsrecht zu, kann diesem durch das Nachlassgericht eine Frist gesetzt werden, §§ 2193 Abs. 3, 2151 Abs. 3 BGB, § 80 FGG. Beteiligte an diesem Verfahren sind sowohl der **Beschwerte** als auch die **Vollziehungsberechtigten.** Die Rechtsfolgen der Fristsetzung bestimmen sich nach den §§ 2192, 2151 Abs. 3 S. 2 BGB. Gangbar ist dieser Weg in folgenden Konstellationen:
- Der Erblasser hat dem **Dritten** die Auswahl des Begünstigten überlassen, §§ 2192, 2151 BGB;

---

[37] OLG Thüringen Urt. v. 4.4.2001 – OLG-NL 2001, 199 ff.
[38] OLG Thüringen Urt. v. 4.4.2001 – OLG-NL 2001, 199 ff.
[39] *Daragan*, Praxiskommentar Erbrecht, § 2192 Rdnr. 8
[40] *Hass* SchlHAnz 1978, 61.
[41] *Lange/Kuchinke* § 30. III. 4.
[42] *Lange/Kuchinke* § 30. III. 4.; Soergel/*Dieckmann* § 2194 Rdnr. 11; AK-BGB/*Dubischar* § 2194 Rdnr. 3.
[43] *Sturm* S. 133.

- der Dritte kann entscheiden, in welchem Verhältnis die Zuwendung auf mehrere Begünstigte zu verteilen ist, §§ 2192, 2153 BGB;
- dem Dritten ist aus mehreren Gegenständen die Auswahl überlassen, §§ 2192, 2154 BGB;
- dem Dritten wird die Auswahl einer nur der Gattung nach bestimmten Sache überlassen, §§ 2192, 2155 BGB.[44]

Trotz des Verweises auf das Vermächtnisrecht geht das Bestimmungsrecht nach der ergebnislosen **Fristsetzung** nicht auf den **Auflagebegünstigten** über. An die Stelle des Dritten treten nach Fristablauf vielmehr die sonstigen Vollziehungsberechtigten. Die Entscheidung erfolgt durch den Rechtspfleger, § 3 Nr. 2 c RPflG. Die **Gebühren** richten sich nach § 114 KostO. Gegen die Fristbestimmung findet die sofortige Beschwerde statt. Die Fristsetzung wird mit der Zustellung an die Beteiligten wirksam. Die Zustellung muss an alle Beteiligten erfolgen, die Beschwerdefrist beginnt jeweils mit der Zustellung. Die Kostenverteilung regelt sich gem. § 13 a FGG nach Billigkeit. Sofern der Antragsteller nicht obsiegt oder die Kosten nicht beitreiben kann, bleibt er auf etwaige Ansprüche aus Auftrag oder GoA verwiesen.

> **Formulierungsvorschlag:**
> An das Amtsgericht – Nachlassgericht – (in Baden-Württemberg: Notariat) In der Nachlasssache A., verstorben am …, zuletzt wohnhaft in … Beteiligte … (Antragsteller, Antragsgegner, Vollziehungsberechtigte) wird beantragt, dem Antragsgegner zur Auswahl des Auflagebegünstigten eine Frist zu setzen.
> Begründung: … .

e) **Testamentsvollstreckung.** Zweckmäßiger als die vorgenannten Lösungen ist meist die Anordnung der Testamentsvollstreckung. Hat der Erblasser einen Dritten zur Vollziehung verpflichtet, liegt darin eine solche Anordnung.[45] Die Testamentsvollstreckung kann auf die Durchsetzung der Auflage beschränkt werden, §§ 2208, 2223 BGB.

f) **Sonstige Möglichkeiten.** Darüber hinaus kann der Erblasser die Durchsetzung der Auflage durch die Anordnung von **Sanktionen** absichern. Die Erbeinsetzung oder der Vermächtnisanfall kann unter die auflösende Bedingung der Nichtvollziehung der Auflage gestellt werden. Dabei darf nicht übersehen werden, dass Regelungen für die Nacherbfolge oder ein Nachvermächtnis erforderlich werden.

> **Formulierungsvorschlag:**
> Ich setze Herrn A ein Vermächtnis über € 15.000,– aus, mit der Auflage, … . Falls er der Auflage trotz rechtskräftiger Verurteilung nicht nachkommt, fällt das Vermächtnis an Frau B, die ich zugleich mit der Vollziehung beauftrage.

Es sollte festgelegt werden, ob und welche vergeblichen Maßnahmen des Vollziehungsberechtigten dem Bedingungseintritt vorausgehen müssen. Anderenfalls ist die Rechtslage nicht anders als bei der bedingten Zuwendung.

7. Kontrolle des Bestimmungsrechts

Auch wenn der Beschwerte die Auswahl der Begünstigten nach eigenem Ermessen durchführen darf, unterliegt er den Maßgaben der §§ 315 Abs. 3, 319 Abs. 1 oder Abs. 2 BGB. Steht die Auswahl in freiem Belieben, kann sie gerichtlich auf **Arglist** oder offensichtliche **Zweckverfehlung** überprüft werden.[46] Falls die Auswahl des Begünstigten oder die Vollziehungsweise für unwirksam erachtet werden, obliegt die erneute Entscheidung über die Ausübung des Ermessens nicht dem Gericht, sondern dem Vollziehungskläger. War ein Dritter zur Auswahl des

---

[44] Keidel/*Winkler* FGG § 80 Rdnr. 2 bis 5.
[45] Staudinger/*Otte* § 2194 Rdnr. 6.
[46] BGH Urt. v. 24.2.1993 – BGHZ 121, 357.

Begünstigten aufgerufen, fällt die Entscheidung dem Beschwerten zu.[47] Das **Bestimmungsrecht** geht erst über, wenn nach der rechtskräftigen Verurteilung des Beschwerten zur Vollziehung eine hierzu gesetzte Frist fruchtlos abgelaufen ist.[48] Die Fristsetzung kann mit dem Urteil verbunden werden, § 255 ZPO findet Anwendung. Die **Beweislast** für Fälligkeit und Wirksamkeit der Auflage, aber auch für Gründe, aus denen die Unwirksamkeit der Bestimmung des Begünstigten folgt, trägt der Vollziehungskläger. Die Rspr.[49] hilft ihm durch die Modifizierung der **Darlegungslast**. Der Beklagte schuldet die substantiierte Sachverhaltsdarstellung, wenn nur er die Hintergründe kennt.

32 **Formulierungsvorschlag:**
Der Beklagte wird verurteilt, innerhalb von sechs Monaten ab Urteilsrechtskraft sein Bestimmungsrecht unter Beachtung der Rechtsauffassung des Gerichts auszuüben. Nach Fristablauf geht das Bestimmungsrecht auf den Kläger über.

8. Sekundärpflichten

33 **a) Gewährleistung.** Schadensersatz wegen Nichterfüllung hat der Beschwerte wegen § 2196 BGB nicht zu leisten. Er schuldet nur die Herausgabe des durch die unterbliebene Vollziehung Ersparten an den Nächstberufenen. Jedoch wird die Haftung aus § 826 BGB oder § 280 Abs. 1 BGB in Betracht gezogen.[50] Wird auf Grund der Auflage ein konkreter Gegenstand geschuldet, ist der Beschwerte im Zweifel nicht verpflichtet, etwaige Rechte Dritter an diesem zuvor zu beseitigen, §§ 2182 Abs. 3, 2165, 2166 BGB. Anderes gilt bei der **Gattungsauflage:** entsprechend §§ 2182, 2183 BGB schuldet der Beschwerte einen **mängelfreien** Gegenstand, der zudem frei von Rechten Dritter sein muss.[51]

34 **b) Nutzungen und Verwendungen.** Für die Herausgabe von Nutzungen gilt § 2184 BGB entsprechend.[52] Der Beschwerte muss die Früchte, die er nach dem Anfall der Auflage gezogen hat, herausgeben. Umstritten ist die Anerkennung von Verwendungen.[53] Die Ablehnung unter dem dogmatischen Gesichtspunkt des fehlenden Gegenanspruchs für § 1000 BGB überzeugt dabei weniger als die flexible Lösung über die Auslegung der letztwilligen Verfügung. Bei der Beratung des Erblassers empfiehlt es sich deshalb, bei erkennbaren Konfliktlagen entsprechende Bestimmungen vorzusehen.

35 **c) Unmöglichkeit.** Unmöglichkeit liegt vor, wenn auch durch Modifikationen der vorgesehenen **Vollziehungsweise** die Auflage nicht mehr erfüllt werden kann. So ist die Vollziehung beispielsweise möglich, wenn der vom Erblasser gewünschte Gottesdienst statt in der Familiengruft an einem anderen Ort abgehalten werden kann.[54] Möglich ist die Vollziehung auch, wenn sie lediglich finanzielle Schwierigkeiten aufwirft.[55] Ferner bleibt die Erfüllung der Auflage möglich, wenn der Erblasser sie von vorne herein unter die Bedingung gestellt hat, dass die Unmöglichkeit eines Tages behoben werden soll, §§ 2192, 2171, 308 Abs. 1 BGB. Steht die Auflage unter einer aufschiebenden Bedingung oder Befristung, bestimmt der Bedingungseintritt den maßgeblichen **Beurteilungszeitpunkt** für die Unmöglichkeit. Es genügt, wenn sie zu diesem Zeitpunkt vollzogen werden kann; eine etwaige vorherige Unmöglichkeit ist unschädlich. Ob sich die Auflage nach dem Wegfall des zugewandten Gegenstandes auch auf ein Surrogat bezieht, ist eine Frage der Auslegung.[56]

---

[47] MünchKommBGB/*Skibbe* § 2193 Rdnr. 7; Soergel/*Dieckmann* § 2193 Rdnr. 5.
[48] BGH Urt. v. 24.2.1993 – BGHZ 121, 362.
[49] BGH Urt. v. 24.2.1993 – BGHZ 121, 365.
[50] *Lange/Kuchinke* Erbrecht § 30. III. 5. d) a).
[51] Staudinger/*Otte* 2192 Rdnr. 23.
[52] Soergel/*Dieckmann* § 2192 Rdnr. 12.
[53] Staudinger/*Otte* § 2192 Rdnr. 24 verneinend; a.A. *Lange/Kuchinke* § 30. II. 3. c).
[54] BGH Urt. v. 30.11.1964 – BGHZ 42, 327; *Lange/Kuchinke* § 30. III. 5. b).
[55] *Hass* SchlHAnz 1978, 61.
[56] *Lange/Kuchinke* Erbrecht § 30. III. 5. b).

d) Haftung bei Unmöglichkeit.
Macht der Beschwerte die Vollziehung der Auflage durch sein Verhalten unmöglich oder verweigert er bei unvertretbaren Handlungen die Vollziehung, muss er die Zuwendung herausgeben, soweit sie für die Erfüllung der Auflage bestimmt war, § 2196 Abs. 1 BGB. Die Herausgabe richtet sich nach §§ 818, 819 BGB und erfolgt an den Vollziehungsberechtigten, nicht an den Begünstigten. Nach herrschender Meinung ist die Bereicherung jedoch an den Begünstigten weiterzureichen.[57] Der Herausgabe unterläge etwa der Betrag, der für den mittlerweile verendeten Hund zu verwenden gewesen wäre. Sie umfasst gem. § 818 Abs. 1 BGB das Surrogat für einen untergegangenen Gegenstand und den Wertersatz gem. § 818 Abs. 2 BGB. Bei einer Auflage ohne vermögenswerten Inhalt kann sich der Anspruch auf die ersparten Kosten der Vollziehung richten.[58] Verletzt der Beschwerte ein Veräußerungsverbot, muss er den erzielten Gewinn herausgeben.[59] Streitig ist, ob die Haftungsverschärfung des § 819 BGB greift, wenn der Beschwerte den Gegenstand, der der Erfüllung der Auflage dient, mutwillig zerstört. Nach einer Ansicht ist kein Anspruch entstanden,[60] da Entreicherung und Zerstörung zusammenfallen. Angemessener scheint es jedoch, die Haftung über Wertersatz gem. § 818 Abs. 2 BGB[61] oder aus pVV[62] zu bejahen.

Wird die Vollziehung einer Auflage unmöglich ohne dass der Beschwerte dies verschuldete, wird er gem. § 275 Abs. 1 BGB von der Verpflichtung zur Leistung frei.[63]

9. Anfechtung, Ausschlagung oder Verzicht

Die Anfechtung einer Auflage ist gegenüber dem **Nachlassgericht** zu erklären, § 2081 BGB, nicht gegenüber dem Begünstigten. Die **Zuständigkeit** des Gerichts richtet sich nach dem letzten **Wohnsitz** des Erblassers. In Baden-Württemberg ist das Notariat Nachlassgericht. Der Begünstigte kann mangels eigenem Recht auf die Zuwendung nicht entspr. § 1945 BGB ausschlagen. Der **Verzicht** des Begünstigten ist zwar nach der zivilrechtlichen Dogmatik mangels Anspruch umstritten,[64] jedoch im Ergebnis zu bejahen. Erklärt der Begünstigte, er wolle die Zuwendung nicht, kann sich der Beschwerte gegenüber einem späteren Sinneswandel auf § 242 BGB berufen.[65] Der Vollziehungsberechtigte kann grundsätzlich auf sein Durchsetzungsrecht verzichten. Dies kann jedoch **sittenwidrig** sein, weil sich der Verzicht quasi zu Lasten eines Dritten, des Begünstigten, auswirkt.

Als sittenwidrig werden auch rechtsgeschäftliche Vereinbarungen mit Dritten angesehen, welche die Durchsetzbarkeit einer Auflage verhindern sollen.[66] Sittenwidrigkeit liegt jedoch nicht vor, wenn auf Grund einer **Veränderung der Sachlage** die Vollziehung der Auflage nicht mehr dem Erblasserwillen entspricht.[67]

10. Insolvenz

Auch mittels Auflage lassen sich nicht Teile eines ansonsten überschuldeten Nachlasses an den Gläubigern vorbei übertragen. Auflagen werden lediglich **nachrangig** befriedigt, § 327 Abs. 1 Nr. 2 InsO, § 1991 BGB.[68] Die Auflagen sind **Erbfallschulden**, § 325 InsO. Wird die Auflage dennoch erfüllt, können vorrangige Gläubiger anfechten, auch wenn die Leistung zunächst aus eigenen Mitteln des Vollzugsberechtigten erfolgt.[69] Die Nachrangigkeit ist bei der Prüfung der Konkursmasse festzustellen und in der Tabelle festzuhalten. Sofern freilich der Erblasser selbst mit einer Auflage beschwert war, liegt eine gewöhnliche Insolvenzforderung vor, § 327 InsO. **Nachlassgläubiger** ist nicht der Begünstigte, sondern stets der Vollziehungs-

---

[57] Soergel/*Dieckmann* § 2196 Rdnr. 8; Palandt/*Edenhofer* § 2196 Rdnr. 22; Kipp/*Coing* § 65 III.; a.A. Staudinger/*Otte* § 2196 Rdnr. 6.
[58] Staudinger/*Otte* § 2196 Rdnr. 4.
[59] Staudinger/*Otte* § 2196 Rdnr. 4.
[60] Staudinger/*Otte* § 2196 Rdnr. 5; MünchKommBGB/*Skibbe* § 2196 Rdnr. 7.
[61] Soergel/*Dieckmann* § 2196 Rdnr. 8; *Brox* Erbrecht § 28 IV. 2. Rdnr. 445.
[62] Lange/*Kuchinke* § 28. III. 5. Fn. 79.
[63] MünchKommBGB/*Schlichting* § 2196 Rdnr. 3.
[64] Staudinger/*Otte* § 2192 Rdnr. 14.
[65] *Sturm* S. 177.
[66] BGHZ 121, 357, 367.
[67] RGRK/*Johannsen* § 2194 Rdnr. 9; Palandt/*Edenhofer* § 2194 Rdnr. 9; Soergel/*Dieckmann* § 2194 Rdnr. 11.
[68] Nerlich/Römermann/*Andres* § 322 Rdnr. 2.
[69] Nerlich/Römermann/*Andres* § 332 Rdnr. 4.

berechtigte. Dieser klagt im eigenen Namen, nicht im Namen des Begünstigten.[70] Da es nur in Ausnahmefällen zur Befriedigung der nachrangigen Forderung kommen wird, kann die Forderung erst auf Aufforderung durch den Insolvenzverwalter hin angemeldet werden. Eine **Anmeldung** ohne Aufforderung ist unzulässig.[71]

39 **Formulierungsvorschlag:**
An den Insolvenzverwalter, ich nehme Bezug auf Ihre Aufforderung vom ... und melde eine nachrangige Forderung gem. § 327 Abs. 1 Nr. 2 InsO an. Ich bin Testamentsvollstrecker des 2006 verstorbenen Erblassers, der zur Vollziehung der Auflage, € 10.000,– für Wohltätigkeitszwecke an städtische Einrichtungen zu verteilen, Testamentsvollstreckung angeordnet hat. Das eröffnete Testament sowie ein Testamentsvollstreckerzeugnis füge ich als Anlagen bei.

Im Übrigen wird hierzu auf § 25 verwiesen.

11. Auflage und Pflichtteilsrecht

40 Die – vorrangige – Pflichtteilslast berechtigt den beschwerten Erben zur anteiligen Kürzung bei Leistungen auf Grund einer Auflage, §§ 2318, 2322, 2323 BGB. Der Pflichtteilsanspruch ist verhältnismäßig vom Erben und aus der Auflage zu befriedigen, § 2318 Abs. 1 BGB. Steht dem Erben selbst ein Pflichtteilsrecht zu, kann er die Verpflichtung aus der Auflage soweit kürzen, dass ihm der volle Pflichtteil verbleibt, § 3218 Abs. 3 BGB. Sofern der Erbteil nicht den Wert des Pflichtteils übersteigt, gilt die Auflage gem. § 2306 Abs. 1 S. 1 BGB als nicht angeordnet. Übersteigt der beschwerte **Erbteil** den Wert des Pflichtteils, kann der Erbe gem. § 2306 Abs. 1 S. 2 BGB ausschlagen und den Pflichtteil verlangen. In diesem Fall kann auch derjenige, der an die Stelle des Erben tritt, die Erfüllung der Auflage verweigern, soweit er den Pflichtteil bedienen muss. Der beschwerte Vermächtnisnehmer kann gem. § 2187 BGB die **Erfüllung** der Auflage verweigern, soweit die Zuwendung nicht ausreicht.

12. Erbschaftsteuerliche Behandlung

41 a) **Steuerpflicht.** Grundsätzlich ist auch der Erwerb aus einer Auflage steuerpflichtig, § 3 Abs. 2 Nr. 2 ErbStG. Die Steuerpflicht des Auflagebegünstigten entsteht mit der Vollziehung der Auflage, § 9 Abs. 1 Nr. 1 d ErbStG, bei aufschiebenden Bedingungen und Befristungen mit deren Eintritt. Beim Beschwerten wird die steuerpflichtige Bereicherung durch die Auflage gemindert, §§ 10 Abs. 5 Nr. 2, 20 ErbStG. Die **Wertbemessung** der Auflage erfolgt gem. §§ 13 bis 16 BewG. Bei einer Auflage im Interesse des Beschwerten unterbleibt eine Minderung der Steuerlast, wenn die Zuwendung gem. § 10 Abs. 9 ErbStG dem Beschwerten zugute kommt, wie etwa bei wertverbessernden **Renovierungsmaßnahmen** bezüglich des ererbten Hauses.[72] Bei Auflagen an juristische Personen entfällt die Abzugsfähigkeit, wenn die Zuwendung zur Erfüllung des satzungsmäßigen Zwecks erfolgt.

42 b) **Zweckzuwendung.** Sofern die Auflage keinen bestimmbaren Begünstigten ausweist, muss gem. § 8 ErbStG die Auflage beim **Beschwerten** versteuert werden. Hiervon macht die Rechtsprechung eine Ausnahme: Eine Zuwendung im eigenen Interesse des Erblassers ist beim Empfänger abzugsfähig. Dies hat der BFH[73] für die Grabpflege entschieden. Allerdings wird die Besteuerung bei Zweckzuwendungen kaum vorkommen, weil gerade die typischen Konstellationen gem. § 13 Abs. 1 Nr. 16, 17 ErbStG steuerbefreit sind. Denn Zweckzuwendungen, die ausschließlich und unmittelbar **kirchlichen, gemeinnützigen** oder **mildtätigen** Zwecken dienen, sind von der Besteuerung ausgenommen, § 13 Abs. 1 Nr. 17 ErbStG. Neben der Wissenschafts-, Kultur- und Sportförderung umfasst § 52 AO ein weitgefächertes Feld möglicher gemeinnütziger Zwecke.[74] Die zweckgebundene Verwendung muss gewährleistet sein. Hierauf ist bei der Auswahl des Vollziehungsberechtigten zu achten. Neben der Einschaltung staatlicher

---

[70] Nerlich/Römermann/*Andres* § 327 Rdnr. 6.
[71] Nerlich/Römermann/*Andres* § 329 Rdnr. 4.
[72] FG Rheinland-Pfalz Urt. v. 25.9.1992 – BB 1993, 1725.
[73] BFH Urt. v. 5.11.1992 – BStBl. 1993 II, 161; BFH Urt. v. 30.9.1987 – BStBl. 1987 II, 861.
[74] *Tipke/Kruse* AO § 52 Rdnr. 11 bis 54.

Stellen oder Religionsgemeinschaften kommt die Bildung eines selbstständigen Zweckvermögens, ErbStR 49 II 2, in Betracht.[75]

Die Auflage kommt auch als steuerliches Gestaltungsmittel bei Ehegattentestamenten ins Spiel.[76] Sie kann dem letztversterbenden Ehegatten den Gesamtnachlass und den Abkömmlingen den Freibetrag nach dem erstversterbenden Elternteil erhalten. Denn anders als beim Vermächtnis ist für die Auflage die entsprechende Anwendung des § 6 Abs. 2 ErbStG nicht angeordnet, vgl. § 6 Abs. 4 ErbStG. Der Bestand dieser Rechtslage ist jedoch ungewiss. Weitergehende Vorschläge zur Absicherung macht Mayer.[77]

13. Zivilgesetzbuch

Die Anwendung des ZGB auf Erbfälle vor dem 3.10.1990 wird nur noch in Ausnahmefällen in Betracht kommen. Nach § 371 ZGB konnte der Erblasser dem Erben oder Vermächtnisnehmer Verpflichtungen auferlegen, die aus den Mitteln des Nachlasses zu erfüllen waren, ohne dass ein anderer einen Anspruch auf die Leistung hatte. Nicht gestattet waren **Verwaltungsanordnungen**, § 371 Abs. 2 ZGB. Im Übrigen wird hinsichtlich des Deutsch-deutschen Erbrechts auf § 67 Rdnr. 14 verwiesen.

14. Unwirksamkeit

Neben der oben, Rdnr. 30, erörterten Unmöglichkeit kommen Verstöße gegen die **Rechtsordnung**, § 134 BGB, und die **Sittenwidrigkeit**, § 138 BGB, als Gründe für die Unwirksamkeit in Betracht.

Gem. § 2195 BGB ist die Wirksamkeit der Zuwendung unter Auflage grundsätzlich unabhängig von der Wirksamkeit der Auflage selbst. Hinsichtlich der Sittenwidrigkeitstatbestände wird inhaltlich auf § 7 Rdnr. 12, 13 und § 15 Rdnr. 36 bis 40 verwiesen. Entgegen der Vermutung des § 2195 BGB entfällt die Zuwendung, wenn sie allein[78] durch den mit der Auflage verfolgten Zweck veranlasst ist.[79] Die Beweislast trägt, wer sich auf die Unwirksamkeit der Zuwendung beruft. Als Indiz für den Bestand der Zuwendung kann gelten, dass kein Untervermächtnis angeordnet wurde, umgekehrt kann der **Wertverzehr** einer Zuwendung durch die Auflage ausnahmsweise die rechtliche Abhängigkeit belegen.

---

[75] *Meincke* ErbStG § 13 Rdnr. 55.
[76] *Daragan* DStR 1999, 393 ff.
[77] *Mayer* DStR 2004, 1409, 1413 f.
[78] Staudinger/*Otte* § 2195 Rdnr. 3.
[79] Soergel/*Dieckmann* § 2195 Rdnr. 3.

§ 15 Bedingungen und Befristungen

Übersicht

	Rdnr.
I. Einführung	1–30
1. Die gesetzliche Regelung	1–5
a) Anwendungsbereich	1–3
b) Zweck	4
c) Formfragen	5
2. Arten der Bedingungen	6–12
a) Aufschiebende Bedingungen	6/7
b) Auflösende Bedingungen	8/9
c) Potestativbedingungen	10/11
d) Bedingungen zugunsten Dritter	12
3. Befristung	13
4. Abgrenzung zu Rechtsbedingung, Beweggrund, Motiv, Auflage und Wunsch	14–17
5. Der Bedingungs- und Befristungseintritt	18–20
a) Feststellung des Bedingungseintritts	18
b) Rechtsfolgen	19
c) Nutzungen und Früchte	20
6. Anfechtbarkeit	21
7. Zeitliche und rechtliche Grenzen	22–25
a) Erbrechtliche Schranken	22/23
b) Zeitliche Grenzen	24
c) Unmöglichkeit	25
8. Sicherung und Haftung beim Vermächtnis	26/27
a) Sicherung	27
b) Haftung	27
9. Rechtslage nach dem ZGB	28
10. Steuerliche Regelung	29/30
II. Typische Gestaltungsformen	31–48
1. Verwirkungsklauseln	31
2. Veräußerungsverbote	32–35
3. Klauseln betreffend die Lebensgestaltung des Bedachten	36–38
a) Wohlverhaltensklauseln	36
b) Qualifikationen beruflicher und persönlicher Art	37
c) Lebenswandel	38
4. Grenzen der Einflussnahme	39–41
a) Die Konfessionswahl	39
b) Einwirkung auf den Eheschluss	40
c) Wiederverheiratungsklauseln	41
5. Kaptatorische Klauseln	42
6. Pflichtteilsklauseln	43
7. Ersatzregelungen	44–48
a) Allgemein	44/45
b) Sicherung einer Mindestzuwendung	46
c) Unmöglichkeit	47
d) Unwirksamkeit wegen Sittenwidrigkeit	48

Schrifttum: *Birk,* Die Problematik der Verwirkungsklauseln in letztwilligen Verfügungen, DNotZ 1972, 284; *Brox,* Die Bestimmung des Nacherben oder des Gegenstandes der Zuwendung durch den Vorerben, in Festschrift für Bartholomeyczik, 1973, S. 41; *Caspar,* Die Rechtsstellung des auflösend befristeten und auflösend bedingten Erben, 1992; *Keuk,* Der Erblasserwille post testamentum. Zur Unzulässigkeit der testamentarischen Potestativbedingung, FamRZ 1972, 9; Kipp/*Coing* Erbrecht, 14. Aufl. 1990; *Lange/Kuchinke,* Lehrbuch des Erbrechts, 5. Aufl. 2001; *von Lübtow* Erbrecht, 1971; *Otte,* Die Bedeutung der „Hohenzollern"-Entscheidung des Bundesverfassungsgerichts für die Testierfreiheit, ZEV 2004, 393; *Pentz,* Pflichtteil bei aufschiebend bedingten Zuwendungen, MDR 1998, 751; *Scheuren-Brandes,* Wiederverheiratungsklauseln nach der Hohenzollern-Entscheidung-Handlungsbedarf für die Gestaltungspraxis?, ZEV 2005, 185; *Schlitt,* Klassische Testamentsklauseln, 1991; *Smid,* Rechtliche Schranken der Testierfreiheit aus § 138 I BGB, NJW 1990, 409; *Thielmann,* Sittenwidrige

§ 15 Bedingungen und Befristungen 1-4 § 15

Verfügungen von Todes wegen, 1973; *Willhelm*, Wiederverheiratungsklausel, bedingte Erbeinsetzung und Vor- und Nacherbfolge, NJW 1990, 2857; *Zawar*, Der bedingte oder befristete Erwerb von Todes wegen, DNotZ 1986, 515.

I. Einführung

Beratungscheckliste

☐ Zulässigkeit des Inhalts
  • Sittenwidrigkeit
  • Drittbestimmung
☐ Feststellbarkeit des Bedingungseintritts
☐ Rechtsfolgeregelung
  • Gestaltung der Nacherbfolge
  • Anwachsung oder Erbfolge nach Stämmen
  • Umfang des Herausgabeanspruchs
  • Vermächtnisaussetzung
  • Mindestzuwendung gem. § 2306 Abs. 1 S. 1 BGB
  • Ausschlagungsgefahr gem. § 2306 Abs. 1 S. 2 BGB
  • Vererblichkeit oder Ersatzerbe bei aufschiebender Bedingung

1. Die gesetzliche Regelung

a) **Anwendungsbereich.** Das Erbrecht setzt die Zulässigkeit von Bedingungen und Befristungen voraus, vgl. die Ersatzerbanordnung, § 2096 BGB, die Nacherbschaft, § 2100 BGB, Vermächtnisanordnungen, §§ 2177 bis 2179, 2190, 2196 BGB und den Ersatztestamentsvollstrecker, § 2197 BGB. Grundsätzlich finden die Regelungen für Rechtsgeschäfte unter Lebenden der §§ 158, 159, 160, 162 BGB Anwendung.[1] Die Bedingungen müssen ungewisse künftige Ereignisse zum Gegenstand haben. Ist der Eintritt des künftigen Ereignisses nicht datierbar, aber gewiss, liegt eine Befristung vor.[2] 1

Ergänzt werden die allgemeinen Vorschriften durch **die Sonderregelungen** der §§ 2074 bis 2076 BGB zur Auslegung von aufschiebenden und auflösenden Bedingungen sowie zur Beteiligung Dritter. Neben der Zuwendung von Erbteilen oder Vermächtnissen kann die Anordnung der **Testamentsvollstreckung**, einer **Auflage** oder einer **Teilungsanordnung** und der **Widerruf** einer letztwilligen Verfügung bedingt oder befristet werden. Auch der **Erbverzicht** und der praktisch wichtigere **Pflichtteilsverzicht** können unter Bedingungen erfolgen, am häufigsten ist hierbei die Zahlung einer Abfindung.[3] Unzulässig ist die bedingte Ausschlagung eines Vermächtnisses oder einer Erbeinsetzung. 2

Bei einer bedingten oder befristeten Erbeinsetzung löst der Bedingungseintritt die **Nacherbfolge** aus, §§ 2103, 2104 BGB. Soll diese Rechtsfolge ausgeschaltet werden, kann der Bedingungseintritt mit der Anordnung eines Vermächtnisses verknüpft werden. 3

b) **Zweck.** Bedingungen helfen dem Erblasser, differenzierte **Nachfolgeregelungen** durchzusetzen, um die Verteilung und Verwaltung des Nachlasses zu gestalten. Meist wird dabei der Erhalt des Vermögens in der Familie und für diese im Vordergrund stehen. Insbesondere gilt dies für vom Erblasser detailliert geplante Nachfolgeregelungen, namentlich in Unternehmensbeteiligungen. Vielfach wird es dem Erblasser auch auf die Beeinflussung des Lebenswandels des Erben ankommen, wobei hier die Kollision mit **Freiheitsrechten** des Erben zu bedenken ist. Befristungen dienen der flexiblen Anpassung von Verfügungsbeschränkungen. Dies gilt 4

---

[1] *Zawar* DNotZ 1986, 515, 524 m.w.N.
[2] Staudinger/*Otte* § 2074 Rdnr. 10.
[3] BGH Urt. v. 4.7.1962 – BGHZ 37, 319, 327.

insbesondere bei minderjährigen Erben. Daneben ist die Nacherbeinsetzung auf den Tod des Vorerben der praktisch bedeutendste Anwendungsbereich.

5   c) **Formfragen.** Bedingungen und Befristungen können in privatschriftlichen, öffentlichen und gemeinschaftlichen Testamenten sowie Erbverträgen Verwendung finden. Die bedingte oder befristete Erbeinsetzung ist unter der Angabe der Voraussetzungen des Bedingungseintritts in den **Erbschein** aufzunehmen[4] und bei der Eintragung des Vorerben von Amts wegen in das Grundbuch einzutragen, § 51 GBO.

> **Formulierungsvorschlag:**
> Alleiniger Erbe des am ... verstorbenen ... ist A. Aufschiebend/auflösend bedingte Nacherbfolge besteht im Falle, ... zugunsten des/der ... . Sie tritt im Zeitpunkt des Bedingungseintritts ein. Die Nacherbfolge erstreckt sich auf den gesamten Nachlass.

Betreffen Bedingungen oder Befristungen die Testamentsvollstreckung, sind sie im **Testamentsvollstreckerzeugnis** auszuweisen, § 2368 Abs. 1 BGB. In das **Handelsregister** hingegen wird nur der Vorerbe eingetragen.[5]

2. Arten der Bedingungen

6   a) **Aufschiebende Bedingungen.** Als Bedingung kommt jedes Tun oder Unterlassen des Bedachten oder eines Dritten in Betracht. Bei aufschiebenden Bedingungen bleibt die Vermächtnisanordnung in der Schwebe, die aufschiebend bedingte Erbeinsetzung wird als **Nacherbeinsetzung** behandelt, § 2103 BGB. Vorerben sind die gesetzlichen Erben, § 2105 Abs. 1 BGB, falls keine ausdrücklichen Anordnungen getroffen wurden. Die aufschiebend bedingte Erbenstellung ist im Zweifel **nicht vererblich**, § 2074 BGB. § 2069 BGB muss bei Zuwendungen an Abkömmlinge jedoch vorrangig geprüft werden.[6]

Beispiel:
Ich setze Herrn A unter der Bedingung, dass er die Geschäftsführung der Y-Gesellschaft übernimmt, als Alleinerben ein.

7   Bislang ist nicht geklärt, ob die Ungewissheit hinsichtlich des Eintritts der **Nacherbfolge** den aufschiebend bedingten Erben ohne weiteres[7] zur Geltendmachung seines Pflichtteils berechtigt.[8] Zum Teil wird gefordert, dass er gem. § 2306 Abs. 2 BGB ausschlagen müsse,[9] um eine vom Erblasser gerade nicht gewollte Bevorzugung zu vermeiden.
Bei der Beratung ist der Mandant aufzuklären, dass zwar die Ausschlagungsfrist erst mit dem Eintritt des Nacherbfalls zu laufen beginnt, §§ 1944, 2139, 2142 Abs. 2 BGB, aber das Pflichtteilsrecht nach dem Erblasser in jedem Fall binnen drei Jahren ab Kenntnisnahme gem. § 2332 Abs. 1 BGB verjährt.

8   b) **Auflösende Bedingungen.** Solange der Bedingungseintritt noch möglich ist, nimmt der auflösend bedingt eingesetzte Erbe die Stellung eines **Vorerben** ein.[10] Der Bedingungseintritt löst die Nacherbschaft aus. Auflösende Bedingungen liegen nach § 2075 BGB vor, wenn das Tun oder Unterlassen auf unbestimmte Zeit angeordnet ist.

Beispiel:
Meine Frau setze ich zu meiner Alleinerbin ein unter der Bedingung, dass sie sich nicht wieder verheiratet.

Wird das Verhalten jedoch nur für eine vorübergehende Zeit aufgegeben, greift § 2075 BGB nicht. Maßgeblich für die Abgrenzung sind die üblichen Auslegungskriterien.

---

[4] OLG Köln Beschl. v. 25.2.1992 – NJW-RR 1992, 1417, 1418.
[5] Palandt/*Edenhofer* Einf. § 2100 Rdnr. 8.
[6] BGH Urt. v. 23.10.1957 – NJW 1958, 22.
[7] Erman/*Schlüter* § 2306 Rdnr. 6.
[8] MünchKommBGB/*Lange* § 2306 Rdnr. 9; *Pentz* MDR 1998, 751; Palandt/*Edenhofer* § 2306 Rdnr. 8.
[9] Staudinger/*Haas* § 2306 Rdnr. 19 ff.; Soergel/*Dieckmann* § 2306 Rdnr. 6.
[10] Staudinger/*Otte* § 2074 Rdnr. 19; Palandt/*Edenhofer* § 2075 Rdnr. 5.

Der Anfall von Erbe oder Vermächtnis erfolgt sofort und währt, solange die Handlung geleistet oder unterlassen wird, § 2076 BGB. Die auflösend bedingte Erbeinsetzung ist grundsätzlich vererblich, § 2108 Abs. 2 BGB.

Dauerhafte **Verhaltensmaßgaben** werfen beim Bedingungseintritt Abwicklungsfragen auf. Was soll geschehen, wenn der im Beispiel genannte Herr A nach Jahren das Geschäft nicht mehr weiterführen kann oder will?

Es muss sorgsam abgewogen werden, ob die Bedeutung der Bedingung die Einschränkungen rechtfertigt, die sich aus der unter Umständen lebenslänglichen Ungewissheit ergeben. Im obigen Beispiel können die Interessen benachteiligter Pflichtteilsberechtigter auch durch Vermächtnisse für den Liquidationsfall statt durch die Nacherbschaft berücksichtigt werden. Auch eine Befristung kann sinnvoll sein.

Beispiel:
Sollte die Bedingung nach 5 Jahren noch nicht eingetreten sein, entfällt sie ersatzlos.

c) **Potestativbedingungen.** Bedingungen, die ein Tun oder Unterlassen erfordern, das lediglich der Willkür des Bedachten unterliegt, werden Potestativbedingungen genannt. Sie können aufschiebend oder auflösend sein. Gem. § 2075 BGB sind sie grundsätzlich zulässig, spezifische inhaltliche Grenzen ergeben sich aus dem Verbot des § 2065 BGB, siehe Rdnr. 22. Die Geltung, der Inhalt oder der Empfänger einer letztwilligen Verfügung dürfen nicht vom Willen eines anderen als dem Erblasser abhängen. Freilich erlauben das Vermächtnisrecht und die Auflage relativ weit reichende Modifikationen betreffend Inhalt und Empfänger, siehe jeweils § 13 Rdnr. 264 ff. und § 14 Rdnr. 5, 16, 17. Modifikationen ergeben sich bei der Potestativbedingung für die Vor- und Nacherbfolge. Die Rechtsprechung geht namentlich bei der Wiederverheiratungsklausel von einer auflösend bedingten **Vollerbschaft** aus, die zugleich neben der aufschiebend bedingten – meist befreiten – Vorerbschaft besteht.[11] Eine andere Ansicht behandelt bedingte Anordnungen ausschließlich als Fall der **Vor- und Nacherbeinsetzung**.[12] Die Rechtsprechung hält die Doppelstellung für erforderlich, um Verfügungen, die entgegen § 2113 BGB getroffen werden, nicht unwirksam werden zu lassen, wenn der Tod des Erben den endgültigen Nichteintritt der Bedingung bewirkt; auch sieht sie dadurch den Willen des Erblassers besser wiedergegeben, der durch seine letztwillige Anordnung zum Ausdruck bringt, dass er den zunächst Bedachten eigentlich zum Alleinerben machen möchte, vgl. Bsp. Rdnr. 9. Die Gegenmeinung hält die Doppelstellung konstruktiv nicht für erforderlich. Freilich weisen beide Lösungen die entscheidende Beschränkung der Erbenstellung im Erbschein und Grundbuch – wenn auch unterschiedlich formuliert – aus. Die Auffassung, es liege bis zum Bedingungseintritt nur eine **Vollerbschaft** vor, hat sich nicht durchgesetzt.[13]

Zulässige Potestativbedingungen wären etwa die **Annahme** oder **Ausschlagung** einer (anderen) Erbschaft, die Beanspruchung des Pflichtteils, die Berufswahl, die Wahl des Wohnsitzes oder das Absolvieren einer bestimmten Ausbildung, die Annahme eines Vermächtnisses binnen einer Frist[14] oder dass der Vorerbe nicht anderweit verfügt.[15]

d) **Bedingungen zugunsten Dritter.** Sofern die Bedingung an eine Verfügung zugunsten **Dritter** geknüpft ist, erfordert deren Ausführung die Mitwirkung des Begünstigten. Verweigert er sie, wird gem. § 2076 BGB die Verfügung im Zweifel als unbedingte aufrechterhalten.[16]

Beispiel:
Meiner Frau vermache ich das Wohnhaus in ... unter der Bedingung, dass sie unserer Haushälterin für die Räume ... (genaue Bezeichnung) zeitlebens ein Wohnrecht gewährt.

Ausnahmsweise wird die Unwirksamkeit jedoch dann anzunehmen sein, wenn die Zuwendung zur Erfüllung der Bedingung erfolgte, also die Begünstigung im Vordergrund stand.[17]

---

[11] BGH Beschl. v. 6.11.1985 – BGHZ 96, 198, 202, 203 m.w.N.
[12] Staudinger/*Otte* § 2074 Rdnr. 21; *Wilhelm* NJW 1990, 2857, 2860 f.
[13] MünchKommBGB/*Musielak* § 2269 Rdnr. 55.
[14] BGH Urt. v. 13.12.1978 – NJW 1979, 917.
[15] OLG Oldenburg Urt. v. 6.11.1990 – NJW-RR 1991, 646.
[16] Lange/*Kuchinke* § 34 VI. 4. d).
[17] Staudinger/*Otte* § 2076 Rdnr. 2 ff; Kipp/*Coing* Erbrecht § 23 IV.

Beispiel:
Frau A wende ich das Wohnrecht an den Räumen ... und einen monatlichen Betrag von ... zu, solange sie meine Frau betreut.

3. Befristung

13   Eine befristete Verfügung liegt vor, wenn ein bestimmter **Termin** für den Eintritt der Nacherbfolge, den Vermächtnisanfall oder den Eintritt anderer Rechtsfolgen genannt wird, sei es ein Datum oder das Erreichen eines konkreten **Lebensalters**. Den häufigsten Fall dürfte der Tod des Vorerben bilden. Sinnvoll sind Befristungen bei **minderjährigen** Erben, vgl. § 18.

4. Abgrenzung zu Rechtsbedingung, Beweggrund, Motiv, Auflage und Wunsch

14   Keine Bedingungen im Sinne der §§ 158 ff. BGB sind so genannte Rechtsbedingungen, die lediglich die gesetzlichen Voraussetzungen wiederholen, etwa die Erbeinsetzung für den Fall, dass der Bedachte den Erblasser überlebt oder die Erbschaft nicht ausschlägt.

15   Um den **Beweggrund** handelt es sich, wenn der Erblasser den Anlass für die Errichtung der Verfügung mit aufführt, ohne die Verfügung nach dem Wegfall des konkreten Anlasses, etwa einer gefährlichen Reise, zu widerrufen.[18] Anders als die gegebenenfalls zur Anfechtung berechtigende **Motivation** der inhaltlichen Gestaltung, bei der der Erblasser bestimmte Umstände voraussetzt, setzt die Bedingung die dem Erblasser erkennbare Ungewissheit ihres Eintritts voraus.[19]

16   Der Bestand von Zuwendungen unter Auflagen ist nicht mit deren Erfüllung verknüpft, § 2195 BGB, stattdessen kann ihre Erfüllung im Klageweg durchgesetzt werden, vgl. § 14 Rdnr. 22.

Wünsche und Hoffnungen des Erblassers können im Einzelfall schwierig abzugrenzen sein, einen Anhalt bietet die Formulierung.[20] Sollte ein Erblasser auf ihrer Einfügung beharren, können sie kaum deutlich genug als rechtlich unverbindlich gekennzeichnet werden.

17   Bedingungen, die noch vor dem Erbfall eintreten, lösen beim Erbfall keine Ungewissheit mehr aus, für die Anwendung des § 162 BGB besteht daher kein Bedürfnis.[21] Typische Konstellation ist der Eintritt des Ersatzerbfalls vor dem Tod des Erblassers, vgl. auch § 8 Rdnr. 55 ff.

5. Der Bedingungs- und Befristungseintritt

18   a) **Feststellung des Bedingungseintritts.** Sofern sich der Bedingungseintritt nicht durch **öffentliche Urkunden** belegen lässt, kann der Erblasser in der letztwilligen Verfügung den Nachweis regeln. Die **Mitwirkung Dritter** ist vor allem bei der Entscheidung über den Bedingungseintritt erlaubt[22] und sinnvoll. Sie kann auch dem Testamentsvollstrecker überlassen werden.[23] Neben der Streitverlagerung aus dem Kreis der Begünstigten auf eine objektivere Instanz kann die besondere Sachkunde für eine solche Regelung sprechen. Die Feststellung des Bedingungseintritts erfolgt entsprechend § 2198 Abs. 1 S. 2 BGB durch eine öffentlich beglaubigte Erklärung gegenüber dem Nachlassgericht.[24]

> **Formulierungsvorschlag:**
>
> Meinen Sohn S setze ich unter der Bedingung als Miterben ein, dass er sich einer Drogentherapie unterzieht und anschließend mindestens drei Jahre drogenfrei lebt. Die Erfüllung der Bedingung wird durch ein Gutachten eines einschlägig tätigen Facharztes nachgewiesen. Die Erklärung erfolgt in öffentlich beglaubigter Form gegenüber dem Nachlassgericht.

---

[18] BayObLG Beschl. v. 3.9.1991 – MDR 1982, 145.
[19] BayObLG Beschl. v. 9.7.1975 – FamRZ 1976, 101, 103.
[20] BayObLG Beschl. v. 16.6.1993 – FamRZ 1993, 1494, 1495.
[21] Staudinger/*Otte* § 2074 Rdnr. 17.
[22] MünchKommBGB/*Leipold* § 2065 Rdnr. 29.
[23] BGH Urt. v. 27.1.1970 – WM 70, 930.
[24] KG Beschl. v. 5.2.1998 – FamRZ 1998, 1202, 1204.

Der Hinweis zur Form sollte aus praktischen Gründen in die Verfügung aufgenommen werden. Der Dritte nimmt die Stellung eines **Schiedsgutachters** ein, er soll die sachgerechte Beurteilung des Bedingungseintritts gewährleisten. §§ 316, 319 BGB finden analoge Anwendung. Die Feststellung des Bedingungseintritts bei einer Erbeinsetzung darf aber nicht in das **freie Ermessen** eines Dritten gestellt werden.[25] Ermessen darf ihm nur bei der Auswahl eines Vermächtnisnehmers oder Auflagebegünstigten gewährt werden.

b) **Rechtsfolgen.** Der Eintritt der Bedingung oder Befristung löst die Nacherbschaft aus, § 2139 BGB. Dem Nacherben fallen die Erbenstellung und der Erbschaftsbesitz, § 857 BGB, an. Zur Eintragung ins **Grundbuch** und regelmäßig auch zur Vorlage bei Banken benötigt er einen **Erbschein**. Bedarf es zum Beleg des Bedingungseintritts zugleich einer **eidesstattlichen Versicherung**, kann er diese mit dem Erbscheinsantrag verbinden. Beim Vermächtnis bewirkt der Bedingungseintritt den Anfall, § 2177 BGB, und die Fälligkeit, soweit letztere nicht abweichend geregelt wird.

c) **Nutzungen und Früchte.** Wenn der Erbe zunächst einer auf Dauer angelegten auflösenden Bedingung nachkommt, darf er die bis zum Bedingungseintritt gezogenen Früchte und Nutzungen regelmäßig behalten.[26] Der Gegenauffassung[27] wird nur in Ausnahmefällen zu folgen sein. Gleichwohl kann sich zur Verschärfung der Bedingung oder Vermeidung von Streitigkeiten eine ausdrückliche Anordnung lohnen.

> **Formulierungsvorschlag:**
> Die Nutzungen und Früchte gebühren bis zum Bedingungseintritt dem Vorerben.

> **Alternative:**
> Sollte der Bedachte die Bedingung nicht dauerhaft erfüllen, sind auch die gezogenen Nutzungen und Früchte abzüglich der notwendigen und nützlichen Aufwendungen herauszugeben.

Bei aufschiebenden Bedingungen verbleiben die Nutzungen und Früchte dem Vorerben.[28]

6. Anfechtbarkeit

Anders als bei aufschiebenden Bedingungen wird bei auflösenden die selbstständige Anfechtbarkeit zugelassen, da zunächst die Erbeinsetzung bezweckt ist. Bei **aufschiebenden Bedingungen** hingegen lässt sich die Erbeinsetzung nicht von diesen trennen, so dass sie nicht für sich anfechtbar sind.[29] Der aufschiebend bedingt eingesetzte Erbe kann aber die Anordnung der **Vorerbschaft** selbstständig anfechten und damit indirekt die Beeinträchtigung seiner Erbenstellung beseitigen.[30]

7. Zeitliche und rechtliche Grenzen

a) **Erbrechtliche Schranken.** Voraussetzung für eine wirksame Bedingung ist stets, dass der hinterlassene Erbteil des pflichtteilsberechtigten Bedachten die Hälfte des gesetzlichen Erbteils übersteigt, § 2306 Abs. 1 S. 1 BGB, da anderenfalls die Bedingung als nicht angeordnet gilt. Gerade bei sehr detaillierten und umfangreichen Nachlassgestaltungen sollte dieser Punkt überprüft werden.

Lässt sich der Restwert nicht zuverlässig ermitteln, sollte eine Rettungsklausel eingefügt werden.

---

[25] MünchKommBGB/*Leipold* § 2065 Rdnr. 26.
[26] BGH Urt. v. 29.6.1983 – NJW 1983, 2874, 2875.
[27] Planck/*Flad* § 2075 Rdnr. 3.
[28] Staudinger/*Otte* § 2075 Rdnr. 4.
[29] Soergel/*Stein* § 1937 Rdnr. 35; Soergel/*Loritz* § 2085 Rdnr. 13, § 2074 Rdnr. 34.; Staudinger/*Dilcher* § 158 Rdnr. 12, 28; Staudinger/*Otte* § 2078 Rdnr. 40.
[30] Staudinger/*Otte* § 2078 Rdnr. 40.

> **Formulierungsvorschlag:**
>
> Sofern der hinterlassene Erbteilswert den gesetzlichen Pflichtteil zum Zeitpunkt des Erbfalls nicht um mindestens 5% übertrifft, verringern sich die angeordneten Geldvermächtnisse anteilig.

Freilich darf nicht vergessen werden, dass der durch eine Bedingung beschränkte Erbe gem. § 2306 Abs. 1 S. 2 BGB ausschlagen und den Pflichtteil fordern kann, auch wenn der Erbteil den Pflichtteilswert übersteigt.

23   Die Geltung der letztwilligen Verfügung darf nicht unter die Bedingung gestellt werden, dass ein **Dritter** über ihre Wirksamkeit oder die Erbeinsetzung befindet, § 2065 BGB. Wer Erbe wird, muss aus dem Testament heraus erkennbar sein. Es genügt nicht, die Bedingung rein formal an ein Tun oder Unterlassen anzuknüpfen, wenn es dem Erblasser darauf gar nicht ankommt, sondern es vielmehr um eine **Willensbetätigung** des Dritten geht.[31] Von Umgehungsversuchen wie der Bedingung, dass der Testamentsvollstrecker schriftlich der Erbeinsetzung zustimme, ist daher dringend abzuraten. Zu unbestimmt sind auch Bedingungen, die sich an keinen eingrenzbaren Personenkreis richten, wie etwa bei der Konservierung einer Tätowierung als Erbvoraussetzung.[32] Denn nicht der Erblasser, sondern derjenige, der die Bedingung erfüllt, bestimmt dann, wer Erbe wird.

24   **b) Zeitliche Grenzen.** Die **Geltungsdauer** einer Bedingung oder Befristung bestimmt sich nach den §§ 2109, 2162 f. BGB.[33] Bei einer befristeten Zuwendung an eine natürliche Person ergibt sich die Grenze aus ihrer Lebenszeit. Bei einer bedingten Zuwendung ist strittig, ob § 2109 Abs. 1 S. 2 BGB Anwendung findet[34] oder ob auflösende Bedingungen nach 30 Jahren unwirksam werden.[35] Für juristische Personen gilt § 2109 Abs. 2 BGB: Ist das Ereignis nicht binnen 30 Jahren eingetreten, verbleibt die Erbschaft beim Vorerben.

25   **c) Unmöglichkeit.** Bei aufschiebenden Bedingungen führt die Unmöglichkeit des Bedingungseintritts zur Nichtigkeit der gesamten Zuwendung, wenn sie dem Erblasser bei der **Testamentserrichtung** bekannt war. War die Unmöglichkeit dem Erblasser nicht bewusst, kann die Verfügung eventuell über die Auslegung aufrechterhalten werden. Resultiert die Unmöglichkeit aus der Weigerung Dritter zur Mitwirkung, bleibt die Verfügung gem. § 2076 BGB wirksam. Bei auflösenden Bedingungen kann die Unmöglichkeit zum **Wegfall der Bedingung** führen. Maßgeblich ist der durch Auslegung zu ermittelnde Wille des Erblassers.[36]

8. Sicherung und Haftung beim Vermächtnis

26   **a) Sicherung.** Der Vermächtnisnehmer wird gegen dingliche Verfügungen vor dem Vermächtnisanfall nicht durch die relative Unwirksamkeit beeinträchtigender Verfügungen gem. § 161 BGB geschützt.[37] Eine Sicherung seiner Anwartschaft kann aber durch einstweilige Verfügung, §§ 916 Abs. 2, 936 ZPO, oder eine Vormerkung gem. § 883 BGB bei Grundstücksrechten erfolgen.

> **Formulierungsvorschlag:**
>
> In Sachen (volles Rubrum)
>
> wird beantragt, dem Antragsgegner die Veräußerung des Gegenstandes ... (genaue Bezeichnung) zu verbieten.

Voraussetzung ist bei Mobilien die drohende Verletzung des **Anwartschaftsrechts**.

---

[31] BGH Urt. v. 18.11.1954 – BGHZ 15, 199, 201; MünchKommBGB/*Leipold* § 2074 Rdnr. 15.
[32] KG Beschl. v. 24.2.1998 – ZEV 1998, 260 m. Anm. *Wagner*.
[33] MünchKommBGB/*Leipold* § 2074 Rdnr. 46.
[34] MünchKommBGB/*Leipold* § 2074 Rdnr. 46.
[35] *Birk* DNotZ 1972, 284, 300.
[36] Palandt/*Edenhofer* § 2074 Rdnr. 4; BayObLG Beschl. v. 10.12.1985 – FamRZ 86, 606, 607.
[37] Palandt/*Edenhofer* § 2179 Rdnr. 2.

Der Erblasser kann zur Sicherheit ausdrücklich anordnen, dass dem Vermächtnisnehmer durch den Erben eine Vormerkung zu bestellen ist. Eine Bestellung bereits zu Lebzeiten des Erblassers ist nicht möglich.[38]

> **Formulierungsvorschlag:**
> Meinen Ehepartner setze ich als Alleinerben ein. Für den Fall der Wiederverheiratung setze ich das Hausgrundstück unserem gemeinsamen Kind als Vermächtnis aus. Für das Vermächtnis ist unverzüglich nach dem Erbfall eine Auflassungsvormerkung zu bestellen. Zur Durchführung der Bestellung ordne ich Testamentsvollstreckung an.

Sofern das Vermächtnis an den Eintritt des Nacherbfalls geknüpft ist, scheitert die Vormerkung vor Eintritt des Nacherbfalls an der fehlenden Identität von Eigentümer und Antragsgegner.[39]

b) **Haftung.** Der Beschwerte hat für Vorsatz und Fahrlässigkeit einzustehen. Diese Haftung kann durch die letztwillige Verfügung eingeschränkt oder auch ganz ausgeschlossen werden.[40]

> **Formulierungsvorschlag:**
> Der Erbe hat dem Vermächtnisnehmer nur für die Sorgfalt in eigenen Angelegenheiten einzustehen.

> **Alternative:**
> Die Herausgabe des Vermächtnisses ist auf die bei Bedingungseintritt vorhandene Substanz beschränkt. Der Beschwerte wird von der Pflicht zur ordnungsgemäßen Verwaltung und dem Schenkungsverbot entbunden.

9. Rechtslage nach dem ZGB

Das ZGB kannte keine ausdrücklichen Bestimmungen für bedingte oder befristete Verfügungen. Da die Vor- und Nacherbschaft abgeschafft worden waren und der Bedachte in seiner **Verfügungsbefugnis** nicht beschränkt werden durfte, § 371 ZGB, wurde entsprechend §§ 363 Abs. 1 S. 1, 371 Abs. 2, 399 Abs. 1 S. 1 ZGB eine bedingte oder befristete Erbeinsetzung für unzulässig erachtet; vgl. hierzu auch § 48 Rdnr. 14. Anderes galt für **Vermächtnisse,** die dem allgemeinen **Vertragsrecht** unterstanden, § 380 Abs. 1 S. 3 ZGB, sofern sie nicht gegen § 371 Abs. 2 ZGB verstoßen.[41] Sofern auf letztwillige Verfügungen aus der Zeit vom 1.1.1976 bis zum 2.10.1990 das ZGB noch Anwendung findet, kann u. U. die Umdeutung der unwirksamen bedingten oder befristeten Erbeinsetzung in ein Quotenvermächtnis in Betracht kommen.[42]

10. Steuerliche Regelung

Bei auflösenden Bedingungen hat der Vorerbe die Erbschaft beim Anfall zu versteuern. Die Belastung durch die mögliche Nacherbschaft kann nicht als Abzug geltend gemacht werden, § 12 Abs. 1 ErbStG, §§ 5 und 9 Abs. 2 S. 3, Abs. 3 BewG. Er darf die Steuer aber aus dem Nachlass begleichen, § 20 Abs. 4 ErbStG, § 2126 BGB. Der Nacherbe hat den Nachlass beim Bedingungseintritt erneut zu versteuern. Dem aufschiebend bedingt eingesetzten Nacherben wird jedoch beim Eintritt der **Nacherbfolge** die bereits entrichtete **Steuer** des Vorerben angerechnet, soweit sie nicht auf die beim Vorerben verbliebene Bereicherung entfällt, § 6 Abs. 3

---

[38] MünchKommBGB/*Wacke* § 883 Rdnr. 28.
[39] OLG Schleswig Beschl. v. 28.1.1992 – NJW-RR 1993, 11.
[40] *Zawar* DNotZ 1986, 515, 525.
[41] MünchKommBGB/*Schlichting* § 2177 Rdnr. 8.
[42] KG Beschl. v. 13.6.1996 – FamRZ 1996, 1572, 1574.

ErbStG.[43] Bei Befristungen gilt grundsätzlich das nämliche. Ist der Nacherbfall jedoch auf den Tod des Vorerben befristet, muss der Nachlass bei beiden Erbfällen voll versteuert werden. Der Nacherbe kann wählen, ob er den Nachlass nach dem Erblasser oder dem Vorerben versteuert, § 6 Abs. 2 ErbStG, und sich damit wenigstens den günstigeren Steuersatz und Freibetrag sichern.

30   Bei einem aufschiebend bedingten Vermächtnis wird die Steuer mit dessen Fälligkeit geschuldet, § 9 Abs. 1 Nr. 1 a und Nr. 2 ErbStG. Der Erbe kann die Belastung gem. § 10 Abs. 5 Nr. 2 ErbStG absetzen. Die **Wertermittlung** erfolgt zum Fälligkeitszeitpunkt, § 6 Abs. 2 BewG. Wichtig ist, dass die Berichtigung der Steuerfestsetzung zugunsten des Beschwerten nicht von Amts wegen erfolgt, er muss sie binnen Jahresfrist selbst beantragen.

Die Nacherbschaft und Vermächtnisse auf den Todesfall werden als Erwerb vom Erben behandelt, § 6 Abs. 4 ErbStG, so dass der **Freibetrag** nach dem Erblasser verloren geht und zugleich die Abzugsmöglichkeit beim Erben entfällt; diese Befristung ist daher zu vermeiden.

II. Typische Gestaltungsformen

1. Verwirkungsklauseln

31   Einen typischen und vor allem in privatschriftlichen Testamenten gebräuchlichen Fall der auflösenden Bedingung bilden die so genannten Verwirkungsklauseln, auch kassatorische oder privatorische Klauseln genannt.[44] Schwierigkeiten bereiten die allgemein gehaltenen Klauseln wie „wer Streit anfängt" oder „wer mein Testament anficht". Durch Auslegung ist zu ermitteln, welches Verhalten – vorprozessuale Forderungen, Klage, Einwendungen im Erbscheinsverfahren – darunter fallen soll.[45] Bei der Wahrnehmung der Interessen des Erben ist daher Vorsicht geboten. Die Rechtsprechung fordert einen bewussten Verstoß.[46] Im Einzelfall werden Streitigkeiten über die Auslegung der Verfügung oder die **Formgültigkeit** nicht als Angriff gewertet, da sie dem Willen des Erblassers gerade zur Geltung verhelfen.[47] Zumindest bei erfolgreichem Vorgehen greift die Verwirkungsklausel somit nicht. Bei den verbreiteten Pflichtteilsklauseln können der Auskunftsanspruch gem. § 2314 BGB geltend gemacht oder Verhandlungen zur Sicherung der Schlusserbfolge geführt werden, ohne dass dies Verwirkung auslöst.[48] Da Verwirkungsklauseln eher zusätzlichen Streit heraufbeschwören, ist ihre Anwendung vorzugsweise dann sinnvoll, wenn sie der Durchsetzung detaillierter **Auseinandersetzungspläne** dienen. Hinsichtlich der Einzelheiten, Grenzen und Gestaltungsmöglichkeiten wird auf § 21 sowie auf Rdnr. 44 verwiesen.

2. Veräußerungsverbote

32   Das Bestreben eines Erblassers, Familiengut zu bewahren, kann durch die auflösende Bedingung eines Veräußerungsverbots wegen § 137 BGB bei **Mobilien** nicht mit dinglicher Wirkung gesichert werden. Die **Verfügungsbefugnis** entfällt gem. § 158 Abs. 2 BGB nicht rückwirkend. **Veräußerungsverbote** führen zwar grundsätzlich zur Unwirksamkeit der Verfügung gegenüber dem Berechtigten, §§ 135 Abs. 1, 136 BGB. Wegen § 135 Abs. 2 BGB bleibt gleichwohl der **gutgläubige Erwerb** durch einen Dritten möglich. Der Anwartschaftsberechtigte muss also zusätzlich die **Kenntnis** vom Verbot bei dem Erwerbsinteressenten beweisbar sicherstellen. Zum Schutz durch eine einstweilige Verfügung vgl. Rdnr. 26.

33   Ferner kann die **Verfügungsbefugnis** der Erben durch die Testamentsvollstreckung beschränkt werden. Sinnvoll ist diese Gestaltung, wenn die Nachlassgegenstände ohnehin als Leihgaben Museen oder wissenschaftlichen Einrichtungen überlassen sind oder werden sollen.

---

[43] BFH Urt. v. 10.5.1972 – BStBl. 1972 II S. 765.
[44] *Birk* DNotZ 1972, 284, 287.
[45] BayObLG Beschl. v. 21.2.1962 – NJW 1962, 1060, 1061; OLG Celle Urt. v. 9.3.1995 – ZEV 1996, 307.
[46] KG Beschl. v. 9.9.1997 – FamRZ 1998, 124; BayObLG Beschl. v. 18.9.1995 – NJW-RR 1996, 262.
[47] Palandt/*Edenhofer* § 2075 Rdnr. 9; *Schlitt* S. 48; a.A. Staudinger/*Otte* 2074 Rdnr. 58.
[48] BayObLG Beschl. v. 23.10.1990 – NJW-RR 1991, 394; OLG Schleswig Urt. v. 25.6.1996 – ZEV 1997, 331 m. Anm. *Lübbert*.

> **Formulierungsvorschlag:**
> Zur Verwaltung der nachfolgend angeführten Gegenstände ordne ich Testamentsvollstreckung an. Zum Testamentsvollstrecker ernenne ich den jeweiligen Kurator der Stiftung A, der die Gegenstände auf Grund der Vereinbarung vom ... als Dauerleihgabe überlassen sind.

Freilich kann diese Gestaltung dem Bedürfnis des Erblassers, der den Erben den **Besitz** einräumen will, nicht entsprechen. Es kann eine indirekte Einflussnahme über **Strafklauseln** versucht werden.

> **Formulierungsvorschlag:**
> Sofern mein Erbe das Veräußerungsverbot missachtet, wird ein Vermächtnis zugunsten der gemeinnützigen Organisation A in Höhe des doppelten Wertes des Gegenstands zum Veräußerungszeitpunkt angeordnet. Die Schätzung des Wertes sowie der Vollzug des Vermächtnisses obliegen dem hierfür zu bestellenden Testamentsvollstrecker A.

Bei der bedingten Nacherbschaft schützt der **Nacherbenvermerk** im Grundbuch den aufschiebend Bedachten. Anderes gilt beim befreiten Vorerben, der entgeltlich auch über Grundstücke und Rechte daran verfügen darf. So mag dem Erblasser etwa daran gelegen sein, dass im Falle der Wiederverheiratung des Ehegatten das Hausgrundstück an die Kinder fällt, ohne im Übrigen den überlebenden Ehepartner in der Verfügungsbefugnis einschränken zu wollen. Dann bietet sich die Anordnung eines Vermächtnisses an, das nach dem Erbfall durch eine **Vormerkung** gesichert werden kann,[49] vgl. Rdnr. 26. Alternativ kann der Erblasser einen Teil des Grundbesitzes von der Befreiung von § 2113 BGB ausnehmen.

> **Formulierungsvorschlag:**
> Der Vorerbe ist von den Beschränkungen des § 2113 Abs. 1 BGB befreit, ausgenommen ist jedoch das Grundstück ... (genaue Bezeichnung), dessen Veräußerung ihm untersagt ist.

3. Klauseln betreffend die Lebensgestaltung des Bedachten

a) **Wohlverhaltensklauseln.** Sie sind unbedenklich, soweit sie eine **sittliche Pflicht** des Bedachten zum Gegenstand haben.[50] Hierbei ist vor allem an die Unterstützung bedürftiger Verwandter oder Haushaltsmitglieder zu denken. Bei der Beratung sollte jedoch darauf gedrungen werden, die Unterstützung in konkrete Vermächtnisanordnungen zu fassen, um nicht die Erbfolge mit endlosen Streitigkeiten um die angemessene Behandlung der Bedachten zu befrachten.

b) **Qualifikationen beruflicher und persönlicher Art.** Auch die Anpassung von Bedingungen an die spezifischen Gegebenheiten des Nachlasses, insbesondere zur Gewährleistung der erforderlichen Qualifikationen zur **Verwaltung** desselben, wird im Zweifel für zulässig erachtet.[51]

> **Formulierungsvorschlag:**
> Als Erben setze ich mein Kind A ein, falls es die Ausbildung zum ... vor seinem 25. Lebensjahr abschließt. Ersatzerbe soll derjenige meiner Abkömmlinge werden, der die vorgenannte Bedingung als erster erfüllt. Sollte keines meiner Kinder bis zu seinem 25. Lebensjahr die Ausbildung abgeschlossen haben, verbleibt es bei der gesetzlichen Erbfolge. Die Auseinandersetzung ist

---

[49] MünchKommBGB/*Wacke* § 883 Rdnr. 23; Staudinger/*Gursky* § 883 Rdnr. 66.
[50] Staudinger/*Otte* § 2074 Rdnr. 63.
[51] MünchKommBGB/*Leipold* § 2074 Rdnr. 22.

bis zum 25. Geburtstag des jüngsten Kindes ausgeschlossen. Testamentsvollstreckung wird angeordnet.

38 c) **Lebenswandel.** Unzulässige Eingriffe in die Intimsphäre des Bedachten sind Bedingungen bezüglich Kleidung, Frisur und Lebensführung,[52] vgl. hierzu auch § 8 Rdnr. 67. In Betracht kommen kann die Bedingung, von einem **ehrlosen oder unsittlichen** Lebenswandel Abstand zu nehmen, vgl. § 2332 BGB. Auch die Forderung, Glücksspiel oder Drogenmissbrauch aufzugeben, dürfte sich unter dem Aspekt der Bewahrung des Vermögens als Bedingung durchsetzen lassen.

> **Formulierungsvorschlag:**
> Meinem Sohn B setze ich die Erträge aus der Vermietung des Grundstücks in ..., aus, solange er von der Prostitution Abstand nimmt. Geht er über drei Jahre einer regelmäßigen achtbaren Tätigkeit nach, mit der er seinen Lebensunterhalt finanziert, erhält er das genannte Grundstück als Vermächtnis. Zur Verwaltung des Vermächtnisses und Entscheidung über den Eintritt der Bedingung ordne ich Testamentsvollstreckung an. Der Bedingungseintritt ist durch eine öffentlich beglaubigte Erklärung gegenüber dem Nachlassgericht anzuzeigen.

Vom BayObLG[53] wurde jüngst auch die Bedingung, einer bestimmten Person keinen Zutritt zu einem Nachlassgrundstück zu gewähren, für zulässig erachtet, da Sittenwidrigkeit stets den Ausnahmefall bilde.

4. Grenzen der Einflussnahme

39 Umgekehrt wird die Bedingung umso eher als sittenwidrig zu erachten sein, als sie keinen Zusammenhang mit dem Nachlass aufweist. Es haben sich Folgende typische Konstellationen herausgebildet:

a) **Die Konfessionswahl.** Sie war vom Reichsgericht[54] häufiger zu beurteilen. Derartige Bedingungen wurden als sittenwidrige Verknüpfung von materiellen und ideellen Gesichtspunkten verurteilt, wobei freilich nach der damaligen Rechtslage die Sittenwidrigkeit stets zur Aufrechterhaltung der Zuwendung als unbedingte führte. Auch heute wird die **Religionsfreiheit** zur Unzulässigkeit der Bedingung führen.[55] Zulässig ist jedoch die Anordnung der Testamentsvollstreckung für die Dauer einer Sektenzugehörigkeit, soweit sie auf den Erhalt des Vermögens gerichtet ist.[56]

> **Formulierungsvorschlag:**
> Testamentsvollstreckung ordne ich bezüglich des Miterben B an, solange er Mitglied der Sekte S bleibt.

40 b) **Einwirkung auf den Eheschluss.** Bedenken begegnet die Einwirkung auf den Eheschluss des Bedachten mit einem bestimmten Gatten oder gar die Verknüpfung mit einer **Scheidung**.[57]

---

[52] *Schlitt* S. 79 f.
[53] BayObLG Beschl. v. 2.11.2000 – MittBayNot 2001, 86.
[54] RGZ 21, 279; RG SeuffA 69 Nr. 48.
[55] Staudinger/*Otte* § 2074 Rdnr. 49; MünchKommBGB/*Leipold* § 2074 Rdnr. 24; Notariat V Mannheim Beschl. v. 14.6.1988 – BWNotZ 1989, 16.
[56] OLG Düsseldorf Beschl. v. 2.3.1988 – NJW 1988, 2615; *Smid* NJW 1990, 409, 416.
[57] MünchKommBGB/*Leipold* § 2074 Rdnr. 24.

§ 15 Bedingungen und Befristungen   41, 42   § 15

Neue Bedeutung erlangte die Frage im Zusammenhang mit der Erbfolge adeliger Familien.[58] Nach dem BVerfG[59] kommt es darauf an, ob die konkrete Klausel geeignet ist, die Eheschließungsfreiheit objektiv zu beeinträchtigen. So muss sie den Adressaten einem unzumutbaren Druck aussetzen. Entscheidend ist, ob eine angemessene Absicherung verbleibt. Der Schutz der Familienehre als Rechtfertigung[60] wird danach jedenfalls dann nicht mehr ausreichen, wenn der Erbe zur Übernahme des Familienbesitzes auserkoren war. Als zulässig werden Klauseln erachtet, die den Erben für den Fall der Verheiratung zur Modifizierung des **Zugewinnausgleichs** verpflichten.

> **Formulierungsvorschlag:**
> Meinen Geschäftsanteil an der X-GmbH vermache ich meinen Kindern zu gleichen Teilen unter der Bedingung, dass sie im Falle ihrer Verheiratung den Zugewinn hinsichtlich der Geschäftsbeteiligung ausschließen.

c) **Wiederverheiratungsklauseln.** Unbedenklich sind die Wiederverheiratungsklauseln, sofern sie den Abkömmlingen ihren gesetzlichen Erbteil erhalten sollen.[61] Mit Blick auf die Rechtsprechung des BVerfG[62] wird allerdings auch der wirtschaftliche Druck, der von der Klausel im Einzelfall ausgehen kann, zu berücksichtigen sein.[63] Im Einzelnen wird auf § 11 verwiesen.   41

5. Kaptatorische Klauseln

Sie betreffen die Erbeinsetzung unter der Bedingung, dass der Bedachte seinerseits eine   42
bestimmte Person mit einer letztwilligen Zuwendung bedenkt oder die Einsetzung zugunsten einer bestimmten Person nicht abändert.[64] Derartige Bedingungen gelten als zulässig,[65] da für den Bedachten durch die Klausel keine Verpflichtung i.S.d. § 2302 BGB entsteht, die gewünschte **Erbeinsetzung** vorzunehmen.[66] Lediglich im Einzelfall kann § 138 BGB zum Zug kommen.[67]
Von Interesse mag die Klausel bei Konstellationen sein, in denen eine endgültige **Wahl** unter potentiellen Nacherben noch nicht opportun erscheint oder die Verknüpfung der beiden Nachlässe der Vererbung eines gemeinsamen Lebenswerkes dient. Bis zur Einsetzung des vorgegebenen Erben ist der kaptatorisch Bedachte Vorerbe, danach Vollerbe. Die Erfüllung der Bedingung steht erst bei seinem Tod fest,[68] sofern jene nicht im Abschluss eines unwiderruflichen Erbvertrags liegt.

> **Formulierungsvorschlag:**
> Ich setze A als meinen Erben ein. Sofern A seinen oder seine Erben aus den vorgenannten Nacherben B, C oder D auswählt und unwiderruflich als Vertragserbe(n) einsetzt, entfällt die angeordnete Nacherbschaft ersatzlos.

---

[58] BGH Beschl. v. 2.12.1998 – ZEV 1999, 59; BayObLG Beschl. v. 4.8.1999 – FamRZ 2000, 380; BVerfG Beschl. v. 21.2.2000 – FamRZ 2000, 945, 946.
[59] BVerfG Beschl. v. 22.3.2004 – ZEV 2004, 241.
[60] BGH Urt. v. 28.1.1956 – LM § 138 (Cd) Nr. 5.
[61] MünchKommBGB/*Leipold* § 2074 Rdnr. 25.
[62] BVerfG Beschl. v. 22.3.2004 – ZEV 2004, 241.
[63] *Otte* ZEV 2004, 393; *Scheuren-Brandes* ZEV 2005, 185.
[64] *Caspar* S. 44 ff.
[65] Soergel/*Loritz* § 2065 Rdnr. 22; Staudinger/*Otte* § 2065 Rdnr. 24; MünchKommBGB/*Leipold* § 2065 Rdnr. 16; skeptisch *Brox* in FS Bartholomeyczik, S. 41, 48.
[66] BGH Urt. v. 17.9.1971 – MDR 1972, 36.
[67] Staudinger/*Otte* § 2074 Rdnr. 53.
[68] *Caspar* S. 46.

Gestattet ist bisher auch die Nacherbeinsetzung unter der Bedingung, dass der Vorerbe nicht anderweitig verfügt.[69] Da der BGH[70] ein Abrücken von dieser Auffassung nicht ausschließen will, ist bei der Beratung Vorsicht geboten.

6. Pflichtteilsklauseln

43 Sehr verbreitet ist die Einsetzung von Abkömmlingen als Nach- oder Schlusserben unter der Bedingung, dass sie nach dem Tod des Erstversterbenden ihren Pflichtteil nicht geltend machen. Zu den Einzelheiten und Gestaltungsmöglichkeiten wird auf § 21 verwiesen.

7. Ersatzregelungen

44 a) **Allgemein.** Bei auflösend befristet oder auflösend bedingt eingesetzten Erben geht das Erbrecht auf deren Erben über, wenn sie vor dem Eintritt des Erbfalls sterben. Bei aufschiebend bedingten Erben entfällt die Zuwendung, § 2074 BGB. Soll von diesen gesetzlichen Vorgaben abgewichen werden, sind ausdrückliche Anordnungen nötig.

Vor allem bei **Pflichtteilsberechtigten** muss bei Beschränkungen wegen §§ 2306 Abs. 1 S. 2, 2307 BGB für die **Ausschlagung** mit Ersatzanordnungen vorgesorgt werden. Bei kleinen Familien stößt man dabei sehr schnell auf praktische Grenzen. Es gilt zu bedenken, ob dem Erblasser die Verwirklichung der Bedingung wirklich einen Vermögensübergang an entferntere Verwandte oder gar an den Fiskus wert ist. Der Rückgriff auf familienfremde Erben als Platzhalter für die Bedingungskonstruktion ist auf Grund der geringen Freibeträge und des hohen Steuersatzes wenig attraktiv. Bei der verbreiteten **Kleinfamilie** kann dem Willen des Erblassers daher besser durch Testamentsvollstreckung Nachdruck verliehen werden.

> **Formulierungsvorschlag:**
> Ich setze meinen Sohn A als Erben ein, sofern er seine Berufsausbildung zum ... erfolgreich abschließt. Vorerbin ist meine Frau F. Für den Fall des Bedingungseintritts setze ich meiner Frau das nachstehende Vermächtnis aus. Zu dessen Durchsetzung ordne ich Testamentsvollstreckung an. Als Testamentsvollstrecker setze ich ein ... . Testamentsvollstreckung zur Verwaltung des Erbes ordne ich an, sofern mein Sohn als Ersatzerbe der Vorerbin oder nach dem Tod meiner Frau als Nacherbe das Erbe antritt. Diese Testamentsvollstreckung endet, falls mein Sohn die obengenannte Bedingung erfüllt. Als Testamentsvollstrecker setze ich hierfür ein: ..., ersatzweise ... .

45 Soll eine **Umgehung** der Anordnung durch Absprachen zwischen den Vor- und Nacherben verhindert werden, müssen für den Fall einer Ausschlagung Dritte als **Ersatzerben** benannt werden.

> **Formulierungsvorschlag:**
> Ich setze meinen Sohn A und meine Tochter B zu Miterben zu gleichen Teilen ein, sofern sie die erforderlichen Erklärungen zu vorstehendem Auseinandersetzungsplan binnen Jahresfrist abgeben. Verweigert eines meiner Kinder die Mitwirkung, wächst dessen Erbteil nach Fristablauf dem anderen an.

Praktische Probleme bereitet vor allem eine Regelung für den Fall der **Bedingungsuntreue** aller Kinder. Als Druckmittel verbleibt die **Enterbung**.

---

[69] OLG Hamm Beschl. v. 24.8.1999 – NJW-RR 2000, 78 m. Anm. *Loritz* BGH Urt. v. 26.4.1951 – BGHZ 2, 35 = NJW 1951, 959, 960.
[70] BGH Urt. v. 4.2.1980 – NJW 1981, 2051, 2052.

> **Formulierungsvorschlag:**
> Verweigern beide Abkömmlinge die Mitwirkung binnen der Frist, fällt das Erbe meinen Enkeln nach Stämmen, innerhalb der Stämme zu gleichen Teilen an. Bis zur Volljährigkeit der Enkel ordne ich Verwaltungstestamentsvollstreckung an. Als Testamentsvollstrecker setze ich ein ..., ersatzweise ... .

Zur Sanktionierung der **Ausschlagung** kann der **Ausschluss des Stammes** angeordnet werden.

> **Formulierungsvorschlag:**
> Schlägt der Erbe (Vermächtnisnehmer) die Zuwendung aus und macht seinen Pflichtteil geltend, ist er mit seinem ganzen Stamm von der Erbfolge ausgeschlossen.

Hinsichtlich der Details der Nacherben- und Ersatzerbenregelungen wird auf § 17 verwiesen.

b) Sicherung einer Mindestzuwendung. Bei nichtehelichen Lebensgemeinschaften, der Einsetzung eines Freundes, des **nicht pflichtteilsberechtigten Verwandten** oder langjährigen Geschäftspartners stellt sich die Frage, ob nicht unabhängig von der bedingten Zuwendung eine **Mindestzuwendung** an den Bedachten erfolgen soll. Dabei steht zugleich stets die Frage der **Vererblichkeit** im Raum. Bei familienfremden Erben sollte sie trotz § 2108 BGB ausdrücklich angeordnet werden, was sich wegen § 2160 BGB auch bei Vermächtnissen empfiehlt. Neben der Einsetzung auf eine verminderte Quote im Falle des Eintritts oder Nichteintritts einer Bedingung kommt die Aussetzung von Vermächtnissen in Betracht.

> **Formulierungsvorschlag:**
> A setze ich als Alleinerben ein unter der Bedingung, dass er unser gemeinsames Geschäft weiterführt. Gibt er das Geschäft auf oder verkauft er es, fällt die Hälfte des bei Bedingungseintritts verbliebenen Nachlasswerts als Vermächtnis an die Organisation B, die ich zugleich als Ersatzerbin benenne. Die Schätzung des Wertes erfolgt nach dem Ermessen der Wirtschaftsprüfergesellschaft X.

> **Alternative:**
> Mein Erbe A erhält neben der bedingten Zuwendung zusätzlich ohne Bedingung als Vorausvermächtnis den gesamten Hausrat sowie ein Viertel des Wertes der Wertpapiere und des Barnachlasses. Die Erbeinsetzung und das Vermächtnis sind vererblich.

c) Unmöglichkeit. Ist die Bedingung etwa wegen des Wegfalls des Begünstigten, Dritten oder der Liquidation des zu übernehmenden Unternehmens nicht mehr erfüllbar, kann dem Erblasser gleichwohl an der **Aufrechterhaltung** der Erbeinsetzung gelegen sein. Sind jedoch weitere nahe Verwandte vorhanden, sind Streitigkeiten vorprogrammiert. Es sollte daher geregelt werden, ob die getroffene Erbeinsetzung insbesondere bei Enterbung oder Benachteiligung naher Verwandter oder Ehegatten aufrechterhalten wird.

> **Formulierungsvorschlag:**
> Sofern die Bedingung, Pflege der Tante A, vor oder nach meinem Tod unmöglich wird, soll trotzdem die vorstehende Erbeinsetzung gelten.

> **Alternative, falls die Ungleichbehandlung nur zur Erfüllung der Bedingung dienen soll:**
> Sofern die Bedingung bei meinem Tod nicht mehr erfüllbar sein sollte, setze ich als Erben A und B zu gleichen Teilen ein. Wird die Bedingung nach meinem Tod unerfüllbar, hat der Erbe A den bei Eintritt der Unmöglichkeit verbliebenen Mehrwert seiner Zuwendung zur Hälfte als Vermächtnis gegenüber dem Miterben B auszukehren.

Betrifft die Unmöglichkeit die Qualifikation zur Verwaltung des Nachlasses, kann **Verwaltungsvollstreckung** angeordnet werden.

> **Formulierungsvorschlag:**
> Sofern keiner meiner Erben den zur Weiterführung meines Handwerksbetriebes erforderlichen Meistertitel binnen der gesetzten Frist nachweisen kann, ordne ich die Fortdauer der Verwaltungsvollstreckung durch ... an.

48 d) **Unwirksamkeit wegen Sittenwidrigkeit.** Die Rechtsfolgen der **sittenwidrigen Bedingung** sind umstritten, die Lösungsangebote der Literatur vielfältig. Von der Umdeutung gem. § 140 BGB,[71] der Orientierung am Grund der Nichtigkeit,[72] an ungeschriebenen Verbotssätzen,[73] dem Wegfall der auflösenden Bedingung bei Vorrang des Erblasserwillens im Übrigen[74] bis zum Schutz der Testierfreiheit[75] reichen die vertretenen Auffassungen. Sieht das Testament kritische Klauseln vor, sollte eine explizite Anordnung für den Fall der Unwirksamkeit getroffen werden.

> **Formulierungsvorschlag für den Wegfall der Zuwendung:**
> Sollte die Bedingung unwirksam sein, soll die Zuwendung gänzlich entfallen.

> **Formulierungsvorschlag bei Pflichtteilsberechtigung:**
> Sofern die Bedingung unwirksam sein sollte, soll der bedingt bedachte Miterbe einen Erbteil in Höhe des Pflichtteils erhalten. Die Differenz wächst den anderen Miterben zu gleichen Teilen zu.

---

[71] Palandt/*Edenhofer* § 2074 Rdnr. 5; *v.Lübtow* Bd. I S. 352; *Thielmann* S. 196.
[72] MünchKommBGB/*Leipold* § 2074 Rdnr. 27 f.
[73] *Smid* NJW 1990, 409, 415.
[74] Staudinger/*Otte* § 2074 Rdnr. 66.
[75] *Keuk* FamRZ 1972, 9, 15.

§ 16 Teilungsanordnungen

Übersicht

	Rdnr.
I. Einleitung	1
II. Wesen der Teilungsanordnung	2–6
1. Arten	2
2. Wirkung	3–5
a) Schuldrechtliche Bindung	3
b) Keine Wertverschiebung	4
c) Pflichtteilsgrenze	5
3. Anrechnung und Ausgleichung	6
III. Zuweisung von Nachlassgegenständen	7–13
1. Reine Teilungsanordnung	7
2. Teilungsanordnung und Vorausvermächtnis	8/9
a) Abgrenzung	8
b) Kombinationen	9
3. Übernahmerechte	10–12
a) Arten	10
b) Übernahmewert	11
c) Übernahmefrist	12
4. Steuerliche Überlegungen	13
IV. Erbteilungsverbote	14–16
1. Arten	15
2. Wirkung	16
V. Anordnungsbefugnisse für Dritte	17/18
1. Erbteilung durch Dritte	17
2. Schiedsgutachten und Schiedsgericht	18
VI. Teilungsanordnung und Nacherbfolge	19
VII. Teilungsanordnung und erbrechtliche Bindung	20/21
1. Herstellung erbrechtlicher Bindung	20
2. Beeinträchtigende Verfügung	21
VIII. Sicherung von Teilungsanordnungen	22–24
1. Auflage und Testamentsvollstreckung	23
2. Bedingte Erbeinsetzung und Strafklauseln	24

Schrifttum: *Beck,* Grenzen der Teilungsanordnung, DNotZ 1961, 565; *Bengel,* Zur Rechtsnatur des vom Erblasser verfügten Erbteilungsverbots, ZEV 1995, 178; *Benk,* Teilungsanordnung, Vorausvermächtnis, Übernahmerecht, MittRhNotK 1979, 53; *Brambring,* Teilungsanordnung – Vorausvermächtnis – Übernahmerecht, ZAP 1989, 721; *Bürger,* Einzelzuwendungen an Erben, MDR 1986, 371; *ders.,* Neue Abgrenzung erbrechtlicher Sonderzuwendungen, MDR 1986, 445; *Coing,* Vorausvermächtnis und Teilungsanordnung, JZ 1962, 529; *Dieckmann,* Bemerkungen zur „wertverschiebenden" Teilungsanordnung, FS Coing 1982, Band II, S. 53; *Eidenmüller,* Vorausvermächtnis und Teilungsanordnung, JA 1991, 150; *Esch,* Letztwillige Teilungsanordnungen, BB 1994, 1651; *Emmerich,* Teilungsanordnung und Vorausvermächtnis, JuS 1962, 269; *Fischer,* Nachlassteilung durch Teilungsanordnung, Vermächtnis, Auflage, ErbStB 2004, 395; *Flume,* Teilungsanordnung und Erbschaftsteuer, DB 1983, 2271; *Grunsky,* Zur Abgrenzung der Teilungsanordnung gegenüber dem Vorausvermächtnis, JZ 1963, 250; *ders.,* Buchbesprechung zu Weckbach, Die Bindungswirkung von Erbteilungsverboten, AcP 189 (1989), 195; *Kegel,* Nemo minus iuris transferre potest, quam ipse habet, oder warum Erbteilungsverbote so kraftlos sind, FS Lange 1976, S. 927; *Kohler,* Das Teilungsverbot besonders beim testamentarischen Familiengut, DNotZ 1958, 245; *Lange,* Bindung des Erblassers an seine Verfügung, NJW 1963, 1571; *Lehmann,* Ist eine Teilungsanordnung keine beeinträchtigende Verfügung?, MittBayNot 1988, 157; *Loritz,* Teilungsanordnung und Vorausvermächtnis, NJW 1988, 2697; *Mattern,* Einzelzuweisungen von Todes wegen, DNotZ 1963, 450; *Müller,* Das erbrechtliche Übernahmerecht, Teilungsanordnung oder Vorausvermächtnis?, Diss. Freiburg 1970; *Natter,* Teilungsanordnung und Vermächtnis, JZ 1959, 151; *Rudolf,* Teilungsanordnung und Vorausvermächtnis, Diss. Tübingen 1966; *Sarres,* Aufschub und Ausschluss der Erbauseinandersetzung, ZEV 2005, 191; *Siegmann,* „Überquotale" Teilungsanordnung und Teilungsversteigerung, ZEV 1996, 47; *Steiner,* Ertragsteuerliche Folgen der Erbauseinandersetzung, ErbStB 2004, 311; *ders.,* Ertragsteuerliche Folgen von Erbeinsetzung, Vermächtnis und Teilungsanordnung – Über Einkünfte, Zurechnung und Steuerneutralität, ErbStB 2005, 17; *Weckbach*, Die Bindungswirkung von Erbteilungsverboten, Diss. Augsburg 1987.

I. Einleitung

1 Testatoren möchten meist nicht allein die abstrakte Verteilung des Nachlasses nach Erbquoten bestimmen, sondern darüber hinaus Einfluss auf die konkrete Aufteilung ihres Vermögens nehmen. Die in diesem Zusammenhang häufig gewünschte **gegenständliche Erbeinsetzung** (Meine Tochter soll das Haus erben, mein Sohn das Wertpapierdepot) lässt das deutsche Recht nicht zu.[1] Gemäß § 2048 BGB kann der Erblasser jedoch die Erbeinsetzung nach Erbquoten mit sog. **Anordnungen für die Auseinandersetzung** verbinden und damit, wenngleich nicht mit dinglicher, sondern nur schuldrechtlicher Wirkung, die Auseinandersetzung des Nachlasses unter den Miterben vorgeben. Aufteilungsstreitigkeiten unter Miterben lassen sich hierdurch in vielen Fällen vermeiden, ebenso die oft befürchtete Zerschlagung des Nachlasses. Folgenden Fragen sollte bei der Erforschung des Erblasserwillens nachgegangen werden:

Checkliste

☐ Möchte der Erblasser die Auseinandersetzung ganz oder teilweise selbst vorgeben, hiermit einen Dritten (§ 2048 S. 2 BGB) – zum Beispiel einen Testamentsvollstrecker – betrauen, oder seinen Erben freie Hand lassen? Sollen streitanfällige Punkte durch Schiedsgutachten oder Schiedsgericht geklärt werden?

☐ Falls eine gegenständliche Aufteilung des Nachlasses unter den Miterben vorgegeben werden soll: Zuweisung durch Teilungsanordnung, Vorausvermächtnis, Übernahmerecht, oder Kombinationen hiervon?

☐ Soll die Auseinandersetzung für gewisse Zeit ganz oder teilweise ausgeschlossen werden? Sollen Anordnungen für die Verwaltung des Nachlasses bis zur Teilung getroffen werden?

☐ Sollen sich Erben einvernehmlich über Auseinandersetzungsanordnungen hinwegsetzen dürfen? Falls nein: Sicherung der Anordnungen durch Auflage, Testamentsvollstreckung, bedingte Erbeinsetzung oder Strafklauseln?

☐ Bei Vor- und Nacherbschaft: Sollen Auseinandersetzungsanordnungen schon von Vorerben ausgeführt werden? Sollen von Mitvorerben auseinander gesetzte Gegenstände der Nacherbschaft unterliegen?

☐ Beim gemeinschaftlichen Testament oder Erbvertrag: Soll eine bestimmte Nachlassverteilung unter den Schlusserben erbrechtlich bindend festgelegt werden?

II. Wesen der Teilungsanordnung

1. Arten

2 Teilungsanordnungen lassen sich in zwei Gruppen, nämlich „formelle" und „materielle" Anordnungen, unterteilen.[2] Während durch **formelle Teilungsanordnungen** technische Abläufe der Nachlassverwaltung und Erbauseinandersetzung vorgegeben werden können, betreffen **materielle Teilungsanordnungen** die Nachlassaufteilung selbst, beinhalten etwa die Zuweisung einzelner Nachlassgegenstände an Miterben oder Bestimmungen über die Lastentragung der Miterben im Innenverhältnis.[3] Rechtliche oder praktische Konsequenzen sind mit der Zuordnung zur einen oder anderen Gruppe nicht verbunden. Die Unterscheidung

---

[1] Eine Sondererbfolge ist nur ausnahmsweise möglich, so etwa bei der Nachfolge in Personengesellschaften und im Höferecht, vgl. im Einzelnen Palandt/*Edenhofer* § 1922 Rdnr. 7 ff.

[2] *Müller*, Das erbrechtliche Übernahmerecht, Teilungsanordnung oder Vorausvermächtnis?, Diss. Freiburg 1970, S. 29 f.; *Benk* MittRhNotK 1979, 53; *Nieder*, Handbuch der Testamentsgestaltung, Rdnr. 974 bis 976; Dittmann/Reimann/*Bengel*, Testament und Erbvertrag, Teil D Rdnr. 61.

[3] Vgl. den Überblick bei MünchKommBGB/*Heldrich* 2048 Rdnr. 5, 6.

zeigt aber, dass Teilungsanordnungen nicht allein dazu dienen, eine gegenständliche Verteilung der Nachlassgegenstände zu bestimmen, sondern auch dafür eingesetzt werden können, das Verfahren bis zur Teilung zu steuern. Der Testamentsgestalter wird daher nicht nur das eigentliche Aufteilungsergebnis im Auge haben, sondern auch prüfen, ob Teilungsverbote oder Teilungsbeschränkungen zweckmäßig sind, und ob für die Zeit bis zur Teilung **Verwaltungsanordnungen**[4] getroffen werden sollen, wie etwa zur Art und Weise der Verwaltung einzelner Nachlassgegenstände, oder zu Mehrheitserfordernissen für Verwaltungsmaßnahmen.

2. Wirkung

a) **Schuldrechtliche Bindung.** Die Teilungsanordnung zielt als **Rechtsinstitut eigener Art**[5] darauf ab, die bereits festgelegte Erbfolge auszuführen und zu konkretisieren, begründet dagegen **keine Sondererbfolge**, sondern hat eine rein obligatorische Bedeutung für die Erbauseinandersetzung.[6] Durch Teilungsanordnung zugewiesene Gegenstände bleiben daher im Gesamthandeigentum der Erbengemeinschaft, bis sie dem betreffenden Miterben in Vollzug der Erbauseinandersetzung übertragen werden.[7] In schuldrechtlicher Hinsicht ist die Teilungsanordnung **zweiseitig verpflichtend**.[8] Der durch Teilungsanordnung bedachte Miterbe kann von den übrigen Miterben die Auseinandersetzung nach Maßgabe der Teilungsanordnung verlangen, ist andererseits selbst an diese gebunden. Weist der Erblasser einem Erben durch Teilungsanordnung einen bestimmten Nachlassgegenstand zu, trifft ihn daher grundsätzlich auch eine **Übernahmepflicht**.[9]

b) **Keine Wertverschiebung.** Die Teilungsanordnung beschränkt sich auf Fragen der technischen Durchführung der Erbauseinandersetzung, ermöglicht dagegen keine wertmäßige Besser- oder Schlechterstellung eines Miterben. Der Bundesgerichtshof hatte einzig in einer Entscheidung aus dem Jahre 1961 angemerkt, „es sei rechtlich möglich, eine wirtschaftliche Ungleichheit bei bleibenden Erbquoten durch bloße Teilungsanordnung" herbeizuführen,[10] diese Aussage in späteren Urteilen aber ausdrücklich revidiert.[11] In Übereinstimmung mit dieser Rechtsprechung steht auch die ganz herrschende Meinung in der Literatur auf dem Standpunkt, dass Wertverschiebungen nicht durch Teilungsanordnungen, sondern allein durch andere Rechtsinstitute, wie insbesondere eine Erbeinsetzung oder ein Vorausvermächtnis herbeigeführt werden können.[12] Eine **wertverschiebende Teilungsanordnung** ist hiernach rechtlich nicht möglich; eine gleichwohl mit „Teilungsanordnung" umschriebene wertverschiebende Einzelzuweisung ist ggf. als Vorausvermächtnis oder sonstige Verfügung auszulegen.[13]

c) **Pflichtteilsgrenze.** Die Teilungsanordnung ist in § 2306 Abs. 1 S. 1 BGB als Beschränkung genannt und daher **unwirksam**, wenn ein pflichtteilsberechtigter Erbe zu **nicht mehr** als der Hälfte seines gesetzlichen Erbteils zum Erben eingesetzt wird. In Fällen, in welchen die vom Erblasser gewählte Erbquote sich unter der Pflichtteilsgrenze eines Miterben bewegt, können diesem Miterben Nachlassgegenstände daher nicht durch Teilungsanordnung, sondern nur durch Vorausvermächtnis oder Übernahmerecht zugewiesen werden. Zwar kann auch das Übernahmerecht eine Teilungsanordnung sein.[14] Eine unwirksame Beschränkung im Sinne des

---

[4] Vgl. hierzu insb. Staudinger/*Werner* § 2038 Rdnr. 24 und § 2048 Rdnr. 10.
[5] *Müller*, Das erbrechtliche Übernahmerecht, Teilungsanordnung oder Vorausvermächtnis?, Diss. Freiburg 1970, S. 32 ff.
[6] RG Urt. v. 16.3.1925 – RGZ 110, 270, 274; RG Beschl. v. 11.11.1942 – RGZ 170, 163, 170.
[7] OLG Neustadt Beschl. v. 2.2.1960 – MDR 1960, S. 497; MünchKommBGB/*Heldrich* § 2048 Rdnr. 8.
[8] MünchKommBGB/*Heldrich* § 2048 Rdnr. 8.
[9] Zur mögl. Anordnung eines bloßen Übernahmerechtes s. u. Rdnr. 10 ff.
[10] BGH Urt. v. 29.12.1961 – LM § 2048 Nr. 5; krit. hierzu insb. *Dieckmann*, FS Coing, Band II, S. 53 ff.
[11] Vgl. BGH Urt. v. 23.9.1981 – BGHZ 82, 274, 279 = NJW 1982, 43 = JR 1982, 153, 154 mit Anm. *Schubert*; BGH Urt. v. 14.3.1984 – NJW 1985, 51, 52; BGH Urt. v. 28.1.1987 – FamRZ 1987, 475, 476; BGH Urt. v. 6.12.1989 – WM 1990, 854, 855.
[12] Vgl. MünchKommBGB/*Heldrich* § 2048 Rdnr. 2; Palandt/*Edenhofer* § 2048 Rdnr. 4; Staudinger/*Otte* § 2150 Rdnr. 10, 14; Soergel/*Wolf* § 2048 Rdnr. 6; a.A. *Mattern* DNotZ 1963, 450, 461 unter Verweis auf BGH LM § 2048 Nr. 5.
[13] BGH Urt. v. 6.12.1989 – WM 1990, 854, 855.
[14] Vgl. die Nachweise in Fn. 30.

§ 2306 Abs. 1 S. 1 BGB liegt aber nicht vor, da § 2306 Abs. 1 S. 1 BGB voraussetzt, dass der pflichtteilsberechtigte Miterbe durch die Teilungsanordnung **tatsächlich benachteiligt** wird,[15] was bei der Einräumung eines bloßen „Rechtes" zur Übernahme eben nicht der Fall ist. Zu beachten ist freilich, dass das einem Miterben gewährte Vorausvermächtnis oder Übernahmerecht eine Beschränkung oder Beschwerung der übrigen Miterben darstellen kann, weshalb auch deren Erbquoten an § 2306 Abs. 1 S. 1 BGB gemessen werden müssen.

Ist dem pflichtteilsberechtigten Miterben ein durch Teilungsanordnung beschränkter Erbteil hinterlassen, der **größer** als die Hälfte seines gesetzlichen Erbteils ist, ist die Teilungsanordnung zwar wirksam. Der durch die Teilungsanordnung beschränkte pflichtteilsberechtigte Miterbe hat in diesen Fällen aber gemäß § 2306 Abs. 1 S. 2 BGB das **Wahlrecht**, den beschränkten Erbteil anzunehmen, oder den beschränkten Erbteil auszuschlagen und stattdessen den unbelasteten Pflichtteil geltend zu machen.[16]

3. Anrechnung und Ausgleichung

6 Aus dem (wertneutralen) Wesen der Teilungsanordnung folgt, dass sich ein Miterbe einen durch Teilungsanordnung zugewiesenen Nachlassgegenstand auf seinen Erbteil anrechnen lassen muss, bzw. einen durch Erfüllung der Teilungsanordnung erhaltenen Mehrwert den übrigen Miterben entsprechend ihrer Erbquoten zu erstatten hat.[17] Für die **Wertermittlung** ist der Verkehrswert und bei einem Landgut der Ertragswert (§ 2049 BGB) maßgebend. Dabei ist auf den Zeitpunkt abzustellen, zu welchem die Ausführung der Teilungsanordnung erstmals verlangt werden kann.[18] Entsprechend § 2184 BGB gebühren einem Miterben von diesem Zeitpunkt ab auch die **Früchte** des ihm zugedachten Gegenstandes.[19]

Beispiel:
A und B sind je zur Hälfte als Erben eingesetzt. Der Erblasser hat durch Teilungsanordnung dem A seine Sparguthaben zugewiesen und dem B sein Mietshaus. Für die Ermittlung der Anrechnungswerte maßgeblich sind die Verkehrswerte zum Zeitpunkt, zu dem die Ausführung der Teilungsanordnung erstmals verlangt werden kann. Dies ist gemäß § 2042 BGB („jederzeit") im Zweifel der Zeitpunkt des Erbfalles. Beträgt der Wert der Sparguthaben zu diesem Zeitpunkt € 320.000 und der Wert des Mietshauses € 360.000, erhält A aus der nach Tilgung der Nachlassverbindlichkeiten verbleibenden Teilungsmasse € 40.000 mehr als B. Unabhängig davon stehen A für die Zeit ab dem Erbfall die Mieterträge und B für die Zeit ab dem Erbfall die Sparzinsen zu. Herausverlangt werden können die Mieterträge und die Sparzinsen erst im Rahmen der Erbauseinandersetzung.[20]

Fraglich ist, ob ein Miterbe zur Ausführung einer Teilungsanordnung gezwungen werden kann, wenn der ihm zugewiesene Gegenstand seinen Erbanteil wertmäßig übersteigt.

Beispiel:
Der Wert des gesamten Nachlasses beträgt im vorangegangenen Fall nur EUR 700.000. B würde mit der Übertragung des Mietshauses (EUR 360.000) einen Gegenstand erhalten, der wertmäßig höher ist als sein Erbanteil (EUR 350.000) und wäre damit zu einem Ausgleich aus seinem Privatvermögen verpflichtet.

In solchen Fällen ist zunächst zu prüfen, ob der Erblasser tatsächlich eine wertneutrale Teilungsanordnung gewollt hat, oder die Zuweisung angesichts der „Wertverschiebung" nicht als Erbeinsetzung, Vorausvermächtnis, oder Übernahmerecht auszulegen ist.[21] Ist dies nicht der Fall, und kann der letztwilligen Verfügung auch nicht entnommen werden, dass der Erblasser durch eine Auflage oder eine Vermächtnis eine Ausgleichsverpflichtung angeordnet hat, ist die

---

[15] Vgl. MünchKommBGB/*Lange* § 2306 Rdnr. 11.
[16] Vgl. zu den Rechtsfolgen der verschiedenen Tatbestände des § 2306 BGB und deren Abdingbarkeit Sudhoff/*Scherer* Unternehmensnachfolge Teil A § 17 Rdnr. 36 bis 41.
[17] Zum Ausschluss der Ausgleichung durch Vorausvermächtnis s. u. Rdnr. 9.
[18] Vgl. Palandt/*Edenhofer* § 2048 Rdnr. 9; Soergel/*Wolf* § 2048 Rdnr. 13.
[19] Vgl. BGH Urt. v. 24.1.1962 – BWNotZ 1962, 259; BFH Urt. v. 4.5.2000 – ZEV 2000, 287, 288. S.a. *Steiner* ErbStB 2005, 17, der darauf hinweist, dass sich dieses Ergebnis in der Regel bereits aus der individuellen Auslegung der letztwilligen Verfügung ergeben dürfte.
[20] MünchKommBGB/*Heldrich* § 2048 Rdnr. 8.
[21] Zu den Auslegungskriterien s. *Dieckmann*, FS Coing, Band II, S. 53, 62 ff.; *Loritz* NJW 1988, 2697, 2705.

Teilungsanordnung nach herrschender Meinung **unbeachtlich,** wenn der überquotal bedachte Miterbe zu einem Ausgleich aus seinem **Privatvermögen** nicht bereit ist.[22]

III. Zuweisung von Nachlassgegenständen

1. Reine Teilungsanordnung

Eine reine Teilungsanordnung kommt als erbrechtliches Gestaltungsmittel in Betracht, wenn der Erblasser einem Miterben einen bestimmten Gegenstand zuweisen möchte, ohne ihn gegenüber den übrigen Miterben wertmäßig zu bevorzugen.

> **Formulierungsvorschlag:**
> Zu meinen alleinigen Erben setze ich ein meine drei Kinder, A, B und C, ersatzweise deren Abkömmlinge in gesetzlicher Ordnung nach Stämmen. Für die gegenständliche Aufteilung des Nachlasses unter meinen Erben treffe ich folgende Teilungsanordnungen:
> A erhält in Anrechnung auf seinen Erbteil meine Wertpapiere, B in Anrechnung auf seinen Erbteil meinen Schmuck, C in Anrechnung auf seinen Erbteil meine Oldtimersammlung. Soweit ein Erbe durch Erfüllung der vorstehenden Anordnungen mehr erhält, als dies dem Wert seines Erbteils entspricht, hat er den Mehrwert den übrigen Erben im Verhältnis ihrer Erbteile zu erstatten. Einvernehmlich können sich meine Erben auch abweichend auseinander setzen.

Wie im vorangegangenen Abschnitt beschrieben, kann der überquotal bedachte Miterbe nicht dazu gezwungen werden, eine Teilungsanordnung unter Ausgleichung aus seinem Privatvermögens auszuführen. Wünscht der Erblasser eine darüber hinausgehende **Übernahmepflicht,** muss er die Teilungsanordnung durch Auflage oder Vorausvermächtnis zugunsten der übrigen Miterben verstärken, oder die Durchführung der Teilungsanordnung zur Bedingung der Erbeinsetzung machen. Gleiches gilt, wenn die Auseinandersetzungsanordnung mit wechselbezüglicher oder erbvertraglich bindender Wirkung ausgestattet werden soll, denn gemäß §§ 2270 Abs. 3, 2278 Abs. 2 BGB können nur Erbeinsetzungen, Vermächtnisse und Auflagen eine solche Bindungswirkung entfalten, nicht aber eine Teilungsanordnung.[23]

2. Teilungsanordnung und Vorausvermächtnis

a) Abgrenzung. Der Erblasser kann den Nachlass nicht nur durch Teilungsanordnungen, sondern auch durch Vorausvermächtnisse (§ 2150 BGB) unter seinen Erben aufteilen. Während die Teilungsanordnung die Zuweisung von Nachlassgegenständen **innerhalb** der Erbteile regelt und mit der Erbeinsetzung untrennbar verknüpft ist, wird das Vorausvermächtnis **zusätzlich** zum Erbteil, also nicht in Anrechnung auf diesen und unabhängig von diesem gewährt. Hiermit hängen zahlreiche Unterschiede zusammen, welche regelmäßig auf eine bessere Stellung des Vorausvermächtnisnehmers hinauslaufen.[24] Für die Gestaltungspraxis ist hervorzuheben, dass sich die Rechtswirkungen eines Vorausvermächtnisses und einer Teilungsanordnung durch zusätzliche Anordnungen weitgehend **angleichen** lassen.[25] In vielen Fällen sind daher sowohl die Teilungsanordnung als auch das Vorausvermächtnis ein taugliches Gestaltungsmittel. In der letztwilligen Verfügung ist klar zum Ausdruck zu bringen, welche Rechtsform gewählt worden ist. Ansonsten kann dies erhebliche **Auslegungsprobleme** zur Folge haben. Einzelheiten hierzu sind in Kapitel § 13 dargestellt.

---

[22] BGH Beschl. v. 25.10.1995 – ZEV 1996, 71; MünchKommBGB/*Heldrich* § 2048 Rdnr. 16; *Schlüter* Erbrecht Rdnr. 898; *Eidenmüller* JA 1991, 150, 155; *Siegmann* ZEV 1996, 47, 48 m.w.N.; a.A. Palandt/*Edenhofer* § 2048 Rdnr. 1 mit allerdings unzutreffendem Hinweis auf BGH ZEV 1996, 71; diff. *Beck* DNotZ 1961, 565, 569: Durchführungspflicht nur bei „geringen Abweichungen unter den Erbanteilen".
[23] Zur Herstellung einer erbrechtlichen Bindung in diesen Fällen s. Rdnr. 20.
[24] Vgl. *Nieder*, Handbuch der Testamentsgestaltung, Rdnr. 978; Dittmann/Reimann/*Bengel*, Testament und Erbvertrag, Teil D Rdnr. 68 bis 84; *Loritz* NJW 1988, 2697, 2699; *Rudolf*, Teilungsanordnung und Vorausvermächtnis, Diss. Tübingen 1966, S. 46 ff.; *Coing* JZ 1962, 529, 530; *Mattern* DNotZ 1963, 450, 454 f.
[25] Vgl. *Mattern* DNotZ 1963, 450, 455 f.

9 b) Kombinationen. Nach wohl herrschender Auffassung können Teilungsanordnungen und Vorausvermächtnisse kombiniert werden.[26] Praktisch häufig begegnet der Fall, dass der Erblasser zusätzlich zur Erbeinsetzung eine bestimmte Nachlassaufteilung vorgibt, aber nicht wünscht, dass ein Miterbe den anderen gegenüber ausgleichspflichtig wird, falls er mit Ausführung der Teilungsanordnungen wertmäßig mehr erhält als ihm nach seiner Erbquote gebührt. Hier kann der Erblasser seine Teilungsanordnungen mit dem Vorausvermächtnis verbinden, dass Miterben einen durch Ausführung der Teilungsanordnungen erhaltenen **Mehrwert nicht auszugleichen** haben.

> **Formulierungsvorschlag:**
> Soweit durch die Ausführung der vorstehenden Teilungsanordnungen einer meiner Erben wertmäßig mehr erhält, als dies dem Wert seines Erbteils entspricht, erhält er diesen Mehrwert als Vorausvermächtnis, also ohne Anrechnungs- oder Ausgleichsverpflichtung zugewandt. Nachlassverbindlichkeiten und sonstige Lasten haben die Erben jedoch im Verhältnis ihrer Erbquoten zu tragen. Das Vorausvermächtnis fällt nur bei Annahme der Erbschaft und erst mit der Erbauseinandersetzung an.

Als **Alternative** zur vorstehend beschriebenen Kombination einer Teilungsanordnung und einem (kleinem) Vorausvermächtnis kann erwogen werden, die Aufteilung der Nachlassgegenstände insgesamt durch (große) Vorausvermächtnisse vorzunehmen. Dies bietet sich etwa an, wenn die Nachlassaufteilung wechselbezüglich oder erbvertraglich bindend verfügt werden, oder der bedachte Miterbe das Recht haben soll, die Herausgabe des betreffenden Gegenstandes unabhängig von seiner Erbenstellung oder vor der Erbauseinandersetzung zu verlangen.[27]

3. Übernahmerechte

10 a) Arten. Als weitere Gestaltungsmöglichkeit für die Zuweisung von Nachlassgegenständen ist das sog. Übernahmerecht zu nennen.[28] Die Anordnung eines solchen kommt dann in Betracht, wenn dem Erblasser zwar eine bestimmte Verteilung seines Nachlasses vorschwebt, er seinen Erben die Übernahme der betreffenden Gegenstände aber nicht zur Pflicht machen möchte. Anders als bei der reinen Teilungsanordnung hat der durch ein Übernahmerecht bedachte Miterbe die **Wahl**, durch sog. **Übernahmeerklärung** einen Anspruch auf Übertragung des betreffenden Gegenstandes zu begründen, oder trotz Annahme der Erbschaft den ihm zugewiesenen Gegenstand nicht zu übernehmen. Angesichts dieser Wahlmöglichkeit wird das Übernahmerecht teils generell als Vorausvermächtnis qualifiziert.[29] Die Kautelarpraxis hebt demgegenüber zusätzlich auf die **Rechtsfolgen** der Übernahmeerklärung ab, und differenziert deshalb auch bei Übernahmerechten zwischen Teilungsanordnungen und Vorausvermächtnissen.[30] Wird das Übernahmerecht als (reines) Vorausvermächtnis angeordnet, wird dem übernahmeberechtigten Miterben der betreffende Gegenstand unter der aufschiebenden Bedingung vermacht, dass er sein Übernahmerecht ausübt.[31] Wird dem Miterben das Übernahmerecht dagegen durch eine Teilungsanordnung gewährt, kann er die Übertragung nur in Anrechnung auf den Erbteil, und trotz vorzeitiger Abgabe der Übernahmeerklärung erst im Rahmen der Nachlassauseinandersetzung beanspruchen. Der Unterschied zur reinen Teilungsanordnung

---

[26] BGH Urt. v. 21.2.1962 – LM § 2048 Nr. 5 a; OLG Hamburg Urt. v. 20.4.1950 – MDR 1950, 420, 421; *Ebenroth* Erbrecht Rdnr. 794; weniger eindeutig: BGH Urt. v. 27.6.1990 – FamRZ 1990, 1112, 1113; BGH Urt. v. 28.1.1987 – FamRZ 1987, 475, 476; BGH Urt. v. 14.3.1984 – NJW 1985, 51, 52; abl.: Staudinger/*Otte* § 2150 Rdnr. 9 und wohl auch BGH Urt. v. 23.5.1984 – FamRZ 1985, 62.
[27] Vgl. *Loritz* NJW 1988, 2697, 2702; Dittmann/Reimann/*Bengel*, Testament und Erbvertrag, Teil D Rdnr. 70; *Nieder*, Handbuch der Testamentsgestaltung, Rdnr. 985.
[28] S. hierzu insb. *Brambring* ZAP 1989, 721; *Benk* MittRhNotK 1979, 53.
[29] Staudinger/*Otte* § 2150 Rdnr. 11; *Müller*, Das erbrechtliche Übernahmerecht, Teilungsanordnung oder Vorausvermächtnis?, Diss. Freiburg 1970, S. 40 ff.
[30] Vgl. *Benk* MittRhNotK 1979, 53, 58 ff.; *Nieder*, Handbuch der Testamentsgestaltung, Rdnr. 990 bis 992; Dittmann/Reimann/*Bengel*, Testament und Erbvertrag, Teil D Rdnr. 91.
[31] BGH Urt. v. 30.9.1959 – NJW 1959, 2252, 2254; *Emmerich* JuS 1962, 269, 271.

besteht hier allein darin, dass den bedachten Miterben ohne seine Übernahmeerklärung **keine Übernahmepflicht** trifft, er die Teilungsanordnung also isoliert „annehmen" oder „ablehnen" kann.

> **Formulierungsvorschlag:**
> Ich treffe folgende Teilungsanordnung:
> A erhält das Recht, unter Anrechnung auf seinen Erbteil bei der Erbauseinandersetzung meine Bibliothek zu übernehmen. Solange er von diesem Recht keinen Gebrauch macht, kann er von seinen Miterben nicht zur Übernahme verpflichtet werden.

b) **Übernahmewert.** Das Recht zur Übernahme eines Nachlassgegenstandes kann mit oder ohne Verpflichtung, eine Gegenleistung zu erbringen, gewährt werden. Wird (wie im vorangegangenen Formulierungsbeispiel) allgemein angeordnet, dass sich der Übernahmeberechtigte den Wert des übernommenen Gegenstandes auf seinen Erbteil anrechnen lassen muss, ist der **Verkehrswert** und bei einem Landgut der Ertragswert (§ 2049 BGB) maßgebend. Wird die Anrechnung zu einem bewusst niedrigeren Wert angeordnet, liegt jedenfalls hinsichtlich des Mehrwertes ein Vorausvermächtnis vor; wird der Übernahmewert bewusst über den Verkehrswert gesetzt, ist die Ausgleichung der Wertdifferenz entweder aufschiebende Bedingung des Vermächtnisses zugunsten der Übernahmeberechtigten oder Untervermächtnis zugunsten der übrigen Miterben.[32] Auslegungsschwierigkeiten können auftreten, wenn sich der letztwilligen Verfügung nicht entnehmen lässt, ob der Erblasser mit Wertabweichungen gerechnet hat.[33] Wegen der bei Testamentserrichtung noch ungewissen **Wertentwicklung** des Übernahmegegenstandes empfiehlt es sich daher, den Übernahmewert nicht durch einen fixen **Übernahmepreis** festzulegen, sondern allein den **Berechnungsweg** vorzugeben. Das Pflichtteilsrecht der anderen Erben kann durch eine solche Wertbestimmung freilich nicht eingeschränkt werden.

> **Formulierungsvorschlag:**
> A erhält im Wege des Vorausvermächtnisses, also ohne Anrechnung auf seinen Erbteil, das Recht, vorab aus dem Nachlass meine Segelyacht gegen Zahlung von fünfzig Prozent ihres Verkehrswertes zum Zeitpunkt meines Todes zu übernehmen. Wenn sich meine Erben über den Verkehrswert der Segelyacht nicht einigen können, ist dieser auf Kosten des A durch einen Sachverständigen zu bestimmen, dessen Auswahl dem Testamentsvollstrecker obliegt.

c) **Übernahmefrist.** Solange sich der Übernahmeberechtigte über die Ausübung seines Übernahmerechtes nicht erklärt, ist die Aufteilung der Nachlassgegenstände ungewiss. Um einen unnötig langen Schwebezustand zu vermeiden, empfiehlt es sich daher, das Übernahmerecht zu befristen.

> **Formulierungsvorschlag:**
> Das Übernahmerecht kann nur innerhalb einer Ausschlussfrist von sechs Monaten ab Kenntnisnahme von diesem Testament ausgeübt werden. Unabhängig davon erlischt es mit Vollzug der Erbauseinandersetzung.

---

[32] Vgl. Staudinger/*Otte* § 2150 Rdnr. 14 m.w.N. auch zu a.A.
[33] Vgl. hierzu Staudinger/*Otte* § 2150 Rdnr. 14; *Eidenmüller* JA 1991, 150, 155; *Dieckmann*, FS Coing, Band II, S. 53, 64 ff. Zu den Möglichkeiten einer Abhilfe gem. § 242 BGB bei unvorhergesehener Wertentwicklung s. BGH Urt. v. 25.5.1960 – NJW 1960, 1759.

4. Steuerliche Überlegungen

13 Die Entscheidung, durch welches Gestaltungsmittel die Erbauseinandersetzung vorgegeben werden soll, hat auch die unterschiedlichen steuerlichen Folgen von Teilungsanordnungen und Vorausvermächtnissen zu berücksichtigen.

Bei der Erbschaftsteuer ist zu beachten, dass mit Teilungsanordnungen beschwerte Miterben – ungeachtet solcher Teilungsanordnungen – allein nach Maßgabe ihrer Erbquoten am Gesamtnachlass besteuert werden,[34] während ein Vorausvermächtnis gemäß § 3 Abs. 1 Nr. 1 ErbStG getrennt erfasst wird.

Bezüglich in Frage kommender **Bewertungsprivilegien** ist die neuere Rechtsprechung des Bundesfinanzhofs zu berücksichtigen. Nach bisheriger Bewertungspraxis waren Vermögenswerte, die für erbschaftsteuerliche Zwecke niedriger als zu den Verkehrswerten bewertet werden, auch Vermächtnisnehmern zugute gekommen. In einer Aufsehen erregenden Entscheidung vom 2.7.2004[35] hat der BFH in einem obiter dictum ernsthafte Zweifel an der Rechtmäßigkeit dieser Besteuerungspraxis geäußert und darauf hingewiesen, dass sich die erbschaftsteuerliche Bewertung jedenfalls bei Grundstücksvermächtnissen nicht an deren Steuer-, sondern an den Verkehrswerten zu orientieren habe.[36] Der Anspruch des Grundstücksvermächtnisnehmers sei als schuldrechtlicher Anspruch mit dem gemeinen Wert und nicht mit dem Steuerwert des Grundstücks zu bewerten. Es spricht viel dafür, dass diese Überlegung nicht nur bei Grundstücken, sondern auch bei sonstigen bewertungsrechtlich privilegierten Vermögensgegenständen Platz greifen wird. Die neuere Rechtsprechung des Bundesfinanzhofs kann deshalb ein Grund sein, im Rahmen der Gestaltung letztwilliger Verfügungen weniger auf (Voraus)Vermächtnisse und vermehrt auf Erbeinsetzungen mit Teilungsanordnungen zu rekurrieren.[37]

Besondere Aufmerksamkeit ist auch den **ertragsteuerlichen** Konsequenzen bei der **Erbauseinandersetzung** zu widmen:[38] Nach dem wegweisenden Beschluss des Großen Senates des Bundesfinanzhofs vom 5.7.1990[39] sind der Erbfall und die nachfolgende Erbauseinandersetzung zwei steuerrechtlich zu trennende Vorgänge, mit der Folge, dass – soweit im Nachlass Betriebsvermögen oder einkommensteuerlich verhaftetes Privatvermögen vorhanden ist – ein Einkommensteuertatbestand geschaffen wird, wenn die Miterbenauseinandersetzung ganz oder teilweise **entgeltlich** erfolgt. Von Bedeutung ist nun, dass die Erfüllung eines Vorausvermächtnisses grundsätzlich als unentgeltliches Geschäft qualifiziert wird, durch Teilungsanordnung bedingte **Ausgleichszahlungen** dagegen wie freiwillig vereinbarte Ausgleichsgelder als Veräußerungsentgelt behandelt werden.[40]

IV. Erbteilungsverbote

14 Gemäß § 2042 Abs. 1 BGB kann jeder Miterbe grundsätzlich jederzeit die Auseinandersetzung verlangen. Dagegen kann dem Erblasser daran gelegen sein, den Nachlass oder einzelne Nachlassgegenstände ungeteilt zu erhalten, bzw. deren Auseinandersetzung nur unter bestimmten Voraussetzungen zuzulassen. Dazu gibt ihm das Gesetz die Möglichkeit, durch Verfügung von Todes wegen die Auseinandersetzung ganz oder teilweise auszuschließen oder

---

[34] Vgl. BFH Urt. v. 10.11.1982 – BStBl. 1983, 329; *Meincke* ErbStG § 3 Rdnr. 23 ff.; krit. hierzu *Flume* DB 1983, 2271.
[35] BFH Urt. v. 2.7.2004 – Az II R 9/02 – ZEV 2004, 474 m. Anm. *Crezelius*.
[36] Krit. Hierzu *Wachter* NotBZ 2005, 99.
[37] Vgl. im Einzelnen etwa *Daragan* ZErb 2005, 40; *Geck* ZEV 2006, 201.
[38] Ausf. hierzu zuletzt etwa *Steiner* ErbStB 2004, 311 und ErbStB 2005, 17. Vgl. zur einkommensteuerlichen Behandlung der Miterbenauseinandersetzung i.Ü. die Ausführungen in Kap. § 35.
[39] BFH Beschl. v. 5.7.1990 – BStBl. II 1990, S. 837.
[40] Vgl. Tz. 14, 76 des Schreibens des Bundesfinanzministeriums v. 11.1.1993 betr. die ertragsteuerliche Behandlung der Erbengemeinschaft und ihrer Auseinandersetzung (BStBl. I 1993, S. 62), aktualisiert durch Schreiben des Bundesfinanzministeriums v. 5.12.2002 (BStBl. I 2002, S. 1392), wiederum aktualisiert durch Schreiben des Bundesfinanzministeriums v. 14.3.2006 (abgedr. in BStBl. I 2006, S. 253 und ZEV 2006, 154 mit Anm. *Hannes*); krit. hierzu *Esch* BB 1994, 1651, 1653.

zu erschweren (§ 2044 BGB). Dies gilt auch, wenn er es im Übrigen bei der gesetzlichen Erbfolge belässt.[41]

1. Arten

Das mit Rechtsbindungswillen verfügte Erbteilungsverbot kann eine Teilungsanordnung, eine Auflage oder ein Vermächtnis sein.[42] Praktisch relevant kann die Frage werden, ob ein Teilungsverbot (auch) als **Auflage** angeordnet worden ist, denn anders als die reine Teilungsanordnung kann die Auflage erbrechtlich bindend verfügt werden und der bei reinen Teilungsverboten bestehenden Möglichkeit entgegenwirken, dass die Erben die Erblasseranordnung einvernehmlich unbeachtet lassen. Auch ohne ausdrückliche Nennung in der letztwilligen Verfügung wird dem Erbteilungsverbot daher Auflagencharakter beigemessen, wenn nur der Wunsch des Erblassers erkennbar ist, die Auseinandersetzung auch gegen den gemeinsamen Willen aller Erben auszuschließen.[43] Wenn der Erblasser dagegen (ohne erbrechtliche Bindung) nur das Recht des einzelnen Miterben auf Erzwingung der Erbauseinandersetzung ausschließen möchte, kann er dies durch eine reine Teilungsanordnung erreichen.

15

> **Formulierungsvorschlag:**
> Im Wege der reinen Teilungsanordnung schließe ich das Recht, die Auseinandersetzung meines Nachlasses zu verlangen, auf die Dauer von 10 Jahren nach meinem Tode aus. Der Ausschluss soll entgegen §§ 2044 Abs. 1 S. 2, 750 BGB auch nach dem Tode eines Miterben fortbestehen. Einvernehmlich können sich meine Erben jederzeit über den Nachlass auseinander setzen.

Ein nicht unerheblicher Teil im Schrifttum sieht in solchen **negativen Teilungsanordnungen** zugleich ein **Vermächtnis** zugunsten der Miterben des Beschwerten.[44] Dies erscheint bedenklich, weil dem Erblasser bei Teilungsverboten nicht generell ein **Begünstigungswille** unterstellt werden kann.[45] Schon deshalb ist ein (etwa) gewünschter Vermächtnischarakter einer Teilungsbeschränkung ausdrücklich festzuhalten.

> **Formulierungsvorschlag:**
> Im Wege des Vorausvermächtnisses zugunsten meiner Ehefrau schließe ich die Auseinandersetzung meines Hausgrundstückes in Köln aus. Das Teilungsverbot soll nur wirksam werden, wenn meine Ehefrau Erbin wird und besteht entgegen §§ 2044 Abs. 1 S. 2, 750 BGB auch nach dem Tode eines Miterben fort. Es endet, wenn meine Ehefrau stirbt, oder sich wieder verheiratet. Mit ihrem Einverständnis kann das Grundstück jederzeit auseinander gesetzt werden.

2. Wirkung

Die Rechtswirkungen eines Erbteilungsverbotes sind je nach gewählter Rechtsnatur unterschiedlich stark. Gemeinsam ist allen Teilungsverboten ihre rein schuldrechtliche Bindung (§ 137 BGB), weshalb sich Miterben einvernehmlich und ohne Sanktionen über ein Teilungsverbot hinwegsetzen können, falls keine Anordnungen zur **Sicherung** des Teilungsverbotes getroffen werden.[46] Teilungsverbote können deshalb auch grundsätzlich nicht ins **Grundbuch** eingetragen werden. Gemäß §§ 2044 Abs. 1 S. 2, 1010 BGB ist ein Teilungsverbot nur dann eintragungsfähig, wenn die Erbengemeinschaft in eine Bruchteilsgemeinschaft am Grundstück umgewandelt worden ist. Das Erbteilungsverbot wirkt gemäß §§ 2044 Abs. 1 S. 2, 751

16

---

[41] BayObLG Beschl. v. 14.12.1966 – NJW 1967, 1136.
[42] *Bengel* ZEV 1995, 178.
[43] BGH Urt. v. 25.9.1963 – BGHZ 40, 115, 117.
[44] So etwa MünchKommBGB/*Heldrich* § 2044 Rdnr. 13; *Lange/Kuchinke*, Lehrbuch des Erbrechts, § 44 II 3 a; *Kegel*, FS Lange, S. 929.
[45] Vgl. *Weckbach*, Die Bindungswirkung von Erbteilungsverboten, Diss. Augsburg 1987, S. 34 ff.; *Bengel* ZEV 1995, 178, 179.
[46] Vgl. hierzu u. Rdnr. 22 ff.

auch für und gegen Sondernachfolger, kann jedoch nur für **beschränkte Dauer** angeordnet werden. Soweit es nicht durch den Eintritt eines bestimmten Ereignisses in der Person eines Miterben, dem Eintritt der Nacherbfolge oder dem Anfall eines Vermächtnisses befristet ist, endet es spätestens 30 Jahre nach dem Erbfall (§ 2044 Abs. 2 BGB). In vielen Fällen wird die Bestimmung einer kürzeren Frist zweckmäßig sein. Unabhängig davon wird ein Teilungsverbot wirkungslos, wenn ein **wichtiger Grund** für die Teilung vorliegt (§§ 2044 Abs. 1 S. 2, 749 Abs. 2, 3 BGB), wofür entsprechend den Grundsätzen zur außerordentlichen Beendigung von Dauerschuldverhältnissen erforderlich ist, dass dem betroffenen Miterben ein Festhalten am Teilungsverbot nach den Umständen des Einzelfalles unzumutbar ist.[47] Wirkungslos ist ein Erbteilungsverbot im **Insolvenzverfahren** (§ 84 Abs. 2 S. 2 InsO), gegenüber **Gläubigern** eines Miterben mit rechtskräftigem Titel (§§ 2044 Abs. 1 S. 2, 751 S. 2 BGB) und unter den Voraussetzungen des § 2306 Abs. 1 S. 1 BGB. Für die Vertragsgestaltung ist zu beachten, dass das Teilungsverbot nach der Vermutungsregel der §§ 2044 Abs. 1 S. 2, 750 BGB außerdem mit dem **Tod eines Miterben** außer Kraft tritt. Entspricht dies nicht dem Willen des Erblassers, ist – wie in den obigen Formulierungsbeispielen – ein entsprechender Klarstellungsvermerk anzubringen.

V. Anordnungsbefugnisse für Dritte

1. Erbteilung durch Dritte

17 Anstatt selbst Bestimmungen für die Nachlassaufteilung vorzugeben, kann der Erblasser anordnen, dass die Auseinandersetzung nach dem billigen Ermessen eines Dritten erfolgen soll (§ 2048 S. 2 BGB). Als **Dritter** kann nicht nur jede außerhalb der Erbengemeinschaft stehende Person eingesetzt werden, sondern auch ein Erbe oder eine Erbenmehrheit.[48] Auch dem **Testamentsvollstrecker** kann gemäß § 2048 S. 2 BGB die Auseinandersetzung nach billigem Ermessen gestattet werden. Dies wird sich in vielen Fällen empfehlen, denn findet sich keine entsprechende Bestimmung, ist der Testamentsvollstrecker bei Uneinigkeit der Erben gezwungen, die Auseinandersetzung allein nach dem Gesetz (§§ 2042 ff. BGB) vorzunehmen, was bei unteilbaren Nachlassgegenständen zu (unwirtschaftlichen) Zwangsverkäufen führen kann. Probleme kann bei nicht eindeutiger Formulierung auch die **Abgrenzung** zwischen der Einsetzung eines „Dritten" und der Einsetzung eines Testamentsvollstreckers bereiten, denn einerseits können einem eingesetzten Testamentsvollstrecker Auseinandersetzungsbefugnisse als „Drittem" übertragen werden,[49] und andererseits kann mit der Übertragung von Auseinandersetzungsbefugnissen auf Dritte die Einsetzung zum Testamentsvollstrecker mit (hierauf) begrenztem Aufgabenkreis gewollt sein.[50] Die Erben werden durch den Teilungsplan des Dritten in gleicher Weise gebunden wie durch eine Teilungsanordnung des Erblassers selbst. Unverbindlich – und im Streitfall durch Gerichtsurteil zu ersetzen – ist eine vom Dritten getroffene Bestimmung, wenn sie **offenbar unbillig** ist (§ 2048 S. 3 BGB). Nach herrschender Meinung ist eine Bestimmung durch **Gerichtsurteil** auch dann möglich, wenn der Dritte die Bestimmung nicht treffen kann, nicht treffen will oder verzögert (§ 319 Abs. 1 S. 2 BGB).[51] Das Gericht hat die Entscheidung an Stelle des Dritten, also ebenfalls nach billigem Ermessen, zu treffen.[52]

2. Schiedsgutachten und Schiedsgericht

18 Zur Vermeidung langwieriger und kostspieliger Streitigkeiten bei der Verwaltung oder Auseinandersetzung des Nachlasses kann es zweckmäßig sein, Entscheidungsbefugnisse einem Schiedsgutachter oder einem Schiedsgericht zu übertragen.[53] Gegenstand eines Schiedsgutach-

---

[47] Vgl. OLG Hamburg Urt. v. 23.8.1960 – NJW 1961, 610, 611; LG Düsseldorf Urt. v. 20.5.1954 – FamRZ 1955, 303; MünchKommBGB/*Heldrich* § 2044 Rdnr. 17 mit Bsp.
[48] RG Urt. v. 16.3.1925 – RGZ 110, 271, 274; MünchKommBGB/*Heldrich* § 2048 Rdnr. 18.
[49] MünchKommBGB/*Heldrich* § 2048 Rdnr. 18.
[50] Vgl. RGRK/*Kregel* § 2048 Rdnr. 6; MünchKommBGB/*Heldrich* § 2048 Rdnr. 18; Staudinger/*Werner* § 2048 Rdnr. 11, § 2038 Rdnr. 24.
[51] Staudinger/*Werner* § 2048 Rdnr. 16 m.w.N.
[52] Palandt/*Edenhofer* § 2048 Rdnr. 3.
[53] Vgl. hierzu die Ausführungen in § 67.

tens kann auch die vorstehend beschriebene Teilung des Nachlasses nach billigem Ermessen sein.

VI. Teilungsanordnung und Nacherbfolge

In Fällen der Vor- und Nacherbschaft ist zunächst zu klären, welche Erben eine Erblasseranordnung ausführen sollen. Sofern ausschließlich die Mitnacherben berechtigt und verpflichtet werden sollen, sind für die Verfügung von Auseinandersetzungsanordnungen keine weiteren Besonderheiten zu beachten. Will der Erblasser dagegen die Nachlassverteilung unter den Mitvorerben geregelt wissen, ist zu berücksichtigen, dass dahin gehende Teilungsanordnungen von den Mitvorerben zwar ohne Zustimmung der Nacherben ausgeführt werden können,[54] von den Mitvorerben auseinander gesetzte Nachlassgegenstände aber weiter der Nacherbschaft unterliegen.[55] Der Erblasser, der den Vorerben Nachlassgegenstände zur endgültig freien Verfügung zuweisen möchte, kann dies daher grundsätzlich nicht durch eine Teilungsanordnung, sondern nur durch ein **Vorausvermächtnis an den Vorerben** (§§ 2110 Abs. 2, 2150 BGB) erreichen. Anders ist die Rechtslage bei einer Erbengemeinschaft zwischen Vollerben und Vorerben. Hier ist die **Teilungsanordnung zugunsten des Vollerben** ein geeignetes Gestaltungsinstrument, um den nicht durch Nacherbfolge beschränkten Miterben Teile des Nachlasses vor Eintritt des Nacherbfalls in Anrechnung auf dessen Erbteil zu freier Verfügung zuzuweisen.[56] Liegt dem Erblasser dagegen daran, den Nachlass nur für die Zeit bis zum Eintritt der Nacherbfolge unter den Mitvorerben in bestimmter Weise aufteilen und verwalten zu lassen, kommt die Verfügung einer **Verwaltungsanordnung gegenüber Mitvorerben** in Betracht.[57] Will der Erblasser schließlich, dass zwischen den Mitvorerben überhaupt keine Auseinandersetzung stattfindet, der Nachlass vielmehr ungeteilt an den oder die Nacherben fällt, beschwert er die Vorerben zweckmäßiger Weise mit einem **Erbteilungsverbot**, gegebenenfalls mit der Absicherung, dass die Nacherbfolge auch dann ausgelöst wird, wenn sich ein Vorerbe dem Verbot widersetzt.[58]

VII. Teilungsanordnung und erbrechtliche Bindung

1. Herstellung erbrechtlicher Bindung

Da Teilungsanordnungen nicht mit erbrechtlicher Bindungswirkung versehen werden können, muss in solchen Fällen auf die in §§ 2270 Abs. 3, 2278 Abs. 2 genannten Verfügungen ausgewichen werden. Hiermit können meist die gleichen Ergebnisse erreicht werden wie mit einer Teilungsanordnung. So lässt sich eine Teilungsanordnung regelmäßig auch als **Auflage** konstruieren,[59] und die beabsichtigte wertneutrale Zuweisung einzelner Nachlassgegenstände kann statt durch Teilungsanordnungen auch durch **Vorausvermächtnisse mit einem Untervermächtnis zur Gleichstellung** erreicht werden.[60]

> **Formulierungsvorschlag:**
> Wir setzen uns gegenseitig zum alleinigen und unbeschränkten Erben ein. Erben des Längstlebenden von uns sind unsere beiden Kinder A und B, ersatzweise deren Abkömmlinge nach Stämmen. Unsere Schlusserben beschweren wir mit folgenden Vermächtnissen und Auflagen:

---

[54] Vgl. OLG Hamm Beschl. v. 19.9.1994 – ZEV 1995, 336, 337; BayObLG Beschl. v. 29.11.1991 – FamRZ 1992, 728; Palandt/*Edenhofer* § 2113 Rdnr. 5; Soergel/*Wolf* § 2048 Rdnr. 2; *Nieder*, Handbuch der Testamentsgestaltung, Rdnr. 987 m.w.N.
[55] Vgl. *Nieder*, Handbuch der Testamentsgestaltung, Rdnr. 987 m.w.N.; a.A. *Beck* DNotZ 1961, 565, 573 f.
[56] Vgl. *Beck* DNotZ 1961, 565, 573.
[57] Vgl. *Beck* DNotZ 1961, 565, 575.
[58] Vgl. *Kohler* DNotZ 1958, 245, 247, 252 mit Formulierungsbeispiel.
[59] Vgl. Dittmann/Reimann/*Bengel*, Testament und Erbvertrag, Teil D Rdnr. 70, 96; *Nieder*, Handbuch der Testamentsgestaltung, Rdnr. 996.
[60] Vgl. zu mögl. nachteiligen Steuerfolgen dieses Gestaltungsmittels aber auch *Nieder*, Handbuch der Testamentsgestaltung, Rdnr. 988.

> A erhält im Wege des Vorausvermächtnisses unser Wohnhaus in Hamburg, B im Wege des Vorausvermächtnisses unser Ferienhaus auf Sylt. Die Vorausvermächtnisse fallen nur bei Annahme der Erbschaft und erst mit der Erbauseinandersetzung an. Sie gelten auch im Falle der Ersatzerbfolge, allerdings nicht, wenn keines unserer beiden Kinder Erbe wird. Soweit ein Erbe durch Erfüllung der vorstehenden Vorausvermächtnisse mehr erhält, als dies dem Wert seines Erbteils entspricht, hat er als Untervermächtnis den Mehrwert den übrigen Erben im Verhältnis ihrer Erbteile zu erstatten. Maßgebend für die Wertbestimmung sind die Verkehrswerte beim Tode des Längstlebenden von uns. Im Wege der Auflage bestimmen wir, dass jeder unserer Erben auf Verlangen eines Miterben verpflichtet ist, die Erbauseinandersetzung in dieser Weise durchzuführen. Einvernehmlich können unsere Erben den Nachlass des Längstlebenden auch abweichend auseinander setzen. Vorstehende Erbeinsetzungen, Vermächtnisse und Auflagen sind erbvertraglich bindend.

2. Beeinträchtigende Verfügung

21 Ist die Verteilung des Nachlasses unter den Schlusserben nicht durch Auflage oder Vermächtnis erbrechtlich bindend festgelegt worden, fragt sich, ob der Ehegatte nach dem Tod des Erstversterbenden, bzw. ob der Erbvertragspartner nachträglich erstmals eine Teilungsanordnung treffen, bzw. eine im gemeinschaftlichen Testament oder Erbvertrag enthaltene Teilungsanordnung „auswechseln" kann, denn gemäß § 2289 Abs. 1 BGB ist eine letztwillige Verfügung (nur) unwirksam, wenn sie die Rechte des vertragsmäßig oder wechselbezüglich Bedachten **beeinträchtigen** würde. Unstreitig zulässig ist eine nachträgliche Teilungsanordnung, wenn dem Längstlebenden im gemeinschaftlichen Testament oder Erbvertrag das Recht zur Verteilung der Nachlassgegenstände unter den Schlusserben **vorbehalten** worden ist. Streitig ist die Rechtslage, wenn ein entsprechender Vorbehalt fehlt.[61] Die herrschende Meinung geht auch in diesen Fällen davon aus, dass jedwede Anordnung über die Aufteilung des Nachlasses möglich ist, solange sie nicht zu einer **Verschiebung der Erbquoten** führt.[62] Daraus folgt, dass nachträgliche Teilungsanordnungen selbst dann zulässig sind, wenn eine Wertverschiebung nur dadurch vermieden wird, dass dem begünstigten Miterben ein entsprechender Ausgleich aus seinem Privatvermögen auferlegt wird.

VIII. Sicherung von Teilungsanordnungen

22 Die Teilungsanordnung gibt dem Erblasser noch keine Gewähr, dass sie auch **ausgeführt** wird, denn wegen ihrer rein schuldrechtlichen Wirkung können sich Miterben einvernehmlich über sie hinwegsetzen.[63] Hiergegen wird der Erblasser in vielen Fällen nichts einzuwenden haben, insbesondere dann nicht, wenn er die Teilungsanordnung allein deshalb verfügt, um Auseinandersetzungsstreitigkeiten seiner Erben vorzubeugen. Will der Erblasser die Ausführung der Teilungsanordnung dagegen auch gegen den gemeinsamen Willen seiner Erben durchsetzen, muss er **zusätzliche Anordnungen** treffen. In Betracht zu ziehen sind insbesondere die Anordnung einer Auflage, Testamentsvollstreckung, bedingte Erbeinsetzungen und Strafklauseln.[64]

1. Auflage und Testamentsvollstreckung

23 Die Teilungsanordnung kann als **Auflage** ausgestaltet werden.

---

[61] Ausf. Meinungsübersicht in DNotI-Report 1999, Heft 16, S. 134.
[62] BGH Urt. v. 23.9.1981 – BGHZ 82, 274, 279 = NJW 1982, 43 = JR 1982, 153, 154 mit Anm. *Schubert*; OLG Braunschweig Urt. v. 11.11.1994 – ZEV 1996, 69, 70; Soergel/*Wolf* § 2271 Rdnr. 17; Dittmann/Reimann/Bengel/*Mayer*, Testament und Erbvertrag, § 2289 Rdnr. 35 m.w.N.; a.A. *Lehmann* MittBayNot 1988, 157, 158; Staudinger/*Kanzleiter* § 2289 Rdnr. 12; s.a. OLG Koblenz Beschl. v. 4.3.1997 – DNotZ 1998, 218, 219.
[63] BGH Urt. v. 25.9.1963 – BGHZ 40, 115, 117; Jauernig/*Stürner* § 2048 Rdnr. 1.
[64] *Nieder*, Handbuch der Testamentsgestaltung, Rdnr. 977, 993, 996, 998.

> **Formulierungsvorschlag:**
> Im Wege der Teilungsanordnung und Auflage verbiete ich meinen Erben, mein Hausgrundstück in Köln auseinander zu setzen, bis das jüngste meiner Kinder das 25. Lebensjahr vollendet hat. Das Teilungsverbot soll entgegen §§ 2044 Abs. 1 S. 2, 750 BGB auch nach dem Tode eines Miterben fortbestehen.

Eine Auflage ist zur Sicherung von Teilungsanordnungen nur geeignet, wenn außer den Miterben ein vollziehungsberechtigter Dritter (§ 2194 BGB) vorhanden ist. Auch lässt die Auflage die **Verfügungsbefugnis** der Miterben (§ 2040 BGB) unberührt. Von daher kann es angezeigt sein, zusätzlich einen **Testamentsvollstrecker** einzusetzen.

> **Formulierungsvorschlag:**
> Zum Zwecke der Überwachung und Durchsetzung des Teilungsverbotes ordne ich Testamentsvollstreckung an. Der Testamentsvollstrecker soll das Hausgrundstück verwalten, bis das Teilungsverbot endet. Zum Testamentsvollstrecker ernenne ich ...

Der Testamentsvollstrecker ist an die Teilungsanordnung des Erblassers **schuldrechtlich gebunden** (§ 2204 BGB). Ob auch seine **Verfügungsmacht** entsprechend eingegrenzt werden kann, mit der Folge, dass nur anordnungskonforme Verfügungen des Testamentsvollstreckers wirksam sind, ist streitig.[65] In jedem Falle können sich Testamentsvollstrecker und Miterben **einvernehmlich** über solche Teilungsanordnungen hinwegsetzen.[66]

2. Bedingte Erbeinsetzung und Strafklauseln

Angesichts der geschilderten Grenzen der vorgenannten Sicherungen wird erwogen, bereits die Erbenstellung mit der Befolgung der Teilungsanordnung zu verknüpfen, d. h. die Ausführung einer Teilungsanordnung zur aufschiebenden oder den Verstoß gegen eine Teilungsanordnung zur auflösenden **Bedingung** der Erbeinsetzung zu erheben.[67] Der Nutzen dieses einschneidenden Sicherungsmittels ist oft fragwürdig.[68] Die bedingte Erbeinsetzung führt zwangsläufig zur **Vor- und Nacherbschaft**, vgl. §§ 2104, 2105 BGB, was die Frage aufwirft, ob eine geeignete Ersatzperson zur Verfügung steht, welche die Teilungsanordnung befolgen würde. Stellt sich heraus, dass dem Erblasser die Person des sekundär Bedachten eher gleichgültig ist, es ihm vielmehr allein darum geht, den primär Bedachten durch in Aussicht stellen einer empfindlichen Sanktion zur Befolgung der Teilungsanordnung anzuhalten, sollte statt mit der bedingten Erbeinsetzung mit flexibleren Strafklauseln, zum Beispiel einem **Strafvermächtnis** operiert werden. Dieses kann je nach Höhe eine ähnlich abschreckende Wirkung entfalten wie die bedingte Erbeinsetzung, hat ihr gegenüber aber den Vorteil, dass der „gehorsame" Erbe, der sich an die Teilungsanordnung hält, nicht unnötig durch Vor- oder Nacherben beschwert wird.

---

[65] Dafür BGH Urt. v. 9.5.1984 – NJW 1984, 2646 = JR 1985, 104 mit krit. Anm. *Damrau*; dagegen die h.Lit. vgl. *Bengel* ZEV 1995, 175, 180 m.w.N.
[66] BGH Urt. v. 25.9.1963 – BGHZ 40, 115, 118; BGH Beschl. v. 18.6.1971 – BGHZ 56, 275, 278 ff.
[67] Ausf. hierzu *Nieder* in Münchener Vertragshandbuch Band VI, S. 1008 ff.; speziell zu Erbteilungsverboten auch *Kohler* DNotZ 1958, 245, 248; *Kegel*, FS Lange, S. 933; *Weckbach*, Die Bindungswirkung von Erbteilungsverboten, Diss. Augsburg 1987, S. 29 ff.
[68] Vgl. *Nieder* in Münchener Vertragshandbuch Band IV 2. Halbband, S. 932; *Kegel*, FS Lange, S. 933; *Weckbach*, Die Bindungswirkung von Erbteilungsverboten, Diss. Augsburg 1987, S. 30 f.; krit. hierzu wiederum *Grunsky* AcP 189 (1989), 195, 196 f.

§ 17 Vor- und Nacherbschaft

Übersicht

	Rdnr.
I. Begriff und Bedeutung	1–14
1. Begriff	1
2. Abgrenzung zu anderen Rechtsinstituten	2–5
a) Nießbrauchsvermächtnis	3
b) Vor- und Nachvermächtnis	4
c) Auf den Tod befristetes Herausgabevermächtnis	5
3. Bedeutung	6–14
a) Steuerung des Vermögensflusses	6
b) Typische Anordnungsgründe	7–13
c) Nachteile der Vor- und Nacherbschaft	14
II. Anordnung der Vor- und Nacherbschaft	15–44
1. Anordnung durch letztwillige Verfügung	15
2. Einfluss des Vorerben auf die Nacherbenbestimmung	16–21
a) Nacherbeneinsetzung unter Vorbehalt anderweitiger Verfügung des Vorerben	16–19
b) Einsetzung der Erben des Vorerben als Nacherben	20/21
3. Auslegung der Verfügung von Todes wegen	22–24
4. Gesetzliche Auslegungs- und Ergänzungsregeln	25–32
a) Einsetzung nicht erzeugter Personen	25
b) Nacherbe und Ersatzerbe	26
c) Anordnung der Herausgabe	27
d) Fehlende Nacherbenbenennung	28
e) Fehlende Vorerbenbenennung	29
f) Eintritt der Nacherbfolge	30
g) Kinderloser Vorerbe	31
h) Berliner Testament	32
5. Gestaltungsmöglichkeiten bei der Anordnung der Vor- und Nacherbfolge	33–44
a) Anordnung mehrerer Nacherbfolgen	33
b) Nacherbfolge bezüglich eines Bruchteils	34
c) Eintritt der Nacherbfolge	35–37
d) Mitvorerben und Mitnacherben	38
e) Ersatzvorerben und Ersatznacherben	39–43
f) „Gegenständliche" Vor- und Nacherbfolge	44
III. Die zeitlichen Grenzen der Vor- und Nacherbschaft	45/46
1. Grundsatz	45
2. Ausnahmen	46
IV. Die Rechtstellung des Vorerben	47–85
1. Allgemeines	47
2. Surrogation	48
3. Verpflichtungs- und Verfügungsfreiheit	49
4. Verfügungsbeschränkungen	50–64
a) Verfügungen über Grundstücke und Grundstücksrechte	51–56
b) Unentgeltliche Verfügungen	57–59
c) Verfügungen über Hypothekenforderungen, Grund- und Rentenschulden	60
d) Zwangsvollstreckungen gegen den Vorerben	61/62
e) Prozessuales	63
f) Grundbuch	64
5. Verwaltung und Sicherung des Nachlasses	65–77
a) Ordnungsgemäße Verwaltung	65
b) Zustimmungspflicht des Nacherben	66
c) Mitverwaltungsrechte des Nacherben	67–69
d) Prozessführungsbefugnis	70–72
e) Die Sicherung des Nacherben	73–76
6. Erweiterung der Beschränkungen des Vorerben durch den Erblasser	78
7. Haftung für Nachlassverbindlichkeiten	79/80
8. Innenverhältnis zwischen Vor- und Nacherben	81–85

a) Verteilung der Nutzungen und Lasten	81–84
b) Haftung des Vorerben	85
V. Befreite Vorerbschaft	86–102
1. Allgemeines	86–88
a) Anordnung	87
b) Auslegungskriterien	88
2. Grenzen der Befreiung	89
3. Die einzelnen Befreiungsmöglichkeiten	90–96
a) Gesamtbefreiung	91
b) Befreiung bei mehrfacher Nacherbfolge	92
c) Eingeschränkte Befreiung	93–95
4. Weitere Maßnahmen zur Stärkung der Position des Vorerben	97–102
a) Vorausvermächtnis	97
b) Beschwerung des Nacherben mit Genehmigungspflichten	98
c) Transmortale Vollmacht	99
d) Testamentsvollstreckung	100
e) Beseitigung der Nacherbschaft durch anderweitige Verfügung des Vorerben	101
f) Aufschiebend bedingtes oder befristetes Herausgabevermächtnis als Gestaltungsalternative	102
VI. Die Rechtstellung des Nacherben	103–129
1. Anwartschaftsrecht	103–108
a) Vererblichkeit	104/105
b) Übertragbarkeit	106/107
2. Wirkungen des Eintritts des Nacherbfalls	109–124
a) Anfall der Erbschaft	109–112
b) Herausgabeanspruch	113
c) Schadenersatzanspruch	114–117
d) Auskunft und Rechnungslegung	118
e) Wiederaufleben erloschener Rechtsverhältnisse	119
f) Haftung des Nacherben für Nachlassverbindlichkeiten	120–123
g) Verfügungen des Vorerben nach Eintritt des Nacherbfalls	124
3. Pflichtteilsrecht und Ausschlagung der Nacherbschaft	125–127
4. Minderjährige und unbekannte Nacherben	128/129
a) Minderjährige Nacherben	128
b) Unbekannte Nacherben	129
VII. Testamentsvollstreckung bei Vor- und Nacherbschaft	130–134
1. Testamentsvollstreckung nur für die Vorerbschaft	130
2. Testamentsvollstreckung nur für die Nacherbschaft	131
3. Testamentsvollstreckung für den Nacherben bis zum Eintritt des Nacherbfalls	132/133
4. Testamentsvollstreckung für Vor- und Nacherbschaft	134
VIII. Vor- und Nacherbschaft im Unternehmensbereich	135–144
1. Einzelkaufmännisches Unternehmen	136/137
2. Personengesellschaften	138–143
a) Gesellschaftsrechtliche Voraussetzungen	138/139
b) Auswirkungen auf die Mitgliedschaft des Vorerben	140–142
3. Kapitalgesellschaften	144
IX. Erbschaftsteuer bei Vor- und Nacherbschaft	145–152
1. Besteuerung des Vorerben	146–148
2. Besteuerung des Nacherben	149–152
a) Eintritt der Nacherbfolge durch den Tod des Vorerben	150/151
b) Eintritt der Nacherbfolge auf Grund eines anderen Ereignisses	152

Schrifttum: *Avenarius*, Testamentsauslegung und „Fallgruppen typischer Sachlage" bei der Anordnung von Vor- und Nacherbfolge, NJW 1997, 2740; *Baur*, „Nutzungen" eines Unternehmens bei Anordnung von Vorerbschaft und Testamentsvollstreckung, JZ 1958, 465; *Baur/Grunsky* Eine „Einmann-oHG", ZHR 133 (1970), 209; *Bengel*, Rechtsfragen zum Vor- und Nachvermächtnis, NJW 1990, 1826; *ders.*, Die Pflichtteilsproblematik beim Tod des Nacherben vor Eintritt des Nacherbfalls, ZEV 2000, 388; *Brox*, Die Bestimmung des Nacherben oder des Gegenstandes der Zuwendung durch den Vorerben, FS für Bartholomeyczik, 1973, S. 41; *Buchholz*, Erbfolge und Wiederverheiratung, 1986; *Bühler*, Zum Inhalt der Vermächtnisanwartschaft im Vergleich zur Anwartschaft des Nacherben, BWNotZ 1967, 174; *Damrau*, Der Zeitpunkt des Nacherbfalls, wenn der Vorerbe wegfällt und der Nacherbe noch nicht geboren ist, ZEV 2004, 19; *ders.*, Beweisprobleme bei Vor- und Nacherbschaft, ZErb 2003, 281; *Dumoulin*, Nacherbenzustimmung zur Grundstücksüberlassung vom Vorerben an Nacherben, DNotZ 2003, 571; *Daragan*, Die Vor- und Nacherbschaft aus zivil- und steuerrechtlicher Sicht, ZErb 2001, 43; *Esch*, Das Dogma der Einheitlichkeit der Personengesellschaftsbeteiligung, BB 1996, 1621; *Friederich*,

Rechtsgeschäfte zwischen Vor- und Nacherben, 1999; *Gerken,* Verfassungswidrigkeit der Besteuerung bei Vor- und Nacherbschaft, ZErb 2003, 72; *Gutbell,* Schutz des Nachlasses gegen Zwangsvollstreckungsmaßnahmen bei Testamentsvollstreckung und Vorerbschaft, ZEV 2001, 260; *Harder,* Unentgeltliche Verfügungen und ordnungsmäßige Nachlassverwaltung des Vorerben, DNotZ 1994, 822; *Hefermehl,* Vor- und Nacherbfolge bei der Beteiligung an einer Personengesellschaft, FS für Harry Westermann, 1974, S. 223; *Heider,* Die Befugnis des Vorerben zu unentgeltlichen Verfügungen über Nachlaßgegenstände, ZEV 1995, 1; *Ivo,* Nochmals: Abschied von „Dieterle"?, DNotZ 2002, 260; *Kanzleiter,* Ermächtigung des Vorerben zu Schenkungen aus dem Nachlass, FS für Schippel, 1996, S. 287; *ders.,* Anm. zum Beschluss des OLG Frankfurt vom 10.12.1999, DNotZ 2001, 149; *Keim,* Erbauseinandersetzung zwischen Vor- und Nacherben durch Freigabe aus der Nacherbenbindung?, DNotZ 2003, 822; *Landsittel,* Gestaltungsmöglichkeiten von Erbfällen und Schenkungen, 3. Aufl. 2006; *Langner,* Vor- und Nacherbschaft an Personengesellschaftsanteilen, Diss. Erlangen, 2000; *de Leve,* Aufwendungen des Vorerben – Erstattungspflicht des Nacherben?, ZEV 2005, 16; *Ludwig,* Der „unbekannte" Nacherbe, DNotZ 1996, 995; *ders.,* Gegenständliche Nachlassspaltung bei Vor- und Nacherbschaft, DNotZ 2001, 102; *Lutter,* Zur Beschränkung des Vorerben im Gesellschaftsrecht – Besprechung der Entscheidung BGHZ 78, 177 – ZGR 1982, 108; *Martinek,* Der Kommanditanteil als Nachlasssurrogat – ein neuer Konflikt zwischen Erb- und Gesellschaftsrecht, ZGR 1991, 74; *J. Mayer,* Der superbefreite Vorerbe? – Möglichkeiten und Grenzen der Befreiung des Vorerben, ZEV 2000, 1; *N. Mayer,* Ermächtigung des Vorerben zur Beseitigung der Nacherbschaft, ZEV 1996, 104; *Michalski,* Die Vor- und Nacherbschaft in einen OHG(KG)- und GmbH-Anteil, DB 1987, Beilage 16; *G. Müller,* Möglichkeiten der Befreiung des Vorerben über § 2136 BGB hinaus, ZEV 1996, 179; *Musielak,* Zur Vererblichkeit des Anwartschaftsrechts eines Nacherben, ZEV 1995, 5; *Nehlsen/v. Stryk,* Zur Anwendbarkeit von § 2102 Abs. 1 BGB bei der Auslegung gemeinschaftlicher Testamente, DNotZ 1988, 147; 1KNieder, Die ausdrücklichen oder mutmaßlichen Ersatzbedachten im deutschen Erbrecht, ZEV 1996, 241; *Ordemann,* Die mündelsichere Anlage von Nachlaßgeldern durch den Vorerben, MDR 1967, 642; *Otte,* Läßt das Erbrecht des BGB eine Erbeinsetzung auf einzelne Gegenstände zu?, NJW 1987, 3164; *Petzoldt,* Vorerbschaft und Nießbrauchsvermächtnis, BB 1975, Beil. 6; *Ricken,* die Verfügungsbefugnis des nicht befreiten Vorerben, AcP 2002, 465; *Rohlff,* Nießbraucher und Vorerbe als Testamentsvollstrecker, DNotZ 1971, 518; *Rossak,* Problematik der gegenständlichen Beschränkung einer zeitlich gestuften Sukzession, insbesondere bei Vor- und Nacherbfolge, ZEV 2005, 14; *Sarres,* Auskunftspflichten bei Vor- und Nacherbschaft, ZEV 2004, 56; *Schlieper,* Vor- und Nacherbschaft oder Nießbrauchsvermächtnis – Zur zweckmäßigen Gestaltung der Verfügung von Todes wegen, MittRhNotK 1995, 249; *K. Schmidt,* Nacherbenschutz bei Vorerbschaft an Gesamthandsanteilen, FamRZ 1976, 683; *Schrader,* Erb- und Nacherbeinsetzung auf einzelne Nachlassgegenstände, NJW 1987, 117; *Stiegeler,* Der Grundsatz der Selbstentscheidung des Erblassers, Diss. Freiburg 1985; *Stimpel,* Der Gesellschafter als Vorerbe des verstorbenen einzigen Mitgesellschafters einer offenen Handelsgesellschaft, FS für Rowedder, 1994, S. 477; *Sturm,* Die Anlegung von Mündelgeld als Entscheidungsproblem, DB 1976, 805; *Petzoldt,* Vorerbschaft und Nießbrauchsvermächtnis, BB 1975, Beil. 6; *Voit,* Außergewöhnliche notwendige Aufwendungen des Vorerben zur Erhaltung der Erbschaft und ihre Finanzierung durch Kredite, ZEV 1994, 138; *Werkmüller,* Gestaltungsmöglichkeiten des Erblassers im Rahmen der Anordnung von Vor- und Nachvermächtnissen, ZEV 1999, 343; *ders.,* Bankrechtliche Probleme der Vor- und Nacherbschaft, ZEV 2004, 276; *Wilhelm,* Wiederverheiratungsklausel, bedingte Erbeinsetzung und Vor- und Nacherbfolge, NJW 1990, 2857; *Wübben,* Anm. zum Beschluss des OLG Düsseldorf vom 14.6.1999, ZEV 2000, 30; *Zawar,* Der auflösend bedingte Vollerbe, NJW 1988, 16.

Checkliste

☐ Anordnung der Vor- und Nacherbfolge
- Klare Abgrenzung von anderen Rechtsinstituten
- Bedingte oder befristete Anordnung der Nacherbfolge
- Mehrfache Nacherbfolge hintereinander
- Vor- und Nacherbfolge nur hinsichtlich eines Bruchteils oder des Anteils eines Mitvorerben

☐ Bestimmung eines oder mehrerer Vorerben
- Ersatzerbenbestimmung für den Vorerben

☐ Bestimmung eines oder mehrerer Nacherben
- Ersatzerbenbestimmung für den Nacherben
- Regelung der Vererblichkeit und Übertragbarkeit der Nacherbenanwartschaft

☐ Bestimmung des Eintritts des Nacherbfalls
- Tod des Vorerben
- Anderes Ereignis
  - 30-jährige Höchstfrist gemäß § 2109 BGB
- Alternative Anknüpfung an unterschiedliche Ereignisse (z.B. Tod oder Wiederverheiratung)

- ☐ Befreiung des Vorerben
  - Gesamtbefreiung
  - Befreiung der jeweiligen Vorerben bei mehrfacher Nacherbfolge
  - Befreiung nur Einzelner von mehreren Vorerben
  - Befreiung nur bezüglich Einzelner von mehreren Nacherben
  - Befreiung von einzelnen Beschränkungen
  - Befreiung nur hinsichtlich einzelner Gegenstände des Nachlasses
    - Absicherung durch Zustimmungspflichten
    - Befreiung unter Bedingung oder Befristung
    - Vorausvermächtnis zugunsten des Vorerben
    - Beschwerung des Nacherben mit Genehmigungspflichten
- ☐ Anordnung einer Testamentsvollstreckung
  - Testamentsvollstreckung nur für die Vorerbschaft
  - Testamentsvollstreckung nur für die Nacherbschaft
  - Testamentsvollstreckung für den Nacherben bis zum Eintritt des Nacherbfalls (Nacherbentestamentsvollstreckung)
  - Testamentsvollstreckung für Vor- und Nacherbschaft
- ☐ Bei Vor- und Nacherbschaft im Unternehmensbereich:
  - Gesellschaftsvertragliche Voraussetzungen für den Übergang von Gesellschaftsbeteiligungen auf Vor- und Nacherben
  - Regelung der Verteilung der Nutzungen des Unternehmens zwischen Vor- und Nacherben
    - Unternehmensgewinn
    - Bezugsrechte, neue Anteile

I. Begriff und Bedeutung

1. Begriff

Gemäß § 2100 BGB kann der Erblasser einen Erben in der Weise einsetzen, dass dieser erst Erbe (**Nacherbe**) wird, nachdem zunächst ein anderer Erbe (**Vorerbe**) geworden ist. Vor- und Nacherbe sind, wenn auch zeitlich nacheinander, beide Erben des Erblassers. Sie bilden demgemäß keine Erbengemeinschaft.[1] Mit dem Nacherbfall geht die Erbschaft, die sich bis dahin als Sondervermögen in der Hand des Vorerben befunden hat, nach dem Grundsatz der Gesamtrechtsnachfolge von selbst und unmittelbar auf den Nacherben über (§ 2139 BGB).[2] Bis dahin hat der Nacherbe nicht lediglich eine Erbaussicht, sondern eine **echte Anwartschaft**, die veräußerlich, übertragbar und vererblich ist.[3] Wenn die Nacherbfolge, wie dies in der Praxis zumeist der Fall ist, mit dem Tod des Vorerben eintritt, kommt es dadurch zu zwei Erbanfällen: Das Eigenvermögen des Vorerben fällt an dessen Erben, während der Erblasser hinsichtlich des der Vorerbschaft unterliegenden Vermögens – nunmehr ein zweites Mal – vom Nacherben beerbt wird.

2. Abgrenzung zu anderen Rechtsinstituten

Die mit der Anordnung einer Vor- und Nacherbschaft verfolgten Regelungsziele lassen sich teilweise auch durch andere Gestaltungen erreichen. Bei der Abfassung letztwilliger Verfügungen ist daher auf große **Klarheit im Ausdruck** zu achten, damit das jeweils gewählte Gestaltungsmittel ohne Schwierigkeiten identifiziert werden kann und eine spätere Auslegung nicht zu einem von dem Erblasserwillen abweichenden Ergebnis gelangt.[4] (Zur Auslegung s. u. Rdnr. 22 ff.).

---

[1] MünchKommBGB/*Grunsky* § 2100 Rdnr. 1 m.w.N.; mehrere Vor- und Nacherben bilden allerdings jeweils (Vor- bzw. Nach-)Erbengemeinschaften; eine Nacherbengemeinschaft entsteht aber erst mit dem Nacherbfall, da vorher ein gemeinschaftliches Vermögen nicht vorhanden ist, vgl. BGH Urt. v. 10.2.1993 – NJW 1993, 1582.
[2] Palandt/*Edenhofer* § 2100 Rdnr. 12.
[3] Vgl. nur BGH Urt. v. 9.6.1983 – BGHZ 87, 367, 369.
[4] *Petzoldt* BB 1975, Beil. 6 S. 4.

3 **a) Nießbrauchsvermächtnis.** Soweit für den Erblasser bei der Anordnung der Vor- und Nacherbschaft der Wille im Vordergrund steht, dem Vorerben die Nutzungen des Nachlasses als Versorgung zukommen zu lassen und gleichzeitig dem Nacherben die Nachlasssubstanz zu erhalten, kommt als Gestaltungsalternative die Anordnung eines **Nießbrauchsvermächtnisses** in Betracht. Hier wird der bei der Vor- und Nacherbschaft als Nacherbe Vorgesehene zum (Allein-)Erben berufen und mit dem Nießbrauchsvermächtnis zugunsten des ansonsten als Vorerben Berufenen beschwert. Die Nutzungsrechte und Lastentragungspflichten des Nießbrauchers sind denen des Vorerben weitgehend ähnlich.[5] Anders als der Vorerbe (§ 2112 BGB), der den Nachlass nur wertmäßig zu erhalten hat, ist der Nießbraucher jedoch **nicht zu Verfügungen über Nachlassgegenstände befugt,** wenngleich die Verfügungsbefugnis des Vorerben nach Maßgabe der §§ 2113 bis 2115 BGB beschränkt ist. Die Zuwendung eines Nießbrauchsvermächtnisses wird sich daher vor allem dann anbieten, wenn der Erblasser den Endbedachten vor nachteiligen Verwaltungs- und Verfügungsmaßnahmen des Erstbedachten stärker schützen möchte.[6]

> **Formulierungsvorschlag für die Anordnung eines Nießbrauchsvermächtnisses im Ehegattentestament**[7]**:**
>
> Jeder von uns setzt die gemeinschaftlichen zum Zeitpunkt seines Todes vorhandenen Abkömmlinge einschließlich adoptierter Nachkommen zu seinen Erben ein, unter sich jeweils nach der gesetzlichen Erbfolge. Der Erstversterbende von uns setzt dem Überlebenden den lebzeitigen Nießbrauch an seinem ganzen Nachlass als Vermächtnis aus. Die Auseinandersetzung des Nachlasses kann gegen seinen Willen nicht verlangt werden, auch dann nicht, wenn ein Erbe verstirbt.

4 **b) Vor- und Nachvermächtnis.** Eine zeitlich gestaffelte Steuerung des Vermögensflusses bewirkt auch das **Nachvermächtnis**.[8] Ein Nachvermächtnis liegt nach § 2191 BGB vor, wenn der Gegenstand eines Vermächtnisses, das zunächst einem anderen, dem Vorvermächtnisnehmer, angefallen ist, von einem bestimmten Zeitpunkt oder Ereignis an einem Dritten, dem Nachvermächtnisnehmer, zugewendet ist. Mit dem Nachvermächtnis ist **nicht der Erbe, sondern der Vorvermächtnisnehmer beschwert**. Das Nachvermächtnis ist also ein aufschiebend befristetes oder bedingtes **Untervermächtnis,** dessen Gegenstand mit dem des Vorvermächtnisses identisch ist.[9] Von der Nacherbschaft unterscheidet es sich insbesondere dadurch, dass es keine unmittelbare Beteiligung am Nachlass, sondern nur einen **schuldrechtlichen Anspruch** gegen den Vorvermächtnisnehmer nach näherer Maßgabe der für alle Vermächtnisse geltenden Vorschriften der §§ 2147 ff. BGB vermittelt.[10]

Da die Vor- und Nacherbschaft nicht auf bestimmte Gegenstände, sondern nur auf die Erbschaft insgesamt oder einen Bruchteil hiervon bezogen werden kann, ist für die Anordnung eines Nachvermächtnisses vor allem dann Raum, wenn dem Endbedachten nur einzelne Nachlassbestandteile zugewendet werden sollen.[11] Eine „gegenständliche" Vor- und Nacherbfolge lässt sich im Ergebnis zwar auch dadurch erreichen, dass dem Vorerben die nicht für den Nacherben bestimmten Nachlassgegenstände durch Vorausvermächtnis zugewendet werden (näher zum Vorausvermächtnis unten Rdnr. 43, 92). Die Anordnung eines Nachvermächtnisses wird jedoch bei der Zuwendung nur einzelner Gegenstände aus einem größeren Nachlass an einen Endbedachten regelmäßig den rechtstechnisch einfacheren Weg darstellen und ist insbesondere dann die geeignete Gestaltungsalternative, wenn der begünstigte **Vorvermächtnisnehmer nicht zugleich Erbe ist bzw. werden kann oder soll**.[12]

---

[5] *Nieder* Rdnr. 685; *Petzoldt* BB 1975, Beil. 6 S. 4.
[6] *Nieder* Rdnr. 685.
[7] Nach *Langenfeld* Testamentsgestaltung Rdnr. 393; *Landsittel,* Gestaltungsmöglichkeiten von Erbfällen und Schenkungen, Rdnr. 1389.
[8] Eingehend zum Nachvermächtnis *Werkmüller* ZEV 1999, 343; *Bengel* NJW 1990, 1826.
[9] *Staudinger/Otte* § 2191 Rdnr. 2 f.
[10] *Werkmüller* ZEV 1999, 343 m.w.N.
[11] *Werkmüller* ZEV 1999, 343.
[12] *Werkmüller* ZEV 1999, 343, 344.

§ 17 Vor- und Nacherbschaft

Auf das Nachvermächtnis finden nach § 2191 Abs. 2 BGB die §§ 2102, 2106 Abs. 1, 2107, 2110 Abs. 1 BGB entsprechende Anwendung. Das Nachvermächtnis fällt daher dem Nachvermächtnisnehmer, wenn der Erblasser nichts anderes bestimmt hat, **mit dem Tod des Vorvermächtnisnehmers** an, § 2106 Abs. 1 BGB. Bis zum Vermächtnisanfall hat der Nachvermächtnisnehmer eine über § 2179 BGB nach § 160 Abs. 1 BGB geschützte **Anwartschaft**,[13] die grundsätzlich übertragbar, verpfändbar und vererblich ist.[14] Bei aufschiebend **bedingten** Vermächtnissen ist allerdings § 2074 BGB zu beachten, wonach im Zweifel die Zuwendung nur gilt, wenn der Bedachte den Eintritt der Bedingung erlebt, die Anwartschaft also erlischt, wenn der Nachvermächtnisnehmer vor dem Anfall des Nachvermächtnisses stirbt. Ferner muss § 2074 BGB im Kontext zu § 2069 BGB gesehen werden, wobei der Auslegungsregel des § 2074 BGB kein Vorrang zukommt.[15] Bei aufschiebend **befristeten** Vermächtnissen entscheidet die freie Auslegung der Vermächtnisanordnung über die Vererblichkeit.[16] Auch hier ist die Auslegungsregel des § 2069 BGB zu beachten. Ergibt sich aus der Vermächtnisanordnung die Vererblichkeit, ist die Anwartschaft grundsätzlich auch übertragbar und pfändbar.[17] Um Unsicherheiten zu vermeiden, sollte sowohl bei bedingten wie bei befristeten Nachvermächtnissen eine klare Regelung über die Vererblichkeit und Übertragbarkeit getroffen werden.[18]

Da der Nachvermächtnisnehmer dinglich gegen Verfügungen des Vorvermächtnisnehmers nicht geschützt ist, kann bei Grundstücksvermächtnissen die Position des Nachvermächtnisnehmers nach dem Erbfall durch eine **Vormerkung im Grundbuch** gesichert werden.[19] Der Anspruch auf Bewilligung einer Vormerkung ergibt sich jedoch aus der Vermächtnisanordnung allein nicht, er sollte daher ausdrücklich mitvermacht werden.[20]

Formulierungsvorschlag für die Anordnung eines Nachvermächtnisses[21]:
Ich vermache im Wege des Vermächtnisses meiner Ehefrau ... meine Eigentumswohnung in ... (nähere Bezeichnung) . Ich bestimme meine Tochter ... zur Nachvermächtnisnehmerin. Das Nachvermächtnis fällt mit dem Tod der Vorvermächtnisnehmerin an. Mitvermacht ist die Verpflichtung der Vorvermächtnisnehmerin nach dem Erbfall, das Anwartschaftsrecht der Nachvermächtnisnehmerin durch eine Vormerkung im Grundbuch sichern zu lassen. Die Anwartschaft der Nachvermächtnisnehmerin zwischen Erbfall und Nachvermächtnisanfall ist weder vererblich noch übertragbar. Für den Fall, dass die Nachvermächtnisnehmerin vor oder nach dem Erbfall entfällt, bestimme ich, entgegen jeder anders lautenden gesetzlichen oder richterlichen Vermutungs- oder Auslegungsregel, die Abkömmlinge meiner Tochter zu Ersatznachvermächtnisnehmern.

---

c) Auf den Tod befristetes Herausgabevermächtnis. Eine weitere Gestaltungsalternative für die Zuwendung von Nachlassteilen an einen Endbedachten ist das auf den Tod befristete **Herausgabevermächtnis**. Dieses ist wie das Nachvermächtnis vor allem dann das geeignete Gestaltungsinstrument, wenn lediglich bestimmte Gegenstände bei dem Tod[22] des Erstberufenen aus dem Nachlass wieder ausgeschieden werden sollen, ohne dass den Erben zugleich die mit der Vor- und Nacherbschaft verbundenen Verwaltungs- und Verfügungsbeschränkungen treffen sollen.[23] Möglich ist indessen auch ein Universalvermächtnis, mit dem der Erblasser dem

---

[13] Vgl. nur BGH Beschl. v. 25.3.1963 – MDR 1963, 824; OLG Oldenburg Urt. v. 27.2.1999 – NJW-RR 1990, 650.
[14] Staudinger/*Otte* § 2179 Rdnr. 7.
[15] *Bengel* NJW 1990, 1826, 1827.
[16] Staudinger/*Otte* § 2179 Rdnr. 8.
[17] *Bengel* NJW 1990, 1826, 1828.
[18] *Bengel* NJW 1990, 1826, 1828.
[19] Vgl. nur *Nieder* Rdnr. 682 m.w.N.
[20] *Nieder* Rdnr. 682; Staudinger/*Otte* § 2179 Rdnr. 12; *Bengel* NJW 1990, 1826, 1828 lässt Vormerkbarkeit indessen auch ohne Erblasseranordnung zu.
[21] Nach *Kerscher/Tanck/Krug*, Testamente in der anwaltlichen und notariellen Praxis, § 15 Rdnr. 57.
[22] Der Vermächtnisanfall kann natürlich in anderer Weise befristet oder an eine Bedingung, beispielsweise die Wiederverheiratung des beschwerten Erben, geknüpft werden.
[23] *Nieder* Rdnr. 678; Sudhoff/*Scherer* § 8 Rdnr. 23.

Endbedachten den gesamten Restnachlass zuwendet.[24] Anders als beim Nachvermächtnis ist **mit dem Herausgabevermächtnis aber der Erbe beschwert.** Der Anfall[25] des Herausgabevermächtnisses erfolgt erst mit dessen Tod[26] (§ 2177 BGB).[27] Bis dahin hat der Bedachte eine nach § 160 BGB geschützte **Anwartschaft,** die grundsätzlich übertragbar, verpfändbar und vererblich ist.[28] Im Einzelnen gilt hier das Gleiche wie beim Nachvermächtnis, auf die dortigen Ausführungen (Rdnr. 4) kann daher verwiesen werden.

> **Formulierungsvorschlag für die Anordnung eines aufschiebend befristeten Herausgabevermächtnisses**[29]**:**
> Zu meinem Erben setze ich meinen Sohn ... ein. Zu seinen Lasten, und nur zu seinen, vermache ich seinen ehelichen Abkömmlingen, einschließlich adoptierter, jedoch mit Ausnahme nichtehelicher Kinder männlicher Abkömmlinge, unter sich im Anteilsverhältnis erster Ordnung zum Zeitpunkt des Anfalls des Vermächtnisses mein Hausgrundstück in ... (nähere Bezeichnung) mit der Maßgabe, dass dieses Vermächtnis den Vermächtnisnehmern erst mit dem Tod meines Sohnes ... anfällt und erst drei Monate nach seinem Tod fällig ist. Mitvermacht ist die Verpflichtung des Erben nach dem Erbfall, das Anwartschaftsrecht der Vermächtnisnehmer durch eine Vormerkung im Grundbuch sichern zu lassen. Die Anwartschaft der Vermächtnisnehmer zwischen Erbfall und Vermächtnisanfall ist weder vererblich noch übertragbar. Sollten einzelne Vermächtnisnehmer vor oder nach dem Erbfall entfallen, wächst ihr Anteil den übrigen Vermächtnisnehmern an; für den Fall, dass alle Vermächtnisnehmer entfallen, bestimme ich, entgegen jeder anders lautenden gesetzlichen oder richterlichen Vermutungs- oder Auslegungsregel, ... zu Ersatznachvermächtnisnehmern.

3. Bedeutung

6   a) **Steuerung des Vermögensflusses.** Durch die Anordnung der Vor- und Nacherbschaft hat der Erblasser die Möglichkeit, die **Zuordnung seines Vermögens auf längere Zeit**[30] **zu bestimmen.** Die rechtliche Trennung des der Vorerbschaft unterliegenden Nachlasses vom eigenen Vermögen des Vorerben verhindert, dass der Vorerbe den Nachlass anderen Personen zuwendet bzw. dass der Nachlass an die gesetzlichen Erben des Vorerben fällt. Dem Interesse des Erblassers an der Erhaltung des Nachlasses zugunsten des Nacherben dienen überdies Verwaltungs- und Verfügungsbeschränkungen des Vorerben, von denen der Erblasser jedoch weitgehend Befreiung erteilen kann.[31]

7   b) **Typische Anordnungsgründe.** Die Anordnung einer Vor- und Nacherbfolge kann aus folgenden Gründen erfolgen:

aa) Familienbindung des Nachlasses. Der Erblasser möchte sicherstellen, dass sein Vermögen über Generationen **in der Familie gebunden bleibt** und nicht an familienfremde Dritte weitergegeben wird. Typischerweise wird er in diesem Fall seinen Ehegatten zum Vorerben und seine Kinder und deren Abkömmlinge zu Nacherben und Nach-Nacherben bestimmen.

8   *bb) Ausschalten von unerwünschten gesetzlichen Erben und Pflichtteilsberechtigten („Geschiedenentestament").* Da der Nachlass in der Hand des Vorerben ein Sondervermögen bildet, gehört er nicht zur Erbschaft des Vorerben und wird auch **nicht bei der Berechnung der Höhe des Pflichtteilsanspruchs der Pflichtteilsberechtigten des Vorerben herangezogen.** Die Anordnung der Vor- und Nacherbschaft verhindert somit das „Abwandern" des Vermögens des Erblassers an störende Erben und Pflichtteilsberechtigte des Vorerben, etwa an nichteheliche

---

[24] *Nieder* Rdnr. 678.
[25] Der nicht mit der **Fälligkeit** des Vermächtnisses, d.h. dem Zeitpunkt, an dem der Vermächtnisanspruch zu erfüllen ist, gleichzusetzen ist, vgl. Staudinger/*Otte* § 2176 Rdnr. 5.
[26] Bzw. mit dem anderen vom Erblasser bestimmten Termin oder Ereignis.
[27] Davon zu unterscheiden ist das **betagte** Vermächtnis, bei dem die Vermächtnisforderung schon mit dem Erbfall entsteht und nur deren Fälligkeit hinausgeschoben ist, Palandt/*Edenhofer* § 2177 Rdnr. 4.
[28] Palandt/*Edenhofer* §§ 2179 Rdnr. 1, 2177 Rdnr. 4.
[29] Vgl. *Nieder* Rdnr. 622.
[30] In den durch § 2109 gesetzten Grenzen, hierzu u. Rdnr. 44 f.
[31] Näher hierzu u. Rdnr. 83 ff.

§ 17 Vor- und Nacherbschaft 9–14 § 17

Kinder des zum Vorerben eingesetzten Ehegatten oder dessen Kinder aus einer früheren Ehe, an den späteren Ehegatten des Vorerben oder an den geschiedenen Ehegatten des Erblassers als Pflichtteilsberechtigten des zum Vorerben berufenen gemeinsamen Kindes. (Näher zum Geschiedenentestament unten Rdnr. 20 f. mit Formulierungsvorschlag).

cc) Trennung von Nachlassnutzungen und -substanz. Der Erblasser möchte dem Nacherben 9 die **Nachlass-Substanz** zukommen lassen während dem Vorerben unter Versorgungsgesichtspunkten lediglich die **Nutzung des Nachlasses** zuteil werden soll. Eine solche Gestaltung, die einer sorgfältigen Abgrenzung zum Nießbrauchsvermächtnis bedarf,[32] kommt z.B. in Betracht bei unreifen oder labilen Erben.[33] Erreichbar ist das angestrebte Ziel aber nur bei Nachlässen, die so groß und so strukturiert sind, dass allein seine Nutzungen die Versorgung des Vorerben sicherstellen.[34]

dd) Zeitüberbrückung. Der Erblasser möchte dem an sich vorgesehenen Erben den Nachlass 10 erst zukommen lassen, wenn dieser **ein bestimmtes Alter erreicht hat oder ein bestimmtes Ereignis (Heirat, Ausbildungsende) eingetreten ist.** Der Vorerbe fungiert in diesem Fall, der Ähnlichkeit mit einer Verwaltungstestamentsvollstreckung hat,[35] als eine Art Treuhänder.

ee) Vollstreckungsschutz des überschuldeten Vorerben („Behindertentestament".[36])R Nach 11 § 2115 BGB sind Zwangsvollstreckungen von Eigengläubigern des Vorerben in den Nachlass unwirksam. Die Anordnung einer Vor- und Nacherbschaft kann daher vermeiden, dass der **Nachlass zur Begleichung von Verbindlichkeiten des Vorerben aufgezehrt wird.** Ein praktischer Anwendungsfall ist das sog. „Behindertentestament",[37] dessen Zweck es ist, den Nachlass dem Regress des Sozialhilfeträgers nach § 92 c BSHG zu entziehen. § 2115 BGB hindert allerdings nur die Zwangsverwertung, nicht aber die Pfändung und den Zugriff auf die Nachlassfrüchte. Die Nacherbeinsetzung ist daher in diesem Fall mit einer Testamentsvollstreckung zu kombinieren (§ 2214 BGB).

ff) Beeinflussung des Vor- oder Nacherbenverhaltens. Die Anordnung einer Vor- und Nach- 12 erbschaft kann auch dazu genutzt werden, um **den Vor- oder Nacherben zu einem bestimmten Verhalten zu veranlassen.** Beispielsweise kann der Erblasser die Wiederverheiratung seines Ehegatten dadurch sanktionieren, dass er hieran den Eintritt der Nacherbfolge und damit den Verlust der Erbschaft knüpft, oder einen Abkömmling zum Bestehen einer Prüfung dadurch zu motivieren suchen, dass er ihn für diesen Fall zum Nacherben bestimmt.

gg) Einsetzung nicht erzeugter Personen. Will der Erblasser **nicht erzeugte Personen zu Erben** 13 **bestimmen,** kommt nur die Einsetzung als Nacherben in Betracht (§§ 1923, 2101 Abs. 1 BGB). Der Vorerbe ist hier nur der Platzhalter für den noch nicht erzeugten Nacherben.[38] Steht fest, dass dieser nicht mehr erzeugt bzw. geboren werden kann, ist der Vorerbe endgültiger Erbe.[39]

c) Nachteile der Vor- und Nacherbschaft. Die Vor- und Nacherbschaft ist ein kompliziertes 14 und schwer handhabbares Gestaltungsinstrument. Sie sollte daher **nur aus triftigem Grund** angeordnet werden.[40] Insbesondere dürfen die Belastungen, denen der Vorerbe durch die ihm auferlegten Verwaltungs- und Verfügungsbeschränkungen sowie die Sicherungs- und Kontrollrechte des Nacherben vor dem Nacherbfall ausgesetzt ist, und das damit einhergehende Konfliktpotential nicht unterschätzt werden. Der Nacherbe wird die Verwaltungstätigkeit des Vorerben in der Befürchtung, sein Vermögen werde verschleudert, häufig mit Misstrauen betrachten. Hingegen wird der Vorerbe sich über seine beschränkte Rechtsmacht oft nicht vollständig im Klaren sein. Aus dieser Situation können beträchtliche Friktionen und Abstimmungspro-

---

[32] Vgl. dazu *Schlieper* MittRhNotK 1995, 249.
[33] *J. Mayer* ZEV 2000, 1, 2.
[34] *Nieder* Rdnr. 669.
[35] MünchKommBGB/*Grunsky* § 2100 Rdnr. 4.
[36] Ausf. hierzu § 13.
[37] Die Bezeichnung ist insofern irreführend, als es sich nicht um das Testament eines Behinderten, sondern um das Testament der Eltern eines behinderten Kindes handelt.
[38] *Langenfeld* Testamentsgestaltung Rdnr. 213.
[39] Gleiches gilt, wenn die 30jährige Frist des § 2109 Abs. 1 BGB abgelaufen ist, MünchKommBGB/*Grunsky* § 2101 Rdnr. 5.
[40] Vgl. *Langenfeld* Testamentsgestaltung Rdnr. 214; *J. Mayer* ZEV 2000, 1, 2; *Landsittel*, Gestaltungsmöglichkeiten von Erbfällen und Schenkungen, 3. Aufl. 2006, Rdnr. 1336.

bleme resultieren, die es dem Vorerben nicht zuletzt erschweren, auf eingetretene Veränderungen flexibel und zeitnah zu reagieren.[41]

Durch die Anordnung der Vor- und Nacherbschaft leidet auch der **Rechtsverkehr**, da nicht immer Klarheit darüber besteht, **welche Verfügungen der Vorerbe wirksam vornehmen kann.** So kann beispielsweise bei zum Nachlass gehörenden Unternehmensbeteiligungen eine sichere Aussage darüber, inwieweit der Vorerbe an gesellschaftsrechtlichen Maßnahmen, insbesondere Gesellschaftsvertragsänderungen mitwirken kann, im Vorhinein nur schwer getroffen werden.[42]

Nachteilig ist die Vor- und Nacherbschaft auch **in steuerlicher Hinsicht.** Tritt der Nacherbfall, wie zumeist, mit dem Tod des Vorerben ein, wird der Erwerb des Nacherben abweichend von der Zivilrechtslage als vom Vorerben stammend angesehen. Damit unterliegt sowohl der Anfall beim Vorerben als auch der Anfall beim Nacherben der Besteuerung (§ 6 Abs. 1 und 2 ErbStG). (Näher hierzu unten Rdnr. 140 ff.)

II. Anordnung der Vor- und Nacherbschaft

1. Anordnung durch letztwillige Verfügung

15   Die Vor- und Nacherbschaft bedarf der **Anordnung durch letztwillige Verfügung.** Dies gilt auch für die sog. **konstruktive Vor- und Nacherbfolge,**[43] bei der das Gesetz lediglich einer lückenhaften Anordnung des Erblassers zur Wirksamkeit verhelfen will, indem Auslegungsregeln für die fehlende Benennung der Vor- oder Nacherben (§§ 2104, 2105 BGB) aufgestellt werden, und für die Umdeutung der Erbeinsetzung einer noch nicht erzeugten Person in eine Nacherbeneinsetzung (§§ 2101 Abs. 1, 2106 Abs. 2 BGB).[44]

Vorbehaltlich dieser Auslegungs- und Umdeutungsregelungen sind in der letztwilligen Verfügung die **Personen** der Vor- und Nacherben, der gegenständliche **Umfang** der Vor- und Nacherbschaft und der **Zeitpunkt** des Nacherbfalles zu bestimmen. Um Auslegungsprobleme zu vermeiden sollte hierbei, wo immer dies möglich ist, die Fachsprache verwendet werden.[45]

> **Formulierungsvorschlag für die Anordnung einer Vor- und Nacherbschaft:**
> Zu meinem Erben setze ich ... ein. Der Erbe ist jedoch nur Vorerbe. Zum Nacherben bestimme ich ... Der Nacherbfall tritt mit dem Tod des Vorerben ein ...

2. Einfluss des Vorerben auf die Nacherbenbestimmung

16   a) **Nacherbeneinsetzung unter Vorbehalt anderweitiger Verfügung des Vorerben.** Die Bestimmung der Person des Nacherben kann der Erblasser gemäß § 2065 Abs. 2 BGB[46] nicht dem Vorerben oder einem sonstigen Dritten überlassen. Nach h. M. kann der Eintritt der Nacherbfolge aber von der auflösenden (Potestativ-) Bedingung abhängig gemacht werden, **dass der Vorerbe nicht anderweitig letztwillig**[47] **verfügt.**[48] Darin wird keine dem Vorerben verliehene Testierbefugnis, sondern die Ermächtigung zur Beseitigung der Nacherbschaft gesehen. Macht der Vorerbe von dieser Ermächtigung Gebrauch, wird er dadurch zum **Vollerben** und verfügt anschließend nur über sein eigenes, nun auch das Vermögen des Erblassers erfassendes Ver-

---

[41] *J. Mayer* ZEV 2000, 1, 2.
[42] Vgl. Staudinger/*Avenarius* Vor § 2100 Rdnr. 17; *J. Mayer* ZEV 2000, 1, 2; näher zu der Thematik u. Rdnr. 136 ff.
[43] Vgl. dazu u. Rdnr. 27 f.; s.a. § 18.
[44] Palandt/*Edenhofer* § 2100 Rdnr. 4.
[45] *Langenfeld* Testamentsgestaltung Rdnr. 215.
[46] Näher zu § 2065 BGB o. § 8 Rdnr. 4 ff.
[47] Das OLG Hamm hält es in seinem Beschl. v. 24.8.1999 – 15 W 218/99 – FGPrax 2000, 29, 30, auch für zulässig, dass der Erblasser dem Vorerben gestattet, durch eine Verfügung **unter Lebenden** die Nacherbfolge zu beseitigen; ob dem über den entschiedenen Fall hinaus Bedeutung zukommt, bleibt abzuwarten.
[48] Vgl. nur BGH Urt. v. 26.4.1951 – BGHZ 2, 35; BGH Urt. v. 18.11.1954 – BGHZ 15, 199, 204; BGH Urt. v. 14.7.1972 – BGHZ 59, 220, 223; BayObLG Beschl. v. 30.9.1982 – BayObLGZ 1982, 331; OLG Oldenburg Urt. v. 6.11.1990 – NJW-RR 1991, 646; w. Nachw. bei *Nieder* Rdnr. 635.

§ 17 Vor- und Nacherbschaft

mögen. Die Ermächtigung kann nach der Rechtsprechung[49] durch den Erblasser auch **eingeschränkt** erteilt werden, so dass der Vorerbe die Nacherbschaft nur nach Maßgabe der ihm vom Erblasser gesetzten Bedingungen beseitigen kann. Demgegenüber ist ein Teil der Literatur[50] der Auffassung, dass eine derartige Gestaltung eine unzulässige Vertretung des Erblassers im Willen beinhaltet.

Folgt man der Rechtsprechung, kann der Erblasser den Vorerben ermächtigen,[51] 17
- die **Vermögensnachfolge** durch Änderung der Erbeinsetzung, Vermächtnisanordnung, Teilungsanordnung usw. nach seinen Vorstellungen **frei zu regeln,**
- unter den als Nacherben eingesetzten Abkömmlingen letztwillig eine **andere Verteilung** des Nachlasses vorzunehmen,
- aus mehreren zu Nacherben bestimmten Personen denjenigen **auszuwählen,** der den Nachlass als Schlusserbe erhalten soll.

In der Literatur[52] wird es ferner für zulässig erachtet, dass der Vorerbe
- unter mehreren Nacherben **andere Erbquoten** bestimmt,
- **andere als die Nacherben** aus einem vorgegebenen Personenkreis bestimmt.

Die letztgenannten Gestaltungen sind jedoch im Hinblick auf § 2065 Abs. 2 BGB problematisch, sofern sie die Vor- und Nacherbschaft im Übrigen unberührt lassen.[53] Wird der Vorerbe in der letztwilligen Verfügung lediglich ermächtigt, den Nacherben andere Erbquoten zuzuweisen oder die Nacherben auszutauschen, ohne die Nacherbschaft zumindest partiell zu beseitigen, ist die Annahme, dass der Vorerbe mit derartigen Anordnungen über eigenes Vermögen verfügt, nicht gerechtfertigt. Die Auffassung, dass schon die Verringerung der Erbteile der von der Veränderung der Erbquoten bzw. der anderweitigen Nacherbenbestimmung betroffenen Nacherben eine partielle Beseitigung der Nacherbschaft bedeutet,[54] überzeugt nicht. Eine Beseitigung der Nacherbschaft durch eine eigene Verfügung des Vorerben wird man nur dann für gegeben erachten können, wenn der Vorerbe den Nachlass oder zumindest einen Teil hiervon dadurch der Nacherbschaft entzieht, dass er ihn seinen gewillkürten Erben zuwendet oder ihn zum Gegenstand von Vermächtnissen macht. Eine Verfügung, die nur die Erbquoten oder die Person der Nacherben betrifft, ist indessen eine solche **über das Vermögen des Erblassers,** denn die Nacherben sind gemäß § 2100 BGB weiterhin Erben des Erblassers. Sie ist daher mit § 2065 Abs. 2 BGB nur soweit vereinbar, als der Erblasser auch sonst die Bestimmung des Erben einem Dritten überlassen kann.[55] Im Übrigen sollte für derartige Gestaltungen auf das **Bestimmungsvermächtnis** gem. § 2151 BGB ausgewichen werden.[56] 18

Eine die Vorerbschaft beseitigende anderweitige Verfügung kann nur **nach** dem Erbfall getroffen werden; vorher verstieße sie gegen § 2065 BGB.[57] Zu bedenken ist, dass die Vorteile der Vor- und Nacherbfolge, wie die zugunsten des Nacherben bestehenden Verfügungsbeschränkungen oder die Bildung eines Sondervermögens zur Pflichtteilsreduzierung, bei einer anderweitigen Verfügung des Vorerben mit dessen Tod **rückwirkend entfallen.**[58] Bis dahin ist allerdings der Eintritt der auflösenden Bedingung unsicher, bei Grundstücken bleibt daher der Nacherbenvermerk im Grundbuch eingetragen,[59] auch die Kontroll- und Sicherungsrechte der §§ 2127 bis 2129 BGB bleiben erhalten. 19

---

[49] BGH Urt. v. 14.7.1972 – BGHZ 59, 220, 222; KG Beschl. v. 1.12.1958 – DNotZ 1956, 195; OLG Hamm Beschl. v. 17.8.1972 – DNotZ 1973, 110; OLG Oldenburg Urt. v. 6.11.1990 – NJW-RR 1991, 646.
[50] *Brox,* FS Bartholomeyczik, S. 52; *Stiegeler,* Der Grundsatz der Selbstentscheidung des Erblassers, Diss. Freiburg 1985, S. 99; MünchKommBGB/*Grunsky* § 2100 Rdnr. 13.
[51] Nach *Nieder* Rdnr. 635; vgl. auch *J. Mayer* ZEV 1996, 104, 105; *J. Mayer* ZEV 2000, 1, 6.
[52] *Nieder* Rdnr. 635; *Soergel/Damrau* § 2065 Rdnr. 12; *J. Mayer* ZEV 2000, 1, 6.
[53] MünchKommBGB/*Grunsky* § 2100 Rdnr. 13; Keinen berechtigten Einwänden begegnet es dagegen, wenn der Vorerbe bspw. ermächtigt wird, andere als die Nacherben aus einem vorgegebenen Personenkreis als **Schlusserben** einzusetzen (sog. kaptatorische Verfügung).
[54] So offenbar *J. Mayer* ZEV 2000, 1, 7.
[55] MünchKommBGB/*Grunsky* § 2100 Rdnr. 13.
[56] *Nieder* Rdnr. 637; *N. Mayer* ZEV 1996, 104, 105; *Langenfeld* Testamentsgestaltung Rdnr. 219.
[57] MünchKommBGB/*Grunsky* § 2100 Rdnr. 13.
[58] *Nieder* Rdnr. 635; *J. Mayer* ZEV 2000, 1, 6; *N. Mayer* ZEV 1996, 104, 105; *Langenfeld* Testamentsgestaltung Rdnr. 219.
[59] OLG Hamm Beschl. v. 24.8.1999 – FGPrax 2000, 29; LG Dortmund Beschl. v. 8.2.1968 – Rpfleger 1969, 17; OLG Braunschweig Beschl. v. 4.12.1990 – Rpfleger 1991, 204.

> **Formulierungsvorschlag für die Anordnung einer durch letztwillige Verfügung des Vorerben auflösend bedingten Nacherbschaft:**
> Ich setze meine Ehefrau ... zu meiner Vorerbin ein. Nacherben auf ihren Tod sind meine Kinder ... zu gleichen Teilen. Der Vorerbin wird jedoch gestattet, die Nacherbfolge dadurch zu beseitigen, dass sie über ihren Nachlass – und damit auch über meinen darin enthaltenen Nachlass – innerhalb des Kreises der oben eingesetzten Nacherben anderweitig von Todes wegen verfügt, wobei es ihr freisteht, die Erbquoten der bisherigen Nacherben zu verändern, ihnen nur Vermächtnisse zuzuwenden oder sie auf den Pflichtteil zu setzen. Sie darf jedoch keine anderen Personen außerhalb dieses Kreises bedenken. Die Anordnung der Vor- und Nacherbfolge ist durch die anderweitige Verfügung der Vorerbin auflösend bedingt, diese Verfügung muss also beim Tod der Vorerbin wirksam sein.

20 b) **Einsetzung der Erben des Vorerben als Nacherben.** Nach bislang h. M.[60] in der Literatur kann dem Vorerben eine Anpassung der Nacherbfolge dadurch ermöglicht werden, dass als Nacherben diejenigen Personen eingesetzt werden, **die der Vorerbe zu seinen Erben bestimmt.** Hierin liege kein Verstoß gegen § 2065 Abs. 2 BGB, da der Erblasser insoweit selbst die Nacherben bestimmt, wenn auch nicht namentlich.

> **Formulierungsvorschlag für die Einsetzung der eigenen Erben des Vorerben als Nacherben[61]:**
> Ich setze meine Ehefrau ... zu meiner Vorerbin ein. Nacherben auf ihren Tod sind die Personen, die die Vorerbin zu ihren eigenen Erben bestimmt und die auch ihre Erben werden. Setzt die Vorerbin keine eigenen Erben ein, so werden Nacherben meine Kinder ... zu gleichen Teilen, ersatzweise jeweils deren Abkömmlinge, in zweiter Linie die Miterben oder ihre Abkömmlinge, alles nach Maßgabe der gesetzlichen Erbfolge.

Von der Einsetzung der eigenen Erben des Vorerben als Nacherben ist in der Vergangenheit insbesondere im Rahmen des sog. **Geschiedenentestamentes,** mit dem vermieden werden soll, dass der geschiedene Ehegatte des Erblassers beim Tod der gemeinsamen Kinder als deren gesetzlicher Erbe bzw. als Pflichtteilsberechtigter am Vermögen des Erblassers partizipiert, Gebrauch gemacht worden.

21 Vor dieser, schon früher nicht unbedenklichen[62] Gestaltung muss jedoch dringend gewarnt werden, denn das OLG Frankfurt hat in einer neueren Entscheidung[63] die Einsetzung der eigenen Erben des Vorerben als Nacherben wegen Verstoßes gegen § 2065 Abs. 2 BGB **für unwirksam erklärt.** Bezogen auf den vom OLG konkret entschiedenen Fall, in dem nicht der Vorerbe selbst, an dessen Tod der Nacherbfall geknüpft war, sondern ein früherer Vorerbe erster Stufe die Nacherben bestimmen sollte, mag der Entscheidung im Ergebnis zuzustimmen sein. Eine generelle Ablehnung der Gestaltung ist jedoch nicht gerechtfertigt. Mit der Einsetzung der eigenen Erben des Vorerben als Nacherben trifft der Erblasser eine autonome Auswahlentscheidung und überlässt es nicht dem freien Ermessen des Vorerben, wer Nacherbe werden soll. Der Vorerbe konkretisiert lediglich die vom Erblasser bereits getroffene Auswahl.[64] Für die dem Gebot des sichersten Weges verpflichtete Kautelarpraxis dürfte die genannte Gestaltung gleichwohl nunmehr zu risikobehaftet sein, wenn auch dem dahinter stehenden Erblasserwillen im Einzelfall durch eine ergänzende Auslegung oder eine Umdeutung der letztwilligen Verfügung weitgehend Rechnung getragen werden kann.[65] Vorzugswürdig ist es daher, anstelle der eigenen Erben des Vorerben deren Abkömmlinge oder einen anderweitig näher bestimmten

---

[60] Vgl. nur *Langenfeld* Testamentsgestaltung Rdnr. 220; *Nieder* Rdnr. 639 jeweils m.w.N.
[61] Nach *Langenfeld* Testamentsgestaltung Rdnr. 220.
[62] Vgl. *J. Mayer* ZEV 2000, 1, 7.
[63] Beschl. v. 10.12.1999 – DNotZ 2001, 143 mit Anm. *Kanzleiter.*
[64] Vgl. *Ivo* DNotZ 2002, 260, 264.
[65] Ausf. dazu *Kanzleiter* DNotZ 2001, 149, 150 ff.

bzw. bestimmbaren Personenkreis als Nacherben einzusetzen. Geht es dem Erblasser indessen darum, dem Erstbedachten die Verfügungsfreiheit weitgehend zu erhalten, kann er auch auf die Anordnung eines **aufschiebend bedingten oder befristeten Herausgabevermächtnisses** ausweichen und den Erben die Bestimmung der Vermächtnisnehmer überlassen (§ 2151 BGB).[66]

> **Formulierungsvorschlag für ein Geschiedenentestament mit Vor- und Nacherbfolge[67]:**
> Ich setze meine Kinder ... zu gleichen Teilen zu meinen Erben ein. Sollte bei meinem Tod mein geschiedener Ehegatte noch leben, sind die Kinder aus meiner Ehe mit ihm nur Vorerben. Die Vorerben sind von allen gesetzlichen Beschränkungen und Verpflichtungen befreit, soweit dies möglich und gesetzlich zulässig ist. Nacherben auf den Tod des Vorerben sind die Abkömmlinge der jeweiligen Vorerben zu unter sich gleichen Teilen nach Stämmen gemäß den Regeln der ersten Erbfolgeordnung, falls solche nicht vorhanden sind, meine übrigen Abkömmlinge ebenfalls nach den Regeln der ersten Erbfolgeordnung; falls auch solche fehlen, diejenigen Personen, die meine gesetzlichen Erben wären, wenn ich im Zeitpunkt des Eintritts des Nacherbfalls ohne Hinterlassung von Abkömmlingen gestorben wäre, gemäß den gesetzlichen Regeln. Wenn einer meiner Abkömmlinge, der mit meinem geschiedenen Ehegatten in gerader Linie verwandt ist oder wäre, Nacherbe werden sollte, unterliegt die Erbschaft bei ihm auch wieder der oben angeordneten Nacherbfolge. Mein geschiedener Ehegatte, seine Abkömmlinge aus anderen Verbindungen und seine Verwandten aufsteigender Linie können nicht Nacherbe werden. Die Nacherbfolge gestaltet sich daher so, als ob dieser ausgeschlossene Personenkreis insgesamt vor dem Nacherbfall weggefallen wäre. Mit dem Tod meines geschiedenen Ehegatten entfällt die Nacherbfolge, so dass der Vorerbe Vollerbe wird.

3. Auslegung der Verfügung von Todes wegen

Ob und in welchem Umfang der Erblasser Vor- und Nacherbschaft angeordnet hat, muss durch Auslegung der letztwilligen Verfügung ermittelt werden. Eine ausdrückliche Anordnung der Vor- und Nacherbschaft ist nicht erforderlich. Vielmehr gelten die allgemeinen Regeln über die Auslegung letztwilliger Verfügungen. Der Wortlaut der Verfügung ist dabei nicht entscheidend. Der Wille, eine Vor- und Nacherbschaft anzuordnen, kann auch ohne die gesetzlichen termini zum Ausdruck gebracht werden; aus der Verfügung muss sich nur entnehmen lassen, dass der Erblasser die Erbschaft zunächst dem Erst- und anschließend dem Zweitberufenen zu eigener Herrschaft zukommen lassen wollte.[68] Die Begriffe Vor- und Nacherbschaft brauchen deshalb in der letztwilligen Verfügung nicht vorzukommen. Die Anordnung einer Vor- und Nacherbfolge kann z.B. auch dann vorliegen, wenn der Erblasser ver- bzw. gebietet, den Nachlass an andere als Blutsverwandte weiterzuvererben,[69] den im Wesentlichen den Nachlass ausmachenden Grundbesitz an andere als die Abkömmlinge der Söhne zu „übergeben"[70] oder zugunsten bestimmter Personen zu testieren.[71] Umgekehrt führt die Verwendung der Worte Vorerbe und Nacherbe nicht zwingend zur Annahme einer Vor- und Nacherbschaft; vielmehr kann damit auch eine Schlusserbeneinsetzung gewollt sein.[72] Ferner muss die Verwendung von Begriffen, die das Gesetz für andere rechtliche Instrumentarien bereithält, der Annahme einer Nacherbeinsetzung nicht entgegenstehen,[73] denn Laien werden oft unzureichende und irrtümliche Vorstellungen vom Bedeutungsgehalt der erbrechtlichen termini haben. Beispielsweise kann die Einsetzung zum „Ersatzerben" als Nacherbeinsetzung ausgelegt werden.[74] Auch die Einsetzung einer Person zum „Alleinerben" besagt noch nicht, dass der Bedachte Vollerbe

---

[66] Näher zum Geschiedenentestament und zu den einzelnen in Frage kommenden Gestaltungen Dittmann/Reimann/Bengel/*Limmer*, Testament und Erbvertrag, 4. Aufl., Teil E Rdnr. 38 ff.
[67] Vgl. *Dittmann/Reimann/Bengel*, Testament und Erbvertrag, Formulare Rdnr. 31.
[68] MünchKommBGB/*Grunsky* § 2100 Rdnr. 7.
[69] BayObLGZ 1958, 225.
[70] BayObLG FamRZ 1986, 608.
[71] MünchKommBGB/*Grunsky* § 2100 Rdnr. 9; Palandt/*Edenhofer* § 2100 Rdnr. 7.
[72] BayObLG Urt. v. 8.10.1991 – FamRZ 1992, 1476.
[73] MünchKommBGB/*Grunsky* § 2100 Rdnr. 8.
[74] RG Urt. v. 4.1.1932 – HRR 1932, Nr. 1055; BGH Urt. v. 23.4.1951 – LM Nr. 1 zu § 2100.

oder (alleiniger) Vorerbe sein soll,[75] wenngleich Rechtsunkundige mit diesem Begriff – dessen Gegensatz der Miterbe und nicht der Vorerbe ist – vermutlich oftmals die Anordnung einer Vollerbschaft zum Ausdruck bringen wollen.[76]

23 Der Grundsatz, dass die verwendete Terminologie allein kein verlässliches Auslegungskriterium ist, bleibt auch bei fachmännisch aufgesetzten oder notariell beurkundeten Verfügungen grundsätzlich unberührt, denn für die Erforschung des wahren Willens des Erblassers ist nicht von allein entscheidender Bedeutung, was sich der Fachmann oder der beurkundende Notar unter einem in der Verfügung verwendeten Begriff vorgestellt haben, sondern was der Erblasser sich darunter gedacht hat und zum Ausdruck bringen wollte.[77] In praxi dürfte in diesen Fällen eine Auslegung gegen den eindeutigen Wortlaut aber nur ausnahmsweise möglich sein,[78] da ein abweichender Erblasserwille in einem nach entsprechender Beratung und unter konsistenter Verwendung der Fachbegriffe aufgesetzten Testament meist nicht hinreichend zum Ausdruck kommen wird.

24 Die Frage, ob der Erblasser Vor- und Nacherbschaft angeordnet hat, ist insbesondere im Hinblick auf die Abgrenzung zu dem im wirtschaftlichen Ergebnis ähnlichen **Nießbrauchsvermächtnis** (vgl. o. Rdnr. 3) oft schwierig zu beantworten. Die verwendete Terminologie allein ist, wie oben bereits ausgeführt wurde, kein verlässliches Auslegungskriterium, wenngleich ihr natürlich bei der Auslegung fachmännisch aufgesetzter oder notariell beurkundeter Verfügungen eine bedeutende Rolle zukommt. Die Entscheidung wird regelmäßig auch nicht allein anhand der Differenzierung, dass der Vorerbe sogleich dinglicher Vermögensinhaber wird, während sich der Nießbrauchsvermächtnisnehmer den Nießbrauch am Nachlass erst einräumen lassen muss, getroffen werden können. Häufig wird diese mehr rechtstechnische Unterscheidung bei der Wahl der Gestaltungsalternativen für den Erblasser keine Rolle spielen und demnach in der letztwilligen Verfügung nicht zum Ausdruck kommen.[79] Maßgeblich für die Abgrenzung sollte daher sein, ob der Erblasser dem Bedachten über die Nutzungsbefugnis hinaus **auch diemmenugnis zu Verfügungen über den Nachlass** einräumen wollte, denn die Verfügungsbefugnis steht nach dem Gesetz nur dem Vorerben zu,[80] wenn auch mit Beschränkungen gemäß §§ 2113 bis 2115 BGB. Daneben kann bei der Ermittlung des Erblasserwillens auch ein etwaiger Steuervorteil aus der Anordnung eines Nießbrauchsvermächtnisses berücksichtigt werden. Dieses Auslegungskriterium ist aber nach dem Erbschaftsteuergesetz 1974 insoweit nur noch von mäßiger Relevanz, als § 25 ErbStG den erbschaftsteuerlichen Abzug des kapitalisierten Nießbrauchs vom Nachlasswert seither lediglich in den – praktisch seltener vorkommenden – Fällen zulässt, in denen andere Personen als der überlebende Ehegatte des Erblassers zu Nießbrauchsvermächtnisnehmern bestimmt sind. Es kann somit nicht davon ausgegangen werden, dass das Nießbrauchsvermächtnis erbschaftsteuerlich generell günstiger als die Vor- und Nacherbschaft wäre.[81] Insbesondere bei größeren Nachlässen können sich jedoch auf Grund der **unterschiedlichen Besteuerung von Nutzung und Substanz** durchaus nennenswerte Belastungsunterschiede ergeben;[82] völlig außer Acht zu lassen sind die steuerlichen Aspekte daher bei der Auslegung nicht.[83]

4. Gesetzliche Auslegungs- und Ergänzungsregeln

Für Fälle, in denen sich der Erblasserwille aus den sonstigen Umständen nicht ermitteln lässt, hält das Gesetz in den §§ 2101 bis 2104, 2106, 2107 und 2269 BGB typisierte Auslegungs- und Ergänzungsregeln bereit.

---

[75] BayObLG Urt. v. 31.1.1997 – BayObLGZ 1997, 59, 69.
[76] Vgl. BayObLG Urt. v. 17.12.1965 – NJW 1966, 1223.
[77] BGH Urt. v. 23.4.1951, LM Nr. 1 zu § 2100.
[78] Vgl. OLG Hamm Beschl. v. 12.6.2001 – FamRZ 2002, 201; Soergel/*Harder-Wegmann* § 2100 Rdnr. 2.
[79] Vgl. MünchKommBGB/*Grunsky* § 2100 Rdnr. 10.
[80] RG Urt. v. 31.1.1927 – Warn. 1927 Nr. 57; BGH Urt. v. 14.6.1951 – LM Nr. 2 zu § 2100; KG Beschl. v. 9.1.1941 – DR 1941, 594; BayObLG Beschl. v. 7.11.1980 – FamRZ 1981, 403.
[81] *Langenfeld* Testamentsgestaltung Rdnr. 200; *Nieder* Rdnr. 661.
[82] Näher dazu *Landsittel*, Gestaltungsmöglichkeiten von Erbfällen und Schenkungen, 3. Aufl. 2006, Rdnr. 1390 ff. mit ausf. Berechnungsbsp.
[83] Vgl. MünchKommBGB/*Grunsky* § 2100 Rdnr. 10.

a) Einsetzung nicht erzeugter Personen. Eine im Zeitpunkt des Erbfalls noch nicht erzeugte 25 Person kann nicht Erbe sein (§ 1923 BGB). Eine entsprechende Erbeinsetzung ist deshalb an sich unwirksam. Für die Nacherbfolge kommt es indessen nur auf den Zeitpunkt des Nacherbfalls an (§ 2108 Abs. 1 BGB). Im Interesse der Aufrechterhaltung der letztwilligen Verfügung wird die Erbeinsetzung daher gemäß § 2101 Abs. 1 BGB **im Zweifel als Anordnung einer Nacherbschaft zugunsten des noch nicht Erzeugten** angesehen. Dies gilt auch, wenn eine Erbeinsetzung gewollt war, § 2101 Abs. 1 BGB sieht insofern eine Umdeutung der letztwilligen Verfügung vor.[84] Steht allerdings fest, dass eine Nacherbeinsetzung nicht dem Willen des Erblassers entspricht, ist die Einsetzung unwirksam, § 2101 Abs. 1 S. 2 BGB. Die Regeln des § 2101 Abs. 1 BGB gelten entsprechend für die **Einsetzung einer juristischen Person**, die erst nach dem Erbfall zur Entstehung gelangt, § 2101 Abs. 2 BGB. Der Nacherbfall tritt in diesen Fällen nach § 2106 Abs. 2 BGB mit der Geburt des später Erzeugten bzw. mit der Entstehung der juristischen Person ein.

b) Nacherbe und Ersatzerbe. Nach der Auslegungsregel des § 2102 Abs. 1 BGB enthält die 26 **Nacherbeinsetzung im Zweifel auch die Einsetzung als Ersatzerbe.** Der Nacherbe ist hiernach, sofern sich ein entgegenstehender Wille des Erblassers nicht feststellen lässt, ersatzweise als Vollerbe berufen, wenn der Vorerbe durch Vorversterben, Ausschlagung u.a. nicht Erbe wird. Bei Miterben ist insoweit zugunsten des eintretenden Nacherben die Anwachsung (§ 2099 BGB) ausgeschlossen.[85] § 2102 Abs. 1 BGB gilt auch für gemeinschaftliche Testamente.[86]
Hängt der Nacherbfall von einem **Ereignis in der Person des Nacherben** ab, wie Volljährigkeit, Ausbildungsabschluss o.ä., kann dies dafür sprechen, dass der Nacherbe die Nacherbschaft auch bei Wegfall des Vorerben nicht früher erhalten soll.[87] In einem solchen Fall treten mangels anderweitiger Bestimmung des Erblassers zunächst die anwachsungsberechtigten Miterben, ansonsten die gesetzlichen Erben des Vorerben als Vorerben ein.[88]
Umgekehrt gilt die Regel des § 2102 Abs. 1 BGB nach allgemeiner Meinung[89] nicht, d. h. der zum Ersatzerben Eingesetzte ist **im Zweifel nicht als Nacherbe** berufen. Das Gesetz geht davon aus, dass die Stellung des Ersatzerben schwächer als die des Nacherben ist. Demgemäß ist bei Zweifeln darüber, ob der Erblasser jemanden als Ersatzerbe oder als Nacherbe eingesetzt hat, nur von einer Ersatzerbeinsetzung auszugehen, § 2102 Abs. 2 BGB. Zuvor sind jedoch alle Auslegungsmöglichkeiten auszuschöpfen.[90] Hierbei ist insbesondere in Rechnung zu stellen, dass der Unterschied zwischen Ersatzerbschaft und Nacherbschaft rechtsunkundigen Personen nicht immer geläufig ist.[91]

c) Anordnung der Herausgabe. Hat der Erblasser angeordnet, dass der Erbe mit dem Eintritt 27 eines bestimmten Zeitpunkts oder Ereignisses die Erbschaft einem anderen herausgeben soll, so kann eine Nacherbschaft oder nur ein Vermächtnis gewollt sein. Führt die Auslegung der letztwilligen Verfügung nicht zu einem Ergebnis, ist nach § 2103 BGB anzunehmen, **dass der andere als Nacherbe eingesetzt ist.** Voraussetzung ist, dass Herausgabe der ganzen Erbschaft oder eines Bruchteils hiervon angeordnet ist; richtet sich die Herausgabepflicht nur auf einzelne Gegenstände, liegt ein Vermächtnis vor.[92]

d) Fehlende Nacherbenbenennung. Hat der Erblasser zwar einen Vorerben bestimmt, aber 28 nicht angeordnet, wer die Erbschaft nach ihm erhalten soll, und lässt sich diese Lücke auch durch Auslegung nicht schließen, ist nach § 2104 BGB anzunehmen, dass als Nacherben diejenigen eingesetzt sind, **die gesetzliche Erben des Erblassers sein würden,** wenn er im Zeitpunkt

---

[84] MünchKommBGB/*Grunsky* § 2101 Rdnr. 1.
[85] Palandt/*Edenhofer* § 2102 Rdnr. 2.
[86] OLG Karlsruhe Beschl. v. 20.12.2002 – NJW-RR 2003, 582; Hans. OLG Hamburg Beschl. v. 30.11.1998 – FGPrax 1999, 225, 226; OLG Köln Beschl. v. 5.11.1999 – ZEV 2000, 232, 233, jeweils m.w.N.
[87] MünchKommBGB/*Grunsky* § 2102 Rdnr. 3.
[88] Palandt/*Edenhofer* § 2102 Rdnr. 2.
[89] Vgl. nur MünchKommBGB/*Grunsky* § 2102 Rdnr. 4 m.w.N.
[90] BayObLG Beschl. v. 8.2.1963 – BayObLGZ 1963, 19.
[91] BGH Urt. v. 23.4.1951 – LM Nr. 1 zu § 2100.
[92] MünchKommBGB/*Grunsky* § 2103 Rdnr. 1.

des Nacherbfalls gestorben wäre (sog. konstruktive Nacherbfolge). Der Fiskus kommt jedoch nicht als gesetzlicher Erbe zum Zuge (§ 2104 S. 2 BGB), da dies dem vermuteten Erblasserwillen regelmäßig nicht entspräche.

Hat der Erblasser zwar einen Nacherben benannt, ist oder wird die Einsetzung aber **unwirksam**, findet § 2104 BGB nach zutreffender Ansicht grundsätzlich **keine Anwendung**.[93] In diesem Fall ist durch Auslegung zu ermitteln, ob der Erblasser den Nachlass auf Dauer dem Vorerben belassen oder ihn seinen gesetzlichen Erben zugewendet hätte.[94]

29   e) **Fehlende Vorerbenbenennung.** Für den der Konstellation in § 2104 BGB entgegengesetzten Fall, dass die Erbschaft dem zum (Nach-)Erben Eingesetzten erst ab einem bestimmten Zeitpunkt oder Ereignis anfallen soll, der Erblasser jedoch keinen Vorerben benannt hat, ergänzt § 2105 Abs. BGB die letztwillige Verfügung dahin gehend, **dass Vorerben die gesetzlichen Erben des Erblassers sind** (sog. konstruktive Vorerbfolge). Der Fiskus ist diesmal, da es lediglich darum geht, einen herrenlosen Nachlass zu vermeiden, und nur eine Erbschaft auf Zeit besteht, nicht ausgenommen.

Gleiches gilt nach § 2105 Abs. 2 BGB, wenn die Persönlichkeit des Erben durch ein **erst nach dem Erbfall eintretendes Ereignis** bestimmt werden soll (z.B. der künftige Ehepartner des noch nicht verheirateten Kindes), sowie in den Fällen des § 2101 BGB.

30   f) **Eintritt der Nacherbfolge.** Hat der Erblasser in seiner letztwilligen Verfügung zwar einen Nacherben eingesetzt, aber nicht den Zeitpunkt oder das Ereignis angegeben, mit dem der Nacherbfall eintreten soll, fällt die Erbschaft dem Nacherben gemäß § 2106 Abs. 1 BGB **mit dem Tod des Vorerben** an. Dagegen tritt in den Fällen des § 2101 BGB der Nacherbfall mit der Geburt bzw. der Entstehung der noch nicht erzeugten bzw. entstanden Person ein, § 2106 Abs. 2 BGB. Dies gilt aber nicht bei der **ausdrücklichen** Einsetzung nicht erzeugter oder entsandter Personen als Nacherben; hier bewendet es bei der Regel des § 2106 Abs. 1 BGB.[95]

31   g) **Kinderloser Vorerbe.** Setzt der Erblasser einen Abkömmling, der zurzeit der Errichtung der letztwilligen Verfügung keinen Abkömmling hat oder von dem der Erblasser zu dieser Zeit nicht weiß, dass er einen Abkömmling hat, zum Vorerben ein und bestimmt er für die Zeit **nach dessen Tod** einen Nacherben, so ist nach § 2107 BGB anzunehmen, dass der Nacherbe nur für den Fall eingesetzt ist, **dass der Abkömmling ohne Nachkommenschaft stirbt**. Das Gesetz geht insoweit davon aus, dass der Erblasser die Nachkommen eines von ihm bedachten Abkömmlings nicht zugunsten – nicht notwendig familienfremder[96] – Dritter von der Erbschaft ausschließen will.

Falls der Erblasser den Nacherben auch für den Fall einsetzen wollte, dass der zum Vorerben bestimmte Abkömmling Nachkommen hinterlässt, sollte dies in der letztwilligen Verfügung ausdrücklich geregelt werden, was wie folgt aussehen könnte:

> **Formulierungsvorschlag:**
> Die in diesem Testament angeordnete Nacherbfolge soll entgegen der Auslegungsregel des § 2107 BGB auch dann gelten, wenn im Zeitpunkt des Todes des Vorerben Abkömmlinge von diesem vorhanden sind.

32   h) **Berliner Testament.** Eine mit der Vor- und Nacherbschaft zusammenhängende Auslegungsregel enthält auch § 2269 Abs. 1 BGB für das Berliner Testament: Setzen Ehegatten sich gegenseitig als Erben ein und bestimmen sie, dass nach dem Tod des Längstlebenden der beiderseitige Nachlass an einen Dritten fallen soll, so ist nicht von der Anordnung einer Vor- und Nacherbschaft, sondern von der Einsetzung des Längstlebenden als Vollerbe des Erstverster-

---

[93] Vgl. etwa Palandt/*Edenhofer* § 2104 Rdnr. 2; MünchKommBGB/*Grunsky* § 2104 Rdnr. 3; *Brox* Rdnr. 338; wohl auch BGH Urt. v. 22.1.1986 – NJW 1986, 1812; a.A. KG Beschl. v. 1.9.1938 – JW 1938, 2821; Soergel/*Harder-Wegmann* § 2104 Rdnr. 2.
[94] BGH Urt. v. 22.1.1986 – NJW 1986, 1812; MünchKommBGB/*Grunsky* § 2104 Rdnr. 3.
[95] MünchKommBGB/*Grunsky* § 2106 Rdnr. 4 m.w.N.
[96] BGH Urt. v. 8.7.1981 – NJW 1981, 2743.

benden sowie des Dritten als Vollerbe des Längstlebenden auszugehen. Im Zweifel gilt somit das **Einheitsprinzip und nicht das Trennungsprinzip.**

5. Gestaltungsmöglichkeiten bei der Anordnung der Vor- und Nacherbfolge

a) **Anordnung mehrerer Nacherbfolgen.** Der Erblasser kann in seiner letztwilligen Verfügung 33 mehrere, sich zeitlich anschließende Nacherbfolgen anordnen. Der zunächst berufene Nacherbe ist dann gegenüber dem nach ihm Berufenen Vorerbe. Die Anzahl der Nacherbfälle ist theoretisch nicht beschränkt.[97] Zeitliche Schranken setzt jedoch § 2109 BGB, der die Wirksamkeit der Anordnung der Nacherbschaft auf die Dauer von 30 Jahren bzw. die individuelle Lebensdauer Beteiligter begrenzt.

> **Formulierungsvorschlag für die Anordnung mehrer Nacherbfolgen**[98]**:**
> Ich setze meine Ehefrau ... zu meiner Vorerbin ein. Nacherbe auf ihren Tod ist mein Sohn ... Wiederum Nacherbe auf dessen Tod ist mein Enkel ... Die Nacherben sind in dieser Reihenfolge auch Ersatznacherben bzw. Ersatzerben.

b) **Nacherbfolge bezüglich eines Bruchteils.** Die Vor- und Nacherbschaft muss nicht die ge- 34 samte Erbschaft umfassen. Der Erblasser kann sie entweder **auf den Erbteil eines Miterben oder auf einen Bruchteil** des dem alleinigen Vorerben zugewendeten Erbteils beschränken.[99] Letzterenfalls ist der Erbe teils Vollerbe, teils Vorerbe. Für ihn stellt sich dann das Problem, wie er zur freien Verfügung über den ihm als Vollerben zugewendeten Erbschaftsteil gelangt, denn solange der Nachlass nicht gegenständlich geteilt ist, unterliegt der Erbe hinsichtlich des gesamten Nachlasses den Verfügungs- und Verwaltungsbeschränkungen des Vorerben. Für eine Aussonderung einzelner Nachlassgegenstände zum Zweck der Teilung muss der Erbe jedoch die Schranke des § 2113 Abs. 2 BGB überwinden. Die wohl h. M.[100] hält den Nacherben daher entsprechend § 2120 BGB für verpflichtet, in die gegenständliche Teilung **einzuwilligen.**
Auf einzelne Gegenstände oder Vermögenswerte, wie ein Grundstück oder ein Unternehmen, kann der Erblasser die Vor- und Nacherbschaft indessen nicht beziehen.[101] Eine „gegenständliche" Vor- und Nacherbfolge lässt sich jedoch im Ergebnis dadurch herbeiführen, dass dem Vorerben die übrigen Nachlassgegenstände als **Vorausvermächtnis** (§ 2150 BGB) zugewendet werden.[102] Im Übrigen lässt sich die Anordnung einer auf einzelne Gegenstände bezogene Nacherbfolge im Wege der Auslegung (§ 2084 BGB) oder der Umdeutung (§ 140 BGB) möglicherweise als Zuwendung eines Nachvermächtnisses aufrechterhalten.[103]

c) **Eintritt der Nacherbfolge.** Der Erblasser kann den Eintritt der Nacherbfolge in den Gren- 35 zen des § 2109 BGB grundsätzlich frei bestimmen.[104] Unabhängig davon, wie die Anordnung der Vor- und Nacherbschaft konkret aussieht, führt sie letztlich immer zu einer **bedingten oder befristeten Erbeinsetzung** sowohl des Nacherben als auch des Vorerben. Die Nacherbschaft ist begriffsnotwendig aufschiebend bedingt oder befristet, während dieselbe Bedingung oder Befristung für die Vorerbschaft auflösenden Charakter hat. Die Vorerbschaft kann zusätzlich in der Weise auflösend bedingt – bzw. die Nacherbschaft zusätzlich aufschiebend bedingt – sein, dass der Nacherbfall alternativ an den Eintritt mehrerer verschiedener Ereignisse geknüpft wird. Ein praktischer Anwendungsfall ist das **Ehegattentestament** mit Vor- und Nacherbschaft,

---

[97] MünchKommBGB/*Grunsky* § 2100 Rdnr. 14.
[98] Nach *Langenfeld* Testamentsgestaltung Rdnr. 217.
[99] Palandt/*Edenhofer* § 2100 Rdnr. 4.
[100] Vgl. etwa BayObLG Beschl. v. 16.5.1958 – BayObLGZ 1958, 109; Soergel/*Harder-Wegmann* § 2120 Rdnr. 6; Staudinger/*Avenarius* § 2120 Rdnr. 6; Palandt/*Edenhofer* § 2120 Rdnr. 2.
[101] *Rossak* ZEV 2005, 14; *Otte* NJW 1987, 3164; Soergel/*Harder-Wegmann* Vor § 2100 Rdnr. 7; Staudinger/*Avenarius* § 2100 Rdnr. 8; MünchKommBGB/*Grunsky* § 2100 Rdnr. 16; a.A. *Schrader* NJW 1987, 117.
[102] Näher dazu u. Rdnr. 43.
[103] Soergel/*Harder-Wegmann* Vor § 2100 Rdnr. 7.
[104] Vgl. z.B. BayObLG Beschl. v. 2.2.2004 – ZEV 2005, 27 zum Eintritt der Nacherbfolge wegen Nichteinhaltung einer testamentarisch angeordneten Bauverpflichtung.

in dem die Ehegatten für den Fall der **Wiederverheiratung** des zum Vorerben bestimmten überlebenden Ehegatten den vorzeitigen Eintritt des ansonsten mit dem Tod des Vorerben eintretenden Nacherbfalls anordnen.

> **Formulierungsvorschlag für ein Ehegattentestament mit Vor- und Nacherbschaft:**
> Wir setzen uns gegenseitig als Vorerben ein. Nacherben nach dem Tod des Längstlebenden sind unsere Kinder ... zu gleichen Teilen. Der Nacherbfall tritt mit dem Tode des Längstlebenden oder mit dessen Wiederverheiratung ein. Im Falle der Wiederverheiratung sind die Nacherben verpflichtet, dem Längstlebenden den kleinen Pflichtteil, berechnet nach dem Wert des Nachlasses des Erstversterbenden im Zeitpunkt seines Todes, auszuzahlen[105].

36   Nach h. M.[106] kann auch die Vor- und Nacherbschaft als solche aufschiebend bedingt sein. Eine solche Gestaltung findet sich bei dem Ehegattentestament mit Voll- und Schlusserbschaft, das für den Fall der Wiederverheiratung des zum Vollerben eingesetzten überlebenden Ehegatten den Eintritt der Nacherbfolge zugunsten der ansonsten als Schlusserben vorgesehenen Personen vorsieht. Der Ehegatte ist danach zunächst **auflösend bedingter Vollerbe** und wird bei Eintritt der aufschiebenden Bedingung – der Wiederverheiratung – zum Vorerben, wenn auch in der Regel nur für eine juristische Sekunde, weil gleichzeitig der Eintritt der Nacherbfolge angeordnet ist.[107] Eine Mindermeinung[108] geht demgegenüber auch in diesem Fall von einer auflösend bedingten Erbeinsetzung und damit von einer normalen Vor- und Nacherbfolge aus. Der Meinungsstreit ist allerdings eher dogmatischer Natur. Im praktischen Ergebnis differieren die Meinungen nicht. Nach den allgemeinen Bedingungsregeln müsste die h. M. zwar an sich zu dem Ergebnis kommen, dass der Erstbedachte bis zum Eintritt der auflösenden Bedingung nicht den Beschränkungen des Vorerben unterliegt.[109] Diese Konsequenz zieht sie jedoch nicht; sie wendet die **Schutzvorschriften der §§ 2113 ff. BGB** auch bei der aufschiebend bedingten Vorerbschaft bereits ab dem Erbfall an, da allein dies dem Erblasserwillen entspreche, dem Nacherben bei Bedingungseintritt die Nachlasssubstanz zukommen zu lassen. Überwiegend wird der Erstbedachte aber als befreiter Vorerbe angesehen, sofern nicht im Testament eine gegenteilige Anordnung getroffen ist oder sonstige Umstände der Annahme einer Befreiung entgegenstehen.[110] Darüber hinaus wird vertreten, dass der Erblasser dem Erstbedachten **die Stellung eines Vollerben** einräumen bzw. ihn von den Beschränkungen eines Vorerben vollständig freistellen könne.[111] Diese Ansicht stößt jedoch insofern zutreffend auf Ablehnung,[112] als sie eine Befreiung über die zwingenden Grenzen des § 2136 BGB hinaus vorsieht, was auch bei Annahme einer auflösend bedingten Vollerbschaft nicht zulässig ist, da der Erstbedachte dann wenigstens für eine juristische Sekunde zum Vorerben wird; einen automatischen Anfall der Nacherbschaft beim Nacherben ohne Vorerbschaft gibt es de lege lata nicht.[113] Der richtige

---

[105] Die Anordnung der Verpflichtung zur Auszahlung des Pflichtteils gehört nicht zwingend zu der vorgestellten Gestaltung, sie stellt vielmehr eine Wohltat für den wiederheiratenden Ehegatten dar. Diese hat jedoch ihren Grund: Der überlebende Ehegatte wird häufig zum Zeitpunkt der Wiederheirat nicht mehr ausschlagen können (Jahresfrist), auch Pflichtteilsansprüche sind dann oft verjährt (Dreijahresfrist), so dass er bei Wiederverheiratung gar nichts erhalten würde und sich insofern genötigt sehen könnte, die Erbschaft auszuschlagen. Diese Zwangssituation wird durch die genannte Verpflichtung vermieden, vgl. Sudhoff/*Scherer* § 3 Rdnr. 31 f.
[106] Vgl. RG Beschl. v. 25.11.1937 – RGZ 156, 172, 180 ff.; BGH Beschl. v. 6.11.1985 – BGHZ 96, 198, 202 ff.; Staudinger/*Avenarius* § 2100 Rdnr. 33; Palandt/*Edenhofer* § 2269 Rdnr. 17.
[107] *Friederich*, Rechtsgeschäfte zwischen Vor- und Nacherben, 1999, Rdnr. 31.
[108] MünchKommBGB/*Musielak* § 2269 Rdnr. 54 ff., der eine Kombination von auflösend bedingter Vorerbschaft und aufschiebend bedingter Vollerbschaft annimmt; Erman/*Schmidt* § 2100 Rdnr. 1; *Wilhelm* NJW 1990, 2857, 2860 ff.; *Zawar* NJW 1988, 16, 18.
[109] MünchKommBGB/*Musielak* § 2269 Rdnr. 54; *Nieder* Rdnr. 633; *Friederich*, Rechtsgeschäfte zwischen Vor- und Nacherben, Rdnr. 35.
[110] Vgl. nur MünchKommBGB/*Musielak* § 2269 Rdnr. 54; *Zawar* NJW 1988, 16, 18, jeweils m.w.N.
[111] *Buchholz*, Erbfolge und Wiederverheiratung, 1986, S. 15 ff.; MünchKommBGB/*Musielak* § 2269 Rdnr. 60.
[112] *Zawar* NJW 1988, 16, 19; *Nieder* Rdnr. 633.
[113] *Zawar* NJW 1988, 16, 19.

Weg für eine derartige Gestaltung ist deshalb die Anordnung eines Herausgabevermächtnisses.[114]

> **Formulierungsvorschlag für ein Ehegattentestament mit Voll- und Schlusserbschaft:**
> Wir setzen uns gegenseitig zu Alleinerben ein. Schlusserben nach dem Tod des Längstlebenden sind unsere Kinder ... zu gleichen Teilen. Falls der Längstlebende wieder heiratet, soll er nur Vorerbe gewesen sein, und zwar befreit von allen Verpflichtungen und Beschränkungen, von denen er befreit werden kann, und mit dem Recht zum Verzehr des Nachlasses. Mit der Wiederverheiratung werden unsere als Schlusserben eingesetzten Kinder Nacherben. Sie sind dann verpflichtet, dem Längstlebenden den kleinen Pflichtteil, berechnet nach dem Wert des Nachlasses des Erstversterbenden im Zeitpunkt seines Todes, auszuzahlen.

Auch der **Eintritt** der Nacherbfolge kann von einer zusätzlichen – in diesem Fall auflösenden – Bedingung abhängig gemacht werden. Eine solche Bedingung wird von der herrschenden Meinung in der oben Rdnr. 16 ff. näher dargestellten Nacherbeneinsetzung unter dem Vorbehalt einer anderweitigen Verfügung des Vorerben gesehen. 37

Des weiteren kann der Erblasser Bedingungen für den **Anfall** der Erbschaft beim Vor- oder Nacherben vorsehen, indem er die Vor- oder Nacherbenberufung von einem vorher zu erbringenden Verhalten des Vor- oder Nacherben, wie dem Ablegen einer Prüfung, abhängig macht. Fällt die Bedingung aus und kommt es auch nicht zur Ersatzerbenberufung oder zur Anwachsung bei Miterben, entfällt auch die Vor- und Nacherbschaft und der verbleibende Vor- oder Nacherbe wird zum Vollerben.

d) **Mitvorerben und Mitnacherben.** Der Erblasser kann jeweils **eine oder mehrere Personen** zu Vorerben oder zu Nacherben benennen. Es können also mehrere Vorerben mehreren Nacherben vorangehen, einem Vorerben mehrere Nacherben folgen oder umgekehrt mehrere Vorerben einem Nacherben vorangehen. Die Vor- und Nacherbschaft kann darüber hinaus auf den Anteil eines von mehreren Vorerben beschränkt werden (siehe hierzu o. Rdnr. 33). 38

Mehrere Vorerben bilden eine **Erbengemeinschaft**, die sich jederzeit gemäß § 2042 BGB auseinander setzen kann. Eine Mitwirkung des Nacherben ist hierzu grundsätzlich nicht erforderlich. Wenn zum Vollzug der Auseinandersetzung Verfügungen notwendig sind, die unter die §§ 2113, 2114 BGB fallen, muss der Nacherbe ihnen allerdings zustimmen.[115] Er ist hierzu gemäß § 2120 BGB jedoch verpflichtet.[116] Entbehrlich ist die Zustimmung zu Grundstücksverfügungen, die allein der Erfüllung einer Teilungsanordnung des Erblassers dienen.[117]

Hingegen bilden mehrere Nacherben **vor dem Nacherbfall** keine Erbengemeinschaft.[118] Eine Erbengemeinschaft setzt ein ihr zugeordnetes gemeinschaftliches Vermögen voraus (§ 2032 Abs. 1 BGB), das die Nacherben vor dem Eintritt des Nacherbfalls (§ 2139 BGB) nicht haben, weil der Nachlass bis dahin ausschließlich in der Hand des Vorerben liegt.[119] Ab dem Nacherbfall bilden die Nacherben dann eine gewöhnliche Erbengemeinschaft, die keinen Besonderheiten unterliegt.

e) **Ersatzvorerben und Ersatznacherben.** Die Ersatzerbenbestimmung spielt bei der Vor- und Nacherbschaft eine wichtige Rolle, denn die Frage der Ersatzerbenberufung stellt sich hier **sowohl für den Vorerben als auch für den Nacherben**. Die Gefahr, dass der Wegfall eines Erben bei fehlender Ersatzerbfolgeregelung zu einer dem Erblasserwillen nicht entsprechenden Auslegung führt, ist dementsprechend groß. Die gewünschte Ersatzerbfolge sollte deshalb vom Erblasser klar und lückenlos geregelt werden. 39

---

[114] Nieder Rdnr. 633.
[115] OLG Hamm Beschl. v. 19.9.1994 – ZEV 1995, 336; Staudinger/*Avenarius* § 2112 Rdnr. 15.
[116] Vgl. Soergel/*Harder-Wegmann* § 2112 Rdnr. 6.
[117] OLG Hamm Beschl. v. 19.9.1994 – ZEV 1995, 336.
[118] BGH Urt. v. 10.2.1993 – NJW 1993, 1582; Palandt/*Edenhofer* § 2100 Rdnr. 2.
[119] BGH Urt. v. 10.2.1993 – NJW 1993, 1582 Urt. v. 10.2.1993; Palandt/*Edenhofer* § 2100 Rdnr. 2.

40 *aa) Ersatzerbenbestimmung für Vorerben.* Gemäß § 2102 Abs. 1 BGB enthält die Einsetzung als Nacherbe im Zweifel auch die Einsetzung als Ersatzerbe (§ 2096 BGB). Fällt der Vorerbe durch Vorversterben, Ausschlagung usw. weg, so wird der als Nacherbe Eingesetzte nach dieser Auslegungsregel **bereits mit dem Erbfall Vollerbe.**[120] Dies gilt jedoch nur dann, wenn nicht durch Auslegung ein anderweitiger Wille des Erblassers festgestellt werden kann. Ergibt die Auslegung, dass der als Nacherbe Eingesetzte die Erbschaft erst mit Eintritt eines bestimmten nach dem Erbfall liegenden Ereignisses, beispielsweise des Erreichens eines bestimmten Alters, und somit nur als Nacherbe erhalten sollte, so treten i. d. R. die anwachsungsberechtigten Miterben oder die gesetzlichen Erben des Erblassers an die Stelle des weggefallenen Vorerben.[121]

Die ausdrückliche Bestimmung eines Ersatzvorerben ist somit immer dann angebracht, wenn der Erblasser ein Aufrücken des Nacherben zum Vollerben verhindern will und wenn er andere als die anwachsungsberechtigten Miterben bzw. seine gesetzlichen Erben als Ersatzvorerben berufen will. Geht es dem Erblasser vorwiegend darum, dem Nacherben die Erbschaft erst ab einem bestimmten Zeitpunkt zukommen zu lassen, sollte allerdings darüber nachgedacht werden, ob nicht die **Anordnung einer Testamentsvollstreckung** die geeignetere Gestaltungsmöglichkeit darstellt.

> **Formulierungsvorschlag für die Anordnung einer Vor- und Nacherbschaft mit Ersatzerbenbestimmung für den Vorerben:**
> Zu meinem Erben setze ich … ein. Der Erbe ist jedoch nur Vorerbe. Zum Nacherben bestimme ich … Der Nacherbfall tritt mit dem Tod des Vorerben ein… . Für den Fall, dass der Vorerbe vor oder nach dem Erbfall wegfällt, bestimme ich entgegen jeder anders lautenden gesetzlichen oder richterlichen Auslegungs- oder Vermutungsregel … zum Ersatzvorerben.

41 *bb) Ersatzerbenbestimmung für Nacherben.* Ein Ersatzerbe kann in entsprechender Anwendung von § 2096 BGB auch für den Fall eingesetzt werden, dass der Nacherbe vor oder nach Eintritt des Nacherbfalls wegfällt. Bei einem nachträglichen, auf den Nacherbfall zurückwirkenden Wegfall (z.B. Ausschlagung) muss der Ersatznacherbe **nur den Nacherbfall** (§ 1923 Abs. 1 BGB) und nicht auch den Zeitpunkt des Wegfalls erleben.[122]

Neben der ausdrücklichen Ersatznacherbeneinsetzung kommt eine **vermutete Ersatznacherbfolge** der Abkömmlinge des als Nacherben eingesetzten Abkömmlings des Erblassers gemäß § 2069 BGB sowie eine durch ergänzende Auslegung ermittelte Ersatznacherbenberufung in Betracht.[123] Eine Ersatznacherbenberufung der Abkömmlinge eines Nacherben nach § 2069 BGB entspricht i. d. R. jedoch dann nicht dem Willen des Erblassers, wenn der neben anderen Verwandten eingesetzte Nacherbe vor Eintritt des Nacherbfalls die Erbschaft **ausschlägt** (§ 2142 BGB), um den Pflichtteil vom Vorerben zu verlangen, da ansonsten der Stamm des Ausschlagenden bevorzugt würde.[124] Es spricht deshalb eine tatsächliche Vermutung dafür, dass die Abkömmlinge des Ausschlagenden nicht an seine Stelle treten. Diese Vermutung kommt freilich nur dann zur Anwendung, wenn ein anderweitiger Erblasserwille nicht feststellbar ist. Auf den Versuch, den tatsächlichen oder hypothetischen Willen des Erblassers anhand der Umstände des Einzelfalls zu ermitteln, darf daher nicht verzichtet werden.[125] Zur Vermeidung von Auslegungsproblemen empfiehlt sich in jedem Fall eine klarstellende Regelung in der letztwilligen Verfügung.

---

[120] Palandt/*Edenhofer* § 2102 Rdnr. 1.
[121] Palandt/*Edenhofer* § 2102 Rdnr. 2; MünchKommBGB/*Grunsky* § 2102 Rdnr. 3.
[122] Palandt/*Edenhofer* § 2102 Rdnr. 5.
[123] *Nieder* Rdnr. 631.
[124] BGH Urt. v. 29.6.1960 – BGHZ 32, 60 = NJW 1960, 959; BayObLG Beschl. v. 2.3.2000 – ZEV 2000, 274.
[125] BayObLG Beschl. v. 2.3.2000 – ZEV 2000, 274.

> **Formulierungsvorschlag für den Ausschluss der Abkömmlinge des ausschlagenden Nacherben als Ersatzerben:**
> Schlägt ein als Nacherbe zunächst berufener Abkömmling die Nacherbschaft aus und verlangt er vom Vorerben den Pflichtteil, so werden die für ihn als Ersatzerben in Betracht kommenden Abkömmlinge von der Erbschaft ausgeschlossen.

Liegt eine ausdrückliche oder vermutete Ersatznacherbenberufung nicht vor und fällt der Nacherbe vor dem Erbfall weg, wird der Vorerbe entsprechend § 2142 Abs. 2 BGB zum Vollerben. Beim Wegfall lediglich eines von mehreren Mitnacherben geht allerdings das **Anwachsungsrecht** der übrigen Mitnacherben gemäß § 2094 BGB dem Anrecht des Vorerben auf die Vollerbschaft vor.[126]

Der Ersatznacherbe hat mit Eintritt des Erbfalls eine grundsätzlich vererbliche und übertragbare **Anwartschaft**.[127] Rechte hinsichtlich des Nachlasses, insbesondere Kontroll- und Sicherungsrechte gegenüber dem Vorerben, hat er jedoch nicht,[128] da auch dem gewöhnlichen Ersatzerben vor dem Ersatzerbfall keine Rechte am Nachlass zustehen. Der Ersatznacherbe braucht in den Fällen der §§ 2113, 2114 BGB den Verfügungen des Vorerben auch nicht zuzustimmen, damit diese Geschäfte im Ersatzerbfall ihm gegenüber wirksam sind.[129] Im **Erbschein** ist der Ersatznacherbe gleichwohl anzugeben, da der Erbschein von Anfang an spätere Änderungen berücksichtigen muss.[130] Des Weiteren ist ein **Ersatznacherbenvermerk** in das Grundbuch einzutragen,[131] weil der Nacherbe jederzeit wegfallen kann und der Ersatznacherbe dann gegen die Gefahr eines gutgläubigen Erwerbs gesichert sein muss. Ein Verzicht des Nacherben auf die Eintragung des Nacherbenvermerkes ist nur mit Zustimmung vorhandener Ersatznacherben möglich.[132] Das Gleiche gilt für die Löschung des Nacherbenvermerkes im Grundbuch,[133] sofern die Löschung nicht wegen Unrichtigkeitsnachweises gemäß § 22 GBO erfolgt.

cc) Ersatzerbenbestimmung und Vererblichkeit des Nacherbenanwartschaftsrechts[134]. Mit dem Erbfall erwirbt der Nacherbe ein Anwartschaftsrecht, das gemäß § 2108 Abs. 2 S. 1 BGB **im Zweifel vererblich** ist (näher hierzu u. Rdnr. 98 ff.). Wenn der Nacherbe zwischen dem Erb- und dem Nacherbfall stirbt, stellt sich daher die Frage, ob die Anwartschaft des Nacherben auf dessen Erben übergeht oder ob es zu einer Ersatznacherbfolge kommt. Hat der Erblasser ausdrücklich Ersatznacherben bestellt (§ 2096 BGB), ist außerdem zu klären, ob die ausdrücklich eingesetzten Ersatznacherben den vermuteten Ersatznacherben gemäß § 2069 BGB vorgehen.

Bis zur Entscheidung des BayObLG vom 30.9.1993[135] war es nicht umstritten, dass jedenfalls eine **ausdrückliche Ersatznacherbenbestimmung** nach § 2096 BGB im Zweifel, d. h. wenn ein anderweitiger Wille des Erblassers nicht feststellbar ist, die Vererblichkeit der Nacherbenanwartschaft ausgeschlossen hat,[136] da andernfalls der Tod des Nacherben kein Ersatzfall wäre. Umstritten war nur, ob auch die vermutete Ersatzerbenberufung der Abkömmlinge gemäß § 2069 BGB zum Ausschluss der Vererblichkeit der Nacherbenanwartschaft führt,[137] und ob das kraft Gesetzes vermutete Ersatzerbrecht im Zweifel sogar dem Recht der ausdrücklich

---

[126] Palandt/*Edenhofer* § 2142 Rdnr. 3.
[127] Vgl. MünchKommBGB/*Grunsky* § 2102 Rdnr. 9 m.w.N.
[128] RG Beschl. v. 8.11.1934 – RGZ 145, 316, 321; BGH Urt. v. 25.9.1963 – BGHZ 40, 115 = NJW 1963, 2320; BayObLG Beschl. v. 22.10.1960 – BayObLGZ 1960, 407, 410.
[129] RG Beschl. v. 8.11.1934 – RGZ 145, 316, 321; BGH Urt. v. 25.9.1963 – BGHZ 40, 115 = NJW 1963, 2320; BayObLG Beschl. v. 22.10.1960 – BayObLGZ 1960, 407, 410.
[130] RG Beschl. v. 2.11.1933 – RGZ 142, 171, 173.
[131] OLG Hamm Beschl. v. 26.5.1965 – DNotZ 1966, 108; zum Nacherbenvermerk s.u. Rdnr. 54.
[132] OLG Köln Beschl. v. 15.1.1955 – NJW 1955, 633.
[133] OLG Hamm Beschl. v. 6.5.1955 – DNotZ 1955, 538.
[134] S. dazu auch u. Rdnr. 100.
[135] Beschl. v. 30.9.1993 – NJW-RR 1994, 460 = ZEV 1995, 25.
[136] Vgl. OLG Braunschweig Beschl. v. 11.11.1993 – FamRZ 1995, 443, 444; Staudinger/*Avenarius* § 2108 Rdnr. 14; *Musielak* ZEV 1995, 5, 6 m.w.N.
[137] Näher zum Streitstand *Nieder* Rdnr. 642.

berufenen Ersatzerben vorgeht.[138] Das BayObLG vertritt nun in der vorgenannten – heftig umstrittenen,[139] aber für die Kautelarpraxis dennoch richtungsweisenden – Entscheidung[140] die Auffassung, dass sich generelle Regeln weder für die Konkurrenz zwischen den §§ 2108 Abs. 2 S. 1 BGB und §§ 2069, 2096 BGB noch für das Verhältnis zwischen §§ 2096 BGB und 2069 BGB aufstellen lassen; maßgebend sei allein **der durch individuelle Auslegung zu ermittelnde Erblasserwille.** Selbst die ausdrückliche Ersatznacherbenberufung begründet demnach keine Vermutung für den Ausschluss der Vererblichkeit der Nacherbenanwartschaft.

Für die Kautelarpraxis bedeutet diese Rechtsprechung, dass bei der Gestaltung letztwilliger Verfügungen auf klare Regelungen über die Vererblichkeit der Nacherbenanwartschaft geachtet werden muss. Bei der Anordnung einer Ersatzerbschaft ist dementsprechend auch klarzustellen, ob sie uneingeschränkt gelten soll oder ob in bestimmten Fällen eine andere Lösung vorgezogen wird.[141] Will der Erblasser die Ersatzerbfolge auch beim Tod des Nacherben eintreten lassen, muss er die Vererblichkeit ausdrücklich ausschließen.

> **Formulierungsvorschlag für den Ausschluss der Vererblichkeit bei Ersatzerbenbestimmung für den Nacherben:**
> Zu meinem Erben setze ich ... ein. Der Erbe ist jedoch nur Vorerbe. Zum Nacherben bestimme ich ... Der Nacherbfall tritt mit dem Tod des Vorerben ein... . Für den Fall, dass der Nacherbe vor oder nach dem Erbfall wegfällt, gleich aus welchem Grund, bestimme ich entgegen jeder anders lautenden gesetzlichen oder richterlichen Auslegungs- oder Vermutungsregel ... zum alleinigen und ausschließlichen Ersatznacherben. Die Ersatzerbenbestimmung schließt die Vererbung der Nacherbenanwartschaft aus.

Langenfeld[142] weist darauf hin, dass ergänzend folgender Belehrungsvermerk in die notarielle Urkunde aufgenommen werden kann:

> Ersatznacherben-Belehrung:
> Mit dem Erschienenen wurde die Auslegungsregel des § 2069 BGB und die Vererbungsregel des § 2108 Abs. 2 S. 1 BGB erörtert. Der Erschienene erklärt hierzu, dass er es nicht wünscht, dass an die Stelle eines Nacherben dessen Abkömmlinge treten, ebenso nicht, dass an die Stelle eines Nacherben dessen testamentarische oder gesetzliche Erben treten.

44 f) „Gegenständliche" Vor- und Nacherbfolge. Die Vor- und Nacherbschaft kann sich **nur auf den gesamten Nachlass** oder einen Bruchteil hiervon beziehen (s. § 2087 BGB). Eine auf einzelne Gegenstände oder Vermögenswerte, wie ein Grundstück oder ein Unternehmen, bezogene Anordnung der Vor- und Nacherbschaft ist unzulässig.[143] Im Ergebnis lässt sich eine auf einzelne Gegenstände beschränkte Vor- und Nacherbfolge jedoch dadurch erreichen, dass dem Vorerben die übrigen Nachlassgegenstände als **Vorausvermächtnis** (§ 2150 BGB) zugewendet werden. Gemäß § 2110 Abs. 2 BGB erstreckt sich das Recht des Nacherben im Zweifel nicht auf ein dem Vorerben zugewendetes Vorausvermächtnis. Beim alleinigen Vorerben werden die ihm vermachten Gegenstände ohne weiteres bereits mit dem Erbfall Bestandteil seines freien Vermögens,[144] über das er nach Belieben, also auch unentgeltlich, verfügen kann. Das Vermächtnis wirkt insoweit ausnahmsweise **dinglich**. Bei mehreren Vorerben bleibt es bei

---

[138] Vgl. nur Staudinger/*Otte* § 2096 Rdnr. 3.
[139] Staudinger/*Avenarius* § 2108 Rdnr. 17 und *Nieder* Rdnr. 642 weisen insb. zutreffend auf die mit dieser Rspr. verbundene Gefahr einer Erosion der gesetzlichen Auslegungsregeln hin.
[140] Beschl. v. 30.9.1993 – NJW-RR 1994, 460 = ZEV 1995, 25.
[141] *Musielak* ZEV 1995, 5, 8.
[142] Testamentsgestaltung Rdnr. 133.
[143] *Rossak* ZEV 2005, 14; *Otte* NJW 1987, 3164; Soergel/*Harder-Wegmann* Vor § 2100 Rdnr. 7; Staudinger/*Avenarius* § 2100 Rdnr. 8; MünchKommBGB/*Grunsky* 2100 Rdnr. 16; a.A. *Schrader* NJW 1987, 117.
[144] BGH Urt. v. 29.6.1960 – BGHZ 32, 60 = NJW 1960, 959.

§ 17 Vor- und Nacherbschaft

der schuldrechtlichen Vermächtniswirkung.[145] Da es sich bei § 2110 Abs. 2 BGB nur um eine Auslegungsregel handelt („im Zweifel"), sollte ausdrücklich angeordnet werden, dass das Vermächtnis nicht der Nacherbfolge unterliegt.[146]

> **Formulierungsvorschlag für die Anordnung einer „gegenständlichen" Vor- und Nacherbfolge nur in Grundbesitz**[147]**:**
> Der Vorerbe erhält im Wege des nicht der Nacherbfolge unterliegenden Vorausvermächtnisses meinen gesamten Nachlass mit Ausnahme sämtlicher Grundstücke und grundstücksgleicher Rechte.

Das Vorausvermächtnis kann auch **bedingt** für den Fall angeordnet werden, dass der Vorerbe in bestimmter Weise über bestimmte Nachlassgegenstände verfügt.

> **Formulierungsvorschlag für die Anordnung einer Vor- und Nacherbfolge mit einem bedingten Vorausvermächtnis**[148]**:**
> Der Vorerbe ist berechtigt, vor Eintritt des Nacherbfalls den zur Vorerbschaft gehörenden Grundbesitz an einen oder mehrere unserer gemeinschaftlichen Abkömmlinge zu übertragen. Macht der Vorerbe von dieser Befugnis Gebrauch, so ist ihm dadurch aufschiebend bedingt der überlassene Grundbesitz durch nicht der Vor- und Nacherbschaft unterliegendes Vorausvermächtnis zugewendet.

Durch das bedingte Vorausvermächtnis kann es dem Vorerben auch ermöglicht werden, eine wertverschiebende Verteilung des Nachlasses unter mehreren Nacherben durch **eigene letztwillige Verfügung** vorzunehmen.

> **Formulierungsvorschlag für die Anordnung einer Vor- und Nacherbfolge mit einem durch eigenes Vermächtnis des Vorerben bedingten Vorausvermächtnis**[149]**:**
> Der Vorerbe ist berechtigt, vor Eintritt des Nacherbfalls den zur Vorerbschaft gehörenden Grundbesitz an einen oder mehrere unserer gemeinschaftlichen Abkömmlinge durch Vermächtnis zuzuwenden. Macht der Vorerbe von dieser Befugnis Gebrauch, so ist ihm dadurch aufschiebend bedingt dieser Grundbesitz durch nicht der Vor- und Nacherbschaft unterliegendes Vorausvermächtnis auf den Vortag seines Todes zugewendet.

III. Die zeitlichen Grenzen der Vor- und Nacherbschaft

1. Grundsatz

Um die Bindung des Nachlasses über lange Zeit hinaus zu verhindern, bestimmt § 2109 Abs. 1 S. 1 BGB, dass die Einsetzung eines Nacherben **mit dem Ablauf von 30 Jahren unwirksam** wird. Die Erbschaft verbleibt dann endgültig dem Vorerben.[150] Bei Einsetzung mehrerer Nacherben nacheinander verbleibt die Erbschaft dem, der bei Fristablauf Vorerbe ist.[151]

---

[145] *Nieder* Rdnr. 617; *Lange/Kuchinke* § 28 II 6. Fn. 59.
[146] *J. Mayer* ZEV 2000, 1, 5.
[147] Vgl. *J. Mayer* ZEV 2000, 1, 5; *Langenfeld* Testamentsgestaltung Rdnr. 221.
[148] Vgl. *J. Mayer* ZEV 2000, 1, 5; *Langenfeld* Testamentsgestaltung Rdnr. 222.
[149] Vgl. *J. Mayer* ZEV 2000, 1, 5; *Langenfeld* Testamentsgestaltung Rdnr. 222.
[150] Vgl. MünchKommBGB/*Grunsky* § 2109 Rdnr. 2.
[151] MünchKommBGB/*Grunsky* § 2109 Rdnr. 2.

2. Ausnahmen

46 Von dieser 30-jährigen Höchstfrist macht § 2109 Abs. 1 S. 2 BGB zwei Ausnahmen, die die Regel praktisch weitgehend zurückdrängen. Die Höchstfrist gilt nicht:
- Wenn Vorerbe und Nacherbe natürliche Personen sind und die Nacherbfolge für den Fall angeordnet ist, dass in der Person des Vorerben oder des Nacherben ein **bestimmtes Ereignis** eintritt und derjenige, in dessen Person das Ereignis eintreten soll, zurzeit des Erbfalls lebt (§ 2109 Abs. 1 S. 1 Nr. 1, Abs. 2 BGB). Wichtigster Fall ist der Tod des Vorerben als Nacherbfall. Die Nacherbeinsetzung bleibt demgemäß auch dann wirksam, wenn der Vorerbe den Erblasser um mehr als 30 Jahre überlebt.[152] Gleiches gilt, wenn der Eintritt der Nacherbfolge an die Wiederverheiratung des Vorerben, den Abschluss einer Ausbildung, das Erreichen eines bestimmten Alters o. ä. geknüpft ist, und der Vorerbe 30 Jahre nach dem Erbfall noch lebt.
Streitig ist, ob sich das Ereignis auf die Person des Vorerben oder Nacherben **wirtschaftlich oder rechtlich beziehen** muss, wie Geburt, Heirat, Ausbildung, Tod, oder nur von ihm miterlebt werden muss, wie Vorgänge des Weltgeschehens, z.B. die Wiedervereinigung.[153] Praktische Bedeutung wird dieser Streit indessen nur selten haben.
- Wenn dem Vorerben oder einem Nacherben für den Fall, dass ihm ein Bruder oder eine Schwester geboren wird, der **Bruder oder die Schwester als Nacherbe bestimmt ist** (§ 2109 Abs. 1 S. 2 Nr. 2 BGB). Die zeitliche Grenze für die Wirksamkeit der Nacherbeinsetzung wird dann durch die Lebensdauer des Vaters bzw. der Mutter des Geschwisters gezogen. Nachgeborene Geschwister im Sinne dieser Vorschrift sind auch Halbgeschwister und die nach früherem Recht Legitimierten (§§ 1719, 1736 BGB), nicht jedoch Adoptivkinder.[154]

IV. Die Rechtstellung des Vorerben

1. Allgemeines

47 Der Vorerbe ist bis zum Eintritt des Nacherbfalls **echter Erbe** des Erblassers. Auf ihn gehen das Vermögen des Erblassers (§ 1922 BGB), dessen Besitz (§ 857 BGB) sowie dessen Verbindlichkeiten (§ 1967 BGB) über. Da die Rechtstellung des Vorerben auflösend befristet oder bedingt ist, er also nur Erbe „auf Zeit" ist, bleibt der Nachlass aber im Ergebnis ein **Sondervermögen** in der Hand des Vorerben, das zwar denselben Rechtsträger wie das Eigenvermögen des Vorerben hat, im Interesse der Nachlassgläubiger und des Nacherben jedoch seinem eigenen rechtlichen Schicksal unterworfen ist.[155] Zum Schutz des Nacherben sichert das Gesetz die Erhaltung des Nachlasses durch das Surrogationsprinzip. Es sieht darüber hinaus Verfügungsbeschränkungen und Verwaltungspflichten des Vorerben sowie schuldrechtliche Kontroll-, Sicherungs- und Mitverwaltungsrechte des Nacherben vor. Von den meisten dieser Beschränkungen, nicht aber allen kann der Erblasser den Vorerben befreien. Die Stellung des Vorerben kann hierdurch sehr unterschiedlich ausgestaltet werden.

2. Surrogation

48 Damit die Erbschaft dem Nacherben möglichst ungeschmälert und gesondert erhalten bleibt, gehören zur Erbschaft nach § 2111 Abs. 1 S. 1 BGB nicht nur die vom Erblasser hinterlassenen Gegenstände, sondern auch deren **Surrogate**, d. h. das, was der Vorerbe auf Grund eines zur Erbschaft gehörenden Rechtes oder als Ersatz für die Zerstörung, Beschädigung oder Entziehung eines Erbschaftsgegenstandes oder durch Rechtsgeschäft mit Mitteln der Erbschaft erwirbt, sofern ihm nicht der Erwerb als Nutzung gebührt. Weiterhin gehört nach § 2111 Abs. 2 BGB zur Erbschaft, was der Vorerbe dem Inventar eines erbschaftlichen Grundstücks einverleibt.

---

[152] KG Beschl. v. 22.3.1976 – Rpfleger 1976, 249.
[153] Näher zum Meinungsstreit MünchKommBGB/*Grunsky* § 2109 Rdnr. 4.
[154] *Soergel/Harder-Wegmann* § 2109 Rdnr. 4; Palandt/*Edenhofer* § 2109 Rdnr. 5; a. A. MünchKommBGB/ *Grunsky* § 2109 Rdnr. 5; Erman/*Schmidt* § 2109 Rdnr. 2.
[155] *Lange/Kuchinke* § 28 III 1.

Die Surrogation bewirkt, dass der neue Vermögensgegenstand **automatisch** in den Nachlass fällt.[156] Beim rechtsgeschäftlichen Erwerb mit Mitteln der Erbschaft, dem wichtigsten Fall der Surrogation nach § 2111 BGB, kommt es insoweit nicht darauf an, ob der Vorerbe für sich oder mit Wirkung für den Nachlass handeln wollte und wie er nach außen aufgetreten ist.[157] Der Surrogation steht auch nicht entgegen, dass der Vorerbe die Erbschaftsmittel auf einem Umweg einsetzt; löst der Vorerbe beispielsweise aus dem Verkaufserlös eines zum Nachlass gehörenden Grundstücks einen Kredit ab, den er zum Erwerb eines anderen Grundstücks verwendet hatte, so fällt dieses in die Erbschaft, auch wenn der Kaufvertrag über das neue Grundstück schon vor der Veräußerung abgeschlossen worden ist.[158]

Gegenstand der Surrogation kann u. U. auch eine **nichtübertragbare Rechtsposition** sein.[159] So gehört ein mit Mitteln der Erbschaft erworbener Kommanditanteil einschließlich der damit verbundenen Gewinnbezugsrechte selbst dann zum Nachlass, wenn sich die übrigen Gesellschafter nach dem Nacherbfall auf den Eintritt des Nacherben nicht einlassen müssen.[160] Die Surrogation erfasst dann zumindest die vermögensrechtlichen Vorteile, wie den Anspruch auf das Auseinandersetzungsguthaben, Gewinnansprüche oder Entnahmerechte.[161]

3. Verpflichtungs- und Verfügungsfreiheit

Der Vorerbe kann sich für seine Person **frei verpflichten,** auch zur Leistung von Nachlassgegenständen. Zu einer Haftung des Nacherben können solche Verpflichtungsgeschäfte aber nur führen, wenn sie vom Standpunkt eines sorgfältigen Dritten in ordnungsgemäßer Verwaltung des Nachlasses eingegangen werden, denn dann handelt es sich um Nachlassverbindlichkeiten i. S. d. § 1967 BGB, deren Schuldner der Nacherbe beim Nacherbfall wird (§ 2144 BGB).[162]

Da der Vorerbe wahrer Erbe und damit tatsächlicher Inhaber des Nachlasses ist, kann er grundsätzlich – mit der Folge des § 2111 BGB – auch über die Nachlassgegenstände **verfügen.** Seine Verfügungsbefugnis ist gemäß § 2112 BGB nur nach Maßgabe der §§ 2113 bis 2115 BGB beschränkt. Der Vorerbe kann auch über die Erbschaft insgesamt oder seinen Miterbenanteil daran verfügen. Während jedoch eine Verfügung über die gesamte Erbschaft nach dem Spezialitätsgrundsatz nur durch Übertragung der einzelnen Vermögensgegenstände erfolgen kann, so dass der Erlös an die Stelle der einzelnen Nachlassgegenstände tritt,[163] ist bei der Veräußerung eines Miterbenanteils gemäß § 2033 Abs. 1 BGB für eine Surrogation kein Raum, da das durch das Nacherbenrecht gebundene Gesamthandsrecht in der Hand des Erwerbers bestehen bleibt und dieser die Stelle des Veräußerers in der Gesamthandsgemeinschaft einnimmt.[164]

4. Verfügungsbeschränkungen

Die §§ 2113 bis 2115 BGB schränken die Verfügungsbefugnis des Vorerben im Interesse des Nacherben dahin gehend ein, dass Verfügungen über Grundstücke und Grundstücksrechte, unentgeltliche Verfügungen und Zwangsverfügungen gegen den Vorerben dem Nacherben gegenüber unwirksam sind, soweit sie das Recht des Nacherben vereiteln oder beeinträchtigen würden. Diese Ausnahmen von dem Grundsatz des § 2112 BGB sind abschließend; eine Ausdehnung auf andere Fälle ist auch dann unzulässig, wenn das Nacherbenrecht dadurch wirtschaftlich stärker als in einem der Fälle der §§ 2113 ff. BGB betroffen wird.[165]

a) Verfügungen über Grundstücke und Grundstücksrechte. Verfügungen über Grundstücke und Grundstücksrechte sind nach § 2113 Abs. 1 BGB von der Verfügungsfreiheit des Vorerben ausgenommen, soweit sie das Nacherbenrecht vereiteln oder beeinträchtigen würden. Der Be-

---

[156] MünchKommBGB/*Grunsky* § 2111 Rdnr. 5.
[157] *Brox* Rdnr. 6003.
[158] BGH Urt. v. 31.1.1990 – BGHZ 110, 176, 178; *Lange/Kuchinke* § 28 IV 1.
[159] Palandt/*Edenhofer* § 2111 Rdnr. 5.
[160] BGH Urt. v. 21.11.1989 – BGHZ 109, 214 = NJW 1990, 515; krit. hierzu *Martinek* ZGR 1991, 74, 83 ff., der danach diff., ob es sich um eine kapitalistisch oder personalistisch strukturierte KG handelt.
[161] BGH Urt. v. 21.11.1989 – BGHZ 109, 214 = NJW 1990, 515.
[162] BGH Urt. v. 29.6.1960 – BGHZ 32, 60 = NJW 1960, 959; BGH Urt. v. 24.1.1973 – MDR 1973, 749; *Brox* Rdnr. 366.
[163] Staudinger/*Avenarius* § 2111 Rdnr. 29; a.A. MünchKommBGB/*Grunsky* § 2100 Rdnr. 18, der annimmt, dass sich das Recht des Nacherben nach wie vor auf den Nachlass und nicht das Surrogat beziehet.
[164] Staudinger/*Avenarius* § 2111 Rdnr. 29.
[165] Staudinger/*Avenarius* § 2113 Rdnr. 2; MünchKommBGB/*Grunsky* § 2113 Rdnr. 1.

griff der Verfügung ist rechtstechnisch (§ 185 BGB) zu verstehen, bedeutet also jede **dingliche Übertragung, Belastung, Inhaltsänderung und Aufgabe** von Grundstücken oder Grundstücksrechten;[166] die zugrunde liegenden Verpflichtungsgeschäfte werden nicht von § 2113 Abs. 1 BGB erfasst.

52 Kontrovers diskutiert wird die Frage, ob § 2113 Abs. 1 BGB anwendbar ist, wenn zum Nachlass **Gesamthandsanteile** gehören und Grundstücke Bestandteil des Gesamthandsvermögens sind. Da Gegenstand der Nacherbfolge der Gesamthandsanteil und nicht das zum Gesamthandsvermögen gehörende Grundstück ist, lehnt die h. M.[167] eine Anwendbarkeit des § 2113 Abs. 1 BGB auf **Verfügungen, die von der Gesamthand über das Grundstück getroffen werden,** ab. Andernfalls wären nämlich auch die übrigen, nicht nacherbschaftsbelasteten Gesamthänder auf eine Zustimmung des Nacherben angewiesen.[168] Eine derart weitgehende Blockierung ist nicht Sinn des § 2113 BGB.[169] Dies gilt auch, wenn der Vorerbe neben dem Erblasser einziger Mitgesamthänder war, denn er braucht seinen eigenen Anteil nicht de facto dem Willen des Nacherben zu unterwerfen.[170] Im Grundbuch ist deshalb kein Nacherbenvermerk aufzunehmen.[171]

Sofern nicht über das im Eigentum der Gesamthand stehende Grundstück, sondern über den **Gesamthandsanteil** (z.B. KG-Anteil, OHG-Anteil) verfügt wird, ist § 2113 Abs. 1 BGB ebenfalls nicht anwendbar, auch wenn das Gesamthandsvermögen im Wesentlichen aus Grundstücken besteht.[172] Das Gleiche gilt für Verfügungen über **Anteile an Kapitalgesellschaften**, selbst wenn über sämtliche Anteile verfügt wird.[173]

53 Ob eine Verfügung das Nacherbenrecht **beeinträchtigt**, ist nach rechtlichen und nicht nach wirtschaftlichen Gesichtspunkten zu bestimmen.[174] Grundsätzlich ist jede Grundstücksverfügung geeignet, das Nacherbenrecht zu beeinträchtigen. Es ist daher unerheblich, ob für die Grundstücksverfügung ein angemessener Gegenwert in den Nachlass gelangt. An einer Beeinträchtigung fehlt es allerdings nach wohl h. M.,[175] wenn der Vorerbe in Erfüllung einer vom Erblasser bereits eingegangenen Nachlassverbindlichkeit verfügt, ein Vermächtnis erfüllt oder eine Teilungsanordnung befolgt. Die Gegenmeinung[176] hält demgegenüber auch solche Verfügungen für unwirksam, nimmt jedoch eine Zustimmungspflicht des Nacherben gemäß § 2120 BGB an.

54 Eine Verfügung des Vorerben ist auch wirksam, wenn ihr der Nacherbe zustimmt,[177] d. h. in die Verfügung einwilligt (§ 183 BGB) oder sie genehmigt (§ 184 Abs. 1 BGB). § 185 Abs. 2 BGB gilt entsprechend.[178] Erforderlich ist dabei auch die Zustimmung des bedingt eingesetzten Nacherben sowie des weiteren Nacherben, nicht aber die des Ersatznacherben.[179]

55 Die Verfügungsbeschränkung des Vorerben schließt gemäß § 2113 Abs. 3 BGB einen **gutgläubigen Erwerb** (§ 892 Abs. 1 S. 3 BGB) nicht aus. Zum Schutz des Nacherben vor gutgläubigem Erwerb hat das Grundbuchamt daher gemäß § 51 GBO bei der Grundbuchberichtigung auf den Tod des Erblassers auch das Recht des Nacherben einschließlich des weiteren Nacherben und des Ersatznacherben sowie eine etwaige Befreiung des Vorerben nach § 2136 BGB in das Grundbuch einzutragen (**Nacherbenvermerk**). Eine Grundbuchsperre bewirkt die Eintragung zwar nicht, d. h. eine Verfügung des Vorerben ist unabhängig davon einzutragen,

---

[166] Vgl. Soergel/*Harder-Wegmann* § 2113 Rdnr. 2.
[167] BGH Beschl. v. 10.3.1976 – NJW 1976, 893; Staudinger/*Avenarius* § 2113 Rdnr. 10 ff.; Soergel/*Harder-Wegmann* § 2113 Rdnr. 3; MünchKommBGB/*Grunsky* § 2113 Rdnr. 3; Palandt/*Edenhofer* § 2113 Rdnr. 3.
[168] BGH Beschl. v. 10.3.1976 – NJW 1976, 893.
[169] MünchKommBGB/*Grunsky* § 2113 Rdnr. 3; Soergel/*Harder-Wegmann* § 2113 Rdnr. 3.
[170] MünchKommBGB/*Grunsky* § 2113 Rdnr. 3.
[171] OLG Köln Beschl. v. 22.10.1986 – NJW-RR 1987, 267; BayObLG Beschl. v. 25.10.1995 – ZEV 1996, 64.
[172] BGH Beschl. v. 10.3.1976 – NJW 1976, 893; Soergel/*Harder-Wegmann* § 2113 Rdnr. 3; MünchKommBGB/*Grunsky* § 2113 Rdnr. 5; Palandt/*Edenhofer* § 2113 Rdnr. 1.
[173] MünchKommBGB/*Grunsky* § 2113 Rdnr. 6.
[174] Soergel/*Harder-Wegmann* § 2113 Rdnr. 9 m.w.N.
[175] Vgl. nur Staudinger/*Avenarius* § 2113 Rdnr. 53 m.w.N.
[176] *Brox* Rdnr. 362; *Lange/Kuchinke* § 28 IV 4 b Fn. 82; MünchKommBGB/*Grunsky* § 2113 Rdnr. 13; *Ebenroth* Rdnr. 564; *v. Lübtow* S. 893.
[177] S. etwa BGH Urt. v. 25.9.1963 – BGHZ 40, 115 = NJW 1963, 2320.
[178] *Brox* Rdnr. 362.
[179] BGH Urt. v. 25.9.1963 – BGHZ 40, 115 = NJW 1963, 2320.

ob sie dem Nacherben gegenüber wirksam ist, der Nacherbenvermerk zerstört aber den guten Glauben des Erwerbers an die Verfügungsbefugnis des Vorerben. Der Nacherbenvermerk ist auch an **Surrogatgrundstücken** einzutragen. Gelöscht werden kann der Nacherbenvermerk nur mit Zustimmung des Nacherben einschließlich der des Ersatznacherben in der Form des § 29 GBO oder auf Grund Unrichtigkeitsnachweis gemäß § 22 Abs. 1 GBO.[180] Durch die Löschung verliert der Nacherbe nicht seine Nacherbenstellung, sondern lediglich den Schutz gegen gutgläubigen Erwerb.[181]

Hinsichtlich der Rechtsfolge einer § 2113 Abs. 1 BGB unterfallenden Verfügung ist zwischen der Zeit **vor und nach dem Nacherbfall** zu unterscheiden. Bis zum Eintritt des Nacherbfalls ist die Verfügung wirksam. Der Vorerbe kann daher z.B. wirksam einen auf die Dauer der Vorerbschaft beschränkten Nießbrauch am Nachlass bestellen.[182] Erst **mit Eintritt des Nacherbfalls** wird die Verfügung unwirksam. Die Unwirksamkeit wirkt gegenüber jedermann, ist mithin keine relative, sondern – wie bei § 161 Abs. 1 und 2 BGB – eine absolute.[183] Jedermann kann sich daher auf die Unwirksamkeit berufen.

b) Unentgeltliche Verfügungen. Nach § 2113 Abs. 2 BGB ist die Verfügungsmacht des Vorerben auch bei **unentgeltlichen Verfügungen** und bei Verfügungen zur Erfüllung eines von ihm erteilten **Schenkungsversprechens** beschränkt, sofern diese das Nacherbenrecht beeinträchtigen und es sich nicht lediglich um Pflicht- oder Anstandsschenkungen handelt. Von § 2113 Abs. 2 BGB werden im Erhaltungsinteresse des Nacherben, anders als bei § 2113 Abs. 1 BGB, auch Verfügungen über bewegliche Gegenstände, Forderungen und sonstige Rechte erfasst, da bei unentgeltlichen Verfügen kein Surrogat (§ 2111 BGB) in den Nachlass fällt und der Nachlass infolgedessen wertmäßig geschmälert wird.[184]

Unentgeltlich ist eine Verfügung nach st. Rspr.[185] dann, wenn ihr **objektiv** kein vollwertiges Entgelt gegenübersteht und **subjektiv** der Vorerbe dies entweder erkannt hat oder es bei ordnungsgemäßer Verwaltung des Nachlasses hätte erkennen müssen. Maßgebend ist, ob der Vorerbe als ordentlicher Verwalter unter Berücksichtigung der Umstände des Einzelfalls und im Hinblick auf seine künftige Herausgabepflicht (§ 2130 BGB) gegenüber dem Nacherben verfügen durfte.[186]

Die Entgeltlichkeit einer Verfügung setzt grundsätzlich voraus, dass das Entgelt **in den Nachlass** fließt.[187] Bei befreiter Vorerbschaft kann die Gegenleistung aber auch dem Vorerben zugute kommen, soweit dieser seinen Lebensunterhalt dadurch in wirtschaftlich gerechtfertigter Verwaltung bestreiten will, wie z.B. bei der Veräußerung eines Grundstücks gegen eine an den Vorerben zu zahlende gleichwertige Leibrente.[188]

Die **Rechtsfolge** einer das Nacherbenrecht beeinträchtigenden unentgeltlichen Verfügung ist deren Unwirksamkeit. Hierzu gilt grundsätzlich das oben in Rdnr. 52 zu § 2113 Abs. 1 BGB Gesagte. Abweichend davon ist die Beeinträchtigung bei § 2113 Abs. 2 BGB jedoch **wirtschaftlich** zu beurteilen, da es hier nur auf die wertmäßige Sicherung des Nachlasses ankommt;[189] der Nacherbe hat keinen Anspruch darauf, dass gewisse Gegenstände im Nachlass verbleiben. Deshalb ist z.B. ein Verzicht des Vorerben auf eine wertlose Sache, die nur Kosten verursacht, wirksam.[190]

Ist die Verfügung nur teilweise unentgeltlich, ist sie dennoch **in vollem Umfang** unwirksam.[191] Der Nacherbe hat daher nicht lediglich einen Anspruch auf die Wertdifferenz; auch

---

[180] Näher hierzu *Nieder* Rdnr. 663.
[181] Soergel/*Harder-Wegmann* Vor § 2100 Rdnr. 19; MünchKommBGB/*Grunsky* § 2113 Rdnr. 18.
[182] *Lange/Kuchinke* § 28 IV 4 b.
[183] Vgl. nur Soergel/*Harder-Wegmann* § 2113 Rdnr. 16.
[184] Zur bes. Bedeutung des § 2113 Abs. 2 im Unternehmensbereich s. u. Rdnr. 136.
[185] Vgl. BGH Urt. v. 15.2.1952 – BGHZ 5, 173, 182 = NJW 1952, 698; BGH Urt. v. 2.10.1952 – BGHZ 7, 274, 278 f. = NJW 1953, 219; BGH Urt. v. 15.5.1963 – NJW 1963, 1613; BGH Urt. v. 26.10.1983 – NJW 1984, 362, 364; BGH Urt. v. 23.11.1983 – BGHZ 366, 376; BGH Urt. v. 24.10.1990 – NJW 1991, 842.
[186] *Brox* Rdnr. 363.
[187] Vgl. BGH Urt. v. 2.10.1952 – BGHZ 7, 274, 277 = NJW 1953, 219.
[188] BGH Urt. v. 25.5.1977 – BGHZ 69, 47, 51 = NJW 1977, 1540; Palandt/*Edenhofer* § 2113 Rdnr. 10.
[189] BGH Urt. v. 2.10.1952 – BGHZ 7, 274, 277 = NJW 1953, 219.
[190] BGH Urt. v. 12.3.1999 – NJW 1999, 2037.
[191] Vgl. nur Soergel/*Harder-Wegmann* § 2113 Rdnr. 22 m.w.N.

kann der Erwerber die Unwirksamkeit nicht durch Zahlung der Wertdifferenz abwenden.[192] Die vom Erwerber erbrachte Gegenleistung ist allerdings bei der durch § 2113 Abs. 2 BGB gebotenen Rückabwicklung zu berücksichtigen; der Erwerber braucht den Herausgabeanspruch des Nacherben nur Zug um Zug gegen Rückerstattung der Gegenleistung zu erfüllen.[193]

59 Eine Befreiung von § 2113 Abs. 2 BGB ist nicht möglich (§ 2136 BGB). Dies kann zu Problemen bei Grundstücksverfügungen des **befreiten** Vorerben führen. Über Grundstücke und Grundstücksrechte kann auch der befreite Vorerbe nur entgeltlich verfügen. Das Grundbuchamt müsste daher, wenn ein Nacherbenvermerk eingetragen ist, grundsätzlich bei jeder Eintragung den Nachweis der vollen Entgeltlichkeit in der Form des § 29 Abs. 1 S. 2 GBO verlangen. Dieser Nachweis wird selten zu erbringen sein. In der Praxis lässt man es daher genügen, dass die Entgeltlichkeit sich aus den zugrunde liegenden Urkunden ergibt oder wenn die Unentgeltlichkeit durch die Natur der Sache oder auf Grund der Sachlage ausgeschlossen ist.[194]

Mittelbar lässt sich eine Befreiung von § 2113 Abs. 2 BGB im Übrigen durch ein bedingtes Vorausvermächtnis oder ein Genehmigungsvermächtnis erzielen.[195]

60 c) **Verfügungen über Hypothekenforderungen, Grund- und Rentenschulden.** Die Kündigung und Einziehung von nachlasszugehörigen Hypothekenforderungen, Grund- und Rentenschulden steht gemäß § 2114 S. 1 BGB in Abweichung von § 2113 Abs. 1 BGB dem Vorerben zu. Der Vorerbe kann jedoch nur dann Zahlung an sich fordern, wenn er die Einwilligung des Nacherben beibringt. Sonst kann er nur die **Hinterlegung für sich und den Nacherben** fordern, § 2114 S. 2 BGB. Der hinterlegte Betrag wird Surrogat der Erbschaft (§ 2111 BGB). Von der Beschränkung des § 2114 S. 2 BGB kann der Erblasser den Vorerben befreien (§ 2136 BGB).

Für **andere** als die in § 2114 S. 1 genannten **Verfügungen** bleibt es bei der Anwendung des § 2113 Abs. 1 BGB. Für Abtretungen, Verpfändungen, die Umwandlung einer Hypothek in eine Grundschuld oder umgekehrt, die Erteilung von Löschungsbewilligungen oder die vom Vorerben erklärte Aufrechnung ist daher die Einwilligung des Nacherben erforderlich.[196]

61 d) **Zwangsvollstreckungen gegen den Vorerben. Zwangsverfügungen** persönlicher Gläubiger des Vorerben **in Nachlassgegenstände** schmälern den Nachlass, ohne dass diesem eine Gegenleistung zufließt. § 2115 S. 1 BGB erklärt daher Zwangsvollstreckungen, Arrestvollziehungen und Verfügungen des Insolvenzverwalters über das Vermögen des Vorerben für unwirksam, soweit sie das Recht des Nacherben vereiteln oder beeinträchtigen würden. Hierunter fällt auch die **Aufrechnung** eines persönlichen Gläubigers des Vorerben in eine Nachlassforderung,[197] denn die Aufrechnung ist eine Form der Selbstbefriedigung des Gläubigers, die ebenso zu einer Nachlassminderung führt wie eine Zwangsverfügung.[198]

Wirksam sind nach § 2115 S. 2 BGB jedoch Zwangsverfügungen wegen **Nachlassverbindlichkeiten** (§ 1967 BGB) und wegen **dinglicher Rechte an Nachlassgegenständen**, die dem Nacherben gegenüber im Nacherbfall wirksam wären, da der Nacherbe diese Ansprüche gegen sich gelten lassen muss und insoweit nicht schutzwürdig ist. Gleiches gilt, wenn die Zwangsverfügungen sich nur auf die Nutzungen der Erbschaft richten,[199] denn die Nutzungen stehen im Verhältnis zwischen Vorerben und Nacherben dem Vorerben zu (§ 2111 S. 1 BGB) und sind daher aus dem Erhaltungsinteresse des Nacherben entzogen.

62 Verfahrensrechtlich wird § 2115 BGB durch § 773 ZPO ergänzt. Der Nacherbe kann sich danach nicht schon gegen die Pfändung, sondern erst gegen die **Veräußerung oder Überweisung** der gepfändeten Sache bzw. Forderung mit der Drittwiderspruchsklage (§ 771 ZPO) zur Wehr setzen. Ein bereits begründetes Pfändungspfandrecht bleibt demnach bestehen. Desgleichen verbietet § 83 Abs. 2 InsO lediglich die Veräußerung durch den Insolvenzverwalter. Daher

---

[192] RG Urt. v. 6.10.1944 – DR 1945, 57; **a.A.** MünchKommBGB/*Grunsky* § 2113 Rdnr. 28; *Brox* Rdnr. 351.
[193] BGH Urt. v. 10.10.1984 – NJW 1985, 382, 383; BGH Urt. v. 30.5.1990 – FamRZ 1990, 1344, 1345.
[194] *Lange/Kuchinke* § 28 IV 6 f. m.w.N.
[195] Näher dazu u. Rdnr. 92 f.
[196] Palandt/*Edenhofer* § 2114 Rdnr. 4.
[197] RG Urt. v. 3.6.1912 – RGZ 80, 30, 33.
[198] MünchKommBGB/*Grunsky* § 2115 Rdnr. 9.
[199] RG Urt. v. 14.6.1912, RGZ 80, 1, 7.

§ 17 Vor- und Nacherbschaft

sollte bei der Einsetzung verschuldeter Vorerben eine **Testamentsvollstreckung** angeordnet werden, denn in diesem Fall ist den Eigengläubigern des Vorerben der Zugriff auf den Nachlass gemäß § 2214 BGB entzogen.

Anders als bei § 2113 BGB kommt bei Zwangsverfügungen gemäß § 2115 BGB ein **Gutglaubensschutz** nicht in Betracht, da die den guten Glauben des Erwerbers schützenden Vorschriften (§§ 892 f., 932 ff. BGB) auf Zwangsvollstreckungen und Arrestvollziehungen nicht anwendbar sind.[200] Bei einer rechtsgeschäftlichen Veräußerung, so z.B. bei einer vom Insolvenzverwalter entgegen § 83 Abs. 2 InsO vorgenommenen Verwertung, gelten jedoch die allgemeinen Regeln.[201]

e) **Prozessuales.** Der Vorerbe kann die Wirksamkeit einer von ihm getroffenen Verfügung schon vor dem Nacherbfall mittels einer **Feststellungsklage** (§ 256 ZPO) klären lassen, wenn der Vorerbe die Wirksamkeit bestreitet oder sonst ein rechtliches Interesse gegenüber dem Nacherben begründet ist[202]. Der Nacherbe kann seinerseits gegen den Vorerben oder dessen Verfügungsgegner auf Feststellung klagen, dass eine Verfügung des Vorerben im Nacherbfall unwirksam ist[203]. Ab Eintritt des Nacherbfalls kann der Nacherbe gegen den Verfügungsgegner auf Herausgabe des durch die unwirksame Verfügung Erlangten gem. § 985 BGB klagen[204]. Bei Grundstücksverfügungen kann der Nacherbe **Grundbuchberichtigung** gem. § 894 BGB verlangen[205], dieser Anspruch kann aber nicht vorgemerkt werden[206]; liegt eine (teil-)entgeltliche Verfügung vor, so braucht der Erwerber die Berichtigung des Grundbuchs aber nur Zug um Zug gegen Auskehr seiner Gegenleistung zu bewilligen[207]. Der Erwerber kann dem Nacherben auch die von ihm auf den herauszugebenden Gegenstand getätigten Verwendungen entgegenhalten. Für Verwendungen in der Zeit ab dem Nacherbfall gelten insoweit die §§ 987 ff. BGB; auf vor dem Nacherbfall getätigte Verwendungen finden hingegen die §§ 2124 bis 2126 Anwendung, da der Erwerber seine Rechtsstellung vom Vorerben ableitet und er dementsprechend auch den für den Vorerben geltenden Kosten- und Lastentragungsregeln unterliegt[208].

63

f) **Grundbuch.** Im Hinblick auf die mit dem **öffentlichen Glauben** des Grundbuchs (§ 892 BGB) verbundene Gefahr des gutgläubigen Erwerbs von Grundstücksrechten (§ 2113 Abs. 3 BGB) ist das Nacherbenrecht gemäß § 51 GBO im Grundbuch[209] einzutragen (**Nacherbenvermerk**). Einzutragen ist auch das Recht des weiteren Nacherben[210] sowie des Ersatznacherben[211]. Ebenso die Ernennung eines Nacherbentestamentsvollstreckers gem. § 2222 BGB[212]. Der Nacherbe ist so genau wie möglich zu bezeichnen, i.d.R. – sofern dies, wie bei unbekannten Nacherben nicht unmöglich ist – namentlich, andernfalls die Eintragung unzulässig ist[213]. Die Eintragung ist **von Amts wegen** vorzunehmen; unterbleibt die amtsseitige Eintragung, kommen Amtshaftungsansprüche gem. § 839 BGB in Betracht[214]. Der Nacherbenvermerk bewirkt keine Grundbuchsperre. Der Erwerber vom Vorerben ist daher ohne Rücksicht auf das Recht des Nacherben einzutragen[215]. Die Eintragung des Nacherbenvermerks ist nur möglich, wenn auch der Vorerbe eingetragen ist. Zwischen dem Nacherbenvermerk und den eingetragenen

64

---

[200] Vgl. Palandt/*Edenhofer* § 2115 Rdnr. 7.
[201] Näher dazu MünchKommBGB/*Grunsky* § 2115 Rdnr. 11 m.w.N.
[202] BGH Urt. v. 2.10.1952 – BGHZ 7, 274, 276; Staudinger/*Avenarius* § 2113 Rdnr. 41.
[203] OLG Oldenburg Urt. v. 29.5.2001 – NJW-RR 2002, 728; Staudinger/*Avenarius* § 2113 Rdnr. 42; Soergel/*Harder-Wegmann* § 2113 Rdnr. 15; MünchKommBGB/*Grunsky* § 2113 Rdnr. 10; a.A. OLG Celle Urt. v. 12.5.1954 – MDR 1954, 547.
[204] Soergel/*Harder-Wegmann* § 2113 Rdnr. 16
[205] Und nicht etwa Rückauflassung, wie der BGH Urt. v. 23.1.1963 – NJW 1963, 1150 = LM Nr. 1 zu § 2108, vgl. Soergel/*Harder-Wegmann* § 2113 Rdnr. 16.
[206] OLG Oldenburg Urt. v. 29.5.2001 – NJW-RR 2002, 728.
[207] BGH Urt. v. 10.10.1984 – NJW 1985, 382 = LM Nr. 22 zu § 2113.
[208] BGH Urt. v. 10.10.1984 – NJW 1985, 382 = LM Nr. 22 zu § 2113.
[209] Sowie gem. § 54 SchiffsRegO im Schiffsregister und gem. § 86 Abs. 1 LuftfzRG im Register für Pfandrechte an Luftfahrzeugen.
[210] OLG Hamm Beschl. v. 14.1.1975 – OLGZ 1975, 151, 155.
[211] OLG Hamm Beschl. v. 26.5.1965 – DNotZ 1966, 108.
[212] KG Beschl. v. 24.2.1983 – JW 1938, 1411.
[213] OLG Zweibrücken Beschl. v. 8.3.1977 – Rpfleger 1977, 305.
[214] RG Urt. v. 4.2.1933 – RGZ 139, 343.
[215] BayObLG Beschl. v. 7.11.1979 – Rpfleger 1980, 64.

Rechten besteht kein materiellrechtliches Rangverhältnis i.S.d. § 879 BGB[216]. Der Erblasser kann die Eintragung des Nacherbenvermerks nicht ausschließen[217], wohl aber kann der Nacherbe auf die Eintragung in der Form des § 29 Abs. 1 S. 1 GBO verzichten oder ihre Löschung bewilligen[218]. Sind weitere Nacherben oder Ersatznacherben vorhanden, müssen diese dem Verzicht zustimmen[219] oder ebenfalls die Löschungsbewilligung erteilen[220]. Der Verzicht auf die Eintragung beinhaltet keine Ausschlagung der Nacherbschaft und auch keine Zustimmung zu unentgeltlichen Verfügungen[221]. Entbehrlich ist die Eintragung des Nacherbenvermerkes, wenn der Vorerbe mit Zustimmung des Nacherben ein Nachlassgrundstück veräußert oder wenn der Nacherbe sein Anwartschaftsrecht auf den Vorerben übertragen hat[222].

5. Verwaltung und Sicherung des Nachlasses

Die Verfügungsmöglichkeiten des Vorerben werden nicht nur durch die oben genannten Verfügungsbeschränkungen, sondern auch durch **Verwaltungspflichten** des Vorerben und **Mitverwaltungs- und Sicherungsrechte** des Nacherben begrenzt. Die sich hieraus ergebenden Beschränkungen wirken jedoch nur im Innenverhältnis zwischen Vor- und Nacherben.

65 a) **Ordnungsgemäße Verwaltung.** Nach § 2130 BGB hat der Vorerbe die Erbschaft dem Nacherben nach Eintritt des Nacherbfalls in dem Zustand herauszugeben, der sich aus einer **bis zur Herausgabe fortgesetzten ordnungsgemäßen Verwaltung** ergibt. Allein hieraus ergibt sich zwar noch keine unmittelbare Verpflichtung des Vorerben zur ordnungsgemäßen Verwaltung gegenüber dem Nacherben. Die Verwaltungspflicht folgt jedoch im Ergebnis aus den Rechten des Nacherben aus den §§ 2127, 2128 BGB[223] (dazu u. Rdnr. 73 f.).

Ob eine ordnungsgemäße Verwaltung vorliegt, ist in erster Linie **nach wirtschaftlichen Gesichtspunkten** zu beurteilen. Der Vorerbe hat das auf Substanzerhaltung und -erlangung gerichtete Erbschaftsinteresse des Nacherben zu wahren.[224] Zur Verwaltungspflicht gehört auch die Berichtigung von Nachlassverbindlichkeiten. Der Vorerbe kann hierfür notfalls Nachlassgegenstände veräußern, wenn im Nachlass nicht genügend Barmittel vorhanden sind, aber auch neue Verbindlichkeiten eingehen. Eine **Kreditaufnahme** liegt jedoch nicht mehr im Rahmen einer ordnungsgemäßen Verwaltung, wenn Zinsen und Tilgung nicht aus den Erträgen der Erbschaft gezahlt werden können und die Substanz des Nachlasses daher immer weiter aufzehren[225] oder der Vorerbe gegenüber dem Nacherben nicht sicherstellt, dass die Kreditmittel zweckgebunden verwendet werden, z.B. durch Einschaltung eines die Erbschaftsinteressen des Nacherben wahrenden erfahrenen und zuverlässigen Treuhänders.[226] Der BGH[227] hält den Vorerben für verpflichtet, auch angemessene fortlaufende Tilgungsleistungen zu erbringen[228]. Anderes gilt bei Aufwendungen zur Tilgung von Grundpfandrechten, die noch von dem Erblasser herrühren; diese Grundpfandrechte zählt der BGH zu den außerordentlichen, auf den Stammwert der Erbschaftsgegenstände gelegten Lasten (§ 2126 BGB), weshalb ihre Tilgung aus der Substanz der Erbschaft oder vom Nacherben zu erstatten sei.[229]

66 b) **Zustimmungspflicht des Nacherben.** Macht die ordnungsgemäße Verwaltung, insbesondere die Berichtigung von Nachlassverbindlichkeiten, eine Verfügung erforderlich, die **nur mit Einwilligung** des Nacherben wirksam ist (z.B. Veräußerung eines Nachlassgrundstückes, Grundschuldbestellung zur Kreditaufnahme), ist dieser gemäß § 2120 BGB verpflichtet, die Einwilligung zu erteilen, und zwar auf Verlangen des Vorerben – auf dessen Kosten – in

---

[216] KG Beschl. v. 28.9.1933 – JW 1933, 2708.
[217] *Demharter* § 51 Rdnr. 26.
[218] Staudinger/*Avenarius* § 2100 Rdnr. 112.
[219] OLG Köln Beschl. v. 15.1.1955 – NJW 1955, 633.
[220] OLG Hamm Beschl. v. 6.5.1955 – DNotZ 1955, 538.
[221] Staudinger/*Avenarius* § 2100 Rdnr. 112.
[222] MünchKommBGB/*Grunsky* § 2100 Rdnr. 35.
[223] *Lange/Kuchinke* § 28 V 2.
[224] BGH Urt. v. 10.2.1993 – NJW 1993, 1582.
[225] BGH Urt. v. 31.1.1990 – BGHZ 110, 176; BGH Urt. v. 7.7.1993 – NJW 1993, 3198, 3199.
[226] BGH Urt. v. 6.3.1991 – BGHZ 114, 16; BGH Urt. v. 10.2.1993 – NJW 1993, 1582.
[227] Urt. v. 7.7.1993 – NJW 1993, 3198, 3199.
[228] Krit. dazu *Voit* ZEV 1994, 138, 139 ff.
[229] BGH Urt. v. 7.7.2004 – NJW 2004, 2981.

öffentlich beglaubigter Form. Entsprechendes gilt für **schuldrechtliche Verpflichtungen** des Vorerben zu zustimmungsbedürftigen Verfügungen, da der Vorerbe dem Gläubiger schon bei Eingehung der Verpflichtung nachweisen können muss, dass die beabsichtigte Verfügung wirksam ist und auch der Nacherbe für die entstehende Nachlassverbindlichkeit haftet.[230] Auch zur Klarstellung und Beseitigung von Zweifeln kann der Nacherbe zur Zustimmung verpflichtet sein, obwohl der Vorerbe die Verfügung an sich allein treffen könnte.[231]

c) **Mitverwaltungsrechte des Nacherben.** Nach § 2116 Abs. 1 BGB hat der Vorerbe auf Verlangen des Nacherben zur Erbschaft gehörige **Inhaberpapiere** und **mit Blankoindossament versehene Orderpapiere** gesperrt zu seinen und des Nacherben Gunsten zu hinterlegen. Über die hinterlegten Papiere kann nur mit Zustimmung des Nacherben verfügt werden, § 2116 Abs. 2 BGB

Statt der Hinterlegung kann der Vorerbe bei Inhaberpapieren auch eine Umschreibung (§ 806 BGB) veranlassen mit der Bestimmung, dass er über die Papiere nur mit Zustimmung des Nacherben verfügen kann, § 2117 BGB.

Des Weiteren hat der Vorerbe, wenn zum Nachlass **Buchforderungen** gegen den Bund oder ein Bundesland gehören, auf Verlangen des Nacherben in das Schuldbuch den Vermerk eintragen zu lassen, dass er über die Forderungen nur mit Zustimmung des Nacherben verfügen kann, § 2118 BGB.

Geld, das nach den Regeln einer ordnungsmäßigen Wirtschaft mündelsicher anzulegen ist, darf der Vorerbe gemäß § 2119 BGB nur nach den für **die Anlegung von Mündelgeld** geltenden Vorschriften der §§ 1806 ff. BGB anlegen. Die Verpflichtung zur mündelsicheren Anlage lässt die Verfügungsbefugnis unberührt, der Vorerbe kann daher z.B. einen Girovertrag ohne Zustimmung des Nacherben kündigen und Gelder auf ein anderes Konto transferieren.[232]

Von den Beschränkungen und Verpflichtungen der §§ 2116 bis 2119 BGB kann der Vorerbe befreit werden (§ 2136 BGB).

d) **Prozessführungsbefugnis.** Da der Vorerbe echter Erbe des Erblassers ist, obliegt ihm während der Vorerbschaft allein die Prozessführung hinsichtlich der aus der Erbschaft folgenden Rechte und Pflichten. Der Nacherbe ist erst ab dem Nacherbfall zur Prozessführung befugt. Insoweit stellt sich die Frage, ob eine **zwischen dem Vorerben und einem Dritten ergangene Entscheidung** auch Bindungswirkung für und gegen den Nacherben hat.

Grundsätzlich beschränkt sich die Bindung eines Urteils auf die Personen, die an dem Streit teilgenommen haben. Da Vor- und Nacherbe beide Erben des Erblassers sind, wenn auch zeitlich nacheinander, und die Wirkung von auf den Nachlass bezogenen Streitigkeiten sie in dieser Funktion gleichermaßen betreffen kann, ordnet § 326 ZPO aber für bestimmte Konstellationen eine **Rechtskrafterstreckung** an, die für eine einheitliche Entscheidung sorgen und verhindern soll, dass derselbe Streit mehrfach ausgetragen wird. Folgende Konstellationen sind hierbei zu unterscheiden:

aa) Passivprozess über eine Nachlassverbindlichkeit. Ein Urteil, das zwischen dem Vorerben und einem Dritten über einen gegen den Vorerben als Erben gerichteten Anspruch ergeht, also eine **Nachlassverbindlichkeit** betrifft, wirkt, sofern es vor dem Nacherbfall rechtskräftig wird, gemäß § 326 Abs. 1 (1. Fall) ZPO auch **zugunsten** des Nacherben. Die rechtskräftig abgewiesene Klage eines Dritten gegen den Vorerben kann somit auf Grund entgegenstehender Rechtskraft nicht erneut gegen den Nacherben erhoben werden.

bb) Aktivprozess über Nachlassgegenstand. Ein Urteil, das zwischen einem Vorerben und einem Dritten über einen **der Nacherbfolge unterliegenden Gegenstand** ergeht, wirkt, sofern es vor dem Eintritt der Nacherbfolge rechtskräftig wird, gemäß § 326 Abs. 1 (2. Fall) ZPO auch **zugunsten** des Nacherben. Wird einer Klage des Vorerben auf Herausgabe eines Nachlassgegenstandes stattgegeben, braucht der Nacherbe nicht erneut zu klagen; er kann für sich die Erteilung einer vollstreckbaren Ausfertigung des Urteils beantragen (§§ 728 Abs. 1, 727 ZPO).

---

[230] RG Urt. v. 26.3.1917 – RGZ 90, 91, 96.
[231] Vgl. nur Palandt/*Edenhofer* § 2120 Rdnr. 3.
[232] LG Lüneburg Urt. v. 14.3.2002 – WM 2002, 2242.

73   cc) *Passivprozess über Nachlassgegenstand.* Ein Urteil, das zwischen dem Vorerben und einem Dritten über einen der Nacherbfolge unterliegenden Gegenstand ergeht, wirkt gemäß § 326 Abs. 2 ZPO auch **zuungunsten** des Vorerben, **wenn der Vorerbe über den Gegenstand** nach der Grundregel des § 2112 BGB oder auf Grund der Befreiung nach § 2136 BGB **ohne Zustimmung des Nacherben verfügen** konnte. Der Dritte kann dann die Erteilung einer vollstreckbaren Ausfertigung gegen den Nacherben beantragen (§§ 728 Abs. 1, 727 ZPO).

Tritt der Nacherbfall während des Rechtsstreits zwischen dem Vorerben und dem Dritten über einen der Nacherbfolge unterliegenden Gegenstand ein, über den der Vorerbe ohne Zustimmung des Nacherben verfügen konnte, wird das Verfahren gemäß §§ 242, 239 ZPO bis zu seiner Wiederaufnahme **unterbrochen**. Dies gilt nicht, wenn bei Eintritt der Nacherbfolge eine Vertretung durch einen Prozessbevollmächtigten stattfand, das Gericht hat in diesem Fall jedoch auf Antrag des Bevollmächtigten oder des Gegners das Verfahren auszusetzen (§ 246 ZPO).

e) **Die Sicherung des Nacherben.** Den Vorerben treffen im Erhaltungsinteresse des Nacherben, z. T. aber auch zum eigenen Schutz vor Ersatzansprüchen des Nacherben, Kontroll- und Sicherungspflichten.

74   aa) *Nachlassverzeichnis.* So hat der Vorerbe dem Nacherben auf dessen Verlangen ein **Verzeichnis der zur Erbschaft gehörenden Gegenstände** mitzuteilen, § 2121 Abs. 1 S. 1 BGB. Das Verzeichnis hat die **zum Zeitpunkt seiner Errichtung** und nicht etwa des Erbfalls zur Erbschaft gehörenden Gegenstände zu enthalten.[233] Aufzunehmen sind daher auch die in den Nachlass gefallenen Surrogate (§ 2111 BGB). Nachlassverbindlichkeiten und Wertangaben braucht das Verzeichnis nicht zu enthalten.[234]

Das Verzeichnis ist **schriftlich** abzufassen und mit Datum und Unterschrift zu versehen, § 2121 Abs. 1 S. 2 BGB. Der Nacherbe kann verlangen, dass er bei der Aufnahme des Verzeichnisses hinzugezogen wird, § 2121 Abs. 2 BGB. Auf Verlangen des Nacherben ist die Unterzeichnung öffentlich beglaubigen zu lassen. Der Vorerbe ist berechtigt und auf Verlangen des Nacherben verpflichtet, das Verzeichnis durch die landesrechtlich zuständige Behörde oder den zuständigen Beamten oder einen hierzu bundeseinheitlich zuständigen Notar (§ 20 BNotO) aufnehmen zu lassen, § 2121 Abs. 3 BGB. Die Kosten der Aufnahme und der Beglaubigung fallen dem Nachlass zur Last, § 2121 Abs. 4 BGB.

Die Mitteilung des Nachlassverzeichnisses kann **nur einmal** während der Vorerbschaft verlangt werden.[235] Wegen etwaiger Veränderungen nach Aufnahme besteht u.U. eine Auskunftspflicht nach § 2127 BGB. Der Anspruch auf das Nachlassverzeichnis ist notfalls im Prozessweg (und nicht im Verfahren nach dem FGG) durchzusetzen.[236] Die Vollstreckung erfolgt nach § 888 ZPO.

Von der Verpflichtung zur Mitteilung eines Nachlassverzeichnisses kann der Vorerbe nicht befreit werden (§ 2136 BGB).

75   bb) *Feststellung durch Sachverständige.* Gemäß § 2122 BGB können Vor- und Nacherbe jeweils auf Kosten des Antragstellers **den Zustand der zur Erbschaft gehörenden Sachen** durch Sachverständige feststellen lassen. Für das Verfahren gilt § 164 FGG, für die Kosten § 120 Nr. 1 KostO.

Befinden sich im Nachlass ein Wald, ein Bergwerk oder eine andere auf die Gewinnung von Bodenbestandteilen gerichtete Anlage, können Vor- und Nacherbe jeweils die **Aufstellung eines Wirtschaftsplans** verlangen, § 2123 BGB.

76   cc) *Auskunftspflicht.* Wenn Grund zu der Annahme besteht, dass der Vorerbe durch seine Verwaltung die Rechte des Nacherben erheblich verletzt, kann der Nacherbe von ihm **Auskunft** über den Bestand des Nachlasses verlangen, § 2127 BGB (vgl. dazu auch u. § 32 Rdnr. 73 f.). Der Anspruch richtet sich nur auf den **gegenwärtigen** Bestand, nicht auch auf den Verbleib von

---

[233] BGH Urt. v. 9.11.1994 – BGHZ 127, 360, 365.
[234] MünchKommBGB/*Grunsky* § 2121 Rdnr. 5; es empfiehlt sich freilich, das Verzeichnis durch Aufnahme der Nachlassverbindlichkeiten zum Inventar zu erweitern.
[235] BGH Urt. v. 9.11.1994 – BGHZ 127, 360, 366.
[236] Palandt/*Edenhofer* § 2121 Rdnr. 4.

Nachlassgegenständen.[237] Er kann wiederholt erhoben werden, wenn ein neuerlicher Grund hierfür besteht.[238] Bei mehreren Nacherben kann der Anspruch von jedem von ihnen geltend gemacht werden, auch gegen den Willen der Übrigen.[239]

Die Besorgnis der Verletzung der Nacherbenrechte muss sich aus der Verwaltung des Vorerben ergeben. Das Recht, dessen Gefährdung dargetan werden muss, besteht in dem **Anspruch des Nacherben auf Herausgabe der Erbschaft** in dem Zustand, in dem sie sich bei fortgesetzter ordnungsgemäßer Verwaltung befinden würde (§ 2130) und in seinem **Anfallsrecht hinsichtlich der Nachlassgegenstände** gemäß § 2139 BGB.[240] Die Rechtsverletzung muss „erheblich" sein, darf sich daher nicht lediglich auf unwesentliche Teile der Erbschaft beziehen. Anders als bei § 2128 BGB rechtfertigt eine ungünstige Vermögenslage des Vorerben allein das Auskunftsverlangen nicht.[241]

§ 2127 BGB regelt die Auskunftsansprüche des Nacherben nicht abschließend, aus § 242 BGB können sich weitere Auskunftsansprüche ergeben; so kann der Nacherbe gegenüber dem nicht befreiten Vorerben einen Anspruch auf Auskunft darüber haben, ob bestimmte Gelder mündelsicher angelegt wurden.[242]

Dem **pflichtteilsberechtigten** Nacherben steht aber neben dem Anspruch aus § 2127 BGB vor dem Nacherbfall kein Auskunftsanspruch nach § 2314 BGB zu, und zwar auch dann nicht, wenn die Nacherbschaft auflösend bedingt ist.[243]

Von der Auskunftsverpflichtung nach § 2127 BGB kann der Erblasser **Befreiung** erteilen (§ 2136 BGB).

dd) Sicherheitsleistung. Wird durch das Verhalten des Vorerben **oder** durch seine ungünstige Vermögenslage die Besorgnis einer erheblichen Verletzung der Rechte des Nacherben (s. dazu vorstehend Rdnr. 73) begründet, so kann der Nacherbe **Sicherheitsleistung** verlangen, § 2128 Abs. 1 BGB. Die Sicherheitsleistung ist nach § 232 ff. BGB i. d. R. in Höhe des vollen Nachlasswertes zu erbringen,[244] sofern nicht nur ein Teil der Erbschaft gefährdet ist.[245]

Ein **gefährdendes Verhalten** liegt regelmäßig dann vor, wenn der Vorerbe bei seiner Verwaltung den Bestimmungen der §§ 2113, 2114, 2116 ff. BGB zuwiderhandelt.[246] Schuldhaft muss das Verhalten nicht sein.[247]

Die **ungünstige Vermögenslage** des Vorerben begründet die Besorgnis einer Verletzung der Rechte des Nacherben, wenn Gläubiger des Vorerben in Nachlassgegenstände zu vollstrecken drohen oder wenn das Vermögen des Vorerben nicht reicht, dem Grunde nach entstandene Ersatzansprüche des Nacherben abzudecken.[248]

Nach §§ 2128 Abs. 2, 1052 BGB ist dem Vorerben auf Antrag des Vorerben die Verwaltung der Vorerbschaft **zu entziehen** und auf einen vom Vollstreckungsgericht zu bestellenden Verwalter zu übertragen, wenn der Vorerbe rechtskräftig zur Sicherheitsleistung verurteilt ist und diese **nicht innerhalb einer vom Gericht festzusetzenden Frist** erbringt. Der Vorerbe verliert dadurch gemäß § 2129 Abs. 1 BGB auch seine Verfügungsbefugnis.

6. Erweiterung der Beschränkungen des Vorerben durch den Erblasser

Der Erblasser kann die gesetzlichen Beschränkungen des Vorerben zwar nicht mit dinglicher Wirkung vermehren oder verstärken,[249] er kann dem Vorerben jedoch durch **Auflagen und Vermächtnisse** weitere schuldrechtliche Verwaltungspflichten auferlegen. So kann das Nutznießungsrecht des Vorerben durch Vermächtnis zugunsten des Nacherben oder einer anderen

---

[237] BayObLG Urt. v. 17.8.1903 – Recht 1903 Nr. 2379.
[238] Palandt/*Edenhofer* § 2127 Rdnr. 2; *Sarres* ZEV 2004, 56.
[239] RG Urt. v. 26.9.1918 – LZ 1919, 252.
[240] Staudinger/*Avenarius* § 2127 Rdnr. 4.
[241] Vgl. Soergel/*Harder-Wegmann* § 2127 Rdnr. 3.
[242] LG Berlin Urt. v. 26.10.2000 – ZEV 2002, 160.
[243] BGH Urt. v. 4.12.1980 – NJW 1981, 2051.
[244] OLG Rostock Urt. v. 6.3.1919 – OLG 39, 25.
[245] MünchKommBGB/*Grunsky* § 2128 Rdnr. 3.
[246] Soergel/*Harder-Wegmann* § 2128 Rdnr. 1.
[247] RG Urt. v. 20.10.1919 – JW 1920, 380.
[248] Staudinger/*Avenarius* § 2128 Rdnr. 6.
[249] *Nieder* Rdnr. 608 m.w.N.

Person eingeschränkt oder sogar ausgeschlossen werden.[250] Eine weitere Beschränkungsmöglichkeit bietet die Anordnung einer Vorerbentestamentsvollstreckung bzw. einer umfassenden Testamentsvollstreckung für die gesamte Vor- und Nacherbschaft (s. dazu u. Rdnr. 125 ff.).

7. Haftung für Nachlassverbindlichkeiten

79 Als echter Erbe haftet der Vorerbe bis zum Eintritt des Nacherbfalls nicht anders als der endgültige Erbe (näher zur Erbenhaftung § 26). Mit dem Eintritt des Nacherbfalls wird der Vorerbe grundsätzlich **von der Haftung frei**. Seine Haftung besteht jedoch fort

- soweit er bereits vor dem Nacherbfall **unbeschränkt haftete**.[251] Dies ordnet das Gesetz zwar nicht ausdrücklich an, eine solche Haftung wird aber von § 2145 Abs. 2 BGB als selbstverständlich vorausgesetzt;
- für Verbindlichkeiten, die der Vorerbe in Verwaltung des Nachlasses **selbst eingegangen** ist, auch wenn es sich überdies um Nachlassverbindlichkeiten handelt;[252]
- für Verbindlichkeiten gegenüber dem Nacherben aus der **Verletzung seiner Verwaltungspflicht** (§§ 1978, 2131, 2134, 2138 BGB);
- für **Vermächtnisse und Auflagen,** die der Erblasser **nur ihm** auferlegt hat;
- für **Verbindlichkeiten,** die im Innenverhältnis zum Nacherben **dem Vorerben zur Last fallen** (§ 2145 Abs. 1 S. 2 BGB), wie z.B. die aus der Zeit der Vorerbschaft rückständigen Zinsen von Nachlassschulden oder rückständige gewöhnliche Zinsen und Erhaltungskosten (§ 2124 Abs. 1 BGB);
- für sämtliche anderen Verbindlichkeiten, **soweit der Nacherbe nicht haftet** (§ 2145 Abs. 1 S. 1 BGB). Diese Subsidiärhaftung besteht nach ganz überwiegender Meinung[253] nicht nur dann, wenn der Nacherbe beschränkt haftet und der Nachlass zur Deckung der Nachlassverbindlichkeiten nicht ausreicht, sondern auch bei unbeschränkter Haftung des Nacherben, sofern bei ihm nichts zu erlangen ist.

80 Hinsichtlich des **Umfangs der Haftung** des Vorerben für die Zeit nach Eintritt des Nacherbfalls ist zu differenzieren: Bei unbeschränkter Haftung und bei der Haftung für Eigenverbindlichkeiten haftet der Vorerbe ohne Beschränkungsmöglichkeiten mit seinem vollen Vermögen. In den übrigen Fällen kann er seine Haftung durch Einrede auf den ihm verbliebenen Rest des Nachlasses, der sich meist aus den während der Vorerbschaft gezogenen Nutzungen zusammensetzen wird, beschränken, § 2145 Abs. 2 S. 1 BGB. Die Vorschriften der §§ 1990, 1991 BGB gelten gemäß § 2145 Abs. 2 S. 2 BGB entsprechend. Der Vorerbe unterliegt daher gegenüber den Nachlassgläubigern den Pflichten der §§ 1978, 1979 BGB,[254] für deren Verletzung er auch mit seinem Eigenvermögen haftet.[255]

8. Innenverhältnis zwischen Vor- und Nacherben

81 a) Verteilung der Nutzungen und Lasten[256]. *aa) Nutzungen.* Dem Vorerben gebühren für die Zeit der Vorerbschaft (§ 101 BGB) die **Nutzungen des Nachlasses** i. S. d. §§ 99, 100 BGB. Gemäß § 2111 Abs. 1 BGB unterliegen die Nutzungen nicht der Surrogation, der Vorerbe erwirbt also auch diejenigen Früchte zu Eigentum und eigenem Recht, die er den Regeln einer ordnungsgemäßen Wirtschaft zuwider zieht. Im Innenverhältnis stehen die ordnungswidrig oder infolge eines besonderen Ereignisses (z.B. Windbruch) übermäßig gezogenen Früchte dem Vorerben jedoch nur insoweit ersatzlos zu, als sie ihm bei unbeeinträchtigter Fruchtziehung fortdauernd gebühren, § 2133 BGB. Den Mehrertrag hat der Vorerbe an den Nacherben herauszugeben oder zu ersetzen. Bei schuldhafter (§ 2131 BGB) Ziehung von Übermaßfrüchten kommen darüber hinaus Schadenersatzansprüche des Nacherben gemäß § 2130 BGB in Betracht.

82 *bb) Erhaltungskosten.* Da dem Vorerben die Nutzungen zustehen, hat er gemäß § 2124 Abs. 1 BGB auch die **gewöhnlichen Erhaltungskosten** zu tragen, wie z.B. die Aufwendungen

---

[250] MünchKommBGB/*Grunsky* § 2136 Rdnr. 6.
[251] H.M., vgl. nur MünchKommBGB/*Grunsky* § 2145 Rdnr. 2 m.w.N.; a.A. *Kipp/Coing* § 52 vor I.
[252] *Lange/Kuchinke* § 51 II 3. c).
[253] Vgl. nur MünchKommBGB/*Grunsky* § 2145 Rdnr. 6 m.w.N.; a.A. Staudinger/*Avenarius* § 2145 Rdnr. 3.
[254] Staudinger/*Avenarius* § 2145 Rdnr. 7.
[255] MünchKommBGB/*Grunsky* § 2145 Rdnr. 8.
[256] Näher dazu *de Leve* ZEV 2005, 16 ff.

für normale Verschleißreparaturen.²⁵⁷ Dies gilt auch, wenn die Erhaltungskosten den Wert der Nutzungen im Einzelfall übersteigen.²⁵⁸ Außergewöhnliche Erhaltungsaufwendungen (z.B. der Einbau einer modernen Heizungsanlage, die Instandsetzung eines Daches),²⁵⁹ die der Vorerbe den Umständen nach für erforderlich halten durfte, kann er dagegen aus der Erbschaft bestreiten, § 2124 Abs. 2 S. 1 BGB, weil diese Aufwendungen regelmäßig langfristig wertsteigernde Wirkung haben und demnach auch dem Nacherben zugute kommen. Bestreitet er solche Aufwendungen aus seinem eigenen Vermögen, kann er im Nacherbfall vom Nacherben Ersatz verlangen, § 2124 Abs. 2 S. 2 BGB. Die Erhaltungskosten müssen nicht objektiv erforderlich gewesen sein; es genügt, dass der Vorerbe sie den Umständen nach für erforderlich halten durfte.²⁶⁰

Nimmt der Vorerbe einen **Kredit** auf, um außergewöhnliche Aufwendungen zu bestreiten, so muss dieser den Anforderungen an eine ordnungsgemäße Verwaltung genügen. Dies ist dann nicht mehr der Fall, wenn Zinsen und Tilgung nicht aus den Erträgen der Erbschaft gezahlt werden können und die Substanz des Nachlasses daher immer weiter aufzehren²⁶¹ oder der Vorerbe gegenüber dem Nacherben nicht sicherstellt, dass die Kreditmittel zweckgebunden verwendet werden, z.B. durch Einschaltung eines die Erbschaftsinteressen des Nacherben wahrenden erfahrenen und zuverlässigen Treuhänders.²⁶² Der BGH²⁶³ hält den Vorerben für verpflichtet, auch angemessene fortlaufende Tilgungsleistungen zu erbringen; die Tilgung dürfe nicht vollständig dem **Nacherben überlassen werden**.²⁶⁴

Anderes gilt bei Aufwendungen zur Tilgung von Grundpfandrechten, die noch von dem Erblasser herrühren; diese Grundpfandrechte zählt der BGH zu den außerordentlichen, auf den Stammwert der Erbschaftsgegenstände gelegten Lasten (§ 2126 BGB), weshalb ihre Tilgung aus der Substanz der Erbschaft oder vom Nacherben zu erstatten sei.²⁶⁵

cc) Sonstige Verwendungen. **Sonstige** Verwendungen, die nicht Erhaltungskosten i. S. d. § 2124 BGB sind, hat der Nacherbe dem Vorerben im Nacherbfall nach den Vorschriften über die **Geschäftsführung ohne Auftrag** zu ersetzen, § 2125 Abs. 1 BGB. Hierunter fallen zum einen alle Aufwendungen, die der Vorerbe nicht erforderlich halten durfte, und zum anderen alle Aufwendungen, die über die bloße Erhaltung von Erbschaftsgegenständen hinausgehen,²⁶⁶ wie z.B. die Kosten für die vollständige Umgestaltung oder die Erweiterung eines Betriebes. Mit diesen Aufwendungen soll der Nacherbe nur belastet werden, wenn sie seinem wirklichen oder mutmaßlichen Willen entsprechen oder der Erfüllung einer im öffentlichen Interesse liegenden Pflicht dienen (§§ 683, 679 BGB). Andernfalls besteht nur ein Bereicherungsanspruch (§ 684 BGB). Gemäß § 2125 Abs. 2 BGB hat der Vorerbe aber in jedem Fall ein Wegnahmerecht (§ 258 BGB) hinsichtlich derjenigen Einrichtungen, mit denen er die Nachlassgegenstände versehen hat. Ob dies auch für solche Sachen gilt, die der Vorerbe nach § 2111 Abs. 2 BGB dem Inventar eines zur Erbschaft gehörenden Grundstücks einverleibt hat, ist streitig.²⁶⁷

dd) Lastentragung. **Ordentliche Lasten** (z.B. Grundsteuern, Versicherungsprämien) hat – wie die gewöhnlichen Verwaltungskosten – der Vorerbe zu tragen. **Außerordentliche Lasten**, die als auf den Stammwert der Erbschaftsgegenstände gelegt anzusehen sind, treffen dagegen in entsprechender Anwendung von § 2124 Abs. 2 BGB den Nacherben, § 2126 BGB, d. h., sie können vom Vorerben aus der Erbschaft bestritten werden oder müssen ihm, wenn er sie aus seinem eigenen Vermögen tilgt, vom Nacherben erstattet werden. Unter § 2126 BGB fallen z.B. Pflichtteilsansprüche, Auflagen und Vermächtnisse, sofern mit ihnen nicht allein der Vorerbe belastet werden sollte, Erschließungsbeiträge, die Erbschaftsteuer (s. § 20 Abs. 4 ErbStG, näher dazu u. Rdnr. 142), die nach § 17 EStG bei der Veräußerung von Anteilen an Kapital-

---

[257] Vgl. BGH Urt. v. 7.7.1993 – NJW 1993, 3198, 3199.
[258] *Brox* Rdnr. 375.
[259] Vgl. BGH Urt. v. 7.7.1993 – NJW 1993, 3198, 3199 m.w.N.
[260] *Brox* Rdnr. 375; *Nieder* Rdnr. 592.
[261] BGH Urt. v. 31.1.1990 – BGHZ 110, 176; BGH Urt. v. 7.7.1993 – NJW 1993, 3198, 3199.
[262] BGH Urt. v. 6.3.1991 – BGHZ 114, 16; BGH Urt. v. 10.2.1993 – NJW 1993, 1582.
[263] Urt. v. 7.7.1993 – NJW 1993, 3198, 3199.
[264] Krit. dazu *Voit* ZEV 1994, 138, 139 ff.
[265] BGH Urt. v. 7.7.2004 – NJW 2004, 2981.
[266] MünchKommBGB/*Grunsky* § 2125 Rdnr. 1.
[267] Vgl. nur MünchKommBGB/*Grunsky* § 2125 Rdnr. 3 m.w.N.

gesellschaften bei wesentlicher Beteiligung anfallende Steuer[268] oder die nach § 16 EStG bei Veräußerung oder Aufgabe eines Gewerbebetriebs entstehende Steuer auf den Veräußerungsgewinn.[269]

85 b) **Haftung des Vorerben.** Nach § 2130 BGB hat der Vorerbe den Nachlass ordnungsgemäß zu verwalten, andernfalls ist er dem Nacherben gegenüber schadenersatzpflichtig. Das Gesetz lässt den Vorerben jedoch nur für die Sorgfalt haften, **die er in eigenen Angelegenheiten anzuwenden pflegt**, § 2131 BGB. Dieser Haftungsmaßstab bezieht sich aber nur auf die allgemeine Pflicht zur ordnungsgemäßen Verwaltung. Verletzt der Vorerbe konkrete Einzelpflichten (§§ 2113 bis 2119, 2123 BGB), haftet er auch für einfache Fahrlässigkeit.[270] Des Weiteren werden die §§ 2133, 2134 BGB durch § 2131 BGB nicht berührt.[271]

V. Befreite Vorerbschaft

1. Allgemeines

86 Die Beschränkungen und Beschwerungen, denen der Vorerbe kraft Gesetzes ausgesetzt ist, dienen dazu, den Nachlass im Erhaltungsinteresse des Nacherben zu sichern. Oft wird jedoch für den Erblasser nicht die Erhaltung des Nachlasses zugunsten des Nacherben, sondern die Förderung des Vorerben im Vordergrund stehen. § 2136 BGB erlaubt es dem Erblasser daher, den Vorerben **von den meisten der in den §§ 2113 ff. BGB vorgesehenen Beschränkungen und Verpflichtungen zu befreien.**

87 a) **Anordnung.** Die Anordnung einer Befreiung hat in einer **letztwilligen Verfügung** – nicht notwendig derselben, in der die Vor- und Nacherbschaft angeordnet ist – zu erfolgen. Dabei braucht der Erblasser die Worte „Befreiung" oder „befreite Vorerbschaft" nicht zu verwenden. Dies folgt bereits aus § 2137 BGB, nach dem die Einsetzung des Nacherben auf den Überrest als umfassende Befreiung gilt. Es genügt, wenn der Befreiungswille in der letztwilligen Verfügung irgendwie, wenn auch nur versteckt oder andeutungsweise, zum Ausdruck kommt.[272] Insoweit gelten die allgemeinen Grundsätze über die Auslegung letztwilliger Verfügungen.[273] Gegebenenfalls können auch außerhalb der Verfügung liegende Umstände zu deren Auslegung herangezogen werden.[274] Zweifel, ob eine Befreiung angeordnet ist, gehen zu Lasten dessen, der sich auf die Befreiung beruft.[275]

88 b) **Auslegungskriterien.** In der Rechtsprechung haben sich folgende, nicht erschöpfend aufgezählte Anhaltspunkte für die Auslegung herausgebildet:[276] Die Einsetzung zum „**Alleinerben**" („Universalerben", „Haupterben") beinhaltet noch keine Befreiung, denn auch der nicht befreite einzige Vorerbe ist Alleinerbe.[277] Über die Verfügungsbefugnisse sagt dieser Begriff, dessen Gegensatz der Miterbe und nicht der Nacherbe ist, nichts aus.[278] Eine Befreiung folgt auch nicht ohne weiteres daraus, dass der Vorerbe hinsichtlich eines Teils des Nachlasses als **Vollerbe** eingesetzt ist, denn zwischen der beiden Erbteilen ist eine klare Differenzierung möglich; insbesondere kann der Vorerbe über den freien Erbteil verfügen und die hierzu gehörenden Gegenstände aussondern.[279] Setzen **kinderlose Ehegatten** sich gegenseitig zu Vorerben und Verwandte oder Dritte zu Nacherben ein, kann aus der Kinderlosigkeit allein noch nicht auf

---

[268] BGH Urt. v. 25.3.1968 – LM Nr. 3 zu § 2126 BGB.
[269] BGH Urt. v. 10.7.1980 – LM Nr. 4 zu § 2126 BGB = NJW 1980, 2465.
[270] RG Urt. v. 20.1.1910 – RGZ 73, 4, 7; Palandt/*Edenhofer* § 2131 Rdnr. 2.
[271] MünchKommBGB/*Grunsky* § 2131 Rdnr. 2.
[272] Palandt/*Edenhofer* § 2136 Rdnr. 6.
[273] OLG Karlsruhe Beschl. v. 10.8.2005 – ZErb 2006, 136; MünchKommBGB/*Grunsky* § 2136 Rdnr. 2.
[274] Palandt/*Edenhofer* § 2136 Rdnr. 6; Soergel/*Harder-Wegmann* § 2136 Rdnr. 5.
[275] BGH Urt. v. 30.1.1969 – NJW 1969, 1111; Soergel/*Harder-Wegmann* § 2136 Rdnr. 5; MünchKommBGB/*Grunsky* § 2136 Rdnr. 2; krit. Staudinger/*Avenarius* § 2136 Rdnr. 13.
[276] Soergel/*Harder-Wegmann* § 2136 Rdnr. 6 spricht von „Fällen typischer Sachlage".
[277] BGH Urt. v. 4.12.1969 – FamRZ 1970, 192; **a.A.** OLG Düsseldorf Beschl. v. 8.10.1997 – FamRZ 1998, 389 m. abl. Anm. *Avenarius.*
[278] Staudinger/*Avenarius* § 2136 Rdnr. 18.
[279] BayObLG Beschl. v. 16.5.1958 – BayObLG NJW 1958, 1683.

eine Befreiung geschlossen werden;[280] der zum Vorerben berufene überlebende Ehegatte kann jedoch dann stillschweigend befreit sein, wenn er erheblich zum Erwerb des hinterlassenen Vermögens beigetragen hat.[281] Haben Ehegatten eine durch die **Wiederverheiratung** des überlebenden Ehegatten bedingte Nacherbfolge der Abkömmlinge angeordnet, ist im Zweifel von einer Befreiung auszugehen, weil der Überlebende bis zur Wiederverheiratung die Stellung eines unbeschränkten Erben haben soll.[282] Dabei spielt es keine Rolle, ob die Einsetzung des überlebenden Ehegatten in einem gemeinschaftlichen oder in einem Einzeltestament erfolgt.[283] Ist die Nacherbeinsetzung **auflösend bedingt** durch das Vorhandensein von Abkömmlingen des Vorerben, kann bei Fehlen entgegenstehender Umstände von einer Befreiung ausgegangen werden.[284] Gleiches gilt, wenn der Erblasser dem Vorerben die **Verfügung über ein Grundstück** erlaubt, das den Hauptwert des Nachlasses ausmacht.[285]

2. Grenzen der Befreiung

§ 2136 BGB lässt nur die Befreiung von den Beschränkungen und Verpflichtungen des 89 § 2113 Abs. 1 BGB und der §§ 2114, 2116 bis 2119, 2123, 2127 bis 2131, 2133, 2134 BGB zu. Eine **weiter gehende Befreiung** ist nicht möglich.[286] Nicht befreit werden kann der Vorerbe also

- vom Verbot unentgeltlicher Verfügungen (§ 2113 Abs. 2 BGB),[287]
- vom Surrogationsprinzip (§ 2111 BGB),
- von der Beschränkung der Eigengläubiger des Vorerben bei Zwangsverfügungen (§ 2115 BGB),[288]
- von der Verpflichtung zur Inventarisierung (§ 2121 BGB),
- von der Verpflichtung, den Zustand der Erbschaft durch einen Sachverständigen feststellen zu lassen (§ 2122 S. 2 BGB),
- von der Verpflichtung, Schadenersatz nach § 2138 Abs. 2 BGB zu leisten.

3. Die einzelnen Befreiungsmöglichkeiten

§ 2136 BGB legt nur die **äußerste Grenze** für die Befreiung des Vorerben fest. Innerhalb 90 der Grenzen des § 2136 BGB hat der Erblasser einen weiten Gestaltungsspielraum, den er in vielfältiger Weise nutzen kann:

a) Gesamtbefreiung. Am häufigsten dürfte die Befreiung des Vorerben von allen in § 2136 91 BGB aufgeführten Beschränkungen und Verpflichtungen sein (**Gesamtbefreiung**).

> **Formulierungsvorschlag für die Anordnung einer Gesamtbefreiung:**
> Zu meinem Erben setze ich ... ein. Der Erbe ist jedoch nur Vorerbe. Er ist von allen gesetzlichen Beschränkungen und Verpflichtungen befreit, soweit dies möglich und rechtlich zulässig ist... .

Eine Gesamtbefreiung wird gemäß § 2137 Abs. 1 BGB auch dann angenommen, wenn der Erblasser den Nacherben auf dasjenige eingesetzt hat, was von der Erbschaft bei dem Eintritt

---

[280] BayOblG Beschl. v. 28.10.1960 – BayObLGZ 1960, 432, 437.
[281] BayOblG Beschl. v. 28.10.1960 – BayObLGZ 1960, 432, 437; OLG Hamm Beschl. v. 27.11.1996 – NJW-RR 1997, 453 m. Anm. *Avenarius* NJW 1997, 2740.
[282] BGH Urt. v. 18.1.1961 – FamRZ 1961, 275; KG Beschl. v. 17.2.1938 – JW 1938, 1266; OLG Hamm Beschl. v. 9.7.1971 – DNotZ 1972, 96; Staudinger/*Avenarius* § 2136 Rdnr. 22 f.; MünchKommBGB/*Grunsky* § 2136 Rdnr. 4; Palandt/*Edenhofer* § 2136 Rdnr. 8; einschr. LG Mannheim MDR Beschl. v. 17.12.1959 – § 2136 1960, 497; *Lange/Kuchinke* § 28 Fn. 232; Soergel/*Harder-Wegmann* Rdnr. 6, der verlangt, dass weitere Umstände auf einen Befreiungswillen hindeuten.
[283] BGH Urt. v. 18.1.1961 – FamRZ 1961, 275.
[284] BayOblG Beschl. v. 7.11.1980 – FamRZ 1981, 403; Staudinger/*Avenarius* § 2136 Rdnr. 24; Soergel/*Harder-Wegmann* § 2136 Rdnr. 6.
[285] LG Berlin Beschl. v. 6.5.1942 – DNotZ 1943, 79.
[286] Vgl. nur MünchKommBGB/*Grunsky* § 2136 Rdnr. 5.
[287] Allerdings soll der Nacherbe durch Vermächtnis damit beschwert werden können, bestimmten unentgeltlichen Verfügungen zuzustimmen, näher dazu u. Rdnr. 93.
[288] Für eine dahingehende Befreiung ist auch kein Bedürfnis erkennbar.

der Nacherbfolge **übrig sein wird.** Das Gleiche gilt nach § 2137 Abs. 2 BGB im Zweifel, wenn der Erblasser bestimmt hat, dass der Vorerbe zur **freien Verfügung** über die Erbschaft berechtigt sein soll.

Folge der Gesamtbefreiung ist nach § 2138 Abs. 1 S. 1 BGB, dass sich die **Herausgabepflicht** des Vorerben auf die bei ihm tatsächlich noch vorhandenen Erbschaftsgegenstände und das, was durch Surrogation hinzugekommen ist,[289] beschränkt. Er kann daher Nachlassgegenstände veräußern und den Erlös unter Schonung seines eigenen Vermögens für sich verwenden. Im Gegenzug kann er für Verwendungen auf Gegenstände, die er infolge dieser Beschränkung nicht herauszugeben hat, keinen Ersatz verlangen, § 2138 Abs. 1 S. 2 BGB.

92 **b) Befreiung bei mehrfacher Nacherbfolge.** Ordnet der Erblasser eine mehrfache Nacherbfolge an, kann er die **Befreiung für die jeweiligen Vorerben unterschiedlich ausgestalten.** So kann er, wofür im Einzelfall durchaus ein Bedürfnis gegeben sein kann, nur für den zunächst als Vorerben Berufenen, nicht jedoch für den bei Eintritt des Nacherbfalls zum Vorerben aufrückenden Nacherben eine Befreiung anordnen und umgekehrt. Deshalb ist bei der Anordnung einer Befreiung im Rahmen einer mehrfachen Nacherbfolge klarzustellen, auf welchen Vorerben sie sich bezieht.

> **Formulierungsvorschlag für die Anordnung einer Befreiung bei mehren Nacherbfolgen**[290]:
> Ich setze meine Ehefrau ... zu meiner Vorerbin ein. Sie ist von allen gesetzlichen Beschränkungen und Verpflichtungen befreit, soweit dies möglich und rechtlich zulässig ist. Nacherbe auf ihren Tod ist mein Sohn ... Wiederum Nacherbe auf dessen Tod ist mein Enkel ... Erlangt mein Sohn auf Grund der doppelten Nacherbfolge beim Eintritt des ersten Nacherbfalls die Stellung eines Vorerben, ist er ebenfalls von allen gesetzlichen Beschränkungen und Verpflichtungen befreit, soweit dies möglich und rechtlich zulässig ist.

93 **c) Eingeschränkte Befreiung.** *aa) Personenbezogene Befreiung.* Die Befreiung bezieht sich auf bestimmte Personen und nicht auf den Nachlass als solchen.[291] Setzt der Erblasser **mehrere Vorerben** ein, kann er demnach alle oder nur Einzelne von ihnen befreien. Ferner kann er bei Einsetzung **mehrerer Nacherben** die Befreiung nur im Verhältnis zu Einzelnen von ihnen erteilen,[292] gegenüber den übrigen Nacherben verbleibt es dann bei den gesetzlichen Beschränkungen und Verpflichtungen.

94 *bb) Befreiung von einzelnen Beschränkungen.* Der Erblasser kann den Vorerben von jeder der in § 2136 BGB aufgeführten Beschränkungen und Verpflichtungen **einzeln** befreien, beispielsweise von dem Verbot des § 2113 Abs. 1 BGB, über Grundstücke und Rechte hieran zu verfügen.

> **Formulierungsvorschlag für die Anordnung einer Einzelbefreiung:**
> Zu meinem Erben setze ich ... ein. Der Erbe ist jedoch nur Vorerbe. Er ist von dem Verbot des § 2113 Abs. 1 BGB, über ein zur Erbschaft gehörendes Grundstück oder ein Recht an einem Grundstück zu verfügen, befreit. Im Übrigen bleibt es in vollem Umfang bei den gesetzlichen Beschränkungen und Verpflichtungen des Vorerben.

Gehören zum Nachlass Wertpapiere und/oder Geld, ist insbesondere eine Befreiung von den Beschränkungen der §§ 2116 und 2119 BGB erwägenswert, da gerade diese Vorschriften dem Vorerben in der Praxis viele Probleme bereiten und eine moderne Nachlassverwaltung weitgehend vereiteln können.

---

[289] BGH Urt. v. 21.11.1989 – BGHZ 109, 214 = NJW 1990, 515.
[290] Vgl. *J. Mayer* ZEV 2000, 1, 3.
[291] MünchKommBGB/*Grunsky* § 2136 Rdnr. 7.
[292] MünchKommBGB/*Grunsky* § 2136 Rdnr. 7; *J. Mayer* ZEV 2000, 1, 3.

§ 17 Vor- und Nacherbschaft

cc) Gegenständlich beschränkte Befreiung. Nach h. M.[293] kann der Erblasser die Befreiung auch **gegenständlich** beschränken, z.B. eine Befreiung nur hinsichtlich eines bestimmten Grundstücks oder nur hinsichtlich des Betriebsvermögens, nicht aber des Privatvermögens vorsehen. Da eine gesicherte Rechtsprechung hierzu bislang fehlt, sollte eine derartige Gestaltung allerdings durch Zustimmungspflichten des Nacherben abgesichert werden.[294]

> **Formulierungsvorschlag für die Anordnung einer gegenständlichen Befreiung**[295]**:**
> Zu meinem Erben setze ich ... ein. Der Erbe ist jedoch nur Vorerbe. Er darf über Grundstücke, die betrieblich genutzt werden, verfügen, nicht aber über Grundstücke des Privatvermögens. Sollte diese teilweise Befreiung unwirksam sein, so hat er gegen den Nacherben einen entsprechenden Anspruch auf Zustimmung. Im Übrigen bleibt es in vollem Umfang bei den gesetzlichen Beschränkungen und Verpflichtungen des Vorerben.

Der Erblasser kann des Weiteren zwischen **einzelnen Arten von Verfügungen** differenzieren, z.B. dem Vorerben nur für die Belastung eines Grundstücks Befreiung erteilen, nicht jedoch für seine Veräußerung.[296]

dd) Befreiung unter einer Bedingung oder Befristung. Die Anordnung der Befreiung kann auch unter eine **Befristung oder Bedingung** gestellt werden.[297] Beispielsweise kann der Erblasser die Gestattung zur Verfügung über ein Grundstück (§ 2113 Abs. 1 BGB) davon abhängig machen, dass der Vorerbe den Kaufpreis in bestimmter Weise wieder anlegt.[298] Möglich ist ferner eine Befreiung für den Fall der Not.[299] Angesichts der solchen Bedingungen innewohnenden Interpretationsspielräumen sollten sie allerdings nur zurückhaltend verwendet werden, da sie leicht zu Streit zwischen Vor- und Nacherben führen können.[300] In jedem Fall ist auf eine klare, justiziable Formulierung zu achten.[301]

> **Formulierungsvorschlag für die Anordnung einer bedingten Befreiung**[302]**:**
> Zu meinem Erben setze ich ... ein. Der Erbe ist jedoch nur Vorerbe. Er ist berechtigt, den zum Nachlass gehörenden Grundbesitz sowie grundstücksgleiche Rechte mit Grundpfandrechten zu belasten, wenn die gesamte Valuta wieder in den Pfandbesitz fließt, insbesondere für Instandsetzungs- und Instandhaltungsmaßnahmen, aber auch für Um- und Ausbauten. Im Übrigen bleibt es in vollem Umfang bei den gesetzlichen Beschränkungen und Verpflichtungen des Vorerben.

4. Weitere Maßnahmen zur Stärkung der Position des Vorerben

Eine Befreiung des Vorerben über die von § 2136 BGB gezogenen Grenzen hinaus ist, wie oben (Rdnr. 84) bereits ausgeführt wurde, nicht zulässig. Der Erblasser kann die Rechtsstellung des Vorerben jedoch durch **andere erbrechtliche Gestaltungsinstrumente** verbessern und ihn so „mittelbar" von zwingenden Beschränkungen befreien.

a) Vorausvermächtnis. Der Erblasser kann einzelne Nachlassgegenstände dadurch von der Vor- und Nacherbfolge ausnehmen, dass er sie dem Vorerben durch **Vorausvermächtnis** (§§ 2150, 2110 Abs. 2 BGB) zuwendet. Beim alleinigen Vorerben werden die vermachten

---

[293] MünchKommBGB/*Grunsky* § 2136 Rdnr. 8; Soergel/*Harder-Wegmann* § 2136 Rdnr. 4; Erman/*Schmidt*, § 2136 Rdnr. 1; **a.A.** Staudinger/*Avenarius* § 2136 Rdnr. 3.
[294] *Langenfeld* Testamentsgestaltung Rdnr. 210.
[295] Nach *Langenfeld* Testamentsgestaltung Rdnr. 210.
[296] MünchKommBGB/*Grunsky* § 2136 Rdnr. 8.
[297] Staudinger/*Avenarius* § 2136 Rdnr. 4.
[298] Lange/Kuchinke § 28 VI 2 b).
[299] Vgl. BayObLG Beschl. v. 10.7.1984 – FamRZ 1984, 1272; Staudinger/*Avenarius* § 2136 Rdnr. 4.
[300] Kipp/Coing § 51 Fn. 8; *J. Mayer* ZEV 2000, 1, 3.
[301] *J. Mayer* ZEV 2000, 1, 3.
[302] Nach *J. Mayer* ZEV 2000, 1, 4.

Gegenstände dann ohne weiteres bereits mit dem Erbfall Bestandteil seines freien Vermögens,[303] über das er nach Belieben, also auch unentgeltlich, verfügen kann. Das Vermächtnis wirkt insoweit ausnahmsweise **dinglich**. Der Erblasser kann dadurch die Vor- und Nacherbschaft im Ergebnis auf einzelne Nachlassgegenstände beschränken (näher dazu oben Rdnr. 43 mit Formulierungsbeispiel).

98 b) **Beschwerung des Nacherben mit Genehmigungspflichten.** Nach überwiegender Ansicht[304] kann der Vorerbe die Verfügungsmöglichkeiten des Vorerben auch dadurch erweitern, dass er den Nacherben mit dem Vermächtnis beschwert, **bestimmten** Verfügungen oder Verwaltungshandlungen zuzustimmen. Der Nacherbe ist dann bei Eintritt des Nacherbfalls verpflichtet, die betreffenden Verwaltungsmaßnahmen als ordnungsgemäß nach § 2130 BGB anzuerkennen. Dies gilt auch für unentgeltliche Verfügungen, wenngleich die Verfügungsbeschränkung des § 2113 Abs. 2 BGB formell bestehen bleibt.[305] Man wird allerdings verlangen müssen, dass die gestatteten Verfügungen in der letztwilligen Verfügung konkret bezeichnet werden; die **generelle Anordnung** einer Zustimmungsverpflichtung kann als Umgehung der zwingenden Grenzen des § 2136 BGB nicht für zulässig erachtet werden.[306] Der sicherere Weg, dem Vorerben unentgeltliche Verfügungen zu ermöglichen, dürfte ohnehin das **bedingte Vorausvermächtnis** sein[307] (vgl. dazu o. Rdnr. 43).

99 c) **Transmortale Vollmacht.** Die Erteilung einer transmortalen Vollmacht ist nicht geeignet, die Verfügungsmacht des Vorerben zu stärken. Da das Rechtsverhältnis, auf dem die Fortdauer der Vollmacht gemäß § 168 BGB beruht, mit dem Erbfall nur zwischen dem Vollmachtnehmer und dem Vorerben in einer Person besteht, erlischt die dem Vorerben erteilte Vollmacht mit dem Erbfall durch **Konsolidation**.[308]

100 d) **Testamentsvollstreckung.** Eine Stärkung der Verfügungsmacht des Vorerben lässt sich auch durch die Anordnung einer Testamentsvollstreckung nicht erreichen. Die **Vorerbentestamentsvollstreckung** hat zwar insofern eine Erweiterung der Verfügungsmöglichkeiten zur Folge, als der Vorerbentestamentsvollstrecker nach wohl h. M.[309] nicht den Verfügungsbeschränkungen des Vorerben nach §§ 2113, 2114 BGB, sondern nur den Beschränkungen nach § 2205 S. 3 BGB unterliegt. Für den Vorerben selbst stellt sie freilich eine Beschränkung dar, da er seine Verfügungsbefugnis an den Testamentsvollstrecker verliert.

Die **Nacherbentestamentsvollstreckung** lässt demgegenüber die Verfügungsmöglichkeiten des Vorerben unberührt. Sie führt jedoch zu Erleichterungen für den Vorerben bei noch unbekannten oder minderjährigen Nacherben, weil sich hierdurch eine Pflegerbestellung bzw. die Einholung familiengerichtlicher Genehmigungen bei Verfügungen des Vorerben erübrigt.[310] Allerdings kann der einzige Vorerbe nach h. M.[311] nicht zum Nacherbentestamentsvollstrecker ernannt werden (vgl. u. Rdnr. 128).

101 e) **Beseitigung der Nacherbschaft durch anderweitige Verfügung des Vorerben.** Nach h. M. kann der Eintritt der Nacherbfolge von der auflösenden Bedingung abhängig gemacht werden, dass der Vorerbe nicht **anderweitig letztwillig verfügt** (näher dazu o. Rdnr. 16 ff.). Darin liegt freilich nicht lediglich eine Befreiung über die Grenzen des § 2136 BGB hinaus, sondern die Ermächtigung zur Beseitigung der Nacherbschaft insgesamt. Macht der Vorerbe von dieser Ermächtigung Gebrauch, wird er dadurch zum Vollerben und verfügt anschließend nur über sein eigenes, nun auch das Vermögen des Erblassers erfassendes Vermögen. Hierdurch entfallen

---

[303] BGH Urt. v. 29.6.1960 – BGHZ 32, 60 = NJW 1960, 959.
[304] OLG Düsseldorf Beschl. v. 14.6.1999 – NJW-RR 2000, 375 = ZEV 2000, 29 m. Anm. *Wübben*; Staudinger/*Avenarius* § 2136 Rdnr. 7; Palandt/*Edenhofer* § 2136 Rdnr. 2; *Kipp/Coing* § 51 III 1 b; Soergel/*Harder-Wegmann* § 2136 Rdnr. 2; **a.A.** MünchKommBGB/*Grunsky* § 2136 Rdnr. 9; *Wübben* ZEV 2000, 30, 31.
[305] Staudinger/*Avenarius* § 2136 Rdnr. 7.
[306] Str., vgl. *Bühler* BWNotZ 1967, 174, 179; *G. Müller* ZEV 1996, 179, 180.
[307] *Langenfeld* Testamentsgestaltung Rdnr. 209.
[308] Staudinger/*Avenarius* § 2112 Rdnr. 33 m.w.N.
[309] RG Urt. v. 16.3.1938 – JW 1938, 1454; KG Beschl. v. 27.10.1916 – OLG 34, 298; OLG Neustadt Beschl. v. 16.8.1956 – NJW 1956, 1881; *Haegele/Winkler* Rdnr. 215; Soergel/*Damrau* § 2205 Rdnr. 13.
[310] Vgl. *J. Mayer* ZEV 2000, 1, 5.
[311] RG Urt. v. 26.10.1911 – RGZ 77, 177; OLG Karlsruhe Beschl. v. 8.9.1980 – MDR 1981, 943; **a.A.** *Rohlff* DNotZ 1971, 518, 527 ff.; *Langenfeld* Testamentsgestaltung Rdnr. 223.

dann aber auch die Vorteile, wegen der die Vor- und Nacherbschaft angeordnet wurde, wie z.B. die Bildung eines Sondervermögens zur Pflichtteilsreduzierung.

f) Aufschiebend bedingtes oder befristetes Herausgabevermächtnis als Gestaltungsalternative. Wenn es dem Erblasser in erster Linie um den Ausschluss der Weitervererbung bestimmter Gegenstände und weniger um die Sicherung des späteren Anfalls an den Endbedachten geht, und er vor allem dem Erstbedachten diejenigen Beschränkungen nicht zumuten will, von denen ein Vorerbe nicht befreit werden kann, bietet sich als Gestaltungsalternative zur Vor- und Nacherbschaft die Anordnung eines **aufschiebend bedingten oder befristeten Herausgabevermächtnisses** an.[312]

VI. Die Rechtstellung des Nacherben

1. Anwartschaftsrecht

Der Nacherbe leitet sein Recht in gleicher Weise wie der Vorerbe unmittelbar vom Erblasser als dessen Erbe und Rechtsnachfolger ab. Zwar hat bis zum Nacherbfall allein der Vorerbe die Erbenstellung, der Nacherbe hat jedoch bereits mit dem Erbfall eine **unentziehbare und gesicherte Rechtsposition**, die man als **Anwartschaftsrecht** bezeichnen kann.[313]

a) Vererblichkeit. Nach der widerlegbaren Vermutung des § 2108 Abs. 2 S. 1 BGB ist die Nacherbenanwartschaft **vererblich**, sie geht also auf die – gesetzlichen oder testamentarischen – Erben des Nacherben über, wenn dieser zwischen dem Erbfall und dem Eintritt des Nacherbfalls verstirbt. Die Vererblichkeit kann aber **ausgeschlossen** werden. Dies kann auch konkludent geschehen, der Ausschluss muss sich jedoch aus der erforderlichenfalls nach den Grundsätzen der ergänzenden Auslegung zu interpretierenden letztwilligen Verfügung ergeben.[314] Möglich ist es auch, die Vererblichkeit nur teilweise auszuschließen. Der Erblasser kann demnach bestimmen, dass die Nacherbschaft nur an einen bestimmten Personenkreis (z.B. „Familienangehörige") weitervererbt werden kann.[315]

Umstritten ist, ob die ausdrückliche Einsetzung eines **Ersatznacherben** (§ 2096 BGB) oder eine Ersatznacherbenberufung nach § 2069 BGB die Vererblichkeit der Nacherbenanwartschaft ausschließt (vgl. dazu o. Rdnr. 42). Nach heute wohl h. M. spricht in diesen Fällen eine Vermutung weder für noch gegen die Vererblichkeit, maßgeblich ist vielmehr allein der durch individuelle Auslegung zu ermittelnde Wille des Erblassers im Einzelfall.[316] Allein die Einsetzung eines Ersatznacherben genügt daher nicht ohne weiteres, um die Vermutung des § 2108 Abs. 2 S. 1 BGB zu entkräften. Will der Erblasser im Fall, dass der Nacherbe vor Eintritt des Nacherbfalles stirbt, nicht dessen Erben, sondern die Ersatznacherben bedenken, sollte er die Vererblichkeit der Nacherbenanwartschaft daher ausdrücklich ausschließen.

Formulierungsvorschlag für den Ausschluss der Vererblichkeit der Nacherbenanwartschaft:
Für den Fall, dass der Nacherbe vor oder nach dem Erbfall wegfällt, gleich aus welchem Grund, bestimme ich entgegen jeder anders lautenden gesetzlichen oder richterlichen Auslegungs- oder Vermutungsregel ... zum alleinigen und ausschließlichen Ersatznacherben. Die Ersatzerbenbestimmung schließt die Vererbung der Nacherbenanwartschaft aus.

Ist der Nacherbe unter einer **aufschiebenden Bedingung** eingesetzt, so bleibt es gemäß § 2108 Abs. 2 S. 2 BGB bei der Vorschrift des § 2074 BGB, d. h. die Nacherbschaft soll nur eintreten, wenn der Bedachte **den Bedingungseintritt erlebt**. Stirbt er davor, geht die Anwartschaft im Zweifel nicht auf seine Erben über.

---

[312] *Nieder* Rdnr. 622; *G. Müller* ZEV 1996, 179, 181; näher zum Herausgabevermächtnis o. Rdnr. 5 mit Formulierungsbsp.
[313] St. Rspr., vgl. RG Urt. v. 16.12.1920 – RGZ 101, 185, 188; RG Urt. v. 13.11.1942 – RGZ 170, 163, 168; BGH Urt. v. 9.6.1983 – BGHZ 87, 367, 369 m.w.N.
[314] MünchKommBGB/*Grunsky* § 2108 Rdnr. 6.
[315] BGH Urt. v. 23.1.1963 – LM Nr. 1 zu § 2108 BGB; *Brox* Rdnr. 357.
[316] BayObLG Beschl. v. 30.9.1993 – NJW-RR 1994, 460 = ZEV 1995, 25.

106 b) **Übertragbarkeit.** *aa) Allgemeines.* Nach wohl einhelliger, zwischenzeitlich gewohnheitsrechtlich anerkannter Auffassung ist das Anwartschaftsrecht des Nacherben **übertragbar**.[317] Der Nacherbe kann also sein Anwartschaftsrecht durch Veräußerung oder Verpfändung wirtschaftlich verwerten; es kann infolgedessen auch von den Gläubigern des Nacherben gepfändet werden.[318] Bei der Übertragung des Anwartschaftsrechtes handelt es sich entsprechend § 2033 BGB um eine Verfügung über die **gesamte Rechtsstellung** aus dem Nacherbrecht, die nach h. M.[319] zugleich die Annahme der Nacherbschaft beinhaltet. Entsprechend § 2033 Abs. 1 S. 1 BGB bedarf die Verfügung über das Anwartschaftsrecht der notariellen Beurkundung. Das Gleiche gilt gemäß § 2371, 1922 Abs. 2, 2385 BGB für das Verpflichtungsgeschäft zu einer solchen Verfügung.[320]

Durch die Übertragung des Anwartschaftsrechtes tritt der Erwerber unmittelbar in die Rechtsstellung des Nacherben ein. Mit dem Eintritt des Nacherbfalls wird der Erwerber daher **ohne weitere Zwischenakte** und ohne Durchgangserwerb des Veräußerers Erbe.[321] Dennoch ist im Erbschein nicht der Erwerber, sondern der Nacherbe als Erbe auszuweisen, weil der Erbschein nur die Rechtslage im Erbfall wiedergibt; überdies würde dadurch die Richtigkeit des Übertragungsgeschäftes bezeugt, was nicht Aufgabe des Erbscheins ist.[322] Der Erwerber ist durch einen auf den Nacherben lautenden Erbschein in Verbindung mit dem notariell beglaubigten Übertragungsgeschäft auch hinreichend legitimiert.[323]

107 Die Übertragung der Anwartschaft wird regelmäßig dem Willen des Erblassers nicht entsprechen. Dieser wird meist eine bestimmte Person gerade deshalb zum Nacherben einsetzen, weil er ihr den Anfall der Erbschaft im Nacherbfall sichern möchte.[324] Nach wohl h. M.[325] kann der Erblasser daher die Übertragbarkeit des Nacherbenanwartschaftsrechtes **testamentarisch ausschließen**. Dies kann auch eingeschränkt geschehen. So kann beispielsweise eine Übertragung der Anwartschaft auf den Vorerben ausgenommen werden, um diesem die Möglichkeit zu geben, Vollerbe zu werden. Vorsorglich sollte der Ausschluss zusätzlich durch eine **auflösende Bedingung** abgesichert werden.[326] Für den Fall des Eintritts der auflösenden Bedingung kann entweder eine Ersatzerbenberufung oder das Entfallen der Nacherbschaft vorgesehen werden.

> **Formulierungsvorschlag für den Ausschluss der Übertragbarkeit der Nacherbenanwartschaft:**
> Die Nacherbenanwartschaft ist nicht übertragbar. In jedem Fall ist die Einsetzung als Nacherbe auflösend bedingt durch die Veräußerung, Verpfändung oder Pfändung der Nacherbenanwartschaft.

108 *bb) Übertragung auf den Vorerben.* Die Nacherbenanwartschaft kann auch **auf den Vorerben übertragen** werden. Eine Übertragung der Anwartschaft ist i. d. R. auch in einem Verzicht des Nacherben auf seine Rechte zugunsten des Vorerben zu sehen,[327] dieser bedarf daher ebenfalls der Form des § 2033 BGB. Der Vorerbe erwirbt das Recht des Nacherben mit dem Inhalt, den es vor der Übertragung hatte. Die Rechte **eingesetzter Ersatzerben** werden demnach durch die Übertragung des Anwartschaftsrechtes nicht berührt, so dass der Vorerbe seine Stellung in dem Augenblick an diese verliert, in dem sie auch der Nacherbe verlieren würde.[328] Un-

---

[317] Vgl. nur BGH Urt. v. 9.6.1983 – BGHZ 87, 367, 369 m.w.N.
[318] *Brox* Rdnr. 358.
[319] Vgl. nur *Lange/Kuchinke* § 28 VII 3 c) Fn. 253; abw. MünchKommBGB/*Grunsky* § 2100 Rdnr. 30, der dem Erwerber grundsätzlich das Recht zur Ausschlagung der Erbschaft zubilligt.
[320] *Lange/Kuchinke* § 28 VII 3 d).
[321] Palandt/*Edenhofer* § 2108 Rdnr. 8; MünchKommBGB/*Grunsky* § 2100 Rdnr. 30.
[322] *Lange/Kuchinke* § 28 VII 3. e); OLG Düsseldorf Beschl. v. 22.8.1980 – MDR 1981, 143.
[323] MünchKommBGB/*Grunsky* § 2100 Rdnr. 31.
[324] *Lange/Kuchinke* § 28 VII 3 f).
[325] RG Urt. v. 13.11.1942 – RGZ 170, 163, 168; Soergel/*Harder-Wegmann* § 2108 Rdnr. 5; MünchKommBGB/*Grunsky* § 2100 Rdnr. 27; Palandt/*Edenhofer* § 2108 Rdnr. 6; *Kipp/Coing* § 50 I 3; *Brox* Rdnr. 346; a.A. Staudinger/*Avenarius* § 2100 Rdnr. 76.
[326] *Langenfeld* Testamentsgestaltung Rdnr. 225.
[327] Palandt/*Edenhofer* § 2108 Rdnr. 7.
[328] BayObLG Beschl. v. 27.5.1970 – DNotZ 1970, 686 ff.

beschränkter Vollerbe wird der Erwerbe daher nur, wenn er sich auch die Anwartschaft des Ersatznacherben übertragen lässt.[329] Hierauf sollte der Erblasser bei der Nachfolgeberatung hingewiesen werden. Falls der Vorerbe nach dem Willen des Erblassers bereits mit dem Erwerb der Nacherbenanwartschaft unbeschränkter Erbe werden soll, kann zu diesem Zweck das Erlöschen der Ersatzerbnachfolge für den Fall der Übertragung der Anwartschaft auf den Vorerben angeordnet werden.[330]

> **Formulierungsvorschlag für die Anordnung des Erlöschens der Ersatzerbfolge bei Übertragung der Nacherbenanwartschaft auf den Vorerben:**
> Die Nacherbenanwartschaft kann auf den Vorerben übertragen werden. In diesem Fall entfällt jede ausdrückliche oder stillschweigende Ersatznacherbeinsetzung.

Falls die letztwillige Verfügung des Erblassers keine solche Klausel enthält, kann die Position des Vorerben dadurch gesichert werden, dass der übertragende Nacherbe eine **Freistellungsverpflichtung** übernimmt mit dem Inhalt, den Vorerben im Fall des Eintritts der Ersatznacherbfolge so zu stellen, als hätten der oder die Ersatznacherben ihre Anwartschaft ebenfalls auf den Vorerben übertragen.[331] Sofern die Ersatznacherben, wie häufig, auch Erben des Nacherben sind, vererbt sich diese schuldrechtliche Verpflichtung auf sie und bindet sie daher gegenüber dem Vorerben.[332] Ferner kann daran gedacht werden, dass der Nacherbe nicht die ganze Nacherbenanwartschaft, sondern nur die Wesentlichen einzelnen Nachlassgegenstände auf den Vorerben überträgt, da es hierfür der Zustimmung der Ersatznacherben nicht bedarf.[333]

2. Wirkungen des Eintritts des Nacherbfalls

a) **Anfall der Erbschaft.** Mit dem Eintritt des Nacherbfalls hört der Vorerbe auf, Erbe zu sein, und die Erbschaft fällt dem Nacherben an, § 2139 BGB. Der Anfall der Erbschaft erfolgt von selbst, d. h. der Nacherbe wird **ohne weitere Übertragungsakte** Eigentümer der zum Nachlass gehörenden Sachen, Gläubiger der Nachlassforderungen und Schuldner der Nachlassverbindlichkeiten.[334] Der unmittelbare Besitz an den zur Erbschaft gehörenden Sachen geht indessen – anders als der mittelbare Besitz – nicht automatisch vom Vorerben auf den Nacherben über; § 857 BGB gilt nicht.[335] Der Besitz muss also erst vom Vorerben bzw. dessen Erben, wenn der Tod des Vorerben den Nacherbfall bildet, auf den Nacherben übertragen werden. Hatte der Vorerbe dagegen bis zum Nacherbfall den vom Erblasser übergegangenen unmittelbaren Besitz noch nicht ausgeübt, geht dieser als Bestandteil des Nachlasses gemäß § 857 BGB auf den Nacherben über.[336]

Prozessual bewirkt der Nacherbfall die **Unterbrechung** der zwischen dem Vorerben und Dritten anhängigen Rechtsstreitigkeiten (§§ 239 Abs. 1, 242, 246 ZPO). Um eine Erledigung des Rechtsstreits und unerwünschte Kostenfolgen zu vermeiden, wird der Nacherbe gemäß § 242 ZPO ausnahmsweise wie ein Rechtsnachfolger des Vorerben behandelt.

Durch den Nacherbfall wird der dem Vorerben erteilte **Erbschein** unrichtig. Er ist vom Nachlassgericht nach § 2361 Abs. 1 BGB einzuziehen. Auch das Grundbuch wird unrichtig. Zu dessen Umschreibung bedarf es des Nachweises der Erbfolge durch einen das Erbrecht des Nacherben nach Eintritt des Nacherbfalls ausweisenden Erbschein (§ 35 Abs. 1 GBO). Dies gilt auch dann, wenn ein Nacherbenvermerk gemäß § 51 GBO eingetragen ist und eine Sterbeurkunde des Vorerben vorgelegt wird.[337] Mit der Eintragung des Nacherben ist der Nacherbenvermerk

---

[329] Palandt/*Edenhofer* § 2102 Rdnr. 5; MünchKommBGB/*Grunsky* § 2102 Rdnr. 8.
[330] Vgl. *Nieder* Rdnr. 647.
[331] *Nieder* Rdnr. 648.
[332] *Nieder* Rdnr. 648.
[333] Näher dazu *Nieder* Rdnr. 649.
[334] Gleiches gilt für den Ersatznacherben, wenn dieser zum Zuge kommt, oder für den Erwerber der Nacherbenanwartschaft, vgl. Palandt/*Edenhofer* § 2139 Rdnr. 5, 7.
[335] *Brox* Rdnr. 371.
[336] Vgl. nur MünchKommBGB/*Grunsky* § 2139 Rdnr. 2 m.w.N.
[337] BGH Beschl. v. 26.5.1982 – BGHZ 84, 196 = NJW 1982, 2499.

und auch ein etwaiger Ersatznacherbenvermerk zu löschen. Die Löschung erfordert zwar einen entsprechenden Antrag, dieser ist jedoch im Eintragungsantrag mitenthalten.[338]

112 Der Vorerbe kann die Erbschaft bereits vor dem Nacherbfall auf den Nacherben übertragen (§ 2371 ff. BGB). Dadurch tritt allerdings nicht der Nacherbfall ein. Im Rechtssinn bleibt der Vorerbe demnach **weiterhin Erbe** und haftet für die Nachlassverbindlichkeiten.[339]

113 b) **Herausgabeanspruch.** Mit dem Eintritt des Nacherbfalls erwirbt der Nacherbe das Recht, vom Vorerben **Herausgabe der Erbschaft** zu verlangen, § 2130 Abs. 1 BGB. Herauszugeben ist alles, was zur Erbschaft gehört, einschließlich der Surrogate (§ 2111 BGB). Soweit einzelne Gegenstände aus der Erbschaft ausgeschieden sind, ist keine Herausgabepflicht, sondern allenfalls eine Schadenersatzpflicht gegeben.[340]

Da der Nacherbe bereits mit dem Nacherbfall vollberechtigter Erbe wird, ist der Herausgabeanspruch kein schuldrechtlicher Verschaffungsanspruch, sondern ein erbrechtlicher Anspruch, der dem Erbschaftsanspruch aus § 2018 BGB ähnelt. Anders als dieser richtet er sich jedoch allein gegen den Vorerben bzw., wenn der Tod des Vorerben den Nacherbfall bildet, gegen dessen Erben.

114 c) **Schadenersatzanspruch.** Die Herausgabe der Erbschaft an den Nacherben hat gemäß § 2130 Abs. 1 BGB in dem Zustand zu erfolgen, der sich bei einer bis zur Herausgabe fortgesetzten ordnungsmäßigen Verwaltung ergibt.[341] Entspricht der Bestand der Erbschaft zum Zeitpunkt des Nacherbfalls nicht dem, was bei ordnungsmäßiger Verwaltung vorhanden wäre, hat der Vorerbe Schadenersatz zu leisten.[342] Maßgeblich ist hierbei **das Gesamtergebnis der Verwaltung** während der Dauer der Vorerbschaft;[343] inwieweit die einzelnen Verwaltungsmaßnahmen für sich betrachtet ordnungsmäßig sind, ist nicht entscheidend, sofern nicht einzelne erhebliche Verwaltungsentscheidungen im Gesamtergebnis unmittelbar als schadenersatzpflichtige Tatbestände erscheinen.[344]

115 Für **Veränderungen oder Verschlechterungen** von Erbschaftssachen, die durch ordnungsmäßige Benutzung herbeigeführt werden, haftet der Vorerbe gemäß § 2132 BGB nicht. Da dies im Grunde bereits aus § 2130 BGB folgt, wird § 2132 BGB als Beweisregel interpretiert: Ist eine Änderung oder Verschlechterung eingetreten, trägt der Vorerbe die Beweislast dafür, dass er die Sache ordnungsgemäß benutzt hat.[345]

116 Wenn der Vorerbe einen Erbschaftsgegenstand für sich verwendet hat und ihn infolgedessen nicht herausgeben kann, schuldet er dem Nacherben gemäß § 2134 S. 1 BGB **Wertersatz**. Wird bei entgeltlichen Verfügungen über Nachlassgegenstände das Surrogat Bestandteil der Erbschaft (§ 2111 BGB), entsteht für den Nacherben meist kein Nachteil, so dass § 2134 BGB hinter § 2111 BGB zurücktritt.[346] Eine weiter gehende Haftung wegen Verschuldens bleibt nach § 2134 S. 1 BGB unberührt. Bei schuldhafter eigennütziger Verwendung von Nachlassgegenständen entgegen den Grundsätzen ordnungsmäßiger Verwaltung hat der Vorerbe daher nach den §§ 2130, 280 i. V. m. §§ 2131, 277 BGB auch einen den Wertersatz übersteigenden Schaden auszugleichen.[347]

117 Der **befreite Vorerbe** hat gemäß § 2138 Abs. 1 BGB nur die bei ihm noch vorhandenen Erbschaftsgegenstände an den Nacherben herauszugeben, d. h. im Ergebnis, er schuldet für Veränderungen oder Verschlechterungen durch nicht ordnungsmäßige Benutzung keinen Schadenersatz. Die Herausgabepflicht beschränkt sich nämlich auch beim nichtbefreiten Vorerben auf das Vorhandene, nur kann der Nacherbe hier bei Unmöglichkeit der Herausgabe einen

---

[338] MünchKommBGB/*Grunsky* § 2139 Rdnr. 8; Staudinger/*Avenarius* § 2139 Rdnr. 23; Soergel/*Harder-Wegmann* § 2139 Rdnr. 9.
[339] Palandt/*Edenhofer* § 2139 Rdnr. 7.
[340] MünchKommBGB/*Grunsky* § 2130 Rdnr. 4.
[341] Zu den Anforderungen an eine ordnungsmäßige Verwaltung s. o. Rdnr. 62.
[342] Zum Haftungsmaßstab s. Rdnr. 82.
[343] BGH Urt. v. 24.1.1973 – MDR 1973, 748.
[344] Staudinger/*Avenarius* § 2130 Rdnr. 3.
[345] RGRK/*Johannsen* § 2132 Rdnr. 1; Staudinger/*Avenarius* § 2132 Rdnr. 1; Soergel/*Harder-Wegmann* § 2132 Rdnr. 1; Erman/*Schmidt* § 2132 Rdnr. 1.
[346] BGH Urt. v. 25.9.1963 – BGHZ 40, 115, 124 = NJW 1963, 2320.
[347] Palandt/*Edenhofer* § 2134 Rdnr. 2.

Schadenersatzanspruch haben.³⁴⁸ Der befreite Vorerbe ist auch nicht nach § 2134 BGB verwendungsersatzpflichtig.³⁴⁹ Ihm sind jedoch insofern Grenzen gesetzt, als er weder entgegen § 2113 Abs. 2 BGB unentgeltlich über Erbschaftsgegenstände verfügen noch die Erbschaft in der Absicht, den Nacherben zu benachteiligen, vermindern darf. § 2138 Abs. 2 BGB statuiert für diese Fälle eine Schadenersatzverpflichtung des Vorerben, die mit Eintritt des Nacherbfalls entsteht; der Nacherbe kann jedoch davor schon **Feststellungsklage** erheben.³⁵⁰

d) Auskunft und Rechnungslegung. Der Herausgabeanspruch nach § 2130 BGB verschafft 118 dem Nacherben, da er auf einen Inbegriff von Gegenständen gerichtet ist, nach allgemeinem Recht gemäß § 260 ff. BGB einen selbständigen Anspruch auf Vorlage eines **Bestandsverzeichnisses** des Nachlasses.³⁵¹ Darüber hinaus gibt ihm § 2130 Abs. 2 BGB das Recht, vom Vorerben **Rechnungslegung** zu verlangen. Der Vorerbe hat danach gemäß § 259 Abs. 1 BGB eine die geordnete Zusammenstellung der Einnahmen oder der Ausgaben enthaltende Rechnung mitzuteilen und, soweit Belege erteilt zu werden pflegen, Belege vorzulegen. Auf die dem Vorerben zustehenden Nutzungen und die von ihm zu tragenden gewöhnlichen Erhaltungskosten (§ 2124 BGB) bezieht sich die Rechenschaftspflicht nicht.³⁵² Auf ein bereits erstelltes Nachlassverzeichnis (§ 2121 BGB) kann Bezug genommen werden, es sind dann jedoch die zwischenzeitlich eingetretenen Veränderungen anzugeben.³⁵³

e) Wiederaufleben erloschener Rechtsverhältnisse. Mit dem Erbfall erlöschen die zwischen 119 dem Erblasser und dem Vorerben bestehenden Rechtsverhältnisse durch **Konfusion.** Da die Erbenstellung des Vorerben jedoch nur eine Vorübergehende ist, bestimmt § 2143 BGB, dass die erloschenen Rechtsverhältnisse mit dem Eintritt der Nacherbfolge wiederaufleben. Der Nacherbe kann daher eine bis zum Erbfall bestehende Forderung des Erblassers gegen den Nacherben geltend machen und hat umgekehrt Verbindlichkeiten des Erblassers gegenüber dem Vorerben zu erfüllen. Eine Rückwirkung tritt jedoch nicht ein. Für die Zeit zwischen Erb- und Nacherbfall werden demnach keine Zinsen auf wiederaufgelebte Verbindlichkeiten geschuldet.³⁵⁴ Die Verjährung wiederaufgelebter Forderungen ist nach § 202 Abs. 1 BGB gehemmt. § 2143 BGB ist gegenstandslos, wenn die Konfusionswirkung bereits **aus anderen Gründen** (z.B. Testamentsvollstreckung, Nachlassverwaltung, Nachlassinsolvenzverfahren) nicht eingetreten bzw. entfallen ist.³⁵⁵

f) Haftung des Nacherben für Nachlassverbindlichkeiten. Mit Eintritt des Nacherbfalls geht 120 die Erbschaft auf den Nacherben über. Der Nacherbe haftet daher ab diesem Zeitpunkt für die **Nachlassverbindlichkeiten** (§ 1967 BGB) sowie für **Vermächtnisse** und **Auflagen,** soweit sie nicht dem Vorerben persönlich auferlegt sind.³⁵⁶ Zu den Nachlassverbindlichkeiten gehören auch solche Verbindlichkeiten, die der Vorerbe in ordnungsgemäßer Verwaltung des Nachlasses eingegangen ist.³⁵⁷ Haftungsgrundlage ist gemäß § 2144 Abs. 1, 2 Hs. BGB aber nicht der Nachlass, wie er dem Vorerben angefallen ist, sondern dasjenige, was der Nacherbe aus der Erbschaft erlangt, einschließlich der Ansprüche, die dem Nacherben gegen den Vorerben in dessen Eigenschaft als Vorerben zustehen. Gemeint sind damit die Ansprüche aus den §§ 2130, 2134, 2138 Abs. 2 BGB.³⁵⁸

Ob der Nacherbe **beschränkbar oder unbeschränkt** haftet, richtet sich gemäß § 2144 Abs. 1, 121 1. Hs. BGB nach den allgemeinen Vorschriften (§§ 1975 ff. BGB), und zwar unabhängig davon, ob dem Vorerben eine Haftungsbeschränkung zukam oder nicht.³⁵⁹ Ordnungsgemäße Maßnahmen, die der Vorerbe zur Beschränkung der Erbenhaftung durchgeführt hat, kommen

---

³⁴⁸ MünchKommBGB/*Grunsky* § 2138 Rdnr. 2; 2130 Rdnr. 6.
³⁴⁹ Staudinger/*Avenarius* § 2138 Rdnr. 2.
³⁵⁰ RG Urt. v. 4.2.1933 – RGZ 139, 343, 348; BGH Urt. v. 16.3.1977 – NJW 1977, 1631.
³⁵¹ Staudinger/*Avenarius* § 2130 Rdnr. 19.
³⁵² Palandt/*Edenhofer* § 2130 Rdnr. 6.
³⁵³ MünchKommBGB/*Grunsky* § 2130 Rdnr. 8; Palandt/*Edenhofer* § 2130 Rdnr. 5.
³⁵⁴ MünchKommBGB/*Grunsky* § 2143 Rdnr. 2.
³⁵⁵ BGH Urt. v. 1.6.1967 – BGHZ 48, 214 = NJW 1967, 2399.
³⁵⁶ MünchKommBGB/*Grunsky* § 2144 Rdnr. 2.
³⁵⁷ BGH Urt. v. 29.6.1960 – BGHZ 32, 60, 64 = NJW 1960, 959.
³⁵⁸ *Brox* Rdnr. 706.
³⁵⁹ Palandt/*Edenhofer* § 2144 Rdnr. 3.

auch dem Nacherben zugute.³⁶⁰ Zwar bestimmt das Gesetz in § 2144 Abs. 2 BGB nur, dass das von dem Vorerben errichtete Inventar auch dem Nacherben zustatten kommt, doch dauern auch die übrigen haftungsbeschränkenden Maßnahmen fort.³⁶¹ Ein vom Vorerben durchgeführtes Aufgebot (§ 1970 BGB) wirkt ohne weiteres auch zu Gunsten des Nacherben, §§ 998, 997 ZPO; in ein schwebendes Verfahren kann er eintreten und selbst ein solches beantragen. Eine Nachlassverwaltung dauert unter den Voraussetzungen des § 1981 Abs. 2 BGB fort. Der Nacherbe kann sie ohne zeitliche Beschränkung erneut beantragen, während Nachlassgläubiger den Antrag nur innerhalb von 2 Jahren seit Annahme der Nacherbschaft stellen können, § 1981 Abs. 2 S. 2 BGB.³⁶² Dasselbe gilt beim Nachlassinsolvenzverfahren (§§ 317, 319 InsO). Dem Nacherben stehen auch die Rechte aus den §§ 1990 bis 1992 BGB zu.³⁶³

122 **Dem Vorerben gegenüber** haftet der Nacherbe gemäß § 2144 Abs. 3 BGB immer beschränkt. Für die Ansprüche des Vorerben aus den §§ 2124 Abs. 2 bis 2126, 2121 Abs. 4 BGB oder eine nach § 2143 BGB wiederaufgelebte Forderung haftet der Nacherbe also nur mit den Gegenständen, die beim Nacherbfall zur Erbschaft gehörten. Der Nacherbe hat die Haftungsbeschränkung jedoch besonders geltend zu machen und den Vorbehalt nach § 780 ZPO zu erwirken.³⁶⁴

123 Da sich der Eintritt des Nacherbfalls und damit der Übergang der Haftung vom Vorerben auf den Nacherben regelmäßig nicht in der Öffentlichkeit vollzieht, ist er gem. § 2146 Abs. 1 BGB vom Vorerben (bzw. im Falle seines Todes von seinen Erben) **dem Nachlassgericht anzuzeigen.** Die Anzeige des Vorerben wird durch die des Nacherben ersetzt, § 2146 Abs. 1 S. 2 BGB. Die Verletzung der Anzeigepflicht begründet einen Schadensersatzanspruch der Nachlassgläubiger.³⁶⁵

124 g) **Verfügungen des Vorerben nach Eintritt des Nacherbfalls.** Mit Eintritt des Nacherbfalls hört der Vorerbe auf, Erbe zu sein (§ 2139 BGB). Damit erlischt grundsätzlich auch sein Verfügungsrecht über Nachlassgegenstände. Da der Nacherbfall auch durch Ereignisse eintreten kann, die dem Vorerben nicht sofort bekannt werden, zum Beispiel Geburt oder Heirat des Nacherben, behandelt § 2140 S. 1 BGB den Vorerben aber zu seinem Schutz auch nach dem Eintritt des Nacherbfalls so lange als **verfügungsberechtigt,** bis er von dem Eintritt Kenntnis erlangt oder ihn kennen muss (§ 122 Abs. 2 BGB). Wirksam ist eine von dem Vorerben nach dem Nacherbfall getroffene Verfügung jedoch nur dann, wenn auch der Dritte gutgläubig ist, d. h. den Eintritt des Nacherbfalls weder kannte noch kennen musste. Ist diese Voraussetzung nicht erfüllt, kann sich der Dritte auf die Berechtigung des Vorerben nicht berufen, § 2140 S. 2 BGB. Die Bedeutung von § 2140 S. 1 BGB beschränkt sich in diesem Fall darauf, trotz der Unwirksamkeit der Verfügung eine **Verantwortlichkeit des Erben** auszuschließen.³⁶⁶

3. Pflichtteilsrecht und Ausschlagung der Nacherbschaft

125 Der Nacherbe kann die Erbschaft bereits **ausschlagen,** sobald der Erbfall eingetreten ist, § 2142 Abs. 1 BGB. Dies gilt auch für den unter einer aufschiebenden Bedingung oder Befristung eingesetzten Nacherben.³⁶⁷ Die Ausschlagungsfrist (§ 1944 BGB) von regelmäßig 6 Wochen beginnt für den Nacherben jedoch erst mit Kenntnis vom Nacherbfall (§ 2139 BGB i. V. m. § 1944 Abs. 2 S. 1 BGB).³⁶⁸

126 Von der Ausschlagungsfrist ist allerdings die dreijährige **Verjährungsfrist** des Pflichtteilsanspruches gemäß § 2332 BGB zu unterscheiden. Diese ist unabhängig von der Dauer der Vorerbschaft.³⁶⁹ Der pflichtteilsberechtigte Nacherbe kann daher schon vor dem Nacherbfall zu der gemäß § 2306 Abs. 1 S. 2 BGB erforderlichen Ausschlagung gezwungen sein, wenn er den

---

³⁶⁰ *Brox* Rdnr. 737.
³⁶¹ *Brox* Rdnr. 737.
³⁶² Palandt/*Edenhofer* § 2144 Rdnr. 3.
³⁶³ Staudinger/*Avenarius* § 2144 Rdnr. 6.
³⁶⁴ Palandt/*Edenhofer* § 2144 Rdnr. 6; MünchKommBGB/*Grunsky* § 2144 Rdnr. 11; Soergel/*Harder-Wegmann* § 2144 Rdnr. 8.
³⁶⁵ Vgl. nur MünchKommBGB/*Grunsky* § 2146 Rdnr. 1.
³⁶⁶ MünchKommBGB/*Grunsky* § 2140 Rdnr. 5.
³⁶⁷ RGRK/*Johannsen* § 2142 Rdnr. 2.
³⁶⁸ Staudinger/*Avenarius* § 2142 Rdnr. 1 m.w.N.
³⁶⁹ RG Urt. v. 5.1.1905 – RGZ 59, 341, 346.

Pflichtteilsanspruch geltend machen will. Die Ausschlagung setzt voraus, dass der dem Nacherben hinterlassene Erbteil **größer als die Hälfte des gesetzlichen Erbteils** ist; bleibt der Erbteil dahinter zurück, wird der Nacherbe gemäß § 2306 Abs. 1 S. 1 BGB im Umfang seiner Erbeinsetzung sofort Vollerbe.

Die Wirkung der Ausschlagung ist, dass **die Erbschaft dem Vorerben verbleibt**, soweit der Erblasser nichts anderes bestimmt hat, § 2142 Abs. 2 BGB. Ist die Ausschlagung erst nach Eintritt des Nacherbfalles erfolgt, stellt sie das Erbrecht des Vorerben rückwirkend wieder her.[370] Eine andere Bestimmung des Erblassers im Sinne des § 2142 Abs. 2 BGB ist regelmäßig anzunehmen, wenn er Ersatznacherben (§ 2096 BGB) berufen hat oder eine vermutete Ersatzerbenberufung der Abkömmlinge des Nacherben gemäß § 2069 BGB vorliegt. Wenn der als Nacherbe eingesetzte Abkömmling die Nacherbschaft ausschlägt, um den Pflichtteil zu verlangen, so spricht jedoch eine tatsächliche Vermutung dafür, dass die Abkömmlinge des Ausschlagenden nicht an seine Stelle treten, da ansonsten der Stamm des Ausschlagenden bevorzugt würde.[371] Schlägt nur einer von mehreren Nacherben aus, so geht das Anwachsungsrecht der Mitnacherben gem. § 2094 BGB dem Vorerbenrecht nach § 2142 Abs. 2 BGB vor.[372]

4. Minderjährige und unbekannte Nacherben

a) **Minderjährige Nacherben.** Solange der Nacherbe minderjährig ist, wird er von seinem **gesetzlichen Vertreter,** in der Regel also von den Eltern vertreten (§§ 104, 106, 107, 1626, 1629 BGB). Dies ist insbesondere im Hinblick auf die Erteilung von Zustimmungen des Nacherben zu Verwaltungsmaßnahmen des Vorerben zu beachten. Soweit die Wirksamkeit von Verfügungen des Vorerben über Nachlassgegenstände von der Zustimmung des Nacherben abhängt, kommt es demnach auf die **Zustimmung des gesetzlichen Vertreters** an. Wenn die Verfügung ein Rechtsgeschäft des Nacherben betrifft, das unter den Katalog der §§ 1821, 1822 BGB fällt, insbesondere die Verfügung über ein Nachlassgrundstück oder ein Grundstücksrecht im Sinne des § 1821 Abs. 1 Nr. 1 BGB, ist ferner die vormundschaftsgerichtliche Genehmigung erforderlich.[373] Ist der gesetzliche Vertreter, was meist der Fall sein dürfte, selbst Vorerbe, so kann er gemäß §§ 1629 Abs. 2 S. 1, 1795 Abs. 2 BGB in Verbindung mit § 181 BGB die Zustimmung nicht sich selbst gegenüber erklären.[374] In diesem Fall ist die Bestellung eines Ergänzungspflegers nach § 1913 Abs. 1 S. 1 BGB erforderlich, der seinerseits für die unter §§ 1821, 1822 BGB fallenden Geschäfte der vormundschaftlichen Genehmigung bedarf (§ 1915 Abs. 1 BGB).[375] In der Rechtsprechung[376] und von einem Teil der Literatur[377] wird jedoch davon ausgegangen, dass der Vorerbe die Zustimmung zu einer von ihm getroffenen Verfügung dem durch die Verfügung Begünstigten gegenüber erteilen kann. Dem wird aber zutreffend entgegengehalten, dass der Interessenwiderstreit unabhängig davon besteht, wem gegenüber die Erklärung abgegeben wird.[378]

b) **Unbekannte Nacherben.** Der Erblasser muss zwar die Person des Nacherben selbst festlegen, er braucht dies jedoch nicht namentlich zu tun. So kann er zurzeit des Erbfalls noch nicht erzeugte Personen (§ 2101 Abs. 1 BGB) oder diejenigen, die im Zeitpunkt des Nacherbfalls seine gesetzlichen Erben sein würden (§ 2104 BGB) als Nacherben einsetzen. In diesen Fällen ist die **Person der Nacherben** bis zum Eintritt des Nacherbfalls unbestimmt bzw. unbekannt. Es ist insofern auch unklar, **wem die Nacherbenrechte und die Nacherbenanwartschaft zustehen.** § 1913 S. 2 BGB bestimmt daher, dass einem Nacherben, der noch nicht erzeugt ist oder dessen Persönlichkeit erst durch ein künftiges Ereignis bestimmt wird, für die Zeit bis zum Eintritt der Nacherbfolge ein **Pfleger** bestellt werden kann. Umstritten ist insoweit, ob auch diejenigen Personen als unbestimmt oder nur bedingt bekannt gelten, die vor dem Eintritt des Nacherb-

---

[370] Staudinger/*Avenarius* § 2142 Rdnr. 6.
[371] BGH Urt. v. 29.6.1960 – BGHZ 32, 60, 64 = NJW 1960, 959; näher dazu oben Rdnr. 40.
[372] BayObLG Beschl. v. 10.8.1962 – BayObLGZ 1962, 246 = FamRZ 1962, 538.
[373] Vgl. nur Staudinger/*Avenarius* § 2113 Rdnr. 18 m.w.N.
[374] BayObLG Beschl. v. 15.12.1959 – NJW 1960, 959, 960.
[375] MünchKommBGB/*Schwab* § 1915 Rdnr. 17.
[376] OLG Hamm Beschl. v. 19.3.1965 – NJW 1965, 1489, 1490; LG Berlin Beschl. v. 1.6.1987 – Rpfleger 1987, 457.
[377] Soergel/*Harder-Wegmann* § 2113 Rdnr. 9.
[378] MünchKommBGB/*Grunsky* § 2113 Rdnr. 15; Erman/*Schmidt* § 2113 Rdnr. 5.

falls bereits leben, weil sie fortfallen können und damit vorher noch nicht endgültig bestimmt sind.[379] Die Pflegerbestellung wird indessen entbehrlich, wenn der Erblasser zur Wahrnehmung der Rechte und Pflichten der bekannten und noch unbekannten Nacherben bis zum Eintritt der Nacherbfolge eine **Nacherbentestamentsvollstreckung** gemäß § 2222 BGB anordnet (vgl. hierzu u. Rdnr. 127 f.).

VII. Testamentsvollstreckung bei Vor- und Nacherbschaft

Eine Testamentsvollstreckung kann im Bereich der Vor- und Nacherbschaft in folgenden Fallgestaltungen vorkommen:

1. Testamentsvollstreckung nur für die Vorerbschaft

130   Die Testamentsvollstreckung kann **nur für den Vorerben** während der Vorerbschaft angeordnet werden.[380] Die Testamentsvollstreckung beginnt dann mit dem Erbfall und endet, wenn es sich um eine Verwaltungstestamentsvollstreckung handelt, mit dem Nacherbfall, andernfalls mit der Erledigung der Aufgaben, also der Auseinandersetzung der Vorerbengemeinschaft.[381] Eine Vorerbentestamentsvollstreckung ist insbesondere dann veranlasst, wenn verhindert werden soll, dass **Eigengläubiger** des Vorerben in den Nachlass vollstrecken (vgl. §§ 2115, 2214 BGB).[382]

Für die Dauer der Vorerbschaft steht allein dem Testamentsvollstrecker die **Verwaltungs- und Verfügungsbefugnis** über den Nachlass zu. Der Umfang dieser Befugnisse ist allerdings umstritten. Nach verbreiteter Auffassung[383] unterliegt der Vorerbentestamentsvollstrecker nicht den Verfügungsbeschränkungen des Vorerben nach §§ 2113, 2114 BGB, sondern nur den Beschränkungen nach § 2205 S. 3 BGB. Sofern der Testamentsvollstrecker nicht zugleich Nacherbe ist oder auch dessen Rechte verwaltet, überzeugt dies indes nicht. Schließlich werden die dem Vorerben im Interesse des Nacherben auferlegten Verfügungsbeschränkungen durch die Einsetzung eines Testamentsvollstreckers nicht hinfällig.[384] Die Gegenansicht[385] nimmt daher zutreffend an, dass für den Vorerbentestamentsvollstrecker dieselben Verfügungsbeschränkungen gelten wie für den Vorerben selbst.

Nach dem Urteil des BGH vom 26.1.2005[386] kann auch der **alleinige Vorerbe** zugleich Erbentestamentsvollstrecker sein, wenn sich die Testamentsvollstreckung auf die **sofortige Erfüllung eines Vermächtnisses** beschränkt und das Nachlassgericht bei groben Pflichtverstößen einen anderen Testamentsvollstrecker bestimmen kann. Rechte der Nacherben werden dadurch nicht beeinträchtigt, weil die Ernennung des Vorerben zum Testamentsvollstrecker nur den Zweck hat, einen fälligen Anspruch gegen den Vorerben aus § 2174 BGB zu erfüllen[387]

Formulierungsvorschlag für die Anordnung einer Vorerbentestamentsvollstreckung:
Ich ordne Testamentsvollstreckung für den Vorerben an. Zum Testamentsvollstrecker bestimme ich … Er hat die Aufgabe, sämtliche Verwaltungs- und Verfügungsbefugnisse des Vorerben wahrzunehmen.

---

[379] Vgl. nur Soergel/*Zimmermann* § 1913 Rdnr. 4; näher dazu *Friederich*, Rechtsgeschäfte zwischen Vorerben und Nacherben, Rdnr. 40 mit umfangreichen Nachw.
[380] Und zwar auch bei befreiter Vorerbschaft, s. OLG Bremen Beschl. v. 12.5.2004 – ZEV 2005, 26.
[381] Soergel/*Damrau* § 2222 Rdnr. 13.
[382] *Langenfeld* Testamentsgestaltung Rdnr. 223.
[383] RG Urt. v. 16.3.1938 – JW 1938, 1454; KG Beschl. v. 27.10.1916 – OLG 34, 298; OLG Neustadt Beschl. v. 16.8.1956 – NJW 1956, 1881; *Haegele/Winkler* Rdnr. 215; Soergel/*Damrau* § 2205 Rdnr. 58.
[384] MünchKommBGB/*Zimmermann* § 2222 Rdnr. 9.
[385] MünchKommBGB/*Zimmermann* § 2222 Rdnr. 9; Staudinger/*Reimann* § 2205 Rdnr. 157; Palandt/*Edenhofer* § 2205 Rdnr. 28; Erman/*Schmidt* § 2222 Rdnr. 4; *Brox* Rdnr. 4089.
[386] ZEV 2005, 204.
[387] BGH Urt. v. 26.1.2005 – ZEV 2005, 204, 206.

2. Testamentsvollstreckung nur für die Nacherbschaft

Des weiteren kann der Erblasser einen Testamentsvollstrecker für den Nacherben **nur für die Nacherbschaft** einsetzen. Die Testamentsvollstreckung beginnt dann mit dem Eintritt der Nacherbfolge (§ 2139 BGB). Für sie gelten keine Besonderheiten.

> **Formulierungsvorschlag für die Anordnung einer Testamentsvollstreckung nur für die Nacherbschaft:**
> Ich ordne Testamentsvollstreckung für den Nacherben ab dem Eintritt der Nacherbfolge an. Zum Testamentsvollstrecker bestimme ich ...

3. Testamentsvollstreckung für den Nacherben bis zum Eintritt des Nacherbfalls

Gemäß § 2222 BGB kann der Erblasser einen Testamentsvollstrecker auch zu dem Zweck ernennen, dass dieser vom Erbfall **bis zum Eintritt des Nacherbfalls** die Rechte des Nacherben ausübt und dessen Pflichten erfüllt (**Nacherbentestamentsvollstreckung**). Hier wird nicht der Vorerbe, sondern der Nacherbe beschränkt, da dieser seine Rechte nicht ausüben kann, soweit die Rechtstellung des Testamentsvollstreckers reicht.[388] Die Nacherbentestamentsvollstreckung dient hauptsächlich einer wirksamen Beaufsichtigung des Vorerben. Zweckmäßig ist sie insbesondere bei unter elterlicher Gewalt oder Vormundschaft des Vorerben stehenden Nacherben und bei unbestimmten oder unbekannten Nacherben (vgl. dazu Rdnr. 123 f.), da sich hierdurch die Einholung vormundschaftsgerichtlicher Genehmigungen bzw. eine Pflegerbestellung nach § 1913 S. 2 BGB erübrigt. Anders als ein nach § 1913 S. 2 BGB bestellter Pfleger für den Nacherben unterliegt der Nacherbentestamentsvollstrecker nicht der Aufsicht des Vormundschaftsgerichtes und benötigt für die Erteilung der Zustimmung zu einer Verfügung des Vorerben über Nachlassgegenstände auch keine vormundschaftsgerichtliche Genehmigung.[389]

Der **einzige Vorerbe** kann nach h. M.[390] nicht zum Nacherbentestamentsvollstrecker bestellt werden, da der mit der Nacherbentestamentsvollstreckung verfolgte Zweck der Beaufsichtigung des Vorerben ansonsten verfehlt würde. Für zulässig wird jedoch eine Ernennung des alleinigen Vorerben zu einem von mehreren Nacherbentestamentvollstreckern in gemeinschaftlicher Ausführung (§ 2224 Abs. 1 BGB) erachtet.[391] Des Weiteren kann einer von mehreren Vorerben zum Nacherbentestamentsvollstrecker ernannt werden.[392] Das Gleiche gilt für einen von mehreren Nacherben.[393]

> **Formulierungsvorschlag für die Anordnung einer Nacherbentestamentsvollstreckung nach § 2222 BGB:**
> Ich ordne gemäß § 2222 BGB Testamentsvollstreckung für den Nacherben bis zu dem Eintritt der Nacherbfolge an. Zum Testamentsvollstrecker bestimme ich ... Er hat die Rechte und Pflichten des Nacherben wahrzunehmen.

4. Testamentsvollstreckung für Vor- und Nacherbschaft

Schließlich kann eine **umfassende** Testamentsvollstreckung für **Vor- und Nacherbschaft** angeordnet werden. Zweckmäßigerweise sollte darin auch die Nacherbentestamentsvollstreckung nach § 2222 BGB eingeschlossen sein.[394] Im Zweifel ist allerdings nicht anzuneh-

---

[388] Staudinger/*Reimann* § 2222 Rdnr. 4.
[389] Vgl. MünchKommBGB/*Zimmermann* § 2222 Rdnr. 2.
[390] RG Urt. v. 26.10.1911 – RGZ 77, 177; OLG Karlsruhe Beschl. v. 8.9.1980 – MDR 1981, 943; **a.A.** *Rohlff* DNotZ 1971, 518, 527 ff.; *Langenfeld* Testamentsgestaltung Rdnr. 223.
[391] Vgl. Palandt/*Edenhofer* § 2222 Rdnr. 2.
[392] Staudinger/*Reimann* § 2222 Rdnr. 16; zweifelnd MünchKommBGB/*Zimmermann* § 2222 Rdnr. 4.
[393] Staudinger/*Reimann* § 2222 Rdnr. 17; MünchKommBGB/*Zimmermann* § 2222 Rdnr. 4.
[394] *Langenfeld* Testamentsgestaltung Rdnr. 223.

men, dass dem allgemein ernannten Testamentsvollstrecker auch die Wahrnehmung der Rechte und Pflichten des Nacherben bis zum Eintritt des Nacherbfalls übertragen sein soll.[395]

Der zugleich für Vor- und Nacherben bestellte Testamentsvollstrecker unterliegt während der Vorerbschaft unstreitig nur den Beschränkungen nach § 2205 S. 3 BGB, nicht jedoch **den für den Vorerben geltenden Verfügungsbeschränkungen** der §§ 2113 ff.[396]

> **Formulierungsvorschlag für die Anordnung einer Testamentsvollstreckung für Vor- und Nacherbschaft:**
> Ich ordne Testamentsvollstreckung für den Vorerben und für den Nacherben einschließlich der Nacherbentestamentsvollstreckung nach § 2222 an. Zum Testamentsvollstrecker bestimme ich ...

VIII. Vor- und Nacherbschaft im Unternehmensbereich

135 Soweit zum Nachlass ein Unternehmen oder eine Gesellschaftsbeteiligung gehört, sollte die Anordnung einer Vor- und Nacherbschaft besonders kritisch geprüft werden. Zwar bietet sie sich hier aus mancherlei Gründen besonders an; beispielsweise kann sie dazu dienen, die Versorgung des überlebenden Ehegatten sicherzustellen, diesen für eine gewisse Zeitspanne als „Platzhalter" für den eigentlich zur Unternehmensnachfolge berufenen, hierfür jedoch auf Grund Alters oder Ausbildungsstand noch nicht geeigneten Abkömmling fungieren zu lassen oder Vorsorge für den Fall einer unerwünschten Erbeserbfolge (z.B. durch Wiederverheiratung) zu treffen. Andererseits schafft die Vor- und Nacherbschaft gerade im Unternehmensbereich **besondere Probleme,** denn der **Umfang der Rechte und Pflichten** von Vor- und Nacherben in Bezug auf die Verwaltung und die Ergebnisse des Unternehmens/der Gesellschaftsbeteiligung ist in Rechtsprechung und Literatur noch nicht hinreichend geklärt. Insbesondere wird sich oft nicht eindeutig beurteilen lassen, zu welchen unternehmerischen Maßnahmen der Vorerbe im Verhältnis zum Nacherben im Einzelnen in der Lage ist oder was dem Vorerben als Nutzungen des Unternehmens zusteht. Das damit einhergehende Konfliktpotential kann nicht nur für das Verhältnis zwischen Vor- und Nacherben, sondern auch für das Unternehmen erhebliche Belastungen mit sich bringen. Dessen sollte sich der Erblasser gewahr sein.

1. Einzelkaufmännisches Unternehmen

136 Gehört zum Nachlass ein einzelkaufmännisches Unternehmen, wird der Vorerbe **unmittelbarer Eigentümer** der dem Unternehmen zugeordneten Gegenstände.[397] Er unterliegt daher auch hinsichtlich dieser Gegenstände des Betriebsvermögens den Verfügungsbeschränkungen der §§ 2113 ff. BGB und den Kontroll- und Sicherungsrechten der §§ 2121 bis 2123 und §§ 2127 bis 2129 BGB zugunsten des Nacherben.[398] Allerdings ist er nicht verpflichtet, die wirtschaftliche Zweckbestimmung der Nachlassgegenstände aufrechtzuerhalten.[399] Er kann daher allein über die **Fortführung oder die Einstellung** des Handelsgeschäftes gemäß §§ 22, 25, 27 HGB entscheiden.[400] Bei schuldhafter Fehlentscheidung kann er sich jedoch nach §§ 2130, 2131 BGB schadensersatzpflichtig machen.[401] Führt der Vorerbe das Unternehmen fort, hat er sich im Handelsregister eintragen zu lassen.[402] Die Eintragung eines Nacherbenvermerks im Handelsregister ist aber nicht vorgesehen und unzulässig.[403]

137 Nach dem Eintritt der Nacherbfolge hat der Vorerbe die Gegenstände des Betriebsvermögens gemäß § 2130 BGB an den Nacherben herauszugeben, mit Ausnahme der dem Vorerben zuste-

---

[395] BayObLG Beschl. v. 10.4.1959 – NJW 1959, 1920; LG Oldenburg Beschl. v. 19.12.1980 – Rpfleger 1981, 197; Palandt/*Edenhofer* § 2222 Rdnr. 1.
[396] BGH Urt. v. 25.9.1963 – BGHZ 40, 115 = NJW 1963, 2320.
[397] *Petzoldt* BB 1975, Beil. 6, S. 9.
[398] *Nieder* Rdnr. 666.
[399] *Petzoldt* BB 1975, Beil. 6, S. 9.
[400] MünchKommBGB/*Grunsky* § 2112 Rdnr. 3; Staudinger/*Avenarius* § 2112 Rdnr. 22.
[401] MünchKommBGB/*Grunsky* § 2112 Rdnr. 3.
[402] MünchKommBGB/*Grunsky* § 2112 Rdnr. 3; Staudinger/*Avenarius* § 2112 Rdnr. 22.
[403] OLG München JFG 22, 89; Staudinger/*Avenarius* § 2112 Rdnr. 22.

henden Nutzungen (§ 2111 Abs. 1 BGB). Was die Nutzungen eines Unternehmens sind, sagt das Gesetz nicht. In Anlehnung an den früheren § 1655 a.F. BGB wird darunter jedoch allgemein **der nach Abzug der Steuern verbleibende Reingewinn,** wie er sich aus der nach kaufmännischen Grundsätzen zu errichtenden jährlichen Bilanz[404] ergibt, verstanden.[405] Der Erblasser kann dabei die Bilanzierung- und Bewertungsfreiheit des Vorerben durch letztwillige Verfügung erweitern oder einschränken.[406] Bei Nichteinhaltung der Bilanzierungs- und Bewertungsvorschriften kann den Vorerben nach § 2130 BGB eine Schadenersatzpflicht treffen. **Verluste** müssen nach den Grundsätzen ordnungsmäßiger Verwaltung grundsätzlich jedenfalls insoweit mit den Gewinnen späterer Jahre verrechnet werden, als für ihre Deckung keine Rücklagen gebildet wurden.[407] Dagegen muss der Vorerbe spätere Verluste nicht durch Rückführung früher entnommener Gewinne ausgleichen.[408]

Der Nacherbe haftet, wenn er das Unternehmen fortführt, für die vom Vorerben begründeten Geschäftsverbindlichkeiten nach den §§ 25, 27 HGB.[409] Für diese **handelsrechtliche Haftung** kommt es nicht darauf an, ob die Eingehung der Verbindlichkeiten im Rahmen ordnungsmäßiger Verwaltung des Nachlasses lag.[410]

2. Personengesellschaften

a) **Gesellschaftsrechtliche Voraussetzungen.** *aa) Nachfolge in Gesellschaftsanteil.* Zur Vorerbschaft gehören auch Beteiligungen des Erblassers an Personengesellschaften.[411] In die Gesellschafterstellung können Vor- als auch Nacherbe jedoch nur einrücken, wenn der Gesellschaftsvertrag die entsprechenden Voraussetzungen schafft. Bei einer **einfachen erbrechtlichen Nachfolgeklausel** wird der Vorerbe nach dem Tod des Erblassers grundsätzlich unmittelbar Gesellschafter; mit Eintritt des Nacherbfalls fällt der Gesellschaftsanteil dann an den Nacherben.[412] Einer ausdrücklichen Anordnung der Zulässigkeit der Vor- und Nacherbschaft in der Nachfolgeklausel bedarf es dazu nicht, da trotz des mit dem Nacherbfall eintretenden Wechsels in der Person des Nachfolgers immer nur ein Erbe nachrückt.[413] Enthält der Gesellschaftsvertrag eine **qualifizierte Nachfolgeklausel,** müssen allerdings sowohl der Vor- als auch der Nacherbe die jeweiligen Voraussetzungen für die Nachfolge in den Gesellschaftsanteil erfüllen.[414]

Sieht der Gesellschaftsvertrag **Eintrittsklauseln** vor, müssen diese sowohl Vor- als auch Nacherbe eine Eintrittsberechtigung verleihen.[415] Macht der Vorerbe von seiner Eintrittsberechtigung Gebrauch, kommt es bei Eintritt des Nacherbfalls – anders als bei der Nachfolgeklausel – nicht zu einem unmittelbaren Gesellschafterwechsel, vielmehr muss der Nacherbe seinerseits das Eintrittsrecht ausüben, um Gesellschafter zu werden. Das ist ihm allerdings verwehrt, wenn der Vorerbe auf den Eintritt verzichtet hat, denn dieser Verzicht bindet gemäß § 2112 BGB grundsätzlich auch den Nacherben, soweit nicht § 2113 Abs. 2 BGB eingreift.[416]

Unabhängig davon, ob der Nacherbe kraft Eintrittsrechts Gesellschafter werden kann, fällt der Gesellschaftsanteil des Vorerben als **Surrogat** gemäß § 2111 BGB in den Nachlass, wenn er

---

[404] Ob dies die Steuer- oder die Handelsbilanz zu sein hat, wird unterschiedlich beurteilt, vgl. MünchKommBGB/*Grunsky* § 2111 Rdnr. 25 m.w.N., der selbst keine der beiden Bilanzen für allein maßgeblich hält, sondern eine objektive Gewinnermittlung auf Grundlage einer „bereinigten" Bilanz fordert.
[405] *Baur* JZ 1958, 465, 466; MünchKommBGB/*Grunsky* § 2111 Rdnr. 25; Staudinger/*Avenarius* 2111 Rdnr. 40.
[406] *Baur* JZ 1958, 465, 467.
[407] Staudinger/*Avenarius* § 2111 Rdnr. 40; MünchKommBGB/*Grunsky* § 2111 Rdnr. 26; nicht diff. Soergel/*Harder-Wegmann* § 2111 Rdnr. 15 (späterer Gewinn regelmäßig zu verrechnen).
[408] MünchKommBGB/*Grunsky* § 2111 Rdnr. 26.
[409] BGH Urt. v. 10.2.1960 – BGHZ 32, 60 = NJW 1960, 959.
[410] BGH Urt. v. 10.2.1960 – BGHZ 32, 60 = NJW 1960, 959.
[411] BGH Urt. v. 25.5.1977 – BGHZ 69, 47, 49 f. = NJW 1977, 1540.
[412] Soweit der Gesellschaftsvertrag im Zeitpunkt des Eintritts des Nacherbfalls noch zulässt, BGH Urt. v. 6.10.1980 – BGHZ 78, 177, 181 = NJW 1981, 115.
[413] BGH Urt. v. 25.5.1977 – BGHZ 69, 47, 49 f. = NJW 1977, 1540; *Michalski* DB 1987, Beilage 16, 1, 4; *Klein,* MünchHdb. des Gesellschaftsrechts, Bd. I, 1. Aufl., § 73 Rdnr. 22; Staudinger/*Avenarius* § 2100 Rdnr. 67.
[414] *Baumbach/Hopt* § 139 Rdnr. 19; Sudhoff/*Scherer* § 8 Rdnr. 25.
[415] Vgl. MünchKommBGB/*Ulmer* § 727 Rdnr. 72.
[416] MünchKommBGB/*Ulmer* § 727 Rdnr. 72.

mit Mitteln der Erbschaft – regelmäßig durch Einbringung des durch den Tod des Erblassers entstandenen Abfindungsanspruchs – erworben wurde.[417] Gesellschafter kann der Nacherbe aber auch dann nur werden, wenn der Gesellschaftsvertrag dies zulässt.[418] Ist es dem Nacherben nicht möglich, die Gesellschafterstellung zu erlangen, fallen jedenfalls die vermögensrechtlichen Vorteile aus dem Gesellschaftsanteil in den Nachlass, namentlich der Anspruch auf das Auseinandersetzungsguthaben und die Gewinnansprüche.[419]

139   *bb) Gesellschafter-Vorerben.* Sonderprobleme entstehen, wenn der Vorerbe bereits einen **eigenen** Anteil an der Personengesellschaft hält. Nach dem Grundsatz der Einheitlichkeit der Mitgliedschaft[420] vereinigt sich dieser Gesellschaftsanteil mit dem durch den Erbfall hinzuerworbenen Gesellschaftsanteil zu einem einheitlichen Anteil. Zwar teilt sich dieser Anteil, wenn der Gesellschaftsvertrag eine Nachfolgeklausel vorsieht, im Nacherbfall ipso jure wieder in zwei getrennte Anteile.[421] Bis dahin können die Rechte aus dem Anteil jedoch nur einheitlich ausgeübt werden, was zu unbefriedigenden Ergebnissen führt, wenn der Vorerbe hinsichtlich des der Nacherbschaft unterliegenden Anteils Beschränkungen unterworfen ist, da diese Beschränkungen auf Grund der einheitlichen Mitgliedschaft auch den ehemals unbeschränkten Anteil erfassen. Insofern werden zu Recht Überlegungen angestellt, ob der Grundsatz der Einheitlichkeit der Mitgliedschaft nicht in Fällen, in denen ein Gesellschafter einen weiteren Anteil erbt, der durch Vor- und Nacherbschaft oder Testamentsvollstreckung beschwert ist, aufgegeben werden sollte.[422] Solange eine klare Aussage der Rechtsprechung hierzu fehlt,[423] wird die Gestaltungspraxis allerdings besondere Vorkehrungen treffen müssen, um ein Übergreifen der Beschränkungen durch die Vor- und Nacherbschaft auf den eigenen Anteil des Vorerben zu vermeiden. Insoweit bietet es sich an, die Verpflichtung vorzusehen, den belasteten oder den nicht belasteten Anteil auf einen Treuhänder zu übertragen.

Bestand die Gesellschaft lediglich aus dem Erblasser und dem Vorerben, kommt das Problem hinzu, dass sich mit dem Erbfall alle Gesellschaftsanteile in der Hand des Gesellschafter-Vorerben vereinigen. Nach derzeitiger Auffassung hat dies **die Beendigung der Gesellschaft** zur Folge. Im Verhältnis zum Nacherben ist die Gesellschaft gleichwohl nicht als endgültig erloschen anzusehen.[424] Ob die Gesellschaft im Nacherbfall automatisch wieder auflebt, oder ob der Nacherbe nur einen schuldrechtlichen Anspruch auf Neubegründung der Gesellschaft gegen den Vorerben hat, ist indessen nicht abschließend geklärt.[425]

140   **b) Auswirkungen auf die Mitgliedschaft des Vorerben.** *aa) Wahlrecht nach § 139 HGB.* Der Vorerbe, der auf Grund einer gesellschaftsvertraglichen Nachfolgeklausel[426] die Nachfolge eines persönlich haftenden Gesellschafters antritt, hat gemäß § 139 Abs. 1 HGB die **Wahl,** ob er persönlich haftender Gesellschafter bleibt oder seinen Verbleib in der Gesellschaft von der Einräumung einer Kommanditistenstellung abhängig macht.[427] Hat er die Kommanditistenstellung gewählt, ist der Nacherbe hieran gebunden:[428] Bleibt der Vorerbe dagegen persönlich haftender Gesellschafter, kann auch der Nacherbe wählen, ob er Kommanditist wird.[429]

---

[417] BGH Urt. v. 21.11.1989 – BGHZ 109, 214 = NJW 1990, 515 unter Aufgabe der früheren Rspr.
[418] MünchKommBGB/*Grunsky* § 2111 Rdnr. 16.
[419] BGH Urt. v. 21.11.1989 – BGHZ 109, 214 = NJW 1990, 515.
[420] Staub/*Ulmer* § 105 Rdnr. 71.
[421] Vgl. *Stimpel,* FS Rowedder, S. 477, 480.
[422] Vgl. z.B. *Esch* BB 1996, 1621.
[423] Der für erbrechtliche Fragen zuständige IV. BGH-Zivilsenat hat zwar in seinem – zur vergleichbaren Lage bei der Testamentsvollstreckung ergangenen – Beschl. v. 10.1.1996 – Az. IV ZB 21/94 – ZEV 1996, 110 m. Anm. *Lorz* NJW 1996, 1284, den Grundsatz der Einheitlichkeit der Mitgliedschaft bereits dahingehend relativiert, dass die Vermögensrechte aus dem durch Erbfall hinzuerworbenen Gesellschaftsanteil durch den Testamentsvollstrecker wahrgenommen werden können, eine echte Sonderzuordnung des ererbten Anteils kann dem aber nicht entnommen werden, vgl. *Lorz* ZEV 1996, 112, 113.
[424] BGH Urt. v. 14.5.1986 – NJW 1986, 2431, 2434.
[425] Vgl. *Baur/Grunsky* ZHR 133 (1970), 209, 217 ff.; *Stimpel,* FS Rowedder, S. 477, 478 ff.
[426] Bei der Eintrittsklausel steht dem Vorerben das Wahlrecht nach § 139 HGB nicht zu, *Petzoldt* BB 1975, Beil. 6, S. 10.
[427] *Petzoldt* BB 1975, Beil. 6, S. 11; *Michalski* DB 1987, Beilage 16, 1, 13.
[428] BGH Urt. v. 25.5.1977 – BGHZ 69, 47, 52 = NJW 1977, 1540.
[429] *Michalski* DB 1987, Beilage 16, 1, 13 m.w.N.

bb) Ausübung der Mitgliedschaftsrechte. Als echter Erbe des Erblassers kann der Vorerbe vorbehaltlich seiner Haftung aus §§ 2130, 2131 BGB alle Mitgliedschaftsrechte **ohne Mitwirkung** des Nacherben ausüben.[430] Insbesondere darf er an Abänderungen des Gesellschaftsvertrages mitwirken, Umwandlungsverträge schließen, die Mitgliedschaft – soweit gesellschaftsvertraglich zulässig – kündigen, der Aufnahme neuer Gesellschafter zustimmen oder die Auflösung der Gesellschaft mitbeschließen.[431] Er hat jedoch dabei jeweils die Beschränkung des § 2113 Abs. 2 BGB zu beachten, d. h., er darf **nicht unentgeltlich über den Gesellschaftsanteil verfügen**.[432] Dies bedeutet zunächst, dass der Vorerbe nicht freiwillig gegen ein objektiv nicht vollwertiges Entgelt aus der Gesellschaft ausscheiden darf, wobei solche Abfindungen noch als entgeltlich angesehen werden können, die wegen der Bewertungsschwierigkeiten nach Pauschalsätzen bemessen sind, sofern diese den Anteil des Ausscheidenden möglichst richtig erfassen sollen und hiermit nicht auch der Zweck verfolgt wird, im Interesse der Lebensfähigkeit des Unternehmens oder aus anderen Gründen die Abfindungsansprüche zu beschneiden.[433] Die Rechtsprechung wendet § 2113 Abs. 2 BGB aber auch auf die Mitwirkung des Vorerben an **gesellschaftsvertraglichen Maßnahmen** an, auch wenn § 2113 Abs. 2 BGB hier nicht ohne weiteres passt, da Gesellschaftsvertragsänderungen keine Austauschverträge sind und ihnen für gewöhnlich keine fassbare „Gegenleistung" gegenübersteht.[434] Der BGH grenzt das Kriterium der Unentgeltlichkeit in diesen Fällen negativ ab: Die Zustimmung des Gesellschafter-Vorerben zu einer Änderung des Gesellschaftsvertrages, die in seine Mitgliedschaftsrechte eingreift, ist in der Regel keine unentgeltliche Verfügung, wenn die Vertragsänderung **alle Gesellschafter gleichmäßig betrifft** oder wenn der Vorerbe zwar einseitigen Änderungen zu Lasten seines Gesellschaftsanteils zustimmt, das aber eine Konzession dafür ist, dass die Mitgesellschafter zusätzliche Leistungen für die Erhaltung oder Stärkung des Gesellschaftsunternehmens erbringen.[435] Eine unentgeltliche Verfügung kann z.B. die Zustimmung des Gesellschafter-Vorerben zur Änderung des Gewinnverteilungsschlüssels sein, soweit hierdurch bei Auflösung der Gesellschaft die Verteilung der stillen Reserven berührt wird.[436]

Die Verfügungsbeschränkung des § 2113 Abs. 1 BGB, d. h. das Verbot, über Grundstücke oder Rechte an Grundstücken zu verfügen, trifft den Gesellschafter-Vorerben bezüglich zum Gesellschaftsvermögen gehörender Grundstücke nach h. M.[437] indessen nicht. Gegenstand der Nacherbfolge ist nur der Gesellschaftsanteil. **Verfügungen, die von der Gesellschaft über Grundstücke getroffen werden,** unterfallen demnach nicht § 2113 Abs. 1 BGB. Andernfalls wären nämlich auch die übrigen, nicht nacherbschaftsbelasteten Gesellschafter auf eine Zustimmung des Nacherben angewiesen.[438] Eine derart weitgehende Blockierung ist nicht Sinn des § 2113 Abs. 1 BGB.[439] Dies gilt auch, wenn der Vorerbe neben dem Erblasser einziger Mitgesellschafter war, denn er braucht seinen eigenen Anteil nicht de facto dem Willen des Nacherben zu unterwerfen.[440] Im Grundbuch ist deshalb kein Nacherbenvermerk aufzunehmen.[441]

cc) Vermögensrechte. Dem Vorerben stehen gemäß § 2111 Abs. 1 S. 1 BGB die Nutzungen des Nachlasses zu. Nutzungen eines Personengesellschaftsanteils sind zunächst der auf den Anteil gemäß Gesetz und Gesellschaftsvertrag entfallende **ausschüttbare und entnahmefähige**

---

[430] MünchKommBGB/*Grunsky* § 2112 Rdnr. 6.
[431] MünchKommBGB/*Grunsky* § 2112 Rdnr. 6; *Esch/Baumann/Schulze zur Wiesche* I 1487.
[432] BGH Urt. v. 25.5.1977 – BGHZ 69, 47, 50 = NJW 1977, 1540.
[433] BGH Urt. v. 26.10.1983 – NJW 1984, 362, 364; näher zur Abfindungsbemessung *Michalski* DB 1987, Beilage 16, 1, 16.
[434] BGH Urt. v. 6.10.1980 – BGHZ 78, 177, 182 f. = NJW 1981, 115; *Harder* DNotZ 1994, 822, 824, 842.
[435] BGH Urt. v. 6.10.1980 – BGHZ 78, 177 = NJW 1981, 115.
[436] BGH Urt. v. 9.3.1981 – NJW 1981, 1540.
[437] BGH Urt. v. 10.3.1976 – NJW 1976, 893; Staudinger/*Avenarius* § 2113 Rdnr. 10 ff.; Soergel/*Harder-Wegmann* § 2113 Rdnr. 3; MünchKommBGB/*Grunsky* § 2113 Rdnr. 3; Palandt/*Edenhofer* § 2113 Rdnr. 1; a.A. *Michalski* DB 1987, Beilage 16, 1, 15.
[438] BGH Urt. v. 10.3.1976 – BGH NJW 1976, 893.
[439] MünchKommBGB/*Grunsky* § 2113 Rdnr. 3; Soergel/*Harder-Wegmann* § 2113 Rdnr. 3.
[440] MünchKommBGB/*Grunsky* § 2113 Rdnr. 3.
[441] OLG Köln Beschl. v. 22.10.1986 – NJW-RR 1987, 267; BayObLG Beschl. v. 25.10.1995 – ZEV 1996, 64.

Gewinn,[442] und zwar bezogen auf die Nutzungszeit, und nicht auf den Fälligkeitszeitpunkt (§ 101 Nr. 2 a. E. BGB). Unabhängig davon hat der Vorerbe nach wohl h. M.[443] gemäß § 122 Abs. 1 HGB das Recht zur Entnahme von jährlich 4% seines Kapitalanteils.

Soweit der Gesellschaftsvertrag zur Rücklagenbildung **Gewinnentnahmebeschränkungen** vorsieht, bindet dies im Verhältnis zur Gesellschaft auch den Vorerben; er kann also nicht unter Berufung auf sein Nutzungsrecht nach § 2111 Abs. 1 S. 1 BGB auch die Auszahlung des nicht entnahmefähigen Gewinns verlangen. Ihm kann jedoch hinsichtlich dieses thesaurierten Gewinnanteils ein Ausgleichsanspruch gegen den Nacherben zustehen, da der Gesellschaftsvertrag nicht das zwischen Vorerben und Nacherben bestehende Rechtsverhältnis regelt und demnach nicht mit verbindlicher Wirkung die Höhe der dem Vorerben in diesem Verhältnis zustehenden Nutzungen festlegen kann.[444] Dies muss erst recht gelten, wenn der Gewinn grundsätzlich entnahmefähig ist, er aber auf Grund eines Gesellschafterbeschlusses thesauriert wird. Das Bestehen eines solchen Ausgleichsanspruchs wird in der Literatur[445] teilweise davon abhängig gemacht, ob die Rücklagenbildung kaufmännisch geboten ist; bei einer kaufmännisch gebotenen Rücklagenbildung handele es sich um gewöhnliche, zu Lasten des Vorerben gehende Erhaltungskosten gemäß § 2124 Abs. 1 BGB. Nur der über das kaufmännisch Gebotene hinausgehende thesaurierte Gewinn stehe dem Vorerben zu.[446]

Um Streitigkeiten über die Höhe der dem Vorerben zustehenden Nutzungen zu vermeiden, sollte der Erblasser in der letztwilligen Verfügung diesbezüglich eine klare Regelung treffen. Er kann dabei die Stellung des Vorerben durch **Vermächtnis** oder **Auflage** verändern, beispielsweise dem Vorerben im Verhältnis zum Nacherben ausdrücklich auch den nicht entnahmefähigen Gewinn zuwenden.[447]

> **Formulierungsvorschlag für die Verteilung der Nutzungen eines Personengesellschaftsanteils:**
> Dem Vorerben stehen als Nutzungen des Anteils die für die Dauer der Vorerbschaft auf den Anteil nach der jährlichen Steuerbilanz entfallenden Gewinne zu. Sollten Gewinne auf Grund Gesellschaftsvertrag oder Gesellschafterbeschluss nicht entnommen werden können, vermache ich dem Vorerben auch den nicht entnahmefähigen Gewinn. Zu den Nutzungen des Vorerben zählen auch die Entnahmen gemäß § 122 HGB. Im Falle von Entnahmebeschränkungen auf Grund Gesellschaftsvertrages oder Gesellschafterbeschlusses beschränke ich die Nutzungen des Vorerben im Wege der Auflage jedoch auf die hiernach zulässigen Entnahmen.

3. Kapitalgesellschaften

Anteile an Kapitalgesellschaften gehen, soweit sie vererblich sind, ohne weiteres zunächst auf den Vorerben und dann auf den Nacherben über.[448] Der Vorerbe tritt grundsätzlich **mit allen Rechten und Pflichten** in die gesellschaftsrechtliche Position des Erblassers ein. Hinsichtlich der Ausübung seiner Mitgliedschaftsrechte gilt prinzipiell das Gleiche wie bei dem Vorerben als Gesellschafter einer Personengesellschaft; auf die dahin gehenden Ausführungen unter Rdnr. 136 kann daher verwiesen werden.

Als Nutzungen gemäß § 2111 Abs. 1 S. 1 BGB stehen dem Vorerben für die Dauer der Vorerbschaft die auf seine Beteiligung entsprechend den Ergebnisverwendungsbeschlüssen entfallenden **Gewinnanteile oder Dividenden** zu. Hiervon wird man jedoch dann eine Ausnahme machen müssen, wenn der Gewinn aus der Auflösung von stillen Reserven resultiert, die bereits vor dem Erbfall gebildet worden sind, da es sich insoweit um Nachlasssubstanz handelt,

---

[442] *Hefermehl*, FS Harry Westermann, S. 223, 235.
[443] Vgl. nur MünchKommBGB/*Grunsky* § 2111 Rdnr. 29 m.w.N.
[444] MünchKommBGB/*Grunsky* § 2111 Rdnr. 20; **a.A.** *Hefermehl*, FS Harry Westermann, S. 223, 233 ff.; *Esch/Baumann/Schulze zur Wiesche* I 1493.
[445] MünchKommBGB/*Grunsky* § 2111 Rdnr. 29.
[446] MünchKommBGB/*Grunsky* § 2111 Rdnr. 29.
[447] *Nieder* Rdnr. 667.
[448] MünchKommBGB/*Grunsky* § 2112 Rdnr. 4.

womit die Ausschüttung als Gewinn zu einer Surrogation führt, der ausgeschüttete Betrag also ebenfalls in den Nachlass fällt.[449]

Bezugsrechte auf neue Aktien und **Anteilsrechte** auf Grund einer Kapitalerhöhung aus Gesellschaftsmitteln sind keine dem Vorerben gebührenden Nutzungen, sie fallen in den Nachlass.[450] Eine andere Beurteilung dürfte jedoch angezeigt sein, wenn neue Anteile unentgeltlich ausgegeben werden und die Ausgabe dieser Anteile aus Rücklagen erfolgt, die aus Gewinnen während der Zeit stammen, in der dem Vorerben die Nutzungen zustehen.[451]

Streitigkeiten darüber, was dem Vorerben im Einzelnen als Nutzungen zusteht, können auch hier durch eine ausdrückliche Regelung in der letztwilligen Verfügung vermieden werden.

> **Formulierungsvorschlag für die Verteilung der Nutzungen eines Kapitalgesellschaftsanteils:**
> Dem Vorerben stehen als Nutzungen des Anteils die für die Dauer der Vorerbschaft auf den Anteil nach den Gewinnverwendungsbeschlüssen entfallenden Gewinne zu. Dies gilt auch, soweit die Gewinne aus der Auflösung stiller Reserven resultieren, ich vermache sie in diesem Fall dem Vorerben. Nicht zu den Nutzungen des Vorerben zählen Bezugsrechte und neue Anteile aus einer Kapitalerhöhung aus Gesellschaftsmitteln, auch wenn die Ausgabe neuer Anteile aus Rücklagen erfolgt, die aus Gewinnen stammen, die während der Dauer der Vorerbschaft gebildet wurden; insoweit beschränke ich die Nutzungen des Vorerben im Wege der Auflage.

IX. Erbschaftsteuer bei Vor- und Nacherbschaft

Die steuerliche Betrachtung der Vor- und Nacherbschaft stimmt mit der zivilrechtlichen Wertung nicht überein: Während zivilrechtlich gemäß § 2100 BGB lediglich ein Erbfall vorliegt, löst die Anordnung einer Vor- und Nacherbfolge erbschaftsteuerlich **zwei Besteuerungsvorgänge** aus, denn gemäß § 6 Abs. 2 S. 1 ErbStG haben bei Eintritt der Nacherbfolge diejenigen, auf die das Vermögen des Erblassers übergeht, den Erwerb **als vom Vorerben stammend** zu versteuern. Aus dieser Zweifachbesteuerung[452] müssen zwar nicht immer doppelte Steuerlasten resultieren, im Allgemeinen ist die Vor- und Nacherbschaft aus steuerlicher Sicht jedoch kein günstiges Gestaltungsmittel. Verfassungswidrig ist die Zweifachbesteuerung nach überwiegender Auffassung allerdings nicht.[453]

1. Besteuerung des Vorerben

Der Vorerbe gilt gemäß § 6 Abs. 1 ErbStG als Erbe. Er wird, wie sich aus den §§ 6 Abs. 2 S. 1, 12 Abs. 1 ErbStG i. V. m. §§ 9, 5 BewG ergibt, als **Vollerbe** besteuert.[454] Der Erbschaftsteuer unterliegt demgemäß der **volle Wert** des Nachlasses, ungeachtet der den Vorerben treffenden Verfügungsbeschränkungen, denn gemäß § 12 Abs. 1 ErbStG i. V. m. § 9 Abs. 2 S. 3, Abs. 3 BewG bleiben diese Beschränkungen bei der Bewertung des steuerpflichtigen Erwerbs unberücksichtigt. Ohne Einfluss auf die Bewertung ist es gem. § 12 Abs. 1 ErbStG i. V. m. § 5 Abs. 1 S. 1 BewG auch, wenn die Nacherbfolge nicht mit dem Tod des Vorerben verknüpft, sondern durch **ein anderes Ereignis auflösend bedingt** ist, der Vorerbe den Nachlass also zu

---

[449] MünchKommBGB/*Grunsky* § 2111 Rdnr. 28.
[450] OLG Bremen Urt. v. 20.4.1970 – DB 1970, 1436 (zum Nießbrauch); Staudinger/ *Avenarius* § 2111 Rdnr. 39; Palandt/*Edenhofer* § 2111 Rdnr. 7; MünchKommBGB/*Grunsky* § 2111 Rdnr. 9, der allerdings eine Bruchteilsgemeinschaft zwischen Vor- und Nacherben annimmt, wenn die Mittel zur Ausübung des Bezugsrechtes aus dem freien Vermögen des Vorerben stammen.
[451] MünchKommBGB/*Grunsky* § 2111 Rdnr. 9.
[452] Zur Kritik an den Steuerfolgen der Vor- und Nacherbschaft vgl. *Meincke* ErbStG § 6 Rdnr. 25 ff.
[453] Vgl. nur *Meincke* ErbStG § 6 Rdnr. 25 unter Hinweis auf BFH ZEV 2001, 327, der das Problem allerdings aus prozessualen Gründen – die ihm unterbreitete Nichtzulassungsbeschwerde war bereits unzulässig – nicht ausführlich behandelt; a.A. *Crezelius*, Erbschaftsteuer und Schenkungsteuer in zivilrechtlicher Sicht, 1979, S. 97 ff.; *Gerken* ZErb 2003, 72; *Seifert* BB 1965, 200; *Kapp/Ebeling* ErbStG § 6 Rdnr. 58 f.; Schweizerisches Bundesgericht Urt. v. 25.11.2002, zum – insoweit vergleichbaren – luzernischen Erbschaftsteuerrecht m. zust. Anm. *Wachter* ZErb 2003, 229.
[454] *Meincke* ErbStG § 6 Rdnr. 4.

seinen Lebzeiten bereits herausgeben muss.[455] Hier greift allerdings die Anrechnungsvorschrift des § 6 Abs. 3 S. 2 ErbStG ein (dazu u. Rdnr. 147).

147 Der Vorerbe wird im Übrigen nach § 20 Abs. 4 ErbStG dadurch entlastet, dass er die Erbschaftsteuer **aus den Mitteln der Vorerbschaft** zu entrichten hat. Zwar haftet der Vorerbe auch mit seinem Privatvermögen für die Steuerschuld,[456] im wirtschaftlichen Ergebnis trägt jedoch der Nacherbe die Steuerlast, da sich der Nachlass um die vom Vorerben gezahlte Erbschaftsteuer reduziert.[457]

148 Wandelt sich die Stellung des Vorerben in die eines **Vollerben** um, weil z.B. der Nacherbe die Erbschaft ausschlägt (§ 2142 Abs. 2 BGB), vermittelt dies dem Vorerben keinen zusätzlichen steuerpflichtigen Erwerb.[458] Entsprechend sind **Abfindungszahlungen**, die der Vorerbe an den Nacherben zur Ablösung des Nacherbenrechtes leistet, nach der Rechtsprechung des BFH[459] nicht als Nachlassverbindlichkeiten abzugsfähig,[460] da sie nicht den Erwerb des Vorerben durch Erbanfall betreffen, sondern vielmehr durch einen weiteren, die Übertragung der Rechtsstellung des Nacherben betreffenden Vermögensübergang zwischen Vorerben und Nacherben ausgelöst werden. Für den Nacherben bilden die Abfindungszahlungen allerdings einen steuerpflichtigen Erwerb (§ 3 Abs. 2 Nr. 6 ErbStG).

2. Besteuerung des Nacherben

149 **Vor dem Eintritt des Nacherbfalls** unterliegt der Nacherbe keiner Steuerpflicht, auch wenn er bereits mit dem Erbfall eine grundsätzlich veräußerliche und vererbliche **Anwartschaft** auf den späteren Erwerb erhält.[461] Gemäß § 10 Abs. 4 ErbStG gehört die Anwartschaft des Nacherben nicht zu seinem Nachlass, so dass auch die Erben des Nacherben insoweit keine Erbschaftsteuerpflicht trifft, wenn der Nacherbe vor Eintritt des Nacherbfalls stirbt. Ein steuerpflichtiger Erwerb ist jedoch dann gegeben, wenn der Nacherbe gegen Abfindung auf sein **Nacherbenrecht verzichtet** bzw. dieses gegen Entgelt **überträgt** (§ 3 Abs. 2 Nr. 6 ErbStG) oder wenn er die Nacherbschaft gegen Abfindung **ausschlägt** (§ 3 Abs. 2 Nr. 4 ErbStG). Des weiteren liegt eine steuerpflichtige **Schenkung unter Lebenden** vor, wenn der Vorerbe dem Nacherben mit Rücksicht auf die angeordnete Nacherbfolge Nachlassgegenstände vor dem Nacherbfall überträgt (§ 7 Abs. 1 Nr. 7 ErbStG).

Mit dem Eintritt des Nacherbfalls hört der Vorerbe auf, Erbe zu sein, und die Erbschaft fällt dem Nacherben an (§ 2139 BGB). Der Erwerb des Nacherben unterliegt dann gemäß §§ 3 Abs. 1 Nr. 1, 1 Abs. 1 Nr. 1, 9 Abs. 1 Nr. 1 lit. h ErbStG mit den zu diesem Zeitpunkt maßgeblichen Werten der Erbschaftsteuer.[462] Hinsichtlich der sich hieraus für den Nacherben steuerlich ergebenden Konsequenzen differenziert das ErbStG danach, ob die Nacherbfolge durch den **Tod des Vorerben** (§ 6 Abs. 2 ErbStG) oder auf Grund eines **anderen Ereignisses** (§ 6 Abs. 3 ErbStG) eintritt.

150 **a) Eintritt der Nacherbfolge durch den Tod des Vorerben.** Beim Eintritt der Nacherbfolge durch den Tod des Vorerben hat der Nacherbe gemäß § 6 Abs. 2 S. 1 ErbStG den Erwerb als **vom Vorerben stammend** zu versteuern. Für die Steuerklasse, den persönlichen Freibetrag etc. ist somit entgegen der Wertung des § 2100 BGB das Angehörigkeitsverhältnis des Nacherben zum Vorerben maßgebend. Die erbrechtliche Dispositionsbefugnis des Erblassers bleibt jedoch nicht völlig unberücksichtigt, denn nach § 6 Abs. 2 S. 2 ErbStG ist der Versteuerung **auf Antrag** das Verhältnis des Nacherben zum Erblassers zugrundezulegen. Die für den Nacherben maßgebliche Steuerklasse (§ 15 ErbStG) wird dann nach seinem Angehörigkeitsverhältnis zum Erblasser bestimmt, was Auswirkungen auf den Umfang sachlicher Steuerbefreiungen (§ 13 Abs. 1 Nr. 1 ErbStG), auf den persönlichen Freibetrag (§ 16 ErbStG), auf den Steuersatz (§ 19 ErbStG) und auf die Ermäßigung bei mehrfachem Erwerb desselben Vermögens (§ 27 ErbStG)

---

[455] *Meincke* ErbStG § 6 Rdnr. 4.
[456] RFH RStBl. 1935, 1509.
[457] *Meincke* ErbStG § 6 Rdnr. 5.
[458] *Meincke* ErbStG § 6 Rdnr. 7.
[459] Urt. v. 23.8.1995 – BStBl. II 1996, 137.
[460] Anders noch die Vorinstanz, FG Düsseldorf Urt. v. 19.8.1992 – EFG 1993, 44; a.A. auch *Meincke* ErbStG § 6 Rdnr. 7; vgl. auch *Christoffel/Geckle/Pahlke* ErbStG § 6 Rdnr. 42.
[461] *Meincke* ErbStG § 6 Rdnr. 8.
[462] BFH Urt. v. 10.5.1972 – BStBl. II 1972, 765, 766; Urt. v. 28.10.1992 – BStBl. II 1993, 158, 159.

§ 17 Vor- und Nacherbschaft   151, 152   § 17

hat. Der Antrag ist nur zulässig (und auch nur dann sinnvoll), wenn der Nacherbe in einem engeren Angehörigkeitsverhältnis zum Erblasser steht als zum Vorerben.[463]

Wenn auch **eigenes Vermögen** des Vorerben auf den Nacherben übergeht, sind die beiden Vermögensanfälle hinsichtlich der Steuerklasse getrennt zu behandeln, § 6 Abs. 2 S. 3 ErbStG. Für das eigene Vermögen des Vorerben kann nach § 6 Abs. 2 S. 4 ErbStG ein Freibetrag jedoch nur gewährt werden, soweit der Freibetrag über das der Nacherbfolge unterliegende Vermögen nicht verbraucht ist. Nach dem Urteil des BFH vom 2.12.1998[464] kann der **nicht verbrauchte Freibetrag** für das Nacherbschaftsvermögen nur in Höhe des für den Erwerb vom Vorerben maßgeblichen Freibetrags bei dem eigenen Vermögen des Vorerben in Abzug gebracht werden; § 6 Abs. 2 S. 4 ErbStG gebe keinen Anhalt dafür, bei der Berechnung der auf das eigene Vermögen des Vorerben entfallenden Steuer einen höheren Freibetrag zu berücksichtigen als im Verhältnis zwischen Erwerber und Vorerben nach § 16 ErbStG vorgesehen ist.[465]   151

Beispiel 1:
Der verwitwete Vater V setzt seinen älteren Sohn S1 als Vorerben und seinen jüngeren Sohn S2 als Nacherben ein. S1 wiederum setzt S2 als Alleinerben ein. Mit Versterben des S1 erwirbt S2 Nacherbschaftsvermögen von € 150.000,- und Eigenvermögen von S1 von € 50.000,-. S2 beantragt Versteuerung nach § 6 Abs. 2 S. 2 ErbStG.
Der S2 im Verhältnis zu V zustehende Freibetrag von € 205.000,- (§ 16 Abs. 1 Nr. 2 ErbStG, Stkl. I) wird nur in Höhe von € 150.000,- verbraucht. Der Freibetragsrest von € 55.000,- wird beim Eigenvermögen des S1 nur in Höhe des S2 im Verhältnis zu S1 zustehenden Freibetrags von € 10.300,- (§ 16 Abs. 1 Nr. 4 ErbStG, Stkl. II) berücksichtigt, € 39.700,- muss S1 also versteuern.

Beispiel 2:
Wie zuvor, nur beträgt das Nacherbschaftsvermögen € 190.000,- und das Eigenvermögen des S1 € 20.000,-.
Hier wird der Freibetrag für das Nacherbschaftsvermögen in Höhe von DM 15.000,- nicht verbraucht. Von dem Eigenvermögen können daher ebenfalls nur € 15.000,- in Abzug gebracht werden, die verbleibenden € 5.000,- sind zu versteuern.

Hinsichtlich des zur Anwendung kommenden Steuertarifs geht das Gesetz trotz der Trennung der Steuerklassen wieder von einer einheitlichen Vererbung vom Vorerben aus. Nach § 6 Abs. 2 S. 5 ErbStG ist die Steuer für jeden Erwerb jeweils nach dem Steuersatz zu erheben, der für den gesamten Erwerb gelten würde. Es gilt somit ein der Regelung des § 32 b EstG vergleichbarer **Progressionsvorbehalt**.[466]

b) Eintritt der Nacherbfolge auf Grund eines anderen Ereignisses. Soweit die Nacherbfolge   152
schon **zu Lebzeiten des Vorerben** durch ein anderes Ereignis, beispielsweise durch die Wiederverheiratung des im Ehegattentestament als Vorerben bestimmten überlebenden Ehepartners eintritt, ist auch das Steuerrecht nicht in der Lage, den Erwerb des Nacherben als vom Vorerben stammend anzusehen. Gemäß § 6 Abs. 3 S. 1 ErbStG gilt in diesem Fall die Vorerbfolge als auflösend bedingter, die Nacherbfolge als aufschiebend bedingter Erwerb **vom Erblasser**.[467] Der Bedingungseintritt führt jedoch nicht, wie § 5 Abs. 2 BewG dies an sich vorsieht, zur Berichtigung der Besteuerung des Vorerben. Dieser muss die Steuer zunächst voll entrichten. Dem Nacherben (der die Steuer nach § 20 Abs. 4 ErbStG im wirtschaftlichen Ergebnis ohnehin trägt) ist aber die vom Vorerben entrichtete Steuer abzüglich desjenigen Steuerbetrages, welcher der tatsächlichen Bereicherung des Vorerben entspricht, **anzurechnen**, § 6 Abs. 3 S. 2 ErbStG. Die gegen den Vorerben festgesetzte Steuer wird demnach insoweit rückgängig gemacht, als der Vorerbe nicht bereichert ist.[468] Eine **Erstattung** der vom Vorerben gezahlten

---

[463] RFH Urt. v. 21.9.1928 – RFHE 24, 113; Urt. v. 30.11.1928, 246.
[464] BStBl. II 1999, 235.
[465] BFH Urt. v. 2.12.1998 – BStBl. II 1999, 235, 237.
[466] *Meincke* ErbStG § 6 Rdnr. 17.
[467] Ein dem § 6 Abs. 2 S. 2 ErbStG vergleichbares Wahlrecht des Nacherben, nach welchem Verwandtschaftsverhältnis – dem zum Erblasser oder dem zum Vorerben – sich die Besteuerung bestimmen soll, ist im Rahmen des § 6 Abs. 3 ErbStG folglich nicht gegeben, vgl. *Kapp/Ebeling* ErbStG § 6 Rdnr. 36; *Meincke* ErbStG § 6 Rdnr. 18.
[468] BFH Urt. v. 10.5.1972 – BStBl. II 1972, 765, 767.

Steuer kommt aber nicht in Betracht, wenn der anrechenbare Betrag der Steuer des Vorerben die vom Nacherben zu entrichtende Steuer übersteigt;[469] auch kann dies nicht zu einer Erhöhung des steuerpflichtigen Erwerbs beim Nacherben führen, denn die Anrechnung stellt lediglich eine Modalität der Steuerberechnung des Nacherben dar und begründet keinen verselbständigten Anspruch auf eine Geldleistung.[470]

Die Anrechnungsbestimmung des § 6 Abs. 3 S. 2 ErbStG spricht aus steuerlicher Sicht dafür, den Eintritt der Nacherbfolge nicht – wie dies in der Praxis in den allermeisten Fällen geschieht – an den Tod des Vorerben, sondern an ein anderes Ereignis zu knüpfen. Gerade bei größeren Nachlässen können sich hieraus nennenswerte **Belastungsunterschiede** ergeben. Bei der Bestimmung des Eintritts der Nacherbfolge sollte dies nicht außer Acht gelassen werden.

---

[469] *Kapp/Ebeling* ErbStG § 6 Rdnr. 35.
[470] BFH Urt. v. 10.5.1972 – BStBl. II 1972, 765, 767.

§ 18 Familienrechtliche Anordnungen

Übersicht

	Rdnr.
I. Beschränkung der elterlichen Vermögensverwaltung	1–7
1. Anwendungsfälle in der Beratungspraxis	2/3
2. Ausschluss der Eltern von der Verwaltung des zugewendeten Vermögens	4
3. Verwaltungsanordnungen für das zugewendete Vermögen	5
4. Musterformulierungen	6/7
a) Ausschluss der Eltern von der Verwaltung	6
b) Verwaltungsanordnung nach § 1639 BGB	6
II. Vormundbenennungsrecht der Eltern	8–10
1. Möglichkeiten der Vormundbenennung	8
2. Verhältnis zur Testamentsvollstreckung	9/10
III. Regelung güterrechtlicher Verhältnisse	11

Schrifttum: *Busse*, Verfügungen von Todes wegen Geschiedener, MittRhNotK 1998, 225; *Damrau*, Auswirkungen des Testamentsvollstreckeramtes auf elterliche Sorge, Vormundsamt und Betreuung, ZEV 1994, 1; *ders.*, Minderjährige Kinder aus geschiedenen Ehen als Erben, ZEV 1998, 90; *ders.*, Den Elternstreit bei der Verwaltung von geschenktem Kindesvermögen vermeiden, ZEV 2001, 176; *Frenz*, Familienrechtliche Anordnungen, DNotZ 1995, 908; *Frohnmayer*, Geschiedenentestament, 2004; *Kirchner*, Vormundschaft und Testamentsvollstreckung im Elterntestament, MittBayNot 1997, 203; *ders.*, Zur Erforderlichkeit eines Ergänzungspflegers bei (Mit-) Testamentsvollstreckung durch den gesetzlichen Vertreter des Erben, MittBayNot 2002, 368; *Nieder*, Das Geschiedenentestament und seine Ausgestaltung, ZEV 1994, 156; *ders.*, Testamentsgestaltung 2. Aufl. 2000.

Beratungscheckliste

1. Beschränkung der elterlichen Vermögensverwaltung
   ☐ Anwendungsfälle: Geschiedener Ehegatte; mit Kindern allein erziehende Mutter; unentgeltliche Zuwendung unter Lebenden an Minderjährige
   ☐ Entzug oder nur Beschränkung der Vermögensverwaltung
   ☐ Kombination mit Testamentsvollstreckung
      • möglicher Testamentsvollstrecker vorhanden
      • Testamentsvollstreckung möglich: evtl. Bindung
      • Testamentsvollstreckung sinnvoll wegen § 2306 Abs. 1 BGB?
   ☐ Benennung eines Ergänzungspflegers
2. Vormundbenennungsrecht
   ☐ geeigneter Vormund vorhanden
   ☐ Kombination mit Testamentsvollstreckung
      • Erweiterung der Befugnisse
      • Beaufsichtigung des Erben über Volljährigkeit hinaus?
   ☐ Person des Testamentsvollstreckers mit Vormund identisch oder gegenseitige Kontrolle?

I. Beschränkung der elterlichen Vermögensverwaltung

Nach § 1638 Abs. 1 BGB kann der Erblasser durch letztwillige Verfügung oder der Zuwendende bei einer unentgeltlichen Zuwendung unter Lebenden an einen Minderjährigen bestimmen, dass dessen Eltern das zugewendete Vermögen ganz oder teilweise nicht verwalten dürfen.

1

1. Anwendungsfälle in der Beratungspraxis

2   Die wichtigste Fallgruppe, bei der diese Anordnung bedeutsam ist, ist die letztwillige Verfügung **Geschiedener** mit dem Ziel zu verhindern, dass der frühere Ehepartner, und sei es auch nur durch Verwaltung, Zugriff auf das vom gemeinsamen Kind geerbte Vermögen erhält.[1] Bei der Scheidung der Ehe verbleibt es in der Regel bei der gemeinsamen Sorge der Ehegatten, es sei denn, es wird gemäß § 1671 Abs. 1 BGB ein abweichender Antrag gestellt. Stirbt einer der sorgeberechtigten Ehegatten, so steht dem überlebenden Elternteil die Sorge und damit auch die Verwaltung des ererbten Vermögens für das Kind gemäß § 1680 Abs. 1 BGB allein zu. Letzteres kann gemäß § 1638 Abs. 1 BGB testamentarisch ausgeschlossen werden.

Ein weiterer Anwendungsfall für eine Entziehung der Vermögenssorge ergibt sich für die sorgeberechtigte **Mutter eines nichtehelichen Kindes:** Gemäß § 1626 a Abs. 2 BGB steht bei Kindern, deren Eltern nicht miteinander verheiratet sind, das Vermögenssorgerecht der Mutter allein zu, es sei denn, die Eltern erklären in einer notariellen Sorgeerklärung nach § 1626 a Abs. 1 Nr. 1 BGB, die Sorge gemeinsam übernehmen zu wollen. Wurde eine Sorgeerklärung abgegeben, so steht beim Tod eines Elternteils die elterliche Sorge dem Überlebenden zu, § 1680 Abs. 1 BGB. War die Mutter allein sorgeberechtigt, so hat das Familiengericht die elterliche Sorge dem überlebenden Elternteil zu übertragen, wenn dies dem Wohl des Kindes nicht widerspricht, § 1680 Abs. 2 S. 1 BGB. Auch hier besteht ein Bedürfnis, die Verwaltung des ererbten Vermögens von dieser Vermögenssorge auszunehmen.

3   Allerdings lässt sich annähernd der gleiche Erfolg durch Anordnung einer Testamentsvollstreckung in Form der dauerhaften Verwaltungsvollstreckung gemäß § 2209 Abs. 1 BGB erreichen, da gemäß § 2211 Abs. 1 BGB dem Erben und damit auch dessen gesetzlichem Vertreter damit die Verfügungsbefugnis entzogen ist. Der frühere Ehegatte kann jedoch dann als gesetzlicher Vertreter des Kindes dessen Erbenrechte beispielsweise nach §§ 2213, 2217 BGB gegenüber dem Testamentsvollstrecker geltend machen.[2] Es empfiehlt sich daher in diesem Fall eine **Kombination** beider Instrumente, um dem früheren Ehepartner auch diese Rechte zu entziehen, so dass diese dann von einem nach § 1909 BGB zu bestellenden Pfleger wahrgenommen werden. Der vom Familiengericht zu bestellende Pfleger unterliegt nach § 1915 BGB den gleichen Beschränkungen wie ein Vormund, insbesondere im Grundstücksbereich, vgl. §§ 1821, 1822 BGB. Dem Testamentsvollstrecker stehen damit die weiterreichenderen Befugnisse zu. Allerdings ist von einer Testamentsvollstreckung abzuraten, wenn eine Person, die das Vertrauen des Erblasser genießt, nicht vorhanden ist.[3] Die Testamentsvollstreckung birgt ebenfalls Risiken in Bezug auf die Regelung des § 2306 Abs. 1 S. 2 BGB bei Erbteilen, die nur unwesentlich über dem Pflichtteil liegen: Im Gegensatz zur Anordnung nach § 1638 BGB stellt die Testamentsvollstreckung eine Beschränkung dar, die gemäß § 2306 BGB die Gefahr heraufbeschwört, dass die Eltern für das Kind die Erbschaft ausschlagen, was angesichts der Möglichkeit, den Pflichtteil fordern zu können, in diesen Fällen durchaus vom Familiengericht genehmigt werden könnte, § 1643 Abs. 2 S. 1 BGB.[4] Ist der Erbteil kleiner als der Pflichtteil oder gleich groß, so entfällt die Testamentsvollstreckung sogar ohne Ausschlagung, § 2306 Abs. 1 S. 1 BGB.

Ein eigenständiger Anwendungsbereich ergibt sich für den Entzug des Verwaltungsrechts, falls die Anordnung der Testamentsvollstreckung wegen einer **eingetretenen Bindung** durch Erbvertrag gemäß § 2289 BGB oder beim gemeinschaftlichen Ehegattentestament gemäß § 2271 Abs. 2 BGB nicht möglich ist, während die eingetretene Bindung der Anordnung nach § 1638 BGB nicht entgegensteht,[5] sowie für **lebzeitige Zuwendungen** an Minderjährige.[6] Die Ausschlussanordnung macht eine Schenkung nicht rechtlich nachteilig i.S.d. § 107 BGB. Bei größeren Zuwendungen von Großeltern an minderjährige Enkel können so die

---

[1] Zum Geschiedenentestament, das verhindert, dass nach dem Tod sowohl eines der geschiedenen Ehegatten als auch dem gemeinschaftlichen Abkömmling (wirtschaftlich gesehen) doch der überlebende geschiedene Ehegatte das Vermögen des verstorbenen Ehegatten erhält vgl. § 17 Rdnr. 20 f.; *Frohnmayer*, Geschiedenentestament, 2004.
[2] Reimann/Bengel/*J. Mayer*/*Limmer* A Rdnr. 381.
[3] *Damrau* ZEV 1998, 90, 91.
[4] *Damrau* ZEV 1998, 90, 91.
[5] OLG Braunschweig Beschl. v. 4.10.1950 – DNotZ 1951,374; *Frenz* DNotZ 1953, 908, 919.
[6] Vgl. dazu § 37 Rdnr. 103 ff.; *Damrau* ZEV 2001, 176.

unliebsamen Schwiegerkinder von der Verwaltung ausgeschlossen werden, so dass allein das eigene Kind den Gegenstand für den Enkel verwaltet.[7]

2. Ausschluss der Eltern von der Verwaltung des zugewendeten Vermögens

Voraussetzung für den Ausschluss des Elternteils von der Verwaltung ist zunächst ein Erwerb von Todes wegen oder eine unentgeltliche Zuwendung. Die Beschränkung kann auch hinsichtlich der gesetzlichen Erbfolge, des Pflichtteilanspruchs und des zu seiner Erfüllung Geleisteten sowie eines Vermächtnisses erfolgen.[8] Die Bestimmung muss nicht ausdrücklich getroffen werden, sondern kann sich auch aus der Auslegung der Willenserklärungen des Zuwendenden, z. B. einer Enterbung in Verbindung mit den Beweggründen des Erblassers, ergeben[9] und kann unter einer Bedingung oder Zeitbestimmung getroffen werden, wie z. B. für den Fall der Wiederverheiratung des sorgeberechtigten Elternteils.[10] Die Ausschließung kann auch in einer letztwilligen Verfügung erfolgen, die nicht zugleich die Zuwendung an den Minderjährigen enthält; bei einer lebzeitigen unentgeltlichen Zuwendung ist sie dagegen bei der Zuwendung selbst und nicht vorher oder nachher auszusprechen.[11] Sie kann nicht vertragsmäßig bindend Inhalt eines Erbvertrages sein.[12] Der Ausschluss von der Verwaltung ist schließlich in gleicher Weise gegenüber einem Vormund möglich gemäß § 1909 Abs. 1 S. 2 BGB.[13] Wird die Verwaltungsbefugnis beiden Eltern oder dem überlebenden Elternteil entzogen, ist gemäß § 1909 Abs. 1 S. 2 BGB ein **Pfleger** zu bestellen, wobei dem Zuwendenden gemäß § 1917 Abs. 1 BGB ein Benennungsrecht zusteht. Die Eltern sind nach § 1909 Abs. 2 BGB dem Vormundschaftsgericht gegenüber anzeigepflichtig, falls eine Pflegschaft notwendig ist.[14] Trotz der Ausschließung von der Verwaltung verbleibt den Eltern nach h. M. das Recht, die Erbschaft im Namen des Minderjährigen **auszuschlagen**.[15] Allerdings bedarf diese Handlung gemäß § 1643 Abs. 2 BGB der Genehmigung des Familiengerichtes, die im Zweifel nicht erteilt wird. Da nämlich die Entziehung keine erbrechtliche Beschränkung oder Beschwerung im Sinne des § 2306 BGB darstellt,[16] kann im Fall der Ausschlagung nicht der Pflichtteil geltend gemacht werden. Damit wird sie nicht im Interesse des Minderjährigen liegen.

3. Verwaltungsanordnungen für das zugewendete Vermögen

Als milderes Mittel gegenüber dem völligen Entzug der Vermögensverwaltung sieht § 1639 BGB die Möglichkeit vor, durch letztwillige Verfügung oder bei einer unentgeltlichen Zuwendung unter Lebenden für die Eltern **Anordnungen hinsichtlich der Verwaltung** des Vermögens zu treffen. Diese können trotz des Wegfalls des früher in § 1639 Abs. 1 S. 2 BGB a.F. vorgesehenen ausdrücklichen Vorbehaltes weiterhin durch das Familiengericht auf Grund der Generalklausel des § 1666 BGB mit geeigneten Maßnahmen durchgesetzt werden.[17] Zuwiderhandlungen können im Rahmen des § 1664 BGB Schadensersatzansprüche auslösen. Als mögliche Anordnung bietet sich der Ausschluss der Verwendungsbefugnis des § 1649 Abs. 2 BGB an. Nach dieser Vorschrift können die Eltern andernfalls die Einkünfte des Vermögens, die für die ordnungsgemäße Vermögensverwaltung und den Unterhalt des Kindes nicht benötigt werden, für den eigenen oder den Unterhalt der Geschwister des Kindes verwenden.[18]

---

[7] *Damrau* ZEV 2001, 176, 177 f.
[8] MünchKommBGB/*Hinz* § 1638 Rdnr. 2.
[9] KG Urt. v. 5.7.1962 – FamRZ 1962, 432, 435; BayObLG Beschl. v. 19.4.1989.
[10] KG Urt. v. 5.7.1962 – FamRZ 1962, 432, 435.
[11] MünchKommBGB/*Hinz* § 1638 Rdnr. 4.
[12] MünchKommBGB/*Hinz* § 1638 Rdnr. 4.
[13] *Nieder* Testamentsgestaltung Rdnr. 1015.
[14] *Nieder* Testamentsgestaltung Rdnr. 1015.
[15] Reimann/Bengel/J. *Mayer*/*Limmer* Rdnr. A 382; *Nieder* Testamentsgestaltung Rdnr. 1015; a.A. *Frenz* DNotZ 1995, 908, 913.
[16] *Nieder* Testamentsgestaltung Rdnr. 1015.
[17] Staudinger/*Engler* § 1639 Rdnr. 4.
[18] Staudinger/*Engler* § 1639 Rdnr. 8.

Nach § 1639 Abs. 2 BGB dürfen die Eltern wie der Vormund ausnahmsweise nach § 1803 Abs. 2, Abs. 3 BGB von Anordnungen des Erblassers abweichen, beispielsweise wenn die Befolgung der Anordnung das Interesse des Kindes gefährden würde.[19]

4. Musterformulierungen

a) Ausschluss der Eltern von der Verwaltung

Formulierungsvorschlag:
Soweit Kinder von mir zurzeit meines Todes noch minderjährig sind, entziehe ich deren Vater/Mutter das Recht, den Erwerb von Todes wegen zu verwalten. Die Verwaltung dieses Vermögens soll ...... als Pfleger übertragen werden. Dem ...... als Pfleger wird gemäß § 1852 ff. BGB umfassend Befreiung erteilt.

Kombination mit Testamentsvollstreckung:
Über den Erbteil/das Vermächtnis meines Kindes ordne ich Dauertestamentsvollstreckung bis zur Vollendung von dessen ...... Lebensjahr an. Zusätzlich bestimme ich, dass der Mutter/dem Vater des Kindes gemäß § 1638 BGB die neben der Testamentsvollstreckung noch verbleibende Vermögenssorge hinsichtlich des Erbteils/Vermächtnisses entzogen wird. Zum Pfleger bestimme ich ..... Der Pfleger braucht während der Dauer seines Amtes keine Rechnung zu legen.

b) Verwaltungsanordnung nach § 1639 BGB

Formulierungsvorschlag:
Meinem geschiedenen Ehemann entziehe ich das Recht, Einkünfte meiner Kinder aus dem Vermögen, das sie erben werden, nach § 1649 Abs. 2 BGB zu seinem eigenen Unterhalt zu verwenden.

II. Vormundbenennungsrecht der Eltern

1. Möglichkeiten der Vormundbenennung

Gemäß § 1777 Abs. 3 BGB können Eltern durch letztwillige Verfügung für ihre minderjährigen Kinder einen Vormund benennen, wenn ihnen zurzeit ihres Todes die Sorge für die Person und das Vermögen des Kindes zusteht. Haben der Vater und die Mutter verschiedene Personen benannt, so gilt die Benennung durch den zuletzt verstorbenen Elternteil, § 1776 Abs. 2 BGB. Die Benennung ist nicht mit erbvertraglicher Bindung oder Wechselbezüglichkeit, sondern nur frei widerruflich möglich.[20] Der benannte Vormund darf vom Vormundschaftsgericht nur übergangen werden, wenn einer der in § 1778 BGB genannten Ausschlussgründe vorliegt. Allerdings besteht auch keine Übernahmeverpflichtung. Die Eltern haben die Möglichkeit, den Vormund nach §§ 1851 bis 1854 BGB von gewissen gesetzlichen Beschränkungen, wie beispielsweise der Pflicht zur mündelsicheren Geldanlage oder zur Rechnungslegung gegenüber dem Vormundschaftsgericht, zu befreien. Schließlich können Verwaltungsanordnungen für das von Todes wegen erworbene Vermögen getroffen werden.[21]

2. Verhältnis zur Testamentsvollstreckung

Es bietet sich weiterhin an, den Vormund auch zum **Testamentsvollstrecker** zu ernennen.[22] Dies erleichtert insbesondere die Verfügung über Grundbesitz, da der Testamentsvollstrecker nicht den Genehmigungsvorbehalten der §§ 1821, 1822 BGB unterliegt, vgl. § 2205 BGB.[23] Darüber hinaus eröffnet dies die Möglichkeit, eine Bindung der Vermögensverwaltung

---

[19] MünchKommBGB/*Hinz* § 1639 Rdnr. 4.
[20] MünchKommBGB/*Schwab* § 1776 Rdnr. 8; *Nieder* Testamentsgestaltung, Rdnr. 1017; a.A. Soergel/Siebert/*Damrau* Rdnr. 4.
[21] *Nieder* Testamentsgestaltung Rdnr. 1017.
[22] Bengel/Reimann/*Bengel* Handbuch der Testamentsvollstreckung, Kap. 98 II Rdnr. 183.
[23] *Damrau* ZEV 1994, 1.

an eine geschäftserfahrene Person auch über die Vollendung des 18. Lebensjahres des Mündels hinaus zu schaffen. Andererseits entstehen aber **Probleme im Zusammenhang mit der Doppelstellung**, da der Vormund im Gegensatz zum Testamentsvollstrecker nicht von den Beschränkungen des § 181 BGB befreit werden kann, § 1795 BGB. Dies macht nach wohl überwiegender Meinung die Anordnung einer Dauerpflegschaft für das minderjährige Kind erforderlich, um dessen Rechte gegenüber dem Testamentsvollstrecker wahrzunehmen, beispielsweise zur Entgegennahme des Nachlassverzeichnisses des Testamentsvollstreckers nach § 2215 BGB oder bei der Nachlassauseinandersetzung.[24] Nach Auffassung der Rechtsprechung gilt dies auch dann, wenn der gesetzliche Vertreter nur einer von mehreren Mittestamentsvollstreckern ist.[25] Die gleichen Probleme treten auch auf, falls das Interesse des Mündels zu dem Interesse einer Person, die zum Vormund eine in §§ 1795 Nr. 1 und 1796 Abs. 2 BGB genannte Nähebeziehung hat, im Gegensatz steht, also beispielsweise der Testamentsvollstrecker Ehegatte des Vormundes ist.[26] Um diesen Schwierigkeiten aus dem Weg zu gehen, bietet sich an, eine sonstige dem Erben nahe stehende Person zum Testamentsvollstrecker zu ernennen. Um lediglich den Effekt zu erzielen, eine Kontrolle des Erben über dessen Minderjährigkeit hinaus zu ermöglichen, können Vormundschaft und Testamentsvollstreckung auch in der Weise hintereinander geschaltet werden, dass die Testamentsvollstreckung erst beginnt, wenn die Volljährigkeit eintritt.[27]

Formulierungsvorschlag:[28]

Im Falle meines Todes benenne ich ...... zum Vormund meines Kindes. Der Vormund ist von den Beschränkungen der §§ 1851 bis 1854 BGB befreit. Weiterhin ordne ich Testamentsvollstreckung in Form der dauerhaften Verwaltungsvollstreckung an. Zum Testamentsvollstrecker bestimme ich den vorgenannten Vormund. Er ist von den Beschränkungen des § 181 BGB befreit. Falls er das Amt nicht annimmt, soll das Nachlassgericht einen geeigneten Testamentsvollstrecker benennen. Die Testamentsvollstreckung beginnt mit der Beendigung der Vormundschaft über den Erben. Da durch diese Regelung jedoch nur die Doppelstellung von Vormund und Testamentsvollstrecker vermieden werden soll, beginnt die Testamentsvollstreckung sofort, wenn die zum Testamentsvollstrecker berufene Person nicht zum Vormund bestellt oder als Vormund abberufen werden sollte.

III. Regelung güterrechtlicher Verhältnisse

Der Erblasser kann für den Fall, dass der Bedachte im Güterstand der **Gütergemeinschaft** lebt, gemäß §§ 1418 Abs. 2 Nr. 2, 1486 Abs. 1 BGB anordnen, dass das Zugewandte nicht in das Gesamtgut der Gütergemeinschaft des Zuwendungsempfängers fällt, sondern sein Vorbehaltsgut wird.[29] Wegen der immer seltener vorkommenden Gütergemeinschaft spielen diese Regelungen in der Praxis aber nur eine geringe Rolle. Bei der noch seltener vereinbarten fortgesetzten Gütergemeinschaft sind Anordnungen nach §§ 1509, 1511, 1516 BGB möglich.[30]

---

[24] OLG Hamm Beschl. v. 13.1.1991 – MittBayNot 1994, 53; a.A. *Damrau* ZEV 1994, 1; *Reimann* MittBayNot 1994, 55; MünchKomm/*Schramm* § 181 BGB Rdnr. 35; Soergel/Siebert/*Leptien* § 181 BGB Rdnr. 16.
[25] OLG Nürnberg Beschl. v. 29.6.2001 – ZEV 2002, 158 m. abl. Anm. *Schlüter*, dagegen auch *Kirchner* MittBayNot 2002, 368.
[26] OLG Zweibrücken Beschl. v. 3.12.2003 – ZEV 2004, 161 m. Anm. *Spall* für Parallelproblem beim Betreuer beim Behindertentestament.
[27] *Kirchner* MittBayNot 1997, 203, 205.
[28] Nach *Kirchner* MittBayNot 1997, 203, 207.
[29] *Nieder* Testamentsgestaltung Rdnr. 1018.
[30] *Nieder* Testamentsgestaltung Rdnr. 1018.

§ 19 Testamentsvollstreckung

Übersicht

	Rdnr.
I. Grundlagen der Testamentsvollstreckung	1–34
1. Praktische Bedeutung – Zweck und Vorteile der Anordnung einer Testamentsvollstreckung – Typische Fallgestaltungen	1–4
2. Überblick über die gesetzliche Regelung	5–8
3. Die rechtliche Stellung des Testamentsvollstreckers	9–13
a) Amtstheorie	9/10
b) Das Verhältnis des Testamentsvollstreckers zum Nachlassgericht	11/12
c) Rechtsstellung im Verhältnis zum Vormundschaftsgericht	13
4. Der Aufgabenkreis des Testamentsvollstreckers	14–21
5. Abgrenzung zur postmortalen Vollmacht	22–28
6. Grenzen der Rechtsmacht des Testamentsvollstreckers	29–34
a) Der Nachlass als Gegenstand der Verwaltung	29–32
b) Höchstpersönliche Rechte	33/34
II. Anordnung, Person und Ernennung des Testamentsvollstreckers	35–66
1. Anordnung der Testamentsvollstreckung	35–41
a) Überblick	35
b) Beratungscheckliste: Zieldefinition des Erblassers als Grundlage erfolgreicher Fremdverwaltung	36
c) Formalien der Anordnung	37/38
d) Unwirksamkeit der Anordnung	39/40
e) Formulierungsvorschläge	41
2. Person des Testamentsvollstreckers	42–52
a) Wer kommt als Testamentsvollstrecker in Betracht?	42–46
b) Vereinbarkeit mit dem Rechtsberatungsgesetz	47–50
c) Mehrere Testamentsvollstrecker	51/52
3. Ernennung des Amtsinhabers	53–55
4. Annahme und Nachweis des Amtes	56–66
a) Die Erklärung der Amtsannahme	56–60
b) Der Nachweis des Amtes	61–66
III. Pflichten und Befugnisse des Testamentsvollstreckers	67–132
1. Die Konstituierung des Nachlasses	67–79
a) Aufgabenkreis im Rahmen der Konstituierung	67
b) Die Inbesitznahme der Nachlassgegenstände	68/69
c) Erstellung des Nachlassverzeichnisses (§ 2215 BGB)	70–78
2. Weitere Pflichten des Testamentsvollstreckers nach Amtsannahme	80–87
a) Überprüfung letztwilliger Verfügungen des Erblassers	80/81
b) Prüfung des Bestehens insolvenzrechtlicher Pflichten; Testamentsvollstreckung und Erbeninsolvenz	82–84
c) Sonstiges	85–87
3. Die Abwicklung und die Auseinandersetzung des Nachlasses	88–95
4. Das Recht und die Verpflichtung zur (ordnungsgemäßen) Verwaltung des Nachlasses (§§ 2205 S. 1, 2216 Abs. 1 BGB)	96–112
a) Grundsätzliches	96/97
b) Einschränkungen des Verwaltungsrechts	98–103
c) Der Maßstab ordnungsmäßiger Verwaltung	104–108
d) Maßgeblichkeit von Erblasseranordnungen	109–112
5. Die Verpflichtungsbefugnis des Testamentsvollstreckers (§§ 2206, 2207 BGB)	113–118
a) Die kausale Beschränkung durch den Grundsatz ordnungsgemäßer Verwaltung	113/114
b) Erweiterung der Verpflichtungsbefugnis	115/116
c) § 2206 Abs. 1 S. 2 BGB	117
d) Auswirkungen einer Einwilligung der Erben	118
6. Das Verfügungsrecht des Testamentsvollstreckers	119–132
a) Grundsatz unbeschränkter Verfügungsbefugnis	119/120
b) Gesetzliche Einschränkungen	120–126

	c) Einschränkungen kraft Erblasseranordnung (§ 2208 BGB)		127
	d) Fehlendes Verfügungsrecht des Erben		128–130
	e) Besonderheiten im Grundstücksverkehr		131
IV.	Das gesetzliche Schuldverhältnis zwischen Testamentsvollstrecker und Erben		133–214
	1. Überblick		133–135
	2. Der Grundsatz höchstpersönlicher Amtsausübung		136–138
	3. Die Informationspflicht gegenüber dem Erben		139–142
	a) Grundsatz kontinuierlicher Unterrichtung		139–142
	4. Der Auskunftsanspruch des Erben		143–146
	a) Pflicht zur und Grenzen der Auskunftserteilung		143/144
	b) Vorlage eines Bestandsverzeichnisses, eidesstattliche Versicherung		145/146
	5. Die Pflicht zur Rechenschaftslegung		147–152
	a) Grundsatz, Rechtsnatur des Anspruches		147
	b) Umfang und Form der Rechnungslegung		148–152
	6. Entlastung des Testamentsvollstreckers		153
	7. Die Haftung für die Amtsführung		154–163
	a) Haftungsgrundlagen und -voraussetzungen		154–159
	b) Einzelheiten zur Ausgestaltung der Haftung		160–162
	c) Verjährung des Schadenersatzanspruchs		163
	8. Die Vergütung des Testamentsvollstreckers		164–200
	a) Grundsatz angemessener Vergütung (§ 2221 BGB)		164–167
	b) Der Begriff der Angemessenheit nach § 2221 BGB		168–181
	c) Mehrere Testamentsvollstrecker		182
	d) Schuldner der Vergütung		183
	e) Fälligkeit, Geltendmachung, Verjährung		184–190
	f) Anspruch auf Aufwendungsersatz		191–193
	g) Die Besteuerung der Testamentsvollstreckervergütung		194–200
	9. Beendigung von Testamentsvollstreckeramt und Testamentsvollstreckung		201–214
	a) Beendigung des Testamentsvollstreckeramtes		201–207
	b) Beendigung der Testamentsvollstreckung		208–214
V.	Testamentsvollstreckung über unternehmerische Vermögenswerte		215–278
	1. Problemstellung/Übersicht		215
	2. Fremdverwaltung einzelkaufmännischer Unternehmen		216–230
	a) Einstellung des Unternehmens durch den Testamentsvollstrecker		216
	b) Dauerhafte Fremdverwaltung einzelkaufmännischer Unternehmen		217–230
	3. Fremdverwaltung von Personengesellschaftsanteilen		231–264
	a) Einführung		231
	b) Unproblematische Fallgestaltungen		232–234
	c) Dauer- oder Verwaltungstestamentsvollstreckung an voll haftenden Beteiligungen		235–252
	d) Fremdverwaltung von Kommanditanteilen		253–263
	4. Testamentsvollstreckung an Kapitalgesellschaftsanteilen		265–271
	a) Grundsatz der vollumfänglichen Verwaltungsbefugnis		265–268
	b) Teilnahme an Kapitalerhöhungen		269–271
	5. Neugründung von und Umwandlung auf Kapitalgesellschaften		272–278
VI.	Der Testamentsvollstrecker im Steuerrecht		279–313
	1. Die steuerrechtlichen Pflichten des Amtsinhabers		279–306
	a) Grundsätzliches		279–281
	b) Steuern des Erblassers		282–289
	c) Erbschaftsteuer		290–300
	d) Nach dem Erbfall entstehende Steuern		301–306
	2. Steuerliche Abzugsfähigkeit der Testamentsvollstreckergebühren		307–313
	a) Erbschaftsteuer		307–309
	b) Einkommensteuer		310–312
	c) Praxishinweis		313
VII.	Das Internationale Erbrecht und die Testamentsvollstreckung		314–317

Schrifttum: *Adams,* Der Alleinerbe als Testamentsvollstrecker, ZEV 1998, 321; *ders.,* Wirksamkeit der Bestimmung des alleinigen Erben oder Vorerben zum Testamentsvollstrecker, ZEV 2005, 206; *Baur,* Der Testamentsvollstrecker als Unternehmer, FS Dölle I, 1963, S. 249; *Bengel/Reimann,* Handbuch der Testamentsvollstreckung, 3. Aufl. 2001; *Birk,* Vergütung und Auslagenersatz des Testamentsvollstreckers, Diss. Konstanz 2002; *Bommert,* Neue Entwicklungen zur Frage der Testamentsvollstreckung in Personengesellschaften, BB 1984, 178; *Bork,* Testamentsvollstreckung durch Banken, WM 1995, 225; *Brandner,* Das einzelkaufmännische Unternehmen unter Testamentsvollstreckung, FS Stimpel, 1985, S. 901; *ders.,* Testamentsvollstreckung am Kommanditanteil, FS Kellermann, 1991, S. 37; *Damrau,* Der Testamentsvollstrecker, JA 1984, 130; *ders.,* Zur Testamentsvollstreckung an Kommanditbeteiligungen – NJW 1984, 2785; *ders.,* Auswirkungen des Testamentsvollstreckersamtes auf elterliche Sorge, Vormundsamt und Betreuung, ZEV 1994, 1; *Deckert,* Testamentsvollstreckung, JA 1985, 111; *Dörrie,* Die Testamentsvollstreckung im Recht der Personenhandelsgesellschaften und der GmbH, Diss. Mannheim 1994; *ders.,* Reichweite der Kompetenzen des Testamentsvollstreckers an Gesellschaftsbeteiligungen, ZEV 1996, 370; *Esch/Baumann/Schulze zur Wiesche,* Handbuch der Vermögensnachfolge, 6. Aufl. 2001; *Everts,* Die Testamentsvollstreckung an Personengesellschaftsbeteiligungen in der notariellen Praxis, MittBayNot 2003, 427; *Faust,* Die Testamentsvollstreckung am Anteil eines persönlich haftenden Gesellschafters, DB 2002, 189; *Feiter,* Die Testamentsvollstreckung – ein neues Geschäftsfeld für den steuerberatenden Beruf, DStR 2006, 484; *Frank,* Umwandlung einer Personengesellschaft in eine Kapitalgesellschaft durch den Testamentsvollstrecker – Ist eine Umwandlungsanordnung anzuraten?, ZEV 2003, 5; *ders.,* Die Testamentsvollstreckung über Aktien, ZEV 2002, 427; *Goebel,* Probleme der treuhänderischen und echten Testamentsvollstreckung über ein vermächtnisweise erworbenes Einzelunternehmen, ZEV 2003, 261; *Groß,* Stimmrecht und Stimmrechtsausschluss bei der Testamentsvollstreckung am GmbH-Anteil, GmbHR 1994, 96; *Grunsky,* Die Teilbarkeit des Testamentsvollstreckeramtes, ZEV 2005, 41; *Haas/Lieb,* Die Angemessenheit der Testamentsvollstreckervergütung nach § 2221 BGB, ZErb 2002, 202; *Häfke,* Steuerliche Pflichten, Rechte und Haftung des Testamentsvollstreckers, ZEV 1997, 429; *Hehemann,* Testamentsvollstreckung bei Vererbung von Anteilen an Personengesellschaften, BB 1995, 1301; *Henssler,* Geschäftsmäßige Rechtsberatung durch Testamentsvollstrecker?, ZEV 1994, 261; *John,* Testamentsvollstreckung über ein einzelkaufmännisches Unternehmen, BB 1980, 757; *Kapp,* Rechtliche Stellung des Testamentsvollstreckers zum Erben, BB 1981, 113; *ders.,* Rechte und Pflichten des Testamentsvollstreckers im Besteuerungsverfahren, DStR 1985, 725; *Kirnberger,* Testamentsvollstreckervergütung und Umsatzsteuer, ZEV 1998, 342; *Klein,* Die Testamentsvollstreckung in Gesellschaftsbeteiligungen an offenen Handelsgesellschaften und Kommanditgesellschaften, DStR 1992, 292 und 326; *Klingelhöffer,* Testamentsvollstreckung und Pflichtteilsrecht, ZEV 2000, 261; *ders.,* Vermögensverwaltung in Nachlasssachen, 2002; *Klumpp,* Handlungsspielraum und Haftung bei Vermögensanlagen durch den Testamentsvollstrecker, ZEV 1994, 65; *Kreppel,* Der Testamentsvollstrecker und die Erben des Gesellschafters, DStR 1996, 430; *Lieb,* Die Vergütung des Testamentsvollstreckers Diss. Mainz 2004; *Lorz,* Testamentsvollstreckung und Unternehmensrecht, Diss. Konstanz 1995; *ders.,* Der Testamentsvollstrecker und der Kernbereich der Mitgliedschaft, FS Boujong, 1996, S. 319; *Marotzke,* Mitgliedschaft in einer OHG als Gegenstand der Testamentsvollstreckung, JZ 1986, 457; *ders.,* Die Nachlasszugehörigkeit ererbter Personengesellschaftsanteile und der Machtbereich des Testamentsvollstreckers, AcP 187 (1987), 223; *J. Mayer,* Die Testamentsvollstreckung über GmbH-Anteile, ZEV 2002, 209; *ders.,* Unternehmensnachfolge und Umwandlung, ZEV 2005, 325; *Mayer/Bonefeld/Wälzholz/Weidlich,* Testamentsvollstreckung, 2. Aufl. 2005; *Möhring/Bewisswingert/Klingelhöffer,* Vermögensverwaltung in Vormundschafts- und Nachlasssachen, 7. Aufl., 1992; *Muscheler,* Die Haftungsordnung der Testamentsvollstreckung, 1994; *ders.,* Die Freigabe von Nachlassgegenständen durch den Testamentsvollstrecker, ZEV 1996, 401; *ders.,* Die Entlassung des Testamentsvollstreckers, AcP 197 (1997), 226; *ders.,* Testamentsvollstreckung über Erbteile, AcP 195 (1995), 35; *Nieder,* Handbuch der Testamentsgestaltung, 2. Aufl. 2000; *Piltz,* Zur steuerlichen Haftung des Testamentsvollstreckers, ZEV 2001, 262; *Plank,* Eintragungsfähigkeit des Testamentsvollstreckervermerks im Handelsregister, ZEV 1998, 325; *Priester,* Testamentsvollstreckung an GmbH-Anteilen, FS Stimpel 1985, S. 463; *Reimann,* Notare als Testamentsvollstrecker DNotZ 1994, 659; *ders.,* Die Festsetzung der Testamentsvollstreckervergütung, ZEV 1995, 57; *ders.,* Testamentsvollstreckung in der Wirtschaftsrechtspraxis, 3. Aufl. 1998; *ders.,* Vergütung des Testamentsvollstreckers bei Verwaltung von Unternehmen und Unternehmensbeteiligungen, FS Flick, 1997, S. 357; *ders.,* Die Kontrolle des Testamentsvollstreckers, FamRZ 1995, 588; *ders.,* Vereinbarungen über die vorzeitige Beendigung des Testamentsvollstreckers, NJW 2005, 789; *Sarres,* Die Auskunftspflichten des Testamentsvollstreckers, ZEV 2000, 90; *Schaub,* Testamentsvollstreckung durch Banken, FamRZ 1995, 845; *ders.,* Die Veräußerung von Grundstücken durch den Testamentsvollstrecker, ZEV 200, 49; *Schmitz,* Kapitalanlageentscheidungen des Testamentsvollstreckers, Diss. Freiburg i.Br. 2002; *ders.,* Testamentsvollstreckung und Kapitalanlagen – Richtlinien für die Anlage von Nachlassvermögen durch den Testamentsvollstrecker, ZErb 2003, 3; *ders.,* Interessenkollisionen bei der Anlage von Nachlassvermögen durch Kreditinstitute bei Testamentsvollstreckung ZErb 2005, 74; *Stimpel,* Testamentsvollstreckung über den Anteil an einer Gesellschaft bürgerlichen Rechts, FS Brandner, 1996, S. 779; *Stracke,* Testamentsvollstreckung und Rechtsberatung, ZEV 2001, 250; *Streck,* Der Steuerberater als Testamentsvollstrecker und Vermögensverwalter, DStR 1991, 592; *Tiling,* Die Vergütung des Testamentsvollstreckers, ZEV 1998, 331; *Ulmer,* Testamentsvollstreckung am Kommanditanteil, NJW 1990, 73; *ders./Schäfer,* Zugriffsmöglichkeiten der Nachlass- und Privatgläubiger auf den durch Sondervererbung übergegangenen Anteil an einer Personengesellschaft, ZHR 1996, 413; *Vortmann,* Banken als Testamentsvollstrecker, WM 1995, 1745; *Weidlich,* Die Testamentsvollstreckung im Recht der Personengesellschaften, Diss. Erlangen/Nürnberg, 1993; *ders.,* Testamentsvollstreckung an Beteiligungen einer werbenden OHG bzw. KG, ZEV 1994, 205; *ders.,* Beteiligung des Testamentsvollstreckers und des Erben bei der formwechselnden Umwandlung von Personenhandelsgesellschaften und Gesellschaft mit beschränkter Haftung, MittBayNot 1996, 1; *Winkler,* Der Testamentsvollstrecker nach bürgerlichem, Handels- und Steuerrecht, 17. Aufl. 2005; *Winter,* Aktuelle Probleme der Testamentsvollstreckung, MittBayNot 1994, 506; *ders.,* „Echte" Testamentsvollstreckung an Unternehmen und OHG-Anteil, FS Schippel, 1996, S. 519; *Zahn,* Testamentsvollstreckung im Grundbuchverkehr, MittRhNotK 2000, 89; *Zeising,* Pflichten und Haftung des Testamentsvollstreckers bei der Verwaltung von Großvermögen, Diss. Hamburg 2004; *Zimmermann,* Die

Testamentsvollstreckung – Ein Handbuch für die gerichtliche, anwaltliche und notarielle Praxis, 2. Aufl. 2003; *ders.*, Die angemessene Testamentsvollstreckervergütung, ZEV 2001, 334.

I. Grundlagen der Testamentsvollstreckung

1. Praktische Bedeutung – Zweck und Vorteile der Anordnung einer Testamentsvollstreckung – Typische Fallgestaltungen

Die Testamentsvollstreckung gehört von der praktischen Bedeutung her zu den **unentbehrlichen Bestandteilen des Erbrechts.** Die mit ihr verbundenen Vorteile einer sachkundigen, fremdnützigen und unparteiischen Willensvollstreckung dienen der Absicherung effizienter Nachfolgegestaltungen und der Verwirklichung der Zielvorstellungen des Erblassers. Insbesondere im unternehmerischen Bereich besteht ein starkes Bedürfnis, die Verwaltung des Nachlasses einer neutralen, häufig nicht zum Kreise der Erben gehörenden, unabhängigen und kompetenten Person zu unterstellen. Mit der stetig wachsenden Bedeutung des Erbrechtes sowie dem hiermit verbundenen wirtschaftlichen Strukturwandel, der durch die abnehmende Homogenität der Familie bei gleichzeitig steigender rechtlicher und steuerlicher Komplexität gekennzeichnet ist, wird das Institut der Testamentsvollstreckung kontinuierlich weiter an Bedeutung gewinnen. 1

Die Gründe, in einem Testament Testamentsvollstreckung anzuordnen, sind vielgestaltig. Typisierend sind zu nennen: 2

- Der **Schutz des ererbten Vermögens,** da die Testamentsvollstreckung bei einer Mehrheit von Erben und/oder Vermächtnisnehmern entscheidend zur Streitvermeidung und damit zum Erhalt des Nachlassvermögens beizutragen vermag. Darüber hinaus verhindert die klare Trennung von Nachlass und Erbenvermögen, dass Privatgläubiger des Erben in das Sondervermögen Nachlass vollstrecken und auf diese Weise eine unerwünschte Liquidation der ererbten Vermögenswerte herbeiführen (vgl. § 2214 BGB); im Insolvenzverfahren über das Vermögen des Erben soll das Zugriffsverbot des § 2214 BGB nach dem Bundesgerichtshof aber nicht verhindern, dass der Nachlass in die Insolvenzmasse fällt;[1] wohl aber bildet der unter Testamentsvollstreckung stehende Nachlass bis zur Beendigung der Testamentsvollstreckung eine Sondermasse, auf die die Nachlassgläubiger, nicht aber die Erbengläubiger Zugriff nehmen können (ausf. Rdnr. 84).[2] In engem Zusammenhang mit dieser haftungsabschirmenden Wirkung steht die Möglichkeit, durch die Anordnung einer Verwaltungstestamentsvollstreckung eine **Pflichtteilsbeschränkung in guter Absicht** zum Schutz eines überschuldeten oder verschwenderischen Abkömmlings herbeizuführen (§ 2338 Abs. 1 S. 2 BGB).
- Der Wunsch, die **Verwirklichung der Zielvorstellungen des Erblassers** sicherzustellen, da sich Erben und Vermächtnisnehmer ohne Testamentsvollstreckung einvernehmlich über die Anordnungen des Erblassers hinwegsetzen können.
- Die Absicht, über die Anordnung einer Testamentsvollstreckung die **überlebende Ehefrau** zu schützen und gegenüber den Miterben zu privilegieren, wenn die primär gewünschte gegenseitige Erbeinsetzung (z. B. um ein Unternehmen für eine Übergangszeit durch die Ehefrau führen zu lassen) bei größerem Vermögen aus erbschaftsteuerlichen Gründen ebenso wenig in Betracht kommt wie eine Vor- und Nacherbschaft. Bei minderjährigen Kindern gilt es hier jedoch die nach überwiegender Auffassung bestehende Notwendigkeit der Anordnung einer Ergänzungspflegschaft (§ 1909 BGB) zu beachten (s. Rdnr. 45).
- Das Ziel, mittels einer Testamentsvollstreckung den gesetzlichen Vertreter eines noch **minderjährigen Erben** von der Verwaltung des Nachlasses auszuschließen. Die Einsetzung eines Verwaltungstestamentsvollstreckers hat zwar nicht die Wirkung des § 1638 BGB, wonach der Erblasser die Vermögenssorge der Eltern in Bezug auf das Hinterlassene gänzlich auszuschließen vermag. Die Vermögenssorge der gesetzlichen Vertreter kann aber nicht weiter reichen als die Verwaltungsbefugnis eines volljährigen Erben; dementsprechend umfasst sie bei

---
[1] Vgl. BGH Urt. v. 11.5.2006 – ZIP 2006, 1258, 12259; ebenso *Winkler* Rdnr. 474; MünchKomm-InsO/*Siegmann* § 331 Rdnr. 7; a.A. Soergel/*Damrau* § 2214 Rdnr. 1, 3; *Muscheler* Haftungsordnung, S. 101; Damrau/*Bonefeld* § 2214 Rdnr. 3, wonach das Insolvenzverfahren das der Testamentsvollstreckung unterliegende Vermögen nicht erfasst.
[2] BGH Urt. v. 11.5.2006 – ZIP 2006, 1258, 12260.

angeordneter Testamentsvollstreckung nur die Geltendmachung der Rechte des Erben gegen den Testamentsvollstrecker sowie die Verwaltung ausgekehrter Erträge und Rechte. Entscheidende Vorteile genießt die Testamentsvollstreckung hier insoweit, als der Vollstrecker nicht unter der Aufsicht des Vormundschaftsgerichts steht und nicht auf dessen Genehmigungen angewiesen ist und sich der Erblasser eine Person seines Vertrauens als Verwalter aussuchen kann, während ein im Fall des § 1638 BGB benannter Ergänzungspfleger vom Vormundschaftsgericht in bestimmten Konstellationen übergangen werden kann (vgl. § 1917 Abs. 1 i.V.m. § 1778 Abs. 1 BGB).

- Das Interesse der Eltern, ein behindertes Kind bei gleichzeitiger Erhaltung der Vermögenssubstanz ausreichend zu versorgen, dem im Rahmen des sog. **Behindertentestaments** durch die Koppelung von Dauertestamentsvollstreckung mit Vor- und Nacherbschaft Rechnung getragen werden kann (ausf. § 41 Rdnr. 14 ff.).

3 Besteht der Nachlass ganz oder teilweise aus unternehmerischem Vermögen, so stellt die Testamentsvollstreckung ein probates, in vielen Fällen sogar unverzichtbares Mittel zur **Sicherung der Unternehmenskontinuität** dar. Die Anordnung einer Testamentsvollstreckung kommt hier insbesondere in Betracht:

- Wenn die **Sicherstellung einer interimistischen Unternehmensführung** bezweckt wird, weil die Erben wegen geringen Alters, einer noch nicht abgeschlossenen Berufsausbildung oder fehlender beruflicher Erfahrung noch nicht zur Leitung des Unternehmens befähigt sind. Gegenüber der Vor- und Nacherbschaft genießt die Testamentsvollstreckung hier den Vorteil der erbschaftsteuerlichen Neutralität, da nur ein steuerpflichtiger Erwerbsvorgang stattfindet, während gemäß § 6 Abs. 1, 2 ErbStG sowohl der Anfall der Erbschaft beim Vorerben als auch beim Nacherben als erbschaftsteuerpflichtiger Erwerb gilt.[3]
- Wenn der Testamentsvollstrecker als unabhängiger **Schiedsrichter oder Bestimmungsberechtigter** fungieren soll, weil der Unternehmensnachfolger im Zeitpunkt der Testamentserrichtung noch nicht feststeht. Zwar setzt die Rechtsprechung zu § 2065 Abs. 2 BGB der Möglichkeit, die Person des Erben durch einen unabhängigen Dritten nach Eintritt des Erbfalls bestimmen zu lassen, bekanntlich enge Grenzen.[4] Jedoch bietet es sich an, die Benennung des Unternehmensnachfolgers über ein Vermächtnis sicherzustellen, um die durch §§ 2151, 2152 BGB gegenüber § 2065 BGB erheblich erweiterte Drittbestimmungsbefugnis nutzbar zu machen. Hierbei kann ein Unternehmen trotz § 2087 Abs. 1 BGB auch dann im Wege eines Vermächtnisses zugewendet werden, wenn es bei wirtschaftlicher Betrachtung dem Gesamtnachlass gleichzusetzen ist (Universalvermächtnis). Als Auswahlberechtigter wird der Testamentsvollstrecker benannt, der gleichzeitig die Erfüllung des Vermächtnisses überwacht und die Vollstreckung von Eigengläubigern des Erben in den Vermächtnisgegenstand abwehrt.
- Wenn der Testamentsvollstrecker die **Verwirklichung steuerlicher Gestaltungen und Intentionen** sicherstellen soll. Dies gilt insbesondere im Zusammenhang mit der BFH-Rspr. zur einkommensteuerlichen Behandlung der Erbauseinandersetzung, welche im Ergebnis ein durch testamentarische Gestaltung zu verwirklichendes Wahlrecht zwischen einer entgeltlichen und einer unentgeltlichen Auseinandersetzung ermöglicht.[5] Entgeltlichkeit wird insbesondere dadurch vermieden, dass der Erblasser einen Alleinerben einsetzt und die Verteilungsgerechtigkeit unter den Abkömmlingen durch die Anordnung von Vermächtnissen sicherstellt, wobei die ordnungsgemäße Umsetzung dieser Intention einem Testamentsvollstrecker übertragen wird. Hierdurch kann zugleich die unerwünschte Auf-

---

[3] Eine andere steuerliche Behandlung gilt nur für den Fall, dass der Eintritt des Nacherbfalls an einen anderen Umstand anknüpft als an den Tod des Vorerben; in diesem Fall wird dem Nacherben die vom Vorerben entrichtete Steuer angerechnet, jedoch abzüglich des Betrags, der der tatsächlichen Bereicherung des Vorerben entspricht (§ 6 Abs. 3 ErbStG).

[4] Vgl. BGH Urt. v. 18.11.1954 – BGHZ 15, 199, 203; weitergehend noch RG Urt. v. 6.2.1939 – RGZ 159, 296, 299; zur Problematik der Drittbestimmung des Erben im Rahmen der Unternehmensnachfolge vgl. *Großfeld* JZ 1968, 113; *Ebenroth* ErbR Rdnr. 186.

[5] BFH Urt. v. 5.7.1990 – BStBl. II 1990, 837; hierzu BMF-Schreiben betr. ertragsteuerliche Behandlung der Erbengemeinschaft und ihrer Auseinandersetzung vom 14.3.2006, ZEV 2006, 154, das an die Stelle des ursprünglichen Schreibens vom 11.1.1993 – BStBl. I 1962, getreten ist. Ausf. Arbeitskreis Unternehmensnachfolge des IdW, Erbfolge und Erbauseinandersetzung bei Unternehmen, 2. Aufl. 1995, Rdnr. 173 ff.

deckung stiller Reserven beim Zusammentreffen von qualifizierter Nachfolgeklausel und Sonderbetriebsvermögen des Erblassers vermieden werden.
- Wenn der Unternehmer im Rahmen der Nachfolgegestaltung die **Errichtung einer Stiftung von Todes** wegen plant und der Testamentsvollstrecker die Stiftungsgenehmigung einholen und das gewidmete Vermögen auf die Stiftung überführen und/oder hierin Führungsaufgaben übernehmen soll.[6] Weist der Nachlass hohe Steuerwerte auf, so kann es sich hierbei anbieten, den Testamentsvollstrecker zu beauftragen, Vermögen vor der Stiftungsgenehmigung in privilegiertes Vermögen umzuschichten (z. B. Schaffung von Betriebsvermögen), um auf diese Weise die Steuerbelastung zu reduzieren.[7]

Die typisierende Aufzählung der Gründe für die Anordnung einer Testamentsvollstreckung, welche in der Praxis häufig kumuliert auftreten werden, lässt die vielfältigen Einsatzmöglichkeiten dieser Form der „fürsorglichen Bevormundung der Erben" erkennen. In der Tat wird es nur in der Fallgestaltung des volljährigen Alleinerben, der nicht mit Vermächtnissen oder Auflagen beschwert ist und entweder über ausreichende unternehmerische Erfahrungen verfügt oder solche Erfahrungen auf Grund der Zusammensetzung des Nachlasses nicht benötigt, entbehrlich sein, mit dem Mandanten die Frage der Vorteilhaftigkeit einer Testamentsvollstreckung zumindest zu erörtern.[8] 4

2. Überblick über die gesetzliche Regelung

Geregelt ist die Testamentsvollstreckung in den §§ 2197 bis 2228 BGB. Hierbei beschäftigen sich die §§ 2197 bis 2202 BGB mit der Anordnung der Testamentsvollstreckung, der Ernennung des Amtsinhabers und dem Antritt des Amtes. Die §§ 2203 bis 2209 BGB handeln von den Aufgaben des Testamentsvollstreckers, wobei vom Typus her zwischen zwei fließend ineinander übergehenden Arten der Testamentsvollstreckung unterschieden wird. Während die sog. Abwicklungs- oder Auseinandersetzungsvollstreckung (§§ 2203 bis 2207 BGB) den gesetzlichen Regelfall bildet und lediglich auf die Liquidation und Auseinandersetzung des Nachlasses abzielt, sind Verwaltungs- und Dauertestamentsvollstreckung (§ 2209 S. 1 BGB) auf dessen längerfristige Verwaltung hin ausgerichtet. 5

Die zeitliche Höchstgrenze einer Testamentsvollstreckung wird durch § 2210 BGB gezogen. Die hierin enthaltene Begrenzung auf 30 Jahre entspricht den §§ 2044 Abs. 2, 2109, 2162 und 2163 BGB und ist wie diese Vorschriften Ausdruck des Grundgedankens, dass der Erblasser das weitere Schicksal seines Nachlasses nur über ein Menschenalter bestimmen soll. Die mit der Anordnung einer Testamentsvollstreckung verbundenen Verfügungsbeschränkungen des Erben sind schließlich in § 2211 BGB geregelt. 6

Die Prozessführungsbefugnis des Testamentsvollstreckers bildet den Gegenstand der §§ 2212, 2213 BGB. Die Vorschrift des § 2214 BGB bringt die für die Testamentsvollstreckung typische *separatio bonorum* zum Ausdruck, wonach den Eigengläubigern des Erben während der angeordneten Fremdverwaltung die Zwangsvollstreckung in den Nachlass verwehrt ist. Mit den Pflichten des Testamentsvollstreckers gegenüber den Erben beschäftigen sich die §§ 2215 bis 2221 BGB. Von praktischer Bedeutung sind insoweit insbesondere die §§ 2218, 2219 BGB, die sich zum einen über die Verweisung auf das Auftragsrecht mit dem Rechtsverhältnis zum Erben und zum anderen mit der Haftung des Testamentsvollstreckers beschäftigen. Von Bedeutung ist ferner die in § 2221 BGB allerdings nur rudimentär geregelte Vergütung des Testamentsvollstreckers. 7

Die §§ 2222 bis 2224 BGB beschäftigen sich mit besonderen Arten und Konstellationen der Testamentsvollstreckung. Behandelt werden die Nacherbenvollstreckung, die Vermächtnisvollstreckung sowie das Verhältnis mehrerer Testamentsvollstrecker. Die Beendigung des Amtes des Testamentsvollstreckers durch Tod, Geschäftsunfähigkeit, Kündigung oder Entlassung bildet den Gegenstand der §§ 2225 bis 2227 BGB, während § 2228 BGB abschließend die Frage der Akteneinsicht hinsichtlich bestimmter Erklärungen regelt. 8

---

[6] Ausf. *Schmidt* ZEV 2000, 438; *Lorz/Weinand*, Der Fachanwalt für Erbrecht 2006, 63.
[7] Vgl. § 9 Abs. 1 Nr. 1 lit. e) ErbStG: Maßgeblichkeit der Vermögensverhältnisse am Tage der Anerkennung der Stiftung, nicht beim Erbfall.
[8] Zutreffend *Landsittel* Gestaltungsmöglichkeiten von Erbfällen und Schenkungen, Rdnr. 1392.

3. Die rechtliche Stellung des Testamentsvollstreckers

9 **a) Amtstheorie.** Nach ganz h.M. ist der Testamentsvollstrecker „Inhaber eines privaten Amtes" (Amtstheorie).[9] Er handelt nicht hoheitlich, sondern privatrechtlich für die Personen, deren Vermögensinteressen er wahrnimmt. Er verwaltet den Nachlass im eigenen Namen, aus eigenem Recht und gemäß dem letzten Willen des Erblassers, dessen **testamentarische Anordnungen in Verbindung mit den gesetzlichen Vorschriften** den Inhalt und Umfang seiner Aufgaben bestimmen. Die sog. „Vertretertheorie", wonach der Testamentsvollstrecker als Vertreter des Nachlasses oder der Erben handelt, hat sich nicht durchgesetzt.[10] Vertreter des Nachlasses kann er nicht sein, da diesem keine eigene Rechtspersönlichkeit zukommt; die Stellung als Vertreter der Erben würde sich mit der im Gesetz niedergelegten selbständigen Stellung des Amtsinhabers nicht vertragen. Diese selbstständige Stellung verbietet es dem Amtsinhaber auch, sich durch vertragliche Vereinbarungen in die Abhängigkeit des Erben zu begeben, etwa indem er sich vertraglich verpflichtet, nur solche Handlungen vorzunehmen, denen der Erbe zuvor zugestimmt hat, oder das Amt jederzeit auf Verlangen der Erben niederzulegen.[11] Dass er mit den Erben Vereinbarungen über bestimmte Aspekte seiner Amtsführung trifft, ist dem Testamentsvollstrecker hingegen nicht verwehrt, solange er sich hierdurch nicht völlig seiner Unabhängigkeit und Selbständigkeit gegenüber den Erben begibt (vgl. auch Rdnr. 133).

10 Seine von den Erben unabhängige, allein am Willen des Erblassers ausgerichtete Stellung verschafft dem Testamentsvollstrecker eine weitgehende Unabhängigkeit gegenüber den Erben und stattet ihn mit einer gehörigen Machtfülle aus („Omnipotenz des Testamentsvollstreckers"). Gleichwohl ist zu konstatieren, dass die Rechtstellung des Testamentsvollstreckers der eines gesetzlichen Vertreters angenähert ist.[12] Dementsprechend ist anerkannt, dass die Vorschriften über die Stellvertretung, aber auch die §§ 278, 254 BGB entsprechend angewandt werden können.[13] Wie ein Vertreter hat der Testamentsvollstrecker denn auch bei seinen Handlungen offen zu legen, dass er in „amtlicher Funktion" handelt, damit die Folgen seines Handelns nicht ihn persönlich, sondern stets den Nachlass treffen (vgl. § 164 Abs. 2 BGB). Eingebürgert haben sich dementsprechend Zusätze wie

Formulierungsvorschlag:
handelnd als Testamentsvollstrecker über den Nachlass des am ... in ... verstorbenen Erblassers ...

11 **b) Das Verhältnis des Testamentsvollstreckers zum Nachlassgericht.** Die allgemein konstatierte Machtfülle des Testamentsvollstreckers rührt nicht zuletzt daher, dass er als vom Erblasser eingesetzte Vertrauensperson nicht der Aufsicht und Kontrolle des Nachlassgerichtes unterliegt. Eine solche Kontrolle kommt auch dann nicht in Betracht, wenn das Nachlassgericht gemäß § 2200 BGB auf Ersuchen des Erblassers den Testamentsvollstrecker ernennt und selbst dann nicht, wenn dies vom Erblasser speziell angeordnet wird.[14] Das Nachlassgericht ist auch nicht befugt, über Streitigkeiten zwischen dem Erben und dem Testamentsvollstrecker zu entscheiden und kann dem Amtsinhaber nicht durch einstweilige Verfügung ein konkretes Handeln untersagen oder die Vornahme bestimmter Geschäfte anordnen.[15] Ebenso wenig kann das Nachlassgericht Zwangsgelder gegen den Testamentsvollstrecker verhängen oder ihn zur Rechnungslegung oder Auskunftserteilung auffordern. Zuständig, über Streitigkeiten

---

[9] Vgl. nur BGH Urt. v. 7.7.1982 – NJW 1983, 40; BGH Urt. v. 2.10.1957 – BGHZ 25, 275, 279; BGH Urt. v. 29.4.1954 – NJW 1954, 1036; Sudhoff/*Scherer* Unternehmensnachfolge § 9 Rdnr. 1.
[10] Einen Überblick über die verschiedenen Theorien gibt Soergel/*Damrau* Vorb. § 2197 Rdnr. 1 bis 14; ausf. auch *Lange/Kuchinke* ErbR § 31 III 2, 3.
[11] BGH Urt. v. 2.10.1957 – BGHZ 25, 275, 279.
[12] Bengel/Reimann/*Bengel* Rdnr. I 12; Mayer/Bonefeld/Wälzholz/Weidlich/*J. Mayer* Rdnr. 6.
[13] Vgl. RG Urt. v. 9.6.1934, RGZ 144, 399, 402; Erman/*M. Schmidt* § 2219 Rdnr. 8; zur Frage der Anwendbarkeit der §§ 31, 831 BGB auf das Verhältnis zwischen Testamentsvollstrecker und Erbe vgl. Mayer/Bonefeld/Wälzholz/Weidlich/*J. Mayer* Rdnr. 461.
[14] Ausf. *Reimann* FamRZ 1995, 588, 589 ff.; *Winkler* Rdnr. 663 ff.; *Zahn* MittRhNotK 2000, 89, 92.
[15] Vgl. OLG Köln Beschl. v. 8.10.1986 – Rpfleger 1987, 70.

zwischen Erben und Testamentsvollstrecker zu entscheiden, ist vielmehr grundsätzlich nur das Prozessgericht.

Dennoch kommt dem Nachlassgericht auch im Zusammenhang mit der Anordnung einer Testamentsvollstreckung auf Grund verschiedener gesetzlicher Vorschriften eine nicht unbedeutende Funktion zu. Im Einzelnen ist das Nachlassgericht zuständig für die bzw. als

- Ernennung eines Testamentsvollstreckers bei entsprechendem Ersuchen des Erblassers (§ 2200 BGB)
- Empfänger der durch einen Dritten vorzunehmenden Bestimmung des Testamentsvollstreckers oder der Erklärung über die Annahme des Amtes (§§ 2198, 2202 Abs. 2 S. 1 BGB)
- Erteilung eines Testamentsvollstreckerzeugnisses (§ 2368 BGB)
- Außerkraftsetzung von Anordnungen des Erblassers über die Verwaltung des Nachlasses, wenn hieraus erhebliche Gefahren für den Nachlass resultieren würden (§ 2216 Abs. 2 S. 2 BGB)
- Entscheidungsinstanz bei Meinungsverschiedenheiten mehrerer Testamentsvollstrecker (§ 2224 BGB)
- Empfangsadressat bei der Kündigung des Amtes durch den Testamentsvollstrecker (§ 2226 BGB)
- entscheidende Instanz über die Entlassung des Testamentsvollstreckers aus wichtigem Grund auf entsprechenden Antrag eines Beteiligten (§ 2227 BGB).

c) Rechtsstellung im Verhältnis zum Vormundschaftsgericht. Auch im Verhältnis zum Vormundschaftsgericht genießt der Testamentsvollstrecker eine unabhängige Stellung, da er nicht gesetzlicher Vertreter des Erben ist, sondern aus eigenem Recht handelt.[16] Befindet sich Grundbesitz im Nachlass, bedarf der Testamentsvollstrecker dementsprechend keiner Genehmigung des Vormundschaftsgerichts nach § 1821 Abs. 1 BGB, wenn er über diesen Grundbesitz mit Wirkung für einen minderjährigen Erben verfügt oder sich zu einer solchen Verfügung verpflichtet. Dies gilt auch dann, wenn der Testamentsvollstrecker ein solches Rechtsgeschäft als postmortal vom Erblasser Bevollmächtigter vornimmt.[17]

4. Der Aufgabenkreis des Testamentsvollstreckers

Die Aufgaben des Testamentsvollstreckers werden durch den Inhalt der letztwilligen Verfügung des Erblassers bestimmt und hier insbesondere dadurch, ob nur einzelne Nachlassgegenstände oder der Nachlass insgesamt seiner Verwaltung unterstellt werden. Entscheidend ist ferner der zugewiesene Aufgabenkreis. Beim gesetzlichen **Regelfall der Abwicklungsvollstreckung**, von welchem auszugehen ist, sofern der Erblasser lediglich „Testamentsvollstreckung" ohne nähere Angaben angeordnet hat,[18] trifft den Testamentsvollstrecker gemäß § 2203 BGB die Pflicht, die letztwilligen Verfügungen des Erblassers zur Ausführung zu bringen. Vom Erblasser ausgesetzte Vermächtnisse müssen erfüllt, Auflagen vollzogen und Teilungsanordnungen berücksichtigt werden. Bei mehreren Erben tritt daneben die Verpflichtung, die Auseinandersetzung nach Maßgabe der §§ 2042 bis 2056 BGB durchzuführen (§ 2204 BGB; hierzu ausf. Rdnr. 88 ff.).

Bei der **Verwaltungs- und Dauertestamentsvollstreckung** ist der Aufgabenkreis des Amtsinhabers weiter gezogen. Hier steht weniger die Durchführung der Auseinandersetzung als die ordnungsgemäße, sich über einen längeren Zeitraum erstreckende, nutzbringende Verwaltung des Nachlasses im Vordergrund. Auch wenn die Begriffe der Verwaltungs- und Dauertestamentsvollstreckung häufig synonym verwendet werden, besteht zwischen beiden Formen ein entscheidender Unterschied. Bei der Dauertestamentsvollstreckung schließt sich die Verwaltung des Nachlasses an die zuvor bewirkte Auseinandersetzung an, bei der Verwaltungstestamentsvollstreckung ist die Verwaltung als solche zum Selbstzweck erhoben. Dementsprechend obliegt dem Testamentsvollstrecker, der nur die Verwaltung des Nachlasses als Aufgabe gesetzt bekommen hat, nicht die Bewirkung der Auseinandersetzung unter mehreren Erben oder die

---

[16] Vgl. *Reimann* FamRZ 1995, 588, 589; *Damrau* ZEV 1994, 1, 2.
[17] MünchKommBGB/*Wagenitz* § 1821 Rdnr. 13; *Zahn* MittRhNotK 2000, 89, 91.
[18] Vgl. nur Palandt/*Edenhofer* § 2203 Rdnr. 1; Krug/Rudolf/Kroiß/*Littig* ErbR § 13 Rdnr. 5; Damrau/*Bonefeld* § 2197 Rdnr. 3.

zur Ausführung sonstiger letztwilliger Verfügungen.[19] In der letztwilligen Verfügung ist daher eine konkrete Aufgabenzuweisung erforderlich. Da die Erledigung der durch den Erblasser zugewiesenen Aufgaben anders als bei der Abwicklungstestamentsvollstreckung nicht die Beendigung der Tätigkeit zur Folge hat, bedarf es der testamentarischen Anordnung einer Höchstdauer der Testamentsvollstreckung („15 Jahre"; „bis zur Vollendung des 25. Lebensjahres des mit der Verwaltungstestamentsvollstreckung belasteten Erben"; etc.). Die Grenze einer solchen Höchstdauer zieht § 2210 BGB (hierzu Rdnr. 210 ff.)

16 **Typische Fallgestaltungen**, in denen die Anordnung einer Dauer- oder Verwaltungstestamentsvollstreckung in Betracht kommen, sind:
- der Fall der Pflichtteilsbeschränkung in guter Absicht (§ 2338 BGB)
- die Verwaltung des Nachlasses bis zur Volljährigkeit des Erben, ggf. verbunden mit der Absicht, das Verwaltungsrecht des gesetzlichen Vertreters auszuschließen
- die interimistische Fortführung eines Unternehmens, insbesondere bis die Erben ein bestimmtes Alter und eine bestimmte Qualifikation erreicht haben
- der bezweckte Zusammenhalt eine größeren Geld- oder Sachvermögens durch eine Vertrauensperson des Erblassers.

17 Daneben treten Spezialformen, bei denen die Testamentsvollstreckung auf besondere Aufgaben beschränkt wird. Zu nennen ist in diesem Zusammenhang insbesondere der Fall der **Nacherbentestamentsvollstreckung gemäß § 2222 BGB**, bei der der Testamentsvollstrecker allein zur Wahrung der Rechte des Nacherben eingesetzt wird. Der Aufgabenkreis des Testamentsvollstreckers beschränkt sich hier darauf, die während der Zeit der Vorerbschaft bestehenden Rechte und Pflichten der Nacherben wahrzunehmen, ohne dass hiermit ein allgemeines Verwaltungsrecht verbunden ist. Die Nacherbenvollstreckung beschwert dementsprechend nicht den Vorerben, der durch die Anordnung der Nacherbschaft beschwert ist, sondern den Nacherben, für den der Testamentsvollstrecker die Rechte und Pflichten gegenüber dem Vorerben wahrnimmt. Gebräuchlich ist die Anordnung einer Nacherbentestamentsvollstreckung insbesondere bei minderjährigen oder unter Betreuung stehenden Nacherben sowie in dem Fall, dass ein noch nicht vorhandener Abkömmling zum Nacherben eingesetzt werden soll (ausf. § 17 Rdnr. 130 ff.).

18 Abzugrenzen ist die Anordnung einer solchen Nacherbenvollstreckung von der Testamentsvollstreckung für den Vorerben, welche eine Verwaltungs- oder Dauertestamentsvollstreckung bis zum Eintritt der auflösenden Bedingung des Nacherbfalls (§ 2139 BGB) darstellt. Ebenso liegt eine gewöhnliche, keine nach § 2222 BGB beschränkte Testamentsvollstreckung vor, wenn eine solche zur Verwaltung des Nachlasses angeordnet ist, welcher dem Nacherben mit der Beendigung der Vorerbschaft anfällt.[20] Eine Kombination dieser Anordnung mit einer Nacherbentestamentsvollstreckung macht jedoch dann Sinn, wenn die Nacherben auch nach Eintritt des Nacherbfalls minderjährig sind oder ein bestimmtes Alter noch nicht erreicht haben.[21] Schließlich kann auch eine umfassende Testamentsvollstreckung für den Vor- und Nacherben angeordnet werden, wobei im Zweifel nicht anzunehmen ist, dass der in diesem Rahmen Ernannte auch Nacherbentestamentsvollstrecker gemäß § 2222 BGB sein soll (ausf. § 17 Rdnr. 130 ff.).[22]

19 Ein weiterer Spezialfall ist der in § 2223 BGB geregelte Vermächtnisvollstrecker. In diesem Rahmen wird der Testamentsvollstrecker zu dem Zweck ernannt, für die Ausführung der einem Vermächtnisnehmer auferlegten Beschwerungen zu sorgen. Bei diesen Beschwerungen kann es sich um Untervermächtnisse, Nachvermächtnisse[23] oder Auflagen handeln. An die Stelle des Nachlasses als Verwaltungsgegenstand tritt hier also das beschwerte Vermächtnis. Ebenso kann dem Testamentsvollstrecker als einzige Aufgabe **die Verwaltung eines Vermächt-**

---

[19] Soergel/*Damrau* § 2209 Rdnr. 6.
[20] Vgl. nur Staudinger/*Reimann* § 2222 Rdnr. 1, 10.
[21] Formulierungsbeispiel bei Mayer/Bonefeld/Wälzholz/Weidlich/*J. Mayer* Rdnr. 570.
[22] Vgl. MünchKommBGB/*Zimmermann* § 2222 Rdnr. 3 m.w.N.
[23] Zum Vollzug eines Nachvermächtnisses durch den Testamentsvollstrecker vgl. BGH Urt. v. 18.10.2000 – ZEV 2001, 20 = NJW 2001, 520; *Hartmann* ZEV 2001, 89, 91; hiergegen *Damrau/J. Mayer* ZEV 2001, 293, 294; *Damrau*, FS Kreutz, 1998, S. 37, 39; ausf. hierzu *Spall* ZEV 2002, 5.

nisgegenstandes übertragen werden, auch wenn dies im Gesetz nicht ausdrücklich angeordnet wird.[24]

Eine weitere, nicht unbedeutende Funktion kommt der Testamentsvollstreckung schließlich im Zusammenhang mit der **Pflichtteilsbeschränkung in guter Absicht** gemäß § 2338 BGB zu. Mit der Anordnung, dass der Testamentsvollstrecker den Pflichtteil, ein zugewendetes Vermächtnis oder den Erbteil verwalten soll, entzieht der Erblasser hier dem verschwenderischen oder überschuldeten Abkömmling zu dessen lebenslänglichem Schutz das Verfügungsrecht unter Lebenden und schließt zugleich die Eigengläubiger vom Pfändungszugriff auf den Gegenstand der Zuwendung aus (§ 2214 BGB).[25] Dem Abkömmling muss jedoch der jährliche Reinertrag verbleiben (§ 2338 Abs. 1 S. 2 BGB). Auf diesen haben die Gläubiger daher Zugriff, soweit er den gemäß § 863 Abs. 1 S. 1 ZPO nicht pfändbaren Betrag übersteigt. Allerdings geht die h.M. davon aus, dass sich der Abkömmling einer entsprechenden Anordnung unterwerfen und damit auch den Reinertrag den Gläubigern entziehen kann.[26] Daher ist es möglich, die Testamentsvollstreckung über den Reinertrag unter der auflösenden Bedingung des Einverständnisses des belasteten Abkömmlings anzuordnen.[27]

20

> **Formulierungsvorschlag:**
> Die Schlusserbschaft unseres Sohnes ... wird daher auf dessen Lebzeit durch die Anordnung einer Verwaltungstestamentsvollstreckung mit der Maßgabe beschränkt, dass unserem Sohn der Anspruch auf den jährlichen Reinertrag der Erbschaft verbleibt. Die angeordnete Testamentsvollstreckung soll sich jedoch auch auf den Reinertrag erstrecken, sofern unser Sohn ... mit dieser Beschränkung einverstanden ist.

Auf der Grundlage von § 2208 BGB kommt es schließlich in Betracht, den Aufgabenkreis des Testamentsvollstreckers gegenständlich oder in Bezug auf Einzelne ihm nach dem gesetzlichen Regelungsmodell zustehende Befugnisse zu beschränken. Gegenständlich kann dies in der Weise erfolgen, dass dem Amtsinhaber nur die Verwaltung einzelner Nachlassgegenstände zugewiesen wird (vgl. § 2208 Abs. 1 S. 2 BGB sowie Rdnr. 127). Die dem Erblasser gemäß § 2208 Abs. 1 S. 1 BGB zustehende Befugnis, einzelne, dem Testamentsvollstrecker zustehende Befugnisse auszuschließen, umfasst nach h.M. auch die Verfügungsmacht (ausf. Rdnr. 127). In der engsten Ausprägung können die Rechte und korrespondierenden Pflichten des Testamentsvollstreckers daher darauf beschränkt werden, dass diesem ohne eigenes Verfügungsrecht lediglich beaufsichtigende Funktion in der Weise zukommt, von den Erben die Ausführung der letztwilligen Anordnungen des Erblassers verlangen zu können (**beaufsichtigende Testamentsvollstreckung, § 2208 Abs. 2 BGB**). Die dingliche Sonderung des Nachlasses vom Eigenvermögen des Erben mit der Wirkung des § 2214 BGB tritt in diesem Fall nicht ein.

21

5. Abgrenzung zur postmortalen Vollmacht

Die Testamentsvollstreckung ist abzugrenzen von anderen Rechtsinstituten, die es dem Erblasser ebenfalls zumindest partiell gestatten, das Schicksal seines Nachlasses in die Hände einer ihm vertrauten Person zu legen. Dies gilt insbesondere im Hinblick auf das **Rechtsinstitut der Vollmacht**. Statt einer Vollmacht, die durch den Tod des Vollmachtgebers prinzipiell nicht erlischt (transmortale Vollmacht; §§ 168 S. 1, 672 S. 1 BGB), kann der Erblasser zu Lebzeiten auch eine Vollmacht erteilen, die erst mit Eintritt des Erbfalls zur Entstehung gelangen soll (postmortale Vollmacht).[28] Hierbei kann der Erblasser die Vollmacht nur für bestimmte Rechtsgeschäfte erteilen oder dem Bevollmächtigten mit einer Generalvollmacht ausstatten (zur post- und transmortalen Vollmacht ausf. § 20).

22

---

[24] Vgl. nur Palandt/*Edenhofer* § 2223 Rdnr. 2; Staudinger/*Reimann* § 2223 Rdnr. 1.
[25] Vgl. *Baumann* ZEV 1996, 121, 124; Mayer/Bonefeld/Wälzholz/Weidlich/*J. Mayer* Rdnr. 554 f.
[26] Vgl. MünchKommBGB/*Lange* § 2338 Rdnr. 15 m.w.N.
[27] Vgl. *Baumann* ZEV 1996, 121, 124.
[28] Zu deren grundsätzlicher Zulässigkeit vgl. RG Urt. v. 6.10.1926, RGZ 114, 351, 354; Jauernig/*Stürner* Vorb. § 2197 Rdnr. 2; *Trapp* ZEV 1995, 314, 315.

23 Die **Erteilung einer postmortalen Vollmacht** empfiehlt sich insbesondere dann, wenn es nach dem Tode des Erblassers voraussichtlich längere Zeit dauern wird, bis der ernannte Testamentsvollstrecker sein Amt angenommen hat. In der Zwischenzeit kann der Bevollmächtigte für den Nachlass handeln und unaufschiebbare Geschäfte – vor allem gegenüber Banken und Versicherungen – vornehmen, ohne die Zustimmung der Erben hierfür zu benötigen. Bevollmächtigt werden kann jeder Dritte, insbesondere auch der Testamentsvollstrecker oder ein Erbe. Die Koppelung von Testamentsvollstreckeramt und Vollmacht kann auch dazu verwandt werden, die **Rechte des Testamentsvollstreckers nach Amtsbeginn** auszuweiten. Dies gilt insbesondere im Hinblick auf die dem Bevollmächtigten im Gegensatz zum Testamentsvollstrecker offen stehende Möglichkeit, unentgeltliche Verfügungen vorzunehmen, wobei die Bevollmächtigung auch die Schwierigkeiten vermeiden hilft, die im Grundbuchverkehr mit dem Nachweis der Entgeltlichkeit von Verfügungen auftreten können, die der Testamentsvollstrecker vorgenommen hat (vgl. Rdnr. 132 sowie § 20 Rdnr. 8). Auch kommt die Erteilung einer trans- oder postmortalen Vollmacht als Ausweggestaltung dann in Betracht, wenn der Erblasser eigentlich Testamentsvollstreckung anordnen möchte, hieran jedoch durch einen Erbvertrag oder ein bindend gewordenes gemeinschaftliches Testament gehindert ist (vgl. Rdnr. 39).

24 Darüber hinaus wird die postmortale Bevollmächtigung als Gestaltungsmittel empfohlen, um dem Testamentsvollstrecker die dauerhafte Verwaltung **einzelkaufmännischer Unternehmen und voll haftender Personengesellschaftsbeteiligungen** zu ermöglichen.[29] Die Durchführbarkeit einer „echten" Testamentsvollstreckung scheitert hier nach h.M. an dem Konflikt zwischen dem handelsrechtlichen Erfordernis unbeschränkbarer Haftung und der auf den Nachlass beschränkten Verpflichtungsbefugnis des Testamentsvollstreckers scheitern, so dass es nach herkömmlicher Ansicht des Rückgriffs auf Ersatzkonstruktionen bedarf, bei denen entweder der Erbe (Vollmachtlösung) oder der Testamentsvollstrecker (Treuhandlösung) unbeschränkbar haftet (ausf. Rdnr. 217 ff.). Allerdings ist hier Vorsicht geboten: Die Verwendung postmortaler Vollmachten allein vermag das handelsrechtliche Erfordernis der Begründung unbeschränkbarer Erbenverpflichtungen ebenfalls nicht zu erfüllen, da sich die Verpflichtungsbefugnis eines derart Bevollmächtigten nur auf den Nachlass beziehen kann (vgl. § 20 Rdnr. 33 f.).

25 Der Bevollmächtigte ist nicht Träger eines Amtes, sondern **Vertreter der Erben**. Dementsprechend sind seine Rechte durch die Möglichkeiten des Widerrufs der Vollmacht eingeschränkt. Dieses Widerrufsrecht steht auch beim Vorliegen einer Erbengemeinschaft jedem Miterben einzeln zu und wird auch von einer zugleich angeordneten Testamentsvollstreckung nicht berührt. Widerruft nur ein Miterbe, so bleibt die Vollmacht für die anderen, nicht widerrufenden Miterben fortbestehen; dementsprechend kann hier nicht die Rückgabe der Vollmachtsurkunde verlangt werden, sondern lediglich die Eintragung eines einschränkenden Widerrufsvermerks.[30] Auch der Testamentsvollstrecker hat es grundsätzlich in der Hand, die einem Dritten oder einem Erben erteilte Vollmacht im Rahmen seines Verwaltungs- und Verfügungsrechts zu widerrufen, um auf diese Weise die bis zum Widerruf bestehende Doppelzuständigkeit zu beseitigen; etwas anderes gilt nur dann, wenn seine Rechte insoweit nach § 2208 Abs. 1 S. 1 BGB durch den Erblasser beschränkt worden sind (ausf. § 20 Rdnr. 37 f.).[31] Die Möglichkeit eines Widerrufs der Vollmacht kann nur durch die Beifügung entsprechender erbrechtlicher Strafklauseln und Auflagen oder die Erteilung einer unwiderruflichen Vollmacht vermieden werden. Die Erteilung einer unwiderruflichen Generalvollmacht über den Tod hinaus wird jedoch wegen der hiermit verbundenen, nicht zu billigenden Einschränkung der Rechtsmacht der Erben und der Umgehung des Rechts der Testamentsvollstreckung allgemein als unzulässig angesehen (vgl. § 20 Rdnr. 35).[32]

---

[29] Vgl. *Reithmann* BB 1984, 1394, 1398; *Rehmann* BB 1985, 297, 301.
[30] BGH Urt. v. 29.9.1989, NJW 1990, 507, 508; Mayer/Bonefeld/Wälzholz/Weidlich/*J. Mayer* Rdnr. 314; *Winkler* Rdnr. 8; a.A. *Madaus* ZEV 2004, 448, 449 (Notwendigkeit des Widerrufs aller Miterben).
[31] *Winkler* Rdnr. 10; Mayer/Bonefeld/Wälzholz/Weidlich/*J. Mayer* Rdnr. 315; *Haegele* Rpfleger 1968, 345, 346.
[32] I. d. S. *Winkler* Rdnr. 8, 11; *Zimmermann* Rdnr. 12; Jauernig/*Stürner* Vorb. § 2197 Rdnr. 2; *Röhm* DB 1969, 1973, 1977; ausf. *Lorz* S. 49 f.; vgl. auch BGH Urt. v. 13.5.1971 – DNotZ 1972, 229, 230.

Neben die fehlende Möglichkeit des Erblassers, die zu erteilende Vollmacht selbst unwider- 26
ruflich auszugestalten, tritt die Unmöglichkeit, der Vollmacht **verdrängende Wirkung** beizulegen. Zwar wird eine Verpflichtung des Vollmachtgebers, sich eigener Tätigkeiten zu enthalten, grundsätzlich als zulässig angesehen,[33] eine den Erben ausschließende dinglich wirkende Befugnis zur Vornahme von Verpflichtungs- und Verfügungsgeschäften kann dem Bevollmächtigten nach h.M. hingegen keinesfalls eingeräumt werden.[34] Der Erbe wird durch die postmortale Vollmacht daher grundsätzlich nicht daran gehindert, selbst zu handeln und z. B. über Nachlassgegenstände zu verfügen.

Zusammenfassend kann die Vollmacht die Testamentsvollstreckung deswegen nicht ersetzen, weil sie vom Willen der Erben abhängig ist. Sie kann jedoch wertvolle Dienste leisten, 27
um die Zeitspanne zwischen dem Erbfall und der Amtsannahme bzw. der Erteilung des Testamentsvollstreckers abzusichern und um die Rechtstellung des Testamentsvollstreckers zu verstärken, wobei letzterenfalls jedoch bestärkende Auflagen an die Erben unentbehrlich sind. Vor diesem Hintergrund muss die **Abgrenzung zwischen Bevollmächtigung und Testamentsvollstreckung** im Zweifelsfall im Wege der Auslegung unter Berücksichtigung der unterschiedlichen Rechtswirkungen beider Institute erfolgen. Vorrangig ist zu beachten, dass eine vom Willen der Erben unabhängige Verwaltung des Nachlasses nur durch die Anordnung einer Testamentsvollstreckung erreicht werden kann (vgl. auch Rdnr. 37 sowie ausf., m.w.N., § 20 Rdnr. 13 f.).[35]

Ebenso wenig können die Erben selbst eine Testamentsvollstreckung durch die Erteilung 28
einer Vollmacht substituieren. Sie können allerdings einem Dritten, z. B. einem der Miterben, die Verwaltung des Nachlasses übertragen und ihm in diesem Rahmen eine nur aus wichtigem Grund widerrufliche Vollmacht erteilen und sich zugleich verpflichten, nicht in die Geschäftsführung einzugreifen („**schuldrechtlich**" **verdrängende Vollmacht**). Der Erblasser kann entsprechende Maßnahmen fördern, indem er die Erben durch aufschiebend bedingte Vermächtnisse oder entsprechend bedingte Erbeinsetzungen oder durch Auflagen zur Erteilung solcher Vollmachten veranlasst.[36]

6. Grenzen der Rechtsmacht des Testamentsvollstreckers

a) Der Nachlass als Gegenstand der Verwaltung. Gemäß § 2205 S. 1 BGB hat der Testa- 29
mentsvollstrecker „den Nachlass zu verwalten". Hieraus folgt, dass Vermögensgegenstände, die außerhalb des Erbrechts auf Begünstigte übergeleitet werden, nicht der Verwaltungsbefugnis des Testamentsvollstreckers unterliegen. Vor diesem Hintergrund ist in der Vergangenheit insbesondere die Frage vehement diskutiert worden, ob die Mitgliedschaft des Erblassers in einer Personengesellschaft trotz des hier anerkannten Prinzips der Sonderrechtsnachfolge als Nachlassbestandteil anzusehen ist und dementsprechend einer Testamentsvollstreckung unterliegen kann. Diese Frage ist allerdings durch den Rechtsprechung des Bundesgerichtshof zur Zulässigkeit einer Testamentsvollstreckung am Kommanditanteil i. S. d. Nachlasszugehörigkeit des Anteils geklärt (vgl. Rdnr. 236). Dementsprechend lassen sich aus der angeblich fehlenden Nachlasszugehörigkeit der Beteiligung keine Argumente gegen die Zulässigkeit der Testamentsvollstreckung an einer solchen herleiten.

Problematischer stellt sich die Lage bei echten **Sondernachfolgen außerhalb des Erbrechts** 30
dar, insbesondere auf Grund von Verträgen zugunsten Dritter. Auch wenn hier das Forderungsrecht erst mit dem Tod des Versprechensempfängers (= Erblasser) entsteht, gehört es doch nicht zum Nachlass und kann dementsprechend nicht einer angeordneten Testamentsvollstreckung unterliegen.[37] Ist der Erwerb des Begünstigten allerdings nicht konditionsbeständig, weil es im Valutaverhältnis zum Erblasser an einem wirksamen rechtlichen Grund fehlt, ist der resultierende Bereicherungsanspruch als Nachlassbestandteil durch den Testa-

---

[33] Vgl. BGH Beschl. v. 19.6.1985 – WM 1985, 1232.
[34] BGH Beschl. v. 19.6.1985 – WM 1985, 1232; BGH Urt. v. 13.5.1971 – WM 1971, 956, 957; BGH Urt. v. 11.10.1976 – GmbHR 1977, 244, 246.
[35] *Ebenroth* ErbR Rdnr. 628.
[36] *Zimmermann* Rdnr. 15.
[37] Vgl. Bengel/Reimann/*D. Mayer* Rdnr. V 338; ausf. *J. Mayer* DNotZ 2000, 905, 910 ff.

mentsvollstrecker geltend zu machen. Im Rahmen seiner Amtspflichten hat der Testamentsvollstrecker daher zu prüfen, ob Verfügungen auf Grund von Verträgen zugunsten Dritter vorliegen und ob ein etwaiges Schenkungsangebot des Erblassers zur Erhaltung des Nachlassvermögens widerrufen werden kann und werden muss. Die Entscheidung hierüber ist unter Berücksichtigung der Verpflichtung des Testamentsvollstreckers zur ordnungsgemäßen Nachlassverwaltung zu treffen, wobei etwaige Verwaltungsanordnungen des Erblassers zu beachten sind.[38] Eine entsprechende Verwaltungsanweisung des Erblassers wirkt allerdings nicht dinglich und hindert die Rechtsmacht des Testamentsvollstreckers nach außen nicht. Insoweit kommt allein eine dingliche Beschränkung der Verwaltungsbefugnis des Testamentsvollstreckers nach § 2208 Abs. 1 S. 1 BGB in Betracht.

31   Will der Erblasser auch Zuwendungen, die durch Vertrag zugunsten Dritter (z. B. Lebensversicherungen) bewirkt worden sind, in die Verwaltungsbefugnis des Testamentsvollstreckers einbeziehen, kann dies nur durch die **Anordnung einer entsprechenden Auflage** erfolgen. Dies kann entweder durch Auferlegung einer Verpflichtung zur Bevollmächtigung des Testamentsvollstreckers oder zur treuhänderischen Übertragung des Zuwendungsgegenstandes auf diesen erfolgen.[39] Allerdings setzt dies voraus, dass der Drittberechtigte Erbe oder Vermächtnisnehmer ist, da nur in diesem Fall die Belastung mit einer Auflage in Betracht kommt.

> **Formulierungsvorschlag:**[40]
>
> Ich treffe mittels einer Auflage an die Erben, deren Durchführung der Testamentsvollstrecker selbst verlangen kann, die Anordnung, dass meine Erben verpflichtet sind, dem Testamentsvollstrecker an Lebensversicherungen und Sparverträgen, über die ich durch Verträge zugunsten Dritter zu meinen Lebzeiten bereits zugunsten meiner Erben verfügt habe, die volle Verwaltungs- und Verfügungsmacht einzuräumen, so dass er in gleicher Weise über die Drittzuwendungen verfügen und diese verwalten kann, wie wenn diese tatsächlich zu meinem Nachlass gehören würden. Insoweit sollen auch alle vorstehend für die Testamentsvollstreckung getroffenen Anordnungen und ergänzend die gesetzlichen Bestimmungen der Testamentsvollstreckung entsprechend gelten.

32   Die Beschränkung der Rechtsmacht des Testamentsvollstreckers auf den Nachlass gilt es auch zu berücksichtigen, wenn Personengesellschaftsanteile der Verwaltung des Testamentsvollstreckers unterstellt werden sollen. Eine solche Verwaltung kann sich nur auf Anteile erstrecken, die **kraft erbrechtlicher Nachfolgeklausel** auf die Erben übergeleitet worden sind. Vollzieht sich die Nachfolge in die Beteiligung hingegen kraft Eintritts- oder rechtsgeschäftlicher Nachfolgklausel, so bleibt eine angeordnete Testamentsvollstreckung ohne Wirkung.[41] Auch hier kommt es wiederum nur in Betracht, den Begünstigten aufzuerlegen, die Anteile der Verwaltung des Testamentsvollstreckers zu unterstellen, wobei eine solche Anordnung erneut nur bei Erben und Vermächtnisnehmern Wirkung entfaltet.

33   **b) Höchstpersönliche Rechte.** Die Rechtsmacht des Testamentsvollstreckers erstreckt sich ferner nicht auf solche Rechtspositionen, die auf Grund ihrer höchstpersönlichen Natur nur von dem Erben ausgeübt werden können. Hiervon betroffen ist zunächst die Entscheidung über die Annahme oder Ausschlagung der Erbschaft, die nur der Erbe selbst treffen kann. Dies gilt auch in Bezug auf die Entscheidung über die Annahme oder Ausschlagung einer Erbschaft oder eines Vermächtnisses, die noch zu Lebzeiten des Erblassers angefallen sind, von diesem aber nicht mehr angenommen oder ausgeschlagen wurden.[42] Das Recht zum Widerruf einer Schenkung nach § 530 Abs. 2 BGB und die Anfechtungsrechte nach §§ 2341, 2345 BGB (Erb-, Vermächtnis- und Pflichtteilsunwürdigkeit) sind ebenfalls höchstpersönlicher Natur und unterliegen nicht der Befugnis des Testamentsvollstreckers. Ebenso wenig steht dem Testaments-

---

[38] *Muscheler* WM 1994 S. 921, 928 f.; *ders.* ZEV 1999, 230; Staudinger/*Reimann* § 2205 Rdnr. 165.
[39] *J. Mayer* DNotZ 2000, 905, 914 f.
[40] Ausf. *J. Mayer* DNotZ 2000, 905, 915.
[41] Vgl. nur *Winkler* Rdnr. 383; *Reimann* Wirtschaftsrechtspraxis Rdnr. 376.
[42] Staudinger/*Reimann* § 2205 Rdnr. 18.

vollstrecker das Recht zu, die letztwillige Verfügung des Erblassers nach §§ 2078 ff. BGB anzufechten.[43] Hinzuweisen ist schließlich darauf, dass auch Pflichtteilsansprüche – selbst wenn der Testamentsvollstrecker den gesamten Nachlass verwaltet – nur gegen die Erben eingeklagt werden können (vgl. § 2213 Abs. 1 S. 3 BGB sowie § 59 Rdnr. 25 ff.).

Im gesellschaftsrechtlichen Bereich ist insbesondere die **Entscheidung nach § 139 HGB** (Antrag auf Umwandlung der Beteiligung eines OHG-Gesellschafters oder Komplementärs in eine Kommanditbeteiligung und ggf. Austritt aus der Gesellschaft bei Nichtannahme des Antrags durch die übrigen Gesellschafter) allein in die Hand des Erben gelegt.[44] Ebenso ist – bereits auf Grund der fehlenden Zugehörigkeit dieses Rechts zum Nachlass – nur der Erbe berechtigt, ein gesellschaftsvertragliches Eintrittsrecht in die Personengesellschaftsbeteiligung des Erblassers auszuüben. Dementsprechend hat es der Erbe in der Hand, eine über den Anteil angeordnete Testamentsvollstreckung bereits durch die Nichtausübung des Eintrittsrechts obsolet zu machen, sofern ihm die Ausübung des Eintrittsrechts nicht zur Auflage gemacht worden ist.[45]

II. Anordnung, Person und Ernennung des Testamentsvollstreckers

1. Anordnung der Testamentsvollstreckung

a) **Überblick.** Grundsätzlich ist zwischen der Anordnung der Testamentsvollstreckung und der Ernennung des Amtsinhabers (Bestimmung einer bestimmten Person) zu unterscheiden. Die Anordnung der Testamentsvollstreckung ist der Ernennung des individuellen Testamentsvollstreckers logisch vorgelagert. Sie ist **Verfügung von Todes wegen** und muss daher dem Grundsatz der formellen und materiellen Höchstpersönlichkeit (§ 2065 BGB) entsprechen. Lediglich die Bestimmung der Person des Testamentsvollstreckers kann nach den §§ 2198 bis 2200 BGB einer dritten Person überlassen werden. Hat sich der Erblasser darauf beschränkt, einen Testamentsvollstrecker zu ernennen oder lediglich einen Dritten zu einer solchen Ernennung ermächtigt, so ist hierin jedoch zugleich die Anordnung der Testamentsvollstreckung selbst zu sehen.[46]

b) **Beratungscheckliste: Zieldefinition des Erblassers als Grundlage erfolgreicher Fremdverwaltung.** Vor der Anordnung der Testamentsvollstreckung gilt es naturgemäß, die mit der Fremdverwaltung verfolgten Zielsetzungen des Erblassers zu definieren. Diese bilden die Grundlage der konkreten testamentarischen Aufgabenzuweisung für den Testamentsvollstrecker. Dementsprechend empfiehlt es sich, vor der testamentarischen Anordnung die maßgeblichen Fragestellungen anhand einer Checkliste wie folgt abzuhandeln:[47]

Beratungscheckliste

I. Aufgabenzuweisung
  1. Welche der folgenden Aufgaben soll der Testamentsvollstrecker wahrnehmen?
     ☐ Konstituierung und Abwicklung/Auseinandersetzung des Nachlasses (Abwicklungstestamentsvollstreckung)
     ☐ Konstituierung, Abwicklung/Auseinandersetzung und anschließende Verwaltung des Nachlasses oder einzelner Nachlassgegenstände (Dauertestamentsvollstreckung)
     ☐ Verwaltung des Nachlasses, einzelner Nachlassgegenstände oder Erbteile, ggf. zum Schutz eines überschuldeten oder verschwenderischen Abkömmlings oder beschränkt auf Vor- oder Nacherbschaft (Verwaltungstestamentsvollstreckung)

---

[43] Staudinger/*Reimann* § 2203 Rdnr. 17.
[44] Ganz h.M.; vgl. RG Urt. v. 4.3.1943 – RGZ 170, 292, 395; BGH Urt. v. 30.3.1967 – BGHZ 47, 293, 296 (Nachlassverwaltung); *Marotzke* JZ 1986, 457, 462; a. A. *Muscheler* Haftungsordnung S. 547.
[45] Vgl. Ebenroth/Boujong/Joost/*Lorz* HGB § 139 Rdnr. 41.
[46] MünchKommBGB/*Zimmermann* 2197 Rdnr. 2; Krug/Rudolf/Kroiß/*Littig* ErbR § 13 Rdnr. 23.
[47] Vgl. auch Bengel/Reimann/*Bengel* Rdnr. II 34 ff.

- ☐ Sicherung der Nacherbenrechte gegenüber dem Vorerben, insbesondere bei minderjährigen Nacherben (Nacherbentestamentsvollstreckung)
- ☐ Sicherung der Nacherbenrechte gegenüber dem Vorerben, insbesondere bei minderjährigen Nacherben (Nacherbentestamentsvollstreckung)
- ☐ Verwaltung von vermächtnisweise zugewendeten Gegenständen, Sicherstellung der Erfüllung von Auflagen, Nachvermächtnissen und Untervermächtnissen zu Lasten eines Vermächtnisnehmers (Vermächtnisvollstreckung)
- ☐ Reine Beaufsichtigung des Erben ohne Verfügungsbefugnis des Testamentsvollstreckers (beaufsichtigende Testamentsvollstreckung)
- ☐ Schiedsgutachter- oder Schiedsrichterfunktion, Ausübung von Bestimmungsrechten durch den Testamentsvollstrecker

2. Ist die Nachlassstruktur mit der vorgesehenen Aufgabenzuweisung kompatibel?
   - ☐ Problematik der langfristigen Verwaltung von Einzelunternehmen und voll haftenden Personengesellschaftsbeteiligungen; daher ggf. Erfordernis lebzeitiger Umstrukturierung
   - ☐ Beschränkung der Rechte des Testamentsvollstreckers auf den Nachlass (vgl. § 2205 BGB), keine Befugnis in Bezug auf lebzeitig oder durch Vertrag zugunsten Dritter zugewendetes Vermögen
   - ☐ Besonderheiten bei ausländischen Vermögensgegenständen
3. Erfordernis klarer Handlungsanweisungen zur Umsetzung der Zielvorstellungen des Erblassers
4. Festlegung, ob Beschränkungen der Befugnisse des Testamentsvollstreckers auch dinglich wirken sollen

II. Verstärkung der Rechtsstellung
1. Sind dem Testamentsvollstrecker im Zusammenhang mit den vorgesehenen Aufgaben zusätzliche Befugnisse einzuräumen?
   - ☐ Befreiung von § 181 BGB
   - ☐ Einräumung erweiterter Verpflichtungsbefugnis nach § 2207 BGB
   - ☐ Erteilung vollstreckungsergänzender Vollmachten
   - ☐ Einräumung von organschaftlichen Befugnissen in Kapitalgesellschaften oder Stiftungen (Geschäftsführung, Aufsichtsrat)
   - ☐ Zuweisung von Bestimmungsbefugnissen (etwa gemäß §§ 2151 ff. BGB) oder schiedsrichterlichen Befugnissen
2. Bedarf es „vollstreckungsbestärkender" Auflagen an die Erben?

III. Person des Testamentsvollstreckers
1. Welcher fachliche Hintergrund ist für den Erfolg der Testamentsvollstreckung erforderlich?
   - ☐ Unternehmerische Erfahrungen
   - ☐ Rechtlicher und steuerlicher Hintergrund
2. Ist die Akzeptanz bei den Nachlassbeteiligten gegeben?
3. Sind die organisatorischen, aber auch altersmäßigen Voraussetzungen für eine erfolgreiche Amtsführung gegeben?
4. Erfordernis der Ernennung eines Nebenvollstreckers für bestimmte Aufgaben (z. B. bei minderjährigen Kindern, deren gesetzlicher Vertreter zugleich Testamentsvollstrecker ist oder im unternehmerischen Bereich)

IV. Kontrolle des Testamentsvollstreckers
1. Wie erfolgt die Kontrolle des Testamentsvollstreckers bzw. wie wird seine Machtfülle begrenzt (System der „checks and balances")?
   - ☐ Bildung eines Testamentsvollstreckergremiums (ggf. unter Einbindung der Erben)
   - ☐ Anordnung von Kontroll- und Mitspracherechten der Erben sowie Festlegung von Informationspflichten des Testamentsvollstreckers
   - ☐ Anordnung einer regelmäßigen Kontrolle durch Wirtschaftsprüfer
   - ☐ Regelungen zur Ausschüttung der Erträge des Nachlasses
2. Welche Amtsdauer verträgt sich mit der vorgesehenen Aufgaben?

V. Sonderfragen:
1. Ist die vorgesehene Vergütung attraktiv für den Testamentsvollstrecker und akzeptabel für die anderen Nachlassbeteiligten?
2. Lässt das Erbstatut die Anordnung einer Testamentsvollstreckung zu?
3. Werden die Befugnisse eines unter deutschem Erbstatut handelnden Testamentsvollstreckers auch im Ausland anerkannt?

c) **Formalien der Anordnung.** Die Testamentsvollstreckung setzt ausnahmslos die Anordnung in einer letztwilligen Verfügung des Erblassers voraus. Da das Testament keine weiteren Verfügungen zu enthalten braucht, ist es möglich, eine Testamentsvollstreckung auch dann anzuordnen, wenn im Übrigen gesetzliche Erbfolge gelten soll.[48] Nicht möglich ist es hingegen, einen Testamentsvollstrecker durch Rechtsgeschäft unter Lebenden, etwa durch Vertrag mit dem vorgesehenen Amtsinhaber, zu bestellen. Eine solche „Bestellung" kann jedoch u.U. die Erteilung eines Auftrages über den Tod des Erblassers hinaus darstellen, welcher auch gegenüber dem Erben wirksam ist (§ 672 BGB), jedoch gemäß § 671 BGB jederzeit widerrufen werden kann, sofern nicht die Widerruflichkeit durch eine testamentarische Auflage an die Erben ausgeschlossen ist. Die gewünschte Anordnung einer Testamentsvollstreckung kann sich auch erst durch Auslegung der letztwilligen Verfügung ergeben. So kann bei nicht eindeutiger Formulierung die Auslegung ergeben, dass in Wirklichkeit anstelle einer testamentarisch erteilten Vollmacht die Anordnung einer Testamentsvollstreckung gewollt ist, wenn die ermächtigte Person unwiderruflich und mit Verdrängungswirkung gegenüber den Erben ausgestattet sein soll (vgl. § 20 Rdnr. 14 m.w.N.). Ebenso kann eine testamentarische Verfügung des Inhalts, der Erbe könne über das ihm zugewendete Geldvermögen nicht frei verfügen, sondern habe es zusammen mit einer anderen Person anzulegen, als Anordnung einer Dauertestamentsvollstreckung anzusehen sein,[49] nicht hingegen die testamentarische Erklärung, „bei Fragen" sei eine bestimmte Person „zu Rate zu ziehen".[50]

Die Anordnung einer Testamentsvollstreckung gehört nicht zu den zugelassenen vertragsmäßigen (§ 2278 Abs. 2 BGB) oder wechselbezüglichen Verfügungen (§ 2270 Abs. 3 BGB). Auch eine Testamentsvollstreckung, die in einem Erbvertrag oder einem gemeinschaftlichen Testament angeordnet ist, kann daher jederzeit frei widerrufen werden. Der Widerruf der Anordnung einer Testamentsvollstreckung erfolgt nach den §§ 2253 ff. BGB.

d) **Unwirksamkeit der Anordnung.** Die Rechtswirksamkeit der Anordnung einer Testamentsvollstreckung beurteilt sich in erster Linie nach den allgemeinen Grundsätzen zur Wirksamkeit letztwilliger Verfügungen. Dies gilt zum einen im Hinblick auf eine etwaige Nichtigkeit wegen Sittenwidrigkeit (§ 138)[51] oder wegen der Möglichkeit der Anfechtung der Anordnung der Testamentsvollstreckung.[52] Eine Unwirksamkeit kann sich zudem insbesondere daraus ergeben, dass der Erblasser durch gemeinschaftliches Testament oder Erbvertrag in seiner Testierfreiheit gebunden ist. Dementsprechend kann die Anordnung einer Testamentsvollstreckung ohne Zustimmung des Vertragserben nur dann erfolgen, wenn der Erblasser sich eine solche im Erbvertrag vorbehalten hatte oder die Sonderfälle der §§ 2293 ff. BGB (Rücktritt) bzw. § 2289 Abs. 2 BGB (Pflichtteilsbeschränkung in guter Absicht) vorliegen.[53] Eine demnach unwirksame Anordnung der Testamentsvollstreckung kann auch nicht dadurch geheilt werden, dass sich der Bedachte mit ihr vor oder nach dem Erbfall einverstanden erklärt.[54] Ebenso wenig ist es möglich, dass der – nach dem Tod des einen Ehegatten – an ein gemeinschaftliches Testament

---
[48] Bengel/Reimann/*Bengel* Rdnr. II 11.
[49] BayObLG Beschl. v. 28.9.1995 – ZEV 1996, 33, 34 = FamRZ 1996, 636.
[50] OLG Düsseldorf Beschl. v. 23.10.1999 – FamRZ 1999, 958.
[51] Zur Zulässigkeit der Anordnung einer Testamentsvollstreckung zur Sicherung des Fortbestandes eines Unternehmens, solange der Erbe einer bestimmten Sekte angehört, vgl. OLG Düsseldorf Beschl. v. 2.3.1988 – NJW 1988, 2615.
[52] Vgl. BayObLG Beschl. v. 12.11.2001 – ZEV 2002, 190 (zur Anfechtung der Anordnung wegen Irrtums über die künftige Entwicklung des Erben).
[53] Vgl. OLG Hamm Beschl. v. 18.9.1995 – FamRZ 1996, 637.
[54] Vgl. Bengel/Reimann/*Bengel* Rdnr. II 20; *Winkler* Rdnr. 64.

gebundene Erblasser nachträglich eine Testamentsvollstreckung einseitig anordnet, es sei denn, das gemeinschaftliche Testament enthält einen entsprechenden Vorbehalt oder es liegt einer der Ausnahmefälle der §§ 2294, 2336, 2338 BGB vor.[55] Ob die bloße Auswechslung der Person des Testamentsvollstreckers eine unzulässige Beeinträchtigung des durch Erbvertrag oder gemeinschaftliches Testament bedachten Erben darstellt, wird unterschiedlich beurteilt.[56]

40 Die Unwirksamkeit einer angeordneten Testamentsvollstreckung kommt ferner auf Grund der **pflichtteilsrechtlichen Schutzvorschrift des § 2306 BGB** in Betracht. Demnach gilt eine Testamentsvollstreckung als nicht angeordnet, wenn einem zum Erben berufenen Pflichtteilsberechtigten nicht mehr als die Hälfte des gesetzlichen Erbteils hinterlassen wurde (§ 2306 Abs. 1 S. 1 BGB). Diese Unwirksamkeit hat das Nachlassgericht von Amts wegen zu beachten, wobei allein auf die Nachlassquote ohne Berücksichtigung von Beschränkungen und Beschwerungen, nicht auf den Wert des Hinterlassenen abzustellen ist; ein zusätzlich zum belasteten Erbteil zugewendetes Vermächtnis ist hinzuzurechnen.[57] Ist der hinterlassene Erbteil größer als die Hälfte des gesetzlichen Erbteils, so kann der Pflichtteilsberechtigte wählen, ob er den höheren Erbteil mit der auf ihm lastenden Testamentsvollstreckung annimmt oder ob er die Zuwendung ausschlägt und stattdessen den vollen Geldpflichtteil fordert (§ 2306 Abs. 1 S. 2 BGB).[58] Ist die Anordnung einer Testamentsvollstreckung essentiell für die Verwirklichung der Zielvorstellungen des Erblassers, ist daher zur Ausschaltung von § 2306 Abs. 1 S. 2 BGB der Abschluss lebzeitiger Pflichtteilsverzichtsverträge erforderlich. Andernfalls könnten sich die Abkömmlinge über eine Ausschlagung des belasteten Erbteils auf den bequemen Geldpflichtteil zurückziehen.

41 e) Formulierungsvorschläge

Abwicklungs-/Auseinandersetzungstestamentsvollstreckung:
Wir ordnen für unseren jeweiligen Nachlass Abwicklungstestamentsvollstreckung gemäß § 2203 BGB an. Der Testamentsvollstrecker hat die in diesem gemeinschaftlichen Testament angeordneten Vermächtnisse zu erfüllen und die Auseinandersetzung unter den Miterben entsprechend der in diesem Testament getroffenen Anordnungen durchzuführen. Weiterhin hat der Testamentsvollstrecker für die Erfüllung der in diesem Testament angeordneten Auflagen zu sorgen. Hierzu steht dem Testamentsvollstrecker die volle Verwaltungs- und Verfügungsbefugnis zu. Der Testamentsvollstrecker ist in der Eingehung von Verbindlichkeiten für den Nachlass nicht beschränkt und von den Beschränkungen des § 181 BGB befreit. Die Aufgabe des Testamentsvollstreckers endet nach Auseinandersetzung des Nachlasses und der Erfüllung der angeordneten Vermächtnisse und Auflagen im vorstehenden Sinne.

Dauertestamentsvollstreckung:
Auch nach Erfüllung der in diesem Testament angeordneten Vermächtnisse und Auflagen dauert die Testamentsvollstreckung bis zum Tode des überlebenden Ehegatten an, längstens jedoch ist sie auf die Dauer von 15 Jahren, gerechnet ab dem Tag meines Ablebens, angeordnet ...
Dem Testamentsvollstrecker obliegen insbesondere folgende Aufgaben:

- ...

- Verwaltung meines Vermögens, insbesondere auch die Verwaltung meines Beteiligungsvermögens. Soweit erforderlich, sind meine Erben verpflichtet, dem Testamentsvollstrecker für die Verwaltung meines Beteiligungsvermögens entsprechend unbeschränkte Vollmachten zu erteilen. Der Testamentsvollstrecker hat im gesetzlich zulässigen Umfang alle Rechte und Pflichten in den Gesellschaften, an denen ich beteiligt bin, auszuüben.

---

[55] Vgl. nur OLG Frankfurt Urt. v. 18.1.1993 – WM 1993, 803.
[56] Vgl. OLG Hamm Beschl. v. 6.11.2000 – ZEV 2001, 271, 272 m. Anm. *Reiman* OLG Düsseldorf Beschl. v. 17.6.1994 – ZEV 1994, 302; *Winkler* Rdnr. 64; MünchKommBGB/*Musielak* § 2289 Rdnr. 10; Sudhoff/*Scherer* Unternehmensnachfolge § 9 Rdnr. 2 (in Fn. 5) (verneinend) einerseits und *Meyding* ZEV 1994, 98 andererseits.
[57] „Quotentheorie"; vgl. BGH Urt. v. 9.3.1983 – NJW 1983, 2378; Palandt/*Edenhofer* § 2306 Rdnr. 2 f. sowie § 2307 Rdnr. 4; ausf. *Schlitt*, Der Schutz des Pflichtteilsberechtigten vor belastenden Anordnungen des Erblassers, Diss. Gießen 1990, S. 104.
[58] Ausf. *Lorz* S. 91 ff.

> **Testamentsvollstreckung zur Verwaltung eines Vermächtnisses:**
> Für den Fall, dass ... beim Eintritt des Erbfalls das 30. Lebensjahr noch nicht vollendet hat, ordne ich hinsichtlich des ihm zugewendeten, vorstehend in § 5 dieses Testaments beschriebenen Vermächtnisgegenstandes (Kommanditbeteiligung einschließlich Saldo aus den neben den Kapitalkonten gesondert geführten Gesellschafterkonten) eine Vermächtnistestamentsvollstreckung mit der Aufgabe der Verwaltung des Vermächtnisgegenstandes an und ernenne Herrn/Frau ... zum Testamentsvollstrecker. Die Testamentsvollstreckung wird wirksam ab dem Tag der Erfüllung des Vermächtnisses und endet, sobald der Vermächtnisnehmer das 30. Lebensjahr vollendet hat... .

> **Nacherbentestamentsvollstreckung:**
> Der Testamentsvollstrecker hat nur die Aufgabe, die Rechte und Pflichten meines Enkels ... als Nacherbe meiner Tochter ... bis zum Eintritt der Nacherbfolge auszuüben.

2. Person des Testamentsvollstreckers

a) **Wer kommt als Testamentsvollstrecker in Betracht?** Von maßgeblicher Bedeutung für den Erfolg einer angeordneten Testamentsvollstreckung ist naturgemäß die Person des Amtsinhabers. Idealiter ist eine Person zu wählen, die das volle Vertrauen des Erblassers genießt, aber auch von den übrigen Nachlassbeteiligten akzeptiert wird, profunde rechtliche und wirtschaftliche Kenntnisse aufweist sowie einerseits ein Alter, das die Aufgabenerfüllung während der gesamten Dauer der Testamentsvollstreckung erwarten lässt, und andererseits eine ausreichende Lebenserfahrung und menschliche Qualifikation, um mit auftretenden Friktionen im zwischenmenschlichen Bereich souverän umgehen zu können.[59]

Testamentsvollstrecker können grundsätzlich **sowohl natürliche als auch juristische Personen** sein, wobei erstere voll geschäftsfähig sein müssen und keiner Betreuung unterstellt sein dürfen (§ 2201 BGB). Hierbei steht die vorläufige Bestellung eines Betreuers gemäß § 69 f. FGG der endgültigen gleich.[60] Ebenso wenig besteht Zweifel, dass die Personenhandelsgesellschaften der OHG und KG wegen der ihnen zukommenden Teilrechtsfähigkeit (vgl. §§ 124, 161 HGB) die Rolle des Testamentsvollstreckers übernehmen können. Bei der BGB-Gesellschaft wird dies nach herkömmlicher Auffassung anders gesehen. Bei Ernennung einer Rechtsanwaltssozietät zum Testamentsvollstrecker wurde daher die Möglichkeit, aber auch die Notwendigkeit betont, diese in der Ernennung eines der Sozien umzudeuten, um der Anordnung auf diesem Wege zur Wirksamkeit zu verhelfen.[61] Unter Zugrundelegung der BGH-Rechtsprechung zur Anerkennung der Rechtsfähigkeit der (Außen)Gesellschaft bürgerlichen Rechts und deren aktiver und passiver Parteifähigkeit im Zivilprozess[62] ist jedoch kein Grund mehr ersichtlich, zwischen OHG und KG einerseits und BGB-Gesellschaften andererseits zu differenzieren.[63] Zur Abgrenzung gegenüber den Gelegenheitsgesellschaften ist jedoch für die „Testamentsvollstrecker-Fähigkeit" einer BGB-Gesellschaft zu fordern, dass diese neben dem Auftreten nach außen und der Bildung von Gesamthandsvermögen in der Weise „personifiziert" ist, dass sie unter eigenem Gesellschaftsnamen auftritt und über eine eigene Handlungsorganisation verfügt.[64] Diese Voraussetzungen sind bei Freiberufler-Sozietäten jedoch stets erfüllt.

Die gleichzeitige Berufung zum Erben lässt die Befähigung zur Übernahme des Testamentsvollstreckers grundsätzlich unberührt; auch ein Miterbe kann Testamentsvollstrecker sein, wo-

---

[59] *Winkler* Rdnr. 89; *Esch/Baumann/Schulze zur Wiesche* Rdnr. I 627.
[60] BayObLG Beschl. v. 26.10.1994 – ZEV 1995, 63, 64.
[61] Vgl. Staudinger/*Reimann* § 2197 Rdnr. 50; MünchKommBGB/*Brandner* § 2197 Rdnr. 9.
[62] BGH Urt. v. 29.1.2001 – NJW 2001, 1056 = ZIP 2001, 330 = DStR 2001, 310 m. Anm. *Goette* hierzu Ulmer ZIP 2001, 585; *Dauner/Lieb* DStR 2001, 36; *Habersack* BB 2001, 477; *Römermann* DB 2001, 428.
[63] I. d. S. ebenfalls *Ulmer* ZIP 2001, 585, 596 (Anerkennung der Erbfähigkeit der Außen-GbR); so ausdrücklich auch Mayer/Bonefeld/Wälzholz/Weidlich/*J. Mayer* Rdnr. 31; zurückhaltend weiter Soergel/ *Damrau* § 2197 Rdnr. 8 („trotz der neuen Rechtsprechung ... . zweifelhaft). Zu den mit der Erbfähigkeit der GbR verbundenen Fragestellungen ausf. *Scherer/Feick* ZEV 2003, 341.
[64] Ausf. *Ulmer* ZIP 2001, 585, 592 ff.

bei bei der **Beurteilung der Zweckmäßigkeit** der Ernennung eines Miterben auch mögliche Interessenkollisionen in die Betrachtung einzubeziehen sind (zur Anwendbarkeit von § 181 BGB vgl. Rdnr. 123).[65] Unvereinbarkeit besteht hingegen dort, wo sich die Rechtsmacht des Testamentsvollstreckers und des Erben inhaltlich voll decken würden. Dementsprechend kann der Alleinerbe oder alleinige Vorerbe nach herrschender Meinung nicht sein eigener Testamentsvollstrecker sein, sondern allenfalls zum Mitvollstrecker bei gemeinschaftlicher Amtsführung oder als Vermächtnisvollstrecker nach § 2223 BGB ernannt werden.[66] Von diesem Grundsatz der Unvereinbarkeit werden jedoch Ausnahmen in den Fällen zugelassen, in denen diese Doppelstellung nicht sinnlos erscheint. So hat der Bundesgerichtshof die Bestimmung des alleinigen Erben oder Vorerben zum Testamentsvollstrecker für zulässig gehalten, wenn sich dessen Aufgabe auf den sofortigen Vollzug von Vermächtnissen zu Lasten der Erbschaft und im Interesse des Begünstigten beschränkt und das Nachlassgericht bei groben Pflichtverstößen einen anderen Testamentsvollstrecker bestimmen kann.[67] Auch eine Bestimmung, dass sämtliche Miterben zu Testamentsvollstreckern bestellt werden, wird als zulässig angesehen; ihr Sinn kann etwa darin liegen, dass bei Meinungsverschiedenheiten bei der Verwaltung des Nachlasses die Mitwirkung und Entscheidung des Nachlassgerichts an die Stelle des sonst erforderlichen Mehrheitsbeschlusses der Erbengemeinschaft tritt.[68] Der alleinige Vermächtnisnehmer kann nicht alleiniger Vermächtnisvollstrecker sein, wohl aber einer von mehreren Vermächtnisnehmern.[69] Unwirksam ist auch die Einsetzung des alleinigen Vorerben zum Testamentsvollstrecker, um gemäß § 2222 BGB die Rechte des Nacherben bis zum Eintritt des Nacherbfalls wahrzunehmen. Beide Stellungen lassen sich nicht miteinander vereinbaren.[70] Wohl aber kann der (einzige) Nacherbe bis zum Eintritt des Nacherbfalls Testamentsvollstrecker des Vorerben sein.[71]

45   Ernennt der Erblasser den **Elternteil eines minderjährigen Kindes, den Vormund oder Betreuer** eines Erben zum Testamentsvollstrecker, so soll für den betreffenden Erben nach h.M. trotz angeordneter Befreiung von § 181 BGB eine Ergänzungspflegschaft gemäß § 1909 BGB anzuordnen sein, da sich aus der Doppelstellung auf Grund der gegen den Testamentsvollstrecker bestehenden Überwachungs- und Auskunftsrechte sowie möglicher Schadensersatzansprüche ein so erheblicher Interessengegensatz ergebe, dass die Wahrnehmung beider Aufgaben durch ein und dieselbe Person ausgeschlossen sei.[72] Der Wirkungskreis des zu bestellenden Pflegers bezieht sich auf die Wahrnehmung der Rechte des jeweiligen Erben gegenüber dem Testamentsvollstrecker.[73] Richtigerweise sollte die Anordnung einer Ergänzungspflegschaft nur dann in Betracht kommen, wenn tatsächlich ein erheblicher Gegensatz im Sinne von § 1796 BGB besteht, da eine Pflegebestellung ohne konkreten Anlass insbesondere im Rahmen des § 2216 BGB auf eine reine Beobachtungspflegschaft hinauslaufen würde (vgl. auch Rdnr. 72, 93).[74]

46   Der die letztwillige Verfügung **beurkundende Notar oder ein naher Angehöriger** von ihm kann in dieser nicht wirksam zum Testamentsvollstrecker ernannt werden (§§ 7, 27 BeurkG). Will der Testator gleichwohl den beurkundenden Notar ernennen, so greift man in der Praxis zu der Möglichkeit, diese Ernennung in einer zusätzlichen privatschriftlichen oder vor einem

---

[65] Vgl. *Esch/Baumann/Schulze zur Wiesche* Rdnr. I 630 („nicht zu empfehlen").
[66] Für die h.M. vgl. nur BayObLG Beschl. v. 8.6.2001 – ZEV 2002, 24, 25; Staudinger/*Reimann* § 2197 Rdnr. 53; *Winkler* Rdnr. 90; *Esch/Baumann/Schulze zur Wiesche* Rdnr. I 631; a. A. *Adams* ZEV 1998, 321.
[67] BGH Urt. v. 26.1.2005 – ZEV 2005, 204 m. Anm. *Adams*. Ob dies auch dann gelten soll, wenn der Erben-Testamentsvollstrecker den Zeitpunkt oder den Umfang der Vermächtniserfüllung nach seinem Ermessen bestimmen und hierdurch in einen Interessenkonflikt zum Vermächtnisnehmer geraten kann, hat das Gericht hierbei offen gelassen.
[68] Vgl. BayObLG Beschl. v. 8.6.2001 – ZEV 2002, 24, 25; Soergel/*Damrau* § 2197 Rdnr. 13.
[69] Staudinger/*Reimann* § 2223 Rdnr. 17.
[70] Vgl. Soergel/*Damrau* § 2197 Rdnr. 11; Damrau/*Bonefeld* § 2197 Rdnr. 34.
[71] BGH Urt. v. 21.3.1990 – NJW 1990, 2055, 2056; Jauernig/*Stürner* § 2197 Rdnr. 4.
[72] OLG Hamm Beschl. v. 13.1.1993 – FamRZ 1993, 1122, 1123; ebenso OLG Nürnberg Beschl. v. 29.6.2001 – ZEV 2002, 158 m. abl. Anm. *Schlüter* – MittBayNot 2002, 403 (obwohl die gesetzliche Vertreterin nur Mittestamentsvollstreckerin war); Palandt/*Edenhofer* § 2197 Rdnr. 5; Bengel/Reimann/*Klumpp* Rdnr. VI 49; *Winkler* Rdnr. 91; kritisch *Damrau* ZEV 1994, 1, 2.
[73] OLG Hamm Beschl. v. 13.1.1993 – FamRZ 1993, 1122, 1123.
[74] Zutreffend und ausf. Staudinger/*Reimann* § 2197 Rdnr. 56 f.; *Damrau* ZEV 1994, 1 ff.

anderen Notar errichteten Verfügung vorzunehmen.[75] Unwirksam ist nur die Ernennung des beurkundenden Notars; ein Sozius kann ernannt werden.[76] Dies gilt auf der Grundlage der Rechtsprechung des Bundesgerichtshofs auch dann, wenn dieser an den Einnahmen aus der Testamentsvollstreckung beteiligt ist.[77] Allerdings dürfte seit der Änderung des § 3 Abs. 1 Nr. 4 BeurkG vom 8.9.1998 ein Verstoß gegen diese Vorschrift vorliegen, wonach der Notar auch in Angelegenheiten seines Sozius nicht beurkunden soll. Ein solcher Verstoß hiergegen lässt zwar die Wirksamkeit der Ernennung unberührt, kann aber aufsichts- und disziplinarrechtliche Maßnahmen gegen den Notar auslösen.[78] Ein Schiedsgutachter oder Schiedsrichter kann zugleich Testamentsvollstrecker sein; soweit Streitigkeiten bestehen, die das Amt des Testamentsvollstreckers betreffen, kann jedoch eine die Ablehnung des Schiedsrichters begründende Interessenkollision vorliegen (vgl. § 1036 ZPO).[79]

b) Vereinbarkeit mit dem Rechtsberatungsgesetz. Von der grundsätzlichen Frage, wer überhaupt als Testamentsvollstrecker ernannt werden kann, ist die anders gelagerte Frage zu trennen, ob die geschäftsmäßige Übernahme von Testamentsvollstreckungen durch Nicht-Anwälte einen Verstoß gegen das Rechtsberatungsgesetz darstellt, wovon die Übernahme und Durchführung der Testamentsvollstreckung im konkreten Einzelfall betroffen wäre. Diese Frage, die vor allem auf die geschäftsmäßige Übernahme von **Testamentsvollstreckungen durch Banken und Steuerberater** zielt und durch die verstärkte Fokussierung von Kreditinstituten auf das Geschäftsfeld „Testamentsvollstreckung" an Brisanz gewonnen hat, stand bis zum Ende des Jahres 2004 im Zentrum kontroverser Diskussion. Ausgangspunkt dieser Diskussion waren insbesondere obergerichtliche Urteile. So sollte Steuerberatern nach einem Urteil des OLG Düsseldorf die Übernahme geschäftsmäßiger Testamentsvollstreckungen als Zuwiderhandlung gegen Art. 1 § 1 Abs. 1 S. 1 RBerG verwehrt sein.[80] Nach dem OLG Karlsruhe sollte auch die Übernahme von Testamentsvollstreckungen durch Banken und Sparkassen am Verbotscharakter des Rechtsberatungsgesetzes scheitern.[81] In der Literatur wurde die Frage, ob die Tätigkeit eines Testamentsvollstreckers grundsätzlich eine erlaubnispflichtige Tätigkeit nach Art. 1 § 1 RBerG darstellt, kontrovers diskutiert. Während verschiedene Autoren die Frage bejahten,[82] war nach anderen nach dem Umfang und dem Schwerpunkt der Tätigkeit im Einzelnen zu differenzieren.[83] Eine weitere Auffassung bejahte die Testamentsvollstreckung durch Steuerberater oder Banken unter Bezugnahme auf Art. 1 § 3 Nr. 6 RBerG oder Art. Art. 1 § 5 Nr. 2 und 3 RBerG.[84] 47

Durch zwei zum Ende des Jahres 2004 ergangene Entscheidungen hat der **Wettbewerbssenat des Bundesgerichtshofes** jedoch ausdrücklich klargestellt, dass weder die geschäftsmäßige Übernahme von Testamentsvollstreckungen durch Steuerberater noch durch Banken gegen das Rechtsberatungsgesetz verstößt.[85] In diesen Entscheidungen stellt das Gericht die Testamentsvollstreckung insgesamt vom grundsätzlichen Erlaubnisvorbehalt des RBerG frei, obwohl zugleich eingeräumt wird, dass der Schwerpunkt der Tätigkeit des Testamentsvollstreckers 48

---

[75] Vgl. *Reimann* DNotZ 1994, 659, 663; Sudhoff/*Scherer* Unternehmensnachfolge § 9 Rdnr. 3 (Fn. 15).
[76] BGH Urt. v. 4.2.1987 – MDR 1987, 650, 651; BGH Urt. v. 18.12.1996 – BGHZ 134, 230, 235 ff. = ZEV 1997, 113 m. Anm. *Kummer*.
[77] BGH Urt. v. 18.12.1996 – BGHZ 134, 230, 235 ff. = ZEV 1997, 113 m. Anm. *Kummer*, sowie *Moritz* JZ 1997, 953; ebenso Soergel/*Damrau* § 2197 Rdnr. 19; *Winkler* Rdnr. 92; a. A. OLG Oldenburg Beschl. v. 26.10.1989 – DNotZ 1990, 431, 432; Jauernig/*Stürner* § 2197 Rdnr. 4.
[78] *Winkler* Rdnr. 92; Damrau/*Bonefeld* § 2197 Rdnr. 40; ausf. *Winkler* MittBayNot 1999, 1, 3.
[79] Soergel/*Damrau* § 2197 Rdnr. 14.
[80] OLG Düsseldorf Urt. v. 30.5.2000 – ZEV 2000, 458 m. abl. Anm. *Grunewald*.
[81] OLG Karlsruhe Urt. v. 27.5.1993 – ZEV 1994, 300, 301; kritisch hierzu *Bork* WM 1995, 225; *Henssler* ZEV 1994, 262; *Vortmann* ZBB 1994, 259.
[82] I. d. S. u.a. *Schaub* MittBayNot 2001, 90; *Stracke* ZEV 2001, 250; *Bonefeld* ZErb 2000, 171, 172; *Henssler* ZEV 1994, 261, 262; *Rennen/Caliebe* RBerG, 3. Aufl., Art. 1 § 3 Rdnr. 41 ff.
[83] Für eine solche Differenzierung MünchKommBGB/*Zimmermann* § 2197 Rdnr. 30; *Sandkühler* DNotZ 2001, 645, 646; Bamberger/Roth/*J. Mayer* § 2197 Rdnr. 30.
[84] Vgl. *Grunewald* ZEV 2000, 460; *Streck* DStR 1991, 592, 594; *Bork* WM 1995, 225, 226; *Best* DStR 2000, 2000, 2001.
[85] BGH Urt. v. 11.11.2004 – NJW 2005, 968 = ZEV 2005, 123 m. Anm. *Stracke* (zur Testamentsvollstreckung durch Steuerberater); BGH Urt. v. 11.11.2004 – NJW 2005, 969 = ZEV 2005, 122 (zur Testamentsvollstreckung durch Banken).

durchaus auf rechtlichem Gebiet liegen kann. In Anbetracht der rechtlichen Durchdringung nahezu aller Lebensbereiche sei jedoch unter dem Gesichtspunkt der Verhältnismäßigkeit des Eingriffs in die grundgesetzlich geschützte Berufsfreiheit des Einzelnen eine abwägende Beurteilung des jeweils beanstandeten Verhaltens danach erforderlich, ob es sich bei ihm um eine Rechtsbesorgung oder um eine Tätigkeit handelt, die ohne Beeinträchtigung ihrer Qualität und der Funktionsfähigkeit der Rechtspflege auch von anderen Dienstleistern erfüllt werden kann. Diese Abwägung führt nach dem Gericht zu einer grundsätzlichen Freiheit der geschäftsmäßigen Übernahme von Testamentsvollstreckungen von dem Erlaubnisvorbehalt des Art. 1 § 1 RBerG. Auf einem anderen Blatt steht auch nach dem Bundesgerichtshof das Erfordernis und die Verpflichtung des Testamentsvollstreckers, juristischen Rat einzuholen, sofern im Rahmen der Testamentsvollstreckung, insbesondere bei einer Abwicklungstestamentsvollstreckung, die Beurteilung rechtlicher Fragen erforderlich wird. Für die Praxis besteht somit nunmehr insoweit Rechtsklarheit, dass der Erblasser eine Bank oder einen Steuerberater zum Testamentsvollstrecker einsetzen kann, ohne dass eine solche Einsetzung am RBerG scheitert.

49 Auf einem anderen Blatt steht die Frage der Zweckmäßigkeit der Ernennung einer Bank zum Testamentsvollstrecker, sei es wegen bestehender oder möglicher Interessenkollisionen, die zumindest eine organisatorische Trennung der Testamentsvollstreckung vom übrigen Buckgeschäft erforderlich machen,[86] sei es unter dem Gesichtspunkt, dass der Erblasser nach seinem Tod keinerlei Einfluss darauf hat, wer die Aufgaben des Testamentsvollstreckers in der betreffenden Organisation tatsächlich wahrnimmt.[87] Bedenken gegenüber einer **Testamentsvollstreckung durch Banken** bestehen auch mit Blick auf das Substitutionsverbot, wonach der Testamentsvollstrecker sein Amt und die hiermit verbundenen Obliegenheiten nicht auf Dritte übertragen darf (vgl. hierzu Rdnr. 136 ff.). Bei Banken handelt es sich um juristische Personen, die durch ihre Organe vertreten werden. In der Praxis wird es nicht die Regel sein, dass die Bankvorstände die Testamentsvollstreckertätigkeit selbst durchführen; vielmehr werden sich diese durch die Angestellten vertreten lassen. Dies widerspricht der höchstpersönlichen Natur des Testamentsvollstreckeramtes.[88] Gründet die Bank keine entsprechenden Tochtergesellschaften zur Übernahme von Testamentsvollstreckungen, droht ihr bei Übertragung wesentlicher Tätigkeiten (vgl. Rdnr. 137) somit ständig die Entziehung des Testamentsvollstreckeramtes nach § 2227 BGB.[89]

50 Hinzuweisen ist in diesem Zusammenhang auch auf die geplante Ersetzung des Rechtsberatungsgesetzes durch ein neues Rechtsdienstleistungsgesetz (RDG) und die hierin in Bezug auf die Frage der **Erlaubnispflichtigkeit der Übernahme von Testamentsvollstreckungen** vorgesehenen Regelungen. Der nunmehr vorgelegte Regierungsentwurf für dieses Gesetz sieht in § 5 Abs. 2 Nr. 1 aus Gründen der Testierfreiheit die vollständige Freigabe aller Rechtsdienstleistungen vor, die im Zusammenhang mit einer Testamentsvollstreckung erbracht werden. Die Verpflichtung des nicht anwaltlichen Testamentsvollstreckers, ab einem gewissen Umfang der rechtlichen Tätigkeit den Rechtsrat eines umfassend ausgebildeten Juristen einzuholen oder einen solchen hinzuzuziehen, soll sich nach Maßgabe der Begründung des Entwurfs nicht mehr aus dem Rechtsdienstleistungsgesetz ergeben, sondern allein aus den Verpflichtungen, die aufgrund der Übernahme der Testamentsvollstreckung gegenüber den Erben und dem Erblasser bestehen.[90] Das Gesetz soll Mitte 2007 in Kraft treten; ob es tatsächlich zur Verabschiedung des Gesetzesentwurfes und damit zur Ersetzung des Rechtsberatungsgesetzes durch das Rechtsdienstleistungsgesetz kommt, war bei Drucklegung dieses Werks noch nicht absehbar.

---

[86] Zur Frage der Interessenkollisionen bei der Anlage von Nachlassvermögen durch Kreditinstitute bei Testamentsvollstreckung sowie den sich hieraus ergebenden Anforderungen und Einschränkungen ausf. *Schmitz* ZErb 2005, 74.
[87] Zutreffend *Landsittel*, Gestaltungsmöglichkeiten von Erbfällen und Schenkungen, Rdnr. 1407 f.
[88] I.d.S. Bengel/Reimann/*Klumpp* Rdnr. VI 8 ff.; Mayer/Bonefeld/Wälzholz/Weidlich/*Bonefeld* Rdnr. 1027 ff.; Mayer/Bonefeld/Wälzholz/Weidlich/*J. Mayer* Rdnr. 35.
[89] Vgl. Mayer/Bonefeld/Wälzholz/Weidlich/*Bonefeld* Rdnr. 1035.
[90] Kritisch hierzu *Römermann* BRAK-Mitt. 2005, 212, 215; vgl. auch *Feiter* DStR 2006, 484.

c) Mehrere Testamentsvollstrecker. Dem Erblasser steht es frei, mehrere Testamentsvoll- 51
strecker zu ernennen (vgl. § 2197 Abs. 1 BGB). Dies kann insbesondere bei wirtschaftlich
komplizierten und schwer zu verwaltenden Nachlässen zweckmäßig sein oder etwa dann,
wenn bei der Ernennung des gesetzlichen Vertreters minderjähriger Kinder die in bestimmten
Konstellationen erforderliche Bestellung eines Ergänzungspflegers vermieden werden soll
(vgl. Rdnr. 45). Die Einbindung mehrerer Personen in ein Testamentsvollstreckergremium
kann aber auch ein wirksames Instrument gegen die übergroße Machtfülle eines einzelnen
Testamentsvollstreckers darstellen, insbesondere indem in geeigneten Konstellationen auch
die Erben in ein solches Gremium eingebunden werden. Mehrere derart eingesetzte Testamentsvollstrecker
führen – sofern der Erblasser keine abweichenden Anordnungen getroffen
hat – ihr Amt nach innen und außen gemeinschaftlich, wobei bei Meinungsverschiedenheiten
das Nachlassgericht entscheidet (§ 2224 Abs. 1 S. 1 BGB). Im Ergebnis bedeutet dies, dass
sich die Testamentsvollstrecker über die Vornahme von Rechtshandlungen einig sein müssen.
Nur in dringenden Fällen kann jeder Testamentsvollstrecker ohne Zustimmung der anderen
Testamentsvollstrecker die erforderlichen Erhaltungsmaßnahmen treffen (§ 2224 Abs. 2 BGB).
Trotz gemeinschaftlicher Amtsführung können die Testamentsvollstrecker ihre Aufgaben nach
bestimmten Gebieten unter sich verteilen oder sich gegenseitig bevollmächtigen. Eine solche
Vereinbarung hat jedoch nur interne Wirkung und ändert auch nichts an der grundsätzlich
gegebenen gemeinschaftlichen Verantwortlichkeit mehrerer Testamentsvollstrecker nach
§ 2219 Abs. 2 BGB.[91]

In Anbetracht der eingeschränkten Flexibilität der gesetzlichen Regelung empfiehlt es sich, 52
dass der Erblasser **Anordnungen für die Amtsführung mehrerer Testamentsvollstrecker** trifft.
Solche Anordnungen können nur in der Form einer Verfügung von Todes wegen vorgenommen
werden und können etwa darauf gerichtet sein, dass im Verhältnis der Testamentsvollstrecker
untereinander die Stimmenmehrheit entscheiden soll (Kollegialverfassung) oder dass bei Meinungsverschiedenheiten
die Ansicht eines bestimmten Testamentsvollstreckers den Ausschlag
gibt. Auf diese Weise kann die ansonsten erforderliche Anrufung des insbesondere in unternehmerischen
und wirtschaftlichen Fragestellungen meist nicht hinreichend kompetenten Nachlassgerichts
vermieden werden.[92] Ebenso ist es möglich, dass der Erblasser die Verwaltungsbefugnisse
in der Weise gegenständlich verteilt, dass er bestimmte Gegenstände von der gemeinschaftlichen
Verwaltung ausschließt und ihre Verwaltung einem in dem bestimmten Bereich
besonders qualifizierten Testamentsvollstrecker überträgt.

3. Ernennung des Amtsinhabers

a) Möglichkeiten zur Ernennung des Testamentsvollstreckers. Dem Erblasser stehen um- 53
fangreiche Möglichkeiten zur Verfügung, den Testamentsvollstrecker zu bestimmen oder
bestimmen zu lassen. Hierbei ist eine namentliche Bezeichnung des Testamentsvollstreckers
im Testament nicht vorgeschrieben; vielmehr kann sich die Person des Amtsinhabers auch
im Wege der Auslegung ergeben.[93] Die Ernennung des Testamentsvollstreckers kann erfolgen
durch

- den Erblasser selbst (§ 2197 BGB)
- einen von ihm hierzu ermächtigten Dritten (§ 2198 BGB)
- den zunächst berufenen Testamentsvollstrecker selbst, indem dieser zur Ernennung eines
  Mitvollstreckers oder eines Nachfolgers im Amte ermächtigt wird (§ 2199 BGB)
- das im Testament des Erblassers hierzu ersuchte Nachlassgericht (§ 2200 BGB), welches
  diesem Ersuchen des Erblassers nach pflichtgemäßem Ermessen, unter Berücksichtigkeit
  der Lage des Nachlasses und der Interessen der Beteiligten nachkommen kann, aber nach
  h.M. z.B. dann nicht nachkommen muss, wenn der Nachlass eine Vollstreckung nicht
  lohnt.[94]

---

[91] BGH Urt. v. 26.6.1967 – NJW 1967, 2400, 2401; MünchKommBGB/*Zimmermann* § 2224 Rdnr. 7.
[92] Vgl. *Reimann* Wirtschaftsrechtspraxis Rdnr. 217 ff.
[93] Staudinger/*Reimann* § 2197 Rdnr. 45.
[94] Vgl. BayObLG Beschl. v. 30.10.2003 – FamRZ 2004, 1406 = Rpfleger 2004, 164; OLG Hamm Beschl. v. 19.3.1984 – Rpfleger 1984, 316; Palandt/*Edenhofer* § 2200 Rdnr. 4; zur Ermessensreduzierung auf Null vgl. Bamberger/Roth/*J. Mayer* § 2200 Rdnr. 4.

54 Hat der Erblasser eine Testamentsvollstreckung angeordnet, ohne einen Amtsinhaber benannt oder einen Dritten zur Benennung ermächtigt zu haben, so sollte die Anordnung nicht scheitern, sondern **im Wege der wohl wollenden Auslegung** (§ 2084 BGB) als Ersuchen an das Nachlassgericht betrachtet werden, einen Testamentsvollstrecker zu bestimmen.[95] Gleiches gilt, wenn der vom Erblasser ernannte Vollstrecker sein Amt nicht annimmt oder vor dem Erbfall verstirbt, sofern sich nur der eindeutige Wille des Erblassers feststellen lässt, dass die Erben auf jeden Fall von der Verwaltung des Nachlasses ausgeschlossen sein sollten oder dass eine fortdauernde Testamentsvollstreckung gewollt war.[96] Der Erblasser sollte hier in jedem Fall durch ausdrückliche Anordnung und ggf. die Ernennung eines Ersatztestamentsvollstreckers Klarheit schaffen. Auch bei der Ernennung eines Ersatztestamentsvollstreckers sollte klar zum Ausdruck gebracht werden, ob nur eine einzige Ersatzperson berufen werden soll oder ob bei deren Wegfall so viele Ersatzvollstrecker zu berufen sind, bis die vorgesehenen Aufgaben tatsächlich erledigt sind.[97]

55 Will der Erblasser die **Durchführung der Testamentsvollstreckung** unter allen Umständen sicherstellen, empfiehlt sich eine Kombination der §§ 2197 und 2200 BGB. Zunächst ist eine bestimmte Vertrauensperson zu benennen, wobei diese Maßnahme durch die Berufung weiterer Ersatztestamentsvollstrecker flankiert werden sollte. Zur völligen Absicherung ist das Ersuchen an das Nachlassgericht (oder an eine Drittperson wie den amtierenden Notar) zu richten, hilfsweise einen Vollstrecker zu ernennen. Hierbei steht die Auswahl in Ermangelung weiterer Vorgaben durch den Erblasser im pflichtgemäßen Ermessen des Nachlassgerichts, welches vor der Ernennung, soweit unter Zeit- und Kostengesichtspunkten tunlich, die Beteiligten (vor allem Erben, Vermächtnisnehmer, Pflichtteilsberechtigte und Mitvollstrecker) hören soll (§ 2200 Abs. 2 BGB). Zur Sicherung der Kontinuität einer Dauertestamentsvollstreckung wäre der Testamentsvollstrecker weiterhin gemäß § 2199 Abs. 2 BGB zu ermächtigen, einen Nachfolger im Amt zu bestimmen. Diese dem Testamentsvollstrecker einzuräumende Berechtigung kann auch dazu benutzt werden, dass Drittbestimmungsverbot des § 2065 Abs. 2 BGB zumindest teilweise zu umgehen, indem der Testamentsvollstrecker nach Ablauf einer bestimmten Zeit aus dem Kreise mehrerer Erben einen Nachfolger im Amte ernennt, um derart einen gleitenden Übergang der Verwaltung sicherzustellen. Ebenso kann der Erblasser den Testamentsvollstrecker zur Ernennung von Mittestamentsvollstreckern ermächtigen (§ 2199 Abs. 1 BGB), nicht aber auch zur Absetzung eines derart ernannten Mitvollstreckers.[98] Eine solche Ermächtigung beinhaltet keine Verpflichtung zur Ausübung des Benennungsrechts, so dass der Erbe die Ernennung nicht fordern kann und die Nichtausübung keine Haftung des Testamentsvollstreckers nach § 2219 BGB zur Folge hat.[99] Möglich ist hingegen eine vertragliche Vereinbarung, die den Testamentsvollstrecker unter Festsetzung einer bei Nichterfüllung verwirkten Vertragsstrafe bereits zu Lebzeiten bindet.

Formulierungsvorschlag:

Als Testamentsvollstrecker wird Herr Rechtsanwalt ..., geschäftsansässig ..., ernannt. Sollte dieser vor oder nach der Annahme des Amtes wegfallen, so ernennen wir ersatzweise zum Testamentsvollstrecker Herrn Rechtsanwalt ..., geschäftsansässig ... Sollten sämtliche Vorgenannten weggefallen sein oder das Amt nicht übernehmen können, so soll ein geeigneter Testamentsvollstrecker durch das Notariat – Nachlassgericht – ... bestellt werden. Der jeweilige Testamentsvollstrecker hat das Recht, einen Nachfolger im Amt zu ernennen.

---

[95] BayObLG Beschl. v. 6.5.1997 – FamRZ 1997, 1569, 1570 = ZEV 1997, 338; *Ebenroth* ErbR Rdnr. 631; MünchKommBGB/*Zimmermann* § 2200 Rdnr. 4; zur als gegenstandslos anzusehenden Ernennung eines Testamentsvollstreckers durch das Nachlassgericht ohne Ersuchen des Erblassers vgl. BayObLG Beschl. v. 12.7.1994 – ZEV 1995, 22.
[96] Vgl. BayObLG Beschl. v. 1.10.2002 – NJW-RR 2003, 224 = ZEV 2003, 199; *Winkler* Rdnr. 76.
[97] *Klumpp* ZEV 1995, 24 in Anm. zu BayObLG Beschl. v. 12.7.1994 – ZEV 1995, 22.
[98] Staudinger/*Reimann* § 2199 Rdnr. 2.
[99] MünchKommBGB/*Zimmermann* § 2199 Rdnr. 2; a.A. *Molitoris*, Die Verwaltung des Nachlasses durch mehrere Testamentsvollstrecker, Diss. Regensburg 2004, S. 42.

4. Annahme und Nachweis des Amtes

a) Die Erklärung der Amtsannahme. Das Amt des Testamentsvollstreckers beginnt mit der Amtsannahme (§ 2202 Abs. 1 BGB). Diese ist nach Eintritt des Erbfalls unbedingt, unbefristet und unwiderruflich gegenüber dem Nachlassgericht zu erklären (§ 2202 Abs. 2 BGB).[100] Zuständig ist das Nachlassgericht des letzten Wohnsitzes des Erblassers (§§ 72, 73 FGG). Eine bestimmte Form ist für die Annahmeerklärung nicht vorgesehen. Die Erklärung kann schriftlich oder mündlich zu Protokoll des Nachlassgerichts oder zu Protokoll der Geschäftsstelle eines beliebigen Amtsgerichts (§ 11 FGG) abgegeben werden, wobei die Protokollierung der Annahmeerklärung wegen § 2228 BGB geboten, aber keine Wirksamkeitsvoraussetzung ist.[101]

In **zeitlicher Hinsicht** kann die Annahme des Amtes erst nach dem Eintritt des Erbfalls erklärt werden (§ 2202 Abs. 2 S. 2 BGB). Bei Ernennung unter einer Bedingung oder Zeitabstimmung, muss der vorgesehene Testamentsvollstrecker deren Eintritt oder den Ablauf der Frist nicht abwarten, sondern kann gleich nach Eintritt des Erbfalls annehmen. Die Testamentsvollstreckung für einen Nacherben kann aber nicht vor Eintritt der Nacherbfolge (§ 2139 BGB) angetreten werden.[102] Auf Antrag eines Beteiligten kann das Nachlassgericht dem Ernannten eine Frist zur Erklärung über die Amtsannahme bestimmen, nach deren Ablauf die Annahme als abgelehnt gilt (vgl. § 2202 Abs. 3 BGB).

Die Annahme des Vollstreckeramtes ist freiwillig. Umstritten ist, ob ein Testamentsvollstrecker, der sich dem Erblasser gegenüber **vertraglich zur Amtsübernahme verpflichtet** hat, notfalls im Klagewege zur Amtsannahme gezwungen werden kann. Diese Möglichkeit wird teilweise unter Berufung auf den Vertrauenscharakter des Amtes sowie den Umstand, dass der so in sein Amt Gezwungene jederzeit nach § 2226 BGB kündigen könne, verneint.[103] In jedem Fall erscheint die praktische Vorteilhaftigkeit eines solchen Vorgehens zweifelhaft. Vorzugswürdig ist es, den ernannten Testamentsvollstrecker durch eine entsprechend bedingte Zuwendung oder durch eine sachgerechte Vergütungsregelung zur Amtsübernahme zu bewegen.

Aus planerischer Sicht ist zu beachten, dass zwischen dem Erbfall und der Amtsannahme seitens des Testamentsvollstreckers ganz erhebliche Zeiträume liegen können. Da die mit der Anordnung einer Testamentsvollstreckung verbundenen Wirkungen, insbesondere die alleinige Befugnis des Testamentsvollstreckers, Verfügungen und Verpflichtungen zugunsten und zulasten des Nachlasses vornehmen und hiermit korrespondierend die fehlende Verfügungs- und Verpflichtungsbefugnis der Erben, bereits mit Eintritt des Erbfalls eintreten (vgl. Rdnr. 119, 128), gilt es, die Handlungsfähigkeit des Nachlasses gerade für die Zeit direkt nach dem Erbfall sicher zu stellen. Wer eine bestimmte Person zum Testamentsvollstrecker ernennt, sollte ihr dementsprechend postmortale Vollmacht bis zum Amtsantritt des Testamentsvollstreckers erteilen. Besteht Unsicherheit über die Person des Testamentsvollstreckers, sollte diese Vollmacht einem Dritten gegeben werden. Diese Vollmachten dürfen bei einem hinterlegten Testament nicht in diesem enthalten sein, weil die Verfügung erst geraume Zeit nach dem Erbfall geöffnet wird;[104] generell ist davon abzuraten, postmortale Vollmacht in einer Verfügung von Todes wegen zu erteilen (vgl. § 20 Rdnr. 20). Ist die Erteilung von Vollmachten unterblieben und besteht vor der Amtsannahme bzw. vor der Ernennung des Testamentsvollstreckers dringender Handlungsbedarf für den Nachlass, so soll nach einer Auffassung dadurch Abhilfe geschaffen werden, dass auf Antrag eines Beteiligten ein Pfleger für den noch unbekannten Testamentsvollstrecker bestellt wird, nach anderer Ansicht durch die Anordnung einer Nachlasspflegschaft.[105]

Vom Testamentsvollstrecker **vor der Amtannahme vorgenommene Rechtsgeschäfte** sind unwirksam und werden auch durch die spätere Annahme grundsätzlich nicht ohne weiteres wirk-

---

[100] Zur Frage der Möglichkeit einer teilweisen Annahme des Amtes vgl. *Grunsky* ZEV 2005, 41, 43 ff. (bejahend bei entsprechendem (hypothetischen) Erblasserwillen).
[101] MünchKommBGB/*Zimmermann* § 2202 Rdnr. 5.
[102] Staudinger/*Reimann* § 2202 Rdnr. 13.
[103] I. d. S. etwa Palandt/*Edenhofer* § 2202 Rdnr. 2; MünchKommBGB/*Zimmermann* § 2202 Rdnr. 2; a. A. Staudinger/*Reimann* § 2202 Rdnr. 25 m.w.N.
[104] Ausf. *Damrau* ZEV 1996, 81, 84; *Winkler* Rdnr. 111 a.
[105] Vgl. *Damrau* ZEV 1996, 81, 83; *ders.*, FS H. Lange, 1992, S. 797, 801; Jauernig/*Stürner* § 1913 Rdnr. 1 (§ 1913 BGB analog) einerseits und *Winkler* Rdnr. 111 a; Bengel/Reimann/*Bengel* Rdnr. I 15 andererseits.

sam.[106] Bei Verfügungen über Nachlassgegenstände gilt dies unabhängig davon, ob der Erbe eingewilligt hat, da dieser auch in der Zeit zwischen Erbfall und Annahme des Testamentsvollstreckeramtes nicht verfügungsberechtigt ist. Bei einer späteren Amtsannahme durch den Testamentsvollstrecker wird eine zuvor vorgenommene Verfügung allerdings nach § 185 Abs. 2 BGB wirksam, wobei umstritten ist, ob diese Wirksamkeit automatisch eintritt (§ 185 Abs. 2 S. 1 2. Alt. BGB) oder ob dies die ausdrückliche Genehmigung getroffener Vorverfügungen durch den Testamentsvollstrecker (§ 185 Abs. 2 S. 1 1. Alt. BGB) voraussetzt;[107] zur Vermeidung etwaiger Streitfragen sollte der Testamentsvollstrecker nach erfolgter Amtsannahme in jedem Fall etwaige Vorverfügungen ausdrücklich genehmigen. Eine ausdrückliche Genehmigung nach Amtsannahme ist auch erforderlich in Bezug auf schuldrechtliche Verträge, die der Testamentsvollstrecker vor Amtsannahme abgeschlossen hat (§§ 177, 184 BGB analog).

61   b) **Der Nachweis des Amtes.** aa) *Testamentsvollstreckerzeugnis.* Die Annahmeerklärung wird regelmäßig mit dem Antrag auf Erteilung des in der Praxis zur Legitimation unerlässlichen Testamentsvollstreckerzeugnisses (§ 2368 BGB) verbunden. Wird ein Antrag auf Erteilung des Testamentsvollstreckerzeugnisses gestellt, so beinhaltet dieses zugleich konkludent die Annahme des Amtes.[108] Da die Erteilung des Testamentsvollstreckerzeugnisses erfahrungsgemäß einige Zeit in Anspruch nimmt, empfiehlt es sich, das Nachlassgericht zur Legitimation zusammen mit der Amtsannahme darum zu bitten, diese vorab kurz schriftlich zu bestätigen.[109] Diese Bestätigung macht das Testamentsvollstreckerzeugnis grundsätzlich nicht entbehrlich; es kann jedoch – sofern sich kein Grundbesitz im Nachlass befindet – durchaus Fälle geben, in denen die Bestätigung der Amtsannahme für die Dauer der gesamten Testamentsvollstreckung als Legitimation ausreicht. Wegen weiterer Einzelheiten zum Testamentsvollstreckerzeugnis wird auf die Ausführungen unter § 51 verwiesen.

62   *bb) Vermerk des Testamentsvollstreckeramtes in öffentlichen Registern.* Wird ein Erbschein erteilt, ist die Testamentsvollstreckung hierin als Beschränkung der Verfügungsmacht der Erben zu vermerken, um sie auf diese Weise Dritten bekannt zu machen. Entgegen dem missverständlichen Wortlaut von § 2364 Abs. 1 BGB, wonach „die Ernennung" eines Testamentsvollstreckers in dem Erbschein anzugeben ist, wird lediglich vermerkt, dass Testamentsvollstreckung angeordnet ist. Diese Verlautbarung hat auch dann zu erfolgen, wenn in den Fällen der §§ 2198, 2200 BGB ein Testamentsvollstrecker noch nicht ernannt ist.[110]

63   Die **Anordnung einer Vermächtnistestamentsvollstreckung** ist in dem Erbschein nicht zu vermerken, da dieser nur das Erbrecht der Erben, nicht aber etwaige schuldrechtliche Beschränkungen ausweist.[111] Eine Nacherbentestamentsvollstreckung (§ 2222 BGB) ist anzugeben.[112] Ist die Testamentsvollstreckung aufschiebend bedingt, so wird sie erst nach dem Eintritt der Bedingung im Erbschein berücksichtigt, betrifft sie nur einen Miterben, so ist sie nur in dessen Teilerbschein oder in einem gemeinschaftlichen Erbschein unter Beschränkung auf seinen Erbteil zu vermerken.[113]

64   **Gegenständliche Beschränkungen** des Testamentsvollstreckerrechts sind im Erbschein zu verlautbaren, da sie synchron zur Folge haben, dass der Erbe über bestimmte Nachlassgegenstände verfügungsbefugt ist. Hat der Erblasser lediglich eine beaufsichtigende Testamentsvollstreckung gemäß § 2208 Abs. 2 BGB angeordnet, durch welche die Verfügungsbefugnis der Erben nicht tangiert wird, so ist eine solche im Erbschein überhaupt nicht zu erwähnen.[114] Beschränkt sich eine Testamentsvollstreckung, die der Erblasser für eine Personengesellschaftsbeteiligung angeordnet hat, auf Grund gesetzlicher Hinderungsgründe auf die

---

[106] Vgl. nur Staudinger/*Reimann* § 2202 Rdnr. 32; MünchKommBGB/*Zimmermann* § 2202 Rdnr. 4.
[107] Vgl. Staudinger/*Reimann* § 2202 Rdnr. 32; MünchKommBGB/*Brandner* § 2202 Rdnr. 4 einerseits und Soergel/*Damrau* § 2202 Rdnr. 5 andererseits.
[108] BGH Urt. v. 27.2.1961 – WM 1961, 479, 480; Bengel/Reimann/*Bengel* Rdnr. II 233.
[109] Bengel/Reimann/*Bengel* Rdnr. II 236.
[110] Bengel/Reimann/*Bengel* Rdnr. II 244; Palandt/*Edenhofer* § 2364 Rdnr. 1; Mayer/Bonefeld/Wälzholz/Weidlich/*J. Mayer* Rdnr. 66.
[111] *Zahn* MittRhNotK 2000, 89, 102; MünchKommBGB/*J. Mayer* § 2364 Rdnr. 4.
[112] Staudinger/*Schilken* § 2364 Rdnr. 6.
[113] Ausf. Bengel/Reimann/*Bengel* Rdnr. II 250 ff.
[114] Soergel/*Damrau* § 2364 Rdnr. 1; Jauernig/*Stürner* § 2364 Rdnr. 1.

"Außenseite" einer voll haftenden Personengesell-schaftsbeteiligung (hierzu Rdnr. 244 ff.), so berührt dies die Berücksichtigung der Testamentsvollstreckung im Erbschein jedoch nicht. Denn zum einen gehört es nicht zu den Aufgaben des Nachlassgerichtes, im Rahmen des Erbscheinverfahrens zu klären, wo die vom Gesetz gezogenen Grenzen des Kompetenzbereiches des Testamentsvollstreckers verlaufen,[115] zum anderen hat die Testamentsvollstreckung an der Außenseite der Beteiligung richtigerweise zur Folge, dass die Erben über den Anteil selbst nicht verfügungsbefugt sind (vgl. Rdnr. 245).

Unterliegen Grundstücke der Verwaltung des Testamentsvollstreckers, so ist die Testamentsvollstreckung gleichzeitig mit der Eintragung des Erben durch die Eintragung eines **Testamentsvollstreckervermerkes im Grundbuch** zu verlautbaren, um die Verfügungsmacht des Testamentsvollstreckers gegen die durch § 2211 Abs. 2 BGB eröffnete Möglichkeit eines gutgläubigen Erwerbs zu schützen (§ 52 GBO).[116] Die Eintragung eines Testamentsvollstreckervermerkes ohne gleichzeitige Eintragung der Erben ist allerdings nicht zulässig; ein entsprechender Antrag wäre zurückzuweisen.[117] Entgegen dem Wortlaut des § 52 GBO ist auch hier der Name des Testamentsvollstreckers nicht einzutragen; dieser ergibt sich wiederum nur aus dem Testamentsvollstreckerzeugnis. Der Nachweis der angeordneten Testamentsvollstreckung ist gegenüber dem Grundbuchamt durch Vorlage eines Testamentsvollstreckerzeugnisses oder der öffentlich beurkundeten Verfügung von Todes wegen nebst Eröffnungsniederschrift zu führen (§ 35 GBO); ein Erbschein genügt nicht. Der Testamentsvollstreckervermerk ist im Grundbuch auf entsprechenden Antrag zu löschen, wenn die angeordnete Testamentsvollstreckung nicht oder nicht mehr besteht oder sich nicht mehr auf das betreffende Grundstück bezieht, etwa weil dieses nach § 2217 BGB vom Testamentsvollstrecker freigegeben worden ist.[118] 65

Die Frage der Eintragungsfähigkeit eines **Testamentsvollstreckervermerkes im Handelsregister** wird kontrovers diskutiert. Der Bundesgerichtshof hat diese Frage im Zusammenhang mit seiner Entscheidung zur Zulässigkeit der Testamentsvollstreckung am Kommanditanteil unbeantwortet gelassen;[119] die Praxis der Registergerichte ist uneinheitlich. Allerdings hat das Kammergericht die Eintragungsfähigkeit verneint, weil die Eintragung zum einen nicht gesetzlich angeordnet sei und zum anderen kein dringendes Bedürfnis für eine Erweiterung des Kreises der kraft Gesetzes eintragungsfähigen Vermerke bestehe.[120] Unter Berücksichtigung der Rechtsprechung zum Umfang eintragungsfähiger Tatsachen und Rechtsverhältnisse[121] sprechen m. E. jedoch die besseren Argumente dafür, die angeordnete Fremdverwaltung durch die Eintragung eines klarstellenden, eintragungsfähigen, nicht eintragungspflichtigen Testamentsvollstreckervermerkes im Handelsregister zu verlautbaren, auch wenn eine solche Eintragung nicht ausdrücklich vorgesehen ist (vgl. Rdnr. 255, auch im Hinblick auf die Erfüllung der Anmeldepflichten durch den Testamentsvollstrecker). Ein entsprechender Vermerk klärt potentielle Anteilserwerber über die fehlende Verfügungsbefugnis des Erben sowie die modifizierten Rechtsverhältnisse innerhalb der Gesellschaft auf und dient den Publizitätsinteressen von Gesellschaftsgläubigern, deren haftungsrechtlicher Zugriff auf den übrigen, neben dem Gesellschaftsanteil bestehenden Nachlass durch § 2214 BGB vereitelt wird.[122] Richtigerweise 66

---

[115] Vgl. BGH Beschl. v. 10.1.1996 – ZEV 1996, 110, 111 m. Anm. *Lorz*.
[116] Dies gilt auch dann, wenn sich die Testamentsvollstreckung auf ein Vermächtnis beschränkt und der vermachte Gegenstand ein Grundstück ist; vgl. nur *Klingelhöffer* Vermögensverwaltung Rdnr. 441.
[117] BayObLG Beschl. v. 25.10.1995 – ZEV 1996, 150, 151 m. Anm. *Schaub*; *Zahn* MittRhNotK 2000, 89, 101; *Klingelhöffer* Vermögensverwaltung Rdnr. 440.
[118] Vgl. *Zahn* MittRhNotK 2000, 89, 101 (auch zu den Nachweisanforderungen).
[119] BGH Beschl. v. 3.7.1989 – BGHZ 108, 187, 190; ebenso KG Beschl. v. 7.3.1991 – NJW-RR 1991, 835, 837.
[120] KG Beschl. v. 4.7.1995 – ZEV 1996, 67 m. abl. Anm. *Schaub* = NJW-RR 1996, 227; ebenso LG Berlin Beschl. v. 22.7.1992 – Rpfleger 1993, 25; *Damrau* BWNotZ 1990, 69 f. m. ausf. Begr.; Mayer/Bonefeld/Wälzholz/Weidlich/*J. Mayer* Rdnr. 68.
[121] Vgl. BGH Beschl. v. 28.2.1983 – BGHZ 87, 59, 62 = NJW 1983, 1676 (Eintragungspflichtigkeit des gestatteten Selbstkontrahierens); BGH Beschl. v. 24.10.1988 – BGHZ 105, 324, 344 = NJW 1985, 295 (Eintragungsfähigkeit von Unternehmensverträgen).
[122] Ebenso *Brandner*, FS Kellermann, 1991, S. 37, 49; *Schaub* ZEV 1994, 71, 78; *Plank* ZEV 1998, 325, 327; AnwK/*Weidlich* § 2205 Rdnr. 84; *Reimann* DNotZ 1990, 190, 194.

gilt dies auch für den Fall, dass der Amtsinhaber ein einzelkaufmännisches Unternehmen im Wege der Vollmachtlösung fortführt.[123]

III. Pflichten und Befugnisse des Testamentsvollstreckers

1. Die Konstituierung des Nachlasses

67 a) **Aufgabenkreis im Rahmen der Konstituierung.** Als erste Pflicht nach erfolgter Amtsannahme hat der Testamentsvollstrecker für die Konstituierung des Nachlasses zu sorgen, welche das Fundament der Testamentsvollstreckung bildet.[124] Zur Konstituierung des Nachlasses gehört,

- dass der Testamentsvollstrecker den seiner Verwaltung unterliegenden Nachlass ermittelt und in Besitz nimmt
- ein Nachlassverzeichnis erstellt
- die vom Erblasser herrührenden Verbindlichkeiten regelt
- die Erbschaftsteuerschuld begleicht.

In diesem Rahmen muss sich der Testamentsvollstrecker umfassende Kenntnis über den zu verwaltenden Nachlass verschaffen. Die Konstituierung gilt als beendet, wenn der Testamentsvollstrecker die vorbeschriebenen Aufgaben für den Nachlass erledigt hat und dadurch die Grundlage für die weitere ordnungsgemäße Verwaltung des Nachlasses geschaffen hat.

68 b) **Die Inbesitznahme der Nachlassgegenstände.** Um seine Verwaltungsaufgaben ordnungsgemäß durchführen zu können, muss der Testamentsvollstrecker insbesondere den Besitz am Nachlass erlangen, wozu er gemäß § 2205 S. 2 BGB berechtigt ist. Trotz angeordneter Testamentsvollstreckung geht der Besitz an den einzelnen Nachlassgegenständen zuerst auf die Erben über (§ 857 BGB). Erst mit der notfalls im Klagewege zu erzwingenden Besitzübertragung wird der Testamentsvollstrecker unmittelbarer Besitzer der zu verwaltenden Nachlassgegenstände. Der Erbe ist dann mittelbarer Besitzer.[125]

69 Ist dem Testamentsvollstrecker der Umfang des von den Erben herauszuverlangenden Nachlasses nicht bekannt, kann er zuvor diesen Erben Auskunft verlangen und ggf. die Versicherung der Richtigkeit der Auskunft (§ 260 Abs. 1, 2 BGB), wobei die Verknüpfung mit der Herausgabeklage im Wege der **Stufenklage** (§ 254 ZPO) erfolgt. Nach der Besitzergreifung, welche die mit der Testamentsvollstreckung verbundene *separatio bonorum* auch faktisch vollzieht, stehen dem Testamentsvollstrecker die Besitzschutzrechte der § 859 BGB zur Seite.

70 c) **Erstellung des Nachlassverzeichnisses (§ 2215 BGB).** *aa) Funktion, Inhalt und Form des Nachlassverzeichnisses.* Unverzüglich nach Amtsantritt muss der Testamentsvollstrecker gemäß § 2215 BGB ein Nachlassverzeichnis über die seiner Verwaltung unterliegenden Nachlassgegenstände und die ihm bekannten Nachlassverbindlichkeiten anfertigen und dieses Verzeichnis dem Erben mitteilen sowie die weiterhin zur Aufnahme eines Nachlassinventars (§§ 1993 ff. BGB) erforderlichen Angaben machen. Das Nachlassverzeichnis dient hauptsächlich als Grundlage für die Rechnungslegung durch den Testamentsvollstrecker sowie – bei Beendigung der Testamentsvollstreckung – für die Herausgabe des Nachlasses. Ferner liefert es die Basis für die Feststellung, ob die Erbschaft ordnungsgemäß verwaltet wurde und ob möglicherweise aus der Amtsführung Schadensersatzansprüche der Erben resultieren.[126] Beweisrechtlich kommt dem Nachlassverzeichnis insoweit die Wirkung einer frei zu würdigenden, mit keiner Vollständigkeitsvermutung versehenen Urkunde dafür zu, dass die hierin aufgeführten Gegenstände im Zeitpunkt der Errichtung des Verzeichnisses nach dem Wissen des Testamentsvollstreckers Bestandteil des Nachlasses waren.[127]

---

[123] Ausf. *Lorz* S. 42 f.; vgl. auch LG Konstanz Beschl. v. 15.12.1989 – FamRZ 1990, 441; a. A. wiederum KG Beschl. v. 4.7.1995 – ZEV 1996, 67 m. abl. Anm. *Schaub* = NJW-RR 1996, 227.
[124] Mayer/Bonefeld/Wälzholz/Weidlich/*J. Mayer* Rdnr. 78.
[125] Jauernig/*Stürner* § 2205 Rdnr. 9; *Ebenroth* ErbR Rdnr. 646.
[126] BayObLG Beschl. v. 18.7.1997 – ZEV 1997, 381, 383.
[127] Vgl. MünchKommBGB/*Siegmann* § 2009 Rdnr. 3 und 5 (im Verhältnis zu Nachlassgläubigern); Bengel/Reimann/*Klumpp* Rdnr. III 20 ff.; Staudinger/*Reimann* § 2215 Rdnr. 5.

Von der Verpflichtung zur Erstellung des Nachlassverzeichnisses kann auch der Erblasser 71 **keine Befreiung** erteilen (§ 2220 BGB), wohl aber kann der Erbe auf dessen Anfertigung durch den Testamentsvollstrecker verzichten.[128] Hat der Testamentsvollstrecker sein Amt wirksam gekündigt oder ist er entlassen worden, so endet seine Verpflichtung zur Erstellung eines Nachlassverzeichnisses und zwar auch dann, wenn die Kündigung erst erfolgt, nachdem er per Urteil auf dessen Erstellung verpflichtet wurde.[129]

Die **Verpflichtung zur Erstellung des Nachlassverzeichnisses** besteht gegenüber den Erben, 72 bei einer Erbengemeinschaft gegenüber jedem Miterben, gegenüber Nacherben jedoch erst nach Eintritt des Nacherbfalls, gegenüber dem Pfändungsgläubiger eines Erbteils und dem Nießbrauchsberechtigten an einem Erbteil oder an der Erbschaft, nicht hingegen gegenüber Vermächtnisnehmern oder Pflichtteilsberechtigten.[130] Ist für den Nachlass eines minderjährigen Kindes Testamentsvollstreckung angeordnet und sind die Eltern des Kindes Testamentsvollstrecker, so wird zur Entgegennahme und Prüfung des Nachlassverzeichnisses auf der Grundlage von §§ 1629, 1795 Abs. 2, 181 BGB die Bestellung eines Ergänzungspflegers als erforderlich angesehen.[131] Richtigerweise ist dies nicht erforderlich; der minderjährige Erbe wird durch die Verpflichtung des gesetzlichen Vertreters, das von ihm gemäß § 1640 BGB zu erstellende Nachlassverzeichnis dem Familiengericht einzureichen, hinreichend geschützt.[132]

Verletzt der Testamentsvollstrecker seine Verpflichtung zur Erstellung eine Nachlassver- 73 zeichnisses trotz Mahnung und Fristsetzung, so kann hierin eine schuldhaft grobe Pflichtverletzung liegen, die die Entlassung nach § 2227 BGB zu rechtfertigen vermag.[133] Maßgeblich hierfür sind jeweils die Umstände des Einzelfalls, wobei die berufliche Qualifikation des Amtsinhabers ebenso in die Betrachtung einzubeziehen ist wie die Frage, inwieweit es durch die unterlassene Übermittlung tatsächlich zu einer Gefährdung der Interessen des Erben gekommen ist.[134]

Inhaltlich hat das Nachlassverzeichnis die seiner Verwaltung unterliegenden **Vermögensge-** 74 **genstände und -rechte** und die dem Testamentsvollstrecker **bekannten Nachlassverbindlichkeiten** zu umfassen. Ein ausführliches Muster eines entsprechenden Verzeichnisses findet sich in § 45 Rdnr. 62.[135] Zum Inhalt ist anzumerken, dass eine Beschreibung der Nachlassgegenstände nicht gefordert wird. Ebenso wenig ist der Testamentsvollstrecker verpflichtet, den Wert der einzelnen Nachlassgegenstände zu ermitteln oder ermitteln zu lassen.[136] Soweit dem Testamentsvollstrecker Wertangaben für einzelne Nachlassgegenstände bekannt sind oder diese ohne weiteres ermittelt werden können, ist deren Aufnahme in das Nachlassverzeichnis jedoch durchaus zweckmäßig, nicht zuletzt im Hinblick auf die ebenfalls aus § 2215 Abs. 1 BGB resultierende Pflicht des Testamentsvollstreckers, den Erben bei der Aufnahme des Nachlassinventars zu unterstützen (vgl. Rdnr. 86). Ähnliche Zweckmäßigkeitsüberlegungen sollten auch in dem Fall angestellt werden, dass sich Wertpapiere im Nachlass befinden. Auch hier ist es zwar ausreichend, dass die Depotnummern bei den verwahrenden Banken angegeben werden; gleichwohl empfiehlt sich eine Einzelaufstellung, die von den Banken regelmäßig bereits wegen der Erbschaftsteuer oder im Rahmen der Übermittlung der jährlichen Erträgnisaufstellung zur Verfügung gestellt wird. Im Hinblick auf die der Erstellung des Nachlassverzeichnisses

---

[128] Staudinger/*Reimann* § 2215 Rdnr. 7; Mayer/Bonefeld/Wälzholz/Weidlich/*J. Mayer* Rdnr. 80; vgl. aber OLG Köln Beschl. v. 27.10.2004 – NJW-RR 2005, 94 (Verlangen auf Anfertigung des Nachlassverzeichnisses nachdem zunächst verzichtet worden war).
[129] Vgl. OLG Koblenz Urt. v. 11.12.1992 – NJW-RR 1993, 462.
[130] Bengel/Reimann/*Klumpp* Rdnr. III 34 f.; Krug/Rudolf/Kroiß/*Littig* ErbR § 13 Rdnr. 87 f.
[131] OLG Hamm Beschl. v. 13.1.1993 – FamRZ 1993, 1122, 1123; OLG Nürnberg Beschl. v. 29.6.2001 – ZEV 2002, 158 m. abl. Anm. *Schlüter* = MittBayNot 2002, 403 (obwohl die gesetzliche Vertreterin nur Mittestamentsvollstreckerin war).
[132] Vgl. Bengel/Reimann/*Klumpp* Rdnr. III 39; *Damrau* ZEV 1944, 1, 2; MünchKommBGB/*Zimmermann* § 2215 Rdnr. 9.
[133] BayObLG Beschl. v. 18.7.1997 – ZEV 1997, 381, 382 f.
[134] Vgl. OLG Zweibrücken Beschl. v. 29.1.1997 – FG Prax 1997, 109 und OLG Hamm Beschl. v. 30.8.1985 – Rpfleger 1986, 16 (Rechtsanwalt als Testamentsvollstrecker).
[135] Umfangreiche Muster von Nachlassverzeichnissen auch bei *Winkler* Rdnr. 882; Bengel/Reimann/*Klumpp* Rdnr. III 55 ff.
[136] Vgl. nur Bengel/Reimann/*Klumpp* Rdnr. III 6; Staudinger/*Reimann* § 2215 Rdnr. 13.

vorangehende Erfassung des Nachlasses ist der Testamentsvollstrecker verpflichtet, alle ihm gegebenen Erkenntnismöglichkeiten auszuschöpfen und vor allem alle verfügbaren Urkunden und sonstige Unterlagen zu sichten und zu überprüfen sowie Schenkungen des Erblassers genau nachzugehen.[137] Gegenstände und Verbindlichkeiten, deren Zugehörigkeit zum Nachlass oder deren Bestand zweifelhaft oder bestritten ist, sind ebenfalls in das Nachlassverzeichnis aufzunehmen.[138]

75 Befindet sich unternehmerisches Vermögen im Nachlass, so kann sich der Testamentsvollstrecker zur Erfüllung seiner Verpflichtungen aus § 2215 BGB regelmäßig der insoweit vorhandenen Bilanzen und sonstigen Zahlenwerke bedienen. Zur Absicherung des Testamentsvollstreckers kann es sich hier empfehlen, die **Erstellung einer handelsrechtlichen Zwischenbilanz** zum Tag der Aufnahme der Tätigkeit vorzunehmen.[139]

76 **Maßgeblicher Stichtag,** auf welchen das Nachlassverzeichnis zu erstellen ist, ist richtigerweise der Zeitpunkt der Amtsannahme durch den Testamentsvollstrecker, **nicht der Todestag des Erblassers**.[140] In jedem Fall empfiehlt es sich, dass der Testamentsvollstrecker etwaige ihm erkennbare Vermögensveränderungen zwischen Erbfall und dem Zeitpunkt der Amtsannahme durch einen besonderen Hinweis im Nachlassverzeichnis vermerkt und in diesem zugleich den von ihm gewählten Stichtag angibt. Anzugeben ist ferner der Tag der Errichtung des Nachlassverzeichnisses (§ 2215 Abs. 2 BGB). Aus § 2215 Abs. 2 BGB ergibt sich auch die Verpflichtung des Testamentsvollstreckers, das Verzeichnis zu unterschreiben, wobei die Erben ohne besonderen Anlass verlangen können, dass der Amtsinhaber seine Unterschrift notariell beglaubigen lässt.

77 Gemäß § 2215 Abs. 4 BGB ist der Testamentsvollstrecker berechtigt und auf Verlangen des Erben verpflichtet, dass Nachlassverzeichnis durch die zuständige Behörde oder durch einen zuständigen Beamten oder Notar aufnehmen zu lassen (**amtliches Nachlassverzeichnis**). Hierbei ist entscheidend, dass das Verzeichnis von einer sachlich zuständigen Stelle aufgenommen wird, während die örtliche Zuständigkeit nicht als maßgebend angesehen wird.[141] Sachlich zuständig sind die Notare, in einigen Bundesländern ferner die Gerichtsvollzieher oder Urkundsbeamten der Geschäftsstelle des Nachlassgerichtes.[142] Das Verlangen nach Erstellung eines amtlichen Nachlassverzeichnisses kann der Erbe auch noch nach längerer Zeit stellen und auch noch dann, sofern bereits ein ordentliches Nachlassverzeichnis des Testamentsvollstreckers vorliegt, da dem amtlichen Verzeichnis wegen der größeren Richtigkeitsgarantie besondere Bedeutung zukommt.[143] Die Erben können verlangen, dass sie bei der **Aufnahme des Nachlassverzeichnisses** hinzugezogen werden (§ 2215 Abs. 3 BGB). Dies gilt auch bei der Aufnahme eines amtlichen Nachlassverzeichnisses. Dementsprechend ist ihnen der Termin zur Durchsicht des Nachlasses mitzuteilen, falls eine echte Bestandsaufnahme stattfindet. Zur Mitwirkung bei der Anfertigung des Nachlassverzeichnisses sind die Erben nicht verpflichtet. Somit besteht auch keine Grundlage, sie zu einer Unterzeichnung des Verzeichnisses oder der Anerkennung von dessen Richtigkeit anzuhalten.

78 *bb) Eidesstattliche Versicherung.* Liegen Anhaltspunkte vor, dass der Testamentsvollstrecker das Nachlassverzeichnis nicht mit der erforderlichen Sorgfalt erstellt hat, so kann er nach §§ 2218 i.V.m. 666, 260, 261 BGB verpflichtet sein, die Richtigkeit und Vollständigkeit des vorgelegten Verzeichnisses eidesstattlich zu versichern.[144] Zuständig ist das Amtsgericht, in dessen Bezirk die Verpflichtung zur Erstellung des Nachlassverzeichnisses zu erfüllen ist (§ 261 Abs. 1 S. 1 BGB).

---

[137] BGH Urt. v. 18.2.1981 – NJW 1981, 1271, 1272; Staudinger/*Reimann* § 2215 Rdnr. 14; MünchKommBGB/*Zimmermann* § 2215 Rdnr. 4.
[138] OLG Karlsruhe Beschl. v. 29.8.1997 – NJW-FER 1998, 255.
[139] *Reimann* Wirtschaftsrechtspraxis Rdnr. 634; Mayer/Bonefeld/Wälzholz/Weidlich/*J. Mayer* Rdnr. 81.
[140] Vgl. Bengel/Reimann/*Klumpp* Rdnr. III 17; Mayer/Bonefeld/Wälzholz/Weidlich/*J. Mayer* Rdnr. 104; Staudinger/*Reimann* § 2215 Rdnr. 9; a. A. *Zimmermann* Rdnr. 353.
[141] Vgl. Bengel/Reimann/*Klumpp* Rdnr. III 27.
[142] Übersicht über die einzelnen Regelungen bei Bengel/Reimann/*Klumpp* Rdnr. III 28.
[143] Vgl. BGH Urt. v. 2.11.1960 – BGHZ 33, 373, 378 = NJW 1991, 602; OLG Oldenburg Urt. v. 26.1.1993 – NJW-RR 1993, 782 (jeweils zu § 2314 BGB).
[144] Vgl. MünchKommBGB/*Zimmermann* § 2215 Rdnr. 6; Bengel/Reimann/*Klumpp* Rdnr. III 32 m.w.N.; a. A. Kipp/Coing ErbR § 73 II 1.

cc) Kosten. Gemäß § 2215 Abs. 5 BGB fallen die Kosten der Aufnahme des Nachlassverzeichnisses und einer möglichen Beglaubigung der Unterschrift des Testamentsvollstreckers dem Nachlass zur Last. Die Kostentragung durch den Nachlass ist auch zu bejahen für die Kosten der Erstellung einer handelsrechtlichen Zwischenbilanz, sofern sich unternehmerisches Vermögen im Nachlass befindet. Die Kosten für die Prüfung einer solchen Zwischenbilanz durch einen Wirtschaftsprüfer, welche zur Absicherung des Testamentsvollstreckers durchgeführt wird, dürften aber nicht mehr zu Lasten des Nachlasses gehen.[145] Wird der Testamentsvollstrecker kostenpflichtig zur Vorlage eines Nachlassverzeichnisses verurteilt, hat er die Kosten des Rechtsstreits persönlich zu tragen und kann sie nicht dem Nachlass belasten, da er ansonsten auf Grund seiner Schadenersatzverpflichtung nach § 2219 BGB zur sofortigen Rückerstattung verpflichtet wäre.[146]

2. Weitere Pflichten des Testamentsvollstreckers nach Amtsannahme

a) **Überprüfung letztwilliger Verfügungen des Erblassers.** Die vorrangige Aufgabe des Testamentsvollstreckers, die letztwilligen Verfügungen des Erblassers auszuführen, bringt es gleichzeitig mit sich, dass er von sich aus die letztwilligen Verfügungen auf ihre Wirksamkeit hin überprüft. Nicht eindeutige Testamente oder Erbverträge sind vom Testamentsvollstrecker auszulegen, wobei seine Auslegung jedoch für die Beteiligten nicht verbindlich ist. Eine solche Befugnis zur „authentischen Interpretation" kann dem Testamentsvollstrecker auch nicht durch letztwillige Verfügung durch den Erblasser eingeräumt werden.[147] Dementsprechend kann der Testamentsvollstrecker grundsätzlich auf Schadensersatz haften, wenn er letztwillige Anordnungen des Erblassers fehlerhaft interpretiert und dann auf dieser Grundlage Gegenstände an Dritte (z. B. vermeintliche Vermächtnisnehmer) überträgt.[148] Basieren diese Verfügungen allerdings auf der Grundlage einer „vertretbaren Auslegung" des Testaments, soll nach der Rechtsprechung eine Schadenersatzpflicht des Testamentsvollstreckers ausscheiden.[149]

An einem **Streit unter Erbprätendenten** ist der Testamentsvollstrecker nicht beteiligt; vielmehr hat er den Nachlass für den wirklichen Erben zu verwalten. Etwas anderes gilt dann, wenn die Ausführung letztwilliger Verfügungen davon abhängt, wer tatsächlich Erbe geworden ist. In diesem Fall hat der Testamentsvollstrecker in seiner amtlichen Eigenschaft ein berechtigtes Interesse an der Feststellung des Erbrechts und kann dieses im Wege der Feststellungsklage zur Klärung bringen.[150] Gleiches gilt im Hinblick auf die Prüfung der Wirksamkeit zu vollziehender Vermächtnisse oder Auflagen bzw. der Auszahlung von geltend gemachten Pflichtteilen (vgl. auch § 59 Rdnr. 9).

b) **Prüfung des Bestehens insolvenzrechtlicher Pflichten; Testamentsvollstreckung und Erbeninsolvenz.** Erkennt der Testamentsvollstrecker nach Amtsannahme, dass der Nachlass überschuldet oder zahlungsunfähig ist, so hat er gemäß § 317 InsO das Recht, unverzüglich die Eröffnung eines Nachlassinsolvenzverfahrens nach §§ 315 ff. InsO zu beantragen. Hierbei ist auch die drohende Zahlungsunfähigkeit Eröffnungsgrund (vgl. § 320 S. 2 InsO) und berechtigt den Testamentsvollstrecker zur Antragstellung.[151] Das Antragsrecht des Testamentsvollstreckers lässt die aus § 1980 Abs. 1 BGB resultierende Antragspflicht des Erben unberührt. Für den Testamentsvollstrecker selbst ergibt sich aus § 1980 Abs. 1 BGB keine Antragspflicht und Schadenersatzhaftung gegenüber den Nachlassgläubigern; § 1985 Abs. 2 BGB ist nicht analog anwendbar. Eine Pflicht zur Antragstellung kann sich aber im Verhältnis zum Erben aus der Verpflichtung zur ordnungsgemäßen Nachlassverwaltung ergeben, um dem

---

[145] I. d. S. *Reimann* Wirtschaftsrechtspraxis Rdnr. 634.
[146] Vgl. Soergel/*Damrau* § 2215 Rdnr. 5; MünchKommBGB/*Zimmermann* § 2215 Rdnr. 7.
[147] BayObLG Beschl. v. 31.1.1989 – FamRZ 1989, 668, 669; *Zimmermann* Rdnr. 361; MünchKommBGB/*Brandner* § 2203 Rdnr. 3.
[148] Bengel/Reimann/*Klumpp* Rdnr. III 105 ff.; MünchKommBGB/*Zimmermann* § 2203 Rdnr. 7.
[149] BGH Urt. v. 11.3.1992 – NJW-RR 1992, 775.
[150] BGH Urt. v. 4.2.1987 – NJW-RR 1987, 1090, 1091; *Zimmermann* Rdnr. 599; Staudinger/*Reimann* § 2203 Rdnr. 28.
[151] Mehrere Testamentsvollstrecker müssen den Eröffnungsantrag gemeinschaftlich stellen; vgl. *Winkler* Rdnr. 172. Im Falle einer Nichteinigung unter ihnen gilt § 2224 Abs. 1 BGB.

Erben auf diese Weise die Möglichkeit der Haftungsbeschränkung zu erhalten.[152] Bei einer Antragstellung durch den Testamentsvollstrecker ist der Erbe im Insolvenzeröffnungsverfahren zu hören; gleiches gilt umgekehrt bei einer Antragstellung durch den Erben (§ 317 Abs. 3 InsO). Einer Glaubhaftmachung des Eröffnungsgrundes durch den Testamentsvollstrecker bedarf es richtigerweise nicht.[153]

83 Die **Eröffnung des Insolvenzverfahrens** über den der Verwaltung des Testamentsvollstreckers unterliegenden Nachlass (Nachlassinsolvenz) führt nicht zum Erlöschen des Amtes. Jedoch geht das Verwaltungsrecht für die Dauer des Insolvenzverfahrens auf den Insolvenzverwalter über.[154] Hierbei kann der Testamentsvollstrecker auch selbst zum Insolvenzverwalter ernannt werden.[155]

84 Wird über **das Vermögen des Erben ein Insolvenzverfahren eröffnet** (Erbeninsolvenz), so war bislang umstritten, ob die Anordnung der Testamentsvollstreckung verhindert, dass der Nachlass in die Insolvenzmasse fällt.[156] Der Bundesgerichtshof hat die Frage jetzt in dem Sinne entschieden, dass auch der einer Testamentsvollstreckung unterliegende Nachlass Bestandteil der Insolvenzmasse ist, wenn über das Vermögen des Erben das Insolvenzverfahren eröffnet wird.[157] Die Testamentsvollstreckung besteht allerdings auch während des Insolvenzverfahrens fort mit der Konsequenz, dass die Verfügungsbeschränkungen des § 2211 BGB auch für den Insolvenzverwalter gelten, dass die Erbengläubiger keine Befriedigung aus den der Testamentsvollstreckung unterliegenden Nachlassgegenständen erlangen können (§ 2214 BGB) und dass der Testamentsvollstrecker im Rahmen seiner Befugnisse den Nachlass verwalten und über Nachlassgegenstände verfügen kann. Erst nach Beendigung der Testamentsvollstreckung unterliegt der Nachlass dem Verwertungsrecht des Insolvenzverwalters.[158] Hinsichtlich der vom Testamentsvollstrecker nach Eröffnung des Insolvenzverfahrens begründeten Nachlassverbindlichkeiten soll § 331 Abs. 1 InsO mit der Folge entsprechend anwendbar sein, dass die Nachlassgläubiger dieser Verbindlichkeiten als Insolvenzgläubiger am Insolvenzverfahren über das Vermögen des Erben teilnehmen können, wenn sie auf die Verwertung des Nachlasses verzichten oder der Erlös nicht zu ihrer Befriedigung ausreicht.[159]

85 c) **Sonstiges.** Der Testamentsvollstrecker ist ferner zur Stellung des Antrags auf Anordnung einer Nachlassverwaltung berechtigt bzw. kann – wiederum unter dem Gesichtspunkt ordnungsgemäßer Nachlassverwaltung – zu einem solchen Antrag auch verpflichtet sein. Die **Anordnung einer solchen Nachlassverwaltung,** die der Testamentsvollstrecker – sofern sie auf Antrag eines Nachlassgläubigers erfolgt ist – im Wege der sofortigen Beschwerde angreifen kann, führt wiederum nicht zu einem Wegfall der Testamentsvollstreckung als solcher. Allerdings verliert der Testamentsvollstrecker die Verwaltungsbefugnis am Nachlass, sofern er nicht zum Nachlassverwalter bestellt wird. Unter dem Gesichtspunkt ordnungsgemäßer Nachlassverwaltung kann der Testamentsvollstrecker ferner verpflichtet sein, den Antrag auf Erlass des Aufgebots der Nachlassgläubiger (§§ 1970 ff. BGB) zu stellen. Berechtigt zur Antragstellung ist er wiederum in jedem Fall.

86 Aus § 2215 Abs. 1 BGB folgt die Verpflichtung des ist der Testamentsvollstrecker dem Erben neben der unverzüglichen Vorlage des Nachlassverzeichnisses die zur **Aufnahme eines Nachlassinventars** erforderliche Beihilfe zu leisten. Auf diese Weise hat der Testamentsvollstrecker den Erben in seinem Bemühen zu unterstützen, sich durch die Inventarerrichtung die Möglichkeit der Haftungsbeschränkung zu erhalten. Das Nachlassverzeichnis selbst kann die Inven-

---

[152] Str.; wie hier u.a. Palandt/*Edenhofer* § 1980 Rdnr. 1; MünchKommBGB/*Siegmann* § 1980 Rdnr. 11. Eine Antragspflicht des Testamentsvollstreckers nach Erlangung der Kenntnis von der Zahlungsunfähigkeit oder Überschuldung des Nachlasses bejahen demgegenüber *Winkler* Rdnr. 170; AnwK/*Weidlich* § 2216 Rdnr. 13.
[153] Vgl. *Riering* in Nerlich/Römermann Insolvenzordnung, § 317 Rdnr. 13; MünchKommInsO/*Siegmann* § 317 Rdnr. 9.
[154] *Damrau* JA 1984, 130, 135; *Winkler* Rdnr. 823.
[155] *Winkler* Rdnr. 823.
[156] Hierfür insbesondere Soergel/*Damrau* § 2214 Rdnr. 1, 3; *Muscheler* Haftungsordnung S. 101; MünchKommBGB/*Zimmermann* § 2214 Rdnr. 3.
[157] BGH Urt. v. 11.5.2006 – ZIP 2006, 1258 f.; ebenso *Winkler* Rdnr. 474, MünchKommInsO/*Siegmann* § 331 Rdnr. 7
[158] BGH Urt. v. 11.5.2006 – ZIP 2006, 1258, 1259.
[159] BGH Urt. v. 11.5.2006 – ZIP 2006, 1258, 1260 f.; MünchKommInsO/*Siegmann* § 331 Rdnr. 7.

tarerrichtung durch den Erben nicht ersetzen.[160] Weitergehende Anforderungen an das Inventar im Vergleich zum Nachlassverzeichnis bestehen insbesondere dahin gehend, dass letzteres keine Beschreibung der Nachlassgegenstände und keine Wertangaben erfordert (s. Rdnr. 74). Sofern der Testamentsvollstrecker das Nachlassverzeichnis bereits unter Berücksichtigung der in § 2001 BGB enthaltenen Vorgaben entsprechend ausführlich erstellt, also insbesondere die Nachlassgegenstände detailliert beschrieben und deren Werte anführt, kann sich der Erbe hierauf in der Weise berufen, dass er vor Ablauf der Inventarfrist gegenüber dem Nachlassgericht erklärt, dass das Nachlassverzeichnis als das von ihm eingereichte Inventar gelten soll (vgl. § 2004 BGB).[161]

Letztlich treffen den Testamentsvollstrecker bestimmte **steuerrechtliche Pflichten.** Insbesondere verpflichtet ihn § 31 Abs. 5 ErbStG zur Abgabe der Erbschaftsteuererklärung; gemäß § 32 Abs. 1 S. 2 ErbStG hat er für die Zahlung der Erbschaftsteuer zu sorgen. Hat der Erblasser für die in seiner Person entstandenen Steuern noch keine Steuererklärung abgegeben, so trifft die Verpflichtung zu deren Abgabe ebenfalls den Testamentsvollstrecker (ausf. zu den steuerrechtlichen Pflichten des Testamentsvollstreckers Rdnr. 279 ff.). 87

3. Die Abwicklung und die Auseinandersetzung des Nachlasses

Der Aufgabenkreis des Testamentsvollstreckers wird durch den Inhalt der letztwilligen Verfügung des Erblassers bestimmt. Beim gesetzlichen Regelfall der **Abwicklungstestamentsvollstreckung** trifft den Testamentsvollstrecker im Anschluss an die Konstituierung des Nachlasses die Pflicht, die letztwilligen Verfügungen des Erblassers zur Ausführung zu bringen (§ 2203 BGB). Hierbei kann es sich um Vermächtnisse, Auflagen oder Teilungsanordnungen handeln. Die Erfüllung dieser Pflicht kann von jedem Erben im Klagewege erzwungen werden. Der bei angeordneter Alleinerbschaft eingesetzte Abwicklungsvollstrecker hat regelmäßig allein die Aufgabe, angeordnete Vermächtnisse auszukehren und Auflagen zu erfüllen. 88

Bei einer Erbengemeinschaft hat der Abwicklungstestamentsvollstrecker daneben die zentrale Aufgabe, die Auseinandersetzung nach Maßgabe der §§ 2042 bis 2056 BGB durchzuführen (§ 2204 BGB). Hierbei ist der Testamentsvollstrecker kraft Gesetzes zur **Durchführung der Auseinandersetzung** berufen, ohne dass es einer besonderen Anordnung des Erblassers bedürfte. Für eine Vermittlung der Auseinandersetzung durch das Nachlassgericht nach § 86 FGG ist daneben kein Raum. Zeitlich ist die Auseinandersetzung in der Regel alsbald zu bewirken, solange nicht eines der in §§ 2043 bis 2045 BGB bezeichneten Hindernisse vorliegt.[162] Hat der Erblasser die Auseinandersetzung ganz oder teilweise ausgeschlossen (vgl. § 2044 BGB), so bindet diese Beschränkung den Testamentsvollstrecker nach h.M. auch dinglich. Gleichwohl sind die von ihm vorgenommenen Verfügungen wegen § 137 S. 1 BGB dann wirksam, wenn er sich einvernehmlich mit den Erben über das Auseinandersetzungsverbot hinwegsetzt und diese den Verfügungen zustimmen (vgl. auch Rdnr. 127 m.w.N.).[163] 89

Art und Weise der Bewirkung der Auseinandersetzung richten sich in erster Linie nach den Anordnungen des Erblassers, ansonsten nach den gesetzlichen Vorschriften über die Durchführung der Erbauseinandersetzung (§§ 2042, 2046 ff., 2050 ff., 750 ff. BGB). Aus der in Ermangelung anderweitiger Anordnungen des Erblassers bestehenden Bindung des Testamentsvollstreckers an die gesetzlichen Teilungsregelungen folgt zugleich, dass dieser nicht entgegen §§ 2042 Abs. 2, 750 ff. BGB einzelne unteilbare Nachlassgegenstände (z. B. Grundstücke) unter Anrechnung auf die Erbteile an Miterben zuteilen darf, sofern nicht alle Erben hiermit einverstanden sind.[164] Soll dies dem Testamentsvollstrecker ermöglicht werden, so bedarf es einer entsprechenden Ermächtigung, wonach die Durchführung der Erbauseinandersetzung in das billige Ermessen des Amtsinhabers gestellt wird (vgl. § 2048 S. 2, 3, BGB). Ansonsten muss der 90

---

[160] MünchKommBGB/*Siegmann* § 2001 Rdnr. 2; Bengel/Reimann/*Klumpp* Rdnr. III 72.
[161] Palandt/*Edenhofer* § 2004 Rdnr. 1; Bengel/Reimann/*Klumpp* Rdnr. III 78.
[162] Vgl. nur Staudinger/*Reimann* § 2204 Rdnr. 12 f.; MünchKommBGB/*Zimmermann* § 2204 Rdnr. 3.
[163] Staudinger/*Reimann* § 2208 Rdnr. 5; Jauernig/*Stürner* § 2205 Rdnr. 10.
[164] OLG Karlsruhe Urt. v. 12.1.1994 – NJW-RR 1994, 905, 906; Soergel/*Damrau* § 2204 Rdnr. 8; *Zahn* MittRhNotK 2000, 89, 110; a. A. MünchKommBGB/*Zimmermann* § 2204 Rdnr. 14; *Lange/Kuchinke* ErbR § 31 V 6 (trotz § 2042 Abs. 2 BGB keine Bindung des Testamentsvollstreckers an die §§ 752 ff. BGB).

Testamentsvollstrecker die unteilbaren Gegenstände veräußern und den Erlös unter den Erben verteilen.

91 Gemäß § 2204 Abs. 2 BGB hat der Testamentsvollstrecker die Erben vor Ausführung des Teilungsplanes zu hören. Die **Unterlassung dieser Anhörung** hat nicht die Unwirksamkeit des Planes zur Folge, kann aber u. U. eine Schadensersatzpflicht nach § 2219 BGB zur Folge haben.[165] Naturgemäß wird es sinnvoll sein, den Erben bereits vor der endgültigen Planaufstellung Gelegenheit zu geben, Wünsche und Bedenken zu äußern. Der **Genehmigung der Erben** bedarf der Teilungsplan hingegen in keinem Fall. Ein widersprechender Erbe kann aber gegen den Testamentsvollstrecker auf Feststellung der Unwirksamkeit des Teilungsplanes klagen, wenn dieser etwa von Anordnungen des Erblassers abweicht oder gegen gesetzliche Vorschriften verstößt, wobei der Vollzug in dringenden Fällen durch einstweilige Verfügung gestoppt werden kann.[166]

92 Statt durch einseitigen Teilungsplan kann die Auseinandersetzung auch durch hierauf gerichtete vertragliche Vereinbarung zwischen Erben und Testamentsvollstrecker vorgenommen werden. Einem solchen, an die Stelle des Teilungsplanes tretenden **Auseinandersetzungsvertrag** müssen alle Erben zustimmen;[167] bei Grundbesitz oder GmbH-Anteilen im Nachlass ist notarielle Beurkundung erforderlich. Auf diese Weise kann der Testamentsvollstrecker mit den Erben eine von den gesetzlichen Vorgaben bzw. den Vorgaben des Erblassers abweichende Nachlassverteilung vereinbaren, was ihm durch Teilungsplan nicht möglich wäre.[168] Ebenso wie der Teilungsplan bedarf auch der Auseinandersetzungsvertrag nach seinem Abschluss noch des dinglichen Vollzugs, indem der Testamentsvollstrecker den Erben die ihnen jeweils zugewiesenen Nachlassgegenstände überträgt.

93 Auch wenn der Testamentsvollstrecker für Minderjährige bzw. unter Betreuung stehende Personen handelt, bedarf ein von ihm vorgelegter Teilungsplan keiner **vormundschaftsgerichtlichen Genehmigung**.[169] Etwas anderes gilt nach h.M. allerdings dann, wenn der Teilungsplan des Testamentsvollstreckers von Anordnungen des Erblassers oder den gesetzlichen Vorschriften abweicht oder wenn ein Auseinandersetzungsvertrag zwischen dem Testamentsvollstrecker und den Erben abgeschlossen wird (vgl. § 1822 Nr. 2 BGB).[170] Ist der Testamentsvollstrecker der gesetzliche Vertreter eines an der Auseinandersetzung beteiligten Miterben, so ist allerdings für die Zwecke der Auseinandersetzung, insbesondere für die Anhörung des minderjährigen Kindes zum Teilungsplan, ein Ergänzungspfleger zu bestellen, soweit nicht für die Aufgabe der Auseinandersetzung ein Nebenvollstrecker bestimmt ist.[171]

94 **Vereinbarungen der Erben** über die Auseinandersetzung binden den Testamentsvollstrecker grundsätzlich nicht. Auf einem anderen Blatt steht es, dass es aus Sicht des Testamentsvollstreckers wenig zweckmäßig ist, sich über Vereinbarungen der Erben hinwegzusetzen, die sich im Rahmen der Anordnungen des Erblassers halten oder aus vernünftigen, nachvollziehbaren Gründen hiervon abweichen.[172] Ausnahmen von der fehlenden Bindung des Testamentsvollstreckers an Vereinbarungen zwischen den Erben bestehen in zweierlei Hinsicht: einmal im Hinblick auf Vereinbarungen zur Ausgleichspflicht von Abkömmlingen (§§ 2050 ff. BGB) und zum anderen über den – ganzen oder teilweisen – Ausschluss oder Aufschub der Auseinandersetzung. Nur sofern ein wichtiger Grund hierfür vorliegt, kann der Testamentsvollstrecker trotz des übereinstimmenden Auseinandersetzungsausschlusses durch die Erben eine Teilung vornehmen (§ 749 Abs. 2 BGB). Andernfalls ist der Amtsinhaber sowohl berechtigt als auch als verpflichtet anzusehen, die Auseinandersetzung zu unterlassen, den Nachlass ungeteilt nach

---

[165] *Ebenroth* ErbR Rdnr. 643; MünchKommBGB/*Zimmermann* § 2204 Rdnr. 6.
[166] *Damrau* JA 1984, 130, 131; *Ebenroth* ErbR Rdnr. 643.
[167] BayObLG Beschl. v. 29.6.1995 – ZEV 1995, 370, 371 m. Anm. *Winkler*.
[168] *Zahn* MittRhNotK 2000, 89, 111.
[169] Vgl. nur *Damrau* ZEV 1994, 1, 4; Palandt/*Edenhofer* § 2204 Rdnr. 4; Bengel/Reimann/*Schaub* Rdnr. IV 242; MünchKommBGB/*Zimmermann* § 2204 Rdnr. 9.
[170] *Winkler* Rdnr. 531; Bengel/Reimann/*Schaub* Rdnr. IV 242; vgl. auch BGH Beschl. v. 18.6.1971 – BGHZ 56, 275, 284 = NJW 1971, 1805; a. A. *Damrau* ZEV 1994, 1, 4.
[171] *Damrau* ZEV 1994, 1, 4; Staudinger/*Reimann* § 2197 Rdnr. 58; Palandt/*Edenhofer* § 2204 Rdnr. 4.
[172] Zutreffend Staudinger/*Reimann* § 2204 Rdnr. 27.

§ 2217 BGB an die Erben freizugeben und sein Amt im Hinblick auf die Auseinandersetzung als erledigt zu betrachten.[173]

Als Folge der Rechtsprechung des Bundesfinanzhofes zur **einkommensteuerlichen Behandlung der Erbauseinandersetzung**[174] gilt es verstärkt, die ertragsteuerlichen Folgen testamentarischer Anordnungen zu berücksichtigen und zu gewichten. Dementsprechend ist auch vom Testamentsvollstrecker zu verlangen, dass er die ertragsteuerlichen Konsequenzen des von ihm erstellten Teilungsplanes untersucht bzw. untersuchen lässt, um auf diese Weise ungewollte und regelmäßig nicht mehr zu korrigierende Liquiditätsbelastungen infolge der Erbauseinandersetzung zu vermeiden.[175] Nötigenfalls hat sich der Testamentsvollstrecker zusammen mit den Erben um eine weniger steuerbelastende Art der Auseinandersetzung zu bemühen, wobei entgegenstehende Verwaltungsanordnungen des Erblassers ggf. gemäß § 2216 Abs. 2 S. 2 BGB außer Kraft gesetzt werden können.

Beispiele:
(1) A und B sind je zur Hälfte Miterben. Der Nachlass, über den Testamentsvollstreckung angeordnet worden ist, besteht aus einem Betrieb (Buchwert EUR 400.000, Verkehrswert EUR 1.200.000) sowie sonstigem Privatvermögen im Gesamtwert von EUR 200.000. Der Testamentsvollstrecker entwirft einen Teilungsplan, wonach B das Privatvermögen übernimmt und von A, der den Betrieb fortführen soll, eine Abfindung in Höhe von EUR 500.000 erhält. Da A bei der Auseinandersetzung mehr erhält, als ihm nach seiner Erbquote zusteht und er hierfür eine Abfindung leistet, liegt insoweit keine steuerneutrale Realteilung und keine Erfüllung eines Auseinandersetzungsanspruches dar. Dementsprechend erwirbt A 7/12 des Betriebes unentgeltlich und 5/12 entgeltlich. Für 5/12 des Buchwertes (= 5/12 mal EUR 400.000 = EUR 166.666) wendet A EUR 500.000 auf, so dass bei B ein Veräußerungsgewinn von EUR 333.334 entsteht und A die Buchwerte um den gleichen Betrag aufstockt. Diese steuerlichen Konsequenzen hat der Testamentsvollstrecker in seine Betrachtung einzubeziehen und die Erben hierüber aufzuklären.
(2) Nach Maßgabe der testamentarischen Anordnung eines verstorbenen Einzelunternehmers soll Sohn S das Unternehmen als Nachfolger übernehmen, während Tochter T als Ausgleich das im Betriebsvermögen befindliche Grundstück erhält, welches sie langfristig an S verpachten muss. Der Testamentsvollstrecker hat hier zu berücksichtigen, dass die Erfüllung des Vermächtnisses durch S zur Entnahme des Grundstücks aus dem Betriebsvermögen und zur Versteuerung der gesamten stillen Reserven durch S führt. Dementsprechend obliegt es ihm, zusammen mit den Beteiligten über andere, die Intentionen des Erblassers sicherstellende, jedoch weniger liquiditätsbelastende Aufteilungen des Nachlasses nachzudenken und diese umzusetzen.

4. Das Recht und die Verpflichtung zur (ordnungsgemäßen) Verwaltung des Nachlasses (§§ 2205 S. 1, 2216 Abs. 1 BGB)

a) **Grundsätzliches.** § 2205 S. 1 BGB gibt dem Testamentsvollstrecker die Befugnis, den Nachlass zu verwalten, um ihm auf diese Weise die Ausführung der ihm obliegenden Aufgaben zu ermöglichen. Hiermit korrespondiert die aus § 2216 Abs. 1 BGB resultierende **Pflicht zur Verwaltung**, die dem Gebot der Ordnungsmäßigkeit unterliegt und den Amtsinhaber dementsprechend zu besonderer Gewissenhaftigkeit und Sorgfalt verpflichtet. Die Übertragung der Nachlassverwaltung auf den Testamentsvollstrecker führt zu einer Aufspaltung der Nachlasszuordnung: Der Nachlass wird vom Privatvermögen des Erben abgesondert. Der Erbe kann über den vom Testamentsvollstrecker verwalteten Nachlass nicht verfügen (§ 2211 BGB), seinen privaten Gläubigern ist er als Haftungsgrundlage entzogen (§ 2214 BGB), ohne dass hiermit automatisch eine Beschränkung der Erbenhaftung auf den Nachlass verbunden wäre.

Der **Begriff der Nachlassverwaltung** umfasst alle Maßnahmen, die zur Erhaltung, Sicherung, Nutzung und Verwehrung des verwalteten Guts erforderlich sind.[176] Hierzu gehört neben der Ausübung des Besitzes an den Nachlassgegenständen auch das Führen von Rechtsstreitigkeiten hinsichtlich dieser, wobei das Prozessführungsrecht des Testamentsvollstreckers in den §§ 2212, 2213 BGB eine ausdrückliche Regelung gefunden hat (hierzu ausf. § 59). Zur Verwaltung gehört auch die Verfügung über Nachlassgegenstände (einschließlich ihrer Ver-

---
[173] *Winkler* Rdnr. 542; Staudinger/*Reimann* § 2204 Rdnr. 6 f.
[174] Vgl. die Nachw. in Fn. 5.
[175] Bengel/Reimann/*Piltz* Rdnr. VIII 162 ff.
[176] Staudinger/*Reimann* § 2205 Rdnr. 4; Jauernig/*Stürner* § 2205 Rdnr. 1 ff.

äußerung) (§ 2205 S. 2 BGB), die Eingehung von Verbindlichkeiten für den Nachlass (§§ 2206, 2207 BGB) sowie die Vornahme von Verwaltungsmaßnahmen tatsächlicher Art.

98 b) **Einschränkungen des Verwaltungsrechts.** *aa) Aufgrund Erblasseranordnung.* Grundsätzlich unterliegt der gesamte Nachlass der Verwaltung des Testamentsvollstreckers. Jedoch ist es dem Erblasser möglich, durch besondere Anordnung das Verwaltungsrecht auf einen Teil des Nachlasses oder auf einzelne Nachlassgegenstände zu beschränken (§ 2208 BGB). Solche Beschränkungen können inhaltlicher oder gegenständlicher Art sein. Inhaltlich kann der Erblasser den Testamentsvollstrecker dadurch beschränken, dass er
- eine **lediglich beaufsichtigende Testamentsvollstreckung** nach § 2208 Abs. 2 BGB anordnet. In diesem Fall beschränkt sich die Tätigkeit des Testamentsvollstreckers darauf, von den Erben die Ausführung der letztwilligen Anordnungen des Erblassers verlangen zu können;
- durch die Anordnung einer reinen Verwaltungstestamentsvollstreckung die Bewirkung der Erbauseinandersetzung vom Aufgabenkreis des Testamentsvollstreckers ausnimmt (§ 2209 S. 1 1. Alt. BGB);
- die Vornahme bestimmter Rechtsgeschäfte durch den Testamentsvollstrecker (z. B. die Veräußerung von Grundvermögen oder Gesellschaftsbeteiligungen) von der Zustimmung der Erben abhängig macht;
- die Erben bei ihren Verfügungen an die Zustimmung des Testamentsvollstreckers koppelt und diesem daher lediglich ein Einspruchsrecht zubilligt;
- den Testamentsvollstrecker an Weisungen des Erben (eines Miterben) oder eines Mittestamentsvollstreckers bindet. Die Bindung an Weisungen von dritten Personen, die weder Erben noch Mittestamentsvollstrecker sind, kommt allerdings nicht in Betracht, da eine solche „Mega-Testamentsvollstreckung" als Verstoß gegen § 137 S. 1 BGB anzusehen ist und dementsprechend nur durch Umdeutung in eine Mittestamentsvollstreckerernennung oder in eine bloße schuldrechtliche Beschränkung nach § 2216 Abs. 2 S. 1 BGB aufrechterhalten werden kann;[177]
- eine Nacherben– oder Vermächtnistestamentsvollstreckung nach den §§ 2222 f. BGB anordnet;
- den Testamentsvollstrecker nur damit betraut, die Genehmigung für eine Stiftung von Todes wegen einzuholen (§ 83 BGB).

99 **Gegenständlich** kann die Testamentsvollstreckung in der Weise beschränkt werden, dass dem Amtsinhaber nur die Verwaltung einzelner Nachlassgegenstände zugewiesen wird (§ 2208 Abs. 1 S. 2 BGB). In diesem Fall kann der Amtsinhaber nur die betreffenden Gegenstände in Besitz nehmen und über sie verfügen sowie die Verbindlichkeiten eingehen, die zur ordnungsgemäßen Verwaltung der betreffenden Gegenstände erforderlich sind. Ebenso ist es möglich, dass der Erblasser dem Erben das uneingeschränkte Verwaltungsrecht an einem oder mehreren Nachlassgegenständen einräumt und hiermit zugleich das Verwaltungsrecht des Testamentsvollstreckers insoweit ausschließt.[178] Denkbar ist es auch, die Testamentsvollstreckung auf den **Anteil eines Miterben am Nachlass** zu beschränken, z. B. für die Dauer der Minderjährigkeit dieses Miterben.[179] Die den Testamentsvollstrecker in diesem Fall treffenden Beschränkungen ergeben sich aus den Vorschriften über die Miterbengemeinschaft in der Weise, dass der Amtsinhaber nur die dem Miterben zustehenden Verwaltungsrechte ausüben kann und die Auseinandersetzung zwar betreiben, sie aber nicht bewirken kann.[180]

100 *bb) § 2217 BGB.* Eine gegenständliche Begrenzung erfährt die Verwaltungsbefugnis des Testamentsvollstreckers auch durch die **Vorschrift des § 2217 BGB.** Hiernach hat der Testamentsvollstrecker Nachlassgegenstände, deren er zur Erfüllung seiner Obliegenheiten offenbar nicht bedarf, dem Erben auf Verlangen zur freien Verfügung zu überlassen, wobei mit der Überlassung auch das Recht zur Verwaltung der Gegenstände erlischt (§ 2217 Abs. 1 BGB).[181] Die

---

[177] Staudinger/*Reimann* § 2208 Rdnr. 14; Mayer/Bonefeld/Wälzholz/Weidlich/*J. Mayer* Rdnr. 196, 293.
[178] OLG Düsseldorf Beschl. v. 28.9.1960 – NJW 1961, 561, 562; Staudinger/*Reimann* § 2205 Rdnr. 7.
[179] Vgl. *Nieder* Rdnr. 912; Staudinger/*Reimann* § 2208 Rdnr. 16.
[180] Vgl. nur MünchKommBGB/*Zimmermann* § 2208 Rdnr. 11.
[181] Hierzu ausf. *Muscheler* ZEV 1996, 401.

Freigabe wirkt unmittelbar dinglich und führt zur Beendigung der Testamentsvollstreckung an den freigegebenen Gegenständen. Bei einem freigegebenen Grundstück ist der Testamentsvollstreckervermerk im Grundbuch zur Grundbuchberichtigung zu löschen, was eine notariell beglaubigte Freigabeerklärung voraussetzt (§§ 22, 29 GBO).[182]

Die Überlassungspflicht setzt zum einen voraus, dass der Erbe die Überlassung verlangt und anderseits, dass der Testamentsvollstrecker den verlangten Gegenstand zur Erfüllung seiner Obliegenheiten „offenbar" nicht mehr benötigt. Sind diese Voraussetzungen gegeben, hat der Erbe einen **abtretbaren, pfändbaren und im Klagewege durchsetzbaren Freigabeanspruch**.[183] Die Frage, ob der Testamentsvollstrecker die betreffenden Nachlassgegenstände zur Erfüllung seiner Obliegenheiten bedarf, beurteilt sich nach dem Zweck, zu welchem die Testamentsvollstreckung angeordnet ist. Hat der Erblasser dem Testamentsvollstrecker die Verwaltung des Nachlasses zur Aufgabe gemacht, so ist hierdurch zugleich eine mögliche Freigabe von Nachlassgegenständen ausgeschlossen; diese müssen vielmehr sämtlich in der Verfügungsgewalt des Testamentsvollstreckers verbleiben.[184] Auch solange Nachlassgegenstände noch zur Erfüllung von Steuerverbindlichkeiten benötigt werden, kommt ein Freigabeanspruch der Erben nicht in Betracht. Andernfalls läuft der Testamentsvollstrecker selbst Gefahr, als Haftungsschuldner persönlich zur Steuerzahlung herangezogen zu werden (vgl. Rdnr. 289, 299). Zu bejahen ist eine Freigabepflicht demgegenüber in Bezug auf Gegenstände, die der Testamentsvollstrecker aus Rechtsgründen nicht verwalten darf.[185] Für ein einzelkaufmännisches Unternehmen des Erblassers hat der Bundesgerichtshof dementsprechend eine Freigabeverpflichtung des Testamentsvollstreckers im Grundsatz bejaht,[186] wobei in diesem Fall zu fragen ist, ob das Unternehmen nicht im Wege der Vollmacht- oder Treuhandlösung durch den Testamentsvollstrecker geführt werden kann (vgl. Rdnr. 217 ff.).

Die **irrtümliche oder pflichtwidrige Freigabe** eines Nachlassgegenstandes führt ebenfalls zum Erlöschen des Verwaltungsrechts. Jedoch kann der Testamentsvollstrecker gemäß § 812 BGB die Wiedereinräumung seines Verwaltungsrechts verlangen, wenn er einen Gegenstand deswegen freigegeben hat, weil er irrtümlich annahm, dass er ihn nicht mehr zur Nachlassverwaltung benötigt.[187] Von der Verpflichtung zur Freigabe kann der Erblasser den Testamentsvollstrecker **ausdrücklich testamentarisch befreien**, da § 2217 BGB nicht in § 2220 BGB aufgeführt ist. Hat der Erblasser eine Freigabe ausdrücklich verboten, so hat ein solches Verbot dingliche Wirkung und ist vom Grundbuchamt entsprechend zu beachten.[188]

§ 2217 BGB normiert nur die Voraussetzungen, unter welchen der Testamentsvollstreckung zur Freigabe von Nachlassgegenständen verpflichtet ist, sagt aber nichts über dessen **Berechtigung zur Freigabe** aus. Nach Maßgabe der Rechtsprechung ist eine Freigabe in jedem Fall dann zulässig, wenn die Erben (bzw. Vor- und Nacherben) einer solchen zustimmen.[189] Aus dieser Rechtsprechung folgt, dass im Außenverhältnis eine Freigabe immer wirksam ist, wenn sich Testamentsvollstrecker und Erben hierüber einig sind, so dass entgegenstehende Anordnungen des Erblassers insoweit ohne Bedeutung bleiben. Schützen kann sich der Erblasser gegen unerwünschte Freigaben nur durch Straf- und Verwirkungsklauseln. In Betracht kommt hier insbesondere die Anordnung einer bedingten Testamentsvollstreckererennung, welche im Testamentsvollstreckerzeugnis anzugeben ist.[190] Dritte Personen (z. B. Vermächtnisnehmer) sind bei einer unberechtigten, jedoch im Einverständnis mit den Erben erfolgenden Freigabe von Nachlassgegenständen nur durch Schadensersatzansprüche geschützt. In jedem Fall möglich

---

[182] Vgl. nur *Klingelhöffer* Vermögensverwaltung Rdnr. 279 m.w.N.
[183] BGH Urt. v. 18.1.1954 – BGHZ 12, 100, 101; Formulierungsbeispiel für eine entsprechende Klage bei Krug/Rudolf/Kroiß/*Littig* ErbR § 13 Rdnr. 162.
[184] Vgl. nur BGH Beschl. v. 18.7.1971 – BGHZ 56, 275, 284 = NJW 1971, 1805; Bengel/Reimann/*Klumpp* Rdnr. VI 170.
[185] BGH Urt. v. 18.1.1954 – BGHZ 12, 100, 102 = NJW 1954, 636; *Ebenroth* ErbR Rdnr. 684.
[186] BGH Urt. v. 18.1.1954 – BGHZ 12, 100, 102 = NJW 1954, 636.
[187] BGH Urt. v. 18.1.1954 – BGHZ 12, 100, 104 = NJW 1954, 636; BGH Urt. v. 11.4.1957 – BGHZ 24, 106.
[188] Jauernig/*Stürner* § 2217 Rdnr. 3; vgl. auch AG Starnberg Beschl. v. 11.7.1984 – Rpfleger 1985, 57.
[189] BGH Beschl. v. 18.6.1971 – BGHZ 56, 275, 284 = NJW 1971, 1805; BGH Urt. v. 24.9.1971 – BGHZ 57, 84, 87 = NJW 1971, 2264; kritisch hierzu Staudinger/*Reimann* Rdnr. 4.
[190] Ausf. Bengel/Reimann/*Klumpp* Rdnr. 216.

ist es, dass der Erblasser den Testamentsvollstrecker von der Verpflichtung aus § 2217 BGB befreit, da die Bestimmung bei den zwingenden Normen des § 2220 nicht aufgeführt ist.[191]

104 c) **Der Maßstab ordnungsmäßiger Verwaltung.** *aa) Grundsatz.* Der unabdingbare Grundsatz der ordnungsmäßiger Verwaltung des Nachlasses (§ 2216 BGB) verpflichtet den Testamentsvollstrecker zu besonderer Gewissenhaftigkeit und Sorgfalt. Diese fundamentale Verpflichtung des Testamentsvollstreckers besteht nur gegenüber den Erben und Vermächtnisnehmern, nicht aber gegenüber Nachlassgläubigern und Nachlassschuldnern.[192] Jeder einzelne Miterbe kann den Testamentsvollstrecker unmittelbar auf die Erfüllung dieser Pflicht verklagen, sei es, dass die Vornahme einer bestimmten Verwaltungsmaßnahme gefordert wird, die den Grundsätzen ordnungsgemäßer Verwaltung entspricht, sei es, dass eine ordnungswidrige Maßnahme unterlassen wird.[193]

105 Der **Begriff der Ordnungsmäßigkeit** bestimmt sich grundsätzlich nach objektiven Kriterien.[194] Allerdings darf sich der Testamentsvollstrecker nicht mit einem mäßigen Erfolg seiner Tätigkeit begnügen, sofern er nach seiner Veranlagung und seinen Kenntnissen die Möglichkeit hat, bessere Ergebnisse zu erzielen. Insoweit sind auch die Fähigkeiten und Fertigkeiten des Testamentsvollstreckers als subjektive Merkmale in gewissem Umfang zu berücksichtigen.[195] Die Frage, ob den strengen Anforderungen der Ordnungsmäßigkeit genügt worden ist, kann nur anhand der Umstände des jeweiligen Einzelfalls beurteilt werden, wobei der Zweck der angeordneten Testamentsvollstreckung besonders zu berücksichtigen ist. In diesem Rahmen billigt die Rechtsprechung dem Testamentsvollstrecker grundsätzlich auch **einen Ermessensspielraum** zu.[196] Ob eine Maßnahme wirtschaftsrechtlich geboten und für den verwalteten Nachlass vorteilhaft ist, hat er demnach in eigener Verantwortung zu entscheiden. Gegen seine Pflicht zur ordnungsgemäßen Verwaltung verstößt der Testamentsvollstrecker nur, wenn er die Grenzen dieses Ermessens überschreitet.[197] Dieser Ermessensspielraum kommt insbesondere dann Bedeutung zu, wenn sich unternehmerisches Vermögen im Nachlass befindet und vom Testamentsvollstrecker ein hohes Maß an unternehmerischer Eigeninitiative gefordert wird.[198] Im Vordergrund steht nach der Rechtsprechung das Bild eines

zwar umsichtigen und soliden, aber dynamischen Geschäftsführers, der die Risiken und Chancen kalkuliert und dann eingeht ... oder nicht.[199]

106 Grundsätzlich hat sich der Testamentsvollstrecker bei der Nachlassverwaltung an den **Zielen des Erhalts und der steten Mehrung** des Nachlassvermögens auszurichten. Eine Pflicht zur Mehrung des Nachlasswertes ist jedoch hiermit nicht verbunden.[200] Im Rahmen der ihn treffenden Pflicht zur ordnungsgemäßen Nachlassverwaltung muss der Testamentsvollstrecker Nachlassforderungen eintreiben, soll vorhandene Wirtschaftsgüter optimal nutzen, Räume und Häuser vermieten, für die Instandhaltung der Nachlassgegenstände sorgen und Schädigungen des Nachlasses vermeiden. Die Ordnungsmäßigkeit der Eingehung von Dauerschuldverhältnissen wird auch dadurch nicht in Frage gestellt, dass diese die Laufzeit der Testamentsvollstreckung überschreiten.[201]

---

[191] Vgl. *Klingelhöffer* Vermögensverwaltung Rdnr. 278.
[192] Vgl. *Winkler* Rdnr. 166; Staudinger/*Reimann* § 2216 Rdnr. 8; BayObLG Beschl. v. 10.1.1997 – FamRZ 1997, 905, 909 (im Verhältnis zu Pflichtteilsberechtigten).
[193] Vgl. OLG Düsseldorf Urt. v. 11.10.1995 – OLGR Düsseldorf, 1996, 71; Staudinger/*Reimann* § 2216 Rdnr. 8; MünchKommBGB/*Zimmermann* § 2216 Rdnr. 3.
[194] BGH Urt. v. 2.10.1957 – BGHZ 25, 275, 280; MünchKommBGB/*Zimmermann* – § 2216 Rdnr. 2.
[195] Staudinger/*Reimann* § 2216 Rdnr. 6.
[196] BGH Urt. v. 14.12.1994 – ZEV 1995, 110; BGH Urt. v. 2.10.1957 – BGHZ 25, 275, 283 f.
[197] BGH Urt. v. 2.10.1957 – BGHZ 25, 275, 283; BayObLG Beschl. v. 10.1.1997 – FamRZ 1997, 905, 908; BayObLG Beschl. v. 20.6.1990 – FamRZ 1990, 1279, 1281; *Klumpp* ZEV 1994, 65, 66.
[198] Vgl. etwa BayObLG Beschl. v. 29.3.1976 – BayObLGZ 1976, 1692, 1693; BayObLG Beschl. v. 20.6.1990 – FamRZ 1990, 1279, 1281.
[199] BGH Urt. v. 3.12.1986 – NJW 1987, 1070, 1071; vgl. auch BGH Urt. v. 14.12.1994 – ZEV 1995, 110.
[200] BGH Urt. v. 8.3.1989 – WM 1989, 1068, 1070; *Zeising* Pflichten und Haftung, S. 49 ff.
[201] Ausf., mit weiteren Beispielen, Mayer/Bonefeld/Wälzholz/Weidlich/*J. Mayer* Rdnr. 202 ff.; Staudinger/*Reimann* § 2216 Rdnr. 9 ff.; MünchKommBGB/*Zimmermann* § 2216 Rdnr. 6 ff.

Die Grenzen einer ordnungsgemäßen Verwaltung werden bei der **Anlage von Nachlassvermögen** jedenfalls nicht bereits dann überschritten, wenn der „sicherste Weg" verlassen wird; eine Verpflichtung zur mündelsicheren Anlage besteht nicht. Vielmehr steht der Testamentsvollstrecker nach der Rechtsprechung so frei, wie der Vormundschaftsrichter den Vormund äußerstenfalls stellen darf (§ 1811 BGB). Ihm sind daher nur solche Anlagen verwehrt, die nach Lage des Falles einer wirtschaftlichen Vermögensverwaltung zuwiderlaufen. Diese Grundsätze schließen auch die Eingehung eines kalkulierten Wagnisses und die Vornahme spekulativer Anlagen nicht aus.[202] Konkret führt der Bundesgerichtshof hierzu aus:

107

> [Der Testamentsvollstrecker] genießt – als Person und als Institution – das besondere Vertrauen des Erblassers. Im Vordergrund steht deshalb ... sein Ermessen ... Eine äußerste Grenze seines Ermessens bildet § 2205 S. 3 BGB, der ihm unentgeltliche (und nicht vollentgeltliche) Verfügungen grundsätzlich verbietet. Im Übrigen aber steht er ähnlich wie der Erblasser und bei größerem Vermögen unter Umständen ähnlich wie ein Unternehmer. Schon dieser Gesichtspunkt verbietet es, die Grenzen der ordnungsmäßigen Verwaltung ... bereits da zu ziehen, wo der so genannte „sicherste Weg" verlassen wird. Notare, Rechtsanwälte und sonstige Berater haben diesen Weg zu beachten, weil der Beratende in die Lage gebracht werden muss, seine – möglicherweise weniger vorsichtigen oder auch gewagten – Entscheidungen selbst zu treffen. Die Situation des Testamentsvollstreckers ist damit nicht vergleichbar. Er muss vielmehr in eigener Verantwortung selbstständig entscheiden, und zwar unter Umständen gegen den Willen aller Erben. Mit Recht wird deshalb auf allgemeine wirtschaftliche Gesichtspunkte ... abgestellt. Die Grundsätze der Wirtschaftlichkeit legen bei Anlageentscheidungen nicht stets den vorsichtigen sichersten Weg nahe; damit wäre die Initiative des Testamentsvollstreckers zu sehr eingeengt.

Auf der Grundlage dieser Rechtsprechung ist die Frage, ob der Testamentsvollstrecker spekulative Anlagen tätigen darf, **anhand der konkreten Nachlassstruktur** zu beantworten. Solche Anlagen sind ihm vor allem dann verwehrt, wenn sie den gesamten Nachlass oder einen hohen Teil hiervon erfassen,[203] während bei einem großen Nachlass durchaus ein (kleinerer) Teil auch in spekulative Werte (z. B. in hochverzinsliche „Junk Bonds", Venture Capital, in auf High-Tech oder Biotechnologie spezialisierte Fonds oder in Aktien entsprechender Unternehmen) investiert werden darf.[204] Eine absolute Grenze wird dem Ermessen des Testamentsvollstreckers nur dort gezogen, wo sein Vorgehen mit einer Schädigung des Nachlasses verbunden ist.[205] Aus praktischer Sicht gilt also, dass sich der Testamentsvollstrecker bei seinen Anlageentscheidungen insoweit „nachlassgerecht" verhalten sollte, als der Umfang und die Struktur des Nachlasses sowie die zur Verfügung stehenden liquiden Mittel maßgeblich in die zu treffenden Anlageentscheidungen einzubeziehen sind.[206] Bei der Beurteilung der Ordnungsmäßigkeit der Anlageentscheidungen des Testamentsvollstreckers ist richtigerweise auf das Gesamtanlageverhalten anzustellen; die Beurteilung einer Anlageform als zu spekulativ und darum nicht ordnungsgemäß kann nicht unabhängig von den übrigen Anlageentscheidungen des Testamentsvollstreckers erfolgen.[207] Eine weitgehende Einbindung der Erben, vor allem durch eine angemessene Informationspolitik, kann zur Begrenzung des Haftungsrisikos in jedem Fall durchaus angezeigt sein.

108

d) Maßgeblichkeit von Erblasseranordnungen. Anordnungen, die der Erblasser für die Verwaltung des Nachlasses durch den Testamentsvollstrecker testamentarisch getroffen hat, sind von diesem zu befolgen (§ 2216 Abs. 2 S. 1 BGB). Abzugrenzen sind solche Anordnungen von bloßen Wünschen und Empfehlungen des Erblassers.[208] Zu befolgen sind nur Anordnungen,

109

---

[202] BGH Urt. v. 3.12.1986 – NJW 1987, 1070, 1071; *Klumpp* ZEV 1994, 65, 67; ausf. *Schmitz* Kapitalanlageentscheidungen S. 149 ff.; *ders.*, ZErb 2003, 3.
[203] BGH Urt. v. 3.12.1986 – NJW 1987, 1070, 1071; *Klumpp* ZEV 1994, 65, 67; *Coing*, FS Kaufmann, 1972, S. 127, 136.
[204] Ausf. *Zeising*, Pflichten und Haftung, S. 48 f.; zurückhaltender *Zimmermann* Rdnr. 425; Staudinger/*Reimann*, § 2216 Rdnr. 14. Zu dem Komplex der Vermögensanlage durch den Testamentsvollstrecker vgl. auch *Schmitz* Kapitalanlageentscheidungen S. 154 ff.
[205] BGH Urt. v. 2.10.1957 – BGHZ 25, 275, 284.
[206] *Klumpp* ZEV 1994, 65, 71.
[207] Vgl. *Schmitz* Kapitalanlageentscheidungen S. 165; *ders.* ZErb 2003, 3, 6; *Zeising*, Pflichten und Haftung, S. 51 ff.
[208] Vgl. BayObLG Beschl. v. 29.3.1976 – NJW 1976, 1692, 1693.

die der Erblaser durch letztwillige Verfügung getroffen hat. Die Nichtbefolgung mündlicher Anordnungen kann allenfalls einen Grund zur Entlassung des Testamentsvollstreckers nach § 2227 BGB bilden; gleiches gilt für Anordnungen, die in separater Urkunde, aber nicht in Testamentsform errichtet worden sind.[209] Soweit sich der Wille des Erblassers nicht mit dem Grundsatz einer ordentlichen Verwaltung in Übereinstimmung bringen lässt, entscheidet im Zweifel letztlich das „objektive Nachlassinteresse", in dessen Rahmen auch der Schutz und das Interesse der Erben eine maßgebende Rolle spielen können.[210] Eine dingliche Beschränkung des Testamentsvollstreckers ist mit einer Verwaltungsanordnung des Erblassers nicht verbunden, sofern diese nicht zugleich eine nach § 2208 Abs. 1 S. 1 BGB mögliche Beschränkung der Verfügungsbefugnis enthält (vgl. Rdnr. 127).[211]

110   Durch entsprechende Verwaltungsanordnung kann und sollte vor allem bestimmt werden, wie der Testamentsvollstrecker die **Erträgnisse des Nachlasses** zu verwenden hat. Dies ist insbesondere in der Gestaltungsvariante der sog. Behindertentestaments unentbehrlich, wenn es darum geht, dem behinderten Erben lediglich die nach den einschlägigen Sozialhilfegesetzen maximal zulässigen Leistungen zur Verfügung zu stellen (vgl. § 41). Angebracht sind Verwaltungsanordnungen des Erblassers aber auch in Bezug auf die Frage, in wieweit der Testamentsvollstrecker bei einer lang andauernden Testamentsvollstreckung verpflichtet ist, den Erben Zinserträge, Dividenden- und Gewinnanteile zur freien Verfügung zu überlassen oder im Hinblick auf die Verpflichtung der Erben, die mit den Nachlasseinkünften zusammenhängenden Steuern zu bezahlen. Zwar ist davon auszugehen, dass der Testamentsvollstrecker bereits unter dem Gesichtspunkt ordnungsgemäßer Nachlassverwaltung als verpflichtet anzusehen ist, den Erben die zur Steuerzahlung sowie zur Bestreitung eines angemessenen Unterhalts erforderlichen Mittel aus den Erträgnissen des Nachlasses zur Verfügung zu stellen.[212] Gleichwohl ist es ratsam, hier durch eine ausdrückliche testamentarische Anordnung Klarheit zu schaffen, um etwaigen Streitigkeiten vorzubeugen (vgl. auch Rdnr. 302).

> **Formulierungsvorschlag:**
>
> Aus den Erträgen des Nachlasses, soweit er der Testamentsvollstreckung jeweils unterliegt, ist den Erben zunächst soviel zu belassen, dass diese die persönlichen Steuern, die das ererbte Vermögen betreffen, bezahlen können. Der Testamentsvollstrecker ist ermächtigt, die Zahlung dieser Steuern unmittelbar an die Steuergläubiger zu bewirken. Darüber hinaus erhalten die Erben für ihre Lebensführung den vollen Bruttoertrag aus dem der Testamentsvollstreckung unterliegenden Grundstücken. Im Übrigen hat der Testamentsvollstecker nach billigem Ermessen zu bestimmen, ob aus sonstigen, der Testamentsvollstreckung unterliegenden Nachlassgegenständen den Erben Erträge zur freien Verfügung überlassen werden.

111   Setzt sich der Testamentsvollstrecker über vom Erblasser getroffene Verwaltungsanordnungen hinweg, so ist diese Verfügung gleichwohl wirksam, kann jedoch im Verhältnis zum Erben Schadensersatzansprüche zur Folge haben. Die Missachtung letztwilliger Anordnungen des Erblassers stellt zudem in der Regel eine grobe Pflichtverletzung i. S. v. § 2227 BGB dar und kann dementsprechend Grund für eine Entlassung des Testamentsvollstreckers sein.[213]

112   Birgt die Befolgung einer Erblasseranordnung die Gefahr einer erheblichen **Gefährdung des Nachlasses,** kann der Testamentsvollstrecker diese Anordnung vom Nachlassgericht außer Kraft setzen lassen (§ 2216 Abs. 2 S. 2 BGB). Von dieser zwingenden, durch den Erblasser

---

[209] Staudinger/*Reimann* § 2216 Rdnr. 21; Mayer/Bonefeld/Wälzholz/Weidlich/*J. Mayer* Rdnr. 197.
[210] Vgl. BGH Urt. v. 2.10.1957 – BGHZ 25, 275, 280; BGH Urt. v. 7.11.1966 – WM 1967, 25, 27; MünchKommBGB/*Zimmermann* § 2216 Rdnr. 1; *Schmitz* Kapitalanlageentscheidungen S. 153.
[211] MünchKommBGB/*Zimmermann* § 2216 Rdnr. 16.
[212] Vgl. Staudinger/*Reimann* § 2216 Rdnr. 9 und § 2217 Rdnr. 13; Soergel/*Damrau* § 2216 Rdnr. 5; MünchKommBGB/*Zimmermann* § 2216 Rdnr. 7.
[213] OLG Zweibrücken Beschl. v. 23.2.1989 – FamRZ 1989, 788, 789; vgl. auch BayObLG Beschl. v. 31.1.1989 – FamRZ 1989, 668, 669 (zur nicht genehmigten Erhöhung von Vermächtnissen zugunsten Dritter); MünchKommBGB/*Zimmermann* § 2216 Rdnr. 12.

nicht auszuschließenden Möglichkeit wird der Testamentsvollstrecker insbesondere in den Fällen Gebrauch machen, in denen wegen einer Änderung der wirtschaftlichen Verhältnisse das Befolgen der Anordnung nicht mehr dem mutmaßlichen Erblasserwillen entsprechen würde, sofern sich die Unwirksamkeit der Anordnung nicht bereits im Wege der ergänzenden Testamentsauslegung ergibt.[214] Hat der Erblasser etwa angeordnet, dass ein Nachlassgegenstand nicht unter einem bestimmten Preis verkauft werden darf, ist dieser aber in absehbarer Zeit nicht zu erzielen, kommt eine Außerkraftsetzung gemäß § 2216 Abs. 2 S. 2 BGB in Betracht. Fraglich ist, ob eine solche Außerkraftsetzung auch noch nachträglich begehrt werden kann, d.h. wenn der Testamentsvollstrecker der Verwaltungsanordnung des Erblassers bereits eigenmächtig zuwider gehandelt hat.[215] In Anbetracht der nicht endgültig geklärten Rechtslage ist der Testamentsvollstrecker vor einem entsprechendem Vorgehen zu warnen, zumal in dringenden Fällen die Möglichkeit besteht, durch eine vorläufige Aussetzung der Vollziehung der Verwaltungsanordnung Abhilfe zu schaffen.

5. Die Verpflichtungsbefugnis des Testamentsvollstreckers (§§ 2206, 2207 BGB)

a) Die kausale Beschränkung durch den Grundsatz ordnungsgemäßer Verwaltung. *aa) Grundsatz.* Im Rahmen seiner Verwaltung kann der Testamentsvollstrecker Verbindlichkeiten für den Nachlass eingehen, allerdings nur insoweit, als die Eingehung zur ordnungsgemäßen Verwaltung des Nachlasses erforderlich ist (§ 2206 Abs. 1 S. 1 BGB). Die zur ordnungsgemäßen Verwaltung eingegangenen Verbindlichkeiten stellen Nachlassverbindlichkeiten dar, für die der Erbe mit seinem gesamten Vermögen haftet, wenn auch unter dem Vorbehalt der erbrechtlichen Haftungsbeschränkung. Der Testamentsvollstrecker muss aber erkennbar für den Nachlass aufgetreten sein. Nur bei offenem Handeln für den Nachlass kann er seine eigene Verpflichtung ausschließen und eine Verbindlichkeit des Nachlasses begründen.[216]

bb) Schutz des Vertragspartners. Bei der Frage, ob sich das jeweilige Verpflichtungsgeschäft im Rahmen ordnungsgemäßer Verwaltung hielt, wird der Vertragsgegner geschützt. Konnte er ohne Fahrlässigkeit annehmen, die Verbindlichkeit sei im Rahmen einer ordnungsgemäßen Nachlassverwaltung eingegangen worden, so ist das Geschäft auch dann wirksam, wenn der Testamentsvollstrecker seine Befugnisse überschritten oder missbraucht hatte.[217] Hätte der Vertragsgegner demgegenüber die Überschreitung der Befugnisse durch den Testamentsvollstrecker erkennen können – auch leichte Fahrlässigkeit schadet – kann er keine Rechte gegen den Nachlass geltend machen, sondern muss sich gemäß § 179 Abs. 1 BGB an den Testamentsvollstrecker halten. Dessen Haftung wird jedoch regelmäßig durch § 179 Abs. 3 S. 1 BGB ausgeschlossen sein, weil sein Geschäftspartner den Mangel der Verpflichtungsmacht kannte oder kennen musste.[218] Jedoch können die Erben dem ordnungswidrigen Verpflichtungsgeschäft nach h.M. nachträglich zustimmen und diesem hierdurch Wirksamkeit verleihen.[219]

b) Erweiterung der Verpflichtungsbefugnis. Der Erblasser kann die Beschränkung der Befugnisse des Testamentsvollstreckers bei der Eingehung von Verpflichtungen auch gänzlich aufheben und den Amtsinhaber zur Eingehung aller Verbindlichkeiten mit Wirkung für den Nachlass ermächtigen (§ 2207 BGB). Bei einer Dauer- oder Verwaltungstestamentsvollstreckung wird diese Ermächtigung auch ohne besondere Anordnung vermutet (§ 2209 S. 2 BGB). Zur Klarstellung empfiehlt sich jedoch in jedem Fall eine ausdrückliche testamentarische Anordnung.

---

[214] Zur Frage, ob eine Pflicht des Testamentsvollstreckers anzunehmen ist, vor der Nichtbefolgung einer Verwaltungsanordnung einen Antrag auf Außerkraftsetzung zu stellen, vgl. *Zeising*, Pflichten und Haftung, S. 100 ff. (verneinend) einerseits sowie Staudinger/*Reimann* § 2216 Rdnr. 35 andererseits.
[215] Vgl. Staudinger/*Reimann* § 2216 Rdnr. 27 einerseits und Soergel/*Damrau* § 2216 Rdnr. 13 andererseits.
[216] RG Urt. v. 15.11.1912 – RGZ 80, 416, 418; *Ebenroth* ErbR Rdnr. 665; *Muscheler* Haftungsordnung S. 203.
[217] Stdg. Rspr.; vgl. BGH Urt. v. 7.7.1982 – NJW 1993, 40; zustimmend die Lit.; vgl. nur *Winkler* Rdnr. 193; ausf. *Muscheler* Haftungsordnung S. 188 ff.
[218] *Muscheler* Haftungsordnung S. 190; *Lorz* S. 28.
[219] MünchKommBGB/*Zimmermann* § 2206 Rdnr. 12; Soergel/*Damrau* § 2206 Rdnr. 5; a. A. Staudinger/*Reimann* 2206 Rdnr. 15.

> **Formulierungsvorschlag:**
> Der Testamentsvollstrecker ist in der Eingehung von Verbindlichkeiten für den Nachlass nicht beschränkt.

116 Ein Schenkungsversprechen kann der Testamentsvollstrecker aber auch im Fall der Befreiung nur dann wirksam erteilen, wenn es einer sittlichen Pflicht oder einer auf den Anstand zu nehmenden Rücksicht entspricht (§ 2207 S. 2 BGB). Die **Erweiterung der Verpflichtungsbefugnis des Testamentsvollstreckers** dient dem Schutz des mit ihm kontrahierenden Dritten. Ihm kann weder vom Erben noch vom Testamentsvollstrecker entgegengehalten werden, dass die Eingehung der Verbindlichkeit im Rahmen einer ordnungsgemäßen Verwaltung des Nachlasses nicht erforderlich gewesen sei. Im Verhältnis zu den Erben muss sich der Testamentsvollstrecker demgegenüber weiterhin an den Maßstab ordnungsgemäßer Verwaltung messen lassen, von dem ihn auch der Erblasser nicht wirksam befreien kann. Wichtig ist, dass dem Testamentsvollstrecker durch die Erweiterung des § 2207 BGB in keinem Fall die Befugnis verliehen wird, den Erben unbeschränkbar mit seinem Privatvermögen zu verpflichten. Die Verpflichtungsbefugnis bleibt immer auf den Nachlass beschränkt.[220]

117 c) **§ 2206 Abs. 1 S. 2 BGB.** Eine Sonderregelung für die Eingehung von Verpflichtungen zur Verfügung über Nachlassgegenstände enthält § 2206 Abs. 1 S. 2 BGB. Um ein Auseinanderfallen von obligatorischem und dinglichem Geschäft zu vermeiden, hängt die Wirksamkeit einer Verpflichtung zur Verfügung demnach nicht davon ab, ob dies ordnungsgemäßer Nachlassverwaltung entspricht, sofern der Testamentsvollstrecker über den betreffenden Nachlassgegenstand wirksam verfügen kann.[221] Insoweit besteht also ein **Gleichlauf von Verpflichtungs- und Verfügungsbefugnis.** Allerdings deckt § 2206 Abs. 1 S. 2 BGB nur die Verpflichtung zur Verfügung ab, nicht aber weitere Verpflichtungen, die der Testamentsvollstrecker in dem betreffenden Schuldvertrag eingeht.[222] Eine mietvertragliche Verpflichtung, die der Testamentsvollstrecker im Zusammenhang mit der Veräußerung eines Nachlassgrundstücks eingeht, muss sich demnach auch im Außenverhältnis an dem Grundsatz der Ordnungsmäßigkeit messen lassen, nicht aber die Verpflichtung zur Grundstücksveräußerung.[223]

118 d) **Auswirkungen einer Einwilligung der Erben.** Die Reichweite der Verpflichtungsbefugnis des Testamentsvollstreckers wird in Einzelfällen oft zweifelhaft sein. Um ihn vor Schadensersatzansprüchen der Erben aus § 2219 BGB zu bewahren, aber auch, um den Geschäftspartner vor dem Einwand mangelnder Verpflichtungsbefugnis zu schützen, gibt § 2206 Abs. 2 BGB dem Testamentsvollstrecker daher das Recht, von den Erben die Einwilligung zur Eingehung der Verbindlichkeit zu verlangen. Der Erbe ist nur zur Einwilligung verpflichtet, wenn die Eingehung der Verbindlichkeit im Rahmen einer ordnungsgemäßen Verwaltung des Nachlasses erforderlich ist.[224] Seinen Anspruch auf Einwilligung kann der Testamentsvollstrecker notfalls ebenso im Klagewege durchsetzen wie die Erben auf Unterlassung eines pflichtwidrigen Verpflichtungsgeschäfts klagen können.[225] Demgegenüber hat der Vertragspartner des Testamentsvollstreckers keinen eigenen Anspruch gegen die Erben auf Einwilligung. Auswirkungen auf die Möglichkeit des Erben, seine Haftung für die Nachlassverbindlichkeiten auf das Ererbte zu beschränken, hat die Erteilung der Einwilligung nicht (vgl. § 2206 Abs. 2 a. E. BGB).

6. Das Verfügungsrecht des Testamentsvollstreckers

119 a) **Grundsatz unbeschränkter Verfügungsbefugnis.** Im Rahmen seiner Nachlassverwaltung steht dem Testamentsvollstrecker das Recht zu, über die Nachlassgegenstände zu verfügen (§ 2205 S. 2 BGB).[226] Die Rechtsstellung des Erben ist insoweit eingeschränkt. Der Nachlass

---

[220] Vgl. nur Soergel/*Damrau* 2207 Rdnr. 3; *Lorz* S. 24 f.
[221] Vgl. Staudinger/*Reimann* § 2206 Rdnr. 12; MünchKommBGB/*Zimmermann* § 2206 Rdnr. 5.
[222] MünchKommBGB/*Zimmermann* § 2206 Rdnr. 4; *Zahn* MittRhNotK 2000, 89, 94.
[223] Zur Frage, inwieweit § 2206 Abs. 1 S. 2 BGB in diesem Zusammenhang von der gesetzlichen Haftung abweichende Gewährleistungsregelungen deckt, vgl. *Zahn* MittRhNotK 2000, 89, 94 m.w.N.
[224] MünchKommBGB/*Zimmermann* § 2206 Rdnr. 11; Jauernig/*Stürner* § 2206 Rdnr. 2.
[225] MünchKommBGB/*Zimmermann* § 2206 Rdnr. 11; Staudinger/*Reimann* § 2206 Rdnr. 13.
[226] Zum Verfügungsrecht des Testamentsvollstreckers ausf. *Lehmann* AcP 188 (1988), 1.

als Sondervermögen ist seiner Verfügungsbefugnis entzogen, wobei diese Entziehung bereits mit dem Erbfall eintritt, nicht erst mit der Amtsannahme durch den Testamentsvollstrecker (vgl. Rdnr. 128). Auf den Anteil eines Miterben am Nachlass (§ 2033 Abs. 1 BGB) bezieht sich die Verpflichtungsbefugnis des Testamentsvollstreckers hingegen nicht. Hierüber bleibt jeder einzelne Miterbe verfügungsberechtigt, ohne dass freilich durch eine Übertragung des Erbteils die angeordnete Testamentsvollstreckung abgeschüttelt werden könnte.[227] Befindet sich demgegenüber ein Anteil an einer Miterbengemeinschaft im Nachlass, so steht das Verfügungsrecht über diesen Nachlassgegenstand nur dem Testamentsvollstrecker zu.[228]

b) **Gesetzliche Einschränkungen.** *aa) Unentgeltliche Verfügungen.* Eingeschränkt wird die umfassende Verfügungsbefugnis des Testamentsvollstreckers insbesondere durch das dinglich wirkende Verbot unentgeltlicher Verfügungen (§ 2205 S. 3 BGB).[229] Dieses soll zum Schutz der Erben sicherstellen, dass der Nachlass nicht ohne den Zufluss einer gleichwertigen Gegenleistung geschmälert wird. Ausgenommen hiervon sind Schenkungen, die einer sittlichen Pflicht oder einer auf den Anstand zu nehmenden Rücksicht entsprechen (Anstandsschenkungen). Die Verfügungsbeschränkung des § 2205 S. 3 BGB ist zwingend: Der Erblasser kann den Testamentsvollstrecker nicht wirksam zur Vornahme unentgeltlicher Verfügungen ermächtigen. Eine Erweiterung der Befugnisse des Testamentsvollstreckers kann der Erblasser nur durch die Erteilung einer postmortalen Vollmacht zur Vornahme der beabsichtigten unentgeltlichen Verfügung erreichen. In diesem Fall kann der Erbe einer Nachlassbeeinträchtigung durch einen Widerruf der Vollmacht entgegenwirken, sofern diese nicht unwiderruflich erteilt ist, was jedoch nur bei einer auf bestimmte Geschäfte beschränkten Spezialvollmacht als zulässig anzusehen ist (vgl. Rdnr. 25 sowie § 20 Rdnr. 35).

120

Der **Begriff der Unentgeltlichkeit** entspricht demjenigen bei der Vor- und Nacherbschaft: Eine unentgeltliche Verfügung über einen Nachlassgegenstand liegt demnach vor, wenn der Testamentsvollstrecker objektiv ein Opfer aus dem Nachlass erbracht hat, ohne dass dem eine gleichwertige Gegenleistung gegenübersteht. In subjektiver Hinsicht muss ihm entweder die Ungleichwertigkeit der Gegenleistung bekannt gewesen sein oder diese müsste bei ordnungsgemäßer Verwaltung erkennbar gewesen sein.[230] Nicht erforderlich ist, dass dem Empfänger der unentgeltlichen Leistung die Pflichtverletzung des Testamentsvollstreckers erkennbar war.[231] Eine teilweise unentgeltliche Verfügung (gemischte Schenkung) ist ebenfalls im Gesamten unwirksam, da auch in diesem Fall keine äquivalente Gegenleistung in den Nachlass gelangt.[232] Des Weiteren unterfallen nach h.M. auch **rechtsgrundlose Verfügungen** dem Verbot des § 2205 S. 3 BGB, da bei ihnen wegen der Nichtigkeit des Kausalgeschäfts der Anspruch auf die gleichwertige Gegenleistung fehlt.[233]

121

Eine Unentgeltlichkeit der Verfügung des Testamentsvollstreckers kommt nicht in Betracht, wenn dieser **in ordnungsgemäßer Ausführung der letztwilligen Anordnung** des Erblassers über Nachlassgegenstände verfügt.[234] Dies gilt insbesondere für die Erfüllung eines Vermächtnisses, durch die der Nachlass von einer Verbindlichkeit befreit wird, sowie für die Zuteilung von Nachlassgegenständen bei der Erbauseinandersetzung, nicht jedoch im Falle einer überquotalen Zuteilung durch den Testamentsvollstrecker an einen Miterben. Eine solche Zuteilung kann unentgeltlich sein, sofern der über Gebühr begünstigte Erbe keine Ausgleichsleistungen zur

122

---

[227] BGH Urt. v. 9.5.1984 – NJW 1984, 2464, 2465; OLG Düsseldorf Urt. v. 20.12.1996 – FamRZ 1997, 769; Zimmermann Rdnr. 414; Jauernig/*Stürner* § 2205 Rdnr. 10.
[228] Vgl. Zimmermann Rdnr. 414.
[229] Ausf. zu § 2205 S. 3 BGB *Pyszka*, Unentgeltliche Verfügungen des Vorerben und des Testamentsvollstreckers, Diss. München 1989; vgl. auch *Schaub* ZEV 2001, 257.
[230] BGH Beschl. v. 24.9.1971 – BGHZ 57, 84, 90; KG Beschl. v. 13.8.1971 – Rpfleger 1972, 58, 59.
[231] BGH Urt. v. 15.5.1963 – NJW 1963, 1613, 1614; Palandt/*Edenhofer* § 2205 Rdnr. 28; a. A. *Lange/Kuchinke* ErbR § 31 VI 2 b.
[232] Vgl. Staudinger/*Reimann* § 2205 Rdnr. 40 m.w.N.; *Pyszka*, Unentgeltliche Verfügungen des Vorerben und des Testamentsvollstreckers, Diss. München 1989, S. 117; *Schaub* ZEV 2001, 257, 258.
[233] RG Beschl. v. 30.1.1940 – RGZ 163, 348, 357; a. A. *Spellenberg* FamRZ 1974, 350, 353; *Müller* WM 1982, 466, 473.
[234] BGH Urt. v. 15.5.1963 – NJW 1963, 1613; OLG Karlsruhe Beschl. v. 26.4.2005 – FG Prax 2005, 219 = ZEV 2006, 1975 (nur Leitsätze); OLG Düsseldorf Urt. v. 28.12.1989 – GmbHR 1990, 504, 507.

Gleichstellung an seine Miterben leisten muss.[235] Nach der weit reichenden Rechtsprechung kann auch der Abschluss eines gerichtlichen Vergleichs eine unentgeltliche Verfügung darstellen, wenn das wechselseitige Nachgeben nicht gleichwertig ist und der Testamentsvollstrecker dies erkennen musste.[236] Zur Anwendbarkeit des § 2205 S. 3 BGB im Zusammenhang mit der Änderung von Gesellschaftsverträgen sowie einer Kündigung der Gesellschaftsbeteiligung des Erblassers durch den Testamentsvollstrecker vgl. Rdnr. 261 f.

123   *bb) § 181 BGB (Selbstkontrahieren).* Eine weitere Einschränkung erfährt die grundsätzlich umfassende Verfügungsbefugnis des Testamentsvollstreckers durch die entsprechende Anwendung von § 181 BGB auf Insichgeschäfte des Amtsinhabers.[237] Eine direkte Anwendung des § 181 BGB auf den Testamentsvollstrecker kommt nicht in Betracht, da dieser nicht Vertreter der Erben ist, sondern als Inhaber eines privaten Amtes handelt.[238] Im Hinblick auf die Gleichartigkeit der Konfliktlage wird eine analoge Anwendung der Vorschrift jedoch prinzipiell bejaht.[239] Je nach Sachlage kann jedoch in weitem Umfang eine **Gestattung des Selbstkontrahierens** durch den Erblasser vorliegen oder anzunehmen sein. Insbesondere in den Fällen, in denen der Erblasser einen Miterben als Testamentsvollstrecker berufen hat, ist anzunehmen, dass diesem die Vornahme von Insichgeschäften trotz des hierbei auftretenden Interessenwiderstreits gestattet ist.[240] Aus der treuhänderischen Stellung des Testamentsvollstreckers folgt aber des Weiteren, dass das vorgenommene Geschäft nicht dem Gebot einer ordnungsgemäßen Verwaltung des Nachlasses widersprechen darf, wobei hier ein strenger Maßstab anzulegen ist.[241] Zur Vermeidung jeglicher Zweifelsfragen ist es unumgänglich, in der letztwilligen Verfügung ausdrücklich anzuordnen, ob dem Testamentsvollstrecker von § 181 BGB Befreiung erteilt wird.

124   Handelt der Amtsinhaber ausschließlich **in Erfüllung einer vom Erblasser herrührenden Verbindlichkeit,** greift § 181 BGB im Übrigen bereits auf Grund des Wortlauts der Vorschrift nicht ein. Dementsprechend kann der als Testamentsvollstrecker eingesetzte Miterbe ein Nachlassgrundstück unproblematisch an sich selbst auflassen, wenn ihm dieses im Wege eines Vermächtnisses zugewendet wurde.[242] Ebenso kann der Testamentsvollstrecker eine Schuld des Nachlasses durch Zahlung an sich selbst tilgen, wenn die Berichtigung von Nachlassverbindlichkeiten zu seinen Aufgaben gehört, und daher wird der Testamentsvollstrecker auch als berechtigt angesehen, die ihm zustehende Vergütung selbst aus dem Nachlass zu entnehmen (vgl. Rdnr. 185).

125   *cc) Rechtsfolgen.* Unentgeltliche Verfügungen des Testamentsvollstreckers sind absolut unwirksam, ohne dass zum Schutz eines Erwerbers, der weder von der angeordneten Testamentsvollstreckung noch von der Zugehörigkeit des Gegenstandes der Verfügung zum Nachlass weiß, die Vorschriften über den gutgläubigen Erwerb eingreifen würden.[243] Die fehlende Verfügungsmacht des Testamentsvollstreckers kann nicht durch den guten Glauben des Erwerbers ersetzt werden, so dass der nur scheinbar übereignete Nachlassgegenstand nach § 985 BGB vindiziert werden kann. § 2205 S. 3 BGB hat allerdings nicht die Aufgabe, den Erben vor eigener Freigiebigkeit zu schützen. Dementsprechend kann der Testamentsvollstrecker **mit Zustimmung** derjenigen Person, zu deren Schutz das Verfügungsverbot besteht, auch unentgeltlich wirksam verfügen.[244] Entscheidend ist, dass alle zustimmungsberechtigten Personen mit der unentgeltlichen Verfügung einverstanden sind. Zustimmungsberechtigt in

---

[235] Staudinger/*Reimann* § 2205 Rdnr. 36; *Zahn* MittRhNotK 2000, 89, 111.
[236] BGH Urt. v. 24.10.1990 – WM 1991, 205, 207 = NJW 1991, 842; *Schaub* ZEV 2001, 257, 259.
[237] BGH Urt. v. 28.9.1960 – BB 1961, 583; BGH Urt. v. 29.4.1954 – NJW 1954, 1036; BGH Urt. v. 29.4.1959 – BGHZ 30, 67, 70.
[238] BGH Urt. v. 9.12.1968 – BGHZ 51, 209, 214.
[239] BGH Urt. v. 29.4.1959 – BGHZ 30, 67, 70; Staudinger/*Reimann* § 2205 Rdnr. 60; *Zahn* MittRhNotK 2000, 89, 96.
[240] Vgl. BGH Urt. v. 29.4.1959 – BGHZ 30, 67, 70; *Winkler* Rdnr. 221; *Kipp/Coing* ErbR § 68 V 2; *Nieder* Rdnr. 915.
[241] BGH Urt. v. 29.4.1959 – BGHZ 30, 67, 70; *Zahn* MittRhNotK 2000, 89, 97.
[242] BayObLG Beschl. v. 26.5.1982 – Rpfleger 1982, 344.
[243] Vgl. nur MünchKommBGB/*Zimmermann* § 2205 Rdnr. 70; Soergel/*Damrau* § 2205 Rdnr. 81.
[244] HM seit BGH Beschl. v. 24.9.1971 – BGHZ 57, 84, 92; vgl. u.a. BayObLG Beschl. v. 18.1.1989 – FamRZ 1989, 668; MünchKommBGB/*Zimmermann* § 2205 Rdnr. 70; Palandt/*Edenhofer* § 2205 Rdnr. 30.

diesem Sinne sind die Erben und mögliche Vermächtnisnehmer, bei angeordneter Nacherbschaft auch die Nacherben, nicht aber Auflagenbegünstigte und Nachlassgläubiger.[245] Ein etwa entgegenstehender Wille des Erblassers ist hier ebenso unbeachtlich wie ein ausdrückliches Verbot. Nur die Anordnung entsprechender Straf- und Verwirkungsklauseln, z. B. die Anordnung einer bedingten Nacherbschaft oder einer Bestimmung des Inhalts, dass das Amt des Testamentsvollstreckers mit der Vornahme einer unentgeltlichen Verfügung enden soll, kann mittelbar die einvernehmliche Vornahme unentgeltlicher Verfügungen hindern.

Ein durch den Testamentsvollstrecker vorgenommenes, unzulässiges Insichgeschäft ist **schwebend unwirksam** und kann nur analog § 177 BGB durch die Genehmigung eines etwaigen Mittestamentsvollstreckers oder der (übrigen) Erben geheilt werden.[246] Der Erblasserwille stellt auch hier keine Schranke dar.[247] **126**

c) **Einschränkungen kraft Erblasseranordnung (§ 2208 BGB).** Die Verfügungsbefugnis des Testamentsvollstreckers kann schließlich auch durch eine entsprechende Anordnung des Erblassers rechtsgeschäftlich beschränkt werden, wobei allerdings genau zu unterscheiden ist. Gemäß § 2208 Abs. 1 S. 2 BGB hat der Erblasser die Möglichkeit, nicht den gesamten Nachlass, sondern nur einzelne Nachlassgegenstände der Verwaltung durch den Testamentsvollstrecker zu unterstellen. In diesem Fall unterliegen die verwaltungsfreien Nachlassteile der vollen Verfügungsbefugnis der Erben. Gemäß § 2208 Abs. 1 S. 1 BGB hat der Erblasser zugleich das Recht, einzelne, dem Testamentsvollstrecker nach dem gesetzlichen Modell zustehende Befugnisse auszuschließen.[248] Die h.M. rechnet hierzu auch die Verfügungsmacht, so dass diese dem Testamentsvollstrecker für einzelne oder sämtliche Nachlassgegenstände **mit dinglicher Wirkung** entzogen werden kann oder in der Art der Ausführung modifiziert werden kann.[249] Andererseits fehlt in diesen Fällen auch den Erben die Verfügungsbefugnis, da die Nachlassgegenstände, über die der Testamentsvollstrecker nicht oder nicht allein verfügen kann, gleichwohl seiner Verwaltung unterliegen und damit der Verfügungsbefugnis durch die Erben gemäß § 2211 Abs. 1 BGB entzogen sind. Zur Überwindung dieser Blockade ist nach h.M. eine **gemeinschaftliche Verfügung** des Testamentsvollstreckers mit den Erben notwendig, aber auch zulässig.[250] In jedem Fall sollte in der letztwilligen Verfügung genau festgehalten werden, ob etwaige Beschränkungen der Rechtsmacht des Testamentsvollstreckers auch dinglich wirken sollen, was nach der Rechtsprechung in der Regel der Fall ist.[251] **127**

d) **Fehlendes Verfügungsrecht des Erben.** Als Kehrseite der umfassenden Verfügungsbefugnis des Testamentsvollstreckers dürfen die Erben über die der Testamentsvollstreckung unterliegenden Nachlassgegenstände nicht verfügen (§ 2211 Abs. 1 BGB). Die Verfügungsbeschränkung der Erben beginnt bereits mit dem Erbfall, nicht erst mit dem Amtsantritt des Testamentsvollstreckers nach § 2202 Abs. 1 BGB.[252] Um das Vakuum in der Verfügungsbefugnis zwischen dem Erbfall und der Amtsannahme durch den Testamentsvollstrecker zu überbrücken, empfiehlt sich daher dringend die Erteilung entsprechender postmortaler oder transmortaler Vollmachten (vgl. Rdnr. 59). Gegen § 2211 Abs. 1 BGB verstoßende Verfügungen der Erben über Nachlassgegenstände sind gegenüber jedermann (**absolut**) **unwirksam,** es sei denn der Testamentsvollstrecker hat in eine entsprechende Verfügung eingewilligt oder genehmigt diese **128**

---

[245] Vgl. Palandt/*Edenhofer* § 2205 Rdnr. 30; Staudinger/*Reimann* § 2205 Rdnr. 56; *Schaub* ZEV 2001, 257, 259 f.; a. A. Soergel/*Damrau* § 2205 Rdnr. 79 BGB (nur Zustimmung der Erben erforderlich).
[246] Vgl. *Winkler* Rdnr. 221; *Ebenroth* ErbR Rdnr. 655; weitergehend MünchKommBGB/*Zimmermann* § 2205 Rdnr. 80, der auch die Genehmigung durch noch nicht befriedigte Vermächtnisnehmer verlangt.
[247] Staudinger/*Reimann* § 2205 Rdnr. 65; a. A. Palandt/*Edenhofer* § 2205 Rdnr. 25.
[248] Ausf. hierzu *Lehmann* AcP 188 (1988), 1.
[249] Vgl. BGH Urt. v. 9.5.1984 – NJW 1984, 2464; MünchKommBGB/*Zimmermann* § 2208 Rdnr. 7; Staudinger/*Reimann* § 2208 Rdnr. 4; anders Soergel/*Damrau* § 2208 Rdnr. 1; *Lehmann* AcP 188 (1988), 1.
[250] BGH Urt. v. 25.9.1963 – BGHZ 40, 115, 118; BGH Beschl. v. 18.6.1971 – BGHZ 56, 275, 279 ff.; BGH Beschl. v. 24.9.1971 – BGHZ 57, 84, 85; Sudhoff/*Scherer* Unternehmensnachfolge § 9 Rdnr. 16.
[251] BGH Urt. v. 9.5.1984 – NJW 1984, 2464, 2465; *Zimmermann* Rdnr. 413; vgl. auch *Nieder* Rdnr. 912 m.w.N.
[252] BGH Urt. v. 2.10.1957 – BGHZ 25, 275, 282; BGH Urt. v. 1.6.1967 – BGHZ 48, 214, 220; BayObLG Beschl. v. 4.2.1982 – BayObLGZ 1982, 59, 68.

nachträglich (§§ 184 f. BGB).²⁵³ Die Beendigung der Testamentsvollstreckung lässt eine etwaige Verfügung des Erben ohne Rückwirkung nach § 185 Abs. 2 BGB wirksam werden.²⁵⁴

129   Gutgläubige Dritte werden über § 2211 Abs. 2 BGB und die hierin angeordnete entsprechende **Anwendung der Gutglaubensvorschriften** der §§ 932 ff., 892 ff. BGB geschützt. Geschützt wird der Erwerber, der auf die Verfügungsmacht des Erben vertraut, weil er entweder nicht weiß, dass der veräußerte Gegenstand Bestandteil einer Erbschaft ist, oder weil er das Bestehen der Testamentsvollstreckung nicht kennt bzw. fälschlich annimmt, dass der veräußerte Gegenstand nicht der Verwaltungsbefugnis des Testamentsvollstreckers unterliegt. Kennt der Dritte die Nachlasszugehörigkeit des veräußerten Gegenstandes, wird man allerdings grobe Fahrlässigkeit annehmen müssen, wenn der Erwerber keine Nachforschungen hinsichtlich des Vorliegens einer Testamentsvollstreckung anstellt und sich insbesondere keinen Erbschein vorlegen lässt.²⁵⁵ **Im Grundstücksverkehr** kommt ein gutgläubiger Erwerb nur dann in Betracht, wenn der Testamentsvollstreckervermerk im Grundbuch fehlt und der Erwerber vom Verwaltungsrecht des Testamentsvollstreckers keine Kenntnis hat. Bei der Tilgung von Nachlassforderungen wird ein gutgläubiger Dritter, der von der Verfügungsbeschränkung keine Kenntnis hat und darum an den Erben statt an den Testamentsvollstrecker leistet, ebenfalls geschützt (§§ 1984 Abs. 1, 407 Abs. 1 BGB).²⁵⁶ Hat eine Bank z. B. allerdings Kenntnis von der Testamentsvollstreckung, ohne die kontoführende Stelle benachrichtigt zu haben, wird sie gegenüber dem Testamentsvollstrecker durch eine Auszahlung an die Erben nicht befreit.²⁵⁷

130   Die Verfügungsbeschränkung des § 2211 Abs. 1 BGB hindert den Erben nicht daran, **Verpflichtungsgeschäfte** über die der Testamentsvollstreckung unterliegenden Nachlassgegenstände einzugehen. Die hieraus resultierende Verpflichtung kann er allerdings mangels Verfügungsmacht nicht erfüllen. Ebenso wenig kann der Testamentsvollstrecker auf Erfüllung in Anspruch genommen werden, da der Erbe ohne seine Zustimmung keine Nachlassverbindlichkeiten begründen konnte. Der Gläubiger ist dementsprechend auf Schadensersatzansprüche gegen den Erben unter dem Gesichtspunkt der Unmöglichkeit beschränkt; Aufrechnungsbefugnis oder Zurückbehaltungsrechte gegenüber Nachlassforderungen, die der Testamentsvollstrecker geltend macht, stehen ihm nicht zu.²⁵⁸

131   e) *Besonderheiten im Grundstücksverkehr. aa) Problematik des Wegfalls der Verfügungsbefugnis.* Aufgrund der dem Testamentsvollstrecker zukommenden Verfügungsbefugnis über den Nachlass ist auch eine gemäß § 19 GBO erforderliche Eintragungsbewilligung allein von ihm gegenüber dem Grundbuchamt abzugeben. Die Zustimmung der Erben als Rechtsinhaber ist daneben nicht erforderlich.²⁵⁹ Hierbei muss die Verfügungsbefugnis des bewilligenden Testamentsvollstreckers bis zum Zeitpunkt der Eintragung des Rechts vorliegen; andernfalls ist die vorgenommene Verfügung unwirksam und das Grundbuchamt darf eine Eintragung nicht mehr vornehmen.²⁶⁰ Problematisch ist daher der Fall, dass der Testamentsvollstrecker nach wirksam erklärter Auflassung und Eingang des Umschreibungsantrages beim Grundbuchamt aus dem Amt ausscheidet (z. B. weil er aus diesem entlassen worden ist), da das Grundbuchamt in diesem Fall daran gehindert wäre, die Eintragung der Rechtsänderung im Grundbuch vorzunehmen. Diese Problematik resultiert daraus, dass die Vorschrift des § 878 BGB nach Auffassung der Rechtsprechung auf das Handeln des Testamentsvollstreckers nicht anwendbar sein soll.²⁶¹ Demgegenüber tritt die ganz herrschende Lehre aus Gründen des Verkehrsschutzes dafür ein, § 878 BGB auch auf den Wegfall der Verfügungsbefugnis des Testa-

---

²⁵³ Umstritten ist, ob die genehmigte Verfügung auch dann wirksam wird, wenn sie unentgeltlich war; vgl. OLG Düsseldorf Beschl. v. 29.10.1962 – NJW 1963, 162, 163.
²⁵⁴ Palandt/*Edenhofer* § 2211 Rdnr. 2; *Kipp/Coing* ErbR § 70 I.
²⁵⁵ I. d. S. *Winkler* Rdnr. 228; *Ebenroth* ErbR Rdnr. 661.
²⁵⁶ Palandt/*Edenhofer* § 2211 Rdnr. 4; Soergel/*Damrau* 2211 Rdnr. 10.
²⁵⁷ OLG Bremen Urt. v. 5.11.1963 – MDR 1964, 328; *Winkler* Rdnr. 228; Palandt/*Edenhofer* § 2211 Rdnr. 4.
²⁵⁸ BGH Urt. v. 2.10.1957 – BGHZ 25, 275, 282; MünchKommBGB/*Zimmermann* § 2211 Rdnr. 8.
²⁵⁹ Vgl. nur Bengel/Reimann/*Schaub* Rdnr. V 5; Mayer/Bonefeld/Wälzholz/Weidlich/*Bonefeld* Rdnr. 676.
²⁶⁰ *Demharter* GBO § 19 Rdnr. 62; *Zahn* MittRhNotK 2000, 89, 108 f.
²⁶¹ BayObLG Beschl. v. 20.8.1998 – Rpfleger 1999, 25, 26; BayObLG Beschl. v. 18.5.1956 – NJW 1956, 1279; OLG Celle Beschl. v. 21.1.1953 – NJW 1953, 945; zustimmend etwa *Zimmermann* Rdnr. 412.

mentsvollstreckers bei Beendigung der Amtsstellung anzuwenden.[262] Für die Vertragsgestaltung ergibt sich auf Grund der nach der Rechtsprechung gegebenen Nichtanwendbarkeit von § 878 BGB die **Notwendigkeit entsprechender Schutzmechanismen.** Bei einer Veräußerung von Grundbesitz durch den Testamentsvollstrecker wird dementsprechend empfohlen, die Kaufpreiszahlung über ein Anderkonto abzuwickeln und den grundbuchrechtlichen Vollzug zur Auszahlungsvoraussetzung zu machen.[263] Alternativ kommt es in Betracht, die Absicherung des Käufers dadurch zu bewerkstelligen, dass der Verkäufer Bürgschaften oder vergleichbare Sicherheiten beibringt, welche bis zum Vollzug des Vertrages im Grundbuch aufrechterhalten werden.

bb) Nachweise gegenüber dem Grundbuchamt. Seine Verfügungsbefugnis gegenüber dem Grundbuchamt weist der Testamentsvollstrecker grundsätzlich durch das Testamentsvollstreckerzeugnis nach.[264] Entbehrlich ist die Vorlage eines Testamentsvollstreckerzeugnisses dann, wenn der Testamentsvollstrecker in einer öffentlich beurkundeten Verfügung von Todes wegen ernannt worden ist. Hier genügt es gemäß § 35 Abs. 2 GBO wenn die Verfügung von Todes wegen nebst der Eröffnungsniederschrift vorgelegt und außerdem die Amtsannahme nachgewiesen wird (vgl. § 51 Rdnr. 6 m.w.N.). Bei der erforderlichen Prüfung, ob der Testamentsvollstrecker im Rahmen seiner Verfügungsbefugnis gehandelt hat, steht wegen § 2205 S. 3 BGB insbesondere der **Nachweis der Entgeltlichkeit getroffener Verfügungen** im Vordergrund. Dieser Nachweis muss nicht in der Form des § 29 GBO geführt werden. Wenn und soweit es praktisch unmöglich ist, Urkunden beizubringen, hat die Rechtsprechung vielmehr Beweiserleichterungen zugelassen und es als ausreichend angesehen, dass im Wege der freien Beweiswürdigung des Grundbuchamtes Zweifel an der Pflichtmäßigkeit ausgeräumt werden können.[265] Nach Maßgabe dieser Rechtsprechung führt der Testamentsvollstrecker den Beweis der Entgeltlichkeit dadurch, dass er die Beweggründe seiner Maßnahmen im Allgemeinen angibt, diese verständlich und der Wirklichkeit gerecht werdend erscheinen und begründete Zweifel an der Pflichtmäßigkeit seiner Maßnahmen nicht ersichtlich sind.[266] Bei der Veräußerung von Nachlassgrundbesitz an einen unbeteiligten Dritten wird regelmäßig die Vorlage des Kaufvertrages genügen, auch angesichts des Erfahrungssatzes der Entgeltlichkeit entsprechender Verfügungen zugunsten von Außenstehenden.[267] Bei der Bestellung von Fremdgrundschulden an Nachlassgrundbesitz wird der Testamentsvollstrecker regelmäßig das zugrunde liegende Rechtsgeschäft darlegen müssen, um die Entgeltlichkeit der Maßnahme darzutun. Bei Insichgeschäften ist dem Grundbuchamt in der Form des § 29 GBO nachzuweisen, dass dem Testamentsvollstrecker das Selbstkontrahieren vom Erblasser gestattet war oder das Rechtsgeschäft ausschließlich in Erfüllung einer Verbindlichkeit vorgenommen worden ist (zur Frage der Berücksichtigung einer Befreiung von § 181 BGB im Testamentsvollstreckerzeugnis vgl. § 51 Rdnr. 19). Problematisch ist dies dann, wenn sich der Testamentsvollstrecker auf eine Gestattung kraft konkludenten Erblasserwillens beruft; in diesem Fall kann das Grundbuchamt die letztwillige Verfügung im Wege der freien Beweiswürdigung auslegen.[268]

IV. Das gesetzliche Schuldverhältnis zwischen Testamentsvollstrecker und Erben

1. Überblick

Auf das Rechtsverhältnis zwischen Testamentsvollstrecker und Erben findet gemäß § 2218 BGB grundsätzlich Auftragsrecht Anwendung, wobei die Auftragsvorschriften der §§ 662 ff. BGB durch spezielle erbrechtliche Vorschriften ergänzt werden. Der Verweis auf die Auftrags-

---

[262] Vgl. *Zahn* MittRhNotK 2000, 89, 108; Palandt/*Bassenge* § 878 Rdnr 11; MünchKommBGB/*Wacke* § 878 Rdnr. 13; eingehend *Böhringer* BWNotZ 1984, 137, 139 ff. und 1985, 102, 103.
[263] Vgl. *Schaub* ZEV 2000, 49, 51; *Zahn* MittRhNotK 2000, 89, 108.
[264] Ausf. *Zahn* MittRhNotK 2000, 89, 105.
[265] Vgl. BGH Beschl. v. 24.3.1971 – BGHZ 57, 84, 95; *Demharter* GBO § 29 Rdnr. 63 f.; *Zahn* MittRhNotK 2000, 89, 107; Bengel/Reimann/*Schaub* Rdnr. V 36, jeweils m.w.N.
[266] Vgl. BGH Beschl. v. 24.9.1971 – BGHZ 57, 84, 95; *Zahn* MittRhNotK 2000, 89, 107; *Nieder* Rdnr. 932; *Schaub* ZEV 2001, 257, 260.
[267] Soergel/*Damrau* § 2205 Rdnr. 96; *Zahn* MittRhNotK 2000, 89, 107; *Schöner/Stöber* GrundbuchR Rdnr. 34/41.
[268] *Zahn* MittRhNotK 2000, 89, 107.

vorschriften ist aus technischen Gründen erfolgt; generell besteht Einigkeit, dass zwischen den Erben und dem Testamentsvollstrecker wegen der Weisungsfreiheit des letzteren kein Auftragsverhältnis besteht, sondern vielmehr ein **gesetzliches Schuldverhältnis**.[269] Jedoch besteht die Möglichkeit, zusätzliche vertraglich Vereinbarungen neben das gesetzliche Schuldverhältnis treten zu lassen, etwa indem sich Testamentsvollstrecker und Erben über die Höhe der zu zahlenden Vergütung einigen, Vereinbarungen über Art und Umfang der Rechnungslegung treffen oder der Testamentsvollstrecker zusätzliche Pflichten gegen Vergütung übernimmt.[270] Mit der besonderen, von Weisungen des Erben unabhängigen Stellung des Testamentsvollstreckers vertragen sich hingegen keine Vereinbarungen, durch welche der Testamentsvollstrecker auf seine Unabhängigkeit gegenüber den Erben verzichtet oder sich verpflichtet, deren Weisungen zu befolgen.[271] Dementsprechend werden auch Verpflichtungen des Inhalts, nur mit Zustimmung des Erben zu handeln oder das Amt jederzeit auf Verlangen der Erben niederzulegen als mit der unabhängigen Stellung des Testamentsvollstreckers unvereinbar und daher unzulässig angesehen.[272]

134 Das gesetzliche Schuldverhältnis besteht nur **zwischen Testamentsvollstrecker und Erbe**, während § 2218 BGB auf das Verhältnis zu Vermächtnisnehmern und Pflichtteilsberechtigten keine Anwendung findet.[273] Jedoch können einem Vermächtnisnehmer bestimmte, aus § 2218 BGB folgende Rechte wie der Anspruch auf Auskunft und Rechnungslegung mitvermacht sein bzw. werden. Dies kann auch stillschweigend erfolgen und ist etwa anzunehmen, wenn dem Vermächtnisnehmer ein Sachinbegriff oder eine Sachgesamtheit oder eine bestimmte Quote des Nachlasses zugewendet worden ist.[274]

135 Gekennzeichnet ist das gesetzliche Schuldverhältnis zwischen Testamentsvollstrecker und Erben durch den **Grundsatz höchstpersönlicher Amtsausübung** und die Verpflichtung zur ordnungsgemäßen Nachlassverwaltung (hierzu Rdnr. 104 ff.). Daneben treten Auskunfts- und Rechenschaftspflichten (§ 666 BGB), wobei diese bei einer länger andauernden Verwaltung durch die Pflicht zur jährlichen Rechnungslegung ergänzt werden sowie die bereits behandelte Verpflichtung zur Erstellung des Nachlassverzeichnisses gemäß § 2215 BGB. Bei Beendigung des Amtes folgt aus § 2218 i.V.m. § 667 BGB eine Herausgabepflicht, wobei der Testamentsvollstrecker gemäß § 2217 BGB bereits während laufender Amtsinhaberschaft zur Freigabe von Nachlassgegenständen verpflichtet ist, deren er zur Erfüllung seiner Obliegenheiten offenbar nicht mehr bedarf (hierzu Rdnr. 100 ff.). Diese Herausgabepflicht erstreckt sich auch auf alle Surrogate, die durch Rechtsgeschäft mit Mitteln der Erbschaft erworben wurden,[275] auf Nutzungen und Früchte und auf die Nachlassakten sowie die Aufzeichnungen und Unterlagen des Testamentsvollstreckers über die Nachlassverwaltung.[276] Abgesichert werden die Rechte der mit der Testamentsvollstreckung belasteten Erben durch die Schadenersatzverpflichtung des § 2219 BGB. Die aus dem gesetzlichen Schuldverhältnis resultierenden Pflichten des Testamentsvollstreckers stellen einen **Mindestschutz der Erben** dar, auf welchen der Erblasser keinen Einfluss zu nehmen vermag. Ebenso wenig wie der Erblasser den Testamentsvollstrecker von der Verpflichtung zur Erstellung eines Nachlassverzeichnisses befreien kann, kann er daher den Maßstab der ordnungsgemäßen Nachlassverwaltung oder den Haftungsmaßstab herabmildern oder den Testamentsvollstrecker von den aus § 2218 BGB folgenden Verpflichtungen zur Erteilung von Auskunft und Rechenschaft befreien. Ein gut beratender Erblasser tut ohnehin gut daran, das gesetzliche Schuldverhältnis durch spezifische, auch den Interessen der Erben Rechnung tragende Regelungen zu ergänzen, indem er z. B. dem Testamentsvollstrecker

---

[269] Vgl. nur *Winkler* Rdnr. 467; MünchKommBGB/*Zimmermann* § 2218 Rdnr. 1.
[270] *Zimmermann* Rdnr. 311.
[271] Vgl. BGH Urt. v. 2.10.1957 – BGHZ 25, 275, 279; Soergel/*Damrau* § 2218 Rdnr. 1 BGB; *Zimmermann* Rdnr. 311.
[272] BGH Urt. v. 2.10.1957 – BGHZ 25, 275, 279; MünchKommBGB/*Zimmermann* § 2227 Rdnr. 5.
[273] Vgl. nur Palandt/*Edenhofer* § 2218 Rdnr. 1; MünchKommBGB/*Zimmermann* § 2218 Rdnr. 4.
[274] Vgl. BGH Urt. v. 1.6.1964 – DB 1964, 1370 f.; Jauernig/*Stürner* § 2218 Rdnr. 4; Bengel/Reimann/*Klumpp* Rdnr. VI 237.
[275] Zur Anwendbarkeit der Surrogationsvorschriften auf den Testamentsvollstrecker vgl. BGH Urt. v. 24.10.1990 – WM 1991, 205, 206; Soergel/*Damrau* § 2205 Rdnr. 9; *Lorz* S. 41.
[276] Vgl. BGH Urt. v. 28.6.1972 – NJW 1972, 1660.

bestimmte Informationspflichten vorgibt oder eine zusätzliche Überprüfung durch einen externen Wirtschaftsprüfer anordnet, um auf diese Art und Weise die gesetzliche Machtfülle des Amtsinhabers sachgerecht zu beschränken.

2. Der Grundsatz höchstpersönlicher Amtsausübung

Grundsätzlich hat der Testamentsvollstrecker seine Dienste in Person zu leisten (§ 664 BGB). Sein Vertrauensamt und damit die Gesamtheit seiner Aufgaben darf er nicht auf einen Dritten übertragen. Die Erteilung einer Generalvollmacht an einen Dritten ist ihm hingegen nicht verwehrt, sofern sich kein anders lautender Erblasserwille ermitteln lässt und sofern diese nicht unwiderruflich erteilt wird.[277] Allerdings muss der Testamentsvollstrecker für die Kontrolle des Bevollmächtigten sorgen und im Innenverhältnis sicherstellen, dass die ihn treffenden Sorgfaltspflichten eingehalten werden.[278] Unwiderrufliche Spezialvollmachten kann der Testamentsvollstrecker zweifelsohne dann erteilen, wenn diese dem Vollzug eines von ihm abgeschlossenen Geschäfts dienen, wie z. B. Auflassungs- oder Löschungsvollmachten. Bei Spezialvollmachten, die auf den Abschluss eines Vertrages gerichtet sind, ist die unwiderrufliche Ausgestaltung problematischer, wobei hierfür jedoch selten ein praktisches Bedürfnis bestehen wird.[279]

Auch mit Zustimmung der Erben ist eine Übertragung des Amtes im Gesamten nicht zulässig, da der Testamentsvollstrecker seine Befugnisse vom Erblasser ableitet. Dementsprechend kann nur der Erblasser eine solche Übertragung gestatten, wobei dies auch konkludent erfolgen kann.[280] Eine Übertragung des Testamentsvollstreckers im Gesamten kann dann auch dadurch in Betracht kommen, dass der Amtsinhaber auf der Grundlage der ihm erteilten Ermächtigung einen Nachfolger bestimmt (vgl. § 2199 Abs. 2 BGB) und zugleich sein Amt niederlegt. Nicht verwehrt ist es dem Testamentsvollstrecker, **für bestimmte Einzeltätigkeiten** einen Dritten heranzuziehen. Dies gilt etwa im Hinblick auf die Durchführung bestimmter Arbeiten, welche er fachlich nicht beherrscht (Erstellung von Steuererklärungen, Abrechnungen über Immobilienvermögen, etc.). Gerechtfertigt ist eine Übertragung aber auch aus sonstigen Gründen, es sei denn, der Erblasser hat eine solche ausdrücklich untersagt. Eine andere Frage ist es, ob die mit der Hinzuziehung dritter Personen verbundenen Kosten dem Nachlass zur Last fallen oder die Gebühr des Testamentsvollstreckers mindern (hierzu Rdnr. 191 f.).

Überträgt der Testamentsvollstrecker das Amt im Gesamten einem Substituten, ohne dass ihm diese vom Erblasser erlaubt wurde, so haftet er **für jeden daraus entstehenden Schaden** ohne Rücksicht darauf, ob dieser vorhersehbar war oder durch den Dritten verschuldet wurde (§§ 2219 Abs. 1, 2218 Abs. 1, 664 Abs. 1 S. 1 BGB). Bei einer gestatteten Übertragung seiner Pflichten haftet er nur für die schlechte Auswahl, Unterrichtung oder Beaufsichtigung der beauftragten Personen (§ 664 Abs. 1 S. 2 BGB). Gleiches gilt für die Handlungen, die der Testamentsvollstrecker nur zu veranlassen hat, wie die Beauftragung von Handwerkern oder die Erteilung einer Prozessvollmacht, wo sich seine Verpflichtung ebenfalls in der sorgfältigen Auswahl und Anweisung erschöpft.[281]

3. Die Informationspflicht gegenüber dem Erben

Als ersten Bestandteil der aus dem gesetzlichen Schuldverhältnis resultierenden Informationspflichten trifft den Testamentsvollstrecker die Verpflichtung, den Erben **von sich aus** laufend die erforderlichen Nachrichten und Informationen zu geben (§§ 2218 Abs. 1, 666 Abs. 1 BGB). Entscheidender **Maßstab** für den Umfang dieser Benachrichtigungspflicht des Testamentsvollstreckers ist, ob die jeweilige objektive wirtschaftliche und sonstige Situation des

---

[277] Str.; wie hier Palandt/*Edenhofer* § 2218 Rdnr. 2; Erman/*M. Schmidt* § 2218 Rdnr. 2; Staudinger/*Reimann* § 2218 Rdnr. 13; MünchKommBGB/*Zimmermann* § 2218 Rdnr. 7; a. A. *Winkler* Rdnr. 468; *Kipp/Coing* ErbR § 73 II 5 b.
[278] Vgl. *Zeising* S. 110 f.
[279] *Zahn* MittRhNotK 2000, 89, 97; zur (umstrittenen) Frage, ob mit der Beendigung des Testamentsvollstreckeramtes auch die erteilte Vollmacht erlischt, vgl. OLG Düsseldorf Urt. v. 18.5.2000 – ZEV 2001, 281, 282 (bejahend) m. abl. Anm. *Winkler*.
[280] *Zimmermann* Rdnr. 313.
[281] *Ebenroth* ErbR Rdnr. 677; *Kipp/Coing* ErbR § 73 II 5 b; Bengel/Reimann/*Klumpp* Rdnr. VI 12.

Nachlasses und der hierauf bezogenen Geschäfte für einen umsichtigen und gewissenhaften Testamentsvollstrecker eine Information des Erben gebietet, damit dieser seine Rechte wahrnehmen, Pflichten erfüllen und sachgerechte Entscheidungen treffen kann.[282] Schon im eigenen Interesse sollte der Testamentsvollstrecker eine offensive Informationspolitik betreiben, um auf diese Weise Konflikte zu vermeiden und eine effektive Abwicklung der Testamentsvollstreckung sicherzustellen (vgl. auch § 45 Rdnr. 54 ff.).[283]

140 Nach Maßgabe der Rechtsprechung besteht eine **Informationspflicht des Testamentsvollstreckers über geplante Maßnahmen** nicht grundsätzlich, sondern nur auf Grund der besonderen Umstände des Einzelfalles. Eine solche Pflicht zur Benachrichtigung wird man allerdings dann annehmen müssen, wenn über die gewöhnliche Amtsführung hinaus objektiv die Gefährdung von Interessen der Erben möglich erscheint. Dies gilt zum einen bei Insichgeschäften des Testamentsvollstreckers, auch wenn diese gestattet sind, und insbesondere dann, wenn der Anschein einer nicht vollwertigen Gegenleistung besteht, bei risikobehafteten Geschäften oder bei Geschäften im sensiblen Grenzbereich zwischen Erb- und Gesellschaftsrecht, bei denen sich auf Grund der gesellschaftsrechtlichen Haftungsvorschriften eine persönliche Haftung des Erben nicht ausschließen lässt, und zwar insbesondere dann, wenn der Testamentsvollstrecker von einer ihm erteilten Vollmacht Gebrauch macht. Entsprechendes gilt, wenn eine wesentliche Abweichung der Verwaltung vom durch den Erblasser vorgesehenen Lauf der Dinge beabsichtigt ist.[284] Bei der Verwaltung von Wertpapiervermögen wird eine Pflicht des Testamentsvollstreckers zur Benachrichtigung der Erben über Verluste angenommen, wenn sich diese auf mehr als 10 % (bei einem konservativ geführten Portfolio) bzw. auf mehr als 20 % (bei einem risikobehafteteren Portfolio) belaufen, und zwar unabhängig davon, ob es sich um Buchverluste oder bereits durch Verkauf der Wertpapiere realisierte Verluste handelt.[285] Eine besonders geregelte Benachrichtigungspflicht findet sich in § 2204 Abs. 2 BGB im Zusammenhang mit der Aufstellung eines Auseinandersetzungsplanes durch den Testamentsvollstrecker (vgl. Rdnr. 91).

141 Inhalt und Umfang der Benachrichtigungspflichten richten sich nach der **konkreten Lebenssituation.** In jedem Fall muss die Information genügend ausführlich und verständlich sein und unverzüglich erfolgen.[286] Besondere berufsspezifische Pflichten des Amtsinhabers (z. B. als Steuerberater oder Rechtsanwalt) treten neben die den Testamentsvollstrecker auf Grund des gesetzlichen Schuldverhältnisses zum Erben treffenden Informationspflichten.[287] Eine besondere Form der Benachrichtigung ist nicht vorgeschrieben, doch empfiehlt es sich zur Dokumentation, die Informationen in verkörperter Form (d.h. schriftlich oder per Telefax) zu erteilen.

142 Anders als der Anspruch auf Auskunft und Rechnungslegung kann der Anspruch auf Informationserteilung nicht eingeklagt werden. Wird die Benachrichtigungs- und Informationspflicht jedoch verletzt, so kann dies einen **Schadenersatzanspruch gegen den Testamentsvollstrecker** nach § 2219 BGB begründen[288] und unter den dort gegebenen Voraussetzungen eine Entlassung des Testamentsvollstreckers nach § 2227 BGB rechtfertigen. Unberührt bleibt demgegenüber die Wirksamkeit eines unter Verletzung der Benachrichtigungspflicht abgeschlossenen Rechtsgeschäfts, sofern nicht ein Insichgeschäft des Testamentsvollstreckers dem Grundsatz ordnungsgemäßer Nachlassverwaltung widerspricht und aus diesem Grund ausnahmsweise unwirksam ist (vgl. Rdnr. 123).

---

[282] Vgl. *Sarres* ZEV 2000, 90, 91; Mayer/Bonefeld/Wälzholz/*J. Mayer* Rdnr. 246; ausf. auch *Zeising* S. 116 ff.
[283] Bengel/Reimann/*Klumpp* Rdnr. VI 62; *Winkler* Rdnr. 477.
[284] Ausf. Bengel/Reimann/*Klumpp* Rdnr. VI 57 ff.; *Sarres* ZEV 2000, 90, 91.
[285] I.d.S. *Zeising* S. 122 f. unter Hinweis auf die Rspr. des BGH zu den Pflichten eines Vermögensverwalters; ähnlich *Vortmann* WM 1995, 1745, 1749.
[286] Mayer/Bonefeld/Wälzholz/*J. Mayer* Rdnr. 247.
[287] Mayer/Bonefeld/Wälzholz/*J. Mayer* Rdnr. 246; Bengel/Reimann/*Klumpp* Rdnr. VI 75 ff.
[288] BGH Urt. v. 29.5.1959 – BGHZ 30, 67, 73; MünchKommBGB/*Zimmermann* § 2218 Rdnr. 10; *Sarres* ZEV 2000, 90, 91.

4. Der Auskunftsanspruch des Erben

a) Pflicht zur und Grenzen der Auskunftserteilung. Neben die Benachrichtigungspflicht 143 tritt die Auskunftspflicht des Testamentsvollstreckers, die anders als die erstgenannte ein entsprechendes Verlangen des Berechtigten voraussetzt (§§ 2218 Abs. 1, 666 2. Alt. BGB). Bei Miterben kann jeder den Anspruch auf Auskunftserteilung geltend machen, aber nur gerichtet auf Leistung an alle Miterben.[289] Das Auskunftsverlangen bestimmt den Inhalt der Auskunftspflicht, welches zugleich durch den Zweck des Auskunftsrechts begrenzt wird, nämlich dem Berechtigten den Kenntnisstand zu verschaffen, den er benötigt, um seine jeweilige Rechtsposition und seine tatsächliche Stellung während der Dauer der Testamentsvollstreckung richtig und vollständig beurteilen zu können.[290] Ansonsten können sich Beschränkungen des Auskunftsbegehrens aus allgemeinen Grundsätzen ergeben, insbesondere unter dem Gesichtspunkt des Schikaneverbots, dem Grundsatz von Treu und Glauben sowie dem Verhältnismäßigkeitsgrundsatz. Auf diese Weise sind insbesondere die Fallgestaltungen zu beurteilen, dass der Auskunftsberechtigte den Testamentsvollstrecker mittels des Auskunftsverlangens zur Amtsaufgabe bewegen möchte, wobei jedoch die Mitteilung etwa eines Nachlassverzeichnisses allein in keinem Fall von der Auskunftspflicht zu befreien vermag.[291]

Inhalt und Umfang der Auskunftspflicht bestimmen sich nach dem Verlangen des Erben 144 unter Beachtung der Besonderheiten des zum Testamentsvollstrecker bestehenden Rechtsverhältnisses. Wichtige Entscheidungen erfordern im Regelfall eine umfangreichere Darlegung, insbesondere der Motive und der vom Testamentsvollstrecker berücksichtigten Abwägungskriterien. Hierbei kann der Anspruch auch im Einzelfall darauf gerichtet sein, dass sich der Testamentsvollstrecker über sein eigenes Wissen hinaus die notwendigen Kenntnisse verschafft (Wissensverschaffungspflicht). Dies gilt insbesondere im Verhältnis zu Kreditinstituten, wo es auch in Betracht kommen kann, dass der Testamentsvollstrecker ihm gegen Kreditinstitute zustehende Auskunftsansprüche an den Erben abtritt, ohne dass dem das Bankgeheimnis entgegenstünde.[292] Die **Kosten der Auskunftserteilung** gehen zu Lasten des Nachlassvermögens, es sei denn, der Testamentsvollstrecker hat sich zu Unrecht geweigert, eine begehrte Auskunft zu erteilen und ist hierauf verurteilt worden; in diesem Fall treffen ihn die Kosten persönlich.[293] Zur Form der Auskunftserteilung vgl. § 45 Rdnr. 54 ff.

b) Vorlage eines Bestandsverzeichnisses, eidesstattliche Versicherung. Die Verpflichtung des 145 Testamentsvollstreckers, auf entsprechendes Verlangen ein Bestandsverzeichnis vorzulegen, stellt eine Sonderregelung des Auskunftserteilungsanspruches dar und beruht auf § 260 Abs. 1 2. Alt BGB. Diese Verpflichtung tritt neben die Verpflichtung des Testamentsvollstreckers zur Erstellung eines Nachlassverzeichnisses gemäß § 2215 BGB und kann insbesondere dann von Bedeutung sein, wenn der Testamentsvollstrecker bei der Ausführung seines Amtes Umstrukturierungen des Nachlasses vornimmt oder den Bestand in weitgehendem Umfange verändert. Das Bestandsverzeichnis muss ähnlich wie das Nachlassverzeichnis gegliedert sein (Einteilung in Aktiva und Passiva), wobei insbesondere seit Erstellung des Nachlassverzeichnisses eingetretene Veränderungen zu dokumentieren sind. Anders als bei der Rechenschaftslegung nach § 259 BGB müssen Belege nicht vorgelegt werden, es sei denn, dass die bisherigen Angaben unvollständig waren oder der Besitz solcher Belege für den Erben erforderlich ist, um seine Lage richtig einschätzen zu können.[294]

Besteht Grund zur Annahme, dass eine Auskunft nicht mit der erforderlichen Sorgfalt er- 146 teilt wurde oder ein Verzeichnis nicht mit der erforderlichen Sorgfalt aufgestellt wurde, so hat der Verpflichtete auf Verlangen zu Protokoll die **Richtigkeit an Eides statt** zu versichern. Diese Verpflichtung trifft auch den Testamentsvollstrecker und zwar über den Wortlaut des einschlägigen § 260 Abs. 2 BGB hinaus auch in Bezug auf die reine Auskunftsverpflichtung.

---

[289] BGH Urt. v. 17.12.1964 – NJW 1965, 396 f.
[290] Bengel/Reimann/*Klumpp* Rdnr. VI 83; Mayer/Bonefeld/Wälzholz/Weidlich/*J. Mayer* Rdnr. 246.
[291] Soergel/*Damrau* § 2218 Rdnr. 5; Staudinger/*Reimann* § 2218 Rdnr. 18.
[292] BGH Urt. v. 28.2.1989 – BGHZ 107, 104, 108 = NJW 1989, 1601 (zum Verhältnis zwischen Erben und Pflichtteilsberechtigten); Bengel/Reimann/*Klumpp* Rdnr. VI 104 f.
[293] Bengel/Reimann/*Klumpp* Rdnr. VI 112 ff.
[294] Mayer/Bonefeld/Wälzholz/Weidlich/*J. Mayer* Rdnr. 248; Bengel/Reimann/*Klumpp* Rdnr. VI 111.

Dementsprechend kann auch für eine Einzelauskunft eine eidesstattliche Versicherung verlangt werden.[295]

5. Die Pflicht zur Rechenschaftslegung

147 **a) Grundsatz, Rechtsnatur des Anspruches.** Neben die Pflicht des Testamentsvollstreckers zur Auskunftserteilung tritt seine Verpflichtung, nach der Ausführung des Amtes umfassend Rechnung über die Verwaltung des Nachlasses zu legen, um auf diese Weise seine Tätigkeit lückenlos zu dokumentieren. Diese Verpflichtung ergibt sich wiederum aus §§ 2218, 666 BGB und besteht wie die Auskunftspflicht nur auf Verlangen. Sie erfordert genauere Information als die Auskunftspflicht, insbesondere eine Darstellung des gesamten Ablaufes und aller Ergebnisse der Geschäftätigkeit des Testamentsvollstreckers (vgl. auch § 45 Rdnr. 54 ff.).[296]

148 **b) Umfang und Form der Rechnungslegung.** *aa) Die Anforderungen an den Testamentsvollstrecker.* Hinsichtlich des Umfangs der Rechnungslegung gilt der Grundsatz, dass diese übersichtlich, transparent und belegbar erfolgen muss.[297] Hierbei sind Art und Ausmaß der Rechnungslegungspflicht auf den jeweiligen Einzelfall bezogen, wobei insbesondere der Umfang des Nachlasses und der entfalteten Geschäftstätigkeit sowie das Informationsinteresse der Erben in die Betrachtung einzubeziehen sind (vgl. § 45 Rdnr. 54 ff.).[298] Im Ergebnis muss die Rechenschaftsablegung dem Erben, ohne dass dieser auf fremde Hilfe oder zusätzliche Recherchen angewiesen ist, die Prüfung ermöglichen, ob und in welcher Höhe ihm Ansprüche gegen den Testamentsvollstrecker zustehen (z. B. Herausgabe- oder Schadenersatzansprüche). Soweit üblicherweise Belege erteilt zu werden pflegen, sind diese ebenfalls vorzulegen. Der ihm obliegenden Pflicht genügt der Testamentsvollstrecker jedenfalls nicht, wenn er Belege ohne eine übersichtliche Aufstellung lediglich mehr oder minder ungeordnet vorlegt mit dem Angebot, diese mündlich zu erläutern.[299]

149 Ein **Verzicht auf die Rechenschaftsablegung** kann nicht durch den Erblasser erfolgen, sondern allein durch den Erben. Die Verpflichtung zur Rechenschaftsablegung trifft auch den Testamentsvollstrecker, der selbst Miterbe ist, sofern nicht die übrigen Miterben ausdrücklich oder konkludent auf die Rechnungslegung verzichtet haben. Sie besteht ebenso wie die Verpflichtung zur Auskunftserteilung auch gegenüber einem Nachfolger im Amte; § 2218 BGB wird auf dieses Rechtsverhältnis entsprechend angewendet.[300] Als Zwangsmittel, um eine richtige Rechnungslegung zu erzwingen, steht dem Erben wiederum der Anspruch auf Abgabe der eidesstattlichen Versicherung nach § 259 Abs. 2 BGB zu.

150 *bb) Zeitpunkt der Rechnungslegung.* Gemäß § 666 BGB ist die Rechenschaft nach Ausführung des Auftrages zu erteilen. Die Verpflichtung zur Rechenschaftsablegung trifft den Testamentsvollstrecker aber nur dann, wenn dies von den Erben verlangt wird.[301] Ein einzelner Miterbe kann wie beim Auskunftsverlangen nur Leistung an alle Miterben fordern (vgl. Rdnr. 143). Verlangt der Erbe die Rechenschaft, ist der Anspruch auf Rechenschaftsablegung innerhalb angemessener Frist zu erfüllen, ohne dass es einer weiteren Fristsetzung hierfür bedarf. Die Angemessenheit der Frist hängt wiederum von den Umständen des Einzelfalles ab und wird insbesondere vom Umfang des Nachlasses, seiner Zusammensetzung und Übersichtlichkeit sowie der Anzahl und Art der vom Testamentsvollstrecker durchgeführten Geschäfte bestimmt.[302]

151 Bei länger andauernder Verwaltung hat der Erbe nach § 2218 Abs. 2 BGB **Anspruch auf jährliche Rechnungslegung.** Ein solcher Anspruch besteht dann, wenn die Verwaltung länger als ein Jahr andauert, wobei es unerheblich ist, ob es sich um eine Dauer- oder Verwaltungs- oder um eine reine Abwicklungstestamentsvollstreckung handelt. Auch hier gilt wie bei der Schlussabrechnung, dass die jährliche Rechnungslegung innerhalb angemessener Frist zu erfolgen hat. Regelmäßig wird die Rechenschaftsablegung so zu erfolgen haben, dass der Erbe ohne

---

[295] Mayer/Bonefeld/Wälzholz/Weidlich/*J. Mayer* Rdnr. 251; Bengel/Reimann/*Klumpp* Rdnr. VI 126 f.
[296] BGH Urt. v. 31.1.1963 – BGHZ 39, 87, 92, 94; Bengel/Reimann/*Klumpp* Rdnr. VI 242.
[297] *Sarres* ZEV 2000, 90, 92.
[298] Mayer/Bonefeld/Wälzholz/Weidlich/*J. Mayer* Rdnr. 254; *Sarres* ZEV 2000, 90, 91.
[299] BGH Urt. v. 31.1.1963 – BGHZ 39, 87, 95.
[300] BGH Urt. v. 28.6.1972 – NJW 1972, 1660; *Winkler* Rdnr. 552; *Sarres* ZEV 2000, 90, 93.
[301] BayObLG Beschl. v. 18.12.1997 – ZEV 1998, 348, 349; Soergel/*Damrau* § 2218 Rdnr. 5 f.
[302] Bengel/Reimann/*Klumpp* Rdnr. VI 293.

Zeitdruck und Fristverlängerung seine jährliche Einkommensteuererklärung abgeben kann, für deren Erstellung er im Regelfall die Jahresabrechnung benötigt. Somit ist im Regelfall bis Ende April/Anfang Mai für das abgelaufene Jahr Rechnung zu legen (vgl. § 149 Abs. 2 AO).[303]

Hinsichtlich des **Umfangs der geforderten jährlichen Rechnungslegung** gilt, dass diese zwar einerseits nicht so umfangreich wie die Schlussabrechnung zu sein braucht, andererseits dem Erben aber mehr als einen pauschalen Überblick über die Entwicklung des Nachlassvermögens liefern muss. Dementsprechend ist in teilweiser Abweichung von der älteren Rechtsprechung im Regelfall eine geordnete Zusammenstellung der Einnahmen und Ausgaben sowie eine geordnete Vermögensübersicht zu fordern, wobei bei nachlasszugehörigen Unternehmen die Bezugnahme auf den betreffenden Jahresabschluss diesem Erfordernis gerecht wird.[304] Gehören zum Nachlass mehrere Mietobjekte, so muss die Zusammenstellung der Einnahmen und Ausgaben für jedes Objekt gesondert erfolgen.

6. Entlastung des Testamentsvollstreckers

Umstritten ist die Frage, ob der Testamentsvollstrecker einen Anspruch darauf hat, dass ihm die Erben **für seine Rechnungslegung Entlastung** erteilen.[305] Der Unterschied zwischen den widerstreitenden Auffassungen wird jedoch dadurch eingeebnet, dass auch die verneinende Ansicht dem Testamentsvollstrecker die Möglichkeit der Feststellungsklage gegen den Erben zubilligt, wenn Streit über die ordnungsgemäße Pflichterfüllung oder die Richtigkeit der gegenüber den Erben vorgenommenen Abrechnung besteht.[306] Hinsichtlich einzelner Rechtsgeschäfte hat der Testamentsvollstrecker im Übrigen die bereits angesprochene Möglichkeit, die Einwilligung des Erben gemäß § 2206 Abs. 2 BGB zu verlangen.

7. Die Haftung für die Amtsführung

a) Haftungsgrundlagen und -voraussetzungen. Bei einer schuldhaften Verletzung seiner Pflicht zur ordnungsgemäßen Nachlassverwaltung macht sich der Testamentsvollstrecker gegenüber den Erben gemäß § 2219 BGB schadensersatzpflichtig. Gegenüber Vermächtnisnehmern haftet er für schuldhafte Pflichtverletzungen im Zusammenhang mit der Vollziehung des Vermächtnisses. Gegenüber sonstigen Personen wie Nachlassgläubigern, Auflagebegünstigten und Pflichtteilsberechtigten greift die Haftungsnorm des § 2219 BGB demgegenüber nicht ein. Hier kommt nur eine persönliche Haftung des Testamentsvollstreckers nach Deliktsrecht (§§ 823 ff. BGB) in Betracht.[307]

Dass der Erblasser den Testamentsvollstrecker **von der Haftung gemäß § 2219 BGB befreit**, ist nicht möglich (vgl. § 2220 BGB). Dies gilt auch für mittelbare Befreiungen durch eine Abmilderung des Haftungsmaßstabes, durch Vermächtnisse auf Verkürzung der Verjährungsfrist oder durch die Anordnung eines sog. Befreiungsvermächtnisses in der Weise, dass dem Testamentsvollstrecker ein Anspruch auf Befreiung von der Schadensersatzforderung zugewendet wird.[308] Demgegenüber kann der Erbe dem Testamentsvollstrecker ohne weiteres einen bereits entstandenen Schadensersatzanspruch erlassen und auch durch Vertrag mit Wirkung für die Zukunft auf dessen Haftung für einfaches und grob fahrlässiges Handeln verzichten (vgl. § 276 Abs. 2 BGB). Bei einer Mehrheit von Erben bedarf ein entsprechender Erlass oder Verzicht jedoch der Zustimmung aller Erben, sofern es sich nicht um Ansprüche wegen der Schädigung

---

[303] Bengel/Reimann/*Klumpp* Rdnr. VI 307 ff.
[304] Ausf., m.w.N., Bengel/Reimann/*Klumpp* Rdnr. VI 296 ff.; zum Teil weniger strenge Anforderungen bei *Winkler* Rdnr. 483.
[305] Vgl. OLG München Beschl. v. 20.7.1994 – OLGR 1994, 25; Staudinger/*Reimann* § 2218 Rdnr. 21; *Winkler* Rdnr. 484, 554; Soergel/*Damrau* § 2218 Rdnr. 7 (kein Anspruch auf Entlastung) einerseits und Erman/M. Schmidt § 2218 Rdnr. 4; MünchKommBGB/*Zimmermann* § 2218 Rdnr. 15 (Anspruch auf Entlastung) andererseits.
[306] Vgl. *Winkler* Rdnr. 484, 554.
[307] Vgl. BayObLG Beschl. v. 10.1.1997 – FamRZ 1997, 905, 909; Damrau/*Bonefeld* § 2219 Rdnr. 2; MünchKommBGB/*Zimmermann* § 2219 Rdnr. 8;
[308] Vgl. RGZ 133, 128, 135; Staudinger/*Reimann* § 2219 Rdnr. 15; *Kipp/Coing* ErbR § 73 II. 7; Mayer/Bonefeld/Wälzholz/Weidlich/*J. Mayer* Rdnr. 456; einschränkend Bengel/Reimann/*Riederer von Paar* Rdnr. XII 81 ff.

eines einzelnen Miterben handelt, auf welche auch dieser Miterbe allein verzichten oder diese erlassen kann.[309]

156 Eine Haftung des Testamentsvollstreckers kommt nur in Betracht, wenn dieser objektiv die ihm obliegenden Verpflichtungen verletzt hat, ihm subjektiv ein Verschulden im Sinne von § 276 BGB zur Last fällt und auf Grund dessen ein Schaden eingetreten ist.[310] Eine objektive Pflichtverletzung liegt dann vor, wenn der Testamentsvollstrecker bei seinen Verfügungen über den Nachlass und beim Eingehen von Verbindlichkeiten für den Nachlass die Grenzen einer ordnungsgemäßen Verwaltung (§ 2216 BGB) überschritten hat, wobei der ihm in diesem Rahmen eingeräumte Ermessensspielraum (vgl. Rdnr. 105) von großer praktischer Bedeutung ist. Erst wenn die Handlungen des Testamentsvollstreckers von dem ihm zuzubilligenden unternehmerischen Ermessen nicht mehr gedeckt sind, kommt eine Haftung in Betracht. Auf die Einhaltung der Grenzen unternehmerischen Ermessens kommt es allerdings dann nicht an, wenn sich der Testamentsvollstrecker über eine Verwaltungsanordnung des Erblassers (§ 2216 Abs. 2 S. 1 BGB) hinwegsetzt, indem er z.B. entgegen der Erblasseranordnung Nachlassgegenstände verkauft.

157 Der Verschuldensmaßstab des § 276 BGB ist pflichtbezogen objektiv zu bestimmen, wobei als Richtschnur festzuhalten ist, dass auf Grund der Vertrauensstellung des Testamentsvollstreckers hohe Anforderungen an die zu beachtende Sorgfalt gestellt werden, die der Erblasser wegen § 2220 BGB nicht reduzieren kann (vgl. auch Rdnr. 105).[311] Im Ergebnis ist davon auszugehen, dass eine die weit zu ziehenden Grenzen des unternehmerischen Ermessens überschreitende Entscheidung stets gegen die im Verkehr erforderliche Sorgfalt verstößt und daher zumindest Fahrlässigkeit begründet, da durch die Festlegung der Ermessensgrenzen zugleich eine Konkretisierung der Sorgfaltspflichten erfolgt.[312]

158 Die folgenden **Beispiele aus der Rechtsprechungspraxis** sollen dokumentieren, wie die Frage der Haftung des Testamentsvollstreckers in der Praxis behandelt wird. Eine **Schadensersatzverpflichtung** des Testamentsvollstreckers ist so etwa **angenommen** worden, wenn dieser
- überflüssige oder leichtfertige Prozesse führt oder solche, die überwiegend seinen persönlichen Interessen dienen,[313]
- einen Rechtsanwalt beauftragt, um Einsprüche gegen Erbschaftsteuerbescheide einzulegen, an deren Berechtigung keine Zweifel bestehen, oder sonst unsinnige Rechtsmittel einlegt,[314]
- sich ohne triftigen Grund dem Verlangen eines Miterben nach Auseinandersetzung des Nachlasses widersetzt,[315]
- die Möglichkeiten zur Kontrolle, die ihm nach Gesetz (§ 51 a GmbHG) und Gesellschaftsvertrag in Bezug auf eine im Nachlass befindliche GmbH-Beteiligung zustehen, nicht wahrnimmt,[316]
- das mit bekannter Firma am Markt eingeführte einzelkaufmännische Unternehmen zur Beschränkung der eigenen persönlichen Haftung in eine GmbH unter neuer Firma umwandelt, ohne dass hiermit anderweitige Vorteile (etwa steuerlicher Art) erreicht werden konnten,[317]

und hieraus jeweils ein Schaden des Nachlasses resultiert.

159 Eine **Pflichtverletzung** und somit das Bestehen von Schadensersatzansprüchen wurden demgegenüber **verneint**, wenn der Testamentsvollstrecker
- zu einer vertretbaren Auslegung des Testamentes des Erblassers gelangt und auf dieser Grundlage Verfügungen vornimmt,[318]

---

[309] Staudinger/*Reimann* § 2219 Rdnr. 16; *Zimmermann* Rdnr. 778.
[310] Vgl. nur Staudinger/*Reimann* § 2219 Rdnr. 4 ff.; MünchKommBGB/*Zimmermann* § 2219 Rdnr. 11 ff.; Damrau/*Bonefeld* § 2219 Rdnr. 8.
[311] Mayer/Bonefeld/Wälzholz/Weidlich/*J. Mayer* Rdnr. 449 f.; MünchKommBGB/*Zimmermann* § 2219 Rdnr. 11.
[312] Ausf. *Zeising* S. 130 ff.
[313] RG, JW 1936, 3388; OLG Hamburg Urt. v. 22.9.1938 – DNotZ 1939, 127, 128 f.
[314] BGH Urt. v. 19.1.2000 – ZEV 2000, 195, 196; Damrau/*Bonefeld* § 2219 Rdnr. 7.
[315] BayObLG Beschl. v. 9.7.1921 – BayObLGZ 21, 312, 314; Staudinger/*Reimann* § 2219 Rdnr. 5.
[316] BGH Urt. v. 10.6.1959 – NJW 1959, 1820, 1821 f.
[317] BGH Urt. v. 23.4.1958 – WM 1958, 1199.
[318] BGH Urt. v. 11.3.1992 – NJW-RR 1992, 775.

- Aktien aus dem von ihm verwalteten Vermögen bei Kursrückgängen nicht in festverzinsliche Schuldverschreibungen umtauscht,[319]
- die Umwandlung einer GmbH in eine AG beschließt, wenn dadurch keine weiter gehenden Verpflichtungen für die Erben begründet werden, als sie bereits zuvor bestanden haben,[320]
- Mittel, auf die er möglicherweise kurzfristig zur Tilgung von Nachlassverbindlichkeiten angewiesen ist, vorübergehend bei der Bank, über die er auch andere Nachlassangelegenheiten abwickelt, zu den günstigsten, dort gebotenen Konditionen anlegt, sofern er nicht auf Grund besonderen Insiderwissens oder geschäftlicher Erfahrungen bessere Anlagemöglichkeiten kennt oder darauf von den Erben ausdrücklich aufmerksam gemacht wird.[321]

b) **Einzelheiten zur Ausgestaltung der Haftung.** Mehrere (Mit-)Testamentsvollstrecker haften gemäß § 2219 Abs. 2 BGB als Gesamtschuldner, wenn sie das Amt gemeinschaftlich führen. Hierbei ist umstritten, ob es für die gesamtschuldnerische Haftung ausreicht, dass nur einen von mehreren Testamentsvollstreckern ein Verschulden trifft.[322] Hat der Erblasser die Aufgaben zwischen den Testamentsvollstreckern verteilt, so haftet jeder Testamentsvollstrecker hingegen nur in seinem Bereich für sich allein. Eine lediglich interne Zuständigkeitsverteilung vermag hingegen an der gesamtschuldnerischen Haftung nichts zu ändern.[323]

Ein **mitwirkendes Verschulden des Erben** (bzw. des Vermächtnisnehmers) bei der Entstehung des Schadens ist gemäß § 254 BGB haftungsmindernd zu berücksichtigen;[324] dies gilt z. B. dann, wenn der Erbe durch einen rechtzeitigen Entlassungsantrag den Schaden hätte reduzieren können.[325] Die Zustimmung der Erben zu der betreffenden Maßnahme schließt eine Haftung des Testamentsvollstreckers aus. Im Verhältnis zwischen Vor- und Nacherben kann der Umstand, dass der Vorerbe mit einer pflichtwidrigen Handlung des Testamentsvollstreckers einverstanden ist, diesen jedoch nicht gegenüber dem Nacherben entlasten.[326]

Gegen die Gefahren der Regresshaftung kann sich der Testamentsvollstrecker durch den **Abschluss seiner Haftpflichtversicherung** schützen. Hierbei stellt sich die Frage, ob die Kosten für die Haftpflichtversicherung durch die Vergütung mitabgegolten und dementsprechend durch den Testamentsvollstrecker selbst zu tragen sind. Dies wird vor allem unter Hinweis auf die entsprechende ausdrückliche Regelung in § 5 Abs. 1 der Vergütungsordnung für Insolvenzverwalter vertreten, m. E. allerdings zu Unrecht.[327] Bei Rechtsanwälten, Steuerberatern, Notaren, etc. ist das Risiko der Tätigkeit als Testamentsvollstrecker von der Berufshaftpflicht für diese Berufsgruppen mit umfasst.

c) **Verjährung des Schadenersatzanspruchs.** Welcher Verjährungsfrist die aus § 2219 BGB resultierenden Ansprüche gegen den Testamentsvollstrecker nach der Schuldrechtsreform unterliegen, ist umstritten. Nach herrschender Meinung soll der Schadensersatzanspruch auch nach neuem Recht als erbrechtlicher Anspruch gemäß § 197 Abs. 1 Nr. 2 BGB in 30 Jahren verjähren; dieser Auffassung hat sich der Bundesgerichtshof in einem *obiter dictum* angeschlossen, und zwar auch für den Fall, dass ein Rechtsanwalt als Testamentsvollstrecker tätig geworden ist.[328] Nach der Gegenansicht, die aus Gründen der Rechtssicherheit jedoch als problematisch anzusehen ist, soll sich der Anwendungsbereich von § 197 Abs. 1 Nr. 2 BGB auf „genuin erbrechtliche Ansprüche" beschränken, bei denen die Gefahr besteht, dass sich die Verhältnisse erst lange Zeit nach Anspruchsentstehung klären lassen. Hierzu sollen Ansprüche gegen den

---

[319] OLG Köln Beschl. v. 19.4.1963 – AG 1964, 308.
[320] BayObLG Beschl. v. 29.3.1976 – NJW 1976, 1692, 1693; vgl. auch BayObLG Beschl. v. 18.3.1991 – BayObLGZ 1991, 127, 135.
[321] BGH Urt. v. 14.12.1994 – ZEV 1994, 110.
[322] Bejahend Staudinger/*Reimann* § 2224 Rdnr. 18; anders Bengel/Reimann/*Riederer von Paar* Rdnr. XII 63.
[323] MünchKommBGB/*Zimmermann* § 2219 Rdnr. 5; *Winkler* Rdnr. 563; Mayer/Bonefeld/Wälzholz/Weidlich/*J. Mayer* Rdnr. 459.
[324] Staudinger/*Reimann* § 2219 Rdnr. 11.
[325] Mayer/Bonefeld/Wälzholz/Weidlich/*J. Mayer* Rdnr. 458.
[326] Vgl. Mayer/Bonefeld/Wälzholz/Weidlich/*J. Mayer* Rdnr. 437.
[327] Vgl. *Winkler*, Rdnr. 566; wie hier Bengel/Reimann/*Riederer von Paar* Rdnr. XII 157; AnwK/*Weidlich* § 2218 Rdnr. 34.
[328] BGH Urt. v. 18.9.2002 – NJW 2002, 3773 = ZEV 2002, 499 m. Anm. *Otte* = ZErb 2002, 356; für die h.M. vgl. *Bonefeld* ZErb 2003, 247; *Brambring* ZEV 2002, 137; *Schlichting* ZEV 2002, 478, 480; MünchKommBGB/*Zimmermann* § 2219 Rdnr. 15.

Testamentsvollstrecker aus §§ 2218, 2219 BGB nicht zählen; vielmehr sollen diese der dreijährigen Verjährung nach § 195 BGB unterfallen.[329] In Altfällen gilt die 30-jährige Verjährungsfrist von § 195 BGB a.F. (Art. 229 § 6 Abs. 1 EGBGB).

8. Die Vergütung des Testamentsvollstreckers

164   a) **Grundsatz angemessener Vergütung (§ 2221 BGB)** *aa) Vorrang von Festlegungen des Erblassers.* Nach Maßgabe der rudimentären gesetzlichen Regelung in § 2221 BGB kann der Testamentsvollstrecker für die Führung seines Amtes eine „angemessene Vergütung" verlangen, sofern der Erblasser nicht ein anderes bestimmt hat. Hat der Erblasser Höhe und Zahlungsweise der Vergütung festgelegt, so ist diese Festlegung, die in Form einer letztwilligen Verfügung vorzunehmen ist,[330] abschließend. Für eine gerichtliche Überprüfung der Angemessenheit ist dann kein Raum. Der Testamentsvollstrecker kann nach erfolgter Amtsannahme allein die festgelegte Vergütung verlangen. Ist er mit der Vergütungsregelung nicht einverstanden, bleibt ihm nur die Möglichkeit, mit den Erben eine Vereinbarung über Höhe und Zahlungsweise der Vergütung auszuhandeln oder die Annahme des Testamentsvollstreckeramtes abzulehnen.[331] Eine Ausnahme ist jedoch dann anzuerkennen, wenn der Amtsinhaber erst nachträglich – z. B. durch ein zweites oder ein später aufgefundenes Testament – erfährt, dass er sein Amt unentgeltlich führen soll. In diesem Fall kann er kündigen[332] und für seine bis dahin geleistete Tätigkeit eine Vergütung verlangen.[333]

165   Hat der Erblasser dem Testamentsvollstrecker ein **unangemessen hohes Honorar** zugebilligt, so wird dies zivilrechtlich als durch die Annahme des Amtes bedingtes Vermächtnis zugunsten des Amtsinhabers eingestuft (zu den hiermit verbundenen steuerlichen Fragestellungen vgl. Rdnr. 198).[334] Ordnet der Erblasser zugunsten des Testamentsvollstreckers ausdrücklich ein Vermächtnis an, so ist im Wege der Auslegung zu ermitteln, ob dieses Vermächtnis neben die „angemessene" Vergütung nach § 2221 BGB treten oder diese ausschließen soll. Ist letzteres bezweckt, sollte dies daher eindeutig angeordnet werden („anstelle der Vergütung nach § 2221 BGB").

166   *bb) Vermeintlicher Testamentsvollstrecker – Wegfall des Amtes.* Wird der Testamentsvollstrecker auf Grund eines unwirksamen Testaments tätig oder glaubt er irrig, als Testamentsvollstrecker eingesetzt zu sein (vermeintlicher Testamentsvollstrecker), so ist § 2221 BGB ebenso wenig unmittelbar anwendbar wie der den Aufwendungsersatzanspruch des Amtsinhabers regelnde § 2218 BGB.[335] Nach Auffassung des Bundesgerichtshofs ist in diesen Fällen dem **gutgläubigen Testamentsvollstrecker**, dessen Tätigwerden die Erben nicht von vornherein abgelehnt haben, ein Vergütungsanspruch nach §§ 675, 612 BGB und ein Aufwendungsersatzanspruch nach § 683 BGB zuzubilligen. Haben die Erben die Testamentsvollstreckung von Anfang an bestritten, sollen dem vermeintlichen Amtsinhaber nach dem BGH demgegenüber keinerlei Ansprüche zustehen.[336] Dieses Abstellen auf die Willensäußerungen der Beteiligten ist auch in Anbetracht der besonderen Stellung des Testamentsvollstreckers zu den Erben fragwürdig und wird in der Literatur entsprechend kritisiert;[337] eine analoge Anwendung der §§ 2218, 2221 BGB auf den gutgläubigen vermeintlichen Testamentsvollstrecker erscheint daher sachgerechter.[338]

---

[329] I.d.S. etwa OLG Karlsruhe Urt. v. 20.10.2005 – ZErb 2006, 1; *Otte* ZEV 2002, 500 f.; *Löhnig* ZEV 2004, 267, 272; *Baldus* FamRZ 2003, 308; abweichend von der h.M. auch Soergel/*Damrau* § 2219 Rdnr. 10 (§§ 195, 199 BGB).
[330] Vgl. nur *Zimmermann* Rdnr. 690 m.w.N.
[331] Vgl. nur Damrau/*Bonefeld* § 2221 Rdnr. 1; *Reimann* DNotZ 2001, 344, 345 m.w.N.
[332] *Zimmermann* Rdnr. 692.
[333] *Kipp/Coing* ErbR § 73 IV 2; Damrau/*Bonefeld* § 2221 Rdnr. 2.
[334] Vgl. BayObLG Beschl. v. 4.2.1982 – BayObLGZ 1982, 59; Palandt/*Edenhofer* § 2221 Rdnr. 4.
[335] Ausf. zur Rechtsposition des vermeintlichen Testamentsvollstreckers *Nägele*, Das vermeintliche Testamentsvollstreckeramt, Diss. Konstanz 1986.
[336] BGH Urt. v. 6.7.1977 – BGHZ 69, 235 = NJW 1977, 1726; BGH Urt. v. 22.1.1964 – NJW 1964, 1316; ebenso Damrau/*Bonefeld* § 2197 Rdnr. 21.
[337] Vgl. Bengel/Reimann/*Eckelskemper* Rdnr. X 148 ff.; *Winkler* Rdnr. 632 f.; *Zimmermann* Rdnr. 717.
[338] I. d. S. *Winkler* Rdnr. 632; *Zimmermann* Rdnr. 717; *Tiling* ZEV 1998, 331, 339.

Hat das Amt des Testamentsvollstreckers zunächst wirksam bestanden und ist es **nachträg- 167 lich weggefallen,** ohne dass der Amtsinhaber hiervon Kenntnis hatte (z. B. auf Grund des Eintritts einer auflösenden Bedingung), so ist die Lösung den §§ 2218, 674 BGB zu entnehmen. Demnach gilt das Amt zugunsten des Testamentsvollstreckers als fortbestehend, bis er von seinem Erlöschen Kenntnis erlangt hat oder das Erlöschen kennen muss. Ist die Unkenntnis des Testamentsvollstreckers vom Erlöschen des Amtes unverschuldet, hat er dementsprechend Anspruch auf Vergütung.[339]

b) Der Begriff der Angemessenheit nach § 2221 BGB. *aa) Maßgebliche Gesichtspunkte.* So- 168 fern der Erblasser keine Festlegung getroffen hat, steht dem Testamentsvollstrecker die angemessene Vergütung gemäß § 2221 BGB zu. Die kärgliche gesetzliche Regelung macht jedoch keine Aussagen über Höhe, Berechnungsgrundlage und Fälligkeit. Dementsprechend sind keineswegs alle Zweifelsfragen geklärt. In der Rechtsprechung wird betont, dass für die Angemessenheit der Vergütung stets die **Umstände des Einzelfalls** maßgeblich sind. Als maßgebliche Kriterien ist hierbei abzustellen auf
- den Umfang und die Schwierigkeit der Aufgabe
- den Wert des Nachlasses
- die den Testamentsvollstrecker betreffende Verantwortung
- die geleistete Arbeit
- die persönlichen Kenntnisse und Erfahrungen des Amtsinhabers
- Zahl und Alter der Beteiligten
- den erzielten Erfolg.[340]

Hinsichtlich des konkreten Ansatzes zur Berechnung der Vergütung stehen bislang ganz 169 überwiegend am Nachlasswert orientierte Modelle im Vordergrund, bei denen die Vergütung auf der Grundlage eines Vomhundertsatzes des Nachlasses bestimmt wird. Erst in jüngerer Zeit wird in der Literatur verstärkt dafür plädiert, die angemessene Vergütung im Sinne von § 2221 BGB **auf der Grundlage am Zeitaufwand orientierter Vergütungsmodelle** zu ermitteln.[341] Allerdings gibt der reine Zeitfaktor die mit der Amtsführung konkret verbundene Verantwortung, das Haftungsrisiko des Testamentsvollstreckers und den Umfang der wahrzunehmenden Aufgaben nur eingeschränkt wieder, während in der Wertgebühr durch die Anknüpfung an den Wert und Umfang des Nachlasses das Maß der Verantwortung des Testamentsvollstreckers sowie sein Haftungsrisiko zum Ausdruck kommt.[342] Entsprechende Gesichtspunkte lassen sich auch bei der Zeitgebühr berücksichtigen, indem z.B. eine entsprechende Staffelung der Stundensätze vereinbart wird, so dass im Grundsatz davon auszugehen ist, dass beide Berechnungsmethoden in gleicher Weise zur Ermittlung der angemessenen Vergütung geeignet sind.[343] Allerdings gibt es – soweit ersichtlich – keine ausdrückliche Gerichtsentscheidung, wonach eine am Zeitaufwand orientierte Abrechnung des Testamentsvollstreckers als angemessen gebilligt wird.[344]

Wird die Vergütung des Testamentsvollstreckers nach der Wertgebühr berechnet, so sind 170 hierfür zum einen die Bemessungsgrundlage und zum anderen der Richt- und Gebührensatz die bestimmenden Faktoren. **Bei der Bestimmung der Bemessungsgrundlage** ist auf den Aufgabenbereich des Testamentsvollstreckers abzustellen: Umfasst die Testamentsvollstreckung den gesamten Nachlass, ist von dessen Bruttowert ohne Abzug der Verbindlichkeiten (Aktivnachlass) auszugehen, weil die Schuldenregulierung regelmäßig einen erheblichen Teil der Tätigkeit

---

[339] Bengel/Reimann/*Eckelskemper* Rdnr. X 155 ff.; *Winkler* Rdnr. 631.
[340] BGH Urt. v. 24.11.1971 – WM 1972, 101; BGH Urt. v. 26.6.1967 – NJW 1967, 2400, 2401; BGH Urt. v. 28.11.1962 – LM § 2221 Nr. 2 BGB = NJW 1963, 487; BGH Beschl. v. 27.10.2004 – ZEV 2005, 22, 23; OLG Düsseldorf Urt. v. 28.4.1995 – MittRhNotK 1996, 172. Zusammenstellung der in Rspr. und Lit. verwendeten Kriterien bei Bengel/Reimann/*Eckelskemper* Rdnr. X 5; *Reimann* ZEV 1995, 57, 58; *ders.* DNotZ 2001, 344, 345 f.; Damrau/*Bonefeld* § 2221 Rdnr. 4.
[341] Hierfür u.a. *Birk* S. 103 ff. sowie vor allem *Zimmermann* Rdnr. 711 f. sowie *ders.* ZEV 2001, 334.
[342] Ausf. *Lieb* Vergütung Rdnr. 99 ff.
[343] Vgl. *Haas/Lieb* ZErb 2002, 202, 203; Mayer/Bonefeld/Wälzholz/Weidlich/*J. Mayer* Rdnr. 476; enger z.B. Bengel/Reimann/*Eckelskemper* Rdnr. X 7, wonach die Wertgebühr das Kriterium der Angemessenheit von vornherein besser repräsentiert; Kritik an dem Vorschlag einer Zeitabrechnung auch bei *Klinghöffer* Vermögensverwaltung, Rdnr. 327.
[344] Hierauf weist auch Mayer/Bonefeld/Wälzholz/Weidlich/*J. Mayer* Rdnr. 476 explizit hin.

des Testamentsvollstreckers bildet.³⁴⁵ Ein Abzug der Schulden ist hingegen dann vorzunehmen, wenn deren Regulierung nicht zum Pflichtenkreis des Testamentsvollstreckers gehört. Beschränkt sich der Aufgabenkreis des Testamentsvollstreckers auf die Erfüllung von Vermächtnissen, so ist als Wertansatz nur deren Wert maßgeblich.³⁴⁶ Ist die Testamentsvollstreckung nur für einen Erbteil angeordnet, so ist es nach dem BGH nicht als grundsätzlich verfehlt anzusehen, wenn der Gebührenbemessung zumindest bei einer noch nicht auseinander gesetzten Erbengemeinschaft der Gesamtnachlasswert zugrunde gelegt wird.³⁴⁷

171 Maßgebend für die Wertbestimmung ist der Verkehrswert des Nachlasses und zwar grundsätzlich im Zeitpunkt des Erbfalles, wobei bei der Bemessung der Sondergebühren (vgl. Rdnr. 172) spätere Veränderungen von Wert und Zusammensetzung des Nachlasses jedoch Berücksichtigung finden können.³⁴⁸ Steuerliche Bewertungsansätze (z. B. Stuttgarter Verfahrenswerte) sind nicht maßgeblich, wohl aber vom Erblasser getroffene Bewertungsvorgaben.³⁴⁹

172 Zur Bestimmung des Richt- und Gebührensatzes werden in der Praxis je nach Aufgabenkreis des Testamentsvollstreckers verschiedene Gebührenarten diskutiert, wobei allerdings zumindest in Teilbereichen weiterhin unklar ist, in welchem Verhältnis diese zueinander stehen und welche Wechselwirkung sie zueinander haben.³⁵⁰ Ohnehin sollte die Unterscheidung zwischen unterschiedlichen Gebührentatbeständen nicht zu Fehlinterpretationen Anlass geben. Das Gesetz geht vom Grundsatz der einheitlichen Gesamtvergütung aus (vgl. Rdnr. 184), so dass die **Funktion der verschiedenen Gebührenarten** vor allem darin zu sehen ist, Ansatzpunkt für eine stärkere Differenzierung der Angemessenheit zu sein und einen Bezugspunkt für die Frage der steuerlichen Abzugsfähigkeit der Testamentsvollstreckervergütung zu liefern (hierzu Rdnr. 307 ff.).³⁵¹ Als einzelne Gebührenarten werden regelmäßig unterschieden:

- die **Regelgebühr**, welche die „normale" Abwicklungstestamentsvollstreckung und somit sämtliche Tätigkeiten des Testamentsvollstreckers ohne fortdauernde Verwaltung und ohne schwierige Auseinandersetzung abdeckt,³⁵²
- die **Konstituierungsgebühr**, die bei einer besonders schweren, umfangreiche Tätigkeiten des Testamentsvollstreckers (z. B. die Vornahme von Bewertungen) erfordernden Konstituierung des Nachlasses anfällt,³⁵³
- die **Verwaltungsgebühr**, die dann periodisch zu bezahlen ist, wenn der Erblasser den Testamentsvollstrecker mit der langfristigen Verwaltung im Rahmen einer Verwaltungs- oder Dauertestamentsvollstreckung beauftragt hat und als Richtschnur für deren Höhe Sätze von 2–4% vom Jahresbetrag der Einkünfte oder 1/3 bis 1/2% des Nachlassbruttowertes – je nach Schwierigkeitsgrad der Verwaltung – genannt werden,³⁵⁴
- die **Auseinandersetzungs- oder Abschlussgebühr**, die nach Auffassung einiger Autoren in dem besonderen Fall entstehen soll, dass sich an die Konstituierung des Nachlasses und an eine Dauertestamentsvollstreckung nach Jahren eine schwierige Auseinandersetzung des Nachlasses anschließt.³⁵⁵

---

³⁴⁵ Vgl. nur Bengel/Reimann/*Eckelskemper* Rdnr. X 14; *Tiling* ZEV 1998, 331; Sudhoff/*Scherer* Unternehmensnachfolge § 9 Rdnr. 36.
³⁴⁶ Vgl. Mayer/Bonefeld/Wälzholz/Weidlich/*J. Mayer* Rdnr. 478. Zur Behandlung des Falls der Testamentsvollstreckung an der „Außenseite" eines Personengesellschaftsanteils vgl. Sudhoff/*Scherer* Unternehmensnachfolge § 9 Rdnr. 36 (in Fn. 119).
³⁴⁷ BGH Beschl. v. 27.10.2004 – ZEV 2005, 22, 23 m. Anm. *Haas/Lieb*; Palandt/*Edenhofer* § 2221 Rdnr. 10.
³⁴⁸ Vgl. *Haas/Lieb* ZErb 2002, 202, 204; Palandt/*Edenhofer* § 2221 Rdnr. 5; ausf. Mayer/Bonefeld/Wälzholz/Weidlich/*J. Mayer* Rdnr. 479.
³⁴⁹ Vgl. *Haas/Lieb* ZErb 2002, 202, 204; MünchKommBGB/*Zimmermann* § 2221 Rdnr. 8; Soergel/*Damrau* § 2221 Rdnr. 10; *Reimann*, FS Flick, 1997, S. 357, 359.
³⁵⁰ *Klingelhöffer* ZEV 1994, 121; Mayer/Bonefeld/Wälzholz/Weidlich/*J. Mayer* Rdnr. 504.
³⁵¹ So zutreffend *Zimmermann* Rdnr. 704; vgl. auch Sudhoff/*Scherer* Unternehmensnachfolge § 9 Rdnr. 33.
³⁵² *Zimmermann* Rdnr. 704; Mayer/Bonefeld/Wälzholz/Weidlich/*J. Mayer* Rdnr. 503.
³⁵³ Vgl. *Klingelhöffer* Vermögensverwaltung Rdnr. 313; *Glaser* DB 1979, 877; Damrau/*Bonefeld* § 2221 Rdnr. 5; OLG Köln Urt. v. 8.7.1993 – ZEV 1994, 118, 119 m. Anm. *Klingelhöffer*.
³⁵⁴ Vgl. MünchKommBGB/*Zimmermann* § 2221 Rdnr. 14; Palandt/*Edenhofer* § 2221 Rdnr. 8; *Tiling* ZEV 1998, 331, 333 f.; Sudhoff/*Scherer* Unternehmensnachfolge § 9 Rdnr. 35.
³⁵⁵ Vgl. *Tiling* ZEV 1998, 331, 334; Bengel/Reimann/*Eckelskemper* Rdnr. X 20 ff.; zurückhaltend *Klingelhöffer* Vermögensverwaltung Rdnr. 316; einschränkend auch OLG Köln Urt. v. 8.7.1993 – ZEV 1994, 118, 120 m. Anm. *Klingelhöffer*.

bb) Die Tabellendiskussion, insbesondere die „Neue Rheinische Tabelle". In der Praxis ist 173 das Bedürfnis unverkennbar, die Vergütungsrichtsätze in Tabellenform zu schematisieren. Verschiedene Gerichte, Anwalts- und Notarvereinigungen haben daher Richtlinien für die Festsetzung der Vergütung des Testamentsvollstreckers aufgestellt. Prägende Wirkung kam in der Vergangenheit insbesondere der Zahlentabelle des Vereins für das Notariat in Rheinpreußen aus dem Jahr 1925 („Rheinische Tabelle").[356] Demnach wird empfohlen,

... die Gebühr für die Tätigkeit des Notars als Testamentsvollstrecker im Regelfall wie folgt zu berechnen:

		RM Bruttowert	
1.	bei einem Nachlasswert bis zu	20.000	4%
2.	darüber hinaus bis zu	100.000	3%
3.	darüber hinaus bis zu	1.000.000	2%
4.	darüber hinaus		1%

Diese Sätze gelten für normale Verhältnisse und glatte Abwicklung. Folgt dagegen eine längere Verwaltungstätigkeit, z. B. beim Vorhandensein von Minderjährigen, oder verursacht die Verwaltung eine besonders umfangreiche und zeitraubende Tätigkeit, so kann eine höhere Gebühr als angemessen erachtet werden, auch eine laufende, nach dem Jahresbetrag der Einkünfte zu berechnende Gebühr gerechtfertigt sein.

Mit der Rheinischen Tabelle, die die Rechtsprechung wiederholt als geeignete Grundlage für 174 die **Berechnung der Testamentsvollstreckervergütung** anerkannt hat,[357] sind jedoch verschiedene Zweifelsfragen verbunden. Wegen der fehlenden Differenzierung besteht zunächst keine Einigkeit darüber, ob sich die genannten Sätze nur auf die Konstituierung und/oder auf die folgenden Phasen einer Testamentsvollstreckung beziehen.[358] Lebhaft umstritten ist ferner, ob die Sätze der Rheinischen Tabelle wegen der geänderten Verhältnisse generell mit einem Zuschlag zu versehen sind. Dies wurde in der Rechsprechung unter Berufung auf ebenfalls gestiegene Nachlasswerte verneint,[359] während in der Literatur die Auffassung vertreten wird, dass die Stufenwerte der Tabelle generell an den eingetretenen Geldwertschwund anzupassen seien. Nach *Eckelskemper*[360] ist für „normale Verhältnisse und glatte Abwicklung" von folgender indexierter Tabelle auszugehen:

1.	bei einem Nachlasswert bis zu	EUR 50.000	4 %
2.	für einen Mehrbetrag bis zu	EUR 250.000	3 %
3.	für einen Mehrbetrag bis zu	EUR 1.250.000	2,5 %
4.	für einen weiteren Mehrbetrag bis zu	EUR 2.500.000	2 %
5.	für Werte darüber hinaus		1 %

Aufgrund der mit der Rheinischen Tabelle verbundenen Zweifelsfragen sowie der Notwendigkeit von Korrekturen wurde deren Eignung, Grundlage der Vergütung des Testamentsvollstreckers zu sein, insbesondere von *Möhring* generell bestritten.[361] Demnach sind die vorgeschlagenen Korrekturen so groß, dass man im Ergebnis nur noch von einer rein formalen Anwendung sprechen könne. Die hierauf alternativ entwickelte **Möhring'sche Tabelle**,[362] die von *Klingelhöffer* unter Berücksichtigung der Geldentwertung geringfügig korrigiert wurde,[363] bewegt sich in enger Staffelung zwischen 7,5% aus der Aktivmasse des verwalteten Vermögens bei Kleinnachlässen (Bruttonachlasswert bis zu EUR 12.500) und 3 % aus der Aktivmasse des verwalteten Vermögens für Großnachlässe (= EUR 1 Mio.); hierbei wird die Tabelle so angewendet, dass zunächst die Vergütung bis zu dem unter dem Nachlasswert liegenden Schwel- 175

---

[356] Wiedergegeben bei *Plassmann* DNotZ 1935, 623.
[357] Vgl. BGH Urt. v. 26.6.1967 – NJW 1967, 2400, 2402; OLG Düsseldorf Urt. v. 28.4.1995 – MittRhNotK 1996, 172; OLG Köln Urt. v. 5.7.1994 – ZEV 1995, 70 (jedoch beschränkt auf Notare und Personen mit vergleichbarer Sachkunde, die das Amt im Rahmen ihrer Berufstätigkeit versehen); OLG Köln Urt. v. 8.7.1993 – ZEV 1994, 118 m. Anm. *Klingelhöffer*.
[358] Vgl. OLG Köln Urt. v. 8.7.1993 – ZEV 1994, 118 m. Anm. *Klingelhöffer*.
[359] Vgl. BGH Urt. v. 26.6.1967 – NJW 1967, 2400, 2402; OLG Köln Urt. v. 5.10.1987 – NJW-RR 1987, 1414, 1415; a.A. u.a. *Winkler* Rdnr. 581.
[360] Bengel/Reimann/*Eckelskemper* Rdnr. X 59 ff. Diesen Vorschlag hat sich *Weirich* Rdnr. 857, der früher eine eigene Tabelle entwickelt und vertreten hat, angeschlossen.
[361] Vgl. *Möhring/Beisswingert/Klingelhöffer* S. 224 ff.
[362] Abdruck auch bei *Winkler* Rdnr. 582.
[363] Vgl. *Klingelhöffer* Vermögensverwaltung Rdnr. 323.

lenwert ermittelt wird und dann der Betrag berechnet wird, der sich aus dem Prozentsatz für den nächsten Schwellenwert ergibt. Bei Nachlässen mit einer Aktivmasse von über EUR 1 Mio. wird das Testamentsvollstreckerhonorar für den überschießenden Betrag auf der Grundlage von 1 % ermittelt, wobei sich der hieraus ergebende Betrag dem Vergütungssatz für EUR 1 Mio. hinzugerechnet wird. Nach dem OLG Köln ist die Benutzung der *Möhring'schen Tabelle*, die bei niedrigeren Nachlasswerten zu einer deutlich höheren Vergütung führt, nicht offensichtlich unangemessen.[364] Hinzuweisen ist ferner auf die Tabelle von *Tschischgale*,[365] die bei Kleinnachlässen bis zu DM 20.000 für den Regelfall 5% als angemessenen Vergütungssatz empfiehlt, welcher bei einem DM 1 Mio. übersteigenden Bruttonachlass auf 1,25 % im Regelfall und 1,5 % bei schwieriger Aufgabenstellung absinkt.

176 Um den gegen die Rheinische Tabelle geäußerte Bedenken Rechnung zu tragen, hat der Deutsche Notarverein die Rheinische Tabelle fortentwickelt und insbesondere versucht, für die Fallgestaltungen der Testamentsvollstreckung im unternehmerischen Bereich Lösungsansätze zu liefern. Nach diesen **Vergütungsempfehlungen des Deutschen Notarvereins**, die auch als „Neue Rheinische Tabelle" bezeichnet werden,[366] soll ein Vergütungsgrundbetrag die einfache Testamentsvollstreckung (normale Verhältnisse, glatte Abwicklung) abdecken. Die Höhe dieses Grundbetrages soll sich – grundsätzlich auf der Basis des Bruttowertes des Nachlasses – wie folgt ermitteln:

bis	EUR 250.000	4%,
bis	EUR 500.000	3%,
bis	EUR 2.500.000	2,5%,
bis	EUR 5.000.000	2%,
über	EUR 5.000.000	1,5%,

mindestens aber der höchste Betrag der Vorstufe, so dass bei einem Nachlass von EUR 260.000 der Grundbetrag nicht EUR 7.800 (3 % aus EUR 260.000), sondern EUR 100.000 (4 % aus EUR 250.000) beträgt.

177 Neben den derart ermittelten Vergütungsgrundbetrag sollen bei entsprechenden Aufgabenstellungen im Rahmen der Abwicklungsvollstreckung Zuschläge von 2/10 bis 10/10 treten, wobei die Gesamtvergütung in der Regel insgesamt das **Dreifache des Vergütungsgrundbetrages** nicht überschreiten soll.

Solche Zuschläge sollen in Betracht kommen bei:
- **aufwändiger Grundtätigkeit,** wenn die Konstituierung des Nachlasses gegenüber dem Normalfall einen höheren Aufwand erfordert,
- **Auseinandersetzung des Nachlasses,** wenn ein Teilungsplan aufzustellen und zu vollziehen ist oder Vermächtnisse zu erfüllen sind,
- **komplexerer Nachlassverwaltung,** wenn sich z. B. Auslands- oder Gesellschaftsvermögen im Nachlass befindet,
- **schwierigen Gestaltungsaufgaben,** wenn z. B. unter der Regie des Testamentsvollstreckers Umstrukturierungen und Umschuldungen vorzunehmen sind,
- **Erledigung von Steuerangelegenheiten,** wenn diese mehr als die durch den Erbfall entstehenden inländischen (Erbschaft-)Steuern umfassen.

Bei einer **Anordnung einer Dauertestamentsvollstreckung** soll zudem im Normalfall pro Jahr ein Zusatzbetrag von 1/3 bis 1/2 des jeweils gegebenen Nachlassbruttowertes oder – sofern dieser höher ist – 2 bis 4% des jährlichen Nachlassbruttoertrages fällig werden.[367]

178 Für die **Testamentsvollstreckung über Geschäftsbetriebe und Unternehmen** stellen die Vergütungsempfehlungen des Deutschen Notarvereins zur Bestimmung der Zusatzvergütung auf Art und Umfang der jeweils ausgeübten Tätigkeit ab. Besteht diese in der Ausübung der Unternehmerstellung bei Personengesellschaften (z. B. als Treuhänder des Erben) sollen 10% des

---

[364] OLG Köln Beschl. v. 5.10.1987 – NJW-RR 1987, 1414, 1415; die Verwendung der Tabelle billigt auch OLG Karlsruhe Urt. v. 21.12.2000 – ZEV 2001, 286; empfehlend auch *Winkler* Rdnr. 582; zur Handhabung der Tabelle s. auch Mayer/Bonefeld/Wälzholz/Weidlich/*J. Mayer* Rdnr. 488.
[365] Abgedruckt in JurBüro 1965, 89, 94.
[366] Abgedruckt in ZEV 2000, 181; ausf. hierzu *Reimann* DNotZ 2001, 344, 347 ff.
[367] Vgl. Vergütungsempfehlungen des Deutschen Notarvereins, Ziff. II, III 1, ZEV 2000, 181, 182 f.

jährlichen Reingewinns als zusätzliche Vergütung angemessen sein. Dies deckt sich mit der Rechtsprechung, wonach für den Fall der Übernahme des Unternehmerrisikos durch den Testamentsvollstrecker ein „namhafter Hundertsatz" des Gewinns als angemessene Vergütung anzusehen sei.[368] Übt der Amtsinhaber als Organ Managementaufgaben aus, so soll das branchenübliche Geschäftsführer- bzw. Vorstandsgehalt und eine branchenübliche Tantieme angesetzt werden. Beschränkt sich die Tätigkeit des Testamentsvollstreckers demgegenüber auf lediglich beaufsichtigende Arbeit, in dem dieser etwa den Vorsitz in Aufsichtsrat oder Beirat übernimmt, soll die branchenübliche Vergütung für eine entsprechende Tätigkeit bezahlt werden.[369]

cc) Würdigung. Im Rahmen der Würdigung der verschiedenen Tabellen ist zunächst darauf hinzuweisen, dass die Rechtsprechung wiederholt die Notwendigkeit betont hat, jede von den Einzelumständen abgehende Schematisierung zu vermeiden.[370] In diesem Sinne können die Richtlinien und Empfehlungen **immer nur als Anhalt für Normalfälle** herangezogen werden, ohne Anspruch auf umfassende Geltung. Weiterhin beschränkt sich die Rechtsprechung im Wesentlichen auf die Überprüfung, ob die gewährte bzw. festgesetzte Gebühr offensichtlich unangemessen ist. Dass eine der in der Praxis gebräuchlichen Gebührentabellen diese einen Ermessensspielraum eröffnende Grenze überschreitet, wird man nur schwer feststellen können.[371] Allerdings ist stets zu überprüfen, ob das mittels der Vergütungstabelle gefundene Ergebnis im Hinblick auf die konkreten Umstände des Einzelfalles einer Korrektur nach oben oder auch nach unten bedarf; dies kann etwa der Fall sein, wenn der Testamentsvollstrecker in erheblichem Umfang von den Erben zu bezahlende Hilfspersonen eingesetzt hat oder wenn die Konstituierung des Nachlasses deswegen wenig mühsam ist, weil der Testamentsvollstrecker als langjähriger Steuerberater des Erblassers über dessen wirtschaftliche Verhältnisse genauestens im Bilde war.[372]

Die Vergütungsempfehlungen des Deutschen Notarvereins folgen dem richtigen Ansatz, die Höhe der Testamentsvollstreckervergütung nach der konkret zugewiesenen und ausgeübten Tätigkeit zu bemessen. Auch differenziert die Tabelle richtigerweise nach der Art der Testamentsvollstreckung, ist eine Abwicklungstestamentsvollstreckung doch anders als eine Dauertestamentsvollstreckung zu honorieren. Die vorgeschlagenen typischen Fallgestaltungen führen zu einer erhöhten Transparenz und erleichtern die **Festsetzung einer angemessenen Vergütung**. Bei der Anknüpfung an branchenübliche Vergütungen für Aufsichtsrats- oder Beiratsmandate gilt es allerdings zu berücksichtigen, dass diese in Anbetracht des erwarteten zeitlichen Einsatzes, der mit Recht geforderten Professionalisierung des Aufsichtsrates sowie der gestiegenen Komplexität, Verantwortung und haftungsrechtlichen Risiken, die mit entsprechenden Mandaten verbunden sind, gemeinhin als zu niedrig angesehen werden.[373] Ebenso dürften die vorgeschlagenen Sätze für die Verwaltungsgebühr zwar für den Fall der Verwaltung von Depots und liquiden Mitteln als angemessen anzusehen sein, weniger hingegen bei einer aufwändigeren Verwaltung von Grundstücken und Mietshäusern, wo eine Anknüpfung an die meist höheren Vergütungen gewerblicher Grundstücksverwaltungen eher als sachgerecht erscheint.[374]

Bei größeren Nachlässen können die Gebühren unter Zugrundelegung der einschlägigen Tabellen durchaus beträchtliche Größenordnungen erreichen, was bei der Testamentserrichtung und der Regelung der Vergütung vorausschauend zu berücksichtigen ist. Dies gilt insbesondere dann, wenn sich zu Verkehrswerten in die Feststellung des Bruttonachlasses einfließendes **unternehmerisches Vermögen im Nachlass** befindet (z. B. eine Mehrheitsbeteiligung an ei-

---

[368] I. d. S. etwa BGH Urt. v. 28.11.1962 – DNotZ 1963, 168, 171; vgl. auch LG Hamburg Urt. v. 27.3.1958 – MDR 1959, 761, 762.
[369] Vergütungsempfehlungen des Deutschen Notarvereins, Ziff. III 2, ZEV 2000, 181, 183.
[370] Vgl. BGH Urt. v. 26.6.1967 – NJW 1967, 2400, 2402; OLG Köln Urt. v. 5.7.1994 – ZEV 1995, 70; OLG Düsseldorf Urt. v. 28.4.1995 – MittRhNotK 1996, 172.
[371] So zutreffend *Haas/Lieb* ZErb 2002, 202, 207; Mayer/Bonefeld/Wälzholz/Weidlich/*J. Mayer* Rdnr. 496.
[372] Vgl. *Haas/Lieb* ZErb 2002, 202, 210 m.w.N. aus der Rechtsprechung.
[373] Vgl. *Hoffmann/Becking*, FS Havermann, 1995, S. 229, 245 f.; ausf. zur Vergütung von Aufsichtsrat und Beiräten *Jeschke/Wiedemann*, FS Hennerkes, 2000, S. 257 ff.
[374] Vgl. *Zimmermann* Rdnr. 705; Mayer/Bonefeld/Wälzholz/Weidlich/*J. Mayer* Rdnr. 497.

ner Kapital- oder Personengesellschaft). Hier können sachgerechte, die unternehmerische Verantwortung des Testamentsvollstreckers gleichwohl nicht außer Acht lassende Anpassungen bereits im Vorfeld dazu beitragen, Konfliktpotenzial mit den Erben zu vermeiden, während umgekehrt bei kleineren, aber in der Praxis keineswegs weniger arbeitsintensiven Nachlässen Korrekturen in die andere Richtung angezeigt sein können. Als Ausgangspunkt entsprechender Anpassungen zeigt die folgende Gegenüberstellung auf, welche gerundeten Vergütungsgrundbeträge (bei Anfall einer Gebühr) sich unter Zugrundelegung der verschiedenen Empfehlungen bei exemplarischen Nachlasswerten ergeben:[375]

Annahme Brutto-Nachlasswert	Alte Rheinische Tabelle	„Neue" Möhring'sche Tabelle[376]	Vergütungsempfehlungen des Deutschen Notarvereins
100.000 EUR	2.600 EUR	5.500 EUR	4.000 EUR
500.000 EUR	10.600 EUR	21.000 EUR	15.000 EUR
1 Mio. EUR	15.750 EUR	35.000 EUR	25.000 EUR
5 Mio. EUR	55.750 EUR	75.000 EUR	100.000 EUR
10 Mio. EUR	105.750 EUR	125.000 EUR	150.000 EUR

182 c) **Mehrere Testamentsvollstrecker.** Führen mehrere Testamentsvollstrecker das Amt gemeinschaftlich, so erhält jeder von ihnen eine Vergütung nach Maßgabe seiner Tätigkeit.[377] Es findet also weder eine schematische Teilung der angemessenen Vergütung statt, noch ist diese entsprechend der Anzahl der Amtsinhaber zu vervielfältigen. Vielmehr kann jeder Testamentsvollstrecker diejenige Vergütung verlangen, die dem Umfang und der Schwierigkeit seiner Tätigkeit entspricht. Hierbei kann das Vorhandensein von Mittestamentsvollstreckern auch Anlass für eine Kürzung der Gebühr sein, sei es unter dem Gesichtspunkt der Aufgabenteilung, einer sonstigen Erleichterung der Arbeit oder der Verteilung der Verantwortung.[378] Die **Vergütungsempfehlungen des Deutschen Notarvereins** sehen bei gemeinschaftlicher Testamentsvollstreckung eine Vergütung nach Köpfen vor, sofern im Innenverhältnis eine gleichwertige oder keine Aufgabenverteilung besteht. Bei gemeinsamer Verantwortung der Testamentsvollstrecker nach außen, aber nicht gleichwertiger Geschäftsverteilung im Innenverhältnis, soll die Vergütung angemessen unter Berücksichtigung der Aufgabenbereiche aufgeteilt werden. Hat der Erblasser eine gegenständliche Verteilung der Aufgaben im Außenverhältnis aufgeteilt, soll die Vergütung entsprechend dem jeweiligen Verantwortungsbereich des Testamentsvollstreckers aufgeteilt werden. Bei sukzessiver Tätigkeit soll der Nachfolger die Vergütung nur für die Tätigkeiten erhalten, die nicht bereits vom Vorgänger abgeschlossen worden sind. [379]

183 d) **Schuldner der Vergütung.** Der Vergütungsanspruch des Testamentsvollstreckers stellt eine Nachlassverbindlichkeit dar und ist dementsprechend von den Erben zu tragen. Hierbei haften auch dann alle Erben für die Vergütung, wenn die Testamentsvollstreckung nur für den Anteil eines Miterben angeordnet ist.[380] Der interne Ausgleich richtet sich unter Zugrundelegung

---

[375] Zur Auswirkung der einzelnen Tabellen auf die Vergütungshöhe siehe auch *Reimann* ZEV 1995, 57, 58.
[376] Gemäß Fortentwicklung durch *Klingelhöffer* Vermögensverwaltung Rdnr. 323.
[377] BGH Urt. v. 26.6.1967 – NJW 1967, 2400; OLG Karlsruhe Urt. v. 21.12.2000 – ZEV 2001, 286, 287; Mayer/Bonefeld/Wälzholz/Weidlich/*J. Mayer* Rdnr. 540; *Klingelhöffer* Vermögensverwaltung Rdnr. 330; MünchKommBGB/*Zimmermann* § 2221 Rdnr. 16; vgl. auch OLG Karlsruhe Urt. v. 21.12.2000 – ZEV 2001, 286, 287.
[378] BGH Urt. v. 26.6.1967 – NJW 1967, 2400, 2401; Mayer/Bonefeld/Wälzholz/Weidlich/*J. Mayer* Rdnr. 540.
[379] Vergütungsempfehlungen des Deutschen Notarvereins, Ziff. V. 1, ZEV 2000, 181, 183; *Reimann* DNotZ 2001, 344, 354 f.
[380] BGH Urt. v. 22.1.1997 – ZEV 1997, 116, 118 m. zust. Anm. *v. Morgen* = FamRZ 1997, 493; BGH Urt. v. 25.6.2003 – ZEV 2003, 413 m. Anm. *v. Morgen* (Erstattung von Aufwendungen); *Muscheler* ZEV 1996, 185 f.; *von Morgen* ZEV 1996, 170, 172 f.; Staudinger/*Reimann* § 2221 Rdnr. 5; Damrau/*Bonefeld* § 2221 Rdnr. 25; a.A. OLG Hamburg Urt. v. 12.9.1995 – FamRZ 1996, 442 f.; MünchKommBGB/*Zimmermann* § 2221 Rdnr. 3.

der Höhe der jeweiligen Erbteile nach § 426 BGB.[381] Demgegenüber geht die Vergütung eines mit der Verwaltung eines Vermächtnisses betrauten Testamentsvollstreckers nur zu Lasten des Vermächtnisnehmers.[382] In jedem Fall steht es dem Erblasser frei, sowohl im Innen- als auch im Außenverhältnis verbindlich festzulegen, wer Schuldner der Testamentsvollstreckervergütung sein soll.

e) **Fälligkeit, Geltendmachung, Verjährung.** Die Vergütung ist grundsätzlich erst mit der Beendigung der Testamentsvollstreckung in einer Summe fällig. Es gilt der **Grundsatz der einheitlichen Gesamtvergütung,** nicht von unterschiedlichen Gebührentatbeständen; in diesem Sinne sind die gemeinhin unterschiedenen Gebührentatbestände nur Bestandteil des einheitlichen Anspruchs auf „angemessene" Vergütung (vgl. Rdnr. 172).[383] Bei länger dauernder Verwaltung können jedoch periodische (jährliche) Teilzahlungen auf die angemessene Vergütung verlangt werden. Zudem wird der Testamentsvollstrecker als berechtigt angesehen, nach Abschluss einer bestimmten Periode seiner Tätigkeit den hierauf entfallenden Teil der Vergütung (z. B. für die Konstituierung) abzurechnen.[384] Die **Vergütungsempfehlungen des Deutschen Notarvereins** sehen vor, dass der die einfache Testamentsvollstreckung abdeckende Vergütungsgrundbetrag zur Hälfte nach Abschluss der Konstituierung und im Übrigen mit Abschluss der Erbschaftsteuerveranlagung bzw. mit Abschluss der Tätigkeit fällig ist. Für die Vergütung des Dauertestamentsvollstreckers ist jährliche Zahlungsweise vorgesehen.[385] 184

Der Testamentsvollstrecker kann die ihm zustehende Vergütung selbst aus dem Nachlass entnehmen, soweit er hierauf Zugriff hat (Erfüllung einer Verbindlichkeit gemäß § 181 BGB).[386] Das **Recht zur Entnahme der Vergütung** beinhaltet faktisch, dass der Testamentsvollstrecker seine eigene Gebühr festsetzt, wenn auch unter dem Vorbehalt der Nachprüfung durch das Prozessgericht.[387] Da der Amtsinhaber jedoch allgemein als nicht berechtigt angesehen wird, die angemessene Vergütung i. S. v. § 2221 BGB selbst zu definieren, wird das Recht zur Entnahme im Hinblick auf die Schlussvergütung teilweise bestritten. Dem ist wegen der möglichen Nachprüfung durch das Prozessgericht nicht zuzustimmen. Allerdings setzt die Entnahme der Schlussvergütung die vorherige Rechnungslegung durch den Testamentsvollstrecker voraus.[388] 185

Auf im Nachlass befindliche Sachwerte wird der Testamentsvollstrecker zur Erfüllung seines Vergütungsanspruchs regelmäßig nicht zugreifen dürfen; sein Anspruch geht auf Geldzahlung.[389] Ein **Zurückbehaltungsrecht wegen seiner Vergütungsansprüche** wird dem Testamentsvollstrecker an den Nachlassgegenständen zugebilligt,[390] allerdings nicht gegenüber dem Freigabeanspruch gemäß § 2217 BGB sowie den Ansprüchen der Erben auf Auskunft und Rechnungslegung.[391] Wegen der Möglichkeit des Testamentsvollstreckers, sich die ihm zustehende Vergütung aus dem Nachlass zu entnehmen, wird die Frage des Zurückbehaltungsrechts jedoch nur in Ausnahmefällen praktische Bedeutung erlangen. 186

---

[381] BGH Urt. v. 22.1.1997 – ZEV 1997, 118; *Skibbe* FS Brandner 1996, S. 769, 775.
[382] *Reimann* Wirtschaftsrechtspraxis Rdnr. 670; Bengel/Reimann/*Eckelskemper* Rdnr. X 137; a. A. *Muscheler* ZEV 1996, 185.
[383] OLG Köln Urt. v. 5.7.1994 – ZEV 1995, 70; Staudinger/*Reimann* § 2221 Rdnr. 17; *Tiling* ZEV 1998, 331, 334; *Esch/Baumann/Schulze zur Wiesche* Rdnr. I 659.
[384] Vgl. *Lieb* Vergütung, Rdnr. 341; Mayer/Bonefeld/Wälzholz/Weidlich/*J. Mayer* Rdnr. 534.
[385] Vergütungsempfehlungen des Deutschen Notarvereins, Ziff. II 1, III 2, ZEV 2000, 181, 182 f.
[386] *Zimmermann* Rdnr. 728; *Winkler* Rdnr. 623; Damrau/*Bonefeld* § 2221 Rdnr. 24; vgl. auch BGH Urt. v. 5.4.1957 – NJW 1957, 947, 948.
[387] BGH Urt. v. 24.11.1971 – WM 1972, 101; *Reimann* ZEV 1995, 57; *Klingelhöffer* Vermögensverwaltung Rdnr. 338.
[388] Vgl. Palandt/*Edenhofer* § 2221 Rdnr. 12; Bengel/Reimann/*Eckelskemper* Rdnr. 122 ff.; MünchKommBGB/ *Zimmermann* § 2218 Rdnr. 10.
[389] Vgl. *Reimann* Wirtschaftsrechtspraxis Rdnr. 679; *Zimmermann* Rdnr. 728; *Möhring/Beisswingert/ Klingelhöffer* S. 236 f. (auch zur weitergehenden Frage, inwieweit der Testamentsvollstrecker zur Veräußerung von Nachlassgegenständen – ggf. an sich selbst – befugt ist, um die ihm zustehende Vergütung abzudecken).
[390] Staudinger/*Reimann* § 2221 Rdnr. 23; Damrau/*Bonefeld* § 2221 Rdnr. 24.
[391] Soergel/*Damrau* § 2221 Rdnr. 15 BGB; *Reimann* Wirtschaftsrechtspraxis Rdnr. 681; zweifelnd *Zimmermann* Rdnr. 730.

187 Die **Verjährung des Vergütungsanspruchs** richtet sich nach den allgemeinen Bestimmungen. Hierbei ist der Vergütungsanspruch als erbrechtlicher Anspruch zu qualifizieren, so dass der Anspruch nicht der Regelverjährung von drei Jahren (§ 195 BGB) unterfällt, sondern der 30-jährigen Verjährungsfrist gemäß § 197 Abs. 1 Nr. 2 BGB. Selbst wenn der Testamentsvollstrecker z.B. im Rahmen einer Dauertestamentsvollstreckung berechtigt ist, Zahlungen in periodischen Abständen zu verlangen, so handelt es sich hierbei nicht um wiederkehrende Leistungen i.S.v. § 197 Abs. 2 BGB, so dass es auch dann bei der langen erbrechtlichen Verjährung bleibt.[392] Der Aufwendungsersatzanspruch nach §§ 2218, 670 BGB und etwaige Vergütungen für anwaltliche Tätigkeiten des Testamentsvollstreckers unterfallen jedoch der dreijährigen Regelverjährung nach § 195 BGB.

188 Verletzt der Testamentsvollstrecker die ihn treffenden Treuepflichten, so kann dies eine **Verwirkung seines Vergütungsanspruchs** zur Folge haben.[393] Hieran sind jedoch strenge Anforderungen zu stellen. Eine Verwirkung kommt nicht bereits dann in Betracht, wenn sich der Testamentsvollstrecker schadensersatzpflichtig macht, indem er z. B. in guter Absicht infolge einer irrigen Beurteilung der Sach- und Rechtslage fehlerhafte Entscheidungen trifft. Vielmehr muss er sich bewusst über die Interessen der Personen, für die er als Testamentsvollstrecker eingesetzt ist, hinwegsetzen und mit seiner Tätigkeit anstelle dessen eigene Interessen oder die anderer Personen verfolgen oder seine Amtspflichten völlig vernachlässigen oder seine Tätigkeit auf einem Gebiet entfalten, das eindeutig nicht zu seinem Aufgabengebiet gehört.[394] Erforderlich ist also, dass der Amtsinhaber in besonders schwerwiegender Weise oder mindestens grob fahrlässig gegen seine Amtspflichten verstoßen hat.[395]

189 Ebenso wenig wie das Nachlassgericht die Vergütung festsetzen kann, ist dieses bei etwaigen Streitigkeiten zwischen Erben und Testamentsvollstrecker über die Höhe und Fälligkeit der Vergütung zuständig. Vielmehr bleibt bei fehlender Einigung nur der **Weg vor das Prozessgericht** offen.[396] Hierbei muss der Testamentsvollstrecker die Höhe der von ihm begehrten Vergütung grundsätzlich im Klageantrag beziffern; nur wenn ihm dies nicht möglich oder zumutbar ist, kann er die „angemessene Vergütung" verlangen.[397]

190 Bei **Eröffnung eines Nachlassinsolvenzverfahrens** über den durch den Testamentsvollstrecker verwalteten Nachlass stellt die Vergütung im Rahmen des Angemessenen eine gegenüber dem Insolvenzverwalter geltend zu machende Masseverbindlichkeit dar (§ 324 Abs. 1 Nr. 6 InsO). Ist die vom Erblasser festgesetzte Vergütung unangemessen hoch und enthält sie dementsprechend zivilrechtlich in Höhe des unangemessenen Teils ein Vermächtnis, so ist dieses im Nachlassinsolvenzverfahren im Range erst nach allen anderen Nachlassverbindlichkeiten zu berichtigen (§ 327 Abs. 1 Nr. 2 InsO).[398]

191 **f) Anspruch auf Aufwendungsersatz.** Gemäß §§ 2218, 670 BGB kann der Testamentsvollstrecker neben der Vergütung den Ersatz seiner Aufwendungen verlangen und aus dem Nachlass entnehmen. Bürounkosten, die dem Testamentsvollstrecker bei der Ausübung seines Amtes innerhalb seines Berufes entstehen, sind allerdings in diesem Rahmen nicht ersatzfähig. So kann etwa ein Rechtsanwalt als Testamentsvollstrecker für den von ihm geführten Schriftwechsel keine Schreibgebühren wie ein Anwalt fordern.[399] Setzt der Amtsinhaber dritte Personen für

---

[392] Vgl. Mayer/Bonefeld/Wälzholz/Weidlich/*J. Mayer* Rdnr. 536; *Winkler* Rdnr. 646; *Zimmermann* Rdnr. 779; z.T. anders *Birk* Vergütung S. 130 (dreijährige Verjährungsfrist der §§ 197 Abs. 2, 195 BGB bei jährlichen Zahlungen im Rahmen einer Dauertestamentsvollstreckung).
[393] BGH Urt. v. 13.6.1979 – WM 1979, 1116; BGH Urt. v. 5.5.1976 – NJW 1976 1402; OLG Frankfurt Urt. v. 16.2.2000 – MDR 2000, 788, 789.
[394] BGH Urt. v. 5.5.1976 – NJW 1976, 1402; vgl. auch BGH Beschl. v. 27.10.2004 – ZEV 2005, 22, 24; Staudinger/*Reimann* § 2221 Rdnr. 25; Damrau/*Bonefeld* § 2221 Rdnr. 24.
[395] OLG Frankfurt Urt. v. 16.2.2000 – MDR 2000, 788, 789; *Zimmermann* Rdnr. 729.
[396] BGH Urt. v. 24.11.1971, WM 1972, 101; *Zimmermann* Rdnr. 732; *Reimann* Wirtschaftsrechtspraxis Rdnr. 690.
[397] *Reimann*, FS Flick, 1997, S. 357, 358; *Zimmermann* Rdnr. 732; Bengel/Reimann/*Eckelskemper* Rdnr. X 142; MünchKommBGB/*Zimmermann* § 2221 Rdnr. 7; vgl. auch RG, JW 1937, 3184; a. A. Erman/*M. Schmidt* § 2221 Rdnr. 5 (Angabe von Bemessungsgrundlage und Größenangabe mit Spielraum ist ausreichend).
[398] *Zimmermann* Rdnr. 733; Bengel/Reimann/*Eckelskemper* Rdnr. X 146.
[399] Bengel/Reimann/*Eckelskemper* Rdnr. X 112; *Reimann* Wirtschaftsrechtspraxis Rdnr. 733; *Klingelhöffer* Vermögensverwaltung Rdnr. 291.

Aufgaben ein, für die ihm die notwendigen Fachkenntnisse fehlen, so kann er Ersatz der insoweit anfallenden Aufwendungen verlangen (z. B. die **Kosten eines zur Prozessführung eingeschalteten Rechtsanwaltes**). Hat der Testamentsvollstrecker demgegenüber als Anwalt selbst einen Rechtsstreit vor dem Prozessgericht geführt, so kann er wie ein bevollmächtigter Rechtsanwalt Gebühren nach dem RVG verlangen, sofern ein anderer Testamentsvollstrecker, der nicht Rechtsanwalt ist, sich in der betreffenden Angelegenheit ebenfalls eines Anwalts bedient hätte oder hätte bedienen müssen.[400] Dies gilt jedoch dann nicht, wenn ein gegenteiliger Wille des Erblassers erkennbar ist, etwa weil eine besonders hohe Vergütung festgesetzt wurde oder weil der Erblasser gezielt für die notwendige Prozesstätigkeit einen Rechtsanwalt als Testamentsvollstrecker ausgesucht hat.[401]

Maßgeblich für die **Erstattungsfähigkeit von Aufwendungen** ist stets, ob sie der Testamentsvollstrecker „den Umständen nach" für erforderlich halten durfte. Setzt der Erblasser z. B. einen wirtschaftsrechtlich beratenden Rechtsanwalt als Testamentsvollstrecker ein, so wird dieser die Hinzuziehung Dritter zur Lösung wirtschafts- und steuerrechtlicher Fragen häufig nicht als erforderlich ansehen dürfen.[402] Instruktiv zu der Frage, inwieweit die für Hilfspersonen zu zahlenden Beträge vom Nachlass zu tragen sind oder zu Lasten der Testamentsvollstreckervergütung gehen, sind auch die folgenden Ausführungen des Bundesgerichtshofes:

Wird einem Rechtsanwalt eine Vermögensverwaltung übertragen, so wird von ihm regelmäßig erwartet werden können, dass er die dabei anfallenden einfacheren Steuerangelegenheiten selbst erledigt, insbesondere auch die Steuererklärungen bearbeitet. Nur wenn verwickelte und schwierige Fragen die Heranziehung eine Spezialisten erforderlich machen, wird das als üblich anzusehen und auf das Honorar des Verwalters ohne Einfluss sein ... Maßgebend [für die Frage, ob die Heranziehung von Hilfspersonen bei der Honorarbemessung mindernd zu berücksichtigen ist,] ist vielmehr, ob er Arbeiten, die er selbst hätte erledigen können, anderen Personen überlassen hat, die dafür [aus der verwalteten Vermögensmasse] zu bezahlen waren. War dies der Fall, so wird der Verwalter im Allgemeinen nicht die Regelgebühr, sondern weniger für sich zu beanspruchen haben.[403]

Die Frage, ob die **Kosten einer Haftpflichtversicherung** des Testamentsvollstreckers gegen Schadensersatzansprüche der Erben als Aufwendung ersatzfähig sind, wird kontrovers beurteilt (vgl. Rdnr. 162). Nicht ersatzfähig sind die Kosten von Schadensersatz- oder Vergütungsprozessen oder sonstigen persönlichen Prozessen, welche der unterliegende Testamentsvollstrecker i. d. R. selbst zu tragen hat. Durfte der Testamentsvollstrecker das betreffende Verfahren allerdings für erforderlich halten, um den letzten Willen des Erblassers zu verteidigen und durchzusetzen (z. B. bei Streitigkeiten über die Gültigkeit eines ihn ernennenden Testaments), kann auch bei einem verlorenen Prozess ein Kostenerstattungsanspruch gegen die Erben in Betracht kommen (vgl. auch § 59 Rdnr. 36).[404]

g) Die Besteuerung der Testamentsvollstreckervergütung. aa) Umsatzsteuer. Aus umsatzsteuerrechtlicher Sicht stellt sich zunächst die Frage, ob die Übernahme einer Testamentsvollstreckung gegen Vergütung auch dann als nachhaltig und damit als unternehmerische Tätigkeit, im Sinne von § 1 UStG anzusehen ist, wenn nur eine einzige Testamentsvollstreckung durchgeführt wird. Dies wird von den Finanzgerichten ganz überwiegend bejaht,[405] wobei jedoch in den Fällen, in denen lediglich die Auseinandersetzung eines durchschnittlichen bür-

---

[400] Vgl. OLG Frankfurt Urt. v. 16.2.2000 – MDR 2000, 788, 789.
[401] *Reimann* ZEV 1995, 57, 59; *Erman/M. Schmidt* § 2221 Rdnr. 17; MünchKommBGB/*Zimmermann* § 2218 Rdnr. 21.
[402] Vgl. *Klingelhöffer* Vermögensverwaltung Rdnr. 292.
[403] BGH Urt. v. 22.12.1966 – NJW 1967, 876, 877.
[404] BGH Urt. v. 6.7.1977 – NJW 1977, 1726, 1727; *Zimmermann* Rdnr. 617; *Winkler* Rdnr. 449.
[405] I. d. S. BFH Urt. v. 10.6.2002 – ZEV 2002, 469, 470; FG Bremen Urt. v. 30.8.1988 – EFG 1989, 39 (Auseinandersetzung eines aus elf Grundstücken bestehenden Nachlasses bei einem Gesamtwert von DM 13 Mio. und einem Testamentsvollstreckerhonorar von DM 440.000); FG Düsseldorf Urt. v. 20.3.1980 – EFG 1980, 493 (Nachlasswert von DM 3,5 bis 4 Mio.); vgl. auch BFH Urt. v. 26.9.1991 – BFH/NV 1992, 418; *Reimann* Wirtschaftsrechtspraxis, Rdnr. 747; *Tiling* ZEV 1998, 331, 336. Zur Umsatzsteuerpflichtigkeit einer Entschädigung, die für einen Verzicht auf die Ausübung des Testamentsvollstreckeramtes gezahlt wird, vgl. BFH Urt. v. 6.5.2004 – ZEV 2004, 435.

gerlichen Haushaltes in Frage steht, Ausnahmen anerkannt werden.[406] Die Grenzen werden insoweit aber sehr eng gezogen; insbesondere ist die Nachhaltigkeit nach dem Bundesfinanzhof nicht bereits deshalb zu verneinen, weil eine Abwicklungs- und keine Verwaltungstestamentsvollstreckung durchgeführt wird.[407] Bei einer sich über mehrere Jahre hinziehenden Verwaltung des Nachlasses ist nach Auffassung der Finanzverwaltung die Nachhaltigkeit in jedem Fall zu bejahen.[408] Nach dem FG München soll jedoch bei richtlinienkonformer Auslegung von § 2 Abs. 1 UStG dann eine Ausnahme gelten, wenn der Testamentsvollstrecker die selbständige und nachhaltige Tätigkeit aus privaten Gründen wahrnimmt, etwa weil er Miterbe des Nachlasses geworden ist.[409]

195   Übernimmt ein Freiberufler (Rechtsanwalt, Steuerberater, Notar) oder eine Bank oder Versicherung eine Testamentsvollstreckung, so gilt dies **als Tätigkeit im Zusammenhang mit der Haupttätigkeit** und löst immer Umsatzsteuer aus; dies gilt auch bei einer einzigen Testamentsvollstreckung, wenn diese wegen ihres geringen Zuschnitts bei einem privaten Testamentsvollstrecker nicht als nachhaltige unternehmerische Tätigkeit anzusehen wäre.[410]

196   Äußerst umstritten ist die Frage, ob der Testamentsvollstrecker berechtigt ist, die von ihm **zu entrichtende Umsatzsteuer** auf die Erben abzuwälzen. Die wohl noch h.M. verneint dies und sieht die Testamentsvollstreckervergütung demnach als Bruttobetrag an.[411] Der umsatzsteuerpflichtige Testamentsvollstrecker wird allerdings als berechtigt angesehen, die Umsatzsteuer als Kalkulationsfaktor bei der Bemessung seiner Vergütung auszuweisen. Richtigerweise sollte man generell davon ausgehen, dass der Testamentsvollstrecker die von ihm zu entrichtende Umsatzsteuer zusätzlich zu seiner Vergütung verlangen kann.[412] Die Vergütungsempfehlungen des Deutschen Notarvereins vermerken ausdrücklich, dass die Umsatzsteuer in der hiernach ermittelten Vergütung nicht inbegriffen ist.[413]

197   *bb) Einkommensteuer/Erbschaftsteuer.* Die aus der Testamentsvollstreckertätigkeit resultierenden Einkünfte sind einkommensteuerlich **Einkünfte aus selbständiger Tätigkeit** (§ 18 Abs. 1 Nr. 3 EStG). Die im Rahmen einer freiberuflichen Tätigkeit i. S. v. § 18 Abs. 1 Nr. 1 EStG ausgeübte Testamentsvollstreckung ist aber dieser Hauptberufstätigkeit zuzurechnen.[414] Die hiervon im Falle der Tätigkeit eines Freiberuflers als Insolvenzverwalter abweichende Sichtweise des Bundesfinanzhofes[415] ist richtigerweise auf den Testamentsvollstrecker nicht zu übertragen.[416]

198   Hat der Erblasser dem Testamentsvollstrecker ein **unangemessen hohes Honorar** zugebilligt, so wird dies zivilrechtlich wie dargestellt als durch die Annahme des Amtes bedingtes Vermächtnis zugunsten des Amtsinhabers eingestuft (vgl. Rdnr. 165). Für die steuerliche Behandlung ist dies jedoch nicht maßgeblich, wie der Bundesfinanzhof mit Urteil vom 2.2.2005 ausdrücklich klargestellt hat.[417] Vielmehr unterliegt auch die unangemessen hohe Testamentsvollstreckervergütung nicht der Erbschaftsteuer, sondern in vollem Umfang der Einkommen-

---

[406] Vgl. FG Hamburg Urt. v. 21.10.1983 – EFG 1984, 316 (Abschluss sämtlicher Auseinandersetzungshandlungen in weniger als einem Jahr ohne nennenswerten Schriftverkehr); *Kirnberger* ZEV 1998, 342, 343; Mayer/Bonefeld/Wälzholz/Weidlich/*Wälzholz/Vassel-Knauf* Rdnr. 1147.
[407] BFH Urt. v. 30.5.1996 – UR 1997, 143.
[408] Vgl. Umsatzsteuer-Richtlinien Abschn. 18 Abs. 2 S. 5; *Kirnberger* ZEV 1998, 342, 343.
[409] FG München Urt. v. 9.12.2004 – EFG 644, 645 (Revision anhängig beim BFH unter Az. V R 6/05).
[410] Vgl. nur *Winkler* Rdnr. 657; *Zimmermann* Rdnr. 743.
[411] I. d. S. OLG Köln Urt. v. 8.7.1993 – ZEV 1994, 118, 120 m. Anm. *Klingelhöffer*; OLG Frankfurt Urt. v. 16.2.2000 – MDR 2000, 788, 789; *Winkler* Rdnr. 660.
[412] I. d. S. ausf. *Klingelhöffer* ZEV 1994, 120, 121; *Kirnberger* ZEV 1998, 342, 344; *Tiling* ZEV 1998, 331, 336; *Zimmermann* Rdnr. 710; Sudhoff/*Scherer* Unternehmensnachfolge § 9 Rdnr. 38.
[413] Vgl. Vergütungsempfehlungen des Deutschen Notarvereins, Ziff. IV, ZEV 2000, 181, 183; hierzu auch *Reimann* DNotZ 2001, 344.
[414] BFH Urt. v. 6.9.1990 – BStBl. II 1990, 1028, 1029 = DStR 1990, 737; vgl. auch *Stahlschmidt* BB 2002, 1727.
[415] BFH Urt. v. 12.12.2001 – BStBl. II 2002, 202 = DStR 2002, 353.
[416] I.d.S. ausf. Mayer/Bonefeld/Wälzholz/Weidlich/*Wälzholz/Vassel-Knauf* Rdnr. 1100 ff. m.w.N.
[417] BFH Urt. v. 2.2.2005 – BStBl. II 2005, 489 = ZEV, 2005, 357 m. Anm. *Billig* = DB 2005, 1148 = ZErb 2005, 221 m. Anm. *Gebel*.

steuer.[418] Soweit zivilrechtlich der unangemessene Teil der Testamentsvollstreckervergütung als Vermächtnis beurteilt wird, handelt es sich nach dem Bundesfinanzhof um eine für das Erbschaftsteuerrecht nicht verbindliche Fiktion, die vor allem der Schutz der Nachlassgläubiger bei Nachlassinsolvenz zu dienen bestimmt sei.[419] Einer steuerlichen Behandlung als Vermächtnis stehe entgegen, dass der Testamentsvollstrecker aufgrund der testamentarischen Verfügungen des Erblassers einen Anspruch auf die Vergütung nur im Hinblick auf die Führung seines Amtes hat. Nur dann, wenn das Honorar des Testamentsvollstreckers unangemessen hoch ist und „besondere Umstände" dafür sprechen, dass nur der Testamentsvollstrecker als Person eine besondere Zuwendung durch den Erblasser erhalten soll, soll der unangemessene Teil der Vergütung nach § 3 Abs. 1 Nr. ErbStG als Vermächtnis zu besteuern sein, während der angemessene Teil der Einkommensteuer zu unterwerfen ist.

Einer nach bislang herrschender Betrachtung[420] möglichen **Doppelbelastung der unangemessen hohen Testamentsvollstreckervergütung** mit Einkommensteuer und Erbschaftsteuer hat der Bundesfinanzhof somit eine Absage erteilt. Für die Gestaltungspraxis resultiert aus dieser Sichtweise im Ergebnis ein Wahlrecht: Werden keine weiteren Regelungen getroffen, so führt dies zu einer vollen Erfassung des Testamentsvollstreckerhonorars, auch in Bezug auf den unangemessenen Teil, bei der Einkommensteuer. Aus steuerlicher Sicht wird aber meist die Option zugunsten der Erbschaftsteuer wünschenswert sein. Hierzu muss die zusätzliche, über das Angemessene hinausgehende Zuwendung ausdrücklich vermächtnisweise und unabhängig von der Amtsübernahme gewährt werden. Entscheidend ist also, ob der Erblasser dem Testamentsvollstrecker die Zusatzvergütung auch für den Fall zukommen lassen möchte, dass er die Amtsübernahme ablehnt.[421] Anhaltspunkte für die Annahme eines Vermächtnisses können sich auch aus einem verwandtschaftlichen Verhältnis zum Erblasser oder der angeordneten Minderung der Vergütung für einen Ersatztestamentsvollstrecker ergeben. 199

> **Praxistipp:**
> Die vorstehenden Ausführungen lassen das Streitpotential deutlich werden, welches mit der Bestimmung der Höhe des dem Testamentsvollstrecker zustehenden Honorars verbunden sein kann. Für die Praxis bleibt es daher zur Streitvermeidung bei dem Hinweis, dass der Erblasser selbst im Testament für klare Verhältnisse in Bezug auf die Vergütung des Testamentsvollstreckers sorgen muss. Die entsprechenden Regelungen sollten neben der Frage der Umsatzsteuer auch Aussagen über die Fälligkeit der Vergütung treffen sowie klarstellen, in wieweit auf Grund von beruflichen Tätigkeiten, die der Testamentsvollstrecker für den Nachlass erbringt oder erbringen lässt, zusätzliche Aufwendungsersatzansprüche gemäß §§ 2218, 670 BGB bestehen. Unterbleibt eine Regelung durch den Erblasser, ist dem Testamentsvollstrecker dringend anzuraten, mit den Erben und sonstigen Nachlassbeteiligten eine vertragliche Vereinbarung über die Höhe der Vergütung zu treffen.[422] Eine solche Vereinbarung ist aber auch dann nicht ausgeschlossen, wenn der Erblasser selbst die Vergütung abweichend festgesetzt hat. 200

---

[418] Vgl. bereits BFH Urt. v. 6.9.1990 – BStBl. II 1990, 1028, 1029, wonach eine Vermutung dafür besteht, dass „eine vom Erblasser als Testamentsvollstreckerhonorar bezeichnete Vergütung den Einkünften aus selbständiger Tätigkeit auch insoweit zuzurechnen ist, als sie einen angemessenen Betrag übersteigt."
[419] Die angemessene Vergütung eines Testamentsvollstreckers ist nach § 324 Abs. 1 Nr. 6 InsO Masseverbindlichkeit und damit vorweg aus dem Nachlass zu befriedigen, während Vermächtnisse nach § 127 InsO nachrangig sind.
[420] Vgl. FG Düsseldorf Urt. v. 9.1.2002 – ZErb 2003, 387; Bengel/Reimann/*Eckelskemper* Rdnr. X 209 f. 183; *Winkler* Rdnr. 655; a. A. *Zimmermann* Rdnr. 747 (nur Anfall von Erbschaftsteuer); ausf. *Kirnberger* ZEV 2001, 267, 268.
[421] Ausf. *Wälzholz* ZErb 2005, 247, 249; Mayer/Bonefeld/Wälzholz/Weidlich/*Wälzholz/Vassel-Knauf* Rdnr. 1111 ff.
[422] *Reimann* FS Flick, 1997, S. 357, 366.

> **Formulierungsvorschlag:**[423]
>
> Der Testamentsvollstrecker erhält als Vergütung das Doppelte einer sich unter Zugrundelegung der Vergütungsempfehlungen des Deutschen Notarvereins ergebenden Gebühr.
>
> Diese Vergütung soll sämtliche Tätigkeiten des Testamentsvollstreckers im Zusammenhang mit der Konstituierung und der Auseinandersetzung des Nachlasses abdecken. Für die darüber hinaus in Bezug auf meine Beteiligung an der X-GmbH angeordnete Verwaltungstestamentsvollstreckung soll der Testamentsvollstrecker zusätzlich zu der ihm auf Grund seiner Beiratstätigkeit zustehenden Vergütung jährlich EUR ... (alternativ: Vergütung nach Stundensätzen) erhalten.
>
> Schuldner der Vergütung ist im Verhältnis zum Testamentsvollstrecker der Erbe/die Erbengemeinschaft. Im Innenverhältnis der Erben/Vermächtnisnehmer ist die Vergütung wie folgt zu tragen: ...
>
> Es wird ausdrücklich klargestellt, dass der Schuldner der Vergütung dem Testamentsvollstrecker zusätzlich auch die Umsatzsteuer zu erstatten hat. Berufsmäßige Dienste sind von der Testamentsvollstreckervergütung nicht erfasst.

9. Beendigung von Testamentsvollstreckeramt und Testamentsvollstreckung

201 a) **Beendigung des Testamentsvollstreckeramtes.** Das Amt des Testamentsvollstreckers erlischt in jedem Fall mit seinem Tode, mit dem Wegfall seiner Geschäftsfähigkeit nach Amtsantritt oder mit der Anordnung einer Betreuung, wobei die vorläufige Bestellung eines Betreuers gemäß §§ 69 f. FGG der endgültigen gleichsteht.[424] Demgegenüber beendet der Tod des Erben die Testamentsvollstreckung nur dann, wenn sie lediglich auf seine Lebensdauer angeordnet worden ist.

202 Weiterhin endet das Vollstreckeramt mit der **Kündigung durch den Amtsinhaber** (§ 2226 BGB). Eine solche Kündigung kann der Testamentsvollstrecker jederzeit und ohne Angabe von Gründen gegenüber dem Nachlassgericht erklären.[425] Bei einer zur Unzeit erfolgten Kündigung macht er sich allerdings schadensersatzpflichtig, ohne dass dies Einfluss auf die Wirksamkeit der Kündigung hätte (§§ 2226 S. 3, 671 Abs. 2 S. 2 BGB). Jedoch wird es für zulässig gehalten, dass sich der Testamentsvollstrecker gegenüber dem Erblasser vertraglich zum Verzicht auf das Kündigungsrecht verpflichtet, wobei ein solcher Verzicht in entsprechender Anwendung von § 671 Abs. 3 BGB nicht die Kündigung aus wichtigem Grund erfasst.[426] Die Möglichkeit einer sich auf einen Teilbereich der Aufgaben des Testamentsvollstreckers beschränkenden teilweisen Kündigung des Amtes ist dann anzuerkennen, wenn sich die Berechtigung des Amtsinhabers hierzu aus der letztwilligen Verfügung des Erblassers ergibt.[427]

203 Eine Beendigung des Testamentsvollstreckeramtes kann auch durch die vom Nachlassgericht auszusprechende **Entlassung des Testamentsvollstreckers** herbeigeführt werden (§ 2227 BGB). Die Entlassung setzt den Antrag eines Beteiligten (hierzu Rdnr. 207), die gültige Ernennung des Testamentsvollstreckers, die noch nicht vollständige Erledigung der ihm zugewiesenen Aufgaben sowie das Vorliegen eines wichtigen Grundes voraus. Als wichtige Gründe nennt § 2227 Abs. 1 BGB beispielhaft eine grobe Pflichtverletzung des Testamentsvollstreckers sowie die Unfähigkeit zu einer ordnungsgemäßen Geschäftsführung. Erstere kann etwa darin zu sehen sein, dass der Testamentsvollstrecker

- dem Nachlass eine unangemessen hohe, sich nicht einmal mehr in den möglichen Grenzen der Angemessenheit haltende Vergütung entnimmt,[428]

---

[423] Vgl. auch Bengel/Reimann/*Eckelskemper* Rdnr. X 253.
[424] BayObLG Beschl. v. 26.10.1994 – ZEV 1995, 63.
[425] Vgl. OLG Koblenz Urt. v. 11.12.1992 – NJW-RR 1993, 462; *Ebenroth* ErbR Rdnr. 637.
[426] Vgl. MünchKommBGB/*Zimmermann* § 2226 Rdnr. 4.
[427] I.d.S. etwa MünchKommBGB/*Zimmermann* § 2226 Rdnr. 2; Palandt/*Edenhofer* § 2226 Rdnr. 2; ausf. *Grunsky* ZEV 2005, 41, 43 ff.
[428] Vgl. OLG Köln Beschl. v. 5.10.1987 – NJW-RR 1987, 1414, 1415; Staudinger/*Reimann* § 2227 Rdnr. 15.

- die letztwilligen Anordnungen des Erblassers missachtet,[429] oder den Erben konkrete Vorschläge zu einer im Testament ausgeschlossenen Nachlassauseinandersetzung unterbreitet,[430]
- den Erben trotz deren Mahnung und Fristsetzung kein Nachlassverzeichnis übermittelt,[431]
- bei einer Abwicklungstestamentsvollstreckung die Auseinandersetzung des Nachlasses durch Untätigkeit über Jahre hinweg verzögert,[432]
- im Ausland belegenes Nachlassvermögen weder hinreichend sichert noch Nutzungen hieraus zieht (Eigentumswohnung in Marokko),[433]
- Ersuchen der Erben um Auskunft und Rechnungslegung nicht bzw. nicht in angemessener Frist beantwortet.[434]

Der dem Testamentsvollstrecker bei der Nachlassverwaltung zuerkannte Ermessensspielraum (vgl. Rdnr. 105) ist auch im Entlassungsverfahren vor dem Nachlassgericht zu berücksichtigen.[435]

Unfähigkeit zu einer ordnungsgemäßen Geschäftsführung kann insbesondere dann in Betracht kommen, wenn der Testamentsvollstrecker auf Grund von Krankheit oder Abwesenheit auf längere Zeit an der Ausübung der Geschäfte gehindert ist, wobei hiermit eine nachhaltige Beeinträchtigung der Tätigkeit verbunden sein muss.[436] Ebenso kann eine Entlassung in Betracht kommen, wenn der Testamentsvollstrecker über längere Zeit hinweg untätig bleibt und wegen Überforderung nicht in der Lage ist, die Auseinandersetzung des Nachlasses in geeigneter Weise durchzuführen und damit die Interessen der Beteiligten erheblich gefährdet.[437] Auch der Umstand, dass ein Insolvenzverfahren über das Vermögen des Testamentsvollstreckers eröffnet worden ist oder dieser eine eidesstattliche Versicherung zur Offenbarung seiner Vermögensverhältnisse abgegeben hat, kann einen wichtigen Grund im Sinne von § 2227 Abs. 1 BGB darstellen, sofern sich hieraus bei umfassender Würdigung eine objektive Gefährdung der Interessen der Erben ergibt.[438]

Ein Entlassungsgrund kann sich auch aus anderen, im Gesetz nicht genannten Umständen ergeben, sofern Umstände vorliegen, die objektiv die Fortsetzung des Vollstreckeramtes für alle Beteiligten unzumutbar machen. Solche Umstände können in einer **tief greifenden Feindschaft** zwischen den Erben und dem Testamentsvollstrecker oder in einem **erheblichen Interessengegensatz** zwischen ihnen zu sehen sein sowie darin, dass der Testamentsvollstrecker durch eigennütziges Verhalten Misstrauen verursacht.

Andererseits sind insbesondere bei persönlichen Zerwürfnissen die aus dem Wesen des Amtes resultierenden **Interessengegensätze zwischen Testamentsvollstrecker und Erben** einschränkend zu berücksichtigen. Insbesondere um zu vermeiden, dass der Erbe den missliebigen Testamentsvollstrecker allein durch eigenes feindseliges Verhalten oder aus einem für sich genommen unbedeutenden Anlass aus dem Amt drängen kann, legt die Rechtsprechung daher an einen behaupteten Entlassungsgrund „Feindschaft und Misstrauen" strenge Maßstäbe an.[439] Ein die Entlassung rechtfertigendes berechtigtes Misstrauen kann aber z. B. dann

---

[429] OLG Zweibrücken Beschl. v. 23.2.1989 – FamRZ 1989, 788, 789; vgl. auch BayObLG Beschl. v. 31.1.1989 – FamRZ 1989, 668, 669.
[430] OLG Karlsruhe Beschl. v. 15.9.2004 – NJW-RR 2005, 527.
[431] BayObLG Beschl. v. 18.7.1997 – ZEV 1997, 381, 383; vgl. aber auch OLG Zweibrücken Beschl. v. 29.1.1997, FG Prax 1997, 109 sowie OLG Hamm Beschl. v. 30.8.1985 – Rpfleger 1986, 16.
[432] Vgl. OLG Köln Beschl. v. 27.10.2004 – ZEV 2005, 207 (zehnjährige Dauer einer Abwicklungstestamentsvollstreckung).
[433] BayOb LG Beschl. v. 26.11.2004 – ZEV 2005, 168, 169.
[434] Instruktiv BayObLG Beschl. v. 18.12.1997 – ZEV 1998, 348, 349.
[435] BayObLG Beschl. v. 20.6.1990 – FamRZ 1990, 1279, 1281.
[436] Vgl. BayObLG Beschl. v. 18.12.1998 – ZEV 1998, 348, 349 f.; BayObLG Beschl. v. 24.1.1991 – FamRZ 1991, 615, 616 (keine Unfähigkeit zur ordnungsgemäßen Geschäftsführung, wenn Briefverkehr möglich oder ein Bevollmächtigter vorhanden ist).
[437] BayObLG Beschl. v. 5.2.1999 – ZEV 1999, 226.
[438] OLG Hamm Beschl. v. 21.10.1993 – FamRZ 1994, 1419; *Ebenroth* ErbR Rdnr. 638.
[439] Vgl. BayObLG Beschl. v. 15.9.2004 – ZEV 2005, 207; OLG Düsseldorf Beschl. v. 17.6.1994 – ZEV 1994, 302, 303; OLG Düsseldorf Beschl. v. 1.2.1999 – ZEV 1999, 226, OLG Hamm Beschl. v. 11.9.1967 – NJW 1968, 800; BayObLG Beschl. v. 24.2.1988 – BayObLGZ 1988, 42.

zu bejahen sein, wenn der Testamentsvollstrecker durch sein Verhalten bei den Erben den Eindruck hervorruft, er nehme deren Interessen nicht hinreichend wahr und befleißige sich nicht der für die Ausübung seines Amtes erforderlichen Unparteilichkeit, etwa indem er sich selbst aus einem dem Erben zustehenden Lebensversicherungsbetrag ein Darlehen gewährt,[440] indem er noch vor der Amtsannahme auf Grund einer postmortalen Vollmacht ein Grundstück auf sich überträgt, dessen Wert die Schulden eines durch ihn abzuwickelnden Handelsgeschäfts erheblich übersteigt[441] oder indem sich der Testamentsvollstrecker im Rahmen eines Entlassungsverfahrens zu bestimmten Leistungen verpflichtet hat, denen er dann nicht nachkommt.[442] Allein der Umstand, dass der Testamentsvollstrecker in einer strittigen Auslegungsfrage eine Testamentsauslegung vertritt, die ihm als Vermächtnisnehmer zugute kommt, reicht hingegen nicht aus, um einen seine Entlassung rechtfertigenden Interessengegensatz zu begründen.[443]

207   Der Entlassungsantrag muss von einem „Beteiligten" gestellt sein. „Beteiligt" i.S.v. § 2227 Abs. 1 sind diejenigen, deren Rechte und Pflichten durch die Entscheidung, ob und wie der Testamentsvollstrecker sein Amt ausübt, unmittelbar betroffen werden, wobei ein bloß wirtschaftliches Interesse nicht genügt.[444] Antragsberechtigt sind demnach Erben, Vor- und Nacherben, Mittestamentsvollstrecker, Vermächtnisnehmer, Pflichtteilsberechtigte,[445] Auflagenberechtigte (§ 2194 BGB) und Auflagenbegünstigte,[446] nicht aber gewöhnliche Nachlassgläubiger.[447] Ein Miterbe, dessen Anteil nicht der Testamentsvollstreckung unterliegt, ist nach Maßgabe der obergerichtlichen Rechtsprechung nicht antragsberechtigt, da ihn die Rechtsfolgen der Testamentsvollstreckung nicht unmittelbar betreffen; die Rechte und Pflichten des nicht der Testamentsvollstreckung unterworfenen Erbteils richten sich allein nach den §§ 2032 ff. BGB.[448] Vor der Entlassung hat das Nachlassgericht bzw. der dort zuständige Richter (vgl. § 16 Abs. 1 Nr. 5 RpflG) dem Testamentsvollstrecker grundsätzlich rechtliches Gehör zu gewähren (Art. 103 Abs. 1 GG). § 2227 Abs. 2 BGB, wonach der Testamentsvollstrecker vor der Entlassung „wenn tunlich" gehört werden „soll", ist insoweit verfassungskonform auszulegen.[449] Einstweilige Anordnungen auf vorläufige Amtsenthebungen sind als unzulässig anzusehen (ausf. § 59 Rdnr. 37).[450]

208   **b) Beendigung der Testamentsvollstreckung.** In den vorstehend genannten Fällen des Todes, der Kündigung und der Entlassung endet immer nur das Amt des einzelnen Testamentsvollstreckers. Hat der Erblasser einen Ersatztestamentsvollstrecker benannt, so tritt dieser an die Stelle des weggefallenen Amtsinhabers. Gleiches gilt, wenn das Nachlassgericht gemäß § 2200 BGB auf Grund eines entsprechenden, auch konkludent möglichen Ersuchens einen Ersatzvollstrecker benannt hat oder eine Ermächtigung nach § 2199 Abs. 2 BGB gegeben ist, wonach der Testamentsvollstrecker einen Nachfolger benennen kann.

209   In allen sonstigen Fällen **endet die Testamentsvollstreckung von selbst** mit dem Ablauf einer vom Erblasser gesetzten Frist, durch den Eintritt einer angeordneten auflösenden Bedingung oder mit der Erledigung sämtlicher Aufgaben des Testamentsvollstreckers.[451] Einer förmlichen Aufhebung der Testamentsvollstreckung oder einer Anzeige des Testamentsvollstreckers be-

---

[440] OLG Frankfurt Beschl. v. 6.2.1998 – ZEV 1998, 350, 351.
[441] BayObLG Beschl. v. 11.4.1995 – ZEV 1995, 366, 367 ff. m. Anm. *Bengel*.
[442] BayObLG Beschl. v. 5.2.1999 – ZEV 1999, 226.
[443] BayObLG Beschl. v. 11.7.2001 – ZEV 2002, 155, 156 m. Anm. *Klingelhöffer*.
[444] Ausf. Mayer/Bonefeld/Wälzholz/Weidlich/*J. Mayer* Rdnr. 272 m.w.N.
[445] Vgl. KG Beschl. v. 9.10.2001 – NJW-RR 2002, 439; kritisch *Muscheler*, AcP 197, (1997) 226, 240 f.
[446] Str. in Bezug auf Auflagenbegünstigte; wie hier Staudinger/*Reimann* § 2227 Rdnr. 22; a.A. Soergel/*Damrau* § 2227 Rdnr. 15.
[447] Mayer/Bonefeld/Wälzholz/Weidlich/*J. Mayer* Rdnr. 272 m.w.N.
[448] OLG München Beschl. v. 22.9.2005 – ZEV 2006, 31; OLG Köln Beschl. v. 18.5.1987 – NJW-RR 1987, 1098; a.A. *Reimann* ZEV 2006, 32; *Muscheler* ZErb 2005, 426; *ders.*, AcP 197 (1997), 226, 239; *Zimmermann* Rdnr. 805.
[449] BayObLG Beschl. v. 18.12.1997 – FamRZ 1998, 987, 988; *Muscheler* AcP 197 (1997), 226, 244.
[450] Vgl. OLG Köln Beschl. v. 8.10.1986 – Rpfleger 1987, 70; *Winkler* Rdnr. 804.
[451] Zur Beendigung der Testamentsvollstreckung durch Erledigung aller dem Testamentsvollstrecker zugewiesenen Aufgaben vgl. BayObLG Beschl. v. 29.6.1995 – ZEV 1995, 370, 371 m. Anm. *Winkler*.

darf es hierzu nicht.⁴⁵² Dass die Testamentsvollstreckung durch die Erledigung aller dem Testamentsvollstrecker zugewiesenen Aufgaben endet, kommt allerdings nur bei der Abwicklungs- und Auseinandersetzungstestamentsvollstreckung (§§ 2203, 2204 BGB) in Betracht, nicht aber bei der Dauer- oder Verwaltungstestamentsvollstreckung (§ 2209 BGB), bei der die Testamentsvollstreckung ja gerade fortbestehen soll, ohne dass der Testamentsvollstrecker andere Aufgaben als die Verwaltung zu erledigen hätte.⁴⁵³

Für die **Beendigung einer Dauer- oder Verwaltungstestamentsvollstreckung** trifft § 2210 BGB eine besondere Regelung. Eine solche Vollstreckung wird prinzipiell unwirksam, wenn seit dem Erbfall mehr als 30 Jahre verstrichen sind. Die Begrenzung der Höchstdauer gilt ausdrücklich nur für die Anordnung einer Dauer- oder Verwaltungstestamentsvollstreckung. Für die Abwicklungstestamentsvollstreckung fehlt es an einer gesetzlich vorgegebenen Zeitgrenze, da das Testamentsvollstreckeramt wie dargestellt automatisch mit der Verteilung des Nachlasses und der vollständigen Ausführung der letztwilligen Verfügung des Erblassers endet. Diese Aufgaben lassen sich bei ordnungsgemäßer Amtführung in weit kürzerer Zeit erledigen, so dass es insoweit keines Zeitlimits bedurfte.⁴⁵⁴

Das 30-Jahres-Limit bei der Dauer- und Verwaltungstestamtentsvollstreckung bildet das Gegenstück zur anglo-amerikanischen *rule against perpetuities*, wonach die Errichtung eines Trust nur dann wirksam ist, wenn der Settlor bei dessen Errichtung ein Ereignis bestimmt hat, nach dessen Eintritt das Trust-Verhältnis beendet sein soll.⁴⁵⁵ Ausnahmsweise kann aber auch eine Dauertestamentsvollstreckung länger als 30 Jahre wirksam bleiben (§ 2210 S. 2 BGB). Das ist zum einen der Fall, wenn der Erblasser angeordnet hat, dass die Verwaltung bis zum Tode des Erben oder des Testamentsvollstreckers fortdauern soll. Zum anderen tritt die 30-Jahres-Grenze außer Kraft, wenn die Testamentsvollstreckung bis zum Eintritt eines anderen Ereignisses in der Person des Erben oder des Testamentsvollstreckers fortdauern soll. Ist der Erbe oder der Testamentsvollstrecker eine juristische Person, so bleibt es auf jeden Fall bei der 30-jährigen Frist (§§ 2210, S. 3, 2163 Abs. 2 BGB).

Durch die Möglichkeit, die Vollstreckung bis zum Tode des Erben oder des Testamentsvollstreckers fortdauern zu lassen, lässt sich im Ergebnis **eine Verlängerung der zulässigen Höchstdauer** um Jahrzehnte erreichen, zumal auch der Nacherbe Erbe im Sinne von § 2210 S. 2 BGB sein kann.⁴⁵⁶ Hat der Erblasser angeordnet, dass die Testamentsvollstreckung mit dem Tode des Testamentsvollstreckers enden soll, ergeben sich zusätzliche Verlängerungsmöglichkeiten durch § 2199 Abs. 2 BGB (Ermächtigung zur Benennung eines Nachfolgers durch den Testamentsvollstrecker). Um die Entstehung eines stiftungsähnlichen Gebildes zu vermeiden, wird insoweit allerdings zu Recht einschränkend verlangt, dass der Nachfolger des Testamentsvollstreckers beim Erbfall bereits gelebt haben muss.⁴⁵⁷ Auf einem anderen Blatt steht die Frage nach der praktischen Sinnhaftigkeit, den Erben durch die Anordnung einer Testamentsvollstreckung über einen derart langen Zeitraum zu beschränken. Erfahrungsgemäß gefährdet eine zu lange Testamentsvollstreckung deren Erfolg und wirft größere Probleme zwischen Testamentsvollstrecker und Erben auf.⁴⁵⁸

Die in der Praxis nicht selten verwendete Möglichkeit, durch entsprechende **Vereinbarungen zwischen Testamentsvollstrecker und Erben** einvernehmlich eine Beendigung der Testamentsvollstreckung herbeizuführen, ist im System der Testamentsvollstreckung nicht vorgesehen und daher problembehaftet.⁴⁵⁹ Solche Vereinbarungen kommen in der Praxis in offener,

---

⁴⁵² BGH Urt. v. 22.1.1964 – BGHZ 41, 23, 25. Nach *Zimmermann* Rdnr. 837 erlischt das Amt des Testamentsvollstreckers nach Erledigung aller Aufgaben nicht, sondern soll „ohne Aufgabe" fortbestehen, da sich nachträglich neue Aufgaben ergeben könnten.
⁴⁵³ Vgl. aber OLG Hamm Beschl. v. 11.4.2002 – ZEV 2003, 27, 28 f. (Erledigung der Aufgaben eines zur Unternehmensfortführung eingesetzten Dauertestamentsvollstreckers mit Einstellung des Geschäftsbetriebs in einem eröffneten Insolvenzverfahren).
⁴⁵⁴ *Ebenroth* ErbR Rdnr. 641.
⁴⁵⁵ Hierzu *Czermak*, Der Express Trust im internationalen Privatrecht, Diss. Frankfurt/Main 1986, S. 36 ff.
⁴⁵⁶ MünchKommBGB/*Zimmermann* § 2210 Rdnr. 5; Staudinger/*Reimann* § 2210 Rdnr. 7.
⁴⁵⁷ Staudinger/*Reimann* § 2210 Rdnr. 9; MünchKommBGB/*Zimmermann* § 2210 Rdnr. 6; Soergel/*Damrau* § 2210 Rdnr. 2.
⁴⁵⁸ Zutreffend *Reimann* Wirtschaftsrechtspraxis Rdnr. 755.
⁴⁵⁹ Ausf. hierzu *Reimann* NJW 2005, 789.

mit Außenwirkung ausgestalteter Form oder beschränken sich auf das Innenverhältnis zwischen Erben und Testamentsvollstrecker (verdeckte Vereinbarungen). Um die Testamentsvollstreckung auch mit Außenwirkung vorzeitig zu beenden, wird hierbei regelmäßig vereinbart, dass der Testamentsvollstrecker sein Amt nach § 2226 BGB durch Erklärung gegenüber dem Nachlassgericht kündigt und auf diese Weise vorzeitig – meist gegen finanzielle Abfindung – aus dem Amt ausscheidet. Derartige Vereinbarungen sind im Grundsatz möglich und auch einklagbar; eine rechtswirksame Verpflichtung des Testamentsvollstreckers, **sein Amt jederzeit auf Verlangen eines Miterben niederzulegen**, wird allerdings als mit der Unabhängigkeit des Amtes unvereinbar und damit als rechtsunwirksam angesehen (vgl. auch Rdnr. 133).[460] In jedem Fall führen solche Vereinbarungen nicht zur Beendigung der Testamentsvollstreckung insgesamt. Vielmehr ist zu prüfen, ob in der letztwilligen Verfügung des Erblassers ein Nachfolger ernannt oder ein solcher nach dem Willen des Erblassers zu ernennen ist; u.U. wird sich der letztwilligen Verfügung durch Auslegung auch ein Ersuchen an das Nachlassgericht zur Ernennung eines Nachfolgers (§ 2200 Abs. 1 BGB) entnehmen lassen (vgl. hierzu Rdnr. 54 m.w.N.). In all diesen Fällen würde an die Stelle des durch Kündigung weggefallenen Testamentsvollstreckers der zu ernennende Nachfolger treten. Allerdings soll das Nachlassgericht das Ersuchen des Erblassers auf Ernennung eines Testamentsvollstreckers ablehnen können, wenn eine Testamentsvollstreckung mit Rücksicht auf die Lage des Nachlasses und die berechtigten Interessen der Nachlassbeteiligten nicht zweckmäßig erscheint oder das Gericht zu der Auffassung gelangt, dass die Aufgaben des Testamentsvollstreckers weitgehend abgeschlossen sind.[461]

214 Die Gefahr der ggf. über § 2200 Abs. 1 BGB erfolgenden Ernennung eines Nachfolgers versucht die Praxis durch verdeckte Vereinbarungen zu vermeiden, bei denen die Testamentsvollstreckung im Außenverhältnis nicht berührt wird, während im Innenverhältnis zwischen Amtsinhaber und Erben Regelungen des Inhalts getroffen werden, dass die Testamentsvollstreckung als nach übereinstimmender Ansicht beendet oder inhaltslos angesehen und die Verwaltung des Nachlasses, einschließlich der Verfügungsbefugnis, den Erben überlassen wird.[462] Problematisch sind solche internen Vereinbarungen vor allem deswegen, weil sich der Testamentsvollstrecker hierdurch meist vollständig seiner Unabhängigkeit und Selbständigkeit gegenüber den Erben in einer Weise begibt, die nach der einschlägigen BGH-Rechtsprechung als rechtsunwirksam anzusehen ist.[463] Zur Rechtswirksamkeit entsprechender Vereinbarungen ist es also erforderlich, dass ein Restbestand an Unabhängigkeit des Amtes bestehen bleibt; eine völlige „Aushöhlung" der Testamentsvollstreckung in dem Sinne, dass sie wirklich nur als leere Hülle bestehen bleibt, ist demnach also nicht möglich.

V. Testamentsvollstreckung über unternehmerische Vermögenswerte

1. Problemstellung/Übersicht

215 Die Durchführbarkeit einer Testamentsvollstreckung im unternehmerischen Bereich ist in den letzten Jahren und Jahrzehnten aus verschiedenen Gründen immer wieder in Frage gestellt worden. Fast alle der erhobenen Einwände haben sich jedoch als nicht stichhaltig erwiesen. Im Ergebnis setzt vorrangig die Disparität der erb- und gesellschaftsrechtlichen Haftungsordnungen einer uneingeschränkten Rechtsausübung durch den Testamentsvollstrecker im unternehmerischen Bereich Grenzen. Diese Disparität resultiert aus der zwingenden, vom Erblasser nicht zu beseitigenden Möglichkeit des Erben, seine Haftung für aus Handlungen des Testamentsvollstreckers resultierende Verbindlichkeiten erbrechtlich, insbesondere durch die Beantragung der Nachlassinsolvenz, auf den Nachlass zu beschränken (vgl. §§ 2206, 2207 BGB sowie Rdnr. 116). Welche Einschränkungen hieraus tatsächlich resultieren und wie diese bei der Testamentsabfassung zu berücksichtigen sind, wird im Folgenden zusammengefasst.

---

[460] BGH Urt. v. 2.10.1957 – BGHZ 25, 275, 280 f.
[461] BGH Urt. v. 22.1.1964 – NJW 1964, 1316, 1318 f.; Palandt/*Edenhofer* § 2200 Rdnr. 3.
[462] Vgl. *Reimann* NJW 2005, 789, 791.
[463] Vgl. BGH Urt. v. 2.10.1957 – BGHZ 25, 275, 280, wonach z.B. die Verpflichtung eines mit der Verwaltung und Auseinandersetzung des Nachlasses betrauten Testamentsvollstreckers, nur diejenigen Handlungen vorzunehmen, denen alle Miterben zuvor zugestimmt haben, rechtsunwirksam ist, weil sich der Testamentsvollstrecker hierdurch vollständig seiner Unabhängigkeit und Selbständigkeit gegenüber den Erben begibt.

Hierbei fasst die **nachfolgende Übersicht** die Themenkreise dar, welche im Hinblick auf eine Testamentsvollstreckung im Unternehmensbereich zu berücksichtigen sind:

Checkliste: Testamentsvollstreckung im Unternehmensbereich

I. Vorüberlegungen
 1. Typ der beabsichtigten Testamentsvollstreckung: Abwicklungs-/Dauer-/ oder Verwaltungstestamentsvollstreckung?
 2. Erfordernis einer Zustimmung der Mitgesellschafter?
 3. Besonderheiten auf Grund von § 139 HGB oder auf Grund der Gestaltung der Erbfolgeklausel im Gesellschaftsvertrag (Probleme bei Eintritts- und rechtgeschäftlichen Nachfolgeklauseln)?
II. Abwicklungstestamentsvollstreckung
 ☐ Im Prinzip auch im handels- und gesellschaftsrechtlichen Bereich zulässig
 ☐ Erbrechtliche Haftungsvorgaben werden anerkannt
III. Dauer- und Verwaltungstestamentsvollstreckung
 Zulässig bei
 ☐ Auflösung der Gesellschaft bzw. Ausscheiden des Erblassers aus dieser und Verwaltung des Auseinandersetzungs- oder Abfindungsguthabens
 ☐ Kommandit- und Kapitalgesellschaftsbeteiligungen
  • Bei Kommanditanteilen Zustimmung der Mitgesellschafter erforderlich
  • Bestärkende Auflagen des Erblassers erforderlich wegen Kernbereichsproblematik, zur Vornahme von Kapitalmaßnahmen und bei ggf. erforderlicher Kündigung der Mitgliedschaft
 Unzulässig nach h.M. wegen Haftungsproblematik bei
  • Einzelkaufmännischen Unternehmen
  • OHG- und Komplementäranteilen sowie der Beteiligung eines BGB-Gesellschafters
IV. Alternativstrategien:
 1. Einzelkaufmännisches Unternehmen
  ☐ Vollmacht-/Treuhandlösung
  ☐ Umgründung in GmbH oder GmbH & Co. KG
 2. OHG-, Komplementär- und GbR-Anteil
  ☐ Vollmacht-/Treuhandlösung
  ☐ Testamentsvollstreckung an der „Außenseite der Beteiligung"
  ☐ Gesellschaftsvertragliche Umwandlung in Kommanditbeteiligung („Umwandlungsklausel")
  ☐ „Weisungsgeberlösung"

---

2. Fremdverwaltung einzelkaufmännischer Unternehmen

a) Einstellung des Unternehmens durch den Testamentsvollstrecker. Keine besonderen handelsrechtlichen Probleme wirft die Fallgestaltung auf, dass der Testamentsvollstrecker das einzelkaufmännische Unternehmen des Erblassers nach dessen Tod einstellen und abwickeln soll. Hier wird die Möglichkeit einer Haftungsbeschränkung auf den Nachlass für die Verbindlichkeiten, die der Testamentsvollstrecker im Rahmen der Abwicklung eingeht, von der ganz überwiegenden Auffassung zumindest dann hingenommen, wenn der Amtsinhaber die werbende Tätigkeit innerhalb der Drei-Monatsfrist des § 27 Abs. 2 HGB einstellt. In diesem Fall tritt er nicht als Unternehmer, sondern als Abwickler einer zweckgebundenen Aufgabe auf, was durch § 27 Abs. 2 HGB gebilligt wird.[464] Die Beschränkbarkeit der Erbenhaftung entfällt auch nicht, wenn es dem Testamentsvollstrecker nicht gelingt, das Unternehmen innerhalb der Drei-Monatsfrist zu liquidieren. Vielmehr reicht es aus, wenn sich der Testamentsvollstrecker innerhalb der Frist zur Geschäftsaufgabe entschließt und die werbende Tätigkeit daraufhin

---

[464] Vgl. Soergel/*Damrau* § 2205 Rdnr. 16; *Ebenroth* ErbR Rdnr. 690; *Winkler* Rdnr. 295.

einstellt.⁴⁶⁵ Zum Teil wird eine Abwicklungstestamentsvollstreckung, die ein einzelkaufmännisches Geschäft erfasst, generell auch dann für zulässig gehalten, wenn diese die Fortführung des Unternehmens über die Drei-Monatsfrist des § 27 Abs. 2 HGB hinaus beinhaltet.⁴⁶⁶ Hiergegen bestehen aber die gleichen, aus dem Konflikt zwischen erb- und handelsrechtlicher Haftungsordnung folgenden Bedenken, die die h.M. gegen die Zulässigkeit einer dauerhaften Fremdverwaltung des einzelkaufmännischen Unternehmens erhebt (s. nachstehende Rdnr. 217).⁴⁶⁷

217 b) **Dauerhafte Fremdverwaltung einzelkaufmännischer Unternehmen.** *aa) Grundsatz der Unzulässigkeit – Notwendigkeit des Rückgriffs auf Ersatzkonstruktionen.* Die dauerhafte Fremdverwaltung eines einzelkaufmännischen Unternehmens scheitert nach h.M. an dem Konflikt zwischen erb- und handelsrechtlicher Haftungsordnung.⁴⁶⁸ Die Beschränkung der Verpflichtungsbefugnis des Testamentsvollstreckers auf den Nachlass verträgt sich demnach nicht mit den Haftungsprinzipien des Handelsrechts, das grundsätzlich die volle persönliche Haftung des Unternehmensträgers für die Geschäftsschulden verlangt. Der Wille des Erblassers nach einer dauerhaften Fremdverwaltung des Handelsgeschäftes lässt sich nach h.M. nur durch kautelarjuristische Ersatzkonstruktionen verwirklichen, bei denen entweder der Testamentsvollstrecker (Treuhandlösung) oder der Erbe (Vollmachtlösung) unbeschränkbar persönlich haftet.⁴⁶⁹ Da beide Ersatzkonstruktionen die Mitwirkung des Erben erfordern, gilt es diese über die Ausübung testamentarischen Drucks sicherzustellen. Hierzu bedient man sich richtigerweise des Instruments der Auflage, weniger der bedingten Erbeinsetzung, da diese zwingend mit der Begründung einer konstruktiven, regelmäßig nicht bezweckten Vor- und Nacherbschaft verbunden ist (vgl. §§ 2104, 2105 BGB).

218 Bei der **Treuhandlösung** ist der Testamentsvollstrecker als Kaufmann tätig und dementsprechend in das Handelsregister einzutragen.⁴⁷⁰ Ohne dies immer ausdrücklich klarzustellen, begreift die Rechtsprechung die Treuhand als Ermächtigungstreuhand, d.h. der Testamentsvollstrecker wird nicht Eigentümer des Geschäftsvermögens, ihm wird vielmehr nur das Recht zur Verfügung über die seiner Verwaltung unterliegenden Geschäftsgegenstände eingeräumt.⁴⁷¹ Für die Vollrechtstreuhand und die hiermit verbundene Notwendigkeit einer (treuhänderischen) Übertragung des Eigentums am Geschäftsvermögen auf den Testamentsvollstrecker soll es einer ausdrücklichen testamentarischen Anordnung bedürfen.⁴⁷² Die Fortführung des Handelsgeschäfts durch den Testamentsvollstrecker steht für die Erben einer Einstellung i. S. d. § 27 Abs. 2 HGB gleich, so dass deren handelsrechtliche Haftung für die vom Erblasser herrührenden Geschäftsverbindlichkeiten bei einer innerhalb der Drei-Monatsfrist erfolgenden Übernahme des Geschäfts durch den Amtsinhaber entfällt.⁴⁷³ Die Haftung nach erbrechtlichen Grundsätzen für die vom Erblasser herrührenden Verbindlichkeiten bleibt hiervon unberührt, steht aber immer unter dem Vorbehalt der Beschränkbarkeit auf den Nachlass (§§ 1975, 1990). Der Testamentsvollstrecker kann seine persönliche Haftung für die bis zum Erbfall entstandenen Geschäftsverbindlichkeiten nach überwiegender Meinung in analoger Anwendung der §§ 25 Abs. 2, 27 Abs. 1 HGB durch Eintragung ins Handelsregister oder durch Mitteilung an die Gläubiger ausschließen.⁴⁷⁴

---

⁴⁶⁵ Soergel/*Damrau* § 2205 Rdnr. 16.
⁴⁶⁶ I.d.S. etwa *Brandner* FS Stimpel, 1985, S. 991, 992.
⁴⁶⁷ Ablehnend daher auch Soergel/*Damrau* § 2205 Rdnr. 16; Mayer/Bonefeld/Wälzholz/Weidlich/*Weidlich* Rdnr. 371.
⁴⁶⁸ Grundlegend RG Beschl. v. 26.3.1931 – RGZ 132, 138, 144; BGH Urt. v. 18.1.1954 – BGHZ 12, 100, 102; BGH Urt. v. 11.4.1957 – BGHZ 24, 106, 112; BGH Urt. v. 27.3.1961 – BGHZ 35, 13, 15 f.; aus der umfangreichen Lit. vgl. nur Soergel/*Damrau* § 2205 Rdnr. 16; Staudinger/*Reimann* § 2205 Rdnr. 90; Mayer/Bonefeld/Wälzholz/Weidlich/*Weidlich* Rdnr. 369 sowie die weiteren Nachweise in Fn. 457.
⁴⁶⁹ Ausf. zur konkreten Ausgestaltung und Umsetzung der Ersatzkonstruktionen *Lorz*, S. 37 ff.; Bengel/Reimann/*D. Mayer* Rdnr. V 120 ff.; Mayer/Bonefeld/Wälzholz/Weidlich/*Weidlich* Rdnr. 374 ff.
⁴⁷⁰ Vgl. nur *Baumbach/Hopt* § 1 Rdnr. 42.
⁴⁷¹ Vgl. BGH Urt. v. 16.10.1974 – NJW 1975, 54, 55; BFH Urt. v. 11.10.1990 – DB 1991, 634, 635; *Baumbach/Hopt* § 1 Rdnr. 42. Zu den mit der Ermächtigungstreuhand verbundenen haftungsrechtlichen Schwierigkeiten *Muscheler* Haftungsordnung S. 318 f.; *Lorz* S. 74 ff.
⁴⁷² Vgl. Mayer/Bonefeld/Wälzholz/Weidlich/*Weidlich* Rdnr. 383; Damrau/*Bonefeld* § 2205 Rdnr. 26.
⁴⁷³ *John* BB 1980, 757, 758; *Haegele* Rpfleger 1973, 113, 114.
⁴⁷⁴ KG Beschl. v. 3.11.1938 – KG, JW 1939, 104, 105; *John* BB 1980, 757, 759; a. A. *Johannsen* WM 1970, 570, 572.

Für die im Rahmen seiner Verwaltung neu begründeten Geschäftsverbindlichkeiten haftet 219
der Testamentsvollstrecker unbeschränkt mit seinem Privatvermögen, da die Verbindlichkeiten von ihm in seiner Eigenschaft als Inhaber des Handelsgeschäfts eingegangen wurden. Im Innenverhältnis kann der Amtsinhaber jedoch von den Erben gemäß §§ 2218, 670 BGB **Befreiung von der persönlichen Haftung für die eingegangenen Verbindlichkeiten** verlangen. Hierbei betrachtet der Bundesgerichtshof die Haftung der Erben für den Rückgriffsanspruch als unbeschränkbar, stuft den Aufwendungsersatzanspruch also nach Nachlasserbenverbindlichkeit ein.[475] Ein Großteil der Literatur folgt ihm in dieser Einschätzung, wobei überwiegend auf das neben die Testamentsvollstreckung tretende Geschäftsbesorgungsverhältnis, die Treuhandabrede, abgestellt wird, aus dem sich die Befugnis des Testamentsvollstreckers zur Begründung von Nachlasserbenschulden ergebe.[476] Im Ergebnis bedeutet dies, dass die Erben das Risiko der Fremdverwaltung ebenfalls in vollem Umfang zu tragen hätten, die Haftung würde lediglich aus dem Außenverhältnis in das Innenverhältnis übertragen. Richtigerweise ist demgegenüber davon auszugehen, dass der Rückgriffsanspruch des treuhänderisch agierenden Testamentsvollstreckers wie eine reine Nachlassverbindlichkeit zu behandeln und den Erben die Haftungsbeschränkungsmöglichkeit nicht zu versagen ist.[477]

Bei der Vollmachtlösung kommt allein den Erben die Kaufmannseigenschaft zu, in deren 220
Namen und als deren Bevollmächtigte der Testamentsvollstrecker das einzelkaufmännische Geschäft fortführt. Die Erben haften hierbei für die Altschulden erbrechtlich beschränkbar, sofern sie das Geschäft ohne Übernahme der Firma fortführen oder unbeschränkbar bei Weiterverwendung der Firma mit oder ohne Nachfolgezusatz (§§ 25, 27 HGB). Zugleich haben sie die Möglichkeit, in entsprechender Anwendung von § 25 Abs. 2 HGB die handelsrechtlich unbeschränkbare Haftung für die Altschulden durch Eintragung im Handelsregister und Bekanntmachung auszuschließen.[478] Im Hinblick auf die registergerichtliche Handhabung der Vollmachtlösung werden nur die Erben als verpflichtet angesehen, den Inhaberwechsel zum Handelsregister anzumelden.[479] Kontrovers wird die Frage diskutiert, ob die Tatsache der angeordneten Testamentsvollstreckung durch einen **Testamentsvollstreckervermerk im Handelsregister** zu verlautbaren ist. Richtigerweise ist davon auszugehen, dass das Publizitätsinteresse die Eintragung eines klarstellenden, eintragungsfähigen, nicht eintragungspflichtigen Testamentsvollstreckervermerks gebietet, auch wenn eine solche Eintragung nicht ausdrücklich vorgesehen ist (vgl. Rdnr. 66 m.w.N.).

Welche der genannten Möglichkeiten (Vollmacht oder Treuhandlösung) zur Fortführung des 221
ererbten Handelsgeschäftes in Betracht kommen, soll sich in erster Linie nach der letztwilligen Bestimmung durch den Erblasser und dem Inhalt entsprechender Auflagen richten. Bleibt die Frage offen, ist im Zweifel anzunehmen, dass der Testamentsvollstrecker das Geschäft als Treuhänder führen soll.[480]

> **Formulierungsvorschlag:**[481]
> Zu meinem Testamentsvollstrecker mit dem Wirkungskreis der Fortführung meines einzelkaufmännischen Unternehmens ernenne ich … Der Testamentsvollstrecker hat das Unternehmen entweder im eigenen Namen und unter eigener persönlicher Haftung als Treuhänder für Rechnung der Erben oder im eigenen Namen und unter Haftung der Erben als deren Bevollmächtigter zuführen. Die Wahl zwischen den vorgenannten Möglichkeiten steht im freien Er-

---

[475] BGH Urt. v. 18.1.1954 – BGHZ 12, 100, 104.
[476] *Winkler* Rdnr. 308; *Bengel/Reimann/D. Mayer* Rdnr. V 127.
[477] Ebenso Soergel/*Damrau* § 2205 Rdnr. 20, 34 BGB; Damrau/*Bonefeld* § 2205 Rdnr. 25; *Muscheler* Haftungsordnung S. 316; *K. Schmidt* HR § 5 I d bb; ausf. *Lorz* S. 86 ff.
[478] Grundlegend KG Beschl. v. 5.9.1940 – KG DR 1940, 2007; aus der Lit. vgl. *Baumbach/Hopt* § 1 Rdnr. 41; Ebenroth/Boujong/Joost/*Zimmer* HGB, § 27 Rdnr. 13; Damrau/*Bonefeld* § 2205 Rdnr. 22.
[479] I. d. S. Soergel/*Damrau* § 2205 Rdnr. 19 BGB; *Winkler* Rdnr. 317.
[480] I. d. S. wohl BGH Urt. v. 11.4.1957 – BGHZ 24, 106, 112; BGH Beschl. v. 10.1.1996 – ZEV 1996, 110, 111 m. Anm. *Lorz*; vgl. auch Mayer/Bonefeld/Wälzholz/Weidlich/*Weidlich* Rdnr. 382.
[481] Ausf. Bengel/Reimann/*D. Mayer* Rdnr. V 140.

> messen des Testamentsvollstreckers. Die Erben werden hiermit im Wege der Auflage verpflichtet, dem Testamentsvollstrecker die entsprechenden Befugnisse einzuräumen. In jedem Fall sind Verfügungen der Erben über das einzelkaufmännische Unternehmen ohne Mitwirkung des Testamentsvollstreckers unzulässig.

222 *bb) Unzulänglichkeit der Ersatzlösungen.* Die Umsetzung der Ersatzkonstruktionen ist problembehaftet. Die Treuhandlösung erweist sich insbesondere aus tatsächlichen Gründen als unzulänglich. Selbst für den Fall, dass dem Amtsinhaber als angemessene Vergütung nach § 2221 BGB eine zusätzliche „Risikoprämie" im Sinne einer Beteiligung an den Erträgnissen des Unternehmens gewährt wird, wird sich nur selten ein Testamentsvollstrecker zur Ausübung eines mit einer unbeschränkten Außenhaftung verbundenen Amtes bereit finden. Steuerlich gilt es zu berücksichtigen, dass die Treuhandlösung den Testamentsvollstrecker zum Umsatzsteuerschuldner macht und ihm das Risiko einer Gewerblichkeit des Testamentsvollstreckerhonorars aufbürdet, mit entsprechenden Infizierungsfolgen (vgl. Rdnr. 304 f.).

223 Die Vollmachtlösung hat konstruktiv mit der Schwierigkeit bzw. Unmöglichkeit zu kämpfen, die Vollmacht verdrängend und unwiderruflich auszugestalten.[482] Hinzu kommt die fehlende Möglichkeit, durch postmortale Bevollmächtigung die erforderliche unbeschränkbare Erbenverpflichtung herbeizuführen (ausf. § 20 Rdnr. 33 f.). Die hiermit verbundene Notwendigkeit, die Erben durch erbrechtliche Auflagen zur unwiderruflichen Bevollmächtigung des Testamentsvollstreckers zu zwingen und von einem Tätigwerden abzuhalten, wird unter dem Gesichtspunkt der Sittenwidrigkeit gerade auch von der Rechtsprechung in Frage gestellt.[483] Auch wenn sich die Gefahren, die bei der Vollmachtlösung aus der überschießenden Außenmacht des Testamentsvollstreckers resultieren, durch zeitliche und inhaltliche Beschränkungen auf ein für den Erben erträgliches Maß reduzieren lassen,[484] besteht doch ein zunehmendes Unbehagen mit der Möglichkeit, dass der Erbe mit unbeschränktem Risiko mit seinem Eigenvermögen von einer Person verpflichtet wird, die nicht sein Vertrauen besitzen muss und auf deren Auswahl er keinen Einfluss hatte.[485] Bei dieser Rechtslage sollte die Praxis daher möglichst von der Verwendung der Vollmachtlösung Abstand nehmen; die Vollmachtauflage ist allenfalls als unterstützende Maßnahme der Nachfolgeplanung brauchbar.

224 *cc) Echte Testamentsvollstreckerlösung.* Die der h.M. zugrunde liegende Prämisse, dass die Fortführung eines einzelkaufmännischen Unternehmens durch den Testamentsvollstrecker aus haftungsrechtlichen Gründen „völlig unvereinbar ... mit den Bedürfnissen eines geordneten und sicheren Handelsverkehrs" ist,[486] wird im Schrifttum gerade in jüngerer Zeit immer mehr in Zweifel gezogen. Es mehren sich die Stimmen, die im Anschluss an *Fritz Baur* eine echte und dauerhafte Testamentsvollstreckerlösung für zulässig halten, bei der der Testamentsvollstrecker als solcher ohne eigene Haftung tätig wird, bei gleichzeitiger, unter Beifügung eines Testamentsvollstreckervermerks erfolgenden Eintragung der Erben im Handelsregister.[487] Auch wenn *de lege ferenda* viel für eine solche Lösung spricht, lässt sich die hiermit verbundene **Aufweichung des Grundsatzes der unbeschränkbaren persönlichen Haftung** des Unternehmensträgers, und zwar über eine potenziell sehr lange Zeitdauer (s. § 2210 BGB), mit handelsrechtlichen Haftungsprinzipien nicht in Übereinstimmung bringen.[488]

---

[482] Ausf. Mayer/Bonefeld/Wälzholz/Weidlich/*Weidlich* Rdnr. 374.
[483] Vgl. BGH Urt. v. 20.1.1969 – WM 1969, 492, 493; BayObLG Beschl. v. 12.2.1986 – BayObLGZ 1986, 34, 40; *John*, BB 1980, 757, 758.
[484] Hierzu Damrau/*Bonefeld* § 2205 Rdnr. 22; Mayer/Bonefeld/Wälzholz/Weidlich/*Weidlich* Rdnr. 377.
[485] I. d. S. etwa ausdrücklich *Stimpel*, FS Brandner, 1996, S. 779, 788 (für den Fall der OHG); ablehnend auch MünchKommBGB/*Zimmermann* § 2205 Rdnr. 26.
[486] So RG Beschl. v. 26.3.1931 – RGZ 132, 138, 144.
[487] Vgl. *F. Baur*, FS Dölle, 1963, S. 249; *Muscheler* Haftungsordnung S. 392 ff.; i. d. S. auch MünchKommBGB/*Zimmermann* § 2205 Rdnr. 22 f. BGB; *Goebel* ZEV 2003, 261; *Baumbach/Hopt* § 1 Rdnr. 44.
[488] Ebenso Röhricht/Graf von Westphalen/*Röhricht* HGB § 1 Rdnr. 82; MünchKommHGB-Ergbd./*K. Schmidt* § 1 Rdnr. 53; Damrau/*Bonefeld* § 2205 Rdnr. 21; vgl. auch die explizite Betonung der Gläubigerinteressen in der Begründung des Regierungsentwurfs zum MHbeG, BT-Drucks. 13/5624.

Eine andere Beurteilung kann m.E. eingreifen, wenn der Testamentsvollstrecker das einzelkaufmännische Unternehmen **für einen minderjährigen Erben** fortführt, lässt die durch das MHbeG eingeführte Vorschrift des § 1629 a BGB[489] die Gläubigerinteressen in diesem Fall doch ohnehin in den Hintergrund treten. Den Interessen der Gläubiger würde hier insoweit Rechnung getragen, als die permanente Führung eines „einzelkaufmännischen Geschäftes mit beschränkbarer Haftung" vermieden würde und die Minderjährigkeit aus dem Handelsregister ersichtlich ist (vgl. §§ 106, 162 i.V.m. § 24 Abs. 1 HRV); bei wirtschaftlicher Betrachtung dürfte die Verwaltung durch einen kompetenten Testamentsvollstrecker ohnehin bei weitem gläubigerfreundlicher als diejenige durch Eltern/Vormund sein. Andererseits würde die zeitlich beschränkte Anerkennung einer Testamentsvollstreckung dem Amtsinhaber die Möglichkeit eröffnen, bei Minderjährigkeit des Erben das einzelkaufmännische Geschäft ohne Rücksicht auf die Drei-Monatsfrist des § 27 Abs. 2 HGB zunächst als werbende Einheit fortzuführen und zu einem späteren Zeitpunkt in eine der Testamentsvollstreckung zugängliche Rechtsform überzuleiten, ohne auf die Ersatzkonstruktionen der Vollmacht- und Treuhandlösung angewiesen zu sein. Allerdings würde auch eine solche Lösung dann an ihre Grenzen stoßen, wenn weitere volljährige Erben mit dem Minderjährigen in einer Erbengemeinschaft zusammen treffen und Testamentsvollstreckung angeordnet ist.

225

dd) Vollstreckungssperre. Die nach h.M. gegebene Unzulässigkeit einer Verwaltungs- oder Dauertestamentsvollstreckung am einzelkaufmännischen Unternehmen lässt die Wirkungen der Anordnungen des Erblassers nicht ohne weiteres entfallen. Vielmehr ist auf der Grundlage der Rechtsprechung zur Testamentsvollstreckung an der „Außenseite" der Personengesellschaftsbeteiligung (hierzu Rdnr. 244 ff.) davon auszugehen, dass die Vollstreckungssperre des § 2214 BGB unberührt bleibt, also den Eigengläubigern des Erben eine Zwangsvollstreckung in die Wirtschaftsgüter des Betriebes nicht möglich ist.[490] Dies eröffnet die Möglichkeit der Anordnung einer sog. beaufsichtigenden Testamentsvollstreckung, bei der die Erben im Innenverhältnis agieren, im Außenverhältnis aber bei Verfügungen über das Betriebsvermögen oder das Unternehmen im Gesamten an die Zustimmung des Testamentsvollstrecker gebunden sind (vgl. auch Rdnr. 245). Aus haftungsrechtlichen Gründen kann sich die Vollstreckungssperre des § 2214 BGB gegenüber Gläubigern von Geschäftsschulden, die der Erbe nach Eintritt des Erbfalls eingegangen ist, jedoch richtigerweise nicht durchsetzen, wäre doch andernfalls wiederum die Möglichkeit der Führung eines Handelsgeschäfts mit beschränkter Haftung gegeben.[491]

226

ee) Alternativen. In Anbetracht der praktischen Umsetzungsprobleme sowie der geschilderten Konfliktpotenziale ist die Anordnung einer längerfristigen Testamentsvollstreckung an einzelkaufmännischen Unternehmen bzw. ein Ausweichen auf die kautelarjuristischen Ersatzkonstruktionen nach Möglichkeit zu vermeiden. Entsprechend der Faustregel, dass eine Testamentsvollstreckung an Kapitalgesellschaften leichter möglich ist, sollte der Nachlass bereits zu Lebzeiten des Erblassers entsprechend strukturiert werden. Für die **Umgründung eines einzelkaufmännischen Unternehmens** kommt insoweit praktisch nur die GmbH oder die – unter Zugrundelegung der derzeitigen Gesetzeslage – aus erbschaftsteuerlicher Sicht meist vorteilhafte GmbH & Co. KG in Betracht. Die entscheidenden Vorteile der Kapitalgesellschaft (Ermöglichung der Fremdorganschaft, Beschränkung der Haftung der Rechtsträger) sind gerade für die Testamentsvollstreckung von ausschlaggebender Bedeutung, insbesondere in dem Fall, dass dem Amtsinhaber unternehmerische Leitungsaufgaben zugewiesen werden sollen. Dementsprechend ist dem Erblasser die lebzeitige Umgründung seines Unternehmens (etwa durch Ausgliederung zur Neugründung gemäß § 123 Abs. 3 Nr. 2 UmwG) anzuraten. Soll der mitgliedschaftsrechtliche Einfluss mehrerer Erben unterschiedlich ausgestaltet werden, kann auch die Etablierung einer „EinMannGmbH & Co. KG" als lebzeitige Vorsorgegestaltung zweckmäßig sein.

227

---

[489] Ausf. zur Umsetzung der Haftungsbeschränkung *Christmann* ZEV 1999, 416; ZEV 2000, 45; zum MHbeG vgl. auch *Klumpp* ZEV 1998, 409; *Behnke* NZG 1999, 244; *Dauner-Lieb* ZIP 1996, 1818; *Muscheler* WM 1998, 2271.
[490] *Reimann* Wirtschaftsrechtspraxis, Rdnr. 368; Mayer/Bonefeld/Wälzholz/Weidlich/*Weidlich* Rdnr. 386.
[491] Zutreffend Mayer/Bonefeld/Wälzholz/Weidlich/*Weidlich* Rdnr. 387; Damrau/*Bonefeld* § 2205 Rdnr. 30.

228 Unterbleibt eine lebzeitige Umgründung, sollte der Erblasser die Erben per Auflage im Unternehmertestament zur Vornahme entsprechender Maßnahmen zwingen, um eine reibungslose Fremdverwaltung des vererbten Unternehmens zu ermöglichen. In diesem Rahmen kann sich die **Verwendung letztwilliger Gesellschaftsgründungsklauseln** anbieten, bei denen der Erblasser den Erben den Abschluss des Gesellschaftsvertrages einer GmbH sowie die Übertragung der Vermögenswerte auf diese auferlegt.[492] Vorzuziehen sind jedoch lebzeitige Umstrukturierungen.

> **Formulierungsvorschlag:**[493]
>
> Die Erben werden im Wege der Auflage verpflichtet, mein einzelkaufmännisches Unternehmen auf eine GmbH im Wege der Sachgründung oder Umwandlung zu überführen. Die Beteiligungsverhältnisse der Erben an der GmbH haben dabei der Beteiligung am Nachlass zu entsprechen. Das Stammkapital ist im Rahmen der gesetzlichen Vorschriften beteiligungskonform festzusetzen. Wegen der Ausgestaltung des Gesellschaftsvertrages wird auf die Anlage zu diesem Testament verwiesen. Diese Anlage ist wesentlicher Bestandteil dieser Verfügung.

229 Die weiter gehende Frage, ob der Testamentsvollstrecker **bereits kraft seiner Verwaltungsbefugnis** als berechtigt anzusehen ist, ein einzelkaufmännisches Geschäft auf eine Kapitalgesellschaft zu überführen, ist als nicht abschließend geklärt anzusehen. Zu bejahen ist die Möglichkeit des Testamentsvollstreckers, mit Wirkung für die Erben die Umwandlung zu beschließen, unzweifelhaft für den als Vollrechtstreuhänder agierenden Testamentsvollstrecker.[494] Die Befugnis des „als Testamentsvollstrecker" handelnden Amtsinhabers zur Vornahme einer Ausgliederung zur Neugründung (§ 123 Abs. 3 Nr. 2 UmwG) wird z. T. bereits unter (formaler) Berufung auf die fehlende Kaufmannseigenschaft des Testamentsvollstreckers sowie die fehlende Analogiefähigkeit des Umwandlungsrechts verneint (vgl. §§ 124 Abs. 1, 1 Abs. 2 UmwG).[495] Richtigerweise ist auch der in „amtlicher Eigenschaft" handelnde Testamentsvollstrecker als berechtigt anzusehen, zumindest innerhalb der Drei-Monatsfrist des § 27 Abs. 2 HGB eine Ausgliederung vorzunehmen, wobei der Geschäftsanteil an der neu entstehenden GmbH gemäß § 2041 BGB an den Erben bzw. die Erbengemeinschaft fällt, aber weiterhin der angeordneten Testamentsvollstreckung untersteht.[496]

230 Weitere Beschränkungen, auch im Hinblick auf die neben der Ausgliederung bestehende Möglichkeit, das einzelkaufmännische Unternehmen im Wege der Einzelrechtsübertragung durch Sachgründung auf eine GmbH zu überführen, sollen wiederum aus der Haftungsproblematik resultieren, insbesondere im Hinblick auf die Haftung für die bis zur Eintragung entstehenden Zwischenneuschulden sowie eine etwaige Differenzhaftung gemäß § 9 GmbHG (ausf. Rdnr. 272 ff.). In der praktischen Umsetzung ist daher eine Verstärkung der Handlungsbefugnisse des Testamentsvollstreckers dahin gehend notwendig, dass die Erben im Wege der Auflage verpflichtet werden, entsprechenden Maßnahmen des Testamentsvollstreckers zuzustimmen und/oder diesen auch persönlich zu bevollmächtigen. Entsprechende testamentarische Anordnungen des Erblassers sind auch zur Klärung der im Verhältnis zum Erben maßgeblichen Frage anzuraten, inwieweit die Umwandlung durch den Testamentsvollstrecker **einer ordnungsgemäßen Verwaltung des Nachlasses** entspricht (§ 2216 Abs. 1 BGB).[497] Allerdings steht auch eine Anordnung des Inhalts, der Testamentsvollstrecker habe das ererbte einzelkaufmännische Geschäft fortzuführen, der Umwandlung in eine Kapitalgesellschaft

---

[492] Hierzu ausf. *Strothmann*, Die letztwillige Gesellschaftsgründungsklausel, Diss. Hamburg 1983.
[493] Nach Bengel/Reimann/*D. Mayer* Rdnr. V 143 und *Winkler* Rdnr. 853 b.
[494] Vgl. Soergel/*Damrau* § 2205 Rdnr. 21 a. E.; *Mayer* in Widmann/Mayer Umwandlungsrecht § 152 UmwG Rdnr. 45 m.w.N; Palandt/*Edenhofer* § 2205 Rdnr. 19 (bei entsprechender Anordnung des Erblassers). Ausf. *Lorz* S. 97 ff. m. umfangreichen Nachweisen.
[495] I.d.S. ausf. Widmann/Mayer/*Mayer* Umwandlungsrecht § 152 UmwG Rdnr. 44 ff. m.w.N.
[496] Wie hier auch Soergel/*Damrau* § 2205 Rdnr. 18; *Esch/Baumann/Schulze zur Wiesche* Rdnr. I 1514; Mayer/Bonefeld/Wälzholz/Weidlich/*Weidlich* Rdnr. 388.
[497] Hierzu ausf. *J. Mayer* ZEV 2002, 209, 215; *Lorz* S. 109 ff.

unter dem Gesichtspunkt des § 2216 BGB nicht zwingend entgegen.[498] Entscheidend ist, ob die Umwandlung einer am objektiven Nachlassinteresse ausgerichteten ordnungsgemäßen Verwaltung entspricht, wobei ein Verstoß gegen § 2216 BGB die Wirksamkeit einer etwaigen Umwandlung nicht berührt, wohl aber eine Schadensersatzpflicht des Testamentsvollstreckers nach § 2219 BGB begründen kann.

3. Fremdverwaltung von Personengesellschaftsanteilen

a) Einführung. Die Diskussion um die Zulässigkeit einer Testamentsvollstreckung am Personengesellschaftsanteil ist für den Praktiker nur schwer überschaubar. Die Gefahr, den Wald vor lauter Bäumen nicht mehr zu erkennen, scheint gleichwohl weitgehend gebannt. Höchstrichterliche Entscheidungen wie der BGH-Beschluss zur Zulässigkeit der Testamentsvollstreckung am Kommanditanteil sowie die Entscheidung des Erbrechtssenats zur Testamentsvollstreckung an der „Außenseite" der Beteiligung eines persönlich haftenden Gesellschafters haben einerseits zu einer gewissen Klärung der Problematik beigetragen, andererseits neue Optionen eröffnet.

b) Unproblematische Fallgestaltungen. Keine Probleme auf der Schnittstelle zwischen Erb- und Gesellschaftsrecht wirft der seltene Fall auf, dass die Personengesellschaft als Folge des Todes eines Gesellschafters kraft gesellschaftsvertraglicher oder – bei der BGB-Gesellschaft – kraft gesetzlicher Anordnung aufgelöst wird. In diesem Fall unterliegen sowohl die **Beteiligung an der Abwicklungsgesellschaft** wie das auf den Erben entfallende Auseinandersetzungsguthaben voll umfassend einer angeordneten Testamentsvollstreckung, wobei sich die Mitwirkungsbefugnis des Testamentsvollstreckers auch ohne Zustimmung der Mitgesellschafter auf die inneren Angelegenheiten der Abwicklungsgesellschaft erstreckt.[499] Trotz der fehlenden Befugnis des Testamentsvollstreckers, den Erben unbeschränkbar zu verpflichten, ergeben sich keine haftungsrechtlichen Probleme, da dem Erben für die in der Liquidation eingegangenen Verbindlichkeiten ohnehin die erbrechtliche Haftungsbeschränkung offen steht.[500] Der Beschluss, die Abwicklungsgesellschaft wieder in eine werbende umzuwandeln, bedarf der Zustimmung des Testamentsvollstreckers, da hierdurch der seinem Verwaltungsrecht unterliegende Anspruch auf das Auseinandersetzungsguthaben entfallen würde.[501]

Wird die Gesellschaft beim Tod eines Gesellschafters entsprechend der gesetzlichen Regel bei der OHG (§ 131 Abs. 3 Nr. 1 HGB) **unter Ausschluss der Erben fortgesetzt** oder wird von einem gesellschaftsvertraglichen Eintrittsrecht kein Gebrauch gemacht, so fällt der aus der Mitgliedschaft des Erblassers stammende Abfindungsanspruch in den Nachlass und kann damit ohne weiteres Gegenstand sowohl einer Abwicklungs- als auch einer Verwaltungstestamentsvollstreckung sein.[502] Entsprechendes gilt für den Abfindungsanspruch des Erben, der gemäß § 139 Abs. 2 HGB sein Ausscheiden aus der Gesellschaft erklärt.

Bei Verwendung einer Nachfolgeklausel bleibt für eine zugleich angeordnete Abwicklungstestamentsvollstreckung an der Mitgliedschaft zumindest dann kein Raum, wenn man mit dem BGH-Erbrechtssenat von einem **einheitlichen Übergang des Anteils** auf den oder die Gesellschaftererben ausgeht.[503] Im Rahmen einer einfachen Nachfolgeklausel erwerben die Erben die Beteiligung mit samt den zugehörigen Vermögensrechten im Wege der Singularsukzession, ohne dass es eine Abwicklung oder Auseinandersetzung bedürfte; bei einer qualifizierten Nachfolgeklausel gilt dies nur in Bezug auf den gesellschaftsvertraglich benannten oder qualifizierten Nachfolger. Eine zugleich angeordnete Auseinandersetzungstestamentsvollstreckung über den Anteil ist wegen der fehlenden gesamthänderischen Bindung desselben gegenstands-

---

[498] Vgl. *Lorz* S. 109 ff.; *J. Mayer* ZEV 2002, 209, 215; zurückhaltend zur Frage der Umwandlungsbefugnis des Testamentsvollstreckers bei Fehlen einer ausdrücklichen testamentarischen Anordnung *Frank* ZEV 2003, 5, 6.
[499] Vgl. BGH Urt. v. 24.11.1980 – NJW 1981, 749, 750; *Schmitz* ZGR 1988, 140, 159, *Klein* DStR 1992, 292, 294; Soergel/*Damrau* § 2205 Rdnr. 27.
[500] BGH Urt. v. 6.7.1981, LM HGB § 5 Nr. 3 = NJW 1982, 45, 46; *Winkler* Rdnr. 295.
[501] Str.; vgl. Ebenroth/Boujong/Joost/*Lorz* HGB § 139 Rdnr. 63 m.w.N.
[502] BGH Urt. v. 25.2.1985 – NJW 1985, 1953; MünchKommBGB/*Zimmermann* § 2205 Rdnr. 29; Soergel/*Damrau* § 2205 Rdnr. 28 a.
[503] BGH Urt. v. 14.5.1986 – BGHZ 98, 48, 51, 56 f.; ebenso *Marotzke* AcP 187 (1987); 223; *Flume* NJW 1981, 161; *Ulmer/Schäfer* ZHR 160 (1996), 413, 420 ff.

los.[504] Unter Zugrundelegung der Sichtweise des BGH-Gesellschaftsrechtssenats, der an der Zuordnung der aus der Beteiligung abzuleitenden vermögensrechtlichen Ansprüche zum gesamthänderisch gebundenen Nachlass festhält,[505] kommt dem mit der Abwicklung betrauten Testamentsvollstrecker hingegen die Aufgabe zu, die Auseinandersetzung hinsichtlich dieser Ansprüche durchzuführen.

235 c) Dauer- oder Verwaltungstestamentsvollstreckung an voll haftenden Beteiligungen.
aa) OHG- und Komplementärbeteiligungen. Die angeordnete Testamentsvollstreckung bezieht sich nur auf den Nachlass (vgl. § 2205 S. 1 BGB). Dementsprechend kann die angeordnete Fremdverwaltung nur Personengesellschaftsanteile erfassen, die kraft erbrechtlicher Nachfolgeklausel auf die Erben übergeleitet worden sind. Vollzieht sich die Nachfolge in den Gesellschaftsanteil kraft Eintritts- oder rechtsgeschäftlicher Nachfolgeklausel, so soll eine angeordnete Testamentsvollstreckung von vornherein ohne Wirkung bleiben. Dies gilt es bei Testamentsabfassung und Klauselgestaltung zu berücksichtigen (vgl. Rdnr. 32 m.w.N.).

236 Gegen die dauerhafte Fremdverwaltung der Beteiligung eines Personengesellschafters wurden aus gesellschaftsrechtlicher Sicht verschiedene Einwände erhoben, die sich jedoch als nicht stichhaltig erwiesen haben. Insbesondere die in der Vergangenheit vehement diskutierte Frage, ob die Mitgliedschaft trotz des **Prinzips der Sonderrechtsnachfolge** als Nachlassbestandteil anzusehen ist und dementsprechend einer Testamentsvollstreckung unterliegen kann, ist spätestens seit dem Beschluss des Bundesgerichtshofes zur Zulässigkeit einer Testamentsvollstreckung am Kommanditanteil im Sinne der Nachlasszugehörigkeit des Anteils geklärt.[506] Auch das verschiedentlich gegen die Zulässigkeit einer Testamentsvollstreckung am Personengesellschaftsanteil angeführte Abspaltungsverbot ist nicht einschlägig: Bei der Testamentsvollstreckung werden die Mitgliedschaftsrechte insgesamt von einem Dritten ausgeübt, eine unzulässige Abspaltung von Einzelbefugnissen findet nicht statt.[507] Ebenso wenig steht nach h.M. der **Grundsatz der Selbstorganschaft** der Ausübung von organschaftlichen Befugnissen durch den Testamentsvollstrecker entgegen, repräsentiert dieser doch den Gesellschafter-Erben.[508]

237 Im Hinblick auf den individualistischen Charakter des Gesellschaftsverhältnisses besteht Einigkeit, dass eine dauerhafte Fremdverwaltung zwingend **die Zustimmung der Mitgesellschafter** voraussetzt.[509] Hierauf ist bei der Abfassung des Gesellschaftsvertrages zu achten.

Formulierungsvorschlag:

Verstirbt ein Gesellschafter und hat er hinsichtlich seiner Beteiligung an dieser Gesellschaft Testamentsvollstreckung angeordnet, so werden sämtliche Rechte und Pflichten der Erben und/oder Vermächtnisnehmer im gesetzlich zulässigen Rahmen von dem Testamentsvollstrecker wahrgenommen. Der Testamentsvollstrecker ist insbesondere auch berechtigt, an Beschlussfassungen über Änderungen des Gesellschaftsvertrages, Verkauf des Unternehmens und Liquidation der Gesellschaft mit bindender Wirkung für die Erben und/oder Vermächtnisnehmer mitzuwirken.

---

[504] Vgl. KG Beschl. v. 7.3.1991 – NJW-RR 1991, 835, 836; *Damrau* NJW 1984, 2785, 2786, Sudhoff/*Scherer* Unternehmensnachfolge, § 9 Rdnr. 44; Damrau/*Bonefeld* § 2205 Rdnr. 36; MünchKommBGB/*Zimmermann* § 2205 Rdnr. 32. Vgl. auch OLG Hamm Urt. v. 6.11.2001 – NJW-RR 2002, 729 zur fehlenden Befugnis eines Auseinandersetzungstestamentsvollstreckers, mit Klage auf Feststellung der Auflösung einer KG zu erheben, deren Gesellschaftsanteile im Wege der Universalsukzession auf die Erben übergegangen sind.
[505] BGH Beschl. v. 3.7.1989 – BGHZ 108, 187, 192; BGH Urt. v. 30.4.1984 – BGHZ 91, 132, 136 f.
[506] Vgl. BGH Beschl. v. 3.7.1989 – BGHZ 108, 187, 1994 f.; die erreichte Übereinstimmung zwischen Erb- und Gesellschaftsrechtssenat betonend auch BGH Beschl. v. 10.1.1996 – ZEV 1996, 110 m. Anm. *Lorz.* Zur Diskussion um die Frage der Nachlasszugehörigkeit des Personengesellschaftsanteils *Muscheler* Haftungsordnung S. 469 ff.; *Raddatz,* Die Nachlasszugehörigkeit vererbter Personengesellschaften, Diss. Berlin 1991, S. 39 ff.; *Siegmann,* Personengesellschaftsanteil und Erbrecht, Diss. Berlin 1992, S. 137 ff.; *Lorz* S. 126 ff.
[507] BGH Beschl. v. 3.7.1989 – BGHZ 108, 187, 199; ebenso bereits *Rowedder,* FS Goerdeler 1987, S. 445, 464.
[508] MünchKommBGB/*Zimmermann* § 2205 Rdnr. 37; *Stimpel,* FS Brandner, 1996 S. 779, 783; Ebenroth/Boujong/*Joost/Lorz* HGB § 139 Rdnr. 68; a. A. jedoch *Hehemann* BB 1995, 1301, 1307.
[509] Vgl. aus der Rspr. nur BGH Urt. v. 10.2.1977 – BGHZ 68, 225, 241; BGH Beschl. v. 3.7.1989 – BGHZ 108, 187, 191; ausf. Formulierungsbeispiel auch bei *Everts* MittBayNot 2003, 427, 432.

Nach einem Teil der Literatur beinhaltet bereits eine einfache Nachfolgeklausel die erforderliche Zustimmung;[510] dem ist allerdings nicht beizutreten. Letztlich handelt es sich um eine **Auslegungsfrage**, wobei die Anforderungen an die erforderliche Bestimmtheit der Zulassung je nach Ausgestaltung des Gesellschaftsverhältnisses unterschiedlich sein können. Bei entsprechender Bindung zwischen den Gesellschaftern kann z. B. aus der Zustimmung zur Ausübung der Rechte durch einen bestimmten, namentlich bezeichneten Testamentsvollstrecker nicht ohne weiteres auf die Zulässigkeit der Ausübung der Gesellschafterrechte durch einen Ersatzvollstrecker geschlossen werden.[511]

238

Nach alledem steht allein die **Disparität der erb- und gesellschaftsrechtlichen Haftungsordnung** der dauerhaften Fremdverwaltung von OHG- und Komplementäranteilen entgegen, die daher insbesondere von der Rechtsprechung als unzulässig angesehen wird.[512] Diese Sichtweise wird in der Literatur von den Vertretern einer echten Testamentsvollstreckerlösung zum Teil generell in Zweifel gezogen,[513] zum Teil wird die Möglichkeit einer dauerhaften Fremdverwaltung des Anteils zumindest bei fehlender organschaftlicher Vertretungs- und Geschäftsführungsbefugnis des Erblassers und damit gleichzeitig des Testamentsvollstreckers bejaht.[514] Letzteres liegt in der Konsequenz der Rechtsprechung zur Testamentsvollstreckung am Kommanditanteil, ist aber nicht als gesichert anzusehen.

239

Die haftungsrechtlichen Grenzen der Rechtsmacht des Testamentsvollstreckers sind auch bei der Vornahme von **Umwandlungen nach dem Umwandlungsgesetz** zu beachten. Insbesondere die Verschmelzung und die Spaltung auf bzw. der Formwechsel von einer Kapitalgesellschaft in eine Personengesellschaft können haftungsrechtliche Divergenzen zwischen Erb- und Gesellschaftsrecht hervorrufen. Bringt die Umwandlung für den Gesellschafter-Erben die Stellung eines unbeschränkbar haftenden Gesellschafters mit sich, so kann die Zustimmung des Testamentsvollstreckers demnach nur im Einvernehmen mit dem betroffenen Erben erklärt werden.[515] Andernfalls muss der Testamentsvollstrecker dafür Sorge tragen, dass der Gesellschafter-Erbe die Stellung eines Kommanditisten eingeräumt erhält, an welcher sich seine Verwaltungsbefugnis fortsetzt, sofern er nicht nach Maßgabe der betreffenden Vorschriften des Umwandlungsgesetzes das Ausscheiden des Erben gegen Barabfindung erklärt.

240

Das MHbeG kann m.E. allerdings auch hier zum Anlass genommen werden, die bislang h.M. kritisch zu hinterfragen und eine „echte" Testamentsvollstreckung zumindest für die **Dauer der Minderjährigkeit des Gesellschafter-Erben** zuzulassen, d.h. für einen Zeitraum, während dessen die Gläubigerinteressen kraft gesetzlicher Anordnung ohnehin beeinträchtigt sind. Zwar wird zum Teil bestritten, dass auch die Ansprüche von Gläubigern der Gesellschaft der Haftungsbeschränkung nach § 1629 a Abs. 1 BGB unterliegen, nicht zuletzt im Hinblick auf den unklaren Wortlaut der Vorschrift. Angesichts von Normzweck und eindeutiger Begründung des Gesetzgebers wird man dies aber nicht in Frage stellen können.[516] Lässt man die Testamentsvollstreckung für die Dauer der Minderjährigkeit des Nachfolgers zu und räumt dem Erben das Recht zur Haftungsbeschränkung auch für die Schulden ein, die auf das Handeln des Testamentsvollstreckers zurückzuführen sind, so stellt sich die weiter gehende Frage, ob die Beschränkungsmöglichkeit entsprechend § 1629 a Abs. 1 BGB auf das beim Eintritt der Voll-

241

---

[510] I. d. S. etwa *Winkler* Rdnr. 348; Staudinger/*Reimann* § 2205 Rdnr. 82; Damrau/*Bonefeld* § 2205 Rdnr. 39; a. A. etwa *Stimpel*, FS Brandner, 1996, S. 778, 781.

[511] OLG Stuttgart Beschl. v. 12.10.1988 – ZIP 1988, 1335, 1336 f.

[512] Grundlegend RG Urt. v. 4.3.1943 – RGZ 170, 392, 394; BGH Urt. v. 11.4.1957 – BGHZ 24, 106, 112 f.; BGH Urt. v. 10.2.1977 – BGHZ 68, 225, 239; BGH Urt. v. 30.4.1984 – BGHZ 91, 132, 137; zuletzt BGH Urt. v. 12.1.1998 – NJW 1998, 1313, 1314 = ZEV 1998, 72; aus dem fast unübersehbaren Schrifttum vgl. nur Staudinger/*Reimann* § 2205 Rdnr. 107; *Winkler* Rdnr. 334 a ff.; Soergel/*Damrau* § 2205 Rdnr. 32; *Faust* DB 2002, 189, 191; *Everts* MittBayNot 2003, 427, 428.

[513] Für die Zulässigkeit einer echten Testamentsvollstreckung insbesondere *Muscheler* Haftungsordnung S. 534 ff.; MünchKommBGB/*Zimmermann* § 2205 Rdnr. 36.

[514] I. d. S. insbesondere *Weidlich* ZEV 1994, 205, 207; ebenso bereits *Bommert* BB 1984, 178, 182; ausf. *Lorz* S. 148 ff.; ablehnend u. a. MünchKommBGB/*Zimmermann* § 2205 Rdnr. 35; *Everts* MittBayNot 2003, 427, 429; anderer Ansatz auch bei *Faust* DB 2002, 189, 192.

[515] Vgl. BGH Urt. v. 20.1.1969 – WM 1969, 492; Bengel/Reimann/D. *Mayer* Rdnr. V 259; *Dörrie* ZEV 1996, 370, 373; *ders.* GmbHR 1996, 245, 248.

[516] Vgl. MünchKommBGB/*Huber* § 1629 a Rdnr. 17; *Muscheler* WM 1998, 2271, 2280; *Christmann* ZEV 2000, 45, 46 f. m.w.N.

jährigkeit vorhandene Vermögen oder nach Maßgabe der erbrechtlichen Haftungsordnung auf den Nachlass zu beziehen ist; m. E. ist letzteres folgerichtiger.

242 Bezwecken der Erblasser und seine Berater eine vollumfängliche Fremdverwaltung der persönlich haftenden Beteiligung, insbesondere die direkte Wahrnehmung von Aufgaben der Unternehmensführung durch den Testamentsvollstrecker, so kommt wegen der ungelösten Haftungsproblematik auf der Grundlage der noch h.M. weiterhin nur **der Rückgriff auf die Ersatzlösungen** der Bevollmächtigung bzw. der treuhänderischen Übertragung in Betracht. Einigkeit besteht insoweit, dass beide Modelle im Hinblick auf die Höchstpersönlichkeit des Gesellschaftsverhältnisses die Zulassung im Gesellschaftsvertrag oder eine ad hoc-Zustimmung nach Eintritt des Erbfalls voraussetzen.[517] Zur treuhänderischen Übertragung bzw. Bevollmächtigung des Testamentsvollstreckers wären die Erben wiederum durch testamentarische Bedingung oder Auflage anzuhalten.

> **Formulierungsvorschlag:**[518]
> Damit der Testamentsvollstrecker seine Rechte und Pflichten auch in Bezug auf die Beteiligung an der X-OHG wahrnehmen kann, belaste ich meine Erben mit der Auflage, ihm die Ausübung sämtlicher Gesellschaftsrechte vermögens- und personenrechtlicher Natur, einschließlich des Stimmrechts, zu ermöglichen, soweit dem nicht zwingende gesetzliche Vorschriften entgegenstehen. Ich mache meinen Erben zur Auflage, dem Testamentsvollstrecker eine entsprechende Vollmacht, auf dessen Wunsch auch in notariell beurkundeter Form, zu erteilen. Mein Testamentsvollstrecker kann nach seiner Wahl die Beteiligung auch als Treuhänder für meine Erben verwalten. Für diesen Fall mache ich meinen Erben die Auflage, ihm die Beteiligung treuhänderisch zu übertragen. Meinen Erben mache ich überdies zur Auflage, auf Verlangen des Testamentsvollstreckers meine Gesellschaftsbeteiligung an der X-OHG in eine Kommanditbeteiligung umzuwandeln.

243 In der praktischen Umsetzung ist die **Ausübung erbrechtlichen Drucks** problembehaftet, als sie erneut die kontrovers diskutierte Frage der Zumutbarkeit aufwirft, fremder Herrschaftsmacht mit der Gefahr einer unbeschränkbaren Haftung ausgesetzt zu sein (vgl. bereits Rdnr. 223). Zumindest nach dem Bundesgerichtshof ist die Frage, ob der Erbe durch eine Auflage wirksam gezwungen werden könne, einem Testamentsvollstrecker die Ausübung der Mitgliedschaftsrechte eines OHG-Gesellschafters zu überlassen, „wohl" zu verneinen.[519] Die allgemein als zulässig angesehene treuhänderische Übertragung der Gesellschaftsbeteiligung auf den Testamentsvollstrecker begegnet vor allem dem praktischen Problem, dass potenzielle Amtsinhaber durch die im Außenverhältnis unbeschränkbare Haftung abgeschreckt werden können.

244 *bb) Testamentsvollstreckung an der „Außenseite" der Beteiligung.* Eine über den Anteil eines unbeschränkbar haftenden Personengesellschafters angeordnete Testamentsvollstreckung geht nicht völlig ins Leere. Vielmehr unterfallen die in der Person des Erben bestehenden vermögensrechtlichen Ansprüche auf den Gewinn sowie ein zukünftiges Auseinandersetzungs oder Abfindungsguthaben nach der Rechtsprechung des Bundesgerichtshofs als „Außenseite" der Beteiligung dem Machtbereich des Testamentsvollstreckers und sind derart über § 2214 BGB dem Zugriff der Privatgläubiger des Gesellschafter-Erben entzogen.[520] Praktisch bedeutsam ist dies insbesondere, wenn eine Testamentsvollstreckung weder im Gesellschaftsvertrag zugelassen ist noch die Mitgesellschaftern einer solchen nachträglich zustimmen. Da die Funktionen der Testamentsvollstreckung an der „Außenseite" rein erbrechtlichen Ursprungs sind, bleibt die fehlende gesellschaftsvertragliche Zulassung insoweit ohne Einfluss.[521]

---

[517] Vgl. *Winkler* Rdnr. 346; *Schmitz* ZGR 1988, 140, 161; *Everts* MittBayNot 2003, 427, 431; *Schmellenkamp* MittRhNotK 1986, 181, 188; Damrau/*Bonefeld* § 2205 Rdnr. 39.
[518] Nach Bengel/Reimann/*D. Mayer* Rdnr. V 173.
[519] BGH Urt. v. 20.1.1969 – WM 1969, 492, 493; ausf. Soergel/*Damrau* § 2205 Rdnr. 36.
[520] Grundlegend BGH Urt. v. 14.5.1986 – BGHZ 98, 48; BGH Urt. v. 25.2.1985 – NJW 1985, 1953; BGH Beschl. v. 10.1.1996 – ZEV 1996, 110; BGH Beschl. v. 12.1.1998 – NJW 1998, 1313, 1314 = ZEV 1998, 72; aus der Lit. vgl. insbesondere *Schmitz* ZGR 1988, 140; *Marotzke* AcP 187 (1987), 223.
[521] Vgl. nur Damrau/*Bonefeld* § 2205 Rdnr. 39.

Welche Kompetenzen im Einzelnen mit dem rechtlich wenig präzisen Begriff der „Außen- 245
seite" verbunden sind, ist nicht abschließend geklärt. Nach dem Bundesgerichtshof verhindern die Befugnisse des Testamentsvollstreckers an der „Außenseite" der Beteiligung, dass die Gesellschafter-Erben über die vererbte Beteiligung allein verfügen und dass deren Privatgläubiger in den Anteil sowie die hiermit verbundenen Vermögensrechte vollstrecken.[522] Richtigerweise ist darüber hinaus davon auszugehen, dass **das Recht zur Verfügung über den Anteil** allein dem Testamentsvollstrecker zusteht (§ 2211 BGB), sofern der Erblasser nichts anderes angeordnet hat, und dass diesem ein selbständiges Kündigungsrecht zukommt (§ 135 HGB analog); die Kündigungsmöglichkeiten gemäß §§ 132, 133 HGB stehen demgegenüber nur dem Erben zu.[523] Weiterhin wird überwiegend vertreten, dass alle Maßnahmen mit **Auswirkungen auf die vermögensrechtliche Seite des Anteils** (z. B. Änderungen des Gesellschaftsvertrages im Hinblick auf Gewinnansprüche, Abfindungsguthaben) der Zustimmung des Testamentsvollstreckers bedürfen.[524] Haben die Mitgesellschafter der Testamentsvollstreckung nicht zugestimmt, scheint mir dies allerdings als zu weitgehend, wären diese doch von der drohenden Nichtigkeitsfolge, wenn die Zustimmung des Testamentsvollstreckers zu entsprechenden Maßnahmen nicht eingeholt wurde, direkt betroffen.[525] Ebenso wenig kann der Testamentsvollstrecker von der Gesellschaft Einsicht in Bilanzen, Geschäftsbücher und Geschäftspapiere verlangen; richtiger Adressat ist insoweit allein der Erbe.[526] Einen Anspruch gegen die Gesellschaft hat der Testamentsvollstrecker nur in Bezug auf die Frage, ob und in welcher Höhe auszahlbare Vermögensansprüche der Erben entstanden sind.[527]

Die aus dem Anteil resultierenden Gewinnansprüche sind nach Auffassung des BGH zumin- 246
dest nach längerem erfolgreichen Einsatz des Gesellschafter-Erben „zu einem angemessenen Anteil" ausschließlich diesem zuzuordnen, weil die Gewinne und der Wert der Beteiligung im Laufe der Zeit auch auf der tätigen Mitwirkung des in die Gesellschaft nachgerückten Erben beruhen.[528] Diese Abweichung von der erbrechtlichen Zuordnung, die zur Folge hat, dass die Gewinnansprüche dem Einwirkungsbereich des Testamentsvollstreckers und der Haftung für Nachlassverbindlichkeiten entzogen wären, führt zu Abgrenzungsproblemen und überzeugt nicht. Die **Partizipation des Gesellschafter-Erben an den Gewinnansprüchen** richtet sich vielmehr primär nach der Vorgabe des Erblassers und in zweiter Linie nach dem Maßstab ordnungsgemäßer Verwaltung durch den Testamentsvollstrecker, der auch die Verpflichtung zur Herausgabe gezogener Nutzungen beinhalten kann (vgl. Rdnr. 110).[529] In jedem Fall erforderlich sind also klare testamentarische Vorgaben.

Auf der Rechtsprechung zur Testamentsvollstreckung an der „Außenseite" der Beteiligung 247
basiert die **Gestaltung der Weisungsgeberlösung**.[530] Hierbei ermächtigt der Erblasser den Testamentsvollstrecker auf der Grundlage von § 2208 Abs. 2 BGB zur Erteilung von Weisungen an den Gesellschafter-Erben, der im Verhältnis zur Gesellschaft selbständig tätig ist. Die Weisungsgeberlösung setzt sich somit aus zwei Komponenten zusammen: Der im Innenverhältnis zwischen Erbe und Testamentsvollstrecker greifenden, beaufsichtigenden Funktion hinsichtlich der „Innenseite" der Beteiligung sowie der dinglichen Verstärkung hinsichtlich der „Außenseite".[531] Die Diffizilität der Kompetenzabgrenzung bedingt in jedem Fall eine präzise testamentarische Festschreibung der Befugnisse des Testamentsvollstreckers.

---

[522] BGH Urt. v. 14.5.1986 – BGHZ 98, 48, 57.
[523] Ausf. *Lorz* S. 160 ff.; *Dörrie* ZEV 1996, 370, 375; Soergel/*Damrau* § 2205 Rdnr. 37; Mayer/Bonefeld/Wälzholz/*Weidlich* Rdnr. 401.
[524] I. d. S. etwa Bengel/Reimann/*D. Mayer* Rdnr. V 161; *Winkler* Rdnr. 372; *Reimann* Wirtschaftsrechtspraxis Rdnr. 395.
[525] Wie hier Mayer/Bonefeld/Wälzholz/Weidlich/*Weidlich* Rdnr. 401; ders. ZEV 1994, 205, 210.
[526] *Marotzke* AcP 187 (1987), 223, 241; ausf. *Lorz* S. 164 f.
[527] *Weidlich* ZEV 1994, 205, 210 m.w.N.
[528] BGH Urt. v. 14.5.1986 – BGHZ 98, 48, 57; hierzu *Schmitz* ZGR 1988, 140, 155; *Schmellenkamp* MittRhNotK 1986, 181, 187.
[529] Ausf. *Marotzke* AcP 187 (1987) S. 223, 233; *Muscheler* Haftungsordnung S. 479; kritisch zur Haltung des BGH auch *Dörrie* ZEV 1996, 370, 375.
[530] Vgl. *Reimann* Wirtschaftsrechtspraxis Rdnr. 391; *Weidlich* ZEV 1994, 205, 211; *Nieder* Rdnr. 939.
[531] Vgl. Esch/Baumann/Schulze zur Wiesche Rdnr. I 1526.

> **Formulierungsvorschlag:**
> Für den Fall, dass Gesellschafterrechte nicht unmittelbar durch den Testamentsvollstrecker ausgeübt werden können, mache ich dem/den Erben zur Auflage, diese nach den Weisungen des Testamentsvollstreckers auszuüben.

248 cc) *BGB-Gesellschaftsanteil.* Die Frage nach der Zulässigkeit der dauerhaften Fremdverwaltung eines BGB-Gesellschaftsanteils hat der Bundesgerichtshof dahin gehend beantwortet, dass eine solche „nicht schlechthin ausgeschlossen" ist; insbesondere könne der Testamentsvollstrecker über die mit der Beteiligung verbundenen verkehrsfähigen Vermögensrechte verfügen.[532] Somit unterliegt die „Außenseite" der Beteiligung auch bei der BGB-Gesellschaft in jedem Fall einer angeordneten Testamentsvollstreckung.

249 Darüber hinausgehende **Rechte in der Gesellschaft selbst** können dem Testamentsvollstrecker ohnehin nur dann zustehen, wenn die Testamentsvollstreckung gesellschaftsvertraglich zugelassen ist. Aber auch in diesem Fall ist wiederum problematisch, inwieweit sich die auf den Nachlass beschränkte Verpflichtungsbefugnis des Testamentsvollstreckers mit der Haftungsorganisation der BGB-Gesellschaft verträgt. Unter Geltung der überkommenen Doppelverpflichtungslehre sprach vieles dafür, diese Verträglichkeit zumindest für den Fall zu bejahen, dass der Testamentsvollstrecker nicht zur Geschäftsführung befugt und dementsprechend auch nicht in der Lage ist, durch eigene Handlung seine Mitgesellschafter (bzw. den Erben) zu verpflichten.[533] Auf der Grundlage der geänderten Rechtsprechungslinie des Bundesgerichtshofes, wonach für die BGB-Außengesellschaft die Haftungsregeln der OHG und somit die Grundsätze der akzessorischen Gesellschafterhaftung entsprechend gelten,[534] gibt es jedoch keinen Grund, die Frage der Zulässigkeit einer „echten" Testamentsvollstreckung am Anteil an einer BGB-Außengesellschaft anders zu behandeln als bei den voll haftenden Beteiligungen an einer Personenhandelsgesellschaft.[535] Dementsprechend bedarf es auch hier nach h.M. des Rückgriffs auf die Vollmachts- und Treuhandlösung, sofern man nicht zumindest für die Dauer der Minderjährigkeit eines Gesellschafter-Erben wegen § 1629 a BGB eine echte Testamentsvollstreckung für zulässig hält (vgl. Rdnr. 241).

250 dd) *Umwandlung in Kommanditbeteiligung.* In Anbetracht der mit einer echten Testamentsvollstreckung an voll haftenden Beteiligungen verbundenen Probleme bietet es sich regelmäßig an, auf gesellschaftsvertraglicher Ebene die Umwandlung einer solchen Beteiligung in eine Kommanditbeteiligung mit Wirkung auf den Erbfall anzuordnen[536] und diese umgewandelte Kommanditbeteiligung der Testamentsvollstreckung zu unterstellen. Hierdurch lässt sich insbesondere auch das zwingende Wahlrecht des § 139 HGB umgehen, welches als höchstpersönliches Recht ungeachtet der angeordneten Testamentsvollstreckung nur von dem Erben ausgeübt werden kann (s. Rdnr. 34).

251 Solche Umwandlungsklauseln können obligatorisch, sie können aber auch automatisch wirken. Eine nur obligatorische Klausel, auf Grund derer der Erbe die Umwandlung seines Anteils in eine Kommanditbeteiligung verlangen kann, ist neben § 139 HGB nicht überflüssig, da sie dem Erben im Gegensatz zu dieser Vorschrift einen Anspruch auf Umwandlung einräumt. Allerdings hätte es der Erbe bei einer solchen Klausel in der Hand, durch die Beibehaltung der Stellung als voll haftender Gesellschafter die Anordnung einer ihm lästigen Testamentsvollstreckung zumindest teilweise abzuschütteln oder durch sein Ausscheiden aus der Gesellschaft (vgl. § 139 Abs. 2 HGB) diese mit einem unerwünschten Liquiditätsentzug zu konfrontieren. Vorzuziehen sind demnach **Klauseln mit Umwandlungsautomatik.**[537] In Anbetracht der im Einzelnen umstrittenen Konditionen der Umwandlung ist auf absolute Präzision bei der Ab-

---

[532] BGH Beschl. v. 10.1.1996 – ZEV 1996, 110 m. Anm. *Lorz.*
[533] Vgl. *Weidlich* ZEV 1998, 339, 340; *Stimpel*, FS Brandner, 1996, S. 779, 786 ff.; i. d. S. implizit wohl auch BGH Beschl. v. 10.1.1996 – ZEV 1996, 110 m. Anm. *Lorz.*
[534] Grundlegend BGH Urt. v. 27.9.1999 – BGHZ 142, 315, 318 ff. = DStR 1999, 1704 m. Anm. *Goette*; BGH Urt. v. 29.1.2001 – ZIP 2001, 330, 335 f. = DStR 2001, 310 m. Anm. *Goette.*
[535] Ebenso ausdrücklich Soergel/*Damrau* § 2205 Rdnr. 46.
[536] Vgl. die Fallgestaltung in BGH Urt. v. 1.6.1987 – BGHZ 101, 123 = NJW 1987, 3184.
[537] Vgl. Ebenroth/Boujong/Joost/*Lorz* HGB § 139 Rdnr. 135 f.

fassung der Umwandlungsklausel zu achten. Dies gilt insbesondere im Hinblick auf den Wirkungszeitpunkt sowie hinsichtlich der Festlegung der Einlage des Gesellschafter-Erben.[538] Zur Wahrung der Interessen der Erben können entsprechende Umwandlungsklauseln auch mit der Befugnis des Erben verbunden werden, nach Beendigung der Testamentsvollstreckung von den Mitgesellschaftern die Rückumwandlung in eine Komplementärbeteiligung verlangen zu können.

Der Weg der Umwandlung in eine Kommanditbeteiligung setzt voraus, dass nach erfolgter 252 Umwandlung noch zumindest ein Komplementär in der Gesellschaft verbleibt. Ist dies nicht der Fall, vermag nur die Koppelung einer Anteilsumwandlungsklausel mit einer auf die Gesellschaft bezogenen Umwandlungsklausel vor der Notwendigkeit einer Liquidation zu schützen, ist das Ausscheiden des letzten Komplementärs doch **Auflösungsgrund für die Kommanditgesellschaft**.[539] Vorbeugend empfiehlt sich die Aufnahme einer Reserve-GmbH als Komplementärin bzw. zumindest deren Gründung vor dem Erbfall.

d) **Fremdverwaltung von Kommanditanteilen.** *aa) Grundsatz.* Die unterschiedlichen Haf- 253 tungsprinzipien stehen einer Testamentsvollstreckung am Kommanditanteil im Normalfall nicht entgegen. Dementsprechend wird die die grundsätzliche Zulässigkeit einer Fremdverwaltung der Kommanditbeteiligung heute im Anschluss an BGHZ 108, 187 ganz überwiegend bejaht.[540] Dies gilt auch dann, wenn der Erblasser seine Einlage nicht vollständig erbracht hat oder ihm ein Teil der Einlage zurückgewährt wurde, der Erbe mithin nach § 171 Abs. 1 HGB persönlich haftet.[541]

bb) Zustimmung der Mitgesellschafter. Diese ist auch hier unabdingbare Voraussetzung. Die 254 Zulassung der freien Übertragbarkeit der Anteile (z. B. bei einer Publikums-KG) kann eine stillschweigende Zustimmung beinhalten. Bei einer beteiligungskonformen GmbH & Co. KG wird sich ebenfalls unter Berücksichtigung des Interesses der Gesellschafter an übereinstimmenden Rechtsverhältnissen in beiden Gesellschaften eine stillschweigende Zustimmung der Mitgesellschafter durch Auslegung ermitteln lassen.[542]

cc) Testamentsvollstreckervermerk. Die Frage nach der **Eintragungsfähigkeit eines Testa- 255 mentsvollstreckervermerks** hat der Bundesgerichtshof unbeantwortet gelassen;[543] die Praxis der Registergerichte ist uneinheitlich. Die besseren Argumente sprechen dafür, die angeordnete Fremdverwaltung im Handelsregister zu verlautbaren (vgl. bereits Rdnr. 66). Ein entsprechender Vermerk klärt über die fehlende Verfügungsbefugnis des Erben sowie die modifizierten Rechtsverhältnisse innerhalb der Gesellschaft auf und dient den Publizitätsinteressen von Gesellschaftsgläubiger, deren haftungsrechtlicher Zugriff auf den übrigen, neben dem Anteil bestehenden Nachlass durch § 2214 BGB vereitelt wird (vgl. Rdnr. 66 m.w.N.). Aufgrund seiner Verwaltungsbefugnis treffen den Testamentsvollstrecker auch die gegenüber dem Registergericht zu erfüllenden Anmeldepflichten (z. B. nach § 143 Abs. 2 HGB).[544] Ob daneben ein eigenständiges Anmelderecht der Erben besteht, ist umstritten, richtigerweise aber zu verneinen.[545]

dd) Aufstockung einer bereits bestehenden Erben-Beteiligung. War der Erbe bereits vor dem 256 Erbfall Gesellschafter und erwirbt er im Erbwege einen weiteren (Kommandit)Anteil, so stellt sich die Frage, ob dieser einer Testamentsvollstreckung unterliegen kann. Dies ist von der h.M.

---

[538] *K. Schmidt* BB 1989, 1702 ff.; ausführliches Formulierungsbeispiel bei *Weidlich* ZEV 1994, 205, 213 sowie bei Sudhoff/*Froning* Unternehmensnachfolge § 44 Rdnr. 48.
[539] Vgl. nur *Frey/von Bredow* ZIP 1998, 1621, 1622; Ebenroth/Boujong/Joost/*Lorz* HGB § 131 Rdnr. 30.
[540] BGH Beschl. v. 3.7.1989 – BGHZ 108, 187, ergangen auf Vorlage des OLG Hamm Beschl. v. 20.2.1989 – NJW 1989, 1696; aus der Lit. vgl. nur *Reimann* Wirtschaftsrechtspraxis Rdnr. 410 ff.; Mayer/Bonefeld/Wälzholz/Weidlich/*Weidlich* Rdnr. 409; Soergel/*Damrau* § 2205 Rdnr. 44.
[541] BGH Beschl. v. 3.7.1989 – BGHZ 108, 187, 197; MünchKommBGB/*Zimmermann* § 2205 Rdnr. 37.
[542] *D. Mayer* ZIP 1990, 976, 977; *Ebenroth* ErbR Rdnr. 703; Ebenroth/Boujong/Joost/*Lorz* HGB § 139 Rdnr. 83.
[543] BGH Beschl. v. 3.7.1989 – BGHZ 108, 187, 190.
[544] BGH Beschl. v. 3.7.1989 – BGHZ 108, 187, 190; vgl. auch LG Berlin Beschl. v. 1.10.2002 – ZEV 2004, 29 m. Anm. *Rosener/Bugge* zur Anmeldung der Übertragung von Kommanditanteilen durch den Testamentsvollstrecker.
[545] Ebenso KG Beschl. v. 7.3.1991 – NJW-RR 1991, 835; *Brandner* FS Kellermann, 1991, S. 37, 48; *Schaub* ZEV 1994, 71, 78; Mayer/Bonefeld/Wälzholz/Weidlich/*J. Mayer* Rdnr. 69; ausf. auch Ebenroth/Boujong/Joost/*Lorz* HGB § 143 Rdnr. 10 m.w.N.

früher weitgehend einhellig unter Berufung auf den Grundsatz der **Einheitlichkeit des Personengesellschaftsanteils** verneint worden.[546] Auf der Grundlage der Rechtsprechung zur Testamentsvollstreckung an der Außenseite der Beteiligung ist diese Sichtweise jedoch in Zweifel zu ziehen. Ist beim Tod eines Gesellschafters einer zweigliedrigen Gesellschaft der überlebende Gesellschafter zugleich alleiniger Erbe, soll die Vollstreckung an der Außenseite nämlich dazu führen, dass das Gesellschaftsverhältnis für die Dauer der Fremdverwaltung als nicht erloschen anzusehen ist.[547] Ebenso soll das Zusammentreffen von eigenem und ererbtem Anteil einer Testamentsvollstreckung an letzterem zumindest insoweit nicht entgegenstehen, als es sich um die Verwaltung der übertragbaren Vermögensrechte handelt.[548] Konsequent fortentwickelt beinhaltet dies die grundsätzliche Zulassung einer echten Testamentsvollstreckung auch für den Fall der Aufstockung einer bereits bestehenden Erbenbeteiligung.[549] Die weitere Entwicklung hierzu bleibt allerdings abzuwarten. Noch besteht die Gefahr, dass der Erblasser mit der Aufnahme des Erben im Wege der vorweggenommenen Erbfolge die beabsichtigte Anordnung einer Testamentsvollstreckung gefährdet.[550]

257   *ee) Eingriffe auch in den Kernbereich?* Umstritten sind die Befugnisse des Testamentsvollstreckers im Kernbereich der Mitgliedschaft. Während der Bundesgerichtshof die Frage ausdrücklich offen gelassen hat,[551] soll dem Erben nach einer Meinung bei Maßnahmen, die unmittelbar in die mitgliedschaftliche Rechtsstellung eingreifen (z. B. Änderung der Gewinnverteilung oder der Höhe des Abfindungsguthabens, Eingriff in das Stimmrecht, Erhöhungen der Beitragspflicht) bzw. die Verbandsstruktur verändern (z. B. Zweckänderung und Auflösung der Gesellschaft, Veränderungen im Mitgliederbestand), ein **uneingeschränktes Zustimmungsrecht** zu zugestehen sein.[552] Überwiegend wird der Testamentsvollstrecker bei kernbereichsrelevanten Beschlussgegenständen an die Zustimmung des Erben gebunden; teilweise wird für eine völlig selbständige Wahrnehmung der Kernbereichsrechte durch den Erben votiert. Aus dieser Sichtweise der h.M. resultieren signifikante Einschränkungen der Verwaltungsbefugnis des Testamentsvollstreckers. Dementsprechend wird auf Grund der vorhandenen Abgrenzungsprobleme empfohlen, rein vorsorglich die Zustimmung des GesellschafterErben zu solchen Maßnahmen einzuholen, die über die Ausübung der laufenden Verwaltungsrechte hinausgehen.[553]

258   Richtigerweise gibt es keine Begründung dafür, der gesellschaftsrechtlichen Kernbereichslehre Bedeutung für die Beziehung Erbe-Testamentsvollstrecker beizulegen. Das **Schutzkonzept der Kernbereichslehre** erfüllt auch bei angeordneter Testamentsvollstreckung seinen Zweck; die kernbereichsrelevanten Rechtspositionen werden durch den Testamentsvollstrecker in Repräsentation des Erben gewahrt.[554] Auf der Grundlage dieser Argumentation

---

[546] Vgl. BGH Urt. v. 11.4.1957 – BGHZ 24, 106, 113; BGH Urt. v. 10.2.1977 – BGHZ 68, 225, 239; *Reimann* DNotZ 1990, 190, 193; offen gelassen in BGH Beschl. v. 3.7.1989 – BGHZ 108, 187, 199.
[547] BGH Urt. v. 14.5.1986 – BGHZ 98, 48, 57; BGH Beschl. v. 10.1.1996 – ZEV 1996, 110, 112 m. Anm. *Lorz*. Weitergehend, für eine generelle Anerkennung der Einmann-Personengesellschaft, u.a. *Weimar* ZIP 1997, 1769; *Baumann* BB 1998, 225; tendenziell auch MünchKommHGB/*Grunewald* § 161 Rdnr. 4; die Möglichkeit einer mehrfachen Beteiligung an einer Personengesellschaft ablehnend jedoch OLG Schleswig Beschl. v. 2.12.2005, ZIP 2006, 615, 616; ausf. auch *Eckardt* NZG 2000, 449, 450 f.
[548] BGH Beschl. v. 10.1.1996 – ZEV 1996, 110, 112 m. Anm. *Lorz*.
[549] Ebenroth/Boujong/Joost/*Lorz* HGB § 139 Rdnr. 77; *Ulmer* GbR § 705 Rdnr. 64.
[550] *Reimann* Wirtschaftsrechtspraxis Rdnr. 429; Mayer/Bonefeld/Wälzholz/*Weidlich* Rdnr. 407
[551] BGH Beschl. v. 3.7.1989 – BGHZ 108, 187, 198.
[552] Vgl. OLG Hamm Urt. v. 6.11.2001 – NJW-RR 2002, 729 (zum Betreiben der Auflösung einer KG); *D. Mayer* ZIP 1990, 976, 978; Bengel/Reimann/*D. Mayer* Rdnr. V 174 ff.; *Winkler* Rdnr. 370; *Weidlich* ZEV 1994, 206, 208 ff.; Damrau/*Bonefeld* § 2205 Rdnr. 40 f.; bezogen auf Umwandlungsmaßnahmen explizit auch *Kallmeyer* UmwG § 193 Rdnr. 27; hiergegen *J. Mayer* ZEV 2002, 205, 215; zur Kernbereichslehre und den kernbereichsrelevanten Beschlussgegenständen *Löffler* NJW 1989, 2656; Mayer/Bonefeld/Wälzholz/Weidlich/*Weidlich* Rdnr. 405.
[553] Vgl. Bengel/Reimann/*D. Mayer* Rdnr. V 179; zur Abgrenzung s. auch Mayer/Bonefeld/Wälzholz/Weidlich/*Weidlich* Rdnr. 405.
[554] Ausf. *Lorz* FS Boujong, 1996, S. 319, 325 ff.; gegen eine Übertragung der Kernbereichslehre auf das Verhältnis zwischen Testamentsvollstrecker und Erbe auch *Dörrie* S. 122 ff.; *ders.* ZEV 1996, 370, 374; *Faust* DB 2002, 189,191; *Muscheler* Haftungsordnung S. 506 f.; *Hehemann* BB 1995, 1301, 1309 f.; *Everts* MittBayNot 2003, 427, 429; MünchKommBGB/*Zimmermann* § 2205 Rdnr. 37.

wurde in der instanzgerichtlichen Rechtsprechung u.a. die Befugnis des Testamentsvollstreckers bejaht, ohne Zustimmung der Erben die Umwandlung einer GmbH & Co. KG in eine Aktiengesellschaft zu beschließen. Der Umwandlungsbeschluss greife zwar in den Kernbereich der Mitgliedschaft ein; einer Zustimmung der Erben bedürfe es aber nicht, solange für diese keine weiter gehenden persönlichen Verpflichtungen begründet würden.[555] Die Kernbereichslehre diene dem individuellen Minderheitenschutz und beziehe sich auf das Verhältnis zu den Mitgesellschaftern. Im Verhältnis zwischen Erbe und Testamentsvollstrecker finde sich hingegen keine Entsprechung. Dieser Argumentation ist in jedem Fall zuzustimmen.

Zur Absicherung sollte die testamentarische Anordnung der Testamentsvollstreckung klare Aussagen über die **Befugnisse des Testamentsvollstreckers** machen, insbesondere auch im Hinblick auf den Kernbereich der Mitgliedschaft sowie mit der Beteiligung verbundene Rechte (Verfügungsbefugnis über Gesellschafterkonten etc.). Bei Bedarf wären die Erben per Auflage zu verpflichten, die Befugnisse des Testamentsvollstreckers zu erweitern bzw. ihre Zustimmung zu Maßnahmen des Testamentsvollstreckers zu erteilen.

> **Formulierungsvorschlag:**
>
> Für meine Kommanditbeteiligung an der X-GmbH & Co. KG ordne ich Testamentsvollstreckung an. Eine solche ist nach § ... des Gesellschaftsvertrags ausdrücklich zugelassen. Die Testamentsvollstreckung umfasst neben sämtlichen Kapitalkonten auch die anderen für mich bei der Gesellschaft geführten Konten, z. B. Darlehenskonten. Der Testamentsvollstrecker übt die mit der Gesellschaftsbeteiligung verbundenen Rechte, insbesondere das Stimmrecht, nach eigenem billigen Ermessen in allen Angelegenheiten aus; insbesondere ist er auch zu Beschlussfassungen über Umwandlungen und Verschmelzungen sowie anderen, die Organisationsstruktur der Gesellschaft verändernden Maßnahmen berechtigt. Soweit zu einzelnen Maßnahmen die Zustimmung der Erben erforderlich ist, werden diese mit der Auflage belastet, dem Testamentsvollstrecker die Ausübung sämtlicher Gesellschaftsrechte zu ermöglichen und ihre Zustimmung zu entsprechenden Maßnahmen zu erklären, soweit dem nicht zwingende gesetzliche Gründe entgegenstehen...

ff) Erbrechtliche Schranken der Verwaltungsbefugnis. Einschränkungen der Rechtsmacht des Testamentsvollstreckers ergeben sich somit richtigerweise allein aus dem Erbrecht; neben der schuldrechtlichen Verpflichtung zur ordnungsgemäßen Nachlassverwaltung (§ 2216 BGB) ist hier insbesondere das dinglich wirkende und zwingende Verbot unentgeltlicher Verfügungen (§ 2205 S. 3 BGB) sowie die auf den Nachlass beschränkte Verpflichtungsbefugnis des Testamentsvollstreckers von Bedeutung.

Insbesondere die aus § 2205 S. 3 BGB resultierenden Einschränkungen sind weiter als gemeinhin angenommen. Die Vorschrift erfasst nicht nur Verfügungen über die Mitgliedschaft im gesamten, sondern auch die **Mitwirkung bei Beschlussfassungen über Änderungen des Gesellschaftsvertrages;** dies gilt zumindest dann, wenn die Stimmrechtsausübung durch den Testamentsvollstrecker für die Gesellschaftsvertragsänderung ursächlich gewesen ist.[556] Die Frage der Unentgeltlichkeit wird von der h.M. im Rahmen des vergleichbaren § 2113 Abs. 2 BGB mit dem objektiven Merkmal der Ordnungsmäßigkeit verknüpft.[557] Regelmäßig nicht unentgeltlich sind verfügende Eingriffe in die Mitgliedschaft (z. B. die Änderung einer gesellschaftsvertraglichen Abfindungsklausel) jedenfalls dann, wenn gleichmäßig belastend in die Beteiligungen aller Gesellschafter eingegriffen wird. Problematisch sind hingegen Änderungen des Gesellschaftsvertrages, die die Mitgliedschaftsrechte des Erben einseitig beschneiden. Solche Änderungen kann der Testamentsvollstrecker nur beschließen, wenn sie im Hinblick auf gewandelte Verhältnisse und künftige Entwicklungen des Unternehmens geboten sind, allein

---

[555] LG Mannheim Urt. v. 10.11.1998 – ZEV 1999, 443, 444 f. m. Anm. *Wenninger*; hierzu auch *Pentz* NZG 1999, 825; die Übertragung der Kernbereichslehre auf das Verhältnis zwischen Erbe und Testamentsvollstrecker ablehnend auch LG Berlin Beschl. v. 1.10.2002 – ZEV 2004, 29.

[556] *Lutter* ZGR 1982, 108, 119; *Priester*, FS Stimpel, 1985, S. 463, 475; *Lorz* S. 204 f.

[557] BGH Urt. v. 6.10.1980 – BGHZ 78, 177, 182 f.; BGH Urt. v. 9.3.1981 – BB 1981, 1174, 1176; ausf. *Lorz* S. 204 ff.; a. A. *Paschke* ZIP 1985, 129, 131 ff.

oder im Zusammenhang mit anderen Maßnahmen der Stärkung und der Erhaltung des Unternehmens dienen und damit im Ergebnis auch der Erbenbeteiligung zugute kommen sollen.[558]

262 Die Vornahme von **Verfügungen über die Beteiligung im gesamten** im Wege der Übertragung oder der Kündigung ist ebenfalls an § 2205 S. 3 BGB zu messen. Probleme wirft der Fall der Kündigung insbesondere dann auf, wenn der Gesellschaftsvertrag ein unter dem Anteilswert liegendes Entgelt vorsieht. In Anbetracht dessen, dass der Erblasser den Preis des Gesellschaftsanteils bereits zu Lebzeiten fixiert hat und der Testamentsvollstrecker den Gegenstand mit dieser Festlegung im Nachlass vorfindet, ist im Rahmen des § 2205 S. 3 BGB m. E. richtigerweise darauf abzustellen, ob die Kündigung als teilweise unentgeltliches Geschäft insgesamt einer ordnungsgemäßen Verwaltung der Gesamtnachlasses entspricht, weil der Testamentsvollstrecker eine entsprechende wirtschaftliche Zweckmäßigkeit darzulegen vermag.[559] Die überwiegende Auffassung argumentiert hier strenger: In Anlehnung an die Rspr. zur Kündigung des Gesellschaftsverhältnisses durch den Vorerben[560] werden Abweichungen von dem Verlangen nach einem vollwertigen Abfindungsentgelt nur dann zugelassen, wenn sie der Streitvermeidung über die Bewertung dienen sollen.[561] Dies führt jedoch im Ergebnis dazu, dass der Testamentsvollstrecker bei einer beabsichtigten Kündigung der Gesellschaftsbeteiligung auf das Einvernehmen mit dem Erben angewiesen ist, sofern der Gesellschaftsvertrag die Abfindung – wie regelmäßig – unter den Verkehrswert drückt.

263 Die auf den Nachlass beschränkte Verpflichtungsbefugnis des Testamentsvollstreckers (nicht hingegen die Kernbereichsrelevanz des Beschlussgegenstandes) wird bedeutsam, wenn **Kapitalerhöhungen in der Kommanditgesellschaft** anstehen. Hierbei ist der Fall unproblematisch, dass die Einlageleistung durch die Umbuchung von Rücklagen oder Darlehenskonten erbracht werden kann.[562] Ansonsten ist der Testamentsvollstrecker nach Auffassung des Bundesgerichtshofes bei der Mitwirkung an Erhöhungen der Kommanditeinlage an die Zustimmung des Erben gebunden.[563] Meldet der Testamentsvollstrecker die ohne Zustimmung des Erben beschlossene Erhöhung seiner Einlage zum Handelsregister an, so hat das Registergericht den Antrag nach Ansicht des Bundesgerichtshofes mangels Wirksamkeit des Erhöhungsbeschlusses zurückzuweisen. Diese Aussage bedarf allerdings der Differenzierung zwischen der Erhöhung der der Gesellschaft versprochenen Einlage und der zugunsten der Gläubiger wirkenden Erhöhung der Haftsumme. Notwendig ist die Zustimmung des Erben vor diesem Hintergrund nur, wenn der Testamentsvollstrecker einem Beschluss über die Erhöhung der Haftsumme zustimmen möchte, ohne die Einlageleistung sofort zu erbringen, da nur dann die Gefahr einer persönlichen Inanspruchnahme des Erben droht.[564] In Anbetracht der allgemein gehaltenen Aussage des Bundesgerichtshofes sollte die **Kautelarpraxis nicht darauf verzichten,** die Mitwirkung des Erben an Maßnahmen der Kapitalerhöhung durch entsprechende testamentarische Auflagen zu erzwingen. Zumindest für den Fall, dass die zu versprechende Einlage direkt aus Nachlassmitteln bewirkt werden kann, begegnen solche Anordnungen keinen Bedenken.

264 gg) *Atypische Kommanditbeteiligung.* Noch keine abschließende Klärung hat die Frage gefunden, ob auch der Anteil eines Kommanditisten einer Verwaltungs- oder Dauertestamentsvollstreckung unterstellt werden kann, der abweichend von der gesetzlichen Regelung (§§ 164, 170 HGB) mit Geschäftsführungs und Vertretungsbefugnis ausgestattet ist.[565] Ein derart atypisch ausgestalteter Kommanditanteil dürfte allerdings die Ausnahme bilden. Entsprechende Befugnisse sind meist als höchstpersönliche Rechte an die Person des Erblassers

---

[558] Vgl. BGH Urt. v. 6.10.1980 – BGHZ 78, 177, 184; Dörrie ZEV 1996, 370, 371 f.
[559] Ausf. *Lorz* S. 199 f.
[560] Vgl. BGH Urt. v. 25.5.1977 – BGHZ 69, 47, 50; BGH Urt. v. 26.10.1983 – NJW 1984, 362, 364.
[561] I. d. S. insbesondere *Dörrie* ZEV 1996, 370, 372; *Klein* DStR 1992, 326, 328; *Weidlich* ZEV 1994, 205, 209.
[562] Ausf. *Lorz* S. 193; *Ulmer* ZHR 146 (1982), 555, 556; *ders.,* NJW 1990, 73, 79; ebenso LG Berlin Beschl. v. 1.10.2002 – ZEV 2004, 29, 30 (Zustimmung zur Kapitalerhöhung durch Umbuchung von Gesellschafter- auf Kapitalkonto noch von der Rechtsmacht des Testamentsvollstreckers gedeckt).
[563] BGH Beschl. v. 3.7.1989 – BGHZ 108, 187, 198.
[564] Ausf. *Lorz* S. 192 ff.
[565] Vgl. BGH Beschl. v. 3.7.1989 – BGHZ 108, 187, 195 f.: Die Zulassung der Testamentsvollstreckung gelte „jedenfalls" für eine gesetzeskonform ausgestaltete Kommanditbeteiligung.

gekoppelt.⁵⁶⁶ Um den in der Literatur und Rechtsprechung insoweit geäußerten Bedenken und Zweifeln Rechnung zu tragen, sollte der Gesellschaftsvertrag bei atypischer Ausgestaltung der Kommanditbeteiligung kumulativ Aussagen enthalten, inwiefern die den Kommanditisten gewährten Sonderrechte vererblich sein sollen und ob bejahendenfalls die Zustimmung der Mitgesellschafter zu einer angeordneten Testamentsvollstreckung auch die Wahrnehmung dieser Rechte durch den Vollstrecker umfasst. Bei nicht voll eingezahlter Einlage sollte zur Vermeidung von Haftungsrisiken für den Erben ein entsprechender Passus in den Gesellschaftsvertrag aufgenommen werden, wonach die Sonderrechte bis zur erfolgten Volleinzahlung der Einlage ruhen.⁵⁶⁷

4. Testamentsvollstreckung an Kapitalgesellschaftsanteilen

a) Grundsatz der vollumfänglichen Verwaltungsbefugnis. Die Testamentsvollstreckung an Kapitalgesellschaftsanteilen ist auch in der Form der Dauer- oder Verwaltungsvollstreckung ohne weiteres zulässig und bedarf auch bei einer personalistisch strukturierten GmbH nicht der Zustimmung der Mitgesellschafter. Der Ausschluss einer Fremdverwaltung der Beteiligung kommt vielmehr nur auf Grund spezifischer Verbote in der Satzung in Betracht. Eine Anteilsvinkulierung nach § 15 Abs. 5 GmbHG bleibt in Bezug auf die Zulässigkeit einer Testamentsvollstreckung ohne Aussagekraft.⁵⁶⁸

Der Testamentsvollstrecker nimmt die Rechte des Erben kraft eigenen Rechts in **vollem Umfang** wahr. Seine Verwaltung umfasst sämtliche Verwaltungs und Vermögensrechte, die die Gesellschaftereigenschaft des Erben mit sich bringt.⁵⁶⁹ Vorbehaltlich der aus § 2205 S. 3 BGB folgenden Einschränkungen ist allein der Testamentsvollstrecker zur Mitwirkung bei Satzungsänderungen und zur Veräußerung des Geschäftsanteils befugt. Im Anschluss an *Priester*⁵⁷⁰ wird allerdings auch bei der GmbH die (m. E. unzutreffende) Auffassung vertreten, dass der Kernbereich der Mitgliedschaft dem Verwaltungsrecht des Testamentsvollstreckers Grenzen setzt.⁵⁷¹

Wird über die Wahl des Testamentsvollstreckers zum Geschäftsführer abgestimmt, darf der Amtsinhaber sein Stimmrecht in analoger Anwendung von § 181 BGB nur ausüben, wenn ihm das vom Erblasser oder den Erben gestattet wurde;⁵⁷² insoweit ist die Lage anders zu beurteilen als bei einem Gesellschafter, der bei derartigen Sozialakten mitstimmen darf. Bei entsprechender Interessenlage ist also eine **testamentarische Befreiung von § 181 BGB** dringend erforderlich.⁵⁷³

Formulierungsvorschlag:

Der Testamentsvollstrecker ist ausdrücklich von den Beschränkungen des § 181 BGB befreit. Er darf auch bei der Wahl zum Geschäftsführer mitwirken und bei der Festlegung seiner Vertretungsbefugnis …

Auch als Geschäftsführer oder als Mitglied eines anderen Organs der GmbH ist der Testamentsvollstrecker von der Ausübung des Stimmrechts ausgeschlossen, soweit es um seine Entlastung oder die der anderen Mitglieder des Organs geht (§ 47 Abs. 4 S. 1 GmbHG). An seiner Stelle üben die Erben das Stimmrecht aus, weil ihr Vertreter in einer Angelegenheit recht-

---

⁵⁶⁶ Vgl. *Erman/M. Schmidt* § 2205 Rdnr. 33; *Staudinger/Reimann* § 2205 Rdnr. 130; *Mayer/Bonefeld/Wälzholz/Weidlich/Weidlich* Rdnr. 411 (Fn. 1358).
⁵⁶⁷ Ausf. *Lorz* S. 197 ff.
⁵⁶⁸ Vgl. *J. Mayer* ZEV 2002, 209, 210 m.w.N.
⁵⁶⁹ Vgl. nur BayObLG Beschl. v. 10.1.1997 – FamRZ 1997, 905, 908; *J. Mayer* ZEV 2002, 209, 210; *Priester*, FS Stimpel, 1985, S. 463, 472; zur Testamentsvollstreckung über Aktien vgl. *Frank* ZEV 2002, 427.
⁵⁷⁰ *Priester*, FS Stimpel, 1985, S. 463, 481 ff.
⁵⁷¹ I. d. S. etwa *Bengel/Reimann/D. Mayer* Rdnr. V 239; *Esch/Baumann/Schulze zur Wiesche* Rdnr. I 1535; *Nieder* Rdnr. 942; wie hier hingegen u.a. *J. Mayer* ZEV 2002, 209, 213 m.w.N.
⁵⁷² BGH Urt. v. 9.12.1968 – BGHZ 51, 209, 214 = GmbHR 1970, 119; BGH Urt. v. 12.6.1989 – BGHZ 108, 21, 25 = BB 1989, 1499.
⁵⁷³ BGH Urt. v. 12.6.1989 – BGHZ 108, 21, 25 = BB 1989, 1499; *J. Mayer* ZEV 2002, 209, 212; *Bengel/Reimann/Bengel* Rdnr. II 56 ff.

lich verhindert ist, die ihn persönlich betrifft.⁵⁷⁴ Dies kann im praktischen Ergebnis zu ungewollten Komplikationen führen, so dass sich eine statutarische Regelung empfiehlt, wonach im Falle eines in der Person des Testamentsvollstreckers begründeten Stimmverbotes auch das Stimmrecht des GesellschafterErben ruht. Nach h.M. soll das Stimmrecht des Testamentsvollstreckers auch dann ausgeschlossen sein, wenn einer der Ausschlussgründe des § 47 Abs. 4 GmbHG nur beim Erben persönlich, nicht aber beim Testamentsvollstrecker vorliegt.⁵⁷⁵

269   b) **Teilnahme an Kapitalerhöhungen.** Hinsichtlich der praktisch äußerst relevanten Frage, ob sich der Testamentsvollstrecker an der Erhöhung des Stammkapitals einer Kapitalgesellschaft beteiligen kann, ist danach zu differenzieren, ob es sich um eine Kapitalerhöhung aus Gesellschaftsmitteln (§§ 57 c ff. GmbHG; §§ 207 ff. AktG) oder um eine solche gegen Einlagen handelt. Aus einer **Kapitalerhöhung aus Gesellschaftsmitteln** resultieren keine Einzahlungspflichten der betroffenen Gesellschafter. Nach ganz überwiegender Auffassung sind die Gesellschafter selbst dann nicht zur Einlageleistung verpflichtet, wenn in den umgewandelten Rücklagen entsprechendes Vermögen wegen unrichtiger Bilanzierung nicht enthalten war. An die Stelle der allgemeinen Regeln zum Schutz realer Kapitalaufbringung tritt die Verantwortung des Bilanzprüfers.⁵⁷⁶ Aus alledem folgt, dass Haftungsrisiken des Erben bei dieser Form der Kapitalerhöhung nicht bestehen. Es ist daher kein Grund ersichtlich, das Stimmrecht des Testamentsvollstreckers bei einer Beschlussfassung über eine Kapitalerhöhung aus Gesellschaftsmitteln zu beschränken.⁵⁷⁷

270   Bei einer **Kapitalerhöhung gegen Einlagen** beschränkt die auf den Nachlass bezogene Verpflichtungsbefugnis des Testamentsvollstreckers seine Kompetenz zur Ausübung des auf den Nachlass entfallenden Bezugsrechtes. Ohne Zustimmung des Erben ist er nach h.M. nur dann zur Ausübung des Bezugsrechts und zur Übernahme des neuen Anteils befugt, wenn der Einlagebetrag fällig ist und vollumfänglich sofort aus dem Nachlass bewirkt werden kann. Wegen der kollektiven Ausfallhaftung nach § 24 GmbHG wird zudem verlangt, dass alle neuen Einlagepflichten sofort erfüllt werden.⁵⁷⁸ Noch nicht abschließend geklärt ist hierbei, ob die Zustimmung des Erben Wirksamkeitsvoraussetzung für die Übernahme der neuen Stammeinlage ist, oder ob der Erbe die Gefahr persönlicher Inanspruchnahme allein im Verhältnis zum Testamentsvollstrecker geltend machen kann. M. E. ist letzteres anzunehmen; die Aussagen des Bundesgerichtshofes scheinen jedoch für die erstere Meinung zu sprechen. Zur Sicherheit sind daher in jedem Fall ergänzende testamentarische Auflagen an die Erben erforderlich.

271   Will der Testamentsvollstrecker in einer GmbH, die zunächst über keine freien Rücklagen verfügt, jegliches Haftungsrisiko und damit jede potentielle Unklarheit über den Umfang seiner Befugnisse vermeiden, sollte der Gesellschaft zunächst Kapital durch schlichte Einzahlung zugeführt und **in eine offene Rücklage** (§ 272 Abs. 2 Nr. 4 HGB) eingestellt werden. Diese offene Rücklage wäre anschließend in einem nächsten Schritt in Stammkapital umzuwandeln.

5. Neugründung von und Umwandlung auf Kapitalgesellschaften

272   Ob sich der Testamentsvollstrecker in Ausübung seiner Verwaltungstätigkeit an der Neugründung von Kapitalgesellschaften oder an Umwandlungen auf Kapitalgesellschaften beteiligen darf, ist umstritten (vgl. bereits Rdnr. 229). Einschränkungen sollen wiederum aus der Unvereinbarkeit von erb und gesellschaftsrechtlicher Haftungsstruktur resultieren, da die nach den erbrechtlichen Vorgaben bestehende Möglichkeit, die Haftung für die aus dem Tätigwerden des Testamentsvollstreckers resultierende Einlageverpflichtung auf den Nachlass zu beschränken, mit dem aus kapitalschutzrechtlichen Gründen **unabdingbaren**

---

⁵⁷⁴ BGH Urt. v. 9.12.1968 – BGHZ 51, 209, 217 = GmbHR 1970, 119; BGH Urt. v. 12.6.1989 – BGHZ 108, 21, 25 = BB 1989, 1499.
⁵⁷⁵ Vgl. *Baumbach/Hueck* § 47 Rdnr. 95; *Scholz/K. Schmidt* § 47 Rdnr. 158; vgl. auch OLG München Urt. v. 21.9.1994 – DB 1994, 2544; a. A. *Groß* GmbHR 1994, 596, 599.
⁵⁷⁶ Vgl. *Hachenburg/Ulmer* Anh. § 57 b § 8 KapErhG Rdnr. 5; zur AG *Hüffer* AktG § 211 Rdnr. 5; a. A. *Priester* GmbHR 1980, 236, 238 f.
⁵⁷⁷ Ebenso *J. Mayer* ZEV 2002, 209, 211; *Priester*, FS Stimpel, 1985, S. 463, 477; *Heinemann* GmbHR 1985, 349, 350.
⁵⁷⁸ Repräsentativ *Priester*, FS Stimpel, 1985, S. 463, 479; vgl. auch *Groß* GmbHR 1994, 596, 598; *J. Mayer* ZEV 2002, 209, 211.

Kapitalaufbringungsgrundsatz kollidiert.⁵⁷⁹ Die z. T. ins Feld geführte Kernbereichsrelevanz von Umwandlungsbeschlüssen bleibt hingegen richtigerweise auch hier ohne Relevanz.⁵⁸⁰

Vor diesem Hintergrund hat das BayObLG Bedenken, dass die formwechselnde Umwandlung einer GmbH in eine AG gegen den Grundsatz der ordnungsgemäßen Nachlassverwaltung verstoßen könnte, hauptsächlich unter haftungsrechtlichen Gesichtspunkten geäußert, indem es ausgeführt hat:

> … Auf die Begründung neuer Verbindlichkeiten, die ihrem Inhalt nach mit der Beschränkung der Haftung der Erben auf den Nachlass nicht vereinbar sind, wird aber bei der Streitfrage, inwieweit der Testamentsvollstrecker die Erben bei Gründung einer Kapitalgesellschaft vertreten kann, maßgeblich abgestellt. Der Testamentsvollstrecker kann daher nicht bei der Errichtung einer GmbH mitwirken, wenn den Gesellschaftern im Vertrag persönliche Verpflichtungen auferlegt werden sollen (§ 3 Abs. 2 GmbHG) oder wenn eine erweiterte Haftung der Gesellschafter nach § 24 GmbHG in Frage kommt.⁵⁸¹

Komme eine persönliche Haftung der Erben nicht in Betracht, so könne der Testamentsvollstrecker auch zur Neugründung einer Kapitalgesellschaft berechtigt sein, mit der Folge, dass eine Verletzung der Verwalterpflichten nach § 2216 Abs. 1 BGB ausscheidet.⁵⁸² Diese Linie bestätigte das Gericht mit Beschluss vom 18. März 1991, der die Zulässigkeit des Rückerwerbs eines treuhänderisch gehaltenen Geschäftsanteils durch den Testamentsvollstrecker zum Gegenstand hatte.⁵⁸³

Auf dieser Grundlage kommt eine Beteiligung des Testamentsvollstreckers an der Gründung einer Kapitalgesellschaft, an der Umwandlung auf bzw. in eine Kapitalgesellschaft sowie der Erwerb einer Beteiligung an einer solchen durch den Testamentsvollstrecker grundsätzlich nur in Betracht, wenn über den Nachlass hinausgehende **persönliche Verpflichtungen des Erben** ausgeschlossen sind.⁵⁸⁴ Noch nicht abschließend geklärt ist auch hier, ob die Zustimmung des Erben Wirksamkeitsvoraussetzung für die Maßnahmen des Testamentsvollstreckers ist oder ob der Erbe die Gefahr persönlicher Inanspruchnahme allein im Verhältnis zum Testamentsvollstrecker geltend machen kann; z. T. wird auch eine Verpflichtung des Erben zur Zustimmung analog § 2206 S. 2 BGB vertreten, wenn jegliches Haftungsrisiko abgedeckt ist.⁵⁸⁵

In jedem Fall werden den Befugnissen des Testamentsvollstreckers **signifikante Grenzen** gesetzt. Dies gilt zum einen im Hinblick auf die Gesellschafterhaftung in der Vor-GmbH.⁵⁸⁶ Zum anderen gilt dies im Hinblick auf die Ausfallhaftung nach § 24 GmbHG sowie eine mögliche Differenzhaftung im Falle der Überbewertung einzubringender Sacheinlagen, die auch bei Umwandlungsvorgängen nach Maßgabe des Umwandlungsgesetzes von Bedeutung sind. So kommen gemäß §§ 36 Abs. 2, 135 Abs. 2 UmwG bei Verschmelzungen und Spaltungen die Gründungsvorschriften des Rechts der jeweiligen Kapitalgesellschaften zur Anwendung; die §§ 51 Abs. 1 S. 1, 3, 125 UmwG fordern bei Verschmelzungen oder Spaltungen auf eine bestehende GmbH wegen der in § 24 GmbHG normierten Ausfallhaftung die Zustimmung aller Anteilsinhaber, wenn auf die Geschäftsanteile der übernehmenden GmbH nicht alle zu leistenden Einlagen in voller Höhe bewirkt sind.

Zur effizienten Verwirklichung der mit der Anordnung einer Testamentsvollstreckung verbundenen Zielvorstellungen ist es daher erforderlich, die unternehmerischen Kompetenzen des Testamentsvollstreckers sowie die hiermit korrespondierenden Pflichten der Erben hinreichend exakt festzulegen. Insbesondere für den Fall, dass eine Einbringung des zu verwaltenden unternehmerischen Vermögens als Sacheinlage in eine zu gründende Ein- oder MehrpersonenGmbH

---

⁵⁷⁹ A. A. allerdings *Heinemann* GmbHR 1985, 349, 350; *Koch* ZHR 146 (1982), 118, 123 ff.
⁵⁸⁰ I.d.S. auch LG Mannheim Urt. v. 10.11.1998 – ZEV 1999, 443, 444 f. (zur Umwandlung einer GmbH & Co. KG in eine AG); *J. Mayer* ZEV, 2002, 209, 215; vgl. auch *Frank* ZEV 2003, 5, 7.
⁵⁸¹ BayObLG Beschl. v. 29.3.1976 – NJW 1976, 1692, 1693.
⁵⁸² BayObLG Beschl. v. 29.3.1976 – NJW 1976, 1692, 1693; ebenso LG Mannheim Urt. v. 10.11.1998 – ZEV 1999, 443, 445; ausf. *Weidlich* MittBayNot 1996, 1, 3; zum Meinungsstand s. auch *J. Mayer* ZEV 2002, 209, 214.
⁵⁸³ BayObLG Beschl. v. 18.3.1991 – BayObLGZ 1991, 127, 135.
⁵⁸⁴ I. d. S. auch Bengel/Reimann/*D. Mayer* Rdnr. V 234; Hachenburg/*Ulmer* GmbHG § 2 Rdnr. 35; MünchKommBGB/*Zimmermann* § 2205 Rdnr. 56; ausf. auch *Dörrie* GmbHR 1996, 245, 246 ff.; *Frank* ZEV 2003, 5, 6 ff.; *J. Mayer* ZEV 2002, 209, 214 f.
⁵⁸⁵ Vgl. *Dörrie* GmbHR 1996, 245, 246.
⁵⁸⁶ Hierzu BGH Urt. v. 27.1.1997 – BGHZ 134, 333, 335 ff.

nach Eintritt des Erbfalls beabsichtigt ist, ist es notwendig, den Erben im Wege testamentarischer Auflagen **zur Konsentierung der Maßnahmen** des Testamentsvollstreckers bzw. zum ausdrücklichen Verzicht auf die Einrede der beschränkten Erbenhaftung zu zwingen. Das Gleiche gilt hinsichtlich einer möglichen Beteiligung des Testamentsvollstreckers an einer Mehrpersonenbargründung ohne sofortige Volleinzahlung aller Stammeinlagen sowie generell im Hinblick auf eine vorzeitige, vor Eintragung erfolgende Geschäftsaufnahme. Klarstellend sei festgehalten, dass diese das „rechtliche Können" betreffende Erweiterung der Befugnisse des Testamentsvollstreckers ohne Einfluss auf sein „rechtliches Dürfen" und den hier geltenden Grundsatz ordnungsgemäßer Nachlassverwaltung bleibt.

278　Allerdings gilt es m.E. auch hier, die **Auswirkungen des MHbeG** zu berücksichtigen. Im Hinblick auf den umfassend gewollten Minderjährigenschutz durch das MHbeG ist davon auszugehen, dass die Möglichkeit zur Haftungsbeschränkung gemäß § 1629 a Abs. 1 BGB auch Ansprüche einer Kapitalgesellschaft gegen den Minderjährigen erfasst, insbesondere Ansprüche auf Zahlung der Einlage sowie die Ausfallhaftung nach § 24 GmbHG und Nachschusspflichten gemäß §§ 26 ff. GmbHG.[587] Vor dem Hintergrund der hiermit verbundenen Einschränkung der Grundsätze der Kapitalaufbringung und Kapitalerhaltung ist m. E. auch die Befugnis des Testamentsvollstreckers anzuerkennen, sich mit Wirkung für einen Minderjährigen an der Neugründung von Kapitalgesellschaften zu beteiligen.

VI. Der Testamentsvollstrecker im Steuerrecht

1. Die steuerrechtlichen Pflichten des Amtsinhabers

279　a) **Grundsätzliches.** Im Hinblick auf den steuerrechtlichen Status des Testamentsvollstreckers und die Frage, ob Steuerpflichten und -rechte dem Erben oder dem Testamentsvollstrecker zugewiesen werden, lässt sich keine durchgängige Aussage treffen. Vielmehr sind die gesetzlichen **Regelungen zur steuerrechtlichen Stellung des Testamentsvollstreckers** äußerst differenziert, indem diese Pflichten und Rechte zum Teil dem Erben, zum Teil dem Testamentsvollstrecker auferlegt werden. Dementsprechend ist die Aufteilung der steuerlichen Rechte und Pflichten zwischen Testamentsvollstrecker und Erben für jede Steuer gesondert zu prüfen. Im Hinblick auf die **steuerlichen Pflichten und Rechte** des Testamentsvollstreckers ist daher zu unterscheiden zwischen denjenigen in Bezug auf

- vor dem Erbfall in der Person des Erblassers entstandene Steuern
- die Erbschaftsteuer
- nach dem Erbfall durch die Erben verwirklichte Steuertatbestände.

Diese Unterscheidung liegt der folgenden Darstellung zugrunde, in welcher zugleich auf die Frage der steuerlichen Abzugsfähigkeit der Testamentsvollstreckergebühren eingegangen wird.

280　Als generelle Leitlinie ist eingangs festzuhalten, dass die steuerrechtliche Verantwortung des Testamentsvollstreckers eng **mit seiner zivilrechtlichen Aufgabenstellung** verknüpft ist. Nur im Rahmen der zivilrechtlichen Befugnisse, die dem Testamentsvollstrecker kraft Testament und/oder Gesetz eingeräumt sind, wird dieser steuerrechtlich verpflichtet.[588] Diese Leitlinie ist insbesondere dann von Bedeutung, wenn der Erblasser die Testamentsvollstreckung auf bestimmte Vermögensgegenstände beschränkt hat oder in Bezug auf die Frage, inwieweit die Verpflichtung des Amtsinhabers zur Abgabe einer Erbschaftsteuererklärung gemäß § 31 Abs. 5 ErbStG reicht.

281　Der Testamentsvollstrecker gilt als **Vermögensverwalter im Sinne der Vorschrift des § 34 Abs. 3 AO,** auf deren Grundlage ein besonderes Pflichtverhältnis zwischen der Finanzverwaltung und dem Amtsinhaber besteht. Demnach trifft ihn die Verpflichtung, die mit dem Nachlass zusammenhängenden Steuern aus diesem zu entrichten und an ihrer Erhebung mitzuwirken. Bei mehreren Testamentsvollstreckern trifft die Pflichtenstellung nach § 34 AO alle Amtsinhaber, so dass sich das Finanzamt unabhängig von der internen Regelung der Aufgaben-

---

[587] I. d. S. zutreffend *Behnke* NZG 1999, 244; *Christmann* ZEV 2000, 45, 48 m.w.N. auch zu abweichenden Ansichten.
[588] BFH Beschl. v. 9.6.1999 – BStBl. II 1999, 529, 530 f. = DStR 1999, 1220; Bengel/Reimann/*Piltz* Rdnr. VIII 5; Mayer/Bonefeld/Wälzholz/Weidlich/*Wälzholz/Vassel-Knauf* Rdnr. 1174.

verteilung an den einen oder anderen wenden kann.[589] Nach § 69 AO haftet der Testamentsvollstrecker im Rahmen des durch § 34 AO begründeten Pflichtenverhältnisses, sofern und soweit Ansprüche aus dem Steuerschuldverhältnis **infolge vorsätzlicher oder grob fahrlässiger Verletzung** der ihm auferlegten Pflichten nicht oder nicht rechtzeitig festgesetzt oder erfüllt werden oder infolge dessen Steuervergütungen oder Steuererstattungen zu Unrecht gezahlt werden. Daher kann er auch Adressat eines gegen ihn gerichteten Haftungsbescheides sein (§ 191 Abs. 1 S. 1 AO). Bei erkennbar falschen Steuerbescheiden hat der Testamentsvollstrecker schließlich eine aus § 153 Abs. 1 AO folgende, gemäß § 370 AO strafbewehrte Anzeige- und Berichtigungspflicht.[590]

b) Steuern des Erblassers. *aa) Grundsatz.* Im Zeitpunkt des Erbfalls in der Person des Erblassers bereits entstandene, jedoch noch nicht beglichene Steuerschulden stellen Nachlassverbindlichkeiten dar, die im Wege der Gesamtrechtsnachfolge auf den oder die Erben übergehen (§ 45 AO). Hierbei rückt der Erbe auch verfahrensrechtlich in die Stellung des Erblassers ein. Eine angeordnete Testamentsvollstreckung lässt die Stellung des Erben als Steuerschuldner unberührt. Verschiedene steuerliche Pflichten des Rechtsnachfolgers werden jedoch gänzlich auf den Testamentsvollstrecker verlagert bzw. treten Pflichten des Testamentsvollstreckers neben die Verpflichtungen des Erben.

bb) Einzelne Steuerarten. Die **Einkommensteuerpflicht des Erblassers** endet mit seinem Tode. Die Einkünfte des Erblassers bis zu seinem Tode bleiben selbstständig und werden nicht mit denen der Erben zusammengerechnet. Dementsprechend erfasst die Einkommensteuererklärung folglich die vom Erblasser bis zu seinem Tode erzielten Einkünfte.[591] Bei einer gewerblichen Tätigkeit des Erblassers gilt sein Tod als Einstellung des Gewerbebetriebes durch ihn. Führt der Erbe den Betrieb fort, so stellt dies eine Neugründung dar (§ 2 Abs. 5 GewStG).[592] Ebenso führt der **Tod des Unternehmers im Umsatzsteuerrecht** zum Erlöschen seiner umsatzsteuerrechtlichen Unternehmereigenschaft und damit seines Unternehmens. Auch umsatzsteuerrechtlich rückt der Erbe als Gesamtrechtsnachfolger in die abgabenrechtliche Stellung des Erblassers ein und schuldet die Umsatzsteuer, die auf die Umsatztätigkeit des Erblassers zurückgeht.

cc) Steuererklärungen. Hat der Erblasser für die in seiner Person entstandenen Steuern noch keine Steuererklärungen abgegeben, so trifft die Verpflichtung zu deren Abgabe auf der Grundlage von § 34 Abs. 3 AO nunmehr den Testamentsvollstrecker, der jedoch nicht zum Steuerschuldner wird.[593] In diesem Rahmen ist der Testamentsvollstrecker auch allein dazu befugt, die dem Erblasser zustehenden Wahlrechte auszuüben. Dies gilt z. B. im Hinblick auf das Wahlrecht zu einer Zusammenveranlagung von Ehegatten (§ 26 Abs. 1 S. 1 EStG), die Gewinnermittlung durch Vermögensvergleich oder durch Einnahmenüberschussrechnung für Freiberufler (§ 4 Abs. 1 und 3 EStG) sowie die Wahlmöglichkeit zwischen verschiedenen Abschreibungsmethoden (§ 7 Abs. 1 bis 3 EStG).[594] **Aus praktischer Sicht, auch zur Vermeidung späterer Regressforderungen,** empfiehlt es sich für den Testamentsvollstrecker, hier vor Ausübung des Wahlrechts eine Einigung mit den Erben herbeizuführen. Gibt der Testamentsvollstrecker die Steuererklärung verspätet ab, so können gegen ihn persönlich Verspätungszuschläge festgesetzt werden, bei Nichtabgabe auch Zwangsgelder.[595] Ob eine steuerliche Außenprüfung wegen vor dem Erbfall entstandener Steuern zumindest dann auch gegen den Testamentsvollstrecker angeordnet werden kann, wenn dieser den Zugriff auf die Buchführungsunterlagen hat, ist umstritten, richtigerweise aber zu verneinen.[596]

---

[589] Vgl. Bengel/Reimann/*Piltz* Rdnr. VIII 5 m.w.N.
[590] Allgemein zu den Rechten und Pflichten von Erben und Rechtsnachfolgern bei nachträglich aufgedeckten Erbschaft- und Schenkungsteuersachverhalten *Halaczinsky* DStR 2006, 828.
[591] Vgl. nur *L. Schmidt* EStG, § 1 Rdnr. 14.
[592] BFH v. 1.4.1971 – BStBl. II 1971, 526; Mayer/Bonefeld/Wälzholz/Weidlich/*Wälzholz/Vassel-Knauf* Rdnr. 1185.
[593] FG Baden-Württemberg Urt. v. 12.2.1990 – EFG 1990, 400 m.w.N.; *Häfke* ZEV 1997, 429, 431.
[594] *Boeker* in Hübschmann/Hepp/Spitaler, AO, § 34 Rdnr. 89; ausf. Bengel/Reimann/*Piltz* Rdnr. VIII 15; Mayer/Bonefeld/Wälzholz/Weidlich/*Wälzholz/Vassel-Knauf* Rdnr. 1273.
[595] *Häfke* ZEV 1997, 429, 431.
[596] Wie hier Tipke/Kruse/*Kruse/Lose* AO § 34 Rdnr. 29; a. A. FG Baden-Württemberg Urt. v. 12.2.1990 – EFG 1990, 400; *Boeker* in Hübschmann/Hepp/Spitaler AO § 34 Rdnr. 89.

285 Erkennt der Testamentsvollstrecker vor Ablauf der Festsetzungsfrist (§ 169 AO)[597] die **Unrichtigkeit oder die Unvollständigkeit** einer vom Erblasser abgegebenen Steuererklärung, so ist er verpflichtet, diese unverzüglich anzuzeigen und die erforderliche Richtigstellung vorzunehmen, sofern es durch diese Unrichtigkeit zu einer Verkürzung von Steuern kommen kann oder bereits gekommen ist (§ 153 Abs. 1 i.V.m. § 34 AO). Diese Anzeigepflicht besteht ferner, wenn die Voraussetzungen für eine Steuerbefreiung, Steuerermäßigung oder sonstige Steuervergünstigung nachträglich ganz oder teilweise wegfallen und der Testamentsvollstrecker dies erkennt (§ 153 Abs. 2 AO). Wichtig ist, dass der Testamentsvollstrecker positive Kenntnis haben muss. Das „Kennen müssen" oder „Kennen können" setzt die Anzeigepflicht nicht in Gang. Dementsprechend ist der Testamentsvollstrecker nicht gehalten, die Steuererklärungen des Erblassers daraufhin durchzusehen, ob sie richtig sind; nach Unrichtigkeiten muss er nicht suchen.[598] Ebenso gilt auch hier der Grundsatz, dass die Berichtigungspflichten des Testamentsvollstreckers nur im Rahmen seiner zivilrechtlichen Pflichtenstellung bestehen. Den mit der Verwaltung eines Vermächtnisses beauftragten Testamentsvollstrecker trifft demnach keine Berichtigungspflicht in Bezug auf Einkommensteuern des Erblassers, auch wenn er im Zuge seiner Tätigkeit die Unvollständigkeit abgegebener Steuererklärungen erkennt.

286 Kommt der Testamentsvollstrecker seinen **Anzeige- und Berichtigungspflichten** nach § 153 AO nicht nach, kann er sich der leichtfertigen Steuerverkürzung (§ 378 AO) oder der Steuerhinterziehung (§ 370 AO) schuldig machen. Daneben tritt die Haftung des Testamentsvollstreckers für die hinterzogene Steuer gemäß § 71 AO.

287 *dd) Steuerbescheide, Rechtsbehelfe.* Steuerbescheide auf Grund von durch den Erblasser verwirklichten Steuertatbeständen sind an den Erben als Steuerschuldner zu richten und grundsätzlich auch diesem bekannt zu geben.[599] Etwas anderes gilt, sofern der Erbe dem Testamentsvollstrecker zugleich Empfangsvollmacht erteilt hat; in diesem Fall ist der Bescheid dem Amtsinhaber bekannt zu geben. Ist der Testamentsvollstrecker im Rahmen seiner Verwaltung des Gesamtnachlasses zur Erfüllung von Nachlassverbindlichkeiten verpflichtet und soll er nach § 2213 Abs. 1 BGB zur Erfüllung der Steuerschulden aus dem von ihm verwalteten Nachlass herangezogen werden, kann der Steuerbescheid sowohl an ihn als auch an die Erben gerichtet werden.[600] Wird der Bescheid in diesem Fall nur an den Erben gerichtet, ist dem Testamentsvollstrecker eine Ausfertigung des Steuerbescheides zu übersenden.[601] Die persönliche Haftung des Testamentsvollstreckers für die Steuerschulden gemäß § 69 i.V.m. § 34 Abs. 3 AO bleibt von der Frage, an wen der Steuerbescheid gerichtet wird, unabhängig; dementsprechend besteht sie auch dann, wenn der Steuerbescheid an den Erben gerichtet worden ist.

288 Zur **Einlegung von Rechtsbehelfen gegen Steuerbescheide**, die vom Erblasser verwirklichte Steuertatbestände betreffen, ist grundsätzlich nur der Erbe befugt. Ein durch den Testamentsvollstrecker eingelegter Rechtsbehelf ist unzulässig, sofern der Amtsinhaber nicht von dem Erben eigens hierzu bevollmächtigt worden ist.[602] Eine Befugnis des Testamentsvollstreckers zur Einlegung von Rechtsbehelfen besteht ansonsten nur dann, wenn der Testamentsvollstrecker selbst in Anspruch genommen wird (z. B. durch Haftungs- oder Duldungsbescheid).

289 *ee) Steuerzahlungen, Steuererstattungen.* Die in der Person des Erblassers entstandenen Steuerschulden hat der Testamentsvollstrecker aus Nachlassmitteln zu tilgen, wie sich aus § 34 Abs. 3 i.V.m. Abs. 1 S. 2 AO ergibt. Umgekehrt fallen Steuererstattungsansprüche des Erblassers in den Nachlass und sind deshalb vom Testamentsvollstrecker geltend zu machen.[603] Für die Erfüllung der Steuerschulden des Erblassers haftet der Testamentsvollstrecker selbst bei

---

[597] Diese beträgt in der Regel vier Jahre (§ 169 Abs. 2 AO), bei leichtfertiger Steuerverkürzung jedoch fünf und bei Steuerhinterziehung zehn Jahre.
[598] Vgl. Bengel/Reimann/*Piltz* Rdnr. VIII 25; *Halaczinsky* DStR 2006, 828, 831.
[599] Vgl. BdF-Schreiben v. 8.4.1991 – Bekanntgabeerlass, BStBl. I 1991, 398, Tz. 2.14.1.1; BFH Urt. v. 15.2.1978 – BStBl. II 1978, 491, 492; BFH Urt. v. 8.3.1979 – BStBl. II 1979, 501, 502.
[600] BFH Urt. v. 30.9.1987 – BStBl. II 1988, 120; BdF-Schreiben v. 8.4.1991 – Bekanntgabeerlass, BStBl. I 1991, 398, Tz. 214 1.1; ausf. Mayer/Bonefeld/Wälzholz/Weidlich/*Wälzholz/Vassel-Knauf* Rdnr. 1228.
[601] BdF-Schreiben v. 8.4.1991 – Bekanntgabeerlass, BStBl. I 1991, 398, Tz. 2.14.1.1.
[602] BFH Beschl. v. 29.11.1995 – BStBl. II 1996, 322, 324; kritisch *Zimmermann* Rdnr. 579.
[603] Vgl. Bengel/Reimann/*Piltz* Rdnr. VIII 36 f.; *Zimmermann* Rdnr. 581; Mayer/Bonefeld/Wälzholz/Weidlich/ *Wälzholz/Vassel-Knauf* Rdnr. 1265, jeweils m.w.N.

vorsätzlicher oder grob fahrlässiger Verletzung seiner Pflichten (§ 69 AO i.V.m. § 34 AO). Er hat insbesondere dafür zu sorgen, dass die Steuern aus den von ihm verwalteten Mitteln entrichtet werden können und sollte dementsprechend **ausreichende Mittel aus dem Nachlass zur Steuerzahlung zurückbehalten**. Dies ist vor allem in den Fällen von Bedeutung, dass für im Nachlass befindliche Unternehmen noch steuerliche Außenprüfungen angeordnet werden können. Zudem haftet der Testamentsvollstrecker – wie bereits ausgeführt – für vom Erblasser hinterzogene Steuern, sofern er seiner Anzeige- und Berichtigungspflicht nach § 153 AO nicht nachkommt. Neben dem Steuerschuldner haftet der Testamentsvollstrecker gesamtschuldnerisch (§ 44 Abs. 1 AO), wobei die Frage, ob der Testamentsvollstrecker durch Haftungsbescheid in Anspruch genommen wird, im Ermessen des Finanzamtes steht (vgl. auch Rdnr. 299).[604]

c) **Erbschaftsteuer**. *aa) Steuerschuldner*. Steuerschuldner der Erbschaftsteuer ist gemäß § 20 Abs. 1 ErbStG der Erwerber, d.h. die Person, die auf Grund eines der in § 3 ErbStG genannten Vorgänge bereichert ist. Eine angeordnete Testamentsvollstreckung ändert hieran wiederum nichts. Der Testamentsvollstrecker tritt insoweit nicht in die steuerliche Pflichtenstellung des mit der Testamentsvollstreckung belasteten Erben oder Vermächtnisnehmers ein; diese bleiben vielmehr Schuldner der Erbschaftsteuer.

bb) Anzeigepflicht, Abgabe der Erbschaftsteuererklärung. Nach § 30 Abs. 1 ErbStG ist jeder der Erbschaftsteuer unterliegende Erwerb binnen dreier Monate durch den Erwerber dem Finanzamt anzuzeigen. Eine solche Anzeige ist allerdings dann nicht erforderlich, wenn der Erwerb auf einem vom Nachlassgericht eröffneten Testament oder Erbvertrag beruht und sich aus der eröffneten Verfügung unzweifelhaft ergibt, wer in welcher Form bedacht ist und die erbschaftsteuerliche Relevanz hiervon deutlich wird (§ 30 Abs. 3 ErbStG).[605] Den Testamentsvollstrecker trifft die Anzeigepflicht nach § 30 Abs. 1 ErbStG nicht.[606]

Grundsätzlich kann das Finanzamt von jedem am Erbfall Beteiligten ohne Rücksicht auf das Bestehen einer Steuerpflicht die **Abgabe einer Erbschaftsteuererklärung** verlangen (§ 31 Abs. 1 ErbStG). Bei angeordneter Testamentsvollstreckung greift hingegen die Sonderregelung des § 31 Abs. 5 ErbStG, wonach die Steuererklärung durch den Testamentsvollstrecker abzugeben ist. Umstritten ist, ob der Testamentsvollstrecker wie ein Erbe erst die Aufforderung durch das Finanzamt abwarten kann, ehe er die Erbschaftsteuererklärung abgibt oder ob der Amtsinhaber auch ohne solche Aufforderung zur Abgabe verpflichtet ist.[607] In jedem Fall ist das Finanzamt nach der Rechtsprechung des Bundesfinanzhofes nicht verpflichtet, vor dem Testamentsvollstrecker die anderen am Erbfall Beteiligten zur Abgabe der Erbschaftsteuererklärung aufzufordern.[608] Das Finanzamt kann verlangen, dass auch der Erbe die Steuererklärung mit unterschreibt (§ 31 Abs. 5 S. 2 ErbStG). Auch ohne entsprechendes amtliches Verlangen empfiehlt sich aus praktischer Sicht die Einholung der Unterschrift des Erben durch den Testamentsvollstrecker, insbesondere um diesen in die mit der Abgabe der Erklärung verbundene Verantwortung einzubinden.[609] Zur Unterzeichnung verpflichtet ist der Erbe jedoch nur bei entsprechendem amtlichen Verlangen (§ 31 Abs. 5 S. 2 ErbStG).[610]

Ist der Aufgabenkreis des Testamentsvollstreckers nicht umfassend, sondern **auf die Ausführung bestimmter Anordnungen** oder in Bezug auf bestimmte Personen **beschränkt**, so schlägt diese zivilrechtliche Beschränkung auf § 31 Abs. 5 ErbStG durch. Ordnet der Erblasser z. B. nur eine Vermächtnisvollstreckung an, so ist der zur Verwaltung des Vermächtnisses eingesetzte Testamentsvollstrecker nicht zur Abgabe der Erbschaftsteuererklärung für die Erben ver-

---

[604] Vgl. Tipke/Kruse/*Kruse* AO, § 191 Rdnr. 15 f.; *Piltz* ZEV 2001, 262, 266.
[605] *Zimmermann* Rdnr. 553; *Halaczinksy* DStR 2006, 828, 829; *Meincke* ErbStG, § 30 Rdnr. 8.
[606] Vgl. nur Bengel/Reimann/*Piltz* Rdnr. VIII 56; *Meincke* ErbStG § 31 Rdnr. 12.
[607] Vgl. *Viskorf* FR 1999, 1257 f.; Mayer/Bonefeld/Wälzholz/Weidlich/*Wälzholz/Vassel-Knauf* Rdnr. 1202; *Meincke* ErbStG § 31 Rdnr. 12; offen gelassen von BFH Beschl. v. 9.6.1999 – BStBl. II 1999, 529, 530; BFH Beschl. v. 7.12.1999 – ZEV 2000, 167.
[608] BFH Beschl. v. 7.12.1999, DStR 2000, 468 = ZEV 2000, 167; *Halaczinsky* DStR 2006, 828, 833; a. A. *Viskorf* FR 1999, 1257, 1258.
[609] Vgl. *Häfke* ZEV 1997, 429, 432.
[610] BFH Beschl. v. 9.6.1999 – BStBl. II 529, 530 = DStR 1999, 1220; *Zimmermann* Rdnr. 559; Mayer/Bonefeld/Wälzholz/Weidlich/*Wälzholz/Vassel-Knauf* Rdnr. 1211; Bengel/Reimann/*Piltz*, Rdnr. VIII 59.

pflichtet.⁶¹¹ Umgekehrt erstreckt sich die Abgabepflicht eines zur Verwaltung des Nachlasses eingesetzten Testamentsvollstreckers nicht auf etwaige Vermächtnisnehmer oder gar Pflichtteilsberechtigte. Diese Verknüpfung der Pflichten gemäß § 31 Abs. 5 ErbStG mit der zivilrechtlichen Ausgangslage ist auch dann von Bedeutung, wenn der Erblasser die Testamentsvollstreckung auf bestimmte Vermögensgruppen beschränkt hat (z. B. auf sein unternehmerisches Vermögen). Insoweit bleibt der Erwerber für die von der Testamentsvollstreckung nicht betroffenen Vermögensgruppen erklärungspflichtig.⁶¹²

294 Probleme sind mit der Verpflichtung des Testamentsvollstreckers zur Abgabe der Erbschaftsteuererklärung insbesondere insoweit verbunden, als der Amtsinhaber verschiedene in der Erbschaftsteuererklärung verlangte Angaben regelmäßig nicht aus eigenem Wissen machen kann. Dies gilt insbesondere im Hinblick auf die **Frage nach etwaigen Vorschenkungen gemäß § 14 ErbStG**, zu deren Beantwortung der Testamentsvollstrecker auf die Angaben der jeweiligen Erwerber angewiesen ist. Ob dem Testamentsvollstrecker hier ein zivilrechtlicher Auskunftsanspruch gegen den Erwerber zuzubilligen ist, ist umstritten, richtigerweise aber nach Treu und Glauben zu bejahen, da der Amtsinhaber seine Pflichten anders nicht erfüllen kann.⁶¹³ Aus praktischer Sicht sollte der Testamentsvollstrecker die fehlende Kooperation der Erben gegenüber dem Finanzamt darlegen und dieses insoweit an die Erben verweisen, welches diese sodann zur Mitunterzeichnung der Steuererklärung auffordern kann.⁶¹⁴ Generell empfiehlt es sich, dass der Testamentsvollstrecker gegenüber dem Finanzamt kenntlich macht, welche Angaben er in der Steuererklärung nicht aus eigener Kenntnis machen konnte.

295 **Die Ausübung von erbschaftsteuerlichen Wahlrechten** in der Erbschaftsteuererklärung steht nur dem Erwerber selbst zu, da dieser die Erbschaftsteuer schuldet, nicht dem Testamentsvollstrecker.⁶¹⁵ Solche Wahlrechte sind insbesondere die Steuerklassenwahl bei Nacherbschaft (§ 6 Abs. 2 S. 2 ErbStG), die sog. Jahresbesteuerung statt der Sofortbesteuerung vom Kapitalwert bei Renten, Nutzung und Leistungen (§ 23 Abs. 1 ErbStG), die Verrentung der Steuerschuld für eine Familienstiftung (§ 24 ErbStG) oder die Ablösung zinslos gestundeter Erbschaftsteuer bei Nutzungs- und Rentenlasten (§ 25 Abs. 1 S. 3 ErbStG). Sofern der Erwerber den Testamentsvollstrecker nicht bevollmächtigt hat, einen entsprechenden Antrag zu stellen, stellt sich die Frage, ob ein vom Testamentsvollstrecker gleichwohl unzulässigerweise ausgeübtes Wahlrecht zur Nichtigkeit eines hierauf ergangenen Steuerbescheides oder nur zu dessen Anfechtbarkeit führt.⁶¹⁶ Sieht man den Steuerbescheid nur als anfechtbar an, macht sich der Testamentsvollstrecker gegenüber dem Erwerber schadensersatzpflichtig, wenn er das Wahlrecht in einer Weise ausübt, die die Steuerbelastung des Erben erhöht und der Steuerbescheid in der Folge unanfechtbar wird.⁶¹⁷

296 *dd) Die Bekanntgabe des Steuerbescheides.* Auf der Grundlage von § 122 Abs. 1 S. 1 AO wird der Steuerbescheid demjenigen bekannt gegeben, für den er bestimmt ist oder der von ihm betroffen ist. Dies wäre grundsätzlich der Erwerber, welcher auch die Erbschaftsteuer schuldet (§ 20 ErbStG). Soweit jedoch die Erbschaftsteuererklärung auf der Grundlage von § 31 Abs. 5 ErbStG durch den Testamentsvollstrecker abgegeben worden ist, ist diesem der Steuerbescheid mit Wirkung für und gegen den Erwerber bekannt zu geben (§ 32 Abs. 1 S. 1 ErbStG). Der Testamentsvollstrecker ist dann Adressat der Bekanntgabe, die für und gegen den Erben

---

⁶¹¹ BFH Beschl. v. 9.6.1999 – BStBl. II 1999, 529, 530 f. = DStR 1999, 1220; FG München Gerichtsbescheid v. 23.8.2000 – ZEV 2001, 287, 288.
⁶¹² Vgl. BFH Beschl. v. 9.6.1999 – BStBl. II 1999, 529, 530 = DStR 1999, 1220; *Kapp/Ebeling* ErbStG, § 31 Rdnr. 19.1; Bengel/Reimann/*Piltz* Rdnr. VIII 57 f.
⁶¹³ MünchKommBGB/*Zimmermann* § 2218 Rdnr. 9; Bengel/Reimann/*Piltz* Rdnr. VIII 137; ausf. Mayer/Bonefeld/Wälzholz/Weidlich/*Wälzholz/Vassel-Knauf* Rdnr. 1207; a. A. *Zimmermann* Rdnr. 559; *Troll* ErbStG, § 32 Anm. 3.
⁶¹⁴ Mayer/Bonefeld/Wälzholz/Weidlich/*Wälzholz/Vassel-Knauf* Rdnr. 1211.
⁶¹⁵ *Meincke* ErbStG § 31 Rdnr. 13; *Thietz-Bartram* DB 1989, 798, 799 ff.; *Häfke* ZEV 1997, 429, 432.
⁶¹⁶ Für Nichtigkeit u.a. *Kapp/Ebeling* ErbStG § 31 Rdnr. 18; *Troll/Gebel/Jülicher* ErbStG, § 31 Rdnr. 30; *Thietz-Bartram* DB 1989, 798, 800 ff. Für Anfechtbarkeit hingegen Mayer/Bonefeld/Wälholz/Weidlich/*Wälzholz/Vassel-Knauf* Rdnr. 1274; *Moench* ErbStG, § 31 Rdnr. 12; Bengel/Reimann/*Piltz* Rdnr. VIII 49 m.w.N.
⁶¹⁷ Vgl. auch Mayer/Bonefeld/Wälzholz/Weidlich/*Wälzholz/Vassel-Knauf* Rdnr. 1274.

wirkt.⁶¹⁸ Einer zusätzlichen Bekanntgabe an den Erwerber bedarf es nicht, wobei eine solche jedoch in der Praxis häufig erfolgt. Eine Bekanntgabe an den Erwerber selbst kommt demnach nur in den nicht dem Aufgabenkreis des Testamentsvollstreckers unterliegenden Fällen in Betracht, z.B. in Bezug auf den Erbschaftsteuerbescheid für ein nicht der Testamentsvollstreckung unterliegendes Vermächtnis.

ee) Rechtsbehelfe. Mit der Bekanntgabe des Erbschaftsteuerbescheides an den Testamentsvollstrecker beginnt die Rechtsbehelfsfrist für dessen Anfechtung zu laufen.⁶¹⁹ Die Befugnis, gegen den Steuerbescheid Einspruch oder Klage einzulegen, steht aber wiederum nur dem Erben zu, nicht jedoch dem Testamentsvollstrecker, der durch den Steuerbescheid nicht beschwert ist.⁶²⁰ Ebenso wenig kann der Testamentsvollstrecker einen Antrag auf **Aussetzung der Vollziehung** des Steuerbescheides gemäß § 361 Abs. 2 AO stellen, sofern er nicht vom Erben hierzu bevollmächtigt worden ist. Eine vom Erblasser erteilte postmortale Vollmacht reicht für eine Vertretung in diesem Rahmen nicht aus.⁶²¹ Unterrichtet der Testamentsvollstrecker den Erben nicht von der Bekanntgabe des Erbschaftsteuerbescheides und versäumt dieser deshalb die Anfechtungsfrist, so ist ihm innerhalb der Jahresfrist des § 110 Abs. 3 AO **Wiedereinsetzung in den vorigen Stand** zu gewähren. Die Säumnis des Testamentsvollstreckers wird dem Erben hier nicht zugerechnet.⁶²² Erleidet der Erwerber durch die Versäumnis des Testamentsvollstreckers einen Schaden (z. B. weil die Ein-Jahresfrist für die Gewährung der Wiedereinsetzung abgelaufen ist), greift die Schadensersatzverpflichtung nach § 2219 BGB. Eine Einspruchsentscheidung zu einem Erbschaftsteuerbescheid ist entsprechend der fehlenden Anfechtungsbefugnis nicht dem Testamentsvollstrecker, sondern den Erben bekannt zu geben, sofern der Amtsinhaber den Einspruch nicht als Bevollmächtigter der Erben eingelegt hat.⁶²³

ff) Die Bezahlung der Erbschaftsteuer. Als eigenständige steuerrechtliche Pflicht des Testamentsvollstreckers hat dieser nach Maßgabe der Spezialvorschrift des § 32 Abs. 1 S. 2 ErbStG für die Bezahlung der Erbschaftsteuer zu sorgen. Die hierfür erforderlichen Beträge kann er aus dem Nachlass entnehmen, der bis zur Auseinandersetzung gemäß § 20 Abs. 3 ErbStG für die Erbschaftsteuerschuld der beteiligten Erwerber haftet. Auf der Grundlage von § 32 Abs. 1 S. 2 ErbStG kann der Testamentsvollstrecker durch das Finanzamt durch Bescheid aufgefordert werden, seiner Pflicht nachzukommen, nämlich die Erbschaftsteuer aus den Mitteln des Nachlasses zu begleichen.⁶²⁴ Ein entsprechender Bescheid muss klar erkennen lassen, dass der Testamentsvollstrecker aus § 32 Abs. 1 S. 1 ErbStG in Anspruch genommen werden soll und der Bescheid nicht nur an ihn als Zustellungsvertreter für den Erwerber ergeht.⁶²⁵

Auf Verlangen des Finanzamtes hat der Testamentsvollstrecker für die Erfüllung seiner Verpflichtung aus § 32 Abs. 1 ErbStG **Sicherheit zu leisten** (§ 32 Abs. 1 S. 3 ErbStG), wobei das z.B. durch die Hinterlegung von Zahlungsmitteln oder die Verpfändung von Wertpapierdepots erfolgen kann (vgl. § 241 AO). Wird die Erbschaftsteuer weder vom Testamentsvollstrecker noch vom Erwerber gezahlt, so hat der Testamentsvollstrecker auf entsprechenden Duldungsbescheid die Zwangsvollstreckung der Steueransprüche in den Nachlass zu dulden (§ 77 Abs. 1 AO). Verletzt der Testamentsvollstrecker die Pflicht zur Zahlung der Erbschaftsteuer und kehrt er den Nachlass vor deren Entrichtung an die Erben aus, kann gegen ihn wegen einer aus § 69 AO i.V.m. § 34 AO dann ggf. resultierenden Haftung ein Haftungsbescheid (§ 191 Abs. 1 AO) erlassen werden. Ist der Testamentsvollstrecker Rechtsanwalt, Steuerberater oder Wirtschaftsprüfer setzt dessen Erlass nach dem Bundesfinanzhof allerdings voraus, dass zuvor den jeweiligen Berufskammern Gelegenheit zur Stellungnahme gegeben wird.⁶²⁶ Bei der Frage, ob

---

⁶¹⁸ Vgl. BdF-Schreiben v. 8.4.1991 – Bekanntgabeerlass, BStBl. I 1991, 398 Tz. 214 4.1.; vgl. auch BFH Urt. v. 28.1.1998 – ZEV 1998, 359, 360.
⁶¹⁹ BFH Urt. v. 14.11.1990 – BStBl. II 1991, 52, 54 = NJW 1991, 3303.
⁶²⁰ BFH Urt. v. 4.11.1981 – BStBl. II 1982, 262, 263; Hübschmann/Hepp/Spitaler/*Boeker* AO § 34 Rdnr. 93.
⁶²¹ Str.; vgl. *Meincke* ErbStG, § 32 Rdnr. 14.
⁶²² BFH Urt. v. 14.11.1990 – BStBl. II 1991, 52, 54 = NJW 1991, 3303.
⁶²³ Vgl. Erlass FinMin. Saarland, v. 25.1.2001 – DStR 2001, 1033.
⁶²⁴ Bengel/Reimann/*Piltz* Rdnr. VIII 79; Mayer/Bonefeld/Wälzholz/Weidlich/*Wälzholz/Vassel-Knauf* Rdnr. 1259.
⁶²⁵ Vgl. BFH Urt. v. 18. 3.1 986 – BStBl. 1986, 524 f.
⁶²⁶ BFH Urt. v. 13.5.1998 – BStBl. II 1998, 760 = ZEV 1998, 358 m. Anm. *Henssler* (Erlass eines Haftungsbescheids gegen einen Rechtsanwalt).

die für den Erlass eines Haftungsbescheides gemäß § 69 AO erforderliche grobe Fahrlässigkeit vorgelegen hat, sind die persönlichen Kenntnisse und Fähigkeiten des Amtsinhabers zu berücksichtigen. Eine Haftung des Testamentsvollstreckers für die ausstehende Erbschaftsteuer kommt demnach nicht in Betracht, wenn ihm als steuerrechtlichen Laien nicht bekannt war, dass er für deren Bezahlung zu sorgen hat.[627] Allerdings kann die für eine Haftung erforderliche grobe Fahrlässigkeit auch schon darin gesehen werden, dass der Testamentsvollstrecker Aufgaben übernimmt, bei denen es sich ihm hätte aufdrängen müssen, dass er diesen nicht gewachsen ist.[628] Bei Rechtsanwälten, Steuerberatern oder Wirtschaftsprüfern wird das Vorliegen grober Fahrlässigkeit regelmäßig mit dem Argument bejaht, dass von diesen Personen erwartet werden könne, dass sie entweder die notwendigen Rechtskenntnisse haben oder sich diese verschaffen.[629]

300   Wurde aus dem der Testamentsvollstreckung unterliegenden Vermögen zu viel an Erbschaftsteuer bezahlt, so ist für einen entsprechenden **Erstattungsanspruch** allein der Testamentsvollstrecker verfügungsberechtigt und empfangszuständig; dementsprechend kann des Finanzamt allein an ihn mit befreiender Wirkung zahlen.[630] Haben allerdings die Erben oder sonstigen Erwerber die Erbschaftsteuer aus Mitteln außerhalb des Nachlasses überbezahlt, so steht ein etwaiger Erstattungsanspruch auch ihnen allein zu.[631]

301   d) **Nach dem Erbfall entstehende Steuern.** Auch für Steuern, die sich aus der Verwaltung des Nachlasses durch den Testamentsvollstrecker ergeben, sind nur die Erben Steuerschuldner, nicht der Testamentsvollstrecker. Die durch die Verwaltung des Nachlasses verwirklichten Steuertatbestände führen zu Einkünften, Gewerbeerträgen und Umsätzen, die allein dem Erben zugerechnet werden, nicht jedoch dem Verwalter.[632] Dementsprechend obliegt es auch nur den Erben, die aus dem Nachlass erzielten Einkünfte zu erklären.[633] Dies soll auch für solche Steuererklärungen gelten, die sich ausschließlich auf den Nachlass beziehen (z.B. die Abgabe der Erklärung zur einheitlichen und gesonderten Feststellung von Bestandsgrundlagen, §§ 179 ff. AO, bei Einkünften aus der Vermietung oder Verpachtung eines Nachlassgrundstücks).[634] Zur Erfüllung der ihnen demnach obliegenden steuerlichen Pflichten werden die Erben jedoch auf die Erteilung entsprechender Informationen durch den Testamentsvollstrecker angewiesen sein. Auf der Grundlage von § 2218 i.V.m. § 666 BGB ist der Testamentsvollstrecker hier verpflichtet, den Erben die zur Abgabe der Steuererklärung **erforderlichen** Informationen zu geben und etwa benötigte Nachweise zur Verfügung zu stellen (z. B. Aufstellungen von Einnahmen und Werbungskosten, einbehaltene Quellensteuern, etc.).[635]

302   Die steuerrechtlichen Ansprüche richten sich somit, auch soweit sie aus Erträgen des Nachlassvermögens stammen, gegen den Erben und nicht gegen den Nachlass. Hiervon unabhängig ist der Testamentsvollstrecker jedoch als verpflichtet anzusehen, den Erben die **Mittel zur Verfügung zu stellen,** die sie benötigen, um die auf die Nachlasseinkünfte entfallenden Steuern zu begleichen. Hierbei kann der Amtsinhaber die Erben auch nicht darauf verweisen, dass diese die Steuern aus anderen Mitteln außerhalb des Nachlasses begleichen (vgl. auch Rdnr. 110). Ebenso wird man von der Verpflichtung des Testamentsvollstreckers ausgehen müssen, auch

---

[627] Vgl. FG München Urt. v. 25.10.1999 – DStRE 2000, 372; ausf. *Piltz* ZEV 2001, 262, 264; Mayer/Bonefeld/Wälzholz/Weidlich/*Wälzholz/Vassel-Knauf* Rdnr. 1293.
[628] Mayer/Bonefeld/Wälzholz/Weidlich/*Wälzholz/Vassel-Knauf* Rdnr. 1293 m.w.N.
[629] Vgl. *Piltz* EV 2001, 262, 264; Mayer/Bonefeld/Wälzholz/Weidlich/*Wälzholz/Vassel-Knauf* Rdnr. 1293.
[630] BFH Urt. v. 18.6.1986 – BStBl. II 1986, 704, 706. = NJW 1987, 1039; FG München, Gerichtsbescheid v. 23.8.2000 – ZEV 2001, 287, 288; Hübschmann/Hepp/Spitaler/*Boeker* AO § 34 Rdnr. 94; a. A. *Meincke* ErbStG, § 32 Rdnr. 12.
[631] Bengel/Reimann/*Piltz* Rdnr. VIII 90.
[632] BFH Beschl. v. 29.11.1995 – BStBl. II 1996, 322, 324 = ZEV 1996, 156; vgl. auch BFH Urt. v. 28.4.1992 – BStBl. II 1992, 781, 783 = DStR 1992, 1724; BFH Urt. v. 5.6.1991 – BStBl. II 1991, 820, 821 = DStR 1991, 1313 (jeweils zum vergleichbaren Fall der Nachlassverwaltung); *Häfke* ZEV 1997, 429, 433; Sudhoff/*Scherer* Unternehmensnachfolge § 9 Rdnr. 28; *L. Schmidt* EStG § 1 Rdnr. 15; ausf. *Staats*, Einkommensteuer und Erbenhaftung, Diss. Freiburg i.Br. 2005, S. 100 ff.
[633] Vgl. nur Tipke/Kruse/*Kruse/Lose* AO § 34 Rdnr. 29; gegen die h.M. Mayer/Bonefeld/Wälzholz/Weidlich/*Wälzholz/Vassel-Knauf* Rdnr. 1215.
[634] Vgl. BFH Urt. v. 29.8.1973 – BStBl. II 1974, 100; *Zimmermann* Rdnr. 586; Bengel/Reimann/*Piltz* Rdnr. VIII 138.
[635] Vgl. nur *Klingelhöffer* Vermögensverwaltung, Rdnr. 410; Bengel/Reimann/*Piltz* Rdnr. VIII 138.

die Kosten der von den Erben zur Erstellung der Steuererklärungen eingeschalteten Steuerberater aus dem Nachlass zu erstatten, soweit diese auf die aus dem Nachlass stammenden Einkünfte einfallen und deren Einschaltung erforderlich gewesen ist.

Die **Bekanntgabe von Steuerbescheiden,** die sich auf Einkünfte der Erben aus dem Nachlass beziehen, hat wiederum gegenüber diesen und nicht gegenüber dem Testamentsvollstrecker zu erfolgen. Die Rechtsbehelfsbefugnis steht folglich ebenfalls allein den Erben zu,[636] es sei denn, der Steuerbescheid ist fälschlicherweise gegen den Testamentsvollstrecker ergangen, dem dann auch die Befugnis einzuräumen ist, sich gegen eine Inanspruchnahme zu wehren.[637]

Eine differenzierte Betrachtung greift ein, wenn der Testamentsvollstrecker ein **einzelkaufmännisches Unternehmen** des Erblassers fortführt, was auf der Grundlage der h.M. nur in der Form der Vollmacht- bzw. Treuhandlösung möglich ist (vgl. Rdnr. 217 ff.). Grundsätzlich sind auch hier nur die Erben und nicht der Testamentsvollstrecker als Mitunternehmer anzusehen und erfüllen den Tatbestand der Einkünfteerzielung i. S. d. § 15 EStG.[638] Umstritten ist jedoch, ob dies auch für den Fall gilt, dass der Testamentsvollstrecker das Unternehmen im Wege der Treuhandlösung fortführt oder einen Komplementäranteil als Treuhänder verwaltet. Hier wird zum Teil der Testamentsvollstrecker als Unternehmer bzw. Mitunternehmer neben oder anstelle der Erben angesehen.[639] Eine solche, m.E. abzulehnende Sichtweise hätte zur Folge, dass das Testamentsvollstreckerhonorar nicht mehr in die Kategorie der selbständigen Einkünfte gemäß § 18 EStG, sondern in die Kategorie der gewerblichen Einkünfte i. S. d. § 15 Abs. 1 Nr. 2 EStG fällt, mit der Konsequenz der Gewerbesteuerpflichtigkeit dieser Einkünfte. Unabhängig von Vorstehendem bleibt, dass die Einkünfte aus dem fortgeführten Einzelunternehmen bzw. der Gesellschaft weiterhin allein den Erben zugerechnet werden. Der Testamentsvollstrecker, der die Gewerblichkeit seines Testamentsvollstrecker-Honorars und hiermit verbundene etwaige Infizierungsfolgen nicht riskieren will, sollte die Treuhandlösung bei einzel-kaufmännischen Unternehmen oder voll haftenden Personengesellschaftsanteilen daher vermeiden.[640]

Bei der Wahl der Treuhandlösung gilt es ferner zu beachten, dass diese den Testamentsvollstrecker nach Auffassung von Rechtsprechung und Finanzverwaltung zum **umsatzsteuerlichen Unternehmer** und somit zum Umsatzsteuerschuldner macht, und zwar unabhängig davon, ob es sich um einen Fall der Ermächtigungs- oder der Vollrechtstreuhand handelt.[641] Schließlich ist zu beachten, dass der ein Unternehmen als Treuhänder oder Bevollmächtigter fortführende Testamentsvollstrecker verpflichtet ist, die sich hinsichtlich der Betriebssteuern (Umsatzsteuer, Gewerbesteuer, Lohnsteuer, etc.) ergebenden Pflichten zu erfüllen, insbesondere Bücher und Aufzeichnungen zu führen und in diesem Rahmen auch die erforderlichen Steuererklärungen abzugeben.[642]

Unstreitig nicht als Mitunternehmer ist der einen Kommanditanteil verwaltende Testamentsvollstrecker anzusehen und zwar auch dann nicht, wenn er den Gesellschaftsanteil als Treuhänder hält.[643] Ist der Testamentsvollstrecker selbst Gesellschafter, so ist hiermit seine Mitunternehmerschaft verbunden, was zugleich die Qualifikation seines Honorars als Sondervergütung i. S. v. § 15 Abs. 1 Nr. 2 EStG zur Folge hat.[644]

---

[636] BFH Beschl. v. 29.11.1995 – BStBl. II 1996, 322, 324 = ZEV 1996, 156.
[637] BFH Urt. v. 16.2.1977 – BStBl. II 1977 481, 482; *Häfke* ZEV 1997, 429, 433.
[638] Vgl. BFH Urt. v. 1.6.1978 – BStBl. II 1978, 499, 500 f.; Bengel/Reimann/*Piltz* Rdnr. VIII 102 ff. m.w.N.
[639] Vgl. Bengel/Reimann/*Piltz* Rdnr. VIII 7; Mayer/Bonefeld/Wälzholz/Weidlich/*Wälzholz/Vassel-Knauf* Rdnr. 1140 m.w.N.
[640] Zutreffend Bengel/Reimann/*Piltz* Rdnr. VIII 110.
[641] BFH Urt. v. 11.10.1990 – BStBl. II 1991, 191 = DB 1991, 643; zur Haltung der Finanzverwaltung vgl. Umsatzsteuer-Richtlinien Abschn. 16 Abs. 5 S. 3; *Ebeling* in Ebeling/Geck, Handbuch der Erbengemeinschaft, Rdnr. III 90.
[642] Offen ist, ob diese Verpflichtung auf § 34 AO oder auf § 35 AO beruht; vgl. *Boeker* in Hübschmann/Hepp/Spitaler, AO § 34 Rdnr. 97 einerseits und *Kruse/Lose* in Tipke/Kruse AO § 34 Rdnr. 30 andererseits.
[643] BFH Urt. v. 16.5.1995 – ZEV 1995, 382, 383 = NJW 1995, 3406; *L. Schmidt* EStG, § 15 Rdnr. 301; ausf. *Gschwendter* DStZ 1995, 708.
[644] Bengel/Reimann/*Piltz* Rdnr. VIII 110.

2. Steuerliche Abzugsfähigkeit der Testamentsvollstreckergebühren

307 a) **Erbschaftsteuer.** Ausgangspunkt für die Frage der Abzugsfähigkeit des Testamentsvollstreckerhonorars bei der Erbschaftsteuer ist § 10 Abs. 5 Nr. 3 ErbStG, wonach die dem Erwerber „unmittelbar im Zusammenhang mit der Abwicklung, Regelung oder Verteilung des Nachlasses oder mit der Erlangung des Erwerbs" entstehenden Kosten grundsätzlich abzugsfähig sind, nicht jedoch Kosten für die Verwaltung des Nachlasses. Hieraus folgt die Abzugsfähigkeit der **im Zusammenhang mit der Abwicklung des Nachlasses** anfallenden Gebühren (Abwicklungs-, Konstituierungs- und Auseinandersetzungsgebühr), während das für eine dauerhafte Verwaltung des Nachlasses anfallende Honorar bei der Ermittlung des erbschaftsteuerpflichtigen Erwerbs unberücksichtigt bleibt.[645]

308 Auch die für eine Abwicklungstestamentsvollstreckung geschuldete Vergütung ist jedoch nur im Rahmen des „Angemessenen" nach § 10 Abs. 5 Nr. 3 ErbStG abzugsfähig.[646] Hat der Erblasser die Vergütung zugunsten eines familienfremden Testamentsvollstreckers selbst festgesetzt, so wird dies regelmäßig für deren Angemessenheit sprechen.[647] Gleiches gilt, wenn sich die Erben in Ermangelung einer Festlegung durch den Erblasser mit dem Testamentsvollstrecker über die Höhe der Abwicklungsvergütung einigen.[648] Für den Erben spielt die **Frage der Angemessenheit** allerdings insoweit keine Rolle, als der übersteigende Betrag als Vermächtnis zugunsten des Testamentsvollstreckers anzusehen ist und dementsprechend gemäß § 10 Abs. 5 Nr. 2 als Erbfallschuld abgezogen werden kann.[649] (Zur Behandlung beim Testamentsvollstrecker vgl. Rdnr. 198 f.).

309 Einschließlich der Kosten für die Bestattung des Erblassers, der Kosten für einen angemessenen Grabstein und für die übliche Grabpflege darf für die Nachlassabwicklung ohne besonderen Nachweis ein **Pauschbetrag von EUR 10.300** angesetzt werden (§ 10 Abs. 5 Nr. 3 S. 2 ErbStG). Wird der Pauschbetrag geltend gemacht, so können einzelne Kosten daneben nicht mehr selbständig berücksichtigt werden. Höhere Kosten hat der Erwerber nachzuweisen. Die früher umstrittene Frage nach der **Abzugsfähigkeit der Kosten,** die im Zusammenhang mit der **Erstellung der Erbschaftsteuererklärung** durch den Testamentsvollstrecker oder einem durch ihn beauftragten Steuerberater entstehen, ist für die Praxis insoweit geklärt, als die Finanzverwaltung nunmehr allgemein die im Zusammenhang mit der Erstellung der Erbschaftsteuererklärung anfallende Steuerberatungskosten als gemäß § 10 Abs. 5 Nr. 3 ErbStG abzugsfähige Nachlassregulierungskosten anerkennt.[650] Eine gleichzeitig gegebene Möglichkeit der Berücksichtigung dieser Kosten bei der Einkommensteuer (z.B. als Werbungskosten) steht dem nicht entgegen; eine doppelte Berücksichtigung der Beraterkosten ist nicht ausgeschlossen.[651]

310 b) **Einkommensteuer.** Im Hinblick auf die einkommensteuerliche Abzugsfähigkeit der Testamentsvollstreckergebühren gilt als Grundsatz, dass der Vermögenserwerb durch Erbfall keine Erzielung von Einkünften i. S. d. Einkommensteuergesetzes darstellt.[652] Dementsprechend wird bei der Frage der **einkommensteuerlichen Abzugsfähigkeit der Testamentsvollstreckergebühren** nach herkömmlicher Betrachtung zwischen den Aufwendungen für eine Abwicklung und denjenigen für eine Verwaltungstestamentsvollstreckung unterschieden. Während ein Abzug der Aufwendungen für eine Abwicklungstestamentsvollstreckung weder als Betriebsausgaben noch als Werbungskosten in Betracht kommen soll, sind die Gebühren für die Verwaltung des Nachlasses durch den Testamentsvollstrecker abziehbar, soweit sie mit den aus dem Nachlass zu erzielenden Einkünften in wirtschaftlichem Zusammenhang

---

[645] Vgl. nur *Winkler* Rdnr. 768; *Meincke* ErbStG, § 10 Rdnr. 44; *Troll/Gebel/Jülicher* ErbStG, § 10 Rdnr. 225.
[646] Unstr.; vgl. nur Bengel/Reimann/*Piltz* Rdnr. VIII 150.
[647] Zutreffend *Winkler* Rdnr. 770.
[648] I. d. S. Hess. FG Urt. v. 23.10.1990 – EFG 1991, 332; Bengel/Reimann/*Piltz* Rdnr. VIII 170.
[649] Bengel/Reimann/*Piltz* Rdnr. VIII 170.
[650] Vgl. Ländererlass v. 25.1.1991 – DB 1991, 525; Erbschaftsteuer-Richtlinien Abschnitt R 29; ausf. *Meincke* ErbStG, § 10 Rdnr. 45 m.w.N.
[651] Vgl. Niedersächsisches FG Urt. v. 15.12.2005 – DStRE 2006, 794, 795 zur Berücksichtigung der Steuerberatungskosten im Zusammenhang mit der Erstellung der Erbschaftsteuererklärung als Sonderausgaben gemäß § 10 Abs. 1 Nr. 6 EStG bei der Einkommensteuer. Die Abziehbarkeit privater Steuerberatungskosten als Sonderausgaben wurde aber ab dem Veranlagungszeitraum 2006 gestrichen.
[652] Vgl. BFH Beschl. v. 5.7.1990 – BStBl. II 1990, 837.

stehen.⁶⁵³ Demnach soll eine doppelte Abzugsfähigkeit der Vollstreckergebühren – sowohl bei der Erbschaft- als auch bei der Einkommensteuer – grundsätzlich nicht in Betracht kommen.

Entscheidend für die einkommensteuerliche Abzugsfähigkeit der Kosten der laufenden Verwaltung durch den Testamentsvollstrecker ist jedoch nicht bereits der Umstand der Anordnung der Verwaltung durch den Erblasser und somit die Aufgezwungenheit der Anordnung, sondern der **wirtschaftliche Zusammenhang der Vollstreckergebühren mit den aus dem Nachlass zu erzielenden Einkünften.**⁶⁵⁴ Soweit dieser wirtschaftliche Zusammenhang gegeben ist, kommt eine Abzugsfähigkeit als Betriebsausgabe (§ 4 Abs. 4 EStG) bei den Gewinneinkunftsarten (§§ 13, 15, 18 EStG) und als Werbungskosten (§ 9 EStG) bei den Überschusseinkunftsarten (§§ 19, 20, 21 EStG) in Betracht. Gehört die Veräußerung von Nachlassgegenständen zu den Aufgaben, die dem Testamentsvollstrecker zugewiesen sind, so können die auf diese Tätigkeit entfallenden Testamentsvollstreckergebühren als Veräußerungskosten in Abzug gebracht werden, sofern die Veräußerung überhaupt steuerliche Relevanz entfaltet.⁶⁵⁵

Beispiele:
(1) Der Erblasser hat verfügt, dass der Testamentsvollstrecker über mehrere Jahre die zum Nachlass gehörenden Unternehmen und mitunternehmerischen Beteiligungen verwalten soll. Die hiermit verbundenen Kosten sind als (Sonder-)Betriebsausgaben bei der Ermittlung des Gewinns nach § 15 EStG abzugsfähig.⁶⁵⁶
(2) Verkauft der Verwaltungstestamentsvollstrecker einen Mitunternehmeranteil des Erblassers und verwaltet er anschließend den hierbei erzielten Erlös, so sind die für die Verwaltung geschuldeten Honorare zunächst als Sonderbetriebsausgaben bei den Einkünften aus der Mitunternehmerschaft abzugsfähig und später als Werbungskosten bei den Einkünften des Erben aus Kapitalvermögen.

Allgemein erscheint es nicht in jedem Fall sachgerecht, **bei der Frage der Abzugsfähigkeit** pauschal auf die zivilrechtliche Abgrenzung zwischen Abwicklungs- und Verwaltungstestamentsvollstreckung abzustellen. Vergeht bis zur Auseinandersetzung des Nachlasses ein gewisser Zeitraum, so wird man z. B. auch den Teil der Gebühren, die einem mit der Auseinandersetzung des Nachlasses beauftragten Testamentsvollstrecker zustehen, zum Abzug zulassen müssen, der auf die Einkünfte erzielende Vermögensverwaltung bis zur Auskehrung des Nachlasses an die Erben entfällt.⁶⁵⁷ Sofern zum Teil unter Bezugnahme auf die BFH-Rechtsprechung zur einkommensteuerlichen Behandlung der Erbauseinandersetzung die generelle Abzugsfähigkeit von Testamentsvollstreckergebühren vertreten wird, die sich auf die Erbengemeinschaft betreffende Einkünftetatbestände beziehen,⁶⁵⁸ ist dies allerdings zu weitgehend.⁶⁵⁹ Hiervon unberührt bleibt die Erweiterung der Abzugsmöglichkeit, die sich auf der Grundlage dieser Rechtsprechung ergibt, sofern im Rahmen der Auseinandersetzung steuerlich relevante Abfindungszahlungen geleistet werden.

Beispiel:
Eine Miterbengemeinschaft über einen gemischten, sowohl aus Privat- als auch aus Betriebsvermögen bestehenden Nachlass, wird nach längerer Verwaltung durch einen Testamentsvollstrecker in der Weise auseinandergesetzt, dass ein Miterbe den Betrieb übernimmt und der andere das Privatvermögen, wobei der Betriebserbe für den ihm zugewiesenen Mehrerwerb eine Ausgleichszahlung erbringt. Hieraus resultiert bei dem weichenden Miterben auf der Grundlage der BFH-Rechtsprechung zur einkommensteuerlichen Behandlung der Erbauseinandersetzung ein Veräußerungserlös, während der Betriebserbe Anschaffungskosten generiert. Wirkt der Testamentsvollstrecker im Rahmen der Auseinandersetzung mit

---

⁶⁵³ Grundlegend BFH Urt. v. 1.6.1978 – BStBl. II 1978, 499, 500 f.; BFH Urt. v. 22.1.1980 – BStBl. II 1980, 351; Bengel/Reimann/*Piltz* Rdnr. VIII 178 f.; *Winkler* Rdnr. 651.
⁶⁵⁴ BFH Urt. v. 1.6.1978 – BStBl. II 1978, 499, 501; *Winkler* Rdnr. 651 (in Fn. 1); *Felix* u. a., Steuerberater und Wirtschaftsprüfer als Testamentsvollstrecker, Beirat (Aufsichtsrat), Pfleger, Schiedsrichter und Liquidator, 1989, S. 118 m.w.N.
⁶⁵⁵ Vgl. Bengel/Reimann/*Piltz* Rdnr. VIII 180.
⁶⁵⁶ Vgl. FG Düsseldorf Urt. v. 26.2.1973 – EFG 1973, 367; *Winkler* Rdnr. 651 (in Fn. 1).
⁶⁵⁷ Zutreffend *Felix* u. a., Steuerberater und Wirtschaftsprüfer als Testamentsvollstrecker, Beirat (Aufsichtsrat), Pfleger, Schiedsrichter und Liquidator, 1989, S. 119.
⁶⁵⁸ I. d. S. *Ebeling* BB 1992, 325, 326; *ders.* in Ebeling/Geck, Handbuch der Erbengemeinschaft, Rdnr. III 84.
⁶⁵⁹ Zutreffend Bengel/Reimann/*Piltz* Rdnr. VIII 175.

und erhält er hierfür ein Honorar (Auseinandersetzungsgebühr), kann der veräußernde Miterbe dieses als Veräußerungskosten in Abzug bringen.[660]

313   c) **Praxishinweis.** Aufgrund der unterschiedlichen Abzugsfähigkeit empfiehlt es sich, dass der Testamentsvollstrecker seine Abrechnung hinreichend differenziert aufgliedert und insbesondere die Unterscheidung zwischen abzugsfähigen und nicht-abzugsfähigen Honorarbestandteilen von vornherein berücksichtigt. Die der Aufteilung zugrunde gelegten Kriterien (z. B. Wertkomponenten sowie Zeitaufwand, Bedeutung und Schwierigkeitsgrad der einzelnen Tätigkeiten) sollten dokumentiert werden, um den Abzug bei späteren Rückfragen des Finanzamtes oder im Rahmen von Betriebsprüfungen rechtfertigen zu können.[661]

VII. Das Internationale Erbrecht und die Testamentsvollstreckung

314   Im internationalen Kontext stellt sich die Frage, nach welcher Rechtsordnung sich die Konsequenzen einer angeordneten Testamentsvollstreckung und die korrespondierenden Rechte und Pflichten des Amtsinhabers richten. Aus deutscher Sicht ist insoweit die Grundnorm des Art. 25 Abs. 1 EGBGB einschlägig, wonach sich das Erbstatut nach der Staatsangehörigkeit des Erblassers richtet. Das **Erbstatut** bestimmt nicht nur den Umfang des Nachlasses, die Testier- und Erbfähigkeit, die gesetzliche oder testamentarische Erbfolge, das Pflichtteilsrecht, die Testamentsauslegung, sondern auch den Erbgang und damit die **Frage nach „ob" und „wie"** der Durchführung einer Testamentsvollstreckung. Die Zulässigkeit einer Testamentsvollstreckung, die Rechtsstellung des Amtsinhabers, der Umfang seiner Verwaltungs- und Verfügungsbefugnis, sowie die Frage nach seiner Entlassung richten sich somit aus deutscher Sicht nach der durch die Staatsangehörigkeit des Erblassers vorgegebenen Rechtsordnung.[662]

315   Bei der Verweisung nach Art. 25 Abs. 1 EGBGB auf das Recht der Staatsangehörigkeit handelt es sich allerdings um eine Gesamtverweisung (Art. 4 Abs. 1 S. 1 EGBGB), so dass bei ausländischer Staatsangehörigkeit auch die Kollisionsnormen des betreffenden Staates in die Betrachtung einzubeziehen sind.

Beispiel:

Ein dänischer Staatsangehöriger, der bereits seit Jahrzehnten in Deutschland lebt und auch nur hier Vermögen besitzt, hat in seinem Testament über dieses Vermögen Verwaltungstestamentsvollstreckung angeordnet. Art. 25 Abs. 1 EGBG verweist hier auf das Heimatrecht des Erblassers, das dänische Erbrecht. Da diese Verweisung aber das dänische IPR *(lovkonflikter)* mit umfasst, ist weiter zu fragen, nach welchem Anknüpfungspunkt sich die Erbfolge bei Ausländsdänen richtet. Das dänische Internationale Erbrecht folgt dem Domizilprinzip.[663] Da der letzte Wohnsitz des Erblassers in Deutschland lag, ist deutsches Erbrecht maßgeblich. Das dänische Erbrecht verweist zurück auf das deutsche Recht, wobei diese Rückverweisung wegen Art. 4 Abs. 1 S. 2 EGBGB endgültig ist. Dass das dänische Erbrecht die Aufgaben des Testamentsvollstreckers *(testamentsexekutor)* auf die Auseinandersetzung des Nachlasses beschränkt,[664] bleibt dementsprechend in der vorliegenden Konstellation ohne Bedeutung.

316   Jeweils in die Betrachtung einzubeziehen ist auch die Möglichkeit, dass es bei deutscher Staatsangehörigkeit zu einer Nachlassabwicklung durch ausländische Gerichte und Behörden

---

[660] Ausf. Bengel/Reimann/*Piltz* Rdnr. 175, 180; *Grube* DB 2003, 2300, 2303 f.; weitergehend *Ebeling* BB 1992, 325, 326.
[661] Vgl. Mayer/Bonefeld/Wälzholz/Weidlich/*Wälzholz*/*Vassel-Knauf* Rdnr. 1126; Beispiele für entsprechende Aufteilungen bei Bengel/Reimann/*Piltz* Rdnr. VIII 184; *Felix* u. a., Steuerberater und Wirtschaftsprüfer als Testamentsvollstrecker, Beirat (Aufsichtsrat), Pfleger, Schiedsrichter und Liquidator, 1989, S. 121; zur Aufteilung vgl. auch *Pöllath* DB 1985, 616, 620.
[662] BGH Urt. v. 30.3.1962 – NJW 1963, 4647 (Willensvollstreckung nach Schweizer ZGB); BGH Urt. v. 17.10.1968 – WM 1969, 72 (zur Rechtsstellung eines *executor* nach englischem Recht); BayObLG Beschl. v. 30.9.1999 – ZEV 1999, 485, 487 (Deutsch-Österreichischer Erbfall); BayObLG Beschl. v. 15.3.1990 – NJW-RR 1990, 906 (Willensvollstreckung nach Schweizer ZGB); aus der Lit. vgl. nur Bengel/Reimann/*Haas* Rdnr. IX 3; *Ebenroth* ErbR Rdnr. 1274; Mayer/Bonefeld/Wälzholz/Weidlich*Bonefeld* Rdnr. 1019; a. A. *Ferid* FS Cohn, 1975, S. 31, 36, der zur Vermeidung von Verzögerungen und Rechtsverweigerungen eine funktionale Spaltung von Erbschaftsverteilung und Erbgang unter Anwendung der lex fori auf den Erbgang befürwortet; zustimmend *Klingelhöffer* Vermögensverwaltung, Rdnr. 395.
[663] Vgl. *Ebenroth* ErbR Rdnr. 1321 m.w.N.
[664] *Ebenroth* ErbR Rdnr. 712.

§ 19 Testamentsvollstreckung

kommt, etwa beim Vorhandensein von Vermögen im Ausland, und diese auf Grund der eigenen Kollisionsnormen das eigene Recht anwenden. In diesem Fall der sog. **faktischen Nachlassspaltung** gilt es zu untersuchen, ob die Anordnung der Testamentsvollstreckung auch vor der ausländischen Rechtsordnung Bestand hat bzw. ob ein Entscheidungseinklang durch gestalterische Maßnahmen herbeigeführt werden kann, um auf diese Weise ein *forum shopping* der mit der Testamentsvollstreckung belasteten Erben zu verhindern.

Beispiel:
Ein deutscher Erblasser hat seinen Wohnsitz in der Schweiz genommen. Er hinterlässt unter Anordnung einer Testamentsvollstreckung Vermögen sowohl in Deutschland als auch in der Schweiz. Während sich die Erbfolge aus deutscher Sicht gemäß Art. 25 Abs. 1 EGBGB nach deutschem Recht beurteilt, würden Gerichte und Behörden in der Schweiz zur Bestimmung des Erbstatuts die erbrechtlichen Regelungen des Bundesgesetzes über das Internationale Privatrecht (IPRG) heranziehen, welche auf dem Wohnsitzprinzip und dem Prinzip der Nachlasseinheit aufbauen. Das Domizil begründet hierbei zugleich die Zuständigkeit eidgenössischer Gerichte und Behörden (Art. 86 Abs. 1 IPRG). Eine Abwicklung des Nachlasses in der Schweiz würde demnach zur Anwendung des materiellen Erbrechts des schweizerischen ZGB führen, eine Abwicklung in Deutschland sich nach deutschem Erbrecht beurteilen. Dies führt dazu, dass einem deutschen Erbschein oder einem deutschen Testamentsvollstreckerzeugnis als nicht aus dem Wohnsitzstaat stammende Urkunden der Schweiz gemäß Art. 96 Abs. 1 lit. a IPRG die Anerkennung versagt bleiben würde. Die positive Entscheidung für die Anwendbarkeit des Heimatrechts wäre in der Schweiz somit nicht durchsetzbar; es wäre de facto eine Spaltung des Nachlasses zu beklagen. Die benötigte Rechtssicherheit kann insoweit durch eine umfassende Rechtswahl des Erblassers geschaffen werden, die das Schweizer IPR in weit größerem Umfang als ein deutsches Pendant zulässt. Im gegebenen Beispielsfall wäre die Vorschrift des Art. 90 Abs. 2 S. 1 IPRG einschlägig, wonach einem in der Schweiz lebenden Ausländer die Möglichkeit eingeräumt ist, seinen gesamten Nachlass dem Heimatrecht zu unterstellen. Effekt der Rechtswahl, die durch letztwillige Verfügung ohne Erbvertrag erfolgen kann (Art. 90 Abs. 2 S. 1 IPRG), wäre einerseits die Anwendung deutschen materiellen Erbrechts auf den Nachlass auch durch die Gerichte in der Schweiz. Weiterhin wäre ein deutscher Erbschein oder ein deutsches Testamentsvollstreckerzeugnis in der Schweiz als von den Behörden des gewählten Rechtes ausgestellte Urkunde anerkennungsfähig (Art. 96 Abs. 1 lit. a IPRG). Eine weitergehende Rechtswahlmöglichkeit – zugunsten des Schweizer Rechts – ist dem deutschen Erblasser hingegen verschlossen: Aus Sicht der Schweiz ist sie überflüssig, aus deutscher unzulässig.[665]

Lassen sich entsprechende Entscheidungsdisharmonien nicht durch Gestaltung auf kollisionsrechtlicher Ebene (wie die Vornahme einer Rechtswahl) behoben oder beruft das deutsche Kollisionsrecht von vornherein eine andere Rechtsordnung als Erbstatut, so verbleibt zum einen die Möglichkeit, die testamentarischen Regelungen zur Testamentsvollstreckung an der ungünstigeren der anwendbaren Rechtsordnung auszurichten, um auf diese Weise Probleme bei der **Durchsetzbarkeit der testamentarischen Verfügung** zu vermeiden. Ergänzend kann versucht werden, durch alternative Gestaltungen wie den Einsatz trans- oder postmortaler Vollmachten oder internationaler Nachlassvollmachten die Zielvorstellungen des Erblassers auch unter der Geltung von Rechtsordnungen durchzusetzen, die dem Testamentsvollstrecker eine geringere Rechtsmacht als das deutsche Erbrecht zusprechen.[666]

317

---

[665] Ausf. *Lorenz* DNotZ 1993, 148, 156.
[666] Ausf., mit Formulierungsbeispiel, *von Oertzen* ZEV 1995, 167, 171 sowie Mayer/Bonefeld/Wälzholz/*Bonefeld* Rdnr. 1021 mit Formulierungsbeispiel für eine internationale Nachlassvollmacht nach dem Muster der Kommission für europäische Angelegenheiten der internationalen Union des lateinischen Notariats (UINL).

§ 20 Trans- und postmortale Vollmacht

Übersicht

	Rdnr.
I. Trans- und postmortale Vollmachten: Begriff und Funktion	3–12
1. Begriff	3/4
2. Mögliche Funktionen und praktische Bedeutung	5–12
II. Abgrenzung zur Testamentsvollstreckung	13–17
1. Unterschiede der beiden Rechtsinstitute	13/14
2. Wechselwirkungen zwischen Anordnung der Testamentsvollstreckung und trans-/postmortaler Bevollmächtigung	15–17
a) Zusammentreffen von Testamentsvollstreckeramt und trans-/postmortaler Bevollmächtigung in einer Person	15
b) Bevollmächtigung einer anderen Person	16/17
III. Die Erteilung der trans-/postmortalen Vollmacht	18–22
1. Die Erteilung durch Rechtsgeschäft unter Lebenden	18
2. Erteilung durch Verfügung von Todes wegen	19/20
3. Formfragen	21/22
IV. Person des Bevollmächtigten	23–25
V. Rechtsstellung des Bevollmächtigten	26–34
1. Handeln in Vertretung des Erben	26–28
2. Missbrauch der Vertretungsmacht – Vermeidungsmöglichkeiten	29–32
3. Umfang der Verpflichtungsbefugnis	33/34
VI. Erlöschen der Vollmacht	35–40
1. Die Frage der Widerruflichkeit	35/36
2. Ausübung des Widerrufs	37–39
3. Weitere Erlöschensgründe	40
VII. Verstärkung der Vollmacht durch erbrechtliche Druckmittel	41–44

Schrifttum: *Bengel/Reimann*, Handbuch der Testamentsvollstreckung, 3. Aufl. 2001; *Bork*, Schenkungsvollzug mit Hilfe einer Vollmacht, JZ 1988, 1059; *Burghardt*, Verfügungen über Nachlasskonten in der Bankpraxis, ZEV 1996, 136; *Haegele*, Möglichkeiten und Grenzen der postmortalen Vollmacht, Rpfleger 1968, 345; *Hopt*, Die Auswirkungen des Todes des Vollmachtgebers auf die Vollmacht und das zugrundeliegende Rechtsverhältnis, ZHR 133 (1970), 305; *Kuchinke*, Das versprochene Bankguthaben auf den Todesfall und die zur Erfüllung des Versprechens erteilte Verfügungsvollmacht über den Tod hinaus, FamRZ 1984, 109; *Langenfeld*, Die Vorsorgevollmacht des Unternehmens, ZEV 2005, 52; *Lorz*, Testamentsvollstreckung und Unternehmensrecht, Diss. Konstanz 1995; *Mayer/Bonefeld/Wälzholz/Weidlich*, Testamentsvollstreckung, 2. Aufl. 2005; *Madaus*, Der Widerruf trans- oder postmortaler Vollmachten durch einzelne Miterben, ZEV 2004, 448; *Merkel*, Die Anordnung der Testamentsvollstreckung – Auswirkungen auf eine postmortale Bankvollmacht?, WM 1987, 1001; *Ott-Eulberg/Schebesta/Bartsch*, Erbrecht und Banken, 2000; *Rehmann*, Zur Beschränkung der postmortalen Vollmacht durch eine angeordnete Testamentsvollstreckung am Beispiel der Bankvollmacht, BB 1987, 213; *Reithmann*, Testamentsvollstreckung und postmortale Vollmacht als Instrumente der Kautelarjurisprudenz, BB 1984, 1394; *Röhm*, Rechtsfragen zu der vom Erblasser erteilten Vollmacht, DB 1969, 1973; *Schultz*, Widerruf und Missbrauch der postmortalen Vollmacht bei der Schenkung unter Lebenden, NJW 1995, 3345; *Siegmann*, Die postmortale Vollmacht, INF 1997, 178; *Trapp*, Die post- und transmortale Vollmacht zum Vollzug lebzeitiger Zuwendungen, ZEV 1995, 314; *Werkmüller*, Vollmacht und Testamentsvollstreckung als Instrumente der Nachfolgegestaltung bei Bankkonten, ZEV 2000, 305; *Winkler*, Der Testamentsvollstrecker nach bürgerlichem, Handels- und Steuerrecht, 17. Aufl. 2005; *Zahn*, Testamentsvollstreckung im Grundbuchverkehr, MittRhNotK 2000, 89; *Zimmermann*, Die Testamentsvollstreckung – Ein Handbuch für die gerichtliche, anwaltliche und notarielle Praxis, 2. Aufl. 2003.

Beratungscheckliste

1   Bei der Beurteilung der Frage, ob die Erteilung trans- oder postmortaler Vollmachten als **sinnvolles Gestaltungsmittel** empfohlen werden kann, ist zunächst eine klare Analyse der schon vorhandenen Einflussfaktoren geboten. Eine solche umfasst nicht nur die genaue Klärung der Interessenlage, sondern auch die Überprüfung, inwieweit bereits solche Vollmachten, aber

auch letztwillige Verfügungen vorhanden sind, mit denen es zu Wechselwirkungen bezüglich der trans- oder postmortalen Vollmacht kommen kann.

Hilfestellung bei der Beratung kann folgende Checkliste liefern: 2

Beratungscheckliste: Trans- oder postmortale Vollmacht

1. Ausgangslage
   - ☐ Bereits bestehende post- oder transmortale Vollmachten, insbesondere bei Banken und Sparkassen
   - ☐ Bereits vorhandene letztwillige Verfügungen (mit oder ohne Anordnung einer Testamentsvollstreckung)
   - ☐ Noch zu erstellende letztwillige Verfügungen, evtl. zusammen mit der Bevollmächtigung als „Gesamtlösung"
2. Angestrebte Ziele und Interessenlage
   - ☐ Post- oder transmortale Bevollmächtigung als Übergangslösung
   - ☐ Post- oder transmortale Bevollmächtigung als Ergänzung zu einer angeordneten Testamentsvollstreckung
   - ☐ Erfüllung von Vermächtnissen durch In-sich-Geschäft des Vermächtnisnehmers
   - ☐ Ermöglichung von Zuwendungen am Nachlass vorbei
3. Gestaltung der post- oder transmortalen Vollmacht
   - ☐ Widerrufliche oder nichtwiderrufliche Vollmacht
   - ☐ Person des Vollmachtnehmers, Doppel-, Ersatz- oder Untervollmacht
   - ☐ Erforderlichkeit erbrechtlicher Druckmittel zur Verstärkung der Vollmacht
   - ☐ Erteilung durch Rechtsgeschäft unter Lebenden oder durch letztwillige Verfügung
   - ☐ Gleichzeitige oder nachfolgende Anordnung der Testamentsvollstreckung
   - ☐ Frage der Tauglichkeit trans- oder/postmortaler Vollmachten im unternehmerischen Bereich

---

I. Trans- und postmortale Vollmachten: Begriff und Funktion

1. Begriff

Unter einer **transmortalen Vollmacht** versteht man die unter Lebenden unbefristet und unbedingt erteilte Vollmacht, die auch nach dem Tod des Vollmachtgebers fortbesteht.[1] Bei der Prokura (§ 52 Abs. 3 HGB) und bei der Prozessvollmacht (§ 86 ZPO) ist dies bereits vom Gesetz vorgegeben. Doch auch für die übrigen, auf einem schuldrechtlichen Grundverhältnis beruhenden und somit kausalen Vollmachten ist nach §§ 168 S. 1, 672 S. 1 BGB bestimmt, dass der Tod des Auftraggebers im Zweifel nicht zum Erlöschen der Vollmacht führt.[2] Die isolierte Vollmacht, die unabhängig von einem mit dem Bevollmächtigten bestehenden Auftrag, Geschäftsbesorgungsvertrag, Gesellschaftsvertrag etc. Wirkung entfaltet, kann zwar ebenfalls über den Tod des Vollmachtgebers hinaus wirken.[3] Für sie soll allerdings der Tod des Vollmachtgebers im Zweifel zum Erlöschen der Vollmacht führen, selbst wenn sie im Eigeninteresse des Bevollmächtigten erteilt worden ist.[4] Bei einer solchen isolierten Vollmacht muss also entweder ausdrücklich das Fortbestehen über den Tod vorgesehen oder wenigstens durch Auslegung festzustellen sein. 3

Eine **postmortale Vollmacht oder Vollmacht auf den Todesfall** ist dadurch gekennzeichnet, dass ihre Rechtswirkungen bestimmungsgemäß erst nach dem Tode des Vollmachtgebers ein- 4

---

[1] Staudinger/*Schilken* § 168 Rdnr. 28; MünchKommBGB/*Schramm* § 168 Rdnr. 30.
[2] In den Vollmachtsformularen der Banken wird jeweils klarstellend geregelt, dass die Vollmacht auch gegenüber den Erben des verstorbenen Kontoinhabers zumindest so lange weiterhin in Kraft bleibt, bis sie von einem oder mehreren Erben widerrufen wird.
[3] Soergel/*Leptien* § 168 Rdnr. 18.
[4] Staudinger/*Schilken* § 168 Rdnr. 27; *Trapp* ZEV 1995, 314; a.A. aber Bengel/Reimann/*Bengel* Rdnr. I 43.

treten. Auch sie wird heute generell für zulässig erachtet.[5] Die postmortale Vollmacht stellt ein häufig genutztes Mittel dar, um die Handlungsfähigkeit für den Nachlass unmittelbar im Anschluss an einen Erbfall zu gewährleisten. Trans- und postmortale Vollmacht sind in weiten Bereichen nach gleichen rechtlichen Grundsätzen zu behandeln. Im Einzelfall kann sich allerdings die Notwendigkeit zur Differenzierung zwischen beiden Arten der Vollmacht ergeben.

2. Mögliche Funktionen und praktische Bedeutung

5   Die trans- oder postmortale Vollmacht wird in ganz verschiedenen Bereichen eingesetzt. Große praktische Bedeutung kommt insbesondere der postmortalen Vollmacht insoweit zu, als sie **im Zeitraum unmittelbar nach Versterben des Erblassers** als Übergangslösung gebräuchlich ist. Bis zur Beschaffung des Erbennachweises kann ein erheblicher Zeitraum[6] vergehen, zumal das Erbscheinsverfahren von den Beteiligten häufig dazu genutzt wird, die erbrechtliche Rechtslage endgültig klären zu lassen. Insbesondere Banken lassen sich gemäß ihrer AGB[7] in der Regel den Erbschein zur Klärung der Verfügungsberechtigung vorlegen. Ebenso wird es eine gewisse Zeitspanne in Anspruch nehmen, bis eine Ausfertigung oder beglaubigte Abschrift der letztwilligen Verfügung nebst zugehöriger Eröffnungsniederschrift, die die Banken auch als Legitimationsgrundlage ausreichen lassen können, vorgelegt werden kann.[8] Wurde für diesen Fall keine entsprechende Vollmacht erteilt, ist die Handlungsfähigkeit für den Nachlass nicht gewährleistet.[9] Dem beratenden Rechtsanwalt obliegt es hier, auf die Notwendigkeit hinzuweisen, durch die Erteilung entsprechender Vollmachten (Kontovollmachten, Depotvollmachten, Zustellungsvollmachten, etc.) für die **notwendige wirtschaftliche Kontinuität bei der Verwaltung des Erblasservermögens** und von Bestandteilen davon (z. B. eines einzelkaufmännischen Unternehmen oder einer Gesellschaftsbeteiligung) zu sorgen.[10]

6   Ein ähnliches Bedürfnis besteht, wenn der Erblasser einen Testamentsvollstrecker eingesetzt hatte, da dieser bis zur Annahme des Testamentsvollstreckeramtes nicht für den Nachlass handeln kann und sich bis zur Erteilung des Testamentsvollstreckerzeugnisses wiederum die Problematik des Nachweises des Amtes stellt. Vor allem Banken bestehen wiederum – gerade bei großem Nachlassvermögen – regelmäßig auf der Legitimation durch ein solches Zeugnis.[11] Ebenso wenig kann der Erbe für den Nachlass tätig werden, da bei ihm die Verfügungssperre des § 2211 BGB auf Grund der angeordneten Testamentsvollstreckung mit dem Erbfall und unabhängig von der Annahme des Amtes eintritt. Die Vollmachterteilung vermag hier die **Handlungsfähigkeit des Nachlasses** in der Übergangszeit sicher zu stellen, wobei es zum Nachweis des Todes des Erblassers und damit des Wirksamwerdens der postmortalen Vollmacht nur der Sterbeurkunde bedarf, die sich Banken allerdings regelmäßig im Original vorlegen lassen.

Formulierungsvorschlag: Übergangsvollmacht

Generalvollmacht für die Zeit nach meinem Tod bis zur endgültigen Feststellung der Erben von …

Hiermit bevollmächtige ich Herrn/Frau …,

nach meinem Tode bis zur amtlichen Feststellung der Erben den Nachlass in Besitz zu nehmen und die Maßnahmen zur ordnungsgemäßen Verwaltung des Nachlasses zu treffen. Die Beurtei-

---

[5] RG Urt. v. 6.10.1926 – RGZ 114, 351, 354; Jauernig/*Stürner* Vorb. § 2197 Rdnr. 2; Staudinger/*Schilken* § 168 Rdnr. 29; Palandt/*Edenhofer* Vorb. § 2197 Rdnr. 9; *Trapp* ZEV 1995, 314, 315.

[6] Ott-Eulberg/Schebesta/Bartsch/*Ott-Eulberg* S. 9 f. nennt eine durchschnittliche Verfahrensdauer von 4 bis 6 Monaten.

[7] Vgl. Nr. 5 AGB Banken 2000, wonach Banken von dem Anspruchsteller eine erbrechtliche Legitimation verlangen können, die entweder in der Form eines Erbscheins, eines Testamentsvollstreckerzeugnisses oder durch Vorlage einer Ausfertigung bzw. beglaubigten Abschrift des Testaments nebst Eröffnungsniederschrift erbracht werden kann.

[8] Vgl. *Siegmann* INF 1997, 178.

[9] Anschaulich *Werkmüller* ZEV 2000, 305; *Merkel* WM 1987, 1001, 1002.

[10] MünchKommBGB/*Zimmermann* Vorb. § 2197 Rdnr. 9.

[11] Vgl. auch *Burghardt* ZEV 1996, 136, 138.

§ 20 Trans- und postmortale Vollmacht

> lung der Ordnungsmäßigkeit einer Maßnahme obliegt dem Bevollmächtigten. Eine Rückfragepflicht bei den möglichen Erben besteht nicht.
>
> Die Vollmacht umfasst auch die Aufgabe und das Recht, über Art und Umfang der Beerdigung zu entscheiden und Sterbegelder in Empfang zu nehmen.
>
> Die Vollmacht ist nur wirksam, soweit und solange der Bevollmächtigte bei der Vornahme einer jeden Vertreterhandlung im unmittelbaren Besitz der Vollmachtsurkunde ist.
>
> (Ort, Datum, Unterschrift)

Eine transmortale Vollmacht kann als sog. **Vorsorgevollmacht** auch in der Weise ausgestaltet werden, dass einerseits die Übergangsfunktion nach Eintritt des Erbfalls abgedeckt ist und andererseits für den Fall der vorübergehenden oder dauerhaften Hilfsbedürftigkeit noch zu Lebzeiten des Vollmachtgebers Vorsorge getroffen wird. Zur Vermeidung der Anordnung einer Betreuung (vgl. § 1896 Abs. 2 S. 2 BGB) sollte sich die Vorsorgevollmacht hierbei sowohl auf die persönlichen als auch auf die vermögensrechtlichen Angelegenheiten des Vollmachtgebers erstrecken (ausf. zur Vorsorgevollmacht § 44). 7

Eine weitere, wichtige Funktion kommt der trans- und postmortalen Vollmacht in Kombination mit erbrechtlichen Gestaltungsmöglichkeiten zu. Namentlich als **Ergänzung der Testamentsvollstreckung** hat sie praktische Bedeutung. So kann der Testamentsvollstrecker, der gleichzeitig vom Erblasser in geeigneter Weise bevollmächtigt wird, entgegen § 2205 S. 3 BGB unentgeltlich über Nachlassgegenstände verfügen.[12] Eine Bevollmächtigung lässt auch die Schwierigkeiten entfallen, die im Grundbuchverkehr mit dem Nachweis der Entgeltlichkeit von Verfügungen auftreten können, die der Testamentsvollstrecker vorgenommen hat (hierzu § 19 Rdnr. 132).[13] Schließlich kann der von den Beschränkungen des § 181 BGB befreite Bevollmächtigte auch dann Rechtsgeschäfte mit sich selbst vornehmen, wenn er dieses als Testamentsvollstrecker nicht könnte, weil ihm insoweit keine Befreiung erteilt worden ist.[14] Erweiterungsfunktion kommt der Vollmachtserteilung an den Testamentsvollstrecker auch insoweit zu, als der Bevollmächtigte nicht an Verwaltungsanordnungen des Erblassers (§ 2216 Abs. 2 BGB) gebunden ist.[15] Die vorstehenden Überlegungen greifen auch im Zusammenhang mit einer angeordneten Vor- und Nacherbschaft: Da der Bevollmächtigte alle Rechtsgeschäfte so vornehmen kann, wie es der Erblasser selbst hätte tun können, ist es ihm möglich, unabhängig von den Beschränkungen des § 2113 Abs. 2 BGB unentgeltlich über Nachlassgegenstände zu verfügen; dies gilt auch bei Vollmachterteilung an den Vorerben selbst.[16] 8

Darüber hinaus wird die trans- oder postmortale Bevollmächtigung als Gestaltungsmittel empfohlen, um dem Testamentsvollstrecker die **dauerhafte Verwaltung einzelkaufmännischer Unternehmen und vollhaftender Personengesellschaftsbeteiligungen** zu ermöglichen.[17] Die Durchführbarkeit einer „echten" Testamentsvollstreckung scheitert hier an dem Konflikt zwischen dem handelsrechtlichen Erfordernis unbeschränkbarer Haftung und der auf den Nachlass beschränkten Verpflichtungsbefugnis des Testamentsvollstreckers, so dass es nach herkömmlicher Ansicht des Rückgriffs auf Ersatzkonstruktionen bedarf, bei denen entweder der Erbe (Vollmachtlösung) oder der Testamentsvollstrecker (Treuhandlösung) unbeschränkbar haftet (ausf. § 19 Rdnr. 217 ff.). Allerdings ist hier Vorsicht geboten: Die Verwendung trans- oder postmortaler Vollmacht allein vermag das handelsrechtliche Erfordernis der 9

---

[12] BGH Urt. v. 18.6.1962 – NJW 1962, 1718, 1719 = WM 1962, 840; *Haegele* Rpfleger 1968, 347; *Winkler* Rdnr. 14; Staudinger/*Reimann* Vorb. § 2197 Rdnr. 76.
[13] *Reithmann* BB 1984, 1394, 1396; zum Nachw. der Entgeltlichkeit vgl. *Zahn* MittRhNotK 2000, 89, 107; *Winkler* Rdnr. 255; *Schaub* ZEV 2001, 257, 260.
[14] Staudinger/*Reimann* Vorb. § 2197 Rdnr. 76.
[15] MünchKommBGB/*Zimmermann* Vorb. § 2197 Rdnr. 14; zu den Unterschieden in den Befugnissen von Bevollmächtigtem und Testamentsvollstrecker vgl. auch die tabellarische Gegenüberstellung bei Damrau/*Bonefeld* § 2197 Rdnr. 11.
[16] Vgl. Staudinger/*Schilken* § 168 Rdnr. 33; Bengel/Reimann/*Bengel* Rdnr. I 49; *Zimmermann* Rdnr. 9; MünchKommBGB/*Schramm* § 168 Rdnr. 33.
[17] Vgl. *Reithmann* BB 1984, 1394, 1398; *Rehmann* BB 1985, 297, 301.

Begründung unbeschränkbarer Erbenverpflichtungen ebenfalls nicht zu erfüllen, da sich die Verpflichtungsbefugnis eines derart Bevollmächtigten nur auf den Nachlass beziehen kann (hierzu Rdnr. 33 f.). Da sich auf der Grundlage noch vom Erblasser stammender Vollmachten somit keine unbeschränkbare Verpflichtung des Erben erreichen lässt, bedarf es zur Umsetzung der Vollmachtlösung der Verstärkung durch testamentarische Auflagen, wonach der Erbe den Testamentsvollstrecker selbst zu bevollmächtigen und sich des Widerrufs der Vollmacht und jeder eigenen Tätigkeit zu enthalten hat.[18] Die Zulässigkeit entsprechender Auflagen wird unter dem Gesichtspunkt des § 138 BGB (wirtschaftliche Selbstentmündigung des Erben) äußerst kritisch gesehen,[19] so dass die Bevollmächtigung zwar in der Übergangsphase nach dem Erbfall auch im unternehmerischen Bereich wertvolle Dienste zu leisten vermag, als Gestaltungsmittel zur Ermöglichung einer dauerhaften Fremdverwaltung einzelkaufmännischer Unternehmen und vollhaftender Personengesellschaftsbeteiligungen letztlich aber nicht empfohlen werden kann.

10 Die trans- oder postmortale Bevollmächtigung eignet sich ferner zur **Beschleunigung der Erbabwicklung**. Um dem Erben die Erfüllung von ausgesetzten Vermächtnissen nicht selbst zu überlassen und dadurch Verzögerungen zu vermeiden, kann dem Vermächtnisnehmer die Erfüllung seines Vermächtnisses dadurch ermöglicht werden, dass er selbst eine auf diesen Punkt begrenzte Vollmacht erhält und die erforderlichen Rechtsgeschäfte unter Befreiung von den Beschränkungen des § 181 BGB selbst vornimmt.[20]

11 Weitere Fallgruppen, bei denen postmortale Vollmachten typischerweise als Gestaltungsmittel eingesetzt werden, bilden die **unentgeltlichen Zuwendungen an Dritte** oder auch an **den Bevollmächtigten** selbst. Hierbei ergeben sich diverse Probleme, die daraus resultieren, dass der Rechtsgrund der Zuwendung, welcher niemals in der Vollmacht als solcher liegen kann, wegen § 2301 BGB in Frage gestellt sein kann, wenn es sich um eine Schenkung von Todes wegen handelt.[21] Nur bei einer auf den Tod befristeten Schenkung unter Lebenden kommt nach dem Tode des Vollmachtgebers noch eine Heilung gemäß § 518 Abs. 2 BGB dadurch in Betracht, dass der Begünstigte die Leistung an sich mit Hilfe der Vollmacht des Erblassers bewirkt. Demgegenüber reicht es bei einem Schenkungsversprechen von Todes wegen für die Annahme eines Vollzugs i. S. v. § 2301 Abs. 2 BGB nicht aus, dass der Erblasser dem Begünstigten eine Vollmacht erteilt hat, da die vermögensrechtliche Zuordnung des Gegenstandes hiervon nicht berührt wird; dies gilt auch dann, wenn die Vollmacht als unwiderrufliche ausgestaltet ist.[22]

Beispiel:[23]
Erblasser E hatte seinem Mitgesellschafter B eine unwiderrufliche Vollmacht über sein Bankkonto erteilt, die auch über den Tod des E hinaus Gültigkeit behalten sollte. Für den Fall eines Vorversterbens des E sollte B als Anerkennung für gemeinsam geleistete Arbeit mit dem noch verbliebenen Geld auf dem Konto „belohnt" werden. Nachdem B nach E's Tod das Geld abgehoben hatte, wurde er von dessen Ehefrau und Alleinerbin mit Erfolg auf Herausgabe verklagt. Nach Auffassung des Bundesgerichtshofs führt selbst die Erteilung einer unwiderruflichen Vollmacht in Schenkungsabsicht versprochenes Bankkonto nicht zur Annahme eines Schenkungsvollzugs nach § 2301 Abs. 2 BGB. Die Verfügung über das Guthaben stellt sich demnach nicht als Leistung des Erblassers dar, sondern als Leistung der durch den B vertretenen Erben. Eine vollzogene Schenkung hätte demgegenüber bei erfolgter Abtretung des Bankguthabens vorgelegen, wobei auch eine bedingte oder befristete Abtretung ausreichen soll.[24]

Wegen der vielfältigen Risiken stellt sich die postmortale Bevollmächtigung daher als höchst unsicheres Mittel dar, Zuwendungen am Nachlass vorbei zu bewirken.[25] Vorzugswürdig sind

---

[18] Ausf. *Lorz* S. 53 ff.
[19] Vgl. *Stimpel*, FS Brandner, S. 779, 788; MünchKommBGB/*Zimmermann* § 2205 Rdnr. 26; aus der Rspr. vgl. BGH Urt. v. 20.2.1969 – WM 1969, 492, 493; BayObLG Beschl. v. 12.2.1986 – BayObLGZ 1986, 34, 40.
[20] OLG Köln Beschl. v. 10.2.1992 – NJW-RR 1992, 1357; *Siegmann* INF 1997, 178.
[21] Vgl. BGH Urt. v. 12.11.1986 – NJW 1987, 840, 841; BGH Urt. v. 29.11.1994 – NJW 1995, 953.
[22] BGH Urt. v. 23.2.1983 – BGHZ 87, 19, 25 = WM 1983, 413; OLG Köln Urt. v. 29.6.1988 – ZIP 1988, 1203, 1204; *Trapp* ZEV 1995, 314, 318; *Ebenroth* ErbR Rdnr. 524; Jauernig/*Stürner* § 2301 Rdnr. 4; a.A. MünchKommBGB/*Musielak* § 2301 Rdnr. 28.
[23] Vgl. BGH Urt. v. 23.2.1983 – BGHZ 87, 19, 25.
[24] BGH Urt. v. 16.4.1986 – WM 1986, 786; vgl. auch OLG Stuttgart Urt. v. 21.3.1986 – NJW 1987, 782, 783.
[25] *Siegmann* INF 1997, 178.

in entsprechenden Konstellationen die von der Rechtsprechung anerkannten Alternativen des Vertrages zugunsten Dritter[26] oder der Einrichtung eines Oder-Kontos.[27]

Die Erteilung einer trans- oder postmortalen Vollmacht kommt schließlich **als Ausweg** dann in Frage, wenn der Erblasser eigentlich Testamentsvollstreckung anordnen möchte, hieran jedoch durch einen Erbvertrag oder ein bindend gewordenes gemeinschaftliches Testament gehindert ist.[28] Wegen der Möglichkeit der Erben, die Vollmacht zu widerrufen, sind dieser Ausweichgestaltung allerdings Grenzen gesetzt.

II. Abgrenzung zur Testamentsvollstreckung

1. Unterschiede der beiden Rechtsinstitute

Der Testamentsvollstrecker ist Inhaber eines privaten Amtes, der durch trans- oder postmortale Vollmacht Ausgewiesene handelt dagegen in Vertretung der Erben. Beide Institute ermöglichen zwar die Wahrnehmung von Fürsorge bezüglich des Nachlasses durch außerhalb des Erbenkreises stehende Personen. Jedoch gilt dies in unterschiedlichem Umfang. Das vom Gesetz mit detaillierten Regelungen bereit gestellte Instrument zur Ausübung des Verwaltungs- und Verfügungsrechts über den Nachlass durch einen Nichterben ist allein die Testamentsvollstreckung. Nur der Testamentsvollstrecker schließt im Rahmen seiner Verwaltungskompetenz den Erben von der Verfügungsbefugnis über Nachlassgegenstände aus (§ 2211 Abs. 1 BGB). Dagegen kann der Bevollmächtigte zwar – vorbehaltlich eines Widerrufs durch den Erben – mit Wirkung für und gegen den Erben (§ 164 Abs. 1 S. 1 BGB) rechtsgeschäftlich handeln, dies hindert den Erben jedoch nicht, selbst weiterhin Rechtsgeschäfte, auch im Widerspruch zu denen des Vertreters, vorzunehmen. Trotz dieses **grundsätzlichen Stufenverhältnisses** zwischen Testamentsvollstreckung und trans- oder postmortaler Bevollmächtigung ist die Vollmachtserteilung in einzelnen Punkten mit weiter gehenden Wirkungen ausgestattet, insbesondere im Hinblick auf die bereits angesprochene Berechtigung des Bevollmächtigten zur Vornahme unentgeltlicher Verfügungen.

Die **Abgrenzung** zwischen Testamentsvollstreckung und postmortaler Vollmacht muss im **Zweifelsfall im Wege der Auslegung** entschieden werden, wobei die dargestellten unterschiedlichen Ausprägungen der Rechtsinstitute zu berücksichtigen sind (vgl. auch § 19 Rdnr. 22 ff.). Bei nicht eindeutiger Formulierung kann die Auslegung ergeben, dass in Wirklichkeit anstelle einer testamentarisch erteilten postmortalen Vollmacht die Anordnung einer Testamentsvollstreckung gewollt ist, wenn die ermächtigte Person unwiderruflich und mit Verdrängungswirkung gegenüber den Erben ausgestattet sein soll.[29] Ebenso kann eine Testamentsvollstreckung anzunehmen sein, wenn zur Auseinandersetzung des Nachlasses eine testamentarische Vollmacht erteilt wird und diese Auseinandersetzung auf der Grundlage der Vollmacht nach billigem Ermessen vorgenommen werden soll.[30] Allein in der testamentarischen Erteilung einer Generalvollmacht kann jedoch keine Testamentsvollstreckung gesehen werden, da diese von den Erben jederzeit widerrufen werden kann.

2. Wechselwirkungen zwischen Anordnung der Testamentsvollstreckung und trans-/postmortaler Bevollmächtigung

a) **Zusammentreffen von Testamentsvollstreckeramt und trans-/postmortaler Bevollmächtigung in einer Person.** Eine solche Konstellation wird meist planmäßig herbeigeführt, um die möglichen Vorteile der Testamentsvollstreckung und der trans-/postmortalen (General)vollmacht miteinander zu koppeln. Sinnvoll ist eine entsprechende Verbindung, gegen deren Zulässigkeit keine rechtlichen Bedenken bestehen,[31] insbesondere als **Übergangslösung** bis zur Annahme des Testamentsvollstreckeramtes und zur Erlangung des Testamentsvollstreckerzeugnisses. Daneben kann der Erblasser auf die **Erweiterungsfunktion** abzielen,

---

[26] Ausf. hierzu *Muscheler* WM 1994, 921.
[27] Vgl. BGH Urt. v. 16.4.1986 – NJW-RR 1986, 1133.
[28] Staudinger/*Reimann* Vorb. § 2197 Rdnr. 69; *Winkler* Rdnr. 6.
[29] MünchKommBGB/*Zimmermann* Vorb. § 2197 Rdnr. 13; Palandt/*Edenhofer* § 2197 Rdnr. 2.
[30] *Winkler* Rdnr. 12.
[31] Vgl. BGH Urt. v. 18.6.1962 – NJW 1962, 1718, 1719 = WM 1962, 840.

wenn der Testamentsvollstrecker über seine gesetzlichen Befugnisse hinaus zu Verfügungs- und Verwaltungshandlungen ermächtigt wird. Dies gilt insbesondere im Hinblick auf die Vornahme unentgeltlicher Verfügungen (vgl. bereits Rdnr. 8). Nach einer in der Literatur vertretenen Auffassung soll das Verbot des § 2205 S. 3 BGB allerdings auch für den bevollmächtigten Testamentsvollstrecker gelten, sofern sich eine entsprechende Einschränkung aus dem Vollmachtszweck ergibt.[32] Dies wird man jedoch nur ausnahmsweise annehmen können, etwa wenn dem Testamentsvollstrecker ausdrücklich nur eine zeitlich befristete Vollmacht bis zur Annahme des Testamentsvollstreckeramtes erteilt worden ist.[33] Aus Gründen der Rechtssicherheit sollte der bevollmächtigte Testamentsvollstrecker jeweils deutlich machen, ob er „in Vollmacht" oder „als Testamentsvollstrecker" für den Nachlass handelt.

16 b) **Bevollmächtigung einer anderen Person.** Hat der Erblasser eine andere Person als den Testamentsvollstrecker über seinen Tod hinaus oder für die Zeit nach seinem Tod bevollmächtigt, ergibt sich daraus die Frage, in welchem Verhältnis die Erteilung der Vollmacht zur angeordneten Testamentsvollstreckung steht. Hierzu werden unterschiedliche Auffassungen vertreten, was zur **Vermeidung von Kompetenzkonflikten** die Notwendigkeit einer klaren Aufgabenzuweisung und Festlegung durch den Erblasser/Vollmachtgeber deutlich werden lässt. Zum Teil wird vertreten, die Vollmacht sei dadurch in ihrer Wirkung eingeschränkt, dass der Bevollmächtigte nach dem Tod des Erblassers als Bevollmächtigter der Erben anzusehen sei, deren Verfügungsmacht aber nur noch mit den Beschränkungen der Testamentsvollstreckung (§§ 2211, 2212 BGB) bestehe.[34] Dies hätte zur Folge, dass der Vollmachtnehmer nur im Rahmen der den Erben verbliebenen Verfügungsmacht handeln kann. Nach anderer Auffassung soll der Kompetenzkonflikt dadurch gelöst werden, dass die Vollmacht nur Vermögensteile erfasse, die nicht der Testamentsvollstreckung unterliegen oder dass im Umfang der dem postmortal Bevollmächtigten zugeteilten Vertretungsbefugnis der Machtbereich des Testamentsvollstreckers gemäß § 2208 Abs. 1 BGB eingeschränkt sei.[35] Eine andere Auffassung möchte das Verhältnis zwischen Testamentsvollstreckung und Vollmacht mittels Auslegung im Einzelfall zu beantworten, wobei der Reihenfolge der Vorgänge wesentliche Bedeutung beigemessen wird. Wurde die Vollmacht nach oder gleichzeitig mit der Anordnung der Testamentsvollstreckung erteilt, soll die Vollmacht im Rahmen des davon betroffenen Vermögens eine widerrufliche Beschränkung der Rechte des Testamentsvollstreckers nach § 2208 Abs. 1 S. 1 BGB bedeuten. Im umgekehrten Fall der nachträglichen Anordnung einer Testamentsvollstreckung sei hingegen im Regelfall eine nachträgliche Beschränkung der dem Bevollmächtigten eingeräumten Vertretungsmacht zu sehen.[36]

17 Richtigerweise ist demgegenüber mit der Rechtsprechung und der h.M. davon auszugehen, dass **Vollmacht und Testamentsvollstreckung grundsätzlich selbständig und unabhängig nebeneinander** bestehen. Die Wirkungen der Vollmacht – insbesondere der Umfang der Vertretungsmacht – werden demnach von der Anordnung der Testamentsvollstreckung nicht beeinträchtigt, gleich ob diese vor, mit oder nach der Erteilung der Vollmacht angeordnet wurde.[37] Der Bundesgerichtshof hatte sich zwar bislang nur mit der Erteilung einer Generalvollmacht an den Testamentsvollstrecker zu beschäftigen, doch wird man die Ausführungen des Gerichts auch auf die Erteilung einer Generalvollmacht an einen Dritten übertragen können.[38] Ein Abstellen auf den mutmaßlichen Erblasserwillen würde demgegenüber in der Praxis zu erheblicher Rechtsunsicherheit führen und in dem praktisch häufigen Fall der Generalvollmacht über den Tod hinaus weit reichende Einschränkungen der Rechte des Testamentsvollstreckers zur Folge haben.[39] Die hierdurch in der Praxis aufgeworfenen

---

[32] I.d.S. MünchKommBGB/*Zimmermann* Vorb. § 2197 Rdnr. 14.
[33] *Zahn* MittRhNotK 2000, 89, 99.
[34] Staudinger/*Reimann* Vorb. § 2197 f. Rdnr. 68.
[35] I.d.S. MünchKommBGB/*Zimmermann* Vorb. § 2197 Rdnr. 15.
[36] Vgl. Bengel/Reimann/*Bengel* Rdnr. I 38 ff.
[37] Vgl. BGH Urt. v. 18.6.1962 – NJW 1962, 1718, 1719 = WM 1962, 840 unter Hinweis auf KG KGJ 37, A 231; LG Neuruppin Beschl. v. 29.8.2003 – MittBayNot 2004, 46, 47; aus dem Schrifttum ebenso *Merkel* WM 1987, 1002, 1003 f.; *Winkler* Rdnr. 253; *Haegele* Rpfleger 1968, 345, 346; *Zahn* MittRhNotK 2000, 98, 100.
[38] *Merkel* WM 1987, 1001, 1003; *Zahn* MittRhNotK 2000, 89, 99.
[39] Zutreffend *Zahn* MittRhNotK 2000, 89, 100.

Kompetenzkonflikte (z.B. wenn dritten Personen trans- oder postmortale Bankvollmachten erteilt sind) können dadurch gelöst werden, dass die erteilte Vollmacht entweder vom Testamentsvollstrecker oder den Erben widerrufen wird (vgl. Rdnr. 37 f. sowie § 19 Rdnr. 25).[40]

III. Die Erteilung der trans-/postmortalen Vollmacht

1. Die Erteilung durch Rechtsgeschäft unter Lebenden

Für die Erteilung der trans-/postmortalen Vollmacht durch Rechtsgeschäft unter Lebenden gelten die allgemeinen Grundsätze. Als empfangsbedürftige Willenserklärung kann die Bevollmächtigung sowohl als Innenvollmacht dem zu Bevollmächtigenden selbst als auch als Außenvollmacht dem Dritten, dem gegenüber die Vertretung erfolgen soll, erklärt werden. Die Erklärung kann erst nach dem Tod des Vollmachtgebers zugehen (§ 130 Abs. 2 BGB). Die **postmortale Außenvollmacht gegenüber Banken** ist in der Praxis weit verbreitet[41] und üblicherweise wie folgt gefasst:

Muster: [42] **Vollmacht für den Todesfall**

> Ich, ... bevollmächtige hiermit den nachfolgend genannten Bevollmächtigten, ..., nach meinem Tode über meine sämtlichen bestehenden und künftigen Konten/Depots zu verfügen. Die Vollmacht berechtigt gegenüber der Bank zur Verfügung über alle vorhandenen Konto- und Depotguthaben. Der Bevollmächtigte kann Abrechnungen, Kontoauszüge, Wertpapier-, Depot- und Ertragsaufstellungen sowie sonstige Abrechnungen und Mitteilungen entgegennehmen und anerkennen. Er ist ferner zur Entgegennahme von Kreditsicherheiten und von Konto- und Kreditkündigungen befugt. Er ist zur Auflösung der Konten/Depots berechtigt.
>
> Die Vollmacht kann von mir und nach meinem Tode von meinen Erben jederzeit gegenüber der Bank oder dem Bevollmächtigten widerrufen werden. Bei einem Widerruf der Vollmacht gegenüber dem Bevollmächtigten ist die Bank hierüber unverzüglich und schriftlich zu unterrichten. Widerruft einer von mehreren Miterben die Vollmacht, so kann der Bevollmächtigte nur noch diejenigen Miterben vertreten, die seine Vollmacht nicht widerrufen haben. In diesem Fall kann der Bevollmächtigte von der Vollmacht nur noch gemeinsam mit dem Widerrufenden Gebrauch machen. Die Bank kann verlangen, dass sich der Widerrufende als Erbe ausweist.
>
> (Ort, Datum, Unterschrift)

2. Erteilung durch Verfügung von Todes wegen

Die postmortale Vollmacht kann auch in einer letztwilligen Verfügung erteilt werden. Um hier aber überhaupt von der **wirksamen Abgabe einer Willenserklärung** sprechen zu können, wird allgemein gefordert, dass der Zugang der Erklärung bei dem Vollmachtnehmer bzw. dem Dritten sichergestellt sein muss.[43] Die Erfüllung dieses Erfordernisses wird heute jedoch einheitlich bei einer Vollmachtserteilung sowohl in einem öffentlichen wie in einem privatschriftlichen Testament bejaht, da auch bei letzterem für Ablieferung, Eröffnung und Bekanntmachung des Testaments vom Gesetzgeber gesorgt ist (§§ 2259 ff. BGB).[44]

Gleichwohl ist die Bevollmächtigung per Testament gegenüber der schriftlichen Bevollmächtigung unter Lebenden aus verschiedenen Gründen nachteilig: Zunächst ist die **Übergangsfunktion der Vollmacht** nicht gewährleistet, da bis zur Eröffnung der letztwilligen Verfügung wertvolle Zeit verstreichen kann, während der der Bevollmächtigte nicht für den Nachlass handeln kann. Bei postmortalen Vollmachten in privatschriftlichen Testamenten stellt sich ferner das Nachweisproblem, da die Vollmachtsurkunde nach Eröffnung in den Nachlassakten verbleibt. Beim öffentlichen Testament und beim Erbvertrag kann dieser Schwierigkeit begegnet

---

[40] Vgl. auch Lange/Werkmüller/*Werkmüller*, Der Erbfall in der Bankpraxis, § 21 Rdnr. 27 f. aus Sicht der Bank.
[41] *Siegmann* INF 1997, 178.
[42] Ausf. Muster bei Ott-Eulberg/Schebesta/Bartsch/*Ott-Eulberg* S. 327.
[43] OLG Köln Beschl. v. 10.2.1992 – NJW-RR 1992, 1357; Palandt/*Edenhofer* Vorb. § 2197 Rdnr. 10.
[44] *Rehmann* BB 1987, 213, 214; Staudinger/*Reimann* Vorb. § 2197 Rdnr. 57 f.

werden, indem dem beurkundenden Notar die Anweisung gegeben wird, eine zusätzliche Ausfertigung zu erstellen, die auf Verlangen des Bevollmächtigten diesem nach dem Erbfall oder bereits nach der Beurkundung auszuhändigen ist.[45] Im Ergebnis ist dennoch davon abzuraten, die postmortale Vollmacht in einer Verfügung von Todes wegen zu erteilen.[46]

3. Formfragen

21 Trans- und postmortale Vollmachten bedürfen zu ihrer Wirksamkeit grundsätzlich keiner besonderen Form. Selbst wenn mit ihrer Hilfe nach dem Tod des Erblassers eine unentgeltliche Zuwendung an einen Dritten erfolgen soll, verbleibt es bei § 167 Abs. 2 BGB, wonach die Formbedürftigkeit des schenkungsrechtlichen Kausalgeschäfts nicht auf die Vollmacht durchschlägt.[47]

22 Bei Vorsorgevollmachten sind allerdings bei vorgesehenen Entscheidungsbefugnissen für ärztliche Maßnahmen und Unterbringung die Ausnahmevorschriften der §§ 1904 Abs. 2, 1906 Abs. 5 BGB zu beachten, die eine zumindest schriftliche Abfassung der Vollmacht erforderlich machen. **Abschwächungen des Grundsatzes der Formfreiheit** ergeben sich darüber hinaus aus den generell für § 167 Abs. 2 BGB anerkannten Ausnahmen, also insbesondere für bindende Vollmachten zum Abschluss von nach § 311 b BGB formbedürftigen Grundstücksgeschäften,[48] sowie aus dem grundbuchrechtlichen Legitimationserfordernis des § 29 GBO. Danach muss für die Eintragung im Grundbuch eine trans- bzw. postmortale Auflassungsvollmacht in öffentlich beglaubigter Form vorgelegt werden. Wegen § 29 GBO scheidet für den Bereich des Grundstücksverkehrs die Erteilung von Vollmachten in privatschriftlichen Testamenten somit aus. Gleiches gilt im Hinblick auf die nach § 12 HGB und § 13 FGG bestehenden Erfordernisse eines formgebundenen Nachweises. Aber auch bei sonstigen Vollmachten wird sich wegen bestehender Nachweisanforderungen (z. B. von Kreditinstituten) die Ausstellung einer zumindest beglaubigten Vollmacht empfehlen. Einen höheren Beweiswert für den Fall, dass ihre Wirksamkeit wegen fehlender Geschäftsfähigkeit des Vollmachtgebers bei der Erteilung angezweifelt wird, hat die beurkundete Vollmacht, da der Notar nach § 11 BeurkG die Geschäftsfähigkeit des Vollmachtgebers prüfen und die Beurkundung bei fehlender Geschäftsfähigkeit ablehnen muss. Die Beglaubigung der Unterschrift darf der Notar hingegen nur versagen, wenn er von der Geschäftsunfähigkeit überzeugt ist (vgl. § 4 BeurkG). Zumindest bei privatschriftlichen Vollmachten läuft der Vollmachtgeber jedenfalls Gefahr, dass diese – gerade im Bankverkehr – nicht oder nicht in gewünschtem Umfang anerkannt werden.[49]

IV. Person des Bevollmächtigten

23 Je nach den **Zielsetzungen**, die mit der trans- oder postmortalen Vollmacht verfolgt werden, wird der Vollmachtgeber verschiedene Personen als Bevollmächtigte vorsehen: Soll die Vollmacht die Funktion der Übergangslösung bis zum endgültigen und vollständigen Übergang der Handlungsfähigkeit auf die Erben bzw. den Testamentsvollstrecker erfüllen, wird auch die Erteilung der post- bzw. transmortalen Vollmacht an eben die Erben bzw. den Testamentsvollstrecker oder an eine dritte Vertrauensperson erfolgen. Um auch wirklich eine kontinuierliche Vermögensverwaltung zu erreichen, empfiehlt es sich dabei, zusätzlich für den Fall der Verhinderung des Bevollmächtigten eine weitere Person zu bevollmächtigen, den Vollmachtnehmer zur Unterbevollmächtigung zu ermächtigen oder von vornherein eine Doppelvollmacht zu erteilen.[50] Hierbei werden beiden Vertretern dieselben Aufgaben übertragen, so dass diese jeweils unabhängig voneinander handeln können, wobei im Innenverhältnis zur Vermeidung von Konflikten die jeweiligen Zuständigkeiten geregelt werden sollten. Eine stärkere gegensei-

---

[45] Staudinger/*Reimann* Vorb. § 2197 Rdnr. 59; *Nieder* Rdnr. 1027.
[46] Ebenso *Siegmann* INF 1997, 178, 179; Bengel/Reimann/*Bengel* Rdnr. I 47; *Nieder* Rdnr. 1027.
[47] RG Urt. v. 6.10.1926 – RGZ 114, 351, 354; BGH Urt. v. 18.6.1962 – NJW 1962, 1718; BGH Urt. v. 12.11.1986 – BGHZ 99, 97 = NJW 1987, 840; Soergel/*Leptien* § 168 Rdnr. 30; MünchKommBGB/*Zimmermann* Vorb. § 2197 Rdnr. 12; *Hopt* ZHR 133 (1970), 305, 319; *Röhm* DB 1969, 1973, 1975 ff.
[48] Dazu *Haegele* Rpfleger 1968, 345; allg. Staudinger/*Schilken* § 167 Rdnr. 18 ff.; Palandt/*Heinrichs* § 167 Rdnr. 2.
[49] *Burghardt* ZEV 1996, 136, 137; vgl. auch Damrau/*Bonefeld* § 2197 Rdnr. 10.
[50] Krug/Rudolf/Kroiß/*Bittler* § 2 Rdnr. 41 ff.

tige Kontrolle kann durch die Erteilung einer Gesamtvollmacht ermöglicht werden, bei deren ein Handeln der Vertreter nur gemeinsam möglich ist. Durch die Befugnis zur Erteilung von Untervollmacht zu bestimmten Rechtsgeschäften oder generell kann auch im Falle einer solchen Gesamtvollmacht die in der praktischen Handhabung erforderliche Flexibilität gewährleistet werden (vgl. auch Rdnr. 31 f.).

Bei der **Bevollmächtigung des Alleinerben** ergibt sich allerdings dadurch ein konstruktives 24 Problem, dass die Vollmacht und der zugrunde liegende Auftrag durch Konfusion erlöschen. Dennoch bleibt es bei der Wirksamkeit der vor der endgültigen Klärung der Erbenstellung vorgenommenen Rechtsgeschäfte, da man nicht einerseits die Vertreterstellung wegen Identität mit dem Vertretenen verneinen kann, während man andererseits den Erben vor Erlangung eines ausreichenden Erbnachweises noch nicht als Erben auftreten lässt.[51]

Die **Bevollmächtigung des künftigen Testamentsvollstreckers** dient außerdem der Erwei- 25 terung seiner ihm auf Grund des Testamentsvollstreckeramtes zustehenden Befugnisse (vgl. Rdnr. 8). Ein sonstiger Dritter wird vor allem in den Fällen bevollmächtigt, in denen es dem Erblasser darum geht, einzelne Nachlassgegenstände an der Erbfolge vorbei diesem Dritten (§ 181 BGB) oder weiteren Personen unentgeltlich zuzuwenden.

V. Rechtsstellung des Bevollmächtigten

1. Handeln in Vertretung des Erben

Nach dem Tod des Vollmachtgebers handelt der Bevollmächtigte als Vertreter der Erben. 26 Dennoch stammt die Vollmacht aus der Hand des verstorbenen Erblassers. Daraus folgt zunächst, dass sich die **Rechtsmacht des Vertreters im Außenverhältnis** allein nach der ihm vom Erblasser erteilten Vollmacht bestimmt.[52] Der Bevollmächtigte ist deswegen von Beschränkungen der Rechtsmacht des Erben wie Nacherbschaft und Testamentsvollstreckung unabhängig.[53] Bei minderjährigen Erben bedarf der Bevollmächtigte weder einer Zustimmung des Vormundes noch einer Genehmigung durch das Vormundschaftsgericht.[54]

Nicht so eindeutig zu beantworten ist hingegen die Frage, nach welchen Maßstäben sich das 27 Innenverhältnis richtet. Es ist aber davon auszugehen, dass die Rechtsnachfolge auch in das der Vollmacht zugrunde liegende Rechtsverhältnis dazu führt, dass **der Wille und die Interessen des Erblassers** vorrangig sind. Bis zu einem etwaigen Widerruf des Erben kann der Bevollmächtigte von der Vollmacht Gebrauch machen, ohne die Zustimmung des Erben einzuholen. Er ist auch nicht dazu verpflichtet, den Erben vor der Vornahme der jeweiligen Rechtsgeschäfte zu informieren und diesem dadurch die Gelegenheit zu entgegen gesetzten Weisungen oder zum Widerruf der Vollmacht zu geben. Dieser Standpunkt, der insbesondere von der Rechtsprechung geteilt wird,[55] ermöglicht erst die erhebliche Bedeutung insbesondere der postmortalen Vollmacht in der Praxis. Will der Erblasser einem Dritten eine unentgeltliche Zuwendung am Nachlass vorbei machen, sollen die Erben naturgemäß nichts davon wissen, damit die Zuwendung durch einen Widerruf nicht doch noch verhindert werden kann. Auch die Übergangsfunktion solcher Vollmachten wäre praktisch nicht mehr zu erfüllen, bestünde eine Rückfragepflicht des Bevollmächtigten bei den Erben bzw. vor deren endgültiger Ermittlung bei den Erbprätendenten. Auch aus Sicht der Banken ist diese Auffassung von großem Nutzen. Sie können auf die Legitimation des Bevollmächtigten vertrauen und an diesen ohne die Gefahr späterer Regress- und Schadenersatzansprüche seitens der Erben leisten.[56]

---

[51] *Trapp* ZEV 1995, 314, 316; *Zahn* MittRhNotK 2000, 89, 99; *Hopt* ZHR 133 (1970), 305, 321; Staudinger/*Reimann* Vorb. § 2197 Rdnr. 70.
[52] Zur Auslegung des Umfangs einer transmortalen Bankvollmacht vgl. OLG Hamm Urt. v. 7.12.1994 – FamRZ 1995, 832.
[53] MünchKommBGB/*Schramm* § 168 Rdnr. 34; Staudinger/*Schilken* § 168 Rdnr. 33.
[54] RG Urt. v. 10.1.1923 – RGZ 106, 185, 186; Bengel/Reimann/*Bengel* Rdnr. I 50.
[55] St. Rspr.; vgl. BGH Urt. v. 18.4.1969 – NJW 1969, 1245, 1246 f.; BGH Urt. v. 11.1.1984 – FamRZ 1985, 695; BGH Urt. v. 25.10.1994 – NJW 1995, 250, 251; zust. h.L.; vgl. etwa *Ritterhoff* ZIP 1996, 1032; MünchKommBGB/*Schramm* § 168 Rdnr. 34; *Siegmann* INF 1997, 179, 180; *Kuchinke* FamRZ 1984, 109, 112; *Röhm* DB 1969, 1973, 1976 f.; a.A. *Krampe* ZEV 1995, 189; *Schultz* NJW 1995, 3345, 3346.
[56] Vgl. Lange/Werkmüller/*Werkmüller*, Der Erbfall in der Bankpraxis, § 22 Rdnr. 65.

28　Eine Bindung an den Willen und die Interessen der Erben ist nur in den Fällen zu bejahen, in denen die **Auslegung der Vollmachtserteilung** durch den Erblasser ergibt, dass die Pflichten aus dem Innenverhältnis nach dessen Tod auf die Erben ausgerichtet sein sollten.[57] Aus der Sicht des Beraters ist es unabdingbar, die **Ausgestaltung des Innenverhältnisses** detailliert zu regeln, um die Notwendigkeit einer Auslegung gar nicht erst aufkommen zu lassen. Gegebenenfalls sollten diese Regelungen in die Vollmachtsurkunde selbst mit aufgenommen werden, da sich so die Gefahr eines Missbrauchs der Vertretungsmacht gering halten lässt (vgl. auch sogleich Rdnr. 31 f.).[58]

2. Missbrauch der Vertretungsmacht – Vermeidungsmöglichkeiten

29　Aus der grundsätzlichen Unabhängigkeit im Innenverhältnis gegenüber den Erben lässt sich ableiten, dass die Annahme eines **Missbrauchs der Vertretungsmacht durch den Bevollmächtigten** nur selten in Betracht kommen wird. Geht es dem Erblasser darum, den Nachlass im Wege einer Schenkung zugunsten eines Dritten zu verkleinern, so kann wegen des Nachrückens der Erben in das vom Erblasser herstammende Grundverhältnis von einem Überschreiten des rechtlichen Dürfens durch den Bevollmächtigten keine Rede sein. Entgegen der früheren Rechtsprechung, die in solchen Fällen eine Abwägung zwischen den Erblasser- und den Erbeninteressen maßgeblich sein lassen wollte,[59] dürfte ein Vollmachtsmissbrauch hier ausscheiden.[60] Dieses Ergebnis wird durch die Argumentation des Bundesgerichtshofes in seiner Entscheidung vom 25.10.1994[61] bestätigt, wonach es im Regelfall an der notwendigen Evidenz des Missbrauchs für den Vertragspartner mangelt. Die erforderlichen massiven Verdachtsmomente sind selbst dann nicht ohne weiteres gegeben, wenn der Bevollmächtigte auf Grund des der Vollmacht zugrunde liegenden Geschäftes auch die Interessen der Erben zu beachten hat.[62] Denn es gilt allgemein, dass sich der Dritte um das Innenverhältnis zwischen dem Erben und dem Bevollmächtigten nicht zu kümmern braucht. Eine Bank ist verpflichtet, dem durch eine Bankvollmacht Bevollmächtigten auf dessen Verlangen die Guthaben des Erblassers unverzüglich und vorbehaltlos zu übertragen. Eine Rückfragepflicht zur Sicherung der Erbeninteressen trifft die Bank nicht. Bei einem Zuwarten setzt sich die Bank vielmehr Ersatzansprüchen des Bevollmächtigten aus, wenn der Erbe dadurch erst die Möglichkeit erhält, die Vollmacht bzw. die Weisung an die Bank zur Übertragung der Guthaben zu widerrufen.[63]

30　In der Konsequenz dieser Rechtsprechung wird sich allerdings nicht selten der bekannte **Wettlauf zwischen den Erben und dem Bevollmächtigten** ergeben,[64] wird der Erbe doch die Heilung eines formnichtigen Schenkungsvertrages unter Lebenden durch Vollzug gemäß § 518 Abs. 2 BGB nach dem Tod des Schenkers zu verhindern suchen.[65] Auch wenn damit die endgültige Zuweisung bezüglich der von der Vollmacht umfassten Nachlassbestandteile oft vom Zufall, etwa der rechtzeitigen Beschaffung eines Erbscheins abhängt, ist dies im Hinblick auf den Zweck dieser Vollmachten hinzunehmen.[66]

31　Im Ergebnis obliegt es also dem Vollmachtgeber, durch entsprechende Maßnahmen sicher zu stellen, dass die von ihm erteilten Vollmachten nach seinem Tode nicht in missbräuchlicher Weise gebraucht werden. Einem solchen Missbrauch wird naturgemäß am effektivsten durch die **sorgfältige Auswahl des Bevollmächtigten** vorgebeugt. Ansonsten bedarf insbesondere das der Vollmachterteilung zugrunde liegende Innenverhältnis (Auftrag, Geschäftsbesorgung, u.

---

[57] *Trapp* ZEV 1995, 314, 315 f.; MünchKommBGB/*Schramm* § 168 Rdnr. 35.
[58] Krug/Rudolf/Kroiß/*Bittler* § 2 Rdnr. 74 f.
[59] BGH Urt. v. 18.4.1969 – NJW 1969, 1245, 1247; BGH Urt. v. 11.1.1984 – FamRZ 1985, 695.
[60] *Siegmann* INF 1997, 178, 180.
[61] BGH Urt. v. 25.10.1994 – NJW 1995, 250, 251.
[62] MünchKommBGB/*Schramm* § 168 Rdnr. 49 f.
[63] BGH Urt. v. 25.10.1994 – NJW 1995, 250; dazu u.a. *Siegmann* INF 1997, 178, 180 f.; MünchKommBGB/*Schramm* § 168 Rdnr. 52.
[64] Vgl. Bork JZ 1988, 1059; dazu eingehend Ott-Eulberg/Schebesta/Bartsch/*Ott-Eulberg* S. 298 ff.
[65] Im Gegensatz hierzu ist bei einem Schenkungsversprechen von Todes wegen die Heilung gem. § 2301 Abs. 2 BGB nach dem Tod des Schenkers nach st. Rspr. ausgeschlossen; vgl. nur BGH Urt. v. 12.11.1986 – NJW 1987, 840; BGH Urt. v. 29.1.1994 – NJW 1995, 953.
[66] BGH Urt. v. 18.4.1969 – NJW 1969, 1245, 1247; BGH Urt. v. 25.10.1994 – NJW 1995, 250, 251; *Trapp* ZEV 1995, 314, 318.

ä.) einer sorgfältigen und detaillierten Regelung, insbesondere in Bezug auf Beschränkungen im Innenverhältnis und im Hinblick auf Schenkungen. Zur Vermeidung des Vollmachtsmissbrauchs können entsprechend detaillierte Regelungen des Innenverhältnisses zwischen Vollmachtgeber und Bevollmächtigten in die Vollmachtsurkunde selbst mit aufgenommen werden. Falls hiervon – wie in der Praxis üblich – wegen einer Überfrachtung der Vollmacht und einer hierdurch befürchteten Verunsicherung des Rechtsverkehrs kein Gebrauch gemacht wird, ist zumindest eine schriftliche Niederlegung der Vereinbarungen im Grundverhältnis in gesonderter Urkunde empfehlenswert. Dies ermöglicht die Kontrolle, ob sich der Bevollmächtigte an die Anordnungen des Erblassers gehalten hat, hilft aber auch dem Bevollmächtigten, den Nachweis der Rechtmäßigkeit der von ihm vorgenommenen Geschäfte zu führen.

Um eine wirksame Kontrolle des Bevollmächtigten sicher zu stellen, besteht ferner die Möglichkeit, die trans- oder postmortalen Vollmachten als Doppelvollmacht zu erteilen, was den **Vorteil einer gegenseitigen Kontrolle der Bevollmächtigten** bietet. Eine solche Doppelvollmacht kommt zum einen in der Form der Gesamtvertretung in Betracht, bei der die Bevollmächtigten Vertretungshandlungen nur gemeinsam vornehmen können. Eine solche Gesamtvertretung kann auch in Bezug auf bestimmte Aufgaben beschränkt werden. Dennoch ist sie in vielen Fällen wenig praktikabel, da die Bevollmächtigten hierdurch übermäßig stark gebunden sind. Abhilfe kann hier durch die Möglichkeit wechsel- oder einseitiger Erteilung von Untervollmachten für bestimmte Rechtsgeschäfte im Einzelfall geschaffen werden (vgl. bereits Rdnr. 23). Flexibler ist die Erteilung einer Doppelvollmacht in der Weise, dass beide Vertreter jeweils unabhängig voneinander handeln können. Die wechselseitigen Zuständigkeiten wären dann im Innenverhältnis zu regeln, wobei die gegenseitige Überwachung hier dadurch gewährleistet wird, dass jeder Bevollmächtigte die Rechte aus dem Grundverhältnis gegenüber dem anderen wahrnimmt. Insoweit gilt es zu beachten, dass die Vertreter sich gegenseitig die Vollmacht entziehen können. Daher sollte das Recht zum Widerruf der Vollmacht ebenfalls ausführlich geregelt und ggf. ausgeschlossen werden.

3. Umfang der Verpflichtungsbefugnis

Dass der Bevollmächtigte seine Befugnisse demnach generell nicht von der Person des Erben, sondern von der Person des Erblassers ableitet, schlägt auch auf den Umfang der Verpflichtungsbefugnis des Bevollmächtigten durch. Der Erblasser war bei der Eingehung von Rechtsgeschäften auf das ihm gehörende Vermögen beschränkt. Daraus folgt, dass sich die Vertretungsmacht des Bevollmächtigten ebenfalls **allein auf den Nachlass** bezieht. Eine Verpflichtung des Erben auf dessen Eigenvermögen scheidet nach der zutreffenden hM aus.[67] Der Bevollmächtigte muss bei seinem Auftreten diese Beschränkung ausreichend deutlich machen, andernfalls läuft er Gefahr, bei einer späteren Haftungsbeschränkung durch den Erben nach §§ 177, 179 BGB zu haften.[68]

Eine Befugnis zu einer unbeschränkbaren Verpflichtung des Erben auch mit seinem Eigenvermögen soll sich hingegen nach manchen Autoren auf der Grundlage transmortaler Vollmachten ergeben.[69] Richtigerweise ist dies ebenfalls zu verneinen, da andernfalls der **Umfang der Erbenhaftung** davon abhinge, ob der transmortal Bevollmächtigte vor oder nach Eintritt des Erbfalls gehandelt hat, da im ersteren Fall unzweifelhaft der Haftungsbeschränkung unterliegende Nachlassverbindlichkeiten begründet würden.[70]

---

[67] RG Urt. v. 10.1.1923 – RGZ 106, 185, 187; Staudinger/*Schilken* § 168 Rdnr. 31; MünchKommBGB/*Zimmermann* Vorb. § 2197 Rdnr. 14; *Muscheler,* Die Haftungsordnung der Testamentsvollstreckung, S. 380 f.; ausf. *Lorz* S. 45 f.
[68] MünchKommBGB/*Schramm* § 168 Rdnr. 33; *Siegmann* INF 1997, 178, 179.
[69] I.d.S. etwa *Beuthien,* FS Fischer, 1979, S. 1, 12.
[70] Zutr. Staudinger/*Marotzke* § 1967 Rdnr. 28; *Muscheler,* Die Haftungsordnung der Testamentsvollstreckung, S. 382; ausf. *Lorz* S. 46 f.

VI. Erlöschen der Vollmacht

1. Die Frage der Widerruflichkeit

35 Trans- und/postmortale Vollmachten können sowohl widerruflich als auch unwiderruflich erteilt werden. Ob die Vollmacht widerruflich erteilt worden ist, ist in erster Linie eine Frage des zugrunde liegenden Rechtsverhältnisses (§ 168 S. 2 BGB).[71] Bei isolierten Vollmachten ergibt sich die Widerruflichkeit, wenn das Erlöschen nicht ohnehin bereits durch den Tod des Bevollmächtigten eingetreten ist, aus der Unanwendbarkeit von § 168 BGB.[72] Eine Grenze für die unwiderrufliche Ausgestaltung der Vollmacht wird dort gezogen, wo die Erben in unbilliger Weise in ihrer Rechtsmacht eingeschränkt und die Regelungen über die Testamentsvollstreckung umgangen würden. Dies ist bei einer unwiderruflich erteilten Generalvollmacht über den Tod hinaus bzw. auf den Todesfall der Fall, so dass diese als unzulässig anzusehen sind.[73] Sie kann allerdings als widerrufliche Vollmacht aufrechterhalten werden, sofern sich ein hierauf gerichteter Wille des Erblassers ergibt.[74] Wegen der nicht unbestrittenen Auswirkungen unwiderruflicher postmortaler Vollmachten ist in den Formularen, die von Banken verwendet werden, ein Widerrufsausschluss überhaupt nicht vorgesehen.[75] Hinzuweisen ist darauf, dass selbst bei einer zulässigerweise unwiderruflich erteilten Spezialvollmacht der Widerruf aus wichtigem Grund immer möglich bleibt.[76]

36 Der **Ausschluss des Widerrufs** kann nach einer verbreiteten Auffassung nur durch vertragliche Vereinbarung zwischen dem Vollmachtgeber und dem Erklärungsempfänger erreicht werden; einseitige Erklärungen des Vollmachtgebers sollen nicht ausreichen.[77] Auch aus diesem Grund empfiehlt sich die Vornahme der Bevollmächtigung durch Verfügung von Todes wegen nicht.

2. Ausübung des Widerrufs

37 Wird die Bevollmächtigung durch den Alleinerben widerrufen, erlischt die Vertretungsmacht des Bevollmächtigten vollständig. In der Erbengemeinschaft kann **jeder einzelne Miterbe** den Widerruf der Vollmacht erklären.[78] Allerdings beschränkt sich die Wirkung eines solchen Widerrufs auf seine Person, so dass hier nicht die Rückgabe der Vollmachtsurkunde verlangt werden kann, sondern lediglich die Eintragung eines einschränkenden Widerrufsvermerks.[79] Nur wenn die Voraussetzungen einer Notgeschäftsführung nach § 2038 Abs. 1 S. 2 2. Hs. BGB vorliegen, wirkt der Widerruf für die gesamte Erbengemeinschaft.[80] Von einer zugleich angeordneten Testamentsvollstreckung bleibt das Widerrufsrecht der Erben unberührt; die Möglichkeit des Widerrufs kann nur durch die Anordnung entsprechender erbrechtlicher Strafklauseln und Auflagen vermieden werden (s. hierzu Rdnr. 41 ff.).[81]

---

[71] Hierbei kann sich die unwiderrufliche Ausgestaltung der Vollmacht auch im Wege der Auslegung der getroffenen Vereinbarungen ergeben; vgl. OLG Düsseldorf Beschl. v. 3.6.2002 – VersR 2003, 49 (Widerruf eines postmortalen Treuhandauftrags zur Verwaltung einer Versicherungsleistung zugunsten des Bezugsberechtigten).
[72] Staudinger/*Reimann* Vorb. § 2197 Rdnr. 72; Mayer/Bonefeld/Wälzholz/Weidlich/*J. Mayer* Rdnr. 314; a.A. MünchKommBGB/*Zimmermann* Vorb. § 2197 Rdnr. 17, der in bestimmten Konstellationen auch bei isolierten Vollmachten die Beschränkung des Widerrufs durch den Erblasser zulassen will.
[73] Staudinger/*Reimann* Vorb. § 2197 Rdnr. 75; Palandt/*Edenhofer* Vorb. § 2197 Rdnr. 13; *Röhm* DB 1969, 1973, 1977; ausf. *Lorz* S. 49 f.
[74] Bengel/Reimann/*Bengel* Rdnr. I 54.
[75] Vgl. *Werkmüller* ZEV 2000, 305, 306.
[76] MünchKommBGB/*Zimmermann* Vorb. § 2197 Rdnr. 17; *Trapp* ZEV 1995, 314, 315; *Haegele* Rpfleger 1968, 345, 346.
[77] RGZ 109, 331, 333; MünchKommBGB/*Schramm* § 168 Rdnr. 38; *Hopt* ZHR 133 (1970), 305, 317; *Trapp* ZEV 1995, 314, 315; a.A. Staudinger/*Schilken* § 168 Rdnr. 11; diff. Soergel/*Leptien* § 168 Rdnr. 23.
[78] Bengel/Reimann/*Bengel* Rdnr. I 56; Palandt/*Edenhofer* Vorb. § 2197 Rdnr. 13; Erman/*Brox* § 168 Rdnr. 5; *Werkmüller* ZEV 2000, 305, 306; a.A. *Madaus* ZEV 2004, 448, 449 (aus § 2038 Abs. 1 S. 1 BGB folgende Notwendigkeit des Widerrufs aller Miterben).
[79] BGH Urt. v. 29.9.1989 – NJW 1990, 507, 508; Mayer/Bonefeld/Wälzholz/Weidlich/*J. Mayer* Rdnr. 314.
[80] *Siegmann* INF 1997, 178, 181.
[81] *Winkler* Rdnr. 8; *Ebenroth* Rdnr. 628.

§ 20 Trans- und postmortale Vollmacht

Auch der eingesetzte Testamentsvollstrecker kann die Vollmacht kraft seines Amtes widerrufen, sofern seine Rechte insoweit nicht nach § 2208 Abs. 1 S. 1 BGB durch den Erblasser beschränkt worden sind. Eine solche Beschränkung kann insbesondere dann anzunehmen sein, wenn der Erblasser dem Bevollmächtigten eine Spezialvollmacht erteilt hat.[82] Zum Widerruf befugt sind schließlich auch Nachlassverwalter und Nachlasspfleger.[83] 38

Die Frage, ob ein Widerruf tatsächlich erfolgt ist, ist nicht immer leicht und zweifelsfrei zu beantworten, insbesondere dann nicht, wenn der Erbe von der erfolgten Bevollmächtigung an sich keine Kenntnis hat. Die Rechtsprechung hat dazu entschieden, dass in diesen Fällen ein wirksamer Widerruf **mangels Erklärungsbewusstseins** nicht vorliege. Dass sich der Erbe bei der Bank als solcher zu erkennen gibt und sich daraus der Interessenskonflikt zwischen Bevollmächtigtem und Erben für die Bank ableiten lässt, ändert nach der Rechtsprechung des Bundesgerichtshofs hieran nichts.[84] Ebenso wenig kann das rein tatsächliche Nachforschen nach Nachlassgegenständen beim Bevollmächtigten, die dieser an einen Dritten übertragen soll, als Widerruf gewertet werden.[85] 39

3. Weitere Erlöschensgründe

Die trans- bzw. postmortale Vollmacht erlischt auch dann, wenn das zugrunde liegende Rechtsverhältnis wirksam gekündigt wird (§ 168 S. 1 BGB). Insoweit gelten die Ausführungen zum Widerruf der Vollmacht entsprechend, wobei freilich die §§ 170 ff. BGB zu beachten sind. 40

VII. Verstärkung der Vollmacht durch erbrechtliche Druckmittel

Die post- bzw. transmortale Vollmacht hat für den Erblasser unter anderem den Nachteil, dass sie im Gegensatz zur verdrängend wirkenden Testamentsvollstreckung die Rechtsmacht der Erben, selbst wirksame und den Handlungen des Bevollmächtigten möglicherweise widersprechende Rechtsgeschäfte vorzunehmen, unberührt lässt. Zudem kann eine trans- und/oder postmortale Vollmacht als Generalvollmacht nicht unwiderruflich ausgestaltet werden (s. Rdnr. 35). Insoweit ist daran zu denken, die Erben durch **erbrechtliche Druckmittel** von der Vornahme widersprechender Rechtsgeschäfte bzw. von einem Widerruf der Vollmacht abzuhalten.[86] 41

Es ist zum einen denkbar, eine **auflösende Bedingung** in der letztwilligen Verfügung vorzusehen, wonach die Erbeinsetzung für den Fall des Widerrufs der Vollmacht endet. Diese sehr weitgehende Lösung beinhaltet allerdings den gravierenden Nachteil, dass ein geeigneter Ersatzerbe vorhanden sein muss und dass der auflösend bedingt eingesetzte Erbe den Beschränkungen einer aufschiebend bedingt angeordneten Nacherbschaft unterliegt (§ 2104 BGB). Diese Rechtsfolgen sind mit den Wünschen und Planungsmöglichkeiten des Erblassers nur im Ausnahmefall zu vereinbaren, die bedingte Erbeinsetzung ist deswegen für die Praxis kaum geeignet.[87] 42

Als Alternative bietet sich die **Aufnahme einer Auflage** in das Testament des Erblassers und Vollmachtgebers an, mit der dieser die Erben verpflichtet, die Vollmacht beizubehalten und sich nicht in Widerspruch zu den Handlungen des Bevollmächtigten zu setzen. Wird die Vollmacht dem eingesetzten Testamentsvollstrecker erteilt, kann ihr Nutzen in der Weise erhöht werden, dass zur Durchführung der Auflage ebenfalls der Testamentsvollstrecker ermächtigt wird.[88] Die Belastung des Erbes kann aber dazu führen, dass der Erbe gemäß § 2306 BGB die Erbschaft ausschlägt und den sofort fälligen Pflichtteil fordert. Dieser Problematik kann 43

---

[82] *Winkler* Rdnr. 10; MünchKommBGB/*Zimmermann* Vorb. § 2197 Rdnr. 18; *Haegele* Rpfleger 1968, 345, 346.
[83] Staudinger/*Schilken* § 168 Rdnr. 34.
[84] BGH Urt. v. 25.10.1994 – NJW 1995, 250, 251.
[85] BGH Urt. v. 29.11.1994 – NJW 1995, 953; krit. *Schultz* NJW 1995, 3345; zust. *Siegmann* INF 1997, 178, 181.
[86] Dazu ausf. *Reithmann* BB 1984, 1394; Staudinger/*Reimann* Vorb. § 2197 Rdnr. 77; strikt gegen die Möglichkeit solcher Anordnungen MünchKommBGB/*Zimmermann* Vorb. § 2197 Rdnr. 18.
[87] *Lorz* S. 53 ff.
[88] Staudinger/*Reimann* Vorb. § 2197 Rdnr. 77.

im Ergebnis nur durch den lebzeitigen Abschluss von Pflichtteilsverzichtsverträgen wirksam begegnet werden.[89]

44　Klarzustellen ist aber auch in diesem Zusammenhang, dass eine solche Gestaltung für sich genommen kein taugliches Mittel darstellt, **die dauerhafte Fremdverwaltung einzelkaufmännischer Unternehmen oder voll haftender Personengesellschaftsbeteiligungen** zu ermöglichen. Die postmortale Vollmacht kann nämlich als vom Erblasser stammendes Instrumentarium nicht zur Begründung unbeschränkbarer Erbenverbindlichkeiten eingesetzt werden und somit den Konflikt zwischen erb- und gesellschaftsrechtlicher Haftungsordnung, welcher einer echten Testamentsvollstreckung an diesen Nachlassbestandteilen entgegensteht, überwinden helfen. Dementsprechend lässt sich die Vollmachtlösung als Alternativkonstruktion zur Testamentsvollstreckung nur in der Weise verwirklichen, dass die Erben selbst den Testamentsvollstrecker mit Vertretungsmacht auch bezüglich ihres Eigenvermögens ausstatten, wozu sie durch testamentarische Auflage anzuhalten wären. Die Zulässigkeit entsprechender Gestaltungen wird allerdings unter dem Gesichtspunkt des § 138 BGB (wirtschaftliche Selbstentmündigung des Erben) zunehmend in Frage gestellt (vgl. Rdnr. 9). Selbst wenn darauf hinzuweisen ist, dass der Erbe vor übermäßigen Belastungen durch § 2306 Abs. 1 BGB geschützt wird,[90] ist auch an dieser Stelle festzuhalten, dass die Vollmachtlösung für die Kautelarpraxis nur sehr eingeschränkt zu empfehlen ist (vgl. auch § 19 Rdnr. 222 f.).

---

[89] *Winkler* Rdnr. 366.
[90] Ausf. *Lorz* S. 62 ff.

§ 21 Verwirkungs- und Pflichtteilsklausel

Übersicht

	Rdnr.
Beratungscheckliste	1
I. Verwirkungsklausel	2–7
II. Pflichtteilsklausel	8–30

Schrifttum: *Birk*, Die Problematik der Verwirkungsklausel in letztwilligen Verfügungen, DNotZ 1972, 284; *Buchholz*, Berliner Testament (§ 2269 BGB) und Pflichtteilsrecht der Abkömmlinge – Überlegungen zum Ehegattenerbrecht, FamRZ 1985, 872; *Dressler*, Vereinbarungen über Pflichtteilsansprüche-Gestaltungsmittel zur Verringerung der Erbschaftsteuerbelastung, NJW 1997, 2848; *Eberling*, Nochmals zum Thema: Vereinbarungen über Pflichtteilsansprüche, NJW 1998, 358; *Hägele*, Bedingte, namentlich unter eine Verwirkungs- oder Strafklausel stehende testamentarische Anordnungen, JurBüro 1969, 1; *Kanzleiter*, Verwirkungsklausel zu Lasten eines Erben, dem ein belasteter Erbteil in Höhe des Pflichtteils (oder weniger) zugewendet ist, DNotZ 1993, 780; *Kerscher/Tanck/Krug*, Das erbrechtliche Mandat, 3. Aufl. 2003; *Landsittel*, Gestaltungsmöglichkeiten von Erbfällen und Schenkungen, 1. Aufl. 2000; *Lange/Kuchinke*, Lehrbuch des Erbrechts, 5. Aufl. 2001; *Lübbert*, Verwirkung der Schlusserbfolge durch Geltendmachung des Pflichtteils, NJW 1988, 2706; *Jörg Mayer*, Ja zu „Jastrow" – Pflichtteilsklausel auf dem Prüfstand, ZEV 1995, 136; *Nieder*, Handbuch der Testamentsgestaltung, 2. Aufl. 2000; *von Olshausen*, Die Sicherung gleichmäßiger Vermögensteilhaber bei „Berliner Testament" mit nicht gemeinsamen Kindern als Schlusserben, DNotZ 1979, 707; *Sudhoff* Unternehmensnachfolge, 5. Aufl. 2005; *Wacke*, Rechtsfolgen testamentarischer Verwirkungsklauseln, DNotZ 1990, 403; *Weirich*, Erben und Vererben, 5. Aufl. 2004; *Weiss*, Pflichtteilsstrafklausel im Ehegattentestament, MDR 1979, 812.

Beratungscheckliste 1

I. Verwirkungsklausel
  ☐ Auflösend oder aufschiebend bedingte Verwirkungsklausel
  ☐ Lediglich Enterbung des Bedachten oder des ganzen Stammes, d.h. ausdrückliche Regelung der Nacherbfolge durch Einsetzung bestimmter Nacherben
  ☐ Genaue Bestimmung des den Verwirkungsfall auslösenden Verhaltens des Bedachten
  ☐ Verwirkungsklausel oder auflösend bedingtes Herausgabevermächtnis?
II. Pflichtteilsklausel
  ☐ Erscheint beim Umfang des Vermögens die Anordnung der Pflichtteilsklausel sinnvoll?
  ☐ Automatische oder fakultative Ausschlussklausel
  ☐ Freistellung des Letztversterbenden von der Bindungswirkung der Pflichtteilsklausel bei Schlusserbenregelung
  ☐ Ist der Anwendungsbereich des § 2306 Abs. 1 S. 1 BGB eröffnet?
  ☐ Lediglich „einfache Pflichtteilsklausel" oder „Jastrow'sche Klausel"?
  ☐ Ggf. aufschiebend bedingtes Vermächtnis unter Anrechnung des Pflichtteils als Alternative
  ☐ Beachtung der steuerlichen Nachteile bei „Jastrow'scher Klausel"

I. Verwirkungsklausel

2   Dem Erblasser ist daran gelegen, dass sein letzter Wille akzeptiert wird. Demjenigen, der sich seinem letzten Willen widersetzt, droht der Erblasser nicht selten mit dem Ausschluss als Erbe oder Vermächtnisnehmer. Der Erblasser bezweckt durch eine solche **Verwirkungs- bzw. Strafklausel**, die Verwirklichung seines letzten Willens und die Vermeidung von Streitigkeiten unter den Hinterbliebenen. Bestimmt der Erblasser, dass der Bedachte die Zuwendung verlieren soll, wenn er sich dem letzten Willen des Erblasser widersetzt, so steht diese Zuwendung im Zweifel gemäß § 2075 BGB unter der auflösenden Bedingung der Zuwiderhandlung. Der Bedachte erhält daher zunächst die Zuwendung als **auflösend bedingter Vollerbe**. Bei Eintritt der auflösenden Bedingung, d.h. bei der Zuwiderhandlung gegen den letzten Willen des Erblassers, kommt es zur Enterbung des Bedachten. Der Eintritt der Bedingung führt zugleich dazu, dass sie den Bedachten bis zum Bedingungseintritt zum aufschiebend bedingten Vorerben macht und notwendigerweise zur Nacherbschaft führt. Hat der Erblasser zur Nacherbschaft nichts näheres geregelt, so stellt sich in diesem Zusammenhang die Frage, ob an Stelle des Bedachten gemäß § 2069 BGB seine Abkömmlinge und auf Grund der Auslegungsregel des § 2104 BGB seine gesetzlichen Erben als Nacherben treten. Ebenso ist fraglich, ob im Falle, dass nur einer der Erben gegen die Verwirkungsklausel verstößt, gemäß 2094 BGB Anwachsung bei den anderen Erben eintritt.[1] Überwiegend wird hier angenommen, dass es entgegen der Regelung des § 2104 BGB bei Bedingungseintritt nicht zur Nacherbschaft der gesetzlichen Erben kommt, sondern vielmehr davon auszugehen ist, dass der Zweck der Strafklausel darin besteht, auch die Abkömmlinge des Bedachten durch die Verwirkungshandlung zu enterben.[2] Im Einzelfall kann jedoch auf Grund der Testamentsgestaltung etwas anderes anzunehmen sein; so z.B. im Falle der Einsetzung eines Kindes im gemeinschaftlichen Testament.[3]

3   Hingegen liegt im Falle des Bedingungseintritts kein Fall des § 2069 BGB vor, da mit Eintritt der auflösenden Bedingung die Verfügung nach dem Willen des Erblassers vom Bedingungseintritt an unwirksam wird und es somit nicht zum Wegfall des Bedachten im Sinne des § 2069 BGB kommt.[4] Verstößt beim gemeinschaftlichen Testament ein Abkömmling gegen den Willen des Erblassers, so wird der Ausschluss seines gesamten Stammes vermutet.[5] Angesichts dieser Problematik empfiehlt es sich daher, die an den Eintritt der Bedingung anknüpfende Nacherbfolge im Testament ausdrücklich zu regeln. In der Regel wird der Erblasser bestimmen, dass die Zuwendung bei Eintritt eines bestimmten zukünftigen Ereignisses entfallen soll. Häufig finden sich Formulierungen wie „wer Streit anfängt" oder „wer Unfrieden stiftet". Rechtsfolge ist hier die geschilderte auflösend bedingte Einsetzung als Vollerbe. Die Zuwendung kann jedoch unter einer aufschiebenden Bedingung stehen, so z.B. wenn der Erblasser bestimmt hat, dass der Bedachte nur dann zum Erben eingesetzt ist, wenn er das einem Dritten zugewendete Vermächtnis akzeptiert. Der Bedachte ist hier bis zum Bedingungseintritt **aufschiebend bedingter Vorerbe**[6]. Es sollte ausdrücklich festgelegt werden, ob es sich bei der Zuwendung um eine aufschiebend oder eine auflösend bedingte handelt.

Praxistipp:
Sinnvoll ist es, von dem Bedachten die Abgabe einer Erklärung dahin gehend zu fordern, ob er die Erbeinsetzung bzw. die Anordnungen des Erblassers, wie sie in der letztwilligen Verfügung erfolgt sind, anerkennt oder nicht.[7] Ist dem Bedachten zudem für die Abgabe der Erklärung eine Frist gesetzt, lassen sich klare Verhältnisse über die Endgültigkeit dessen Erbenstellung erreichen.

---

[1] *Nieder* Rdnr. 969.
[2] MünchKommBGB/*Leipold* § 2074 Rdnr. 44 m.w.N.; *Nieder* Rdnr. 969.
[3] MünchKommBGB/*Leipold* § 2074 Rdnr. 44; *Wacke* DNotZ 1990, 411.
[4] MünchKommBGB/*Leipold* § 2069 Rdnr. 16.
[5] *Nieder* Rdnr. 969; *Wacke* DNotZ 1990, 410.
[6] MünchKommBGB/*Leipold* § 2074 Rdnr. 29.
[7] OLG Stuttgart Urt. v. 22.6.1973 = OLGZ 1974, 67.

> Eine solche Festlegung vermeidet späteren Streit darüber, ob der Bedachte die Zuwendung sofort mit Eintritt des Erbfalls als auflösend bedingter Vollerbe erhalten hat (auflösende Bedingung) oder aber, ob er diese erst mit Vornahme bzw. Unterlassung der geforderten Handlung erwirbt (aufschiebende Wirkung).

Häufigstes Problem bei vom Erblasser selbst formulierten Verwirkungsklauseln bildet deren **Unbestimmtheit.** So ist die Formulierung einer Verwirkungsklausel vielfach allgemein gehalten. Der Erblasser bestimmt, dass der Bedachte die Zuwendung verlieren soll, „falls er sich in irgendeiner Weise meinem Willen widersetzt". Beliebt sind oft Formulierungen, die auf einen Angriff bzw. die Anfechtung des Testaments des Erblassers abstellen und hieran den Verlust der Zuwendungen knüpfen. Hier ist durch Auslegung zu ermitteln, bei welchem Verhalten des Bedachten die Klausel greifen soll. Dabei ist die Klausel nach allgemeiner Meinung auf ihren ursprünglichen Zweck zurückzuführen, nämlich die Aufhebung der letztwilligen Verfügung des Erblassers gegen dessen letzten Willen zu verhindern. Eine Verwirkungsklausel löst demnach nur dann den Eintritt der auflösenden bzw. aufschiebenden Bedingung aus, wenn das Verhalten des Bedachten eine „böswillige Auflehnung" oder einen „bewussten Ungehorsam" gegen den Willen des Erblassers darstellt.[8] Die Verwirkungsklausel ist daher dann nicht erfüllt, wenn die **Verhaltensweise des Bedachten** nicht als Angriff gegen den wahren Willen des Erblassers zu werten ist. Dies kann unter anderem dann der Fall sein, wenn der Bedachte Einwendungen geltend macht, die die Wirksamkeit des Testaments an sich betreffen. Beruft sich der Bedachte auf die Unechtheit oder einen Formmangel in Bezug auf das gesamte Testament bzw. macht er dessen Anfechtung aus beachtlichen Gründen geltend und dringt er damit durch, so wird auch die Strafklausel von der Nichtigkeit des Testaments erfasst.

Diese Handlungsweisen können auch deshalb nicht zur Wirksamkeit der Strafklausel führen, weil es dem Erblasser nicht gestattet sein kann, den Bedachten mittels der Verwirkungsklausel zu zwingen, Rechtsfolgen des geltenden Recht nicht geltend zu machen.[9] Anderenfalls stünde es dem Erblasser frei, über zwingende Wirksamkeitserfordernisse des Testaments mittels der Strafklausel zu verfügen, was letztlich zur Nichtbeachtung zwingenden Rechts seitens des Erblassers führen würde.

Legt der Bedachte das Testament ggf. gegen den Willen anderer Beteiligter aus und setzt er diese Auslegung notfalls durch Inanspruchnahme der Gerichte durch, so löst auch dies die Strafklausel nicht aus, da die **richtige Auslegung** gerade dem Willen des Erblassers zum Erfolg verhilft.[10] Aber auch die objektiv unrichtige, jedoch verständliche Auslegung der Strafklausel durch den Bedachten führt nicht zu deren Erfüllung.[11] Die Verwirkungsklausel soll auch dann nicht erfüllt sein, wenn der Angriff gegen die Wirksamkeit des Testaments unverschuldet erfolgte. So, wenn der Bedachte nach hinreichend sorgfältiger Prüfung die Nichtigkeitsanfechtung oder Unechtheit oder eine bestimmte Auslegung des Testaments geltend macht.[12] Hingegen ist die Wirksamkeit der Verwirkungsklausel gegeben, wenn der Angriff gegen die Wirksamkeit des Testaments schuldhaft erfolgte, was bei Angriffen wider besseren Wissens oder fahrlässig ohne hinreichende Prüfung vorgetragenen Angriffen der Fall ist.[13] Auf der gleichen Linie liegen die Meinungen, die die Verwirkungsklausel nur bei mutwilligen oder ohne nähere Anhaltspunkte vorgetragenen Anlässen gegen die Wirksamkeit des Testaments erfüllt sehen wollen[14] bzw. einer Verwirkung nur bei leichtfertigem, frivolem oder aus bewusst grundlosem Bestreiten der Wirksamkeit des Testaments zuerkennen wollen. Ein unberechtigtes und vor-

---

[8] *Birk* DNotZ 1972, 284, 291 m.w.N.; a.A. *Lange/Kuchinke* § 24 IV. 6. a), der eine zusätzliche Böswilligkeit nicht für erforderlich hält.
[9] MünchKommBGB/*Leipold* § 2074 Rdnr. 36 m.w.N.; *Birk* DNotZ 1972, 284, 293.
[10] MünchKommBGB/*Leipold* § 2074 Rdnr. 36 m.w.N.
[11] BayObLG Beschl. v. 21.2.1962 = NJW 1962, 1060, 1061 m.w.N.; *Nieder* Rdnr. 968.
[12] MünchKommBGB/*Leipold* § 2074 Rdnr. 37.
[13] MünchKommBGB/*Leipold* § 2074 Rdnr. 37.
[14] *Haegele* JurBüro 1969, 1, 4.

werfbares Verlangen einer Vermächtniskürzung soll ebenfalls die Verwirkungsklausel auslösen.[15]

6 **Zeitliche Grenzen** für die Verwirkungsklausel bzw. deren Rechtsfolge ergeben sich aus den §§ 2109, 2162 und 2163 BGB. Immer ist darauf zu achten, dass die dreijährige Verjährung des Pflichtteils gemäß § 2332 Abs. 1 BGB nicht erst mit dem Verwirkungsfall, sondern immer ab Kenntnis der Verfügung des Erblassers zu laufen beginnt.[16] Erfüllt der Bedachte nach Ablauf dieser Dreijahresfrist die Verwirkungsklausel durch die von ihr umfasste Handlungsweise, so verliert er nicht nur die Zuwendung, sondern er kann auch seinen Pflichtteil nicht mehr geltend machen. In einem solchem Fall kann dem Bedachten unter Umständen noch durch Auslegung des Testaments geholfen werden. Ergibt diese entgegen der Vermutung des § 2304 BGB eine bedingte Erbeinsetzung in Höhe der Pflichtteilsquote oder eine Vermächtniszuwendung in Höhe des Pflichtteilswertes, so findet die Dreijahresfrist des § 2332 Abs. 1 BGB keine Anwendung.[17] Es empfiehlt sich daher, statt einer auflösend bedingten Erbeinsetzung mittels einer entsprechenden Verwirkungsklausel ein **auflösend bedingtes Herausgabevermächtnis** anzuordnen. Der Bedachte wird hierdurch verpflichtet, im Fall des Verstoßes gegen die Verwirkungsklausel, den ihm zugewandten Nachlass oder Teile davon an Dritte als Vermächtnisnehmer herauszugeben.

7 **Formulierungsvorschlag:**
Wer den letzten Willen nicht freiwillig vollzieht, wird verpflichtet, seine Erbschaft samt Nutzungen an die übrigen, gehorsamen Miterben als Vermächtnisnehmer herauszugeben[18].

II. Pflichtteilsklauseln

8 Eine besondere Form der Verwirkungsklausel stellt die häufig anzutreffende **Pflichtteilsstrafklausel**[19] dar. Zur Anwendung kommen Pflichtteilsstrafklauseln insbesondere bei gemeinschaftlichen Testamenten und Erbverträgen mit Schlusserben- oder Nacherbeneinsetzung. Diese Pflichtteilsstrafklauseln sind als Sanktion für die Abkömmlinge gedacht. Sie sollen verhindern, dass z.B. bei einem gemeinschaftlichen Testament nach dem Modell des „Berliner Testaments" ein Abkömmling nach dem Ableben des Erstversterbenden gegen den längst lebenden Elternteil einen Pflichtteilsanspruch geltend macht. Tut er dies, so muss er sich je nach Ausgestaltung der Pflichtteilsstrafklausel entweder den Wert des nach dem Tod des erstversterbenden Elternteils geltend gemachten Pflichtteils bei der Erbteilung nach dem letztversterbenden Elternteil anrechnen lassen oder aber er wird im Erbfall des Längstlebenden ganz auf den Pflichtteil gesetzt. Die spätere Rückzahlung des geltend gemachten Pflichtteils an den überlebenden Ehegatten macht die Wirkung der Pflichtteilsstrafklausel nicht rückgängig.[20] Falls nicht in der Strafklausel anders geregelt, begründet das bloße Auskunftsverlangen gem. § 2314 BGB nicht die Geltendmachung des Pflichtteils.[21] Auch kann die Auslegung eines Testaments ergeben, dass die durch die Pflichtteilsstrafklausel angeordnete Sanktion mit Ausschluss des Erbrechts auf Ableben des Letztversterbenden bei der Geltendmachung des Pflichtteilsanspruches durch den Sozialhilfeträger nach entsprechender Überleitung auf diesen nicht gelten soll.[22]Im Zusammenhang mit Ausschlussklauseln in gemeinschaftlichen Ehegattentestamenten ist darauf hinzuweisen, dass es durchaus Situationen geben kann, in denen sich im Sinne einer „familienfreundlichen" Gestaltung die Geltendmachung des Pflichtteils lohnt. Einvernehmliche Pflichtteilsvereinbarungen über den, dem Abkömmling

---

[15] OLG Celle Urt. v. 9.3.1995 = ZEV 1996, 307.
[16] *Wacke* DNotZ 1990, 403.
[17] *Nieder* Rdnr. 970 m.w.N.
[18] *Nieder* Rdnr. 970.
[19] Vgl. zur steuerlichen Behandlung § 36 Rdnr. 296.
[20] BayObLG Beschl. v. 20.1.2004 = NJW-RR 2004, 654.
[21] BayObLG Beschl. v. 23.10.1990 = NJW-RR 1991, 394; Sudhoff/*Scherer* § 17 Rdnr. 7.
[22] OLG Karlsruhe Urt. v. 24.9.2003 = NJW-RR 2004, 728.

zustehenden Pflichtteilsanspruch, bieten sich vor allem zum Einsparen von Erbschaftsteuer[23] in Fällen an, in denen man diese zunächst gar nicht bedacht hat. Wurde beispielsweise in einem Berliner Testament übersehen, den Kindern auf den Tod des Erstversterbenden Vermächtnisse in Höhe der erbschaftsteuerlichen Freibeträge zukommen zu lassen, können die Kinder mittels der Geltendmachung von Pflichtteilsansprüchen gegen den überlebenden Ehegatten die Pflichtteilssumme steuerfrei vereinnahmen.[24]

Ziel der Pflichtteilsstrafklauseln ist es, die Geltendmachung des Pflichtteils im Erbfall des erstversterbenden Elternteils wirtschaftlich möglichst uninteressant zu machen. Diese **Abschreckungswirkung** ist jedoch abhängig von der jeweiligen Vermögenszusammensetzung bzw. der zu erwartenden Entwicklung des Vermögens zwischen beiden Erbfällen. Häufig sehen sich die Abkömmlinge nach dem Tode des Erstversterbenden allerdings schon im Hinblick auf die kurze Verjährungsfrist des Pflichtteilsanspruchs gezwungen, diesen geltend zu machen, wenn sie nicht zugleich eine gesicherte Beteiligung am Nachlass des Letztversterbenden erhalten.

So kann es gerade bei geringerem Vermögen dem Pflichtteilsberechtigten wichtiger sein, einen Vermögenserwerb durch sofortige Geltendmachung des Pflichtteils nach dem Tod des Erstversterbenden zu realisieren, als einen späteren eventuell ungewissen Vermögenszufluss abzuwarten. Besteht z.B. das Vermögen der Eheleute lediglich aus einem Einfamilienhaus und kommen außer ein paar Ersparnissen keine weiteren Vermögenspositionen, wie z.B. umfangreiche Wertpapierdepots hinzu, so kann die Erfüllung des Pflichtteilsanspruchs für den Längstlebenden zu einer starken finanziellen Belastung führen. Will man gerade bei geringerem Vermögen eine solche Belastung vermeiden, so bietet sich als sicherster Weg zum Ausschluss des Pflichtteilsverlangens der Schlusserben beim Tod des Erstversterbenden der Abschluss eines **Pflichtteilsverzichtsvertrages** nach § 2346 Abs. 2 BGB an. In diesem verzichten die pflichtteilsberechtigten Abkömmlinge (Schlusserben) auf die Geltendmachung von Pflichtteilsansprüchen nach dem erstversterbenden Elternteil. Dabei kann der Pflichtteilsverzicht unter der aufschiebenden Bedingung erfolgen, dass die Schlusserbeneinsetzung des Verzichtenden beim Tode des Längstlebenden noch besteht.[25] Zu einem solchen Pflichtteilsverzichtsvertrag werden die Abkömmlinge in der Regel jedoch nur bereit sein, wenn ihre Erbeinsetzung zu Schlusserben wechselbezüglich oder vertragsmäßig erfolgt.

Sind die Abkömmlinge hingegen zum Abschluss eines Pflichtteilsverzichtsvertrages nicht bereit, so ist an eine **Pflichtteilsklausel** zu denken. Pflichtteilsstrafklauseln finden vor allem bei der so genannten **Einheitslösung** Anwendung. Bei der Einheitslösung gemäß § 2269 BGB setzen sich die Ehegatten gegenseitig zu alleinigen Vollerben ein und bestimmen, dass der beiderseitige Nachlass Dritten, meist den Abkömmlingen, als Schlusserben zufallen soll. Mit der Schlusserbeneinsetzung nach dem Letztversterbenden ist somit die Enterbung der Schlusserben nach dem Erstversterbenden verbunden. Die Schlusserben können daher den Pflichtteil nach dem ersten Erbfall verlangen, ohne jedoch einen ihnen zustehenden Erbteil ausschlagen zu müssen, da ihnen kein Erbrecht am Nachlass des Erstversterbenden zusteht. Sind mehrere Schlusserben vorhanden, so wird der nach dem ersten Erbfall seinen Pflichtteil geltend machende Abkömmling durch die Einheitslösung sogar begünstigt.

Er erhält im ersten Erbfall seinen Pflichtteil und im zweiten Erbfall seinen Erbteil am Nachlass des Letztversterbenden. In dessen Nachlass ist zudem der um den Pflichtteilswert verminderte Nachlass des Erstverstorbenen enthalten, so dass der den Pflichtteil geltend machende Abkömmling doppelt partizipiert.

Die Schlusserben, die sich hingegen mit der Geltendmachung des Pflichtteils nach dem ersten Erbfall zurückgehalten haben, erhalten beim zweiten Erbfall lediglich ihren Erbteil am Nachlass des Letztversterbenden, der allerdings bereits um den nach dem ersten Erbfall geltend gemachten Pflichtteil vermindert ist.[26] Die Pflichtteilsklausel setzt nun hier zur Sicherstellung einer gleichmäßigen Vermögensverteilung im Schlusserbfall und zur Verhinderung des geschilderten vorzeitigen Vermögensabflusses an. Die Pflichtteilsstrafklausel kann einen Anhalts-

---

[23] Vgl. hierzu im Einzelnen § 36 Rdnr. 295.
[24] Vgl. hierzu im Einzelnen *Dressler* NJW 1997, 2848 m. Anm. *Eberling* NJW 1998, 358.
[25] *Nieder* Rdnr. 839; vgl. zum Pflichtteilsverzicht im Einzelnen § 31.
[26] *Buchholz* FamRZ 1985, 872, 873.

punkt dafür darstellen, dass die Ehegatten den pflichtteilsberechtigten Abkömmling als Erben des Letztversterbenden berufen wollen; einen zwingenden Rückschluss auf eine Regelung der Schlusserbfolge lässt sie jedoch nicht zu.[27]

13 Die Pflichtteilsklausel kann unterschiedlich ausgestaltet sein. So kann im Testament bestimmt werden, dass derjenige Abkömmling, der nach dem ersten Erbfall den Pflichtteil geltend macht, auch im zweiten Erbfall lediglich noch den Pflichtteil erhalten soll. Es kommt also ipso jure im Falle der Geltendmachung des Pflichtteils zur Enterbung des Abkömmlings. Statt dieser so genannten **automatischen Ausschlussklausel** kann dem Längstlebenden auch durch Testament das Recht eingeräumt werden, den Abkömmling, der bereits nach dem ersten Erbfall den Pflichtteil geltend gemacht hat, auch im zweiten Erbfall auf den Pflichtteil zu beschränken. Man spricht hier von der so genannten **fakultativen Ausschlussklausel**.

14 **Formulierungsvorschlag: automatische Ausschlussklausel**

Erben des Längstlebenden von uns sind unsere Kinder zu gleichen Teilen. Falls eines unserer Kinder nach dem Tode des Erstversterbenden von uns einen Pflichtteilsanspruch gegen den Längstlebenden geltend machen sollte, soll er bzw. sein ganzer Stamm auch nach dem Tode des Längstlebenden von uns nur den Pflichtteil erhalten.

Formulierungsvorschlag: fakultative Ausschlussklausel

Falls nach dem Ableben des zuerst Versterbenden einer unserer Abkömmlinge einen Pflichtteilsanspruch gegen den Längstlebenden geltend machen sollte, ist dieser berechtigt, den anspruchsstellenden Abkömmling und seine Nachkommen durch Testament von der Schlusserbfolge auszuschließen.

15 Stets ist zu bedenken, dass Pflichtteilsklauseln im Falle einer gleichzeitig getroffenen Schlusserbenregelung als auflösend bedingte Erbeinsetzung bindend sind.[28] Der Letztversterbende kann jedoch von dieser Bindungswirkung durch eine ausdrückliche Freistellung befreit werden, so dass es ihm überlassen bleibt, ob er den den Pflichtteil fordernden Abkömmling enterbt oder nicht. Hierzu kann die Pflichtteilsklausel wie folgt ergänzt werden:

16 **Formulierungsvorschlag: Freistellung des Letztversterbenden von der Bindungswirkung der Pflichtteilsklausel**

Die hier angeordnete auflösend bedingte Schlusserbeneinsetzung wird in nicht wechselbezüglicher und bindender Weise getroffen, so dass der überlebende Ehegatte die Möglichkeit hat, die Enterbung für den Schlusserbfall zu widerrufen bzw. abzuändern. Er kann jedoch nur den Zustand wieder herstellen, der vor Eintritt der Enterbung bestanden hat. Er ist nicht berechtigt, eine andere Schlusserbfolge anzuordnen[29].

17 Soll der den Willen des Erblassers missachtende Abkömmling nicht mit seiner vollen Enterbung bestraft werden, kann die Anordnung sich darauf beschränken, dass der nach dem ersten Erbfall den Pflichtteil geltend machende Schlusserbe sich diesen Pflichtteilswert auf seinen Erbteil am Nachlass des Letztversterbenden anrechnen lassen muss.

18 Im Zusammenhang mit den Pflichtteilsklauseln stellt sich die Frage, inwieweit diese mit der gesetzlichen Regelung des § 2306 Abs. 1 S. 1 BGB vereinbar sind. In dessen Anwendungsbereich, also immer dann, wenn der hinterlassene Erbteil kleiner oder gleich mit der Pflichtteilsquote ist, sind **Beschränkungen** wie eine auflösend oder aufschiebend bedingte Erbeinsetzung ipso jure grundsätzlich unbeachtlich. Neben den allgemeinen Verwirkungsklauseln hat auch

---

[27] OLG Hamm Beschl. v. 26.2.2004 = NJW-RR 2004, 1520.
[28] *Nieder* Rdnr. 840; *Lübbert* NJW 1988, 2706, 2708 m.w.N.
[29] Formulierung nach *Kerscher/Tanck/Krug* § 8 Rdnr. 478.

die Pflichtteilsklausel als eine Sonderform der Verwirkungsklauseln eine bedingte Erbeinsetzung zum Inhalt. So verliert der Abkömmling seine Schlusserbenstellung, wenn er den Pflichtteil nach dem ersten Erbfall geltend macht. Durch die Verwirkungsklausel kann zudem im **Anwendungsbereich des § 2306 Abs. 1 S. 1 BGB** dieselbe Wirkung wie im Fall des § 2306 Abs. 1 S. 2 BGB erzielt werden. Der Erblasser erreicht nämlich durch diese, dass der zum Schlusserben eingesetzte Abkömmling vor die Wahl zwischen Schlusserbeneinsetzung und Pflichtteil gestellt wird.[30] Zudem ist der Pflichtteilsberechtigte im Bereich der allgemeinen Verwirkungsklauseln der Gefahr ausgesetzt, dass seine Erbenstellung auch dann wegfällt, wenn der Pflichtteilsanspruch verjährt ist, so dass er letztlich leer ausgeht. Sowohl die Möglichkeit, durch eine entsprechende Verwirkungsklausel auch im Anwendungsbereich des § 2306 Abs. 1 S. 1 BGB zur Wahlmöglichkeit nach § 2306 Abs. 1 S. 2 BGB zu kommen, als auch das Risiko des Pflichtteilsberechtigten wegen der Verjährung des Pflichtteilsanspruchs letztlich leer auszugehen, widerspricht dem zwingenden Charakter der pflichtteilsrechtlichen Vorschriften sowie dem Sinn und Zweck der Regelung des § 2306 Abs. 1 S. 1 BGB, die im Interesse des Pflichtteilsberechtigten Rechtsklarheit und Rechtssicherheit schaffen soll.[31]

Sowohl der BGH[32] als die überwiegende Ansicht in der Literatur[33] halten daher Verwirkungsklauseln im Anwendungsbereich des § 2306 Abs. 1 S. 1 BGB für unwirksam.

Im Kern führt der BGH unter Hinweis auf die vorhandenen Gesetzesmaterialien zur Unzulässigkeit einer solchen **Cautela socini** aus, dass es § 2306 Abs. 1 S. 1 BGB und dessen Anwendungsbereich gerade verhindern wollen, dass ein Vollerbe seinen Erbteil infolge des Eintritts einer auflösenden Bedingung verliert und dieser Erbteil dann entweder an einen eingesetzten Nacherben (§ 2100 BGB) oder gemäß § 2104 BGB an einen so genannten konstruktiven Nacherben fällt. Sinn und Zweck des § 2306 Abs. 1 S. 1 BGB sei es nämlich, dem pflichtteilsberechtigten Erben, der mit nichts mehr bedacht ist, als mit der Hälfte seines gesetzlichen Erbteils, jedenfalls das ihm Zugewendete in vollem Umfang, nämlich ohne Beschränkungen und Beschwerungen des § 2306 BGB zu Gute kommen zu lassen. Hierdurch soll dem nächsten Angehörigen des Erblassers eine angemessene Mindestbeteiligung an dessen Nachlass garantiert werden, so dass kein Raum für eine Strafklausel verbleibt, mittels derer Hilfe der Erblasser die Beteiligung der nächsten Angehörigen an seinem Nachlass noch unter das pflichtteilsrechtlich gebotene gesetzliche Mindestmaß kürzen will. Die ältere Literatur[34] sowie das Reichsgericht[35] haben jedoch die Cautela socini im Anwendungsbereich des § 2306 Abs. 1 S. 1 BGB nicht zwingend für unwirksam gehalten. Einwände gegen die Rechtsprechung des BGH hat auch *Kanzleiter*[36] vorgebracht.

Die **Abschreckungswirkung** einer Verwirkungsklausel, die den auf den Tod des erstversterbenden Ehegatten pflichtteilverlangenden Abkömmling enterbt, ist jedoch begrenzt. Zum einen geht die Verwirkungsklausel unter wirtschaftlichen Gesichtspunkten ins Leere, wenn sich das wesentliche Vermögen der Ehegatten beim Erstversterbenden befindet. In diesem Falle gibt es beim Tode des Letztversterbenden „nichts zu holen". Die Drohung, den Abkömmling im Falle der Geltendmachung des Pflichtteils nach dem erstversterbenden Ehegatten auch in Bezug auf den Erbfall des Längstlebenden auf den Pflichtteil zu setzen, wird diesen in der Regel daher wenig beeindrucken.

Zum anderen partizipiert auch der nach dem Tode des erstversterbenden Ehegatten den Pflichtteil geltend machende Abkömmling zwei Mal vom Nachlass des Erstversterbenden, da sich dessen Nachlass bei der Einheitslösung (Berliner Testament) in dem Nachlass des Zweitversterbenden befindet. Im Pflichtteil nach dem letztversterbenden Ehegatten ist also wiederum ein Teil des Nachlasses des Erstversterbenden, aus dem der Abkömmling ja bereits den Pflichtteil erhalten hat, enthalten. Eine bloße Verwirkungsklausel stellt daher oftmals keine besondere

---

[30] MünchKommBGB/*Leipold* § 2074 Rdnr. 38.
[31] Staudinger/*Haas* § 2306 Rdnr. 52.
[32] BGH Urt. v. 28.10.1992 = BGHZ 120, 96, 99 ff.
[33] Staudinger/*Haas* § 2306 Rdnr. 52; MünchKommBGB/*Leipold* § 2074 Rdnr. 38 m.w.N.
[34] Vgl. BGH Urt. v. 28.10.1992 = BGHZ 96, 99 m.w.N.
[35] RG *Warneyer* 1913 Nr. 250.
[36] *Kanzleiter* DNotZ 1993, 780, 784 f.

Strafe für den Ausschlagenden dar, gerade weil er statt einer Erbschaft nach dem Tode des Längstlebenden zwei Pflichtteile erhält. Dies ergibt sich aus folgendem

21 Beispiel:
Die im gesetzlichen Güterstand lebenden Ehegatten setzen sich gegenseitig als Alleinerben ein. Sie bestimmen, dass das Kind, das nach dem Tod des Erstversterbenden den Pflichtteil verlangt, auch nach dem Tode des Längstlebenden nur den Pflichtteil erhält. Zunächst verstirbt die alleinvermögende Ehefrau, die € 100.000,–. hinterlässt. Eines der beiden aus der Ehe hervorgegangenen Kinder macht nach deren Tod den Pflichtteil geltend. Der Pflichtteilsanspruch eines jeden der Kinder beträgt hier die Hälfte des gesetzlichen Erbteils von 1/4, mithin 1/8, somit € 12.500,–. Das den Pflichtteil geltend machende Kind, erhält also € 12.500,–, so dass für den alleinerbenden überlebenden Ehegatten € 87.500,– verbleiben. Beim Tode des Letzteren erhält das Kind nunmehr nochmals 1/4 dieser Summe, mithin € 21.875,–. Das den Pflichtteil geltend machende Kind hat also insgesamt € 34.375,– erhalten. Im Erbgang hätte es € 50.000,– erhalten. Der Unterschied ist also nicht allzu groß, insbesondere wenn man an den Zinsvorteil denkt, der mit dem bereits nach dem ersten Erbfall erworbenen Vermögen erlangt werden kann.

22 *Jastrow* hat daher zur Erzwingung des Wohlverhaltens des als Schlusserben eingesetzten Abkömmlings die so genannte **„Jastrow'sche Klausel"**[37] vorgeschlagen. Hier tritt neben der Gestaltung, dass der den Pflichtteil geltend machende Abkömmling auch beim Tode des Letztversterbenden nur den Pflichtteil erhält, noch die Möglichkeit, diesen Pflichtteil der Höhe nach zu reduzieren.

Zu diesem Zweck erhalten diejenigen Abkömmlinge, die beim Tode des Erstversterbenden ihren Pflichtteil nicht geltend machen, bei diesem Erbfall aus dem Nachlass des Erstversterbenden ein Geldvermächtnis in Höhe ihrer gesetzlichen Erbteile, die beim Tode des Erstversterbenden anfallen. Dieses Geldvermächtnis wird jedoch erst beim Tode des Letztversterbenden fällig (§ 2181 BGB). Als vom Erstversterbenden angeordnete Vermächtnisse mindern diese den Nachlass des letztversterbenden Ehegatten, da es sich hier um Nachlassverbindlichkeiten handelt. Dies führt wiederum automatisch zu einer Verkürzung des Pflichtteilsanspruchs beim zweiten Erbfall.

23 Beispiel:
Das Vermögen der Eheleute beträgt jeweils € 2 Millionen. Aus der Ehe sind zwei Kinder, Sohn A und Tochter B, hervorgegangen. Die Ehegatten leben im gesetzlichen Güterstand. Im gemeinschaftlichen Testament der Ehegatten ist bestimmt, dass für den Fall, dass eines der Kinder nach dem Tode des erstversterbenden Elternteils den Pflichtteil verlangt, das andere Kind, soweit es keine Pflichtteilsansprüche geltend gemacht hat, in Höhe seines gesetzlichen Erbteils nach dem Ableben des erstversterbenden Elternteils ein Vermächtnis erhält. Dieses soll aufschiebend bedingt mit dem Tode des überlebenden Elternteils anfallen und ebenso fällig werden. Tochter B macht beim Tode ihres Vaters den Pflichtteil geltend.
Daraus ergibt sich folgendes:
Beim Tode der Mutter erhält Sohn A vorweg das Geldvermächtnis in Höhe seines gesetzlichen Erbteils, hier 1/4, also mithin € 500.000,–. Angenommen, die Mutter stürbe zwei Jahre nach dem Vater und das Geldvermächtnis wäre mit 6% p. a. zu verzinsen gewesen, kämen € 60.000,– Zinsen hinzu. Dieses Geldvermächtnis zuzüglich der Zinsen, also insgesamt € 560.000,– sind beim zweiten Erbfall vor der Berechnung der Pflichtteile vom Nachlass abzuziehen, da es sich hier um eine Nachlassverbindlichkeit handelt. Der Nachlass der Mutter, der auf Grund der Pflichtteilsansprüche der Tochter im ersten Erbfall jetzt noch € 3.750.000,– beträgt, vermindert sich folglich um € 560.000,– auf € 3.190.000,–.
Der Pflichtteil der B beträgt nun 1/4, da ihr gesetzlicher Erbteil neben ihrem Bruder 1/2 wäre. Dieses Viertel vermindert sich auf Grund des vorab fälligen Geldvermächtnisses von € 937.500,– auf € 797.500,–, mithin um € 140.000,–.

24 Dieses Beispiel zeigt, dass es in der Regel für den Pflichtteilsberechtigten bei Bestehen einer „Jastrow'schen Klausel" wirtschaftlich uninteressant ist, den Pflichtteilsanspruch nach dem ersten Erbfall geltend zu machen. Eine Garantie hierfür ist jedoch die „Jastrow'sche Klause" nicht. Benötigt der Pflichtteilsberechtigte schnell Geld oder ist er sich des Erhaltes des Vermögens bis zum zweiten Erbfall nicht sicher, so wird ihm schon wegen der kurzen Verjährung des Pflichtteilsanspruchs (§ 2332 Abs. 1 BGB) ggf. der frühere Geldzufluss wichtiger sein und er wird den finanziellen Verlust in Kauf nehmen.

---

[37] Zur Kritik an der „Jastrow'schen Klausel" vgl. *Mayer* ZEV 1995, 135; vgl. hierzu auch § 13 Rdnr. 258.

§ 21 Verwirkungs- und Pflichtteilsklausel

Eine entsprechende „Jastrow'sche Klausel" kann wie folgt formuliert werden: 25

> **Formulierungsvorschlag:**
> Falls einer unserer Abkömmlinge nach dem Ableben des Erstversterbenden von uns einen Pflichtteilsanspruch gegen den Längstlebenden geltend machen sollte, ist dieser berechtigt, den Anspruch stellenden Abkömmling und seine Nachkommen durch Testament von der Schlusserbfolge auszuschließen. Außerdem erhalten diejenigen Abkömmlinge, die den Pflichtteil nicht verlangen, beim ersten Erbfall ein Geldvermächtnis in Höhe des Wertes ihres gesetzlichen Erbteils. Dieses Vermächtnis ist ab dem ersten Erbfall mit 6% jährlich zu verzinsen und wird mit dem Tode des Längstlebenden mit den Zinsen fällig[38].

Die Anwendung der „Jastrow'schen Klausel" setzt allerdings voraus, dass mehrere pflicht- 26 teilsberechtigte Abkömmlinge vorhanden sind. Ihr Nachteil liegt darin, dass die sofort anfallenden und auf den Tode des Längstlebenden gestundeten Vermächtnisse vererblich sind und dies beim Vorversterben eines Abkömmlings dazu führen kann, dass Familienfremde hereinkommen. Hierauf hat *Weiss*[39] bereits hingewiesen. *Weiss* schlägt daher vor, auf den Tode des Längstlebenden **aufschiebende befristete** (betagte) **Vermächtnisse** anzuordnen.

Bei diesen kann die Vererblichkeit und Übertragbarkeit ausgeschlossen werden, bzw. sie können aufschiebend bedingt davon abhängig gemacht werden, dass die Bedachten den Beschwerten überleben.[40]

Statt der „Jastrow'schen Klausel" kann zur Verstärkung der Abschreckungswirkung der 27 Enterbung im Falle der Geltendmachung des Pflichtteils nach dem Erstversterbenden durch den Schlusserben auch angeordnet werden, dass sich dieser den nach dem Erstversterbenden erhaltenen Pflichtteil auf seinen Erbteil am Nachlass des Letztversterbenden anrechnen lassen muss.[41] Im Gegensatz zur Einheitslösung geht bei der so genannten **Trennungslösung** der Nachlass des Erstversterbenden nicht in das Eigenvermögen des überlebenden Ehegatten über. Vielmehr stehen der Nachlass des Erstversterbenden, vermindert durch die Rechte der Endbedachten, sowie das Eigenvermögen des überlebenden Ehegatten nebeneinander. In der Regel setzt bei der Trennungslösung jeder Ehegatte den anderen zu seinem Vorerben ein und bestimmt gleichzeitig, dass die Abkömmlinge Nacherben und für den Fall seines Überlebens Ersatzerben sein sollen.

Bei der **Trennungslösung** kommt daher die „Jastrow'sche Klausel" nicht in Betracht. Sie 28 liefe ins Leere, da die jeweiligen Vermögensmassen beider Ehegatten auch nach dem Tode des Erstversterbenden getrennt bleiben und sich somit das Eigenvermögen des überlebenden Ehegatten nicht durch die Anordnung einer aufschiebend bedingten Fälligkeit der aus dem Nachlass des Erstversterbenden ausgesetzten Vermächtnisse mindern lässt. Hier empfiehlt sich, den überlebenden Ehegatten zum befreiten Vorerben einzusetzen und das Nacherbenrecht der Kinder am Nachlass des Erstversterbenden und ihr Erbrecht am Nachlass des Überlebenden durch die Geltendmachung ihres Pflichtteils am Nachlass des Erstversterbenden auflösend zu bedingen.[42] Dies hindert die Kinder zwar nicht, auch im zweiten Erbfall den Pflichtteil zu verlangen, jedoch bezieht sich dieser dann nur auf das Eigenvermögen des Längstlebenden, da die Vorerbschaft nicht zu dessen Nachlass gehört.

Durch die Geltendmachung des Pflichtteils am Nachlass des Erstversterbenden verlieren die Kinder daher sowohl ihr Nacherbenrecht an diesem Nachlass, als auch ihr Erbrecht am Eigenvermögen des Überlebenden, ohne dass es zu einer Potenzierung des Pflichtteils wie bei der Einheitslösung durch Verbindung der Vermögensmassen beider Elternteile kommt. Die Wahl dieser Lösung eignet sich insbesondere für Fälle, in denen unterschiedliche Pflichtteilsberech-

---

[38] Formulierungsvorschlag nach *Weirich* Rdnr. 1466.
[39] *Weiss* MDR 1979, 812.
[40] *von Olshausen* DNotZ 1979, 707, 717.
[41] *Weirich* Rdnr. 493 a.E.
[42] *Nieder* Rdnr. 844 a.E.

tigte, d.h. jeweils einseitige Abkömmlinge des jeweiligen Ehegatten vorhanden sind.⁴³ Nachteilig sind allerdings die Beschränkungen und Verpflichtungen, denen der Ehegatte als befreiter Vorerbe unterliegt.

29 Bei der Anordnung der „Jastrow'schen Klausel" in „Berliner Testamenten"⁴⁴ sollte immer deren **steuerliche Behandlung** bedacht werden. Hier ist R 13 S. 4 ErbStR zu beachten. Die Finanzverwaltung vertritt die Auffassung, dass die mit dem Tode des Erstversterbenden anfallenden Vermächtnisse, die erst mit dem Tode des überlebenden Ehegatten fällig sind, gemäß § 6 Abs. 4 ErbStG als beim Tode des Beschwerten fälliges Vermächtnis und somit der Nacherbschaft gleichstehend zu behandeln sind.

30 Die Behandlung als **Nacherbschaft** durch § 6 Abs. 4 ErbStG führt wiederum dazu, dass die Vermächtnisse als Erwerb vom überlebenden Ehegatten anzusehen sind, mit der Folge, dass weder beim Tod des Erstversterbenden noch beim Tod des überlebenden Ehegatten ein Abzug nach § 10 Abs. 5 Nr. 2 ErbStG erfolgt. Des Weiteren verweist R 13 S. 6 ErbStR für Nachvermächtnisse und beim Tode des Beschwerten fällige Vermächtnisse auf die entsprechende Anwendung von § 6 Abs. 2 S. 3–5 ErbStG. Somit kommt es zur entsprechenden Anwendung des § 6 Abs. 2 S. 4 ErbStG mit der Folge der Einschränkung der Freibeträge. In der Praxis ist also der Nutzen der „Jastrow'schen Klausel" stets abzuwägen. Hier gilt Abschreckungswirkung gegen steuerliche Nachteile. Als Alternative zur Fälligkeit des Vermächtnisses auf den Tode des längstlebenden Ehegatten bietet sich z.B. an, dass Vermächtnis nach Ablauf eines längeren Zeitraumes seit dem Tode des Erstversterbenden, z.B. 15 Jahre fällig zu stellen.⁴⁵ Nur ergänzend wird an dieser Stelle noch darauf verwiesen, dass es bei der Einheitslösung zu einer zweifachen Besteuerung des Nachlasses des Erstversterbenden kommt.

---

⁴³ Ausf. hierzu *von Olshausen* DNotZ 1979, 707 f.
⁴⁴ Vgl. zu Pflichtteilsklauseln beim „Berliner Testament" auch § 11 Rdnr. 101 ff.
⁴⁵ Dazu *Landsittel* Rdnr. 587.

3. Abschnitt. Die Nachlassabwicklung

§ 22 Annahme und Ausschlagung

Übersicht

	Rdnr.
I. Ausgangssituation	1/2
II. Annahme	3–16
1. Annahmeerklärung	5–9
2. Wirksamkeit der Annahme	10–13
3. Rechtsfolge der Annahme	14
4. Beweislast	15
5. Recht der DDR	16
III. Ausschlagung	17–42
1. Ausschlagungserklärung	22
2. Wirksamkeit der Ausschlagung	23–26
3. Ausschlagungsfrist	27/28
4. Adressat und Form der Ausschlagungserklärung	29–32
5. Rechtsfolge der Ausschlagung	33–38
6. Ausschlagung bei Ehegattentestament/Erbvertrag	39/40
7. Ausschlagung von Vermächtnissen	41
8. Recht der DDR	42
IV. Anfechtbarkeit von Annahme und Ausschlagung	43–62
1. Anfechtungsgründe	45–49
a) Irrtum über die Erklärungshandlung und -bedeutung	46
b) Eigenschaftsirrtum	47
c) Rechtsfolgenirrtum	48
d) Willensmangel des Vertreters	49
2. Anfechtung der Annahme oder Ausschlagung durch den Pflichtteilsberechtigten	50–52
3. Erheblichkeit des Irrtums	53
4. Anfechtungsberechtigter	54
5. Form und Frist der Anfechtungserklärung	55–58
6. Rechtsfolge der Anfechtung	59
7. Recht der DDR	60
8. Beweislast	61
9. Anfechtung der Anfechtung von Ausschlagung und Annahme	62

Schrifttum: *Baumgärtel,* Handbuch der Beweislast im Privatrecht, Band 2, 1985; *Firsching/Graf,* Nachlassrecht, 8. Aufl. 2000; *Flick,* Die Erbschaftsausschlagung als Instrument zur nachträglichen Gestaltung einer verunglückten Erbfolge, DStR 2000, 1816; *Grunewald,* Die Auswirkungen eines Irrtums über politische Entwicklungen in der DDR auf Testamente und Erbschaftsausschlagungen, NJW 1991, 1208; *Jaeger,* Konkursordnung, 9. Aufl. 1997; *Kapp,* Die Erbschaftsausschlagung in zivilrechtlicher und erbschaftsteuerrechtlicher Sicht, BB 1980, 117; *Keim,* Die vergessene Ausschlagung beim durch Vermächtnis entwerteten Erbteil, ZEV 2003, 358; *Malitz/Benninghoven,* Erbschaftsausschlagung und Rechtsirrtum, ZEV 1998, 415; *Mayer,* Wenn das Kind bereits in den Brunnen fiel – Möglichkeiten der Erbschaftsteuerreduzierung nach Eintritt des Erbfalls, DStR 2004, 1541; *Nieder,* Handbuch der Testamentsgestaltung, 2. Aufl. 2000; *Pohl,* Mängel bei der Erbschaftsannahme und -ausschlagung, AcP 177 (1977) 52; *Sudhoff,* Unternehmensnachfolge, 5. Aufl. 2005; *Troll,* Ausschlagung der Erbschaft aus steuerlichen Gründen, BB 1988, 2153; *Weirich,* Erben und Vererben, 5. Aufl. 2004; *Zimmermann,* Einkommensteuerliche Risiken aus der Erbschaftsausschlagung gegen Abfindung, ZEV 2001, 5.

I. Ausgangssituation

Der erbrechtliche Erwerb tritt kraft Gesetzes mit dem Tod des Erblassers ein. Der Erbe **1** haftet den Nachlassgläubigern grundsätzlich **unbeschränkt** für die Nachlassverbindlichkeiten, § 1967 BGB, auch mit seinem Privatvermögen. Das Gesetz nötigt ihm die Erbschaft jedoch nicht gegen seinen Willen auf. Dem Erben wird eine Übergangsfrist gewährt, innerhalb derer er sich für die **Ausschlagung** der Erbschaft entscheiden kann. Vor Annahme der Erbschaft sind auch Klagen gegen den Erben mangels passiver Prozessführungsbefugnis unzulässig,[1] § 1958 BGB. Mit der Annahme verliert der Erbe zwar sein Recht zur Ausschlagung. Besteht jedoch die Besorgnis einer Überschuldung, bleibt ihm die Erhebung der aufschiebenden **Dreimonatseinrede** des § 2014 BGB oder der ebenfalls aufschiebenden **Aufgebotseinrede** des § 2015 BGB. Zeitlich unbefristet kann der Erbe durch die Anordnung der Nachlassverwaltung[2] oder die Eröffnung des Nachlassinsolvenzverfahrens[3] die Beschränkung der Haftung auf den Nachlass herbeiführen und das eigene Vermögen dem Zugriff der Nachlassgläubiger entziehen.

2   Das vorrangige Interesse des Erben in Fällen nicht auszuschließender Nachlassüberschuldung liegt in der **Ordnung der Nachlassverhältnisse**. Zu diesem Zweck wird er zunächst die Nachlassverbindlichkeiten feststellen und diese anschließend den Nachlassaktiva gegenüberstellen. Nur wenn der Saldo die sichere Annahme begründet, dass die Aktiva deutlich überwiegen, sollte er das Risiko einer unbeschränkten Erbenhaftung auf sich nehmen. Ist er sich hingegen, etwa wegen eines unübersichtlichen Nachlasses, unsicher, sollte er eine Begrenzung der Haftung herbeiführen. Steht fest, dass der Nachlass überschuldet ist, wird er das Erbe ausschlagen, wenn nicht ausnahmsweise die persönliche Verbundenheit zum Erblasser die wirtschaftlichen Motive überlagert.

II. Annahme

3   Das Recht zur Annahme der Erbschaft erwirbt der Erbe mit dem Erbfall, durch den er als **vorläufiger Erbe** in die gesamte Rechtsstellung des Erblassers eintritt, § 1942 Abs. 1 BGB. Ihre besondere Bedeutung findet die Annahme im Verhältnis zu den Nachlassgläubigern, denen sie das Recht vermittelt, den Erben für die Nachlassverbindlichkeiten in Anspruch zu nehmen. Die Annahme in Form einer **ausdrücklichen** rechtsgeschäftlichen Erklärung ist dabei eher selten. Regelmäßig vollzieht sie sich im bewussten oder unbewussten Ablauf der Ausschlagungsfrist von sechs Wochen, §§ 1943 f. BGB. Dieser Fristablauf begründet die **Fiktion** einer Annahmeerklärung. Demgegenüber ähnelt die rechtliche Wirkung einer ausdrücklichen oder konkludenten Annahme derjenigen einer **Bestätigung** im Sinne des § 144 BGB[4] und beschränkt sich auf den **vorzeitigen** Wegfall des Ausschlagungsrechts sowie den Eintritt der passiven Prozessführungsbefugnis des Erben für Nachlassverbindlichkeiten. Zur Annahme eines Vermächtnisses vgl. § 16 Rdnr. 150 ff.

4   **Bearbeitungscheckliste**

- ☐ Ist die Annahme der Erbschaft durch den Erben bereits ausdrücklich erklärt worden? Hat er bereits einen Erbschein beantragt?
- ☐ Hat der Erbe durch schlüssiges Verhalten zu erkennen gegeben, dass er den Willen hat, Erbe zu bleiben, und damit die Erbschaft angenommen?
- ☐ Ist die Ausschlagungsfrist verstrichen oder hat der Erbe seine Ausschlagung wirksam angefochten, so dass die Annahme fingiert wird?
- ☐ Hatte der Erbe bei Annahme der Erbschaft Kenntnis des tatsächlichen Berufungsgrundes, im Fall gewillkürter Erbfolge der maßgeblichen letztwilligen Verfügung des Erblassers? Wenn nein, war die Annahme unwirksam.
- ☐ Kann bei beabsichtigter Inanspruchnahme des Erben für Nachlassverbindlichkeiten dessen Annahme im Bestreitensfall bewiesen werden?

---

[1] Gegebenenfalls ist in diesem Zeitraum auf Antrag des Berechtigten ein Nachlasspfleger zu bestellen, §§ 1960 f. BGB.
[2] Siehe § 24.
[3] Siehe § 25.
[4] *Lange/Kuchinke* ErbR § 8 V 2.

1. Annahmeerklärung

Die Annahmeerklärung ist nicht formbedürftig, da § 1943 BGB – anders als § 1945 Abs. 1 BGB für die Ausschlagung – keine Aussage zur Form der Annahme trifft. Vier Erscheinungsformen einer wirksamen Annahme lassen sich unterscheiden:
- die ausdrückliche Annahme durch rechtsgeschäftliche Erklärung,
- die stillschweigende Annahme durch Willensbetätigung *(pro herede gestio)*,
- die Fiktion der Annahme durch Versäumung der Ausschlagungsfrist,
- die Fiktion der Annahme durch Anfechtung der Ausschlagung.

Die **ausdrückliche** wie auch die **konkludente Annahme** ist eine bedingungsfeindliche und mit ihrem Zugang unwiderrufliche Willenserklärung. Inhaltlich bedeutet die Annahme den Verzicht auf das Ausschlagungsrecht und enthält die Erklärung, „Erbe sein und bleiben zu wollen".[5] Die Annahme durch konkludentes Verhalten verlangt dabei eine objektiv eindeutige Erklärung, deren Vorliegen nicht voreilig bejaht werden sollte.[6] Der Erbe muss durch sein Verhalten zu erkennen gegeben haben, dass er den Willen hat, Erbe zu bleiben. Nicht jede Verfügung über Nachlassaktiva beinhaltet daher eine solche schlüssige Annahmeerklärung.[7] Denn der vorläufige Erbe ist vor seiner Entscheidung über Annahme und Ausschlagung zur Geschäftsführung in Nachlassangelegenheiten befugt. So kann er beispielsweise aus dem Nachlass die Beerdigungskosten begleichen, ohne dass in diesem Verhalten schon eine Annahmeerklärung zu sehen wäre.[8] Objektiv eindeutige Erklärungen, welche den Annahmewillen zum Ausdruck bringen, sind hingegen der Erbscheinsantrag, der Antrag auf Grundbuchberichtigung durch eigene Eintragung oder der Erbschaftsverkauf. All diese Rechtshandlungen setzen die Annahme der Erbschaft voraus und beinhalten folglich die stillschweigende Erklärung, die Erbschaft annehmen zu wollen. Bereits kraft gesetzlicher Anordnung muss der Antrag eines Miterben auf Erteilung eines gemeinschaftlichen Erbscheins die Erklärung enthalten, dass die übrigen Erben die Erbschaft angenommen haben, § 2357 Abs. 3 BGB. Hatte der Erbe in den vorgenannten Fällen, welche regelmäßig als *pro herede gestio* aufzufassen sind, tatsächlich keinen Annahmewillen, so bleibt ihm nur die Anfechtung der Annahme, welche zwangsläufig die Ausschlagung zur Folge hat, § 1957 Abs. 1 BGB.[9]

Die Annahmeerklärung ist **nicht empfangsbedürftig**, so dass Adressat der Annahmeerklärung eine beliebige Person sein kann. Es ist insbesondere nicht erforderlich, die Annahmeerklärung gegenüber dem Nachlassgericht abzugeben. Sie ist ebenso wenig höchstpersönlich und kann daher auch durch einen Vertreter des Erben erfolgen, wobei die Vollmacht – anders als im Fall der Ausschlagung – formlos erteilt werden darf.[10]

Das Recht zur Annahme der Erbschaft wie auch das Ausschlagungsrecht ist **vererblich** und geht auf den sog. **Erbeserben** über. Der Erbeserbe kann allerdings nicht die beim Erben bereits angefallene (entferntere) Erbschaft annehmen und seine (nähere) originäre Erbschaft ausschlagen, denn das entferntere Erbe ist ihm nur als Bestandteil des näheren Nachlasses angefallen.[11] Nimmt der Erbeserbe, ohne eine ausdrückliche Erklärung zu der näheren Erbschaft abzugeben, die Erbschaft des Erben an oder schlägt er diese aus, wird darin regelmäßig die konkludente Annahme der näheren Erbschaft liegen, da er mit einer solchen Erklärung über einen Teil des näheren Nachlasses verfügt.[12]

Ist weder eine ausdrückliche noch eine konkludente Annahmeerklärung des Erben feststellbar, so hat die Versäumung der sechswöchigen Ausschlagungsfrist die **Fiktion der Annahme** zur Folge, § 1943 BGB. Auch in diesem Fall ist bei fehlender Geschäftsfähigkeit des „Annehmenden", des Erben, auf die Person seines Vertreters abzustellen. Soweit es folglich die Versäumung der Ausschlagungsfrist betrifft, bemisst sich der Fristbeginn nach der Kenntnis des

---

[5] Staudinger/*Otte* § 1943 Rdnr. 5.
[6] *Lange/Kuchinke* ErbR § 8 II 3.
[7] *Weirich,* Erben und Vererben, Rdnr. 52.
[8] RG Urt. v. 28.11.1921, zit. bei *Lange/Kuchinke* ErbR § 8 II 3 Fn. 27.
[9] BayObLG Beschl. v. 24.6.1983 – FamRZ 1983, 1061, 1063.
[10] Palandt/*Edenhofer* § 1943 Rdnr. 4.
[11] H.M. *Lange/Kuchinke* ErbR § 8 V 3; Staudinger/*Otte* § 1952 Rdnr. 1.
[12] Staudinger/*Otte* § 1952 Rdnr. 2, str.; a.A. Soergel/*Stein* § 1952 Rdnr. 2 a.E.

gesetzlichen Vertreters.[13] Hatte der Erbe schließlich die Erbschaft ausgeschlagen und sich nachfolgend eines anderen besonnen, indem er die Ausschlagungserklärung wirksam angefochten hat, so begründet diese Anfechtungserklärung gemäß § 1957 BGB ebenfalls die Fiktion der Annahme.

2. Wirksamkeit der Annahme

10 Die Annahme kann nicht auf einen Teil des Nachlasses beschränkt werden, eine **Teilannahme** ist nichtig, § 1950 BGB. Die Übertragung eines Teils der Erbschaft durch den Erben auf den nach ihm Berufenen ist daher nicht durch Teilannahme und Verzicht im Übrigen, sondern allein durch die rechtsgeschäftliche Übertragung von Nachlassgegenständen möglich.

11 Einen **besonderen Unwirksamkeitsgrund** beinhaltet § 1949 BGB, wonach die Annahme als nicht erfolgt gilt, wenn der Erbe über den **Berufungsgrund** im Irrtum war. Der Berufungsgrund nach § 1949 BGB entspricht nicht dem „Grund der Berufung" im Sinne des § 1944 Abs. 2 BGB. Ein dem Anwendungsbereich des § 1949 BGB unterfallender Irrtum über den Berufungsgrund liegt vor, wenn der Erbe eine falsche oder gar keine Vorstellung von dem konkreten Tatbestand hat, der seine Berufung durch Gesetz oder letztwillige Verfügung rechtfertigt. Die Fehlvorstellung kann sowohl die verwandtschaftliche Beziehung als auch die letztwillige Verfügung betreffen. Hat beispielsweise der Erblasser mehrere Verfügungen von Todes wegen errichtet, kann sich der nach § 1949 BGB relevante Irrtum darauf beziehen, dass der Erbe ein anderes Testament oder einen anderen Erbvertrag als den maßgeblichen Berufungsgrund ansieht. War dem Erben allerdings der Berufungsgrund gleichgültig, fehlt es in entsprechender Anwendung des § 119 BGB an der Ursächlichkeit des Irrtums, so dass § 1949 BGB nicht anwendbar ist.[14] Bei Vorliegen der Voraussetzungen des § 1949 BGB, ist die Annahmeerklärung von Gesetzes wegen unwirksam, so dass es keiner Anfechtung bedarf. Da die Ausschlagungsfrist erst im Zeitpunkt des Wegfalls des Irrtums und der Kenntnis des tatsächlichen Berufungsgrundes beginnt,[15] kann in einem solchen Fall die Erbfolge lange unklar bleiben.

12 Im Übrigen unterliegt die Annahme als Willenserklärung eines Lebenden, nämlich des Erben, den allgemeinen Vorschriften über die Wirksamkeit von Willenserklärungen. Die Annahme ist in die freie Entschließung des Erben gestellt, weshalb ein **Gesetzes- oder Sittenverstoß** durch die Annahmeerklärung mit der Unwirksamkeitsfolge der §§ 134, 138 BGB nicht in Betracht kommt. Folglich ist selbst die Annahmeerklärung eines Erbunwürdigen wirksam. Dessen Erbenstellung kann allein durch Anfechtung unter Beachtung der besonderen Voraussetzungen der §§ 2339 ff. BGB nachträglich beseitigt werden.

13 Als rechtsgeschäftliche Willenserklärung unterliegt die Annahme den weiteren allgemeinen Wirksamkeitsvoraussetzungen der §§ 104 ff. BGB. So setzt eine wirksame Annahmeerklärung die **Geschäftsfähigkeit** des Annehmenden voraus. Für den geschäftsunfähigen Erben muss dessen gesetzlicher Vertreter eine entsprechende Erklärung abgeben, da die Annahme wegen der mit ihr verbundenen Haftung für Nachlassverbindlichkeiten nicht lediglich rechtlich vorteilhaft ist, § 107 BGB. Die Genehmigung des gesetzlichen Vertreters kann eine unwirksame Annahmeerklärung des beschränkt Geschäftsfähigen nicht heilen, denn als einseitiges Rechtsgeschäft ist die Annahme nicht genehmigungsfähig, § 111 BGB. Die – unwirksame – Genehmigung des gesetzlichen Vertreters enthält zwar regelmäßig eine *pro herede gestio*, wirkt allerdings nicht zurück. Die Annahme durch den gesetzlichen Vertreter bedarf keiner Genehmigung durch das Vormundschaftsgericht.[16] Ein Anfechtungsrecht des Vertretenen nach Eintritt der Geschäftsfähigkeit besteht nur, wenn die zur Anfechtung berechtigenden Umstände in der Person des gesetzlichen Vertreters vorlagen. Dies ist nicht der Fall, wenn dem Vertreter die Überschuldung bekannt war und er – etwa aus Gründen persönlicher Verbundenheit mit dem Erblasser – gleichwohl die Erbschaft für den Geschäftsunfähigen angenommen hat. Den damit verbundenen Nachteilen für den minderjährigen Erben wirkt **§ 1629 a BGB** entgegen, der eine Beschränkung der Haftung auf das bei Volljährigkeit vorhandene Kindesvermögen zulässt. Die Haftung beschränkt sich folglich auf das zu diesem Zeitpunkt vorhandene Privatvermö-

---

[13] Palandt/*Edenhofer* § 1943 Rdnr. 5.
[14] *Pohl* AcP 177 (1977) 52, 71.
[15] Palandt/*Edenhofer* § 1949 Rdnr. 1.
[16] BayObLG Beschl. v. 15.5.1996 – FamRZ 1997, 126, 127; Palandt/*Diederichsen* § 1822 Rdnr. 4.

gen, wobei sich der volljährig Gewordene auf die Dürftigkeitseinrede berufen muss, §§ 1692 a Abs. 1 S. 2, 1990, 1991 BGB.

3. Rechtsfolge der Annahme

Die Annahmeerklärung ist eine **nicht empfangsbedürftige** rechtsgeschäftliche Erklärung, so dass sie den Erben bereits mit Abgabe bindet. Durch die Erklärung der Annahme wird der vorläufige Zustand beendet, in dem sich die Erbschaft seit dem Erbfall befand. Der bis dahin lediglich vorläufige Erbe wird zum endgültigen.[17] Da die Annahmeerklärung unwiderruflich ist, kann sie nur nach den Vorschriften des Allgemeinen Teils über Willensmängel angegriffen werden.

4. Beweislast

Soweit es die Aktivlegitimation im Prozess betrifft, muss der berufene Erbe die Annahme nicht nachweisen, da er die Erbschaft von selbst erwirbt. Hinsichtlich der **Passivlegitimation** des Erben trifft den Nachlassgläubiger, der einen gegen den Nachlass gerichteten Anspruch verfolgt, die Beweislast für die Annahme durch den Erben.[18] Er muss folglich darlegen und beweisen, dass der Erbe ausdrücklich oder konkludent angenommen hat oder dass die Voraussetzungen einer Fiktion der Annahme (durch Versäumung der Ausschlagungsfrist oder Anfechtung der Ausschlagung) vorliegen. Ist der Ablauf der Ausschlagungsfrist unstreitig oder aber bewiesen, trifft hingegen den Erben die Beweislast für eine Ausschlagung vor Fristablauf.[19]

5. Recht der DDR

Auch nach dem Zivilgesetzbuch der DDR (ZGB) erwarb der Erbe die Erbschaft bereits mit dem Tod des Erblassers, §§ 363 Abs. 1, 399 Abs. ZGB. § 402 ZGB ließ sowohl die **ausdrückliche Annahme** der Erbschaft als auch die **Fiktion** der Annahme durch Verstreichen der Ausschlagungsfrist zu. Wie im Geltungsbereich des BGB begründeten die Verfügung über Nachlassgegenstände wie ein Eigentümer, die Verfügung über den Erbteil und die Beantragung eines Erbscheins konkludente Annahmeerklärungen. Schließlich war die Annahme **unwirksam**, wenn sie mit einer Bedingung oder Zeitbestimmung verknüpft worden war, § 402 Abs. 3 S. 2 ZGB.

III. Ausschlagung

Der Erwerb der Erbschaft ist zunächst vorläufig und kann ohne Begründung durch Ausschlagung rückgängig gemacht werden. Der Anfall an den Ausschlagenden gilt dann als nicht erfolgt. Hauptgrund für die Ausschlagung der Erbschaft ist die Überschuldung des Nachlasses. Häufig sind es aber auch taktische Überlegungen, welche die Ausschlagung einer Erbschaft (sog. „taktische" Ausschlagung) angezeigt erscheinen lassen. Die taktische Ausschlagung kann insbesondere steuerlich oder haftungsrechtlich motiviert sein. Eine Ausschlagung aus **erbschaftsteuerlichen Gründen**[20] ist zu erwägen, wenn hierdurch eine niedrigere Steuerbelastung erzielt werden kann. Versterben etwa die Eltern, die sich durch Testament gegenseitig zu Alleinerben eingesetzt haben, kurz hintereinander, können die Kinder als Erbeserben des erstverstorbenen Elternteils dessen Erbschaft nach § 1952 BGB ausschlagen, um die Erbschaft des erstverstorbenen Elternteils als gesetzliche Erben zu erhalten. Auf diesem Weg kann sowohl eine Verdoppelung der Freibeträge als auch – durch Teilung des Vermögens in zwei Nachlässe – eine Verminderung der Steuerprogression erreicht werden.[21] Wird bei der erbschaftssteuerlich motivierten Ausschlagung allerdings eine Abfindung vereinbart, ist die Neigung der Finanzverwaltung zu beachten, eine derartige Ausschlagung der Veräußerung eines Erbteils mit den entsprechenden einkommensteuerlichen Folgen gleichzustellen.[22] Aus **haftungsrechtlichen Gründen** kommt für den Erbeserben die Ausschlagung der dem Erben angefallenen Erbschaft

---

[17] *Lange/Kuchinke* ErbR § 8 I 4.
[18] Palandt/*Edenhofer* § 1943 Rdnr. 6.
[19] Staudinger/*Otte* § 1943 Rdnr. 15.
[20] S. hierzu auch § 43.
[21] *Kapp* BB 1980, 117, 118; *Nieder* Testamentsgestaltung § 4 IV 3 b) Rdnr. 437; *Mayer* DStR 2004, 1541 ff.
[22] *Zimmermann* ZEV 2001, 5 ff.

vor allem dann in Betracht, wenn er selbst nächster gesetzlicher Erbe des erstverstorbenen Erblassers ist und auf diesem Wege den Gläubigern des Erben den Zugriff auf den Nachlass des Erblassers verwehren kann.[23]

18   Ist der Nachlass nicht überschuldet und der **Erbe** selbst **insolvent**, gibt ihm das Ausschlagungsrecht die Möglichkeit, den werthaltigen Nachlass dem Nächstberufenen zuzuführen, um die ererbten Vermögenswerte vor dem Zugriff der eigenen Gläubiger zu bewahren. Das Gesetz schützt insofern die Entschließungsfreiheit des Erben und stellt diese über die Interessen seiner persönlichen Gläubiger, § 83 Abs. 1 S. 1 InsO. Schlägt der Erbe aus, unterliegt diese Ausschlagung auch nicht der Insolvenzanfechtung nach den §§ 129 ff. InsO, da hierdurch die Regelung des § 83 InsO konterkariert würde.[24]

19   Schließlich kommt eine Ausschlagung dort in Betracht, wo der vorläufige Erbe – etwa aus steuerlichen oder auch gesellschaftsvertraglichen[25] Gründen – den Nachlass **unmittelbar** ohne Zwischenerwerb einem **Dritten** zukommen lassen will. In diesen Fällen ist jedoch stets äußerste Vorsicht geboten. Denn nicht selten verkennt der Erbe, wem im Fall der Ausschlagung das Erbe zufällt. Liegt der Ausschlagungserklärung ein solcher Irrtum über die Person des Nächstberufenen zugrunde, ist diese Ausschlagung auch im Wege der Anfechtung kaum noch rückgängig zu machen.[26]

20   In allen Fällen, in denen eine taktische Ausschlagung in Betracht gezogen wird, trifft den rechtlichen Berater eine **besondere Belehrungspflicht**. Der Ausschlagende ist eingehend auf das Risiko hinzuweisen, das mit einem „Fehlschlagen" der Ausschlagung verbunden ist. Das Risiko eines derartigen Fehlschlags liegt insbesondere in der Bestimmung der durch die Ausschlagung begünstigten Person begründet. So kann beispielsweise erst zu einem späteren Zeitpunkt eine letztwillige Verfügung des Erblassers bekannt werden, welche im Fall einer Ausschlagung des erstberufenen Erben eine dritte Person zum Ersatzerben bestimmt. Durch die bereits erklärte Ausschlagung fällt der Nachlass diesem Ersatzerben zu. Ein Anfechtungsrecht des ausschlagenden Erben besteht solchenfalls nicht, da dessen Irrtum über die Person des Nächstberufenen regelmäßig als unbeachtlicher Motivirrtum anzusehen ist.[27] Die Belehrung des Erben, der eine taktische Ausschlagung beabsichtigt, sollte daher vorzugsweise schriftlich dokumentiert sein, bevor die Ausschlagung vollzogen wird.

21   **Bearbeitungscheckliste**

☐ Aus welchen Gründen war der Ausschlagende als Erbe berufen? Kannte er im Zeitpunkt der Ausschlagung den tatsächlichen Berufungsgrund? War er im Zeitpunkt der Ausschlagung geschäftsfähig?
☐ Ist die Ausschlagungsfrist eingehalten? Wann hat der Ausschlagende Kenntnis des Erbfalls erlangt? Wann wurde die Verfügung von Todes wegen eröffnet? Wo hatte der Ausschlagende im Zeitpunkt des Erbfalls seinen Wohnsitz?
☐ Ist die Ausschlagung gegenüber dem Nachlassgericht in der vorgeschriebenen Form erklärt worden?
☐ Wer ist Nächstberufener nach dem Ausschlagenden?
☐ Hat der Ausschlagende für den Nachlass Geschäfte besorgt?

---

[23] Staudinger/*Otte* § 1952 Rdnr. 6.
[24] MünchKommInsO/*Schumann* § 83 Rdnr. 4; RG Urt. v. 27.3.1914 – RGZ 84, 342, 347 f. (zur KO); Jaeger/*Henckel* § 9 Rdnr. 9 (zur KO).
[25] *Flick* DStR 2000, 1816 f.
[26] Vgl. *Malitz/Benninghoven* ZEV 1998, 415.
[27] OLG Düsseldorf Beschl. v. 8.1.1997 – FamRZ 1997, 905; KG Beschl. v. 30.12.1907 – KGJ 35 A 67, A 70; KG Beschl. v. 4.6.1931 – HRR 1932 Nr. 8; KG Beschl. v. 27.4.1903 – OLGE 8, 263, 264; Staudinger/*Otte* § 1954 Rdnr. 6.

1. Ausschlagungserklärung

Die Ausschlagung ist durch den Erben zu erklären und muss den Inhalt haben, nicht Erbe **22** sein zu wollen und somit auf dessen Rechte zu verzichten. Ohne größere praktische Bedeutung ist die Vorschrift des § 1948 BGB, nach der dem aus mehreren Gründen berufenen Erben die **getrennte Ausschlagung und Annahme** gestattet ist. Wegen des Vorrangs des Erblasserwillens kann sich der das gewillkürte Erbe Ausschlagende regelmäßig nicht sicher sein, dass seine gesetzliche Berufung tatsächlich zum Tragen kommt. Die getrennte Ausschlagung nach § 1948 BGB birgt daher ein erhebliches Haftungsrisiko für denjenigen, der eine solche Ausschlagung empfiehlt.[28] Da das Ausschlagungsrecht **untrennbar** mit der Erbenstellung verbunden ist, können weder Testamentsvollstrecker noch Nachlasspfleger gegen den Willen des Erben ausschlagen. Auch eine Pfändung des Erbteils durch einen persönlichen Gläubiger des Erben oder eine Vermögensbeschlagnahme nach § 443 StPO hindert nicht die Ausschlagung durch den Erben.[29] Dieser bleibt alleiniger Inhaber des Ausschlagungsrechts. Ebenso wenig kann der Sozialhilfeträger das Ausschlagungsrecht gemäß § 90 BSHG auf sich überleiten.

2. Wirksamkeit der Ausschlagung

Die Ausschlagung kann – wie die Annahme – nicht auf einen Teil der Erbschaft beschränkt **23** werden. Eine Teilausschlagung ist daher nichtig.[30] Nach überwiegender Auffassung ist der in § 1949 BGB für die Annahme normierte besondere Unwirksamkeitsgrund, wonach die Annahme als nicht erfolgt gilt, wenn der Erbe über den Berufungsgrund im Irrtum war, auf die Ausschlagung entsprechend anwendbar. Streitig ist lediglich, ob dies aus § 1949 Abs. 2 BGB[31] oder einer sinngemäßen Anwendung des § 1949 Abs. 1 BGB[32] folgt. Auch die Ausschlagung ist folglich bei einem **Irrtum** über den **Berufungsgrund** nicht lediglich anfechtbar, sondern bereits unwirksam. Voraussetzung ist ebenfalls, dass der Berufungsgrund für die Ausschlagung relevant war, da anderenfalls die Ursächlichkeit des Irrtums fehlt. Ob die Ausschlagungserklärung hingegen Berufungsgründe erfasste, die im Zeitpunkt der Ausschlagung unbekannt waren oder erst nachfolgend entstanden sind, ist keine Frage der Unwirksamkeit, sondern vielmehr eine der Auslegung.

Des Weiteren unterliegt auch die Ausschlagung den allgemeinen Vorschriften über die Wirk- **24** samkeit von Willenserklärungen. Für den nicht voll geschäftsfähigen Erben muss dessen gesetzlicher Vertreter ausschlagen. Soweit Eltern als gesetzliche Vertreter betroffen sind, müssen beide die Ausschlagung erklären, wobei sie sich allerdings gegenseitig zur Vertretung des Kindes bevollmächtigen können. Im Unterschied zur Annahme bedarf die Ausschlagung durch den gesetzlichen Vertreter jedoch der **Genehmigung** des Familien- bzw. Vormundschaftsgerichts, die vor oder nach der Ausschlagungserklärung erfolgen kann. Diese Genehmigung ist dem Nachlassgericht vor Ablauf der Ausschlagungsfrist nachzuweisen.[33] Soweit sich die Erteilung der rechtzeitig beantragten Genehmigung verzögert, kann dies ein Fall höherer Gewalt sein, der entsprechend §§ 206, 209 BGB den Ablauf der Ausschlagungsfrist hemmt. Eine Anfechtung ist in diesen Fällen mangels Irrtums nicht möglich. Einer vormundschaftsgerichtlichen Genehmigung bedarf es ausnahmsweise nicht, wenn die Erbschaft zunächst einem Elternteil angefallen war, der sie seinerseits ausgeschlagen hat, § 1643 Abs. 2 S. 2 BGB.

Die Ausschlagungserklärung ist **bedingungsfeindlich**, § 1947 BGB, und unwiderruflich. **25** Schlägt der vorläufige Erbe die Erbschaft aus, um diese einem bestimmten Dritten zukommen zu lassen, kann darin eine unzulässige Bedingung liegen, welche zur Unwirksamkeit der Ausschlagung führt.[34] Regelmäßig wird der Ausschlagende jedoch von der angenommenen Rechtsfolge, nämlich dem Anfall der Erbschaft bei einem bestimmten Dritten, sicher ausgehen.

---

[28] OLG Düsseldorf Beschl. v. 17.9.1997 – ZEV 1998, 429.
[29] Staudinger/*Otte* § 1942 Rdnr. 15.
[30] Vgl. oben Rdnr. 10 sowie § 11 Rdn. 89.
[31] So Staudinger/*Otte* § 1949 Rdnr. 5.
[32] So Palandt/*Edenhofer* § 1949 Rdnr. 4.
[33] RG Beschl. v. 29.9.1927 – RGZ 118, 145, 148; BayObLG Beschl. v. 5.8.1983 – BayObLGZ 1983, 213, 219; Firsching/*Graf* Nachlassrecht Rdnr. 4.106.
[34] *Kapp* BB 1980, 117, 118.

Dann bleibt mangels subjektiver Ungewissheit des Ausschlagenden für die Annahme einer Bedingung kein Raum.[35]

26 Dem **Fiskus** ist als gesetzlichem Erben gemäß § 1936 BGB das Ausschlagungsrecht versagt, um die Herrenlosigkeit des Nachlasses zu verhindern, § 1942 Abs. 2 BGB.

3. Ausschlagungsfrist

27 Die Ausschlagung kann grundsätzlich nur binnen **sechs Wochen** erklärt werden, § 1944 Abs. 1 BGB, da dem ungewissen Zustand innerhalb einer kurzen Frist ein Ende gesetzt werden soll. Mit Ablauf der Frist gilt die Erbschaft als angenommen, § 1943 BGB. Hatte der Erblasser seinen letzten Wohnsitz nur im Ausland, so verlängert sich die Ausschlagungsfrist ausnahmsweise auf **sechs Monate**, § 1944 Abs. 3 Fall 1 BGB. Diese lange Frist gilt auch, wenn sich der Erbe bei Beginn der Ausschlagungsfrist im Ausland aufgehalten hatte, § 1944 Abs. 3 Fall 2 BGB. Hier ist nur sein tatsächlicher Aufenthalt, nicht sein Wohnsitz, maßgeblich. Da es auf die Dauer des Auslandsaufenthalts des Erben nicht ankommt, beeinflussen spätere Veränderungen des Aufenhaltsorts die Frist nicht mehr.[36] Als „Ausland" im Sinne des § 1943 Abs. 3 BGB ist auch die ehemalige DDR anzusehen.[37] Ist der Erbe geschäftsunfähig oder beschränkt geschäftsfähig, ist die Kenntnis und damit auch der Aufenthaltsort des gesetzlichen Vertreters maßgeblich.[38] Die Ausschlagungsfrist beginnt mit dem Zeitpunkt, in welchem der Erbe von dem Anfall und dem Grund der Berufung Kenntnis erlangt, § 1944 Abs. 2 BGB, bei einer Berufung durch Verfügung von Todes wegen aber nicht vor Verkündung dieser Verfügung, § 1944 Abs. 2 S. 2 BGB. Für den Nacherben beginnt die Frist jedoch erst mit dem Eintritt des **Nacherbfalls** und dessen Kenntnis.[39] Die Kenntnis des Erbanfalls ist gegeben, wenn der Erbe bei gesetzlicher Erbfolge neben dem Erbfall um das die gesetzliche Erbfolge begründende verwandtschaftliche oder eheliche Verhältnis sowie um das Fehlen einer gesetzliche Erbfolge ausschließenden letztwilligen Verfügung und eines vorhergehenden Erben weiß. Im Fall einer gewillkürten Erbfolge bedarf es der Kenntnis des Erbfalls sowie der Erbeinsetzung. Ist der Erbe erst infolge einer Ausschlagung berufen, beginnt die Ausschlagungsfrist für ihn bereits mit Kenntnis der wirksamen Ausschlagungserklärung und nicht erst mit der Mitteilung des Nachlassgerichts gemäß § 1953 Abs. 3 S. 1 BGB.

28 Die Kenntnis des Erbanfalls und des Berufungsgrundes muss hinlänglich sicher sein. Die den Fristbeginn begründende Kenntnis kann daher ausgeschlossen sein, wenn der Erbe einem **Tatsachen- oder Rechtsirrtum** unterliegt.[40] So kann er etwa der irrigen Auffassung sein, die ihn berufende Verfügung sei ungültig oder es bestehe eine Verfügung, welche ihn von der Erbfolge ausschließt. Angesichts der Vielzahl der subjektiven Voraussetzungen, an welche der Beginn der Ausschlagungsfrist geknüpft wird, ist für einen Dritten (Nachlassgläubiger) meist nicht sicher feststellbar, ob der Erbe sein Ausschlagungsrecht verloren hat und damit endgültiger Erbe geworden ist.

4. Adressat und Form der Ausschlagungserklärung

29 Die Ausschlagung ist gegenüber dem **Nachlassgericht** zu erklären, § 1945 Abs. 1 BGB. Örtlich zuständig ist das Nachlassgericht des letzten Wohnsitzes oder Aufenthalts des Erblassers, § 73 FGG. Landesrechtliche Besonderheiten gelten in Württemberg und Baden, wo die Erklärung gegenüber dem (Bezirks-)Notar abzugeben ist. Auch die gegenüber einem unzuständigen Gericht innerhalb der Ausschlagungsfrist abgegebene Ausschlagungserklärung ist wirksam, selbst wenn diese erst nach Ablauf der Ausschlagungsfrist beim zuständigen Nachlassgericht eingeht.[41] Da die Wirksamkeit der Ausschlagungserklärung bei einer **unterbliebenen Weiterleitung** jedoch umstritten ist und die Weiterleitung nicht in den Händen des Ausschlagenden liegt, sollte dieser stets sorgfältig prüfen, ob das betreffende Gericht tatsächlich sachlich und örtlich zuständig ist. Erkennt der Ausschlagende erst nach Ablauf der Ausschlagungsfrist, dass

---

[35] *Malitz/Benninghoven* ZEV 1998, 417 ff.
[36] MünchKommBGB/*Leipold* § 1944 Rdnr. 25.
[37] Str., vgl. Erman/*Schlüter* § 1944 Rdnr. 2.
[38] BayObLG Beschl. v. 14.5.1984 – Rpfleger 1984, 403; OLG Hamburg Urt. v. 23.8.1983 – MDR 1984, 54.
[39] RG Urt. v. 5.1.905 – RGZ 59, 341, 345.
[40] BGH Urt. v. 19.12.1968 – LM Nr. 4 zu § 2306; BGH Urt. v. 5.7.2000 – NJW-RR 2000, 1530.
[41] Erman/*Schlüter* § 1945 Rdnr. 4.

er die Ausschlagungserklärung gegenüber dem unzuständigen Gericht abgegeben hat, sollte er die (Fiktion der) Annahme vorsorglich entsprechend § 1956 BGB anfechten.

Die Erklärung der Ausschlagung ist entweder zur **Niederschrift** des Nachlassgerichts oder in **öffentlich beglaubigter Form** abzugeben, § 1945 Abs. 1 BGB. 30

Muster:

Ausschlagungserklärung 31

An das
Amtsgericht
– Nachlassabteilung –
(Adresse des Amtsgerichts)
Nachlass des am ... in ... verstorbenen Erblassers ... geb. am ... in ...
Der Erblasser ist am ... in ... verstorben. Er hat – nach meiner Kenntnis – keine letztwillige Verfügung hinterlassen, so dass die gesetzliche Erbfolge gilt. Der Ehegatte des Erblassers ist bereits am ... in ... verstorben. Ich bin der einzige Abkömmling des Erblassers.
(oder: Er hat mich mit letztwilliger Verfügung vom ... ..., die am ... vor dem ... eröffnet worden ist, als seinen Alleinerben [oder: neben ... als Miterben an seinem Nachlass] eingesetzt).
Die mir angefallene Erbschaft schlage ich aus allen Berufungsgründen aus.
Ich beantrage, mir eine öffentlich beglaubigte Empfangsbestätigung meiner Ausschlagungserklärung zu Händen meiner(s) Verfahrensbevollmächtigten ... (Name/Sozietät, Adresse) zu erteilen. Ich bitte, künftig auch im Übrigen ausschließlich an meine(n) Verfahrensbevollmächtigte(n) zuzustellen.
Name, Geburtsdatum, Geburtsort,
Anschrift
Ort, Datum und Unterschrift
(notarielle Beglaubigung der Unterschrift gemäß § 129 BGB)

Die Beantragung der **Empfangsbestätigung**, die das Nachlassgericht nach Einreichung der Ausschlagungserklärung in öffentlich beglaubigter Form zu erteilen hat,[42] dient zur Dokumentation der Wahrung der Ausschlagungsfrist. Soweit der Ausschlagende die Ausschlagung nicht – wie im Formulierungsvorschlag – selbst, sondern durch seinen anwaltlichen Berater erklärt, ist zu beachten, dass auch dessen Vollmacht der öffentlichen Beglaubigung bedarf, § 1945 Abs. 3 BGB. 32

5. Rechtsfolge der Ausschlagung

Wird die Erbschaft wirksam ausgeschlagen, gilt der Anfall an den Ausschlagenden als nicht erfolgt, § 1953 Abs. 1 BGB. Demgemäß werden auch die erbschaftsteuerrechtlichen Beziehungen des Ausschlagenden zu dem Erblasser in vollem Umfang beseitigt.[43] Die Erbschaft fällt **rückwirkend** auf den Zeitpunkt des Erbfalls demjenigen an, der berufen gewesen wäre, wenn der Ausschlagende im Zeitpunkt des Erbfalls nicht mehr gelebt hätte, § 1953 Abs. 2 BGB. Zunächst ist daher ein etwaiger **Ersatzerbe** im Sinne des § 2096 BGB berufen. Über die Auslegungsregel des § 2069 BGB können insbesondere die Abkömmlinge des ausschlagenden Abkömmlings des Erblassers ersatzweise berufen sein. Hat nicht ein Abkömmling des Erblassers, sondern eine andere Person – etwa der Bruder oder die Schwester – ausgeschlagen, ist die Auslegungsregel des § 2069 BGB nicht anwendbar. Meist wird in diesen Fällen eine **ergänzende Testamentsauslegung** die Ersatzberufung der Abkömmlinge des Ausschlagenden begründen, wenn sich im Testament jedenfalls ein geringfügiger Anhaltspunkt für einen entsprechenden Willen des Erblassers findet.[44] Schlägt der Vorerbe aus, wird der Nacherbe nach der Auslegungsregel des § 2102 Abs. 1 BGB im Zweifel zugleich zum Ersatzerben. Falls der Nacherbe 33

---

[42] Palandt/*Edenhofer* § 1945 Rdnr. 9; *Firsching/Graf* Nachlassrecht Rdnr. 4.128.
[43] BFH Urt. v. 18.9.1984 – BB 1985, 44, 45; Staudinger/*Otte* § 1942 Rdnr. 12, s. auch § 43 Rdnr. 244 ff.
[44] Palandt/*Edenhofer* § 2069 Rdnr. 8 f.

ausschlägt, welches bereits mit dem Erbfall und nicht erst mit dem Nacherbfall zulässig ist, wird der Vorerbe zum Vollerben. Hat der Erblasser keinen Ersatzerben benannt, fällt die Erbschaft dem gesetzlichen Erben an. Schlägt beispielsweise der als Alleinerbe eingesetzte Ehegatte aus, fällt dessen Erbschaft den Verwandten des Erblassers zu. Danach treten an die Stelle des Ausschlagenden die im Verhältnis zum Erblasser Erbberechtigten der ersten Ordnung, § 1924 Abs. 1 BGB. Hat ein Abkömmling des Erblassers ausgeschlagen, treten an dessen Stelle die durch ihn mit dem Erblasser verwandten Abkömmlinge (Enkel), § 1953 Abs. 3 BGB. Ist ein gesetzlicher Erbe erster oder nachfolgender Ordnungen nicht festzustellen, fällt das gesetzliche Erbrecht den Erben der jeweils nächsten Ordnung zu, § 1930 BGB.

34 Hat der Erblasser mehrere **Miterben** eingesetzt, führt die Ausschlagung eines Miterben zur Anwachsung dessen Erbteils bei den übrigen Miterben nach dem Verhältnis ihrer Erbteile, § 2094 Abs. 1 BGB. Soweit der Erblasser eine derartige Anwachsung durch Verfügung von Todes wegen ausgeschlossen hat, § 2094 Abs. 3 BGB, steht der Miterbenanteil des Ausschlagenden dem nächstberufenen gesetzlichen Erben zu. Hat der Erblasser mehrere Abkömmlinge als Erben bedacht und fällt einer derselben durch Ausschlagung weg, so ist im Zweifel anzunehmen, dass dessen Abkömmlinge insoweit bedacht sind, als sie auch bei gesetzlicher Erbfolge an seine Stelle treten würden, § 2069 BGB. Diese Ersatzberufung von Kindeskindern geht der Anwachsung vor, § 2094 Abs. 3 BGB.[45]

35 Der Ausschlagung liegt **keine Schenkung** des Ausschlagenden an den durch die Ausschlagung Begünstigten zugrunde. Dies folgt bereits unmittelbar aus § 517 BGB. Erhält der Ausschlagende für seine Ausschlagung jedoch eine Abfindung, gilt diese Abfindung als von dem Erblasser zugewendet und ist daher nach § 3 Abs. 2 Ziff. 4 ErbStG erbschaftsteuerpflichtig.[46]

36 Grundsätzlich verliert der Ausschlagende mit der Ausschlagung auch seinen **Pflichtteilsanspruch**. Denn er wird so behandelt, als habe er zurzeit des Erbfalls nicht mehr gelebt. Ferner ist der Ausschlagende nicht durch Verfügung von Todes wegen von der Erbfolge ausgeschlossen, welches nach § 2301 Abs. 1 S. 1 BGB Voraussetzung eines Pflichtteilsanspruchs ist. Ausnahmen von dem Verlust des Pflichtteilsrechts des Ausschlagenden regeln die §§ 2305 f. BGB für den beschwerten Pflichtteilsberechtigten sowie § 1371 Abs. 3 BGB für den Ehegatten bei Zugewinngemeinschaft. Ist der Ausschlagende zu **mehreren Erbteilen** berufen, ist die getrennte Ausschlagung nur eines Erbteils allein in den Fällen der Teilbarkeit des § 1951 BGB wirksam. Danach ist die getrennte Annahme und Ausschlagung der Erbteile gestattet, wenn die Berufung auf verschiedenen Gründen beruht, § 1951 Abs. 1 BGB, oder wenn der Erblasser die Teilausschlagung zugelassen hat, § 1951 Abs. 3 BGB. In allen anderen Fällen ist eine Teilausschlagung unwirksam.[47]

37 Das **Nachlassgericht** soll gemäß § 1953 Abs. 3 S. 1 BGB die Ausschlagung demjenigen mitteilen, dem die Erbschaft infolge der Ausschlagung angefallen ist. Damit wird die Ausschlagungsfrist gegen den weiter Berufenen in Lauf gesetzt. Sind zunächst – von Amts wegen anzustellende – Ermittlungen über die Person des Nächstberufenen erforderlich, ist das Nachlassgericht entsprechend § 1960 BGB verpflichtet, einstweilen zugunsten des Nachlasses Fürsorgemaßnahmen zu treffen.

38 Der Ausschlagende, der für den Nachlass Geschäfte besorgt hat, wird nach der Ausschlagung wie ein **Geschäftsführer ohne Auftrag** behandelt, § 1959 BGB. Der vorläufige Erbe hat somit die Interessen des endgültigen Erben als Geschäftsherrn zu wahren und dessen mutmaßlichen Willen zu berücksichtigen, §§ 677 ff. BGB.[48] Demjenigen Erben, der sich noch nicht abschließend zur Annahme entschieden hat, ist daher dringend zu empfehlen, sich jeglicher Verfügung über Nachlassgegenstände zu enthalten. Im Fall einer Ausschlagung sind derartige Verfügungen grundsätzlich unwirksam, wenn sie ohne wirtschaftlichen Nachteil für den Nachlass hätten verschoben werden können, § 1959 Abs. 2 BGB. Der vorläufige Erbe verfügte in diesen Fällen als Nichtberechtigter, so dass eine Verfügung nur unter der Voraussetzung eines gutgläubigen Erwerbs (§§ 932 ff., 892 f. BGB) oder einer Genehmigung des endgültigen Erben

---

[45] Palandt/*Edenhofer* § 2094 Rdnr. 4.
[46] *Kapp* BB 1980, 117.
[47] Staudinger/*Otte* § 1951 Rdnr. 12; *Mayer* DStR 2004, 1541, 1543.
[48] Vgl. zu Inhalt und Umfang des Auskunftsanspruchs des endgültigen gegen den vorläufigen Erben § 32 Rdnr. 26 ff.

(§ 185 Abs. 2 BGB) wirksam ist bzw. wird. Allein die unaufschiebbaren Verfügungen des vorläufigen Erben bleiben auch nach dessen Ausschlagung wirksam.

6. Ausschlagung bei Ehegattentestament/Erbvertrag

Die Ausschlagung des Zugewendeten beim **Ehegattentestament**[49] vermittelt dem überlebenden Ehegatten das Recht, sich von der Bindung zu befreien und seine Testierfreiheit zurückzugewinnen, § 2271 Abs. 2 S. 1 BGB. Schlägt er aus, kann er seine eigenen Verfügungen von Todes wegen widerrufen und neu testieren. Ein Ausschlagungsrecht besteht jedoch nur, wenn dem überlebenden Ehegatten tatsächlich etwas zugewendet worden ist. Anderenfalls ist er zur Ausschlagung nicht berechtigt.[50] Eine Ausschlagung allein des gewillkürten Erbes unter Annahme des gesetzlichen Erbes ist für den überlebenden Ehegatten nicht möglich. Er muss vielmehr aus beiden Berufungsgründen ausschlagen, um die Bindungswirkung zu beseitigen und seine Testierfreiheit wiederzugewinnen.[51] Dies wird die Auslegung der Verfügung von Todes wegen ergeben, da das Ehegattentestament durch den Erstversterbenden regelmäßig mit dem Willen errichtet wird, die Bindung des überlebenden Ehegatten über seinen Tod hinaus zu bewirken. Um jedoch Ungewissheiten zu vermeiden, die sich aus der insoweit umstrittenen Rechtslage ergeben, sollten die Ehegatten bereits in ihrem gemeinschaftlichen Testament für den Fall der Ausschlagung des überlebenden Ehegatten ausdrücklich einen Ersatzerben bestimmen.[52]

39

> **Formulierungsvorschlag:**
> Für den Fall der Ausschlagung des Überlebenden bestimmen wir Frau/Herrn ... zu dessen Ersatzerben.

Für den **zweiseitigen Erbvertrag**, in dem beide Teile vertragsmäßige Verfügungen getroffen haben, sieht § 2298 Abs. 2 S. 3 BGB ein dem § 2271 Abs. 2 S. 1 BGB vergleichbares Ausschlagungsrecht des Überlebenden vor. Allerdings kann dieses Ausschlagungsrecht erbvertraglich entsprechend der Auslegungsregel des § 2298 Abs. 3 BGB ausgeschlossen werden, obgleich § 2298 Abs. 2 S. 3 in § 2298 Abs. 3 BGB nicht angeführt ist.[53] Ist mithin ein Ausschluss des Ausschlagungsrechts beim zweiseitigen Erbvertrag gewünscht, sollte dies ausdrücklich vereinbart werden.

40

> **Formulierungsvorschlag:**
> Die Ausschlagung des vertraglich Zugewandten und das Recht zur Aufhebung gemäß § 2298 Abs. 2 S. 3 BGB sind ausgeschlossen.

7. Ausschlagung von Vermächtnissen

Grundsätzlich gilt für die Ausschlagung von Vermächtnissen das Gleiche wie für die Ausschlagung einer Erbschaft. Ausgeschlossen ist die Ausschlagung daher, wenn der Vermächtnisnehmer das Vermächtnis angenommen hat, § 2180 Abs. 1 BGB. Abweichend von den Regelungen zur Ausschlagung einer Erbschaft ist die Ausschlagung eines Vermächtnisses jedoch nicht gegenüber dem Nachlassgericht, sondern **formlos gegenüber dem Beschwerten** zu erklären, § 2180 Abs. 2 BGB. Ebenfalls abweichend von der Regelung des § 1944 BGB für die Ausschlagung der Erbschaft bestimmt das Gesetz für die Ausschlagung eines Vermächtnisses keine Ausschlagungsfrist.

41

---

[49] Vgl. auch § 11 Rdnr. 83 ff., 88 f.
[50] Palandt/*Edenhofer* § 2271 Rdnr. 17.
[51] KG Beschl. v. 24.7.1990 – OLGZ 1992, 6, 9 ff.; *Nieder* Testamentsgestaltung § 8 II 5 c) Rdnr. 755, str.; a.A. Palandt/*Edenhofer* § 2271 Rdnr. 17.
[52] *Nieder* Testamentsgestaltung § 8 II 5 c) Rdnr. 755.
[53] Staudinger/*Kanzleiter* § 2298 Rdnr. 18; MünchKommBGB/*Musielak* § 2298 Rdnr. 7.

8. Recht der DDR

42 Erbschaften, die zwischen dem 1.1.1976 und dem Beitritt der neuen Bundesländer angefallen sind, konnten nach § 402 Abs. 1 des Zivilgesetzbuches der DDR (ZGB) innerhalb einer **Frist** von zwei Monaten ausgeschlagen werden. Befand sich der Wohnsitz des Erben außerhalb der DDR, verlängerte sich die Ausschlagungsfrist auf sechs Monate. Wie das BGB knüpfte § 403 Abs. 1 ZGB den Fristbeginn an die Kenntnis des Erbfalls, wobei die Ausschlagungsfrist für den Testamentserben nicht vor Eröffnung des Testaments begann. Soweit die Ausschlagungsfrist am 3.10.1990 noch nicht abgelaufen war, sind die Sonderregelungen des Art. 231 § 6 Abs. 3 i.V.m. Abs. 1, Abs. 2 EGBGB zu beachten.[54] **Erklärungsempfänger** einer Ausschlagung im Geltungsbereich des ZGB war das Staatliche Notariat, dem gegenüber die Erklärung in notariell beglaubigter Form erfolgen musste, § 403 Abs. 2 ZGB. Wurde eine solche Ausschlagungserklärung gegenüber einem Nachlassgericht der Bundesrepublik Deutschland erklärt, ist diese unwirksam.[55]

IV. Anfechtbarkeit von Annahme und Ausschlagung

43 Irrtum, Unkenntnis und Drohung können sowohl die Annahme als auch die Ausschlagung einer Erbschaft beeinflussen. Der Irrtum des Erben über den **Berufungsgrund** führt gemäß § 1949 BGB bereits zur Unwirksamkeit der Annahme- oder Ausschlagungserklärung. Ansonsten ist eine irrtumsbefangene Annahme- und Ausschlagungserklärung jedoch nur anfechtbar. Das Gesetz enthält hierzu besondere Vorschriften über Form, Frist und Wirkung der erbrechtlichen Anfechtung. Da im Übrigen besondere Normen über spezifisch erbrechtliche Anfechtungsgründe fehlen, hat der Erbe die Annahme oder Ausschlagung nach den allgemeinen Vorschriften über die Anfechtung von Willenserklärungen anzufechten.

44

Bearbeitungscheckliste

☐ Ist ein Irrtum des Annehmenden oder Ausschlagenden im Zeitpunkt der Erklärungshandlung festzustellen?
Wusste der Erbe nicht, dass bei Versäumung der Ausschlagungsfrist sein Schweigen als Annahme gelten würde? Oder hatte der Erbe bei Ausschlagung falsche oder unvollständige Vorstellungen über die Zusammensetzung des Nachlasses oder über dessen Überschuldung? War der Erbe bei Ausschlagung der irrigen Annahme, das Erbe falle einer bestimmten dritten Person zu? Oder war der Erbe bei Ausschlagung der irrigen Annahme, er könne nachfolgend noch seinen Pflichtteil geltend machen? Oder war der mit Beschränkungen und/oder Beschwerungen belastete gewillkürte Erbe im Zeitpunkt der Ausschlagung der irrigen Annahme, er erhalte den unbeschwerten Pflichtteil?
☐ Hätte der Erbe die Ausschlagung oder Annahme irrtumsfrei nicht erklärt?
☐ Wer ist bei Anfechtung der Annahme Nächstberufener?
☐ Ist die Anfechtung in öffentlich beglaubigter Form gegenüber dem Nachlassgericht erklärt?
☐ Ist die Anfechtungsfrist eingehalten?
☐ Bestehen Ansprüche gegen den Anfechtenden auf Ersatz des Vertrauensschadens?

1. Anfechtungsgründe

45 Der Erbe kann mithin die Annahme- oder Ausschlagungserklärung aus folgenden **Gründen** anfechten:
- Irrtum über die **Erklärungshandlung**, § 119 Abs. 1 Fall 2 BGB

---

[54] Vgl. im Einzelnen Staudinger/*Otte* § 1944 Rdnr. 32.
[55] Staudinger/*Otte* § 1945 Rdnr. 27.

§ 22 Annahme und Ausschlagung

- Irrtum über die **Erklärungsbedeutung** (Inhaltsirrtum), § 119 Abs. 1 Fall 1 BGB
- Irrtum über **verkehrswesentliche Eigenschaften** der Erbschaft, § 119 Abs. 2 BGB
- **Arglistige Täuschung**, § 123 Abs. 1 Fall 1 BGB
- **Falschübermittlung**, § 120 BGB
- **Widerrechtliche Drohung**, § 123 Abs. 1 Fall 2 BGB.

a) Irrtum über die Erklärungshandlung und -bedeutung. Dem Irrtum des Erben über die Erklärungshandlung kommt wenig Bedeutung zu. Praxisrelevante Beispiele sind kaum zu finden. Angeführt wird der Fall, dass der Erbe in der Formulierung „ich nehme an" oder „ich schlage aus" versehentlich das „nicht" vergisst, mithin nicht annehmen oder ausschlagen wollte.[56] Die ferner als Beispielsfall angeführte Vorstellung des Erben, die Ausschlagungserklärung sei die erforderliche Form zur Übertragung des Erbteils an einen Miterben,[57] dürfte kein Fall des Irrtums über die Erklärungshandlung, sondern vielmehr ein Fall des Irrtums über die **Erklärungsbedeutung** sein. Weitere Fälle eines Irrtums über die Erklärungsbedeutung kommen insbesondere bei der Annahme in Betracht. Hier kann sich der Erbe über die Wirkung einer objektiv eindeutigen Annahmehandlung *(pro herede gestio)* oder über die Folgen einer Versäumung der Ausschlagungsfrist (§ 1943 BGB) irren. So birgt etwa die Besorgung von erbschaftlichen Geschäften durch den vorläufigen Erben in Unkenntnis des Ausschlagungsrechts, die objektiv als Annahme der Erbschaft zu deuten sind, einen Irrtum über die Wirkung einer konkludenten Annahmehandlung.[58] Soweit es die **Fiktion** der Annahme durch Versäumung der Ausschlagungsfrist betrifft, vermittelt die Vorschrift des § 1956 BGB dem Erben das Anfechtungsrecht. Danach finden die §§ 119 ff. BGB auch auf die Versäumung der Ausschlagungsfrist Anwendung, wobei das Tatbestandsmerkmal „Abgabe einer Willenserklärung" in § 119 Abs. 1 BGB durch „Versäumung der Ausschlagungsfrist" zu ersetzen ist.[59] Mithin kann der Erbe die Fiktion der Annahme durch Versäumung der Ausschlagungsfrist anfechten, wenn er nicht wusste, dass sein Schweigen als Annahme gelten würde,[60] wenn er sich über die Länge der Ausschlagungsfrist geirrt[61] oder eine formunwirksame Ausschlagung erklärt hat und sodann die Ausschlagungsfrist verstrichen ist.[62]

b) Eigenschaftsirrtum. Anders als in den beiden Fällen des § 119 Abs. 1 BGB (Irrtum über die Erklärungshandlung oder die Erklärungsbedeutung) stimmen beim Eigenschaftsirrtum Wille und Erklärung des Erben überein. Der Erbe irrt hier über den Geschäftsgegenstand und damit über die außerhalb der Erklärung liegende Wirklichkeit. Dieser Irrtum ist ein Motivirrtum, der gemäß § 119 Abs. 2 BGB die Anfechtung rechtfertigt, wenn er verkehrswesentliche Eigenschaften einer Person oder Sache betrifft. Bei der Annahme oder Ausschlagung einer Erbschaft wird sich der Irrtum regelmäßig auf Eigenschaften einer Sache beschränken und sich dabei entweder auf den Nachlass als Sachgesamtheit oder auf einzelne Nachlassgegenstände beziehen. Das Merkmal der „**Verkehrswesentlichkeit**" grenzt dabei den nach § 119 Abs. 2 BGB beachtlichen Eigenschaftsirrtum von dem unbeachtlichen Motivirrtum ab. Ob eine bestimmte Eigenschaft des Nachlasses oder der Nachlassgegenstände wesentlich oder unwesentlich ist, beurteilt sich objektiv nach der Verkehrsanschauung, so dass sich verallgemeinerungsfähige Kriterien schlechterdings nicht aufzeigen lassen. Es herrscht eine kaum übersehbare Kasuistik. Beispielsweise wird der Irrtum des ausschlagenden Erben über die ihm zufallende Erbquote[63] oder der Irrtum des annehmenden Erben über die Berufung weiterer Miterben[64] als beachtlicher Eigenschaftsirrtum betrachtet. Hingegen wird eine falsche Vorstellung über die Person des Nächstberufenen im Fall der Ausschlagung,[65] über den Wert des Nachlasses oder

---

[56] *Pohl* AcP 177 (1977) 52, 72.
[57] *Lange/Kuchinke* ErbR § 8 VII 2 b) Fn. 161.
[58] BayObLG Beschl. v. 24.6.1983 – FamRZ 1983, 1061, 1063 f.
[59] Staudinger/*Otte* § 1956 Rdnr. 3.
[60] RG Urt. v. 19.2.1934 – RGZ 143, 419, 422 ff.
[61] OLG Hamm Beschl. v. 10.6.1985 – OLGZ 1985, 286, 288.
[62] KG Beschl. v. 4.4.1905 – OLGE 10, 294; BayObLG Beschl. v. 13.10.1993 – DNotZ 1994, 402, 403.
[63] OLG Hamm Beschl. v. 27.11.1965 – NJW 1966, 1080 f.
[64] BGH Urt. v. 16.10.1996 – NJW 1997, 392, 394.
[65] OLG Düsseldorf Beschl. v. 8.1.1997 – FamRZ 1997, 905.

von Nachlassgegenständen[66] sowie die Höhe der Erbschaftsteuer[67] als unbeachtlicher Motivirrtum angesehen. Allerdings soll ein Irrtum über die Zusammensetzung des Nachlasses dann ein beachtlicher Eigenschaftsirrtum sein, wenn sich der Irrtum auf die Frage der Überschuldung bezieht. Denn die Überschuldung des Nachlasses sei eine demselben innewohnende Eigenschaft.[68] Dementsprechend liege ein beachtlicher Irrtum sowohl in dem Fall vor, dass der Erbe einen tatsächlich überschuldeten Nachlass als nicht überschuldet angesehen hat, als auch dann, wenn der Erbe einen tatsächlich nicht überschuldeten Nachlass – etwa weil ihm das Vorhandensein eines wertvollen Nachlassgegenstands nicht bekannt war – irrig als überschuldet angesehen und deswegen die Ausschlagung erklärt hat.[69] Etwas Anderes soll wiederum gelten, wenn der Irrtum über eine etwaige Überschuldung darauf beruht, dass der Erbe zwar weiß, welche Gegenstände zur Erbschaft gehören, sie aber, ohne über ihre Beschaffenheit zu irren, für wertvoller oder geringwertiger hält, als diese tatsächlich sind.[70]

48 c) **Rechtsfolgenirrtum.** Problematisch ist auch die Behandlung des Rechtsfolgenirrtums. Das Gesetz selbst differenziert nicht zwischen Tatsachen- und Rechtsirrtum. Die Fälle des Rechtsfolgenirrtums werden daher dem (beachtlichen) Inhaltsirrtum oder dem (unbeachtlichen) Motivirrtum zugerechnet und somit ebenfalls uneinheitlich behandelt. Dabei ist anerkannt, dass der Irrtum über den mit einer Willenserklärung zu erzielenden rechtlichen Erfolg grundsätzlich einen Irrtum über die Erklärungsbedeutung darstellen und daher zur Anfechtung berechtigen kann.[71] Ein anfechtungsrelevanter Inhaltsirrtum liegt vor, wenn die Fehlvorstellung des Erben die Rechtsfolgen betraf, auf deren Eintritt die Willenserklärung ihrem Inhalt nach unmittelbar gerichtet war. Handelt es sich dagegen um weitergehende Rechtsfolgen, die unabhängig vom Willen des Erben auf Grund gesetzlicher Anordnung eintreten, so hat die entsprechende Fehlvorstellung des Erklärenden einen unbeachtlichen Motivirrtum zur Folge. Wenig Klarheit herrscht in der Praxis allerdings darüber, welche konkreten Rechtswirkungen einer Erklärung als „**unmittelbar**" und welche als „**weitergehend**" zu qualifizieren sind. Die Problematik der Grenzziehung rückt in besonderem Maß bei der **Ausschlagung** in den Vordergrund, bei der sich der Ausschlagende vor allem über die Person des Nächstberufenen oder über das Schicksal seines Pflichtteilsrechts irren kann. Hier ist die Feststellung zutreffend, dass die im Normalfall gewollte Rechtsfolge der Ausschlagung allein der rückwirkende Wegfall als Erbe gemäß § 1953 Abs. 1 BGB ist. Fraglich ist jedoch, ob der mit dem Wegfall des Erben einhergehende Rechtserfolg des Erbanfalls beim Nächstberufenen allein deshalb als „weiter gehend" und somit für die Willensbildung unbeachtlich einzustufen ist, weil er ohne Willen des Erklärenden ausschließlich kraft Gesetzes eintritt.[72] Richtigerweise ist die Frage, welche Rechtswirkungen der Erklärende zum Inhalt seiner Erklärung gemacht hat, anhand der konkreten Erklärung des Erben im Einzelfall zu bewerten.[73]

---

[66] BayObLG Beschl. v. 16.3.1995 – NJW-RR 1995, 904, 905 f.; OLG Frankfurt a. M. Beschl. v. 10.6.1991 – OLGZ 1992, 35, 40; KG Beschl. v. 14.1.1992 – OLGZ 1992, 279, 284; *Grunewald* NJW 1991, 1208, 1212.
[67] Staudinger/*Otte* § 1954 Rdnr. 5; offengelassen von OLG Zweibrücken Beschl. v. 16.2.1996 – FGPrax 1996, 113, 114.
[68] RG Beschl. v. 27.6.1938 – RGZ 158, 50, 51 ff.; RGRK/*Johannsen* § 1954 Rdnr. 4.
[69] BayObLG Beschl. v. 5.7.2002 – NJW 2003, 216, 221; Staudinger/*Otte* § 1954 Rdnr. 7.
[70] BayObLG Beschl. v. 5.7.2002 – NJW 2003, 216, 221; Staudinger/*Otte* § 1954 Rdnr. 8; Soergel/*Stein* § 1954 Rdnr. 5; MünchKommBGB/*Leipold* § 1954 Rdnr. 11, str.; a.A. Lange/Kuchinke ErbR § 8 Fn. 176; RGRK/*Johannsen* § 1954 Rdnr. 4; *Graf* ZEV 2000, 125, 130.
[71] *Pohl* AcP 177 (1977) 52, 73 f.
[72] So die h.M., Staudinger/*Otte* § 1954 Rdnr. 4, 6; MünchKommBGB/*Leipold* § 1954 Rdnr. 7; *Firsching/Graf* Nachlassrecht Rdnr. 4.103.
[73] Ein Anfechtungsrecht **bejahend**: OLG Düsseldorf Beschl. v. 18.9.2000 – ZEV 2001, 109 f.; OLG Hamm Beschl. v. 16.7.1981 – OLGZ 1982, 41, 49 f.; KG Beschl. v. 13.1.1938 – JFG 17, 69, 70; offen gelasssen bei OLG Düsseldorf Beschl. v. 17.9.1997 – ZEV 1998, 429 (Die Vorinstanz stellte nach Beweisaufnahme einen Inhaltsirrtum fest, LG Wuppertal Beschl. v. 17.12.1997, – n.v. –); ein Anfechtungsrecht hingegen **verneinend**: OLG Hamm Urt. v. 6.11.1997 – FamRZ 1998, 771, 772; OLG Düsseldorf Beschl. v. 8.1.1997 – FamRZ 1997, 905; KG Beschl. v. 4.6.1931 – HRR 1932, 7, 8 f.; KG Beschl. v. 28.6.1910, OLGE 24, 61, 63; KG Beschl. v. 30.12.1907 – KGJ 35, A 67, A 70 f., vgl. auch *Malitz/Benninghoven* ZEV 1998, 415; BayObLG Beschl. v. 24.11.1981 – Rpfleger 1982, 13.

d) Willensmangel des Vertreters. Soweit ein **Vertreter** des Erben die Annahme oder Ausschlagung erklärt hat, kommt es für die Anfechtbarkeit auf den Willensmangel des Vertreters an, § 166 BGB. 49

2. Anfechtung der Annahme oder Ausschlagung durch den Pflichtteilsberechtigten

§ 2308 BGB gibt dem pflichtteilsberechtigten Erben, der wegen **Beschränkungen** oder **Beschwerungen** die Erbschaft ausgeschlagen hat, ein besonderes Anfechtungsrecht. Danach kann er seine Ausschlagungserklärung anfechten, wenn die Beschränkung oder Beschwerung zurzeit der Ausschlagung weggefallen und ihm dieser Wegfall nicht bekannt war. Abweichend von den Voraussetzungen des Eigenschaftsirrtums nach § 119 Abs. 2 BGB kommt es im Fall des § 2308 BGB nicht auf die Verkehrswesentlichkeit der Eigenschaft an, so dass die Tragweite der Beschränkung oder Beschwerung für den pflichtteilsberechtigten Erben ohne Bedeutung ist. 50

Der Fall, dass dem **Annehmenden** der Verlust seines Pflichtteilsrechts unbekannt war, wurde bislang als unbeachtlicher Motivirrtum in der Form eines Rechtsfolgenirrtums angesehen.[74] Hingegen ist auch hier die konkrete Erklärung des Erben zu bewerten.[75] Daher kann ein als Inhaltsirrtum beachtlicher Rechtsirrtum vorliegen, wenn der Erbe bei Annahme der Erbschaft davon ausging, er könne auch als Alleinerbe ohne Ausschlagung des Erbes den Pflichtteil geltend machen.[76] 51

Beachtlich ist der Irrtum des Ausschlagenden, der in Unkenntnis der Voraussetzungen des § 2306 Abs. 1 BGB glaubt, durch seine Ausschlagung pflichtteilsberechtigt werden zu können.[77] Die Vorstellung der Zweckmäßigkeit einer solchen Ausschlagung zur **Erlangung des unbeschwerten Pflichtteils** kann dem Erben die Regelung des § 2306 Abs. 1 S. 2 BGB vermitteln. Indes ist grundsätzlich[78] mit der Ausschlagung der Verlust des Pflichtteilsanspruchs verbunden. Nur wenn ein mit Beschränkungen oder Beschwerungen hinterlassener Erbteil ausnahmsweise **größer** ist als die Hälfte des gesetzlichen Erbteils, lässt § 2306 Abs. 1 S. 2 BGB die Ausschlagung unter Pflichtteilsverlangen zu. Der Erbe, der durch die Ausschlagung die vom Erblasser verfügten Beschränkungen und Beschwerungen des Nachlasses umgehen will, hat daher im Hinblick auf die Regelung des § 2306 BGB sorgfältig zu prüfen, welcher Wert dem ihm zugewandten Erbteil bei wirtschaftlicher Betrachtung zukommt. **Unterschreitet** der dem pflichtteilsberechtigten Erben zugewandte Erbteil infolge von Beschränkungen und/oder Beschwerungen die Hälfte des gesetzlichen Erbteils, bestimmt § 2306 Abs. 1 S. 1 BGB zur Wahrung der durch das Pflichtteilsrecht garantierten Mindestbeteiligung am Nachlass, dass die Beschränkungen und/oder Beschwerungen als nicht angeordnet gelten. In diesem Fall bewirkt die Ausschlagung zur Erlangung des unbeschwerten Pflichtteils nicht nur den Verlust der Erbschaft, es treten auch keine Pflichtteilsansprüche an deren Stelle. Dem Ausschlagenden bleibt allein der **Pflichtteilsrestanspruch** des § 2305 BGB, der von der Ausschlagung unberührt bleibt.[79] Soweit der Ausschlagende die Erlangung des unbeschwerten Pflichtteils in seine Willensbildung aufgenommen hat, liegt jedenfalls ein zur Anfechtung berechtigender Rechtsfolgenirrtum vor, wenn nicht bereits die Unwirksamkeit der Willenserklärung wegen inneren Widerspruchs anzunehmen ist.[80] 52

3. Erheblichkeit des Irrtums

Die wirksame Anfechtung nach § 119 BGB setzt voraus, dass der Irrtum nicht allein subjektiv, sondern auch **objektiv erheblich** für die Abgabe der Willenserklärung war. Es muss mithin festgestellt werden können, dass der Erbe die Ausschlagung oder Annahme irrtumsfrei nicht er- 53

---

[74] Staudinger/*Otte* § 1954 Rdnr. 6; BayObLG Beschl. v. 16.3.1995 – NJW-RR 1995, 904, 906; s. a. Rdnr. 48.
[75] Vgl. o. Rdnr. 48.
[76] OLG Düsseldorf Beschl. v. 18.9.2000 – ZEV 2001, 109; OLG Hamm Beschl. v. 20.9.2005 – ZEV 2006, 168, 170 f.; *Keim* ZEV 2003, 358, 360 f.
[77] OLG Hamm Beschl. v. 16.7.1981 – OLGZ 1982, 41, 49 f., str.; a.A. Staudinger/*Otte* § 1954 Rdnr. 6; Erman/*Schlüter* § 1954 Rdnr. 3; Soergel/*Stein* § 1954 Rdnr. 2; Palandt/*Edenhofer* § 2305 Rdnr. 3.
[78] Eine weitere Ausnahme bildet noch die Ausschlagung des Ehegatten bei Zugewinngemeinschaft, § 1371 Abs. 3 BGB.
[79] BGH Urt. v. 21.3.1973 – NJW 1973, 995, 996; Palandt/*Edenhofer* § 2305 Rdnr. 3; *Firsching/Graf* Nachlassrecht Rdnr. 1.355.
[80] *Malitz/Benninghoven* ZEV 1998, 415, 418.

klärt hätte. Hat hingegen der Erbe sich zur Frage der Überschuldung keine Gedanken gemacht, liegt mangels Fehlvorstellung bereits kein Irrtum vor. Seine Unkenntnis kann den Erben nicht zur Annahme bestimmt haben. Die Darlegungs- und Beweislast trifft nach den allgemeinen Regeln denjenigen, der aus der Anfechtung Rechte herleitet.

4. Anfechtungsberechtigter

54   Da sowohl Annahme als auch Ausschlagung Ausdruck **höchstpersönlicher Rechte** des Erben sind, kann das Anfechtungsrecht allein von dem annehmenden oder ausschlagenden Erben sowie dessen gesetzlichem Vertreter ausgeübt werden. Auch im Fall der Insolvenz bleibt der Schuldner entsprechend § 83 Abs. 1 S. 1 InsO Inhaber des Anfechtungsrechts. Dasselbe gilt wegen der persönlichen Natur von Annahme und Ausschlagung auch bei Nachlassverwaltung, Nachlasspflegschaft und Testamentsvollstreckung.[81]

5. Form und Frist der Anfechtungserklärung

55   Sowohl die Ausschlagung als auch die Annahme ist durch Erklärung gegenüber dem **Nachlassgericht** anzufechten, § 1955 S. 1 BGB. In Württemberg und Baden ist die Erklärung gegenüber dem **(Bezirks-)Notar** abzugeben. Die Erklärung muss in **öffentlich beglaubigter Form** abgegeben werden, §§ 1955 S. 2, 1945 Abs. 1 BGB, so dass die in einem Anwaltsschriftsatz enthaltene Anfechtungserklärung nicht genügt. Handelt der Anfechtende durch einen Vertreter, bedarf dieser einer öffentlich beglaubigten Vollmacht, die der Erklärung beizufügen oder innerhalb der Anfechtungsfrist beizubringen ist, §§ 1955 S. 2, 1945 Abs. 3 BGB. Inhaltlich muss die Anfechtungserklärung erkennen lassen, dass das angefochtene Geschäft wegen eines Willensmangels nicht gelten soll. Die Anfechtung sollte jedenfalls in groben Zügen begründet werden, da eine solche Begründung teilweise zum Wirksamkeitserfordernis erhoben wird.[82]

56   Die Anfechtung von Annahme oder Ausschlagung muss gemäß § 1954 Abs. 1 BGB in der Regel innerhalb einer **Frist von sechs Wochen** erfolgen. Gemäß § 1954 Abs. 3 BGB beträgt die Frist jedoch **sechs Monate**, wenn sich der Erbe im Zeitpunkt des Fristbeginns im Ausland aufgehalten hat oder der Erblasser seinen letzten Wohnsitz im Ausland hatte. Die Frist beginnt mit dem Wegfall des Hindernisses, das einer Anfechtung entgegenstand. Dies ist im Fall des Irrtums die Erlangung der Kenntnis des Anfechtungsgrundes und im Fall der Drohung die Beendigung der Zwangslage, § 1954 Abs. 2 BGB. Eine volle Gewissheit des Anfechtungsberechtigten ist nicht erforderlich, um die Anfechtungsfrist in Lauf zu setzen.[83] Nach Ablauf von dreißig Jahren nach Annahme oder Ausschlagung ist eine wirksame Anfechtung nicht mehr möglich, § 1954 Abs. 4 BGB.

Muster:

57   <center>Anfechtungserklärung</center>
An das
Amtsgericht
– Nachlassabteilung –
(Adresse des Amtsgerichts)
Nachlass des am ... in ... verstorbenen Erblassers ..., geb. am ... in ...
Der Erblasser ist am ... in ... verstorben. Mit letztwilliger Verfügung vom ... hat er mich zu seinem Alleinerben eingesetzt.
Der Aktivnachlass bestand nach meiner damaligen Kenntnis im Wesentlichen aus einem Grundstück in ..., das mit valutierenden Grundschulden zugunsten der ... in Höhe von 500.000,– DM belastet war. Den Verkehrswert dieses Grundstücks hatte ich zutreffend mit 600.000,– DM angenommen. Angesichts der weiteren Kreditverpflichtungen des Erblassers

---

[81] Staudinger/*Otte* § 1954 Rdnr. 16 a.E.
[82] MünchKommBGB/*Leipold* § 1955 Rdnr. 3.
[83] BayObLG Beschl. v. 22.12.1997 – NJW-RR 1998, 797, 798.

in Höhe von 200.000,– DM gegenüber der ... war ich der Auffassung, der Nachlass sei überschuldet.
Ich habe daher am ... gegenüber dem Nachlassgericht die Ausschlagung der Erbschaft aus allen Berufungsgründen erklärt.
Am ... habe ich erfahren, dass in den Nachlass ein weiteres, unbelastetes Grundstück in ... mit einem Verkehrswert von 400.000,– DM fällt. Der Nachlass ist folglich nicht überschuldet. Hätte ich von diesem Grundstück gewusst, hätte ich die Erbschaft nicht ausgeschlagen.
Ich erkläre daher die

Anfechtung

meiner Ausschlagungserklärung vom ... wegen Irrtums sowohl über die Zusammensetzung des Nachlasses als auch über dessen Überschuldung.
Ich beantrage, mir eine öffentlich beglaubigte Empfangsbestätigung meiner Anfechtungserklärung zu Händen meiner(s) Verfahrensbevollmächtigten ... (Name/Sozietät, Adresse) zu erteilen.
Ich bitte, künftig auch im Übrigen ausschließlich an meine(n) Verfahrensbevollmächtigte(n) zuzustellen.
Name, Geburtsdatum, Geburtsort,
Anschrift
Ort, Datum und Unterschrift
(notarielle Beglaubigung der Unterschrift gemäß § 129 BGB)

Wie im Fall der Ausschlagung soll die **Empfangsbestätigung,** die das Nachlassgericht nach Einreichung der Anfechtungserklärung in öffentlich beglaubigter Form zu erteilen hat, die Wahrung der Anfechtungsfrist belegen. Auch hier ist zu beachten, dass der Anfechtende, der die Anfechtungserklärung nicht – wie im Formulierungsvorschlag – selbst, sondern durch seinen anwaltlichen Berater abgibt, diesen durch eine **Vollmacht** legitimiert, welche der öffentlichen Beglaubigung bedarf, §§ 1955 S. 2, 1945 Abs. 3 BGB. 58

6. Rechtsfolge der Anfechtung

Eine wirksam angefochtene Annahme oder Ausschlagung ist als von Anfang an **nichtig** anzusehen, § 142 Abs. 1 BGB. Über diese Nichtigkeitsfolge hinaus tritt durch die gesetzliche Fiktion des § 1957 Abs. 1 BGB sofort die **gegenteilige Wirkung** ein. Diese Fiktion bestimmt die Anfechtung der Annahme als Ausschlagung und die Anfechtung der Ausschlagung als Annahme. Das Nachlassgericht hat gemäß § 1953 Abs. 3 S. 1 BGB die Anfechtung der Annahme demjenigen mitzuteilen, dem die Erbschaft infolge der Ausschlagungsfiktion anfällt. Damit soll die Ausschlagungsfrist gegen diesen nunmehr Berufenen in Lauf gesetzt werden. Bei Anfechtung der Ausschlagung unterrichtet das Nachlassgericht denjenigen, dem die Erbschaft infolge der Ausschlagung angefallen war, § 1957 Abs. 2 S. 1 BGB. Der Anfechtende ist gemäß § 122 Abs. 1 BGB verpflichtet, dem Beteiligten, der auf die Wirksamkeit der Erklärung vertraute, den dadurch entstandenen Schaden zu ersetzen. Bei Anfechtung einer Annahmeerklärung können derartige **Schadensersatzansprüche** etwa durch Kosten der Rechtsverfolgung gegen den Annehmenden vor Erklärung der Anfechtung begründet sein. Die Anfechtung der Ausschlagung führt über § 142 Abs. 1 BGB zum rückwirkenden Verlust der Erbenstellung des Nächstberufenen. Dieser ist, soweit er Nachlassgegenstände in Besitz genommen hat, Erbschaftsbesitzer und dem Erben nach den §§ 2018 ff. BGB verpflichtet. Liegen Bösgläubigkeit oder Rechtshängigkeit nicht vor, beschränkt sich die Haftung des Nächstberufenen auf die Herausgabepflicht. Seinerseits hat er unter den Voraussetzungen des § 122 BGB Schadensersatzansprüche gegen den die Ausschlagung anfechtenden Erben. 59

7. Recht der DDR

Durch die gesellschaftspolitischen Änderungen, die sich durch den Beitritt der neuen Bundesländer im Jahre 1990 ergaben, wurde vielfach der Versuch unternommen, die Nichtigkeit von zuvor erklärten Ausschlagungen durch Anfechtung herbeizuführen. Anwendbares Recht bleibt bei der Anfechtung von Annahme oder Ausschlagung, wenn die Erbschaft vor dem 3.10.1990 60 im Gebiet der ehemaligen DDR angefallen war, das Recht der ehemaligen DDR, Art. 235 § 1 Abs. 1 EGBGB. Das ZGB verwies in § 405 Abs. 1 S. 2 hinsichtlich der **Gründe** für die Anfechtung von Annahme und Ausschlagung auf die entsprechende Vorschrift für Verträge in § 70 Abs. 1 ZGB. Danach konnte sich die Anfechtung auf eine Fehlvorstellung über den Inhalt der Erklärung, auf Übermittlungsfehler, eine arglistige Täuschung oder eine widerrechtliche Drohung gründen. Der **Eigenschaftsirrtum** im Sinne des § 119 Abs. 2 BGB war nicht als Anfechtungsgrund geregelt, so dass umstritten ist, ob Fehlvorstellungen über die Zusammensetzung des Nachlasses oder die irrige Annahme der Überschuldung zur Anfechtung berechtigten.[84] Der bloße Motivirrtum war auch nach dem ZGB kein Anfechtungsgrund. Deshalb berechtigte ein Irrtum des Ausschlagenden über die künftige politische Entwicklung in der DDR nicht zur Anfechtung.[85] War dem Ausschlagenden hingegen in der ehemaligen DDR belegenes Vermögen nicht bekannt, kommt eine Anfechtung in Betracht.[86] Die **Anfechtungsfrist** betrug zwei Monate, § 405 Abs. 1 S. 1 ZGB, und begann mit der Kenntnis vom Anfechtungsgrund, § 405 Abs. 2 S. 1 ZGB. Nach Ablauf von vier Jahren seit der Annahme oder Ausschlagung war die Anfechtung ausgeschlossen, § 405 Abs. 2 S. 2 ZGB. Die Anfechtungsfristen sind mithin heute abgelaufen, so dass das DDR-Recht nur noch für **Altfälle** Anwendung findet.

8. Beweislast

61 Derjenige, der Rechte aus der Anfechtung von Annahme und Ausschlagung herleitet, trägt im Prozess die Darlegungs- und Beweislast für die Voraussetzungen der Nichtigkeit infolge Anfechtung, mithin für Anfechtungsgrund und Anfechtungserklärung. Da **die Überschreitung der Anfechtungsfrist** ein rechtsvernichtender Einwand gegen das Anfechtungsrecht ist, trägt hierfür nach zutreffender Auffassung der Prozessgegner die Darlegungs- und Beweislast.[87]

9. Anfechtung der Anfechtung von Ausschlagung und Annahme

62 Wie jede andere Willenserklärung ist auch die Anfechtungserklärung selbst wegen eines Willensmangels sowie wegen Täuschung oder Drohung anfechtbar. Anfechtungsgrund kann nach zutreffender Auffassung auch die Fehlvorstellung des Anfechtenden über die Rechtsfolge des § 1957 Abs. 1 BGB sein, wonach die Anfechtung der Annahme als Ausschlagung und die Anfechtung der Ausschlagung als Annahme gilt.[88] Für eine solche „Anfechtung der Anfechtung" gelten nach überwiegender Auffassung nicht die Fristen des § 1954 BGB, sondern vielmehr die **Fristen** der §§ 121, 124 BGB.[89]

---

[84] Bejahend Staudinger/*Otte* § 1954 Rdnr. 22; verneinend Staudinger/*Rauscher* Art. 235 § 1 EGBGB Rdnr. 185.
[85] Staudinger/*Otte* § 1954 Rdnr. 20; Sudhoff/*Scherer* § 11 Rdnr. 11.
[86] Siehe dazu Sudhoff/*Scherer* § 11 Rdnr. 11.
[87] Baumgärtel/*Strieder*, Hdb. der Beweislast, § 1954 Rdnr. 3; Staudinger/*Otte* § 1954 Rdnr. 18; a.A. RGRK/*Johannsen* § 1954 Rdnr. 16.
[88] Staudinger/*Otte* § 1957 Rdnr. 3; Soergel/*Stein* § 1957 Rdnr. 1; a.A. MünchKommBGB/*Leipold* § 1957 Rdnr. 1.
[89] BayObLG Beschl. v. 29.1.1980 – BayObLGZ 1980, 23, 29; Staudinger/*Otte* § 1957 Rdnr. 3; a.A. Soergel/*Stein* § 1954 Rdnr. 10.

§ 23 Haftung für Nachlassverbindlichkeiten

Übersicht

	Rdnr.
I. Bedeutung der Erbenhaftung in der anwaltlichen Praxis	1/2
II. Die gesetzliche Regelung im Überblick	3–10
1. Grundsatz der unbeschränkten, aber beschränkbaren Haftung	3
2. Ausnahmen	4–10
a) Gegenständlich beschränkte Haftung	5
b) Haftung in Höhe des Wertes des Nachlasses	6
c) Minderjährigenhaftung	7–9
III. Einteilung der Nachlassverbindlichkeiten	11–24
1. Erblasserschulden	12–15
a) Grundsatz	12
b) Ausnahmen	12–14
2. Erbfallschulden	16–20
a) Begriff	16
b) Erbfallschulden im engeren Sinne	17
c) Bereicherungs- und Wohngeldschulden	17–19
d) Erbfallschulden im weiteren Sinne	20
3. Nachlasserbenschulden	21–23
a) Begriff und Bedeutung	21
b) Entstehung	22
c) Haftungsbeschränkung bei Nachlasserbenschulden	23
4. Zur Abgrenzung: Eigenschulden des Erben	24
IV. Die haftungsrechtlich gebotene Verwaltung des Nachlasses durch den Erben	25–43
1. Allgemeine Verwaltungspflichten	25–29
a) Verwaltung des Nachlasses vor der Annahme	26
b) Verwaltung nach der Annahme	27
c) Berichtigung von Nachlassverbindlichkeiten	28
d) Insolvenzantragsverpflichtung	29
2. Klärung der Nachlassverhältnisse im Aufgebotsverfahren	30–35
a) Durchführung des Aufgebotsverfahrens	31
b) Kosten des Aufgebots	32
c) Wirkung des Ausschlusses von Nachlassgläubigern	33
d) Wirkung der Verschweigung	34
e) Prozessuale Geltendmachung	35
3. Inventarerrichtung	36–43
a) Bedeutung und Wirkung	36
b) Errichtung des Inventars	37
c) Antrag eines Nachlassgläubigers auf Errichtung des Inventars	38–40
d) Eidesstattliche Versicherung	41–43
V. Haftungsbeschränkung außerhalb von Nachlassverwaltung und Nachlassinsolvenz	44–59
1. Grundsatz	44
2. Die Beschränkung der Haftung bei dürftigem Nachlass	45–49
a) Erhebung der Dürftigkeitseinrede	46–48
b) Erhebung der Unzulänglichkeitseinrede	49
3. Die Überschwerungseinrede des § 1992 BGB	50
4. Erschöpfungseinrede (§ 1989 BGB)	51–53
5. Aufschiebende Einreden (§§ 2014 ff. BGB)	54–59
a) Einrede des § 2014 BGB	55–57
b) Aufgebotseinrede	58
c) Fristbeginn in Sonderfällen	59
VI. Haftung des Erben trotz Nachlassabsonderung	60–63
1. Unbeschränkbare Haftung	60
2. Nachlasserbenschulden	61
3. Dingliche Haftung	62
4. Haftung des Erben bei Bestehen einer Testamentsvollstreckung	63

VII. Haftung des Vor- und Nacherben sowie des Erbschaftskäufers 64
VIII. Die Miterbenhaftung 65–76
    1. Grundlagen 65
    2. Haftung der Miterben vor der Teilung 66–70
        a) Gesamtschuldklage 66
        b) Gesamthandsklage 67
        c) Einwendungen der Miterben 68/69
    3. Die Haftung der Miterben nach der Teilung 71–74
        a) Teilung des Nachlasses 72
        b) Beschränkung des Haftungsumfangs (Teilschuld) 73/74
    4. Haftung der Miterben gegenüber einem Miterbengläubiger 75/76
        a) Gesamtschuldnerische Haftung 75
        b) Gesamthänderische Haftung 76
IX. Die Haftung des Erben für Geschäftsschulden 77–100
    1. Die Haftung des Alleinerben für Verbindlichkeiten aus einem
       einzelkaufmännischen Betrieb des Erblassers 77–85
        a) Voraussetzungen der handelsrechtlichen Haftung 77–82
        b) Fortführung unter einer neuen Firma 83/84
    2. Haftung der Miterben bei unternehmenstragender Miterbengemeinschaft ... 86–88
        a) Die Entscheidung zur Fortführung 87
        b) Haftung für Neuverbindlichkeiten 88
    3. Erbenhaftung für gesellschaftsrechtliche Verbindlichkeiten 89–100
        a) Haftung für Verbindlichkeiten des OHG-Gesellschafters 89–98
        b) Die Haftung des Erben eines Kommanditisten 99
        c) Haftung des Erben des Gesellschafters einer Gesellschaft Bürgerlichen
           Rechts 100
X. Haftung für öffentlich-rechtliche Verbindlichkeiten 101–112
    1. Allgemeines 101
    2. Sonderregelungen des öffentlichen Rechts 102
    3. Haftung für öffentlich-rechtliche Geldschulden des Erblassers 103–106
        a) Haftung im Steuerrecht 104
        b) Haftung im Sozialhilferecht 105
        c) Haftung für sonstige öffentlich-rechtliche Geldverbindlichkeiten des
           Erblassers 106
    4. Öffentlich-rechtliche Erbfallschulden 107
    5. Übergang sonstiger Pflichten 108–110
        a) Polizei- und Ordnungspflichten 108
        b) Verpflichtungen nach dem BBodSchG 109
        c) Sonstige Verpflichtungen 110
    6. Haftungsbeschränkung, Enthaftung 111/112

Schrifttum: *Binder,* Die Rechtsstellung des Erben, 3 Bde. 1901–1905; *Bonifacio,* Die Haftung des Erben als Hausgeldschuldner nach dem WEG, MDR 2006, 244; *Börner,* Das System der Erbenhaftung, JuS 1968, 53, 108; *Brehm,* Nachfolge in dingliche Unterlassungspflichten?, JZ 1972, 225; *Canaris,* Handelsrecht, 23. Aufl. 2000, §§ 7 bis 9; *Christmann,* Die Geltendmachung der Haftungsbeschränkung zugunsten Minderjähriger, ZEV 1999, 416, ZEV 2000, 45; *Conradis,* „Sozialhilferegress": Kostenersatz durch den Erben, ZEV 2005, 379; *Dauner-Lieb,* Unternehmen in Sondervermögen, Haftung und Haftungsbeschränkung, 1998; *Gaa,* Die Vererbung von Unterlassungspflichten, AcP 161 (1962), 433; *Graf,* Möglichkeiten der Haftungsbeschränkung für Nachlassverbindlichkeiten, ZEV 2000, 125; *Harder,* Anmerkung zu LG Darmstadt, Urt. v. 12.6.1996, WuB IV A. § 1967 BGB 1.96; *Herfs,* Haftung des Erben als Nachfolger eines Kommanditisten, DB 1991, 1713; *ders.,* Haftung des Erben als Nachfolger eines Komplementärs bei Umwandlung des Komplementäranteils in einen Kommanditanteil, DB 1991, 2121; *Hoppe,* Haftungsfalle für Erben von GbR-Anteilen?, ZEV 2004, 226; *Joachim,* Die Haftung des Erben für Nachlassverbindlichkeiten, 2. Aufl. 2006; *ders.,* Die Haftung des Erben, ZEV 2005, 99; *Johannsen,* Die Nachfolge in kaufmännische Unternehmen und Beteiligungen an Personengesellschaften beim Tode ihres Inhabers, FamRZ 1980, 1074; *Kick,* Die Haftung des Erben eines Personenhandelsgesellschafters, 1997; *Kilian,* Der öffentlich-rechtliche Erstattungsanspruch gegen den Erben des Leistungsempfängers, NJW 1962, 1279; *Knodel,* Anwaltliche Pflichten und Rechte beim Tod des Mandanten, MDR 2006, 121; *Knöpfle,* Die Nachfolge im Verwaltungsrecht, Festschrift für Maunz, 1971, 225; *Lettmann,* Die Beschränkung der Erbenhaftung, RNotZ 2002, 537; *Marotzke,* Anmerkung zum Beschluss des BayObLG v. 7.10.1999, ZEV 2000, 153; Motive zu dem Entwurfe eines Bürgerlichen Gesetzbuchs für das Deutsche Reich, Band V Erbrecht, 2. Aufl. 1896; *Muscheler,* Die Haftungsordnung der Testamentsvollstreckung, 1994; *ders.,* Haftungsbeschränkung zugunsten Minderjähriger, WM 1998, 2271; *ders.,* Der Mehrheitsbeschluss in der Erbengemeinschaft, ZEV 1997, 222; *v. Mutius/Nolte,* Die Erbenhaftung nach dem Bundes-Bodenschutzgesetz, DÖV 2000, 1; *Niedenführ,* Haftung des Erben für Wohngeld, NZM 2000, 641; *Ossenbühl,* Die Rechtsnachfolge des Erben in die Polizei- und Ordnungspflicht, NJW 1968, 1992; *Ott-Eulberg,* Die Nachlasspflegschaft als taktisches

Mittel zur Durchsetzung von Pflichtteils- und Pflichtteilsergänzungsansprüchen, ZERB 2000, 222; *Papier,* Zur rückwirkenden Haftung des Rechtsnachfolgers für Altlasten, DVBl. 1996, 125; *Peine,* Die Rechtsnachfolge in öffentlich-rechtliche Rechte und Pflichten, DVBl. 1980, 941; *ders.,* Die Rechtsnachfolge in öffentlich-rechtliche Rechte und Pflichten, JuS 1997, 984; *Rau,* Die Rechtsnachfolge in Polizei- und Ordnungspflichten, JURA 2000, 37; *Reuter,* Die handelsrechtliche Erbenhaftung (§ 27 HGB), ZHR 135 (1971), 511; *Riedl,* Die Rechts- und Pflichtennachfolge in Polizei- und Ordnungspflichten, 1998; *Schaub,* Die Rechtsnachfolge von Todes wegen im Handelsregister bei Einzelunternehmen und Personenhandelsgesellschaften, ZEV 1994, 71; *K. Schmidt,* Handelsrechtliche Erbenhaftung als Bestandteil des Unternehmensrechts, ZHR 157 (1993), 600; *ders.,* Die Erbengemeinschaft nach einem Einzelkaufmann, NJW 1985, 2785; *Schönig,* Die Bedeutung des § 139 HGB bei der Gesellschafternachfolge, ZEV 2001, 129; *Schwartmann/Vogelheim,* Die Beschränkung der öffentlich-rechtlichen Altlastenhaftung des Erben, ZEV 2001, 101; *G. Siegmann,* Nochmals – Haftung des Erben für Wohngeld, NZM 2000, 995; *G.* und *M. Siegmann,* Einkommensteuerschuld und Erbenhaftung, StVj 1993, 337; *M. Siegmann,* Neues zur Haftung des Erben für nachlassbezogene Einkommensteuerschulden, ZEV 1999, 52; *ders.,* Personengesellschaftsanteil und Erbrecht, 1992; *Spieth/Wolfers,* Die neuen Störer – Zur Ausdehnung der Altlastenhaftung in § 4 BBodSchG, NVwZ 1999, 355; *Strohal,* Das deutsche Erbrecht, Band I 1903; Band II 1904; *Tetzlaff,* Die überschuldete Fiskalerbschaft, NJ 2004, 485; *Ulmer,* Die Haftungsverfassung der BGB-Gesellschaft, ZIP 2003, 1113; *van Venrooy,* Zum Sinn eines Nachlassinventars, AcP 186 (1986), 356; *Vierhaus/Marx,* Ab wann haftet der Gesamtrechtsnachfolger? NVwZ 2006, 45; *Weißler,* Das Nachlaßverfahren, 2 Bde. 1920; *H. P. Westermann,* Haftung für Nachlassschulden bei Beerbung eines Personengesellschafters durch eine Erbengemeinschaft, AcP 173 (1973), 24; *Windel,* Über die Modi der Nachfolge in das Vermögen einer natürlichen Person beim Todesfall, 1998; *M. Wolf,* Die Fortführung eines Handelsgeschäfts durch die Erbengemeinschaft, AcP 181 (1981), 480.

Beratungscheckliste

I. Prüfung der Voraussetzungen der Haftung als Erbe
1. Liegt Berufung zum Erben (Alleinerbe, Vorerbe, Nacherbe, Miterbe) vor?
2. Ist die Annahme schon erfolgt (§ 1958 BGB !)?
   ☐ Klärung des Datums des Erbfalls; der Testamentseröffnung; einer ausdrücklichen Annahme; einer evtl. Anfechtung der Ausschlagung
   (Prüfungspunkte I 1. und 2. entfallen bei Vorlage eines Erbscheins)
3. Handelt es sich um eine Nachlassverbindlichkeit, d. h. um eine Erblasser-, Erbfall- oder eine Nachlassverwaltungsschuld?
   (keine Abwehrmöglichkeit bei Vorliegen einer Nachlasserbenschuld !)
4. Zeitraum vor Annahme der Erbschaft:
   ☐ Schutz des vorläufigen Erben durch § 1958 BGB
   ☐ In Eilfällen Pflegerbestellung durch Nachlassgericht, § 1961 BGB
   ☐ Möglichkeit des Vorgehens gegen den verwaltenden Testamentsvollstrecker, § 2213 Abs. 2 BGB
   ☐ Möglichkeit der Stellung eines Insolvenzantrags, § 316 InsO
II. Verteidigungsmöglichkeiten des in Anspruch genommenen Erben
1. Keine Abwehrmöglichkeit bei Nachlasserbenschulden
   ☐ insb. Verbindlichkeiten aus § 1968 BGB
   ☐ Kostenschulden aus Prozessen, die der Erbe selbst führt
2. Vorläufige Haftungsbeschränkungsmöglichkeiten
   ☐ Dreimonatseinrede gem. § 2014 BGB (Vorbehalt nach § 780 ZPO erforderlich)
   ☐ Aufgebotseinrede gem. § 2015 BGB bis ein Jahr nach Annahme (Vorbehalt nach § 780 ZPO erforderlich)
   ☐ bei Miterben Geltendmachung des Leistungsverweigerungsrechts aus § 2059 Abs. 1 BGB bis zur Teilung des Nachlasses (Vorbehalt nach § 780 ZPO erforderlich)
   ☐ bei Bestehen einer Verwaltungsvollstreckung Versuch der Verweisung des Gläubigers an den Testamentsvollstrecker, § 2213 BGB
   ☐ Falls erforderlich: Klärung der Nachlassverhältnisse durch Aufgebotsverfahren und Inventarerrichtung, auch zur Vorbereitung von
3. Endgültige Haftungsbeschränkung gegenüber allen Nachlassgläubigern
   ☐ Anordnung der Nachlassverwaltung, § 1975 BGB (kostenintensiv)
   ☐ Eröffnung des Nachlassinsolvenzverfahrens, § 1975 BGB – Verpflichtung des Erben nach § 1980 BGB (!)

- Nachweis der Dürftigkeit des Nachlasses (Fehlen einer kostendeckenden Masse, §§ 1990, 1991 BGB)
4. Endgültige Haftungsbeschränkung gegenüber einzelnen Nachlassgläubigern
    - Verschweigung, § 1974 BGB (5-Jahresfrist nach Erbfall)
    - Ausschluss im Aufgebotsverfahren, § 1973 BGB
    - Überschwerungseinrede nach § 1992 BGB gegenüber Vermächtnisnehmern und Auflagenbegünstigten
    - Vereinbarung einer Haftungsbeschränkung mit einem einzelnen Gläubiger
5. Beschränkung des Umfangs der Haftung
    - Beschränkung auf die dem Erbteil entsprechende Teilschuld nach § 2060 Nr. 1–3 BGB und § 2061 BGB
6. Beschränkung der Haftung durch Berufung auf die kraft Gesetzes gegenständlich beschränkte Haftung und Haftung mit dem Wert des Nachlasses
    - bei Minderjährigen (§ 1629 a BGB), Vorbehalt nach § 780 ZPO erforderlich
    - § 5 Konsulargesetz
    - Haftung mit dem Wert des Nachlasses nach §§ 34, 35 SGB II, §§ 102, 103, 104 SGB XII und §§ 1836 e, 1908 i BGB, kein Vorbehalt nach § 780 ZPO erforderlich
III. Haftungsdurchsetzung nach Erbschaftsannahme
1. Gerichtliche Geltendmachung einschränkungslos möglich, bis Erbe bei reinen Nachlassverbindlichkeiten Haftungsbeschränkungsmaßnahmen ergreift, beachte aber:
    - Berufung des Erben auf § 2014 BGB hindert nicht Verzugseintritt und Verurteilung, Sicherungsvollstreckung möglich
    - Nachlassinsolvenz lässt Zinslauf unberührt, §§ 39, 327 InsO
    - Klärung der Nachlassverhältnisse durch Inventarantrag nach § 1994 BGB sehr zweckmäßig
2. Bei Miterben Zugriff auf Eigenvermögen vor Teilung nicht möglich
    - Möglich bleibt Pfändung des Miterbenanteils (§ 859 Abs. 2 ZPO)
3. Uneingeschränkte Durchsetzung der Gläubigerrechte in folgenden Fällen:
    - Fristversäumnis bei der Inventarerrichtung, § 1994 BGB
    - Inventaruntreue, § 2005 BGB
    - Verweigerung der eidesstattlichen Versicherung dem Gläubiger gegenüber, § 2006 Abs. 3 BGB
    - Fehlen eines Vorbehalts in dem gegen den Erben gerichteten Titel (auch Vergleich)
    - Verzicht auf die Haftungsbeschränkung gegenüber dem Gläubiger
    - Nachlasserbenschulden
    - dingliche Ansprüche
    - gegenüber dem Bürgen, § 768 BGB
IV. Beratungspunkte in Fällen der Haftung für kaufmännische Geschäftsschulden
1. Keine Beschränkungsmöglichkeit bei Neuschulden
    - Ausnahme: Vereinbarung mit Gläubiger
2. Haftung für kaufmännische Altschulden ebenfalls unbeschränkt, § 27 HGB
    - Ausnahmen:
    - Einstellung innerhalb der 3-Monatsfrist des § 27 HGB
    - Fortführung innerhalb dieser Frist unter neuer Firma
    - Erklärung der Haftungsablehnung in der 3-Monatsfrist gegenüber Handelsregister oder durch sonstige Bekanntmachung
3. Persönliche Haftung der Miterben bei Fortführung eines Nachlassunternehmens durch die Miterben
    - für Altschulden, wenn der Miterbe den Fortsetzungsbeschluss mitträgt
    - nach § 27 HGB wie beim Alleinerben (Ablehnung der Haftung durch einzelnen Miterben möglich)
    - bei Neuschulden, wenn Miterbe selbst handelt oder auf Grund entsprechender Vollmacht, die persönliche Verpflichtung einschließt, vertreten wird (sonst Haftung nur mit Nachlass)
    - bei nicht korrekter Firmierung („Erben" statt „in Erbengemeinschaft")

V. Beratungspunkte bei Haftung für gesellschaftsrechtliche Verbindlichkeiten (Beachte die Abhängigkeit der Haftungslage von der Art der Nachfolge!)
1. OHG
   - ☐ Bei Fortsetzung mit den verbleibenden Gesellschaftern Haftung der Erben des ausgeschiedenen Gesellschafters für Ansprüche aus § 128 HGB und Verbindlichkeiten gegenüber der Gesellschaft nur erbrechtlich, §§ 1967, 1975 BGB
   - ☐ bei vertraglich vereinbarter Auflösung durch Tod Haftung nur erbrechtlich, §§ 1967, 1975 BGB, auch für Abwicklungsschulden, Miterben nach § 2058 BGB
   - ☐ bei Fortsetzung mit Erben auf Grund Nachfolgeklausel Haftung unbeschränkt nach §§ 128, 130 HGB für Alt- und Neuschulden; Haftung der weichenden Miterben bei qualifizierter Nachfolgeklausel nur erbrechtlich, §§ 1967, 1975 BGB
   - ☐ Beschränkungsmöglichkeiten nach § 139 Abs. 4 HGB
   - ☐ Ausscheiden innerhalb der 3-Monatsfrist
   - ☐ Auflösung der OHG innerhalb der 3-Monatsfrist
   - ☐ Umwandlung in Kommanditistenstellung
2. Haftung der Kommanditistenerben
   - ☐ Haftung mit Nachlass und Eigenvermögen bis zur Höhe der rückständigen Hafteinlage
3. Haftung des Erben eines BGB-Gesellschafters
   - ☐ für Altschulden richtigerweise nur erbrechtlich (aber Hinweis auf möglicherweise entsprechend § 130 HGB drohende unbeschränkbare Haftung bei Fortführung mit Erben unabdingbar)
   - ☐ für Neuschulden der Abwicklungsgesellschaft nur erbrechtlich
   - ☐ bei Fortführung mit Erben für Neuschulden persönlich und akzessorisch (BGH Urt. v. 29.1.2001 – BGHZ 146, 341 = NJW 2001, 1056)

I. Bedeutung der Erbenhaftung in der anwaltlichen Praxis

Das Recht der Erbenhaftung gilt gemeinhin als schwierige Materie, die nicht bloß von Studenten der Rechtswissenschaft gerne gemieden wird. Mehr als 100 Jahre nach In-Kraft-Treten des BGB hat dieses Rechtsgebiet nach wie vor nicht zu Unrecht den Ruf, kompliziert und verwickelt zu sein.[1] Eine neuere grundlegende Untersuchung der Materie kommt gar zu dem Ergebnis, bei der Regelung der Erbenhaftung mit ihren handels- und gesellschaftsrechtlichen Bezügen handele es sich um ein „fast undurchdringliches Normengestrüpp", das vor allem aus unternehmensrechtlicher Perspektive „geradezu abschreckend" wirke.[2] Dem entspricht es, dass der Verfasser einer besonders klaren und übersichtlichen Darstellung eines zugegeben nicht einfachen Teilgebietes der Erbenhaftung seine studentischen Leser vor der Lektüre geradezu warnt.[3] Dem im Erbrecht beratend oder forensisch tätigen Anwalt hilft ein solcher Rat freilich nicht weiter. Wenn aber selbst grundlegende Fragen der Erbenhaftung beim BGH nicht selten von dem u. a. für die **Anwaltshaftung** zuständigen IX. Zivilsenat entschieden werden,[4] so beweist dies die vielfach fehlende Vertrautheit mit der Materie. Hinzu kommt, dass viele Erblasser den Übergang ihres Unternehmens im Wege der Erbfolge fast ausschließlich unter steuerlichen Gesichtspunkten sehen, weshalb die zivilrechtliche Beratung, die der Steuerberater weder leisten kann noch darf, vernachlässigt wird. Dem erst nach dem Erbfall eingeschalteten Berater bleibt – wie im Falle des § 27 HGB – oft nur die Wahl zwischen zwei Übeln: Hinnahme der unbeschränkten Haftung des Erben für Altverbindlichkeiten oder Abgabe der möglicherweise bonitätsschädigenden Haftungsausschlusserklärung nach §§ 27, 25 Abs. 2 HGB.[5] Nur

1

---

[1] *Lange/Kuchinke* ErbR, S. 1191.
[2] *Dauner-Lieb* S. 6, 65 et passim.
[3] *Canaris* § 9 Asteriskus vor Rdnr. 1.
[4] BGH Urt. v. 2.7.1992 – NJW 1992, 2694; Urt. v. 11.7.1991 – NJW 1991, 2839; Urt. v. 21.2.2002 – NJW 2002, 1414.
[5] *Dauner-Lieb* S. 474; *Canaris* § 7 Rdnr. 2.

die frühzeitige Aufklärung des Erblassers über die Rechtslage nach § 27 HGB eröffnet die Möglichkeit, durch lebzeitige Umgestaltung der Unternehmensform, insbesondere durch Gründung einer GmbH, die genannten Haftungsrisiken auszuschließen.

2   Aber auch bei Erbfällen, die keine unternehmensrechtlichen Fragen aufwerfen, kann nur die sorgfältige Beratung des Mandanten diesen vor unliebsamen Haftungsfolgen bewahren, sei es im rechtsgeschäftlichen Bereich (Entstehung von Nachlasserbenschulden im Rahmen der Verwaltung des Nachlasses gem. § 1978 BGB), sei es bei der Abwicklung des Nachlasses (Wegfall der Beschränkungseinrede aus § 2059 Abs. 1 Satz 2 BGB nach der Teilung) oder bei der Erfüllung von Obliegenheiten des Inventarrechts (§§ 1994, 2005 BGB) oder der Insolvenzantragspflicht nach § 1980 Abs. 1 BGB.[6] Überall gilt es, den möglichen Eintritt einer Schadensersatzverpflichtung oder der unbeschränkten Haftung zu vermeiden. Dies trifft besonders im Falle der gerichtlichen Inanspruchnahme des Erben wegen Nachlassverbindlichkeiten zu. § 780 ZPO verlangt hier – von den Ausnahmefällen des Abs. 2 der Bestimmung abgesehen – vom anwaltlichen Berater des beklagten Erben den Antrag auf Aufnahme des Haftungsbeschränkungsvorbehaltes, um den Eintritt der unbeschränkten Haftung zu vermeiden. Die Nichtbeachtung dieser einfachen Regel, die verschiedene Beschränkungsvorbehalte umfasst (vgl. § 60 Rdnr. 2), führt nicht nur zur unbeschränkten Haftung des Erben, sondern auch zur Haftung seines anwaltlichen Vertreters, ein leicht vermeidbares Ergebnis, das allenfalls in der Berufungsinstanz (vgl. aber § 60 Rdnr. 2), in der Regel aber nicht mehr in der Revisionsinstanz geändert werden kann. Der Mahnung, bei Beratung und Vertretung der Erben im Bereich der Erbenhaftung besondere Sorgfalt walten zu lassen, kann deshalb aus anwaltlicher Sicht nur zugestimmt werden.[7]

II. Die gesetzliche Regelung im Überblick[8]

1. Grundsatz der unbeschränkten, aber beschränkbaren Haftung

3   Mit dem Tode des Erblassers gehen dessen Vermögen und Verbindlichkeiten im Wege der Gesamtrechtsnachfolge auf den Erben über, §§ 1922, 1967 BGB. Die nähere Ausgestaltung der Haftung des Erben[9]8 a regeln die §§ 1967 bis 2017 BGB; eine Sonderregelung für die Miterben enthalten die §§ 2058 bis 2063 BGB. Das BGB hat sich unter den verschiedenen Haftungsmöglichkeiten eines Erben für die unbeschränkte, aber beschränkbare Haftung entschieden und es damit dem Erben überlassen, seine vorläufige Haftung mit Nachlass und Eigenvermögen in eine endgültig auf den Nachlass beschränkte zu verwandeln. In der Regel muss er dazu die Anordnung der Nachlassverwaltung oder die Eröffnung des Nachlassinsolvenzverfahrens herbeiführen, § 1975 BGB. Beim Fehlen einer kostendeckenden Masse führt auch die Erhebung der sog. Dürftigkeitseinrede zur Haftungsbeschränkung, § 1990 BGB. Neben diesen Haftungsbeschränkungsmitteln, die alle Nachlassgläubiger betreffen, kann der Erbe auch einzelnen Gläubigern gegenüber eine Beschränkung der Haftung herbeiführen, ohne zuvor von den genannten Möglichkeiten Gebrauch zu machen. So kann er sich nach Durchführung eines Aufgebotsverfahrens gegenüber einem Gläubiger, der sich im Verfahren nicht gemeldet hat, auf dessen Ausschluss berufen, § 1973 BGB; einem Gläubiger, der sich später als 5 Jahre nach dem Erbfall meldet, kann er die Verschweigungseinrede des § 1974 BGB entgegenhalten, was in beiden Fällen zur Folge hat, dass sich die Haftung auf den Überschuss beschränkt. Ist der Nachlass durch Vermächtnisse oder Auflagen überschuldet, genügt zur Beschränkung der Haftung auf den Nachlass gegenüber diesen Gläubigern die Berufung auf die sog. Überschwerungseinrede, § 1992 BGB. Eine vorläufige Haftungsbeschränkung kann der Erbe durch die Erhebung der

---

[6] Dazu BGH Urt. v. 8.12.2004 – ZEV 2005, 109.

[7] *Graf* ZEV 2000, 125, 131 unter 4; *Dauner-Lieb* S. 495 (Notwendigkeit einer fundierten rechtlichen Beratung).

[8] Zu den Nachlassverbindlichkeiten im internationalen ErbR vgl. § 33 Rdnr. 89 ff.

[9] Gem. § 1967 BGB haftet stets der Erbe, auch wenn das durch den Tod des Erblassers berührte Anwaltsmandat zu einem Vermächtnis gehört, a.A. *Knodel* MDR 2006, 121. Eine Ausnahme bildet § 71 LAG, der die Mithaftung des Vermächtnisnehmers für die Abgabenschuld des Erblassers vorsieht.

aufschiebenden Einreden nach §§ 2014, 2015 BGB erwirken. Miterben können darüber hinaus die Einrede des ungeteilten Nachlasses gem. § 2059 Abs. 1 Satz 1 BGB erheben.

2. Ausnahmen

Abgesehen von einer gewissen Privilegierung des Fiskus nach § 2011 BGB kannte das BGB ursprünglich keine Ausnahme vom Grundsatz der unbeschränkten, aber beschränkbaren Haftung. Allerdings bestand schon immer die Haftung aus § 27 HGB bei Fortführung des Unternehmens des Erblassers durch den Erben neben derjenigen aus § 1967 BGB. Mit dieser besonderen handelsrechtlichen Haftung wird aber lediglich für eine bestimmte Gruppe von Nachlassverbindlichkeiten (Geschäftsschulden) die Möglichkeit einer Haftungsbeschränkung, die im Übrigen bestehen bleibt, ausgeschlossen. Verschiedene gesetzliche Regelungen, die zwischenzeitlich ergangen sind, sehen indessen Ausnahmen vom Grundsatz der unbeschränkten, aber beschränkbaren Haftung vor.

a) **Gegenständlich beschränkte Haftung.** So hat sich der Gesetzgeber des **Konsulargesetzes**[10] für die gegenständlich beschränkte Haftung (sog. cum-viribus-Haftung) entschieden. Nach § 5 Abs. 5 dieses Gesetzes geht die Verpflichtung zum Ersatz von Aufwendungen anlässlich einer Hilfeleistung des Konsulates auf die Erben über. Deren Haftung beschränkt sich aber auf den Nachlass. Auch für Erbfälle, die im Gebiet der früheren **DDR** zwischen dem 31.12.1975 und dem 3.10.1990 eingetreten sind, beschränkt sich die Haftung des Erben für die Nachlassverbindlichkeiten auf den Nachlass (§ 409 ZGB-DDR). Diese kraft Gesetzes bestehende Beschränkung der Haftung ist auch im Rechtsstreit von Amts wegen zu beachten.[11] Der Klageantrag muss deshalb auf Leistung aus dem Nachlass lauten.

b) **Haftung in Höhe des Wertes des Nachlasses.** Nur „mit dem Wert des im Zeitpunkt des Erbfalls vorhandenen Nachlasses", d.h. pro viribus hereditatis, wird gem. §§ 92, 102, 103, 104 SGB XII und §§ 1836 e, 1908 i BGB gehaftet (dazu unten Rdnr. 105 und 107). In allen diesen Fällen ist – abweichend von §§ 1975 f. BGB und § 780 ZPO – schon im Erkenntnisverfahren zu klären, wie hoch der Wert des Nachlasses unter Berücksichtigung der anzurechnenden Verbindlichkeiten ist. Dabei sind nicht bloß Erblasserschulden zu berücksichtigen; auch Beerdigungskosten (§ 1968)[12] und – wie bei § 2311 BGB – andere durch den Erbfall bedingte Kosten wie diejenigen für eine Inventaraufnahme oder eine Nachlasspflegschaft. Der Anspruch des Sozialhilfeträgers bleibt außer Betracht. Ergibt sich sodann ein Aktivbestand (wobei teilweise ein Schonvermögen zu berücksichtigen ist), wird der Erbe uneingeschränkt zur Zahlung verurteilt. Ein Haftungsvorbehalt kommt nicht in Betracht. Auch kann der Erbe nicht auf die Möglichkeiten der §§ 1975 ff. BGB zurückgreifen, weil darin ein Übergang auf das Haftungssystem des BGB läge.[13] Daraus folgt, dass der Sozialhilfeträger auch auf das Eigenvermögen des Erben zugreifen kann, was gerade die Haftung pro-viribus-hereditatis kennzeichnet.[14]

c) **Minderjährigenhaftung.** Die bedeutsamste Abweichung von den haftungsrechtlichen Grundsätzen der §§ 1967 ff. BGB enthalten die Bestimmungen des durch das MHbeG vom 25.8.1998 (BGBl. I S. 2887) eingefügten § 1629 a BGB. Danach kann der **minderjährige Erbe** wie bisher die Haftung für Nachlassverbindlichkeiten nach § 1975 BGB beschränken. Es sind jedoch wichtige Ergänzungen zu beachten:

aa) Gegenständlich beschränkte Haftung. Nach § 1629 a Abs. 1 Satz 1 BGB beschränkt sich die Haftung eines Kindes für Verbindlichkeiten, die auf Grund eines während der Minderjäh-

---

[10] Vom 11.9.1974 (BGBl. I S. 2317).
[11] OG NJ 1979, 466; 1981, 144. Zu der durch Zeitablauf weitgehend obsolet gewordenen Erbenhaftung nach ZGB vgl. im Übrigen etwa MünchKommBGB/*Siegmann*, 3. Aufl. 1997, § 1967 Rdnr. 82 bis 85.
[12] Zur Abzugsfähigkeit von angemessenen Beerdigungskosten vom Wert des Nachlasses vgl. BayObLG Beschl. v. 14.11.2001 – FamRZ 2002, 699 m. abl. Anm. *Bienwald*; OVG Koblenz Urt. v. 5.4.2001 – NVwZ 2002, 1009; OLG Hamm Beschl. v. 28.2.2002 – Rpfl 2002, 314; OLG Frankfurt Beschl. v. 10.11.2003 – NJW 2004, 373.
[13] So zutreffend und instruktiv BayVGH Urt. v. 15.7.2003 – FamRZ 2004, 489. A.A. BayObLG (Beschl. v. 3.3.2005 – FGPrax 2005, 20), das von einer Rangbestimmung mit gegenständlich beschränkter Haftung ausgeht und dem Erben die Abwehrklage aus §§ 785, 767 ZPO zubilligt.
[14] Vgl. etwa MünchKommBGB/*Siegmann* vor § 1967 Rdnr. 4 mwN. A.A. *Schellhorn/Schellhorn* BSHG, 16. Aufl. 2002, § 92 c Rdnr. 16; *Littig-Mayer* Sozialhilferegreß gegenüber Erben und Beschenkten, 1999, S. 112, 172.

rigkeit erfolgten Erwerbs von Todes wegen entstanden sind, auf den Bestand des bei Eintritt der Volljährigkeit vorhandenen Vermögens des Kindes. Die bewusst weite Formulierung des Gesetzes (nach den Gesetzesmaterialien[15] steht schon das Unterlassen der Ausschlagung der Erbschaft dem aktiven Handeln der Eltern gleich) hat zur Folge, dass zwar die trotz Fristsetzung durch das Nachlassgericht unterbliebene **Inventarerrichtung** (ein Fall des Unterlassens) zur unbeschränkten Haftung des minderjährigen Erben führt, diese aber kraft Gesetzes auf den Bestand des bei Eintritt der Volljährigkeit vorhandenen Vermögens beschränkt bleibt.[16] Für sonstige Inventarverfehlungen gilt Gleiches.[17] Mit der doppelten **Privilegierung** für Nachlassverbindlichkeiten wird für den minderjährigen Erben auch die Haftung mit dem nach Eintritt der Volljährigkeit erworbenen Vermögen für alle Nachlasserbenschulden[18] ausgeschlossen. Denn nach § 1629 Abs. 1 Satz 1 Halbs. 2 1. Alt. u. 2. Alt. BGB gilt die Privilegierung auch für Rechtsgeschäfte, die der Minderjährige gem. §§ 107, 108, 111 BGB mit Zustimmung seiner Eltern vorgenommen hat, und für Verbindlichkeiten aus Rechtsgeschäften, zu denen eine vormundschaftsgerichtliche Genehmigung vorlag. Auch die Fortführung eines ererbten Einzelunternehmens durch die Eltern des Erben oder der Verbleib in einer Personengesellschaft schließen die Berufung auf die Einrede nicht aus. Anders verhält es sich nur im Falle der selbständigen Führung des **Erwerbsgeschäfts** mit Ermächtigung gem. § 112 BGB oder bei entsprechender gesellschaftsrechtlicher Beteiligung (§ 723 Abs. 2 Nr. 2 Satz 3 BGB). Privilegiert dürften demgegenüber auch **steuerliche Verpflichtungen** des Minderjährigen im Zusammenhang mit einer Erbschaft sein, auch wenn diese an sich kraft Gesetzes entstehen wie z. B. die Erbschaftsteuer oder die bis zum Eintritt der Volljährigkeit fällig werdende Grundsteuer für Nachlassgrundstücke. Denn beide Steuerverpflichtungen des Minderjährigen beruhen unmittelbar darauf, dass dessen gesetzliche Vertreter die Ausschlagung der Erbschaft unterlassen haben.[19]

9 *bb) Geltendmachung der Haftungsbeschränkung.* Die **Beschränkung** der Haftung auf das bis zum Eintritt der Volljährigkeit erworbene (Sonder-)Vermögen erfolgt im Wege der Rechtsfolgenverweisung nach §§ 1990, 1991, 1629 a Abs. 1 Satz 2 BGB. Ein amtliches Verteilungsverfahren wie bei der Nachlassinsolvenz oder wie bei der Gesamtgutsverwaltung nach § 1489 Abs. 2 BGB gibt es nicht. Für die Darstellung der Einzelheiten des Verfahrens ist hier kein Raum, zumal es sich dabei auch um die Abwicklung von Verbindlichkeiten handelt, die sich nicht auf den Nachlass beziehen. Wichtig ist, dass sich erst mit der Erhebung der **Einrede** durch den volljährig gewordenen Erben seine Haftung auf das Altvermögen beschränkt. Diese Beschränkung ist dem Erben wie bei der Verurteilung wegen einer Nachlassverbindlichkeit im Urteil vorzubehalten, §§ 780 Abs. 1, 786 ZPO. Die Erhebung der Einrede setzt keine Dürftigkeit voraus, ist also auch bei Vorhandensein eines aktiven Nachlasses möglich. Für den Erben beginnt die **Verwalterhaftung** gegenüber den Gläubigern erst mit dem Eintritt der Volljährigkeit, §§ 1990, 1991, 1978 Abs. 1 Satz 1 BGB. Ersatzansprüche aus § 1978 Abs. 1 BGB gehören zum Altvermögen, § 1978 Abs. 2 BGB. § 1980 BGB gilt nicht, weil nur über den Nachlass, nicht aber über das ganze Altvermögen ein Insolvenzverfahren möglich ist. Der Vorrang des titulierten Anspruchs ist zu beachten, § 1991 Abs. 3 BGB. Neugläubigern ist der Zugriff auf das Altvermögen nicht verwehrt.[20]

10 *cc) Besonderheiten der Haftung aus § 27 HGB.* § 1629 a BGB begrenzt auch die Haftung des minderjährigen Erben aus **Fortführung** des ererbten **einzelkaufmännischen** Betriebes nach § 27 HGB,[21] wobei es unerheblich ist, ob die Fortführung unter Beibehaltung der bisherigen Firma erfolgt ist. Die Beschränkung der Haftung auf das Altvermögen setzt auch nicht die Einstellung des Unternehmens voraus. § 1629 Abs. 4 BGB begründet bei Fortführung des Handelsgeschäfts nach Eintritt der Volljährigkeit lediglich die doppelte **Vermutung,** dass das gegenwärtige Vermögen schon bei Eintritt der Volljährigkeit vorhanden war und die aus dem

---

[15] BT-Drucks. 13/5624 S. 13.
[16] *Muscheler* WM 1998, 2271, 2281.
[17] *Muscheler* WM 1998, 2271, 2281; *Christmann* ZEV 2000, 45, 48; *Klüsener* Rpfl 1999, 55, 56.
[18] Vgl. dazu unten Rdnr. 21 bis 24.
[19] Näher hierzu *Muscheler* WM 1998, 2271, 2281.
[20] Str., vgl. *Muscheler* WM 1998, 2286.
[21] Vgl. dazu unten Rdnr. 77 bis 85.

Betrieb des Handelsgeschäfts herrührenden Verbindlichkeiten nach dem Eintritt der Volljährigkeit entstanden sind. Gleiches gilt für die unterbliebene Kündigung einer Gesellschaft, an der der Minderjährige beteiligt ist, und für das Verlangen der Auseinandersetzung des Nachlasses. Bei der **unternehmenstragenden Miterbengemeinschaft** sollte das Verlangen einer Teilauseinandersetzung bezüglich des Handelsgeschäftes innerhalb der Frist von 3 Monaten ausreichend sein, um die Vermutung des § 1629 Abs. 4 BGB zu widerlegen.[22]

III. Einteilung der Nachlassverbindlichkeiten

Man teilt die Nachlassverbindlichkeiten herkömmlicherweise in drei Gruppen ein: die Erblasserschulden (1), die Erbfallschulden (2) und die Nachlass-Erbenschulden (3). Diese Unterscheidung ist bzgl. der beiden ersten Gruppen mehr von theoretischer und didaktischer, jedoch weniger von praktischer Bedeutung. Für die Rechtspraxis ist weniger von Interesse, ob es sich bei einer Verbindlichkeit um Erblasser- oder Erbfallschulden handelt,[23] weil sich aus der Zuordnung zu einer der beiden Gruppen haftungsrechtlich keine unterschiedlichen Rechtsfolgen ergeben (vgl. § 1967 Abs. 2 BGB), wohl aber macht es einen ganz erheblichen Unterschied, ob die zu beurteilende Verbindlichkeit reine Nachlassverbindlichkeit, Nachlass-Erbenschuld (also Nachlassverbindlichkeit und Eigenschuld) oder bloße Eigenschuld ist. Diese Abgrenzung von den übrigen Verbindlichkeiten ist daher – gerade auch in der Beratung des Erben – von besonderer Wichtigkeit. 11

1. Erblasserschulden

a) **Grundsatz.** Aus dem genannten Grund spielt bei der Gruppe der **Erblasserschulden** (das sind diejenigen Schulden, die vom Erblasser „herrühren") nur die Frage eine Rolle, ob überhaupt eine vererbliche Verpflichtung vorliegt. Dies beurteilt sich in erster Linie nach dem Grundsatz, dass **vermögensrechtliche Beziehungen** des Erblassers vererblich sind,[24] auch die unfertigen, noch werdenden und schwebenden Rechtsbeziehungen.[25] Gleiches gilt für bedingte, befristete oder zukünftige Bindungen und Lasten, die auf den Erben übergehen.[26] Auch unerlaubte Handlungen, deren nachteilige Folgen sich erst nach dem Erbfall eingestellt haben, begründen Erblasserschulden.[27] Die Erben eines Pächters, der **Suizid** verübt hat, haften aber nicht wegen dieses Suizides aus Vertragsverletzung; eine solche liegt schon in der Person des Suizidenten nicht vor.[28] Mit den Verpflichtungen des Erblassers gehen schließlich auch die damit verbundenen beweisrechtlichen Positionen[29] und Bindungen aus prozessrechtlichen Vereinbarungen[30] über. 12

b) **Ausnahmen.** Der Grundsatz der Vererblichkeit vermögensrechtlicher Beziehungen des Erblassers erfährt zahlreiche Ausnahmen:

---

[22] Näher hierzu *Christmann* ZEV 1999, 416, 419 mwN.
[23] Der BGH (Urt. v. 21.3.1962 – BGHZ 37, 58, 64 = NJW 1962, 1719), ließ z. B. die Frage, ob die Zugewinnausgleichsforderung des überlebenden Ehegatten in den Fällen des § 1371 Abs. 2 u. Abs. 3 BGB Erblasser- oder Erbfallschuld ist, offen und ging – korrekt – nur von einer Nachlassverbindlichkeit aus.
[24] BGH Urt. v. 5.6.1985 – NJW 1985, 3068 (Auskunftspflicht des Erbschaftsbesitzers); Urt. v. 8.6.1988 – WM 1988, 1236 (Pflicht zur Abgabe einer eidesstattlichen Versicherung gem. § 259 Abs. 2 BGB im Rahmen eines Auftragsverhältnisses); RG HRR 1933 Nr. 569 (Anspruch auf Rechnungslegung gem. § 259 Abs. 2 BGB); ArbG Münster Urt. v. 10.4.1990 – BB 1990, 2266 (Anspruch auf Zeugniserteilung).
[25] Vgl. BGH Urt. v. 13.11.2000 – WM 2001, 81, 82.
[26] BGH Urt. v. 9.6.1960 – BGHZ 32, 367, 369 = NJW 1960, 1715 (Abtretung künftiger Forderungen durch den Erblasser); Urt. v. 20.10.1967 – WM 1968, 37 (bedingte Verpflichtung zur Bestellung eines Wohnrechts); Urt. v. 30.6.1976 – WM 1976, 808 (Weitergeltung einer Kreditbürgschaftsverpflichtung); Urt. v. 19.3.1981 – BGHZ 80, 205 = NJW 1981, 1446 (Haftung des Erben eines Beschenkten für einen Pflichtteilsergänzungsanspruch); Urt. v. 25.9.1986 – WM 1987, 10 (Bindung an einen Aktien-Pool-Vertrag); Urt. v. 5.2.1987 – BGHZ 100, 36 = NJW 1987, 1703 (Eintritt in die Rückgewährverpflichtung nach § 7 aF AnfG); Urt. v. 7.6.1991 – NJW 1991, 2558 (Rückforderungsanspruch des Schenkers gegen den Erben des Beschenkten).
[27] RG HRR 1942 Nr. 522; OLG Hamm Urt. v. 16.6.1994 – VersR 1995, 454; OVG Koblenz Urt. v. 25.2.1992 – NJW 1992, 2653. Bei Körperverletzungen können sich in solchen Fällen erhöhte Ansprüche aus § 829 BGB ergeben, BGH Urt. v. 18.12.1979 – BGHZ 76, 279, 282 = NJW 1980, 1623.
[28] BGH Urt. v. 6.7.1990 – NJW-RR 1991, 75.
[29] BGH Urt. v. 16.6.1993 – NJW-RR 1994, 323.
[30] OLG Köln Urt. v. 27.11.1991 – NJW-RR 1992, 571; näher hierzu bei § 60 Rdnr. 9.

13 *aa) Schuldrechtliche Verpflichtungen.* Im Bereich der **Schuldverhältnisse** sind nicht vererblich die Verpflichtung des Beauftragten zur Besorgung des übertragenen Geschäfts, § 673 BGB, die Verpflichtungen des Dienstverpflichteten zur Leistung persönlicher Dienste, § 613 BGB, die Verpflichtung aus einem Werkvertrag, wenn die Verpflichtung zur Herstellung auf den besonderen Fähigkeiten oder künstlerischen Eignungen des Erblassers beruht, ebenso die Verpflichtung des Autors aus dem Verlagsvertrag. Nicht vererblich sind ferner – im Zweifel – das schenkweise Versprechen einer wiederkehrenden Leistung, § 520 BGB, und die Zusage an den Lebenspartner, eine gemeinsame Darlehensschuld allein zu tragen.[31]

14 *bb) Familienrechtliche Verpflichtungen.* Vermögensbezogene **familienrechtliche Verpflichtungen** enden in der Regel mit dem Erbfall, insbesondere die Unterhaltspflicht (§§ 1615, 1360 a BGB) besteht nicht fort. Nur soweit der Anspruch auf Erfüllung oder auf Schadensersatz wegen Nichterfüllung für die Vergangenheit gerichtet ist, besteht er fort, § 1615 Abs. 1 BGB. Der Unterhaltsanspruch des geschiedenen und des ihm gleichgestellten Ehegatten (§ 1318 Abs. 2 BGB) geht dagegen nicht unter. Der Erbe kann aber seine Haftung auf den Quasi-Pflichtteil beschränken, § 1586 b Abs. 1 Satz 3 BGB. Es handelt sich also um eine der Höhe nach begrenzte Nachlassverbindlichkeit. Die Haftung des Erben wird kraft Gesetzes auf die fiktive Pflichtteilsquote unter Einbeziehung des Ergänzungsanspruchs nach § 2325 BGB beschränkt.[32] Die Rechtsnatur der auf den Erben übergegangenen Unterhaltspflicht ändert sich nicht. Deshalb kann der Titel gem. § 727 ZPO auf den Erben umgeschrieben werden;[33] der Aufnahme eines Vorbehalts nach § 780 ZPO bedarf es dabei nicht.[34] Der Erbe könnte mit einem Vorbehalt auch nur die Vollstreckung in sein Eigenvermögen verhindern; will er das Erlöschen des Anspruchs wegen Erreichens der Quote geltend machen, genügt eine Klage aus § 767 ZPO. In der Nachlassinsolvenz erhält der Anspruch den Rang einer normalen Insolvenzforderung (§ 38 InsO).[35] Auch der Anspruch der nichtverheirateten Mutter auf Unterhalt einschließlich der Entbindungskosten gegen den Vater erlischt nicht mit dessen Tod, §§ 1615 l Abs. 2 Satz 5, 1615 m BGB. Passiv vererblich ist schließlich auch das Versprechen einer Ausstattung gem. § 1624 BGB.[36] Beim **Versorgungsausgleich** ist zu unterscheiden: der öffentlich-rechtliche Versorgungsausgleich erlischt nicht mit dem Tode des Verpflichteten nach rechtskräftiger Scheidung. Er ist gegen die Erben geltend zu machen, § 1587 e Abs. 4 BGB, die als Prozessstandschafter gelten.[37] Der Berechtigte kann auch nach dem Tode des Verpflichteten den Ausgleich durch Beitragszahlungen nach § 3 b Abs. 1 Nr. 2 VAHRG verlangen. Dann liegt eine Nachlassverbindlichkeit mit der Möglichkeit der Haftungsbeschränkung vor. Der Anspruch auf den schuldrechtlichen Versorgungsausgleich gem. § 1578 g BGB geht dagegen nach der Rechtsprechung des BGH[38] mit dem Tode des Verpflichteten unter. Freilich kann dann ein Unterhaltsanspruch nach § 1586 b BGB gegeben sein.

15 *cc) Sonstige nicht vererbliche vermögensrechtliche Verpflichtungen.* Auch sonst erfährt der Grundsatz des Übergangs vermögensrechtlicher Verpflichtungen auf den Erben Ausnahmen. Eine solche Verpflichtung kann z. B. nicht auf den Erben übergehen, wenn die entsprechende Verpflichtung als **höchstpersönliche** begründet worden ist.[39] Verschiedene vermögensrechtliche Verpflichtungen mit **öffentlich-rechtlichem** Charakter können nicht gegen den Nachlass geltend gemacht werden, so Geldstrafen (§ 459 c Abs. 3 StPO), Geldbußen (§ 101 OWiG) und Zwangsgelder (§ 45 Abs. 1 Satz 2 AO), während die gegen den Erblasser erkannten Nebenfolgen einer Straftat (§§ 73 a, 74 c StGB, § 25 OWiG, § 8 WiStG und §§ 375, 401 AO) auch den

---

[31] BGH Urt. v. 24.3.1980 – BGHZ 77, 55 = NJW 1980, 1520.
[32] Vgl. dazu BGH Urt. v. 29.11.2000 – NJW 2001, 828; zu weiteren pflichtteilsrechtlichen Fragen *Schindler* FamRZ 2004, 1527.
[33] BGH Beschl. v. 4.8.2004 – NJW 2004, 2896 = ZEV 2004, 429. Leistungsklage aber möglich, jedenfalls dann, wenn Vollstreckungsabwehrklage des Erben droht, KG Urt. v. 27.1.2005 – FamRZ 2005, 1759.
[34] BGH wie Fn. 33.
[35] RGZ 90, 204 (zu § 1712 BGB aF). A.A. *Häsemeyer* Insolvenzrecht, 3. Aufl. 2003, Rdnr. 16.19.
[36] BGH Urt. v. 26.5.1965 – BGHZ 44, 91, 95 = NJW 1965, 2056.
[37] BGH Beschl. v. 18.9.1985 – NJW 1986, 185.
[38] Urt. v. 12.4.1989 – NJW-RR 1989, 963. Vgl. aber OLG Karlsruhe Beschl. v. 21.2.2003 – NJW-RR 2004, 652 m. abl. Stellungnahme *Borth* FamRZ 2005, 397.
[39] LG Köln Urt. v. 25.4.1989 – NJW-RR 1990, 13 (für den umgekehrten Fall der höchstpersönlichen Berechtigung).

Nachlass verpflichten. Vermögensrechtlicher Natur (wenn auch ohne eigentlichen Vermögenswert) sind auch **Anmeldepflichten** des Handelsrechts. Ob sie stets vererblich sind, ist streitig. So wird die Pflicht zur Anmeldung des Erlöschens der Firma (§ 31 Abs. 2 HGB) von einem Teil der Literatur[40] für vererblich gehalten, von der wohl überwiegenden Meinung dagegen nicht.[41] Gleiches gilt für die Pflicht des Gesellschafters einer OHG nach § 143 Abs. 2 HGB, sein Ausscheiden aus der Gesellschaft zur Eintragung in das Handelsregister anzumelden.[42] Nach dem Gebot des sichersten Weges sollte der beratende Anwalt von einem Pflichtenübergang ausgehen, weil die Erben sonst die Rechtsfolgen aus § 15 HGB treffen, wenngleich die hieraus resultierende Verpflichtung nur eine rein erbrechtliche ist. Zu unterscheiden von der vorstehend erörterten Verpflichtung ist diejenige, die den Erben **unmittelbar** gem. § 143 Abs. 2 HGB trifft, wenn er als Erbe des Ausgeschiedenen selbst Gesellschafter wird.[43] Sie ist eine solche des Erben persönlich, selbst wenn dieser – als weichender Erbe – nicht nachfolge- oder eintrittsberechtigt ist.[44]

2. Erbfallschulden

a) Begriff. Erbfallschulden sind alle Verbindlichkeiten, die mit dem Erbfall und in Bezug auf ihn entstehen, so insbesondere die in § 1967 Abs. 2 BGB erwähnten **Pflichtteilsansprüche** einschließlich des Pflichtteilsergänzungsanspruchs nach § 2325 BGB, **Vermächtnisse** einschließlich der gesetzlichen nach §§ 1932, 1969 BGB. Trotz der gelegentlichen Bezeichnung der Ausgleichspflicht unter Miterben gem. § 2050 BGB als gesetzliches Vermächtnis liegt hier kein Vermächtnis vor. Die Ausgleichspflicht ist auch keine Nachlassverbindlichkeit, sondern Verbindlichkeit der Miterben untereinander. Auch das Untervermächtnis ist keine Nachlassverbindlichkeit; es belastet nur den Hauptvermächtnisnehmer. Wohl aber ist das Vorausvermächtnis gem. § 2150 BGB Nachlassverbindlichkeit, sofern es sich nicht um ein solches an den alleinigen Vorerben handelt. Dieses wirkt dinglich.[45] **Auflagen** (§§ 2192 f. BGB) gewähren nur demjenigen einen Anspruch, der gem. § 2194 BGB die Vollziehung der Auflage verlangen kann.[46]

b) **Erbfallschulden im engeren Sinne.** Zu diesen Erbfallschulden ieS gehören außer den vorgenannten Verbindlichkeiten auch Verbindlichkeiten nach §§ 1371 Abs. 4 und 1963 BGB sowie der frühere **Erbersatzanspruch** nach § 1934 a BGB, der nach Art. 227 Abs. 1 EGBGB noch auf Erbfälle, die vor dem 1.4.1998 eingetreten sind, und ferner dann anzuwenden ist, wenn über den Erbausgleich eine wirksame Vereinbarung getroffen oder der Erbausgleich durch rechtskräftiges Urteil zuerkannt worden ist. Auch die Verpflichtung des Erben aus § 1968 BGB, die **Beerdigungskosten** zu tragen, ist Erbfallschuld ieS. Darunter fallen die Kosten für alles, was nach den in den Kreisen des Erblassers herrschenden Auffassungen und Gebräuchen sowie nach dem Herkommen zu einer würdigen und angemessenen Bestattung gehört.[47] Das sind außer den Kosten der eigentlichen Bestattung die für die Traueranzeigen und Danksagungen, für die üblichen kirchlichen und weltlichen Trauerfeierlichkeiten einschließlich der Kosten des sog. Leichenmahls und die Kosten der Herrichtung einer zur Dauereinrichtung bestimmten und geeigneten Grabstätte einschließlich der Kosten für ein Grabdenkmal. Dagegen gehören die Kosten der laufenden Grabpflege nicht zu den Beerdigungskosten, auch nicht die Mehrkosten für ein Doppelgrab oder die Reisekosten von Angehörigen zum Bestattungsort.[48] Nach überwiegender, freilich wohl zu weit gehender Ansicht sollen auch die Kosten für Trauerkleidung

---

[40] *Baumbach/Hopt* § 31 Rdnr. 8; Staudinger/*Marotzke* § 1967 Rdnr. 12.
[41] Vgl. die Zusammenstellung der Vertreter der gegenteiligen Ansicht bei Staudinger/*Marotzke* § 1967 Rdnr. 12.
[42] *Baumbach/Hopt* § 143 Rdnr. 3; Staudinger/*Marotzke* § 1967 Rdnr. 12.
[43] BGH Urt. v. 4.3.1976 – BGHZ 66, 98, 102 = NJW 1976, 848.
[44] BayObLG Beschl. v. 22.12.1992 – BB 1993, 385; Beschl. v. 12.10.1978 – Betr. 1979, 86; a.A. *Kick* S. 41 (vererbliche Verpflichtung).
[45] BGH Urt. v. 10.2.1960 – BGHZ 32, 60 = NJW 1960, 959.
[46] BGH Urt. v. 24.2.1993 – BGHZ 121, 357 = NJW 1993, 2168.
[47] BGH Urt. v. 20.9.1973 – BGHZ 61, 238 = NJW 1973, 2103.
[48] BGH Urt. v. 20.9.1973 – BGHZ 61, 238 = NJW 1973, 2103. *Damrau* rechnet auch die Kosten der laufenden Grabpflege zu den Beerdigungskosten (ZEV 2004, 456).

und Verdienstausfall der Angehörigen Beerdigungskosten sein.[49] Die in verschiedenen gesetzlichen Bestimmungen festgelegte Pflicht des Erben zur Anzeige des Todes des Erblassers und zur Notgeschäftsführung (§§ 673, 727 Abs. 2, 1894, 1908 i, 1915, 2218 BGB) ist nach nicht unbestrittener Ansicht Nachlassverbindlichkeit, deren Verletzung nur den Nachlass, nicht auch den Erben persönlich zum Schadensersatz verpflichtet.[50]

c) **Bereicherungs- und Wohngeldschulden.** Von erheblicher praktischer Bedeutung ist die noch nicht abschließend geklärte Frage, ob **Bereicherungs-** und **Wohngeldschulden** reine Erbfallschulden sind oder ob insoweit auch eine persönliche Haftung des Erben iSe Nachlasserbenschuld oder einer reinen Eigenschuld in Betracht kommt.

18 *aa) Bereicherungsschulden.* Während **Bereicherungsansprüche**, die sich schon gegen den Erblasser richteten, auch im Falle der verschärften Erblasserhaftung haftungsmäßig auf den Nachlass beschränkt werden können (Erblasserschuld), ist streitig geworden, ob dies auch dann gilt, wenn der Bereicherungsanspruch mit oder erst nach dem Erbfall entstanden ist. Sind etwa Zahlungen des Rentenversicherungsträgers noch nach dem Erbfall auf ein noch im Nachlass befindliches Girokonto des Erblassers gelangt, so ist nach Ansicht des BGH[51] nicht nur der Nachlass, sondern auch das Eigenvermögen des Erben bereichert, was jedenfalls bei Vorhandensein einer Miterbengemeinschaft fraglich erscheint. Geht man mit dem BGH von einer Nachlasserbenschuld aus, die keine Haftungsbeschränkung zulässt, muss dem Erben aber die Berufung auf den Wegfall der Bereicherung bleiben,[52] wenn die Herbeiführung der Haftungsbeschränkung durch Anordnung der Nachlassverwaltung oder Eröffnung des Nachlassinsolvenzverfahrens dazu führt, dass die Bereicherung ausschließlich dem Nachlass zugute kommt. Anders verhält es sich, wenn der Erbe das Girokonto des Erblassers für den eigenen Zahlungsverkehr fortführt. In diesem Falle tritt er in eine eigene persönliche Rechtsbeziehung zur Bank,[53] weshalb rechtsgrundlose Zahlungen auf ein solches Konto den Nachlass nicht mehr berühren. Der entstehende Bereicherungsanspruch ist dann eine reine Erbenschuld. Auch Miterben, die in ein Giroverhältnis eintreten und es für eigene Zwecke fortführen, treten in eine eigene persönliche Rechtsbeziehung zur Bank ein, mag es sich um ein Oderkonto oder ein Einzelkonto handeln. In diesem Falle sind die mit dem Giroverhältnis verbundenen Pflichten nicht mehr dem Nachlass zuzuordnen.[54] Grundsätzlich ist jedoch zu beachten, dass eine Nachlassverbindlichkeit nur dann entsteht, wenn die zu kondizierende Leistung in den Nachlass gelangt ist.[55] Dies gilt auch für den Fall, dass der Nachlasspfleger eine dem Erben nicht zustehende Leistung gefordert und erhalten hat.[56]

19 *bb) Wohngeldverpflichtungen.* Gleichfalls nicht abschließend geklärt ist die Frage, wie es sich mit Wohngeldverpflichtungen gem. § 16 WEG i. V. mit § 28 Abs. 5 WEG aus der Zeit vor und nach dem Erbfall verhält. Die Rechtsprechung verschiedener Oberlandesgerichte[57] und vor allem die des BayObLGs[58] kommt hier zur Annahme reiner Nachlassverbindlichkeiten (mit der Möglichkeit der Beschränkung der Haftung auf den Nachlass), selbst wenn schon einige Zeit seit dem Erbfall verstrichen ist und der Erbe die Wohnung behalten will. Demgegenüber

---

[49] Wie hier dagegen MünchKommBGB/*Siegmann* § 1968 Rdnr. 4 mwN.
[50] Vgl. die Hinweise bei *Muscheler* S. 437, auch zu abweichenden Auffassungen.
[51] Urt. v. 30.3.1978 – BGHZ 71, 180 = NJW 1978, 1385. Dem BGH folgen u. a. Palandt/*Edenhofer* § 1967 Rdnr. 9; *Schlüter* ErbR Rdnr. 1066. A.A. (nur Nachlassverbindlichkeit) Staudinger/*Marotzke* § 1967 Rdnr. 52; Lange/Kuchinke ErbR, 5. Aufl. 2001, S. 1204. Von Eigenschuld des Erben geht *Stein* in Soergel § 1967 Rdnr. 13 aus.
[52] BGH Urt. v. 3.12.1981 – WM 1982, 101.
[53] BGH Urt. v. 10.10.1995 – BGHZ 131, 60 = NJW 1996, 190.
[54] BGH Urt. v. 18.1.2000 – NJW 2000, 1258.
[55] BGH Urt. v. 7.12.1960 – RzW 1961, 278; RG JW 1927, 1196, 1197.
[56] BGH Urt. v. 14.5.1985 – BGHZ 94, 312 = NJW 1985, 2596. Das OLG Karlsruhe (Urt. v. 6.12.2001 – ZEV 2002, 196 mit abl Anm Haas/Holla S. 169) geht hinsichtlich eines Bereicherungsanspruchs wegen Zweckverfehlung (§ 812 Abs. 1 Satz 2 2. Alt. BGB) bei Leistungen an den Erblasser im Hinblick auf eine erwartete, aber nicht eingetretene Erbschaft wohl zu Unrecht von einer Nachlasserbenschuld aus. Tatsächlich dürfte eine Erbfallschuld vorliegen.
[57] OLG Köln Beschl. v. 18.9.1991 – NJW-RR 1992, 460; OLG Hamburg Beschl. v. 12.5.1985 – NJW-RR 1986, 177.
[58] Beschl. v. 7.10.1999 – ZEV 2000, 151.

wird im Schrifttum[59] – überzeugender – die Auffassung vertreten, dass der Erbe jedenfalls für die Zeit nach Beschlussfassung über den neuen Wirtschaftsplan für Vorauszahlungsverpflichtungen auch persönlich haftet.

d) Erbfallschulden im weiteren Sinne. Eine weitere wichtige Untergruppe der Erbfallschulden bilden die Verbindlichkeiten, die in Folge des Erbfalls, aber nicht mit diesem entstehen. Man nennt sie Erbfallschulden i. w. S. oder **Nachlasskosten- und Nachlassverwaltungsschulden.** Dazu gehören die in §§ 54, 324 Nr. 3 und 4 InsO aufgeführten Kosten. Auch die Kosten der Verzeichnisse, der Wertermittlung und der amtlichen Aufnahme des Nachlasses zur Erfüllung des Auskunftsanspruchs des Pflichtteilsberechtigten sind Nachlassverbindlichkeiten, § 2314 Abs. 2 BGB. Nach § 261 Abs. 3 BGB fallen aber hier wie bei dem entsprechenden Verlangen nach § 2006 BGB die Kosten der Abnahme der eidesstattlichen Versicherung nicht dem Nachlass, sondern dem Antragsteller zur Last. Auch die Kosten für die Erteilung eines Erbscheins trägt der Antragsteller, nicht der Nachlass.[60] Gleiches gilt für die Kosten des Privataufgebotes des Miterben, § 2061 Abs. 2 Satz 3 BGB.[61] Nachlassverwaltungsschulden sind die Verbindlichkeiten aus der Geschäftsführung der mit der Verwaltung des Nachlasses betrauten Personen einschließlich ihrer Vergütungs- und Aufwendungsersatzansprüche (§ 324 Nr. 5 und 6 InsO), ferner die in ordnungsgemäßer Verwaltung des Nachlasses vom vorläufigen Erben,[62] vom Vorerben[63] oder vom endgültigen Erben begründeten Verbindlichkeiten sowie deren Aufwendungsersatzansprüche, § 324 Nr. 1 und 6 InsO, §§ 2124, 2125 BGB. Der Scheinerbe kann dagegen keine Nachlassverbindlichkeit gegenüber dem wahren Erben begründen (vgl. §§ 2366, 2367 BGB), ebenso wenig der bloße Erbschaftsbesitzer (arg. § 2022 Abs. 2 BGB). Wohl aber ist der Anspruch dieser Personen auf Verwendungsersatz Nachlassverbindlichkeit.

3. Nachlasserbenschulden

a) Begriff und Bedeutung. Nachlasserbenschulden (oder Nachlass-Eigenschulden) sind Nachlassverbindlichkeiten, die den Erben auch persönlich – wie eine Eigenschuld – verpflichten. Man definiert sie deshalb zu Recht als Verbindlichkeit mit doppeltem Haftungsgegenstand.[64] Die Doppelnatur dieser Verbindlichkeiten zeigt sich beim Alleinerben – anders als bei Miterben – allerdings erst bei der Haftungssonderung. Diese bleibt ohne Auswirkung auf die persönliche Verpflichtung, ermöglicht also auch Nachlassgläubigern trotz Haftungssonderung den Zugriff auf das Eigenvermögen des Erben. In ihrer haftungsrechtlichen Auswirkung treffen sie den Erben noch stärker als die unbeschränkbare Haftung, weil der Erbe sich den Gläubigern einer solchen Verbindlichkeit gegenüber nicht einmal auf § 2013 Satz 2 BGB und § 331 InsO berufen kann. Nachlasserbenschulden werden im Gesetz nicht erwähnt. Ihre Eigenart wurde aber schon frühzeitig erkannt.[65] Sie haben sich in der Rechtsprechung[66] und in der Literatur[67] durchgesetzt. Neuerdings wird die Berechtigung der Konstruktion der Nachlasserbenschulden in Frage gestellt.[68] Man wird aber ohne die Rechtsfigur nicht auskommen

---

[59] *Marotzke* ZEV 2000, 153 und Staudinger/*Marotzke* § 1922 Rdnr. 162; *Lange/Kuchinke* ErbR, 5. Aufl. 2001, S. 1196; *G. Siegmann* NZM 2000, 995; *Bonifacio* MDR 2006, 244. *Niedenführ* stimmt demgegenüber dem BayObLG im Ergebnis zu, NZM 2000, 641. Vgl. auch *Joachim* Rdnr. 77.
[60] OLG Stuttgart Beschl. v. 24.11.1977 – Die Justiz 1978, 76.
[61] Teilweise abweichend Staudinger/*Marotzke* § 2061 Rdnr. 16.
[62] BGH Urt. v. 10.2.1960 – BGHZ 32, 60 = NJW 1960, 959 – aber nur im Anwendungsbereich des § 27 HGB; str.; Nachlassverbindlichkeit bei Verpflichtungen aus Rechtsgeschäften im Rahmen ordnungsmäßiger Verwaltung des vorl. Erben (dringliche Geschäfte) wird vielfach angenommen, vgl. MünchKommBGB/*Siegmann* § 1967 Rdnr. 17.
[63] BGH Urt. v. 23.11.1983 – NJW 1984, 366.
[64] *Schlüter* ErbR Rdnr. 1063.
[65] Schon *Strohal* Bd II S. 178 f. hat der Sache nach Nachlasserbenschulden von sonstigen Nachlassverbindlichkeiten unterschieden.
[66] RGZ 90, 91; BGH Urt. v. 10.2.1960 – BGHZ 32, 60 = NJW 1960, 959.
[67] Unter der von *Boehmer* ErbR und Erbenhaftung, 1927, S. 114, 117 und *Siber* ErbR, 1928, S. 133 vorgeschlagenen Bezeichnung Nachlasserbenschulden.
[68] *Dauner-Lieb* S. 120 f.

können,[69] weil der Erbe, der im eigenen Namen Verträge schließt, in erster Linie persönlich haftet, beim Tätigwerden im Rahmen ordnungsmäßiger Verwaltung aber auch den Nachlass verpflichtet, wie die Bestimmung des § 1968 BGB zeigt.[70]

22 b) **Entstehung.** Nachlasserbenschulden entstehen vornehmlich durch **rechtsgeschäftliches Handeln** des Erben, auch des vorläufigen (dazu Fn. 62) und des Vorerben, das sich auf den Nachlass bezieht und – eine recht bedeutsame, aus § 1978 BGB hergeleitete Einschränkung! – sich aus der Sicht eines sorgfältigen Verwalters im Rahmen ordnungsmäßiger Verwaltung des Nachlasses hält. Darunter fallen z. B. nicht die Verpflichtungen aus den bei Fortführung eines überschuldeten Unternehmens des Erblassers abgeschlossenen Verträgen.[71] Aber auch schon ein unverantwortliches Handeln im **Einzelfall** ist nicht mehr als ordnungsgemäße Verwaltung anzusehen.[72] Nach nicht unbestrittener Auffassung entsteht eine Nachlasserbenschuld ferner dann, wenn der Erbe eine reine Nachlassverbindlichkeit verletzt und deshalb ersatzpflichtig wird.[73] Die Ungereimtheit, dass der Erfüllungsanspruch Nachlassverbindlichkeit, der Schadensersatzanspruch wegen Nichterfüllung aber Nachlasserbenschuld ist, ist Folge des eigenen Handelns oder Unterlassens des Erben. Pflichtverletzungen des Testamentsvollstreckers, des Nachlassverwalters oder des Nachlasspflegers begründen dagegen keine Nachlasserbenschuld. Nachlasserbenschulden können ferner aus Tatbeständen der Gefährdungshaftung entstehen, wenn im Zusammenhang mit der Abwicklung des Nachlasses ein Schaden entstand. Schließlich können Nachlasserbenschulden auch durch Eintritt des Erben in ein vom Erblasser begründetes Dauerschuldverhältnis entstehen, wenn der Erbe von der Möglichkeit einer vorzeitigen (§§ 564, 580 BGB) oder der sonst frühest möglichen Kündigung keinen Gebrauch macht, jedoch nicht bei Fortsetzung des Vertragsverhältnisses für eigene Zwecke.[74] Dann entsteht eine Eigenschuld, s. Rdnr. 24. Nachlasserbenschulden können endlich auch Prozesskosten sein.[75]

23 c) **Haftungsbeschränkung bei Nachlasserbenschulden.** Da Nachlasserbenschulden im rechtsgeschäftlichen Bereich nicht zwingend entstehen, hat der Erbe nach ständiger Rechtsprechung[76] die Möglichkeit, die **Haftung** ausdrücklich oder stillschweigend auf den Nachlass zu **beschränken**. Er muss allerdings **erkennbar** zum Ausdruck bringen, dass er nur mit dem Nachlass haften wolle. Dafür reicht es nach der Rechtsprechung schon aus, wenn ohne jede Bezugnahme auf die Person des Erben, etwa noch unter der Firma des Erblassers, kontrahiert wird. Der BGH[77] hat deshalb eine Haftungsbeschränkung bejaht, wenn die Erben bei Akzeptierung eines Prolongationswechsels für eine vom Erblasser begründete Wechselschuld ihrer Unterschrift den Firmenstempel des Erblassers beifügen. Diese Rechtsprechung ist in der Literatur umstritten. Neben der Forderung, eine Haftungsbeschränkung nur bei ausdrücklicher Vereinbarung zuzulassen,[78] wird die Rechtsprechung des BGH insbesondere im handelsrechtlichen Bereich dafür angeführt, dass schon der Firmenzusatz „in Miterbengemeinschaft" für eine Haftungsbeschränkung ausreiche.[79] Da neuerdings im Hinblick auf das Handelsrechtsreformgesetz insoweit strengere Anforderungen gestellt werden,[80] verlangt anwaltliche Vorsicht – auch im Hinblick auf die Rechtsprechung des BGH zur Haftung der Mitglieder einer BGB-Gesellschaft[81] –, dem Erben einen ausdrücklichen Hinweis auf die beabsichtigte Beschränkung anzuraten. Eine persönliche Haftung des Erben ist in solchen Fällen

---

[69] Gegen *Dauner-Lieb* auch *Marotzke* AcP 199 (1999), 615 f. und *Lange/Kuchinke* ErbR, 5. Aufl. 2001, S. 1205.
[70] Bezeichnenderweise sah auch das ZGB-DDR in §§ 410, 411 für die Verpflichtung des Erben zur Zahlung der Beerdigungskosten und des Nachlassverfahrens keine Möglichkeit der Beschränkung der Haftung vor, auch nicht für die Zinsschulden aus einem noch vom Erblasser aufgenommenen Kredit.
[71] OLG Düsseldorf Urt. v. 18.11.1998 – ZEV 1991, 331 verneint hier ordnungsgemäße Verwaltung.
[72] BGH Urt. v. 24.1.1973 – WM 1973, 361.
[73] Staudinger/*Marotzke* § 1967 Rdnr. 53; *Schlüter* ErbR, Rdnr. 1065.
[74] KG Urteil v. 9.1.2006 – NJW 2006, 2561.
[75] Vgl. dazu § 60 Rdnr. 6.
[76] BGH Urt. v. 25.3.1968 – WM 1968, 798; RG Urt. v. 21.3.1935 – RGZ 146, 343, 346.
[77] BGH Urt. v. 25.3.1968 – WM 1968, 798.
[78] *Dauner-Lieb* S. 141, 168.
[79] *Muscheler* S. 414.
[80] Gesetz vom 22.6.1998, BGBl. I 1474; dazu *Canaris* § 9 Rdnr. 17.
[81] BGH Urt. v. 27.9.1999 – BGHZ 142, 315 = NJW 1999, 3483.

gleichwohl gegeben, wenn der Gläubiger auf einen insolventen Nachlass verwiesen wird (§ 179 BGB analog). Keinerlei Beschränkungsmöglichkeit besteht dort, wo eine deliktische Haftung oder eine gesetzliche Verpflichtung (etwa die Verpflichtung zur Zahlung der Erbschaftsteuer) besteht.

4. Zur Abgrenzung: Eigenschulden des Erben

Dabei handelt es sich um Verbindlichkeiten, die vor oder nach dem Erbfall in der Person des Erben entstanden sind und ihn nur als Träger seines Eigenvermögens berühren. Dass ein Zusammenhang mit dem Nachlass besteht, schließt eine Eigenverbindlichkeit nicht aus. Eigenschuld ist beispielsweise der **Ersatzanspruch** der Nachlassgläubiger aus § 1978 BGB wegen fehlerhafter Verwaltungsmaßnahmen, weiter der **Deliktsanspruch** gegen den Erben aus einer unerlaubten Handlung im Zusammenhang mit der Verwaltung des Nachlasses. In Betracht kommen weiter etwa unverantwortliche Kreditgeschäfte des Vorerben im Zusammenhang mit der Verwaltung des Nachlasses,[82] wie überhaupt alle Verpflichtungen des Erben bezüglich des Nachlasses, die nicht einer ordnungsgemäßen Verwaltung entsprechen, mag der Erbe die Verpflichtung auch als Nachlassverbindlichkeit anerkennen.[83] Deshalb entsteht eine Eigenschuld des Erben, wenn dieser unter **Missachtung** der Verwaltungsbefugnis des Testamentsvollstreckers oder des Nachlassverwalters einen Gegenstand aus dem Nachlass verspricht, ohne zur Erfüllung in der Lage zu sein.[84] Eigenschulden entstehen ferner, wenn der Erbe einen vom Erblasser begründeten Mietvertrag zu eigenen Zwecken fortführt oder wenn er mit dem Gläubiger vereinbart, dass er nur mit seinem Eigenvermögen haften wolle, auch wenn objektiv gesehen eine Nachlassverbindlichkeit vorliegt.[85] Zu beachten ist, dass auch Eigenschulden des Erben für die Gläubiger den Zugriff auf den Nachlass bis zur Haftungsabsonderung ermöglichen (§ 1984 Abs. 2 BGB). Erst mit der Absonderung können Eigengläubiger nicht mehr in den Nachlass vollstrecken.[86]

IV. Die haftungsrechtlich gebotene Verwaltung des Nachlasses durch den Erben

1. Allgemeine Verwaltungspflichten

Allgemeine Verwaltungspflichten ergeben sich aus §§ 1978 ff. BGB. Unter Verwaltung i. S. d. Bestimmungen ist die gesamte tatsächliche und rechtliche **Verfügung** über den Nachlass zu verstehen,[87] also jede Einwirkung auf den Nachlass durch Tun oder Unterlassen.[88] Die Verwaltung erfolgt dabei immer unter dem Gesichtspunkt der möglichst ungeschmälerten **Erhaltung** des Nachlasses im Interesse der Nachlassgläubiger bis zu einer möglichen Nachlassliquidation. Deshalb wird der Erbe im Falle der Haftungssonderung rückwirkend zum Fremdverwalter gemacht, nämlich zum Geschäftsführer ohne Auftrag bis zur Annahme (§ 1978 Abs. 1 Satz 2 BGB) und von da an zum Beauftragten (§ 1978 Abs. 1 Satz 1 BGB). Für die sich hieraus ergebenden Pflichten hat der Erbe persönlich mit seinem Eigenvermögen einzustehen.[89]

a) Verwaltung des Nachlasses vor der Annahme. Der **vorläufige Erbe** ist vor der Annahme nicht zur Verwaltung des Nachlasses verpflichtet. Nach überwiegender Meinung muss er nicht einmal Eigengläubiger von der Vollstreckung in den Nachlass abhalten, weshalb er insoweit nur einem Bereicherungs-, keinem Ersatzanspruch des Nachlasses ausgesetzt ist. Der vorläufige Erbe ist aber nach den entsprechend anwendbaren Vorschriften über die Geschäftsführung ohne Auftrag zur Fürsorge für den Nachlass berechtigt. Verpflichtet er sich im Rahmen dieser Fürsorge gegenüber einem Dritten, bleibt seine persönliche Haftung trotz Ausschlagung bestehen. Eine Nachlassverbindlichkeit, die auch den endgültigen Erben gem. § 1967 BGB trifft, begründet der vorläufige Erbe nur, wenn er im Rahmen einer ordnungsgemäßen Verwaltung

---

[82] BGH Urt. v. 24.1.1973 – WM 1973, 361.
[83] BGH Urt. v. 2./3.12.1968 – BGHZ 51, 125 = NJW 1969, 424; vgl. auch *Dauner-Lieb* S. 128.
[84] BGH Urt. v. 7.10.1957 – BGHZ 25, 275, 283 = NJW 1957, 1916.
[85] BGH Urt. v. 31.1.1990 – BGHZ 110, 176 = NJW 1990, 1237.
[86] Vgl. § 784 Abs. 2 ZPO § 321 InsO.
[87] Motive V, 627.
[88] *Dauner-Lieb* S. 96 f.
[89] BGH Urt. v. 7.3.1985 – WM 1985, 866, 869.

als vorläufiger Erbe gehandelt, also etwa die Beerdigung des Erblassers veranlasst hat, vgl. oben Rdnr. 20. Die dem vorläufigen Erben aus seiner Geschäftsführung erwachsenden Ansprüche (§§ 1959 Abs. 1, 683, 670 BGB) sind Nachlassverbindlichkeiten i. S. v. § 1967 BGB.[90] Da der vorläufige Erbe sich nicht um den Nachlass kümmern muss, mutet ihm das Gesetz auch nicht zu, **Rechtsstreitigkeiten** für den Nachlass zu führen. § 1958 BGB sieht deshalb vor, dass ein Anspruch, der sich gegen den Nachlass richtet, vor der Annahme nicht gegen den Erben gerichtlich geltend gemacht werden kann. Die Annahme der Erbschaft ist – nach heute fast einhelliger Ansicht – Prozessvoraussetzung, während das Reichsgericht[91] noch – unzutreffend – angenommen hat, es fehle an der Passivlegitimation des vorläufigen Erben. Arrestanordnung und einstweilige Verfügung sind ebenfalls ausgeschlossen. Der Nachlassgläubiger hat, wenn er eine Nachlassverbindlichkeit vor der Annahme der Erbschaft geltend machen will, die Bestellung eines Nachlasspflegers zu betreiben, §§ 1960 Abs. 3, 1961 BGB.[92] Hatte eine Zwangsvollstreckung beim Tod des Erblassers gegen diesen bereits begonnen, wird sie allerdings in den Nachlass fortgesetzt, § 779 Abs. 1 ZPO. Ist die Zuziehung des Schuldners erforderlich und ist kein Testamentsvollstrecker oder kein Nachlasspfleger vorhanden, ist dem Erben ein einstweiliger besonderer Pfleger zu bestellen, § 779 Abs. 2 ZPO.

27   b) **Verwaltung nach der Annahme.** Für die Zeit **nach der Annahme** bis zur Nachlassabsonderung fingiert das Gesetz für den Fall der Nachlassabsonderung in § 1978 Abs. 1 Satz 1 BGB eine Beauftragung des Erben zur Verwaltung. Haftungsrechtlich ist von Bedeutung, dass die Vorschriften über den **Auftrag** auch insoweit nur entsprechend anwendbar sind. Diejenigen Bestimmungen, die mit der rechtsgeschäftlichen Übernahme des Auftrags im Zusammenhang stehen, finden keine Anwendung.[93] Anwendbar sind dagegen §§ 664 Abs. 1 Satz 2 und 3, 666 bis 668 BGB. Der Erbe ist also bei Nachlassabsonderung **auskunfts- und rechenschaftspflichtig.** Er muss Rechnung legen und Belege erteilen, gemäß § 260 BGB ein Nachlassverzeichnis vorlegen und eventuell die eidesstattliche Versicherung abgeben.[94] Der Erbe muss ferner die Erbschaft mit sämtlichen Nutzungen und Surrogaten herausgeben. Hat er durch sein Tun oder Unterlassen dem Nachlass Schaden zugefügt, etwa die gebotenen Erhaltungsmaßnahmen unterlassen oder Nutzungen, die er nach den Regeln einer ordnungsmäßigen Wirtschaft hätte ziehen können, nicht gezogen, z. B. eine leer stehende Wohnung nicht wieder vermietet,[95] haftet er den Nachlassgläubigern auf Schadensersatz. Ganz allgemein trifft den Erben die Verpflichtung, für die ungeschmälerte **Erhaltung** des Nachlasses zu sorgen. Deshalb ist es ihm im Verhältnis zu den Nachlassgläubigern nicht erlaubt, Nachlassmittel zur Befriedigung von Eigengläubigern zu verwenden.[96] Gegen Zwangsvollstreckungsmaßnahmen von Eigengläubigern in den Nachlass muss er bei Vermeidung seiner Haftung aus § 812 BGB oder positiver Forderungsverletzung gem. § 783 ZPO vorgehen, um diese während des Laufs der Fristen der aufschiebenden Einreden bis zur Nachlassabsonderung auf die Sicherungsvollstreckung zu beschränken. Unter Umständen, insbesondere wenn die Voraussetzungen des § 1979 BGB nicht vorliegen, muss der Erbe das Aufgebot der Nachlassgläubiger gem. §§ 1970 ff. BGB beantragen[97] und von den aufschiebenden Einreden der §§ 2014, 2015 BGB Gebrauch machen.[98] Hat er Kenntnis von der Zahlungsunfähigkeit oder Überschuldung, muss der Erbe nach § 1980 BGB das Nachlassinsolvenzverfahren beantragen.[99] Es gibt aber zwei wichtige Ausnahmen von der Pflicht, den Nachlass den Gläubigern ungeschmälert zu erhalten. Eine dem Nachlass gehörige weitere Erbschaft bzw. ein zum Nachlass gehörendes Vermächtnis darf der Erbe gem. § 83 InsO ebenso wie der Erblasser ausschlagen, ohne dafür den Gläubigern Ersatz zu schulden. Auch auf einen

---

[90] Vgl. § 324 Abs. 1 Nr. 6 InsO.
[91] RGZ 79, 201, 203.
[92] Zur Zweckmäßigkeit eines solchen Vorgehens vgl. § 60 Rdnr. 26.
[93] Vgl. §§ 663, 671 f., 664 Abs. 1 Satz 1, Abs. 2, 665, 669 BGB.
[94] BGH Urt. v. 2.7.1992 – NJW 1992, 2694.
[95] OLG Köln Beschl. v. 18.9.1991 NJW-RR 1992, 640, 642 a. E.
[96] Wegen der Befriedigung von Nachlassgläubigern vgl. die Ausführungen im Text unter Rdnr. 28.
[97] Vgl. unten Rdnr. 30 ff. und § 1980 Abs. 2 Satz 2 BGB.
[98] Vgl. unten Rdnr. 54 ff.
[99] Zum Umfang der Ersatzpflicht bei verzögerter Antragstellung OLG Düsseldorf Urt. v. 5.3.1999 – ZEV 2000, 236 mit Anm. *Küppers.* Verzögerte Antragstellung durch den Nachlasspfleger ist dem Erben nicht anzurechnen, BGH Urt. v. 8.12.2004 – BGHZ 161, 281 = ZEV 2005, 109.

zum Nachlass gehörenden Pflichtteilsanspruch kann der Erbe verzichten, ohne gegen Verwaltungspflichten oder Vorschriften der Insolvenzanfechtung[100] zu verstoßen. Den Gläubigern ist es vielmehr untersagt, auf das den Pflichtteilsanspruch ausmachende Vermögen ohne den Willen des Berechtigten, den Wert dieses Vermögens zu realisieren, zuzugreifen. Zu beachten ist, dass der Erbe den Nachlass nicht durch persönliche Entnahmen schmälern darf. Er hat nämlich gem. § 662 BGB keinen Anspruch auf Vergütung.[101] Allerdings gehen die Motive[102] davon aus, dass in seltenen Fällen eine Honorierung in Betracht komme. Auch der BGH hat in einem von *Johannsen*[103] erwähnten Urteil vom 24./27.1.1975 – AZ IV ZR 93/73 – ausgesprochen, die Miterbengemeinschaft könne dem an der Verwaltung beteiligten Miterben für seine Tätigkeit (technische Verrichtungen) eine angemessene Vergütung aus dem Nachlass bewilligen. In der Literatur wird dem Erben, der das Unternehmen des Erblassers gewerblich oder berufsmäßig fortgeführt hat, analog § 1835 Abs. 3 BGB ein Vergütungsanspruch zugebilligt.[104] Nach der Nachlassabsonderung durch Nachlassverwaltung oder Nachlassinsolvenz hat der Erbe in keinem Fall mehr unentgeltliche Dienstleistungen für den Nachlass zu erbringen.

c) **Berichtigung von Nachlassverbindlichkeiten.** Die **Berichtigung von Nachlassverbindlichkeiten** aus Nachlassmitteln ist dem Erben nach § 1979 BGB erlaubt (unter besonderen Umständen, wenn etwa ein hoher Verzugsschaden droht, sogar nach § 1978 BGB geboten), jedoch nur unter den dort genannten Voraussetzungen. Danach haftet der Erbe nicht für die Befriedigung von Nachlassgläubigern mit Nachlassmitteln, wenn er den Umständen nach annehmen durfte, dass der Nachlass zur Berichtigung aller Nachlassverbindlichkeiten ausreicht. Für den Erben besteht also eine Prüfungspflicht, wobei es unerheblich ist, ob die in § 1978 Abs. 3 BGB genannten weiteren Voraussetzungen eines Auftrags oder einer auftragslosen Geschäftsführung vorliegen.[105] Diese Pflicht zur sorgfältigen Prüfung der Nachlassverhältnisse verlangt vom Erben nach der Rechtsprechung des BGH,[106] vor der Zahlung an einen Nachlassgläubiger zu prüfen, welche Verbindlichkeiten vorhanden sind und in Zukunft noch entstehen können, sowie welche Nachlassaktiva zum Nachlass gehören und welcher Erlös deren Veräußerung erbringen wird. Diese Prüfung ist nur vollständig, wenn der Erbe den Nachlass sichtet und die Unterlagen eingehend durcharbeitet, Rückfragen bei Angehörigen und möglichen Vertragspartnern hält und sonstige Ermittlungen, die sich im Einzelfall anbieten, vornimmt. Hat der Erbe Grund, das Vorhandensein weiterer Nachlassgläubiger anzunehmen,[107] muss er das Aufgebotsverfahren beantragen und ein Inventar errichten, bevor er von der Zulänglichkeit des Nachlasses ausgeht.[108] Ansprüche aus Vermächtnissen und Auflagen sowie ausgeschlossene und säumige Gläubiger bleiben außer Betracht.[109] Abweichend von §§ 1973 Abs. 2, 1989, 1991 Abs. 3 BGB ist die rechtskräftige Verurteilung hier der Befriedigung nicht gleichgestellt. Befriedigt der Erbe ohne die genannten Überprüfungen gleichwohl einzelne Gläubiger, handelt er pflichtwidrig mit der Folge, dass er den benachteiligten Gläubigern zum Schadensersatz verpflichtet ist. Der Berechnung des Ersatzanspruchs ist nach der Rechtsprechung des BGH[110] das Ergebnis des Insolvenzverfahrens, soweit es sich überschauen lässt, zugrunde zu legen. Ist das Ergebnis noch nicht abschätzbar, ist Feststellungsklage des Insolvenzverwalters gegen den Erben wegen seiner Schadensersatzpflicht dem Grunde nach geboten. Ersatz kommt nur in Betracht, soweit andere vorrangige oder gleichrangige Gläubiger weniger erhalten, als sie erlangt haben würden, wenn

---

[100] BGH Urt. v. 6.5.1997 – NJW 1997, 2384.
[101] BGH Urt. v. 29.4.1993 – BGHZ 122, 297 = NJW 1993, 1851. Nach einem nicht veröffentlichten Urteil des BGH v. 24./27.1.1975 – Az. IV ZR 33/73 können Miterben aber dem allein mit der Fortführung eines Unternehmens beauftragten Miterben eine Vergütung bewilligen.
[102] Bd. V S. 627.
[103] WM 1977, 271.
[104] MünchKommBGB/*Siegmann* § 1978 Rdnr. 15 mwN.
[105] BGH Urt. v. 19.2.1976 – BGHZ 66, 217 = NJW 1976, 1398.
[106] Urt. v. 11.7.1984 – NJW 1985, 140.
[107] Vgl. § 1980 Abs. 2 Satz 2 BGB.
[108] Beweislast für die Annahme, der Nachlass sei zulänglich, liegt beim Erben, BGH Urt. v. 11.7.1984 – NJW 1985, 140.
[109] Vgl. §§ 1980 Abs. 1 Satz 3, 1973, 1974, 1989 BGB, str.
[110] Urt. v. 11.7.1984 – NJW 1985, 140.

die vorzeitigen Zahlungen unterblieben wären.[111] Ein Schaden fehlt, wenn der Erbe die entnommenen Beträge erstattet oder diese im Wege der Insolvenzanfechtung in den Nachlass zurückgelangt sind. Hat der Erbe die zur Tilgung entnommenen Beträge dem Nachlass erstattet, erlangt er nachträglich die Rechtsstellung des (mittelbar) von ihm befriedigten Gläubigers nach § 326 Abs. 2 InsO.

29 **d) Insolvenzantragsverpflichtung.** Die aus § 1980 BGB sich ergebende **Insolvenzantragsverpflichtung** ist im Rahmen der Verwaltung des Nachlasses durch den Erben von besonderer Bedeutung, weil sie dessen Ersatzverpflichtung in einem Sonderfall regelt. Diese knüpft an die Kenntnis oder fahrlässige Unkenntnis der **Zahlungsunfähigkeit** oder der **Überschuldung** des Nachlasses an, wobei § 1980 Abs. 2 BGB ausdrücklich festlegt, dass es als Fahrlässigkeit gilt, wenn der Erbe kein Aufgebotsverfahren beantragt hat, obwohl er Grund hatte, das Vorhandensein unbekannter Nachlassverbindlichkeiten anzunehmen. Insolvenzantrag ist sodann unverzüglich (§ 121 BGB) zu stellen.[112] Bei der Prüfung der Überschuldung sind Aktiva (einschließlich der Ansprüche gegen den Erben aus § 1978 Abs. 2 BGB sowie der wiederaufgelebten Rechte aus §§ 1976, 1977 BGB) und Passiva einander gegenüber zu stellen. Ob Überschuldung vorliegt, ist unter Berücksichtigung aller Verbindlichkeiten, also auch der Vermächtnisse und Auflagen, sowie der Ansprüche der ausgeschlossenen und der säumigen Gläubiger festzustellen.[113] § 1980 Abs. 1 Satz 3 BGB lässt lediglich die Antragspflicht (nicht das Recht) des Erben entfallen, wenn die Überschuldung nur auf den genannten Verbindlichkeiten beruht. Hier bleibt dem Erben die Möglichkeit, nach § 1992 BGB vorzugehen. Ob **Zahlungsunfähigkeit** gegeben ist, bemisst sich gemäß § 17 Abs. 2 InsO nach der Zahlungseinstellung. Drohende Zahlungsunfähigkeit ist hier unerheblich. Sieht der Erbe von einem Aufgebotsverfahren ab, weil die Kosten dem Bestand des Nachlasses gegenüber unverhältnismäßig hoch sein würden (§ 1980 Abs. 2 Satz 2 Halbs. 2 BGB), entfällt ein Verschuldensvorwurf wegen des Unterbleibens des Aufgebotsverfahrens. Der Erbe muss sich dann aber auf jede mögliche andere Weise Kenntnis von einer Überschuldung verschaffen (Inventarerrichtung, privates Gläubigeraufgebot nach § 2061 BGB). Der **Schaden** besteht in der Differenz zwischen dem, was auf die Gläubiger im Insolvenzverfahren entfallen wäre, wenn der Antrag rechtzeitig gestellt worden wäre, und dem, was sie in Wirklichkeit erhalten haben,[114] wobei auch die Entstehung von Kosten durch Rechtsstreitigkeiten und Zwangsvollstreckungsmaßnahmen, die bei rechtzeitiger Antragstellung unterblieben wären, einen Schaden darstellt. Der Anspruch ist gemäß § 92 InsO vom Nachlassinsolvenzverwalter geltend zu machen. Voraussetzung und Umfang des Ersatzanspruchs hat der Verwalter zu **beweisen**,[115] während der Erbe darzulegen und zu beweisen hat, dass er auch durch das Aufgebot keine Kenntnis von unbekannten Gläubigern erhalten hätte und dass die Kosten des Aufgebots unverhältnismäßig hoch gewesen wären.[116]

2. Klärung der Nachlassverhältnisse im Aufgebotsverfahren

30 Das **Aufgebotsverfahren** soll dem Erben einen Überblick über die Nachlasspassiva und damit die Grundlage für die Entscheidung verschaffen, ob er eine Haftungsbeschränkungsmaßnahme ergreifen muss. Eine allgemeine Haftungsbeschränkung ist mit dem Verfahren nicht verbunden. §§ 1970 ff. BGB begrenzen aber die Haftung gegenüber dem ausgeschlossenen Gläubiger auf die noch vorhandene Bereicherung, schließen also die Verwalterhaftung der §§ 1978 bis 1980 BGB aus. Antragsberechtigt ist jeder noch beschränkbar haftende, endgültige Erbe (§ 991 Abs. 1 und 3 ZPO), daneben Nachlasspfleger einschließlich Nachlassverwalter sowie ein Testamentsvollstrecker. Betroffen vom Aufgebotsverfahren sind alle Nachlassgläubiger mit Ausnahme der in § 1971 BGB genannten Realgläubiger i. w. S hinsichtlich ihrer dinglichen Sicherung. Nicht betroffen sind die Nachlassbeteiligten des § 1972 BGB (Vermächtnisnehmer, Auflagenberechtigte und Pflichtteilsberechtigte).

---

[111] Zum Umfang der Ersatzpflicht auch OLG Düsseldorf Urt. v. 5.3.1999 – ZEV 2000, 236 mit Anm. *Küppers*.
[112] Zur Antragspflicht des Erben trotz bestehender Nachlasspflegschaft BGH Urt. v. 8.12.2004 – BGHZ 161, 281 ZEV 2005, 109.
[113] A.A. unten § 25 Rdnr. 17.
[114] Vgl. BGH Urt. v. 11.7.1984 – NJW 1985, 140.
[115] BGH Urt. v. 11.7.1984 – NJW 1985, 140.
[116] Vgl. zur Nachlassinsolvenz im Einzelnen unten § 25.

§ 23 Haftung für Nachlassverbindlichkeiten   31–33   § 23

a) Durchführung des Aufgebotsverfahrens. Das Aufgebotsverfahren wird entsprechend den 31
Vorschriften der §§ 946 bis 959 und 989 bis 1000 ZPO durchgeführt. Eine **Antragsfrist** besteht
nicht. Dem Antrag ist ein Verzeichnis der bekannten Gläubiger beizufügen (§ 992 ZPO), weil
das Aufgebot den bekannten Gläubigern nach § 994 ZPO von Amts wegen zugestellt wird.
Die Forderungsanmeldung muss gegenüber dem **Nachlassgericht**[117] erfolgen und nach § 996
Abs. 1 ZPO Gegenstand und Grund der Forderungen enthalten. Beweisurkunden sind beizufügen. Das Verfahren endet durch Urteil (§ 995 ZPO) oder durch Eröffnung des Nachlassinsolvenzverfahrens. Es ist einzustellen, wenn vor Erlass des Urteils die unbeschränkbare Haftung
eintritt.

Muster: Antrag auf Durchführung des Aufgebotsverfahrens

An das
Amtsgericht
– Nachlassgericht –
A-Stadt

Antrag auf Aufgebot
der Nachlassgläubiger zum Zwecke
der Ausschließung

Namens des E, Vollmacht anbei, Alleinerbe des am ... in A-Stadt verstorbenen X beantrage ich
gem. § 1970 BGB iVm. § 991 ZPO
1) das Aufgebot der Nachlassgläubiger und
2) den Erlass des Ausschlussurteils.

Begründung:
Der Ast. ist gem. dem in Kopie beiliegenden Erbschein des Amtsgerichts A-Stadt vom ... al-
leiniger Erbe des am ... in A-Stadt verstorbenen X. Er haftet nicht unbeschränkt für die
Nachlassverbindlichkeiten.[118] Ein Verzeichnis der dem Ast. bekannten Nachlassgläubiger mit
Angabe ihres Wohnorts ist beigefügt,[119] als Anlage 2. Wegen der Richtigkeit und Vollständigkeit
des Verzeichnisses verweise ich auf die als Anlage 3 vorgelegte eidesstattliche Versicherung des
Ast. vom ... Ein Nachlassinsolvenzverfahren ist nicht beantragt.[120] Den Wert des Aktivnachlas-
ses gebe ich mit 500.000,– € an.

Rechtsanwalt

b) Kosten des Aufgebots. Die **Kosten** trägt gem. § 22 GKG der Antragsteller. Es handelt sich 32
aber nach § 324 Abs. 1 Nr. 4 InsO um Nachlassverbindlichkeiten. Gebühr des Rechtsanwalts:
Nr. 3324 VV RVG. Wert: 1/4 bis 1/3 des Aktivvermögens.

c) Wirkung des Ausschlusses von Nachlassgläubigern. Die Wirkung des rechtskräftigen **Aus-** 33
schlusses von Nachlassgläubigern regelt § 1973 BGB. Danach haftet der Erbe den ausgeschlossenen Gläubigern gegenüber nur nach Bereicherungsgrundsätzen. Er wird also nicht von seiner
Haftung frei, muss aber die ausgeschlossenen Gläubiger ohne vorausgegangene Haftungsbeschränkung nach §§ 1975 ff. BGB nur aus dem Nachlass befriedigen, und zwar erst nach den
nicht ausgeschlossenen Gläubigern. Verbindlichkeiten aus Pflichtteilsrechten, Vermächtnissen
und Auflagen gehen aber den ausgeschlossenen Gläubigern gem. § 1973 Abs. 2 Satz 2 BGB
nach, sofern der ausgeschlossene Gläubiger sich vor der Befriedigung dieser Ansprüche meldet. Das Maß der Haftung des Erben richtet sich nach §§ 818, 819 BGB. Er hat nach § 1973

---

[117] § 990 ZPO. Nach überw. Meinung ist funktionell das Nachlassgericht zuständig, vgl. LG Darmstadt Beschl.
v. 31.10.1995 – Rpfl 1996, 159; *Leipold* JZ 1998, 888; a. A. *Graf* ZEV 2000, 128 mwN. Die Streitfrage ist nach
wie vor ungeklärt, vgl. MünchKommBGB/*Siegmann* § 1970 Rdnr. 2 mwN; *Klinger/Ruby* NJW-Spezial 2005,
61 und *Krug* in: *Bonefeld/Kroiß/Tanck* Erbprozess 2005 Kap. 9 Rdnr. 348. Da nach § 994 Abs. 2 ZPO dem
Nachlassgericht ein Verzeichnis der bekannten Gläubiger vorzulegen ist, kann für das Aufgebotsverfahren keine
andere Abteilung des Amtsgerichts zuständig sein. Der innergerichtliche Streit berührt den Ast. nicht.
[118] § 991 Abs. 1 ZPO.
[119] § 992 ZPO.
[120] § 993 ZPO.

Abs. 2 Satz 3 BGB zu beachten, dass die rechtskräftige Verurteilung einem anderen Gläubiger gegenüber wie eine Befriedigung wirkt.

34 **d) Wirkung der Verschweigung.** Einem ausgeschlossenen Gläubiger steht nach § 1974 BGB derjenige gleich, der seine Forderung später als 5 Jahre nach dem Erbfall geltend macht, es sei denn, dass diese dem Erben vorher bekannt geworden oder im Aufgebotsverfahren angemeldet worden ist oder es sich um Gläubiger nach § 1971 BGB handelt, § 1974 Abs. 1 und 3 BGB. Der unbeschränkt haftende Erbe kann sich nicht auf § 1974 BGB berufen, es sei denn, dass die unbeschränkte Haftung erst nach Fristablauf eingetreten ist, § 2013 Abs. 1 Satz 2 BGB. Da Pflichtteilsrechte, Vermächtnisse und Auflagen von der **Verschweigung** betroffen sind, legt § 1974 Abs. 2 BGB eine insolvenzmäßige Rangfolge fest.[121]

35 **e) Prozessuale Geltendmachung.** Die **prozessuale Geltendmachung** der Ausschließung oder der Verschweigung besteht darin, dass der beklagte Erbe entweder die völlige Erschöpfung des Nachlasses nachweist (dann ist die Klage als zurzeit unzulässig abzuweisen[122]) oder sich den allgemeinen Haftungsbeschränkungsvorbehalt einräumen lässt, der auch den Fall des § 1973 BGB abdeckt.[123] Der Erbe kann sich dann gem. §§ 767, 785 ZPO gegen die Vollstreckung in sein Eigenvermögen wehren.[124] Nach § 1973 Abs. 2 Satz 2 BGB kann der Erbe die Zwangsvollstreckung in den Nachlassrest durch Zahlung des Wertes abwenden. Setzt der Gläubiger gleichwohl die Zwangsvollstreckung fort oder beginnt er sie nach Zahlung des Ablösungsbetrages, kann der Erbe ebenfalls nach §§ 785, 767 ZPO vorgehen, weil die noch vorhandenen Nachlassgegenstände mit der Zahlung des Abfindungsbetrages aus dem Nachlass ausscheiden.[125]

3. Inventarerrichtung

36 **a) Bedeutung und Wirkung.** Das **Inventar** hat, was gelegentlich immer noch übersehen wird, keine haftungsbeschränkende Wirkung. Es ist für den Erben nur noch ein Mittel, sich die Haftungsbeschränkung zu **erhalten,** weil nach der Inventarerrichtung, abgesehen vom Fall des § 2005 Abs. 2 BGB, die Möglichkeit entfällt, durch Fristversäumnis das Recht zur Haftungsbeschränkung zu verlieren.[126] Im Übrigen ermöglicht die Inventarerrichtung den Nachlassgläubigern die Feststellung des Nachlassbestandes und eine Entscheidung darüber, ob Nachlassverwaltung oder Nachlassinsolvenz beantragt werden soll, während dem Erben mit der Errichtung außer der Erhaltung des Rechts der Haftungsbeschränkung vor allem die Berufung auf die **Vermutung** des § 2009 BGB eröffnet wird, was insbesondere bei Geltendmachung der Dürftigkeit nach §§ 1990, 1991 BGB besonders wichtig wird.

37 **b) Errichtung des Inventars.** Die **Errichtung des Inventars** erfolgt nach § 1993 BGB durch Einreichung eines Verzeichnisses des Nachlasses beim Nachlassgericht. Eine freiwillige Inventarerrichtung durch den Erben oder jeden Miterben ist jederzeit (auch noch während der Nachlassverwaltung oder des Nachlassinsolvenzverfahrens) möglich durch Einreichung des Nachlassverzeichnisses bei dem Nachlassgericht (§ 72 FGG) am letzten Wohnsitz bzw. Aufenthaltsort des Erblassers (§ 73 FGG). Das Verzeichnis muss gem. § 2002 BGB in Gegenwart eines Vertreters der zuständigen Behörde oder eines zuständigen Beamten oder Notars errichtet, vom Erben unterzeichnet sein und eine Aufstellung über die beim Eintritt des Erbfalls vorhandenen Nachlassgegenstände und die Nachlassverbindlichkeiten nach dem Stand der Inventarerrichtung[127] enthalten. Auch bei der Sondervererbung eines Anteils an einer Personengesellschaft ist dieser im Inventar anzugeben.[128]

38 **c) Antrag eines Nachlassgläubigers auf Errichtung des Inventars.** Die Inventarerrichtung auf Antrag eines **Gläubigers**[129] hat gem. §§ 1994 bis 2004 BGB zu erfolgen. Dem Erben wird durch das Nachlassgericht (Rechtspfleger) eine Inventarfrist gesetzt, nach deren Ablauf er un-

---

[121] Vgl. § 327 Abs. 1 und 3 InsO.
[122] BayObLG Beschl. v. 7.10.1999 – ZEV 2000, 151.
[123] RGZ 137, 54; 83, 330.
[124] Vgl. im Einzelnen § 60 Rdnr. 19.
[125] Str.; a.A. Staudinger/*Marotzke* § 1973 Rdnr. 26.
[126] Vgl. dazu auch BayObLG Beschl. v. 2.3.2000 – FamRZ 2001, 40.
[127] BGH Urt. v. 20.9.1973 – BGHZ 61, 238 = NJW 1973, 2103.
[128] *M. Siegmann* Personengesellschaftsanteil und ErbR, S. 223.
[129] Auch eines Miterbengläubigers, str., vgl. zur Gegenmeinung Staudinger/*Marotzke* § 2063 Rdnr. 19.

beschränkt haftet, wenn nicht vorher das Inventar eingereicht (§ 1993 BGB) oder die amtliche Aufnahme (§ 2003 BGB) beantragt oder auf ein den Vorschriften der §§ 2002, 2003 BGB entsprechendes Inventar, das dem Nachlassgericht schon vorliegt, Bezug genommen wird. Gemeint sind Verzeichnisse eines vorläufigen Erben, eines Erbschaftsbesitzers, eines Testamentsvollstreckers, eines Nachlassverwalters oder eines Nachlassinsolvenzverwalters, aber auch ein Verzeichnis des Nachlassgerichts, das es selbst gem. § 1960 BGB aufgenommen hat. Nach einem älteren Beschluss des OLG Hamm[130] soll ein Nachlassverzeichnis nach § 2314 BGB nicht ausreichend sein. Kommt das von einem Dritten errichtete Inventar dem Erben zustatten (Fälle der §§ 2063 Abs. 1, 2008, 2383 Abs. 2, 2144 Abs. 2 BGB) ist nicht einmal eine Bezugnahmeerklärung erforderlich. War der Erbe ohne sein Verschulden verhindert, das Inventar rechtzeitig zu errichten oder Fristverlängerung zu beantragen, ist eine Art Wiedereinsetzung möglich (§ 1996 BGB nF). Am Verschulden kann es fehlen, wenn der Erbe eine unrichtige oder unvollständige Beratung durch eine amtliche Stelle erfahren hat.[131] Bei der Fristverlängerung ist das Nachlassgericht weder an den Antrag noch an die Höchstfrist des § 1995 Abs. 1 BGB (3 Monate) gebunden.[132] Vor der Fristbestimmung auf Antrag eines Nachlassgläubigers ist der Erbe zu hören.[133]

Muster: Antrag des Nachlassgläubigers auf Inventarerrichtung

An das
Amtsgericht
– Nachlassgericht –[134]
A-Stadt

Antrag auf Setzung einer Inventarfrist

Namens des G, wohnhaft ... (Vollmacht anbei) **beantrage** ich,
X, wohnhaft in ..., gem. § 1994 BGB Frist zur Errichtung des Inventars über den Nachlass des am ... verstorbenen E zu setzen.

Begründung:

Dem Ast. steht gegen den Nachlass des am ... verstorbenen E gem. dem abschriftlich beigefügten Urteil des LG A-Stadt vom 20.10.1999 – 1 O 300/99 – eine Darlehensforderung über EUR 15.000,– zu.[135] Erbe des E ist X auf Grund eines privatschriftlichen Testaments des Erblassers. Ich beantrage die Beiziehung der Nachlass-Akten 3 VI 100/2000 des Nachlassgerichts. Da der Erbe sich auf die Unzulänglichkeit des Nachlasses beruft, stelle ich den Antrag, ihm gem. § 1994 BGB Frist zur Errichtung des Inventars zu setzen. Nachlassverwaltung oder Nachlassinsolvenz sind nicht angeordnet.[136]

Rechtsanwalt

Erteilt der **Erbe** das Mandat erst kurz vor Ablauf der in dem Beschluss des Nachlassgerichts gesetzten Frist und hat er die Erbschaft nicht wirksam ausgeschlagen,[137] empfiehlt es sich für den beauftragten Rechtsanwalt, den sicheren Weg zu wählen und statt des Antrags auf Fristverlängerung (§ 1994 Abs. 3 BGB) den Antrag auf **amtliche Aufnahme** des Inventars gem. § 2003 BGB zu stellen, weil die Stellung dieses Antrags die Inventarfrist wahrt, § 2003 S. 2 BGB, auch wenn mit diesem Antrag – geringe – Mehrkosten verbunden sind.[138]

---

[130] Beschl. v. 27.10.1961 – NJW 1962, 53; zweifelhaft.
[131] BayObLG Beschl. v. 24.2.1993 – NJW-RR 1993, 780, 782.
[132] OLG Düsseldorf Beschl. v. 17.1.1997 – Rpfl 1997, 216.
[133] BayObLG Beschl. v. 26.5.1992 – NJW-RR 1992, 1159.
[134] § 1994 Abs. 1 BGB.
[135] § 1994 Abs. 2 BGB. Zu den Anforderungen an die Glaubhaftmachung einer Nachlassverbindlichkeit vgl. BayObLG Beschl. v. 26.5.1992 – NJW-RR 1992, 1159; KG Beschl. v. 28.9.2004 – ZEV 2005, 114.
[136] § 2002 Satz 2 BGB.
[137] Bei Ausschlagung ist der Antrag abzulehnen, vgl. BayObLG Beschl. v. 26.8.1993 – NJW-RR 1994, 202.
[138] Vgl. §§ 52, 114 Nr. 1 KostO. Nach § 6 KostO fallen die Kosten der Inventarerrichtung dem Nachlass zur Last. Gebühr des Rechtsanwalts: Nr. 3100 VV RVG.

Muster: Antrag des Erben auf amtliche Aufnahme des Inventars

An das
Amtsgericht
– Nachlassgericht –
A-Stadt
1 VI 100/2000
Betr.: Beschluss des Nachlassgerichts vom ... in der Nachlasssache E
Mit dem am ... zugestellten Beschluss des Nachlassgerichtes vom ... wurde dem von mir vertretenen Alleinerben X Frist zur Inventarerrichtung binnen einem Monat seit Zustellung gesetzt; die Frist läuft demgemäß am ... ab. Ich beantrage namens des Alleinerben – Vollmacht anbei – in offener Frist,
die amtliche Aufnahme des Inventars gem. § 2003 BGB.
Rechtsanwalt

41 d) **Eidesstattliche Versicherung.** *aa) Antrag des Gläubigers.* Jeder Nachlassgläubiger hat nach § 2006 BGB das Recht zu verlangen, dass der Erbe die Richtigkeit der Angabe der Nachlassgegenstände im Inventar eidesstattlich versichert. Die Kosten des Verfahrens[139] hat gem. § 2 KostO und § 261 Abs. 3 BGB allerdings der Antragsteller zu tragen. Die Terminsbestimmung kann nach § 79 FGG vom Nachlassgläubiger oder vom Erben beantragt werden.

Muster: Antrag des Nachlassgläubigers auf Abgabe der eidesstattlichen Versicherung

42 An das
Amtsgericht
– Nachlassgericht –
A-Stadt
Betr.: Nachlasssache E
– 1 VI 100/2000 –
Ich vertrete den Nachlassgläubiger G, dem gem. Urteil des LG A-Stadt vom 20.10.1999 – 1 O 300/99 – eine Forderung über 15.000,– € gegen den Nachlass des am ... verstorbenen Erblassers E. zusteht.[140] Der alleinige Erbe X hat unter obigem Aktenzeichen am ... ein Inventarverzeichnis eingereicht. Der Ast. verlangt vom Erben,
die Vollständigkeit und Richtigkeit der Angabe der Nachlassgegenstände in dem von ihm errichteten Inventar zu Protokoll des Rechtspflegers eidesstattlich zu versichern, § 2006 Abs. 1 BGB.
Der Ast. beantragt, zu diesem Zweck Termin anzuberaumen.
Nachlassverwaltung ist nicht angeordnet und ein Nachlassinsolvenzverfahren nicht eröffnet.[141]
Rechtsanwalt

43 *bb) Verweigerung durch den Erben.* Folge der **Verweigerung** der Abgabe der eidesstattlichen Versicherung ist nach § 2006 Abs. 3 BGB die unbeschränkte Haftung gegenüber dem antragstellenden Gläubiger, aber auch nur bezüglich der im Antrag bezeichneten Forderung dieses Gläubigers; Folge der **Inventaruntreue** gem. § 2005 BGB ist die unbeschränkte Haftung gegenüber allen Gläubigern. Ebenso liegt es bei Verweigerung oder absichtlich erheblicher Verzögerung der **Auskunft** im Falle der §§ 2003, 2005 Abs. 1 Satz 2 BGB sowie bei Fristversäumnis

---

[139] Vgl. § 124 KostO.
[140] Wegen der Anforderungen an die Glaubhaftmachung vgl. BayObLG Beschl. v. 26.5.1992 – NJW-RR 1992, 1159; KG Beschl. v. 28.9.2004 – ZEV 2005, 114.
[141] § 2000 BGB.

gem. § 1994 Abs. 1 Satz 2 BGB. Im letzteren Fall gilt dies auch dann, wenn zuvor die Eröffnung des Nachlassinsolvenzverfahrens mangels Masse abgelehnt worden ist.[142]

V. Haftungsbeschränkung außerhalb von Nachlassverwaltung und Nachlassinsolvenz

1. Grundsatz

Nach § 1975 BGB kann der Erbe eine Haftungsbeschränkung nur durch Anordnung der Nachlassverwaltung oder Eröffnung des Nachlassinsolvenzverfahrens herbeiführen.[143] Dies hat einen guten Sinn, weil i. d. R. nur die amtliche Nachlassliquidation einigermaßen Gewähr dafür bietet, dass der Nachlass ungeschmälert den Nachlassgläubigern zur Befriedigung ihrer Ansprüche zur Verfügung steht. Von diesem Grundsatz gibt es indessen Ausnahmen. Die §§ 1990 bis 1992 BGB räumen dem Erben die Möglichkeit einer endgültigen Haftungsbeschränkung ohne amtliche Nachlassliquidation durch bloße Berufung auf bestimmte Tatsachen ein, während die §§ 2014 ff. BGB durch Erhebung einer Einrede eine vorläufige Vollstreckungsbeschränkung ermöglichen.

2. Die Beschränkung der Haftung bei dürftigem Nachlass

Ist der Nachlass wegen Mangels einer den Kosten einer Nachlassverwaltung oder einer Nachlassinsolvenz entsprechenden Masse „dürftig" oder „unzulänglich" (§ 1982 BGB, § 26 Abs. 2 Satz 1 InsO), genügt die Berufung auf diesen Tatbestand, um die Haftung des Erben in bestimmter Weise zu beschränken. Er kann sodann die Befriedigung eines Nachlassgläubigers insoweit verweigern, als der Nachlass nicht ausreicht. Zu diesem Zweck muss er den Nachlass „im Wege der Zwangsvollstreckung" herausgeben.

a) **Erhebung der Dürftigkeitseinrede.** Die **Erhebung** der sog. **Dürftigkeitseinrede** ändert am Gläubiger- und Erbenvorgehen zunächst nichts. Da bei bloßer Dürftigkeit keine Überschuldung vorliegt, kann der Gläubiger Befriedigung erlangen. Prozessual braucht er keine Beschränkung zu beachten; als vorsichtiger Gläubiger kann er aber erklären, dass er dem allgemeinen Beschränkungsvorbehalt (§ 780 ZPO) nicht entgegentrete. Der Erbe seinerseits muss allerdings die Aufnahme des **Haftungsbeschränkungsvorbehaltes** erreichen, weil er sonst keine Möglichkeit mehr hat, die Beschränkung der Haftung auf den Nachlass durch Berufung auf die Dürftigkeit zu erlangen.[144] Er wird also bei streitiger Auseinandersetzung mit dem **Klageabweisungsantrag** hilfsweise beantragen,

> **Formulierungsvorschlag:**
> dem Beklagten die Beschränkung der Haftung auf den Nachlass des am ... verstorbenen XY vorzubehalten, § 780 ZPO.

Der Antrag kann in der Regel nur bezüglich Hauptsache und Zinsen Erfolg haben, nicht aber bezüglich der Kosten, die regelmäßig dem Erben persönlich zur Last fallen. Die Einrede bleibt unbeachtlich, wenn es sich um die Verurteilung wegen einer Nachlasserbenschuld handelt, weil insoweit eine persönliche Haftung des Erben besteht, ferner in den Fällen der §§ 27, 139 HGB. Dagegen behält die Dürftigkeitseinrede neben der Haftungsbeschränkung nach § 1586 b Abs. 1 Satz 3 BGB eigenständige Bedeutung.[145]

aa) *Auswirkung im Vollstreckungsverfahren.* Ob die Haftungsbeschränkungseinrede aus § 1991 BGB durchgreift, entscheidet sich im Falle der **Dürftigkeit** erst in der **Zwangsvollstreckung**, falls der Gläubiger in das Eigenvermögen des Erben vollstreckt. Erst dann zeigt sich die Wirkung des § 1990 BGB. Der Erbe muss nicht eine Haftungsbeschränkung nach

---
[142] OLG Stuttgart Beschl. v. 29.8.1994 – NJW 1995, 1227.
[143] Vgl. hierzu im Einzelnen §§ 24, 25.
[144] BGH Urt. v. 21.2.2002 – NJW 2002, 1414, 1415.
[145] BGH Urt. v. 29.11.2000 – NJW 2001, 828, 829. Vgl. oben Rdnr. 14.

§ 1975 BGB erreichen, vielmehr genügt die Berufung auf § 1990 BGB. Er muss sich aber gem. § 785 ZPO mit einer Einwendungsklage zur Wehr setzen.[146] Die **Beweislast** für das Vorliegen der Voraussetzungen des § 1990 BGB trägt der Erbe. Der Nachweis der Dürftigkeit kann durch den Erben zunächst nach § 2009 BGB mit dem Inventar geführt werden. Hier steht dem Gläubiger jedoch der Beweis des Gegenteils offen.[147] Vermag der Erbe demgegenüber einen Beschluss über die Ablehnung der Anordnung der Nachlassverwaltung oder Ablehnung der Eröffnung des Nachlassinsolvenzverfahrens (§ 1982 BGB, § 26 InsO) oder über die Aufhebung der Nachlassverwaltung mangels Masse (§ 1988 Abs. 2 BGB) bzw. den Beschluss über die Einstellung des Insolvenzverfahrens mangels Masse (§ 207 InsO)[148] vorzulegen, steht auch für das Prozessgericht das Fehlen einer kostendeckenden Masse fest.[149] Der Erbe ist aber nicht gehalten, die Ablehnung seiner Verfahrensanträge nach § 1982 BGB oder § 26 InsO herbeizuführen. Auch sonstige Beweise reichen aus.[150] Entscheidender Zeitpunkt für das Vorliegen der Dürftigkeit ist derjenige der Entscheidung über die Einrede.[151] Zu beachten ist, dass eventuelle Ersatzansprüche gegen den Erben aus §§ 1978 bis 1980 BGB bei der Prüfung der Dürftigkeit dem Nachlass hinzugerechnet werden,[152] so dass die Dürftigkeit aus diesem Grunde entfallen kann.

48 *bb) Pflichten des Erben.* Die Bestimmungen der §§ 1990, 1991 BGB wollen den Erben nur von seiner Pflicht, die amtliche Nachlassliquidation zu beantragen, freistellen. Seine **Haftung** für den Bestand des Nachlasses wird davon nicht berührt. Deshalb ordnet § 1991 Abs. 1 BGB die **Verwalterhaftung** gem. §§ 1978, 1979 BGB an, während § 1991 Abs. 2 BGB im Verhältnis zwischen Erben und Gläubiger – also nur relativ – die Aufhebung von Konfusion und Konsolidation vorschreibt. Diese erfolgt nur rechnerisch, so dass im Gegensatz zu § 1976 BGB Eigengläubiger des Erben dessen Ansprüche nicht pfänden können.[153] § 1977 BGB ist zwar nicht für anwendbar erklärt; gleichwohl kann der Erbe die Aufrechnung eines Nachlassgläubigers gegen eine Eigenforderung des Erben im Hinblick auf die Beschränkung seiner Haftung nach § 1990 BGB zurückweisen.[154] Bei der freiwilligen oder zwangsweisen **Befriedigung** von Nachlassgläubigern aus dem Nachlass hat der Erbe grundsätzlich keine Reihenfolge zu beachten, auch nicht die für die Insolvenz geltende Rangordnung. Verstößt er dabei gegen seine Verpflichtungen aus §§ 1978 bis 1980 BGB, kann der einzelne Nachlassgläubiger den Ersatzanspruch aus § 1978 BGB unmittelbar gegen den Erben geltend machen; vorherige Pfändung des an sich dem Nachlass zustehenden Anspruchs ist nicht erforderlich.[155]

Ist der Nachlass nicht bloß dürftig, sondern auch **überschuldet**, erhebt der Erbe also die **Unzulänglichkeitseinrede**,[156] hat er zwei Besonderheiten zu beachten. Nach § 1991 Abs. 3 BGB geht dann bei der Befriedigung der Gläubiger derjenige vor, der die rechtskräftige Verurteilung des Erben erwirkt hat.[157] Diese Verpflichtung[158] des Erben zur vorrangigen Befriedigung des rechtskräftig ausgeurteilten Anspruchs beinhaltet auch die Verpflichtung zur Abwehr von Vollstreckungsmaßnahmen anderer Gläubiger auf Grund jüngerer Titel. Eigene Ansprüche des Erben an den Nachlass darf der Erbe aber allen Gläubigern entgegensetzen,[159] weil er gegen sich selbst keinen Titel erwirken kann. Ferner muss der Erbe Verbindlichkeiten aus Pflicht-

---

[146] Vgl. § 60 Rdnr. 19 f.
[147] Vgl. für alle MünchKomm/*Siegmann* § 2009 Rdnr. 5.
[148] Im Falle der Nichteröffnung bzw. Einstellung des Nachlassinsolvenzverfahrens erhebt der Erbe die sog. Unzulänglichkeitseinrede, dazu sogleich Rdnr. 49.
[149] BGH Urt. v. 13.7.1989 – NJW-RR 1989, 1226.
[150] Ganz h. M., vgl. RGZ 74, 375, 377; KG Urt. v. 21.11.2002 – WM 2003, 1996; OLG Düsseldorf Beschl. v. 10.11.1999 – ZEV 2000, 155; a.A. LG Göttingen Beschl. v. 10.10.2000 – Rpfl 2001, 95 mit abl. Anm. G. *Siegmann* Rpfl 2001, 260.
[151] BGH Urt. v. 10.10.1982 – BGHZ 85, 274 = NJW 1983, 1485.
[152] BGH Urt. v. 13.7.1989 – NJW-RR 1989, 1226; Urt. v. 2.7.1992 – NJW 1992, 2694, 2695.
[153] BGH Urt. v. 10.12.1990 – BGHZ 113, 132, 138 = NJW 1991, 844 (zu § 419 BGB aF).
[154] BGH Urt. v. 27.6.1961 – BGHZ 35, 317, 327 = NJW 1961, 1966.
[155] BGH Urt. v. 13.7.1989 – NJW-RR 1989, 1226.
[156] Vgl. dazu sogleich Rdnr. 49.
[157] BGH Urt. v. 29.4.1993 – BGHZ 122, 297, 307 = NJW 1993, 1851 (zu § 419 BGB aF).
[158] BGHZ 122, 297, 307 = NJW 1993, 1851.
[159] BGHZ 122, 297, 307 = NJW 1993, 1851.

teilsrechten, Vermächtnissen und Auflagen wie im Falle der Insolvenz nachrangig befriedigen, auch wenn insoweit eine rechtskräftige Verurteilung vorliegt.[160] Ausgeschlossene und säumige Gläubiger (§§ 1973, 1974 BGB) darf der Erbe erst nach den anderen, muss sie aber noch vor denjenigen des § 327 Abs. 1 Nr. 1 und 2 InsO befriedigen.

b) Erhebung der Unzulänglichkeitseinrede. Die Erhebung der **Unzulänglichkeitseinrede** 49 hat – wie dargelegt – neben der Dürftigkeit noch die **Überschuldung** des Nachlasses zur Voraussetzung. Auch hier fällt die Entscheidung über die Haftung des Erben i. d. R. erst in der Vollstreckung, wenn der Erbe die Vollstreckung in sein Eigenvermögen unter Berufung auf die vorzubehaltende Einrede mit der Klage nach § 785 ZPO abzuwenden sucht. Gelingt dem Erben der Nachweis der völligen Erschöpfung des Nachlasses,[161] bestehen also auch keine Ersatzansprüche gegen ihn aus §§ 1978, 1979 BGB, kann er bereits im Erkenntnisverfahren die

> **Formulierungsvorschlag:**
> Abweisung der Klage des Nachlassgläubigers als zurzeit unzulässig,[162] hilfsweise Vorbehalt der Beschränkung der Haftung auf den Nachlass verlangen.

Diese Einrede der **Erschöpfung** des Nachlasses setzt sich in der Praxis des Erkenntnisverfahrens freilich fast nie durch. Die Erhebung der Unzulänglichkeits- wie der Erschöpfungseinrede führt i. d. R. – nicht anders als bei der Dürftigkeitseinrede – nur zur Aufnahme des allgemeinen Haftungsbeschränkungsvorbehaltes nach § 780 ZPO. Erst in der Zwangsvollstreckung (der nach herrschender Auffassung[163] auch unpfändbare Nachlassgegenstände unterliegen, weil es sich um einen Herausgabeanspruch handelt) entscheidet sich die Berechtigung der Einreden. Ihre übliche vorprozessuale Erhebung durch die Erben (die damit oftmals allzu schnell bei der Hand sind) löst freilich schon deren **Herausgabeverpflichtung** hinsichtlich des Nachlasses aus, folglich auch die Verpflichtung zur Auskunft einschließlich Rechnungslegung und Abgabe der eidesstattlichen Versicherung.[164] Diese Ansprüche kann der Gläubiger zunächst geltend machen, um Klarheit darüber zu gewinnen, ob er unbeschränkt Leistung oder nur die **Befriedigung aus dem Nachlass** verlangen soll. Ob der Erbe auch im letzteren Fall den Vorbehalt nach § 780 ZPO aufnehmen lassen muss, erscheint fraglich. Nach dem Gebot des sichersten Weges sollte der Anwalt auch hier die Einrede der beschränkten Erbenhaftung erheben.[165] Den Nachweis der **Unzulänglichkeit** hat der Erbe ebenso wie im Falle der Dürftigkeit zu führen.[166] Die Verteidigungsmittel gegen die Vollstreckung in das Eigenvermögen decken sich mit denjenigen bei der Dürftigkeitseinrede. Möglich ist für den Erben aber auch das Angebot eines Unterwerfungstitels nach § 794 Abs. 1 Nr. 5 ZPO.[167]

3. Die Überschwerungseinrede des § 1992 BGB

Die Überschwerungseinrede des § 1992 BGB setzt bei noch beschränkbarer Haftung voraus, 50 dass der Nachlass überschuldet ist, diese Überschuldung aber **nur** auf **Vermächtnissen** und **Auflagen** beruht. Auf Pflichtteilsansprüche findet die Vorschrift demgegenüber keine Anwendung.[168] Dagegen dürfen ausgeschlossene und säumige Gläubiger bei der Feststellung der Ursache der Überschuldung unberücksichtigt bleiben. Beruht unter diesen Prämissen die Überschuldung allein auf Vermächtnissen und Auflagen, kann der Erbe die Berichtigung dieser Verbind-

---

[160] Vgl. § 1991 Abs. 4 BGB, § 327 Abs. 1 Nr. 1 und 2 InsO.
[161] BayObLG Beschl. v. 7.10.1999 – ZEV 2000, 151.
[162] Weil der Gläubiger kein Interesse an der Verurteilung zu einer nicht durchsetzbaren Leistung hat, ihm andererseits aber die Möglichkeit bleiben muss, in neu aufgetauchte Nachlassgegenstände zu vollstrecken.
[163] Abweichend Staudinger/*Marotzke* § 1990 Rdnr. 32.
[164] BGH Urt. v. 2.7.1992 – NJW 1992, 2694, 2695.
[165] Allgemein zur Notwendigkeit, im Falle der Unzulänglichkeit die Haftungsbeschränkung vorbehalten zu lassen, vgl. BGH Urt. v. 25.11.1992 – NJW 1993, 850.
[166] Vgl. dazu oben Rdnr. 47.
[167] RGZ 137, 50, 53.
[168] OLG München Urt. v. 3.12.1996 – ZEV 1998, 100; RG JW 1912, 40.

lichkeiten nach den Vorschriften der §§ 1990, 1991 BGB vornehmen, wobei er die Herausgabe des Nachlasses durch **Zahlung des Wertes** abwenden kann. Die Einrede ist in diesem Falle auch bei Vorhandensein einer kostendeckenden Masse möglich. Der Erbe hat gem. §§ 1992, 1991 Abs. 4 BGB für die gleichmäßige Befriedigung der Vermächtnisnehmer und Auflagenberechtigten und wegen des gleichen Ranges[169] nach den Verhältnissen ihrer Beträge zu sorgen, wobei ein pflichtteilsvertretendes Vermächtnis einredefest ist (§ 327 Abs. 2 InsO). Wegen der insolvenzmäßigen Abwicklung hat auch der gem. § 1991 Abs. 3 BGB rechtskräftig ausgeurteilte Vermächtnisanspruch keine Sonderstellung. Gem. § 1992 Satz 2 BGB steht dem Erben wegen der restlichen Nachlassgegenstände ein **Abfindungsrecht** zu, dessen Wert sich nach dem Zeitpunkt der Geltendmachung richtet. Im Fall einer Verurteilung entsteht aus dem Abfindungsrecht eine Abwendungsbefugnis. Der entsprechende – hilfsweise – Antrag im Rahmen der allgemeinen Prozessanträge könnte etwa lauten:

Formulierungsvorschlag:
Dem Bekl. wird gem. § 1992 Satz 2 BGB gestattet, die Zwangsvollstreckung in die noch verbliebenen, nachstehend aufgeführten Nachlassgegenstände, nämlich ...
gegen Zahlung eines Betrags von ... abzuwenden.

Dem Vermächtnis eines bestimmten Nachlassgegenstandes steht bereits im Erkenntnisverfahren die Verpflichtung des Erben zur insolvenzmäßigen Befriedigung gem. § 1991 Abs. 4 BGB, § 45 InsO entgegen. Dieses Vermächtnis ist also grundsätzlich nach seinem Geldwert geltend zu machen. Der Vermächtnisnehmer kann aber gegen Bezahlung eines dem Kürzungsbetrag entsprechenden Betrages sowohl Kürzungsbefugnis des Erben wie auch sein Abfindungsrecht ausschließen. Es kommt dann nur eine Zug um Zug-Verurteilung des Erben (der den allgemeinen Beschränkungsvorbehalt aufnehmen lassen muss) in Betracht.[170]

Formulierungsvorschlag:
Der Beklagte wird verurteilt, das KfZ Mercedes-Benz 300 SL Baujahr 1961, ... , gegen Zahlung von ... € an den Kläger zu übereignen und herauszugeben.

4. Erschöpfungseinrede (§ 1989 BGB)

51   Das Gesetz behandelt in § 1989 BGB nur zwei Fälle der Haftung des Erben nach **Beendigung** des **Nachlassinsolvenzverfahrens**, nämlich den Fall der **Schlussverteilung** und Aufhebung des Verfahrens gem. § 201 InsO und den Fall der Haftung nach Bestätigung des Insolvenzplans und **Aufhebung** des Verfahrens (§§ 248, 258 InsO). Die Haftung nach Schlussverteilung nach der InsO (unbegrenzte Nachhaftung) gilt nur für den unbeschränkt haftenden Erben (§§ 1989, 2013 Abs. 1 BGB). Der noch beschränkt haftende Erbe kann sich auf § 1989 BGB i. V. m. § 1973 BGB berufen, d.h. die Erfüllung noch offener Nachlassverbindlichkeiten insoweit verweigern, als der Nachlass durch das Insolvenzverfahren erschöpft ist. Er kann also die Befriedigung aus solchen Nachlassgegenständen verweigern, die gem. § 203 Abs. 1 Nr. 1 bis 3 InsO für eine Nachtragsverteilung benötigt werden, wozu die als nicht verwertbar (weil unpfändbar) zurückgegebenen Gegenstände (§ 197 Abs. 1 Nr. 3 InsO) nicht gehören. Letztere sind folglich gem. § 1973 BGB im Wege der Zwangsvollstreckung herauszugeben. Die Haftung des Erben nach Beendigung des Verfahrens durch **Insolvenzplan** (was eine ganz seltene Ausnahme bleiben wird) betrifft wie nach früherem Recht nur solche Nachlassgläubiger, die vom Insolvenzplan nicht betroffen sind, während die vom Insolvenzplan betroffenen Gläubiger den Erben nach dem gestaltenden Teil des Plans in Anspruch nehmen können. Nachrangige Gläubiger, also

---

[169] Vgl. § 327 Abs. 1 Nr. 2 InsO.
[170] BGH Urt. v. 29.5.1964 – NJW 1964, 2298, 2300; RG Recht 1930, 1521.

Pflichtteilsberechtigte, Vermächtnisnehmer und Auflagenberechtigte, werden ebenfalls nicht erfasst. Deren Ansprüche gelten nach § 225 Abs. 1 InsO als erlassen.

Die **Durchführung** der Haftungsbeschränkung bei den in § 1989 BGB genannten Tatbeständen erfolgt wie im Falle des § 1973 BGB, also nach Bereicherungsrecht. Vollstreckt ein Gläubiger in das Eigenvermögen auf Grund eines Auszugs aus der Tabelle (§ 201 Abs. 2 InsO), kann der Erbe trotz Fehlens eines Vorbehaltes nach § 780 ZPO die Einwendungsklage aus §§ 781, 785, 767 ZPO erheben, weil die Eintragung in die Tabelle nur einen Titel gegen den Nachlass gibt. Im Übrigen ist der Erbe in den genannten beiden Fällen nicht mehr zur Inventarerrichtung verpflichtet, § 2000 Satz 3 BGB.

Alle **übrigen** Fälle der **Beendigung des Nachlassinsolvenzverfahrens** haben keine haftungsrechtliche Regelung erfahren. Hier gilt: Wie vor Einleitung des Verfahrens, also unbeschränkt, aber beschränkbar, haftet der Erbe nach Aufhebung des Eröffnungsbeschlusses (§ 34 Abs. 3 InsO), bei Einstellung des Verfahrens wegen Fehlens eines Eröffnungsgrundes (§ 212 InsO) sowie beim Insolvenzverzicht der Gläubiger (§§ 213, 215, 201 InsO). Gem. §§ 1990, 1991 BGB haftet der Erbe dagegen bei Einstellung des Verfahrens wegen Fehlens einer kostendeckenden Masse (§ 207 InsO) sowie bei Einstellung nach Anzeige der Masseunzulänglichkeit (§ 211 InsO). Der Fall der Haftung des Erben nach **Beendigung** der **Nachlassverwaltung** ist im Gesetz nicht geregelt. Seit dem Urteil des BGH vom 17.12.1953[171] ist aber anerkannt, dass der Erbe nach Aufhebung der Nachlassverwaltung zur Beschränkung der Haftung nicht erneut Nachlassverwaltung beantragen muss. Er kann sich auf die §§ 1990, 1991 BGB berufen, und zwar auch bei einem nicht dürftigen Nachlass. Im Falle der Verurteilung genügt der allgemeine Haftungsbeschränkungsvorbehalt. Insolvenzantrag muss der Erbe bei Vorliegen der Voraussetzungen aber stellen.

5. Aufschiebende Einreden (§§ 2014 ff. BGB)

Die aufschiebenden Einreden der §§ 2014 ff. BGB beeinflussen die haftungsrechtliche Stellung des Erben zunächst nicht, geben ihm aber die Möglichkeit, die Nachlassgläubiger während einer Übergangszeit auf Maßnahmen der Sicherungsvollstreckung (§§ 782, 930 bis 932 ZPO) zu beschränken. Gegen die Eigengläubiger des Erben, die in Nachlassgegenstände vollstrecken, gibt § 783 ZPO den gleichen Schutz. Die Realgläubiger des § 1971 BGB sind mit ihrem dinglichen Anspruch allerdings nach § 2016 Abs. 2 BGB einredefrei.

a) Einrede des § 2014 BGB. Die Einrede des § 2014 BGB gibt dem Erben die Möglichkeit, die Berichtigung einer Nachlassverbindlichkeit bis zum Ablauf der ersten **3 Monate** nach der **Annahme** der Erbschaft, jedoch nicht über die Errichtung des Inventars hinaus zu verweigern. Abgesehen von den Realgläubigern des § 1971 BGB sind von der Einrede nicht betroffen die Ansprüche aus §§ 1963, 1969 BGB, ferner die den Erben als solchen treffenden Anzeige- und Notbesorgungspflichten gem. §§ 673, 627, 1894, 2218 BGB. Auch Vorlagepflichten gem. §§ 809 bis 811 BGB und Gebrauchsgewährungspflichten nach Übergabe der Miet- oder Pachtsache durch den Erblasser sind frei von den Einreden der §§ 2014 ff. BGB.

aa) Materiellrechtliche Wirkungen. **Materiellrechtliche Wirkungen** hat nach überwiegender, der Ansicht des Reichsgerichts[172] folgender Meinung die Erhebung der Einrede nicht. Der Erbe kommt also trotz Erhebung der Einrede bei Vorliegen der allgemeinen Voraussetzungen mit der Erfüllung einer Nachlassverbindlichkeit in Verzug mit der Folge, dass er Verzugszinsen, Vertragsstrafen und Schadensersatz schuldet, was aus der Sicht des § 1978 BGB auch Grund dafür sein kann, von der Erhebung der Einrede abzusehen. Die Überlegung des Reichsgerichts,[173] dass es nicht unbillig sei, wenn statt des Nachlassgläubigers der Erbe als Träger des Nachlasses die Folgen der Unübersichtlichkeit des Nachlasses und der Nichterfüllung einer an sich zu erfüllenden Verbindlichkeit trage, überzeugt nach wie vor. Die Einrede hemmt umgekehrt trotz Streichung des § 202 Abs. 2 BGB aF durch das SMG nicht die Verjährung.

bb) Prozessuale Ausgestaltung. Die **prozessuale Ausgestaltung** der Einrede ist in §§ 305, 782 ZPO geregelt. Ihre Erhebung im Prozess führt zunächst nur zur Aufnahme des allgemeinen

---
[171] NJW 1954, 634.
[172] RGZ 79, 201.
[173] RGZ 79, 201.

Haftungsbeschränkungsvorbehalts gem. § 780 ZPO. Deshalb genügt zur Erhaltung der Einreden nach §§ 2014, 2015 BGB der allg. Antrag auf Vorbehalt der Beschränkung der Haftung.[174] Eines besonderen Vorbehalts der Einrede bedarf es nicht.[175] Ein solcher kann sogar verfehlt sein, weil ein Vorbehalt, der auf ein bestimmtes Haftungsbeschränkungsmittel beschränkt ist, es dem Erben unmöglich macht, seine Haftung für den Anspruch aus dem Titel auf andere Weise zu beschränken.[176] Vollstreckt ein Gläubiger über die Sicherungsvollstreckung der §§ 782, 930 bis 932 hinaus, steht dem Erben die Vollstreckungsgegenklage der §§ 785, 767 ZPO zu, die folgenden Antrag haben könnte (abhängig vom jeweiligen Vorgehen des Nachlassgläubigers):

> **Formulierungsvorschlag:**
> Die vom Beklagten aus dem Urteil des LG A-Stadt vom 28.2.2000 – 10 O 100/99 – betriebene Versteigerung (oder sonstige Verwertung) des KfZ des Klägers, Marke ... , amtl. Kennzeichen ... wird bis zum ... [177] für unzulässig erklärt. Ferner wird beantragt,
> die weitere Vollstreckung gem. §§ 785, 769 ZPO ohne Sicherheitsleistung einzustellen.

Die **Beweislast** für den Ablauf der Frist liegt beim Nachlassgläubiger; er hat im Streitfalle auch den Zeitpunkt der Erbschaftsannahme zu beweisen; desgleichen die behauptete unbeschränkte Haftung des Erben oder die erfolgte Inventarerrichtung, die die Berufung auf die Einrede ausschließt. Eine behauptete Ausschlagung durch den Erben steht zu dessen Beweislast.

58 **b) Aufgebotseinrede.** Mit der **Aufgebotseinrede** des § 2015 BGB kann der Erbe die Befriedigung der Nachlassgläubiger noch weiter als im Falle des § 2014 BGB hinausschieben. Die Jahresfrist des § 2015 Abs. 1 BGB beginnt ebenfalls mit der Annahme der Erbschaft, endet aber, falls das Aufgebot innerhalb dieser Frist beantragt worden ist, erst mit dem Ende des Aufgebotsverfahrens (mit den Einschränkungen des Abs. 2 des § 2015 BGB). Zur Fristwahrung genügt die Antragstellung innerhalb eines Jahres; die Einrede kann allerdings erst mit der Zulassung des Aufgebots erhoben werden. Im Übrigen gilt das Gleiche wie bei § 2014 BGB. Allerdings ist die Inventarerrichtung ohne Einfluss auf den Fristablauf; und im Antrag kann die Schonfrist nicht kalendermäßig, sondern nur allgemein (etwa: ... bis zur Beendigung des Aufgebotsverfahrens) angegeben werden.

59 **c) Fristbeginn in Sonderfällen.** § 2017 BGB regelt den Fristbeginn bei Bestellung eines **Nachlasspflegers** zur Verwaltung des Nachlasses vor Annahme der Erbschaft abweichend von § 2014 und § 2015 Abs. 1 BGB. Die Frist beginnt dann schon mit der **Bestellung** des Pflegers. Gleiches gilt für Nachlassverwaltung und verwaltenden Testamentsvollstrecker.

VI. Haftung des Erben trotz Nachlassabsonderung

1. Unbeschränkbare Haftung

60 Haftet der Erbe allen Gläubigern gegenüber **unbeschränkbar** (weil er eine Inventaruntreue begangen oder die Inventarfrist versäumt hat), hilft ihm eine Haftungsabsonderung durch Nachlassverwaltung (die die Nachlassgläubiger auch bei unbeschränkter Haftung beantragen können) oder Nachlassinsolvenz, die trotz unbeschränkter Haftung nach §§ 316, 317 InsO auch vom Erben beantragt werden kann, nicht. Die Gläubiger können dann auf sein

---

[174] Die Frage ist streitig. Wie hier *Planck/Flad* § 2014 Anm. 1 a; *Erman/Schlüter* § 2014 Rdnr. 2; Münch-KommBGB/*Siegmann* § 2014 Rdnr. 4; *Riesenfeld* Erbenhaftung Bd I S. 134; *Strohal* ErbR II S. 229. A.A. *K. Schmidt* JR 1989, 45; *Joachim*, Die Haftung des Erben, 2. Aufl. 2006 Rdnr. 455.
[175] A.A. *Klinger/Gutbell/Joachim* MPF ErbR, Formular T I 1 mwN. Für Anträge nach § 305 und § 780 ZPO *Krug* in: *Bonefeld/Kroiß/Tanck* Erbprozess 2005 Kap. 9 Rdnr.: 133.
[176] Staudinger/*Marotzke* vor § 1967 Rdnr. 27 mwN.
[177] Die Frist des § 2014 BGB ist kalendermäßig festzulegen; im Falle des § 782 Satz 2 ZPO hat der Antrag auf Unzulässigerklärung „bis zur rechtskräftigen Entscheidung über die Eröffnung des Nachlassinsolvenzverfahrens" zu lauten.

Eigenvermögen zugreifen. Nur bei gleichzeitiger Erbeninsolvenz (§ 331 InsO) können die Nachlassgläubiger nur für den Teil ihrer Forderung anteilmäßige Befriedigung verlangen, mit dem sie im Nachlassinsolvenzverfahren ausgefallen sind. Haftet der Erbe nur **einzelnen** Gläubigern gegenüber unbeschränkbar (wegen Verweigerung der Abgabe der eidesstattlichen Versicherung, § 2006 Abs. 2 Satz 1 BGB, wegen Unterlassens eines Haftungsvorbehaltes nach § 780 ZPO oder wegen Verzichts auf die Haftungsbeschränkung), gilt das vorstehend Ausgeführte nach § 2013 Abs. 2 BGB nur im Verhältnis gegenüber diesen Gläubigern. Nach § 2013 Abs. 1 Satz 2 BGB hat der Erbe jedoch mit dem Ausschlussurteil oder dem Ablauf der in § 1974 BGB bestimmten Frist das unentziehbare Recht der Verweisung auf den Nachlassrest erworben, das durch Versäumnis der Inventarfrist oder ein unrichtiges Inventar nicht mehr verloren gehen kann. Anders liegt es nach h. M. jedoch bei Verweigerung der eidesstattlichen Versicherung gegenüber dem antragstellenden Gläubiger. Dann soll sich der Erbe nicht auf §§ 1973, 1974 BGB berufen können, weil § 2006 BGB in § 2013 Abs. 1 Satz 2 BGB absichtlich nicht erwähnt worden sei. Für den Rechtsstreit von Bedeutung ist die **Beweislast** bei den genannten Konstellationen: Der Eintritt der unbeschränkbaren Haftung ist vom Nachlassgläubiger zu beweisen, der sich darauf beruft. Das bedeutet, dass er bei § 1994 BGB nur die Fristsetzung darzulegen hat (dies ermöglicht ihm § 78 Abs. 1 und 2 FGG), der Erbe dagegen die rechtzeitige Inventarerrichtung. Der Erbe muss zudem die Beschränkung der Haftung mit den zulässigen Mitteln beweisen, ebenso den Ausschluss des Gläubigers im Aufgebotsverfahren und die Versäumung der Frist des § 1974 BGB.

2. Nachlasserbenschulden

Auch gegenüber **Nachlasserbenschulden** ist die Haftungsbeschränkung ohne jede Bedeutung. Hier hilft dem Erben nicht einmal § 331 Abs. 1 InsO und auch nicht § 2013 Abs. 1 Satz 2 BGB. Es besteht die gleiche Rechtslage wie bei Verbindlichkeiten aus § 27 HGB bei Fortführung des Unternehmens. 61

3. Dingliche Haftung

Unberührt von einer eingetretenen Haftungsbeschränkung durch Nachlassverwaltung oder Nachlassinsolvenz bleibt die **dingliche Haftung** des Erben, vgl. §§ 1137 Abs. 1 Satz 2, 1211 Abs. 1 Satz 2 BGB. Gleiches gilt bei Sicherung des Anspruchs eines Gläubigers durch Eintragung einer **Vormerkung**, wobei es unerheblich ist, ob die Vormerkung vor oder nach dem Erbfall erworben wurde. Nur wenn der Erwerb nach dem Erbfall im Wege der **einstweiligen Verfügung** erfolgt ist, ist eine Haftungsbeschränkung gem. §§ 1990 Abs. 2, 2016 Abs. 2 BGB, § 321 InsO von Bedeutung, weil die vom Gläubiger erlangten Sicherheiten im Falle der Nachlassinsolvenz ihre Wirkung verlieren. Schließlich ist zu beachten, dass der Bürge gem. § 768 Abs. 1 Satz 2 BGB trotz Beschränkung der Haftung durch den Erben des Hauptschuldners voll haftet. Der Erbe des Bürgen kann seine Haftung aber wieder auf den Nachlass des Bürgen beschränken. 62

4. Haftung des Erben bei Bestehen einer Testamentsvollstreckung

Die Anordnung der **Testamentsvollstreckung** durch den Erblasser führt zwar – wie bei der Nachlassverwaltung und dem Nachlassinsolvenzverfahren – zu einer **Nachlassabsonderung** unter Fremdverwaltung, und zwar schon mit dem Erbfall. Eine Haftungsbeschränkung ist damit aber nicht verbunden. § 2214 BGB wehrt lediglich die Eigengläubiger des Erben vom Nachlassvermögen ab. Vollstreckt gleichwohl ein Eigengläubiger auf Grund eines gegen den Erben ergangenen Titels in den Nachlass, kann der Testamentsvollstrecker gem. § 766 ZPO die Aufhebung der Zwangsvollstreckungsmaßnahme verlangen, weil es an einem Titel gegen den Nachlass fehlt (§ 748 Abs. 1 ZPO). Unzulässig ist auch eine Vollstreckung mit der Maßgabe, dass sie erst ab Ende der Verwaltung wirksam werden soll.[178] Dagegen können Nachlassverbindlichkeiten sowohl gegen den Testamentsvollstrecker wie gegen den Erben geltend gemacht werden, der Pflichtteilsanspruch allerdings nur gegen den Erben, § 2213 Abs. 1 BGB. Die Vollstreckung wegen eines solchen Anspruchs in den Nachlass setzt gleichwohl einen **Duldungstitel** gegen den Testamentsvollstrecker voraus, § 748 Abs. 3 ZPO, zu näheren Einzelheiten unten 63

---

[178] BGH Urt. v. 31.1.1990 – BGHZ 110, 176 = NJW 1990, 1237.

§ 60 Rdnr. 13. Die Rechtsprechung des BGH,[179] wonach bei Bestehen einer Testamentsvollstreckung trotz eingetretener **Konfusion** Ansprüche des Nachlasses gegen den Erben und umgekehrt geltend gemacht werden können, kann nicht zu der Schlussfolgerung führen, dass angesichts einer mit der Testamentsvollstreckung verbundenen vollständigen Vermögensabsonderung auch eine Haftungsbeschränkung verbunden sein müsse. Zuzustimmen ist allerdings der in der konkurs- bzw. insolvenzrechtlichen Literatur vertretenen Auffassung, dass die vollständige Abwehr der Eigengläubiger vom Nachlass durch § 2214 BGB die entsprechende Anwendung des § 331 InsO für die Nachlassgläubiger für die Dauer der Testamentsvollstreckung zur Folge haben muss. Wegen des richtigen prozessualen Vorgehens wird auf die Klagemuster bei § 60 II verwiesen.[180]

VII. Haftung des Vor- und Nacherben sowie des Erbschaftskäufers

64 Hinsichtlich der Besonderheiten der **Haftung des Vor- und des Nacherben** (§§ 2144, 2145) sowie der Haftung des **Erbschaftskäufers** (§ 2383 BGB) wird auf die Ausführungen in § 17 Rdnr. 79 f., 120 ff. sowie in § 28 Rdnr. 22 verwiesen.

VIII. Die Miterbenhaftung

1. Grundlagen

65 Nach § 2058 BGB haften die **Miterben** für gemeinschaftliche Nachlassverbindlichkeiten **gesamtschuldnerisch** (§ 421 BGB). Dies gilt – abgesehen vom Fall des § 2060 BGB – auch nach der Teilung,[181] weshalb § 2058 BGB indirekt auch die Erfüllung der Verpflichtung der Miterben aus § 2046 Abs. 1 BGB (Schuldentilgung vor der Teilung) bewirkt. Nur für **gemeinschaftliche Nachlassverbindlichkeiten** wird gesamtschuldnerisch gehaftet. § 2058 BGB gilt bei Erbteilsverbindlichkeiten, d.h. solchen, die nur einen oder einzelne Erbteile belasten, grundsätzlich nicht. Erbteilsverbindlichkeiten sind etwa Vermächtnisse und Auflagen, die nur einzelnen Miterben auferlegt sind, oder ein Pflichtteilsrestanspruch aus § 2305 BGB gegen die übrigen Miterben. Soweit mehrere, also nicht alle Miterben mit einer solchen Verbindlichkeit belastet sind, gilt für diese § 2058 BGB entsprechend. Beruft sich der Miterbe auf § 2059 BGB, kann der Gläubiger nur auf den Erbteil des allein belasteten Miterben zugreifen. Keine Erbteilsverbindlichkeit, sondern Gesamtschuld ist die Vergütung des Testamentsvollstreckers nach § 2221 BGB, der nur einen Erbteil verwaltet.[182] Zu beachten ist, dass vor der Teilung der Nachlass als gesamthänderisch gebundenes Vermögen der Miterben nicht bloß dem Zugriff der Nachlassgläubiger zur Verfügung steht. Die Zwangsvollstreckung in das Gesamthandsvermögen steht vielmehr allen Gläubigern, denen die Miterben gesamtschuldnerisch haften, offen.[183]

2. Haftung der Miterben vor der Teilung

66 a) **Gesamtschuldklage.** Die gesamtschuldnerische Haftung der Miterben vor der **Teilung** ermöglicht den Nachlassgläubigern ein unterschiedliches Vorgehen. Neben der gleichzeitigen Inanspruchnahme aller Miterben mit der sog. **Gesamtschuldklage** kann der Gläubiger auch jeden einzelnen Miterben mit der Gesamtschuldklage in Anspruch nehmen. Es besteht keine notwendige Streitgenossenschaft i. S. v. § 62 ZPO.[184] Zur Vollstreckung in den Nachlass (§ 747 ZPO) genügen auch **Einzeltitel** der unterschiedlichsten Art (Urteil, Vergleich, Unterwerfungserklärung) gegen die Miterben.[185] Dies gilt auch bei der Verpflichtung zur Herbeiführung einer

---

[179] Urt. v. 1.6.1967 – BGHZ 48, 214, 218 = NJW 1967, 2399.
[180] Vgl. § 60 Rdnr. 13, 15.
[181] BGH Urt. v. 3.12.1981 – WM 1982, 101; BayObLG Beschl. v. 21.1.1999 – ZEV 2000, 223. Dies gilt auch, wenn ein Testamentsvollstrecker eines Miterben erfolglos gegen einen anderen Miterben geklagt hat, für die dadurch entstehenden Kosten, BGH Urt. v. 25.6.2003 – NJW 2003, 3268.
[182] BGH Urt. v. 22.1.1997 – NJW 1997, 1362.
[183] BGH Urt. v. 5.12.1969 – BGHZ 53, 110, 115 = NJW 1970, 473. Auch als Störer i. S. v. § 1004 BGB haften Miterben gem. § 2058 BGB, BGH Urt. v. 21.4.1989 – NJW 1989, 2541.
[184] BGH Urt. v. 20.5.1992 – NJW-RR 1992, 1151.
[185] BGH Beschl. v. 1.12.1961 – NJW 1962, 636.

Verfügung, etwa der Verpflichtung zur Auflassung eines Nachlassgrundstücks.[186] Auf die gesamtschuldnerische Haftung des § 2058 BGB geht auch die auf § 2059 Abs. 2 BGB beruhende Gesamthandsklage zurück, soweit mit dieser die Haftung für eine schuldrechtliche Verbindlichkeit der Miterben verlangt wird. Da diese auf Duldung der Zwangsvollstreckung in den Nachlass geht und deshalb grundsätzlich notwendige Streitgenossenschaft besteht, ist sie nur dann ratsam, wenn die Vollstreckung in den Nachlass unzweifelhaft zur Befriedigung des Gläubigers führt, während sonst die Gesamtschuldklage des § 2058 BGB vorzuziehen ist, weil sie auch den Zugriff auf den Miterbenanteil ermöglicht (§ 2059 Abs. 1 BGB und § 859 ZPO) und auch nach der **Teilung** noch Vollstreckungsgrundlage gegen die einzelnen Miterben ist.

b) Gesamthandsklage. Daneben besteht gem. § 2059 Abs. 2 BGB bis zur Teilung die Möglichkeit des Vorgehens mit der **Gesamthandsklage**. Sie ist grundsätzlich die Klage, mit der der Nachlassgläubiger die Vornahme einer Verfügung durch alle Miterben gem. § 2040 BGB begehrt. Wichtigste Fälle sind die Erfüllung eines **Grundstücksvermächtnisses** oder einer noch vom Erblasser eingegangenen Verpflichtung zur **Übertragung** eines **Nachlassgrundstücks**. Es besteht wegen der Notwendigkeit der Verfügung durch alle Miterben eine materiellrechtlich notwendige Streitgenossenschaft i. S. v. § 62 ZPO. Gleichwohl macht die Praxis hier wichtige Ausnahmen: Miterben, die schon formwirksam die Auflassung erklärt haben oder unstreitig zur Abgabe der Auflassungserklärung bereit sind,[187] müssen nicht mitverklagt werden. Gleiches hat für den Miterben als Vorausvermächtnisnehmer (§ 2150 BGB) zu gelten, da dieser nicht gleichzeitig Kläger und Beklagter sein kann. Verfügung i. d. S. ist auch die Zustimmung zur Löschung eines im Grundbuch eingetragenen Rechts; für sie und die Duldungsklage auf Grund einer Hypothek an einem Nachlassgrundstück gilt das Gleiche.[188]

c) Einwendungen der Miterben. Die **Einwendungen** der Miterben richten sich nach der vom Gläubiger gewählten Klageart. Der allgemeine **Haftungsbeschränkungsvorbehalt** des § 780 ZPO ist gegenüber der – korrekt formulierten – **Gesamthandklage** an sich überflüssig, weil die Klage auf Leistung aus dem Nachlass gerichtet ist, die stets geschuldet wird. Freilich ist der Vorbehalt erforderlich, wenn die Miterben sich auf die §§ 2014 ff. BGB berufen wollen, § 305 ZPO. Dafür ist der allgemeine Vorbehalt des § 780 ZPO ausreichend, da dieser auch die aufschiebenden Einreden umfasst (vgl. Rdnr. 57). Bezüglich der **Kosten** hilft der Vorbehalt nichts, weil der bestreitende Miterbe insoweit persönlich haftet und deshalb keinen Haftungsvorbehalt erwirken kann. Im Übrigen gilt:

aa) Einwendungen bei der Gesamtschuldklage. Bei der **Gesamtschuldklage** steht den Miterben das ganze Instrumentarium der erbenhaftungsrechtlichen **Verteidigungsmöglichkeiten** zur Verfügung: die Einrede aus § 1958 BGB, weil die Klage vor der Annahme erhoben worden sei (erledigt sich i. d. R. sehr rasch durch Fristablauf noch vor der mündlichen Verhandlung); die Einrede des § 780 ZPO, um ganz allgemein, also auch nach der Teilung, den Zugriff auf das Eigenvermögen mit Ausnahme des Anteils am Nachlass verhindern zu können; die aufschiebenden Einreden der §§ 2014, 2015 BGB, um eine Klärung der Nachlassverhältnisse erreichen zu können. Auch Aufgebots- (vgl. § 997 ZPO), Verschweigungs- (§ 1974 BGB) und Unzulänglichkeitseinreden (§§ 1990 bis 1992 BGB) sind möglich. Nach der Rechtsprechung des BGH[189] hat der einzelne Miterbe, der selbst mit einer Nachlassforderung nicht aufrechnen kann, die Einrede aus § 242 BGB, sofern der Gläubiger sich durch **Aufrechnung** gegen eine fällige Forderung des Nachlasses befriedigen kann (Folge: Klageabweisung). Dies gilt nicht, wenn sich eine Nachlassforderung und ein nur einem Miterben zustehender Anspruch gegenüberstehen.[190] Vor allem aber hat der Miterbe bis zur Teilung das **besondere Leistungsverweigerungsrecht** des § 2059 Abs. 1 Satz 1 BGB. Es hat, abgesehen von der noch nicht erfolgten Teilung, nur zur Voraussetzung, dass der Miterbe noch beschränkbar haftet. Der Miterbe behält sich die Geltendmachung des besonderen Verweigerungsrechts aus § 2059 Abs. 1 Satz 1 BGB schon dann vor, wenn er den allgemeinen Haftungsbeschränkungsvorbehalt des § 780 ZPO

---

[186] BGH Urt. v. 24.4.1963 – NJW 1963, 1611.
[187] BGH Urt. v. 28.9.1994 – NJW 1995, 98.
[188] RGZ 157, 33, 35; vgl. wegen der Fassung der Klaganträge § 60 Rdnr. 16.
[189] Urt. v. 24.10.1962 – BGHZ 38, 122, 127 = NJW 1963, 244.
[190] BGH Urt. v. 6.10.2004 – ZEV 2005, 63.

geltend macht und im Urteil (oder Vergleich) zugesprochen erhält. Eines zusätzlichen Vorbehaltes (etwa dahin, dass der Erbe bis zur Teilung nur die Vollstreckung in seinen Anteil am Nachlass dulden muss) bedarf es nicht,[191] schadet aber nicht. Die besondere Haftungsbeschränkung des § 2059 Abs. 1 Satz 1 BGB macht der Erbe mit der Gegenklage aus § 785 ZPO geltend. Dazu bedarf es nicht der Herbeiführung einer Haftungsbeschränkung nach § 1975 BGB. Es genügt der dem Erben obliegende Nachweis,[192] dass die Teilung noch nicht erfolgt ist. Materiellrechtlich ist das Leistungsverweigerungsrecht ohne Bedeutung.[193] Der **unbeschränkbar haftende Erbe** kann sich nicht auf das Leistungsverweigerungsrecht des § 2059 Abs. 1 Satz 1 BGB berufen. Wohl aber kann er nach § 2059 Abs. 1 Satz 2 BGB bis zur Teilung die Beschränkung seiner Haftung auf den seinem ideellen Erbteil entsprechenden Teil seiner Gesamtschuld erreichen, wenn er sich diese Beschränkungsmöglichkeit vorbehalten lässt, wofür auch hier der allgemeine Vorbehalt aus § 780 ZPO ausreicht.[194] Steht fest, dass der Erbe die Haftung nicht mehr beschränken kann (was der Kläger zu beweisen hat), kommt nur der eingeschränkte Vorbehalt nach § 2059 Abs. 1 Satz 2 BGB in Betracht.[195] Bei einer Nachlassverbindlichkeit, die auf eine unteilbare Leistung gerichtet ist, ist gem. § 45 InsO umzustellen.

70 *bb) Einwendungen bei der Gesamthandsklage.* Bei der **Gesamthandsklage** des § 2059 BGB ist der allgemeine Haftungsbeschränkungsvorbehalt des § 780 ZPO wie ausgeführt an sich überflüssig; gleichwohl kann seine Beantragung nicht schaden. Möglich ist auch hier – neben dem Einwand aus § 1958 BGB (Fehlen der Annahme) – die Erhebung der aufschiebenden Einreden nach §§ 2014, 2015 BGB, deren Geltendmachung im Falle der vorzeitigen Vollstreckung der allgemeine Beschränkungsvorbehalt aus § 780 ZPO ermöglicht.

3. Die Haftung der Miterben nach der Teilung

71 Mit der **Teilung** tritt eine Haftungsverschärfung ein. Da es jetzt an einem gesamthänderisch gebundenen Nachlass fehlt, entfällt eine Gesamthandklage und mit ihr die Verweisung auf § 2059 Abs. 1 und 2 BGB. Es setzt sich nur noch die **Gesamtschuldklage** auf Grund der nach wie vor bestehenden gesamtschuldnerischen Haftung der Miterben durch. Deshalb haftet ein Miterbe für die Erfüllung eines allen Miterben auferlegten Grundstücksvermächtnisses, wenn er im Wege der Teilungsversteigerung dieses Grundstück erworben hat.[196] Haftungsgegenstand ist ausschließlich das Eigenvermögen der Miterben.

72 **a) Teilung des Nachlasses.** Für diese einschneidende Änderung der Haftung ist Voraussetzung eine **Teilung** des **Nachlasses**. Diese setzt die **Übertragung** der **wesentlichen** Teile des Gesamthandsvermögens auf die einzelnen Miterben voraus,[197] während die Übertragung nur **einzelner Gegenstände**, auch wenn sie wertvoll sind, noch keine Teilung darstellt.[198] Teilung liegt aber vor, wenn die übrigen Miterben mit Nachlassgegenständen oder sonstwie abgefunden wurden und ein Miterbe den übrigen Nachlass behält, sowie dann, wenn sie einzelne Miterben gegen Abfindung ausscheiden, bezüglich dieser Miterben. Wie eine Teilung ist es anzusehen, wenn wegen bestehender Ausgleichspflichten ein Miterbe den ganzen Nachlass erhält, ferner wenn durch Tilgung von Nachlassverbindlichkeiten der Nachlass aufgezehrt wird und wenn ein Miterbe alle übrigen Miterbenanteile gegen eine nicht aus dem Nachlass entnommene Abfindung erwirbt. Streitig ist die Behandlung der kraft Gesetzes erfolgenden **Aufteilung** eines Gesellschaftsanteils des Erblassers in einer **Personengesellschaft** auf die einzelnen Miterben bzw. dessen Übergang auf den allein nachfolgeberechtigten Sondernachfolger. Sie wird vielfach[199] wie eine Teilung behandelt, die sie in Wirklichkeit nicht ist. Das Leistungsverweigerungsrecht des § 2059 Abs. 1 BGB ist also auch dann gegeben, wenn der Nachlass im Wesent-

---

[191] RGZ 71, 366, 371; OLG Frankfurt, Urt. v. 18.8.1999 – ZEV 2000, 513, 514. A.A. wohl Klinger/*Joachim* MPF ErbR, Formular S II 1.
[192] RG Warn. 1914 Nr. 300.
[193] OLG München, OLGE 30, 203 (für den Verzugsfall).
[194] RGZ 71, 366, 371.
[195] Vgl. den Formulierungsvorschlag § 60 Rdnr. 17.
[196] BGH Urt. v. 15.10.1997 – NJW 1998, 682.
[197] RG HRR 1938 Nr. 1602.
[198] RGZ 89, 403, 407.
[199] Zum Streitstand *Siegmann* Personengesellschaftsanteil und ErbR, S. 217 f.; Staudinger/*Marotzke* § 2059 Rdnr. 17; *Dauner-Lieb* S. 430.

lichen nur aus einem der **Sondererbfolge** unterliegenden Gesellschaftsanteil besteht.[200] Ebenso wenig ist die Fortführung eines in den Nachlass gefallenen Handelsgeschäftes durch die Miterben einer Teilung gleichzustellen.[201]

b) **Beschränkung des Haftungsumfangs (Teilschuld).** Die mit der Teilung allein verbleibende gesamtschuldnerische Haftung der Miterben wird in den drei Fällen des § 2060 BGB und im Falle des § 2061 BGB dadurch abgemildert, dass die Miterben nicht für den gesamten Betrag der Nachlassverbindlichkeit, sondern nur für den ihrem Erbteil entsprechenden **Bruchteil** der Schuld haften. Aus der Gesamtschuld wird also eine **Teilschuld**. Es liegt eine Beschränkung des Haftungsumfanges vor, während als Haftungsmasse das Eigenvermögen der Erben zur Verfügung steht bis zur Herbeiführung einer Haftungsbeschränkung durch Nachlassinsolvenz oder durch Berufung auf die Tatbestände der §§ 1990 bis 1992 BGB. Diese **Teilschuld** entsteht ipso jure bei Vorliegen der nachfolgenden Tatbestände: 73

- nach § 2060 Nr. 1 BGB, wenn vor der Teilung ein **Aufgebotsverfahren** stattgefunden hat, gegenüber dem im Verfahren ausgeschlossenen Gläubiger, in Abweichung von § 1972 BGB auch bezüglich Pflichtteilsansprüchen, Vermächtnissen und Auflagen und solchen Gläubigern, denen der Miterbe unbeschränkt haftet;
- nach § 2060 Nr. 2 BGB, wenn ein Nachlassgläubiger seine Forderung später als **fünf Jahre** nach dem Erbfall geltend gemacht hat, sofern er nicht seine Forderung im Aufgebotsverfahren angemeldet hat oder dem Miterben die Forderung vor Ablauf der 5-Jahresfrist bekannt geworden ist, weshalb im letzteren Fall die Haftung der Miterben abhängig von ihrer Kenntnis unterschiedlich sein kann; **Verwirkung** vor Ablauf der 5-Jahresfrist ist i. d. R. nicht möglich;[202]
- nach § 2060 Nr. 3 BGB, wenn vor der Teilung ein **Nachlassinsolvenzverfahren** stattgefunden hat und durch Verteilung der Masse oder Insolvenzplan beendigt worden ist;
- nach § 2061 Abs. 1 BGB, wenn vor der Teilung ein privates **Miterben-Gläubiger-Aufgebot** stattgefunden und der Gläubiger sich nicht binnen 6 Monaten gemeldet hat, es sei denn, dass dem Miterben die Forderung bis zur Teilung sonst bekannt geworden ist.

In allen vier Fällen kann sich auch der unbeschränkt haftende Miterbe **ohne** Vorbehalt nach § 780 ZPO auf die **Teilhaftung** berufen (§§ 2060, 2061 BGB sind in § 2013 BGB nicht erwähnt). Soll die Haftung auf das beschränkt werden, was dem Erben bei der Teilung zugefallen ist, ist allerdings der Vorbehalt nach § 780 ZPO erforderlich.[203] Bei **Sicherung** durch eine Hypothek deckt diese nach der Teilung mehrere Forderungen.[204] Eine Besonderheit ergibt sich für den Miterben, der sämtliche Erbteile übernommen hat.[205] Er haftet dann für sämtliche Teilschulden, im Ergebnis also für die ganze Schuld; ob noch beschränkbar, richtet sich nach § 2382 BGB. Die **Beweislast** für die Teilung und das Vorliegen der Tatbestandsvoraussetzungen des § 2060 Nr. 1 bis 3 BGB trägt der Erbe; der Gläubiger hat die Kenntnis des Miterben (auch im Falle des § 2061 BGB) und seine rechtzeitige Anmeldung im Aufgebotsverfahren zu beweisen. 74

4. Haftung der Miterben gegenüber einem Miterbengläubiger

a) **Gesamtschuldnerische Haftung.** Der **Miterbengläubiger** befindet sich im Verhältnis zum Nachlass jedenfalls zunächst in keiner anderen Situation als die übrigen Nachlassgläubiger. Deshalb gewährt ihm die Rechtsprechung des BGH[206] in Abkehr von einer langjährigen gegenteiligen Rechtsprechung des RGs zu Recht auch schon vor der Teilung die **Gesamtschuldklage**. Der Miterbengläubiger muss allerdings durch Abzug des seinem Erbanteil entsprechenden Betrages von der Nachlassschuld ebenso wie die übrigen Miterben zu seiner Befriedigung beitragen. An der Berufung auf § 2059 Abs. 1 BGB sind die übrigen Miterben nicht gehindert. 75

---

[200] Staudinger/*Marotzke* § 2059 Rdnr. 58; zur näheren Begründung vgl. *Siegmann* Personengesellschaftsanteil und ErbR, S. 217 f.
[201] Dazu Staudinger/*Marotzke* § 2059 Rdnr. 76.
[202] BGH Urt. v. 3.12.1981 – WM 1982, 101.
[203] Vgl. § 60 Rdnr. 17.
[204] RGZ 126, 272, 280.
[205] Vgl. Rdnr. 71.
[206] Urt. v. 10.2.1988 – NJW-RR 1988, 710.

Sie können außerdem speziell dem Miterbengläubiger gegenüber geltend machen, er verstoße gegen § 242 BGB, wenn er ohne Rücksicht auf die mit der Flüssigmachung von Barmitteln verbundenen Verluste sich befriedigen will.[207] Gleiches gilt, wenn der Miterbengläubiger aus dem Nachlass bereits mehr erhalten hat, als ihm bei der Auseinandersetzung endgültig zusteht und die Rückforderung seinen Anspruch deckt.[208] Nach der Teilung konnte auch nach der Rechtsprechung des RGs der Miterbengläubiger mit der Gesamtschuldklage vorgehen. Es blieb ihm allerdings im Hinblick auf seine Ausgleichspflicht aus § 426 BGB nur eine Forderung, die um einen seiner Erbquote entsprechenden Kürzungsbetrag verringert wurde.[209] Daran hat sich auch auf Grund der BGH-Rechtsprechung nichts geändert.

76 **b) Gesamthänderische Haftung.** Mit der **Gesamthandsklage** konnte der Miterbengläubiger schon immer die Befriedigung aus dem Nachlass suchen, ohne einen seiner Erbquote entsprechenden Abzug vornehmen zu müssen.[210] Auch hier erfüllt ein Titel gegen die übrigen Miterben die Voraussetzungen des § 747 ZPO. Die der Gesamtschuldklage bei Vorliegen besonderer Umstände entgegenstehende Einwendung aus § 242 BGB greift auch hier. Im Übrigen ist die Verbindlichkeit des Miterbengläubigers aber voll aus dem Nachlass zu befriedigen. Selbstverständlich bleibt eine Aufrechnungsmöglichkeit (der Miterbengläubiger ist gleichzeitig Miterbenschuldner) bestehen, da im Verhältnis Miterbengläubiger zum Nachlass keine Konfusion eintritt.[211]

IX. Die Haftung des Erben für Geschäftsschulden

1. Die Haftung des Alleinerben für Verbindlichkeiten aus einem einzelkaufmännischen Betrieb des Erblassers

77 **a) Voraussetzungen der handelsrechtlichen Haftung.** § 27 HGB sieht vor, dass bei **Fortführung** eines zum Nachlass gehörenden **kaufmännischen Handelsgeschäfts** (also nicht bei kleingewerblichen Unternehmen oder freiberuflichen Praxen) durch den Erben auf dessen Haftung für die **früheren Verbindlichkeiten** die Vorschriften des § 25 HGB entsprechende Anwendung finden. Nach dieser Bestimmung haftet der Erwerber für alle im Betrieb des Geschäfts des Veräußerers begründeten Verbindlichkeiten, wenn er das Handelsgeschäft unter der bisherigen Firma mit oder ohne Beifügung eines das Nachfolgeverhältnis andeutenden Zusatzes fortführt. Die Haftung nach § 27 HGB trifft jeden Erben, der Inhaber des Handelsgeschäftes des Erblassers geworden ist, d.h. den endgültigen Erben, den Vorerben und den Nacherben. Sie alle sind Träger des Nachlasses und damit Haftungsträger. Nicht zum Kreis der Haftenden gehören dagegen der vorläufige Erbe und der bloße Scheinerbe, weil sie niemals Erben waren.[212] Eine andere Frage ist es, ob die von diesen Personen im Zuge ihrer vorübergehenden **Verwaltung** des Nachlasses begründeten Geschäftsverbindlichkeiten „frühere Geschäftsverbindlichkeiten" i. S. v. § 27 Abs. 1 HGB sind.[213]

78 *aa) Fälle der Fortführung.* Erste Voraussetzung für den Eintritt der unbeschränkbaren handelsrechtlichen Haftung ist die **Fortführung** des **Handelsgeschäftes** des Erblassers, und zwar unter der bisherigen Firma[214] (wobei gem. § 25 Abs. 1 HGB die Beifügung eines Nachfolgezusatzes ohne Bedeutung ist) über die Frist des § 27 Abs. 2 HGB hinaus. Fortführung ist der Gegensatz zur Einstellung (§ 27 Abs. 2 Satz 1 HGB). Darunter ist die Aufgabe der werbenden Tätigkeit für das Unternehmen zu verstehen, d.h. die Liquidation. Dass diese vor Ablauf der 3-Monatsfrist beendigt sein muss, verlangt das Gesetz nicht. Streitig ist, ob die nachträgliche Änderung der Firma vor Ablauf der Frist die Voraussetzungen des § 27 Abs. 1 HGB entfal-

---

[207] BGH Urt. v. 14.1.1953 – NJW 1953, 501.
[208] BGH Urt. v. 10.2.1988 – NJW-RR 1988, 710.
[209] RGZ 150, 344, 347.
[210] BGH Urt. v. 10.2.1988 – NJW-RR 1988, 710.
[211] BGH Urt. v. 9.10.1957 – BGHZ 25, 275, 283 = NJW 1957, 1916.
[212] A. A. MünchKommBGB/*Lieb* § 27 Rdnr. 17; *Baumbach/Hopt* § 27 Rdnr. 2.
[213] Vgl. dazu unten Rdnr. 80.
[214] Bestr., aber h M; vgl. auch BGH Urt. v. 10.12.1990 – BGHZ 113, 132, 136 = NJW 1991, 844.

len lässt[215] oder ob nur die Einstellung der Fortführung des Geschäftes dessen Anforderungen entspricht.[216] Zuzustimmen ist der ersten Auffassung, weil § 27 HGB dem Erben eine Bedenkzeit einräumen will, vergleichbar derjenigen des vorläufigen Erben. Die Fortführung muss nicht durch den Erben persönlich erfolgen. Auch gesetzliche Vertreter können fortführen, wobei dann die weitere Haftungsbeschränkung nach § 1629 a BGB zu beachten ist, die auch § 27 HGB vorgeht.[217] Ebenso kann ein rechtsgeschäftlich Bevollmächtigter fortführen, etwa ein Prokurist oder ein bevollmächtigter Miterbe,[218] oder bei entsprechender Vollmacht des Erben ein Vergleichsverwalter früheren Rechts.[219] Auch der Testamentsvollstrecker, der die Vollmachtslösung gewählt hat, führt namens des Erben das Handelsgeschäft des Erblassers fort und begründet damit für den Erben die strenge Haftung des § 27 HGB.[220]

bb) Abgrenzungsfälle. **Keine Fortführung** liegt vor, wenn der Erbe das Handelsgeschäft des Erblassers vor Ablauf der Frist des § 27 Abs. 2 HGB herausgibt, um einer entsprechenden gesetzlichen Verpflichtung nachzukommen, mag auch die **Herausgabe** zur Folge haben, dass der Betrieb fortgeführt wird, so bei der Herausgabe an den Nachlassinsolvenzverwalter[221] oder an den Nachlassverwalter.[222] Auch die Herausgabe an den Testamentsvollstrecker im Falle der Treuhandlösung stellt keine Fortführung dar, ebenso wenig die Herausgabe in Erfüllung einer noch vom Erblasser begründeten Verpflichtung aus dem Verkauf des Handelsgeschäfts. Dies gilt auch bei Erfüllung eines entsprechenden Vermächtnisanspruchs (hier haften der Käufer und der Vermächtnisnehmer nach § 25 HGB). Dagegen ist nach der bestrittenen Rechtsprechung des RGs[223] von einer Fortführung auszugehen, wenn der Erbe selbst das Handelsgeschäft vor Ablauf der Frist des § 27 Abs. 2 veräußert oder verpachtet. Für diese Ansicht spricht, dass der Verkaufserlös in diesem Falle anders als etwa bei der Veräußerung durch den Nachlassinsolvenzverwalter zunächst dem Erben und nicht den Nachlassgläubigern zufließt, die unter Umständen leer ausgehen, wenn der Erbe den Erlös zur Tilgung eigener Verbindlichkeiten verwendet. Dass er solchenfalls unbeschränkt, da persönlich haftet, entspricht der ratio des § 27 HGB. Auch die Einbringung in eine schon bestehende oder neu begründete Handelsgesellschaft schließt die Annahme einer Fortführung nicht aus, desgl. nicht die Eingliederung in ein schon bestehendes eigenes Unternehmen des Erben.[224]

Streitig ist, ob die Fortführung des Handelsgeschäftes durch einen **Nachlasspfleger** der Herausgabe an den Nachlassinsolvenzverwalter gleichzustellen und deshalb wie eine Einstellung zu behandeln ist[225] oder ob sie dem Erben zuzurechnen ist. Letzteres ist zu verneinen. Da dem Nachlasspfleger ganz allgemein die Rechtsmacht fehlt, neben dem Nachlass auch den Erben persönlich zu verpflichten, kann er auch nicht die Haftung für Geschäftsverbindlichkeiten im Rahmen des § 27 HGB für diesen herbeiführen.[226]

cc) Rechtsfolgen der Fortführung. **Rechtsfolge der Fortführung** ist der Eintritt der unbeschränkbaren handelsrechtlichen Erbenhaftung (§ 27 Abs. 1 i. V. m. § 25 Abs. 1 HGB; Rechtsgrundverweisung), vorbehaltlich der Einstellung nach Abs. 2 der Bestimmung. Betroffen sind allerdings nur die früheren Geschäftsverbindlichkeiten, **nicht die Privatverbindlichkeiten** des Erblassers (vgl. aber § 344 HGB), die Geschäftsverbindlichkeiten aber im gleichen weiten Umfang wie bei § 25 HGB. Zu beachten ist, dass zu den „früheren Geschäftsverbindlichkeiten" auch die vom vorläufigen Erben und vom Vorerben (im Verhältnis gegenüber dem Nacherben)[227] eingegangenen Verbindlichkeiten gehören, da auch sie „im Betriebe des Ge-

---

[215] So MünchKommBGB/*Lieb* § 27 Rdnr. 35; *Koller/Roth/Morck* § 27 Rdnr. 10; *Canaris* § 7 Rdnr. 110; RGZ 56, 196, 199.
[216] So *Baumbach/Hopt* § 27 Rdnr. 5.
[217] Vgl. oben Rdnr. 7 ff.; MünchKommBGB/*Heldrich* § 2032 Rdnr. 44.
[218] BGH Urt. v. 24.9.1959 – BGHZ 30, 391, 395 = NJW 1959, 2114.
[219] BGH Urt. v. 27.3.1961 – BGHZ 35, 13, 19 = NJW 1961, 1304.
[220] BGH Urt. v. 27.3.1961 – BGHZ 35, 13, 19 = NJW 1961, 1304.
[221] BGH Urt. v. 27.3.1961 – BGHZ 35, 13, 19 = NJW 1961, 1304.
[222] RGZ 132, 138, 144.
[223] RGZ 56, 196, 199.
[224] MünchKommBGB/*Lieb* § 27 Rdnr. 54, 55, 58.
[225] MünchKommBGB/*Lieb* § 27 Rdnr. 20.
[226] MünchKommBGB/*Leipold* § 1960 Rdnr. 52.
[227] BGH Urt. v. 10.2.1960 – BGHZ 32, 60 = NJW 1960, 959.

schäfts" begründet worden sind. Selbst die vom **vermeintlichen** (Schein-)Erben eingegangenen Verpflichtungen wird man zu den früheren Verbindlichkeiten rechnen müssen.[228] Zwar kann der Scheinerbe den wahren Erben ebenso wenig verpflichten wie i.d.R. (vgl. Rdnr. 20) der vorläufige Erbe (vgl. §§ 1959 Abs. 3, 2367 BGB). § 27 HGB stellt aber nicht auf eine entsprechende Rechtsmacht, sondern allein auf die Annahme der Kontinuität der Geschäftsbeziehungen ab, und diese gilt auch für die von den wahrnehmenden Nichterben abgeschlossenen Geschäfte. Daneben bleibt, vorbehaltlich etwaiger Befreiungsansprüche gem. § 1959 Abs. 1 BGB, die **persönliche** Haftung des vorläufigen und des vermeintlichen Erben bestehen. Die unbeschränkbare Haftung für die früheren Geschäftsverbindlichkeiten bedeutet Haftung wie für eigene Schuld, also Haftung des Erben mit seinem ganzen, auch dem nicht zum Nachlass gehörenden Vermögen, sodass Haftungsbeschränkungsmaßnahmen gem. §§ 1975 ff. BGB sich nur auf die übrigen (Privat-)Verbindlichkeiten des Erben auswirken. Bis zum Ablauf der Frist des § 27 Abs. 2 BGB muss der Erbe allerdings die aufschiebenden Einreden der §§ 2014 ff. BGB i. V. m. § 780 ZPO geltend machen können, weil er sonst auch die handelsrechtliche Beschränkung seiner Haftung nicht mehr herbeiführen könnte.

81   dd) *Ausschluss der Haftung.* Die unter den vorgenannten Voraussetzungen (Fortführung unter der bisherigen Firma über die 3-Monatsfrist des § 27 Abs. 2 HGB hinaus) eintretende unbeschränkbare handelsrechtliche Erbenhaftung kann der Erbe (auch der Vor- und der Nacherbe jeweils für sich selbst) nach der Rechtsprechung[229] und der überwiegenden Ansicht in der Literatur durch einseitige Erklärung gegenüber dem Handelsregister und entsprechende Veröffentlichung oder durch sonstige Bekanntmachung gegenüber den Gläubigern **ausschließen**. Eine solche Erklärung könnte etwa im Zusammenhang mit der Anmeldung des Inhaberwechsels wie folgt formuliert werden:[230]

> **Formulierungsvorschlag:**
>
> ...
>
> Ferner wird beantragt, in das Handelsregister einzutragen, dass die handelsrechtliche Haftung nach § 27 HGB für die im Betrieb des Geschäftes begründeten Verbindlichkeiten des früheren Inhabers ... ausgeschlossen ist.

Nach ganz überwiegender Ansicht gilt für diese Erklärung nicht die 3-Monatsfrist des § 27 Abs. 2 HGB. Der Erbe muss die Erklärung vielmehr **unverzüglich,** nach manchen sogar vor Prüfung der wirtschaftlichen Situation des Nachlasses,[231] abgeben, wenn er den Eintritt der unbeschränkbaren Haftung vermeiden will. Entfällt die strenge handelsrechtliche Haftung, haftet der Erbe für frühere Verbindlichkeiten nach den Bestimmungen des bürgerlichen Rechts, also für die vom Erblasser begründeten gem. §§ 1967, 1975 BGB, für die durch den vorläufigen oder vermeintlichen Erben begründeten aber grundsätzlich nicht, weil diese auch den Nachlass nicht verpflichten können.[232] Deren persönliche Haftung gegenüber den Gläubigern bleibt bestehen vorbehaltlich eines eventuellen Befreiungsanspruchs aus § 683 BGB i. V. m. §§ 670, 257 BGB. Verbindlichkeiten, die ein Nachlasspfleger bis zur Annahme der Erbschaft durch den Erben begründet hat, sind solche des Nachlasses, für die der Erbe die Haftung beschränken kann.

82   ee) *Haftung für Neuverbindlichkeiten.* Für **Neuverbindlichkeiten,** die durch die Fortführung des Handelsgeschäftes durch den Erben entstanden sind, gilt die Vorschrift des § 27 HGB nicht.

---

[228] MünchKommBGB/*Lieb* § 27 Rdnr. 17.
[229] KG Beschl. v. 5.9.1940 – DR 1940, 2007.
[230] Vgl. auch die Formulierungsvorschläge bei *Schaub* ZEV 1994, 71, 73 und *Weißler* Bd II S. 73.
[231] Vgl. dazu MünchKommBGB/*Lieb* § 27 Rdnr. 50. Insoweit stellen Staudinger/*Marotzke* § 1967 Rdnr. 59, *Koller/Roth/Morck* HGB § 27 Rdnr. 10 und MünchKomm/*Siegmann* § 1967 Rdnr. 42 den Erben besser, wenn sie ihm die Möglichkeit eröffnen, die Erklärung bis zum Fristablauf abzugeben. Hierauf sollte sich die Beratung des Erben nach dem Gebot des sichersten Weges aber nicht stützen.
[232] Vgl. aber oben Rdnr. 22 und 26 zur Entstehung von Nachlass-Erbenschulden auf Grund einer ordnungsgemäßen Verwaltung des Nachlasses durch den vorläufigen Erben.

Für sie haftet der Erbe persönlich und (nur) bei ordnungsgemäßer Verwaltung auch der Nachlass (Nachlass-Erbenschuld).[233] Zur persönlichen Haftung des Erben führt auch die Fortführung des Handelsgeschäfts durch den **Testamentsvollstrecker** im Falle der Vollmachtslösung, während der Testamentsvollstrecker im Falle der Treuhandlösung nur sich selbst verpflichtet, gegenüber dem Erben aber einen Befreiungsanspruch gem. § 670 BGB erwirbt.[234] Ob der Erbe insoweit persönlich oder nur mit dem Nachlass haftet, ist streitig.[235] Auch sonstige **Bevollmächtigte** (Prokurist, bevollmächtigter Miterbe), die das Handelsgeschäft für den Erben führen, verpflichten diesen persönlich. Die Enthaftung gem. § 26 HGB im Falle der Veräußerung durch den Erben betrifft Alt- und Neuverbindlichkeiten.

b) **Fortführung unter einer neuen Firma.** Erfolgt die **Fortführung** unter einer **neuen Firma** des Erben, greift § 27 HGB nicht ein. Der Erbe hat bei der Wahl der neuen Firma einen ausreichenden **Abstand** zur alten zu wahren, damit von einer neuen Firma gesprochen werden kann. Für die Annahme einer neuen Firma genügt es nicht, dass keine wort- oder gar buchstabengetreue Übereinstimmung gegeben ist. Identifiziert der Verkehr die neue Firma trotz vorgenommener Änderungen noch mit der alten,[236] liegt keine Firmenänderung vor, sodass die Haftung des § 27 HGB eingreift. Die Änderung des Firmenrechts durch das Handelsrechtsreformgesetz, insbesondere die Möglichkeit, eine Sach- oder Fantasiefirma anzunehmen, erleichtert dem Erben die Bildung einer neuen Firma, sodass er jedes „Anhängen" vermeiden kann und muss.

aa) Haftung für frühere Verbindlichkeiten. Die Haftung für **frühere Verbindlichkeiten** richtet sich bei Fortführung unter einer neuen Firma nach erbrechtlichen Grundsätzen. Der Erbe haftet also gem. §§ 1967, 1975 BGB beschränkbar. §§ 25 Abs. 3, 27 HGB sehen zwar vor, dass der Erbe bei Nichtfortführung der Firma nur bei Vorliegen eines besonderen Verpflichtungsgrundes haftet. Ein solcher Verpflichtungsgrund ist aber auch die erbrechtliche Haftung. Daneben kommen Verpflichtungen des Erben nach bürgerlichem Recht (Schuldübernahme, Schuldbeitritt und Schuldversprechen) oder nach Handelsrecht (durch Kundbarmachung, § 25 Abs. 3 HGB, der Haftung, etwa durch Zeitungsanzeigen, Rundschreiben und Erklärung gegenüber dem Handelsregister) in Betracht. Die dadurch begründete Haftung des Erben ist eine **persönliche**, die sich auch auf den Nachlass erstreckt, vergleichbar der Haftung für Nachlass-Erbenschulden.

bb) Haftung für Neuverbindlichkeiten. Für **Neuverbindlichkeiten** ergeben sich keine Änderungen gegenüber der Rechtslage bei Fortführung unter der bisherigen Firma. Für sie haftet der Erbe – vorbehaltlich der Vereinbarung einer Haftungsbeschränkung – persönlich und mit dem Nachlass, wenn die Fortführung des Handelsgeschäfts vom Standpunkt eines sorgfältigen Verwalters zur **ordnungsgemäßen** Verwaltung des Nachlasses zu rechnen ist. Im Falle der Fortführung eines überschuldeten Handelsgeschäftes trifft dies nicht zu.[237] Freilich ist stets zu prüfen, ob das unter der neuen Firma geführte Erbenunternehmen noch identisch ist mit dem Erblasserunternehmen. Ist dies nicht der Fall, hat eine Ausgliederung aus dem Nachlass stattgefunden, was die Entstehung von Nachlassverbindlichkeiten ausschließt.[238]

2. Haftung der Miterben bei unternehmenstragender Miterbengemeinschaft

Die auf einer mehr als hundert Jahre alten Rechtsprechung beruhende, im Rechtsleben nicht mehr wegzudenkende Rechtsfigur der **unternehmenstragenden Miterbengemeinschaft** bereitet im Zusammenhang mit der Haftungsregelung des BGB für Miterben Schwierigkeiten. Haftungsrechtliche Folgen können sich unabhängig von den §§ 2058 ff. BGB für die Miterben

---

[233] Wegen der Möglichkeit, die Haftung insoweit rechtsgeschäftlich auf den Nachlass zu beschränken, vgl. oben Rdnr. 23.
[234] Vgl. hierzu im Einzelnen § 19 Rdnr. 215 ff.
[235] Für persönliche Haftung möglicherweise BGH Urt. v. 18.1.1954 – BGHZ 12, 100, 104 = NJW 1954, 636; gegen eine solche *Muscheler* Haftungsordnung der Testamentsvollstreckung, S. 315 unter Darlegung des Streitstandes. Abweichend von den dortigen Ausführungen in N. 84 verneint *Johannsen* WM 1970, 572 allerdings eine Haftung des Erben über den Wert des Nachlasses hinaus.
[236] BGH Urt. v. 28.11.2005 – ZIP 2006, 367; Urt. v. 4.11.1991 – NJW 1992, 866; Urt. v. 15.3.2004 – ZEV 2004, 392; OLG Hamm Beschl. v. 24.5.2004 – NZG 2005, 176.
[237] OLG Düsseldorf Urt. v. 18.11.1998 – ZEV 1999, 331.
[238] Dazu MünchKommBGB/*Siegmann* § 1967 Rdnr. 44; *Dauner-Lieb* S. 175; *Windel*, Modi S. 81.

schon daraus ergeben, dass diese es versäumen, den korrekten Rechtsformzusatz („in Erbengemeinschaft" oder „in Miterbengemeinschaft") zu führen. Fügen sie ihrem Namen nur den Zusatz „Erben" bei, könnte dies der Verkehr als Bezeichnung für eine OHG auffassen. Versäumt ein im Wege der Teilauseinandersetzung ausgeschiedener Miterbe, sein Ausscheiden zum Handelsregister anzumelden, gilt der öffentliche Glaube des Handelsregisters i. S. d. § 15 HGB auch dann, wenn die beim Erbfall eingetretene und nach §§ 31, 27, 25 HGB einzutragende Änderung der Inhaberschaft der Firma im Handelsregister nicht eingetragen ist.[239] Im Übrigen ist davon auszugehen, dass die Miterben sich ebenso wie der Alleinerbe durch Einstellung des Geschäftsbetriebes innerhalb der 3-Monatsfrist der strengen handelsrechtlichen Haftung entziehen können, wie sie auch durch Aufgabe der alten Firma innerhalb dieser Frist oder durch – freilich unverzügliche –[240] Erklärung des Haftungsausschlusses gegenüber dem Handelsregister eine Befreiung von der handelsrechtlichen Haftung erreichen können. Mit der Fortführung des Handelsgeschäftes werden die Miterben Kaufmann, ohne dass die einzelnen Miterben Kaufleute sein müssen.

87 a) **Die Entscheidung zur Fortführung.** Die **Entscheidung zur Fortführung** ist eine **Verwaltungsmaßnahme** i. S. v. § 2038 BGB. Sie bedarf im Hinblick auf die damit verbundene unbeschränkbare handelsrechtliche Haftung aber der **Einstimmigkeit**. Deshalb unterliegen die Miterben, die der Fortführung durch einen anderen oder einige Miterben nicht zugestimmt haben, nicht der Haftung nach § 27 HGB.[241] Die Vollmacht für den fortführenden Miterben kann aber auch durch schlüssiges Verhalten erteilt werden, etwa dadurch, dass die an der Fortführung nicht beteiligten Miterben Kenntnis von der Fortführung haben und diese akzeptieren.[242] Auch sonstige Bevollmächtigte können fortführen, so etwa ein Prokurist, den die Miterben auch erstmals bestellen können.[243] Ein Miterbenprokurist soll diese Entscheidung nach der Rechtsprechung des BGH[244] aber nicht mit Wirkung gegenüber den übrigen Miterben treffen können, weil eine Miterben-Prokura nicht möglich sei (bestritten). Die durch § 27 HGB eröffnete Möglichkeit der Beschränkung der Haftung durch **Einstellung** des Geschäftsbetriebes steht nur allen Miterben gemeinsam zu. Die Frist richtet sich in diesem Falle nach dem Miterben, für den die Frist am längsten läuft. Demgegenüber kann jeder Miterbe für sich die unbeschränkbare Haftung durch eine entsprechende Haftungsausschlusserklärung nach §§ 27, 25 Abs. 2 HGB beseitigen, da diese Erklärung die Fortführung nicht berührt und auch die fortbestehende erbrechtliche Haftung mit dem Nachlass für die Altverbindlichkeiten nicht in Frage steht. Bei Fortführung durch den Testamentsvollstrecker entstehen keine Besonderheiten gegenüber dem Alleinerben.

88 b) **Haftung für Neuverbindlichkeiten.** Größere Schwierigkeiten ergeben sich bei der Frage der Haftung der Miterben für die in Fortführung des Handelsgeschäftes begründeten **neuen Verbindlichkeiten**. Sie beruhen darauf, dass trotz gesetzlicher Gesamtvertretung (§ 2038 BGB) i. d. R. nicht sämtliche Miterben geschäftlich tätig werden und deshalb zwischen verschiedenen Schuldnern und verschiedenen Haftungsmassen (Nachlass und Eigenvermögen der Miterben) zu unterscheiden ist. Auszugehen ist davon, dass Miterben, die in Fortführung des Unternehmens neue Geschäftsverbindlichkeiten begründen, sowohl sich selbst wie auch den Nachlass verpflichten, Letzteren aber nur, wenn die Fortführung und der Abschluss der einzelnen Geschäfte **ordnungsgemäßer Verwaltung** entspricht.[245] Handeln – was der Regelfall sein wird – nur einige oder nur ein Miterbe, aber in **Vollmacht** der übrigen, so hängt der Umfang der Verpflichtung der nicht handelnden Miterben davon ab, welchen Inhalt die von ihnen erteilte Vollmacht hat. Nur wenn diese auch zur persönlichen Verpflichtung des nicht handelnden Erben ermächtigt, werden auch diese Erben mit ihrem Privatvermögen verpflichtet. Andernfalls kann insoweit nur eine Verpflichtung mit dem Anteil am Nachlass entstehen. Auch eine **Rechts-**

---

[239] BGH Urt. v. 24.6.1965 – BB 1965, 968.
[240] Vgl. oben Rdnr. 81.
[241] BGH Urt. v. 24.9.1959 – BGHZ 30, 391, 395 = NJW 1959, 2114.
[242] BGH Urt. v. 10.2.1960 – BGHZ 32, 60 = NJW 1960, 959; *Muscheler* ZEV 1997, 229 Fn. 60.
[243] BGH Urt. v. 24.9.1959 – BGHZ 30, 391, 395 = NJW 1959, 2114.
[244] BGH Urt. v. 24.9.1959 – BGHZ 30, 391, 395 = NJW 1959, 2114. Gegen die Rspr. des BGH MünchKommBGB/*Heldrich* 2032 Rdnr. 47; *Canaris* § 9 Rdnr. 29; MünchKommBGB/*Lieb* § 27 Rdnr. 89.
[245] BGH Urt. v. 10.2.1960 – BGHZ 32, 60 = NJW 1960, 959.

scheinhaftung führt zu keiner weiter gehenden Verpflichtung, weil derjenige, der mit Miterben kontrahiert, nicht erwarten kann, dass nicht in Erscheinung tretende Miterben ihrer persönlichen Verpflichtung zugestimmt haben. Im Ergebnis verhält es sich wie bei der gesetzlichen Vertretung bei Mehrheitsbeschlüssen im Rahmen ordnungsgemäßer Verwaltung (§§ 2038, 745 BGB). Auch hier kann die Mehrheit die Minderheit nur mit dem Nachlass, nicht aber persönlich verpflichten.[246] Unberührt bleibt die Möglichkeit für alle – also auch die handelnden – Miterben, mit dem Geschäftspartner die Beschränkung der Haftung auf den Nachlass oder das Geschäftsvermögen zu **vereinbaren**.[247] Im Hinblick auf die neuere Rechtsprechung des BGH zur Haftung des Gesellschafters der Gesellschaft bürgerlichen Rechts[248] wird es sich allerdings empfehlen, auf eine ausdrückliche Vereinbarung hinzuwirken. Der firmenrechtlich gebotene Zusatz „in Erbengemeinschaft" allein reicht für eine **Beschränkung** nicht aus.[249]

3. Erbenhaftung für gesellschaftsrechtliche Verbindlichkeiten

Bei diesem schwierigen Fragenkomplex geht es in der Sache stets um zwei Problemkreise: Einmal steht in Frage, inwieweit der Erbe auf Grund der Nachfolge in die Gesellschafterstellung des Erblassers unbeschränkbar persönlich haftet; zum anderen ist zu klären, inwieweit eine – zumindest auch – erbrechtliche Haftung (also trotz Haftungsbeschränkung auf den Nachlass) hinsichtlich solcher Gesellschaftsverbindlichkeiten in Betracht kommt, die nach dem Erbfall entstehen (Neuverbindlichkeiten). Insoweit ist zwischen den einzelnen Gesellschaftsformen und den verschiedenen denkbaren Konstellationen beim Tod eines Gesellschafters zu unterscheiden. 89

a) Haftung für Verbindlichkeiten des OHG-Gesellschafters. Die Haftung der Erben eines OHG-Gesellschafters hängt von den jeweiligen Rechtsfolgen des Todes des Gesellschafters ab.

aa) Haftung bei Fortsetzung durch die übrigen Gesellschafter. Wird die Gesellschaft gem. der Neuregelung des § 131 Abs. 3 Nr. 1 HGB, die den früher häufiger vorkommenden sog. Fortsetzungsklauseln entspricht, im Falle des Todes des Gesellschafters mit den **verbleibenden Gesellschaftern** fortgesetzt, haften die Erben des mit dem Erbfall ausgeschiedenen Gesellschafters für dessen aus § 128 HGB herrührende Verbindlichkeiten und für seine Verbindlichkeiten gegenüber der Gesellschaft (etwa aus unzulässigen Entnahmen) **erbrechtlich**, also mit den Beschränkungsmöglichkeiten der §§ 1975 ff. BGB.[250] Die Erben haben aber gem. § 738 Abs. 1 Satz 2 BGB einen Anspruch gegen die Gesellschaft, sie von den gemeinschaftlichen Verbindlichkeiten zu befreien.[251] Die Bestimmung des § 160 HGB über die Enthaftung gilt auch für die Erben. 90

bb) Haftung bei Auflösung der Gesellschaft. Mit der Änderung der Auflösungsgründe des § 131 HGB durch das Handelsrechtsreformgesetz ist der frühere Auflösungsgrund des § 131 Nr. 4 HGB (Tod des Gesellschafters) entfallen. Kommt es gleichwohl auf Grund einer – regelmäßig kaum angemessenen – **gesellschaftsvertraglichen** Regelung, die statt des Ausscheidens des Erblassers die **Auflösung** der Gesellschaft vorsieht,[252] zu einer Auflösung der Gesellschaft, wird der Erbe Mitglied der Abwicklungsgesellschaft. Die Haftung für Altschulden des Erblassers richtet sich dann gleichfalls nach §§ 1967, 1975 ff. BGB, kann also auf den Nachlass einschließlich des Anteils an der Gesellschaft beschränkt werden.[253] Gleiches gilt grundsätzlich auch für die während der Liquidation begründeten **neuen** Verbindlichkeiten, sofern nicht durch Rechtsgeschäft oder Rechtsschein eine persönliche Haftung des Miterben begrün- 91

---

[246] BGH Urt. v. 29.3.1971 – BGHZ 56, 47, 51 = NJW 1971, 1265; *Muscheler* ZEV 1997, 222, 229.
[247] BGH Urt. v. 25.3.1968 – WM 1968, 798.
[248] BGH Urt. v. 27.9.1999 – BGHZ 142, 315 = NJW 1999, 3483; Urt. v. 29.1.2001 – BGHZ 146, 341 = NJW 2001, 1056.
[249] So jetzt auch *Canaris* § 9 Rdnr. 17. Auch nach *Harder* (WuB IV A § 1967 1.96) reicht die Angabe, „für den Nachlass" zu handeln, nicht aus.
[250] BGH Urt. v. 10.2.1977 – BGHZ 68, 225, 239 = NJW 1977, 1339; Urt. v. 21.12.1970 – BGHZ 55, 267, 269 = NJW 1971, 1268; Urt. v. 9.5.1974 – WM 1974, 834.
[251] BGH Urt. v. 20.12.1956 – BGHZ 23, 17, 28 = NJW 1957, 591; vgl. im Einzelnen etwa Schlegelberger/*Karsten Schmidt* 5. Aufl., § 138 Rdnr. 29 mwN.
[252] Zur Zulässigkeit einer solchen Vereinbarung auch nach neuem Recht *Baumbach/Hopt* HGB § 131 Rdnr. 74; Staudinger/*Marotzke* § 1967 Rdnr. 62.
[253] BGH Urt. v. 6.7.1981 – NJW 1982, 45.

det wird.²⁵⁴ Miterben, die nach § 1922 BGB als **Erbengemeinschaft** in die Liquidationsgesellschaft eintreten, haften gem. § 2058 BGB gesamtschuldnerisch mit demselben Recht der Beschränkung der Haftung wie ein Alleinerbe. Den Erben trifft die Anzeigepflicht nach § 137 aF HGB, § 727 Abs. 2 BGB auch persönlich, so dass er sich nicht auf die aufschiebende Einrede des § 2014 BGB berufen kann.²⁵⁵ Für Verbindlichkeiten, die der Erbe im Rahmen der Notgeschäftsführung (§ 727 Abs. 2 BGB) begründet, haftet er nur mit dem Nachlass. Gleiches gilt auch für interne Verpflichtungen des **Erblassers** gegenüber der Gesellschaft, während der Erbe für eigene Verbindlichkeiten dieser Art natürlich persönlich ohne Beschränkungsmöglichkeit haftet.

92 *cc) Haftung bei Fortführung der Gesellschaft mit einem oder allen Erben.* Wird die Gesellschaft mit dem Erben auf Grund einer gesellschaftsvertraglichen **Nachfolgeklausel** und entsprechender Erbeinsetzung **fortgesetzt**, bestimmt sich die Haftung des Erben für alle vor und nach dem Erbfall entstandenen Verbindlichkeiten nach §§ 128, 130 HGB.²⁵⁶ Die jedenfalls für **Altverbindlichkeiten** zugleich bestehende erbrechtliche Haftung wirkt sich im Falle einer Haftungsbeschränkung also nicht zugunsten des Erben aus. Als Haftungsmasse stehen für die Altgläubiger neben dem Gesellschaftsvermögen (Zugriff erfordert Titel gegen die Gesellschaft) freilich auch nach einer etwaigen Haftungsbeschränkung **Nachlass** und **Eigenvermögen** des Erben zur Verfügung. Nach einer Haftungsbeschränkung soll der Zugriff auf den Nachlass für **Neugläubiger** demgegenüber generell nicht mehr möglich sein, weil Neuschulden der Gesellschaft grundsätzlich nicht zugleich Nachlassverbindlichkeiten seien. Der Erbe begründe diese Verbindlichkeiten nicht im Zusammenhang mit der Verwaltung des Nachlasses.²⁵⁷ Dem wird man richtigerweise nur insoweit folgen können, als der Erbe die Gesellschafterstellung – etwa nach Ablauf der Frist des § 139 Abs. 3 HGB – zu **eigenen Zwecken** fortsetzt. Lässt sich die Fortsetzung der Gesellschafterstellung dagegen zwischenzeitlich als ordnungsgemäße Verwaltung des Nachlasses einordnen, ist konsequenterweise von einer Haftung auch des **Nachlasses** auszugehen.²⁵⁸ Liegt eine **qualifizierte Nachfolgeklausel** vor, werden also nicht sämtliche Miterben Gesellschafter, haften die Nachfolger wie bei der einfachen Nachfolgeklausel, während die weichenden Miterben nach h. M. nur für die Altverbindlichkeiten der Gesellschaft und auch nur erbrechtlich mit Beschränkungsmöglichkeit haften.²⁵⁹ Gleiches gilt bei Wirksamwerden einer sog. **rechtsgeschäftlichen** Nachfolgeklausel, die freilich nur zugunsten eines Mitgesellschafters möglich ist. Hier fällt der Gesellschaftsanteil zwar nicht in den Nachlass,²⁶⁰ wohl aber haften die Erben auch hier gem. § 1967 BGB für die Altverbindlichkeiten mit der Möglichkeit der Beschränkung der Haftung auf den Nachlass.²⁶¹

93 *dd) Haftung des Erben in den Fällen des § 139 Abs. 4 HGB.* Der Erbe kann nach § 139 Abs 4 HGB die unbeschränkte Haftung in den zuvor erörterten Fällen abwenden, wenn er innerhalb der 3-Monatsfrist des § 139 Abs. 3 HGB aus der Gesellschaft ausscheidet oder die Stellung eines Kommanditisten erlangt oder wenn innerhalb dieser Frist die Gesellschaft aufgelöst wird. Dann haftet er nach der ausdrücklichen gesetzlichen Regelung für die bis dahin, also bis zu den genannten Ereignissen entstandenen Geschäftsschulden nur nach **erbrechtlichen Grundsätzen**, selbst wenn er die neuen Verbindlichkeiten als Vertreter der OHG begründet hat. Folgende Haftungstatbestände sind zu unterscheiden:

94 Der fristgerecht **ausgeschiedene Erbe** haftet anders als der Erbe des Einzelkaufmanns, der das Unternehmen vorübergehend fortgeführt und dann eingestellt hat, auch für die bis zum Aus-

---

²⁵⁴ Näher etwa MünchKomm/*Siegmann* 3. Aufl., § 1967 Rdnr. 64 mwN.
²⁵⁵ Str.; nach anderer Ansicht liegt eine reine Nachlassverbindlichkeit vor.
²⁵⁶ BGH Urt. v. 21.12.1970 – BGHZ 55, 267, 269 = NJW 1971, 1268.
²⁵⁷ *Muscheler* Haftungsordnung S. 536; *Ebenroth* Rdnr. 1099.
²⁵⁸ Vgl. dazu im Einzelnen – m. umf. Nachw. – *M. Siegmann* Personengesellschaftsanteil und ErbR, S. 212 f.
²⁵⁹ BGH Urt. v. 10.2.1977 – BGHZ 68, 225, 239 = NJW 1977, 1339; vgl. aber auch insoweit *M. Siegmann* Personengesellschaftsanteil und ErbR, S. 213 f.: erbrechtlich beschränkbare Haftung der weichenden Miterben auch für solche Verbindlichkeiten, die der Gesellschaftererbe in ordnungsgemäßer Verwaltung des Nachlasses begründet.
²⁶⁰ BayObLG Beschl. v. 21.6.2000 – ZIP 2000, 1614.
²⁶¹ Hier gilt nichts anderes als bei der Fortsetzung der Gesellschaft mit den übrigen Gesellschaftern, vgl. oben Rdnr. 90.

§ 23 Haftung für Nachlassverbindlichkeiten

scheiden entstandenen Neuverbindlichkeiten (**Zwischenneuschulden**) nur nach erbrechtlichen Grundsätzen.[262] Voraussetzung für diese Beschränkbarkeit der Haftung ist, dass der Erbe sich nicht ausdrücklich persönlich gegenüber den Geschäftspartnern verpflichtet und zur Vermeidung seiner Haftung nach § 15 HGB für eine unverzügliche Eintragung seines Ausscheidens aus der Gesellschaft im Handelsregister sorgt. Dagegen ist eine Eintragung der Haftungsbeschränkungsmöglichkeit des § 139 Abs. 4 HGB als solcher in das Handelsregister nicht erforderlich.[263]

Im Falle der **Auflösung** der OHG während der 3-Monatsfrist des § 139 Abs. 3 HGB haftet der Erbe wie im Falle des Einrückens in eine schon durch den **Erbfall** aufgelöste Gesellschaft,[264] also nur erbrechtlich mit Beschränkungsmöglichkeit auch für die neuen Verbindlichkeiten der Liquidationsgesellschaft. Folge der unterbliebenen Eintragung der Auflösung ist aber die persönliche Haftung des Erben gem. § 15 HGB.[265]

Wird der Erbe in Übereinstimmung mit den übrigen Gesellschaftern **Kommanditist**, haftet er für die Alt- und die bis dahin entstandenen Neuverbindlichkeiten nur erbrechtlich mit Beschränkungsmöglichkeit.[266] Lässt er sich einen Teil der Einlage zurückzahlen, haftet er auch als Kommanditist für die bis zur Einräumung der Kommanditistenstellung entstandenen Alt- und Neuschulden in Höhe des Rückzahlungsbetrags auch mit seinem Eigenvermögen (§ 139 Abs. 4 HGB verdrängt nicht § 173 HGB).[267] Für die nach der Umwandlung entstandenen Verbindlichkeiten haftet der Erbe gem. §§ 171 f. HGB wie ein Kommanditist, also persönlich nur gem. §§ 171, 172 HGB. Eine **Verzögerung** der Eintragung der Kommanditistenstellung führt nach der Rechtsprechung zur persönlichen Haftung für die nach Eintritt als Kommanditist bis zur Eintragung entstandenen Verbindlichkeiten.[268] Gleiches gilt, wenn der Erbe den Gesellschaftsanteil eines persönlich haftenden Gesellschafters unter gleichzeitiger Umwandlung in eine Kommanditbeteiligung erwirbt und es versäumt, die Registereintragung unverzüglich herbeizuführen.[269] Nur erbrechtlich gehaftet wird dagegen in dem Fall, dass der Erbe bereits Kommanditist ist und den Gesellschaftsanteil eines persönlich haftenden Gesellschafters im Erbgang unter vorausbestimmter Umwandlung in eine weitere Kommanditbeteiligung erwirbt und dieser Vorgang nicht unverzüglich eingetragen wird. Hier folgt die erbrechtlich beschränkbare Haftung aus §§ 15, 128 HGB.[270]

In der bei nur **beschränkt Geschäftsfähigen** im Hinblick auf die entsprechend anwendbare Regelung des § 210 BGB möglicherweise weit über drei Monate dauernden **Schwebezeit** hat der Erbe zwar die Stellung eines persönlich haftenden Gesellschafters. Gleichwohl gebietet die ratio des § 139 Abs. 4 HGB, dass er während der Schwebezeit für die Altverbindlichkeiten wie für Zwischenneuschulden nur erbrechtlich beschränkbar haftet.[271] Es kommt auch keine Haftung nach § 15 HGB in Betracht, weil die bloße Möglichkeit der Haftungsbeschränkung nach § 139 Abs. 4 HGB keine eintragungspflichtige Tatsache ist.[272]

ee) Haftung bei Eintrittsklausel. Die Vereinbarung einer **Eintrittsklausel** oder die Zuwendung eines Eintrittsrechts durch Vermächtnis (gesellschaftsvertragliche Zulässigkeit vorausgesetzt) ermöglicht zwar dem Erben, einem Miterben oder einem Dritten den rechtsgeschäftlichen Eintritt in die Gesellschaft, die bis zu diesem Zeitpunkt mit den übrigen Gesellschaftern fortgesetzt wird. Die Haftung des **Eintretenden** für alle Verbindlichkeiten folgt aber im Hinblick auf den Eintritt nur aus §§ 128, 130 HGB, da es insoweit an einer erbrechtlichen Nachfolge fehlt. Die **Erben** – auch ein etwa eintrittsberechtigter – haften aber als solche für die Altverbindlichkeiten der OHG nach §§ 1967 ff. BGB mit der Möglichkeit der Beschrän-

---

[262] Vgl. § 139 Abs. 4 HGB sowie BGH Urt. v. 21.12.1970 – BGHZ 55, 267, 273.
[263] BGH Urt. v. 21.12.1970 – BGHZ 55, 267, 269 = NJW 1971, 1268.
[264] BGH Urt. v. 6.7.1981 – NJW 1982, 45.
[265] BGH Urt. v. 4.3.1976 – BGHZ 66, 98, 102 = NJW 1976, 848.
[266] BGH Urt. v. 21.12.1970 – BGHZ 55, 267, 269 = NJW 1971, 1268.
[267] RGZ 171, 328, 332.
[268] BGH Urt. v. 21.3.1983 – NJW 1983, 2258, 2259.
[269] BGH Urt. v. 4.3.1976 – BGHZ 66, 98, 102 = NJW 1976, 848.
[270] BGH Urt. v. 4.3.1976 – BGHZ 66, 98, 102 = NJW 1976, 848.
[271] BGH Urt. v. 21.12.1970 – BGHZ 55, 267, 269 = NJW 1971, 1268.
[272] BGH Urt. v. 21.12.1970 – BGHZ 55, 267, 269 = NJW 1971, 1268.

kung auf den Nachlass und der Geltendmachung von Befreiungsansprüchen gem. § 738 Abs. 1 Satz 2 BGB.

99 **b) Die Haftung des Erben eines Kommanditisten.** War der Erblasser **Kommanditist,** wird die KG mangels abweichender vertraglicher Bestimmungen gem. § 177 HGB mit den Erben fortgesetzt. Bei mehreren Erben tritt Einzelnachfolge ein. Für die bis zum Erbfall entstandenen Verbindlichkeiten (Altschulden) haftet der Erbe mit dem Kommanditanteil und dem sonstigen Nachlass sowie seinem **Eigenvermögen** gem. §§ 171, 173 HGB bis zur Höhe der rückständigen Hafteinlage.[273] Für **Einlageverpflichtungen** des Erblassers haftet der Erbe eines Kommanditisten aber jedenfalls dann nur erbrechtlich beschränkbar, wenn der Erbfall erst nach Auflösung der Gesellschaft eingetreten ist.[274] Für die nach dem Erbfall entstandenen Neuschulden kommt eine Haftung auch mit dem Nachlass nach h. M. nicht in Betracht, weil es insoweit an einer Beziehung zu dieser Haftungsmasse fehle.[275] Der Erbe haftet freilich bis zur Höhe der Haftsumme persönlich mit dem Eigenvermögen. Für die zwischen dem Erbfall und der Eintragung des Erben als Kommanditist entstandenen neuen Verbindlichkeiten gilt dasselbe; eine weiter gehende Haftung auf Grund einer Anwendung des § 176 Abs. 2 HGB auf den kraft Erbfolge eingetretenen Kommanditisten kommt nach richtiger Auffassung nicht in Betracht.[276] War jedoch der Erblasser im Zeitpunkt des Erbfalls noch nicht als Kommanditist eingetragen, haftet der Erbe – freilich erbrechtlich beschränkbar – auch für Neuverbindlichkeiten, die bis zur Eintragung des Ausscheidens des Erblassers entstanden sind, §§ 128, 176, 15 HGB.[277] In dem Falle der **Beerbung** des einzigen Komplementärs durch den Kommanditisten wird dieser alleiniger Inhaber des Gesellschaftsvermögens. Dann liegt weder ein Fall des § 177 HGB, noch des § 139 HGB oder des § 27 HGB vor. Nach der Rechtsprechung des BGH[278] ist aber bei Vorliegen der Voraussetzungen dieser Norm § 27 HGB analog anzuwenden.

100 **c) Haftung des Erben des Gesellschafters einer Gesellschaft Bürgerlichen Rechts.** Anders als § 131 Abs. 1 Nr. 4 aF HGB wurde die diesem entsprechende Regelung des § 727 Abs. 1 BGB nicht geändert. Deshalb wird die **Gesellschaft bürgerlichen Rechts** mit dem Tode eines Gesellschafters aufgelöst, sofern keine abweichende gesellschaftsvertragliche Regelung vorhanden ist. Der oder die Erben (diese in Erbengemeinschaft) rücken in die **Liquidationsgesellschaft** ein. Die vor dem Erbfall entstandenen Altschulden sind Nachlassverbindlichkeiten, für die die Haftung auf den Nachlass beschränkt werden kann.[279] Auch für Neuschulden, die nach dem Erbfall bei Abwicklung der Gesellschaft bürgerlichen Rechts und des zum Nachlass gehörenden Anteils des Erblassers an dieser entstehen, wird nur gem. §§ 1967, 1975 BGB gehaftet. Wird die Gesellschaft bürgerlichen Rechts auf Grund einer entsprechenden Regelung im Gesellschaftsvertrag mit den Erben **fortgesetzt,** war bisher zwischen der Haftung für Alt- und Neuschulden zu unterscheiden. Für die Altschulden hafteten die Erben mit ihrem Anteil am Gesellschaftsvermögen und mit dem Nachlass, jedoch nicht mit ihrem Eigenvermögen, weil § 130 HGB nach bisheriger Auffassung nicht entsprechend anwendbar ist,[280] sodass eine persönliche Haftung für die vor dem Eintritt der Erben entstandenen Verbindlichkeiten nicht in Betracht kam. Daran hat entgegen einer verbreiteten Ansicht[281] die Rspr. des BGH zur Rechtsfähigkeit der Außen-Gesellschaft bürgerlichen Rechts und zur entspr. Anwendung des § 130 HGB bei

---

[273] BGH Beschl. v. 3.7.1989 – BGHZ 108, 187, 196 f. = NJW 1989, 3152; RGZ 123, 366, 370.
[274] BGH Urt. v. 21.9.1995 – NJW 1995, 3314.
[275] Vgl. aber auch insoweit M. *Siegmann* Personengesellschaftsanteil und ErbR, S. 212 f.
[276] BGH Beschl. v. 3.7.1989 – BGHZ 108, 187, 197 mwN = NJW 1989, 3152
[277] BGH Beschl. v. 3.7.1989 – BGHZ 108, 187, 197 mwN = NJW 1989, 3152.
[278] BGH Urt. v. 10.12.1990 – BGHZ 113, 132 = NJW 1991, 844; ebenso OLG München, Beschl. v. 24.4.1995 – NJW-RR 1996, 228, wenn der in die Stellung des Komplementärs eingerückte Erbe das Handelsgeschäft später als Einzelkaufmann fortführt.
[279] RGZ 72, 119; Staudinger/*Habermeier* § 727 BGB Rdnr. 8.
[280] BGH Urt. v. 30.4.1979 – WM 1979, 774.
[281] Vgl. etwa MünchKommBGB/*Heldrich* § 2058 Rdnr. 13; MünchKommBGB/*Ulmer* § 727 Rdnr. 47, 48; *ders.* ZIP 2003, 1113, 1121; Lange/Kuchinke ErbR, 5. Aufl. 2001, S. 1212; Habersack/Schürnbrand JuS 2003, 739, 742; *Schäfer* NJW 2005, 3665, 3667.

rechtsgeschäftlichem Eintritt in eine GbR[282] m.E. nichts geändert. Eine Gesetzeslücke, die eine analoge Anwendung des § 130 HGB im Falle der erbrechtlichen Nachfolge gebieten würde, liegt nicht vor. Für die Altschulden haftet nämlich der eintretende Erbe erbrechtlich mit dem Anteil des Erblassers an der GbR und dem übrigen Nachlass, sodass sich für die Altgläubiger am Haftungssubstrat nichts ändert. Die Gläubiger würden bei Anwendung des § 130 HGB ohne rechtfertigenden Grund einen zusätzlichen Haftungsgegenstand, nämlich das Eigenvermögen des einrückenden Erben, als „Zufallsgeschenk" erhalten. Deshalb hat es nach meiner Auffassung im Falle der erbrechtlichen Nachfolge bezüglich der Altschulden bei der bisherigen Regelung zu verbleiben,[283] zumal sonst für den Erben – anders als bei der OHG nach § 139 HGB – keine Haftungsbeschränkungsmöglichkeit gegeben wäre. Bei einem erheblichen Altschuldenbestand der GbR sollte in der Beratung des Erben aber in dem Fall auf das Risiko einer unbeschränkbaren Gesellschafterhaftung entsprechend § 130 HGB hingewiesen werden und die Möglichkeit der Ausschlagung ausdrücklich thematisiert werden. Von einer analogen Anwendung des § 139 HGB auf den Erben des Gesellschafters einer bürgerlich-rechtlichen Außengesellschaft wird man – schon angesichts der zahlreichen ungelösten Detailprobleme – in der Beratung des Erben nicht ausgehen können. Für Neuschulden haften die Erben schließlich wie die übrigen Gesellschafter, also mit dem Anteil am Gesellschaftsvermögen und außerdem persönlich. Auf den Nachlass können die Neugläubiger nach h. M. nur bis zu einer Haftungsbeschränkung des Erben zugreifen, weil es sich bei ihren Ansprüchen nicht um Nachlassverbindlichkeiten handele. Sie seien nicht im Zusammenhang mit der Verwaltung des Nachlasses entstanden.[284] Erfolgt der Eintritt des oder der Erben in die GbR aufgrund einer **Eintrittsklausel**, muss allerdings aufgrund der Rspr. des BGH zur entspr. Anwendung des § 130 HGB bei rechtsgeschäftlichem Eintritt von einer persönlichen Haftung auch für die Altverbindlichkeiten ausgegangen werden. Der Erbe haftet außerdem gem. § 1967 für die Altverbindlichkeiten. Eine Haftungsbeschränkung hätte insoweit gegenüber der gesellschaftsrechtlichen Haftung keine Bedeutung.

X. Haftung für öffentlich-rechtliche Verbindlichkeiten

1. Allgemeines

Das BGB regelt nur das **Privatrecht**. Ob öffentlich-rechtliche Rechte und Pflichten, die hier allein interessieren, auf die Erben übergehen, ist deshalb § 1967 BGB nicht unmittelbar zu entnehmen. Die Vererblichkeit **öffentlich-rechtlicher Pflichten** richtet sich vielmehr nach den **Sondervorschriften** des öffentlichen Rechts. Wo solche fehlen, ist § 1967 BGB auf öffentlich-rechtliche Pflichten aber entsprechend anzuwenden, sofern sich nicht aus dem betreffenden öffentlich-rechtlichen Rechtsverhältnis Abweichendes herleiten lässt.[285] Es bedarf also im Einzelfall stets der Prüfung der **Vergleichbarkeit** der fraglichen Sachverhalte und Normzwecke. Durch den Übergang analog § 1967 BGB wird der öffentlich-rechtliche Charakter dieser Pflichten aber nicht berührt.[286]

2. Sonderregelungen des öffentlichen Rechts

Sonderregelungen für den **Übergang** von öffentlich-rechtlichen Pflichten finden sich in den §§ 45, 265 AO, im LAG (§§ 69 Abs. 3, 203, 349), im SGB II (§ 34), XII (§§ 103, 104) und im SGB I (§ 57 Abs. 2 Satz 1) sowie im ErbStG (§ 20). Außerdem finden sich Bestimmungen, die den Übergang öffentlich-rechtlicher Verpflichtungen des Erblassers **ausschließen**, so Verpflichtungen mit Beuge- oder Strafcharakter nach § 459 c Abs. 3 StPO (Geldstrafen), § 101

---

[282] BGH Urt. v. 7.4.2003 – BGHZ 154, 370 = NJW 2003, 1803 für Beitritte nach Bekanntwerden dieser Entscheidung; zur Frage der Rückwirkung der Rechtsprechung zur entsprechenden Anwendung des § 130 HGB vgl. zuletzt BGH Urt. v. 12.12.2005 – NJW 2006, 765.
[283] Im Ergebnis ebenso Staudinger/*Habermeier* vor § 705 BGB Rdnr. 45; MünchKommBGB/*Siegmann* § 1967 Rdnr. 46; *Hoppe* ZEV 2004, 226.
[284] Auch insoweit ist richtigerweise zu differenzieren, vgl. oben Rdnr. 91 und M. *Siegmann*, Personengesellschaftsanteil und ErbR, S. 212 f.
[285] BVerwG Urt. v. 18.1.1981 – BVerwGE 64, 105, 108 = DVBl. 1982, 78; BayVGH Beschl. v. 6.2.2004 – NVwZ-RR 2004, 648.
[286] BGH Urt. v. 30.3.1978 – BGHZ 71, 180 = NJW 1978, 1385.

OWiG (Geldbußen) sowie § 45 Abs. 1 Satz 2 AO (Zwangsgelder). Erst recht kann gegen den Erben kein Steuerstrafverfahren wegen einer vom Erblasser begangenen Steuerhinterziehung eingeleitet werden. Unberührt bleibt aber die Möglichkeit, eine Steuerfahndungsprüfung trotz Erbfalls fortzuführen.[287] Auch die Berichtigungspflicht des Erben gem. § 151 Abs. 1 AO bleibt unberührt.[288] Geldzahlungsverpflichtungen aus den gegen den Erblasser erkannten **Nebenfolgen** einer Straftat oder Ordnungswidrigkeit gehen dagegen auf den Erben über,[289] ebenso die Verpflichtung zur Tragung der Kosten bei rechtskräftiger Verurteilung vor dem Erbfall.[290] Den Übergang der Gerichtskostenschulden des Erblassers sehen § 29 Nr. 3 GKG und § 1 Nr. 4 i. V. m. § 8 Abs. 2 JBeitrO vor.

3. Haftung für öffentlich-rechtliche Geldschulden des Erblassers

103 Die unter Rdnr. 102 aufgeführten öffentlich-rechtlichen Regelungen zeigen, dass öffentlich-rechtliche **Geldschulden** des Erblassers grundsätzlich auf den Erben übergehen.[291] Deshalb ist bezüglich solcher Verbindlichkeiten nur zu prüfen, ob sich nicht ausnahmsweise etwas Abweichendes ergibt.[292] Unvererblichkeit kann sich insbesondere daraus ergeben, dass das betreffende öffentlich-rechtliche Rechtsverhältnis nach Sachverhalt und Normzweck nicht mit der bürgerlich-rechtlichen Regelung des § 1967 BGB vergleichbar ist. Dies gilt für Verbindlichkeiten mit **höchstpersönlichem Einschlag**, für die es an einer ausdrücklichen Regelung fehlt, wie bei Zwangs- und Ordnungsgeldfestsetzungen außerhalb des § 45 AO. Hierher gehören insbesondere Ordnungsgelder nach § 890 ZPO.[293] Im Einzelnen gilt:

104 a) **Haftung im Steuerrecht.** Der praktisch wichtigste Fall der Vererbung öffentlich-rechtlicher Pflichten findet sich im **Steuerrecht**. Ist die Steuer gegenüber dem Erblasser unanfechtbar festgesetzt, muss dies der Erbe nach § 166 AO gegen sich gelten lassen. Nach § 45 Abs. 1 AO gehen aber auch die Forderungen und Schulden aus dem **Steuerschuldverhältnis** mit Ausnahme von Zwangsgeldern auf den Erben über. Eine ausführliche Darstellung der sich insoweit ergebenden Fragen kann hier nicht erfolgen; insoweit wird auf die Ausführungen unter §§ 35 f. dieses Handbuchs verwiesen. Folgende Besonderheiten sind zu erwähnen: § 45 AO regelt über seinen Wortlaut hinaus den Übergang des ganzen Steuerschuldverhältnisses auf den Erben. Der Übergang setzt nicht voraus, dass die Steuerschulden gegenüber dem Erblasser schon festgestellt oder fällig waren; ausreichend ist die Erfüllung des Steuertatbestandes, § 38 AO. Weil das gesamte Steuerschuldverhältnis übergeht, steht dem Erben nach der bisherigen Rechtsprechung des BFH etwa auch das Recht zum Verlustabzug nach § 10 d EStG zu, allerdings nur, wenn der Erbe durch die Verluste des Erblassers selbst wirtschaftlich belastet ist.[294] Auch das Wahlrecht zwischen Zusammen- und Getrenntveranlagung geht auf den erbenden **Ehegatten** über.[295] Nachlassverbindlichkeiten stellen keine **außergewöhnliche Belastung** i. S. v. § 33 EStG dar, wenn sie durch den Wert der dem Steuerpflichtigen zufallenden Erbschaft gedeckt sind, und zwar auch dann, wenn der Ehegatte Erbe wird.[296] Nach einem Urteil des FG Düsseldorf[297] sind Aufwendungen, die dem Steuerpflichtigen für die Überführung eines im Ausland verstorbenen Angehörigen entstehen, allerdings jedenfalls dann eine außergewöhnliche Belastung i. S. v. § 33 EStG, wenn der Verstorbene an seinem ausländischen Wohnort keine Angehörigen hatte. Zahlungen des **Vorerben** zur Ablösung des Nacherbenrechts sind nicht als Nachlassverbindlichkeiten bei dem Erwerb des Vorerben von Todes wegen abzugsfähig.[298] Nach-

---

[287] BFH Beschl. v. 15.6.2001 – NJW 2001, 2997.
[288] *Stahl* ZEV 1999, 221.
[289] Vgl. § 495 g Abs. 2 StPO, der § 495 c Abs. 3 StPO nicht erwähnt.
[290] Vgl. § 465 Abs. 3 StPO, §§ 89, 103 Abs. 2 OWiG.
[291] BVerwG Urt. v. 11.3.1971 – BVerwGE 37, 314 = MDR 1971, 784.
[292] BVerwG Urt. v. 11.7.1968 – BVerwGE 30, 123, 124 = MDR 1969, 79.
[293] OLG Hamm WRP 1985, 573; Staudinger/*Marotzke* § 1967 Rdnr. 18; *Rau* JURA 2000, 37, 39.
[294] BFH Urt. v. 5.5.1999 – NJW 2000, 239. Dazu näher *Philipp* ZEV 2002, 355. Diese Rspr. hat verschiedene Divergenzanfragen ausgelöst, vgl. *Crezelius* ZEV 2004, 45, 52: Die neueste des XI. Senats ist in ZEV 2005, 73 abgedruckt.
[295] BFH Urt. v. 13.11.1979 – NJW 1980, 1184.
[296] BFH Urt. v. 29.5.1996 – NJWE-FER 1997, 70.
[297] Urt. v. 13.5.1998 – ZEV 2000, 516.
[298] BFH Urt. v. 23.8.1995 – ZEV 1996, 77.

lassverbindlichkeit ist auch der Anteil der **Einkommensteuerschuld** des Erben (vgl. § 24 Nr. 2 EStG), der auf Einnahmen des Erblassers entfällt, die dem Erben nach dem Erbfall zugeflossen sind.[299] Noch nicht abschließend geklärt ist dagegen die Frage, ob der Erbe auch für Steuerschulden herangezogen werden kann, die auf Einkünften beruhen, die der Verwalter während einer **Nachlassverwaltung** oder eines **Nachlassinsolvenzverfahrens** erzielte. Seine diese Frage ursprünglich bejahende Rechtsprechung hat der BFH[300] inzwischen nicht unwesentlich eingeschränkt, wenngleich von einer klaren Abkehr von der bisherigen Rechtsprechung wohl noch nicht gesprochen werden kann.[301] Zur Erbschaftsteuer vgl. unten Rdnr. 107.

b) Haftung im Sozialhilferecht. Auch Verpflichtungen zur **Erstattung** von **Sozialleistungen** 105 gem. § 50 SGB X sind grundsätzlich vererblich, so die Verpflichtung zur Rückzahlung überzahlter Renten,[302] die Verpflichtung zur Erstattung von Sozialleistungsvorschüssen nach § 42 Abs. 2 Satz 2 SGB I und die Verpflichtung aus § 50 Abs. 1 SGB X bei rechtswidriger Gewährung von Sozialhilfe.[303] Kommt es bei Geldansprüchen des Erblassers gem. §§ 56 ff. SGB I zur Sonderrechtsnachfolge, haftet allerdings nach § 57 Abs. 2 SGB I der Sonderrechtsnachfolger und nicht der Erbe für die Verbindlichkeiten des Verstorbenen (zB wegen rechtsgrundlos erlangter Sozialleistungen gem. § 50 SGB X). Auch die Verpflichtung zur Erstattung von Rentenbeträgen, die nach dem Tode des Berechtigten weiterbezahlt wurden, gehört hierher.[304] Gem. § 92 a Abs. 2 BSHG (jetzt § 103 Abs. 2 SGB XII) haftet der Erbe für die Kostenersatzpflicht des Empfängers von Sozialhilfe, der nach Vollendung des 18. Lebensjahres die Voraussetzungen für die Gewährung von Sozialhilfe an sich selbst oder an unterhaltsberechtigte Angehörige durch vorsätzliches oder grob fahrlässiges Verhalten herbeigeführt hat. Schließlich ist auch die Verpflichtung zum Aufwendungsersatz des Empfängers erweiterter Sozialhilfe nach § 29 Satz 2 BSHG (jetzt § 92 SGB XII) vererblich.[305] Wegen der Verpflichtung des Erben nach § 92 c BSHG (jetzt § 102 Abs. 2 SGB XII) vgl. unten Rdnr. 107. Zu Art und Umfang der Haftung in diesen Fällen vgl. oben Rdnr. 6.

c) Haftung für sonstige öffentlich-rechtliche Geldverbindlichkeiten des Erblassers. Auch 106 sonstige Geldverpflichtungen öffentlich-rechtlicher Natur sind vererblich, so die Verpflichtung des **Beamten** zur Rückzahlung zu viel empfangener Dienst- oder Versorgungsbezüge (§ 12 Abs. 2 BBesG, § 52 Abs. 2 BeamtVG). Nach der Rechtsprechung des BVerwG[306] setzt die Rückzahlungsverpflichtung allerdings die Rücknahme des die Versorgung bewilligenden Bescheides gegenüber allen Miterben voraus. Die Rückforderung von Zahlungen, die erst nach dem Tode des Beamten geleistet wurden, richtet sich nach der vorstehend zitierten Rechtsprechung nach § 812 BGB (Geltendmachung vor den Zivilgerichten). Ebenso gehen auf den Erben über die Verpflichtung zur Erstattung von Fehlbeständen an öffentlichen Vermögen nach §§ 2, 5 ErstG, Erschließungsbeitragsschulden,[307] verfallene Anliegerbeiträge, die Verpflichtung zur Tragung der Kosten für eine Ersatzvornahme gegenüber einem Zustandsstörer wie überhaupt Kostenerstattungsansprüche.[308] Übergangsfähig ist auch die Verpflichtung zur Zahlung einer Fehlbelegungsabgabe gem. § 25 Abs. 1 WoBindG[309] sowie die Rückzahlungsverpflichtung des Erben nach § 349 Abs. 1 und Abs. 4 LAG.[310]

---

[299] BFH Urt. v. 24.1.1996, BFHE 179, 406 = ZEV 1996, 199.
[300] BFH Urt. v. 11.8.1998, BFHE 186, 328 = ZEV 1998, 441.
[301] Näher M. *Siegmann* ZEV 1999, 52 mwN; vgl. auch § 24 Rdnr. 64 ff., 88. Dazu und allg. zur Problematik M. *Siegmann* ZEV 1999, 52; *Ramackers* in *Beermann*, Steuerliches Verfahrensrecht, § 45 AO Rdnr. 46; *Boeker* in *Hübschmann/Hepp/Spitaler* AO § 45 Rdnr. 68.
[302] BSG Urt. v. 30.8.1973 – MDR 1974, 79.
[303] VGH Mannheim Urt. v. 31.7.1985 – NJW 1986, 272.
[304] BGH Urt. v. 30.3.1978 – BGHZ 71, 180 = NJW 1978, 1385.
[305] BVerwG Urt. v. 21.10.1987 – BVerwGE 78, 165, 171 = NJW 1988, 2551.
[306] Beschl. v. 3.3.1988 – NJW 1988, 1927.
[307] OVG Bremen Beschl. v. 14.2.1984 – NVwZ 1985, 917.
[308] BVerwG Urt. v. 9.5.1960 – BVerwGE 10, 282, 285 = NJW 1960, 1588; OVG Koblenz Urt. v. 25.2.1992 – NJW 1992, 2653.
[309] BVerwG Urt. v. 18.9.1981 – BVerwGE 64, 105 = DVBl. 1982, 78.
[310] BVerwG Urt. v. 20.6.2002 – NJW 2002, 3189; Urt. v. 15.7.2004 – NVwZ-RR 2005, 375.

4. Öffentlich-rechtliche Erbfallschulden

107 Zu den **öffentlich-rechtlichen Erbfallschulden** gehören die erst aus Anlass des Erbfalls und in Bezug auf den Nachlass entstehenden Verbindlichkeiten. Den wohl häufigsten Fall einer öffentlich-rechtlichen Erbfallschuld stellt nach der Rechtsprechung des BFH[311] die **Erbschaftsteuer** dar (§§ 9, 20 ErbStG).[312] Richtig ist wohl, dass es sich um eine den Erben persönlich treffende Steuerschuld handelt, für die § 20 Abs. 3 ErbStG die Mithaftung des Nachlasses bestimmt. Erbfallschuld ist auch die Verpflichtung des Erben aus § 92 c BSHG (jetzt § 102 Abs. 2 SGB XI), für die Kosten der dem Erblasser (rechtmäßig[313]) geleisteten **Sozialhilfe** aus dem Nachlass Ersatz zu leisten,[314] ferner die Verpflichtung des Erben, erst nach dem Tode des Erblassers auf dessen Konto überwiesene Beträge zu erstatten, sofern diese Verbindlichkeit nicht – wie vom BGH[315] – als zivilrechtlicher Anspruch aus § 812 BGB behandelt wird. Entsprechendes gilt im Beamtenrecht für die Rückforderung einer erst nach dem Tode des Berechtigten bewilligten und dessen Konto gutgeschriebenen **Beihilfe**.[316] Erbfallschulden sind endlich die **Kosten** eines durch den Tod des Erblassers in der Hauptsache erledigten Widerspruchsverfahrens wie überhaupt die Kosten, die kraft Gesetzes der Nachlass zu tragen hat.[317] Nicht zu den Erbfallschulden gehören öffentlich-rechtliche Verbindlichkeiten, die auf Nachlassgrundstücken ruhen und somit den Eigentümer als solchen treffen, zB die Abfallentsorgungsgebühren, Abwassergebühren, Straßenreinigungsgebühren und Grundsteuern, sofern sie nach dem Tode des Erblassers entstanden sind.[318] Sie sind Eigenschulden, auch wenn die öffentliche Last auf dem Nachlassgrundstück ruht.[319]

5. Übergang sonstiger Pflichten

Ob auch **sonstige öffentlich-rechtliche Verbindlichkeiten** des Erblassers auf dessen Erben übergehen, ist eine nach wie vor klärungsbedürftige und besonders umstrittene Frage des Verwaltungsrechts.

108 a) **Polizei- und Ordnungspflichten.** Im Anschluss an das Urteil des BVerwG vom 22.1.1971,[320] das eine baurechtliche Beseitigungsanordnung zum Gegenstand hat, wird heute allgemein davon ausgegangen, dass die durch eine polizei- oder ordnungsrechtliche Verfügung konkretisierte **Zustandsverantwortlichkeit** insbesondere im Falle der Gesamtrechtsnachfolge auf den Rechtsnachfolger übergeht.[321] Eine entsprechende Regelung findet sich in zahlreichen Landesbauordnungen, die der Genehmigung mit entsprechender Pflichtenfolge auch Wirkung gegenüber dem Rechtsnachfolger beilegen. Begründet wird diese Auffassung mit der Grundstücksbezogenheit und Dinglichkeit der Zustandsverantwortlichkeit. Diese Rechtsprechung wird auch dafür herangezogen, den Übergang von Pflichten außerhalb des eigentlichen Polizei- und Ordnungsrechts zu begründen, so für die waldrechtliche Verpflichtung zur Wiederaufforstung[322] oder für Anordnungen im Bereich des Naturschutzes. Nicht eindeutig geklärt ist dagegen die Frage, ob auch in die abstrakte, durch Verfügung noch nicht konkretisierte Zustandsverantwortlichkeit eine Gesamtrechtsnachfolge stattfindet. Eine Entscheidung dieser Frage wird freilich oftmals offen gelassen, weil die polizeiliche Zustandshaftung kraft Gesetzes

---

[311] Urt. v. 28.4.1992 – BFHE 168, 206 = NJW 1993, 350.
[312] Zu abweichenden Stellungnahmen vgl. M. Siegmann ZEV 1999, 52.
[313] BVerwG Urt. v. 21.10.1987 – BVerwGE 78, 165, 171 = NJW 1988, 2551.
[314] Sog selbständige Erbenhaftung, vgl. Grabe/Wahrendorf, SGB XII, § 102 Rdnr. 4.
[315] Urt. v. 18.1.1979 – BGHZ 73, 202, 203 = NJW 1979, 763.
[316] BVerwG Urt. v. 28.8.1986 – NVwZ 1987, 501.
[317] Vgl. § 34 Abs. 2 VerschG.
[318] OVG Münster Beschl. v. 27.2.2001 – NVwZ-RR 2001, 596.
[319] Staudinger/Marotzke § 1967 Rdnr. 36.
[320] NJW 1971, 1624. Zum Übergang eines Beseitigungsgebotes ferner OVG Bremen Beschl. v. 30.3.1999 – NordÖR 1999, 373.
[321] Vgl. zum Übergang einer Beseitigungsverpflichtung aus einem gerichtlichen Vergleich auf den Einzelnachfolger (Grundstückskäufer) VGH München Urt. v. 13.3.2000 – NVwZ 2000, 1312 und einer Unterlassungsverpflichtung aus einem gerichtlichen Vergleich VGH Mannheim Urt. v. 26.1.2005 – NVwZ-RR 2006, 1.
[322] OVG Lüneburg Beschl. v. 6.3.1989 – NuR 1990, 178 (für den Fall des Erwerbs in der Zwangsversteigerung). Hierher gehört auch der Fall des Übergangs der Verpflichtung des Zwangsvermieters auf den Erben aus einer Zwangsmietverfügung des Wohnungsamtes, BVerwG Urt. v. 19.3.1956 – BVerwGE 3, 208 = NJW 1956, 1295.

mit jedem Übergang des Eigentums originär eintritt.[323] Ähnlich liegt die Problematik bei der **Verhaltensverantwortlichkeit.** Auch hier findet bei konkretisierter Verantwortlichkeit eine Gesamtrechtsnachfolge statt.[324] Schwieriger ist die Lösung der Frage der Gesamtrechtsnachfolge bei einer abstrakten Verhaltensverantwortlichkeit. Man wird bei vorsichtiger Beurteilung davon ausgehen können, dass nach überwiegender Meinung auch hier eine Gesamtrechtsnachfolge (scil. bei Vertretbarkeit der polizeilichen Pflichten) eintritt,[325] weil schon eine Pflichtigkeit und nicht bloß eine behördliche Eingriffsbefugnis vorgelegen hat. Voraussetzung einer Haftung des Erben ist in diesem Falle aber stets, dass die Verantwortlichkeit des Rechtsvorgängers im Zeitpunkt des Erbfalles schon bestanden hat.[326]

b) **Verpflichtungen nach dem BBodSchG.** Das am 1.3.1999 in Kraft getretene **BBod-** **109** **SchG**[327] hat allerdings in § 4 Abs. 2 Satz 1 eine Gesamtrechtsnachfolge in die abstrakte Verhaltensverantwortlichkeit festgelegt. Nach der zitierten Bestimmung sind nämlich „der Verursacher einer schädlichen Bodenveränderung oder Altlast sowie dessen Gesamtrechtsnachfolger ... verpflichtet, den Boden ... zu sanieren." Diese Vorschrift wirft zahlreiche Fragen auf, die hier nicht erörtert werden können. Der anwaltliche Berater wird den betroffenen Erben auf die mögliche Rückwirkung der Bestimmung (Geltung auch für Erbfälle vor dem 1.3.1999)[328] bzw. auf eine mögliche **Verfassungswidrigkeit** jeder Rückwirkung in diesem Falle[329] hinweisen müssen. Ferner gehört zur vollständigen Beratung in diesen Fällen mit unter Umständen ruinösen Kostenfolgen die Herbeiführung einer **Haftungsbeschränkung** auf den Nachlass.[330] Unabhängig von dieser Haftungsbeschränkung stellt sich die Frage, ob die Haftung des in Bezug auf die Bodenveränderungen und **Altlasten** oft gutgläubigen Erben von vornherein nicht auf den Wert des übergegangenen Vermögens beschränkt ist[331] oder ob für den gutgläubigen Erben des Verhaltensverantwortlichen eine Beschränkung der Haftung nach Maßgabe der Rechtsprechung des BVerfG[332] zur Haftung des Zustandsverantwortlichen für eine Bodensanierung in Betracht kommt. Freilich wird dies nur bei Vorliegen besonderer Umstände zutreffend sein, weil der Handlungsstörer für sein Verhalten unbeschränkt haftet und diese Haftungsverpflichtung auf den Erben übergeht. Die weitere Frage, ob § 4 Abs. 3 BBodSchG Auswirkungen auf die übrigen Nachfolge-Konstellationen im allgemeinen Polizeirecht hat, ist offen.[333] In dieser Hinsicht ist eine eher zurückhaltende Beurteilung geboten, weil die Bestimmung nur eine Einzelfrage der Rechtsnachfolge im Bereich der Altlasten regelt. Im Gesetzgebungsverfahren ist dies deutlich zum Ausdruck gekommen mit dem Hinweis des Bundesrats, dass „für den Anwendungsbereich des Gesetzes" die bislang umstrittene Rechtsfrage, ob eine Gesamtrechtsnachfolge in die abstrakte Verhaltensverantwortlichkeit stattfindet, geklärt werden sollte.[334]

c) **Sonstige Verpflichtungen.** Vererblich sind ferner die öffentlich-rechtlichen Pflichten[335] zur **110** Anmeldung des Ausscheidens eines Gesellschafters (§ 143 HGB) und die Pflicht zur An-

---

[323] V. *Mutius/Nolte* DÖV 2000, 1 f.
[324] BayVGH Beschl. v. 28.11.1988 – ZfW 1989, 147.
[325] So die Beurteilung bei *v. Mutius/Nolte* DÖV 2000, 2; *Rau* JURA 2000, 37, 47 (der selbst gegenteiliger Auffassung ist). Aus der Rspr.: OVG Lüneburg Beschl. v. 7.3.1997 – NJW 1998, 97, 98; weniger weit gehend VGH Mannheim Beschl. v. 25.10.1999 – DÖV 2000, 782; **gegen** einen Übergang abstrakter Pflichten BayVGH Beschl. v. 6.2.2004 – NVwZ-RR 2004, 648; *Papier* DVBl. 1996, 125.
[326] OVG Lüneburg Beschl. v. 7.3.1997 – NJW 1998, 97, 98; VG Düsseldorf Urt. v. 6.4.1998 – NVwZ 1999, 216.
[327] Vom 17.3.1998 (BGBl. I 502).
[328] Dazu näher *v. Mutius/Nolte* DÖV 2000, 1, 3, 5 (nur für Erbfälle, die in einem nach Mitte der 80er Jahre liegenden Zeitraum liegen); ebenso BGH Urt. v. 2.4.2004 – NVwZ 2004, 1267 und VGH Mannheim Urt. v. 22.2.2005 – NVwZ 2006, 111. A.A. *Vierhaus/Marx* NVwZ 2006, 45 (ab Ende der 60er Jahre).
[329] Solche Zweifel klingen bei VGH Mannheim Beschl. v. 25.10.1999 – DÖV 2000, 782 an.
[330] Vgl. dazu unten Rdnr. 111.
[331] So in der Tat *Spieth/Wolfers* NVwZ 1999, 355, 359, 360.
[332] Beschl. v. 16.2.2000 – 1 BvR 242/91 u. a. NJW 2000, 2573; dazu ausführlich *Huber/Unger* Grundlagen und Grenzen der Zustandsverantwortlichkeit des Grundeigentums im Umweltrecht, VerwA 2005, 139.
[333] Vgl. *v. Mutius/Nolte* DÖV 2000, 1, 7.
[334] BT-Drucks. 13/6701, S. 51.
[335] Dazu *Kick* S. 39 f.

meldung des Erlöschens der Firma (§ 31 HGB).[336] Auch die in § 61 Abs. 3 BBG und in den Beamtengesetzen der Länder festgeschriebene Pflicht des Erben eines Beamten, amtliche Schriftstücke und Aufzeichnungen über dienstliche Vorgänge herauszugeben, ist eine öffentlich-rechtliche Nachlassverbindlichkeit, weil sie schon den Erblasser betraf.[337]

6. Haftungsbeschränkung, Enthaftung

111 Dass der Erbe seine Haftung für öffentlich-rechtliche Geldverpflichtungen auf den Nachlass **beschränken** kann, ist verschiedentlich gesetzlich festgelegt.[338] Das Gesetz erleichtert dem Erben die Herbeiführung der Haftungsbeschränkung in den erstgenannten Fällen des § 265 AO und des § 8 Abs. 2 JBeitrO dadurch, dass im Gegensatz zu § 780 ZPO weder im Steuerfestsetzungsverfahren noch im Beitreibungsverfahren vor dem Beginn der **Vollstreckung** ein Beschränkungsvorbehalt geltend zu machen ist. Der Erbe kann entsprechende Einreden weder im Steuerfestsetzungsverfahren noch gegen das Leistungsgebot geltend machen. Erst im Vollstreckungsverfahren kann er sich auf die Haftungsbeschränkung berufen,[339] die er allerdings jetzt herbeizuführen hat. Auch das **Finanzamt** kann die Nachlassverwaltung oder die Nachlassinsolvenz beantragen. Mit ihrer Anordnung darf es wegen steuerlicher Nachlassverbindlichkeiten nicht mehr in das Eigenvermögen des Erben vollstrecken.[340] Dem Erben steht gegen eine öffentlich-rechtliche Nachlassverbindlichkeit auch die **Dürftigkeitseinrede** gem. §§ 1990, 1991 BGB zu. Auch diese Einwendung ist erst im Beitreibungsverfahren geltend zu machen.[341] Nach der Rechtsprechung des VGH Mannheim[342] ist der Einwand der Dürftigkeit gegenüber dem Erstattungsanspruch aus § 50 Abs. 1 SGB X schon im **Anfechtungsverfahren** zu beachten, wenn im Nachlass tatsächlich nichts vorhanden ist, was der Rechtslage im Zivilprozess entspricht. Das BVerwG bejaht ebenfalls die Möglichkeit einer Haftungsbeschränkung für öffentlich-rechtliche Verbindlichkeiten.[343] Im Rahmen der Beschwerde gegen den Kostenansatz (§ 14 KostO, § 19 GKG) kann die Dürftigkeitseinrede nicht geltend gemacht werden. Dies hat bei der Kostengrundentscheidung zu erfolgen.[344] Eine Besonderheit gilt für die Haftung des Erben nach §§ 92 a, 92 c BSHG (jetzt §§ 102, 103 SGB XII). Hier ist die Haftung kraft Gesetzes auf den Wert des im Zeitpunkt des Erbfalls vorhandenen Vermögens begrenzt,[345] was im Rechtsstreit schon **von Amts wegen** und nicht bloß auf Einrede hin zu beachten ist (Abweichung von § 1975 BGB, § 780 ZPO). Diese Regelung ist nicht unproblematisch. Sie unterstellt die sozialrechtlichen Verbindlichkeiten des Erben einem anderen Haftungssystem als das BGB, nämlich der pro-viribus-hereditatis-Haftung, so dass Haftungsbeschränkungsmaßnahmen nach §§ 1975 ff. BGB nicht in Betracht kommen.[346] Der Erbe haftet vielmehr mit Nachlass und Eigenvermögen für die Forderung des Sozialhilfeträgers, der auch dann vollstrecken kann, wenn vom Nachlass durch eine nach dem Erbfall eingetretene Wertminderung nichts mehr vorhanden ist. Eine Haftungsbeschränkung kann auch gegenüber sonstigen öffentlich-rechtlichen Verpflichtungen erfolgen, soweit nicht die Erfüllung – etwa auf Grund einer Abrissverfügung – ohne weiteres möglich ist. Dies gilt auch im Falle der Nachlassinsolvenz, weil die Ordnungspflichtigkeit durch ein Insolvenzverfahren nicht eingeschränkt oder beeinflusst wird.[347] Die öffentlich-rechtliche Gefahrenbeseitigungspflicht ist vielmehr wie

---

[336] Bestr., vgl. Staudinger/*Marotzke* § 1967 Rdnr. 12; *Krug* ZEV 2001, 51 f.
[337] Staudinger/*Marotzke* § 1967 Rdnr. 365. A.A. MünchKommBGB/*Leipold* Einl. vor § 1922 Rdnr. 155.
[338] Vgl. § 265 AO, § 8 Abs. 2 JBeitrO, § 5 Abs. 4 ErstG, § 69 Abs. 3 LAG, §§ 102, 103 SGB XII.
[339] BFH Urt. v. 28.4.1992 – BFHE 168, 206 = NJW 1993, 350, auch im Fall des § 1629 a BGB, BFH Urt. v. 1.7.2003 – NJW 2004, 175. Vgl. auch *Strübing* Haftungsbeschränkung des Erben bei Steuerverbindlichkeiten, ZErb 2005, 177.
[340] BFH Urt. v. 12.7.1983 – BFHE 139, 12 = DStR 1983, 685; BGH Beschl. v. 10.2.1994 – WM 1994, 903.
[341] BFH Beschl. v. 30.6.1999 – ZEV 1999, 451.
[342] Urt. v. 31.7.1985 – NJW 1986, 272.
[343] Urt. v. 20.1.1977 – BVerwGE 52, 16 = MDR 1977, 782.
[344] BGH Beschl. v. 13.1.2004 – FamRZ 2004, 441.
[345] Zur früheren Rechtslage BVerwG Urt. v. 25.6.1992 – NJW 1993, 1089.
[346] Vgl. oben Rdnr. 6 und BayVGH Urt. v. 15.7.2003 – FamRZ 2004, 489, 491. A.A. *Schellhorn/Schellhorn* BSHG, 16. Aufl. 2002, § 92 c Rdnr. 16; *Littig/Mayer* Sozialhilferegreß, 1999, S. 112, 172; *Conradis* ZEV 2005, 379.
[347] MünchKomm-InsO/*Siegmann* § 325 Rdnr. 13 mwN.

eine Massenverbindlichkeit vom Insolvenzverwalter zu erfüllen.[348] Der Übergang der abstrakten Verhaltensverantwortlichkeit auf den Erben gem. § 4 Abs. 2 BBodSchG lässt ebenfalls eine Haftungsbeschränkung zu.[349] Gehen Sanierungsverpflichtungen auf den Erben über, muss er sich ebenfalls auf eine Haftungsbeschränkung berufen können, so etwa im Falle des § 4 Abs. 3 BBodSchG. Dies muss auch dann gelten, wenn der Erbe mit dem Übergang des Eigentums an einem kontaminierten Grundstück auf ihn (§ 1922 BGB) Zustandsverantwortlicher ist. Würde man in diesem Fall nicht von einem Übergang der (abstrakten) Zustandsverantwortlichkeit ausgehen, sondern von der originären Entstehung einer neuen Zustandshaftung,[350] also von einer Eigenverbindlichkeit des Erben, könnte eine Haftungsbegrenzung nur nach der vorstehend zitierten Rechtsprechung des BVerfG erfolgen. Die unter Umständen ruinösen Folgen einer Sanierungsverpflichtung können aber nicht von der Entscheidung der wissenschaftlichen Streitfrage abhängen, ob ein Übergang einer abstrakten Zustandsverantwortlichkeit oder eine originäre Neuentstehung einer solchen Verpflichtung vorliegt. Dies schon deshalb, weil eine Dereliktion des Eigentums am kontaminierten Grundstück die Zustandsverantwortung nicht entfallen lässt.[351] Man wird die Problematik nur dadurch lösen können, dass der Erbe, der vor Ablauf der Ausschlagungsfrist die Folgen der ihn treffenden Belastung wohl selten übersehen kann, in diesem Fall das Eigentum „als solcher" (§ 1967 Abs. 2 BGB) erwirbt, so dass es sich bei der Zustandsverantwortlichkeit um eine mit dem Erbfall entstandene Verbindlichkeit, also eine Erbfallschuld handelt, für die die Haftung auf den Nachlass beschränkt werden kann.[352] Dem Rechtsnachfolger können Ausgleichsansprüche nach § 24 BBodSchG zustehen, insbesondere wenn er als Zustandsverantwortlicher haftet,[353] während er als Rechtsnachfolger des Verursachers (§ 4 Abs. 3 BBodSchG) die störerinterne Ausgleichsverpflichtung allein zu tragen hat,[354] allerdings mit der Möglichkeit der Haftungsbeschränkung.

Liegen die Voraussetzungen einer **Nachhaftungsbegrenzung** vor, kann sich der Erbe auch gegenüber öffentlich-rechtlichen Verbindlichkeiten hierauf berufen, §§ 26, 160 HGB, § 736 Abs. 2 BGB. Die in den genannten Bestimmungen vorgesehenen Ausnahmen von der zeitlichen Begrenzung der Nachhaftung sind für den Gläubiger allerdings schon durch Erlass eines Verwaltungsaktes zu erreichen. Einer gerichtlichen Geltendmachung wie bei zivilrechtlichen Ansprüchen bedarf es hier nach den §§ 26 Abs. 1 Satz 1 Halbs. 2, 160 Abs. 1 Satz 1 Halbs. 2 HGB nicht.

---

[348] BVerwG, Urt. v. 10.2.1999 – BVerwGE 108, 269.
[349] *Spieth/Wolfers*, NVwZ 1999, 355, 359, 360; *v. Mutius/Nolte* DÖV 2000, 5.
[350] Vgl. *v. Mutius/Nolte*, DÖV 2000, 1 f.; OVG Hamburg, Urt. v. 17.5.2000 – NordÖR 2000, 361.
[351] OVG Bremen Beschl. v. 16.8.1988 – DVBl. 1989, 1008; *Rau*, JURA 2000, 37, 40.
[352] *Scherer-Leydecker*, EWiR 2000, 655, 656. Daneben kann bei einer Zustandshaftung die Berufung auf eine sog. „Opfersituation" in Betracht kommen, vgl. OVG Hamburg Urt. v. 17.5.2000 – NordÖR 2000, 361.
[353] BGH Urt. v. 2.4.2004, NVwZ 2004, 1267.
[354] *Schette* VerwA 2000, 41, 60; *v. Westerholt* NJW 2000, 931, 932.

§ 24 Nachlassverwaltung

Übersicht

	Rdnr.
I. Einleitung	1–6
II. Voraussetzungen	7–24
1. Antragsbefugnis	8–15
a) Erbe	9
b) Gläubiger	10–12
c) Sonstige Personen	13–15
2. Antragsformalien	16–20
3. Anordnung der Nachlassverwaltung durch das Nachlassgericht	21–24
III. Wirkungen	25–40
1. Materiellrechtliche Auswirkungen	25–32
a) Übergang des Verwaltungs- und Verfügungsrechts	25–29
b) Sonstige Wirkungen	30–32
2. Prozessuale Auswirkungen	33–40
a) Übergang der Prozessführungsbefugnis	33–36
b) Auswirkungen auf Zwangsvollstreckungsmaßnahmen	37–40
IV. Verfahrensablauf	41–49
1. Anordnungsbeschluss des Nachlassgerichts, Bestellung eines Nachlassverwalters	41
2. Inverwaltungnahme der Nachlassgegenstände durch den Verwalter	42/43
3. Gegebenenfalls: Stellung eines Insolvenzantrages	44/45
4. Verwertung der Nachlassgegenstände, Berichtigung der Nachlassschulden	46
5. Verfahrensbeendigung	47–49
V. Der Nachlassverwalter	50–76
1. Rechtliche Stellung	50
2. Pflichten	51–72
a) Nachlasssicherung	52/53
b) Verwaltung des Nachlasses	54–57
c) Erstellung eines Nachlassverzeichnisses/Zulänglichkeitsprüfung	58–61
d) Verwertung der Nachlassgegenstände	62/63
e) Steuerliche Verpflichtungen	64–66
f) Berichtigung der Nachlassverbindlichkeiten	67/68
g) Auskunftserteilung, Berichterstattung und Rechnungslegung	69/70
h) Auskehrung des Nachlassrestes	71/72
3. Haftung	73
4. Vergütung	74–76
VI. Das Nachlassgericht	77–81
1. Auswahl und Bestellung des Verwalters	77
2. Überwachungspflicht	78/79
3. Genehmigungsvorbehalte	80/81
VII. Der Erbe	82–94
1. Rechte	82–88
a) Auskunft	82
b) Antrags- und Rechtsbehelfsrechte bei Gericht	83–85
c) Auskehrungsanspruch	86
d) Erstattungs- und Freistellungsansprüche	87
e) Steuerliche Position	88
2. Pflichten	89–94
a) Herausgabe	89/90
b) Auskunftserteilung	91
c) Haftung	92–94
VIII. Die Nachlassgläubiger	95–100
1. Erfüllungsanspruch	95/96
2. Auskunftsansprüche	97
3. Geltendmachung von Ansprüchen aus Erben- oder Verwalterhaftung	98
4. Antrags- und Rechtsbehelfsrechte bei Gericht	99/100

§ 24 Nachlassverwaltung

Schrifttum: *Depping,* Steuerrisiken der beschränkten Erbenhaftung, DStR 1993, 1246; *Döbereiner,* Die Nachlassinsolvenz, in Gottwald (Hrsg.), Insolvenzrechtshandbuch, 3. Aufl. 2006, Kap. X; *Eulberg/Ott-Eulberg,* Die Nachlasspflegschaft, 1999; *Firsching/Graf,* Nachlassrecht, 8. Aufl. 2000; *Graf,* Möglichkeiten der Haftungsbeschränkung für Nachlassverbindlichkeiten, ZEV 2000, 125 ff; *Grziwotz,* Die Veräußerung eines Handelsgeschäfts durch den Nachlassverwalter, DB 1990, 924 ff; *Häsemeyer,* Insolvenzrecht, 3. Aufl. 2003; *Hillebrand,* Die Nachlassverwaltung unter besonderer Berücksichtigung der Verwaltungs- und Verfügungsbefugnis des Nachlassverwalters, Diss. Bochum, 1998; *Lange/Kuchinke,* Lehrbuch des Erbrechts, 5. Aufl. 2001, § 49 III; *Möhring/Beisswingert/Klingelhöffer,* Vermögensverwaltung in Vormundschafts- und Nachlasssachen, 7. Aufl. 1992; *Paus,* Einkommensteuerpflicht des Erben auch bei Nachlassverwaltung, DStR 1993, 82; *G. Siegmann/M. Siegmann,* Einkommensteuerschuld und Erbenhaftung, StVj 1993, 337 ff; *Welzel,* Erbenhaftung im Steuerrecht, DStZ 1993, 425.

I. Einleitung

Beratungscheckliste   1

☐ Die Nachlassverwaltung dient vor allem dem Interesse des Erben: zum einen zur Begrenzung von Haftungsrisiken bei unübersichtlichen Nachlassverhältnissen, zum anderen zur Entledigung lästiger Auseinandersetzungen mit den Nachlassgläubigern.
☐ Ein Nachlassgläubiger kann sich dadurch aber auch den Zugriff auf den Nachlass unter grundsätzlichem Ausschluss des (ggf. illiquiden) Erben sichern.
☐ Die Nachlassverwaltung ist gegenüber der Ausschlagung das flexiblere Instrument.
☐ Sie kann vom Erben praktisch jederzeit beim Nachlassgericht beantragt werden. Auch Nachlassgläubiger haben ein Antragsrecht, allerdings begrenzt.
☐ Nachlassverwaltung ist auch zulässig bei überschuldetem Nachlass und oftmals „Vorstufe" zur Nachlassinsolvenz; Insolvenzantragspflichten des Erben gehen mit Anordnung auf den Nachlassverwalter über.
☐ Konsequenz der eintretenden Haftungssonderung ist die rückwirkende Behandlung des Erben als Verwalter fremden Vermögens und damit die grundsätzliche Haftung des Erben für jede zu vertretende Nachlassverminderung.
☐ Nachlassgläubiger können wegen ihrer Forderungen weiterhin die Zwangsvollstreckung in den Nachlass betreiben.
☐ Erben können einen ihnen ungenehmen Testamentsvollstrecker u. U. durch einen Antrag auf Nachlassverwaltung weitgehend „entmachten".
☐ Der Nachlassverwalter untersteht bei der Verfügung über Nachlassgegenstände den vormundschaftlichen Genehmigungsvorbehalten.
☐ Der Nachlassverwalter sollte vor der Begleichung von Nachlassverbindlichkeiten stets das Aufgebotsverfahren nach § 1970 BGB durchführen.

Unbeschadet seines Ausschlagungsrechts geht **mit dem Erbfall** das gesamte Vermögen des Erblassers im Wege der Gesamtrechtsnachfolge auf den Erben[1] über (§§ 1922, 1942 BGB). Umfasst ist nicht nur das aktive Nachlassvermögen, sondern der Erbe haftet zugleich für die Nachlassverbindlichkeiten (§ 1967 BGB). Diese Haftung ist grundsätzlich[2] eine unbeschränkte; der Erbe (bei einer Mehrheit von Erben nach Maßgabe des § 2059 BGB gem. § 2058 BGB alle zusammen als Gesamtschuldner) haftet hierfür also auch mit seinem Privatvermögen, und zwar unabhängig davon, ob der Nachlass die Nachlassverbindlichkeiten deckt. Dieser Verzicht des Gesetzgebers auf eine automatische Vermögens- und Haftungssonderung dient dem Interesse des Erben an einer kostengünstigen Regulierung des Erbfalls. Für den Erben entsteht hiermit jedoch ein **ungewisses Haftungsrisiko**. Ihm hatte der Gesetzgeber ein Instrumentarium an die

---

[1] Im Folgenden wird aus Vereinfachungsgründen von „dem Erben" gesprochen. Diese Formulierung ist jedoch nicht geschlechtsspezifisch und erfasst auch eine Mehrheit von Erben.
[2] Zu den Ausnahmen *Graf* ZEV 2000, 125 ff. Insbes. besteht im Falle einer Erbengemeinschaft bis zur Teilung des Nachlasses ein Sondervermögen und nach § 2059 BGB grds. eine Haftungsbeschränkung für die Miterben.

Hand zu geben, mit dem im Bedarfsfall eine **nachträgliche Sonderung des Nachlasses vom Eigenvermögen** des Erben mit der Wirkung herbeigeführt werden kann, dass die Haftung des Erben für Nachlassverbindlichkeiten dauerhaft auf den Nachlass beschränkt wird. Zu diesem Zweck hat der Gesetzgeber die Nachlassverwaltung und das Nachlassinsolvenzverfahren vorgesehen (§ 1975 BGB).[3]

2 Die Nachlassverwaltung bewirkt, wie das Nachlassinsolvenzverfahren (§ 1989 BGB), eine **endgültige Haftungsbeschränkung für Nachlassverbindlichkeiten,** da nach heute ganz h. M. auch nach Verfahrensaufhebung den Nachlassgläubigern der Zugriff auf das Eigenvermögen des Erben verschlossen bleibt.[4] Beide Verfahren dienen insoweit aber auch den Interessen der Nachlassgläubiger, als durch sie die Nachlassverbindlichkeiten abgewickelt werden und für die Dauer des Verfahrens der Zugriff der Eigengläubiger des Erben auf den Nachlass unterbunden wird. Der Erbe, der sich bei Antritt der Erbschaft über den Bestand des Nachlasses und insbesondere den Umfang der Nachlassverbindlichkeiten unsicher ist, ist somit nicht etwa darauf angewiesen, innerhalb der knapp bemessenen Ausschlagungsfrist von sechs Wochen (§ 1944 BGB) vorsichtshalber die **Ausschlagung der Erbschaft** zu erklären und damit den Übergang der Nachlassaktiva und -passiva nach § 1953 BGB rückgängig zu machen, wodurch die Chance auf einen positiven Vermögenserwerb endgültig aufgegeben wird.

3 Darüber hinaus steht dem Erben bei nicht kostendeckender Masse gegen Forderungen der Nachlassgläubiger die **Einrede der Dürftigkeit** bzw. der Unzulänglichkeit gem. § 1990 BGB zu sowie im Falle der Überschuldung durch Vermächtnisse und Auflagen die **Überschwerungseinrede** nach § 1992 BGB. Eine Haftungssonderung von Anfang an besteht im Falle der noch nicht geteilten **Erbengemeinschaft** (§ 2059 BGB). **Inventarerrichtung** (§§ 1993 ff. BGB) oder **Aufgebotsverfahren** (§§ 1970 ff. BGB, §§ 989 ff. ZPO) vermögen demgegenüber keine Haftungsbeschränkung herbeizuführen, sondern dienen nur der Feststellung der Zulänglichkeit des Nachlasses und der Erhaltung der Möglichkeit einer späteren Haftungsbeschränkung.

4 Während bei unzulänglichem Nachlass die Gläubiger grundsätzlich im Rahmen eines Nachlassinsolvenzverfahrens (§§ 315 ff. InsO) zu befriedigen sind, bezweckt die Nachlassverwaltung (§§ 1981 ff. BGB) die **vollständige Befriedigung der Gläubiger** aus dem Nachlass. Die Nachlassverwaltung empfiehlt sich also in solchen Fällen, in denen die **Nachlassverhältnisse unklar** sind, insbesondere bei komplexen Konstellationen, wenn z. B. ein Unternehmen oder ein Gesellschaftsanteil Nachlassbestandteil ist.[5] Für Nachlassgläubiger kann sich die Beantragung einer Nachlassverwaltung umgekehrt dann anbieten, wenn die **Vermögenssituation des Erben** kritisch ist, um dadurch den Zugriff von Eigengläubigern auf den Nachlass zu unterbinden. In der Praxis wird die Nachlassverwaltung jedoch meistens vom Erben beantragt.[6] In den meisten Fällen ist die Nachlassverwaltung eine Vorstufe zum Nachlassinsolvenzverfahren.[7]

5 Rechtstechnisch handelt es sich bei der Nachlassverwaltung nach § 1975 BGB um eine **Sonderform der Nachlasspflegschaft,** so dass gem. § 1915 BGB die Regelungen über die Vormundschaft subsidiär anwendbar sind. Der Nachlassverwalter ist jedoch nicht, wie der Nachlasspfleger nach § 1960 BGB, Vertreter der Erben sondern er ist, wie der Insolvenzverwalter, ein gerichtlich eingesetzter Amtsverwalter des Nachlasses. Inhaltlich weist die Nachlassverwaltung damit deutlich größere **Parallelen zum Nachlassinsolvenzverfahren** auf.[8] Eine vom Erblasser durch letztwillige Verfügung angeordnete Verwaltung seines Nachlasses ist dagegen Testamentsvollstreckung (§§ 2197 ff. BGB).

6 Die Rückwirkung der Vermögens- und Haftungssonderung realisiert das Gesetz zum einen durch die **nachträgliche Aufhebung** der infolge des Erbanfalls eingetretenen **Konfusion bzw. Konsolidation**[9] von Rechtsverhältnissen zwischen Erben und Erblasser bzw. von

---

[3] BGH Urt. v. 13.7.1989 – NJW-RR 1989, 1226, 1227.
[4] S. u. Rdnr. 49.
[5] Gottwald/*Döbereiner* Insolvenzrechtshandbuch § 110 Rdnr. 10; *Grziwotz* DB 1990, 924.
[6] Vgl. *Hillebrand*, Die Nachlassverwaltung, S. 15, nach dessen Erhebung rd. 92% aller Anträge vom Erben gestellt werden.
[7] Palandt/*Edenhofer* § 1975 Rdnr. 2; *Eulberg/Ott-Eulberg,* Die Nachlasspflegschaft, S. 81.
[8] Staudinger/*Marotzke* § 1985 Rdnr. 1.
[9] Grundsätzliches Erlöschen von Schuldverhältnissen, Pfandrechten, Nießbrauch und Dienstbarkeiten (s. aber § 889 BGB) infolge des Zusammentreffens von Anspruch und Verbindlichkeit bzw. von Recht und Belastung in einer Person.

Aufrechnungswirkungen (§§ 1976 f. BGB) und zum anderen dadurch, dass der Erbe einer **auftragsrechtlichen Haftung für die bisherige Nachlassverwaltung** unterworfen wird (§ 1978 BGB). Der Erbe bleibt zwar Vermögensträger, jedoch wird das Sondervermögen Nachlass einem Verwalter unterstellt, der die Aufgabe hat, hieraus die Nachlassverbindlichkeiten zu berichtigen.

II. Voraussetzungen

Nach dem Obengesagten ist die Nachlassverwaltung das ordentliche Mittel zur haftungsrechtlichen Trennung von Nachlass und Eigenvermögen des Erben, wenn davon auszugehen ist oder zumindest die Möglichkeit besteht, dass der Aktivnachlass zur Deckung der Nachlassverbindlichkeiten ausreicht, während bei unzulänglichem Nachlass das Nachlassinsolvenzverfahren zu beantragen ist. Die Nachlassunzulänglichkeit ist jedoch kein Ausschlusstatbestand für die Nachlassverwaltung;[10] diese setzt neben dem allgemeinen **Rechtsschutzbedürfnis** des Antragstellers und der **Kostendeckung** (§ 1982 BGB) vielmehr grundsätzlich **nur einen wirksamen Antrag** voraus (§ 1981 Abs. 1 BGB). Es ist nicht einmal erforderlich, dass überhaupt Nachlassverbindlichkeiten vorhanden sind;[11] unerheblich ist ferner, ob der Erbe die Erbschaft bereits angenommen hat oder den Nachlass mit seinem Eigenvermögen vermengt oder darüber verfügt hat.[12] Auch die vorherige Errichtung eines Inventars (§ 1993 BGB) ist nicht erforderlich.[13] Durch (zulässige) Beantragung der Nachlassverwaltung könnte der Erbe somit einen ihm ungenehmen Testamentsvollstrecker bis zur Abwicklung der Nachlassverbindlichkeiten den Nachlass „aus den Händen schlagen", soweit sich das Nachlassgericht nicht entschließen sollte, den Testamentsvollstrecker als Nachlassverwalter einzusetzen, wobei auch in diesem Fall der Testamentsvollstrecker für die Verfahrensdauer den Vorschriften über die Nachlassverwaltung unterworfen wäre. Für den Antrag eines Nachlassgläubigers gelten jedoch Einschränkungen (§ 1981 Abs. 2 BGB).

1. Antragsbefugnis

Im Gegensatz zur nachlasssichernden Nachlasspflegschaft nach § 1960 BGB, die bei einem entsprechenden Bedürfnis von Amts wegen angeordnet wird (§ 1960 Abs. 1 BGB), setzt die Anordnung der Nachlassverwaltung, ebenso wie die Eröffnung eines Nachlassinsolvenzverfahrens, den Antrag eines Beteiligten voraus. Antragsberechtigt sind nach § 1981 Abs. 1 BGB der Erbe (Eigenantrag) und nach § 1981 Abs. 2 BGB die Nachlassgläubiger (Fremdantrag).

a) Erbe. Die Antragsbefugnis des Erben besteht nach zutreffender Ansicht **bereits vor Annahme** der Erbschaft[14] und ist **zeitlich unbegrenzt**. Das Antragsrecht des Erben besteht auch bei überschuldetem Nachlass, bei Testamentsvollstreckung (die ja die Erbenhaftung nicht beseitigt), im eröffneten Insolvenzverfahren über das Vermögen des Erben und eingeschränkt auch nach Erbschaftsverkauf.[15] Im Falle der Miterbengemeinschaft können, anders als bei der Nachlassinsolvenz, jedoch nur alle **Miterben gemeinsam** den Antrag stellen, und das auch nur bis zur Teilung des Nachlasses (§ 2062 BGB).[16] Der Nacherbe ist gem. § 2144 Abs. 1 BGB erst nach Eintritt des Nacherbfalls antragsbefugt.[17] Die Antragsbefugnis des Erben (nicht der Gläu-

---

[10] *Firsching/Graf* Nachlassrecht Rdnr. 4.788: somit auch bei Nachlassüberschuldung möglich.
[11] *Lange/Kuchinke*, Lehrbuch des Erbrechts, § 49.III.2.a.
[12] *Firsching/Graf* Nachlassrecht Rdnr. 4.787.
[13] *Firsching/Graf* ebd.
[14] *Firsching/Graf* Nachlassrecht Rdnr. 4.787; Palandt/*Edenhofer* § 1981 Rdnr. 2; *Hillebrand*, Die Nachlassverwaltung, S. 26 ff; a.A Staudinger/*Marotzke* § 1981 Rdnr. 11; *Lange/Kuchinke*, Lehrbuch des Erbrechts, § 49.III.2. a: fehlendes Rechtsschutzbedürfnis wegen § 1958 BGB, § 778 ZPO.
[15] In diesem Fall kann der (noch nicht unbeschränkbar haftende) Erbe analog § 330 Abs. 2 InsO nur wie ein Nachlassgläubiger und nur wegen solcher Nachlassverbindlichkeiten einen Antrag auf Nachlassverwaltung stellen, die im Innenverhältnis dem Erbschaftskäufer zur Last fallen (s. Palandt/*Edenhofer* § 2383 Rdnr. 1).
[16] Ausnahme: Wenn die Teilung nur darin besteht, dass Anteile an einer nachlassbefangenen Personenhandelsgesellschaft an die Miterben übergangen sind (s. *Möhring/Beisswingert/Klinghöffer*, Vermögensverwaltung in Vormundschafts- und Nachlasssachen, S. 141).
[17] *Firsching/Graf* Nachlassrecht Rdnr. 4.788; *Hillebrand*, Die Nachlassverwaltung, S. 29.

biger) entfällt nach § 2013 Abs. 1 S. 1 BGB mangels Rechtsschutzbedürfnis, wenn er bereits allgemein unbeschränkbar haftet.[18] Sie entfällt auch dann, wenn über den Nachlass bereits das Insolvenzverfahren eröffnet wurde.[19]

10 **b) Gläubiger.** Die Nachlassverwaltung kann auch von jedem **Nachlassgläubiger**[20] beantragt werden. Antragsberechtigt ist auch der nach § 1973 oder § 1974 BGB ausgeschlossene Gläubiger, der Miterbe, der zugleich Gläubiger ist, der Pflichtteilsberechtigte und der Vermächtnisnehmer.[21] Der Antrag bezweckt in diesem Fall nicht die Herbeiführung einer Haftungsbeschränkung, sondern die Erhaltung des Nachlasses als Haftungsmasse. Aus diesem Grund steht den Gläubigern das Antragsrecht auch dann noch zu, wenn der Erbe bereits unbeschränkbar haftet.[22] Das Antragsrecht der Gläubiger ist jedoch **sachlich und zeitlich beschränkt**.

11 Da die Nachlassverwaltung einen erheblichen Eingriff in die Rechte des Erben bedeutet, ist der Gläubigerantrag zur Vermeidung von Missbrauchsfällen nur dann statthaft, wenn Grund zu der Annahme besteht, dass die **Befriedigung der Nachlassgläubiger** aus dem Nachlass durch das Verhalten oder die Vermögenslage des Erben **gefährdet** wird (§ 1981 Abs. 2 Satz 1 BGB). Nachlassunzulänglichkeit ist also weder notwendig noch hinreichend. Typische Gefährdungshandlungen sind insbesondere die voreilige Befriedigung einzelner Nachlassgläubiger durch den Erben, die leichtfertige Verschleuderung des Nachlasses oder Nachlässigkeit bei der Verwaltung. Die Vermögenslage des Erben gefährdet dann die Ansprüche der Nachlassgläubiger, wenn dessen **Eigenvermögen unzureichend** ist und deswegen die Gefahr besteht, dass Eigengläubiger auf den Nachlass zugreifen[23] (gegeben z. B. bei abgegebener Eidesstattlicher Versicherung des Erben). Das Verhalten eines verwaltenden Testamentsvollstreckers muss sich der Erbe insoweit zurechnen lassen.[24] Der Gefährdungstatbestand entfällt, wenn der Erbe Sicherheit leistet.[25]

12 Der Gläubigerantrag ist zudem nur bis zum Ablauf von **zwei Jahren nach Annahme** der Erbschaft zulässig (§ 1981 Abs. 2 Satz 2 BGB). Nach h.M ist des Weiteren der Gläubigerantrag auch dann nicht mehr statthaft, wenn der Nachlass im Falle der Miterbengemeinschaft geteilt wurde.[26]

13 **c) Sonstige Personen.** Ferner ist antragsberechtigt wie der Erbe neben diesem zunächst der verwaltende **Testamentsvollstrecker** (§ 2205 BGB). Das ergibt sich auf Grund der Tatsache, dass er ein umfassendes Verwaltungs- und Verfügungsrecht hinsichtlich des von ihm zu verwaltenden Nachlasses hat im Analogieschluss aus dessen Befugnis gem. § 317 Abs. 1 InsO, über den Nachlass einen Insolvenzantrag zu stellen.[27]

14 Antragsberechtigt ist im Falle des Erbschaftskaufs anstelle des Erben[28] auch der **Erbschaftskäufer** gem. § 2383 Abs. 1 Satz 1 BGB,[29] weil dieser neben dem Erben nach § 2382 BGB für Nachlassverbindlichkeiten haftet. Auch dem in **Gütergemeinschaft lebenden Ehegatten** des Er-

---

[18] Wurde die Nachlassverwaltung trotz unbeschränkbarer Haftung des Erben auf dessen Antrag angeordnet, entfällt die haftungsbeschränkende Wirkung zugunsten des Erben (s. *Hillebrand*, Die Nachlassverwaltung, S. 25 f.). Bei der Miterbengemeinschaft geht nach h.M. das Antragsrecht verloren, wenn auch nur einer der Miterben unbeschränkbar haftet (s. *Firsching/Graf* Nachlassrecht Rdnr. 4.788; Palandt/*Edenhofer* § 2062 Rdnr. 1; MünchKommBGB/*Heldrich* § 2062 Rdnr. 3, a.A. *Hillebrand*, Die Nachlassverwaltung, S. 26).
[19] Arg. e. § 1988 Abs. 1 BGB.
[20] Zu den Nachlassverbindlichkeiten s. oben unter § 23 Rdnr. 11 ff.
[21] *Firsching/Graf* Nachlassrecht Rdnr. 4.789; Staudinger/*Marotzke* § 1981 Rdnr. 17 f: Diese Gläubiger werden bei zulänglichem Nachlass ja auch berücksichtigt.
[22] Arg. e. § 2013 Abs. 1 S. 1, 2. HS BGB.
[23] Palandt/*Edenhofer* § 1981 Rdnr. 3.
[24] Staudinger/*Marotzke* § 1981 Rdnr. 23: Der Erbe kann ja Entlassung beantragen, einschr. Palandt/*Edenhofer* § 1981 Rdnr. 3: nur wenn den Erben eigenes Verschulden trifft.
[25] *Firsching/Graf* Nachlassrecht Rdnr. 4.792.
[26] MünchKommBGB/*Heldrich* § 2062 Rdnr. 8; Palandt/*Edenhofer* § 2062 Rdnr. 2; a.A. wegen der bereits vorliegenden Gläubigergefährdung Staudinger/*Marotzke* § 2062 Rdnr. 18.
[27] Palandt/*Edenhofer* § 1981 Rdnr. 2; Staudinger/*Marotzke* § 1981 Rdnr. 14.
[28] Dieser ist in Analogie zu § 330 Abs. 2 S. 1 InsO wie ein Nachlassgläubiger antragsbefugt (s. Staudinger/*Marotzke* § 1981 Rdnr. 14).
[29] Staudinger/*Marotzke* § 1981 Rdnr. 14.

ben ist ein Antragsrecht analog § 318 InsO zuzusprechen, wenn der Nachlass in das Gesamtgut fällt und der Ehegatte allein oder gemeinschaftlich verwaltungsberechtigt ist.[30]

Dem **Nachlasspfleger** nach §§ 1960 ff. BGB will die h. M. dagegen kein Antragsrecht zugestehen, weil es nicht dessen Aufgabe sei, für die Haftungsbeschränkung oder die Gläubigerbefriedigung zu sorgen.[31] Sind einige der Erben jedoch bereits bekannt, sprechen wegen § 2062 BGB die besseren Argumente für ein Antragsrecht des Nachlasspflegers im Interesse der Erben analog § 317 Abs. 1 InsO.[32]

2. Antragsformalien

Der Antrag auf Anordnung der Nachlassverwaltung ist beim **Nachlassgericht** zu stellen, d. h. gem. §§ 72 f. FGG bei dem Amtsgericht (in Baden-Württemberg nach §§ 147 EGBGB, 1 Abs. 2 LFGG dem Notariat), in dessen Bezirk der **Erblasser** zurzeit des Erbfalls seinen Wohnsitz hatte. Die internationale Zuständigkeit des (deutschen) Nachlassgerichts fehlt jedoch bei ausländischem Erbstatut.[33] Der Antrag kann schriftlich oder mündlich, zu Protokoll der Geschäftsstelle, gestellt werden.

Beim Fremdantrag hat der Gläubiger wegen der Formulierung des § 1981 Abs. 2 BGB („Grund zu der Annahme") nach h. M. neben dem Bestand seiner Forderung auch deren Gefährdung i. S. d. § 15 Abs. 2 FGG **glaubhaft** zu machen;[34] jedoch sind daran, wegen des Amtsermittlungsgrundsatzes des § 12 FGG, keine hohen Anforderungen zu stellen.[35] Hinsichtlich der Erbeneigenschaft des Antragsgegners ist keine Glaubhaftmachung erforderlich, da diese beim Fremdantrag bereits zur Überzeugung des Nachlassgerichts feststehen muss. Aus praktischen Gründen wird aber **auch beim Eigenantrag** eine gewisse Glaubhaftmachung der Antragsberechtigung erwartet (Bezugnahme auf Erbschein oder eröffnete letztwillige Verfügung),[36] obwohl auch hier der Amtermittlungsgrundsatz gilt.

Eine **Antragsfrist** besteht nur für den Fremdantrag (§ 1981 Abs. 2 Satz 2 BGB), wonach der Antrag nur bis zum Ablauf von zwei Jahren nach der Annahme der Erbschaft gestellt werden kann. Im Falle der Miterbengemeinschaft ist maßgeblich die letzte Annahme.

Muster eines Eigenantrags:

> An das Amtsgericht/Notariat [Sitz]
> – Nachlassgericht –
>
> Az.: [Az. des Sterbefalles beim Nachlassgericht]
> Antrag auf Anordnung der Nachlassverwaltung über den Nachlass des [Erblasser]
> Sehr geehrte Damen und Herren,
> in vorbezeichneter Angelegenheit vertreten wir die Interessen von [Antragsteller], [Adresse]; Abschrift der Vollmachtsurkunde anbei.
> Namens und auftrags unseres Mandanten beantragen wir, die Verwaltung des Nachlasses des am [Geburtsdatum] in [Geburtsort] geborenen und am [Todestag] in [Todesort] verstorbenen, zuletzt in [Adresse] wohnhaft gewesenen [Erblasser] anzuordnen.
> Begründung:
> Unser Mandant ist der einzige Sohn des am [Todestag] in [Todesort] verstorbenen [Erblasser]; beglaubigte Abschrift der Geburtsurkunde anbei. [Erblasser] war verheiratet mit der/

---

[30] *Firsching/Graf* Nachlassrecht Rdnr. 4.788.
[31] Staudinger/*Marotzke* § 1981 Rdnr. 14; Palandt/*Edenhofer* § 1981 Rdnr. 2.
[32] *Hillebrand*, Die Nachlassverwaltung, S. 31 ff.
[33] Staudinger/*Marotzke* § 1975 Rdnr. 37; Palandt/*Edenhofer* § 1981 Rdnr. 1; Möhring/Beisswingert/Klingelhöffer, Vermögensverwaltung in Vormundschafts- und Nachlasssachen, S. 145, str.
[34] KG Beschl. v. 28.9.2004 – KGR 2005, 73 mit Verweis auf § 14 Abs. 1 InsO.
[35] Staudinger/*Marotzke* § 1981 Rdnr. 24; *Firsching/Graf* Nachlassrecht Rdnr. 4.790; Möhring/Beisswingert/ Klingelhöffer, Vermögensverwaltung in Vormundschafts- und Nachlasssachen, S. 141 f: Der Gläubiger muss jedoch im Rahmen seiner Prozessförderungspflicht substantiiert vortragen.
[36] Palandt/*Edenhofer* § 1981 Rdnr. 2; MünchKommBGB/*Siegmann* § 1981 Rdnr. 7.

dem am [Todestag des Ehegatten] vorverstorbenen [Ehegatte]; ein Testament hinterließ er nicht/gem. dem am [Eröffnungsdatum] von diesem Gericht eröffneten Testament vom [Datum] wurde unser Mandant zum Alleinerben eingesetzt.

Der Verstorbene wurde kraft Gesetzes/gemäß letztwilliger Verfügung vom [Datum] von unserem Mandanten beerbt. Die Nachlassaktiva belaufen sich nach derzeitigem Kenntnisstand auf rd. e [Wert des Nachlassvermögens]; die Nachlassverbindlichkeiten auf rd. e [Nachlasspassiva]. Eine die Kosten des Verfahrens übersteigende Masse ist somit vorhanden. Zur Glaubhaftmachung dieser Angaben beziehe ich mich auf die Nachlassakten des hiesigen Nachlassgerichts, insbesondere auf den dort befindlichen Erbschein vom [Datum]/das dort befindliche, am [Eröffnungsdatum] eröffnete Testament des Erblassers und die ebenfalls dort befindliche Nachlassaufstellung/das beigefügte Nachlassverzeichnis[37] per [Erstellungsstichtag].

Ich rege an, zum Nachlassverwalter [Name], [Adresse] zu bestellen. [Name] ist zur Übernahme des Amtes bereit und in der Lage.

Rechtsanwalt

Anlagen

Muster eines Fremdantrags

20 An das Amtsgericht/Notariat [Sitz]
– Nachlassgericht –

Az.: [Az des Sterbefalles beim Nachlassgericht]

Antrag auf Anordnung der Nachlassverwaltung über den Nachlass des [Erblasser]

Sehr geehrte Damen und Herren,

in vorbezeichneter Angelegenheit vertreten wir die Interessen der [Firma des Gläubigers], [Adresse]; Abschrift der Vollmachtsurkunde anbei.

Namens und auftrags unserer Mandantin beantragen wir, die Verwaltung des Nachlasses des am [Geburtsdatum] in [Geburtsort] geborenen und am [Todestag] in [Todesort] verstorbenen, zuletzt in [Adresse] wohnhaft gewesenen [Erblasser] anzuordnen.

Begründung:

Unsere Mandantin hatte dem Erblasser mit Vertrag vom [Vertragsdatum],

Anlage AS 1,

ein Darlehen über DM [Darlehensbetrag] gewährt. Das Darlehen ist rückzahlbar am [Fälligkeitsdatum]; der Zinssatz beträgt [Zinssatz] p. a. Aus diesem Vertrag steht noch eine Forderung von e [Forderungsbetrag] offen. Unsere Mandantin ist damit Nachlassgläubigerin.

Der Erblasser wurde beerbt von [Erbe], [Adresse]. Insoweit wird Bezug genommen auf die beim hiesigen Nachlassgericht befindlichen Nachlassakten. Seit Annahme der Erbschaft sind noch keine zwei Jahre vergangen.

Der Erbe ist offenbar verschuldet und zahlungsunfähig; nach Auskunft der [Firma der Auskunftei] vom [Datum der Auskunft], s.

Anlage AS 2,

hat er mit Datum vom [Datum der EV] vor dem Amtsgericht [Sitz] die Eidesstattliche Versicherung nach § 807 ZPO abgegeben.

Aufgrund dieser Tatsache ergibt sich die akute Gefahr, dass der Erbe zur Deckung seiner Eigenschulden auf die Nachlasssubstanz zugreift und diese nicht mehr zur Deckung der Nachlassverbindlichkeiten und damit auch der Forderung unserer Mandantin zur Verfügung steht.

Rechtsanwalt

Anlagen

---

[37] Muster eines Nachlassverzeichnisses unter Rdnr. 59.

3. Anordnung der Nachlassverwaltung durch das Nachlassgericht

Voraussetzung für die Anordnung der Nachlassverwaltung ist, dass aus dem Aktivnachlass die Kosten des Verfahrens gedeckt sind (§ 1982 BGB). **Kostendeckung** i. S. d. Norm besteht nach h. M. erst dann, wenn die Verwertung einen nicht nur unerheblichen Überschuss über die Kosten erwarten lässt.[38] An Kosten entstehen eine Gerichtsgebühr (§ 106 Abs. 1 S. 1 KostO) zuzüglich Auslagen für Bekanntmachungen und Zustellungen (§ 137 KostO) sowie die Vergütung und der Auslagenersatz des Verwalters (§§ 1987, 1915, 1835 BGB). Das Nachlassgericht entscheidet die Frage der Kostendeckung nach freier Schätzung, erforderlichenfalls durch einen Sachverständigen. Ergibt sich der Nachlassbestand nicht aus den Nachlassakten oder aus dem Antrag, wird das Gericht dem Erben die Vorlage eines Nachlassverzeichnisses aufgeben.[39] Einer drohenden Ablehnung der Nachlassverwaltung mangels Masse kann der Antragsteller zwar durch Leistung eines Massekostenvorschusses analog § 26 Abs. 1 Satz 2 InsO entgegenwirken;[40] in diesem Fall dürfte allerdings eher die Stellung eines Insolvenzantrages angebracht sein. In der Praxis kommt es öfter vor, dass das Gericht die Frage der Kostendeckung nicht näher prüft, sondern inzident dem Nachlassverwalter überlässt. 21

Wird die Anordnung der Nachlassverwaltung mangels Masse abgelehnt, steht dem Erben gegen den weiteren Zugriff von Nachlassgläubigern auf das Eigenvermögen nach § 1990 Abs. 1 S. 1, 1. Alt. BGB die **Dürftigkeitseinrede** zu. Im Falle des zulässigen Fremdantrags ist vor Anordnung der Nachlassverwaltung der **Erbe zu hören** (§ 14 Abs. 2 InsO analog); ihm ist Gelegenheit zu geben, die Behauptungen des Antragstellers durch Gegenglaubhaftmachung zu entkräften oder nötigenfalls die Anordnung der Nachlassverwaltung durch Sicherheitsleistung abzuwenden. 22

Mit Anordnung der Nachlassverwaltung bestellt das Gericht die **Person des Nachlassverwalters**, der hierüber eine Bestallungsurkunde erhält.[41] Ein **förmlicher Beschluss**, mit dem die Nachlassverwaltung angeordnet wird, ist nicht vorgeschrieben, jedoch üblich. Andernfalls liegt die Anordnung in der Bestellung des Nachlassverwalters.[42] Die Anordnung der Nachlassverwaltung mit Angabe von Name und Anschrift des Nachlassverwalters und dem letzten Wohnsitz des Erblassers ist öffentlich bekannt zu machen (§ 1983 BGB) sowie dem zuständigen Finanzamt bekannt zu geben.[43] Wirksam wird die Anordnung nach h. M. mit Bekanntgabe an den Erben (bzw. den verwaltenden Testamentsvollstrecker oder den Nachlasspfleger).[44] 23

Gegen die Anordnung steht beim Fremdantrag dem Erben bzw. dem verwaltenden Testamentsvollstrecker nach § 76 Abs. 2 FGG die sofortige Beschwerde zu (gilt nach dem neugefassten § 11 Abs. 1 RPflG auch für Entscheidungen des Rechtspflegers), während beim Eigenantrag gegen die Anordnung grundsätzlich keine **Rechtsbehelfe** gegeben sind.[45] Gegen die Versagung der Anordnung steht dem jeweiligen Antragsteller (Miterben nach h. M. nur gemeinschaftlich) die unbefristete Beschwerde nach § 20 Abs. 2 FGG zu. Das Gericht kann nach § 18 Abs. 1 FGG jedoch auch von Amts wegen eine zu Unrecht angeordnete Nachlassverwaltung nachträglich wieder aufheben. 24

---

[38] MünchKommBGB/*Siegmann* § 1982 Rdnr. 1; Palandt/*Edenhofer* § 1982 Rdnr. 1; *Firsching*/*Graf* Nachlassrecht Rdnr. 4.794; Lange/*Kuchinke*, Lehrbuch des Erbrechts, § 49.III.1. Fn. 27.
[39] *Firsching*/*Graf* Nachlassrecht Rdnr. 4.801, Fn. 1020.
[40] MünchKommBGB/*Siegmann* § 1982 Rdnr. 1; Staudinger/*Marotzke* § 1982 Rdnr. 4.
[41] Zu Auswahl und Bestellung des Nachlassverwalters s. unten unter Rdnr. 77.
[42] *Firsching*/*Graf* Nachlassrecht Rdnr. 4.803.
[43] §§ 34 Abs. 2 Nr. 2 ErbStG, 7 ErbStDVO.
[44] A.A. mit guten Gründen *Hillebrand*, Die Nachlassverwaltung, S. 36 f. und Staudinger/*Marotzke* § 1984 Rdnr. 2: Maßgeblich sei analog § 108 KO (= § 27 InsO) der Zeitpunkt, zu dem der Anordnungsbeschluss abgesetzt wurde.
[45] § 76 Abs. 1 FGG; *Firsching*/*Graf* Nachlassrecht Rdnr. 4.805; MünchKommBGB/*Siegmann* § 1981 Rdnr. 7, der jedoch Ausnahmen zulassen will.

III. Wirkungen

1. Materiellrechtliche Auswirkungen

25 a) **Übergang des Verwaltungs- und Verfügungsrechts.** Mit Anordnung der Nachlassverwaltung verliert der Erbe oder ggf. der verwaltende Testamentsvollstrecker[46] die Verwaltungs- und Verfügungsbefugnis über den Nachlass (§ 1984 Abs. 1 S. 1 BGB). Diese geht, analog zum Insolvenzverfahren (§ 80 InsO), auf den Nachlassverwalter über. Verfügungen des Erben über Nachlassgegenstände nach Anordnung der Nachlassverwaltung sind gem. § 1984 Abs. 1 S. 2 BGB nach Maßgabe des § 81 InsO absolut unwirksam. **Der Erbe bleibt Rechtsträger des Nachlassvermögens** und **Schuldner der Nachlassverbindlichkeiten;** der Nachlassverwalter ist nicht etwa treuhänderischer Inhaber des Nachlasses, sondern er übt die Verwaltungs- und Verfügungsbefugnis an fremdem Vermögen aus. **Guter Glaube** an die Verfügungsbefugnis des Erben, sei es bezogen auf die angeordnete Nachlassverwaltung oder auf die Nachlasszugehörigkeit eines Gegenstandes, wird gem. § 81 InsO nur im Rahmen der §§ 892 f. BGB geschützt; hinsichtlich beweglicher Nachlassgegenstände ist gutgläubiger Erwerb vom nichtberechtigten Erben gänzlich ausgeschlossen.[47]

26 Der Nachlassverwaltung unterliegen nach h. M., in Analogie zu § 36 InsO, allerdings **nur die der Pfändung unterliegenden vermögensrechtlichen Nachlassbestandteile.**[48] Wegen Einzelheiten hierzu wird auf Kapitel IV.2[49] verwiesen sowie auf die Ausführungen zum Umfang der Insolvenzmasse unter § 25.III.1.a,[50] die für die Nachlassverwaltung entsprechend gelten.

27 Die Verfügungsbefugnis des Nachlassverwalters besteht auch nicht uneingeschränkt, sondern unterliegt nach h. M. den **vormundschaftsrechtlichen Genehmigungsvorbehalten** der §§ 1821 ff. BGB[51] einschließlich des Schenkungsverbots gem. § 1804 BGB und des gesetzlichen **Ausschlusses der Vertretungsmacht** in Fällen des § 1795 BGB[52] inklusive des Verbots des Selbstkontrahierens analog § 181 BGB.[53] Die Verfügungsbefugnis des Nachlassverwalters ist jedoch **nicht** durch den **Zweck der Nachlassverwaltung** begrenzt, sondern findet seine Schranken nach allgemeinen Grundsätzen erst bei evidenten Missbrauchsfällen.[54] Die Verfügungsmacht des Nachlassverwalters kann aber auch weiter gehen als die des Erben, nämlich im Falle der Vorerbschaft: Soweit die Verfügung über Nachlassgegenstände zur Gläubigerbefriedigung erforderlich ist, ist der Nachlassverwalter **von den Beschränkungen des Vorerben** analog § 2115 S. 2 BGB **befreit.**[55]

28 Nachlassgegenstände, an denen **Sicherungsrechte Dritter** bestehen, unterliegen der Verwaltungsbefugnis allerdings nur nach Maßgabe des zugrunde liegenden Rechtsverhältnisses mit dem Sicherungsnehmer. Dem Nachlassverwalter stehen keine eigenen Verwertungskompetenzen zu, wie es nach § 166 InsO beim Insolvenzverwalter der Fall ist.

29 Erteilte **Vollmachten des Erblassers oder des Erben** hinsichtlich des Nachlasses sollen erlöschen in Analogie zu § 117 InsO.[56] **Grundbuchanträge** des Erben, die nach Anordnung der Nachlassverwaltung eingehen, sind zurückzuweisen, soweit es sich nicht lediglich um Berichti-

---

[46] MünchKommBGB/*Siegmann* § 1984 Rdnr. 2.
[47] Staudinger/*Marotzke* § 1984 Rdnr. 14; a.A. MünchKommBGB/*Siegmann* § 1984 Rdnr. 3; Palandt/*Edenhofer* § 1984 Rdnr. 2 für den Irrtum des Erwerbers über die Nachlasszugehörigkeit.
[48] Staudinger/*Marotzke* § 1985 Rdnr. 19 ff; MünchKommBGB/*Siegmann* § 1985 Rdnr. 4; Palandt/*Edenhofer* § 1985 Rdnr. 4; Lange/*Kuchinke*, Lehrbuch des Erbrechts, § 49.III.4.
[49] Unten unter Rdnr. 43.
[50] § 25 Rdnr. 32 ff.
[51] Dazu näher unten unter Rdnr. 80 f.
[52] Lange/*Kuchinke*, Lehrbuch des Erbrechts, § 49.III.6.c.
[53] BGHZ 30, 67, 69 – Urt. v. 29.4.1959; s. Auch § 1795 Abs. 2 BGB.
[54] BGHZ 49, 1, 4 f – Urt. v. 26.10.1967.
[55] OLG Braunschweig Urt. v. 11.4.1988, OLGZ 1988, 392, 394; Staudinger/*Marotzke* § 1988 Rdnr. 14; Palandt/*Edenhofer* § 1985 Rdnr. 6.
[56] So i.E. auch Staudinger/*Marotzke* § 1984 Rdnr. 4, 19. Für Auftragsverhältnisse und Geschäftsbesorgungsverträge gelten entsprechend die §§ 115 f. InsO.

gungen handelt.[57] Das Nachlassgericht ist analog § 32 Abs. 2 InsO verpflichtet, von Amts wegen das zuständige Registergericht um Eintragung der Nachlassverwaltung in das Grundbuch nachlasszugehöriger Grundstücke bzw. in das jeweilige Register bei sonstigem unbeweglichem Nachlassvermögen zu ersuchen (und das Registergericht ist verpflichtet, diesem Ersuchen zu entsprechen).[58] **Verfügungen über den Nachlass selbst** (beispielsweise als Miterbe nach § 2033 Abs. 1 BGB),[59] bleiben dem Erben jedoch weiter **möglich**, da hierdurch weder die Stellung der Gläubiger noch die des Verwalters beeinträchtigt wird.

b) Sonstige Wirkungen. Die Nachlassverwaltung beeinträchtigt nicht die **Wirksamkeit bisher vorgenommener Verwaltungshandlungen des Erben,** da der Verlust der Verfügungsbefugnis des Erben nicht rückwirkend eintritt; § 1976 BGB ist insoweit nicht einschlägig.[60] Nur das infolge der Vereinigung von Anspruch und Verbindlichkeit bzw. Recht und Belastung eingetretene Erlöschen von Rechtsverhältnissen zwischen Erbe und Erblasser (**Konfusion bzw. Konsolidation**) gilt nach § 1976 BGB rückwirkend als nicht erfolgt.[61] Forderungen des Erben gegen den Erblasser leben wieder auf und können im Nachlassverwaltungsverfahren als Nachlassverbindlichkeit geltend gemacht werden; die Fortbestehensfiktion erfasst auch akzessorische Sicherheiten. Entsprechendes gilt für die erbbedingte Vereinigung von Miteigentumsanteilen[62] oder die erbbedingte Vereinigung eines nachlasszugehörigen Anteils an einer Personengesellschaft mit einem „eigenen" Gesellschaftsanteil des Erben; sie gilt rückwirkend als nicht erfolgt.[63] Die Nachlassverwaltung erlaubt auch die Neubegründung von Rechtsbeziehungen zwischen Nachlass und Eigenvermögen des Erben. 30

Infolge der eingetretenen Vermögensseparation werden auch solche **Aufrechnungen** rückwirkend für unwirksam erklärt, die zuvor zwischen beiden Vermögenssphären (Eigengläubiger und Eigenvermögen einerseits sowie Nachlassgläubiger und Nachlass andererseits) erfolgt sind. Nach § 1977 BGB wird aber nur den von Gläubigerseite erklärten Aufrechnungen die Wirksamkeit entzogen, während Aufrechnungserklärungen des Erben nach § 1984 Abs. 1 BGB (Entzug der Verwaltungs- und Verfügungsbefugnis erst mit Anordnung der Nachlassverwaltung) wirksam bleiben. Die Unwirksamkeit solcher Aufrechnungserklärungen tritt nach § 1977 Abs. 1 BGB allerdings dann nicht ein, wenn der Erbe hiermit einverstanden war (dann wirksame Vermögensverfügung des Erben) oder wenn der Erbe unbeschränkt haftet (§ 2013 Abs. 1 S. 1 BGB). Da § 1977 Abs. 1 BGB (**Aufrechnungserklärungen von Nachlassgläubigern**) das Eigenvermögen des Erben schützt, § 1977 Abs. 2 BGB (**Aufrechnungserklärungen von Eigengläubigern** des Erben) dagegen den Nachlass, müssen nach zutreffender Ansicht aber auch solche massenschmälernden Aufrechnungen des § 1977 Abs. 2 BGB unwirksam werden, die mit Einverständnis des Erben erfolgt sind.[64] 31

Nach Anordnung der Nachlassverwaltung sind Aufrechnungserklärungen des Erben mit nachlasszugehörigen Forderungen nach § 1984 Abs. 1 nicht mehr möglich. Nachlassgläubiger können auch nach Anordnung der Nachlassverwaltung nur bei unbeschränkter Haftung des Erben gegen Privatforderungen des Erben aufrechnen,[65] Eigengläubiger können während der Nachlassverwaltung überhaupt nicht gegen Nachlassforderungen aufrechnen.[66] 32

---

[57] Staudinger/*Marotzke* § 1984, Rdnr. 8; MünchKommBGB/*Siegmann* § 1984, Rdnr. 3.
[58] Staudinger/*Marotzke* § 1984 Rdnr. 12; *Firsching/Graf* Nachlassrecht Rdnr. 4.811; *Möhring/Beisswingert/Klingelhöffer*, Vermögensverwaltung in Vormundschafts- und Nachlasssachen, S. 143; gegen eine entspr. Pflicht des Nachlassgerichts Palandt/*Edenhofer* § 1983 Rdnr. 2; MünchKommBGB/*Siegmann* § 1983 Rdnr. 2.
[59] Palandt/*Edenhofer* § 1984 Rdnr. 1; *Grziwotz* DB 1990, 924.
[60] Staudinger/*Marotzke* § 1976 Rdnr. 10.
[61] Sicherungsrechte an wiederauflebenden Forderungen leben damit ebenfalls wieder auf, sofern nicht Rechte Dritter dadurch beeinträchtigt würden, s. Lange/*Kuchinke*, Lehrbuch des Erbrechts, § 49.II.2.c.
[62] Daher ist die gegen den Nachlass gerichtete Zwangsvollstreckung in eine vom Erblasser herrührende Grundstückshälfte zulässig (s. Staudinger/*Marotzke* § 1976 Rdnr. 8).
[63] H.M. s. *Hillebrand*, Die Nachlassverwaltung, S. 62 ff.; diff. Staudinger/*Marotzke* § 1976 Rdnr. 9 offen gelassen von BGH Urt. v. 10.12.1990 – BGHZ 113, 132, 137.
[64] *Hillebrand*, Die Nachlassverwaltung, S. 66 f; *Möhring/Beisswingert/Klingelhöffer*, Vermögensverwaltung in Vormundschafts- und Nachlasssachen, S. 150: ansonsten ungerechtfertigte Benachteiligung der Nachlassgläubiger.
[65] *Hillebrand*, Die Nachlassverwaltung, S. 67: Arg. § 1977 Abs. 1 BGB.
[66] *Hillebrand* ebd: Arg. § 1984 Abs. 2, § 1977 Abs. 2 BGB.

2. Prozessuale Auswirkungen

33 **a) Übergang der Prozessführungsbefugnis.** Prozessual bewirkt die Anordnung der Nachlassverwaltung den Verlust der Prozessführungsbefugnis des Erben für Nachlassprozesse; diese geht auf den Verwalter als Partei kraft Amtes über,[67] d. h. der Verwalter tritt im Prozess auf Grund **gesetzlicher Prozessstandschaft** im eigenen Namen als Kläger oder Beklagter auf. Um klarzustellen, dass der Verwalter insoweit nicht als Privatperson auftritt und die vermögensrechtlichen Urteilswirkungen (inklusive der kostenrechtlichen Folgen) nur den Nachlass treffen sollen,[68] ist im Rubrum der Name des Verwalters mit einem entsprechenden Zusatz[69] zu versehen.[70]

34 Wie bei Eröffnung eines Insolvenzverfahrens nach § 240 ZPO werden **anhängige Nachlassprozesse** durch Anordnung der Nachlassverwaltung nach § 241 Abs. 3 ZPO **unterbrochen, es sei denn,** der Erbe war in dem Prozess anwaltschaftlich vertreten; dann tritt nach § 246 Abs. 1 ZPO eine Unterbrechung nicht ein. Der Prozessbevollmächtigte kann jedoch Unterbrechung beantragen. Die Dauer der Aussetzung richtet sich dann wieder nach § 241 ZPO (§ 246 Abs. 1 ZPO). Nach § 241 Abs. 1 ZPO dauert eine Unterbrechung so lange, bis der Nachlassverwalter dem Gericht von seiner Bestellung dem Gericht Anzeige macht oder der Gegner seine Absicht, den Prozess fortzusetzen, dem Gericht mitgeteilt und das Gericht diese Mitteilung dem Verwalter zugestellt hat. Gem. § 249 ZPO verhindert die Prozessunterbrechung auch den Fortlauf sämtlicher **Fristen,** insbesondere der Rechtsmittelfristen. Der Verwalter muss daher nicht etwa gegen noch nicht rechtskräftige Titel vorsorglich Rechtsbehelf einlegen.

35 Die Unterbrechungswirkung erfasst jedoch **nur nachlassbezogene Prozesse,** wozu nach zutreffender Ansicht aber auch allgemeine **Zahlungsklagen von Nachlassgläubigern** gegen den Erben zählen.[71] **In der Praxis** ist allerdings bisweilen festzustellen, dass der Vorschrift des § 241 ZPO gerichtlicherseits wenig Beachtung geschenkt wird. Der Erbe sollte sich somit auf die prozessunterbrechende Wirkung dieser Norm nie verlassen, sondern er sollte **fürsorglich** in jedem Fall im Prozess seine beschränkte Haftung geltend machen und sicherstellen, dass in ein gegen ihn gleichwohl ergangenes Urteil zumindest ein entsprechender Vorbehalt nach § 780 ZPO aufgenommen wird.[72]

36 Eine **nach Anordnung** der Nachlassverwaltung wegen einer Nachlassverbindlichkeit gegen den Erben **erhobene Klage** ist **unzulässig,** es sei denn, der Kläger macht mit seiner Klage eine unbeschränkte Haftung des Erben geltend und verzichtet zugleich auf jede Befriedigung aus dem Nachlass.[73] Gleiches gilt für Klagen des Erben, soweit nicht Gegenstände betroffen sind, die der Nachlassverwaltung nicht unterliegen.[74]

37 **b) Auswirkungen auf Zwangsvollstreckungsmaßnahmen.** Maßnahmen der **Zwangsvollstreckung in den Nachlass zugunsten von Nachlassgläubigern** werden durch die Nachlassverwaltung nicht beeinträchtigt,[75] da das Gesetz von der Zulänglichkeit des Nachlasses ausgeht (s. § 1984 Abs. 2 BGB). Allerdings bedarf es hierzu nach zutreffender Ansicht[76] nicht

---

[67] Für Passivprozesse s. § 1984 Abs. 1 S. 3 BGB, für Aktivprozesse folgt dies aus § 1984 Abs. 1 S. 1 BGB, da das Führen von Aktivprozessen zur Verwaltung des Nachlasses gehört (s. BGH Urt. v. 30.3.1967 – BGHZ 47, 293, 295).

[68] Der Nachlassverwalter ist in dieser Eigenschaft prozessual eine eigenständige Partei.

[69] „... als Verwalter des Nachlasses des (der) verstorbenen ...."

[70] Staudinger/*Marotzke* § 1985 Rdnr. 4.

[71] Dazu näher in § 28 Rdnr. 48.

[72] S. MünchKommBGB/*Siegmann* § 1984 Rdnr. 6.

[73] Staudinger/*Marotzke* § 1984 Rdnr. 21; s. auch Palandt/*Edenhofer* § 1984 Rdnr. 3; MünchKommBGB/*Siegmann* § 1984 Rdnr. 6; Lange/*Kuchinke,* Lehrbuch des Erbrechts, § 49.III.5; *Hillebrand,* Die Nachlassverwaltung, S. 143 f; *Möhring/Beisswingert/Klinghöffer,* Vermögensverwaltung in Vormundschafts- und Nachlasssachen, S. 143 f.

[74] *Hillebrand,* Die Nachlassverwaltung, S. 144. Anders natürlich, wenn der Verwalter den Erben zur Prozessführung ermächtigt hat (gewillkürte Prozessstandschaft).

[75] OLG Frankfurt/M. Beschl. v. 23.5.1997 – ZEV 1998, 192, arg. § 1984 Abs. 2 BGB.

[76] Zöller/*Stöber* § 727 Rdnr. 18; Staudinger/*Marotzke* § 1984 Rdnr. 27; *Hillebrand,* Die Nachlassverwaltung, S. 145 f.; Stein/Jonas/*Münzberg* § 727 Rdnr. 28; MünchKommBGB/*Siegmann* § 1984 Rdnr. 9; a.A. MünchKommZPO/*Wolfsteiner* § 727 Rdnr. 25; Palandt/*Edenhofer* § 1984 Rdnr. 4; *Firsching/Graf,* Nachlassrecht Rdnr. 4.831; Lange/*Kuchinke,* Lehrbuch des Erbrechts, § 49.III.5, unklar Baumbach/Hartmann § 727 Rdnr. 18, offengelassen von BGH Urt. v. 9.11.1966 – WM 1967, 68, 69.

nur einer auf den Erben lautenden Vollstreckungsklausel, sondern einer **Klausel gegen den Nachlassverwalter** selbst, weil dieser als Partei kraft Amtes Vollstreckungsschuldner ist. Einer auf den Verwalter lautenden Klausel bedarf es wegen § 779 Abs. 2 Satz 2 ZPO nur dann nicht, wenn die Zwangsvollstreckung schon vor Anordnung der Nachlassverwaltung begonnen hatte.[77]

Dem Nachlassverwalter steht, außer u. U. der Dreimonatseinrede des § 2014,[78] hiergegen – nach entsprechender Stellung eines Aufgebotsantrags – nur die **Einrede des Aufgebotsverfahrens** gem. § 2015 BGB offen.[79] Die Jahresfrist des § 2015 BGB beginnt in diesem Fall für den Verwalter gem. § 2017 BGB mit dessen Bestellung. Im Übrigen (z. B. bei dinglichen Ansprüchen oder bei unbeschränkbarer Erbenhaftung wegen § 2016 BGB) können derartige, durch Zwangsvollstreckungsmaßnahmen erlangte Sicherungen oder Befriedigungen grundsätzlich erst in einem späteren Nachlassinsolvenzverfahren im Wege der **Insolvenzanfechtung**[80] unter deren speziellen Voraussetzungen rückgängig gemacht werden.[81]

Zwangsvollstreckungsmaßnahmen von Nachlassgläubigern nach Anordnung der Nachlassverwaltung in das Eigenvermögen des Erben kann dieser im Wege der Vollstreckungsgegenklage (§ 767 ZPO) abwehren. Hatte die Zwangsvollstreckung schon vor Anordnung der Nachlassverwaltung begonnen, kann diese auf § 784 Abs. 1 ZPO gestützt werden, während die Vollstreckungsgegenklage bei später begonnener Zwangsvollstreckung gem. § 780 Abs. 1 ZPO eine zuvor im Urteil[82] **vorbehaltene Haftungsbeschränkung** voraussetzt, soweit der Titel nicht gegen den Erblasser lautete und nur auf den Erben umgeschrieben wurde[83] oder der Vorbehalt nach § 780 Abs. 2 ZPO entbehrlich ist.[84] Hatte der Erbe im Prozess m. a. W. versäumt, sich im Urteil die Haftungsbeschränkung auf den Nachlass vorbehalten zu lassen, kann er seine unbeschränkte Haftung i. d. R. nicht mehr abwenden.

Zwangsvollstreckungsmaßnahmen von Eigengläubigern des Erben **in den Nachlass** sind gem. § 1984 Abs. 2 BGB generell unzulässig, unabhängig davon, ob die Zwangsvollstreckung bereits vor Anordnung der Nachlassverwaltung begonnen hat oder ob der Erbe beschränkt oder unbeschränkt haftet. Den Eigengläubigern bleibt nur noch die Möglichkeit, den künftigen Herausgabeanspruch des Erben gegen den Nachlassverwalter aus § 1986 BGB oder den Miterbenanteil (§ 859 Abs. 2 BGB) pfänden zu lassen.[85] Gegen Zwangsvollstreckungsmaßnahmen von Eigengläubigern des Erben in den Nachlass hat der Nachlassverwalter in Fällen, in denen die Zwangsvollstreckung zurzeit der Anordnung der Nachlassverwaltung bereits begonnen hatte, die **Vollstreckungsgegenklage** gem. § 767 ZPO über § 784 Abs. 2 ZPO. Hatte die Zwangsvollstreckung erst danach begonnen, steht dem Nachlassverwalter nach richtiger Ansicht entweder die **Vollstreckungserinnerung** gem. § 766 ZPO zu, wenn ohne Klausel gegen den Nachlassverwalter vollstreckt wird, oder aber die **Klauselerinnerung** (§ 732 ZPO) bzw. die **Klauselgegenklage** (§ 768 ZPO), wenn dem Eigengläubiger unzulässigerweise eine

---

[77] *Hillebrand*, Die Nachlassverwaltung, S. 146.
[78] Unter der Voraussetzung, dass die Dreimonatsfrist noch nicht abgelaufen ist.
[79] *Eulberg/Ott-Eulberg*, Die Nachlasspflegschaft, S. 88. Dies allerdings nur mit der Wirkung des § 782 ZPO (Beschränkbarkeit der Zwangsvollstreckungsmaßnahmen auf Pfändung ohne Verwertung oder Überweisung und Eintragung einer Sicherungshypothek) und unter der Voraussetzung, dass der Verwalter rechtzeitig und zulässiges Antrag auf Durchführung des Aufgebotsverfahrens gestellt hat, was grundsätzlich zu empfehlen ist (s. u. Rdnr. 61).
[80] Ggf. auch nach § 88 InsO (Rückschlagsperre).
[81] A. A. *Möhring/Beisswingert/Klinghöffer*, Vermögensverwaltung in Vormundschafts- und Nachlasssachen, S. 144: Bereits der Nachlassverwalter könne, analog § 221 KO (= § 321 InsO), Rückgängigmachung der Maßnahmen verlangen.
[82] Gleiches gilt für andere Vollstreckungstitel: BGH Urt. v. 11.7.1991 – NJW 1991, 2839, 2840 für den Prozessvergleich; *Lange/Kuchinke*, Lehrbuch des Erbrechts, § 49. I.2.c.
[83] *Lange/Kuchinke* a. a. O. § 49. I.2.b; *Hillebrand* Die Nachlassverwaltung, S. 148 f., unklar *Firsching/Graf* Nachlassrecht Rdnr. 4.832.
[84] *Lange/Kuchinke* ebd; *Hillebrand*, Die Nachlassverwaltung, S. 147 f.; a.A. offenbar *Firsching/Graf* Nachlassrecht Rdnr. 4.832.
[85] *Hillebrand*, Die Nachlassverwaltung, S. 149 f.

Vollstreckungsklausel gegen den Nachlassverwalter erteilt wurde, da das Vollstreckungsverbot des § 1984 Abs. 2 BGB von Amts wegen zu beachten ist.[86]

IV. Verfahrensablauf

1. Anordnungsbeschluss des Nachlassgerichts, Bestellung eines Nachlassverwalters

41 Der Beschluss, in dem die Nachlassverwaltung angeordnet und die Person des Nachlassverwalters bestimmt wird, ist dem Erben und ggf. dem verwaltenden Testamentsvollstrecker **zuzustellen** und nach § 1983 BGB **öffentlich bekannt zu machen**. Zur Bestellung des Nachlassverwalters s. unten Rdnr. 77.

2. Inverwaltungnahme der Nachlassgegenstände durch den Verwalter

42 Sogleich nach seiner Bestellung hat der Nachlassverwalter die seiner Verwaltungsbefugnis unterliegenden Nachlassgegenstände[87] **in Besitz**[88] **und in Verwaltung**[89] zu nehmen.

43 Befindet sich im Nachlass ein **einzelkaufmännisches Unternehmen,** so ist der Verwalter nach h. M. unter vollständiger Verdrängung des Erben zur eigenständigen Geschäftsfortführung befugt.[90] Wurde die Nachlassverwaltung allerdings nicht gleich nach dem Erbfall angeordnet, kann das ererbte Unternehmen durch die seitherige Fortführung durch den Erben seine Identität verändert haben; in diesem Fall muss der Erbe an den Verwalter statt dessen nur den Unternehmenswert zurzeit des Erbfalls auskehren, während das Unternehmen selbst von der Nachlassverwaltung nicht erfasst wird.[91] War der Erblasser dagegen **Gesellschafter einer Personengesellschaft,** verdrängt der Nachlassverwalter den Erben dagegen nicht aus seiner Gesellschafterposition, sondern der Nachlassverwaltung unterliegen nur die rein vermögensrechtlichen Ansprüche aus der Gesellschaftsbeteiligung, wie Gewinnanspruch oder Anspruch auf das Abfindungsguthaben. Befugnisse, die die persönlichen Mitgliedschaftsrechte unmittelbar berühren, also die Rechtsstellung des Erben in seiner Eigenschaft als Gesellschafter (z. B. das Stimmrecht in der Gesellschafterversammlung oder das Geschäftsführungsrecht) unterfallen nicht der Nachlassverwaltung,[92] weil auf Grund der personalen Gesellschaftsstruktur den anderen Gesellschaftern gegen deren Willen kein neuer quasi-Mitgesellschafter aufgezwungen werden darf.[93] Nicht zuständig ist der Nachlassverwalter somit für Vermögensverfügungen der Gesellschaft;[94] er ist auch nicht zur Veräußerung des Gesellschaftsanteils befugt. Nach h. M. hat der Verwalter jedoch zum Zwecke der Anteilswertrealisierung ein Kündigungsrecht analog §§ 725 BGB, 135 HGB.[95] Der Verwalter verdrängt den Erben aus seinen gesamten Gesellschafterrechten darüber hinaus mit Auflösung der Gesellschaft,[96] weil der Gesellschaftszweck dann nur noch auf vermögensrechtliche Abwicklung gerichtet ist. **Beteiligungen** des Erblassers **an**

---

[86] *Zöller/Stöber* § 784 Rdnr. 4; *Staudinger/Marotzke* § 1984 Rdnr. 28; *Hillebrand,* Die Nachlassverwaltung, S. 151 f.; a.A. MünchKommBGB/*Siegmann* § 1984 Rdnr. 11; Lange/*Kuchinke,* Lehrbuch des Erbrechts, § 49.II.2.a; *Palandt/Edenhofer* § 1984 Rdnr. 4: Vollstreckungsgegenklage.

[87] Dazu o. Rdnr. 26 ff.

[88] Dazu näher u. Rdnr. 52 f.

[89] Dazu näher u. Rdnr. 54 ff.

[90] MünchKommBGB/*Siegmann* § 1985 Rdnr. 5; *Hillebrand,* Die Nachlassverwaltung, S. 104 ff; *Eulberg/Ott-Eulberg,* Die Nachlasspflegschaft, S. 87; *Grziwotz* DB 1990, 924.

[91] Zum Parallelfall bei der Nachlassinsolvenz unter § 28 Rdnr. 31. Das gilt wiederum nicht, wenn das Unternehmen in ungeteilter Erbengemeinschaft vorläufig fortgeführt wurde (s. MünchKommBGB/*Siegmann* § 1985 Rdnr. 6).

[92] BGHZ 47, 293, 295 f. – Urt. v. 30.3.1967; BayObLG Beschl. v. 30.10.1990, DB 1991, 33; MünchKommHGB/K. *Schmidt* § 139 Rdnr. 55; Baumbach/*Hopt* § 139, Rdnr. 32 ff.; MünchKommBGB/*Siegmann* § 1985 Rdnr. 6: Diese Einschränkung gilt jedoch nicht mehr mit Eintritt in das Liquidationsstadium.

[93] Staudinger/*Marotzke* § 1985 Rdnr. 20; *Hillebrand,* Die Nachlassverwaltung, S. 120 ff.: Die Beschränkung entfällt daher, wenn die übrigen Gesellschafter dem zustimmen.

[94] BayObLG Beschl. v. 30.10.1990 – DB 1991, 33, 34; OLG Hamm Urt. v. 25.11.1992 – OLGZ 1993, 147 ff.

[95] *Schmidt,* FS Uhlenbruck, S. 661 f; MünchKommBGB/*Ulmer* § 725 Rdnr. 4; *Hillebrand,* Die Nachlassverwaltung, S. 111 m. w. N.; nunmehr auch Staudinger/*Marotzke* § 1985 Rdnr. 21.

[96] *Marotzke* EWiR 1991, 157 gegen das BayObLG aaO.

Kapitalgesellschaften unterliegen stets der vollen Verwaltungsbefugnis des Nachlassverwalters.[97]

3. Gegebenenfalls: Stellung eines Insolvenzantrages

Wie oben bereits ausgeführt, ist die Nachlassverwaltung in der überwiegenden Anzahl der Fälle nur die Vorstufe eines Nachlassinsolvenzverfahrens. Haben die Untersuchungen des Nachlassverwalters ergeben, dass der Wert der Nachlassaktiva die vorhandenen Nachlassverbindlichkeiten nicht deckt, der Nachlass mithin überschuldet ist,[98] besteht für ihn anstelle des Erben eine **strenge Insolvenzantragspflicht** (s. §§ 1985 Abs. 2 S. 2, 1980 BGB).[99] Gleiches gilt für den Fall der Zahlungsunfähigkeit des Nachlasses.[100] Beruht allerdings eine festgestellte Überschuldung auf Vermächtnissen oder Auflagen, besteht gem. § 1980 Abs. 1 S. 3 BGB keine (direkt sanktionierte) Insolvenzantragspflicht nach § 1980 BGB, jedoch sollte vom Nachlassverwalter auch in diesem Fall nach allgemeinen Grundsätzen ein Insolvenzantrag gestellt werden, anstatt den Weg über die Überlastungseinrede nach § 1992 BGB zu gehen.

Ein Insolvenzantrag ist nach h.M. allerdings dann entbehrlich, wenn die vorhandenen Nachlassmittel voraussichtlich nicht einmal mehr ausreichen, um die Kosten eines Nachlassinsolvenzverfahrens zu decken (sog. **Masselosigkeit**).[101] Der Verwalter kann in diesem Fall die Aufhebung der Nachlassverwaltung nach § 1988 Abs. 2 BGB beantragen. Ob dem Verwalter insoweit die Dürftigkeitseinrede des § 1990 Abs. 1 BGB zusteht, ist zwar strittig.[102], jedoch im Ergebnis unerheblich, weil sich für den Nachlassverwalter dieselbe Rechtsfolge (Verweisung der Nachlassgläubiger auf den Nachlassrest) aus § 1985 Abs. 1 BGB ergibt.[103]

4. Verwertung der Nachlassgegenstände, Berichtigung der Nachlassschulden

Nur wenn sichergestellt ist, dass der **Nachlass nicht insolvent** ist, kann der Nachlassverwalter zur eigentlichen Durchführung der Nachlassverwaltung übergehen, welche darin besteht, die vorhandenen Nachlassverbindlichkeiten aus dem Nachlass zu berichtigen.[104] Hierzu hat der Nachlassverwalter die vorhandenen **Vermögenswerte** des Nachlasses zu sammeln und zu verwerten, also **in Geld umzusetzen**. Letzteres gilt allerdings nur, soweit die Verwertung zur Befriedigung der Nachlassgläubiger (und zur Deckung der Verfahrenskosten) **erforderlich** ist. Die Verwertung von Nachlassgegenständen kann nach **pflichtgemäßem Ermessen** des Verwalters sowohl durch freihändige Veräußerung als auch im Wege der öffentlichen Versteigerung (§ 383 Abs. 3 BGB) erfolgen.[105] Zur Berichtigung der Nachlassverbindlichkeiten s. unten Rdnr. 67 f.

5. Verfahrensbeendigung

Als Unterart der Pflegschaft endet die Nachlassverwaltung regulär **durch verfahrensaufhebenden Beschluss** des Nachlassgerichts. Ein solcher von Amts wegen zu erlassender Beschluss ergeht in erster Linie nach **Zweckerreichung** der Nachlassverwaltung nach § 1919 BGB, d. h. nach vollständiger Berichtigung der (bekannten) Nachlassverbindlichkeiten, sobald der Verwalter Schlussrechnung gelegt und den verbliebenen Nachlassrest an den Erben ausgekehrt hat. Nach § 1988 Abs. 2 BGB ist ein weiterer Aufhebungsgrund die sog. **Masselosigkeit**, d. h. wenn sich herausgestellt hat, dass die Kosten des Verfahrens durch die vorhandene Masse nicht gedeckt sind. **Ferner** kommen als Aufhebungsgründe in Betracht: ungerechtfertigte Anordnung der Nachlassverwaltung,[106] Eintritt der Nacherbfolge, wenn der Vorerbe die Nachlassverwaltung beantragt hatte,[107] Einigung aller bekannten noch nicht befriedigten Nachlassgläubiger

---

[97] Palandt/*Edenhofer* § 1985 Rdnr. 4.
[98] Näheres zum Überschuldungstatbestand u. § 25 Rdnr. 17 f.
[99] Näheres zur Insolvenzantragspflicht des § 1980 BGB in § 25 Rdnr. 123 f.
[100] Näheres zum Tatbestand der Zahlungsunfähigkeit unten unter § 25 Rdnr. 15 f.
[101] *Firsching/Graf* Nachlassrecht Rdnr. 4.825; Staudinger/*Marotzke* § 1985 Rdnr. 29; MünchKommBGB/*Siegmann* § 1985 Rdnr. 8; a.A. Palandt/*Edenhofer* § 1985 Rdnr. 7.
[102] S. MünchKommBGB/*Siegmann* § 1985 Rdnr. 8; Palandt/*Edenhofer* § 1985 Rdnr. 9.
[103] Staudinger/*Marotzke* § 1985 Rdnr. 29.
[104] BGH Urt. v. 11.7.1984 – NJW 1985, 140.
[105] Näher zur Verwertung der Nachlassgegenstände unter Rdnr. 62 f.
[106] Wenn sich nachträglich die Unzulässigkeit der Nachlassverwaltung herausstellt; die bloße Antragsrücknahme führt dagegen nicht notwendig zur Verfahrensaufhebung.
[107] Staudinger/*Avenarius* § 2144 Rdnr. 9.

mit dem Erben über die Forderungsregulierung[108] oder nachträgliche Ausschlagung der Erbschaft durch den Erben, der den Antrag auf Nachlassverwaltung gestellt hatte.[109] Der Aufhebungsbeschluss wird nach § 16 Abs. 1 FGG wirksam mit **Bekanntmachung** an den Verwalter; einer öffentlichen Bekanntmachung bedarf es vorbehaltlich landesgesetzlicher Spezialregelungen nicht.[110] Gegen die Aufhebung steht den Nachlassgläubigern und dem Erben die einfache Beschwerde offen, gegen die Versagung der Aufhebung dem Antragsteller ebenfalls die einfache Beschwerde.[111]

48 Keines verfahrensaufhebenden Beschlusses bedarf es nach § 1988 Abs. 1 BGB dagegen im Falle der **Eröffnung eines Nachlassinsolvenzverfahrens,** denn dann endet die Nachlassverwaltung ipso iure zum im Eröffnungsbeschluss angegebenen Eröffnungszeitpunkt.

49 Auch nach Beendigung der Nachlassverwaltung bleibt deren **haftungsbeschränkende Wirkung** (sofern eingetreten) bestehen, die als Einrede in entsprechender Anwendung des § 1990 BGB geltend gemacht werden kann.[112] Nachlassbezogene **Rechtshandlungen des Nachlassverwalters nach Beendigung** des Verfahrens sind unwirksam, wobei gutgläubiger Erwerb vom Nichtberechtigten im Falle der Beendigung nach § 1988 Abs. 1 BGB möglich bleibt.[113]

V. Der Nachlassverwalter

1. Rechtliche Stellung

50 Der Nachlassverwalter ist **gleich dem Insolvenzverwalter** ein amtlich bestelltes Organ zur Verwaltung fremden Vermögens.[114] Er ist deshalb weder gesetzlicher Vertreter des Erben, wie der Nachlasspfleger, noch Vertreter der Nachlassgläubiger oder gar des Nachlasses.[115] Konsequenterweise führt er nachlassbezogene Prozesse im eigenen Namen als Amtsinhaber.[116] Der Nachlassverwalter führt sein Amt **unabhängig und eigenverantwortlich** nach pflichtgemäßem Ermessen und untersteht in Zweckmäßigkeitsfragen somit keinen gerichtlichen Weisungen.[117] Er ist auch nicht an Wünsche von Gläubigern oder Erben gebunden, jedoch hat er bei der Verfahrensabwicklung den Interessen des Erben grundsätzlich soweit Rechnung zu tragen, als diese mit den Gläubigerinteressen in Einklang zu bringen sind.[118] Ist der Verwalter Rechtsanwalt, unterliegt er insoweit auch nicht anwaltlichem Standesrecht.[119]

2. Pflichten

51 Der Nachlassverwalter hat gem. § 1985 BGB die Aufgabe, den Nachlass zu verwalten und hieraus – mittels Verwertung der Nachlassgegenstände – die Nachlassverbindlichkeiten zu berichtigen. Es gehört dagegen nicht zu seinen Aufgaben, die Erbauseinandersetzung zu betreiben oder den Nachlass unter den Miterben zu verteilen. Auch die Inventarerrichtung (§§ 1993 ff. BGB) gehört nicht zu seinen Aufgaben.

---

[108] Dazu muss das Nachlassgericht jedoch ausschließen können, dass keine unbekannten Gläubiger mehr vorhanden sind (s. *Hillebrand*, Die Nachlassverwaltung, S. 38).
[109] Palandt/*Edenhofer* § 1988 Rdnr. 3; *Firsching*/*Graf* Nachlassrecht Rdnr. 4.839, 4.787: In der Beantragung der Nachlassverwaltung liegt nicht notwendigerweise eine Erbschaftsannahmeerklärung.
[110] *Firsching*/*Graf* Nachlassrecht Rdnr. 4.842.
[111] *Firsching*/*Graf* Rdnr. 4.843.
[112] BGH Urt. v. 17.12.1953 – NJW 1954, 635; MünchKommBGB/*Siegmann* § 1986 Rdnr. 6; Lange/*Kuchinke*, Lehrbuch des Erbrechts, § 49.VI.2. m.w.N.
[113] *Hillebrand*, Die Nachlassverwaltung, S. 40.
[114] Vgl. hierzu die Ausführungen in § 25 Rdnr. 76.
[115] MünchKommBGB/*Siegmann* § 1985, Rdnr. 2; *Firsching*/*Graf* Nachlassrecht Rdnr. 4.786; zum Theorienstreit s. Staudinger/*Marotzke* § 1985 Rdnr. 2 f. mit zutr. Stellungnahme.
[116] Oben unter Rdnr. 33.
[117] Palandt/*Edenhofer* § 1985 Rdnr. 2.
[118] MünchKommBGB/*Siegmann* § 1985 Rdnr. 8; Staudinger/*Marotzke* § 1985 Rdnr. 10; *Hillebrand*, Die Nachlassverwaltung, S. 81, 93; *Möhring/Beisswingert/Klingelhöffer*, Vermögensverwaltung in Vormundschafts- und Nachlasssachen, S. 153.
[119] Dazu u. § 25 Rdnr. 76.

a) Nachlasssicherung. Unmittelbar nach Amtsantritt hat der Nachlassverwalter die Nachlassaktiva[120] **in Besitz** zu nehmen.[121] Hierdurch sichert er die Vermögensgegenstände vor dem Zugriff Dritter (auch in rechtlicher Hinsicht durch Schutz vor gutgläubigem Zweiterwerb) und ermöglicht deren Inventarisierung. Dem Verwalter steht diesbezüglich gegenüber dem Erben, dem verwaltenden Testamentsvollstrecker und jedem Dritten ein Recht zum Besitz an den der Nachlassverwaltung unterliegenden Nachlassgegenständen zu;[122] der Beschluss über die Nachlassverwaltung, ist jedoch kein Vollstreckungstitel;[123] die Herausgabe des Nachlasses kann auch nicht vom Nachlassgericht angeordnet werden.[124] Die Inbesitznahme muss vom Nachlassverwalter daher nötigenfalls im Klageweg erzwungen werden; Einreden gegen den Herausgabeanspruch stehen dem Erben nicht zu.[125]

In der **Praxis** wird sich die Inbesitznahme nur selten im wörtlichen Sinne dergestalt vollziehen, dass der Verwalter nachlasszugehörige körperliche Gegenstände an sich nimmt, sondern er wird die Nachlassgegenstände sichten, inventarisieren und sodann aus Praktikabilitätsgründen in der Regel im **Gewahrsam des Erben** belassen, sofern dieser dazu bereit ist und von einer ausreichenden Sicherung ausgegangen werden kann.[126] Nachlasszugehörige **Geldmittel** sind auf ein Treuhandkonto des Verwalters einzuzahlen. Bei **Grundstücken**, grundstücksgleichen Rechten, Schiffen, Schiffsbauwerken und Luftfahrzeugen muss der Verwalter, soweit nicht schon von Amts wegen auf Ersuchen des Nachlassgerichts erfolgt, die Nachlassverwaltung sogleich als Verfügungsbeschränkung im entsprechenden Register eintragen lassen,[127] um einen Gutglaubenserwerb auszuschließen. Nachlasszugehörige **Gebäude** sind erforderlichenfalls durch geeignete Maßnahmen sowohl vor fremdem Zugriff als auch vor Witterungseinflüssen zu sichern. Der Verwalter muss aber auch sicherstellen, dass von dem Grundstück keine Gefahren für Dritte ausgehen und ausreichender Versicherungsschutz besteht. Hinsichtlich vorhandener **Nachlassforderungen** ist sicherzustellen, dass diese vor Einzug nicht verjähren. Der Verwalter hat aber auch Ermittlungen darüber anzustellen, ob dem Nachlass **Vermögenswerte vorenthalten oder entzogen** worden sind.[128]

b) Verwaltung des Nachlasses. Der Nachlassverwalter hat den Nachlass zunächst in seinem Bestand zu erhalten und ihn nach den **Regeln einer wirtschaftlichen Vermögensverwaltung** (s. § 1811 BGB) zu vermehren.[129] Hierzu hat er den Nachlass durch geeignete Maßnahmen (insbesondere auch durch Versicherungen) gegen allgemeine Risiken abzusichern. **Geld** ist gem. § 1806 BGB – im Rahmen des wirtschaftlich Zweckmäßigen – verzinslich auf einem Sonderkonto anzulegen. Der Nachlassverwalter unterliegt wegen der grundsätzlichen Unterschiede zwischen der Nachlassverwaltung und der Vormundschaft[130] dagegen nicht den vormund-

---

[120] Zu deren Umfang s. § 25 Rdnr. 32 ff.
[121] MünchKommBGB/*Siegmann* § 1985 Rdnr. 3; Staudinger/*Marotzke* § 1985 Rdnr. 13; einschr. *Firsching/Graf* Nachlassrecht Rdnr. 4.819: soweit erforderlich; ähnlich auch *Eulberg/Ott-Eulberg*, Die Nachlasspflegschaft, S. 82: „gegebenenfalls".
[122] *Hillebrand*, Die Nachlassverwaltung, S. 83: Die Herausgabepflicht des Erben folge gem. § 1978 Abs. 1 BGB aus Auftragsrecht.
[123] *Firsching/Graf* Nachlassrecht Rdnr. 4.819; Staudinger/*Marotzke* § 1985 Rdnr. 13.
[124] Staudinger/*Marotzke* § 1985 Rdnr. 13; MünchKommBGB/*Siegmann* § 1985 Rdnr. 3; *Firsching/Graf* Nachlassrecht Rdnr. 4.819.
[125] MünchKommBGB/*Siegmann* § 1978 Rdnr. 14 und § 1985 Rdnr. 3; Staudinger/*Marotzke* § 1985 Rdnr. 16; Palandt/*Edenhofer* § 1978 Rdnr. 5: wegen bestehender Aufwendungsersatzansprüche des Erben entspr. Anwendbarkeit des § 323 InsO.
[126] Es besteht nur die Gefahr des faktischen Abhandenkommens; das Risiko gutgläubigen Zweiterwerbs (§ 935 BGB) ist bei der Nachlassverwaltung gem. § 81 InsO ausgeschlossen (s. o. Rdnr. 25). Verbleibende Risiken sind abzuwägen gegen den Aufwand (Transport, Einlagerung), der entstehen würde, wollte der Verwalter nachlasszugehöriges Fahrnis tatsächlich an sich nehmen.
[127] Staudinger/*Marotzke* § 1985 Rdnr. 12. Mit der Anordnung der Nachlassverwaltung und dem damit verbundenen Entzug der Verfügungsbefugnis des Erben wird das Grundbuch unrichtig. Der Verwalter kann die Unrichtigkeit durch eine Ausfertigung des Anordnungsbeschlusses nachweisen, so dass er gem. § 22 GBO zur Eintragung nicht der Bewilligung des Erben bedarf.
[128] *Möhring/Beisswingert/Klingelhöffer*, Vermögensverwaltung in Vormundschafts- und Nachlasssachen, S. 145 f.
[129] MünchKommBGB/*Siegmann* § 1985 Rdnr. 3; *Möhring/Beisswingert/Klingelhöffer* S. 151 f.
[130] Nachlassverwaltung bezweckt die Befriedigung der Nachlassgläubiger, während im Vormundschaftsrecht der Vermögensstamm des zu schützenden Mündels grds. unangetastet bleiben soll.

schaftsrechtlichen Vorschriften über die **Anlegung von Mündelgeld** und die **Verwaltung von Inhaberpapieren** (§§ 1807 ff. BGB).[131]

55   Nachlassschädliche **Dauerschuldverhältnisse** sind zu kündigen; **Vollmachten** des Erblassers, die über dessen Tod hinaus wirksam sind, und nachlassbezogene Vollmachten des Erben sind sicherheitshalber[132] unverzüglich zu widerrufen. Nachlasszugehörige **Forderungen** hat der Verwalter einzuziehen; hierzu gehören neben eventuellen Forderungen gegen den Erben aus §§ 1978, 1980 auch mögliche Schadensersatzforderungen des Erben gegen den Testamentsvollstrecker aus § 2219 BGB. **Gegenstände**, die dem Nachlass vor Anordnung der Nachlassverwaltung vorenthalten oder entzogen wurden, hat er zur Masse zu ziehen.

56   Ob bei einem nachlasszugehörigen Unternehmen im Einzelfall eine **Unternehmensfortführung** angezeigt ist, um ggf. noch für den Nachlass laufende Erträge zu erwirtschaften oder dessen Veräußerungsmöglichkeiten zu verbessern, ist auf Grund einer sachverständig erstellten Ertragfähigkeits- und Fortbestehensprognose zu beurteilen. Solange noch nicht absehbar ist, dass die Verwertung des Unternehmens zur Berichtigung der Nachlassverbindlichkeiten erforderlich ist, hat der Verwalter eine Stilllegung des Unternehmens im Interesse des Erben möglichst zu unterlassen; es besteht somit eine Pflicht zur vorläufigen Unternehmensfortführung analog § 22 Abs. 1 S. 2 InsO. Die **Stilllegung** eines laufenden Geschäftsbetriebes soll nach § 1823 BGB i. V. m. §§ 1915, 1962 BGB nur nach Zustimmung des Nachlassgerichts erfolgen.

57   Gegen **Vollstreckungsmaßnahmen** von Nachlassgläubigern oder Eigengläubigern des Erben in den Nachlass hat sich der Verwalter umfassend zur Wehr zu setzen.[133] Dem Erben hat er mit Genehmigung des Nachlassgerichts **notdürftigen Unterhalt** zu zahlen, sofern die Masse ausreicht; dagegen dürfen vor Abschluss der Zulänglichkeitsprüfung **Kosten der Nachlassverwaltung** grundsätzlich nicht bezahlt werden (diese Positionen sind privilegiert über § 324 Abs. 1 Nr. 4 InsO).

58   c) **Erstellung eines Nachlassverzeichnisses/Zulänglichkeitsprüfung.** Der Nachlassverwalter hat nach § 1802 BGB i. V. m. § 1915 Abs. 1 BGB die Pflicht, die **Nachlassaktiva und -passiva vollständig zu erfassen**,[134] zu bewerten und aufzuzeichnen. Es handelt sich hierbei nicht um die Errichtung eines Inventars nach den §§ 1993 ff. BGB, dieses kann während der Nachlassverwaltung nicht verlangt werden.[135] Hierzu hat er den Nachlass zu sichten, die Unterlagen des Erblassers eingehend durchzuarbeiten und erforderlichenfalls bei Angehörigen oder möglichen Vertragspartnern des Erblassers Rückfragen vorzunehmen und weitere **Ermittlungen** anzustellen.[136] Der Verwalter kann insbesondere von dem Erben über § 260 BGB die **Vorlage eines Nachlassverzeichnisses** und ggf. die Abgabe einer eidesstattlichen Versicherung hierüber verlangen. Erforderlichenfalls (bei besonders komplexen Nachlassverhältnissen) kann sich der Nachlassverwalter bei der Erstellung eines Nachlassverzeichnisses auch der Hilfe eines Sachverständigen bedienen (s. § 1802 Abs. 2 BGB).

---

[131] Lange/*Kuchinke*, Lehrbuch des Erbrechts, § 49.III.6.c.; a. A. *Firsching/Graf* Nachlassrecht Rdnr. 4.821.
[132] S. oben Rdnr. 29.
[133] Staudinger/*Marotzke* § 1985, Rdnr. 27 (Eigengläubiger); dazu o. Rdnr. 37 ff.
[134] Nach *Hillebrand*, Die Nachlassverwaltung, S. 88 hat das Verzeichnis auch die nicht der Nachlassverwaltung unterliegenden Nachlassbestandteile zu umfassen. Erfassbar sind jedoch nur Gegenstände mit einem bestimmten Vermögenswert (s. o. Rdnr. 26). Soweit diese nicht der Verwaltung unterfallen (z.B. Leasinggut), sind sie besonders zu kennzeichnen.
[135] § 2000, S. 1 und 2, § 2012 Abs. 1 S. 1 BGB.
[136] BGH Urt. v. 11.7.1984 – NJW 1985, 140; *Eulberg/Ott-Eulberg*, Die Nachlasspflegschaft, S. 84.

Muster eines einfachen Nachlassverzeichnisses
(kein Unternehmen im Nachlass):[137]

Nachlassaktiva	geschätzter Verkehrswert €	Nachlasspassiva	Nennbetrag/ Barwert €
I. Grundstücke und Gebäude		I. Beerdigungskosten	
... ./. Belastungen		II. Verwaltungskosten	
II. Fuhrpark		III. Bankverbindlichkeiten	
... III. Wertpapiere		... davon dinglich gesichert	
... IV. Hausrat		IV. Steuerverbindlichkeiten	
... V. Sonstige Vermögensgegenst.		V. Sonstige Verbindlichkeiten	
... VI. Bankguthaben		VI. Vermächtnisse und Auflagen	
VII. Bargeld		VII. Pflichtteilsansprüche	
Summe Reinvermögen		Summe Überschuldung	

Das Nachlassverzeichnis hat er dem Nachlassgericht **einzureichen**. Die Regelung des § 2000 Satz 2 BGB (keine Möglichkeit zur Fristsetzung) ist insoweit nicht einschlägig.

Das Nachlassverzeichnis ist zudem Grundlage für die **Zulänglichkeitsprüfung** des Verwalters. Erst, wenn sich herausgestellt hat, dass der Nachlass zur Berichtigung sämtlicher Nachlassverbindlichkeiten ausreicht, ist der Verwalter berechtigt, Zahlungen an die Nachlassgläubiger zu leisten.[138] Andernfalls hat er, auf Grund der dann vorliegenden Überschuldung, nach § 1980 BGB i. V. m. § 1985 Abs. 2 Satz 2 BGB **unverzüglich Insolvenzantrag** zu stellen.[139] Er ist somit verpflichtet, möglichst schnell zum einen zu prüfen, welche Nachlassverbindlichkeiten bestehen und künftig noch entstehen können, und andererseits zu ermitteln, welche Nachlassaktiva vorhanden sind und welcher Erlös aus deren Verwertung voraussichtlich erzielt werden kann. Besondere Aufmerksamkeit bei der Zulänglichkeitsprüfung ist den möglichen **Steuerforderungen** gegen den Nachlass zu widmen (s. Rdnr. 64 f.); ein positiver Abschluss der Zulänglichkeitsprüfung setzt voraus, dass der Verwalter praktisch ausschließen kann, dass auf den Nachlass noch irgendwelche Steuernachforderungen zukommen.

Zur Feststellung der Nachlassverbindlichkeiten ist der Verwalter unabhängig davon grundsätzlich gehalten, beim nach § 990 ZPO zuständigen Amtsgericht (Streitgericht, nicht Nach-

---

[137] Ein ausf. Nachlassverzeichnis entspräche dem Aufbau eines Überschuldungsstatus (s. u. § 25 Rdnr. 19).
[138] BGH NJW 1985, 140.
[139] Dazu näher o. unter Rdnr. 44.

lassgericht)[140] das **Gläubigeraufgebot** gem. §§ 1970 BGB, 989 ff. ZPO[141] zu beantragen, auch wenn kein konkreter Anlass besteht, das Vorhandensein unbekannter Nachlassverbindlichkeiten anzunehmen.[142] Diese **Obliegenheit entfällt nur dann,** wenn sich schon aus dem vom Erben übergebenen Nachlassverzeichnis die Unzulänglichkeit (bzw. die Zahlungsunfähigkeit) des Nachlasses ergibt, denn in diesem Fall hat der Verwalter direkt das Nachlassinsolvenzverfahren zu beantragen. In allen anderen Fällen sollte der Verwalter stets das Gläubigeraufgebot durchführen. Hierdurch schafft er sich zum einen die Möglichkeit, sich über §§ 2015, 2017 BGB (im Rahmen der §§ 2016 Abs. 2 BGB, 782 ZPO) gegen Zwangsvollstreckungen von Nachlassgläubigern in den Nachlass zu wehren. Zum anderen bietet nur das Gläubigeraufgebot weitestgehende Gewähr[143] dafür, dass sich die vom Verwalter ermittelte und dem weiteren Procedere zugrunde gelegte Schuldenmasse nicht nachträglich, durch bislang unbekannte Forderungsanmeldungen, vergrößert, was für den Verwalter fatal sein kann, wenn es bereits zu Auskehrungen gekommen ist.

62   d) **Verwertung der Nachlassgegenstände.** Ist der Nachlass zulänglich, hat der Verwalter hieraus die Nachlassverbindlichkeiten zu berichtigen. Soweit erforderlich, muss er hierzu die Nachlassgegenstände verwerten, also zu Geld machen. Nachlassgegenstände dürfen somit **nur in dem Umfang** verwertet werden, der für die Berichtigung der Nachlassverbindlichkeiten (inklusive der anfallenden Verfahrenskosten) erforderlich ist.[144] Die Art und Weise der Verwertung der Nachlassgegenstände steht im **pflichtgemäßen Ermessen** des Nachlassverwalters.[145] Auch in der Wahl des Veräußerungszeitpunktes besteht Ermessensfreiheit;[146] die Hinauszögerung erforderlicher Verwertungsmaßnahmen bedarf wegen des Interesses der Gläubiger an einer zügigen Befriedigung jedoch einer sachlichen Rechtfertigung.[147] Der Verwalter untersteht hierbei allerdings den vormundschaftlichen Genehmigungsvorbehalten (s. Rdnr. 80). Die Gegenstände sind vom Verwalter **bestmöglich** zu verwerten; die Interessen des Erben sind dabei soweit als möglich mit zu berücksichtigen, ohne dass der Verwalter jedoch dadurch in seiner Verfügungsbefugnis beschränkt wäre.[148]

63   Der Verwalter kann die zu verwertenden Gegenstände sowohl **freihändig** veräußern als auch im Wege der **öffentlichen Versteigerung** (383 Abs. 3 BGB).[149] Er hat nach § 175 Abs. 1 S. 2 ZVG auch die Berechtigung, die **Zwangsversteigerung** eines Nachlassgrundstückes zu betreiben. In aller Regel stellt die freihändige Veräußerung (ggf. über einen Makler) die ökonomisch bessere Verwertungsalternative dar. Dies gilt auch für Gegenstände, die mit dinglichen Sicherheiten Dritter belastet sind, sofern die erforderlichen Löschungsbewilligungen erteilt werden. Ist ein Nachlassgrundstück mit Grundpfandrechten überlastet, verlangen Inhaber nicht werthaltiger Grundpfandrechte hierfür meistens sog. „Lästigkeitsprämien". Zu beachten sind jedoch stets ggf. (insbesondere bei Grundstücksgeschäften) erforderliche **Genehmigungen des Nachlassgerichts** nach §§ 1821, 1822 BGB.[150] Beim Abschluss von **Kaufverträgen** sollte der Verwalter stets darauf achten, keine vermeidbaren Haftungsrisiken einzugehen und nicht ungesichert vorzuleisten. Der Erwerber eines vom Nachlassverwalter veräußerten **Handelsgeschäfts**

---

[140] *Firsching/Graf* Nachlassrecht Rdnr. 4.773 m.w.N.
[141] Antragsrecht: § 991 Abs. 2 ZPO.
[142] So insbes. auch *Möhring/Beisswingert/Klingelhöffer,* Vermögensverwaltung in Vormundschafts- und Nachlasssachen, S. 148 und 153; s. auch *Eulberg/Ott-Eulberg,* Die Nachlasspflegschaft, S. 83; *Hillebrand,* Die Nachlassverwaltung, S. 86 f. und § 1980 Abs. 2 S. 2 BGB; unklarer dagegen Staudinger/*Marotzke* § 1985 Rdnr. 31; *Firsching/Graf,* Nachlassrecht Rdnr. 4.825; MünchKommBGB/*Siegmann* § 1985 Rdnr. 8 im Anschluss an BGH NJW 1985, 140.
[143] Zu beachten ist, dass dinglich gesicherte Gläubiger durch das Gläubigeraufgebot nicht ausgeschlossen werden können (§ 1971 BGB). Der Nachlassverwalter kann nach § 175 Abs. 1 S. 2 ZVG jedoch die Zwangsversteigerung belasteter Grundstücke beantragen.
[144] *Hillebrand,* Die Nachlassverwaltung, S. 93.
[145] MünchKommBGB/*Siegmann* § 1985 Rdnr. 8; *Firsching/Graf* Nachlassrecht Rdnr. 4.827.
[146] *Firsching/Graf* Nachlassrecht Rdnr. 4.826.
[147] *Hillebrand,* Die Nachlassverwaltung, S. 93.
[148] *Firsching/Graf* Nachlassrecht Rdnr. 4.826; MünchKommBGB/*Siegmann* § 1985 Rdnr. 8; Staudinger/*Marotzke* § 1985 Rdnr. 10; *Hillebrand,* Die Nachlassverwaltung, S. 93.
[149] MünchKommBGB/*Siegmann* § 1985 Rdnr. 8; *Hillebrand,* Die Nachlassverwaltung, S. 93; *Grziwotz* DB 1990, 924.
[150] Dazu u. Rdnr. 80.

haftet nicht nach § 25 HGB für Altschulden,[151] so dass ein nachlasszugehöriges Unternehmen bei der Verwertung deswegen nicht zerschlagen werden muss.

e) Steuerliche Verpflichtungen. Maßgebliche Norm für die Bestimmung der steuerlichen Verpflichtungen des Nachlassverwalters in Bezug auf den Nachlass ist **§ 34 Abs. 3 AO**; der Nachlassverwalter ist Vermögensverwalter i. S. der Vorschrift. Der Nachlassverwalter hat daher im Rahmen der Befriedigung der Nachlassgläubiger auch die nach § 45 Abs. 1 AO auf den Erben übergegangenen **Steuer- und Haftungsschulden des Erblassers** als sog. Erblasserschulden sowie gem. § 20 Abs. 3 ErbStG die durch den Erbfall entstandenen **Erbschaftsteuerverbindlichkeiten** des Erben (und ggf. auch die des Vermächtnisnehmers oder des Pflichtteilsberechtigten) als sog. Erbfallschulden zu berichtigen.[152] 64

Darüber hinaus hat er nach richtiger Ansicht[153] auch die auf Grund der **während der Nachlassverwaltung** aus dem Nachlass erzielten Einkünfte angefallenen Einkommensteuerschulden des Erben zu bezahlen. Aufgrund § 34 Abs. 3 AO hat der Nachlassverwalter für die verfahrensbezogenen Besteuerungsgrundlagen eine **Teil-Einkommensteuererklärung** abzugeben,[154] die von der Finanzverwaltung sodann im Rahmen der Veranlagung in die Einkommensteuererklärung des Erben integriert wird. Dem Nachlassverwalter obliegt zudem nach § 34 Abs. 3 AO die Abgabe noch ausstehender **Steuererklärungen des Erblassers** bzw. deren Richtigstellung bei Unvollständigkeit oder Unrichtigkeit[155] sowie gem. § 31 Abs. 5 ErbStG die Abgabe der **Erbschaftsteuererklärung**. Die Bekanntgabe der Steuerbescheide erfolgt an den Erben; soweit die Finanzverwaltung auf den Nachlass zugreifen will, kann sie den Steuerbescheid zusätzlich vollständig oder auch nur teilweise dem Verwalter als Drittbetroffenem bekannt geben.[156] 65

Verletzungen dieser Pflichten infolge grober Fahrlässigkeit führen nach **§ 69 AO** zur persönlichen Haftung des Nachlassverwalters. Daher sollte der Verwalter vor der Berichtigung von Nachlassverbindlichkeiten stets das vollständige Vorliegen noch ausstehender endgültiger Steuerbescheide abwarten, die den Nachlass betreffen. 66

f) Berichtigung der Nachlassverbindlichkeiten. Die Berichtigung der Nachlassverbindlichkeiten, zu denen auch die Kosten der Nachlassverwaltung gehören (s. § 6 Satz 1 KostO für die Gerichtskosten), erfolgt nach positiv abgeschlossener Zulänglichkeitsprüfung **aus der bereinigten Teilungsmasse**, d. h. aus dem liquiden Nachlassvermögen abzüglich aller Verfahrenskosten. Für die Befriedigung der Nachlassgläubiger ist, anders als beim Nachlassinsolvenzverfahren, wegen der zuvor festgestellten Zulänglichkeit des Nachlasses **keine bestimmte Rangfolge** vorgeschrieben. **Gleichwohl** sollten sicherheitshalber Verbindlichkeiten aus Vermächtnissen und Auflagen erst nach den übrigen Nachlassverbindlichkeiten berichtigt werden.[157] Im Aufgebotsverfahren ausgeschlossene Gläubiger sind gem. § 1973 BGB erst an letzter Stelle zu befriedigen. 67

Zahlungen auf Nachlassforderungen darf der Verwalter **nur nach sorgfältiger Prüfung** leisten; hierzu gehört, dass sich der Verwalter vom Gläubiger die Unterlagen vorlegen lässt, aus denen sich Grund, Betrag und Fälligkeit der geltend gemachten Forderung ergeben.[158] Soweit geltend gemachte Nachlassverbindlichkeiten vom Verwalter nicht anerkannt werden (**bestrittene Forderungen**), darf er sie auch nicht bezahlen. Wegen nicht titulierter Ansprüche hat der Verwalter unter Bewertung des Prozessrisikos abzuwägen, entweder den Anspruchsteller auf den Klageweg zu verweisen oder aber sich mit diesem vergleichsweise zu einigen. Vor Auskehrung des Nachlasses zur Verfahrensbeendigung hat der Verwalter wegen streitiger Nachlassverbindlichkeiten für den Gläubiger Sicherheit nach §§ 232 ff. BGB zu leisten (§ 1986 68

---

[151] BGH Urt. v. 1.12.1986 – NJW 1987, 1019, 1020, dagegen ist die Haftung des Erwerbers für bestimmte alte Steuerverbindlichkeiten nach § 75 AO, soweit ersichtlich, nicht ausgeschlossen.
[152] Hübschmann/Hepp/Spitaler/*Boeker* § 34 AO Rdnr. 99; s. auch BFH Urt. v. 28.4.1992 – NJW 1993, 350.
[153] Unten Rdnr. 88.
[154] § 25 Rdnr. 94, a.A. *Möhring/Beisswingert/Klingelhöffer*, Vermögensverwaltung in Vormundschafts- und Nachlasssachen, S. 241: Der Nachlassverwalter brauche nur dem Erben die entsprechenden Unterlagen zur Verfügung zu stellen, welcher sodann eine einheitliche Einkommensteuererklärung abzugeben habe.
[155] *Boeker* a.a.O. Rdnr. 100; *Möhring/Beisswingert/Klingelhöffer* S. 239 f.
[156] BFH Urt. v. 5.6.1991 – BStBl 1991 II, 820, 821.
[157] Lange/*Kuchinke*, Lehrbuch des Erbrechts, § 49.III.6.c; Nach *Firsching/Graf* Nachlassrecht Rdnr. 4.826: können zudem Aufwendungen des Erben und des Verwalters vorweg berichtigt werden.
[158] *Eulberg/Ott-Eulberg*, Die Nachlasspflegschaft, S. 93.

Abs. 2, 2. Alt. BGB). Mit Zustimmung des Nachlassgerichts kann der Nachlassverwalter dem Erben auch **notdürftigen Unterhalt** aus der Masse gewähren, so wie es auch dem Insolvenzverwalter nach § 100 InsO möglich ist.[159]

69 g) **Auskunftserteilung, Berichterstattung und Rechnungslegung.** Der Verwalter hat nach §§ 1975, 1915, 1839 BGB dem Nachlassgericht auf Verlangen **jederzeit Auskunft** über seine gesamte Tätigkeit zu geben. Das Gericht kann hierbei auch (analog § 1799 Abs. 2 BGB) **Einsicht** in alle Unterlagen über die Nachlassverwaltung nehmen. Auch den **Nachlassgläubigern** ist der Nachlassverwalter, anders als der Insolvenzverwalter, über den Bestand des Nachlasses gem. § 2012 Abs. 1 Satz 2 BGB auskunftspflichtig; nach § 260 BGB können die Gläubiger hierüber sogar eine eidesstattliche Versicherung des Verwalters verlangen.

70 Der Verwalter hat darüber hinaus bei Verfahren, die länger als ein Jahr dauern, nach §§ 1975, 1915, 1840 BGB dem Gericht **unaufgefordert mindestens einmal im Jahr Bericht** zu erstatten und i. d. R. jährlich in Form einer geordneten, d. h. aus sich heraus verständlichen Zusammenstellung der Einnahmen und Ausgaben sowie der Bestandsveränderungen des Nachlasses, bezogen auf das eingereichte Nachlassverzeichnis, unter Beifügung der jeweiligen Belege **Rechnung** zu legen (§§ 1975, 1915, 1841 Abs. 1 BGB).[160] Am Ende der Nachlassverwaltung hat der Verwalter dem Nachlassgericht[161] nach §§ 1975, 1915, 1890 BGB in der Form des § 1841 BGB **Schlussrechnung** zu legen. In diese sollte die Vergütung des Verwalters mit aufgenommen werden, auch wenn sie noch nicht festgesetzt ist.[162]

71 h) **Auskehrung des Nachlassrestes.** Bevor die Nachlassverwaltung beendet werden kann, hat der Nachlassverwalter nach Berichtigung der ihm bekannten Nachlassverbindlichkeiten und ggf. nach Sicherheitsleistung für streitige oder zurzeit nicht erfüllbare Verbindlichkeiten (§ 1986 Abs. 2 BGB) dem Erben den Rest des Nachlasses herauszugeben. Der Verwalter hat hierzu dem Erben **den unmittelbaren Besitz an den verbliebenen beweglichen Nachlassgegenständen** sowie an sämtlichen **Unterlagen und Belegen** zu verschaffen, die sich auf den Nachlassrest beziehen.[163] Wegen noch vorhandener **Rechte, Forderungen und Grundstücke** ist (außer ggf. der Übergabe von Unterlagen und Schlüsseln) seitens des Verwalters grundsätzlich nichts zu veranlassen, weil die Rechtszuständigkeit hierfür mit Beendigung der Nachlassverwaltung unmittelbar an den Erben zurückfällt; im Grundbuch (sowie ggf. in sonstigen Registern unbewegliches Nachlassvermögen betreffend) ist nur der Nachlassverwaltungsvermerk zu löschen, was jedoch bereits auf Antrag des Erben erfolgen kann, soweit nicht schon das Nachlassgericht das Grundbuchamt um Löschung ersucht.[164] Dem Verwalter steht wegen bestehender Gegenrechte hieran (Vergütungsanspruch) ein Zurückbehaltungsrecht zu.[165]

72 Im Falle einer **Erbenmehrheit** muss die Herausgabe an alle gemeinsam erfolgen (§ 2039 BGB); die Durchführung der Erbauseinandersetzung ist Sache der Miterben. Im Falle angeordneter Testamentsvollstreckung erfolgt die Herausgabe an den **Testamentsvollstrecker**, dessen Verwaltungsrecht nach Beendigung der Nachlassverwaltung wieder auflebt.[166] Der Nachlassverwalter hat das von ihm verwaltete Vermögen vor allem aber dem **Nachlassinsolvenzverwalter** im Falle der Eröffnung eines Nachlassinsolvenzverfahrens herauszugeben. Durch dieses endet die Nachlassverwaltung und das Amt des Nachlassverwalters ipso iure (§ 1988 Abs. 1 BGB). Der Nachlassinsolvenzverwalter kann sogleich nach Bestallung Herausgabe der Masse vom Nachlassverwalter verlangen; diesem steht wegen seines Vergütungsanspruchs kein Zurückbehaltungsrecht zu.[167]

---

[159] Palandt/*Edenhofer* § 1985 Rdnr. 8; *Eulberg/Ott-Eulberg*, S. 88.
[160] *Eulberg/Ott-Eulberg*, Die Nachlasspflegschaft, S. 55 f.
[161] Nach *Firsching/Graf* Nachlassrecht Rdnr. 4.844 im Falle der Beendigung durch Nachlassinsolvenz (auch?) dem Insolvenzverwalter.
[162] *Eulberg/Ott-Eulberg*, Die Nachlasspflegschaft, S. 55.
[163] KG Urt. v. 12.10.1970 – NJW 1971, 566, 567.
[164] MünchKommBGB/*Siegmann* § 1987 Rdnr. 7.
[165] *Möhring/Beisswingert/Klinghöffer*, Vermögensverwaltung in Vormundschafts- und Nachlasssachen, S. 161.
[166] MünchKommBGB/*Siegmann* § 1986 Rdnr. 4.
[167] MünchKommBGB/*Siegmann* § 1988 Rdnr. 6.

3. Haftung

Die Haftung des Nachlassverwalters für eine ordnungsgemäße Verwaltung gegenüber den 73
Beteiligten ist die Konsequenz daraus, dass dieser amtlich bestellter Verwalter fremden Vermögens ist. Der Rechtsgrund dieser Haftung liegt in einem spezifischen **gesetzlichen Schuldverhältnis**, das durch die Bestellung des Nachlassverwalters zu dem Erben und den Gläubigern begründet wird.[168] Weil die Nachlassverwaltung eine Unterform der Nachlasspflegschaft ist, haftet der Nachlassverwalter zunächst **dem Erben** gem. § 1833 Abs. 1 S. 1 BGB über § 1915 Abs. 1 BGB wie ein Vormund dem Mündel für entstandene Vermögensschäden. In gleicher Weise haftet er nach § 1985 Abs. 2 S. 1 BGB **den Nachlassgläubigern**.[169] Voraussetzung für eine Haftung ist die Verursachung eines Schadens durch **schuldhafte**, d. h. vorsätzliche oder fahrlässige Verletzung der Pflicht zur ordnungsgemäßen Verwaltung des Nachlasses. Die Pflichtverletzung kann sowohl in einer Berichtigung von Nachlassschulden aus einem (unerkannt) unzulänglichen Nachlass oder der Bedienung unberechtigter Nachlassforderungen liegen als auch in einer suboptimalen Masseverwertung oder der Vornahme sonstiger **masseschädlicher Verwaltungshandlungen**. Für die Verletzung steuerlicher Pflichten[170] haftet der Nachlassverwalter den Finanzbehörden nach § 69 AO.

4. Vergütung

Wie dem Insolvenzverwalter und dem Testamentsvollstrecker steht auch dem Nachlassver- 74
walter für die Führung seines Amtes eine **angemessene Vergütung** zu (§ 1987 BGB). Hierbei ist es, anders als im Vormundschaftsrecht (§ 1836 Abs. 1 BGB), unerheblich, ob er diese Funktion im Rahmen seiner beruflichen Tätigkeit ausgeübt hat, weil seine Tätigkeit in erster Linie dem Privatinteresse des Erben dient. Die Vergütung des Nachlassverwalters wird in Ermangelung einer besonderen Vergütungsverordnung vom Nachlassgericht nach **pflichtgemäßem Ermessen** des zuständigen Rechtspflegers festgesetzt.[171] Zu berücksichtigen ist hierbei der Umfang des Nachlasses sowie Umfang, Bedeutung und Schwierigkeit der Verwaltungstätigkeit, Dauer der Verwaltung und auch der Erfolg der Tätigkeit.[172]

Der hierbei anzusetzende Maßstab folgt für alle Nachlassverwaltungen, die nach dem 75
1.1.1999 angeordnet wurden, über § 1915 BGB nach den Grundsätzen des mit Gesetz vom 25.6.1998 und dann nochmals am 21.4.2005 neugefassten **§ 1836 BGB** über die Vergütung des Berufsvormundes, der wiederum auf das neue Vormünder- und Betreuervergütungsgesetz (VormBVG) vom 21.4.2005 verweist.[173] Danach ist von einem (einfachen) **Stundensatz von 44 Euro** auszugehen (§ 4 Abs. 1 Ziff. 2 VormBVG).[174] Dieser Satz kann, je nach vergütungsrelevanten individuellen Merkmalen des Verfahrens, ggf. erhöht werden.

Die Vergütung wird auf Antrag des Verwalters durch Beschluss des Nachlassgerichts, den der Rechtspfleger erlässt (s. §§ 3 Nr. 2 c 16 Abs. 1 Nr. 1 RPflG), festgesetzt; nach **Festsetzung** kann der Verwalter den Vergütungsbetrag aus der Masse entnehmen. Der Vergütungsanspruch des Nachlassverwalters inklusive des Anspruches auf Aufwendungsersatz ist in einem späteren Nachlassinsolvenzverfahren nach § 324 Abs. 1 Nr. 4 InsO privilegiert.

Aufwendungsersatz des Nachlassverwalters kann nach h. M. ebenso wenig gesondert vom 76
Nachlassgericht festgesetzt werden wie die zu erstattende **Umsatzsteuer**. **Auslagen** und andere Aufwendungen des Verwalters kann dieser jedoch über die auftragsrechtlichen Vorschriften

---

[168] MünchKommBGB/*Siegmann* § 1985 Rdnr. 10; *Hillebrand*, Die Nachlassverwaltung, S. 139.
[169] BGH Urt. v. 11.7.1984 – NJW 1985, 140. Ersatzansprüche der Gläubiger gelten wegen der Verweisung auf § 1978 Abs. 2 BGB als nachlasszugehörig, d. h. sie können grds. nur von einem neu bestellten Verwalter, einem Ergänzungspfleger oder einem Nachlassinsolvenzverwalter geltend gemacht werden.
[170] Dazu o. unter Rdnr. 64.
[171] *Eulberg/Ott-Eulberg*, Die Nachlasspflegschaft, S. 91.
[172] MünchKommBGB/*Siegmann* § 1987 Rdnr. 2.
[173] Palandt/*Edenhofer* § 1987 Rdnr. 2; anders noch *Firsching/Graf* Nachlassrecht Rdnr. 4.489: 3–5% aus der Aktivmasse bei kleineren Nachlässen und 1–2% bei größeren (über DM 1 Mio.) als Faustregel für durchschnittlich schwere Verfahren gemäß der vor Änderung des § 1836 BGB h. M. – s. BayObLG, Beschl. v. 20.12.1990 – FamRZ 1991, 861, 862 und BayObLG Beschl. v. 20.9.1993 – FamRZ 1994, 266 ff. Hierzu ausf. und krit. *Eulberg/Ott-Eulberg*, Die Nachlasspflegschaft, S. 66 ff.
[174] Zur Rechtslage zuvor s. OLG Dresden Beschl. v. 19.3.2002 – NJW 2002, 3480: EUR 41,40 für schwierige Nachlassverwaltungen im Beitrittsgebiet.

vom Erben erstattet verlangen (s. §§ 1975, 1915, 1835 BGB).[175] Der Verwalter kann daher seine erstattungsfähigen Auslagen **ohne weiteres** aus den von ihm verwalteten Nachlassmitteln entnehmen; im Streitfall entscheidet hierüber das Prozessgericht.[176]

VI. Das Nachlassgericht

1. Auswahl und Bestellung des Verwalters

77 Bei der Auswahl des Verwalters ist das Nachlassgericht frei; es besteht jedoch keine Übernahmepflicht des Bestellten (§ 1981 Abs. 3 BGB). Gem. §§ 1779 Abs. 2, 1915, 1960, 1975 BGB ist eine nach ihren persönlichen Verhältnissen und nach sonstigem Umständen **geeignete Person** auszuwählen, bezogen auf den konkret zu verwaltenden Nachlass.[177] Da die Hauptaufgabe des Nachlassverwalters in der Prüfung und Bereinigung der Nachlassverbindlichkeiten liegt, sind nach ihren persönlichen Verhältnissen grundsätzlich Personen mit juristischer Vorbildung besonders geeignet; regelmäßig wird ein in Nachlass- und Insolvenzsachen erfahrener Rechtsanwalt mit dem Amt betraut.[178] Zusätzliche betriebswirtschaftliche Kenntnisse sind dann vonnöten, wenn sich in dem Nachlass ein Unternehmen befindet, ggf. sind auch besondere steuerrechtliche Kenntnisse von Vorteil. Analog zu § 56 Abs. 1 InsO können nur natürliche Personen bestellt werden. Die auszuwählende Person muss des Weiteren **unabhängig** von den Beteiligten sein; das Gericht hat darauf zu achten, dass keine Interessenkollisionen bestehen. Aus diesem Grund kommt die Bestellung des Erben selbst i. d. R. nicht in Betracht;[179] erst recht nicht die eines Nachlassgläubigers. Dagegen kommt die Bestellung eines bereits mit den Nachlassverhältnissen gut vertrauten Testamentsvollstreckers zum Nachlassverwalter grundsätzlich in Frage.[180] In der Praxis folgt das Gericht oft dem Vorschlag des Antragstellers, wenn darin zur Eignung der betreffenden Person nachvollziehbare Ausführungen gemacht werden. Der Nachlassverwalter ist auf sein Amt förmlich zu verpflichten (§ 1791 BGB) und erhält hierüber eine **Bestallungsurkunde** (§ 1789 BGB). Der Nachlassverwalter kann beim Nachlassgericht auch einen Erbschein auf den Namen des Erben beantragen;[181] allerdings wird sich hierfür kaum eine Notwendigkeit ergeben.

2. Überwachungspflicht

78 Der Nachlassverwalter steht als besonderer Nachlasspfleger unter **Aufsicht des Nachlassgerichts**, so wie der Vormund unter Aufsicht des Vormundschaftsgerichts steht (§§ 1837 Abs. 2 Satz 1, 1962, 1915, 1975 BGB). Zu diesem Zweck hat sich das Gericht regelmäßig **über die Verfahrensabwicklung** des Verwalters zu informieren (§ 1839 BGB: Auskunftspflicht des Verwalters) und den Verwalter – ggf. unter Androhung von Zwangsgeld (§ 1837 Abs. 3 BGB) – zur Erfüllung seiner Berichts- und Rechnungslegungspflichten anzuhalten.

79 Gegen Pflichtwidrigkeiten des Nachlassverwalters hat das Nachlassgericht unverzüglich durch geeignete **Ge- oder Verbote** – ggf. unter **Androhung von Zwangsgeld** – einzuschreiten. Kommt der Verwalter seinen Verpflichtungen trotz Aufforderung nicht nach, kann das Gericht den Nachlassverwalter – als Ultima Ratio – auch **entlassen** (§§ 1975, 1915, 1962, 1886 BGB). Nach § 1843 BGB hat das Nachlassgericht die jährlichen **Rechnungen des Nachlassverwalters** zu prüfen und ggf. ihre Berichtigung oder Ergänzung zu erwirken. Für Schäden, die den Nachlassgläubigern oder dem Erben durch **Versäumnisse bei der Überwachung** des Nachlassverwalters entstehen, haftet der Landesfiskus nach § 839 BGB i. V. m. Art. 34.[182]

---

[175] MünchKommBGB/*Siegmann* § 1987, Rdnr. 4.
[176] *Hillebrand*, Die Nachlassverwaltung, S. 137.
[177] Zuständig ist grds. der Rechtspfleger (§§ 3 Nr. 2 c, 16 Abs. 1 Nr. 1 RPflG).
[178] *Firsching/Graf* Nachlassrecht Rdnr. 4.808; *Hillebrand*, Die Nachlassverwaltung, S. 21.
[179] *Firsching/Graf* a.a.O.; *Hillebrand* S. 21 ff., a. A. Lange/*Kuchinke*, Lehrbuch des Erbrechts, § 49.III.3:, zur Parallelproblematik der Eigenverwaltung im Nachlassinsolvenzverfahren s. § 25 Rdnr. 58.
[180] Staudinger/*Marotzke* § 1981 Rdnr. 29 f.; MünchKommBGB/*Siegmann* § 1981 Rdnr. 8; *Firsching/Graf* Nachlassrecht Rdnr. 4.808 f.; *Hillebrand*, Die Nachlassverwaltung, S. 70 f.
[181] *Firsching/Graf* Nachlassrecht Rdnr. 4.157.
[182] Lange/*Kuchinke*, Lehrbuch des Erbrechts, § 49.III.6.c.

3. Genehmigungsvorbehalte

Gemäß §§ 1915 Abs. 1, 1962 BGB untersteht der Verwalter – unabhängig vom Zustand 80
des Erben – den **vormundschaftsrechtlichen Genehmigungsvorbehalten** der §§ 1821, 1822 BGB.[183] Der Verwalter bedarf somit der Zustimmung des Nachlassgerichts (§ 1962 BGB) insbesondere für Folgende, für den Erben besonders gefährliche Rechtsgeschäfte:
- Grundstücksgeschäfte (§ 1821 BGB)
- Gesamtveräußerung des Nachlasses (§ 1822 Nr. 1 BGB)
- Veräußerung eines nachlasszugehörigen Unternehmens (§ 1822 Nr. 3 BGB)
- Schließung eines nachlasszugehörigen Unternehmens (§ 1823 BGB – Ordnungsvorschrift)
- Abschluss bestimmter Vergleichsverträge (§ 1822 Nr. 12 BGB)
- Aufnahme von Massedarlehen (§ 1822 Nr. 8 BGB)

Dagegen bedarf der Nachlassverwalter nach zutreffender Ansicht keiner gerichtlichen Zu- 81
stimmung zu **Verfügungen über Forderungen und Wertpapiere** nach § 1812 Abs. 3 BGB.[184] Dies folgt aus dem grundsätzlichen Unterschied der Nachlassverwaltung, die auf die Gläubigerbefriedigung durch Vermögensverwertung gerichtet ist, zur Vormundschaft (aber auch zur sonstigen Nachlasspflegschaft), bei der die Angreifung des Vermögensstamms des Mündels (bzw. des Erben) grundsätzlich nicht gewollt ist und bei der der Schutz des minderjährigen Mündels eine bedeutende Rolle spielt. Aus demselben Grund unterliegt der Nachlassverwalter auch nicht den Vorschriften über die **Anlegung von Mündelgeld** und die **Verwaltung von Inhaberpapieren** (§§ 1807 ff. BGB).[185]

VII. Der Erbe

1. Rechte

a) **Auskunft.** Der Erbe kann von dem Nachlassverwalter nach § 2012 Abs. 1 S. 2 BGB i. V. 82
m. Abs. 2 jederzeit Auskunft über den Nachlassbestand verlangen und hierüber nach § 260 BGB ein Bestandsverzeichnis einfordern.

b) **Antrags- und Rechtsbehelfsrechte bei Gericht.** Wichtigstes Antragsrecht des Erben ist 83
das Recht zur Stellung eines **Antrages auf Anordnung der Nachlassverwaltung** (§ 1981 Abs. 1 BGB).[186] Der Antrag auf Nachlassverwaltung kann analog § 13 Abs. 2 InsO vom Antragsteller bis zur Anordnung der Nachlassverwaltung oder der rechtskräftigen Abweisung des Antrags wieder **zurückgenommen** werden.[187] Der Erbe ist auch jederzeit berechtigt, die **Aufhebung der Nachlassverwaltung** zu beantragen (s. § 18 FGG). Die Gründe hierfür müssen allerdings aus der Zeit nach Anordnung stammen (andernfalls: Beschwerde gegen den Anordnungsbeschluss).[188] Darüber hinaus hat der Erbe jederzeit die Möglichkeit, bestimmte **verfahrensbezogene Anordnungen** des Nachlassgerichts (z. B. Entlassung des Verwalters) zu beantragen.[189] Solche Anträge sind nach Maßgabe der §§ 129, 130 KostO grundsätzlich gebührenfrei.

Gegen ihn beschwerende **Verfügungen des Nachlassgerichts** kann sich der Erbe durch einfa- 84
che (§ 20 FGG) bzw. fristgebundene sofortige **Beschwerde** (§ 22 FGG) zur Wehr setzen, z. B. gegen folgende Entscheidungen:
- Ablehnung der selbst beantragten Nachlassverwaltung oder Ablehnung eines sonstigen verfahrensbezogenen Antrags, z. B. Ablehnung der Entlassung des Nachlassverwalters oder Ablehnung der Aufhebung der Nachlassverwaltung (einfache Beschwerde: § 20 Abs. 2 FGG),
- Aufhebung der Nachlassverwaltung (einfache Beschwerde: § 57 Abs. 1 Nr. 3 FGG i. V. m. § 75 FGG),

---

[183] BGHZ 49, 1, 5 – Urt. v. 26.10.1967.
[184] Palandt/*Edenhofer* § 1985 Rdnr. 2; MünchKommBGB/*Siegmann* § 1985 Rdnr. 2; *Burghard* ZEV 1996, 136, 138, a. A. Staudinger/*Marotzke* § 1985 Rdnr. 34; *Firsching/Graf* Nachlassrecht Rdnr. 4.822; *Hillebrand*, Die Nachlassverwaltung, S. 97 f.
[185] Lange/*Kuchinke*, Lehrbuch des Erbrechts, § 49.III.6.c., a.A. *Firsching/Graf* Nachlassrecht Rdnr. 4.821.
[186] Hierzu näher oben unter Rdnr. 9.
[187] Staudinger/*Marotzke* § 1981 Rdnr. 2.
[188] S. Staudinger/*Marotzke* § 1988, Rdnr. 15.
[189] *Hillebrand*, Die Nachlassverwaltung, S. 81 f; Palandt/*Edenhofer* § 1985 Rdnr. 3.

- Festsetzung der Verwaltervergütung (einfache Beschwerde: § 56 g Abs. 5 FGG i. V. m. Abs. 7 und § 75 FGG).
- Anordnung der Nachlassverwaltung auf Fremdantrag (sofortige Beschwerde: § 76 Abs. 2 FGG); gegen die vom Erben selbst beantragte Anordnung der Nachlassverwaltung ist dagegen kein Rechtsmittel zulässig (§ 76 Abs. 1 FGG).

Das gilt nach der Neufassung des § 11 RPflG durch Gesetz vom 6.8.1998 auch für Entscheidungen des Rechtspflegers. Die Beschwerde hat nach § 24 FGG keine aufschiebende Wirkung.

Muster: Beschwerde gegen die Anordnung der Nachlassverwaltung auf Gläubigerantrag

85 An das Amtsgericht/Notariat [Sitz]
– Nachlassgericht –
Az.: [Az des Verfahrens]
Nachlass des [Name des Erben]
hier: Beschwerde gegen den Anordnungsbeschluss vom [Datum des Beschlusses]
Sehr geehrte Damen und Herren,
in vorbezeichneter Angelegenheit vertreten wir die Interessen von [Antragsteller], [Adresse], dem Alleinerben des [Name des Erblassers]. Abschrift der Vollmachtsurkunde anbei.
Namens und auftrags unseres Mandanten legen wir gegen den Beschluss vom [Datum], mit dem die Verwaltung des Nachlasses des Erblassers angeordnet wurde, sofortige Beschwerde gem. § 76 Abs. 2 FGG ein.

Begründung:

Die Anordnung des Nachlassverwaltung wird in dem angefochtenen Beschluss auf die Behauptung des antragstellenden Nachlassgläubigers [Name des Antragstellers] gestützt, unser Mandant würde durch sein Verhalten den Nachlassbestand gefährden, indem er voreilig Nachlassverbindlichkeiten bezahlt habe.

Richtig ist, dass unser Mandant ein Vermächtnis des Erblassers über e 10 000,00 an dessen Neffen, Herrn [Name] auf dessen Bitte durch Zahlung erfüllt hat. Aus beigefügter Nachlassaufstellung,

Anlage AS 1,

deren Richtigkeit von unserem Mandanten in beigefügter Erklärung,

Anlage AS 2,

eidesstattlich versichert wurde, geht jedoch hervor, dass den noch unbezahlten Nachlassverbindlichkeiten über rd. e 15 000 Nachlassaktiva im Werte von rd. e 40 000 gegenüberstehen. Durch die Erfüllung des Vermächtnisses wurde somit die Befriedigung der Nachlassgläubiger zu keiner Zeit gefährdet.

Die Anordnung der Nachlassverwaltung war somit ungerechtfertigt und ist aufzuheben.

Rechtsanwalt

Anlagen

86 **c) Auskehrungsanspruch.** Der Anspruch des Erben auf Herausgabe des Nachlassrestes als Gegenstück zur Auskehrungspflicht des Verwalters[190] wird fällig erst mit **förmlicher Aufhebung** der Nachlassverwaltung. Bei noch nicht beendeter Testamentsvollstreckung ist der Nachlassrest an den Testamentsvollstrecker auszukehren.

87 **d) Erstattungs- und Freistellungsansprüche.** Mit Anordnung der Nachlassverwaltung erhält der Erbe nach § 1978 Abs. 3 BGB gegen den Nachlass einen auftragsrechtlichen **Anspruch auf Ersatz seiner Aufwendungen** (§ 670 BGB) aus der bisherigen Verwaltung des Nachlasses, der unter den Voraussetzungen des § 1979 BGB auch die Aufwendungen aus der Berichtigung von Nachlassverbindlichkeiten aus Eigenmitteln mitumfasst. Hatte der Erbe zur ordnungsgemäßen Verwaltung des Nachlasses eine Eigenverbindlichkeit begründet, kann er nach § 257 BGB Be-

---

[190] S. hierzu o. unter Rdnr. 71 f.

freiung von dieser Verbindlichkeit verlangen. Aus der Masse ersatzfähig ist auch der zur **Berichtigung von Nachlassverbindlichkeiten aus dem Eigenvermögen** aufgewendete Betrag unter der Voraussetzung, dass der Erbe zu dieser Zeit von der Zulänglichkeit des Nachlasses ausgehen durfte (§ 1979 BGB). Das gilt auch für Inanspruchnahmen des Erben durch Nachlassgläubiger mit vollstreckbaren Titeln, soweit nicht der Erbe in einem vorangegangenen Prozess Veranlassung hatte, sich die Beschränkung seiner Haftung gem. § 780 ZPO ausdrücklich vorzubehalten. Die Frage, ob von der Zulänglichkeit des Nachlasses ausgegangen werden kann, hat der Erbe zuvor sorgfältig zu prüfen, ggf. im Wege des Aufgebotsverfahrens (§§ 1970 BGB, 989 ff. ZPO).[191] Soweit dem Erben danach kein Ersatzanspruch gegen die Masse zusteht, kann er seine Erstattungsforderung zumindest anstelle des befriedigten Gläubigers in einem nachfolgenden Nachlassinsolvenzverfahren zur Tabelle anmelden (§ 326 Abs. 2 InsO). Der Aufwendungsersatzanspruch ist insoweit nach § 324 Abs. 1 Nr. 1 InsO **privilegiert**, d.h. ebenfalls aus der Masse zu erstatten. Eine gesonderte **Vergütung** für seine Tätigkeit kann der Erbe dagegen nicht verlangen (s. § 662 BGB).

e) **Steuerliche Position.** Für Steuerschulden des Erblassers, die Nachlassverbindlichkeiten sind, haftet der Erbe nach Anordnung der Nachlassverwaltung nur noch mit dem Nachlass.[192] Die wegen der **während der Nachlassverwaltung** aus dem Nachlass erzielten Einkünfte angefallenen **Einkommensteuerschulden** sind dagegen dem Erben nach § 2 Abs. 1 Satz 1 EStG zuzurechnen, weil der Nachlass selbst kein Einkommensteuer- oder Körperschaftsteuersubjekt ist.[193] Diese Steuerschuld wurde nach bisheriger höchstrichterlicher Rechtsprechung entweder als Eigenschuld des Erben oder als sog. Nachlasserbenschuld eingeordnet; der Erbe haftete für die hieraus anfallenden Ertragsteuern somit unbeschränkbar.[194] Mit seiner Entscheidung vom 11.8.1998[195] hat der VII. Senat des BFH insoweit jedoch eine Wende eingeleitet, ausgelöst durch Kritik an dieser Rechtsprechung,[196] ohne sich allerdings hierzu abschließend zu äußern. Vor dem Hintergrund, dass Einkünfte aus dem Nachlass während der Nachlassverwaltung ohne Zutun des Erben anfallen, scheint es gleichwohl schon jetzt gerechtfertigt, derartige Verbindlichkeiten der Sphäre des Erblassers zuzurechnen und als **Erbfallschulden**[197] zu behandeln mit der Folge, dass sich der Erbe über § 45 Abs. 2 AO auch insoweit auf seine beschränkte Haftung berufen kann. Es bietet sich hierbei eine Aufteilung entsprechend den Grundsätzen des § 270 AO[198] an. Konsequenterweise ist es dem Erben dann allerdings auch verwehrt, eventuell angefallene Verluste aus der Nachlassverwaltung als einkommensmindernde Abzugsposten im Rahmen seiner Einkommensteuererklärung geltend zu machen.[199]

2. Pflichten

a) **Herausgabe.** Mit Anordnung der Nachlassverwaltung verliert der Erbe das Verwaltungsrecht am Nachlass nach § 1984 Abs. 1 S. 1 BGB i. V. m. § 1985 Abs. 1 S. 1 BGB an den Nachlassverwalter. Bereits hieraus ergibt sich ein Anspruch des Verwalters gegen den Erben auf Herausgabe des der Nachlassverwaltung unterliegenden Vermögens. Ergänzend folgt er aber auch aus § 1978 Abs. 1 BGB i. V. m. Abs. 2, der i. E. zu einem auftragsrechtlichen Herausgabeanspruch des Verwalters gegen den Erben führt. Ein Zurückbehaltungsrecht wegen Erstattungsansprüchen aus vorangegangener Verwaltung besteht für den Erben analog zu § 323

---

[191] *Häsemeyer* Insolvenzrecht Rdnr. 33.25.
[192] § 45 Abs. 1 S. 1 AO i.V.m. § 1975, 1. Alt. BGB. Geltend zu machen im Zwangsvollstreckungsverfahren (*Klein/Brockmeyer* AO § 45 Rdnr. 11).
[193] BFH BStBl. 1991 II, 820, 821; BFH NJW 1993, 351; BFH Urt. v. 11.8.1998 – BStBl. 1998 II, 705, 707; *Eulberg/Ott-Eulberg*, Die Nachlasspflegschaft, S. 90.
[194] BFH BStBl 1991 II, 820, 821; BFH NJW 1993, 350, 351; s. auch *Boeker* in Hübschmann/Hepp/Spitaler AO/FGO § 45 AO Rdnr. 68; *Eulberg/Ott-Eulberg*, Die Nachlasspflegschaft, S. 108.
[195] BStBl. 1998 II, 705, 707.
[196] *Welzel* DStZ 1993, 425; M. *Siegmann* StVj 1993, 337, 344; *Depping* DStR 1993, 1246; *Paus* DStZ 1993, 82; s. auch *Klein/Brockmeyer* AO § 45 Rdnr. 12.
[197] Vgl. § 23 Rdnr. 16 ff.
[198] Auf den Nachlass entfällt die Differenz zwischen der Gesamteinkommensteuerschuld und der Einkommensteuerschuld des Erben ohne Berücksichtigung der Einkünfte aus dem Nachlass.
[199] S. *Klein/Brockmeyer* AO § 45, Rdnr. 1.

InsO nicht.²⁰⁰ Die Herausgabepflicht des Erben bezieht sich streng genommen nur auf die **beweglichen Nachlassaktiva**, weil nachlasszugehörige Forderungen und andere Rechte ohne weiteres der Verwaltungs- und Verfügungsbefugnis des Nachlassverwalters unterfallen und bei Nachlassgrundstücken und sonstigem unbeweglichem Nachlassvermögen ein Nachlassverwaltungsvermerk in das entsprechende Register einzutragen ist.

90 Unter die Herausgabepflicht im untechnischen Sinn fällt des Weiteren aber die Rückübertragung von Nachlassvermögen, das bereits in das **Eigenvermögen** des Erben überführt wurde, insbesondere das Guthaben auf Nachlasskonten, die bereits auf den Erben umgeschrieben worden sind und nachlasszugehörige Berechtigungen aus auf den Erben lautenden Girosammeldepots (=Wertpapiere). Da dieses Vermögen bereits dem Nachlass entzogen wurde, handelt es sich hierbei eigentlich um einen schuldrechtlichen Ersatzanspruch aus § 1978 Abs. 1 BGB.²⁰¹ Gegenstände, die der Erbe **aus Nachlassmitteln erworben** hatte, werden nicht schon deswegen zu Nachlassbestandteilen und unterfallen somit nicht der Herausgabepflicht des Erben,²⁰² sofern nicht aus anderen Gründen²⁰³ eine dingliche Surrogation eingetreten ist. Stattdessen schuldet der Erbe für die durch den Erwerb eingetretene Nachlassminderung Wertersatz nach § 1978 Abs. 1 BGB.²⁰⁴

91 **b) Auskunftserteilung.** Der Erbe hat dem Verwalter nach §§ 666 [ggf. über § 681 S. 2], 1978 Abs. 1 i. V. m. Abs. 2 BGB Auskunft über die Nachlassverhältnisse zu erteilen und Rechenschaft über seine bisherige Verwaltung abzulegen. Auskunftspflichten des Erben gegenüber dem Verwalter bestehen über §§ 1978 Abs. 1, 667 BGB auch aus § 260 BGB, woraus sich auch die Pflicht des Erben zur Anfertigung eines Nachlassverzeichnisses ergibt.

92 **c) Haftung.** Mit Haftungssonderung des Nachlasses vom Eigenvermögen des Erben durch die angeordnete Nachlassverwaltung wird der Erbe in Bezug auf die bisherige Verwaltung des Nachlasses **rückwirkend wie ein Verwalter fremden Vermögens** behandelt. Für die bis zu diesem Zeitpunkt durchgeführte Nachlassverwaltung haftet der Erbe, soweit nicht schon ohnehin unbeschränkbar haftend,²⁰⁵ den Nachlassgläubigern nach § 1978 Abs. 1 BGB (mit seinem Eigenvermögen) von der Annahme an wie ein von ihnen zur Nachlassverwaltung Beauftragter; für die Zeit davor haftet er nach den Grundsätzen der Geschäftsführung ohne Auftrag.

93 Für die Zeit **vor Annahme der Erbschaft** bestand für den Erben **keine Pflicht zur aktiven Nachlassfürsorge**, weil niemand zur Geschäftsführung ohne Auftrag verpflichtet ist.²⁰⁶ Soweit der Erbe für den Nachlass tätig war, richtet sich seine Haftung nach den §§ 677–684 BGB, d. h. der Erbe war nur zu Maßnahmen im Interesse der Nachlassgläubiger berechtigt, für deren sorgfältige Ausführung er nach allgemeinen Grundsätzen bei Verschulden haftet. Der Erbe haftet schon für diesen Zeitraum z. B. für jede bestandsschädliche Vermischung mit dem Eigenvermögen und erst recht natürlich für die Berichtigung von Eigenschulden aus dem Nachlass.

94 Für die Zeit **ab Annahme der Erbschaft** bis zur Anordnung der Nachlassverwaltung haftet der Erbe den Nachlassgläubigern für **jede unterlassene oder unsorgfältig vorgenommene Maßnahme der Nachlassverwaltung**, d. h. der Erbe haftet damit für jede auch nur infolge leichter Fahrlässigkeit eingetretene Nachlassminderung und somit für jede unterlassene Maßnahme der Sicherung und Erhaltung des Nachlasses, wozu insbesondere das ordnungsgemäße Ziehen von Nutzungen zählt. Gleichfalls haftet er für die sorgfältige Dokumentation und Aufzeichnung aller durchgeführten Nachlassgeschäfte. Nachlassverbindlichkeiten durfte der Erbe nach § 1979 BGB nur dann aus Nachlassmitteln oder für Rechnung des Nachlasses berichtigen, wenn er zu diesem Zeitpunkt von der Zulänglichkeit des Nachlasses ausgehen konnte, was eine vorherige sorgfältige Zulänglichkeitsprüfung voraussetzt.²⁰⁷ Die **Höhe** des Ersatzanspruches richtet sich gem. § 249 BGB nach dem Ausmaß, in dem durch das pflichtwidrige Verhalten

---

²⁰⁰ *Palandt/Edenhofer* § 1978 Rdnr. 5; *Firsching/Graf* Nachlassrecht Rdnr. 4.819.
²⁰¹ BGH Urt. v. 13.7.1989 – NJW-RR 1989, 1226, 1227.
²⁰² BGH ebd.
²⁰³ Z. B. nach erbrechtlichen Surrogationsregeln (s. §§ 2041, 2111 BGB) oder durch Parteivereinbarung.
²⁰⁴ BGH NJW-RR 1989, 1226, 1227; Palandt/*Edenhofer* § 1978 Rdnr. 3.
²⁰⁵ § 2013 Abs. 1 S. 1 BGB.
²⁰⁶ Palandt/*Edenhofer* § 1959 Rdnr. 1.
²⁰⁷ Palandt/*Edenhofer* § 1979 Rdnr. 2.

des Erben die Befriedigungsquote der Nachlassgläubiger vermindert wurde; dieser Betrag entspricht nicht notwendigerweise dem Betrag der geleisteten Zahlung.[208] Darlegungs- und beweispflichtig ist insoweit der spätere Nachlassinsolvenzverwalter.

VIII. Die Nachlassgläubiger

1. Erfüllungsanspruch

Für Nachlassverbindlichkeiten haftet nach Anordnung der Nachlassverwaltung nur noch der Nachlass, sofern die Haftung des Erben nicht schon allgemein oder dem jeweiligen Nachlassgläubiger gegenüber unbeschränkbar war, wie etwa bei sog. Nachlasserbenschulden, bei Versäumnissen nach Aufforderung zur Inventarerrichtung[209] oder bei unterlassener Bewirkung der Aufnahme eines Vorbehalts zur Haftungsbeschränkung in einen gegen den Erben gerichteten Vollstreckungstitel.[210]

Zahlungen auf Forderungen der Nachlassgläubiger muss der Verwalter vor (positivem) Abschluss der von ihm durchzuführenden Zulänglichkeitsprüfung **verweigern**.[211] Nachlassgläubiger sind dadurch jedoch – im Gegensatz zum Nachlassinsolvenzverfahren – nicht an der Geltendmachung ihrer Forderungen gehindert; sie können jederzeit gegen den Nachlassverwalter in dieser Eigenschaft **Klage** erheben. Auch sind **Zwangsvollstreckungsmaßnahmen** in den Nachlass grundsätzlich möglich.[212]

95

96

2. Auskunftsansprüche

Auskunftsansprüche der Nachlassgläubiger gegen den Verwalter bestehen in dem Umfang, in dem sie bereits gegen den Schuldner bestanden hatten; der Verwalter tritt nach Anordnung der Nachlassverwaltung insofern an die Stelle des Erben.

97

3. Geltendmachung von Ansprüchen aus Erben- oder Verwalterhaftung

Schadensersatzansprüche der Gesamtheit der Nachlassgläubiger gegen den Erben nach §§ 1978 Abs. 1, 1980 Abs. 1 S. 1 BGB oder gegen den Verwalter aus § 1985 Abs. 2 Satz 1 BGB gelten nach § 1978 Abs. 2, auf den auch § 1985 Abs. 2 BGB verweist, als dem Nachlass zugehörig. Diese Ansprüche können wie im Insolvenzverfahren (s. § 92 InsO) somit grundsätzlich nur vom (ggf. neu bestellten) Verwalter, einem Ergänzungspfleger oder einem Nachlassinsolvenzverwalter geltend gemacht werden.[213]

98

4. Antrags- und Rechtsbehelfsrechte bei Gericht

Zum Recht eines Nachlassgläubigers, die **Anordnung der Nachlassverwaltung** zu beantragen s. oben unter II.1.b (Rdnr. 10). Gegen die **Ablehnung** oder die **Aufhebung** der von ihm (§ 20 Abs. 2 FGG) oder von einem Dritten (§ 57 Abs. 1 Nr. 3 FGG) beantragten Nachlassverwaltung steht einem Gläubiger die **einfache Beschwerde** offen,[214] und zwar nach der Neufassung des § 11 RPflG auch gegen Entscheidungen des Rechtspflegers. Gegen die Anordnung der Nachlassverwaltung auf Antrag des Erben steht einem Nachlassgläubiger dagegen kein Rechtsbehelf offen (§ 76 Abs. 1 FGG).

99

Auch Nachlassgläubiger haben wie der Erbe jederzeit die Möglichkeit, bestimmte **verfahrensbezogene Anordnungen des Nachlassgerichts** zu beantragen (z. B. Beantragung der Aufhebung der Nachlassverwaltung oder Entlassung des Nachlassverwalters).[215] Gegen die Ablehnung eines solchen Antrags ist wiederum Beschwerde (§ 20 FGG) möglich.

100

---

[208] BGH Urt. v. 11.7.1984 – NJW 1985, 140, 141.
[209] §§ 1994 Abs. 1 S. 2, 2005 Abs. 1 S. 1 und 2, 2006 Abs. 3 BGB.
[210] § 780 ZPO.
[211] BGH NJW 1985, 140.
[212] Dazu näher oben Rdnr. 37 f.
[213] Lange/*Kuchinke*, Lehrbuch des Erbrechts, § 49.II.2.c; *Hillebrand*, Die Nachlassverwaltung, S. 140 f.
[214] OLG Karlsruhe Beschl. v. 11.4.1989 – NJW-RR 1989, 1095.
[215] OLG Karlsruhe ebd.

§ 25 Nachlassinsolvenz

Übersicht

	Rdnr.
I. Grundlagen	1–3
1. Das Nachlassinsolvenzverfahren als Möglichkeit zur nachträglichen Vermögensseparation	1
2. Die Nachlassinsolvenz als Insolvenzverfahren über ein Sondervermögen	2
3. Nachlassinsolvenz und Erbeninsolvenz	3
II. Zulässigkeit	4–31
1. Antragsbefugnis	7–13
a) Erbe	7/8
b) Sonstige Personen auf Schuldnerseite	9
c) Gläubiger	10–13
2. Eröffnungsgründe	14–22
a) Zahlungsunfähigkeit	15/16
b) Überschuldung	17–19
c) Drohende Zahlungsunfähigkeit	20–22
3. Massekostendeckung	23–25
4. Antragsformalien	26–31
III. Wirkungen	32–56
1. Materiellrechtliche Auswirkungen	32–50
a) Umfang der Insolvenzmasse	32–41
b) Übergang von Verwaltungs- und Verfügungsrecht	42/43
c) Steuerliche Folgen	44–47
d) Sonstige Wirkungen	48–50
2. Prozessuale Auswirkungen	51–54
3. Auswirkungen auf Zwangsvollstreckungsmaßnahmen	55/56
III. Verfahrensgang	57–75
1. Grundsätzliches	57/58
2. Eröffnungsverfahren	59
3. Konsolidierung der Insolvenzmasse	60
4. Geltendmachung und Prüfung der Insolvenzforderungen	61–66
5. Insolvenzplan	67–69
6. Masseverwertung	70/71
7. Verteilungsverfahren	72
8. Verfahrensbeendigung	73–75
IV. Der Insolvenzverwalter	76–103
1. Rechtliche Stellung	76/77
2. Pflichten	78–99
a) Masseverwaltung und -verwertung	78–82
b) Erstellung einer Vermögensübersicht	83/84
c) Pflichten gegenüber Aus- und Absonderungsberechtigten	85/86
d) Prüfung möglicher Anfechtungstatbestände	87–90
e) Steuerliche Pflichten	91–95
f) Pflichten bei Massearmut	96/97
g) Rechnungslegung	98/99
3. Haftung	100–102
4. Vergütung	103
V. Das Insolvenzgericht	104–109
1. Bestellung des Verwalters	104/105
2. Verfahrensleitung	106/107
3. Überwachungspflicht	108/109
VI. Der Erbe als Gemeinschuldner	110–127
1. Allgemeines	110–112
2. Rechtsstellung im Verfahren	113–120
a) Rechte	113–116
b) Pflichten	117–120

3. Haftung des Erben für die bisherige Nachlassverwaltung	121–126
a) Haftung nach § 1978 BGB	121/122
b) Haftung nach § 1980 BGB	123–126
4. Ansprüche des Erben aus Verwaltungstätigkeit	127
VIII. Die Gläubiger	128–149
1. Insolvenzgläubiger	129–134
2. Massegläubiger	135–137
3. Gläubiger mit Aus- oder Absonderungsrechten	138–144
a) Aussonderungsberechtigte	138/139
b) Absonderungsgläubiger	140–144
4. Organe der Gläubigerschaft	145–149
a) Gläubigerversammlung	145–147
b) Gläubigerausschuss	148/149

Schrifttum: *Binz/Hess*, Der Insolvenzverwalter, 2004; *Buth/Hermanns* (Hrsg.), Restrukturierung, Sanierung und Insolvenz, 2. Aufl. 2004; *Braun*, Die Abwahl des zunächst bestellten Insolvenzverwalters in der InsO in: *Prütting/Vallender* (Hrsg.), Insolvenzrecht in Wissenschaft und Praxis: Festschrift für Wilhelm Uhlenbruck, 2000, S. 463 ff.; *Döbereiner*, Die Nachlassinsolvenz, in Gottwald (Hrsg.), Insolvenzrechtshandbuch, 3. Aufl. 2006; *Firsching/Graf*, Nachlassrecht, 8. Aufl. 2000; *Graeber*, Die Wahl des Insolvenzverwalters durch die Gläubigerversammlung nach § 57 InsO, ZIP 2000, 1465; *Grub*, Die Macht der Banken in der Insolvenz, DZWIR 1999, 133 ff.; *Hanisch*, Nachlassinsolvenzverfahren und materielles Erbrecht in: Gerhardt/Diederichsen u.a. (Hrsg.) Festschrift für Henckel, 1995, S. 373 ff.; *ders.*, Grenzüberschreitende Nachlassinsolvenzverfahren, ZIP 1990, 1241; *Häsemeyer*, Insolvenzrecht, 3. Aufl. 2003, Kap. 33: Insolvenzverfahren über einen Nachlass; *Hillebrand*, Die Nachlassverwaltung unter besonderer Berücksichtigung der Verwaltungs- und Verfügungsbefugnis des Nachlassverwalters, Diss. Bochum 1998; *Lange/Kuchinke*, Lehrbuch des Erbrechts, 5. Aufl. 2001; *Maus*, Die steuerrechtliche Stellung des Insolvenzverwalters und des Treuhänders, ZInsO 1999, 683 ff.; *Mönning*, Betriebsfortführung in der Insolvenz, 1997; *Nerlich/Kreplin* (Hrsg.), Münchener Anwaltshandbuch Sanierung und Insolvenz, 2006; *Onusseit*, Die insolvenzrechtlichen Kostenbeiträge unter Berücksichtigung ihrer steuerrechtlichen Konsequenzen sowie Massebelastungen durch Grundstückseigentum, ZIP 2000, 777; *ders.*, Steuererklärungspflichten in der Insolvenz, ZIP 1995, 1798; *G. Pape*, Die Gläubigerautonomie in der Insolvenzordnung, ZInsO 1999, 305; *ders.*, Rechtliche Stellung, Aufgaben und Befugnisse des Gläubigerausschusses im Insolvenzverfahren, ZInsO 1999, 675; *Rattunde*, Verfahrenseröffnung und Kostendeckung nach der InsO, DZWIR 1999, 309; *K. Schmidt*, Nachlassinsolvenzverfahren und Personengesellschaft in: *Prütting/Vallender* (Hrsg.), Insolvenzrecht in Wissenschaft und Praxis: Festschrift für Wilhelm Uhlenbruck, 2000, S. 655 ff.; *Siegmann*, Ungereimtheiten und Unklarheiten im Nachlassinsolvenzrecht, ZEV 2000, 221; *ders.*, Der Tod des Schuldners im Insolvenzverfahren, ZEV 2000, 345; *Uhlenbruck*, Kompetenzverteilung und Entscheidungsbefugnisse im neuen Insolvenzverfahren, WM 1999, 1197; *Ulmer*, Nachlasszugehörigkeit vererbter Personengesellschaftsbeteiligungen?, NJW 1984, 1496; *Vallender*, Doppelinsolvenz: Erben- und Nachlassinsolvenz, NZI 2005, 318; *Vallender/Fuchs/Rey*, Der Antrag auf Eröffnung eines Nachlassinsolvenzverfahrens und seine Behandlung bis zur Eröffnungsentscheidung, NZI 1999, 355; *Th. Wolf*, Überschuldung, 1998.

I. Grundlagen

Übersicht: Kurzinformation zur Nachlassinsolvenz

☐ Das Nachlassinsolvenzverfahren dient der nachträglichen Vermögens- und Haftungsseparation von Nachlass und Eigenvermögen des Erben bei unzureichendem Nachlass und der Abwicklung eines insolventen Nachlasses.

☐ Die Haftungsbeschränkung für den Erben ist regelmäßige, aber keine notwendige Folge.

☐ Über die Dürftigkeitseinrede des § 1990 BGB kann aber grundsätzlich auch noch bei unzulänglicher Masse eine Haftungsbeschränkung erreicht werden.

☐ Für den Erben besteht mit Eintritt der materiellen Nachlassinsolvenz grundsätzlich die Pflicht zur Stellung eines Insolvenzantrages nach § 1980 BGB,.

☐ Über das Nachlassinsolvenzverfahren können u.U. aus Sicht des Erben unerwünschte Schenkungen des Erblassers rückgängig gemacht werden.

☐ Eröffnungsgrund ist neben der Überschuldung des Nachlasses nunmehr auch dessen Zahlungsunfähigkeit

☐ Gegen Zahlungsklagen von Nachlassgläubigern muss sich der Erbe u. U. auch nach Eröffnung eines Nachlassinsolvenzverfahrens zur Wehr setzen.
☐ Liegt zwischen Erbfall und Antragstellung schon eine längere Zeit, muss der Erbe mit Schadensersatzforderungen aus §§ 1978 Abs. 1, 1980 BGB rechnen.

1. Das Nachlassinsolvenzverfahren als Möglichkeit zur nachträglichen Vermögensseparation

1   Wie in § 27 eingangs näher ausgeführt, dient das Nachlassinsolvenzverfahren (§§ 315 InsO) neben der Nachlassverwaltung (§§ 1981 ff. BGB) der nachträglichen **Sonderung des Nachlasses** mit seinen Aktiva und Passiva **vom Eigenvermögen** des Erben unter **Abwicklung der Nachlassverbindlichkeiten**. Nachlassgläubigern wird hierdurch nach § 1975 BGB der Zugriff auf das Eigenvermögen des Erben ebenso versperrt wie umgekehrt den Eigengläubigern des Erben gem. § 325 InsO der Zugriff auf den Nachlass verwehrt wird.[1] Unterschiede bestehen nur insoweit, als gem. § 1989 BGB den Nachlassgläubigern nach Beendigung des Nachlassinsolvenzverfahrens der Zugriff auf das Eigenvermögen des Erben weiterhin verschlossen bleibt, während Eigengläubiger nach Verfahrensbeendigung im Wettbewerb mit ungedeckten Nachlassgläubigern wieder das (nunmehr allerdings wirtschaftlich entwertete) Recht erlangen, auf etwaig noch vorhandene Nachlassbestandteile zuzugreifen.

Nachlassinsolvenzverfahren sind trotz der strengen Insolvenzantragspflicht des § 1980 BGB in der Praxis relativ selten anzutreffen;[2] die Stellung eines Antrages auf Eröffnung des Nachlassinsolvenzverfahrens ist das **bevorzugte Mittel des Erben zur Haftungsbeschränkung**. Gesamtwirtschaftlich gesehen hat das Nachlassinsolvenzverfahren dagegen keine große Bedeutung, da die insolvenzbefangenen Nachlässe in der Regel kleinere Objekte sind.[3]

2. Die Nachlassinsolvenz als Insolvenzverfahren über ein Sondervermögen

2   Auch die Konkursordnung kannte den Nachlasskonkurs (§§ 214 ff. KO) als Insolvenzverfahren über das beschlagfähige Vermögen einer verstorbenen (bzw. nach dem Verschollenheitsgesetz für tot erklärten) Person. Die Regelungen der InsO über das Nachlassinsolvenzverfahren sind an das bisherige Recht angelehnt und passen dieses lediglich an die Struktur des neuen Insolvenzverfahrens an; Reformbestrebungen, das Nachlassinsolvenzverfahren solchen Nachlässen vorzubehalten, die ein Unternehmen umfassen, und die übrigen Nachlässe auf die Nachlassverwaltung zu verweisen, wurden nicht umgesetzt.[4] Das Nachlassinsolvenzverfahren ist ein **echtes Sonderinsolvenzverfahren**, da es nur einen Teil des Gesamtvermögens einer Person erfasst (s. § 11 Abs. 2 Nr. 2, S. 1 1. Alt. InsO). Auch in anderen Fällen behandelt das Gesetz **ererbtes Vermögen als Sondervermögen**, dem neben dem sonstigen Vermögen einer Person eine rechtliche Sonderstellung eingeräumt ist, so etwa im Falle der Erbengemeinschaft (§§ 2032 ff. BGB; s. § 29, Rdnr. 6), der Testamentsvollstreckung (§§ 2197 ff. BGB) oder der Nachlasspflegschaft (§§ 1960 ff. BGB) inklusive der Nachlassverwaltung (§§ 1981 ff. BGB). **Gegenstand** der Nachlassinsolvenz ist stets der gesamte Nachlass; ein Erbteil ist nicht insolvenzfähig (§ 316 Abs. 3 InsO),[5] ebenso wenig wie es das Insolvenzverfahren über ein ererbtes Unternehmen gibt. Es gibt auch kein Insolvenzverfahren über das Vermögen einer Erbengemeinschaft; auch

---

[1] Dies gilt jedoch nur vom Grundsatz her, da der Erbe bereits unbeschränkbar haften kann (s. §§ 1994 Abs. 1 S. 2, 2005 Abs. 1 S. 1 und 2 BGB); in diesem Fall steht den Nachlassgläubigern (bzw. im Fall einer relativen Unbeschränkbarkeit, wie etwa bei § 2006 Abs. 3 BGB oder § 780 ZPO, dem betreffenden Nachlassgläubiger) das Eigenvermögen des Erben weiter offen. Durch das Nachlassinsolvenzverfahren wird des Weiteren nicht die Eigenhaftung des Erben für sog. Nachlasserbenschulden beseitigt (s. Jaeger/*Weber* KO 8. Aufl. 1973 § 224 Rdnr. 2).
[2] S. MünchKommInsO/*Siegmann* Vor §§ 315 ff. Rdnr 16. Gem. Insolvenzstatistik des Statistischen Bundesamtes v. 16.3.2006 waren 2005 von insgesamt 136.554 Insolvenzverfahren 93.635 (68,6%) Verbraucherinsolvenzen einschließlich ehemals Selbständige und 2.630 Insolvenzverfahren (1,9%) Nachlassinsolvenzen.
[3] Gottwald/*Döbereiner* § 110 Rdnr. 7.
[4] Gottwald/*Döbereiner* § 110 Rdnr. 6.
[5] D.h. auch bei Erbenmehrheit findet ein einheitliches Insolvenzverfahren, über ein Gesamthandsvermögen, statt, obwohl der Miterbenanteil nach § 859 Abs. 2 ZPO einer gesonderten Zwangsvollstreckung zugänglich ist.

hier ist das Nachlassinsolvenzverfahren einschlägig. Die Regelungen über das Nachlassinsolvenzverfahren (§§ 315 ff. InsO) übernehmen das **materielle Erbrecht des BGB** und passen das Insolvenzverfahren daran an. Soweit in diesen Vorschriften keine Sonderregelungen getroffen werden, gelten für das Nachlassinsolvenzverfahren die allgemeinen Vorschriften der InsO.

3. Nachlassinsolvenz und Erbeninsolvenz

Das Nachlassinsolvenzverfahren ist **zu unterscheiden von der Erbeninsolvenz.** Wird über das Vermögen des Erben das Insolvenzverfahren eröffnet, unterliegt dessen gesamtes Vermögen dem Insolvenzbeschlag, einschließlich des Nachlasses (Gesamtvermögensinsolvenz).[6] Die Nachlassgläubiger sind den Eigengläubigern des Erben insofern gleichgestellt. Wollen sie verhindern, dass die Eigengläubiger am (womöglich zulänglichen) Nachlass partizipieren, müssen sie Nachlassverwaltung oder Nachlassinsolvenz beantragen, um eine Vermögens- und Haftungssonderung zu bewirken (s. § 331 InsO).

Das Recht des Erben, die Nachlassinsolvenz zu beantragen, geht in der Erbeninsolvenz auf dessen Insolvenzverwalter über.[7] Die Befugnis zur **Annahme oder Ausschlagung** einer angefallenen Erbschaft verbleibt dagegen beim Erben (§ 83 Abs. 1 InsO); gleiches gilt für die Geltendmachung eines Pflichtteilanspruchs. Ist der Insolvenzschuldner nur **Vorerbe**, fällt in die Masse auch nur das, was dem Vorerben aus dem Nachlass zustand (§ 83 Abs. 2 InsO).

II. Zulässigkeit

Das Nachlassinsolvenzverfahren ist zulässig **unabhängig davon**, ob die Erbschaft angenommen wurde oder nicht, ob der Erbe beschränkbar oder unbeschränkbar haftet und ob im Falle der Miterbengemeinschaft der Nachlass schon geteilt oder noch ungeteilt ist (s. § 316 Abs. 2 InsO).[8] Soweit der Erbe unbeschränkbar haftet, dient das Verfahren allerdings nicht mehr der Haftungsbeschränkung, sondern der Unterbindung von Zugriffen der Eigengläubiger auf den Nachlass.

Voraussetzung für die Eröffnung des Nachlassinsolvenzverfahrens ist nach allgemeinen Grundsätzen (§ 13 InsO) ein Insolvenzantrag. Eine **Antragsfrist** besteht ungeachtet der mit zunehmendem Zeitablauf wachsenden Schwierigkeit der Massefeststellung nur für die Gläubiger (§ 319 InsO), d.h. der Erbe oder ein verwaltender Testamentsvollstrecker kann auch noch Jahre nach dem Erbfall das Nachlassinsolvenzverfahren beantragen; selbst nach dem Tod des Erben kann der Antrag noch, von dessen Erben, gestellt werden.[9]

Ein Insolvenzverfahren über das Vermögen einer natürlichen Person geht automatisch in ein Nachlassinsolvenzverfahren über, wenn der Schuldner vor Verfahrensbeendigung verstirbt (sog. **fortgesetzte Nachlassinsolvenz**); d.h. durch den Erbfall wird der Erbe zum Insolvenzschuldner und der Nachlass erst gar nicht mit dem Eigenvermögen des Erben verschmolzen.[10] Das Nachlassinsolvenzverfahren kann auch neben einem Insolvenzverfahren über das Eigenvermögen des Erben (**Erbeninsolvenz**) durchgeführt werden (s. § 331 InsO).

1. Antragsbefugnis

a) **Erbe.** Nach § 317 Abs. 1 InsO ist zunächst **jeder Erbe** antragsbefugt, also auch ein Miterbe (gem. § 316 Abs. 2 InsO selbst nach Teilung des Nachlasses), ein Vorerbe (der Nacherbe nach Eintritt des Nacherbfalls),[11] der noch ausschlagsberechtigte Erbe (bis zur wirksamen Ausschlagung) und der unbeschränkbar haftende Erbe (insoweit sich allerdings grundsätzlich die Frage nach dem Rechtsschutzbedürfnis stellt). Die Antragsbefugnis entfällt auch nicht durch eine bestehende Nachlassverwaltung oder eine Testamentsvollstreckung; insoweit ist der Testamentsvollstrecker allerdings zu dem Antrag zu hören (s. § 317 Abs. 3 InsO). Im Falle der Erbeninsolvenz ist der Insolvenzverwalter antragsbefugt. Bei einer **Erbengemeinschaft** ist es im Gegensatz zur Nachlassverwaltung nicht erforderlich, dass alle Miterben den Antrag gemeinsam stellen,

---

[6] BGH Urt. v. 11.5.2006, NZI 2006, 461 = ZIP 2006, 1258.
[7] *Vallender* NZI 2005, 319.
[8] Jaeger/*Weber* KO § 214 Rdnr. 1.
[9] Kübler/Prütting/*Kemper* InsO § 317 Rdnr. 4.
[10] BGH Urt. v. 22.1.2004 – BGHZ 157, 350, 354.
[11] Kübler/Prütting/*Kemper* InsO § 317 Rdnr. 4.

jedoch ist der Eröffnungsgrund zum Schutz der Miterben vor unzeitiger Insolvenzeröffnung analog zur Vorschrift des § 15 Abs. 2 InsO glaubhaft i. S. d. § 294 ZPO zu machen, wenn der Antrag nicht von allen Miterben gestellt wird, und diese sind zu dem Eröffnungsantrag zu hören (§ 317 Abs. 2 InsO).

8 Nach § 1980 BGB korrespondiert mit dem Recht des Erben, ein Nachlassinsolvenzverfahren zu beantragen, die **Pflicht zur Antragstellung** im Falle der Zahlungsunfähigkeit oder der Überschuldung des Nachlasses. Näheres hierzu unten Rdnr. 123 ff.

9 b) **Sonstige Personen auf Schuldnerseite.** Nach § 317 Abs. 1 InsO ist des Weiteren antragsbefugt zum einen der **Nachlassverwalter.** Dieser unterliegt zudem nach § 1985 Abs. 2 BGB neben dem Erben der Insolvenzantragspflicht des 1980 BGB.[12] Das Antragsrecht des Nachlassverwalters besteht neben dem des Erben.[13] Antragsbefugt ist nach § 317 Abs. 1 InsO auch ein sonstiger **Nachlasspfleger.** Die Antragspflicht nach § 1980 BGB besteht für ihn nicht, jedoch folgt aus dem Sicherungszweck der Nachlasspflegschaft eine gegenüber dem Erben bestehende Antragspflicht.[14] Antragsberechtigt ist des Weiteren nach § 317 Abs. 1 InsO der **Testamentsvollstrecker,** dem nach § 2205 BGB die Verwaltung des Nachlasses zusteht; mehrere Testamentsvollstrecker müssen gemeinschaftlich handeln (§ 2224 BGB). Die Antragsberechtigung besteht neben der des Erben. Eine gesetzliche Antragspflicht besteht für den Testamentsvollstrecker nicht, jedoch ergibt sich eine gegenüber dem Erben bestehende Antragspflicht wie beim Nachlasspfleger aus seinen allgemeinen Pflichten.[15] Der Erbe ist zu einem Insolvenzantrag des Testamentsvollstreckers nach Maßgabe des § 10 InsO zu hören (§ 317 Abs. 3 InsO). Lebt der Erbe in Gütergemeinschaft und fällt der Nachlass in des Gesamtgut, ist außer dem Erben auch dessen **verwaltungsberechtigter Ehegatte** antragsbefugt (§ 318 InsO). Antragsbefugt ist zudem der **Erbschaftskäufer** nach Abschluss des Erbschaftskaufvertrages (s. § 330 Abs. 1 InsO); der Erbe ist daneben nach Maßgabe des § 330 Abs. 2 InsO antragsberechtigt.

10 c) **Gläubiger.** Antragsberechtigt ist nach § 317 Abs. 1 InsO ferner **jeder Nachlassgläubiger,**[16] unabhängig davon, ob der Erbe die Erbschaft angenommen hat oder den Gläubigern gegenüber unbeschränkbar haftet[17] und unabhängig davon, ob seine Forderung im Nachlassinsolvenzverfahren nach § 324 InsO Masseverbindlichkeit ist. Erfasst ist eingeschränkt auch der Pflichtteilsberechtigte, der Vermächtnisnehmer und derjenige, der den Vollzug einer Auflage verlangen kann.

11 Gläubiger können einen Antrag auf Eröffnung des Nachlassinsolvenzverfahrens analog zum Recht der Nachlassverwaltung (§ 1981 Abs. 2 S. 2 BGB) jedoch nur innerhalb der **Zweijahresfrist** des § 319 InsO stellen.[18]

12 **Eigengläubiger** des Erben sind nicht antragsbefugt, obwohl diese ein Interesse daran haben können, den Zugriff der Nachlassgläubiger auf das Eigenvermögen des Erben zu unterbinden. Sie können nur das Insolvenzverfahren über das gesamte Vermögen des Erben beantragen, in dem dann der Insolvenzverwalter Antrag auf Eröffnung des Nachlassinsolvenzverfahrens stellt.[19]

13 **Erblasser.** Stirbt der Schuldner nach Stellung eines Insolvenzantrages, bleibt dieser Antrag maßgeblich für die Entscheidung über die Eröffnung eines Nachlassinsolvenzverfahrens.[20] Der Erbe läuft somit keine Gefahr, durch den Erbfall für die Verbindlichkeiten des insolventen Erblassers zu haften.

---

[12] Hierzu näher u. Rdnr. 125 f.
[13] Jaeger/*Weber* KO § 217 bis 220 Rdnr. 10 zur Parallelvorschrift des § 217 KO.
[14] *Häsemeyer* Insolvenzrecht Rdnr. 33.26, 33.29.
[15] Kübler/Prütting/*Kemper* InsO § 317 Rdnr. 12; *Häsemeyer* Insolvenzrecht Rdnr. 33.26, 33.29.
[16] Näheres zu den Nachlassverbindlichkeiten o. unter § 23 III.
[17] Jaeger/*Weber* KO § 217 bis 220 Rdnr. 12.
[18] Begründet wird diese Frist damit, dass danach i.d.R. keine Trennung des Nachlasses v. Eigenvermögen des Erben mehr möglich ist (s. *Häsemeyer* Insolvenzrecht Rdnr. 33.09), was sich freilich im Falle des Eigenantrags nicht anders darstellt.
[19] Jaeger/*Henckel* InsO § 35 Rdnr. 138; *Häsemeyer* Insolvenzrecht Rdnr. 33.06.
[20] BGH Urt. v. 22.1.2004 – BGHZ 157, 350. Ein Nachlassinsolvenzverfahren wird aber immer als Regelverfahren eröffnet, auch wenn der Erblasser Verbraucher i.S.d. § 304 InsO war (s. Rdnr. 57).

2. Eröffnungsgründe

Materielle Voraussetzung eines jeden Insolvenzverfahrens ist das Vorliegen eines Insolvenzgrundes. Dieser muss sich bei der Nachlassinsolvenz auf den Nachlass als Sondervermögen beziehen. § 320 InsO bestimmt dabei in Abweichung zum Konkursrecht (§ 214 KO), dass hierfür alle drei gesetzlich vorgesehenen Eröffnungsgründe (Zahlungsunfähigkeit, Überschuldung, drohende Zahlungsunfähigkeit) in Betracht kommen.   14

a) Zahlungsunfähigkeit. Nach § 320 S. 1 InsO ist erstmals auch die Zahlungsunfähigkeit Eröffnungsgrund für die Nachlassinsolvenz. Zahlungsunfähigkeit liegt nach § 17 Abs. 2 S. 1 InsO dann vor, wenn der Schuldner nicht in der Lage ist, seine **fälligen Zahlungsverpflichtungen** zu erfüllen. Für die Nachlassinsolvenz bezieht sich das auf die flüssigen Nachlassmittel einerseits und alle fälligen Nachlassverbindlichkeiten andererseits.[21]   15

Die Zahlungsunfähigkeit ist abzugrenzen von einem vorübergehenden Liquiditätsengpass (**Zahlungsstockung**) und von der Zahlungsunwilligkeit. Ein Liquiditätsengpass liegt dann vor, wenn der Schuldner nur kurzfristig zur Begleichung der fälligen Verbindlichkeiten außerstande ist und die begründete Aussicht besteht, in absehbarer Zeit wieder über ausreichende liquide Mittel zu verfügen, was insbesondere für Fälle gilt, in denen der Schuldner nur an einem Mangel an Bargeld leidet, gleichwohl aber über werthaltige, liquidierbare andere Vermögensgüter (z. B. Grundstücke) verfügt. Nach der Grundsatzentscheidung des BGH vom 24.5.2005[22] liegt die kritische Unterdeckung grundsätzlich bei 10%, soweit diese nicht aller Voraussicht nach innerhalb eines Zeitraumes von maximal 3 Wochen beseitigt werden kann. Die Frage, ob es wirklich sinnvoll ist, auch solche Nachlässe „in die Insolvenz zu schicken", die gar nicht überschuldet sind, aber zahlungsunfähig in diesem Sinne, mag dahingestellt bleiben.   16

b) Überschuldung. Überschuldung liegt nach § 19 Abs. 2 S. 1 InsO vor, wenn das **Vermögen** des Schuldners seine **Verbindlichkeiten** nicht mehr deckt. Schuldner (im untechnischen Sinn) und Bezugsgröße ist wiederum der Nachlass. Zur Feststellung der Überschuldung ist ein sog. **Überschuldungsstatus** zu fertigen. Die Nachlassaktiva sind dabei mit ihrem aktuellen Veräußerungswert der Gesamtheit aller Nachlassverbindlichkeiten gegenüberzustellen, wozu auch diejenigen des § 324 InsO zählen. Unberücksichtigt bei der Überschuldungsprüfung bleiben nach zutreffender Ansicht dagegen die **nachrangigen Verbindlichkeiten** (also auch die des § 327 InsO), weil diese auf Grund ihrer Nachrangigkeit per se nicht in Konkurrenz zu den übrigen Insolvenzforderungen treten und daher nicht geeignet sind, eine Überschuldungssituation im insolvenzrechtlichen Sinn auszulösen.[23]   17

Fällt in den Nachlass ein **Unternehmen**, so kann für dessen Bewertung nicht auf die letzten Ansätze in Handels- oder Steuerbilanz zurückgegriffen werden, sondern die Aktiva sind unter Aufdeckung der stillen Reserven zu ihrem derzeitigem Veräußerungswert anzusetzen.[24] Dabei ist nach der Neuregelung des § 19 Abs. 2 S. 2 InsO der Ansatz von Fortführungswerten, die regelmäßig höher sind als die so genannten Zerschlagungswerte, nur noch bei positiver Fortbestehensprognose zulässig, d.h. dem Unternehmen muss auf Grund einer sachverständig erstellten Prognose mittelfristige Zahlungsfähigkeit attestiert werden können.[25]   18

---

[21] *Vallender/Fuchs/Rey* NZI 1999, 355; Kübler/Prütting/*Kemper* InsO § 320 Rdnr. 3.
[22] IX ZR 113/04 – NZI 2005, 547 = NJW 2005, 3062.
[23] Vgl. § 1980 Abs. 1 S. 3 BGB.
[24] Hierzu *Th. Wolf* Überschuldung S. 64 ff.
[25] Hierzu *Th. Wolf* Überschuldung S. 30 ff.

Muster: Überschuldungsstatus

Aktiva

	Buchwert (Handelsbilanz)	geschätzter Liquidationswert	Rechte auf Aus-, Absonderung, Aufrechnungsbefugnis	Teilungsmasse (freie Masse)
	€	€	€	€
I. Anlagevermögen				
A. Sachanlagevermögen				
1. Grundstücke und Gebäude				
2. Betriebsausstattung, Maschinen, technische Anlagen				
3. Geschäftsausstattung				
4. Hausrat				
5. Fuhrpark				
6. Immaterielle Vermögenswerte				
7. Sonstiges Vermögen				
B. Finanzanlagen				
1. Beteiligungen				
2. Wertpapiere				
3. sonstige				
II. Umlaufvermögen				
A. Vorräte				
1. Roh-, Hilfs- und Betriebsstoffe				
2. Halbfertigerzeugnisse				
3. Warenbestand				
B. Andere Gegenstände des Umlaufvermögens				
1. Forderungen aus Lieferungen und Leistungen				
2. Kassenbestand				
3. Guthaben bei Kreditinstituten				
a)				
b)				
4. Sonstiges Vermögen				
a)				
b)				
c)				
5. Anfechtungsansprüche				
Summe der Aktiva:				

Passiva

	Nennbetrag/ Barwert	Rechte auf Aus-, Absonderung, Aufrechnungsbefugnis	Insolvenzforderung	Masseverbindlichkeiten
	€	€	€	€
I. Masseverbindlichkeiten				
1. Beerdigungskosten				
2. Aufwendungsersatz				
3. Sonstige Vbk. aus § 324 InsO				
II. Insolvenzforderungen				
1. Löhne, Gehälter, Sozialabgaben				
2. Steuerverbindlichkeiten				
3. Bankverbindlichkeiten				
a)				
b)				
4. Verbindlichkeiten aus Lieferungen und Leistungen				
5. Schadensersatzverbindlichkeiten				
6. Pensionsverbindlichkeiten				
7. Sonstige Verbindlichkeiten				
a)				
b)				
c)				
8. Eventualverbindlichkeiten (Garantien, Bürgschaften etc.)				
IV. Nachrangige Verbindlichkeiten gem. §§ 39, 327 InsO				
1. Sanktionengelder				
2. Geschuldete unentgeltliche Leistungen				
3. Verbindlichkeiten mit vereinbartem Nachrang				
4. Pflichtteilsverbindlichkeiten, Vermächtnis und Aufl.				
5. Ausgeschlossene Gläubiger				
Summe der Passiva:				
Summe der Aktiva:				
Summe der Passiva (ohne IV):				
Überschuldung				

Die **Summe der Aus- und Absonderungsrechte** und der Aufrechnungspositionen müssen auf Aktiv- und Passivseite identisch sein. Auf der Aktivseite vermindern sie in Höhe ihrer Werthaltigkeit die freie Masse; auf der Passivseite in der gleichen Höhe die Schuldenmasse. Die erste Spalte auf der Aktivseite („**Buchwert**") dient nur Informationszwecken, da es in der Überschuldungsbilanz darauf gerade nicht ankommt; bei Gegenständen des Privatvermögens des Erblassers entfällt diese Kategorie ohnehin. Im Überschuldungsstatus auf der Passivseite nicht anzusetzen sind **Verfahrenskosten**, weil diese Positionen erst im eröffneten Verfahren relevant werden. Das Gleiche gilt für **Zinsen** für die Zeit nach Verfahrenseröffnung und **Verfahrensteilnahmekosten** der Gläubiger. **Nachrangige Verbindlichkeiten** werden überdies nur der Vollständigkeit halber erfasst und fließen nicht in die Überschuldungsrechnung ein.

20 c) **Drohende Zahlungsunfähigkeit.** Mit der drohenden Zahlungsunfähigkeit (§ 18 InsO) hat die InsO neben der Überschuldung einen weiteren speziellen, d.h. nicht für alle Anträge einschlägigen Eröffnungsgrund geschaffen. Er wurde durch die InsO neu eingeführt und ist auch bei der Nachlassinsolvenz gem. § 320 S. 2 InsO nur einschlägig im Falle eines **Eigenantrags**. Die Einführung dieses neuen Eröffnungsgrundes sollte der allgemeinen Tendenz zur Massearmut von Insolvenzen entgegenwirken, in dem das Insolvenzverfahren bereits bei absehbarer Zahlungsunfähigkeit eingeleitet werden kann. Insbesondere sollten damit bei Unternehmensinsolvenzen die Sanierungschancen für das Unternehmen erhöht werden. In der Praxis hat die drohende Zahlungsunfähigkeit kaum Bedeutung.

21 Drohende Zahlungsunfähigkeit liegt nach § 18 Abs. 2 InsO dann vor, wenn der Schuldner im Sinne überwiegender Wahrscheinlichkeit (d.h. mehr als 50%) voraussichtlich nicht in der Lage sein wird, die bestehenden Zahlungsverpflichtungen bei Eintritt der Fälligkeit zu erfüllen (sog. „**Zeitraum-Illiquidität**"). Dies ergibt sich wiederum aus einem zu erstellenden Liquiditätsplan, aus dem sich bis zur Fälligkeit der längstfristigen Verbindlichkeit der spätere Eintritt der Zahlungsunfähigkeit ergeben muss.[26]

22 Insolvenzantragspflichten bestehen bei drohender Zahlungsunfähigkeit des Nachlasses nicht (Arg. § 1980 BGB), vielmehr handelt es sich um eine **bloße Option** des Schuldners, frühzeitig ein Insolvenzverfahren einleiten zu können, alternativ zur Nachlassverwaltung.

3. Massekostendeckung

23 Nach § 26 InsO wird das Insolvenzverfahren nur eröffnet, wenn die **Verfahrenskosten** voraussichtlich **gedeckt** sind. Die Verfahrenskosten bestehen nach § 54 InsO aus den Gerichtskosten und der Vergütung des vorläufigen Insolvenzverwalters, des Insolvenzverwalters und ggf. der Mitglieder des Gläubigerausschusses. Diese Kosten können vor Eröffnung des Verfahrens nur grob geschätzt werden. Aus der Neuordnung der Rangfolge der Masseverbindlichkeiten bei Masseunzulänglichkeit (§ 209 InsO) gegenüber der bisherigen Rechtslage folgt, dass bei der Frage der Massekostendeckung keine **anderen Masseverbindlichkeiten** mehr mitzuberücksichtigen sind. Dies führt in der Praxis jedoch zu Problemen, da die Erzeugung bestimmter anderer Masseverbindlichkeiten im Verfahrensverlauf oftmals unvermeidlich ist.[27]

24 Der Abweisung des Insolvenzantrags mangels Masse kann durch Leistung eines **Massekostenvorschusses** entgegengewirkt werden (§ 26 Abs. 2 InsO). Für einen von dritter Seite geleisteten Vorschuss haftet der Erbe jedoch auch bei schuldhafter Verletzung der Insolvenzantragspflicht nicht; § 26 Abs. 3 InsO ist insofern nicht analog anwendbar.[28]

25 Gegen den abweisenden Beschluss gibt es das Rechtsmittel der sofortigen Beschwerde (§ 34 Abs. 1 InsO). Wird die Eröffnung des Nachlassinsolvenzverfahrens mangels Masse abgelehnt, steht dem Erben gegen den Zugriff von Nachlassgläubigern auf das Eigenvermögen die **Dürftigkeitseinrede** des § 1990 BGB zu.

---

[26] Nerlich/Römermann/*Mönning* InsO § 18 Rdnr. 24 ff.
[27] *Rattunde/Röder* DZWIR 1999, 309 ff.
[28] MünchKommBGB/*Siegmann* § 1981 Rdnr. 14: Arg. § 1990 BGB.

4. Antragsformalien

Zuständiges Insolvenzgericht ist gem. §§ 2, 315 InsO das Amtsgericht, in dessen Bezirk der 26 Erblasser zum Todeszeitpunkt den Mittelpunkt seiner selbständigen wirtschaftlichen Tätigkeit bzw. (subsidiär) seinen allgemeinen Gerichtsstand gehabt hat; auf die Verhältnisse der Erben kommt es dagegen nicht an. Das gilt auch bei **Exterritorialiät** des Erblassers.[29] Ist danach eine Zuständigkeit für ein den gesamten Nachlass umfassendes Insolvenzverfahren im Inland nicht gegeben, kann nach Art. 3 Abs. 4 EUInsVO bzw. § 354 InsO gleichwohl über das im Inland belegene Vermögen des Erblassers ein **Partikularinsolvenzverfahren** eröffnet werden. Die vorherige Eröffnung eines ausländischen Hauptinsolvenzverfahrens ist hierzu nicht zwingend erforderlich, jedoch muss ein besonderes rechtliches Interesse des Antragstellers vorliegen.[30] Zuständig für die Eröffnung eines solchen Sonderinsolvenzverfahrens ist jedes Insolvenzgericht, in dessen Bezirk Vermögensgegenstände des Erblassers belegen sind.

Der antragstellende Erbe hat zunächst seine Erbeneigenschaft darzulegen; dies geschieht 27 durch **Vorlage eines Erbscheins;**[31] da es nicht Aufgabe des Insolvenzgerichts ist, eigene Untersuchungen darüber anzustellen, wer Erbe des Nachlassvermögens ist.[32] Sodann hat er die Voraussetzungen einer Verfahrenseröffnung darzulegen, d.h. anzugeben, dass und auf welchen Grundlagen das Vorliegen eines Eröffnungsgrundes geltend gemacht wird.[33] Bei der Nachlassinsolvenz erfolgt dies durch **Vorlage eines Nachlassverzeichnisses.** Nicht erforderlich ist es, auch die Verfahrenskostendeckung nachzuweisen; dies geschieht im Wege der Amtsermittlung (§ 5 Abs. 1 InsO) durch das Gericht.

Wird der Antrag von einem **Nachlassgläubiger** gestellt, folgt aus den allgemeinen Vorschrif- 28 ten, dass sowohl die Forderung gegen den Nachlass als auch der nachlassbezogene Eröffnungsgrund (§ 320 S. 1 InsO: Zahlungsunfähigkeit oder Überschuldung) in dem Antrag im Sinne des § 294 ZPO **glaubhaft** zu machen als auch ein eigenes **rechtliches Interesse** an der Verfahrenseröffnung darzulegen ist (§ 14 Abs. 1 InsO). Unzulässig ist ein Insolvenzantrag immer dann, wenn der Gläubiger auch ohne Insolvenzverfahren an sein Ziel kommt, was insbesondere für voll gesicherte dinglich Berechtigte (Sicherungsgläubiger) gilt. Nachrangige Gläubiger, von denen es insbesondere im Nachlassinsolvenzverfahren eine ganze Reihe gibt (z. B. Pflichtteilsberechtigte und Vermächtnisnehmer),[34] haben nur dann ausnahmsweise ein rechtliches Interesse an der Verfahrenseröffnung, wenn es Anhaltspunkte dafür gibt, dass sie hieraus Befriedigungen erhalten.[35] Die Glaubhaftmachung eines Eröffnungsgrundes ist für einen Nachlassgläubiger nicht einfach, da der Nachlass als Sondervermögen des Erben für den Gläubiger in der Regel nicht erkennbar in Erscheinung tritt. Von einem Nachlassgläubiger kann der Antrag auch nur innerhalb der **Zweijahresfrist** des § 319 InsO gestellt werden. In der **Praxis** kommen Gläubigeranträge jedoch **so gut wie nicht** vor. Ein Gläubiger eines insolventen Nachlasses wird stets den – jedenfalls zunächst – unbeschränkt haftenden Erben in Anspruch nehmen, der seinerseits zur Beschränkung seiner Haftung im eigenen Interesse spätestens jetzt selbst Insolvenzantrag stellen wird.

Glaubhaft zu machen ist der Eröffnungsgrund in dem Antrag ferner, wenn bei einer **Erben-** 29 **mehrheit** nicht alle Miterben gemeinsam den Insolvenzantrag stellen (§ 317 Abs. 2 InsO); gleiches gilt im Fall des § 318 InsO bei der Gütergemeinschaft, wenn der Antrag nicht von beiden Ehegatten gestellt wird (§ 318 Abs. 2 InsO).

In beiden Fällen hat das Insolvenzgericht den Erben bzw. die anderen Miterben zu dem gestellten Insolvenzantrag zu hören (§§ 14 Abs. 2, 317 Abs. 2 S. 2 InsO) und ihnen Gelegenheit

---

[29] Für Sachverhalte, die der seit 31.5.2002 geltenden Europäischen Insolvenzverordnung v. 29.5.2000 (EU-InsVO) unterfallen (innereuropäische mit Ausnahme Dänemarks) s. Art. 3 EUInsVO und Art. 102 § 1 EGInsO n.F. Für Sachverhalte mit anderweitigem Auslandsbezug s. § 343 InsO. Nach § 15 ZPO besteht ein allg. Gerichtsstand im Inland, sofern der Erblasser Deutscher war.
[30] S. Kübler/Prütting/*Kemper* InsO EUInsVO Art. 3 Rdnr. 29 ff.
[31] LG Köln Beschl. v. 24.6.2003, NZI 2003, 501.
[32] LG Wuppertal Beschl. v. 10.8.1999 – ZIP 1999, 1536; OLG Düsseldorf Beschl. v. 18.3.1998 – ZIP 1998, 870, 871 f.
[33] Probleme ergeben sich insoweit bei der Partikularinsolvenz (s. Kübler/Prütting/*Kemper* InsO [Stand: 2004], EUInsVO Art. 3 Rdnr. 34 ff.).
[34] S. u. Rdnr. 133.
[35] Str., s. *Uhlenbruck* InsO § 14 Rdnr. 56.

zu geben, den glaubhaft gemachten Insolvenzgrund im Wege der **Gegenglaubhaftmachung** zu widerlegen, wodurch der Antrag unzulässig wird.

30 Lagen in der Person des Erblassers die **Voraussetzungen des § 304 InsO** (Verbraucherinsolvenzverfahren) vor, ist gleichwohl der antragstellende Erbe nicht an die weiteren Zulässigkeitsvoraussetzungen des § 305 InsO (außergerichtlicher Schuldenbereinigungsversuch, Gläubiger- und Forderungsverzeichnisse, Schuldenbereinigungsplan) gebunden, weil das Verbraucherinsolvenzverfahren in der Nachlassinsolvenz gesperrt ist.[36]

Muster eines Eigenantrags:

31 An das Amtsgericht [Sitz]
– Insolvenzgericht –
Az.: neu
Antrag auf Eröffnung des Insolvenzverfahrens über den Nachlass des [Erblasser]
Sehr geehrte Damen und Herren,
in vorbezeichneter Angelegenheit vertreten wir die Interessen von [Antragsteller], [Adresse], Erbe des Verstorbenen; Abschrift der Vollmachtsurkunde anbei.
Namens und auftrags unseres Mandanten beantragen wir, über den Nachlass des am [Geburtsdatum] in [Geburtsort] geborenen und am [Todestag] in [Todesort] verstorbenen, zuletzt in [Adresse] wohnhaft gewesenen [Erblasser] wegen Überschuldung das Insolvenzverfahren zu eröffnen.

Begründung:
Der Verstorbene wurde kraft Gesetzes/gemäß letztwilliger Verfügung vom [Datum] von unserem Mandanten allein beerbt; in der Anlage ist beigefügt Kopie des Erbscheins vom [Ausstellungsdatum] des Nachlassgerichts [Sitz]; Az. [Az. des Erbscheins]. Die Erbschaft wurde angenommen.
Die Überschuldung des Nachlasses ergibt sich aus dem in der weiteren Anlage beigefügten Nachlassverzeichnis per [Erstellungsdatum].
Rechtsanwalt
Anlagen: [Kopie des Erbscheins], [Nachlassverzeichnis]

III. Wirkungen

1. Materiellrechtliche Auswirkungen

32 **a) Umfang der Insolvenzmasse.** Vom Nachlassinsolvenzverfahren erfasst wird (in Abweichung zu § 35 InsO) das nach Maßgabe der §§ 811 ff. ZPO **der Zwangsvollstreckung unterliegende Vermögen** des Erben mit Ausnahme der in § 36 Abs. 2 und 3 InsO genannten Gegenstände, welches dieser vom Erblasser im Wege der Erbfolge (§ 1922 BGB) erworben hat und das bei Verfahrenseröffnung noch vorhanden ist.[37] Es handelt sich also um eine Sondermasse aus dem Vermögen des Erben. Hinzu kommen eventuelle Ersatzansprüche gegen den Erben (oder auch den Nachlasspfleger, Nachlassverwalter oder Testamentsvollstrecker) aus schlechter Verwaltung oder wegen Verletzung der Insolvenzantragspflicht.[38]

Die **Frage nach der Pfändbarkeit** von Gegenständen ist bei den relativen Pfändungsverboten des § 811 ZPO unter Zugrundelegung der Verhältnisse des Erben zu beantworten, d.h. sie sind nur dann unpfändbar, wenn der Erbe auf sie zur Gewährleistung einer menschenwürdigen Existenz oder zur Ermöglichung der Berufsausübung i. S. d. Vorschrift angewiesen ist.[39] Im Übrigen sind der geschützten Privatsphäre des Erblassers unterfallende Gegenstände wie Briefe, persönliche Aufzeichnungen oder Unterlagen über den Gesundheitszustand wegen

---

[36] U. Rdnr. 57.
[37] Näher dazu Gottwald/*Döbereiner* InsO § 113.
[38] Dazu näher u. Rdnr. 121 ff.
[39] Gottwald/*Döbereiner* InsO § 113 Rdnr. 2.

Art. 1, 2 GG konkursfrei.[40] Vererbliche, aber unpfändbare und damit konkursfreie Ansprüche sind z. B. das Ausschlagungsrecht des Erblassers[41] bezüglich einer ihm noch angefallenen Erbschaft, das Pflichtteilsrecht oder Zugewinnausgleichsansprüche, soweit zurzeit der Verfahrenseröffnung noch nicht vertraglich anerkannt oder rechtshängig.[42]

Auch ein vom Erblasser betriebenes **Unternehmen** fällt als wirtschaftliche Einheit inklusive der zwischenzeitlich erwirtschafteten Erträge grundsätzlich in die Masse.[43] Hat allerdings das ererbte Unternehmen durch die Geschäftsfortführung des Erben bis zur Verfahrenseröffnung bereits eine Identitätsveränderung erfahren, ist nur noch der in ihm enthaltene Wert des ererbten Unternehmens zurzeit des Erbfalls massezugehörig.[44] Ein **Gesellschaftsanteil** des Erblassers, der nicht auf Grund Gesellschaftsrecht bereits mit dem Erbfall den übrigen Gesellschaftern zugewachsen ist, fällt nach h. M. trotz der insoweit eintretenden Einzelnachfolge in den Nachlass.[45] Im Einzelnen gilt:

Bei der **GbR** und über § 1 Abs. 4 PartGG bei der Partnerschaftsgesellschaft führt der Tod des Gesellschafters nach § 727 Abs. 1 BGB zur Auflösung der Gesellschaft, soweit statutarisch (Fortsetzungsklausel) nichts anderes vereinbart.[46] Der Erbe wird Mitglied der Liquidationsgesellschaft. Im eröffneten Nachlassinsolvenzverfahren tritt an dessen Stelle vollumfänglich der Verwalter,[47] weil im Liquidationsstadium höchstpersönliche Gesellschafterrechte nur noch der Gesellschaftsabwicklung dienen. Anders bei Fortsetzung der Gesellschaft; in diesem Fall gehen auf den Verwalter nur die aus der Beteiligung fließenden Vermögensrechte über (insbesondere der Abfindungsanspruch), während die persönlichen (unübertragbaren) Mitgliedschaftsrechte (insbesondere Stimmrecht und Geschäftsführungsrecht) beim Erben verbleiben.[48] Nach h. M. hat der Verwalter jedoch ein Kündigungsrecht analog § 725 BGB.[49]

Bei der **Personenhandelsgesellschaft** führt der Tod des Gesellschafters nach der Neufassung des § 131 HGB gem. dessen Abs. 3 Nr. 1 dagegen nicht mehr zur Auflösung der Gesellschaft, sondern – vorbehaltlich anderweitiger statutarischer Regelungen – zum Ausscheiden des verstorbenen Gesellschafters. Während dessen Gesellschaftsanteil den anderen Gesellschaftern zuwächst, fällt sein Auseinandersetzungsanspruch in den Nachlass und damit in die Masse.[50] Im Falle einer gesellschaftsvertraglichen Nachfolgeklausel wird die Gesellschaft dagegen mit dem Erben fortgesetzt; ebenso wie gem. § 177 HGB beim Tod eines **Kommanditisten**. Der Erbe scheidet in diesem Fall jedoch nach h. M. mit Eröffnung des Nachlassinsolvenzverfahrens wegen § 131 Abs. 3 Nr. 2 HGB, dessen Regelung auch auf die Nachlassinsolvenz

---

[40] Nerlich/Römermann/*Andres* InsO § 36 Rdnr. 7.
[41] Das Ausschlagungsrecht des Erben verbleibt nach § 83 Abs. 1 S. 1 InsO bei diesem.
[42] S. MünchKommInsO/*Siegmann* Anh. § 315 Rdnr. 27; *Uhlenbruck* InsO § 35 Rdnr. 80 f.
[43] S. MünchKommInsO/*Siegmann* Anh. § 315 Rdnr. 15. Das gilt trotz der Wertung des § 22 HGB auch für Firma und Markenrechte des Unternehmens, die den Familiennamen des Erblassers enthalten (s. Jaeger/*Henckel* InsO § 35 Rdnr. 27, a.A. Kübler/Prütting/*Kemper* InsO § 315 Rdnr. 13; *Kuchinke* ZIP 1987, 681, 686: nur mit Zustimmung des Erben).
[44] *Häsemeyer* Insolvenzrecht Rdnr. 33.18; Gottwald/*Döbereiner* InsO § 113 Rdnr. 16, anders bei einer Unternehmensfortführung in ungeteilter Erbengemeinschaft, solange hierdurch keine Personengesellschaft entstanden ist (s. MünchKommInsO/*Siegmann* Anh. § 315 Rdnr. 16).
[45] BGH Beschl. v. 3.7.1989 – BGHZ 108, 187, 192; ausf. BGH Urt. v. 14.5.1986 – BGHZ 98, 48, 50 ff.; *Schmidt*, FS Uhlenbruck, S. 659 f; Baumbach/*Hopt* HGB § 139 Rdnr. 14; Gottwald/*Döbereiner* InsO § 113 Rdnr. 25. Anders, wenn der Gesellschaftsanteil durch ein Rechtsgeschäft unter Lebenden, aufschiebend befristet durch das Ableben des Gesellschafters, übertragen wird (s. BayObLG Beschl. v. 21.6.2000 – DB 2000, 2012; Gottwald/*Döbereiner* Rdnr. 29: Übertragung ist aber ggf. anfechtbar) und nach der sog. „Abspaltungstheorie" (s. *Ulmer* NJW 1984, 1496 ff. und BGH Urt. v. 30.4.1984 – BGHZ 91, 132, 135 f., dazu *K. Schmidt*, FS Uhlenbruck, S. 658 f.).
[46] *K. Schmidt*, FS Uhlenbruck, S. 667. Eine abweichende statutarische Regelung kann sich bereits aus dem Gesellschaftszweck ergeben (s. BayObLG Beschl. v. 30.10.1990 – DB 1991, 33: z. B. bei Dauergesellschaft). In diesem Fall kann die Gesellschaft v. Verwalter gekündigt werden (*Häsemeyer* Insolvenzrecht Rdnr. 33.19).
[47] *K. Schmidt*, FS Uhlenbruck, S. 662 f.; MünchKommBGB/*Ulmer* § 727 Rdnr. 23, § 728 Rdnr. 37; Kübler/Prütting/*Kemper* InsO § 315 Rdnr. 15 f.
[48] BGH Urt. v. 18.10.1993 – WM 1994, 382, 383 und BGH Urt. v. 30.4.1984 – BGHZ 91, 132, 135 ff., für die OHG nach alter Rechtslage; *Häsemeyer* Insolvenzrecht Rdnr. 33.19.
[49] MünchKommBGB/*Ulmer* § 725 Rdnr. 4.
[50] Kübler/Prütting/*Kemper* InsO § 315 Rdnr. 16, 18.

Anwendung findet,[51] automatisch aus der Gesellschaft aus. Ausgleichsansprüche der Miterben, die auf Grund einer qualifizierten Nachfolgeklausel nicht Gesellschafter geworden sind, fallen nicht in den Nachlass und damit auch nicht in die Masse.[52] Auch das Eintrittsrecht des Erben auf Grund einer gesellschaftsvertraglichen Eintrittsklausel ist nicht Massebestandteil.

36   Bei **Kapitalgesellschaften** sind die Gesellschaftsanteile des Erblassers Nachlassbestandteil und fallen als der Pfändung unterliegende Vermögensrechte vollständig, also inklusive der damit verbundenen Stimmrechte, in die Masse.[53] Das gilt auch für vinkulierte Gesellschaftsanteile.

37   Vom Erben veräußerte oder sonst weggegebene Vermögensgegenstände gehören nur insoweit zur Insolvenzmasse, als die entsprechenden Handlungen der Insolvenzanfechtung unterfallen. Eine **Surrogation** findet außerhalb der erbrechtlichen Surrogationsregeln[54] nicht statt, d.h. mit Nachlassmitteln angeschaffte Gegenstände fallen nur in die Masse, wenn der Erbe ein sog. Nachlassverwaltungsgeschäft vorgenommen hat, also erkennbar für den Nachlass erwerben wollte.[55]

38   Massezugehörig sind jedoch die bis zur Verfahrenseröffnung gezogenen **Nutzungen** des Nachlasses (z. B. Zinsen) sowie nachlassbezogene **Schadensersatzansprüche** (s. § 2041 BGB), z. B. Ansprüche wegen Nichterfüllung einer nachlasszugehörigen Forderung, aber auch Schadensersatzforderungen des Erben gegen den Testamentsvollstrecker aus § 2219 BGB.[56] Massezugehörig sind auch vermögensrechtliche Ansprüche des Erblassers gegen den Erben, die durch den Erbfall zunächst im Wege der Konfusion gem. § 1976 BGB erloschen waren.

39   Auch im **Ausland** belegene pfändbare Nachlassgegenstände gehören zur Insolvenzmasse, wenn auf dieses Vermögen nach dem Internationalen Privatrecht des Belegenheitsstaates materiell **deutsches Erbrecht** Anwendung findet; andernfalls kommt es wegen der Divergenzen im materiellen Erbrecht zu einer sog. **Nachlassspaltung**; d.h. das im Ausland belegene Vermögen des Erblassers bildet sowohl einen gesonderten Nachlass als in Konsequenz hieraus auch eine gesonderte Insolvenzmasse.[57] Der Insolvenzverwalter hat an ausländischen Massebestandteilen nur nach Maßgabe des Rechtes des Belegenheitsstaates Verfügungsbefugnis. Im Übrigen ist der Erbe ihm gegenüber im Rahmen seiner Mitwirkungspflicht (§ 97 Abs. 2 InsO) verpflichtet, ihn bei der Sammlung und Verwertung dieser Vermögenswerte zu unterstützen.

40   Ausdrücklich der Insolvenzmasse zugewiesen sind die **auftragsrechtlichen** bzw. GoA-rechtlichen **Ansprüche der Nachlassgläubiger gegen den Erben** aus der zwischenzeitlichen Verwaltung des Nachlasses gem. § 1978 BGB. Auch **Ersatzansprüche wegen Schädigung des Nachlasses** gegen einen zuvor eingesetzten Nachlassverwalter oder einen früheren Nachlassinsolvenzverwalter sind nach §§ 1985 Abs. 2 BGB, 92 InsO der Masse zugewiesen.

41   Ansprüche aus **Lebensversicherungsverträgen** des Erblassers fallen dagegen gem. § 330 BGB nicht in die Insolvenzmasse, wenn nicht ausnahmsweise eine Bezugsberechtigung des Nachlasses selbst bestehen sollte.[58] Die Einräumung eines Bezugsrechtes durch den Erblasser unterliegt allerdings ggf. der Insolvenzanfechtung (insbesondere der Schenkungsanfechtung nach § 134 InsO). In diesem Fall gehört die gesamte Versicherungssumme der Masse und nicht bloß die gezahlten Prämien.

---

[51] *K. Schmidt,* FS Uhlenbruck, S. 666 f.; MünchKommHGB/*K. Schmidt* § 131 Rdnr. 73; *Baumbach/Hopt* HGB § 131 Rdnr. 22; Nerlich/Römermann/*Riering* InsO § 315 Rdnr. 43; Kübler/Prütting/*Kemper* InsO § 315 Rdnr. 19 f m.w.N. und für den Kommanditisten Rdnr. 22.
[52] Kübler/Prütting/*Kemper* InsO § 315 Rdnr. Rdnr. 21.
[53] *Lutter/Hommelhoff* GmbHG § 15 Rdnr. 55 für die GmbH; *Hillebrand,* Die Nachlassverwaltung, S. 132 für die Nachlassverwaltung.
[54] Bei der Miterbengemeinschaft (§ 2041 BGB), bei Vorerbschaft (§ 2111 BGB), bei Erbschaftsbesitz (§ 2019 BGB) und im Wege der sog. „Beziehungssurrogation„ bei einer objektiven Beziehung zwischen Rechtsgeschäft und Nachlass. Rechtsgeschäftlicher Erwerb mit Nachlassmitteln wird daher ohne weiteres massezugehörig im Falle von Nachlassverwaltung, Nachlasspflegschaft oder Testamentsvollstreckung (s. BGH Urt. v. 9.11.1966 – BGHZ 46, 221, 229, für die Nachlassverwaltung; MünchKomm/*Heldrich* § 2041 Rdnr. 12 ff.).
[55] S. MünchKommInsO/*Siegmann* Anh. § 315 Rdnr. 30.
[56] *Uhlenbruck/Lüer* InsO § 315 Rdnr. 8; Nerlich/ Römermann/*Riering* InsO § 315 Rdnr. 29.
[57] *Hanisch* ZIP 1990, 1241, 1246 ff.; *Hanisch,* FS Henckel, S. 373, 375 f.; anders Nerlich/Römermann/*Riering* InsO § 315 Rdnr. 24: es muss nur die allg. Zuständigkeit eines deutschen Insolvenzgerichts gegeben sein.
[58] S. BGH Urt. v. 23.10.2003 – BGHZ 156, 350, 353 m. Anm. *Elfring* NJW 2004, 48.

b) Übergang von Verwaltungs- und Verfügungsrecht. Mit Verfahrenseröffnung wird das zur 42 Insolvenzmasse gehörige Vermögen des Schuldners, in der Nachlassinsolvenz somit im Rahmen der Pfändbarkeit der **Nachlass, beschlagnahmt.** Der Erbe bleibt zwar weiterhin Vermögensträger, jedoch geht die Befugnis, diesen zu verwalten und darüber zu verfügen, auf den im Eröffnungsbeschluss bestimmten Insolvenzverwalter über (§ 80 Abs. 1 InsO).[59] Wurde im Eröffnungsverfahren bereits „starke" vorläufige Insolvenzverwaltung nach § 22 Abs. 1 InsO angeordnet oder stand der Nachlass bereits unter Nachlassverwaltung, hatte der Erbe diese allerdings schon zuvor verloren.

Verfügungen des Erben über Nachlassgegenstände nach Verfahrenseröffnung sind nach § 81 43 Abs. 1 S. 1 InsO als Konsequenz aus § 80 Abs. 1 InsO (absolut) unwirksam; allerdings bleibt gutgläubiger Erwerb an Grundstücksrechten nach §§ 892 f. BGB möglich, sowie an Rechten, die diesen gleichgestellt sind (§ 81 Abs. 1 S. 2 InsO). Leistungen, die auf Grund einer zur Insolvenzmasse zu erfüllenden Verbindlichkeit nach Eröffnung des Insolvenzverfahrens an den Erben erfolgen, befreien nach § 82 InsO den Leistenden gleichwohl dann, wenn er die Eröffnung des Insolvenzverfahrens nicht kannte. Für die Zeit vor der öffentlichen Bekanntmachung wird das vermutet.

Verfügungen über den Nachlass selbst (beispielsweise als Miterbe nach § 2033 Abs. 1 BGB), bleiben dem Erben jedoch weiter möglich, da hierdurch weder die Stellung der Gläubiger noch die des Verwalters beeinträchtigt wird.[60]

c) Steuerliche Folgen. Die Eröffnung eines Nachlassinsolvenzverfahrens ändert nichts an 44 der **Zurechnung nachlassbezogener Steuerschulden zum Erben** als Gesamtrechtsnachfolger des Erblassers (§ 45 Abs. 2 AO), da der Nachlass selbst kein Steuersubjekt ist.[61] Soweit diese echte Nachlassverbindlichkeiten darstellen, haftet der Erbe hierfür nach § 1975 BGB jedoch nur noch mit dem Nachlass, soweit seine Haftung nicht schon unbeschränkbar war.[62]

Hierunter fallen die nach § 45 Abs. 1 AO auf den Erben übergegangenen **Steuer- und Haf-** 45 **tungsschulden des Erblassers** als sog. Erblasserschulden sowie die durch den Erbfall entstandenen **Erbschaftsteuerverbindlichkeiten** des Erben und ggf. des Vermächtnisnehmers (§ 20 Abs. 3 ErbStG) als sog. Erbfallschulden. Diese Forderungen hat die Finanzverwaltung nach §§ 174 ff. InsO zur Insolvenztabelle anzumelden; der Erlass von Steuerbescheiden ist für diese Forderungen nach Eröffnung des Insolvenzverfahrens nicht mehr zulässig (§ 87 InsO).[63]

Die wegen der während des Insolvenzverfahrens aus dem Nachlass erzielten Einkünfte **an-** 46 **fallende Einkommensteuer** fließt weiterhin in die Einkommensteuerschuld des **Erben als Steuerschuldner** ein, da ihm auch diese Einkünfte nach wie vor zugerechnet werden. Dabei ist jedoch ebenfalls die haftungsbeschränkende Wirkung des Nachlassinsolvenzverfahrens zu berücksichtigen (§ 45 Abs. 2 S. 1 AO): Der Erbe, dem Erträge aus der Verwaltung des Nachlasses nicht mehr zugute kommen, da hierdurch nur noch Nachlassverbindlichkeiten bedient werden, für deren Erfüllung der Erbe nach § 1975 BGB nicht mehr mit seinem Eigenvermögen haftet, haftet konsequenter Weise für die hierauf entfallende Einkommensteuer auch nur mit dem Nachlass. Dem Erben steht somit insoweit eine dahin gehende **Einrede** gegen einen gegen ihn ergangenen Steuerbescheid zu,[64] woraufhin die auf die Verwaltung des Nachlasses zurückzuführende Steuerschuld nunmehr als **Masseforderung nach § 55 Abs. 1 Nr. 1 InsO** gegen den Nachlassinsolvenzverwalter geltend gemacht werden muss.

Bei der Frage, ob auch für nachlassbezogene Steuerverbindlichkeiten, die in der Zeit vom 47 Erbfall **bis zur Eröffnung des Nachlassinsolvenzverfahrens** begründet wurden, die Haftung des

---

[59] Es sei denn, im Eröffnungsbeschluss wurde Eigenverwaltung (s. Rdnr. 58) angeordnet.
[60] Palandt/*Edenhofer* § 1984 Rdnr. 1; *Grziwotz* DB 1990, 924 zur Nachlassverwaltung.
[61] BFH Urt. v. 56. 1991 – BStBl. 1991 II, 820, 821; BFH Urt. v. 28.4.1992 – NJW 1993, 351; BFH Urt. v. 11.8.1998 – BStBl. 1998 II, 705, 707.
[62] Eine aus nachkonkursiichen Einkünften des Nachlasses entstehende Einkommensteuerschuld des Erben ist dagegen Eigenverbindlichkeit des Erben, für die er unbeschränkbar haftet (s. Gottwald/*Frotscher* Insolvenzrechtshandbuch § 120 Rdnr. 9).
[63] Laufende Steuerverfahren werden analog § 240 ZPO unterbrochen (*Uhlenbruck* InsO § 87 Rdnr. 15 ff.). Die Finanzbehörde kann dafür Steuerforderungen durch Feststellungsbescheid zur Tabelle feststellen (§ 251 Abs. 3 AO).
[64] BFH BStBl. 1998 II, 705, 707. Der Erbe kann dafür aber auch keinen Verlustausgleich mit positiven eigenen Einkünften mehr geltend machen (s. MünchKommInsO/*Kling* InsolvenzsteuerR Rdnr. 35).

Erben auf den Nachlass beschränkt werden kann, oder ob dieser neben dem Nachlass auch noch mit seinem Eigenvermögen haftet (sog. Nachlasserbenschuld) ist zu differenzieren zwischen Steuerverbindlichkeiten, die auf ein bestimmtes **Verwaltungshandeln des Erben** zurückzuführen sind und solchen, die ohne Zutun des Erben begründet wurden. Bei ersteren ist von Nachlasserbenschulden auszugehen, bei letzteren von reinen Nachlassverbindlichkeiten.

48   d) **Sonstige Wirkungen.** Mit Eröffnung des Nachlassinsolvenzverfahrens[65] wird die **Haftung des Erben** für Nachlassverbindlichkeiten auf den Nachlass **beschränkt**, soweit der Erbe nicht bereits unbeschränkbar haftete (§ 1989 BGB). Die Eigengläubiger des Erben verlieren die Möglichkeit, auf den Nachlass zuzugreifen (§ 325 InsO, § 1984 Abs. 2 BGB analog); Nachlassgläubiger, denen der Erbe nicht schon unbeschränkbar haftet, können ihre Forderungen nur noch nach Maßgabe der InsO, d.h. durch Anmeldung zur Insolvenztabelle und nur auf einen (in inländischer Währung ausgedrückten) Geldbetrag lautend, geltend machen (§ 87 InsO). Sie sind während des Verfahrens zu einer Zwangsgemeinschaft zusammengeschlossen, der sog. Gläubigerversammlung.

49   **Rechtsverhältnisse zwischen Nachlass und Eigenvermögen** des Erben werden als fortbestehend fingiert (§§ 1976 BGB; 326 Abs. 1 InsO);[66] **Aufrechnungserklärungen** von Eigengläubigern gegen nachlasszugehörige Forderungen werden rückwirkend unwirksam, ebenso wie Aufrechnungserklärungen von Nachlassgläubigern gegen zum Eigenvermögen gehörende Forderungen des Erben (§ 1977 BGB).[67]

50   Nach § 91 InsO können am Insolvenzverwalter vorbei **Rechte an Masseegegenständen** nicht mehr wirksam erworben werden. § 91 InsO erfasst insbesondere den mehraktigen Rechtserwerb, der keiner nachkonkurslichen Rechtshandlung mehr bedarf (z. B. Globalzessionen), den Rechtserwerb durch Zwangsvollstreckung, die vor Verfahrenseröffnung eingeleitet wurde und den Rechtserwerb kraft Gesetzes (z. B. den Erwerb gesetzlicher Pfandrechte und kaufmännischer Zurückbehaltungsrechte). Bedingter Rechtserwerb (z. B. Eigentumserwerb beim Kauf unter Eigentumsvorbehalt) wird durch § 91 InsO allerdings nicht gehindert, weil der Erwerber vor Eröffnung des Insolvenzverfahrens bereits eine gesicherte Rechtsposition (§ 161 Abs. 1 S. 2 BGB) erworben hat.

2. Prozessuale Auswirkungen

51   Mit der Eröffnung des Nachlassinsolvenzverfahrens verliert der Erbe auch die Prozessführungsbefugnis hinsichtlich derjenigen **Prozesse, die die Insolvenzmasse, d.h. den Nachlass betreffen**. Diese werden nach § 240 S. 1 ZPO zunächst **unterbrochen**. Nach § 240 S. 2 ZPO tritt die Unterbrechung schon bei Anordnung einer „starken" vorläufigen Insolvenzverwaltung (§ 22 Abs. 1 InsO) ein. Die Unterbrechungswirkung tritt nach zutreffender Ansicht **auch bei allgemeinen Zahlungsklagen** von Nachlassgläubigern gegen den Erben ein.[68] Zwar sucht der Nachlassgläubiger mit seiner Klage ursprünglich keine Befriedigung spezifisch aus dem Nachlass. Der Übergang der Prozessführungsbefugnis hinsichtlich des Nachlasses auf den Verwalter ist jedoch zwingend. Sind allgemeine Zahlungsklagen von Nachlassgläubigern gegen den Erben nach Eröffnung unzulässig, müssen derartige, bereits anhängige Prozesse unterbrochen werden.[69] In einem gegen ihn anhängigen Prozess **sollte der Erbe** jedoch **fürsorglich** stets auch seine beschränkte Haftung geltend machen und für die Aufnahme eines Vorbehaltes nach § 780 ZPO in ein gleichwohl gegen ihn ergangenen Urteil sorgen.

52   Prozesse, in denen vom Erben (oder vom Testamentsvollstrecker, Nachlasspfleger) ein nachlassbezogenes Vermögensrecht geltend gemacht wurde (**Aktivprozesse**), können in der Lage,

---

[65] Und zwar zu dem im Eröffnungsbeschluss angegebenen Zeitpunkt: § 27 Abs. 2 Nr. 3 InsO.
[66] Hierzu näher u. § 24 Rdnr. 30.
[67] Hierzu näher u. § 24 Rdnr. 31.
[68] Jaeger/*Henckel* KO § 10 Rdnr. 45; *Uhlenbruck* KO Vorb. §§ 10 bis 12 Rdnr. 10 a; MünchKommZPO/*Feiber* § 240 Rdnr. 18; Zöller/*Greger* ZPO § 240 Rdnr. 8; Staudinger/*Marotzke* § 1984 Rdnr. 21 für die Nachlassverwaltung.
[69] Der Prozess wird daher auch nicht hinsichtlich des Teils des Anspruches fortgesetzt, der sich gegen das Eigenvermögen des Erben richtet, es sei denn, der Kläger verzichtet zugleich auf seinen Anspruch gegen den Nachlass (s. für die Nachlassverwaltung Staudinger/*Marotzke* § 1984 Rdnr. 21 und BGH Urt. v. 24.10.1957 – BGHZ 25, 395, 397 ff.; Zöller/*Greger* ZPO § 240 Rdnr. 8: einheitliche Verfahrensunterbrechung, wenn nur Teile des Streitgegenstandes die Masse betreffen).

in der sie sich befinden, jederzeit vom Verwalter aufgenommen werden. Der Gegner kann den Prozess dagegen zunächst nicht aufnehmen; er kann dies nur tun, wenn der Verwalter die Aufnahme verzögert (§ 85 Abs. 1 S. 1 InsO) oder ablehnt (§ 85 Abs. 2 InsO). In letzterem Fall gilt das streitgegenständliche Recht als vom Verwalter freigegeben, und der Erbe kann den Rechtsstreit ebenso aufnehmen wie der Gegner.

Für nach § 240 ZPO unterbrochene (d.h. **nachlassbezogene**) **Passivprozesse** gilt zunächst der Grundsatz des § 87 InsO. Danach können die Nachlassgläubiger ihre Ansprüche nach Verfahrenseröffnung durch Individualklagen nicht mehr weiterverfolgen, es sei denn, sie machen eine unbeschränkte Erbenhaftung geltend und verzichten zugleich auf ihren Anspruch gegen den Nachlass.[70] Andernfalls kommt grundsätzlich nur eine Aufnahme des Prozesses nach § 180 Abs. 2 InsO im Rahmen des Feststellungsverfahrens in Betracht.[71] Anderes gilt für solche Rechtsstreitigkeiten, die im Erfolgsfall eine unmittelbare Masseminderung zur Folge hätten (sog. **Teilungsmassestreit**), wie die Geltendmachung von Aussonderungs- oder Absonderungsrechten oder von solchen Forderungen, die im eröffneten Insolvenzverfahren als Masseverbindlichkeiten zu behandeln sind, wozu im Nachlassinsolvenzverfahren nach § 324 InsO u.a. auch die Beerdigungskosten, die dem Erben oder dem Testamentsvollstrecker zu ersetzenden Verwaltungsaufwendungen und die Kosten einer vorangegangenen Nachlassverwaltung fallen. In diesem Fall kann der Prozess sowohl vom Verwalter als auch vom Prozessgegner jederzeit aufgenommen werden (§ 86 Abs. 1 InsO).

Massebezogene Prozesse i. S. d. § 86 Abs. 1 InsO **nach Verfahrenseröffnung** sind gegen den Verwalter als Beklagten in dieser Eigenschaft zu führen,[72] soweit der Kläger nicht auf seinen Anspruch gegen den Nachlass verzichtet und eine unbeschränkte Erbenhaftung geltend macht;[73] der Gerichtsstand bestimmt sich nach § 19 a ZPO durch den Sitz des Insolvenzgerichts. Nach Insolvenzeröffnung erhobene Klagen von Nachlassgläubigern **gegen den Erben** sind nach § 87 InsO unzulässig, soweit nicht eine unbeschränkte Haftung des Erben geltend gemacht wird.

3. Auswirkungen auf Zwangsvollstreckungsmaßnahmen

Mit Eröffnung des Insolvenzverfahrens werden weitere Zwangsvollstreckungsmaßnahmen der Insolvenzgläubiger **unzulässig** (§ 89 InsO); ein bereits laufendes Zwangsvollstreckungsverfahren wird nach § 240 S. 1 ZPO unterbrochen. Diese Einschränkung bezieht sich im Nachlassinsolvenzverfahren jedoch **nur auf den allein konkursbefangenen Nachlass** und betrifft nach § 325 InsO zunächst auch nur Nachlassgläubiger. Für Eigengläubiger des Erben wird dieselbe Rechtsfolge einer Analogie zu § 1984 Abs. 2 BGB entnommen. Gegen Zwangsvollstreckungsmaßnahmen von Nachlassgläubigern in das **Eigenvermögen** des Erben muss dieser per Vollstreckungsgegenklage (§§ 781, 785, 767 ZPO) seine Haftungsbeschränkung nach § 1975 BGB geltend machen. Weiter zulässig bleibt das Betreiben der Zwangsversteigerung oder -verwaltung über nachlasszugehörige Grundstücke aus bestehenden **Grundpfandrechten** (§ 49 InsO).[74]

Des Weiteren werden mit Verfahrenseröffnung alle Sicherungen unwirksam, die ein Insolvenzgläubiger im letzten Monat vor Stellung des Insolvenzantrages oder später durch Zwangsvollstreckungsmaßnahmen erlangt hat (§ 88 InsO: so genannte **Rückschlagsperre**). Die Rückschlagsperre ist im Fall der Nachlassinsolvenz durch § 321 InsO im Ergebnis erweitert auf alle Zwangsvollstreckungsmaßnahmen nach dem Erbfall. Von der Rückschlagsperre nicht erfasst sind dagegen zum einen rechtsgeschäftlich bestellte Sicherheiten und zum anderen Befriedigungen, die ein Insolvenzgläubiger in dieser Zeit auf Grund von Zwangsvollstreckungsmaßnahmen erlangt hat. Insoweit kommt nur die Insolvenzanfechtung in Betracht.

---

[70] BGHZ 25, 395, 397 ff.
[71] BGH Urt. v. 15.10.2004 – ZIP 2004, 2345: Aufgenommen werden kann auch nur gegen den Verwalter, nicht gegen den Erben, soweit dieser die Forderung nicht gesondert bestritten hat.
[72] D.h. die Bezeichnung des Beklagten lautet korrekt: „Herrn (Frau)… in seiner (ihrer) Eigenschaft als Insolvenzverwalter über den Nachlass des Herrn XY, verstorben am …, zuletzt wohnhaft gewesen in…".
[73] BGHZ 25, 395, 397 ff.; BGH Urt. v. 28.3.1996 – NJW 1996, 2035 f.
[74] Dazu näher u. Rdnr. 144.

IV. Verfahrensgang

1. Grundsätzliches

57   Die Abwicklung des Nachlassinsolvenzverfahrens entspricht im Wesentlichen dem **Regelinsolvenzverfahren** mit einigen Besonderheiten nach den §§ 315 ff. InsO.
Insofern stellt sich die Frage, ob und ggf. unter welchen Voraussetzungen das Nachlassinsolvenzverfahren in der Sonderform des sog. **Verbraucherinsolvenzverfahrens** nach den Vorschriften der §§ 304 ff. InsO durchzuführen ist. Die grundsätzlichen Überlegungen, die zur Einführung des Verbraucherinsolvenzverfahrens geführt haben, nämlich die Schaffung eines vereinfachten Insolvenzverfahrens für Kleininsolvenzen, könnten auch für die Nachlassinsolvenz zutreffen; wenn der Erblasser Verbraucher i. S. d. § 304 InsO gewesen ist. Verbraucherinsolvenzverfahren und Nachlassinsolvenz sind jedoch strukturell miteinander nicht vereinbar. Während die Verbraucherinsolvenz auf die Herbeiführung einer Schuldenbereinigung für Nichtunternehmer gerichtet ist, dient die Nachlassinsolvenz in erster Linie der Haftungsbeschränkung für Nachlassverbindlichkeiten zu Gunsten des Erben. Dieses Ziel ist mit einer Schuldenbereinigung u.U. gar nicht erreichbar.[75] Umgekehrt ist der Zweck des Verbraucherinsolvenzverfahrens, natürlichen Personen einen (vermeintlich) einfachen Weg zur Restschuldbefreiung zu eröffnen, im Nachlassinsolvenzverfahren, das der Haftungssonderung dient, gegenstandslos geworden. Daher ist das Verbraucherinsolvenzverfahren **in der Nachlassinsolvenz gesperrt**.[76]

58   Grundsätzlich möglich ist bei der Nachlassinsolvenz dagegen die sog. **Eigenverwaltung,** nach der der Erbe selbst berechtigt ist, den Nachlass zu verwalten. Es wird in diesem Fall auf die Bestellung eines Insolvenzverwalters verzichtet, auf den das Verwaltungs- und Verfügungsrecht über die Insolvenzmasse übergeht (§ 270 InsO). Stattdessen wird dem Erben als Schuldner nur ein so genannter Sachwalter zur Seite gestellt, der die Verfahrensabwicklung durch den Schuldner zu überwachen hat (§ 274 InsO), dem das Recht zur Anfechtung obliegt (§ 280 InsO) und der die Insolvenztabelle führt (s. § 270 Abs. 3 S. 2 InsO). Während das Institut der Eigenverwaltung in der Insolvenzpraxis zumindest bislang nahezu ohne Bedeutung ist, weil die Insolvenzgerichte darin eine grundsätzliche Gefährdung der Gläubigerinteressen sehen,[77] könnte gerade das Nachlassinsolvenzverfahren grundsätzlich für die Eigenverwaltung **tendenziell geeignet** sein, weil i. d. R. der Erbe den Insolvenzgrund nicht selbst gesetzt hat.[78] Als mögliche Interessenkonflikte kommen hier allerdings Ansprüche der Gläubiger gegen den Erben aus § 1978 BGB in Betracht.[79] Deren Geltendmachung wäre zweckmäßigerweise durch das Insolvenzgericht analog § 280 InsO auf den Sachwalter oder einen Sonderinsolvenzverwalter zu übertragen. Oft wird es auch an einem Interesse des Erben an einer Selbstabwicklung der Nachlassinsolvenz fehlen, da sich für ihn der Zweck des Verfahrens in der Regel in der Herbeiführung der Haftungsbeschränkung erschöpfen dürfte.

2. Eröffnungsverfahren

59   Zwischen Stellung des Insolvenzantrages und Entscheidung des Insolvenzgerichts über die Verfahrenseröffnung liegt die Zeit, in der das Gericht den gestellten Insolvenzantrag prüft. Nach § 21 Abs. 1 InsO hat das Gericht bis dahin alle erforderlichen **Sicherungsmaßnahmen** zur Vermeidung einer nachteiligen Veränderung der künftigen Insolvenzmasse zu treffen. Hierzu gehört beispielsweise die Einstellung und Untersagung weiterer Zwangsvollstreckungsmaßnahmen in den Nachlass (§ 21 Abs. 2 Nr. 3 InsO), insbesondere aber die Bestellung eines vorläufigen Insolvenzverwalters (§§ 21 Abs. 2 Nr. 1, 22 InsO), der vom Gericht in aller Regel zugleich als Sachverständiger mit der **Prüfung der Eröffnungsfähigkeit** des Verfahrens beauftragt wird. Der „starke" vorläufige Insolvenzverwalter gem. § 22 Abs. 1 InsO hat

---

[75] MünchKommInsO/*Siegmann* Vor § 315 Rdnr. 5.
[76] *Siegmann* ZEV 2000, 345, 347; MünchKommInsO/*Siegmann* Vor § 315 Rdnr. 5; a.A. Nerlich/Römermann/ *Becker* InsO § 1 Rdnr. 11 Auch das Restschuldbefreiungsverfahren (§§ 286 ff. InsO) ist aus diesem Grund in der bzw. im Anschluss an die Nachlassinsolvenz ausgeschlossen.
[77] Sie wurde in der Praxis bislang in einigen wenigen Fällen eher dazu eingesetzt, um einen vorbefassten Verwalter, der deswegen nach § 56 InsO nicht bestellt werden konnte, als Vorstandsvorsitzenden zu installieren.
[78] S. Rdnr. 110.
[79] Darauf weist auch MünchKommInsO/*Siegmann* Vor § 315 Rdnr. 9 hin.

dabei die Stellung eines „Vor-Konkursverwalters", auf den bereits das Verwaltungs- und Verfügungsrecht über den Nachlass übergeht, während der „schwache" vorläufige Verwalter (§ 22 Abs. 2 InsO) dem Sequester nach früherem Recht (§ 106 KO) entspricht. Obwohl in der Praxis die Bestellung „starker" vorläufiger Verwalter aus haftungsrechtlichen Gründen immer noch die Ausnahme ist, kann sich dies gerade bei Nachlassinsolvenzen anbieten, weil es in diesen Fällen oftmals an einer Person fehlt, die für den Nachlass wirksam zu handeln bereit oder in der Lage ist.[80] Der Erbe ist an dem Nachlass oftmals nicht interessiert oder es gibt Unklarheiten, wer überhaupt Erbe ist. Bei Erbengemeinschaften ist es schon strukturell umständlich, für den Nachlass zu handeln.

3. Konsolidierung der Insolvenzmasse

Im eröffneten Nachlassinsolvenzverfahren hat der Verwalter zunächst von dem Nachlass **Besitz** zu ergreifen, ihn in **Verwaltung** zu nehmen und zu **inventarisieren** (§ 148 ff. InsO). Die Bewertung der Nachlassaktiva sollte bei umfangreicheren Nachlässen mit Hilfe eines Sachverständigen, z. B. eines zugelassenen Auktionators, bewerkstelligt werden. Indem massezugehörige Ansprüche (insbesondere Ansprüche gegen den Erben aus vorangegangener Verwaltung und Anfechtungsansprüche) geltend gemacht und massefremde Gegenstände an den Aussonderungsberechtigten (§ 47 InsO) herausgegeben werden, ist die sog. „Ist-Masse" sodann in die „**Soll-Masse**" zu überführen. Gibt der Insolvenzverwalter einen Gegenstand (beispielsweise ein überbelastetes Grundstück) wegen fehlender Massenützlichkeit durch entsprechende Erklärung aus der Masse an den Erben frei, scheidet dieser nur aus der Insolvenzmasse, nicht jedoch aus dem Nachlass aus.

4. Geltendmachung und Prüfung der Insolvenzforderungen

Sein Recht auf anteilsmäßige Berücksichtigung bei Verteilungen und sein auf das Insolvenzverfahren bezogenes Teilnahmerecht, insbesondere sein Stimmrecht in der Gläubigerversammlung (s. § 77 InsO), hat der Nachlassgläubiger durch **Forderungsanmeldung** zur Insolvenztabelle geltend zu machen, soweit seine Forderung nicht nach § 324 InsO Masseforderung ist.[81] Hierzu ist die Forderung **in schriftlicher Form** (§ 126 BGB) **beim Insolvenzverwalter** anzumelden (§ 174 Abs. 1 S. 1 InsO). Das Anmeldungserfordernis besteht auch, wenn die Forderung zuvor schon in einem Aufgebotsverfahren angemeldet wurde oder hierüber ein Vollstreckungstitel vorliegt. Dabei sind Rechtsgrund und Geldbetrag der Forderung anzugeben (§ 174 Abs. 2 InsO). Anmeldungen, die diesen Erfordernissen nicht entsprechen, sind wirkungslos. Die Beifügung von **Urkundsablichtungen,** aus denen sich die Forderung ergibt (§ 174 Abs. 1 S. 2 InsO), ist dagegen keine Zulässigkeitsvoraussetzung für die Anmeldung, aber zur Vermeidung eines – ggf. kostennachteiligen – Widerspruchs des Verwalters ratsam.

Nachrangige Insolvenzforderungen (§§ 39, 327 InsO) sind nur nach besonderer Aufforderung des Gerichtes zur Anmeldung zugelassen (§ 174 Abs. 3 S. 1 InsO), da auf diese wegen des Nachrangs grundsätzlich keine Quote entfällt. Sie dürfen daher erst nach besonderer gerichtlicher Aufforderung zur Tabelle angemeldet werden (§ 174 Abs. 3 InsO). Bei einer Anmeldung ist auf den Nachrang hinzuweisen und die Rangstelle anzugeben (§ 174 Abs. 3 S. 2 InsO). Entgegen § 174 Abs. 3 S. 1 InsO angemeldete Forderungen müssen vom Verwalter im Prüfungstermin bestritten werden.

Die **Anmeldefrist** wird im Eröffnungsbeschluss vom Gericht festgelegt. Es handelt sich hierbei, wie früher unter der KO, um keine Ausschlussfrist. Ihre Versäumung hat zunächst nur die Folge, dass der Gläubiger, sofern nicht die Prüfung noch im allgemeinen Prüfungstermin erfolgen kann, die Kosten für die besondere Forderungsprüfung zu tragen hat (§ 177 Abs. 1 S. 2 InsO). Zu beachten ist, dass eine Stimmberechtigung im Berichtstermin (§ 156 InsO) eine Anmeldung bis spätestens zu diesem Zeitpunkt erfordert.

Die den Zulässigkeitsvoraussetzungen des § 174 InsO genügende Anmeldung einer Insolvenzforderung haben im Insolvenzverfahren eine der Klageerhebung entsprechende **Wirkung.** Insbesondere wird dadurch die Verjährung gehemmt (§ 204 Abs. 1 Ziff. 10 BGB). Der Tabelleneintrag hat in Bezug auf im Prüfungstermin festgestellte Forderungen die Wirkungen eines rechtskräftigen Urteils; nach Verfahrensaufhebung stellt der Tabellenauszug einen Vollstreckungstitel dar (§§ 178 Abs. 3; 201 Abs. 2 InsO).

---

[80] *Braun/Bauch* InsO § 315 Rdnr. 17 f.
[81] Dann ist eine Anmeldung entbehrlich; s. Rdnr. 136 f.

Muster: Forderungsanmeldung
Forderungsanmeldung im Insolvenzverfahren

Anmeldungen sind stets nur an den Insolvenzverwalter (Treuhänder, Sachwalter) zu senden, nicht an das Gericht.
Bitte beachten Sie auch das gerichtliche Merkblatt zur Forderungsanmeldung.

Schuldner	
Insolvenzgericht: Amtsgericht	Aktenzeichen
Gläubiger (Genaue Bezeichnung des Gläubigers mit Postanschrift, bei Gesellschaften mit Angabe der gesetzlichen Vertreter)	Gläubigervertreter (Die Beauftragung eines Rechtsanwalts ist freigestellt. Die Vollmacht muß sich ausdrücklich auf Insolvenzsachen erstrecken.) ☐ **Vollmacht** anbei bzw. folgt umgehend
Geschäftszeichen	Geschäftszeichen
Kontoverbindung:	Kontoverbindung:

Angemeldete Forderungen

Jede selbständige Forderung ist getrennt anzugeben. Reicht der Raum auf diesem Formular nicht aus, so sind die weiteren Forderungen in einer Anlage nach dem folgenden Schema aufzuschlüsseln.

Erste Hauptforderung im Rang des § 38 InsO (notfalls geschätzt)		☐
Zinsen, höchstens bis zum Tag vor der Eröffnung des Verfahrens % aus ☐ seit dem		☐
Kosten, die vor der Eröffnung des Verfahrens entstanden sind		☐
Summe		☐

Zweite Hauptforderung im Rang des § 38 InsO (notfalls geschätzt)		☐
Zinsen, höchstens bis zum Tag vor der Eröffnung des Verfahrens % aus ☐ seit dem		☐
Kosten, die vor der Eröffnung des Verfahrens entstanden sind		☐
Summe		☐

Nachrangige Forderungen (§§ 39, 327 InsO)
Diese Forderungen sind nur anzumelden, wenn das Gericht ausdrücklich hierzu aufgefordert hat (§ 174 Abs. 3 InsO). Die gesetzliche Rangstelle ist durch Ankreuzen zu bezeichnen. Ab Nachrang 3 sind Zinsen und Kosten gesondert anzugeben und der jeweiligen Hauptforderung zuzuordnen (vgl. § 39 Abs. 3 InsO).

1. ☐ Nachrang des § 39 Abs. 1 Nr.	☐
2. ☐ Nachrang des § 39 Abs. 2	☐
3. ☐ Nachrang des § 327 Abs. 1 Ziff.	☐
4. ☐ Nachrang des § 327 Abs. 2	☐
Zinsen (§ 39 Abs. 3) zu Nachrang Nr.	☐
Kosten (§ 39 Abs. 3) zu Nachrang Nr.	☐
Summe der nachrangigen Forderungen	☐

☐ **Abgesonderte Befriedigung** unter gleichzeitiger Anmeldung des Ausfalls wird beansprucht.
  Begründung:

Die entsprechenden Belege füge ich bei.
Grund und nähere Erläuterung der Forderungen (z. B. Warenlieferung, Miete, Darlehen, Reparaturleistung, Arbeitsentgelt, Wechsel, Schadensersatz)

Als Unterlagen, aus denen sich die Forderungen ergeben, sind beigefügt (möglichst in 2 Exemplaren):

☐ Der angemeldeten Forderung zu Ziff.   liegt eine vorsätzlich begangene unerlaubte Handlung
  des Schuldners zugrunde.
  Begründung:

Die entsprechenden Belege füge ich bei.

....
(Ort)   (Datum)   (Unterschrift und evtl. Firmenstempel)

Bitte reichen Sie diese Anmeldung und alle weiteren Unterlagen immer in zwei Exemplaren ein.
Beachten Sie auch die Hinweise im gerichtlichen Merkblatt zur Forderungsanmeldung.

Zu den angemeldeten Forderungen äußert sich der Insolvenzverwalter – in Bezug auf den 65
Betrag und den beanspruchten Rang – im **Prüfungstermin** (§ 176 InsO), welcher in Form einer
Gläubigerversammlung vor dem Insolvenzgericht stattfindet (§§ 29 Abs. 1 Nr. 2; 76 Abs. 1
InsO). Im Prüfungstermin erhalten auch die anderen Insolvenzgläubiger (d.h. auch die absonderungsberechtigten im Rahmen des § 52 InsO), deren Forderungsanmeldungen zugelassen
wurden, und der Erbe als Schuldner (§ 74 InsO). 1 InsO) das Recht, sich auf Grund der ihnen
zugänglichen Tabelle über die darin verzeichneten Forderungsanmeldungen zu äußern. Der
Verwalter oder der einer angemeldeten Forderung widersprechende Gläubiger kann einen erhobenen **Widerspruch** im Nachhinein jederzeit durch Erklärung gegenüber dem Gericht oder
dem betroffenen Gläubiger zurücknehmen; mit Rücknahme des Widerspruchs gilt die Forderung dann als festgestellt. Forderungen, denen weder Verwalter noch Gläubiger im Prüfungstermin widersprechen, gelten als sofort und endgültig festgestellt. Ein Widerspruch des Erben
ist für das Nachlassinsolvenzverfahren selbst ohne Wirkung, sondern hat – außer bei der Eigenverwaltung (§ 283 Abs. 1 InsO) – allein in Bezug auf die spätere Nachhaftung des Schuldners
Bedeutung (§ 178 Abs. 1 InsO), die im Nachlassinsolvenzverfahren jedoch ohnehin i. d. R. auf
einen etwaigen Nachlassrest beschränkt ist (s. Rdnr. 71).

Der Gläubiger, dessen angemeldete Forderung vom Verwalter oder einem Insolvenzgläubi- 66
ger im Prüfungstermin dem Betrag oder dem angemeldeten Rang nach bestritten wurde, ist zur
Feststellung seiner Forderung auf ein besonderes Verfahren, den **Feststellungsprozess**, verwiesen. Hierzu hat er vor dem Amtsgericht, bei dem das Insolvenzverfahren anhängig ist bzw. (abhängig von der zu erwartenden Quote [§ 182 InsO] nach allgemeinen Grundsätzen) vor dem
Landgericht, in dessen Bezirk das Insolvenzgericht liegt (§ 180 Abs. 1 InsO), im ordentlichen
Verfahren bzw. der sonstigen zuständigen Gerichtsbarkeit (§ 185 InsO) Feststellungsklage zu
erheben (§ 179 Abs. 1 InsO). Verfügt der vom Widerspruch betroffene Gläubiger dagegen bereits über einen Vollstreckungstitel, liegt es am Bestreitenden, die Feststellung zur Tabelle per
negativer Feststellungsklage zu verhindern (§ 179 Abs. 2 InsO). Auf ein der Klage stattgebendes, rechtskräftiges Feststellungsurteil hin wird die Tabelle auf Antrag vom Insolvenzgericht
berichtigt (§ 183 Abs. 2 InsO).

5. Insolvenzplan

Die Vorschriften über den Insolvenzplan (§§ 217 ff. InsO) finden auch im Nachlassinsol- 67
venzverfahren Anwendung, wie sich aus § 1989 BGB ergibt. Der Insolvenzplan ermöglicht eine
vom Regelverfahren abweichende Insolvenzbewältigung; in der Regel durch eine Art Zwangsvergleich. Insbesondere kann durch einen Insolvenzplan die Verwertung der Insolvenzmasse
vermieden werden, was vor allem von Interesse sein kann, wenn **Nachlasssubstanz** erhalten
werden soll oder sich im Nachlass ein **Unternehmen** befindet. Durch eine entsprechende Regelung im gestaltenden Planteil (§ 221 InsO) kann aber auch eine **unbeschränkbare Erbenhaftung**
erledigt werden. In der Regel wird der Plan bestimmte Zahlungen des Erben an die Nachlassgläubiger vorsehen. In diesem Fall ist unbedingt klarzustellen, ob er dafür auch mit seinem
Eigenvermögen haftet. Fehlt eine derartige Klarstellung, bleibt es bei der haftungsbeschränkenden Wirkung des Nachlassinsolvenzverfahrens (§ 1989 BGB).[82] Besondere Bedeutung hat das
Insolvenzplanverfahren in der Praxis bisher allerdings nicht.

Das **Insolvenzplanverfahren** wird eingeleitet durch Vorlage eine Insolvenzplans beim Insol- 68
venzgericht entweder durch den Schuldner[83] oder den Verwalter, ggf. auf Grund eines dahin
gehenden Beschlusses der Gläubigerversammlung im Berichtstermin (§ 156 InsO). Das Gericht
prüft den vorgelegten Plan, über den dann die Gläubigerversammlung in einem bestimmten
Verfahren abzustimmen hat. Die Abstimmung erfolgt dabei gruppenweise gemäß der im Insolvenzplan getroffenen Einteilung der Gläubiger (§ 243 InsO). Der Plan ist angenommen, wenn
in jeder Gruppe Kopf- und Summenmehrheit der abstimmenden Gläubiger erreicht wurde
(§ 244 InsO). Über die Regelung des § 245 InsO kann auch die Nichtzustimmung ganzer Grup-

---

[82] MünchKomm/*Siegmann* § 1989 Rdnr. 7.
[83] Im Nachlassinsolvenzverfahren somit der Erbe. Miterben sind nur gemeinschaftlich antragsberechtigt (s. *Siegmann* ZEV 2000, 345, 347). Antragsbefugt ist ferner der verwaltende Testamentsvollstrecker und der Nachlasspfleger (s. *Häsemeyer* Insolvenzrecht Rdnr. 33.12).

pen ersetzt werden. Auch der Erbe muss dem Plan als Schuldner zustimmen; seine Zustimmung kann jedoch ebenfalls ersetzt werden (§ 247 InsO).

69 Nach rechtskräftiger Bestätigung eines angenommenen Insolvenzplans hat der Verwalter die Masseverbindlichkeiten zu berichtigen und Schlussrechnung zu legen. Danach wird das Insolvenzverfahren aufgehoben (§ 258 Abs. 1 InsO). Die weiteren Rechtsbeziehungen zwischen Nachlassgläubigern und Erben richten sich nach den Regelungen des Insolvenzplans im gestaltenden Planteil (§ 254 InsO).[84] Ist im Plan nichts anderes geregelt, gelten die Forderungen der nachrangigen Gläubiger als vollständig erlassen (§ 225 InsO).

6. Masseverwertung

70 Soweit im Berichtstermin nicht anderes beschlossen wird, hat der Verwalter im weiteren Verfahrensverlauf die Insolvenzmasse zu verwerten, d.h. die nachlasszugehörigen **Vermögenswerte in Geld umzusetzen**. Art und Weise der Verwertung liegen im pflichtgemäßen Ermessen des Insolvenzverwalters; nach dem Wortlaut des § 159 InsO hat er damit jedoch grundsätzlich unverzüglich nach dem Berichtstermin zu beginnen. Der Insolvenzverwalter ist verpflichtet, die Masse **bestmöglich** zu verwerten, wobei allerdings auch das Interesse der Gläubiger an einer möglichst zügigen Verwertung mitzuberücksichtigen ist.[85] Die Verwertung kann insbesondere durch die Einschaltung auf die Verwertung von Sachgesamtheiten spezialisierter Unternehmen erfolgen. Bei der Verwertung ist der Verwalter an die Allgemeinen wettbewerbsrechtlichen Vorschriften gebunden.[86] Die Veräußerung von Massegrundstücken kann nach der InsO sowohl freihändig als auch nach den gesetzlichen Vorschriften über die Zwangsversteigerung erfolgen,[87] während der Insolvenzverwalter bewegliche Gegenstände und Rechte nur freihändig (einschließlich öffentlicher [§ 383 Abs. 3 BGB] und privater Versteigerung) verwerten kann. Bei besonders bedeutsamen Rechtshandlungen i. S. d. § 160 InsO ist er dabei aus Kontrollzwecken an die Zustimmung des Gläubigerausschusses oder, in Ermangelung eines solchen, der Gläubigerversammlung gebunden.

71 Die Verwertungskompetenz des Verwalters erstreckt sich auch auf solche Gegenstände, die mit **Absonderungsrechten** (§§ 49 ff. InsO) belastet sind. Während Grundpfandgläubiger weiterhin auch nach Verfahrenseröffnung die Zwangsvollstreckung in das belastete Grundstück betreiben können (§ 49 InsO), hat der Verwalter nach der InsO im Hinblick auf bewegliche Gegenstände und sicherungsübertragene Forderungen nach § 166 InsO ein ausschließliches Verwertungsrecht. Die Verwertung muss hierbei nach Maßgabe der §§ 167 ff. InsO erfolgen, d.h. der Verwalter hat den absonderungsberechtigten Gläubiger über eine beabsichtigte Verwertung zu unterrichten und diesem Gelegenheit zu geben, den Verwalter auf eine günstigere Verwertungsmöglichkeit hinzuweisen. Ab dem Berichtstermin, vor dem nach § 159 InsO ohnehin nicht verwertet werden darf, schuldet der Verwalter dem absonderungsberechtigten Gläubiger zudem die laufenden Zinsen auf dessen Forderung. Dafür kann er nach erfolgter Verwertung vom Erlös für die Feststellung des Absonderungsrechts und die Verwertung 9% und die ggf. der Masse zur Last fallende Umsatzsteuer für die Masse einbehalten.[88]

7. Verteilungsverfahren

72 Zahlungen des Verwalters auf Insolvenzforderungen erfolgen Im Insolvenzverfahren ausschließlich in Form von Verteilungen nach den §§ 187 ff. InsO. Zur Verteilung steht der durch Konsolidierung der Insolvenzmasse entstandene Betrag an freien (nicht aufgrund Absonderungsrechten auszukehrenden) Geldmitteln, die nach Abzug der Massekosten und der übrigen Masseverbindlichkeiten verbleiben (**Teilungsmasse**). Welche Gläubiger bei Verteilungen mit welchen Beträgen berücksichtigt werden, folgt aus dem **Verteilungsverzeichnis** (§ 188 InsO). Dieses hat der Verwalter vor jeder Verteilung aus dem aktuellen Stand der Insolvenztabelle zu

---

[84] Str. für Nachlassgläubiger, die ihre Forderungen nicht zur Tabelle angemeldet hatten (dazu MünchKomm/*Siegmann* § 1989 Rdnr. 7; Staudinger/*Marotzke* § 1989 Rdnr. 18).
[85] *Häsemeyer* Insolvenzrecht Rdnr. 13.37.
[86] Dazu MünchKommInsO/*Görg* § 159 Rdnr. 12 ff. Das UWG v. 3.7.2004 kennt allerdings die Tatbestände des Räumungsverkaufs (§ 8 UWG a.F) und des Insolvenzverkaufs (§ 6 UWG a.F) nicht mehr.
[87] Hierbei ist die freihändige Verwertung in aller Regel die ökonomischere Alternative. Voraussetzung hierfür ist jedoch, dass alle Grundpfandgläubiger Löschungsbewilligungen erteilen.
[88] Dazu näher *Onusseit* ZIP 2000, 777 ff.

erstellen. Verteilungen können in Form von Abschlagsverteilungen, im Rahmen der Schlussverteilung (§ 196 InsO) oder nach Verfahrensaufhebung durch eine Nachtragsverteilung erfolgen. Vor einer Verteilung muss die Summe der zu berücksichtigenden Forderungen (Schuldenmasse) und die Höhe der Teilungsmasse öffentlich bekannt gemacht werden (§ 188 InsO).

Will ein Nachlassgläubiger bei Verteilungen berücksichtigt werden, muss er somit zuvor seine Forderung zur Tabelle angemeldet haben. Wurde seine Forderung im Prüfungstermin vom Verwalter oder (sehr selten) von einem anderen Gläubiger bestritten, muss er, soweit die Forderung nicht nachträglich anerkannt wurde, deren Feststellung zur Tabelle im ordentlichen Rechtsweg geltend machen (§§ 179 ff. InsO). Hierfür gilt eine Ausschlussfrist von 2 Wochen nach öffentlicher Bekanntmachung der Verteilung (§ 189 InsO).

8. Verfahrensbeendigung

Regulär endet das Insolvenzverfahren nach vollzogener Schlussverteilung (§ 200 Abs. 1 InsO) oder ggf. nach rechtskräftiger Bestätigung eines Insolvenzplans (§ 258 Abs. 1 InsO) durch **verfahrensaufhebenden Beschluss** des Insolvenzgerichts. Zuvor hat der Verwalter den Gläubigern im Schlusstermin (§ 197 InsO) Rechnung über die Verfahrensabwicklung zu legen und das sog. **Schlussverzeichnis** zu erstellen, auf dessen Grundlage sämtliche noch zur Verteilung anstehenden Mittel ausgeschüttet werden. Mit Verfahrensaufhebung fällt die Verwaltungs- und Verfügungsbefugnis über die u. U. noch vorhandenen insolvenzbefangenen Nachlassgegenstände an den Erben zurück, soweit sie nicht gem. § 203 Abs. 2 InsO einer Nachtragsverteilung vorbehalten wurden.

Nach Aufhebung des Nachlassinsolvenzverfahrens unterliegt der Erbe für die noch offenen Nachlassverbindlichkeiten nach § 201 Abs. 1 InsO grundsätzlich der **Weiterhaftung.** Diese Vorschrift wird bei der Nachlassinsolvenz jedoch verdrängt durch § 1989 BGB, wonach der Erbe den Nachlassgläubigern nur wie im Aufgebotsverfahren ausgeschlossenen Gläubigern (§ 1973 BGB) nach Bereicherungsgrundsätzen und **beschränkt auf einen etwaigen Nachlassrest** weiterhaftet, soweit er nicht schon unbeschränkbar haftete (§ 2013 Abs. 1 BGB).[89] Eine vorherige Verteilung von Massemitteln an die Gläubiger ist hierfür nicht Voraussetzung, wie § 1989 BGB suggeriert. In vielen Insolvenzverfahren kommt es mangels Masse zu gar keinen Ausschüttungen an die Gläubiger. Zur Erhaltung der Haftungsbeschränkung muss sich der Erbe gegen Zwangsvollstreckungen in sein Eigenvermögen hierauf einredeweise (s. § 781 ZPO) berufen.[90] Hinsichtlich Vollstreckungen aus für vollstreckbar erklärten Auszügen aus der Insolvenztabelle (§ 201 Abs. 2 InsO) steht dem Erben trotz des Vorbehaltserfordernisses des § 780 ZPO die **Vollstreckungsgegenklage** (§ 767 ZPO) offen, weil der Erbe zuvor keine Möglichkeit hatte, sich die beschränkte Erbenhaftung vorzubehalten (Ausnahme: Im Feststellungsprozess auf den Widerspruch des Erben im Prüfungsverfahren gegen die Forderung).[91]

Das Nachlassinsolvenzverfahren kann aber auch **vorzeitig** enden, wenn der Erbe glaubhaft macht, dass kein Insolvenzgrund mehr besteht (§ 212 InsO) oder alle Gläubiger der Einstellung zugestimmt haben (§ 213 InsO). Vor allem ist das Insolvenzverfahren aber dann vorzeitig einzustellen, wenn die vorhandene Masse die bestehenden Masseverbindlichkeiten nicht mehr deckt (§§ 207, 211 InsO: Massearmut). Bei Einstellung auf Grund Gläubigerzustimmung richtet sich die **Weiterhaftung** nach den mit den Gläubigern getroffenen Abreden; im Zweifel haftet der Erbe, als ob das Nachlassinsolvenzverfahren nicht eröffnet worden wäre. Bei Einstellung wegen Massunlosigkeit (und auch wegen Masseunzulänglichkeit) steht dem Erben nach § 1990 Abs. 1 S. 1, 2. Alt. BGB die Dürftigkeitseinrede zu; gegen in einem Aufgebotsverfahren ausgeschlossenen oder säumigen Gläubigern zudem die (weiter gehende) Einrede des § 1973 BGB.[92] Konnten alle Insolvenzgläubiger gemäß Schlussverzeichnis befriedigt werden (wenn der Nachlass zahlungsunfähig, aber nicht überschuldet war), hat der Insolvenzverwalter einen verbleibenden Überschuss an den Erben herauszugeben, § 199 InsO. Dieser haftet dann ggf.

---

[89] Auch in diesem Fall haftet ein Miterbe nach Aufhebung des Nachlassinsolvenzverfahrens nach § 2060 Nr. 3 BGB nur noch mit seiner Erbquote.
[90] *Firsching/Graf* Nachlassrecht Rdnr. 4.866; Staudinger/*Marotzke* § 1989 Rdnr. 7.
[91] Palandt/*Edenhofer* § 1989 Rdnr. 1; Jaeger/*Weber* KO § 214 Rdnr. 12. Nach a.A. (MünchKommBGB/ *Siegmann* § 1989 Rdnr. 8) soll der Tabellenauszug a priori nur einen Titel in den Nachlass gewähren.
[92] MünchKommBGB/*Siegmann* § 1989 Rdnr. 3; Gottwald/*Döbereiner* InsO § 116 Rdnr. 12.

noch für nachrangige oder sonstige im Schlussverzeichnis nicht erfasste Nachlassverbindlichkeiten.

V. Der Insolvenzverwalter

1. Rechtliche Stellung

76 Nach ganz h. M. ist der Insolvenzverwalter weder Vertreter von Schuldner oder Gläubigern noch Organ einer rechtsfähigen Insolvenzmasse, sondern er ist **Inhaber eines privaten Amtes**, kraft dessen er die Verwaltungs- und Verfügungsbefugnis über die Masse im eigenen Namen ausübt.[93] Daraus folgt, dass massebezogene Prozesse nach Verfahrenseröffnung gegen den Verwalter als Beklagten zu führen sind. Ist der Verwalter Rechtsanwalt, unterliegt er nach wohl h. M. dem **anwaltlichen Standesrecht**.[94] Dieser Ansicht ist nicht zu folgen. Die Pflichten des Insolvenzverwalters richten sich ausschließlich nach den Vorschriften der Insolvenzordnung. Seine Tätigkeit ist keine anwaltliche, ebenso wenig, wie das Amt des Insolvenzverwalters Anwälten vorbehalten ist. Die Geltung von Standesrecht ist für ein Insolvenzverfahren unpassend,[95] abgesehen davon, dass in diesem Fall für den Pflichtenkreis des Verwalters unterschiedliche Maßstäbe gelten würden, je nachdem, ob er zugleich Rechtsanwalt ist.

77 Als Inhaber der Verfügungsbefugnis über den Nachlass kann der Verwalter auch sämtliche **Kündigungsrechte** ausüben, die wegen nachlassbezogener Rechtsverhältnisse bestehen.[96] Er ist auch berechtigt, zur Geltendmachung von Masserechten gem. § 2353 BGB auf den Namen des Erben einen **Erbschein** zu erwirken.[97]

2. Pflichten

78 **a) Masseverwaltung und -verwertung.** Sogleich nach Verfahrenseröffnung hat der Insolvenzverwalter die zur **Insolvenzmasse** gehörigen Gegenstände, soweit sie einen Vermögenswert besitzen, **in Besitz und in Verwaltung** zu nehmen (§ 148 InsO); der Eröffnungsbeschluss ist Herausgabetitel. Auch **Auslandsvermögen** des Erblassers gehört, entsprechend dem sog. Universalitätsprinzp, grundsätzlich zur Masse.[98] Der Verwalter hat dazu die erforderlichen Nachforschungen anzustellen. Der Erbe ist als Schuldner dem Verwalter auskunfts- und mitwirkungspflichtig (§ 97 InsO).

79 Ist der Nachlass bei einer Miterbengemeinschaft schon geteilt worden, hat der Insolvenzverwalter die Nachlassgegenstände von den Miterben wieder einzusammeln. Die Besitzergreifung im Sinne der Erlangung der tatsächlichen Gewalt über die Nachlassgegenstände beschränkt sich im Normalfall darauf, die **ordnungsgemäße Verwahrung** der vermögenswerten Gegenstände bei dem Erben, der regelmäßig Erbschaftsbesitzer sein wird, sicherzustellen sowie ein **Anderkonto** einzurichten, auf das die nachlasszugehörigen Geldmittel einzuzahlen sind. Wertgegenstände hat der Verwalter allerdings immer an sich zu nehmen (s. § 149 InsO). Bei nachlasszugehörigen Immobiliarrechten hat der Verwalter darauf hinzuwirken, dass die Insolvenzeröffnung bei massezugehörigem unbeweglichem Vermögen im entsprechenden **Register** vermerkt wird,[99] um gutgläubigen Dritterwerb auszuschließen.[100]

80 Aus § 148 Abs. 1 InsO folgt die Pflicht des Insolvenzverwalters, im Rahmen seiner Amtspflichten alle zur **Sicherung der Masse** erforderlichen Maßnahmen zu treffen, insbesondere die

---

[93] Näher hierzu *Häsemeyer* Insolvenzrecht Rdnr. 15.01 ff.
[94] Nerlich/Römermann/*Delhaes* InsO § 58 Rdnr. 3; *Uhlenbruck* InsO § 58 Rdnr. 19.
[95] So für das berufsrechtliche Umgehungsverbot des § 12 BORA Hartung/Holl/*Hartung*, Anwaltliche Berufsordnung, § 12 BORA Rdnr. 7, für die standesrechtliche Pflicht des Anwalts, Kollegenanfragen zu beantworten, zugestanden auch von *Delhaes* und *Uhlenbruck*.
[96] Jaeger/*Weber* KO § 214 Rdnr. 35.
[97] Staudinger/*Schilken* (2004) § 2353 Rdnr. 48; *Firsching/Graf* Nachlassrecht Rdnr. 4.157.
[98] Vgl. BGH Urt. v. 13.7.1983 – BGHZ 88, 147, 150; s. aber o. Rdnr. 39.
[99] Unabhängig davon hat schon das Insolvenzgericht die Pflicht, das jeweilige Registergericht um Eintragung zu ersuchen (s. § 32 Abs. 2 S. 1 InsO). Dieser Weg ist der einfachere und kostengünstigere (da gebührenfrei: § 69 Abs. 2 S. 1 KostO).
[100] Eine Voreintragung des Erben im Register (§ 39 GBO) ist nicht erforderlich, weil die Eintragung bereits auf Grund der Nachlasszugehörigkeit des Vermögensgegenstandes erfolgt (s. OLG Düsseldorf Beschl. v. 18.3.1998 – ZIP 1998, 870, 871).

vorgefundenen Vermögensgegenstände ausreichend zu versichern.[101] Im Rahmen der Verwaltungspflicht obliegt dem Insolvenzverwalter aber auch die Geltendmachung massezugehöriger Forderungen und die Aufnahme von Aktiv- und Passivprozessen (§§ 85, 86 InsO).

Die Insolvenzmasse ist **so ökonomisch wie möglich** zu verwalten. Besteht die Insolvenzverwaltung in einer reinen Vermögensabwicklung, darf der Verwalter Masseverbindlichkeiten grundsätzlich nur zwecks Sicherung und Verwertung der Masse begründen.[102] Führt der Verwalter dagegen ein massebefangenes Unternehmen fort, sind seine Pflichten denen eines Unternehmers angenähert. Die **Unternehmensfortführung** im eröffneten Insolvenzverfahren ist nur zulässig auf Grundlage eines sachverständig erstellten Fortführungskonzepts[103] und bedarf für die Zeit nach Abhaltung des Berichtstermins der Zustimmung der Gläubigerversammlung (§ 157 InsO). Mindestvoraussetzung für die Unternehmensfortführung in der Insolvenz ist, dass hierbei anfallende Masseverbindlichkeiten gedeckt sind (s. § 61 InsO). 81

Zur **Masseverwertung** s. oben Rdnr. 70 f. 82

b) Erstellung einer Vermögensübersicht. Nach § 153 InsO hat der Verwalter eine auch Insolvenzstatus genannte Vermögensübersicht auf den Zeitpunkt der Verfahrenseröffnung aufzustellen. Hierdurch soll den Insolvenzgläubigern eine **Beurteilung der Vermögenslage** des Nachlasses ermöglicht und ein grober Aufschluss über die voraussichtliche Quote gegeben werden. Basis hierfür ist das vom Erben nach § 260 BGB vorzulegende **Nachlassverzeichnis**. Über die Vollständigkeit des Inventars hat sich der Erbe erforderlichenfalls nochmals zu erklären (s. §§ 260 Abs. 2 BGB; 153 Abs. 2 S. 1 InsO). In der Vermögensübersicht sind wie in einer (Eröffnungs-) Bilanz die Gegenstände der Insolvenzmasse (d.h. des Nachlasses) den Verbindlichkeiten des Schuldners (also hier: den Nachlassverbindlichkeiten) einander gegenüber zu stellen (s. dazu das Muster Rdnr. 19). Für jeden einzelnen Vermögensgegestand ist sein geschätzter Veräußerungs(teil-)wert anzugeben, ggf. nicht nur zum Liquidations- sondern auch zum Fortführungswert. 83

Der Insolvenzverwalter hat dazu gem. § 151 InsO ein **Verzeichnis der Massegegenstände** zu erstellen sowie gem. § 152 InsO ein ausführliches **Gläubigerverzeichnis**. Das Gläubigerverzeichnis umfasst im Gegensatz zur Forderungstabelle nach § 175 InsO auch absonderungsberechtigte Gläubiger ohne persönliche Forderung gegen den Erblasser, Insolvenzgläubiger, die ihre Forderungen (noch) nicht angemeldet haben und die geschätzte Höhe künftiger Masseverbindlichkeiten. Grundlage hierfür ist das dem Verwalter vom Erben nach § 97 Abs. 1 InsO vorzulegende Nachlassverzeichnis. Die zusätzliche Durchführung eines Aufgebotsverfahrens (§§ 989 ff. ZPO) ist nicht erforderlich (und nach § 993 ZPO auch nicht zulässig), weil die Gläubiger bereits durch das Nachlassinsolvenzverfahren öffentlich zur Forderungsanmeldung aufgefordert werden. 84

c) Pflichten gegenüber Aus- und Absonderungsberechtigten. Auch hinsichtlich massefremder Gegenstände, die vom Verwalter mit der Masseübernahme in Besitz genommen wurden, treffen den Verwalter allgemeine Sorgfaltspflichten (Sicherung, Verwahrung). **Aussonderungsrechte**[104] hat der Verwalter grundsätzlich zu beachten. Wegen der Eigentumsvermutung des § 1006 BGB ist es jedoch primär Sache des Aussonderungsberechtigten, den Verwalter auf die bestehende Berechtigung an den betreffenden Gegenständen hinzuweisen; diesen treffen nach zutreffender Ansicht keine gesonderten Nachforschungspflichten zur Ermittlung der Rechtslage.[105] Vorliegende Anhaltspunkte für das Bestehen von Aussonderungsrechten hat er selbstverständlich zu beachten. Auch trifft den Verwalter gegenüber Vorbehaltsverkäufern als insolvenzspezifische Nebenpflicht zur Aussonderungsverpflichtung und aus § 260 BGB grundsätzlich eine Auskunftspflicht hinsichtlich des vorhandenen Warenbestandes. Diese Pflicht braucht der Verwalter aber nur im Rahmen des ihm bei der Verfahrensabwicklung Zumutbaren zu 85

---

[101] Nerlich/Römermann/*Andres* InsO § 148 Rdnr. 37 f.
[102] *Häsemeyer* Insolvenzrecht Rdnr. 6.40.
[103] Ausf. hierzu *Mönning*, Betriebsfortführung in der Insolvenz, Rdnr. 694 ff.
[104] Zu den Aussonderungsrechten s. u. Rdnr. 138 f.
[105] MünchKommInsO/*Ganter* § 47 Rdnr. 446.

erfüllen; letztlich braucht er sich nur darauf einzulassen, dem Aussonderungsberechtigten die Inaugenscheinnahme der Ware und der Geschäftsunterlagen zu gestatten.[106]

86 Die Pflichten des Verwalters gegenüber **Absonderungsgläubigern**[107] richten sich nach den §§ 166 ff. InsO. Nach § 166 InsO können Absonderungsgläubiger in Bezug auf bewegliche Massegegenstände, die sich im Besitz des Verwalters befinden, und sicherungsübertragene Rechte vom Verwalter nicht mehr die Herausgabe des Sicherungsgutes zum Zwecke der Verwertung verlangen, auch wenn dies der Sicherungsvertrag vorsah. Das Verwertungsrecht liegt stattdessen ausschließlich beim Verwalter. Zum Ausgleich hierfür erhalten die Absonderungsgläubiger jedoch die Rechte nach §§ 167 ff. InsO. § 167 InsO statuiert ein Auskunftsrecht des Gläubigers. Der Verwalter ist dabei ausdrücklich berechtigt, den Gläubiger auf die Besichtigung der Sache oder die Einsicht in die Geschäftsunterlagen zu verweisen. Nach § 168 InsO hat der Verwalter dem Absonderungsgläubiger von einer geplanten Verwertungsmaßnahme zu unterrichten und ihm Gelegenheit zu geben, ihn binnen einer Woche auf eine günstigere Verwertungsmöglichkeit hinzuweisen. Absonderungsgläubiger können zudem nach § 169 InsO vom Verwalter ab dem Berichtstermin im Falle von Verzögerungen bei Verwertung oder Auskehrung die laufenden Zinsen auf ihre Forderung verlangen.

87 **d) Prüfung möglicher Anfechtungstatbestände.** Mit der Insolvenzanfechtung hat der Verwalter die spezifische Möglichkeit, im eröffneten Insolvenzverfahren bestimmte **vorkonkursliche Vermögensverschiebungen** mit **gläubigerbenachteiligender Wirkung rückgängig** zu machen, insbesondere solche, deren Adressaten Personen waren, die dem Schuldner (hier: dem Erblasser bzw. nach dem Todesfall dem Erben) nahe standen (§ 138 InsO). Die Insolvenzanfechtung dient der (rückwirkenden) Gläubigergleichbehandlung. Der Anfechtungsanspruch geht dabei auf Rückgewähr der vom Schuldner weggegebenen Vermögenswerte zur Masse (s. §§ 143, 144 InsO) und richtet sich gegen den Empfänger der anfechtbaren Leistung. Es handelt sich dabei nicht um ein Gestaltungsrecht, das die Wirksamkeit des zugrunde liegenden Rechtsgeschäfts beseitigt, sondern um einen schuldrechtlichen Anspruch des Insolvenzverwalters eigener Art.[108]

88 Das Insolvenzanfechtungsrecht wurde in der InsO im Vergleich zur alten Rechtslage zu Gunsten der Masse verschärft und durch die **Rückschlagsperre** des § 88 InsO ergänzt, welche das Unwirksamwerden bestimmter vorkonkurslicher Zwangsvollstreckungsmaßnahmen in den Nachlass regelt. Sie ist im Nachlassinsolvenzverfahren nochmals durch die Regelung des § 321 InsO erweitert. **Grundtatbestände** des Insolvenzanfechtungsrechts sind die kongruente und die inkongruente Deckung (§§ 130, 131 InsO), die vorsätzliche Gläubigerbenachteiligung (§ 133 InsO), die Anfechtung unmittelbar nachteiliger Rechtshandlungen (§ 132 InsO) und die Schenkungsanfechtung (§ 134 InsO). Der **Schenkungsanfechtung** kommt im Nachlassinsolvenzverfahren dabei eine besondere Bedeutung zu, da Schenkungen von erheblicher erbrechtlicher Relevanz sind (s. § 32). Vom Grundsatz her können über die Schenkungsanfechtung **sämtliche unentgeltlichen Verfügungen des Erblassers** im Zeitraum von 4 Jahren vor Stellung des Insolvenzantrages rückgängig gemacht werden, auch wenn dies dem Willen des Erblassers klar widersprechen würde. Grenzen setzt allerdings die Vorschrift des § 328 Abs. 1 InsO. Ansprüche aus Insolvenzanfechtung können danach immer nur so weit reichen, wie durch die anfechtbare Rechtshandlung vollrangige Insolvenzgläubiger benachteiligt worden sind.

89 Bei der Nachlassinsolvenz ist die Schenkungsanfechtung nochmals **erweitert** auf die vorkonkursliche Erfüllung von **Pflichtteilsansprüchen** (§§ 2303 ff. BGB), **Vermächtnissen** (§§ 2147 ff. BGB) und **Auflagen** (§§ 2192 ff. BGB) aus Nachlassmitteln durch den Erben (§ 322 InsO),. Derartige Verbindlichkeiten sind zwar auch Nachlassverbindlichkeiten, jedoch kommt ihnen nur ein verminderter Schutz zu (s. §§ 1991 Abs. 4 BGB, 327 Abs. 1 InsO), da sie vom Wesen nach nur aus Überschüssen des Nachlasses nach Bereinigung der sonstigen Nachlassschulden zu decken sind. Grundvoraussetzung der Insolvenzanfechtung ist stets die **objektive Benachteiligung der Insolvenzgläubiger**, d.h. die Befriedigungsmöglichkeiten der Insolvenzgläubiger

---

[106] MünchKommInsO/*Ganter* § 47 Rdnr. 460 ff. und die Parallelregelung des § 167 InsO für Absonderungsrechte.
[107] Zu den Absonderungsrechten s. u. Rdnrn. 140 ff.
[108] S. *Häsemeyer* Insolvenzrecht Rdnr. 21.12 ff.; Kübler/Prütting/*Paulus* InsO § 129 Rdnr. 48 ff.; Uhlenbruck/Hirte InsO § 129 Rdnr. 3 ff.

müssen sich durch die anzufechtende Handlung aus wirtschaftlicher Betrachtungsweise verschlechtert haben.

Die anfechtbaren Handlungen können vorgenommen worden sein sowohl vom **Erblasser** 90 als, nach dem Erbfall, auch vom **Erben**, vom Nachlassverwalter, von einem anderen Nachlasspfleger oder vom Testamentsvollstrecker.[109] Eine Gläubigerbenachteiligung (§ 129 InsO) setzt im Falle der Nachlassinsolvenz voraus, dass durch die anfechtbare Handlung der Nachlass gemindert wurde. Das ist auch dann der Fall, wenn der Erbe aus seinem Eigenvermögen geleistet hat und er dabei von der Zulänglichkeit des Nachlasses ausgehen durfte, denn dann hat er einen entsprechenden Ersatzanspruch gegen die Masse.[110] Soweit eine nachlassmindernde Handlung einen werthaltigen Schadensersatzanspruch gegen den Handelnden begründet, ist fraglich, ob diese Handlung angefochten werden kann. Im Ergebnis ist Anfechtbarkeit immer dann zu bejahen, wenn sich dieser Anspruch leichter durchsetzen lässt als der Schadensersatzanspruch.

e) **Steuerliche Pflichten.** Wie oben (Rdnr. 44) bereits ausgeführt, ändert das Nachlassinsol- 91 venzverfahren nichts an der **steuerlichen Zurechnung des Nachlasses zum Erben**. Steuerliche Pflichten können den Insolvenzverwalter somit nur nach **§ 34 Abs. 3 AO** i. V. m. Abs. 1 auf Grund der auf ihn übergegangenen Verwaltungs- und Verfügungsbefugnis treffen.

Zur **Entrichtung nachlassbezogener Steuerschulden** ist der Verwalter nur nach Maßgabe der 92 Vorschriften der InsO verpflichtet, d.h. alle **vorkonkurslich** begründeten Forderungen hat die Finanzverwaltung nach den Vorschriften der §§ 174 ff. InsO zur Tabelle anzumelden; wird sie vom Verwalter im Prüfungstermin bestritten, kann die Finanzbehörde einen Feststellungsbescheid erlassen (§ 251 Abs. 3 AO). Nachlassbezogene Steuerforderungen für die Zeit **nach Eröffnung** des Insolvenzverfahrens (z. B. Umsatzsteuer aus Verwertungsgeschäften, Kfz-Steuer, Grundsteuer, Gewerbesteuer bei laufendem Geschäftsbetrieb oder die auf massebezogene Einkünfte entfallende Einkommensteuerschuld des Erben) stellen Masseschulden gem. § 55 Abs. 1 Nr. 1 InsO dar und müssen vom Verwalter aus der Masse bezahlt werden. Hierfür wird in der Regel eine neue Steuernummer vergeben; das Finanzamt kann diese Forderungen durch Leistungsbescheid geltend machen.

Der Verwalter hat des Weiteren die auf einen nachlasszugehörigen Gewerbebetrieb be- 93 zogenen **Umsatz- und Gewerbesteuererklärungen** abzugeben. Insoweit treffen ihn auch alle steuerlichen **Buchführungs-** und Aufzeichnungspflichten (§§ 155 InsO, 140 ff. AO), **Mitwirkungs-** (§ 90 AO), **Auskunftserteilungs-** (§ 93 AO), **Mitteilungs-** (§§ 137 ff. AO) sowie **Einbehaltungspflichten** (s. §§ 38 Abs. 3, 41 a Abs. 1 Nr. 2, 44 Abs. 1 S. 3 EStG).

Nach § 34 Abs. 3 AO trifft den Verwalter auch die Pflicht zur Abgabe einer „**Teil-Einkom-** 94 **mensteuererklärung**", durch welche der Finanzverwaltung die nachlassbezogenen Besteuerungsgrundlagen (z. B. Einnahmen und Werbungskosten aus Vermietung und Verpachtung oder aus Kapitalvermögen, aber auch Gewinne aus der Veräußerung von Betriebsvermögen) mitgeteilt werden. Ein **Zusammenwirken** zwischen Verwalter und Erbe bei der Einkommensteuererklärung ist somit nicht notwendig (wenngleich nicht ausgeschlossen). Die Finanzverwaltung führt in diesem Fall die getrennt mitgeteilten Besteuerungsgrundlagen im Rahmen der Veranlagung zusammen;[111] eine später vorzunehmende **Aufteilung** der ermittelten Einkommensteuerschuld des Erben zwischen Eigenvermögen und Nachlass durch die Finanzverwaltung muss dann nach den Grundsätzen des § 270 AO erfolgen.[112]

Der Verwalter hat zudem etwaig noch ausstehende **Steuererklärungen des Erblassers** abzu- 95 geben bzw. unrichtige oder unvollständige richtig zu stellen, auch wenn es sich hierbei um vorkonkursliche Tatbestände handelt.[113] Diese Verpflichtungen entfallen nach der Rechtsprechung des BFH nicht dadurch, dass die Kosten für die Erstellung dieser Erklärungen von der

---

[109] *Häsemeyer* Insolvenzrecht Rdnr. 33.13; Nerlich/Römermann/*Riering* InsO § 315 Rdnr. 20 ff.
[110] §§ 1979 BGB, 324 Abs. 1 Nr. 1 InsO, s. auch § 326 Abs. 2 InsO.
[111] Buth/Hermanns/*König*, Restrukturierung, Sanierung und Insolvenz, § 24 Rdnr. 55 ff.; Gottwald/*Frotscher* Insolvenzrechtshandbuch § 22 Rdnr. 87; *Onusseit* ZIP 1995, 1798, 1799.
[112] Der auf die Masse entfallende Teilbetrag entspricht der Differenz der Gesamteinkommensteuerschuld zur Einkommensteuerschuld des Erben ohne Berücksichtigung der nachlassbefangenen Einkünfte.
[113] *Maus* ZInsO 1999, 683, 686; Gottwald/*Frotscher* § 22 Rdnr. 85.

Masse nicht gedeckt sind.[114] Die Steuerbescheide sind, da sie (auch) die Insolvenzmasse betreffen, (auch) dem Verwalter bekannt zu geben;[115] dieser ist, soweit dadurch die Masse beschwert ist, selbst rechtsbehelfsberechtigt.

96 f) **Pflichten bei Massearmut.** Reicht die Insolvenzmasse nicht aus, um die Masseverbindlichkeiten zu bezahlen, spricht man von Masseunzulänglichkeit. **Masselosigkeit** liegt dabei dann vor, wenn nicht einmal die Verfahrenskosten abgedeckt werden können. Masselosigkeit führt im eröffneten Verfahren zur Einstellung, soweit kein ausreichender Geldbetrag vorgeschossen wird (§ 207 Abs. 1 InsO). Aus § 207 InsO i. V. m. § 58 InsO ist die Pflicht des Insolvenzverwalters zu entnehmen, den Eintritt der Masselosigkeit dem Insolvenzgericht unverzüglich anzuzeigen. Vorhandene Barmittel hat der Insolvenzverwalter zunächst für die entstandenen Auslagen zu verwenden, sodann auf die übrigen Verfahrenskosten. Zu einer weiteren Verwertung der Insolvenzmasse ist er nicht mehr verpflichtet (§ 207 Abs. 3 InsO).

97 Auch bloße **Masseunzulänglichkeit** hat der Insolvenzverwalter dem Insolvenzgericht unverzüglich anzuzeigen (§ 208 Abs. 1 InsO). Die Anzeigepflicht trifft den Insolvenzverwalter dabei schon dann, wenn Masseunzulänglichkeit absehbar ist (§ 208 Abs. 1 InsO). Nach der Anzeige können Massegläubiger wegen Altmasseverbindlichkeiten nicht mehr in die Masse vollstrecken (§ 210 InsO). Auch nach der Anzeige hat der Insolvenzverwalter die Massegegenstände weiter zu verwalten und zu verwerten (§ 208 Abs. 3 InsO). Für schwebende Verträge hat der Verwalter erneut ein Wahlrecht wie in § 103 InsO (vgl. § 209 Abs. 2 Nr. 1 InsO). Die vorhandenen Mittel hat er nach Maßgabe des § 209 InsO zu verteilen, wonach sog. Neumassegläubiger vorrangig befriedigt werden. Nach Abwicklung des masseunzulänglichen Verfahrens wird dieses vom Insolvenzgericht eingestellt, und der Insolvenzverwalter hat für seine Tätigkeit nach der Anzeige gesondert Rechnung zu legen (§ 211 Abs. 2 InsO). Im Bedarfsfall kann nach diesem Zeitpunkt noch eine Nachtragsverteilung angeordnet werden (§ 211 Abs. 3 InsO).

98 g) **Rechnungslegung.** Nach § 66 InsO hat der Insolvenzverwalter bei Beendigung seines Amtes der Gläubigerversammlung Rechnung zu legen. Zuvor hat er die Schlussrechnung dem Insolvenzgericht zur Prüfung und anschließend dem Gläubigerausschuss zur Stellungnahme vorzulegen, wenn ein solcher vorhanden ist. Über die Art und Weise der Rechnungslegung gibt § 66 InsO keine nähere Auskunft. Da die Schlussrechnung der Entlastung des Insolvenzverwalters durch die Gläubigerversammlung dient, soll sie im Ergebnis ein **vollständiges Bild der gesamten Geschäftsführung** vermitteln, um den Adressaten die Prüfung der ordnungsgemäßen Verfahrensabwicklung zu ermöglichen. Hierzu hat er darzustellen, mit welchem Ergebnis die im Eröffnungsstatus angegebenen oder ggf. später zusätzlich ermittelten und zur Masse gezogenen Vermögenswerte verwertet wurden. Er muss darlegen, welche Aus- und Absonderungsrechte geltend gemacht worden sind, mit welchem Erfolg schwebende Rechtsgeschäfte abgewickelt wurden und welche Masseverbindlichkeiten im Rahmen der Verfahrensabwicklung angefallen sind.

99 Der Insolvenzverwalter wird dazu, entsprechend der h. M. zur Rechnungslegungspflicht des Konkursverwalters nach § 86 KO, eine **Einnahmen- und Ausgabenrechnung** – eventuell in Verbindung mit einer Konkursschlussbilanz –, ein Schlussverzeichnis sowie einen **Tätigkeitsbericht** vorzulegen haben, in dem ein möglichst umfassender Überblick über seine gesamte Geschäftsführung während des Verfahrens gegeben wird und deren zahlenmäßiges Ergebnis in den erstgenannten Unterlagen enthalten ist.[116] In Abweichung zur bisherigen Rechtslage können die Beteiligten auch über den Termin der Rechnungslegung hinaus **Einwendungen** gegen die Schlussrechnung geltend machen. Dem Insolvenzverwalter drohen somit bis zum Ablauf der dreijährigen Verjährungsfrist des § 62 InsO Schadensersatzforderungen aus seiner Tätigkeit.

---

[114] BFH Urt. v. 23.8.1994 – BStBl. 1995 II, 194, 196, *Uhlenbruck/Maus* InsO § 80 Rdnr. 47.
[115] *Uhlenbruck/Maus* InsO § 80 Rdnr. 21.
[116] S. MünchKommInsO/*Nowak* § 66 Rdnr. 3 ff.

3. Haftung

Der Verwalter unterliegt allen Beteiligten des Insolvenzverfahrens[117] gegenüber einer persönlichen, deliktsähnlichen **Amtshaftung** nach § 60 InsO für schuldhaft verursachte Vermögensschäden, unabhängig von allgemeinen Haftungstatbeständen wie Deliktshaftung, Vertrauens- und Vertragshaftung.[118] Dieses Risiko ist vom Verwalter durch eine Berufshaftpflichtversicherung abzudecken; hierauf hat das Insolvenzgericht zu achten. Der Verwalter haftet danach insbesondere für schuldhaft verursachte **Masseverkürzungen,** wenn er Massegegenstände beispielsweise durch das Verjährenlassen von Masseforderungen nicht zur Masse zieht, verschleudert, irrtümlicherweise aussondert oder freigibt oder ohne äquivalenten Kaufpreiszufluss veräußert. Er haftet ebenso für unsorgfältige Masseverwaltung (z. B. für mangelnde Versicherung von Massegegenständen oder das Führen aussichtsloser Prozesse) als auch für eine ungerechtfertigte **Vergrößerung der Schuldenmasse** durch Versäumnisse bei der Forderungsprüfung.

Haftungsmaßstab ist nach § 60 Abs. 1 S. 2 InsO die **Sorgfalt eines ordentlichen und gewissenhaften Insolvenzverwalters.** Mit dieser Formulierung sollte deutlich gemacht werden, dass die Sorgfaltsanforderungen des Handels- und Gesellschaftsrechts nicht unverändert auf den Insolvenzverwalter übertragen werden können; sondern es müssen die Besonderheiten berücksichtigt werden, die sich aus den Aufgaben des Insolvenzverwalters und aus den Umständen ergeben, unter denen er seine Tätigkeit ausübt. Ist das Verfahren wie bei der Nachlassinsolvenz in den überwiegenden Fällen auf die Zerschlagung vorhandener Vermögenswerte gerichtet, ohne dass der Insolvenzverwalter nach aussen in kaufmännischer Weise auftritt, kommt ohnehin allein ein speziell auf die Verwaltertätigkeit bezogener Sorgfaltsmaßstab in Betracht. Für die Frage der Sorgfaltsanforderungen ist somit Rücksicht auf die konkrete Situation zu nehmen, in der sich der Insolvenzverwalter befindet; ein Fahrlässigkeitsvorwurf bedarf jeweils besonderer Prüfung. Soweit bei gebotenen Maßnahmen Verzögerungen eintreten, handelt der Insolvenzverwalter deswegen nur dann sorgfaltswidrig, wenn er die im konkreten Fall zur Einarbeitung in den Sachstand erforderliche Zeit deutlich überschreitet. Beruhen Fehleinschätzungen des Insolvenzverwalters auf falschen Angaben des Erben, hat er nur dann pflichtwidrig gehandelt, wenn ihm für die Unrichtigkeit der Angaben objektive Anhaltspunkte vorlagen. Verliert der Insolvenzverwalter Prozesse, ist nur dann Pflichtwidrigkeit anzunehmen, wenn er „mutwillig" einen aussichtslosen Rechtsstreit angestrengt oder aufgenommen hatte; im Übrigen liegt das Vorgehen des Insolvenzverwalters zur Zusammenführung und Erhaltung der Aktivmasse in seinem Ermessen.[119]

Für die **Begründung ungedeckter Masseverbindlichkeiten** (Forderungen aus § 55 InsO), einem der wichtigsten Haftpflichtfälle (relevant insbesondere bei Betriebsfortführungen wegen des damit einier gehenden unternehmerischen Risikos), haftet der Insolvenzverwalter den Massegläubigern nach Maßgabe des § 61 InsO auf das negative Interesse. Eine Haftung ist nur dann dann ausgeschlossen, wenn der Insolvenzverwalter zur Zeit der Begründung der Verbindlichkeit[120] nicht erkennen konnte, dass die Masse für die Erfüllung voraussichtlich nicht ausreicht. Hierzu hat der Verwalter grundsätzlich eine entsprechende Liquiditätsplanung auf den Zeitpunkt der Forderungsbegründung vorzulegen[121] Für ungedeckte Masseverbindlichkeiten kommt aber auch eine Haftung nach § 60 InsO in Betracht. Haftungsbegründend ist bei § 61 InsO die vorwerfbare Begründung einer Masseverbindlichkeit, im Rahmen des § 60 InsO kommt eine Haftung wegen später verursachter Masseverkürzungen in Betracht. Für bei der Verfahrensabwicklung eingesetzte **Hilfspersonen** haftet der Verwalter nach § 278 BGB, d.h. ohne Exkulpationsmöglichkeit. Für die Weiterbeschäftigung von Angestellten in einem massebefangenen Unternehmen im Rahmen ihrer bisherigen Tätigkeit bestimmt § 60 Abs. 2 InsO jedoch, dass der Insolvenzverwalter nur nach dem Maßstab des § 831 BGB haftet, d.h.

---

[117] Begünstigte Personen sind alle, denen gegenüber der Verwalter Amtspflichten hat (s. *Uhlenbruck* InsO § 60 Rdnr. 9 f.; *Braun/Kind* InsO § 60 Rdnr. 7 ff.: Schuldner, Insolvenzgläubiger, Massegläubiger, Aus- und Absonderungsberechtigte).
[118] MünchKommInsO/*Brandes* §§ 60, 61 Rdnr. 72 ff.; *Binz/Hess*, Der Insolvenzverwalter, Rdnr. 3133 ff.
[119] *Häsemeyer* Insolvenzrecht Rdnr. 6.39.
[120] Bei fortbestehenden Dauerschuldverhältnissen ist maßgeblich der Zeitpunkt der frühestmöglichen Kündigung durch den Verwalter.
[121] BGH Urt. v. 17.12.2004 – ZIP 2005, 311.

nur für eigenes Verschulden bei Instruktion oder Überwachung. Für die Verletzung steuerlicher Pflichten[122] haftet der Nachlassinsolvenzverwalter den Finanzbehörden nach § 69 AO für grobe Fahrlässigkeit, die allerdings von der Finanzverwaltung recht schnell unterstellt wird.

4. Vergütung

103   Die Vergütung des Insolvenzverwalters bemisst sich nach der Insolvenzrechtlichen Vergütungsverordnung vom 19.8.1998 (**InsVV**). Danach hat der Insolvenzverwalter einen Anspruch auf einen bestimmten **Bruchteil aus dem Wert der freien Insolvenzmasse**. Die freie Insolvenzmasse bezeichnet dabei die Summe aller massezugehörigen Vermögenswerte abzüglich der Absonderungsrechte. Nach § 2 InsVV ist dieser „sprunghaft-degressiv" ausgestaltet, ausgehend von einem Satz von 40% für die ersten € 25.000 der Masse, bis hin zu einem Satz von 0,5% für den Teil der freien Masse, der über € 25.000.000 hinausgeht. Es ergibt sich daraus bei einer freien Insolvenzmasse von € 10.000 ein Regelsatz von € 4.000, bei einer Masse von € 50.000 einer von € 16.250 und bei einer Masse von € 100.000 ein Satz von € 19.750. Bei einer freien Masse von € 500.000 liegt der Regelsatz bei € 37.750. Der Schwierigkeit der Geschäftsführung im Einzelfall wird durch Abweichungen von diesem Regelsatz Rechnung getragen (§ 3 InsVV: Zu- und Abschläge). Der vorläufige Insolvenzverwalter erhält eine gesonderte Vergütung (§ 11 InsVV). Die Höhe der Vergütung und der zu erstattenden Auslagen wird vom Insolvenzgericht auf Antrag des Verwalters durch rechtsmittelfähigen Beschluss festgesetzt (§ 64 InsO).

VI. Das Insolvenzgericht

1. Bestellung des Verwalters

104   Gem. § 56 Abs. 1 InsO kann zum Nachlassinsolvenzverwalter jede **natürliche Person** bestellt werden, die **für den jeweiligen Einzelfall geeignet** ist, insbesondere ausreichend geschäftskundig und von den übrigen Verfahrensbeteiligten unabhängig. Geschäftskundig bedeutet, dass der Verwalter je nach den spezifischen Anforderungen des Einzelfalls nicht nur das Insolvenzrecht beherrschen muss, sondern auch vertiefte Kenntnisse in allen betroffenen Rechtsgebieten aufweisen muss, insbesondere im Kreditsicherungsrecht, im Steuer- und Bilanzsteuerrecht und im Erbrecht. Hinzu kommen, sofern ein laufender Geschäftsbetrieb massezugehörig ist, auch die für eine Unternehmensfortführung und -sanierung erforderlichen betriebswirtschaftlichen Kenntnisse und Fähigkeiten und vertiefte Kenntnisse im Arbeits- und Sozialrecht. Außer theoretischen Kenntnissen ist es aber ebenso wichtig, dass der Verwalter über hinreichende praktische Fähigkeiten verfügt, mit allen beteiligten Stellen erfolgreich in Verhandlung zu treten, um für das Insolvenzverfahren das optimale Ergebnis herbeiführen zu können. Der Verwalter muss des Weiteren aber auch eine hinreichende Zuverlässigkeit und Vertrauenswürdigkeit besitzen. Die **Auswahl** erfolgt durch den zuständigen Insolvenzrichter aus einer beim Insolvenzgericht vorhandenen Liste der dort „akkreditierten" Verwalter nach pflichtgemäßem Ermessen.[123]

105   Die Ernennung durch das Insolvenzgericht im Eröffnungsbeschluss ist jedoch nur eine vorläufige; die Gläubigerversammlung kann in ihrer ersten Zusammenkunft den ernannten Verwalter durch die Wahl einer anderen Person abwählen (§ 57 S. 1 InsO). Der Gewählte ist vom Gericht zu bestellen, es sei denn, dass er für das Verwalteramt nicht geeignet i. S. d. § 56 Abs. 1 InsO ist (§ 57 S. 2 InsO). Dieses **Abwahlrecht** bestand schon zu Zeiten der KO (§ 80) jedoch spielt dieses Instrument seit der Neugewichtung der Stimmrechte in der Gläubigerversammlung unter der InsO[124] eine zunehmend bedeutende Rolle.[125]

---

[122] Dazu o. Rdnr. 91 ff.
[123] Hierzu BVerfG Beschl. v. 3.8.2004 – NJW 2004, 2725 und *Binz/Hess*, Der Insolvenzverwealter, Rdnr. 835 ff. Zur Auswahl des Verwalters im Nachlassinsolvenzverfahren s. MünchKommInsO/*Siegmann* Anh. § 315 Rdnr. 37.
[124] Dazu u. Rdnr. 145.
[125] Hierzu *Braun*, FS Uhlenbruck, S. 463 ff.; *Graeber* ZIP 2000, 1465.

2. Verfahrensleitung

Das Insolvenzverfahren ist ein gerichtliches Verfahren; zuständig hierfür sind die Insolvenzgerichte (s. oben Rdnr. 26). Das Insolvenzgericht ist ausschließlich zuständig für das **Insolvenzverfahren als Gesamtverfahren.** Einzelne Streitigkeiten der Beteiligten untereinander sind dagegen vor den ordentlichen bzw. vor den sonst allgemein zuständigen Gerichtsbarkeiten auszutragen.

Das Insolvenzgericht entscheidet u.a. über folgende Punkte
- Zulassung des Insolvenzantrages
- Sicherungsmaßnahmen im Eröffnungsverfahren (§ 21 InsO)
- Eröffnung des Hauptverfahrens (§ 27 InsO)
- Bestellung und Entlassung des Insolvenzverwalters (§§ 56, 27, 59 InsO)
- Berechtigung von Einwendungen gegen Verteilungsverzeichnisse (§§ 194, 197 Abs. 3 InsO)
- Zustimmung zur Schlussverteilung (§ 196 Abs. 2 InsO)
- Anordnung von Nachtragsverteilungen (§ 203 InsO)
- Anordnung der Eigenverwaltung (§ 270 Abs. 1 InsO)
- Erteilung der Restschuldbefreiung (§ 300 InsO)
- Bestätigung eines Insolvenzplans (§ 248 InsO)
- Aufhebung/Einstellung des Verfahrens (§§ 200, 258, 207 ff. InsO)

Das Gericht handelt entweder durch den Einzelrichter oder durch den Rechtspfleger, dem grundsätzlich das Verfahren nach Erlass der Eröffnungsentscheidung übertragen ist (§§ 3 Nr. 2 e, 18 RPflG). Es gilt der **Amtsermittlungsgrundsatz** (§ 5 Abs. 1 InsO). **Entscheidungen** des Gerichts ergehen stets durch Beschluss (s. § 5 Abs. 2 InsO). Hiergegen sind nur in den Fällen, in denen dies gesetzlich vorgesehen ist, Rechtsbehelfe statthaft, die innerhalb einer Notfrist von zwei Wochen eingelegt werden müssen (§ 6 InsO: sofortige Beschwerde, § 11 RPflG: befristete Erinnerung). Für Schäden, die den Verfahrensbeteiligten durch pflichtwidrige Entscheidungen des Insolvenzgerichts[126] entstehen, haftet der Landesfiskus nach § 839 BGB i. V. m. Art. 34 GG. Der Erbe kann hierbei etwa durch die unberechtigte Zulassung eines Fremdantrages und damit verbundene Sicherungsmaßnahmen geschädigt werden (z. B. die Zustimmung zur Betriebsstilllegung), ebenso wie durch die unberechtigte Eröffnung des Insolvenzverfahrens. Die Nachlassgläubiger können z. B. durch die Verzögerung gebotener Sicherungsmaßnahmen oder die verspätete Eröffnung des Insolvenzverfahrens geschädigt werden. Den Beteiligten kann aber auch durch ungenügende Beaufsichtigung des Insolvenzverwalters ein ersatzfähiger Schaden entstehen.

3. Überwachungspflicht

Das Insolvenzgericht hat den Insolvenzverwalter bei der Erfüllung seiner Aufgaben zu beaufsichtigen (§ 58 Abs. 1 S. 1 InsO). Es handelt sich dabei grundsätzlich um eine **Rechtmäßigkeitskontrolle**, nur in besonderen Ausnahmefällen[127] auch um eine Zweckmäßigkeitskontrolle. Das Gericht hat insoweit die Geschäftsführung des Verwalters zu überwachen, insbesondere sind Erbe und Gläubiger vor rechtswidrigem Verhalten des Verwalters zu schützen. Dies erfolgt durch bestimmte, im Ermessen des Gerichts liegende **Kontrollmaßnahmen** wie Prüfung von Berichten und Verzeichnissen des Verwalters, Kassenprüfungen, Kontrollanfragen usw.[128] Gegen festgestellte Pflichtwidrigkeiten hat das Gericht die geeigneten Maßnahmen durch den **Erlass von Ge- und Verboten** einzuschreiten, die dazu geeignet sind, die Pflichtwidrigkeit zu vermeiden oder zu beenden.

Die Anordnungen können nach § 58 Abs. 2 InsO durch die Festsetzung von Zwangsgeldern gegen den Verwalter persönlich **durchgesetzt** werden; Zwangshaft oder Ersatzvornahme sieht das Gesetz dagegen nicht vor. Erforderlichenfalls, bei Vorliegen eines wichtigen Grundes, kann das Gericht den Verwalter aber auch entlassen (§ 59 Abs. 1 InsO).

---

[126] Z. B. unzureichende Sicherung des Schuldnervermögens im Eröffnungsverfahren, unbegründete Eröffnung eines Insolvenzverfahrens auf Gläubigerantrag oder mangelhafte Überwachung des Verwalters.
[127] §§ 78 Abs. 1, 158 Abs. 2 S. 2, 161 S. 2, 233 InsO.
[128] Im Einzelnen hierzu *Uhlenbruck* InsO § 58 Rdnr. 5 ff.; *Binz/Hess*, Der Insolvenzverwalter, Rdnr. 994 ff.

VII. Der Erbe als Gemeinschuldner

1. Allgemeines

110 Obwohl die Nachlassinsolvenz hauptsächlich der Bereinigung der Schulden des Erblassers dient, ist der Erbe als Träger des insolvenzbefangenen Sondervermögens im Nachlassinsolvenzverfahren der Schuldner mit allen damit einher gehenden Rechten und Pflichten.[129] Bezieht sich das Gesetz dagegen auf die Zeit vor dem Erbfall (z. B. im Anfechtungsrecht), ist Schuldner der Erblasser.[130] Negative Folgen, die das Gesetz an die Eröffnung eines Insolvenzverfahrens über sein Vermögen knüpft,[131] treffen den Erben nicht, weil er den **Eröffnungsgrund regelmäßig nicht selbst gesetzt**, sondern nur den Erblasser beerbt hat.[132] Die Nachlassinsolvenz lässt somit grundsätzlich keine Aussage über die Unzuverlässigkeit oder die Vermögensverhältnisse des Erben zu.[133] Das Nachlassinsolvenzverfahren wird auch **unter dem Namen des Erblassers** durchgeführt.

111 Bei **Erbenmehrheit** sind alle Miterben gemeinsam Träger der Schuldnerrolle; grundsätzlich kann jeder Miterbe die dem Schuldner zustehenden Rechte allein wahrnehmen.[134] Bei der **Nacherbfolge** ist Schuldner bis zum Eintritt des Nacherbfalls der Vorerbe; danach der Nacherbe. Im Falle des **Erbschaftskaufes** löst der Käufer den Erben mit Abschluss des Kaufvertrages als Schuldner ab.

112 Während die Nachlassverwaltung mit Eröffnung des Insolvenzverfahrens endet (§ 1988 Abs. 1 BGB),[135] besteht das Amt des **Nachlasspflegers** nach § 1960 BGB auch nach Eröffnung der Nachlassinsolvenz fort,[136] solange die Erben unbekannt sind. Auch das Amt eines **Testamentsvollstreckers** bleibt bestehen. Im Hinblick auf deren vermögensrechtliche Befugnisse (insbesondere deren Verwaltungs- und Verfügungsrechte) verdrängt der Insolvenzverwalter jedoch diese Personen während des Verfahrens aus ihren Kompetenzen. Sowohl dem Nachlasspfleger als gesetzlichem Vertreter der unbekannten Erben als auch dem Testamentsvollstrecker stehen im Insolvenzverfahren die Schuldnerrechte zu.[137]

2. Rechtsstellung im Verfahren

113 a) **Rechte.** Dem Erben stehen zunächst bestimmte **Anhörungsrechte** zu[138] sowie **Rechtsbehelfsrechte** in Gestalt der sofortigen Beschwerde (§§ 6 InsO, 577 ZPO) gegen bestimmte ihn beeinträchtigende Entscheidungen des Gerichts.[139] In der Praxis kommt beidem im Nachlassinsolvenzverfahren nur eine untergeordnete Bedeutung zu. Ebenfalls von nur geringer prakti-

---

[129] Ausnahme: Der vorläufige Erbe. Solange die Erbschaft noch ausgeschlagen werden kann, treffen ihn die Schuldnerpflichten nicht. (s. Gottwald/*Döbereiner* InsO § 111 Rdnr. 3).
[130] Jaeger/*Weber* KO § 214 Rdnr. 7, 8 für die KO.
[131] Z. B. §§ 7 Nr. 9, 14 Abs. 2 Nr. 7 BRAO, 34 b Abs. 4 Nr. 2, 34 c Abs. 2 Nr. 2 GewO, 32 Nr. 3 GVG. Auch § 728 Abs. 2 BGB (soweit wegen § 727 BGB zur Anwendung kommend) gilt nicht für die Nachlassinsolvenz (s. MünchKomm/*Ulmer* § 728 Rdnr. 35). Die Vorschrift des § 131 Abs. 3 Nr. 2 HGB wird dagegen von der h. M. angewendet (s. o. Rdnr. 35).
[132] *Lange/Kuchinke*, Lehrbuch des Erbrechts, § 49.IV.4. Ist seit dem Erbfall eine längere Zeit verstrichen, könnte freilich der Nachlass erst durch die weitere Verwaltung seitens des Erben insolvent geworden sein. Dem muss nicht notwendigerweise ein entsprechender (werthaltiger) Schadensersatzanspruch gegen den Erben gegenüberstehen.
[133] Gottwald/*Döbereiner* InsO § 111 Rdnr. 4.
[134] MünchKommInsO/*Siegmann* Anh. § 315 Rdnr. 5; a.A. Braun/*Bauch* InsO § 315 Rdnr. 4: die Erbengemeinschaft.
[135] Mit der Folge, dass der Nachlassverwalter dem Verwalter Auskunft zu geben und Rechnung zu legen sowie diesem seine Handakten als Nachlassbestandteil herauszugeben hat (Jaeger/*Weber* KO § 214 Rdnr. 19; *Häsemeyer* Insolvenzrecht Rdnr. 33.11).
[136] S. *Häsemeyer* Insolvenzrecht Rdnr. 33.11; Staudinger/*Marotzke* § 1960 Rdnr. 57.
[137] *Uhlenbruck*/Lüer InsO § 315 Rdnr. 15.
[138] Insb. nach § 14 Abs. 2 InsO zum Fremdantrag und nach § 156 Abs. 2 S. 1 InsO im Berichtstermin, aber auch nach §§ 232 Abs. 1 Nr. 2 und 248 Abs. 2 InsO im Planverfahren oder nach §§ 98 Abs. 2, 99 Abs. 1 InsO vor Haftanordnung oder Postsperre. Zu beachten ist jeweils § 10 InsO.
[139] Z.B. §§ 21 Abs. 1 S. 2 [Anordnung von Sicherungsmaßnahmen im Eröffnungsverfahren], 34 Abs. 1 [Abweisung des Insolvenzantrags], 34 Abs. 2 [Verfahrenseröffnung auf Fremdantrag], 64 Abs. 3 [Festsetzung der Verwaltervergütung], 98 Abs. 3 S. 3 [Haftanordnung], 99 Abs. 3 S. 1 [Postsperre], 216 Abs. 2 [Abweisung von

scher Relevanz ist das Recht des Erben, **Eigenverwaltung** zu beantragen (§ 270 InsO) oder dem Insolvenzgericht einen **Insolvenzplan** vorzulegen (§ 218 Abs. 1 InsO) und dadurch das Insolvenzplanverfahren auslösen. Er kann auch die Einstellung des Insolvenzverfahrens nach §§ 212, 213 InsO beantragen, wenn er nach Verfahrenseröffnung einen dazu geeigneten Vergleich mit den Nachlassgläubigern herbeiführt.

Der Erbe hat ferner ein **Teilnahmerecht** für alle Gläubigerversammlungen (§ 74 Abs. 1 S. 2 InsO). Er hat das Recht, zum Bericht des Verwalters und zur weiteren Verfahrensabwicklung im Berichtstermin **Stellung zu nehmen** (§ 156 Abs. 2 S. 1 InsO) und die Möglichkeit, sich gegen eine Betriebsstilllegung vor Abhaltung des Berichtstermins zu wehren (§ 158 Abs. 2 InsO). Im Prüfungstermin hat er ein Widerspruchsrecht (§ 184 InsO). 114

Zum **Schutz vor masseschmälernden Verwertungshandlungen** des Verwalters hat der Erbe die Möglichkeit, beim Gericht eine Verfügung zu beantragen, nach der die Handlung der Zustimmung der Gläubigerversammlung bedarf. Nach § 161 S. 1 InsO ist der Erbe als Schuldner vom Verwalter vor allen Rechtshandlungen von besonderer Bedeutung (insbesondere der Veräußerung von Betrieb oder Betriebsgrundstücken, Aufnahme von Massekrediten oder Aufnahme von Prozessen mit erheblichem Streitwert) zu unterrichten. Der Erbe kann sodann bei Gericht eine Verfügung beantragen, die die Vornahme der bevorstehenden Rechtshandlung wiederum von der Zustimmung der Gläubigerversammlung abhängig macht (§ 161 S. 2 InsO). Des Weiteren kann der Erbe auch nach § 163 Abs. 1 InsO eine geplante Betriebsveräußerung von der Zustimmung der Gläubigerversammlung abhängig machen, wenn er bei Gericht glaubhaft macht, dass die Veräußerung an einen anderen Erwerber für die Insolvenzmasse günstiger wäre. Ebenso kann er nach Vorlage eines Insolvenzplans gem. § 233 InsO die Aussetzung der Masseverwertung und -verteilung beantragen. 115

Im **Prüfungstermin** hat der Erbe das Recht, angemeldeten Forderungen zu widersprechen; im Nachlassinsolvenzverfahren ist dieses Recht jedoch ohne wirtschaftliche Bedeutung für den Erben (s. Rdnr. 62). Dem Erben können gegen den Verwalter oder den Landesfiskus **Ersatzansprüche** aus §§ 60, 61 InsO,[140] § 839 BGB i. V. m. Art. 34 GG[141] zustehen. 116

b) **Pflichten.** Auf der anderen Seite treffen den Erben als Schuldner im Nachlassinsolvenzverfahren umfassende **Auskunfts- und Mitwirkungspflichten** gegenüber Verwalter und Gericht. Die allgemeine Auskunftspflicht des Schuldners gem. § 97 Abs. 1 InsO gegenüber Insolvenzgericht, Verwalter und Gläubigerausschuss entspricht der des § 100 KO. Zusätzlich ergeben sich für den Erben aber auch über § 1978 Abs. 1 und 2 i. V.m § 666 BGB Auskunfts- und Rechenschaftspflichten gegenüber dem Verwalter. Im Eröffnungsverfahren besteht die Auskunftsverpflichtung über § 20 InsO. 117

Den Erben trifft gegenüber dem Verwalter eine **Herausgabepflicht** bezogen auf alle Gegenstände, die er aus dem Nachlass erlangt hat, soweit sie dem Konkursbeschlag unterfallen (§ 667 BGB).[142] Über den vorgefundenen Nachlassbestand hat der Erbe dem Verwalter hat zudem nach § 260 BGB ein **Nachlassverzeichnis** vorzulegen und ggf. dessen Richtigkeit eidesstattlich zu versichern (ebenso i. E. nach § 153 Abs. 2 InsO). 118

Bereits im **Eröffnungsverfahren** besteht für den Erben gegenüber dem Insolvenzgericht und dem vorläufigen Verwalter die Pflicht zur Erteilung aller Auskünfte, die zur Entscheidung über den Antrag erforderlich sind (§§ 20, 22 Abs. 3 S. 3 InsO). Nach § 97 Abs. 2 InsO trifft den Erben als Schuldner in Fortentwicklung des bisherigen Rechts zudem die Pflicht, den Verwalter bei der Erfüllung seiner Aufgaben zu unterstützen. Diese Pflicht erstreckt sich insbesondere auf die Sicherstellung und Verwertung von Massegegenständen (besonders relevant in Bezug auf im Ausland belegene Vermögenswerte), hat aber auch Bedeutung bei der Erstellung von Verzeichnissen, der Forderungsfeststellung und bei der Unternehmensfortführung im eröffneten Verfahren (Zurverfügungstellung von Fach- und Sachkenntnissen). 119

Einstellungsanträgen], 231 Abs. 3 [Zurückweisung eines Insolvenzplans], 253 InsO [Planbestätigung oder Versagung derselben].
[140] Oben Rdnr. 100 ff.
[141] Oben Rdnr. 107.
[142] Diese Herausgabepflicht bezieht sich jedoch nur auf echte Nachlassverwaltungsgeschäfte. Erwirbt der Erbe dagegen mit Nachlassmitteln für sein Eigenvermögen, kommt nur ein Schadensersatzanspruch aus § 1978 BGB in Betracht (BGH Urt. v. 13.7.1989 – NJW-RR 1989, 1226, 1227).

120 Damit der Erbe nicht die Verfahrenszwecke dadurch vereitelt, dass er Nachlassbestandteile verheimlicht, beiseite schafft oder verschleudert, sind diese Pflichten **stark sanktioniert**. Erscheint es dem Gericht zur Herbeiführung wahrheitsgemäßer Aussagen erforderlich, ordnet es an, dass der Schuldner die Richtigkeit der von ihm erteilten Auskünfte an Eides statt versichert (§ 98 Abs. 1 InsO). Das Gericht kann zur Sicherstellung der Erfüllung der Pflichten des Erben auch eine Einschränkung seiner Bewegungsfreiheit verfügen (§ 97 Abs. 3 S. 1 InsO). Verweigert der Erbe eine Auskunft oder eidesstattliche Versicherung oder will er sich der Erfüllung seiner Auskunfts- und Mitwirkungspflichten entziehen (s. § 97 Abs. 3 S. 2 InsO), kann das Gericht ihn auch zwangsweise vorführen und – nach Anhörung – sogar in Haft nehmen lassen (§ 98 Abs. 2 InsO). Gegen den Erben kann zur Sicherung der Verfahrenszwecke – soweit möglich nach Anhörung – gem. § 99 InsO auch eine Postsperre angeordnet werden.

3. Haftung des Erben für die bisherige Nachlassverwaltung

121 a) **Haftung nach § 1978 BGB.** Mit Eröffnung des Nachlassinsolvenzverfahrens wird der noch nicht unbeschränkbar haftende Erbe einer **auftragsrechtlichen Haftung** für die bisherige Nachlassverwaltung seit Annahme der Erbschaft[143] unterworfen (§ 1978 Abs. 1 S. 1 BGB).[144] Sofern er Nachlassverbindlichkeiten aus seinem Eigenvermögen bezahlt hat, die nicht nach § 1979 BGB als für Rechnung des Nachlasses erfolgt gelten dürfen, kann er nach § 326 Abs. 2 InsO wenigstens den bezahlten Forderungsbetrag zur Tabelle anmelden. Für Nachlasspfleger, Testamentsvollstrecker und andere gesetzliche Vertreter sowie Erfüllungsgehilfen haftet er nach § 278 BGB.[145]

122 Ein Ersatzanspruch besteht nach § 249 BGB in dem **Umfang**, in dem durch das pflichtwidrige Verhalten des Erben die Befriedigungsquote der Gläubiger vermindert wurde; dieser Betrag entspricht nicht notwendigerweise dem Betrag der geleisteten Zahlung.[146] Darlegungs- und beweispflichtig ist insoweit der Verwalter. Ersatzansprüche aus § 1978 Abs. 1 BGB werden nicht dadurch ausgeschlossen, dass die Nachlassverminderung durch eine **anfechtbare Handlung** eingetreten ist. Dieser, den Nachlassgläubigern zustehende Anspruch wird durch § 1978 Abs. 2 BGB der **Masse** zugewiesen, damit dieser den Anspruch im Interesse der Gläubigergemeinschaft gegen den Erben geltend machen kann.[147]

123 b) **Haftung nach § 1980 BGB.** Ersatzansprüche gegen den Erben können sich neben der Haftung nach § 1978 BGB auch aus § 1980 BGB wegen **Verletzung der Insolvenzantragspflicht** ergeben. Zweck dieser Norm ist die Erhaltung des Nachlassbestandes als Befriedigungsobjekt zugunsten der Nachlassgläubiger und nicht, wie bei Kapitalgesellschaften, die Unterbindung der weiteren Teilnahme eines beschränkt haftenden Rechtssubjekts am Rechtsverkehr. Die Insolvenzantragspflicht trifft den Erben erst mit der Annahme der Erbschaft.[148]

124 Eine **Verletzung** der Antragspflicht liegt vor, wenn der Erbe bei insolventem Nachlass nicht unverzüglich[149] Insolvenzantrag stellt. Subjektive Voraussetzung für die Antragsverpflichtung ist nach § 1980 BGB die Kenntnis oder die auf Fahrlässigkeit beruhende Unkenntnis der Überschuldung oder der Zahlungsunfähigkeit des Nachlasses. Das liegt nicht schon vor, wenn der Erbe Zweifel an der Zulänglichkeit des Nachlasses hat, sondern erst dann, wenn Grund für die Annahme unbekannter Nachlassverbindlichkeiten besteht. In diesem Fall ist der Erbe gehalten, das Aufgebotsverfahren nach §§ 1970 BGB, 989 ff. ZPO anzustrengen.[150] Für die Insolvenzantragspflicht sind zudem bei der Zulänglichkeitsbemessung Vermächtnisse und Auflagen nicht

---

[143] Zuvor gelten die Vorschriften über die GoA entspr. (§ 1978 Abs. 1 S. 2 BGB).
[144] Näheres hierzu in den Ausführungen o. § 24 Rdnr. 92 ff.
[145] Staudinger/*Marotzke* § 1978 Rdnr. 13: Hinsichtlich Nachlasspfleger und Testamentsvollstrecker ist die Haftung jedoch wiederum auf den Nachlass beschränkt.
[146] OLG Düsseldorf Urt. v. 5.3.1999 – ZEV 2000, 236, 237 m. zust. Anm. *Küpper*. Bsp.: Der Erbe bezahlt aus dem dürftigen Nachlass die Beerdigungskosten und stellt dann Insolvenzantrag. Keine Rückerstattungspflicht, weil Beerdigungskosten nach § 324 Abs. 1 Ziff. 2 InsO ohnehin als Masseverbindlichkeiten zu bezahlen gewesen waren.
[147] Vgl. die Parallelregelung in § 92 InsO.
[148] Staudinger/*Marotzke* § 1980 Rdnr. 15; MünchKommBGB/*Siegmann* § 1980 Rdnr. 9: Vorher braucht sich der Erbe um die Erbschaft nicht zu kümmern.
[149] Also ohne *schuldhaftes* Zögern: § 121 Abs. 1 S. 1 BGB.
[150] S. BGH Urt. v. 11.7.1984 – NJW 1985, 140.

mitzuberücksichtigen (§ 1980 Abs. 1 S. 3 BGB). Solange dem Nachlass nur die Zahlungsunfähigkeit droht (§ 320 S. 2 InsO i. V. m. § 18 InsO), besteht keine Insolvenzantragspflicht.

Die Antragspflicht **entfällt** bei Dürftigkeit des Nachlasses, d.h. wenn nicht einmal die Kosten eines Insolvenzverfahrens gedeckt sind (§ 1990 Abs. 1 S. 1 BGB); in diesem Fall darf der Erbe nach § 1990 Abs. 1 S. 2 BGB den Nachlass ohne Beantragung eines Insolvenzverfahrens den Gläubigern zur Befriedigung bereitstellen.[151] Gem. § 1980 Abs. 1 S. 2 BGB entfällt die Antragspflicht (nicht das Antragsrecht), wenn die Unzulänglichkeit des Nachlasses nur auf Vermächtnissen oder Auflagen beruht (anders dagegen bei Pflichtteilsansprüchen). Gleiches gilt, wenn sich die Unzulänglichkeit erst bei Hinzurechnung von Verbindlichkeiten ergibt, die im Aufgebotsverfahren oder nach § 1974 BGB ausgeschlossen sind.[152] In Bezug auf den Überschuldungstatbestand folgt beides aber bereits aus der Tatsache, dass nachrangige Verbindlichkeiten (§§ 39, 327 InsO) bei der Überschuldungsprüfung generell außer Betracht zu bleiben haben.[153] Die Antragspflicht entfällt auch dann, wenn der Erbe bereits ohnehin allgemein unbeschränkbar haftet (§ 2013 Abs. 1 S. 1 BGB) oder wenn kein inländischer Insolvenzgerichtsstand gegeben ist.[154] Die Antragspflicht entfällt zudem mit Anordnung der Nachlassverwaltung, mit der diese Pflicht auf den Nachlassverwalter übergeht (§ 1985 Abs. 2 S. 2 BGB)[155] oder wenn alle Nachlassgläubiger auf eine Antragstellung verzichten.[156] Dagegen entbindet die Testamentsvollstreckung oder eine sonstige Nachlasspflegschaft trotz bestehender Antragsbefugnis (§ 317 Abs. 1 InsO) den Erben nicht von seinen Pflichten aus § 1980 BGB.[157]

Folge der Verletzung der Antragspflicht ist eine persönliche Haftung für kausale Vermögensschäden der Nachlassgläubiger. Zu ersetzen ist die Differenz zwischen dem tatsächlichen Befriedigungsbetrag und demjenigen, der bei rechtzeitiger Antragstellung bezahlt worden wäre (sog. **Quotenverringerungsschaden**).[158] Ein solcher Schaden kann jedoch grundsätzlich nur durch Nachlassschmälerungen auf Grund von Zwangsvollstreckungsmaßnahmen einzelner Gläubiger oder durch Kostenbelastungen infolge von Passivprozessen entstehen, während für nachlassschmälernde Eigenhandlungen des Erben dieser bereits nach § 1978 BGB persönlich haftet.[159] In der Schadensersatzpflicht erschöpft sich die Verantwortlichkeit des Erben; die Verletzung der Insolvenzantragspflicht führt nicht etwa zum Verlust der Beschränkbarkeit der Haftung für Nachlassverbindlichkeiten. Die Ersatzansprüche der Nachlassgläubiger gehören nach § 1978 Abs. 2 BGB zur **Insolvenzmasse** und können nach § 92 S. 1 InsO nur vom Verwalter geltend gemacht werden. Miterben haften gesamtschuldnerisch nach § 840 Abs. 1 BGB.[160]

4. Ansprüche des Erben aus Verwaltungstätigkeit

Aufwendungen für den Nachlass kann der Erbe nach § 1978 Abs. 3 BGB aus dem Nachlass ersetzt verlangen, soweit ein solcher Anspruch nach Auftragsrecht bzw. dem Recht der GoA bestanden hätte. Dieser Ersatzanspruch ist Masseschuld (§ 224 Abs. 1 Nr. 1 InsO). Nach § 670 BGB besteht danach ein Ersatzanspruch für Aufwendungen, die der Erbe für den Umständen nach für erforderlich halten durfte.[161]

---

[151] Staudinger/*Marotzke* § 1980 Rdnr. 7; MünchKommBGB/*Siegmann* § 1980 Rdnr. 13: Die Ersatzpflicht aus § 1980 BGB entfällt jedoch nicht, wenn die Dürftigkeit auf einer verzögerten Antragstellung beruht.
[152] Arg. e. § 327 Abs. 3 InsO.
[153] S. Rdnr. 15.
[154] MünchKommBGB/*Siegmann* § 1980 Rdnr. 3.
[155] Jaeger/*Weber* KO §§ 217 bis 220 Rdnr. 23: eine einmal erwachsene Antragspflicht des Erben besteht jedoch auch nach Anordnung der Nachlassverwaltung fort.
[156] Staudinger/*Marotzke* § 1980 Rdnr. 6.
[157] BGH Urt. v. 8.12.2004 – NJW 2005, 756.
[158] Staudinger/*Marotzke* § 1980 Rdnr. 16.
[159] Vgl. MünchKommBGB/*Siegmann* § 1980 Rdnr. 10.
[160] Staudinger/*Marotzke* § 1980 Rdnr. 16.
[161] Näheres zum Erstattungsanspruch des Erben o. in § 24 Rdnr. 87.

VIII. Die Gläubiger

128 Im Insolvenzverfahren gibt es **verschiedene Kategorien** von Gläubigern. Grundlegend ist die Unterscheidung zwischen Insolvenzgläubigern, Massegläubigern sowie Aus- und absonderungsberechtigten Gläubigern. Innerhalb der Gruppe der Insolvenzgläubiger wird noch einmal unterschieden zwischen vollrangigen und nachrangigen Insolvenzgläubigern. Die Unterscheidung zwischen bevorrechtigten und nicht bevorrechtigten Gläubigern, wie früher in § 61 KO getroffen, wurde dagegen von der InsO abgeschafft; allerdings hat dieser Grundsatz beim Nachlassinsolvenzverfahren wiederum eine gewisse Durchbrechung erfahren.

1. Insolvenzgläubiger

129 Den Insolvenzgläubigern ist die Insolvenzmasse zur gemeinschaftlichen Befriedigung haftungsrechtlich zugewiesen. Hierauf können sie während des Verfahrens nur nach Maßgabe der InsO zugreifen (§ 87 InsO). Insbesondere besteht für sie ein Verbot der Einzelzwangsvollstreckung (§ 89 InsO). Die Insolvenzgläubiger sind im Insolvenzverfahren zu einer **Zwangsgemeinschaft** zusammengeschlossen. Dem Verwalter ist es nach den §§ 187 ff. InsO untersagt, außerhalb des Verfahrens Zahlungen auf Insolvenzforderungen zu leisten; erst recht dem Schuldner (=Erbe), dem die Verfügungsbefugnis über sein beschlagnahmtes Vermögen (=Nachlass) durch die Eröffnung des Nachlassinsolvenzverfahrens genommen wird (§ 80 Abs. 1 InsO).

130 Die Insolvenzgläubiger werden von der InsO **grundsätzlich gleichbehandelt**; die systemwidrigen Vorrechte der Ansprüche nach §§ 59 Abs. 1 Ziff. 3 und 61 Abs. 1 Ziff. 1 bis 5 KO sind nicht übernommen worden. Bestimmte Forderungen haben in der Nachlassinsolvenz einen Nachrang (§§ 39, 327 InsO); sie werden in der Verfahrenspraxis nicht berücksichtigt (vgl. § 174 Abs. 3 InsO). Die Forderungen der Insolvenzgläubiger werden im Insolvenzverfahren im Verhältnis ihrer Nennwerte zurzeit der Verfahrenseröffnung quotal berücksichtigt.

131 **Insolvenzgläubiger** sind nach der Regelung des § 38 InsO alle persönlichen Gläubiger des Insolvenzschuldners, die einen zur Zeit der Eröffnung des Insolvenzverfahrens begründeten Vermögensanspruch gegen den Schuldner haben. Bei der Nachlassinsolvenz beschränkt sich der Kreis der Insolvenzgläubiger nach § 325 InsO auf die **Nachlassgläubiger** i. S. d. § 1967 BGB, denen der Nachlass durch die Vermögenssonderung als alleiniges Haftungsobjekt zugewiesen wird, soweit der Erbe nicht schon unbeschränkbar haftete. Eigengläubiger des Erben sind im Nachlassinsolvenzverfahren nur teilnahmeberechtigt, wenn sie zugleich Nachlassgläubiger sind, d.h. wenn es sich bei ihren Forderungen um Nachlasserbenschulden handelt.

132 Bestimmte **Nachlassverbindlichkeiten aus massenützlichen Verwaltungsgeschäften** sowie bestimmte mit dem Todesfall in Zusammenhang stehende Verbindlichkeiten, denen aus Pietätsgründen ein **Vorrang** eingeräumt wurde, werden hierbei, obwohl systematisch Insolvenzforderungen, zu Masseforderungen erhoben (§ 324 Abs. 1 InsO, s. auch Rdnr. 136).

133 Verbindlichkeiten gegenüber **Pflichtteilsberechtigten**, Verbindlichkeiten aus den vom Erblasser angeordneten **Vermächtnissen** und Auflagen sowie Verbindlichkeiten, deren Gläubiger im Wege des **Aufgebotsverfahrens** ausgeschlossen wurden oder nach § 1974 BGB einem ausgeschlossenen Gläubiger gleichstehen, werden im Nachlassinsolvenzverfahren nach § 327 InsO demgegenüber mit einem **Nachrang** versehen und noch hinter die Nachrangverbindlichkeiten des § 39 InsO[162] zurückgesetzt.

134 Nach dieser Maßgabe können im Nachlassinsolvenzverfahren **sämtliche Nachlassverbindlichkeiten** geltend gemacht werden; auch der Erbe kann wegen § 1976 BGB Nachlassgläubiger sein.

2. Massegläubiger

135 Massegläubiger sind die Inhaber von Forderungen, die nach § 53 InsO aus der Insolvenzmasse vorweg zu berichtigen sind. Es handelt sich dabei neben Landesfiskus, Verwalter und ggf. Gläubigerausschussmitgliedern wegen der **Verfahrenskosten** (§ 54 InsO) insbesondere um

---

[162] Zur Bedeutung des § 39 InsO im Nachlassinsolvenzverfahren *Siegmann* ZEV 2000, 221, 222.

Personen, die **Rechtsgeschäfte mit dem Verwalter** eingegangen sind oder um Gläubiger aus gegenseitigen Verträgen mit dem Schuldner, die auch für die Zeit nach Eröffnung des Insolvenzverfahrens zu erfüllen sind (s. § 55 Abs. 1 InsO), sei es durch **Erfüllungswahl** des Verwalters nach § 103 ff. InsO oder im Rahmen von **fortbestehenden Dauerschuldverhältnissen** (§§ 108 ff. InsO). Den Masseverbindlichkeiten sind nach § 55 Abs. 2 InsO ferner gleichgestellt Verbindlichkeiten, die von einem vorläufigen Insolvenzverwalter mit Verfügungsbefugnis begründet wurden.

Bei der Nachlassinsolvenz ist der **Kreis der Massegläubiger** nach § 324 InsO erweitert um Gläubiger aus Aufwendungen, die typischerweise im Rahmen einer ordnungsgemäßen Verwaltung des Nachlasses erfolgt sind. Dies sind zunächst die dem Erben nach §§ 1987, 1979 BGB zu erstattenden Aufwendungen.[163] Sodann werden privilegiert die Kosten des der allgemeinen Sitte entsprechenden und im Interesse der öffentlichen Ordnung liegenden Begräbnisses des Erblassers,[164] wozu auch die Kosten eines angemessenen Grabdenkmals und der landesüblichen Leichenfeierlichkeiten gehören, nicht jedoch auch die Kosten für Instandhaltung und Pflege der Grabstätte in der Folgezeit.[165] Irrtümlich in § 324 InsO nicht erwähnt wurde der dem Erben zugesprochene notdürftige Unterhalt (siehe § 100 InsO) und die Verbindlichkeiten aus einem nachkonkurslichen Sozialplan (§ 123 Abs. 2 InsO).[166] 136

Massegläubiger unterliegen wegen ihrer Forderungen nicht den Beschränkungen der Insolvenzgläubiger. Sie müssen ihre **Forderungen nicht zur Tabelle anmelden,** sondern können zu jeder Zeit deswegen **Klage** gegen den Verwalter erheben und die **Zwangsvollstreckung** in die Insolvenzmasse betreiben. Eine Ausnahme besteht für Sozialplangläubiger nach § 123 InsO, die einem Verbot der Zwangsvollstreckung unterliegen. Des Weiteren besteht für sog. „oktroyierte" Masseverbindlichkeiten eine Vollstreckungssperre von sechs Monaten (§ 90 InsO) sowie für Altmassegläubiger nach Anzeige der Masseunzulänglichkeit (§ 210 InsO). Die Gläubiger passiv vererblicher Unterhaltsansprüche familienrechtlicher Natur werden für die Zeit nach Insolvenzeröffnung nach § 40 InsO zur Tabelle verwiesen, sofern ihnen nicht nach § 100 InsO Unterhalt bewilligt ist. 137

3. Gläubiger mit Aus- oder Absonderungsrechten

a) **Aussonderungsberechtigte.** Zur Aussonderung ist berechtigt, wer auf Grund eines dinglichen oder persönlichen Rechts geltend machen kann, ein tatsächlich zur Insolvenzmasse (Ist-Masse) gezogener Gegenstand gehöre rechtlich nicht in die Masse. Der Aussonderungsberechtigte ist damit **kein Insolvenzgläubiger** (s. § 47 InsO); er kann seine Rechte an dem bzw. auf das Aussonderungsgut wie ein Massegläubiger **direkt gegen den Verwalter** geltend machen. Im Nachlassinsolvenzverfahren kann auch der Erbe, hinsichtlich der Gegenstände seines Eigenvermögens, aussonderungsberechtigt sein. Als Aussonderungsrechte kommen in Betracht: **Eigentum**,[167] Besitz, beschränkt **dingliche Rechte,** Inhaberschaft an **Forderungen** (soweit nicht sicherungshalber erlangt, § 166 Abs. 2 InsO) und sonstigen Ansprüchen sowie obligatorische Herausgabeansprüche.[168] Auch **gewerbliche Schutzrechte** gewähren ein Aussonderungsrecht. 138

Aussonderungsrechte müssen **vom Verwalter respektiert** werden. Er schuldet Aussonderungsgläubigern **Auskunft** über die betroffenen Rechte[169] und hat Aussonderungsgut zu **sichern**. Verletzungen dieser Pflichten können zu Schadensersatzansprüchen der Aussonderungsgläubiger aus § 60 InsO führen. Ist ein Gegenstand, dessen Aussonderung hätte verlangt werden können, vor der Eröffnung des Insolvenzverfahrens vom Erben oder nach der Eröffnung vom Insolvenzverwalter unberechtigt veräußert worden, kann der Aussonderungsberechtigte die Gegenleistung aus der Insolvenzmasse verlangen, soweit sie noch aussteht oder in der Masse noch unterscheidbar vorhanden ist (§ 48 InsO: sog. **Ersatzaussonderung**). 139

---

[163] Dazu o. unter Rdnr. 127.
[164] Jaeger/*Weber* KO § 224 Rdnr. 3: Den Vorrang der Beerdigungskosten kannte bereits das römische Recht, das gemeine Recht und die preußische Konkursordnung von 1855.
[165] MünchKommInsO/*Siegmann* § 324 Rdnr. 5.
[166] *Siegmann* ZEV 2000, 221, 222.
[167] Inklusive Vorbehaltseigentum, aber kein Sicherungseigentum (hierzu näher Jaeger/*Henckel* InsO § 47 Rdnr. 41 ff.; MünchKommInsO/*Ganter* § 47 Rdnr. 54 ff.).
[168] Z.B. aus Miete, Verwahrung oder Treuhandvertrag.
[169] O. Rdnr. 85.

140 **b) Absonderungsgläubiger.** Während mit dem Aussonderungsrecht die Nichtzugehörigkeit eines Gegenstandes zur Masse geltend gemacht wird, ist das Recht auf abgesonderte Befriedigung auf vorzugsweise Befriedigung aus der Verwertung eines zur Masse gehörenden Gegenstandes gerichtet. Hauptbeispiele hierzu sind das (Grund-)Pfandrecht, das Sicherungseigentum und die zur Sicherung abgetretene Forderung sowie Zurückbehaltungsrechte (s. §§ 49–51 InsO). Der absonderungsberechtigte Gläubiger hat im Insolvenzverfahren keine Berechtigung an der belasteten Sache selbst, sondern er hat nur einen **Anspruch auf vorrangige Befriedigung** aus dem Verwertungserlös.

141 Gläubiger, die abgesonderte Befriedigung beanspruchen können, sind **zugleich Insolvenzgläubiger**, soweit ihnen der Erbe auch persönlich haftet (§ 52 S. 1 InsO). Das ist meist der Fall, weil das Absonderungsrecht in aller Regel durch ein Recht begründet wird, das eine gegen den Insolvenzschuldner (im Fall der Nachlassinsolvenz: den Erblasser) gerichtete Forderung sichert.

142 Ein absonderungsberechtigter Gläubiger ist **zur Anmeldung** seiner Forderung nach § 174 InsO **nicht verpflichtet**, um sein Absonderungsrecht geltend zu machen.[170] Regelmäßig geht der Gläubiger entsprechend seiner materiell-rechtlichen Doppelstellung zweigleisig vor. Als Insolvenzgläubiger meldet er seine Forderung in voller Höhe zur Tabelle an. Im Falle einer positiven Prüfung der angemeldeten Forderung (vgl. § 176 InsO) wird diese als sog. **Ausfallforderung** („für den Ausfall") zur Insolvenztabelle festgestellt (vgl. § 178 InsO). Der Absonderungsberechtigte nimmt jedoch nur insoweit an der anteiligen Befriedigung teil, als er mit seiner Forderung ausgefallen ist (vgl. § 52 S. 2 und § 190 InsO).

143 Nach der Insolvenzordnung haben Gläubiger mit Absonderungsrechten an beweglichen Gegenständen, die sich im Besitz des Verwalters befinden, sowie sicherungshalber übertragener Forderungen **kein eigenes Verwertungsrecht** mehr; dieses liegt nach der InsO beim Verwalter (§ 166). Der Verwalter entscheidet selbst über Zeitpunkt und Art der Verwertung und kann für seine Bemühungen vom Verwertungserlös (in bescheidenem Umfang: § 171 InsO) noch Kostenbeiträge für die Masse abziehen (§ 170 InsO). Die Absonderungsgläubiger haben dafür bestimmte Schutzrechte (§§ 167 ff. InsO).[171]

144 **Grundpfandgläubiger** können demgegenüber weiterhin ihre Rechte weitgehend unbeeinflusst vom Insolvenzverfahren nach Maßgabe des ZVG geltend machen (s. § 49 InsO); der Verwalter hat in der Praxis nur wenig aussichtsreiche Möglichkeiten, die einstweilige Einstellung der Zwangsvollstreckung in das Grundstück zu bewirken (§§ 30 d, 153 b Abs. 1 ZVG); im Erfolgsfall müsste er aus der Masse die laufenden Zinsen auf die gesicherte Forderung zahlen (§ 30 e ZVG) bzw. dem betreibenden Gläubiger die Beträge aus der Masse erstatten, die dieser durch eine Zwangsverwaltung erzielt hätte (§ 153 b Abs. 2 ZVG). Normalerweise beauftragt der Grundpfandgläubiger jedoch den Verwalter ohnehin mit der Verwertung eines mit Grundpfandrechten überbelasteten Massegrundstücks im Wege der freien Grundstücksveräußerung, die den Grundpfandgläubigern versperrt ist, gegen einen Massebeitrag zwischen 3 und 8 Prozent des Verwertungserlöses.[172] Ist ein Grundstück nur zum Teil belastet, wird der Verwalter das Grundstück bereits von sich aus verwerten.

4. Organe der Gläubigerschaft

145 **a) Gläubigerversammlung.** Das Hauptorgan der Gläubigergemeinschaft ist die Gläubigerversammlung. Es handelt sich um ein **Selbstverwaltungsorgan, dem alle Insolvenzgläubiger angehören**, die Forderungen angemeldet haben.[173] Die Gläubiger nachrangiger Insolvenzforderungen haben allerdings kein Stimmrecht (§ 77 Abs. 1 S. 2 InsO). Die Gläubigerversammlung findet unter Leitung des Insolvenzgerichts statt (§ 76 Abs. 1 InsO) und wird auch von diesem mittels öffentlicher Bekanntmachung einberufen (§ 74 Abs. 1 InsO). Es gibt im Regelinsolvenzverfahren, nach dessen Regeln auch das Nachlassinsolvenzverfahren abläuft, drei obligatorische Versammlungstermine: den (auf die Unternehmensinsolvenz zugeschnittenen) Berichtster-

---

[170] Unklar *Firsching/Graf* Nachlassrecht Rdnr. 4.864.
[171] Dazu näher o. Rdnr. 86.
[172] *Förster* ZInsO 1999, 689 f.
[173] *Pape* ZInsO 1999, 305 ff.; *Uhlenbruck* WM 1999, 1197 ff.

min (§ 156 InsO), den Prüfungstermin (§ 176 InsO), der in der Regel mit dem Berichtstermin verbunden wird, und den Schlusstermin (§ 197 InsO).

Nach der Insolvenzordnung gehören der Gläubigerversammlung die absonderungsberechtigten Gläubiger nicht nur in Höhe ihres (mutmaßlichen) Ausfalls an, sondern mit ihren gesamten persönlichen Forderungen gegen den Schuldner (§§ 74 Abs. 1; 76 Abs. 2, 2. HS InsO). Den **Absonderungsgläubigern** mit ihren hohen Forderungen (insbesondere den Banken) kommt danach in den meisten Fällen **dominierender Einfluss** auf die Gläubigerversammlung zu. Dies ist durchaus problematisch, weil sich deren Interesse primär auf die optimale Verwertung ihrer Sicherungsrechte bezieht und somit oftmals dem der ungesicherten Gläubiger widerspricht.[174] Dies bedeutet letztlich aber nur die Anerkennung ohnehin bestehender Realitäten, da die Absonderungsgläubiger durch ihre Sicherungsrechte – außerhalb der Gläubigerversammlung – schon bisher maßgeblichen Einfluss auf die Verfahrensabwicklung hatten. Die Dominanz der Absonderungsgläubiger auch bei der Entscheidung über eine Abwahl des vom Gericht eingesetzten Verwalters über § 57 InsO wurde inzwischen durch das Erfordernis einer Kopfmehrheit bei der Entscheidung eingeschränkt.

Nach der Insolvenzordnung kommt der Gläubigerautonomie im Insolvenzverfahren eine entscheidende Rolle zu, daher hat die Gläubigerversammlung gegenüber der früheren Rechtslage erweiterte **Kompetenzen**. Dies betrifft nicht nur die Möglichkeiten im Hinblick auf das Planverfahren (§ 157 InsO) und die Eigenverwaltung (§§ 271, 272 InsO), sondern die Gläubigerversammlung hat im Vergleich zur KO auch erweiterte Zustimmungskompetenzen (S. §§ 160 ff, 213 InsO) und die Möglichkeit, dem Verwalter generell Weisungen in Bezug auf die Art und Weise der Masseverwertung innerhalb des Regelverfahrens zu erteilen (§ 159 InsO). Die Gläubigerversammlung ist berechtigt, vom Verwalter einzelne Auskünfte und Sachstandsberichte zu verlangen sowie die Kassenführung des Verwalters prüfen zu lassen, soweit nicht ein Gläubigerausschuss bestellt ist (§ 79 InsO).

Die Gläubigerversammlung beschließt insbesondere über folgende Gegenstände:
- Person des Insolvenzverwalters (§ 57 InsO),
- endgültige Bestellung eines Gläubigerausschusses und seine Zusammensetzung (§ 68 InsO),
- Fortführung oder Schließung eines massebefangenen Unternehmens und die Erstellung eines bestimmten Insolvenzplans (§ 157 InsO),
- Genehmigung bestimmter, besonders bedeutsamer Rechtshandlungen des Insolvenzverwalters (§§ 162 f, ggf. 160 InsO)
- Beauftragung des Verwalters zur Erstellung eines Insolvenzplans (§ 218 Abs. 2 InsO)
- Annahme eines Insolvenzplans (§ 235 InsO)

b) Gläubigerausschuss. Der Gläubigerausschuss ist das (fakultative) Exekutivorgan der Gläubigerschaft. Er hat die **Aufgabe, den Verwalter zu überwachen** und ihn bei der Erfüllung seiner Aufgaben zu **unterstützen** (§ 69 InsO).[175] Über den Gläubigerausschuss können die Gläubiger ihren Einfluss auf die Verfahrensabwicklung nochmals verstärken. Die Einsetzung eines Gläubigerausschusses empfiehlt sich in größeren Verfahren, insbesondere in solchen, die ein laufendes Unternehmen umfassen. Im Gläubigerausschuss sollen die wichtigsten Gläubigergruppen vertreten sein, wobei die **Ausschussmitglieder** nicht selbst gruppenzugehörig sein müssen (§ 67 Abs. 3 InsO). Nach § 67 Abs. 2 InsO soll sich der Gläubigerausschuss zusammensetzen aus Vertretern der absonderungsberechtigten Gläubiger, der Großgläubiger und der Kleingläubiger sowie ggf. der Arbeitnehmer, soweit diese als Insolvenzgläubiger mit nicht unerheblichen Forderungen beteiligt sind.

Der Gläubigerausschuss kann sowohl vom Erben als Schuldner als auch vom Verwalter **Auskunft** verlangen (§§ 69 S. 2, 97 InsO). Ihm ist der **Bericht des Verwalters** und ein erstellter Insolvenzplan vorab zuzuleiten (§§ 156 Abs. 2, 232 Abs. 1 InsO).

Zum weiteren Aufgabenbereich des Gläubigerausschusses gehören:
- Kassenprüfung (§ 69 S. 2 InsO)

---

[174] *Grub* DZWIR 1999, 133 ff.
[175] Näher hierzu *Pape* ZInsO 1999, 675 ff.

- Genehmigung bedeutsamer Rechtshandlungen des Verwalters wie Geschäftsübertragung, Grundstücksverkauf, Darlehensaufnahme oder Prozesshandlungen von besonderer Bedeutung (§ 160 InsO), beschränkt auf Innenwirkung
- Mitwirkung bei Verteilungen (§§ 187 Abs. 3, 195 InsO).

Jedem Mitglied des Gläubigerausschusses obliegt die Überwachung und Unterstützung des Verwalters persönlich (§ 69 InsO). Jedes Ausschussmitglied ist dabei dem Interesse aller Gläubiger verpflichtet. Der Gläubigergemeinschaft haften sie nach § 71 InsO für die pflichtgemäße Erfüllung ihrer Aufgaben (insbesondere der Kontrolle und der Überwachung).

§ 26 Miterben und Miterbenauseinandersetzung

Übersicht

	Rdnr.
Beratungschecklisten	1/2
I. Die Erbengemeinschaft: Ihre Entstehung und ihre Grundlagen	3–30
1. Einleitung	3–5
a) Das Entstehen einer Erbengemeinschaft	3
b) Die für die Erbengemeinschaft wesentlichen Vorschriften	4
c) Mandatsführung und Beratung	5
2. Der Umfang des Nachlasses und das Surrogationsprinzip	6–12
a) Gesamtrechtsnachfolge (Universalsukzession)	6
b) Sonderrechtsnachfolge	7
c) Das Surrogationsprinzip	8–11
3. Das Gesamthandsprinzip	13–30
a) Grundlagen	13
b) Abgrenzung Gesamthandseigentum – Bruchteileigentum	14/15
c) Gläubigerzugriff auf das Gesamthandsvermögen	15–19
d) Verfügung über Erbanteil	20–30
II. Die Verwaltung des Vermögens durch die Erbengemeinschaft	31–50
1. Übersicht über einzelne Verwaltungsmaßnahmen	31–39
a) Grundlagen	31–33
b) Die einzelnen Verwaltungsmaßnahmen	34–38
2. Muster zur Beschlussfassung und zu sonstigen Verwaltungsmaßnahmen	40–44
a) Protokoll der Versammlung einer Erbengemeinschaft mit Einladungsschreiben	40–41a
b) Maßnahmen im Zusammenhang mit dem Grundbuch	42/43
c) Geltendmachung einer Forderung	44
3. Vollmachten	45–49
a) Allgemeines	45/46
b) Muster für Spezialvollmachten	47/48
c) Generelle Nachlassvollmacht	49
4. Die Verteilung gezogener Früchte, der Gebrauch von Nachlassgegenständen und die Lasten	50
III. Vorbereitende Maßnahmen zur (einvernehmlichen) Erbauseinandersetzung	51–54
1. Sachverhaltsermittlung	52/53
a) Beteiligte	52
b) Umfang des Nachlasses	53
2. Strategien zur Streitvermeidung	54
IV. Die Auflösung der Erbengemeinschaft entsprechend den gesetzlichen Regelungen	55–82
1. Einführung „Die gesetzlichen Teilungsregeln"	55
2. Anspruchsgrundlage für das Auseinandersetzungsverlangen	56–60
a) Grundsatz	56
b) Ausnahmen	57–59
3. Forderungsberechtigte	61
4. Die einzelnen Schritte der Auseinandersetzung nach Maßgabe der gesetzlichen Vorschriften	62–67
a) Vollständige Ermittlung der Aktiva und Passiva des Nachlasses	62
b) Begleichung der Nachlassverbindlichkeiten	62a
c) Verkauf der in Natur nicht ohne Wertverlust in wertgleiche Teile teilbaren Gegenstände	63–66
5. Genehmigungserfordernisse	68
6. Anrechnungs- und Ausgleichspflichten	69–81
a) Gesetzliche Erbfolge mehrerer Abkömmlinge	70
b) Zuwendungen des Erblassers	71–75
c) Sind nachträgliche Änderungen möglich	76–78
d) Die über dem Erbteil liegende Zuwendung	79
e) Berechnungsschritte	80
f) Zuwendungen des Erben an Erblasser durch Mitarbeit in Betrieb oder Pflege	81

7. Schadensersatzansprüche der Erben untereinander wegen verspäteter Teilung	82
V. Auseinandersetzung durch einvernehmliche Regelungen	83–106
1. Einführung	83
2. Übertragung sämtlicher Nachlassgegenstände aus der Gesamthand heraus	84–92
a) Einleitung	84
b) Vertragsbestandteile	85–91
3. Abschichtung	93–99
a) Beschrieb des Vertragsgegenstandes	94
b) Die zu erbringenden Leistungen und deren Fälligkeit	95
c) Sicherung von Leistung und Gegenleistung	96–98
d) Gewährleistung	99
e) Regelungen zur Kosten- und Steuerfolge	99a
4. Übertragung sämtlicher Erbanteile auf einen der Erben	100
5. Sonstige Auseinandersetzungsmöglichkeiten	101–103
a) Strategische Ausschlagung	102
b) Auseinandersetzung von Bauerwartungsland	103
6. Vor- und Nachteile der einzelnen Gestaltungsmöglichkeiten	104
7. Teilerbauseinandersetzung	105/106
VI. Besonderheiten der Auseinandersetzung bei angeordneter Testamentsvollstreckung	107–110
1. Einleitung	107
2. Durch die Testamentsvollstreckung eintretende Erleichterungen bei der Erbauseinandersetzung	108/109
3. Der Vollzug des Auseinandersetzungsplans	110
VII. Teilungsverbote	111/112
1. Allgemeines zu Auseinandersetzungsverboten	111
2. Bindung der Erben an Verfügungen des Erblassers	112
VIII. Besonderheiten bei der Beteiligung von Minderjährigen an der Erbengemeinschaft	113–118
1. Die Vertretung des Minderjährigen	113–115
a) Familiengerichtliche/Vormundschaftsgerichtliche Genehmigung	114
b) Ausschluss der Vertretungsmacht der Eltern bzw. eines Vormunds	115
2. Das Minderjährigenhaftungsbeschränkungsgesetz	116–118
a) Begrenzung der Haftung	117
b) Außerordentliches Kündigungsrecht	118
IX. Sonderfall: Der vergessene Nachlassgegenstand bzw. der vergessene Erbe	119/120
1. Der vergessene Nachlassgegenstand	119
2. Der vergessene Miterbe	120
X. Nachlassplanung zur Vermeidung von Erbengemeinschaft	121/122
1. Alleinerbeneinsetzung	121
2. Lebzeitige Zuwendung	122
XI. Nachlassplanung zur Streitvermeidung in der Erbengemeinschaft	123–129
1. Lebzeitige Maßnahmen	123/124
a) Rechtsgeschäfte zwischen künftigen Miterben	123
b) Übergabeverträge	124
2. Letztwillige Verfügungen	125–129
a) Testamentsvollstreckung	126
b) Teilungsanordnungen	127
c) Vorausvermächtnisse	128
d) Schiedsklauseln	129
XII. Besonderheiten bei Unternehmen bzw. Unternehmensbeteiligungen in der Erbengemeinschaft	130–135
1. ABC zum Übergang der Beteiligungen	130
2. Verwaltung und Auseinandersetzung	131–134
a) Aktiengesellschaft	131
b) GmbH	132/133
c) Personengesellschaften	134
3. Einzelkaufmännisches Handelsgeschäft	135

§ 26 Miterben und Miterbenauseinandersetzung

Schrifttum: Beck'sches Notar-Handbuch, [Bearbeiter], 4. Aufl. 2006; *Bengel/Reimann,* Handbuch der Testamentsvollstreckung, 3. Aufl. 2001; *Bengel,* Zur Rechtsnatur der vom Erblasser verfügten Erbteilungsverbote, ZEV 1995, 178; *Brox,* Erbrecht, 21. Aufl. 2004; *Eberl-Borges,* Die Erbauseinandersetzung, 2000; *Eberl-Borges,* Die Rechtsnatur der Erbengemeinschaft nach dem Urteil des BGH vom 29.1.2001 zur Rechtsfähigkeit der (Außen-)GbR, ZEV 2002, 125; *Firsching/Graf,* Nachlassrecht, 8. Aufl. 2000; *Frieser,* Anwaltliche Strategien im Erbschaftsstreit, 2. Aufl. 2004; *Gustavus,* Handelsregisteranmeldungen, 6. Auflage 2005; *Groll* [Bearbeiter] Praxis-Handbuch Erbrechtsberatung 2. Aufl. 2005; *Hüffer,* Aktiengesetz 7. Aufl. 2006; *Johannson,* Die Rechtsprechung des BGH auf dem Gebiet des Erbrechts, WM 1970, 738; *Keidel/Krafka/Willer,* Registerrecht, 6. Auflage 2003; *Klinger* [Bearbeiter], Münchener Prozessformularbuch Erbrecht, 2004; *Langenfeld* [Bearbeiter] Münchener Vertragshandbuch Band 6 Bürgerliches Recht II, 5. Aufl. 2003; *Langenfeld,* Die Gesellschaft bürgerlichen Rechts, 6. Aufl. 2003; *ders.,* GmbH-Vertragspraxis, 5. Aufl. 2006; *Muscheler,* Der Mehrheitsbeschluss in der Erbengemeinschaft, ZEV 1997, 167 und 222; *Nieder,* Handbuch der Testamentsgestaltung, 2. Aufl. 2000; *Reimann,* Erbauseinandersetzung durch Abschichtung, ZEV 1998, 213; *Schmitt K.,* Die freiberufliche Partnerschaft, NJW 95, 1; *Schöner/Stöber,* Grundbuchrecht, 13. Aufl. 2004; *Sudhoff* [Bearbeiter], Unternehmensnachfolge, 5. Aufl. 2005; *Wegmann,* Grundstücksüberlassung, 2. Aufl. 1999.

Beratungschecklisten

Checkliste: Beratung des Erblassers im Hinblick auf eine künftige Erbengemeinschaft

- ☐ Ermittlung der Personen, die der Erblasser bedenken möchte, bzw. denen Rechte am Nachlass zustehen können (z.B. Pflichtteilsberechtigte).
- ☐ Bestehen Besonderheiten in der Person der künftigen Miterben, die die Erbengemeinschaft belasten könnten, z.B.: minderjährige Abkömmlinge; Abhilfe: z.B. durch Anordnung von Testamentsvollstreckung bis zur Volljährigkeit?
- ☐ Ermittlung der Vermögensgegenstände des künftigen Nachlasses.
- ☐ Bestehen Besonderheiten für die Erbengemeinschaft im Hinblick auf einzelne Vermögensgegenstände, z.B. Beteiligungen an Unternehmen?
  - Um welche Beteiligungen handelt es sich (an Personen- oder Kapitalgesellschaften)?
  - Bei Personengesellschaften: Berücksichtigung der Sonderrechtsnachfolge; Abstimmung von Gesellschaftsvertrag und letztwillige Verfügung
  - Bei Kapitalgesellschaften fallen die Beteiligungen in den Nachlass. GmbH-Satzungen sehen häufig im Erbfall Einziehungsrechte oder Abtretungsverpflichtungen vor. Die letztwillige Verfügung muss daher mit den Satzungsbestimmungen in Einklang gebracht werden.
- ☐ Sind auf Grund des Vermögenswertes aus steuerlicher Sicht Maßnahmen wie z.B. lebzeitige Übergaben erforderlich, können diese Maßnahmen gleichzeitig auch zur Konfliktvermeidung in der künftigen Erbengemeinschaft dienen. Häufig bietet sich die Kombination aus einem Übergabe- und Erbvertrag an. Im Erbvertrag kann „einvernehmlich" die Verteilung des dem Erblasser nach der Übergabe verbleibenden Vermögens vorgenommen werden.
- ☐ Wurden nur an Einzelne der künftigen Miterben bereits lebzeitig Zuwendungen gemacht, ist entweder bereits im Übergabevertrag oder in der letztwilligen Verfügung ein Ausgleich vorzusehen (z.B. Ausgleichung durch Vorausvermächtnis), sofern eine Gleichbehandlung erreicht werden soll. Soll die Ausgleichung durch letztwillige Verfügung erfolgen, ist dies im Übergabevertrag vorzubereiten, z.B. sollte bei Pflichtteilsberechtigten eine Anrechnung auf den Pflichtteil vorgenommen werden.
- ☐ Sollen mehrere Abkömmlinge bewusst nicht gleich behandelt werden, ist es i. d. Regel angezeigt, zwischen ihnen keine Erbengemeinschaft entstehen zu lassen.
- ☐ Erörterung des möglichen Konfliktpotentials in einer Erbengemeinschaft mit dem Erblasser, insbesondere im Hinblick auf Verwaltung und Auseinandersetzung. Bestehen schon Anzeichen für spätere Konflikte, etwa weil:
  - ein nichteheliches Kind als Erbe in Betracht kommt (Mögliche Abhilfe: Abfindung gegen Erb- bzw. Pflichtteilsverzicht; Enterbung)
  - Kinder aus verschiedenen Ehen als Erben in Betracht kommen
  - es zwischen den Abkömmlingen schon Streit gibt.

☐ Beratung hinsichtlich konfliktmindernden Instrumentarien, wie z.B.:
- Alleinerbeneinsetzung mit entsprechender anderweitiger Abfindung, insbesondere von weichenden Pflichtteilsberechtigten.
- Lebzeitige Übergaben mit dem Ziel, den im Todesfall verbleibenden „Restnachlass" (und damit auch mögliche Konflikte) zu minimieren.
- Teilungsvorgaben des Erblassers durch Teilungsanordnungen, Übernahmerechte oder Vermächtnisse.
- Einsetzung eines Testamentsvollstreckers
- Anordnung, dass die Auseinandersetzung dem billigen Ermessen eines Dritte unterstellt wird (vgl. § 2048 Satz 2 und 3 BGB).
- Die Aufnahme von Schiedsklauseln in die letztwillige Verfügung.

2 Checkliste: Beratung des Miterbens nach dem Todesfall

☐ Beratung (unmittelbar) nach dem Todesfall.
- Feststellung der Erbberechtigung.
  - Erbrecht ergibt sich aus gesetzlicher Erbfolge oder aus letztwilliger Verfügung;
  - Liegen mehrere letztwillige Verfügungen vor, ist zu prüfen, ob sie sich möglicherweise widersprechen und je nach ihrer Wirksamkeit zu unterschiedlichen Erbengemeinschaften führen könnten;
  - Enthält die letztwillige Verfügung überhaupt eine Miterbeneinsetzung; (besonders in „Laientestamenten" werden häufig einzelne Vermögensgegenstände zugewendet; durch Auslegung ist dann zu ermitteln, ob hierin eine Miterbeneinsetzung zu sehen ist, oder ob Vermächtnisse vorliegen)
- Feststellung der weiteren Miterben (und sonstigen Beteiligten).
  - Sind aller Miterben bekannt; wenn nicht, ist für den unbekannten Erben an eine Nachlasspflegschaft zu denken (§ 1960 BGB);
  - Besonderheiten können z.B. bei minderjährigen Miterben bestehen (z.B. vormundschaftsgerichtliche Genehmigungserfordernisse);
  - einzelne Erben halten sich im Ausland auf und sind hierdurch gehindert, an der Verwaltung und Auseinandersetzung mitzuwirken; hier kann es sich anbieten, dass die Miterben einvernehmlich durch Beschluss einen Miterben mit der Verwaltung des Nachlasses und der Vorbereitung zur Teilung beauftragen und ihn entsprechend bevollmächtigen;
- Erste Feststellung zum Umfang des Nachlasses, gegebenenfalls verbunden mit Maßnahmen zur Nachlasssicherung (Notgeschäftsführungsmaßnahmen: z.B. Verkauf verderblicher Waren);
- Feststellung, ob besondere Vermögensgegenstände, wie z.B. Beteiligungen an Kapitalgesellschaften zum Nachlass gehören. In solchen Fällen kann schnelles Handeln notwendig sein, z. B:
  - die Erteilung einer Stimmrechtsvollmacht;
  - eine Geschäftsführerneubestellung, sofern der Verstorbene auch Geschäftsführer war.
- Ggf. Einleitung eines Erbscheinsverfahren.
☐ Beratung bei der Vorbereitung der (einvernehmlichen) Erbauseinandersetzung
  Hierbei sind besonders folgende Punkte von Bedeutung:
- Endgültige Feststellung der Aktiva und Passiva des Nachlasses.
- Bewertung der zum Nachlass gehörenden Vermögensgegenstände; bei Grundstücken und Beteiligungen an Gesellschaften sind häufig Wertgutachten einzuholen.
- Begleichung der Passiva.
- Einigung über die Aufteilung des Nachlasses ggf. unter:
  - Berücksichtigung der Vorgaben des Erblassers (wie z.B. Teilungsanordnung);
  - Anrechnungs- und Ausgleichspflichten.

- Abklärung, wie die Aufteilung vorgenommen werden soll, also z.B.
  - ganze oder teilweise Veräußerung der Aktiva an Dritte und Teilung des Erlöses;
  - Übertragung von Erbteilen auf einen Miterben
  - Abschichtung
  - Übertragung der Aktiva auf die Miterben

I. Die Erbengemeinschaft: Ihre Entstehung und ihre Grundlagen

1. Einleitung

a) Das Entstehen einer Erbengemeinschaft. Eine Erbengemeinschaft entsteht, wenn ein Erblasser nicht nur von einer, sondern (auf Grund gesetzlicher oder gewillkürter Erbfolge) von mehreren Personen beerbt wird.

b) Die für die Erbengemeinschaft wesentlichen Vorschriften. Die ausschließlich die Erbengemeinschaft betreffenden Vorschriften finden sich in den §§ 2032 ff. BGB. Sie regeln insbesondere die **Verwaltung**, die **Verfügungsbefugnis** bei bestehender Erbengemeinschaft und deren **Auseinandersetzung**. Ergänzend gelten die allgemeinen Bestimmungen über die Erbschaft auch für den Anteil eines Miterbens.[1]

Beispiel:
X wurde von seinen Kindern A, B und C beerbt. A möchte seinen Erbteil veräußern. Die Regelungen zum Erbschaftskauf finden sich in den §§ 2371 ff.[2] Die Regelungen hinsichtlich der Verfügung über den Erbteil finden sich in §§ 2033 ff. BGB.

Vorstehendes Beispiel zeigt die „Verzahnung" der Sonderbestimmungen der §§ 2032 bis 2063 BGB und der Allgemeinen erbrechtlichen Vorschriften.
Außerhalb des Bürgerlichen Gesetzbuches gibt es darüber hinaus Folgende die Erbengemeinschaft betreffenden Vorschriften:
- §§ 86 ff FGG (nachlassgerichtliches Auseinandersetzungsverfahren)[3]
- § 316 Abs. 2, 3 InsO
- § 747 ZPO (Zwangsversteigerung in einzelne Nachlassgegenstände vor der Teilung)
- § 859 Abs. 2 ZPO (Erbteilspfändung)

c) Mandatsführung und Beratung. Bei der Mandatsannahme und Mandatsführung gelten bei der Erbengemeinschaft im Wesentlichen die gleichen Grundsätze wie bei den sonstigen erbrechtlichen Mandaten.[4] Sowohl bei der Beratung vor dem Erbfall (also etwa bei der Gestaltung letztwilliger Verfügungen) als auch bei Mandaten nach dem Erbfall sollte man die Folgenden für die Erbengemeinschaft wesentlichen Grundsätze berücksichtigen:
- das Vermögen des Erblassers geht auf die Erbengemeinschaft **zur gesamten Hand** über;[5]
- das Gesamthandsvermögen wird von den Miterben **gemeinsam verwaltet**;[6]
- über einen einzelnen Vermögensgegenstand des Nachlasses können die Miterben **nur gemeinsam verfügen**;[7]
- dem Erhalt der wirtschaftlichen Einheit des Gesamthandvermögens trägt das **Surrogationsprinzip** Rechnung;[8]
- die Erbengemeinschaft ist auf ihre **Auseinandersetzung** und auf die **Teilung** des Nachlasses ausgerichtet.[9]

---

[1] Vgl. § 1922 Abs. 2 BGB.
[2] § 1922 Abs. 2 i. V. m. §§ 2371 ff. BGB, wie z.B. Form des Verpflichtungsgeschäftes, Gewährleistung etc.
[3] Vgl. § 54.
[4] Vgl. § 2
[5] Vgl. § 1922 BGB; siehe hierzu Rdnr. 6.
[6] Vgl. § 2038 Abs. 1 S. 1 BGB; der Grundsatz wird vielfach durchbrochen; siehe hierzu Rdnr. 31 ff.
[7] Vgl. § 2033 Abs. 2 BGB; siehe hierzu Rdnr. 20.
[8] Vgl. § 2041 BGB; siehe hierzu Rdnr. 8 ff.
[9] Siehe hierzu Rdnr. 55 ff.

Aus vorstehenden Prinzipien ergibt sich, dass die Miterben sowohl bei der Verwaltung des Nachlasses als auch bei der Veräußerung einzelner Nachlassgegenstände sowie letztlich bei der Teilung des Nachlasses zusammenwirken müssen. Aufgrund dieser gesetzlichen Vorgaben ist die Erbengemeinschaft **konfliktanfällig.** Darüber hinaus sind in der Erbengemeinschaft häufig widerstreitende Interessen in Einklang zu bringen, oder es treten mit dem Erbfall bislang „verdeckte" familiäre oder sonstige persönliche Konflikte zu Tage, die zu heftigen Kontroversen innerhalb der Erbengemeinschaft führen können. Bei der Beratung hinsichtlich der Gestaltung einer letztwilligen Verfügung ist es daher angezeigt, – über die allgemeinen Gestaltungsgesichtspunkte hinaus – mit dem Mandanten, der mehrere Erben einsetzen möchte, die strukturellen Probleme einer Erbengemeinschaft zu erörtern. Befürchtet der Erblasser, dass sich seine künftigen Erben bei der Verwaltung und Aufteilung des Nachlasses streiten, können ihm – je nach Erfordernis – Strategien zur gänzlichen Vermeidung einer Erbengemeinschaft[10] oder streitvermeidende Instrumentarien vorgeschlagen werden.[11] Weiterhin sind bei der Beratung die Möglichkeiten von lebzeitigen Zuwendungen anzusprechen, um ggf. durch entsprechende Gestaltung Konflikte in einer späteren Erbengemeinschaft zu minimieren.[12]

2. Der Umfang des Nachlasses und das Surrogationsprinzip

6 a) **Gesamtrechtsnachfolge (Universalsukzession).** Mit dem Erbfall geht das Vermögen des Erblassers als Ganzes auf den oder die Erben über.[13] Übergang des Vermögens im Ganzen meint dabei grundsätzlich den Übergang aller Vermögensgegenstände, also aller Aktiva und Passiva. Man spricht insoweit von **Gesamtrechtsnachfolge** oder auch Universalsukzession.[14] Der Übergang der Erbschaft auf den oder die Erben erfolgt dabei unmittelbar, ohne dass es einer besonderen Übertragung einzelnen Vermögensgegenstände bedarf.[15] Es findet ein so genannter „Von-selbst-Erwerb" statt.

Bei mehreren Erben entsteht ein **Sondervermögen**, das **gesamthänderisch** gebunden ist.[16] Dieses Sondervermögen ist eine vom jeweiligen Eigenvermögen der Erben getrennte Vermögensmasse. Auf Grund der gesamthänderischen Gebundenheit dieses Sondervermögens steht dem einzelnen Miterben **kein Bruchteil** an einem **einzelnen Vermögensgegenstand** zu, sondern nur ein (seiner Erbquote entsprechender) **Anteil am Gesamtnachlass.**[17]

Nach h.M. besitzt die Erbengemeinschaft keine eigene Rechtspersönlichkeit bzw. ist nicht rechtsfähig.[18] Nach der Entscheidung des Bundesgerichtshofs zur Rechtsfähigkeit der BGB-Gesellschaft wurde allerdings auch die Rechtsfähigkeit der Erbengemeinschaft verstärkt diskutiert und bejaht.[19] Diese Auffassung konnte sich jedoch bislang nicht durchsetzen. So sprach sich der Bundesgerichtshof in seiner Entscheidung vom 11.9.2002 ausdrücklich gegen die Rechtsfähigkeit der Erbengemeinschaft aus. Er wies darauf hin, dass die Erbengemeinschaft mit der BGB-Gesellschaft nicht vergleichbar sei und betonte dabei insbesondere, dass die Erbengemeinschaft –anders als die BGB-Gesellschaft- gesetzlich begründet werde und auf Liquidation ausgerichtet sei. Auch fehlten bei der Erbengemeinschaft Regelungen zu Geschäftsführung und Vertretung, wie sie für eine Außengesellschaft erforderlich und typisch seien.[20]

7 b) **Sonderrechtsnachfolge.** Ausnahmsweise kann bei einem Erbfall neben der Gesamtrechtsnachfolge noch eine **Sonderrechtsnachfolge** stattfinden, d. h., bestimmte Vermögensgegenstände gehen unmittelbar – quasi am sonstigen Nachlass „vorbei" – auf eine (oder mehrere) Person(en) über. Es entstehen im Erbfall also mehrere rechtlich selbständige Vermögensmassen.

---

[10] Siehe hierzu Rdnr. 121.
[11] Siehe hierzu Rdnr. 121 ff.
[12] Siehe hierzu Rdnr. 122.
[13] Vgl. § 1922 BGB.
[14] MünchKommBGB/*Leipold* § 1922 Rdnr. 93; Vgl. hierzu auch § 4 Rdnr. 1 ff.
[15] Palandt/*Edenhofer* § 1922 Rdnr. 6; MünchKommBGB/*Leipold* § 1922 Rdnr. 93 ff.
[16] Vgl. z.B. MünchKommBGB/*Leipold* § 1922 Rdnr. 99
[17] Einzelheiten zum Gesamthandsprinzip vgl. Rdnr. 13 ff.
[18] MünchKommBGB/*Heldrich* § 2032 Rdnr. 12; Palandt/*Edenhofer* Einf. vor § 2032 Rdnr. 1
[19] Vgl. z.B. *Eberl-Borges* ZEV 2002, 125 ff.
[20] BGH Urt. v. 29.1.2001 – BGHZ 146, 341 ff. – NJW 2001, 1056 ff.

Hinweis: Die Grundsätze der Sonderrechtsnachfolge sind beim Rechtsübergang von Beteiligungen an **Personengesellschaften** von besonderer Bedeutung, da nach h. M. Miterben nicht gesamthänderisch gebunden Gesellschafter einer (werbenden) Personengesellschaft sein können und daher eine Sonderrechtsnachfolge in die Beteiligung stattfindet.[21]

c) Das Surrogationsprinzip. aa) *Tatbestände des Surrogationserwerbs.* § 2041 BGB regelt den Surrogationserwerb durch die Erbengemeinschaft. Die Vorschrift bezweckt, die wirtschaftliche Einheit und den Wert des Nachlassvermögens als Gesamthandsvermögen sowohl für die Miterben als auch für die Nachlassgläubiger zu erhalten.[22] Er enthält drei Surrogationstatbestände, nämlich die **Rechtssurrogation**, die **Ersatzsurrogation** und die **Beziehungssurrogation**.[23]

Der Surrogationstatbestand der **Rechtssurrogation** ist von untergeordneter Bedeutung. Er greift ein, wenn etwas auf Grund eines zum Nachlass gehörenden Rechtes erworben wird.

Beispiele:
- Kaufpreiszahlung auf einen noch vom Erblasser selbst abgeschlossenen Kaufvertrag;
- Mietzinszahlungen, bzgl. eines noch vom Erblasser vermieteten Nachlassgegenstandes

Die **Ersatzsurrogation** bezieht sich auf Vermögensgegenstände, die als Ersatz für die Zerstörung, Beschädigung oder Entziehung von Nachlassgegenständen erworben werden. Auch Ersatzansprüche selbst, wie z.B. Schadensersatzansprüche, unterfallen der Ersatzsurrogation.

Beispiele:
- Schadensersatzansprüche aus unerlaubter Handlung wegen Beschädigung einer zum Nachlass gehörenden Sache;
- Bereicherungsansprüche wegen der Entziehung eines Nachlassgegenstandes;
- Ein durch die Nicht- oder Schlechterfüllung der zum Nachlass gehörenden Kaufpreisforderung begründeter Anspruch gegen den Schuldner auf Ersatz des entstandenen Schadens;[24]
- Ansprüche auf Versicherungsleistungen bei Sachversicherungen;[25]
- Unter Umständen auch Ansprüche gegen einen Notar aus Pflichtverletzung bei der Beurkundung eines nachlassbezogenen Rechtsgeschäftes.[26]

Der praktisch bedeutsamste Fall der in § 2041 BGB geregelten Surrogationstatbestände ist die **Beziehungssurrogation**. Danach fallen Vermögensgegenstände, die durch ein Rechtsgeschäft erworben werden, das sich auf den Nachlass **bezieht**, in den Nachlass. Der Anwendungsbereich dieses Surrogationstatbestandes ist bislang nicht abschließend geklärt.[27] Dabei ist insbesondere streitig, ob eine objektive Beziehung des Rechtsgeschäfts zum Nachlass stets genügt oder ob subjektive Kriterien hinzutreten müssen.[28] Die **praktische** Bedeutung des Meinungsstreites ist gering. Man kann sich von folgenden Grundsätzen leiten lassen:
Eine objektive Beziehung auf Grund **des Erwerbs mit Mitteln** des Nachlasses ist stets ausreichend, um eine Beziehungssurrogation zu bejahen, d. h., alle Vermögensgegenstände, die mit Mitteln des Nachlasses erworben werden, fallen wiederum in den Nachlass, ohne dass es auf den Willen des handelnden Miterben oder seines Geschäftspartners ankommt. Selbst der Wille des Handelnden, für sich selbst zu erwerben, ist unbeachtlich.[29] Nachlassmittel können dabei Geld, jedoch auch bewegliche und unbewegliche Sachen, sowie Forderungen und sonstige Rechte sein.

---

[21] Vgl. ABC der Unternehmensnachfolge Rdnr. 130.
[22] Vgl. BGH Urt. v. 30.10.1986 – NJW 1987, 434, 435 m.w.N.
[23] Zu prozessualen Fragen im Zusammenhang mit der Surrogation siehe auch Klinger/*Erker*/*Oppelt* Form. K. III. 10
[24] Vgl. BGH Urt. v. 30.10.1986 – NJW 1987, 434, 435.
[25] MünchKommBGB/*Heldrich* § 2041 Rdnr. 9.
[26] Vgl. BGH Urt. v. 30.10.1986 – NJW 1987, 434, 435.
[27] Insbesondere da die anderen Surrogationsvorschriften der §§ 2019 und 2111 nur die Mittelsurrogation kennen; vgl. zur Problematik z.B. MünchKommBGB/*Heldrich* § 2041 Rdnr. 12 ff.
[28] Vgl. zum Meinungsstand z.B. MünchKommBGB/*Heldrich* § 2041 Rdnr. 13 ff.; eine abschließende Klärung der Problematik durch den BGH ist bislang nicht erfolgt; vgl. BGH Urt. vom 6.5.1968 – NJW 1968, 1824 und vom 30.10.1986 – NJW 1987, 434.
[29] Vgl. Palandt/*Edenhofer* § 2041 Rdnr. 2; MünchKommBGB/*Heldrich* § 2041 Rdnr. 13 jeweils m.w.N.

Beispiele:
- die Erben verwenden Bargeldbeträge aus dem Nachlass zum Erwerb eines Vermögensgegenstandes;
- die Erben tauschen ein Nachlassgrundstück mit einem anderen Grundstück;
- sie verkaufen einen zum Nachlass gehörenden Pkw.

Eine Beziehungssurrogation kann weiterhin angenommen werden, wenn der Vermögensgegenstand zwar mit **nachlassfremden Mitteln** erworben wird, **objektiv** jedoch ein Zusammenhang zwischen dem Erwerb und dem Nachlass besteht und **subjektiv** der Wille zum Erwerb für den Nachlass hinzutritt.[30]

Beispiele:
- Im Grundbuch von X-Stadt waren die Eheleute A und B als Miteigentümer zu je 1/2 eines Hausgrundstücks eingetragen. Der Ehemann ist verstorben und wurde von seinen vier Kindern beerbt. Die Witwe verkauft ihren Grundstücksanteil an die vier Kinder, die ihn mit nachlassfremden Mitteln erwerben. Die Kinder wollen dabei in Erbengemeinschaft erwerben.[31]
- Die Miterben sind in Erbengemeinschaft als Eigentümer eines Flurstückes im Grundbuch eingetragen; sie erwerben aus Eigenmitteln ein benachbartes Grundstück, in der Absicht dieses mit dem bereits der Erbengemeinschaft gehörenden zu vereinigen.[32]

12 *bb) Rechtsfolge des Surrogationserwerbs.* Bei Vorliegen eines Surrogationstatbestandes fällt der jeweils erlangte Vermögensgegenstand (z.B. bewegliche und unbewegliche Sachen, Forderungen, Beteiligungen) unmittelbar – mit dinglicher Wirkung – in den Nachlass. Es findet also kein Zwischenerwerb – z.B. eines Miterben – statt.

3. Das Gesamthandsprinzip

13 **a) Grundlagen.** Hinterlässt ein Erblasser mehrere Erben, so wird sein Vermögen gemeinschaftliches Vermögen der Miterben. Aus dieser gesamthänderischen Gebundenheit des Nachlasses ergeben sich bei der Bearbeitung erbrechtlicher Mandate Besonderheiten, die nachfolgend unter b) in Abgrenzung zum Bruchteilseigentum i. S. d. § 1008 BGB dargestellt werden sollen.

b) Abgrenzung Gesamthandseigentum – Bruchteileigentum

14

Bruchteilseigentum	Gesamthandseigentum
Verfügungsbefugnis: Bei Bruchteilseigentum kann jeder der Miteigentümer alleine über seinen Anteil verfügen, z.B. durch Veräußerung oder Belastung.[33] Daher ist es z.B. möglich, eine dingliche Belastung wie etwa ein Nießbrauchsrecht (so genannter Bruchteilsnießbrauch)[34] oder ein Grundpfandrecht zu Lasten eines Miteigentumsanteils zu bestellen. Die Eintragung im Grundbuch erfolgt dann zu Lasten des entsprechenden Miteigentumsanteils.	*Verfügungsbefugnis:* Die Miterben können über einzelne Nachlassgegenstände nur gemeinsam verfügen.[35] Daher müssen z.B. bei einer Veräußerung eines Nachlassgrundstückes oder dessen Belastung alle Miterben mitwirken. Ein Miterbe allein kann zu Finanzierungszwecken an einem zum Nachlass gehörenden Grundstück ein Grundpfandrecht nicht bestellen. Von der Verfügungsbefugnis an einzelnen Nachlassgegenständen zu trennen, ist das Verfügungsrecht eines Miterben über seinen Erbteil als solchen. Über diesen kann jeder Miterbe alleine verfügen.[36] So könnte etwa einer der Miterben seinen Anteil an der Erbschaft als Sicherheit verpfänden.

---

[30] Vgl. hierzu z.B. Palandt/*Edenhofer* § 2041, Rdnr. 3; MünchKommBGB/*Heldrich* § 2041 Rdnr. 17 mit kritischer Erörterung in Rdnr. 20 ff.
[31] Vgl. KG Urt. v. 18.3.1937 – DNotZ 37, 641.
[32] Ein weiteres Beispiel findet sich in der Entscheidung des LG Koblenz B. v. 7.12.1949 – DNotZ 1950, 65.
[33] Vgl. § 747 S. 1 BGB.
[34] Vgl. § 1066 BGB.
[35] Vgl. § 2040 Abs. 1 BGB; zur Frage, ob bei bestimmten Verwaltungsmaßnahmen eine Mehrheitsentscheidung im Innenverhältnis auch **allein** durch die Mehrheit im Außenverhältnis durch eine Verfügung umgesetzt werden kann, vgl. Rdnr. 35.
[36] Vgl. § 2033 Abs. 1; Einzelheiten hierzu nachfolgend Rdnr. 20.

Bruchteilseigentum	Gesamthandseigentum
Grundbuch: Die „Selbständigkeit" eines Miteigentumsanteils wird grundbuchrechtlich dadurch zum Ausdruck gebracht, dass in der ersten Abteilung des Grundbuchs neben dem jeweiligen Berechtigten auch dessen Miteigentumsanteil – in der jeweiligen Höhe – ausgewiesen wird.[37] Belastungen in der zweiten und dritten Abteilung können jeweils zu Lasten eines Miteigentumsanteils gebucht werden.	*Grundbuch:* Die gesamthänderische Gebundenheit der Erbengemeinschaft findet grundbuchrechtlich dadurch ihren Ausdruck, dass die Miterben in Erbengemeinschaft eingetragen werden.[38] Die Erbteile werden dabei nicht in ihrer Höhe ausgewiesen. In der zweiten Abteilung können bezüglich eines Erbteils nur bestimmte Eintragungen (wie z.B. die Pfändung des Erbteils) gebucht werden. Grundpfandrechte können in der dritten Abteilung nicht zu Lasten eines Erbteils eingetragen werden.
Gläubigerzugriff: Ein Gläubigerzugriff auf einen Miteigentumsanteil ist problemlos möglich. So kann etwa zu Lasten eines Miteigentumsanteils an einem Grundstück jederzeit auf Grund eines Titels gegen einen Miteigentümer eine Zwangshypothek eingetragen werden.	*Gläubigerzugriff:* Ein Zugriff auf den **Miterbenanteil als solchen** ist – ohne Mitwirkung der anderen Erben – möglich, also etwa eine Pfändung des Erbteils eines Miterben auf Grund eines gegen ihn vorliegenden Titels. Der Zugriff auf *einzelne* zum Nachlass gehörende Vermögensgegenstände gestaltet sich demgegenüber schwieriger. Es gelten folgende Grundsätze: Um einen zum Nachlass gehörenden Vermögensgegenstand zu erlangen, bedarf es grundsätzlich eines *Titels gegen alle Miterben.*[39] Aufgrund eines nur gegen einen Miterben gerichteten Titels ist ein Zugriff auf einzelne Vermögensgegenstände des Gesamthandsvermögens *nicht* möglich.[40]
Verwaltung: Da das Bruchteilseigentum ein Unterfall der Bruchteilsgemeinschaft ist, finden die Vorschriften der 741 ff. BGB, ergänzt durch die Vorschriften der §§ 1009 ff. BGB Anwendung.	*Verwaltung:*[41] § 2038 BGB enthält eine Sondervorschrift, in der teilweise wieder auf die Verwaltungsvorschriften der Bruchteilsgemeinschaft verwiesen wird.

c) **Gläubigerzugriff auf das Gesamthandsvermögen.**[42] Aus Sicht des Gläubigers lassen sich zwei Grundkonstellationen unterscheiden. Bei der einen möchte der Gläubiger einen zum Nachlass gehörenden Vermögensgegenstand übereignet bzw. abgetreten bekommen, bei der anderen Sicherungs- bzw. Pfändungsmaßnahmen zu Lasten eines solchen erreichen.

aa) Der Gläubiger möchte einen Gegenstand aus dem Nachlass erlangen.
Beispiel:
Der Erblasser wandte dem C ein Vermächtnis an einem Nachlassgrundstück zu. Die beiden Miterben A und B weigern sich, das Vermächtnis zu erfüllen. C muss in diesem Fall sowohl A als auch B (auf Abgabe einer Willenserklärung) verklagen, um die Auflassung des Grundstückes auf sich zu erreichen.

---

[37] Zu Einzelheiten hierzu vgl. z.B. *Schöner/Stöber* Rdnr. 752 ff.
[38] Zu näheren Einzelheiten vgl. *Schöne/Stöber* Rdnr. 778.
[39] Einzelheiten hierzu nachfolgend Rdnr. 15.
[40] Einzelheiten hierzu nachfolgend Rdnr. 16.
[41] Einzelheiten zur Verwaltung siehe Rdnr. 31 ff.
[42] Zur Haftung der Miterben vgl. § 23 Haftung für Nachlassverbindlichkeiten; nachfolgend sollen nur die sich aus der **gesamthänderischen** Gebundenheit des Nachlasses ergebenden Besonderheiten dargestellt werden.

Es muss also grundsätzlich ein **Titel gegen alle Miterben vorliegen**. Dieses Erfordernis stellt quasi die „Kehrseite" des sich aus dem Gesamthandprinzip ergebenden Grundsatzes dar, dass ein Erbe über einen einzelnen Nachlassgegenstand nicht alleine verfügen kann.[43]

Vielfach wird übersehen, dass alleine die obsiegenden Urteile gegen A und B zur Auflassung des Grundbesitzes nicht ausreichend sind. Vielmehr muss C sich, da die Auflassung zwei übereinstimmende Willenserklärungen voraussetzt, mit den Urteilsausfertigungen zu einem Notar begeben und unter Vorlage der Urteile vor diesem die Auflassung erklären.[44]

Ein Titel gegen alle Miterben ist **ausnahmsweise** dann **nicht** erforderlich, wenn der oder die anderen Miterben freiwillig an der Verfügung mitwirken.

Weigert sich in vorstehendem Beispiel nur der B, das Vermächtnis zu erfüllen, gilt Folgendes: Zwar besteht bei einem auf Auflassung gerichtetem Klagebegehren wegen des Gesamthandprinzips grundsätzliche eine **notwendige** Streitgenossenschaft.[45] Es ist jedoch anerkannt, dass eine Klage allein gegen den oder die sich weigernden Erben zulässig ist, wenn feststeht, dass der oder die anderen Erben freiwillig mitwirken.[46] C kann daher nur den B verklagen und unter Vorlage des gegen diesen erstrittenen Titels zusammen mit A in Erfüllung des Vermächtnisses die Auflassung des Grundstücks auf sich erreichen.

17 *bb) Der Gläubiger möchte Sicherungs- oder Pfändungsmaßnahmen zu Lasten eines einzelnen Nachlassgegenstandes vornehmen.*

Beispiel:
X hat gegen A, der Mitglied der Erbengemeinschaft A, B und C ist, auf Grund einer nur gegen A persönlich bestehenden Forderung ein obsiegendes Urteil auf Zahlung erstritten. Das wesentliche Vermögen von A besteht in seinem Anteil an der Erbengemeinschaft. Zum Gesamthandseigentum gehört ein Grundstück. X möchte nun „Zugriff" auf dieses Grundstück nehmen.

Die Eintragung, z.B. einer Zwangshypothek, ist **nicht** möglich. Dies würde – da das Grundstück gesamthänderisch gebunden ist – einen Titel gegen alle Erben voraussetzen.

Da ein **Grundpfandrecht** am Grundstück selbst nicht begründet werden kann, kommt nur folgende **Sicherungsmaßnahme** in Betracht: Aufgrund des Titels ist zunächst der **Miterbenanteil** als solcher zu pfänden.[47] Nach Pfändung und Zustellung des Pfändungsbeschlusses an die übrigen Miterben als Drittschuldner kann die erfolgte Pfändung dann zu Lasten des Erbanteils des B im Grundbuch **vermerkt** werden. Mit Eintragung der Pfändung ist der Gläubiger dann gegen **Verfügungen** der Erben bezüglich des Grundstücks geschützt.[48]

Belastungsgegenstand des Pfandrechts ist trotz Eintragung weiterhin der Erbteil und nicht das Grundstück.

18 **Formulierungsvorschlag für einen Antrag an das Grundbuchamt:**
Sehr geehrte Damen und Herren,
unter Beifügung einer auf mich lautenden Vollmacht zeige ich an, dass ich Herrn X vertrete.
Im Grundbuch von ... sind in Erbengemeinschaft die Söhne A, B und C des am ... verstorbenen Herrn Y als Eigentümer folgenden Grundbesitzes eingetragen:
Flurstück Nr..., Gebäude- und Freifläche, Z-Straße mit ... qm.
Der Erbanteil des Herrn A wurde mit Pfändungsbeschluss des Amtsgerichts ... vom ... Az.: ... zugunsten meines Mandanten gepfändet. Den Pfändungsbeschluss habe ich beigefügt.

---

[43] Vgl. auch § 747 ZPO
[44] Ein Muster für eine entsprechende Urkunde findet sich bei *Schöner/Stöber* unter Rdnr. 745, weitere Erläuterungen dort unter Rdnr. 746 ff.
[45] § 62 Abs. 1 Alt. 2 ZPO; vgl. hierzu auch Palandt/*Edenhofer* § 2059 Rdnr. 4; MünchKommBGB/*Heldrich* § 2059 Rdnr. 22 m.w.N.
[46] Vgl. z.B. MünchKommBGB/*Heldrich* § 2059 Rdnr. 22 m.w.N.; zu Einzelheiten siehe § 23 Haftung für Nachlassverbindlichkeiten.
[47] Vgl. § 859 Abs. 2 ZPO.
[48] Zu den Wirkungen der Pfändung im Einzelnen vgl. z.B. *Schöner/Stöber* Rdnr. 1665.

> Den Miterben B und C wurde der Beschuss am ... und am ... zugestellt. Die entsprechenden Zustellungsnachweise liegen an.
>
> Ich beantrage namens meines Mandaten die Pfändung des Miterbenanteils des A in das Grundbuch des vorstehend genannten Grundstücks einzutragen.

Praxistipp:
Im Zusammenhang mit der Eintragung der Pfändung können noch zwei Probleme auftreten. Haben die Erben das Grundbuch noch nicht auf sich berichtigen lassen, ist dort also noch der Erblasser eingetragen, setzt die Eintragung der Pfändung zunächst die **Voreintragung** der Erben voraus.[49] Dem Grundbuchamt gegenüber ist die Erbfolge – entweder durch Erbschein oder durch in öffentlicher Urkunde enthaltene Verfügung von Todes wegen nebst Eröffnungsprotokoll – nachzuweisen. Es kann daher erforderlich sein, dass beim zuständigen Nachlassgericht ein Erbschein zur Vorlage beim Grundbuchamt beantragt wird. Ein Gläubiger ist unter Vorlage eines vollstreckbaren Titels antragsberechtigt.[50] Weiterhin muss gegenüber dem Grundbuchamt die Grundbuchberichtigung auf die Erbengemeinschaft **beantragt** werden. Nach wohl herrschender Meinung steht auch dem Gläubiger, wenn er einen vollstreckbaren Titel hat, dieses Antragsrecht zu.[51]

d) Verfügung über Erbanteil. *aa) Veräußerungen des Erbanteils insgesamt.*[52] Während ein Miterbe über einzelne Vermögensgegenstände des Nachlasses alleine nicht verfügen kann, ist er nicht gehindert, über seinen Erbanteil als solchen zu verfügen.[53] Der Begriff Verfügung im Sinne des § 2033 Abs. 1 BGB entspricht dabei dem allgemeinen Verfügungsbegriff, meint also insbesondere die Veräußerung oder Belastung des Erbteils. Da sich Erbauseinandersetzungen in zerstrittenen Erbengemeinschaften jahrelang hinziehen können, stellt die Veräußerung des Erbteils oft die einzige Möglichkeit für einen Miterben dar, die ihm angefallene Erbschaft wirtschaftlich (zu einem Zeitpunkt seiner Wahl) zu verwerten.

Unter Erbteil ist die ideelle quotale Berechtigung des Miterben am Gesamthandsvermögen zu verstehen.[54] Übertragen werden kann sowohl der Anteil im Ganzen als auch ein Teil des Anteils.[55] Durch die Anteilsübertragung tritt der Erwerber in die vermögensrechtliche, **nicht** jedoch in die erbrechtliche Stellung des Veräußerers ein. Der Veräußerer bleibt also Miterbe, so dass ihm z.B. noch Pflichtteilsergänzungsansprüche zustehen können.[56]

bb) Vorkaufsrecht der Miterben. Bei einem Verkauf eines Erbteils räumen die §§ 2034 ff. BGB den übrigen Miterben ein **Vorkaufsrecht** ein.[57] Dieses Vorkaufsrecht soll den Miterben die Möglichkeit geben, das Eindringen unerwünschter Dritter und eine Überfremdung der Erbengemeinschaft zu verhindern, um den Fortbestand oder die Auseinandersetzung der Erbengemeinschaft nicht vom Willen eines Nichterben abhängig zu machen.[58] Sofern die §§ 2034 ff. BGB keine Regelungen enthalten, gelten ergänzend die §§ 463 ff. BGB.

---

[49] Vgl. § 39 Abs. 1 GBO; sogenannter Voreintragungsgrundsatz, hierzu z.B. *Schöner/Stöber* Rdnr. 136.
[50] Vgl. *Firsching/Graf* S. 359 m.w.N.
[51] *Schöner/Stöber* Rdnr. 1663 m.w.N.; a. A. allerdings OLG Zweibrücken Beschl. v. 4.7.1974 = Rpfleger 1976, 214.
[52] Einzelheiten siehe § 28 Erbschafts- und Erbteilskauf.
[53] Vgl. § 2033 Abs. 1 BGB.
[54] Vgl. Palandt/*Edenhofer* § 2033 Rdnr. 1; MünchKommBGB/*Heldrich* § 2033 Rdnr. 7.
[55] Nach ganz herrschender Ansicht ist auch die Verfügung über einen Bruchteil statthaft; vgl. z.B. MünchKommBGB/*Heldrich* § 2033, Rdnr. 9.
[56] Vgl. MünchKommBGB/*Heldrich* § 2033 Rdnr. 27; Palandt/*Edenhofer* § 2033.
[57] Zu Klagen im Zusammenhang mit dem Vorkaufsrecht siehe Klinger/*Erker/Oppelt* Form.K. IV. 1, K. IV. 2
[58] So wörtlich BGH Urt. v. 9.2.1983 – BGHZ 86, 379, 380.

Für den Anwendungsbereich des § 2034 BGB sind folgende Punkte von Bedeutung:
- Das Vorkaufsrecht greift nur ein, wenn ein Anteil an einen **Dritten** verkauft wird, nicht bei einem Verkauf an einen **Miterben**.[59]
- Der Kaufvertrag muss **formwirksam** abgeschlossen[60] und darf nicht aus sonstigen Gründen unwirksam sein;[61] auch müssen eventuell erforderliche behördliche Genehmigungen vorliegen.[62]
- Der Verkauf muss durch einen **Miterben** erfolgen; ein Vorkaufsrecht entsteht also nicht bei einem Verkauf durch den Insolvenzverwalter oder bei einer Pfandverwertung.[63]
- § 2034 BGB setzt einen **Kaufvertrag** voraus. Vom Vorkaufsrecht nicht erfasst werden andere, insbesondere unentgeltliche Veräußerungen, wie z.B. Schenkung, gemischte Schenkung, Übertragungen zum Zwecke der Sicherheitsleistung, Vergleich oder Tausch.[64]

Anwendbar ist § 2034 BGB jedoch, wenn das Rechtsgeschäft zwar nicht als Kaufvertrag bezeichnet wurde, wirtschaftlich einem solchen jedoch gleichsteht (sog. **Umgehungsgeschäft**).

Beispiel:
Ein Erbteil wird formal zur Absicherung eines Darlehens übertragen, eine Rückzahlung des Darlehens bzw. Rückübertragung des Erbteils ist jedoch durch entsprechende vertragliche Vereinbarungen praktisch ausgeschlossen.[65]

Besteht ein Vorkaufsrecht, sind die übrigen Miterben zu dessen Ausübung berechtigt. Die Miterben müssen das Vorkaufsrecht grundsätzlich **gemeinschaftlich** ausüben.[66] Ein wirksamer Vorkauf findet also nicht statt, wenn sich die Miterben nicht einig werden. Für die Ausübungsberechtigung gelten des Weiteren folgende Grundsätze:
- Den Miterben steht das Vorkaufsrecht gemeinsam, also **gesamthänderisch**, zu;[67]
- sind einzelne Miterben an der Ausübung des Vorkaufsrechts nicht interessiert und üben ihr Recht daher nicht aus, steht das Vorkaufsrecht den übrigen Miterben zu;[68]
- übt nur ein Miterbe das Vorkaufsrecht aus und haben die anderen daran kein Interesse, kann er es **alleine** geltend machen;
- gleiches gilt, sofern die Erbengemeinschaft ohnehin nur aus zwei Miterben besteht und einer seinen Erbteil verkauft.[69]

22 **Ausübung des Vorkaufsrechts:** Das Vorkaufsrecht wird durch eine formfreie, empfangsbedürftige Erklärung ausgeübt.[70] Die Frist für die Ausübung beträgt zwei Monate.[71] Die Frist läuft für jeden Miterben gesondert und beginnt, wenn ihm die Mitteilung über den Abschluss des Kaufvertrages zugegangen ist.[72]

Das Vorkaufsrecht ist zunächst, also ab Abschluss des **Verpflichtungsgeschäftes**, dem verkaufenden Miterben gegenüber gelten zu machen. Sobald der Verkäufer seinen Erbteil mit **dinglicher Wirkung** auf den Erwerber übertragen hat, ist es dann jedoch gegenüber dem **Käufer** auszuüben.[73] Üben die vorkaufswilligen Miterben allerdings vor der dinglichen Übertragung ihr Vorkaufsrecht fristgemäß gegenüber dem Verkäufer aus und überträgt dieser dennoch

---

[59] Vgl. BGH Urt. v. 16.12.1992 – BGHZ 121, 47 – BGH, NJW 93, 726; MünchKommBGB/ *Heldrich* § 2034 Rdnr. 19; Dritter ist allerdings auch derjenige, der schon einen Erbteil erworben hat; vgl. BGH Urt. v. 16.12.1992 – BGHZ 121, 47, 49 – NJW 93, 726.
[60] Notarielle Form nach § 2371 BGB.
[61] Z.B. wegen §§ 134, 138 BGB
[62] Eine Ausübung vor Genehmigung mit Wirkung auf den Genehmigungszeitpunkt wird jedoch als statthaft angesehen; vgl. BGH Urt. v. 15.5.1998 – NJW 1998, 2352, 2354
[63] Dem Verkauf durch den Erben steht aber der Verkauf durch seine Erben gleich, da sie erbrechtlich in seine Stellung eintreten; vgl. BGHZ Urt. v. 16.12.1992 – 121, 47, 48.
[64] Allg. Meinung, vgl. z.B. Palandt/*Edenhofer* § 2034 Rdnr. 9 u. MünchKommBGB/*Heldrich* § 2034 Rdnr. 7.
[65] BGH Urt. v. 13.7.1957 – BGHZ 25, 174.
[66] § 472 BGB.
[67] Dabei handelt es sich um eine gesamthänderische Berechtigung nach § 472 BGB, **nicht** nach § 2032 BGB.
[68] Vgl. § 472 S. 2.
[69] MünchKommBGB/*Heldrich* § 2034 Rdnr. 25.
[70] Vgl. § 464 Abs. 1 BGB.
[71] Vgl. § 2034 Abs. 2 S. 1 BGB.
[72] Vgl. § 469 Abs. 1 BGB; die Mitteilung muss richtig und vollständig sein; vgl. Palandt/*Putzo* § 469 Rdnr. 3
[73] Vgl. § 2035 Abs. 1 BGB; gegen den Verkäufer erlischt es nach § 2035 Abs. 1 S. 2 BGB.

den Erbteil auf den Käufer, steht den Vorkaufsberechtigten in entsprechender Anwendung des § 2035 BGB das Vorkaufsrecht gegenüber dem Erwerber zu.[74]

Wirkung des Vorkaufsrechts: Das Vorkaufsrecht hat nur **schuldrechtliche**, keine dingliche Wirkung. Es gibt dem Berechtigten also nur einen schuldrechtlichen Anspruch auf Übertragung des Erbteils. Im Einzelnen ist zu unterscheiden, ob der Anteil bereits auf den Erwerber übertragen wurde oder nicht. Wurde der Anteil **noch nicht** übertragen, gilt Folgendes: Zwischen den **ausübenden Miterben** und dem **Verkäufer** entsteht ein Schuldverhältnis mit dem Inhalt des abgeschlossenen Kaufvertrages,[75] aus dem sich ein Anspruch der Miterben auf Übertragung des Erbteils ergibt. Der Kaufvertrag mit dem Käufer entfällt **nicht**.[76] Wurde der Anteil **bereits übertragen** entsteht ein gesetzliches Schuldverhältnis zwischen den ausübenden **Miterben** und dem **Käufer**, aus dem den vorkaufsberechtigten Miterben gegen den Käufer ein schuldrechtlicher Anspruch auf Übertragung des Erbteils zusteht. Gegenüber dem **Verkäufer** erlischt das Vorkaufsrecht.[77]

Praktische Konsequenzen, wenn ein Vorkaufrecht besteht: Will ein Miterbe seinen Erbteil verkaufen, empfiehlt es sich abzuklären, ob die übrigen Miterben mit der Veräußerung **einverstanden** sind. Ist dies der Fall, können sie schon vor der Veräußerung einen (formlos wirksamen) **Verzicht** erklären.[78] Häufig erscheint es auch angezeigt, die übrigen (grundsätzlich verzichtsbereiten) Miterben bei der notariellen Beurkundung hinzuzuziehen. Hierdurch werden sie mit in die Vertragsabwicklung einbezogen, man spielt quasi mit „offenen Karten". Dies erhöht u. U. auch die Bereitschaft von Miterben, die sich noch nicht endgültig schlüssig sind, einen Verzicht abzugeben. Eine entsprechende „Verzichtsklausel" im Kaufvertrag könnte wie folgt **formuliert** werden:

> **Formulierungsvorschlag:**
>
> Die Erschienenen Ziff... und Ziff... , die weiteren Miterben des verstorbenen ... , wurden über ihr Vorkaufsrecht gem. § 2034 BGB belehrt. Sie erklären, dass sie auf das ihnen zustehende Vorkaufsrecht verzichten. Die übrigen Beteiligten nehmen diesen Verzicht an.

Lässt sich nicht abklären, ob die übrigen Miterben auf ihr Vorkaufsrecht verzichten werden, oder ist zu erwarten, dass sie es ausüben, sind bei der vertraglichen Gestaltung folgende Gesichtspunkte zu berücksichtigen:

In den Vertrag ist eine **Belehrung** über das Vorkaufsrecht aufzunehmen, vorzugsweise verbunden mit einem Hinweis auf die Fristen für seine Ausübung. Eine entsprechende **Vertragsklausel** könnte wie folgt lauten:

> **Formulierungsvorschlag:**
>
> Der Notar hat die Beteiligten darauf hingewiesen, dass den übrigen Miterben nach §§ 2034 ff. BGB ein Vorkaufsrecht zusteht. Dieses kann bis zum Ablauf von zwei Monaten nach Mitteilung des rechtswirksamen Vertrages ausgeübt werden.[79]

Die **Kaufpreisfälligkeit** sollte davon abhängig gemacht werden, dass entweder von allen weiteren Miterben Verzichtserklärungen vorliegen oder für alle die Frist für die Ausübung des Vorkaufsrechts abgelaufen ist.

Da die Ausübung des Vorkaufsrechts das zwischen dem veräußernden Miterben und dem Käufer bestehende Vertragsverhältnis **nicht** entfallen lässt, sollten vertragliche Vorkehrungen

---

[74] BGH Urt. v. 31.10.2001 – ZEV 2002, 67 ff.
[75] Vgl. § 464 Abs. 2 BGB.
[76] Vgl. MünchKommBGB/*Heldrich* § 2034 Rdnr. 40.
[77] Vgl. § 2035 Abs. 1 S. 2 BGB.
[78] Palandt/*Edenhofer* § 2034 Rndr. 9; der Verzicht ist keine einseitige Erklärung, sondern ein „Verzichtsvertrag"; siehe hierzu Palandt/*Putzo* § 463 Rdnr. 8
[79] § 2034 Abs. 2 Satz 1 BGB i. V. m. § 469 Abs. 1 BGB.

zum Schutz des Veräußerers vorgesehen werden.[80] In Betracht kommen ein Rücktrittsrecht, eine auflösende Bedingung, sowie ein Ausschluss von Schadensersatzansprüchen. Eine **Rücktrittsklausel mit Haftungsausschluss** könnte wie folgt lauten:

> **Formulierungsvorschlag:**
> Üben die Miterben ihr Vorkaufsrecht wirksam aus, ist der Verkäufer im Verhältnis zum Käufer zum Rücktritt berechtigt. Das Rücktrittsrecht ist schriftlich ausüben. Der Verkäufer übernimmt keinerlei Haftung dafür, dass das Vorkaufsrecht nicht ausgeübt wird; jegliche Schadensersatz- oder sonstige Ansprüche des Käufers sind für den Fall der Ausübung des Vorkaufsrechts ausgeschlossen. Die Kosten der heutigen Beurkundung trägt für den Fall der Ausübung des Rücktrittsrechts der Verkäufer.

Letztlich kann es der Notar übernehmen, den Vertrag den übrigen Miterben zu übersenden, d. h., die Mitteilung nach § 469 BGB vorzunehmen.

> **Formulierungsvorschlag:**
> Der Notar wird beauftragt und bevollmächtigt, den Miterben eine Ausfertigung dieser Urkunde zu übersenden mit der Aufforderung, innerhalb der gesetzlichen Frist zu erklären, ob sie das Vorkaufsrecht ausüben oder nicht. Der Notar wird von den Beteiligten weiterhin bevollmächtigt, Ausübungs-, Verzichts- und sonstige Erklärungen der Miterben entgegenzunehmen.

Ein **Begleitschreiben**[81] zur Urkundenübersendung könnte wie folgt gefasst werden:

> **Formulierungsvorschlag:**
> Sehr geehrter Herr ...,
> Ihr Bruder ..., der wie Sie Miterbe des am... verstorbenen... ist, hat seinen Erbteil mit Kaufvertrag vom... an Herrn... verkauft. Die Beteiligten des Vertrages haben mich bevollmächtigt, Ihnen den Inhalt des Vertrages mitzuteilen. Hierzu habe ich Ihnen eine Ausfertigung des Kaufvertrages als Anlage beigefügt. Als Miterbe steht Ihnen nach § 2034 BGB ein gesetzliches Vorkaufsrecht zu. Sie können dieses Vorkaufsrecht binnen zwei Monaten nach Zugang meines Schreibens ausüben. Ich wäre Ihnen dankbar, wenn Sie mir baldmöglichst mitteilen könnten, ob Sie auf die Ausübung des Vorkaufsrechts verzichten oder nicht.

26 *cc) Nießbrauch an einem Erbteil.* Sollen Eigentümerstellung und Nutzungsrecht an einem Erbteil unterschiedlichen Personen zustehen, kommt hierfür ein Nießbrauchsrecht am Erbteil in Betracht. Der Nießbrauch an einem Erbteil ist dabei **Rechtsnießbrauch** i. S. d. §§ 1068 BGB. Für die Bestellung des Nießbrauchsrechts finden die für seine Übertragung geltenden Vorschriften Anwendung.[82] Daher bedarf die Bestellung der **notariellen Beurkundung.**[83] Eine Benachrichtigung der übrigen Miterben ist bei der Bestellung zu deren Wirksamkeit nicht erforderlich. Sie ist allerdings zweckmäßig, da der Nießbrauchsberechtigte an der Verwaltung des Nachlasses teilnimmt.[84] Weiterhin bedürfen Verfügungen der Miterben nach Bestellung des Nießbrauchs hinsichtlich einzelner Nachlassgegenstände der Zustimmung des Nießbrauchsberechtigten.[85]

---

[80] Vgl. Palandt/*Putzo* § 464 Rdnr. 6; das Rücktrittsrecht bzw. die Bedingung sind zwar nach § 465 BGB dem Vorkaufsberechtigten gegenüber unwirksam, gegenüber dem Käufer können sie jedoch wirksam vereinbart werden.
[81] Das Schreiben sollte förmlich zugestellt werden.
[82] Vgl. § 1069 Abs. 1 BGB.
[83] Wegen § 2033 Abs. 1 Satz 2 BGB.
[84] Vgl. § 1068 Abs. 2 BGB i. V. m. § 1066 BGB.
[85] Vgl. § 1071 BGB.

Das Recht auf Auseinandersetzung des Nachlasses steht dem Nießbrauchsberechtigten und dem Miterben nur gemeinsam zu.[86] Da ein Nießbrauch an einem Erbteil durch Vermächtnis nur mit schuldrechtlicher Wirkung zugewendet werden kann, ist die Bestellung eines Nießbrauchs zur Erfüllung eines Vermächtnisses der in der Praxis häufigste Fall.[87]

Beispiel:
Der Erblasser X setzt seine beiden Enkel Y und Z zu seinen Erben ein. Der Mutter des Z wendet er im Wege des Vermächtnisses den Nießbrauch an dessen Erbteil zu. Dieses Vermächtnis ist nach dem Tode des X zu erfüllen.

Ein entsprechender Vertrag könnte wie folgt **formuliert** werden:

Muster: Nießbrauchbestellung

[Üblicher Urkundeneingang]

Vermächtniserfüllungvertrag

(1) Am … verstarb Herr X. Er wurde ausweislich des Erbscheins vom … des Amtsgerichts – Nachlassgerichts … (Az.: …) von seinen Enkeln Y und Z je hälftig beerbt.
(2) Im Grundbuch von … ist der Verstorbene als Alleineigentümer des Grundstücks, Flurstück Nr… X-Straße mit … qm eingetragen. Es wird beantragt, das Grundbuch auf die Erbengemeinschaft zu berichtigen. Erbscheinsausfertigung liegt dem Grundbuchamt bereits vor.
(3) In dem vorstehend genannten Testament vermachte der Erblasser seiner Tochter …, der Erschienen zu Ziffer 1, den Nießbrauch an dem Erbteil des Erschienenen Ziffer 2, Herrn Z.
(4) Herr Z bestellt seiner Mutter an seinem in Ziffer 1 bezeichneten Erbteil den lebenslänglichen Nießbrauch. Frau … nimmt diese Nießbrauchsbestellung an.
(5) Für die Nießbrauchsbestellung gelten die gesetzlichen Vorschriften. Abweichende Vereinbarungen zur Lastentragung wurden nicht getroffen.
(6) Der Übergang von Nutzen und Lasten erfolgt mit Rückwirkung zum Tag des Todes des Erblassers, also des …
(7) Herr Z bewilligt, Frau … beantragt im Wege der Grundbuchberichtigung die Eintragung des Nießbrauchs an der in Ziffer 2 genannten Grundbuchstelle, mit der Maßgabe, dass zu seiner Löschung der Todesnachweis der Berechtigten genügt.
(8) Die Kosten dieser Urkunde und ihres Vollzugs trägt Frau … Eine eventuell anfallende Erbschaftsteuer trägt jeder der Beteiligten bezogen auf seinen Erwerb.

[üblicher Urkundenschluss]

Belastungsgegenstand des Nießbrauchs ist der Erbteil, nicht ein einzelner Nachlassgegenstand, wie etwa das in Ziffer 2 des Musters genannte Grundstück. Es ist daher auch nicht möglich, den Nießbrauch zu Lasten dieses Grundstücks in der zweiten Abteilung des Grundbuchs einzutragen.

Möglich ist es jedoch, zu Lasten des Erbteils die durch die Nießbrauchsbestellung eingetretene **Verfügungsbeschränkung**[88] im Grundbuch zu vermerken. Würde diese Eintragung nicht herbeigeführt, könnten die Miterben über das Grundstück gemeinsam verfügen. Dem gutgläubigen Erwerber gegenüber könnte sich der Nießbrauchsberechtigte nicht auf das Fehlen seiner Zustimmung berufen.[89] Sollte im Grundbuch noch der Erblasser eingetragen sein, wäre vor Eintragung der Verfügungsbeschränkung zuvor das Grundbuch zu berichtigen.[90]

Beachte: Vom Nießbrauch am Erbteil ist der Nießbrauch an einer Erbschaft zu unterscheiden.[91] Der Nießbrauch an einer Erbschaft ist nach § 1089 BGB, der auf die §§ 1085 ff BGB verweist, Vermögensnießbrauch. Im Gegensatz zum Rechtsnießbrauch muss beim Vermögensnießbrauch die Bestellung jeweils an den einzelnen Vermögensgegenständen des Nachlasses

---

[86] Vgl. § 1068 Abs. 2 BGB i. V. m. § 1066 Abs. 2 BGB.
[87] Zum Nießbrauchsvermächtnis vgl. z.B. Langenfeld/*Nieder* Form. XVI. 21.
[88] Vgl. § 1071 BGB.
[89] Vgl. § 892 Abs. 1 Satz 2 BGB.
[90] Vgl. Ziffer 2 des Vertragsmusters; der Antrag kann von jedem Miterben allein gestellt werden.
[91] Zu Einzelheiten vgl. z.B. *Nieder* Rdnr. 694 ff.

nach den für sie geltenden Vorschriften erfolgen. Gehört z.B. ein Grundstück zum Nachlass entsteht das Nießbrauchsrecht an diesem durch Einigung und Eintragung im Grundbuch.

29 *dd) Verpfändung von Erbteilen.* Kann oder will ein Miterbe seinen Erbteil wirtschaftlich (noch) nicht verwerten, besteht für ihn stattdessen die Möglichkeit, den Erbteil als **Sicherungsmittel** einzusetzen, d. h., er kann ihn verpfänden. Es handelt sich um eine Verpfändung eines **Rechts**, so dass die §§ 1273 ff. BGB Anwendung finden.

Für die Bestellung des **Pfandrechts** gelten im Wesentlichen die gleichen Grundsätze wie für die Nießbrauchsbestellung, d. h.,
- die Pfandrechtsbestellung bedarf der **notariellen Beurkundung**;[92]
- eine Anzeigepflicht gegenüber den anderen Miterben besteht nicht;
- sofern Grundbesitz zum Nachlass gehört, kann die durch die Verpfändung eingetretene (relative) **Verfügungsbeschränkung** in den Grundbüchern vermerkt werden.

Mit der Verpfändung hat der Pfandrechtsgläubiger das Recht auf Mitverwaltung und -verfügung sowie auf Mitwirkung bei der Auseinandersetzung.[93] Vor der Pfandreife können dabei der Pfandrechtsgläubiger und der Miterbe die Auseinandersetzung nur gemeinsam verlangen, nach Eintritt der Pfandreife der Gläubiger auch alleine.[94] Veräußerungen einzelner Nachlassgegenstände bedürfen seiner Zustimmung.[95]

Muster: Erbteilsverpfändung

30 [Üblicher Urkundeneingang]

Schuldanerkenntnis und Verpfändung eines Erbteils

(1) Am ... verstarb Herr X. Er wurde ausweislich des Erbscheins vom ... des Amtsgerichts – Nachlassgerichts ... (Az.: ...) von A, B und dem Erschienenen Ziffer 1, Herrn ... zu je einem Drittel beerbt.
(2) Im Grundbuch von ... ist die Erbengemeinschaft als Eigentümer des Grundstücks, Flurstück Nr... X-Straße mit ... qm eingetragen.
(3) Der Erschienene Ziffer 1 anerkennt, dem Erschienenen Ziffer 2, Herrn ..., den Betrag von EUR ... (i. W ... Euro) nebst ... % Zinsen jährlich hieraus seit dem ... zu schulden.[96]
(4) Zur Sicherung der in Ziffer 3 genannten Forderung verpfändet der Erschienene Ziffer 1 seinen in Ziffer 1 genannten Erbteil an den Erschienenen Ziffer 2. Dieser nimmt die Verpfändung an.
(5) Der Erschienene Ziffer 1 bewilligt, der Erschienene Ziffer 2 beantragt die Eintragung des Pfandrechts am Erbteil des Erschienene Ziffer 1 im Wege der Berichtigung in dem genannten Grundbuch.
(6) Die Kosten dieser Urkunde und ihres Vollzugs trägt der Erschienene Ziffer 1.

[üblicher Urkundenschluss]

II. Die Verwaltung des Vermögens durch die Erbengemeinschaft

1. Übersicht über einzelne Verwaltungsmaßnahmen[97]

31 **a) Grundlagen.** Die Verwaltung des Nachlasses ist in § 2038 BGB geregelt, der durch die Vorschriften der § 2039 BGB (bezüglich Nachlassforderungen) und § 2040 BGB (Verfügung über Nachlassgegenstände) ergänzt wird. Im Grundsatz verwaltet die Erbengemeinschaft den Nachlass gemeinsam. Der Begriff **Verwaltung** ist weit auszulegen. Ihm unterfallen alle Maßnahmen, die der Sicherung, Erhaltung, Vermehrung und Nutzung des Nachlasses dienen. Auch die Verwertung von Nachlassgegenständen, die Begleichung von Nachlassverbindlichkeiten,

---

[92] Vgl. § 1274 Abs. 1 Satz 1 BGB i. V. m. § 2033 Abs. 1 Satz 2 BGB.
[93] Vgl. MünchKommBGB/*Heldrich* § 2033 Rdnr. 31 auch zu weiteren Einzelheiten.
[94] Vgl. § 1273 Abs. 2 BGB i. V. m. 1258 Abs. 2 BGB.
[95] Vgl. § 1276 BGB sowie z.B. Palandt/*Bassenge* § 1276 Rdnr. 3.
[96] Selbstverständlich kann auch noch eine Unterwerfung unter die sofortige Zwangsvollstreckung erfolgen.
[97] Zur Nachlassverwaltung siehe umfassend Groll/*v. Morgen* C IV Rndr. 216 ff.

aber auch die Geltendmachung von Nachlassforderungen können Verwaltungsmaßnahmen sein.[98] Keine Verwaltungsmaßnahmen sind z.B. Maßnahmen der Auseinandersetzung, Vereinbarungen über deren Ausschluss[99] sowie der Widerruf von vom Erblasser oder einem Miterben den anderen erteilte Vollmachten.[100] Die Verwaltung des Nachlasses durch die Erben ist ausgeschlossen bei angeordneter Nachlassverwaltung[101] oder Nachlassinsolvenz.[102] Ist der Erbteil eines Miterben ver- oder gepfändet, steht die Verwaltungsbefugnis insoweit dem Pfandgläubiger zu.

Abweichungen von den gesetzlichen Vorgaben zur Nachlassverwaltung können bei letztwilligen **Anordnungen** bestehen. Trifft der Erblasser **Verwaltungsanordnungen** kann eine Verwaltungsvollstreckung[103] oder eine Auflage vorliegen. 32

Beispiel für die Anordnung einer Verwaltungstestamentsvollstreckung:
Ich ordne Testamentsvollstreckung an. Zum Testamentsvollstrecker ernenne ich Herrn Rechtsanwalt ...
Sollte der Testamentsvollstrecker vor oder nach der Annahme des Amtes wegfallen, ersuche ich hilfsweise das zuständige Nachlassgericht, einen Testamentsvollstrecker zu ernennen.
Der Testamentsvollstrecker hat ausschließlich die Aufgabe, meinen Nachlass bis zur Volljährigkeit meiner Tochter zu verwalten.

Beispiel für eine Auflage:
Im Wege der Auflage ordne ich an, dass das zu meinem Nachlass gehörende Mehrfamilienhaus in ..., eingetragen im Grundbuch von ... ausschließlich durch meinen Sohn ... verwaltet werden soll. Ihm obliegt auch die Verwaltung und Verteilung der Erträge des Hausgrundstückes.

Die Unterscheidung ist deshalb von Bedeutung, weil die Miterben eine durch eine Auflage angeordnete Übertragung von Verwaltungsbefugnissen **einvernehmlich** außer Kraft setzten können.[104]

Die Miterben können vom **Gesetz abweichende Regelungen** zur Verwaltung treffen. So können sie z.B. einen der Miterben mit der Nachlassverwaltung generell oder bezüglich einzelner Nachlassgegenstände betrauen. Gerade in Fällen, in denen die Auseinandersetzung der Erbengemeinschaft in absehbarer Zeit nicht erfolgen soll oder kann, dient eine solche Vereinbarung der Vereinfachung der Nachlassverwaltung.[105] 33

Formulierungsvorschlag für eine Vereinbarung:
Vereinbarung über die Verwaltung des Mehrfamilienhauses in ...
(1) Zum Nachlass unseres am ... verstorbenen Vaters gehört das Mehrfamilienhaus in ... Dieses ist vermietet.
Wir betrauen unseren Bruder ... umfassend mit der Verwaltung dieses Hauses.
(2) Er ist insbesondere befugt, Mietverhältnisses einzugehen, zu kündigen und alle sonstigen rechtlichen Erklärungen im Zusammenhang mit den Mietverhältnissen abzugeben und entgegenzunehmen, Mietzinsen einzuziehen und Instandhaltungs-, Erneuerungs-, Ausbesserungs- und sonstige Maßnahmen zur Erhaltung des Hausgrundstückes zu treffen.[106]
(3) Alle Lasten des Grundstücks, insbesondere auch die Kosten für Ausbesserungen und Erneuerungen, sollen nach Möglichkeit aus den Mieteinnahmen bestritten werden. Unser Bruder ist daher auch berechtigt, für künftig anfallende Kosten eine angemessene Rückstellung zu bilden.

---

[98] Vgl. Palandt/*Edenhofer* § 2038 Rdnr. 3; MünchKommBGB/*Heldrich* § 2038 Rdnr. 14 mit vielen Beispielen in Rdnr. 16;
[99] Vgl. MünchKommBGB/*Heldrich* § 2042 Rdnr. 10.
[100] MünchKommBGB/*Heldrich* § 2038 Rdnr. 17.
[101] Vgl. § 1984 BGB; Miterben können die Nachlassverwaltung nur bis zur Teilung gemeinsam beantragen, vgl. § 2062 BGB.
[102] Zu Nachlassverwaltung und Insolvenz siehe §§ 27, 28.
[103] § 2209 BGB.
[104] MünchKommBGB/*Heldrich* § 2038 Rdnr. 20; *Nieder* Rdnr. 973.
[105] Zur Bevollmächtigung vgl. Rdnr. 45 ff.
[106] Ggf. weitere Umschreibung des Aufgabenkreises je nach Einzelfall.

> (4) Der nach Abzug der Verbindlichkeiten und Bildung der Rückstellung verbleibende Nettoertrag wird dann zwischen uns nach Maßgabe unserer Erbteile aufgeteilt. Wir vereinbaren dabei, dass vierteljährlich an die Miterben eine Abschlags- und einmal jährlich eine Schlusszahlung erfolgt.
> (5) Wir bevollmächtigen unseren Bruder, uns im Rahmen des ihm vorstehend übertragenen Aufgabenkreises in jeder rechtlich zulässigen Weise zu vertreten.
> [ggf. weitere Regelungen und Unterschriften]

Verwaltungsvereinbarungen können von den Miterben (im Bereich der ordnungsgemäßen Verwaltung) durch **Mehrheitsentscheidung** getroffen werden.[107] Eine Verwaltungsvereinbarung kann aus wichtigem Grund gekündigt werden. Ändern sich die Verhältnisse kann u. U. eine Abänderung der Vereinbarung verlangt werden.[108]

34   b) **Die einzelnen Verwaltungsmaßnahmen.** Die gesetzlichen Regelungen zur Nachlassverwaltung sind bedauerlicherweise lückenhaft ausgestaltet. Sie sprechen von Verwaltung und Verfügung über Nachlassgegenstände, enthalten aber mit Ausnahme des § 2039 BGB keine expliziten Regelungen zur **Geschäftsführung** und **Vertretung**. Gleichwohl wird bei der Verwaltung zwischen Innen- und Außenverhältnis unterschieden.

Im Grundsatz gilt Folgendes:. Die Erbengemeinschaft muss zunächst im **Innenverhältnis** entscheiden, ob ein Maßnahme erfolgen soll, also einen entsprechenden Beschluss fassen. Wurde ein solcher Beschluss gefasst, stellt sich die Frage, wie er im **Außenverhältnis** umgesetzt werden kann und dabei insbesondere die Frage der Vertretung der Miterbengemeinschaft bei Abschluss des dem Beschluss entsprechenden Verpflichtungs- oder Verfügungsgeschäftes. Dabei kann es zu „Spannungen" zwischen den gesetzlichen Vorschriften kommen, da § 2038 BGB Mehrheitsentscheidung vorsieht, § 2040 BGB bei Verfügungen jedoch ein Handeln aller Erben verlangt. Entstehen „Probleme" bei Verwaltungsmaßnahmen ist es am einfachsten, diese nach folgenden **Schema** „abzuarbeiten":

- **was** für eine Verwaltungsmaßnahme liegt vor
- mit **welcher** Mehrheit muss die Maßnahme beschlossen werden
- gibt der mit der erforderlichen Mehrheit getroffene wirksame Beschluss eine Vertretungsmacht zur **Verpflichtung** der Erbengemeinschaft
- gibt er auch die Befugnis zu **Verfügungen**.

35   *aa) Ordnungsgemäße Verwaltungsmaßnahme.*[109] Unter Verwaltungsmaßnahmen versteht man alle Maßregeln zur Verwahrung, Sicherung, Erhaltung und Vermehrung sowie zur Gewinnung der Nutzungen und zur Bestreitung der laufenden Verbindlichkeiten des Nachlasses. Hierzu gehören grundsätzliche auch Verfügungen über Nachlassgegenstände[110] Ob eine Maßnahme ordnungsgemäß ist, beurteilt sich aus objektiver Sicht, entscheidend ist der Standpunkt eines vernünftig und wirtschaftlich denkenden Beurteilers.[111] Die Miterben sind einander verpflichtet, bei ordnungsgemäßen Verwaltungsmaßnahmen mitzuwirken.[112] Dabei besteht eine Mitwirkungspflicht jedoch nur hinsichtlich solcher Maßnahmen, die **nicht** zu einer zu wesentlichen Veränderung des Nachlasses führen würden.[113] Zur Beurteilung, ob eine wesentliche Veränderung vorliegt, ist dabei nicht auf den einzelnen Nachlassgegenstand, sondern auf den **gesamten** Nachlasse abzustellen.[114] Da auf den gesamten Nachlasse abzustellen ist, kann man keine „allgemeine Liste" von mitwirkungspflichtigen Maßnahmen aufstellen. Vielmehr ist die Frage der wesentlichen Veränderung im jeweiligen Einzelfall unter Berücksichtigung der Größe und der Zusammensetzung des Nachlasses zu beurteilen.

---

[107] § 2038 Abs. 2 i. V. m. § 745 Abs. 2 BGB.
[108] Vgl. zu Verwaltungsvereinbarungen der Miterben MünchKommBGB/*Heldrich* § 2038 Rdnr. 21 m.w.N.
[109] § 2038 Abs. 2 BGB i. V. m. § 745 BGB.
[110] *BGH Urt. v. 28.9.2005 – ZEV 2006, 24 ff.*
[111] *BGH Urt. v. 28.9.2005 – ZEV 2006, 24 ff.*
[112] Vgl. § 2038 Abs. 1 Satz 2 BGB.
[113] Vgl. § 745 Abs. 3.
[114] So nunmehr ausdrücklich BGH Urt. v. 28.9.2005 – ZEV 2006, 24 ff.

§ 26 Miterben und Miterbenauseinandersetzung

Beispiele:
Abschluss eines Werkvertrages für eine notwendige Reparatur eines Nachlassgegenstandes;
Begleichung laufender Kosten eines Nachlassgegenstandes

Beachte: Handelt es sich bei der Verwaltungsmaßnahme um eine **Verfügung**, ist neben den vorstehenden Kriterien noch zu prüfen, ob die Maßnahme **erforderlich** ist. Die Frage der Erforderlichkeit ist dabei danach zu beantworten, ob ohne die beabsichtige Maßnahme eine wirtschaftliche Beeinträchtigung des Nachlasswertes zu besorgen wäre.[115]

Maßnahmen der ordnungsgemäßen Verwaltung können mit **Stimmenmehrheit** getroffen werden. Abgestimmt wird **nicht** nach „Köpfen". Maßgeblich ist vielmehr die Größe der jeweiligen Erbteile.[116]

Ein wirksamer Mehrheitsbeschluss führt dazu, dass die Mehrheit bei Abschluss von **Verpflichtungsgeschäften** alle Miterben, auch die nicht zustimmenden, mit Wirkung für den Nachlass **vertreten** kann.[117] Entsteht der Mehrheit dabei ein Aufwand, kann ihr ein Ersatzanspruch zustehen.[118]

Ob der Mehrheitsbeschuss auch die Befugnis zur **Verfügung** über einen Nachlassgegenstand gibt, ist streitig.[119] Die wohl noch herrschende Meinung verneint dies u. a. unter Hinweis auf § 2040 BGB. Die andere Ansicht räumt der Mehrheit trotz § 2040 BGB ein Verfügungsrecht ein. In der Praxis dürfte der Streit häufig ohne Bedeutung sein, da der Dritte, um jegliches Risiko auszuschließen, ein Handeln von allen Erben verlangen wird.

Liegt eine ordnungsgemäße Verwaltungsmaßnahme vor, kommt jedoch **keine** Mehrheitsentscheidung zustanden, muss der sich aus § 2038 Abs. 1 Satz 2 BGB ergebende Anspruch auf Zustimmung im **Klagewege**[120] durchgesetzt werden. Liegt zwar ein Mehrheitsbeschluss vor, ist die Verwaltungsmaßnahme jedoch eine **Verfügung**, gilt gleiches, zumindest wenn man mit der h. M. ein Handeln aller Miterben für erforderlich hält. Verletzt ein Miterbe seine sich aus § 2038 Abs. 1 S. 2 BGB ergebende Mitwirkungspflicht, kann er zum Ersatz des hieraus entstehenden **Schadens** verpflichtet sein.[121]

bb) Notverwaltungsmaßnahme. Es handelt sich um aus der Sicht eines objektiven Betrachters notwendige **Eilmaßnahmen** der **ordnungsgemäßen** Verwaltung, bei der die Zustimmung der anderen Miterben nicht (rechtzeitig) eingeholt werden kann.[122] Bei Notverwaltungsmaßnahmen kann jeder der Miterben alleine handeln.[123] Ihm stehen ggf. Aufwendungsersatzansprüche nach Auftragsrecht bzw. nach § 748 BGB zu.[124]

Beispiele:
Die Erteilung eines Reparaturauftrags bei einem Wasserrohrbruch in einem zum Nachlass gehörenden Wohnhaus
Notveräußerungen von verderblichen Waren

Bei Notverwaltungsmaßnahmen kann der Miterbe alleine die Erbengemeinschaft **verpflichten**. Er ist darüber hinaus jedoch auch befugt, über Gegenstände des Nachlasses ohne Mitwirkung der übrigen Erben zu **verfügen**.[125]

Beachte: Die Notverwaltung ist, insbesondere wenn es sich um eine bedeutsame Maßnahme handelt, subsidiär zur Mehrheitsverwaltung. Die Notverwaltungsmaßnahme muss so dringlich sein, dass die Zustimmung der übrigen Miterben nicht rechtzeitig eingeholt werden kann.[126] Ist

---

[115] BGH Urt. v. 28.9.2005 – ZEV 2006, 24 ff.
[116] Zu weiteren Einzelheiten hinsichtlich der Beschlussfassung siehe nachfolgend Rdnr. 40 ff.
[117] H. M. Palandt/*Edenhofer* § 2038 Rdnr. 12; MünchKommBGB/*Heldrich* § 2038 Rdnr. 51 jeweils m.w.N.
[118] Zu Einzelheiten vgl. MünchKommBGB/*Heldrich* § 2038 Rdnr. 50.
[119] Str. vgl. Palandt/*Edenhofer* § 2038 Rdnr. 4; MünchKommBGB/*Heldrich* Rdnr. 53 mit umfangreichen Nachweisen zum Meinungsstreit.
[120] Ein Beispiel für eine Klage findet sich in § 57 Rdnr. 49.
[121] Zu Einzelheiten s. MünchKommBGB/*Heldrich* § 2038 Rdnr. 45.
[122] Vgl. z.B. Palandt/*Edenhofer* § 2038 Rdnr. 14.
[123] Vgl. § 2038 Abs. 1 Satz 2 2. HS.
[124] Vgl. etwa Palandt/*Edenhofer* § 2038 Rdnr. 15 u. Klinger/*Erker*/*Oppelt* Form K.III.3.
[125] H. M. BGH Urt. v. 12.6.1989 – BGHZ 108, 21, 30 – NJW 89, 2694; MünchKommBGB/*Heldrich* § 2038 Rdnr. 62.
[126] h.M. siehe bereits BGH Urt. v. 8.5.1952 – BGHZ 6, 76, 84

eine solche besondere Eilbedürftigkeit nicht gegeben, sind die übrigen Miterben zu informieren. Lehnen diese (mehrheitlich) ab, die ins Auge gefasste Maßnahme durchzuführen, ist dies zu respektieren.[127] Dabei sind von dem Miterben, der alleine handeln möchte, umso größere Anstrengungen zu unternehmen, die anderen Miterben zu informieren, je bedeutsamer die Maßnahme, die er treffen möchte, ist. Dabei ist zu beachten, dass ggf. auch die neuen Kommunikationsmittel, wie Handy, SMS oder Email auszuschöpfen sind.

37 cc) *Außerordentliche Verwaltungsmaßnahme.* Hierunter fallen alle Maßnahmen die für den Nachlass von besonderer wirtschaftlicher Bedeutung sind und somit nicht dem Leitbild „laufende Verwaltung" entsprechen. Bei diesen Maßnahmen ist ein **gemeinsames** Handeln aller Erben erforderlich.[128] Eine Mitwirkungspflicht besteht **nicht**.

Beispiele:
Verkauf eines Nachlassgrundstückes,[129] Aufbau eines zerstörten Hauses[130]

Bei außerordentlichen Maßnahmen ist eine **einstimmige** Beschlussfassung erforderlich. Im Außenverhältnis müssen alle Miterben sowohl bei Abschluss eines Verpflichtungsgeschäftes als auch bei Verfügungen **gemeinsam** handeln. Gemeinsames Handeln meint jedoch nicht, dass die Miterben gleichzeitig und persönlich handelnd müssen. Sie können sich vielmehr sowohl bei Verpflichtungs- als auch bei Verfügungsgeschäfte nach den allgemeinen Regeln vertreten lassen.[131] Auch können sie Verpflichtungsgeschäfte und Verfügungen nachträglich nach den §§ 182 ff. BGB genehmigen.

Muster: Genehmigung eines Grundstückskaufvertrages

38

Genehmigung

Ich, ... , geb. am ..., wohnhaft in ...

genehmige hiermit alle Erklärungen, die

in der Urkunde vom – UR/...

des Notars ...

in ...

abgegeben hat, mit der ausdrücklichen Erklärung, dass mir der Inhalt der genannten Urkunde in allen Teilen bekannt ist. Soweit der/die Obengenannte auf Grund nicht formgerechter Vollmacht gehandelt hat, bestätige ich, dass die Vollmacht zum Zeitpunkt der Beurkundung bestanden hat. Etwaige weitere Vollmachten werden bestätigt.

Soweit erforderlich, war der/die Obengenannte von den Beschränkungen des § 181 BGB befreit.

[Unterschriftsbeglaubigung]

Achtung: Einseitige Verfügungen wie z.B. Kündigungen müssen mit Vollmacht bzw. **vorheriger** Zustimmung erfolgen, eine nachträgliche Genehmigung kommt bei diesen nicht in Betracht.[132]

39 dd) *Nachlassansprüche.*[133] Abweichend von den vorstehend genannten Regelungen ermächtigt § 2039 BGB einen der Erben Nachlassansprüche **alleine** für die anderen Erben geltend zu machen. Der allein handelnde Miterbe muss dabei die Leistung an **alle** Miterben fordern. Es gilt also der Grundsatz: „Einer für alle". Ob es sich um einen schuldrechtlichen oder dinglichen Anspruch handelt, ist für die Anwendung des § 2039 BGB unerheblich. Auch erfasst § 2039

---

[127] Vgl. hierzu MünchKommBGB/*Heldrich* § 2038, Rdnr. 56 u. Palandt/*Edenhofer* § 2038, Rdnr. 14 jeweils m.w.N.
[128] Vgl. § 2038 Abs. 1 Satz 1.
[129] Siehe aber BGH Urt. v. 28.9.2005 – ZEV 2006, 24 ff. sowie vorstehend *aa).*
[130] Etwas anderes kann gelten, wenn die Kosten durch Versicherungsmittel gedeckt sind.
[131] §§ 164 ff. BGB; zu Vollmachten siehe Rdnr. 45 ff.
[132] Vgl. Palandt/*Edenhofer* § 2038 Rdnr. 4 a. E. und Palandt/*Heinrichs* § 182 Rdnr. 5.
[133] Zur gerichtlichen Geltendmachung vgl. § 61 Rdnr. 47.

BGB sowohl privatrechtliche als auch öffentlich-rechtliche Ansprüche.[134] **Nicht** erfasst werden Gestaltungsrechte wie z.B. Kündigung, Rücktritt etc., diese müssen von allen Miterben gemeinsam ausgeübt werden.[135]

2. Muster zur Beschlussfassung und zu sonstigen Verwaltungsmaßnahmen

a) Protokoll der Versammlung einer Erbengemeinschaft mit Einladungsschreiben *aa) Einladungsschreiben*[136]

> Sehr geehrter Herr ...,
> seit dem letzten Treffen der Erbengemeinschaft sind mehrere Monate ins Land gegangen. Nunmehr stehen wieder einige Entscheidungen an.
> Ich lade daher zu einer Miterbenversammlung ein auf
> Mi., den ... in ...
> Für die Versammlung habe ich folgende Tagesordnungspunkte vorgesehen:
> TOP 1: Kündigung des Mietverhältnisses des Hauses ... Str. in ... Der Mieter X zahlt trotz mehrfachen Mahnungen bereits grundlos seit mehreren Monaten keine Miete mehr.
> TOP 2: Vorbereitung des Verkaufs des Grundstücks Flurstück Nr... in ... Mit der Wertermittlung soll zunächst ein Sachverständiger beauftragt werden.
> TOP 3: Der Makler Y hat für das landwirtschaftliche Grundstück in ... einen Kaufinteressenten zu dem von der Erbengemeinschaft vorgeschlagenen Preis gefunden. Der Verkauf sollte daher beschlossen werden.
> TOP 4: Die X-GmbH, an der der Erblasser beteiligt war, hält am ... eine Gesellschafterversammlung ab. Der Sitz der Gesellschaft soll nach ... verlegt werden. Auch stehen noch die aus der Anlage ersichtlichen Satzungsänderungen an. Für die Gesellschafterversammlung müsste ein Vertreter bestellt werden.

bb) Protokoll der Versammlung

> Protokoll der Miterbenversammlung vom ...
> Es waren alle Miterben, nämlich ... anwesend.
> Der Vorsitz wurde im Einverständnis aller Miterben von Herrn Rechtsanwalt ... übernommen.
> Herr RA ... führte zu TOP 1 aus: ...
> Die Miterben beschlossen einstimmig:
> Das Mietverhältnis soll gekündigt werden. Herr RA ... wird beauftragt und bevollmächtigt, alle erforderlichen Schritte einschließlich einer eventuell notwendigen Klage zu unternehmen.
> Herr RA ... führte zu TOP 2 aus: ...
> Die Miterben beschlossen einstimmig: Mit der Wertermittlung soll der Sachverständige X beauftragt werden. Der Miterbe ... wird mit der Einholung des Sachverständigengutachtens beauftragt. Den vom Sachverständigen ermittelten Wert werden die Miterben als für sie verbindlich anerkennen.
> Herr RA ... führte zu TOP 3 aus: ...
> Der Miterbe ... erklärte, seiner Kenntnis nach bestehe die Möglichkeit, dass das landwirtschaftliche Grundstück in eine Baulandumlegung falle und damit wesentlich wertvoller als ursprünglich angenommen werde. Er widerspreche daher zum gegenwärtigen Zeitpunkt einem Verkauf.

---

[134] Umfangreiche Beispiele finden sich bei Palandt/*Edenhofer* § 2039 Rdnr. 2 ff. u. bei MünchKommBGB/*Heldrich* § 2039 Rdnr. 5 ff.
[135] Palandt/*Edenhofer* § 2039 Rdnr. 4.
[136] Ggf. ist die Einladung per Einschreiben mit Rückschein oder förmlich zuzustellen, um den entsprechenden Zugangsnachweis zu haben.

> Die Miterben beschlossen daraufhin, den Tagesordnungspunkt zu vertagen. Der Miterbe ... wurde beauftragt, nähere Ermittlungen bezüglich des Flurstücks anzustellen.
>
> Herr RA ... führte zu TOP 4 aus:
>
> Die Miterben beschlossen einstimmig:
>
> Herrn RA ... soll Stimmrechtsvollmacht[137] für die Gesellschafterversammlung am ... erteilt werden. Er ist beauftragt und ermächtigt, der Sitzverlegung und den sonstigen Satzungsänderungen zuzustimmen.
>
> Unterschriften der Beteiligten

41a cc) *Hinweise zur Beschlussfassung.*[138] Für die Beschlussfassung sind keine Förmlichkeiten vorgeschrieben. Es kann daher sowohl schriftlich als auch mündlich, insbesondere auch telefonisch, per Fax oder Email, abgestimmt werden. Auch die nicht gleichzeitige Abstimmung, etwa im Umlaufverfahren, ist statthaft. Abgestimmt wird nach der Größe der Erbteile.[139] Jeder Miterbe hat einen Anspruch darauf, an der Beschlussfassung mitzuwirken und seine Meinung zu äußern. Unterbleibt die gebotene Anhörung eines Miterben, führt die Verletzung seines Gehörs nach h.M. jedoch nicht zur Unwirksamkeit eines ansonsten wirksam gefassten Mehrheitsbeschlusses.[140] Begründet wird dies damit, dass es die Rechtssicherheit gebiete, Dritten in ihrem Vertrauen auf die Wirksamkeit gefasster Mehrheitsentscheidungen zu schützen.[141]

Besteht ein Interessenwiderstreit, kann ein Miterbe von der Stimmabgabe ausgeschlossen sein, so z.B. wenn über die Kündigung einer Nachlassforderung gegen einen Miterben entschieden werden soll.[142] Kein Interessenwiderstreit besteht allerdings bei der Beschlussfassung über die Übertragung der Verwaltung auf einen Miterben.[143]

Die Unwirksamkeit eines Beschlusses kann gerichtlich ggf. im Wege der Feststellungsklage geltend gemacht werden. Zu beachten ist dabei allerdings, dass das Gericht eine eingeschränkte Prüfungskompetenz hat, also insbesondere nicht die Zweckmäßigkeit eines Beschlusses überprüfen kann.

42 **b) Maßnahmen im Zusammenhang mit dem Grundbuch.** *aa) Grundbucheinsicht.* Zur Nachlassermittlung bedarf es häufig einer Einsichtnahme in die Grundbücher bzw. Grundakten, um festzustellen, ob oder welcher Grundbesitz im Eigentum des Erblassers stand. Die Einsicht ist jedem, der ein **berechtigtes Interesse** hat, gestattet, d. h. jeder der Miterben kann auch alleine Einsicht nehmen.[144] Soweit das Einsichtsrecht reicht, können auch (ggf. beglaubigte) Abschriften verlangt werden.[145] Können nur ungefähre Angaben zur Lage des Grundbesitzes gemacht werden, kann eine Einsicht in die Eigentümerverzeichnisse der in Betracht kommenden Grundbuchämter weiterführen. Sind diese Verzeichnisse (wie im Regelfall) öffentlich zugänglich gemacht, ist eine solche Einsichtnahme unter den Voraussetzungen des § 12 GBO statthaft.[146]

Beachte: Eine Einsichtnahme in die Grundakten kann nicht nur zur Nachlassermittlung angezeigt sein, sondern auch, wenn es um die Frage geht, ob Ausgleichs- bzw. Pflichtteils- oder Pflichtteilsergänzungsansprüche bestehen. Insoweit genügt nach neuerer Rechtsprechung zur

---

[137] Ein Beispiel für eine Stimmrechtsvollmacht findet sich bei Rdnr. 48.
[138] Vgl. hierzu eingehend *Muscheler* ZEV 1997, 169 ff. u. 223 ff.
[139] Vgl. § 745 Abs. 2 Satz 2 BGB.
[140] BGH Urt. v. 29.3.1971 – BGHZ 56, 47, 55; a.A. *Muscheler* ZEV 1997, 169, 173.
[141] Allerdings können Schadensersatzansprüche des nicht angehörten Miterben bestehen.
[142] Analog §§ 34 BGB, 47 Abs. 4 GmbHG.
[143] Siehe hierzu bereits oben Rdnr. 33; nach h.M. gilt dies selbst bei der Abstimmung um eine Vergütung bzw. die Festsetzung deren Höhe, vgl. Palandt/*Edenhofer* § 2038 Rdnr. 10; *Muscheler* ZEV 1997, 169, 175; a.A. MünchKommBGB/*Heldrich* § 2038 Rdnr. 37.
[144] Vgl. § 12 Abs. 1 GBO für das Grundbuch und § 46 GBV für die Grundakten. Zu Einzelheiten zum Einsichtsrecht siehe *Schöner/Stöber* Rdnr. 524 a.
[145] § 12 Abs. 2 GBO § 46 Abs. 3 GBV.
[146] Vgl. § 12 a Satz 3 GBO.

§ 26 Miterben und Miterbenauseinandersetzung 43, 44 § 26

Darlegung des berechtigten Interesses regelmäßig der Hinweis auf die Stellung als gesetzlicher Erbe, dem u.U. die vorgenannten Ansprüche zustehen könnten.[147]

Muster für ein Schreiben an das zuständige Grundbuchamt:

Sehr geehrte Damen und Herren,
ich vertrete Herrn ... Auf mich lautende Vollmacht haben ich als Anlage beigefügt.
Herr ... ist der Sohn des am ... verstorbenen ... Der Verstorbene wurde ausweislich des in Ausfertigung beigefügten Erbscheins von meinem Mandaten und seinen beiden Schwestern beerbt.
Nach der Kenntnis meines Mandanten war der Verstorbene Eigentümer mehrerer Grundstücke, die im Grundbuch von ... eingetragen sein müssten. Genauere Angaben sind meinem Mandaten leider nicht möglich. Ich bitte daher um Überprüfung, hinsichtlich welcher Grundstücke der Verstorbene als Eigentümer eingetragen war. Weiterhin bitte ich darum, mir die entsprechenden Grundbuchauszüge in beglaubigter Form zu übersenden. Die Kosten können mir in Rechnung gestellt werden. Um Rückgabe der Erbscheinsausfertigung wird gebeten.
Mit freundlichen Grüßen

Rechtsanwalt

bb) Grundbuchberichtigung.[148] War der Verstorbene Eigentümer von Grundbesitz bedarf es in aller Regel einer Grundbuchberichtigung auf die Erbengemeinschaft.[149] Antragsberechtigt ist jeder einzelne Miterbe. Ein Erbnachweis ist in der gehörigen Form vorzulegen.[150] Die Grundbuchberichtigung ist bis zum Ablauf von zwei Jahren nach dem Todesfall gebührenfrei.[151] Ein **Antrag** auf Grundbuchberichtigung könnte folgendermaßen **formuliert** werden: 43

An das Amtsgericht – Grundbuchamt ...
Sehr geehrte Damen und Herren,
im Grundbuch von ... Band ... Blatt ... war unser verstorbener Vater ... als Alleineigentümer folgenden Grundbesitzes eingetragen. Der Verstorbene wurde ausweislich des Erbscheins des ... vom ... von uns beerbt.
Erbscheinsausfertigung liegt dem Grundbuchamt bereits vor.
Wir beantragen hiermit die Berichtigung des Grundbuchs durch unsere Eintragung in Erbengemeinschaft.

Unterschriften[152]

c) **Geltendmachung einer Forderung.** Nach § 2039 BGB kann ein Miterbe für die anderen Forderungen geltend machen.[153] Ein entsprechendes Schreiben könnte folgendermaßen abgefasst werden:[154] 44

Sehr geehrter Herr ...
ich vertrete Frau ... Eine auf mich lautende Vollmacht habe ich in Anlage beigefügt.
Meine Mandantin ist Miterbin des am ... verstorbenen ... Den Erbschein des Amtsgerichts – Nachlassgericht – vom ... Az.: ... habe ich Ihnen in beglaubigter Form gleichfalls als Anlage beigefügt.

---

[147] KG Beschl. v. 20.1.2004 – ZEV 2004, 338, LG Stuttgart, Beschl. v. 9.2.2005 – ZEV 2005, 313.
[148] Vgl. hierzu ausführlich *Schöner/Stöber* Rdnr. 778.
[149] Häufig wird auch das Grundbuchamt auf eine Berichtigung hinwirken, vgl. §§ 82 ff. GBO.
[150] Wird ein Erbschein beantragt, kann es sich empfehlen, im Antrag aufzunehmen, dass eine Ausfertigung des Erbscheins direkt dem Grundbuchamt zu übersenden ist.
[151] § 60 Abs. 4 KostO.
[152] Eine Beglaubigung der Unterschriften ist nicht erforderlich.
[153] Siehe Rdnr. 39.
[154] Zur klageweisen Geltendmachung siehe § 61 Rdnr. 45 ff.

> Bei der Sichtung des Nachlasses stellte meine Mandantin fest, dass Sie bisher folgende Forderung des Erblassers nicht beglichen haben:
> ...
> Ich fordere Sie im Nahmen meiner Mandantin auf, den vorstehenden Betrag bis spätestens ... auf das Konto der Erbengemeinschaft bei der X-Bank, Konto-Nr... (BLZ ...) zu bezahlen.
> Sollten Sie noch Fragen haben, stehe ich Ihnen gerne telefonisch zur Verfügung.
> Mit freundlichen Grüssen
>
> Rechtsanwalt

3. Vollmachten

45 a) **Allgemeines.** Der Zwang zum gemeinsamen Handeln bringt es häufig mit sich, dass einer der Miterben, insbesondere aus Gründen der Praktikabilität, einen der anderen Miterben oder einen Dritten bevollmächtigt. Die Erteilung einer Vollmacht richtet sich grundsätzlich nach den allgemeinen Regelungen der §§ 164 ff. BGB. Die Bevollmächtigung ist daher grundsätzlich **formfrei** möglich, es sei denn, es ist durch eine entsprechende Vorschrift etwas anderweitiges angeordnet. Dabei kann **Schriftform** i. S. d. § 126 BGB vorgeschrieben sein, wie z.B. in § 47 Abs. 3 GmbHG oder in § 134 Abs. 3 AktG.[155] Über die bloße Schriftform hinaus ist eine **öffentliche Beglaubigung** z.B. in § 1945 Abs. 3 BGB für die Erbschaftsausschlagung, in § 12 HGB für Anmeldungen zum Handelsregister oder in § 29 GBO für Eintragungsbewilligungen vorgesehen.

Vorsicht ist geboten, sofern die Vollmacht die Vornahme eines Rechtsgeschäfts, dass sich auf ein zum Nachlass gehörendes Grundstücks bezieht, vorsieht. Zwar bedarf eine Vollmacht nach § 167 Abs. 2 BGB nicht der Form, die für das Rechtsgeschäft bestimmt ist, so dass bei Grundstücksveräußerungsvollmachten grundsätzlich eine öffentliche Beglaubigung ausreicht.[156] Bindet sich jedoch der Vollmachtgeber bei Erteilung der Vollmacht ausdrücklich oder stillschweigend, bedarf die Vollmacht der Form des § 313 BGB, also der **notariellen Beurkundung.**[157] Gleiches kann bei einer **mittelbaren** Bindung gelten. Eine mittelbare Bindung wurde durch die Rechtsprechung z.B. dann bejaht, wenn die Vollmacht zwar widerruflich erteilt wurde, der Bevollmächtigte in ihr jedoch von § 181 BGB befreit wurde und die Vollmacht innerhalb kurzer Frist verwendet wurde.[158]

46 Für den **Umfang** einer Vollmacht ist deren **Zweck** maßgeblich. In Betracht kommen daher **Spezialvollmachten,** z.B. zum Abschluss von Rechtsgeschäften für den Nachlass, zur Veräußerung von einzelnen Nachlassgegenständen, für Bankzwecke und dergleichen mehr. Weiterhin kann einer der Miterben auch eine **Generalvollmacht** erteilen, die den Bevollmächtigten zu allen im Zusammenhang mit dem Nachlass stehenden Rechtgeschäften und Rechtshandlungen ermächtigt (sog. **Nachlassvollmacht**).

Der Nachweis der Bevollmächtigung wird bei einer privatschriftlichen oder öffentlich beglaubigter Vollmacht durch Vorlage des Originals bei Abschluss des Rechtsgeschäfts geführt und bei einer notarielle beurkundeten Vollmacht durch Vorlage einer Ausfertigung der Urkunde.

47 b) **Muster für Spezialvollmachten**

> Der Verstorbene X wurde von A, B und C beerbt. Die Erbengemeinschaft hat einstimmig beschlossen, ein zum Nachlass gehörendes Grundstück zu veräußern. Um C die Anreise zum Notar zu ersparen, möchte er seine Tochter bevollmächtigen.

---

[155] Die Vorschriften betreffen die Stimmrechtsausübung.
[156] Wegen § 29 GBO.
[157] BGH Urt. v. 13.11.1964 – DNotZ 65, 549, 551; BGH Urt. v. 21.5.1965 – DNotZ 66, 92, 93.
[158] OLG Schleswig Urt. v. 4.5.2000 – DNotZ 2000, 775, 776.

Muster für eine Grundstücksveräußerungsvollmacht:

> Vollmacht zur Veräußerung von Grundbesitz
>
> Im Grundbuch von ... ist der am ... verstorbene ... als Eigentümer folgenden Grundbesitzes eingetragen:
>
> BV Nr..., Flurstück Nr..., Gebäude- und Freifläche mit ... qm.
>
> Herr ... wurde ausweislich des Erbscheins des Nachlassgerichtes ... vom ... von ... und mir beerbt.
>
> Ich, ...
>
> – Vollmachtgeber –
>
> bevollmächtige hiermit
>
> ...
>
> mich bei der Veräußerung vorstehend genannten Grundbesitzes gegenüber Behörden und Privaten in jeder Hinsicht zu vertreten.
>
> Insbesondere ist der Bevollmächtigte befugt:
>
> a) einen Vertrag jeglicher Art zu öffentlicher Urkunde mit beliebigen Bestimmungen abzuschließen, zu ändern oder aufzuheben, die Auflassung zu erklären und den Vollzug im Grundbuch zu bewilligen und zu beantragen;
>
> b) zu Lasten des veräußerten Grundbesitzes Grundpfandrechte zur Kaufpreisfinanzierung in dinglicher Haftung mitzubestellen und dabei den jeweiligen Eigentümer der sofortigen Zwangsvollstreckung gem. § 800 ZPO zu unterwerfen;
>
> c) Gelder für den Vollmachtgeber anzunehmen und darüber gültig zu quittieren;
>
> d) die Eintragung von Vormerkungen, aber auch von Nießbrauchsrechten, Dienstbarkeiten und Reallasten, Vorkaufsrechten und Benutzungsregelungen im Grundbuch zu bewilligen und beantragen;
>
> e) Eintragungen, Rangänderungen und Löschungen jeder Art im Grundbuch zu bewilligen und zu beantragen sowie die Berichtigung des Grundbuchs zu beantragen.
>
> Der Bevollmächtigte darf die Vollmacht nicht übertragen.
>
> Diese Vollmacht soll durch den Tod des Vollmachtgebers nicht erlöschen.
>
> Der Bevollmächtigte wird von den Beschränkungen des § 181 BGB nicht befreit.
>
> [Beglaubigungsvermerk]

Vorstehendes Muster geht davon aus, dass das Grundbuch noch nicht auf die Erbengemeinschaft berichtigt wurde. Sollte diese Berichtigung bereits durchgeführt worden sein, könnte der Eingang der Vollmacht wie folgt lauten:

Formulierungsvorschlag:

> Vollmacht zur Veräußerung von Grundbesitz
>
> Im Grundbuch von ... sind die Herren Y und Z und ich in Erbengemeinschaft als Eigentümer folgenden Grundbesitzes eingetragen:
>
> BV Nr..., Flurstück Nr..., Gebäude- und Freifläche mit ... qm.
>
> [der übrige Text entspricht vorstehender Vollmacht]

Beispiel:
Zum Nachlass gehört eine Beteiligung des Verstorbenen an einer GmbH. Deren Satzung sieht vor, dass die Erbengemeinschaft einen gemeinsamen Vertreter zur Wahrnehmung der Gesellschafterrechte benennen muss.

Muster für eine Stimmrechtsvollmacht:

Vollmacht

Im Handelsregister ... ist die ... GmbH unter HRB Nr... eingetragen. Der am ... verstorbene ... war an dieser GmbH mit einem Geschäftsanteil im Nennbetrag von ... beteiligt.
Ausweislich des Erbscheins des Amtsgerichtes – Nachlassgerichtes ... vom ... (Az.: ...) wurde der Verstorbene von uns, ..., beerbt.
Wir bevollmächtigten Herrn... in der Gesellschafterversammlung der ... GmbH am ... für uns das Stimmrecht auszuüben.
[eigenhändige Unterschriften der Miterben]

49   **c) Generelle Nachlassvollmacht.** Will oder kann sich einer der Miterben, z.B. weil er sich im Ausland aufhält, nicht um die Nachlassverwaltung und -auseinandersetzung kümmern, kommt die Erteilung einer allgemeinen Nachlassvollmacht an einen der anderen Miterben oder an eine sonstige Vertrauensperson in Betracht.

Muster:
[Urkundeneingang wie üblich]

Nachlassvollmacht

Ich, ...

– Vollmachtgeber –

bestelle zu meinem Bevollmächtigten
...
und ermächtige den Genannten, mich in allen Angelegenheiten, die den Nachlass des am ... in ... verstorbenen Herrn ... betreffen, gerichtlich und
außergerichtlich zu vertreten und zu diesem Zwecke alle Rechtsgeschäfte und Rechtshandlungen ohne Ausnahme vorzunehmen.
Insbesondere ist der Bevollmächtigte befugt:
a) die Veräußerung der zum Nachlass gehörigen Grundstücke, Rechte an solchen, beweglichen Sachen und Forderungen vorzunehmen, Auflassungen zu erklären und anzunehmen und Eintragungen sowie Löschungen jeder Art im Grundbuch zu bewilligen und zu beantragen;
b) die Auseinandersetzung des Nachlasses herbeizuführen, die Vermittlung der Auseinandersetzung durch das Nachlassgericht oder einen Notar zu beantragen, Verträge, Vergleiche und Vereinbarungen jeder Art hierbei zu treffen und Rechte für den Auftraggeber zu erwerben und aufzugeben;
c) mich bei einem Rechtsstreit mit den Miterben oder anderen Personen wegen der Erbschaft oder einzelner Teile zu vertreten oder einen Prozessbevollmächtigten zu bestellen;
d) mich bei einer Versteigerung von Nachlassgrundstücken zum Zwecke der Teilung zu vertreten, für mich zu bieten und diese Grundstücke für mich zu erwerben.
Der Bevollmächtigte darf die Vollmacht ganz oder teilweise übertragen.
Diese Vollmacht soll durch den Tod des Vollmachtgebers nicht erlöschen.
Der Bevollmächtigte wird von der Beschränkung des § 181 des Bürgerlichen Gesetzbuches befreit.
[üblicher Urkundenschluss]

Vorstehende Vollmacht kann und muss im Einzelfall den jeweiligen Wünschen des Mandanten angepasst werden. Die mit „insbesondere" eingeleitete Aufzählung einzelner Rechtsgeschäfte ist an sich für die Vollmacht nicht erforderlich, in der Praxis aber üblich. Auch wird dem Vollmachtgeber hierdurch der Umfang der Vollmacht deutlicher „vor Augen" geführt. Eine öffentliche Beglaubigung der Vollmacht ist grundsätzlich ausreichend. Es wird jedoch vorgeschlagen, sie im Hinblick auf die eingangs angeführte Rechtsprechung zu Grundstücksgeschäften zu beurkunden.[159]

4. Die Verteilung gezogener Früchte, der Gebrauch von Nachlassgegenständen und die Lasten

Früchte[160] eines Nachlassgegenstandes fallen im Wege der dinglichen Surrogation in den Nachlass.[161] § 2038 Abs. 2 Satz 2 und 3 BGB enthält Regelungen über ihre Teilung. Diese Vorschrift gibt jedem der Miterben ein **Sonderrecht**, das durch Mehrheitsbeschluss nicht entzogen werden kann. Einvernehmlich können die Erben vom Gesetz abweichende Regelungen treffen, z.B. eine frühere oder laufende Verteilung der Früchte.[162] Gezogene Früchte sind grundsätzlich erst bei der Auseinandersetzung zu verteilen.[163] Ist die Auseinandersetzung allerdings für länger als ein Jahr ausgeschlossen, kann jeder der Miterben am Schluss des Jahres die Teilung und Ausbezahlung des Reinertrages verlangen.[164] Nach wohl h. M. muss der Ausschluss sich aus den Vorschriften der §§ 2043 bis 2045 BGB ergeben.[165] Die Verteilung erfolgt nach Maßgabe der Erbteile.[166]

50

Nach § 2038 Abs. 2 BGB i. V. m. § 743 Abs. 2 BGB ist jeder der Miterben insoweit zum **Gebrauch** der Nachlassgegenstände befugt, als hierdurch der Mitgebrauch der anderen Erben nicht beeinträchtigt wird. In der Regel werden die Miterben den konkreten Gebrauch eines Nachlassgegenstandes in einer Vereinbarung regeln; dabei ist ein Beschluss der Mehrheit möglich.[167] Jeder Miterbe hat, sofern keine Regelungen zur Nutzung getroffen wurden, nach § 745 Abs. 2 BGB einen Anspruch auf Zustimmung zu einer Nutzungsvereinbarung, die nach billigem Ermessen den Interessen aller Miterben entspricht.

Vorsicht kann geboten sein, wenn einer der Miterben alleine einen Nachlassgegenstand nutzt.[168] Die Rechtsprechung entnimmt den §§ 743, 745 BGB nämlich den Grundsatz, dass ein Miterbe solange zum **alleinigen** (entschädigungslosen) Gebrauch eines Vermögensgegenstandes des Nachlasses berechtigt ist, als die übrigen Miterben den Mitgebrauch tatsächlich nicht in Anspruch nehmen oder nehmen wollen. Daher können die anderen Miterben einen Nutzungsersatz nur verlangen, wenn eine entsprechende Nutzungsvereinbarung verlangt wurde oder sie der alleinigen Nutzung, unter Geltendmachung ihres Mitgebrauchs, widersprochen haben.[169]

Die **Lasten** des Gesamthandsvermögens und der einzelnen Nachlassgegenstände tragen die Erben (im Innenverhältnis) nach ihrer Erbquote.[170]

III. Vorbereitende Maßnahmen zur (einvernehmlichen) Erbauseinandersetzung[171]

Bei der Vorbereitung und der Begleitung einer einvernehmlichen Erbauseinandersetzung sind zwei Punkte von besonderer Bedeutung. Zum einen müssen die für die Auseinander-

51

---

[159] Siehe Rdnr. 45 So auch *Sarres*, S. 106; in diesen Zusammenhang ist noch darauf hinzuweisen, dass es kostenmäßig keinen Unterschied macht, ob der Notar den Entwurf der Vollmacht fertigt und die Unterschrift beglaubigt oder ob er die Vollmacht beurkundet. Nur die bloße Unterschriftsbeglaubigung ist kostengünstiger.
[160] I. S. d. § 99 BGB.
[161] Entweder nach § 953 BGB oder nach § 2041 BGB.
[162] Vgl. Rdnr. 33.
[163] Vgl. § 2038 Abs. 2 Satz 2 BGB.
[164] Vgl. § 2038 Abs. 2 Satz 3 BGB.
[165] Vgl. z.B. Palandt/*Edenhofer* § 2038 Rdnr. 16;.
[166] H. M. vgl. MünchKommBGB/*Heldrich* § 2038 Rdnr. 64.
[167] § 745 Abs. 1 BGB
[168] Siehe hierzu auch Klinger/*Erker*/Oppelt Form. K. III. 2.
[169] Vgl. z.B. BGH Urt. v. 29.6.1966 – NJW 66, 1708, 1709; BGH Urt. v. 17.5.1983 – BGHZ 87, 265 bis 274; BGH Urt. v. 13.1.1993 – NJW-RR 1993, 386, 387; BGH Urt. v. 15.9.1997 – NJW 98, 372, 373 jeweils m.w.N.
[170] §§ 2038 Abs. 2 Satz 1, 748 BGB.
[171] Zu streitigen Erbauseinandersetzungen und den damit verbundenen prozessualen Fragen; vgl. § 61 Klagen im Zusammenhang mit Miterben.

setzung erforderlichen „Fakten" ermittelt werden. Zum anderen muss dafür Sorge getragen werden, dass bestehende Konflikte ausgeräumt und neue Konflikte vermieden werden.[172]

1. Sachverhaltsermittlung

Bevor man mit konkreten Schritte zur Auseinandersetzung des Nachlasses beginnt, sollte man im Wesentlichen folgende „Themenbereiche" geklärt haben, nämlich:
- welche Beteiligten muss man berücksichtigen und bestehen bei diesen Besonderheiten;
- den Umfang des Nachlasses mit allen Aktiva und Passiva;
- Vorgaben des Erblassers
- Absprachen der Miterben betreffend die Verteilung

Sind diese Punkte geklärt, kann man sich je nach Lage des Einzelfalls konkret überlegen, in welcher Weise (also z.B. durch Totalauseinandersetzung, Teilauseinandersetzung, Erbteilsübertragung oder Abschichtung) die Erbauseinandersetzung betrieben werden soll.[173]

52 a) **Beteiligte.** Beteiligte sind naturgemäß die Miterben, daneben kommen Vermächtnisnehmer, Pflichtteilsberechtigte und sonstige Personen, denen Ansprüche am Nachlass zustehen können, in Betracht. Bevor man mit den Vorbereitungen zur Auseinandersetzung beginnt, muss der Kreis der Miterben feststehen. Ist z.B. noch die Geburt eines Miterben zu Erwarten, hindert dies die Auseinandersetzung.[174]

Halten sich einige der Miterben ständig im **Ausland** auf, sollte geklärt werden, ob diese für eine Auseinandersetzung anreisen können. Andernfalls wäre u. U. dafür Sorge zu tragen, dass sie einer Person ihres Vertrauens eine **Vollmacht** für die Auseinandersetzung erteilen.[175]

Besteht die Erbengemeinschaft aus Geschwistern, sollte im Hinblick auf etwaige Anrechnungs- bzw. Ausgleichungspflichten[176] eruiert werden, ob Einzelnen von ihnen von ihren Eltern zu Lebzeiten Zuwendungen gemacht wurden. Wurde Grundbesitz übertragen, empfiehlt es sich, die notariellen Urkunden einzusehen, und zu prüfen, ob diese Regelungen zu Anrechnung und Ausgleichung enthalten.[177] Gegebenenfalls können auch zur weiteren Aufklärung des Sachverhalts die Grundakten eingesehen werden.

53 b) **Umfang des Nachlasses.**[178] Bevor man zur Verteilung des Nachlasses schreiten kann, muss man dessen Umfang, also seine Aktiva und Passiva feststellen. In aller Regel wird es dabei nicht genügen, den Bestand der einzelnen Nachlassgegenstände festzustellen. Häufig wird auch (z.B. bei Grundstücken oder Unternehmensbeteiligungen) eine **Wertermittlung** erforderlich sein. In diesem Fall sollte sich, sofern der Erblasser keine Vorgaben gemacht hat, die Erbengemeinschaft frühzeitig auf einen Sachverständigen einigen und diesen mit einer Wertermittlung beauftragen.

Sofern Grundbesitz zum Nachlass gehört, sollte man sich weiterhin anhand eines aktuellen Grundbuchauszuges vergewissern, ob und wie dieser belastet ist. Häufig sind in der dritten Abteilung des Grundbuchs noch **Grundpfandrechte** eingetragen. Wurden die durch die Grundpfandrechte gesicherten Darlehen bereits vom Erblasser getilgt, sollte man – um ihre Löschung herbeiführen zu können – in den Unterlagen des Verstorbenen nach den **Löschungsbewilligungen** sowie eventuellen **Grundpfandbriefen** suchen. Besondere Vorsicht ist bei **Briefrechten** geboten. Zu deren Löschung muss der Brief vorgelegt werden.[179] Ist ein Brief nicht mehr auffindbar, bedarf es zu seiner Kraftloserklärung eines (zeitintensiven) **Aufgebotsverfahrens**.[180] Durch einen fehlenden Brief kann u. U. sogar die Auseinandersetzung verzögert werden.

---

[172] Zu Strategien einer Auseinandersetzung ohne Prozess vgl. a. *Sarres* S. 27 ff.
[173] Vgl. hierzu Rdnr. 82 ff.
[174] Vgl. Rdnr. 58.
[175] Zu Vollmachten vgl. Rdnr. 45 ff.
[176] Siehe hierzu Rdnr. 69 ff.
[177] Vgl. Rdnr. 71.
[178] Es sollen nur einige Hinweise gegeben werden; zu **Auskunftspflichten** vgl. § 45 und zur **Bewertung** § 46, zu **Klagen** im Zusammenhang mit Auskunftsansprüchen vgl. § 66.
[179] Vgl. *Schöner/Stöber* Rdnr. 146.
[180] § 1162 BGB.

Beispiel:
Will einer der Miterben das Grundstück übernehmen und die anderen ausbezahlen, bedarf es häufig zum Zwecke der Finanzierung der Ausgleichszahlungen der Neubestellung einer Grundschuld. Sind noch Altrechte eingetragen, wird der Kreditgeber die Darlehenssumme nicht ausbezahlen, bevor ihre Löschung nicht gewährleistet ist.

2. Strategien zur Streitvermeidung[181]

Im Rahmen einer Nachlassabwicklung kommen eine Vielzahl von Maßnahmen in Betracht, um letztlich eine einvernehmliche Teilung des Nachlasses vorzunehmen. Diese müssen sich an den jeweiligen Besonderheiten innerhalb der Erbengemeinschaft orientieren. Häufig werden dabei vom Rechtsanwalt neben juristischen auch psychologische Fähigkeiten verlangt. Nachfolgend können daher nur einige Hinweise gegeben werden:

- **Beleuchtung des persönlichen Umfelds.** Oft brechen im Erbfall bereits lange schwelende Konflikte innerhalb von Familien oder zwischen einzelnen Miterben auf. Der Anwalt sollte versuchen, bestehende Probleme auszuloten und sich mit dem persönlichen Hintergrund der Erbengemeinschaft bzw. der einzelnen Miterben befassen. Solche Kenntnisse können ihm bei Verhandlungen mit den anderen Miterben und bei der Beratung des eigenen Mandanten hilfreich sein.
- **Wirtschaftliche Gesichtspunkte.** Beruht der Streit innerhalb der Erbengemeinschaft überwiegend auf persönlichen Gründen, sollten **wirtschaftliche** Aspekte und **Sachprobleme** in den Vordergrund gestellt werden. Führt man den Miterben (oder auch dem eigenen Mandanten) die möglichen Nachteile eines jahrelangen Rechtsstreits vor Augen, kann dies durchaus dazu dienen, einen **Kompromiss** herbeizuführen.
- **Klärung von Teilproblemen.** Kommt eine einvernehmliche Regelung aller streitigen Punkte (noch) nicht in Betracht, sollte man versuchen, bei einzelnen Konfliktpunkten eine endgültige Klärung zu erreichen oder bereits Unstreitiges vorab zu „erledigen". Erzielte Einigungen sollten schriftlich fixiert werden, um späteren Behauptungen, es sei etwa ganz anderes vereinbart worden, den Boden zu entziehen.
- **Auch Randprobleme abklären.** Bei der Konzentration auf die bedeutsamen Punkte sollte man Randfragen nicht vergessen. In der Praxis erlebt man immer wieder Fälle, in denen sich die Miterben über die große „Linie" der Auseinandersetzung einig sind, sich dann aber über Punkte, die einem selbst eher nebensächlich erscheinen, zerstreiten. So kommt es z.B. immer wieder vor, dass – obwohl Grundbesitz im Wert von mehreren hunderttausend Mark zu verteilen ist – die Miterben sich hinsichtlich der Grabpflege nicht einigen können.
- **Nachlassgerichtliches Vermittlungsverfahren.**[182] Ein Antrag auf ein Vermittlungsverfahren nach den §§ 86 ff. FGG kommt bei passiven Miterben, die durch Untätigkeit die Auseinandersetzung verhindern oder bei zwar zerstrittenen, aber dennoch (potentiell) konsensfähigen Erbengemeinschaften in Betracht. Nicht geeignet ist das Verfahren dagegen, wenn bereits abzusehen ist, dass ein Miterbe dem gerichtlichen Vorschlag nicht zustimmen wird.[183]
- **Mediation.**[184] Die Durchführung einer Mediation, wie sie im Familienrecht schon vielfach angewandt wird, erscheint auch für Erbengemeinschaften ein geeignetes Instrumentarium, um – ohne gerichtliche Auseinandersetzung – eine einvernehmliche Auseinandersetzung zwischen den Miterben herbeizuführen.

---

[181] Zu Strategien bei Auskunftserteilung und Vorbereitung der Auseinandersetzung vgl. auch *Sarres* Rdnr. 52 ff. und *Frieser* Rdnr. 345 ff.
[182] Einzelheiten hierzu siehe § 54 Vermittlungsverfahren zur Erbauseinandersetzung.
[183] Eine verbindliche Entscheidung kann das Gericht grundsätzlich nur treffen, wenn alle Miterben einverstanden sind.
[184] Vgl. hierzu § 68 Mediation von Erbstreitigkeiten sowie z.B. *Sarres* Rdnr. 149.

IV. Die Auflösung der Erbengemeinschaft entsprechend den gesetzlichen Regelungen

1. Einführung „Die gesetzlichen Teilungsregeln"

55   Die „gesetzlichen Teilungsregeln"[185] geben den Erben **ein Gestaltungsmodell** für die Erbauseinandersetzung an die Hand. Dieses Modell wird von den beiden folgenden Grundprinzipien beherrscht:
- Teilung erst nach Begleichung sämtlicher Nachlassverbindlichkeiten
- Aufteilung der Nachlassgegenstände in Natur unter den Erben, soweit die Gegenstände ohne Wertverlust teilbar sind, andernfalls Verkauf bzw. Versteigerung und anschließende Erlösverteilung

Den Miterben steht es jedoch frei, eigenen vom Modell des Gesetzgebers abweichenden Gestaltungen den Vorzug zu geben. Hiervon wird in der Praxis häufig Gebrauch gemacht.

Beispiele:
- Freihändiger Verkauf von Nachlassgegenständen
- Übernahme von Nachlassgegenständen
- Teilerbauseinandersetzungen

Der Weg zur individuellen Lösung ist allerdings versperrt, wenn im Zuge der Auseinandersetzung nicht **lösbare Differenzen** unter den Miterben auftreten. Dann muss die Auseinandersetzung über eine nachlassgerichtliche **Vermittlung**[186] bzw. eine **Klage auf Zustimmung**[187] zu einem vom Kläger aufzustellenden **Teilungsplan** angestrebt werden.

Wichtig: In beiden Verfahren richtet sich der materielle Auseinandersetzungsanspruch ausschließlich und alleine nach dem Gesetz sowie möglichen vom Erblasser getroffenen letztwilligen Bestimmungen. Individuelle Vereinbarungen sind nur insoweit zu berücksichtigen als sie unter sämtlichen Miterben verbindlich vereinbart wurden. **Der Teilungsplan hat nach seinem Inhalt im Streitfall streng den gesetzlichen Vorgaben zu entsprechen.**

2. Anspruchsgrundlage für das Auseinandersetzungsverlangen

56   a) **Grundsatz.** Die Auseinandersetzung kann jederzeit von jedem der Miterben gefordert werden, da die Erbengemeinschaft nach den gesetzlichen Vorgaben nicht auf Dauer angelegt, sondern als Liquidationsgemeinschaft ausgestaltet ist.[188] Der Anspruch steht dem einzelnen Miterben unabhängig von der Größe seines Erbteils zu. Selbst ein Miterbe, der aufgrund ausgleichspflichtiger Vorempfänge nichts zu beanspruchen hat, kann die Auflösung der Erbengemeinschaft verlangen.[189] Ein Zwang zur Auseinandersetzung besteht allerdings nicht.

57   b) **Ausnahmen.** Ausnahmsweise kann die Auseinandersetzung zeitlich oder gar auf Dauer gehemmt sein. Neben **Teilungsverboten**[190] des Erblassers und der Einrede eines laufenden **Aufgebotsverfahrens**[191] kommen die nachfolgend aufgezählten Gründe in Betracht:

58   *aa) Unbestimmte Miterben.* Solange die **Existenz** einzelner Erben **noch nicht feststeht,** ist eine Erbauseinandersetzung nicht möglich.[192]

Unsicherheiten über die Existenz eines Erben können aus folgenden Umständen resultieren:
- die Geburt eines noch zu erwartenden Miterben,
- die Entscheidung über den Antrag auf Annahme einer Person als Kind des Erblasser,
- die Entscheidung über die Aufhebung eines Annahmeverhältnisses.

---

[185] §§ 2042–2045 BGB in Verbindung mit den §§ 749 Abs. 2, 750–758 BGB.
[186] Vgl. § 54 Vermittlungsverfahren zur Erbauseinandersetzung.
[187] Vgl. § 61 Rdnr. 4 ff.
[188] § 2042 Abs. 1 BGB; zu den weiteren Anspruchsberechtigten vgl. Rdnr. 61.
[189] Vgl. MünchKommBGB/*Heldrich* § 2042 Rdnr. 5.
[190] Vgl. Rdnr. 111 ff.
[191] Vgl. § 23.
[192] § 2043 BGB.

Gleiches gilt, wenn eine Stiftung oder sonstige juristische Person bedacht wurde, die noch nicht wirksam entstanden ist.[193]

Hinweis: Fällt in einem solchen Fall der Nachlass an mehrere Stämme und sind die Erbteile nur bzgl. eines Stammes aus den oben genannten Gründen unbestimmt, kann die Erbauseinandersetzung unter den Stämmen an sich und des Weiteren in denjenigen Stämmen erfolgen, in welchen die Erbquoten feststehen.[194] Die Auseinandersetzung ist dann nur bzgl. des Stammes gehindert, in dem einer der in § 2043 BGB aufgezählten Hinderungsgründe vorliegt.

Stehen demgegenüber die Erben fest und ist nur ein Teil der Erben **unbekannten Aufenthalts**, kann die Auseinandersetzung unter Einbeziehung eines Abwesenheitspfleger ohne weiteres stattfinden.[195]

bb) Es liegt ein Teilungsverlangen zur Unzeit vor bzw. das Teilungsverlangen verstößt gegen § 242 BGB. Das Begehren auf Auseinandersetzung einer Erbengemeinschaft kann ausgeschlossen sein, falls der Anspruch zur **Unzeit** geltend gemacht wird. Zwar fehlt es im Recht der Erbengemeinschaft an einer ausdrücklichen Regelung.[196] Gleichwohl wird die Auffassung vertreten, dass auch bei einer Erbengemeinschaft, welche von vornherein auf Auseinandersetzung gerichtet ist, ausnahmsweise das Aufhebungsverlangen aus den vorstehend genannten Gründen ausgeschlossen sein kann.[197] Einheitliche Kriterien haben sich hier nicht herausgebildet. Beispielsweise soll, wenn die Erbengemeinschaft auf Grund des Erblasserwillens bestimmte Ziele verfolgt und diese Ziele durch die Teilung gefährdet wären, ein Ausschluss der Auseinandersetzung eingreifen. Gegen **Treu und Glauben** könnte demgegenüber ein Auseinandersetzungsverlangen verstoßen, welches erhebliche persönliche Härten für einen der Miterben nach sich zieht.[198]

cc) Vertraglicher Ausschluss der Teilung. Die Teilung kann durch Vereinbarung unter den Miterben zeitlich oder auf Dauer ausgeschlossen werden.[199] Diese bedarf **keiner** besonderen Form und kann auch stillschweigend erfolgen. Dies gilt auch, wenn sich im Nachlass Grundbesitz befindet.[200] In einem Prozess trifft die Partei, welche sich auf den vertraglichen Ausschluss der Auseinandersetzung beruft, die **Beweislast** für den Abschluss einer solchen Vereinbarung.[201] Wurde die Auseinandersetzung vom Erblasser untersagt oder haben sich die Erben auf ein Auseinandersetzungsverbot geeinigt, kann ein Auseinandersetzungsbegehren gleichwohl wirksam sein,[202] wenn **sachliche Gründe** vorliegen, welche die **Aufhebung der Erbengemeinschaft** ausnahmsweise **rechtfertigen**.[203]

Beispiele:
- Völlige Zerrüttung der persönlichen Beziehungen zwischen den Beteiligten
- Tod eines der Miterben[204]

3. Forderungsberechtigte

Jeder der Miterben ist berechtigt, die **Auseinandersetzung zu verlangen**. Darüber hinaus können auch Gläubiger, welche einen Erbteil gepfändet haben, bei **Verwertungsreife** den Erbauseinandersetzungsanspruch geltend machen. Vor der Verwertungsreife steht dieses Recht nur dem Pfandgläubiger und dem betroffene Miterbe gemeinsam zu.[205] Besteht an einem Erbteil

---

[193] Vgl. MünchKommBGB/*Heldrich* § 2043 Rdnr. 6.
[194] Palandt/*Edenhofer* § 2043 Rdnr. 1.
[195] Vgl. MünchKommBGB/*Heldrich* § 2043 Rdnr. 8; Antragsmuster für die Bestellung eines Abwesenheitspflegers Klinger/*Erker/Oppelt* MPFErbR, Form K VII 1.
[196] Eine solche findet sich für die Gesellschaft bürgerlichen Rechts in § 723 Abs. 2 BGB.
[197] Vgl. MünchKommBGB/*Heldrich* § 2042 Rdnr. 8; LG Düsseldorf Urt. v. 20.5.1954 – FamRZ 1955, 303.
[198] *Brox* Erbrecht Rdnr. 489.
[199] Vgl. MünchKommBGB/*Heldrich* § 2042 Rdnr. 10; vgl. Rdnr. 118 zur Frage, inwieweit ein Auseinandersetzungsverbot gegenüber minderjährigen Miterben wirksam ist.
[200] Palandt/*Edenhofer* § 2042 Anm. 1.
[201] BGH Urt. v. 27.2.1991 – NJW-RR 91, 947.
[202] § 2044 Abs. 1 BGB in Verbindung mit §§ 749 ff. BGB.
[203] LG Düsseldorf Urt. v. 20.5.1954 – FamRZ 1955, 303.
[204] § 2044 Abs. 1 BGB i. V. m. § 750 BGB.
[205] § 1258 Abs. 2 BGB.

ein Nießbrauchsrecht, kann der Miterbe nur gemeinschaftlich mit dem Nießbrauchsberechtigten Aufhebung der Gemeinschaft verlangen.[206] Umgekehrt kann, sofern ein Erbteil gepfändet bzw. mit einem Nießbrauchsrecht belastet ist, das Aufhebungsverlangen stets nur gegen beide, Nießbrauchsberechtigten und Erben, bzw. Pfandgläubiger und Erben geltend gemacht werden.

4. Die einzelnen Schritte der Auseinandersetzung nach Maßgabe der gesetzlichen Vorschriften

62 a) **Vollständige Ermittlung der Aktiva und Passiva des Nachlasses.** Vor allem zum Schutz möglicher Nachlassgläubiger, deren Rechte durch eine Zerschlagung des Nachlasses beeinträchtigt werden könnten, aber auch im Interesse einer möglichst gerechten Verteilung des Nachlasses unter den Erben sind zunächst sämtliche Aktiv- und Passivpositionen des Nachlasses im Einzelnen zu erfassen.[207]

62a b) **Begleichung der Nachlassverbindlichkeiten.**[208] Nach Ermittlung des Nachlassbestandes haben die Miterben die Nachlassverbindlichkeiten zu begleichen. Soweit hierzu der Verkauf von Nachlassgegenständen erforderlich ist, um notwendige Barmittel zu erhalten, hat dies, sofern sich die Erben nicht anderweitig einigen, nach den Regeln des Pfandverkaufs zu erfolgen.[209] Für Verbindlichkeiten, welche zurzeit nicht fällig oder aber einredebehaftet sind, haben die Erben entsprechende Rückstellungen zu bilden.[210]

Sind Miterben **Nachlassgläubiger** bzw. **Nachlassschuldner** stellt sich die Frage, ob sie die gleichen Rechte und Pflichten wie sonstige Gläubiger bzw. sonstige Schuldner haben oder aber ihre Forderungen und Verbindlichkeiten nur als Rechnungsposten bei der endgültigen Erbauseinandersetzung zu berücksichtigen sind und deren Durchsetzbarkeit bis zur Schlussverteilung gehemmt ist. Nach zutreffender Meinung braucht der einzelne **Miterbe seine Ansprüche** nicht bis zur Schlussverteilung zurückzustellen.[211] Sofern Fälligkeit seines Anspruchs vorliegt, kann er diesen – wie jeder andere Gläubiger auch – geltend machen. Fehlt es allerdings an liquiden Zahlungsmitteln, so soll es den anderen Erben mit Verweis auf Treu und Glauben möglich sein, die Befriedigung bis zur Beschaffung liquider Mittel zu verweigern.[212] Umgekehrt können **Nachlassforderungen** gegen **einzelne Miterben** in der Regel nur im Zuge der Erbauseinandersetzung als Verrechnungsposten bei der endgültigen Verteilung der Erbmasse mit eingestellt werden. Begründet wird dies damit, dass es rechtsmissbräuchlich wäre, wenn die Erbengemeinschaft etwas verlangt, was sie im Zuge der endgültigen Auseinandersetzung zumindest teilweise dem Werte nach ohnehin wieder herauszugeben müsste.[213] Hier gibt es allerdings Ausnahmen. So kann die Erbengemeinschaft Zahlung in der Höhe verlangen, in welcher ihr auch nach Verrechnung mit dem Erbteil des Schuldners ein Mehr zusteht. Eine weitere Ausnahme wird dann gemacht, wenn es der Erbengemeinschaft an liquiden Zahlungsmitteln fehlt.

63 c) **Verkauf der in Natur nicht ohne Wertverlust in wertgleiche Teile teilbaren Gegenstände.**[214] Im Grundsatz ist davon auszugehen, dass **vorhandene Nachlassgegenstände in Natur entsprechend den Erbquoten zu teilen** sind.[215]

Geld, Wertpapiere, Hypotheken und sämtliche vertretbaren Gegenstände sind teilbar. Demgegenüber scheidet in aller Regel bei allen nicht vertretbaren Gegenständen eine Teilung ohne Wertverlust aus. Ist eine Teilung ohne Wertverlust nicht möglich, hat ein Pfandverkauf der betreffenden Nachlassgegenstände bzw. bei Grundstücken eine Teilungsversteigerung stattzufinden.[216]

---

[206] § 1066 Abs. 2 BGB.
[207] Vgl. Rdnr. 105 ff. zu den Voraussetzungen, unter denen ausnahmsweise eine Teilerbauseinandersetzung möglich ist.
[208] § 2046 BGB.
[209] § 2046 Abs. 3 BGB in Verbindung mit den §§ 753, 754 BGB.
[210] § 2046 Abs. 2 BGB.
[211] Palandt/*Edenhofer* § 2046 Rdnr. 5.
[212] MünchKommBGB/*Heldrich* § 2046 Rdnr. 4.
[213] Palandt/*Edenhofer* § 2039 Rdnr. 13, vgl. MünchKommBGB/*Heldrich* § 2039 Rdnr. 32.
[214] § 2042 Abs. 2 BGB i. V. m. §§ 752 ff. BGB.
[215] § 2042 Abs. 2 BGB i. V. m. § 752 BGB.
[216] § 2042 Abs. 2 BGB i. V. m. § 753 BGB.

So übersichtlich diese Regelung auf den ersten Blick erscheint, führt sie doch in den Folgenden praxistypischen Fällen immer wieder zu Konfliktstoff unter den Erben.

aa) Teilung von Grundstücken. **Grundstücke** sind schon deshalb nicht in wertmäßig gleiche Anteile teilbar, da die einzelnen Parzellen nach Teilung unterschiedliche Zugänge haben werden. Gleiches gilt für einer Aufteilung eines Hauses in Wohnungseigentum. Auch hier haben die einzelnen Wohnungen nach der Teilung stets eine unterschiedliche Lage. Der Zugang und die Lage stellen aber regelmäßig einen wertbildenden Faktor dar. Eine Teilung in Natur kann ausnahmsweise möglich sein, wenn sich im Nachlass mehrere im selben Baugebiet liegende von ihre Größe, Lage und Bebaubarkeit wertgleiche Parzellen befinden.[217] 64

bb) Teilung wirtschaftlich wertloser Gegenstände. Nicht immer ist eine Versteigerung wirtschaftlich sinnvoll. So ist es denkbar, dass die Versteigerungskosten den zu erwartenden Erlös bei weitem übersteigen. Dies ist regelmäßig bei Hausratsgegenständen des täglichen Gebrauchs der Fall. Hier sind die Miterben dann untereinander nach Treu und Glauben verpflichtet, nach anderen Verwertungsmöglichkeiten zu suchen. 65

Es kommen folgende alternative Verwertungsmöglichkeiten in Betracht:
- Es findet eine interne formlose Versteigerung unter den Erben statt.
- Sofern nur ein Erbe zur Übernahme bereit ist, kann diesem das Recht eingeräumt werden, die Gegenstände zum Verkehrswert zu erwerben.

cc) Teilung eines im Nachlass befindlichen Erbanteils. War bereits der **Erblasser Mitglied einer ungeteilten Erbengemeinschaft** am Nachlass eines Dritten, so geht die Berechtigung am Nachlass des Dritten als Teil des Nachlasses des Erblassers mit dem Tod des Erblassers auf die nach seinem Tod entstehende Erbengemeinschaft über. Im Zuge der Auseinandersetzung ist dann jeder der Miterben berechtigt, die Zuweisung eines seiner Erbquote entsprechenden Anteils am Nachlass des Dritten zu verlangen. Die Berechtigung am Nachlass des Dritten stellt mithin ähnlich wie der Anteil an einer Gesellschaft ein in reale Teile aufspaltbares Mitgliedsrecht dar.[218] Umstritten ist insoweit lediglich, ob dies zu einer Spaltung des Erbteils führt oder der Erbteil als einheitlicher Erbteil mit der Folge bestehen bleibt, dass den Miterben der Erbteil nicht mehr in Erbengemeinschaft, sondern in Bruchteilseigentum zusteht.[219] Die einzelnen Nachlassgegenstände, welche einer Erbengemeinschaft zuzuordnen sind, deren Mitglied der Erblasser war, können demgegenüber nicht in diesem Sinne geteilt werden. Hier kommt es häufig zu Fehlvorstellungen. Diese resultieren meist daraus, dass der Erbanteil des Erblassers an den einzelnen Nachlassgegenständen des Dritten wie Miteigentum des Erblassers behandelt wird. 66

Beispiel:
Der Erblasser wurde von E 1 und E 2 zu je 1/2 beerbt. Im Nachlass befindet sich ein Erbteil von 1/3 an einer nicht auseinandergesetzten Erbengemeinschaft – Erbengemeinschaft 2 –. Im Eigentum dieser Erbengemeinschaft 2 befinden sich zwei gleichwertige Hausgrundstücke H 1 und H 2.

Ohne Beteiligung der übrigen Miterben der Erbengemeinschaft 2 können E 1 und E 2 lediglich den im Nachlass befindlichen Erbteil der Erbengemeinschaft 2 untereinander aufteilen oder einem von ihnen den Erbteil an der Erbengemeinschaft 2 gegen Ausgleich zuweisen. Nicht möglich ist, E 1 den Erbteil am Haus H 1 und dem E 2 den Erbteil am Haus H 2 zuzuweisen.

Eine solche Übertragung wäre nur möglich, wenn der Erblasser nicht Miterbe zu 1/3, sondern Miteigentümer zu 1/3 an den beiden Häusern gewesen wäre.

dd) Teilung persönlicher Unterlagen des Erblassers. Schriftstücke, die sich auf die **persönlichen Verhältnisse** des Erblassers, auf dessen Familie oder auf den ganzen Nachlass beziehen bleiben gemeinschaftliches Eigentum der Erben. Insoweit ist also eine Auseinandersetzung ausgeschlossen.[220] 67

---

[217] OLG Hamm Urteil vom 2.12.1991 – NJW-RR 1992, 666.
[218] *Johannson* WM 1970, 739.
[219] Palandt/*Edenhofer* § 2033 Rdnr. 1.
[220] § 2047 Abs. 2 BGB.

5. Genehmigungserfordernisse

68 Im Zuge der Erbauseinandersetzung sind diverse Zustimmungs- und Genehmigungserfordernisse zu beachten. Üblicherweise werden die Zustimmungen und Genehmigungen, sofern die Auseinandersetzung durch vertragliche Vereinbarung sämtlicher Miterben erfolgt, nach Vertragsschluss eingeholt.[221]

Katalog der wichtigsten Zustimmungs- und Genehmigungserfordernisse:

- Nacherben sind an der Auseinandersetzung nur dann zu beteiligen, wenn im Zuge der Auseinandersetzung Verfügungen über Grundbesitz stattfinden[222] oder aber Verfügungen über Hypotheken- Grund- oder Rentenschulden.[223]
- Die Verfügung über eine Eigentumswohnung durch Übertragung auf einen der Miterben oder einen Dritten kann, sofern die Teilungserklärung eine entsprechende Regelung enthält, zustimmungsbedürftig sein. Ob ein solches Zustimmungsbedürfnis in der Teilungserklärung begründet wurde, lässt sich unmittelbar dem Grundbuch entnehmen, da dieses zwingend in das Grundbuch einzutragen ist.
- Nach § 1365 BGB bedarf ein Ehegatte, der im gesetzlichen Güterstand verheiratet ist, zur Verfügung über sein Vermögen als Ganzes der **Zustimmung seines Ehepartners.** Nicht anwendbar ist die Vorschrift, sofern eine Realteilung vorgenommen wird, also jeder der Miterben an in Natur teilbaren Gegenständen Alleineigentum und an nicht teilbaren Gegenständen Bruchteilseigentum entsprechend seiner Erbquote erhält.[224] In allen anderen Fällen empfiehlt es sich, sofern der Nachlass nahezu das gesamte Vermögen eines der Miterben ausmacht und dieser im gesetzlichen Güterstand verheiratet ist, die Zustimmung des anderen Ehegatten einzuholen und zwar auch dann, wenn der Nachlass nur aus einem Grundstück besteht und eine Verfügung über dieses Grundstück vorgenommen wird.[225]
- Nach dem **Grundstücksverkehrsgesetz** ist die Verfügung über ein landwirtschaftliches Grundstück genehmigungspflichtig, wobei die Ausgestaltung im Einzelnen dem jeweiligen Landesgesetzgeber überlassen wurde.[226]
- Ein **Vorkaufsrecht nach § 24 BauGB** besteht im Zuge der Erbauseinandersetzung dann nicht, wenn das Grundstück auf einen der Miterben übertragen oder im Wege der Teilungsversteigerung veräußert wird.[227] Bei einem freihändigen Verkauf eines Grundstücks durch die Erbengemeinschaft an einen Dritten kann allerdings das Vorkaufsrechts nach § 24 BauGB eingreifen.
- Sind Minderjährige beteiligt, ist zu prüfen, ob **familiengerichtliche/vormundschaftsgerichtliche Genehmigungen** erforderlich sind.[228]

6. Anrechnungs- und Ausgleichspflichten

69 Die §§ 2050 ff. BGB legen fest, unter welchen Voraussetzungen lebzeitige Zuwendungen durch den Erblasser bzw. an den Erblasser bei der Auseinandersetzung unter den Abkömmlingen zu berücksichtigen sind. Hiermit will der Gesetzgeber dem **mutmaßlichen Willen** des Erblasser auf **Gleichbehandlung seiner Kinder** Rechnung tragen.

Hinweis: Die Anrechnungs- und Ausgleichspflichten sind streng von der Pflichtteilsanrechnung zu unterscheiden. Bei der Pflichtteilsanrechnung geht es um die Frage, inwieweit sich pflichtteilsberechtigte Personen Zuwendungen des Erblassers auf ihren Pflichtteilsanspruch anrechnen lassen müssen. Die in diesem Bereich oftmals spürbare Unsicherheit bei der Abgrenzung der beiden Rechtsinstitute resultiert aus dem Umstand, dass ausgleichspflichtige Zuwendungen auch bei der Berechnung der Pflichtteilsansprüche zu berücksichtigen sind.[229]

---

[221] Zur Vorgehensweise bei einer Erbauseinandersetzungsklage vgl. § 61 Rdnr. 15.
[222] § 2113 Abs. 1 BGB.
[223] § 2114 BGB.
[224] Palandt/*Edenhofer* § 2042 Rdnr. 8.
[225] Vgl. Klinger/*Erker*/*Oppelt* MPFErbR, Form K VII 3.
[226] *Schöner*/*Stöber* Rdnr. 3957.
[227] *Schöner*/*Stöber* Rdnr. 4113 a.
[228] Vgl. Rdnr. 110 ff.
[229] §§ 2315, 2316 BGB; vgl. § 29 Rdnr. 85 ff., 155 ff.

§ 26 Miterben und Miterbenauseinandersetzung

a) Gesetzliche Erbfolge mehrerer Abkömmlinge. Für eine Ausgleichung von Vorempfängen 70 nach den §§ 2050 ff. BGB ist stets erforderlich, dass die Folgenden beiden Grundvoraussetzungen vorliegen:

- Es müssen **mehrere Abkömmlinge zu Erben berufen** sein, da **Ausgleichspflichten immer nur unter den Abkömmlingen bestehen** können; unschädlich ist, wenn neben den Abkömmlingen noch weitere Personen zu Erben berufen wurden.
Wichtig: Ausgleichspflichtig sind auch die anstelle eines verstorbenen Abkömmlings getretenen Kinder eines zur Ausgleichung verpflichteten Abkömmlings.[230]
- Die Berufung der Abkömmlinge zu Erben muss nach den Regeln der **gesetzlichen Erbfolge** erfolgt sein; unschädlich ist, wenn weitere zu Erben berufene Personen abweichend von der gesetzlichen Erbfolge berufen wurden.

Eine Anrechnungs- und Ausgleichspflicht scheidet danach in folgenden Fällen aus:
- Es ist nur ein Abkömmling vorhanden.
- Es sind zwar mehrere Kinder vorhanden, diese wurden aber abweichend von den gesetzlichen Erbquoten zu Erben berufen.

Eine Berufung nach den Regeln über die gesetzliche Erbfolge kann auch bei einer gewillkürten Erbeinsetzung vorliegen, wenn sich die Erbeinsetzung an den Regeln der gesetzlichen Erbfolge orientiert.[231]

Beispiel:
Der verwitwete Erblasser hat zwei Kinder. In seinem Testament regelt er, dass eine näher bezeichnete Stiftung zu 1/3 und seine beiden Kinder im Übrigen zu gleichen Teilen zu Erben berufen sind.

Würde man auf die den Kindern zukommende Erbquote abstellen, könnte man meinen, die Erbeinsetzung sei nicht entsprechend den gesetzlichen Regeln erfolgt, da die Kinder nicht zu 1/2, sondern nur zu 1/3 zu Erben eingesetzt wurden. Stellt man allerdings darauf ab, in welchem Verhältnis die Erbquoten der Kinder zueinander stehen, so entspricht dieses Verhältnis durchaus der gesetzlichen Regel, da sowohl nach dem Testament als auch nach Gesetz die Kinder untereinander gleich große Erbteile erhalten. Will der Erblasser die Kinder untereinander aber gleich behandeln, sind auch die Regeln über die Ausgleichspflichten, die ja eine Gleichbehandlung der Abkömmlinge untereinander sicherstellen sollen, anzuwenden.

b) Zuwendungen des Erblassers. Des Weiteren setzt eine Ausgleichspflicht eine **lebzeitige** 71 **Zuwendung** des Erblassers an mindestens einen seiner Abkömmlinge voraus.
Wichtig: Haben sich Ehegatten in einem gemeinschaftlichen Testament zunächst wechselseitig zu Alleinerben und sodann ihre Kinder zu Schlusserben eingesetzt, ist umstritten, ob eine Ausgleichspflicht unter den Kindern auch besteht, wenn die Zuwendung durch den erstverstorbenen Ehegatten erfolgte.[232] Es ist deshalb eine ausdrückliche vertragliche Regelung bei der Zuwendung zu empfehlen.[233]
Das Gesetz unterscheidet vier Arten von ausgleichspflichtigen Zuwendungen.

aa) Lebzeitige Ausstattungen gem. § 2050 Abs. 1 BGB in Verbindung mit § 1624 BGB. Leb- 72 zeitige Ausstattungen sind Unterstützungen des Erblassers bei der Gründung einer selbständigen Existenz des Erben. In Betracht kommen hier Zuwendungen anlässlich einer Heirat, aber auch finanzielle Hilfen der Eltern bei einer Geschäftsgründung.

Fallbeispiel:
Eltern übertragen ihrer Tochter zwecks Errichtung eines Einfamilienhauses, in welchem sie mit ihrer Familie wohnen soll, einen Bauplatz.

Liegt eine Ausstattung vor, knüpft das Gesetz daran die Vermutung, ein Ausgleich unter den Abkömmlingen habe zu erfolgen. Dem Erblasser steht es allerdings frei, **bei der Zuwendung durch formfreie ggf. auch konkludente Erklärung abweichende Bestimmungen** zu treffen. So

---

[230] § 2051 Abs. 2 BGB.
[231] § 2052 BGB.
[232] So MünchKommBGB/*Heldrich* § 2052 Rdnr. 2. Anders BGH Urt. v. 13.7.1983 – NJW 1983, 2875 ff. für die ähnlich gelagerte Interessenlage bei § 2327 BGB.
[233] Vgl. hierzu auch Rdnr. 75 ff.

kann er beispielsweise festlegen, dass kein Ausgleich oder nur ein teilweiser Ausgleich zu erfolgen habe.

Ob die Zuwendung den Vermögensverhältnissen des Erblassers angepasst war oder nicht, ist für die Frage der Ausgleichspflicht bei einer **Ausstattung** ohne Belang.[234] Sofern der Erblasser keine abweichende Bestimmung getroffen hat, besteht Ausgleichspflicht stets **in voller Höhe**. Die Frage, ob ein **Übermaß** vorliegt, hat nur Auswirkungen auf das **Rechtsverhältnis** zwischen Kind und Erblasser **zu Lebzeiten** des Erblassers.[235]

73   *bb) Zuschüsse zum Einkommen.* Macht ein Erblasser einem Abkömmling Zuwendungen, die von diesem wie **Einkünfte** verwendet werden sollen, so besteht **gem.** § 2050 Abs. 2, 1. Alt. BGB eine Ausgleichspflicht in der Höhe, in der die jeweilige Zuwendung die **Vermögensverhältnisse** des Erblassers **überschritten** hat. Ausgleichspflicht besteht also nur in Höhe des Übermaßes. Einmalige Zuwendungen scheiden hier aus. Es muss sich vielmehr um Zuwendungen von einer gewissen Dauer und Regelmäßigkeit handeln.

Fallbeispiel:
Mietfreies Wohnen eines bereits im Berufsleben stehenden Abkömmlings im Haus der Eltern, bei Übernahme sämtlicher Nebenkosten durch Eltern, die selbst von einer kleinen Rente leben.

Auch hier hat der Erblasser die Befugnis, **durch formfreie ggf. auch konkludente Erklärung abweichende Bestimmungen** zu treffen. Ausdrücklich ist ihm dieses Recht zwar nur für Ausstattungen in § 2050 Abs. 1 BGB eingeräumt. Nach ganz herrschender Meinung steht dem Erblasser das Bestimmungsrecht aber auch in den in § 2050 Abs. 2 BGB geregelten Fallgruppen zu.[236]

74   *cc) Aufwendungen für die Berufsausbildung.* Unterstützen Eltern ihre Kinder durch die Übernahme von Studien- oder Promotionskosten, so sind diese Aufwendungen gem. § 2050 Abs. 2, 2. Alt. BGB auf den Erbfall auszugleichen. Eine Ausgleichspflicht besteht auch hier nur in der Höhe, in der die **Vermögensverhältnisse** des Erblassers bei der Zuwendung **überschritten** werden.

Fallbeispiel für bestehende Ausgleichspflicht:
Eltern sind Eigentümer eines kleinen Wollladens. Während der Sohn Medizin studiert, hilft die Tochter ihren Eltern im Laden.

Wichtig: Entscheidend für die Frage nach dem Übermaß der Ausbildungskosten des Sohnes sind hier ausschließlich die finanziellen Verhältnisse der Eltern. Nicht entscheidend ist, welche Ausbildung den anderen Kindern durch die Eltern ermöglicht wurde.[237]

75   *dd) Sonstige Zuwendungen unter Lebenden; § 2050 Abs. 3 BGB.* Sonstige Zuwendungen sind nur ausgleichspflichtig, wenn dies bei der Zuwendung ausdrücklich angeordnet wurde. In Betracht kommen hier beispielsweise einmalige Zuwendungen zum Lebensunterhalt, aber auch sonstige Geschenke.

Fallbeispiel:
Hochzeitsreise, Kauf eines Sportwagens nach Abschluss des Studiums, rein steuerlich motivierte Zuwendungen

Streitig ist in diesem Zusammenhang, ob dem Erblasser die Befugnis zusteht, für Leistungen, zu denen er gesetzlich verpflichtet war, über § 2050 Abs. 3 BGB durch **formfreie Erklärung bei Zuwendung** eine Ausgleichspflicht zu begründen.[238]

Fallbeispiel:
Leistungen an einen Abkömmling im Rahmen der gesetzlichen Unterhaltspflichten.

---

[234] Palandt/*Edenhofer* § 2050 Rdnr. 8.
[235] Palandt/*Diederichsen* § 1624 Rdnr. 3.
[236] MünchKommBGB/*Heldrich* § 2050 Rdnr. 28.
[237] MünchKommBGB/*Heldrich* § 2050 Rdnr. 26.
[238] MünchKommBGB/*Heldrich* § 2050 Rdnr. 30.

Will der Erblasser sicherstellen, das von ihm im Rahmen der gesetzlichen Unterhaltspflichten erbrachte Leistungen unter seinen Abkömmlingen berücksichtigt werden, so sollte er für die entsprechende Anordnung die Testamentsform wählen.

Zusammenfassung: Der Erblasser hat es in aller Regel in der Hand, bei der Zuwendung festzulegen, ob ein Ausgleich zu erfolgen hat oder nicht. So kann er bei Zuwendung eine gesetzlich bestimmte Ausgleichspflicht ausschließen und umgekehrt bei gesetzlich nicht vorgesehener Ausgleichspflicht eine solche anordnen.[239] Liegt keine ausdrückliche Anordnung vor, so beurteilt sich die Frage der Ausgleichspflicht nach den gesetzlichen Vermutungsregeln des § 2050 BGB. Da diese Vorschrift in der Praxis mit zahlreichen Auslegungsproblemen behaftet ist, empfiehlt es sich, um spätere Streitigkeiten zu vermeiden, stets eine **ausdrückliche** Regelung zu treffen.

Formulierungsvorschläge:

Anordnung der Ausgleichspflicht
Der Übernehmer hat die heutige Zuwendung bei einer künftigen Erbfolge, wenn die §§ 2050 ff. BGB zur Anwendung kommen, mit den anderen Abkömmlingen des Übergebers zur Ausgleichung zu bringen.

Ausschluss der Ausgleichspflicht
Der Übernehmer hat die heutige Zuwendung bei einer künftigen Erbfolge nicht mit den anderen Abkömmlingen des Übergebers zur Ausgleichung zu bringen.

---

c) Sind nachträgliche Änderungen möglich. Will der Erblasser eine bestehende **Ausgleichs-** 76
pflicht rückgängig machen oder im **Nachhinein eine Ausgleichspflicht begründen,** kann dies durch eine letztwillige Verfügung geschehen.[240] Daneben sind auch vertragliche Regelungen zu Lebzeiten des Erblassers zwischen sämtlichen Abkömmlingen und Vereinbarungen zwischen dem begünstigten Abkömmling und dem Erblasser denkbar,[241] sie bedürfen allerdings gem. § 311 b Abs. 5 BGB notarieller Form.[242]

Während Vereinbarungen zwischen den Abkömmlingen ohne Einbeziehung des Erblassers in der Praxis selten vorkommen, finden Vereinbarungen zwischen den Abkömmlingen unter Einbeziehung des Erblassers zunehmend Verbreitung. Ein Bedürfnis besteht insbesondere, falls Eltern ihren Kindern zeitlich gestaffelt Vermögen zukommen lassen. Mit der Zuwendung welche eine Gleichstellung sämtlicher Kinder herbeiführen soll, empfiehlt es sich, eine entsprechende Vereinbarung unter Beteiligung sämtlicher Abkömmlinge herbeizuführen.[243]

aa) Aufhebung einer kraft Gesetzes oder kraft Vereinbarung bestehenden Ausgleichspflicht 77
durch letztwillige Verfügung. Eine bestehende Ausgleichspflicht kann im Nachhinein aufgehoben werden, indem der Erblasser im Wege letztwilliger Verfügung die Ausgleichspflicht ausschließt.

Formulierungsvorschlag:

Zu Lasten der Erbteile meiner weiteren Abkömmlinge soll mein Sohn/Tochter … ein Vorausvermächtnis in Höhe der durch den Übergabevertrag vom 12.12.1990 begründeten Ausgleichspflicht erhalten.
Zweck des Vermächtnisses ist es, die auf Grund des oben genannten Vertrags bestehende Ausgleichspflicht nach den §§ 2050 ff. BGB aufzuheben.

---

[239] *Nieder* Rdnr. 184.
[240] Palandt/*Edenhofer* § 2050 Rdnr. 2.
[241] *Nieder* Rdnr. 194 ff.
[242] MünchKommBGB/*Krüger* § 311 b Rdnr. 120.
[243] Siehe hierzu auch Rdnr. 124.

Eine weitere Möglichkeit, eine einmal begründete Ausgleichspflicht auszuschließen, besteht darin, die Abkömmlinge durch letztwillige Verfügung zu Erben in Höhe ihrer gesetzlichen Erbteile einzusetzen und ausdrücklich anzuordnen, dass bestimmte genau bezeichnete Zuwendungen nicht ausgleichspflichtig sein sollen.

> **Formulierungsvorschlag:**
> Ich setze hiermit meine Kinder in Höhe ihrer gesetzlichen Erbteile zu Erben ein.
> In Abweichung zu den gesetzlichen Regelungen bestimme ich allerdings, dass der Wert des mit Übergabevertrags vom 12.12.1990 an meine Tochter/Sohn übergebenen Bauplatzes unter meinen Abkömmlingen nicht auszugleichen ist.

Im Ergebnis unterscheiden sich die beiden soeben aufgezeigten Wege nicht.

78 *bb) Nachträgliche Anordnung der Ausgleichung.* Will der Erblasser umgekehrt eine nicht ausgleichspflichtige Zuwendung im Nachhinein ausgleichspflichtig stellen, so kann dies ebenfalls durch letztwillige Verfügung geschehen. Der Erblasser muss dann den für den Abkömmling vorgesehenen Erbteil um den Wert der Zuwendung kürzen. Dies kann durch Vorausvermächtnis an die übrigen Erben, aber auch durch eine Absenkung der Erbquote des „Ausgleichspflichtigen" erfolgen.

> **Formulierungsvorschlag für Vermächtnislösung:**
> Zu Lasten des Erbteils meines Sohnes und zu Gunsten meiner übrigen Abkömmlinge bestimme ich, dass dieser den ihm mit Übergabevertrag vom 12.12.1990 übertragenen Bauplatz entsprechend den §§ 2050 ff. mit seinen übrigen Geschwistern zur Ausgleichung zu bringen hat. Hierbei ist vom Wert des Bauplatzes im Zeitpunkt der Schenkung auszugehen. Dieser Betrag ist dem allgemeinen Kaufkraftschwund bis zum Eintritt des Erbfalls entsprechend den vom Bundesgerichtshof entwickelten Grundsätzen anzupassen. Zweck des Vermächtnisses ist eine den gesetzlichen Regeln entsprechende Ausgleichspflicht nach den §§ 2050 ff. BGB für den oben genannten Vertrag zu begründen.

79 **d) Die über dem Erbteil liegende Zuwendung.** Hat ein einzelner Abkömmling Vermögenszuwendungen in einer Höhe erhalten, welche rechnerisch über dem ihm zustehenden Erbteil liegen, stellt sich die Frage, inwieweit der begünstigte Abkömmling beim Erbfall Vermögen in die Erbmasse übertragen muss, um auf diese Weise eine Gleichstellung seiner Geschwister herbeizuführen.

Wichtig: Aufgrund der Anrechnungs- und Ausgleichspflichten besteht ein solche Verpflichtung nicht.[244]

Allenfalls auf Grund von Pflichtteilsergänzungsansprüchen bzw. kraft einer ausdrücklichen Vereinbarung zwischen dem Begünstigten und dem Erblasser, kann den begünstigten Abkömmling die Pflicht zur Rückerstattung erhaltener Vermögenswerte treffen.

Zahlungsverpflichtungen gestundet bis zum Tod des Erblassers finden sich oftmals in Übergabeverträgen, in denen Abkömmlinge größere Vermögenswerte von den Eltern zu deren Lebzeiten erhalten.

Beispiel:
Zu Lebzeiten der Eltern wollen diese ihr Haus an einen ihrer beiden Söhne übergeben. Dieses Haus stellt nahezu das gesamte Vermögen der Eltern dar. Auf den Tod des Längerlebenden soll der Übernehmer seinen Bruder auszahlen.

Bei Festlegung der beim Tod des Erblassers an die Geschwister auszuzahlenden Gleichstellungsgelder wurde in der Vergangenheit oftmals ein bestimmter von der künftigen Geldwertentwicklung unabhängiger Betrag festgelegt. Dies kann zu erheblichen wirtschaftlichen Ver-

---

[244] § 2056 BGB.

zerrungen führen, die sich nach Ableben des Erblassers auch nicht mehr ohne weiteres beseitigen lassen. So ist insbesondere eine ergänzende Vertragsauslegung dahin gehend, dass der ausgesetzte Betrag um den zwischenzeitlich eingetretenen Geldwertverlust zu erhöhen ist, nur in Ausnahmefällen möglich. Zum einen ist davon auszugehen, dass im Zuge der notariellen Beratung auf die sich durch die Gestaltung ergebenden Probleme hingewiesen wurde. Zum anderen handelt es sich bei der Inflation um ein in allen Bevölkerungsschichten seit Generationen bekanntes Problem. Auch ohne entsprechende Belehrung kann davon auszugehen sein, dass die Parteien um die möglicherweise auftretende Ungerechtigkeit wussten.

e) **Berechnungsschritte.** Die Berechnung des Ausgleichs gliedert sich in folgende Schritte: 80
- Feststellung der Höhe des Ausgleichsbetrags anhand der folgenden Formel:

$$\frac{\text{Wert der Zuwendung im Zeitpunkt der Zuwendung} \times \text{Lebenshaltungskosten im Zeitpunkt des Erbanfall}}{\text{Lebenshaltungskosten im Zeitpunkt der Zuwendung}}$$

Indexzahlen sind enthalten in Palandt bei § 1376 BGB und können im Internet unter der folgenden Adresse abgefragt werden: http://www. Statistik – bund.de
- Berechnung des Wertes des Nachlasses, der auf die untereinander ausgleichspflichtigen Abkömmlinge ohne Berücksichtigung des Ausgleichs entfällt.
- Addition des errechneten Ausgleichsbetrags zu dem Betrag, welcher auf die Abkömmlinge insgesamt entfällt.
- Teilung der ermittelten Summe, entsprechend den Erbquoten der Abkömmlinge und Subtraktion des zur Ausgleichung zu bringenden Betrags vom Erbteil des ausgleichspflichtigen Abkömmlings.

Berechnungsbeispiel:
Der Erblasser verstarb im Jahre 2000. Er hinterließ eine Ehefrau und zwei erwachsene Kinder, wobei eines der Kinder im Jahre 1980 vom Erblasser einen Bauplatz zum Zwecke der Errichtung eines Einfamilienhauses erhalten hat. Dieser hatte zum Todeszeitpunkt inflationsbereinigt einen Wert von € 200.000,–.
Letztwillige Verfügungen hat der Erblasser nicht getroffen.
Der Nettonachlasswert beträgt € 800.000,–.

Berechnung:
- der zu Ausgleichung zu bringende Betrag beträgt € 200.000,–.
- der auf die Abkömmlinge entfallende Nachlasswert beträgt € 400.000,-
- beide Beträge sind zu addieren, so dass man folgende Summe erhält € 600.000,-
- dieser Betrag ist entsprechend den Erbquoten – hier also 1/2 zu 1/2 – zu teilen.
- von dem auf den ausgleichspflichtigen Abkömmling entfallenden Betrag von € 300.000,– ist sodann der oben errechnete Ausgleichsbetrag € 200.000,– in Abzug zu bringen.
Die auf die Abkömmlinge entfallenden € 400.000,– sind demnach wie folgt zu verteilen:
Ausgleichspflichtiger Abkömmling € 100.000,–, nicht ausgleichspflichtiger € 300.000,–.

f) **Zuwendungen des Erben an Erblasser durch Mitarbeit in Betrieb oder Pflege.** Umgekehrt 81 sind **Leistungen eines Abkömmlings,** die in besonderer Weise zum **Erhalt oder der Mehrung des Nachlasses** beigetragen haben, zu seinen Gunsten und zu Ungunsten der übrigen Miterben ausgleichspflichtig.[245] Hier kommen insbesondere Pflegeleistungen in Betracht.

7. Schadensersatzansprüche der Erben untereinander wegen verspäteter Teilung

Sperrt sich einer der Miterben gegen die Annahme eines den gesetzlichen Vorschriften ent- 82 sprechenden Teilungsplans können ihn, sofern er durch Mahnung und Fristsetzung seitens der übrigen Erben in Verzug gesetzt wurde, Schadensersatzpflichten treffen.

Ein **Verzugsschaden** könnte beispielsweise darin liegen, dass der die Teilung begehrende Erbe einen von ihm privat aufgenommenen Kredit, obgleich er diesen mit dem Erlös aus der Erbteilung hätte zurückführen können, auf Grund der unberechtigten Verweigerung der Auseinandersetzung weiterhin in Anspruch nehmen muss.

Inwieweit **Schadensersatzansprüche** darüber hinaus, beispielsweise wegen der Weigerung zur Mitwirkung am freihändigen Verkauf einer Nachlasssache bestehen, sofern die anschließende Versteigerung einen niedrigeren Erlös erbringt, ist umstritten. Ein solcher

---

[245] § 2057 a BGB.

Anspruch bestünde allenfalls aus wechselseitigen Treuepflichten, begründet durch das gesetzlichen Schuldverhältnis der Erbengemeinschaft.[246]

V. Auseinandersetzung durch einvernehmliche Regelungen

1. Einführung

83 Einigen sich die Erben **einvernehmlich** über die Auseinandersetzung, stehen ihnen abgesehen von den wenigen Ausnahmefällen, in denen eine Auseinandersetzung durch strategische Ausschlagung oder im Zuge einer Baulandumlegung möglich ist, folgende Wege offen:
- Übertragung sämtlicher Vermögensgegenstände aus dem Gesamthandsvermögen heraus
- Übertragung sämtlicher Erbteile auf einen der Erben oder einen Dritten
- Abschichtungsvereinbarung.

Die gesetzlichen Regelungen haben mangels abweichender Anordnung des Erblassers, insbesondere was die wertmäßige Verteilung des Nachlasses anbelangt, in aller Regel **Leitbildcharakter**. Gleiches gilt für die Begleichung der Nachlassschulden. Auch diese werden schon aus ureigenstem Interesse der Erben, deren Haftung sich nach der Teilung verschärft, meist vor oder spätestens mit der Auseinandersetzung zurückgeführt. Im Übrigen kommt es aber bei einvernehmlichen Auseinandersetzungen häufig zu mehr oder weniger großen Abweichungen von den gesetzlichen Vorgaben.

Beispiele:
- Zuweisung von Grundbesitz an einen der Erben ohne entsprechende Teilungsanordnung
- Keine exakte Berücksichtigung von Anrechnungs- und Ausgleichspflichten
- Bewertung von Grundbesitz unter Verkehrswert

Diese Abweichungen führen dazu, dass unabhängig von der Vorgehensweise im Einzelnen regelmäßig Mischverträge vorliegen, die Elemente aus Tausch-, Kauf- und Vergleichsverträgen enthalten. In der Praxis empfiehlt es sich daher, bei sämtlichen nachfolgend aufgeführten Gestaltungen die Frage der Abgeltung möglicher weiterer zwischen den Beteiligten bestehender Ansprüche ausdrücklich zu regeln.

> **Formulierungsvorschlag:**
> Durch die heutige Vereinbarung werden sämtliche Ansprüche der Beteiligten unabhängig von dem jeweiligen Rechtsgrund abgegolten.

2. Übertragung sämtlicher Nachlassgegenstände aus der Gesamthand heraus

84 a) **Einleitung.** Ein Erbauseinandersetzungsvertrag, durch den sämtliche Vermögensgegenstände aus dem Gesamthandsvermögen heraus übertragen werden, führt zur **Auflösung** der Erbengemeinschaft. Hierbei handelt es sich in der Praxis um die am häufigsten vorkommende Variante der Auseinandersetzung.

Ein solcher Vertrag bedarf grundsätzlich keiner besonderen Form. Werden allerdings Vermögensgegenstände übertragen, bei denen die Übertragung nur unter besonderen Formvorschriften zulässig ist, sind diese zu beachten.[247] Der Erbauseinandersetzungsvertrag ist dann insgesamt formbedürftig.

Beispiel:
E 1 und E 2 sind hälftige Miterben ihres verstorbenen Vaters. Zum Nachlass gehören zwei Grundstück. Auf E 1 soll das eine und auf E 2 das andere Grundstück übertragen werden.

Es bedarf hierzu eines notariellen Erbauseinandersetzungsvertrages und einer entsprechenden Auflassung. Gleiches gilt, wenn die Gesamthandsgemeinschaft an Nachlassgegenständen Bruchteilseigentum entsprechend den Erbquoten begründen will.

---

[246] *Sarres* Rdnr. 55.
[247] Z. B. Übertragung von GmbH-Anteilen § 15 Abs. 4 GmbHG und Grundstücken § 311 b BGB.

§ 26 Miterben und Miterbenauseinandersetzung

Beispiel:
E 1 und E 2 sind hälftige Miterben ihres verstorbenen Vaters. Zum Nachlass gehört lediglich ein Grundstück. Dieses Grundstück soll zu Miteigentum je 1/2 auf die beiden Erben E 1 und E 2 übertragen werden.

Auch hier bedarf es zur Überführung des Gesamthandseigentums in Bruchteilseigentum eines notariellen Erbauseinandersetzungsvertrags mit entsprechender Auflassung des Gesamthandseigentums in Bruchteilseigentum.

b) Vertragsbestandteile. Ein **Erbauseinandersetzungsvertrag**, durch welchen die Erbauseinandersetzung im Wege der Übertragung der einzelnen Nachlassgegenstände herbeigeführt wird, setzt sich typischerweise aus den nachfolgenden Komponenten zusammen. **85**

aa) Beschreibung des Vertragsgegenstandes. Unmittelbar an den Urkundseingang – Ort und Tag der Verhandlung sowie Namen der Beteiligten – hat sich ein exakter Beschrieb des Vertragsgegenstandes anzuschließen. Da im Gegensatz zu einer Abschichtungsvereinbarung bzw. einem Erbteilsübertragungsvertrag nicht das „Mitgliedschaftsrecht" an der Erbengemeinschaft als solches, sondern die einzelnen **Nachlassgegenstände den Vertragsgegenstand** bilden, ist hierbei neben der exakten Bezeichnung der Erbengemeinschaft eine detaillierte Auflistung der Einzelnen zur Auseinandersetzung kommenden Vermögenswerte erforderlich. **86**

> **Formulierungsvorschlag:**
> Der nachstehende Erbauseinandersetzungsvertrag bezieht sich auf den Nachlass folgenden Erblassers:
> Herr/Frau ... geb. am ... zuletzt wohnhaft in ... verstorben am ... in ...
> Dieser Erblasser ist von den Beteiligten wie folgt beerbt worden:
> Beteiligter Ziffer I   zu ... Anteil
> Beteiligter Ziffer II   zu ... Anteil
> Beteiligter Ziffer III   zu ... Anteil
> Die Erbfolge ergibt sich aus dem Testament/gemeinschaftlichen Testament/ Erbvertrag vom ...
> Der Erblasser hat keine letztwilligen Verfügungen hinterlassen, so dass gesetzliche Erbfolge eingetreten ist.
> Diese Erbfolge wurde in dem vorliegenden Erbschein des Nachlassgerichts ... vom ... (Az...) festgestellt.
> Erbscheinsausfertigung liegt dem Grundbuchamt bereits vor/noch nicht vor.
> Erbscheinsausfertigung wird dem Grundbuchamt nachgereicht.
> Zum ungeteilten Nachlass gehören die nachfolgend aufgeführten Vermögensgegenstände.
> Grundbesitz:
> Grundbuch von ...
> Flurstück Nr... mit ... qm.
> Bewegliche Sachen:
> Forderungen:

Befindet sich im Nachlass Grundbesitz und ist dieser mit dinglichen Rechten belastet, so sind auch diese Belastungen einschließlich der Regelungen, wie mit den Belastungen zu verfahren ist, in den Vertrag aufzunehmen. Handelt es sich bei den Belastungen um Wegerechte, Leitungsrechte oder der gleichen, werden diese, da sie keine oder nur eine geringe Wertminderung für den Grundbesitz darstellen und eine Löschung ohnedies kaum möglich ist, meist ohne weiteres übernommen.

> **Formulierungsvorschlag:**
> In Abteilung II ist der Grundbesitz wie folgt belastet:
> Laufende Nr. 1: Leitungsrecht zu Gunsten des rheinisch-westfälischen Elektrizitätswerks
> Diese Belastung ist bekannt und wird übernommen.

Größere Probleme bereiten eingetragene Grundschulden, die noch valutieren. Hier kommen eine Vielzahl von Möglichkeiten in Betracht wie z.B.:
- Löschung der Grundschuld nach Ablösung der Verbindlichkeiten durch die Erbengemeinschaft
- Löschung der Grundschuld nach Ablösung der Verbindlichkeiten durch den Übernehmer, wobei die abzulösenden Kredite vom Wert des übertragenen Grundbesitzes zum Abzug zu bringen sind
- Übernahme der Grundschuld in ausschließlich dinglicher Haftung zum Zweck der späteren Neuvalutierung nach Ablösung der Verbindlichkeiten durch den Übernehmer, bzw. die Erbengemeinschaft. Löst der Übernehmer ab, ist der abzulösende Kredit vom Wert des übertragenen Grundbesitzes in Abzug zu bringen
- Übernahme der Grundschuld und der persönlichen Verbindlichkeiten durch den Übernehmer, wobei auch hier die Verbindlichkeiten vom Wert des übernommenen Grundbesitzes in Abzug zu bringen sind

Der für alle Beteiligten sicherste und einfachste Weg ist die Rückführung des Kredits im Vorfeld der Auseinandersetzung durch Nachlassmittel und anschließender Löschung der Grundschuld.

Formulierungsvorschlag:
Die im Grundbuch verzeichneten Grundschulden sind nicht mehr valutiert. Löschung wird von sämtlichen Beteiligten zustimmend beantragt. Vorsatzhaftung bleibt unberührt.
Löschungsbewilligungen der Grundpfandrechtsgläubiger liegen vor und sind der Urkunde beigefügt.

Zur Gestaltung im Einzelnen kann sowohl was die Löschung der Grundschulden im Zuge der Vertragsabwicklung als auch was die Übernahme von Grundschulden angeht, auf die im Kaufvertragsrecht bewährten Muster zurückgegriffen werden.[248] Die Ausarbeitung der Details sollte man dem ohnehin spätestens mit Beurkundung einzuschaltenden Notar schon aus arbeitsökonomischen Gründen überlassen. Üblicherweise wird im Vorfeld des Vertrags durch den Notar in Absprache mit den Anwälten ein Entwurf gefertigt und über die Anwälte den Parteien zugeleitet. Die beim Notar anfallenden Entwurfsgebühren sind mit den späteren Beurkundungsgebühren zu verrechnen, so dass der Mandantschaft keine zusätzlichen Kosten durch die Entwurfsfertigung entstehen.

87 *bb) Die Zuweisung der einzelnen Vermögenswerte und die zu erbringenden Gegenleistungen.* Nach dem Urkundseingang und der detaillierten Beschreibung der Vertragsgegenstände folgt die **Verteilung der Vermögenswerte im Einzelnen**, sowie die Regelung möglicher **Ausgleichszahlungen**.

Formulierungsvorschlag:
Bezüglich der oben aufgeführten Nachlassgegenstände heben die Erben die zwischen ihnen bestehende Erbengemeinschaft auf und setzen sich insoweit wie folgt auseinander:
☐ Beteiligte zu Ziff..., soll folgende Nachlassgegenstände zu Alleineigentum erhalten: ...
☐ Beteiligte zu Ziff..., soll folgende Nachlassgegenstände zu Alleineigentum erhalten: ...
☐ Beteiligte zu Ziff..., soll folgende Nachlassgegenstände zu Alleineigentum erhalten: ...
Ausgleichszahlungen sind wie folgt zu leisten:
☐ Beteiligte zu Ziff..., hat an d Beteiligte zu Ziff... zu zahlen ...
☐ Beteiligte zu Ziff..., hat an d Beteiligte zu Ziff... zu zahlen ...
☐ Beteiligte zu Ziff..., hat an d Beteiligte zu Ziff... zu zahlen ...

---

[248] Zur Gestaltung bei Übernahme von Grundpfandrechten vgl. *Brambring* in: Beck'sches Notarhandbuch A I, Rdnr. 344 ff.; zur Gestaltung bei Ablösung und Löschung eingetragener Grundschulden vgl. *Amann* in: Beck'sches Notarhandbuch A I, Rdnr. 100 ff.

Soll sich der zur Zahlung verpflichtet Miterbe bezüglich seiner Zahlungspflicht der sofortigen Zwangsvollstreckung unterwerfen, so ist eine **Unterwerfungsklausel** in den Vertrag mit aufzunehmen. Diese bedarf stets notarieller Beurkundung unabhängig davon, ob der Vertrag ansonsten ein formbedürftiges Rechtsgeschäfte enthält.

cc) Sicherung von Leistung und Gegenleistung. Das juristisch komplexe Problem, der **Absicherung von Leistung und Gegenleistung** ist in der Praxis nur von untergeordneter Bedeutung, da die Vertragsbeteiligten meist ausdrücklich keine wechselseitige Absicherung, sondern Abwicklung auf Vertrauensbasis wünschen. Dies geschieht zum einen aus persönlichen Gründen, zum anderen aus dem Bestreben, auf diese Weise Kosten zu sparen und die Abwicklung zu beschleunigen. Wird der Wunsch einer Abwicklung auf Vertrauensbasis an den Berater heran getragen, so sollte er seinem Mandanten die Risiken ohne Übertreibungen aufzeigen. In die Urkunde ist ein entsprechender Belehrungsvermerk aufnehmen. 88

Formulierungsvorschlag:
Die Ausgleichszahlungen sind zum … fällig.
Dinglicher Vollzug des Erbauseinandersetzungsvertrages soll soweit möglich noch heute erfolgen.
Die Parteien bestanden trotz Belehrung über die Risiken auf einer Abwicklung auf Vertrauensbasis. Eine vertragliche Absicherung der wechselseitig übernommenen Verpflichtungen wird nicht gewünscht.
Regelungen für den Fall des Verzugs werden nicht gewünscht.

Soll eine Absicherung erfolgen, was in aller Regel nur dann der Fall ist, wenn einer der Miterben einen Nachlassgegenstand gegen Ausgleichszahlung aus seinem Privatvermögen übernimmt, muss Folgendes gewährleistet sein:
- Die Zahlungsfälligkeit muss von der Absicherung des künftigen Eigentumserwerbs an dem betreffenden Nachlassgegenstand abhängig gemacht werden; Bsp. durch Eintragung einer Erwerbsvormerkung bei Grundbesitz;
- der Eigentumswechsel darf erst nach Eingang der Zahlung erfolgen.

Was die Gestaltung im Einzelnen angeht, kann auf die bei Kaufverträgen bewährten Gestaltungsmuster zurückgegriffen werden.[249]

dd) Zeitpunkt des Übergangs von Lasten und Nutzen sowie Gewährleistungsregeln. Die **Frage der Gewährleistung** sollte ausdrücklich geregelt werden. Gleiches gilt für den **Übergang von Nutzen und Lasten**. Meines Erachtens empfiehlt sich ein Gewährleistungsausschluss, da in aller Regel über viele Jahre in Gebrauch befindliche Gegenstände den einzelnen Erben zugewiesen werden und eine sichere Beurteilung der Frage, unter welchen Voraussetzungen ein solcher Gegenstand als mangelhaft anzusehen ist, folglich kaum möglich ist. 89

Formulierungsvorschlag:
Den Beteiligten ist Art, Umfang und Beschaffenheit der ihnen jeweils zugewiesenen Nachlassgegenstände bekannt. Jede Haftung für Sach- und Rechtsmängel wird ausgeschlossen.
Die Übergabe erfolgt zum …
Ab diesem Zeitpunkt gehen der Besitz, die Nutzen und Lasten sowie die Gefahren des zufälligen Untergangs und der von den Parteien unverschuldeten Verschlechterung auf den Übernehmer über.

ee) Regelungen für den Fall, dass Ausgleichszahlungen von Banken finanziert werden. Finanziert ein Miterbe die Übernahme eines Nachlassgrundstücks durch Bankmittel, so wird die finanzierende Bank in aller Regel auf Eintragung dinglicher Sicherheiten bestehen. Eine solche 90

---

[249] Vgl. hierzu z.B. *Amann,* in: Beck'sches Notarhandbuch A I Rdnr. 100 ff.

Bestellung von Grundpfandrechten wird entsprechend der bei Kaufverträgen üblichen Praxis durch Aufnahme einer so genannten Finanzierungsvollmacht in den Vertrag ermöglicht.

91 *ff) Erklärungen zum Vollzug des Vertrags.* Abhängig davon, welche Vermögenswerte übertragen werden, unterscheiden sich **die zum Vollzug erforderlichen Erklärungen.** Diese werden je nachdem, ob eine Abwicklung auf Vertrauensbasis gewünscht wird oder nicht entweder einschränkungslos oder aber mit Vorbehalten bzw. später in getrennter Urkunde erklärt.

> **Formulierungsvorschlag für eine Auflassung bei Abwicklung auf Vertrauensbasis:**
> Auflassung
> Die Erschienenen sind darüber einig, dass der oben genannte Grundbesitz in das Eigentum des erwerbenden Miterben – Beteiligten Ziffer 2 – übergeht.
> Soweit übertragen wird, wird bewilligt, soweit erworben wird, wird beantragt, die Rechtsänderung im Grundbuch zu vollziehen.
> Die Auflassung soll trotz Belehrung über die Risiken sofort erfolgen, obgleich die Ausgleichszahlung noch nicht erbracht ist.

> **Formulierungsvorschlag für Einigung bezüglich beweglicher Gegenstände und Verpflichtung zur Übergabe:**
> Das Kraftfahrzeug Mercedes Benz 190 E, Fahrgestellnummer 12341517, wird heute mit Fahrzeugschein und Fahrzeugbrief übergeben. Die Parteien sind sich darüber einig, dass das Eigentum an diesem Fahrzeug auf den Beteiligten Ziffer 3 übergeht.

> **Formulierungsvorschlag für Abtretung von Forderungen:**
> Die Guthaben des Erblassers Konto-Nr. ...
> der X-Bank (BLZ ...)
> Stand zum ..., € ...
> werden hiermit an den Erben Ziffer 1 abgetreten, der die Abtretung annimmt.
> Sollten von Seiten der Gläubiger weitere Erklärungen zum Nachweis der Abtretung verlangt werden, verpflichten sich die Parteien, diese in der gewünschten Form abzugeben.

92 *gg) Regelungen zur Kosten- und Steuerfolge.* Vier Teilbereiche sind in diesem Zusammenhang zu unterscheiden:
- die Kosten des Vertrags
- die Kosten der Vertragsabwicklung, z.B. Grundbuchkosten
- die Kosten eventuell erforderlicher Genehmigungen
- Steuern

Während sich die Parteien die **Vertragskosten und Kosten eventuell erforderlicher Genehmigungen** meist teilen, werden die **Kosten der Vertragsabwicklung** in der Regel dem Miterben aufgebürdet, für dessen Erwerb sie anfallen.

> **Formulierungsvorschlag:**
> Die Kosten dieses Vertrags und eventuell erforderlicher Genehmigungen tragen die Parteien entsprechend ihren Erbquoten. Die für die Eigentumsumschreibung im Grundbuch anfallenden Kosten werden von den jeweiligen Übernehmern für die ihnen jeweils zugewiesenen Grundstücke getragen.

Stellt sich bei der Übertragung von Grundbesitz auf einen der Miterben die Frage, ob hierfür **Grunderwerbsteuer** anfällt. Dies ist zu verneinen, da § 3 Ziffer 3 GrdErwStG Grundstücksübertragungen zum Zwecke der Erbauseinandersetzung insoweit von der Steuer befreit, als eine Übertragung auf einen der Miterben stattfindet.

> **Formulierungsvorschlag:**
> Es wird Befreiung von der Grunderwerbsteuer beantragt, da die Übertragung zum Zwecke der Erbauseinandersetzung erfolgt.

Wird im Zuge der Erbauseinandersetzung allerdings Grundbesitz an eine dritte außerhalb der Erbengemeinschaft stehende Person übertragen, ist dieser Vorgang grunderwerbsteuerpflichtig.

3. Abschichtung

Bei der Miterbenstellung handelt es sich um ein Mitgliedschaftsrecht, welches der einzelne Miterbe nicht nur übertragen, sondern auf welches der einzelne Miterbe auch verzichten kann. Ein solcher **Verzicht** – Abschichtung genannt – führt dazu, dass der Verzichtende aus der Erbengemeinschaft ausscheidet. Sein Erbteil wächst den übrigen Miterben entsprechend ihrer Erbquote zu. Bis zu diesem Punkt besteht in Literatur und Rechtsprechung Einigkeit. Diese Einigkeit endet allerdings bei der Frage, ob die Verzichtserklärung **notarieller Form** bedarf. Hier ist die Rechtsprechung[250] in Anlehnung an die für Personengesellschaften entwickelten Grundsätze der Auffassung, dass eine Abschichtungsvereinbarung stets formlos möglich ist, selbst dann, wenn zu dem Nachlass Grundbesitz gehört und das Ausscheiden eines Miterben dazu führt, dass sich die Erbengemeinschaft auflöst. Dabei soll es unerheblich sein, ob dem ausscheidenden Erben eine Vergütung von den verbliebenen Miterben gezahlt wird und ob diese Vergütung aus dem Nachlass oder dem sonstigen Vermögen der Miterben stammt.

Beispiel:
Eine Erbengemeinschaft besteht aus drei Personen. Jeder der Erben ist zu 1/3 beteiligt. Zum Nachlass gehören neben Bankguthaben auch diverse Grundstücke. Die Erben einigen sich darauf, dass einer der Erben gegen Zahlung von € 50.000,–, die zum Teil aus den Bankguthaben des Erblassers, zum Teil aus dem Privatvermögen der verbleibenden Miterben zu erbringen sind, aus der Erbengemeinschaft ausscheidet und die Erbengemeinschaft von den beiden weiteren Miterben fortgeführt wird.

Die gewünschte Rechtsfolge ließe sich hier nach BGH sowohl durch eine formfreie Abschichtungsvereinbarung als auch durch einen der notariellen Form bedürftigen Erbteilsübertragungsvertrag erreichen. Scheiden im Beispielsfall zwei Erben aus der Erbengemeinschaft durch Abschichtung oder Erbteilübertragung aus, so würde dies zu einer **Auflösung der Erbengemeinschaft** mit der Folge führen, dass der verbliebene Erbe Alleineigentümer sämtlicher Nachlassgegenstände würde. Mithin kann durch eine Abschichtungsvereinbarung – nach der Rechtsprechung formfrei – die vollständige Auseinandersetzung einer Erbengemeinschaft herbeigeführt werden und zwar auch, wenn sich in der Erbengemeinschaft Grundbesitz befindet.

Die sicher erfreuliche Möglichkeit über eine Abschichtungsvereinbarung Kosten einsparen zu können, muss jedoch mit zahlreichen Einschränkungen erkauft werden. Zu beachten ist zunächst, dass auch nach Auffassung des Bundesgerichtshofs in unserem Beispielsfall eine Grundbuchberichtigung auf den oder die verbleibenden Erben nur nach entsprechender Bewilligung durch den ausscheidenden Erben möglich ist. Diese Bewilligung muss in öffentlich-beglaubigter Form abgegeben werden.[251] Spätestens zum Vollzug der Abschichtungsvereinbarung im Grundbuch bedarf es folglich der Einschaltung eines Notars. Die für die Bewilligung anfallenden Notargebühren würden allerdings niedriger ausfallen, als dies bei einer Gestaltung über eine Erbteilsübertragung der Fall wäre. Des Weiteren eröffnet eine

---

[250] BGH Urt. v. 21.1.1998 – ZEV 1998, 141 ff.; bestätigt durch BGH Urt. V. 27.10.2004 – ZEV 2005, 22 ff.
[251] § 29 GBO.

Abschichtungsvereinbarung nur in sehr eng gezogenen Grenzen Gestaltungsspielräume. So ist es nicht möglich, zu Gunsten einer bestimmten Person zu verzichten und es erscheint höchst fraglich, ob ein Ausscheiden der Gestalt möglich ist, dass der Ausscheidende nur auf einen Bruchteil des ihm zustehenden Erbteils verzichtet.[252]

Darüber hinaus ist unbestritten, dass eine Abschichtungsvereinbarung dann insgesamt notariell beurkundet werden muss, wenn als Gegenleistung für das Ausscheiden ein Recht oder eine Sache auf den ausscheidenden Miterben übertragen wird und diese Übertragung notarielle Form bedarf. Dies ist regelmäßig bei Übertragungen von Grundstücken und Übertragungen von GmbH-Geschäftsanteilen der Fall.

Hat man sich für eine Abschichtung entschieden, so ist der urkundsmäßige Aufbau in Anlehnung an die für eine Erbteilsübertragung gängige Gestaltung vorzunehmen.

94 **a) Beschrieb des Vertragsgegenstandes.** Unmittelbar an den Urkundseingang anschließen sollte sich ein exakter Beschrieb des Vertragsgegenstandes. Da bei einer Abschichtungsvereinbarung im Gegensatz zu einer Erbauseinandersetzung durch Einzelrechtsübertragung nur die Aufgabe des „Mitgliedschaftsrechts" an der Erbengemeinschaft Vertragsgegenstand ist, ist eine exakte Bezeichnung des Erbteils, welcher aufgegeben wird, ausreichend. Nicht erforderlich ist eine Auflistung der einzelnen Nachlassgegenstände.

95 **b) Die zu erbringenden Leistungen und deren Fälligkeit.** Nach dem Urkundseingang und der Beschreibung des Erbteils folgt die zu erbringende Gegenleistung.

> **Formulierungsvorschlag:**
> Für das im Einzelne nachfolgend geregelte Ausscheiden des Beteiligten Ziffer 1 aus der Erbengemeinschaft hat/haben der/die verbliebene(n) Erbe(n) folgende Zahlung(en) zu erbringen:
> ... € (in Worten ...)
> Die Forderung ist zum ... fällig

Je nachdem, ob die verbleibenden Erben als Gesamtschuldner für die Ausgleichszahlung haften sollen – aus Sicht des ausscheidenden Erben ist dies dringend zu empfehlen – ist die Folgende, ergänzende Formulierung aufzunehmen.

> **Formulierungsvorschlag:**
> Die in der Erbengemeinschaft verbleibenden Miterben haften als Gesamtschuldner für die Ausgleichszahlung.

Wird gewünscht, dass sich die Schuldner der Ausgleichszahlungen der sofortigen Zwangsvollstreckung unterwerfen, bedarf es des Weiteren noch einer Unterwerfungserklärung. Diese bedarf stets notarieller Form.

96 **c) Sicherung von Leistung und Gegenleistung.** Auch hier ist die Absicherung von Leistung und Gegenleistung in der Praxis nur von untergeordneter Bedeutung, da die Vertragsbeteiligten meist keine wechselseitige Absicherung, sondern Abwicklung auf Vertrauensbasis wünschen.

> **Formulierungsvorschlag:**
> Der Beteiligte Ziffer 1 scheidet hiermit aus der oben bezeichneten Erbengemeinschaft mit sofortiger Wirkung aus. Die Beteiligten bestanden trotz Belehrung über die Risiken auf Abwicklung auf Vertrauensbasis. Eine vertragliche Absicherung der wechselseitig übernommenen Verpflichtungen wird nicht gewünscht.

---

[252] *Sarres* Rdnr. 107.

Soll eine **Absicherung** erfolgen, muss diese zum einen gewährleisten, dass der Erbteil des Ausscheidenden den verbleibenden Miterben zuwächst, zum anderen dass der ausscheidende Miterbe die versprochene Gegenleistung erhält.

Zu Störungen kann es kommen, wenn der ausscheidende Miterbe vor Abschluss der Abschichtungsvereinbarung bereits anderweitig über seinen Erbteil verfügt hat. Hiergegen lässt sich praktisch kein Mittel der Absicherung finden, da ein gutgläubiger Erwerb eines Erbteils weder durch Abschichtung noch durch notarielle Erbteilsübertragung möglich ist. Man sollte aber den Ausscheidenden zumindest ausdrücklich versichern lassen, dass er unbeschränkter Inhaber des von ihm aufgegebenen Erbteils ist.

> **Formulierungsvorschlag:**
> Der Beteiligte Ziffer I sichert zu, dass er seinen Erbanteil bisher nicht veräußert hat, und dass sein Erbteil weder gepfändet noch verpfändet ist. Insoweit wird Gewähr geleistet.

Die nächste Schwierigkeit im Zuge einer adäquaten Vertragsgestaltung besteht in einer angemessenen **Absicherung des Ausscheidenden** für den Fall, dass die versprochene **Zahlung** nicht erfolgt. Um dieses Risiko abzusichern, kann das Ausscheiden unter der aufschiebenden Bedingung erfolgen, dass die vereinbarte Gegenleistung erbracht wird. Dieser auf den ersten Blick einfache Weg ist allerdings, sofern zum Nachlass Grundbesitz gehört, mit Schwierigkeiten bei der Grundbuchberichtigung verbunden. Dem Grundbuchamt muss der Eintritt der aufschiebenden Bedingung mit öffentlicher Urkunde nachgewiesen werden.[253] Dies lässt sich dadurch bewerkstelligen, dass in der Abschichtungsvereinbarung lediglich die Verpflichtung begründet wird, die erforderliche Bewilligung in öffentlich beglaubigter Form nach vollständiger Erfüllung der Gegenleistung abzugeben.

> **Formulierungsvorschlag:**
> Der Ausscheidende verpflichtet sich, nach Eingang der vereinbarten Zahlung in öffentlich beglaubigter Form die Bewilligung abzugeben, sein Ausscheiden aus der Erbengemeinschaft an den nachfolgenden Grundbuchstellen zu vermerken:
> Grundbuch von ..., Grundbuch Nr.: ...
> Flurstück Nr.: ...
> Grundbuch von ..., Grundbuch Nr.: ...
> Flurstück Nr.: ...
> Grundbuch von ..., Grundbuch Nr.: ...
> Flurstück Nr.: ...

In der später abzugebenden Bewilligung sollte dann nochmals ausdrücklich bestätigt werden, dass die aufschiebende Bedingung eingetreten ist.

> **Formulierungsvorschlag:**
> Ich nehme zunächst Bezug auf die in Anlage 1 angesiegelte Abschichtungsvereinbarung vom ... und bestätige hiermit, die dort zu meinen Gunsten vereinbarte Zahlung zwischenzeitlich erhalten zu haben.
> Ich bewillige, an d. in der Abschichtungsvereinbarung angegebenen Grundbuchstelle(n) das Ausscheiden des Miterben ... aus der Erbengemeinschaft ... durch Abschichtungsvereinbarung vom ... im Wege der Grundbuchberichtigung einzutragen.

---

[253] § 29 GBO.

Die Unterschrift unter den Grundbuchberichtigungsantrag muss öffentlich beglaubigt sein. Schließlich kommt eine treuhänderische Abwicklung in Betracht.

99 **d) Gewährleistung.** Es empfiehlt sich ein **Gewährleistungsausschluss**.[254]

> **Formulierungsvorschlag:**
> Den Beteiligten ist Art, Umfang und Beschaffenheit des zum ungeteilten Nachlass gehörenden Vermögens bekannt. Jede Haftung wird, soweit nicht ausdrücklich eine Zusicherung erfolgte, ausgeschlossen. Vorsatzhaftung bleibt unberührt. Die Beteiligten wurden auf die rechtliche Wirkung der Abschichtung hingewiesen. Ihnen ist bekannt, dass dabei alle im ungeteilten Nachlass befindlichen Vermögenswerte, aber auch Nachlassverbindlichkeiten mit übergehen. Über die bestehen bleibende Haftung des Beteiligten Ziffer I im Außenverhältnis wurde belehrt.

99a **e) Regelungen zur Kosten- und Steuerfolge.** Insoweit kann auf die im Zuge der Erbauseinandersetzung durch Einzelrechtsübertragung gemachten Ausführungen verwiesen werden.

4. Übertragung sämtlicher Erbanteile auf einen der Erben

100 Hat ein Miterbe sämtliche Erbanteile durch **Erbteilsübertragung** erworben, kommt die Erbengemeinschaft zum Erlöschen. Was die konkrete vertragliche Gestaltung anbelangt, so deckt sich eine Erbteilsübertragung zum Zwecke der Auflösung der Erbengemeinschaft mit einer sonstigen Erbteilsübertragung.[255]

5. Sonstige Auseinandersetzungsmöglichkeiten

101 Neben den vorstehend besprochenen Wegen zur Erbauseinandersetzung führt sowohl die nachfolgend besprochene strategische Ausschlagung als auch die Erbauseinandersetzung an Bauerwartungsland im Zuge einer Baulandumlegung ein Nischendasein. Dies erklärt sich damit, dass beide Rechtsinstitute nicht darauf zugeschnitten sind, die Auseinandersetzung von Erbengemeinschaften herbeizuführen, sondern eine andere Zielrichtung haben. Beide Rechtsinstitute stellen folglich nur in Ausnahmefällen eine brauchbare Alternative dar.

102 **a) Strategische Ausschlagung.**[256] Der radikalste Weg einer Erbengemeinschaft den Rücken zu kehren, ist die Ausschlagung. Sie hat zur Folge, dass die Erbschaft in der Person des Ausschlagenden als nicht angefallen gilt. Es treten die nach Testament oder Gesetz Nächstberufenen an die Stelle des Ausschlagenden.[257]

Sind die nach Testament oder Gesetz Nächstberufenen bereits Miterben, führt die Ausschlagung zu einer Verschlankung und sofern nur ein Erbe verbleibt, zu einer Auflösung der Erbengemeinschaft.

Beispiel:
Nach gesetzlicher Erbfolge wurde der Erblasser von seiner Frau und seinem Sohn zu je 1/2 entsprechend gesetzlicher Erbfolge beerbt.
Schlägt die Ehefrau die Erbschaft aus, wird der Sohn Alleinerbe.
Wichtig: Schlägt umgekehrt der Sohn die Erbschaft aus und sind Verwandte zweiter Ordnung des Erblassers – beispielsweise Geschwister des Mannes – vorhanden, werden diese neben der Ehefrau zu 1/4 Erben. Dies zeigt die **Risiken** einer solchen Vorgehensweise.

Soll die Ausschlagung entgeltlich erklärt werden, ergeben sich Probleme bei der Absicherung der wechselseitigen Vertragspflichten. Da Ausschlagungserklärungen bedingungsfeindlich sind, kann die Wirksamkeit der Ausschlagung nicht vom Erhalt einer Gegenleistung abhängig gemacht werden.[258] Der einzig sichere Weg erscheint hier die Abwicklung über ein Treu-

---
[254] Vgl. Rdnr. 89.
[255] Vgl. § 28.
[256] Vgl. § 22.
[257] § 1953 BGB.
[258] § 1947 BGB.

handkonto. So kann die Ausschlagungserklärung, bei einem Treuhänder hinterlegt werden, bis die vereinbarte Gegenleistung auf ein Treuhandkonto einbezahlt ist.

b) Auseinandersetzung von Bauerwartungsland. Liegen Grundstücke der Erbengemeinschaft im ortsnahen Bereich oder sind sie sogar schon als **Bauerwartungsland** ausgewiesen, stellt sich für die Erben regelmäßig die Frage, wie diese Grundstücke im Zuge einer Erbauseinandersetzung zu bewerten sind. Da auf eine solche Bewertung die verschiedensten Faktoren Einfluss haben, ist unter den Erben über den Wert der Grundstücke oftmals keine Einigung zu erzielen. Dies erschwert die Auseinandersetzung bei Bauerwartungsland. 103

Es bieten sich dann regelmäßig die folgenden Lösungen an:
- Die Erben warten ab, bis die Grundstücke tatsächlich als Bauland ausgewiesen und parzelliert sind und nehmen erst dann die Auseinandersetzung vor.
- Im Zuge der Erbauseinandersetzung bilden die Erben an dem betreffenden Grundstück Miteigentum entsprechend ihren Erbquoten. Ergänzend können sie vereinbaren, dass die Auseinandersetzung der Miteigentümergemeinschaft auf Dauer ausgeschlossen ist. In der Folge kann der einzelne Miteigentümer die Miteigentümergemeinschaft nicht mehr durch Teilungsversteigerung zur Auseinandersetzung bringen.[259] Keinem der Miterben droht somit die Gefahr „ausgekauft" zu werden. Jedem der Miteigentümer steht allerdings das Recht zu, über seinen Miteigentumsanteil durch Verkauf oder durch Belastung[260] zu verfügen. Hiergegen können sich die Erben durch Begründung wechselseitiger dinglicher Vorkaufsrechte schützen.
- Die Erben weisen einem der Miterben den Grundbesitz im Zuge der Auseinandersetzung gegen Zahlung des gegenwärtigen Verkehrswerts zu und vereinbaren für den Fall, dass der Grundbesitz binnen einer bestimmten Frist Bauland wird, Aufzahlungen zu den bereits geleisteten Zahlungen.

Eine solche Klausel, die zum Ausgleich künftiger Wertsteigerungen verpflichtet, könnte wie folgt lauten:

Formulierungsvorschlag:
Wird der Grundbesitz binnen der nächsten 10 Jahre in eine Baulandumlegung einbezogen, so ist die Differenz zwischen der heutigen Ausgleichszahlung und dem künftigen Verkehrswert nach Einbeziehung in die Baulandumlegung entsprechend der Erbquoten an die Erben auszuzahlen. Die Auszahlung wird fällig einen Monat nach rechtskräftigem Abschluss der Baulandumlegung.

Absichern ließe sich eine solche Zahlung durch die Eintragung einer Sicherungshypothek.

Praxistipp:
Ist ein Baulandumlegungsvermerk im Grundbuch eingetragen, bedarf es zur Übertragung des Grundstücks auf einen der Miterben der Genehmigung der Umlegungsstelle.[261]

Belässt die Erbengemeinschaft das Bauerwartungsland im Gesamthandseigentum und fällt dieses tatsächlich in eine **Baulandumlegung,** so haben die Miterben im Zuge der Umlegung gem. §§ 48, 49, 59, 62 BauGB folgende Wahlmöglichkeiten:[262]
- Die Erbengemeinschaft lässt sich die aus der Baulandumlegung auf sie entfallenden Bauplätze in gesamthänderischer Verbundenheit zuweisen.

---

[259] § 1010 BGB; gegen Pfändungspfandgläubiger eines Miteigentümers wirkt eine solche Vereinbarung allerdings nicht, vgl. § 751 S. 2 BGB.
[260] § 1009 Abs. 1 BGB.
[261] *Schöner/Stöber* Rdnr. 3865.
[262] *Schöner/Stöber* Rdnr. 3875.

- Die Erbengemeinschaft lässt sich keine Bauplätze zuweisen, sondern scheidet gegen eine vom Umlegungsausschuss festzusetzende Abfindung aus der Baulandumlegung aus. Die Abfindung kann dann anschließend wie ein Versteigerungserlös unter den Erben verteilt werden.
- Nur einzelnen Erben werden Bauplätze zu Alleineigentum zugewiesen. Die übrigen Erben verzichten gegenüber der Umlegungsstelle auf ihren Zuteilungsanspruch. Außerhalb des Umlegungsverfahrens erfolgt sodann unter den Miterben ein Wertausgleich.

Die einzelnen Optionen können gegenüber der zuständigen Baubehörde privatschriftlich ausgeübt werden. Insbesondere die zuletzt aufgeführte Variante ist weit verbreitet und wird nach entsprechender Beratung durch die Verwaltung von Parteien gewählt, denen es in erster Linie darauf ankommt, Anwalts- und Notarkosten zu sparen. Über die Vereinbarung der Ausgleichszahlung existieren dann oftmals nicht einmal privatschriftliche, sondern nur mündliche Abreden.

6. Vor- und Nachteile der einzelnen Gestaltungsmöglichkeiten

Was die Vor- und Nachteile einer strategischen Ausschlagung und einer Auseinandersetzung im Zuge der Baulandumlegung betrifft, so wurden diese bereits bei den jeweiligen Rechtsinstituten abgehandelt.

Nachfolgend soll daher vor allem ein Vergleich zwischen den gängigen Wegen einer Erbauseinandersetzung, nämlich der Abschichtung, der Erbteilsübertragung und der Erbauseinandersetzung durch Übertragung sämtlicher Nachlassgegenstände gezogen werden.

Beispiel:
Der Nachlass (Wert insgesamt € 150.000) besteht aus einem Hausgrundstück, Einrichtungsgegenständen und einem Sparbuch. E 1 soll gegen Zahlung von € 100.000,– das Haus übernehmen, der restliche Nachlass soll hälftig verteilt werden

Vorgehensweise: Die Ziele der Parteien lassen sich hier sowohl über eine Abschichtung als auch eine Erbteilsübertragung sowie einen Erbauseinandersetzungsvertrag regeln.

Im Falle eines Erbteilsübertragung bzw. einer Abschichtung würde sich hier anbieten, E 1 durch Übertragung des Erbteils des E 2 bzw. durch Ausscheiden des E 2 aus der Erbengemeinschaft zum Alleinerben zu machen. Im Gegenzug müsste sich E 1 zu der vereinbarten Ausgleichszahlung und der Übertragung des hälftigen Restnachlasses verpflichten. Zum Zweck des Grundbuchvollzugs wäre in die Verträge jeweils ein entsprechender Grundbuchberichtigungsantrag aufzunehmen. Bei einem Erbauseinandersetzung wäre demgegenüber die Grundstücksübertragung nebst Auflassung sowie die Regelung über die Verteilung des Restnachlasses zu beurkunden.

Da alle drei Wege vorliegend gangbar sind, stellt sich die Frage, welche Gestaltung die für die Parteien günstigste ist.

Betrachtet man den Fall unter **steuerlichen Aspekten**, ergeben sich keine Vor- und Nachteile zwischen den einzelnen Gestaltungsmöglichkeiten, da die im Zuge einer Erbauseinandersetzung erfolgende Grundstücksübertragungen stets von der Grunderwerbsteuer befreit sind.

Eine Haftung für Nachlassverbindlichkeiten im Außenverhältnis besteht ebenfalls unabhängig davon, wie man sich entscheidet.[263]

Bezüglich der beim Notar anfallenden Kosten ergeben sich erste Unterschiede. Während bei einer Erbauseinandersetzung und einer Erbteilsübertragung jeweils zwei Gebühren aus einem Wert von € 150.000,– insgesamt ca. € 700,– anfallen, fallen bei einer Abschichtung, sofern die Verträge unterschriftsreif vom Anwalt vorbereitet werden lediglich die Beglaubigungskosten für den Grundbuchberichtigungsantrag von ca. € 125,– zuzüglich Mehrwertsteuer an.

Unterschiede zwischen den einzelnen Gestaltungsmöglichkeiten bestehen auch, wenn sich nach Abschluss der Verträge zeigt, dass nicht sämtliche Aktiva bzw. Passiva des Nachlasses ermittelt wurden. Im Falle einer Erbteilsübertragung bzw. Abschichtung kann dies wirtschaftlich gesehen zu einer erheblichen Verschiebung des Vertragsgleichgewichts führen, da der verbleibende Erbe ohne weiteres Eigentümer dieser Gegenstände wird und ein nachträglicher Ausgleich nur dann geschuldet ist, wenn dies bei Abschluss des Vertrages vereinbart wird. Selbst

---

[263] *Reimann* ZEV 1998, 215 zur Abschichtung; MünchKommBGB/*Heldrich* § 2033 Rdnr. 27 zum Erbteilsverkauf.

dann kann die Durchsetzung der Ansprüche an einer zwischenzeitlich eingetretenen Vermögenslosigkeit des Übernehmers scheitern. Hinzu kommt, dass die aus der Erbengemeinschaft ausgeschiedenen Miterben auch bei einer entsprechenden Vereinbarung, welche zu einem Ausgleich verpflichtet, in der Praxis kaum sicherstellen können, dass sie beim nachträglichen Auffinden weiterer Aktiva vom Übernehmer ihrer Erbanteile die notwendigen Informationen erhalten.

7. Teilerbauseinandersetzung

Eine **Teilerbauseinandersetzung** kann sowohl in persönlicher als auch in sachlicher Hinsicht erfolgen.

Unter **persönlicher Teilerbauseinandersetzung** versteht man das Ausscheiden eines oder auch mehrerer Erben bei im Übrigen fortbestehender Erbengemeinschaft. Eine persönliche Teilerbauseinandersetzung kann durch strategische Ausschlagung, Abschichtung und Erbteilsübertragung herbeigeführt werden. Sie kann gegen den Willen des ausscheidenden Erben nicht erzwungen werden.[264]

Unter **sachlicher Teilerbauseinandersetzung** versteht man demgegenüber die den Gesamtnachlass nicht erschöpfende Auseinandersetzung über Einzelne oder mehrere **Nachlassgegenstände** bei im Übrigen fortbestehender Erbengemeinschaft am Restnachlass. Eine sachliche Teilerbauseinandersetzung wird durch Übertragung einzelner Nachlassgegenstände herbeigeführt.

Im Gegensatz zur persönlichen Teilerbauseinandersetzung kann unter den nachfolgend aufgeführten Voraussetzungen ein **Anspruch** eines Miterben auf **Vornahme einer sachlichen Teilerbauseinandersetzung** bestehen:
- die Begleichung von Nachlassverbindlichkeiten muss sichergestellt sein;
- besondere Gründe müssen die Teilerbauseinandersetzung rechtfertigen;
- die Rechte der übrigen Miterben dürfen durch die Teilerbauseinandersetzung nicht beeinträchtigt werden.

Durch eine solche **sachliche** Teilerbauseinandersetzung können Probleme entstehen, wenn nicht geregelt wird, in welcher Weise die Teilerbauseinandersetzung bei Verteilung des Restnachlasses zu berücksichtigen ist.

Konflikte können sich insbesondere dann ergeben, wenn unter den Miterben lebzeitige Zuwendungen des Erblassers auszugleichen sind.

Beispiel:
Der Erblasser wurde von seinen beiden Söhnen E 1 und E 2 entsprechend der gesetzlichen Erbfolge zu je 1/2 beerbt. Im Nachlass befand sich ein Hausgrundstück mit einem Wert von ca. € 400.000,- sowie ein Sparguthaben über € 100.000,-.
Die Erben einigen sich in einem Erbauseinandersetzungsvertrag darauf, dass E 1 das Hausgrundstück gegen Zahlung von € 190.000,- an E 2 aus seinem sonstigen Vermögen erhalten soll. Nach Abschluss des Vertrages entsteht Streit über die Verteilung des noch vorhandenen Sparguthabens. E 1 behauptet, E 2 habe ausgleichspflichtige Vorempfänge erhalten. Die Haushälfte habe er zum Verkehrswert von € 190.000,- erworben. Vom Restnachlass gebühre ihm nunmehr der größere Anteil. E 2 behauptet, der Wert der Haushälfte habe € 210.000,- betragen. Durch den Preisnachlass seien bestehende Ausgleichspflichten abgegolten worden.

Um solche Streitigkeiten zu vermeiden sollte in die Vereinbarung eine Klausel aufgenommen werden, die regelt, inwieweit sich die vorweggenommene Teilerbauseinandersetzung auf die Verteilung des Restnachlasses auswirkt.

Formulierungsvorschläge:

1. Alternative:
Der nachfolgende Auseinandersetzungsvertrag bezieht sich nur auf den soeben beschriebenen Grundbesitz. Über den Restnachlass werden die Beteiligten einen gesonderten Auseinandersetzungsvertrag schließen.

---

[264] BGH Urt. v. 14.3.1984 – FamRZ 1984, 688.

Anrechnungs- und Ausgleichspflichten, sowie sonstige Ansprüche zwischen den Erben, sind bei der Verteilung des Restnachlasses nicht mehr zu berücksichtigen.
Der Restnachlass wird entsprechend den Erbquoten verteilt, Schulden werden entsprechend den Erbquoten von den Beteiligten getragen.
2. Alternative:
Der nachfolgende Auseinandersetzungsvertrag bezieht sich nur auf den soeben beschriebenen Grundbesitz. Über den Restnachlass werden die Beteiligten einen gesonderten Auseinandersetzungsvertrag schließen.
Bei Verteilung des Restnachlasses sind die folgenden Ansprüche zwischen den Beteiligten noch auszugleichen:
...
...
...
Die Ausgleichung soll ausschließlich und alleine über den Restnachlass erfolgen.
Sollte dieser nicht ausreichen, ist ein Ausgleich aus dem Privatvermögen nicht geschuldet.
3. Alternative:
Der nachfolgende Auseinandersetzungsvertrag bezieht sich nur auf den soeben beschriebenen Grundbesitz. Über den Restnachlass werden die Beteiligten einen gesonderten Auseinandersetzungsvertrag schließen.
Bei Verteilung des Restnachlasses sind die folgenden Ansprüche zwischen den Beteiligten noch auszugleichen:
...
...
...
...
Sollte der Restnachlass für einen Ausgleich nicht ausreichend sein, hat dieser aus sonstigen Vermögen des Ausgleichspflichtigen zu erfolgen.

VI. Besonderheiten der Auseinandersetzung bei angeordneter Testamentsvollstreckung

1. Einleitung

107 Ist **Testamentsvollstreckung** in Form einer **Abwicklungsvollstreckung** angeordnet, das heißt ein Testamentsvollstrecker mit dem Aufgabenkreis Erbauseinandersetzung eingesetzt, ist es dessen Aufgabe, die für die Erbauseinandersetzung notwendigen Schritte einzuleiten und anschließend zur Durchführung zu bringen. Hierbei hat er sich an die Vorgaben des Erblassers und sofern solche nicht vorhanden sind, an den gesetzlichen Teilungsregeln zu orientieren.

2. Durch die Testamentsvollstreckung eintretende Erleichterungen bei der Erbauseinandersetzung

108 Der Testamentsvollstrecker hat zunächst den exakten Nachlassbestand zu ermitteln. Anschließend sind vom ihm die Nachlassverbindlichkeiten zu begleichen. Bis zu diesem Zeitpunkt sind die bei einer Erbauseinandersetzung durch die Erben und die bei einer Erbauseinandersetzung durch einen Testamentsvollstrecker durchzuführenden Maßnahmen identisch.
Die erste spürbare Erleichterung der Erbauseinandersetzung durch einen eingesetzten Testamentsvollstrecker liegt in seiner Befugnis, in Natur nicht teilbare Gegenstände nach seinem Ermessen sowohl im Wege einer Teilungsversteigerung als auch im Wege einer freihändigen Veräußerung zu verwerten.[265]

---

[265] *Bengel/Reimann*, Handbuch der Testamentsvollstreckung, S. 157, 175.

Die zweite Erleichterung tritt ein durch das dem Testamentsvollstrecker nach § 2204 Abs. 1 BGB zustehende Recht, einen für die Erben verbindlichen Auseinandersetzungsplan aufzustellen. Inwieweit der Testamentsvollstrecker im Zuge eines solchen Teilungsplans auch **Sonderzuteilungen** vornehmen kann, d. h. einzelnen Erben ohne das eine diesbezügliche Teilungsanordnung vorliegen würde, einzelne Nachlassgegenstände zuweisen und im Gegenzug entsprechende Ausgleichspflichten für Mehrzuteilungen begründen kann, ist streitig.[266] Zur eigenen Sicherheit sollte er sämtliche Miterben bei einer solchen Vorgehensweise beteiligen.

Schließlich bedarf der **Testamentsvollstrecker**, auch wenn er für Minderjährige bzw. unter Betreuung stehende Personen handelt, keiner familiengerichtlichen bzw. **vormundschaftsgerichtlichen Genehmigung**, selbst wenn der gesetzliche Vertreter bzw. Betreuer einer solchen bedurft hätte. So kann ein Testamentsvollstrecker genehmigungsfrei auch über zum Nachlass gehörenden Grundbesitz verfügen.[267] Die Genehmigungspflicht lebt nur dann wieder auf, wenn sich der Testamentsvollstrecker jenseits der ihm durch Erblasseranordnung oder Gesetz gezogenen Schranken bewegt.[268] Der Einschaltung des Vormundschaftsgerichts bedarf es allerdings dann, wenn der gesetzliche Vertreter des minderjährigen Erben zum Testamentsvollstrecker bestellt wird. In diesem Ausnahmefall ist aus dem Rechtsgedanken des § 1795 BGB heraus ein Ergänzungspfleger für den Minderjährigen zu bestellen.[269] Diese Erleichterungen haben zum einen streitvermeidende Wirkung und führen andererseits zu einer Beschleunigung der Auseinandersetzung.

Formulierungsvorschläge mit Erläuterungen

Der Auseinandersetzungsplan bedarf nicht der notariellen Form, und zwar auch dann nicht, wenn in ihm die Verpflichtung zur Übereignung von Grundbesitz enthalten ist. Die sich an den Teilungsplan anschließende dingliche Übertragung des Grundbesitzes ist allerdings in notarieller Form vorzunehmen. Der Auseinandersetzungsplan des Testamentsvollstreckers sollte sich wie folgt gliedern:

Formulierungsvorschlag:

Teilungsplan betreffend den Nachlass des am ... in ... geborenen und am ... in ... verstorbenen Erblassers ...

Der Erblasser wurde von folgenden Personen beerbt:

Erbe 1 ... zu ... Erbteil.

Erbe 2 ... zu ... Erbteil.

Erbe 3 ... zu ... Erbteil.

Die Erbfolge ergibt sich aus ...

Nach Bereinigung der Nachlassschulden ist folgender Nachlassbestand vorhanden:

...

Bei der nachfolgenden Teilung wurden folgende Teilungsanordnungen des Erblassers berücksichtigt:

...

Des Weiteren wurden folgende Anrechnungs- und Ausgleichspflichten zwischen den Geschwistern berücksichtigt:

...

Unter Berücksichtigung der Erbquoten, der Teilungsanordnungen und der Anrechnungs- und Ausgleichspflichten ergibt sich folgende Verteilung:

Erbe 1 erhält die folgenden Gegenstände, sowie eine Zahlung in nachfolgend aufgeführter Höhe:

---

[266] MünchKommBGB/*Zimmermann* § 2204 Rdnr. 14.
[267] *Bengel/Reimann*, Handbuch der Testamentsvollstreckung, S. 264, 265.
[268] MünchKommBGB/*Zimmermann* § 2204 Rdnr. 9.
[269] *Bengel/Reimann*, Handbuch der Testamentsvollstreckung, S. 265.

...
Erbe 2 erhält die folgenden Gegenstände, sowie eine Zahlung in nachfolgend aufgeführter Höhe:
...
Erbe 3 erhält die folgenden Gegenstände, sowie eine Zahlung in nachfolgend aufgeführter Höhe:
...
Von den auf die einzelnen Erben entfallenden Beträge wurde die Erbschaftsteuer entsprechend des Steuerbescheids Anlage 1 jeweils in Abzug gebracht.
Soweit Miterben in dem vorstehenden Aufteilungsplan Grundbesitz zugewiesen wird, werden diese gebeten, nach Ablauf der im Begleitschreiben gesetzten Frist Kontakt mit meiner Kanzlei zwecks Vereinbarung eines Notartermins zu vereinbaren.

Der so erstellte Teilungsplan ist nach Anhörung der Erben vom Testamentsvollstrecker für verbindlich zu erklären. Einseitige Änderungen durch den Testamentsvollstrecker sind danach nicht mehr möglich.[270] Bei der Verbindlichkeitserklärung handelt es sich um eine einseitige empfangsbedürftige Erklärung seitens des Testamentsvollstreckers an die Erben. Vor **Verbindlichkeitserklärung** sollten die Erben die Aufforderung erhalten, mögliche Einwendungen binnen einer bestimmten Frist vorzubringen. Sowohl die Verbindlichkeitserklärung als auch die dieser vorausgehende Fristsetzung sollte per Einschreiben mit Rückschein versandt werden.

Formulierungsvorschlag für eine Verbindlichkeitserklärung:
Betreff Nachlass des ...
Sehr geehrte(r) ...
anbei übersende ich Ihnen in Anlage den von mir in meiner Eigenschaft als Testamentsvollstrecker erstellten Teilungsplan. Diesen Plan erkläre ich als verbindlich für die Erbauseinandersetzung. Dies bedeutet, dass ich mich bei der von mir vorzunehmenden Teilung des Nachlasses an diesen Plan halten werde.
Mit freundlichen Grüßen

3. Der Vollzug des Auseinandersetzungsplans

110 Die Wirkung eines **Auseinandersetzungsplans** ist nur obligatorischer Natur. Die dingliche Rechtslage wird durch einen solchen Plan nicht beeinflusst. Zur Herbeiführung der dinglichen Rechtsänderung bedarf es vielmehr entsprechender Erfüllungsgeschäfte. Im Zuge der Erfüllungsgeschäfte vertritt der Testamentsvollstrecker die Erbengemeinschaft.[271] Die Erben, denen etwas zugewiesen wird, kann er kraft seines Amtes als Testamentsvollstrecker nicht vertreten. Sie müssen bei der Übertragung vielmehr selbst mitwirken.

Beispiel:
Bei einer Auflassung eines Nachlassgrundstücks auf einen der Erben müssen der Testamentsvollstrecker und der betreffende Erbe beim Notar anwesend sein.

VII. Teilungsverbote

1. Allgemeines zu Auseinandersetzungsverboten

111 Nicht immer ist das Interesse des Erblassers darauf gerichtet eine möglichst reibungslose und schnelle Verteilung des Nachlasses unter den Erben zu bewerkstelligen. Es gibt vielmehr auch Fälle, in denen der Erblasser die **Erbauseinandersetzung** möglichst lange Zeit insgesamt

---

[270] MünchKommBGB/*Zimmermann* § 2204 Rdnr. 4.
[271] *Bengel/Reimann*, Handbuch der Testamentsvollstreckung, S. 157.

oder bezüglich einzelner Teile des Nachlasses oder bezüglich bestimmter Familienstämme **ausschließen möchte**. Dies kann im Wege letztwilliger Verfügungen geschehen. Hierbei ist es dem Erblasser ohne weiteres möglich, die Auseinandersetzung für einen Zeitraum von 30 Jahren zu untersagen.[272]

> **Formulierungsvorschlag:**
> Das Recht der Miterben, die Auseinandersetzung zu verlangen, wird für die Zeitdauer von ... beginnend mit meinem Tode ausgeschlossen.

Zeitlich über die **30 Jahresfrist** hinausgehende Anordnungen sind nur unter folgenden Voraussetzungen zulässig:
- Die Auseinandersetzung wird ausgeschlossen bis ein bestimmtes Ereignisses in der Person eines Miterben eintritt.
- Die Auseinandersetzung wird bis zum Anfall eines Vermächtnisses oder bis zum Eintritt einer angeordneten Nacherbfolge ausgeschlossen.

Beispiel:
Der Erblasser setzt seine Frau und seine beiden Kinder zu Alleinerben ein. Um seiner Ehefrau möglicherweise im Zuge der Erbteilung entstehende Streitigkeiten zu ersparen, will er die Auseinandersetzung bis zum Tode seiner Ehefrau ausschließen.

Die könnte er mit folgender Formulierung erreichen:

> **Formulierungsvorschlag:**
> Das Recht der Miterben, die Auseinandersetzung zu verlangen, wird ausgeschlossen. Dieser zugunsten meiner Ehefrau verfügte Ausschluss endet mit deren Tode.

Grenzen ergeben sich aus §§ 2044 Abs. 1 und 2, 751 Satz 2 BGB, danach ist das Verbot der Auseinandersetzung gegenüber einem mit rechtskräftigem Titel vollstreckenden Pfandgläubigers unwirksam;[273] des Weiteren gegenüber minderjährigen Miterben.[274]

2. Bindung der Erben an Verfügungen des Erblassers

Da es sich bei den Anordnungen des Erblassers weder um ein gesetzliches noch um ein behördliches Verbot handelt, sind Verfügungen **sämtlicher Miterben**, welche den Anordnungen des Erblassers zuwiderlaufen, wirksam.[275] Die Erben können sich mithin, sofern unter ihnen Einigkeit besteht, ohne weiteres über ein Teilungsverbot des Erblassers hinwegsetzen.[276]

Eine gewisse Absicherung gegen eine Umgehung des Auseinandersetzungsverbots durch die Erben ist dadurch zu erreichen, dass man den Erben die Verfügungs- und Verwaltungsbefugnis über den Nachlass entzieht. Insoweit bietet sich die Errichtung einer Verwaltungstestamentsvollstreckung für die Dauer des Auseinandersetzungsverbotes an.

> **Formulierungsvorschlag:**
> Für die Dauer des Auseinandersetzungsverbotes ordne ich Testamentsvollstreckung an. Zum Testamentsvollstrecker bestimme ich ...
> Der Testamentsvollstrecker hat den Nachlass zu verwalten.[277]

---

[272] § 2044 Abs. 2 BGB.
[273] § 751 S. 2 BGB.
[274] Vgl. Rdnr. 118 zum Sonderkündigungsrecht eines minderjährigen Miterben.
[275] Gem. § 137 BGB hat ein Auseinandersetzungsverbot lediglich schuldrechtliche Bedeutung.
[276] Vgl. MünchKommBGB/*Heldrich* § 2044 Rdnr. 7 ff.
[277] Vgl. § 19 zu den weiteren noch aufzunehmenden Regelungen.

Auch ein Testamentsvollstrecker kann sich jedoch gemeinsam mit den Erben über ein Teilungsverbot des Erblassers hinwegsetzen. Falls aus diesem Grund, bzw. um den Testamentsvollstrecker vor Beeinflussungsversuchen durch die Erben schon im Vorfeld zu schützen, eine weitere Absicherung des Auseinandersetzungsverbots gewollt ist, kann die **Erbeinsetzung** für den Fall, dass sich die Erben an das Auseinandersetzungsverbot nicht halten, **auflösend bedingt** erfolgen. Rechtstechnisch handelt es sich um eine auflösend bedingte **Vorerbschaft** und gleichzeitig **aufschiebend bedingte Erbschaft**.[278] Aufschiebende und auflösende Bedingung ist jeweils das Unterlassen der Erbauseinandersetzung während des vom Erblasser im Auseinandersetzungsverbot vorgegebenen Zeitrahmens.[279] Sofern die Erben das Auseinandersetzungsverbot befolgen, erstarkt die Vorerbenstellung zu einer unbeschränkten Erbenstellung. Halten sich die Erben nicht an das Auseinandersetzungsverbot, tritt mit dem Verstoß der Nacherbfall ein.

Formulierungsvorschlag:

Die eingesetzten Erben sind auflösend bedingte Vorerben und gleichzeitig aufschiebend bedingte Erben. Aufschiebende und auflösende Bedingung ist jeweils das

Unterlassen der Erbauseinandersetzung während des vom Erblasser im vorstehenden Auseinandersetzungsverbot vorgegebenen Zeitrahmens. Zu Nacherben werden folgende Personen bestimmt:

...

...

...

Der Nacherbfall tritt ein mit Verstoß gegen das Auseinandersetzungsverbot.

VIII. Besonderheiten bei der Beteiligung von Minderjährigen an der Erbengemeinschaft

1. Die Vertretung des Minderjährigen

Sind Minderjährige an der Erbengemeinschaft beteiligt, so stellt sich bei den Rechtsgeschäften, die für diese im Zuge der Auseinandersetzung vorzunehmen sind, stets die Frage, ob es einer **vormundschaftsgerichtlichen bzw. familiengerichtlichen Genehmigung** bedarf.[280] Des Weiteren ist in Fällen der Beteiligung Minderjähriger zu klären, inwieweit die Eltern als die gesetzlichen Vertreter ausnahmsweise von der Vertretung des Kindes ausgeschlossen sind und es der Bestellung eines **Ergänzungspflegers** bedarf.[281]

Beide Fragen sind streng voneinander zu trennen. Zunächst ist zu untersuchen, ob die Eltern ihr Kind vertreten können.[282] Können sie es nicht vertreten, ist ein Ergänzungspfleger zu bestellen. Anschließen ist zu prüfen, ob die Eltern bzw. der Ergänzungspfleger für das zu tätigende Rechtsgeschäft einer gerichtlichen Genehmigung bedarf.[283]

Hinweis zur Zuständigkeit: Sofern die **Eltern** den Minderjährigen vertreten, erteilt das für den Wohnsitz des Minderjährigen zuständige **Familiengericht** erforderliche Genehmigungen.

Wird der Minderjährige durch einen Vormund oder durch einen Ergänzungspfleger vertreten, werden erforderliche Genehmigungen durch das **Vormundschaftsgericht** erteilt.

Für die Bestellung eines Ergänzungspflegers ist umstritten, ob das Familien- oder das Vormundschaftsgericht zuständig ist. In solchen Fällen sollte man sich vor Antragstellung daher bei dem zuständigen Amtsgericht nach der dort geübten Praxis erkundigen, um Verzögerungen bei Erteilung der Genehmigung zu vermeiden.

---

[278] Vgl. auch §§ 15, 17.
[279] *Bengel* ZEV 1995, 178–180.
[280] § 1643 BGB i. V. m. § 1821 BGB oder § 1822 Nr. 1, 3, 5, 8 bis 11 BGB.
[281] § 1629 Abs. 2 BGB i. V. m. §§ 1795, 1909 BGB.
[282] Vgl. Rdnr. 115.
[283] Vgl. Rdnr. 114.

a) Familiengerichtliche/Vormundschaftsgerichtliche Genehmigung. Nach § 1821 Nr. 1 BGB 114
bedürfen Verfügungen über ein Grundstück oder über ein Recht an einem Grundstück der
gerichtlichen Genehmigung. Diese Vorschrift greift auch dann ein, wenn der Minderjährige
lediglich als Gesamthänder an einem Grundstück beteiligt ist.[284]

Beispiel:
Im Zuge der Erbauseinandersetzung wird von einer Erbengemeinschaft, an der ein Minderjähriger beteiligt ist, ein Grundstück an einen der Miterben bzw. an einen außenstehenden Dritten übertragen. Hier ist gem. § 1821 Nr. 1 BGB eine familiengerichtliche Genehmigung erforderlich.

Nach § 1822 Nr. 1 BGB sind Rechtsgeschäfte über eine dem Minderjährigen angefallene Erbschaft sowie Verfügungen über den Anteil des Minderjährigen an einer Erbschaft genehmigungspflichtig. Sowohl Erbteilsübertragungen als auch Abschichtungsvereinbarungen bedürfen nach diesen Vorschriften einer Genehmigung und zwar unabhängig davon, ob zu der Erbschaft Grundbesitz gehört oder nicht.

Bedarf ein Vertrag einer der vorstehend genannten Genehmigungen sollte unmittelbar in den Vertrag eine so genannte Bauchrednervollmacht mit dem folgenden Inhalt aufgenommen werden:

Formulierungsvorschlag:
Das Amtsgericht – Familiengericht/Vormundschaftsgericht – ... wird um Erteilung der Genehmigung ersucht.
Die Beteiligten bevollmächtigen den beurkundenden Notar – oder Vertreter im Amt –, für sie die Genehmigung entgegenzunehmen, sie den Beteiligten mitzuteilen und die Mitteilung für sie anzunehmen.
Der Bevollmächtigte ist von den Beschränkungen des § 181 BGB befreit.

Diese Vollmacht erleichtert die spätere Vertragsabwicklung erheblich, da die Genehmigung gem. § 1828 BGB durch das Familiengericht/Vormundschaftsgericht nur gegenüber den Vertretern des Minderjährigen und nicht gegenüber dem Vertragspartner erklärt werden darf. Wirksam wird das Rechtsgeschäft nach allgemeinen Grundsätzen aber erst, nachdem die Genehmigung dem anderen Teil mitgeteilt wurde.

**Muster für Anschreiben an Familiengericht/Vormundschaftsgericht
zwecks Erteilung einer Genehmigung**

An das
Amtsgericht ...
...
In der Nachlasssache betreffend die Erbengemeinschaft ... bestehend aus folgende Miterben:
1)
2)
3)
stelle ich hiermit Namens und im Auftrag des minderjährigen Miterben den Antrag
den im Zuge der Erbauseinandersetzung geschlossenen Vertrag vom ... zu genehmigen.
Gez.

Rechtsanwalt

b) Ausschluss der Vertretungsmacht der Eltern bzw. eines Vormunds. Wie bereits ausgeführt 115
ist von der Frage, ob eine Genehmigung für ein bestimmtes Rechtsgeschäft erforderlich ist,

---

[284] MünchKommBGB/*Heldrich* § 2042 Rdnr. 38.

die Frage zu trennen, ob der gesetzliche Vertreter bzw. Vormund nicht ausnahmsweise an der **Vertretung gehindert** ist und es deshalb der Bestellung eines **Ergänzungspflegers** bedarf. Dies ist unter den Voraussetzungen des § 181 BGB bzw. des § 1795 BGB der Fall.

Probleme ergeben sich hier vor allem dann, wenn minderjährige Kinder gemeinsam mit ihren Eltern an einer Erbengemeinschaft beteiligt sind. Zur Frage inwieweit die Eltern an der Vertretung ihrer minderjährigen Kinder gehindert sind, hat sich in Rechtsprechung und Literatur inzwischen folgende **Leitlinie** herausgebildet: Nicht ausreichend für den Ausschluss der Vertretungsmacht der Eltern ist, dass diese neben ihren Kindern an einem Vertragsschluss beteiligt sind und lediglich **parallele** Erklärungen abgeben.[285]

Beispiel:
Im Zuge einer Erbauseinandersetzung überträgt eine Erbengemeinschaft bestehend aus zwei minderjährigen Kindern und deren Eltern ein Nachlassgrundstück im Wege eines Kaufvertrages auf einen Dritten.

Hier ist zwar eine familiengerichtlichen Genehmigung des Vertrages erforderlich, da eine Verfügung über Grundbesitz stattfindet. Der Bestellung eines Ergänzungspflegers, der die minderjährigen Kinder bei Vertragsschluss vertritt, bedarf es allerdings nicht. Begründet wird dies damit, dass Eltern und Kinder bei Vertragsschluss nicht auf unterschiedlichen Seiten stehen.

Die Bestellung eines Ergänzungspflegers ist auch dann nicht notwendig, wenn sich die Auseinandersetzung streng nach den gesetzlichen Regeln richtet.[286] Finden Verfügungen über Grundbesitz in diesem Zusammenhang statt, muss jedoch auch hier eine Genehmigung eingeholt werden.

Demgegenüber bedarf es eines Ergänzungspflegers stets dann, wenn Eltern und Kinder **wechselbezügliche** Verpflichtungen eingehen, die ihre Rechtfertigung nicht ausschließlich in den gesetzlichen Teilungsregeln finden. Bei mehreren Minderjährigen ist für jeden ein gesonderter Ergänzungspfleger zu bestellen.

Bemerken die Beteiligten erst beim Notar, dass ein Ergänzungspfleger erforderlich, aber noch nicht bestellt ist, kann der Vertrag gleichwohl protokolliert werden. In einem solchen Fall muss einer der Vertragsbeteiligten als Vertreter ohne Vertretungsmacht für den Minderjährigen auftreten. Wirksam wird der Vertrag erst dann, wenn die Genehmigung seitens des noch zu bestellenden Ergänzungspflegers vorliegt. Sind in dem vom Ergänzungspfleger zu genehmigenden Vertrag Verfügungen über Grundbesitz enthalten, bedarf die Genehmigung des Ergänzungspflegers für ihre Wirksamkeit nochmals ihrerseits einer vormundschaftsgerichtlichen Genehmigung. Hier wird in der Praxis häufig der Fehler gemacht, dass die durch den Ergänzungspfleger getätigte Genehmigung dem Vormundschaftsgericht nicht mehr zur weiteren Genehmigung vorgelegt wird, da die Beteiligten sowie deren Berater davon ausgehen, dass mit Bestellung des Ergänzungspflegers das durch den vollmachtlosen Vertreter getätigte Rechtsgeschäft konkludent genehmigt sei. Dies ist ein Irrtum, der Geld und Zeit kostet. Es ist daher unbedingt darauf zu achten, dass in den Fällen, in denen der Ergänzungspfleger nicht am Vertragsschluss beteiligt war, die Genehmigung des Ergänzungspflegers dem Vormundschaftsgericht zur Genehmigung eingereicht wird. Der Vertrag wird sonst nicht wirksam.

Muster für Anschreiben an Familiengericht/Vormundschaftsgericht zwecks Bestellung eines Ergänzungspflegers:

An das
Amtsgericht ...

...

In der Nachlasssache betreffend die Erbengemeinschaft ... bestehend aus folgenden Miterben:

1)

2)

3)

stelle ich hiermit Namens und im Auftrag des minderjährigen Miterben den Antrag

---

[285] *Schöner/Stöber* Rdnr. 3603 a.
[286] BGH Beschl. v. 9.7.1956 – BGHZ 21, 229.

> ... für diesen einen Ergänzungspfleger zu bestellen. Dieser soll den minderjährigen Miterben bei dem Abschluss des in Anlage 1 beigefügten Vertragsentwurfes vertreten.
> Auf mich lautende Vollmacht ist in Anlage 2 beigefügt.
>
> Gez. Rechtsanwalt

2. Das Minderjährigenhaftungsbeschränkungsgesetz

Anlass für die Neuregelungen war eine Entscheidung des Bundesverfassungsgerichts,[287] wonach die Möglichkeit der Eltern ihre minderjährigen Kinder bei Fortführung eines von den Kindern ererbten Handelsgeschäfts finanziell unbegrenzt zu verpflichten, als verfassungswidrig eingestuft wurde. Die hierauf eingeführte Vorschrift des **§ 1629 a BGB begrenzt** die **Haftung des Kindes** und gewährt diesem darüber hinaus ein **außerordentliches Kündigungsrecht.** Dies geschieht im Einzelnen auf folgenden Wegen:

a) Begrenzung der Haftung. Die **Haftung des Minderjährigen ist grundsätzlich auf das bei ihm zum 18. Geburtstag vorhandene Vermögen beschränkt.** Seinen Schuldnern gegenüber haftet er für den Erhalt dieses Vermögens wie ein Beauftragter.

b) Außerordentliches Kündigungsrecht. Dem Minderjährigen steht ein außerordentliches Kündigungsrecht zu. Das außerordentliches Kündigungsrecht bezieht sich sowohl auf Mitgliedschaftsrechte an einer Gesamthandsgemeinschaft – also auch einer **Erbengemeinschaft** – und einer Personengesellschaft.

Falls eine Kündigung nicht erfolgt, bzw. die Auseinandersetzung nach Erreichen des 18. Lebensjahres nicht binnen 3 Monaten erfolgt, greift die doppelte Vermutung des § 1629 a Abs. 4 BGB ein:
- Vermutung, dass Verbindlichkeiten nach Erreichen des 18. Lebensjahrs begründet wurden
- Vermutung, dass das gegenwärtiges Vermögen bei Erreichen des 18. Lebensjahrs vorhanden war

Gegen diese Vermutung hilft in der Praxis eine Inventarerrichtung, obgleich die Vermutung, dass das gegenwärtige Vermögen zum 18. Geburtstag bereits Vorhanden war, durch Inventarerrichtung alleine wohl nicht widerlegt werden kann.[288]

IX. Sonderfall: Der vergessene Nachlassgegenstand bzw. der vergessene Erbe

1. Der vergessene Nachlassgegenstand

Wird bei der Erbauseinandersetzung ein Nachlassgegenstand übersehen, besteht die Erbengemeinschaft an diesem Gegenstand fort. Erst wenn sich die Erbengemeinschaft auch bezüglich des zunächst unberücksichtigt gebliebenen Gegenstands auseinander gesetzt hat, ist die Erbengemeinschaft erloschen.

2. Der vergessene Miterbe

Die Erbenermittlung ist mit zahlreichen Fehlerquellen behaftet. So kommt es immer wieder vor, dass sich Erbscheine im Nachhinein als unrichtig erweisen, z.B. weil privatschriftliche Testamente, die Einfluss auf die Erbfolge haben, oftmals erst nach vielen Jahren aufgefunden und dem Nachlassgericht vorgelegt werden. Wurde die Erbauseinandersetzung aber nicht von sämtlichen Erben vorgenommen, ist sie nichtig.[289]

Nachlassgegenstände, welche in einem solchen Fall einzelnen Miterben zugewiesen wurden, sind, sofern sie noch in Natur vorhanden sind, an die nicht aufgelöste Erbengemeinschaft zurückzuerstatten.

---

[287] BVerfG Beschluss v. 13.5.1986 – NJW 1986, 1859.
[288] Palandt/*Diederichsen* § 1629 a Rdnr. 9.
[289] OLG Dresden Urt. v. 14.8.1997 – FamRZ 1999, 408.

Ein **gutgläubiger Erwerb** von Nachlassgegenständen durch Miterben ist auch bei Vorliegen eines Erbscheins ausgeschlossen.[290]

Hat ein Miterbe nur Geldzuwendungen erhalten, bzw. die ihm zugewiesenen Nachlassgegenstände zwischenzeitlich weiterveräußert, so ist von ihm das Erhaltene nach Bereicherungsrecht herauszugeben. In Betracht käme hier alternativ noch ein Anspruch gegen die Personen, welche Gegenstände vom Scheinerben erworben haben. Ein solcher Anspruch scheidet allerdings regelmäßig aus, da in aller Regel die Gutglaubensvorschriften für diesen Personenkreis streiten.

Sämtliche der vorstehend beschriebenen Ansprüche stehen allerdings nicht dem übergangenen Erben, sondern der nicht aufgelösten Erbengemeinschaft zu. Vom übergangenen Erben kann folglich nur Leistung an die Erbengemeinschaft verlangt werden. Nach Rückforderung sämtlicher Vermögenswerte ist ein erneuter Teilungsplan aufzustellen und die Auseinandersetzung ist nochmals vorzunehmen.

Aus Gründen der Prozessökonomie gestattet man es allerdings dem übergangenem Miterben statt Rückforderung an die Erbengemeinschaft unmittelbar Leistung an sich selbst zu verlangen. Wird dieser Anspruch geltend gemacht, geht er der Höhe nach jedoch nur auf das, was den übrigen Miterben zu viel zugewiesen wurde.[291]

X. Nachlassplanung zur Vermeidung von Erbengemeinschaft

1. Alleinerbeneinsetzung

Die „radikalste" Lösung zur Vermeidung einer Erbengemeinschaft ist die **Alleinerbeneinsetzung**. Der Vorteil dabei ist, dass von vornherein jegliches, sich möglicherweise aus einer Miterbengemeinschaft ergebendes, **Konfliktpotential** vermieden wird.

Beispiel:

Die Eheleute X haben einen Sohn und eine Tochter. Ihr wesentliches Vermögen besteht in einem Hausgrundstück. Nach ihrem Wunsch soll dieses „in der Familie" bleiben. Der Sohn S würde das Hausgrundstück nach dem Tod seiner Eltern gerne übernehmen, während hierauf die Tochter T keinen Wert legt. Die Eltern möchten, um von vornherein Streit zwischen den Kindern zu vermeiden, keine Erbengemeinschaft zwischen diesen entstehen lassen.

Hier kommt zunächst eine gegenseitige Alleinerbeneinsetzung der Eltern verbunden mit einer Schlusserbeneinsetzung des Sohnes in Betracht. Die weichende Schwester kann mit einem Geldvermächtnis, dass sich prozentual am Nachlasswert orientiert, abgefunden werden. Formal bietet sich der Abschluss eines **Erbvertrags** an, in dem Pflichtteilsverzichte aufgenommen werden können.

Formulierungsvorschlag:

[Üblicher Urkundeneingang]

(1) Wir, die Eheleute X, setzen uns gegenseitig, also der Erstversterbende den Überlebenden, zu alleinigen und unbeschränkten Erben ein.

(2) Schlusserbe beim Tod des Überlebenden von uns ist unser Sohn S.

(3) Im Wege des Vermächtnisses erhält unsere Tochter T auf den Tod des Letztversterbenden von uns einen Geldbetrag in Höhe von ... % des Nachlasswertes zum Zeitpunkt des Todes des Letztversterbenden.

[weitere Regelungen z.B. zu Ersatzerben, Rücktrittsmöglichkeiten etc. und üblicher Urkundenschluss]

---

[290] Palandt/*Edenhofer* § 2366 Rdnr. 6.
[291] OLG Dresden Urt. von 14.8.1997 – FamRZ 1999, 408.

Das Vermächtnis sollte nicht in einem Festbetrag, sondern prozentual zum Wert des Gesamtnachlasses festgesetzt werden, da hiermit künftigen Vermögensmehrungen oder Minderungen bei den Eltern automatisch Rechnung getragen wird.

Bei vorstehender Gestaltung sind Pflichtteilsrechte, und zwar sowohl auf den Tod des Erstversterbenden als auch auf den Tod des letztversterbenden Elternteils zu berücksichtigen. Der Sohn sollte daher auf Pflichtteilsrechte beim Tod des Erstversterbenden und die Tochter auf Pflichtteilsansprüche hinsichtlich beider Eltern verzichten. Ein **Pflichtteilsverzicht** der **Tochter** könnte wie folgt **formuliert** werden:

> **Formulierungsvorschlag:**
> Ich, Frau T, verzichte hiermit für mich und meine Abkömmlinge gegenüber meinen Eltern auf meine Pflichtteilsrechte einschließlich etwaiger Ausgleichspflichtteile sowohl auf den Tod des Erstversterbenden als auch des Letztversterbenden meiner Eltern. Dieser Verzicht ist aufschiebend bedingt. Die Bedingung tritt mit vollständiger Erfüllung vorstehend genannten Vermächtnisses ein. Wir, die Erschienenen Ziff... nehmen diesen Verzicht unter der genannten aufschiebenden Bedingung hiermit an.

Hinweis: Zur Absicherung des weichenden Kindes sollte dessen Pflichtteilsverzicht aufschiebend bedingt bis zur Leistung des Geldvermächtnisses erklärt werden, um ihm für den Fall der nicht gehörigen Erfüllung des Vermächtnisses das Druckmittel, seinen Pflichtteil geltend zu machen, nicht zu nehmen.

In vorstehendem Beispiel können sich die Eltern zusätzlich zur Absicherung ihrer Kinder noch verpflichten, lebzeitige Verfügungen über den Grundbesitz nur mit Zustimmung ihrer Kinder vorzunehmen.[292]

2. Lebzeitige Zuwendung

Auch durch lebzeitige Zuwendungen kann das Entstehen einer Erbengemeinschaft verhindert werden. Ein geeignetes Instrumentarium hierfür ist z.B. eine Abfindungsvereinbarung verbunden mit einem Erb- bzw. Pflichtteilsverzicht.[293]

Beispiel:
Herr X ist in zweiter Ehe verheiratet. Aus dieser Ehe ist ein Sohn hervorgegangen. Herr X hat darüber hinaus aus erster Ehe eine Tochter. Diese möchte er erbrechtlich durch Übereignung eines Bauplatzes abfinden. Die Tochter ist dafür im Gegenzug bereit, auf ihr Erb- bzw. Pflichtteilsrecht zu verzichten.

Hier bietet es sich an, der Tochter im Wege der vorweggenommenen Erbfolge den Bauplatz zu Alleineigentum zu übertragen. In den Übergabevertrag kann dann der entsprechende Erb- und Pflichtteilsverzicht der Tochter aufgenommen werden.[294]

> **Formulierungsvorschlag für eine Erb- und Pflichtteilsverzichtsklausel im Abfindungsvertrag:**
> Im Hinblick auf den mir vorstehend zugewendeten Vermögensgegenstand verzichte ich gegenüber meinem Vater für mich und meine Abkömmlinge auf mein gesetzliches Erb- und Pflichtteilsrecht. Herr X nimmt diesen Verzicht an.

Zur „Verknüpfung von Abfindungsvereinbarung und Erbverzicht kann ausdrücklich noch folgende **Formulierung** aufgenommen werden: „Der in dieser Urkunde erklärte Erbverzicht und die Abfindungsvereinbarung bilden ein einheitliches Rechtsgeschäft im Sinne von § 139 BGB."[295]

---

[292] Vgl. *Nieder* S. 816 m. Formulierungsbeispiel auf S. 820.
[293] Zum Erb- und Pflichtteilsverzicht vgl. § 34.
[294] Die nach § 2348 BGB vorgeschriebene Form der notariellen Beurkundung des Erbverzichtsvertrags ist damit, da auch der Grundstücksüberlassungsvertrag notariell zu beurkunden ist, gewahrt.
[295] Zur Problematik der Verknüpfung von Grundgeschäft und Erbverzicht vgl. *Nieder* Rdnr. 1153 ff.; das Formulierungsbeispiel ist an das dort in Rdnr. 1154 a. E. angeführte angelehnt.

Die vorstehende Verzichtsklausel kann ggf. noch mit folgender **Formulierung** ergänzt werden:

> Der Verzicht soll nur zugunsten der anderen Abkömmlinge meines Vaters und dessen Ehegatten gelten.

Hierdurch wird die Vermutungsregelung des § 2350 BGB, durch die verhindert werden soll, dass entferntere Verwandte unbeabsichtigt erbrechtlich begünstigt werden, nochmals ausdrücklich in der Urkunde bekräftigt.

XI. Nachlassplanung zur Streitvermeidung in der Erbengemeinschaft

1. Lebzeitige Maßnahmen

123   a) **Rechtsgeschäfte zwischen künftigen Miterben.**[296] In aller Regel ist es der Erblasser, der Maßnahmen zur Streitvermeidung in seiner letztwilligen Verfügung anordnet oder sie bei lebzeitigen Zuwendungen verlangt. § 311 b BGB gestattet es jedoch künftigen gesetzliche Erben **ohne** Beteiligung des Erblassers, Verträge über ihren gesetzlichen Erbteil bzw. Pflichtteilsanspruch abzuschließen und damit Einfluss auf eine künftige Erbengemeinschaft zu nehmen (sog. **Erbschaftsverträge**). So können sie etwa Gleichstellungsvereinbarungen treffen. Auch kann einer der künftigen Miterben dem anderen seinen Erbteil „abkaufen".[297]

Dem gesetzlichen Erbteil steht der auf letztwilliger Verfügung beruhende Erbteil (allerdings nur bis zu Höhe des gesetzlichen Erbteils) gleich.[298] Der Vertrag bedarf der notariellen Beurkundung.[299] Verträge nach § 311 b BGB wirken **schuldrechtlich**. Eine Abtretung des künftigen Erbteils mit **dinglicher** Wirkung ist nicht möglich, das heißt der Vollzug des Erbschaftsvertrages muss nach dem Tod des Erblassers erfolgen.[300]

> **Formulierungsvorschlag:**
> [Üblicher Urkundeneingang]
> (1) Die Erschienenen Ziffer 1 und 2 erklären: Wir sind die einzigen Kinder unseres verwitweten Vaters und damit seine künftigen gesetzlichen Erben zu je 1/2.
> (2) Ich, Herr ... gewähre meiner Schwester ... zum Aufbau ihrer Tierarztpraxis einen Betrag von EUR ... (in Worten ...) als unverzinsliches Darlehen. Ich habe vorstehenden Betrag meiner Schwester bereits auf ihr Konto überwiesen. Frau ... bestätigt den Empfang des Geldes.
> (3) Ich, Frau ... verpflichte mich hiermit im Gegenzug und zur Erfüllung des Darlehens an meinen Bruder meinen Erbteil am Nachlass meines Vaters und, wenn mir nur der Pflichtteil verbleiben sollte, diesen zu übertragen. Sollte mein Anteil am künftigen Nachlass meines Vaters auf letztwilliger Verfügung beruhen, so verpflichte ich mich zu Abtretung bis zur Höhe meines gesetzlichen Erbteils.
> (4) Herr ... erklärt: Ich nehme diese Verpflichtungen an.
> (5) Die Erschienene Ziffer 2 erklärt weiterhin: Ich bevollmächtige meinen Bruder unter Befreiung von den Beschränkungen des § 181 BGB unwiderruflich, nach Eintritt des Erbfalls den Erbteil bzw. den Pflichtteilsanspruch auf sich zu übertragen. Die Vollmacht erlischt nicht durch den Tod der Vollmachtgeberin.
> [sonstige Regelungen und üblicher Urkundenschluss]

---

[296] Vgl. hierzu auch *Bengel/Reimann* in: Beck'sches Notarhandbuch C, Rdnr. 192 ff. und *Nieder* Rdnr. 1171 ff.
[297] Vgl. nachstehendes Vertragsbeispiel; weitere Möglichkeiten wären z.B. Wertfestsetzungsvereinbarungen oder Vereinbarungen über Ausgleichspflichten; vgl. *Nieder* Rdnr. 1173.
[298] BGH Urt. v. 11.5.1988 – BGHZ 104, 279.
[299] § 311 b Abs. 5 Satz 2 BGB.
[300] BGH Urt. v. 11.5.1988 – BGHZ 104, 279.

b) Übergabeverträge.[301] Verträge zwischen Eltern und ihren Kindern, in denen Eltern ihren Kindern bereits unter Lebenden (im Wege der vorweggenommenen Erbfolge) Vermögensgegenstände übertragen, sind vielfach **steuerlich** motiviert. Gerade bei größeren Vermögen wird versucht, die Schenkung- bzw. Erbschaftsteuerfreibeträge der Kinder mehrfach „auszunutzen".[302] Die lebzeitige Übergabe stellt jedoch auch ein vorzügliches Instrumentarium dar, um Konflikte in einer künftigen Erbengemeinschaft zu vermeiden. Bei allen Vorteilen der lebzeitigen Übergabe sollte man allerdings deren Nachteile nicht übersehen. So stehen z.B. den Übergebern im Alter zumindest Teile ihres Vermögens nicht mehr zur Verfügung, auf deren Verwertung sie u. U. angewiesen wären. Die Beratung des Mandaten bedarf daher einer sorgfältigen Abwägung aller Vor- und Nachteile. Will man die lebzeitige Übergabe (auch) zur Konfliktvermeidung einsetzen, sollte **Vorsorge** getroffen werden, dass nicht gerade aus oder trotz der Übergabe Probleme entstehen.

124

Beispiel:
Wird nur an ein Kind ein Vermögensgegenstand übergeben und sollen seine Geschwister erst später oder im Todesfall etwas erhalten, sollte zumindest eine Anrechnung auf den Pflichtteilsanspruch des Übernehmers erfolgen.[303]

> **Formulierungsvorschlag:**
> Der Übernehmer hat sich den heutigen Verkehrswert der Zuwendung auf seine Pflichtteilsansprüche beim Tod des Übergebers anrechnen zu lassen.[304]

Beispiel:
Wird an ein Kind ein Vermögensgegenstand übergeben und erhält das (oder die) anderen Kinder Ausgleichszahlungen, sollte ein gegenständlich beschränkter Pflichtteilsverzicht des/der weichenden Erben mitbeurkundet werden.[305]

> **Formulierungsvorschlag:**
> Ich, der Erschienene Ziffer ... verzichte hiermit für mich und meine Abkömmlinge gegenständlich beschränkt auf das Übergabeobjekt auf Pflichtteilsrechte einschließlich etwaiger Pflichtteilsergänzungsansprüche auf Ableben meiner Eltern. Die Wirksamkeit des Verzichtes ist aufschiebend bedingt durch die Erfüllung der in § ... geregelten Ausgleichszahlung. Der Verzicht wird von den übrigen Beteiligten unter der genannten Bedingung angenommen.

Beispiel:
Wirken alle Kinder bei der Übergabe mit und werden sie (nahezu) gleich bedacht, empfiehlt es sich eine „Gleichstellungsvereinbarung" in den Übergabevertrag aufzunehmen.[306]
Eine solche Klausel könnte wie folgt **formuliert** werden:

> Wir, die Erschienenen Ziffer ... bis ... erklären als künftige gesetzliche Erben unserer Eltern, dass wir im Hinblick auf alle uns bislang und im Rahmen dieses Vertrages von unseren Eltern zugewendeten Vermögensgegenständen gleichbehandelt wurden. Wir verpflichten uns, nach dem Tod unserer Eltern insoweit keinerlei Ausgleichsansprüche gegeneinander geltend zu machen.[307]

---

[301] Vgl. hierzu § 32 Lebzeitige Vermögensübertragung und Verträge auf den Todesfall.
[302] Vgl. § 36 Steuerlich motivierte Gestaltungen.
[303] Die Anrechnung muss **bei** der Zuwendung erfolgen oder zumindest vorbehalten werden; vgl. hierzu *Nieder* Rdnr. 223.
[304] Selbstverständlich kommt auch ein (weitergehender) Pflichtteilsverzicht in Betracht.
[305] Um künftige Pflichtteilsergänzungsansprüche auszuschließen.
[306] Vereinbarung nach § 311 b Abs. 5 BGB.
[307] Es kommen auch noch (ergänzende) Pflichtteilsverzichte gegenüber den Eltern in Betracht.

Daneben können noch Regelungen zur Ausgleichung für den Fall, dass gesetzliche Erbfolge eintritt, getroffen werden.[308]

2. Letztwillige Verfügungen

125 Im Rahmen einer letztwilligen Verfügung stehen dem Erblasser eine ganze Reihe von Möglichkeiten offen, um für die künftige Erbengemeinschaft „friedensstiftend" zu wirken. Nachfolgend sollen die wichtigsten Maßnahmen angesprochen werden. Dabei können diese nicht nur einzeln, sondern – selbstverständlich – auch **kombiniert** eingesetzt werden, wie z.B. eine Teilungsanordnung verbunden mit einer Testamentsvollstreckung. Bei der Beratung und in Abstimmung mit dem Mandaten muss die für diesen geeignete Maßnahme bzw. Maßnahmenkombination ermittelt werden.

126 a) **Testamentsvollstreckung.**[309] Die Testamentsvollstreckung ist eine der **wirkungsvollsten** Maßnahmen, die ein Erblasser zur Streitvermeidung in einer Erbengemeinschaft einsetzen kann. Er kann nämlich dem Testamentsvollstrecker genau die Aufgaben übertragen, bei denen üblicherweise zwischen den Erben Streit entsteht, nämlich die Verwaltung des Nachlasses und seine Auseinandersetzung.

Geht dem Erblasser die Einsetzung eines Testamentsvollstreckers zu **weit**, möchte er aber dennoch die Auseinandersetzung des Nachlasses einem Dritten übertragen, kann er bestimmen, dass eine Person seines Vertrauens „nach billigem Ermessen" die Auseinandersetzung der Miterben betreibt.[310] Aufgabe des „Dritten" ist es, den Teilungsplan aufzustellen. Der Teilungsplan hat allerdings – ähnlich einer Auseinandersetzungs- bzw. Teilungsanordnung des Erblassers selbst – nur **schuldrechtliche** Wirkungen, d. h. die Miterben sind verpflichtet, die Auseinandersetzung nach Maßgabe des vom Dritten aufgestellten Planes zu betreiben. Im Gegensatz zum Testamentsvollstrecker hat der Dritte keine **Verfügungsbefugnis** über einzelne Vermögensgegenstände des Nachlasses.

127 b) **Teilungsanordnungen.**[311] Ein weiteres wichtiges Instrument zur Streitvermeidung ist eine Teilungsanordnung (§ 2048 BGB). Durch sie kann der Erblasser seinen Erben „Vorgaben" für die Aufteilung des Nachlasses machen, d. h., er kann festlegen, „wer was bekommen soll". Er kann seinen Erben damit einen „Teilungsplan" vorgeben, um zu verhindern, dass sie sich bei der **Aufteilung** des Nachlasses uneins werden. Die Teilungsanordnung ist dabei – im Gegensatz zum **Vorausvermächtnis**[312] – im Grundsatz dadurch gekennzeichnet, dass sie nur die Auseinandersetzung konkretisiert, ohne einem der Miterben einen Vermögensvorteil einzuräumen. Bei der Abfassung einer letztwilligen Verfügung sollte deshalb eine klare Abgrenzung zwischen Teilungsanordnung und Vorausvermächtnis getroffen werden.

Für die Miterben hat die Teilungsanordnung zur Folge, dass sie voneinander die Auseinandersetzung des Nachlasses nach den Vorgaben der Teilungsanordnung verlangen können. Damit geht jedoch auch die Verpflichtung einher, die Vermögensgegenstände entsprechend der Anordnung zu übernehmen.[313] Geht dem Erblasser diese Übernahmeverpflichtung zu weit, kann er die Teilungsanordnung auch als **Übernahmerecht**[314] ausgestalten.

Beispiel:
Der Erblasser A hat einen Sohn und zwei Töchter. Da beide der Töchter bereits zusammen mit ihren Ehemännern eigene Hausgrundstücke haben, möchte er seinem Sohn die Möglichkeit einräumen, das ihm gehörende Hausgrundstück nach seinem Tod zu übernehmen, ohne ihn jedoch dazu zu verpflichten.

---

[308] Vgl. hierzu Rdnr. 71 und 76 zur „Ausgleichung" durch letztwillige Verfügung.
[309] Zu Einzelheiten zur Testamentsvollstreckung vgl. § 19.
[310] § 2048 Satz 2 und 3 BGB.
[311] Vgl. hierzu § 16 Teilungsanordnungen.
[312] Siehe hierzu Rdnr. 125.
[313] Vgl. MünchKommBGB/*Heldrich* § 2048 Rdnr. 8.
[314] Vgl. hierzu *Nieder* Rdnr. 990.

Ein Übernahmerecht könnte wie folgt **formuliert** werden:

> **Formulierungsvorschlag:**
> Mein Sohn erhält das Recht, im Wegen der Teilungsanordnung, also unter Anrechnung auf seinen Erbteil, mein Hausanwesen Flurstück Nr... Gebäude und
> Freifläche ... Str. mir ... qm, eingetragen im Grundbuch von ... zu übernehmen. Macht er von diesem Recht keinen Gebrauch, können ihn meine Töchter hierzu nicht verpflichten.

c) **Vorausvermächtnisse.** Eine weitere Möglichkeit, die Nachlassverteilung zu steuern, besteht darin, dass der Erblasser einem oder mehreren Miterben Vorausvermächtnisse zuwendet. Ein Vorausvermächtnis ist – im Gegensatz zur Teilungsanordnung – dadurch gekennzeichnet, dass einem der Miterben ein **Vermögensvorteil** zusätzlich zu seinem Erbteil zugewendet wird. Das Vorausvermächtnis wird also nicht auf den Erbteil angerechnet.

Da das Vorausvermächtnis einen der Miterben begünstigt, ist es generell eher **streitfördernd,** als verhindernd. Es ist allerdings ein geeignetes Mittel, um in der letztwilligen Verfügung unterbliebene Ausgleichungen vorzunehmen.

Beispiel:
H ist verwitwet. Er hat einen Sohn und eine Tochter. Seiner Tochter hat er bereits unter Lebenden einen Bauplatz zugewendet. Im Übergabevertrag ist keine Ausgleichung erfolgt. H möchte jetzt in seinem Testament einen Ausgleich herbeiführen.

> **Formulierungsvorschlag:**
> Ich habe meiner Tochter im Jahre ... einen Bauplatz geschenkt. Mein Sohn hat hierfür keinen Ausgleich erhalten. Um nunmehr meine Kinder gleichzustellen, ordne ich an, dass mein Sohn im Wege des Vorausvermächtnisses, also ohne Anrechnung auf seinen Erbteil, das Grundstück Flurstück Nr..., eingetragen im Grundbuch von ..., erhält.

Darüber hinaus kann das Vorausvermächtnis zusammen mit einer Teilungsanordnung zusätzliche schlichtende Wirkung entfalten.

Beispiel:
Der Erblasser hat im Wesentlichen zwei Hausgrundstücke, die sich wertmäßig in etwa entsprechen. Er möchte jedem seiner beiden Kinder eines dieser Hausgrundstücke zukommen lassen, aber verhindern, dass diese sich wegen einer eventuellen Wertdifferenz streiten.

Hier kann die entsprechende Teilungsanordnung durch ein Vorausvermächtnis bezüglich eines etwa „überschießenden" Wertes ergänzt werden.

> **Formulierungsvorschlag:**
> Falls durch vorstehende Teilungsanordnung eines meiner Kinder wertmäßig mehr erhalten sollte, als seiner Erbquote entspricht, so wird ihm dieser Mehrbetrag als Vorausvermächtnis zugewendet, so dass ein Ausgleich zwischen meinen Kindern nicht stattfindet.

d) **Schiedsklauseln.**[315] Nach § 1066 ZPO nF[316] kann ab dem 1.1.1998 in einer letztwilligen Verfügung mittels einer Schiedsklausel die ordentliche Gerichtsbarkeit ausgeschlossen und die Schiedsgerichtsbarkeit angeordnet werden. Diese Möglichkeit wird wohl in der Praxis noch nicht sehr häufig angewandt. Sie stellt jedoch (zumindest ergänzend) zu vorstehend genannten Maßnahmen ein weiteres Mittel dar, um Konflikte möglichst effektiv zu lösen. In der Schieds-

---

[315] Zu Einzelheiten siehe § 67 Das erbrechtliche Schiedsgericht.
[316] Ges. v. 22.12.1997 (BGBl. I 3224).

klausel kann der Erblasser nämlich den Schiedsrichter bestimmen, also für künftige Konflikte seiner Erben eine fachkundige Person seines Vertrauens auswählen. Auch wird das schiedsgerichtliche Verfahren regelmäßig wesentlich zügiger als ein Verfahren vor den ordentlichen Gerichten durchgeführt werden.

Von einer Schiedsgerichtsbarkeitsklausel sind Klauseln zu unterscheiden, in denen der Erblasser tatsächliche Feststellungen, wie z.b. den Wert eines Grundstücks, einem Dritten überträgt. Hierbei handelt es sich nicht um eine schiedsrichterliche, sondern um eine **gutachterliche** Tätigkeit. Solche Klauseln können einem Streit zwischen den Miterben über die Bestimmung eines Sachverständigen vorbeugen.

XII. Besonderheiten bei Unternehmen bzw. Unternehmensbeteiligungen in der Erbengemeinschaft[317]

1. ABC zum Übergang der Beteiligungen

130 Unternehmensbeteiligungen können im Wege der Gesamt- oder Sonderrechtsfolge übergehen.[318]

Ja bedeutet nachfolgend, dass eine **Gesamtrechtsnachfolge** stattfindet; **nein**, dass eine **Sonderrechtsnachfolge** eintritt.

- **Aktiengesellschaft: Ja**, die Anteile an der Aktiengesellschaft sind frei vererblich und stehen einer Erbengemeinschaft zur gesamten Hand zu.[319] Ein Ausschluss der Vererblichkeit in der Satzung ist nicht möglich.[320]
- **BGB-Gesellschaft:** Gesetzliche Vorgaben: Nach den gesetzlichen Vorgaben wird die GbR mit dem Tod eines Gesellschafters aufgelöst.[321] Es entsteht eine Liquidationsgesellschaft. Die Rechte an der Liquidationsgesellschaft stehen mehreren Erben gesamthänderisch zu, d. h., der Gesellschaftsanteil bildet einen Teil des Sondervermögens Nachlass.[322] Während die Erbengemeinschaft nicht Mitglied einer **werbenden** Gesellschaft bürgerlichen Rechts sein kann,[323] kann sie in eine **Liquidationsgesellschaft** gesamthänderisch gebunden eintreten.

Vom Gesetz abweichende Regelungen:
Die Gesellschafter einer BGB-Gesellschaft können von den gesetzlichen Vorgaben abweichende Regelungen im Gesellschaftsvertrag treffen. Es kommen dabei Fortsetzungs-, Nachfolge- oder Eintrittsklauseln, bzw. Kombinationen aus diesen (z.B. Fortsetzung- und Eintrittsklausel), in Betracht.

Bei der (reinen) **Fortsetzungsklausel** scheidet der verstorbene Gesellschafter aus der Gesellschaft aus. Diese wird unter den verbleibenden Gesellschaftern fortgesetzt. Der Anteil des ausscheidenden Gesellschafters wächst den übrigen Gesellschaftern zu und fällt daher nicht in den Nachlass. Der Erbengemeinschaft kann allerdings gegen die Gesamthand und die Gesellschafter persönlich[324] ein **Abfindungsanspruch** zustehen.[325]

Nachfolgeklauseln sind dadurch gekennzeichnet, dass der Gesellschaftsvertrag die Vererbung der Beteiligung eines verstorbenen Gesellschafters für bestimmte Erben (qualifizierte

---

[317] Zur Unternehmensnachfolge allgemein vgl. § 40. Die Nachfolge in Unternehmen und Geschäftsanteilen. Nachfolgend sollen nur die speziell für die Erbengemeinschaft geltenden Besonderheiten dargestellt werden.
[318] Allgemein zum Übergang im Wege der Gesamt- oder Sonderrechtfolge siehe oben Rdnr. 6 ff.
[319] Vgl. z.B. MünchKommBGB/*Leipold* § 1922 Rdnr. 43 m.w.N.; *Scherer* in: Sudhoff Unternehmensnachfolge § 1 Rdnr. 11.
[320] Vgl. z.B. MünchKommBGB/*Leipold* § 1922 Rdnr. 43; Palandt/*Edenhofer* § 1922 Rdnr. 23; *Scherer* in: Sudhoff Unternehmensnachfolge § 1 Rdnr. 11.
[321] Vgl. § 727 Abs. 1 BGB.
[322] Inzwischen ganz herrschende Meinung vgl. z.B. BGH Beschl. v. 20.5.1981 – NJW 82, 170, 171; BGH Urt. v. 21.9.1995 – NJW 95, 3314, 3315 und MünchKommBGB/*Ulmer* § 727 Rdnr. 10 m.w.N.
[323] Vgl. Fn. 322.
[324] H. M. vgl. Palandt/*Sprau* § 738 Rdnr. 2; *Froning* in: Sudhoff Unternehmensnachfolge § 44 Rdnr. 20.
[325] Zu Fortsetzungsklauseln allgemein vgl. die Anmerkungen von MünchKommBGB/*Ulmer* zu § 736; zu vertraglichen Abfindungsvereinbarungen speziell seine Anmerkungen zu § 738 Rdnr. 30 ff. Ein Muster für eine Fortsetzungsklausel findet sich z.B. bei *Langenfeld*, Die Gesellschaft bürgerlichen Rechts, S. 40.

Nachfolgeklausel) oder für beliebige Erben zulässt (einfache Nachfolgeklausel). Durch Nachfolgeklauseln wird also der Gesellschafteranteil **vererblich** gestellt.[326]
Bei der Nachfolgeklausel findet der Grundsatz der Gesamtrechtsnachfolge **keine** Anwendung. Vielmehr findet eine **Sondererbfolge** statt. Der Anteil des verstorbenen Gesellschafters geht zu Bruchteilen auf sämtliche Miterben (einfache Nachfolgeklausel) oder auf die vom Erblasser bestimmten Miterben (qualifizierte Nachfolgeklausel) über. Der Übergang findet unmittelbar, ohne dass es rechtsgeschäftlicher Erklärungen bedürfte, statt. Jeder der Miterben erhält einen seinem Erbteil entsprechenden Bruchteil an der Gesellschaftsbeteiligung des Verstorbenen.[327] **Wichtig ist:** Die Bruchteile unterliegen nicht den sich aus der gesamthänderischen Gebundenheit spezifisch ergebenden Beschränkungen, z.B. hinsichtlich der Verfügungsbefugnis.[328]
Sowohl bei der einfachen als auch bei der qualifizierten Nachfolgeklausel kommen gesamthänderisch gebundene Abfindungsansprüche gegen die übrigen Gesellschafter (denen ja kein Anteil zuwächst) nicht in Betracht.[329]

- **Eintrittsklauseln** sehen vor, dass bei Versterben eines Gesellschafters die Gesellschaft zunächst mit den verbleibenden Gesellschaftern fortgesetzt wird. Anders als bei den Nachfolgeklauseln findet aber kein unmittelbarer Anteilsübergang auf einen oder mehrere Erben statt. Vielmehr wird nur einer oder mehreren Personen das Recht eingeräumt, in die Gesellschaft einzutreten.[330]
Ohne entsprechende (gesellschaftsvertragliche) Regelungen kann den Miterben gesamthänderisch ein Abfindungsanspruch nach den §§ 736, 738 BGB zustehen.[331] In aller Regel wird ein Abfindungsanspruch allerdings (gesellschaftsvertraglich) ausgeschlossen sein.[332]
- **GmbH:**[333] Ja, vgl. § 15 Abs. 1 GmbHG. Anders als bei den Personengesellschaften findet also keine Sonderrechtsnachfolge statt. Der oder die Gesellschaftsanteile werden vielmehr von der Erbengemeinschaft zur gesamten Hand erworben.[334] Nach herrschender Meinung kann die Vererblichkeit des Gesellschaftsanteils durch die Satzung nicht ausgeschlossen werden.[335]
- **Handelsgeschäft, einzelkaufmännisches:**[336] Ja, und zwar als **wirtschaftliche Einheit**.[337] Die Erben können dabei, ohne dass es eines gesellschaftlichen Zusammenschlusses (z.B. in der Rechtsform der OHG) bedürfte, das ererbte Handelsgeschäft in ungeteilter Erbengemeinschaft ohne zeitliche Begrenzung fortführen.[338] Auch sonstige gewerbliche Unternehmen, etwa Handwerksbetriebe,[339] können in den Nachlass fallen. Die Zugehörigkeit zum Nachlass ist dabei nicht davon abhängig, ob die Weiterführung des Unternehmens durch einen Miterben mit dem Einverständnis der übrigen Miterben erfolgt.[340]

---

[326] Zu Nachfolgeklauseln allgemein vgl. z.B. MünchKommBGB/*Ulmer* § 727 Rdnr. 21 ff.; Formulierungsbeispiel für einfache und qualifizierte Nachfolgeklauseln finden sich z.B. bei *Langenfeld*, Die Gesellschaft bürgerlichen Rechts, S. 110.
[327] Vgl. hierzu MünchKommBGB/*Ulmer* § 727 Rdnr. 26, m.w.N. umfangreichen Nachweisen; und BGH Urt. v. 9.11.1998 – NJW 99, 571, 572, mit umfangreichen Rechtsprechungsnachweisen.
[328] Palandt/*Edenhofer* § 1922 Rdnr. 18; *Scherer* in: Sudhoff Unternehmensnachfolge § 1 Rdnr. 19.
[329] Vgl. *Nieder* Rdnr. 1245 u. 1254, auch zum Wertausgleich zwischen den nachfolgenden und weichenden Erben.
[330] Vgl. allgemein zu Eintrittsklauseln MünchKommBGB/*Ulmer* § 729 Rdnr. 39 ff.; ein Muster für eine kombinierte Fortsetzungs- und Eintrittsklausel findet sich bei *Langenfeld*, Die Gesellschaft bürgerlichen Rechts, S. 110.
[331] Vgl. hierzu gleichfalls MünchKommBGB/*Ulmer* § 727 Rdnr. 43.
[332] Vgl. hierzu MünchKommBGB/*Ulmer* § 727 Rdnr. 44; zu den Gestaltungsmöglichkeiten vgl. z.B. *Froning* in: Sudhoff Unternehmensnachfolge § 44 Rdnr. 57 ff. und *Nieder* Rdnr. 1260.
[333] Zu Einzelheiten vgl. § 40.
[334] Vgl. BGH Urt. v. 5.11.1984 – BGHZ 92, 386, 391 ff.; Palandt/*Edenhofer* § 1922 Rdnr. 24; MünchKommBGB/*Leipold* § 1922 Rdnr. 31, 31 a.
[335] Vgl. z.B. Palandt/*Edenhofer* § 1922 Rdnr. 24; MünchKommBGB/*Leipold* § 1922, Rdnr. 44 m.w.N.
[336] Zu Einzelheiten vgl. § 14 Unternehmenserben und z.B. *Hübner* in: Sudhoff Unternehmensnachfolge § 74.
[337] Vgl. Palandt/*Edenhofer* § 1922, Rdnr. 14; MünchKommBGB/*Leipold* § 1922 Rdnr. 30.
[338] Vgl. BGH Urt. v. 8.10.1984 – BGHZ 92, 259, 262 – NJW 85, 136, 137.
[339] Palandt/*Edenhofer* § 1922, Rdnr. 14; *Bengel/Reimann* in: Beck'sches Notar-Handbuch C, Rdnr. 154.
[340] BGH Urt. v. 13.3.1963 – NJW 63, 1541; Zu den bei der Beteiligung von Minderjährigen bestehenden Besonderheiten, insbesondere im Hinblick auf das Minderjährigenhaftungsbeschränkungsgesetz, siehe IX.

- **Kommanditgesellschaft:** Für die **persönlich haftenden Gesellschafter** gelten die Ausführungen zur OHG entsprechend.[341] Die Anteile der **Kommanditisten** sind vererblich.[342] Es findet mangels abweichender Regelungen eine Sonderrechtsnachfolge statt, d. h., der Anteil des Verstorbenen wird von mehreren Erben zu Bruchteilen und nicht gesamthänderisch erworben.[343]
- **Offene Handelsgesellschaft:**[344] Während die OHG früher, wie die BGB-Gesellschaft, mangels abweichender gesellschaftsvertraglicher Regelungen durch den Tod eines Gesellschafters aufgelöst wurde, ist nunmehr die Fortsetzung der Gesellschaft mit den verbleibenden Gesellschaftern die Regel.[345] Durch diese Gesetzesänderung besteht nunmehr eine der einfachen Fortsetzungsklausel vergleichbare Rechtslage.[346] Der Gesellschaftsanteil des verstorbenen Gesellschafters wächst den übrigen Gesellschaftern zu.[347] Ein eventueller Abfindungsanspruch fällt in den Nachlass, steht den Miterben somit gesamthänderisch zu. Gesellschaftsvertraglich können Nachfolge- und Eintrittsklauseln vereinbart werden.[348]
- **Partnerschaftsgesellschaft:** Grundsätzlich **nein**.[349] Die Rechtslage ist dann wie bei der OHG, d. h., die Beteiligung des verstorbenen Partners wächst den übrigen Partnern zu; ein eventueller Abfindungsanspruch fällt in den Nachlass.[350] Im gewissen Umfang ist es möglich, im Partnerschaftsvertrag die Beteiligung vererblich zu stellen.[351] In diesem Fall ist die Situation vergleichbar einer Nachfolgeklausel, d. h., die Beteiligung fällt nicht in den Nachlass, sondern im Wege der Sonderrechtsnachfolge unmittelbar dem Dritten zu.[352]
- **Stille Gesellschaft:** Mangels abweichender Vereinbarungen grundsätzlich **ja**. Durch den Tod eines stillen Gesellschafters wird eine Gesellschaft nicht aufgelöst.[353] Mehrere Erben treten in gesamthänderischer Gebundenheit an die Stelle des Erblassers.[354]
- **Verein:** Grundsätzlich **nein**. Nach der gesetzlichen Vorgabe ist die Mitgliedschaft in einem Verein nicht vererblich.[355] Es können jedoch anderweitige Regelungen in der Satzung getroffen werden.[356] Ist die Mitgliedschaft in der Satzung vererblich gestellt, fällt sie in den Nachlass, steht also den Erben zur gesamten Hand zu.[357]

2. Verwaltung und Auseinandersetzung[358]

131 a) **Aktiengesellschaft.** Es gelten zunächst die allgemeinen Grundsätze zur Verwaltung, Verfügung und Auseinandersetzung in der Erbengemeinschaft. Zur Vermeidung von Nachteilen für die Aktiengesellschaft muss die Erbengemeinschaft die Mitgliedsrechte durch einen gemeinschaftlichen Vertreter ausüben lassen.[359] Für die Bestellung des Bevollmächtigten gelten die allgemeinen Vorschriften.[360] Für die Ausübung des Stimmrechts in der Hauptversammlung muss, wenn die Satzung keine Erleichterung vorsieht, die **Schriftform**[361] oder elektro-

---

[341] Siehe hierzu die jeweiligen Stichworte.
[342] Vgl. § 177 HGB.
[343] *Scherer* in: Sudhoff Unternehmensnachfolge § 1 Rdnr. 27.
[344] Zu Einzelheiten vgl. § 40.
[345] Vgl. § 131, Abs. 3 Nr. 1 HGB, eingefügt durch das Handelsreformgesetz v. 22.6.1998, BGBl. I S. 1474.
[346] Vgl. hierzu unter dem Stichwort BGB-Gesellschaft den Punkt Fortsetzungsklausel.
[347] Vgl. § 105 Abs. 3 HGB i. V. m. § 738 Abs. 1 Satz 1 BGB.
[348] Zu Einzelheiten vgl. das Stichwort BGB Gesellschaft.
[349] Vgl. § 9 Abs. 4 Satz 1 PartGG.
[350] MünchKommBGB/*Leipold* § 1922 Rdnr. 74, auch zur Möglichkeit, den Auseinandersetzungsanspruch auszuschließen.
[351] Vgl. § 9 Abs. 4 Satz 2 PartGG.
[352] Vgl. *K. Schmitt* Die freiberufliche Partnerschaft, NJW 95, 1, 5.
[353] Vgl. § 234 Abs. 2 HGB.
[354] Vgl. MünchKommBGB/*Leipold* § 1922 Rdnr. 77; Palandt/*Edenhofer* § 1922, Rdnr. 22.
[355] Vgl. § 38 Satz 1 BGB.
[356] Vgl. § 40 BGB.
[357] Vgl. MünchKommBGB/*Leipold* § 1922 Rdnr. 43.
[358] Zur Verwaltung allgemein vgl. Rdnr. 29 ff. und zur Auseinandersetzung allgemein vgl. Rdnr. 55 ff.
[359] Vgl. § 69 Abs. 1 AktG.
[360] Vgl. § 167 ff. BGB.
[361] § 126 BGB

nische Form[362] gewahrt sein.[363] Die Vollmacht ist vor Stimmabgabe mit einem Erbnachweis dem Versammlungsleiter im **Original** vorzulegen, es sei denn, die Satzung sieht Erleichterungen vor.[364] Willenserklärungen der Aktiengesellschaft können von ihr, sollte die Erbengemeinschaft noch **keinen** Vertreter bestellt haben, gegenüber einem der Miterben abgegeben werden, allerdings erst nach Ablauf eines Monats seit Anfall der Erbschaft.[365]

Bei der einvernehmlichen Erbauseinandersetzung bestehen keine Besonderheiten. Die Übertragung der Aktien erfolgt nach allgemeinen Grundsätzen, d. h. z.B. bei der Sammelverwahrung durch eine entsprechende „Umbuchung" des Aktiendepots.[366] Da eine Realteilung einer einzelnen Aktie nicht statthaft ist,[367] sind eventuelle Spitzen ggf. anderweitig auszugleichen.

b) GmbH. Für die Verwaltung, die Verfügung und die Auseinandersetzung der Beteiligung gelten prinzipiell die allgemeinen Grundsätze.

Die Gesellschafterrechte, insbesondere das **Stimmrecht** aus dem Geschäftsanteil, können nur **einheitlich** ausgeübt werden.[368] Die gemeinsame Ausübung kann dadurch erfolgen, dass **alle** Beteiligten **persönlich** mitwirken. Die Miterben können sich jedoch auch **vertreten** lassen oder einen gemeinsamen Vertreter bestellen.[369] Die Bestellung eines Vertreters für alle Miterben hat dabei grundsätzlich **gemeinschaftlich** zu erfolgen.[370] Stellt sich die Bestellung eines Vertreters allerdings als eine Maßnahme der ordnungsgemäßen Verwaltung dar, kommt auch eine Mehrheitsentscheidung in Betracht.[371] Zumindest in Eilfällen kann dieser Mehrheitsbeschluss mit Außenwirkung auch von der Mehrheit ausgeführt werden.[372]

Für die GmbH-Satzung empfiehlt sich eine Bestimmung, nach der die Mitgliedschaftsrechte des einer Gesamthand zustehenden Anteils durch **einen** Vertreter auszuüben sind. Bis zu Bestellung des Vertreters ruhen die Gesellschafterrechte.[373] Hierdurch kann vermieden werden, dass Konflikte aus der Erbengemeinschaft in die GmbH „getragen" werden.

> **Formulierungsvorschlag:**
>
> (1) Im Falle des Todes eines Gesellschafters wird die Gesellschaft mit seinen Erben oder den anderweitig durch Verfügung von Todes wegen Begünstigten fortgesetzt.
>
> (2) Mehrere Rechtsnachfolger haben ihre Rechte und Pflichten der Gesellschaft gegenüber durch einen gemeinschaftlichen Vertreter ausüben zu lassen. Solange der Bevollmächtigte nicht bestellt ist, ruhen, mit Ausnahme des Gewinnbezugsrechts, die Gesellschafterrechte.

Beim Handelsregister ist grundsätzlich nichts anzumelden. Jedoch ist beim Registergericht unverzüglich eine neue Liste der Gesellschafter einzureichen.[374] War der Erblasser jedoch nicht nur Gesellschafter, sondern auch Geschäftsführer der Gesellschaft, ist sein Ausscheiden beim Registergericht anzumelden. Sollte er alleiniger Geschäftsführer gewesen sein, bedarf es der Neubestellung eines Geschäftsführers. Auch diese ist beim Registergericht anzumelden.[375]

Bei der Auseinandersetzung ergeben sich keine Besonderheiten. Sie kann erfolgen durch Übertragung des **Anteils auf einen Miterben zu alleiniger Berechtigung**. Sowohl die Ab-

---

[362] § 126 Abs. 3 BGB i.V.m. § 126 a BGB
[363] Vgl. § 134 Abs. 3 AktG und hierzu die Anmerkungen von *Hüffer* § 134 Rdnr. 22 a.
[364] Vgl. *Hüffer* § 134 Rdnr. 23 u. 24.
[365] Vgl. § 69 Abs. 3 zu weiteren Einzelheiten siehe z.B. *Hüffer* § 69 Rdnr. 8.
[366] Vgl. Palandt/*Sprau* § 676 Rdnr. 2 m.w.N.
[367] Vgl. § 8 Abs. 5 AktG.
[368] Vgl. § 18 Abs. 1 GmbHG.
[369] BGH Urt. v. 14.12.1967 – BGHZ 49, 183, 191; ein Beispiel für eine Stimmrechtsvollmacht findet sich in Rdnr. 48.
[370] Vgl. § 2038 Abs. 1 Satz 1 BGB.
[371] Nach § 2038 Abs. 2 Satz 1 m. § 745 Abs. 1 Satz 1 BGB; vgl. hierzu BGH Urt. v. 14.12.1987 – BGHZ 49, 183, 192.
[372] Vgl. BGH Urt. v. 14.12.1987 – BGHZ 49, 183, 193.
[373] Vgl. *Meier* in: Beck'sches Notarhandbuch D. I., Rdnr. 70 und *Nieder* Rdnr. 1274.
[374] § 40 GmbHG.
[375] Vgl. z.B. *Gustavus* S. 107 u. Keidel/Krafka/*Willer* Rdnr. 1086 ff.

tretung als auch das ihr zugrunde liegende Verpflichtungsgeschäft bedürfen der notariellen Form.[376] Ein etwaiger Formmangel des Verpflichtungsgeschäfts wird durch die beurkundete Abtretung geheilt.[377] Die Abtretung kann durch Satzungsbestimmungen erschwert sein.[378] So kann etwa die Wirksamkeit der Abtretung von der Zustimmung der übrigen Gesellschafter abhängig gemacht werden.[379] Eine Erbauseinandersetzung kann weiterhin dergestalt erfolgen, dass der Geschäftsanteil **geteilt** und die **Teilgeschäftsanteile den einzelnen Miterben** – entsprechend ihren Erbquoten – **übertragen werden**. Die Teilung eines Geschäftsanteils ist allerdings nur mit Genehmigung der Gesellschaft möglich.[380] Eine Ausnahme besteht dann, wenn die Satzung vorsieht, dass die Teilung unter Erben ohne Genehmigung erfolgen kann.[381] Letztlich kann die Erbengemeinschaft ihren Anteil auch auf einen Dritten übertragen und dann den Erlöse unter sich teilen. Hierbei sind allerdings evtl. Vor- bzw. Ankaufsrechte in der Satzung zu beachten. Die Veräußerung kann weiterhin genehmigungspflichtig sein.

134   c) **Personengesellschaften.** Gesamthandspezifische Besonderheiten ergeben sich in aller Regel nicht. Es findet entweder eine Sondererbfolge an der Beteiligung statt oder die Gesellschaft wird ohne die Erben fortgesetzt.[382]

Auf die im Wege der Sondererbfolge auf die Miterben übergegangene Beteiligung finden die sich spezifisch aus der **gesamthänderischen** Gebundenheit ergebenden Grundsätze keine Anwendung. So kann etwa jeder der Miterben **alleine**, ohne Mitwirkung der anderen Miterben, über seinen Anteil verfügen.[383]

Lange Zeit kontrovers diskutiert wurde die Frage, ob die Beteiligung, obwohl sie **nicht Gesamthandvermögen** ist, dennoch Bestandteil des Nachlasses sein kann[384] oder ob nur die Ansprüche auf Gewinn und Auseinandersetzungsguthaben dem Nachlass zuzurechnen sind.[385] Neuerdings dürfte sich die Auffassungen der zuständigen BGH-Senate dahin gehend angenähert haben, dass die Beteiligung grundsätzlich als Bestandteil des Nachlasses angesehen werden kann.[386] Erörtert wurde die Problematik vor allem im Zusammenhang mit der Testamentsvollstreckung.[387]

In das Gesamthandsvermögen kann ein etwaiger Abfindungsanspruch fallen. Für dessen Teilung bestehen – da er auf Geld gerichtet ist – keine Besonderheiten.

Nur ausnahmsweise fällt die Beteiligung an einer Liquidationsgesellschaft in den Nachlass.[388] Dann gelten für diese Beteiligung die der Erbengemeinschaft spezifischen Grundsätze insbesondere bezüglich der Verwaltung.

Je nachdem, welche Bestimmungen der Gesellschaftsvertrag enthält, sind bei der **OHG** unterschiedliche Anmeldungen zum Handelsregister vorzunehmen. Enthält der Gesellschaftsvertrag keine Bestimmungen, wird die Gesellschaft mit den verbleibenden Gesellschaftern vorgesetzt.[389] Daher ist nur das Ausscheiden des verstorbenen Gesellschafters anzumelden. Wurden demgegenüber im Gesellschaftsvertrag Nachfolge- oder Eintrittsklauseln aufgenommen, ist darüber hinaus der Eintritt der bzw. des Erben als persönlich haftende(r) Gesellschafter anzumelden. Die Anmeldung muss von allen verbleibenden Gesellschaftern und den (nicht eingetretenen) Erben vorgenommen werden, es sei denn, dass der Mitwirkung der Erben besondere Hindernisse entgegenstehen.[390]

---

[376] Vgl. § 15 Abs. 3 und Abs. 4 Satz 1 GmbHG.
[377] Vgl. § 15 Abs. 4 S. 2 GmbHG.
[378] Vgl. § 15 Abs. 5 GmbHG.
[379] Ein Formulierungsbeispiel findet sich bei *Langenfeld* GmbH-Vertragspraxis Rdnr. 123.
[380] Vgl. § 17 Abs. 1 GmbHG.
[381] Vgl. § 17 Abs. 3 GmbHG.
[382] Siehe Rdnr. 127, unter den Stichworten BGB-Gesellschaft, OHG und KG.
[383] Aus dem Gesellschaftsvertrag kann sich allerdings etwas anderes ergeben.
[384] BGH Urt. v. 14.5.1986 – BGHZ 98, 48, 53 ff. (Erbrechtssenat).
[385] BGH Urt. v. 30.4.1984 – BGHZ 91, 132 (Gesellschaftsrechtssenat).
[386] BGH Beschl. v. 3.7.1989 – BGHZ 108, 187, 192; BGH Beschl. v. 10.1.1996 – NJW 96, 1284; die h. M. in der Lit. teilt diese Auffassung; vgl. z.B. *Froning* in: Sudhoff Unternehmensnachfolge § 44 Rdnr. 29 m.w.N.
[387] Vgl. hierzu MünchKommBGB/*Leipold* § 1922, Rdnr. 62.
[388] Vgl. Rdnr. 127 zu dem Stichwort BGH Gesellschaft.
[389] Siehe Rndr. 127 Stichwort OHG
[390] § 143 Abs. 3 HGB, siehe hierzu *Gustavus* S. 44 ff. mit Beispielen zu allen Anmeldesituationen

Bei der KG gelten grundsätzlich die Ausführungen zu OHG. Der Übergang der Beteiligung eines Kommanditisten im Wege der Sondererbfolge auf seine Erben[391] ist anzumelden.[392]

3. Einzelkaufmännisches Handelsgeschäft

Das Handelsgeschäft des Einzelkaufmanns fällt als wirtschaftliche Einheit in den Nachlass. Daher gelten die allgemeinen Grundsätze zur Verwaltung und Auseinandersetzung. Der Übergang des Handelsgeschäfts ist zur Eintragung beim Registergericht anzumelden.[393] Die auf Ein- oder doch zumindest Mehrstimmigkeit angelegten Verwaltungsvorschriften für die Erbengemeinschaft sind wenig geeignet, um ein Handelsgeschäft **effektiv** zu führen. Die Miterben sollten daher nach Möglichkeit eine **Vereinbarung** über die Verwaltung treffen und diese einem der Miterben oder einem Dritten übertragen. Wird Auseinandersetzung begehrt, führt dies, sofern sich die Erben nicht einigen können, zur einer „Zerschlagung" des Unternehmens.

135

---

[391] § 177 HGB, siehe hierzu Rdnr. 127 Stichwort KG
[392] Ein Formulierungsbeispiel für die Anmeldung findet sich bei *Gustavus* S. 72.
[393] Ein Formulierungsbeispiel für die Anmeldung findet sich bei *Gustavus* S. 21.

§ 27 Der Erbschaftsanspruch

Übersicht

	Rdnr.
I. Bedeutung des Erbschaftsanspruchs	2–5
1. Verbesserungen der Gläubigerstellung gegenüber Einzelansprüchen	3
2. Verbesserungen der Schuldnerstellung gegenüber Einzelansprüchen	4/5
3. Taktik: Gesamtanspruch oder Einzelansprüche im Prozess?	6
II. Voraussetzungen des Erbschaftsanspruchs	6–8
1. Gläubiger des Erbschaftsanspruchs	6
2. Schuldner des Erbschaftsanspruches	7/8
III. Umfang der Herausgabepflicht	9–11
1. Herausgabe des Erlangten	9
2. Surrogate	10
3. Nutzungen	11
IV. Haftung des Erbschaftsbesitzers	12–14
1. Der gutgläubige, nicht verklagte Erbschaftsbesitzer	12
2. Der bösgläubige und der verklagte Erbschaftsbesitzer	13
3. Der deliktische Erbschaftsbesitzer	14
V. Einwendungen/Einreden des Erbschaftsbesitzers	15–17
1. Verwendungsersatzanspruch	15/16
2. Sonstige Einwendungen und Einreden	17
VI. Verjährung und Ersitzung	18
VII. Auskunftsansprüche gegen den Erbschaftsbesitzer und Dritte	19

Schrifttum: *Holzhauer*, Familien- und Erbrecht, Freiwillige Gerichtsbarkeit, 2. Aufl. 1988; *Löhnig*, Die Verjährung der im fünften Buch des BGB geregelten Ansprüche, ZEV 2004, 267; *Olzen*, Der Erbschaftsanspruch, Jura 2001, 223; *Vollkommer*, Der übergangene Miterbe, FamRZ 1999, 350.

1 **Checkliste: Ansprüche des wahren Erben gegen den vermeintlichen Erben**

Anspruchsziel:	Anspruchsgrundlage:
☐ Herausgabe von Nachlassgegenständen	§ 2018 BGB,
	§ 985 BGB,
	§ 894 BGB,
	§§ 823, 249 BGB
	§§ 861, 1007 BGB
	§ 812 Abs. 1 S. 1 2. Alt. BGB (Eingriffskondition)
☐ Herausgabe von Ersatzgegenständen	§ 2019 BGB
	§ 816 Abs. 1 BGB
☐ Sekundäransprüche	§ 2029 BGB! Umfang nur nach Maßgabe der §§ 2018 ff. BGB
• Nutzungsersatz	§§ 2020, 2021 BGB
• Schadensersatz	
– gutgläubiger Erbschaftsbesitzer	§§ 2021, 818 ff. BGB
– bösgläubiger/verklagter Erbschaftsbesitzer	§§ 2023, 2024, 989 ff. BGB
– deliktischer Erbschaftsbesitzer	§§ 2025, 823 ff. BGB
☐ Herausgabe des Erbscheins	§ 2362 BGB

- ☐ Gegenrechte des Erbschaftsbesitzers
  - Verwendungsersatz
    - gutgläubiger Erbschaftsbesitzer §§ 2022 Abs. 1, 1000 BGB: Zurückbehaltungsrecht, § 2022 BGB: klagbarer Anspruch § 2022 Abs. 1 S. 3, 1002 BGB: Verwertungsrecht
    - bösgläubiger/verklagter/ deliktischer Besitzer §§ 2023, 2024, 994 Abs. 2 BGB
  - sonstige Einwendungen Einreden aus dem Rechtsverhältnis mit dem Erblasser
- ☐ Auskunft § 2027 Abs. 1 BGB: Erbschaftsbesitzer, § 2030 BGB: Erbschaftskäufer, § 2227 Abs. 2 BGB: Besitzer von Nachlassgegenständen, § 2028: Hausgenossen, § 2362 Abs. 2 BGB: Erbscheinsinhaber

I. Bedeutung des Erbschaftsanspruchs

Aus den verschiedensten Gründen kann sich der Nachlass oder können sich einzelne Nachlassgegenstände im Besitz eines nur vermeintlichen Erben befinden: Solche Umstände können bspw. das nachträgliche Auffinden eines Testaments, die Anfechtung einer letztwilligen Verfügung oder die nachträglich festgestellte Unwirksamkeit oder Unechtheit einer Verfügung sein. Da der Besitz des Erblassers gem. § 857 BGB auf den Erben übergeht, begeht jeder mit dem wirklichen Erben nicht identische Erbprätendent **verbotene Eigenmacht,** sobald er tatsächlich Sachherrschaft an Nachlassgegenständen begründet. Daher stehen dem wirklichen Erben die Besitzschutzansprüche nach §§ 861, 1007 BGB gegen den vermeintlichen Erben zu. Daneben stehen ihm selbstverständlich auch noch andere Anspruchsgrundlagen, gestützt auf die übergegangene Eigentumsposition, zur Verfügung, wie bspw. § 985, §§ 823, 249, §§ 812 ff. BGB.

Zusätzlich gewährt § 2018 BGB dem Erben gegen jeden Erbschaftsbesitzer einen Anspruch auf Herausgabe dessen, was dieser aus der Erbschaft erlangt hat. Dieser **Gesamtanspruch** soll dem wahren Erben erleichtern, in den Besitz der Erbschaft zu gelangen, ohne darauf angewiesen zu sein, die hier zur Verfügung stehenden Einzelklagen anzustrengen.[1] Allerdings kann derjenige, der ohne die Anmaßung einer Erbenstellung etwas aus dem Nachlass erlangt hat, nicht mit dem Gesamtanspruch verklagt werden. Gegenüber den Einzelansprüchen gibt es einige Unterschiede, insbesondere in der Haftung.

1. Verbesserungen der Gläubigerstellung gegenüber Einzelansprüchen

Da die Gesamtklage nur solche Gegenstände erfasst, die ausdrücklich in dem Klageantrag aufgenommen sind,[2] darf die Erleichterung für den Gläubiger nicht überschätzt werden. Selten eröffnet er gegenüber den Einzelansprüchen eine eigenständige zusätzliche Anspruchsgrundlage. Praktisch bedeutsame Verbesserungen der Gläubigerstellung liegen u.a. in Folgendem:
- Da der Erbschaftsanspruch auf einer Verletzung des Erbrechts beruht, wird dem Erben der Nachweis erspart, welches Recht (also Eigentum, Besitzrecht auf Grund Miete etc.) der Erblasser auf die einzelnen zum Nachlass gehörigen Gegenstände gehabt hat. Dies hat allerdings nur in Ausnahmefällen Bedeutung, wenn Besitzschutzansprüche versagen, weil für § 861 BGB die Frist des § 864 BGB verstrichen ist und der Anspruch nach § 1007 BGB mangels

---

[1] Staudinger/*Gursky* Vorb. zum §§ 2018 ff. Rdnr. 1; zu Klagen im Zusammenhang mit dem Erbschaftsanspruch vgl. § 63; zur Geltung bei DDR-Nachlässen BGH Urt. v. 21.12.2004 – FamRZ 2004, 537 = ZEV 2004, 328.

[2] Staudinger/*Gursky* Vorb. §§ 2018 ff. Rdnr. 25.

Gutgläubigkeit des Erblassers hinsichtlich seines Besitzrechtes wegen § 1007 Abs. 3 BGB ausscheidet.[3]
- Da der Erbschaftsanspruch in 30 Jahren **verjährt**, §§ 2026, 197 Abs. 1 Nr. 2 BGB, kann sich auch der gutgläubige Erbschaftsbesitzer nicht nach 10 Jahren gem. § 937 BGB auf Ersitzung berufen.
- Die Rechtsdurchsetzung durch den einheitlichen Erbschaftsanspruch wird dann erleichtert, wenn zum Nachlass mehrere in verschiedenen Gerichtsbezirken gelegene Grundstücke gehören. Es bleibt dem Gläubiger erspart, für jedes Grundstück eine eigene Vindikationsklage am jeweiligen dinglichen Gerichtsstand (§ 24 ZPO) zu erheben. Der Erbschaftsanspruch ermöglicht nach § 27 ZPO die Zusammenfassung zu einer einzigen am Wohnsitz des Erblassers zu erhebenden Klage.[4]
- Schließlich sieht § 2019 BGB eine **dingliche Surrogation** vor, so dass sich insbesondere in der Zwangsvollstreckung und der Insolvenz die Drittwiderspruchsklage nach § 771 ZPO bzw. das Aussonderungsrecht nach § 47 InsO auch auf durch Rechtsgeschäft mit Mitteln des Nachlasses erworbene Gegenstände beziehen.

2. Verbesserungen der Schuldnerstellung gegenüber Einzelansprüchen

4 Dagegen sehen die §§ 2018 ff. BGB überwiegend Haftungserleichterungen für den Schuldner vor. Nach **§ 2029 BGB** bestimmt sich die Haftung auch in Ansehung der Einzelansprüche nach den Vorschriften über den Gesamtanspruch, so dass diese Beschränkungen dem Erbschaftsbesitzer auch gegenüber den Einzelansprüchen zu Gute kommen.

- Während der gutgläubige unverklagte Besitzer gem. §§ 994, 996 BGB nur Ersatz notwendiger und solcher nützlicher Verwendungen erhält, die den Wert der Sache noch zurzeit der Herausgabe erhöhen, erhält der Erbschaftsbesitzer gem. § 2022 BGB unbeschränkt **alle Verwendungen** ersetzt und hat deshalb auch ein Zurückbehaltungsrecht.
- § 2022 Abs. 2, Abs. 3 BGB erweitert den Begriff der Verwendungen darüber hinaus auch auf solche, die auf den **gesamten Nachlass** gemacht sind, insbesondere auf die Berichtigung von Nachlassverbindlichkeiten. Dies hat auch zur Folge, dass trotz § 863 BGB der Schuldner und Erbschaftsbesitzer sein Zurückbehaltungsrecht nach § 2022 BGB auch dem Besitzschutzanspruch des § 861 BGB entgegen halten kann.[5]

Im Übrigen bestehen gegenüber den allgemeinen Ansprüchen – insbesondere aus der Vindikation – keine Haftungsunterschiede.[6] Da der Erbschaftsbesitzer praktisch immer unentgeltlicher Besitzer im Sinne des § 988 BGB ist, richtet sich die Herausgabe von Nutzungen beim Erbschaftsbesitzer nach Bereicherungsrecht, so dass § 2020 BGB hierzu keine abweichende Sonderregelung enthält.[7]

3. Taktik: Gesamtanspruch oder Einzelansprüche im Prozess?[8]

5 Da der Erbschaftsanspruch zu den Einzelansprüchen in Anspruchskonkurrenz steht, die lediglich über § 2029 BGB in der Rechtsfolge modifiziert werden, besteht für den Kläger keine echte Wahlmöglichkeit, auf welche Anspruchsgrundlage er sein Begehren stützen möchte. Einen gewissen Einfluss hat er nur, indem er die Privilegierung des Beklagten nach § 2029 BGB dadurch vermeidet, dass er die Tatsache des Erbschaftsbesitzes des Beklagten – also die Anmaßung des Erbrechts – **nicht vorträgt**, so lange dieser nicht seinerseits die für diese Qualifizierung begründeten Tatsachen in den Prozess einbringt.[9] Ansonsten prüft das Gericht innerhalb des Streitgegenstandes auf Grund des vorgebrachten Tatsachenstoffes **alle Anspruchsgrundlagen**.[10] Dem Beklagten bleiben die Haftungsbeschränkungen des Gesamtanspruchs wegen § 2029 BGB erhalten, dem Kläger die Vorteile auf Grund des Grundsatzes der

---

[3] *Holzhauer* S. 280.
[4] Staudinger/*Gursky* Vorb. §§ 2018 ff. Rdnr. 5.
[5] H.M. Palandt/*Bassenge* § 863 Rdnr. 1; Staudinger/*Gursky* 2029 Rdnr. 7.
[6] *Holzhauer* S. 281.
[7] Anders *Holzhauer* S. 281.
[8] Zu den Klagen vgl. § 63.
[9] Staudinger/*Gursky* § 2029 Rdnr. 4.
[10] Zöller/*Vollkommer* Einl. Rdnr. 70.

umfassenden rechtlichen Würdigung des Sachverhalts durch das Gericht, auch wenn er sein Begehren nicht auf §§ 2018 ff. BGB stützt.[11]

II. Voraussetzungen des Erbschaftsanspruchs

1. Gläubiger des Erbschaftsanspruchs

Neben dem **Alleinerben** ist Gläubiger des Erbschaftsanspruches der **Miterbe**, der gem. § 2039 BGB jedoch nur **Leistung an alle** Erben bzw. Hinterlegung für alle fordern kann. Dem Vorerben steht der Erbschaftsanspruch nur bis zum Eintritt des Nacherbfalles, dem Nacherben danach zu, §§ 2100, 2139 BGB. Daneben sind weitere Anspruchsberechtigte:
- der Erbteilserwerber nach § 2033 Abs. 1 BGB,
- der Pfändungsgläubiger eines Erbteils nach § 859 S. 2 ZPO,[12]
- der Testamentsvollstrecker,
- der Nachlassverwalter, § 1985 BGB,
- der Nachlassinsolvenzverwalter, §§ 315 ff. InsO.

Der Anspruch ist abtretbar. Einem **Erbschaftskäufer** steht im Gegensatz zum **Erbteilserwerber** auch nach Übereignung der einzelnen Nachlassgegenstände der Erbschaftsanspruch nur zu, wenn dieser ihm abgetreten wurde.[13] Hierauf hat er gegen den Verkäufer jedoch einen Anspruch nach § 2374 BGB.

2. Schuldner des Erbschaftsanspruches

Nach § 2018 BGB ist Anspruchsgegner nur derjenige, der auf Grund eines ihm in Wirklichkeit nicht zustehenden Erbrechts etwas aus dem Nachlass erlangt. Der Anspruch setzt die **Anmaßung** eines Erbrechts durch den Besitzer voraus. Es genügt aber auch, dass der Anspruchsverpflichtete etwas, das er ohne Erbrechtsanmaßung aus dem Nachlass erlangt hat, später als Erbe in Anspruch nimmt.[14] Mögliche Anspruchsschuldner sind daher:
- derjenige, der seine Erbenstellung durch erfolgreiche Anfechtung einer letztwilligen Verfügung oder Erbunwürdigkeitserklärung nach § 2344 BGB rückwirkend wieder verloren hat,
- der Erbteils- oder Erbschaftserwerber wegen § 2030 BGB,
- der Erbe des Erbschaftsbesitzers,[15]
- der **Miterbe**, der sich Alleinbesitz an Nachlassgegenständen anmaßt.[16]

Berühmt sich der Besitzer zunächst des Erbrechts und hält im Prozess diese Behauptung nicht aufrecht, so kann er sich dem Anspruch aber nicht entziehen.[17]

Kein Erbschaftsbesitzer ist
- derjenige, der nur ein Vermächtnis behauptet,
- der Vorerbe im Verhältnis zum Nacherben nach Eintritt des Nacherbfalls wegen § 2130 BGB,
- der Erbe, der von seinem Ausschlagungsrecht Gebrauch gemacht hat; hier gilt § 1959 BGB,
- der Testamentsvollstrecker, Nachlassverwalter und Nachlassinsolvenzverwalter,
- derjenige, der einzelne Nachlassgegenstände durch Rechtsgeschäft erwirbt oder sich durch verbotene Eigenmacht verschafft hat.

III. Umfang der Herausgabepflicht

1. Herausgabe des Erlangten

Der Erbschaftsanspruch richtet sich nach § 2018 BGB auf Herausgabe dessen, was der Erbschaftsbesitzer aus dem Nachlass erlangt hat. Die Herausgabepflicht ist damit nicht auf Sachenrecht beschränkt, sondern betrifft auch unrichtige Grundbucheintragungen sowie bloße

---

[11] Staudinger/*Gursky* § 2029 Rdnr. 2.
[12] Palandt/*Edenhofer* Einf. §§ 2018, 2019 Rdnr. 2.
[13] Palandt/*Edenhofer* Einf. §§ 2018, 2019 Rdnr. 2.
[14] BGH Urt. v. 12.12.2003 – FamRZ 2004, 537 = ZEV 2004, 378, 379.
[15] MünchKomm/*Helms* § 2018 Rdnr. 21.
[16] MünchKomm/*Helms* § 2018 Rdnr. 19.
[17] BGH Urt. v. 11.1.1984 – FamRZ 1985, 693, 694.

Besitzpositionen des Erblassers, die nur auf Miete oder Pacht beruhten oder Gegenstände, die von ihm lediglich verwahrt wurden.[18]

2. Surrogate

10 Die Herausgabepflicht erstreckt sich auch auf mit Mitteln der Erbschaft erworbene Ersatzstücke, § 2019 Abs. 1 BGB. Dies verschafft dem Erben – sofern der Erblasser Eigentümer der Nachlasssache war – eine dingliche Rechtsposition, die ihm in der Insolvenz des Erbschaftsbesitzers ein Aussonderungsrecht und in der Einzelzwangsvollstreckung die Drittwiderspruchsklage eröffnet. Ohne diese Vorschrift stünden ihm lediglich die schuldrechtlichen Ansprüche nach § 816 Abs. 1 S. 1 oder ggf. §§ 989, 990 und § 687 Abs. 2 BGB gegen den Erbschaftsbesitzer zu.

3. Nutzungen

11 Schließlich hat der Erbschaftsbesitzer alle gezogenen Nutzungen (vgl. § 100 BGB) herauszugeben, auch bei Gutgläubigkeit, § 2020 BGB.

IV. Haftung des Erbschaftsbesitzers

1. Der gutgläubige, nicht verklagte Erbschaftsbesitzer

12 Kann der Anspruchsgegner das Erlangte, Ersatzgegenstände oder Nutzungen nicht herausgeben, so haftet er nach §§ 2021, 818 Abs. 2, 818 Abs. 3 BGB nur in Höhe der noch vorhandenen Bereicherung (Rechtsfolgenverweisung auf §§ 812 ff. BGB).[19] Hat er einen Nachlassgegenstand unentgeltlich an einen Dritten übertragen, so ist dieser gem. § 822 BGB zur Herausgabe verpflichtet. Für die Frage der Entreicherung gelten die allgemeinen Grundsätze zu § 818 Abs. 3 BGB. Nicht abzugsfähig sind die Aufwendungen, die der Erbschaftsbesitzer gemacht hat, um in den Besitz der Erbschaft zu gelangen, wie z. B. Erbscheins- und Prozesskosten.[20]

2. Der bösgläubige und der verklagte Erbschaftsbesitzer

13 Von der **Rechtshängigkeit** des Gesamtanspruches an haftet der Erbschaftsbesitzer wie ein gewöhnlicher Besitzer verschärft. § 2023 BGB verweist auf die allgemeinen Regelungen der §§ 987 ff. BGB. Gleiches gilt für den **bösgläubigen** Erbschaftsbesitzer gem. § 2024 BGB. Bösgläubig ist der Erbschaftsbesitzer genauso wie der gewöhnliche Besitzer gem. § 990 BGB dann, wenn er zu Beginn des Erbschaftsbesitzes weiß oder in Folge grober Fahrlässigkeit nicht mehr weiß, dass er nicht Erbe ist oder dies später erfährt. Der bösgläubige oder verklagte Erbschaftsbesitzer haftet demnach
- für jede verschuldete Unmöglichkeit oder Verschlechterung der Nachlassgegenstände und der in das Eigentum des Erblassers gefallenen Sachfrüchte, §§ 2020, 2023 Abs. 2, 292, 989 BGB,
- für alle Nutzungen einschließlich schuldhaft nicht gezogener Nutzungen, §§ 2023 Abs. 2, 987 BGB.

3. Der deliktische Erbschaftsbesitzer

14 Derjenige, der sich den Erbenbesitz durch verbotene Eigenmacht oder strafbare Handlung verschafft hat, haftet nach dem Recht der unerlaubten Handlungen ebenso wie im normalen Eigentümer-Besitzer-Verhältnis, §§ 2025, 823 ff. BGB. Da nach § 857 BGB kraft Gesetzes der Besitz auf den Erben übergeht, begeht auch der gutgläubige, nur leicht fahrlässig das wahre Erbrecht verkennende Erbschaftsbesitzer verbotene Eigenmacht durch Inbesitznahme von Nachlassgegenständen. Er haftet jedoch gem. § 2025 S. 2 BGB nicht nach diesen Vorschriften, sondern nur, wenn der Erbe den Besitz bereits **tatsächlich ergriffen** hat. § 2025 enthält wie § 992 BGB eine Rechtsgrundverweisung auf die §§ 823 ff. BGB, so dass er nach Deliktsrecht

---

[18] Palandt/*Edenhofer* § 2018 Rdnr. 9.
[19] Palandt/*Edenhofer* § 2021 Rdnr. 1.
[20] MünchKomm/*Helms* § 2021 Rdnr. 6.

nur dann haftet, wenn verbotene Eigenmacht durch tatsächliche Besitzergreifung **schuldhaft** erfolgt ist.[21]

V. Einwendungen/Einreden des Erbschaftsbesitzers

1. Verwendungsersatzanspruch

Der gutgläubige Erbschaftsbesitzer kann den Ersatz aller Verwendungen geltend machen, die er vor Rechtshängigkeit gemacht hat, soweit sie nicht durch Anrechnung auf die nach § 2021 BGB herauszugebende Bereicherung gedeckt werden, § 2022 Abs. 1 BGB. Im Gegensatz zu §§ 994 ff. BGB erfasst die Vorschrift nicht nur notwendige, nützliche und werterhöhende, sondern auch überflüssige und zwecklose Verwendungen auf einzelne Nachlassgegenstände.[22] Sie betrifft außerdem auch Aufwendungen, die nicht auf die Einzelnen herauszugebenden Sachen, sondern auf den Nachlass allgemein gemacht wurden, etwa zur Tilgung von Nachlassverbindlichkeiten, insbesondere der **Erbschaftsteuerschuld**. Dies gilt jedoch nur, soweit auch der wirkliche Erbe steuerpflichtig ist. Mehrleistungen sind im Steuererstattungsverfahren gem. § 37 Abs. 2 AO geltend zu machen.[23] Für den verklagten und bösgläubigen Erbschaftsbesitzer verweist § 2023 Abs. 2 BGB auf die Vorschriften der §§ 987 ff. BGB. 15

Im Hinblick auf die gemachten Verwendungen stehen dem Erbschaftsbesitzer folgende Rechte zu: 16
- ein **Zurückbehaltungsrecht**, §§ 2022 Abs. 1 S. 2, 1000 BGB,
- ein pfandähnliches **Verwertungsrecht**, §§ 2022 Abs. 1 S. 2, 1003 BGB,
- ein **einklagbarer Anspruch** innerhalb der Fristen des § 1002 BGB.

2. Sonstige Einwendungen und Einreden

Obwohl in den §§ 2018 ff. BGB eine dem § 986 BGB entsprechende Vorschrift fehlt, kann sich der Erbschaftsbesitzer auch gegen den Gesamtanspruch mit den **Einzeleinwendungen bzw. -einreden** aus besonderen Beziehungen sowohl zum Erblasser als auch unmittelbar zum Erben wehren,[24] z. B. aus Miete, Kauf oder einem Zurückbehaltungsrecht nach § 273 BGB. Dagegen steht ihm kein Zurückbehaltungsrecht wegen eines Pflichtteilsanspruches oder Vermächtnisses zu, da der Anspruch dem Erben erst ermöglichen soll, den Nachlass zu regeln und Pflichtteilsansprüche und Vermächtnisse zu erfüllen.[25] 17

VI. Verjährung und Ersitzung

Der Erbschaftsanspruch verjährt gem. §§ 2026, 197 Abs. 1 Nr. 2 BGB in 30 Jahren.[26] Nach h.M. beginnt die Verjährung einheitlich für den **gesamten** Erbschaftsanspruch in dem Moment zu laufen, in dem der Anspruchsgegner etwas aus dem Nachlass erlangt hat.[27] Hat der Antragsverpflichtete einen Nachlassgegenstand zunächst ohne Erbrechtsanmaßung erlangt, entsteht der Anspruch und beginnt folglich die Verjährung erst dann, wenn er sich als Erbe geriert.[28] Damit kann wegen der Sperrwirkung des § 2029 BGB der Erbe nach Ablauf der Frist auch mit den Einzelansprüchen die Herausgabe solcher Sachen nicht mehr erzwingen, die der Erbschaftsbesitzer viel später erlangt hat. Gehemmt wird die Verjährung gem. § 204 Abs. 1 Nr. 1 BGB nur hinsichtlich der im Klageantrag bezeichneten Gegenstände, sofern der Kläger sich nicht durch die Stufenklage nach § 254 ZPO die Präzisierung des Streitgegenstandes vorbehalten hat.[29] Gem. § 2026 BGB kann sich der Erbschaftsbesitzer **nicht** auf die 10 jährige **Ersitzungsfrist** des § 937 BGB für bewegliche Sachen berufen, so lange der Erbschaftsanspruch 18

---

[21] Palandt/*Edenhofer* § 2025 Rdnr. 2.
[22] Soergel/*Siebert*/*Dieckmann* § 2022 Rdnr. 2.
[23] Soergel/Siebert/*Dieckmann* § 2022 Rdnr. 2.
[24] Staudinger/*Gursky* § 2018 Rdnr. 36.
[25] OLG Düsseldorf Urt. v. 9.10.1990 – FamRZ 1992, 600, 602; Palandt/*Edenhofer* § 2018 Rdnr. 3.
[26] BGH Urt. v. 12.12.2003 – ZEV 2004, 378, 380.
[27] Palandt/*Edenhofer* § 2026 Rdnr. 2; BGH Urt. v. 12.12.2003 – ZEV 2004, 378, 380; *Löhnig* ZEV 2004, 267, 268.
[28] BGH Urt. v. 12.12.2003 – ZEV 2004, 378, 380.
[29] Staudinger/*Gursky* § 2026 Rdnr. 9.

nicht verjährt ist. Nach h.M. wandelt sich aber nach Ersitzung der Anspruch in einen bloßen schuldrechtlichen Herausgabeanspruch um, der seine Insolvenzfestigkeit verliert.[30] Für Grundbesitz spielt diese Frage in der Regel wegen der langen Buchersitzungsfrist des § 900 BGB keine Rolle.

Der Grundbuchberichtigungsanspruch ist i.Ü. auch gegenüber dem Erbschaftsbesitzer unverjährbar.[31]

VII. Auskunftsansprüche gegen den Erbschaftsbesitzer und Dritte[32]

19   Die Vorschrift des § 2027 Abs. 1 BGB konkretisiert und erweitert den allgemeinen Auskunftsanspruch der §§ 260, 261 BGB. Der Erbschaftsbesitzer hat dem Erben und jedem, der den Erbschaftsanspruch geltend machen kann, über den Bestand der Erbschaft und den Verbleib der Erbschaftsgegenstände Auskunft zu erteilen. Die gleichen Auskunftspflichten treffen den **Besitzer von Nachlasssachen,** der nicht Erbschaftsbesitzer ist, wenn er Nachlasssachen in Besitz genommen hat, bevor der Erbe den Besitz tatsächlich ergriffen hat. Nach § 2028 Abs. 1 BGB hat auch ein **Hausgenosse** des Erbschaftsbesitzers gewisse eingeschränkte Auskunftspflichten über den Bestand der Erbschaft und den Verbleib von Gegenständen.

---

[30] H.M. Staudinger/*Gursky* § 2026 Rdnr. 15 m.w.N., str.; a.A. *Soergel/Dieckmann* § 2026 Rdnr. 3.
[31] OLG Brandenburg Urt. v. 6.5.2003 – ZEV 2003, 516.
[32] Dazu ausf. § 45.

§ 28 Erbschafts- und Erbteilskauf

Übersicht

	Rdnr.
I. Vertragstypen und Anwendungsfälle in der Praxis	2–5
1. Erbteils- und Erbschaftskauf, unentgeltliche Erbteilsveräußerung	2/3
2. Anwendungsfälle und Alternativen	4/5
a) Erbteilsveräußerung zur Erbauseinandersetzung	4
b) Veräußerung an Dritte	5
II. Form, Inhalt und Wirkung der Erbteilsveräußerung	6–24
1. Formfragen	6
2. Vertragsgegenstand	7/8
3. Wirkung der Erbteilsübertragung	9/10
a) Auswirkung auf das Erbrecht	9
b) Grundbesitz im Nachlass	10
4. Genehmigungserfordernisse, Anzeigepflichten, Vorkaufsrechte	11–14
a) Anzeigepflicht an das Nachlassgericht	11
b) Vorkaufsrechte der Miterben	12
c) Genehmigungserfordernisse	13/14
5. Sicherung des Austauschverhältnisses	15–18
a) Sicherung des Veräußerers vor Verlust des Erbteils ohne Erhalt des Kaufpreises	16
b) Sicherung des Erwerbers vor Verlust des Kaufpreises ohne Erhalt des Erbteils	17/18
6. Sonstiger Vertragsinhalt	19–23
a) Haftung für Sach- und Rechtsmängel	19/20
b) Gefahrübergang und Übergang von Nutzungen und Lasten	21
c) Haftung gegenüber Nachlassgläubigern	22
d) Verjährung	23
7. Steuerfragen	24
III. Vertragsmuster	25

Schrifttum: *Brambring/Jerschke*, Beck'sches Notarhandbuch, 4. Aufl. 2006; *Habscheid*, Zur Heilung formunrichtiger Erbteilskaufverträge, FamRZ 1968, 13; *Keim*, Erbauseinandersetzung und Erbanteilsübertragung, RNotZ 2003, 375; *Keller*, Formproblematik der Erbteilsveräußerung, 1995; *Kersten/Bühling/Appell/Kanzleiter*, Formularbuch und Praxis der Freiwilligen Gerichtsbarkeit 21. Aufl. 2001; *Mayer, N.*, Sicherungsprobleme beim Erbschaftskauf, ZEV 1997, 105; Münchener Vertragshandbuch Band 6, Bürgerliches Recht, 5. Aufl. 2003; *Schöner/Stöber* Grundbuchrecht 13. Aufl. 2004; *Limmer/Hertel/Frenz/Mayer*, Würzburger Notarhandbuch, 2005.

Beratungscheckliste 1

☐ Beteiligte: einzelne Miterben oder alle Erben?
   Alternativen:
   Erbauseinandersetzung durch Verteilung der Gegenstände?
   Übertragung der Nachlassgegenstände an Dritte?
   Abschichtung?
☐ Form: notarielle Beurkundung
☐ Vertragsgegenstand
   Erbteil des Verstorbenen? Anwartschaftsrecht des Nacherben? Gesamte Erbschaft? Beachte: dann Vollzug durch Einzelübertragungen!
   Grundbesitz im Nachlass? Grundbucheinsicht, Grundbuchberichtigung
☐ Nachweis der Erbfolge?

☐ Gegenleistung
  Entgeltlichkeit der Übertragung?
  Sicherung des Veräußerers?
  • Übertragung unter auflösender Bedingung
  • Verfügungsbeschränkung mit Grundbuchberichtigung, Löschungsbewilligung mit Anweisung an den Notar, diese nur nach Zahlungsbestätigung zu verwenden
  Sicherung des Erwerbers?
  • Widerspruch nach § 899 BGB bis zur Grundbuchberichtigung
  • Zug um Zug mit Löschung des Widerspruchs Grundbuchberichtigung
☐ Haftung, Gefahrtragung
  • Einschränkungen
    – Surrogate nicht mit erfasst, abweichend von § 2374 BGB
    – keine Erstattung veräußerter Gegenstände, abweichend von § 2375 BGB
    – keine Erstattung der Erbschaftsteuer, abweichend von § 2379 S. 2 BGB
  • Garantien
    – Bestand von Nachlassgegenständen
    – keine Nachlassverbindlichkeiten
  • Zeitpunkt des Gefahrübergangs
☐ Genehmigungen, Steuern, Vorkaufsrechte
  • Grunderwerbsteuerpflicht
  • Schenkungssteuerpflicht,
  • Vorkaufsrecht der Miterben

I. Vertragstypen und Anwendungsfälle in der Praxis

1. Erbteils- und Erbschaftskauf, unentgeltliche Erbteilsveräußerung

2   Bei der Veräußerung sowohl einer gesamten Erbschaft als auch eines Erbanteils (vgl. § 1922 Abs. 2 BGB) finden für das **schuldrechtliche Grundgeschäft** die Sonderregelungen der §§ 2371 ff. BGB über den Erbschaftskauf Anwendung.[1] Daneben gelten subsidiär die Regelungen des Kaufrechts und des allgemeinen Schuldrechts, insbesondere die §§ 320 ff. BGB.
Bei der **Erfüllung durch dingliche Übertragung** ist jedoch strikt zu unterscheiden:
• Verkauft der Alleinerbe die gesamte **Erbschaft**, so kann der Vertrag nur durch Übertragung der einzelnen Nachlassgegenstände vollzogen werden.
• Verkauft dagegen der Miterbe seinen **Erbteil** vor der Nachlassauseinandersetzung, wird der Kauf durch einen einheitlichen Übertragungsakt gem. § 2033 Abs. 1 BGB erfüllt.

3   Die meisten Regelungen über den Erbschaftskauf sind vorbehaltlich der Einschränkungen bei der Gewährleistung nach § 2385 Abs. 1, Abs. 3 BGB auch auf die unentgeltliche Erbteilsveräußerung anwendbar. Daneben spielt für die Kreditsicherung noch die Verpfändung eines Erbteils nach §§ 1273, 2033 BGB eine Rolle.[2] Die Erbteilsverpfändung ist gem. § 2033 Abs. 1 S. 2 BGB beurkundungspflichtig.[3] Die Vorschriften der §§ 2371 ff. BGB finden jedoch auf die Verpfändung **keine** Anwendung.[4]

2. Anwendungsfälle und Alternativen

4   a) **Erbteilsveräußerung zur Erbauseinandersetzung.** Sind sich alle Mitglieder einer Erbengemeinschaft einig, so dürfte regelmäßig die Auseinandersetzung der Erbengemeinschaft, ggf. auch die bloße Teilauseinandersetzung hinsichtlich eines Nachlassgrundstückes der Erbteilsübertragung vorzuziehen sein, da es dem Erwerber meist nicht auf seine Teilhabe am Nachlass, sondern nur auf Erhalt bestimmter Gegenstände ankommt. Im Übrigen kann die Sicherung des Erwerbers beim Erbteilserwerb nur unvollkommen sein: Ihm kommt weder der öffentliche

---

[1] MünchKommBGB/*Musielak* vor § 2371 Rdnr. 2.
[2] Vgl. dazu ausf. § 26 Rdnr. 29.
[3] Palandt/*Bassenge* § 2033 Rdnr. 14.
[4] MünchKommBGB/*Musielak* vor § 2371 Rdnr. 14.

Glaube des Erbscheins noch des Grundbuches zugute, da § 2366 BGB nur den Erwerber einzelner **Nachlassgegenstände** schützt und § 892 BGB nur zu Gunsten des Erwerbers eines Grundstückes, nicht eines Erbteiles, gilt.[5] Lediglich falls über eine endgültige Verteilung der Nachlassgegenstände zwischen allen Beteiligten keine Einigung erzielt wird, ein Miterbe sich aber bereits den zusätzlichen Anteil sichern möchte oder ein anderer Erbe vorab seinen kompletten Anteil am Nachlass veräußern möchte, da er entweder dringend finanzielle Mittel benötigt oder mit der Erbengemeinschaft aus persönlichen Motiven nichts mehr zu tun haben möchte, empfiehlt sich die Erbteilsübertragung. Zu beachten ist, dass die nach Ansicht des BGH auch bei Nachlasszugehörigkeit von Grundbesitz nicht beurkundungspflichtige[6] **Abschichtung** (Ausscheiden eines Miterben aus der Erbengemeinschaft) nur die verhältnismäßige Anwachsung des Anteils des Ausgeschiedenen an sämtliche Miterben, nicht aber die Übertragung des Erbteils auf einen bestimmten Miterben zur Folge haben kann.[7]

b) **Veräußerung an Dritte.** Aus den oben genannten Gründen ist in der Regel auch der Veräußerung der einzelnen Nachlassgegenstände an Dritte gegenüber dem Verkauf der gesamten Erbschaft bzw. eines Erbteils der Vorzug zu geben. Ist der Dritte jedoch nur mit einzelnen Miterben einig oder sind weitere Miterben noch nicht ermittelt, so bleibt nur der Erbteilskauf, wobei allerdings das Miterbenvorkaufsrecht nach § 2034 BGB zu beachten ist. Bei unentgeltlicher Übertragung des Erbteils, bspw. auf die nächste Generation, steht den übrigen Miterben jedoch kein Vorkaufsrecht zu.[8]

II. Form, Inhalt und Wirkung der Erbteilsveräußerung

1. Formfragen

Der Erbschafts- bzw. Erbteilskauf bedarf nach § 2371 BGB der **notariellen Beurkundung**. Das Formerfordernis erstreckt sich wie in § 311 b Abs. 1 BGB auf sämtliche Abreden, aus denen sich nach dem Willen der Beteiligten das Geschäft zusammensetzt.[9] Ein formnichtiges Verpflichtungsgeschäft wird nach h. M. nicht etwa durch Erfüllung gem. § 313 S. 2 BGB geheilt, und zwar weder beim Erbteilskauf durch die Übertragung nach § 2033 Abs. 1 BGB noch beim Verkauf der gesamten Erbschaft durch Übereignung der Nachlassgegenstände.[10] Das dingliche Rechtsgeschäft der Erbteilsübertragung bedarf ebenfalls der notariellen Beurkundung, § 2033 Abs. 1 S. 2 BGB. Regelmäßig wird dieses mit dem Erbteilskauf in einer Urkunde zusammengefasst.

2. Vertragsgegenstand

Mögliche Vertragsgegenstände können sein:
- beim Alleinerben der Inbegriff aller Nachlassgegenstände
- beim Miterben der Erbteil
- beim Nacherben die Nacherbenanwartschaft nach § 2108 Abs. 2 analog § 2371 BGB.[11]

Bei der Übertragung der **Nacherbenanwartschaft** ist zu beachten, dass zwar hier die Zustimmung möglicher Ersatznacherben nicht erforderlich ist.[12] Nach Eintritt des Erbfalles wird daher teilweise versucht, durch Übertragung der Anwartschaft auf den Vorerben diesem die Stellung als unbeschränktem Vollerben zu verschaffen. Der Nacherbe kann aber in die Rechte des Ersatznacherben nicht eingreifen, so dass der Vorerbe bei Eintritt der Voraussetzungen für den Ersatznacherbfall seine Rechtsstellung trotz des Erwerbes wieder verliert. Seine Stellung ist daher bedroht und die gänzliche Löschung des Nacherbenvermerks im Grundbuch kann auf Grund einer solchen Übertragung **nicht** erfolgen,[13] wenn (auch stillschweigend aus § 2069

---

[5] *Bengel/Reimann*, Beck'sches Notarhandbuch, C Rdnr. 243.
[6] BGH Urt. v. 21.1.1998 – ZEV 1998, 141; a.A. h.Lit., z.B. *Keller* ZEV 1998, 281 ff.; *Keim* RNotZ 2003, 375, 386 m.w.N.; OLG Köln Beschl. v. 7.5.2003 – NJW 2003, 2993; *Wesser/Saalfrank* NJW 2003, 2937.
[7] BGH Beschl. v. 27.10.2004 – ZEV 2005, 22.
[8] MünchKommBGB/*Heldrich* § 2034 Rdnr. 7.
[9] BGH Urt. v. 2.2.1967 – NJW 1967, 1128, 1129.
[10] BGH Urt. v. 2.2.1967 – NJW 1967, 1128, 1131; a.A. *Habscheid* FamRZ 1968 13, 15.
[11] MünchKommBGB/*Musielak* vor § 2371 Rdnr. 6.
[12] RGZ 145, 316; OLG Köln Beschl. v. 15.1.1952 – NJW 1955, 633.
[13] BayObLG Beschl. v. 27.5.1970 – RPfl 1970, 344; *Schöner/Stöber* Grundbuchrecht Rdnr. 3528.

BGB) Ersatznacherben bestimmt sind. Ist das Ziel lediglich die Befreiung einzelner Grundstücke aus der Nacherbenbindung, so ist dies durch eine Freigabe ohne Zustimmung der Ersatznacherben möglich.[14]

3. Wirkung der Erbteilsübertragung

9   a) **Auswirkung auf das Erbrecht.** Durch die Veräußerung werden das Erbrecht und die Erbenstellung des Veräußerers nicht berührt, da die Erbenposition mit der Person des Erben untrennbar verknüpft ist. Der Erwerber erhält lediglich die mit der Erbenstellung verbundene Vermögensposition. Ein **Erbschein** ist also auch noch nach Veräußerung auf den Namen des **Veräußerers** auszustellen. Bei Erbteilsübertragung – nicht beim Erwerb der gesamten Erbschaft – steht dem Erwerber aber ein eigenes Antragsrecht zu.[15]

10 b) **Grundbesitz im Nachlass.** Mit der dinglichen Erbteilsübertragung geht das Anteilsrecht an den einzelnen Nachlassgegenständen unmittelbar auf den Erwerber über, ohne dass es einer Auflassung und Grundbucheintragung bedarf. Das Grundbuch wird mit dem Anteilserwerb unrichtig. Ist noch der Erblasser im Grundbuch eingetragen, so muss dennoch wegen des Voreintragungsgrundsatzes des § 39 Abs. 1 GBO **zunächst der Erbe** und erst danach der Anteilserwerber als Eigentümer in das Grundbuch eingetragen werden. Bei einer sofortigen Veräußerung des gesamten Grundstückes durch die Erbengemeinschaft ist eine Zwischeneintragung des Erbteilserwerbers wegen § 40 GBO dagegen nicht erforderlich.[16]

4. Genehmigungserfordernisse, Anzeigepflichten, Vorkaufsrechte

11 a) **Anzeigepflicht an das Nachlassgericht.** Den Verkauf einer Erbschaft oder eines Erbteils hat der Verkäufer gem. § 2384 BGB unverzüglich dem Nachlassgericht unter Angabe des Namens des Käufers anzuzeigen. Der Verkäufer ist auch bei Ausübung des Vorkaufsrechts durch den Erben zur Anzeige verpflichtet.[17]

12 b) **Vorkaufsrechte der Miterben**[18]. Verkauft der Miterbe seinen Erbteil an einen **Dritten**, so sind die übrigen Miterben vorkaufsberechtigt. Sämtliche übrigen Miterben sind gemeinschaftlich vorkaufsberechtigt. Will ein Miterbe sein Vorkaufsrecht nicht ausüben, verbleibt es den anderen im Ganzen.[19] Dem Erbteilserwerber steht das Vorkaufsrecht nicht zu.[20] Im Kaufvertrag über einen Erbteil sollte daher in der Regel eine Haftung des Verkäufers für den Fall der Vorkaufsrechtsausübung ausgeschlossen werden, es sei denn, dieser würde eine Garantie für die Nichtausübung übernehmen.[21] Die Zwei-Monats-Frist des § 2034 Abs. 2 BGB beginnt erst, wenn der Vorkaufsfall allen Vorkaufsberechtigten wirksam mitgeteilt wurde, § 479 BGB.[22]

Das Vorkaufsrecht kann nach dinglicher Erbteilsübertragung auch mit unmittelbarer Wirkung gegenüber dem Erbteilserwerber ausgeübt werden, wenn der Erbteilsverkäufer seinen Erbteil erst nach Ausübung des Vorkaufsrechtes mit dinglicher Wirkung übertragen hat.[23]

13 c) **Genehmigungserfordernisse.** Zur Verfügung über den Erbanteil eines Minderjährigen ist insbesondere die Genehmigung des Familiengerichtes sowohl für das schuldrechtliche als auch für das dingliche Rechtsgeschäft erforderlich, §§ 1822 Nr. 1, 1643 BGB. Sofern der Minderjährige nicht bereits Miterbe ist, gilt dies auch für einen **Erwerb** eines Erbanteils durch den Minderjährigen, da dieser wegen § 2382 BGB eine fremde Verbindlichkeit übernimmt, §§ 1822 Nr. 10, 1643 BGB. Auch bei **schenkweiser** Übertragung an den bisher nicht an der Erbengemeinschaft beteiligten Minderjährigen ist diese daher nicht lediglich vorteilhaft im Sinne des § 107 BGB.[24]

---

[14] BGH Beschl. v. 13.10.2000 – DNotZ 2001, 392, 394; *Keim* DNotZ 2005, 822.
[15] MünchKommBGB/*Heldrich* § 2033 Rdnr. 27.
[16] *Demharter* Grundbuchordnung § 40 Rdnr. 3; Palandt/*Edenhofer* § 2033 Rdnr. 13.
[17] MünchKommBGB/*Musielak* § 2384 Rdnr. 5.
[18] Vgl. dazu § 29 Rdnr. 21 ff.
[19] MünchKommBGB/*Dütz* § 2034 Rdnr. 25.
[20] Palandt/*Edenhofer* § 2034 Rdnr. 5.
[21] Reithmann/Albrecht/*Basty*, Handbuch der notariellen Vertragsgestaltung, bis 7. Aufl., Rdnr. 1264.
[22] MünchKommBGB/*Dütz* § 2035 Rdnr. 8.
[23] BGH Urt. v. 31.10.2001 – DNotI-Report 2002, 23.
[24] AG Stuttgart Beschl. v. 22.1.1970 – BWNotZ 1970, 177.

Die Zustimmung des Testamentsvollstreckers ist nicht nötig, sein Verwaltungs- und Verfügungsrecht hinsichtlich des Nachlasses bleibt allerdings bestehen.[25] 14

5. Sicherung des Austauschverhältnisses

Insbesondere unter Miterben wird für die Übertragung von Erbteilen oft keine Gegenleistung verlangt oder aber aus sonstigen Gründen auf eine Sicherung des Leistungsaustausches verzichtet. Namentlich beim Erbteilskauf durch Außenstehende sollte jedoch das Austauschverhältnis durch entsprechende Vorkehrungen abgesichert werden. Verkauft der Alleinerbe, kann bei der notwendigen Übertragung der Einzelgegenstände auf die üblichen grundstücksrechtlichen Sicherungsmöglichkeiten zurückgegriffen werden. Für den Erbteilskauf ergeben sich Besonderheiten deshalb, weil der Verkäufer **bereits mit der Beurkundung** der Übertragung ohne Grundbucheintragung sein Eigentum verliert. 15

a) Sicherung des Veräußerers vor Verlust des Erbteils ohne Erhalt des Kaufpreises. Die Sicherung des **Verkäufers** kann durch **bedingte** Erbteilsübertragung erfolgen. Im Gegensatz zur Auflassung (vgl. § 925 Abs. 2 BGB) ist der Erbteilübertragungsvertrag nicht bedingungsfeindlich. Gegen vertragswidrige Verfügungen des Erwerbers vor Kaufpreiszahlung ist der Veräußerer dann durch die Vorschrift des § 161 Abs. 1 bzw. Abs. 2 BGB geschützt. Nach der gebräuchlichsten Variante wird dabei die Übertragung **auflösend bedingt** erklärt und als auflösende Bedingung der Rücktritt des Verkäufers wegen Zahlungsverzuges vorgesehen.[26] Bei dieser Gestaltung bleibt für den Verkäufer noch ein gewisses Restrisiko, da nach Eintragung des Käufers in das Grundbuch eines Nachlassgrundstückes dieser zusammen mit den übrigen Miterben darüber verfügen könnte. Der Erwerber des Grundstücks könnte sich dann trotz Eintritt der auflösenden Bedingung gem. §§ 892, 161 Abs. 3 BGB auf Gutgläubigkeit hinsichtlich des Bedingungseintritts berufen. Der Veräußerer kann dagegen nur durch Eintragung einer **Verfügungsbeschränkung** gesichert werden, die in Abteilung II des Grundbuches eintragungsfähig ist.[27] Die zur Löschung dieser Eintragung notwendige Löschungsbewilligung des Veräußerers kann entweder schon bei Vertragsschluss gesondert unterschrieben und dem Notar zur treuhänderischen Verwendung übergeben werden oder aber bereits in der Urkunde selbst erklärt werden. Dann muss der Notar aber angewiesen werden, bis zur Kaufpreiszahlung nur auszugsweise beglaubigte Abschriften oder Ausfertigungen ohne die Löschungsbewilligung an die Beteiligten herauszugeben, um zu verhindern, dass der Käufer selbst den Löschungsantrag für die Verfügungsbeschränkung beim Grundbuchamt vorzeitig stellt.[28] 16

b) Sicherung des Erwerbers vor Verlust des Kaufpreises ohne Erhalt des Erbteils. Auch der **Käufer** wird bei diesem Verfahren gegen nachträgliche Verfügungen oder Vollstreckungsmaßnahmen in den Erbteil geschützt. Bei auflösend bedingter Übertragung ist der Erwerber ohnehin schon Inhaber des Erbteils. Gegen einen gutgläubigen Erwerb des Grundstückes von der Erbengemeinschaft in der ursprünglichen Zusammensetzung ist der Käufer erst geschützt, wenn er im Grundbuch eingetragen ist. Da aber seine Eintragung von der Bestätigung der Zahlung der Grunderwerbsteuer abhängig ist, § 22 Grunderwerbsteuergesetz, die regelmäßig vom Käufer zu zahlen ist, kann die Fälligkeit des Kaufpreises nicht von der vorherigen Eintragung abhängig gemacht werden. Andernfalls könnte er die Fälligkeit durch Nichtzahlung der Grunderwerbsteuer beliebig hinauszögern. Um ihn dennoch zu sichern, kann als Fälligkeitsvoraussetzung die Eintragung eines **Widerspruchs** gegen das Eigentum des Verkäufers zu seinen Gunsten bewilligt und eingetragen werden.[29] 17

Weitere Fälligkeitsvoraussetzungen sollten sein: 18
- Vorlage eines Erbscheins oder notarieller Verfügung und Eröffnungsniederschrift
- Vorlage der Verzichtserklärungen der Miterben auf ihr Vorkaufsrecht
- Vorlage notwendiger Genehmigungen.

---

[25] Reithmann/Albrecht/*Basty*, Handbuch der notariellen Vertragsgestaltung, bis 7. Aufl., Rdnr. 1271.
[26] *Nieder*, Münchener Vertragshandbuch Bd. 6 Formular XX; Kersten/Bühling/Appell/Kanzleiter/*Faßbender*, Formularbuch der Freiwilligen Gerichtsbarkeit, Rdnr. 1060; *Staudenmayer* BWNotZ 1959, 91.
[27] *Nieder* Münchener Vertragshandbuch Bd. 6 Formular XX Anm. 8.
[28] *Schöner/Stöber* Grundbuchrecht Rdnr. 955.
[29] *Schöner/Stöber* Grundbuchrecht Rdnr. 970.

Dabei muss allerdings darauf hingewiesen werden, dass trotzdem der Erbteilserwerber **Risiken** trägt, die nicht zu sichern sind: Da § 2366 BGB bei Erwerb eines Erbteils nicht anwendbar ist,[30] wird selbst bei Vorlage eines Erbscheins das Vertrauen des Erwerbers in die Erbenstellung des Veräußerers nicht geschützt, gleichermaßen wie sein Vertrauen in die Freiheit des Erbteils von Belastungen und Beschränkungen sowie in die Zugehörigkeit eines Gegenstandes zum Nachlass.

6. Sonstiger Vertragsinhalt

19 a) **Haftung für Sach- und Rechtsmängel.** Gegenüber den Allgemeinen kaufrechtlichen Regelungen sieht § 2376 BGB eine **eingeschränkte Haftung** des Verkäufers vor:
Die Rechtsmängelhaftung beschränkt sich nach § 2376 Abs. 1 BGB auf die Haftung für

- das Bestehen des Erbrechts, insbesondere, dass der Erbteil nicht bereits anderweitig abgetreten oder verpfändet ist,
- das Nichtbestehen von folgenden Beschränkungen:
Nacherbschaft, Testamentsvollstreckung, Vermächtnissen, Auflagen, Pflichtteilslasten, Teilungsanordnungen, unbeschränkbarer Haftung gegenüber Nachlassgläubigern und Ausgleichsforderungen aus Zugewinnausgleich gem. § 1371 BGB.[31]

Der Verkäufer haftet **nicht** dafür, dass die einzelnen Gegenstände frei von Rechten Dritter sind und nicht dafür, dass die Gegenstände, die als zum Nachlass gehörig angesehen werden, auch wirklich zum Nachlass gehören.

20 Die Haftung für **Sachmängel** ist bis auf diejenige für arglistiges Verschweigen eines Sachmangels oder aus einer Garantie, § 444 BGB, ausgeschlossen. Trotz der missverständlichen Fassung des § 2376 Abs. 2 BGB („zu vertreten") wollte der Gesetzgeber hieran sachlich nichts ändern.[32] In Anbetracht dieser weit gehenden Haftungsausschlüsse dürften zusätzliche Garantien nach § 442 BGB, z. B. im Hinblick auf die Zugehörigkeit bestimmter Gegenstände zum Nachlass, empfehlenswert sein.[33]

Die folgenden Regelungen begründen allerdings eine zusätzliche Haftung für den Verkäufer, die sinnvollerweise **abbedungen** werden sollte:[34]
- Nach § 2374 BGB besteht eine Verpflichtung zur Mitübertragung durch Rechtsgeschäft oder Zerstörung erlangter Ersatzgegenstände.
- Nach § 2375 BGB ist der Verkäufer verpflichtet, dem Erwerber den Wert verbrauchter oder veräußerter Gegenstände zu ersetzen.
- Nach § 2379 S. 3 BGB ist er dem Erwerber zur Erstattung geschuldeter Erbschaftsteuer verpflichtet.

21 b) **Gefahrübergang und Übergang von Nutzungen und Lasten.** Der Gefahrübergang und der Übergang von Nutzungen und Lasten ist nach §§ 2379, 2380 BGB der Zeitpunkt des **Vertragsschlusses.** Beim entgeltlichen Erwerb sollte zur Sicherung des Gegenseitigkeitsverhältnisses stattdessen in der Regel der Zeitpunkt der Kaufpreiszahlung vorgesehen werden.

22 c) **Haftung gegenüber Nachlassgläubigern.** Gemäß § 2382 Abs. 1 BGB haftet der Erbteilserwerber zwingend (vgl. § 2382 Abs. 2 BGB) ab dem Zeitpunkt des Erbteilskaufes neben dem Veräußerer für Nachlassverbindlichkeiten. Im Innenverhältnis ist der Käufer verpflichtet, diese Verbindlichkeiten zu erfüllen und dem Veräußerer hierfür entstehende Aufwendungen zu ersetzen, § 2378 Abs. 2 BGB. Haftet der Verkäufer bereits unbeschränkt, so haftet auch der Käufer unbeschränkt, § 2383 Abs. 1 S. 2 BGB.

23 d) **Verjährung.** Streitig ist die Anwendung des § 197 Abs. 2 Nr. 2 BGB, was zu einer 30-jährigen Verjährung der Ansprüche aus einem Erbteilskauf führen würde.[35] Nach a. A. sind die Vorschriften über die Verjährung beim Rechtskauf (§§ 195, 199 BGB) einschlägig.[36]

---

[30] Palandt/*Edenhofer* § 2366 Rdnr. 1.
[31] Soergel/Siebert/*Damrau* § 2376 Rdnr. 2.
[32] *J. Bamberger/Roth/J. Mayer* § 2376 Rdnr. 3.
[33] Reithmann/Albrecht, Handbuch der notariellen Vertragsgestaltung, Rdnr. 1260.
[34] *Bengel/Reimann*, Beck'sches Notarhandbuch, C Rdnr. 248.
[35] So Palandt/*Edenhofer* § 197 Rdnr. 8; *Schlichting* ZEV 2002, 480.
[36] *Brambring* ZEV 2002, 137; diff. *Löhnig* ZEV 2004, 267, 271.

7. Steuerfragen

Befindet sich Grundbesitz im Nachlass, so ist die entgeltliche Erbteilsübertragung gem. § 1 Abs. 1 Nr. 6 Grunderwerbsteuergesetz grunderwerbsteuerpflichtig; die Übertragung an einen Miterben ist jedoch nach § 3 Nr. 3 Grunderwerbsteuergesetz grunderwerbsteuerfrei.[37] Der Erbschaftskauf ist selbst kein erbschaftsteuerpflichtiger Vorgang im Sinne des § 3 ErbStG im Sinne eines Erwerbes von Todes wegen.[38] Bei schenkweiser Erbteilsübertragung ist jedoch die Schenkungsteuerpflicht nach § 7 ErbStG zu beachten. Außerdem haftet der Erwerber in diesem Fall neben dem Veräußerer für dessen Schuld aus der bereits erstandenen Erbschaftsteuer, § 20 Abs. 3, Abs. 5 ErbStG.

III. Vertragsmuster[39]

Urkundseingang wie üblich: Notar, Beteiligte
I. Vorbemerkungen
Der am ... in ... verstorbene Herr ... wurde gemäß Erbschein des Amtsgerichts ... AZ: ... beerbt von seinen Söhnen ... zu je 1/2.
II. Grundbesitz
Der ungeteilte Nachlass besteht nur noch aus einem Grundstück, eingetragen im Grundbuch des Amtsgerichts ... von ...
Der Grundbesitz beschreibt sich wie folgt: ...
III. Erbteilskauf
Herr ... verkauft hiermit seinen in Abschnitt I. genannten Erbteil am Nachlass des ... an Herrn ...
IV. Kaufpreis
Der Kaufpreis beträgt ..., i. W.: ...
Der Kaufpreis ist fällig innerhalb von zehn Tagen nach Absendung einer Mitteilung des Notars, dass
- die Verzichtserklärung der übrigen Miterben auf ihr gesetzliches Vorkaufsrecht dem Notar vorliegt,
- der in Abschnitt VII. 2. bewilligte Widerspruch zu Gunsten des Käufers im Grundbuch eingetragen ist,
- sämtliche Genehmigungen zur Wirksamkeit dieses Vertrages dem Notar auflagenfrei vorliegen.

V. Zwangsvollstreckungsunterwerfung und Regelungen für den Fall des Verzuges, insbesondere Rücktrittsrecht ...
VI. Besitzübergang, Gewährleistung
1. Der Übergang von Nutzen, Lasten und Gefahr erfolgt mit Wirkung ab dem auf die vollständige Kaufpreiszahlung folgenden Monatsersten. Der Verkäufer hat außer dem Anteil an dem in Abschnitt II genannten Grundbesitz keinerlei andere Nachlassgegenstände oder Surrogate herauszugeben, keinen Wertersatz zu leisten und verzichtet auf den Ersatz aller von ihm auf die Erbschaft gemachten Aufwendungen, Verbindlichkeiten, Abgaben und außerordentlichen Lasten. Eine auf den veräußerten Erbteil entfallende Erbschaftsteuer ist vom Verkäufer zu zahlen.
2. Für die Sach- und Rechtsmängelhaftung des Verkäufers gilt § 2376 BGB. Der Verkäufer garantiert dem Käufer jedoch,

---

[37] *Boruttau/Klein* Grunderwerbsteuergesetz § 1 Rdnr. 15 h.
[38] *Staudinger/Olshausen* Einl. §§ 2371 ff. Rdnr. 107.
[39] Muster bei *Nieder,* Münchener Vertragshandbuch, Bd. 6 Formular XX; Kersten/Bühling/Appell/Kanzleiter/*Fassbender,* Formularbuch und Praxis der Freiwilligen Gerichtsbarkeit, § 124; *Schöner/Stöber* Grundbuchrecht Rdnr. 955; *Baumann,* Würzburger Notarhandbuch, 4. Teil Rdnr. 726.

- dass der vorgenannte Grundbesitz zur Erbschaft gehört,
- dass keine Nachlassverbindlichkeiten bestehen, soweit in dieser Urkunde nichts anderes bestimmt ist,
- dass eine etwa angefallene Erbschaftsteuer bezahlt ist,
- dass der vertragsgegenständliche Erbteil nicht anderweitig veräußert wurde und auch nicht gepfändet oder mit sonstigen Rechten Dritter belastet ist.

VII. Erbteilsübertragung

1. Bedingte Übertragung
In Vollzug des Kaufvertrages überträgt der Verkäufer den verkauften Erbteil an den Käufer mit sofortiger dinglicher Wirkung, jedoch unter der auflösenden Bedingung des Rücktritts des Verkäufers vom Kaufvertrag wegen Zahlungsverzuges.

2. Grundbuchberichtigung, Widerspruch
Der Verkäufer bewilligt, der Käufer beantragt, die Erbteilsübertragung im Wege der Berichtigung in das Grundbuch einzutragen. Der Verkäufer bewilligt, der Käufer beantragt, die Eintragung eines entsprechenden Widerspruchs gem. § 899 BGB gegen die Richtigkeit des Grundbuches. Der Käufer bewilligt und beantragt bereits heute die Löschung des Widerspruches Zug um Zug mit Vollzug der vor beantragten Grundbuchberichtigung.

3. Verfügungsbeschränkung
Um den Verkäufer bis zum Wegfall der auflösenden Bedingung gegen den möglichen Verlust seiner Rechtsposition des zwischenzeitlichen gutgläubigen Erwerb eines Dritten zu schützen, bewilligt und beantragt der Käufer gleichzeitig mit Vollzug der Grundbuchberichtigung, die in der auflösenden Bedingung liegende Verfügungsbeschränkung des Käufers in der Weise einzutragen, dass dort vermerkt wird, dass die heute erfolgte Erbteilsübertragung auflösend bedingt ist, und
die Bedingung mit dem Rücktritt des Verkäufers vom Erbteilskaufvertrag eintritt. Der Verkäufer bewilligt und der Käufer beantragt bereits heute die Löschung der eingetragenen Verfügungsbeschränkung.
Der Notar wird hiermit unwiderruflich angewiesen, Ausfertigungen und beglaubigte Abschriften dieser Urkunde nur auszugsweise ohne die vorstehende Erklärung zur Löschung der Verfügungsbeschränkung zu erteilen, so lange, bis der Verkäufer bestätigt hat, dass das vereinbarte Entgelt bezahlt wurde, oder bis der Käufer die Zahlung nachgewiesen hat.

VIII. Kosten, Abschriften
...

IX. Belehrungen des Notars
...

4. Abschnitt. Der Ausschluss von der Erbfolge

§ 29 Pflichtteilsrecht

Übersicht

	Rdnr.
I. Einführung	1–3
II. Der Kreis der Pflichtteilsberechtigten	4–12
1. Die Abkömmlinge des Erblassers	4–6
2. Der Ehegatte des Erblassers	7/8
3. Die Eltern des Erblassers und entferntere Abkömmlinge	9–11
4. Ausgeschlossene Angehörige	12
III. Der Pflichtteilsanspruch	13–60
1. Voraussetzungen	13–17
2. Inhalt	18–22
3. Stundung und Verjährung des Pflichtteilsanspruchs	23–29
a) Stundung	23
b) Verjährung	24–29
4. Die Vervollständigungsansprüche	30–60
a) Der Pflichtteilsrestanspruch gemäß § 2305 BGB	30–33
b) Beschränkungen und Beschwerungen gemäß § 2306 BGB	34–55
c) Zuwendung eines Vermächtnisses gemäß § 2307 BGB	56–60
IV. Entziehung und Beschränkung des Pflichtteils	61–75
1. Entziehung des Pflichtteils	61–70
a) Entziehung des Pflichtteils eines Abkömmlings	61–63
b) Entziehung des Elternpflichtteils	64
c) Entziehung des Ehegattenpflichtteils	65
d) Form und Begründung der Entziehung	66–70
2. Pflichtteilsbeschränkung in guter Absicht	71–75
V. Die Pflichtteilsquote	76–96
1. Grundlagen zur Berechnung der Pflichtteilsquote	76/77
2. Die Pflichtteilsquote des Ehegatten	78–84
3. Anrechnung und Ausgleichung	85–96
a) Anrechnung	87–90
b) Ausgleichung	91–93
c) Zusammentreffen von Anrechnung und Ausgleichung	94–96
VI. Die Pflichtteilshöhe	97–111
1. Die Ermittlung des Nachlassbestandes	98–106
a) Aktivbestand	100–103
b) Passivbestand	104–106
2. Der Nachlasswert	107–111
VII. Die Pflichtteilslast	112–120
1. Grundlagen	112/113
2. Das Kürzungsrecht des Erben/Vermächtnisnehmers gemäß § 2318 BGB	114–120
VIII. Der Pflichtteilsergänzungsanspruch	121–164
1. Voraussetzungen des Anspruchs	121–138
a) Der Schenkungsbegriff	122–125
b) Das Niederstwertprinzip	126–130
c) Besonderheiten	131–134
d) Frist	135–138
2. Die Berechnung des Pflichtteilsergänzungsanspruchs	139–148
a) Grundlagen	139–143
b) Die Anrechnung des Eigengeschenks	144–147
c) Leistungsverweigerungsrecht des pflichtteilsberechtigten Erben	148
3. Der Beschenkte als Anspruchsgegner	149–154
4. Pflichtteilsergänzungsanspruch, Anrechnung und Ausgleichung	155–164

a) Das Zusammentreffen mit der Anrechung 155–159
b) Das Zusammentreffen mit der Ausgleichung 160–164
IX. Auskunft- und Wertermittlungsansprüche 165–180
1. Der Auskunftsanspruch gemäß § 2314 BGB 165–178
a) Der Inhalt des Auskunftsanspruches 165–174
b) Auskunftsberechtigter 175–177
c) Auskunftsverpflichteter 178
2. Der Wertermittlungsanspruch 179/180
X. Pflichtteil und Gesellschaftsrecht 181–203
1. Personengesellschaften 181–198
a) Grundsätzliches 181–188
b) Einfache und qualifizierte Nachfolgeklausel 189–192
c) Eintrittsklausel 193–198
2. Kapitalgesellschaften 199–203
a) Gesellschaft mit beschränkter Haftung 199–202
b) Aktiengesellschaft 203
XI. Gestaltungshinweise für die Praxis zur Pflichtteilsanspruchsreduktion 204–245
1. Beeinflussung der Pflichtteilsansprüche durch den ehelichen Güterstand 204–217
a) Zugewinnausgleich 204–209
b) Gütertrennung 210–213
c) Gütergemeinschaft 214–217
2. Pflichtteil und Voraus des Ehegatten 218–220
3. Pflichtteilsansprüche und vorweggenommene Erbfolge 221–229
4. Erb- und Pflichtteilsverzicht 230–239
5. Ausschluss von Pflichtteilsansprüchen durch Anordnung der Vor-
und Nacherbschaft 240–245

Schrifttum: *Brambring/Jerschke* (Hrsg.), Beckschke's Notar-Handbuch, 4. Aufl. 2006; *Brambring*, Abschied von der „ehebedingten Zuwendung" außerhalb des Scheidungsfalls und neue Lösungswege, ZEV 1996, 248; *Dieckmann*, Berücksichtigung ausgleichspflichtiger Zuwendungen bei der Bestimmung der ergänzungserheblichen Erbteile nach BGB § 2056 (f), FamRZ 88, 712; *Ebenroth/Bacher/Lortz*, Dispositive Wertbestimmungen und Gestaltungswirkungen bei Vorempfängen, JZ 1991, 277; *Eiselt*, Buchwertabfindung in Personengesellschaften und Pflichtteil, NJW 1981, 2447; *Felix*, Unruhiges Erbschaftsteuerrecht, DStR 1970, 5; *Frisching/Graf* Nachlassrecht, 8. Aufl.2000; *Fritschknecht*, Bringt eine Ausstattung lediglich einen rechtlichen Vorteil?, BWNotZ 1960, 269; *Haas*, Ist das Pflichtteilsrecht verfassungswidrig?, ZEV 2000, 249; *Haegele*, Zum Pflichtteilsergänzungsanspruch, BWNotZ 1972, 69; *Heinrich*, Die Gestaltung von Übertragungsverträgen im Schatten des Pflichtteilsergänzungsrechts, MittRhNotK 1995, 1157; *Hohloch*, Verjährung des Pflichtteils- und Pflichtteilsergänzungsanspruchs, JuS 1989, 233; *Huber*, Vermögensanteil, Kapitalanteil und Gesellschaftsanteil bei Personengesellschaften des Handelsrechts, 1. Aufl. 1970; *Johannsen*, Die Rechtsprechung des Bundesgerichtshofes auf dem Gebiet des Erbrechts, WM 1970, 110; *Kasper*, Anrechnung und Ausgleichung im Pflichtteilsrecht, 1. Aufl. 1999; *Kerscher/Riedel/Lenz*, Pflichtteilsrecht in der anwaltlichen Praxis, 3. Aufl. 2002; *Kerscher/Tanck/Krug*, Das erbrechtliche Mandat, 3. Aufl. 2003; *Klingelhöffer* Pflichtteilsrecht, 2. Aufl. 2003; *Kuchinke*, Der Pflichtteilsanspruch als Gegenstand des Gläubigerzugriffs, NJW 1994, 1769; *Lange/Kuchinke*, Lehrbuch des Erbrechts, 5. Aufl. 2001; *Langenfeld*, Die Bestandskraft ehebedingter Zuwendungen im Verhältnis zu Vertragserben und Pflichtteilsberechtigten, ZEV 1994, 129; *ders.*, Handbuch der Eheverträge und Scheidungsvereinbarungen, 4. Aufl. 2000; *Marotzke*, Das Wahlrecht der pflichtteilsberechtigten Erben, AcP 191 (1991), 563; *Jörg Mayer*, Wertermittlung des Pflichtteilsanspruchs: Vom gemeinen, inneren und anderen Werten, ZEV 1994, 331; *Meincke*, Das Recht der Nachlassbewertung im BGB, 1973; *Meyding*, Schenkungen unter Nießbrauchsvorbehalt und Pflichtteilsergänzungsanspruch, ZEV 1994, 202; *Natter*, Zur Auslegung des § 2306 BGB, JZ 1955, 138; *Nieder*, Handbuch der Testamentsgestaltung, 2. Aufl. 2000; *Planck/Greiff*, Kommentar zum BGB, 5. Band: Erbrecht, 4. Aufl. 1930; *Pentz*, Pflichtteilsergänzung bei Schenkungen, FamRZ 1997, 724; *Reist*, Nießbrauch und Pflichtteilergänzung, ZEV 1998, 241; Reichsgerichtsräte-Kommentar, Das bürgerliche Gesetzbuch mit besonderer Berücksichtigung der Rechtsprechung des Reichsgerichts und des Bundesgerichtshofs, Band V. 2. Teil §§ 2147 bis 2385, 12. Aufl.; *Rittner*, Handelsrecht und Zugewinngemeinschaft (III.): Der Zugewinnausgleich, FamRZ 1961, 505; *Scholz*, Kommentar zum GmbH-Gesetz, Band I Konzernrecht, 9. Aufl. 2000; *Schramm*, Nochmals das Wahlrecht des Erben nach § 1948 BGB, DNotZ 1965, 735; *Schubert*, Die Pfändbarkeit des Pflichtteilsanspruches, JR 1994, 419; *Siebert*, Gesellschaftsvertragliche Abfindungsklauseln und Pflichtteilsrecht, NJW 1960, 1033; *Staudenmaier*, Abzug des Voraus bei der Pflichtteilsberechnung, DNotZ 1965, 68; *Strohal*, Das deutsche Erbrecht, 1. Aufl. 1903/4; *Stötter*, Die Nachfolgeanteile an Personengesellschaften auf Grund Gesellschaftsvertrages oder Erbrecht, DB 1970, 573; *Sturm/Sturm*, Zur Anrechnung beim Pflichtteilergänzungsanspruch nach §§ 2325 ff. BGB, Festschrift für Ulrich von Lübtow, 1980; *Sudhoff*, Gesellschaftsrechtliche Abfindungsklauseln bei Errechnung des Pflichtteils- und Zugewinnanspruchs, NJW 1961, 801; *ders.* (Hrsg.), Unternehmensnachfolge, 5. Aufl. 2005; *Tiedau*, Gesellschaftsvertrag und neues eheliches Güterrecht unter besonderer Berücksichtigung gesellschaftsrechtlicher Abfindungsklauseln, MDR 1959, 253; *Ulmer*, Gesellschaftsnachfolge und Erbrecht, ZGR 1972, 324; *Weirich*, Erben und Vererben, 5. Aufl. 2005; *Wiedemann*,

Die Übertragung und Vererbung von Mitgliedschaften bei Handelsgesellschaften, 1. Aufl. 1965; *Zimmermann*, Pflichtteilsrecht und Zugewinnausgleich bei Unternehmer- und Gesellschafternachfolge, BB 1969, 965.

Checkliste

I. Ordentlicher Pflichtteilsanspruch
   1. Pflichtteilsanspruch dem Grunde nach
   a) Feststellung der Pflichtteilsberechtigten
      ☐ Enterbung
      ☐ Erb-/Pflichtteilsverzicht
      ☐ Ausschlagung
      ☐ Erb-/und Pflichtteilsunwürdigkeitserklärung
      ☐ Adoption
      ☐ Scheidung beantragt oder Scheidung zugestimmt
      ☐ Erbausschlagung gemäß § 2306 Abs. 1 S. 2 BGB?
      ☐ Ausschlagung eines Vermächtnisses gemäß § 2307 Abs. 1 S. 1 BGB?
   b) Festlegung der Erbquote der Pflichtteilsberechtigten
      ☐ Prüfung des Güterstandes der Ehegatten
      ☐ Wahlrecht des Ehegatten zwischen großem und kleinen Pflichtteil als Erbe/Vermächtnisnehmer
      ☐ Erbverzicht eines anderen Pflichtteilsberechtigten gegeben?
   2. Pflichtteil der Höhe nach
      ☐ Feststellung Aktiv- und Passivbestand des Nachlasses
      ☐ Ermittlung des Nachlasswertes und Abzug der Passiva von den Aktiva
      ☐ Grundsätzlich Stichtagsprinzip, Wertbestimmungen des Erblassers nur bei Landgütern
   3. Pflichtteilsrestanspruch
      ☐ Zusatzpflichtteil gemäß § 2305 BGB
      ☐ Zusatzpflichtteil des Vermächtnisnehmers gemäß § 2307 Abs. 1 S. 2 BGB
   4. Einwendungen
      ☐ Verjährung – Feststellung des Zeitpunkts der Kenntnis vom Erbfall und der beeinträchtigenden Verfügung, beachte § 2309 BGB bei entfernteren Abkömmlingen
      ☐ Hemmung der Verjährung eingetreten, z. B. durch Anerkenntnis, Klageerhebung
      ☐ Formgerechte Entziehung des Pflichtteils?
   5. Anrechnung und Ausgleich
      ☐ Hat es lebzeitige Zuwendungen/Vorempfänge gegeben?
      ☐ Ist der Zuwendungsempfänger zugleich Pflichtteilsberechtigter?
      ☐ Ist eine Anrechnungsbestimmung vor oder bei der Zuwendung erfolgt?
      ☐ Liegt eine Zuwendung gemäß § 2050 Abs. 1 bzw. Abs. 2 BGB vor?
      ☐ Liegt eine Ausgleichsanordnung gemäß § 2050 Abs. 3 BGB vor?
      ☐ Festlegung des Ausgleichserbteils unter Abzug des Ehegattenerbteils
II. Pflichtteilsergänzungsanspruch
   1. Feststellung Nachlasswert
      ☐ Realnachlass plus unentgeltliche Zuwendung
      ☐ Vorliegen einer gemischten Schenkung
      ☐ Bei Grundstücksschenkungen:
      ☐ Beachtung des Niederstwertprinzips
      ☐ Berücksichtigung von Dauernden Lasten, Nießbrauch etc.
      ☐ Wirtschaftliche Ausgliederung des schenkungsweise zugewandten Grundstückes
   2. Pflichtteilsergänzungsanspruch
      ☐ Selbständiger Anspruch bei Erbausschlagung
      ☐ Pflichtteilsergänzung gemäß § 2326 S. 1 BGB unter Abzug des Mehrempfangs gemäß § 2326 S. 2 BGB
      ☐ Anrechnung des Eigengeschenks gemäß § 2327 BGB

☐ Leistungsverweigerungsrecht des selbst pflichtteilsberechtigten Schuldners gemäß § 2328 BGB
☐ Inanspruchnahme des Beschenkten gemäß § 2329 BGB
☐ Beachtung der Zehnjahresfrist des § 2325 Abs. 3 BGB, insbesondere bei Ehegatten, hier: Rechtskraft des Scheidungsurteils
III. Auskunfts-/Wertermittlungsansprüche
1. Auskunftsanspruch
☐ Auskunftsberechtigter gemäß § 2303 Abs. 1 BGB
☐ Auskunftsverpflichteter = Erbe
☐ Enthält Bestandsverzeichnis:
☐ Angaben über Aktiva
☐ Angaben über Passiva
☐ Angaben zum fiktiven Nachlass (anrechnungs- und ausgleichspflichtige Zuwendungen/ergänzungspflichtige Schenkungen)
☐ Vorlage eines amtlichen Verzeichnisses?
☐ Ggf. Abgabe der eidesstattlichen Versicherung
☐ Ist Verjährung eingetreten oder werden die Auskünfte ggf. noch für Ansprüche gemäß §§ 2327, 2329 BGB benötigt?
2. Wertermittlungsanspruch
☐ Zugehörigkeit des Gegenstandes zum Nachlass
☐ Sachverständigengutachten eingeholt?

I. Einführung

1   Grundsätzlich kann der Erblasser im Rahmen der Testierfreiheit durch Verfügung von Todes wegen frei über sein Vermögen verfügen. Eine Grenze dieses Prinzips bildet das Pflichtteilsrecht. Es steht gleichsam als Notwehrrecht des Erben gegen die Testierfreiheit des Erblassers. Das Pflichtteilsrecht unterliegt zwar der Dispositionsbefugnis der Parteien, kann jedoch nicht einseitig, allein auf Grund des Willen des Erblassers, dem Berechtigten entzogen werden. Das Pflichtteilsrecht spiegelt somit das Bemühen des Gesetzgebers wieder, einen Ausgleich zwischen der Familiengebundenheit des Erblasservermögens einerseits und der Testierfreiheit des Erblassers andererseits zu schaffen.[1] *Boehmer* hat daher auch das Pflichtteilsrecht als das „Familiensozialistische Interesse" des BGB bezeichnet.[2]

2   Diese Betrachtungsweise, die das Pflichtteilsrecht insbesondere im Familienverbund begründet sieht, beruht überwiegend auf historischen Gründen. Sie wurde unlängst durch das Bundesverfassungsgericht durch Beschluss vom 19.4.2005 bestätigt.[3] Das Bundesverfassungsgericht sieht die Nachlassteilhabe von Kindern als Ausdruck einer Familiensolidarität, die durch Art. 6 GG geschützt ist. Das Pflichtteilsrecht habe die Funktion, die Fortsetzung des idealen und wirtschaftlichen Zusammenhangs von Vermögen und Familie über den Tod des Vermögensinhabers zu ermöglichen. Insbesondere bei Zerrüttung der Beziehung zwischen dem Erblasser und seiner Familie bzw. bei Kindern des Erblassers aus einer früheren Ehe oder Beziehung, würden die Kinder ohne ein Pflichtteilsrecht am Vermögen des Erblassers nicht teilhaben. Das Pflichtteilsrecht sei daher auch Ausprägung des Schutzauftrags aus Art. 6 Abs. 5 GG. Letztlich vertritt das Bundesverfassungsgericht die Auffassung, dass das Pflichtteilsrecht als unabhängige und bedarfsorientierte wirtschaftliche Mindestbeteiligung der Kinder des Erblassers an dessen Nachlass durch die Erbrechtsgarantie des Art. 14 Abs. 5 S. 1 GG i.V.m. Art. 6 Abs. 5 GG gewährleistet wird.

3   Der Erbrechtsgarantie des Erben und der ihm einzuräumenden Möglichkeit, den Pflichtteilsanspruch wegen eines besonders schwerwiegenden Fehlverhalten des Kindes gegenüber dem Erblasser abzuwehren sei mit dem Katalog der Pflichtteilsentziehungsgründe in § 2333

---

[1] Vgl. Staudinger/*Haas* Vorb. zu § 2303 ff. Rdnr. 12 ff.
[2] Staudinger/*Boehmer* 11. Aufl., Einl. § 20 Rdnr. 16 zu § 1922 ff.
[3] BVerfG Beschl. v. 19.4.2005 – NJW 2005, 1561.

BGB bzw. durch den Pflichtteilsunwürdigkeitsgrund gemäß §§ 2345 Abs. 2, 2339 Abs. 5 Nr. 1 BGB Rechnung getragen. Das Bundesverfassungsgericht begründet also letztlich den Schutz des Pflichtteilsrechts mit der traditionell bedingten Zusammengehörigkeit von Vermögen und Familie. Dies scheint angesichts des Wertewandels in der Gesellschaft und der immer geringeren Bedeutung von Familienverbund und -tradition nach wie vor fraglich.

II. Der Kreis der Pflichtteilsberechtigten

1. Die Abkömmlinge des Erblassers

Pflichtteilsberechtigt sind gemäß § 2303 BGB die **Abkömmlinge des Erblassers**. Hierunter fallen alle Personen, die mit dem Erblasser in absteigender gerader Linie (§ 1589 S. 1 BGB) verwandt sind, also Kinder, Enkel, Urenkel usw. Hierzu zählen auch angenommene (§§ 1754, 1770 BGB) und nichteheliche Kinder.[4] Das Entstehen des Pflichtteilsrechts setzt voraus, dass die vorgenannten Abkömmlinge im Zeitpunkt des Erbfalls gesetzliche Erben sind. Der nähere Abkömmling schließt hier den entfernteren Abkömmling gemäß § 1924 Abs. 2 BGB aus. Das Pflichtteilsrecht kann nicht durch **Ausschlagung** der Erbschaft erlangt werden, da dessen Entstehung den Ausschluss von der Erbfolge durch Verfügung von Todes wegen voraussetzt. Der Erbe hat also grundsätzlich nicht die Wahl, die Erbschaft auszuschlagen und den Pflichtteil zu verlangen. Ausnahmen bestehen lediglich in den Fällen der §§ 1371 Abs. 3,[5] 2306 Abs. 1 S. 2 BGB.[6]

Liegt eine **Adoption** vor, so ergeben sich hieraus Auswirkungen auf das Pflichtteilsrecht des Abkömmlings, da sich die bestehenden Verwandtschaftsverhältnisse ändern. Das minderjährige Kind scheidet unter Begründung eines neuen gesetzlichen Verwandtschaftsverhältnisses mit der annehmenden Familie (§§ 1754, 1755 BGB) vollständig aus seiner Ursprungsfamilie aus. Folglich steht ihm das Pflichtteilsrecht gegen den annehmenden und dessen Verwandten nach allgemeinen Grundsätzen zu.

Dies gilt ebenso für die vor oder nach der Adoption geborenen Abkömmlinge des angenommenen Kindes.[7] Umgekehrt steht ebenso dem Annehmenden und dessen Verwandten ein Pflichtteilsrecht nach dem angenommenen Kind zu.

Von diesem Grundsatz der Volladoption bestehen jedoch bei der Verwandten- und Stiefkinderadoption, der Annahme eines Kindes eines Ehegatten durch den anderen Ehegatten sowie bei der Volljährigenadoption Ausnahmen. Bei der **Verwandtenadoption** kommt es lediglich zu einem Erlöschen der Verwandtschaftsbeziehungen des Kindes und seiner Abkömmlinge zu seinen Eltern (§ 1756 Abs. 1 BGB). Die übrigen Verwandtschaftsverhältnisse, also zu den Großeltern, Urgroßeltern usw. bleiben jedoch bestehen. Aufgrund dieser Regelung ergibt sich eine Mehrung der Pflichtteilsrechte des Kindes, das heißt, neben die auf Grund der Adoption begründeten Pflichtteilsrechte treten die Pflichtteilsrechte aus den über die leiblichen Eltern bestehenden Verwandtschaftsverhältnissen.[8] Eine solche Mehrung der Pflichtteilsrechte tritt auch dann ein, wenn ein Ehegatte das Kind des anderen Ehegatten annimmt. Hier kommt es gemäß § 1755 Abs. 1 BGB lediglich zu einem Erlöschen des Verwandtschaftsverhältnisses zu dem außerhalb der Ehe stehenden Elternteil. So z. B. bei der Wiederverheiratung der geschiedenen Mutter und der anschließenden Annahme des Kindes durch dessen Stiefvater.[9]

Hierbei ist allerdings zu beachten, dass in Fällen, in denen die Ehe durch Tod aufgelöst wurde, die Adoption durch den Ehegatten des überlebenden Elternteils im Falle der Wiederverheiratung die verwandtschaftlichen Beziehungen zu dem verstorbenen Elternteil unberührt lässt, sofern dieser zum Zeitpunkt des Todes sorgeberechtigt war (§ 1756 Abs. 2

---

[4] Die frühere Differenzierung zwischen ehelichen und nichtehelichen Kindern im Erbrecht ist durch das Gesetz zur erbrechtlichen Gleichstellung nichtehelicher Kinder (Erbrechtsgleichstellungsgesetz-ErbGleichG) vom 16.12.1997 BGBl. I. S. 2968 vollständig beseitigt worden.
[5] Vgl. hierzu Rdnr. 80.
[6] Vgl. hierzu Rdnr. 34.
[7] *Lange/Kuchinke* § 14 II 1.
[8] Vgl. im Einzelnen Staudinger/*Frank* § 1756 Rdnr. 15 ff.
[9] *Lange/Kuchinke* § 14 II 2 b).

BGB).[10] Schließlich lässt nach § 1770 BGB auch die Volljährigenadoption grundsätzlich das Verwandtschaftsverhältnis des Angenommenen unberührt.[11] Der Angenommene erlangt Pflichtteilsrechte gegenüber dem Annehmenden.[12] Zu diesen treten die bereits bestehenden Pflichtteilsrechte gegenüber seinen bisherigen Verwandten.[13]

2. Der Ehegatte des Erblassers

7   Neben den Abkömmlingen des Erblassers ist auch dessen Ehegatte, der mit diesem in rechtsgültiger Ehe gelebt hat, pflichtteilsberechtigt. Lebten die Ehegatten getrennt, so genügt dies nicht, das **Erb- und Pflichtteilsrechts des Ehegatten** auszuschließen. Vielmehr entfällt das Pflichtteilsrecht des Ehegatten nach dem Erblasser gemäß § 1933 BGB nur, wenn zurzeit seines Todes die Voraussetzungen für die **Scheidung** der Ehe gegeben waren und der Erblasser die Scheidung beantragt oder ihr zugestimmt hatte. Daraus folgt, dass dem Antragsteller im Scheidungsverfahren nach dem Tode des Antragsgegners ein Pflichtteilsrecht zusteht, wenn der Antragsgegner der Scheidung bis dahin nicht zugestimmt hatte oder er seinerseits einen Scheidungsantrag gestellt hatte. Selbst die Zustimmung des Antragsgegners schließt nicht sicher das Pflichtteilsrecht des überlebenden Antragstellers aus, da dieser nach dem Ableben des Antragsgegners den Scheidungsantrag zurücknehmen kann.

8   Als einzig sicherer Weg zum Ausschluss des Pflichtteilsrechts verbleibt somit nur die Stellung des Scheidungsantrags durch den Antragsgegner. Zudem muss gemäß § 1933 S. 1 BGB der Scheidungsantrag begründet gewesen sein. Die Beweislast hierfür trägt der sich auf den Wegfall des Pflichtteilsrechts Berufende.[14] Will der Antragsgegner also nicht selbst die Scheidung beantragen, so kann das Pflichtteilsrecht des Antragstellers nicht sicher zu Fall gebracht werden. Lebten die Ehegatten im Zeitpunkt des Todes eines Ehegatten im gesetzlichen Güterstand der **Zugewinngemeinschaft**, so erhöht sich unabhängig davon, ob tatsächlich ein Zugewinn erzielt wurde, der gesetzliche Erbteil des überlebenden Ehegatten um ein Viertel. Hierzu kommt es jedoch nicht, wenn der Ehegatte enterbt wurde. In diesem Fall steht ihm nur der nach dem nicht erhöhten gesetzlichen Erbteil bestimmte Pflichtteil (§ 1371 Abs. 2 2. Hs BGB), das heißt, der so genannte kleine Pflichtteil, zu.[15]

3. Die Eltern des Erblassers und entferntere Abkömmlinge

9   Die Eltern des Erblassers und entferntere Abkömmlinge (entfernte Berechtigte) sind grundsätzlich pflichtteilsberechtigt. Seit In-Kraft-Treten des LPartG zum 1.8.2001 haben gleichgeschlechtliche Lebenspartner ein Pflichtteilsrecht gemäß § 10 Abs. 6 LPartG. Dieses kann jedoch gem. §§ 15 bzw. 10 Abs. 3 LPartG ausgeschlossen sein. Sie sind jedoch ausgeschlossen, soweit ein Abkömmling als gesetzlicher Erbe der ersten Ordnung den Pflichtteil verlangen kann oder das ihm Hinterlassene annimmt. Ob er den Pflichtteil tatsächlich verlangt, ist unerheblich.[16] Folglich schließt auch derjenige Abkömmling die entfernten Berechtigten vom Pflichtteilsrecht aus, der enterbt ist, jedoch mit Rücksicht auf bestehende verwandtschaftliche Beziehungen gegen den gewillkürten Alleinerben kein Pflichtteilsrecht geltend macht. Ein **Pflichtteilsrecht des entfernten Berechtigten** besteht somit nur, wenn dieser im Falle der gesetzlichen Erbfolge als Erbe berufen wäre, durch eine nachteilige letztwillige Verfügung des Erblassers von der Erbschaft ausgeschlossen ist und ein Abkömmling des Erblassers den Pflichtteil nicht verlangen kann. Die Eltern können somit einen Pflichtteil erhalten, wenn der nähere Abkömmling die Erbschaft ausgeschlagen hat (§ 1953 BGB), für erb- bzw. pflichtteilsunwürdig erklärt worden ist (§ 2345 BGB), auf sein gesetzliches Erb- bzw. Pflichtteilsrecht verzichtet hat (§ 2346 BGB) oder wenn er enterbt wurde.[17] Sofern ein Verzicht des näheren Berechtigten vorliegt, ist

---

[10] Vgl. im Einzelnen Staudinger/*Frank* § 1756 Rdnr. 28 ff.
[11] Die Wirkungen der Volladoption können allerdings dann eintreten, wenn diese von dem Annehmenden und dem Anzunehmenden gemäß § 1772 beantragt worden sind.
[12] Gem. § 1770 Abs. 1 BGB nicht jedoch gegenüber dessen Verwandten.
[13] Vgl. im Einzelnen Staudinger/*Frank* § 1770 Rdnr. 13 ff.
[14] BGH Urt. v. 10.11.1994 – NJW 1995, 1082, 1084.
[15] BGH Urt. v. 25.6.1964 – BGHZ 42, 182 – NJW 1964, 2404.
[16] MünchKommBGB/*Lange* § 2309 Rdnr. 12.
[17] Vgl. im Einzelnen die jeweiligen Fallgestaltungen bei MünchKommBGB/*Lange* § 2309 Rdnr. 6 ff.; Staudinger/*Ferid/Cieslar* § 2309 Rdnr. 7.

allerdings zu klären, ob sich dieser möglicherweise gemäß § 2349 BGB auf die Abkömmlinge erstreckt, oder ob die Erstreckung des Verzichts ausgeschlossen wurde.

Ist der Verzicht gemäß § 2346 Abs. 2 BGB auf das Pflichtteilsrecht beschränkt, so bleibt hiervon das gesetzliche Erbrecht des näheren Abkömmlings unberührt, so dass das Pflichtteilsrecht des entfernteren Berechtigten nur entsteht, wenn der Verzichtende zugleich enterbt worden ist.

Selbst wenn der nähere Berechtigte von der gesetzlichen Erbfolge ausgeschlossen ist und ihm kein Pflichtteilsrecht zusteht, kann der entferntere Berechtigte den Pflichtteil nicht verlangen, wenn der nähere Berechtigte gemäß § 2309 BGB „das ihm Hinterlassene" annimmt. Hierzu zählen Fälle, in denen dem näheren Abkömmling trotz Enterbung und Pflichtteilsentzug ein **Vermächtnis** hinterlassen worden ist, das dieser annimmt.[18]

Der Pflichtteil des entfernteren Abkömmlings ist auch dann eingeschränkt, wenn der nähere Berechtigte diesen auf Grund einer **Pflichtteilskürzung** gemäß §§ 2333 ff. BGB nur zum Teil verlangen kann.[19]

4. Ausgeschlossene Angehörige

Ein Pflichtteilsrecht steht gemäß § 2303 BGB nur Abkömmlingen des Erblassers sowie dessen Eltern und dessen Ehegatten zu. Andere Angehörige, wie z. B. die Großeltern des Erblasser sowie dessen Geschwister nebst deren Angehörigen sind nicht pflichtteilsberechtigt. Hierüber besteht in der anwaltlichen Praxis oft Unklarheit.

So können Geschwister untereinander keinen Pflichtteil verlangen; auch dann nicht, wenn der Erblasser sein Vermögen im Wesentlichen den vorverstorbenen Eltern verdankt. Ebenso steht den Stiefkindern des Erblassers, sofern diese nicht adoptiert wurden[20] sowie dem mit dem Erblasser in einer **nichtehelichen Lebensgemeinschaft** lebenden Partner mangels eines gesetzlichen Erbrechts auch kein Pflichtteilsrecht zu.

Soweit in diesen Fällen eine Teilhabe des nichtehelichen Lebenspartners am Nachlass gewünscht wird, kann dies nur durch eine entsprechende letztwillige Verfügung erreicht werden.

III. Der Pflichtteilsanspruch

1. Voraussetzungen

Der Pflichtteilsanspruch ist vom Pflichtteilsrecht zu unterscheiden. Im Gegensatz zum Pflichtteilsrecht, das bereits vor dem Tode des Erblasser Gegenstand einer Feststellungsklage sein kann,[21] entsteht der Pflichtteilsanspruch gemäß § 2317 Abs. 1 BGB erst mit dem Erbfall. § 2303 BGB fordert als Voraussetzung hierfür, dass der Abkömmling des Erblassers „durch Verfügung von Todes wegen von der Erbfolge ausgeschlossen ist". Demnach setzt das **Entstehen eines Pflichtteilsanspruches** voraus, dass der Berechtigte durch eine letztwillige Verfügung des Erblassers enterbt worden ist. Die Enterbung eines Abkömmlings erstreckt sich im Zweifel nicht auf den Stamm des Enterbten. Der Erblasser sollte daher immer verfügen, ob sich die Enterbung auf einzelne Personen oder den ganzen Stamm erstreckt.[22]

Hingegen steht dem Berechtigten grundsätzlich nicht die Möglichkeit offen, eine ihm zugewandte Erbschaft auszuschlagen und den Pflichtteil zu verlangen. Schlägt der Erbe in der irrigen Annahme, den Pflichtteil fordern zu können, aus, erhält er folglich, außer in den Fällen der §§ 1371 Abs. 3, 2306, 2307 BGB, nichts.[23]

> **Praxistipp:**
> Vor der Ausschlagung ist daher stets zu prüfen, ob einer der vorgenannten Ausnahmefälle vorliegt.

---

[18] Vgl. hierzu im Einzelnen MünchKommBGB/*Lange* § 2309 Rdnr. 14 f.
[19] Vgl. MünchKommBGB/*Lange* § 2309 Rdnr. 13.
[20] Vgl. hierzu § 29 Rdnr. 5.
[21] Vgl. RG Urt. v. 31.3.1942 – RGZ 169, 98; RG Urt. v. 10.1.1978 – RGZ 92, 1.
[22] *Scherer* ZEV 1999, 41.
[23] Vgl. zu den angeführten Ausnahmen § 29 Rdnr. 34 ff.

15 Der Wortlaut der letztwilligen Verfügung braucht nicht die ausdrückliche **Enterbung** des Berechtigten zu enthalten. Vielmehr genügt es, wenn sich aus der letztwilligen Verfügung ergibt, dass der Berechtigte nicht Erbe sein soll. Hat der Erblasser also einen Alleinerben bestimmt, so enthält diese Bestimmung zugleich die Enterbung aller in Frage kommenden gesetzlichen Erben des Erblassers. Die Enterbung kann gemäß § 1938 BGB auch in Form eines so genannten Negativtestamentes erfolgen, mittels dessen der Erblasser Abkömmlinge oder den Ehegatten von der gesetzlichen Erbfolge ausschließt, ohne zugleich einen Erben zu benennen.

16 Ist der Berechtigte gemäß § 2096 BGB nur als Ersatzerbe oder Schlusserbe eingesetzt, so liegt hierin ebenfalls eine Enterbung desselben, soweit die Erbschaft nicht angefallen ist. Gegebenenfalls ist zu prüfen, ob dem Erblasser das Pflichtteilsrecht des Übergangenen überhaupt bekannt war, bzw. ob dieses zum Zeitpunkt der Errichtung der letztwilligen Verfügung überhaupt bestand. Sollte dies nicht der Fall gewesen sein, so kann der Pflichtteilsberechtigte die letztwillige Verfügung gemäß § 2079 BGB anfechten und hierdurch eine Stellung als gesetzlicher Erbe erlangen. Eine solche Prüfung ist z. B. angebracht, wenn der Erblasser zum Zeitpunkt der Testamentserrichtung mit dem späteren Ehegatten, der im Testament nicht bedacht worden ist, noch in **nichtehelicher Lebensgemeinschaft** lebte.

17 Die Ausschließung des Pflichtteilsberechtigten von der gesetzlichen Erbfolge bedarf keiner Begründung. Wünscht der Testierende hingegen bei der Errichtung der letztwilligen Verfügung eine Begründung zu geben, so sollte geprüft werden, ob diese mit § 138 BGB vereinbar ist bzw. ob eine solche Begründung nicht Anhaltspunkte für eine Anfechtung der letztwilligen Verfügung nach § 2079 BGB liefert. Im Zweifel sollte daher von einer Begründung der Enterbung abgesehen werden.

2. Inhalt

18 Der Pflichtteilsanspruch ist ein reiner Geldanspruch und damit sofort fällig.[24] Als solcher ist er vom Eintritt der Rechtshängigkeit (§ 291 BGB) oder des Verzugs (§ 288 BGB) zu verzinsen. Der Pflichtteilsanspruch als Geldanspruch kann auch im **Mahnverfahren** gemäß § 688 ZPO geltend gemacht werden.

Der Pflichtteilsberechtigte wird jedoch oftmals mangels Kenntnis der Berechnungsgrundlagen vor dem Problem stehen, den Anspruch zu beziffern.

Die Rechtsprechung lässt daher zu, dass der Pflichtteilsberechtigte den gemäß § 2314 BGB auskunftspflichtigen Erben durch eine unbezifferte Mahnung in **Verzug** setzt, wenn er gleichzeitig den Erben nach § 2314 BGB auf Auskunft in Anspruch nimmt.[25]

19 Beispiel:
Ich fordere Sie auf, den sich auf Grund der Auskunftserteilung ergebenden Pflichtteilsbetrag bis zum ... an meinen Mandanten zu bezahlen.

20 Der Pflichtteilsberechtigte kann, muss aber nicht, statt dessen auch den Pflichtteilsanspruch mit der **Stufenklage**[26] gemäß § 254 ZPO geltend machen. Diese ist zunächst auf Auskunft über den Bestand und Wert des Nachlasses und in der weiteren Stufe auf Zahlung zu richten.[27] Mit Zustellung der Stufenklage gerät der Erbe grundsätzlich in Verzug. Allerdings kann mangels Vertretenmüssen (§ 286 Abs. 2 BGB) seitens des Erben der Verzugseintritt solange ausgeschlossen sein, wie dieser zur pflichtgemäßen Erteilung der Auskunft benötigt.

21 Der **Pflichtteilsanspruch** ist vom Erbfalle an gemäß § 2317 Abs. 2 BGB **übertragbar** und **vererblich**. Dabei ist jedoch zu beachten, dass in Fällen der §§ 2306 Abs. 1 S. 2, 2307 Abs. 1 S. 1 BGB das dem Erben zustehende Ausschlagungsrecht nicht übertragen werden kann.[28]

Soll in diesen Fällen also der Zessionar einen Pflichtteilsanspruch erhalten, so hat der Zedent zuvor mittels Ausschlagungserklärung den Pflichtteil geltend zu machen. Hingegen erwirbt der Erbe des gemäß §§ 2306 Abs. 1 S. 2, 2307 Abs. 1 S. 1 BGB bedachten Pflichtteilsberechtigten

---

[24] Der Pflichtteilsanspruch kann auch durch Leistung an Erfüllung statt, so z. B. durch die Hingabe von Nachlassgegenständen, befriedigt werden.
[25] BGH Urt. v. 6.5.1981 – BGHZ 80, 269, 277 = NJW 1981, 1729.
[26] Vgl. § 62 Rdnr. 7.
[27] BGH Urt. v. 6.5.1981 – BGHZ 80, 269, 277 = NJW 1981, 1729, 1731.
[28] MünchKommBGB/*Lange* § 2317 Rdnr. 10.

dessen Rechtsposition, das heißt, gemäß § 1952 Abs. 1 BGB auch dessen Ausschlagungsrecht, so dass er dieses auch geltend machen kann. **Abtretung** und **Vererbung** können durch die Vereinbarung eines eingeschränkten **Pflichtteilsverzichts** gemäß § 2346 BGB ausgeschlossen werden. Der Pflichtteilsverzicht bedarf der notariellen Beurkundung.

Der Pflichtteilsanspruch ist gemäß § 852 Abs. 1 ZPO erst pfändbar, wenn er durch Vertrag 22 anerkannt oder rechtshängig geworden ist. Der BGH lässt auch eine **Pfändung** des Pflichtteilsanspruchs vor Anerkennung oder Rechtshängigkeit zu. Gepfändet wird der in seiner Verwertung aufschiebend bedingte Anspruch, so dass bei Eintritt der Verwertungsvoraussetzungen ein vollwertiges Pfandrecht entsteht, dessen Rang sich nach dem Zeitpunkt der Pfändung richtet.[29] Es empfiehlt sich, im Pfändungsantrag und im Pfändungsbeschluss zum Ausdruck zu bringen, dass der aufschiebend bedingte Pflichtteilsanspruch mit der Maßgabe des Eintritts der Voraussetzung des § 852 Abs. 1 ZPO gepfändet wird, d. h., dass der Anspruch durch Vertrag zwischen Schuldner und Drittschuldner anerkannt oder zwischen diesen Parteien rechtshängig werden wird.

3. Stundung und Verjährung des Pflichtteilsanspruchs

a) **Stundung.** Als Geldanspruch ist der Pflichtteilsanspruch sofort fällig. § 2331 a BGB 23 gewährt jedoch dem Erben, der selbst pflichtteilsberechtigt wäre, die Möglichkeit der **Stundung des Pflichtteilsanspruches.** Der Erbe muss also zu dem in § 2303 BGB genannten Personenkreis gehören und darf nicht durch § 2309 BGB ausgeschlossen sein. Einem entsprechend berechtigten Miterben steht diese Stundungsmöglichkeit ebenso offen.[30] Voraussetzung zur Stundung ist, dass die sofortige Erfüllung des gesamten Anspruchs den Erben ungewöhnlich hart[31] treffen muss. Als Beispiel nennt das Gesetz in § 2331 a Abs. 1 BGB die Aufgabe der Familienwohnung oder die Veräußerung eines Wirtschaftsgutes, das für den Erben und seine Familie die wirtschaftliche Lebensgrundlage bildet. Unter § 2331 a Abs. 1 BGB fallen auch gewerblichen Unternehmen, Mietshäuser, landwirtschaftliche Güter, Beteiligungen anhandelsgesellschaften usw..[32] Stets ist jedoch eine Abwägung der Interessen des Erben mit den Interessen des Pflichtteilsberechtigten vorzunehmen. Der gestundete Pflichtteilsanspruch ist vom Erben gemäß § 2331 a Abs. 2 BGB i. V. m. § 1382 Abs. 2 BGB zu verzinsen. Zur Entscheidung über die Stundung ist in Fällen des unstreitigen Pflichtteilsanspruches gemäß §§ 2331 a Abs. 2 S. 2, 1382 Abs. 2–6 BGB das Nachlassgericht berufen. Dieses kann auf Antrag aussprechen, dass der Erbe für den gestundeten Pflichtteilsanspruch Sicherheit zu leisten hat (§ 1382 Abs. 3 BGB). Über die Höhe der Verzinsung sowie Art und Umfang der Sicherheitsleistung entscheidet das Nachlassgericht nach billigem Ermessen.[33] Ist der Pflichtteilsanspruch hingegen streitig, so ist das Prozessgericht zur Entscheidung über die Stundung berufen (§§ 2331 a Abs. 2 S. 2, 1382 Abs. 5 BGB).

b) **Verjährung.** Durch das Schuldrechtsmodernisierungsgesetz haben sich gem. § 197 Abs. 1 24 Nr. 2 BGB n.F. keine Änderungen der Verjährung des Pflichtteilsanspruchs ergeben. Der ordentliche Pflichtteilsanspruch gegen den Erben verjährt gemäß § 2332 Abs. 1 BGB in 3 Jahren. Erforderlich für den **Fristbeginn** ist die Kenntnis des Pflichtteilsberechtigten vom Erbfall und von der beeinträchtigenden Verfügung. Ohne entsprechende Kenntnis verjährt der Pflichtteilsanspruch gemäß § 2332 Abs. 1 BGB in 30 Jahren nach dem Erbfall. **Kenntnis vom Erbfall** ist gegeben, wenn der Pflichtteilsberechtigte vom Tod des Erblassers bzw. im Falle eines Verschollenen von dessen Todeserklärung erfährt. Dies gilt auch im Falle der **Nacherbschaft,** das heißt, auch für den Nacherben beginnt die Frist mit Kenntnis vom Tode des Erblassers. In der Praxis sind Nacherben häufig minderjährig. Bei Ansprüchen minderjähriger Pflichtteilsberechtigter wird allerdings die Verjährung nicht vor Eintritt der Volljährigkeit in Gang gesetzt (§ 207 Abs. 1 Nr. 2 BGB). Der Beginn der Verjährungsfrist setzt die Kenntnis von der beeinträchtigenden Verfügung voraus. Hierbei kann es sich sowohl um eine letztwillige Verfügung als auch um

---

[29] BGH Urt. v. 3.7.1993 – BGHZ 123, 183 = NJW 1993, 2876; dazu *Kuchinke* NJW 1994, 1769; *Schubert* JR 1994, 419.
[30] *Lange/Kuchinke* § 37 VIII 5.b).
[31] Vgl. hierzu MünchKommBGB/*Lange* § 2331 a Rdnr. 6.
[32] MünchKommBGB/*Frank* § 2331 a Rdnr. 4
[33] Zur Höhe der Verzinsung vgl. BayObLG Beschl. v. 22.12.1980 – BayOblGZ 1980, 421.

eine lebzeitige Verfügung, also um eine Schenkung handeln. Da es allein auf die Verfügung und nicht auf die Kenntnis des Nachlasswertes ankommt, beginnt die **Verjährung** in den Fällen der §§ 2306 Abs. 1, 2307 Abs. 1 BGB gemäß § 2332 Abs. 3 bereits mit der Kenntnis der Verfügung und nicht erst mit der Ausschlagung der Erbschaft bzw. des Vermächtnisses.

25 Berechtigte Zweifel des Pflichtteilsberechtigten an der Gültigkeit der letztwilligen Verfügung sollen die erforderliche Kenntnis ausschließen.[34] Hingegen soll die irrige Auslegung der letztwilligen Verfügung über das Maß der Beeinträchtigung die Kenntnis von einer letztwilligen Verfügung nicht ausschließen, so dass die Verjährungsfrist hierdurch nicht beeinträchtigt wird.[35] Etwas anderes gilt, wenn der Pflichtteilsberechtigte über das Bestehen seines Pflichtteilsrechts überhaupt irrt. Hält ein Pflichtteilsberechtigter eine letztwillige Verfügung auf zu beurteilenden Erbfall für nicht anwendbar, tritt keine Verjährung des Pflichtteilsanspruchs ein.[36] Es fehlt hier am hinreichenden Anlass des Erben zu handeln. Ihm ist nicht bewusst, dass sein gesetzliches Erbrecht überhaupt beeinträchtigt ist.

26 Die dreijährige Verjährungsfrist gilt auch für den **Pflichtteilsrestanspruch** gemäß §§ 2305, 2307 Abs. 1 S. 2 BGB, den **Vervollständigungsanspruch** gemäß § 2316 Abs. 2 BGB und den **Pflichtteilsergänzungsanspruch** gemäß § 2325 BGB. Der gegen den Beschenkten gemäß § 2329 BGB gerichtete Ergänzungsanspruch verjährt in jedem Falle gemäß § 2332 Abs. 2 BGB in 3 Jahren von dem Eintritt des Erbfalls an. Auf die Kenntnis von der Schenkung, dem Erbfall oder der beeinträchtigenden letztwilligen Verfügung kommt es also nicht an. In Bezug auf den Pflichtteilsergänzungsanspruch ist die verjährungsrechtliche Behandlung umstritten. Der BGH[37] sowie die überwiegend vertretene Ansicht sind der Meinung, dass für den Beginn der Verjährung des ordentlichen Pflichtteilsanspruchs auf die Kenntnis von der letztwilligen Verfügung, für den Beginn der Verjährung des Ergänzungsanspruches hingegen auf die Kenntnis von der Schenkung abzustellen ist.
Folglich kann der Pflichtteilsberechtigte auch nach Ablauf der Verjährungsfrist für den Pflichtteilsanspruch Pflichtteilsergänzungsansprüche gemäß § 2325 BGB geltend machen, soweit er von der ihn benachteiligenden lebzeitigen Verfügung des Erblassers (Schenkung) erst zu diesem Zeitpunkt Kenntnis erlangte.[38] Erlangt der Pflichtteilsberechtigte hingegen in umgekehrter Reihenfolge zunächst Kenntnis von der Schenkung und sodann von der letztwilligen Verfügung, so soll die Verjährungsfrist für den Pflichtteilsergänzungsanspruch nicht vor Kenntnis der letztwilligen Verfügung beginnen.[39] Der Pflichtteilsergänzungsanspruch verjährt somit nicht vor dem ordentlichen Pflichtteilsanspruch. Wird der Pflichtteilsberechtigte hingegen nur durch eine lebzeitige Verfügung (Schenkung) beeinträchtigt, so beginnt die Verjährungsfrist mit deren Kenntnis, frühestens allerdings mit dem Erbfall.[40]

27 In Fällen, in denen der Ehegatte des Erblassers, der mit diesem im **Güterstand der Zugewinngemeinschaft** gelebt hat, zum Erben eingesetzt wurde oder mit einem Vermächtnis bedacht worden ist, beginnt die Verjährung erst, wenn der Pflichtteilsberechtigte weiß, ob der Ehegatte die Erbschaft annimmt oder ausschlägt,[41] da bis zu diesem Zeitpunkt die Pflichtteilsquote der Abkömmlinge oder Eltern wegen § 1371 BGB ungewiss bleibt.

28 Die Verjährungsfrist für **Pflichtteilsansprüche entfernterer Abkömmlinge** und der **Eltern des Erblassers** (§ 2309 BGB) beginnt erst, wenn der Pflichtteilsberechtigte vom Wegfall des Vorberufenen Kenntnis erlangt.[42] Neubeginn der Verjährung des Pflichtteilsanspruchs tritt gemäß § 212 Abs. 1 Nr. 1 BGB durch ein Anerkenntnis des Verpflichteten ein.

---

[34] BGH Urt. v. 23.6.1993 – NJW 1993, 2439; MünchKommBGB/*Lange* § 2332 Fn. 23 m.w.N.
[35] BGH Urt. v. 25.1.1995 – NJW 1995, 1157 = ZEV 1995, 219 m. Anm. *Ebenroth/Koos* S. 233 bis 235; RG Urt. v. 2.3.1933 – RGZ 140, 75, 77.
[36] BGH Urt. v. 6.10.1999 – ZEV 2000, 36.
[37] BGH Urt. v. 9.3.1988 – BGHZ 103, 333 = LM Nr. 11 = NJW 1988, 1667 m. Anm. *Hohloch* JuS 1989, 233.
[38] A.A. OLG Schleswig Urt. v. 11.1.1978 – MDR 1978, 757; Soergel/*Dieckmann* § 2332 Rdnr. 12; offengelassen in BGH Urt. v. 19.7.1985 – BGHZ 95, 76, 83 = NJW 1985, 2945, 2947 m. Anm. *Dieckmann* FamRZ 1985, 1124 und *Hohloch* JuS 1986, 66.
[39] BGH Urt. v. 17.4.1985 – NJW 1985, 2945.
[40] BGH Urt. v. 6.11.1963 – LM Nr. 3 = NJW 1964, 297.
[41] MünchKommBGB/*Lange* § 2332 Rdnr. 8.
[42] MünchKommBGB/*Lange* § 2332 Rdnr. 9.

Ein solches Anerkenntnis liegt auch dann vor, wenn der Verpflichtete sich auf Verlangen des Berechtigten bereit erklärt, gemäß § 2314 BGB Auskunft über den Bestand des Nachlasses zu erteilen, da er hierdurch zu erkennen gibt, dass er sich des Pflichtteilsanspruchs bewusst ist.[43] Auch die Errichtung eines Inventars gemäß § 1994 BGB sowie die Abgabe einer eidesstattlichen Versicherung gemäß §§ 260 bzw. 2006 BGB kann ein Anerkenntnis gemäß § 212 Abs. 1 Ziffer 1 BGB darstellen.[44]

Die **Verjährung** wird auch durch die **Erhebung einer Zahlungsklage** gemäß § 204 Abs. 1 Ziffer 1 BGB **gehemmt**. Dies gilt auch für die Zahlungsklage in Form der Stufenklage auf Auskunft, eidesstattliche Versicherung und Zahlung eines Mindestbetrages (§ 254 ZPO). Allerdings tritt Hemmung nur bis zur Höhe des anschließend bezifferten Betrages[45] ein. Hingegen hemmt die alleinige Klage auf Erteilung einer Auskunft gemäß § 2314 BGB die Verjährung nicht, da sie nicht zur Rechtshängigkeit des Pflichtteilsanspruchs führt.[46] Durch Klage auf den ordentlichen Pflichtteil wird die Verjährung des Pflichtteilsergänzungsanspruchs nicht gehemmt, da Hemmung nur im Umfang des Streitgegenstandes eintritt. Sofern es sich bei dem Erben zugleich um den Beschenkten[47] im Sinne des § 2329 BGB handelt, hemmt die auf § 2325 BGB gestützte Zahlungsklage zugleich den auf § 2329 BGB gestützten Duldungsanspruch.[48] Dies soll auch dann gelten, wenn der Beschenkte als Erbeserbe des Schenkers in Anspruch genommen wird.[49] Die Verjährung kann durch schwebende Verhandlungen zwischen dem Pflichtteilsberechtigtem und dem Erben gem. § 203 BGB gehemmt sein. Die Hemmung der Verjährung endet, wenn eine der Parteien die Fortsetzung der Verhandlung über die geltendgemachten Pflichtteilsansprüche verweigert. Die Verjährung tritt dann wieder drei Monate nach dem Ende der Hemmung gem. § 203 S. 2 BGB ein. Zwischen den Parteien schweben Verhandlungen, wenn der Erbe Bereitschaft zur Aufklärung des Sachverhalts signalisiert. Schwebende Verhandlungen sollen auch dann vorliegen, wenn der Schuldner sich auf die Berechtigung des Pflichtteilsanspruchs einlässt.

4. Die Vervollständigungsansprüche

a) **Der Pflichtteilsrestanspruch gemäß § 2305 BGB.** Ist der Pflichtteilsberechtigte zum Erben eingesetzt, wurde ihm jedoch wertmäßig ein Erbteil hinterlassen, der hinter seinem Pflichtteilsanspruch zurückbleibt, so steht ihm in Höhe des Differenzbetrages gemäß § 2305 BGB ein so genannter **Pflichtteilsrestanspruch** zu. Der Pflichtteil des Berechtigten ist dabei gegebenenfalls unter Berücksichtigung etwaiger Anrechnungs- oder Ausgleichspflichten gemäß §§ 2315, 2316 BGB zu bestimmen.[50]

Beispiel:
Der Erblasser hat zwei Kinder. Ein Kind setzt er zu 1/10, das andere Kind zu 9/10 als Erben ein. Der gesetzliche Erbteil eines jeden Kindes beträgt 1/2, der Pflichtteil mithin 1/4. Der Pflichtteilsrestanspruch besteht aus der Differenz des Zehntels (0,1) zum 1/4 (0,25). Er beträgt 3/20 (0,15).

Der Pflichtteilsberechtigte hat nicht die Möglichkeit, den ihm zugewandten **Erbteil auszuschlagen** und statt dessen den vollen Pflichtteil zu verlangen. Schlägt der Pflichtteilsberechtigte trotzdem aus, weil er meint, hierzu berechtigt zu sein, so verliert er sein Erbrecht und kann die Erbschaft auch nicht als gesetzlicher Erbe annehmen (vgl. § 1948 Abs. 1 BGB). Ihm verbleibt lediglich der Pflichtteilsrestanspruch.[51]

---

[43] BGH Urt. v. 14.5.1979 – NJW 1975, 1409; BGH Urt. v. 10.6.1987 – NJW-RR 1987, 1411.
[44] RG Urt. v. 12.4.1926 – RGZ 113, 234, 239; OLG Zweibrücken Urt. v. 16.12.1968 – FamRZ 1969, 230, 231.
[45] Palandt/*Edenhofer* § 2332 Rdnr. 9
[46] BGH Urt. v. 14.5.1975 – NJW 1975, 1409, 1410.
[47] Zur Verjährungsunterbrechung einer auf § 2329 BGB gestützten Klage vgl. MünchKommBGB/*Lange* § 2332 Rdnr. 13.
[48] St. Rspr. BGH Urt. v. 7.5.1974 – NJW 1974, 1327; BGH Urt. v. 19.4.1989 – BGHZ 107, 200, 203.
[49] BGH Urt. v. 19.4.1989 – BGHZ 107, 200, 203.
[50] Vgl. Rdnr. 87, 91.
[51] RG Urt. v. 25.4.1918 – RGZ 93, 3, 9; RG Urt. v. 18.2.1926 – RGZ 113, 45, 48; BGH Urt. v. 21.3.1973 – NJW 1973, 995, 996.

Nach herrschender Meinung kann der Ausschlagende seine Erklärung auch nicht wegen Irrtums gemäß § 119 BGB anfechten.[52] Stellt sich nach Abgabe einer solchen Erklärung heraus, dass der dem Pflichtteilsberechtigten zugewandte Erbteil ebenso hoch war, wie der ihm zustehende Pflichtteilsanspruch, verbleibt ihm nicht einmal der Pflichtteilsrestanspruch, da ihm dieser nicht zusteht. Er geht also letztlich auf Grund seiner Ausschlagungserklärung leer aus.

33 Etwas anderes gilt lediglich für den zum Erben berufenen Ehegatten, der mit dem Erblasser in **Zugewinngemeinschaft** gelebt hat. Dieser kann, auch wenn er die Erbschaft ausschlägt, wegen der Sonderregelung des § 1371 Abs. 3 BGB den (kleinen) Pflichtteil[53] verlangen. Daneben besteht der Anspruch auf Ausgleich des Zugewinns, der freilich wegen Fehlens eines Zugewinns wertlos sein kann. Nimmt der Ehegatte hingegen den ihm zugewandten unzureichenden Erbteil an, so bestimmt sich der Pflichtteilsrestanspruch nach der Differenz zwischen dem hinterlassenen Erbteil und dem Pflichtteil, der sich aus dem gemäß § 1371 Abs. 1 BGB erhöhten gesetzlichen Erbteil ergibt (so genannter großer Pflichtteil).[54] Dem Erblasser steht jedoch die Möglichkeit offen, dem Pflichtteilsberechtigten einen Erbteil zuzuwenden, der sich wertmäßig zwischen dem kleinen und großen Pflichtteil bewegt und durch entsprechende Gestaltung einen Anreiz schafft, es bei dieser Erbeinsetzung zu belassen. Hierzu bedarf es der Zuwendung des Erbteils unter der Bedingung, dass der Pflichtteilsberechtigte den Pflichtteilsrestanspruch nicht geltend macht.[55] Nimmt der Pflichtteilsberechtigte den unzureichenden Erbteil an, liegt hierin sodann zugleich die Erklärung des Verzichts auf den Restanspruch.[56]

Der Anreiz, eine solche Erbeinsetzung anzunehmen ist umso größer, je geringer die Aussichten sind, durch Ausschlagung und die sich daraus ergebende Kombination des kleinen Pflichtteils mit dem güterrechtlichen Zugewinnausgleich letztlich wertmäßig mehr als das zugewandte Erbe zu erzielen.

34 b) **Beschränkungen und Beschwerungen gemäß § 2306 BGB.** *aa) Grundfall.* Auch der zum Erben eingesetzte Pflichtteilsberechtigte kann durch **Beschränkungen** und **Beschwerungen** seines Erbteils dergestalt beeinträchtigt sein, dass ihm letztlich trotz Erbeinsetzung weniger als der ihm zustehende Pflichtteil verbleibt. So kann der ihm hinterlassene Erbteil mit Vermächtnissen und Auflagen beschwert sein bzw. durch die Anordnung der Nacherbschaft, durch Ernennung eines Testamentsvollstreckers, durch Berufung eines Vorerben oder durch Teilungsanordnung beschränkt sein (§ 2306 Abs. 1 S. 1, Abs. 2 BGB). Eine solche Beeinträchtigung des hinterlassenen Erbteils lässt das Gesetz jedoch nicht zu. Ist der hinterlassene Erbteil kleiner oder gleich der Hälfte des gesetzlichen Erbteils, so entfallen gemäß § 2306 Abs. 1 S. 1 BGB sämtliche auf ihm lastenden Beschränkungen und Beschwerungen. Diese Rechtsfolge ist zwingend. Dem Erblasser verbleibt auch nicht die Möglichkeit, den Pflichtteilsberechtigten vor die Wahl zu stellen, den ihm zugewandten belasteten und/oder beschränkten Erbteil anzunehmen oder ihn auszuschlagen und den Pflichtteil zu verlangen (so genannte **cautela socini**).[57]

35 Als zulässig im Anwendungsbereich des § 2306 Abs. 1 S. 2 BGB gilt jedoch folgende Regelung: Der (pflichtteilsberechtigte) Erbe wird unter der Bedingung zum Erben eingesetzt, dass er, falls er innerhalb der Ausschlagungsfrist gemäß § 2306 Abs. 1 S. 2 BGB ausschlägt, in Höhe seiner Pflichtteilsquote als Erbe eingesetzt wird, allerdings insoweit unbeschränkt und unbeschwert.

36 **Formulierungsvorschlag:**
Übernimmt ein pflichtteilsberechtigter Bedachter innerhalb der Ausschlagungsfrist nicht die Beschränkungen oder Beschwerungen ausdrücklich gegenüber den anderen Erben oder schrei-

---

[52] Vgl. hierzu MünchKommBGB/*Lange* § 2305 Fn. 7 m.w.N.
[53] Vgl. Rdnr. 80.
[54] MünchKommBGB/*Lange* § 2305 Rdnr. 7; vgl. Rdnr. 80.
[55] Vgl. MünchKommBGB/*Lange* § 2305 Rdnr. 7.
[56] Palandt/*Edenhofer* § 2305 Rdnr. 2.
[57] BGH Urt. v. 28.10.1992 – BGHZ 120, 93, 100 – JR 1993, 366 m. Anm. *Schubert*; diese Möglichkeit des Erblassers war bisher bestritten, vgl. *Lange/Kuchinke* § 37 Fn. 88 m.w.N.; vgl. hierzu § 22 Rdnr. 18.

> tet er zur Ausschlagung der Erbschaft oder des ihm zugewandten Vermächtnisses, so wird er hiermit in Höhe seiner Pflichtteilsquote zum Erben eingesetzt und die Beschränkungen oder Beschwerungen entfallen.[58]

Die Rechtsfolge des § 2306 Abs. 1 S. 1 BGB beinhaltet ein **erhebliches Gefährdungspotential** für den Erben. Entfallen die Beschränkungen gemäß § 2306 Abs. 1 S. 1 BGB, so steht dem Erben kein Pflichtteilsrecht zu, da dieser nicht von Todes wegen von der Erbfolge ausgeschlossen ist (§ 2303 Abs. 1 S. 1 BGB). Ihm verbleibt in diesem Fall lediglich die Möglichkeit, den Pflichtteilsrestanspruch in Höhe der Differenz zwischen dem ihm hinterlassenen Erbteil und dem ihm zustehenden Pflichtteil geltend zu machen. Schlägt der pflichtteilsberechtigte Erbe im Falle des § 2306 Abs. 1 S. 1 BGB, d. h. dann, wenn der hinterlassene Erbteil kleiner oder gleich des gesetzlichen Erbteils ist, die Erbschaft aus, so läuft er Gefahr, bis auf einen eventuellen Pflichtteilsrestanspruch leer auszugehen.

Eine Ausschlagungsmöglichkeit wird dem pflichtteilsberechtigten Erben nur in den Fällen des § 2306 Abs. 1 S. 2 BGB eröffnet, also dann, wenn ihm mehr als die Hälfte des gesetzlichen Erbteils zugewandt wurde und dieser Erbteil mit Beschränkungen und/oder Beschwerungen versehen wurde. Der pflichtteilsberechtigte Erbe steht hier vor der Wahl, den ihm zugewandten höheren Erbteil mit den auf ihm lastenden Beschränkungen und/oder Beschwerungen anzunehmen oder den ihm hinterlassenen Erbteil auszuschlagen und den unbeschränkten und unbeschwerten Pflichtteil zu fordern. Die Ausschlagung hat gem. § 1944 Abs. 1 BGB innerhalb von sechs Wochen zu erfolgen. Sie ist gegenüber dem Nachlassgericht in öffentlich beglaubigter Form gem. § 1945 Abs. 1 BGB zu erklären. Wird die Erbschaft nicht ausgeschlagen, bleiben deren Beschränkungen und Beschwerungen bestehen. In diesem Fall kann der Wert des Erbteils, z.B. durch ein Vermächtnis, letztlich unter den Wert des Pflichtteils sinken.[59] Es ist also sorgfältig abzuwägen, ob ausgeschlagen wird oder nicht. Wurde die Erbschaft konkludent angenommen, ist eine Ausschlagung nicht mehr möglich.[60] Für die Entscheidung, ob nun von dem Wahlrecht des § 2306 Abs. 1 S. 2 BGB Gebrauch gemacht werden soll, das heißt, ob die Erbschaft ausgeschlagen werden soll, kommt es also entscheidend auf das Verhältnis zwischen dem hinterlassenen Erbteil und der Hälfte des gesetzlichen Erbteils (Pflichtteil) an. Einigkeit herrscht darüber, dass in der Regel ein reiner **Quotenvergleich**[61] vorzunehmen ist. Entscheidend ist, welchem Bruchteil am Nachlasswert der hinterlassene Erbteil entspricht, und zwar ohne Rücksicht auf Beschränkungen und Beschwerungen, d. h., dass Vermächtnis und Auflagen nicht in Abzug zu bringen sind.[62] Auf den Wert der Zuwendung kommt es grundsätzlich nicht an, es sei denn, dem Pflichtteilsberechtigten ist lediglich ein Geldbetrag oder nur ein einzelner Gegenstand zugewandt worden. Liegt hier entgegen § 2087 Abs. 2 BGB eine Erbeinsetzung vor, so muss die Quote des Hinterlassenen aus dem Wertverhältnis zwischen Zuwendung und Gesamtnachlass errechnet werden.[63]

Beispiel:
Der Erblasser, dessen Frau vorverstorben ist, hinterlässt zwei Kinder. Der Nachlasswert beträgt € 1,2 Mio. Durch letztwillige Verfügung hat er beide Kinder zu Erben eingesetzt, seinem Sohn S. zu 5/6 (€ 1 Mio.), Tochter T zu 1/6 (€ 200.000.–). Der Erblasser hat Testamentsvollstreckung angeordnet. Der in Bezug auf T. vorzunehmende Quotenvergleich ergibt somit, dass die Quote des ihr hinterlassenen Erbteils in Höhe von einem Sechstel hinter der ihr gemäß §§ 2303, 1924 Abs. 4 BGB zustehenden Hälfte ihres gesetzlichen Erbteils in Höhe von einem Viertel des Nachlasswertes zurückbleibt. Es ist folglich ein Fall des § 2306 Abs. 1 S. 1 BGB gegeben, der zum Wegfall der angeordneten Beschränkung in Form der Testamentsvollstreckung führt. Dabei ist allerdings zu beachten, dass die angeordnete Beschränkung,

---

[58] Sudhoff/*Schere* 4. Aufl., § 17 Rdnr. 40 Fn. 91.
[59] *Keim* ZEV 2003, 358.
[60] OLG Hamm OLGR 2004, 244.
[61] BGH Urt. v. 9.3.1983 – NJW 1983, 2378 ff. – BGH LM § 2320 Nr. 1; BGH LM Nr. 4; RG Urt. v. 25.4.1918 – RGZ 93, 3.
[62] Vgl. hierzu MünchKommBGB/*Lange* § 2305 Fn. 7 m.w.N.
[63] MünchKommBGB/*Lange* § 2306 Rdnr. 3 m.w.N. in Fn. 6.

soweit ihre Erfüllung nicht durch alle Erben erfolgen kann,[64] nur gegenüber demjenigen wegfällt, dessen Pflichtteil auch beschränkt ist. Die Testamentsvollstreckung bleibt also gegenüber Sohn S. bestehen, was allerdings dazu führt, dass der Testamentsvollstrecker nicht mehr ohne die Zustimmung des gemäß § 2306 Abs. 1 S. 1 BGB befreiten Erben agieren kann. Wäre Tochter T. hingegen ein Betrag von € 400.000.– hinterlassen worden, was einer quotalen Beteiligung am Nachlasswert von einem Drittel entspräche, so wäre der ihr hinterlassene Erbteil größer als die ihr zustehende Hälfte des gesetzlichen Erbteils in Höhe von einem Viertel. Tochter T. könnte nun von der Wahlmöglichkeit des § 2306 Abs. 1 S. 2 BGB Gebrauch machen.

40   bb) *Sonderfall Werttheorie.* Der **reine Quotenvergleich** bereitet jedoch in Fällen **Schwierigkeiten**, in denen anzurechnende und auszugleichende Vorempfänge bei der Berechnung des Pflichtteils gemäß § 2315 BGB bzw. gemäß §§ 2316, 2050, 2055 BGB zu berücksichtigen sind. Hier besteht der Pflichtteil nicht mehr gemäß § 2303 BGB aus der Hälfte des Wertes des gesetzlichen Erbteils, sondern vielmehr aus dem Pflichtteilsquantum, das sich auf Grund der Anrechnung bzw. Ausgleichung von Vorempfängen ergeben hat. Hat der Pflichtteilsberechtigte Vorempfänge anzurechnen und/oder auszugleichen, so ist der ihm zustehende Pflichtteil immer niedriger als die Hälfte des Wertes des gesetzlichen Erbteils. Hingegen ist dessen Pflichtteil höher als die Hälfte des Wertes des gesetzliche Erbteils, wenn er selbst nicht anrechnungs- bzw. ausgleichspflichtig ist.[65]

41   Die überwiegende Ansicht in der Literatur[66] sowie die Rechtsprechung[67] nimmt in diesen Fällen, in denen es durch anzurechnende bzw. auszugleichende Vorempfänge zu **Modifikationen des Pflichtteils** kommt, einen Vergleich des rechnerischen Betrages, welcher sich unter Berücksichtigung der Anrechnung und Ausgleichung als Pflichtteil ergibt, mit dem Rohwert des hinterlassenen Erbteils ohne (wertmindernden) Abzug der Beschränkungen und Beschwerungen vor (so genannte **Werttheorie**).

Der mittels der Anrechnungs- und Ausgleichmechanismen ermittelte rechnerische Betrag ist mit dem Wert des hinterlassenen Erbteils zu vergleichen.[68]

Übersteigt der Wert des hinterlassenen Erbteils nicht den Wert des unter Berücksichtigung von anzurechnenden und auszugleichenden Vorempfängen errechneten Pflichtteilsbetrages, liegt ein Fall des § 2306 Abs. 1 S. 1 BGB vor, d. h., Beschränkungen und Beschwerungen, die auf dem Erbteil lasten, entfallen. Ist der Wert des hinterlassenen Erbteils hingegen größer, so kann der pflichtteilsberechtigte Erbe den Erbteil ausschlagen und den ihm gemäß § 2315 BGB bzw. §§ 2316, 2050 ff. BGB gebührenden Pflichtteil gemäß § 2306 Abs. 1 S. 2 BGB verlangen.

42   Beispielsfall:
Der Erblasser, dessen Frau vorverstorben ist, hinterlässt zwei Kinder. Der Nachlasswert beträgt € 1,2 Mio. Durch letztwillige Verfügung hat er beide Kinder zu Erben eingesetzt, seinem Sohn S zu 2/3 (€ 800.000,–), seiner Tochter T zu 1/3 (€ 400.000,–). Zudem hat er Testamentsvollstreckung angeordnet. S hat bereits zu Lebzeiten des Erblassers von diesem eine Ausstattung im Wert von € 400.000,– (§§ 2050 Abs. 1, 1624 BGB) erhalten. Im Bezug auf die T ergibt ein reiner Quotenvergleich des ihr hinterlassenen Erbteils mit der ihr zustehenden Hälfte des gesetzlichen Erbteils ein Quotenverhältnis von 1/3 zu 1/4. T könnte somit gemäß § 2306 Abs. 1 S. 2 BGB wählen, ob sie den hinterlassenen Erbteil annimmt oder aber diesen ausschlägt und den von der Beschränkung der Testamentsvollstreckung befreiten Pflichtteil fordert. Nun ist jedoch zu beachten, dass sich durch die dem S gemäß §§ 2316, 2050, 2055 BGB auferlegte Ausgleichungspflicht das Quantum der Hälfte des gesetzlichen Erbteils der T wie folgt ändert:
Zu dem vorhandenen Nachlass in Höhe von € 1,2 Mio. sind die seitens S zur Ausgleichung zu bringenden € 400.000,– hinzuzuaddieren, so dass sich ein fiktiver Gesamtnachlass in Höhe von € 1,6 Mio. ergibt. Hieraus ergibt sich für T ein gesetzlicher Erbteil in Höhe von € 800.000,–, so dass sich die Hälfte des

---

[64] MünchKommBGB/*Lange* § 2306 Rdnr. 16.
[65] Vgl. hierzu § 29 Rdnr. 87 und 91.
[66] *Planck/Greif* § 2305 Anm. 2; § 2315 Anm. 9; *Strohal* § 55 Anm. VIII; MünchKommBGB/*Lange* § 2316 Rdnr. 19; Staudinger/*Haas* § 2316 Rdnr. 28 ff.; RGRK/*Johannsen* § 2315 Rdnr. 25; Soergel/*Dieckmann* § 2316 Rdnr. 18; Palandt/*Edenhofer* § 2306 Rdnr. 4; MünchKomm/*Lange* § 2306 Rdnr. 4.
[67] BGH Urt. v. 30.4.1981 – BGHZ 80, 263, 265; OLG Neustadt Urt. v. 28.6.1957 – NJW 1957, 1523; RG Urt. v. 25.4.1918 – RGZ 93, 3, 5; RG Urt. v. 18.2.1926 – 113, 45, 48; a.A.: *Marotzke* ACP 1999 (1991) 563, 580; *Natter* JZ 1955, 138.
[68] RGRK/*Johannsen* § 306 Rdnr. 3.

gesetzlichen Erbteils auf € 400.000,- stellt. Vergleicht man nun den Wert des hinterlassenen Erbteils mit dem der Hälfte des gesetzlichen Erbteils, so zeigt sich, dass der hinterlassene Erbteil diesem entspricht, da T von der Ausgleichung profitiert hat. Nun liegt ein Fall des § 2306 Abs. 1 S. 1 BGB vor. Die Möglichkeit, dass hinterlassene Erbe auszuschlagen und den Pflichtteil zu verlangen, besteht nun nicht mehr. Hätte die T bereits ausgeschlagen, so ginge sie leer aus, denn ein Pflichtteilsrecht kann ihr gemäß § 2306 Abs. 1 S. 1 BGB nicht zustehen.

Soweit anzurechnende bzw. auszugleichende **Vorempfänge erst nach einer Ausschlagung** im 43 Sinne des §§ 2306 Abs. 1 S. 2 BGB dem Ausschlagenden **bekannt werden**, ist daher **genauestens zu prüfen**, ob sich dieser nicht durch die Geltendmachung des ihm zustehenden Ausgleichsanspruchs den ihm bis dato vermeintlich noch verbliebenen Pflichtteilsanspruch entzieht. Die Möglichkeit einer Anfechtung der Ausschlagung gemäß § 2308 BGB besteht hier nicht.

cc) Der Pflichtteilsberechtigte als Nacherbe. Wird ein Pflichtteilsberechtigter als **Nacherbe** 44 eingesetzt, so steht dies gemäß § 2306 Abs. 2 BGB einer beschränkten Erbeinsetzung gleich. Bleibt der zugewandte Nacherbteil hinter der Hälfte des gesetzlichen Erbteils zurück, wird der Nacherbe in Höhe seiner Nacherbquote gemäß § 2306 Abs. 1 S. 1 BGB sofort Vollerbe und kann ggf. einen Pflichtteilsrestanspruch gemäß § 2305 BGB geltend machen. Die Nacherbschaft gilt als nicht angeordnet.

Ist der Nacherbteil, der ihm hinterlassen wurde, hingegen größer als die Hälfte des gesetz- 45 lichen Erbteils, so kann der Nacherbe gemäß § 2306 Abs. 1 S. 2 BGB wählen, ob er die Nacherbschaft annehmen will oder ob er diese ausschlägt und den Pflichtteil fordert. Im Rahmen der anwaltlichen Beratung, ist der Nacherbe darauf hinzuweisen, dass er den Pflichtteil nur dann erlangt, wenn er zuvor die Nacherbschaft ausschlägt. Wird dieser Hinweis unterlassen, liegt ein Beratungsfehler vor.[69]

Ist der Nacherbe jedoch bei einem gegenseitigen Ehegattentestament als **Schlusserbe** einge- 46 setzt,[70] so bedarf es keiner Ausschlagung des Nacherbteils, da er nach dem Tode des Erstversterbenden enterbt ist und somit aus dessen Nachlass seinen Pflichtteil sofort geltend machen kann. Praktisch kann es jedoch schwierig sein, abzugrenzen, ob nun ein Ehegattentestament nach der so genannten Einheitslösung vorliegt oder aber, ob sich die Ehegatten dergestalt gegenseitig zu Erben eingesetzt haben, dass sie in Bezug auf das jeweilige Vermögen des anderen lediglich Vorerben und ihre Kinder Nacherben werden (so genannte Trennungslösung). Es empfiehlt sich daher im Zweifelsfall, die Ausschlagung auf jeden Fall zu erklären, umso den Pflichtteilsanspruch sicher zu stellen.

Obwohl die Ausschlagungsfrist für den Nacherben nicht vor Eintritt des Nacherbfalls be- 47 ginnt, kann dieser bereits die Erbschaft nach dem Eintritt des Erbfalls gemäß § 2142 Abs. 1 BGB ausschlagen. Auf keinen Fall sollte der Nacherbe mit der Ausschlagung bis zum Eintritt des Nacherbfalls warten, da er sich hierdurch in Bezug auf den durch die Ausschlagung entstehenden Pflichtteilsanspruch der Gefahr der Verjährungseinrede aussetzt.

Dies deshalb, weil die **Verjährung des Pflichtteilsanspruchs** bereits mit Kenntnis vom Erbfall und nicht erst mit Ausschlagung der Erbschaft zu laufen beginnt.[71]

dd) Anfechtung, Annahme und Ausschlagung. Die Ausschlagungsfrist beginnt nach allge- 48 meinen Regeln (§ 1944 Abs. 2 BGB) mit Kenntniserlangung vom Erbfall und des Berufungsgrundes.[72] Im Falle des § 2306 Abs. 1 S. 2 BGB beginnt die Ausschlagungsfrist dann, wenn der Pflichtteilsberechtigte von den Beschränkungen und Beschwerungen Kenntnis erlangt hat.[73] Grundsätzlich genügt die Kenntnis des Berechtigten von seiner Erbquote. Folgt man im Falle anzurechnender bzw. auszugleichender Vorempfänge der Werttheorie, kann konsequenterweise die Ausschlagungsfrist erst nach Kenntnis des Wertverhältnisses zwischen dem hinterlassenen Erbteil und des durch Anrechnung bzw. Ausgleichung modifizierten Pflichtteilsquantums[74] beginnen. Die **Ausschlagung** hat gemäß § 1945 BGB durch Erklärung **gegenüber**

---

[69] OLG Karlsruhe Urt. v. 3.4.1986 – Justiz 1988, 21.
[70] Vgl. § 11 Rdnr. 101.
[71] Vgl. Rdnr. 24.
[72] Vgl. Rdnr. 24.
[73] MünchKommBGB/*Lange* § 2306 Rdnr. 20.
[74] *Lange/Kuchinke* § 37 V 9 b).

dem Nachlassgericht zu erfolgen. Die Erklärung ist zur Niederschrift des Nachlassgerichts oder in öffentlich beglaubigter Form durch den Erben abzugeben.

49 Die **Annahme und Ausschlagung der Erbschaft** kann in den Fällen der §§ 2305, 2306 BGB unter den Voraussetzungen des § 119 BGB **angefochten werden**. Lediglich ergänzend finden die Sondervorschriften der §§ 1954 ff. BGB Anwendung. Die Anfechtungsfrist beträgt gemäß § 1954 BGB für die Anfechtung der Annahme oder der Ausschlagung in der Regel sechs Wochen (§ 1954 Abs. 1 BGB), ausnahmsweise sechs Monate, wenn der Letzte **Wohnsitz** des Erblassers **im Ausland** belegen war oder sich der Erbe bei Fristbeginn im Ausland aufhielt (§ 1954 Abs. 3 BGB). Die Frist beginnt mit Kenntnis des anfechtungsberechtigten Erben von dem Anfechtungsgrund, bei der Anfechtung wegen Drohung mit Wegfall der Zwangslage (§ 1954 Abs. 2 S. 1 BGB). Anfechtungsberechtigt ist lediglich der betreffende Erbe bzw. dessen gesetzlicher Vertreter, nicht jedoch der Nachlassverwalter, Testamentsvollstrecker oder Insolvenzverwalter.[75] Das Anfechtungsrecht ist vererblich und geht auf die Erben des zur Ausschlagung oder Anfechtung Berechtigten über.

50 Sind **mehrere Erben** vorhanden, so **kann jeder** in Bezug auf den auf ihn entfallenden Anteil **anfechten** (§ 1952 Abs. 3 BGB). Wird die Ausschlagungsfrist versäumt, so lässt § 1956 BGB die Anfechtung dieses Versäumnisses zu. Angefochten werden kann gemäß § 119 Abs. 1 S. 1. Alternative BGB wegen Inhaltsirrtums bzw. gemäß § 119 Abs. 1 2. Alternative BGB wegen Erklärungsirrtums. Ein Inhaltsirrtum ist z. B. gegeben, wenn der Erbe in der irrigen Annahme ausschlägt, durch die Ausschlagung einen Pflichtteilsanspruch nach § 2306 Abs. 1 S. 2 BGB gewinnen zu können, während in Wirklichkeit dessen Voraussetzungen überhaupt nicht vorliegen.[76] Im Bereich des § 2306 BGB wird der Hauptfall der **Ausschlagung** meist jedoch im Irrtum über die Höhe der Erbquote auf Grund einer unrichtigen rechtlichen Würdigung liegen. Diesbezüglich wird vertreten, dass der Umfang der quotenmäßigen Beteiligung am Gesamtnachlass als verkehrswesentliche Eigenschaft eines Miterbenanteils im Sinne des § 119 Abs. 2 BGB anzusehen ist.[77]

Die auf dem Irrtum über die Höhe der Erbquote beruhende Erklärung kann daher nach § 119 Abs. 2 BGB angefochten werden.

Gleiches gilt in den Fällen der §§ 2305, 2306 Abs. 1 S. 1 und S. 2 BGB, § 2307 BGB, soweit der Pflichtteilsberechtigte die Erbschaft ausgeschlagen hat, weil er den Pflichtteilsbruchteil falsch errechnet hat.[78]

51 Weiterhin steht dem Pflichtteilsberechtigten eine Anfechtungsmöglichkeit zur Seite, wenn er in Unkenntnis des Wegfalls von Beschränkungen oder Beschwerungen zwischen Erbfall und Ausschlagung den Erbteil ausgeschlagen hat. Hier gibt ihm § 2308 Abs. 1 BGB eine entsprechende Anfechtungsmöglichkeit. Diese ist allerdings nur im Fall des § 2306 Abs. 1 S. 1 BGB eröffnet, denn nur hier würde der Erbe durch die Ausschlagung einen tatsächlich unbelasteten Erbteil verlieren, ohne einen Pflichtteilsanspruch zu erlangen.[79] Ein Wegfall der Belastung im Sinne des § 2308 BGB liegt nach der Rechtsprechung des BGH[80] auch dann vor, wenn die belastende Beschränkung oder Beschwerung nach der Ausschlagung durch Testamentsanfechtung rückwirkend beseitigt worden ist. Die überwiegende Ansicht gewährt auch dann ein Anfechtungsrecht, wenn der Pflichtteilsberechtigte in Unkenntnis von Beschränkungen oder Beschwerungen die Erbschaft angenommen hat.[81] Hingegen scheidet eine Anfechtung aus, wenn der Pflichtteilsberechtigte irrig glaubt, er müsse ausschlagen, um angeordnete Beschränkungen zu beseitigen, obgleich die Belastungen gem. § 2306 Abs. 1 S. 1 BGB entfallen ist.[82]

52 Sowohl die Erklärung der **Anfechtung** der Annahme als auch der Anfechtung der Ausschlagung ist **formbedürftig** und hat gemäß § 1955 BGB durch Erklärung gegenüber dem Nach-

---

[75] MünchKommBGB/*Leipold* § 1954 Rdnr. 18.
[76] MünchKommBGB/*Leipold* § 1954 Rdnr. 7 ff. – vgl. auch die dort genannten weiteren Beispielsfälle.
[77] *Lange/Kuchinke* § 37 V 9 a) m.w.N. in Fn. 112.
[78] *Lange/Kuchinke* § 37 V 9 b).
[79] Vgl. § 29 Rdnr. 27.
[80] BGH Urt. v. 26.9.1990 – NJW 1991, 169 ff.
[81] *Lange/Kuchinke* § 37 V 9 b) m.w.N. in Fn. 116, 117.
[82] *Malitz* ZEV 1998, 415.

lassgericht zu erfolgen. Bezüglich der Abgabe der Erklärung gilt § 1945 BGB.[83] Rechtsfolge der Anfechtung der Erbschaftsannahme ist die Ausschlagung. Rechtsfolge der Anfechtung der Ausschlagung die Annahme (§ 1957 Abs. 1 BGB).

Die **wirksame Anfechtung** der Annahme, der Ausschlagung sowie der Ausschlagsfrist setzt voraus, dass der in Frage kommende Irrtum kausal für die jeweilige Handlung bzw. die Versäumnis der Ausschlagungsfrist war. Die Rechtsprechung hat diese Kausalität auch dann bejaht, wenn auf Grund allgemeiner Lebenserfahrung davon ausgegangen werden musste, dass die Erbschaft wegen Überschuldung des Nachlasses ausgeschlagen worden wäre oder aber der Erbe sich über die wirksame Erklärung der Ausschlagung im Irrtum befand.[84]

Eine Besonderheit bilden **Erbfälle zu Zeiten der ehemaligen DDR**. Seitens außerhalb der DDR lebender Erben wurden solche Erbschaften nicht selten ausgeschlagen, da sie als wertlos galten. Nach dem Zusammenbruch der DDR wurde daher häufig die Anfechtung der früheren Erbausschlagung erklärt. Sofern es sich hier um Erbfälle handelt, die vor dem 1. Januar 1976, also vor In-Kraft-Treten des **ZGB** liegen, ist die Anfechtung stets nach den Regeln des BGB zu beurteilen. Gleiches gilt für Erbfälle ab dem 3.10.1990.[85] Auf zwischen diesen beiden Zeiträumen liegende Erbfälle finden die Vorschriften des ZGB Anwendung. Dies gilt selbst dann, wenn die Annahme oder Ausschlagung bzw. deren Anfechtung erst nach dem 3.10.1990 erfolgte (vgl. Art. 235 § 1 Abs. 1 EGBGB).[86] Soweit das BGB Anwendung findet, ist eine Anfechtung wegen Eigenschaftsirrtum gemäß § 119 Abs. 2 BGB als begründet angesehen worden, wenn sich der Anfechtende zum Zeitpunkt der Abgabe der Ausschlagungserklärung über die Zusammensetzung des Nachlasses im Irrtum befand.[87] So, wenn dem Anfechtenden nicht bekannt war, dass Grundeigentum bzw. aus heutiger Sicht Ansprüche nach dem VermG zum Nachlass gehörten.

Hingegen berechtigt lediglich der zum Zeitpunkt der Ausschlagung vorhandene **Irrtum über die künftigen politischen und wirtschaftlichen Entwicklungen** nicht zur Anfechtung wegen Motivirrtum gemäß § 119 Abs. 2 BGB.[88] Hierzu zählen insbesondere Fälle, in denen der Anfechtende über die zukünftige Wertsteigerung bzw. Verfügbarkeit von Immobilien im Irrtum war.[89]

Die **Beweislast** für das Vorliegen eines Anfechtungsgrundes sowie die Anfechtungserklärung bzw. deren Zeitpunkt trägt derjenige, der sich darauf beruft, in der Regel also der Kläger. Der Verlust des Anfechtungsrechts ist eine rechtsvernichtende Tatsache und ist regelmäßig vom Beklagten zu beweisen, wenn er sich auf eine verspätete Anfechtungserklärung beruft. Die Beweislast umfasst hier den Beginn, die Dauer und den Ablauf der Frist.[90]

c) Zuwendung eines Vermächtnisses gemäß § 2307 BGB.

Nach § 2307 BGB hat der mit einem **Vermächtnis** bedachte Pflichtteilsberechtigte[91] ein umfassendes Wahlrecht. Der Pflichtteilsberechtigte kann das ihm zugewandte Vermächtnis annehmen oder ausschlagen und im letzteren Falle den Pflichtteil verlangen. Liegt der Wert des ihm zugewandten Vermächtnisses unter dem seines vollen Pflichtteils, so kann er in Höhe der Differenz den Pflichtteilsrestanspruch geltend machen (§ 2307 Abs. 1 S. 2 BGB). Im Falle der Anrechnung und Ausgleichung[92] findet die Werttheorie Anwendung.[93]

Der **Restanspruch eines Vermächtnisnehmers** besteht demnach nur in Höhe der Differenz zwischen dem um den anzurechnenden bzw. auszugleichenden Vorempfang bereinigten Pflichtteil und dem Wert des Vermächtnisses. Bei der Berechnung des Wertes des Vermächtnisses bleiben eventuelle Beschränkungen und Beschwerungen desselben gemäß § 2307 Abs. 1

---

[83] Vgl. Rdnr. 48.
[84] Vgl. BayObLG Beschl. v. 11.1.1999 – NJW-RR 1999, 590.
[85] MünchKommBGB/*Leipold* § 1954 Rdnr. 24.
[86] MünchKommBGB/*Leipold* § 1954 Rdnr. 24.
[87] MünchKommBGB/*Leipold* § 1954 Rdnr. 25.
[88] OLG Düsseldorf Urt. v. 17.12.1993 – ZEV 1995, 32; MünchKommBGB/*Leipold* § 1954 Rdnr. 25 m.w.N.
[89] MünchKommBGB/*Leipold* § 1954 Rdnr. 25.
[90] MünchKommBGB/*Leipold* § 1954 Rdnr. 25 m.w.N.
[91] Vgl. hierzu auch § 13 Rdnr. 165.
[92] Vgl. Rdnr. 87, 91.
[93] Vgl. Rdnr. 40.

S. 2 2. HS BGB außer Betracht. Sie sind also bei der Berechnung des Wertes des Vermächtnisses nicht zu berücksichtigen. Dies gilt nach herrschender Ansicht auch für **aufschiebende** und **auflösende Bedingungen** sowie die **Befristung** des Vermächtnisses.

58 Nimmt der Erbe ein **bedingtes und/oder befristetes Vermächtnis** an und entscheidet sich so gegen den Pflichtteilsanspruch, so geht er leer aus, wenn die Bedingung nicht eintritt. Wartet der Pflichtteilsberechtigte in diesen Fällen ab, ob die Bedingung eintritt, riskiert er andererseits, dass der Pflichtteilsanspruch bereits vorher verjährt ist. *Frank* möchte daher den Pflichtteilsberechtigten so behandeln, wie den unter einer aufschiebenden Bedingung eingesetzten Erben.[94] Wie dieser soll der Pflichtteilsberechtigte in Fällen, in denen ihm ein aufschiebend bedingtes Vermächtnis zugewandt worden ist, zunächst so zu behandeln sein, als sei ihm kein Vermächtnis zugewandt worden; d. h., er soll den Pflichtteil verlangen können, muss sich jedoch bei Bedingungseintritt den Wert des später erworbenen Vermächtnisses auf diesen anrechnen lassen.

59 Ist dem Erben ein **Vorausvermächtnis** und quotal sein gesetzlicher Erbteil hinterlassen, so kann er den Pflichtteilsrestanspruch nur geltend machen, wenn er beides ausschlägt.[95]

60 Für das **Vermächtnis** gibt es **keine Ausschlagungsfrist** (vgl. § 2180 BGB). Der Erbe kann dem Vermächtnisnehmer jedoch gemäß § 2307 Abs. 2 S. 1 BGB eine Frist zur Erklärung über die Annahme des Vermächtnisses setzen. Verstreicht diese Frist fruchtlos, so gilt gemäß § 2307 Abs. 2 S. 2 BGB das Vermächtnis als ausgeschlagen. Die Annahme des Vermächtnisses muss im Falle der Fristsetzung seitens des Vermächtnisnehmers ausdrücklich erklärt werden. Mehrere Erben können diese Frist nur gemeinsam setzen.[96] In der anwaltlichen Beratung ist die Möglichkeit, eine solche Annahmefrist zu setzen, zur raschen Klärung der Verhältnisse im Falle einer mit einem bzw. mehreren Vermächtnissen beschwerten Erbschaft zu bedenken. Dabei ist zu beachten, dass den Erben selbst nur sechs Wochen zur Klärung über die Annahme bzw. Ausschlagung der Erbschaft zur Verfügung stehen.

IV. Entziehung und Beschränkung des Pflichtteils

1. Entziehung des Pflichtteils

61 a) **Entziehung des Pflichtteils eines Abkömmlings.** Der Erblasser kann einem Pflichtteilsberechtigten den Pflichtteil nur dann entziehen, wenn eine schwere Verfehlung desselben gegenüber dem Erblasser oder seinem Ehegatten vorliegt.[97] Einem Abkömmling kann der Pflichtteil entzogen werden, wenn die **Entziehungsgründe** des § 2333 BGB gegeben sind. Diese sind abschließend und nicht analogiefähig.[98] Der Pflichtteilsberechtigte muss rechtswidrig und schuldhaft gehandelt haben sowie zurechnungsfähig gewesen sein.[99] Das Bundesverfassungsgericht hatte bereits im Jahr 2000 in einer Entscheidung ausgesprochen, dass eine Verfassungsbeschwerde nicht von vornherein als offensichtlich unbegründet anzusehen ist, die darauf gestützt wird, dass es für die Pflichtteilsentziehung nach § 2333 Nr. 1 und Nr. 2 BGB nicht auf ein Verschulden des Pflichtteilsberechtigten ankommen könne.[100] Diese Rechtsauffassung hat es nunmehr in seinem Beschluss vom 19.4.2005 präzisiert.[101] Dort hatte der psychisch kranke Sohn der Erblasserin diese mehrfach geschlagen und schließlich getötet. Er forderte sodann, vertreten durch seinen Betreuer, den Pflichtteil. Das LG gestand dem Kläger Schuldunfähigkeit im strafrechtlichem Sinne zu. Nach Auffassung des Bundesverfassungsgerichts kommt es auf ein schuldhaftes Fehlverhalten des Pflichtteilsberechtigten nicht an. Entscheidend sei, ob dieser in der Lage sei, dass Unrecht seiner Tat einzusehen, also ob er den objektiven Unrechtstatbestand wissentlich und willentlich verwirkliche. Ein solcher „natürlicher" Vorsatz genüge, um die Entziehung des Pflichtteils zu begründen.

---

[94] Vgl. MünchKommBGB/*Frank*3 § 2307 Rdnr. 6.
[95] OLG Düsseldorf Urt. v. 15.9.1995 – ZEV 1996, 72.
[96] OLG München Beschl. v. 9.2.1987 – FamRZ 1987, 752.
[97] Vgl. hierzu auch § 30.
[98] BGH Urt. v. 1.3.1974 – NJW 1974, 1084.
[99] BGH Urt. v. 25.11.1987 – BGHZ 102, 227, 229 f. – NJW 1988, 822.
[100] Beschl. d. BVerfG v. 10.10.2000 – Az. 1 BvR 1644/2000 (nicht zur Veröffentlichung bestimmt).
[101] BVerfG Beschl. v. 19.4.2005 – NJW 2005, 1561, 1566.

Einem Pflichtteilsberechtigten kann der **Pflichtteil** gemäß § 2333 BGB **entzogen werden**, 62
wenn dieser:
- dem Erblasser, seinem Ehegatten oder einem Abkömmling des Erblassers nach dem Leben getrachtet hat. Hierzu bedarf es des ernsthaften Willens, den Tod des anderen herbeizuführen. Anstiftung, Beihilfe, Mittäterschaft bzw. der bloße Versuch oder eine entsprechende Vorbereitungshandlung genügen,[102]
- den Erblasser oder dessen Ehegatten, von dem der Pflichtteilsberechtigte abstammt, vorsätzlich körperlich misshandelt hat. Der Tatbestand entspricht § 223 Abs. 1 StGB, d. h., die Misshandlung braucht nicht schwer zu sein. Vielmehr genügt eine schwere Pietätsverletzung, also eine schwere Verletzung der dem Erblasser geschuldeten familiären Achtung,[103]
- sich eines Verbrechens oder eines schweren vorsätzlichen Vergehens gegen den Erblasser oder dessen Ehegatten schuldig gemacht hat. Eine strafrechtliche Verurteilung ist hierfür nicht erforderlich. Die Erfüllung des Tatbestandes beurteilt sich allein nach dem Einzelfall und dem Grad des Verschuldens.[104] Unter Umständen genügt daher schon eine Beleidigung,[105]
- gegenüber dem Erblasser seine gesetzliche Unterhaltspflicht böswillig verletzt hat. Praktisch kommt dieser Vorschrift geringe Bedeutung zu, da in der Regel der unterhaltsberechtigte Erblasser nicht viel hinterlässt,
- einen ehrlosen und unsittlichen Lebenswandel gegen den Willen des Erblassers führt. Erforderlich hierfür ist ein andauerndes gegen den Ehrbegriff und die Lebensführung der Familie verstoßendes Verhalten. Eine einmalige Verfehlung reicht grundsätzlich nicht aus.[106]

Um jedoch eine willkürlich Pflichtteilsentziehung auszuschließen, sind Verfehlungen an **ob-** 63
jektiven und allgemein gültigen Wertvorstellungen zu messen.[107] Klassische Beispiele eines ehrlosen und unsittlichen Lebenswandelns sind Prostitution, gewerbsmäßiges Glücksspiel sowie Rauschgift- oder Trunksucht.[108] Das Zusammenleben nicht verheirateter bzw. anderweitig verheirateter Partner wird angesichts des stattgefundenen Wertewandels nicht mehr pauschal als ehrlos und unsittlich einzustufen sein.
Hier dürfte nur noch in Ausnahmefällen ein Entziehungsgrund gegeben sein.[109] Hervorgehoben sei, dass der Pflichtteilsberechtigte gegen den Willen des Erblassers gehandelt haben muss. Wertvorstellungen Dritter sind insoweit nicht entscheidend.

b) Entziehung des Elternpflichtteils. Der Elternpflichtteil kann gemäß § 2334 BGB gegenüber 64
dem Elternteil entzogen werden, der sich einer Verfehlung der in § 2333 Nr. 1, 3 und 4 BGB bezeichneten Art schuldig gemacht hat.

c) Entziehung des Ehegattenpflichtteils. Eine Pflichtteilsentziehung gegenüber dem Ehegat- 65
ten ist gemäß § 2335 BGB möglich, wenn dieser sich einer Verfehlung der in § 2333 Nr. 1, Nr. 2 und Nr. 4 BGB bezeichneten Art schuldig gemacht hat.

d) Form und Begründung der Entziehung. Die Entziehung des Pflichtteils erfolgt ge- 66
mäß § 2336 Abs. 1 BGB durch letztwillige Verfügung. Zulässig sind alle Testamentsformen sowie die einseitige Verfügung im Erbvertrag.[110] Der Entziehungsgrund muss zum Zeitpunkt der Verfügung bestehen und muss in dieser durch eine entsprechende konkrete Schilderung des wesentlichen Sachverhalts angegeben werden.[111] Es genügt z.B. nicht die Formulierung „wegen schwerer Kränkung und böswilliger Verleumdung".[112]

---

[102] Palandt/*Edenhofer* § 2333 Rdnr. 3.
[103] BGH Urt. v. 6.12.1989 – BGHZ 109, 306 – BGH FamRZ 1990, 398, 399.
[104] BGH Urt. v. 1.3.1974 – BGH NJW 1974, 1085.
[105] BGH Urt. v. 1.3.1974 – BGH NJW 1974, 1084, 1085.
[106] RG Urt. v. 11.11.1941 – RGZ 168, 39, 42.
[107] OLG Hamburg Urt. v. 11.7.1987 – NJW 1988, 977.
[108] MünchKommBGB/*Lange* § 2333 Rdnr. 16.
[109] MünchKommBGB/*Lange* § 2333 Rdnr. 16.
[110] Palandt/*Edenhofer* § 2336 Rdnr. 1.
[111] BGH Urt. v. 19.3.1963 – FamRZ 1964, 85, DNotZ 1964, 628; BGH Urt. v. 27.2.1985 – BGHZ 94, 36 – NJW 1985, 1554; BVerfG Beschl. v. 11.5.2005 – NJW 2005, 2691.
[112] BVerfG, a.a.O.

67 **Formulierungsvorschlag:**

> Pflichtteilsentziehung gemäß § 2335 BGB/Entziehung des Ehegattenpflichtteils:
> Meine Ehefrau, xy, schließe ich ausdrücklich von jeder Erbfolge aus und entziehe ihr hiermit zugleich den Pflichtteil.[113] Die Entziehung ist begründet, weil sie am … nach dem ich nach einer Auseinandersetzung in unser gemeinsames Haus zurückgekehrt war, im Kellerflur zwischen Garage und Wohnhaus mehrere Schüsse auf mich abgab, um mich zumindest erheblich zu verletzen. Die Staatsanwaltschaft … ermittelt derzeit in dieser Sache unter Aktenzeichen … Meiner Frau habe ich diesen Vorgang nicht verziehen.

68 Die **Beweislast** für das Vorliegen des Entziehungsgrundes zum Zeitpunkt der Errichtung der letztwilligen Verfügung trifft gemäß § 2336 Abs. 3 BGB denjenigen, der sich auf die Entziehung beruft. Dieser hat auch zu beweisen, dass Rechtfertigungs- und Entschuldigungsgründe, wie z. B. eine vom Pflichtteilsberechtigten behauptete Notwehrsituation, nicht vorliegen.[114] Der Erbe gerät also hier leicht in Beweisschwierigkeiten.

69 Sowohl das **Bestehen** als auch das **Nichtbestehen eines Entziehungsrechts**, kann Gegenstand einer **Feststellungsklage** sein, mittels deren der Erblasser bzw. der künftige Pflichtteilsberechtigte die Frage der künftigen Pflichtteilsentziehung bereits im Vorfeld klären lassen kann.[115]

70 **Verzeiht** der Erblasser dem Pflichtteilsberechtigten das als Entziehungsgrund angegebene Verhalten, so wird eine in der letztwilligen Verfügung angeordnete Pflichtteilsentziehung unwirksam; soweit eine solche noch nicht getroffen wurde, erlischt das Recht zum Pflichtteilsentzug (§ 2337 BGB).

2. Pflichtteilsbeschränkung in guter Absicht

71 Ist der Erwerb des Pflichtteils durch den pflichtteilsberechtigten Abkömmling aufgrund dessen **verschwenderischen Lebenswandel** oder **Überschuldung** gefährdet, so kann der Erblasser nach § 2338 BGB den Pflichtteil durch letztwillige Verfügung in guter Absicht beschränken. Ziel einer solchen Beschränkung ist, dem verschwenderischen oder überschuldeten pflichtteilsberechtigten Abkömmling den Unterhalt zu sichern, sowie den Pflichtteil dem Zugriff der Gläubiger zu entziehen. Die Anordnung der **Pflichtteilsbeschränkung** kann nur gegenüber dem Abkömmling, nicht aber gegenüber den Eltern oder dem Ehegatten des Erblassers erfolgen.[116] Dabei ist der Grund der Anordnung anzugeben (§ 2338 Abs. 1 S. 1 BGB i. V. m. § 2336 Abs. 2 BGB). Ein die Pflichtteilsbeschränkung rechtfertigendes und im Sinne des § 2338 BGB den „späteren Erwerb erheblich gefährdendes" Maß der **Verschwendung** ist gegeben, wenn ein triftiger Grund für die Annahme besteht, der Abkömmling werde das ihm aus irgendwelchen Erwerbsquellen zufließende Vermögen ganz oder zum großen Teil vergeuden.[117] Überschuldung liegt vor, wenn die Passiva die Aktiva übersteigen (§ 19 Abs. 2 InsO).

72 **Maßgeblicher Zeitpunkt** für das Vorliegen der vorgenannten Beschränkungsgründe ist die Zeit der Errichtung der letztwilligen Verfügung (§ 2338 Abs. 2 S. 1 BGB i. V. m. § 2336 Abs. 2 BGB).

Liegt zurzeit des Erbfalls der Beschränkungsgrund nicht mehr vor, so ist die getroffene Anordnung des Erblassers unwirksam (§ 2338 Abs. 2 S. 2 BGB). Erforderlich ist eine dauerhafte Abwendung des Beschränkungsgrundes; temporäre Veränderungen zwischen Errichtung der letztwilligen Verfügung und des Erbfalles genügen nicht.[118]

73 Die **Ausgestaltung der Pflichtteilsbeschränkung** kann dergestalt erfolgen, dass der Erblasser den Pflichtteilsberechtigten lediglich als Vorerben bzw. als Vorvermächtnisnehmer einsetzt und seine gesetzlichen Erben zu Nacherben oder als Nachvermächtnisnehmer bestimmt. Da der

---

[113] Da die Ehefrau während des Bestehens der Ehe gemäß § 1931 BGB zu den gesetzlichen Erben zählt, empfiehlt es sich, die Pflichtteilsentziehung mit dem Ausschluss von der Erbfolge zu verbinden.
[114] BGH Urt. v. 18.6.1985 – NJW-RR 1986, 371.
[115] BGH Urt. v. 6.12.1989 – FamRZ 1990, 398, 399 – BGHZ 109, 306; BGH Urt. v. 1.3.1974 – NJW 1974, 1084 – LM § 2333 Nr. 2.
[116] MünchKommBGB/*Lange* § 2338 Rdnr. 3.
[117] MünchKommBGB/*Lange* § 2338 Rdnr. 4.
[118] MünchKommBGB/*Lange* § 2338 Rdnr. 6.

Erbeinsetzung anderer Personen als der gesetzlichen Erben nicht die Wirkung des § 2338 BGB zukommt, empfiehlt es sich, die Formulierung in der letztwilligen Verfügung so zu halten, dass lediglich auf die gesetzlichen Erben des Abkömmlings gemäß § 2066 BGB Bezug genommen wird. Jeglicher individualisierender Zusatz sollte unterbleiben. Eine solche Gestaltung bewirkt, dass den Gläubigern des Pflichtteilsberechtigten die Vollstreckung gemäß § 2115 BGB verwehrt ist und darüber hinaus die Nutzungen der Erbschaft gemäß § 863 ZPO nur beschränkt der Pfändung durch die Gläubiger des Pflichtteilsberechtigten unterworfen sind.

Gemäß § 2338 Abs. 1 S. 2 BGB kann der Erblasser auch eine Verwaltungstestamentsvollstreckung mit der Maßgabe anordnen, dass dem Abkömmling der Anspruch auf den jährlichen Reinertrag des Pflichtteils verbleibt. Würden auch die Nachlasserträge der Testamentsvollstreckung unterworfen, so verstieße dies gegen § 2338 Abs. 1 S. 2 BGB. Die Anordnung der **Verwaltungstestamentsvollstreckung** hat zur Folge, dass der dem Abkömmling nach § 2338 Abs. 1 S. 2 BGB zustehende Anspruch auf den jährlichen Reinertrag gemäß § 863 Abs. 1 S. 2 ZPO insoweit durch seine Gläubiger pfändbar ist, wie er nicht zur Erfüllung der dem Schuldner, seinem Ehegatten, seinem früheren Ehegatten oder seinen Verwandten gegenüber gesetzlich obliegenden Unterhaltspflicht oder zur Bestreitung seines standesgemäßen Unterhalts erforderlich ist. Bei der **Anordnung eines Nachvermächtnisses** sollte immer Verwaltungstestamentsvollstreckung angeordnet werden, da hier keine Verfügungsbeschränkung eintritt und die Eigengläubiger in den Gegenstand des Vermächtnisses und dessen Nutzungen vollstrecken können.[119] Die gemäß § 2338 BGB angeordnete Beschränkung hat auch im Falle des § 2306 Abs. 1 S. 1 BGB Bestand. Selbst wenn der dem Abkömmling hinterlassene Erbteil gleich oder kleiner als dessen Pflichtteil ist, so bleibt die angeordnete Beschränkung entgegen der Regelung des § 2306 Abs. 1 S. 1 BGB bestehen. Insoweit ist § 2338 lex specialis zu § 2306 BGB Abs. 1 S. 1 BGB. Die Beschränkung erstreckt sich im Zweifel auch auf den Pflichtteilsrestanspruch gemäß § 2305 BGB.[120]

Den Beschränkungsgrund hat derjenige zu beweisen, der sich darauf beruft. Aus Gründen der **Beweiserleichterung** empfiehlt es sich daher, in der letztwilligen Verfügung nähere Ausführungen zum Beschränkungsgrund zu machen.

V. Die Pflichtteilsquote

1. Grundlagen zur Berechnung der Pflichtteilsquote

Der Pflichtteil besteht gemäß § 2303 Abs. 1 S. 2 BGB in der Hälfte des Wertes des gesetzlichen Erbteils. Demnach ist für die **Berechnung der Pflichtteilsquote** zunächst der gesetzliche Erbteil des Pflichtteilsberechtigten gemäß § 1924 ff. BGB zu ermitteln. Der so ermittelte gesetzliche Erbteil des Pflichtteilsberechtigten ist sodann zu halbieren. Dies ergibt die Pflichtteilsquote.

Die Berechnung des für den Pflichtteil maßgeblichen gesetzlichen Erbteils weist jedoch eine **Besonderheit** auf. Gemäß § 2310 BGB werden bei der Ermittlung dieses Erbteils diejenigen gesetzlichen Erben mitgezählt, die durch letztwillige Verfügung von der Erbfolge ausgeschlossen sind, d. h., gemäß § 1938 BGB enterbt worden sind, die ihren Erbteil gemäß § 1953 Abs. 2 BGB ausgeschlagen haben sowie diejenigen, die gemäß § 2339 BGB für erbunwürdig erklärt worden sind. Selbstverständlich werden bei der Berechnung der für die Pflichtteilsquote maßgeblichen (fiktiven) gesetzlichen Erbfolgen auch diejenigen mitgezählt, die durch letztwillige Verfügung des Erblassers zu dessen Erben bestimmt worden sind bzw. mit einem Vermächtnis bedacht worden sind. Nicht mitgezählt werden hingegen nach § 2310 Abs. 1 S. 2 BGB diejenigen, die gemäß § 2346 Abs. 1 BGB auf ihr Erbe verzichtet haben. Daraus folgt, dass sich der Wegfall eines Berechtigten auf Grund des geleisteten **Erbverzichts** zugunsten der verbleibenden Pflichtteilsberechtigten auswirkt, da dieser Wegfall die Pflichtteilsquote der verbliebenen Pflichtteilsberechtigten erhöht. Dies führt zu einer Einschränkung der Dispositionsbefugnis des Erblassers, da das ihm zur freien Verteilung zur Verfügung stehende Nachlassvermögen im Umfang der Erhöhung der Pflichtteilsquoten vermindert wird.

---

[119] MünchKommBGB/*Lange* § 2338 Rdnr. 14.
[120] Staudinger/*Olshausen* § 2338 Rdnr. 38.

Ist beabsichtigt, einen Abkömmling, z. B. im Fall der Unternehmensnachfolge sowohl als Erben, als auch als Pflichtteilsberechtigten auszuschließen, so empfiehlt sich in der Regel der Abschluss eines Pflichtteilsverzichtsvertrages kombiniert mit einer enterbenden letztwilligen Verfügung. Ist lediglich ein **Pflichtteilsverzicht** gegeben, so wird der Verzichtende bei der Pflichtteilsberechnung mitgezählt und vermindert hierdurch die Pflichtteilsquoten der verbliebenen Pflichtteilsberechtigten. Dem Erblasser verbleibt folglich mehr Vermögen zur Disposition mittels letztwilliger Verfügung. Eine weitere Besonderheit ergibt sich bei der Berechnung der Pflichtteilsquote dann, wenn anstelle eines weggefallenen Abkömmlings entferntere Abkömmlinge oder die Eltern des Erblassers gemäß § 2309 BGB treten. In diesem Fall ist § 2309 BGB insoweit gegen § 2310 BGB lex specialis als die gemäß § 2310 Abs. 1 S. 1 BGB Weggefallenen entgegen dieser Regelung bei der Berechnung des Pflichtteils der Eltern oder entfernterer Abkömmlinge gemäß § 2309 BGB nicht mitgezählt werden.[121]

2. Die Pflichtteilsquote des Ehegatten

78 Auch die **Pflichtteilsquote des Ehegatten** sowie gleichgeschlechtlicher Lebenspartner (vgl. § 10 LPartG)[122] ist abhängig von dessen Erbquote. Deren Höhe ist zum einen abhängig von der Erbordnung der neben dem Ehegatten vorhandenen Verwandten (vgl. § 1931 Abs. 1 BGB) und zum anderen vom Güterstand der Eheleute (vgl. § 1931 Abs. 3 und Abs. 4 BGB). Zur Ermittlung der Erb- bzw. Pflichtteilsquote des Ehegatten ist zunächst festzustellen, welche Verwandte in welcher Ordnung neben dem Ehegatten als gesetzliche Erben in Fragen kommen. Sodann ist der Güterstand der Eheleute beim Tode des Erblassers zu klären.

79 Lebten die Eheleute zum Zeitpunkt des Todes des Erblassers im gesetzlichen Güterstand der **Zugewinngemeinschaft** gemäß § 1363 BGB, so erhöht sich der gesetzliche Erbteil des Ehegatten gemäß § 1931 Abs. 3 BGB i. V. m. § 1371 BGB um ein Viertel. Diese Erhöhung wirkt sich je nach Ordnung der noch vorhandenen Verwandten des Erblassers wie folgt unterschiedlich aus:
- Vorhandensein von Abkömmlingen des Erblassers gemäß § 1931 Abs. 1 S. 1 BGB:
  Der Ehegatte erhält 1/4 + 1/4 = 1/2 (§ 1931 Abs. 1., Abs. 3 BGB i. V. m. § 1371 Abs. 1 BGB).
  Der Pflichtteil des Ehegatten beträgt hier folglich 1/4.
- Vorhandensein von Eltern des Erblassers und deren Abkömmlinge gemäß § 1931 Abs. 1 S. 1 BGB:
  Der Ehegatte erhält hier 1/2 + 1/4 = 3/4 (§ 1931 Abs. 1, Abs. 3 BGB i. V. m. § 1371 Abs. 1 BGB). Der Pflichtteil des Ehegatten beträgt folglich 3/8.
- Vorhandensein von Großeltern gemäß § 1931 Abs. 1 BGB:
  Der Ehegatte erhält hier grundsätzlich 1/2 + 1/4 = 3/4 (§ 1931 Abs. 1 Abs. 3 BGB i. V. m. § 1371 Abs. 1 BGB).
  Allerdings ist hier der Sonderfall des § 1931 Abs. 1 S. 2 BGB zu beachten. Demnach erhält der Ehegatte, wenn beim Wegfall einzelner Großeltern gemäß § 1926 Abs. 3 bis 5 BGB deren Abkömmlinge an ihre Stelle treten würden, zusätzlich auch deren Erbteile.
  Dies ist nur dann der Fall, wenn der Erblasser einen Abkömmling seiner Großeltern geheiratet hat, z. B. seine Nichte oder Großnichte.[123]
- Es sind lediglich Verwandte der vierten oder fernerer Ordnungen vorhanden:
  Der Ehegatte erhält hier die volle Erbschaft, der Pflichtteil beträgt somit 1/2.
  Die pauschale Erhöhung des Erbteils des Ehegatten um 1/4 gemäß §§ 1931 Abs. 3, 1371 Abs. 1 BGB tritt jedoch nicht immer ein.

80 Bis zur Entscheidung des BGH vom 25.6.1964[124] war umstritten, ob der Ehegatte dann, wenn er weder Erbe noch Vermächtnisnehmer ist, stets auf den **kleinen Pflichtteil** und einen etwaigen Anspruch auf Ausgleich des Zugewinns beschränkt ist, oder ob dies nur für den Fall gilt, dass er von der Befugnis des § 1371 Abs. 2 BGB Gebrauch macht und Ausgleich des Zugewinns verlangt. Der BGH hat diese Frage im vorgenannten Urteil dahin gehend entschieden, dass der Ehegatte im Falle des § 1371 Abs. 2 BGB stets auf den kleinen Pflichtteil aus dem nicht

---

[121] Vgl. im Einzelnen mit Berechnungsbeispiel: *Lange/Kuchinke* § 37 VII. 2. a).
[122] Vgl. hierzu auch § 11 Rdnr. 139.
[123] Vgl. hierzu im Einzelnen: *Lange/Kuchinke* § 12 III. 4. a).
[124] BGH Urt. v. 25.6.1964 – BGHZ 42, 182.

erhöhten Ehegattenerbteil gem. § 1371 Abs. 2 BGB verwiesen ist (so genannte **Einheitstheorie**).[125] Demnach hat der Ehegatte lediglich dann, wenn er Erbe oder Vermächtnisnehmer wird, die Möglichkeit, zu wählen, ob er den so genannten **großen Pflichtteil** als Hälfte des um 1/4 erhöhten gesetzlichen Erbteils geltend macht (so genannte **erbrechtliche Lösung**) oder aber die Erbschaft ausschlägt und als Pflichtteilsberechtigter den kleinen Pflichtteil nebst dem rechnerischen Zugewinnausgleich verlangt (so genannte **güterrechtliche Lösung**). Die Entscheidung hierüber hängt von mehreren Faktoren ab. In die Abwägung, ob nun die erb- oder die güterrechtliche Lösung für den überlebenden Ehegatten wirtschaftlich sinnvoller ist, ist der Grad der noch vorhandenen Verwandten zum Erblasser, der vom Erblasser selbst bzw. ggf. vom überlebenden Ehegatten erzielte Zugewinn sowie die Möglichkeit des überlebenden Ehegatten sich durch die Wahl der güterrechtlichen Lösung von letztwilligen Anordnungen, wie z. B. der Nacherbeneinsetzung bzw. Anordnung der Testamentsvollstreckung zu befreien, mit einzustellen. Neben Verwandten der ersten Ordnung beträgt die Beteiligung des überlebenden Ehegatten am Gesamtnachlass bei der erbrechtlichen Lösung 1/2. Die güterrechtliche Lösung ist daher nur dann wirtschaftlich sinnvoll, wenn sich hieraus eine Gesamtbeteiligung ergibt, die diese Quote übersteigt. Nach den von *Nieder*[126] durchgeführten Berechnungen ist dies, soweit Verwandte der ersten Ordnung vorhanden sind, nur dann der Fall, wenn der überlebende Ehegatte selbst keinen Zugewinn erzielt hat und der Zugewinn des Erblassers am Gesamtnachlass mindestens 85,71% oder 6/7 beträgt. Hat der überlebende Ehegatte selbst Zugewinn erzielt oder sind Verwandte zweiter oder fernerer Ordnungen vorhanden, so würde, wie Nieder aufgezeigt hat, selbst ein 100%iger Anteil des Zugewinns am Gesamtnachlass den Ehegatten bei der Wahl der güterrechtlichen Lösung wirtschaftlich schlechter stellen, als bei der erbrechtlichen Lösung.[127] Zu raten ist hier zur erbrechtlichen Lösung.

Bei der **Wahl der güterrechtlichen Lösung** ist **zu bedenken**, dass Streitigkeiten über die Höhe des Zugewinns entstehen können und die Anrechnung von Vorempfängen gemäß §§ 1380, 2315 BGB im Raume stehen könnte.[128] Ebenso können die Erben gemäß § 1382 BGB die Stundung der Ausgleichsforderung verlangen sowie ein Leistungsverweigerungsrecht wegen grober Unbilligkeit geltend machen.

Umgekehrt sollte bedacht werden, dass der überlebende Ehegatte im Falle, dass ihm ein Erbteil hinterlassen worden ist, der größer als der erhöhte Pflichtteil nach der erbrechtlichen Lösung ist, aber gemäß § 2306 Abs. 1 S. 2 BGB beschränkt oder beschwert ist, die Möglichkeit hat, sich von diesen Beschränkungen oder Beschwerungen durch Ausschlagung zu befreien und neben dem nicht erhöhten Pflichtteil die Ausgleichsforderung zu fordern.[129] Vor der Erklärung der Ausschlagung ist immer zu prüfen, ob der überlebende Ehegatte eventuell durch Verzichtsvertrag mit dem Erblasser auf sein gesetzliches Erbrecht einschließlich Pflichtteil oder nur auf den Pflichtteil verzichtet hat. Schlägt der Überlebende in diesem Fall die Erbschaft aus, so erhält er gemäß § 1371 Abs. 3 S. 2 BGB nichts mehr.

Bestand zwischen den Ehegatten **Gütergemeinschaft**, so beträgt die Pflichtteilsquote des überlebenden Ehegatten neben Verwandten erster Ordnung grundsätzlich 1/8, neben Verwandten der zweiten Ordnung oder neben Großeltern grundsätzlich 1/4 (§ 1931 Abs. 1 BGB). Sind weder Verwandte der Ersten noch der zweiten Ordnung bzw. Großeltern vorhanden, beträgt die Pflichtteilsquote des überlebenden Ehegatten ausnahmslos 1/2 (§ 1931 Abs. 2 BGB).

Bestand zwischen den Ehegatten hingegen **Gütertrennung**, so ist die Sonderregelung des § 1931 Abs. 4 BGB zu beachten, wonach im Falle, dass neben dem Ehegatten ein oder zwei Kinder des Erblassers zu dessen gesetzlichen Erben berufen sind, der Ehegatte und die Kinder zu gleichen Teilen erben. Daraus folgt, dass die Pflichtteilsquote des Ehegatten, soweit ein Kind vorhanden ist 1/4 und soweit 2 Kinder vorhanden sind 1/6 beträgt.

Sind hingegen drei oder mehr Kinder vorhanden, so reduziert sich die Pflichtteilsquote des Ehegatten auf 1/8, da jetzt seine gesetzliche Erbquote 1/4 beträgt. Sind mehr als drei Kinder

---

[125] Vgl. MünchKommBGB/*Lange* § 2303 Rdnr. 27.
[126] *Nieder* § 1 Rdnr. 14 ff.
[127] *Nieder* § 1 Rdnr. 14 ff.
[128] Vgl. hierzu im Einzelnen *Kasper* S. 91 ff.
[129] Vgl. zu den einzelnen Fallgestaltungen gem. § 2306 BGB Palandt/*Brudermüller* § 1371 Rdnr. 19.

vorhanden, ändert sich an der Pflichtteilsquote des Ehegatten in Höhe von 1/8 nichts mehr, da § 1931 Abs. 1 BGB ihm in jedem Falle eine gesetzliche Erbquote von 1/4 zuweist.

3. Anrechnung und Ausgleichung

85 Lebzeitige Zuwendungen des Erblassers, so genannte **Vorempfänge**, mindern den der Berechnung des Pflichtteils gemäß § 2311 BGB zugrunde zu legenden Bestand des Nachlasses. Dies führt zu einer mittelbaren Verminderung der Erb- bzw. Pflichtteilsquote zu Lasten der späteren Pflichtteilsberechtigten. Wird der Bestand des künftigen Nachlasses durch lebzeitige Zuwendungen des Erblassers vermindert, so schlägt dies über die Bestimmung des § 2311 BGB auf die Höhe des Pflichtteils durch, dessen Berechnung gemäß § 2311 BGB der Bestand und der Wert des Nachlasses zurzeit des Erbfalls zugrunde zu legen ist.

86 Gehört der Zuwendungsempfänger selbst zum Kreis der Pflichtteilsberechtigten, so führen die Vorschriften der Anrechnung und Ausgleichung gemäß § 2315 BGB und § 2316 BGB im Bezug auf die Zuwendung (Vorempfang) den Ausgleich unter den Pflichtteilsberechtigten herbei. Unter Einbeziehung der Zuwendung wird ein fiktiver Nachlassbestand ermittelt und dessen Wert sodann der Berechnung der Höhe der Erb- bzw. Pflichtteilsquote zugrunde gelegt.

87 a) **Anrechnung.** Lebzeitige Zuwendungen des Erblassers an den Pflichtteilsberechtigten hat sich dieser auf seinen Pflichtteil anrechnen zu lassen, soweit der Erblasser gemäß § 2315 Abs. 1 BGB eine entsprechende Anrechnungsbestimmung vor oder bei Zuwendung des Vorempfangs getroffen hat. Der Begriff der Zuwendung umfasst jede freiwillige und freigiebige Verschaffung eines Vorteils,[130] der zur Minderung des künftigen Nachlasses führt. Zuwendungen, zu denen der Erblasser rechtlich verpflichtet ist, sind folglich nicht anrechnungspflichtig. Solche Zuwendungen können vom Erblasser auch nicht mittels einer entsprechenden Bestimmung der Anrechnung unterworfen werden.[131]

88 Zur **Durchführung der Anrechnung** wird zunächst gemäß § 2315 Abs. 2 BGB der Realnachlass um den Wert des Vorempfangs erhöht. Anzusetzen ist dabei gemäß § 2315 Abs. 2 S. 2 BGB grundsätzlich der Wert des Vorempfangs zum Zeitpunkt der Zuwendung.[132] Aus dem sich so ergebenden fiktiven Nachlassbestand (Realnachlass + Vorempfang) wird sodann der Betrag der Pflichtteilsquote des Zuwendungsempfängers errechnet und anschließend die erhaltene Zuwendung hiervon in Abzug gebracht. Es verbleibt der vom Zuwendungsempfänger zu beanspruchende Pflichtteil. Sind mehrere Anrechnungspflichtige vorhanden, ist diese Berechnung für einen jeden gesondert durchzuführen. Folglich ergeben sich als Ausgangspunkt der Berechnung der Höhe nach unterschiedliche fiktive Nachlässe, die zur individuell unterschiedlichen Pflichtteilsbeträgen der jeweiligen Anrechnungspflichtigen führen.

89 Beispiel:
Erblasser E hinterlässt die Töchter A und B. Erbe ist der familienfremde X. Der Wert des Nachlasses beläuft sich auf € 1,6 Mio. A muss sich € 600.000,–, B € 200.000,–, als Vorempfang auf ihren Pflichtteil anrechnen lassen.
Der Pflichtteil der A berechnet sich wie folgt:
(€ 1.600.000,– + € 600.000,–): 4 – € 600.000,– = – € 50.000,–
Der Pflichtteil der B berechnet sich wie folgt:
(€ 1.600.000,– + € 200.000,–): 4 – € 200.000,– = € 250.000,–
Der Wert der lebzeitigen Zuwendung an A übersteigt deren Pflichtteil € 550.000,–, so dass sie hier nichts mehr erhält. Den erhaltenen „Überschuss" in Höhe von € 50.000,– muss sie nicht wieder herausgeben. Anders verhält es sich allerdings, wenn es sich bei der Zuwendung um eine Schenkung handelt. Hier kann A gemäß §§ 2325, 2329 BGB einem Pflichtteilsergänzungsanspruch ausgesetzt sein.[133]

90 Fällt ein pflichtteilsberechtigter Abkömmling weg, so muss sich der an seine Stelle tretende Abkömmling des Erblassers gemäß § 2315 Abs. 3 BGB i. V. m. § 2051 Abs. 1 BGB die Zuwendung anrechnen lassen. Bei dem Eintretenden braucht es sich dabei nicht notwendig um

---

[130] Palandt/*Edenhofer* § 2315 Rdnr. 2 m.w.N.
[131] Staudinger/*Haas* § 2315 Rdnr. 11.
[132] Zu den damit im Zusammenhang stehenden Bewertungsfragen vergleiche im Einzelnen *Kasper* S. 61 ff.
[133] Vgl. Rdnr. 149.

einen Abkömmling des Weggefallenen zu handeln. Vielmehr können ebenso gut dessen Seitenverwandte an seine Stelle treten.[134]

b) Ausgleichung. Die §§ 2050 ff. BGB bestimmen, dass lebzeitige Zuwendungen des Erblassers an einen oder mehrerer seiner Abkömmlinge bei der Auseinandersetzung der Miterbengemeinschaft auszugleichen sind. Diese gesetzliche Ausgleichspflicht wird durch § 2316 Abs. 1 BGB auf das Pflichtteilsrecht übertragen. 91

Demnach sind im Rahmen der Pflichtteilsberechnung die lebzeitigen Vorempfänge gemäß §§ 2050 bis 2057 a BGB auszugleichen. Der Berechnung des Pflichtteils wird der durch den Ausgleich modifizierte Erbteil zugrunde gelegt. Während allerdings die Ausgleichspflicht der Erbauseinandersetzung nach den §§ 2050, 2052 BGB unter Abkömmlingen des Erblassers nur eintritt, wenn sie als gesetzliche Erben zur Erbfolge gelangen, und damit generell dispositiv ist, ist gemäß § 2316 BGB die Ausgleichung von Vorempfängen im Sinne von § 2050 Abs. 1 BGB (Ausstattung gemäß § 1624 BGB) zwingend. Nach herrschender Ansicht[135] erstreckt sich die Verweisung des § 2316 Abs. 3 BGB auch auf die in § 2050 Abs. 2 BGB genannten Zuschüsse. Hier ist zu beachten, dass § 2316 Abs. 3 BGB nur den Ausschluss der Ausgleichung zum Nachteil eines Pflichtteilberechtigten verbietet. Bei der Berechnung des Pflichtteils des Ausstattungsempfängers selbst bleibt ein eventueller Erlass der Ausgleichspflicht durch den Erblasser maßgebend.[136] Fällt die Zuwendung weder unter § 2050 Abs. 1 BGB noch unter § 2050 Abs. 2 BGB, kann der Erblasser deren Ausgleichung gemäß § 2050 Abs. 3 BGB anordnen.

Das **Berechnungsverfahren** ergibt sich aus § 2055 BGB. Zur Durchführung der Berechnung ist zunächst unter Hinzurechnung der Zuwendung zum vorhandenen Nachlass ein fiktiver Nachlass zu bilden. Dabei ist der Wert der Zuwendung zum Zuwendungszeitpunkt (§ 2055 Abs. 2 BGB) anzusetzen. Im Gegensatz zur Anrechnung, die einen Ausgleich des Vorempfangs zugunsten sämtlicher Pflichtteilsberechtigter herbeiführt, ist bei der Ausgleichung darauf zu achten, dass der vorhandene Nachlassbestand zunächst um den Betrag der gesetzlichen Erbquote des Ehegatten korrigiert wird. 92

Da die Ausgleichung nur unter Abkömmlingen stattfindet, ist dieser Betrag vom vorhandenen Nachlassbestand abzuziehen. Basierend auf dem so gebildeten fiktiven Nachlassbestand ist gemäß der gesetzlichen Erbquote eines jeden Abkömmlings der Betrag seines gesetzlichen Erbteils zu ermitteln. Der Pflichtteil des ausgleichsberechtigten Abkömmlings besteht in der Hälfte des Wertes dieses Ausgleichserbteils (§ 2303 BGB). Der Pflichtteil des ausgleichspflichtigen Abkömmlings ergibt sich hingegen aus der Hälfte des Wertes des um den Wert des Vorempfangs verminderten Ausgleichserbteil.

Beispiel: 93
Der Erblasser hinterlässt seine Ehefrau F und seine drei Kinder A, B, C. A hat eine Ausstattung von € 200.000,– erhalten, B eine solche in Höhe von € 150.000,–. C hat keine Zuwendungen erhalten. Die F, mit der der Erblasser im gesetzlichen Güterstand der Zugewinngemeinschaft lebte, ist zur Alleinerbin eingesetzt. Der Nachlasswert beträgt € 500.000,–.
Der überlebende Ehegatte ist nicht ausgleichsberechtigt, so dass zunächst sein Anteil am Nachlass entsprechend seiner gesetzlichen Erbquote vom Gesamtnachlass abzuziehen ist. Der Anteil des überlebenden Ehegatten beträgt gemäß §§ 1931 Abs. 2 BGB, 1371 Abs. 1 BGB die Hälfte von € 500.000,– = € 250.000,–. Der den Kinder hypothetisch verbleibende Restnachlass beträgt demnach € 250.000,–. Zu diesem Restnachlass werden sodann für die Ausgleichung die Vorempfänge von A und B gemäß § 2055 Abs. 1 S. 2 BGB hinzuaddiert. Der für die Ausgleichung zur Verfügung stehende fiktive Nachlass beträgt somit insgesamt € 600.000,–.
Der gesetzliche Erbteil eines jeden Abkömmlings beträgt davon 1/3, mithin € 200.000,–. Auf diesen Erbteil wird der Wert der Zuwendung, die der einzelne Abkömmling erhalten hat, angerechnet (§ 2055 Abs. 1 S. 1 BGB).
Demnach beträgt der Erbteil für
A: € 200.000,– – € 200.000,– = € 0,–
B: € 200.000,– – € 150.000,– = € 50.000,–
C: € 200.000,–, da C keine Zuwendungen erhalten hat.

---

[134] *Kasper* S. 128 ff.
[135] MünchKommBGB/*Lange* § 2316 Rdnr. 5; Soergel/*Dieckmann* § 2315 Rdnr. 4; Staudinger/*Haas* § 2315 Rdnr. 9.
[136] Staudinger/*Haas* § 2315 Rdnr. 8.

Gemäß § 2303 Abs. 1 S. 2 BGB beträgt der Pflichtteil die Hälfte dieses gesetzlichen Erbteils. Dies sind:
A: € 0,–
B: 1/2 von € 50.000,– = € 25 000,–
C: 1/2 von € 200.000,– = € 100.000,–
Hätte A statt einer Ausstattung im Wert von € 200.000,– eine solche im Wert von € 250.000,– erhalten, so wäre er zur Herauszahlung des Mehrbetrages nicht verpflichtet (§ 2056 S. 1 BGB). Falls die Zuwendung eine Schenkung war, kann er jedoch einem Pflichtteilsergänzungsanspruch gemäß § 2329 BGB ausgesetzt sein.[137]

94 c) **Zusammentreffen von Anrechnung und Ausgleichung**. Anrechnungspflichtige und **ausgleichspflichtige Zuwendungen** können **zusammentreffen**. Nach überwiegender Ansicht[138] ist die Pflichtteilsberechnung dergestalt durchzuführen, dass zunächst der Pflichtteil nach dem Verfahren für die Ausgleichung gemäß §§ 2316 Abs. 1, 2050 ff. BGB ermittelt wird. Von diesem wird sodann gemäß § 2316 Abs. 4 BGB die Hälfte des (auch) für anrechnungspflichtig erklärten Zuwendungswertes abgezogen.

95 Beispiel:
Der verwitwete Erblasser E hinterlässt die Söhne A, B und C. Erbe ist der familienfremde X. A hat zu Lebzeiten des E von diesem € 3.000,– erhalten, B € 6.000,–. C hat nichts erhalten. Bezüglich der Zuwendungen an A und B hat E angeordnet, dass diese sowohl auszugleichen als auch anzurechnen sind. Der Nachlasswert beträgt € 60.000,–.
Fiktiver Nachlass:
€ 60.000,– + € 3.000,– + € 6.000,– = € 69.000,–
Fiktiver Erbteil für A, B und C = € 23.000,–
Ausgleichserheblicher Erbteil:
A: € 23.000,– – € 3.000,– = € 20.000,–
B: € 23.000,– – € 6.000,– = € 17.000,–
C: € 23.000,– – € 0,– = € 23.000,–
Der Ausgleichspflichtteil beträgt hiervon die Hälfte, mithin für
A: € 10.000,–
B: € 8.500,–
C: € 11.500,–
Da für A und B zugleich die Anrechnung der Zuwendung angeordnet ist, stellt sich deren Pflichtteil gemäß § 2316 Abs. 4 BGB wie folgt dar:
A: € 10.000,– – € 1.500,– = € 8.500,–
B: € 8.500,– – € 3.000,– = € 5.500,–

96 Zu beachten ist, dass in Fällen, in denen der Erblasser die Zuwendungen zugleich für anrechnungs- und ausgleichspflichtig erklärt hat, **die Zuwendungsempfänger besser stehen können**, als wenn **lediglich die Anrechnung angeordnet** wurde.[139] Wäre die von B im vorstehenden Beispielsfall Zuwendungen in Höhe von € 6000,– lediglich anrechnungspflichtig gewesen, so ergäbe sich für die Anrechnung folgende Gleichung:

$$\frac{€\ 60.000,- + €\ 6.000,-}{6} - €\ 6.000,- = €\ 5.000,- = €\ 5.000,-$$

Im Falle der Anrechnung betrüge der Pflichtteil des B also lediglich € 5.000,–, anstatt € 5.500,–. Dieser Wirkung wird sich der Erblasser im Regelfall nicht bewusst sein. Es sollte daher in der Beratung darauf hingewiesen werden.

VI. Die Pflichtteilshöhe

97 Die Höhe des Pflichtteils ist von zwei Faktoren abhängig, zum einen von der Pflichtteilsquote[140] und zum anderen gemäß § 2311 BGB vom Bestand und dem Wert des Nachlasses

---

[137] Vgl. Rdnr. 149.
[138] Vgl. Staudinger/*Haas* § 2316 Rdnr. 50 m.w.N.
[139] Staudinger/*Haas* § 2316 Rdnr. 50.
[140] Zu deren Berechnung vgl. § 29 Rdnr. 76.

zurzeit des Erbfalls. Kennt man die Pflichtteilsquote, so muss schrittweise der Bestand des Nachlasses und der Wert desselben festgestellt werden.[141]

1. Die Ermittlung des Nachlassbestandes

Grundsätzlich sind alle vermögensbezogenen Rechte und Pflichten vererblich.[142] Der Nachlassbestand ist aus sämtlichen Aktiv- und Passivposten des Erblasservermögens zu ermitteln. Für die Ermittlung ist gemäß § 2311 BGB als maßgeblicher Zeitpunkt auf den Zeitpunkt des Erbfalls abzustellen (Stichtagsprinzip).[143] Dies gilt sowohl für die **Feststellung des Aktiv-**, als auch des **Passivbestandes**.[144] Aus dem **Stichtagsprinzip** folgt, dass der Erbe das Risiko der Geldentwertung trägt. Dem Erblasser ist es gemäß § 2311 Abs. 2 S. 2 BGB grundsätzlich nicht möglich, einseitige Wertbestimmungen hinsichtlich des Nachlasswertes zu treffen. Von diesem Grundsatz können sich aber Ausnahmen ergeben.[145] So hat sowohl das Reichsgericht[146] als auch der BGH[147] in Fällen, in denen eine vor dem Erbfall liegende Zuwendung im Zeitpunkt des Erbfalls auszugleichen ist, eine Korrektur der Bewertung zugelassen.

Solche **Wertkorrekturen** ergeben sich in Fällen der Anrechnung und Ausgleichung (§§ 2315, 2316 BGB), die zudem eine Ausnahme von dem gemäß § 2311 BGB geltenden Stichtagsprinzip darstellen, da hier lebzeitige Zuwendungen des Erblassers an den Pflichtteilsberechtigten bei der Ermittlung des Pflichtteilsanspruchs zu berücksichtigen sind.[148] Eine weitere **Ausnahme vom Stichtagsprinzip** bilden die Regelungen des Pflichtteilsergänzungsanspruches gemäß §§ 2325 ff. BGB. Hier sind lebzeitige Zuwendungen des Erblassers an Dritte bei der Bemessung des Pflichtteils zu berücksichtigen.[149] Letztlich weicht auch § 2313 BGB vom Stichtagsprinzip ab, in dem er nach dem Erbfall eintretende Bestandsänderungen bezüglich Aktiva und Passiva bei der Pflichtteilsberechnung berücksichtigt. Gemäß § 2313 Abs. 1 S. 3, Abs. 2 S. 1 BGB hat nachträglich eine Ausgleichung zu erfolgen, wenn aufschiebend bedingte, rechtlich oder tatsächlich zweifelhafte oder unsichere Rechte zum Nachlass gehören, die einen wirtschaftlichen Wert erst nach Eintritt der Bedingung oder Wegfall der Zweifel und Ungewissheiten erlangen.[150] Hingegen bleiben gemäß § 2313 Abs. 1 S. 1 BGB aufschiebend bedingte Rechte und Verbindlichkeiten unberücksichtigt.

a) Aktivbestand. Bei der Feststellung des **Aktivbestandes des Nachlasses** gilt grundsätzlich, dass alle vermögensbezogenen Rechte und Pflichten des Erblassers vererblich sind. Immaterielle Rechte sind hingegen grundsätzlich nicht vererbbar. Zu den vermögensbezogenen Rechten und Pflichten gehören alle vermögensrechtliche Positionen des Erblassers.[151]

Ebenso gehören hierher künftige Rechtsbeziehungen soweit sie nicht im Sinne des § 2313 BGB ungewiss oder bedingt sind, die der Erblasser noch zu seinen Lebzeiten eingeleitet hat, die aber erst mit seinem Tod oder nach seinem Tod endgültige Rechtswirkung entfalten.[152]

Im Einzelnen sind bei der Ermittlung des Nachlasses Rechtsverhältnisse zu berücksichtigen, die infolge von **Konfusion** (Vereinigung von Recht und Verbindlichkeit in einer Hand) oder durch **Konsolidation** (Vereinigung von Recht und dinglicher Belastung) erloschen sind.[153] Dem Pflichtteilsberechtigten soll kein Nachteil dadurch entstehen, dass Rechtsverhältnisse auf Grund der Erbfolge erlöschen, die nicht erloschen wären, wenn der Pflichtteilsberechtigte selbst Erbe geworden wäre. Nicht richtig ist es umgekehrt anzunehmen, dass zum Nachteil des Pflichtteilsberechtigten diejenigen Forderungen dem Nachlass zugerechnet werden dürfen,

---

[141] Zur außergerichtlichen Geltendmachung des Auskunftsanspruchs vgl. Rdnr. 165, zur gerichtlichen Geltendmachung vgl. § 62 Rdnr. 5.
[142] Vgl. zu Ausnahmen *Nieder* Rdnr. 45 ff.
[143] Staudinger/*Haas* § 2311 Rdnr. 2.
[144] Staudinger/*Haas* § 2311 Rdnr. 2; Palandt/*Edenhofer* § 2311 Rdnr. 1; MünchKommBGB/*Lange* § 2311 Rdnr. 15; a.A.: BGH Urt. v. 10.2.1960 – BGHZ 32, 60, 65.
[145] Vgl. Rdnr. 111.
[146] Grundlegend RGZ 108, 337 ff.
[147] BGH Urt. v. 14.11.1973 – BGHZ 61, 385 – NJW 1974, 137 ff.; BGH Urt. v. 4.7.1975 – BGHZ 65, 75.
[148] Vgl. Rdnr. 87, 91.
[149] Vgl. Rdnr. 139.
[150] BGH Urt. v. 23.6.1993 – BGHZ 123, 76, 78.
[151] Ein detaillierter Überblick über vererbliche und unvererbliche Rechtsbeziehungen findet sich bei MünchKommBGB/*Leipold* § 1922 BGB Rdnr. 20 ff.
[152] Staudinger/*Haas* § 2311 Rdnr. 13.
[153] Staudinger/*Haas* § 2311 Rdnr. 15.

die durch Konfusion untergegangen wären, wenn der Pflichtteilsberechtigte Erbe geworden wäre.[154] Eine vom Pflichtteilsberechtigten dem Erben geschuldete Summe ist demnach in die Pflichtteilsberechnung mit einzustellen.[155]

102 Bei der Ermittlung des Aktivbestandes des Nachlassbestandes sind **unvererbliche Rechtsbeziehungen**, wie zum Beispiel höchstpersönliche Rechte oder unvererbliche Rechte nicht zu berücksichtigen. Hierzu zählen Unterhaltsansprüche, da diese mit dem Tod des Berechtigten wegfallen (§§ 1615 Abs. 1, 1360 a Abs. 3 BGB), der Nießbrauch gemäß § 1061 S. 1 BGB, persönliche Dienstbarkeiten und Wohnrechte.[156]

103 Weiterhin können Rechtspositionen des Erblassers kraft Gesetzes, durch Rechtsgeschäft oder einer Verfügung von Todeswegen außerhalb des Erbgangs auf Dritte übertragen werden.[157] Folglich ist zum Beispiel eine Vorerbschaft, die der Erblasser erhalten hat, nicht zum Nachlassbestand hinzuzählen, da diese mit dem Tod des Erblassers (= Eintritt des Nacherbfalls) direkt auf den Nacherben übergeht. Hat der Erblasser mit dem Pflichtteilsberechtigten einen gegenständlich beschränkten Pflichtteilsverzicht gemäß § 2346 BGB vereinbart, so sind die von diesem betroffenen Rechtspositionen nicht in den Nachlass einzustellen. Eine Lebensversicherung fällt nicht in den Aktivbestand, soweit ein Bezugsberechtigter benannt ist. Ist kein Bezugsberechtigter benannt, so gehört die Versicherung zum Nachlass.[158]

104 b) Passivbestand. Die **Passiva** des Nachlasses sind von dessen Aktiva zur Ermittlung des Nachlasswertes abzuziehen. Zu den Passiva zählen gemäß § 1967 BGB sowohl die Schulden des Erblassers als auch die Erbfallschulden, soweit sie sich jeweils gegen den Nachlass richten. Zu den Erblasserschulden im Sinne des § 1967 Abs. 2 BGB gehören alle Verbindlichkeiten, die vom Erblasser herrühren, soweit sie vererbbar und nicht verjährt sind. Zu den **Erblasserschulden** zählen rückständige Steuerschulden, unabhängig davon, ob sie bereits veranlagt oder fällig geworden sind,[159] die bei gemeinsamer Veranlagung der Eheleute dem Erblasser im Verhältnis seines ehelichen Einkommens zuzurechnen sind,[160] Unterhaltsverbindlichkeiten, schuldrechtliche Verpflichtungen des Erblassers sowie dingliche Kreditsicherheiten, wie zum Beispiel Grundpfandrechte, Hypotheken, Bürgschaften. Grundschulden und Hypotheken sind allerdings nur in Höhe ihrer Valutierung zu passivieren.[161] Besteht für Verbindlichkeiten des Erblassers eine gesamtschuldnerische Haftung der Eheleute, so ist lediglich der Betrag zu passivieren, der im Innenverhältnis auf den Erblasser entfällt. Zu den zu passivierenden **Erbfallschulden** zählen insbesondere die Kosten der standesgemäßen Bestattung und der Grabpflege, die Kosten der Nachlassverwaltung sowie die Kosten der Testamentsvollstreckung soweit diese für den Pflichtteilsberechtigten von Vorteil war. Hinzu kommen der Ausgleichsanspruch des überlebenden Ehegatten in den Fällen des § 1371 Abs. 2 und 3 BGB, die Kosten der Nachlasssicherung einschließlich der Nachlasspflegschaft (§§ 1960, 1961 BGB) sowie die Kosten der Ermittlung der Nachlassgläubiger.[162]

105 § 2311 Abs. 1 S. 2 BGB bestimmt, dass bei der Berechnung des Pflichtteils eines Abkömmlings und der Eltern des Erblassers der dem überlebenden Ehegatten gebührende **Voraus** außer Ansatz bleibt. Das heißt, dass der Voraus aus der Nachlassaktiva auszugliedern ist, wenn der Ehegatte der gesetzliche Erbe geworden ist (§ 1932 Abs. 1 S. 1 BGB).[163] Ist der Ehegatte hingegen testamentarischer und nicht gesetzlicher Erbe geworden, so werden die zum Voraus zählenden Nachlassgegenstände bei der Ermittlung der Pflichtteilsansprüche anderer Berechtigter nicht ausgeklammert.[164]

106 Nicht zu passivieren sind hingegen die Pflichtteilsansprüche selbst, Vermächtnisse und Auflagen, die den Erben treffende Erbschaftsteuerschuld, das gesetzliche Vermächtnis des

---

[154] MünchKommBGB/*Frank* § 2311 Rdnr. 5.
[155] Beispielfälle zur jeweiligen Fallgestaltung finden sich bei Staudinger/*Haas* § 2311 Rdnr. 16 bis 18.
[156] Vgl. im Einzelnen *Nieder* Rdnr. 49 f.; Staudinger/*Haas* § 2311 Rdnr. 19.
[157] Vgl. im Einzelnen Staudinger/*Haas* § 2311 Rdnr. 20.
[158] Vgl. im Einzelnen Staudinger/*Haas* § 2311 Rdnr. 22 bis 25.
[159] Staudinger/*Haas* § 2311 Rdnr. 32.
[160] *Klingelhöffer* Rdnr. 281.
[161] *Klingelhöffer* Rdnr. 265, vgl. zur Behandlung aufschiebend und auflösend bedingter Verbindlichkeiten bzw. zweifelhafter oder unsicherer Rechte § 46 Rdnr. 9.
[162] Staudinger/*Haas* § 2311 Rdnr. 40 m.w.Bsp.
[163] *Klingelhöffer* Rdnr. 288.
[164] BGH Urt. v. 6.12.1978 – NJW 1979, 546; *Klingelhöffer* Rdnr. 288; OLG Naumburg OLGR 2000, 433.

Dreißigsten gemäß § 1969 BGB, der Unterhaltsanspruch der werdenden Mutter gemäß § 1963 BGB sowie Ansprüche von Stiefkindern gemäß § 1371 Abs. 4 BGB, bereits vollzogene Schenkungen von Todes wegen gemäß § 2301 Abs. 1 BGB, da diese als Vermächtnisse zu bewerten sind,[165] die Kosten der Erwirkung des Erbscheins sowie die Kosten der Auseinandersetzung unter Miterben.[166]

2. Der Nachlasswert

Neben der Höhe der Pflichtteilsquote ist für die Bestimmung des Pflichtteils die **Höhe des Nachlasswertes** maßgebend. Um diesen zu ermitteln, ist zunächst der Aktiv- und Passivbestand des Nachlasses zu ermitteln[167] und sodann der nach Abzug der Passiva von den Aktiva verbleibende Nachlassbestand zu bewerten. Die Bewertung ist erforderlich, da der Pflichtteilsanspruch auf die Zahlung von Geld gerichtet ist und es somit der Festsetzung eines Geldbetrages für jeden Nachlassgegenstand bedarf. Ziel der Bewertung muss es nach der Rechtsprechung des BGH sein, den Pflichtteilsberechtigten so zu stellen, wie wenn er zu dem den Pflichtteil entsprechenden Bruchteil Erbe geworden wäre.[168] Eine Bewertung hat demnach grundsätzlich auf der Basis des so genannten „gemeinen Wertes",[169] womit der Verkehrswert gemeint ist,[170] zu erfolgen. Dieser Wert ist ggf. durch Sachverständige gemäß § 2311 Abs. 2 S. 1 BGB zu schätzen. Ein zeitnaher Veräußerungserlös hat allerdings Vorrang vor einer Schätzung.[171]

Verkehrswert ist der Wert, der aus der Veräußerung des Gegenstandes unter marktüblichen Umständen, d. h. normalen wirtschaftlichen Verhältnissen, am Markt erzielt werden kann.[172] Individuelle Wertvorstellungen sind nicht zu berücksichtigen.[173] Der auf den Markt ausgerichtete Verkehrswert kommt dann nicht als Bewertungsgrundlage in Frage, wenn es an einem Marktwert fehlt. Die Rechtsprechung hilft in diesen Fällen mit dem so genannten „wahren, inneren" Wert[174] weiter. Der „wahre, innere" Wert kommt zum tragen, wenn außergewöhnliche Umstände es als gerechtfertigt erscheinen lassen, den aktuellen Verkaufswert des Nachlassgegenstandes nicht als Bewertungsgrundlage anzusetzen. Dabei wird davon ausgegangen, dass der Verkehrswert unter dem maßgebenden „wahren, inneren" Wert liegt.

Hierunter fallen Sondersituationen, in denen auf Grund von Marktanomalien oder besonderer politischer Umstände außergewöhnliche Preisverhältnisse herrschen.[175] Die Rechtsprechung des BGH zum „wahren, inneren" Wert nimmt zugunsten des Pflichtteilsberechtigten eine Korrektur der zum Zeitpunkt des Erbfalls herrschenden Wertverhältnisse vor. Dabei ermittelt der BGH den Differenzbetrag zwischen dem „wahren, inneren" Wert und dem zum Stichtag herrschenden Verkehrswert, also die auf Grund der außergewöhnlichen Umstände eingetretene Wertminderung, in Abhängigkeit von der voraussichtlichen Dauer der außergewöhnlichen Umstände. Die Wertminderung soll umso größer sein, je geringer die Aussicht ist, dass diese Umstände in absehbarer Zeit wegfallen.[176]

Gerade hierin liegt die Schwäche dieser Rechtsprechung, denn erst im Nachhinein kann beurteilt werden, ob es sich um eine länger anhaltende Störung gehandelt hat oder nicht. Die Rechtsprechung zum „wahren, inneren" Wert wird daher in der Literatur überwiegend abgelehnt.[177]

---

[165] *Nieder* Rdnr. 103.
[166] Vgl. zu den nicht abzugsfähigen Verbindlichkeiten auch die ausführliche Aufstellung bei Staudinger/*Haas* § 2311 Rdnr. 46 sowie bei *Nieder* Rdnr. 103.
[167] Vgl. zur Bewertung von Nachlassaktiva im Einzelnen § 46.
[168] BGH NJW-RR 1991, 900, 901; Staudinger/*Haas* § 2311 Rdnr. 50 m.w.N.
[169] *Lange/Kuchinke* § 37 VII 3 b).
[170] BGH-NJW RR 1993, 131; GBHR 2003, 401.
[171] BGH NJW-RR 1993, 131.
[172] Zu den verschiedenen Ansätzen für die Wertermittlung vgl. *Mayer* ZEV 1994, 331 bis 336.
[173] Staudinger/*Haas* § 2311 Rdnr. 53; vgl. hierzu auch § 46 Rdnr. 4.
[174] BGH Urt. v. 25.3.1954 – BGHZ 13, 45, 47 – NJW 1954, 1037; BGH Urt. v. 1.4.1992 – NJW-RR 1992, 899.
[175] Vgl. hierzu BGH Urt. v. 25.3.1954 – BGHZ 13, 45, 47 zu sogenannten. „Stopp-Preisen" auf dem Immobilienmarkt; sowie BGH Urt. v. 31.5.1965 – NJW 1965, 1589, 1590 zu den Auswirkungen des Chruschtschow-Ultimatums auf den Berliner Grundstücksmarkt.
[176] BGH Urt. v. 25.3.1954 – BGHZ 13, 45, 47 – NJW 1954, 1037.
[177] Vgl. zu Kritik an dieser Rspr.: *Klingelhöffer* Rdnr. 176 sowie Staudinger/*Haas* § 2311 Rdnr. 55.

110 Als **Bewertungsstichtag** ist gemäß § 2311 Abs. 1 BGB auf den Zeitpunkt des Erbfalls, also auf den Todeszeitpunkt des Erblassers abzustellen. Hiernach eintretende Wertsteigerungen bzw. Minderungen bleiben unberücksichtigt.[178] Dieses Stichtagsprinzip findet auch in Fällen der §§ 2305, 2306 Abs. 1 S. 2 BGB und § 2307 BGB Anwendung.[179] Das **Stichtagsprinzip** fordert keine statische Betrachtung dergestalt, dass für die Bewertung des Nachlassgegenstandes von einer Wertrealisation bzw. einem Verkauf desselben zum Stichtag auszugehen ist.[180] Herrschen am Stichtag außergewöhnliche äußere Bedingungen vor, mit deren Änderungen aus Sicht des Stichtages in Kürze zu rechnen ist und die sich nicht oder nicht ausreichend in dem am Markt gebildeten Normalverkaufspreis niederschlagen, so können die sich am Stichtag abzeichnenden Zukunftserwartungen, soweit sie wirtschaftlich fassbar sind, in die Bewertung durch Vornahme entsprechende Zu- oder Abschläge vom aktuellen Verkaufspreis mit eingestellt werden.[181] In der Regel ist dies jedoch ausgeschlossen, soweit der betreffende Vermögensgegenstand starken Schwankungen des Verkehrswertes bzw. des Marktpreises unterworfen ist.[182] Keine Ausnahme vom Stichtagsprinzip stellt die Regelung des § 2313 Abs. 1 S. 3 BGB dar. Die Inbezugnahme der „veränderte" Rechtslage, ändert nichts daran, dass Zu- und Abgänge zum Nachlass auf Grund Bedingungseintritts mit dem Wert, den sie zum Zeitpunkt des Erbfalls hatten, in Ansatz zu bringen sind.[183]

111 **Wertbestimmungen des Erblassers** sind gemäß § 2311 Abs. 2 S. 2 BGB für die Berechnung des Pflichtteils unerheblich. Lediglich bei Landgütern kann der Erblasser gemäß § 2312 Abs. 1 BGB in den dort genannten Grenzen einen Übernahmepreis bestimmen.[184]

VII. Die Pflichtteilslast

1. Grundlagen

112 Der Umfang, in dem der Pflichtteilsschuldner für den Pflichtteilsanspruch einzustehen hat, wird als „**Pflichtteilslast**" bezeichnet. Gegenüber dem Pflichtteilsberechtigten, d. h. im Außenverhältnis, trifft die Pflichtteilslast gemäß §§ 1967 Abs. 2, 2303 Abs. 1 S. 1 BGB immer den Erben. Aufgrund der Sonderregelung des § 2319 BGB kann der Erbe jedoch im Außenverhältnis berechtigt sein, die Befriedigung des Pflichtteilsberechtigten zum Teil zu verweigern.[185] Im Innenverhältnis, also im Verhältnis einzelner Miterben untereinander bzw. im Verhältnis zwischen einzelnen Erben, Vermächtnisnehmern und Auflagenberechtigten, regeln die §§ 2318, 2320 bis 2324 BGB die **Verteilung** der **Pflichtteilslast**, soweit nicht der Erblasser gemäß § 2324 BGB von der Möglichkeit Gebrauch gemacht hat, diese abweichend von der gesetzlichen Regelung zu verteilen. Eine solche Anordnung muss durch Testament oder Erbvertrag getroffen werden und erfolgt zweckmäßigerweise im Zusammenhang mit der Anordnung des Vermächtnisses.

113 Formulierungsvorschlag:

Frau Müller vermache ich einen Geldbetrag von € 20.000,–. Weiter bestimme ich, dass allein mein Sohn als mein Erbe die Pflichtteilslast zu tragen hat. Frau Müller als Vermächtnisnehmerin soll an der Pflichtteilslast nicht beteiligt sein.

---

[178] Eine Ausnahme hierzu bildet die Rspr. vom „wahren, inneren" Wert die auf zukünftige Wertverhältnisse unter normalen Bedingungen des Marktes abstellt. Vgl. hierzu § 29 Rdnr. 108; vgl. zur Frage, inwieweit der Geldwertverfall zwischen Entstehung des Pflichtteilsanspruchs und Auszahlung des entsprechenden Geldbetrages zu berücksichtigen ist, Staudinger/*Haas* § 2317 Rdnr. 7 ff.
[179] *Meincke* S. 216.
[180] Staudinger/*Haas* § 2311 Rdnr. 62.
[181] Staudinger/*Haas* § 2311 Rdnr. 62; *Meincke* S. 215; Soergel/*Dieckmann* § 2311 Rdnr. 17.
[182] Staudinger/*Haas* § 2311 Rdnr. 62; *Mayer* ZEV 1994, 331, 332.
[183] BGH Urt. v. 23.6.1993 – BGHZ 123, 76, 90.
[184] Vgl. im Einzelnen Staudinger/*Haas* § 2312 Rdnr. 9; § 46 Rdnr. 67.
[185] Vgl. im Folgenden unter § 29 Rdnr. 118.

2. Das Kürzungsrecht des Erben/Vermächtnisnehmers gemäß § 2318 BGB

Im Innenverhältnis zwischen den Nachlassbeteiligten gilt der Grundsatz der verhältnismäßigen Verteilung der Pflichtteilslast. Dies deshalb, weil bei der Berechnung des Pflichtteils Verbindlichkeiten aus Vermächtnissen und Auflagen nicht abgesetzt werden, und es deshalb unbillig wäre, allein den Erben mit der Pflichtteilslast zu belasten. Gemäß § 2318 Abs. 1 BGB kann der Allein- oder Miterbe die vorgenannten Verbindlichkeiten im Verhältnis des Wertes des Vermächtnisses oder der Auflage zum Wert des ungekürzten Nachlasses oder Erbanteils kürzen.[186] Nach überwiegender Ansicht besteht dieses **Kürzungsrecht** aber nur dann, wenn der Pflichtteil gegen den Erben auch tatsächlich geltend gemacht wurde und noch nicht verjährt ist.[187] Das dem Erben zustehende **Kürzungsrecht** lässt sich durch folgende Formel darstellen:[188]

$$\text{Kürzungsrecht} = \frac{\text{Pflichtteilslast} \times \text{Vermächtniswert}}{\text{Wert des Erbteils des beschwerten Erben}}$$

Das **Kürzungsrecht** des Erben ist jedoch insoweit **eingeschränkt**, als dem Vermächtnisnehmer oder dem Auflagenbegünstigten selbst ein Pflichtteilsrecht zusteht. In diesem Fall ist eine Kürzung nur soweit zulässig, wie dem Vermächtnisnehmer oder Auflagenbegünstigten sein eigener Pflichtteil verbleibt (§ 2318 Abs. 2 BGB). Die Beweislast für das Kürzungsrecht nach § 2318 Abs. 1 BGB trägt der Erbe.

Das Recht, die Verbindlichkeit aus dem Vermächtnis oder der Auflage anteilig zu kürzen, besteht gegenüber jedem Vermächtnisnehmer bzw. Auflagenbegünstigten, es sei denn, der Erblasser hat den Vorrang eines Vermächtnisses gemäß § 2189 BGB angeordnet. Ist der mit der Pflichtteilslast belastete **Erbe selbst pflichtteilsberechtigt**, so ist er gemäß § 2318 Abs. 3 BGB berechtigt, die aus dem Vermächtnis oder einer Auflage resultierende Verbindlichkeit soweit zu kürzen, dass ihm selbst der ihm zustehende Pflichtteil verbleibt. Dieses Kürzungsrecht steht sowohl dem Alleinerben als auch der Erbengemeinschaft zu.[189] Dieses Recht steht dem Erben nicht zu, wenn er im Sinne des § 2306 BGB beschwert und belastet war und von der ihm zustehenden Ausschlagungsmöglichkeit keinen Gebrauch gemacht hat, da er die Belastung mit dem Vermächtnis bzw. der Auflage in diesem Fall selbst zu vertreten hat.[190] In dem Fall, dass der Erbe, der die Pflichtteilslast zu tragen hat, das **Vermächtnis voll ausbezahlt** hat, steht ihm gegen den Vermächtnisnehmer ein Rückforderungsanspruch in Höhe des Kürzungsbetrages gemäß § 813 Abs. 1 S. 1 BGB i. V. m. § 2318 BGB zu. Dies gilt insbesondere in Fällen, in denen der Erbe den Pflichtteilsanspruch mangels Kenntnis seines Kürzungsrechts in voller Höhe erfüllt hat.[191] Bildet eine **unteilbare Leistung**, wie z. B. die Einräumung eines Nießbrauchs am Nachlass, den Gegenstand des Vermächtnisses, so wird das dem Erben wegen der Ansprüche eines Pflichtteilsberechtigten zustehende **Kürzungsrecht** dergestalt verwirklicht, dass der Vermächtnisnehmer dem Erben einen Ausgleichsbetrag zu bezahlen hat.[192] Weigert sich der Vermächtnisnehmer, einen solchen Ausgleichsbetrag gegen die Erfüllung des Vermächtnisses zu bezahlen, so kann der Erbe dessen Erfüllung verweigern.

Er ist jedoch verpflichtet, dem Vermächtnisnehmer einen Betrag zu bezahlen, der dem Wert des Vermächtnisses unter Abzug des sonst von dem Vermächtnisnehmer zu erstattenden Betrages entspricht.[193]

Die **Höhe des** gegenüber dem Vermächtnisnehmer bzw. Auflagenberechtigten bestehenden **Kürzungsrechts** ist abhängig von der Höhe des Pflichtteilsanspruchs. Der Erbe ist für dessen Höhe beweispflichtig. Das zwischen dem Erben und dem Pflichtteilsberechtigten erstrittene Urteil entfaltet keine Rechtskraft im Verhältnis des Erben zum Vermächtnisnehmer bzw. Auflagenberechtigten, so das es sich empfiehlt diesen Nachlassbeteiligten den Streit zu verkünden.[194]

---

[186] Vgl. hierzu § 13 Rdnr. 160.
[187] *Nieder* Rdnr. 125; LG München Urt. v. 31.5.1988 – NJW-RR 1989, 8; Staudinger/*Haas* § 2318 Rdnr. 5.
[188] *Nieder* Rdnr. 124.
[189] BGH Urt. v. 10.7.1985 – BGHZ 95, 222 – NJW 1985, 2828.
[190] *Klingelhöffer* Rdnr. 95.
[191] KG Berlin Urt. v. 13.3.1975 – FamRZ 1977, 267, 269.
[192] BGH Urt. v. 21.12.1955 – BGHZ 19, 309.
[193] BGH Urt. v. 21.12.1955 – BGHZ 19, 309, 311.
[194] Staudinger/*Haas* § 2318 Rdnr. 15.

118 Von dem **Grundsatz des § 2319 BGB**, der den Miterben die Tragung der Pflichtteilslast nach dem Verhältnis ihrer Erbteile auferlegt, macht § 2320 BGB eine **Ausnahme**. Ist der Pflichtteilsberechtigte vom Erblasser durch testamentarische Verfügung gemäß § 1938 BGB enterbt worden, ohne dass der Erblasser einen anderen gewillkürten Erben bestimmt hat, so hat derjenige, der auf Grund dieses Vorgangs gesetzlicher Miterbe wird, im Innenverhältnis der Miterben die Pflichtteilslast bzw. Vermächtnislast in Höhe des daraus erlangten Vorteils zu tragen. Der erlangte Vorteil umfasst alles, was der gesetzliche Erbe in Folge des Wegfalls des Pflichtteilsberechtigten erlangt. In der Regel wird dies der erlangte bzw. erhöhte gesetzliche Erbteil sein. Beschränkungen und Beschwerungen, die mit der Vermehrung des Erbteils bzw. der Erbenstellung einhergehen, mindern den erlangten Vorteil.[195]

§ 2320 BGB setzt also den erlangten Vorteil ins Verhältnis zu der zu tragenden Pflichtteilslast. Hierbei kommt es auf die Wertverhältnisse im Zeitpunkt des Erbfalls an.[196] § 2320 BGB gilt auch dann, wenn der Pflichtteilsberechtigte z. B. durch eine Pflichtteilsstrafklausel[197] von der Erbfolge ausgeschlossen wird, im Falle des § 2306 Abs. 1 S. 2 BGB die Erbschaft ausschlägt, ohne hierdurch den Pflichtteilsanspruch zu verlieren oder aber auf sein gesetzliches Erbrecht unter Vorbehalt des Pflichtteils verzichtet.[198] § 2320 Abs. 2 BGB legt die Pflichtteilslast „im Zweifel" – also soweit kein abweichender Erblasserwille festzustellen ist (vgl. § 2324 BGB) – demjenigen auf, welchem der Erblasser den Erbteil des Pflichtteilberechtigten durch Verfügung von Todes wegen zugewiesen hat. § 2321 BGB überträgt die Rechtsfolge des § 2320 BGB auf den Fall, dass ein mit einem Vermächtnis bedachter Pflichtteilsberechtigter das **Vermächtnis ausschlägt** und so den Pflichtteil erhält. Die Ausschlagung begünstigt entweder den Ersatzberechtigten gemäß § 2190 BGB, den Anwachsungsberechtigten gemäß §§ 2158, 2159 BGB oder den von der Vermächtnisschuld durch die Ausschlagung nun befreiten Erben. Je nachdem, wem die Ausschlagung zugute kommt, hat dieser im Innenverhältnis der Miterben zueinander die Pflichtteilslast in Höhe des erlangten Vorteils zu tragen. In den Fällen der §§ 2320 und 2321 BGB ist der gesetzliche Erbe jedoch berechtigt, Vermächtnisse oder Auflagen, die auf dem gesetzlichen Erbteil lasten, bis zur Grenze der Pflichtteilslast zu kürzen.[199]

119 Der **Erblasser** hat stets die Möglichkeit, von den Vorschriften der §§ 2318 Abs. 1, 2319 S. 2, 2320–2323 BGB durch **anderweitige Anordnung** abzuweichen. So kann er zum Beispiel durch Abbedingen der Vorschrift des § 2318 Abs. 1 BGB sicherstellen, dass der Vermächtnisnehmer das ihm zugewandte Vermächtnis ungekürzt erhält. Der Erblasser kann durch Anordnung das Kürzungsrecht gegenüber dem Vermächtnisnehmer oder Auflagenbegünstigten erweitern oder beschränken.[200] Eine entsprechende Anordnung des Erblassers hat durch Testament oder Erbvertrag zu erfolgen. Ausnahmsweise kann sich eine solche nach der Rechtsprechung auch stillschweigend aus dem Testament ergeben.[201]

120 Das **Kürzungsrecht** des Erben kann gemäß § 2318 BGB entsprechend der Rechtsprechung des BGH[202] durch § 2322 BGB **eingeschränkt** sein. § 2322 BGB ist insoweit lex specialis zu § 2318 BGB und geht diesem vor. § 2322 BGB bestimmt, dass derjenige, dem die Ausschlagung zustatten kommt, also der Ersatzmann, der erst in Folge der Ausschlagung Miterbe wird, das Vermächtnis nur in dem Maße kürzen kann, das die ihn treffende Pflichtteilslast gedeckt ist. Der durch die Ausschlagung begünstigte Ersatzmann ist hier also nur gegen eine Überschwerung geschützt.

VIII. Der Pflichtteilsergänzungsanspruch

1. Voraussetzungen des Anspruchs

121 Dem Pflichtteilsergänzungsanspruch kommt eine nicht zu unterschätzende Bedeutung zu. Er beschränkt die Testierfreiheit des Erblassers und verhindert zudem, dass der Erblasser

---

[195] Vgl. ausf. mit Beispielsfällen Staudinger/*Haas* § 2320 Rdnr. 15 ff.
[196] *Klingelhöffer* Rdnr. 99.
[197] BayObLG Beschl. v. 18.9.1995 – FamRZ 1996, 440, 442; vgl. hierzu auch § 21 Rdnr. 8.
[198] Staudinger/*Haas* § 2320 Rdnr. 5.
[199] *Klingelhöffer* Rdnr. 101.
[200] *Nieder* Rdnr. 128.
[201] BGH Urt. v. 9.3.1983 – FamRZ 1983, 692, 694.
[202] BGH Urt. v. 9.3.1983 – NJW 1983, 2378.

zu Lebzeiten den künftigen Nachlass bzw. den Pflichtteilsanspruch durch Schenkungen an Dritte mindern bzw. komplett aushöhlen kann. Der Pflichtteilsergänzungsanspruch kommt gemäß §§ 2325 ff. BGB dann zum Tragen, wenn der Erblasser einem Dritten eine Schenkung gemacht hat. Er bewirkt, dass das Geschenk bzw. dessen Wert dem Nachlass wieder hinzugerechnet wird, so dass sich ein **fiktiver Nachlasswert** ergibt (effektiver Nachlass + Geschenk), aus dem sich der Pflichtteilsergänzungsanspruch berechnet.

a) **Der Schenkungsbegriff.** Einigkeit besteht darin, dass eine Schenkung im Sinne des § 2325 **122** Abs. 1 BGB dem Schenkungsbegriff des § 516 Abs. 1 BGB Rechnung tragen muss. Der Dritte muss also durch die Schenkung objektiv bereichert sein, und die Parteien müssen sich subjektiv über die Unentgeltlichkeit der Zuwendung einig gewesen sein.[203] Dem Schenkungsbegriff der §§ 2325, 2329 unterliegen auch endgültige unentgeltliche Zuwendungen in Form von Zustiftungen oder freien oder gebundenen Spenden.[204] Diese Voraussetzungen müssen auch bei der so genannten **gemischten Schenkung** vorliegen, also dann, wenn der Erblasser für die Hingabe des Vermögensgegenstandes zumindest zum Teil eine Gegenleistung erhalten hat. Dabei darf die Bewertung des Äquivalents von Leistung und Gegenleistung nicht alleine auf Grund der Verkehrswerte erfolgen.

Bei der Bewertung des Ergänzungsanspruchs ist demnach im Rahmen einer gemischten **123** Schenkung immer die Gegenleistung abzuziehen. Hierbei stellt sich das Problem, wie diese Gegenleistung zu bewerten ist. Es gilt hier das **Prinzip des „subjektiven Äquivalents"**. Aufgrund der im Zivilrecht herrschenden Privatautonomie steht es den Beteiligten eines Rechtsgeschäfts grundsätzlich frei, den Wert der von ihnen nach ihrem Vertrag zu erbringenden Leistung zu bewerten.[205] Hiervon können die Parteien insbesondere bei einer auf die Lebzeit des Schenkers zu erbringenden (Gegen-)Leistung, deren Wert nicht genau zu bestimmen ist, wie z. B. einer Pflegeverpflichtung, Gebrauch machen. Das Prinzip der „subjektiven Äquivalents" eröffnet somit einen gewissen Bewertungsspielraum, insbesondere wenn es um Vermögensübertragungen im privaten Bereich geht. Diesem Prinzip sind jedoch Grenzen gesetzt. Nach der Auffassung des BGH[206] spricht eine tatsächliche Vermutung dafür, dass sich die Parteien über die Unentgeltlichkeit der Wertdifferenz zwischen Zuwendung und Gegenleistung (= Bereicherung) einig waren, wenn das Missverhältnis zwischen Leistung und Gegenleistung objektiv so groß ist, dass es nach vernünftiger Betrachtung auf einen fehlenden Schenkungswillen nicht mehr ankommen kann. Ein eventueller Mehrwert unterliegt dann dem Pflichtteilsergänzungsanspruch nach § 2325 BGB.

Der BGH gewährt dem Pflichtteilsberechtigten eine **Beweislasterleichterung** im Sinne einer **124** für ihn streitenden tatsächlichen Vermutung. Wann ein solches „auffallend grobes Missverhältnis" der beiderseitigen Leistung vorliegt, ist letztlich nicht geklärt.

In Anlehnung an das Schenkungsteuerrecht wird zum Teil vertreten, dass dieser Beurteilungsspielraum bis zu einem objektiven Wertunterschied von etwa 20% bis 25% zwischen Leistung und Gegenleistung reiche.[207] Bei einer vereinbarten Gegenleistung von 80% im Falle einer Wertrelation von DM 150.000,– für die Zuwendung und DM 121.000,– für den vorbehaltenen Nießbrauch hat der BGH für das Eingreifen vorgenannter Beweiserleichterung zumindest dann keinen Raum gesehen, wenn der neue Eigentümer die laufenden Bewirtschaftungs- und Reparaturkosten zu tragen hat und zudem mit erheblichen Instandsetzungskosten zu rechnen war.[208] Im Rahmen dieses Gestaltungsspielraumes kann also durch ausdrückliche Vertragsformulierung die Einigung über die Unentgeltlichkeit ausgeschlossen werden.

Die Frage nach Bewertung von Leistung und Gegenleistung und somit nach der Minderung **125** der Unentgeltlichkeit der Zuwendung stellt sich auch, wenn die **Schenkung unter Auflage oder Nießbrauchsvorbehalt** erfolgte. So hat der BGH entschieden, dass der Vorbehalt eines Nießbrauchs den Wert der Schenkung mindert[209] und somit pflichtteilsreduzierend wirkt. In

---

[203] Staudinger/*Olshausen* § 2325 Rdnr. 2.
[204] BGH Urt. v. 10.12.2003 – NJW 2004, 1382.
[205] *Lange/Kuchinke* § 37 X 2 a); OLG Oldenburg Urt. v. 1.7.1997 – FamRZ 1998, 516.
[206] BGH Urt. v. 21.6.1972 – BGHZ 59, 132, 136.
[207] *Felix* DStR 1970, 7; *Troll* ErbStG, § 7 Rdnr. 43 in der Bearbeitung von 1991.
[208] BGH Urt. v. 6.3.1996 – NJW-RR 1996, 754 f.
[209] BGH Urt. v. 8.4.1992 – NJW 1992, 2887; BGH Urt. v. 27.4.1994 – NJW 1994, 1791 – ZEV 1994, 233.

Abzug zu bringen ist der kapitalisierte Nutzungswert. Der Wert des Geschenks, in der Regel ein Grundstück, ist nur insoweit in Ansatz zu bringen, als er den kapitalisierten Nutzungswert übersteigt.[210]

126 **b) Das Niederstwertprinzip.** Zu der Berechnung einer Schenkung geht der BGH vom so genannten Niederstwertprinzip aus, wonach bei nicht verbrauchbaren Sachen (Grundstücken) bei **divergierenden Werten** zwischen dem **Zeitpunkt der Schenkung** und dem **Erbfall** der niedrigere Wert anzusetzen ist, allerdings korrigiert um den Kaufkraftschwund.[211] Zu dessen Berechnung stellt der BGH eine mehrstufige, zum Teil vergleichende Berechnung an, die sich an einer wirtschaftlichen Betrachtungsweise orientiert.[212] Das Niederstwertprinzip spielt aber nicht nur eine Rolle beim Wertverfall von geschenkten Gegenständen. Vielmehr kommt es auf das Niederstwertprinzip häufig an, wenn Gegenstände unter Zurückbehaltung des Nießbrauchs zugewendet werden. Zur Berücksichtigung des Niederstwertprinzips in diesem Fall wird zunächst unter Außerachtlassung des Nießbrauchs der Zuwendungswert in dem Zeitpunkt des Vollzugs der Schenkung festgestellt, wobei diese Feststellung allerdings inflationsbereinigt nach den vom BGH aufgestellten Grundsätzen über die Berücksichtigung des Kaufkraftschwundes auf den Tag des Erbfalls zu erfolgen hat.[213] Dazu ist der Betrag der Zuwendung (des Grundstücks) mit dem für das Jahr des Todes des Erblassers geltenden Preisindex für die Lebenshaltung in langjähriger Übersicht, veröffentlicht im statistischen Jahrbuch, zu multiplizieren und durch die entsprechende Preisindexzahl für das Jahr, in dem die Zuwendung erfolgt ist, zu dividieren.[214]

Die Formel hierfür lautet wie folgt:

$$WV = \frac{WZ \times IE}{EZ}$$

(dabei ist: WV = der zu errechnende Wert; WZ = der Wert zum Zuwendungszeitpunkt; IE = Lebenshaltungskostenindex zum Zeitpunkt des Erbfalls; EZ = Lebenshaltungskostenindex zur Zeit der Zuwendung)

Dem so auf den Zeitpunkt des Vollzugs der Schenkung ermittelten Zuwendungswert ist der Wert derselben zum Zeitpunkt des Erbfalls gegenüber zu stellen. Nach dem Niederstwertprinzip ist dabei der geringere Wert maßgebend, so dass der vorbehaltene Nießbrauch vom Wert der Zuwendung bei der Berechnung der pflichtteilsergänzungspflichtigen Höhe der Schenkung abgezogen werden kann, wenn der Wert der Schenkung bei deren Vollzug niedriger war als deren Wert im Erbfall. Ist hingegen der Wert der Zuwendung im Zeitpunkt des Erbfalls der geringere Wert, beispielsweise bei sinkenden Grundstückspreisen, bleibt der Wert des Nießbrauchs völlig unberücksichtigt.

127 Ist der Nießbrauch nach diesen Grundsätzen zu berücksichtigen, so berechnet sich der dem Pflichtteilsergänzungsanspruch unterliegende Wert der Schenkung wie folgt: Der auf den Vollzug der Schenkung ermittelte Wert ist aufzuteilen in den kapitalisierten Nutzungswert des Nießbrauchs einerseits und den Restwert des Grundstücks andererseits. Der ermittelte Restwert des Grundstücks ist sodann unter Berücksichtigung des Kaufkraftschwundes auf den Todestag des Erblassers umzurechnen. Dieser Restwert ist dann der Pflichtteilsergänzung zugänglich.

128 Berechnungsbeispiel:

Der 60-jährige Erblasser E überträgt 1980 Tochter T eine Immobilie im Wert von € 500.000,–. Den lebenslangen Nießbrauch an dieser Immobilie behält er sich vor. Der angenommene Jahreswert der Nutzung beträgt € 20.000,–. E verstirbt 1997. Der Wert der Immobilie beträgt zu diesem Zeitpunkt € 800.000,–.

Alleinerbin ist Tochter T des E. Sohn S ist enterbt und macht neben Pflichtteilsansprüchen im Bezug auf die Übertragung der Immobilie den Pflichtteilsergänzungsanspruch geltend.

Erster Schritt: Wertvergleich nach dem Niederstwertprinzip

a) Inflationsbereinigter Wert der Immobilie zum Zeitpunkt des Vollzugs der Schenkung (1980)

---

[210] BGH Urt. v. 8.4.1992 – NJW 1992, 2887; BGH Urt. v. 27.4.1994 – NJW 1994, 1791 – ZEV 1994, 233.
[211] BGH Urt. v. 4.7.1975 – BGHZ 65, 75; krit. dagegen *Pentz* FamRZ 1997, 724, 725.
[212] Vgl. *Reist* ZEV 1998, 241, 243 f.
[213] BGH Urt. v. 8.4.1992 – NJW 1992, 2887.
[214] BGH Urt. v. 4.7.1975 – BGHZ 65, 75, 78.

Formel hierfür:[215]

$$WV = \frac{€\ 500.000,- \times 116,6^{216}}{74,8} = €\ 779\ 411,76$$

Der inflationsbereinigte Grundstückswert zum Zeitpunkt der Schenkung beträgt also € 779 411,76.
b) Grundstückswert zum Zeitpunkt des Erbfalls
Der Wert des Grundstück zum Zeitpunkt des Erbfalls beträgt € 800.000,–.
c) Niederstwertprinzip
Es ergibt sich, dass der inflationsbereinigte Grundstückswert im Zeitpunkt der Schenkung geringer ist, als der im Zeitpunkt des Erbfalls. Er ist somit maßgeblich, so dass von diesem der kapitalisierte Nießbrauchswert abzusetzen ist.
Zweiter Schritt: Ermittlung der Pflichtteilsergänzung und des „Restwertes" des Grundstücks
Gemäß der Rechtsprechung des BGH ist für die Berechnung der Pflichtteilsergänzung der Grundstückswert nur in dem Umfang in Ansatz zu bringen, „in dem der Wert des weggeschenkten Gegenstands den Wert der kapitalisierten verbliebenen Nutzung übersteigt".[217] Folglich muss der kapitalisierte Nutzungswert des Nießbrauchs ermittelt werden.[218] Die herrschende Meinung stellt auf die abstrakte Berechnung nach § 14 Abs. 1 BewG ab.[219] Demnach errechnet sich der abstrakte Nießbrauchswert durch Multiplikation der Lebenserwartung des Berechtigten, sprich Erblassers, mit dem Jahreswert der Nutzung. Der BGH hat mittlerweile diese Berechnungsweise gebilligt.[220]
Es ergibt sich folgende Berechnung:
Maßgeblicher Vervielfältiger nach § 14 Abs. 1 BewG in Verbindung mit Anlage 9
10,448[221]
Abstrakter Wert der vorbehaltenen Nutzung
€ 20.000,– × 10,448 = € 208.960,–
Maßgeblicher Wert der Schenkung somit
€ 779.411,76 – € 208.960,– = € 570.451,76
Aus dem Wert der Schenkung errechnet sich bei einer Pflichtteilsquote des S in Höhe von 1/4 somit ein Pflichtteilsergänzungsanspruch von € 570.451,76 : 4 = € 142.612,94.

Ein angemessener Abschlag von dem sich aus Anlage 9 zu § 14 BewG ergebenden Kapitalisierungsfaktor ist ausnahmsweise dann vorzunehmen, wenn bereits bei Vertragsschluss mit dem baldigen Ableben des Erblassers gerechnet werden musste, dieser Umstand beiden Vertragsschließenden bekannt war und der Erblasser auch tatsächlich kurze Zeit nach Vertragsschluss verstorben ist.[222]

Für Schenkungen **unter Auflage**, die einen Vermögenswert darstellen und durch ihre Erfüllung den Wert der Zuwendung mindern, sowie im Falle der Einräumung eines Wohnrechts, sollen die gleichen Grundsätze gelten.[223]

c) **Besonderheiten. aa) Pflicht- und Anstandsschenkungen.** Nicht dem Pflichtteilsergänzungsanspruch gemäß §§ 2325 ff. BGB unterliegen so genannte „Anstands- und Pflichtschenkungen" gemäß § 2330 BGB. **Anstandsschenkungen** sind kleinere Zuwendungen zu bestimmten Anlässen, wie z. B. Weihnachten, Geburtstagen oder Hochzeiten usw., die den örtlichen und gesellschaftlichen Verhältnissen im sozialen Umfeld des Erblassers entsprechen.[224] **Pflichtschenkungen** umfassen Schenkungen, die sittlich geboten sind, so dass sie bei Unterbleiben dem Erblasser als Verletzung einer sittlichen Pflicht angelastet würden.[225] Dabei ist anerkannt, dass auch eine größere Schenkung als Pflichtschenkung zu werten sein kann, selbst wenn sie den Nachlass im Wesentlichen erschöpfen sollte.[226] Gegenstand einer Pflichtschenkung kann demnach z. B. auch ein Grundstück sein. Stets sollte jedoch bei umfangreichen

---

[215] Vgl. § 29 Rdnr. 126.
[216] Preisindexzahl für die Lebenshaltung in langjähriger Übersicht nach DATEV, Indexzahl für das Basisjahr 1991 – 100.
[217] BGH Urt. v. 18.4.1992 – BGHZ 118, 49 – NJW 1992, 2887.
[218] Vgl. *Kerscher/Riedel/Lenz* § 9 Rdnr. 81 und 85.
[219] Vgl. hierzu im Einzelnen Staudinger/*Olshausen* § 2325 Rdnr. 102.
[220] BGHR 2004, 524; vgl. auch OLG Celle Urt. v. 13.6.2002 – NJW-RR 2002, 1448.
[221] Nach Anlage 9 § 14 BewG ab VAZ 1995, Zinssatz gem. § 13 BewG: 5,5%.
[222] OLG Celle Urt. v. 13.6.2002 – NJW-RR 2002, 1448.
[223] Staudinger/*Olshausen* § 2325 Rdnr. 5.
[224] Staudinger/*Olshausen* § 2330 Rdnr. 4.
[225] Staudinger/*Olshausen* § 2330 Rdnr. 5 m.w.N.
[226] BGH Urt. v. 27.5.1981 – NJW 1981, 2458, 2459 a.E.

Pflichtschenkungen geprüft werden, inwieweit eine so genannte Übermaßschenkung gegeben sein könnte. Überschreitet ein Teil der Schenkung das durch eine sittliche Pflicht oder den Anstand gebotene Maß, so unterliegt deren Wert dem Pflichtteilsergänzungsanspruch.[227] Die **Beweislast** dafür, dass es sich bei der Zuwendung um eine Pflicht- oder Anstandsschenkung handelt, trägt der Beschenkte. Die Schenkung an sich hat jedoch der Ergänzungsberechtigte zu beweisen.[228]

132   *bb) Unbenannte Zuwendungen.* Unbenannte, so genannte ehebedingte Zuwendungen unter Ehegatten sind nach herrschender Ansicht keine Schenkung.[229] Sie haben ihre causa in der ehelichen Lebensgemeinschaft, deren Fortbestand sie dienen, so dass es regelmäßig an der Einigkeit der Ehegatten über die Unentgeltlichkeit der Zuwendung fehlt. Gegen diese Ansicht hat der BGH jedoch entschieden, dass Fälle **unbenannter Zuwendungen** im Erbrecht wie eine **Schenkung** zu behandeln sind.[230] Entscheidend für die Unterwerfung der ehebedingten Zuwendungen im Bereich des Erbrechts unter den Schenkungsbegriff und folglich unter die Pflichtteilsergänzung, ist nach der Rechtsprechung des BGH, die objektive Unentgeltlichkeit der Zuwendung. Demnach unterliegen ehebedingte Zuwendungen grundsätzlich dem Pflichtteilsergänzungsanspruch. *Langenfeld* leitet aus der BGH-Rechtsprechung eine Fallgruppenbildung ab, bei der dieser Grundsatz keine Anwendung finden soll.[231]

133   **Einschränkungen** sind dahin gehend zu treffen, dass Vermögensverlagerungen auf Grund des ehelichen Güterstandes, insbesondere bei der Vereinbarung der Gütergemeinschaft durch Ehevertrag, nicht schlechthin als ergänzungspflichtige Schenkungen im Sinne des § 2325 BGB zu sehen sind. Nur wenn die Einigung über die unentgeltliche Zuwendung die güterrechtliche causa verdrängt, kann eine Schenkung vorliegen.[232] Dies wäre dann der Fall, wenn der Zweck des Ehevertrages nicht darin bestanden hat, die ehelichen Vermögensverhältnisse güterrechtlich zu ordnen. Auch hier lässt der BGH jedoch eine Beweislasterleichterung zu Gunsten des Pflichtteilsberechtigten zu.

So wird angenommen, dass der Ehevertrag zur Verdeckung einer Schenkung im Rahmen des § 2325 BGB missbraucht wird, wenn der Ehegatte in einem auffälligen und groben Missverhältnis privilegiert worden ist.[233] Ein Anhaltspunkt hierfür soll gegeben sein, wenn entweder der weniger begüterte Ehegatte dem wohlhabenderen Ehegatten etwas zuwendet oder aber die Zuwendung des wohlhabenderen Ehegatten die Hälfte seines Vermögens übersteigt.[234] Bedenklich erscheinen unter dieser Rechtsprechung des BGH Gestaltungsmodelle, die durch einen ständigen Wechsel des Güterstandes Vermögensverlagerungen des einen Ehegatten auf den anderen Ehegatten vornehmen (so genannte „**Güterstandsschaukel**"). So hat bereits das Reichsgericht den mehrfachen, kurzfristigen Wechsel des Güterstandes als Umgehung des Pflichtteilsrechts angesehen.[235] So kann z. B. die Vereinbarung der Gütergemeinschaft kurz vor dem Tode eines Ehepartners auf die Verfolgung ehefremder Zwecke hindeuten, ebenso liegt dies beim Wechsel in die Gütergemeinschaft nahe, wenn das Vermögen des einen Ehegatten in das Gesamtgut überführt wurde, während das gesamte oder überwiegende Vermögen des anderen Ehegatten zu dessen Vorbehaltsgut erklärt wurde. Dies deshalb, weil der nicht vermögende Ehegatte gemäß § 1416 BGB Mitberechtigter über das Gesamtgut wird, und zwar gemäß § 1476 BGB zur Hälfte.

134   *cc) Zuwendung und Erb-/Pflichtteilsverzicht.* Problematisch im Bezug auf die Unentgeltlichkeit der Zuwendung sind Gestaltungen, in denen der Zuwendungsempfänger eine **Gegenleistung nicht vermögensrechtlicher Art** erbringt, so z. B. die Verknüpfung der Zuwendung mit einem Erb- und Pflichtteilsverzicht.

---

[227] Staudinger/*Olshausen* § 2330 Rdnr. 10 m.w.N.
[228] Staudinger/*Olshausen* § 2330 Rdnr. 11 m.w.N.
[229] *Lange/Kuchinke* § 37 X. 2 a).
[230] BGH Urt. v. 27.11.1991 – NJW 1992, 564 ff.
[231] *Langenfeld* ZEV 1994, 129.
[232] *Klingelhöffer* Rdnr. 341.
[233] BGH Urt. v. 27.11.1991 – NJW 1992, 558, 559.
[234] Staudinger/*Olshausen* § 2325 Rdnr. 27.
[235] RG Urt. v. 22.11.1915 – RGZ 87, 301 ff.

Hier ist umstritten, ob es sich um eine unentgeltliche Zuwendung handelt, oder aber auf Grund des Erbverzichts der Zuwendung ein entgeltlicher Charakter zukommt.[236] *Lange/Kuchinke* sprechen sich im Einzelfall für den entgeltlichen Charakter der Zuwendung aus, vorausgesetzt der Verzicht bewegt sich in einem Rahmen, der wirtschaftlich angemessen ist.[237] Hingegen plädiert *Olshausen* dafür, die Abfindung für einen Erbverzicht als unentgeltliche Zuwendung anzusehen.[238] Nicht von der Hand zu weisen ist, dass der Erblasser durch den Verzicht eine erhöhte Dispositionsfreiheit über sein Vermögen erhält, so dass dem Verzicht durchaus ein vermögensrechtlicher Charakter zukommt.[239] Es spricht sehr viel für die Entgeltlichkeit einer Zuwendung, sofern diese mit einem Erb- und Pflichtteilsverzicht verknüpft wird.

d) **Frist**. § 2325 Abs. 3 BGB bestimmt, dass eine Schenkung unberücksichtigt bleibt, wenn 135 seit der Schenkung mehr als zehn Jahre zum Erbfall verstrichen sind. Der Streit, wann die Frist für diese zeitliche Schranke beginnt, ist durch die neuere BGH-Rechtsprechung weitgehend entschieden.[240] Maßgeblich für den **Beginn der Frist** ist demnach die wirtschaftliche Ausgliederung des Geschenks aus dem Vermögen des Erblassers.[241] Liegt eine Grundstücksschenkung vor, beginnt die Frist mit dem Grundbuchvollzug,[242] bei beweglichen Sachen mit dem Eigentumsübergang.

Erfolgt die Schenkung hingegen unter dem **Vorbehalt des Nießbrauchs**,[243] so fehlt es nach 136 Ansicht des BGH an einer wirtschaftlichen Ausgliederung des Schenkungsgegenstandes aus dem Vermögen des Erblassers, weil dieser den „Genuss" des Objekts noch nicht aufgegeben hat. Mangels des Vorliegens einer „Leistung" im Sinne des § 2325 Abs. 3 BGB wird in diesen Fällen trotz Umschreibung eines Grundstücks im Grundbuch die Zehnjahresfrist nicht in Gang gesetzt. Ein Pflichtteilsergänzungsanspruch kann in diesen Fällen aber unter Umständen durch den Abzug des kapitalisierten Wertes des Nutzungsrechts vom Wert des Geschenks gemindert sein.[244]

Unklar ist in diesem Zusammenhang, wann denn nun der Erblasser nicht mehr in den „Genuss" 137 des Geschenkes kommt. Wird bei einer Immobilie ein umfassendes Wohnungsrecht seitens des Schenkers vorbehalten, so kann sicherlich nicht von der Aufgabe des „Genusses" gesprochen werden. Anders ist die Rechtslage jedoch zu beurteilen, wenn ein vorbehaltenes Wohnungsrecht lediglich einen Teil eines Gesamtobjektes umfasst[245] oder ein Quotennießbrauch von weniger als 50% eingeräumt wird. Der Erwerber der Immobilie erhält hier erhebliche Nutzungsmöglichkeiten, so dass von einer „Leistung" im Sinne des § 2325 Abs. 3 BGB gesprochen werden kann.[246]

Erfolgt eine Schenkung gegen **Leibrente** ist die „Leistung" mit Aufgabe der Eigentümerstellung (Eigentumsumschreibung) erfolgt.[247] Für den Schenker vereinbarte **Rückforderungsrechte** hindern alleine den Beginn der Ausschlussfrist gemäß § 2325 Abs. 3 BGB nicht. Noch ungeklärt ist die Rechtslage bei völlig freiem Widerrufsrecht bzw. sehr weitgehenden Belastungsvollmachten für den Schenker. Nach einer neueren Auffassung soll eine Gesamtbetrachtung vorzunehmen sein, ob die Rückübertragungsrechte zusammen mit den weiteren vertraglichen Regelungen auf einen Genussverzicht schließen lassen oder nicht.[248]

Bei **Schenkungen unter Ehegatten** ist § 2325 Abs. 3 HS. 2 BGB zu beachten. Die zehnjährige 138 Ausschlussfrist beginnt hier nicht vor Auflösung der Ehe. Abzustellen ist dabei auf den Eintritt der Rechtskraft des Scheidungsurteils (§ 1564 S. 2 BGB). Konsequenz dieser Sonderregelung ist, dass ausnahmslos in Fällen, in denen die Ehe durch Tod aufgelöst wird, Pflichtteilsergänzungsansprüche im Hinblick auf sämtliche Schenkungen während der Ehezeit, auch wenn diese

---

[236] Vgl. Staudinger/*Olshausen* § 2325 Rdnr. 7 m.w.N.
[237] *Lange/Kuchinke* § 37 X 3. m.w.N. in Fn. 487.
[238] Staudinger/*Olshausen* § 2325 Rdnr. 7 unter Aufgabe der Ansicht zur Voraufl.
[239] *Lange/Kuchinke* § 37 X. 3.
[240] BGH Urt. v. 2.12.1987 – NJW 1988, 821.
[241] BGH Urt. v. 17.9.1986 – BGHZ 89, 226 – NJW 1987, 122 – DNotZ 1987, 319 m. Anm. *Nieder*.
[242] BGH Urt. v. 2.12.1987 – BGHZ 102, 289 – NJW 1988, 821.
[243] Vgl. § 29 Rdnr. 125.
[244] Vgl. § 29 Rdnr. 125.
[245] LG Münster Urt. v. 26.6.1996 – MittBayNot 1997, 113; OLG Bremen Urt. v. 25.2.2005 – NJW 2005, 1726.
[246] *Meyding* ZEV 1994, 204.
[247] *Heinrich* MittRhNotK 1995, 157 ff.
[248] OLG Düsseldorf Urt. v. 18.12.1998 – MittBayNot 2000, 120.

Jahrzehnte zurück liegen, geltend gemacht werden können.[249] Nur wenn die Ehe vor dem Erbfall durch Scheidung, Aufhebung, Nichtigkeitserklärung oder durch Tod des beschenkten Ehegatten endet und zwischen dem Ende der Ehe und dem Tod des Erblassers zehn Jahre vergangen sind, sind Pflichtteilsergänzungsansprüche ausgeschlossen.[250] Gleiches gilt für eine eingetragene Lebenspartnerschaft. Für die eingetragene Lebenspartnerschaft gelten gemäß § 10 Abs. 6 LPartG die Vorschriften des BGB über den Pflichtteil mit der Maßgabe entsprechend, dass der Lebenspartner wie ein Ehegatte zu behandeln ist. Für den Beginn der zehnjährigen Ausschlussfrist ist auf das Vorliegen der Voraussetzungen für die Aufhebung der Lebenspartnerschaft gemäß § 15 Abs. 2 LPartG abzustellen. Die Sonderregelung des § 2325 Abs. 3 S. 2 BGB gilt nur für Ehegatten und ist nicht entsprechend anwendbar auf Partner einer nichtehelichen Lebensgemeinschaft oder Verlobte.[251] Ebenso unterfallen ihr nicht Schenkungen, die vor der Ehe an den späteren Ehegatten gemacht wurden. Diese unterliegen vielmehr der allgemeinen Zehnjahresfrist des § 2325 Abs. 3 HS. 1 BGB.[252]

2. Die Berechnung des Pflichtteilsergänzungsanspruchs

139 a) **Grundlagen.** Der Pflichtteilsberechtigte kann gemäß § 2325 Abs. 1 BGB als Ergänzung des Pflichtteils den Betrag verlangen, um den sich der Pflichtteil erhöht, wenn der verschenkte Gegenstand dem Nachlass hinzugerechnet wird. Es wird somit unterschieden zwischen dem vorhandenen Nachlass, aus dem sich der ordentliche Pflichtteil ergibt, und dem Nachlass, der sich unter Hinzurechnung des verschenkten Gegenstands zu diesem ergibt. Aus dem so gebildeten **fiktiven Gesamtnachlass** ist unter Heranziehung der ermittelten Pflichtteilsquote der Gesamtpflichtteil zu berechnen. Der Pflichtteilsergänzungsanspruch ergibt sich nunmehr gemäß § 2325 Abs. 1 BGB aus der Differenz des ordentlichen Pflichtteils zu dem Betrag, der sich als Gesamtpflichtteil ergibt.

140 Beispiel:

Der Erblasser E hinterlässt seinen beiden Kindern A und B einen Reinnachlass von € 600.000,–. Zu Lebzeiten hat er seinem Freund F eine Schenkung im Wert von € 400.000,– gemacht. Erbe ist der familienfremde X. Der jeweilige ordentliche Pflichtteil von A und B beträgt € 150.000,–. Unter Hinzurechnung der Schenkung zum Nachlass ergibt sich ein fiktiver Gesamtnachlass in Höhe von € 1 Million. Aus diesem würde sich ein Gesamtpflichtteil von jeweils € 250.000,– für A und B ergeben. Beiden steht somit die Differenz zwischen dem ordentlichen Pflichtteil und dem fiktiven Gesamtpflichtteil, d. h. jeweils € 100.000,– als Ergänzungsanspruch gegen X zu. Der Ergänzungsanspruch lässt sich auch unter Zugrundelegung der entsprechenden Pflichtteilsquote des Berechtigten aus dem Wert der Schenkung selbst ermitteln. Hier € 400.000,–: 4 = € 100.000,–.

141 Der Ergänzungsanspruch setzt nicht voraus, dass bereits ein **aktiver Nachlass** zur Berechnung des ordentlichen Pflichtteils vorhanden ist. Hat der Erblasser nichts hinterlassen, so genügt es für den Ergänzungsanspruch, dass der Nachlass durch Hinzurechnung des Geschenks erst aktiv wird. Ist dies nicht der Fall und haftet der Erbe für die Nachlassverbindlichkeiten nicht unbeschränkt (§ 2013 BGB) entfällt der Pflichtteilsergänzungsanspruch gegen den Erben. In Betracht kommt dann aber ein **Anspruch gegen den Beschenkten** gemäß § 2329 BGB.[253] Wird der Nachlass selbst durch Hinzurechnung des Geschenks nicht aktiv, entsteht weder ein Pflichtteilsergänzungsanspruch gegen den Erben noch gegen den Beschenkten, da der Pflichtteilsberechtigte selbst bei unterbliebener Schenkung leer ausgegangen wäre.[254]

142 Der **Pflichtteilsergänzungsanspruch** ist ein **selbständiger Anspruch**. Er ist vom Bestehen eines ordentlichen Pflichtteilsanspruches unabhängig. Daraus folgt, dass der Berechtigte selbst dann den Pflichtteilsergänzungsanspruch geltend machen kann, wenn er die Erbschaft ausgeschlagen hat.[255] Ebenso steht der Ergänzungsanspruch dem Berechtigten zu, wenn dieser nicht durch Verfügung durch Todes wegen von der Erbfolge ausgeschlossen ist (vgl. § 2326

---

[249] Staudinger/*Olshausen* § 2325 Rdnr. 60.
[250] Vgl. zur Verfassungswidrigkeit Nichtannahmebeschluss, BVerfG Beschl. v. 6.4.1990 – Az. 1 BvR 171/90.
[251] Staudinger/*Olshausen* § 2325 Rdnr. 60.
[252] OLG Zweibrücken Urt. v. 22.2.1998 m. Anm. v. *Dieckmann* FamRZ 1995, 189, 191; *Lange/Kuchinke* § 37 X. 4 b); a.A. OLG Zweibrücken FamRZ 1994, 1492.
[253] Vgl. hierzu im Folgenden u. § 29 Rdnr. 149.
[254] *Lange/Kuchinke* § 37 X. 1. c) m.w.N. in Fn. 438.
[255] BGH Urt. v. 21.3.1973 – BGH LM Nr. 2 zu § 2325 BGB – NJW 1973, 995.

BGB).[256] Ein Pflichtteilsergänzungsanspruch kommt daher auch in Betracht, wenn der Berechtigte auf Grund letztwilliger Verfügung Erbe geworden ist. Hier sind gemäß § 2326 BGB zwei Fälle zu unterscheiden.

Deckt der dem Berechtigten hinterlassene Erbteil wertmäßig den Pflichtteil ab, ist der Wert dieses Erbteils jedoch geringer als der Wert des Pflichtteils (= Wert der Hälfte des gesetzlichen Erbteils), der sich bei Hinzurechnung des Geschenks zum Nachlass ergibt, so steht dem Pflichtteilsberechtigten in Höhe dieser Differenz ein Pflichtteilsergänzungsanspruch zu (§ 2326 S. 1 BGB).[257] Ist dem Berechtigten hingegen mehr als die Hälfte des gesetzlichen Erbteils hinterlassen worden, so ist gemäß § 2326 S. 2 BGB der Ergänzungsanspruch in Höhe dieses Mehrbetrages ausgeschlossen.

b) Die Anrechnung des Eigengeschenks. Hat der Ergänzungsberechtigte selbst eine Schenkung des Erblassers erhalten, so muss er sich diese gemäß § 2327 Abs. 1 S. 1 BGB auf seinen Ergänzungsanspruch anrechnen lassen. Für die Anrechnung der Schenkung gibt es keine zeitliche Grenze. § 2325 Abs. 3 BGB gilt hier nicht.[258] Zu diesem Zweck ist der Wert sämtlicher Geschenke dem Nachlass hinzuzurechnen und hieraus der Gesamtpflichtteil zu ermitteln. Die Differenz zwischen dem so ermittelten Gesamtpflichtteil und dem ordentlichen Pflichtteil ergibt wiederum den Ergänzungsanspruch. Auf diesen ist sodann der Wert des Geschenks anzurechnen.

Beispiel:
Der Nachlasswert beläuft sich auf € 500.000,–. Zum Erben hat der Erblasser seine Ehefrau E bestimmt, mit der er im Güterstand der Gütertrennung gelebt hat. Seinen Sohn S hat er enterbt, diesem jedoch zu Lebzeiten € 10.000,– zugewandt. Seinem Freund F hat er ebenfalls zu Lebzeiten ein Geschenk in Höhe von € 50.000,– gemacht.
Der Gesamtpflichtteil des S aus dem fiktiven Gesamtnachlass würde hier gemäß § 2327 Abs. 1 S. 1 BGB € 140.000,– betragen, da sich der ihm zustehende Erbteil neben der Ehefrau gemäß § 1931 Abs. 4 BGB auf € 280.000,– stellt. Sein ordentlicher Pflichtteil beträgt € 125.000,–, so dass sich ein Ergänzungspflichtteil in Höhe von € 15.000,– ergibt. Gemäß § 2327 Abs. 1 S. 1 BGB ist nun auf diesen Ergänzungspflichtteil der Wert des Eigengeschenks anzurechnen, so dass dem S letztlich ein Anspruch in Höhe von € 5.000,– verbleibt.

Ist der Wert des Geschenkes größer als der des Ergänzungspflichtteils, so entfällt dieser in voller Höhe, da er durch den Wert des Geschenkes aufgezehrt wird.[259] Das Geschenk verbleibt ihm jedoch, es ist auch nicht auf den ordentlichen Pflichtteil anzurechnen, sofern der Berechtigte nicht von einem anderen Pflichtteilsberechtigten gemäß § 2329 BGB in Anspruch genommen wird.[260]

Die **Anrechnung des Eigengeschenks** auf den Ergänzungsanspruch weist mehrere Besonderheiten auf. So findet die Zehnjahresfrist des § 2325 Abs. 3 BGB in Bezug auf diese Anrechnung keine Anwendung.[261] Weiterhin ist bei Vorliegen eines **Berliner Testaments** zu beachten, dass Geschenke des Erstversterbenden an den Berechtigten nicht auf Pflichtteilsergänzungsansprüche angerechnet werden können, die der Berechtigte nach dem Tod des letztversterbenden Ehegatten geltend macht.[262]

c) Leistungsverweigerungsrecht des pflichtteilsberechtigten Erben. Der auf Pflichtteilsergänzung in Anspruch genommene Erbe kann gemäß § 2328 BGB die Erfüllung des Pflichtteilsergänzungsanspruchs ebenso verweigern, als sein eigenes Pflichtteilsrecht beeinträchtigt wird. Das Gesetz stellt also dem pflichtteilsberechtigten Erben ein **Leistungsverweigerungsrecht** in Form einer Einrede zur Seite. Ein geltend gemachter Pflichtteilsergänzungsanspruch ist von diesem nur dann zu befriedigen, wenn ihm über den Betrag seines eigenen ordentlichen Pflichtteils und dem Betrag, den er selbst als Ergänzung fordern könnte, noch etwas verbleibt. Das Leistungsverweigerungsrecht umfasst also den dem pflichtteilsberechtigten Erben zustehenden Gesamtpflichtteil (Pflichtteil + Ergänzungspflichtteil). Für die Festlegung des Wertes dieses Ge-

---

[256] BGH Urt. v. 29.5.1974 – NJW 1974, 1327; *Haegele* BWNotZ, 1972, 69.
[257] RG Urt. v. 22.2.1932 – RGZ 135, 231.
[258] Palandt/*Edenhöfer* § 2327 Rdnr. 1.
[259] *Nieder* Rdnr. 170.
[260] *Nieder* Rdnr. 170.
[261] *Kerscher/Tanck/Krug* § 18 Rdnr. 117.
[262] BGH Urt. v. 13.7.1983 – BGHZ 88, 102; *Nieder* Rdnr. 172.

samtpflichtteils kommt es grundsätzlich gemäß § 2311 BGB auf den Zeitpunkt des Erbfalls an. Soweit im Bereich des Ergänzungsanspruches das **Niederstwertprinzip**[263] entscheidend ist, ist auf den Zeitpunkt der Schenkung abzustellen.[264] Die Einrede des § 2328 BGB kann nur dem Ergänzungsanspruch entgegen gehalten werden. Sie besteht hingegen nicht gegenüber dem Anspruch auf den ordentlichen Pflichtteil.

3. Der Beschenkte als Anspruchsgegner

149 Scheitert die Inanspruchnahme des Erben auf Pflichtteilsergänzung ganz oder teilweise an § 2328 BGB, so kann gemäß § 2329 BGB der Beschenkte in Anspruch genommen werden. Allerdings kann auch ein Beschenkter, soweit er selbst pflichtteilsberechtigt ist, in analoger Anwendung des § 2328 BGB die **Herausgabe des Geschenks** verweigern.[265]

150 Ist der Beschenkte hingegen nicht selbst pflichtteilsberechtigt, haftet dieser gemäß § 2329 BGB „soweit der Erbe zur Ergänzung nicht verpflichtet ist." Die Inanspruchnahme des Beschenkten setzt voraus, dass der Pflichtteilsergänzungsanspruch aus rechtlichen Gründen nicht gegen den Erben geltend gemacht werden kann. Solche rechtlichen Gründe sind:
- Die Erhebung der Einrede des § 2328 BGB durch den Erben; hier soll es allerdings darauf ankommen, dass der Erbe diese Einrede tatsächlich vorgebracht hat.[266]
- Nach der Rechtsprechung des BGH[267] und des Reichsgerichts[268] ist der Erbe auch dann nicht verpflichtet, wenn der Nachlass von vornherein wertlos bzw. überschuldet ist und zur Befriedigung von Pflichtteilsergänzungsansprüchen nicht ausreicht.
- Die nur beschränkte Haftung des Erben, soweit der Nachlass zur Entrichtung der Pflichtteilsergänzung nicht ausreicht (§§ 1975 ff., 1990, 1991 Abs. 4 BGB; § 327 Abs. 1 InsO).
- Wenn der Pflichtteilsberechtigte Alleinerbe ist.[269] Für die Geltendmachung eines Herausgabeanspruches gemäß § 2329 BGB ist es hingegen nicht ausreichend, dass vom Erben selbst kein Nachlassvermögen vorhanden ist.[270]

151 In der **Klageschrift** sollte daher immer substantiiert vorgetragen werden, welche rechtlichen Gründe einer Durchsetzung des Ergänzungsanspruches gegen den Erben entgegenstehen.

152 Der Beschenkte haftet gemäß § 2329 Abs. 2 BGB nach bereicherungsrechtlichen Grundsätzen. Die **Haftung des Beschenkten** ist daher auf das Zugewendete, ggf. dessen Nutzungen, Surrogate (§ 818 Abs. 1 BGB) oder dessen Wert (§ 818 Abs. 2 BGB) beschränkt. Der Anspruch gegen den Beschenkten geht auf die **Herausgabe des Geschenks** zum Zwecke der Befriedigung wegen des fehlenden Betrages. Der Anspruch ist daher bei Geldschenkungen auf Zahlung, bei Sachschenkungen darauf gerichtet, die Zwangsvollstreckung in den geschenkten Gegenstand wegen des Ergänzungsanspruches zu dulden. Der Beschenkte hat die Möglichkeit, die Herausgabe des Geschenks durch Zahlung des fehlenden Betrags an den Anspruchsberechtigten abzuwenden (§ 2329 Abs. 2 BGB). Von mehreren Beschenkten haftet gemäß § 2329 BGB derjenige, der früher beschenkt worden ist nur insoweit, als der später Beschenkte nicht verpflichtet ist. Zur Beantwortung der Frage, welche von mehreren Schenkungen als die frühere im Sinne von § 2329 Abs. 3 BGB anzusehen ist, wird vom BGH auf den Vollzug der Schenkung abgestellt.[271] Der BGH hat allerdings offen gelassen, ob dies auch dann gilt, wenn der Vollzug der Schenkung erst nach dem Erbfall erfolgte.[272] *Tanck/Krug* stellen im Falle, dass die Schenkung zum Zeitpunkt des Todes nicht vollzogen worden ist, auf den Erbfall als maßgeblichen Zeitpunkt ab.[273]

153 Nach der Rechtsprechung des BGH kommt auch der Frist des § 2325 Abs. 3 BGB bei der Frage, in welcher Reihenfolge der jeweilige Beschenkte in Anspruch zu nehmen ist, Bedeutung

---

[263] Vgl. oben § 29 Rdnr. 126.
[264] Vgl. im Einzelnen zu Bewertungsfragen in diesem Zusammenhang: Staudinger/*Olshausen* § 2328 Rdnr. 10 ff.
[265] BGH Urt. v. 10.11.1982 – NJW 1983, 1485.
[266] *Klingelhöffer* Rdnr. 104.
[267] BGH Urt. v. 16.11.1967 – BGH FamRZ 1968, 150.
[268] RG Urt. v. 30.10.1912 – RGZ 80, 135.
[269] BGH Urt. v. 10.11.1982 – NJW 1983, 1485.
[270] *Lange/Kuchinke* § 37 X. 7.a; allerdings str. vgl. hierzu im Einzelnen *Lange/Kuchinke* § 37 Fn. 528 m.w.N.
[271] BGH Urt. v. 10.11.1982 – NJW 1983, 1485, 1486.
[272] BGH Urt. v. 10.11.1982 – NJW 1983, 1485, 1486.
[273] *Kerscher/Tanck/Krug* § 18 Rdnr. 136.

zu. Demnach soll ein Beschenkter nach Ablauf der Frist des § 2325 Abs. 3 BGB nicht in Anspruch genommen werden können. Dies soll allerdings dann nicht gelten, wenn die Schenkung erst nach dem Erbfall vollzogen worden ist.[274] Den Herausgabeanspruch nach § 2329 BGB können auch mehrere pflichtteilsberechtigte Miterben erheben. Sind vorhergegangene Schenkungen des Erblassers wertlos oder jedenfalls zur Befriedigung ihrer Pflichtteilsansprüche nicht ausreichend, können die Miterben in entsprechender Anwendung von § 2329 Abs. 1 S. 2 BGB direkt gegen den Beschenkten vorgehen.[275]

Die **Beweislast** für das Bestehen der Anspruchsvoraussetzungen trägt der pflichtteilsberechtigte Erbe.[276]

4. Pflichtteilsergänzungsanspruch, Anrechnung und Ausgleichung

a) **Das Zusammentreffen mit der Anrechnung.** Macht der Pflichtteilsberechtigte, der eine gemäß § 2315 BGB **anzurechnende Schenkung** erhalten hat, gegen einen vom Erblasser ebenfalls beschenkten Dritten einen Pflichtteilsergänzungsanspruch gemäß §§ 2325 ff. BGB geltend, so muss er sich selbst die erhaltene Schenkung gemäß § 2327 Abs. 1 S. 2 BGB anrechnen lassen. Dabei hat gemäß § 2327 Abs. 1 S. 2 BGB die Anrechnung des Geschenks „auf den Gesamtbetrag von Pflichtteil und Ergänzung" zu erfolgen.

Dem Berechtigten soll aus diesem Gesamtpflichtteil lediglich noch „ein um den Wert des anzurechnenden Geschenks verminderter Gesamtpflichtteilsbetrag zustehen." Wie diese Anrechnung nun im Einzelnen zu erfolgen hat, regelt das Gesetz nicht. Im Wesentlichen werden vier unterschiedliche Anrechnungsverfahren vertreten.[277]

Zweckmäßigerweise greift man zur Berechnung auf den Grundfall des § 2327 Abs. 1 S. 1 BGB zurück. Im Gegensatz zum dortigen Verfahren[278] ergibt sich der Ergänzungspflichtteil allerdings nicht als Differenz zwischen dem nach § 2327 Abs. 1 S. 1 BGB um den Wert des Eigengeschenks bereinigten Gesamtpflichtteil und dem nach §§ 2303, 2311 BGB ermittelten ordentlichen Pflichtteil. Vielmehr ist der Ergänzungsanspruch wegen des gemäß § 2315 BGB zu berechnenden ordentlichen Pflichtteils nunmehr gleich der Differenz zwischen dem gemäß § 2327 Abs. 1 S. 1 BGB um den Wert des Eigengeschenks bereinigten Pflichtteil und dem jetzt gemäß § 2315 BGB zu berechnenden ordentlichen Pflichtteil.

Hierzu folgendes Beispiel:

Der Wert des vom Erblasser hinterlassenen Nachlasses beträgt € 500.000,–. Erbe ist der familienfremde X. Den einzigen Sohn S hat der Erblasser auf den Pflichtteil gesetzt. Allerdings hat er ihm zu Lebzeiten bereits eine gemäß § 2315 BGB anzurechnende Schenkung in Höhe von € 300.000,- gemacht. Seinem Freund F hat der Erblasser ebenfalls eine Schenkung in Höhe von € 400.000,- zugewandt.
Es ergibt sich:
Fiktiver Gesamtpflichtteil gemäß § 2327 Abs. 1 S. 1 BGB:
    € 1.200.000,–: 2 = € 600.000,-
Bereinigter Gesamtpflichtteil gemäß § 2327 Abs. 1 S. 1 BGB:
    € 600.000,– - € 300.000,- = € 300.000,-
Ordentlicher Pflichtteil gemäß §§ 2303, 2315 BGB:
    (€ 800.000,–: 2) - € 300.000,- = € 100.000,-
Der Ergänzungspflichtteil gemäß § 2327 Abs. 1 S. 2 BGB beträgt somit:
    € 300.000,– - € 100.000,- = € 200.000,-

Allerdings führt dieses Berechnungsverfahren auf Grund der Bestimmung des Pflichtteils unter Berücksichtigung des Eigengeschenks gemäß § 2315 BGB zu einem **erhöhten Ergänzungspflichtteil**, d. h. zu einem geringeren ordentlichen Pflichtteil. Daraus folgt in Fällen, in denen der in Anspruch genommene Erbe die Erfüllung des geltend gemachten Pflichtteilsergänzungsanspruches gemäß § 2328 BGB verweigern kann, ein **erhöhtes Haftungsrisiko** des beschenkten Dritten gemäß § 2329 BGB. Dieses Haftungsrisiko ist einzig und allein ein Resultat des angewendeten Berechnungsverfahrens.

---

[274] *Kerscher/Tanck/Krug* § 18 Rdnr. 136.
[275] BGH Urt. v. 19.3.1981 – NJW 1981, 1446, 1447.
[276] RG Urt. v. 30.10.1912 – RGZ 80, 135.
[277] Vgl. im Einzelnen *Kasper* S. 33 ff.
[278] Vgl. Rdnr. 144.

159 Wendet man ein anderes Berechnungsverfahren an, so kann eine Erhöhung des ordentlichen Pflichtteils erreicht werden, mit der Folge, dass sich das Risiko der Haftung des Beschenkten gemäß § 2329 BGB vermindert.[279]

160 b) Das Zusammentreffen mit der Ausgleichung. Ausgleichspflicht[280] und Pflichtteilsergänzung treffen aufeinander, wenn die an der Ausgleichung beteiligten Abkömmlinge des Erblassers auch eine ergänzungspflichtige Schenkung von diesem erhalten haben. Diese Fallkonstellation tritt vor allem auf, wenn der Zuwendungsempfänger übermäßige unentgeltliche **Ausstattungen** gemäß §§ 2050 Abs. 1, 1624 Abs. 1 BGB, ebensolche **Zuschüsse** gemäß § 2050 Abs. 2 BGB sowie Schenkungen, die der Erblasser durch besondere Anordnung gemäß § 2050 Abs. 3 BGB der **Ausgleichspflicht unterworfen** hat, erhalten hat.

161 In all diesen Fällen besteht wegen der Verweisung des § 2316 Abs. 1 BGB auf die Vorschriften der gesetzlichen Erbfolge zur Berechnung des Ausgleichspflichtteils ein **Spannungsverhältnis** zwischen der Ausgleichung und der Pflichtteilsergänzung. Übersteigt nämlich die Zuwendung an den Ausgleichspflichtigen dessen gesetzlichen Erbteil, so ist dieser gemäß §§ 2316 Abs. 1, 2056 S. 1 BGB im Rahmen des Ausgleichsverfahrens nicht mehr zur Herauszahlung des empfangenen Mehrbetrages verpflichtet. Zudem scheidet der somit begünstigte Pflichtteilsberechtigte gemäß §§ 2316 Abs. 1, 2056 S. 2 BGB bei der Berechnung des Pflichtteils der verbleibenden Abkömmlinge aus, d. h. bei der Berechnung deren Pflichtteils bleibt der Erbteil des begünstigten Abkömmlings sowie dessen Zuwendung außer Ansatz.

Demnach ist unklar, ob die ausgleichspflichtige Zuwendung bei der Bestimmung des ergänzungserheblichen Pflichtteils gemäß § 2325 ff. BGB überhaupt in Ansatz kommt, oder ob sie hier nicht zu berücksichtigen ist, da ja gerade der Pflichtteilsergänzungsanspruch die Rückzahlung des Zuwendungswertes in den Nachlass zum Gegenstand hat.[281] Der BGH[282] sowie im Anschluss an diesen die herrschende Lehre[283] berechnen den Pflichtteilsergänzungsanspruch unter Berücksichtigung der auszugleichenden Zuwendung.

Nach der Ansicht der BGH muss sowohl der Vorempfang als auch die Schenkung dem Nachlass hinzugerechnet werden. Der sich so ergebende fiktive Nachlasswert wird sodann mit der Erbquote des Zuwendungsempfängers multipliziert. Von dem sich ergebenden Betrag wird ausschließlich der Vorempfang des Betreffenden abgezogen. Dieser Betrag geteilt durch zwei ergibt den Pflichtteilsanspruch. Hiervon zieht man den Betrag des sich aufgrund des tatsächlichen Nachlasses ergebenden ordentlichen Pflichtteils ab. Die Höhe der Differenz ist der Betrag des Pflichtteilsergänzungsanspruches.

162 Beispiel:
Der verwitwete Erblasser hat zwei Kinder K 1 und K 2 hinterlassen. Der Nachlasswert zum Zeitpunkt des Erbfalles beläuft sich auf € 1.000.000,–. Kind K 1 hatte vom Erblasser in ergänzungserheblicher Zeit ein Einfamilienhaus im Wert von € 400.000,– schenkungsweise erhalten.
Zudem hatte K 1 von diesem € 150.000,– als Ausstattung, somit als ausgleichspflichtigen Vorempfang, erhalten. K 2 nimmt nunmehr K 1 auf Pflichtteilsergänzung in Anspruch.
Nach der **Rechtsprechung des BGH** berechnet sich der Pflichtteilsergänzungsanspruch wie folgt:
Die Schenkung in Höhe von € 400.000,– als auch der auszugleichende Vorempfang in Höhe von € 150.000,– sind dem aktiven Nachlassbestand in Höhe von € 1.000.000,– hinzuzurechnen, so dass sich ein fiktiver Nachlassbestand in Höhe von € 1.550.000,– ergibt. Hieraus ist sodann der Erbteil eines jeden der Geschwister zu ermitteln, mithin beträgt dieser je € 775.000,–. Nach den Grundsätzen der Ausgleichung hat sich K 1 hierauf seinen Vorempfang in Höhe von € 150.000,– anrechnen zu lassen, so dass sich sein Erbteil auf € 625.000,– stellt. Sein Pflichtteil beträgt die Hälfte, also € 312.500,–. Zur Ermittlung der Höhe des Pflichtteilsergänzungsanspruches ist von diesem Betrag, der K 1 aufgrund des tatsächlich vorhandenen Nachlasses zustehende ordentliche Pflichtteil, hier € 250.000,– abzuziehen. Der Pflichtteilsergänzungsanspruch beträgt somit € 62.500,–.

---

[279] Vgl. hierzu im Einzelnen *Kasper* S. 41.
[280] Vgl. Rdnr. 91.
[281] Vgl. im Einzelnen zum Meinungsstand Staudinger/*Olshausen* § 2325 Rdnr. 41 m.w.N.
[282] BGH Urt. v. 15.3.1965 – NJW 1965, 1526; BGH Urt. v. 2.12.1987 – BGHZ 102, 289.
[283] *Hägele* BWNotZ 1972, 69, 73; *Dieckmann* FamRZ 1988, 712, 713; *Sturm/Sturm*, FS v. Lübtow, S. 291; MünchKommBGB/*Lange* § 2327 Rdnr. 9.

§ 29 Pflichtteilsrecht 163–166 § 29

Probleme bei dieser Berechnungsweise treten auf, wenn der Wert des auszugleichenden Vorempfanges den Wert der fiktiven Erbteile übertrifft.[284] In diesem Fall lässt der BGH § 2056 BGB eingreifen. Demnach scheidet der ausgleichspflichtige Abkömmling, dessen Vorempfang höher ist als sein unter Ausgleichsgrundsätzen ermittelter Erbteil, mit dem Wert dieser Vorempfänge aus der Berechnung aus. 163

Folglich steht, nach Ansicht des BGH, nur noch der Wert der ergänzungspflichtigen Schenkung zur Verteilung und ggf. Ausgleichung unter den verbleibenden Abkömmlingen zur Verfügung.

Hierzu folgendes Beispiel: 164
Der verwitwete Erblasser hinterlässt die Töchter T 1, T 2 und T 3. Der Nachlasswert zum Zeitpunkt des Erbfalls beträgt € 0,–. Der Erblasser hat T 1 in ergänzungserheblicher Zeit ein Einfamilienhaus im Wert von € 500.000,– schenkungsweise übertragen. Weiter hat T 1 als Ausstattung ein Grundstück im Wert von € 200.000,– vom Erblasser erhalten. Letzteres ist gemäß §§ 2050 Abs. 1, 1624 BGB ausgleichspflichtig.
Der fiktive Nachlasswert wird auch hier unter Hinzuziehung der Schenkung und des auszugleichenden Vorempfangs zum tatsächlichen Nachlasswert ermittelt. Er beläuft sich also auf € 700.000,–. Nach der Rechtsprechung des BGH ergibt sich hieraus ein nach Ausgleichsgrundsätzen bereinigter Erbteil der T 1 in Höhe von € 33.333,– (gesetzlicher Erbteil in Höhe von € 233.333,– abzüglich auszugleichender Vorempfang in Höhe von € 200.000,–). Dieser Erbteil ist kleiner als der erhaltene Vorempfang. Demnach scheidet T 1 bei der Pflichtteilsberechnung mit dem Wert ihres Vorempfanges aus. Folglich ist nur der Wert der Schenkung unter T 2 und T 3 zu verteilen, d. h. dieser bildet die Basis für Pflichtteilsergänzungsansprüche gegen T 1.

IX. Auskunft- und Wertermittlungsansprüche

1. Der Auskunftsanspruch gemäß § 2314 BGB

a) **Der Inhalt des Auskunftsanspruches.** Will der Pflichtteilsberechtigte den Pflichtteilsanspruch geltend machen, muss er Kenntnis vom Umfang des Wertes des Nachlasses haben. Über diese Kenntnis verfügt der Pflichtteilsberechtigte selten. Oftmals liegt dies daran, dass zwischen ihm und dem Erblasser nur noch geringer oder gar kein Kontakt mehr bestand. Zudem hat der Pflichtteilsberechtigte, im Gegensatz zum Erben, keine Möglichkeit, sich direkt über den Bestand und Wert des Nachlasses zu unterrichten. Das Gesetz gesteht dem Pflichtteilsberechtigten daher gemäß § 2314 BGB einen **Auskunftsanspruch** zu. Dieser Anspruch ist auf Unterrichtung des Pflichtteilsberechtigten über den Bestand des Nachlasses gerichtet. Fehlt dem aus dem Anspruch verpflichteten Erben selbst die Kenntnis hierüber, so hat er sich diese zu verschaffen.[285] Daher kann dem auf Auskunft in Anspruch genommenen Erben seinerseits gegenüber einer Bank ein Auskunftsanspruch gemäß §§ 675, 666 BGB zustehen. So kann der Erbe z. B. die Bank auf Auskunft darüber in Anspruch nehmen, ob der Erblasser Geldschenkungen vorgenommen hat. Der Erbe kann diesen Anspruch auch an den Pflichtteilsberechtigten abtreten.[286] 165

Die Bank kann einem solchen Anspruch nicht entgegensetzen, das Bankgeheimnis stehe der Erfüllung entgegen bzw. sie habe den Anspruch im Rahmen der Geschäftsverbindung mit dem Erblasser bereits erfüllt.[287] Jedoch kann im Rahmen dieses Auskunftsanspruches nicht Auskunft über jedwede Kontenbewegungen vor dem Tode des Erblassers verlangt werden.[288] Ebenso wenig kann der Pflichtteilsberechtigte bzw. der so in Anspruch genommene Erbe die Vorlage von Bankunterlagen fordern. *Klingelhöffer* will einen solchen Anspruch allerdings zugestehen, wenn der Pflichtteilsberechtigte plausible Anhaltspunkte dafür vorträgt, dass Vermögen vorhanden ist, dieses jedoch vor dem Tod des Erblassers von dessen Bankkonten abgezogen worden ist.[289] In der Rechtsprechung gibt es einen solchen Anspruch bisher allerdings nicht. 166

---

[284] Vgl. hierzu BGH Urteil v. 2.12.1987 – NJW 1988, 821.
[285] BGH Urt. v. 28.2.1989 – BGHZ 107, 104, 108 – FamRZ 1989, 608, 609 mit Anm. *Kuchinke*.
[286] *Klingelhöffer* Rdnr. 135.
[287] BGH Urt. v. 28.2.1989 – BGHZ 107, 104, 108 – FamRZ 1989, 608, 609 mit Anm. *Kuchinke*.
[288] *Klingelhöffer* Rdnr. 136.
[289] *Klingelhöffer* Rdnr. 137.

167 Der Auskunftsanspruch des § 2314 BGB ist verschieden stark ausgestaltet. Er gliedert sich in drei Ansprüche, die kumulativ geltend gemacht werden können. Der Pflichtteilsberechtigte kann den Erben gemäß § 2314 Abs. 1 S. 1 BGB auf **Vorlage eines Bestandsverzeichnisses**[290] in Anspruch nehmen. Dieses hat alle Nachlassgegenstände zu umfassen. Das Verzeichnis hat neben den Aktiva auch die Passiva des Nachlasses zu enthalten.[291] Auf besonderes Verlangen des Pflichtteilsberechtigten hin hat der Erbe zudem Angaben über den fiktiven Nachlass, also auch über anrechnungs- und ausgleichspflichtige Zuwendungen (§§ 2315, 2316 BGB),[292] über ergänzungspflichtige Schenkungen (§ 2325 BGB)[293] sowie unbenannte Zuwendungen zwischen Ehegatten zu machen.[294]

Schenkungen an den Erben sind hiervon insoweit erfasst, als sie innerhalb des nach § 2325 Abs. 3 BGB relevanten Zehnjahreszeitraumes liegen, Schenkungen an den Ehegatten auch, wenn sie außerhalb dieses Zeitraumes erfolgt sind. Das Nachlassverzeichnis braucht keine Angaben über den Wert der aufgeführten Aktiva und Passiva zu enthalten. Solche Angaben können auch nicht verlangt werden.[295] Es empfiehlt sich, das Bestandsverzeichnis äußerlich in Form eines solchen zu kleiden. Stets sollte darauf geachtet werden, dass die Aktiva und Passiva geordnet zusammengestellt werden, sowie Gegenstände nach Anzahl, Art und wertbildenden Faktoren gekennzeichnet werden.

Muster: Bestandsverzeichnis

168 Bestandsverzeichnis nach § 260 Abs. 1 BGB

Der am 10. November 2004 in Stuttgart verstorbene Herr Fritz Müller, geboren am 1. Oktober 1933 in Stuttgart, zuletzt wohnhaft gewesen: Amselstraße 5, 78112 Stuttgart hat mich mit Testament vom 3. Oktober 2001 zu seinem alleinigen Erben bestellt.

Ich erstelle hiermit nach § 260 Abs. 1 BGB folgendes

Bestandsverzeichnis, aufgestellt auf den 10. November 2004, den Todeszeitpunkt.

A: Aktiva

I. Bebaute Grundstücke
 1. Wohnhaus in … Flurstück-Nr. … 10 a 70 qm, eingetragen im Grundbuch von …, Amtsgerichtsbezirk …, Heft-Nr. …, lfd. Nr. …
  Verkehrswert (vorbehaltlich einer Sachverständigen-Schätzung) € …
 2. Miteigentum zu 163/1000 an dem Grundstück Flurstück-Nr. …, Hof- und Gebäudefläche in …, verbunden mit dem Sondereigentum an der im Aufteilungsplan mit Nr. 7 bezeichneten Wohnung, eingetragen im Grundbuch von Stuttgart, Blatt …
  Verkehrswert (vorbehaltlich einer Sachverständigen-Schätzung) € …
 3. Miteigentum zu 16/20 an dem im Grundbuch von Stuttgart-Botnang, Heft …, lfd. Nr. …, eingetragenen Grundstück Gemarkung Botnang, Flurstück-Nr. …, Kaminstraße 7, 3 a 66 qm.
  Verkehrswert (vorbehaltlich einer Sachverständigen-Schätzung) € …

II. Unbebaute Grundstücke
 1. Flurstück-Nr. 2981, Gemarkung Wanderstein, Im Gartenwäldle, Acker, 9 a 8 qm eingetragen im Grundbuch von Sternenfels, Heft …, Amtsgerichtsbezirk Maulbronn, lfd. Nr. 1.
  Verkehrswert (vorbehaltlich einer Sachverständigen-Schätzung) € …
 2. Flurstück-Nr. 109/4 Gemarkung Wanderstein, Grünland, 14 a 14 qm, eingetragen im Grundbuch von Sternenfels, Heft …, Amtsgerichtsbezirk Maulbronn, lfd. Nr. 1.
  Verkehrswert (vorbehaltlich einer Sachverständigen-Schätzung) € …

---

[290] Zum Streitwert Schleswig SchlHA 1958, 336.
[291] *Lange/Kuchinke* § 37 XII. 2. a) α) m.w.N.
[292] Vgl. § 29 Rdnr. 87, 91.
[293] Vgl. § 29 Rdnr. 122.
[294] Staudinger/*Haas* § 2314 Rdnr. 11; § 36 Rdnr. 132.
[295] *Kerscher/Tanck/Krug* § 18 Rdnr. 170.

III. Ausländische Grundstücke
  1. Grundbesitz in Rio de Janeiro, Brasilien, Wohnanlage Karneval, Karneval Road, Appartement Nr. 738/B 5 im Gebäude 16.
     Verkehrswert (vorbehaltlich einer Sachverständigen-Schätzung)   € ...
IV. Beteiligungen
    Kommanditbeteiligung in Höhe von € 50.000,– an der im Handelsregister des Amtsgerichts Charlottenburg zu HRA 5374 eingetragenen Müller & Mayer Kommanditgesellschaft, Grundstücksgesellschaft mbH & Co., Seestraße 5, 12367 Berlin
    Die Kommanditeinlage ist im Handelsregister mit € 100.000,– eingetragen. Diese Einlage wurde durch Gesellschafterbeschluss vom 7. Mai 1997 hinsichtlich des Altkapitals im Verhältnis 2 zu 1 herabgesetzt, so dass das Neukapital € 50.000,– beträgt. Der Kommanditanteil ist voll einbezahlt und frei von Rechten Dritter.
    Nach vorliegenden Kaufangeboten dürfte der Anteil in Höhe des jetzigen Neukapitals voll werthaltig sein.
V. Bewegliches Vermögen
   1. Bargeld   € 4.730,50
   2. Hausrat – gemäß beigefügter Liste – Anlage 1 vorhanden.
      Auf diese wird Bezug genommen. Sie enthält den kompletten Hausrat des Erblassers getrennt vom Hausrat dessen Ehefrau. Die vorhandene Kleidung hat keinen besonderen Wertansatz Hausrat daher   € ...
   3. Kraftfahrzeuge
      Pkw-Kombi 230 E Mercedes amtliches Kennzeichen S – LU 120
      Erstzulassung 4/2003. Bewertung laut DEKRA-Gutachten vom ...   € 32.700,–
      Händlereinkaufswert inkl. Mehrwertsteuer € ...
      Händlerverkaufswert inkl. Mehrwertsteuer € ...
      Pkw VW 1,6i 16 V amtliches Kennzeichen S – UW 375
      Erstzulassung 7/2001
      Händlereinkaufswert inkl. Mehrwertsteuer € ...
      Händlerverkaufswert inkl. Mehrwertsteuer € ...
   4. Modellautosammlung
      Modellautosammlung bestehend aus 45 Modellen, teilweise katalogisiert (verwahrt in einer Vitrine) Wert ca.   € 15.000,–.
   5. Schmuck
      Der vorgefundene Schmuck wird vorläufig in das Bestandsverzeichnis aufgenommen, weil die Zugehörigkeit zum Nachlass zu klären ist. Ggf. handelt es sich bei dem Schmuck um Eigentum der Ehefrau des Erblassers.
      Eine Platinuhr mit Gold
      Ein Bettelarmband mit diversen Anhängern 585 Gold
      Ein Armreif in Gold
      Ein Trauring in Gold
      Ein Diamantcollier
      Eine Kassette mit fünf Goldmünzen, drei Silbermünzen
VI. Bankguthaben
    1. Volksbank eG Sparkonto Nr. ... Guthaben am Todestag ... ohne Zinsen für das Jahr des Todes € 73.735,20. Zinsen für das Todesjahr bis zum Todestag   € 873,–
    2. Darlehensforderungen € ...
    3. Sonstige Forderungen € ...
       a) Rentenvorzahlung der Firma Gebr. Müller & Mayer GmbH für die Monate Januar bis April ...
          3 × € 2.000,– =   € 6.000,–
       b) Sterbegeld € ...

B: Passiva
I. Grundschulden und Hypotheken
  1. Grundschuld zugunsten der Volksbank eG Stuttgart über € 160.000,– eingetragen zu Lasten des Grundstücks Flurstück-Nr. ..., Steinstraße 54 B, verbunden mit dem Wohnungseigentum an der Wohnung Aufteilungsplan Nr. 4 Grundbuch von Stuttgart-Botnang, Blatt 4273, Valuta Stand am Stichtag € 122.000,–
  Die Grundschuld dient als Sicherheit für den Kontokorrentkredit auf Konto 116 bei der Volksbank eG Stuttgart.
  2. Der übrige unter A I. 1 bis 4 aufgeführte Grundbesitz ist lastenfrei. Soweit bisher ersichtlich ist auch der ausländische Grundbesitz, aufgeführt unter Ziffer III 1 lastenfrei.
II. Bankverbindlichkeiten
  1. Bankkredit zu Kontonr. 164 bei der Stuttgarter Bank AG am Stichtag € 50.097,06
III. Steuerverbindlichkeiten
  1. Einkommens- und Kirchensteuer, gemäß Bescheid des Finanzamtes Stuttgart vom 20. April 2003, Steuernummer 73587/25754 € 3.318,62
  2. Dito für 2004, Bescheid noch nicht ergangen, geschätzt wie 2003 ca. € 7.500,–
IV. Steuerberaterkosten
  Für Einkommensteuererklärung 2003 gemäß beigefügter Rechnung des Steuerberaters Steuerfuchs vom 10. Juli 2004 € 4.500,–.
V. Nachlasskosten
  1. Kostenrechnung des Notariats ... – Nachlassgericht – liegt bisher noch nicht vor.
  2. Gutachterkosten für erforderliche Verkehrswertschätzungen.
  3. Vermächtnis gemäß Testament vom ... zugunsten von Frau Maria Klein über sämtliche im Zeitpunkt des Ablebens im Besitz des Erblasser befindlichen Bilder. Das Vermächtnis ist mit dem Ableben angefallen und sofort fällig.
  4. Beerdigungskosten
  Bestattungsunternehmen Fritz Trauer, Rechnung vom ... € 5.320,–
  Rechnung Gasthof „Stille Einkehr" vom € 3.800,–
  Landeshauptstadt Stuttgart, Garten- und Friedhofsamt, Grabstelle, Rechnung vom ... € 4.700,–
  Grabstein € 4.000,–
  Erstbepflanzung der Grabstelle € 570,–
VI. Nachlassbestand
  Nach meinen Feststellungen entspricht der von mir im Zeitraum vom ... bis ... ermittelte Bestand des Nachlasses dem Bestand im Zeitpunkt des Erbfalles.
Unterschrift

169 Nicht erforderlich ist, dass das Bestandsverzeichnis in einer einzigen Urkunde enthalten ist. Dem Auskunftsanspruch genügt auch, wer mehrere Teilauskünfte und Verzeichnisse erteilt bzw. erstellt. Voraussetzung ist allerdings, dass diese in der Summe nach dem Willen des Auskunftsverpflichteten die Auskunft in ihrer Gesamtheit darstellen. Es ist möglich, ein bereits vorgelegte Verzeichnis in einzelnen Punkten zu ergänzen.[296]

170 Der Auskunftsanspruch umfasst auch **Anstands- und Pflichtschenkungen** des Erblassers sowie unbenannte Zuwendungen unter Ehegatten.[297] Neben der Vorlage des privaten Bestandsverzeichnisses kann der Pflichtteilsberechtigte die eines amtlichen Verzeichnisses fordern.[298]

---

[296] BGH Urt. v. 6.6.1962 – NJW 1962, 1499.
[297] BGH Urt. v. 27.11.1991 – NJW 1992, 564.
[298] Vgl. zu der je nach Bundesland zuständigen Stelle *Firsching/Graf* S. 137.

Er kann zudem verlangen, dass er bei der **amtlichen Aufnahme des Verzeichnisses** durch den Notar selbst hinzugezogen wird (§ 2314 Abs. 1 S. 2 und 3 BGB). Allerdings kann es rechtsmissbräuchlich sein, nach Vorlage eines amtlichen Verzeichnisses nochmals ein privatschriftliches Verzeichnis zu fordern.[299] Freilich wird sich das später vorgelegte amtliche Verzeichnis häufig nicht von dem privatschriftlichen Verzeichnis unterscheiden, da der zuständige Notar selbst die Vollständigkeit des Verzeichnisses nicht überprüft und lediglich das ihm vom Erben vorgelegte privatschriftliche Verzeichnis nochmals beurkundet. 171

Hat der Pflichtteilsberechtigte Grund zur Annahme, dass das Verzeichnis unsorgfältig oder nicht vollständig erstellt worden ist, so kann er von dem Erben die **eidesstattliche Versicherung** gemäß §§ 2314 Abs. 1 S. 2 BGB, 260 BGB über die Vollständigkeit der Angaben über den Bestand des Nachlasses fordern. Ist der Erbe bereit, diese Versicherung freiwillig abzugeben, so ist das Nachlassgericht hierfür zuständig, anderenfalls das Vollstreckungsgericht (§ 261 BGB). Hat der Erbe die eidesstattliche Versicherung erst einmal abgegeben, so ist er zur Ergänzung der bisher erteilten Auskunft nicht mehr verpflichtet. Die Abgabe der eidesstattlichen Versicherung schneidet somit die Auskunftsstufe einer Klage ab.[300] Häufig weiter kommt man daher mit einem Antrag, einzelne Punkte des bereits vorgelegten Verzeichnisses zu konkretisieren und hierzu gesondert Auskunft zu verlangen. Ein Auskunftsergänzungsanspruch besteht jedoch nur, wenn die Auskunft offensichtlich und nachweislich unvollständig ist. Ansonsten hat die Klärung der Frage, ob das Verzeichnis Mängel aufweist im Verfahren der eidesstattlichen Versicherung bzw. im Rechtsstreit zu erfolgen.[301] 172

Zeigt sich allerdings nach Abgabe der eidesstattlichen Versicherung, dass ein Nachlassteil überhaupt nicht im Verzeichnis berücksichtigt worden ist, oder aber der Erbe bei der Erstellung desselben irrig davon ausgegangen ist, Gegenstände im Besitz des Erblasser hätten sich nicht in dessen Eigentum befunden, so kann ausnahmsweise ein Ergänzungsanspruch gegeben sein.[302] Die Abgabe der eidesstattlichen Versicherung dient zum „Nachweis" der Vollständigkeit der Angaben des Bestandsverzeichnisses. Daraus wird gefolgert, dass der Erbe nicht verpflichtet ist, über die im Verzeichnis gemachten Angaben hinaus Belege, Urkunden, wie z. B. Kaufverträge, Depotauszüge etc., vorzulegen. Geschuldet sei eben nur die Auskunft über den Bestand des Nachlasses mittels der Erstellung des Nachlassverzeichnisses.[303] Andere hingegen sehen eine Verpflichtung des Erben, solche Belege im Rahmen der Auskunftserteilung vorzulegen.[304] Ausnahmsweise begründet der Auskunftsanspruch aber auch ein Einsichtsrecht. So kann der Pflichtteilsberechtigte, soweit zum Nachlass Unternehmen oder Unternehmensbeteiligungen gehören, Einsicht in und Vorlage sämtlicher für die Bewertung des Unternehmens relevanter Unterlagen fordern. Da die Bewertung eines Unternehmens grundsätzlich nach dem Ertragswertverfahren erfolgt[305] und dies auch eine Vergangenheitsbetrachtung erfordert, kann die **Vorlage der Geschäftsunterlagen** der vergangenen drei bis fünf Jahre verlangt werden.[306] Zweckmäßigerweise lautet der Antrag auf Vorlage der Bilanzen, Gewinn- und Verlustrechnungen nebst aller dazugehörigen Geschäftsbücher und Belege für die Geschäftsjahre X bis Y. 173

Muster: Auskunftsbegehren des Pflichtteilsberechtigten

An ..., Ort, Datum, Betreff
Nachlasssache ...
Auskunftsanspruch 174

---

[299] *Lange/Kuchinke* § 37 XII 2. b) α).
[300] Vgl. § 62 Rdnr. 7.
[301] *Nieder* ZErb 2004, 60.
[302] RGRK/*Johannsen* § 2314 Rdnr. 10.
[303] *Kerscher/Tanck/Krug* § 18 Rdnr. 172.
[304] *Klingelhöffer* Rdnr. 152.
[305] Vgl. § 46 Rdnr. 16.
[306] *Lange/Kuchinke* § 37 XII. 3. g).

> Sehr geehrte Frau ...,
>
> Hiermit zeige ich an, dass ich Ihre Tochter, Frau ... in der Nachlasssache Ihres Verstorbenen Ehemannes, Herrn ..., vertrete. Eine Kopie der Originalvollmacht habe ich in der Anlage zur Kenntnisnahme beigefügt.
>
> Nach Mitteilung meiner Mandantin ist Ihr Ehemann am ... verstorben und hat ein Testament hinterlassen. Meine Mandantin ist in diesem Testament nicht bedacht und somit enterbt. Sie ist damit pflichtteilsberechtigt.
>
> Zur Durchsetzung ihres Pflichtteilsrechts, steht ihr gemäß § 2314 BGB ein Auskunftsanspruch gegen den Erben zu. Dieser hat meiner Mandantin vollständig über den Bestand des Nachlasses Auskunft zu erteilen.
>
> Ich bitte Sie daher höflich, über den Bestand des Nachlasses mittels eines Bestandsverzeichnisses bis zum ... Auskunft zu erteilen. In dieses Nachlassverzeichnis nehmen Sie bitte sämtliche Aktiva und Passiva des Nachlasses auf. Zu den Aktiva zählen insbesondere Kontokorrent- und Sparkonten, Bargeldbestände, Bankdepots, Wertpapiere, Kunstgegenstände sowie Gesellschaftsbeteiligungen.
>
> Sie sind auch verpflichtet, Auskunft über lebzeitige Zuwendungen des Erblassers zugunsten Ihrer Person zu erteilen. Hierzu zählen insbesondere Schenkungen innerhalb der Letzten zehn Jahre, sowie Zuwendungen, die Ihnen zur Begründung bzw. Erlangung Ihrer derzeitigen Lebensstellung gemacht wurden, bzw. für die der Erblasser bestimmt hat, dass sie auszugleichen sind. Darüber hinaus wollen Sie bitte Auskunft über bestehende Lebensversicherungen und sonstige Verträge zugunsten Dritter erteilen.
>
> Sie sind verpflichtet, soweit Ihnen die erforderlichen Informationen nicht selbst bekannt sind, sich diese zu beschaffen. Zu diesem Zweck steht Ihnen auch ein Auskunftsanspruch gegen die jeweilige Bank, mit der der Erblasser in Geschäftsverbindungen stand, zu.
>
> Abschließend weise ich darauf hin, dass Sie das Nachlassverzeichnis mit der erforderlichen Sorgfalt und Vollständig zu erstellen haben. Dies haben Sie ggf. eidesstattlich zu versichern.
>
> Rechtsanwalt

175 **b) Auskunftsberechtigter.** Der Auskunftsanspruch ergibt sich aus dem Pflichtteilsrecht und bereitet den Pflichtteilsanspruch vor. Er kann daher von jedem geltend gemacht werden, der in einem in § 2303 BGB genannten **familienrechtlichen Verhältnis** zum Erblasser steht. Hierzu zählen enterbte Abkömmlinge, Elternteile und der Ehegatte, der gemäß § 1371 Abs. 3 BGB das ihm Zugewandte ausgeschlagen hat und neben dem „kleinen Pflichtteil" den Zugewinnausgleichsanspruch geltend macht. Weiterhin zählen hierzu der gemäß § 2305 BGB unzureichend eingesetzte pflichtteilsberechtigte Erbe, der das ihm Zugewandte ausgeschlagen hat; ebenso derjenige Pflichtteilsberechtigte, der gemäß § 2306 Abs. 1 S. 2 BGB das ihm Zugewendete ausgeschlagen hat sowie derjenige Pflichtteilsberechtigte, der lediglich gemäß § 2307 BGB mit einem Vermächtnis bedacht worden ist. Letzter kann einen Auskunftsanspruch unabhängig davon geltend machen, ob er das Vermächtnis annimmt oder ausschlägt.[307] Auskunftsberechtigt sind weiterhin der Abtretungsempfänger des Pflichtteilsanspruchs gemäß §§ 2317, 398 BGB.

176 Sind mehrere Auskunftsberechtigte vorhanden, kann jeder für sich den Auskunftsanspruch gemäß § 2314 BGB geltend machen. Verlangt ein minderjähriges Kind vom überlebenden Elternteil Auskunft, so ist dem Kind nach § 1909 BGB ein Pfleger zu bestellen.

177 Hingegen steht dem pflichtteilsberechtigten Miterben grundsätzlich kein Auskunftsanspruch zu, da er sich gemäß §§ 2027, 2028, 2057 BGB bzw. § 260 BGB über den Bestand des Nachlasses vergewissern kann.[308] Ausnahmsweise kann dem pflichtteilsberechtigten Miterben allerdings ein Auskunftsanspruch gemäß § 242 BGB zustehen.[309] Dem pflichtteilsberechtigten Nacherben steht gegen den vom Vorerben Beschenkten kein Auskunftsanspruch zu.[310] Hingegen kann der pflichtteilsberechtigte Nacherbe in analoger Anwendung des § 2314

---

[307] Staudinger/*Haas* § 2314 Rdnr. 20 m.w.N.
[308] BGH Urt. v. 6.7.1955 – BGHZ 18, 67.
[309] Vgl. § 45 Rdnr. 97; Staudinger/*Haas* § 2314 Rdnr. 24 m.w.N.
[310] Staudinger/*Haas* § 2314 Rdnr. 27.

BGB zur Vorbereitung der Geltendmachung des Pflichtteilsergänzungsanspruches auch den Beschenkten auf Auskunft über das Geschenk in Anspruch nehmen.[311]

c) **Auskunftsverpflichteter.** Nach § 2314 BGB ist der Erbe zur Auskunft verpflichtet. Er hat über den Bestand des Nachlasses, d. h. über sämtliche Aktiva und Passiva, Auskunft zu geben. Richtet sich der Auskunftsanspruch gegen eine Erbengemeinschaft, so sind die Miterben Gesamtschuldner desselben. Der Auskunftsanspruch nach § 2314 BGB umfasst auch ergänzungserhebliche Schenkungen gem. § 2325 BGB. Die Auskunftspflicht soll allerdings nur dann bestehen, wenn Grund zur Annahme gegeben ist, dass eine unentgeltliche Verfügung oder aber eine gemischte bzw. verschleierte Schenkung vorliegt.[312] Darüber hinaus kann der Pflichtteilsberechtigte den Beschenkten, auch wenn es sich hierbei um den Erben selbst handelt, in analoger Anwendung des § 2314 Abs. 1 S. 1 BGB auf Auskunft über pflichtteilserhebliche Schenkungen aller Art in Anspruch nehmen.[313] Für den Ausgangsanspruch gemäß § 2314 BGB gilt die allgemeine Verjährungsfrist von 30 Jahren (§ 197 BGB).[314] Sind allerdings Pflichtteils- und Pflichtteilsergänzungsansprüche verjährt, muss das gestellte Auskunftsverlangen als unbegründet abgewiesen werden, es sei denn, der Pflichtteilsberechtigte benötigt diese Auskünfte noch um z. B. gemäß § 2329 BGB gegen einen Beschenkten oder gegen einen Prozessbevollmächtigten vorgehen zu können, der die Hemmung der Verjährung schuldhaft versäumt hat. Ebenso kann in Fällen des § 2327 BGB dem selbst pflichtteilsberechtigten Beschenkten ein berechtigter Informationsbedarf nicht abgesprochen werden, wenn er Auskunft über Eigengeschenke des Erben verlangt, der ihn seinerseits auf Pflichtteilsergänzung in Anspruch nimmt.[315]

Der Auskunftsanspruch kann hingegen nicht gegen den Testamentsvollstrecker geltend gemacht werden, da gegen diesen gemäß § 2213 Abs. 1 S. 3 BGB auch kein Pflichtteilsanspruch besteht.

2. Der Wertermittlungsanspruch

Neben dem Auskunftsanspruch gemäß § 2314 Abs. 1 S. 1 BGB steht dem Pflichtteilsberechtigten der **Wertermittlungsanspruch** gemäß § 2314 Abs. 1 S. 2 BGB zu. Dieser ist neben dem Auskunftsanspruch geltend zu machen. Die Geltendmachung des Anspruchs setzt die unstreitige Zugehörigkeit des der Wertermittlung zu unterwerfenden Gegenstandes zum Nachlass voraus.[316] Soweit es sich um die Geltendmachung des Pflichtteilsergänzungsanspruches handelt, muss unstreitig feststehen, dass der verschenkte Gegenstand dem Nachlass gemäß § 2325 BGB wieder hinzuzurechnen ist. Ist hingegen die Zugehörigkeit des zu bewertenden Gegenstandes zum Nachlass umstritten, so trifft den Pflichtteilsberechtigten die Beweislast dafür, dass der Gegenstand zum Nachlass gehört.[317] Das Vorliegen eines begründeten Verdachtes, der Gegenstand falle in den Nachlass, genügt für die Geltendmachung des Wertermittlungsanspruches nicht. Der Pflichtteilsberechtigte kann die **Hinzuziehung eines Sachverständigen** zur Wertermittlung verlangen. Dies ist der praktische Regelfall.

Ggf. empfiehlt sich hier, zur späteren Streitvermeidung die Einholung eines Schiedsgutachtens zu vereinbaren. Bei den Kosten des Sachverständigen handelt es sich um Nachlassverbindlichkeiten (§ 2314 Abs. 2 BGB).

Der Erbe ist verpflichtet, auf Verlangen des Pflichtteilsberechtigten den Wert der zum Nachlass gehörenden Gegenstände durch einen Sachverständigen auf Kosten des Nachlasses ermitteln zu lassen.[318] Dieser Anspruch besteht allerdings erst dann, wenn die von dem Erben vorgelegten Unterlagen und erteilten Auskünfte dem Pflichtteilsberechtigten nicht ausreichen, sich ein Bild über den Wert des Nachlasses zu machen. Der Anspruch geht auf Wertermittlung durch einen unparteiischen Sachverständigen. Im Gegensatz zum Auskunftsanspruch steht dem Pflichtteilsberechtigten kein Wertermittlungsanspruch gegen den Beschenkten zu. Der BGH lehnt hier eine analoge Anwendung des § 2314 Abs. 1 S. 2 BGB ab.[319] Gegebenenfalls

---

[311] BGH Urt. v. 9.11.1983 – NJW 1984, 487.
[312] Staudinger/*Haas* § 2314 Rdnr. 10, 12.
[313] BGH Urt. v. 9.11.1983 – BGHZ 89, 24; BGH Urt. v. 4.10.1989 – BGHZ 108, 393.
[314] BGH Urt. v. 4.10.1989 – BGHZ 108, 393, 399.
[315] BGH Urt. v. 4.10.1989 – BGHZ 108, 393, 399.
[316] *Lange/Kuchinke* § 37 XII. 3. a).
[317] BGH Urt. v. 9.11.1983 – BGHZ 89, 24.
[318] BGH Urt. v. 30.10.1974 – NJW 1975, 258.
[319] BGH Urt. v. 19.4.1989 – BGHZ 107, 200, 203.

kann dem Pflichtteilsberechtigten jedoch gegen den Beschenkten ein Anspruch auf Wertermittlung nach § 242 BGB zustehen.

X. Pflichtteil und Gesellschaftsrecht

1. Personengesellschaften

181 a) **Grundsätzliches.** Ob und in welcher Höhe beim Tode eines Gesellschafters aus einer Gesellschaftsbeteiligung ein Pflichtteilsanspruch entsteht, hängt vom rechtlichen Schicksal der Gesellschaftsbeteiligung ab.[320] Es ist danach zu unterscheiden, ob die Gesellschaftsbeteiligung oder der Abfindungsanspruch in den Nachlass fällt oder aber Abfindungsanspruch und Gesellschaftsanteil am Nachlass vorbeigesteuert werden. Im letzteren Falle kommen ggf. Pflichtteilsergänzungsansprüche in Betracht.

182 Zunächst muss das **Schicksal einer Gesellschaftsbeteiligung** beim Tode des Gesellschafters ermittelt werden. Der Berater muss daher beim Tode des Gesellschafters die aktuellen Gesellschaftsverträge einsehen und auf entsprechende Nachfolgeregelungen prüfen.

183 Für das rechtliche Schicksal der Beteiligung sind beim Tode des Gesellschafters einer Personengesellschaft folgende Varianten denkbar:

Gemäß dem gesetzlichen Regelfall wird die Gesellschaft – mit Ausnahme der BGB-Gesellschaft – zwischen den verbleibenden Gesellschaftern fortgesetzt. Soweit die Gesellschafter keine abweichenden Vereinbarungen getroffen haben, scheiden also die Erben des verstorbenen Gesellschafters, bei der OHG gemäß § 131 Abs. 3 Nr. 1 HGB und bei der KG gemäß §§ 161 Abs. 2, 131 Abs. 3 Nr. 1 HGB aus der Gesellschaft aus.[321]

Der Gesellschaftsanteil des Erblassers wächst den übrigen Gesellschaftern zu, den Erben selbst steht gemäß § 738 Abs. 1 S. 2 BGB; §§ 105 Abs. 3, 161 Abs. 2 HGB ein Abfindungsanspruch gegen die Gesellschaft zu, der in den Nachlass fällt. Die Erben des ausgeschiedenen Gesellschafters werden somit Gläubiger des Abfindungsanspruches nach § 738 BGB. Dieser ist hierdurch auch dem Pflichtteil zugänglich. Der Wert dieses Abfindungsanspruches ist dabei auf der Grundlage des wirklichen Wertes des lebenden Unternehmens zu errechnen, einschließlich der stillen und offenen Reserven sowie des Good Will des Unternehmens.[322]

184 Der **Wert des Abfindungsanspruches** ergibt sich im Allgemeinen aus dem Preis, der bei einem Verkauf des Unternehmens als Einheit erzielt würde. Gemäß § 738 Abs. 2 BGB kann die Wertermittlung auf Grund einer Schätzung, allerdings unter Zugrundelegung konkreter Unterlagen, erfolgen. Im Allgemeinen wird hier ein Sachverständigengutachten erforderlich sein. Dabei ist für die Bewertung vom Ertragswert des Unternehmens auszugehen.[323]

185 Von dieser Bewertung kann jedoch durch Vereinbarung einer so genannten **Buchwertklausel** abgewichen werden. Eine solche Buchwertklausel legt der Wertberechnung des Abfindungsanspruches lediglich den Buchwert des Gesellschaftsanteils des verstorbenen Gesellschafters zugrunde.[324] Buchwertklauseln sind grundsätzlich zulässig, können jedoch im Einzelfall unwirksam sein, wenn in Folge eines erheblichen Missverhältnisses zwischen Buchwert und wirklichem Wert die Freiheit des Gesellschafters, sich zu einer Kündigung zu entschließen, entgegen § 723 Abs. 3 BGB eingeengt wird.[325] Ob dies auch im Falle des Ausscheidens des Gesellschafters von Todes wegen gilt, scheint fraglich.

186 Die vom BGH angeführten **Zulässigkeitsschranken für gesellschaftsrechtliche Abfindungsklauseln** lassen sich nicht ohne weiteres auf das Ausscheiden des Gesellschafters von Todes wegen übertragen. Eine Einwirkung der Abfindungsklausel auf die Entschließungsfreiheit des Gesellschafters gemäß § 723 Abs. 3 BGB und § 133 Abs. 3 HGB scheidet hier gerade aus. Nach ganz überwiegender Ansicht ist es daher für den Fall des Ausscheidens des Gesellschafters von Todes wegen möglich, den Ausschluss oder die Beschränkung des Abfindungsanspruchs

---

[320] Vgl. zur Vererbung eines Unternehmens und Unternehmensbeteiligungen § 40.
[321] In diesem Zusammenhang sind die Übergangsvorschriften in Art. 41 Handelsrechtreformgesetz zu beachten.
[322] BGH Urt. v. 24.9.1984 – NJW 1985, 192, 193; Staudinger/*Haas* § 2311 Rdnr. 89.
[323] BGH Urt. v. 24.9.1984 – NJW 1985, 192, 193; vgl. § 46 Rdnr. 17.
[324] BGH Urt. v. 17.4.1989 – DB 1989, 1399.
[325] BGH Urt. v. 17.4.1989 – DB 1989, 1399; BGH Urt. v. 24.9.1984 – NJW 1985, 192, 193.

mittels einer **unterwertigen Bewertungsklausel** zu vereinbaren.[326] Ist der Abfindungsanspruch ausgeschlossen, entsteht keine dem Nachlass zugehörige Vermögensposition, so dass der Gesellschaftsanteil am Nachlass und somit am ordentlichen Pflichtteil vorbeigesteuert wird. In diesen Fällen kommt ein Pflichtteilsergänzungsanspruch in Betracht, wenn der Ausschluss des Abfindungsanspruches nur einseitig für Einzelne oder bestimmte Gesellschafter gilt. Dies gilt auch bei einer Beschränkung des Abfindungsanspruches. Hier liegt nach überwiegender Ansicht eine pflichtteilsergänzungspflichtige Schenkung vor.[327]

Enthält der Gesellschaftsvertrag hingegen einen so genannten **allseitigen oder gegenseitigen Abfindungsausschluss** oder eine **allseitige Beschränkung der Abfindungsansprüche**, so sieht die herrschende Meinung[328] hierin einen gegenseitigen, entgeltlichen und vollzogenen Vertrag unter Lebenden, da jeder Gesellschafter die Chance habe, am Anteil des verstorbenen Gesellschafters beteiligt zu werden. Dieser entgeltliche Charakter lässt einen Pflichtteilsergänzungsanspruch in der Regel entfallen. Allerdings soll dies nicht gelten, wenn ein grobes Missverhältnis der Lebenserwartung der Gesellschafter untereinander vorliegt, etwa bei einem großen Altersunterschied oder bei einer schweren Erkrankung des einen von Ihnen.

Für den Ausschluss bzw. die Beschränkung des mit diesem Risiko belegten Gesellschafters, wird trotz vorgegebener Allseitigkeit eine tatsächliche Einseitigkeit angenommen, so dass eine dem Pflichtteilsergänzungsanspruch zugängliche Schenkung vorliegt. Bei einer erheblichen **Altersdifferenz der Gesellschafter** bzw. einer schweren Erkrankung eines Gesellschafters bietet es sich daher an, immer die Pflichtteilsergänzungsansprüche zu prüfen.

Vorstehende Ausführungen gelten entsprechend für die Erben des persönlich haftenden Gesellschafters der KG, bei dessen Tode die Gesellschaft ebenfalls unter den verbleibenden Gesellschaftern fortgesetzt wird, sowie die Erben des Partners einer Partnerschaftsgesellschaft, da auch diese unter den verbleibenden Partner gemäß § 9 PartGG in Verbindung mit § 131 Abs. 3 Nr. 1 HGB fortgesetzt wird.

b) Einfache und qualifizierte Nachfolgeklausel. Strittig ist hingegen die Behandlung vertraglicher Abfindungsklauseln in Fällen, in denen die **Gesellschaft** mit dem oder den Erben auf Grund der gesetzlichen Regelung des § 177 HGB bzw. auf Grund einer einfachen oder qualifizierten Nachfolgeklausel zunächst **fortgesetzt** wird. Hier fällt der Gesellschaftsanteil in den Nachlass und ist somit bei der Berechnung des Wertes des Pflichtteils heranzuziehen.

Probleme ergeben sich, wenn der **Gesellschaftserbe** seine Gesellschafterstellung kündigt und hierdurch **aus der Gesellschaft ausscheidet**, so z. B. im Falle des § 139 Abs. 1 HGB.

Sieht die Abfindungsklausel für den Fall des Ausscheidens eine unterwertige Bewertung des Gesellschaftsanteiles, z. B. mit dem **Buchwert** vor, so stellt sich die Frage, ob der Berechnung des gegen den ausscheidenden Gesellschafter geltend gemachten Pflichtteils lediglich der Buchwert der Beteiligung oder aber deren voller Wert zugrunde zu legen ist. Die Rechtsprechung hat dieses Problem bisher nicht abschließend entschieden. Bringt man den **Vollwert** der Beteiligung in Ansatz, so trägt der selbst lediglich mit dem Klauselwert abgespeiste Erbe letztlich die Differenz zwischen Vollwert und Klauselwert selbst. Der Ansatz des Vollwertes wird damit gerechtfertigt, dass den Pflichtteilsberechtigten das spätere Schicksal der Nachlassgegenstände, hier die Gesellschaftsbeteiligung, nichts angehe.[329] Andere hingegen wollen den Erben nicht mit dem höheren Wert des Pflichtteils bzw. dem sich ergebenden Differenzbetrag belasten und schlagen daher unterschiedlich ausgestaltete **Korrekturmodelle** vor.

So schlägt eine vermittelnde Ansicht die Feststellung eines endgültigen Zwischenwertes zwischen Vollwert und Klauselwert vor.[330] Andere wiederum wollen dem Erben bis zum endgültigen Entscheid über den Verbleib in der Gesellschaft die Differenz zwischen Buchwert und Vollwert gemäß § 2331 a BGB stunden.[331]

---

[326] Staudinger/*Haas* § 2311 Rdnr. 98 m.w.N.
[327] Grundlegend zu allem *Nieder* Rdnr. 110 ff.
[328] BGH Urt. v. 26.3.1981 – NJW 1981, 1956; *Lange/Kuchinke* § 37 X 2. i).
[329] *Tiedau* MDR 1959, 253; *Zimmermann* BB 1969, 965; vgl zu Buchwertabfindungsklauseln auch § 46 Rdnr. 29.
[330] *Sudhoff* NJW 1961, 801; Sudhoff/*Scherer* § 17 Rdnr. 17 ff.
[331] *Stötter* DB 1970, 573, 575; *Zimmermann* BB 1969, 965, 969; *Johannsen* WM 1970, 110, 112.

191 Auf jeden Fall ist eine Abfindungsklausel, die eine unter dem wirklichen Anteilswert liegende Abfindung vorsieht, nicht von vornherein unwirksam.[332] Andererseits können seit Vertragsabschluss eingetretene Änderungen der Verhältnisse – insbesondere bei Bemessung der **Abfindung nach Buchwerten** – dazu führen, dass Abfindungsanspruch und wirklicher Anteilswert sich immer weiter voneinander entfernen. Dies kann schließlich zu einem Missverhältnis zwischen Abfindungswert und Anteilswert führen, dass es rechtfertigt, die Abfindung unter den veränderten Verhältnissen festzusetzen.[333] Die vertraglich vereinbarte Abfindungsklausel ist in diesem Fall unter Berücksichtigung der veränderten Verhältnisse und des wirklichen oder mutmaßlichen Willens der Vertragsschließenden festzusetzen. Dabei ist den Parteien zumutbarer Interessenausgleich herbeizuführen. Der Verkehrswert des Unternehmens ist hier nicht maßgeblich.

192 Ein **weiterer Lösungsansatz** stellt die Gesellschaftsbeteiligung zum Vollwert einem auflösend bedingten Recht gleich, so dass den mit dem Klauselwert abgefundenen ausgeschiedenen Erben ein Ausgleichsanspruch gemäß § 2313 Abs. 1 S. 2, 3 BGB zustehen soll.[334]

Siebert will dem Erben solange, bis der Vollwert nicht realisiert ist, ein Leistungsverweigerungsrecht in Bezug auf den Differenzbetrag zwischen Klauselwert und Vollwert zugestehen.[335] Im Hinblick auf § 139 Abs. 3 HGB wird zudem nach **Fallgruppen differenziert.** Scheidet der Erbe nicht innerhalb der Dreimonatsfrist des § 139 Abs. 3 HGB aus der Gesellschaft aus, so soll es auf den Vollwert ankommen; scheidet er hingegen aus, soll der Klauselwert ausschlaggebend sein.[336] Konträr hierzu wird vertreten, dass allein der Pflichtteilsberechtigte das durch die Abfindungsklausel geschaffene Risiko zu tragen habe. Entscheidend für die Berechnung des Pflichtteils soll alleine der Klauselwert sein.[337] *Haas* hält eine Abfindungsklausel bei einer OHG/KG für unzulässig, wenn sie das Wahlrecht des Erben nach § 139 HGB beeinträchtigt.[338] Hingegen schlagen andere[339] für den Fall einer solchen Beeinträchtigung, die Anhebung des Buchwertes auf den realen Wert vor. Die Tendenz der neueren Rechtsprechung geht wohl dahin, im Fall eines Missverhältnisses zwischen Klauselwert und Vollwert durch Aufstockung des Abfindungsanspruchs die Abfindungsklausel anzupassen.[340]

193 c) **Eintrittsklausel.** Die Erben des verstorbenen Gesellschafters erlangen keinen Abfindungsanspruch, wenn im Gesellschaftsvertrag einem Dritten gemäß § 328 BGB das Recht eingeräumt worden ist, beim Tode des Gesellschafters in die Gesellschaft einzutreten. Eine solche Vereinbarung wird als **Eintrittsklausel** bezeichnet.

194 Der Eintritt des neuen Gesellschafters erfolgt hier nicht von Todes wegen, sondern Kraft Rechtsgeschäft, sobald der begünstigte Dritte den Eintritt verlangt. Der Gesellschaftsanteil bzw. dessen Wert fällt folglich nicht in den Nachlass und steht somit für die Berechnung des ordentlichen Pflichtteils nicht zur Verfügung. Der rechtsgeschäftliche Eintritt des begünstigten Dritten in die Gesellschaft berührt dessen vermögensrechtliche Situation nicht. Er bleibt verpflichtet, eine dem Gesellschaftsanteil entsprechende Geldeinlage zu leisten. Der Erblasser sollte dem Begünstigten daher den Abfindungsanspruch zuweisen, so dass dieser den Abfindungsanspruch anstelle der Gesellschaftseinlage in die Gesellschaft einbringen kann. Dies lässt sich durch eine entsprechende letztwillige Verfügung oder durch eine Teilungsanordnung zugunsten des Eintrittsberechtigten bewerkstelligen. Der Abfindungsanspruch fällt in diesem Falle allerdings in den Nachlass und muss bei der Berechnung des ordentlichen Pflichtteils berücksichtigt werden.[341] Vermieden wird dies, wenn der Eintrittsberechtigte zusätzlich zum Eintrittsrecht auch den Anspruch auf das Auseinandersetzungsguthaben erhält. Hierzu wird entweder die mit dem Gesellschaftsanteil verbundene Vermögensposition durch Vereinbarung zwischen dem bisherigen Gesellschafter und dem Eintrittsberechtigten im Voraus gemäß § 2301 Abs. 2 BGB auf den Todesfall abgetreten oder aber der Ausschluss

---

[332] BGH Urt. v. 12.7.1975 – BGHZ 65, 22, 29.
[333] BGH Urt. v. 24.5.1993 – BGH NJW 1993, 2101 ff.
[334] *Ulmer* ZGR 1972, 324, 342; *Rittner* FamRZ 1961, 505, 515 Zugewinn betreffend.
[335] *Siebert* NJW 1960, 1033.
[336] *Eiselt* NJW 1981, 2447.
[337] *Wiedemann* S. 213 ff.; *Huber* S. 342.
[338] Staudinger/*Haas* § 2311 Rdnr. 102.
[339] *Eiselt* NJW 1981, 2247.
[340] Vgl. Staudinger/*Haas* § 2311 Rdnr. 103 m.w.N.
[341] *Kerscher/Tanck/Krug* § 18 Rdnr. 39.

des Abfindungsanspruchs, verbunden mit einer Verpflichtung der übrigen Gesellschafter gemäß § 328 BGB zugunsten des Eintrittsberechtigten den Kapitalanteil treuhänderisch für diesen zu halten, vereinbart.[342]

In der Praxis ist bei der **Formulierung einer Eintrittsklausel** sicherzustellen, dass es bei BGB-Gesellschaften nicht durch den Tod des Gesellschafters zur Auflösung kommt. Der Eintrittsberechtigte kann auf den Eintritt verzichten.

Für diesen Fall sollte im Gesellschaftsvertrag geregelt sein, ob dem Eintrittsberechtigten eine Abfindung zusteht und wie deren Modalitäten im Einzelnen aussehen.

Dem Pflichtteilsberechtigten steht bei vorstehender Konstellation ggf. ein Anspruch auf **Pflichtteilsergänzung** gemäß §§ 2325 ff. BGB zu. So stellt die Aufnahme als Kommanditist ohne eigene Kapitalisierung regelmäßig eine ergänzungspflichtige Zuwendung dar.[343] Jedoch kann durch Übernahme besonderer Pflichten seitens des Kommanditisten, z. B. im Bereich der Geschäftsführung, die Unentgeltlichkeit ganz oder teilweise ausgeschlossen sein.[344] Ist der Eintrittsberechtigte selbst pflichtteilsberechtigt, so kann ein Ausgleich unter den Pflichtteilsberechtigten in Bezug auf den dem Eintrittsberechtigten zugewandten Kapitalanteil durch eine entsprechende Anrechnungsanordnung gemäß § 2315 BGB oder Ausgleichsanordnung gemäß §§ 2316, 2050 ff. BGB seitens des Erblassers erfolgen. In Betracht kommt auch der Abzug als Eigengeschenk gemäß § 2327 BGB.

Die Aufnahme als Gesellschafter in das Geschäft eines Einzelkaufmanns oder eine Gesellschaft (GbR oder OHG) bzw. die Aufnahme oder Übertragung einer Komplementärstellung stellt in der Regel nach herrschender Ansicht keine unentgeltliche Zuwendung im Sinne des § 2325 BGB dar.[345] Der Unentgeltlichkeit der Zuwendung steht in der Regel die Übernahme der Pflichten des Gesellschafters, insbesondere der Arbeitseinsatz und die Übernahme der persönlichen Haftung für Verbindlichkeiten der Gesellschaft entgegen. Hierin liegt regelmäßig eine Gegenleistung.[346] Dies gilt selbst dann, wenn der Eintritt zu besonders günstigen Bedingungen, also gegen eine unwesentliche Einlage oder sogar ohne Einlage, erfolgt. Allerdings kann bei einer lediglich geringen Lebenserwartung des Aufnehmenden, verbunden mit einer fehlenden oder unwesentlichen Einlage sowie bei der Aufnahme als stiller Gesellschafter ohne Haftungsübernahme bzw. Arbeitsverpflichtung eine gemischte Schenkung gegeben sein.[347]

Etwas anderes gilt für die Aufnahme als Kommanditist ohne eigene Kapitalleistung.[348] Eine solche Aufnahme stellt regelmäßig eine ergänzungspflichtige Zuwendung dar. Die Unentgeltlichkeit kann allerdings bei Übernahme besonderer Pflichten durch den Kommanditisten, insbesondere im Bereich der Geschäftsführung, ausgeschlossen sein.[349]

2. Kapitalgesellschaften

a) **Gesellschaft mit beschränkter Haftung.** GmbH-Anteile sind gemäß § 15 Abs. 1 GmbHG veräußerlich und vererblich. Der **GmbH-Geschäftsanteil** geht somit nach den allgemeinen Regeln des Erbrechts auf den bzw. die Erben über. Mehrere Erben erwerben den Geschäftsanteil zur gesamten Hand.

Durch Satzungsregelung kann die Vererblichkeit des Geschäftsanteils – anders als die Veräußerung – nicht ausgeschlossen werden. Der in den Nachlass fallende Geschäftsanteil ist daher grundsätzlich gemäß den allgemeinen Bestimmungen der Berechnung des Pflichtteils zugrunde zu legen und zu bewerten.[350]

Auf das Schicksal des Geschäftsanteils kann nach dem Tode des Gesellschafters in der Praxis durch **einschränkende Satzungsbestimmungen** Einfluss genommen werden. So kann die Satzung bestimmen, dass der Geschäftsanteil eines Gesellschafters bei dessen Tode gemäß § 34

---

[342] Vgl. im Einzelnen MünchKommBGB/*Ulmer* § 727 Rdnr. 59.
[343] BGH Urt. v. 2.7.1990 – NJW 1990, 2616 ff.
[344] *Lange/Kuchincke* § 37 X 2. i).
[345] BGH Urt. v. 11.5.1959 – BGH NJW 1959, 1433; MünchKommBGB/*Lange* § 2325 Rdnr. 18; Staudinger/*Olshausen* § 2325 Rdnr. 29.
[346] BGH Urt. v. 26.3.1981 – BGH NJW 1981, 1956, 1957 m.w.N.; zum Teil wird die Übernahme der Haftung und die Verpflichtung zur Arbeitsleistung lediglich als Folge der Beteiligung und nicht als Gegenleistung gesehen.
[347] BGH Urt. v. 26.3.1981 – BGH NJW 1981, 1956, 1957.
[348] BGH Urt. v. 2.7.1990 – NJW 1990, 2616.
[349] Staudinger/*Olshausen* § 2325 Rdnr. 30 m.w.N.; vgl. zu allem Sudhoff/*Scherer* § 17 Rdnr. 69.
[350] Vgl. § 46 Rdnr. 32.

GmbHG einzuziehen ist, bzw. von den Erben an einen anderen Gesellschafter, einen Dritten oder an die Gesellschaft selbst abzutreten ist. Möglich sind auch Bestimmungen, wonach nur bestimmte Erben, z. B. Ehegatten oder Abkömmlinge, Gesellschafter werden können. Satzungsbestimmungen dieser Art sind für den Erben verbindlich und gehen dem Erbrecht vor. Solche die Vererblichkeit des Gesellschaftsanteils mittelbar einschränkende Nachfolgeklauseln berühren die zwingende Vererblichkeit des Anteils allerdings nicht. Der Anteil fällt zunächst in den Nachlass und verbleibt dort bis zur wirksamen Einziehung oder Abtretung.

202 Die Satzung kann im Zusammenhang mit der Abtretung und der Einziehung auch die **Höhe des Abfindungsanspruchs** regeln. Es überwiegt die Ansicht, dass bei Einziehung bzw. Abtretung im Zusammenhang mit dem Tod des Gesellschafters der Abfindungsanspruch völlig ausgeschlossen werden kann.[351]

Enthält die Satzung eine Regelung zur Höhe des Abfindungsanspruches stellt sich die Frage, mit welchem Wert der Gesellschaftsanteil der Pflichtteilsberechnung zugrunde zu legen ist. Lässt ein Abfindungsausschluss die **Einziehung des Anteils ohne** jegliches **Entgelt** zu, stellt sich im Hinblick auf Pflichtteilsergänzungsansprüche die Frage nach einer Schenkung. Die erforderliche unentgeltliche Zuwendung kann in der vermögensmäßigen Besserstellung, die aus dem Verzicht auf den Geschäftsanteil bei den Inhabern der verbleibenden Anteile in Gestalt einer Wertsteigerung mittelbar eintritt und ihnen ohne Gegenleistung zuwächst, gesehen werden.[352] **Unterwertige Abfindungsregelungen** (Abfindungen zum Buchwert, Nominalwert zuzüglich Rücklagenanteil und zum Vermögensteuerwert) treten anstelle der Abgeltung des Anteils zum vollen Verkehrswert. Sie dienen vor allem zur Sicherung des Bestands des Unternehmens, in dem sie von vornherein die Art und Weise der Berechnung des Abtretungsguthabens bestimmen. Langwierige Einigungen über die Höhe der Abfindung bei Einziehung des Anteils infolge des Todes des Gesellschafters entfallen. Die Einziehung wird beschleunigt. Eine viel vertretene Meinung nimmt daher bei Vereinbarung unterwertiger Abfindungsklauseln an, dass es sich hier nicht um eine unentgeltliche Zuwendung; also nicht um eine **Schenkung** handelt.[353] Im Vordergrund stehe hier nicht die unentgeltliche Zuwendung eines Vermögenswertes an die verbleibenden Gesellschafter, sondern die Überlegung, die Abfindungsansprüche wegen der Schwierigkeiten der Berechnung und infolge dieser eintretenden Gefährdung der Gesellschaft zu beschränken.

203 b) **Aktiengesellschaft.** Inhaber- oder Namensaktien sind frei vererblich. Im Gegensatz zur GmbH kann die Satzung einer Aktiengesellschaft die Übertragbarkeit von Mitgliedschaftsrechten weder ausschließen noch beschränken. Die Vererblichkeit der Aktien kann daher durch Satzung nicht ausgeschlossen werden. Sie fallen also in den Nachlass und stehen einer Miterbengemeinschaft zur gesamten Hand zu. Der Pflichtteilsberechnung ist ihr Wert am Stichtag zugrunde zu legen. Bei börsennotierten Anteilen handelt es sich um deren Kurswert am Stichtag. Zugrunde gelegt wird der mittlere Tageskurs am Börsenplatz, der dem letzten Wohnsitz des Erblassers am nächsten gelegen ist. Starke Kursschwankungen sind hinzunehmen.[354]

XI. Gestaltungshinweise für die Praxis zur Pflichtteilsanspruchsreduktion

1. Beeinflussung der Pflichtteilsansprüche durch den ehelichen Güterstand

204 a) **Zugewinnausgleich.** Das BGB weist dem **Ehegatten,** da er außerhalb der Erbfolgeordnungen steht, grundsätzlich einen **festen Erbteil** zu. Dieser Erbteil beträgt neben Abkömmlingen des Erblassers 1/4, neben dessen Eltern als Angehörige der zweiten Ordnung und neben den Großeltern 1/2. Leben allerdings nicht mehr alle Großeltern, so kann sich ggf. sein Anteil gemäß § 1931 Abs. 1 S. 2 BGB erhöhen. Alleinerbe wird der Ehegatte, wenn keine Großeltern bzw. nur noch Verwandte der vierten Ordnung vorhanden sind (§ 1931 Abs. 2 BGB). Dieser grundsätzlich dem Ehegatten zugewiesene feste Erbteil wird modifiziert durch den jeweiligen **Güterstand der Eheleute.** Durch die Wahl der Güterstandes kann folglich der Erbteil des Ehe-

---

[351] BGH Urt. v. 20.12.1976 – BB 1977, 563, 564 – DNotz 1978, 166; Staudinger/*Haas* § 2311 Rdnr. 109 m.w.N.
[352] Scholz/*H. P. Westermann* § 34 Rdnr. 23 m.w.N.
[353] Scholz/*H. P. Westermann* § 34 Rdnr. 24 m.w.N.
[354] *Nieder* Rdnr. 108.

gatten und somit dessen Pflichtteilsquote bzw. die Pflichtteilsquote der Abkömmlinge beeinflusst werden.

Beim gesetzlichen Güterstand der **Zugewinngemeinschaft** wird der überlebende Ehegatte dadurch bevorzugt, dass sich der ihm nach § 1931 Abs. 1 BGB zustehende Erbteil gemäß §§ 1371 Abs. 1, 1931 Abs. 3 BGB um ein weiteres Viertel erhöht. Diese so genannte **erbrechtliche Lösung** bringt eine Verminderung des Pflichtteils der Pflichtteilsberechtigten mit sich, da sich deren Pflichtteil nunmehr nach dem erhöhten Erbteil des Ehegatten bemisst.

Solange der Ehegatte Erbe und Vermächtnisnehmer ist, erfolgt der Ausgleich des Zugewinns stets durch die pauschale Erhöhung dessen gesetzlichen Erbteils um ein weiteres Viertel. Dem Ehegatten steht insoweit kein Wahlrecht zu.

Das Gesetz räumt dem Ehegatten in § 1371 Abs. 3 BGB die Möglichkeit ein, die Erbschaft auszuschlagen. Schlägt er aus, so steht ihm gemäß § 1371 Abs. 2 BGB nur noch der aufgrund des nicht erhöhten gesetzlichen Erbteils berechnete so genannte „kleine Pflichtteil" zu. Zusätzlich kann er aber nun den konkret berechneten Zugewinnausgleich gemäß §§ 1373 ff. BGB verlangen. Diese so genannte **güterrechtliche Lösung** findet auch auf den vollständig enterbten Ehegatten Anwendung. Diesem steht neben dem „kleinen Pflichtteil" der konkret gemäß §§ 1373 ff. BGB berechnete Zugewinnausgleichsanspruch zu. Ein Wahlrecht zwischen der güterrechtlichen und der erbrechtlichen Lösung, wie es sich beim Fehlen jeglichen Zugewinns anbieten würde, hat der enterbte überlebende Ehegatte hingegen nicht.[355]

Beispiel:
Der Erblasser E hinterlässt seine Ehefrau F und seine Tochter T. Beide sind enterbt. Erbe ist der familienfremde X. Die Eheleute lebten im Güterstand der Zugewinngemeinschaft.
Der Pflichtteil der Ehefrau F beträgt hier gemäß § 1931 Abs. 1 BGB 1/8, da der gesetzliche Erbteil 1/4 betragen hätte, demnach stellt sich der Pflichtteil der Tochter T auf 3/8, da der gesetzliche Erbteil gemäß § 1931 Abs. 1 BGB 3/4 betragen hätte.

Neben dem Pflichtteil kann die Ehefrau F den Zugewinnausgleich gemäß §§ 1373 ff. BGB geltend machen. Der Pflichtteil der Ehefrau E und der Tochter T ist in diesem Fall aus dem um die Zugewinnausgleichsforderung als Nachlassverbindlichkeit verminderten Nachlassbestand zu berechnen.

Ist der **Ehegatte enterbt** und so auf die güterrechtliche Lösung verwiesen bzw. macht er von dieser durch **Ausschlagung der Erbschaft** Gebrauch, so bleibt es bei dem nach dem nicht erhöhten gesetzlichen Erbteil berechneten Pflichtteil der Ehegatten; dem so genannten „**kleinen**" **Pflichtteil.** Dies führt allerdings zu einer Erhöhung des Pflichtteils der Pflichtteilsberechtigten, da deren Pflichtteil nicht mehr durch den „großen" Pflichtteil des Ehegatten vermindert wird. Das Bestehen des gemäß §§ 1372 ff. BGB zu berechnenden schuldrechtlichen Zugewinnausgleichs wird bei der Enterbung der Ehefrau vom Erblasser oft übersehen. Hat alleine der Erblasser während der Ehe einen erheblichen Zugewinn erzielt, so ist zu überlegen, ob es nicht sinnvoller ist, es bei der gesetzlichen Regelung der §§ 1931 Abs. 1, 1371 Abs. 1 BGB zu belassen. Rechnerisch kann hier die Pauschalerhöhung des gesetzlichen Erbteils des überlebenden Ehegatten gemäß § 1931 Abs. 1 BGB um ein weiteres Viertel günstiger sein, als die Geltendmachung des „kleinen" Pflichtteils nebst konkret berechnetem Zugewinnausgleich.

b) Gütertrennung. Bei der **Gütertrennung** richtet sich der für die Berechnung des Pflichtteils maßgebliche gesetzliche Erbteil des überlebenden Ehegatten nach § 1931 Abs. 1, 4 BGB. Grundsätzlich beträgt der gesetzliche Erbteil des Ehegatten nur 1/4; der Pflichtteil folglich 1/8. Der Erbteil des Ehegatten erhöht sich gemäß § 1931 Abs. 4 BGB neben einem Kind auf die Hälfte bzw. neben zwei Kindern auf 1/3. Der Pflichtteil beträgt nun 1/4 bzw. 1/6. Abgesehen von diesen Fällen gilt bei der Gütertrennung die allgemeine Regelung des § 1931 Abs. 1 BGB, so dass der Pflichtteil des überlebenden Ehegatten im Vergleich zum gesetzlichen Güterstand der Zugewinngemeinschaft regelmäßig geringer ist als der der Abkömmlinge.

In der Praxis vereinbaren Unternehmer den Güterstand der Gütertrennung. Soll später das gemeinsam erworbene Vermögen dem überlebenden Ehegatten so ungeschmälert wie möglich zukommen, kann dies durch einen Wechsel in die Zugewinngemeinschaft erreicht werden.

---

[355] BGH Urt. v. 25.7.1964 – BGHZ 42, 182; BGH Urt. v. 17.3.1982 – NJW 1982, 2497 „Einheitstheorie".

Hierdurch werden die Pflichtteilsansprüche der Abkömmlinge (und der Eltern) beim Tode des erstversterbenden Ehegatten verringert und der gesetzliche Erbteil des überlebenden Ehegatten erhöht. Die Erbquote des Ehegatten beeinflusst also die der Abkömmlinge und der Eltern.

212 Beispiel:
Ein Unternehmer lebt mit seiner Ehefrau in Gütertrennung. Er hat drei Kinder. Eines will er enterben. Die gesetzliche Erbquote eines jeden Kindes und der Ehefrau beträgt jeweils 1/4. Der Pflichtteilsanspruch des enterbten Kindes beträgt somit 1/8. Wechselt das Unternehmerehepaar in den Güterstand der Zugewinngemeinschaft, würde die gesetzliche Erbquote der Ehefrau nunmehr 1/2 und die der Kinder jeweils 1/6 betragen. Der Pflichtteilsanspruch des enterbten Kindes beträgt demnach nur 1/12 und nicht, wie bei der Gütertrennung, 1/8.

213 Bei der Vereinbarung von Gütertrennung sollte diese Überlegung von vornherein angestellt werden. Sie kann zum Anlass genommen werden, statt der Gütertrennung nur eine Modifikation des gesetzlichen Güterstandes zu vereinbaren, so etwa den Zugewinnausgleich für den Fall der Ehescheidung auszuschließen und nur für den Todesfall zu belassen. Der Wechsel sollte jedoch nicht schematisch angewandt werden. Ist aus der Unternehmerehe nur ein Kind hervorgegangen, so lohnt sich der Wechsel in die Zugewinngemeinschaft nicht, da es zu keiner pflichtteilsrechtlich relevanten Erhöhung der Erbquote der Ehefrau kommt. Zudem birgt das Modell Risiken. So erwirbt der überlebende Ehegatte nach dem Wechsel in die Zugewinngemeinschaft das Recht, die Erbschaft nach dem Tode des erstversterbenden Ehegatten auszuschlagen und stattdessen den so genannten „kleinen" Pflichtteil nebst der tatsächlich entstandenen Zugewinnausgleichsforderung geltend zu machen. Der Erbe sieht sich in diesem Fall eventuell hohen Geldforderungen ausgesetzt, die den Nachlass zu Nichte machen können.[356]

214 **c) Gütergemeinschaft.** Bei der **Gütergemeinschaft** wird der Erbteil des überlebenden Ehegatten nicht nach § 1371 Abs. 1 BGB erhöht, der der Abkömmlinge (oder anderer Verwandter) folglich nicht vermindert. Die Erbquote des überlebenden Ehegatten beträgt ausnahmslos 1/4, sein Pflichtteil 1/8. Im Falle der Gütergemeinschaft ist also der Pflichtteil des überlebenden Ehegatten geringer als im gesetzlichen Güterstand; der der Abkömmlinge hingegen wieder höher. Auch hier empfiehlt sich ggf. ein Wechsel in den Güterstand der Zugewinngemeinschaft.

215 Vereinzelt kann es für Ehegatten sinnvoll sein, zur Vermeidung bzw. Reduzierung von Pflichtteilsansprüchen ihrer Abkömmlinge eine **fortgesetzte Gütergemeinschaft** gemäß §§ 1483 ff. BGB durch Ehevertrag zu vereinbaren. Beim Tode eines Ehegatten setzt sich die bisher bestehende Gütergemeinschaft mit den gemeinschaftlichen Abkömmlingen fort. Dabei kommt allerdings dem überlebenden Ehegatten als Gesamtgutsverwalter gemäß § 1487 Abs. 1 BGB eine starke Stellung zu, die einer alleinigen Voll- (oder Vor-) -erbeneinsetzung vorzuziehen sein kann. Eine Beeinträchtigung des Gesamtgutes des überlebenden Ehegatten durch Pflichtteilsansprüche der Abkömmlinge scheidet aus, da gemäß § 1483 Abs. 1 S. 3 BGB der Anteil des verstorbenen Ehegatten am Gesamtgut nicht zum Nachlass gehört. Sinnvoll kann die Vereinbarung einer fortgesetzten Gütergemeinschaft, insbesondere bei einem höheren Lebensalter der Ehegatten und einem relativ kleinen beiderseitigen Vermögen sein. Mittels der fortgesetzten Gütergemeinschaft kann hier dem Wunsch der Ehegatten entsprochen werden, das vorhandene beidseitige Vermögen möge zunächst ungeschmälert dem überlebenden Ehegatten zur Verfügung stehen, bevor es bei dessen Tode den gemeinsamen Abkömmlingen zukommt. Nachlassmasse lässt sich hier, soweit gewollt, durch die Vereinbarung von Vorbehaltsgut schaffen.

216 Bis zur Grundsatzentscheidung des BGH vom 27. November 1991[357] ging man davon aus, dass **ehebedingte Zuwendungen** entgeltlich seien und so gegen Pflichtteilsergänzungsansprüche gemäß § 2325 Abs. 1 BGB immun seien. Der BGH sieht jedoch ehebedingte Zuwendungen in der vorgenannten Entscheidung „grundsätzlich" als objektiv unentgeltlich an. Er sieht folglich hierin eine beeinträchtigende Schenkung gemäß §§ 2287, 2325 BGB.

Langenfeld[358] will jedoch einzelne Fallgruppen der ehebedingten Zuwendungen als entgeltlich und damit drittanspruchsfest anerkennen; hierzu zählt insbesondere die Beteiligung des Ehegatten am Familienunternehmen sowie Zuwendungen zu dessen Alterssicherung.

---

[356] Vgl. auch Sudhoff/*Scherer* § 17 Rdnr. 52.
[357] BGH Urt. v. 27.11.1991 – BGHZ 116, 167 – NJW 1992, 564 ff. – FamRZ 1992, 300.
[358] *Langenfeld* Rdnr. 169.

Eine weitere Möglichkeit, Zuwendungen unter Ehegatten einen entgeltlichen Charakter zu geben und sie somit drittanspruchsfest zu machen, besteht im **Wechsel des Güterstandes**. Durch Beendigung des gesetzlichen Güterstandes der Zugewinngemeinschaft entsteht gemäß § 1378 Abs. 1, 3 BGB eine Ausgleichsforderung des ausgleichsberechtigten Ehegatten gegen den ausgleichspflichtigen Ehegatten. Den Anspruch erfüllt sodann der ausgleichspflichtige Ehegatten, indem er entsprechende Vermögenswerte dem ausgleichsberechtigten Ehegatten zuwendet. Eine solche Zuwendung stellt eine entgeltliche Übertragung der Vermögenswerte dar. Voraussetzung für dieses Verfahren ist freilich, dass bei einem der Ehegatten ein nicht zu geringer ausgleichspflichtiger Zugewinn entstanden ist.[359]

2. Pflichtteil und Voraus des Ehegatten

Das Gesetz gewährt dem verwitweten Ehegatten in § 1932 BGB einen gesetzlichen Vermächtnisanspruch auf den so genannten **Voraus**. Hierzu gehören die Gegenstände des ehelichen Haushaltes sowie die Hochzeitsgeschenke. Letztere allerdings nur, soweit der verwitwete Ehegatte gesetzlicher Erbe neben Eltern und Großeltern geworden ist; ist er lediglich gesetzlicher Erbe neben Abkömmlingen, so besteht der Voraus nur aus den Gegenständen, die zur Führung eines angemessenen Haushaltes benötigt werden. Praktisch ist der Voraus bei geringem Vermögen von Bedeutung, bei dem die Erbschaft im Wesentlichen aus dem Hausrat besteht. Hier kann das Bestehen des Voraus faktisch zu einer Alleinerbenstellung des Ehegatten führen, die zudem gegen Pflichtteilsansprüche anspruchsfest ist. Gemäß § 2311 Abs. 1 S. 2 BGB ist der Voraus, obwohl es sich um ein Vorausvermächtnis handelt, bei der Pflichtteilsberechnung eines Abkömmlings und der Eltern des Erblassers vom Bestand und Wert des Nachlasses abzusetzen. Zu einer solchen Pflichtteilsminderung kommt es nach herrschender Ansicht[360] jedoch nur, wenn der verwitwete Ehegatte gesetzlicher Erbe ist. Ist er hingegen auf Grund einer letztwilligen Verfügung zum Alleinerben eingesetzt, so besteht kein Anspruch auf eine solche Pflichtteilsminderung. Besteht der Nachlass überwiegend aus Haushaltsgegenständen, so sollte sich der Ehegatte durch Ausschlagung seiner testamentarischen Erbenstellung gemäß § 1948 BGB die Stellung eines gesetzlichen Erben verschaffen. Durch die Ausschlagung erhält er den Voraus, d. h. faktisch die gesamte Erbschaft, ohne dass er Pflichtteilsansprüchen ausgesetzt ist. Bei einer solchen Ausschlagung ist zweierlei zu beachten.

Die Ausschlagung hat innerhalb der Frist des § 1944 BGB zu erfolgen. Sie ist nur gangbar, wenn der verwitwete Ehegatte als Alleinerbe eingesetzt ist, da nach herrschender Meinung für den Ehegatten benannte wie vermutete Ersatzerben (§ 2096 BGB bzw. §§ 2069 BGB, 2102 Abs. 1 BGB) sowie das Anwachsungsrecht gemäß § 2094 BGB der Teilbarkeit von Ausschlagung und Annahme gemäß § 1948 Abs. 1 BGB vorgehen.[361] Die Lösung scheidet ebenfalls im Falle des Einsatzes eines Schlusserben (§ 2269 BGB – „Berliner Testament") aus.[362]

Ist von vornherein bekannt, dass der **wesentliche Teil des Nachlasses** im **Voraus** besteht, so kann es ratsam sein, es in der letztwilligen Verfügung bei der gesetzlichen Erbfolge zu belassen. Dies kann zur Klarstellung mittels der Formulierung „Ich halte die gesetzliche Erbfolge aufrecht." geschehen. Nieder[363] empfiehlt zudem den Überlebenden zum Testamentsvollstrecker einzusetzen und ihm den Nießbrauch an der Erbschaft zu vermachen. Der überlebende Ehegatte nimmt dann nahezu die Stellung eines Alleinerben ein, allerdings mit dem Vorteil, dass er den Pflichtteilsansprüchen von Eltern und Abkömmlingen des Erblassers nicht ausgesetzt ist. Dieses Ziel lässt sich auch durch Enterbung aller weiteren neben dem Ehegatten noch vorhandener gesetzlicher Miterben (§§ 1931, 1935 BGB) erreichen. Der Ehegatte wird dadurch gesetzlicher Alleinerbe, so dass wiederum der Voraus bei der Berechnung der Pflichtteilsansprüche von Abkömmlingen oder Eltern des Erblassers außer Ansatz bleibt.[364]

---

[359] Vgl. zu allem *Brambring* ZEV 1996, 248.
[360] *Staudenmaier* DNotZ, 1965, 68; BGH Urt. v. 6.12.1978 – BGHZ 73, 29 – NJW 1979, 546 m.w.N.
[361] *Schramm* DNotZ 1965, 735; Staudinger/*Otte* § 1948 Rdnr. 2 m.w.N.
[362] *Nieder* Rdnr. 18 a.E.
[363] *Nieder* Rdnr. 18.
[364] *Nieder* Rdnr. 18.

3. Pflichtteilsansprüche und vorweggenommene Erbfolge

221 Werden Vermögen oder wesentliche Teile eines Vermögens schon zu Lebzeiten des zukünftigen Erblassers an die künftigen Erben mittels Rechtsgeschäften unter Lebenden übertragen,[365] so spricht man von **vorweggenommener Erbfolge**. Gesetzliche Regelungen hierzu gibt es nicht.

222 Eine Ausnahme bildet die **Vererbung und Übertragung eines Landgutes**. Gemäß § 2312 BGB wird der Erbe, der einen Betrieb der Land- und Forstwirtschaft fortführt, gegenüber den weichenden Pflichtteilsberechtigten erheblich begünstigt. So ist, wenn der Erblasser angeordnet hat, dass ein Miterbe das Recht haben soll ein zum Nachlass gehörendes Landgut zu übernehmen, das Landgut im Zweifel lediglich nach dem Ertragswert zu bewerten. Der Ertragswert ist gemäß § 2312 BGB auch für die Berechnung des Pflichtteils maßgebend, vorausgesetzt, der Erbe gehört selbst zum Kreis der Pflichtteilsberechtigten (§ 2312 Abs. 3 BGB). Ist nur ein Erbe vorhanden, so tritt diese Rechtsfolge allerdings nur dann ein, wenn der Erblasser eine Bewertung zum Ertragswert gemäß § 2312 Abs. 2 BGB ausdrücklich anordnet.

Diese Anordnung kann auch stillschweigend erfolgt sein oder sich durch ergänzende Testamentsauslegung ergeben.[366] Die Begünstigung des Hoferben gemäß § 2312 BGB findet auch dann Anwendung, wenn dieser den Betrieb bereits zu Lebzeiten erhalten hat und deshalb gegen ihn später Pflichtteilsergänzungsansprüche geltend gemacht werden.[367]

223 § 2312 BGB findet auch auf **nebenberuflich geführte landwirtschaftliche Betriebe** Anwendung, soweit diese zu einem erheblichen Teil zum Lebensunterhalt ihres Betreibers beitragen.[368] Der Ertragswert bemisst sich dabei nach dem maßgeblichen Landesrecht (Art. 137 EGBGB). Er beträgt das 18- bis 25-fache des jährlichen Reinertrages und liegt somit in der Regel unter dem Verkehrswert. Liegt der landwirtschaftliche Betrieb in der ehemaligen britischen Zone, so berechnet sich der Pflichtteilsanspruch gemäß § 12 Abs. 2 HöfeO nach dem 1 1/2-fachen Einheitswert.

224 Üblicherweise wird die vorweggenommene Erbfolge durch **Übergabeverträge** geregelt. Häufig ist diese Übertragung wesentlicher Teil des Vermögens mit der Erbringung von Gegenleistungen an den Übertragenden oder wertmindernden Auflagen verbunden. Dies kann z. B. sein, die Einräumung von Nutzungsrechten für den Erblasser als Wohnungsrechte oder Nießbrauch, die Übernahme von Pflegeverpflichtungen, die Zahlung von Gleichstellungsgeldern an die weichenden gesetzlichen Erben, die Sicherung des Lebensunterhaltes des Übergebers durch Rente oder „dauernde Last" sowie die Verpflichtung an Dritte Bestandteile des erworbenen Vermögens zu übertragen. Die Übertragungsverträge sind ihrer Rechtsnatur nach entweder Ausstattung (§ 1624 BGB) oder Schenkung.[369] Ihnen kommt insoweit erbrechtliche Bedeutung zu. Leistungen des Erblassers können auf dessen Anordnung unter den Abkömmlingen als gesetzliche Erben gemäß §§ 2050 Abs. 3, 2316 BGB auszugleichen oder nach § 2315 BGB anzurechnen sein. Soweit es sich um eine Schenkung handelt, kommen gemäß § 2325 BGB Pflichtteilsergänzungsansprüchen in Betracht.

Ist die Übertragung mit der Übernahme von Gegenleistungen des Übernehmers oder wertmindernden Auflagen verbunden, unterliegt allerdings nur der Differenzbetrag zwischen dem Wert der Gegenleistung bzw. der Auflage und dem Wert der Schenkung dem Pflichtteilsergänzungsanspruch.

225 Während der Ausgleichung gemäß §§ 2050 ff. BGB bei der gesetzlichen Erbfolge lediglich dispositiver Charakter zukommt, ist sie gemäß § 2316 Abs. 3 BGB im Pflichtteilsrecht zwingend. Handelt es sich also beim übertragenen Vermögensgegenstand um eine **Ausstattung** im Sinne des § 1624 Abs. 1 BGB, so ist diese Zuwendung unter den Pflichtteilsberechtigten zur Ausgleichung zu bringen.[370] Dies gilt auch dann, wenn der Erblasser dies bei der Zuwendung ausgeschlossen hat. Nach herrschender Ansicht[371] erstreckt sich die Verweisung des § 2316

---

[365] Zum Verbringen von Vermögen und anderer Erbrechtsordnungen zur Verminderung des Pflichtteils vgl. § 12 Rdnr. 16.
[366] BGH Urt. v. 22.10.1986 – BGHZ 98, 375.
[367] BGH Urt. v. 4.5.1964 – NJW 1964, 1414.
[368] BGH Urt. v. 22.10.1986 – BGHZ 98, 375 – NJW 1987, 951.
[369] *Lange/Kuchinke* § 25 XI. 1. a).
[370] Zur Berechnung vgl. § 29 Rdnr. 91.
[371] Palandt/*Edenhofer* § 2316 Rdnr. 2 m.w.N.

Abs. 3 BGB auch auf die Zuwendungen des § 2050 Abs. 2 BGB. § 2316 Abs. 3 BGB verbietet allerdings nur den Ausschluss der Ausgleichung zum Nachteil eines Pflichtteilsberechtigten.

Bei der Berechnung des Pflichtteils des Ausstattungsempfängers selbst bleibt hingegen ein eventueller **Erlass der Ausgleichspflicht** maßgebend.[372] § 2316 Abs. 3 BGB steht somit nicht dem Erlass der Ausgleichspflicht gegenüber dem Ausstattungsempfänger entgegen. Insoweit bietet sich hier eine Möglichkeit, auf die Berechnung des Pflichtteils des Ausstattungsempfängers gestaltend einzuwirken. Die im Hinblick auf Zuwendungen gemäß § 2050 Abs. 1 und 2 BGB gemäß § 2316 Abs. 3 BGB zwingend vorgeschriebene Ausgleichspflicht kann der Erblasser nur dadurch beseitigen, dass er mit den übrigen Pflichtteilsberechtigten einen Erb- oder Pflichtteilsverzichtsvertrag in der Form des § 2348 BGB schließt.

Für die Durchführung der Ausgleichung ist der Wert der Zuwendung entscheidend. Abzustellen ist diesbezüglich auf den Zuwendungszeitpunkt, wobei allerdings der Kaufkraftschwund zwischen dem Zeitpunkt der Zuwendung und dem Erbfall dadurch ausgeglichen wird, dass der Wert der Zuwendung vom Zeitpunkt der Zuwendung auf den Zeitpunkt des Erbfalls nach dem Verbraucherpreisindex für Deutschland hochgerechnet wird.[373]

Wertbestimmungen des Erblassers in Bezug auf den Zuwendungswert sind mit Ausnahme von Landgütern (§ 2312 BGB) gemäß § 2311 Abs. 2 S. 2 BGB nicht maßgebend. Der Pflichtteil und dessen Höhe sollen nicht zur Disposition des Erblasser stehen. Eine Höherbewertung der Zuwendung würde dazu führen, dass sich der Zuwendungsempfänger mehr anrechnen lassen muss, als ihm nach dem Gesetz zustehen würde. Folge ist die Beeinträchtigung seines Pflichtteilsanspruchs. Eine **Höherbewertung** der auszugleichenden Zuwendung durch den Erblasser ist daher nur dann möglich, wenn mit ihr ein teilweiser Erb- bzw. Pflichtteilsverzicht gemäß § 2348 BGB einhergeht.[374] Nach Ebenroth/Bacher/Lorz[375] hängt die Zulässigkeit einer Höherbewertung allerdings vom Zuwendungszeitpunkt ab. Ebenroth/Bacher/Lorz erachten eine solche Höherbewertung selbst im Pflichtteilsrecht für zulässig, soweit sie vor oder spätestens im Zeitpunkt des Vollzugs des Vorempfangs getroffen wurde und der Begünstigte in Kenntnis dieser Wertbestimmung den Vorempfang trotz bestehender Möglichkeit der Zurückweisung angenommen hat. Der Zuwendungsempfänger, dessen Pflichtteil durch die Höherbewertung negativ betroffen wird, sei nicht schutzbedürftig, da er die Verrechnungsmethode und den Preis der Verrechnung gekannt und es selbst in der Hand gehabt habe, den Vorempfang zu diesen Bedingungen entgegenzunehmen oder nicht. 226

Die Situation sei nicht anders zu beurteilen, als bei einem entgeltlichen Geschäft zu Lebzeiten des Erblassers, bei dem der Begünstige den Vorempfang von diesem zu überhöhten Konditionen abgekauft hätte. Auch die Möglichkeit, eine **niedrigere Bewertung** der Zuwendung vorzunehmen, findet im Pflichtteilsrecht ihre Grenze in § 2316 Abs. 3 BGB. Niedrigere Wertbestimmungen durch den Erblasser sind nur dann zulässig, wenn sie nicht die Pflichtteilsrechte der anderen Pflichtteilsberechtigten beeinträchtigen. Dies gilt auch für Zuschüsse gemäß § 2050 Abs. 2 BGB. Da sich § 2316 Abs. 3 BGB nicht auf Zuwendungen gemäß § 2050 Abs. 3 BGB bezieht, kann der Erblasser auch im Pflichtteilsrecht Zuwendungen gemäß § 2050 Abs. 3 BGB zum Nachteil der Pflichtteilshöhe anderer Abkömmlinge von vornherein von der Ausgleichung ausschließen. Es ist ihm daher auch möglich, eine niedrigere Wertbestimmung zu treffen, auch wenn diese das Pflichtteilsrecht der anderen Abkömmlinge beeinträchtigt. Ggf. können hier jedoch Pflichtteilsergänzungsansprüche gemäß §§ 2325 ff. BGB in Betracht kommen, wenn es sich bei der Wertfestsetzung um eine Schenkung handelt.[376]

Nach § 2315 Abs. 1 BGB hat sich der Pflichtteilsberechtigte Zuwendungen des Erblassers auf seinen Pflichtteil anrechnen zu lassen, soweit dies der Erblasser bei der Zuwendung bestimmt hat. Eine solche Anrechnungsbestimmung bietet dem Erblasser die Möglichkeit, die frei verfügbare Nachlassmasse zu vergrößern, da sie die Pflichtteilsansprüche des Zuwendungsempfängers vermindert. Jede Anrechnung einer Zuwendung auf den Pflichtteil erfordert ge- 227

---

[372] Staudinger/*Haas* § 2316 Rdnr. 8; MünchKommBGB/*Lange* § 2316 Rdnr. 7.
[373] Vgl. im Einzelnen § 29 Rdnr. 126.
[374] *Frischknecht* BWNotZ 1960, 269, 270.
[375] *Ebenroth/Bacher/Lorz* JZ 1991, 281.
[376] *Kasper* S. 88.

mäß § 2315 Abs. 1 BGB eine dahin gehende **Anrechnungsbestimmung**. Diese Bestimmung bedarf keiner Form, auch dann nicht, wenn die Zuwendung selbst formbedürftig ist.

Es genügt, dass der Empfänger aus den Umständen erkennen kann, dass eine Anrechnung auf den Pflichtteil erfolgen soll.[377] Um jedoch die Anrechungsbestimmungen später nicht durch Auslegung ermitteln zu müssen, empfiehlt es sich, bei jeder Zuwendung, eine klare Entscheidung darüber zu treffen, ob diese auf eventuelle spätere Pflichtteilsansprüche anzurechnen ist oder nicht. Alternativ kommt hier auch in Betracht, dass der Zuwendungsempfänger mit Rücksicht auf die Zuwendung auf seinen Pflichtteilsanspruch verzichtet.[378] Die Anordnung der Anrechnung kann sowohl unter aufschiebender als auch unter auflösender Bedingung erfolgen. So kann der Erblasser bestimmen, dass die Zuwendung auf Grund eines künftigen Ereignisses anrechnungspflichtig werden soll bzw. dass ein solches Ereignis zum Wegfall der Anrechnungsanordnung führen soll.

Die Anrechnungsbestimmung gemäß § 2315 Abs. 1 BGB umfasst allerdings nur die Anrechnung eigener Zuwendungen auf den die eigenen Nachlass betreffenden Pflichtteilsansprüche.

228 Beispiel:
Die Eheleute E setzen sich in einem gemeinschaftlichen Testament gegenseitig zu Erben ein. Die Tochter T hat zu Lebzeiten ihres Vaters, der vorverstorben ist, von diesem eine Schenkung erhalten. Diese Schenkung soll nur dann auf ihren Pflichtteil nach dem Letztversterbenden angerechnet werden, falls sie sich nach dem Tode des Erstversterbenden mit dem Letztversterbenden überwirft. Die Eheleute E haben eine entsprechende Anrechnungsbestimmung, die Tochter T bekannt ist, in das gemeinschaftliche Testament aufgenommen.
Eine solche Anrechnungsbestimmung wäre im Falle, dass nur Pflichtteilsansprüche gegen die Mutter M geltend gemacht werden, unwirksam. Diese Pflichtteilsansprüche beziehen sich nämlich auf den Nachlass nach dem Letztversterbenden. Vater V hätte nur die Anrechnung der Schenkung in Bezug auf den nach seinem Tode gegenüber seinem Nachlass geltend zu machenden Pflichtteil bestimmen können. Die Lösung liegt hier im (teilweisen) Pflichtteilsverzicht der Tochter nach dem Letztversterbenden.

229 Von der Möglichkeit der auflösend bedingten Anrechnungsanordnung ist der Fall der nachträglichen **Aufhebung der Anrechnungsanordnung** zu unterscheiden. Eine Anrechnungsbestimmung gemäß § 2315 BGB kann jederzeit durch eine einseitige und vorläufige Erklärung des Erblassers wieder aufgehoben werden. Dies deshalb, weil durch die Anrechnungsanordnung im Vergleich zur Ausgleichung gemäß § 2316 BGB nur der Pflichtteil des Zuwendungsempfängers betroffen ist. Pflichtteile anderer Pflichtteilsberechtigter werden hierdurch nicht betroffen. Hingegen ist es dem Erblasser versagt, eine Anrechnungsanordnung nachträglich einseitig zu begründen. Die Anordnung der Anrechnung einer Zuwendung hat immer die Beeinträchtigung des Pflichtteils des Zuwendungsempfängers zur Folge, so dass sie dessen Einverständnis voraussetzt. Die Wirkung einer nachträglichen Anrechnungsanordnung kann jedoch mit einer Vereinbarung des Inhalts des § 2315 BGB in Form eines Pflichtteilsverzichts zugunsten des Anrechnungsberechtigten erreicht werden. Einfacher geht es aber mittels einer letztwilligen Verfügung des Erblassers, gekoppelt mit einem gegenständlich beschränkten Pflichtteilsverzichtsvertrag zwischen dem Erblasser und dem Zuwendungsempfänger. Der Vorempfang kann so im Rahmen der letztwilligen Verfügung zur „Anrechnung" gebracht werden.

4. Erb- und Pflichtteilsverzicht

230 Der notarielle **Pflichtteilsverzicht**[379] gemäß § 2346 Abs. 2 BGB ist der sicherste Weg zur Vermeidung einer Pflichtteilsbelastung. Durch die Vereinbarung eines Pflichtteilsverzichts kann der Pflichtteil teilweise oder vollständig ausgeschlossen werden. Der Pflichtteilsverzicht hat zudem den Vorteil, dass er die gesetzliche Erbfolge unberührt lässt (vgl. § 2310 S. 2 BGB). Hingegen hat der **Erbverzicht** gemäß § 2346 Abs. 1 BGB zur Folge, dass der Verzichtende von der gesetzlichen Erbfolge ausgeschlossen wird, wie wenn er zurzeit des Erbfalles nicht mehr lebte. Der Erbverzicht schließt somit sowohl die gesetzliche Erbfolge des Verzichtenden als auch dessen

---

[377] RGRK/*Johannsen* § 2315 Rdnr. 6.
[378] Vgl. hierzu § 29 Rdnr. 230.
[379] Vgl. ausf. zum Erb-/Pflichtteilsverzicht § 31.

Pflichtteilsrechte aus. Er ist somit weiter als der Pflichtteilsverzicht, der die gesetzliche Erbfolge unberührt lässt.

Der **Nachteil des Erbverzichts** liegt allerdings darin, dass er gemäß § 2310 Abs. 2 BGB eine unmittelbare Änderung der gesetzlichen Erbfolge nach sich zieht. Der Wegfall eines Berechtigten auf Grund des geleisteten Erbverzichts, lässt nämlich auch dessen Pflichtteilsquote entfallen, so dass sich die Pflichtteilsquote der verbliebenen Abkömmlinge entsprechend erhöht. Dies vermindert letztlich das zur freien Verteilung zur Verfügung stehende Nachlassvermögen im Umfang der Erhöhung der Pflichtteilsquoten und somit die Dispositionsbefugnis des Erblassers. Diese Folge wird regelmäßig vom Erblasser nicht gewünscht sein. Eine Beschränkung auf den Pflichtteilsverzicht ist daher in der Regel sachgerecht. Wünscht der Mandant einen Erbverzicht, so muss auf diese Rechtsfolge hingewiesen werden. Anderenfalls drohen Schadenersatzansprüche unter dem Gesichtspunkt der verfehlten Gestaltung.[380]

Wird ein **Pflichtteilsverzicht** gewünscht, so sollte andererseits der Rechtsanwalt darauf hinweisen, dass die gesetzliche Erbfolge durch den Pflichtteilsverzicht nicht ausgeschlossen wird und es der zusätzlichen Errichtung einer letztwilligen Verfügung bedarf, um die gesetzliche Erbfolge auszuschließen. Regelmäßig empfiehlt es sich, den Pflichtteilsverzicht auch auf die Abkömmlinge des Verzichtenden zu erstrecken.

Ein Pflichtteilsverzicht kann wie folgt formuliert werden:

> **Formulierungsvorschlag:**
>
> X verzichtet hiermit für sich und seine Abkömmlinge auf sein Pflichtteilsrecht am Nachlass seines Vaters Y. Y nimmt diesen Verzicht an.

Bei Abschluss eines Pflichtteilsverzichts ist darauf zu achten, dass dieser nur vom Erblasser persönlich gemäß § 2347 Abs. 2 BGB geschlossen werden kann. Eine Vertretung macht den Verzicht unwirksam.

Der Pflichtteilsverzicht kann gegenständlich beschränkt werden. Dabei vereinbaren Erblasser und Verzichtender, das lediglich ein bestimmter Nachlassgegenstand bei der Berechnung des Pflichtteils nicht zu berücksichtigen ist. Ein solcher beschränkter Pflichtteilsverzichtsvertrag bietet sich in Fällen der vorweggenommenen Erbfolge bei der Regelung der Vermögensübertragung durch Übergabevertrag an.[381]

> **Formulierungsvorschlag:**
>
> X verzichtet hiermit auf sein Pflichtteilsrecht für sich und seine Abkömmlinge am Nachlasse des Veräußerers in der Weise, dass der Vertragsgegenstand bei der Berechnung des Pflichtteilsanspruches als nicht zum Nachlass gehörend angesehen und somit aus der Berechnung für den Pflichtteilsanspruch ausgeschieden wird.[382]

Der Pflichtteilsverzicht kommt häufig dann zur Anwendung, wenn sich Ehegatten durch gemeinschaftliches Testament gegenseitig zu Alleinerben einsetzen. **Ziel des Pflichtteilsverzichts** ist es, hier zu verhindern, dass die Kinder nach dem Versterben des einen Elternteils gegen den zum Alleinerben berufenen anderen Elternteil Pflichtteilsansprüche geltend machen. Der Pflichtteilsverzicht kann hier auf die Pflichtteilsrechte gegen den Nachlass des erstversterbenden Elternteils beschränkt werden.

> **Formulierungsvorschlag:**
>
> X verzichtet hiermit gegenüber seinen Eltern für sich und seine Abkömmlinge auf sein Pflichtteilsrecht am Nachlass des erstversterbenden Elternteils.

---

[380] Vgl. BGH Urt. v. 4.4.1990 – DNotZ 1991, 539.
[381] Vgl. hierzu § 29 Rdnr. 224.
[382] Formulierung von Bambringer/Jerschke/*Jerschke* A V Rdnr. 98.

239 Wird unter Ehegatten ein Pflichtteilsverzicht vereinbart, so bleiben Zugewinnausgleichsansprüche gemäß §§ 1373 ff. BGB hiervon unberührt. Sollen also nach dem Ableben des anderen Ehegatten sämtliche Ansprüche ausgeschlossen sein, so bedarf es neben dem Pflichtteilsverzicht einer entsprechenden ehevertraglichen Regelung.

In Betracht kommt hier entweder die Vereinbarung der Gütertrennung oder der Ausschluss des Zugewinnausgleichsanspruches für den Todesfall.

5. Ausschluss von Pflichtteilsansprüchen durch Anordnung der Vor- und Nacherbschaft

240 Die Anordnung der **Vor- und Nacherbschaft**[383] ist in zweifacher Hinsicht im Pflichtteilsrecht von Bedeutung. So kann ein pflichtteilsberechtigter Erbe durch die Einsetzung eines Nacherben gemäß § 2306 Abs. 1 S. 1 BGB beschränkt sein. Ist der ihm hinterlassene Erbteil nicht größer als die Hälfte seines gesetzlichen Erbteils, so gilt diese Beschränkung in Bezug auf seine Person als nicht angeordnet. Eventuell kann ihm auch noch ein Zusatzpflichtteil gemäß § 2305 BGB zustehen.

241 Ist bei einer **Beschränkung durch einen Nacherben** der dem pflichtteilsberechtigten Erben zugewandte Erbteil hingegen größer als die Hälfte seines gesetzlichen Erbteils, so hat der Pflichtteilsberechtigte ein Wahlrecht. Er kann entweder das mit der Nacherbschaft belastete Erbe antreten oder aber dieses ausschlagen und stattdessen den Pflichtteil verlangen. Mit einer solchen Ausschlagung ist jedoch Vorsicht geboten. Hat der Erbe ausgeschlagen und stellt sich später entgegen der ursprünglichen Annahme heraus, dass der ihm hinterlassene Erbteil die Hälfte des gesetzlichen Erbteils nicht übersteigt, so kann er den Pflichtteil nicht verlangen und geht letztlich leer aus. Vor einer Ausschlagung gemäß § 2306 Abs. 1 S. 2 BGB bedarf es daher zunächst zumindest eines Überblickes über die Wertverhältnisse des Nachlasses, was angesichts der Sechs-Wochen-Frist des § 1944 Abs. 1 BGB problematisch ist.

242 Darüber hinaus bringt die Anordnung der Vor- und Nacherbschaft dem zum Nacherben eingesetzten Pflichtteilsberechtigten einen Vorteil. Dieser wird gemäß § 2306 Abs. 1 S. 1 BGB in Verbindung mit § 2306 Abs. 2 BGB **unbeschränkter Vollerbe**, wenn der ihm hinterlassene Nacherbteil die Hälfte seines gesetzlichen Erbteils nicht übersteigt. In diesem Fall gilt gemäß §§ 2306 Abs. 1 S. 1 i. V. m. Abs. 2 BGB die Nacherbfolge als nicht angeordnet. Ist hingegen der dem Nacherben zugewandte Nacherbteil größer als die Hälfte seines gesetzlichen Erbteils, so muss der Nacherbe zunächst die Nacherbschaft ausschlagen, um nach § 2306 Abs. 2 BGB den Pflichtteil fordern zu können.

243 Die **Nacherbschaft** kann gemäß § 2142 Abs. 1 BGB bereits mit Eintritt des Erbfalls ausgeschlagen werden. Die **Ausschlagungsfrist** selbst beginnt allerdings nicht vor Eintritt der Nacherbfolge. Die Ausschlagungsfrist darf jedoch nicht mit der Verjährungsfrist gemäß § 2332 BGB verwechselt werden. Die Verjährungsfrist kann schon abgelaufen sein, obwohl die Ausschlagungsfrist noch gar nicht begonnen hat. So wird gemäß § 2332 Abs. 2 BGB die Verjährung des Pflichtteilsanspruchs nicht dadurch gehemmt, dass der Anspruch erst nach Ausschlagung der Erbschaft geltend gemacht werden kann. Ein Zuwarten mit der Ausschlagung gemäß § 2306 Abs. 1 S. 2 BGB, die Voraussetzung für die Geltendmachung des Pflichtteils ist, birgt daher die Gefahr der Verjährung in sich.

244 Die geschilderten **Ausschlagungsmöglichkeiten des Vor- und des Nacherben** sollten grundsätzlich bei der Gestaltung von Testament- und Erbverträgen mit Vor- und Nacherbfolge bedacht werden, da bei entsprechenden Fallgestaltungen immer mit der Geltendmachung von Pflichtteilsansprüchen gerechnet werden muss.

245 Die Anordnung der Vor- und Nacherbfolge empfiehlt sich auch immer dann, wenn es darum geht, bestimmten Personen jegliche Beteiligung am Nachlass zu versagen. So kann sie gerade bei der Unternehmensnachfolge hilfreich sein, um die Zersplitterung des Unternehmens durch die Beteiligung mehrerer Familienangehöriger des Erblassers am Unternehmen zu vermeiden. Wünscht zum Beispiel ein Unternehmer die Fortführung des Unternehmens durch seinen Sohn, nicht jedoch im Falle eines Todes durch dessen Ehefrau, sondern vielmehr durch seinen Enkel, so bietet sich die Einsetzung des Sohnes als Vorerben und des Enkels als Nacherbe an. Folge dieser Gestaltung ist, dass die Ehefrau des Sohnes beim Tod desselben, keine Pflicht-

---

[383] Zu deren Vor- und Nachteilen vgl. § 11 sowie allgemein auch § 19.

teilsansprüche hinsichtlich der in die Vorerbschaft fallenden Vermögenswerte geltend machen kann, da die der Vorerbschaft unterliegenden Vermögenswerte nicht zum Nachlass des Vorerben gehören.[384] Vermögen, das ein Vorerbe erwirbt, ist also insoweit pflichtteilsfest, als der Pflichtteilsberechtigte des Vorerben nur auf dessen Eigenvermögen und nicht auf das vorerbschaftlich gebundene Vermögen zurückgreifen kann.

---

[384] Staudinger/*Haas* § 2311 Rdnr. 20; *Sudhoff/Scherer* § 17 Rdnr. 57.

§ 30 Erb- und Pflichtteilsunwürdigkeit

Übersicht

	Rdnr.
I. Einführung	1/2
II. Grundsätze der Erbunwürdigkeit	3–38
1. Eintritt und Wirkung der Erbunwürdigkeit	3/4
2. Die einzelnen Erbunwürdigkeitsgründe	5–15
a) Vorbemerkung	5–8
b) Vorsätzliche Tötung des Erblassers	9
c) Versuchte Tötung	10
d) Vorsätzliche Herbeiführung der Testierunfähigkeit	11
e) Verhinderung der Errichtung oder Aufhebung letztwilliger Verfügungen	12
f) Unlautere Einflussnahme auf Errichtung oder Aufhebung einer Verfügung von Todes wegen	13
g) Begehen eines Urkundsdelikts	14/15
3. Nichteintritt der Erbunwürdigkeit in bestimmten Fällen	16/17
4. Ausschluss der Erbunwürdigkeit	18–21
5. Zeitpunkt für die Geltendmachung der Anfechtung	22–26
a) Vorbemerkung	22
b) Ausschlaggebender Zeitpunkt für die Anfechtung	23/24
c) Anfechtungsfristen	25/26
6. Anfechtungsberechtigter	27–31
7. Form der Anfechtung	32–37
a) Wirkung der Anfechtung	32/33
b) Rechtsnatur der Unwürdigkeitserklärung	34
c) Prozessuale Hinweise	35–37
8. Muster einer Anfechtungsklage	38
III. Vermächtnis- und Pflichtteilsunwürdigkeit	39–42
1. Vorbemerkung	39
2. Vermächtnisunwürdigkeit	40
3. Pflichtteilsunwürdigkeit	41/42

Schrifttum: *Brox*, Erbrecht 21. Aufl. 2004; *Lange*, Pflichtteilsrecht und Pflichtteilsentziehung, Zerb 2005, 205; *Lange/Kuchinke*, Lehrbuch des Erbrechts, 5. Aufl. 2001

I. Einführung

1 Das Gesetz enthält für denjenigen Erben, der besondere Verfehlungen gegenüber dem Erblasser begangen hat, in den §§ 2339 bis 2345 BGB eine Sanktion dergestalt, dass diese Person zwar zunächst das Erbe erwirbt, es diesem aber sogleich wieder abgenommen werden kann.[1] Mit den Regeln über die Erbunwürdigkeit hält das Gesetz somit Regelungen bereit, die ihren Grund darin haben, dass für den Fall der Erbunwürdigkeit der Wille des Erblassers nicht zum Ausdruck gekommen ist bzw. einen nur unzuverlässigen Ausdruck erhalten hat.[2]

2 Dabei geht das Gesetz bei den in § 2339 BGB genannten Verfehlungen katalogisierend davon aus, dass der hypothetische Erblasserwille auf eine Enterbung des – eigentlich erbenden – Täters gerichtet ist, sodass eine Art widerleglicher gesetzlicher Vermutung für eine Enterbung besteht.[3] Folglich bilden die Vorschriften über die Erbunwürdigkeit eine Ergänzung der gesetzlichen Regelungen über die Enterbung gemäß § 1938 BGB, die Pflichtteilsentziehung gemäß §§ 2333 ff. BGB und über die Anfechtung letztwilliger Verfügungen nach §§ 2078 ff. BGB. Damit schließen die Regeln über die Erbunwürdigkeit die anderenfalls bestehende

---

[1] *Brox* Erbrecht Rdnr. 274.
[2] Staudinger/*Olshausen* § 2339 Rdnr. 4.
[3] MünchKommBGB/*Frank* § 2339 Rdnr. 2.

gesetzliche Lücke, den Ausschluss des Erben auch nach dem Tode des Erblassers vollziehen zu können.

> **Checkliste**
>
> Die nachfolgende Zusammenfassung bietet zunächst einen kurzen Überblick über sämtliche Voraussetzungen, die für eine erfolgreiche gerichtliche Geltendmachung der Erbunwürdigkeit notwendig sind:
> ☐ Eintritt des Erbfalls gem. § 2340 Abs. 2 S. 1 BGB?
> ☐ Vorsätzliche, rechtswidrige und schuldhafte Erfüllung der in § 2339 Nr. 1 bis Nr. 4 BGB genannten Erbunwürdigkeitsgründe?
> ☐ Wirksame Verfügung von Todes wegen zum Zeitpunkt des Erbfalls in den Fällen der § 2339 Nr. 3 oder Nr. 4 BGB?
> ☐ Geltendmachung der Erbunwürdigkeit durch Anfechtungsklage gegenüber den Erben gem. § 2342 BGB bzw. Geltendmachung der Vermächtnis bzw. Pflichtteilsunwürdigkeit durch Anfechtungserklärung oder Einrede gegenüber dem Pflichtteilsberechtigten oder Vermächtnisnehmer gem. § 2345 BGB?
> ☐ Keine Verzeihung des Erblassers gem. § 2343 BGB?
> ☐ Einhaltung der Jahresfrist gem. §§ 2340 Abs. 3, 2082 BGB seit Kenntnis der Umstände?

II. Grundsätze der Erbunwürdigkeit

1. Eintritt und Wirkung der Erbunwürdigkeit

Die Erbunwürdigkeit tritt **nicht** gleichsam **automatisch** bzw. unmittelbar **kraft Gesetzes** 3 ein.[4] Sie begründet daher keine Erbunfähigkeit. Vielmehr führt sie lediglich zu einem **Anfechtungsrecht** desjenigen, dem der Wegfall des jeweils Erbunwürdigen zu Gute kommen würde.[5]

Die Erbunwürdigkeit wirkt stets **nur im Verhältnis zu dem Erblasser**. Keine natürliche Person 4 wird absolut erbunwürdig. Die Wirkung beschränkt sich vielmehr auf die Erbfolge nach dem Opfer, sodass die Person jeweils nur relativ erbunwürdig wird. Dies führt etwa dazu, dass die Tötung des einen Ehegatten den Täter nicht gegenüber dem anderen Ehegatten erbunwürdig macht.[6]

2. Die einzelnen Erbunwürdigkeitsgründe

a) **Vorbemerkung**. In **objektiver Hinsicht** ist erforderlich, dass eine der in § 2339 Abs. 1 5 Nr. 1 bis 4 enthaltenen gesetzlichen Tatbestandsvarianten – teilweise durch Verweisungen auf strafrechtliche Normen – erfüllt ist. Dabei ist allen Gründen der Erbunwürdigkeit gemeinsam, dass der jeweilige Täter durch seine Tat einen Eingriff in die Testierfreiheit des Erblassers begangen hat. Nicht erforderlich ist indes eine tatsächliche Vereitelung der konkreten Testierabsichten. Es reicht aus, dass die eine Erbunwürdigkeit begründenden Verfehlungen lediglich die abstrakte Möglichkeit der Einschränkung der Testierfreiheit des Erblassers ergeben.[7]

Die Handlung des Erbunwürdigen muss weiterhin **widerrechtlich** erfolgt sein. Die Wider- 6 rechtlichkeit wird ausgeschlossen, wenn entsprechende Rechtfertigungsgründe zur Verfügung stehen, wobei allerdings ein solcher Rechtfertigungsgrund nicht darin liegt, dass die auf unlauterem Wege zustande gebrachte Verfügung des Erblassers dessen Willen entsprochen hat.[8] Schließlich muss der Erbunwürdige **schuldhaft tätig** geworden sein, sodass für den Fall, dass Entschuldigungsgründe vorliegen, eine Verfehlung des Erbunwürdigen gegenüber dem

---

[4] Soergel/*Damran* Vorb. zu §§ 2339 ff. Rdnr. 2.
[5] Staudinger/*Olshausen* § 2339 Rdnr. 9; *Brox* Erbrecht Rndr. 283.
[6] Staudinger/*Olshausen* § 2339 Rdnr. 22.
[7] Staudinger/*Olshausen* § 2339 Rdnr. 23.
[8] BGH Urt. v. 20.10.1969 – NJW 1970, 197; Staudinger/*Olshausen* § 2339 Rdnr. 24.

Erblasser nicht vorliegt.[9] Auch wenn diese Voraussetzung in § 2339 Abs. 1 Nr. 1 bis 3 BGB nicht ausdrücklich genannt wird, ergibt sie sich aus dem Zwecke der Norm.[10] Im Übrigen ist in § 2345 BGB im Hinblick auf die Frage der Vermächtnis-Pflichtteilsunwürdigkeit ausdrücklich bestimmt, dass sich der Täter jeweils „schuldig gemacht" haben muss, was umso mehr auch für den Erben zu gelten hat.[11]

7   Für den Fall der Mitwirkung mehrerer Personen im Zuge der entscheidenden Verfehlung genügt jede Art der Beteiligung, sodass neben Mittäterschaft gleichermaßen mittelbare Täterschaft, Anstiftung und Beihilfe in Betracht kommen.[12]

8   Eine im Versuchsstadium verbliebene Verfehlungshandlung genügt in der Regel nicht den tatbestandsmäßigen Voraussetzungen. Lediglich § 2339 Abs. 1 Nr. 1 bestimmt, dass bereits der Versuch einer Tötung die Erbunwürdigkeit begründen kann.

9   b) **Vorsätzliche Tötung des Erblassers.** § 2339 Abs. 1 Nr. 1 BGB umfasst die Tatbestände der §§ 211 StGB (Mord) und 212 StGB (Totschlag). Nicht anwendbar ist die Vorschrift indes auf den Tatbestand des § 216 StGB (Tötung auf Verlangen), weil insoweit das Tötungsverlangen einer Verzeihung im Sinne des § 2343 BGB gleich steht.[13] Nicht hierher gehört auch die Tötung des Vorerben durch den Nacherben; denn der Vorerbe ist nicht Erblasser. Insoweit ist vielmehr § 162 BGB sinngemäß heranzuziehen.[14]

10 c) **Versuchte Tötung.** Der Tötungsversuch (§ 22 StGB) muss die Strafbarkeitsschwelle bereits überschritten haben. Das bedeutet, bloße Vorbereitungshandlungen genügen insoweit nicht. Demgegenüber entfällt mit einem strafbefreienden Rücktritt gemäß § 24 StGB auch die Erbunwürdigkeit.

11 d) **Vorsätzliche Herbeiführung der Testierunfähigkeit.** Die Herbeiführung der Testierunfähigkeit bis zum Tode gemäß § 2339 Abs. 1 Nr. 2 BGB ist dann verwirklicht, wenn der Täter den Erblasser dauerhaft in einen Zustand versetzt hat, in dem ein Testieren aus rechtlichen oder tatsächlichen Gründen nicht mehr möglich war.[15] Ein solcher Zustand kann etwa bei Geisteskrankheit durch Vergiften oder körperliche Verstümmelung (§§ 224 bis 226 StGB) vorliegen.[16] Der Vorsatz muss sich dabei auf die Herbeiführung des fraglichen Zustandes bezogen haben.[17]

12 e) **Verhinderung der Errichtung oder Aufhebung letztwilliger Verfügungen.** Die Verhinderung der Errichtung oder Aufhebung einer Verfügung von Todes wegen setzt zunächst voraus, dass der Erblasser eine Verfügung oder Aufhebung derselben konkret beabsichtigt hat. Die Ausführung dieser Absicht muss sodann durch den Täter verhindert worden sein, sei es durch physische Gewalt, sei es durch Täuschung oder Drohung.[18] Weiter erforderlich ist jedenfalls ein ursächlicher Zusammenhang zwischen der Handlungstätigkeit und dem Unterbleiben der beabsichtigten Verfügung oder Aufhebung einer solchen Verfügung. Bei der Feststellung des Kausalzusammenhangs ist insbesondere zu berücksichtigen, dass jede letztwillige Willensbildung geschützt wird, nicht nur die rechtlich wirksame Willensbildung.[19] Daher ist etwa auch die arglistige Bestimmung zur Errichtung eines formnichtigen Testament als Veränderung zu betrachten.[20] Ebenso genügt es, wenn der Erblasser nicht an der Errichtung der Urkunde, wohl aber an bestimmten einzelnen Anordnungen gehindert wurde.[21] Das Verständnis von **Vorsatz**

---

[9] Staudinger/*Olshausen* § 2339 Rdnr. 25.
[10] MünchKommBGB/*Frank* § 2339 Rdnr. 10; Staudinger/*Olshausen* § 2339 Rdnr. 25; anderes gilt hingegen für den Pflichtteilsentsicherungsgrund des § 2333 BGB; hierfür soll lediglich ein „natürlicher Vorsatz" ausreichend sein, vgl. BVerfG Beschl. v. 19.4.2005 – ZEV 2005, 301 = NJW 2005, 1561.
[11] MünchKommBGB/*Frank* § 2339 Rdnr. 10.
[12] MünchKommBGB/*Frank* § 2339 Rdnr. 9; Staudinger/*Olshausen* § 2339 Rdnr. 26.
[13] Palandt/*Edenhofer* § 2339 Rdnr. 1.
[14] Palandt/*Edenhofer* § 2339 Rdnr. 2.
[15] Palandt/*Edenhofer* § 2339 Rdnr. 3.
[16] Palandt/*Edenhofer* § 2339 Rdnr. 3.
[17] Staudinger/*Olshausen* § 2339 Rdnr. 33.
[18] Palandt/*Edenhofer* § 2339 Rdnr. 4.
[19] Palandt/*Edenhofer* § 2339 Rdnr. 4.
[20] Palandt/*Edenhofer* § 2339 Rdnr. 4.
[21] Soergel/*Damrau* § 2339 Rdnr. 5.

und **Widerrechtlichkeit** entspricht demjenigen des § 123 BGB.[22] Wie § 2302 BGB zeigt, ist jede auf die Verhinderung der Errichtung oder Aufhebung einer Verfügung von Todes wegen gerichtete Handlung rechtswidrig. Allerdings ist insoweit zu beachten, dass ein Unterlassen überhaupt nur dann erheblich sein kann, wenn den Täter eine entsprechende Garantenpflicht trifft. Eine Nichtaufklärung etwa über die Formerfordernisse einer Verfügung von Todes wegen ist dementsprechend nur berücksichtigungsfähig, wenn den Nichthandelnden eine Aufklärungspflicht traf.[23] Auch der Erbverzichtsvertrag wird, obwohl es sich bei ihm nicht um eine Verfügung von Todes wegen handelt, unter § 2339 Abs. 1 Nr. 2 BGB gefasst.[24]

f) **Unlautere Einflussnahme auf Errichtung oder Aufhebung einer Verfügung von Todes wegen.** Im Gegensatz zu Nr. 2 setzt die Nr. 3 voraus, dass die **Täuschung oder Drohung** gerade zur Errichtung oder Aufhebung einer wirksamen Verfügung von Todes wegen geführt hat. Zur Auslegung dieser Norm ist § 123 BGB entsprechend heranzuziehen.[25] Zu beachten ist aber, dass die Drohung unmittelbar auf die Errichtung oder Aufhebung einer Verfügung von Todes wegen gerichtet sein muss. Dementsprechend reicht ein durch Drohung zustande gekommener Vertrag über die Annahme als Kind nicht aus, obwohl er ein gesetzliches Erbrecht begründen würde.[26] Hinsichtlich der Anwendung von **Gewalt** ist zu differenzieren. Zum einen kann bereits eine Unwirksamkeit der Willenserklärung auf Grund vis absoluta vorliegen. Zum anderen ist darauf abzustellen, dass die Errichtung oder Aufhebung einer Verfügung von Todes wegen unter Gewaltanwendung regelmäßig auf die darin liegende Drohung mit vorgesetzter Gewaltanwendung zurückzuführen sein wird. Im Rahmen der arglistigen Täuschung ist bei der Annahme einer Aufklärungspflicht wegen ehelicher Untreue Zurückhaltung zu üben, weil diese nicht einmal mehr zu einer Entziehung des Ehegattenpflichtteils berechtigt; dies ergibt sich aus der Vorschrift des § 2335 BGB n.F.

g) **Begehen eines Urkundsdelikts.** Die Nr. 4 der Erbunwürdigkeitsgründe des § 2339 Abs. 1 BGB bezieht sich auf die **§§ 267** sowie **271 bis 274 StGB**. Die danach erfassten Fälschungshandlungen können im Gegensatz zur Verwirklichung der Nummern 1 bis 3 des § 2339 Abs. 1 BGB auch noch nach dem Tod des Erblassers begangen werden.[27] Durch die Vorschrift des § 2339 Abs. 1 Nr. 4 BGB soll vor einer Vereitelung geschützt werden, sodass auch die Herstellung einer unechten Verfügung von Todes wegen zur Täuschung im Rechtsverkehr (§ 267 Abs. 1 1. Fall StGB) erfasst wird, obwohl bei der Herstellung einer solchen Urkunde von einer Verfehlung „in Ansehung einer Verfügung des Erblassers von Todes wegen" eigentlich nicht die Rede sein kann.[28] Zur Erbunwürdigkeit führt auch der Versuch der Urkundsdelikte, sofern er jedenfalls geeignet ist, den Erblasserwillen tatsächlich zu verdunkeln.[29]

Bei keinem der Urkundsdelikte indes kann sich der Erbe darauf berufen, dass er durch seine Handlungen den **wirklichen Willen des Erblassers** habe zur Geltung bringen wollen.[30]

3. Nichteintritt der Erbunwürdigkeit in bestimmten Fällen

Das Institut der Erbunwürdigkeit soll vor einer Beeinträchtigung des Testierwillens schützen. Dementsprechend tritt gemäß § 2339 Abs. 2 BGB die Erbunwürdigkeit in den Fällen des Abs. 1 Nr. 3 und 4 BGB nicht ein, wenn der **Kausalzusammenhang** zwischen Handlung und Errichtung bzw. Aufhebung einer letztwilligen Verfügung aufgrund deren faktischer oder potenzieller Unwirksamkeit unterbrochen worden ist. Als Gründe für eine derartige Unwirksamkeit kommen etwa der Widerruf oder auch ein Vorversterben des Bedachten in Betracht.

Die Vorschrift des § 2339 Abs. 2 BGB ist allerdings insoweit etwas unbefriedigend bzw. unzureichend, als die unlautere Einflussnahme das Entstehen einer anderweitig formulierten

---

[22] BGH Urt. v. 19.4.1989 – NJW-RR 1990, 515.
[23] Staudinger/*Olshausen* § 2339 Rdnr. 35.
[24] Soergel/*Damrau* § 2339 Rdnr. 5.
[25] Palandt/*Edenhofer* § 2339 Rdnr. 5.
[26] Palandt/*Edenhofer* § 2339 Rdnr. 6.
[27] Palandt/*Edenhofer* § 2339 Rdnr. 8.
[28] Staudinger/*Olshausen* § 2339 Rdnr. 42; Palandt/*Edenhofer* § 2339 Rdnr. 8.
[29] MünchKommBGB/*Helms* § 2339 Rdnr. 27.
[30] BGH Urt. v. 20.10.1969 – NJW 1970, 197; Palandt/*Edenhofer* § 2339 Rdnr. 8.

Verfügung verändert haben kann. Die Ausnahmevorschrift des § 2339 Abs. 2 BGB ist daher regelmäßig eng auszulegen.[31]

4. Ausschluss der Erbunwürdigkeit

18 Der Vorschrift des § 2339 BGB liegt die Vermutung zugrunde, dass der hypothetische Erblasserwille bei den dort aufgeführten Verfehlungen auf Enterbung gerichtet ist. Diese Vermutung wird – vergleichbar den Fällen der §§ 132 und 2337 BGB – durch eine **Verzeihung des Erblassers** widerlegt. In einem solchen Fall ist die Anfechtung ausgeschlossen. Dies ergibt sich aus § 2343 BGB.[32]

19 Eine Verzeihung liegt vor, wenn der Erblasser zum Ausdruck gebracht hat, dass er das Verletzende der Kränkung als nicht mehr existent betrachtet.[33]

20 Bei der Verzeihung handelt es sich **nicht** um eine rechtsgeschäftliche **Willenserklärung**, sondern vielmehr um ein **auf verzeihender Gesinnung beruhendes Verhalten**. Die Verzeihung setzt die Kenntnis des Erbunwürdigkeitsgrundes voraus.[34] Dementsprechend gibt es keine Verzeihung im Voraus.[35] Sofern der Erblasser infolge der Handlung des eigentlich Erbunwürdigen zustimmt, muss er im Zuge der Verzeihung auch diese Folge mit einbezogen haben.[36] Der Erblasser muss derart dem Schuldigen zu erkennen gegeben haben, dass er aus der Tat keine nachteiligen Folgen mehr ableitet.[37]

21 Begrifflich sind sämtliche Erbunwürdigkeitsgründe einer Verzeihung zugänglich. Dies trifft auch für die Tötung und sogar für den Mord zu.[38] Allerdings ist dabei die Verzeihung nur dann anzunehmen, wenn der Erblasser mit seinem Tod als Tatfolge rechnet;[39] anderenfalls wäre, was die Regel sein dürfte, nur die versuchte, nicht aber die vollendete, Tötung verziehen.[40] Für den Prozess gilt, dass die Beweislast für eine Verzeihung als Einredebehauptung gegenüber der Anfechtungsklage den Beklagten trifft.[41]

5. Zeitpunkt für die Geltendmachung der Anfechtung

22 a) **Vorbemerkung.** Das Vorliegen eines Erbunwürdigkeitsgrundes führt nicht zur Erbunwürdigkeit. Vielmehr muss die Erbunwürdigkeit durch die **Anfechtung des Erbschaftserwerbs** geltend gemacht werden.[42] Abgesehen von den Fällen des § 2345 BGB erfordert diese Anfechtung gemäß § 2342 BGB die Erhebung einer Klage. Die **Klageerhebung** muss **binnen Jahresfrist erfolgen**, was sich aus § 2340 Abs. 3 i.V.m. § 2082 Abs. 1 BGB ergibt. Sie ist **gegen den Erben** zu richten. Durch Ausschlagung kann der Erbunwürdige den Prozess und dessen Kosten jedoch verhindern.[43]

23 b) **Ausschlaggebender Zeitpunkt für die Anfechtung.** Erbunwürdigkeit ohne Erbfall ist nicht vorstellbar. Dementsprechend ist gemäß § 2340 Abs. 2 S. 1 BGB die Anfechtung **erst nach dem Anfalle der Erbschaft** (§ 1942 Abs. 1 BGB) zulässig. Allerdings muss der Zeitpunkt, in dem die Anfechtung zulässig wird, nicht notwendigerweise mit demjenigen des Erbfalles übereinstimmen.[44] Erfolgt etwa der Anfall an den Erbunwürdigen nicht unmittelbar, ist regelmäßig eine Anfechtung ausgeschlossen. Dies gilt beispielsweise für den Fall, dass der Erbunwürdige erst infolge der Ausschlagung eines zunächst Berufenen (§ 1933 BGB) oder infolge der Erbunwürdigkeitserklärung eines solchen (§ 2344 BGB) Erbe sein würde.[45]

---

[31] Staudinger/*Olshausen* § 2339 Rdnr. 52.
[32] *Brox* Erbrecht Rdnr. 282.
[33] BGH Urt. v. 23.5.1984 – NJW 1984, 2089 f.
[34] Staudinger/*Olshausen* § 2343 Rdnr. 2.
[35] Staudinger/*Olshausen* § 2343 Rdnr. 2.
[36] Staudinger/*Olshausen* § 2343 Rdnr. 2.
[37] Staudinger/*Olshausen* § 2343 Rdnr. 2.
[38] Staudinger/*Olshausen* § 2343 Rdnr. 2.
[39] Soergel/*Damrau* § 2343 Rdnr. 1.
[40] Staudinger/*Olshausen* § 2343 Rdnr. 2.
[41] Staudinger/*Olshausen* § 2343 Rdnr. 4.
[42] Staudinger/*Olshausen* § 2340 Rdnr. 9.
[43] Staudinger/*Olshausen* § 2340 Rdnr. 3.
[44] Staudinger/*Olshausen* § 2340 Rdnr. 6.
[45] Staudinger/*Olshausen* § 2340 Rdnr. 8.

Eine Ausnahme bildet § 2340 Abs. 2 S. 2 BGB. Danach kann der Vorerbe, um Klarheit über **24** seine rechtliche Stellung zu gewinnen, nach erfolgtem Erbfall einem erbunwürdigen Nacherben gegenüber die Anfechtung erklären. Der Erbunwürdigkeit kommen zu Lebzeiten des Erblassers keine Vorwirkungen zu. Auf Feststellung der Erbunwürdigkeit kann daher zu Lebzeiten des Erblassers nicht geklagt werden.[46]

c) **Anfechtungsfristen.** Die Anfechtung ist, wie sich aus dem Verweis des § 2340 Abs. 3 BGB **25** auf die Vorschrift des § 2082 BGB ergibt, nur binnen **Jahresfrist seit Kenntnis des Anfechtungsgrundes** zulässig.[47] Diese Kenntnis liegt dann vor, wenn der Anfechtungsberechtigte von der die Erbunwürdigkeit begründenden Tatsache Kenntnis erlangt, durch die die Anfechtung zulässig geworden ist.[48] Anders als bei der Testamentsanfechtung genügt dabei die zuverlässige Kenntnis nicht; bei der Anfechtung wegen Erbunwürdigkeit ist vielmehr die objektive Beweisbarkeit erforderlich. Dies folgt daraus, dass die Anfechtung nach den §§ 2339 ff. BGB im Gegensatz zu derjenigen gemäß §§ 2078 ff. BGB nur im Klagewege möglich ist.[49] Die Jahresfrist ist eine **Ausschlussfrist**.[50] Gleichwohl finden die für die Verjährung geltenden Vorschriften der §§ 203, 206 und 207 über Hemmung und Ablaufhemmung auch hier entsprechende Anwendung. Dies ergibt sich aus der ausdrücklichen Verweisung zu § 2082 Abs. 2 S. 2 BGB.

Sind seit dem Erbfalle 30 Jahre verstrichen, ist die Anfechtung in jedem Fall ausgeschlossen, **26** wie sich aus § 2340 Abs. 3 i.V.m. § 2082 Abs. 3 BGB ergibt. Für die Fristenberechnung gelten die §§ 187 ff. BGB.[51]

6. Anfechtungsberechtigter

Der Erbunwürdige ist generell nicht schutzwürdig. Der Kreis der Anfechtungsberechtigten **27** braucht daher nicht, wie es etwa § 2080 Abs. 1 BGB verlangt, auf diejenigen beschränkt zu werden, welchen die Aufhebung der letztwilligen Verfügung unmittelbar zustatten kommen würde.[52] **Anfechtungsberechtigt** gemäß § 2341 BGB ist vielmehr **jeder, dem der Wegfall des Unwürdigen zustatten kommt**, sei es auch erst nach dem Wegfall eines weiteren Erben.[53] Allein die Passivität des unmittelbar Berufenen hindert damit nicht die Anfechtung durch diejenigen, die dadurch einer Erbenstellung selbst näher kommen.[54]

Nicht anfechtungsberechtigt ist allerdings derjenige, der durch die Anfechtung nur **andere** **28** **Vermögensvorteile** zu erwarten hat.[55] Dementsprechend sind etwa **Eltern** nicht aus eigenem Recht anfechtungsberechtigt, nur weil ihr Kind bei erfolgreicher Anfechtung eine Erbenstellung erlangen würde. Ebenso wenig gelangen **Vermächtnisnehmer** und **Auflagebegünstigte** durch den Wegfall eines Unwürdigen in eine nähere Stellung zur Erbschaft. Auch ihnen fehlt damit die Anfechtungsberechtigung. Auf der anderen Seite ist der **Staat** als möglicher gesetzlicher Erbe (§ 1936 BGB) **immer anfechtungsberechtigt**.[56] Zur Anfechtung berechtigt ist auch ein anderer Erbunwürdiger, solange er eben nicht selbst rechtskräftig für erbunwürdig erklärt worden ist.[57]

Das Anfechtungsrecht ist **kein höchstpersönliches Recht**. Mit dem Tode eines Anfechtungs- **29** berechtigten geht daher sein Anfechtungsrecht auf seine Erben über.[58] Diese sind allerdings auch aus eigenem Recht nach § 2341 BGB anfechtungsberechtigt. Da der Tod des Vorberufenen keinen neuen Fristablauf in Gang setzt, ist der erbrechtliche Übergang der Anfechtungsberechtigung in der Praxis von geringer Bedeutung.

---

[46] Staudinger/*Olshausen* § 2340 Rdnr. 7; Palandt/*Edenhofer* § 2340 Rdnr. 1.
[47] Soergel/*Damrau* § 2340 Rdnr. 2; Brox Erbrecht Rdnr. 285.
[48] Staudinger/*Olshausen* § 2340 Rdnr. 166, 5.
[49] MünchKommBGB/*Frank* § 2340 Rdnr. 5; Staudinger/*Olshausen* § 2339 Rdnr. 16.
[50] Staudinger/*Olshausen* § 2340 Rdnr. 16.
[51] Staudinger/*Olshausen* § 2340 Rdnr. 18.
[52] Soergel/*Damrau* § 2341 Rdnr. 1.
[53] Staudinger/*Olshausen* § 2341 Rdnr. 3; Lange/*Kuchinke* § 6 III a.
[54] MünchKommBGB/*Frank* § 2341 Rdnr. 2; Staudinger/*Olshausen* § 2341 Rdnr. 5.
[55] Staudinger/*Olshausen* § 2341 Rdnr. 5.
[56] Staudinger/*Olshausen* § 2341 Rdnr. 3; Palandt/*Edenhofer* § 2341 Rdnr. 1.
[57] Staudinger/*Olshausen* § 2341 Rdnr. 4; Palandt/*Edenhofer* § 2341 Rdnr. 1.
[58] Staudinger/*Olshausen* § 2341 Rdnr. 6.

30 Das Anfechtungsrecht ist unlösbar mit einer zukünftigen Erbenstellung verbunden. Diese kann daher nicht rechtsgeschäftlich übertragen werden.[59] Ebenso wenig ist die Ausübung des Anfechtungsrechts durch Dritte bzw. durch eine Verpfändung oder Pfändung möglich.[60]

31 Jeder Anfechtungsberechtigte kann sein Anfechtungsrecht selbständig ausüben. Das bedeutet, dass **mehrere Personen nebeneinander anfechtungsberechtigt** sein können und jeder einzelne Berechtigte unabhängig von dem jeweils anderen Berechtigten das Anfechtungsrecht ausüben kann.[61] Die Erklärung der Erbunwürdigkeit durch ein obsiegendes Urteil eines Anfechtungsberechtigten wirkt materiell gemäß § 2344 Abs. 1 BGB zugunsten aller Berechtigten.[62] Demgegenüber wirkt ein klageabweisendes Urteil nur zwischen den Streitparteien, sodass ein klageabweisendes Urteil nicht die Erhebung einer neuen Anfechtungsklage durch einen anderen Berechtigten ausschließt.[63]

7. Form der Anfechtung

32 a) **Wirkung der Anfechtung.** Dass die Anfechtung wegen Erbunwürdigkeit gemäß § 2342 Abs. 1 S. 1 BGB allein durch Erhebung einer Anfechtungsklage erfolgen kann, findet seinen Grund darin, dem Entstehen einer undurchsichtigen Rechtslage vorzubeugen. Die **Wirkung der Anfechtung** tritt gemäß § 2342 Abs. 2 BGB **erst mit der Rechtskraft des auf die Klage ergehenden Urteils** ein. Allerdings handelt es sich hierbei nur um die formelle Wirkung. In **materieller Hinsicht** bewirkt hingegen § 2344 BGB, dass der **Anfall an** den Erbunwürdigen als **nicht erfolgt** gilt.

33 Die Anfechtungswirkung knüpft an die Rechtskraft des Urteils an; die Erbunwürdigkeit kann also **nicht durch Anerkenntnis** in öffentlich beglaubigter Urkunde (§ 795 Nr. 5 ZPO) **oder durch Prozessvergleich** (§ 794 Nr. 1 ZPO) festgestellt werden.[64] Mit der Anfechtungsklage wird allein der Unwürdige persönlich, nicht aber seine Abkömmlinge, für erbunwürdig erklärt. In der Folge gilt er – ähnlich wie bei der Ausschlagung (§ 1953 Abs. 1, 2 BGB) – rückwirkend als nicht vorhanden; gemäß § 2344 Abs. 2 BGB fällt die Erbschaft an denjenigen, der berufen sein würde, hätte der Erbunwürdige zur Zeit des Erbfalls nicht gelebt. Soweit nicht Anwachsungsberechtigte oder Ersatzerben vorhanden sind, sind dies in der Regel die gesetzlichen Erben. Die Haftung des Erbunwürdigen gegenüber den Erben richtet sich nach den §§ 2018 ff., 819 BGB. Wegen des materiellen rückwirkenden Wegfalls seiner Erbenstellung haftet der Unwürdige allerdings nicht mehr für Nachlassverbindlichkeiten.[65] Der Schutz Dritter richtet sich nach den allgemeinen Vorschriften. Insbesondere die Gutglaubensvorschriften der §§ 932 ff., 891 ff., 1032, 1207, 2366 ff. BGB finden Anwendung.[66] Da der Schuldner seine Leistungen nicht von der Vorlage eines Erbscheins abhängig machen kann, ist auch § 7 BGB entsprechend anwendbar.[67]

34 b) **Rechtsnatur der Unwürdigkeitserklärung.** Erst die Rechtskraft des stattgebenden Urteils ändert die materielle Rechtslage, wie sich aus § 2344 BGB ergibt; es wirkt damit **für und gegen jedermann**. Bei der Anfechtungsklage handelt es sich demzufolge um eine **Gestaltungsklage**, nicht um eine Feststellungsklage.[68]

35 c) **Prozessuale Hinweise.** Der **Antrag** muss auf die Erklärung des Beklagten für unwürdig zielen, wie sich aus § 2342 Abs. 1 S. 2 BGB ergibt. Die Anfechtung kann auch durch Widerklage erfolgen, soweit deren übrige prozessuale Voraussetzungen gegeben sind, nicht aber durch Erhebung einer Einrede.[69] Dies ist anders, soweit es um die Anfechtung des Vermächtnis- und

---

[59] Staudinger/*Olshausen* § 2341 Rdnr. 7; Palandt/*Edenhofer* § 2341 Rdnr. 1.
[60] Staudinger/*Olshausen* § 2341 Rdnr. 7.
[61] Staudinger/*Olshausen* § 2341 Rdnr. 8.
[62] Soergel/*Damrau* § 2341 Rdnr. 2.
[63] Staudinger/*Olshausen* § 2341 Rdnr. 8; Palandt/*Edenhofer* § 2341 Rdnr. 1.
[64] Staudinger/*Olshausen* § 2342 Rdnr. 6.
[65] Staudinger/*Olshausen* § 2344 Rdnr. 8; Palandt/*Edenhofer* § 2344 Rdnr. 2.
[66] Palandt/*Edenhofer* § 2344 Rdnr. 3; Staudinger/*Olshausen* § 2344 Rdnr. 20.
[67] Staudinger/*Olshausen* § 2344 Rdnr. 21; a.A. ohne Begr.: Palandt/*Edenhofer* § 2344 Rdnr. 3.
[68] MünchKommBGB/*Frank* § 2342 Rdnr. 7; Palandt/*Edenhofer* § 2344 Rdnr. 1; Staudinger/*Olshausen* § 2342 Rdnr. 7.
[69] Staudinger/*Olshausen* § 2342 Rdnr. 3.

Pflichtteilsanspruchs gemäß § 2345 BGB geht, der den § 2342 BGB nicht für anwendbar erklärt.

Der **Zuständigkeitsstreitwert** richtet sich nach der Beteiligung des Beklagten am Nachlass.[70] Das Interesse des Klägers an der aus der Erbunwürdigkeit zu erwartenden Besserstellung ist damit unbeachtlich.[71] Im Hinblick auf die örtliche Zuständigkeit ist auf den allgemeinen Gerichtsstand bzw. denjenigen der Erbschaft gemäß § 27 ZPO abzustellen, weil es sich um eine Klage handelt, welche die Feststellung des Erbrechts zumindest materiell, wenn auch nicht formell, zum Gegenstand hat.[72] Der Streitwert ist gemäß § 3 ZPO nach der Beteiligung des Beklagten am Nachlass zu bestimmen.[73]

Die Anfechtungsklage wegen Erbunwürdigkeit bildet keine Statussache. Ihre gestalterische Wirkung betrifft vielmehr ausschließlich das rein privatrechtliche Verhältnis der Erben zueinander und zu den Personen, denen der Wegfall des Erbunwürdigen zustatten kommt, wie sich aus § 2341 BGB ergibt. Soweit danach also eine Benachteiligung Dritter ausgeschlossen ist, sind auch **Anerkenntnis- und Versäumnisurteil** gegen den Beklagten möglich.[74]

Aus **prozessökonomischen Gründen** ist die **Verbindung** der **Gestaltungsklage mit einer Erbschaftsklage aus § 2018 BGB** zulässig. Letztere ist auf **Herausgabe nach Rechtskraft** zu richten.[75] Allerdings ist zu beachten, dass die Klage nach § 2018 BGB in der Regel nach Erbschaftsannahme im Sinne von § 1943 BGB angesehen wird. Von einer Verbindung der beiden Klagen ist daher für den Fall abzusehen, dass mit der Annahme der Erbschaft noch zugewartet werden soll.

8. Muster einer Anfechtungsklage

An das Landgericht ...

Klage

des ...

– Klägers –

Prozessbevollmächtigte:

gegen

die ...

– Beklagte –

wegen Erbunwürdigkeit.

Vorläufiger Streitwert: € ...

Namens und in Vollmacht des Klägers erheben wir Klage und werden beantragen, wie folgt zu erkennen:

1. **Die Beklagte wird im Hinblick auf den Nachlass der/des ... in ..., verstorben am ..., für erbunwürdig erklärt.**
2. **Sofern das Gericht das schriftliche Vorverfahren anordnet, wird für den Fall der nicht rechtzeitigen Anzeige der Verteidigungs-bereitschaft beantragt, den Beklagten durch Versäumnisurteil ohne mündliche Verhandlung gemäß § 331 Abs. 3 ZPO zu verurteilen.**

Mit einer Entscheidung durch den Einzelrichter besteht Einverständnis.

Von der Durchführung einer Güterverhandlung gemäß § 278 Abs. 2 S. 1 Halbs. 2 ZPO ist hier abzusehen, da es bereits am ... einen Einigungsversuch zwischen den Parteien gab, der jedoch wegen der ablehnenden Haltung der Beklagten gegenüber dem Kläger scheiterte. Daher erscheint die Durchführung einer Güterverhandlung zum Zwecke der Herbeiführung einer gütlichen Einigung erkennbar aussichtslos.

---

[70] BGH Urt. v. 20.10.1969 – NJW 1970, 197; Staudinger/*Olshausen* § 2342 Rdnr. 12.
[71] MünchKommBGB/*Frank* § 2342 Rdnr. 6.
[72] Palandt/*Edenhofer* § 2342 Rdnr. 2; Staudinger/*Olshausen* § 2342 Rdnr. 5.
[73] BGH Urt. v. 20.10.1969 – NJW 1970, 179.
[74] Palandt/*Edenhofer* § 2342 Rdnr. 2; vgl. auch Staudinger/*Olshausen* § 2342 Rdnr. 6; a.A.: MünchKommBGB/*Frank* § 2343 Rdnr. 8.
[75] Staudinger/*Olshausen* § 2342 Rdnr. 4; Palandt/*Edenhofer* § 2342 Rdnr. 1.

Begründung:
Der Kläger ist einziger Abkömmling des in ... am ... verstorbenen ... Die Mutter des Klägers ist bereits im Jahre ... verstorben. Im Jahre ... heiratete der Erblasser die Beklagte.

Am ... errichtete der Erblasser ein eigenhändiges Testament. In diesem setzte er die Beklagte als Alleinerbin ein.

Beweis: Vorlage des eigenhändigen Testaments vom ..., in Kopie als Anlage K1

I.

Bereits im Jahre ..., und damit noch während der Ehezeit, begann die Beklagte mit dem Zeugen ... ein intimes Verhältnis zu unterhalten. Der Erblasser erfuhr davon erst im Jahre ... durch ein Gespräch mit dem Zeugen ....

Beweis: Zeugnis des Herrn ..., wohnhaft ...

Im Zuge zahlreicher Gespräche zwischen dem Erblasser und der Beklagten erklärte der Erblasser, am ... auch im Beisein des Zeugen ..., dass er das Testament zu Gunsten des Klägers ändern werde und sich von der Beklagten trennen sowie sich von ihr scheiden lassen würde, sofern die Beklagte die Beziehung nicht sofort abbrechen würde.

Beweis: Zeugnis des Herrn..., wohnhaft ...

Daraufhin versprach die Beklagte dem Erblasser am ... in Gegenwart des Zeugen ..., die Beziehung sofort zu beenden.

Beweis: Zeugnis des Herrn ..., b.b.

Im Vertrauen auf die Versicherung der Beklagten, die Beziehung sofort zu beenden, unterließ der Erblasser eine Änderung des errichteten Testaments.

Beweis: Vorlage des eigenhändigen Testaments

Gleichwohl setzte die Beklagte ihre ehewidrige Beziehung trotz entgegenstehender Erklärung fort.

Beweis: Zeugnis des Herrn ..., wohnhaft ...

Der Erblasser erhielt keine Kenntnis von der Fortdauer der außerehelichen Beziehung. Ganz im Gegenteil: Einige Wochen vor seinem Tod, am..., erklärte er seinem alten Freund ... gegenüber, dass er seiner Ehefrau sehr dankbar dafür sei, dass diese die Beziehung zu Herrn ... beendet habe.

Beweis: Zeugnis des Herrn ..., wohnhaft ...

Der vorgenannte Zeuge nahm die Äußerung des Erblassers jedoch kommentarlos hin, da er von der noch andauernden Beziehung der Beklagte mit ... nur gerüchteweise gehört hatte.

Beweis: Zeugnis des Herrn..., b.b.

Unmittelbar nach dem Tod des Erblassers nahm die Beklagte eine eheähnliche Lebensgemeinschaft mit dem Zeugen, Herrn ..., auf. Seither lebt sie mit diesem gemeinsam in ..., ...

Beweis: Zeugnis des Herrn..., b.b.

II.

Die Beklagte hat den Erblasser arglistig getäuscht. Nur auf Grund dieser Täuschung hat der Erblasser davon abgesehen, sein Testament zu ändern. Diese Täuschung war folglich Ursache für das Unterbleiben der erblasserseits beabsichtigten Aufhebung des errichteten Testaments.

Daher ist die Beklagte erbunwürdig. Eine widerrechtliche Verhinderung des Erblassers im Sinne des § 2339 Abs. 1 Nr. 2 BGB liegt vor. Sie kann auch durch Täuschung begangen werden.

Der Kläger hat von dem Anfechtungsgrund erst am ... durch eine Unterhaltung mit dem Zeugen ... Kenntnis erhalten.

Beweis: Zeugnis des Herrn ..., wohnhaft ...

Die Anfechtungsfrist gemäß § 2340 Abs. 3 i.V.m. § 2082 BGB läuft folglich erst am ... ab.

Der Wert des Nachlasses beträgt etwa € ....

Beglaubigte und einfache Abschriften anbei.

Rechtsanwalt

III. Vermächtnis- und Pflichtteilsunwürdigkeit

1. Vorbemerkung

Auch **Vermächtnisnehmer** und **Pflichtteilsberechtigte** können Verfehlungen begehen, die eine Unwürdigkeit zur Geltendmachung von Ansprüchen nach sich ziehen können. Allerdings erwarten diese keinen dinglichen Anteil am Nachlass, sondern lediglich obligatorische Ansprüche gegen den Nachlass. Das Gesetz hat daher die verfahrensrechtlichen Voraussetzungen für die Geltendmachung der Unwürdigkeit gegenüber denjenigen bei der Unwürdigkeit im eigentlichen Sinne deutlich herabgesetzt. Insbesondere die Erhebung einer **Anfechtungsklage** ist **nicht erforderlich**, wie sich aus der in § 2345 Abs. 1 BGB enthaltenen Verweiskette ergibt. Es genügt vielmehr eine formlose Erklärung gegenüber dem unwürdigen Gläubiger (§ 143 Abs. 4 BGB).[76] Da der § 2342 Abs. 2 BGB keine Anwendung findet, tritt die Wirkung der Anfechtung mit dieser selbst ein (§ 142 BGB). Anwendung finden gemäß § 2345 BGB die Vorschriften der §§ 2082, 2083, 2339 Abs. 2, 2341 und 2343 BGB.[77] D.h. anfechtungsberechtigt ist jeder, dem die Wirkung der Anfechtung auch nur mittelbar zugute kommt.

2. Vermächtnisunwürdigkeit

Angefochten wird der Anspruch des Vermächtnisnehmers. Als solche kommen die Empfänger **sämtlicher Arten von Vermächtnissen** in Betracht. Namentlich erfasst sind damit die so genannten gesetzlichen Vermächtnisse der §§ 1932 oder 1969 BGB.[78] Aufgrund des eindeutigen Wortlautes ist eine analoge Anwendung des § 2345 Abs. 1 BGB auf die Auflage (§§ 2192 ff. BGB) nicht möglich.[79]

3. Pflichtteilsunwürdigkeit

§ 2345 Abs. 2 BGB setzt voraus, dass der Verfehlende zwar enterbt, ihm aber nicht der Pflichtteil wirksam entzogen worden ist. Zum Pflichtteilsanspruch in diesem Sinne zählen auch die aus den §§ 2305, 2307, 2325 und 2329 BGB resultierenden Ansprüche.[80]

Dem Vermächtnisanspruch oder Pflichtteilsanspruch des Unwürdigen gegenüber kann gemäß § 2345 i.V.m. § 2083 BGB die Einrede der Anfechtbarkeit erhoben werden.[81]

Voraussetzung der Entziehung des Pflichtteils war bisher in jedem Fall des § 2333 BGB – auch im Rahmen der Vorschrift des Nr. 5 – ein nach strafrechtlichen Gesichtspunkten zu beurteilendes, schuldhaftes Verhalten des Berechtigten.[82]

Das Bundesverfassungsgericht hält nunmehr nach seiner Entscheidung vom 19.4.2005 zwar immer noch am Verschuldenserfordernis des § 2333 Nr. 1 BGB ausdrücklich fest, rügt aber gleichzeitig die Auslegung der Zivilgerichte, die sich an den strafrechtlichen Vorgaben des Verschuldenserfordernisses orientiert haben, als nicht verfassungsgemäß.[83]

Danach reicht für den Entziehungsgrund des § 2333 Nr. 1 BGB ein „natürlicher Vorsatz" des Berechtigten aus.[84] Dies bedeutet, dass es auch bei Angriffen von Personen, die nicht schuldhaft im strafrechtlichen Sinne handeln können, wie etwa Kinder oder psychisch Kranke, künftig zu einem Verlust des Pflichtteilsrechts kommen kann.[85]

---

[76] MünchKommBGB/*Helms* § 2345 Rdnr. 2; Lange/*Kuchinke* § 6 V 1.
[77] MünchKommBGB/*Helms* § 2345 Rdnr. 2.
[78] Staudinger/*Olshausen* § 2345 Rdnr. 4.
[79] Vgl. Staudinger/*Olshausen* § 2345 Rdnr. 6.
[80] Staudinger/*Olshausen* § 2345 Rdnr. 7.
[81] Soergel/*Damrau* § 2345 Rdnr. 1.
[82] *Otte* AcP 2002, 202; Palandt/*Edenhofer* § 2333 Rdnr. 2.
[83] BVerfG Beschl. v. 19.4.2005 – ZErb 2005, 169.
[84] BVerfG Beschl. v. 19.4.2005 – ZErb 2005, 169.
[85] *Lange* ZErb 2005, 208.

§ 31 Erb- und Pflichtteilsverzicht, Zuwendungsverzicht

Übersicht

	Rdnr.
I. Einführung	1–3
II. Gesetzliche Grundlagen, Rechtsnatur	4–19
1. Abstraktes Verfügungsgeschäft	4/5
2. Verhältnis Kausal-/Verfügungsgeschäft	6–12
3. Erb- und Pflichtteilsverzicht nur zu Lebzeiten des Erblassers?	13/14
4. Formvorschriften	15–19
III. Teilweiser Verzicht	20–29
1. Zulässigkeit	20/21
2. Wirkungen	22–26
3. Formfragen	27
4. Aufhebung des gegenständlich beschränkten Pflichtteilsverzichts	28/29
IV. Erb- oder Pflichtteilsverzicht?	30–41
1. Wirkungen des Erbverzichts	30/31
2. Wirkungen des Pflichtteilsverzichts	32/33
3. Praktische Bedeutung	34–41
V. Geschiedenenunterhalt und Erb-/Pflichtteilsverzicht	42–51
1. Nachlassverbindlichkeit	43
2. Wertfortschreibung	44
3. Pflichtteilsergänzung	45/46
4. Auskunftsanspruch	47
5. Pflichtteilsverzicht	48
6. Vertraglicher Unterhalt	49
7. Zusammenfassung	50/51
VI. Zuwendungsverzicht	52–58
1. Praktischer Anwendungsbereich, gesetzliche Grundlage	52/53
2. Gegenstand des Zuwendungsverzichts	54–57
3. Wirkung des Zuwendungsverzichts	58
VII. Aufhebung des Verzichts	59–62
1. Form	59/60
2. Wirkungen des Aufhebungsvertrages	61
3. Rechtsgrund/Kausalverhältnis	62

Schrifttum: *Albrecht,* Anm. zur Entscheidung des BGH v. 13.11.1996 – DNotZ 1997, 425; *Baumgärtel,* Die Wirkung des Erbverzichts auf Abkömmlinge, DNotZ 1959, 63; *Bengel,* Die gerichtliche Kontrolle von Pflichtteilsverzichten, ZEV 2006, 192; *Coing,* Zur Lehre zum teilweisen Erbverzicht, JZ 1960, 209; *Cremer,* Zur Zulässigkeit des gegenständlich beschränkten Pflichtteilsverzichtsvertrages, MittRhNotK 1978, 169; *Damrau,* Der Erbverzicht als Mittel zweckmäßiger Vorsorge für den Todesfall, 1966; *Dittmann/Reimann/Bengel,* Testament und Erbvertrag, 3. Aufl. 2000, Kap. D Rdnr. 85 ff.; *Degenhard,* Erbverzicht und Abfindungsvereinbarung, RPfleger 1969, 145; *Dieckmann,* Pflichtteilsverzicht und nachehelicher Unterhalt, FamRZ 1992, 633; *Fette,* Die Zulässigkeit eines gegenständlich beschränkten Pflichtteilsverzichts, NJW 1970, 743; *Frenz,* Zum Verhältnis von Pflichtteils- und Unterhaltsrecht bei Ehescheidung, MittRhNotK 1995, 227; *Grziwotz,* Pflichtteilsverzicht und nachehelicher Unterhalt, FamRZ 1991, 1258; *Habermann,* Stillschweigender Erb- und Pflichtteilsverzicht im notariellen gemeinschaftlichen Testament, JuS 1979, 169; *Holthaus,* Leistungsstörungen beim entgeltlichen Erbverzicht, 1992; *Keim,* Der stillschweigende Erbverzicht, ZEV 2001, 1; *ders.,* Die Aufhebung des Erbverzichts NotBZ; *Kornexl,* Der Zuwendungsverzicht, 1998; *J. Mayer,* Erfasst der Pflichtteilsverzicht auch Pflichtteilsvermächtnisse, ZEV 1995, 41; *ders.,* Zweckloser Zuwendungsverzicht? ZEV 1996, 127; *Nieder,* Handbuch der Testamentsgestaltung, 2. Aufl. 2000; *Reu,* Erbverzicht, Pflichtteilsverzicht, Zuwendungsverzicht, MittRhNotK 1997, 373; *Schotten,* Das Kausalgeschäft zum Erbverzicht, DNotZ 1998, 163; *Siegmann,* Der Erbverzichtsvertrag, INF 1998, 561; *Speckmann,* Der Erbverzicht als „Gegenleistung" in Abfindungsverträgen, NJW 1970, 117; *Wachter,* Inhaltskontrolle von Pflichtteilsverzichtsverträgen, ZErb 2004, 238; *Weirich,* Der gegenständlich beschränkte Pflichtteilsverzicht, DNotZ 1986, 5; *Wendt,* Unverzichtbares bei erbrechtlichen Verzichten, ZNotP 2000, 2; *Zellmann,* Dogmatik und Systematik des Erbverzichts und seiner Aufhebung im Rahmen der Lehre von den Verfügungen von Todes wegen, Diss. 1990.

I. Einführung

Beratungscheckliste 1

I. Erb-/Pflichtteilsverzicht
1. Zweckmäßigkeitsfragen:
   Nur Pflichtteilsverzicht oder (i.d.R. ausnahmsweise) auch Erbverzicht?
   Vorsicht:
   1) Der Erbverzicht bewirkt Erhöhung der Pflichtteile weiterer Pflichtteilsberechtigter!
   2) Pflichtteilsverzicht ändert die gesetzliche Erbfolge nicht!
   Erbschaftsteuerliche Überlegungen (Abfindung: § 7 Abs. 1 Nr. 5 ErbStG); bei unentgeltlichem Verzicht evtl. Kompensation der erbschaftsteuerlichen Nachteile durch Vermächtnisse für Verzichtenden.
2. Gegenstand des Verzichts
   ☐ (volles) gesetzliches Erbrecht (Erbverzicht)
   ☐ nur Pflichtteil (ganz oder quotal?)
   ☐ nur gegenständlich beschränkt
3. Kausalgeschäft
   ☐ unentgeltlich
   ☐ ganz oder teilweise Abfindung durch Erblasser
   ☐ ganz oder teilweise Abfindung durch Dritten
4. Verknüpfung Kausalgeschäft – Verzicht
   ☐ aufschiebend/auflösend bedingter Verzicht
   ☐ vorbehaltener Rücktritt vom Kausalgeschäft
   ☐ Vorsicht: Verzicht kann nur zu Lebzeiten des Erblassers wirksam vereinbart werden!
5. Form
   ☐ notarielle Beurkundung (§ 2348 BGB) (**auch** des Kausalgeschäfts)
   ☐ Aufspaltung in Angebot/Annahme (zulässig)
   ☐ Vertretung des Erblassers unzulässig (höchstpersönlich, § 2347 Abs. 2 S. 1 BGB); jedoch des Verzichtenden
6. Wirkung des Verzichts
   ☐ Erstreckung auf Abkömmlinge, § 2349 BGB, allerdings abdingbar (i.d.R. unzweckmäßig)
7. Aufhebung des Verzichts (§ 2351 BGB)
   ☐ keine Vertretungsmöglichkeit beim Erblasser (§§ 2351, 2347 Abs. 2 S. 1 BGB)
   ☐ notarielle Beurkundung (§§ 2351, 2348 BGB) auch des Kausalgeschäfts

II. Zuwendungsverzicht[1]
1. Zweckmäßig ist der Verzicht bei:
   ☐ ganzer oder teilweiser Geschäfts- bzw. Testierunfähigkeit des Erblassers
   ☐ Bindung des Erblassers durch Verfügung von Todes wegen
   ☐ Ehegatten-Testament zur Vermeidung von Rechtsfolgen des § 2270 Abs. 1 BGB (bei Widerruf zu Lebzeiten des Anderen bzw. der Anfechtung nach dem Tod des Anderen)
2. Formelle Voraussetzungen
   ☐ notarielle Beurkundung (§ 2348 BGB, auch für das Kausalgeschäft = Abfindungsvereinbarung)
   ☐ Trennung in Angebot und Annahme zulässig
   ☐ Verzicht muss vor Eintritt des Erbfalls wirksam geworden sein
   ☐ Persönliche Voraussetzungen:
   ☐ Für Erblasser: höchstpersönliche Willenserklärung
   ☐ Für Verzichtenden: Vertretung zulässig

---

[1] Nach *Bengel/Reimann*, Beck'sches Notarhandbuch, C Rdnr. 191.

3. Inhalt des Verzichts – Gegenstand: Erbeinsetzung und/oder Vermächtnisse (nicht Auflage, nicht gesetzliche Vermächtnisse)
   ☐ Teilverzicht (quotal) zulässig
   ☐ Vereinbarung von Bedingungen
   ☐ Erstreckung auf gesetzliches Erb- und/oder Pflichtteilsrecht?
4. Wirkung des Verzichts
   ☐ Grundsätzlich keine Erstreckung auf Ersatzberufene (§ 2349 BGB ist nicht unmittelbar und auch nicht analog anwendbar)
   ☐ Aufhebung entsprechend § 2351 möglich (str)

2 In nur wenigen Paragrafen wird im Erbrecht ein wirtschaftlich bedeutsames Institut und ein rechtlich hochkomplizierter Bereich geregelt (§§ 2346 bis 2352 BGB).
Gemäß § 2346 Abs. 1 S. 1 BGB können Verwandte sowie der Ehegatte des Erblassers durch Vertrag mit dem Erblasser auf ihr **gesetzliches Erbrecht** verzichten. Soweit es sich um einen Verzicht im Hinblick auf eine gewillkürte Erbfolge handelt, ist dagegen der **Zuwendungsverzicht** gem. § 2352 BGB einschlägig.
Durch den Erbverzicht ist der Verzichtende von der gesetzlichen Erbfolge ausgeschlossen, wie wenn er zurzeit des Erbfalls nicht mehr lebte (§ 2346 Abs. 1 S. 2 1. Halbs. BGB).

3 Der Erbverzicht eines Abkömmlings oder Seitenverwandten des Erblassers erstreckt sich im Zweifel auch auf die Abkömmlinge des Verzichtenden (§ 2349 BGB). Wird der Verzicht zugunsten eines anderen erklärt, so gilt er im Zweifel nicht, wenn der andere nicht Erbe wird, ihm der Verzicht also nicht zugute kommen kann (§ 2350 Abs. 1 BGB). Ist der Verzichtende ein Abkömmling des Erblassers, so wird vermutet, dass der Verzicht zugunsten der anderen Abkömmlinge und des Ehegatten des Erblassers erklärt werden sollte (§ 2350 Abs. 2 BGB). Im Zweifel gilt daher ein Verzicht zugunsten der anderen Abkömmlinge des Ehegatten des Erblassers dann nicht, wenn der Ehegatte und alle anderen Abkömmlinge des Erblassers wegfallen.
Der Erbverzicht führt auch automatisch zum Verlust des Pflichtteilsrechts (§ 2346 Abs. 1 S. 2 2. Halbs. BGB). Der Verzichtende kann sich jedoch das Pflichtteilsrecht vorbehalten.[2]

II. Gesetzliche Grundlagen, Rechtsnatur

1. Abstraktes Verfügungsgeschäft

4 Nach h. M. ist der Erbverzicht ein „**erbrechtlicher abstrakter Verfügungsvertrag negativen Inhalts**"[3] zwischen dem Erblasser und einem künftigen gesetzlichen Erben (§§ 2346 ff. BGB).

5 Es bestehen divergierende Ansichten darüber, welches Recht das **Objekt des Verzichts** im Erbrecht ist, ob „künftiges Recht"[4] oder Anwartschaft[5] oder Erbchance.[6] Auch wird neuerdings die Qualifikation als Verfügungsgeschäft abgelehnt mit der Begründung, dass dem Verzichtenden vor dem Erbfall kein subjektives Anwartschaftsrecht zustehe, auf welches durch den Verzicht unmittelbar eingewirkt werden könne, weshalb der Erbverzicht eine vertragsmäßige, negative Gestaltungsanordnung sei, mit welcher die Parteien einen einschränkenden Rechtssatz in Kraft setzen, dessen Inhalt vom Gesetzgeber vorgegeben sei.[7]
Allerdings ist die Diskussion um die Rechtsqualität und das Objekt des Verzichts für die praktische Ausgestaltung ohne erkennbare Bedeutung.

---

[2] Palandt/*Edenhofer* § 2346 Rdnr. 7; BayObLG Beschl. v. 10.2.1981 – RPfleger 1981, 305; *Nieder* Rdnr. 1141.
[3] BGH Urt. v. 4.7.1962 – BGHZ 37, 319, 325 = NJW 1962, 1910.
[4] *Kipp/Koing* § 83 I a.
[5] *v. Lübtow* Erbrecht S. 524.
[6] *Lange/Kuchinke* Erbrecht § 7 IV 1.
[7] *Kornexl* Rdnr. 63 ff.

2. Verhältnis Kausal-/Verfügungsgeschäft

Die h. M. vertritt die Ansicht, dass dem Erbverzicht ein **Verpflichtungsgeschäft** zugrunde liegen muss, auch wenn im BGB hierfür keinerlei Regelung vorgesehen ist.[8] In der Praxis wird der Erbverzicht unentgeltlich oder gegen eine Abfindung erklärt. Zutreffend wird der unentgeltliche Erbverzicht **nicht als Schenkung des Verzichtenden** an den Erblasser oder den unmittelbar bzw. mittelbar Begünstigten qualifiziert,[9] weil weder eine vermögensmäßige Bereicherung des Erblassers noch eine Vermögensminderung des Verzichtenden eintritt. Die Tatbestandsvoraussetzungen der §§ 516 ff. BGB sind mithin nicht erfüllt.

Das Kausalgeschäft beim unentgeltlichen Erbverzicht ist eine Art „unbenannte" Zuwendung, ein unentgeltliches Rechtsgeschäft sui generis.[10] Soweit der Erbverzicht gegen Abfindung des Verzichtenden erfolgt (entgeltlicher Erbverzicht) ist das, was als Abfindung gewährt wird, erbschaftsteuerlich als Schenkung anzusehen (§ 7 Abs. 1 Nr. 5 ErbStG). Bürgerlichrechtlich ist die Abfindung kein Entgelt für den Erbverzicht, sondern eine unentgeltliche Zuwendung.[11] Die Richtigkeit der Annahme, dass die Abfindung für einen Erbverzicht grundsätzlich eine Schenkung darstellt, ergibt sich ebenfalls aus einem Vergleich mit der sog. vorweggenommenen Erbfolge, bei welcher die Zuwendungen des Erblassers ausgleichungs- oder anrechnungspflichtig sind.[12] Auch bei diesen Zuwendungen ändert die Ausgleichungsanordnung nichts an der Einordnung des Geschäftstyps als Schenkung.

In der Beurkundungspraxis werden Kausalgeschäft und abstrakter Erbverzicht in einer einheitlichen Urkunde niedergelegt. Diese äußere Einheit lässt als solche noch keinen Schluss auf eine denkbare **vertragliche Einheit** zu. Umstritten ist, ob eine solche mit der Folge, dass die teilweise Unwirksamkeit eines Rechtsgeschäfts das gesamte Rechtsgeschäft nach § 139 BGB nichtig macht, überhaupt zulässig ist. Während ein Teil der Lehre das Abstraktionsprinzip in den Vordergrund stellt und auch die Begründung einer vertraglichen Einheit durch ausdrücklich oder konkludent erklärten Willen der Parteien ablehnt,[13] lässt die wohl (noch?) h.M. jedenfalls die Verknüpfung des Grundgeschäfts (Abfindungsvertrag) mit dem abstrakten Erbverzicht durch Abrede der Parteien zu, so dass von einem einheitlichen Rechtsgeschäft i.S.v. § 139 BGB ausgegangen werden kann.[14] Höchstrichterliche Rechtsprechung zum vorausgeführten Problemkomplex liegt nicht vor. Dies hat zur Folge, dass der Kautelarjurist bei der textmäßigen Gestaltung solcher Verträge Vorsorge zu treffen hat. Zum einen empfiehlt sich – und dies ist regelmäßig von den Beteiligten gewollt – eine ausdrückliche Verknüpfungsabrede mit Folgendem:

Formulierungsvorschlag:

Soweit rechtlich zulässig bilden Erbverzicht und Abfindungsvereinbarung ein einheitliches Rechtsgeschäft i.S.v. § 139 BGB.

Der **sichere Weg** jedoch ist die Vereinbarung eines entsprechend bedingten Erbverzichts: Kausalgeschäft und Verfügungsvertrag werden durch eine aufschiebende oder eine auflösende Bedingung gem. § 158 BGB miteinander verknüpft.[15]

---

[8] BayObLG Beschl. v. 10.2.1981 – RPfleger 1981, 305; Soergel/*Damrau* 2346 Rdnr. 2; Staudinger/*Schotten* § 2346 Rdnr. 115 ff. m.w.N.; *Siegmann* INF 1998, 561, 564; so auch erstmalig BGH Beschl. v. 29.11.1996 – BGHZ 134, 152, 157.
[9] Staudinger/*Schotten* § 2346 Rdnr. 120 m.w.N.
[10] *v. Lübtow* I 532.
[11] BGH Urt. v. 28.2.1991 – BGHZ 113, 393 = NJW 1991, 1610; Staudinger/*Schotten* § 2346 Rdnr. 124; a.A. – entgeltlicher Vertrag – *Damrau* FamRZ 1969, 129; Soergel/*Damrau* 2346 Rdnr. 3 m.w.N.
[12] Staudinger/*Schotten* § 2346 Rdnr. 129 ff.
[13] So vor allem Staudinger/*Schotten* § 2346 Rdnr. 151 m.w.N.
[14] MünchKommBGB/*Strobel* 2346 Rdnr. 27; Soergel/*Damrau* § 2346 Rdnr. 5; Palandt/*Edenhofer* Überbl. v. § 2346 Rdnr. 10, *Damrau* Erbverzicht S. 98; *Nieder* Rdnr. 884.
[15] Staudinger/*Schotten* § 2346 Rdnr. 153 m.w.N.

9 **Formulierungsvorschlag:**
Der Erbverzicht ist aufschiebend bedingt. Die Bedingung tritt ein mit vollständiger Leistung der vereinbarten Abfindung. Der Bedingungseintritt wird nachgewiesen durch (privatschriftliche) Bestätigung des Verzichtenden.

10 Bei der aufschiebenden Bedingung ergeben sich jedoch dann erhebliche Probleme, wenn sich der Erbfall vor Bedingungseintritt ereignet.[16] Sicherer ist deshalb die Vereinbarung einer auflösenden Bedingung.

11 Alternativ zur Bedingungslösung kommt die **Vereinbarung eines Rücktrittsrechts** in Betracht für den Fall, dass bis zu einem bestimmten Zeitpunkt die vom Erblasser geschuldete Abfindung nicht geleistet wird. Allerdings sieht das Gesetz den Rücktritt vom abstrakten Erbverzicht nicht vor. Da dieser keinen schuldrechtlichen Vertrag darstellt, sind die §§ 346 ff. BGB nicht einschlägig.[17] Da der Erbverzicht auch keine Verfügung von Todes wegen darstellt, sind die Regeln zum Rücktritt vom Erbvertrag (§ 2293 ff. BGB) ebenfalls nicht anwendbar. Mithin kann ein rechtsgeschäftlicher Rücktritt nur im Hinblick auf das Kausalgeschäft vereinbart werden. Wird zufolge eines vorbehaltenen Rücktrittsrechts der Rücktritt vom Kausalgeschäft erklärt, wandelt sich das Kausalverhältnis in ein Abwicklungsverhältnis um mit der Folge, dass gem. § 346 BGB die beiderseits erbrachten Leistungen zurückzugewähren sind (Rückzahlung im Hinblick auf bereits geleistete Abfindungsbeträge; Anspruch auf Aufhebung des Erbverzichtsvertrages). Da der Erbverzicht mit dem Tod des Erblassers unmittelbar und sofort seine Wirkungen entfaltet, die mit dem Tod des Erblassers eingetretene Rechtsnachfolge letztlich nicht zur Disposition eines Dritten stehen kann, ist die Aufhebung eines Erbverzichtsvertrages nach dem Tod des Erblassers unzulässig.[18] Um in einem solchen Falle zu vermeiden, dass der das Rücktrittsrecht ausübende Verzichtende einerseits nichts erhält, andererseits aber das seinerseits bereits Empfangene zurückgewähren muss, ist in solchen Fällen mit der h.M. auf die Grundsätze zum Wegfall der Geschäftsgrundlage zurückzugreifen.[19] Jedenfalls sollte in der Formulierung des Rücktrittsrechtes zum einen auf die Unzulässigkeit des Rücktrittsvorbehaltes in Bezug auf den Erbverzicht hingewiesen, zum anderen klargestellt werden, dass die Erklärung des Rücktritts wegen fehlender Geschäftsgrundlage dann widerrufen werden kann, wenn der geschlossene Erbverzichtsvertrag nicht aufgehoben wird.

Voraufgeführten Problemen kann entgangen werden durch eine Kombination von Rücktrittsrecht vom Kausalgeschäft für den Fall von Leistungsstörungen und auflösend bedingtem Erbverzicht.

12 **Formulierungsvorschlag:**
Der Erbverzicht ist auflösend bedingt.
Die auflösende Bedingung tritt ein mit Ausübung des (vorbehaltenen oder kraft Gesetzes bestehenden) Rücktrittsrechts (Zugang der Rücktrittserklärung beim Erblasser).

3. Erb- und Pflichtteilsverzicht nur zu Lebzeiten des Erblassers?

13 Nach BGH[20] können sowohl der Erbverzicht als auch der Pflichtteilsverzicht nur zu **Lebzeiten des Erblassers** wirksam geschlossen werden. Beim Erbverzicht folgt dies aus dem Gebot der Rechtssicherheit: Die mit dem Tod des Erblassers eingetretene Erbfolgeregelung muss auf einer festen Grundlage stehen und kann nicht nach beliebig langer Zeit, z.B. durch eine Genehmigungserklärung des beeinträchtigten Bedachten, wieder umgestoßen werden. Beim Pflicht-

---

[16] Vgl. hierzu Rdnr. 12.
[17] Palandt/*Heinrichs* Einf. vor § 346 Rdnr. 4; Soergel/*Damrau* § 2324 Rdnr. 5; Staudinger/*Schotten* § 2246 Rdnr. 112; *Nieder* Rdnr. 883.
[18] Soergel/*Damrau* § 2346 Rdnr. 3; Staudinger/*Schotten* § 2346 Rdnr. 112, 160.
[19] Palandt/*Heinrichs* § 347 Rdnr. 2.
[20] BGH Urt. v. 13.11.1996 – BGHZ 37, 319 = NJW 1997, 521 = ZEV 1997, 111.

teilsverzicht, der die gesetzliche Erbfolge nicht ändert, ist diese Argumentation nicht einschlägig. Hier differenziert der BGH klar zwischen dem bis zum Tod des Erblassers bestehenden Pflichtteils**recht**, welches Gegenstand des Verzichtes ist, und dem Pflichtteils**anspruch**, der gem. § 2317 BGB mit dem Tod des Erblassers entsteht. Konsequenz aus dieser Differenzierung ist, dass das Angebot des Erblassers vom Pflichtteilsberechtigten nur zu Lebzeiten des Erblassers angenommen werden kann. Die zitierte Entscheidung des BGH hat heftige Resonanz in der Literatur erfahren.[21] Vor allem wird kritisiert, dass sich der BGH zu wenig mit dem Verhältnis Pflichtteilsrecht/Pflichtteilsanspruch auseinander gesetzt habe und nur lapidar feststelle, dass der Pflichtteilsanspruch sich in verschiedener Hinsicht vom Pflichtteilsrecht unterscheide und deshalb der Verzicht ein Rechtsgeschäft sei, das nach seinem Gegenstand und seiner Eigenart nach mit dem Erblasser nur zu dessen Lebzeiten abgeschlossen werden könne. Die Kritiker[22] gehen von der h.M.[23] aus, die im Pflichtteilsrecht generell ein den Tod des Erblassers überdauerndes Rechtsverhältnis sehen, das sich mit dessen Erben fortsetzt. Demzufolge umfasse das abstrakte Pflichtteilsrecht nach dem Tod des Erblassers auch den dann konkret entstandenen Pflichtteilsanspruch. Und deshalb müsse die Annahme eines Angebots des Erblassers auch nach dessen Tod durch den Pflichtteilsberechtigten noch möglich sein.

In der Praxis ist von der BGH-Rechtsprechung auszugehen. Pflichtteilsverzichte sollten aus Sicherheitsgründen so schnell wie möglich rechtswirksam werden. Dies gilt auch im Hinblick auf die noch offene Frage, ob ein **schwebend unwirksamer Pflichtteilsverzicht** durch nachträgliche Genehmigung des Verzichtenden (nach dem Tod des Erblassers) geheilt werden kann,[24] was beim Erbverzicht nicht möglich ist. Deshalb wird auch nicht zur aufschiebenden Bedingung beim entgeltlichen Pflichtteilsverzicht, sondern lediglich zur auflösenden Bedingung geraten.[25]   14

4. Formvorschriften

Gemäß § 2348 BGB bedarf der Erbverzichtsvertrag der **notariellen Beurkundung.** Dies gilt unabhängig davon, ob auf das gesetzliche Erbrecht, auf den Pflichtteil ganz oder partiell bzw. gegenständlich beschränkt verzichtet wird. Über § 2352 BGB gilt die Formvorschrift auch für den Zuwendungsverzicht.   15

Der Beurkundungszwang erfasst alle unmittelbar mit dem Erbverzicht zusammenhängenden Vereinbarungen, so auch die Verpflichtung zum Abschluss eines Erbverzichtsvertrages.[26] Auch das **Kausalgeschäft** ist (analog) § 2348 BGB beurkundungspflichtig: Hier liegt zwar eine Gesetzeslücke vor, weil § 2348 BGB vom reinen Wortlaut her nur das Verfügungsgeschäft „Erbverzicht" erfasst. Diese Lücke ist aber über die rechtspolitische Zielsetzung des § 2348 BGB (Schutz der Beteiligten) – im vorgenannten Sinne – zu schließen.[27]   16

Für das **Beurkundungsverfahren** gelten die allgemeinen Regeln des Beurkundungsgesetzes für die Beurkundung von Willenserklärungen (§§ 8 ff. BeurkG, nicht die besonderen Vorschriften der §§ 27 ff. BeurkG), weil der Erbverzicht keine Verfügung von Todes wegen darstellt. Eine Aufspaltung der zu beurkundenden Erklärungen in Antrag und Annahme ist gem. § 128 BGB zulässig. Auch insoweit gelten die allgemeinen Regeln.   17

Erbverzichte können mit anderen Rechtsgeschäften in derselben Urkunde verbunden werden.[28] Dies spielt in der Praxis vor allem eine Rolle bei Ehe- und/oder Erbverträgen.   18

Nach der Rspr.[29] soll unter gewissen Voraussetzungen ein **stillschweigender Verzicht** zulässig sein. Entschieden wurde dies zu einem Erbvertrag bzw. zu einem notariellen gemeinschaftli-   19

---

[21] *J. Mayer* MittBayNot 1997, 85; *Albrecht* DNotZ 1997, 425; *Hohlloch* JUS 1977, 353; *Reul* MittRhNotK 1997, 379, 382; *Muscheler* JZ 1997, 853.
[22] Vor allem *J. Mayer* MittBayNot 1997, 86; *Muscheler* JZ 1997, 853.
[23] *Lange/Kuchinke* § 37 Abs. 3 S. 1 a; Palandt/*Edenhofer* Überbl. 1 vor § 2303 m.w.N.
[24] *Albrecht* DNotZ 1997, 426.
[25] *Dittmann/Reimann/Bengel* S. 188 f.
[26] *Damrau* Erbverzicht S. 132; Soergel/*Damrau* § 2348 Rdnr. 5; MünchKommBGB/*Strobel* § 2348 Rdnr. 2; Staudinger/*Schotten* § 2348 Rdnr. 10.
[27] Hierzu ausf. Staudinger/*Schotten* § 2348 Rdnr. 10.
[28] Dies ist aus kostenrechtlichen Gesichtspunkten auch empfehlenswert, §§ 46, 44 KostO (Kostenprivileg).
[29] BGHZ 22, 364 = NJW 1957, 422, bestätigt durch BGH Urt. v. 9.3.1977 – NJW 1977, 1728; OLG Düsseldorf Urt. v. 23.7.1999 – ZEV 2000, 32 LS = NJWE-FER 1999, 328.

chen Testament. Die h. M. lehnt diese Auffassung zurecht ab, und dies vor allem mit der zutreffenden Begründung, dass durch Stillschweigen kein Formerfordernis erfüllt werden kann. Für stillschweigende Erklärungen ist nach der Systematik des BGB nur dann Raum, soweit Formfreiheit besteht.[30]

Der Kautelarjurist muss in seiner täglichen Praxis die oberstgerichtliche Rechtsprechung berücksichtigen. Dies hat zur Folge, dass bei gemeinschaftlichen Testamenten und Erbverträgen die Pflichtteilsproblematik der Verfügenden klar angesprochen wird und erforderlichenfalls in der Urkunde niedergelegt wird, dass ein Pflichtteilsverzicht mit den abgegebenen letztwilligen Verfügungen nicht verbunden wird. Sofern ein Pflichtteilsverzicht gewollt ist, kann er mit dem Erbvertrag unproblematisch verbunden und in **einer** Urkunde niedergelegt werden. Beim gemeinschaftlichen Testament ist von einer solchen Verbindung im Hinblick auf § 2256 BGB abzuraten: Was geschieht bei Rücknahme des gemeinschaftlichen Testaments aus der amtlichen Verwahrung? Das Testament ist zwingend dem Erblasser auszuhändigen (§ 2256 Abs. 1 S. 1 BGB). Es gilt zufolge der zwingenden gesetzlichen Fiktion als widerrufen. Soweit jedoch mit dem Testament ein Pflichtteilsverzicht verbunden werden würde, müsste die Urkunde dem Notar wieder in die amtliche Urkundensammlung zurückgegeben werden (§ 34 BeurkG).

III. Teilweiser Verzicht

1. Zulässigkeit

20   Ein teilweiser Erbverzicht ist grundsätzlich zulässig, da das Gesetz einen solchen im Gegensatz zur Rechtslage bei der Ausschlagung (§ 1950) nicht verbietet.[31] Der Erbverzicht kann allerdings nur insoweit eingeschränkt werden, als die Beschränkungen mit dem Grundsatz der Universalsukzession vereinbar sind. Der Verzicht kann daher auf einen **ideellen Bruchteil** des gesetzlichen Erbrechts beschränkt werden.[32] Dagegen ist ein Verzicht hinsichtlich eines einzelnen Gegenstandes, eines Inbegriffs von Nachlassgegenständen (z. B. Betriebsvermögen) oder des gegenwärtigen Nachlasses nicht zulässig.[33] Ein unwirksamer gegenständlich beschränkter Erbverzicht kann aber u.U. in einen Verzicht auf einen Bruchteil des Nachlasses umgedeutet werden.[34] Ferner können durch (teilweisen) Erbverzicht in der Verbindung mit einer entsprechenden Verfügung von Todes wegen durch den Erblasser Beschränkungen (z. B. Einsetzung als Nacherbe) oder Beschwerungen (z. B. Vermächtnisse) vereinbart werden.[35]

21   Da der **Pflichtteil** im Gegensatz zur Gesamtrechtsnachfolge im Erbrecht nur eine **Geldforderung** gegen die Erben auslöst, ist ein teilweiser Verzicht, der stets nur zu einer Minderung dieser Forderung führt, ohne Einschränkungen möglich.[36] So kann vereinbart werden, dass bei der Berechnung des Pflichtteils bestimmte Gegenstände aus der Berechungsgrundlage herauszunehmen sind, oder dass der Pflichtteilsanspruch auf einen Höchstbetrag beschränkt wird. Ebenso ist ein Verzicht auf einen Bruchteil oder auf den Ergänzungs- oder Zusatzpflichtteil oder die Vereinbarung einer ratenweisen Zahlung des Pflichtteils zulässig.[37]

In der Praxis spielt vor allem der gegenständlich beschränkte Pflichtteilsverzicht eine große Rolle. Er wird meist aus Anlass der Übertragung von Vermögensgegenständen (z. B. Übergabe von Betriebsvermögen an die nächste Generation) durch die weichenden Erben abgegeben.

---

[30] Staudinger/*Schotten* § 2346 Rdnr. 14; Soergel/*Damrau* § 2346 Rdnr. 8; MünchKommBGB/*Strobel* § 2348 Rdnr. 8; a.A. – diff. – *Keim* ZEV 2001, 1 ff.
[31] H.M. MünchKommBGB/*Strobel* § 2346 Rdnr. 13; Staudinger/*Schotten* § 2346 Rdnr. 39.
[32] Staudinger/*Schotten* § 2346 Rdnr. 41; MünchKommBGB/*Strobel* § 2346 Rdnr. 14; *Lange/Kuchinke* § 7 II 2 c; Soergel/*Damrau* § 2346 Rdnr. 9; *Nieder* Rdnr. 1143.
[33] Staudinger/*Schotten* a. a. O.; MünchKommBGB/*Strobel* a. a. O.; *Lange/Kuchinke* a. a. O.; *Bengel/Reimann*, Beck'sches Notarhandbuch C Rdnr. 80; *Nieder* a. a. O.
[34] Staudinger/*Schotten* a. a. O.; Soergel/*Damrau* a. a. O.
[35] Weitere Bsp. hierzu s. Staudinger/*Schotten* a. a. O. Rdnr. 40 ff.
[36] Palandt/*Edenhofer* § 2346 Rdnr. 5; Staudinger/*Schotten* § 2346 Rdnr. 47; MünchKommBGB/*Strobel* § 2346 Rdnr. 20.
[37] Ausf. Bsp. vgl. hierzu Staudinger/*Schotten* § 2346 Rdnr. 47 ff.

2. Wirkungen

Der auf einen Bruchteil beschränkte Erbverzicht hat zur Folge, dass der Verzichtende nur zu dem verbleibenden Bruchteil (gesetzlicher) Miterbe wird. Die vereinbarte Zulässigkeit von **Beschränkungen** oder **Beschwerungen** verleiht dem Erblasser die Befugnis, die entsprechenden Beschwerungen oder Beschränkungen anzuordnen,[38] vor allem auch im Hinblick auf § 2306 Abs. 1 S. 1 BGB und auf die Ausgleichungspflicht gem. §§ 2050 ff. BGB. Sie verfehlt aber ihre Wirkung, wenn eine entsprechende letztwillige Verfügung des Erblassers unterbleibt. 22

Der gegenständlich beschränkte Pflichtteilsverzicht lässt den Pflichtteil unberührt. Er führt lediglich dazu, dass der herausgenommene Gegenstand bzw. Inbegriff von Nachlassgegenständen bei der Berechnung der Höhe des Nachlasses unberücksichtigt bleibt und somit die Höhe der Geldforderung mindert. Der (gegenständlich) beschränkte Pflichtteilsverzicht erfasst grundsätzlich nicht nur den reinen Pflichtteilsanspruch, sondern auch die **Ergänzungsansprüche** gem. §§ 2325 ff. BGB sowie den (etwaigen) **Ausgleichungspflichtteil** gem. § 2316 BGB. Ein gesonderter (und zusätzlicher) Verzicht auf die subsidiäre Haftung des Beschenkten oder unmittelbar gegenüber dem Beschenkten (§ 2329 BGB) ist nicht erforderlich. 23

Denn wenn zufolge des Verzichts gegenüber dem Erblasser von dessen Erben (ganz oder teilweise) dem Grunde nach keine Ergänzung verlangt werden kann, entfällt zwingend auch die hilfsweise **Haftung des Beschenkten** nach Bereicherungsrecht. 24

Soweit es sich bei der dem gegenständlich beschränkten Pflichtteilsverzicht zugrunde liegenden Zuwendung um eine **gemischte Schenkung** handelt, sollte klargestellt werden, dass nur der reine Schenkungsteil vom Verzicht erfasst wird. Werden Betriebsvermögen oder Unternehmensbeteiligungen übertragen, ist darauf zu achten, dass die Herausnahme aus dem Pflichtteil mit allen Aktiva und Passiva erfolgt, da andernfalls erhebliche Probleme und Verzerrungen bei der konkreten Pflichtteilsberechnung entstehen können. 25

Erfolgt der Pflichtteilsverzicht nicht im Zusammenhang mit einer durchgeführten Zuwendung, sondern ohne eine solche im Hinblick auf die künftige Erbenregelung, so sollte beim Pflichtteilsverzicht klargestellt werden, inwieweit **künftige Veränderungen** der Vermögenswerte zu berücksichtigen sind und was bei einer evtl. Veräußerung der vom gegenständlich beschränkte Pflichtteilsverzicht erfassten Vermögenswerte geschieht (Herausnahme der Surrogate aus dem Nachlass für die Berechnung des Pflichtteils?). Schließlich muss geregelt werden, wie solche Verwendungen und Aufwendungen zu berücksichtigen sind, die der Erblasser künftig aus seinem sonstigen Vermögen auf die vom Pflichtteil künftig ausgenommenen Nachlasswerte tätigt. 26

Insgesamt können sich bei nicht umfassender Ausgestaltung im Nachlassfall erhebliche Probleme und Streitfragen ergeben.

3. Formfragen

Hinsichtlich der Form ergeben sich keine Besonderheiten, so dass insoweit auf die Ausführungen zum unbeschränkten Erb- und Pflichtteilsverzicht verwiesen werden kann (vgl. oben 1 c). Auch der teilweise Erb- oder gegenständlich beschränkte Pflichtteilsverzicht bedarf nach § 2348 BGB der **notariellen Beurkundung,** wobei gleichzeitige Anwesenheit beider Teile nicht vorgeschrieben ist. Der Erblasser muss bei Vertragsschluss persönlich handeln, eine Vertretung des Verzichtenden hingegen ist zulässig. 27

4. Aufhebung des gegenständlich beschränkten Pflichtteilsverzichts

Erblasser und Verzichtender können den Verzicht **jederzeit** wieder **aufheben** (§ 2351 BGB). Dies kann dann zu einem unsachgerechten Ergebnis führen, wenn ein Abkömmling als Übernehmer eine Abfindung an den Verzichtenden bezahlt hat und dessen Zustimmung oder Mitwirkung bei der Aufhebung nicht erforderlich ist. Zu seinem Schutz kann die Abfindungsvereinbarung, die einen dreiseitigen Vertrag darstellt, mit der Verpflichtung zur Unterlassung einer solchen Aufhebung verbunden werden. Daneben ist auch ein **Erbschaftsvertrag** nach § 312 BGB zulässig, durch den sich die Abkömmlinge als gleichgestellt hinsichtlich aller vorgenommenen Schenkungen erklären. Beide Möglichkeiten wirken jedoch nur rein schuldrechtlich. 28

---

[38] Soergel/*Damrau* a. a. O. Rdnr. 9.

Muster: Gegenständlich beschränkter Pflichtteilsverzicht aus Anlass einer Schenkung

29 X verzichtet hiermit auf sein Pflichtteilsrecht am Nachlass des Y (Übergebers) dergestalt, dass (Vertragsgegenstand) bei der Berechnung seines Pflichtteilsanspruchs als nicht zum Nachlass des Übergebers gehörend angesehen und aus der Berechnungsgrundlage für den Pflichtteilsanspruch, Ausgleichspflichtteil und Pflichtteilsergänzungsanspruch ausgeschieden wird. Der Verzicht erstreckt sich auf die Abkömmlinge des Verzichtenden. Der Übergeber nimmt diesen gegenständlich beschränkten Pflichtteilsverzicht entgegen und an.
Für das dem Erblasser verbleibende Vermögen behält sich der Verzichtende seine gesetzlichen Ansprüche vor.

IV. Erb- oder Pflichtteilsverzicht?

1. Wirkungen des Erbverzichts

30 Der Erbverzicht ändert unmittelbar die gesetzliche Erbfolge und schließt den Verzichtenden auch dann vom Nachlass des Erblassers aus, wenn dieser keine entsprechenden Verfügungen von Todes wegen getroffen hat.[39] Der wesentliche Unterschied zum reinen Pflichtteilsverzicht besteht somit darin, dass es für den Ausschluss des Verzichtenden von der Erbfolge keiner weiteren Handlung des Erblassers mehr bedarf. Unberührt von den Folgen des Erbverzichts bleibt aber die Möglichkeit des Erblassers, den Verzichtenden durch Verfügung von Todes wegen letztwillig zu bedenken.[40] Der **Erbverzicht** hat indes **erhebliche Nachteile**, die ihn nur ganz ausnahmsweise als sachgerechtes Vorsorgeinstrument erscheinen lassen: Wenn die Kinder, die der Erblasser neben dem Verzichtenden noch hatte, wegfallen (z. B. durch Tod ohne Hinterlassung von Abkömmlingen), führt der Erbverzicht unmittelbar zur Erbenstellung von Verwandten der zweiten oder fernerer Ordnungen.[41]

31 Vor allem aber führt der Erbverzicht u. U. zu einer **Erhöhung der Pflichtteilsquoten** der anderen Pflichtteilsberechtigten. Denn bei der Ermittlung der Pflichtteilsquoten wird gemäß § 2310 S. 2 BGB derjenige nicht mitgezählt, der durch Erbverzicht von der gesetzlichen Erbfolge ausgeschlossen ist.[42] Auch bei der Berechnung der Ausgleichungspflicht bleibt ein durch Erbverzicht von der gesetzlichen Erbfolge ausgeschlossener gem. § 2316 Abs. 1 S. 2 BGB außer Betracht.[43] Die Empfehlung, einen Erbverzicht vorzunehmen, kann aus diesen Gründen eine Pflichtverletzung des Beraters darstellen und zur Schadenersatzpflicht führen, wenn durch den Erbverzicht die Pflichtteilsbelastung eines Erben erhöht worden ist.[44]

2. Wirkungen des Pflichtteilsverzichts

32 Der Erbverzicht kann gemäß § 2346 Abs. 1 BGB auch auf das Pflichtteilsrecht beschränkt werden. Der bloße Pflichtteilsverzicht hat keine Auswirkungen auf die gesetzliche Erbfolge und damit auch nicht auf das Pflichtteilsrecht der Nichtverzichtenden; er führt also **nicht** zu der vorstehend beschriebenen nachteiligen **Quotenerhöhung** der übrigen Pflichtteilsberechtigten.[45] Der Verzichtende wird somit Erbe, wenn und soweit er nicht durch Verfügung von Todes wegen ausgeschlossen wird. Durch den Pflichtteilsverzicht erlangt der Erblasser insoweit also vollständige Testierfreiheit, als der Verzichtende keine Pflichtteilsansprüche und auch keine Pflichtteilsergänzungsansprüche beim Tode des Erblassers geltend machen kann. Soll der Ver-

---

[39] Palandt/*Edenhofer* § 2346 Rdnr. 4.
[40] Staudinger/*Schotten* § 2346 Rdnr. 71, MünchKommBGB/*Strobel* § 2352 Rdnr. 3; BGH Beschl. v. 13.7.1959 – BGHZ 30, 261, 267; BayObLG RPfleger 1987, 374; *Nieder* Rdnr. 1141. Ein dinglich wirkender Verzicht auf Erbrechte aus künftigen Verfügungen von Todes wegen ist nicht möglich, vgl. die Vorgenannten.
[41] Vgl. auch Palandt/*Edenhofer* § 1930 Rdnr. 2; zur Auslegungsregel des § 2350 BGB vgl. bereits Rdnr. 2.
[42] Vgl. etwa Staudinger/*Schotten* § 2346 Rdnr. 77 m.w.N.; MünchKommBGB/*Frank* § 2310 Rdnr. 5; BGH Urt. v. 17.3.1982 – NJW 1982 S. 2497; BGH Urt. v. 4.4.1990 – BGHZ 111, 138, 139 = DNotZ 1991, 539, 540.
[43] Staudinger/*Schotten* § 2346 Rdnr. 77.
[44] BGH Urt. v. 4.4.1990 – DNotZ 1991, 539, 540 = BGHZ 111, 138, 139.
[45] *Bengel/Reimann* a. a. O. Rdnr. 188, Palandt/*Edenhofer* § 2346 Rdnr. 5.

§ 31 Erb- und Pflichtteilsverzicht, Zuwendungsverzicht   33–40 § 31

zichtende nicht (gesetzlicher) Erbe werden, so bedarf es eben einer weiteren Verfügung von Todes wegen, durch die der Verzichtende von der Erbfolge ausgeschlossen wird. Hierauf sind die Beteiligten stets hinzuweisen. Aufgrund des Vorteils, dass die Quoten der übrigen Pflichtteilsberechtigten nicht erhöht werden, wird in der Regel ein bloßer Pflichtteilsverzicht angezeigt sein.

Verzichtet ein im gesetzlichen Güterstand lebender Ehegatte auf sein gesetzliches Pflichtteilsrecht, so verbleiben ihm regelmäßig die **Zugewinnausgleichsansprüche** gem. §§ 1373 ff. BGB. Auf diese Folge sollte hingewiesen und gegebenenfalls mit dem Pflichtteilsverzicht ein ehevertraglicher Ausschluss des Zugewinnausgleichs für den Ablebensfall vereinbart werden.[46]   33

3. Praktische Bedeutung

- Herstellung der völligen Testierfreiheit: 34
  Durch den Erb- oder auch den bloßen Pflichtteilsverzicht wird der Erblasser in die Lage versetzt, völlig frei und ohne Beachtung der sonst u. U. gegebenen Pflichtteilsansprüche zu Lebzeiten wie auch durch Verfügung von Todes wegen zu verfügen. Seine Erben werden nicht mit Pflichtteilsansprüchen belastet.
- Sicherung der Unternehmensnachfolge: 35
  Vor allem bei der Nachfolgeplanung im Unternehmensbereich sind Pflichtteilsverzichte, soweit sie erreicht werden können, nicht nur sinnvoll, sondern auch meist unverzichtbar. Denn nur so kann sich der Erblasser sicher sein, dass die von ihm angeordnete und geplante Unternehmensnachfolge nicht durch etwaige Pflichtteilsansprüche „unterlaufen" wird. Der auf Grund geltendgemachter Pflichtteilsansprüche etwa im Unternehmen eintretende Mittelabfluss wird ansonsten nicht selten zu einer **Gefährdung** des betroffenen Unternehmens.
- Bei Kindern aus mehreren Ehen: 36
  Sofern bei einem Ehepaar Kinder aus vorangegangenen Ehen bzw. Beziehungen vorhanden sind, also einseitige Kinder, ist ein Pflichtteilsverzicht, soweit er überhaupt erreicht werden kann, sinnvoll. Denn nur so können die Ehegatten sicher sein, dass der Überlebende von ihnen nicht mit Pflichtteilsansprüchen der beim **Tode des Erstversterbenden** pflichtteilsberechtigten Kinder belastet wird, wenn die Ehegatten eine gegenseitige Erbeinsetzung für den ersten Todesfall wünschen.
- Im Rahmen eins Ehevertrages oder einer Scheidungsvereinbarung: 37
  Bis zum Vorliegen der Voraussetzungen des § 2077 Abs. 1 BGB ist das gesetzliche Erbrecht des Ehegatten gemäß § 1931 BGB stets gegeben, auch wenn die Ehegatten getrennt leben und keine ehelichen Gemeinsamkeiten mehr bestehen. Vor allem im Rahmen einer Scheidungsvereinbarung ist daher stets die erbrechtliche Problematik anzusprechen und ein möglicher Erb- und Pflichtteilsverzicht zu erörtern. Wird lediglich ein Pflichtteilsverzicht vereinbart, ist – wie oben bereits beschrieben – darauf zu achten, dass die gewünschte Wirkung, nämlich der Wegfall der Erbberechtigung des Ehepartners, nur bei Vorhandensein einer entsprechenden Verfügung von Todes wegen entfällt. Zur Flankierung des Pflichtteilsverzichts mit einem ehevertraglichen **Ausschluss** des **Zugewinnausgleichs** für den Ablebensfall vgl. bereits oben.
- Auswirkungen im Hinblick auf § 1586 b BGB[47]   38
- Sicherung des überlebenden Ehegatten beim ersten Sterbefall: 39
  Die Abkömmlinge des erstversterbenden Ehegatten sind bei dessen Tode grundsätzlich gesetzliche Erben – und damit auch pflichtteilsberechtigt. Bei Geltendmachung der Pflichtteilsansprüche wird der überlebende Ehegatten gegebenenfalls sehr belastet. Er muss u. U. hohe Zahlungen leisten, auch wenn der Nachlass nicht aus liquiden Mitteln besteht. Durch einen Pflichtteilsverzicht der Abkömmlinge wird diese **potenzielle Belastung** des überlebenden Ehegatten beim ersten Sterbefall vermieden.
- Situation beim weichenden Erben (vorweggenommene Erbfolge):   40
  Werden Vermögensgegenstände unter Lebenden im Rahmen einer vorweggenommenen Erbfolge auf einen von mehreren Abkömmlingen übertragen, so werden häufig – in der Regel **gegenständlich beschränkte** – **Pflichtteilsverzichte** der weichenden Erben abgegeben.[48] Hier-

---

[46] Bengel/Reimann a. a. O. Rdnr. 188; Nieder Rdnr. 1142.
[47] Hierzu ausf. bei Rdnr. 41 ff.
[48] Vgl. Rdnr. 41 ff.

durch wird verhindert, dass die weichenden Erben nach dem Tode des Übergebers im Hinblick auf den zu Lebzeiten übergebenden Vermögensgegenstand Pflichtteilsansprüche bzw. Pflichtteilsergänzungsansprüche gem. § 2325 BGB geltend machen können. So ist sichergestellt, dass der Übernehmer beim Tode des Erblassers nicht mit diesen Ansprüchen belastet wird.

41 • **Separater Verzicht auf Pflichtteilsergänzungsanspruch?**
Bei dem Pflichtteilsergänzungsanspruch gem. § 2325 Abs. 1 BGB handelt es sich um einen **selbständigen außerordentlichen Pflichtteilsanspruch**.[49] Die Beschränkung des Pflichtteilsverzichts auf einen Bruchteil des Pflichtteilsrechts, auf eine feste Summe oder auf eine betragsmäßige Obergrenze oder eben nur auf den Ergänzungsanspruch ist zulässig.[50]

V. Geschiedenenunterhalt und Erb-/Pflichtteilsverzicht

42 Zentrale Norm ist **§ 1586 b BGB**, eine nicht nur in der Bevölkerung weitgehend unbekannte Bestimmung, sondern auch von den rechtsberatenden Berufen leider unzureichend berücksichtigte, ausgesprochen komplizierte Norm.[51]

1. Nachlassverbindlichkeit

43 Die gem. § 1586 b BGB auf den Erben übergehende **Unterhaltspflicht** ist Nachlassverbindlichkeit. Die quotale Berechnung ist regelmäßig unschwer. Der Güterstand bleibt außer Betracht; maßgebend sind also § 1931 Abs. 1 und 2 BGB. Die Bestimmung des § 1371 BGB (Erbteilserhöhung) ist nicht heranzuziehen.

Für die Wert-Berechnung der fiktiven Pflichtteilshöhe gem. § 2311 BGB ist der Unterhaltsanspruch vom Aktivbestand des Nachlasses abzuziehen.[52] Entscheidungen zur Verfahrensweise liegen nicht vor. Richtigerweise wird zunächst vom Reinnachlass der Wert des fiktiven Pflichtteils des unterhaltsberechtigten geschiedenen Ehegatten abgezogen. Sollte sich in der Folgezeit ergeben, dass dieser Betrag nicht aufgebraucht wird (z. B. Vorableben des Unterhaltsberechtigten), so ist der nichtverbrauchte Teil zum Reinnachlass zu zählen; die Pflichtteilsberechtigten können dann hieraus ihre Restansprüche geltend machen.

2. Wertfortschreibung

44 Eine Fortschreibung des Pflichtteilswertes wie zufolge der Rechtsprechung zum **Anfangsvermögen** bei der **Zugewinngemeinschaft** entsprechend der allgemeinen Wertentwicklung kann nahe liegen. Literatur hierzu ist nicht bekannt. Eine Verzinsung des „Pflichtteils" steht dem Unterhaltsberechtigten nicht zu. Sicherung kann nicht verlangt werden.

3. Pflichtteilsergänzung

45 Fraglich ist, ob eventuelle Pflichtteilsergänzungsansprüche gem. § 2325 **zugunsten des Unterhaltsberechtigten** zu berücksichtigen sind. Nach AG Bottrop[53] sollen solche Ergänzungsansprüche außer Betracht bleiben. Vom Dogmatischen her ist diese Ansicht sicherlich vertretbar, weil der Pflichtteilsergänzungsanspruch ein isoliert neben dem Pflichtteilsanspruch stehendes Recht darstellt. Ob dies allerdings der Intention des Gesetzgebers entspricht, erscheint mehr als fraglich. Die Ergebnisse können auch im Einzelfall sehr unbefriedigend sein.

Beispiel:
Der betagte geschiedene unterhaltspflichtige Ehemann verschenkt kurz vor seinem Ableben den wesentlichen Teil seines Vermögens an seine zweite Ehefrau oder Lebensgefährtin und setzt diese zur Alleinerbin ein. Der Nachlass beträgt nur noch ca. DM 10.000,–. Sollen hier wirklich keine Ergänzungsansprüche zugunsten der Unterhaltsberechtigten berücksichtigt werden?

46 **Sinn und Zweck des § 1586 b BGB** gebieten wohl, den Begriff „Pflichtteil" im weiteren Sinne als Oberbegriff (wie bei der Überschrift des 5. Abschn. des Erbrechts) zu sehen, also auch

---

[49] BGH Urt. v. 9.3.1988 – BGHZ 103, 333, 337; Palandt/*Edenhofer* § 2325 Rdnr. 2.
[50] Palandt/*Edenhofer* § 2346 Rdnr. 6; *Nieder* Rdnr. 1145; vgl. auch Staudinger/*Schotten* § 2346 Rdnr. 47 ff.
[51] *Roessink* FamRZ 1990, 924.
[52] *Lange/Kuchinke* § 39 Rdnr. 190; MünchKommBGB/*Frank* § 2311 Rdnr. 9.
[53] AG Bottrop Urt. v. 23.5.1989 – FamRZ 89, 1009 f.

die Ergänzungsansprüche – soweit sie sich gegen den Erben richten – einzubeziehen.⁵⁴ Der Beschenkte hingegen haftet nicht; § 2329 BGB ist auf den Anspruch aus § 1586 b BGB nicht anwendbar.

Der BGH hat die Streitfrage jüngst geklärt.⁵⁵ In die Berechnung der Haftungsgrenze des § 1586 b Abs. 1 S. 3 BGB sind die fiktiven Pflichtteilsergänzungsansprüche gegen den Erben einzubeziehen.

4. Auskunftsanspruch

Ungeklärt ist auch, ob dem Unterhaltsberechtigten ein Auskunftsrecht über die Höhe und den **Bestand des Nachlasses** zusteht. § 2314 ist vom Wortlaut her hier nicht anwendbar. Gleiches gilt für § 1580 BGB. Allerdings wird man zur Auskunftspflicht wohl über § 242 BGB kommen. Insoweit wird auf die BGH-Rechtsprechung⁵⁶ Bezug genommen. 47

5. Pflichtteilsverzicht

Ungeklärt ist auch, wie sich ein vom Unterhaltsberechtigten während bestehender Ehe erklärter Pflichtteilsverzicht auswirkt. Nach zutreffender Ansicht entfällt die Erbenhaftung gem. § 1586 b BGB nicht durch einen Pflichtteilsverzicht.⁵⁷ Denn der Pflichtteilsverzicht unter Ehegatten wird abgegeben im Hinblick darauf und unter der Prämisse, dass die Ehe durch Tod endet. **Unterhaltsrechtliche Konsequenzen** werden zum einen von den Beteiligten **nicht bedacht**; zum anderen bestehen die von § 1586 b BGB erfassten Unterhaltsansprüche im Zeitpunkt der Abgabe des Pflichtteilsverzichts überhaupt nicht. Die Begrenzung der Haftung auf den Pflichtteil ändert auch nichts am **familienrechtlichen** Charakter des Anspruchs.⁵⁸ Soweit jedoch im Rahmen einer Scheidungsvereinbarung neben der Regelung des nachehelichen Unterhalts Pflichtteilsverzichte abgegeben werden, sollte aus Rechtssicherheitsgründen klargestellt werden, ob diese Verzichte auch den Wegfall der Erbenhaftung gem. § 1586 b BGB mit umfassen sollen oder nicht. 48

Der gesetzlich bestimmte Übergang der Unterhaltspflicht auf die Erben ist disponibel. In der Scheidungsvereinbarung kann also die passive Vererblichkeit des Unterhaltsanspruches ausgeschlossen oder modifiziert werden. Da es sich um eine reine Scheidungsvereinbarung handelt und nicht um einen Pflichtteilsverzicht, ist die Formbestimmung des § 2348 BGB weder unmittelbar noch mittelbar anwendbar.

6. Vertraglicher Unterhalt

Unklar ist ferner, ob und inwieweit § 1586 b BGB auf die **vertraglich vereinbarten Unterhaltspflichten** anwendbar ist. Unstreitig ist insoweit, dass § 1586 b Abs. 1 S. 1 BGB unmittelbare Anwendung findet, wenn mit der vertraglichen Regelung des Unterhaltes lediglich die gesetzliche Unterhaltspflicht näher ausgestaltet wurde.⁵⁹ Haben die Ehegatten jedoch erhebliche Abweichungen von der gesetzlichen Unterhaltspflicht im Vertrag vereinbart, so soll § 1586 b BGB nicht gelten. Die höchstrichterlich noch nicht entschiedenen Fragen zwingen den Kautelarjuristen aber, die Folgen beim Ableben des Unterhaltsverpflichteten zu besprechen und ggf. unterhalts- bzw. verstärkend auch erbrechtlich regeln zu lassen. Soll über den Tod hinaus die Unterhaltspflicht als Nachlassverbindlichkeit bestehen bleiben, bietet sich vor allem die Aussetzung eines Vermächtnisses an und zwar in der Form des Erbvermächtnisvertrages. Auf die erforderliche Form – hier kommt ja nur und ausschließlich der Erbvertrag in Frage – wird hingewiesen (notarielle Beurkundung, § 2348 BGB). 49

7. Zusammenfassung

a) § 1586 b BGB hat wegen der weitgehend ungeklärten Rechtslage Konsequenzen für die **Gestaltung von Eheverträgen** und **Pflichtteilsverzichten**.⁶⁰ 50

---

⁵⁴ So auch Staudinger/*Baumann* § 1586 b Rdnr. 35.
⁵⁵ Urt. v. 29.11.2000 – ZEV 2001, 113 m. Anm. *Frenz*.
⁵⁶ BGH Urt. v. 27.6.1973 – BGHZ 61, 180; KG Urt. v. 2.11.1972 – JuS 1973, 514.
⁵⁷ *Grziwotz* FamRZ 1991, 1258; Palandt/*Diedrichsen* § 1586 b Rdnr. 7; a.A. *Dieckmann* FamRZ 1992, 633.
⁵⁸ Staudinger/*Baumann* § 1586 b Rdnr. 46.
⁵⁹ MünchKommBGB/*Richter* § 1586 b Rdnr. 4; Palandt/*Diedrichsen* § 1586 b Rdnr. 3.
⁶⁰ Hierzu ausf. *Frenz* ZEV 1997, 450 f.

Beim Pflichtteilsverzicht zwischen Ehegatten (während bestehender Ehe) sollte klargestellt werden, ob mit dem Tode eines möglicherweise später Unterhaltsverpflichteten die Unterhaltsansprüche des Berechtigten erlöschen oder, ob die Bestimmung des § 1586 b BGB durch den Pflichtteilsverzicht ausdrücklich nicht ausgeschlossen werden soll.

b) Wegen der unsicheren Rechtslage bei vertraglich vereinbarten Unterhaltsleistungen im Hinblick auf § 1586 b BGB ist in der Scheidungsvereinbarung Vorsorge zu treffen (vgl. hierzu die nachfolgenden Vorschläge).

51 **Formulierungsvorschläge:**

- **Wenn Unterhaltsansprüche mit dem Tod des Verpflichteten erlöschen sollen:**
  Unterhaltsansprüche gegen den erstverstorbenen Unterhaltsverpflichteten erlöschen mit dessen Tod. §§ 1586 b und 1933 S. 3 BGB sind also nicht anwendbar.
- **Wenn die Ansprüche nicht erlöschen sollen, muss differenziert werden beim Pflichtteilsverzicht:**
  Unterhaltsansprüche des Überlebenden gegen die Erben gem. §§ 1586 b, 1933 S. 3 BGB werden durch den Pflichtteilsverzicht nicht ausgeschlossen. Der Überlebende soll also für diesen Fall so gestellt werden, als ob der Pflichtteilsverzicht nicht erklärt worden wäre.[61]
- **Wenn in der Scheidungsvereinbarung der Unterhalt abweichend vom Gesetz geregelt wurde:**
  Hier ist (sicherheitshalber) ein Erbvertrag zu beurkunden, in welchem die Erben des Unterhaltsverpflichteten mit einem Vermächtnis zugunsten des Unterhaltsberechtigten beschwert werden:
  Die Erben haben meinem früheren Ehegatten diejenigen Zahlungen zu leisten, die sie schulden würden, wenn §§ 1586 b, 1933 S. 3 BGB anwendbar wären. Im Einzelnen gilt: ... (muss individuell ausgestaltet werden.)

VI. Zuwendungsverzicht

1. Praktischer Anwendungsbereich, gesetzliche Grundlage

52 Der in einem Testament eingesetzte Erbe oder Vermächtnisnehmer kann gem. § 2352 S. 1 BGB durch Vertrag mit dem Erblasser auf diese Zuwendung verzichten. Gleiches gilt nach § 2352 S. 2 BGB für den im Erbvertrag bedachten „Dritten". Praktische Bedeutung erlangt ein solcher Zuwendungsverzicht in den Fällen, in welchen dem Erblasser der **einseitige Widerruf** der Verfügung von Todes wegen **versagt** ist. Neben der (seltenen) tatsächlichen Bindung durch zwischenzeitlich eingetretene Testierunfähigkeit ist hier die rechtliche Bindung durch gemeinschaftliches Testament bzw. Erbvertrag nach dem Ableben des Partners relevant. Beim gemeinschaftlichen Testament kommt ein Zuwendungsverzicht auch dann in Betracht, wenn der Längerlebende zwar noch ausschlagen oder anfechten könnte, dies aber nicht will, um nicht die Unwirksamkeit der wechselbezüglichen Verfügungen des Erstversterbenden (§ 2270 Abs. 1 BGB) zu bewirken.

53 Für den Abschluss des Zuwendungsverzichtsvertrages gelten auf Grund der Verweisungen in § 2352 S. 3 BGB **dieselben Regeln** wie beim Erb- und Pflichtteilsverzicht (Beurkundungspflicht, auch des Kausalgeschäfts). Den durch den Erbvertrag oder gemeinschaftliches Testament gebundenen, beschränkt geschäftsfähigen Erblasser (§ 2347 Abs. 2 S. 1 2. Halbs. BGB) wird es allerdings wegen §§ 2275 Abs. 2, 2247 Abs. 4, 2233 Abs. 1 BGB praktisch nicht geben. Zu beachten ist die Notwendigkeit einer vormundschaftsgerichtlichen Genehmigung, wenn ein nicht voll Geschäftsfähiger am Vertragsschluss beteiligt ist (§ 2347 BGB mit den dort geregelten Ausnahmekonstellationen). Trennung des Vertragsschlusses in Angebot und Annahme ist auch hier möglich.

---

[61] Nach *Frenz* ZEV 1997, 451.

2. Gegenstand des Zuwendungsverzichts

Gegenstand des Zuwendungsverzichtes sind **Erbeinsetzungen und/oder** testamentarisch 54 angeordnete **Vermächtnisse** (nicht gesetzliche Vermächtnisse, z. B. Voraus und Dreißigsten, §§ 1932, 1969). Beim Erbteil ist eine quotenmäßige Beschränkung zulässig, nicht jedoch eine gegenständliche. Diese ist beim Vermächtnis möglich, soweit es sich nicht um eine unteilbare Leistung handelt. Nach h. M. kann der durch eine Auflage Begünstigte keinen Zuwendungsverzicht vereinbaren.[62] Auf Zuwendungen in künftigen Verfügungen von Todes wegen kann sich der Verzicht nicht beziehen.

Nach überwiegender Ansicht ist eine **Erstreckung** der Verzichtswirkung auf Ersatzerben entsprechend § 2249 BGB durch den Gesetzeswortlaut beim Zuwendungsverzicht **ausgeschlossen**.[63] Demzufolge können als Folge des Verzichts gem. §§ 2069, 2096 BGB die Abkömmlinge des Verzichtenden an dessen Stelle treten.[64] Dies gilt jedenfalls nach allgemeiner Meinung für diejenigen Fälle, in denen der Zuwendungsverzicht ohne Abfindung erklärt wird, auch wenn die Verfügung von Todes wegen keine ausdrückliche Ersatzbestimmung beinhaltet, sich diese also aus § 2069 BGB ergibt, und erst recht, wenn eine ausdrückliche Bestimmung der Ersatzberechtigten von Todes wegen verfügt wurde. Bei „vollwertiger Abfindung"[65] hingegen soll regelmäßig die Auslegung der Verfügung von Todes wegen (hypothetischer Erblasserwille) dazu führen, dass der Zuwendungsverzicht zu Lasten des Ersatzberufenen wirkt.[66] Denn die Doppelbegünstigung eines Stammes (über die gem. § 2069 vermutete Ersatzerbenberufung) entspricht nicht dem Willen des „vernünftigen" Durchschnittserblassers und dem Sinn und Zweck der gesetzlichen Vorschriften. Nach (noch) h.M. tritt dagegen auch bei vollständiger Abfindung keine Erstreckung auf die Abkömmlinge ein, wenn sich nicht aus der Verfügung von Todes wegen eindeutig ergibt, dass die Ersatzberufung in diesem Falle ausgeschlossen sein soll.[67]

Zur Frage, wann eine **„vollständige" Abfindung** vorliegt, bestehen unterschiedliche Ansichten. Während das OLG Köln auf den Zeitpunkt des Zuwendungs-verzichtsvertrages abstellt[68] und eine Wertabweichung bis zu maximal 10% unter dem hypothetischen Erbteil zulässt, wäre nach *J. Mayer*[69] an sich zu vermuten, dass der für die Beurteilung der Vollständigkeit maßgebende Zeitpunkt der Erbfall ist, was aber zu unlösbaren Problemen führt. Schließlich will *Otte*[70] die Vollständigkeit davon abhängig machen, ob die Abgeltung aus der Sicht der Vertragsparteien vollständig war; die 10%-Grenze des OLG Köln sei zu eng. Und *Johannsen*[71] sieht beim Zuwendungsverzicht des einzigen Schlusserben die Abfindung nur dann als vollständig an, wenn sie nicht aus dem Vermögen des Erblassers entnommen wird. *Kornexl*[72] kritisiert die bislang vertretenen Ansichten mit der zutreffenden Argumentation, dass der Begriff „Vollständigkeit" nicht mittels nachvollziehbar erarbeiteter Kriterien, sondern prinzipiell nur willkürlich erfolgen kann. Die von ihm gefundenen sachgerechten Ergebnisse hängen zum einen davon ab, durch wen der Verzicht abgegeben wurde, und zum anderen davon, ob überhaupt eine wirtschaftliche Gegenleistung gewährt wurde, wobei deren Höhe oder Vollständigkeit unerheblich ist.[73] Für *Schotten* stellen sich die voraufgeführten Probleme nicht, da er die (analoge) Anwendung des § 2349 BGB bejaht.[74]

---

[62] MünchKommBGB/*Strobel* § 2352 Rdnr. 4; *J. Mayer* ZEV 1996, 127; Dittmann/Reimann/Bengel/*Mayer* S. 192; a.A. Soergel/*Damrau* § 2352 Rdnr. 1; Staudinger/*Schotten* § 2352 Rdnr. 3.
[63] *Edenhofer* § 2352 Rdnr. 6; MünchKommBGB/*Strobel* § 2352 Rdnr. 14; Soergel/*Damrau* § 2352 Rdnr. 4; a.A. Staudinger/*Schotten* 2352 Rdnr. 42 ff.; *Schotten* ZEV 1997, 1.
[64] Ausf. hierzu Dittmann/Reimann/Bengel/*Mayer* S. 187 ff.
[65] Hierzu ausf. OLG Köln Beschl. v. 25.8.1989 – FamRZ 1990, 99, 101.
[66] OLG Köln Beschl. v. 25.8.1989 – FamRZ 1990, 99; OLG Frankfurt Beschl. v. 6.3.1997 – ZEV 1997, 454.
[67] BGH Urt. v. 20.10.1972; OLG Düsseldorf DNotZ 1974, 367; OLG Hamm Beschl v. 7.12.1981 – OLGZ 1982, 272; diff. BayObLG Beschl. v. 23.4.1997 – ZEV 1997, 377, 381.
[68] OLG Köln Beschl. v. 25.8.1989 – FamRZ 1990, 99, 101.
[69] *J. Mayer* ZEV 1996, 127, 131.
[70] Staudinger/*Otte* § 2069 Rdnr. 15.
[71] RGRK/*Johannsen* § 2352 Rdnr. 9.
[72] *Kornexl* Rdnr. 117 f.
[73] *Kornexl* Rdnr. 437.
[74] Staudinger/*Schotten* § 2352 Rdnr. 51.

57 Prinzipiell können die erheblichen Probleme um die Wirkung eines Zuwendungsverzichts im Hinblick auf gewillkürte oder gesetzlich vermutete Ersatzerbenberufung nur vermieden werden, wenn die Verfügung von Todes wegen so präzise ist, dass die unsicheren Wege der hypothetischen Erblasserwillenermittlung nicht beschritten werden müssen.

> **Formulierungsvorschlag:**[75]
> Jede Einzelne der vorstehenden Ersatzschlusserbeinsetzungen ist für sich auflösend bedingt für den Fall, dass der betreffende Schlusserbe mit dem Längerlebenden einen Zuwendungsverzichtsvertrag abschließt, auch wenn dies ohne gleichwertige Gegenleistung geschieht. Die Auslegungsregel des § 2069 BGB soll ausdrücklich nicht gelten.

3. Wirkung des Zuwendungsverzichts

58 Der Zuwendungsverzicht selbst entfaltet keine positiv gestaltende Wirkung. Die vom Zuwendungsverzicht betroffene Verfügung wird **lediglich gegenstandslos**, nicht nichtig (anders als bei Anfechtung oder bei Widerruf). Das rechtliche Schicksal weiterer Bestimmungen in einer Verfügung von Todes wegen bleibt vom Zuwendungsverzicht unberührt. Dies spielt vor allem eine bedeutsame Rolle bei wechselbezüglichen Verfügungen im gemeinschaftlichen Testament. Während hier gem. § 2270 Abs. 1 BGB bei korrespektiven Verfügungen die Nichtigkeit oder der Widerruf der einen Verfügung zur Unwirksamkeit der anderen führt, tritt diese Folge beim Zuwendungsverzicht nicht ein. Auswirkungen auf den gesetzlichen Erb- und Pflichtteil hat der Zuwendungsverzicht nicht.

VII. Aufhebung des Verzichts

1. Form

59 § 2351 BGB bestimmt, dass ein Erbverzicht nicht schlicht durch eine aufhebende einseitige Verfügung von Todes wegen durch den Erblasser beseitigt werden kann, sondern **nur durch Aufhebungsvertrag** zwischen Erblasser und Verzichtendem. Die Notwendigkeit eines Aufhebungsvertrags folgt aus den Wirkungen des Erbverzichts (§ 2346 Abs. 1 S. 2 BGB: Ausschluss des Verzichtenden von der gesetzlichen Erbfolge, wie wenn er zurzeit des Erbfalls nicht mehr lebte). Soll ein Verzichtender wieder Erbe werden, kann dies zwar bei bestehendem Erbverzicht jederzeit durch ein entsprechendes Testament erreicht werden. Diese Verfügung von Todes wegen beseitigt aber keinesfalls die erheblichen Auswirkungen des Erbverzichts, vor allem im Hinblick auf die Berechnung des Pflichtteils anderer Berechtigter.[76]

§ 2351 BGB bestimmt, dass die Aufhebung des Erbverzichts der notariellen Beurkundung bedarf. Nach h.M. soll dies nicht nur für den Verzicht auf das gesetzliche Erbrecht und den gesonderten Pflichtteilsverzicht gelten, sondern auch für den Zuwendungsverzicht.[77]

60 Gleichzeitige Anwesenheit beider Parteien ist nicht erforderlich; der Erblasser kann jedoch gem. §§ 2351, 2347 Abs. 2 S. 1 BGB den Aufhebungsvertrag – wie den Erbverzicht – **nur persönlich schließen**. Nach seinem Tod ist eine Aufhebung nicht mehr möglich.[78] Der beschränkt geschäftsfähige Erblasser muss selbst handeln, bedarf indes der Zustimmung des gesetzlichen Vertreters, dieser wiederum der Genehmigung des Vormundschaftsgerichts (§ 2347 Abs. 2 S. 2 BGB).[79]

Bei Abschluss des Aufhebungsvertrages muss nicht nur der **Erblasser** noch am Leben sein; nach h. M. kann ein Aufhebungsvertrag auch nur zu **Lebzeiten des Verzichtenden** abgeschlos-

---

[75] Nach *Dittmann/Reimann/Bengel* S. 382.
[76] *Keim* NotBZ 1999, 1.
[77] Staudinger/*Schotten* § 2351 Rdnr. 3; Palandt/*Edenhofer* § 2351 Rdnr. 1; Soergel/*Damrau* § 2351 Rdnr. 5; a.A. mit beachtlichen Arg. *Kornexl* S. 181 ff.
[78] *Keim* NotBZ 1999, 1, 2; s. a. Rdnr. 12.
[79] Zur Problematik beim unter Betreuung stehenden Erblasser s. *Keim* NotBZ 1999, 1, 2.

sen werden,[80] weil die Rechtsmacht des Verzichtenden, über § 2349 BGB auch über das gesetzliche Erbrecht seiner Abkömmlinge zu verfügen, als höchstpersönliches Recht anzusehen ist.

2. Wirkungen des Aufhebungsvertrages

Durch den Aufhebungsvertrag wird der Zustand hergestellt, der vor dem Verzicht bestanden hat: Das Pflichtteilsrecht des Verzichtenden wird wieder begründet; die Quoten der anderen Pflichtteilsberechtigten verringern sich. Bei Aufhebung eines Zuwendungsverzichts gem. § 2352 BGB wird die Zuwendung wieder wirksam, ohne dass der Erblasser eine neue Verfügung von Todes wegen errichten müsste.[81]

Die bislang nicht geklärte Frage, ob der Aufhebungsvertrag den Erbverzicht rückwirkend beseitigt oder erst ab dem Zeitpunkt seiner Vornahme die frühere erbrechtliche Situation wiederherstellt, ist nur dann relevant, wenn zu Lebzeiten des Erblassers vorgenommene Rechtshandlungen in ihrer Wirksamkeit wiederum von der Wirksamkeit des Erbverzichts abhängen.[82] Jedenfalls sollte **die Problematik der Rückwirkung** im Aufhebungsvertrag ausdrücklich angesprochen werden. Es ist zu klären „was mit zwischenzeitlich errichteten Verfügungen von Todes wegen passieren soll",[83] und ob der Verzicht auf Pflichtteilsergänzungsansprüche aufrechterhalten bleiben soll; sollte der Verzichtende vorsorglich auf sein denkbares Anfechtungsrecht gem. § 2079 BGB verzichten.[84]

3. Rechtsgrund/Kausalverhältnis

Umstritten ist, ob in der Aufhebung des gegen Abfindung erklärten Erbverzichtes per se die **Aufhebung des Grundgeschäfts** zu sehen ist (mit der Konsequenz, dass die Abfindung gem. § 812 Abs. 1 S. 2 BGB zurückgefordert werden kann),[85] oder ob der Aufhebungsvertrag seine eigene causa hat, auf die § 2348 BGB anzuwenden ist (notarielle Beurkundung).[86] Der sichere Weg bei der ungeklärten Rechtslage besteht in der ausdrücklichen (zu beurkundenden Regelung), was mit den als Gegenleistung zugewendeten Gegenständen oder den geleisteten Zahlungen geschehen soll.[87] Die isolierte Aufhebung als actus contrarius ist zwar wirksam, die Rechtsprobleme um die Rückforderungsansprüche aus § 812 Abs. 1 S. 2 BGB sollten und können durch schuldrechtliche Vereinbarungen vermieden werden.

Soweit beim entgeltlichen Erbverzicht nicht das Verfügungsgeschäft aufschiebend oder auflösend bedingt vereinbart wurde, kann eine vertragliche Aufhebung gem. § 2351 BGB bei Leistungsstörungen notwendig werden. Keim[88] weist zutreffend darauf hin, dass bei Leistungsstörungen im Hinblick auf die „Gegenleistung" dem Verzichtenden die Rechte aus § 326 BGB zustehen, also der Anspruch gegenüber dem Erblasser zur Mitwirkung bei einem Aufhebungsvertrag gem. § 2353 BGB.[89]

---

[80] BGH Urt. v. 24.6.1998 – ZEV 1998, 304; *Siegmann* ZEV 1998, 383; *Frenz* NotBZ 1999, 1, 3.
[81] Staudinger/*Schotten* § 2352 Rdnr. 54; *Keim* NotBZ 1999, 1, 4.
[82] *Keim* NotBZ 1999, 1, 4.
[83] *Keim* NotBZ 1999, 1, 5.
[84] Formulierungsvorschläge bei *Keim* NotBZ 1999, 1, 7.
[85] MünchKommBGB/*Strobel* § 2351 Rdnr. 5 m.w.N.
[86] Soergel/*Damrau* § 2351 Rdnr. 5; DNotI-Report 1995, 142.
[87] *Keim* NotBZ 1999, 1, 6.
[88] NotBZ 1999, 1, 7.
[89] So auch Soergel/*Damrau* § 2346 Rdnr. 3.

5. Abschnitt. Lebzeitige Übertragungen

§ 32 Lebzeitige Vermögensübertragungen und Verträge auf den Todesfall

Übersicht

	Rdnr.
I. Einleitung	1/2
II. Schuldrechtliche Einordnung der lebzeitigen Gestaltungsmöglichkeiten vorweggenommener Erbfolge	3–19
1. Reine Schenkung	3–7
2. Gemischte Schenkung und Schenkung unter Vorbehalt des Nießbrauchs	8–10
3. Schenkung unter Auflage	11
4. Zweckschenkung	12
5. Schenkung von Todes wegen und Schenkung aufschiebend bedingt auf den Tod des Schenkers	13
6. Entgeltlicher Austauschvertrag	14
7. Leihe	15
8. Pacht	16
9. Ausstattung	17
10. Ehebedingte und lebenspartnerschaftsbedingte Zuwendung	18/19
III. Vollzug der Schenkung unter Lebenden	20–31
1. Beurkundung des Schenkungsversprechens	20
2. Zuwendungen durch Vertrag zugunsten Dritter auf den Todesfall	21
3. Heilung des Formmangels durch Vollziehung der Schenkung	22/23
4. Formbedürftigkeit der Zuwendung eines Nießbrauchs	24
5. Formbedürftigkeit der Zuwendung von Grundvermögen	25/26
6. Formbedürftigkeit der Zuwendung des gegenwärtigen Vermögens oder des Nachlasses	27
7. Formbedürftigkeit des Leibrentenversprechens	28
8. Formbedürftigkeit des Erb- und Pflichtteilsverzichts	29
9. Vertraglich vereinbarte Formerfordernisse	30
10. Registerrechtliche Formerfordernisse	31
IV. Wahl zwischen Rechtsgeschäft unter Lebenden und Verfügung von Todes wegen	32–46
1. Überblick	32
2. Schenkung mit aufgeschobener Erfüllung auf den Tod des Schenkers	33
3. Schenkung auf den Todesfall	34–36
4. Lebzeitig vollzogene Schenkung auf den Todesfall	37–42
5. Vertrag zugunsten Dritter auf den Todesfall	43–46
V. Zustimmungs- und Genehmigungserfordernisse	47–52
1. Zustimmung des Ehegatten bzw. Lebenspartners	47/48
2. Ergänzungspflegerbestellung bei Rechtsgeschäften mit minderjährigen Kindern	49/50
3. Familiengerichtliche/vormundschaftliche Genehmigung	51
4. Genehmigung nach dem Grundstücksverkehrsgesetz	52
VI. Typische Verpflichtungen des Beschenkten oder anderer Erbanwärter	53–77
1. Verpflichtungen des Empfängers gegenüber dem Schenker	53–71
a) Wohnrechte	53–57
b) Tatsächliche Versorgungsleistungen	58–60
c) Altenteil	61/62
d) Leibrente	63–66
e) Dauernde Last	67
f) Versorgungszeitrente	68
g) Abstandszahlungen an den künftigen Erblasser	69
h) Schenkung unter Nießbrauchsvorbehalt	70
i) Kombination von Nießbrauchsvorbehalt und Versorgungsleistungen	71
2. Verpflichtungen des Empfängers gegenüber Dritten	72/73
a) Ausgleichszahlungen an andere Erbanwärter	72
b) Versorgungsrente an den Ehepartner des Schenkers	73

3. Verpflichtungen der Begünstigten gegenüber dem Schenker	74–77
VII. Rückgängigmachen des Aktes der vorweggenommenen Erbfolge	78–106
1. Gesetzliche Rückforderungsmöglichkeiten bei Schenkung	78–83
a) Rückforderung wegen Bedürftigkeit	79
b) Rückforderung wegen groben Undanks	80
c) Rückforderung bei Nichtvollziehung der Auflage	81
d) Rückforderung bei Zweckverfehlung	82
e) Rückforderung wegen Wegfalls der Geschäftsgrundlage	83
2. Gesetzliche Rückforderungsmöglichkeiten bei gemischter Schenkung	84
3. Gesetzliche Korrekturmöglichkeiten des künftigen Erblassers bei nicht als Schenkung zu qualifizierenden Zuwendungen	85–91
a) Ausstattung	86
b) Rückabwicklung im Falle der Ehebedingten Zuwendung	87–91
4. Gesetzliche Korrekturmöglichkeiten der weichenden Erben	92/93
5. Gesetzliche Korrekturmöglichkeiten des Zuwendungsempfängers	94
6. Ausschluss des gesetzlichen Rückforderungsrechts im Altenteilvertrag	95
7. Vertragliche Gestaltungsmöglichkeiten	96–106
a) Aufgeschobene Erfüllung	97
b) Rückforderungsrechte	98–100
c) Widerrufsvorbehalte	101
d) Auflösende Bedingung	102
e) Angebot auf Rückübertragung	103
f) Vertragliches Rücktrittsrecht gemäß § 346 BGB	104
g) Freie Hinauskündigungsklauseln in Gesellschaftsverträgen	105
h) Abfindungsbeschränkungen im Gesellschaftsvertrag	106
VIII. Sicherungsinstrumente für den Erblasser	107–125
1. Grundbuchliche Sicherungen	107–111
a) Rückauflassungsvormerkungen	107
b) Reallast	108
c) Grunddienstbarkeit	109
d) Beschränkt persönliche Dienstbarkeit	110
e) Rentenschuld	111
2. Rückforderungsrechte des Schenkers	112
3. Güterstands- bzw. Vermögensstandsregelungen	113–118
a) Zum Güterstand der Zugewinngemeinschaft	114
b) Zum Güterstand der Gütertrennung	115
c) Zum Güterstand der Gütergemeinschaft	116
d) Zum Vermögensstand der Ausgleichsgemeinschaft nichtehelicher Lebenspartner	117
e) Wechsel des Güterstandes als Gestaltungsinstrument	118
4. Verwaltungsanordnung für Zuwendungen an Minderjährige	119–124
a) Prinzip	119
b) Grundfälle des § 1638 Abs. 1 BGB	120
c) Verpflichtung zur Weitergabe der Schenkung unter Beachtung der Verwaltungsanordnung	121
d) Anforderungen an Eltern und Pfleger	122
e) Nutzbarmachung des § 1638 im Gesellschaftsrecht	123/124
5. Gesellschaftsvertragliche Sicherungs- und Kontrollinstrumente	125

Schrifttum: *Bärmann/Pick/Merle* Wohnungseigentumsgesetz, 8. Aufl. 2000; *Battes*, Der erbrechtliche Verpflichtungsvertrag im System des deutschen Zivilrechts, AcP 178 (1978), 337; *Bork*, Schenkungsvollzug mit Hilfe einer Vollmacht, JZ 1988, 1059; *Coing*, Grundlagenirrtum bei vorweggenommener Erbfolge, NJW 1967, 1777; *Damrau*, Der Erbverzicht als Mittel zweckmäßiger Vorsorge auf den Todesfall, 1966; *ders.*, Nochmals – Bedarf der dem Erbverzicht zugrundeliegende Verpflichtungsvertrag notarieller Beurkundung?, NJW 1984, 1163; *ders.*, Kein Erfordernis der gerichtlichen Genehmigung bei Schenkungen von Gesellschaftsbeteiligungen an Minderjährige, ZEV 2000, 209; *Ebenroth/Fuhrmann*, Konkurrenzen zwischen Vermächtnis- und Pflichtteilsansprüchen bei erbvertraglicher Unternehmensnachfolge, BB 1989, 2049; *Edenfeld*, Die Stellung weichender Erben beim Erbverzicht, ZEV 1997, 134; *Eltring*, Das System der drittbezogenen Ansprüche bei der Lebensversicherung, NJW 2004, 483; *Esch/Baumann/Schulze zur Wiesche*, Handbuch der Vermögensnachfolge, 6. Aufl. 2001; *Gebel*, Betriebsvermögen und Unternehmensnachfolge, 1997; *Geck*, Die Beschlüsse des großen Senats des BFH zur Vermögensübergabe gegen Versorgungsleistungen – Folgerungen für die Beratungspraxis, ZEV 2003, 441; *Gehrlein*, Neue Tendenzen zum Verbot der freien Hinauskündigung eines Gesellschafters, NJW 2005, 1969; *Hammen*, Zur Begründung von (organschaftlichen) Rechten Dritter am Gesellschaftsvertrag einer GmbH, WM 1994, 765; *Hennerkes*, Unternehmenshandbuch Familiengesellschaften, 2. Aufl. 1998; *Ivo*, Die Übertragung von Kommanditanteilen an minderjährige Kinder, ZEV 2005, 193; *Kapp*, Einfluss nicht erwarteter steuerrechtlicher Folgen auf Schenkungen, BB 1979, 1207; *Klumpp,* Die Schenkung von Gesellschaftsanteilen und deren Widerruf, ZEV 1995, 385; *Kollhosser,* Aktuelle Fragen der vorweggenommenen Erbfolge, AcP 194 (1994), 231; *ders.,* Ehebezogene Zuwendungen und Schenkungen unter Ehegatten, NJW 1994, 2313; *ders.,* Der Rückforderungsanspruch des verarmten Schenkers aus § 528 Abs. 1 Satz 1 BGB, ZEV 2001, 289; *Kuchinke,* Bedarf der dem Erbverzicht zugrundeliegende Verpflichtungsvertrag notarieller Beurkundung?, NJW 1983, 2358; *Langenfeld,* Handbuch der Eheverträge und Scheidungsvereinbarungen, 5. Aufl. 2005; *Langenfeld,* BGH-Rechtsprechung aktuell – der BGH – Schutzpatron der pflichtteilsberechtigten Abkömmlinge?, NJW 1994, 2133; *ders.,* Zur Rückabwicklung von Ehegattenzuwendungen im gesetzlichen Güterstand, NJW 1986, 2541; *Langenfeld/Gail,* Handbuch des Familienunternehmens, 8. Aufl. 1994; *Langenfeld/Günther,* Grundstückszuwendungen im Zivil- und Steuerrecht, 4. Aufl. 1999; *Leipold,* Urteilsanmerkung zu BGH Urt. v. 12.11.1986 – IV a ZR 77/85 – JZ 1987, 362; *Link,* Nießbrauchsvorbehalt und Pflichtteilsergänzung, ZEV 2005, 283; *Lüdtke-Handjery,* Hofübergabe als vertragliche und erbrechtliche Nachfolge, DNotZ 1985, 332; *Maier-Reimers/Marx,* Die Vertretung Minderjähriger beim Erwerb von Gesellschaftsbeteiligungen, NJW 2005, 3025; *Mayer, D.,* Schenkungswiderruf bei Gesellschaftsanteilen im Spannungsfeld zwischen Gesellschafts- und Schenkungsrecht, ZGR 1995, 93; *Mayer, J.,* Die Rückforderung der vorweggenommenen Erbfolge, DNotZ 1996, 604; *Notthoff/Olzen,* Die vorweggenommene Erbfolge, 1984; *ders.,* Anmerkung zu BGH Urt. v. 12.11.1986 – IV a ZR 77/85 – JR 1987, 372–373; *ders.,* Lebzeitige und letztwillige Rechtsgeschäfte, Jura 1987, 116; *Otte,* Rezension: Olzen, Die vorweggenommene Erbfolge (1984), AcP 186 (1986), 313; *Preuß,* Die Vererblichkeit von Übertragungsansprüchen auf den Todesfall, DNotZ 1998, 602; *Rastätter,* Vertragliche Pflegeleistungen im Kontext der Pflegeversicherung und des Sozialhilferechts – Gestaltungsvorschläge, ZEV 1996, 281; *Reimann,* Der Minderjährige in der *Gesellschaft* – Kautelarjuristische Überlegungen aus Anlass des Minderjährigenhaftungsbeschränkungsgesetzes, DNotZ 1999, 179; *Reischl,* Zur Schenkung von Todes wegen, 1996; *Schiffer,* Die Dresdner Frauenkirche, die Stiftung und der Pflichtteil, NJW 2004, 1565; *Schindler,* Fristlauf bei pflichtteilsergänzungsrechtlichen Schenkungen, ZEV 2005, 290; *Schmalz-Brüggemann,* Die Rechtsstellung des Bezugsberechtigten aus einem Lebensversicherungsvertrag nach testamentarischem Widerruf der Bezugsberechtigung, ZEV 1996, 84; *Schmidt, K.,* Die Schenkung von Personengesellschaftsanteilen durch Einbuchung, BB 1990, 1992; *ders.,* Gesellschaftsrecht, 3. Aufl. 1997; *Schmidt, L.* Einkommensteuergesetz, 19. Aufl. 2000; *Schotten,* Die Ehebedingte Zuwendung – ein überflüssiges Rechtsinstitut?, NJW 1990, 2841; *Seifart/Hof,* Handbuch des Stiftungsrechts 2. Aufl. 1999; *Spiegelberger* Vermögensnachfolge, 1994; *Vollkommer,* Erbrechtliche Gestaltung des Valutaverhältnisses beim Vertrag zugunsten Dritter auf den Todesfall, ZEV 2000, 10; *Wachter,* Anmerkung zu BFH Urt. v. 24.5.2000 – Az. II R 62/97, ZEV 2001, 78; *Wegmann* Grundstücksüberlassung, 2. Aufl. 1999; *Werkmüller,* Zuwendungen auf den Todesfall: Die Bank im Spannungsfeld kollidierender Interessen nach dem Tod ihres Kunden, ZEV 2001, 97; *Weser,* Rücknahmevorbehalte bei Grundstücksschenkungen im Wege vorweggenommener Erbfolge aus zivilrechtlicher Sicht, ZEV 1995, 353; *Westermann, H. P.,* Störungen bei vorweggenommener Erbfolge, FS Kellermann, 1991, S. 505 bis 527; *Wieacker,* Zur lebzeitigen Zuwendung auf den Todesfall, FS Lehmann, 1956, S. 271 bis 284; *Winter, S.,* Vererbung von GmbH-Anteilen, 1997.

I. Einleitung

1 Wenn der Erblasser seine Vermögensverhältnisse nicht allein durch erbrechtliche Regelungen zu ordnen wünscht und dem Erbfall vorgreifen möchte, nutzt der Erblasser lebzeitige Gestaltungsmöglichkeiten. Die unter dem Begriff der vorweggenommenen Erbfolge zusammengefassten Generationennachfolgeregelungen werden verstanden als „Übertragung des Vermögens oder eines wesentlichen Teils davon durch den künftigen Erblasser auf einen oder mehrere als künftige Erben in Aussicht genommene Empfänger",[1] häufig begleitet durch Versorgungs- und Anrechnungs- oder Ausgleichungsregeln. Über die Einordnung in den Kanon der Rechtsgeschäftslehre entscheidet die Art der ausbedungenen Leistungen, ggf. die Person des Empfängers.[2] Im Allgemeinen werden die lebzeitigen Dispositionen unter folgenden Begriffen behandelt:
- reine Schenkung
- gemischte Schenkung
- Schenkung unter Auflage oder unter Vorbehalt des Nießbrauchs
- Zweckschenkung
- Überlassung mit auf den Todesfall aufgeschobener Erfüllung
- Vertrag zugunsten Dritter auf den Todesfall
- Schenkung auf den Todesfall
- entgeltlicher Austauschvertrag

---

[1] BGH NJW 1995, 1349, 1350; BGH NJW 1991, 1345, 1346 = DNotZ 1992 32 = BGHZ 113, 310; sinngem. auch Stellungnahme des BMF in BStBl 1993 I 81.
[2] Der Ehepartner bei der unbenannten Zuwendung.

- Leihe und Pacht
- Ausstattung
- Ehebedingte Zuwendung
- Altenteilsvertrag
- Erb- und Pflichtteilsverzicht
- Stiftung

Die Bezeichnung des jeweiligen Vertragstyps als „vorweggenommene Erbfolge" ist in der Vertragsurkunde mit Bedacht zu wählen und insbesondere mit einer Willensbestimmung zu versehen, um falsche Schlüsse – in die eine oder andere Richtung – auf die Parteivorstellungen zu vermeiden.[3] Der Planung der vorweggenommenen Erbfolge sollte ein Gesamtkonzept privater und unternehmerischer Aspekte umfassen. Dazu gehören:

Checkliste: Gesamtkonzept der Planung der vorweggenommenen Erbfolge

1. Vermögen vor dem Übergang
   - ☐ Grundvermögen
   - ☐ Betriebsvermögen
   - ☐ Auslandsvermögen
   - ☐ Inhaberschaft über das Vermögen unbeschränkt, als Vorerbe, als Teilhaber in einer Gütergemeinschaft
2. Notwendigkeit der Veränderung des Vermögens vor dem Übergang
   - ☐ Grundstücksteilungen/-zusammenlegungen
   - ☐ Betriebsveränderungen, z.B. durch Spaltung, Verschmelzung, Verpachtung, Errichtung einer Stiftung
3. Vorbereitung der Familie, des Empfängers, der Gesellschaft, von Gesellschaftern
4. Lebzeitige Verteilung von Vermögen
   - ☐ Bestimmung des Nachfolgers als Empfängers der Schenkung
   - ☐ Versorgung des Schenkers
   - ☐ Versorgung Dritter (Ehegatte, Kinder)
   - ☐ Lebensversicherungen
   - ☐ Anrechnungsbestimmungen bei lebzeitigen Zuwendungen an Ehegatten und andere Pflichtteilsberechtigte
   - ☐ Ausgleichungspflichten, Auflagen
   - ☐ Leistungsfähigkeit des Empfängers
   - ☐ Güterstand
   - ☐ Rechtsinhaberschaft des Schenkers in Bezug auf den Zuwendungsgegenstand
   - ☐ Instrumente zur Sicherung des Schenkers
5. Sonderfall der Schenkung auf den Todesfall
   - ☐ Schenkungsversprechen gegenüber Beschenktem oder Drittem
   - ☐ Ausdrückliche Prüfung des Schenkungsvollzugs
6. Erbrechtliche Bindungen in Hinblick auf den Schenkungsgegenstand
7. Widerruf letztwilliger Verfügungen
8. Erbrechtliche Auswirkungen der vorweggenommenen Erbfolge
   - ☐ Pflichtteils- und Pflichtteilsergänzungsansprüche
   - ☐ Anrechnungsbestimmungen
9. Steuerrechtliche Auswirkungen
   - ☐ Entgeltlichkeit/Unentgeltlichkeit
   - ☐ Freibeträge
   - ☐ Steuerliche Weiterungen von Übergangsvorgängen
10. Einschränkungen der Vertragsfreiheit und der Erbrechtsgarantie
11. Sozialrechtliche Gesichtspunkte durch Bezug von Sozialleistungen durch den Schenker/Erblasser oder eines vorverstorbenen Lebenspartners/Ehegatten

---

[3] BGH NJW 1995, 1349.

II. Schuldrechtliche Einordnung der lebzeitigen Gestaltungsmöglichkeiten vorweggenommener Erbfolge

1. Reine Schenkung

3   § 516 Abs. 1 BGB verlangt eine Zuwendung aus dem Vermögen des Schenkers, die **Bereicherung des Beschenkten** und die Einigung über die Unentgeltlichkeit der Zuwendung.[4] Formulierungen in der notariellen Schenkungsurkunde:

> **Formulierungsvorschlag:**
>
> Der Schenker ist im Grundbuch von ... als Eigentümer des folgenden Grundbesitzes eingetragen: ... Er schenkt und überträgt in teilweiser Vorwegnahme der Erbfolge an seinen Sohn und seine Tochter diesen Grundbesitz mit allen gesetzlichen Bestandteilen, sämtlichem Zubehör und in seinem gegenwärtigen Zustand jeweils zu gleichen Bruchteilen. Der Sohn und die Tochter nehmen diese Schenkung an.
>
> Einig über den bezeichneten Eigentumsübergang bewilligen und beantragen die Beteiligten den Vollzug im Grundbuch (Auflassung). Der Besitz- und Gefahrübergang erfolgt sofort.

oder:

> **Formulierungsalternative:**
>
> Der Übergeber überträgt in Vorwegnahme der Erbfolge und zur Sicherung seiner Versorgung im Alter an den diese Übertragung annehmenden Sohn das Grundstück in ... mit allen gesetzlichen Bestandteilen, sämtlichem Zubehör und in seinem gegenwärtigen Zustand.

4   In dem Merkmal der Zuwendung aus dem Vermögen steckt die **Entreicherung des Schenkers**, die zu einer Verminderung der gegenwärtigen Vermögenssubstanz auf Dauer führen muss.[5] Damit ist zugleich eine Abgrenzung zur unentgeltlichen Gebrauchsüberlassung eines Vermögensgegenstandes gezogen,[6] die infolge des Verbleibs der Vermögenssubstanz bei dem Erblasser als Leihe einzustufen ist,[7] auch wenn mit der Zuwendung der Wert einer möglich gewesenen Eigennutzung verbunden ist. Entreicherung und Bereicherung müssen nicht identisch sein.[8] Als Beispiel sei die schenkweise Zuwendung eines KG-Anteils[9] genannt, die durch (1) unentgeltliche Übertragung des bestehenden Anteils, ggf. vollzogen durch schenkweise Einbuchung der Einlage auf den Empfänger, (2) Aufnahme als Kommanditist in ein bestehendes Unternehmen unter Umwandlung in eine KG ohne Einlagen- und Gegenleistungspflicht, (3) Gründung einer KG mit dem Beschenkten unter Aufbringung des Kapitals durch den Erblasser oder (4) Zuwendung von Geldmitteln zweckbestimmt zum Erwerb des KG-Anteils erfolgen kann.[10] Bei

---

[4] BGH NJW 2004, 1382 bis 1384.
[5] BGH NJW 1982, 820, 821; im Zusammenhang mit § 1374 Abs. 2 BGB s. BGH NJW 1987, 2816, 2817 = BGHZ 101, 229.
[6] MünchKommBGB/*Kollhosser* § 516 Rdnr. 3.
[7] BGH NJW 1982, 820, unter Aufgabe seiner abweichenden Auffassung in NJW 1970, 941, 942; a.A. RGRK/*Mezger* § 516 Rdnr. 6; Staudinger/*Wimmer-Leonhardt* § 516 Rdnr. 22–25.
[8] Das OLG Dresden NJW 2002, 3181 = ZEV 2002, 415, – zwischenzeitlich aufgehoben vom BGH NJW 2004, 1382, 1383 – forderte in Abweichung zu RGZ 62, 386, eine „objektive und gefestigte Bereicherung" und lehnt dies bei Zuwendungen an eine juristische Person ab, die zur Förderung eines gemeinnützigen Zweckes errichtet wurde und die Empfänge unmittelbar zur Förderung des Stiftungszweckes verwendet. Die Beträge vermehrten das treuhänderisch von der Stiftung gehaltene Vermögen, das lediglich als Durchgangseigentum anzusehen sei; dazu auch *Schiffer* NJW 2004, 1565 f.
[9] Die Schenkung von KG-Anteilen wird bejaht seit der Benteler-Entscheidung des BGH NJW 1990, 2616 ff.; s. dazu *Scherer* Unternehmensnachfolge S. 15.
[10] Bedeutsam bei der Frage der Rückgewähr nach § 531 Abs. 2 BGB und dem Bewertungsgegenstand des § 12 ErbStG. Für den Bereich des Steuerrechts stellt der BFH für die Ermittlung des Schenkungsgegenstandes auf den Parteiwillen ab. Bei Erwerb von Todes wegen lehnt der BFH ZEV 2003, 473 eine mittelbare Grundstücksschenkung ab; BFH NJW 2005, 2256.

Zuwendung eines Bezugsrechts aus einem Lebensversicherungsvertrag sind der IV. und der IX. Senat des BGH der Auffassung, Gegenstand der Schenkung des Versicherungsnehmers sei der dem Bezugsberechtigten verschaffte Anspruch auf die Versicherungssumme,[11] der XII. Senat meint, der Schenkungsgegenstand beschränke sich auf die vom Versicherungsnehmer geleisteten Prämienzahlungen.[12] Bei der Frage der unentgeltlichen Leistung nach § 134 InsO stellt der IX. Senat des BGH in einer Entscheidung aus jüngerer Zeit für das Anfechtungsrecht (§§ 134 Abs. 1, 143 InsO) nicht auf die Mittel ab, die der Schenker aufbringt, sondern auf die Leistung des Versprechenden bei Eintritt der Fälligkeit, da diese der Masse entzogen werde.[13] Diese Entscheidung wird für die Beurteilung des Zuwendungsgegenstandes, den Inhalt etwaiger Rückforderungsansprüche oder dem Umfang der Pflichtteilsergänzungshaftung im Schuld-, Familien- und Erbrecht in Zukunft richtungsweisend sein.

Unentgeltlichkeit der Zuwendung liegt vor, wenn sie objektiv nach dem Inhalt des Rechtsgeschäfts nicht mit einer Gegenleistung verknüpft ist und subjektiv Einigkeit über die Unentgeltlichkeit besteht. Die Vereinbarung oder Vornahme der Zuwendung unter einer Bedingung entscheidet nicht über den Charakter der Unentgeltlichkeit.[14] Unentgeltlichkeit liegt auch vor, wenn zwar eine Gegenleistung erbracht wird, diese jedoch aus dem Wert des Zuwendungsgegenstandes bestritten wird,[15] zum Beispiel bei Aufbürdung der Versorgung des Übergebers (s. dazu Rdnr. 61), oder wenn der Zuwendungsgegenstand in seinem Wert gemindert übergeben wird, etwa bei Übernahme dinglicher Belastungen eines Schenkungsgegenstandes[16] oder bei Vorbehalt von Nutzungsrechten,[17] z.B. dem vorbehaltenen Wohnungsrecht oder dem Vorbehaltsnießbrauch. 5

Teilentgeltlichkeit im Falle der gemischten Schenkung, die sich durch ein objektives Missverhältnis von Leistung und Gegenleistung auszeichnet, verlangt ebenfalls, dass der Empfänger eine Gegenleistung aus dem eigenen Vermögen erbringt.[18] 6

Die Anrechnung der Schenkung auf das Erbe (im Schenkungsvertrag)

Formulierungsvorschlag:
Die Schenkung erfolgt unter Anrechnung auf das Erbe.

oder auf Pflichtteilsansprüche

Formulierungsvorschlag:
Die Zuwendung erfolgt in Anrechnung auf die Pflichtteilsansprüche des Erwerbers am künftigen Nachlass des Schenkers. Eine Erbausgleichung nach § 2050 BGB wird ausgeschlossen.

machen aus der Zuwendung dennoch keinen entgeltlichen Vertrag.[19] Die Aufnahme der Anrechnungsregel verpflichtet den Schenker zu nichts und sollte bei jeder Schenkung als Vertragsbestandteil erwogen werden.

---

[11] BGH NJW 1984, 2156; BGH VersR 1975, 706, 707.
[12] BGH NJW 1995, 3113.
[13] BGH NJW 2004, 214, 215: Schutz gegen die Anfechtung biete lediglich die Einräumung eines unwiderruflichen Bezugsrechts auf die Versicherung vor dem Anfechtungszeitraum, nicht jedoch die Erteilung eines widerruflichen Bezugsrechts wegen des § 166 Abs. 2 VVG.
[14] Staudinger/*Wimmer-Leonhardt* § 516 Rdnr. 62.
[15] BGH NJW 1989, 2122, 2123 = BGHZ 107, 156.
[16] BGH NJW 1989, 2122, 2123 = BGHZ 107, 156.
[17] BGH NJW 1993, 1577, 1578 = MittBayNot 1993, 276.
[18] BGH NJW 1989, 2122, 2123 = BGHZ 107, 156.
[19] Der BGH hat die Frage der Gegenleistung durch Erbverzicht im Zusammenhang mit der vorweggenommenen Erbfolge in NJW 1986, 127, 129 offen gelassen, jedoch für das Anfechtungsgesetz in NJW 1991, 1345 = DNotZ 1992, 32 verneint; für eine Gegenleistung durch Erbverzicht *Coing* NJW 1967, 1777, 1778; dagegen MünchKommBGB/*Lange* § 2325 Rdnr. 14; für eine gemischte Schenkung H. P. *Westermann*, FS Kellermann, S. 507 m.w.N. Die Finanzgerichte lehnen einen „entgeltlichen" Leistungsaustausch ab, z.B. FG Rheinland-Pfalz Urt. v. 15.11.1993 – EFG 1994, 614, 615.

7   Eine Ausreichung von **Stiftungsleistungen** an die Destinatäre stellt zivilrechtlich keine Schenkung dar.[20] Durch die Zuwendung wird der Stiftungszweck erfüllt; dieser bildet die causa der Leistung, nicht ein Rechtsgeschäft i. S. d. § 518 BGB. Es handelt sich um Ansprüche sui generis (§ 305 BGB).[21] Der Übergang des Vermögens von dem Erblasser auf eine zu Lebzeiten errichtete Stiftung ist ebenfalls keine Schenkung, sondern Stiftungsgeschäft gemäß § 82 BGB, auf welches die §§ 519 ff. BGB jedoch analog anwendbar sind.[22]

Einschränkungen der Vertragsfreiheit und der Erbrechtsgarantie, wie sie in § 14 Abs. 1, 6 HeimG geregelt sind, sind zu beachten.[23]

2. Gemischte Schenkung und Schenkung unter Vorbehalt des Nießbrauchs

8   Das Gesetz enthält keine Vorschriften über die gemischte Schenkung. Begrifflich liegt sie vor, wenn die Parteien das objektive Missverhältnis von Leistung und Gegenleistung kennen und sich darüber einig sind, dass der Empfänger den Mehrwert unentgeltlich aus dem eigenen Vermögen des Zuwendenden[24] erhalten soll.[25] Bei einem objektiven, über ein geringes Maß deutlich hinausgehenden Missverhältnis von Leistung und Gegenleistung[26] ist jedoch zu vermuten, dass die Parteien dieses Missverhältnis erkannt haben und sich über die teilweise Unentgeltlichkeit einig waren. Die infolge dieser Vermutung greifende Beweiserleichterung in Bezug auf den subjektiven Tatbestand der Schenkung kann von dem Vertragspartner und Dritten, etwa dem Pflichtteilsberechtigten, genutzt werden.[27] Bereits bei Überschreitung der Leistung um 20% des Wertes der Gegenleistung spricht eine Vermutung für ein solches Missverhältnis und damit für eine gemischte Schenkung.[28]

Formulierungsvorschlag:

Als Gegenleistung für die Schenkung des Grundstücks in ... übernimmt der Erwerber die auf das Grundstück eingetragenen Lasten nebst den dadurch gesicherten persönlichen Verbindlichkeiten gegenüber der Bank im Innenverhältnis vollständig, im Außenverhältnis gesamtschuldnerisch mit dem Schenker [alt.: Als Gegenleistung für die Schenkung des Grundstücks in ... übernimmt der Erwerber die auf das Grundstück eingetragenen Lasten nebst den dadurch gesicherten persönlichen Verbindlichkeiten schuldbefreiend für den Schenker vollständig und mit persönlicher Unterwerfung unter die Zwangsvollstreckung gegenüber der Bank. Wenn und soweit die Bank ihre Zustimmung zur Schuldbefreiung des Schenkers nicht erteilt, wird der Erwerber den Schenker jedoch im Innenverhältnis so stellen.]

Soweit die höherwertige Zuwendung real teilbar ist, liegen jedoch nur zwei selbständige äußerlich zusammengefasste Verträge vor.[29] Bei **realer Unteilbarkeit** der höherwertigen Zuwendung wird von gemischter Schenkung gesprochen, wenn der unentgeltliche gegenüber dem entgeltlichen Charakter der Vereinbarung überwiegt.[30] Unter Familienangehörigen, bei denen die gemischte Schenkung eine erhebliche praktische Bedeutung hat, wird der subjektiven Be-

---

[20] BGH NJW 1957, 708. Die zivilrechtliche Behandlung wird von der steuerlichen nicht nachvollzogen (§ 7 Ziff. 8 ErbStG).
[21] Staudinger/*Rawert* 13. Aufl. 1995 § 85 Rdnr. 16.
[22] *Seifart/Hof* S. 74.
[23] VGH Mannheim NJW 2004, 3792 ff.; BVerfG NJW 2000, 2495 zur Ebenbürtigkeitsklausel; *Gutmann* NJW 2004, 2347 bis 2349 zur Ebenbürtigkeitsklausel.
[24] OLG Koblenz ZEV 2002, 244; BGH NJW 1989, 2122, 2123 = BGHZ 107, 156.
[25] BGH NJW-RR 1993, 773, 774; BGH WM 1990, 1790, 1791 f.; BGH NJW 1982, 43, 44 f. = BGHZ 82, 274; BGH NJW 1961, 604, 605; RG RGZ 60, 238, 240 auch für Abgrenzung zur Schenkung unter Auflage; MünchKommBGB/*Kollhosser* § 516 Rdnr. 26.
[26] BGH NJW 1995, 1350; anders noch BGH NJW 1972, 1710.
[27] BGH NJW 1995, 1350; BGH NJW 1992, 559; BGH NJW-RR 1989, 707.
[28] BGH NJW 1995, 1350.
[29] MünchKommBGB/*Kollhosser* § 516 Rdnr. 26; Palandt/*Weidenkaff* § 516 Rdnr. 13.
[30] BGH NJW 1990, 2616, 2620; BGH NJW 1972, 247, 248; BGH FamRZ 1967, 214, 215; BGHZ 30, 120, 121.

§ 32 Lebzeitige Vermögensübertragungen und Verträge auf den Todesfall 9 § 32

wertung insoweit ein weiter Spielraum gewährt.[31] Die Bestimmung der Anrechnung der Schenkung auf das Erbe (im Schenkungsvertrag) oder auf Pflichtteilsansprüche machen aus der Zuwendung jedoch keinen entgeltlichen Vertrag.[32] Umgekehrt begründet die Stundung des Kaufpreises selbst bei Berücksichtigung einer Abzinsung noch keinen unentgeltlichen Vertrag.[33] Die Abgrenzung einer Gegenleistung i.S.d. gemischten Schenkung von einer selbständigen Leistung unter Auflage kann schwierig sein.

Bei der Schenkung unter **Vorbehalt des Nießbrauchs** überträgt der Schenker den Vermögensgegenstand und behält sich das Recht vor, sämtliche Nutzungen aus dem belasteten Gegenstand zu ziehen (§ 1030 BGB). Damit geht die Verpflichtung des Nießbrauchers einher, die bisherige wirtschaftliche Bestimmung des Vermögensgegenstandes zu erhalten und dafür nach den Regeln einer ordnungsgemäßen Wirtschaft zu sorgen. Ausbesserungen und Erneuerungen legt das Gesetz dem Nießbraucher auf, wenn sie zur gewöhnlichen Erhaltung der Sache gehören. Vertraglich kann von der gesetzlich verteilten Verantwortlichkeit für gewöhnliche und außergewöhnliche Erhaltungsmaßnahmen, wie in dem folgenden Beispiel, abgewichen werden, soweit das Wesen des Nießbrauchs nicht beeinträchtigt wird. 9

Formulierungsvorschlag:
Der Schenker behält sich den unentgeltlichen Nießbrauch an dem übertragenen Grundvermögen bis zum … [alt.: zu Lebzeiten] vor. Als Nießbraucher ist er berechtigt, sämtliche Nutzungen aus dem Vertragsgegenstand zu ziehen.
Als Nießbraucher hat er nach den Regeln einer ordnungsgemäßen Wirtschaft zu verfahren und für die Erhaltung des Grundvermögens in seinem wirtschaftlichen Bestand zu sorgen sowie (in Abweichung von der gesetzlichen Lastenverteilung) gewöhnliche und außergewöhnliche Unterhaltungsmaßnahmen sowie sämtliche auf dem Grundvermögen ruhende private und öffentliche Lasten zu tragen. Der Nießbraucher stellt die Versicherung des Grundvermögens gegen … sicher. Unbeschadet des Nießbrauchs gehen der mittelbare Besitz, die Gefahr des zufälligen Untergangs und der zufälligen Verschlechterung sofort auf den Erwerber über, der unmittelbare Besitz, die Nutzungen und die übrigen Lasten mit Beendigung des Nießbrauchs.
Der Schenker und der Erwerber bewilligen und beantragen die Eintragung dieses Nießbrauchsrechtes im Grundbuch an erster Rangstelle mit der Maßgabe, dass zu seiner Löschung der Todesnachweis des Berechtigten genügen soll.

Für die Beteiligten kann es praktisch sein, eine Ersetzungsmöglichkeit des Nießbrauchs durch die Zahlung eines Geldbetrages zu ermöglichen.

Formulierungsvorschlag:
Der Übergeber hat das Recht, den Nießbrauch mit einer Ankündigung von … aufzugeben und statt dessen die Zahlung einer Rente als Leibrente oder dauernde Last zu verlangen. Der Jahresbetrag der Rente bestimmt sich nach der für den Grundbesitz ortsüblich erzielbaren Jahresnettomiete und ist von einem Sachverständigen der Handelskammer … für die Parteien verbindlich festzusetzen, wenn diese sich nicht über die Höhe einigen können. Die Rente ist in zwölf gleichen Teilbeträgen monatlich jeweils am … zu bezahlen. Bei Geltendmachung des Rentenwahlrechts ist eine Reallast Zug um Zug gegen Löschung des Nießbrauchs im Grundbuch einzutragen.

---

[31] BGH FamRZ 1970, 376, 378; BFH NJW 2003, 1207 zur gemischten Schenkung bei Zahlung eines Gleichstellungsgeldes an Dritte.
[32] Der BGH hat die Frage der Gegenleistung durch Erbverzicht im Zusammenhang mit der vorweggenommenen Erbfolge in NJW 1986, 127, 129 offen gelassen, jedoch für das Anfechtungsgesetz in NJW 1991, 1345 = DNotZ 1992, 32 verneint; für eine Gegenleistung durch Erbverzicht *Coing* NJW 1967, 1777, 1778; dagegen MünchKommBGB/*Lange* § 2325 Rdnr. 17; für eine gemischte Schenkung *H.P. Westermann*, FS Kellermann, S. 507 m.w.N. Die Finanzgerichte lehnen einen „entgeltlichen" Leistungsaustausch ab, z.B. FG Rheinland-Pfalz Urt. v. 15.11.1993 – EFG 1994, 614, 615.
[33] OLG Koblenz ZEV 2002, 244.

Eine unzulässige Beeinträchtigung des Nießbrauchs läge vor, wenn der Grundsatz der Substanzerhaltung von dem Nießbraucher verletzt würde oder wenn zusätzliche Leistungspflichten des Eigentümers zum Inhalt des dinglichen Rechts gemacht würden.

10 Für die Frage des Vorliegens einer gemischten Schenkung ist auf die **Wertverhältnisse der wechselseitigen Leistungen** im Zeitpunkt des Vollzugs des Vertrages abzustellen.[34] Erst wenn in jenem Zeitpunkt das Vertragsverhältnis als gemischte Schenkung (oder Schenkung unter Auflage) eingeordnet werden kann, stellt sich die Frage, wie die mit der Schenkung jeweils verbundenen Belastungen im Pflichtteils- und Güterrecht zu berücksichtigen sind. Die zur Berechnung von Pflichtteilsansprüchen (§ 2325 BGB) maßgebliche Bewertung der Schenkung erfolgt für verbrauchbare Sachen mit dem Wert, den diese zur Zeit der Schenkung ungeachtet ihres späteren Schicksals hatte, für nicht verbrauchbare Sachen nach dem sog. Niederstwertprinzip (§ 2325 Abs. 2 S. 2 BGB), wonach der Wert des Gegenstandes zum Zeitpunkt der Schenkung (indiziert mit dem Lebenshaltungskostenindex auf den Zeitpunkt des Erbfalles) und zum Zeitpunkt des Erbfalles zu ermitteln ist. Maßgeblich für die Berechnung des Pflichtteilsanspruchs ist der beim Vergleich der Werte an beiden Stichtagen niedrigere Wert. Ist der Gegenwert der gemischten Schenkung ein Nießbrauch, ist der Schenkungsgegenstand sowohl zum Zeitpunkt der Schenkung als auch zum Zeitpunkt des Erbfalles unter Außerachtlassung des Nießbrauchs zu bewerten.[35] Ist der Wert zum Zeitpunkt der Schenkung nach dem Niederstwertprinzip maßgebend, wird der Wert des Nießbrauchs abgesetzt, und zwar mit dem kapitalisierten Wert der aus dem Nießbrauch zu ziehenden Nutzungen (jährlicher Nettoertrag) multipliziert mit der Lebenserwartung des Nießbrauchers (gem. Anlage 9 zu § 14 BewG).[36]

3. Schenkung unter Auflage

11 Bei der Schenkung unter **Auflage** treffen die Parteien neben der Vereinbarung der unentgeltlichen Zuwendung die zusätzliche Nebenabrede, dass der Empfänger zu einer rechtlich selbständigen Leistung verpflichtet sein soll, wenn er die Zuwendung erhalten hat (§ 525 BGB). Es handelt sich solange um eine Schenkung i.S.d. §§ 516 ff. BGB als dem Empfänger nach der subjektiven Meinung der Parteien eine Bereicherung verbleibt.[37] Ist für die Zuwendung eine Leistung (an den Schenker oder an Dritte) zu erbringen, erfolgt eine Abgrenzung zwischen entgeltlichem Austauschvertrag bzw. gemischter Schenkung und Schenkung unter Auflage danach, ob die auferlegte Leistung aus dem Wert der Zuwendung zu erbringen ist. Erbringt der Empfänger für die Zuwendung eine Gegenleistung aus seinem eigenen Vermögen, liegt Entgeltlichkeit, ggf. Teilentgeltlichkeit vor. Formulierungsbeispiel einer Auflage in dem notariellen Übergabevertrag:

> **Formulierungsvorschlag:**
>
> Als Gegenleistung für die Übertragung des Grundstückes macht es der Schenker dem Empfänger zur Auflage, nach seiner Wahl entsprechend der vorzunehmenden Parzellierung des geschenkten Grundstücks der Schwester einen Bauplatz in einer Größe von mindestens ... unentgeltlich zuzuwenden und ihr an dem bei dem Beschenkten verbleibenden Grundstückteil ein Vorkaufsrecht einzuräumen. Die Schwester kann die Erfüllung der Auflage selbst verlangen.

Durch die Auflage kann der Empfänger zu jedem zulässigen Tun oder Unterlassen verpflichtet werden, so z.B. bei Übertragung eines Unternehmens einen Unterbeteiligungsvertrag abzuschließen, bestimmte Unterhaltsleistungen oder Pflegeverpflichtungen zu erbringen oder ein Wohnrecht an einer Immobilie einzuräumen.[38]

Bei der Berechnung des Pflichtteilsanspruches ist die Auflage in Ansatz zu bringen, wenn der Beschenkte die Auflage selbst zu erfüllen hat. Dies gilt auch für die Einräumung eines

---

[34] BGH ZEV 2002, 282, 283.
[35] BGH NJW 1994, 1791; BGH NJW 1992, 2887.
[36] BGH NJW-RR 1996, 705; BGH ZEV 2002, 460, 461.
[37] RG RGZ 60, 238, 240; RG RGZ 62, 386, 390.
[38] BGH ZEV 1996, 186; OLG Hamburg FamRZ 1992, 228; a.A. *Gerke* ZRP 1991, 430.

Wohnrechtes, welches zwar nicht als „*Gegenleistung*" angesehen wird,[39] dessen Wert dennoch mit dem Jahresnutzwert des Wohnwertes kapitalisiert mit der Lebenserwartung des Schenkers (nach Anlage 9 zu § 14 BewG) berücksichtigt wird. Der tatsächliche Verlauf zwischen Vertragsschluss und Erbfall bleibt unberücksichtigt, es sei denn, dass bereits bei Vertragsschluss mit dem baldigen Ableben des Erblassers gerechnet werden musste, dieser Umstand beiden Vertragsschließenden bekannt war und der Schenker tatsächlich einige Zeit nach Vertragsschluss gestorben ist.[40] Pflegeverpflichtungen hingegen werden ex post, d. h. nach der den Wert der Schenkung tatsächlich geminderten Belastung bewertet. Im Unterschied zum Wohnrecht wird auf den tatsächlichen Verlauf der Dauer der Pflege abgestellt.[41]

4. Zweckschenkung

Die Zweckschenkung steht der Schenkung unter Auflage nahe, da der Schenker auch insoweit den Empfänger zu einer Leistung oder einem bestimmten Verhalten zu bestimmen sucht. Es findet jedoch in Abgrenzung zur Auflagenschenkung keine vertragliche Einigung über eine einklagbare Verpflichtung des bezweckten Erfolges statt. Die **Zweckerreichung** ist Geschäftsgrundlage der Schenkungsabrede und setzt eine tatsächliche Willensübereinstimmung der Beteiligten über den verfolgten Zweck voraus,[42] dessen Vereitelung den Rechtsgrund des Behaltendürfens entfallen lässt.

5. Schenkung von Todes wegen und Schenkung aufschiebend bedingt auf den Tod des Schenkers

Das Schenkungsversprechen unter der Bedingung, dass der beschenkte Empfänger den Erblasser überlebt, untersteht gemäß § 2301 Abs. 1 BGB den Vorschriften über Verfügungen von Todes wegen. Den Fall der Vollziehung der Schenkung durch Hingabe des zugewendeten Gegenstandes, ebenfalls unter der Bedingung, dass der beschenkte Empfänger den Erblasser überlebt, unterstellt § 2301 Abs. 2 BGB den Schenkungsvorschriften unter Lebenden. Die vertragliche Formulierung der Interessen des Zuwendenden bestimmt daher, ob es sich um ein Rechtsgeschäft unter Lebenden im Rahmen der vorweggenommenen Erbfolge handelt.[43] Infolge der Verweisung in § 2301 Abs. 2 BGB auf § 518 Abs. 2 BGB muss die Schenkung **noch zu Lebzeiten** des Erblassers **vollzogen** sein.[44] D.h., dass der Erblasser seinerseits alles getan haben muss, was ihm obliegt, um dem Nachfolger den Schenkungsgegenstand zu verschaffen.[45] Davon ist auszugehen, wenn der Schenkungsgegenstand zu Lebzeiten des Schenkers auf den Beschenkten übergegangen ist. Dies gilt auch dann, wenn der Schenkungsgegenstand unter der auflösenden Bedingung des Vorversterbens übertragen wurde.[46] Hat der Schenker noch zu Lebzeiten die erforderliche Leistungshandlung vorgenommen oder ihre Vornahme durch einen Dritten angeordnet, ist der Leistungserfolg zu seinen Lebzeiten jedoch nicht mehr eingetreten, kommt es für die Annahme der Vollziehung darauf an, ob der Beschenkte eine **gesicherte „Erwerbsanwartschaft"** inne hatte.[47] Das ist bei Zugang der Willenserklärung nach dem Ableben des Schenkers nicht der Fall, da der Bedachte im Zeitpunkt des Erbfalls wegen der Widerrufsmöglichkeit

---

[39] BGH ZEV 1996, 186.
[40] OLG Celle ZEV 2003, 83, 85.
[41] OLG Hamburg FamRZ 1992, 228, 230.
[42] BGH NJW 1984, 233.
[43] S. dazu *von Notthoff* ZEV 1997, 255 ff.
[44] Die Voraussetzungen von § 2301 Abs. 2 BGB sowie § 518 Abs. 2 BGB sind nicht völlig identisch, dazu Palandt/*Edenhofer* § 2301 Rdnr 8.
[45] BGH NJW 1983, 1487, 1488 = BGHZ 87, 19; BGH WM 1971, 1339; BGH NJW 1970, 1639; OLG Karlsruhe FamRZ 1989, 322, 324; OLG Düsseldorf NJW-RR 1997, 199, 200. Einen Überblick über die verschiedenen Meinungen in der Lit. geben *Olzen* Jura 1987, 116, 117 f. und *Reischl*, Zur Schenkung von Todes wegen, S. 214 ff. A.A. *Brox* Rdnr. 712, der nicht auf die Rechtsstellung des Zuwendungsempfängers, sondern allein auf die Minderung des Vermögens des Erblassers nach Abschluss der Schenkung unter Lebenden auf den Todesfall und damit auf das Erfordernis des gegenwärtigen Vermögensopfers des Erblassers, nicht dessen Erben abstellt.
[46] MünchKommBGB/*Musielak* § 2301 Rdnr 18.
[47] In Abgrenzung zu dem z.B. von *Wieacker*, FS Lehmann, S. 279, vertretenen subjektiven Ansatz ist der objektive Ansatz, allerdings in verschiedenen Ausformungen, heute vorherrschend, z.B. in Form der Opfertheorie, vertreten von *Brox* Rdnr. 712, oder der Anwartschaftstheorie, vertreten von MünchKommBGB/*Musielak* § 2301 Rdnr. 19.

der Willenserklärung (§ 130 Abs. 1 S. 2 BGB) noch keine gesicherte Rechtsposition im Sinne eines Anwartschaftsrechts erworben hat,[48] ebenfalls nicht bei Bevollmächtigung eines Dritten oder des Beschenkten, wenn die zum Vollzug der Schenkung erforderlichen Erklärungen von der eingeschalteten Person erst nach dem Tod des Schenkers abgegeben werden.[49] Die Möglichkeit eines Vertrages zugunsten Dritter ist jedoch zu prüfen. Die gesicherte Erwerbsanwartschaft ist indes bei Vollzug unter Widerrufsvorbehalt[50] oder bei Vollzug unter (aufschiebender oder auflösender) Bedingung des Überlebens gegeben, wenn alle übrigen Voraussetzungen für den Vollzug erfüllt sind.[51] Grundstücksübertragungen können wegen Bedingungsfeindlichkeit der Auflassung (§ 925 Abs. 2 BGB) – im Gegensatz zur Bestellung anderer Grundstücksrechte[52] – nicht mit einer Überlebensbedingung verknüpft werden.[53] Für derartige Fälle steht ein auf den Todesfall befristetes Schenkungsversprechen oder eine auf diesen Zeitpunkt betagte Schenkung zur Verfügung,[54] welche durch Vormerkung gesichert werden kann.[55] Vollzug wird durch die Auflassungsvormerkung nur angenommen, wenn der Schenker zugleich vertraglich die **Unterlassungsverpflichtung** übernimmt, nicht anderweitig lebzeitig über das Grundstück zu verfügen.[56] Möchte der Schenker von der Überlebensbedingung nicht abgehen, so bleibt ihm die Möglichkeit, das Grundstück zu seinen Lebzeiten unbedingt zu übertragen, während der Schenkungsvertrag durch sein Überleben auflösend bedingt wird, gesichert durch Rückauflassungsvormerkung.[57]

Eine nach § 518 Abs. 1 BGB beurkundungspflichtige Übertragung des **Gesellschaftsanteils** erfolgt unter Mitwirkung des Nachfolgers[58] und kann auch als Nachfolgeklausel im Gesellschaftsvertrag zugunsten eines Mitgesellschafters als Übertragung unter Lebenden für den Todesfall aufgenommen werden: Der Erblasser – in einem Fall des BGH war dies der Gesellschafter einer OHG[59] – hatte mit Zustimmung der übrigen Gesellschafter und damit auch mit der erforderlichen Zustimmungserklärung des begünstigten Gesellschafters schon zu Lebzeiten bindend über seinen Gesellschaftsanteil verfügt. Indes fallen gesellschaftsvertragliche Abfindungsregelungen regelmäßig nicht unter § 2301 Abs. 1 S. 1 BGB. Gelten sie für alle Gesellschafter, fehlt es aufgrund der Gegenseitigkeit schon an der Unentgeltlichkeit. Da eine solche Regelung im Zusammenhang mit anderen Gegebenheiten des Gesellschaftsvertrags und des Gesellschafterverhältnisses gesehen werden muss, gilt dies auch, wenn Abfindungsansprüche weichender Erben ausgeschlossen werden.[60] Gelten Nachfolgeregelungen nur für den Geschäftsanteil eines Gesellschafters, so sind sie meist nicht durch das Überleben anderer bedingt, sondern unbedingt oder unter anderen Bedingungen getroffen.[61] Die Bedingung, dass der Beschenkte den Schenker überleben muss, erhält durch die in § 2301 Abs. 1 S. 1 BGB angeordnete Rechtsfolge den Charakter einer **Rechtsbedingung**. Daher finden die §§ 158 ff. BGB auf ein derart bedingtes Schenkungsversprechen keine Anwendung.[62]

---

[48] OLG Düsseldorf NJW-RR 1997, 199, 200; MünchKommBGB/*Musielak* § 2301 Rdnr. 23.
[49] BGH NJW 1988, 2731, 2732; OLG Düsseldorf NJW-RR 1997, 199, 200; vergl. BGH NJW 1983, 1487, 1488 f.; BGH NJW 1987, 840 f. = BGHZ 99, 97, jeweils zur Bevollmächtigung des Beschenkten; Staudinger/*Kanzleiter* § 2301 Rdnr. 38; Jauernig/*Stürner* § 2301 Rdnr. 4.
[50] BGH FamRZ 1985, 693, 695 f.; Staudinger/*Kanzleiter* § 2301 BGB Rdnr. 22; MünchKommBGB/*Musielak* § 2301 Rdnr. 22.
[51] BGH NJW-RR 1986, 1133, 1134; BGH NJW-RR 1989, 1282; Palandt/*Edenhofer* § 2301 Rdnr. 16.
[52] Erman/M. *Schmidt* § 2301 Rdnr. 10.
[53] BGHZ 12, 115, 123; MünchKommBGB/*Musielak* § 2301 Rdnr. 26; a.A. *Preuß* DNotZ 1998, 602, 608 ff.
[54] Dittmann/Reimann/*Bengel* § 2301 Rdnr. 9.
[55] *Preuß* DNotZ 1998, 602, 608 ff. m.w.N.
[56] OLG Hamm NJW-RR 2000, 1389, 1390.
[57] Dittmann/Reimann/*Bengel* § 2301 Rdnr. 36; vgl. dazu BayObLGZ 1977, 268, 271 f.
[58] *Dänzer-Vanotti* JZ 1981, 432, 433.
[59] BGH NJW 1959, 1433.
[60] BGH WM 1966, 367, 368; MünchKommBGB/*Musielak* § 2301 Rdnr. 7.
[61] Staudinger/*Kanzleiter* § 2301 Rdnr. 51.
[62] MünchKommBGB/*Musielak* § 2301 Rdnr. 10; Dittmann/Reimann/*Bengel* § 2301 BGB Rdnr. 17.

6. Entgeltlicher Austauschvertrag

Praktisch dürfte die Vereinbarung der Entgeltlichkeit bei Vorwegnahme der Erbfolge selten 14 sein, da diese dem typischen Wesen wenigstens teilweiser unentgeltlicher Zuwendung an den Erben zuwiderläuft.[63] Erfolgt der Vermögensübergang dennoch gegen eine gleichwertige Gegenleistung an den Zuwendenden, handelt es sich um einen entgeltlichen Austauschvertrag. Zur Begründung der Entgeltlichkeit ist die objektive Gleichwertigkeit beider Leistungen nicht erforderlich, da es den Parteien freisteht, den Wert der Leistungen frei zu bewerten. Es genügt, dass die Parteien subjektiv im Hinblick auf den verfolgten Zweck ihre Leistungen gleichgestellt haben, sog. **Prinzip der subjektiven Äquivalenz**,[64] wenn auch die objektiv fehlende Gegenleistung durch den Parteiwillen nicht ersetzt werden kann.[65] Bei einem objektiven, über ein geringes Maß deutlich hinausgehendes Missverhältnis von Leistung und Gegenleistung[66] spricht jedoch eine tatsächliche Vermutung dafür, dass die Parteien dieses Missverhältnis erkannt haben und sich über eine teilweise Unentgeltlichkeit einig waren. Die infolge dieser Vermutung greifende Beweiserleichterung in Bezug auf den subjektiven Tatbestand einer Schenkung kann von dem Vertragspartner und Dritten, etwa dem Pflichtteilsberechtigten, geltend gemacht werden.[67]

Die **Gegenleistung** der Zuwendung ist aus dem eigenen Vermögen des Empfängers zu erbringen. Sie darf nicht lediglich in der Übernahme dinglicher Belastungen, wie im Falle der Übernahme eines Grundstückes mit den in den Grundbuchabteilungen II und III eingetragenen Lasten,[68] oder des Vorbehalts eines dinglichen oder obligatorischen Nutzungsrechts an übertragenen Wirtschaftsgütern[69] bestehen, da darin lediglich die Minderung des Wertes des Geschenkes besteht. Auch die Erbringung entgeltlicher Versorgungsleistungen an den scheidenden Übergeber bei gleichzeitigem Einrücken in die Existenzgrundlage des Übergebers ist keine Gegenleistung, sondern Auflage.[70] Typische entgeltliche Leistungen bei Übertragung von Unternehmensvermögen sind Gleichstellungsgelder an Geschwister, Übernahme von Verbindlichkeiten des Übergebers durch den Übernehmer, Leistungen in Sachwerten.[71] Teilentgeltlichkeit kann bei Vereinbarung zur Erbringung von Pflegeleistungen vorliegen.[72] Die gegenseitigen Leistungspflichten sind vertraglich zu fixieren, um eine unmissverständliche schuldrechtliche Zuordnung zu gewährleisten.

7. Leihe

Schuldrechtlich kann die Übertragung von Sachen – nicht Rechten – auch in Form der 15 **unentgeltlichen Gebrauchsüberlassung** eines Vermögensgegenstandes vereinbart werden, die nach § 598 BGB als Leihe eingeordnet wird.[73] Darunter fällt auch die (im Grundbuch nicht vermerkte) Vereinbarung über ein Wohnungsrecht,[74]

> **Formulierungsvorschlag:**
> Der Grundstückseigentümer … räumt hiermit seinen Eltern das lebzeitige unentgeltliche und ausschließliche Wohnungsrecht an der Wohnung … des Hauses ein.

---

[63] So wohl auch *J. Mayer* DNotZ 1996, 604, 612.
[64] BGH NJW 1995, 1349, 1350; BGH NJW 1961, 604, 605.
[65] BGH NJW 1972, 1709, 1710 = BGHZ 59, 132.
[66] BGH NJW 1995, 1349, 1350; ehemals „auffallend grobes Missverhältnis" BGH NJW 1972, 1709, 1710 = BGHZ 59, 132.
[67] BGH NJW 1995, 1349, 1350; BGH NJW 1992, 558, 559 = BGHZ 116, 167; BGH NJW-RR 1989, 706, 707; BGH NJW 1984, 487, 488 = BGHZ 89, 24.
[68] BGH NJW 1989, 2122, 2123 = BGHZ 107, 156; BGH NJW 1989, 2122, 2123 = BGHZ 107, 156.
[69] BFH BStBl 1991 II 793; Staudinger/*Wimmer-Leonhardt* § 516 Rdnr. 68.
[70] BGH NJW 1989, 2122, 2123 = BGHZ 107, 156; BGH NJW 1989, 2122, 2123 = BGHZ 107, 156.
[71] *Spiegelberger* Vermögensnachfolge Rdnr. 41, 42, 266.
[72] BGH NJW 1995, 1349, 1350.
[73] Z.B. BGHZ 82, 354, 357, für den Fall der Verpflichtung zur unentgeltlichen Gebrauchsüberlassung einer Wohnung auf Lebzeiten.
[74] BGH NJW 1982, 820 f.

auf das mietrechtliche Vorschriften keine Anwendung findet.[75] Die Einräumung eines lebzeitigen unentgeltlichen Wohnungsrechts ist auch bei Bewilligung der Eintragung im Grundbuch nicht Inhalt des dinglichen Rechtes, sondern Teil der schuldrechtlichen Absprache.[76]

Die unentgeltliche Überlassung von Gesellschafts- oder Geschäftsanteilen als Berechtigung, die Nutzungen aus diesen Rechten zu ziehen, ermöglicht das dingliche Rechtsverhältnis des Nießbrauchs.

8. Pacht

16   Im Falle der Überlassung eines Unternehmens zu dessen Führung an den designierten Nachfolger findet Pacht (§§ 581 ff. BGB) entsprechende Anwendung,[77] wenn der Übernehmer die Erträge des Unternehmens ziehen darf,[78] und zwar insbesondere für die Nutzungsmöglichkeit von Rechten wie der Firma, des Goodwill und der gewerblichen Schutzrechte,[79] und wenn er einen **Pachtzins** dafür zahlt. Das Eigentum am Unternehmen verbleibt beim Erblasser mit der Folge, dass er nicht mehr für die Risiken haftet, welche die Führung des Unternehmens durch den Pächter mit sich bringt. Die schuldrechtliche Vereinbarung zwischen den Parteien über die Unternehmensführung verbindet jedoch auch Elemente der Leihe, der Schenkung und des Kaufs. An dem Anlagevermögen kann eine unentgeltliche Gebrauchsüberlassung begründet werden.[80] Auf den Verbrauch des Warenlagers und des Einzugs der Außenstände finden Vorschriften des Kaufs oder der Schenkung Anwendung je nachdem, ob es sich um eine entgeltliche oder unentgeltliche Übertragung handelt.

9. Ausstattung

17   Die Zuwendungen der Eltern (oder eines Elternteils) an ihre Kinder sind „Ausstattung", wenn diese das den Umständen, insbesondere den Vermögensverhältnissen des Vaters oder der Mutter, entsprechende Maß nicht übersteigen (§ 1624 Abs. 1 BGB), um dem Kind mit Rücksicht auf seine Verheiratung oder zur **Erlangung einer selbständigen Lebensstellung** die wirtschaftliche Existenz zu begründen oder zu erhalten. Formulierung der Ausstattung mit einem Grundstück in der notariellen Urkunde:

> **Formulierungsvorschlag:**
>
> Die Übergeber sind im Grundbuch von ... zu je ein Halb als Eigentümer des folgenden Grundbesitzes eingetragen: .... Der Grundbesitz ist in Abteilung II + III des Grundbuches lastenfrei.
>
> Die Übergeber übertragen auf ihre Tochter im Wege der Ausstattung wegen deren bevorstehender Verheiratung diesen Grundbesitz mit allen gesetzlichen Bestandteilen, sämtlichem Zubehör und in seinem gegenwärtigen Zustand. Die Tochter nimmt die Ausstattung an.
>
> Einig über den Eigentumsübergang bewilligen und beantragen die Beteiligten den Vollzug im Grundbuch (Auflassung).

Das Gesetz nimmt die Ausstattung vom Schenkungsrecht aus. Gegenstand einer Ausstattung können Sachen und Rechte sein. Nicht selten kommt es auf diesem Wege zur Einräumung einer stillen Teilhaberschaft[81] oder zur Aufnahme des Kindes in das elterliche Geschäft.[82] Vertraglich sollte die Zuwendung ausdrücklich als Ausstattung benannt werden.[83]

---

[75] OLG Hamburg ZMR 1983, 60, 61.
[76] BayObLG NJW-RR 1993, 283 = MittBayNot 1993, 17.
[77] Palandt/*Putzo* 61. Aufl. § 598 Rdnr. 3; Muster und Kommentierung zum Vertragstyp der Unternehmenspacht *Aschenbrenner/Hundertmark*, Münchener Vertragshandbuch Bd. 2, 4. Aufl. 1997, II.2.
[78] Unternehmensführung auch denkbar durch Vereinbarung über die Unternehmensführung im Wege des Auftrages oder der entgeltlichen Geschäftsbesorgung; s. a. BGH NJW 1982, 1817 zum Betriebsführungsvertrag.
[79] Vgl. Palandt/*Putzo* 61. Aufl. § 598 Rdnr. 3.
[80] So wohl auch Palandt/*Putzo* 61. Aufl. § 598 Rdnr. 3.
[81] *Esch/Baumann/Schulze zur Wiesche*, Handbuch der Vermögensnachfolge, Rdnr. 1588.
[82] *Esch/Baumann/Schulze zur Wiesche* Rdnr. 1589.
[83] *Langenfeld/Gail*, Handbuch der Familienunternehmen, VI Rdnr. 25.

10. Ehebedingte und lebenspartnerschaftsbedingte Zuwendung

Der unentgeltliche Vermögenserwerb zwischen Ehepartnern oder Lebenspartnern (nach dem LPartG) ist nicht auf das Rechtsgeschäft der Schenkung beschränkt; weiterhin steht das gesetzlich nicht geregelte Rechtsgeschäft familienrechtlicher Art der „Ehebedingten Zuwendung" als ein auf eine unentgeltliche Zuwendung gerichteter Vertragstyp eigener Art zur Verfügung,[84] das im Unterschied zur Schenkung mit der Erwartung des Fortbestands der Ehe/Lebenspartnerschaft verbunden ist.[85] Die Ehebedingte bzw. partnerschaftsbedingte Zuwendung ist zwar keine Schenkung, wird jedoch heute auch von der Rechtsprechung als ein auf eine unentgeltliche Zuwendung gerichteter Vertragstyp eigener Art angesehen, auch wenn sie als Ausgleich für geleistete Mitarbeit des Partners oder als »Beteiligung an den Früchten des ehelichen Zusammenwirkens«[86] erfolgt.[87]

Der Ehegatte bzw. Lebenspartner erhält auf Grund der besonderen partnerschaftlichen Verbindung Zuwendungen, indem er an der **Wertschöpfung** im Rahmen der **ehelichen bzw. lebenspartnerschaftlichen Lebensgemeinschaft** partizipiert, typischerweise duch Gewährung von Miteigentumsanteilen bei dem Erwerb eines gemeinsamen Wohnheims aus den Mitteln eines Ehegatte bzw. Lebenspartners,[88] der Forderungsmitinhaberschaft bei Speisung eines Gemeinschaftskontos durch nur einen Ehegatten bzw. Lebenspartner oder dem Erhalt von Anwartschaften aus einer Lebensversicherung. Geschäftsgrundlage der Zuwendungen ist der Bestand der Ehe bzw. der Lebenspartnerschaft;[89] im Falle des Scheiterns der Verbindung wird nach güterrechtlichen Vorschriften ausgeglichen.[90] Durch diese Art der Partizipation des Ehegatten kann eine steuerlich günstige Gestaltung der ehelichen Verhältnisse erreicht werden.[91] Wie auch die Schenkung ist die Ehebedingte bzw. lebenspartnerschaftsbedingte Zuwendung bei der Pflichtteilsberechnung mit zu berücksichtigen (§ 2325 BGB).[92]

Die ehebedingte praktische Bedeutung der unbenannten Zuwendung ist je nach **Güterstand** unterschiedlich. Bei der Vereinbarung des seltenen Güterstandes der Gütergemeinschaft unter Ehegatten findet ohnehin ständig ein Vermögensausgleich statt, weil das eingebrachte und später erworbene Vermögen der Ehegatten gemeinschaftliches Vermögen wird (§§ 1416, 1419 BGB). Derjenige Ehepartner mit dem größeren Ausgangsvermögen verschafft dem anderen Ehepartner einen Vermögenszuwachs im Rahmen der Vereinbarung der Gütergemeinschaft (§§ 1408, 1415 BGB) durch eine Gesamtzuwendung. Die Güterstände der Zugewinngemeinschaft (§ 1363 BGB) und derjenige der Ausgleichsgemeinschaft bei Lebenspartnern sowie der vertraglich vereinbarte Güterstand der Gütertrennung (§§ 1408, 1414 BGB) kennen den automatischen Vermögenszuwachs bei dem Partner mit geringerem Ausgangsvermögen nicht. Formulierungsbeispiel in der Notarurkunde:

> **Formulierungsvorschlag:**
> Der Übergeber ist im Grundbuch von ... als Alleineigentümer des folgenden Grundbesitzes eingetragen: .... Er wurde während der Ehezeit erworben. Durch diesen Vertrag soll die hälftige Zuordnung dieses Grundbesitzes im Sinne eines vorzeitigen Zugewinnausgleichs erfolgen. [alt.: Dieser Vertrag dient der Versorgung des übernehmenden Ehegatten.]

---

[84] BGH zur „Ehebedingten Zuwendung" NJW-RR 1993, 773, 774; BGH NJW 1992, 564 = BGHZ 116, 167, BGH NJW-RR 1990, 386; BGH NJW 1982, 2236; BGH NJW 1982, 1093 = BGHZ 82, 227; *Langenfeld* NJW 1994, 2133, 2134.
[85] OLG München NJW-RR 2002, 3.
[86] BFH BStBl. II 1985, 160; Hennerkes/*Schiffer* S. 499.
[87] BGH NJW 1992, 564.
[88] BGH NJW 1982, 1093 = BGHZ 82, 227; das Familienheim kann unter Ehegatten erbschaftsteuerfrei übertragen werden (§ 13 Ziff. 4 a ErbStG).
[89] Palandt/*Heinrichs* § 313 Rdnr. 45.
[90] BGH NJW 1992, 2154, 2155 f. = BGHZ 118, 242; s.a. Rdnr. 80 zur Rückabwicklung Ehebedingter Zuwendungen.
[91] BGH NJW-RR 1993, 1410.
[92] Siehe zur Behandlung der Ehebedingten Zuwendung im Pflichtteilsrecht § 132 Rdnr. 132 ff.

> Der Übergeber überträgt hiermit seinem Ehegatten einen hälftigen Miteigentumsanteil an dem genannten Grundbesitz, welcher diese Übergabe annimmt. [alt.: Dieser Vertrag dient der Versorgung des übernehmenden Ehegatten.]
> Einig über den bezeichneten Eigentumsübergang bewilligen und beantragen die Beteiligten den Vollzug im Grundbuch (Auflassung).
> Der Besitz- und Gefahrübergang erfolgt sofort.

Soweit sich Eheleute, die im Güterstand der Zugewinngemeinschaft oder der Gütertrennung leben, Gegenstände ohne ausdrückliche Zweckbestimmung zuwenden, werden diese, soweit sie nicht in Erfüllung einer Rechtspflicht und nicht in Verknüpfung mit einer Gegenleistung erfolgen, vermutetermaßen ehebedingt zugewandt, da sie ihre Ursache in der ehelichen Lebensgemeinschaft haben.[93] Soll die Teilhabe nicht als Zugewinn bzw. Zugewinnersatz verstanden werden, weil z.B. Gläubiger des Zuwendungsempfängers auf die Zuwendung zugreifen könnten, ist dies in der Formulierung in der Zwecksetzung und durch Aufnahme eines Rückforderungsrechtes klarzustellen.[94]

> **Formulierungsvorschlag:**
> Der Übergeber ist im Grundbuch von ... als Alleineigentümer des folgenden Grundbesitzes eingetragen: ... Der Übergeber überträgt hiermit seinem Ehegatten einen hälftigen Miteigentumsanteil an dem genannten Grundbesitz, um eine zweckmäßige eheliche Vermögensordnung im Wege der Ehebedingten Zuwendung herbeizuführen, der diese Übertragung annimmt.
> Einig über den bezeichneten Eigentumsübergang bewilligen und beantragen die Beteiligten den Vollzug im Grundbuch (Auflassung).
> Der Übergeber hat das Recht, den hälftigen Miteigentumsanteil im Falle der rechtskräftigen Scheidung von dem Ehegatten zurückzufordern.

Mit der institutionalisierten gleichgeschlechtlichen Lebenspartnerschaft durch das LPartG wird es zukünftig auch „lebenspartnerschaftsbedingte" Zuwendungen geben.

III. Vollzug der Schenkung unter Lebenden

1. Beurkundung des Schenkungsversprechens

20 Nach § 518 Abs. 1 BGB ist vorgesehen, dass das Versprechen, eine Leistung schenkweise zuzuwenden, der **notariellen Beurkundung** bedarf. Für die Annahme des Versprechens gilt diese Formvorschrift nicht. Allein die Handschenkung, d. h. die Einigung über eine unentgeltliche Zuwendung bei gleichzeitiger Bewirkung, soll den Mangel der notariellen Form des Versprechens nach § 518 Abs. 2 BGB – und nur diesen, nicht auch sonstige Mängel des Schenkungsversprechens – heilen. Eine teilweise Bewirkung führt bei teilbaren Leistungen Heilung für den vollzogenen Teil herbei. Nur die Einhaltung der gebotenen Form kann also dem Risiko der Nichtigkeit wegen deren Nichteinhaltung (§ 125 BGB) vorbeugen. Auch bei dem Versprechen einer gemischten Schenkung sollte für das ganze Rechtsgeschäft die Form der Beurkundung gewahrt werden. Ist der geschenkte Gegenstand der gemischten Schenkung eine unteilbare Einheit, versteht sich dies von selbst, während für real teilbare Leistungen seine Zerlegung in einen entgeltlichen und einen unentgeltlichen Teil mit der Folge der Formpflichtigkeit lediglich für den unentgeltlichen Teil für möglich gehalten wird.[95] Es bleibt das Risiko der Gesamtnichtigkeit, wenn der unentgeltliche Teil wegen Formmangels nichtig ist, sofern nicht anzunehmen ist,

---

[93] *Schotten* NJW 1990, 2841, 2842.
[94] Langenfeld/*Günther* Grundstückszuwendungen S. 285.
[95] RG RGZ 148, 236, 240; MünchKommBGB/*Kollhosser* § 516 Rdnr. 29 ff.; Staudinger/*Wimmer-Leonhardt* § 516 Rdnr. 211.

dass nach dem Willen der Parteien der entgeltliche Teil ohne den unentgeltlichen abgeschlossen worden wäre (§ 139 BGB).

2. Zuwendungen durch Vertrag zugunsten Dritter auf den Todesfall

Das Gesetz regelt die Verträge zugunsten Dritter auf den Todesfall in §§ 330, 331 BGB unvollständig. Der Rechtserwerb des Begünstigten einer unentgeltlichen Zuwendung durch Vertrag zugunsten Dritter auf den Todesfall ist im Verhältnis zu dem Erben (nur dann) gesichert, wenn die Voraussetzungen der §§ 516 ff. BGB gewahrt sind. Bei der im Valutaverhältnis vereinbarten Schenkung handelt es sich nicht um eine Zuwendung auf den Todesfall,[96] sondern um eine Versprechensschenkung unter Lebenden.[97] Dabei ist eine auf den Tod aufschiebend bedingte Abtretung der Forderung ausreichend.[98] Es entscheidet das **Deckungsverhältnis** zwischen Versprechendem und Versprechensempfänger über die Form des Rechtsgeschäfts. Die zwingenden Formvorschriften des Erbrechts finden keine Anwendung. Das Deckungsverhältnis unterliegt ebenso wie der dadurch begründete Anspruch des Dritten im Grundsatz dem Schuldrecht.[99]

Hatte der Begünstigte von dem Schenkungsversprechen nach dem Tod des Schenkers durch den Anweisungsempfänger im Dreiecksverhältnis noch keine Kenntnis erhalten, so fehlt es an einer wirksamen Einigung über die Unentgeltlichkeit. Zwar kann der Dritte das Angebot des Schenkungsversprechens noch nach dem Tod des Erblassers annehmen, das von dem Anweisungsempfänger als Erklärungsbote des Erblassers überbracht wird (§ 130 Abs. 2 BGB) – die mangelnde Beurkundung gemäß § 518 Abs. 2 BGB wird durch den Erwerb des Anspruchs gegen den Versprechenden geheilt.[100] Der Erbe kann dies jedoch verhindern durch **Erklärung des Widerrufs** des Angebotes gegenüber dem Begünstigten vor dessen Annahme. Der Erbe tritt in solchen Fällen in einen zeitlichen Wettlauf mit dem Anweisungsempfänger, der seinerseits den Begünstigten erst in Kenntnis setzt. Vorsorglich sollte auch die Vollmacht des Anweisungsempfängers widerrufen und das zwischen dem (verstorbenen) Anweisenden und dem Anweisungsempfänger begründete Auftragsverhältnis gekündigt werden.[101]

Liegt bei dem Vertrag zugunsten Dritter auf den Todesfall ein formnichtiges Schenkungsversprechen im Zweipersonenverhältnis zwischen Schenker und Beschenktem vor, verbunden mit einer aufschiebend bedingten Abtretungsvereinbarung, wird (nur) der Formmangel des § 518 Abs. 1 BGB in der juristischen Sekunde des Erbfalls geheilt. Ein Widerruf der Erben gegenüber dem Beschenkten nutzt dann nichts mehr. Er kommt zu spät. Der Anspruch des Beschenkten ist konditionsfest und kann gegen die Erben eingeklagt werden.

3. Heilung des Formmangels durch Vollziehung der Schenkung

Welche Maßnahmen für die Vollziehung der Schenkung, d.h. für die auf Rechtsübertragung gerichtete Vollziehungshandlung, zur Heilung des Formmangels erforderlich sind, bestimmt sich nach der für den jeweiligen Schenkungsgegenstand geltenden **Verschaffungsform**.[102] Für bewegliche Sachen, zum Beispiel für Aktien, bestimmt sich die Einräumung der dinglichen Rechtsstellung nach den Vorschriften der §§ 929 ff. BGB – nämlich durch Übergabe oder deren Ersetzung.[103] Für Immobilien genügt zwar die Auflassung wegen ihrer bindenden Wirkung nach § 873 Abs. 2 BGB;[104] damit tritt jedoch noch keine Heilung nach anderen Vorschriften ein (Auflassung und Eintragung gemäß § 311 b Abs. 1 S. 2 BGB). Die Übertragung von Forde-

---

[96] *Elfring* ZEV 2004, 305, 306; *J. Mayer* DNotZ 2000, 905, 923.
[97] *Werkmüller* ZEV 2001, 97, 98; OLG Düsseldorf NJW-RR 1996, 1329, 1330.
[98] Palandt/*Weidenkaff* § 518 Rdnr. 10.
[99] BGH WM 1976, 1130, 1130; BGH NJW 1976, 749, 750; OLG Köln NJW-RR 1995, 1224, 1224; OLG Düsseldorf FamRZ 1998, 774, 775. Zum Widerruf der Bezugsberechtigung ohne Zugang bei der Lebensversicherung *Schmalz-Brüggemann* ZEV 1996, 84, 88 und *Vollkommer* ZEV 2000, 10 ff.
[100] BGH NJW 1967, 101; OLG Hamm VersR 2002, 1409, 1410.
[101] *Werkmüller* ZEV 2001, 97. In dem Fall des OLG Hamm VersR 2005, 819 hatte der Nachlasspfleger ggü. dem Versicherer den Auftrag zur Mitteilung des Bezugsrechts gekündigt.
[102] Staudinger/*Cremer* § 518 Rdnr. 16.
[103] BGH NJW 1992, 1162, 1163; zum Eltern-Kind-Verhältnis als Besitzmittlungsverhältnis BGH NJW 1989, 2542, 2544.
[104] A.A. Staudinger/*Wimmer-Leonhardt* § 518 Rdnr. 32.

rungen erfolgt durch formlose Abtretung (§ 398 BGB).[105] Bei „schenkweiser" Nutzungsüberlassung bestimmt die Übergabe zum Zweck der Nutzung den Vollziehungszeitpunkt.[106] Der Vollzug heilt auch bei Schenkung unter Bedingung oder Befristung oder Vorbehalt des Widerrufs. Für die Annahme des Vollzugs ist lediglich maßgeblich, dass der Schenker alles getan hat, was ihm im Rahmen der jeweiligen Verschaffungsform obliegt, um dem Beschenkten den Schenkungsgegenstand zu verschaffen.[107] Bei der schenkweisen Aufnahme in eine Gesellschaft müssen Gesellschaftsrechts- und Schenkungsverhältnis vollzogen werden.[108]

23 Der Zeitpunkt des Eintritts des rechtlichen Leistungserfolgs ist für jede Schenkung gesondert festzustellen.[109] Das wird für die unmittelbare Schenkung i.d.R. leichter festzustellen sein als für die sog. **mittelbare Schenkung** – letztere ist eine Art der Zuwendung, die hauptsächlich steuerlich motiviert ist,[110] aber auch im Pflichtteilsrecht eine Rolle gespielt hat. Bei mittelbarer Schenkung, etwa schenkweiser Zuwendung einer Mitgliedschaft als Kommanditist, ist zu unterscheiden: Wird ein Geldbetrag zweckbestimmt zum Erwerb einer Gesellschafterstellung zugewendet, ist die Schenkung mit Übergabe des Geldes vollzogen. Ob der Zweck tatsächlich herbeigeführt wird, hat keine Bedeutung für die Vollziehung, sondern lediglich für einen möglichen Rückforderungsanspruch wegen Zweckverfehlung. Bei schenkweiser Aufnahme in eine Gesellschaft müssen aber Verschaffung der Gesellschafterstellung und die Schenkung des Geldes zu deren Erwerb vollzogen werden.[111] Entsprechende gesellschaftsrechtliche Formvorschriften müssen daher erfüllt werden, etwa bei der Innengesellschaft die notarielle Beurkundung der Zuwendung der Mitgliedschaft. Im Falle einer Schenkung von Geld zum Zwecke des Erwerbs einer GmbH-Beteiligung liegt zwar eine mittelbare Schenkung vor, die jedoch in steuerlicher Hinsicht nur als solche anerkannt wird, wenn der Schenker mindestens zu 25,1% oder mehr an der Gesellschaft erwirbt (§ 13a Abs. 4 Ziff. 3 ErbStG).[112] Streitig ist die Frage, ob die Einbringung eines Einzelunternehmens in die GmbH durch einen GmbH-Gesellschafter zu Buchwerten eine mittelbare Schenkung darstellt.[113]

Die Bezahlung der Prämien einer Lebensversicherung bei gleichzeitiger Zuwendung des Bezugsrechts auf die Versicherungssumme an den Begünstigten ist eine „durch Zwischenschaltung des Versprechenden mittelbar gewährte Leistung" bzw. „mittelbare Zuwendung" der Versicherungssumme,[114] deren Vollziehung von der Widerruflichkeit des Bezugsrechts abhängt.

4. Formbedürftigkeit der Zuwendung eines Nießbrauchs

24 Die wirksame Einräumung eines Nießbrauchs folgt im Wesentlichen der für die Übertragung des Gegenstandes oder Rechtes, an dem der Nießbrauch bestellt wird, geltenden **Verschaffungsform** (§§ 1032, 1069 BGB). Bei der schenkweisen Aufnahme in eine Gesellschaft müssen Gesellschafts- und Schenkungsverhältnis vollzogen werden (§§ 1032, 1069 BGB).[115] Für bewegliche Sachen ist dies Einigung und Übergabe oder Übergabeersatz (§ 1032 BGB),[116] für Aktien auch Mitbesitzeinräumung (§ 1081 Abs. 2 BGB). Bei Immobilien erfolgt die Bestellung durch notarielle Beurkundung und Eintragung in Abteilung II des Grundbuches (§§ 873, 874 BGB). Die Bestellung des Nießbrauchs an GmbH-Anteilen erfolgt durch notarielle Beurkun-

---

[105] BGH NJW 1983, 1487, 1488 = BGHZ 87, 19.
[106] BGH NJW 1970, 941, 942.
[107] BGH NJW-RR 1989, 1282; BGH NJW 1970, 941, 942; Palandt/*Weidenkaff* § 518 Rdnr. 9.
[108] *K. Schmidt* BB 1990, 1992, 1993; s. zum Vollzug der Schenkung von Gesellschaftsbeteiligungen Sudhoff/*Stenger* Unternehmensnachfolge S. 241 ff.
[109] BGH NJW 1988, 138; zum Zeitpunkt des rechtlichen Leistungserfolgs und des Zeitpunktes der wirtschaftlichen Ausgliederung in Hinblick auf § 2325 BGB eingehend *Schindler* ZEV 2005, 290 bis 295.
[110] Siehe dazu Rdnr. 4.
[111] *K. Schmidt* BB 1990, 1993.
[112] Siehe dazu § 36.
[113] Abl. FG Köln ZEV 2004, 297; bejahend BFH BFH/NV 2002, 26.
[114] BGH NJW 2004, 214, 215 (keine Unterscheidung zwischen originärem und derivativem Rechtserwerb in der Zivilrechtsprechung).
[115] *K. Schmidt* BB 1990, 1992, 1993.
[116] Mit Ausnahme der §§ 929a, 932a BGB.

dung (§ 15 Abs. 4, 5 GmbHG). Auch die Bestellung eines Nießbrauchs an einem Vermögen erfolgt nach Maßgabe der für einzelne Sachen und Rechte geltenden Einräumung (§ 1085 BGB).

5. Formbedürftigkeit der Zuwendung von Grundvermögen

Die Beurkundungspflicht gemäß § 311 b Abs. 1 BGB ist zu beachten für jedwede vertragliche Verpflichtung zur Änderung bestehender Eigentumsverhältnisse an Grundvermögen oder Teilen davon.[117] Hat der Vertrag eine Unternehmensübertragung zum Gegenstand, zu dem Grundvermögen gehört, erstreckt sich der Formzwang des § 311 b Abs. 1 BGB auf sämtliche Bestandteile des schuldrechtlichen Veräußerungsgeschäfts.[118] Eine Verpflichtung zur Übertragung von Anteilen an einer Personengesellschaft[119] oder einer Kapitalgesellschaft, deren Vermögen im Wesentlichen aus Grundbesitz besteht, unterfällt indes nicht dem Formerfordernis nach § 311 b Abs. 1 BGB, ggf. aber denjenigen für die Übertragung der Beteiligung. Dies gilt auch, wenn sämtliche Anteile oder Aktien einer Gesellschaft übertragen werden.

Der **Umfang des Formerfordernisses** erstreckt sich auf den ganzen Vertrag einschließlich aller Rechtswirkung erzeugenden Regelungen und Vereinbarungen, aus denen sich der schuldrechtliche Vertrag zusammensetzen soll.[120] Beim Schenkungsversprechen über ein Grundstück bedarf daher nicht nur das Versprechen (§ 518 Abs. 1 BGB), sondern auch die Annahme der Beurkundung. Auch bei gemischten[121] oder zusammengesetzten Verträgen erstreckt sich der Formzwang auf sämtliche Regelungen, sofern diese rechtlich eine Einheit bilden, d. h. miteinander „stehen und fallen" sollen.[122]

Die gänzliche Nichteinhaltung der Form macht den Vertrag nichtig (§ 125 S. 1 BGB). Bei **unvollständiger Einhaltung der Form** wird unterschieden: Hatten die Vertragsparteien davon keine Kenntnis, ist der gesamte Vertrag nichtig, wenn nicht anzunehmen ist, dass er auch ohne den nicht beurkundeten Teil abgeschlossen worden wäre (§ 139 BGB).[123] Kannten die Parteien die Teilnichtigkeit, fehlt es am rechtsgeschäftlichen Verpflichtungswillen. Das formgerecht Beurkundete ist gültig, das Nichtbeurkundete nichtig.[124] Aber: Bewusst unrichtige Beurkundungen sind als Scheingeschäft und das wirklich Vereinbarte nach § 125 BGB nichtig.[125]

Eine Heilung der Nichtigkeitsfolge mangels Beurkundung durch Auflassung und Eintragung (§§ 873, 925 BGB) kommt überhaupt nur in den Fällen in Betracht, in denen dem Grundbuchamt ein **formbedürftiges Kausalgeschäft** dokumentiert wird (§ 925 a BGB), praktisch also nur in den Fällen der Teilnichtigkeit. Nicht geheilt werden dagegen andere Formmängel.[126] Die praktische Bedeutung ist daher gering. Die Heilung erfasst den Vertrag nach seinem ganzen Inhalt mit sämtlichen in ihm getroffenen Vereinbarungen.[127]

6. Formbedürftigkeit der Zuwendung des gegenwärtigen Vermögens oder des Nachlasses

Ein Vertrag, durch den sich der Erblasser verpflichtet, sein gegenwärtiges Vermögen oder einen Teil davon zu übertragen oder mit einem Nießbrauch zu belasten, bedarf der notariellen **Beurkundung** (§ 311 BGB). Bei Übertragung eines Anteils am Nachlass gilt die Beurkundungspflicht für das Grundgeschäft (§ 2033 BGB) und das Verfügungsgeschäft (§§ 2385 Abs. 1, 2371 BGB). Die Nichteinhaltung der Form hat die Nichtigkeit des Vertrages zur Folge (§ 125 BGB) und kann nicht durch Erfüllung geheilt werden, auch nicht durch Vollziehung eines Schenkungsversprechens.[128]

---

[117] OLG Hamm MDR 1984, 843.
[118] BGH DNotZ 1979, 332, 333.
[119] BGH NJW 1983, 1110, 1111 = BGHZ 86, 367, der sich jedoch eine Beurkundungspflicht bei Umgehungsfällen vorstellt.
[120] BGH NJW 1986, 248; BGH BGHZ 85, 315, 317.
[121] Z.B. Vereinbarung eines Nießbrauchs als Gegenleistung für eine Überlassung.
[122] BGH NJW 1994, 2885; BGH NJW 1987, 1069.
[123] BGH NJW 1986, 248; BGH WM 1980, 1257, 1258.
[124] BGHZ 45, 376, 380.
[125] BGH NJW 1986, 248.
[126] RG SeuffA 80 Nr. 180; Erman/*Seiler* § 518 Rdnr. 6 vertritt die Ansicht, dass zugleich das Fehlen der für ein Schenkungsversprechen notwendigen Beurkundung geheilt (§ 518 Abs. 2 BGB) wird.
[127] BGH NJW 1957, 459, 460; BGH MDR 1958, 320 zur Verpflichtung zur Rückübereignung.
[128] BGH DNotZ 1971, 37, 38.

7. Formbedürftigkeit des Leibrentenversprechens

28 Das Leibrentenversprechen bedarf zu seiner Gültigkeit der schriftlichen Erteilung des Versprechens (§ 761 BGB), soweit nicht eine andere Form, wie z.B. bei der Schenkung, vorgeschrieben ist. Das Formerfordernis erfasst nur das Versprechen des Leibrentenschuldners und die spätere Abänderung eines wirksamen Leibrentenversprechens, wenn der Schuldner zusätzlich beschwert ist. §§ 311 b Abs. 1, 518 Abs. 2 BGB sehen – im Gegensatz zu § 761 – eine Heilung von Formmängeln durch Erfüllung vor. Da § 761 keine weiterreichenden Zwecke verfolgt als die §§ 311 und 518 BGB, wird nach herrschender Meinung die Leibrentenvereinbarung von der **Heilungswirkung** der §§ 311 Abs. 1 und 518 Abs. 2, die sich auf alle Vereinbarungen erstreckt, erfasst.[129] Die mangelnde Form des mündlich erteilten Leibrentenversprechens wird daher geheilt bei vollzogener Leibrentenschenkung, d. h. soweit die Leistungen erbracht sind, etwa im Falle des § 311 BGB durch Auflassung und Eintragung.

8. Formbedürftigkeit des Erb- und Pflichtteilsverzichts

29 Der Erb- und Pflichtteilsverzicht bedarf der notariellen Beurkundung (§ 2348 BGB),[130] wenn er vor dem Erbfall liegt und das Pflichtteilsrecht eines künftig Berechtigten zum Gegenstand hat. In beiden Fällen muss der Erblasser den Vertrag persönlich schließen (§ 2347 Abs. 2 BGB). Seine Vertretung macht den Verzicht und damit den gesamten Vertrag unwirksam.[131] Der Verzichtende kann sich jedoch vertreten lassen.[132] Dies gilt auch für das zugrunde liegende schuldrechtliche Verpflichtungsgeschäft, welches aber durch den formgültigen Verzicht geheilt wird.[133] Der vom Vormund oder Betreuer des Verzichtenden sowie der von den elterlichen Sorgeberechtigten geschlossene Vertrag bedarf der vormundschaftsgerichtlichen Genehmigung (§ 2347 Abs. 1 BGB), es sei denn, dass der Vertrag zwischen Ehegatten oder Verlobten geschlossen wird.

9. Vertraglich vereinbarte Formerfordernisse

30 Vertraglich vereinbarte Schriftformerfordernisse sind in der Praxis, insbesondere in Gesellschaftsverträgen, sehr verbreitet. Ihre Nichteinhaltung führt zwar **nicht** zwingend **zur Unwirksamkeit** in zivilrechtlicher Sicht,[134] jedenfalls aber zur Unwirksamkeit ihrer steuerlichen Wirkungen.[135] Auf ihre Einhaltung sollte daher beachtet werden.

10. Registerrechtliche Formerfordernisse

31 Die Vermögensnachfolge in Unternehmen bringt Anmelde- und/oder Eintragungspflichten in öffentliche Register (Handelsregister, Grundbuch) mit sich. Die Anmeldungen zum Handelsregister sind in öffentlich beglaubigter Form einzureichen (§ 12 Abs. 1 HGB). Die Form der Beglaubigung richtet sich nach § 129 BGB i. V. m. §§ 39 bis 41 Beurkundungsgesetz. **Beurkundung** ist für die Eintragung erforderlich, wenn das Dokument einen rechtlich relevanten Inhalt zum Gegenstand hat, wie z.B. in den Fällen
- des Vertrages über das Vermögen (§ 311 b Abs. 3 BGB),
- des Vertrages über den Erwerb oder die Veräußerung eines Grundstücks (§ 311 b Abs. 1 S. 1 BGB),
- des Schenkungsversprechens (§ 518 Abs. 1 BGB),
- des Erbverzichtsvertrages (§ 2348 BGB),
- der Errichtung einer GmbH (§ 2 Abs. 1 S. 1 GmbHG),
- der Übertragung von Geschäftsanteilen an einer GmbH (§ 15 Abs. 3, Abs. 4 S. 1 GmbHG),
- der Änderung der Satzung einer GmbH (§§ 53 Abs. 2, 55, 58 GmbHG),
- des Nachweises der Rechtsnachfolge (§ 12 Abs. 2 HGB).

---

[129] BGH NJW 1978, 1577; Staudinger/*Amann* § 761 Rdnr. 7; a.A. MünchKommBGB/*Habersack* § 761 Rdnr. 10.
[130] Das gesetzliche Erbrecht i.S.d. § 2348 BGB schließt das Pflichtteilsrecht ein.
[131] Beck'sches Notarhandbuch A V Rdnr. 109.
[132] Palandt/*Edenhofer* § 2347 BGB Rdnr. 1.
[133] Langenfeld/*Gail* IV Rdnr. 187.
[134] Es gelten ggf. die Grundsätze der fehlerhaften Gesellschaft.
[135] Beck'sches Notarhandbuch E Rdnr. 62 m. Hinweis auf die Gefahr einer verdeckten Gewinnausschüttung bei durch mündliche Absprachen gewährten Vorteilen unter Nichteinhaltung des im Vertrag vereinbarten Schriftformerfordernisses.

Die Form der öffentlichen Beglaubigung bezieht sich nicht auf den Inhalt der Erklärung, sondern lediglich auf die Unterschrift, und ist gesetzlich dort ausreichend, wo es um die Feststellung der Person des Erklärenden geht, so im Falle der Zeichnung von Unterschriften (§ 12 Abs. 1 HGB).

Die Eintragungsbewilligungen in das Grundbuch müssen öffentlich beurkundet oder öffentlich beglaubigt sein (§ 29 GBO). Auch für die Vollmacht bei Vertretungshandlungen verlangen die Register den Nachweis durch öffentlich beglaubigte Urkunden (§§ 12 Abs. 2 HGB, 29 GBO), auch wenn die Vertretung bei einem beurkundungs- oder beglaubigungspflichtigen Vorgang nach § 167 Abs. 2 BGB an sich nicht der Form bedarf, welche für das Rechtsgeschäft bestimmt ist, auf welches sich die Vollmacht bezieht.

IV. Wahl zwischen Rechtsgeschäft unter Lebenden und Verfügung von Todes wegen

1. Überblick

Vereinbarungen, deren rechtsgeschäftlicher Tatbestand in Teilen noch unter Lebenden hergestellt wird, dessen eigentliche Wirkungen aber erst mit dem Tod eines Beteiligten eintreten sollen, unterfallen bei (voll) entgeltlichen Geschäften den Vorschriften über Rechtsgeschäfte unter Lebenden.[136] Abgrenzungsprobleme werfen dagegen solche Zuwendungen auf, die in ihrer **Wirkung auf den Todesfall** gerichtet sind und den Verfügungen von Todes wegen damit sehr nahe stehen. Zu betrachten sind in diesem Zusammenhang insbesondere
- die Schenkung mit aufgeschobener Erfüllung auf den Tod des Schenkers,
- die Schenkung auf den Todesfall,
- die lebzeitig vollzogene Schenkung auf den Todesfall,
- der Vertrag zugunsten Dritter auf den Todesfall.

Würden alle Fälle als Rechtsgeschäfte unter Lebenden behandelt, so könnte der Erblasser nicht nur den strengen Form- und Typenzwang des Erbrechts umgehen, sondern auch die Regelungen zum Schutz von Nachlassgläubigern und Pflichtteilsberechtigten, deren Rechte bei Zuwendungen unter Lebenden und bei Verfügungen von Todes wegen verschieden gestaltet sind.[137] Eine sorgfältige Unterscheidung ist überdies auch im Hinblick auf die aus Erbverträgen und gemeinschaftlichen Testamenten sich ergebenden Bindungen geboten, die Rechtsgeschäfte unter Lebenden zulassen, mit der Bindungswirkung unvereinbare Verfügungen von Todes wegen aber verbieten.[138] Der Gesetzgeber hat Zuwendungen auf den Todesfall durch Rechtsgeschäfte unter Lebenden nur unvollständig geregelt.

2. Schenkung mit aufgeschobener Erfüllung auf den Tod des Schenkers

Die Zuwendung kann in der Weise vereinbart werden, dass das Eigentum erst mit dem Tod des Schenkers auf den Nachfolger übergeht. Dabei handelt es sich sowohl bei dem (formgültigen) Schenkungsversprechen als auch bei der vollzogenen Schenkung mit auf den Todesfall aufgeschobener Erfüllung um ein reines Rechtsgeschäft unter Lebenden, wenn und soweit dies ohne Rücksicht auf ein eventuelles **Vorversterben des Beschenkten** geschieht – im Unterschied zu den in § 2301 BGB geregelten Fällen – und damit um eine Schenkung unter Lebenden im Sinne der §§ 516 ff. BGB. Dies gilt sowohl für auf den Tod des Schenkers befristete Schenkungsversprechen sowie für betagte Schenkungen.[139] Beim aufschiebend befristeten Schenkungsversprechen entsteht der Anspruch erst mit dem Tod des Schenkers, bei der betagten Schenkung setzt nicht die Entstehung des Übertragungsanspruchs, sondern nur die Fälligkeit den Tod des Schenkers voraus.[140] Das Eigentum verbleibt zu Lebzeiten des Schenkers bei ihm. Der Nach-

---

[136] BGH NJW 2004, 767, 768; BGH NJW 1984, 480; BGH NJW 1953, 182, 183.
[137] Vgl. z.B. §§ 3 ff. AnfG, §§ 129 ff. InsO und § 1975 BGB; §§ 2325, 2329 BGB und § 2311 Abs. 1 BGB.
[138] MünchKommBGB/*Musielak* § 2301 Rdnr. 1. Vgl. einerseits § 2286 BGB und §§ 2287 f. BGB, die analog beim gemeinschaftlichen Testament zugunsten des Nach- und Schlusserben gelten, und andererseits §§ 2271, 2289 BGB.
[139] BGH NJW 1985, 1553, 1554; a.A. Olzen JZ 1987, 372, 373; *ders.*, Die vorweggenommene Erbfolge, 1984, S. 94 ff.; diesem zust. *Otte* AcP 186 (1986), 313, 314.
[140] Vgl. Palandt/*Heinrichs* § 163 Rdnr. 2.

folger hat einen unbedingten Anspruch auf Übereignung. Im Falle des Vorversterbens des beschenkten Nachfolgers fällt der Anspruch an dessen Erben.[141]

3. Schenkung auf den Todesfall

34 Erfolgt ein Schenkungsversprechen unter der Bedingung, dass der Begünstigte den Erblasser überlebt, so finden gem. § 2301 Abs. 1 S. 1 BGB die Vorschriften über **Verfügungen von Todes wegen** Anwendung.[142]

> **Muster für ein notariell beurkundetes Schenkungsversprechen:**
> Schenkungsversprechen von Todeswegen
> Verhandelt am ... in ... vor mir dem unterzeichneten Notar ... erschienen in meinen Amtsräumen
> 1. der Schenker
> 2. der Beschenkte, beide ausgewiesen durch Personalausweis und nach meiner Überzeugung vollgeschäfts- und testierfähig.
> Auf deren Ersuchen beurkunde ich die folgenden Erklärungen:
> Der Schenker verspricht hiermit dem Beschenkten schenkweise seine Kunstsammlung, wie in Anlage aufgelistet, unter der Bedingung, dass der Beschenkte den Schenker überlebt. Der Beschenkte nimmt das Schenkungsversprechen des Schenkers an.
> (Wert der Urkunde, notarielle Hinweise)
> Vorgelesen vom Notar, von den Beteiligten genehmigt und eigenhändig unterschrieben.

Es handelt sich um eine wenn auch nicht ausdrücklich benannte Verfügung von Todes wegen in der Form eines Erbvertrages. Daraus erklärt sich die ausdrückliche Erwähnung, dass sich der Notar von der erforderlichen Geschäftsfähigkeit des letztwillig Verfügenden überzeugt hat (§ 28 Beurkundungsgesetz). Das Schenkungsversprechen wird in Fällen der vorliegenden Art als Vermächtnis angesehen. Ist diese Form nicht eingehalten, ist die Schenkung nur dann wirksam, wenn der Schenker die Schenkung „durch Leistung des zugewendeten Gegenstandes vollzieht". In diesem Fall gelten wegen § 2301 Abs. 2 BGB die Vorschriften über Schenkungen unter Lebenden. Soweit § 2301 Abs. 1 S. 1 BGB auf die Vorschriften über Verfügung von Todes wegen abstellt, sind dies wegen der vertraglichen Natur des Schenkungsversprechens insbesondere die Vorschriften über den Erbvertrag.[143] Einen Anspruch auf die Zuwendung erlangt der Begünstigte erst mit dem Erbfall, sofern er ihn erlebt. Der Schenker ist jedoch an das in der Form des Erbvertrags gegebene Versprechen gebunden. Ist die Form des § 2276 BGB nicht beachtet, ist zu prüfen, ob das Schenkungsversprechen durch Umdeutung (§ 140 BGB) als Testament aufrechterhalten werden kann,[144] und hier insbesondere als Vermächtnis bei dem Versprechen der Schenkung eines einzelnen Vermögensgegenstandes oder als Erbeinsetzung bei dem Versprechen des gesamten Vermögens oder eines Teils davon (§ 2087 BGB).

35 Gesellschaftsvertragliche Abfindungsregelungen fallen regelmäßig nicht unter § 2301 Abs. 1 S. 1 BGB. Gelten sie für alle Gesellschafter, fehlt es auf Grund der Gegenseitigkeit schon an der Unentgeltlichkeit.[145] Da eine solche Regelung im Zusammenhang mit anderen Gegebenheiten des Gesellschaftsvertrags und des Gesellschafterverhältnisses gesehen werden muss, gilt dies auch, wenn Abfindungsansprüche weichender Erben ausgeschlossen sind.[146] Gelten Nachfol-

---

[141] Staudinger/*Wimmer-Leonhardt* § 516 Rdnr. 132; *Spiegelberger* Vermögensnachfolge Rdnr. 19; *Brox* Erbrecht Rdnr. 710 (betagte Schenkung).
[142] Gleiches gilt gem. § 2301 Abs. 1 S. 2 BGB für ein schenkweise unter Überlebensbedingung des Begünstigten erteiltes Schuldversprechen oder Schuldanerkenntnis.
[143] Str.; a.A. MünchKommBGB/*Musielak* § 2301 Rdnr. 13 m.w.N. zur Gegenansicht.
[144] Palandt/*Edenhofer* § 2301 Rdnr. 6.
[145] Str.; s. dazu Sudhoff/*Froning* Unternehmensnachfolge S. 593.
[146] BGH WM 1966, 367, 368; MünchKommBGB/*Musielak* § 2301 Rdnr. 7.

geregelungen nur für den Geschäftsanteil eines Gesellschafters, so sind sie meist nicht durch das Überleben anderer bedingt, sondern unbedingt oder unter anderen Bedingungen getroffen.[147] Die Bedingung, dass der Beschenkte den Schenker überleben muss, erhält durch die in § 2301 Abs. 1 S. 1 BGB angeordnete Rechtsfolge den Charakter einer **Rechtsbedingung**. Daher finden die §§ 158 ff. BGB auf ein derart bedingtes Schenkungsversprechen keine Anwendung.[148] In der Regel erfolgt die Anordnung der Überlebensbedingung im Schenkungsvertrag aufschiebend:

> **Formulierungsvorschlag:**
> Das Schenkungsversprechen gilt nur für den Fall, dass der Beschenkte den Schenker überlebt.

Die Bedingung kann im Schenkungsvertrag auch auflösend formuliert sein:[149]

> **Formulierungsvorschlag:**
> Sollte der Beschenkte vor dem Schenker versterben, ist das Schenkungsversprechen hinfällig.

Die Bedingung kann mit der Beschränkung auf einen bestimmten Fall des Ablebens verbunden werden:[150]

> **Formulierungsvorschlag:**
> Das Schenkungsversprechen soll nur für den Fall gelten, dass der Schenker die Operation vom ... nicht überleben wird.

Vielfach ist die Überlebensbedingung auch dann gewollt, wenn der Schenker sie nicht ausdrücklich erklärt hat. Das kann zum Beispiel der Fall sein, wenn die Gründe für die nach seinem Tod versprochene Zuwendung gerade in der Person des Empfängers liegen.[151] Lässt sich jedoch die von den Beteiligten gewählte Konstruktion im Wege der **Auslegung** nicht eindeutig ermitteln, so ist nach dem Rechtsgedanken des § 2084 BGB im Zweifel die Auslegung zu wählen, bei welcher der Wille des Erblassers (Schenkers) Erfolg hat,[152] also die Annahme einer unbedingten Schenkung. Es ist nicht davon auszugehen, das Versprechen einer unentgeltlichen Leistung für die Zeit nach dem Tod sei in der Regel mit einer Überlebensbedingung verbunden.[153] Keine Bedingung im Sinne des § 2301 Abs. 1 BGB liegt vor, wenn die Schenkung bei gleichzeitigem Versterben von Schenker und Beschenkten erfolgen soll.[154] Wird das Schenkungsversprechen in der sicheren Erwartung des baldigen Todes abgegeben, so kann darin allein ebenfalls keine Überlebensbedingung gesehen werden.[155]

---

[147] Staudinger/*Kanzleiter* § 2301 Rdnr. 51.
[148] MünchKommBGB/*Musielak* § 2301 Rdnr. 10; *Dittmann/Reimann/Bengel* § 2301 Rdnr. 17.
[149] Palandt/*Edenhofer* § 2301 Rdnr. 3; Erman/*M. Schmidt* § 2301 Rdnr. 5; a.A. MünchKommBGB/*Musielak* § 2301 Rdnr. 9.
[150] Palandt/*Edenhofer* § 2301 Rdnr. 3.
[151] BGH NJW 1987, 840, 840 f. = BGHZ 99, 97 = JZ 1987, 361, 362 mit Anm. *Leipold*; vgl. OLG Hamm NJW-RR 2000, 1389, 1390.
[152] BGH NJW 1988, 2731, 2732; a.A. *Bork* JZ 1988, 1059, 1063; krit. MünchKommBGB/*Musielak* § 2301 Rdnr. 9 m.w.N. zum abl. Schrifttum.
[153] So aber der Vorschlag von *Leipold* JZ 1987, 362, 364; vergl. auch *Leipold* Rdnr. 417; a.A. BGH NJW 1988, 2731, 2732.
[154] Palandt/*Edenhofer* § 2301 Rdnr. 4; a.A. Staudinger/*Kanzleiter* § 2301 Rdnr. 10 b, 11.
[155] Palandt/*Edenhofer* § 2301 Rdnr. 4.

4. Lebzeitig vollzogene Schenkung auf den Todesfall

37 Das Schenkungsversprechen unter der Bedingung, dass der Empfänger den Schenker überlebt, untersteht den Vorschriften über die Verfügung von Todes wegen. Wird die Schenkung jedoch zu Lebzeiten vollzogen, unterstellt § 2301 Abs. 2 BGB den Vorgang den Schenkungsvorschriften unter Lebenden (§§ 516 ff. BGB). Die Voraussetzungen von § 2301 Abs. 2 BGB und § 518 Abs. 2 BGB sind nicht völlig identisch. Während bei einem formungültigen Versprechen unter Lebenden Heilung auch durch Leistung nach dem Tod des Versprechenden (zum Beispiel durch dessen Erben) eintreten kann, führt beim Schenkungsversprechen unter der Überlebensbedingung die Leistung nach dem Tod nicht zur Heilung, weil es dann bereits den Vorschriften des Erbrechts untersteht.[156] Einigkeit besteht darin, dass eine Schenkung auf den Todesfall dann vollzogen ist, wenn der Schenkungsgegenstand zu Lebzeiten des Schenkers auf den Beschenkten übergegangen ist. Dies gilt auch dann, wenn der Schenkungsgegenstand unter der auflösenden Bedingung des Vorversterbens übertragen wurde.[157] Hat der Schenker noch zu Lebzeiten die erforderliche Leistungshandlung vorgenommen oder ihre Vornahme durch einen Dritten angeordnet, ist der Leistungserfolg zu seinen Lebzeiten jedoch nicht mehr eingetreten, macht die Rechtsprechung die Annahme der Vollziehung davon abhängig, ob der Beschenkte eine **gesicherte „Erwerbsanwartschaft"** inne hatte. Dies beurteilt sich nach objektiven Ansätzen.[158] Der Schenker muss alles Erforderliche zur Herbeiführung des Leistungserfolgs getan haben.[159] Typische Fallkonstellationen:

38 • **Zugang der Willenserklärung nach dem Ableben des Schenkers:** Hat der Schenker zu seinen Lebzeiten zwar alle Handlungen ausgeführt, die erforderlich sind, damit der Leistungserfolg eintreten kann, sind jedoch die entsprechenden Willenserklärungen erst nach seinem Tod dem Beschenkten zugegangen und von diesem angenommen worden, liegt kein Vollzug vor. Der Bedachte hat im Zeitpunkt des Erbfalls wegen der Widerrufsmöglichkeit der Willenserklärung (§ 130 Abs. 1 S. 2 BGB) noch keine gesicherte Rechtsposition im Sinne eines Anwartschaftsrechts erworben.[160]

39 • **Einschaltung Dritter:** Weder die Einschaltung eines Erklärungsboten für den Schenker noch die eines Dritten als – selbst unwiderruflicher – Vertreter des Schenkers bewerkstelligt eine Vollziehung, wenn die zum Vollzug der Schenkung erforderlichen Erklärungen von der eingeschalteten Person erst dem Tod des Schenkers abgegeben werden. Der Beschenkte hat keine gesicherte Erwerbsanwartschaft.[161] Die Möglichkeit eines Vertrages zugunsten Dritter ist jedoch in Betracht zu ziehen.

40 • **Vollzug unter einer Bedingung:** Die Schenkung ist sowohl bei aufschiebender als auch auflösender Bedingung des Überlebens vollzogen, wenn alle übrigen Voraussetzungen für den Vollzug erfüllt sind.[162] Grundstücksübertragungen können allerdings auf Grund der Bedingungsfeindlichkeit der Auflassung (§ 925 Abs. 2 BGB) – im Gegensatz zur Bestellung anderer Grundstücksrechte[163] – nicht mit einer Überlebensbedingung verknüpft werden. Auch erhält der im Sinne des § 2301 Abs. 1 S. 1 BGB bedingt Bedachte noch keine Rechtsposition, die

---

[156] BGH NJW 1987, 840, 840 f. = BGHZ 99, 97; Palandt/*Edenhofer* § 2301 Rdnr. 8.
[157] MünchKommBGB/*Musielak* § 2301 Rdnr. 18.
[158] In Abgrenzung zu dem z.B. von *Wieacker*, FS Lehmann, S. 279, vertretenen subj. Ansatz ist der obj. Ansatz, allerdings in verschiedene Ausformungen, heute vorherrschend, z.B. in Form der Opfertheorie, vertreten von *Brox* Rdnr. 712, oder der Anwartschaftstheorie, vertreten von MünchKommBGB/*Musialek* § 2301 Rdnr. 19.
[159] BGH NJW 1983, 1487, 1488 f. = BGHZ 87, 19; OLG Karlsruhe FamRZ 1989, 322, 324; OLG Düsseldorf NJW-RR 1997, 199, 200. Einen Überblick über die verschiedenen Meinungen in der Lit. geben *Olzen* Jura 1987, 116, 117 f. und *Reischl* S. 214 ff.
[160] OLG Düsseldorf NJW-RR 1997, 199, 200; MünchKommBGB/*Musialek* § 2301 Rdnr. 23.
[161] BGH NJW 1988, 2731, 2732; OLG Düsseldorf NJW-RR 1997, 199, 200; vgl. BGH NJW 1983, 1487, 1488 f. = BGHZ 87, 19; BGH NJW 1987, 840, 840 f. = BGHZ 99, 97, jeweils zur Bevollmächtigung des Beschenkten; Staudinger/*Kanzleiter* § 2301 Rdnr. 38; Jauernig/*Stürner* § 2301 Rdnr. 4; der in der Lit. von Palandt/*Edenhofer* § 2301 Rdnr. 10 und *Dittmann/Reimann/Bengel* § 2301 Rdnr. 39 sowie *Schlüter* Rdnr. 1252 vertretenen Auffassung, dass etwas anderes nur gelte, wenn der Vertreter zugleich unwiderruflich mit der Übertragung des Schenkungsgegenstands beauftragt war, folgt die Rspr. nicht.
[162] BGH NJW-RR 1986, 1133, 1134; 1989, 1282; Palandt/*Edenhofer* § 2301 Rdnr. 16.
[163] Erman/*M. Schmidt* § 2301 Rdnr. 10.

durch eine Auflassungsvormerkung gesichert werden könnte.[164] Daher wird in aller Regel in derartigen Fällen ein auf den Todesfall befristetes Schenkungsversprechen oder eine auf diesen Zeitpunkt betagte Schenkung vorgenommen,[165] welche durch Vormerkung gesichert werden können.[166] Vollzug wird durch die Auflassungsvormerkung nur angenommen, wenn der Schenker zugleich vertraglich die **Unterlassungsverpflichtung** übernimmt, nicht anderweitig lebzeitig über das Grundstück zu verfügen.[167]

> **Formulierungsvorschlag:**
> Der Schenker ist im Grundbuch von ... als Alleineigentümer des folgenden Grundbesitzes eingetragen: ... Er schenkt diesen Grundbesitz hiermit ohne Bedingung, auch nicht unter der Überlebensbedingung, an den Beschenkten, der diese Schenkung annimmt. Die Erfüllung der Schenkung (Auflassung und Eintragung im Grundbuch) soll erst nach dem Tod des Schenkers erfolgen. Nach diesem Zeitpunkt soll der Beschenkte das Grundstück auf Grund der ihm hiermit erteilten Vollmacht unter Vorlage einer Sterbeurkunde des Schenkers auf sich auflassen und den Antrag zum Vollzug des Eigentumswechsels stellen können.
> Der Schenker verpflichtet sich hiermit, zu Lebzeiten nicht mehr über den Grundbesitz zu verfügen.
> Der Anspruch des Beschenkten ist durch Eintragung einer Vormerkung im Grundbuch zu sichern. Diese wird hiermit bewilligt und beantragt.

Möchte der Schenker von der Überlebensbedingung nicht abgehen, so bleibt ihm die Möglichkeit, das Grundstück zu seinen Lebzeiten unbedingt zu übertragen, während der Schenkungsvertrag durch sein Überleben auflösend bedingt wird. Der Schenker kann dann im Falle des Vorversterbens des Beschenkten die Rückauflassung verlangen. Der Rückauflassungsanspruch kann durch eine Auflassungsvormerkung im Grundbuch gesichert werden.[168] Die lebzeitige Leistung durch unbedingte Übertragung verlangt den Verzicht der wesentlichen Einflussnahme auf die Verwendung des Grundstücks und das Rücktrittsrecht des Schenkers.[169]

- **Widerrufsvorbehalt:** Der Vollzug einer Schenkung scheitert nicht daran, dass sich der Schenker den Widerruf seiner Schenkung vorbehält.[170] Allein die Möglichkeit, die dem Beschenkten eingeräumte Rechtsposition einseitig zu entziehen, ändert nichts daran, dass der Schenker sein Vermögen gemindert hat und der Beschenkte den Schenkungsgegenstand oder zumindest ein entsprechendes Anwartschaftsrecht erworben hat. Das vorbehaltene Widerrufsrecht erlischt mit dem Tod des Schenkers.[171]
- **Bevollmächtigung des Beschenkten:** Ebenso wie die Bevollmächtigung eines Dritten reicht auch die Bevollmächtigung des Beschenkten unter Befreiung von § 181 BGB nicht aus, um die Schenkung vollziehen zu können – auch wenn die Bevollmächtigung unwiderruflich ausgesprochen worden war.[172] Durch die Erteilung einer derartigen Vollmacht wird die Verfügungsmacht des Schenkers noch nicht beeinträchtigt und sein Vermögen nicht geschmälert

---

[164] BGHZ 12, 115, 123; MünchKommBGB/*Musielak* § 2301 Rdnr. 26; a.A. *Preuß* DNotZ 1998, 602, 608 ff.
[165] Dittmann/*Reimann*/Bengel § 2301 Rdnr. 9.
[166] *Preuß* DNotZ 1998, 602, 608 ff. m.w.N.
[167] OLG Hamm NJW-RR 2000, 1389, 1390.
[168] Dittmann/*Reimann*/Bengel § 2301 Rdnr. 36; vgl. dazu BayObLG BayObLGZ 1977, 268, 271 f.
[169] Das OLG Düsseldorf NJWE-FER 1999, 279, hatte eine „Leistung" abgelehnt, bei Vorbehalt eines lebenslanges Wohnrechts (nicht an allen Räumen) sowie wesentlichen Einflusses auf die weitere Verwendung des Grundstücks. So auch BGH NJW 1994, 1791 f. = ZEV 1994, 233 sowie OlG Oldenburg ZEV 1999, 185, 186 = NJW-RR 1999, 734.
[170] BGH FamRZ 1985, 693, 695 f.; Staudinger/*Kanzleiter* § 2301 BGB Rdnr. 22; MünchKommBGB/*Musielak* § 2301 Rdnr. 22.
[171] Dittmann/*Reimann*/Benge § 2301 Rdnr. 42.
[172] BGH NJW 1983, 1487, 1488 f. = BGHZ 87, 19; BGH NJW 1988, 2731, 2732; BGH NJW 1987, 840, 840 f. = BGHZ 99, 97; OLG Düsseldorf NJW-RR 1997, 199, 200; MünchKommBGB/*Musielak* § 2301 Rdnr. 24.

(§ 137 S. 1 BGB);[173] dies gilt auch dann, wenn der Schenker dem Beschenkten gegenüber auf anderweitige Verfügungen seinerseits verzichtet hat (§ 137 S. 2 BGB).[174]

5. Vertrag zugunsten Dritter auf den Todesfall

43 Verträge zugunsten Dritter unterscheiden sich von solchen auf den Todesfall dadurch, dass der Versprechende (in der Regel eine Bank oder Lebensversicherung) seine Leistung an den begünstigten Dritten erst mit dem Tod des Versprechensempfängers sozusagen *„an dem Nachlass vorbei"*[175] zu erbringen hat. Hier entscheidet das **Deckungsverhältnis** zwischen Versprechendem und Versprechensempfänger über die Form des Rechtsgeschäfts. Die zwingenden Formvorschriften des Erbrechts finden keine Anwendung. Das Deckungsverhältnis unterliegt ebenso wie der dadurch begründete Anspruch des Dritten im Grundsatz dem Schuldrecht.[176]

Die Begründung eines Vertrages zugunsten Dritter durch Benennung eines Bezugsberechtigten beim Lebensversicherungsvertrag erfolgt in der Regel bei Vertragsschluss, kann jedoch auch durch nachträgliche Bezeichnung erfolgen.[177]

> **Formulierungsvorschlag:**
> An die Lebensversicherungsgesellschaft ... in ...
> betr.: Versicherungsnummer ... der Lebensversicherung des Versicherungsnehmers ...
> Sehr geehrte Damen und Herren, hiermit benennt der Unterzeichner als Versicherungsnehmer der genannten Lebensversicherung als Bezugsberechtigten aus dem von ihm am ... abgeschlossenen Versicherungsvertrag unter der Nr. ... seine Lebensgefährtin ... (Adresse, Geburtsort und Datum empfehlenswert). Der Widerruf dieser Erklärung ist ausgeschlossen.
> Ort, Datum

Zu prüfen ist, ob die Allgemeinen Versicherungsbedingungen der Versicherungsgesellschaft möglicherweise eine Beglaubigung der Unterschrift verlangen. Ein Vertrag zugunsten Dritter ist nicht gegeben, wenn Versicherungsnehmer und Bezugsberechtigter identisch sind und nur eine andere Person die Versicherte Person ist, bei deren Ableben die Versicherungssumme fällig wird.

44 Dem **Valutaverhältnis** zwischen Versprechensempfänger und Begünstigtem ist der rechtliche Grund für die Leistung des Versprechenden an den Begünstigten zu entnehmen, der über das Recht des Begünstigten entscheidet, den mit dem Tod des Versprechensempfängers erworbenen Anspruch gegen den Versprechenden oder die zu dessen Erfüllung bewirkte Leistung als den Gegenstand der Zuwendung behalten zu dürfen (§ 812 Abs. 1 BGB).[178] Der Erblasser wird seinerseits Interesse daran haben, dem Vertrag zugunsten Dritter auf den Todesfall zur Wirksamkeit zu verhelfen. Lebzeitige Absprachen mit dem Begünstigten sind daher aus seiner Perspektive wichtig und sollten dokumentiert werden. Ist das Valutaverhältnis eine Schenkung, ist der Rechtserwerb des Dritten nur gesichert, wenn ein formwirksames Schenkungsversprechen vorliegt (§ 518 Abs. 1 BGB). Liegt ein formunwirksames Schenkungsversprechen vor, heilt nur

---

[173] *Leipold* Rdnr. 416; *Brox* Rdnr. 714, 719.
[174] *Brox* Rdnr. 714.
[175] Mayer/Süß/u.a./*J. Mayer*, Handbuch Pflichtteilsrecht, § 8 Rdnr. 28. Das gilt bei der Lebensversicherung sowohl bei widerruflichem als auch bei unwiderruflichem Bezugsreht. Am *„Nachlass vorbei"* heißt nicht „ohne Pflichtteilsergänzungsfolge", s. dazu BGH NJW 2004, 214, 215.
[176] BGH NJW 2004, 767, 768; BGH NJW 1984, 480; BGH WM 1976, 1130, 1130; BGH NJW 1976, 749, 750 = BGHZ 66, 8, 12; OLG Köln NJW-RR 1995, 1224, 1224; OLG Düsseldorf FamRZ 1998, 774, 775. Das Gesetz regelt die Verträge zugunsten Dritter auf den Todesfall in §§ 330, 331 BGB unvollständig. Zum Widerruf der Bezugsberechtigung ohne Zugang bei der Lebensversicherung *Schmalz-Brüggemann* ZEV 1996, 84, 88 und *Vollkommer* ZEV 2000, 10 ff.
[177] Für die Insolvenzanfechtung ist der Zeitpunkt der Einräumung des Bezugsrechts und die Unwiderruflichkeit maßgeblich; dazu BGH NJW 2004, 214, 215. Vgl. zur Lebensversicherung auch § 41.
[178] BGHZ 91, 288, 290; BGH WM 1976, 1130, 1130; BGH NJW 1976, 749, 750 = BGHZ 66, 8, 12; Palandt/*Edenhofer* § 2301 Rdnr. 19.

die Bewirkung der versprochenen Leistung (§ 518 Abs. 2 BGB).[179] Die versprochene Leistung wird mit dem Erwerb des Leitungsanspruchs gegen den Versprechenden bewirkt – und zwar mit dem Tod des Versprechensempfängers durch den sog. „Von-Selbst-Erwerb" des Begünstigten.[180] Die Erben können nach dem Erbfall das Wirksamwerden des Schenkungsvertrags nicht mehr verhindern,[181] es sei denn, dass sie bei einem durch Irrtum beeinflussten Valutaverhältnis die Möglichkeit der Anfechtung nach §§ 119 ff. BGB haben. Eine erbrechtliche Anfechtung nach § 2078 BGB findet auf Verträge zugunsten Dritter auf den Todesfall keine Anwendung.[182] Das **Anfechtungsrecht** nach § 119 BGB geht nach dem Tod des Erklärenden auf dessen Erben über und wird von allen Miterben gemeinschaftlich (jedoch nicht notwendigerweise zeitgleich und in einem einheitlichen Rechtsakt) ausgeübt. Richtet sich die Anfechtung gegen einen Miterben, hat dieser wegen Interessenwiderstreits kein Stimmrecht in der Erbengemeinschaft.

Die Zuwendung kann auch in der Form eines Vermächtnisses erfolgen. Denkbar sind auch Regelungen, die im Valutaverhältnis eine entgeltliche Leistung ausgleichen sollen, z.B. ein Entgelt für die Erbringung von Pflegeleistungen.

Bei **fehlerhaftem Valutaverhältnis** wurde kein rechtlicher Grund geschaffen, auf Grund dessen der Bedachte die Leistung behalten darf, etwa mangels Unterrichtung des Begünstigten von der Zuwendung.[183] Ein wirksamer Schenkungsvertrag kann indes auch noch nach dem Tod des Versprechensempfängers durch Übermittlung seines Angebots über einen Beauftragten (z.B. die versprechende Bank) zustande kommen (§ 130 Abs. 2 BGB), es sei denn, dass die Erben den Auftrag oder das Angebot auf Abschluss eines Schenkungsvertrages vor oder gleichzeitig mit dem Zugang gegenüber dem Bezugsberechtigten widerrufen.[184] Dem Zuwendenden ist es möglich, das Widerrufsrecht in dem Vertrag zugunsten Dritter auf den Todesfall völlig auszuschließen, und zwar auch erst mit dem Zeitpunkt seines Todes. Ohne Zustimmung des Dritten ist dann eine Änderung nicht mehr möglich. Auch das Widerrufsrecht der Erben kann ausgeschlossen werden. Mit dem Tod des Zuwendenden/Gläubigers tritt dann spätestens die Unwiderruflichkeit ein.[185] Die Regelung zum Ausschluss des Widerrufsrechts berührt nicht das Recht des Zuwendenden bis zu seinem Tod frei über seine Vermögenswerte, die Gegenstand des Vertrages zugunsten Dritter auf den Todesfalls sind, zu verfügen.

45

> **Formulierungsvorschlag:**
> Der Versprechensempfänger hat das Recht, die Vereinbarung mit der Sparkasse durch eine einseitige schriftliche Erklärung gegenüber der Sparkasse zu widerrufen. Sein Widerrufsrecht erlischt mit dem Tod. Die Erben des Zuwendenden sollen kein Widerrufsrecht haben. Verstirbt die Begünstigte vor dem Zuwendenden, ist diese Vereinbarung gegenstandslos und unwirksam.

Bei Regelung eines Bezugsrechts aus einer Lebensversicherung wird stets ein über den Tod hinaus wirksames Auftragsverhältnis mit dem Inhalt angenommen, dass der Versicherer das Schenkungsangebot übermitteln soll. Der Begünstigte kann die Schenkungsofferte stillschweigend annehmen (§§ 130 Abs. 2, 153, 151 BGB).[186] Kommen die Erben mit dem Widerruf zu spät, so bleibt ihnen gegebenenfalls nur noch ein Anspruch aus § 2287 BGB. Aus Sicht der

---

[179] BGHZ 91, 288, 291; OLG Köln NJW-RR 1995, 1224, 1224; OLG Düsseldorf NJW-RR 1996, 1329, 1330.
[180] BGH NJW 1984, 480, 481.
[181] OLG Düsseldorf NJW-RR 1996, 1329, 1330.
[182] BGH NJW 2004, 767, 769.
[183] *Schmalz-Brüggemann* ZEV 1996, 84, 85 ff.
[184] BGHZ 91, 288, 291; OLG Düsseldorf FamRZ 1998, 774, 775; OLG Hamm NJW-Spezial 2005, 110; *Dittmann/Reimann/Bengel* § 2301 Rdnr. 61 f.; der Erbe muss jedoch von dem Schenkungsangebot wissen. Einem möglicherweise als Widerruf auslegbaren schlüssigen Verhalten fehlt bei nicht vorhandener Kenntnis vom Schenkungsangebot das Erklärungsbewusstsein.
[185] Möglicherweise haben die Erben aus einem anderen Grund die Möglichkeit zum Widerruf, die durch entsprechende Formulierung nicht ausgeschlossen wird.
[186] BGHZ 91, 288, 291; BGH NJW 1984, 480, 481; OLG Köln NJW-RR 1995, 1224; OLG Düsseldorf FamRZ 1998, 774, 775.

Erben ist daher die Hinterlassenschaft auf mögliche Verträge zugunsten Dritter auf den Todesfall, z.B. mit der Lebensversicherung, der Bank, der Bausparkasse, der Wohnungsbaugenossenschaft durchzusehen. Vorsorglich kann der Erbe – bei unbekannten Erben der Nachlasspfleger – einen Widerruf erklären, um hier nicht mangels Kenntnis von den Absprachen im Dreiecksverhältnis wertvolle Zeit verstreichen zu lassen, innerhalb derer der Begünstigte das Angebot annehmen kann.

Ein Schenkungsvertrag kommt nicht zustande, wenn der Versprechensempfänger keinen Übermittlungsauftrag erteilt hat und der Begünstigte von der Begünstigung nur zufällig erfährt[187] oder wenn der Versprechensempfänger die Begünstigung im Testament widerruft und der Widerruf spätestens gleichzeitig mit der Begünstigungserklärung zugeht.[188] Formulierungsbeispiel für einen Fall eines Vertrages zugunsten Dritter auf den Todesfall, in dem der Dritte von der Zuwendung keine Kenntnis hat:

Formulierungsvorschlag:

Die Bank ... als Versprechende und der Kontoinhaber ... als Versprechensempfänger vereinbaren hiermit, dass alle Rechte aus seinem Konto Nr. .../Depot Nr.... bei der Bank ... nach dem Tod des Versprechensempfängers unmittelbar auf dessen Enkel ... übergehen sollen. Die Vereinbarung ist für den Versprechensempfänger jederzeit widerrufbar. Die Bank ... soll den Begünstigten erst nach dem Tod des Versprechensempfängers von dieser Vereinbarung in Kenntnis setzen.

46   Der Rechtsgrund aus dem Valutaverhältnis kann nachträglich entfallen, wenn die Erben das dem Valutaverhältnis zugrunde liegende Rechtsgeschäft zurück abwickeln können,[189] zum Beispiel nach den Grundsätzen über den Wegfall der Geschäftsgrundlage. Hat der Versprechensempfänger in **Kenntnis der veränderten Verhältnisse** von einer Rückabwicklung abgesehen, spricht dies für die Aufrechterhaltung des Valutaverhältnisses.[190]

V. Zustimmungs- und Genehmigungserfordernisse

1. Zustimmung des Ehegatten bzw. Lebenspartners

47   Ein Ehegatte bzw. der (eingetragene) Lebenspartner kann sich nur mit Einwilligung des anderen Ehepartners verpflichten, über sein Vermögen im Ganzen zu verfügen (§ 1365 Abs. 1 S. 1 BGB, Art. 1 § 8 Abs. 2 LPartG). Der Tatbestand der Vermögensverfügung ist nicht wörtlich zu verstehen, sondern bereits dann begründet, wenn es sich im Wesentlichen um das ganze Vermögen handelt,[191] auch wenn damit lediglich über einen einzelnen Gegenstand verfügt wird. Letzteres verlangt, dass der Vertragspartner die Umstände, aus denen sich die Identität des Einzelgegenstandes mit dem Gesamtvermögen ergibt, kennt.[192] Bereits der bloße Wechsel von einer Alleinzuständigkeit zu einer gesamthänderischen Mitberechtigung ist zustimmungspflichtig. Gegenleistungen finden im Wertvergleich keine Berücksichtigung.[193] Erfüllende Verfügungsgeschäfte bedürfen der Einwilligung, wenn die Verpflichtung ohne Zustimmung erfolgte (§ 1365 Abs. 1 S. 2 BGB). Diese Vorschrift ist im gesetzlichen Güterrecht angesiedelt und führt zu einer **Einschränkung der Verfügungsfreiheit** im Güterstand der Zugewinngemeinschaft. Die Gütertrennung lässt eine völlig freie Verfügung zu. Die Gütergemeinschaft kennt eine dem § 1365 BGB entsprechende Beschränkung hinsichtlich des Gesamtgutes in § 1423 BGB für den Ehe-

---

[187] OLG Hamm NJW-RR 1996, 1328.
[188] Palandt/*Grüneberg* § 331 Rdnr. 4.
[189] BGHZ 128, 125, 133 ff.; OLG Hamm WM 1998, 2236; Palandt/*Grüneberg* § 331 Rdnr. 4.
[190] BGH WM 1996, 1496, 1497; OLG Hamm WM 1998, 2236, 2238; Palandt/*Grüneberg* § 331 Rdnr. 4.
[191] BGH NJW 1991, 1739, 1740 verneint § 1365 BGB bei Verbleib von etwa 15% des Gesamtvermögens bei verfügendem Ehegatten.
[192] BGH NJW 1984, 609, 610; BGH NJW 1975, 1270, 1271.
[193] BGH NJW 1965, 909, 910; MünchKommBGB/*Koch* § 1365 Rdnr. 22 m.w.N.

partner, der das Gesamtgut verwaltet. Für eingetragene Lebenspartner gilt § 1365 BGB ohne Unterschied zwischen dem Vermögensstand der Ausgleichsgemeinschaft oder einem durch Lebenspartnerschaftsvertrag geschaffenen Vermögensstand.

Überblick über die wichtigsten zustimmungsgebundene Geschäfte: 48
- Schenkung von Todes wegen, soweit sie nicht den Vorschriften über Verfügungen von Todes wegen unterfallen,
- Dienstbarkeiten, z.B. Nießbrauch, wenn die Belastung den wirtschaftlichen Wert des Grundstücks ausschöpft[194] und es sich nicht lediglich um eine Erwerbsmodalität, so im Falle des Vorbehalts bei Erwerb, handelt,
- der Abschluss des Gesellschaftsvertrages bei Einbringung des Vermögens in eine Personen- und Kapitalgesellschaft, auch wenn der Zuwendende an der Gesellschaft beteiligt ist,[195]
- Veräußerung der Mitgliedschaft in einer Personengesellschaft, soweit diese vertraglich zugelassen ist oder die Zustimmung der Mitgesellschafter findet,
- gesellschaftsvertragliche Änderungen, welche den Wert der Mitgliedschaft ausschöpfen: Änderung der Beteiligungsverhältnisse, Abfindungsklauseln, Ausscheiden aus der Gesellschaft, Beendigung der Gesellschaft durch Vertrag, Kündigung oder Auflösungsklage.[196]

Der als absolutes Veräußerungsverbot wirkende § 1365 BGB kann ehe- oder partnerschaftsvertraglich ausgeschlossen werden.

2. Ergänzungspflegerbestellung bei Rechtsgeschäften mit minderjährigen Kindern

Möchte der Schenker seinem minderjähriges Kind einen Vermögensgegenstand unentgeltlich zuwenden, ist die von der elterlichen Sorge umfasste Vertretungsbefugnis (§ 1629 Abs. 1 BGB) eingeschränkt, da eine Vertretung bei Rechtsgeschäften zwischen Eltern und Kindern, welche nicht ausschließlich der Erfüllung einer Verbindlichkeit dienen, nicht statthaft ist (§§ 1629 Abs. 2, 1795 Abs. 2 BGB). Der am Vertrag beteiligte Elternteil ist durch § 181 BGB an der Vertretung gehindert, der andere Elternteil kann das Kind nicht allein vertreten. Auch der Ehegatte des allein sorgeberechtigten Elternteils darf einen Vertrag nicht abschließen (1795 Nr. 1 i.V.m. § 1929 Abs. 2 BGB). Derartigen Interessenkollisionen will das Gesetz durch die Einschaltung eines Ergänzungspflegers begegnen. Zum Zustandebringen des Vertrages ist daher vom Vormundschaftsgericht ein Ergänzungspfleger (§ 1909 Abs. 1 S. 1 BGB) für das Kind zu bestellen, und zwar für jeden Minderjährigen ein gesonderter Pfleger,[197] es sei denn, dass die mehreren Kinder nur zu dem Geschäftsinhaber, nicht auch zueinander – wie zum Beispiel im Fall der typischen stillen Gesellschaft – in Rechtsbeziehungen treten, denn auch für den Ergänzungspfleger gilt das Selbstkontrahierungsverbot. Die **Einschränkung der Vertretung** des Kindes wird gesetzlich auch auf den anderen Elternteil ausgedehnt, wenn ein Elternteil von der Vertretungsmacht ausgeschlossen ist (§ 1629 Abs. 2 BGB). Eine Vertretung durch einen Elternteil scheidet daher aus, wenn im Falle des Erwerbs der Gesellschafterstellung durch einen Minderjährigen der andere Elternteil Mitgesellschafter ist.[198]

49

Die Vertretungshandlung des zuwendenden Elternteils ist wirksam, wenn das Rechtsgeschäft ausschließlich in der Erfüllung einer Verbindlichkeit besteht (§§ 181, 1795 Abs. 2 BGB), oder soweit es sich um eine Schenkung handelt und diese dem Kind lediglich einen rechtlichen Vorteil bringt.[199] Eine Pflegerbestellung ist auch dann entbehrlich, wenn der beschränkt Geschäftsfähige das Rechtsgeschäft, welches ihm allein einen **rechtlichen Vorteil** bringt, selbständig annimmt (§ 107 BGB). Nicht lediglich rechtlich vorteilhaft ist die Schenkung der folgenden Vermögensgegenstände:

50

---

[194] BGH NJW 1990, 112, 113.
[195] Zu Personengesellschaften MünchKommBGB/*Koch* § 1365 Rdnr. 22; Palandt/*Brudermüller* § 1365 Rdnr. 6; Erman/*Heckelmann* § 1365 Rdnr. 15.
[196] *Langenfeld/Gail* III Rdnr. 48; *Gummert*, Münchener Handbuch des Gesellschaftsrechts Bd. 1 § 16 Rdnr. 75.
[197] *Spiegelberger*, Beck'sches Notarhandbuch, 2. Aufl. 1997, E Rdnr. 59; BayObLG FamRZ 1959, 125.
[198] LG Aachen NJW-RR 1994, 1319, 1320.
[199] BGH NJW 2005, 415 ff.; BGH NJW 1972, 2262, 2263 = BGHZ 59, 236, 240; BGH NJW 1975, 1885.

- Schenkung von Wohnungseigentum, wenn damit auch der Eintritt in den Verwaltervertrag verbunden ist,[200]
- die Beteiligung des Minderjährigen an einer Personengesellschaft,[201] insbesondere die Schenkung eines Kommanditanteils[202] oder eines GbR-Anteils,[203]
- Schenkung nicht voll eingezahlter Aktien,[204]
- die Schenkung eines GmbH-Anteils,[205] da damit fremde Verbindlichkeiten übernommen werden, insbesondere die Haftung des Vorgesellschafters oder Mitgesellschafters für die nicht (voll) erbrachte Stammeinlage (§ 24 GmbHG), oder die Pflicht zur Beteiligung an späteren Kapitalerhöhungen, wenn der beschenkte Minderjährige keine Sperrminorität hat, oder die (subsidiäre) Haftung bei unzulässiger Auszahlung des Stammkapitals, auch an Mitgesellschafter (§ 31 Abs. 3 GmbHG),
- die Bestellung eines Nießbrauchs zugunsten des Kindes,[206]
- die Beteiligung an einer Innengesellschaft,[207] es sei denn, dass der Empfänger dieser Beteiligung nicht am Verlust teilnimmt, keine Leistungen auf Anteile rückständig sind, und ihm keine besonderen Tätigkeits- oder Treuepflichten obliegen,
- jede Schenkung unter Auflage oder gemischte Schenkung.[208] Allerdings macht nicht jeder entfernte geringfügige rechtliche Nachteil, der mit einer Schenkung verbunden ist, die Bestellung eines Ergänzungspflegers erforderlich.

Der als Minderjähriger oder Geschäftsunfähiger aufgenommene Gesellschafter der Personengesellschaft hat mit Erreichen der Volljährigkeit ein Sonderkündigungsrecht (§ 723 Abs. 1 Nr. 2 BGB).

Rechtlich vorteilhaft ist die Schenkung eines mit einem Nießbrauch oder Grundpfandrecht belasteten Grundstücks,[209] es sei denn, der Nießbraucher hat das Grundstück vermietet. Nicht rechtlich vorteilhaft ist die Schenkung einer Eigentumswohnung wegen Unterwerfung des Beschenkten unter die Gemeinschaftsordnung. Es sollte daran gedacht werden, dass auch einer Schenkung **nachfolgende Maßnahmen** wie zum Beispiel die Änderung des Gesellschaftsvertrages[210] von dem Vertretungsverbot Minderjähriger erfasst werden können.

Fehlt eine wirksame Vertretungshandlung, kann auch keine vormundschaftsgerichtliche Genehmigung erteilt werden. Ist die Vertretungshandlung wegen Vorliegens eines Ausnahmetatbestandes wirksam, berührt dies jedoch eine etwa erforderliche Genehmigung des Vormundschaftsgerichts nicht.[211]

Die Notwendigkeit seiner Bestellung und die Auswahl des Ergänzungspflegers für die genehmigungspflichtigen Maßnahmen obliegt dem Familiengericht (§ 1697 BGB),[212] die Bestellung, Beratung und Beaufsichtigung hingegen liegt in der ausschließlichen Zuständigkeit des Vormundschaftsgerichts (§§ 1789, 1915 BGB).

---

[200] BGH NJW 2005, 415 ff.; OLG Hamm NJW-RR 2000, 1611, 1612 f.; OLG Zweibrücken NJWE-FER 2001, 19.
[201] BGH NJW 1961, 724, 725.; grundlegend dazu *Reimann* DNotZ 1999, 179 ff.; s. zur Schenkung von Gesellschaftsanteilen ausf. *Damrau* ZEV 2000, 209 ff.
[202] LG Köln Rpfleger 1970, 245; OLG Zweibrücken ZEV 2001, 77, 78; *Ivo* ZEV 2005, 193, 194; gegen die Genehmigungspflicht bei Schenkung einer voll eingezahlten Kommanditbeteiligung *Maier-Reimer/Marx* NJW 2005, 3025, 3026.
[203] LG Aachen NJW-RR 1994, 1319, 1320; OLG Braunschweig ZEV 2001, 75 m. Anm. *Sticherling/Stücke*.
[204] *Maier-Reimer/Marx* NJW 2005, 3025.
[205] Palandt/*Diederichsen*, 56. Aufl., § 1629 Rdnr. 10 (nicht mehr in Folgeaufl.).
[206] LG Kaiserslautern MittBayNot 1977, 8 f.
[207] BFH DB 1974, 365.
[208] Staudinger/*Wimmer-Leonhardt* § 516 Rdnr. 48; MünchKommBGB/*Schmitt* § 107 Rdnr. 18.
[209] BayObLG NJW 2003, 1129 bei Nießbrauch und Vermietung; BayObLG RPfleger 1979, 197.
[210] BGH DNotZ 1989, 26, 27.
[211] MünchKommBGB/*Wagenitz* § 1795 Rdnr. 17.
[212] OLG Hamm NJW-RR 2001, 437.

3. Familiengerichtliche/vormundschaftliche Genehmigung

Unabhängig von der Ergänzungspflegerbestellung im Falle von Interessenkollisionen sind bestimmte Rechtsgeschäfte der Eltern für ihre Kinder nach § 1643 Abs. 1 BGB genehmigungsbedürftig durch das Familiengericht. Die Genehmigung ist erforderlich für

- die in § 1822 Nr. 1, 3, 5 und 8 bis 11 BGB genannten Rechtsgeschäfte,
- die in § 1821 BGB genannten Rechtsgeschäfte,
- die Schenkung unter einer Auflage, deren Auflage ein in §§ 1821, 1822 Nr. 1, 3, 5 und 8 bis 11 BGB genanntes Rechtsgeschäft zum Gegenstand hat.

Der Ergänzungspfleger bedarf nach der Verweisung in § 1915 BGB der vormundschaftsgerichtlichen Genehmigung für

- sämtliche in § 1822 BGB genannten Rechtsgeschäfte,
- die in § 1821 BGB genannten Rechtsgeschäfte,
- die Schenkung unter einer Auflage, deren Auflage ein in §§ 1821, 1822 BGB genanntes Rechtsgeschäft zum Gegenstand hat.

Bei Einschränkung der Vertretungsmacht der Eltern (nur) gemäß § 1643 Abs. 1 BGB entscheidet das **Familiengericht** über die Genehmigung der dort genannten Geschäfte.[213] Steht ein Kind unter Vormundschaft, entscheidet gemäß §§ 1822 f. BGB das Vormundschaftsgericht. Für den Fall, dass die Eltern von der Vertretung ausgeschlossen sind (§§ 1629 Abs. 2 BGB, 1795 BGB) und ein Ergänzungspfleger für das Kind eines der in §§ 1822 f. BGB genehmigungspflichtigen Geschäfte mit den Eltern abschließen will, gibt das Gesetz dem Ergänzungspfleger keinen Anhalt dafür, bei welchem Gericht er die notwendige Genehmigung einholen muss.[214]

§ 1822 Nr. 3 BGB verlangt erstens die Genehmigung zu einem Vertrag, der auf den entgeltlichen Erwerb oder die Veräußerung[215] eines Erwerbsgeschäfts, ebenso auf die Bestellung eines Nießbrauchs an einem solchen gerichtet ist,[216] zweitens die Genehmigung zu einem Gesellschaftsvertrag, der zum Betrieb eines Erwerbsgeschäfts eingegangen wird. Auch wenn der Wortlaut der ersten Alternative den Erwerb eines Erwerbsgeschäfts durch Schenkung mangels Entgeltlichkeit nicht erfasst, ist seit Einführung der Minderjährigenhaftungsbeschränkung nach § 1629 a BGB eine Genehmigung auch bei unentgeltlicher Zuwendung eines Erwerbsgeschäfts erforderlich.[217] Die Beteiligung an einer AG oder GmbH fällt unter die erste Alternative, wenn sämtliche Aktien/Geschäftsanteile bzw. ein so erheblicher Teil daran übernommen werden, so dass nicht mehr nur eine reine Kapitalbeteiligung vorliegt, sondern diese sich wirtschaftlich als Beteiligung an dem Erwerbsgeschäft[218] darstellt. Die schenkweise Übertragung eines GmbH-Anteils ist folglich nach dieser Alternative genehmigungsfrei.[219] Die zweite Alternative – Abschluss von Gesellschaftsverträgen, die zum Betrieb eines Erwerbsgeschäfts eingegangen werden – sieht die Genehmigungsbedürftigkeit ungeachtet der Frage der Entgeltlichkeit oder Unentgeltlichkeit vor.[220] Über den Wortlaut der Vorschrift hinaus wird nicht nur der Abschluss eines Gesellschaftsvertrages, sondern auch der Beitritt in eine bestehende Gesellschaft der Genehmigungspflicht unterworfen.[221] Auf die Begründung der persönlichen Haftung oder die Beschränkung der Verlustübernahme auf die Einlage kommt es nicht an. Genehmigungspflichtig ist daher auch die unentgeltliche Beteiligung an einer Personengesellschaft[222] sowie im Hinblick auf die Haftung des Vorgesellschafters die Gründung einer Kapitalgesellschaft,

---

[213] BGH NJW 2004, 2517, 2518, zur Einschränkung der Vertretungsmacht der Eltern im Außenverhältnis zur Bank aus §§ 1643 Abs. 1, 1822 Nr. 8 BGB in Abgrenzung zur Einschränkung der Vertretungsmacht der Eltern im Innenverhältnis gem. § 1641 S. 1 BGB.
[214] Das BayObLG NJW 2004, 2264, ist für die Zuständigkeit des Vormundschaftsgerichts, das OLG Köln NJOZ 2003, 3046, 3051 und das OLG Hamm NJW-RR 2001, 437 sind für die Zuständigkeit des Familiengerichts. *Servatius* NJW 2006, 334 ff. für die Zuständigkeit des Familiengerichts.
[215] BGH ZEV 2003, 375.
[216] Palandt/*Diederichsen* § 1822 Rdnr. 7.
[217] BVerfG NJW 1986, 1859; vgl. *Behnke* NJW 1998, 3078.
[218] Für die Veräußerung KG NJW 1976, 1946; OLG Hamm FamRZ 1984, 1037.
[219] BGH GmbHR 1989, 327.
[220] LG Aachen NJW-RR 1994, 1321; BayObLG FamRZ 1990, 208.
[221] LG Aachen NJW-RR 1994, 1321, zur Def. des Erwerbsgeschäfts s. Beck'sches Notarhandbuch E Rdnr. 60.
[222] BGHZ 17, 164; BayOblG DB 1995, 1800, zu einer GbR, deren Zweck in der Verwaltung, Vermietung und Verwertung von Grundbesitz besteht.

weiterhin die Beteiligung an einer stillen Gesellschaft.[223] Die Beteiligung an einer GmbH bedarf der Genehmigung dann, wenn der Minderjährige damit zugleich eine fremde Verbindlichkeit übernimmt, etwa die Haftung für die nicht (voll) erbrachte Stammeinlage.[224] Lediglich bei einer Beteiligung an einer Gesellschaft ohne Verlustbeteiligung ist die vormundschaftsgerichtliche Genehmigung entbehrlich.[225]

Änderungen des Gesellschaftsvertrages einer Personengesellschaft sind mit der Errichtung einer Gesellschaft unter Beteiligung des Minderjährigen nicht gleichzustellen, so dass eine vormundschaftsgerichtliche Genehmigung nur im Falle gewichtiger Änderungen des Gesellschaftsvertrages erforderlich ist.[226] Veräußerungsvorgänge von Wirtschaftsgütern durch die Gesellschaft können genehmigungsbedürftig sein, auch wenn die Beteiligung des Minderjährigen zuvor vom Vormundschaftsgericht genehmigt worden ist.[227]

4. Genehmigung nach dem Grundstücksverkehrsgesetz

52 Die rechtsgeschäftliche Veräußerung eines **landwirtschaftlichen** und **forstwirtschaftlichen Grundstückes** sowie Moor- und Ödlandgrundstückes und der schuldrechtliche Vertrag hierüber bedürfen der Genehmigung nach dem Grundstücksverkehrsgesetz. Landwirtschaft im Sinne dieses Gesetzes ist die Bodenbewirtschaftung und die mit der Bodennutzung verbundene Tierhaltung, um pflanzliche oder tierische Erzeugnisse zu gewinnen, besonders der Ackerbau, die Wiesen- und Weidewirtschaft, der Erwerbsgartenbau, der Erwerbsobstbau und der Weinbau sowie die Fischerei in Binnengewässern. Der Veräußerung stehen die Einräumung und die Veräußerung eines Miteigentumsanteils an einem Grundstück, die Veräußerung eines Erbanteils an einen anderen als an einen Miterben gleich, wenn der Nachlass im Wesentlichen aus einem land- oder forstwirtschaftlichen Betrieb besteht sowie die Bestellung des Nießbrauchs an einem Grundstück.

VI. Typische Verpflichtungen des Beschenkten oder anderer Erbanwärter

1. Verpflichtungen des Empfängers gegenüber dem Schenker

53 a) **Wohnrechte.** Wohnrechte sind Ausfluss unterschiedlicher Überlassungsabsprachen, so z.B. des Nießbrauchs (§ 1030 BGB), eines Mietvertrages, eines Leihvertrages (§ 598 BGB), einer Wohnungsreallast gemäß § 1105 BGB oder der folgenden Nutzungsrechte.[228] Bei der Entscheidung für die Art der Überlassung ist die Frage der Pfändbarkeit mit einzubeziehen. So ist z.B. das dingliche Wohnrecht gemäß § 1093 BGB, da personengebunden, im Gegensatz zur Wohnungsreallast nicht pfändbar, wenn es nicht kraft ausdrücklicher Anordnung einem Dritten überlassen werden kann.[229]

54 *(aa) Dauerwohnrecht nach § 31 Abs. 1 WEG.* Als **veräußerliches** und **vererbliches Wohnrecht** – im Unterschied zum Wohnungsrecht gem. § 1093 BGB – ermöglicht § 31 Abs. 1 WEG die Einräumung eines Nutzungsrechts an einer Immobilie (in ihrer Gesamtheit oder einem Teil davon) unter Ausschluss des Eigentümers. Die Begründung gesonderten Wohnungseigentums ist entbehrlich;[230] die Wohnung muss allerdings abgeschlossen sein (§ 32 Abs. 1 WEG). Die Ausgestaltung des Nutzungsverhältnisses kann mehr mietähnlich oder mehr eigentumsähnlich erfolgen. Die Bestellung erfolgt durch Einigung und Eintragung (§ 873 Abs. 1 BGB), nicht durch Auflassung (§ 925 BGB). Notarielle Beurkundung ist nicht erforderlich,[231] allerdings Bewilligung in der Grundbuchform des § 29 GBO (Beglaubigung). Ihre Belastung erscheint in Abt. II des Grundbuches.

---

[223] LG Bielefeld NJW 1969, 754.
[224] BGH GmbHR 1989, 328.
[225] BGH NJW 1957, 672 (Ls.).
[226] Palandt/*Diederichsen* § 1822 Rdnr. 10; die Genehmigungsbedürftigkeit der Änderung von Gesellschaftsverträgen für den Gesellschafterwechsel Dritter verneint BGH NJW 1962, 2346.
[227] OLG Koblenz NJW 2003, 1401.
[228] BGH NJW 2002, 1647 zur Berücksichtigung der Interessen des Wohnungsnießbrauchers bei der Ausübung des bei dem Wohnungseigentümer verbleibenden Stimmrechts.
[229] Sudhoff/*Scherer* Unternehmensnachfolge S. 85 zum Renten- und Wohnrechtsvermächtnis.
[230] *Bärmann/Pick/Merle* § 31 WEG Rdnr. 31.
[231] LG München WM 1960, 954, 955.

(bb) Wohnungsrecht nach § 1093 BGB. Als beschränkte persönliche Dienstbarkeit kann 55 auch das **personenbezogene Recht** bestellt werden, ein Gebäude oder einen Teil eines Gebäudes unter Ausschluss des Eigentümers als Wohnung zu benutzen. Familienangehörige und Hauspersonal dürfen aufgenommen werden, Dritte nur im Falle der Gestattung (§ 1093 Abs. 2, 1092 Abs. 1 S. 2 BGB). Der Grundstückseigentümer ist gesetzlich nicht zur Instandhaltung zur Sicherstellung des Wohnungsrechts verpflichtet. Sollte dies aber gewünscht werden, ist eine Regelung in der notariellen Urkunde aufzunehmen.

> **Formulierungsvorschlag:**
> Der Schenker wendet vor der nachfolgenden Übergabe des Hauses an seinen Sohn für seine Tochter das unentgeltliche Wohnungsrecht auf deren Lebzeiten an der Wohnung im Obergeschoss des Gebäudes zu, verbunden mit dem Recht, die gesamte Wohnung ... unter Ausschluss des Eigentümers zu bewohnen. Mit dem Wohnungsrecht ist auch das Recht auf Mitbenutzung der zum gemeinschaftlichen Gebrauch der Hausbewohner bestimmten Gartenanlagen, des Kellers und des ... verbunden. Der Empfänger hat das Gebäude zur Gewährung des Wohnungsrechts instand zu halten. Die Überlassung des Wohnungsrechtes an Dritte ist nicht gestattet. Die Tochter darf einen Lebensgefährten in die Wohnung aufnehmen.
> Die Eintragung des vorstehend bestellten Wohnungsrechts als beschränkt persönliche Dienstbarkeit nach § 1093 BGB zugunsten des Schenkers wird bewilligt und beantragt.

Die Regelung des Anspruchs auf Löschung des Wohnrechtes ist sinnvoll. So kann die dauernde Verhinderung, das Wohnungsrecht auszuüben, vertraglich zum Anlass dessen Beendigung genommen werden.

Es kann nicht zum dinglichen Inhalt des Wohnungsrechts gemacht werden, dass der Wohnungsberechtigte Grundstückslasten trägt. Denn § 1093 Abs. 1 S. 2 BGB schließt in seiner Verweisung § 1047 BGB aus. Nach der gesetzlichen Konzeption trägt der Wohnungsberechtigte nur die **gewöhnlichen Ausbesserungs- und Erneuerungsaufwendungen** innerhalb der Wohnung (§ 1041 Abs. 1 BGB). Die Vereinbarung weiterer Zahlungspflichten in der Schenkungsurkunde hat daher nur schuldrechtlichen Charakter.

> **Formulierungsvorschlag:**
> Der Empfänger ist verpflichtet, die Wohnung im Obergeschoss des Anwesens in bewohnbarem Zustand zu erhalten und im Falle der Zerstörung wieder herzustellen. Zu den Erhaltungskosten gehören auch Schönheitsreparaturen, Strom, Wasser, Heizung und alle Nebenkosten sowie die Verpflichtung zur Freistellung des Schenkers und Sicherheitsleistung an den Schenker bezüglich solcher Kosten im Falle seiner Inanspruchnahme.
> Diese Ansprüche werden durch eine Reallast auf dem Grundstück abgesichert ...

Bei einem Wohnungsrecht an Wohnungseigentum steht das Stimmrecht in Benutzungsfragen dem Wohnrechtsinhaber zu, im Übrigen dem Eigentümer. Die Frage der Stimmrechtsvollmacht sollte geregelt werden.

Bei **separater Bestellung** (ohne Übertragung eines Grundstückes) wird das Wohnungsrecht wie jede beschränkte persönliche Dienstbarkeit durch Einigung und Eintragung (§ 873 BGB) in der Grundbuchform des § 29 GBO begründet. Mit Zerstörung des Gebäudes geht auch das Wohnungsrecht unter. Soll der Wohnungsberechtigte auch für diesen Fall abgesichert werden, empfiehlt sich zusätzlich die Eintragung einer Wohnungsreallast. Bei einem auf Lebenszeit oder auf ein bestimmtes Lebensalter befristeten Recht ist die Eintragung der Löschungserleichterung nach § 23 Abs. 2 GBO zu empfehlen.[232] Anderenfalls ist das Sperrjahr nach § 23 Abs. 1 GBO abzuwarten oder die Löschungsbewilligung des Berechtigten bzw. Rechtsnachfolgers beizubringen.

---

[232] Vorsicht allerdings bei einer Reallast, die auch Beerdigungs- und Grabpflegekosten sichert, da die Löschungserleichterung nach Ansicht des BayObLG Rpfleger 1983, 308, 309, nicht zulässig sein soll.

> **Formulierungsvorschlag:**
> Der Eigentümer beantragt ferner, bei dem Wohnungsrecht im Grundbuch zu vermerken, dass zur Löschung der Nachweis des Todes des Berechtigten genügt.

56 *(cc) Mitbenutzung einer Wohnung.* Hier wird die Mitbenutzung zum Wohnen gemeinsam mit dem Eigentümer als beschränkt persönliche Dienstbarkeit nach § 1090 BGB (vergleichbar dem Wohnungsrecht) vereinbart.[233]

57 *(dd) Gewährung von Wohnraum als Reallast.* Als Reallast versteht man die Belastung eines Grundstückes mit dem dinglichen Stammrecht auf Entrichtung wiederkehrender Leistungen und dem dinglichen Recht auf Entrichtung jeder Einzelleistung. Die ergänzende persönliche Haftung des Eigentümers für die Einzelleistungen ist nur Folge der dinglichen Haftung. Im Unterschied zur Dienstbarkeit, welche dem Berechtigten ein Duldungs- oder Unterlassungsrecht begründet, ist die Reallast auf ein **aktives Handeln** gerichtet. Die Reallast kann auch als Wohnungsreallast gewährt werden. Sie begründet die Verpflichtung, allgemein – nicht an bestimmten Räumen – Wohnraum zu gewähren und gebrauchsfähig zu erhalten.[234] Die Reallast sichert das Recht unabhängig vom jeweiligen Gebäudebestand und geht auch nicht mit der Zerstörung des Gebäudes unter.

> **Formulierungsvorschlag:**
> Der Eigentümer hat ...
> Zur Sicherung bestellt der Empfänger zugunsten des Schenkers eine Reallast an dem Grundstück ... und bewilligt die Eintragung im Grundbuch.

Bei **separater Bestellung** (ohne Übertragung eines Grundstückes) wird die Reallast durch Einigung und Eintragung (§ 873 BGB) in der Grundbuchform des § 29 GBO begründet. Bei einem auf Lebenszeit oder auf ein bestimmtes Lebensalter befristeten Recht ist (wie bei der Dienstbarkeit auch) die Eintragung der Löschungserleichterung nach § 23 Abs. 2 GBO zu empfehlen.

> **Formulierungsvorschlag:**
> Der Eigentümer beantragt ferner, bei der Reallast zu vermerken, dass zur Löschung der Nachweis des Todes des Berechtigten genügt.

58 b) **Tatsächliche Versorgungsleistungen.**[235] Der Erwerber kann sich zur Erbringung **tatsächlicher Versorgungsleistungen** verpflichten. Dazu gehören beispielsweise die vertragliche Regelung der Haushaltsführung, Beköstigung, Erbringung von Pflegediensten oder die Übernahme von Kosten der Versorgung. Die Formulierungsbeispiele, die sich üblicherweise in notariellen Vertragsmustern zur Übertragung von Immobilien oder Unternehmen auf die nachfolgende Generation finden, veranschaulichen den Inhalt der Verpflichtungen.[236]

> **Formulierungsvorschlag zur Haushaltführung und Beköstigung:**
> Der Übernehmer hat den Schenker am gemeinschaftlichen Tisch oder auf dessen Verlangen in dessen eigener Wohnung zu beköstigen, solange der Schenker in seiner Wohnung lebt. Ein Kostgeld wird nicht geschuldet [alt.: Der Übernehmer erhält ein Kostgeld von monatlich ...]

---

[233] BayObLG DNotZ 1965, 166, 167.
[234] BGHZ 58, 58; OLG Hamm DNotZ 1976, 229, 230.
[235] S. dazu auch § 32 Rdnr. 61.
[236] S. dazu auch § 32 Rdnr. 61.

> **Formulierungsvorschlag für die Erbringung von Pflegediensten, sog. „Wart und Pflege":**
> Der Übernehmer verpflichtet sich, den Schenker auf dessen Lebensdauer bei Krankheit oder Gebrechlichkeit vollständig und unentgeltlich häuslich zu pflegen oder für eine Pflege zu sorgen, auch die in seinem Haushalt anfallenden Arbeiten zu verrichten, Besorgungen zu übernehmen und ihn auf Wunsch mit dem Auto zu transportieren. Dies umfasst nicht die Leistung geschulten Personals. Die Leistungen im Ablauf des täglichen Lebens sind aber auch zu gewähren, wenn der Übernehmer dazu selbst nicht mehr in der Lage ist. Die Verpflichtungen ruhen ohne Pflicht zur Ersatzleistung, wenn sich der Schenker in einem Krankenhaus oder Pflegeheim befindet [alt.: wenn der Schenker nach fachärztlicher Feststellung aus medizinischen oder pflegerischen Gründen nicht mehr auf dem Anwesen verbleiben kann. Die Verpflichtung des Übernehmers zur Tragung von Kranken- und Pflegebehandlungskosten des Schenkers ruhen insoweit als der Schenker Leistungen aus der Kranken- oder Pflegeversicherung zu beanspruchen hat. Im Übrigen trägt der Empfänger Kosten von Wart und Pflege, soweit eigene Einkünfte des Schenkers nicht ausreichen.

> **Formulierungsvorschlag für die vertragliche Übernahme von Kosten für Versorgungsleistungen:**
> Der Übernehmer trägt bis zum Tode des Schenkers alle Kosten seiner Versorgung, insbesondere für Heizung, Strom, Wasser, Müllabfuhr, Rundfunk, TV, Telefon, Internet.

Vertragliche Pflegeleistungen führen nicht zum Wegfall oder zur Minderung der Leistungen aus der **Pflegeversicherung**. Eine Nachrangvereinbarung vertraglicher Leistungen nach solchen des Bundessozialhilfegesetzes (BSHG) bei Inanspruchnahme von Sozialleistungen kann jedoch nicht die Inanspruchnahme des Schenkers – ggf. gesetzlich übergeleitet auf den Sozialhilfeträger (§§ 90, 91 BSHG) – ausschließen,[237] wenn die Voraussetzungen des § 528 BGB vorliegen. Auch Unterhaltspflichten der Abkömmlinge bleiben bestehen, deren Aufteilung bei mehreren Geschwistern untereinander in dem Schenkungsvertrag geregelt werden kann, z.B. durch eine Überbürdung von Unterhaltsleistungen auf den durch die Schenkung Begünstigten.

> **Formulierungsvorschlag:**
> Der Übernehmer stellt seine Geschwister von etwaigen Unterhaltsverpflichtungen gegenüber dem Schenker frei, auch soweit diese auf den Sozialleistungsträger übergeleitet und gegen die Geschwister durchgesetzt werden, bis zu einem Betrag in Höhe des tatsächlichen Wertes des übertragenen Grundbesitzes im Zeitpunkt der Beurkundung. Darüber hinausgehende Kosten für den Schenker für Pflege, Verköstigung und/oder Heimunterbringung des Übergebers tragen alle Geschwister im Innenverhältnis zu gleichen Teilen ungeachtet der Inanspruchnahme einzelner Geschwister durch den Sozialleistungsträger. [alt.: Die nicht durch Sozialleistungen gedeckten Kosten für Pflege, Verköstigung und/oder Heimunterbringung des Übergebers tragen im Innenverhältnis der Übernehmer ... %, die Schwester ... zu ... %, der Bruder ... zu ... %. Die Geschwister haben diese Quoten nach den Empfängen vorweggenommener Erbfolge verteilt. Andere Zuwendungen an die Geschwister sollen die Haftungsquote nicht beeinflussen.] Diese Vereinbarung gilt auch für die Haftung der Geschwister als Erben, wenn der Nachlass für Ersatzansprüche des Sozialleistungsträgers in Anspruch genommen wird.

Persönliche Pflegeleistungen können in dem Übernahmevertrag präzisiert werden, z.B. durch Bezugnahme auf die Pflegeversicherung.

---

[237] Übersicht über die Leistungen der Pflegeversicherung und rechtliche Schranken von Nachrangvereinbarungen bei *Rastätter* ZEV 1996, 282, 287.

Formulierungsvorschlag:

Geschuldet werden solche gewöhnlichen oder wiederkehrenden Verrichtungen, die insgesamt – mit Ausnahme der Verköstigung – den Übernehmer auf Dauer (länger als ... Monate) nicht stärker belasten als die Verrichtungen, die für die Pflegestufe I des Pflege-Versicherungsgesetzes vorgesehen sind (... hier Gesetzestext heraussuchen ...). In Zweifelsfällen gilt zur näheren Bestimmung der Verpflichtungen das Pflege-Versicherungsgesetz nebst Durchführungsverordnungen in der jetzt gültigen Fassung.

60   Wenn das zugewendete Vermögen auch ein Grundstück umfasst, können diese Naturalleistungen als regelmäßig wiederkehrende Leistungspflichten durch Eintragung von **Reallasten** – da auf ein aktives Handeln gerichtet – im Grundbuch dinglich gesichert werden. Dazu die vertragliche Formulierung, die bei separater Bestellung nach § 29 GBO zu bestellen, bei begleitender Grundstücksübertragung zu beurkunden ist:

Formulierungsvorschlag:

Zur Sicherung des Rechtes auf Beköstigung, der Wart- und Pflegerechte bestellt der Übernehmer dem Schenker eine Reallast an dem übertragenen Grundbesitz ... und bewilligt die Eintragung im Grundbuch. Alle in dieser Urkunde vereinbarten Leibgedingverpflichtungen erlöschen ersatzlos, wenn die dauernde Pflege des Übergebers in einem Pflegeheim erforderlich wird. Der Eigentümer beantragt ferner, bei der Reallast zu vermerken, dass zur Löschung der Nachweis des Todes des Berechtigten genügt.

61   c) **Altenteil.** Ein Altenteil, auch als Leibgedinge, Leibzucht, Auszug, Austrag oder Ausgedinge bezeichnet,[238] ist ein Mischvertrag, der durch seine Zweckbestimmung, eine **dauernde Versorgung** durch Geldleistungen, Naturalleistungen zu gewährleisten, Rechte verschiedener Art miteinander verbindet; dinglich wird er gewöhnlich durch Reallasten und beschränkt persönliche Dienstbarkeiten gesichert[239] und genießt das Zwangsversteigerungsprivileg nach § 9 EGZVG.[240] Gemäß Art. 96 EGBGB können die jeweiligen ergänzenden landesrechtlichen Vorschriften schuldrechtliche Bestimmungen zu dem Altenteilvertrag für den Fall vorsehen, dass dem Verpflichteten ein Grundstück überlassen wird.[241] Seine besondere Verbreitung finden Altenteilsvorbehalte im Bereich des landwirtschaftlichen Übergabevertrages.[242]

Maßgeblich für den Altenteilvertrag sind die seinen Inhalt ausmachenden Rechte, d. h. im Wesentlichen „Ansprüche auf Sach- und Dienstleistungen, die aus und auf einem Grundstück zu gewähren sind, der Allgemeinen und persönlichen Versorgung des Berechtigten dienen und eine – regelmäßig lebenslängliche – Verknüpfung des Berechtigten mit dem belasteten Grundstück bezwecken; sie ruhen als Reallasten und beschränkte persönliche Dienstbarkeiten auf dem Grundstück, aus dem sie zu befriedigen sind".[243] Das besondere Merkmal des Altenteilvertrages besteht für den BGH darin, dass der Zuwendungsempfänger in eine die **Existenz wenigstens teilweise begründende Wirtschaftseinheit** unter Übernahme des Altenteiles einrückt.[244] Ein gewöhnlicher gegenseitiger Vertrag mit beiderseitigen, etwa gleichwertig gedachten Leistungen genügt nicht,[245] auch wenn ein Teil der Gegenleistung für die Grundstücksübereignung Züge aufweist, die auch einem Leibgedinge eigen sind. Eine Grundstücksübertragung wird daher noch nicht allein durch eine Wohnrechtsgewährung mit Pflege- und

---

[238] MünchKommBGB/*Joost* § 1105 Rdnr. 43.
[239] BGH NJW 1994 1158, 1159 = BGHZ 125, 68; BGH NJW 1962, 2249, 2250; RG RGZ 162, 52, 57, 59.
[240] In den alten Bundesländern mit Ausnahme Hamburgs und Bremens.
[241] S. im Einzelnen dazu Staudinger/*Amann* Einl. zu §§ 1105 bis 1112 Rdnr. 4 ff.
[242] *Lüdtke/Handjery* DNotZ 1985, 332, 347 ff.; s. auch § 38.
[243] BGH NJW 1994, 1158, 1159 = BGHZ 125, 68.
[244] BGH NJW 2003, 1325; BGH NJW-RR 1989, 2122; BGH NJW 1981, 2568, 2569;.
[245] BGH NJW 2003, 1325; BGH NJW 1981, 2565, 2569.

Versorgungsverpflichtung zum Altenteilvertrag.[246] Das BayObLG sieht im Gegensatz zum BGH das Vorliegen einer die Existenz begründenden Wirtschaftseinheit nicht als wesentlich an. Nach seiner Auffassung liegen der Entscheidung über das Vorliegen eines Leibgedinges eine Mehrzahl von Kriterien zugrunde; im Vordergrund steht dabei der auf persönliche Beziehungen gestützte Versorgungscharakter des Vertrages.[247] Entscheidend soll die vertragliche Sicherung der Versorgung des Übergebers bei Übertragung wesentlicher Vermögenswerte sein. Da der BGH ausdrücklich erkennt, dass Ausformungen des Leibgedingvertrages „in den einzelnen Landesteilen" eine eigenständige Entwicklung nehmen,[248] und sich die ökonomischen Möglichkeiten der Fortführung übernommener Wirtschaftseinheiten insbesondere im landwirtschaftlichen Bereich gewandelt haben, dürfte den Anforderungen des BGH jedenfalls in Bayern der zwingende Charakter genommen sein.[249] Im restlichen Bundesgebiet sollte davon ausgegangen werden, dass die Kriterien des BGH gelten; das BayObLG ist insoweit nur über Landesrecht zur Entscheidung berufen.

Geregelt werden sollte in dem Vertrag, was gelten soll, wenn der Berechtigte das Anwesen verlässt.

Formulierungsvorschlag:
Sollte der Berechtigte von dem Grundstück wegziehen, steht ihm eine Entschädigung für die Aufgabe des Leibgedinges nicht zu.

Die Leistungsansprüche werden durch Eintragung von Reallasten,[250]

Formulierungsvorschlag:
Der Erwerber hat die Wohnung der Eltern in einem guten, bewohnbaren Zustand zu erhalten und die Kosten der Instandhaltung und Instandsetzung zu tragen. Der Erwerber bestellt zugunsten seiner Eltern als Gesamtberechtigte nach § 428 BGB und zugunsten des Längstlebenden allein an dem Grundstück eine entsprechende Reallast und bewilligt und beantragt deren Eintragung in das Grundbuch.

die Nutzungsrechte durch beschränkte persönliche Dienstbarkeiten

Formulierungsvorschlag:
Der Erwerber bestellt zugunsten seiner Eltern als Gesamtberechtigte nach § 428 BGB und zugunsten des Längstlebenden allein an dem Grundstück eine beschränkt persönliche Dienstbarkeit und bewilligt und beantragt, diese in das Grundbuch einzutragen.

dinglich gesichert, ggf. auch durch Hypotheken. Die Eintragungen können bereits eine Löschungserleichterung nach § 23 Abs. 2 GBO vorsehen (Nachweis des Todes des Berechtigten).

---

[246] Nach einem Urt. d. BayObLG BayObLGZ 1993, 192, 195 steht der Umstand, dass sich der Zuwendende den umfassenden Nießbrauch am Grundstück vorbehalten hat, der Annahme eines Leibgedinges nicht entgegen. Ausschlaggebend war hier aber im Gegensatz zum BGH NJW 1981, 2568, 2569, dass der Vertrag von einer Versorgungsabsicht und einer gewissen Verknüpfung der beiderseitigen Lebensverhältnisse getragen war; zur Umwandlung einer Pflege- in eine Zahlungsverpflichtung BGH ZEV 2002, 510.
[247] BayObLG BayObLGZ 1993, 192, 194; BayObLG BayObLGZ 1994, 12, 20.
[248] BGH LM PrAGBGB Art. 15 § 7 Nr. 6 = MDR 1964, 741.
[249] Ausf. Auseinandersetzung mit dem BGH und BayObLG unter Befürwortung der Rspr. des BayObLG J. Mayer DNotZ 1996, 621 bis 627.
[250] BGH NJW 2004, 361: es besteht keine Möglichkeit, eine Reallast mit unterschiedlichem Rang für rückständige und noch nicht fällige Einzelleistungen zu begründen.

63 **d) Leibrente.** Im Zusammenhang mit der Übergabe von Vermögenswerten kann sich der Übergeber eine Leibrente gemäß § 759 BGB ausbedingen. Es handelt sich dabei um ein einheitliches nutzbares Recht, das dem Berechtigten grundsätzlich für die Lebenszeit eines Menschen eingeräumt wird und dessen Erträge aus fortlaufend **wiederkehrenden gleichmäßigen Leistungen** in Geld oder vertretbaren Sachen bestehen.[251]

64 Die Leistungen müssen grundsätzlich auf **Lebensdauer** eines Menschen zugesagt sein. Hierbei kann auf die Lebensdauer des Gläubigers – so die Zweifelsregelung des § 759 Abs. 1 BGB –, des Schuldners oder eines Dritten sowie auf die Lebensdauer mehrerer Personen abgestellt werden. Das schließt nicht aus, dass die Leibrente unter bestimmten Voraussetzungen früher endet, etwa weil sie mit einer bestimmten Laufzeit versehen wird.[252] Genaue Abgrenzungskriterien zwischen der verlängerten oder abgekürzten Leibrente und einer bloßen Zeitrente wurden bisher nicht ausgebildet.[253] Für die Einordnung wird es darauf ankommen, ob sich die Lebensdauer der Bezugsperson trotz der Abkürzung oder Verlängerung der Rente auf die Rentendauer auswirken wird. Bei starker Abkürzung oder Verlängerung liegt der Sache nach eine Versorgungszeitrente vor.

65 Entscheidend für die Bestimmung der Leibrente in Abgrenzung zur dauernden Last ist die feste **Bestimmbarkeit** des Zuwendungsgegenstandes sowie die Losgelöstheit des Zahlungsflusses von der eigentlichen Geschäftsgrundlage.[254] Die Höhe darf durch Wertsicherungsklauseln veränderbar sein. Handelt es sich um eine zwar auf Lebenszeit bezogene, im Übrigen aber inhaltlich unbestimmte, von den beiderseitigen Verhältnissen abhängige Unterhaltszusage, liegt keine Leibrente, ggf. eine dauernde Last vor. Die Vereinbarung von Wertsicherungsklauseln ist üblich.[255]

> **Formulierungsvorschlag:**
> Sollte sich der vom Statistischen Bundesamt festegestellte Preisindex für die Lebenshaltung aller privaten Haushalte (2001 = 100) verändern, so verändert sich die zu zahlende Rente im gleichen Verhältnis. Die Anpassung erfolgt ab Januar des Jahres, das der Veränderung des Preisindex gegenüber dem heutigen Betrag um mehr als …% folgt. Jede weitere Anpassung erfolgt bei nochmaliger Veränderung um mehr als …%, wobei jeweils von dem letzten veränderten Ausgangsbetrag auszugehen ist.

Zur Gültigkeit eines Vertrages, durch den eine Leibrente versprochen wird, ist, soweit nicht eine andere Form vorgeschrieben ist, schriftliche Erteilung des Versprechens erforderlich (§ 761 BGB). Das Formerfordernis erfasst das Versprechen des Leibrentenschuldners. Die spätere Abänderung eines wirksamen Leibrentenversprechens ist dem Formerfordernis nur unterworfen, wenn der Schuldner zusätzlich beschwert ist. Die Nichteinhaltung der Form hat die Nichtigkeit des Leibrentenversprechens zur Folge (§ 125 S. 1 BGB). Im Gegensatz zu § 761 BGB sehen die §§ 311 b Abs. 1 S. 2, 518 Abs. 2 BGB sowie § 15 Abs. 4 S. 2 GmbHG eine Heilung von Formmängeln durch Erfüllung vor. Da § 761 keine „weiterreichenden Zwecke verfolgt" als die §§ 311 b Abs. 1, 518 BGB und § 15 GmbHG, wird nach herrschender Meinung die Leibrentenvereinbarung von der **Heilungswirkung** der §§ 311 b Abs. 1 S. 2, 518 Abs. 2 und des § 15 Abs. 4 S. 2 GmbHG, die sich auf alle Vereinbarungen erstreckt, erfasst.[256] Die mangelnde Form des mündlich erteilten Leibrentenversprechens wird daher geheilt bei vollzogener Leibrentenschenkung, im Falle des § 311 b BGB durch Auflassung und Eintragung und im Rahmen des § 15 GmbHG durch den dinglichen Abtretungsvertrag.

---

[251] BGH WM 1980, 593, 594; RGZ 67, 204, 212; BGH WM 1966, 248.
[252] BGH WM 1980, 593, 595.
[253] Staudinger/*Amann* Vorb. zu §§ 759 Rdnr. 16.
[254] *Schmidt* Einkommensteuergesetz, 25. Aufl. 2006, § 22 EStG Rdnr. 25 bis 38.
[255] Ausnahme zu dieser Pflicht s. BGH VersR 1968, 450, 452; *Langenfeld/Gail* Handbuch VI Rdnr. 13.
[256] BGH NJW 1978, 1577; Staudinger/*Amann* § 761 Rdnr. 7; a.A. MünchKommBGB/*Habersack* § 761 Rdnr. 10.

§ 32 Lebzeitige Vermögensübertragungen und Verträge auf den Todesfall

Als **dingliche Sicherung** kommen die Reallast (siehe dazu Rdnr. 108) und die Rentenschuld 66 als besondere Form der Grundschuld (§ 1199 BGB) in Betracht. Die Rentenschuld ist der Rentenreallast sehr ähnlich, führt allerdings nicht zur persönlichen Haftung des Grundstückseigentümers (im Unterschied zur Reallast als Folge der dinglichen Haftung). Für die Rentenschuld ist eine Ablösesumme einzutragen (§ 1199 Abs. 2 BGB). Die Ablösung der Reallast richtet sich nach Landesrecht, die Ablösung der Rentenschuld nach §§ 1200 ff. BGB. Die Reallast erlischt mit Ablösung, die Rentenschuld geht auf den Eigentümer über (§§ 1143, 1192 Abs. 1 BGB).

> **Formulierungsvorschlag:**
> Der Eigentümer des Grundstückes in ..., eingetragen im Grundbuch von ..., Band ..., bestellt hiermit für ... (Gläubiger) eine Rentenschuld mit folgendem Inhalt:
> 1. Die Einzelleistungen betragen monatlich EUR ...
> 2. Sie sind am ... eines jeden Monats zu entrichten.
> 3. Die Ablösesumme beträgt EUR ...
> 4. Die Zahlung der Ablösesumme darf frühestens zum ... erfolgen
> Der Eigentümer bewilligt und beantragt die Eintragung dieser Rentenschuld. Der Rentenschuldbrief ist unmittelbar an den Gläubiger auszuhändigen.

Bei separater Bestellung der jeweiligen Sicherung ist die Form der Beglaubigung des Antrages (§ 29 GBO) ausreichend. Bei begleitender Grundstücksübertragung sind Reallast oder Rentenschuld zu beurkunden.

e) **Dauernde Last.** Wie bei der Leibrente handelt es sich bei der dauernden Last um eine 67 Versorgungsleistung in Geld und/oder vertretbaren Sachen,[257] deren Höhe jedoch nach dem Vertragsinhalt bei geänderter Leistungsfähigkeit des Verpflichteten oder geänderter Bedarfslage des Berechtigten an die neue Situation angepasst wird,[258] und die nicht als lebenslängliche Leistung ausgestaltet sein muss.[259] Die **Abänderbarkeit** der Leistungspflicht kann im Vertrag entweder unter ausdrücklicher Bezugnahme auf § 323 ZPO[260] oder eine gleichwertige Änderungsmöglichkeit – etwa Umsatz oder Gewinn des Unternehmens – festgelegt werden. Die dauernde Last muss eine Mindestlaufzeit von zehn Jahren aufweisen.[261] Sie unterliegt nicht der Form des § 761 BGB, wohl aber sehr häufig als Bestandteil des Generationennachfolgevertrages anderen Formvorschriften. Die dauernde Last wird der Leibrente aus steuerlichen Gründen häufig vorgezogen, deren Abzugsfähigkeit jedoch die Erzielbarkeit der laufenden Nettoerträge aus dem übergebenen Vermögen verlangt.[262]

> **Formulierungsvorschlag:**
> Der Sohn verpflichtet sich, an die Eltern beginnend ab ... bis zu deren Tod monatlich jeweils bis zum ... einen Betrag von EUR ... als dauernde Last zu bezahlen. Deren Höhe ist abhängig von der Entwicklung des Währungs- und Preisverhältnisses sowie von der Leistungskraft des Sohnes ... [ergänzen] Die Unterbringung in einem Pflegeheim führt nicht zur Erhöhung der Leistungspflicht

---

[257] BFH BStBl 1985 II 709.
[258] Auch die dauernde Last kann wertgesichert werden, *Esch/Baumann/Schulze zur Wiesche* I Rdnr. 888.
[259] BFH NJW 2005, 2415, zur dauernden Last anlässlich der Übergabe von Geld- oder Wertpapiervermögen.
[260] vgl. BFH NJW 1992, 710, 712; *Geck* ZEV 2003, 443; *Esch/Baumann/Schulze zur Wiesche* I Rdnr. 888.
[261] *Schmidt* Einkommensteuergesetz, 19. Aufl. 2000, § 22 EStG Rdnr. 21.
[262] *Geck* ZEV 2003, 441 ff. zu MBF ZEV 2002, 450.

Die Besicherung erfolgt als Reallast (§ 1105 BGB):

> **Formulierungsvorschlag:**
> Zur Sicherung der Zahlungspflicht in Höhe des ursprünglichen Zahlbetrages bestellt der Sohn den Eltern eine Reallast. Auf Verlangen eines der Elternteile hat der Sohn im Falle der Erhöhung des Zahlbetrages die Eintragung der erhöhten Reallast in das Grundbuch zu bewilligen und zu beantragen.

68 f) **Versorgungszeitrente.** Die Versorgungszeitrente unterscheidet sich von der Leibrente dadurch,[263] dass sie nicht von der Dauer eines Menschenlebens abhängt, sondern sich auf einen **kalendermäßig** bestimmten Zeitraum beschränkt und in ihrer Höhe regelmäßig unabänderbar ist. Die Bestimmung der Zeitrente hängt davon ab, ob die Lebensdauer der Bezugsperson für das Rentenende noch ausschlaggebend ist.

69 g) **Abstandszahlungen an den künftigen Erblasser.** Abstandszahlungen können als Geld- oder Sachleistungen oder durch Übernahme privater Verbindlichkeiten übernommen werden.[264] Sachleistungen sind jedoch nur Entgelt, soweit diese zeitlich vor der Zuwendung zum eigenen Vermögen des Empfängers gehört haben.

70 h) **Schenkung unter Nießbrauchsvorbehalt.** Mit der Schenkung unter Vorbehalt des Nießbrauchs gibt der Schenker im Wege vorweggenommener Erbfolge die entsprechende Vermögenssubstanz weg, behält sich aber noch die Nutzungen in vertraglich festgelegtem Umfang vor. Es handelt sich nicht um eine typische Verpflichtung des Empfängers im Austausch für die Leistung, sondern um einen um den Nießbrauch **geminderten Zuwendungsgegenstand.** Für die Gestaltung des Vertrages ist der Wert der Schenkung in Hinblick auf spätere Pflichtteilsansprüche nach dem sog. Niederstwertprinzip nachzuvollziehen.[265]

71 i) **Kombination von Nießbrauchsvorbehalt und Versorgungsleistungen.** Die Sicherung des Schenkers kann auch durch die Kombination eines Nießbrauchsvorbehaltes mit Versorgungsleistungen erfolgen.[266] Aus steuerlichen Gründen wird dazu geraten, den Nießbrauchsvorbehalt gegenständlich so zu beschränken, dass die Versorgungsleistungen aus den Erträgen des restlichen Vermögens erbracht werden können. Anderenfalls sind die wiederkehrenden Leistungen, die der Empfänger trotz des Nießbrauchsvorbehaltes zu erbringen hat, steuerlich weder als ein (zu Anschaffungskosten führendes) Entgelt noch als abziehbare Versorgungsleistungen, sondern als nicht abzugsfähige Unterhaltsleistungen zu behandeln.[267]

2. Verpflichtungen des Empfängers gegenüber Dritten

72 a) **Ausgleichszahlungen an andere Erbanwärter.** Die Ausgleichszahlungen an andere Erbanwärter können als Sach- und Geldleistungen versprochen werden. Die Fälligkeit kann frei vereinbart werden. Die Vereinbarung im Übergabevertrag, wie z.B. folgende,

> **Formulierungsvorschlag:**
> Der Beschenkte ... hat an seine Schwester zur Gleichstellung einen Geldbetrag in Höhe von ... zu bezahlen. Dieser ist ... Jahre nach Ableben des Schenkers ohne Zinsen zur Zahlung fällig, spätestens jedoch binnen ... Jahren nach Beurkundung dieses Vertrages. Die Eintragung einer Grundschuld an dem Vertragsgegenstand zugunsten der Schwester ... [im Rang nach dem Nießbrauch des Schenkers] wird bewilligt und beantragt.

---

[263] Staudinger/*Amann* Vorb. zu §§ 759 ff. Rdnr. 42.
[264] *Gebel*, Betriebsvermögen und Unternehmensnachfolge, Rdnr. 337.
[265] BGH ZEV 2003, 416, 417; BGH ZEV 1996, 186, 188; BGH NJW 1992, 2887; Abkehr von BGH FamRZ 1991, 552, 553; *Link* ZEV 2005, 283 bis 286.
[266] Im Rahmen der Hoferbenfolge ist diese Kombination bekannt geworden unter dem Begriff Rheinische Hoferbfolge, wenn zusätzlich ein Pachtvertrag vereinbart wird.
[267] BFH BStBl 1992 II 803, 805; BFH BStBl 1994 II 19, 20 f.; dazu auch *Gebel*, Betriebsvermögen und Unternehmensnachfolge, Rdnr. 327.

geht häufig mit Regelungen über den Erbausgleich und Pflichtteilsverzichtsregelungen einher. Treffen der Erblasser und der Zuwendungsempfänger eine solche Absprache und stehen den Gleichstellungsgeldern keine Gegenleistungen der Geschwister an den Zuwendenden gegenüber, handelt es sich um einen Vertrag zugunsten Dritter (§§ 328, 330 S. 2 BGB), welches im Deckungsverhältnis zwischen dem Schenker und dem Empfänger ein Versorgungsvertrag und im Valutaverhältnis zwischen dem Schenker und dem Drittbegünstigten eine Schenkung ist.[268] Bei erheblicher Verschlechterung der wirtschaftlichen Situation des Beschenkten können vereinbarte Gleichstellungsgelder grundsätzlich nur mit Zustimmung der begünstigten Geschwister reduziert werden. Eine nachträgliche Herabsetzung der Geschwistergleichstellungsgelder durch Vereinbarung zwischen dem künftigen Erblasser und dem Beschenkten zu Lasten der Geschwister ist ohne deren Zustimmung in der Regel unwirksam.[269] Eine **Anpassung** nach den Grundsätzen über den Wegfall der Geschäftsgrundlage kommt nur in Ausnahmefällen in Betracht, in denen es um einen anfänglichen Irrtum über die Geschäftsgrundlage geht, wie etwa bei offensichtlichen Rechen- oder groben Bewertungsfehlern.[270] Streitigkeiten darüber kann durch Ergänzungsansprüche oder Korrekturansprüche vorgebeugt werden.

> **Formulierungsvorschlag:**
> Veräußert der Empfänger den übertragenen Grundbesitz oder wesentliche Teile davon innerhalb von zehn Jahren nach Ableben des Schenkers, spätestens jedoch innerhalb von 20 Jahren nach Beurkundung dieses Vertrages, hat er an seine Geschwister je zu gleichen Teilen Nachabfindungen zu zahlen in Höhe von jeweils …% des Verkaufserlöses für den übertragenen Grundbesitz. In die Stellung eines Geschwisterkindes rücken dessen Abkömmlinge ein, wenn dieses Geschwisterkind im Zeitpunkt der Begründung der Verpflichtung verstorben ist. [alt.: Für die Nachabfindung gilt § 13 HöfeO in der heute gültigen Fassung entsprechend.]

oder:

> **Alternative:**
> Sollte der Ertrag für die Milchquoten des übernommenen Tierbestandes im Vergleich zu dem heutigen Ertrag in Höhe von … nachhaltig, das heißt für einen Durchschnittszeitraum von … um mehr als …% sinken, hat der Übernehmer das Recht, die an seine Schwester zu leistenden monatlichen Gleichstellungszahlungen ab diesem Zeitpunkt um …% zu mindern.

b) Versorgungsrente an den Ehepartner des Schenkers. Die Zuwendung einer Versorgungsrente an die Ehefrau des Schenkers erfährt die gleiche Behandlung wie die an den Schenker zu entrichtende Versorgungsrente. Dies gilt auch für die Beurteilung der Entgeltlichkeit.[271]

3. Verpflichtungen der Begünstigten gegenüber dem Schenker

Um die Akzeptanz der gewünschten Vermögensnachfolge bei allen Erbanwärtern, auch denjenigen, welche nicht durch schenkweise Zuwendungen begünstigt sind, sicherzustellen, ist es ratsam, zu Lebzeiten des Erblassers **Pflichtteils- und/oder Erbverzichtsvereinbarungen** mit diesen zu schließen.[272] Zwar kann die Übertragung von Vermögen im Wege der vorweggenom-

---

[268] *Gebel*, Betriebsvermögen und Unternehmensnachfolge, Rdnr. 340; zur Verknüpfung zivilrechtlicher Grundlagen mit Erbschaftssteuerrecht bei Zahlungen des Beschenkten an Pflichtteilsberechtigten s. BFH NJW 2004, 1198, 1199 und *Hoppe* NJW 2004, 1144 f.
[269] BGH NJW 1991, 1345, 1346.
[270] BGH NJW 1991, 1345, 1346.
[271] Zur Versorgung des überlebenden Ehepartners s. 1. Aufl. § 14 Rdnr. 61 ff.
[272] S. dazu die Ausführungen in § 34 sowie *Edenfeld* ZEV 1997, 134 ff.

menen Erbfolge die Pflichtteilsansprüche Dritter beträchtlich mindern,[273] da übernommene Verpflichtungen des Zuwendungsempfängers (z.B. Leibrente, dauernde Last, vorbehaltener Nießbrauch) bei der Pflichtteilsbemessung kapitalisiert abgesetzt werden und Abfindungsklauseln für den Fall des Todes eines (jeden) Gesellschafters ausgeschlossen werden. Die Pflichtteilsergänzungsansprüche können jedoch gegen den Willen des Pflichtteilsberechtigten nicht gänzlich vermieden werden, wenn nicht seit der Schenkung 10 Jahre vergangen sind (§ 2325 Abs. 3 BGB). Maßnahmen der vorweggenommenen Erbfolge außerhalb der zeitlichen Grenzen des § 2325 Abs. 3 BGB bleiben ohne Auswirkungen auf die Pflichtteilsberechnung. Auch soweit Zuwendungen nicht als Schenkung zu qualifizieren sind, wie beispielsweise ein allseitiger Ausschluss von Abfindungsklauseln im Gesellschaftsvertrag,[274] unterfallen sie ebenfalls nicht der Ausgleichspflicht. Nur der Erbverzicht (§ 2346 BGB) und der Pflichtteilsverzicht können unerwünschten Pflichtteils- und Pflichtteilsergänzungsansprüche und dem damit verbundenen Liquiditätsentzug vorbeugen. Es handelt sich dabei um abstrakte Rechtsgeschäfte,[275] welche die Erwerbsaussichten des potentiellen Erben bzw. Pflichtteilsberechtigten beseitigen. Etwaige mit dem Erbverzicht verbundene Abfindungen sind rechtlich selbständig und gesondert von der Erb- oder Pflichtteilsverzichtsvereinbarung zu sehen,[276] wodurch auch eine Rückforderung bei Vorversterben des Empfängers ausscheidet.

75 Ein Erbverzicht, d. h. der vor Eintritt des Erbfalls mit dem Erblasser vereinbarte vertragliche Verzicht der Erbanwärter auf ihr Erbrecht, beinhaltet gleichzeitig einen Pflichtteilsverzicht. Der Verzichtende wird so behandelt als sei er bereits vor dem Erbfall gestorben (§ 2346 Abs. 1 S. 2 BGB), so dass es in seiner Person nicht mehr zum Erbanfall nach dem Erblasser kommen kann.[277] Das Risiko für den auf den Erbteil Verzichtenden besteht darin, dass sich der Bestand des Nachlasswertes zwischen dem Verzicht und dem Erbfall häufig stark verändert und der Verzichtende darüber nur vage Vorstellungen hat. Durch den Erbverzicht eines Erbanwärters erhöhen sich allerdings die gesetzlichen Erbquoten und damit gleichzeitig die Pflichtteile der übrigen Pflichtteilsberechtigten (§ 2310 S. 2 BGB). Demnach bleibt die **Gesamtbelastung** mit Pflichtteilsansprüchen identisch. Um diesen Nachteil zu vermeiden, kann der Erbverzicht auf den Pflichtteil beschränkt werden (§ 2346 Abs. 2 BGB). Die Quotenerhöhung tritt beim reinen Pflichtteilsverzicht nicht ein.[278] Der Verzichtende hat dann zwar keinen Anspruch auf einen Pflichtteil. Sein gesetzlicher Erbteil bleibt jedoch unberührt, es sei denn, dass der Erblasser ihn enterbt.[279] Er wird bei der Berechnung der Pflichtteilsquote der übrigen Pflichtteilsberechtigten mitgezählt, eine Erhöhung der Pflichtteilsquoten tritt somit nicht ein. Der Verzicht kann auch beschränkt werden bezüglich des gesetzlichen Erbteils, was sich dann entsprechend auf das Pflichtteilsrecht auswirkt. Bei der Vertragsgestaltung ist Vorsicht geboten: der teilweise Verzicht auf das gesetzliche Erbrecht ist nur bezüglich eines ideellen Bruchteils möglich,[280] während der Pflichtteilsverzicht gegenständlich beschränkt werden kann.[281]

76 Der Erbverzicht ist, auch soweit er auf den Pflichtteil beschränkt wird, ein abstraktes Rechtsgeschäft.[282] Er ist von einem gleichzeitig geschlossenen Abfindungsvertrag oder sonstigen schuldrechtlichen Verträgen zu unterscheiden und in seiner Wirksamkeit von diesen Geschäften unabhängig. In dem **Kausalgeschäft** wird häufig vereinbart, den Erbverzicht gegen Abfindung zu leisten. Dabei lässt sich der Verzichtende den Verzicht durch einen einmaligen oder verrenteten Geldbetrag oder eine Sachleistung gleichsam abkaufen. Das hat den Vorteil, dass der Verzichtende den Gegenwert für seine Leistung sofort erhält. Er wird von

---

[273] Rechenbsp. bei *Spiegelberger* Vermögensnachfolge S. 98.
[274] BGH NJW 1981, 1956, 1957; BGH NJW 1970, 1638, 1639. Nicht zwingend jedoch bei sehr unterschiedlichen Lebenserwartungen der Gesellschafter KG DNotZ 1978, 109, 111; OLG Düsseldorf MDR 1977, 932 f.
[275] BGHZ 37, 319, 327.
[276] Palandt/*Edenhofer* Überbl. Vor § 2346 Rdnr. 9.
[277] Der Verzicht bezieht sich jedoch nicht auf den Erbfall des Zuwendungsempfängers; dazu OLG Frankfurt NJW-RR 1996, 838, 839.
[278] BGH NJW 1982, 2497.
[279] MünchKommBGB/*Strobel* § 2346 Rdnr. 19.
[280] KG DNotZ 1937, 571, 572.
[281] Staudinger/*Schotten* § 2346 Rdnr. 41, 50; *Langenfeld/Gail* IV Rdnr. 190.
[282] BGH BGHZ 37, 319, 325; Soergel/*Damrau* § 2346 Rdnr. 1; MünchKommBGB/*Strobel* § 2346 Rdnr. 3; Erman/*Schlüter* Vor § 2346 Rdnr. 1.

der Ungewissheit der wirtschaftlichen Entwicklung befreit; nachfolgende, selbst drastische, Vermögensverschlechterungen des Erblassers brauchen ihn – abgesehen von Pflichtteilsergänzungsansprüchen – nicht mehr zu interessieren.[283] Abfindungsleistungen für den Verzicht sind als Schenkungen zu qualifizieren.

Erb- und Pflichtteilsverzichtsverträge bedürfen zu ihrer Wirksamkeit der notariellen **Beurkundung** (§ 2348 BGB). Soll der Verzichtende zusätzlich vertraglich, etwa durch einer Vermächtniseinsetzung abgefunden werden, so handelt es sich um einen Erbvertrag, der ebenfalls der notariellen Form bedarf (§ 2276 BGB). Ob darüber hinaus auch das dem abstrakten Erbverzicht zugrunde liegende Kausalgeschäft formbedürftig ist, ist umstritten.[284] Um hier kein Risiko einzugehen, ist es jedoch den Vertragsparteien anzuraten, beide Geschäfte notariell beurkunden zu lassen. Am günstigsten ist dabei die Vereinigung des Vertragswerks in einer Urkunde, da dies nicht nur dem Formerfordernis gerecht wird, sondern darüber hinaus indiziert, dass die Parteien von einer Geschäftseinheit zwischen Erbverzichtsvertrag und Abfindung bzw. Vermächtniseinsetzung ausgegangen sind. Die Annahme der Geschäftseinheit erleichtert bei Störungen des Vertragsverhältnisses die Rückabwicklung, da nach § 139 BGB die Nichtigkeit des Verpflichtungsgeschäfts ausnahmsweise auf das Verfügungsgeschäft durchschlagen kann.

Der Zuwendungsempfänger selbst hat die Möglichkeit, gemäß § 311 b Abs. 4 BGB mit den künftigen gesetzlichen Erben einen Vertrag über den gesetzlichen Erbteil oder das Pflichtteilsrecht zu schließen. Dabei handelt es sich um einen schuldrechtlichen Vertrag, der die gesetzlichen Erb- und Pflichtteilsrechte unberührt lässt, jedoch die Partner verpflichtet, sich bei der späteren **Erbteilung** in einer bestimmten Weise zu verhalten.

VII. Rückgängigmachen des Aktes der vorweggenommenen Erbfolge

1. Gesetzliche Rückforderungsmöglichkeiten bei Schenkung

Speziell für die Rückforderung des Schenkungsgegenstandes hält das Gesetz als **Anspruchsgrundlagen** das Rückforderungsrecht wegen Bedürftigkeit (§ 528 BGB), den Widerruf wegen groben Undanks (§ 530 BGB), im Falle der Schenkung unter Auflage das Rückforderungsrecht bei Nichtvollziehung der Auflage (§ 527 BGB) bereit. Gesetzliche Rückübertragungsansprüche können grundbuchlich nicht durch Vormerkung gesichert werden, solange die gesetzlichen Anspruchsvoraussetzungen nicht eingetreten sind.[285] Allgemein stehen das Bereicherungsrecht bei Zweckverfehlung sowie im Falle der – wenn auch praktisch seltenen – wirksamen Anfechtung der der Zuwendung zugrunde liegenden Willenserklärung[286] für die Rückgabe der Zuwendung, weiterhin das Institut des Wegfalls der Geschäftsgrundlage (§ 313 BGB) für die Anpassung des Vertrages und ultimativ für die Rückgewähr des Geschenks zur Verfügung.[287]

Die gesetzlichen Rückforderungsrechte sind nur eingeschränkt **vererblich**. Der Rückforderungsanspruch wegen Verarmung des Schenkers kann auf den Sozialhilfeträger durch Überleitung (nach § 90 BSHG) übergehen, ggf. auch auf die Erben, wenn die Erben ihrerseits Ersatz für Leistungen des Dritten an den hilfsbedürftigen Erblasser erbracht haben.

Das Verlangen auf Herausgabe von schenkweise zugewendeten Gesellschaftsanteilen an einer Personen- bzw. Personenhandelsgesellschaft, an welcher der Beschenkte und Dritte beteiligt sind, der zukünftige Erblasser jedoch mit Schenkung (oder später) ausgeschieden ist, ist bedingt durch die ausdrückliche Zulassung im Gesellschaftsvertrag oder die Zustimmung des aktuellen Gesellschafterkreises.[288] Für Geschäftsanteile folgt die Ausübung gesetzlicher Rückforderungsrechte der freien Übertragbarkeit von GmbH-Anteilen (§ 15 Abs. 1 GmbHG); üblicherweise finden sich in Gesellschaftsverträgen jedoch Beschränkungen der Übertragbarkeit.

---

[283] Ebenroth/*Fuhrmann* BB 1989, 2049, 2050.
[284] Für die Ausdehnung des Formerfordernisses auf das Verpflichtungsgeschäft Soergel/*Damrau* § 2346 Rdnr. 2; KG MDR 1974, 46 f.; *Damrau* NJW 1984, 1163; abl. Lange/Kuchinke § 7 I 4 b; *Kuchinke* NJW 1983, 2358.
[285] OLG Hamm NJW-RR 2000, 1611, 1613 f.
[286] OLG Hamm VersR 1988, 458, 459.
[287] BGH NJW 1972, 247, 248; BGH NJW 1953, 1585; zur steuerlichen Behandlung des Vermögensrückfalls § 35 Rdnr. 112.
[288] Baumbach/*Hopt* Handelsgesetzbuch, 30. Aufl. 2000, § 105 Rdnr. 70; BGH NJW 1990, 2616, 2618 für die Zuwendung eines KG-Anteils.

Der Erblasser ist in den genannten Fällen durch gesellschaftsrechtliche oder -vertragliche Vorgaben gehindert, seine Mitgliedschaft zurückzufordern. Lediglich bei gleichzeitigem Verbleib des Erblassers in der Gesellschaft ist eine Zustimmung der Mitgesellschafter bei Geltendmachung gesetzlicher Rückforderungsrechte entbehrlich. Bei einer aus entgeltlichem und unentgeltlichem Teil zusammengesetzter Schenkung ist die Rückabwicklung nicht ausdrücklich geregelt. Überwiegt der unentgeltliche Charakter des Rechtsgeschäfts, dürften die für die Schenkung entwickelten Institute anzuwenden sein.[289] Bei überwiegend entgeltlichem Charakter erfolgt die Rückabwicklung nach einschlägigen **Kaufrechtsvorschriften**.

Zu den Anspruchsgrundlagen der Rückforderung im Einzelnen:

79 a) **Rückforderung wegen Bedürftigkeit.** Im Falle der Geltendmachung des Rückforderungsrechtes wegen Bedürftigkeit besteht ein Anspruch, soweit Notbedarf vorliegt. Liegen mehrere Schenkungen vor, wird die zuletzt erbrachte Schenkung wegen ihrer größeren zeitlichen Nähe zu der Notlage als erste zur Deckung des Bedarfs herangezogen werden.[290] Der Anspruchsteller ist nicht auf Geldersatz verwiesen, sondern kann die Zuwendung zurückverlangen, es sei denn, dass eine **Rückgewähr** aus rechtlichen Gründen scheitert, etwa weil bei Schenkung eines Gesellschaftsanteils die Zustimmung des aktuellen Gesellschafterkreises nicht zu erlangen ist,[291] oder weil die geschenkte Sache nicht mehr vorhanden ist. Der Beschenkte hat seinerseits das Recht, sich in Höhe des verbliebenen Wertes der Schenkung durch Herausgabe der Schenkung oder des Surrogats insoweit zu befreien.[292] Gibt es mehrere gleichzeitig Beschenkte, besteht hinsichtlich des Rückgewährungsanspruches eine gesamtschuldnerartige Beziehung zwischen diesen. Bei Inanspruchnahme eines Beschenkten besteht daher ein interner Ausgleichsanspruch entsprechend § 426 Abs. 1 BGB.[293] Der Rückforderungsanspruch ist vererblich, wenn der mittlerweile verarmte Schenker bereits einen Herausgabeanspruch geltend gemacht oder diesen abgetreten hat, oder wenn er unterhaltssichernde Leistungen Dritter entgegennimmt und damit zu erkennen gibt, dass er zum Bestreiten des notwendigen Unterhalts der Rückforderung des Geschenkes bedarf.[294] Die ausdrückliche Geltendmachung des Anspruches wird der Abtretung des Anspruchs gleichgestellt. Kostenersatzansprüche nach § 92 BSHG gegen die Erben des Hilfsempfängers entstehen kraft Gesetzes mit dem Tode des Erblassers.[295] Unterhaltsansprüche des Schenkers müssen nicht dessen bisherigem individuellen Lebensstil entsprechen, sondern der Lebensstellung, die dem Schenker nach der Schenkung objektiv angemessen ist.[296]

Ist der eingetretene Notbedarf geringer als der Wert des Geschenks, so können nur die zur Bedarfsdeckung erforderlichen Teile herausverlangt werden.[297] Im Übrigen bestimmen sich Art und Umfang des Anspruchs infolge des **Rechtsfolgenverweises** nach Bereicherungsrecht. Ist die Zuwendung unteilbar und Teilherausgabe unmöglich, kann nur Teilwertersatz verlangt werden (§ 818 Abs. 2 BGB),[298] und wenn ein wiederkehrender Bedarf vorliegt, Teilwertersatz bis zur Höhe der Erschöpfung des Gesamtwertes der Zuwendung. Die bei der Rückforderung des ganzen Geschenks gewährte Ersetzungsbefugnis nach § 528 Abs. 1 S. 2 BGB ist bei Wertersatz nach § 818 Abs. 2 BGB nicht vorgesehen.[299] Bei gemischten Schenkungen wird der Wertersatz durch die Höhe des Wertes des Schenkungsteils der Zuwendung begrenzt. Für die Bewertung des Schenkungsteils gilt grundsätzlich das Prinzip der subjektiven Äquivalenz. Das Rückforde-

---

[289] BGHZ 30, 120 für der Widerruf wegen groben Undanks.
[290] BGH NJW 1998, 537, 538 = BGHZ 137, 76; BGH NJW 2004, 1314, 1315 zur Überleitung des Anspruchs auf den Sozialhilfeträger auch nach dem Tod des Schenkers und zur Kettenschenkung; EuGH NJW 2004,1439, 1440 zur Zuständigkeit bei Regressklage einer öffentlichen Einrichtung aus übergegangenem Recht des Unterhaltsberechtigten.
[291] So BGH NJW 1990, 2616, 2617.
[292] BGH NJW 2004, 1314 und 1315.
[293] BGH, NJW 1998, 537.
[294] BGH NJW 2005, 670, 671; BGH NJW 2001, 2084 = ZEV 2001, 241; *Kollhosser* ZEV 2001, 289 ff.
[295] BVerwG NJW 2003, 3792; BGH NJW 2003, 2448 zum Wegfall des Notbedarfs des Schenkers nach Überleitung des Rückforderungsanspruchs auf den Sozialhilfeträger.
[296] BGH ZEV 2003, 2.
[297] BGH NJW 1985, 2419.
[298] BGH NJW 1994, 1655 m.w.N. mit Anm. *Skibbe* ZEV 1994, 255; BGH NJW 1986, 1606, 1607 = BGHZ 96, 380 in Ergänzung zu BGH NJW 1985, 2419.
[299] BGH NJW 1994, 1655 = BGHZ 125, 283.

rungsrecht nach § 529 BGB ist ausgeschlossen, wenn der Schenker seine Bedürftigkeit vorsätzlich oder grob fahrlässig herbeigeführt hat, weiterhin wenn seit der Leistung 10 Jahre verstrichen sind, [300] sowie wenn der Empfänger seinerseits schutzwürdig ist, z.B. wegen Gefährdung des angemessenen Unterhalts.[301]

Je nach dem Einkommen und Anzahl vorrangiger Unterhaltsberechtigter ist die Höhe der gesetzlichen Verpflichtung zur Unterhaltsgewährung durchaus unterschiedlich.[302] Insbesondere in Hinblick auf eine von den verarmten Eltern getätigte vorweggenommene Erbfolge kann es dadurch zu einer Störung des Verteilungsplans kommen. Einer unterschiedlichen wirtschaftlichen Belastung z.B. der beschenkten Geschwister mit Unterhaltslasten kann durch vertragliche Vereinbarungen im Vertrag zur Vorwegnahme der Erbfolge vorgebeugt werden:

b) **Rückforderung wegen groben Undanks.** Eine Schenkung, auch eine solche unter Auflage,[303] kann vom Schenker widerrufen werden, wenn sich der Empfänger durch eine **schwere Verfehlung** gegen den Schenker oder einen nahen Angehörigen[304] des Schenkers des groben Undankes gegenüber dem Schenker schuldig gemacht hat (§ 530 Abs. 1 BGB). Im Falle der Einräumung einer Gesellschafterstellung als persönlich haftender Gesellschafter in einer Personengesellschaft entfällt die Möglichkeit des Widerrufs wegen groben Undanks, da keine Schenkung vorliegt, ebenfalls im Falle einer gemischten Schenkung bei Überwiegen des entgeltlichen Teils.

Der Widerruf bedarf keiner besonderen Form, wird jedoch schon aus Beweisgründen schriftlich abgefasst und zugestellt.

Formulierungsvorschlag:
Anlässlich unseres Gespräches am ... hast Du Dich vergessen und mich geschlagen sowie ... durch Dein Verhalten hast Du Dich grob undankbar gezeigt. Deshalb widerrufe ich hiermit meine Schenkung des Familienschmucks an Dich. Ich verlange die Herausgabe des Schmucks an mich bis zum ...

§ 530 BGB verlangt nicht die Verletzung einer Rechtspflicht. Die Verfehlung verlangt auch kein vorsätzliches Tun oder Unterlassen, sondern die darin zum Ausdruck kommende ethische Fehleinstellung gegenüber dem Schenker oder seinen nahen Angehörigen, die objektiv eine gewisse Schwere aufweist und subjektiv die **tadelnswerte Gesinnung** des Empfängers offenbart und damit einen Mangel an Dankbarkeit erkennen lässt.[305] Einem engen Verwandtschaftsverhältnis kommt im Rahmen des § 530 BGB kein erhöhtes Gewicht zu.[306]

Für den Fall des Widerrufs gilt für den Herausgabeanspruch das Recht der ungerechtfertigten Bereicherung (§ 531 Abs. 2 BGB). Es handelt sich um eine **Rechtsgrundverweisung** auf die §§ 812 ff. BGB.[307] Die Gebrauchsvorteile (z.B. Unternehmensgewinne) und Surrogate sind herauszugeben. Bei Erhöhung des Wertes des geschenkten Gesellschaftsanteils durch Leistungen

---

[300] Die 10-Jahresfrist ist durch das Gesetz zur Modernisierung des Schuldrechts (BGBl. I 3138) nicht geändert worden.
[301] BGH NJW 2001, 1207; BGH ZEV 2000, 449, 450 f.; für den Fall der mutwilligen Herbeiführung der Bedürftigkeit BGH ZEV 2001 Heft 2 VI.
[302] Dazu *Rundel* MittBayNot 2003, 177.
[303] BGHZ 30, 120.
[304] OLG Koblenz ZEV 2002, 245 zum Widerruf der von der Großmutter beschenkten Enkelin bei wahrheitswidriger Verleumdung des Vaters; für das OLG Düsseldorf NJW-Spezial 2005, 59, 60 war Untreue nicht ausreichend für die Annahme groben Undanks gegenüber der Schwiegermutter; Untreue bei ehefeindlicher Gesinnung ausreichend für den BGH NJW 1999, 1923.
[305] BGH NJW 2002, 1046: Gründung eines Konkurrenzunternehmens durch den Beschenkten; BGH NJW-RR 1993, 1410: Hinausdrücken des Schenkers aus dem Haus, auf dessen berufliche Nutzung er dringend angewiesen ist; BGH NJW 1992, 183, 184; BGH FamRZ 1985, 351; BGH NJW 1983, 1611, 1612 = BGHZ 87, 145: Bezichtigung einer Straftat; BGH NJW 1978, 213, 214; OLG Köln ZEV 2002, 514: Drohende Zwangsversteigerung bei Gefährdung nachrangigen Wohnungsrechts; *Sina* GmbH-Praxis 2002, 58, 59.
[306] BGH NJW 1978, 213, 214. Zu den Besonderheiten im Gesellschaftsrecht insb. die Benteler-Entscheidung des BGH NJW 1990, 2616, 2618; s.a. Darstellung in Sudhoff/*Stenger* Unternehmensnachfolge S. 275 f.
[307] MünchKommBGB/*Kollhosser* § 531 Rdnr. 3.

des Empfängers besteht Anspruch auf Ersatz von Aufwendungen und Verwendungen.[308] Bei gemischter Schenkung geht der Anspruch auf Herausgabe des „geschenkten" Gegenstandes, wenn der unentgeltliche Charakter überwiegt. Ein Vergleich des Wertes des überlassenen Gegenstandes mit dem Wert der Gegenleistung dient dafür als Anhaltspunkt.[309] Kann der Erblasser beim Widerruf einer gemischten Schenkung wegen groben Undanks das geschenkte Vermögen zurückfordern, ist der Anspruch in dem Sinne eingeschränkt, dass er nur Zug um Zug gegen Wertausgleich des entgeltlichen Teils der gemischten Schenkung geltend gemacht werden kann.[310] Ist die Herausgabe nicht möglich, ist der die Gegenleistung übersteigende Wert zu erstatten. Bei Schenkung unter Auflage ist der Anspruch uneingeschränkt auf Herausgabe des Gegenstandes gerichtet, da die Auflage den Umfang der Zuwendung als Geschenk nicht beeinträchtigt. § 530 BGB verdrängt nicht Ansprüche wegen Zweckverfehlung oder Wegfalls der Geschäftsgrundlage (§ 313 BGB).[311]

81 c) **Rückforderung bei Nichtvollziehung der Auflage.** Der Rückforderungsanspruch des Schenkers gemäß § 527 BGB bei Nichtvollziehung der Auflage steht wahlweise neben dem Erfüllungsanspruch sowie dem Schadensersatzanspruch (§§ 280, 283, 286 Abs. 1 BGB). Er gibt dem Schenker ein Rückforderungsrecht unter der Voraussetzung, dass entweder eine vom Beschenkten zu vertretende **Unmöglichkeit** der Auflagenerfüllung (§ 527 Abs. 1 i. V. m. § 325 Abs. 1 BGB) oder eine fruchtlose Fristsetzung mit Ablehnungsandrohung gegenüber dem in Verzug befindlichen Beschenkten (§ 527 Abs. 1 i. V. m. § 326 Abs. 1 BGB) vorliegt. Ein generelles Rückforderungsrecht bei Leistungsstörungen gibt es nicht. Wird dem Empfänger die Auflagenerfüllung infolge eines von ihm nicht zu vertretenden Umstandes unmöglich, so wird er von seiner Verpflichtung frei (§ 275 BGB). Das Gesetz sieht für diesen Fall kein Rückforderungsrecht vor, wenn nicht eine Herausgabe infolge des Nichteintritts des mit der Leistung bezweckten Erfolges (§ 812 Abs. 1 S. 2 BGB 2. Alt.)[312] oder infolge des Wegfalls der Geschäftsgrundlage in Betracht kommt. Nach dem in § 527 BGB enthaltenen Rechtsfolgenverweis bestimmen sich Art und Umfang des Herausgabegegenstandes nach den Vorschriften über die ungerechtfertigte Bereicherung (§§ 812 ff. BGB).

82 d) **Rückforderung bei Zweckverfehlung.** Die Rechtsprechung erkennt im Falle einer Zweckschenkung – das heißt, wenn den Beteiligten der Zweck der Schenkung bewusst war, ohne dass die Zweckerfüllung zu einer Auflage erhoben worden ist – bei Nichteintritt des mit der Leistung bezweckten Erfolgs einen Rückforderungsanspruch des Schenkers in Gestalt der **conditio ob rem** aus dem Gesichtspunkt der Zweckverfehlung an (§ 812 Abs. 1 S. 2, 2. Alt. BGB):[313] Dabei geht sie davon aus, dass bei der Schenkung ein über den Erfüllungszweck hinausgehender Zweck Gegenstand der vertraglichen Einigung sein kann, zum Beispiel die persönliche Nutzung eines Gebäudes, die Sicherung des Bestandes des Unternehmens als Familienunternehmen im Wege der vorweggenommenen Erbfolge oder der Fortbestand einer Ehe oder die Erwartung der Eheschließung.

83 e) **Rückforderung wegen Wegfalls der Geschäftsgrundlage.** Die Anwendbarkeit der Grundsätze über den Wegfall der Geschäftsgrundlage wird im Falle der Anwendung der Sondervorschriften über die Bedürftigkeit (§ 528 BGB) und im Falle des Widerrufs wegen groben Undanks (§ 530 BGB) verdrängt.[314] Bei Zweckverfehlung im Falle der Zweckschenkung stehen die Grundsätze über den Wegfall der Geschäftsgrundlage zurück, denn gleichwohl die Zweckerreichung Geschäftsgrundlage der Schenkungsabrede ist,[315] löst die Rechtsprechung

---

[308] *Sina* GmbH-Praxis 2002, 59; *D. Mayer* ZGR 1995, 93, 108; a.A. *Klumpp* ZEV 1995, 385, 390.
[309] BGHZ 30, 120, 123.
[310] BGH NJW 1989, 2122 = BGHZ 107, 156; BGH NJW-RR 1988, 584, 585.
[311] *Sina* GmbH-Praxis 2002, 59.
[312] RG JW 1915, 117, 118.
[313] BGH NJW 1984, 233; OLG Köln NJW 1994, 1540, 1541; OLG Hamm FamRZ 1990, 1232, 1233; OLG Karlsruhe NJW 1988, 3023.
[314] BGH NJW-RR 1990, 386, 387; OLG Stuttgart NJW-RR 1988, 134, 135; OLG Karlsruhe NJW 1989, 2136, 2137; Palandt/*Heinrichs* 63. Aufl. § 313 Rdnr. 22 f.
[315] BGH NJW 1984, 233.

die Zweckverfehlung über Bereicherungsrecht in Gestalt der conditio ob rem.[316] Die nicht unter die Sondervorschriften fallenden gemeinschaftlichen Erwartungen und „Vorstellungen beider Parteien oder die dem anderen Teil erkennbaren und vom ihm nicht beanstandeten Vorstellungen"[317] des Schenkers vom Vorhandensein oder künftigen Eintritt gewisser Umstände, auf denen der Geschäftswille der Parteien aufbaut, gleichsam der über einen Primärzweck der Erfüllung hinausgehende Erfolg können dagegen Geschäftsgrundlage sein,[318] auch wenn die Vollziehung der Schenkung schon einige Zeit zurückliegt. Wegfall der Geschäftsgrundlage ist z.B. denkbar im Falle eines gemeinsamen Irrtums über die steuerlichen Folgen der Schenkung,[319] wenn diese vor oder bei Vertragsschluss ausdrücklich erörtert wurden oder jedenfalls eindeutig erkennbar sind,[320] weiterhin im Falle einer falschen Vorstellung über den Fortbestand der Ehe bei Zuwendung an den Stiefsohn.[321] Ist die Ehe noch nicht geschieden, kann der Anspruch im Wege der Feststellungsklage verfolgt werden.[322] Die Rechtsfolge des Wegfalls der Geschäftsgrundlage ist die Anpassung der schuldrechtlichen Beziehungen an die Sachlage (§ 313 Abs. 1 BGB); erst wenn die Anpassung nicht möglich oder zumutbar ist, wird dem Schenker ein Rücktrittsrecht gewährt (§ 313 Abs. 3 BGB).[323] Ist das Geschenk gegenständlich nicht mehr im Vermögen des Beschenkten vorhanden, scheitert der Rückforderungsanspruch.[324]

Eine Rückforderung der Zuwendung wegen Wegfalls der Geschäftsgrundlage trotz Verdrängung von gesetzlichen Rückforderungstatbeständen im Altenteilvertrag durch handelsrechtliche Vorschriften aufgrund des Vorbehaltes in Art. 96 EGBGB wird nicht in Betracht kommen, wenn die persönlichen Leistungspflichten durch Zahlungen abgegolten werden können.[325] Da auch das gesetzliche Rücktrittsrecht wegen Nichterfüllung oder Verzug[326] und die Rückforderung aus dem Gesichtspunkt positiver Vertragsverletzung[327] ausgeschlossen ist, dürfte es konsequent sein, die Grundsätze über den Wegfall der Geschäftsgrundlage nicht anzuwenden.[328]

2. Gesetzliche Rückforderungsmöglichkeiten bei gemischter Schenkung

Bei einer aus entgeltlichem und unentgeltlichem Teil zusammengesetzter Schenkung ist die Rückabwicklung nicht ausdrücklich geregelt. Überwiegt der unentgeltliche Charakter des Rechtsgeschäfts, dürften die für die Schenkung entwickelten Institute anzuwenden sein.[329] Bei überwiegendem entgeltlichen Charakter erfolgt die Rückabwicklung nach **Kaufrecht**.

3. Gesetzliche Korrekturmöglichkeiten des künftigen Erblassers bei nicht als Schenkung zu qualifizierenden Zuwendungen

Spezielle Rückforderungstatbestände vergleichbar den §§ 527, 528, 530 BGB sind bei Zuwendungen, die nicht als Schenkung zu qualifizieren sind, nicht kodifiziert. Die Herbeiführung einer Korrektur der vorweggenommenen Erbfolge für Zuwendungen außerhalb des Schenkungsrechts ggf. durch Ausgleichung, Vertragsanpassung oder Rückübertragung in Anwendung des Bereicherungsrechts[330] oder des Wegfalls der Geschäftsgrundlage (§ 313 BGB)

---

[316] BGH NJW 1984, 233; OLG Köln NJW 1994, 1540, 1541; OLG Hamm FamRZ 1990, 1232, 1233; OLG Karlsruhe NJW 1988, 3023; OLG Hamm FamRZ 1990, 1232, 1233.
[317] BGH NJW-RR 1990, 386, 387.
[318] BGH NJW 1972, 247, 248; BGH FamRZ 1968, 247, 248; *Dürr* NJW 1966, 1956, 1660 gegen die seinerzeit vom BGH abw. Meinung des OLG Düsseldorf.
[319] *Kapp* BB 1979, 1207, 1208.
[320] BGH NJW 1951, 517, 518; zu dieser Problematik gibt es zeitlich nachfolgend lediglich Entscheidungen des BFH.
[321] BGH ZEV 2003, 209 = NJW 2003, 510; BGH NJW-RR 1990, 386, 387; OLG Oldenburg NJW 1994, 1539; OLG Oldenburg NJW 1992, 1461; Fortbestand der Ehe nicht ausreichend in einem Fall des OLG Düsseldorf NJW-Spezial 2005, 59, 60.
[322] OLG Brandenburg FÜR 2004, 708.
[323] BGH NJW 1972, 247, 248.
[324] OLG Düsseldorf NJW-Spezial 2005, 59, 60.
[325] BGH ZEV 2002, 510; BGH ZEV 2002, 116.
[326] BGH NJW 1981, 2565, 2569.
[327] BGH NJW 1981, 2565, 2569.
[328] So wohl *J. Mayer* DNotZ 1996, 604, 629.
[329] BGHZ 30, 120, 122 ausdr. für der Widerruf wegen groben Undanks.
[330] BGH NJW 1982, 1093; BGHZ 82, 231.

ist möglich,[331] soweit diese Rechtsgrundsätze nicht durch Spezialvorschriften, zum Beispiel beim Scheitern der Ehe durch güterrechtliche Ausgleichsansprüche,[332] verdrängt werden. Schadensersatzansprüche aus (§§ 281, 283 BGB) oder aus positiver Vertragsverletzung (§ 280 BGB) werden als Korrekturmöglichkeit kaum Bedeutung erlangen.

86   a) **Ausstattung.** Für die Ausstattung entfallen – da es sich nicht um eine Schenkung handelt – die Rückforderungsrechte der §§ 528 ff. BGB. Eine gesetzliche Rückabwicklung ist nicht vorgesehen. Die vertragliche Vereinbarung von Rückforderungsrechten ist statthaft.

87   b) **Rückabwicklung im Falle der Ehebedingten Zuwendung.** Trotz der weitgehenden Gleichstellung der Ehebedingten Zuwendung mit der Schenkung finden die gesetzlichen Rückforderungstatbestände wegen Verarmung (§ 528 BGB) oder groben Undanks (§ 530 BGB) keine Anwendung.[333] **Güterrechtliche Sondervorschriften** verdrängen den Ausgleich zwischen den Parteien i. d. R. sowohl während der Ehe als auch im Falle der Scheidung und unanhängig vom Güterstand, sodass die Rückabwicklung maßgeblich von dem jeweiligen Güterstand sowie Grund und Zeitpunkt der Geltendmachung des Anspruches abhängt.[334] Ein Rückgriff auf § 242 BGB ist extremen Ausnahmefällen vorbehalten und nur in den Fällen ernsthaft in Betracht zu ziehen, in denen güterrechtliche Ausgleichregelungen nicht ausreichen, um „schlechthin unangemessene und untragbare Ergebnisse" zu korrigieren.[335] Zu den güterrechtlichen Sondervorschriften:

88   • **Rückforderung während der Ehe.** Die Möglichkeit der Inanspruchnahme des Ehepartners während der Ehe scheitert daran, dass Grundlage der Zuwendung der Bestand der Ehe ist.[336] Ein Anspruch für den Fall des Scheiterns der Ehe in Entsprechung der Regelungen, die auch bei Scheidung anwendbar sind, kommt in Betracht, wenn dem Zuwendenden nicht zuzumuten ist, bis zur Beendigung des Scheidungs- ggf. Zugewinnausgleichsverfahrens[337] zu warten.

89   • **Inanspruchnahme bei Scheidung einer Ehe im Güterstand der Gütertrennung.** Das Familienrecht hält keine speziellen vermögensrechtlichen Ausgleichsvorschriften vor (vgl. § 1414 BGB). Rückforderungsansprüche sind ausgeschlossen, wenn die Zuwendung eine angemessene Beteiligung an dem Erarbeiteten darstellt,[338] da Haushaltsführung und Kindererziehung mit Erwerbstätigkeit als gleichwertig zu betrachten ist.[339] Wenn die Zuwendung in der Erwartung des Fortbestandes der Ehe gemacht wurde oder aus Gründen der Haftungsvermeidung gegenüber Gläubigern des Zuwendenden, kann ein Rückforderungsverlangen durchsetzbar sein.[340] Die Regeln über den Wegfall der Geschäftsgrundlage gewähren in Ausnahmefällen nur dann einen Anspruch auf Ausgleich, ggf. Änderung des Gesellschaftsvertrages bei Aufnahme des beschenkten Ehepartners in die Gesellschaft,[341] wenn die Zuwendung den üblichen Rahmen dieser angemessenen Beteiligung[342] oder eine Gegenleistung für die Zustimmung zur Gütertrennung[343] übersteigt.[344] In diesem besonderen Fall soll dem Anspruchsteller eine Besserstellung im Vergleich zu Zugewinnausgleichsregelungen bei Rückforderung von Zuwendungen nicht zukommen.

---

[331] BGH NJW 1991, 1346 (anfängliche Fehlbewertung von Gleichstellungsgeldern an Eltern und Geschwister).
[332] *Schotten* NJW 1990, 2842; Palandt/*Heinrichs* § 313 Rdnr. 46 m.w.N.
[333] BGH NJW 1993, 385, 386 = BGHZ 119, 392; BGH NJW-RR 1990, 386, 387; BGH NJW 1982, 1093, 1094 = BGHZ 82, 227; *Kollhosser* NJW 1994, 2313, 2316.
[334] Für den Fall der Scheidung bei Gütertrennung BGH NJW 1972, 580, bei Zugewinngemeinschaft BGH NJW 1991, 2553, 2555; BGH NJW 1987, 2814, 2815 und bei Gütergemeinschaft BGH NJW 1972, 48, 49.
[335] BGH NJW 1993, 385, 386 = BGHZ 119, 392.
[336] BGH NJW 1982, 1094.
[337] Der Anspruch auf Zugewinnausgleich kann schon vor Scheidung der Ehe ab der Anhängigkeit des Scheidungsantrages geltend gemacht werden (§§ 621, 623 ZPO).
[338] BGH FamRZ 1999, 1580; BGH FamRZ 1990, 855.
[339] BVerfG Beschl. v. 5.2.2002 – 1 BvR 105/95 – www. bverfg.de/entscheidungen.
[340] Zur Anwendung von § 242 BGB OLG Düsseldorf Urt. v. 19.2.2003 – Az. 4 U 113/02. Verlagerung von Familienvermögen auf den nicht haftenden Ehepartner BGH NJW 1992, 238, 239.
[341] BGH NJW 1974, 1657.
[342] BGH NJW 1989, 1987.
[343] OLG Frankfurt FamRZ 1981, 779; OLG Stuttgart NJW-RR 1988, 135.
[344] BGH NJW 1982, 2237.

- **Inanspruchnahme bei Scheidung einer Ehe im Güterstand der Zugewinngemeinschaft.** Das 90 Gesetz sieht den Ausgleich des Zugewinns nach §§ 1372 bis 1390 BGB vor. § 1380 Abs. 1 S. 2 BGB erklärt im Zweifel alle Zuwendungen, zu denen Schenkungen und ehebezogene Zuwendungen gehören, die den Wert von Gelegenheitsgeschenken übersteigen, für anrechnungspflichtig. Die von § 1374 Abs. 2 BGB angeordnete Ausklammerung von Schenkungen betrifft lediglich Schenkungen Dritter, nicht unentgeltliche Zuwendungen eines Ehegatten.[345] Bei der Berechnung der Ausgleichsforderung wird der Wert der Zuwendung dem Zugewinn des Ehegatten hinzugerechnet, der die Zuwendung gemacht hat, und vom Zugewinn desjenigen abgezogen, der die Zuwendung erhalten hat. § 1380 BGB findet nur dann Anwendung, wenn der Zugewinnausgleichsanspruch des Empfängers höher ist als der Wert der Zuwendung.[346] Der Zuwendende erhält sodann im Wege des Zugewinnausgleichs die Hälfte des Mehrwertes der Zuwendung zurück. Diese betragsmäßige Ausgleichsbegrenzung rechtfertigt nicht die Anwendung des Wegfalls der Geschäftsgrundlage.[347] Es müssen weitere Gründe vorliegen, welche das über den Zugewinnausgleich erreichte Ergebnis unerträglich machen.[348]

  Eine gegenständliche Rückgewähr der Zuwendung kommt selbst aus dem Gesichtspunkt des Wegfalls der Geschäftsgrundlage (§ 313 BGB) im Grundsatz nicht in Betracht, auch wenn der Zuwendungsempfänger mehr erhalten hat, als ihm nach dem Grundsatz des Zugewinnausgleichs zusteht.[349] Eine ausnahmsweise Rückgewähr in extremen Sonderfällen,[350] in denen zu dem finanziellen Interesse des Zuwendenden an einem wertmäßigen Ausgleich besondere schützenswerte Umstände hinzukommen, kann nur Zug um Zug gegen Zahlung des Zugewinnausgleichs in Geld erfolgen.

- **Inanspruchnahme bei Scheidung einer Ehe im Güterstand der Gütergemeinschaft.** Das 91 Vermögen eines jeden Ehepartners ist beim Güterstand der Gütergemeinschaft in der Regel Gesamtgut (§ 1416 BGB), welches bei Scheidung nach Berichtigung der Verbindlichkeiten geteilt wird (§§ 1475, 1476 BGB). Eine die Halbteilung (§ 1476 Abs. 1 BGB) korrigierende Ausgleichung von Gesamtgut kommt nur zu Lasten desjenigen in Betracht, der weniger eingebracht hat (§ 1478 BGB). Hierdurch kann mittelbar ein Ausgleich herbeigeführt werden. Vermögensgegenstände, die nicht übertragen werden können so z.B. die Einräumung der Stellung eines persönlich haftenden Gesellschafters einer OHG oder KG, an der auch ein Dritter beteiligt ist, bleiben bzw. werden **Sondergut** des jeweiligen Ehepartners (§ 1417 BGB). Dies gilt auch, wenn der Gesellschaftsanteil von dem einen Ehegatten durch Verwendung eines zum Gesamtgut gehörenden Vermögensstückes erworben wird.[351] Erhält ein Ehepartner einen Gesellschaftsanteil zugewendet, der kraft Gesetzes oder Gesellschaftsvertrages übertragbar ist, fällt er in das Gesamtgut.[352]

  Die Begründung einer Personengesellschaft von den Ehepartnern ohne Beteiligung Dritter durch Aufnahme des einen Partners in das von dem anderen Partner betriebene Einzelhandelsgeschäft kann nur durch ehevertragliche Zuweisung der Gesellschaftsanteile zum **Vorbehaltsgut** jedes Ehepartners begründet werden. Anderenfalls wird das Handelsgeschäft in Gütergemeinschaft betrieben. Die Mitgliedschaftsrechte vereinigen sich zwangsläufig in dem Gesamtgut. Die Ehepartner können dann nicht Anteilsinhaber an einer aus ihnen selbst gebildeten Personenhandelsgesellschaft sein.[353]

  Die Zuwendung an einen Ehepartner durch Begründung von Sondergut ist der Rechtslage bei Gütertrennung vergleichbar: Infolge bewusster Ausklammerung von Vermögensteilen aus dem Gesamtgut muss ein Rückübertragungsanspruch in der Regel ausgeschlossen sein. Da

---

[345] BGH NJW 1991, 2555; BGH NJW 1987, 2815; a.A. *Lipp* JuS 1993, 89.
[346] BGH NJW 1982, 1094; *Langenfeld/Gail* III Rdnr. 28.
[347] BGH NJW 1991, 831 m.w.N.
[348] BGH FamRZ 1994, 503 für den Fall kurzer Ehedauer BGH NJW 1993, 387.
[349] BGH NJW 1982, 1095.
[350] BGH NJW 1977, 1235.
[351] BGH NJW 1972, 49.
[352] *Langenfeld/Gail* I Rdnr. 175.
[353] *Langenfeld/Gail* I Rdnr. 175; BGHZ 65, 84.

jedes Rechtsverhältnis dem Grundsatz von Treu und Glauben unterliegt, ist eine Anwendung des § 242 BGB nicht generell ausgeschlossen.

4. Gesetzliche Korrekturmöglichkeiten der weichenden Erben

92 Die Möglichkeiten für den weichenden Erben, sich von dem Erb- und Pflichtteilsverzicht zu lösen, hängen von der jeweiligen Störung ab. Hat sich der weichende Erbe falsche Vorstellungen über den Umfang der Erbmasse gemacht, hält der BGH eine Anfechtung wegen Irrtums über Eigenschaften des Nachlasses (§ 119 Abs. 2 BGB) oder das Verlangen nach Anpassung wegen teilweisen Fehlens oder Wegfalls der Geschäftsgrundlage (§ 313 BGB) nur dann für möglich, wenn schon im Zeitpunkt der Vereinbarung grobe Bewertungsfehler des gegenwärtigen Vermögens bestehen.[354] Motivirrtümer dagegen rechtfertigen eine Anfechtung nicht.[355] Diese Einschränkung erklärt sich daraus, dass es sich bei dem Verzicht auf Erb- bzw. Pflichtteile um eine **Wagnisvereinbarung** handelt, die das Risiko von Fehleinschätzungen künftiger Entwicklungen des Erblasservermögens in sich birgt.[356] Die weichenden Erben haben weiterhin die Möglichkeit, den Pflichtteilsverzichtvertrag wegen arglistiger Täuschung (§ 123 BGB) anzufechten,[357] wenn sie über den Umfang des Erblasservermögens getäuscht worden sind, sowie Schadensersatzansprüche wegen pflichtwidrig unterlassener Information über den Bestand des Vermögens geltend zu machen.[358] Eine Täuschung durch Unterlassen läge jedoch nur vor, wenn der Erblasser bei Abschluss eines Erbverzichtsvertrages gegen Abfindung verpflichtet wäre, zumindest so viel Angaben über die Größe des vermutlichen Nachlasses zu machen, dass der Verzichtende sich über den Wert seines Pflichtteils und den der angebotenen Abfindung ein Bild machen kann.[359] Letztlich hängt die Rechtspflicht zur Aufklärung des Verhandlungspartners von mehreren, verhältnismäßig unbestimmten Kriterien wie der geschäftlichen Erfahrenheit der aufzuklärenden Person oder des Grades des Vertrauensverhältnisses zwischen den Parteien ab.[360] Das genaue Ausmaß der Aufklärungspflicht ist also schwer zu bestimmen. Eine Anfechtung ist vor und nach Versterben des Zuwendenden statthaft.

93 Praktisch häufig werden Erb- oder Pflichtteilsverzichtverträge im Zusammenhang mit **Abfindungsvereinbarungen** geschlossen. Ist der Erbverzicht erbracht, die Abfindung aber nicht geleistet, hat der Verzichtende die Möglichkeit, auf Leistung der Abfindung zu klagen und ggf. Schadensersatz vom Erblasser oder dessen Erben zu verlangen. Ein Rücktritt kann nur zu Lebzeiten des Erblassers durch Aufhebung des Verzichtsvertrages (§ 2351 BGB) ausgeübt werden. Deshalb wird der in seiner Rechtsnatur abstrakte Pflichtteilsverzichtvertrag (§ 2346 Abs. 2 BGB) praktisch häufig mit einer Abfindungsvereinbarung so miteinander verbunden, dass deren Wirksamkeit wechselseitig Bedingung des Vertrages ist[361] oder Rücktrittsrechte vorgesehen sind. Die Folgen können durch das für den gegenseitigen Vertrag entwickelte Leistungsstörungsrecht beseitigt werden.[362] Die ausdrückliche Vereinbarung einer solchen Bedingung ist der sicherste Weg für den Verzichtenden, den Erblasser oder die durch den Verzicht begünstigten Miterben zur Erfüllung ihrer Verpflichtung anzuhalten.[363] Auch der Verzicht unter der aufschiebenden Bedingung der Leistung ist ein Sicherungsmittel für den Verzichtenden.[364] Fehlt es an einer Verknüpfung von Pflichtteilsverzicht und Abfindungsvereinbarung, hat der weichende Erbe bei Nichtigkeit des kausalen Verpflichtungsvertrages einen Bereicherungsanspruch wegen Rechtsgrundlosigkeit der erbrachten Leistung (§ 812 Abs. 1 S. 1, 1. Alt. BGB),[365] bei Un-

---

[354] BGH NJW 1991, 1345, 1346 = BGHZ 113, 310; *Kollhosser* AcP 194 (1994), 231, 255; *Edenfeld* ZEV 1997, 134, 138.
[355] OLG Frankfurt OLGZ 1992, 36, 40.
[356] BGH NJW 1991, 1345, 1346 = BGHZ 113, 310; *Ebenroth/Fuhrmann* BB 1989, 2049, 2054.
[357] Jahresfrist des § 124 Abs. 1 BGB beachten!
[358] OLG Koblenz NJW-RR 1993, 708.
[359] *H. P. Westermann*, FS Kellermann, S. 522.
[360] *H. P. Westermann*, FS Kellermann, S. 522.
[361] BGHZ 37, 319, 327; *Edenfeld* ZEV 1997, 134, 138, auch zu weiteren Verzichtsbedingungen.
[362] Palandt/*Edenhofer* Überbl. Vor § 2346 Rdnr. 9.
[363] *Edenfeld* ZEV 1997, 134, 141.
[364] MünchKommBGB/*Strobel* § 2346 Rdnr. 25.
[365] *Damrau*, Der Erbverzicht als Mittel zweckmäßiger Vorsorge auf den Todesfall, 1966, S. 99.

wirksamkeit des abstrakten Pflichtteilsverzichtsvertrages einen Bereicherungsanspruch wegen Zweckverfehlung infolge seiner Vorleistung in der einseitigen Erwartung einer nicht gewährten Abfindung (§ 812 Abs. 1 S. 2, 2. Alt. BGB).[366] Die Rückgabe erfolgt zu Lebzeiten des Erblassers durch Vertragsaufhebung gemäß § 2351 BGB.[367] Ist der Erblasser verstorben, ist eine Aufhebung des Verzichtsvertrages nicht mehr möglich. Den Erben trifft eine Unterlassungspflicht, die es ihm verwehrt, sich auf den Verzicht zu berufen. Diese aus § 242 BGB fließende Pflicht hat bereits gegen den Erblasser bestanden und ist im Wege des Erbganges auf den Erben übergeleitet worden (§ 1967 BGB).[368] Fordert der Zuwendende selbst wegen groben Undanks oder wegen Zweckverfehlung die Zuwendung zurück, kann auch der weichende Erbe seinen „Verzicht" kondizieren, schuldet jedoch seinerseits „Wertersatz".[369]

5. Gesetzliche Korrekturmöglichkeiten des Zuwendungsempfängers

Für den Zuwendungsempfänger wird sich die Frage nach Rückabwicklung einer einmal getroffenen Vereinbarung oder Änderung der von ihm übernommenen Verpflichtung gegenüber dem Erblasser oder Erbanwärtern in den Fällen stellen, in denen (1) eine wesentliche Änderung in seinen Vermögensverhältnissen eintritt, oder in denen (2) der Sozialhilfeempfänger einen Schenkungsrückforderungsanspruch wegen Notbedarf des Schenkers (§ 528 BGB) auf sich übergeleitet hat und den Beschenkten in Anspruch nimmt. In beiden Fällen ist jedoch eine Befreiung von der Leistungspflicht durch Rückgabe der Zuwendung an den Schenker (zu dessen Lebzeiten) oder eine Anpassung nach den Grundsätzen über den Wegfall der Geschäftsgrundlage (nach dessen Ableben) ausgeschlossen. Nach dem Charakter des Vertrages gehört es zu den von der benachteiligten Partei übernommenen Risiken, dass eine **wirtschaftliche Verschlechterung** des übernommenen Vermögens eintritt. Den möglichen Eintritt des Notbedarfs des Schenkers hat das Gesetz bereits in § 528 BGB antizipiert. Eine Veränderung solcher Umstände hat in Hinblick auf die Geschäftsgrundlage außer Betracht zu bleiben.[370] Die Zahlungsverpflichtung an Geschwister kann eine Anpassung allenfalls erfahren, wenn bereits im Zeitpunkt der Zuwendung ein Irrtum über die Bewertung des Zuwendungsobjektes bestand.[371] Die Höhe der Leistungen an den Sozialhilfeträger bestimmt sich nach dem Wert des Schenkungsgegenstandes. Nach § 818 Abs. 3 BGB entfällt eine Zahlungspflicht, wenn der Empfänger nicht mehr bereichert ist.[372]

Handelt es sich bei dem Empfänger eines Personengesellschaftsanteils im Zeitpunkt der Zuwendung um einen Minderjährigen, so kann der **volljährig gewordene Gesellschafter** die Austrittskündigung, wie sie in § 723 Abs. 1 Nr. 2 BGB normiert ist, aussprechen. Es handelt sich nicht um eine bloße Kündigungsregelung, sondern auch um eine nachträgliche Haftungsbeschränkung. In der oHG und bei Kündigung einer Komplementärstellung in einer KG führt dies nicht zu der durch den Wortlaut des § 723 BGB nahe gelegten Folge der Auflösung der Gesellschaft. Die Haftungsbeschränkung kann als Einrede im Prozess erhoben werden.[373] Sie führt dazu, dass der Schuldner, dessen ganzes Vermögen haften würde, beschränkt ist auf den Bestand des bei Eintritt der Volljährigkeit vorhandenen Vermögens des Minderjährigen bei Eintritt der Volljährigkeit (§ 1629 a BGB).

6. Ausschluss des gesetzlichen Rückforderungsrechts im Altenteilvertrag

Für den Altenteilvertrag ist auf Grund der in Art. 96 EGBGB enthaltenen Anordnung, dass landesgesetzliche Vorschriften unberührt bleiben, wenn dem Verpflichteten ein Grundstück überlassen wird, die Rückabwicklung der Zuwendung erschwert. Denn die landesrechtlichen

---

[366] MünchKommBGB/*Strobel* § 2346 Rdnr. 28; *Ebenroth/Fuhrmann* BB 1989, 2049, 2053.
[367] MünchKommBGB/*Strobel* § 2346 Rdnr. 23.
[368] *Kollhosser* AcP 194 (1994), 231, 258; *Edenfeld* ZEV 1997, 134, 141.
[369] *H. P. Westermann*, FS Kellermann, S. 526; *Damrau*, Der Erbverzicht als Mittel zweckmäßiger Vorsorge auf den Todesfall, S. 135.
[370] *Coing* NJW 1967, 1779 für die wirtschaftliche Verschlechterung des Empfängers.
[371] BGH NJW 1991, 1345, 1346.
[372] Staudinger/*Wimmer-Leonhardt* § 528 Rdnr. 20.
[373] BFH NJW 2004, 175, 176.

Bestimmungen[374] enthalten einen Ausschluss der gesetzlichen Rücktrittsrechte wegen Nichterfüllung oder Verzugs (§§ 325, 326 BGB) mit Leistungspflichten und einen Ausschluss des Rückforderungsrechts bei Nichterfüllung einer Auflage. Darüber hinaus sind auch Ansprüche auf Rückforderung aus positiver Vertragsverletzung durch die **landesgesetzlichen Sonderregelungen** ausgeschlossen.[375] Für eine Verdrängung auch der Grundsätze über den Wegfall der Geschäftsgrundlage im Altenteilsvertrag spricht daher einiges.[376] Die Vorschriften über den Widerruf sollen jedoch anwendbar sein.

7. Vertragliche Gestaltungsmöglichkeiten

96 Die gesetzlichen Korrekturmöglichkeiten sind nicht geeignet, unvorhergesehenen Ereignissen Rechnung zu tragen. Eine vertragliche Ausgestaltung der Modalitäten beugt insbesondere den Schwierigkeiten bei der Rückabwicklung der gemischten Schenkung oder bei zwischenzeitlicher materieller oder persönlicher Veränderung der Vertragsschließenden vor. Ebenso kann die vertragliche Ausgestaltung zur Verstärkung gesetzlich bereits bekannter Positionen, z.B. bei Verarmung oder grobem Undank genutzt werden. In Hinblick auf den Zehnjahreszeitraum des Pflichtteilsergänzungsrechts (§ 2325 Abs. 3 BGB) und die steuerliche Anerkennung von Schenkungen ist für jedes Recht und für jede Schenkung der Zeitpunkt des rechtlichen Leistungserfolgs und derjenige der wirtschaftlichen Ausgliederung gesondert zu ermitteln.[377]

Übersicht über Anlässe der Rückabwicklung:
- Vorversterben des Erwerbers
- Insolvenz des Erwerbers
- Veräußerung und/oder Belastung des Vertragsgegenstands durch den Erwerber
- Scheidung
- Erb- oder Ehevertrag des Erwerbers
- Lebensführung (z.B. Alkoholismus) des Erwerbers
- Nichtvollendung einer Ausbildung
- Verheiratung ohne Ehevertrag
- Krankheit oder Geschäftsunfähigkeit des Erwerbers
- Mitgliedschaft in einer Sekte
- Versterben des Empfängers ohne leibliche Abkömmlinge

Übersicht über vertragliche Gestaltungsmöglichkeiten
- aufgeschobene Erfüllung
- Rückforderungsrechte
- Widerrufsvorbehalte
- auflösend bedingte Schenkung
- Angebot auf Rückübertragung
- vertragliches Rückforderungsrecht nach § 346 BGB
- Hinauskündigungsklauseln in Gesellschaftsverträgen
- Abfindungsbeschränkungen im Gesellschaftsvertrag

97 **a) Aufgeschobene Erfüllung.** Die Erfüllung der Schenkung kann bei Überlassung des Zuwendungsobjektes bis zum Tod des Schenkers aufgeschoben werden. Die Möglichkeit der Erfüllung durch Schenkung aufschiebend bedingt auf den Tod des Schenkers macht indes weitere vertragliche Regelungen nicht entbehrlich, da die Verfügung nicht frei widerruflich, sondern lediglich der **dingliche Vollzug** herausgeschoben ist. Diese Gestaltung stößt darüber hinaus bei der Zuwendung von Gesellschaftsanteilen an jene Grenzen, die durch übergeordnete gesellschaftsrechtliche Prinzipien gesetzt sind.

---

[374] § 7 BadWürttAGBGB v. 26.11.1974 (GVBl S. 498), zuletzt geändert durch Ges. v. 30.11.1987 (GVBl S. 534); Art. 17 BayAGBGB v. 20.9.1982 (BayBS 400–1-J); § 16 HessAGBGB v. 18.12.1984 (GVBl S. 344); § 9 NdsAGBGB v. 4.3.1971 (GVBl S. 73), i.d.F. v. 14.7.1972 (GVBl S. 387); § 13 RhPfAGBGB v. 18.11.1976 (GVBl S. 259); § 5 SchlHAGBGB v. 27.9.1974 (GVBl S. 357); Art. 15 § 7 PrAGBGB v. 20.9.1899 (PrGS 176), gültig noch in Nordrhein-Westfalen und Berlin. In den fünf neuen Bundesländern sind landesrechtliche Bestimmungen nicht ersichtlich (s. Staudinger/*Amann* Einl. zu §§ 1105 bis 1112 Rdnr. 4 ff.).
[375] BGH ZEV 2002, 510; BGH ZEV 2002, 116; BGH NJW 1981, 2568, 2569.
[376] *J. Mayer* DNotZ 1996, 604, 629.
[377] Zum Fristlauf bei pflichtteilsergänzungsrechtlichen Schenkungen eingehend *Schindler* ZEV 2005, 290 bis 295.

b) Rückforderungsrechte. Um die gesetzlichen Folgen der Ausübung des vertraglichen 98 Rückforderungsrechtes (Rückgewähr der jeweiligen vertraglichen Leistungen unter Einschluss der Nutzungen, §§ 346 ff. BGB, oder Gewährung eines Anspruchs auf Wertersatz, § 346 Abs. 2 BGB) sinnvoll zu nutzen, sind eigenständige vertragliche Rückforderungsrechte bei Vorliegen klar definierter Auslösetatbestände angezeigt. Diese werden in der Schenkungsurkunde in Form der Gewährung eines unmittelbaren Anspruches oder einer Option des Zuwendenden als in der Regel unveräußerliches und unvererbliches Recht vereinbart. Die Auslösetatbestände für die Begründung von Rückforderungsrechten können nicht nur dem Vertragspartner, sondern auch einem Pfändungsgläubiger entgegengehalten werden.

> **Formulierungsvorschlag:**
> Der Schenker ist berechtigt, die Aufhebung des schuldrechtlichen Teils dieses Vertrages ex tunc und die Rückübertragung des zugewendeten Grundbesitzes zu verlangen,
> - wenn der Erwerber den Vertragsgegenstand ohne schriftliche Zustimmung des Schenkers veräußert oder belastet,
> - wenn der Erwerber und/oder dessen Abkömmling (Name) vor dem Schenker verstirbt [alt.: und der zugewendete Grundbesitz nicht auf dessen leibliche Abkömmlinge übergeht],
> - wenn die Zwangsvollstreckung in den zugewendeten Grundbesitzes betrieben wird,
> - wenn über das Vermögen des Empfängers das Insolvenzverfahren eröffnet oder mangels Masse eingestellt wird,
> - wenn der Empfänger mit seinem künftigen Ehegatten nicht Gütertrennung vereinbart,
> - wenn der Empfänger keinen beschränkten Pflichtteilsverzicht wegen des zugewendeten Grundbesitzes vereinbart und binnen eines Jahres nachweist,
> - wenn der Empfänger dem Alkohol- oder Drogenkonsum verfällt,
> - wenn der Empfänger geschäftsunfähig wird.
>
> Das Rückübertragungsverlangen kann schriftlich [alt.: durch notarielle Beurkundung und Zugang einer Ausfertigung] binnen sechs Monaten ab Kenntnis von dem Grund des Rückforderungsrechtes geltend gemacht werden. Zur Sicherung des aufschiebend bedingten Rückübertragungsanspruchs bestellt der Empfänger dem Schenker eine Rückauflassungsvormerkung nach § 883 BGB an dem Vertragsgegenstand und beantragt und bewilligt die Eintragung im Grundbuch im Rang nach dem ... [z.B. Nießbrauchsrecht].
> Die Kosten der Rückübertragung und etwaige Schenkungssteuer hat der Erwerber zu tragen.

Stellt der Schenker dem Erwerber einen Geldbetrag zum Erwerb eines Grundstückes zur Verfügung (sog. mittelbare Grundstücksschenkung), kann die Rückforderung entweder auf den Geldbetrag oder das Grundstück gehen. Im letzteren Fall sollte an die Verteilung der Grunderwerbsteuer gedacht werden.[378]

Bei Nichteintritt der Rückforderungskonstellation zu Lebzeiten des Zuwendenden entfallen die Rechte des Zuwendenden ersatzlos. Ist das Rückforderungsverlangen gestellt, ist das daraus resultierende Recht **vererblich** und abtretbar.

> **Formulierungsvorschlag:**
> Das Rückforderungsrecht wird durch notarielle Beurkundung gegenüber dem Erwerber oder dessen Gesamtrechtsnachfolger ausgeübt. Das Recht ist nicht vererblich und nicht übertragbar. Anderes gilt für die Rechte aus dem Rückforderungsrecht, wenn das Rückforderungsrecht noch zu Lebzeiten des Übergebers geltend gemacht wurde. Dies ist zu beurkunden. Zugang der Erklärung ist für die Vererblichkeit und Übertragbarkeit nicht erforderlich.

Über zwischenzeitlich getätigte **Investitionen**, eingeleitete Veränderungen, für geleistete 99 Dienste, Nutzungen, Zins- und Tilgungsleistungen, ggf. andere bei der Zuwendung über-

---

[378] FG Rheinland-Pfalz ZEV 2000, 468.

nommene Verpflichtungen und eine ggf. gewünschte Kompensation für eine zwischenzeitlich eingetretene Wertsteigerung sind Anordnungen zu treffen, um die Abwicklung nach Bereicherungsrecht zu vermeiden.

> **Formulierungsvorschlag:**
> Für geleistete Dienste, wiederkehrende Zahlungen, für die Benutzung des zugewendeten Grundbesitzes ist keine Vergütung zu zahlen. Zwischenzeitliche Wertsteigerungen sind nicht zu kompensieren. Tilgungen und Zinsen werden nicht ersetzt. Jedoch werden dem Erwerber von ihm getätigte werterhöhende Investitionen mit dem Zeitwert bei Rückübertragung ersetzt, wenn und soweit diese jeweils mit schriftlicher Zustimmung des Schenkers erfolgt sind. Eigene Arbeitsleistungen des Erwerbers sollen jedoch nicht ersetzt werden.

Sollte der Erwerber **Grundpfandrechte** eintragen lassen können, ist auch das Schicksal dieser Rechte und der zugrunde liegenden Darlehensverbindlichkeiten für den Fall der Rückübertragung zu regeln.

> **Formulierungsvorschlag 1:**
> Der Grundbesitz darf mit Eigentumsumschreibung auf den Erwerber nur mit Zustimmung des Schenkers mit Grundpfandrechten belastet werden. Die durch die Grundpfandrechte besicherten Darlehen sind zu verwenden für werterhaltende und/oder werterhöhende Maßnahmen an der Immobilie. Der Schenker hat einen Beleganspruch gegen den Beschenkten über die Verwendung der Darlehen.

> **Formulierungsvorschlag 2:**
> Der Schenker übernimmt bei Rückübertragung lediglich die Grundpfandrechte, die im Range vor der zu seinen Gunsten eingetragenen Vormerkung eingetragen worden sind [alt.: welche bereits heute im Grundbuch eingetragen sind oder solche, hinter welche der Schenker im Rang zurückgetreten ist], weiterhin die zugrunde liegenden Darlehensverbindlichkeiten von dem Erwerber unter vollständiger Freistellung [alt.: und solche Darlehensverbindlichkeiten, die mit Zustimmung des Schenkers zur Werterhaltung und Werterhöhung nachweislich in die Immobilie geflossen sind]. Sollte eine Genehmigung zur Schuldübernahme von den Grundpfandgläubigern für die von ihm übernommenen Darlehensverbindlichkeiten nicht erteilt werden, wird der Schenker den Erwerber im Innenverhältnis schuldrechtlich freistellen. Eine Sicherheit kann nicht verlangt werden. Sämtliche Eigentümeransprüche und Rückgewährsrechte an solchen Grundpfandrechten, die mit der Zustimmung des Schenkers eingetragen worden sind [alt.: auch die Rückgewährsrechte und Löschungsansprüche der ohne Zustimmung des Schenkers eingetragenen Grundpfandrechte], sind an diesen abzutreten. Weitere Gegenleistungen sind nicht zu erbringen.

100 Rückforderungsrechte werden meist „**ex tunc**" vereinbart. Für den Fall der begleitenden Vereinbarung eines Leibgedingevertrages[379] scheidet eine Rückforderung „ex tunc" jedoch aus. Da es sich um ein Dauerschuldverhältnis handelt, ist eine vertraglich vorgesehene Lösung nur durch Kündigung „ex nunc" möglich.[380] Rückforderungsrechte können auch bei Zuwendungen im Wege der Ausstattung sowie der Ehebedingten Zuwendung vereinbart werden.

---

[379] Leibgedingeverträge beziehen sich nicht nur auf ländliche, sondern auf alle Arten von Immobilien und können auch bei Unternehmensnachfolge bedeutsam werden, wenn Immobilien im Zusammenhang mit dem Unternehmen übertragen werden.
[380] BayObLGZ 1989, 479 ff.

Rückübertragungs- und Zugewinnausgleichspflichten können in dem Vertrag aufgenommen werden. Formulierungsbeispiel:

> **Formulierungsvorschlag:**
> Der Ehemann (Schenker) ist berechtigt, von seiner Ehefrau die Aufhebung des schuldrechtlichen Teils dieses Vertrages ex tunc und die Rückübertragung des zugewendeten Grundbesitzes zu verlangen, wenn die Ehe geschieden wird....
> Das Rückübertragungsverlangen ist nur zulässig, wenn der [alt. bei Gütertrennung: ein bei den Ehegatten fiktiv zu errechnender] Zugewinn der Ehefrau unter Einbeziehung des Wertes des zugewendeten Grundstückes und zwischenzeitlich eingetretener Wertsteigerungen abzüglich übernommener Lasten und Belastungen im Zeitpunkt der Scheidung dem Wert des Zugewinns des Ehemannes entspricht oder diesen übersteigt. Der Schenker hat seiner Ehefrau für den Fall der Rückübertragung einen Ausgleichsbetrag zu bezahlen, wenn deren Zugewinn durch die Rückübertragung der Immobilie unter den Wert des Zugewinns des Schenkers fällt, in Höhe der Hälfte des Saldos der Zugewinnwerte.

Bei ehebedingten Zuwendungen empfiehlt sich diese Vertragsgestaltung für die Fälle, in denen die Zuwendung aus Vermögen erfolgt, das nach § 1374 BGB nicht dem Zugewinnausgleich unterliegt,[381] d. h. insbesondere bei Gütertrennung bzw. bei Ausschluss des Zugewinnausgleichs im Falle der Scheidung.

c) Widerrufsvorbehalte. Die Vereinbarung freier Widerrufsvorbehalte mit der Folge, dass der Rechtsgrund der Übertragung jeder Zeit mit Rückwirkung beseitigt wird, ist zwar möglich und hindert zivilrechtlich nicht die Annahme einer vollzogenen Schenkung,[382] ist jedoch nicht zu empfehlen,[383] denn ein solches Recht ist pfändbar und eignet sich nicht für die schenkweise Zuwendung von Gesellschafts- und Geschäftsanteilen. Selbst im Falle zulässiger Vereinbarung muss jedoch damit gerechnet werden, dass eine Ausübungskontrolle durch eine **Befristung** des Widerrufsvorbehalts erfolgt. Dabei dürfte in Anlehnung an die Befristung der Rückforderung der Zuwendung bei Verarmung des Schenkers auf 10 Jahre eine entsprechende Regelung zulässig sein. Das rechtsgeschäftliche Widerrufsrecht des Veräußerers ist nicht vererblich, aber pfändbar, was sich auch durch Vereinbarung einer Unabtretbarkeit (§ 399 BGB) nicht korrigieren lässt.[384] Die Rückabwicklung erfolgt nach Bereicherungsrecht, wenn vertraglich nichts Abweichendes geregelt ist.[385]

d) Auflösende Bedingung. Die Vereinbarung auflösender Bedingungen ist möglich. Ihre Auslösetatbestände sind mit denen der Rückforderungsrechte vergleichbar. Ihr Eintritt löst den automatischen Wegfall des Vertrages[386] und, soweit Grundstücke betroffen sind, den Wegfall des schuldrechtlichen Vertrages (§ 925 Abs. 2 BGB) aus. Der **Automatismus** ist meist eher nachteilig, da dem Zuwendenden nicht die Möglichkeit bleibt, zu entscheiden, ob er den Rückfall wirklich will.[387] Die Rückabwicklung folgt dem Bereicherungsrecht.

e) Angebot auf Rückübertragung. Der Beschenkte gibt ein unwiderrufliches und auf den Zeitpunkt des Todes des Schenkers befristetes Angebot auf Rückübertragung.

f) Vertragliches Rücktrittsrecht gemäß § 346 BGB. Bei Vereinbarung der gesetzlichen Rücktrittsregelung werden automatisch auch Art und Weise der Ausübung, Haftung bei zwischenzeitlicher Veränderung, Veräußerung oder Belastung und der Fall des Untergangs und Verzugs

---

[381] *Langenfeld* NJW 1986, 2541 ff.
[382] BayObLG Rpfleger 1990, 61; MünchKommBGB/*Kollhosser* § 517 Rdnr. 6; *Kollhosser* AcP 194 (1994), 233, 237; steuerlich jedoch nicht ohne weiteres anerkannt, z.B. BFH ZEV 2000, 469.
[383] So auch *Wegmann* Grundstücksüberlassung S. 57 und *Kollhosser* AcP 194 (1994) 231, 241; a.A. *K. Schmidt*, 1994, der die Zulässigkeit aus dem vom BGH konstatierten gleichberechtigten Nebeneinander von Schenkungsrecht und Gesellschaftsrecht annimmt.
[384] *Weser* ZEV 1995, 353, 354.
[385] *Langenfeld/Günther* Grundstückszuwendungen Rdnr. 321.
[386] *Kollhosser* AcP 194 (1994), 231, 236; *Weser* ZEV 1995, 353, 356.
[387] *Kollhosser* AcP 194 (1994), 231, 236; *Weser* ZEV 1995, 353, 356.

geregelt (§ 346 bis 360 BGB). Bei vorbehaltenem Nießbrauch sind die Rechtsfolgen indes nicht sachgerecht, wenn der Nießbraucher eine Vergütung für die zwischenzeitliche Nutzung zu zahlen hätte.

105 **g) Freie Hinauskündigungsklauseln in Gesellschaftsverträgen.** Der BGH hält freie Hinauskündigungsklauseln oder freie Ausschlussklauseln[388] in Gesellschaftsverträgen oder solche Vereinbarungen, die einer freien Hinauskündigung gleichkommen, z.B. ein unbefristetes, jederzeit ausübares Kauf- und Übertragungsangebot für Geschäftsanteile unter Wert,[389] ungeachtet der Zustimmung der Mitgesellschafter zu diesem Verfahren wegen Verstoßes gegen § 138 BGB für unzulässig,[390] es sei denn, dass diese im Einzelfall wegen außergewöhnlicher Umstände sachlich gerechtfertigt sind.[391]

106 **h) Abfindungsbeschränkungen im Gesellschaftsvertrag.** Finden sich in einem Gesellschaftsvertrag Ausschlussklauseln und Einziehungsrechte, mit deren Hilfe der Zuwendungsempfänger eines Gesellschaftsanteils ausgeschlossen wird, muss der Abfindungsanspruch den vom Gesetz (§ 138 BGB) geforderten Mindeststandards genügen.[392] Er darf nicht allein deshalb beschränkt werden, weil der Betroffene die Beteiligung als Schenkung erhalten hat.[393] Der Empfänger ist nicht Gesellschafter „zweiter Klasse".[394] Der Gesellschafter darf aus seiner Stellung als Schenker keine besonderen gesellschaftsrechtlichen Privilegien herleiten. Die einmal gewährte Rechtsposition des Beschenkten ist zu respektieren.

VIII. Sicherungsinstrumente für den Erblasser

1. Grundbuchliche Sicherungen

107 **a) Rückauflassungsvormerkungen.** Vormerkungen zur Sicherung gesetzlicher Rückübertragungsansprüche können nicht im Grundbuch eingetragen werden. Der von dem Schenker im Rahmen **vertraglicher Sicherung** vorbehaltene Anspruch auf Rückübertragung einer Immobilie kann durch Vormerkung eines bedingten Rückauflassungsanspruchs im Grundbuch gesichert werden (§ 883), und zwar auch dann, wenn es sich um die vertragliche Sicherung der Rückübereignung für den Fall der Verwirklichung eines gesetzlichen Rückforderungsrechtes handelt.[395]

> **Formulierungsvorschlag:**
>
> Zur Sicherung des aufschiebend bedingten Rückerwerbsanspruchs bestellt der Erwerber zu Gunsten des Schenkers eine Rückauflassungsvormerkung gemäß § 883 BGB an der zugewendeten Immobilie … und bewilligt und beantragt die Eintragung im Grundbuch. Die Rückauflassungsvormerkung soll im Rang nach den Rechten in Abt. II + III … und den weiteren in dieser Urkunde bestellten und einzutragenden Rechten … erfolgen. [alt.: Die Rückauflassungsvormerkung soll nur auf besonderes schriftliches Verlangen des Schenkers in das Grundbuch eingetragen werden.]

Die Rückauflassungsvormerkung kann entgegen langjähriger Praxis nicht mehr mit dem Inhalt eingetragen werden, dass zu ihrer Löschung der **Nachweis des Todes** des Berechtigten genügt.[396] Alternativ könnte man auf eine Löschungsvollmacht zurückgreifen.

---

[388] BGH NJW 1989, 834, 835 (zul. bei Tod eines Mitgesellschafters); BGH NJW 1989, 2681 (zul. bei Ausschluss aus wichtigem Grund); BGH NJW 1981, 2565, 2566.
[389] BGH NJW 1990, 2622, 2623 = BGHZ 112, 103.
[390] BGH NZG 2005, 479; BGH NJW 2004, 2013, 2014; *Gehrlein* NJW 2005, 1969 ff.
[391] BGH NJW 2005, 3641 ff.; BGH NJW 1990, 2622.
[392] Zur Auseinandersetzung und Abfindung beim Ausscheiden eines Gesellschafters s. *K. Schmidt* Gesellschaftsrecht, 3. Aufl. 1997, § 50 IV.
[393] Die Anordnung einer Überlebensbedingung bei vollzogener Schenkung auf den Todesfall bleibt davon unberührt.
[394] BGH DB 1989, 1400, 1401.
[395] BGH NJW 2002, 2461 zur Auflassungsvormerkung zur Sicherung bei grobem Undank.
[396] BGH DNotZ 1996, 453, 454.

> **Formulierungsvorschlag:**
> Der Übergeber bevollmächtigt den Übernehmer [ggf. auch dessen Einzelrechtsnachfolger in das Eigentum der Immobilie oder dessen Gesamtrechtsnachfolger] hiermit unwiderruflich, unter Vorlage der Sterbeurkunde des Übergebers die Löschung der zu Gunsten des Übergebers im Grundbuch eingetragenen Auflassungsvormerkung zu bewilligen.

Bei Schenkung durch beide Elternteile wird der Vorbehalt der Rückübertragung durch eine einzige Vormerkung gesichert, der zunächst beiden gemeinsam und nach dem Tod des Erstversterbenden dem Längstlebenden allein zusteht.[397] Eine ausdrückliche Regelung dazu ist zu empfehlen.

> **Formulierungsvorschlag:**
> Nach dem Ableben des Schenkers steht das Recht, die Zuwendung ... zurückzufordern, im gleichen Umfang zu den in dieser Urkunde getroffenen Bestimmungen dem Ehegatten auf dessen Lebensdauer zu. Der begünstigte Ehegatte kann verlangen, dass die Rückauflassungsvormerkung im Grundbuch auf ihn eingetragen wird.

b) Reallast. Die Reallast ist die Belastung eines Grundstücks oder grundstücksgleichen Rechts in der Weise, dass das Grundstück für einen Anspruch des Berechtigten auf wiederkehrende Leistungen jeder Art haftet. Die ergänzende persönliche Haftung des Eigentümers für die Einzelleistungen ist nur Folge der dinglichen Haftung (§ 1108 BGB). Diese persönliche Haftung kann mit dinglicher Wirkung eingeschränkt oder ausgeschlossen werden. Im Unterschied zur Dienstbarkeit, welche für den Berechtigten ein Duldungs- oder Unterlassungsrecht begründet, ist die Reallast auf ein **aktives Handeln** gerichtet. Die Leistung muss in Geld bestehen oder in eine Geldleistung umwandelbar sein. Dies ist z.B. gewährleistet bei Zahlung einer Rente, bei Lieferung von Nahrung oder Energie, bei Gewährung einer Wohnung oder bei Stellen einer Pflegeperson. Landesrechtliche Inhaltsbeschränkungen sind in diesem Zusammenhang allerdings zu beachten.[398] Sie verschaffen dem Berechtigten eine Verwertungsbefugnis gegenüber dem Grundstück. Zwischen dem belasteten Grundstück und dem gesicherten Anspruch braucht keinerlei Sachzusammenhang zu bestehen, auch wenn der Wortlaut des § 1105 BGB das Gegenteil nahe legt.[399] Die Reallast eignet sich zur Sicherung des Übergebers für einen Altenteil oder zur Sicherung weichender Erben, wenn es sich um wiederkehrende Leistungen handelt (§ 1105 Abs. 1 BGB). Regelmäßigkeit[400] und gleiche Art und Höhe sind nicht erforderlich. Eine Unterwerfungsklausel nach § 800 ZPO ist unzulässig.[401] Die Begründung erfolgt formlos. Für die Eintragung im Grundbuch ist Beglaubigung (§ 29 GBO) erforderlich.

c) Grunddienstbarkeit. Die Grunddienstbarkeit ist die dingliche Belastung eines Grundstückes zugunsten eines anderen Grundstückes – genau genommen zugunsten des jeweiligen Eigentümers. Sie verschafft dem begünstigten Grundstück bestimmte Rechte, wobei nur solche Rechte in Betracht kommen, die dem herrschenden Grundstück einen **wirtschaftlichen Vorteil** bieten oder bieten können (§ 1019 BGB). Den möglichen Inhalt einer Grunddienstbarkeit regelt § 1018 BGB erschöpfend. Danach kann die Belastung nur darin bestehen, dass
- der Eigentümer des herrschenden das dienende Grundstück in einzelnen Beziehungen benutzen darf,
- auf dem dienenden Grundstück gewisse Handlungen nicht vorgenommen werden dürfen (z.B. Gewerbeausübungsverbot),

---

[397] BayObLG DNotZ 1996, 366, 368.
[398] Aufzählung bei Palandt/*Bassenge* § 1105 Rdnr. 4; in Nordrhein-Westfalen z.B. Reallast nur als Geldrentenverpflichtung zulässig.
[399] MünchKommBGB/*Joost* § 1105 Rdnr. 5.
[400] RG RGZ 131, 158, 175.
[401] BayObLGZ 1959, 83 ff.

- die Ausübung eines Rechts ausgeschlossen ist, das dem dienenden Grundstück aus seinem Eigentumsrecht dem herrschenden gegenüber eigentlich zustünde.

Die Begründung erfolgt durch Einigung und Eintragung (§ 873 BGB). Die Eintragungsbewilligung bedarf der Grundbuchform des § 29 GBO.

110   d) **Beschränkt persönliche Dienstbarkeit.** Auch die beschränkte persönliche Dienstbarkeit stellt ein Recht gegenüber einem Grundstück auf dessen Benutzung (auch auf Unterlassung bestimmter Handlungen auf einem Grundstück) dar. Sie entspricht in ihrer Rechtsnatur und ihrem gesetzlichen Inhalt weitgehend der Grunddienstbarkeit, deren Vorschriften nach § 1090 Abs. 2 BGB auch entsprechend anwendbar sind. Im Unterschied dazu ist der **Berechtigte** nicht der jeweilige Eigentümer eines anderen Grundstücks, sondern eine bestimmte (natürliche oder juristische) Person; auch muss das Recht dem Begünstigten keinen wirtschaftlichen Vorteil gewähren. Ein schutzwürdiges Interesse, welches wirtschaftlich oder ideell motiviert sein kann, ist ausreichend. Nach § 1092 BGB ist die beschränkte persönliche Dienstbarkeit nicht übertragbar und nach §§ 1090 Abs. 2, 1061 BGB auch nicht vererblich.[402] Diese Vorschriften sind unabdingbar.

> **Formulierungsvorschlag:**
>
> Der Erwerber der Immobilie bewilligt und beantragt für den Berechtigten die Eintragung der folgenden beschränkten persönlichen Dienstbarkeit mit einer Laufzeit von 25 Jahren im Grundbuch: Die Wohnung im Erdgeschoss des Hauses wird dem Berechtigten unter Ausschluss des Eigentümers zur Nutzung überlassen. Der Berechtigte soll die Wohnung unter Beachtung gesetzlicher Vorschriften und behördlicher Erfordernisse gewerblich nutzen und für seine Zwecke umbauen dürfen. Die Dienstbarkeit soll im Rang nach den Rechten in Abt. II + III ... und den weiteren in dieser Urkunde bestellten und einzutragenden Rechten ... erfolgen.

Im Gegensatz zum Nießbrauch gehört die Überlassung der Rechtsausübung an Dritte nicht zum gesetzlichen Inhalt, sondern muss ausdrücklich gestattet werden (§ 1092 Abs. 1 S. 2 BGB). Eine solche Gestattungsvereinbarung wird mit Eintragung dinglicher Inhalt des Rechts. Die Begründung erfolgt durch Einigung und Eintragung nach § 873 BGB, die Eintragungsbewilligung bedarf der Grundbuchform des § 29 GBO. Da die beschränkte persönliche Dienstbarkeit ihrer Natur nach (längstens) auf die Lebenszeit des Berechtigten[403] beschränkt ist, kann durch Vorlage der Sterbeurkunde die Löschung herbeigeführt werden (§ 22 GBO).

111   e) **Rentenschuld.** Die Rentenschuld ist eine besondere Form der Grundschuld (§ 1199 BGB) und ähnelt der (Renten-)Reallast, führt allerdings nicht zur persönlichen Haftung des Grundstückseigentümers (im Unterschied zur Reallast als Folge der dinglichen Haftung). Die aus dem **Grundstück** geschuldete Leistung muss in der Zahlung einer Geldsumme zu regelmäßig wiederkehrenden Terminen bestehen (§ 1199 Abs. 1 BGB). Die Höhe der Geldsumme kann variieren. Für die Rentenschuld ist eine Ablösesumme zu bestimmen und einzutragen (§ 1199 Abs. 2 BGB), deren Höhe beliebig ist und keinen rechnerischen Bezug zu den wiederkehrenden Leistungen haben muss. Die Zahlung der Ablösesumme lässt eine Eigentümerrentenschuld entstehen. Der Gläubiger hat ausschließlich im Falle der Gefährdung der Sicherheit (§ 1133 BGB) das Recht, Ablösung zu verlangen (§ 1201 Abs. 2 BGB), der Eigentümer stets unter Beachtung der sechsmonatigen Kündigungsfrist. Bei separater Bestellung der Sicherung ist die Form der Beglaubigung des Antrages (§ 29 GBO) ausreichend, bei begleitender Grundstücksübertragung ist zu beurkunden.

2. Rückforderungsrechte des Schenkers

112   Die Vereinbarung von Rückforderungsrechten im Falle von Störungen im Verhältnis von Schenker und Beschenktem eignet sich in erster Linie für die Vorwegnahme der Erbfolge in **Grundstücke**,[404] da diese grundbuchlich durch Rückauflassungsvormerkung gemäß § 883

---

[402] Anders das Dauerwohnrecht.
[403] Ausnahmen: §§ 1059 a bis 1059 d BGB.
[404] BayObLG DNotZ 2002, 784; OLG Düsseldorf FGPrax 2002, 203; *Weser* ZEV 1995, 353 ff.

BGB gesichert werden können.⁴⁰⁵ Die freie Rückforderung ist bei Grundstückszuwendungen möglich, allerdings mit den Risiken behaftet, dass einkommensteuerlich das Eigentum wirtschaftlich dem Schenker zugerechnet wird,⁴⁰⁶ und dass das Rückforderungsrecht von den Gläubigern des Übergebers gepfändet werden kann.⁴⁰⁷ Auch der Anspruch des Übergebers aus einem auf den Tod des Übernehmers befristeten Grundstücksübergabevertrag kann durch Vormerkung gesichert werden.⁴⁰⁸ Eine Rückforderung von Gesellschaftsbeteiligungen ist zudem erschwert, da der Gesellschaftsverband daran zu beteiligen ist und zustimmen muss und Vereinbarungen darüber eines sachlich gerechtfertigten Grundes bedürfen.⁴⁰⁹ In Hinblick auf die steuerliche Anerkennung eines Leistungserfolges oder den Fristlauf bei pflichtteilsergänzenden Schenkungen ist bei der Vereinbarung von Rückforderungsrechten Vorsicht geboten. Neben der rechtlichen Vollziehung ist auch eine wirtschaftliche Ausgliederung des Geschenks aus dem Vermögen des Schenkers erforderlich.⁴¹⁰

3. Güterstands- bzw. Vermögensstandsregelungen

113 Nach § 1408 Abs. 1 können und sollten Ehegatten und eingetragene Lebenspartner ihre vermögensrechtlichen Verhältnisse durch Ehevertrag vor und während der Ehe bzw. Lebenspartnerschaft regeln und darin den Güter- bzw. Vermögensstand aufheben oder ändern. Begrenzt wird die Vertragsfreiheit nur durch die guten Sitten (§ 138 BGB) und zwingende Vorschriften des Güterrechts (§§ 1408 f. BGB).⁴¹¹ Der Ehevertrag bedarf der notariellen Beurkundung (§ 1410 BGB). Ein Güterstandswechsel ist jedenfalls mit Wirkung für die Zukunft ohne weiteres möglich und als Instrument der Gestaltung während der Verbindung durchaus sinnvoll. Der Grundsatz der Vertragsfreiheit erlaubt den Ehegatten jedoch auch die rückwirkende Änderung des Güterstandes.⁴¹² Mit der Schaffung der eingetragenen Lebenspartnerschaft werden auch Regelungen des Vermögensstandes gestaltbar.

Gedanken über die Güterstands- und Vermögensstandsregeln sollte sich der Schenker auch aus Anlass einer Schenkung an den Ehegatten während der Ehe bzw. Lebenspartnerschaft machen. Die Entreicherung des Schenkers auf der einen und die Bereicherung des Beschenkten auf der anderen Seite hat Einfluss auf die Berechnung des Zugewinns. So hat der Schenker beispielsweise zu entscheiden, ob Geschenke auf eine etwaige Zugewinnausgleichsforderung angerechnet werden sollen und ggf. in welcher Höhe (§ 1380 BGB).⁴¹³ Auch bei einer von beiden Ehegatten gemeinsam gewünschten Schenkung eines Ehegatten an Dritte ist zu erwägen, den Schenker vor einer etwaigen Hinzurechnung des Wertes der Schenkung zu seinem Endvermögen zu schützen.

114 a) **Zum Güterstand der Zugewinngemeinschaft.** Im Falle des gesetzlichen Güterstandes der Zugewinngemeinschaft (§§ 1363 ff. BGB) bleibt das Vermögen beider Eheleute zunächst getrennt (§ 1363 Abs. 1 BGB), sieht jedoch im Fall der Beendigung der Zugewinngemeinschaft durch Scheidung, Vereinbarung eines anderen Güterstands⁴¹⁴ oder Tod⁴¹⁵ eines Ehegatten einen Ausgleich des während der Ehe erwirtschafteten Zugewinns vor.

---

⁴⁰⁵ Formulierungsvorschlag bei *Spiegelberger* Vermögensnachfolge S. 33.
⁴⁰⁶ BFH BStBl 1989 II 1034; BFH BStBl 1983 II 179, 63.
⁴⁰⁷ BGH DNotZ 2004, 298 ff.
⁴⁰⁸ BGH ZEV 2002, 512, mit der Einschränkung, dass sich das Grundstück beim Tod des Übernehmers noch in dessen Vermögen befindet.
⁴⁰⁹ Zum Verbot freier Hinauskündigungsklauseln BGH NJW 2004, 2013, 2014; Gehrlein NJW 2005, 1969 ff.; zur sachlichen Rechtfertigung von freien Hinauskündigungsklauseln BGH NJW 2005, 3641 ff.; BGH NJW 1990, 2622; zur steuerlichen Wirkung der Rückforderung und freiwilligen Rückübertragung von Gesellschaftsanteilen s. *Wachter* ZEV 2001, 78 ff.
⁴¹⁰ *Schindler* ZEV 2005, 290, 292.
⁴¹¹ BGH NJW 2005, 2386 ff.
⁴¹² Erbschaftssteuerlich ist die rückwirkende Vereinbarung der Zugewinngemeinschaft unbeachtlich (§ 5 Abs. 1 S. 4 ErbStG) *Esch/Baumann/Schulze zur Wiesche* II Rdnr. 18.
⁴¹³ Zur Berechnung des Zugewinns bei Zuwendung an den Ehegatten OLG Franfurt/M. NJW 2006, 520.
⁴¹⁴ Nach dem sog. güterrechtlichen Zugewinnausgleich besteht ein Differenzausgleichsanspruch desjenigen, der einen geringen Zugewinn hat.
⁴¹⁵ Nach dem sog. erbrechtlichen Zugewinnausgleich (Bonner Quart §§ 1371 Abs. 1, 1931 BGB) tritt die Erhöhung des Erbteils immer ein, ungeachtet dessen, wer von den Ehepartnern mehr Vermögen während der Ehe hinzuerworben hat.

Bei der Zugewinngemeinschaft ist zudem eine Einschränkung des von jedem Ehegatten verwalteten Vermögens gegeben (§§ 1365, 1369 BGB): Verfügungen über das Vermögen wertmäßig nahezu im Ganzen sowie Verfügungen über Haushaltsgegenstände bedürfen zu ihrer Wirksamkeit der Zustimmung des anderen Ehegatten. Es bedarf also entweder der Einwilligung oder der Genehmigung des Geschäfts durch den anderen Ehegatten; wird diese nicht erteilt, ist die Verfügung unwirksam. Unberücksichtigt bleibt, was an die Stelle des veräußerten Gegenstandes tritt, also insbesondere das Entgelt, da das Gesetz nicht auf eine wirtschaftliche Einbuße abstellt.[416]

Im Zusammenhang mit der Unternehmensnachfolge erfasst die gesetzliche **Verfügungsbeschränkung** namentlich den Verkauf des Unternehmens oder Verkauf von Gesellschaftsanteilen, die Einbringung von Vermögenswerten in eine Personen- oder Kapitalgesellschaft, die formwechselnde oder übertragende Umwandlung, die Kündigung der Gesellschaft, die Auflösung durch Gesellschafterbeschluss, das Ausscheiden aus einer Gesellschaft,[417] eine Vereinbarung oder Änderung einer gesellschaftsvertraglichen Abfindungsregelung sowie Belastungen von Grundstücken, wenn diese den verbleibenden Grundstückswert aufzehrt.[418]

Daneben führt die Zugewinngemeinschaft von unternehmerisch tätigen Ehegatten im Falle der Scheidung, aber auch bei Beendigung des Güterstandes durch den Tod eines Ehegatten, zu einer Liquiditätsbelastung, die auch nicht als Betriebsausgabe geltend gemacht werden kann.

Der Schenker sollte auch aus Anlass einer Schenkung an den Ehegatten vertragliche Regelungen treffen. Je nach Sachlage kommen in Betracht: Anrechnungsbestimmungen, Ausschluss von geschenktem Vermögen aus dem Zugewinn, Rückübertragungspflichten, Bewertungsregeln, Verwendungsanordnungen für den Fall der Scheidung u.ä.

115 b) Zum Güterstand der Gütertrennung. Haben die Ehegatten Gütertrennung vereinbart (§ 1414 BGB), hat die Eheschließung keine vermögensrechtlichen Auswirkungen. Ein Zugewinnausgleich findet nicht statt. Ein ähnlicher Ausgleich kann vertraglich vereinbart werden. Derartige Ausgleichsregelungen können ehevertraglich abgesichert werden, z.B. in Form der Verpflichtung, dem anderen Ehegatten im Fall der Scheidung eine Abfindung zu zahlen, ggf. erst nach einer gewissen Mindestdauer der Ehe.[419]

Allerdings ist die Gütertrennung dem Unternehmer entgegen einer weit verbreiteten Meinung nicht grundsätzlich zu empfehlen. Die Gütertrennung weist gravierende steuerliche Nachteile auf, soweit der überlebende Ehegatte in nennenswertem Umfang erbberechtigt sein sollte, da dem überlebenden Ehegatten die Vorteile des erbschaftsteuerfreien Zugewinnausgleichs genommen werden.[420] Zudem erhöht die Gütertrennung das Pflichtteilsrecht der Abkömmlinge, da der Erbteil des Ehegatten meist kleiner ausfällt. Wurde dagegen Zugewinngemeinschaft vereinbart und hat der Ehegatte im Ehevertrag einen Pflichtteilsverzicht erklärt, kann der Unternehmer über 75 % seines Vermögens letztwillig frei verfügen.

Die Gütertrennung als Ausgangspunkt des Ehevertrags kommt insbesondere dann in Betracht, wenn sie durch eine entsprechende Güterstandsklausel im Gesellschaftsvertrag vorgeschrieben ist. Sie bietet sich ferner an, wenn ein Unternehmer reiferen Alters, der bereits einen nachfolgefähigen Abkömmling hat, eine neue Ehe eingeht.[421]

116 c) Zum Güterstand der Gütergemeinschaft. Die Vereinbarung der Gütergemeinschaft (§§ 1415 ff. BGB) hat zur Folge, dass das zur Zeit der Eheschließung vorhandene und während der Ehezeit erworbene Vermögen des Mannes und der Frau **Gesamtgut**, d.h. gemeinschaftliches Vermögen beider Ehegatten wird, das heißt, dass auch die Schulden eines Ehegatten „vergemeinschaftet" werden. Vom Gesamtgut wird sowohl das vor der Ehe bestehende als auch das in der Ehe erwirtschaftete Vermögen erfasst. Daneben gibt es getrenntes Vermögen beider Ehepartner in Form von Sondergut und Vorbehaltsgut (§§ 1416, 1417 BGB). Die Gütergemeinschaft ist Gesamthandgemeinschaft. Im Unterschied zur Zugewinngemeinschaft

---
[416] BGHZ 35, 135, 145.
[417] Umstr., ob das Zustimmungserfordernis auch für die Neuaufnahme eines Gesellschafters in eine Personengesellschaft gilt.
[418] BGHZ 123, 93.
[419] *Hennerkes* S. 481.
[420] *Esch/Baumann/Schulze zur Wiesche*, 5. Aufl., I Rdnr. 1447.
[421] *Hennerkes* S. 476.

begründet sie daher eine Haftungsgemeinschaft der Ehegatten;[422] die Gläubiger eines Partners können sich aus dem Gesamtgut befriedigen. Bei Beendigung ist das Gesamtgut auseinander zu setzen[423] durch Teilung des Überschusses auf beide Partner zu gleichen Teilen nach Begleichung der Gesamtgutverbindlichkeiten (§ 1476 BGB). Dies gilt auch für Unternehmens- bzw. Gesellschaftsanteile, wenn deren Eigenschaft als Sondergut abbedungen wurde.

Die Vereinbarung der Gütergemeinschaft stellt in der Regel keine Schenkung i.S.d. §§ 516, 2325, 2287 BGB (jedoch schenkungssteuerlich eine solche) dar.[424] Ausnahmen bestehen bei bewusster Ausnutzung zur Benachteiligung pflichtteilsberechtigter Angehöriger, wenn besondere Indizien hinzukommen: kurze Zeit später Wechsel des Güterstands, Vereinbarung in hohem Alter oder kurz vor dem Tod eines Ehegatten, große Vermögensunterschiede zwischen den Ehegatten. Wegen ihrer rechtlichen Kompliziertheit, ihrer steuerlichen Nachteile und der prozessualen Risiken bei der Auseinandersetzung ist die Gütergemeinschaft nicht zu empfehlen.[425]

d) **Zum Vermögensstand der Ausgleichsgemeinschaft nichtehelicher Lebenspartner.** Für eingetragene Lebenspartner gilt der Vermögensstand der sog. Ausgleichsgemeinschaft. Das Vermögen, welches die Lebenspartner zu Beginn der Lebenspartnerschaft haben oder während der Lebenspartnerschaft erwerben, wird kein gemeinschaftliches Vermögen. Jeder Lebenspartner verwaltet sein Vermögen selbst. Bei Beendigung des Vermögensstandes wird der Überschuss, den die Lebenspartner während der Dauer des Vermögensstandes erzielt haben, ausgeglichen. §§ 1371 bis 1390 BGB gelten entsprechend (Art. 1 § 6 Abs. 2 LPartG).

e) **Wechsel des Güterstandes als Gestaltungsinstrument.** Güterrechtliche Zuweisungen infolge der Begründung der Zugewinngemeinschaft bzw. deren Beendigung oder infolge der Begründung der Gütergemeinschaft können ein Instrument zur Gestaltung sein, um z.B. Pflichtteilsansprüche (§ 2325 BGB) zu reduzieren oder Rückforderungsansprüche (§ 2287 BGB) zu vermeiden.[426] Dazu dient z.B. der unter der Bezeichnung „*Güterstandsschaukel*"[427] praktizierte doppelte Gütestandswechsels vom gesetzlichen Güterstand in die Gütertrennung und wieder zurück.[428] Der zwischenzeitlich vorgenommene Zugewinnausgleich ohne einen tatsächlich (zeitweise) vollzogenen Güterstandswechsel ist jedoch nicht geschützt.[429]

4. Verwaltungsanordnung für Zuwendungen an Minderjährige

a) **Prinzip.** Der Schenker hat die Möglichkeit, eine unentgeltliche Zuwendung an einen Minderjährigen mit der Anordnung zu verbinden, dass die Eltern des minderjährigen Kindes das geschenkte Vermögen nicht verwalten dürfen (§ 1638 Abs. 1 BGB). Eine entsprechende **Verwaltungsanordnung** kann auch einem Beschenkten für den Fall der Weitergabe des Geschenkes an einen Minderjährigen mitgegeben oder in einem Gesellschaftsvertrag für die Aufnahme oder den Verbleib eines minderjährigen Mitgesellschafters nutzbar gemacht werden.

b) **Grundfälle des § 1638 Abs. 1 BGB.** § 1638 BGB behandelt den Fall der Schenkung und den Fall der Begünstigung des Minderjährigen durch eine Verfügung von Todes wegen, jeweils unter Ausschluss der Eltern von der Verwaltung des Zugewandten. Soweit im Fall der Schenkung eine aktive Mitwirkung des Vertreters des Kindes gefordert wird, und die Eltern von der Vermögenssorge ausgeschlossen sind, können sie das Kindesvermögens weder verwalten noch die Zuwendung annehmen.[430] Für die Verwaltung des geschenkten Vermögens ist gemäß § 1909 Abs. 1 S. 2 BGB ein Pfleger zu bestellen. Der Schenkende kann auch einen Elternteil von der Verwaltung des geschenkten Vermögens ausschließen. Dann liegt die Verwaltung

---

[422] *Esch/Baumann/Schulze zur Wiesche* I Rdnr. 700.
[423] Ausnahme bei fortgesetzter Gütergemeinschaft mit den Kindern nach dem Tod eines Ehepartners.
[424] BGH NJW 1992, 558, 559.
[425] *Hennerkes* S. 472; *Kappe* DStR 1992, 1694; a.A. *Langenfeld*, Handbuch der Eheverträge und Scheidungsvereinbarungen, Rdnr. 597 ff.
[426] BGH NJW 1992, 558; BFH ZEV 2005, 490.
[427] *Wegmann* ZEV 1996, 201, 206.
[428] Der BFH ZEV 2005, 490 hat die Anwendung der Güterstandsschaukel nicht für schenkungssteuerbar angesehen, wenn von Gesetzes wegen eine Ausgleichsforderung entsteht und es tatsächlich zu einer güterrechtlichen Abwicklung kommt, auch wenn der Güterstand der Zugewinngemeinschaft im Anschluss an die Beendigung neu begründet wird.
[429] BFH ZEV 2006, 41.
[430] RGRK/*Scheffler* § 1638 Anm. 5, 7.

des Vermögens allein beim anderen Elternteil (§ 1638 Abs. 3 BGB). Der Schenkende hat hinsichtlich des Schenkungsvertrages das Recht zur Benennung des Pflegers (§ 1917 BGB) – dann allerdings auch eine konkrete Person.[431] Selbst die Annahme des Schenkungsversprechens und die Abwicklung des Schenkungsvorgangs bedarf der **Mitwirkung des Pflegers,** wenn nicht die Schenkung an das mindestens siebenjährige Kind bei der gebotenen Gesamtbetrachtung[432] nur rechtlich vorteilhaft ist. Die Anordnung, dass die Eltern oder ein Elternteil den Schenkungsgegenstand nicht mitverwalten sollen, ist kein rechtlicher Nachteil. Sind Schenker ein Elternteil oder Großeltern(-teile) und will der Schenker selbst den Schenkgegenstand verwalten, so ist für die Entgegennahme der Schenkung ein Pfleger zu bestellen, dessen Aufgabe mit Vollzug beendet ist. Weder die Eltern – und zwar trotz des Ausschlusses nur eines Elternteils von der Vermögenssorge beide Elternteile – noch die Großeltern können das Kind in diesem Fall vertreten (§§ 1629 Abs. 2, 1795 Abs. 1 Nr. 1 BGB für Großeltern, § 1629 Abs. 2 S. 1 BGB für den Ausschluss beider Eltern von der Vertretung[433]). Soll ein Dritter die Verwaltung innehaben, so wird dieser als Pfleger zur Entgegennahme und zur Verwaltung bestellt.

Wenn ein Elternteil die Schenkung verwalten soll, wird dieser zum Pfleger für die Entgegennahme der Schenkung bestimmt werden[434] und kann je nach Anordnung des Schenkers als Elternteil gemäß § 1638 Abs. 3 BGB oder als Pfleger – unter stärkerer gerichtlicher Aufsicht – den Gegenstand der Schenkung verwalten. Wenn die Pflegerbestellung nachfolgt, kann auch vom Pfleger die zuvor erfolgte Schenkung an das Kind genehmigt werden. Ist ein Elternteil „als Elternteil" zum Verwalter bestimmt (vgl. § 1638 Abs. 3 BGB), ohne Pfleger sein zu sollen, kann er die Schenkung auch als Elternteil entgegennehmen.

Bei der Erbschaft bzw. dem Vermächtnis fallen Erbschaft oder Vermächtnis auch bei Untätigkeit des Vertreters des Kindes dem Kind an.[435] Nur die Ausschlagung von Erbschaft oder Vermächtnis bedarf eines Tätigwerdens, wobei der Vertreter in der Regel auch noch die Zustimmung des Familiengerichts nach § 1643 BGB braucht. Der Pfleger wird für diese Fälle allein zur Verwaltung installiert.

121 **c) Verpflichtung zur Weitergabe der Schenkung unter Beachtung der Verwaltungsanordnung.** Die Weitergabe eines Geschenks an die nächste Generation kann eine Anordnung gemäß § 1638 BGB vorsehen. Ein Verstoß dagegen kann mit der Rechtsfolge der auflösenden Bedingung versehen werden, allerdings mit dem Nachteil des automatischen Rückfalls infolge des Eintritts der Bedingung. In Betracht kommt eine Schenkung unter der Auflage, dass der Beschenkte seinerseits eine Anordnung nach § 1638 BGB aufzunehmen hat. Die Anordnung hat **familienrechtlichen Charakter,** für welche die Form einer letztwilligen Verfügung vorgeschrieben ist; sie ist keine erbrechtliche Anordnung, weil sie nicht das Vermögen betrifft, so dass die Gültigkeit einer solchen Auflage nicht an § 2302 BGB – der Unbeschränkbarkeit der Testierfreiheit – scheitert.[436] Alternativ kann der Zuwendung mit einem Widerrufsvorbehalt oder mit einem vertraglichen Rücktrittsrecht (§§ 346 ff. BGB) oder mit einem vertraglichen Rückforderungsrecht verbunden werden. All diese Rechtfolgen leiden jedoch an Schwächen,

---

[431] § 1917 BGB gewährt das Bestimmungsrecht, soweit es um die Verwaltung des Vermögens nach § 1909 Abs. 1 S. 2 BGB geht, spricht nicht ausdr. von dem Bestimmungsrecht hinsichtlich der Entgegennahme der Schenkung.
[432] BGH NJW 1981, 109, 110 = BGHZ 78, 28.
[433] BGH NJW 1972, 1708.
[434] Staudinger/*Engler* § 1638 Rdnr. 19.
[435] Zur Entgegennahme des Vermächtnisgegenstandes ist zwar eine Mitwirkungshandlung des Vermächtnisnehmers erforderlich. Der Anspruch verjährt nach 30 Jahren und lässt dem Vermächtnisnehmer Zeit, wenn nicht eine Fristsetzung des Erben nach § 2307 Abs. 2 BGB zur Bestellung eines Pflegers zwingt.
[436] Die Frage ist – soweit ersichtlich – bisher nicht behandelt. Aber *Battes* AcP 178 (1978) 335, 358, hat aufgezeigt, dass die Vorschrift des § 2302 BGB nicht den Zweck hat, die Entscheidungsfreiheit des Erblassers zu erhalten, sondern dass sie verpflichtende Rechtsgeschäfte in Bezug auf den Nachlass nicht verhindern soll. § 2302 BGB will vielmehr den zulässigen Bindungen des Erblassers an seine Verfügungen Grenzen ziehen: Sie sorgt dafür, dass die für den Erbvertrag und das gemeinschaftliche Testament geltenden Form-, Anfechtungs- und Rücktrittsvorschriften wie auch die Anforderungen an Klarheit und Bestimmtheit der Willensäußerung nicht durch obligatorische Vereinbarungen unterlaufen werden können, die nur den allgemeinen Regeln über Verträge unterliegen würden.

entweder wegen ihres Automatismus, wegen des Entweder/Oder der Rechtsfolge oder wegen der Frage, wer etwa für den verstorbenen Schenker die Rechte überhaupt ausüben soll.[437]

d) Anforderungen an Eltern und Pfleger. Die formalen Anforderungen an die Verwaltung des Kindesvermögens durch den Pfleger sind höher als die an Eltern. Durch die Bestimmung einer befreiten Pflegschaft können diese Verpflichtungen indes reduziert werden. Die Unterschiede im Einzelnen: 122

- Der Pfleger hat nach §§ 1915, 1802 BGB ein Vermögensverzeichnis dem Vormundschaftsgericht einzureichen, die Eltern nach § 1640 BGB dem Familiengericht nur, wenn das Kind eine unentgeltliche Zuwendung von mehr als € 15.000,– erhalten hat. Von dieser Verpflichtung zur Einreichung eines Vermögensverzeichnisses der Eltern kann der Zuwendende Befreiung anordnen (§ 1640 Abs. 2 Nr. 2 BGB). Für den Pfleger ist eine Befreiung von der Einreichung des Vermögensverzeichnisses nicht möglich.
- Der Pfleger hat Geld mündelsicher anzulegen (§ 1915, 1806, 1807 BGB). Von dieser und ähnlichen Verpflichtungen kann das Familiengericht eine Befreiung erteilen (§§ 1811, 1817 BGB). Von Eltern wird nur gefordert, dass sie das Kindesvermögen wirtschaftlich sinnvoll verwalten (§ 1642 BGB).
- Der Pfleger muss Geld mit einem Sperrvermerk anlegen (§§ 1809, 1810 BGB). Für die Rückzahlung benötigt er die Genehmigung des Gerichts. Eltern trifft diese Pflicht nicht. Der Pfleger kann davon befreit werden (§ 1915, 1852 BGB).
- Der Pfleger unterliegt Genehmigungspflichten bei der Verfügung über Forderungen und Wertpapiere (§ 1812 BGB), die Eltern nicht. Von diesen Genehmigungspflichten kann wiederum Befreiung erteilt werden (§ 1915, 1852 BGB).
- Der Pfleger unterliegt bestimmten Pflichten gemäß § 1814, 1815, 1816, 1915 BGB, u.a. zur Hinterlegung von Wertpapieren, die Eltern nicht.
- Der Pfleger unterliegt den vormundschaftsgerichtlichen Genehmigungspflichten (§ 1915, 1821, 1822 BGB). Für Eltern gelten gemäß § 1643 auch §§ 1821, 1822 BGB, von § 1822 allerdings nur die Nr. 1, 3, 5, 8 bis 11 BGB. Dem Pfleger kann immerhin gemäß § 1825 BGB für § 1822 Nr. 8 bis 10 BGB eine allgemeine Ermächtigung erteilt werden.
- Der Pfleger muss jährlich Bericht erstatten und Rechnung legen (§§ 1915, 1840 BGB, Befreiung nach §§ 1854, 1915 BGB möglich). Eltern unterliegen dieser Berichterstattungspflicht nicht.
- Bei Amtsende bei Volljährigkeit des Minderjährigen unterliegt der Pfleger einer Rechnungslegungspflicht (§ 1915, 1890 BGB). Hiervon ist eine Befreiung nicht möglich. Eltern unterliegen dieser Rechnungslegungspflicht nicht.

e) Nutzbarmachung des § 1638 im Gesellschaftsrecht. Die Verbindung der Nachfolgeklausel im Gesellschaftsvertrag mit der Verwaltungsanordnung, dass ein Minderjähriger nicht durch seine Eltern, sondern durch einen Elternteil oder Gesellschafter/Dritten als Pfleger vertreten wird, reicht für eine wirksame Verwaltungsanordnung nicht aus und hätte zudem den negativen Effekt, dass der Gesellschaftsanteil einer Personengesellschaft nicht wirksam übertragen werden kann.[438] Der Anteil des verstorbenen Gesellschafters wächst den Mitgesellschaftern an. In der Satzung der GmbH kann der Geschäftsanteil für den Fall der unterbliebenen Verwaltungsanordnung der Einziehung oder der Gesellschafter der Ausschließung ausgesetzt sein. Die Anordnung nach § 1638 Abs. 1 BGB muss in Form einer Verfügung von Todes wegen oder Schenkung unter Lebenden vom Gesellschafter getroffen werden. Wenn dieser Gleichlauf von Gesellschaftsvertrag und letztwilliger Verfügung hergestellt ist, steht der Nachfolge des minderjährigen Kindes in der Gesellschaft nichts entgegen. Wird dieser Gleichlauf von dem Erblasser in der letztwilligen Verfügung vergessen, kann der Gesellschaftsvertrag selbst die Verwaltungsanordnung auf verschiedenen Wegen durchsetzen. 123

Bei der Personengesellschaft kann die Anwachsung des Gesellschaftsvermögens bei den anderen Gesellschaften treuhänderisch erfolgen mit der Anordnung im Gesellschaftsvertrag, die mit dem Anteil verbundenen Vermögensrechte auf den eintretenden Minderjährigen zu über-

---

[437] Die Übertragung des Rückforderungsrechtes auf einen Dritten ist möglich (Rechtsfigur, bekannt aus dem Vertrag zu Gunsten Dritter im Grundstücksrecht).
[438] MünchKommBGB/*Roth* § 399 Rdnr. 29; Staudinger/*Busche* § 399 Rdnr. 53.

tragen, und zwar mit einer Bestimmung nach § 1638 BGB.[439] Formprobleme entstehen nicht, denn für beide Verträge zu Gunsten Dritter betreffend das Eintrittsrecht und betreffend die Zuwendung der dem Anteil verbundenen Vermögensrechte ist § 2301 S. 1 BGB nicht anwendbar. Beispiel für eine Bestimmung im Gesellschaftsvertrag:

> **Formulierungsvorschlag:**
> Die Gesellschafter haben in einer letztwilligen Verfügung anzuordnen, dass minderjährige Erben in Bezug auf ihre Beteiligung an der Gesellschaft nicht durch beide Elternteile, sondern gemäß § 1638, 1917 BGB durch einen Elternteil allein oder durch einen anderen Gesellschafter als Pfleger vertreten werden. Im Falle des Fehlens einer solchen Anordnung wird die Gesellschaft fortgesetzt, eine Sondererbfolge an minderjährige Erben findet nicht statt. Ein Abfindungsanspruch des minderjährigen Erben ist ausgeschlossen.[440] Die bisherigen Gesellschafter werden den Minderjährigen jedoch in die Gesellschaft aufnehmen und ihm eine der Beteiligung des Erblassers entsprechende Beteiligung durch Einbuchung schenkweise zukommen lassen. Bei dieser Schenkung werden sie gleich lautende Anordnungen gemäß §§ 1638, 1917 BGB treffen.

124 In der Satzung der GmbH kann die Abtretungs- bzw. Einziehungsbestimmung, dass der Gesellschafter verpflichtet ist, den Geschäftsanteil an die GmbH oder einen von dieser bestimmten Gesellschafter abzutreten, wenn er es versäumt, eine Regelung gemäß §§ 1638, 1917 BGB für seine minderjährigen Erben zu treffen, mit einer Regelung verbunden werden, dass der minderjährige Erbe den Anteil entschädigungslos an den Treuhänder abzutreten hat. Dem Treuhänder kann weiter in der Satzung ermächtigt werden, unter Befreiung von der Beschränkung nach § 181 BGB die Abtretung selbst vorzunehmen, und sodann verpflichtet werden, den Anteil dem minderjährigen Erben mit einer Regelung gemäß §§ 1638, 1917 BGB zu schenken. Es handelt sich bei solcher Abtretungspflicht des Gesellschafters um eine mitgliedschaftliche Nebenpflicht nach § 3 Abs. 2 GmbHG, nicht um eine Pflicht bloß schuldrechtlicher Natur. Die Satzungsautonomie[441] dürfte der Aufnahme von Drittrechten – der Erbe ist ja nicht (mehr) Gesellschafter – in der Satzung tragen.[442] Wenn sich die Gesellschafter einig sind, kann der Anspruch auf Abtretung gegen den minderjährigen Gesellschafter von den übrigen Gesellschaftern erlassen und mit dieser Schenkung eine Regelung nach §§ 1638, 1917 BGB verbunden werden.

5. Gesellschaftsvertragliche Sicherungs- und Kontrollinstrumente

125 Die Beteiligung des Nachfolgers an einer Gesellschaft gibt dem künftigen Erblasser Anlass, die Regelungen des Gesellschaftsvertrages zu überdenken. Er verliert entweder seine Gesellschafterstellung oder muss Einbußen seiner Stimmkraft hinnehmen, wenn sich die Mehrheitsverhältnisse ändern. Will der Erblasser dennoch maßgeblichen Einfluss auf die Geschicke der Gesellschaft behalten, muss die Reichweite seiner Befugnisse im Gesellschaftsvertrag genau festgeschrieben werden. Der Umstand, dass er dem Nachfolger den Gesellschaftsanteil geschenkt hat, mag ihm diesem gegenüber moralische Autorität sichern, gibt ihm aber keine rechtliche Handhabe zur Durchsetzung seiner Auffassungen in der Gesellschafterversammlung. Da die Möglichkeiten des Schenkers, sich im Schenkungsvertrag die Rückforderung oder den Widerruf des Gesellschafts- oder Geschäftsanteils vorzubehalten, von der Rechtsprechung erheblich eingeschränkt worden sind und zudem der Zustimmung aller Gesellschafter bedürfen, bleibt dem Erblasser nur die Möglichkeit der Absicherung im Gesellschaftsvertrag selbst.[443]

---

[439] *Brox* Rdnr. 752; Erman/*Westerman* § 727 Rdnr. 12.
[440] Ausschluss einer Abfindung für den Todesfall zulässig, *K. Schmidt* Gesellschaftsrecht, 3. Aufl., § 45 V 2; MünchKommBGB/*Leipold* § 1922 Rdnr. 33.
[441] Vgl. BGH NJW 1988, 1729 f. (zur Genossenschaft) = BGHZ 103, 219; BGH NJW 1994, 51 f. (zur AG) = BGHZ 123, 34; BGH NJW-RR 1993, 607, 608 (zur GmbH).
[442] *Hammen* WM 1994, 765; *S. Winter*, Vererbung von GmbH-Anteilen, 1997, S. 207; a.A. Scholz/*Winter* § 3 GmbHG Rdnr. 70 m.w.N.
[443] Sudhoff/*Stenger* Unternehmensnachfolge S. 289 ff.

Zur Erhaltung des Unternehmens, zur Sicherung seines Einflusses auf die Unternehmenspolitik, zur Verpflichtung des Nachfolgers oder zur Sicherung seiner eigenen Versorgung kann sich der Schenker verschiedener gesellschaftsvertraglicher Instrumente bedienen:
- Vinkulierung von Gesellschaftsanteilen zur Beschränkung bzw. Verhinderung des Eindringens Dritter in die Gesellschaft,
- Beschränkung der Kündigungsmöglichkeiten des Nachfolgers zur langfristigen Bindung an das Unternehmen,
- unterschiedliche Stimmgewichtung für den Fall des Verbleibs des Erblassers in der Gesellschaft,
- Stimmbindungsvereinbarungen,
- Verbleib des Schenkers in der Geschäftsführung (für eine Übergangszeit),
- Einrichtung von Kontrollorganen (Aufsichtsrat, Beirat),
- Vereinbarung von Ankaufs- oder Vorkaufsrechten,
- Nachfolgeklauseln (z.B. Einziehung, Abtretung, Festlegung des Kreises der Nachfolgeberechtigten, Ausschlussklauseln[444]) für den Fall der Übertragung durch den Beschenkten oder des Erbfalls des Beschenkten,
- Kapitalerhöhungsmöglichkeiten für den Schenker durch eine „Bis-zu-Kapitalerhöhung" und Recht auf Übernahme der Stammeinlage durch den Schenker in der GmbH[445], genehmigtes Kapital und Bezugsrechtsausschluss in der AG,
- Pensionsgewährung der GmbH.[446]

---

[444] Zum Verbot freier Hinauskündigungsklauseln BGH NJW 2004, 2013, 2014; *Gehrlein* NJW 2005, 1969 ff.; zur sachlichen Rechtfertigung von freien Hinauskündigungsklauseln BGH NJW 2005, 3641 ff.; BGH NJW 1990, 2622.
[445] Dazu *Leuering/Simon* NJW-Spezial 2005, 363 f.
[446] Die Erteilung einer Pensionszusage ist mit zeitlichem Vorlauf zu planen, denn eine Gewährung an den Gesellschafter-Geschäftsführer nach dessen sechzigstem Lebensjahr stellt nach Ansicht des BFH NJW 2004, 391 eine verdeckte Gewinnausschüttung dar.

6. Abschnitt. Auslandsvermögen

§ 33 Internationales Erbrecht

Übersicht

	Rdnr.
I. Einführung	1/2
II. Probleme des internationalen Erbfalles	3–7
1. Anwendbare Rechtsordnung und Statut	3/4
2. Formfragen	5
3. Verfahrensrechtliche Schwierigkeiten	6
4. Sachverhaltserfassung Internationales Erbrecht	7
III. Deutsches Internationales Erbrecht	8–107
1. Prüfung deutsches IPR	8–10
2. Grundlagen der Fallprüfung (Überblick)	11–47
a) Qualifikation im Internationalen Erbrecht	11–14
b) Anknüpfungstatbestände	15
c) Vorrang staatsvertraglicher Kollisionsnormen	16
d) Gesamtnormverweisung/Sachnormverweisung	17
e) Rückverweisung und Nachlassspaltung	18–20
f) Weiterverweisung	21
g) Anknüpfung bei Mehrrechtsstaaten	22–25
h) Vorrang des Einzelstatuts (Art. 3 Abs. 3 EGBGB)	26–29
i) Anwendung fremden Rechts	30–36
j) Art. 6 EGBGB	37–40
k) Gesetzesumgehung	41–44
l) Substitution	45/46
m) Statutenwechsel	47
3. Umfang des Erbstatuts	48–50
4. Abgrenzung des Erbstatuts von anderen Statuten	51–72
a) Erbstatut vs. Güterrechtsstatut	51–55
b) Erbstatut vs. Gesellschaftsstatut	56–64
c) Erbstatut vs. Sachenrechtsstatut	65–67
d) Erbstatut vs. Adoptionsstatut	68–70
e) Sonstiges	71/72
5. Wahl des Erbstatuts durch den Erblasser	73–79
6. Internationale Formfragen	80–83
7. Rechtsfragen der Nachlassspaltung	84–99
a) Ausgleichung	86–88
b) Nachlassverbindlichkeiten	89–91
c) Pflichtteil	92–96
d) Die Gültigkeit einer oder mehrerer letztwilliger Verfügungen bei Spaltnachlässen	97–99
8. Staatsvertragliches Internationales Erbrecht	100–107
a) Deutsch-iranisches Niederlassungsabkommen	101/102
b) Deutsch-türkischer Konsularvertrag	103–105
c) Deutsch-sowjetischer Konsularvertrag	106/107
IV. Internationales Erbverfahrensrecht	108–142
1. Streitige Gerichtsbarkeit	108–117
a) Internationale Zuständigkeit	108–112
b) Ausländisches Erbrecht im Prozess	113
c) Sonstige Verfahrensfragen im inländischen Prozess	114
d) Anerkennung und Vollstreckung ausländischer Urteile auf dem Gebiet des Erbrechts	115–117
2. Internationales Nachlassverfahrensrecht	118–128
a) Erteilung und Einziehung eines Erbscheins	118–125
b) Erteilung und Einziehung eines Testamentsvollstreckerzeugnisses	126

c) Anerkennung ausländischer Nachlassverfahrensakte 127/128
3. Internationale Nachlassverwaltung 129
4. Internationale Nachlassinsolvenz 130–142
   a) Ausländischer Erblasser mit ausländischem Erbstatut und Wohnsitz in Deutschland: 133–135
   b) Ausländischer Erblasser mit ausländischem Erbstatut und Wohnsitz in Deutschland, es kommt aber zur Nachlassspaltung und damit auch zum deutschen Erbstatut: 136
   c) Ausländischer Erblasser mit ausländischem Erbstatut und Wohnsitz im Ausland sowie Vermögen in Deutschland: 137
   d) Deutscher Erblasser mit deutschem Erbstatut und Wohnsitz in Deutschland sowie Vermögen im Ausland: 138
   e) Deutscher Erblasser mit deutschem Erbstatut und Wohnsitz im Ausland sowie Vermögen in Deutschland: 139
   f) Deutscher Erblasser mit Wohnsitz in Deutschland und Vermögen im In- und Ausland, dass zur Nachlassspaltung führt: 140–142
V. Gestaltungsüberlegungen im internationalen Erbrecht 143–171
   1. Rechtliche Nachlassspaltung 143–145
   2. Faktische Nachlassspaltung 146–148
   3. Internationale Pflichtteilsvermeidungsstrategien 149–152
   4. Internationale Pflichtteilsstrafklausel 153
   5. Internationales Forumshopping und deren Vermeidung 154–157
   6. Gestaltungsüberlegungen im Zusammenhang mit Formfragen 158–160
   7. Grenzüberschreitende Testamentsvollstreckung 161–165
   8. Vollmachten 166
   9. Abstützung der erbrechtlichen Struktur durch lebzeitige Rechtsgeschäfte 167
   10. Herstellung des Gleichlaufs von Erb- und Vermögenstatut 168–171
       a) Wechsel des erbrechtlichen Anknüpfungsmomentes 169
       b) Wechsel des vermögensrechtlichen Anknüpfungspunktes 170
       c) Lösungen im Sachverhalt 171
VI. Ausblick 172

Schrifttum: *Arlt,* Internationale Nachfolgeplanung deutscher Erblasser, ErbStB 2005, 291; *Bestelmeyer,* Pflichtteilsergänzungsansprüche im Hinblick auf verschenktes Auslandsvermögen bei eingetretener oder fiktiver pflichtteilsfeindlicher Nachlassspaltung?, ZEV 2004, 359; *Derstadt,* Die Notwendigkeit der Anpassung bei Nachlaßspaltung im internationalen Erbrecht, 1998; *Ebenroth* Erbrecht, 1992; *Dörner,* Das Grünbuch „Erb- und Testamentsrecht" der Europäischen Kommission, ZEV 2005, 137; *ders.,* Probleme des neuen Internationalen Erbrechts, DNotZ 1988, 67; *Ferid,* Die Bedeutung einer „joint tenancy" für deutsches Nachlassvermögen unbeweglicher und beweglicher Art bei Erbfällen nach Amerikanern, DNotZ 1964, 517; *Ferid/Firsching/Dörner/Hausmann,* Internationales Erbrecht (Loseblatt, Stand 2005); *Fetsch,* Die „Belegenheit" von Forderungen im Internationalen Erbscheinsverfahren: Zur Auslegung und ratio von § 2369 Abs. 2 BGB, ZEV 2005, 425; *ders.,* Auslandsvermögen im internationalen Erbrecht, RNotZ 2006, 1 (Teil 1) und 77 (Teil 2); *Firsching/Graf* Nachlaßrecht, 8. Aufl. 1999; *Flick,* Praktische Bearbeitung internationaler Erbfälle – Parallelen zwischen IPR und IStR – Festschrift für Franz Wassermeyer, 613; *Flick/Piltz,* Der internationale Erbfall, 1999; *Flick/v. Oertzen,* Auslandsvermögen im Erbgang, IStR 1993, 82; *dies.,* Internationales Privatrecht und internationales Steuerrecht in der Praxis der Erbfolgeregelung, IStR 1995, 558; *R. Geimer,* Internationales Zivilprozessrecht, 5. Aufl. 2005; *Gottschalk,* Erbschaftsteuerfreie Zuwendungen auf den Todesfall durch französischen Ehevertrag, ZEV 2006, 99; *Gruber,* Pflichtteilsrecht und Nachlassspaltung, ZEV 2001, 463; *ders.,* Anwaltshaftung bei grenzüberschreitenden Sachverhalten, MDR 1998, S. 1398; *Hermann,* Erbausschlagung bei Auslandsberührung, ZEV 2002, 259; *v. Hoffmann/Thorn,* Internationales Privatrecht, 8. Aufl. 2005; *Hüßtege,* Internationales Privatrecht, 4. Aufl. 2005; *Ivo,* Erbschaftsausschlagung wegen vermeintlicher Überschuldung und ihre Anfechtung bei nachlassspaltung, NJW 2003, 185; *Jülicher,* Die Joint Tenancy, ZEV 2001, 469; *Kaufhold,* Zur Anerkennung ausländischer öffentlicher Testamente und Erbnachweise beim Grundbuchverfahren, ZEV 1997, 399; *Kegel/Schurig,* Internationales Privatrecht, 9. Aufl. 2004; *Klingelhöffer,* Kollisionsrechtliche Probleme des Pflichtteils, ZEV 1996, 258; *Kopp,* Probleme der Nachlassabwicklung bei kollisionsrechtlicher Nachlassspaltung, 1997; *Kroiß,* Internationales Erbrecht, 1999; *ders.,* in: Krug/Rudolf/Kroiß (Hrsg.), Erbrecht – Schriftsätze, Verträge, Erläuterungen, 2. Aufl. 2003, § 24; *Lange,* Rechtswahl als Gestaltungsmittel bei der Nachfolgeplanung?, DNotZ 2000, 332; *D. Lehmann,* Stellungnahme zum Grünbuch der Kommission der Europäischen Gemeinschaften zum Erb- und Testamentsrecht, ZErb 2005, 320; *Leible/Sommer,* Nachlassspaltung und Testamentsform: Probleme der Testamentsabwicklung bei Nachlassspaltung wegen Grundbesitzes im Ausland, ZEV 2006, 93; *Lucht,* Internationales Privatrecht in Nachlasssachen, Rpfleger 1997, 133; *Ludwig,* Die Änderung der internationalen Zuständigkeit österreichischer Nachlassgerichte und ihre Auswirkung auf das österreichische Erbkollisionsrecht, ZEV 2005, 419; *ders.,* Anwendung des § 1371 Abs. 1 BGB bei ausländischem Erbstatut?, DNotZ 2005, 586; *Mankowski/Osthaus,* Gestaltungsmöglichkeiten durch Rechtswahl beim Erbrecht des überlebenden Ehegatten in internationalen Fällen, DNotZ 1997, 10; *Odersky,* Gestaltungsempfehlungen für Erbfälle mit anglo-amerikanischem Bezug, ZEV 2000, 492; *ders.*, Die Abwicklung deutsch-englischer Erbfälle 2001; *v. Oertzen*, Praktische Handhabung eines Erbrechtsfalls mit Auslandsberührung, ZEV 1995, 167; *ders.*, Zivilrechtliche Gestaltungsgrenzen und -möglichkeiten internationaler Nachfolgeplanungen, in: Grotherr (Hrsg.), Handbuch der internationalen Steuerplanung, 2. Aufl. 2003, 1505; *v. Oertzen/Cornelius*, Behandlung von Anteilen an einer englischen Limited im Nachlassvermögen eines deutschen Erblassers, ZEV 2006, 106; *Pentz*, Pflichtteil bei Grundeigentum im Ausland – Ein Fall des ordre public, ZEV 1998, 449; *Piske*, Ehegattentestament und Spaniennachlass, ZErb 2004, 214; *Reiß*, Das Zusammenwirken von Güterrechtsstatut und Erbstatut bei Beendigung von deutsch-italienischen Ehen durch Tod eines Ehegatten, ZErb 2005, 306; *ders.*, Das Pflichtteilsrecht nach italienischem Recht, ZEV 2005, 148; *ders.*, Die Erbengemeinschaft im italienischen Recht, ZErb 2005, 212; *Schotten*, Das Internationale Privatrecht in der notariellen Praxis, 1995; *Schurig*, Ererbte Kommanditanteile und US-amerikanischer Trust, IPRax 2001, 446; *Siegwart*, Die Abwicklung von Erbfällen in den USA, ZEV 2006, 110; *Steiner*, Grundregeln der Testamentsgestaltung in Fällen der Nachlassspaltung, ZEV 2001, 477; *ders.*, Grundregeln der Testamentsgestaltung in Fällen der faktischen Nachlassspaltung, ZEV 2003, 145; *ders.*, Grundregeln der Testamentsgestaltung in Fällen der funktionellen Nachlassspaltung, ZEV 2003, 500; *ders.*, Das neue österreichische Nachlassverfahrensrecht und seine Auswirkungen auf deutsch-österreichische Erbfälle, ZEV 2005, 144; *Süß*, Ausländer im Grundbuch und im Registerverfahren, Rpfleger 2003, 53; *ders.*, Das Verbot gemeinschaftlicher Testamente im Internationalen Erbrecht, IPRax 2002, 22; *ders.*, Das Vindikationslegat im Internationalen Erbrecht, RabelsZ Bd. 65 (2001), 245; *Süß/Haas*, Erbrecht in Europa, 2004; *Wachter*, Gestaltungsüberlegungen zur steueroptimalen Übertragung von Immobilien in Spanien, ZEV 2003, 137; *ders.*, Nachlassvollmachten bei internationalen Erbfällen, ErbStB 2005, 261; *Werkmüller*, Die Auswirkungen des französischen Pflichtteilsrechts auf die Gestaltung des deutschen Ehegattentestaments bei deutsch-französischem Nachlaß; *ders.*, Der Nachlass mit Auslandsbezug – Aufgaben und Funktionen der Bank in der Erbauseinandersetzung, ZEV 2001, 480.

I. Einführung

1   Grenzüberschreitende Sachverhalte sind schwierig und haftungsträchtig. Doch mittlerweile weisen Erbrechtsfälle häufig Bezüge zum Ausland auf. Solche Bezüge liegen etwa vor, wenn
- der Erblasser eine ausländische Staatsangehörigkeit oder mehrere Staatsangehörigkeiten besitzt oder sein Wohnsitz/gewöhnlicher Aufenthalt im Ausland liegt,
- der Nachlass im In- **und** Ausland belegen ist,
- die begünstigten oder sonst beteiligten Personen wie Erben, Vermächtnisnehmer oder Testamentsvollstrecker nicht oder **nicht nur** die deutsche Staatsangehörigkeit haben, nicht oder **nicht nur** im Inland leben,
- wenn eine letztwillige Verfügung im Ausland errichtet oder eine Ehe nicht in Deutschland geschlossen wurde.

2   Die für die Beratung notwendigen Rechtskenntnisse sind nicht immer umfassend vorhanden. Ziel ist es daher, dem Leser ein sicheres Gerüst für die Fallbearbeitung zu bieten. In diesem Kapitel werden zunächst typische Problemzonen skizziert (**II**), bevor speziell das deutsche Internationale Erbrecht (**III**) und das Internationale Erbverfahrensrecht (**IV**) dargestellt werden. Im Anschluss folgen Ratschläge für praktische Gestaltungen (**V**). Die Darstellung ausländischen Erbrechts erfolgt nur beispielhaft und insoweit, als es für das Verständnis der Materie notwendig ist. Um sich mit dem **Internationalen Privatrecht** und **materiellen Recht** eines Staates im jeweiligen Fall vertraut zu machen, werden folgende Werke empfohlen: *Ferid/Firsching*, Internationales Erbrecht; *Süß/Haas*, Erbrecht in Europa; *Flick/Piltz*, Der Internationale Erbfall; *Kroiß*, Internationales Erbrecht. Ergiebig sind auch die Ausführungen *Dörners* über insgesamt 143 Staaten im Staudinger, Anhang zu Art. 25 EGBGB. Helfen die Fundstellen nicht weiter, kann ein **Gutachten** eingeholt werden. Eine Auflistung in Frage kommender Sachverständiger für ausländisches und internationales Privatrecht findet sich von *Hetger* in DNotZ 2003, 310 und in ZEV 2006, 450. Der sicherste Weg ist aber ohnehin Rechtsrat im Ausland einzuholen. Nur dann kann die erforderliche Gewähr gegeben werden, dass Informationen zum ausländischen Recht zutreffend, aktuell und praxisgerecht sind. Jeder andere Weg, insbesondere auf Grund eigener Recherche im ausländischen Recht eine Gestaltung zu planen, ist haftungsträchtig und riskiert im Übrigen, dass der **Schutz** der **Berufshaftpflicht nicht** gegeben ist. Kontaktadressen ausländischer Rechtsanwälte findet man z.B. im *Martindale/Hubbell*, International Law Directory, 2004. Es kann auch hilfreich sein, deutsche Botschaften oder Konsulate im Ausland zu kontaktieren, die oft Listen mit Rechtsanwälten bereithalten.

II. Probleme des internationalen Erbfalles

1. Anwendbare Rechtsordnung und Statut

Weist ein- Sachverhalt Bezüge zum Ausland auf, stellt sich die Frage, ob deutsches, ausländisches Recht oder gar beide Rechtsordnungen zur Anwendung gelangen. So z.B., wenn ein in Deutschland lebendes italienisches Ehepaar ein gemeinschaftliches Testament errichten möchte und zum Nachlass eine Eigentumswohnung in Deutschland und ein Grundstück in Italien gehört. Zur Lösung müssen die Vorschriften des Internationalen Privatrechts (**IPR**) der betroffenen Staaten herangezogen werden, sofern zwischen den Ländern kein spezieller Staatsvertrag geschlossen wurde. Das **deutsche IPR** ist in den **Art. 3 bis 46 EGBGB** geregelt. Die IPR-Normen (= **Kollisionsnormen**) führen aber nicht zu einer inhaltlichen Lösung des Falles, sondern dienen lediglich der Klärung, **welches materielle Recht** der Praktiker für die Testamentserrichtung anwenden muss, d.h. im Beispiel deutsches oder/und italienisches Recht. Hier soll zunächst nur das Ergebnis genügen, wonach infolge der italienischen Staatsangehörigkeit das IPR beider Staaten (Art. 25 Abs. 1 EGBGB; Art. 46 Abs. 1 IPRG) italienisches Recht für anwendbar erklären. Bezüglich der Eigentumswohnung käme aber gesondert eine Wahl des deutschen Rechts in Betracht, Art. 25 Abs. 2 EGBGB. 3

Im Sprachgebrauch des IPR wird die im Ergebnis anzuwendende Rechtsordnung als **Statut** bezeichnet.[1] Mit Erb- oder Güterrechtsstatut ist also im Folgenden nicht die unmittelbare Anwendung von Erb- oder Güterrecht gemeint. Vielmehr wird damit umschrieben, welche materielle Rechtsordnung die Erbrechtsfragen zu lösen hat. 4

In der EU besteht seit einiger Zeit das Bestreben, im Rahmen der Europäisierung des Kollisionsrechts der Mitgliedsstaaten auch ein einheitliches europäisches Erbkollisions- und Internationales Erbverfahrensrecht zu schaffen.[2] Die Kommission hat am 1.3.2005 ihr Grünbuch „Erb- und Testamentsrecht" vorgelegt und darin 39 Fragen formuliert, verbunden mit der Aufforderung, bis zum 30.9.2005 Stellungnahmen abzugeben.[3] Für das Internationale Erbrecht wird etwa im Kern um eine einheitliche Anknüpfung gerungen, wobei sich vor allem die Anknüpfung nach der Staatsangehörigkeit und die Anknüpfung nach dem letzten Wohnsitz oder dem letzten Aufenthalt gegenüberstehen. Konkrete Gesetzesvorschläge zum Internationalen Erb- und Erbverfahrensrecht könnten möglicherweise bereits 2007 vorgelegt werden.[4]

2. Formfragen

Für die Formvoraussetzungen der Verfügungen von Todes wegen gelten Besonderheiten. Üblicherweise regelt das deutsche materielle Erbrecht, welche Formen eingehalten werden müssen. Im Internationalen Erbrecht geht diese Gleichung nicht (gänzlich) auf: Die Formgültigkeit einer letztwilligen Verfügung kann gesonderten Regeln unterliegen und ist vom anwendbaren materiellen Erbrecht grundsätzlich zu trennen. Eine wichtige Rolle spielt das **Haager Testamentsformabkommen**, welches in Art. 26 Abs. 1 bis 3 EGBGB seinen Niederschlag gefunden hat. Weitaus schwieriger kann es aber werden, wenn das Testament Wirkungen in einem Staat entfalten soll, der nicht Vertragsstaat des Haager Testamentsabkommens ist. Hierbei wird oftmals nötig sein, neben den deutschen Formvorschriften die Formanforderungen des ausländischen Kollisionsrechts zu wahren.[5] 5

---

[1] *v. Hoffmann/Thorn* § 2 Rdnr. 33.
[2] Hierzu *Dörner* ZEV 2005, 137 f.
[3] Auszüge sind abgedruckt in ZEV 2005, 139. Unter www.zev.de (Extras: Weiterführende Beiträge) oder www.dnoti.de findet sich eine vollständige Wiedergabe. Stellungnahmen existieren z.B. von *D.Lehmann* ZErb 2005, 320 ff. und dem *Deutschen Anwaltsverein*, Stellungnahme Nr. 42/2005, abgedruckt unter www.anwaltverein.de.
[4] *D. Lehmann* ZErb 2005, 320, 327; *Dörner* ZEV 2005, 137, 138.
[5] *v. Oertzen* ZEV 1995, 167, 172; zur Formproblematik Rdnr. 84 ff.

3. Verfahrensrechtliche Schwierigkeiten

6 Es fragt sich, ob deutsche Gerichte für die Entscheidung eines Falles mit Auslandsberührung zuständig sind, welche Wirkungen ausländische Gerichtsentscheidungen in Deutschland entfalten sowie ob und wie ausländisches materielles Recht im Prozess anzuwenden ist. Im Bereich der Internationalen Freiwilligen Gerichtsbarkeit sind insbesondere Erbscheinsangelegenheiten problematisch. Hier tauchen Besonderheiten auf, die bei jeder Gestaltung oder Fallbearbeitung beachtet werden müssen.[6] Nichts wäre ärgerlicher, als die erb- und steuerrechtlich austarierte Gestaltung durch Außerachtlassung des Verfahrensrechts zu gefährden. Bereits hier soll auch an die Möglichkeit eines erbrechtlichen Schiedsgerichts erinnert werden.[7]

4. Sachverhaltserfassung Internationales Erbrecht[8]

7
Checkliste

☐ Welche Staatsangehörigkeit(en) hat der Erblasser?
☐ Hat er keine Staatsangehörigkeit? Wo ist sein gewöhnlicher Aufenthaltsort oder sein schlichter Aufenthaltsort? Ist er internationaler Flüchtling?
☐ Hat er Asylantrag gestellt (Art. 2 AsylverfahrensG beachten!)?[9]
☐ Wo ist sein Wohnsitz? Hat er mehrere Wohnsitze?
☐ Befindet sich Vermögen im Ausland? Wenn ja, welches?
☐ Wird dieses Vermögen direkt oder indirekt gehalten (z.B. durch Treuhandschaften?)? Welches wird unmittelbar gehalten?
☐ Welche Staatsangehörigkeiten und Wohnsitze hat der Ehegatte?
☐ Wann und wo wurde geheiratet? Wo befand sich der erste gemeinsame Ehewohnort?
☐ Welche Staatsangehörigkeiten, Wohnsitze, gewöhnliche Aufenthaltsorte haben die nächsten Angehörigen, die als Erben, Vermächtnisnehmer oder Testamentsvollstrecker vorgesehenen Personen?

III. Deutsches Internationales Erbrecht

1. Prüfung deutsches IPR[10]

8
Checkliste

I. Verweisung
☐ Vorrang staatsvertraglicher Kollisionsnormen gem. Art. 3 Abs. 2 EGBGB
  • Anwendungsbereich des Vertrages: räumlich, sachlich, persönlich, zeitlich
  • Qualifikation von Rechtsbegriffen des Übereinkommens
  • Unselbständige Anknüpfung von Vorfragen
☐ Qualifikation (Einordnung) der Rechtsfrage im EGBGB (h. M. lex fori)
  • Altes oder neues Recht?
  • Welche konkrete Kollisionsnorm ist anwendbar?
    – Qualifikationsergebnis heranziehen
    – Vorrangige zulässige Rechtswahl beachten
    – falls Kollisionsnorm fehlt: allgemeine Regeln beachten
  • Klärung der Anknüpfungstatbestände
    – Staatsangehörigkeit (deutsche Staatsangehörigkeit, Volksdeutsche, Flüchtlinge?)
    – Mehrstaater Art. 5 Abs. 1 EGBGB

---

[6] U. Rdnr. 118 ff.
[7] Vgl. u. Rdnr. 111 f. und 157 f. sowie ausf. § 67.
[8] v. Oertzen ZEV 1995, 167 f. m.w.N.
[9] Auszüge abgedruckt und erläutert bei Palandt/*Heldrich* Anh. zu Art. 5 EGBGB Rdnr. 30.
[10] Prüfungsschema nach *Hüßtege* IPR S. 9 f.

- Staatenlose Art. 5 Abs. 2 EGBGB
- Gewöhnlicher Aufenthalt
- Sonstige Anknüpfungen
• Deutsches IPR oder selbständige Anknüpfung?
II. Die Anwendung ausländischen Rechts   9
☐ Ermittlung ausländischen Rechts
☐ Gesamt-(IPR-) Verweisung nach Art. 4 Abs. 1 EGBGB
  • Prüfung des ausländischen IPR, ob
    - Rückverweisung auf deutsche Sach- oder IPR-Normen
    - Weiterverweisung auf andere ausländische IPR-Normen oder Sachnormen
    - Qualifikation ausländischer Rechtsinstitute nach dortigem Recht
  • Kein Ausschluss der IPR-Verweisung nach Art 4 Abs. 2 o. Art. 35 Abs. 1 EGBGB
☐ Unteranknüpfung bei Mehrrechtsstaatern, Art. 4 Abs. 3, 35 Abs. 2 EGBGB
☐ Vorrang des Einzelstatuts beachten, Art. 3 Abs. 3 EGBGB
☐ Anwendung fremden Rechts
  • Vorfragen: h. M: selbständige Anknüpfung, a. A. unselbständige Anknüpfung
  • Anpassung
III. Schranken gegenüber der Anwendung ausländischen Rechts (ordre public): Art. 6 EGBGB   10
☐ Ausnahmevorschrift
☐ Voraussetzungen:
  • Offensichtliche Unvereinbarkeit des Ergebnisses der Anwendung fremder Sachnormen mit wesentlichen Grundsätzen des deutschen Rechts, insbesondere mit den Grundrechten
  • Anwendungsbereich ist im konkreten Fall unerträglich
  • Binnenbeziehung ist notwendig
☐ Falls Verstoß gegeben: Lücke durch ausländisches Recht schließen, hilfsweise deutsches Recht

2. Grundlagen der Fallprüfung (Überblick)

a) Qualifikation im Internationalen Erbrecht. Unter **Qualifikation** versteht man allgemein 11 den Vorgang zur Ermittlung der anzuwendenden **Kollisionsnorm**, d.h. es muss die richtige Norm des IPR gefunden werden. Ist der Sachverhaltsbezug zum Ausland erbrechtlicher Natur, müssen zur Feststellung des anwendbaren materiellen Erbrechts die IPR-Normen herangezogen werden, die Bestimmungen über das Erbrecht treffen. Die Qualifikation beinhaltet also zum Einen die Feststellung der erbrechtlichen Natur eines Sachverhalts und zum Anderen die Bestimmung der Kollisionsnormen, die einen erbrechtlichen Inhalt aufweisen. In aller Regel bereitet beides keine Schwierigkeiten. Das **deutsche Internationale Erbrecht** ist in **Art. 25 bis 26 EGBGB** geregelt. Nach Art. 25 Abs. 1 EGBGB findet das materielle Erbrecht des Staates Anwendung, dessen Staatsangehörigkeit der Erblasser **im Zeitpunkt seines Todes** besaß. Verstirbt also – gleichgültig wo – ein Deutscher, finden aus deutscher Sicht gemäß Art. 25 Abs. 1 EGBGB die deutschen Erbrechtsvorschriften Anwendung.

Die Qualifikation wird schwierig, wenn unklar ist, welchem Statut der Sachverhalt unterzu- 12 ordnen ist, z.B. wenn güterrechtliche Fragen hinzutreten. Da diese das Erbrecht beeinflussen können, muss untersucht werden, ob der Sachverhalt erbrechtlich oder/und güterrechtlich zu qualifizieren ist mit der Folge, dass im Falle güterrechtlicher Qualifikation Art. 13 ff. EGBGB zu beachten sind. Gemäß Art. 15 Abs. 1 i. V. m. Art. 14 Abs. 1 Nr. 1 EGBGB ist beispielsweise an die gemeinsame Staatsangehörigkeit der Ehegatten **zurzeit der Eheschließung** anzuknüpfen. Die Tatsache des Versterbens lässt also nicht automatisch die Qualifikation des Sachverhalts als erbrechtlich folgen. Schwierig wird auch die Qualifikation, wenn dem deutschen Recht unbekannte Rechtsinstitute eine Rolle spielen.

Welche Maßstäbe sind heranzuziehen, um die Rechtsqualität eines Sachverhalts und einer 13 Kollisionsnorm zu bestimmen? Nach **h. M.** gilt die so genannte **lex fori**, d. h zur Auslegung der Kollisionsnormen wird auf diejenige Rechtsordnung zurückgegriffen, die die Rechtsbegriffe

aufgestellt hat,[11] bei deutschen Kollisionsnormen also deutsches Recht. Die Auslegung erfolgt ebenso wie die Auslegung des materiellen Rechtsbegriffs.[12] **Praktisch heißt das:**
- Auf **erster Stufe** wird das Problem nach dem jeweiligen materiellen Recht eingeordnet. **Beispiel:** § 1371 BGB = Güter- oder Erbrecht?[13]
- Auf **zweiter Stufe** wird das Ergebnis unter die betreffende Kollisionsnorm subsumiert, wobei also die Rechtsbegriffe des deutschen IPR anhand der deutschen Rechtsordnung ausgelegt werden (lex fori).

Diese beiden Stufen sind jedoch nur zur Veranschaulichung der Denkweise gedacht und wenig hilfreich, wenn man auf Rechtsinstitute trifft, die sich entweder überhaupt nicht in die deutschen Kollisionsnormen einordnen lassen oder im IPR abweichend von der materiellen Systematik eingestuft werden.

14   Bei einem dem deutschen Recht unbekannten ausländischen Rechtsinstitut muss zunächst der damit verfolgte Zweck ermittelt werden. Im Anschluss vergleicht man es anhand ihrer Funktion mit deutschen Rechtsinstituten und kann so versuchen, es einer deutschen Kollisionsnorm zuzuordnen.[14]

15   b) **Anknüpfungstatbestände.** Durch die Qualifikation wird festgelegt, ob eine Norm z.B. güterrechtlicher oder erbrechtlicher Natur ist und welcher Kollisionsnorm sie zugeordnet werden kann. Die Anknüpfungstatbestände stellen dagegen die Verbindung zwischen Qualifikationsergebnis und anwendbarem Recht her.[15]

Im **deutschen** Internationalen Erbrecht ist die **Staatsangehörigkeit** gemäß **Art. 25 Abs. 1 EGBGB** wichtigster Anknüpfungstatbestand. Hat eine Person (Personalstatut) mehrere Staatsangehörigkeiten, ist **Art. 5 Abs. 1 EGBGB** heranzuziehen, wonach das Recht des Staates gilt, mit dem die Person durch ihren **gewöhnlichen Aufenthalt** oder durch Verlauf ihres Lebens am engsten verbunden ist. Bei Mehrstaatern unter Beteiligung der deutschen Staatsangehörigkeit ist nur die deutsche maßgebend (Art. 5 Abs. 1 S. 2 EGBGB). Der gewöhnliche Aufenthalt entscheidet auch, wenn eine Person gemäß Art. 5 Abs. 2 EGBGB **staatenlos** ist oder die Staatsangehörigkeit nicht festgestellt werden kann. Die **Rechts- und Geschäftsfähigkeit** einer Person richtet sich gemäß Art. 7 Abs. 1 S. 1 EGBGB nach dem Recht des **Staates**, dem sie **angehört**. Die mit der Todeserklärung zusammenhängenden Fragen richten sich nach Art. 9 EGBGB. Weitere wichtige Anknüpfungstatbestände finden sich in Art. 13 EGBGB (Voraussetzungen der Eheschließung), Art. 14 EGBGB (allgemeine Ehewirkungen), Art. 15 EGBGB (güterrechtliche Wirkungen), Art. 17 EGBGB (Scheidung), Art. 19 EGBGB (Abstammung) und in Art. 28 EGBGB für Verträge, wenn kein Recht nach Art. 27 EGBGB gewählt wurde.

Im Internationalen Erbrecht zahlreicher Staaten ist die **lex rei sitae** von Bedeutung. Danach gilt das Recht des Lageortes („Belegenheitsstatut") einer Sache, was im Ergebnis häufig zu Nachlassspaltungen führt.[16]

16   c) **Vorrang staatsvertraglicher Kollisionsnormen.** Kollisionsrechtliche Vereinbarungen in Staatsverträgen verdrängen die Vorschriften des EGBGB, vgl. Art. 3 Abs. 2 EGBGB. Die Bundesrepublik Deutschland hat bisher an **multilateralen**, also mehrseitigen Erbrechtsverträgen nur das **Haager Testamentsformübereinkommen** ratifiziert.[17] Ein wesentlicher Auszug ist bei *Palandt/Heldrich* im Anhang von Art. 26 EGBGB abgedruckt. Der Gesetzgeber hat dieses Haager Testamentsabkommen zum Teil in Art. 26 EGBGB aufgenommen. In solchen Fällen spricht man von **inkorporierten Staatsverträgen**.[18] Hier stellt sich die Frage, auf welche Regelung zurückzugreifen ist.[19] An **bilateralen** Verträgen sind aus kollisionsrechtlicher Sicht

---

[11] Palandt/*Heldrich* Einl. Art. 3 EGBGB Rdnr. 27.
[12] *v. Hoffmann/Thorn* § 6 Rdnr. 12.
[13] Dazu u. Rdnr. 55 ff.
[14] St. Rspr.: z.B. BGH Urt. v. 19.12.1958 – BGHZ 29, 137, 139; BGH Urt. v. 22.3.1967 – BGHZ 47, 324, 336.
[15] *v. Hoffmann/Thorn* § 5 Rdnr. 1.
[16] Palandt/*Heldrich* Art. 25 EGBGB Rdnr. 2.
[17] Übersicht über weitere, teilweise erst gezeichnete Abkommen bei Staudinger/*Dörner* Vorb. Art. 25 EGBGB Rdnr. 21 ff.
[18] Palandt/*Heldrich* Art. 3 EGBGB Rdnr. 8.
[19] U. Rdnr. 80.

auf dem Gebiet des Erbrechts insgesamt drei zu beachten,[20] die unten (Rdnr. 100 ff.) behandelt werden. Für sonstige erbrechtlich relevante Verträge kann auf die Ausführungen von *Dörner* im Staudinger, Vorbem. Art. 25 EGBGB Rdnr. 200 ff. und *Birk* im Münchener Kommentar, Art. 25 EGBGB Rdnr. 278 ff. verwiesen werden.

d) **Gesamtnormverweisung/Sachnormverweisung.** Durch den Anknüpfungstatbestand einer Kollisionsnorm – z.B. Staatsangehörigkeit – wird auf eine bestimmte Rechtsordnung verwiesen. Verweist also das deutsche IPR auf eine ausländische Rechtsordnung, so ist dieses Recht in seiner Gesamtheit anzuwenden, so genannte **Gesamtnormverweisung.** Folglich muss auch das IPR dieser Rechtsordnung daraufhin untersucht werden, ob es die Verweisung des deutschen Rechts annimmt, zurück- oder weiterverweist.[21]

17

Möglich ist aber auch die direkte Verweisung auf eine Sachnorm des ausländischen Rechts unter Ausschluss des Kollisionsrechts, so genannte **Sachnormverweisung.**[22] Ob eine Sachnormverweisung vorliegt, ergibt sich nur aus den einzelnen Kollisionsnormen, vgl. Art. 3 Abs. 1 S. 2 EGBGB.[23] **Erbrechtlich relevante** Sachnormverweisungen sind in:
- Art. 26 Abs. 1 Nr. 1 bis 4 EGBGB
- Art. 26 Abs. 2- 4 EGBGB
- Art. 25 Abs. 2 i. V. m. Art. 4 Abs. 2 EGBGB
- Art. 14 Abs. 2 und 3 EGBGB
- Art. 15 Abs. 2 EGBGB

enthalten. Nicht außer Acht gelassen werden darf Art. 4 Abs. 1 S. 1 2. HS EGBGB, wonach das IPR keine Anwendung findet, wenn es dem Sinn der Verweisung widerspricht.

e) **Rückverweisung und Nachlassspaltung.** Hat man die Kollisionsnorm bestimmt und verweist beispielsweise Art. 25 Abs. 1 EGBGB infolge ausländischer Staatsangehörigkeit auf eine andere Rechtsordnung, so ist dessen IPR zu prüfen. Unterscheidet sich der Anknüpfungstatbestand des ausländischen IPR vom deutschen, ist es möglich, dass das ausländische Recht seinerseits deutsches Recht für anwendbar erklärt.[24] In diesen Fällen spricht man von **Rückverweisung.**[25] Gemäß Art. 4 Abs. 1 S. 2 EGBGB werden solche Rückverweisungen auf deutsches Recht als Sachnormverweisungen behandelt. Dadurch gelangt direkt das deutsche materielle Recht zur Anwendung und ein ständiges hin und her wird durch **Abbruch** der Verweisungen vermieden.[26]

18

Beispiel:

19

Ein Däne wohnt in Deutschland und verstirbt. Art. 25 Abs. 1 EGBGB führt über die Anknüpfung an die Staatsangehörigkeit zur Verweisung (Gesamtnormverweisung!) auf die dänische Rechtsordnung und damit auf das dänische IPR. Dieses knüpft aber nicht an die Staatsangehörigkeit, sondern mangels erbrechtlicher Kollisionsnormen per Gewohnheitsrecht an den letzten Wohnsitz[27] und verweist somit auf deutsches Recht. Diese Gesamtnormverweisung wird nach Art. 4 Abs. 1 S. 2 EGBGB zur Sachnormverweisung. Im Ergebnis kommt mittels Abbruch der Verweisung deutsches Recht zur Anwendung.

Schwieriger wird es, wenn das ausländische Recht nur eine Teilrückverweisung vornimmt.

20

Beispiele:

Eine Engländerin verstirbt an ihrem langjährigen Wohnsitz in München. Das englische Recht nimmt die deutsche Verweisung des Art. 25 Abs. 1 EGBGB an, allerdings nur für unbewegliches Vermögen in England. Denn das englische Recht knüpft für unbewegliches Vermögen an die lex rei sitae und

---

[20] Staudinger/*Dörner* Vorb. Art. 25 f. EGBGB Rdnr. 22.
[21] Palandt/*Heldrich* Art. 4 EGBGB Rdnr. 1.
[22] MünchKommBGB/*Sonnenberger* Einl. IPR Rdnr. 484.
[23] MünchKommBGB/*Sonnenberger* Art. 3 EGBGB Rdnr. 9.
[24] Länderübersicht der Anknüpfungstatbestände bei Staudinger/*Dörner* Anh. Art. 25 f. EGBGB; *Süß* ZEV 2000, 486, 489 ff.; *Firsching/Graf* S. 231 ff.; *Schotten* Anhang III S. 403; vgl. auch *Nieder*, Handbuch der Testamentsgestaltung, 2. Aufl. 2000, Rdnr. 995; vgl. auch u. Rdnr. 84.
[25] Palandt/*Heldrich* Art. 4 EGBGB Rdnr. 1.
[26] Palandt/*Heldrich* Art. 4 EGBGB Rdnr. 3.
[27] Staudinger/*Dörner* Anh. Art. 25 f. EGBGB Rdnr. 143.

damit an den Lageort an.²⁸ Der Begriff „unbewegliches Vermögen"²⁹ muss dabei nach englischem Recht bestimmt werden. Das bewegliche Vermögen wird hingegen nach dem Recht des **letzten Domizils** vererbt und damit nach deutschem Recht.³⁰ Das deutsche Recht nimmt diese Teilrückverweisung an. Es tritt **Nachlassspaltung** ein. Die Konsequenz: Es entstehen zwei rechtlich selbständige Nachlässe, die nach verschiedenen Rechtsordnungen behandelt werden.³¹

21   f) **Weiterverweisung.** Verweist das ausländische IPR nicht auf deutsches Recht zurück, sondern auf eine dritte Rechtsordnung, so liegt eine Weiterverweisung vor. Diese wird von Art. 4 Abs. 1 EGBGB akzeptiert.³²

Beispiel (Abwandlung des vorherigen Beispiels):
Die Engländerin verstirbt an ihrem langjährigen Wohnsitz in Rom und hinterlässt Immobilien in Italien und bewegliches Vermögen in Rom sowie in Deutschland. Aus deutscher Sicht gilt englisches Recht. Das englische Recht verweist für das unbewegliche Vermögen auf das Recht des Lageortes und für das bewegliche Vermögen auf das Recht am letzten Domizil, das in vielen Fällen der letzte dauerhafte Wohnort ist, d.h. hier also auf italienisches Recht. Diese Weiterverweisung auf italienisches Recht akzeptiert das deutsche Recht, Art. 4 Abs. 1 EGBGB. Das englische Recht versteht seine Verweisung als Gesamtverweisung. Italien knüpft jedoch an die Staatsangehörigkeit an und verweist auf englisches Recht. Die Verweisung des englischen Rechts auf italienisches Recht begreift Italien als Rückverweisung und bricht die Rückverweisung ab, so dass aus Sicht Italiens italienisches Recht zur Anwendung gelangt.³³ England folgt der Theorie des **double renvoi**, wonach eine Rückverweisung auf das eigene Recht (anders als in Italien oder Deutschland) nicht abgebrochen wird, sondern es wird das fremde IPR so angewendet, wie ausländische Gerichte es anwenden würden.³⁴ Dadurch akzeptiert es den italienischen Abbruch der Rückverweisung und folgt der italienischen Rechtsanwendungsentscheidung. Im Ergebnis gelangt nach Auffassung aller drei Staaten italienisches Recht zur Anwendung.

Nach h.M. ist anhand des ausländischen IPR zu bestimmen, ob dessen Weiterverweisung als Gesamtverweisung oder Sachnormverweisung zu verstehen ist.³⁵ Liegt ein Fall der Gesamt(weiter)verweisung vor und verweist etwa das IPR des dritten Staates auf deutsches Recht zurück, wird diese Verweisung wieder gemäß Art. 4 Abs. 1 S. 2 EGBGB abgebrochen.

22   g) **Anknüpfung bei Mehrrechtsstaaten.** Einige föderalistische Staaten haben mehrere Privatrechtsordnungen. Noch am einfachsten ist die Behandlung solcher Fälle, wenn diese Staaten ein einheitliches IPR haben und darin auf spezielle Regeln – sog. **interlokales Privatrecht** – verwiesen wird, welche die anzuwendende Teilrechtsordnung bestimmen. Dann ist gemäß Art. 4 Abs. 3 S. 1 EGBGB das ausländische IPR zu prüfen und im Anschluss, wenn es die deutsche Verweisung annimmt, das interlokale Privatrecht. Das gilt z.B. für Spanien und Restjugoslawien (Serbien und Montenegro).³⁶

23   Anders liegt der Fall nur, wenn das deutsche IPR im Umkehrschluss des Art. 4 Abs. 3 S. 1 EGBGB bereits die Teilrechtsordnung festlegt und damit eine Sachnormverweisung ausspricht.³⁷ Dann ist weder das IPR noch das interlokale Privatrecht des ausländischen Staates zu prüfen, sondern sofort die betreffende Teilrechtsordnung anzuwenden.

24   Komplizierter wird es, wenn ein Mehrrechtsstaat weder ein einheitliches IPR noch ein einheitliches interlokales Privatrecht besitzt. Beispiele sind die USA, Kanada, Großbritannien und Australien. Nach Art. 4 Abs. 3 S. 2 EGBGB findet die Teilrechtsordnung des Staates Anwendung, mit dem der Sachverhalt am engsten verbunden ist. Anknüpfungspunkt ist im Fall angloamerikanischer Mehrrechtsstaaten in der Regel der letzte gewöhnliche Aufenthalt des Erblassers innerhalb des Gesamtstaates.³⁸ **Gewöhnlicher Aufenthalt** ist der Ort, an dem eine Per-

---

²⁸ Staudinger/*Dörner* Anh. Art. 25 f. EGBGB Rdnr. 200.
²⁹ Vgl. BGH Urteil v. 10.5.2000 – NJW 2000, 2421 f. (z. Frage, ob Forderungen unbewegl. Verm. sein können).
³⁰ MünchKommBGB/*Birk* Art. 25 EGBGB Rdnr. 89.
³¹ Zu Problemen der Nachlassspaltung u. Rdnr. 84 ff.
³² Vgl. Palandt/*Heldrich* Art. 4 EGBGB Rdnr. 3.
³³ Vgl. Süß/Haas/*Wiedemann*/*Wiedemann*, Erbrecht in Europa, Italien, I 1. S. 550 Rdnr. 2.
³⁴ Süß/Haas/*Odersky*, Erbrecht in Europa, Großbritannien, I 1. a) S. 483 Rdnr. 8.
³⁵ Palandt/*Heldrich* Art. 4 EGBGB Rdnr. 3; zum Streit *v. Hoffmann/Thorn* § 6 Rdnr. 97 ff.
³⁶ Staudinger/*Dörner* Anh. Art. 25 f. EGBGB Rdnr. 629 ff. (Spanien) und Rdnr. 297 (Jugoslawien).
³⁷ Palandt/*Heldrich* Art. 4 EGBGB Rdnr. 14.
³⁸ Staudinger/*Dörner* Art. 25 EGBGB Rdnr. 657; Palandt/*Heldrich* Art. 4 EGBGB Rdnr. 14.

son nicht nur vorübergehend verweilt und der Schwerpunkt ihrer familiären und beruflichen Bindungen liegt.[39] Hat man so die Teilrechtsordnung und deren Kollisionsrecht bestimmt, ist dieses daraufhin zu untersuchen, ob es die deutsche Verweisung annimmt oder zurück- bzw. weiterverweist. Ist die maßgebliche Teilrechtsordnung bestimmt und gibt es jedoch keine Kollisionsnormen, muss auf das Gewohnheitsrecht der Teilrechtsordnung zurückgegriffen werden.

Fehlen **ausländische Sachvorschriften**, die das Rechtsproblem lösen, ist aus dem Gesamtsystem anhand der ungeschriebenen Regeln eine Lösung zu entwickeln, wie es auch das ausländische Gericht täte. Es liegt auf der Hand, dass dies vom deutschen Berater nicht zu leisten ist, sondern nur durch Konsultierung ausländischer Anwälte erfolgen kann.

Beispiel:
Ausländische Eheleute haben in Deutschland ein gemeinschaftliches Testament errichtet, welches vom anwendbaren ausländischen Erbstatut als formwidrig angesehen wird. Das Erbstatut behandelt das gemeinschaftliche Testament nicht als materielle Rechtsfrage (anders aber z.B. Italien), sondern lediglich als Formproblem und akzeptiert das deutsche Ortsrecht. Gemäß Art. 26 Abs. 1 S. 1 Nr. 2 EGBGB ist dieses Testament aus deutscher Sicht formgerecht errichtet. Das ausländische Recht wird jedoch keine Vorschriften über die Bindungswirkung haben, wenn es gemeinschaftliche Testamente als formwidrig ansieht. Also muss die Lösung aus der fremden Rechtsordnung heraus entwickelt werden. Vermutlich werden die vorhandenen fremden Vorschriften frei widerrufliche Testamente vorsehen, so dass die Anwendung des Art. 26 Abs. 5 EGBGB unter Berücksichtigung des ausländischen Erbstatuts im Zweifel zu keiner Bindungswirkung des Testaments führt.[40]

Kann der **Inhalt** des anzuwendenden Rechts **nicht festgestellt** werden, so gilt als Ersatzrecht deutsches Recht. Ist diese Lösung unbefriedigend, kann auf das wahrscheinlich geltende Recht zurückgegriffen werden.[41]

h) Vorrang des Einzelstatuts (Art. 3 Abs. 3 EGBGB). Grundsätzlich gilt das gemäß Art. 25 Abs. 1 EGBGB ermittelte Erbstatut für den gesamten Nachlass, so dass der deutsche Erblasser nach deutschem Erbrecht beerbt wird, auch wenn sich sein Vermögen in verschiedenen Staaten befindet.[42] Die vom deutschen Kollisionsrecht bezweckte Einheitlichkeit des Erbrechtsstatuts scheitert aber, wenn das Kollisionsrecht des Lageortes das deutsche Erbstatut nicht anerkennt, sondern eigenes Recht für anwendbar erklärt. Hier trägt Art. 3 Abs. 3 EGBGB zur Lösung bei. Wichtig ist, was Gegenstände und besondere Vorschriften im Sinne des Art. 3 Abs. 3 EGBGB sind.

Beispiel:
Ein Deutscher verstirbt in München. Zum Nachlass gehört ein Grundstück in Paris. Das französische Recht unterwirft beweglichen Nachlass dem Recht des letzten Wohnsitzes, unbeweglicher Nachlass hingegen wird nach dem Recht des Lageortes vererbt.[43]

Ergebnis: Es tritt rechtliche **Nachlassspaltung** ein. Das Grundstück wird getrennt vom übrigen Nachlass nach französischem Recht vererbt. Deutsches Recht wäre zwar nach Art. 25 Abs. 1 EGBGB anwendbar. Die Wohnung befindet sich aber nicht in Deutschland und unterliegt in Frankreich als unbeweglicher Nachlass infolge der **Nachlassspaltung** besonderen Vorschriften.

Unter **besonderen Vorschriften**[44] versteht man aber nicht nur Kollisionsnormen, die eine Nachlassspaltung herbeiführen,[45] sondern alle Sachnormen des Belegenheitsstaates, die rechtliches Sondervermögen vorsehen.[46] Das Sondervermögen wird dabei einer vom allgemeinen Erbrecht abweichenden Erbfolge unterstellt. Dazu gehören z.B. Anerbengüter und

---
[39] Vgl. BGH Urt. v. 5.2.1975 – NJW 1975, 1068; Beschl. v. 3.2.1993 – NJW 1993, 2047, 2048.
[40] *Staudinger/Dörner* Art. 25 EGBGB Rdnr. 664.
[41] BGHZ Beschl. v. 26.10.1977 – 69, 387, 393 ff. = NJW 78, 496, 498; BGH Urt. v. 23.12.1981 – NJW 1982, 1215, 1216; a.A. Palandt/*Heldrich* Einl. Art. 3 EGBGB Rdnr. 36; Streitübersicht ebenda.
[42] *v. Hoffmann/Thorn* § 9 Rdnr. 61.
[43] *Ferid/Firsching/Dörner/Hausmann* Bd. III Grundzüge Frankreich Rdnr. 6; *Süß/Haas/Döbereiner*, Erbrecht in Europa, Frankreich, I.1.a) Rdnr. 2; *Werkmüller* ZEV 1999, 474.
[44] MünchKommBGB/*Sonnenberger* Art. 3 EGBGB Rdnr. 20 ff.; Palandt/*Heldrich* Art. 3 EGBGB Rdnr. 17 ff.
[45] Zu übrigen Kollisionsnormen Staudinger/*Dörner* Art. 25 EGBGB Rdnr. 536 ff.
[46] *Flick/Piltz* Rdnr. 221; MünchKommBGB/*Sonnenberger* Art. 3 EGBGB Rdnr. 21.

Erbhöfe.⁴⁷ Auch das deutsche Höferecht unterfällt Art. 3 Abs. 3 EGBGB; nicht dagegen die Mietrechtsregelung nach § 563 BGB, denn diese mietrechtliche Sondererbfolge ist schuldrechtlich zu qualifizieren und damit vom Anwendungsbereich des Art. 3 Abs. 3 EGBGB ausgenommen.⁴⁸ Die betreffenden **Gegenstände** zu bestimmen, obliegt dem Belegenheitsstaat.⁴⁹ Neben beweglichen und unbeweglichen Sachen kommen auch Forderungen, Immaterialgüterrechte oder Mitgliedschaftsrechte in Betracht.⁵⁰ Forderungen „befinden" sich in dem Staat, in dem dieser effektive Zugriffsmöglichkeiten auf das Gut hat.⁵¹

29 **Abwandlung zum Beispielsfall:**⁵² Der deutsche Erblasser verstirbt an seinem **letzten Wohnsitz in Paris.** Aus deutscher Sicht ist zwar deutsches Recht, aus französischer Sicht französisches Recht anwendbar. Art. 3 Abs. 3 EGBGB akzeptiert aber die französische Regelung bezüglich des **unbeweglichen** Vermögens, so dass das **Grundstück** auch aus deutscher Sicht nach französischem Recht vererbt wird (insoweit **rechtliche** Nachlassspaltung). Hinsichtlich des beweglichen Vermögens erklären sich beide Rechtsordnungen für anwendbar. Im letzteren Fall liegt ein so genanntes **hinkendes Rechtsverhältnis** vor,⁵³ dass auch als **faktische** Nachlassspaltung bezeichnet werden kann. Denn hier erzielen die Staaten keinen rechtlichen Gleichklang, sondern „beharren" auf ihr Recht.⁵⁴

30 i) **Anwendung fremden Rechts.** *aa) Vorfragen.* Im Schrifttum finden sich die Begriffe Teil-, Erst- und Vorfragen, die differenzierend angewendet werden, jedoch alle im Kern um das gleiche Problem kreisen.⁵⁵ Hier werden die Probleme entsprechend der Rechtsprechung unter dem Stichwort „Vorfrage" zusammengefasst.

31 Das gemäß Art. 25 Abs. 1 EGBGB bestimmte Erbstatut entscheidet über alle Fragen, die mit der Erbschaft **direkt** zusammenhängen, wie etwa den Kreis der gesetzlichen Erben. Verweist aber eine deutsche Kollisionsnorm – z.B. Art. 25 Abs. 1 EGBGB – auf eine bestimmte Rechtsordnung und muss zur Anwendung des ermittelten Erbstatuts eine andere Rechtsfrage beantwortet werden (sog. Vorfrage), für welche das deutsche IPR spezielle Kollisionstatbestände vorsieht, ist fraglich, ob die verweisende Kollisionsnorm die Vorfrage mitumfasst oder zur Beantwortung dieser Vorfragen gesondert an die speziellen Kollisionstatbestände anzuknüpfen ist. Nach h. M. ist gesondert anzuknüpfen, sog. **selbständige Anknüpfung.**⁵⁶ Die Mindermeinung, welche die Vorfragen unter Einschaltung der Kollisionsnormen des für die Hauptfrage maßgeblichen Rechts beantworten möchte,⁵⁷ wird nur in Ausnahmefällen angewandt.

32 Beispiel:
Der Erblasser hatte die deutsche Staatsangehörigkeit erst kurz vor seinem Tod angenommen und hinterlässt seine ausländische Ehefrau und zwei adoptierte Kinder. Art. 25 Abs. 1 EGBGB verweist auf deutsches Recht. Die Ehefrau fragt nach dem Umfang ihres gesetzlichen Erbrechts. Erbrechtlich greift § 1931 BGB ein. Doch findet § 1371 BGB Anwendung, wenn die Ehe im Ausland geschlossen wurde? Gilt überhaupt der Güterstand der Zugewinngemeinschaft? Sind die Kinder Abkömmlinge gemäß §§ 1924, 1931 BGB?

33 Das deutsche IPR hält für Fragen der Eheschließung, der allgemeinen und güterrechtlichen Ehewirkungen, der Abstammung sowie der Adoption spezielle Kollisionsnormen bereit, Art. 13 bis 15, 19 und 21 EGBGB. Zur Beantwortung der Vorfragen ist also nach h. M. gesondert an diese speziellen Kollisionsnormen anzuknüpfen. Dadurch kann sich eine andere Beurteilung ergeben, als dies bei Anwendung des Art. 25 Abs. 1 EGBGB der Fall wäre. Die im Beispiel aufgeworfenen Fragen sollen unten Rdnr. (51 ff.) näher erläutert werden.

---

⁴⁷ BGH Urt. v. 5.4.1968 – NJW 1968, 1571.
⁴⁸ Vgl. MünchKommBGB/*Sonnenberger* Art. 3 EGBGB Rdnr. 36.
⁴⁹ BayObLG Beschl. v. 29.9.1998 – 98, 242, 247 = ZEV 1998, 475, 477.
⁵⁰ Staudinger/*Dörner* Art. 25 EGBGB Rdnr. 526; BayObLG Beschl. v. 29.9.1998 – 98, 242, 247 = ZEV 1998, 475, 477.
⁵¹ MünchKommBGB/*Sonnenberger* Art. 3 EGBGB Rdnr. 35.
⁵² *Schotten* § 7 II 1 b) S. 196 f.
⁵³ S. auch u. Rdnr. 78.
⁵⁴ Diesbezügliche Gestaltungsüberlegungen u. Rdnr. 146.
⁵⁵ Vgl. *v. Hoffmann/Thorn* § 6 Rdnr. 42 ff.
⁵⁶ BGHZ Beschl. v. 22.1.1965 – 43, 213, 218 ff.; BGH Urt. v. 12.3.1981 – NJW 1981, 1900, 1901.
⁵⁷ Überbl. bei Palandt/*Heldrich* Einl. Art. 3 EGBGB Rdnr. 29.

Die **Zugehörigkeit** von **Gegenständen** zum **Nachlass** und unter Umständen auch das **Vorliegen** der **Testierfähigkeit** können weitere Vorfragen sein.[58] **Ausnahmsweise** erfolgt die **unselbständige** Anknüpfung, wenn das deutsche IPR keine Kollisionsnormen bereit hält oder aus besonderen Gründen Einklang mit dem Erbstatut erzielt werden soll.[59] Im Übrigen werden auch Vorfragen in **Staatsverträgen** unselbständig angeknüpft.[60] 34

bb) Anpassung. Sind spezielle Kollisionsnormen einschlägig, können im Ergebnis verschiedene Rechtsordnungen anwendbar sein, die zu Normwidersprüchen oder Regelungslücken im konkreten Fall führen. 35

Beispiel:
Ein deutsches Ehepaar nimmt während der Ehe die österreichische Staatsbürgerschaft an. Der Mann stirbt und hinterlässt neben seiner Ehefrau zwei Kinder. Gemäß Art. 25 Abs. 1 EGBGB wird er nach österreichischem Recht beerbt. Danach erhalten der Ehegatte und die beiden Kinder jeweils eine Erbquote von 1/3. Anders als nach deutschem Recht bleibt das Güterrecht unberücksichtigt. Als Güterrechtsstatut gelangt aber deutsches Recht gemäß Art. 15 Abs. 1, 14 Abs. 1 EGBGB zur Anwendung. Damit erhält die Ehefrau gemäß § 1371 BGB zusätzlich 1/4 pauschal der Erbschaft, denn diese Norm wird nach h. M. güterrechtlich qualifiziert.[61]

Hier führen die unterschiedlichen Anknüpfungspunkte zu verschiedenen Lösungen bzw. Widersprüchen. Die Nuss kann durch **Anpassung** geknackt werden, indem entweder das Kollisionsrecht oder das Sachrecht modifizierend angewandt wird.[62] Hier gibt es kein „*Richtig*" oder „*Falsch*", sondern nur den Versuch, die im Einzelfall gerechteste Lösung zu finden. Im Beispielsfall könnte also einseitig eine Kollisionsnorm angewandt werden – z.B. Art. 25 Abs. 1 EGBGB – und dadurch unter Ausschluss der anderen Kollisionsnorm eine einheitliche Lösung erzielt werden. Das ist zwar praktisch und übersichtlich. Aber die Begründung fällt dann schwer, wenn dadurch ein Beteiligter mehr oder weniger erhält als bei vollständiger Anwendung der anderen Kollisionsnorm.[63] In diesem Fall liegt eine Modifizierung des Sachrechts dahin gehend näher, dem überlebenden Ehegatten einen mittleren Betrag zuzugestehen.[64] 36

j) Art. 6 EGBGB. Wenn die kollisionsrechtliche Prüfung zur Anwendung ausländischen Rechts führt, so hat sich der Anwender nach der ausländischen Rechtsprechung und Literatur zu richten. Nur wenn das **Ergebnis** dieser Anwendung mit wesentlichen Grundsätzen des deutschen Rechts, insbesondere mit den Grundrechten unvereinbar ist, hat die Anwendung gemäß Art. 6 EGBGB zu unterbleiben. Der Kernbestand der inländischen Rechtsordnung darf nicht angetastet werden.[65] 37

Konsequenz: Die konkrete Rechtsnorm, die das mit deutschem Recht unvereinbare Ergebnis verursacht, ist nicht anzuwenden. Im Übrigen bleibt die fremde Rechtsordnung anwendbar, so dass mit ihrer Hilfe die Lücke geschlossen werden muss.[66] Gelingt auch dies nur unter Verstoß gegen Art. 6 EGBGB, so ist deutsches Recht als Ersatzrecht anzuwenden.[67]

Beispiel:[68] 38
Der in Deutschland lebende Erblasser ist verwitwet, hat Sohn und Tochter und besitzt die Staatsangehörigkeit eines islamischen Staates. Art. 25 Abs. 1 EGBGB verweist auf das Recht des islamischen Staates, welches die Verweisung annimmt. Dieses islamische Recht bestimmt, wenn weibliche und männliche Abkömmlinge zusammenkommen, dass der männliche Erbe das Doppelte erhält.

---

[58] Palandt/*Heldrich* Art. 25 EGBGB Rdnr. 16 f., 52 f.
[59] Hierzu Palandt/*Heldrich* Einl Art. 3 EGBGB Rdnr. 30.
[60] *v. Hoffmann/Thorn* § 6 Rdnr. 55, 64.
[61] Palandt/*Heldrich* Art. 15 EGBGB Rdnr. 26; vgl. u. Rdnr. 51 ff.
[62] *v. Hoffmann/Thorn* § 6 Rdnr. 35; Palandt/*Heldrich* Einl. Art. 3 EGBGB Rdnr. 32; *Derstadt* S. 132 ff.; *Kopp* S. 103.; a.A. OLG Stuttgart, das statt des pauschalen Zugewinnausgleichs den tatsächlichen Zugewinn berechnen und ausgleichen möchte, OLG Stuttgart Beschl. v. 8.3.2005 – ZEV 2005, 443; vgl. u. Rdnr. 51 ff.
[63] Vgl. Palandt/*Heldrich* Art. 15 EGBGB Rdnr. 26.
[64] Vgl. auch *v. Hoffmann/Thorn* § 6 Rdnr. 37.
[65] Vgl. BT-Drucks. 10/504 S. 42.
[66] BGH Urt. v. 3.12.1992 – NJW 1993, 848, 850 = IPRax 1993, 104 = FamRZ 1993, 316, 318.
[67] Palandt/*Heldrich* Art. 6 EGBGB Rdnr. 13; vgl. auch BGH Urt. v. 3.12.1992 – NJW 1993, 848, 850.
[68] *Schotten* § 3 VII S. 49.

39 Da dieses Ergebnis gegen Art. 3 Abs. 2 GG verstoßen dürfte und – unterstellt – auch nicht durch andere Regelungen des anwendbaren Rechts abgeschwächt werden kann, erben beide Kinder gemäß den Grundsätzen des § 1924 Abs. 1 und 4 BGB zu gleichen Teilen.[69]
Vorsicht: Art. 6 EGBGB ist eine eng auszulegende **Ausnahmevorschrift.** Widersprüche müssen hingenommen werden. Grundrechtsverstöße sind genau zu prüfen, da die Versuchung des Praktikers verständlich ist, das ihm vertraute deutsche Recht anzuwenden. Folgende **Voraussetzungen** müssen für Art. 6 EGBGB vorliegen:
- Unvereinbarkeit ausländischer Normen mit deutschem Recht;[70]
- Ergebnis muss im konkreten Fall unerträglich sein;
- Sachverhalt muss starken Inlandsbezug aufweisen, denn nicht ausländische Rechtsgüter, sondern die innere Ordnung soll geschützt werden.[71]

40 **Anwendungsbereiche**[72] im Erbrecht:[73]
- generelle Verweigerung jeglichen Erbrechts der nächsten Verwandten und des Ehegatten;
- unterschiedliche gesetzliche Erbquoten je nach dem Geschlecht, der Religion oder der Volkszugehörigkeit der Erben;
- Diskriminierung nichtehelicher Kinder;
- schwerste Fälle der Erbunwürdigkeit.[74]
Der ordre public einer fremden Rechtsordnung ist nicht zu wahren.[75]
Sicherlich zu beachten ist die Ansicht, dass eine Rechtsanwendung dann gegen Art. 6 S. 1 EGBGB verstößt, wenn eine Rechtsordnung weder Pflichtteilsansprüche noch ein materielles Noterbrecht kennt, ohne dass sie anderweitige Ansprüche gegen den Erben zur Unterhaltssicherung einräumt, und der Betreffende deshalb der deutschen Sozialhilfe zur Last fällt.[76]

41 **k) Gesetzesumgehung.** Mit Gesetzesumgehung bezeichnet man das rechtsmissbräuchliche Erschleichen oder Umgehen einer Norm.[77] Zur Umgehungs**handlung** muss die Umgehungs**absicht** hinzukommen und beide in Anbetracht der umgangenen Norm verwerflich sein.
Die **Rechtsfolge:** Statt der beabsichtigten Vorschrift wird die umgangene Norm angewandt.[78]

42 Die **Veränderung anknüpfungserheblicher Tatsachen** ist im Erbrecht in der Regel kein Problem. Die Änderung der Staatsangehörigkeit, gleichgültig aus welchem Grund, wird nicht für anstößig erachtet.[79] Es erstaunt auch nicht, dass die Nutzung der angebotenen Gestaltungsmöglichkeiten zulässig ist.

Beispiel:
Der deutsche Erblasser lebt in England und nimmt die englische Staatsbürgerschaft an, um seinem Sohn den Pflichtteil zu entziehen. Das englische Recht kennt keinen Pflichtteil.[80]

43 Art. 25 EGBGB knüpft allgemein und wertneutral an die Staatsangehörigkeit an und akzeptiert auch einen Staatsangehörigkeitswechsel. Die **überwiegende Auffassung** sieht daher in Sachverhalten wie im Beispielsfall grundsätzlich keine missbräuchliche Gesetzesumgehung und

---

[69] Vgl. hierzu im konkreten Fall abl. OLG Hamm Beschl. v. 29.4.1992 – FamRZ 1993, 111, 114.
[70] BGHZ Urt. v. 28.4.1988 – 104, 240, 243; Urt. v. 4.6.1992 – 118, 313, 330.
[71] Vgl. BGHZ Urt. v. 4.6.1992 – 118, 313, 348.
[72] Bsp. bei Palandt/*Heldrich* Art. 6 EGBGB Rdnr. 30.
[73] *Schotten* § 7 IV 5 a) S. 225.
[74] *Kroiß* K/R/K § 21 Rdnr. 38.
[75] Ausnahme bei Palandt/*Heldrich* Art. 6 EGBGB Rdnr. 8.
[76] MünchKommBGB/*Birk* Art. 25 EGBGB Rdnr. 113 m.w.N.; vgl. *Pentz* ZEV 1998, 449, 450 m.w.N. in Fn. 11.
[77] *v. Hoffmann/Thorn* § 6 Rdnr. 122; allg. Palandt/*Heinrichs* § 134 Rdnr. 28.
[78] *v. Hoffmann/Thorn* § 6 Rdnr. 124.
[79] Vgl. BGH Urt. v. 4.6.1971 – NJW 1971, 2124, 2125.
[80] Ferid/Firsching/Dörner/Hausmann Bd. III, Grundzüge Großbritannien Rdnr. 229; Süß/Haas/*Odersky*, Erbrecht in Europa, Großbritannien (England und Wales), II 4 S. 498 ff. (dort auch zu den Möglichkeiten für Familienangehörige, im Einzelfall eine Versorgung aus dem Nachlass zu erhalten).

verneint auch einen Verstoß gegen den deutschen ordre public.[81] Voraussetzung muss jedoch sein, dass der Staatsangehörigkeitswechsel staatsangehörigkeitsrechtlich wirksam zustande gekommen ist. In diesem Zusammenhang ist auf den **Nottebohm-Fall** des Internationalen Gerichtshofs[82] zu verweisen: Im internationalen Staatsangehörigkeitsrecht wird ein Staatsangehörigkeitswechsel für unwirksam betrachtet, wenn kein „genuine link" zu der Staatsangehörigkeit existiert.[83] Ist kein „genuine link" (völkerrechtliche Verbindung des Staatsbürgers mit seinem neuen Land) gegeben, so soll der Staatsangehörigkeitswechsel unerheblich sein. Die konkrete Entscheidung des IGH im Nottebohm-Fall ist aber genauso umstritten wie die Frage, ob diese sich auf das Völkerrecht stützende Entscheidung sowie das völkerrechtliche genuine link Prinzip auf das IPR überhaupt übertragbar ist.[84]

Wenn man eine Gesetzesumgehung ablehnt, so kann aber immer noch ein Fall des ordre public vorliegen und zur Nichtanwendung einer Norm führen, wenn etwa wie oben angedeutet die so gewählte Rechtsordnung z.B. über keine Pflichtteilsrechte und keine andere Kompensation verfügt und der Betreffende der deutschen Sozialhilfe zur Last fällt.[85] 44

Relevanter sind **Umgehungsgeschäfte,** mit denen qualifikationserhebliche Tatsachen geändert werden mit der Folge, dass eine andere Kollisionsnorm zur Anwendung gelangt (vgl. hierzu noch unten).

l) Substitution. Mit **Substitution** bezeichnet man die Frage, ob ein ausländisches Rechtsinstitut in seiner Ausgestaltung einem deutschen Institut so weitgehend ähnelt, dass es dieses im Tatbestand einer deutschen Sachnorm ersetzen kann.[86] 45

Beispiel:
Eine erforderliche Beurkundung wird im Ausland vorgenommen.

Die inländische Sachnorm steht meist fest, aber ein darin enthaltenes Tatbestandsmerkmal wird in einer fremden Rechtsordnung verwirklicht.[87] Es geht also um die Frage, ob trotz der Verwirklichung im Ausland die inländische Sachnorm erfüllt ist, ob ein ausländisches Testament einem deutschen, eine ausländische Scheidung einer deutschen gleichgestellt werden kann,[88] folglich also eine Funktionsübereinstimmung vorliegt.[89] Solche Substitutionen sind allgemein wirksam, wenn die Auslegung der jeweiligen Sachnormen die Gleichwertigkeit des ausländischen Rechtsvorgangs ergibt.[90] Denn dann sind auch die deutschen Anforderungen und beabsichtigten Zwecke erfüllt. Die vom BGH verlangte Funktionsäquivalenz setzt weder eine identische Bezeichnung noch einen völlig gleichen Rechtsinhalt voraus.[91] 46

m) Statutenwechsel. Ändern sich die persönlichen Verhältnisse des Erblassers, und sind diese ausschlaggebend für die Bestimmung des Erbstatuts, so muss das Erbstatut auf Grund der im Todesfall gegebenen Tatsachen ermittelt werden. So entscheidet nach Art. 25 Abs. 1 EGBGB die Staatsangehörigkeit im Todeszeitpunkt über das anwendbare Recht. Aber was ist, wenn der deutsche Erblasser ein Testament errichtet und kurz vor seinem Tod die italienische Staatsbürgerschaft annimmt? Diesen Fall löst Art. 26 Abs. 5 S. 1 EGBGB, in dem bei Vorhandensein einer Verfügung von Todes wegen das Erbstatut gilt, welches im Falle des Todes des Erblassers zurzeit der Errichtung der Verfügung gegolten hätte, sog. Errichtungsstatut.[92] Ein späterer Statutenwechsel wird also anders als bei der gesetzlichen Erbfolge nicht beachtet. 47

---

[81] Vgl. BGH Urt. v. 21.4.1993 – NJW 1993, 1920, 1921 (offengelassen); OLG Köln Urt. v. 26.6.1975 – FamRZ 1976, 170, 172; Kegel/Schurig § 21 II S. 859; Ebenroth Rdnr. 1248; diff. Staudinger/Dörner Art. 25 EGBGB Rdnr. 188, 695.
[82] Fall Nottebohm, C. I. J. Rec. 1955, 4 ff.; hierzu MünchKommBGB/Sonnenberger Einl. IPR Rdnr. 711, 717.
[83] Vgl. Ebenroth Rdnr. 1248 Fn. 115.
[84] Hierzu MünchKommBGB/Sonnenberger Einl. IPR Rdnr. 717 m.w.N.
[85] MünchKommBGB/Birk Art. 25 EGBGB Rdnr. 113 m.w.N.
[86] Palandt/Heldrich Einl. Art. 3 EGBGB Rdnr. 31; Reichert/Weller DStR 2005, 219, 221.
[87] Flick/Piltz Rdnr. 106.
[88] MünchKommBGB/Birk Art. 25 EGBGB Rdnr. 103.
[89] BGH Beschl. v. 4.10.1989 – BGHZ 109, 1, 6.
[90] Palandt/Heldrich Einl. Art. 3 EGBGB Rdnr. 31 und Art. 11 EGBGB Rdnr. 7 bis 9.
[91] Reichert/Weller DStR 2005, 219, 221; BGH Beschl. v. 4.10.1989 – BGHZ 109, 1, 6.
[92] Hierzu Palandt/Heldrich Art. 26 EGBGB Rdnr. 7 f.

Art. 26 Abs. 5 S. 2 EGBGB bestimmt **gleiches** für die **Testierfähigkeit**. Denn auch diese richtet sich nach dem Errichtungsstatut. Die einmal erlangte Testierfähigkeit bleibt bestehen.

3. Umfang des Erbstatuts

48 Das Erbstatut erfasst grundsätzlich alle mit dem Erbfall zusammenhängenden Fragen. Diese reichen von der Bestimmung der Erben, den Pflichtteilsberechtigten, der Behandlung von Erbengemeinschaften und der möglichen Arten von Verfügungen wie gemeinschaftliche Testamente, Erbverträge, Vermächtniseinsetzungen bis hin zur Auslegung von Testamenten, der Haftung für Nachlassverbindlichkeiten und der Frage, welche Aktiva und Passiva zum Nachlass gehören.[93]
Wie oben (Rdnr. 30 ff.) ausgeführt werden **Vorfragen** – beispielsweise ob Aktiva oder Passiva vorhanden sind – **nicht** vom Erbstatut beantwortet. Maßgeblich ist vielmehr:[94]
- gemäß Art. 43 Abs. 1 EGBGB die lex rei sitae,[95] ob der Erblasser oder ein Dritter Eigentümer einer Sache ist,
- das Vertragsstatut, ob eine Forderung dem Erblasser oder einem Dritten zusteht,
- das Güterrechtsstatut, ob und wie der Ehegatte gestellt wird,
- die lex rei sitae, ob ein dingliches Recht – z.B. der Nießbrauch – mit dem Tod des Erblassers erlischt,
- das jeweilige Statut, ob ein Recht oder eine Verbindlichkeit vererblich ist oder nicht, z.B. Schmerzensgeld, Forderungen aus Arbeitsverträgen,
- das für einen früheren Erbfall maßgebliche Erbstatut, ob der Anteil am Nachlass eines Dritten vererblich ist.[96]

49 Uneinigkeit besteht über die Zuordnung der Testierfähigkeit. Manche sehen sie als Ausprägung der Geschäftsfähigkeit und sehen Art. 7 Abs. 1 EGBGB als einschlägig an.[97] Andere beurteilen sie ausschließlich nach Art. 25 EGBGB, weil die deutsche Regelung der Testierfähigkeit eine besondere Abweichung von der allgemeinen Geschäftsfähigkeit sei.[98] Eine vermittelnde Ansicht beurteilt die **Testierfähigkeit** nach Art. 7 Abs. 1 EGBGB, sofern das Erbstatut auf die Geschäftsfähigkeit verweist, während im Übrigen das Erbstatut darüber befinden soll, wenn es sich um eine besondere, nur auf das Testieren abgestellte Fähigkeit handelt.[99] Letzterer Ansicht ist zuzustimmen. Das deutsche Recht knüpft allerdings in beiden Fällen an die Staatsangehörigkeit an, so dass die Frage erst relevant wird, wenn die Rechtsordnung eines ausländischen Erblassers unterschiedlich anknüpft.

50 Eine andere Frage stellt sich, wenn der Erblasser ein Rechtsgeschäft vornimmt, welches nach dem anwendbaren Erbstatut unwirksam oder diesem schlicht unbekannt ist.

Beispiel:
Der Erblasser hat durch Verfügung von Todes wegen einen Trust im Sinne des anglo-amerikanischen Rechts[100] errichtet, sog. „testamentary trust".

Das deutsche Recht kennt kein solches Institut und die IPR-Normen sehen keine Regelung für diesen Fall vor. Der testamentary trust wird also vom deutschen Erbrechtskanon nicht er-

---

[93] Palandt/*Heldrich* Art. 25 EGBGB Rdnr. 10 bis 17; MünchKommBGB/*Birk* Art. 25 EGBGB Rdnr. 188 ff.; Erman/*Hohloch* Art. 25 EGBGB Rdnr. 25.
[94] Vgl. *Schotten* § 7 IV 4 S. 224.
[95] Vgl. zum 1999 eingeführten Art. 43 EGBGB *Spickhoff*, Die Restkodifikation des Internationalen Privatrechts: Außervertragliches Schuldrecht und Sachenrecht, NJW 1999, 2209, 2214.
[96] MünchKommBGB/*Birk* Art. 25 EGBGB Rdnr. 197.
[97] *van Venrooy*, Die Testierfähigkeit im Internationalen Privatrecht JR 1988, 485 ff. und 492.
[98] Bamberger/Roth/*Lorenz* Art. 25 EGBGB Rdnr. 26; wohl auch Staudinger/*Dörner* Art. 25 EGBGB Rdnr. 225.
[99] MünchKommBGB/*Birk* Art. 26 EGBGB Rdnr. 13; Palandt/*Heldrich* Art. 25 EGBGB Rdnr. 16; Soergel/*Schurig* Art. 26 EGBGB Rdnr. 27; *Hüßtege* S. 122; *v. Hoffmann/Thorn* § 9 Rdnr. 41
[100] Zum Trust: *Süß*/Haas/*Süß*, Erbrecht in Europa, § 2 III 4. Rdnr. 90 ff.; Staudinger/*Dörner* Art. 25 EGBGB Rdnr. 407 ff.; *Habammer*, Der ausländische Trust im deutschen Ertrag- und Erbschaft-/Schenkungsteuerrecht, DStR 2002, 425 ff.; *v. Oertzen*, Trust- the never-ending story, DStR 2002, 433 f.; *ders.*, Trust-Option oder Risiko für die internationale Nachfolgeplanung, IStR 1995, 149 ff.; Grotherr/*v. Oertzen* S. 1515 ff.; Groll/*Schindhelm/Stein*, Stiftung und Trust als Instrument der Nachfolgeplanung, Kap. B XII Rdnr. 140 ff.; *Siemers/Müller*, Offshore-Trusts als Mittel zur Vermögensnachfolgeplanung, ZEV 1998, 206.

fasst und ist daher aus deutscher Sicht unwirksam.[101] In solchen Fällen ist durch **Auslegung und Umdeutung** zu ermitteln, welchem deutschen Institut der Trust am ehesten entspricht, um die Gestaltung noch zu retten. In Betracht kommt z.b. die Einsetzung des Begünstigten als Treuhänder[102] oder als Dauertestamentsvollstrecker.[103] Auf diese Weise kann die Konstruktion zumindest teilweise gerettet werden. Der durch Rechtsgeschäft unter Lebenden errichtete trust („inter vivos trust") kann, wenn er als widerruflich („revocable trust") ausgestaltet wurde, sich als Schenkung von Todes wegen herausstellen und damit dem Erbstatut unterfallen.[104] Aus deutscher Sicht sind vor allem zwei Fälle denkbar, in denen ein Trust zivilrechtlich wirksam verwendet werden kann: Entweder ist **im Erbfall** aus deutscher Sicht **ausländisches Erbrecht** anwendbar, dessen Rechtsordnung Trusts kennt, so dass ein testamentary trust zulässig ist, oder aber ein **Deutscher gründet** einen schuldrechtlich ausgestalteten **Trust unter Lebenden**, der über Art. 27 EGBGB als zulässig anerkannt wird. Der **Typenzwang** des deutschen Sachenrechts lässt es allerdings nicht zu, dass ein ausländischer Trust Eigentümer von deutschem Vermögen wird.[105] Deshalb muss das deutsche Vermögen zunächst wirksam der Rechtsordnung des Truststatuts unterstellt werden, indem das dingliche Rechtsgeschäft gegenüber einer ausländischen natürlichen oder juristischen Person erfolgt. Wird die juristische Person von einem Trust gehalten, ist dies keine Tatsache, die mit dem deutschen Recht in Konflikt gerät. Doch sollten in jedem Fall die steuerlichen Auswirkungen geprüft werden.[106]

4. Abgrenzung des Erbstatuts von anderen Statuten

a) Erbstatut vs. Güterrechtsstatut. War der Erblasser verheiratet, wird es schwierig, wenn 51
Erbstatut und Güterrechtsstatut auseinander fallen. Seit langem kursiert die These **Güterrecht schlägt Erbrecht**.[107] Räumt man dem Güterrechtsstatut tatsächlich den Vorrang ein, kann nur dasjenige vererbt werden, was nach Abwicklung der güterrechtlichen Ausgleichsansprüche des überlebenden Ehegatten übrig bleibt. Doch der Vorrang des Güterrechts wird nicht von allen anerkannt.

Der deutsche Gesetzgeber hat sein materielles Erb- und Güterrecht zwar aufeinander abgestimmt, jedoch diese Konsequenz im Kollisionsrecht vermissen lassen. Das Güterrechtsstatut bestimmt sich nach dem Recht des Staates, dem beide Ehegatten im Zeitpunkt der Eheschließung angehörten, Art. 15 Abs. 1 i. V. m. Art. 14 Abs. 1 Nr. 1 EGBGB und wird mit der Heirat grundsätzlich unwandelbar erworben. Bei unterschiedlicher Staatsangehörigkeit knüpft Art. 15 Abs. 1 i. V. m. Art. 14 Abs. 1 Nr. 2 EGBGB an den gemeinsamen Aufenthalt der Ehegatten im Zeitpunkt der Eheschließung an. Das Erbstatut hingegen wird in der Regel starr nach dem Recht der Staatsangehörigkeit gem. Art. 25 Abs. 1 EGBGB bestimmt und kann z.B. durch Änderung der Staatsangehörigkeit wechseln.[108] Damit kann es in vielen Fällen zu einer Trennung von Erbstatut und Güterstatut kommen. Problematisch ist dann insbesondere das Verhältnis der §§ 1371, 1931 BGB.

Beispiel:[109] 52
Der Österreicher W heiratete die deutsche D in München, wo beide seit ihrer Geburt leben. W verstirbt. Aus der Ehe stammen zwei Kinder.[110] D fragt nach ihrer Erbquote.

Gemäß Art. 25 Abs. 1 EGBGB und § 28 Abs. 1 österr. IPRG knüpfen beide Staaten an das Recht der Staatsangehörigkeit. Es kommt österreichisches Erbrecht zur Anwendung, wonach die Ehefrau gemäß Art. 757 Abs. 1 österreichisches AGBG ein Drittel des Nachlasses erhält und die Kinder zu gleichen Teilen (je 1/3) erben. Das österreichische Recht qualifiziert sämtliche

---

[101] Groll/*Schindhelm/Stein*, Praxis-Handbuch Erbrechtsberatung, Kap. B XII Rdnr. 145.
[102] BGH Urt. v. 13.6.1984 – IPRax 1985, 221, 223 f.
[103] Rechtsprechungsnachweis bei Staudinger/*Dörner* Art. 25 EGBGB Rdnr. 412.
[104] Staudinger/*Dörner* Art. 25 EGBGB Rdnr. 413.
[105] *v.Oertzen* IStR 1995, 149, 151.
[106] Vgl. *v. Oertzen* § 34.
[107] vgl. Grotherr/*v. Oertzen* S. 1507.
[108] *Nieder* (Fn. 2) Rdnr. 397.
[109] Bsp. nach OLG Stuttgart Beschl. v. 8.3.2005 – ZEV 2005, 443.
[110] Zum umgekehrten Fall s. *Lucht* Rpfleger 1997, 139 f.

Ansprüche der Ehegatten erbrechtlich.[111] Aus deutscher Sicht verweist jedoch Art. 15 Abs. 1 i. V. m. Art. 14 Abs. 1 Nr. 2 EGBGB infolge fehlender gemeinsamer Staatsangehörigkeit und fehlender Rechtswahl auf das Recht des gemeinsamen Aufenthaltorts, der im Beispiel in München lag, so dass aus deutscher Sicht deutsches Güterrecht anwendbar ist. Erhöht sich deshalb der Erbteil der Mutter nach § 1371 Abs. 1 BGB um 1/4? Wie qualifiziert das deutsche Recht diese Vorschrift?

53   Nach h. M. ist § 1371 Abs. 1 BGB **güterrechtlich** zu qualifizieren.[112] Denn damit zielt der Gesetzgeber auf eine Beteiligung des Ehegatten an dem während der Ehe erfolgten Vermögenszuwachs ab. Da hier deutsches Güterrecht aus deutscher Sicht einschlägig ist, müsste folgerichtig § 1371 Abs. 1 BGB zur Anwendung gelangen. Doch überraschenderweise wird hierüber intensiv gestritten. Ausgehend von der Anwendung des deutschen Ehegüterrechts entzündet sich der Streit an der Frage, ob die Ehefrau aus deutscher Sicht die 1/3 österreichische Erbquote vermehrt um die 1/4 deutsche Zugewinnausgleichsquote, insgesamt also 7/12 aus dem Nachlass erhält. Hierzu gibt es zahlreiche Ansichten, von denen an dieser Stelle die wichtigsten wiedergegeben werden:[113]

Nach einer eher radikalen Lösung soll § 1371 Abs. 1 BGB nur Anwendung finden, wenn **als Erb- und Güterrechtsstatut deutsches Recht** zur Anwendung gelangt.[114] Damit würde im Beispielsfall nur die österreichische Erbquote von 1/3 gelten und § 1371 Abs. 1 BGB nicht zum Zuge kommen.

Scheinbar ähnlich ist die Auffassung, die einige Oberlandesgerichte vertreten. Nach dem **OLG Düsseldorf** kommt der Zugewinnausgleich gem. § 1371 Abs. 1 BGB nur zum Zuge, wenn Güterrecht und Erbrecht deutschem Recht unterliegen.[115] Wenn aber zusätzlich das ausländische Erbrecht eine **vergleichbare Regelung** des **pauschalen Zugewinnausgleichs** nach § 1371 Abs. 1 BGB in Höhe von 1/4 **nicht kennt**, soll der **Zugewinnausgleich nach den §§ 1373 ff. BGB erfolgen**, also konkret berechnet und ausgeglichen werden. Als Begründung wird angeführt, dass **§ 1371 Abs. 1 BGB erbrechtlich und güterrechtlich** (sog. Doppelqualifikation[116]) qualifiziert werden könne und deshalb nur anzuwenden sei, wenn Güterrecht und Erbrecht deutschem Recht unterliegen.[117] Ähnlich argumentiert das **OLG Stuttgart**. Es lässt das ausländische Erbstatut mit seiner Quotelung von 1/3 bei deutschem Güterstatut **unberührt** und lehnt einen pauschalen Zugewinnausgleich in Höhe von 1/4 ab. Stattdessen möchte es, da es von der Anwendung des deutschen Güterstatuts ausgeht, den **Zugewinnausgleich nicht pauschal, sondern tatsächlich ausgleichen**. Das österreichische Erbrecht kenne eine solche Quote nicht, weshalb der Zugewinnausgleich nicht erbrechtlich ausgleichbar sei.[118] Diese Ansicht ist aus vielen Gründen zweifelhaft.[119] Denn obwohl beide Gerichte von einer güterrechtlichen Qualifikation ausgehen, soll das ausländische Erbstatut die Anwendung des pauschalen Ausgleichs verhindern. Warum der Erbstatut Vorrang haben soll, ist nicht ersichtlich. Zudem war der Ausgleich des tatsächlichen Zugewinns im Todesfall gerade nicht der Wille des (deutschen) Gesetzgebers, da im Erbfall komplizierte Berechnungen unter den Erben vermieden werden sollten.

---

[111] Süß/Haas/*Haunschmidt*, Erbrecht in Europa, Österreich, I 1. Rdnr. 3.
[112] BGHZ Beschl. v. 21.6.1963 – 40, 32, 34 f. = NJW 1963, 1975 (inzidenter); OLG Stuttgart Beschl. v. 8.3.2005 – ZEV 2005, 443, 444; OLG Hamm Beschl. v. 29.4.1992 – IPRax 1994, 49, 53; OLG Karlsruhe Beschl. v. 29.6.1989 – NJW 1990, 1420, 1421 = IPRax 1990, 407, 408; LG Mosbach Beschl. v. 18.3.1997 – ZEV 1998, 489; Palandt/*Heldrich* Art. 15 EGBGB Rdnr. 26; Staudinger/*Mankowski* Art. 15 EGBGB Rdnr. 346; Soergel/*Schurig* Art. 15 EGBGB Rdnr. 37; Staudinger/*Dörner* Art. 25 EGBGB Rdnr. 32; Erman/*Hohloch* Art. 15 EGBGB Rdnr. 37; Bamberger/Roth/*S. Lorenz* Art. 25 EGBGB Rdnr. 56; *Ludwig* DNotZ 2005, 586, 588.
[113] Umfassender Überblick bei Palandt/*Heldrich* Art. 15 EGBGB Rdnr. 26; MünchKommBGB/*Birk* Art. 25 EGBGB Rdnr. 156 ff.; Staudinger/*Mankowski* Art. 15 EGBGB Rdnr. 342 ff.
[114] MünchKommBGB/*Birk* Art. 25 EGBGB Rdnr. 159; Staudinger/*Firsching* Vor Art. 24 Rdnr. 227; *Schotten* § 6 II 5 b) bb) S. 148; Ferid/*Böhmer*, Internationales Privatrecht, Rdnr. 8 bis 128.
[115] OLG Düsseldorf Beschl. v. 3.8.1987 – IPRspr. 1987 Nr. 105 S. 261 f. = MittRhNotK 1988, 68 (niederl. Erbrecht).
[116] Hinweise zu Vertretern aus der Lit. bei Staudinger/*Mankowski* Art. 15 EGBGB Rdnr. 343.
[117] OLG Düsseldorf Beschl. v. 3.8.1987 – IPRspr. 1987 Nr. 105 S. 261 f. = MittRhNotK 1988, 68.
[118] OLG Stuttgart Beschl. v. 8.3.2005 – ZEV 2005, 443, 444.
[119] Hierzu *Dörner* ZEV 2005, 444 f.

Ferner wird vorgeschlagen, § 1371 jedenfalls dann anzuwenden, wenn auch das **ausländische Erbstatut** dem überlebenden Ehegatten eine quotenmäßig bestimmte **dingliche Beteiligung am Nachlass** zusichere, die ihrerseits **keinen güterrechtlichen Charakter** habe.[120] Denn dann seien die Erbrechte vergleichbar.[121] Es wird vertreten, dass dann, wenn das ausländische Erbrecht dem Ehegatten genauso viel oder weniger zuspreche als das deutsche Erbrecht, § 1371 Abs. 1 BGB problemlos anzuwenden sei. Erhalte der überlebende Ehegatte eine größere Erbquote, so sei der pauschale Zugewinnausgleich zulässig, aber nur unter der Bedingung, dass der überlebende Ehegatte über § 1371 Abs. 1 BGB nicht mehr erhalte als nach deutschem oder ausländischem Erbrecht.[122]

Abgesehen von der Vergleichbarkeit der Regelungen bezüglich der Frage, ob bereits die erbrechtliche Regelung des ausländischen Rechts einen güterrechtlichen Ausgleich enthalte, ist der vorgenannten Auffassung die Ansicht sehr ähnlich, dass bei **Aufeinandertreffen** von **ausländischem Erbrecht** und **deutschem Güterrecht** die jeweiligen **Quoten zu addieren seien**.[123] Nur dann, wenn das Ergebnis als unbillig erscheint, soll es durch Anpassung modifiziert werden. Ein Ergebnis soll unbillig sein, wenn es mit keinem Ergebnis übereinstimmt, das entsteht, wenn man jede beteiligte Rechtsordnung allein auf den Fall anwendet.[124] Im Beispielsfall ergäbe sich in der Addition 7/12, womit die Ehefrau mehr als nach deutschem Recht (= 1/2) und österreichischem Recht (= 1/3) erhielte. Hier käme es zur Anpassung.[125]

Am überzeugendsten ist die Auffassung, die bei ausländischem Erbstatut und deutschen Gü- **54** terrechtsstatut (und umgekehrt) **konsequenterweise beide Rechtsordnungen** anwendet. Wenn das Kollisionsrecht eine Aufspaltung vorsieht, ist diesen Vorschriften zu folgen. Ergibt sich aber wie im Beispielsfall aus dem österreichischem Erbteil von 1/3 und dem deutschen pauschalen Zugewinnausgleich von 1/4 ein Gesamtergebnis, das keiner der beiden Staaten im Inlandsfall kennt, kann das **Ergebnis als unbillig** bezeichnet werden und ist durch eine materiell-rechtliche Anpassung zu korrigieren. Die 7/12 aus der Addition übersteigen die deutschen 6/12 und die österreichischen 4/12. **Vernünftig erscheint** das **Ergebnis von 6/12**, da es der tatsächlichen Rechtsanwendung noch am nähesten kommt und immerhin einer der beteiligten Rechtsordnungen entspricht. Der Mittelwert von 5/12 ist abzulehnen, da keine der beiden Rechtsordnungen diesen Wert vorsieht und dieser eher einem Kuhhandel gliche. Wäre umgekehrt das Ergebnis der Addition eine 3/12 Quote, müsste die Korrektur zu einem Ergebnis von 4/12 führen. Natürlich ist bei der Anpassung viel Willkür im Spiel und das hier vorgeschlagene Ergebnis nur auf Grundlage der Anwendung des deutschen Rechts möglich. Vor einem österreichischen Gericht lautete das Ergebnis wohl 4/12, weil aus österreichischer Sicht mit der Erbquote güterrechtliche Ansprüche abgegolten sind.[126]

Empfehlung: Hat der Erblasser eine ausländische Staatsangehörigkeit und kommt als Güter- **55** statut deutsches Recht zur Anwendung, sollte die erbrechtliche Stellung der Ehefrau durch eine Verfügung von Todes wegen geregelt werden.[127] Zwar schien sich in den letzten Jahren so etwas wie eine herrschende Meinung für die hier in der vorstehenden Rdnr. favorisierte Lösung zu entwickeln, doch dürfte das OLG Stuttgart dieser Entwicklung mindestens vorübergehend mit seiner Anlehnung an die Entscheidung des OLG Düsseldorf und dem tatsächlichen Zugewinnausgleich ein Ende gesetzt haben.[128]

Vorsicht: In allen Fällen ist Art. 220 Abs. 3 EGBGB zu beachten, wonach es für die Anwendung des Art. 15 EGBGB auf den Zeitpunkt der Eheschließung ankommt.[129]

---

[120] Staudinger/*Dörner* Art. 25 EGBGB Rdnr. 34; *ders.* ZEV 2005, 444, 445.
[121] Vgl. MünchKommBGB/*Siehr* Art. 15 Rdnr. 117.
[122] MünchKommBGB/*Siehr* Art. 15 Rdnr. 117.
[123] OLG Hamm Beschl. v. 29.4.1992 – FamRZ 1993, 111, 115; LG Bonn Beschl. v. 19.12.1984 – IPRRspr. Nr. 115, 268, 269 = MittRhNotK 1985, 106; LG Mosbach Beschl. v. 18.3.1997 – ZEV 1998, 489, 489; Palandt/*Heldrich* Art. 15 EGBGB Rdnr. 26; Bamberger/Roth/*S. Lorenz* Art. 25 EGBGB Rdnr. 56; wohl auch *Süß* ZErb 2005, 208, 210 f.
[124] Palandt/*Heldrich* Art. 15 EGBGB Rdnr. 26; vgl. auch vorherige Fn.
[125] Palandt/*Heldrich* Art. 15 EGBGB Rdnr. 26; vgl. auch vorherige Fn.
[126] Vgl. Süß/Haas/*Haunschmidt*, Erbrecht in Europa, Österreich, I 1. Rdnr. 3.
[127] Grotherr/*v. Oertzen* S. 1508.
[128] So auch *Süß* ZErb 2005, 208, 211.
[129] Palandt/*Heldrich* Art. 15 EGBGB Rdnr. 5 bis 15.

56 **b) Erbstatut vs. Gesellschaftsstatut.** Anders als beim Güterrecht sind Erb- und Gesellschaftsrecht schon im deutschen materiellen Recht nicht aufeinander abgestimmt. Gesellschaftsanteile an einer Personengesellschaft unterliegen im Gegensatz zu Anteilen an einer Kapitalgesellschaft der Sondererbfolge.[130]

Das Kollisionsrecht juristischer Personen und Personengesellschaften ist in Deutschland noch nicht einmal kodifiziert. Da eine Anknüpfung an die Staatangehörigkeit oder den Aufenthalt bei Unternehmen ausscheidet, haben sich zwei Anknüpfungen entwickelt, die sich in der internationalen Praxis gegenüberstehen: die Anknüpfung an das Recht am Sitz des Unternehmens (sog. Sitztheorie oder Sitzstatut) oder an das Recht des Staates, in dem das Unternehmen gegründet wurde (sog. Gründungstheorie oder Gründungsstatut). Beide Statuten können häufig mit dem Erbstatut kollidieren.

Nach der **Sitztheorie** beurteilen sich die Rechtsbeziehungen einer juristischen Person oder einer Gesellschaft nach dem Recht des Staates, in dem der tatsächliche Sitz der Hauptverwaltung liegt.[131] Die Sitztheorie wird vor allem in Deutschland und in mehreren anderen westeuropäischen Staaten wie z.B. Frankreich, Belgien, Luxemburg, Spanien, Portugal, Griechenland, Österreich und Polen vertreten.[132]

Nach der **Gründungstheorie** richtet sich das Recht einer Gesellschaft nach dem Recht des Gründungsortes der Gesellschaft. Sie findet z.B. in England, Kanada, in den Niederlanden, in der Schweiz, in Liechtenstein, Rumänien, Ungarn, in Russland, in China und in Tunesien Anwendung.[133]

57 Bei der Frage, **welche Theorie** in Deutschland anzuwenden ist, **muss unterschieden** werden. Die **Niederlassungsfreiheit** des europäischen Gemeinschaftsrechts (Art. 43, 48 EG) hat starken Einfluss auf die EU-Gemeinschaft ausgeübt. Die Entscheidungen *Centros*[134] und *Überseering*[135] haben die **Durchsetzung der Gründungstheorie** in Deutschland im Hinblick auf EU-Auslandsgesellschaften gebracht.[136] Das gilt aber auch für US- und EWR-Gesellschaften.[137]

Für die übrigen **Nicht-EU-Gesellschaften** wird in Deutschland immer noch auf die **Sitztheorie** abgestellt,[138] der attestiert werden kann, einen möglichen Rechtsmissbrauch durch Verwendung von Briefkastenfirmen besser eindämmen zu können als es die Gründungstheorie vermag.

58 Die unterschiedliche Anknüpfung des Gesellschaftsstatuts – **Sitzstaat oder Gründungsstaat der Gesellschaft** – und des Erbstatuts – **Heimatrecht des Erblassers** – führt häufig zur Anwendung verschiedener Rechtsordnungen.[139] Die Konsequenz ist wieder eine Nachlassspaltung mit **zwei** rechtlich **unterschiedlich** zu beurteilenden und gestaltenden Vermögensmassen. Folgende Konstellationen können kompliziert werden:[140]

- Erbstatut = ausländisches Erbrecht / Gesellschaftsstatut = deutsches Gesellschaftsrecht
- Erbstatut = deutsches Erbrecht / Gesellschaftsstatut = ausländisches Gesellschaftsrecht
- Erbstatut = ausländisches Erbrecht / Gesellschaftsstatut = ausländisches Gesellschaftsrecht eines dritten Staates.

59 Der Umfang des Erbstatuts wurde schon oben (Rdnr. 48 ff.) erläutert. Zu den dem Gesellschaftsstatut unterliegenden Regelungsfragen zählen: Vorschriften über die Gründung, Entstehung und Beendigung der Gesellschaft, ihre Rechtsfähigkeit, die Geschäftsführung, die Ver-

---

[130] Vgl. hierzu von den üblichen Lehrbüchern und Kommentaren *Ebenroth* Rdnr. 845 ff. und Palandt/*Edenhofer* § 1922 Rdnr. 15 bis 25; auch Sudhoff/*Scherer* Unternehmensnachfolge § 1 Rdnr. 9 bis 28; vgl. § 40 Rdnr. 19 ff.
[131] *v. Hoffmann/Thorn* § 7 Rdnr. 24.
[132] Hierzu MünchKommBGB/*Kindler* IntGesR Rdnr. 489 f.
[133] MünchKommBGB/*Kindler* IntGesR Rdnr. 487 f.
[134] EuGH Urt. v. 9.3.1999 – EuGHE 1999 I, 1459 = NJW 1999, 2027.
[135] EuGH Urt. v. 5.11.2002 – EuGHE 2002 I, 9919 = NJW 2002, 3614.
[136] BGH Urt. v. 13.3.2003 – BGHZ 154, 185 = NJW 2003, 1461.
[137] BGH Urt. v. 13.10.2004 – BB 2004, 2595 (USA) unter Bezugnahme auf Art. XXV Abs. 5 S. 2 Deutsch-Amerikanischer Freundschafts-, Handels- und Schiffahrtsvertrag v. 29.10.1954, in Kraft getreten am 14.7.1956, BGBl. II, S. 763, zweisprachiger Abdruck, sowie abgedruckt in *Jayme/Hausmann*, Internationales Privat- und Verfahrensrecht, 12. Aufl., Nr. 22); OLG Frankfurt Urt. v. 28.5.2003 – IPRax 2004, 56 (EWR).
[138] BGH Urt. v. 29.1.2003 – BGHZ 153, 353, 355 = BB 2003, 810; BayObLG Beschl. v. 20.2.2003 – DB 2003, 819; Palandt/*Heldrich* Anh. zu Art. 12 EGBGB Rdnr. 2 m.w.N.
[139] *v. Oertzen* IPRax 1994, 73.
[140] *v. Oertzen* IPRax 1994, 74.

tretungsmacht der Organe und die Haftung der Gesellschafter.[141] Während das Erbstatut also bestimmt, wer zu welchem Anteil Erbe wird, entscheidet das Gesellschaftsstatut, **ob** eine Beteiligung vererblich ist.[142]

Außerdem bestimmt das Gesellschaftsstatut, ob die Gesellschafterstellung als solche oder nur ein Abfindungs- oder Ausgleichsanspruch in den Nachlass fällt.[143] Ist z.B. ein Deutscher an einer in England gegründeten Limited (Ltd.) beteiligt, deren Gründungsstatut vorsieht, dass die Anteile Bestandteil des Nachlasses werden, so fallen die Anteile in den deutschen Nachlass.[144] Wenn der Verwaltungssitz und die Geschäftsleitung nach Deutschland verlegt wurden, ergibt sich dasselbe Ergebnis, auch wenn man die Sitztheorie anwenden würde, da auch nach dem deutschen Gesellschaftsstatut die Gesellschaftsanteile trotz Sondernachfolge in den Nachlass fallen.

Da **Gesellschaftsstatut erfasst** also:
- die einfache Nachfolgeklausel,[145]
- die Verleihung eines Eintrittrechts (Rechtsgeschäft unter Lebenden!),[146]
- die Ausgleichspflicht des einrückenden Erben, da der Gesellschaftsanteil nicht in den Nachlass fällt,[147]
- die Frage, ob die sich nach dem Erbstatut richtende Testamentsvollstreckung[148] tatsächlich die Gesellschaftsanteile erfasst,[149] wobei das Gesellschaftsrechtsstatut bestimmt, welches Recht der Testamentsvollstrecker in welcher Weise gesellschaftsrechtskonform ausüben kann,[150]
- die qualifizierte Nachfolgeklausel, soweit es um ihre Zulässigkeit und Wirksamkeit geht.[151]

Bei der qualifizierten Nachfolgeklausel entscheidet das **Erbstatut, ob** die Einsetzung eines qualifizierten Nachfolgers erbrechtlich zulässig ist.[152] Denn allein auf Grund der gesellschaftsvertraglichen Regelung kommt es nicht zur Rechtsnachfolge von Todes wegen in den Gesellschaftsanteil. Hierzu bedarf es noch der testamentarischen Anordnung.[153] Die sich aus der erbrechtlichen Unzulässigkeit ergebenden Folgen richten sich wieder nach dem Gesellschaftsstatut.[154]

Sind mehrere Erben vorhanden, entscheidet das Erbstatut grundsätzlich über die innere Ausgestaltung der Erbengemeinschaft. Da sich aber das Gesellschaftsstatut keine ihm unbekannte Struktur der Beteiligung mehrerer Personen an einem Gesellschaftsanteil aufdrängen lassen muss, es also entscheidet, welche Art von Beteiligungen zulässig sind, bestimmt das Gesellschaftsstatut, inwieweit die vom Erbstatut vorgegebene Struktur der Beteiligungsverhältnisse anwendbar ist.[155]

Wurde Immobilienbesitz in eine Gesellschaft eingebracht, ist zu prüfen, wie die beteiligten Rechtsordnungen den Immobilienbesitz qualifizieren. Das ist gerade für Staaten wichtig, die kollisionsrechtlich im Erbfall unbewegliches Vermögen anders anknüpfen (häufig lex rei sitae) als bewegliches Vermögen (häufig letzter Wohnsitz oder gewöhnlicher Aufenthalt). Oftmals wird ein solcher Immobilienbesitz, der sich in einer Gesellschaft befindet, nicht selbständig

---

[141] *v. Oertzen* IPRax 1994, 74; Palandt/*Heldrich* Anh. Art. 12 EGBGB Rdnr. 10 ff.
[142] *v. Oertzen* IPRax 1994, 74; vgl hierzu auch LG München I Urt. v. 6.5.1999 – IPRax 2001, 459, 461; *Schurig* IPRax 2001, 446, 447.
[143] MünchKommBGB/*Birk* Art. 25 EGBGB Rdnr. 187.
[144] *v.Oertzen/Cornelius* ZEV 2006, 106, 107.
[145] MünchKommBGB/*Birk* Art. 25 EGBGB Rdnr. 186.
[146] MünchKommBGB/*Birk* Art. 25 EGBGB Rdnr. 186; *Ebenroth* Rdnr. 1281; *v. Oertzen* IPRax 1994, 73, 75 m.w.N.
[147] MünchKommBGB/*Birk* Art. 25 EGBGB Rdnr. 186; vgl. MünchKommBGB/*Sonnenberger* Art. 3 EGBGB Rdnr. 36 m.w.N.
[148] Hierzu BGHZ Beschl. v. 3.7.1989 – 108, 187, 191 f. = NJW 1989, 3152, 3153; BGH Beschl. v. 10.1.1996 – NJW 1996, 1284, 1285.
[149] *v. Oertzen* IPRax 1994, 73, 76.
[150] *Schurig* IPRax 2001, 446, 448.
[151] *v. Oertzen* IPRax 1994, 73, 75; *Ebenroth* Rdnr. 1281; MünchKommBGB/*Birk* Art. 25 EGBGB Rdnr. 186.
[152] *Ebenroth* Rdnr. 1281; *v. Oertzen* IPRax 1994, 73, 75.
[153] *v. Oertzen* IPRax 1994, 73, 75; Sudhoff/*Scherer* Unternehmensnachfolge, 5. Aufl., § 1 Rdnr. 21.
[154] *Ebenroth* Rdnr. 1281.
[155] Ausf. *v. Oertzen* IPRax 1994, 73, 75; *Kropholler* IPR § 51 IV 2 c) S. 436 f.

64 angeknüpft, sondern nur als Teil des Vermögens der Gesellschaft verstanden. Die Anteile an dieser Gesellschaft werden dann regelmäßig als bewegliches Vermögen qualifiziert.[156] Das gilt aber nur für die kollisionsrechtliche Frage, welches Erbrecht anwendbar ist.

64 Für die Darstellung der kollisionsrechtlichen Behandlung der Haftung nach dem Gesellschafts- und Erbstatut bei Beteiligung inländischer Personengesellschaften ist hier nicht genügend Raum.[157] Dasselbe gilt für das Problem, wenn das **ausländische Erbstatut** im Gegensatz zum **inländischen Gesellschaftsstatut** einen „administrator" oder „executor" als „personal representative" kennt, also die zwingende Einschaltung einer Zwischenperson als Nachlassverwalter oder Testamentsvollstrecker wie im anglo-amerikanischen Rechtskreis.[158]

65 c) **Erbstatut vs. Sachenrechtsstatut.** Es wurde bereits ausgeführt, dass das Erbstatut als Gesamtstatut sämtliche **erbrechtliche** Fragen beantwortet. **Vorfragen** sind allerdings selbständig anzuknüpfen.[159] Dazu zählen die Bestimmung und Abgrenzung des beweglichen und unbeweglichen Vermögens sowie die Frage, welche dinglichen Rechte eine Rechtsordnung kennt. Das deutsche IPR unterstellt in Art. 43 Abs. 1 EGBGB Sachen dem Recht des Belegenheitsstaates. Das Sachstatut entscheidet darüber, welche Art von dinglichen Rechten es kennt und auf welche Art und Weise Vermögen übertragen werden kann, so etwa auch über die Zulässigkeit eines gutgläubigen Erwerbs an gestohlenen Sachen. Es wird also nicht vom Erbstatut verdrängt. Wer aber infolge des Todes des Erblassers neuer Eigentümer geworden ist, bestimmt das Erbstatut.[160] Das gilt z.B. für die Gesamtrechtsnachfolge zugunsten der Erben in Deutschland.

66 Das Erbstatut wird sich jedoch immer dann nicht durchsetzen, wenn das fremde Sachenrechtsstatut den dinglichen Rechtsübergang des Erbstatuts nicht kennt. Das Sachenrechtsstatut braucht sich keine fremden dinglichen Rechte aufdrängen lassen. Kennt die ausländische Rechtsordnung wie beispielsweise Frankreich und Italien das Vermächtnis mit dinglicher Wirkung, **so genanntes Vindikationslegat**, so erwirbt der Vermächtnisnehmer im Erbfall unmittelbar die dingliche Rechtsstellung. In Deutschland ist ein unmittelbarer Rechtserwerb nur zugunsten des Erben zugelassen. Damit sind nach h. M. Vindikationslegate unwirksam, soweit sie sich auf deutschen Nachlass beziehen.[161] Die h. M. deutet diese in die bei uns zulässigen **Damnationslegate** um, die gemäß § 2174 BGB einen schuldrechtlichen Anspruch auf Einräumung eines dinglichen Rechts gewähren.[162] Im Erbschein sind sie nicht zu erwähnen.[163] Verstirbt also ein Italiener in Deutschland und hat er sein deutsches Grundstück einem Freund vermacht, so sieht das gem. Art. 25 Abs. 1 EGBGB anwendbare Erbstatut einen unmittelbaren Rechtsübergang vor. Da aber das deutsche Recht diesen dinglichen Rechtsübergang nicht kennt, behandelt es die Anordnung des italienischen Erblassers als schuldrechtliches Vermächtnis, so dass zur Eintragung im Grundbuch zunächst eine Auflassung erforderlich ist.[164]

67 Auch **Teilungsanordnungen** können – z.B. in Frankreich – mit dinglicher Wirkung ausgestaltet sein. Diese verstoßen ebenfalls gegen deutsche Grundprinzipien, sind unwirksam und daher in einen schuldrechtlichen Anspruch auf Zuweisung im Rahmen der Erbauseinandersetzung umzudeuten.[165] Der **dinglich wirkende Nießbrauch** ausländischer Rechtsordnungen kann in einen Anspruch auf Bestellung eines **Vermögensnießbrauchs** umgedeutet werden.[166] Hinzuweisen ist auch auf die **joint tenancy** des anglo-amerikanischen Rechts, also des Miteigentumsanteils des Erblassers, der nicht in den Nachlass fällt, sondern durch Anwachsung am Nachlass

---

[156] Vgl. *Fetsch* RNotZ 2006, 1, 9.
[157] S. dazu *Witthoff*, Die Vererbung von Anteilen deutscher Personengesellschaften im Internationalen Privatrecht, 1993, S. 135 f.
[158] Dazu *v. Oertzen* IPRax 1994, 73, 76 ff.; *Schurig* IPRax 2001, 446 ff.
[159] Vgl. o. Rdnr. 30 ff.
[160] MünchKommBGB/*Birk* Art. 25 EGBGB Rdnr. 167.
[161] BGH Urt. v. 28.9.1994 – NJW 1995, 58, 59 = ZEV 1995, 298 = FamRZ 1994, 1585; Palandt/*Heldrich* Art. 25 EGBGB Rdnr. 11 m.w.N.; *Schotten* § 7 IV 6 k) S. 239 m.w.N.
[162] Vgl. vorherige Fn.
[163] OLG Köln Beschl. v. 14.7.1982 – NJW 1983, 525, 525 f.; Palandt/*Edenhofer* Anh. 25 EGBGB Rdnr. 11. m.w.N.
[164] Vgl. Süß/Haas/*Wiedemann/Wiedemann*, Erbrecht in Europa, Italien, II 3. f) Rdnr. 61 ff.
[165] *Schotten* § 7 IV 6 l) S. 240 m.w.N.
[166] Str., Staudinger/*Dörner* Art. 25 EGBGB Rdnr. 720 u. 144 m.w.N.

vorbei direkt an die Miteigentümer übergeht.[167] So kann an Sachen, die dem deutschen Sachenrechtstatut gem. Art. 43 Abs. 1 EGBGB unterfallen, eine dinglich wirkende joint tenancy nicht wirksam bestellt werden.[168]

d) **Erbstatut vs. Adoptionsstatut.** Das deutsche IPR hält in Art. 22 EGBGB eine besondere Anknüpfungsnorm für Adoptionen bereit. Danach entscheidet die Staatsangehörigkeit oder gemäß Art. 22 Abs. 1 S. 2 i. V. m. Art. 14 Abs. 1 EGBGB das Ehestatut im Zeitpunkt der Adoption über das anwendbare Recht.[169] Damit kann es z.b. durch späteren Staatsangehörigkeitswechsel oder Rechtswahl des Erblassers zum Auseinanderfallen von Erb- und Adoptionsstatut kommen. Die **erbrechtlichen Folgen** einer Adoption richten sich **grundsätzlich** nach dem **Erbstatut**. Das betrifft also die Art und den Umfang des Erbrechts.[170] Hierzu zählen der Kreis der gesetzlichen Erben, Erbquoten und Pflichtteilsrechte.[171] 68

Der Kreis der gesetzlichen Erben sagt aber noch nichts darüber aus, ob eine Adoption die Blutsverwandtschaft als Voraussetzung der gesetzlichen Erbfolge z.B. in Deutschland ersetzen kann. Nach h. M. erfasst das **Adoptionsstatut** die Frage, ob eine Person die vom Erbstatut vorausgesetzte Rechtsstellung hat.[172] Damit gemeint ist vor allem die Frage, ob die durch Adoption geschaffene Rechtsbeziehung so stark ist, um vom Erbrecht anerkannt zu werden.[173] Das Adoptionsstatut entscheidet also neben der Wirksamkeit der Adoption grundsätzlich über die Voraussetzungen des Erbstatuts für die Beteiligung an der Erbfolge innerhalb der Adoptivfamilie und des Ausschlusses von der Erbfolge innerhalb der leiblichen Familie.[174] 69

Nach a. A.[175] ist nicht das von Art. 22 EGBGB berufene, sondern mittels Substitution das tatsächlich angewandte Recht zu berücksichtigen, um zwischen beiden Statuten auszugleichen.[176] Denn im Ausland vorgenommene Adoptionen würden im Zweifel Art. 22 Abs. 1 EGBGB nicht entsprechen.[177] Deshalb könne ein Erbrecht auf die Adoption gestützt werden, wenn die Adoption, so wie sie tatsächlich erfolgt ist, ein vom Erbstatut vorausgesetztes Verwandtschaftsverhältnis begründet hat.[178] 70

e) **Sonstiges.** Für **Lebensversicherungen** gilt das Versicherungsvertragsstatut gemäß **Art. 7 ff. EGVVG**, sofern die Versicherungsverträge in einem EU-Staat oder in einem anderen Vertragsstaat des Abkommens über den Europäischen Wirtschaftsraum belegene Risiken decken. Art. 15 EGVVG verweist für die Berührung anderer Staaten auf die Art. 27 bis 36 EGBGB. Das so berufene Recht entscheidet über die Zulässigkeit von Verträgen zugunsten Dritter auf den Todesfall.[179] Nach a. A. müssen bei unterschiedlichem Erb- und Vertragsstatut beide kumulativ herangezogen werden, um zu klären, wie weit Verträge zugunsten Dritter auf den Todesfall zu gestatten sind.[180] 71

Da als Vorfrage[181] über die **Existenz** eines Rechts oder einer Verpflichtung zum Todeszeitpunkt die Rechtsordnung entscheidet, welche das betreffende Recht oder die Verpflichtung beherrscht, finden auf **schuldrechtliche Forderungen** die Art. 27 ff. EGBGB Anwendung, so 72

---

[167] MünchKommBGB/*Birk* Art. 25 Rdnr. 171 m.w.N.
[168] *Ferid* DNotZ 1964, 517, 521; *Jülicher* ZEV 2001, 469, 470 f.
[169] Palandt/*Heldrich* Art. 22 EGBGB Rdnr. 7.
[170] BGH Urt. v. 14.12.1988 – FamRZ 1989, 378, 379 = NJW 1989, 2197; Soergel/*Lüderitz* Art. 22 EGBGB Rdnr. 28; *Schotten* § 6 VII 2 g) S. 181.
[171] Palandt/*Heldrich* Art. 22 EGBGB Rdnr. 6
[172] Vgl. BGH Urt. v. 14.12.1988 – FamRZ 1989, 378, 379 = NJW 1989, 2197; OLG Düsseldorf Urt. v. 5.6.1998 – FamRZ 1998, 1627, 1629; Staudinger/*Dörner* Art. 25 EGBGB Rdnr. 169 ff.; Palandt/*Heldrich* Art. 22 EGBGB Rdnr. 6 u. Art. 25 EGBGB Rdnr. 17; vgl. MünchKommBGB/*Birk* Art. 25 EGBGB Rdnr. 217.
[173] BGH Urt. v. 14.12.1988 – FamRZ 1989, 378, 379; Palandt/*Heldrich* Art. 22 EGBGB Rdnr. 6.
[174] *Schotten* § 6 VII 2 g) S. 181.
[175] MünchKommBGB/*Klinkhardt* Art. 22 Rdnr. 45; *K. Müller* Erbrechtliche Konsequenzen der Adoption im Internationalen Privatrecht, NJW 1985, 2056, 2059 ff.
[176] Zur Anerkennung einer im Ausland vorgenommenen Adoption s. Palandt/*Heldrich* Art. 22 EGBGB Rdnr. 11 ff.
[177] MünchKommBGB/*Klinkhardt* Art. 22 Rdnr. 44 Fn. 138.
[178] MünchKommBGB/*Klinkhardt* Art. 22 Rdnr. 45.
[179] Staudinger/*Dörner* Art. 25 EGBGB Rdnr. 405.
[180] MünchKommBGB/*Birk* Art. 26 EGBGB Rdnr. 161.
[181] Vgl. o. Rdnr. 30 ff.

etwa für die Frage, ob ein Vermögensrecht im Todeszeitpunkt dem Erblasser oder bereits einem Dritten zuzuordnen ist.[182] Dasselbe gilt auch für die Frage, ob schuldrechtliche Verpflichtungen aus Aufträgen, Dienst- oder Arbeitsverträgen vererbbar sind.[183] Die **Vererblichkeit** von **Unterhaltsansprüchen** ist nach Art. 18 EGBGB zu entscheiden, die eines **Schmerzensgeldanspruches** nach Art. 40 EGBGB,[184] die **Vereinsmitgliedschaft** nach dem Sitzrecht,[185] **Urheberrechte** und **Schutzrechte** wie Geschmacksmuster-, Patent- und Warenzeichenrechte nach dem Recht des Schutzlandes.[186]

5. Wahl des Erbstatuts durch den Erblasser

73   Der Erblasser kann gemäß Art. 25 Abs. 2 EGBGB für **in Deutschland** belegenes **unbewegliches** Vermögen durch eine Verfügung von Todes wegen **deutsches Recht** wählen. Diese beschränkte Rechtswahl kann sich nach Art. 4 Abs. 2 EGBGB nur auf materielles Recht beziehen und betrifft ausschließlich Erblasser **mit ausländischer** Staatsangehörigkeit. Für Deutsche und wegen Art. 5 Abs. 1 S. 2 EGBGB für Mehrstaater mit deutscher Staatsangehörigkeit gilt ohnehin nach Art. 25 Abs. 1 EGBGB deutsches Recht.

74   Die **Konsequenz:** Wie in den Fällen des Art. 3 Abs. 3 EGBGB, der teilweisen Rückverweisung oder staatsvertraglicher Sonderregelung kommt es durch wirksame Rechtswahl zur **rechtlichen Nachlassspaltung.** Es entstehen zwei rechtlich selbständige Nachlässe, die nach unterschiedlichem Recht behandelt werden. Das jeweilige Recht kommt vollständig zur Anwendung. Für das unbewegliche Vermögen in Deutschland gilt also auch das deutsche Pflichtteilsrecht. Beide Nachlässe haften für die Nachlassschulden.

Die Rechtswahl erfolgt **in Form der Verfügung von Todes wegen** und kann in dieser unabhängig von sonstigen Verfügungen widerrufen werden.[187]

75   Der Begriff „unbewegliches Vermögen" ist anhand des deutschen Rechts zu bestimmen.[188] Anteile an Erbengemeinschaften oder Gesellschaften, zu deren Vermögen Grundstücke gehören, zählen nicht dazu.[189] Bislang ist höchstrichterlich ungeklärt, ob Anwartschaftsrechte auf Erwerb von Grundstücksrechten zum unbeweglichen Vermögen gehören.[190] Die wohl überwiegende Meinung lehnt dies ab.[191] Dem Praktiker ist zu raten, auf Grund des Ausnahmecharakters von Art. 25 Abs. 2 die Vorschrift wie bei Ausnahmen üblich eng auszulegen.[192] Wer bei derartigen Gestaltungen dennoch das Risiko nicht scheut, dem empfiehlt *Nieder*, einen Bedenklichkeitsvermerk gemäß § 17 Abs. 2 S. 2 BeurkG mit aufzunehmen.[193]

76   Umstritten ist, ob die Rechtswahl nur hinsichtlich des gesamten in Deutschland belegenen unbeweglichen Vermögens zulässig ist[194] oder als **Teilrechtswahl** auf einzelne Vermögensgegenstände beschränkt werden kann,[195] also etwa bei drei Grundstücken nur für eines deutsches Recht wählbar ist. Obwohl im Schrifttum die überwiegende Meinung eine Teilrechtswahl für zulässig erachtet, ist diese Möglichkeit mangels höchstrichterlicher Rechtsprechung mit Vorsicht zu behandeln. Die Rechtswahl sollte sicherheitshalber nur für das gesamte unbewegliche Vermögen in Deutschland vorgenommen werden. Möglich wäre auch, für den Fall der

---

[182] Staudinger/*Dörner* Art. 25 EGBGB Rdnr. 133, 405; vgl. BGH Urt. v. 10.6.1968 – WM 1968, 1170, 1172.
[183] Staudinger/*Dörner* Art. 25 EGBGB Rdnr. 132.
[184] Palandt/*Heldrich* Art. 40 EGBGB Rdnr. 17 m.w.N.
[185] Staudinger/*Dörner* Art. 25 EGBGB Rdnr. 132.
[186] Zum Statut des Schutzrechtslandes vgl. allg.: MünchKommBGB/*Martiny* Art. 28 Rdnr. 388 ff.; Palandt/*Heldrich* Art. 40 EGBGB Rdnr. 13; vgl. BT-Drucks. 14/343 S. 10; vgl. auch BGH Urt. v. 17.6.1992 – 118, 394, 397 f. = NJW 1992, 2824; Urt. v. 16.6.1994 – 126, 252, 255 = NJW 1994, 2888; BGH Urt. v. 2.10.1997 – NJW 1998, 1395, 1396.
[187] Palandt/*Heldrich* Art. 25 EGBGB Rdnr. 8; Staudinger/*Dörner* Art. 25 EGBGB Rdnr. 510 ff.
[188] Hierzu Palandt/*Heldrich* Art. 25 EGBGB Rdnr. 7 m.w.N.
[189] MünchKommBGB/*Birk* Art. 25 EGBGB Rdnr. 67 m.w.N.; *Nieder* (Fn. 24) Rdnr. 400 m.w.N.
[190] Dafür z.B. Staudinger/*Dörner* Art. 25 EGBGB Rdnr. 486; dazu neigend auch *Nieder* Rdnr. 400.
[191] Palandt/*Heldrich* Art. 25 EGBGB Rdnr. 7 (dort auch mit Verweis auf BGHZ 144, 252 zu § 3 Abs. 1 VermG); MünchKommBGB/*Birk* Art. 25 EGBGB Rdnr. 67.
[192] MünchKommBGB/*Birk* Art. 25 EGBGB Rdnr. 64 ff. m.w.N.
[193] *Nieder* (Fn. 24) Rdnr. 400.
[194] *Wegmann* NJW 1987, 1740, 1743; *Schotten* § 7 III 1 S. 293 m.w.N.; Tendenz auch bei *Nieder* Rdnr. 400.
[195] Palandt/*Heldrich* Art. 25 EGBGB Rdnr. 8 m.w.N.

Unzulässigkeit einer Teilrechtswahl **hilfsweise** deutsches Recht für das gesamte unbewegliche Vermögen in Deutschland zu wählen.[196]

Wählt der Erblasser auch für sein bewegliches Vermögen in Deutschland oder sein sonstiges Vermögen im Ausland deutsches Recht, so ist die Rechtswahl nur bezüglich des unbeweglichen Vermögens in Deutschland wirksam, im Übrigen ist sie nichtig.[197] Umstritten ist, ob bei **unklarem Erblasserwillen im Zweifel** die Rechtswahl gemäß § 2085 BGB aufrecht zu erhalten ist[198] oder nach § 139 BGB insgesamt unwirksam ist.[199] Fraglich ist auch, ob bei Unwirksamkeit der Rechtswahl sich die Folgen für die Verfügung von Todes wegen nach § 139 BGB, § 2085 BGB oder nach dem ausländischen Erbstatut richten.[200] Dasselbe gilt für den umgekehrten Fall.[201] Unterschiedlich wird auch beurteilt, ob eine Rechtswahl Bindungswirkung entfaltet.[202] Da eine Rechtswahl auch schlüssig erfolgen kann,[203] sollten bei Erwähnung einzelner deutscher Nachlassgegenstände Unklarheiten vermieden werden.

Vorsicht: Die Tätigkeit des Beraters im internationalen Erbrecht ist vor allem der Kampf gegen **hinkende Rechtsverhältnisse**.[204] Vielfach ist auf denselben Sachverhalt nach Auffassung der betroffenen Länder unterschiedliches Recht anzuwenden, da das Kollisionsrecht vieler Staaten voneinander abweicht. Rechtswahl kann dies zwar vermeiden helfen, aber auch das Gegenteil kreieren. Rechtswahlbefugnisse gibt es nicht in vielen Ländern. Bevor hiervon Gebrauch gemacht wird, sollte genau ermittelt werden, ob das ausländische Erbstatut die Rechtswahl überhaupt akzeptiert. Wie unten (Rdnr. 84 ff.) noch zu sehen sein wird, sollte in vielen Fällen die anwaltliche Strategie nur heißen, möglichst Nachlassspaltungen zu vermeiden, wenn die Streitvermeidung ein wichtiges (Sekundär-) Ziel des Erblassers ist. Wenn dem Erblasser Komplikationen gleichgültig sind, besteht umgekehrt auch die Möglichkeit zur „Flucht in die Nachlassspaltung", wenn ausländisches Recht besser geeignet ist, die eigenen Wünsche des Erblassers umzusetzen.

> **Muster einer Rechtswahlanordnung:**[205]
>
> Als Erbstatut für mein gesamtes – gegenwärtiges und zukünftiges – in der Bundesrepublik Deutschland befindliches unbewegliches Vermögen wähle ich hiermit deutsches Erbrecht. Darüber hinaus wähle ich auch für die Erbfolge in mein gesamtes sonstiges Vermögen die deutsche Recht, sofern eine solche Rechtswahl derzeit bereits zulässig ist oder bis zum Eintritt des Erbfalles zulässig wird.[206] Es ist mir bekannt, dass sich diese Rechtswahl hinsichtlich des gesamten Vermögens nicht nur auf die in dieser Urkunde enthaltenen Verfügungen von Todes wegen bezieht, sondern auf das deutsche Erbrecht als Ganzes, insbesondere auch auf die Bestimmungen über den Pflichtteil. Ich bin mir bewusst, dass durch die hier getroffene Rechtswahl möglicherweise eine Nachlassspaltung eintreten kann.

Im Erbvertrag kann die Rechtswahl mit bindender Wirkung vereinbart und hilfsweise im Falle der Unzulässigkeit einseitig mit rein testamentarischer Wirkung erklärt werden.

6. Internationale Formfragen

Für die Form letztwilliger Verfügungen ist gesondert gemäß Art. 26 EGBGB anzuknüpfen, der in Abs. 1 bis 3 dem **Haager Übereinkommen über das auf die Form letztwilliger Verfügungen anzuwendende Recht**[207] entspricht. Hierbei handelt es sich um einen inkorporierten Staats-

---

[196] *Nieder* Rdnr. 400.
[197] *Hüßtege* S. 119; vgl. LG Hamburg Beschl. v. 6.8.1999 – ZEV 1999, 491, 491.
[198] *Hüßtege* S. 119; Erman/*Hohloch* Art. 25 EGBGB Rdnr. 19; *v. Hoffmann/Thorn* § 9 Rdnr. 29 f. m.w.N.
[199] MünchKommBGB/*Birk* Art. 25 EGBGB Rdnr. 74; Soergel/*Schurig* Art. 25 EGBGB Rdnr. 8.
[200] Staudinger/*Dörner* Art. 25 EGBGB Rdnr. 491 und *v. Hoffmann/Thorn* § 9 Rdnr. 26 für ausl. Erbstatut.
[201] Für § 139: Staudinger/*Dörner* Art. 25 EGBGB Rdnr. 491.
[202] Palandt/*Heldrich* Art. 25 EGBGB Rdnr. 8 m.w.N.; *Nieder* Rdnr. 400 m.w.N.
[203] *Nieder* Rdnr. 400 m.w.N.
[204] *Schotten* § 3 VI S. 46 ff. und 7 III 3 S. 214 ff.; vgl. o. Rdnr. 32.
[205] *Nieder* Rdnr. 401; vgl. auch § 10 Rdnr. 19.
[206] *Schotten* § 7 VIII 1 S. 257 Fn. 405.
[207] Auszug abgedruckt bei Palandt/*Heldrich* Anh. zu Art. 26 EGBGB.

vertrag. Strittig ist, ob Art. 26 EGBGB oder direkt das Haager Übereinkommen anzuwenden ist.[208] Der BGH behandelt völkerrechtliche Verträge vorrangig, vgl. Art. 3 Abs. 2 EGBGB.[209]

81 Für die einzelnen Anwendungsvoraussetzungen kann auf die Kommentierung im *Palandt* verwiesen werden. Nur kurz sei erwähnt, dass die Merkmale in Art. 26 Abs. 1 Nr. 1 bis 5 EGBGB in alternativer Reihenfolge stehen. Außer in Art. 26 Abs. 1 Nr. 5 und Abs. 5 EGBGB sind Rück- und Weiterverweisungen nicht zu beachten, weil es sich um **Sachnormverweisungen** handelt.

82 **Vorsicht:** Art. 26 EGBGB und das Haager Testamentsformabkommen regeln ausschließlich die **Form**. Dagegen entscheidet das Erbstatut über Zulässigkeit, Gültigkeit, Inhalt und Wirkungen der letztwilligen Verfügung, beispielsweise also über die Zulässigkeit gemeinschaftlicher Testamente oder Erbverträge.[210]

83 Beispiel:

Ein Italiener und dessen deutsche Ehefrau errichten in Deutschland ein gemeinsames Testament, das der Form des § 2267 BGB entspricht. Das Testament ist gemäß Art. 26 Abs. 1 Nr. 2 EGBGB nach dem Recht des deutschen Errichtungsortes formgültig.

Das italienische Recht verbietet aber gem. Art. 589 codice civile gemeinschaftliche Testamente.[211] Es versteht diese Regelung als Schutzvorschrift, weshalb das gemeinschaftliche Testament nach italienischem Recht nichtig ist. Es bleibt nur noch der Versuch, das Testament der Frau in eine einseitige letztwillige Verfügung umzudeuten.

Für sonstige erbrechtliche Rechtsgeschäfte wie Ausschlagung, Erbverzicht oder vorzeitiger Erbausgleich ist Art. 11 EGBGB anzuwenden.[212] Daneben sind aber besondere Formvorgaben des Erbstatuts zu beachten.

7. Rechtsfragen der Nachlassspaltung

84 Durch Nachlassspaltung unterliegen Teile des Nachlasses verschiedenen Rechtsordnungen. Dabei ist jeder Nachlass so zu behandeln, als wäre der jeweilige andere Nachlass nicht vorhanden.[213] Jedes Erbstatut entscheidet selbständig über sämtliche Fragen. Aus Sicht eines **deutschen Erblassers** kommt es vor allem in folgenden Fällen zur Nachlassspaltung:
- Der Erblasser hat Vermögen im Ausland, das für dieses Vermögen nicht wie Deutschland an die Staatsangehörigkeit anknüpft, sondern an das Belegenheitsrecht. Rechtliche Nachlassspaltung tritt ein, wenn Deutschland diese **abweichende Anknüpfung** über **Art. 3 Abs. 3 EGBGB** akzeptiert. Das ist häufig bei Immobilien im Ausland der Fall. Nach *Fetsch*[214] soll es bei Grundbesitz eines deutschen Erblassers z.B. in folgenden Staaten zu einer rechtlichen Nachlassspaltung kommen:

Albanien, Argentinien, Armenien, Australien, Bahamas, Bangladesh, Barbados, Belarus (Weißrussland), Belgien, Bermudas, Birma, Bolivien, Brasilien (wohl nur bei brasilianischen Erben), Cayman Islands, China, Costa Rica (auch bei beweglichen Vermögen[215]), Dominikanische Republik, Elfenbeinküste, Frankreich, Gabun, Georgien, Ghana, Gibraltar, Großbritannien, Guatemala, Guinea, Haiti, Indien, Indonesien, Irland, Jamaika, Kamerun, Kanada, Kasachstan, Kenia, Lettland, Liberia, Litauen, Luxemburg, Madagaskar, Mali, Malta, Mauritius, Moldawien, Monaco, Mongolei, Namibia, Neuseeland, Nigeria, Österreich (aber wohl nur für Erbfälle bis zum 31.12.1978), Pakistan, Panama (auch bei beweglichen Vermögen[216]), Paraguay, Rumänien, Russland, San Marino, Schottland,

---

[208] Palandt/*Heldrich* Art. 26 EGBGB Rdnr. 1 mit Streitübersicht.
[209] BGH Urt. v. 28.9.1994 – NJW 1995, 58, 58 = WM 1994, 2124, 2125 = IPRax 1996, 39.; vgl. auch BGH Urt. v. 7.7.2004 – NJW 2004, 3558, 3560.
[210] *Schotten* § 7 V 1 S. 244, *Nieder* Rdnr. 402.
[211] *Ferid/Firsching/Dörner/Hausmann* Bd. IV, Grundz. Italien F § 1 II 1 Rdnr. 75.; *Süß/Haas/Wiedemann/Wiedemann*, Erbrecht in Europa, Italien, I 7 S. 558 Rdnr. 22.
[212] *Schotten* § 7 V 2 S. 244.
[213] BGHZ Urt. v. 5.6.1957 – 24, 352, 355 = NJW 1957, 1316.
[214] *Fetsch* RNotZ 2006, 1, 9.
[215] *Arlt* ErbStB 2005, 291, 292.
[216] *Arlt* ErbStB 2005, 291, 292.

Seychellen, Singapur, Sri Lanka, Südafrika, Tadschikistan, Tansania, Thailand, Trinidad und Tobago, Türkei, Uganda, Ukraine, Uruguay, USA und Zypern.[217]
- Es kommt zu **hinkenden Rechtsverhältnissen**. Der deutsche Erblasser lebt im Ausland, das an den letzten Aufenthalt oder Wohnsitz anknüpft. **Beide Rechtsordnungen** erklären sich **parallel** für **ein und denselben Nachlass** erbrechtlich zuständig, sog. **faktische** Nachlassspaltung.[218]
- **Doppelstaatsangehörigkeit** des Erblassers, die ebenso zu einem hinkenden Rechtsverhältnis führen kann, da aus deutscher Sicht gem. Art. 5 Abs. 1 S. 2 EGBGB immer deutsches Recht Anwendung findet (faktische Nachlassspaltung).

Aus Sicht eines **ausländischen Erblassers** kommt es vor allem in folgenden Fällen zur Nachlassspaltung:
- Das Recht des Staates, dessen Staatsangehörigkeit der Erblasser hat, knüpft für bewegliches (Wohnsitz) und unbewegliches Vermögen (Belegenheit) unterschiedlich an und der Erblasser hat seinen Wohnsitz oder dauernden Aufenthalt nicht im Staat seiner Staatsangehörigkeit. Deutschland akzeptiert die **partielle Rückverweisung** auf deutsches Recht oder die **partielle Weiterverweisung** auf das Recht eines dritten Staates, vgl. Art. 4 Abs. 1 EGBGB (faktische Nachlassspaltung). Dies kann sich auch aus einem **Staatsvertrag** ergeben, so etwa für in Deutschland lebende Türken, für die § 14 des deutsch-türkischen Staatsvertrages bestimmt, dass Immobilien in Deutschland nach deutschem Recht, sonstiges Vermögen aber nach türkischem Recht vererbt wird.[219]
- Der Erblasser **wählt** für **in Deutschland** belegenen **Grundbesitz** gem. Art. 25 Abs. 2 EGBGB **deutsches Recht** (rechtliche Nachlassspaltung).
- Die Wahl eines Erbrechts eines dritten Staates wird von dem Drittstaat, nicht aber vom Staat des Erblassers anerkannt und umgekehrt.
- Der Staat der Staatsangehörigkeit und ein Drittstaat erklären sich beide für zuständig.

Mögliche Folgen einer Nachlassspaltung sind:[220]
- ein Nachlass wird gesetzlich, der andere testamentarisch vererbt (nur bei rechtlicher Nachlassspaltung entstehen zwei Nachlässe),
- eine Verfügung von Todes wegen kann für den einen Nachlass gültig und für den anderen ungültig sein (rechtliche Nachlassspaltung) oder bezüglich des ein und denselben Nachlasses aus Sicht einer Rechtsordnung gültig und aus Sicht der anderen Rechtsordnung ungültig sein (faktische Nachlassspaltung),
- nur für ein Nachlass wird ausgeschlagen oder die Annahme angefochten (rechtliche Nachlassspaltung) bzw wird die Ausschlagung oder Anfechtung der Annahme nur von einem Staat als gültig betrachtet (faktische Nachlassspaltung),
- verschiedene Pflichtteils- oder Noterbrechte,
- selbständige Entscheidung über Zulässigkeit und Wirkungen eines Erbverzichts,
- zwei selbständige Erbengemeinschaften (bei rechtlicher Nachlassspaltung),
- die Rechtsstellung eines Testamentsvollstreckers fällt unterschiedlich aus,[221]
- unterschiedliche Haftungsbegrenzungen.

Es liegt auf der Hand, dass dadurch Spannungen zwischen den Nachlässen entstehen können. Schließlich handelt es sich nur um einen Erbfall. Die bedeutsamsten Praxisprobleme rechtlicher Nachlassspaltung werden nachfolgend dargestellt.

---

[217] Ausf. Übersicht von Staaten bei Staudinger/*Dörner* Anhang Art. 25 EGBGB; Bamberger/Roth/*Lorenz* Art. 25 EGBGB Rdnr. 83; *Süß* ZEV 2000, 486, 489; Kurzberichte über zahlreiche Länder auch bei *Fetsch* RNotZ 2006, 77, 91 ff.
[218] *Leible/Sommer* sprechen bei hinkenden Rechtsverhältnissen auch von Nachlasskonflikt, ZEV 2006, 93, 94. Süß/Hass/*Süß*, Erbrecht in Europa, § 1 A V. S. 33.
[219] Hierfür s. u. Rdnr. 103 ff.
[220] *Schotten* § 7 II S. 192 ff.; vgl. auch Palandt/*Heldrich* Art. 25 EGBGB Rdnr. 9 m.w.N.
[221] Vgl. BayObLG Beschl. v. 30.9.1999 – NJW-RR 2000, 298 ff.: Eine österreichische Staatsangehörige hatte nach Art. 25 Abs. 2 EGBGB deutsches Recht gewählt und insgesamt Testamentsvollstreckung angeordnet. Nach Auffassung des Gerichts richtet sich die Testamentsvollstreckung für den deutschen Nachlass nach deutschem Recht, für den österreichischen Nachlass nach österreichischem Recht.

86 a) **Ausgleichung.** Wenn der Erblasser zu Lebzeiten späteren Erben Zuwendungen macht, fragt sich, **welches Recht** im Falle einer Nachlassspaltung über einen Ausgleich dieser Zuwendungen entscheidet. Hat ein Ausgleich zu erfolgen, schließt sich die weitere Frage an, aus welchem Nachlassvermögen dieser bestritten werden muss. Hier ist vieles noch ungeklärt. Im deutschen Recht kann sich eine Ausgleichspflicht aus **§§ 2050 ff. BGB** ergeben.

87 **Eine Auffassung** möchte dasjenige Recht anwenden, welchem die zugewendeten Vermögensgegenstände ohne Weggabe unterfielen.[222] **Ein weiterer Vorschlag** lautet, die Ausgleichung für jede Masse gesondert nach ihrem Recht durchzuführen. Jedoch solle der Ausgleich bei jeder Nachlassmasse auf eine bestimmte **Quote der Gesamtzuwendung** beschränkt sein. Diese Quote habe dem Verhältnis des Werts der Einzelmasse zum Wert des Gesamtnachlasses zu entsprechen.[223] Auf das Ergebnis der Quote können dann Normen wie § 2056 BGB angewendet werden.[224] **Nach anderer Ansicht** soll zwar die Ausgleichung für jede Masse gesondert durchgeführt werden.[225] Die zugewendeten Gegenstände sollen aber nicht nur quotenmäßig, sondern vollständig ausgeglichen werden.[226] Ist die Zuwendung wertvoller als der Anteil des Miterben an der betreffenden Nachlassmasse, müssen die Konsequenzen anhand des anzuwendenden Erbstatuts ermittelt werden.[227]

Diese Fragen können mit Hilfe der **Anpassung**[228] gelöst werden, die bereits oben (**Rdnr. 35**) erläutert wurde.

88 **Praxistipp:**
Folgendes Vorgehen ist zu empfehlen:
(1) Bei der **Gestaltung** ist zunächst genau zu ermitteln, welche Vorempfänge es gegeben hat und ob weitere Zuwendungen bereits absehbar sind. Sodann muss festgestellt werden, welche Regeln die Erbstatute für die Ausgleichung solcher Vorempfänge vorsehen. Treten Widersprüche oder „Ungerechtigkeiten" zwischen den Erbstatuten oder zum Erblasserwillen auf, ist der Versuch in Erwägung zu ziehen, die Nachlassspaltung gestalterisch zu verhindern. Sofern dies unmöglich oder uninteressant ist, sollten die disponiblen Ausgleichungsvorschriften durch Verfügungen von Todes wegen ersetzt werden. Denkbar sind dabei klare Ausgleichsanordnungen in Form von Vermächtnissen oder auch die gänzliche Untersagung von Ausgleichungen, wenn dem Erblasser an einer Gleichbehandlung nicht gelegen ist. Dann bleibt aber das Pflichtteilsrecht zu bedenken.
(2) Liegt der Sachverhalt wie unter (1) und ist der Erbfall bereits eingetreten, muss in einer Erbauseinandersetzungsvereinbarung versucht werden, mittels Anpassung zu einem gerechten **mittleren** Ergebnis zu kommen. „Bockigen" ausgleichsberechtigten Miterben, die auf ihre Anteilserhöhung beharren, muss die Offenheit der Rechtsfragen, die Ungewissheit ihrer Behandlung vor den jeweiligen Gerichten, die lange Dauer eines Rechtsstreits und die hohen Verfahrenskosten verdeutlicht werden, um sie für einen Kompromiss gewinnen zu können.

89 b) **Nachlassverbindlichkeiten.** Hier ist problematisch, welches Erbstatut grundsätzlich über die Nachlassverbindlichkeiten entscheidet und auf welches Nachlassvermögen die Nachlassgläubiger zugreifen dürfen. Jede Rechtsordnung geht davon aus, dass „ihr" Nachlass der einzige ist. Deswegen sehen materiellrechtliche Normen keine Lösung für diese Probleme vor. Wenn die Verbindlichkeiten aus einem Nachlass befriedigt werden, stellt sich z.B. die Frage, ob und wie ein Ausgleich zwischen den Nachlässen zu erfolgen hat.

---

[222] Staudinger/*Firsching* Vorb. 368 ff. zu Art. 24 bis 26 EGBGB, w. Nachw. bei Staudinger/*Dörner* Art. 25 EGBGB Rdnr. 746.
[223] Soergel/*Schurig* Art. 25 EGBGB Rdnr. 100 m.w.N.; *Pinkernelle/Spreen*, Das Internationale Nachlassverfahrensrecht, DNotZ 1967, 195, 213.
[224] Soergel/*Schurig* Art. 25 EGBGB Rdnr. 100.
[225] Staudinger/*Dörner* Art. 25 EGBGB Rdnr. 749; MünchKommBGB/*Birk* Art. 25 EGBGB Rdnr. 142.
[226] Staudinger/*Dörner* Art. 25 EGBGB Rdnr. 750; vgl. auch MünchKommBGB/*Birk* Art. 25 EGBGB Rdnr. 144.
[227] Staudinger/*Dörner* Art. 25 EGBGB Rdnr. 750, *ders.* DNotZ 1988, 67, 106.
[228] Vgl. MünchKommBGB/*Birk* Art. 25 Rdnr. 143.

Können **Schulden** einer **Nachlassmasse direkt zugeordnet** werden, so entscheidet über Voraussetzungen und Umfang der Haftung nur das dafür anzuwendende Erbstatut.[229] Die betreffende Nachlassmasse haftet auch allein für die Nachlassverbindlichkeiten.[230] Zu diesen Schulden gehören dingliche Erblasserschulden, Herausgabeverpflichtungen bestimmter beweglicher oder unbeweglicher Sachen und Erbfallschulden, welche nur einer Rechtsordnung bekannt sind oder wie beim Voraus gemäß § 1932 BGB nur von einer Nachlassmasse erfüllt werden können.[231] 90

Die Nachlassspaltung soll dazu führen, dass für die nach einem einzelnen Erbstatut als Nachlassverbindlichkeiten anzusehenden, **nicht zuordnungsfähigen Schulden** auch diejenigen Nachlässe haften, die einem anderen Erbstatut unterliegen. Eine nur anteilsmäßige Heranziehung jeder Nachlassmasse im Verhältnis ihrer Größe zum Gesamtnachlass sei abzulehnen.[232] Letztere Auffassung erscheint vernünftig, wenn auch nicht verkannt werden darf, dass sie der deutschen Figur der Gesamtschuld folgt und nicht sicher ist, ob eine berührte fremde Rechtsordnung diese Figur kennt. Denn dann stellt sich die Frage, wie **aus einem Nachlass vollständig beglichene Forderungen**, die keinem Nachlass allein zugeordnet werden können, einen **Rückgriff auf den anderen Nachlass** ermöglichen, um einen Ausgleich herbeizuführen. Nach **einer Auffassung** richten sich Rückgriffsansprüche, sofern eine deutsche Kollisionsnorm die Nachlassspaltung verursacht, nach dem Recht, welches das auf Ausgleich in Anspruch genommene Nachlassvermögen beherrscht.[233] Wird also eine Verbindlichkeit aus einem ausländischen Nachlass getilgt und werden dadurch die an dem deutschen Nachlass beteiligten Miterben befreit, so richtet sich nach dieser Auffassung der Rückgriff nach deutschem Recht. Als Anspruchsgrundlage könne § 426 Abs. 1 S. 1 BGB analog herangezogen werden, wobei der deutsche Nachlass – nur – entsprechend seinem Verhältnis zum Gesamtnachlass hafte.[234] Nach **anderer Auffassung** seien die jeweiligen Erbstatute auf ihre Rückgriffsregeln hin zu untersuchen. Stimmen sie überein, könnten diese angewandt werden. Bei fehlender Übereinstimmung müsse durch Anpassung ein Ausgleich erfolgen.[235]

Die h. M. will aber die Zuordnung von Verbindlichkeiten nur dann nach deutschen Vorstellungen lösen, wenn das deutsche Recht für die Nachlassspaltung verantwortlich ist. Deshalb kommen die obigen Vorstellungen nur zum Tragen, wenn entweder eine Rechtswahl gem. Art. 25 Abs. 2 EGBGB oder die Anwendung des Art. 3 Abs. 3 EGBGB eine Nachlassspaltung verursacht haben soll.[236] Ansonsten muss die ausländische Rechtsordnung nach einem Ausgleich befragt werden. Zumindest bezüglich Art. 3 Abs. 3 EGBGB ist dies zweifelhaft. Denn Art. 3. Abs. 3 EGBGB akzeptiert ausländische Kollisionsregeln, die zu einer Nachlassspaltung führen, lediglich deshalb, weil ausländische Gerichte für das dort belegene Vermögen ohnehin international zuständig sind, um die Anwendung ihrer Vorschriften sicherzustellen. Das deutsche Recht steht hiergegen auf verlorenem Posten, so dass man sich dieser Tatsache über Art. 3 Abs. 3 EGBGB schlichtweg fügt.[237] Man kann deshalb mit Blick auf Art. 3 Abs. 3 EGBGB nicht davon sprechen, dass das deutsche Recht die Nachlassspaltung verursacht. Der Grund liegt in der differenzierenden Anknüpfung des ausländischen Rechts.

---

[229] Staudinger/*Dörner* Art. 25 EGBGB Rdnr. 753; vgl. MünchKommBGB/*Birk* Art. 25 EGBGB Rdnr. 147; Soergel/*Schurig* Art. 25 EGBGB Rdnr. 99.
[230] Staudinger/*Dörner* Art. 25 EGBGB Rdnr. 753; Soergel/*Schurig* Art. 25 EGBGB Rdnr. 99; i.E. wohl auch MünchKommBGB/*Birk* Art. 25 EGBGB Rdnr. 147.
[231] Staudinger/*Dörner* Art. 25 EGBGB Rdnr. 755.
[232] MünchKommBGB/*Birk* Art. 25 EGBGB Rdnr. 147; Staudinger*Dörner* Art. 25 Rdnr. 757; vgl. auch LG Kassel Urt. v. 25.9.1958 – IPRspr. 1958/59 Nr. 146, 487, 489.
[233] Staudinger/*Dörner* Art. 25 EGBGB Rdnr. 759.
[234] Staudinger/*Dörner* Art. 25 EGBGB Rdnr. 759; *Henle*, Kollisionsrechtliche Nachlassspaltung im deutsch-französischen Rechtsverkehr (Diss. 1975), S. 187; MünchKommBGB/*Birk* Art. 25 EGBGB Rdnr. 148.
[235] Soergel/*Schurig* Art. 25 EGBGB Rdnr. 99.
[236] Süß/Haas/*Haas*, Erbrecht in Europa, § 1 C III. 4 b. bb) (1) Rdnr. 54 f.
[237] Vgl. *Fetsch* RNotZ 2006, 1, 4.

91 Praxistipp:
Praktisch ist ähnliches zu empfehlen wie bei der Ausgleichung:
(1) Bei **Gestaltung** der Erbfolge kann festgelegt werden, aus welchen Vermögensmassen Verbindlichkeiten zu erfüllen sind. Hier sollten vorsorglich klare Anordnungen getroffen werden, sofern das jeweilige Erbstatut dies zulässt. Bei größeren Nachlassvermögen oder komplizierter Vermögenssituation ist denkbar, einen Testamentsvollstrecker einzusetzen, um die Verbindlichkeiten gemäß dem Erblasserwillen zu erfüllen. Daneben sollten auch eindeutige Rückgriffsregeln formuliert werden. Die Testamentsvollstreckung muss beide Nachlassvermögen erfassen.
(2) Nach Eintritt des Erbfalls gilt das oben (Rdnr. 88) ausgeführte.

92 c) **Pflichtteil.** Jedes Erbstatut entscheidet bei Nachlassspaltung selbständig, ob und in welchem Umfang Pflichtteilsrechte bestehen.[238] Die auftauchenden Fragen werden auch hier höchst unterschiedlich behandelt. Problematisch wird es immer dann, wenn ein Nachlass keinen Pflichtteil kennt – z.B: Großbritannien – oder ein Nachlass Pflichtteilsrechte als Noterbrecht mit dinglicher Beteiligung vorsieht, z.B. Italien[239] und Frankreich.[240] Ferner wird es schwierig, wenn ein Begünstigter im Erbfall wirtschaftlich mehr erhält und zusätzlich noch einen Pflichtteilsanspruch geltend machen könnte sowie umgekehrt, wenn er wirtschaftlich aus beiden Nachlässen wenige erhält, als ihm pflichtteilsrechtlich allein nach einer Rechtsordnung zustünde.

Beispiel:[241]
Ein verwitweter französischer Erblasser verstirbt an seinem letzten Wohnsitz in Marseille und hinterlässt bewegliches Vermögen und in Deutschland belegene Immobilien. Beide Vermögensmassen sind gleichwertig. Für die Immobilien setzt er seine Tochter, für das übrige Vermögen seinen Sohn jeweils als Erben ein. Über Art. 25 Abs. 1 EGBGB und Art. 3 Abs. 3 EGBGB akzeptiert das deutsche Recht die Rückverweisung des französischen Rechts (das an die lex rei sitae anknüpft) auf deutsches Erbrecht. Obwohl der Sohn und die Tochter wertmäßig gleich bedacht sind, kann der Sohn bezüglich des deutschen Nachlasses Pflichtteilsansprüche geltend machen, da er insoweit enterbt ist.

Grundsätzlich ist **jeder Nachlass gesondert zu behandeln**,[242] d.h. auch im Fall der Nichtbeteiligung muss geprüft werden, welche Rechtsfolgen die zuständige Rechtsordnung für die Nichtbeteiligung z.B. naher Angehöriger vorsieht. Kommt es zu **unbilligen Ergebnissen**, kann eine Korrektur nur über das Recht erfolgen, dass für den jeweiligen Nachlass zuständig ist. Dieses entscheidet, ob bei der Berechnung des Pflichtteils die Berechtigung am anderen Nachlass des partiell Enterbten berücksichtigt werden kann.[243] In der **Literatur** wird sich überwiegend für eine Gesamtschau ausgesprochen, um eine Verfälschung des Erblasserwillens zu verhindern.[244] Die Korrektur muss dann durch Anpassung erfolgen.[245] Im Beispielsfall könnte also eine Übervorteilung des Sohnes durch Anpassung vermieden werden, wobei sein Pflichtteilsanspruch soweit zu reduzieren ist, dass beide Kinder wirtschaftlich zu 1/2 am Erblasservermögen

---

[238] Palandt/*Heldrich* Art. 25 EGBGB Rdnr. 9; *Pentz* ZEV 1998, 449; Mayer/Süß/Tanck/Bittler/Wälzholz/*Süß*, Handbuch Pflichtteilsrecht, § 15 Rdnr. 269.
[239] *Ebenroth* Rdnr. 1002.
[240] Ferid/Firsching/Dörner/Hausmann Bd. III Grundzüge Frankreich F § 2 VI Rdnr. 207; *Werkmüller* ZEV 1999, 474, 474.
[241] Nach Süß/Haas/*Haas*, Erbrecht in Europa, § 1 C III. 4 b. bb) (3) Rdnr. 59.
[242] BGH Urt. v. 7.7.2004 – NJW 2004, 3558, 3560.
[243] Süß/Haas/*Haas*, Erbrecht in Europa, § 1 C III. 4 b. bb) (3) Rdnr. 60.
[244] Süß/Haas/*Haas*, Erbrecht in Europa, § 1 C III. 4 b. bb) (3) Rdnr. 60 m.w.N.; vgl. Mayer/Süß/Tanck/Bittler/Wälzholz/*Süß*, Handbuch Pflichtteilsrecht, § 15 Rdnr. 271; Staudinger/*Dörner* Art. 25 EGBGB Rdnr. 741 f.; *Derstadt* S. 151 ff.; a.A. OLG Celle Urt. v. 8.5.2003 – ZEV 2003, 509, 511 ff., das sich für eine isolierte Betrachtungsweise ausspricht und eine Anpassung der materiell-rechtlichen Ergebnisse ablehnt. Der BGH geht in der Revisionsentscheidung nicht mehr auf die Anpassung ein, da er das streitgegenständliche Testament anders als das OLG Celle auslegt und dieses auch als wirksam ansieht, BGH Urt. v. 7.7.2004 – NJW 2004, 3558 ff.
[245] Staudinger/*Dörner* Art. 25 EGBGB Rdnr. 742.

beteiligt werden. Nach *Birk* seien solche Korrekturen aber nur möglich, wenn wie im Beispielsfall an beiden Nachlässen die gleichen Personen beteiligt sind. Wenn es aber für einen Spaltnachlass zur gesetzlichen Erbfolge, für den anderen Spaltnachlass zur testamentarischen Erbfolge kommt und /oder nicht die gleichen Personen jeweils berechtigt sind, so scheide für ihn eine Korrektur über eine Gesamtbetrachtung aus. Etwaige Benachteiligungen seien als Folge der Erblasseranordnung hinzunehmen.[246]

Weiterhin ist die Konstellation interessant, dass im Rahmen einer Nachlassspaltung ein **Spaltnachlass keine Pflichtteilsrechte** kennt. Nach der eher spärlichen Rechtsprechung akzeptiert das deutsche Recht die Versagung jeglichen Pflichtteils durch eine ausländische Rechtsordnung.[247] Fraglich ist, ob nicht ein Verstoß gegen den ordre public gemäß Art. 6 EGBGB vorliegt.[248] Wenn eine Verbindung zum ausländischen Recht dergestalt besteht, dass auch nach Auffassung des deutschen Rechts das ausländische Erbrecht zuständig sein soll, spricht diese enge Verbindung und der deutsche Anwendungswille des fremden Rechts jedenfalls für eine Vereinbarung mit dem ordre public.

Wenn der Erblasser einen Pflichtteilsberechtigten vollständig enterbt, jedoch nur der Spaltnachlass ohne relevantes Vermögen einen Pflichtteil kennt, fragt sich, wie dieser Fall aus deutscher Sicht zu behandeln ist. Strikte Anwendung eines jeden Erbstatuts oder Zugriff auf den deutschen Nachlass nach Berechnung eines Gesamtpflichtteils?[249] Für eine analoge Anwendung des § 2325 BGB spricht sich *Klingelhöffer* aus.[250] *Birk* möchte nur dann einen Ausgleich vornehmen, wenn der Erblasser einheitlich letztwillig verfügt hat und die gleichen Personen einen Pflichtteil am Nachlass erworben haben.[251]

Fraglich ist auch der umgekehrte Fall: Der Berechtigte wird hinsichtlich des Nachlasses, der einen Pflichtteil kennt, zwar enterbt, erbt aber das größere Vermögen aus dem anderen Nachlass.[252] Die Versagung des zusätzlichen Pflichtteils wird teilweise nur in abnorm gestörten Einzelfällen angenommen.[253] Nach anderer Ansicht müsse ein gerechtes Ergebnis durch Anpassung erzielt werden, da der Pflichtteilsberechtigte nicht von der Erbfolge ausgeschlossen sei.[254] Letztlich ist dieser Fall mit dem oben genannten Beispiel vergleichbar, in dem beide Kinder Erben zu 1/2 werden sollten, aber ein Kind aufgrund der Nachlassspaltung aus einem Spaltnachlass zusätzlich einen Pflichtteil erhält. Auch hier ist zu überlegen, ob durch Anpassung eine Korrektur erfolgt, die dem Erblasserwillen entspricht. Lässt sich dieser nicht ermitteln, spricht einiges für eine konsequente Anwendung der jeweiligen Rechtsordnung auf den ihr unterliegenden Nachlass.

Im Übrigen ist die Rechtslage bei **Pflichtteilsergänzungsansprüchen** kompliziert, wenn der deutsche Nachlass solche Ansprüche kennt, aber unklar ist, welchem Spaltnachlass die Schenkung zuzuordnen ist.[255] Es ist sinnvoll, die fiktive Zuordnung des verschenkten Vermögens wie die Zuordnung der im Erbfall vorhandenen Aktiva vorzunehmen, da der Pflichtteilsberechtigte so gestellt werden soll, wie er stehen würde, wenn der Nachlassgegenstand nicht verschenkt worden wäre.[256] Damit sollte der Schenkungsgegenstand demjenigen Nachlass zugeordnet werden, in dem er sich ohne Schenkung im Todeszeitpunkt befunden hätte.

---

[246] MünchKommBGB/*Birk* Art. 25 EGBGB Rdnr. 137 f.
[247] Vgl. BGH Urt. v. 21.4.1993 – NJW 1993, 1920, 1921; OLG Celle Urt. v. 8.5.2003 – ZEV 2003, 509, 511; OLG Köln Urt. v. 26.6.1975 – FamRZ 1976, 170, 172; RG JW 1912, 22.
[248] S. Fn. 76 ff. und *Klingelhöffer* ZEV 1996, 258 f.
[249] *Klingelhöffer* ZEV 1996, 258, 259.
[250] *Klingelhöffer* ZEV 1996, 258, 259 f.
[251] MünchKommBGB/*Birk* Art. 25 EGBGB Rdnr. 138.
[252] Vgl. österreichischen OGH IPRax 1988, 37 ff.; dazu *Klingelhöffer* ZEV 1996, 258, 259 und *Pentz* ZEV 1998, 449, 451.
[253] Vgl. Erman/*Hohloch* Art. 25 EGBGB Rdnr. 38.
[254] Staudinger/*Dörner* Art. 25 EGBGB Rdnr. 742.
[255] Sehr str., vgl. Süß/Haas/*Haas*, Erbrecht in Europa, § 1 C III. 4 b. bb) (3) Rdnr. 62 f. m.w.N.
[256] Süß/Haas/*Haas*, Erbrecht in Europa, § 1 C III. 4 b. bb) (3) Rdnr. 63.

> **Praxistipp:**
> **Praktisch** ist folgendes Vorgehen zu empfehlen:
> 96 Zunächst muss überlegt werden, welche Vermögenswerte die einzelnen Erben erhalten sollen und welche Spaltnachlässe bestehen. Anschließend sind Art und Umfang der Pflichtteilsrechte jedes Nachlassteils zu ermitteln. Nach Absteckung des äußeren Rahmens kann überlegt werden, inwieweit Maßnahmen wie Vermögensumschichtungen, Pflichtteilsstrafklauseln[257] oder die Nutzung von joint-tenancy-Strukturen[258] im anglo-amerikanischen Bereich sich mit den Erbstatuten noch vereinbaren lassen. Wichtig ist, in der Verfügung von Todes wegen die Verteilung beider Nachlassteile aufeinander abzustimmen, um so späterer Auslegung oder Umdeutung die Richtung zu weisen.

97 **d) Die Gültigkeit einer oder mehrerer letztwilliger Verfügungen bei Spaltnachlässen.** Die Verfügungen von Todes wegen sind gesondert von jedem Erbstatut zu überprüfen. Damit können sie von einem Statut als wirksam, vom anderen als unwirksam angesehen werden. Gründe können formunwirksame Errichtungen oder Verstöße gegen den ordre public sein. Die Behandlung ist **umstritten**. Nach einer Ansicht könnte der deutsche Grundsatz „favor testamenti" angewendet werden, sofern der Erblasser aber bezüglich seines gesamten Vermögens verfügt hat.[259] Anscheinend wird dabei auf § 2084 BGB abgestellt. Nach anderer wohl überwiegender Ansicht soll die Rechtsordnung, welche „ihre" Verfügungen für wirksam ansieht, darüber entscheiden, ob und in welchem Umfang die von ihr beherrschten gültigen Verfügungen von der Unwirksamkeit erfasst werden.[260] Sofern die deutsche Rechtsordnung Verfügungen für gültig ansieht, könnte § 2085 BGB analog herangezogen werden.[261] Der **BGH** hat in einem Fall, in dem der deutsche Erblasser Grundbesitz in Florida und ein deutsches handschriftliches Testament hinterlassen hat, dieses Testament auch für den Nachlass in Florida als gültig behandelt, obwohl das Testament mangels der erforderlichen Beteiligung von zwei Zeugen aus Sicht des Staates Florida unwirksam ist. Der BGH stellt hierbei auf das Haager Testamentsformübereinkommen vom 5.10.1961 ab, dass in Art. 6 vorsieht, dass das Übereinkommen auch dann gültig ist, wenn die Beteiligten nicht Staatsangehörige eines Vertragsstaates sind.[262] Die USA und Florida sind dem Übereinkommen bisher nicht beigetreten. Der BGH erwähnt immerhin, dass die Behandlung des Testamentes in Deutschland als wirksam und die entsprechende Auswirkung auf den deutschen Nachlass dazu führen könnte, dass sich für die Testamentserben Schwierigkeiten (!) ergeben könnten, die Verfügungsmacht über das Grundstück zu bekommen.[263] Es dürfte in der Tat ziemlich sicher sein, dass der amerikanische Nachlassrichter das deutsche Testament nicht anerkennen wird und für den Grundbesitz die gesetzliche Erbfolge des Bundesstaates Florida zur Anwendung gelangt.

98 **Praktisches Vorgehen:**[264] Wird nur ein Testament errichtet, sollten die Verfügungen aufeinander abgestimmt und verzahnt werden. Das bedeutet, die Erbfolge durchzuspielen und Widersprüche verfahrensrechtlicher oder wirtschaftlicher Art abzubauen. Bei „Risikoverfügungen", z.B. im Bereich des Pflichtteils, sollte einer eventuellen Unwirksamkeit vorgebaut werden, in dem hilfsweise Anordnungen getroffen werden, die den Gleichklang mit den übrigen wirksamen Verfügungen wiederherstellen könnten. In den meisten Fällen wird es schon wegen verfahrensrechtlicher Besonderheiten angebracht sein, für jeden Nachlassteil ein eigenständiges Testament zu errichten. Gerade dann ist es wichtig, die Testamente miteinander zu verzahnen. Auch hier sind hilfsweise Regelungen zu treffen, die unwirksame Verfügungen auffangen.

---

[257] Dazu u. Rdnr. 153.
[258] *Ferid* DNotZ 1964, 517; *Firsching*, „Joint tenancy" im internationalen Erbrecht, IPRax 1982, 98; *Henrich*, Die Behandlung von joint tenancies bei Abwicklung von Nachlässen in Deutschland, FS Riesenfeld 1993, S. 103; s. a. MünchKommBGB/*Birk* Art. 25 EGBGB Rdnr. 171; *Jülicher*, Die Joint Tenaney, ZEV 2001, 469.
[259] MünchKommBGB/*Birk* Art. 25 EGBGB Rdnr. 134.
[260] Staudinger/*Dörner* Art. 25 EGBGB Rdnr. 744 m.w.N.; Soergel/*Schurig* Art. 25 EGBGB Rdnr. 101.
[261] Staudinger/*Dörner* Art. 25 EGBGB Rdnr. 744 m.w.N.
[262] BGH Urt. v. 7.7.2004 – NJW 2004, 3558, 3560.
[263] BGH Urt. v. 7.7.2004 – NJW 2004, 3558, 3560 f.
[264] Ausf. Rdnr. 143 ff.; vgl. auch *v.* Oertzen ZEV 1995, 167, 172.

Muster einer Verzahnungsklausel 99

Am ... habe ich in ... ein Testament für mein in dem Staat ... belegenes Vermögen errichtet. Sofern auf mein Vermögen in ... deutsches Erbrecht anzuwenden ist, sollen die in diesem Testament getroffenen Verfügungen Vorausvermächtnisse sein. Die Aufhebung meiner in ... getroffenen Verfügungen sollen mein heutiges Testament unberührt lassen und umgekehrt. Sofern deutsche Behörden oder Gerichte mein in ... belegenes Vermögen betreffende Testament auszulegen haben, und deutsches Recht anzuwenden ist, sollen die folgenden Begriffe ..., ..., ... als ..., ..., ... des deutschen Rechtes verstanden werden.

8. Staatsvertragliches Internationales Erbrecht[265]

Für den deutschen Rechtsanwender sind drei – unten dargestellte – Staatsverträge von Bedeutung, die gemäß Art. 3 Abs. 2 EGBGB den IPR-Normen des EGBGB vorgehen. 100

a) **Deutsch-iranisches Niederlassungsabkommen.**[266] Gemäß Art. 8 Abs. 3 S. 1 des Niederlassungsabkommens bleiben in Bezug auf das Personen-, Familien- und Erbrecht die Angehörigen jedes der vertragsschließenden Staaten im Gebiet des anderen Staates den Vorschriften ihrer heimischen Gesetze unterworfen. Danach entscheidet wie nach Art. 25 EGBGB die Staatsangehörigkeit im Todeszeitpunkt. Ob das Abkommen Art. 25 Abs. 2 EGBGB ausschließt ist umstritten.[267] 101

Das Abkommen gilt auch nicht für Personen mit deutscher und iranischer Staatsangehörigkeit,[268] wobei auch hier die Meinungen auseinander gehen. Entweder sei Art. 5 Abs. 1 EGBGB anzuwenden,[269] oder es entscheide die effektive Staatsangehörigkeit, da Art. 5 Abs. 1 S. 2 EGBGB durch den Vertrag ausgeschlossen wurde.[270] Durch Art. 8 Abs. 3 S. 2 des Abkommens kann über Art. 6 EGBGB iranisches Erbrecht ausgeschlossen werden.[271] Strittig ist, ob Art. 3 Abs. 3 anzuwenden ist.[272] 102

b) **Deutsch-türkischer Konsularvertrag.**[273] Im Anhang zu Art. 20 des deutsch-türkischen Konsularvertrages enthält dieser ein Nachlassabkommen. Gemäß Art. 14 Abs. 1 des Nachlassabkommens bestimmen sich die erbrechtlichen Verhältnisse in Ansehung des beweglichen Nachlasses nach den Gesetzen des Landes, dem der Erblasser zurzeit seines Todes angehörte. Nach Art. 14 Abs. 2 bestimmen sich die erbrechtlichen Verhältnisse bezüglich des unbeweglichen Nachlasses nach den Gesetzen des Landes, in dem dieser Nachlass liegt, und zwar in der Weise, wie wenn der Erblasser zurzeit seines Todes Angehöriger dieses Landes gewesen wäre. 103

Konsequenz: Im Verhältnis zur Türkei kann es zur Nachlassspaltung kommen. 104

Gemäß Art. 12 Abs. 3 des Nachlassabkommens entscheidet das Recht des Staates, in dem sich der Nachlass befindet, darüber, was zum beweglichen und zum unbeweglichen Nachlass gehört.

---

[265] Vgl. oben Rdnr. 16.
[266] RGBl. 1930 II, 1006; Art 8 dieses Abkommens abgedruckt bei MünchKommBGB/*Birk* Art. 25 EGBGB Rdnr. 294 und Staudinger/*Dörner* Vorb. zu Art. 25 EGBGB f. Rdnr. 159.
[267] Für den Ausschluss: Erman/*Hohloch* Art. 25 EGBGB Rdnr. 4; MünchKommBGB/*Birk* Art. 25 EGBGB Rdnr. 296; Schotten/Wittkowski, Das deutsch-iranische Niederlassungsabkommen im Familien- und Erbrecht, FamRZ 1995, 264, 269; **dagegen:** LG Hamburg Beschl. v. 12.2.1991 – IPRspr. 1991 Nr. 142, 264, 272 f. und OLG Hamburg Beschl. v. 14.8.1992 – IPRspr 1992 Nr. 162, 352 (352 f.), beide inzidenter; Staudinger/*Dörner* Vorb. Art. 25 EGBGB f. Rdnr. 149. In der Lit. wird überwiegend von allen mit dem Sinn und Zweck des Abkommens argumentiert.
[268] Schotten/Wittkowski FamRZ 1995, 264, 265 f.
[269] Staudinger/*Dörner* Vorb. Art. 25 EGBGB f. Rdnr. 155.
[270] MünchKommBGB/*Birk* Art. 25 EGBGB Rdnr. 295; noch a.A. Soergel/*Kegel* Vor Art. 3 EGBGB Rdnr. 46, der ohne Begründung das Abkommen gänzlich für ausgeschlossen hält.
[271] MünchKommBGB/*Birk* Art. 25 EGBGB Rdnr. 298 m.w.N.; Staudinger/*Dörner* Vorb. Art. 25 EGBGB f. Rdnr. 157.
[272] **Dafür:** Staudinger/*Dörner* Vorb. Art. 25 f. EGBGB Rdnr. 150; **dagegen:** MünchKommBGB/*Birk* Art. 25 EGBGB Rdnr. 296.
[273] RGBl. 1930 II, 748; Auszüge abgedruckt bei MünchKommBGB/*Birk* Art. 25 EGBGB Rdnr. 300 und Staudinger/*Dörner* Vorb. Art. 25 EGBGB f. Rdnr. 164.

105 Strittig ist, ob Art. 14 des Abkommens auch Vermögen in Drittstaaten erfasst[274] oder es beim Recht des jeweiligen Staates verbleibt, also aus deutscher Sicht Art. 3 Abs. 3 EGBGB anzuwenden ist.[275] Bei **Mehrstaatern**, also etwa ein türkischer Staatsbürger, der noch die Staatsbürgerschaft eines dritten Staates besitzt, soll die effektive Staatsangehörigkeit entscheiden.[276] Bei **Doppelstaatern** stellt sich die Lage ähnlich umstritten dar wie beim deutsch-iranischen Abkommen. Nach einer Auffassung sei Art. 5 Abs. 1 S. 2 EGBGB nicht anwendbar, sondern es entscheide die effektive Staatsangehörigkeit.[277] Nach anderer Auffassung entscheide bei deutscher und iranischer Staatsangehörigkeit Art. 5 Abs. 1 S. 2 EGBGB zu Gunsten der deutschen.[278]

106 c) **Deutsch-sowjetischer Konsularvertrag.**[279] Nach Auflösung der Sowjetunion gilt der Konsularvertrag aus dem Jahre 1958 für die russische Förderation (Russland) weiter. Mit folgenden Staaten gibt es Vereinbarungen, der zufolge die völkerrechtlichen Verträge zwischen der Bundesrepublik und der UdSSR so lange gelten, bis neue Abkommen mit diesen Staaten geschlossen werden: Armenien, Aserbaidschan, Georgien, Kasachstan, Kirgisistan, Moldawien, Tadschikistan, Weißrussland, Ukraine und Usbekistan.[280]

107 Art. 28 Abs. 3 des Vertrages enthält eine Kollisionsregelung. Danach finden hinsichtlich der unbeweglichen Nachlassgegenstände die Rechtsvorschriften des Staates Anwendung, in dessen Gebiet diese Gegenstände belegen sind. Dadurch kann es also zu einer **Nachlassspaltung** kommen. Die Rechtswahl nach Art. 25 Abs. 2 EGBGB hat hier keine Bedeutung, da ohnehin deutsches Recht für unbewegliches Vermögen in Deutschland gilt.[281] Die Qualifikation des Begriffs „unbewegliches Vermögen" richtet sich nach der lex rei sitae, also nach dem Lageort.[282] Die Problematik von Mehr- und Doppelstaatern ist ähnlich der beim deutsch-türkischen Konsularabkommen.[283]

IV. Internationales Erbverfahrensrecht

1. Streitige Gerichtsbarkeit

108 a) **Internationale Zuständigkeit.** Die seit dem 1.3.2002 geltende Verordnung des Rates über die gerichtliche Zuständigkeit und die Anerkennung und Vollstreckung von Entscheidungen in Zivil- und Handelssachen (Nr. 44/2001 v. 22.12.2000) – EuGVVO – ist gemäß Art. 1 Abs. 2 a) wie schon zuvor das EuGVÜ nicht auf Erbrechtsfälle anzuwenden, sofern erbrechtliche Problematik unmittelbarer Streitgegenstand ist.[284]

109 Im Erbrechtsstreitverfahren ist daher ein deutsches Prozessgericht aufgrund der allgemeinen, ungeschriebenen Regelung der internationalen Zuständigkeit immer zuständig, wenn das Gericht nach den Vorschriften der ZPO **örtlich zuständig** ist.[285] Damit entscheidet das deutsche Verfahrensrecht über die internationale Zuständigkeit. Darüber hinaus wenden die deutschen Gerichte in den vor ihnen anhängigen Verfahren nur deutsches Verfahrensrecht an (**lex fori**).[286]

110 Für erbrechtliche Streitigkeiten sieht die ZPO in § 27 Abs. 1 einen besonderen Gerichtsstand vor (**Wohnsitz im Todeszeitpunkt**). Neben den dort aufgezählten Klagen gilt dieser Gerichtsstand auch für ausländische, dem deutschen Recht unbekannte Klagen wie z.B. die Herab-

---

[274] MünchKommBGB/*Birk* Art. 25 EGBGB Rdnr. 299.
[275] Staudinger/*Dörner* Vorb. Art. 25 EGBGB Rdnr. 161; ders., Das deutsch-türkische Nachlassabkommen, ZEV 1996, 90, 94.
[276] Staudinger/*Dörner* Vorb. Art. 25 f. EGBGB Rdnr. 171.
[277] MünchKommBGB/*Birk* Art. 25 EGBGB Rdnr. 300.
[278] Staudinger/*Dörner* Vorb. Art. 25 f. EGBGB Rdnr. 171.
[279] BGBl. 1959 II, 233; Auszug abgedruckt bei Staudinger/*Dörner* Vorb. Art. 25 EGBGB Rdnr. 199.
[280] Staudinger/*Dörner* Vorb. Art. 25 EGBGB Rdnr. 192 ff. m.w.N.; MünchKommBGB/*Birk* Art. 25 EGBGB Rdnr. 303 m.w.N.
[281] Staudinger/*Dörner* Vorb. Art. 25 EGBGB Rdnr. 195.
[282] Staudinger/*Dörner* Vorb. Art. 25 f. EGBGB Rdnr. 195; *Schotten* § 7 I 4 c) S. 190.
[283] *Schotten* § 7 I 4 c) S. 190.
[284] Vgl. Zöller/*Geimer* Anh. I Rdnr. 26.
[285] MünchKommBGB/*Birk* Art. 25 Rdnr. 308; vgl. BGHZ Beschl. d. Großen Senats v. 14.6.1965 – 44, 46, 47.
[286] BGH Urt. v. 27.6.1984 – NJW 1985, 552, 553 = IPrax 1985, 224.

setzungsklage der Noterben.²⁸⁷ Hat der Rechtsstreit keinen räumlichen Bezug zu einem deutschen Gerichtsstand, so kann unter den Voraussetzungen des § 27 Abs. 2 ZPO trotzdem ein deutsches Gericht zuständig sein. Die deutsche Gerichtszuständigkeit gilt auch, wenn der deutsche Erblasser Vermögen im Ausland besitzt und gemäß Art. 3 Abs. 3 EGBGB ausländisches Recht anzuwenden ist.²⁸⁸ Der Gerichtsstand der Erbschaft findet in § 28 ZPO eine Erweiterung. Andere Nachlassverbindlichkeiten sind vor allem die vom Erblasser herrührenden Schulden, dingliche Ansprüche sowie die Verbindlichkeiten aus §§ 1963, 1969, 2205 bis 2207 BGB. Ob **Forderungen** im Bezirk des Gerichts liegen, richtet sich nach § 23 S. 2 ZPO analog.²⁸⁹ Wenn das deutsche Gericht zuständig ist, muss es als Ergebnis der kollisionsrechtlichen Überprüfung gegebenenfalls ausländisches Recht anwenden.

Nicht selten sind neben deutschen Gerichten auch ausländische örtlich zuständig. Gründe hierfür sind rechtliche oder faktische Nachlassspaltungen.²⁹⁰ Erklären mehrere Staaten ihr eigenes materielles Recht für anwendbar, liegt also ein **hinkendes Rechtsverhältnis** vor, so kann als Folge das so genannte „**Forum-shopping**"²⁹¹ eintreten: Erben, Pflichtteilsberechtigte oder sonstige Gläubiger wählen für ihre Ansprüche nach genauer Prüfung das Gericht aus, dessen Recht den größten Erfolg verspricht. Damit könnte auch der Erblasserwille „durchkreuzt" werden. **111**

Beispiel:
Der deutsch-italienische Erblasser schließt mit seiner Tochter in Deutschland einen Pflichtteilsverzichtsvertrag ab. Das italienische Recht verbietet aber zu Lebzeiten solche Verträge, weshalb die Tochter ihre Pflichtteilsansprüche in Italien durchsetzen kann. Das italienische Urteil ist auch in Deutschland vollstreckbar, Art. 1 und 2 des Abkommens zwischen dem Königreich Italien und dem Deutschen Reich über die gegenseitige Anerkennung und Vollstreckung gerichtlicher Entscheidungen in Zivil- und Handelssachen vom 9.3.1936.²⁹²

Derartige Fallstricke können bei der Gestaltung vermieden werden, indem man sich eines **112** erbrechtlichen Schiedsgerichts²⁹³ bedient, eine erbrechtliche Gerichtsstandsvereinbarung trifft oder durch Verwirkungs- und Strafklauseln Hindernisse einbaut.²⁹⁴ Sofern Staatsverträge existieren, sind diese auch daraufhin zu überprüfen, ob Sonderregelungen für die internationale Zuständigkeit bestehen. So bestimmt § 15 des deutsch-türkischen Nachlassabkommens, dass Klagen bezüglich des beweglichen Nachlasses bei den Gerichten des Staates, dem der Erblasser im Todeszeitpunkt angehörte, anhängig zu machen sind, während für unbeweglichen Nachlass die Gerichte des Staates zuständig sind, in dem sich dieser unbewegliche Nachlass befindet.²⁹⁵

b) Ausländisches Erbrecht im Prozess. Ausländisches Erbrecht ist unter Berücksichtigung der **113** höchstrichterlichen Rechtsprechung und des ausländischen Schrifttums anzuwenden.²⁹⁶ Tauchen Zweifelsfragen auf und existiert hierzu noch keine höchstrichterliche Rechtsprechung, darf das ausländische Recht fortentwickelt werden, wobei sich an der Werteordnung und dem Systemzusammenhang der betreffenden Rechtsordnung zu orientieren ist.²⁹⁷ Das muss auch im Schiedsgerichtsverfahren gelten.²⁹⁸ Kann das ausländische Recht nicht ermittelt werden und weist der Fall einen starken Inlandsbezug auf, kann das Gericht auf das Ersatzrecht der lex fori zurückgreifen.²⁹⁹ Zur Ermittlung ausländischen Rechts vgl. schon oben (Rdnr. 2).³⁰⁰

---

²⁸⁷ MünchKommBGB/*Birk* Art. 25 Rdnr. 308.
²⁸⁸ BGHZ Urt. v. 5.4.1968 – 50, 63, 69 ff. (inzidenter).
²⁸⁹ Zöller/*Vollkommer* § 28 Rdnr. 3.
²⁹⁰ Vgl. u. Rdnr. 143 ff.
²⁹¹ *v. Oertzen* ZEV 1995, 167, 171; Sudhoff/*Scherer* Unternehmensnachfolge § 2 Rdnr. 25.
²⁹² RGBl. II 1937, 145; vgl. § 63 Rdnr. 13.
²⁹³ S. u. § 63 Rdnr. 152.
²⁹⁴ Gestaltungsempfehlungen s. u. Rdnr. 154 ff.
²⁹⁵ § 15 abgedruckt bei Staudinger/*Dörner* Vorb. zu Art. 25 f. EGBGB Rdnr. 179.
²⁹⁶ Vgl. BGH Urt. v. 21.1.1991 – NJW 1991, 1418, 1419; Palandt/*Heldrich* Einl. Art. 3 EGBGB Rdnr. 34 m.w.N.
²⁹⁷ Zöller/*Geimer* § 293 Rdnr. 26; *v. Hoffmann/Thorn* § 3 Rdnr. 140.
²⁹⁸ *Schiffer* IPRax 1991, 84, 85 ff.; Zöller/*Geimer* § 293 Rdnr. 26.
²⁹⁹ Str.: Vgl. BGH Beschl. v. 26.10.1977 – BGHZ 69, 387, 393 f. = NJW 1978, 496, Übersicht bei Palandt/*Heldrich* Einl. Art. 3 EGBGB Rdnr. 36 m.w.N.; auch Übersicht bei Zöller/*Geimer* § 293 Rdnr. 27.
³⁰⁰ Sowie Zöller/*Geimer* § 293 Rdnr. 20 f.; Palandt/*Heldrich* Einl. Art. 3 EGBGB Rdnr. 34 f.

114 c) **Sonstige Verfahrensfragen im inländischen Prozess.** Ob eine ausländische Partei rechts- und parteifähig ist, richtet sich gemäß § 50 Abs. 1 ZPO, Art. 7 Abs. 1 EGBGB nach dem Heimatrecht. Bei ausländischen juristischen Personen (Handelsgesellschaften) aus EU- und EWR-Staaten sowie den USA richtet sich die Rechts- und Parteifähigkeit nunmehr nach der Gründungstheorie, während es für die übrigen juristischen Personen aus Nicht-EU-Staaten bei der Sitztheorie verbleibt.[301] Für die Prozessfähigkeit kann auf § 55 ZPO verwiesen werden. Erteilung und Umfang einer Prozessvollmacht richtet sich nach der lex fori, womit vor deutschen Gerichten §§ 80 bis 89 ZPO anzuwenden sind.[302] Eine im Ausland wohnende Partei muss unter den Voraussetzungen des § 174 Abs. 2 ZPO einen Zustellungsbevollmächtigten benennen, um die Folgen des § 175 Abs. 1 S. 2 und 3 ZPO zu vermeiden.

115 d) **Anerkennung und Vollstreckung ausländischer Urteile auf dem Gebiet des Erbrechts.** Die Art. 32 bis 56 EuGVVO können wegen Art. 1 Abs. 2 a) EuGVVO nicht herangezogen werden, um Entscheidungen in erbrechtlichen Streitigkeiten anzuerkennen. Vielmehr richten sich Anerkennung und Vollstreckung ausländischer Urteile nach den von der Bundesrepublik Deutschland eingegangenen oder übernommenen bilateralen Anerkennungs- und Vollstreckungsabkommen.[303] Solche Abkommen bestehen mit Belgien, Griechenland, Großbritannien, Italien, Niederlande, Norwegen, Österreich, Schweiz, Spanien und Tunesien.[304]

116 Im Übrigen richten sich die Anerkennung und Vollstreckbarkeit ausländischer Entscheidungen nach den §§ 328, 722, 723 ZPO. Gemäß § 328 Abs. 1 Nr. 1 ZPO hängt die Anerkennungszuständigkeit von der Entscheidungszuständigkeit des ausländischen Staates ab. Ein ausländisches Urteil entfaltet durch die Anerkennung in Deutschland die Wirkung, die ihm in dem Staat, in dessen Hoheitsgebiet es ergangen ist, zukommt.[305] Bei rechtskräftiger ausländischer Entscheidung ist zwar nach Auffassung der Rechtsprechung eine erneute Klage zulässig. Die Sachentscheidung muss aber mit dem ausländischen Urteil übereinstimmen.[306]

117 Für die Vollstreckung eines ausländischen Urteils bedarf es eines Vollstreckungsurteils nach § 722 ZPO. Dieses ergeht nach normalen Klageverfahren, was also Zeit kostet. Eine vorläufige Anordnung der Vollstreckbarkeit – etwa gegen Sicherheitsleistung oder durch einstweilige Verfügung – ist nicht möglich. Es verbleibt nur eine Sicherung des materiellen Anspruchs nach §§ 916 ff. ZPO.[307] Ein Vollstreckbarerklärungsverfahren für unbestrittene Forderungen ist seit dem In-Kraft-Treten der Verordnung Nr. 2201/2003 vom 21.4.2004 zur Einführung eines europäischen Vollstreckungstitels für unbestrittene Forderungen am 21.10.2005 nicht mehr erforderlich.[308]

2. Internationales Nachlassverfahrensrecht

118 a) **Erteilung und Einziehung eines Erbscheins.** Die internationale Zuständigkeit deutscher Gerichte in Nachlasssachen ist gesetzlich nicht geregelt. Sie richtet sich **nicht** nach der örtlichen Zuständigkeit. Vielmehr hat die Praxis den Gleichlaufgrundsatz entwickelt, nach dem ein deutsches Nachlassgericht immer dann zuständig ist, wenn deutsches Erbrecht anzuwenden ist.[309] Trotz wachsender Kritik im Schrifttum[310] hält die Rechtsprechung am Gleichlaufgrundsatz fest.

119 Insgesamt ergibt sich die Zuständigkeit eines deutschen Nachlassgerichtes etwa bei:[311]

---

[301] Zöller/*Vollkommer* § 50 Rdnr. 9 m.w.N.; zur Anknüpfung jur. Personen ausf. o. in Rdnr. 56 ff.
[302] *v. Hoffmann/Thorn* § 3 Rdnr. 106.
[303] Staudinger/*Dörner* Art. 25 EGBGB Rdnr. 783.
[304] Texte auszugsweise bei *Baumbach/Lauterbach/Albers/Hartmann* Zivilprozessordnung Schlussanh. V B, *Jayme/Hausmann*, Internationales Privat- und Verfahrensrecht, Nr. 185 bis 186 a.
[305] *v. Hoffmann/Thorn* § 3 Rdnr. 154 bis 155.
[306] BGH Urt. v. 26.11.1986 – NJW 1987, 1146; **a.A.** Zöller/*Geimer* § 328 Rdnr. 30; *v. Hoffmann/Thorn* § 3 Rdnr. 157.
[307] Zöller/*Geimer* § 722 Rdnr. 36, 72.
[308] Zöller/*Stöber/Geimer* § 722 Rdnr. 1 a.
[309] Palandt/*Heldrich* Art. 25 EGBGB Rdnr. 18 m.w.N zur st. Rspr.; z.B. BayObLG Beschl. v. 26.3.2004 – NJW-RR 2005, 91, 92 (deutscher Erblasser in Italien).
[310] Übersicht bei Palandt/*Heldrich* Art. 25 EGBGB Rdnr. 18; MünchKommBGB/*Birk* Art. 25 EGBGB Rdnr. 313 ff.; Staudinger/*Dörner* Art. 25 EGBGB Rdnr. 810 ff.; *Firsching/Graf* Rdnr. 2.56; alle m.w.N.
[311] *Firsching/Graf* Rdnr. 2.56 m.w.N.; s. a. Übersicht bei MünchKommBGB/*Birk* Art. 25 EGBGB Rdnr. 320 m.w.N. zur Rspr.

- anzuwendendem deutschen Recht,
- vorläufigen Sicherungsmaßregeln gemäß §§ 1960, 1961 BGB,
- Erteilung eines Fremdrechtserbscheins,
- Eröffnung einer Verfügung von Todes wegen eines Ausländers,
- Annahme einer bedingten Erbserklärung,
- Engegennahme der unter Vorbehalt abgegebenen Erklärung der Annahme der Erbschaft,
- Ausschlagung der Erbschaft,
- Anfechtung eines Testaments,
- Ablieferung und Verwahrung eines Testaments,
- Entlassung eines Testamentsvollstreckers,
- staatsvertraglicher Vereinbarung oder
- der Gefahr für den Betroffenen, ansonsten kein zuständiges Gericht zu finden.[312]

Zur Bestimmung des örtlich zuständigen Gerichts ist § 73 FGG heranzuziehen. Verstirbt ein deutscher Erblasser mit Vermögen im Ausland (**deutscher Erblasser und deutsches Erbstatut**), ist also auch für die Erbscheinserteilung grundsätzlich ein **deutsches Nachlassgericht** zuständig. Hatte der Erblasser keinen Wohnsitz oder Aufenthalt in Deutschland, ist zunächst das Amtsgericht Schöneberg zuständig, welches die Sache aus wichtigen Gründen an ein anderes Gericht mit bindender Wirkung abgeben kann, § 73 Abs. 2 FGG.

Unterliegt das Vermögen im Ausland besonderen Vorschriften und tritt wegen Art. 3 Abs. 3 EGBGB **Nachlassspaltung** ein (**deutscher Erblasser und ausländisches Erbstatut**), so ist nach dem Gleichlaufgrundsatz hierfür das ausländische Nachlassgericht zuständig. In letzteren Fällen verlangt die Rechtsprechung, im allgemeinen Erbschein zu vermerken, dass sich dieser nicht auf das ausländische Vermögen erstreckt,[313] so genannter gegenständlich beschränkter Eigenrechtserbschein.

Verstirbt ein ausländischer Staatsangehöriger (**ausländischer Erblasser und ausländisches Erbstatut**), sind die deutschen Nachlassgerichte gemäß der Gleichlauftheorie international grundsätzlich unzuständig. Das ist konsequent. Das Gesetz sieht jedoch in § 2369 BGB eine **Durchbrechung des Gleichlaufgrundsatzes** vor. Befinden sich nämlich Vermögensgegenstände in Deutschland, kann ein deutscher Erbschein für diese Vermögensgegenstände verlangt werden, sog. **gegenständlich beschränkter Erbschein** oder **Fremdrechtserbschein**. Maßgeblich für die Belegenheit des Vermögens in Deutschland ist der Zeitpunkt der Beantragung des Erbscheins.[314] Welches Vermögen im Inland befindlich ist, bestimmt § 2369 Abs. 2 BGB. Das sind im Inland registrierte Gegenstände wie Grundstücke, Schiffe, Patente und Marken, aber auch Forderungen, wenn für eine entsprechende Klage ein deutsches Gericht zuständig ist.[315] Mit dieser Zuständigkeit ist die internationale Zuständigkeit deutscher Gerichte genannt, die nicht nur aus der ZPO, sondern auch aus der EugVVO folgen kann.[316] Im Fremdrechtserbschein muss die örtliche und gegenständliche Beschränkung sowie das anzuwendende Recht genannt werden.[317] Nicht erforderlich ist aber, jeden einzelnen Gegenstand aufzuzählen.

Problematisch ist, wie im Fremdrechtserbschein das ausländische Recht wiederzugeben ist, wenn es erheblich vom deutschen abweicht. In der Regel wird von den Nachlassgerichten der Erbschein mit deutschen Rechtsbegriffen erteilt.[318] Doch schwierig wird es, wenn z.B. das englische oder US-amerikanische Recht die Zwischenschaltung einer Person vorsieht, dem sog. legal representative (executor oder administrator), der ähnlich einem Testamentsvollstrecker den Nachlass zu verwalten hat. Der Unterschied ist, dass er zunächst der dinglich Berechtigte wird. Dinglich berechtigte Erben gibt es nach dem Todesfall vorläufig nicht. Die gesetzlich oder testamentarisch Begünstigten (sog. beneficiaries) haben also nur ein auf die Zukunft

---

[312] Palandt/*Heldrich* Art. 25 EGBGB Rdnr. 18 m.w.N.
[313] BayObLG Beschl. v. 31.7.1996 – NJW-RR 1997, 201, 202 m.w.N.; vgl. BayObLG Beschl. v. 3.4.1990 – IPRspr. 1990, Nr. 144, S. 287 f. = NJW-RR 1990, 1033 = FamRZ 1990, 1123; MünchKommBGB/*Birk* Art. 25 EGBGB Rdnr. 353 m.w.N.
[314] MünchKommBGB/*Birk* Art. 25 EGBGB Rdnr. 331 m.w.N.; *Fetsch* ZEV 2005, 425, 426.
[315] MünchKommBGB/*Birk* Art. 25 EGBGB Rdnr. 331.
[316] *Fetsch* ZEV 2005, 425, 425.
[317] Palandt/*Edenhofer* § 2369 Rdnr. 8 f. m.w.N.; s. a. *Edenfeld*, Der deutsche Erbschein nach ausländischem Erblasser, ZEV 2000, 482 ff.
[318] *Schotten* § 7 VI 2 b) S. 248.

wirkendes Recht, das mit einem deutschen Vermächtnisanspruch vergleichbar ist. Dennoch wird in der Praxis diesen beneficiaries ein Erbschein erteilt.[319] **Umstritten** ist auch, ob und wie Noterbrechte im Erbschein aufzunehmen sind, wenn die Herabsetzungsklage noch nicht erhoben wurde.[320] So wird vertreten, dass Noterben im Sinne des deutschen Rechts Erben sind und deshalb im Erbschein aufgeführt werden müssen, solange sie noch die Herabsetzungsklage erheben können.[321] Es gibt noch zahlreiche andere Zweifelsfragen im Zusammenhang mit der Wiedergabe ausländischen Rechts, für die auf die Darstellung bei MünchKomm/*Birk*, Art. 25 EGBGB Rdnr. 335 bis 345 verwiesen wird.

123 Bei ausländischen Staatsangehörigen kann es aber auch zur Anwendung des deutschen Erbrechts kommen (**ausländischer Erblasser und deutsches Erbstatut**). So führt eine (Teil-)Rückverweisung zur Anwendung des deutschen Erbrechts, wenn ein ausländischer Staatsangehöriger an seinem letzten Wohnsitz in Deutschland verstirbt und die ausländische Rechtsordnung für den beweglichen Nachlass auf das Recht am letzten Wohnsitz verweist. Die Rückverweisung wird gem. Art. 4 Abs. 1 S. 2 EGBGB abgebrochen. Ferner kann der ausländische Erblasser für Immobilien gem. Art. 25 Abs. 2 EGBGB deutsches Recht wählen. Nach dem Gleichlaufgrundsatz sind für diese Nachlässe die deutschen Nachlassgerichte zuständig, die einen **gegenständlich beschränkter Eigenrechtserbschein** gemäß § 2353 BGB erteilen. Auch bei diesem Erbschein ist die Beschränkung im Erbschein zu vermerken.[322]

124 Beim **Erbscheinsantrag** ist anzugeben, ob ein Allgemeiner oder gegenständlich beschränkter Erbschein begehrt wird.[323] Das gilt nicht für die Frage, welches Recht anzuwenden ist. Denn diese Frage muss das Nachlassgericht beantworten.[324] Hat ein Erblasser Vermögen in Deutschland, z.B. ein Grundstück und Wertpapiere, und wird er hinsichtlich des Grundstücks nach deutschem, bezüglich der Wertpapiere nach ausländischem Recht beerbt, können der Eigenrechtserbschein nach § 2353 BGB und der Fremdrechtserbschein nach § 2369 BGB in einer Urkunde zusammengefasst werden.[325]

125 Bei **Unrichtigkeit** des Erbscheins wird dieser nach § 2361 BGB eingezogen. Unrichtigkeit liegt beispielsweise vor, wenn fälschlicherweise Nachlassspaltung angenommen wird, die gegenständliche Beschränkung oder das anwendbare Erbrecht unerwähnt bleibt.[326]

126 b) **Erteilung und Einziehung eines Testamentsvollstreckerzeugnisses.** Wegen § 2368 Abs. 3 BGB gelten die Ausführungen zum Erbschein entsprechend für das Testamentsvollstreckerzeugnis. Möglich ist also auch ein gegenständlich beschränktes **Fremdrechtstestamentsvollstreckerzeugnis**. Problematisch ist die Behandlung der ausländischen Rechtsfiguren, die mit der deutschen Testamentsvollstreckung vergleichbar sind.[327] So soll für ein executor des angloamerikanischen Rechtskreises ein Fremdrechtszeugnis möglich sein, da er vom Erblasser im Testament eingesetzt wird. Entsprechend wird das für einen administrator abgelehnt, der im Fall der gesetzlichen Erbfolge vom probate court (Nachlassgericht) berufen wird.[328] Auf Grund der erheblichen Unterschiede zwischen den Rechtsordnungen empfiehlt es sich, die Befugnisse des Testamentsvollstreckers präzise zu beschreiben und die Rechtsordnung anzugeben, nach der sich seine Rechtsstellung richtet.[329]

---

[319] MünchKommBGB/*Birk* Art. 25 EGBGB Rdnr. 337 m.w.N.
[320] *Schotten* § 7 VI 2 b) S. 249 f. m.w.N.; MünchKommBGB/*Birk* Art. 25 EGBGB Rdnr. 346 m.w.N.; Staudinger/*Dörner* Art. 25 EGBGB Rdnr. 846 m.w.N.
[321] MünchKommBGB/*Birk* Art. 25 EGBGB Rdnr. 346; a.A. Staudinger/*Dörner* Art. 25 EGBGB Rdnr. 846, der nur für einen Vorbehalt plädiert („unter Vorbehalt der Herabsetzungsklage"), ohne dass die Noterben aufgenommen werden sollen.
[322] MünchKommBGB/*Birk* Art. 25 EGBGB Rdnr. 348 m.w.N.; *Hohloch* ZEV 1997, 469, 472 f. (zum Fall des OLG Zweibrücken, in dem ein Deutscher Grundbesitz in Südafrika hinterließ, so dass für den Grundbesitz in Südafrika deutsche Nachlassgerichte unzuständig sind, OLG Zweibrücken Beschl. v. 21.7.1997) ZEV 1997, 512, 513 f. = IPRax 1999, 110, 111 f.
[323] BayObLG Beschl. v. 2.2.1995 – FamRZ 1995, 1028, 1029.
[324] BayObLGZ Beschl. v. 13.1.1965 – 1961, 4, 22 f.
[325] BayObLG Beschl. v. 15.2.1971 – FamRZ 1971, 258, 259.
[326] Palandt/*Edenhofer* § 2361 Rdnr. 3.
[327] Vgl. MünchKommBGB/*Birk* Art. 25 EGBGB Rdnr. 355 ff. m.w.N.
[328] MünchKommBGB/*Birk* Art. 25 EGBGB Rdnr. 357.
[329] MünchKommBGB/*Birk* Art. 25 EGBGB Rdnr. 358.

§ 33 Internationales Erbrecht

c) Anerkennung ausländischer Nachlassverfahrensakte. Nach § 16 a FGG sind ausländische 127 Entscheidungen auf dem Gebiet der freiwilligen Gerichtsbarkeit anzuerkennen, sofern nicht einer der in § 16 a Nr. 1 bis 4 FGG genannten Gründe vorliegt. Damit gilt dies insbesondere auch für Entscheidungen im vorläufigen Rechtsschutz.[330] Einzelne Staatsverträge enthalten Besonderheiten für die Anerkennung von Nachlassverfahrensakten.[331] Wird die ausländische Entscheidung anerkannt, gilt sie zwar in Deutschland entsprechend ihrer Wirkung im Ausland. Allerdings nur soweit, als diese Wirkungen auch dem deutschen Recht bekannt sind.[332]

Fraglich ist die **Anerkennung ausländischer Erbscheine und Testamentsvollstreckerzeugnisse**. Die Praxis geht davon aus, dass bei paralleler Zuständigkeit der deutschen Nachlassgerichte diese nicht an ausländische Erbscheine gebunden sind.[333] Einem ausländischen Erbschein wird auch **kein öffentlicher Glaube** beigemessen, da die BGB-Normen einen Erbschein voraussetzen, der von einem deutschem Gericht erteilt wurde.[334] Durch **Staatsvertrag** wird die Anerkennung ausländischer Erbscheine und Testamentsvollstreckerzeugnisse bisher nur in § 17 des deutsch-türkischen Nachlassabkommens angeordnet, und das auch nur für beweglichen Nachlass.[335]

3. Internationale Nachlassverwaltung

Nach h. M. ist bei ausländischem Erbstatut deutsche Nachlassverwaltung grundsätzlich 129 ausgeschlossen.[336] Diese Rechtsfigur dient der Haftungsbeschränkung und ist auf das deutsche Erbrecht zugeschnitten.[337] Während aber das BayObLG **ausnahmsweise** deutsche Nachlassverwaltung nur akzeptieren würde, um eine Rechtsverweigerung zu verhindern,[338] hält ein Großteil des Schrifttums es bereits für ausreichend, wenn das ausländische Erbstatut eine dem BGB ähnliche Regelung der Haftungsbeschränkung kennt.[339] Ob eine Nachlassverwaltung sich nur auf das Vermögen in Deutschland beschränkt,[340] kann insofern dahinstehen, da ohnehin geprüft werden muss, ob das Ausland die deutsche Nachlassverwaltung anerkennt.[341]

4. Internationale Nachlassinsolvenz

Die Europäisierung des Rechts in der EU hat auch vor dem Insolvenzrecht kein Halt gemacht. Mit dem In-Kraft-Treten der Verordnung Nr. 1346/2000 (EuInsVO) am 31.5.2002 hat sich die Rechtslage auch für Nachlassinsolvenzen geändert, denn die EuInsVO gilt auch für diese.[342] Hier kann nur eine Skizze der neuen Rechtslage erfolgen, da vieles noch ungeklärt ist. Die vor allem maßgeblichen Vorschriften sind die §§ 315, 335, 343 bis 358 InsO, Art. 3 sowie Art. 27 EuInsVO.

Das deutsche Internationale Insolvenzrecht ist seit 20.3.2003 im elften Teil der Insolvenzordnung geregelt, d.h. in den §§ 335 ff. InsO. Es folgt grundsätzlich dem **Prinzip der Universalität**, wonach das zu eröffnende Insolvenzverfahren das **gesamte Vermögen** des Schuldners erfasst,

---

[330] *Bassenge/Herbst* FGG/RpflG § 16 a FGG Rdnr. 2 m.w.N.
[331] S. *Keidel/Kuntze/Winkler* FGG § 16 a FGG Rdnr. 11 ff.
[332] *Ebenroth* Rdnr. 1319.
[333] BayObLGZ Beschl. v. 10.11.1965 – 65, 377, 383; vgl. BayObLG Beschl. v. 27.3.1991 – NJW-RR 1991, 1098, 1099; Palandt/*Heldrich* Art. 25 EGBGB Rdnr. 22 m.w.N.
[334] MünchKommBGB/*Birk* Art. 25 EGBGB Rdnr. 360; *Hüßtege* S. 128; vgl. *Firsching/Graf* Rdnr. 2.67.
[335] Zum § 17 des Abkommens vgl. MünchKommBGB/*Birk* Art. 25 EGBGB Rdnr. 301.
[336] BayOblGZ Beschl. v. 22.6.1976 – 1976, 151, 155 ff.; Staudinger/*Dörner* Art. 25 EGBGB Rdnr. 864, MünchKommBGB/*Birk* Art. 25 EGBGB Rdnr. 369; alle m.w.N.
[337] BayOblGZ Beschl. v. 22.6.1976 – 1976, 151, 155 ff.; MünchKommBGB/*Birk* Art. 25 EGBGB Rdnr. 369.
[338] BayOblGZ Beschl. v. 22.6.1976 – 1976, 151, 157.
[339] *Pinckernelle-Spreen* DNotZ 1967, 195, 219; MünchKommBGB/*Birk* Art. 25 EGBGB Rdnr. 369 m.w.N.; Staudinger/*Dörner* Art. 25 EGBGB Rdnr. 864 m.w.N.
[340] **Dafür:** MünchKommBGB/*Birk* Art. 25 EGBGB Rdnr. 369; **dagegen:** Staudinger/*Dörner* Art. 25 EGBGB Rdnr. 864.
[341] Vgl. Staudinger/*Dörner* Art. 25 EGBGB Rdnr. 865.
[342] *Marotzke*, Heidelberger Kommentar zur Insolvenzordnung, § 315 Rdnr. 8 f.; MünchKommBGB/*Birk* Art. 25 EGBGB Rdnr. 371; *Reinhart* ZEV 2003, Heft 4, S. VI, abgedruckt unter www.rsw.beck.de.; vgl. auch *Dörner/Lagarde*, Rechtsvergleichende Studie der erbrechtlichen Regelungen des Internationalen Verfahrensrechts und Internationalen Privatrechts der Mitgliedsstaaten der Europäischen Union, in: DNotI, Les Successions Internationales dans l'UE, 2002, 169, 230; a.A. *Kolmann* ZEV 2002, Heft 7 S. VI, abgedruckt unter www.rsw.beck.de.

unabhängig davon, wo es weltweit belegen ist.[343] Man spricht auch vom Hauptinsolvenzverfahren. Daneben gibt es zwei territorial beschränkte Insolvenzverfahren. Nach § 354 InsO kann, wenn deutsche Gerichte zur Eröffnung eines Hauptinsolvenzverfahrens unzuständig sind, ein Gläubiger dennoch ein besonderes Insolvenzverfahren über das inländische Vermögen des Schuldners in Deutschland beantragen, das sog. **Partikularverfahren**, wenn der Schuldner in Deutschland eine Niederlassung oder sonstiges Vermögen hat. Das Partikularverfahren kann durchgeführt werden, ohne dass ein Hauptverfahren anhängig ist. Wird ein ausländisches Hauptinsolvenzverfahren in Deutschland gem. § 343 InsO anerkannt, ist dennoch ein Partikularverfahren über das **inländische Vermögen** des Schuldners zulässig, das dann als **Sekundärinsolvenzverfahren** bezeichnet wird, § 356 Abs. 1 InsO. Insoweit kann man von einem gesetzlich gewollten Insolvenzforum-shopping sprechen.

131 Das deutsche Internationale Insolvenzrecht gilt jedoch seit In-Kraft-Treten der EuInsVO nur noch bei Bezügen zu Nicht-EU-Staaten. Gegenüber den Mitgliedsstaaten der EU ist allein die EuInsVO als unmittelbar geltendes Recht anwendbar.[344] Die Regelungen der EuInsVO sind der deutschen Gesetzeslage sehr ähnlich, da sich der deutsche Gesetzgeber offensichtlich an der EU-Regelung orientiert hat. Art. 3 EuInsVO sieht ebenso ein Hauptinsolvenzverfahren (Art. 3 Abs. 1) sowie ein Partikular- und Sekundärinsolvenzverfahren vor (Art. 3 Abs. 4, Art. 3 Abs. 3 i. V. m. Art. 27 EuInsO). Art. 102 EGInsO enthält heute nur noch die Ausführungsbestimmungen zur EuInsVO.[345]

132 Ein wichtiger Unterschied besteht zwischen beiden Kollisionsrechtsregelungen: während das **deutsche Internationale Insolvenzrecht** grundsätzlich an den **Wohnsitz** des Schuldners anknüpft, § 335 i. V. m. § 3 InsO (allgemeiner Gerichtsstand), richtet sich die Zuständigkeit **innerhalb der EU** nach dem **Mittelpunkt der hauptsächlichen Interessen** des Schuldners, was bei natürlichen Personen in der Regel zwar auch der Wohnsitz sein wird, aber es nicht zwingend sein muss.[346] Wie auch im Steuerrecht können im Insolvenzrecht der Wohnsitz und der gewöhnliche Aufenthalt (und damit unter Umständen auch der Mittelpunkt der hauptsächlichen Interessen des Schuldners) voneinander abweichen.

133 a) **Ausländischer Erblasser mit ausländischem Erbstatut und Wohnsitz in Deutschland:** Eine Eröffnung des (Haupt-) Nachlassinsolvenzverfahrens in Deutschland gem. § 335 InsO i. V. m. § 315 InsO analog dürfte zulässig sein. Eine direkte Anwendung von § 315 InsO soll ausscheiden, da die maßgeblichen Vorschriften im BGB zur Insolvenz aufgrund des ausländischen Erbstatuts nicht anwendbar sind.[347] Der Wohnsitz in Deutschland rechtfertigt aber eine analoge Anwendung. Die §§ 315 ff. InsO kommen in diesem Fall zur Anwendung. Ob sich das Verfahren **auch auf ausländisches Vermögen** erstreckt, ist mindestens aus praktischen Gründen **zweifelhaft**. Der Insolvenzverwalter müsste also auch den ausländischen Nachlass in Besitz nehmen.[348] Es erscheint richtig, für die Zugehörigkeit von Vermögen zum Nachlass grundsätzlich das ausländische Erbstatut zu befragen.

134 Handelt es sich um einen EU-Ausländer, führt die zulässige Eröffnung des (Haupt-) Nachlassinsolvenzverfahrens in Deutschland dazu, dass im EU-Heimatland des Erblassers eine zeitlich spätere Eröffnung nur noch im Rahmen eines Sekundärinsolvenzverfahrens gem. Art. 27 EuInsVO möglich ist, Art. 3 Abs. 3 EuInsVO. Während das Hauptinsolvenzverfahren grundsätzlich das gesamte Nachlassvermögen des Erblassers in der EU erfasst, erstreckt sich das Sekundärinsolvenzverfahren nur auf das Nachlassvermögen, das sich in dem Mitgliedstaat befindet, in dem das Sekundärinsolvenzverfahren eröffnet wurde. War der Erblasser Nicht-EU-Ausländer, ist es jedoch wie erwähnt fraglich, ob das deutsche Nachlassinsolvenzverfahren dort anerkannt wird. Auf den ersten Blick scheint eine „Nachlassinsolvenzspaltung" sehr fraglich. Da aber die EuInsVO separate Insolvenzverfahren aus praktischen Gründen ermöglichen wollte, könnten diese Erwägungen auch für eine Nachlassinsolvenzspaltung

---

[343] *Wimmer*, Frankfurter Kommentar zur InsO, Vor §§ 335 ff. Rdnr. 16.
[344] Vgl. Uhlenbruck/*Lüer*, Kommentar InsO, Art. 102 Rdnr. 48.
[345] *Wimmer*, Frankfurter Kommentar zur InsO, Anhang II nach § 358 Vorb. Rdnr. 3.
[346] Str., vgl. *Marotzke*, Heidelberger Kommentar zur Insolvenzordnung, Art. 3 EuInsVO Rdnr. 3 m.w.N zu Auffassungen, die an den gewöhnlichen Aufenthalt anknüpfen wollen.
[347] *Marotzke*, Heidelberger Kommentar zur Insolvenzordnung, § 315 Rdnr. 8 f.
[348] Staudinger/*Dörner* Art. 25 EGBGB Rdnr. 865.

sprechen. Man denke nur an den deutschen Nachlassinsolvenzverwalter, der bei spanischem Erbstatut Immobilien in Spanien verwerten muss. Hier könnte ein abgetrenntes Sekundär-Nachlassinsolvenzverfahren in Spanien effizienter sein.

Kommt es bei einem Ausländer umgekehrt im Ausland zu einem (Haupt-) Nachlassinsolvenzverfahren, wird dieses in Deutschland gem. § 343 Abs. 1 InsO grundsätzlich anerkannt. Die ausländische Entscheidung wird in der Sache nicht nachgeprüft, sofern kein Verstoß gegen den ordre public vorliegt, § 343 Abs. 1 Nr. 2 InsO. Ein Gläubiger kann aber gem. § 354 InsO ein Partikular-Nachlassinsolvenzverfahren über deutsches Inlandsvermögen beantragen, das dann ein Sekundär-Nachlassinsolvenzverfahren gem. § 356 InsO ist.[349] Bei einem EU-Ausländer gelten Art. 3 Abs. 2 bis 4 EuInsVO entsprechend, wonach ein Partikular-Nachlassinsolvenzverfahren nur eingeschränkt möglich erscheint, vgl. Art. 3 Abs. 4 EuInsVO. 135

b) **Ausländischer Erblasser mit ausländischem Erbstatut und Wohnsitz in Deutschland, es kommt aber zur Nachlassspaltung und damit auch zum deutschen Erbstatut:** Wenn durch eine teilweise Rückverweisung oder durch eine Rechtswahl gem. Art. 25 Abs. 2 EGBGB deutsches Erbrecht anwendbar ist, ist ein (Haupt-) Nachlassinsolvenzverfahren in Deutschland für den deutschen Spaltnachlass gem. § 315 i. V. m. § 335 InsO in direkter Anwendung möglich. Im Übrigen verbleibt es bei der Skizze unter a). Im Fall eines EU-Ausländers gelten wieder die Art. 3 und 27 EuInsVO. 136

c) **Ausländischer Erblasser mit ausländischem Erbstatut und Wohnsitz im Ausland sowie Vermögen in Deutschland:** Eine Eröffnung des (Haupt-) Nachlassinsolvenzverfahrens in Deutschland scheidet mangels inländischen Wohnsitzes und deutschen Erbstatuts aus, vgl. § 335 i. V. m. § 315 InsO. Es kommt aber ein Partikular-Nachlassinsolvenzverfahren gem. § 354 InsO bzw. gem. Art. 3 Abs. 2 EuInsVO in Betracht, das gegebenenfalls ein Sekundär-Nachlassinsolvenzverfahren ist, falls bereits im Ausland zeitlich früher ein Antrag auf Durchführung eines Nachlassinsolvenzverfahrens gestellt wurde. Voraussetzung ist allerdings, dass man wie oben unter a) eine analoge Anwendung der Vorschriften im Falle eines ausländischen Erbstatuts bejaht. Die Analogie bezieht sich hier nicht auf den Wohnsitz, sondern auf die Belegenheit von Vermögen in Deutschland. 137

d) **Deutscher Erblasser mit deutschem Erbstatut und Wohnsitz in Deutschland sowie Vermögen im Ausland:** Das Nachlassinsolvenzverfahren kann gem. § 335 i. V. m. § 315 InsO bei dem am letzten Wohnsitz des Erblassers zuständigen Insolvenzgericht eröffnet werden. Das Insolvenzverfahren erfasst grundsätzlich das Vermögen und die Schulden weltweit. Aber auch hier stellt sich wieder die Frage, ob das Verfahren im Ausland anerkannt wird. Innerhalb der EU wird das deutsche Verfahren zum Hauptnachlassinsolvenzverfahren, während in anderen EU-Staaten Partikular-Insolvenzverfahren als Sekundärverfahren möglich sind. 138

e) **Deutscher Erblasser mit deutschem Erbstatut und Wohnsitz im Ausland sowie Vermögen in Deutschland:** Mangels Wohnsitz scheidet eine Eröffnung eines Hauptinsolvenzverfahrens in Deutschland aus. Eine Analogie scheint wenig hilfreich, da fraglich wäre, wie das örtlich zuständige Gericht zu bestimmen wäre. Es könnte aber ein Partikular-Nachlassinsolvenzverfahren gem. § 354 InsO in Deutschland über das in Deutschland belegene Vermögen erfolgen, das wieder gegebenenfalls ein Sekundärverfahren ist, wenn im Ausland ein Verfahren in einem früheren Zeitpunkt eröffnet wurde. Liegt der Wohnsitz im EU-Ausland, müssten wieder die Vorschriften der EuInsVO entsprechend beachtet werden. 139

f) **Deutscher Erblasser mit Wohnsitz in Deutschland und Vermögen im In- und Ausland, dass zur Nachlassspaltung führt:** Der Wohnsitz und das deutsche Erbstatut führt zur Zulässigkeit eines (Haupt-) Nachlassinsolvenzverfahrens in Deutschland für den deutschen Nachlass. Ist ein ausländisches Verfahren bereits eröffnet, wird dieses anerkannt, sofern die ausländischen Gerichte nach deutschem Recht nicht unzuständig waren, § 343 Abs. 1 Nr. 1 InsO. Insoweit jedoch ausländisches Erbstatut gilt, käme eine Eröffnung wie unter a) skizziert an sich nur analog in Betracht. Da die Eröffnung im Rahmen des deutschen Erbstatuts unmittelbar nach § 315 InsO ohnehin das Vermögen weltweit erfasst, ist fraglich, wie das Nebeneinander direkter und analoger Anwendung des § 315 InsO zu behandeln ist. Man kann mit Blick auf § 354 InsO ar- 140

---

[349] *Marotzke*, Heidelberger Kommentar zur Insolvenzordnung, § 315 Rdnr. 11.

gumentieren, dass für das ausländische Vermögen unter Geltung des ausländischen Erbstatuts die Zuständigkeit deutscher Gerichte versagt werden könnte, dass sich also das unmittelbar gem. § 315 InsO eröffnete Verfahren nur auf den deutschen Spaltnachlass weltweit bezieht. Bejaht man eine analoge Anwendung des § 315 InsO auch für das Vermögen, welches dem ausländischen Erbstatut unterliegt, würde sich das deutsche Hauptnachlassinsolvenzverfahren auch auf dieses Vermögen erstrecken.

141 Befindet sich der ausländische Spaltnachlass in bzw. untersteht er einem EU-Staat, führt dies grundsätzlich zu einer Anerkennung des deutschen Hauptnachlassinsolvenzverfahrens in diesem EU-Staat. Dort kann es aber zu einem Sekundärverfahren kommen.

142 **Fazit:** Die neuen nationalen und internationalen Insolvenzvorschriften sind mit Blick auf Nachlassinsolvenzen mit Auslandsberührung alles andere als leicht zu handhaben. Sie ermöglichen vor allem in der EU ein gesetzlich gewolltes Insolvenzforum-shopping. Bei Nachlassspaltung, wenn also ohnehin mindestens zwei nationale Erbrechte zur Anwendung kommen, kann aufgrund der nicht ganz klaren Rechtslage eine solche Wahl für Gläubiger interessant sein. Denn es ist gut möglich, dass ein Insolvenzgericht das Nachlassinsolvenzverfahren als Hauptverfahren behandelt, auch wenn fraglich ist, ob nicht nur ein Partikularverfahren zulässig gewesen wäre.

V. Gestaltungsüberlegungen im internationalen Erbrecht[350]

1. Rechtliche Nachlassspaltung

143 Kommt es zur rechtlichen Nachlassspaltung, so sollte versucht werden, diese dadurch aufzuheben, dass die Wirtschaftsgüter, die die rechtliche Nachlassspaltung ausgelöst haben (z.B. Grundbesitz) nicht mehr unmittelbar gehalten werden, sondern z.B. über Gesellschaften (regelmäßig Personengesellschaften). Folge ist, dass zivilrechtlich in aller Regel nicht mehr die rechtliche Nachlassspaltung auslösendes Vermögen vorliegt, **sondern bewegliches Vermögen**, dass dem „Hauptstatut" untersteht.

Beispiel:

Grundbesitz in Frankreich sollte man über eine Societé Civil halten. Der Gesellschaftsanteil an der Societé Civil wird sowohl aus deutscher als auch französischer Sicht als beweglich qualifiziert. Folge ist, dass deutsches Erbrecht bei deutschen Erblassern mit Wohnsitz in Deutschland und nicht mehr französisches Erbrecht gilt. Die rechtliche Nachlassspaltung ist überwunden.

144 Lässt sie sich nicht vermeiden, so müssen bezüglich der in Rdnr. 84 bis 99 genannten Problempunkte ausdrückliche Regelungen in das Testament aufgenommen werden. Es muss auch erwogen werden, ob man eine einheitliche Hauptverfügung vorsieht, die abgestimmt auf sämtliche Teilnachlässe ist, und flankierend hierzu noch für jeden einzelnen Spaltnachlass gesonderte Verfügungen trifft. Letztere sollten jedoch mit der Hauptverfügung koordiniert werden und diese nicht inhaltlich abändern, sondern nur für den jeweiligen Spaltnachlass die getroffenen Regelungen wiederholen.

145 Ferner sollte erwogen werden, die Nachfolge außerhalb des Erbrechts zu regeln. Bei Grundbesitz im anglo-amerikanischen Bereich bieten sich z.B. joint tenancy Strukturen an.[351]

2. Faktische Nachlassspaltung

146 Von faktischer Nachlassspaltung wird gesprochen, wenn je nach der Sichtweise verschiedene Staaten unterschiedliche Erbrechtsordnungen auf ein und dieselbe Nachlassmasse anwenden. Die Gestaltung muss an den Ursachen der faktischen Nachlassspaltung ansetzen. Regelmäßige **Ursachen** sind **Doppelstaatsangehörigkeit** sowie **Mehrfachwohnsitze** des Erblassers in verschiedenen Staaten.[352] Ist Ursache der faktischen Nachlassspaltung eine Doppelstaatsangehörigkeit, sollte überlegt werden, eine der Staatsangehörigkeiten aufzugeben. Dies gilt insbesondere bei EU-Staatsangehörigkeiten.

---

[350] Vgl. zum Ganzen ausf. Grotherr/v. Oertzen S. 1505 ff., 1518.
[351] Vgl. Czermak ZVGLRWISS 87 (1988), 58 ff.; Henrich, FS-Riesenfeld, S. 103 ff.
[352] Vgl. Grotherr/v. Oertzen S. 1518 f.

Weitere Vermeidungsstrategien sind internationale Gerichtsstandsvereinbarungen (vgl. Rdnr. 154 ff.) oder internationale Schiedsgerichtsanordnungen (vgl. § 1066 ZPO). Hintergrund dieser Gestaltungen ist es, zumindest für einen Staat einen Vollstreckungsschutzschirm zu schaffen. 147

Eine weitere Gestaltung ist es, eine erbrechtliche Verfügung vorzusehen, die im Zweifel den Rechtsordnungen beider involvierter Staaten gerecht wird. Dies bedeutet, dass sich das international strengere Recht mit den geringeren Gestaltungsmöglichkeiten durchsetzt. 148

3. Internationale Pflichtteilsvermeidungsstrategien

Dies ist ein Thema, das regelmäßig überbewertet wird. Denn die **meisten Strategien** sind **relativ untauglich** (z.B. Trusts), da sich durch die Übertragung auf andere Rechtspersonen regelmäßig § 2325 BGB nicht umgehen lässt. Unabhängig davon, ob jemand auf einen Inländer oder auf eine ausländische Rechtsperson Vermögen überträgt, gilt die 10 Jahresfrist des § 2325 Abs. 3 BGB bei anzuwendendem deutschen Erbrecht, bzw. gelten die Überlegungen, die der BGH im Zusammenhang mit der Ingangsetzung der Frist bei Schenkungen unter Nießbrauchsvorbehalt oder mit Rückforderungsrechten angestellt hat. 149

Auf Grund der Entscheidung des BGH aus dem Jahre 1993, dass in Folge Grundbesitzes, der in einem Spaltnachlass im Sinne des Art. 3 Abs. 3 EGBGB belegen ist, welcher kein Pflichtteilsrecht kennt, keine Pflichtteilsansprüche hergeleitet werden können,[353] kann jedoch erwogen werden, das Vermögen in solche Wirtschaftsgüter umzustrukturieren, die sich in Spaltnachlassen nach Art. 3 Abs. 3 EGBGB befinden. Überlegt werden könnte, ob der Erblasser sein deutsches Wertpapiervermögen z.B. dazu verwendet, Grundstücke in Florida zu erwerben. Seine Absicht ist es, ausschließlich die Pflichtteilsansprüche seiner Kinder auszuschalten, da das Grundvermögen dann nicht dem deutschen Erbrecht, sondern dem Erbrecht des Belegenheitsstaates unterliegt. 150

Diese Absicht soll nach teilweiser vertretener Ansicht scheitern, da bei dem Versuch der Aushöhlung der Pflichtteilsrechte diesbezüglich erbrechtliche Vorschriften zur Anwendung kommen können.[354] Fraglich ist jedoch, um welche es sich hier handeln soll: § 2325 BGB ist wohl nicht einschlägig, da keine Veräußerung vorliegt.[355] Geld wird umgetauscht in ein anderes Wirtschaftsgut im Eigentum des Erblassers. Der Nachlass ist damit nicht geschmälert. Er unterliegt nur jetzt teilweise einem anderen Recht. Im Übrigen muss die Gestaltungsumgehung im Prozess von dem potentiell Geschädigten dargelegt und bewiesen werden. Das subjektive Tatbestandsmerkmal wird jedoch kaum nachweisbar sein. Wegen ordre public und fehlendem Pflichtteilsrecht vgl. Rdnr. 41 ff.[356] *Süß* weist darauf hin, dass nach seiner Ansicht in dem Verhältnis zu den Vereinigten Staaten die Gewährung einer Family Allowance und anderer zwingender Rechte am Nachlass eines Verstorbenen davon abhängt, wo der Erblasser sein Domizil hätte.[357] Insoweit würden nämlich die Rechte der Vereinigten Staaten auf das Recht am Erblasserdomizil verweisen. Folge sei, dass die Ehefrau und die Kinder eines Erblassers, der mit Grundstücken in Florida verstorben sei, aus dortiger Sicht eine Family Allowance unabhängig davon geltend machen könnten, welcher Art der Nachlass sei und wo er belegen sei. Entsprechende Noterbansprüche würden im US-amerikanischen Recht nicht dem Erbstatut, insbesondere nicht dem Belegenheitsrecht der Immobilie unterstellt, sondern einem gesondert angeknüpften Statut unterworfen. Das über die Belegenheit des Grundstücks anwendbare Recht umfasse von sich aus den Bereich des Pflichtteils überhaupt nicht. Insoweit könnte es auch nicht das deutsche Gesamtstatut verdrängen. Folgt man dieser Auffassung, müsste es entgegen der herrschenden Meinung bei der Geltung deutschen Pflichtteilsrechts verbleiben. Dies ist jedoch eine Ansicht, die bisher noch keinen Eingang in die deutsche Rechtsprechung gefunden hat. Im Gegenteil: Das OLG Celle[358] hat die Rechtsprechung des Bundesgerichtshofs in diesem Punkt, wonach der jeweilige Pflichtteilsanspruch isoliert nach demjenigen Nachlasswert zu berech- 151

---

[353] BGH Urt. v. 21.4.1993 – NJW 1993, 1920, 1921.
[354] *Klingelhöffer* ZEV 1996, 258, 259 f.
[355] Für eine analoge Anwendung *Klingelhöffer* ZEV 1996, 258, 159 f.
[356] Vgl. auch *Fetsch* RNotZ 2006, 20 ff.
[357] Vgl. *Mayer/Süß/Tanck/Bittler/Wälzholz*, Handbuch Pflichtteilsrecht, § 15 Rdnr. 130 m.w.N.
[358] Vgl. OLG Celle Urt. v. 8.5.2003 – ZEV 2003, 509, 511 = FamRZ 2003, 1876 ff.

nen sei, der deutschem Erbrecht unterliegt, erst kürzlich bestätigt. Auch eine international-privatrechtliche Anpassung oder Angleichung sei nicht zulässig.[359]

152 In der Praxis muss man bei diesen Gestaltungen auch steuerliche Gesichtspunkte beachten: Denn in vielen Ländern, in denen es **kein** Pflichtteilsrecht gibt, ist die **Erbschaftsteuer** wesentlich **höher** als in Deutschland. Die Zahllast an den Anverwandten wird durch eine Zahllast an den Staat ausgetauscht. Dies ist keine sinnvolle Strategie. Im Übrigen gelten auch international die Strategien, die beim nationalen Sachverhalt angewandt werden,[360] z.B.:

- Richtiger Ehegüterstand des Erblassers (**Zugewinngemeinschaft** statt Gütertrennung) zur Reduktion der Ansprüche der Kinder;
- Frühzeitiges Schenken ohne Rückforderungsrechte;
- Flucht in das Gesellschaftsrecht bei gleichzeitiger Erbeinsetzung der Kinder in Höhe der Pflichtteilsquote, so dass die Kinder dann nicht mehr erbrechtlich, sondern gesellschaftsrechtlich gebunden werden, etc. pp.

Zum Staatsangehörigkeitswechsel als Gestaltungsmittel vgl. Rdnr. 42 ff. u. 146.

4. Internationale Pflichtteilsstrafklausel

153 Ist Vermögen in Staaten belegen, die ein strengeres Pflichtteilsrecht als das Deutsche kennen und lässt sich die **Nachlassspaltung**, die dazu führt, dass dieses Vermögen dem strengeren Erbrecht untersteht, **nicht vermeiden** (z.B. über Gesellschaftsstrukturen, s. o.) muss die Testierfreiheit, die uns das ausländische Erbrecht verwehrt, durch Pflichtteilsstrafklauseln gewonnen werden. Diese beziehen sich auf das dem deutschen Pflichtteilsrecht unterstehende Vermögen.

Beispiel:

Ist Vermögen eines deutschen Erblassers in Deutschland und in Frankreich belegen und soll die französische Immobilie allein der Ehegatte erhalten, so kann der Ehemann seiner Ehefrau grundsätzlich nicht zu 100 % die Immobilie zum Alleineigentum zuweisen. Die **Kinder** haben ein unentziehbares **dingliches** französisches **Noterbrecht** an der Immobilie, die sie mit einer Herabsetzungsklage durchsetzen können. Die Kinder ihrerseits können auch bei guten Willen noch nicht zu Lebzeiten auf ihr Noterbrecht verzichten. Nach französischem Erbrecht wäre ein derartiger Vertrag wegen Sittenwidrigkeit nichtig. Möchte dennoch der Ehemann dem überlebenden Ehepartner die Immobilie zukommen lassen, sollte er ein **französisches Testament** errichten, bezogen auf die französische Nachlassmasse und parallel dazu ein deutsches Testament. In dem französischen Testament weist er der Ehefrau das Alleineigentum zu. Gleichzeitig wird in das deutsche Testament eine internationale Pflichtteilsstrafklausel mit sinngemäß folgendem Inhalt aufgenommen:

Falls die Kinder nicht binnen einer bestimmten Frist nach dem Tode des Erblassers auf ihre Rechte am französischen Nachlass verzichten, werden sie hinsichtlich des dem deutschen Erbrecht unterstehenden Nachlassvermögens auf den Pflichtteil gesetzt oder erhalten eine niedrigere Erbquote als ursprünglich vorgesehen.

5. Internationales Forumshopping und deren Vermeidung[361]

154 Insbesondere bei faktischer Nachlassspaltung kann es zum Wettlauf der Erben zu verschiedenen nationalen Gerichten kommen,[362] um einander faktisch den Nachlass zu sperren und nach der jeweils günstigeren Erbrechtsordnung seine eigenen Ansprüche durchzusetzen. Der Erblasser sollte in dieser Situation versuchen, mit den Erben in den Grenzen des rechtlich zulässigen (z.B. §§ 38, 40 ZPO) **Gerichtsstandsvereinbarungen** zu treffen, die sicherstellen, dass nur in erwünschten Staaten Nachlassverfahren eingeleitet werden.

155 Falls es erforderlich wird, in anderen Staaten Verfahren der streitigen Gerichtsbarkeit oder der freiwilligen Gerichtsbarkeit einzuleiten, sollte nur abgestimmt auf die Ergebnisse eines bestimmten „Hauptstaates" vorgegangen werden. Wenn dies ebenfalls nicht ausreicht, sollte frühzeitig erwogen werden, das Vermögen so zu strukturieren, dass es internationalvollstreckungsrechtlich nur noch in Staaten belegen ist, die gerichtliche Entscheidungen nur von bestimmten Rechtsordnungen als vollstreckungsfähig ansehen, damit dieses Vermögen zumindest faktisch den Vollstreckungsversuchen aus Gerichtsurteilen anderer Staaten mit

---

[359] Vgl. OLG Celle Urt. v. 8.5.2003 – ZEV 2003, 509, 511 = FamRZ 2003, 1876 ff.
[360] Vgl. § 29 Rdnr. 204 ff.
[361] Vgl. ausf. *v. Oertzen* ZEV 1995, 167, 171 ff.
[362] Vgl. zum Ganzen *v. Oertzen* ZEV 1995, 167, 171 ff.

unerwünschten Erbrechtsanordnungen entzogen ist. Eine internationale Gerichtsstandsvereinbarung kann z.b. getroffen werden, wenn nur einer der Beteiligten in Deutschland lebt. Eine internationale Gerichtsstandsklausel in einem Pflichtteilsverzichtsvertrag könnte z.B. bei einem im Inland und einem im Ausland Ansässigen als Beteiligten wie folgt lauten:

> **Formulierungsvorschlag:** 156
> (1) Wir sind uns darüber einig, dass zur Entscheidung aller Streitigkeiten aus dieser Urkunde, gleich aus welchem Grunde, ausschließlich die Gerichte der Bundesrepublik Deutschland [...] zuständig sein sollen.
> (2) Dies gilt auch, sobald solche Streitigkeiten für erbrechtliche Vorfragen entscheidend sein sollten, unabhängig davon, wo die betroffenen Vermögensgegenstände – auch soweit es sich um unbewegliches Vermögen handelt – liegen.

Auch die erbrechtliche Schiedsgerichtsanordnung gemäß § 1066 ZPO kann eine geeignete Waffe sein, um ein internationales Forumshopping zu erschweren.[363] Eine entsprechende Klausel könnte um die folgende Anordnung ergänzt werden: 157

> **Formulierungsvorschlag:**
> Beteiligte, welche die ordentliche Gerichte in dem Staate X anrufen oder Verfahren der freiwilligen Gerichtsbarkeit ohne Abstimmung mit dem Testamentsvollstrecker in dem Staate X einleiten oder einstweilige Verfügungen oder Arreste in diesen Staaten beantragen, haben alles, was sie als Erbteil oder Vermächtnis unmittelbar besitzen, als Vermächtnis an ... herauszugeben.

6. Gestaltungsüberlegungen im Zusammenhang mit Formfragen

Bei der Form des Testamentes ist zu unterscheiden, ob das Testament Wirkungen in einem Staat entfalten soll, der genauso wie die Bundesrepublik Deutschland Vertragsstaat des Haager Testamentsabkommens ist oder nicht. Ist ersteres der Fall, so kann das Testament problemlos in der deutschen Form errichtet werden, da die Vertragsstaaten des Haager Abkommens ein Testament gemäß Art. 1 a als formgültiges Testament akzeptieren, wenn es nach dem innerstaatlichen Recht des Errichtungsstaates wirksam verfasst worden ist. Trotzdem muss vorab geprüft werden, ob in diesen Staaten **Schwierigkeiten** im **Verfahrensrecht** auftreten, weil für diesen Staat das Testament ein ausländisches, deutsches Testament ist und deshalb nach dem Recht dieses ausländischen Staates ein **besonderes Anerkennungsverfahren** für das deutsche Testament erforderlich wird. Gleichzeitig muss geprüft werden, ob das Original oder eine Abschrift eingeliefert werden muss. 158

Ist der ausländische Staat nicht Vertragsstaat des Haager Testamentsabkommens, sollte das Testament auch neben der deutschen Form die Form wahren, die nach dem Kollisionsrecht des ausländischen Staates zur Formwirksamkeit führen. 159

Mit einem Testament wird man dann auskommen, wenn ein Fall der Nachlasseinheit vorliegt und die Testamentsform auch im Ausland akzeptiert wird und keine verfahrensrechtlichen Hürden existieren (z.B. durch den Zwang zur Vorlage der Originalurkunde im Ausland und wenn gleichzeitig der deutsche Erbschein nicht akzeptiert wird). **Mehrere Testamente** werden immer erforderlich, wenn ein Fall der **Nachlassspaltung** vorliegt oder durch ein Testament verfahrensrechtliche Nachteile für die Erben im ausländischen Staat entstehen. Hier muss man dann wie oben (Rdnr. 97 ff.) beschrieben mit entsprechender Verzahnungsklausel vorgehen.[364] 160

---

[363] Vgl. hierzu noch § 67.
[364] Vgl. auch *v. Oertzen* ZEV 1995, 172 ff.

7. Grenzüberschreitende Testamentsvollstreckung

161 Die Testamentsvollstreckung unterliegt nach herrschender Ansicht dem Erbstatut. War der Erblasser Deutscher, erhebt wegen Art. 25 Abs. 1 EGBGB das deutsche Recht ein **extraterritorialen Geltungsanspruch**, so dass die Testamentsvollstreckung aus deutscher Sicht auch im Ausland nach deutschem Recht möglich ist, soweit wie der extraterritoriale Geltungsanspruch des deutschen Rechtes reicht und nicht durch Art. 3 Abs. 3 EGBGB eingeschränkt ist. Ob eine Testamentsvollstreckung jedoch faktisch im Ausland nach deutschem Recht möglich ist, wird nicht vom deutschen Recht bestimmt, sondern vom Recht des „Ziellandes".

162 Dieses kann
- durch international-verfahrensrechtliche Bestimmungen;
- durch eine andere Anknüpfung der Testamentsvollstreckung;
- oder durch eine großzügigere Handhabung seiner Regelungsvorstellungen

die Handlungsvollmacht des deutschen Testamentsvollstrecker stark eingrenzen.

163 In dieser Situation sollen die Erben mit der Auflage belegt werden, dem Testamentsvollstrecker eine **internationale Nachlassvollmacht** nach dem Muster der Kommission für europäische Angelegenheiten (CAE) der internationalen Union des lateinischen Notariats (UINL) für die Dauer der Testamentsvollstreckung zu erteilen.[365] Eine denkbare Formulierung für eine derartige Klausel wäre z.B. folgender Text:

164 **Formulierungsvorschlag:**

Sofern Nachlassgegenstände in anderen Staaten belegen sind, haben die Erben dem Testamentsvollstrecker eine internationale Nachlassvollmacht nach dem Muster der Kommission für europäische Angelegenheiten (CAE) der internationalen Union des lateinischen Notariats (UINL) für die Dauer der Testamentsvollstreckung zu erteilen. Die Erben haben sich in diesem Fall einer eigenen Tätigkeit zu enthalten, soweit und solange der Bevollmächtigte von der Vollmacht Gebrauch macht (Auflage).

165 Vorteil dieser Gestaltung ist, dass die gewährte Vollmacht von den meisten Staaten Europas anerkannt und in die wichtigsten europäischen Sprachen übersetzt ist, so dass die Vorlage einer derartigen Vollmacht regelmäßig im Ausland keine Probleme aufwirft.

8. Vollmachten[366]

166 In rein nationalen Sachverhalten sind post- und transmortale Vollmachten übliche Gestaltungsmittel, um den Erben zügig Handlungsfähigkeit zu vermitteln oder um die Rechtsmacht des Testamentsvollstreckers zu verstärken. Ob post- und transmortale Vollmachten im Rahmen der internationalen Nachlassabwicklung ihre gewünschte Wirkung entfalten, ist schon im Vorfeld zu prüfen. Denn **kollisionsrechtlich** wird die Frage der **Zulässigkeit** dieser Vollmachten nicht dem Erbstatut, sondern dem gesondert anzuknüpfenden **Vollmachtstatut** unterworfen. Dieses Statut entscheidet über die Regelungsfrage, ob der Tod des Vertretenen die erteilte Vollmacht zum Erlöschen bringt und ob für die Zeit nach dem Tod des Erblassers eine von ihm stammende Vollmacht noch Wirkung entfalten darf.[367] Maßgebendes Recht sollte das **Recht** des **Gebrauchsortes** sein, wobei rechtlich noch ungeklärt ist, ob es sich hierbei um eine Sach- oder Gesamtnormverweisung handeln soll.[368] Auch eine Rechtswahl ist nach überwiegender Ansicht in Deutschland zulässig. In einigen Ländern des romanischen und angloamerikanischen Rechts sieht hingegen das materielle Recht regelmäßig das Erlöschen einer Vollmacht bei Tode des Vollmachtgebers vor. In dieser Situation besteht ein Risiko, dass eine post- oder transmortale Vollmacht in diesen Staaten nicht beachtet wird. Zumindest sollte diese Rechtssituation abgeklärt und die Möglichkeit einer Rechtswahlvereinbarung im Ziel-

---

[365] Vgl. *Rawert*, Beck'sches Formularbuch bürgerliches, Handels- und Wirtschaftsrecht, S. 86 f.
[366] Vgl. hierzu *v. Oertzen* ZEV 1995, 167, 170 ff.
[367] Vgl. *Reithmann-Hausmann*, Internationales Vertragsrecht, Rdnr. 2473, 2475 m.w.N.
[368] Vgl. *v. Oertzen* ZEV 1995, 167, 170 ff.

land geprüft sein. Regelmäßig sind aber diese Vollmachten nur schwache Stützen einer internationalen Nachfolgeplanung.

9. Abstützung der erbrechtlichen Struktur durch lebzeitige Rechtsgeschäfte

Es sollte erwogen werden, ob eine lebzeitige Beteiligung der Erben an dem Vermögen in Betracht kommt. Dies kann man wieder mit den üblichen Gestaltungsmitteln der vorweggenommenen Erbfolge wie Nießbrauchs- oder Stimmbindungsverträgen etc.[369] koppeln. Eine weitere Gestaltung in diesem Zusammenhang ist es, das Vermögen **außerhalb des Erbrechts** übergehen zu lassen. Hier bieten sich insbesondere Vertragsgestaltungen in Form von **Verträgen zu Gunsten Dritter** an, so dass außerhalb des Erbrechts mit dem Versterben des Erblassers Vermögen auf die begünstigten Personen automatisch übergeht. Dies empfiehlt sich insbesondere bei Wertpapierdepots und Konten. Auch gesellschaftsrechtliche Anwachsungsklauseln sind eine Möglichkeit, um zumindest den dinglichen Rechtsübergang sicherzustellen. Unabhängig hiervon können sich dann erbrechtliche Ausgleichsansprüche ergeben. Aber durch das Ausweichen mittels lebzeitiger Rechtsgeschäfte oder Erwerben außerhalb des Erbrechtes kann man zumindest die dingliche Rechtsinhaberschaft ohne das manchmal komplizierte Erbverfahren erreichen.

10. Herstellung des Gleichlaufs von Erb- und Vermögenstatut

Um die Fiktionen, die zwischen Erb- und Vermögensstatut existieren, zu reduzieren, wäre es sinnvoll, einen Gleichlauf herzustellen. Denkbare Wege wären:

a) Wechsel des erbrechtlichen Anknüpfungsmomentes. Dieser Weg ist jedoch regelmäßig nicht begehbar, da die gestalterischen Möglichkeiten über das Kollisionsrecht, insbesondere des internationalen Erbrechts gering, sehr aufwändig und schwerfällig sind.[370] Insbesondere der Staatsangehörigkeitswechsel ist sehr aufwändig, da nicht ohne weiteres die deutsche Staatsangehörigkeit aufgegeben werden kann und das Erlangen einer neuen Staatsangehörigkeit ebenfalls nicht ohne weiteres möglich ist. Daneben darf dieser Staatsangehörigkeitswechsel auch nicht als Gesetzesumgehung qualifiziert werden (vgl. den berühmten „Noteboom-Fall").[371]

b) Wechsel des vermögensrechtlichen Anknüpfungspunktes. Ein entscheidendes Gestaltungsmittel ist jedoch die Einbringung von Vermögen in **Holding-Gesellschaften** (z.B. KG-Strukturen). Dadurch können die Erbgänge in verschiedenen Staaten reduziert werden, weil dann der Erbgang nur noch in einem Vermögensgegenstand (der Beteiligung an der Holding-Gesellschaft) erfolgt.[372] Die Veränderung im deutschen internationalen Gesellschaftsrecht bezüglich EU- und EWR-Gesellschaften[373] haben dabei Gestaltungsspielräume eröffnet: Bei der Wahl von Gesellschaftsformen, die nach deutschem internationalem Gesellschaftsrecht über die Gründungstheorie angeknüpft werden, lässt sich leichter ein Gleichlauf zwischen anwendbarem Erb- und Gesellschaftsrecht herstellen, wenn die international erbrechtliche Anknüpfung zu einem EU- oder EWR-Staat führt und der Gesellschafter als Gesellschaftsgründungsrecht das Recht dieses Staates für seine Gesellschaft wählt.

c) Lösungen im Sachverhalt. Im Übrigen sollte generell erwogen werden, den Nachlass so zu gestalten, dass er möglichst wenig internationale Kontakte aufweist. Das internationale Erbrecht bietet eine Fülle von Problemen, die derzeit erst andiskutiert sind. Die Wissenschaft gibt der Praxis der internationalen Nachfolgeplanung regelmäßig nur „Steine statt Brot". Deswegen sollte man von vornherein viele **internationale Anknüpfungen meiden.** Dies gilt besonders für Konten und Wertpapierdepots. Über die Sinnhaftigkeit, Depots in verschiedenen Staaten zu unterhalten, sollte man nachdenken.

---

[369] Vgl. *v. Oertzen* IPrax 1994, 73, 79.
[370] Vgl. ausf. *v. Oertzen* IPrax 1994, 73, 79.
[371] *Ebenroth* Rdnr. 1248 Fn. 115.
[372] Vgl. Grotherr/*v. Oertzen* S. 1518 sowie *ders.* IPrax 1994, 93 ff.
[373] S. vorne Rdnr. 56 ff. m.w.N.

VI. Ausblick

172 Als Fazit ist festzuhalten, dass ein grenzüberschreitendes Vermögen erheblichen zivilrechtlichen Strukturierungsbedarf auslöst. Die Lösungen sind auf Grund der unflexiblen kollisionsrechtlichen Anknüpfungen des internationalen Erbrechtes sehr schwierig. Durch international verzahnte Testamente, die dem kollisionsrechtlichen Geltungsbereich der jeweils anzuwendenden Rechtsordnungen angepasst sind, durch die richtige Vermögensstruktur (z.B. „Beweglichmachung" von Grundvermögen durch GbR ähnliche Strukturen) oder durch Testamente, die dem international strengeren Recht entsprechen, können die Probleme reduziert werden.

§ 34 Internationales Erbschaftsteuerrecht

Übersicht

	Rdnr.
I. Einführung	1
II. Probleme des internationalen Erbschaftsteuerrechts	2–6
1. Entstehung einer Mehrfachbesteuerung	2
2. Bewertungsprobleme	3
3. Verfahrensrechtliche Aspekte	4–6
III. Die persönliche Steuerpflicht	6–25
1. Die unbeschränkte Steuerpflicht (§ 2 Abs. 1 Nr. 1 a bis d ErbStG)	7–20
a) Anknüpfungen der unbeschränkten Steuerpflicht	8–16
b) Erkenntnisse für den Wegzug aus den Anknüpfungen zur unbeschränkten Erbschaftsteuerpflicht	16
c) Inländereigenschaft und Erwerbstatbestand	17/18
d) Bewertung ausländischen Vermögens	19
e) Stichtagsprinzip und Auslandserwerb	20
2. Die beschränkte Steuerpflicht (§ 2 Abs. 1 Nr. 3 ErbStG)	21–23
a) Anknüpfungen	21
b) Erfasstes Vermögen	22/23
3. Erweitert beschränkte Erbschaftsteuerpflicht (§§ 2, 4 AStG)	24/25
a) Anknüpfungen	24
b) Das steuerpflichtige erweiterte Inlandsvermögen	25
IV. Verfahrensrechtliche Aspekte bei Auslandsberührungen	26–28
V. Ausländisches Zivilrecht und deutsches Erbschaftsteuergesetz	29–31
VI. Besondere Steuertatbestände mit Auslandsbezug	32–48
1. Ausländische Familienstiftung	32–40
a) Errichtungsbesteuerung	33
b) Laufende Besteuerung	34–37
c) Auflösung der ausländischen Familienstiftung	38/39
d) Fazit	40
2. Trust	41–48
a) Errichtung der Vermögensmasse	42
b) Laufende Besteuerung	43–46
c) Auflösung der Vermögensmasse	47
d) Fazit	48
VII. Anrechnung ausländischer Erbschafts- oder Schenkungsteuer nach unilateralem Recht	49–59
1. Art der persönlichen Steuerpflicht	49
2. Auslandsvermögensbegriff	50/51
3. Steuerbarkeit des Auslandsvermögens im In- und Ausland	52
4. Anrechenbare Steuer	53
5. Zeitliche Begrenzung	54–56
6. Anrechnungsbetrag und Anrechnungshöchstbetrag	57/58
7. Verfahren der Anrechnung	59
VIII. DBA Recht	60–70
1. DBA Dänemark und Schweden	63
2. DBA Griechenland	64
3. DBA Österreich	65
4. DBA Schweiz	66–68
5. DBA USA	69
6. Zusammenfassender Überblick	70
IX. Deutsches internationales Erbschaftsteuerrecht und EU-Recht	71–74
X. Gestaltungen im internationalen Erbschaftsteuerrecht	75–86
1. Bei unbeschränkter Erbschaftsteuerpflicht	75–78
2. Bei beschränkter Erbschaftsteuerpflicht	79–84

3. Bei erweitert beschränkter Erbschaftsteuerpflicht 85/86
XI. Ausblick 87–91

Schrifttum: *Arlt,* Internationale Erbschaft- und Schenkungsteuerplanung, Herne 2001; *Daragan (Wohlschlegel),* Vermächtnisse als Mittel der Erbschaftsteuergestaltung, DStR 1998, 357; *Dautzenberg/Brüggemann,* EG-Verträge und deutsche Erbschaftsteuer, BB 1997, 123; *dies.,* Keine Einschränkung der Erbschaftsteuerbelastung durch den EU-Vertrag?, RIW 1997, 882; *Flick/Piltz,* Der internationale Erbfall, 1999; *Geck,* Erbschaft- und schenkungsteuerpflichtige Erwerbe mit Auslandsberührung – Der Regelungsbereich des § 2 ErbStG, ZEV 1995, 249; *Jülicher,* Die anrechenbare Steuer im Sinne des § 21 ErbStG, ZEV 1996, 295; *ders.,* Neues von der erweiterten unbeschränkten Steuerpflicht im ErbStG, PIStB 2001, 50; *Hahn,* Gemeinschaftsrecht und Recht der direkten Steuern, DStZ 2005, 433; *Killius,* Trusts als Mittel der Steuerplanung für deutsche Steuerpflichtige, Festschrift für A. J. Rädler, 1999, 343; *Klein,* Abgabenordnung, 8. Aufl. 2003; *Meincke,* Erbschaftsteuer- und Schenkungsteuergesetz, 14. Aufl. 2004; *Moench,* Erbschaft- und Schenkungsteuer, Stand Dezember 2004; *Noll,* Die persönliche Erbschaftsteuerpflicht im Überblick, DStZ 1995, 713; *v. Oertzen,* Erbschaftsteuerplanung bei beschränkt Steuerpflichtigen, in: *Grotherr* (Hrsg.), Handbuch der internationalen Steuerplanung 2003, 1640; *ders.,* Fiktiver Zugewinnausgleich gemäß § 5 Abs. 1 ErbStG bei grenzüberschreitendem Sachverhalt, ZEV 1994, 93; *Piltz,* Schuldenabzug bei internationalen Erbfällen, ZEV 1998, 461; *ders.,* Unternehmerisches Auslandsvermögen und Erbschaftsteuer, IStR 1998, 47; *Rössler/Troll,* Bewertungsgesetz, Stand Okt. 2000, *Schaumburg,* Internationales Steuerrecht, 2. Aufl. 1998; *Schulz,* Erbschaftsteuer und Schenkungsteuer, 8. Aufl. 2004; *Troll/Gebel/Jülicher,* Erbschaftsteuer- und Schenkungsteuergesetz, Stand März 2006.

I. Einführung

1 Ein grenzüberschreitender Erbfall führt nicht nur zu einem besonderen zivilrechtlichen, sondern auch zu einem **erheblichen steuerrechtlichen Strukturierungsbedarf.** Dies beruht darauf, dass alle Staaten, die unentgeltliche Vermögenszuflüsse besteuern, auch Regeln für die steuerliche Behandlung grenzüberschreitender Vorgänge vorsehen. Die Regeln dieser Staaten sind nicht harmonisiert. Jeder Staat entscheidet eigenständig auf Grund seiner Steuerhoheit allein und ohne Rücksicht auf die entsprechenden Regelungen anderer Staaten, ob, wie und in welchem Umfang der internationale Erbfall zu einer Besteuerung führt. Im Folgenden[1] soll ein Überblick über das deutsche internationale Erbschaftsteuerrecht gegeben werden. Auf die mit einer internationalen Erbschaftsteuerplanung zwingend einhergehenden Fragen des deutschen internationalen Einkommen- oder Außensteuerrechts kann im Rahmen dieses Handbuches nur am Rande eingegangen werden.

II. Probleme des internationalen Erbschaftsteuerrechts

2 Die Gefahren eines internationalen Nachlasses in steuerlicher Hinsicht sind:

1. Entstehung einer Mehrfachbesteuerung

Gründe einer Mehrfachbesteuerung können sein:[2]
- Besteuerung ein und desselben Erbfalls in mehreren Staaten, weil der Erblasser oder der erbrechtlich Begünstigte in mehreren Staaten als ansässig zu gelten hat.
- Das übergehende Vermögen befindet sich in mehreren Staaten.
- Staatsangehörigkeit und Ansässigkeit von Erblasser und/oder erbrechtlich Begünstigten können auseinander fallen.
- Ein und derselbe Vorgang kann von dem einem Staat mit einer Einkommensteuer und von einem anderen mit einer Erbschaftsteuer belastet werden.
- Aufgrund der unterschiedlichen Qualifikation von Wirtschaftsgütern erhebt der eine Staat ein Besteuerungsrecht für dieses Wirtschaftsgut und der andere gewährt gleichzeitig nicht die Anrechnung auf seine Erbschaftsteuer, weil aus seiner Sicht das Wirtschaftsgut anders zu qualifizieren ist, als in dem Staat, der die Steuer erhoben hat.

---

[1] Vgl. hierzu ausf. *Flick/Piltz* Rdnr. 33 ff. sowie *Arlt,* Internationale Erbschaft- und Schenkungsteuerplanung.
[2] Vgl. *Flick/Piltz* Rdnr. 38.

2. Bewertungsprobleme

Jede Steuerbelastung setzt sich aus **zwei Komponenten** zusammen: Dem anzuwendenden **Steuersatz** und der **Bewertung** des Gegenstandes, der besteuert werden soll. Die Bemessungsgrundlage kann aus der Sicht des Auslandes und des Inlandes unterschiedlich ermittelt werden. Eine der Besonderheiten des internationalen Erbschaftsteuerrechts ist – zumindest aus deutscher Sicht –, dass regelmäßig Bewertungsprivilegien häufig nur für Inlandsvermögen, nicht aber für Auslandsvermögen gewährt werden.[3] So wird z. B. der US-Fiskus, sofern er das Besteuerungsrecht für deutsches Vermögen hat, den Wert einer deutschen GmbH & Co. KG Beteiligung nicht anhand des § 13 a ErbStG i. V. m. den Vorschriften des Bewertungsgesetzes ermitteln, sondern eigenständig anhand seiner Bewertungskriterien. Die mögliche steuerliche Vorteilhaftigkeit einer deutschen GmbH & Co. KG (aus deutscher Sicht) kann dadurch international verloren gehen.

3. Verfahrensrechtliche Aspekte

Durch Erbschaftbesteuerungsverfahren in mehreren Staaten kommt es auch zu einer **verfahrensrechtlichen Beteiligung** in verschiedenen Ländern. Es müssen gesondert Fristen und Antragsrechte im jeweiligen Staat überwacht werden. So wird z. B. eine Anrechnung ausländischer Erbschaftsteuern auf die deutsche Erbschaftsteuer gem. § 21 ErbStG nur dann vorgenommen, wenn ein entsprechender Antrag im Inland gestellt wird[4] und auch nur dann, wenn die deutsche Erbschaftsteuer für das Auslandsvermögen innerhalb von fünf Jahren seit dem Zeitpunkt der Entstehung der ausländischen Erbschaftsteuer entstanden ist.[5]

Aufgrund dieser Gefahren ist die zutreffende Sachverhaltserfassung für die Abfrage der international-steuerrechtlichen Eckpunkte von entscheidender Bedeutung.

Checkliste: Sachverhaltserfassung internationales Erbschaftsteuerrecht

☐ Welche Staatsangehörigkeiten haben Erblasser/erbrechtlich Bedachter?
☐ Welche Wohnsitze unterhalten Erblasser/erbrechtlich Bedachter?
☐ Unterhalten sie gewöhnliche Aufenthaltsorte? Wenn ja, in welchen Staaten?
☐ Wo sind die Wirtschaftsgüter steuerrechtlich belegen?
☐ Gab es Vorerwerbe?
☐ Welche Steuerqualität (Vermögensarten) und welche Einkünfte werden aus den Wirtschaftsgütern geriert?
☐ Welchen Einkommensteuerstatus hatten Erblasser bzw. hat der erbrechtlich Bedachte im Zeitpunkt des Erwerbs?

III. Die persönliche Steuerpflicht

Das deutsche internationale Erbschaftsteuerrecht unterscheidet drei verschiedene Steuerarten:

1. Die unbeschränkte Steuerpflicht (§ 2 Abs. 1 Nr. 1 a bis d ErbStG)

Die unbeschränkte Erbschaftsteuerpflicht wird von der Inländereigenschaft abgeleitet. Inländer kann dabei sowohl der Erblasser als auch der erbrechtlich Bedachte sein. Besonders prägnant sind die Anknüpfungen bei *Noll* DStZ 1995, 713 sowie bei *Moench/Weinmann* ErbStG § 2 Rdnr. 4 dargestellt. Die Übersicht gestaltet sich wie folgt:

---

[3] Vgl. *Flick/Piltz* Rdnr. 54. Zu den EU-Thematiken s. noch Rdnr. 72 ff.
[4] Hierzu *Moench* ErbStG § 21 Rdnr. 12.
[5] Vgl. hierzu noch Rdnr. 50 ff.

§ 34 8   Teil B. Die Beratung in der Vermögensnachfolge

a) Anknüpfungen der unbeschränkten Steuerpflicht

Übersicht

8   Erblasser/Schenker hatte z. Zt. der Steuerentstehung Wohnsitz (§ 8 AO) im Inland? — ja → unbeschränkte Steuerpflicht

↓ nein

Erblasser/Schenker hatte z. Zt. der Steuerentstehung gewöhnlichen Aufenthalt (§ 9 AO) im Inland? — ja → unbeschränkte Steuerpflicht

↓ nein

Erblasser/Schenker war z. Zt. der Steuerentstehung deutscher Staatsangehöriger?

↓ nein   ↓ ja

       Erblasser hat Wohnsitz im Inland z. Zt. der Steuerentstehung noch nicht mehr als 5 Jahre[6] aufgegeben? — ja → unbeschränkte Steuerpflicht

       ↓ nein

       Erblasser stand z. Zt. der Steuerentstehung in Dienstverhältnis zu inl. jur. Person des öffentlichen Rechts, bezog Arbeitslohn aus inl. öffentlicher Kasse? — ja → unbeschränkte Steuerpflicht

       ↓ nein

Erwerber hatte z. Zt. der Steuerentstehung Wohnsitz im Inland — ja → unbeschränkte Steuerpflicht

↓ nein

Erwerber hatte z. Zt. der Steuerentstehung gewöhnlichen Aufenthalt im Inland — ja → unbeschränkte Steuerpflicht

↓ nein

Erwerber war z. Zt. der Steuerentstehung deutscher Staatsangehöriger?

↓ nein   ↓ ja

       Erwerber hat Wohnsitz im Inland z. Zt. der Steuerentstehung noch nicht mehr als 5 Jahre aufgegeben? — ja → unbeschränkte Steuerpflicht

       ↓ nein

       Erwerber stand z. Zt. der Steuerentstehung in Dienstverhältnis zu inl. jur. Person des öffentlichen Rechts, — ja → unbeschränkte Steuerpflicht

       ↓ nein

Keine unbeschränkte Steuerpflicht (aber beschränkte und erweiterte Steuerpflicht möglich)

---

[6] Bei Wegzug in die USA ist sogar eine 10-Jahresfrist zu beachten, vgl. *Jülicher* PIStB 2001, 50, 54; vgl. Protokoll v. 14.12.1998 Art. 1 BGBl 2000 II 1172.

Einen Wohnsitz hat jemand dort, wo er eine Wohnung unter Umständen inne hat, die darauf **9** schließen lässt, dass er die Wohnung beibehalten und benutzen wird (§ 8 AO). Es muss sich um zum Wohnen geeignete Räumlichkeiten handeln.[7] Gleichgültig ist, ob die Räumlichkeiten angemessen oder standesgemäß sind.[8] Ferner muss man die Wohnung innehaben. Dies ist zu bejahen, wenn der Steuerpflichtige über die Wohnung tatsächlich verfügen kann.[9] Nicht entscheidend ist die tatsächliche Nutzung. So reicht es bei Abwesenheit des Wohnungsinhabers aus, wenn die Wohnung so ausgestattet ist, dass man jederzeit zurückkehren und sich hierin aufhalten kann.[10]

Gemäß § 9 S. 1 AO hat jemand seinen gewöhnlichen Aufenthalt dort, wo er sich unter **10** Umständen aufhält, die erkennen lassen, dass er an diesem Ort oder in diesem Gebiet nicht nur vorübergehend verweilt. Auf einen entsprechenden Willen des Steuerpflichtigen kommt es nicht an. So kann auch ein langfristiger Krankenhausaufenthalt zu einem gewöhnlichen Aufenthaltsort im Inland führen.[11] Hält man sich länger als sechs Monate im Inland auf, so wird der gewöhnliche Aufenthaltsort auf den Beginn zurückbezogen.[12]

Wichtig für **Wegzugsplanungen** ist die nacheilende unbeschränkte Erbschaftsteuerpflicht für **11** deutsche Staatsangehörige.[13] In den **ersten fünf Jahren** nach Wegzug bleibt das Weltvermögen für erbschaftsteuerliche Zwecke unbeschränkt erbschaftsteuerpflichtig, vgl. § 2 Abs. 1 Nr. 1 S. 2 lit. b ErbStG.[14] Wird die unbeschränkte Steuerpflicht vom Erwerber abgeleitet,[15] so ist der konkrete Erwerb des Wegzüglers im Inland unbeschränkt steuerpflichtig.

Wird die unbeschränkte Erbschaftsteuerpflicht vom Erblasser abgeleitet, ist das Weltvermögen **12** insgesamt in Deutschland steuerpflichtig, unabhängig davon, wo der Begünstigte des Erwerbes ansässig ist.[16] Wird die unbeschränkte Erbschaftsteuerpflicht von dem erbrechtlich Begünstigten abgeleitet, so ist nur der Erwerb dieser Person in Deutschland weltweit steuerpflichtig.[17]

Unbeschränkte Erbschaftsteuerpflicht bedeutet die Gewährung der vollen persönlichen Freibeträge **13** (§ 16 ErbStG)[18] sowie die Gewährung des vollen Schuldenabzuges.[19] Wird die unbeschränkte Erbschaftsteuerpflicht vom Erblasser wegen inländischem Wohnsitz/gewöhnlichem Aufenthaltsort abgeleitet, so kann im Rahmen des § 21 ErbStG ausländische Erbschaftsteuer im gewissen Umfang auf die deutsche Erbschaftsteuer angerechnet werden. Es gilt dabei nur ein enger Auslandsvermögensbegriff.[20]

Wird die unbeschränkte Erbschaftsteuerpflicht vom Erblasser wegen der nacheilenden un- **14** beschränkten Erbschaftsteuerpflicht für Deutsche (5 Jahre nach Wegzug) abgeleitet, so wird ebenfalls das Weltvermögen besteuert und die persönlichen Freibeträge voll gewährt.[21] Es gibt auch einen vollen Schuldenabzug. Streitig ist jedoch, welcher Vermögensbegriff im Rahmen des § 21 ErbStG einschlägig ist. Hierzu wird unter Rdnr. 51 ff. noch eingegangen.

Wird die unbeschränkte Erbschaftsteuerpflicht vom Erben/Beschenkten wegen des Wohnsitzes/gewöhnlichen **15** Aufenthaltsortes im Inland hergeleitet, so ist der konkrete Anfall bei dem Erben/Beschenkten weltweit steuerpflichtig. Die persönlichen Freibeträge und der volle Schuldenabzug werden ohne Einschränkung gewährt. Im Rahmen des § 21 ErbStG gilt aber der **große Auslandsvermögensbegriff**. Dies bedeutet, dass sich das Anrechnungsvolumen ausländischer Erbschaftsteuern erhöhen kann.[22] Dasselbe gilt, wenn die unbeschränkte Erbschaftsteu-

---

[7] Klein/*Gersch* AO § 8 Rdnr. 2.
[8] Vgl. zum Ganzen ausf. *Schaumburg*, Internationales Steuerrecht, Rdnr. 5.14 ff. m.w.N.
[9] Vgl. *Schaumburg*, Internationales Steuerrecht, Rdnr. 5.19.
[10] Vgl. *Schaumburg*, Internationales Steuerrecht, Rdnr. 5.14 ff.
[11] Vgl. *Schaumburg*, Internationales Steuerrecht, Rdnr. 5.24 ff. m.w.N.
[12] Vgl. *Schaumburg*, Internationales Steuerrecht, Rdnr. 5.29.
[13] Hierzu Moench/*Weinmann* ErbStG § 2 Rdnr. 12; Troll/Gebel/Jülicher/*Jülicher* ErbStG § 2 Rdnr. 21 ff.
[14] Bei Wegzug in die USA gilt sogar eine 10-Jahresfrist. Vgl. *Jülicher* PIStB 2001, 50, 54 ff.
[15] Bei gleichzeitiger fehlender Anknüpfung der unbeschränkten Erbschaftsteuerpflicht beim Erblasser.
[16] *Schaumburg*, Internationales Steuerrecht, Rdnr. 7.20; *Flick/Piltz* Rdnr. 1273.
[17] *Schaumburg*, Internationales Steuerrecht, Rdnr. 7.29.
[18] Troll/Gebel/Jülicher/*Jülicher* ErbStG § 2 Rdnr. 9.
[19] *Piltz* ZEV 1998, 461.
[20] Vgl. noch Rdnr. 50 ff.
[21] Vgl. Moench/*Weinmann* ErbStG § 2 Rdnr. 12.
[22] Vgl. *Flick/Piltz* Rdnr. 1355 ff.

erpflicht vom erbrechtlich Bedachten wegen der „nacheilenden" unbeschränkten Erbschaftsteuerpflicht für Deutsche abgeleitet wird.

16   b) **Erkenntnisse für den Wegzug aus den Anknüpfungen zur unbeschränkten Erbschaftsteuerpflicht.** Die Vermeidung der unbeschränkten Steuerpflicht nur dadurch, dass der Erblasser im Inland keinen Wohnsitz und keinen gewöhnlichen Aufenthaltsort hat, führt regelmäßig nicht weiter. Die Verlegung des Wohnsitzes einzelner Familienangehöriger nutzt auch nichts. Bei **Deutschen** ist ein Aufenthalt im **Ausland** von **länger als fünf Jahren** erforderlich.[23] Will man die nacheilende deutsche unbeschränkte Erbschaftsteuerpflicht vermeiden, ist die Aufgabe der deutschen Staatsangehörigkeit notwendig.[24] Die deutsche Staatsangehörigkeit kann man durch Verzicht, Entlassung oder Aufgabe verlieren.[25] Hierbei handelt es sich um aufwändige Maßnahmen, die nicht kurzfristig gestaltbar sind. Der Wegzug nur des Erblassers kann jedoch im Zusammenhang mit der Anrechnung ausländischer Erbschaftsteuern u. U. zu einer Verbesserung der Besteuerungssituation führen.[26]

17   c) **Inländereigenschaft und Erwerbstatbestand.** Bei Erwerben von Todes wegen gemäß § 2 Abs. 1 Nr. 1 S. 1 ErbStG ist die Inländereigenschaft des Erblassers zurzeit seines Todes maßgebend. Bei Schenkungen ist die Inländereigenschaft zurzeit der Ausführung der Schenkung oder beim Erwerber zurzeit der Entstehung der Steuer erforderlich. War der Erblasser zurzeit seines Todes Inländer, ist es unbeachtlich, wann genau die Steuer für den einzelnen Erwerb von Todes wegen entsteht.[27] Dies bedeutet bei vom Erblasser abgeleiteter Steuerpflicht, dass **verzögerte** Steuerentstehungstatbestände (wie früher bei Trusts) die **unbeschränkte** Steuerpflicht **nicht** hindern. Bei Ableitung der Steuerpflicht vom Erwerber können jedoch gestreckte Erwerbe die Steuerpflicht im Inland beeinflussen.

18   Streitig ist in diesem Zusammenhang die Behandlung der Vor-/Nacherbschaft und die Inländereigenschaft.[28] Fraglich ist, wer Erblasser i. S. d. Vorschrift ist. Nach *Weinmann* ist Erblasser der Vorerbe, auch wenn für Zwecke der Besteuerung das Verhältnis zum Ursprungserblasser zu Grunde zu legen ist.[29] Nach anderer Ansicht ist Erblasser der Ausgangserblasser.[30] Letzteres erscheint als richtig, weil dies auch der zivilrechtlichen Betrachtungsweise entspricht.

19   d) **Bewertung ausländischen Vermögens.** Für Auslandsvermögen gilt gemäß § 12 Abs. 6 die Bewertungsregel des § 31 BewG: Ausländisches Vermögen ist mit dem **gemeinen Wert** anzusetzen.[31] Aus Vereinfachungsgründen lässt es die Finanzverwaltung zu, dass Steuerbilanzwerte oder ertragsteuerliche Werte für ausländischen Grundbesitz, ausländisches Betriebsvermögen und Anteile an ausländischen Kapitalgesellschaften übernommen werden, sofern das nicht im Einzelfall zu unangemessenen Ergebnissen führt.[32] Die besonderen Freibeträge und Privilegien für unternehmerisches Vermögen der §§ 13 a und 19 a ErbStG gelten jedenfalls nicht einfach gesetzlich für ausländisches Vermögen. Dies ist unter Umständen EU-rechtswidrig.[33]

20   e) **Stichtagsprinzip und Auslandserwerb.** Auch für Auslandserwerbe gilt § 11 ErbStG. Danach ist für die Wertermittlung grundsätzlich der Zeitpunkt der Entstehung der Steuer maßgebend, bei Erwerben von Todes wegen also der Todestag. Dies gilt auch, wenn sich der Erwerb im Ausland oder nach ausländischem Recht vollzieht.[34] Kommt es im Ausland zu **verfahrensrechtlichen Verzögerungen** bei der Inbesitznahme des Nachlasses auf Grund ausländischer Verfahren oder weil nicht die richtigen Dokumente vorgelegt werden und wird deswegen der Wert

---

[23] Vgl. *Flick/Piltz* Rdnr. 1243.
[24] Vgl. *Flick/Piltz* Rdnr. 1243; Moench/*Weinmann* ErbStG § 2 Rdnr. 12.
[25] Vgl. Troll/Gebel/*Jülicher*/Jülicher ErbStG § 2 Rdnr. 26.
[26] Vgl. hierzu noch Rdnr. 51 f.
[27] Vgl. Moench/*Weinmann* ErbStG § 2 Rdnr. 15.
[28] Vgl. Troll/Gebel/*Jülicher*/Jülicher ErbStG § 2 Rdnr. 43; Moench/*Weinmann* ErbStG § 2 Rdnr. 15.
[29] Moench/*Weinmann* ErbStG § 2 Rdnr. 15.
[30] Troll/Gebel/*Jülicher*/Jülicher ErbStG § 2 Rdnr. 43.
[31] *Meincke* ErbStG § 12 Rdnr. 149. Zur EU-Rechtswidrigkeit s. noch Rdnr. 72 ff.
[32] Vgl. *Moench* ErbStG § 12 Rdnr. 46; R 98 Abs. 1 S. 2 ErbStR.
[33] Vgl. hierzu *Schaumburg*, Internationales Steuerrecht, Rdnr. 7.28; *Dautzenberg/Brüggemann* BB 1997, 123, 129 f.; NWB, Meinungen, Stellungnahme 1997, 861 ff.; *Piltz* IStR 1998, 47, 48; *Thömmes*, Jahrbuch der Fachanwälte für Steuerrecht 1998, 107 ff.; vgl. noch Rdnr. 72 ff.
[34] Vgl. zum Bsp. bei angeordneter Executorship nach US-Recht, BFH v. 8.6.1988 – BStBl. 1988 II, 808.

des ausländischen Vermögens geschmälert, so ist dies für die **steuerliche** Betrachtung **unerheblich.** Auch dieser Aspekt sollte bei einer vorausschauenden internationalen Nachfolgeplanung mitberücksichtigt werden.

2. Die beschränkte Steuerpflicht (§ 2 Abs. 1 Nr. 3 ErbStG)

a) **Anknüpfungen.** Die beschränkte Steuerpflicht ergibt sich nach folgendem Flussdiagramm:[35]

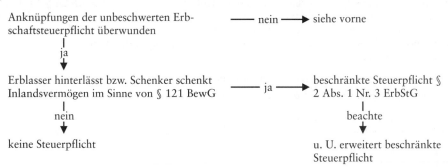

Wesen der beschränkten Erbschaftsteuerpflicht ist:
- eingeschränkter Besteuerungszugriff auf das Inlandsvermögen i. S. d. § 121 BewG;
- eingeschränkter Schuldenabzug (§ 10 Abs. 6 S. 2 ErbStG);
- eingeschränkter Freibetrag von € 1.100,– (§ 16 Abs. 2 ErbStG);
- eine Anrechnung ausländischer Erbschaftsteuer kommt nicht in Betracht.

Die beschränkte Erbschaftsteuerpflicht ist verfassungsrechtlichen und europarechtlichen Bedenken[36] ausgesetzt.

b) **Erfasstes Vermögen.** Die beschränkte Erbschaftsteuerpflicht umfasst folgendes inländisches Vermögen (vgl. § 121 BewG):
1. inländisches land- und forstwirtschaftliches Vermögen;
2. inländisches Grundvermögen;
3. inländisches Betriebsvermögen;
4. Anteil an einer inländischen Kapitalgesellschaft, wenn der Gesellschafter entweder allein oder zusammen mit anderen ihm nahe stehenden Personen i. S. d. § 1 Abs. 2 AStG am Grund- oder Stammkapital der Gesellschaft mindestens zu 1/10 unmittelbar oder mittelbar beteiligt ist;
5. nicht in das Betriebsvermögen fallende Erfindungen, Gebrauchsmuster und Topographien, die in ein inländisches Buch oder Register eingetragen sind;
6. Wirtschaftsgüter, die nicht unter die Nummern 1, 2 und 5 fallen und einem inländischen Gewerbebetrieb überlassen, insbesondere an diesen vermietet oder verpachtet sind;
7. Hypotheken, Grundschulden, Rentenschulden und andere Forderungen oder Rechte, wenn sie durch inländischen Grundbesitz, durch inländische grundstücksgleiche Rechte oder durch Schiffe, die in ein inländisches Register eingetragen sind, mittelbar oder unmittelbar gesichert sich. Ausgenommen sind Anleihen und Forderungen, über die Teilschuldverschreibungen ausgegeben sind;
8. Forderungen aus der Beteiligung an einem Handelsgewerbe als stiller Gesellschafter und aus partiarischen Darlehen, wenn der Schuldner Wohnsitz oder gewöhnlichen Aufenthalt, Sitz oder Geschäftsleitung im Inland hat;
9. Nutzungsrechte an den in den Nummern 1 bis 8 genannten Vermögensgegenständen.

---

[35] Vgl. *Noll* DStZ 1995, 713.
[36] Vgl. insoweit *Groß-Bölting*, Probleme der beschränkten Steuerpflicht im Erbschaftsteuerpflicht, Diss. 1996; *Dautzenberg/Brüggemann* RIW 1997, 882; *dies.* BB 1997, 127; FG Düsseldorf EFG 1996, 1166 (rkr.); vgl. noch Rdnr. 72 ff.

23 Besonders problematisch war in der Vergangenheit die Ziffer 4. Denn aus dem Wortlaut konnte man schließen, dass auch **mittelbare Übertragungen** zu einer beschränkten Erbschaftsteuerpflicht im Inland führen konnten. Diesen weit reichenden Wortlaut hat die Finanzverwaltung ursprünglich durch einen Erlass des Finanzministeriums Baden-Württembergs, der mittlerweile Eingang in die Erbschaftsteuerrichtlinien gefunden hat,[37] sinnvoll begrenzt. Danach reichen mittelbare Übertragungen nicht, sofern es sich bei der ausländischen Gesellschaft nicht um eine Treuhandschaft für das inländische Vermögen handelt und auch kein Gestaltungsmissbrauch (§ 42 AO) vorliegt. Nach der Richtlinie 4 Abs. 3 S. 7 ErbStR zu § 2 ErbStG ist von einem Gestaltungsmissbrauch auszugehen, wenn wirtschaftliche oder sonst beachtliche Gründe fehlen und auch keine eigene Wirtschaftstätigkeit entfaltet wird. **Schuldrechtliche Verschaffungsansprüche**, gerichtet auf das Inlandsvermögen, unterfallen nicht der beschränkten Erbschaftsteuerpflicht.[38]

3. Erweitert beschränkte Erbschaftsteuerpflicht (§§ 2, 4 AStG)

24 **a) Anknüpfungen.** Die Anknüpfungen gestalten sich gemäß §§ 2, 4 AStG wie folgt:[39]

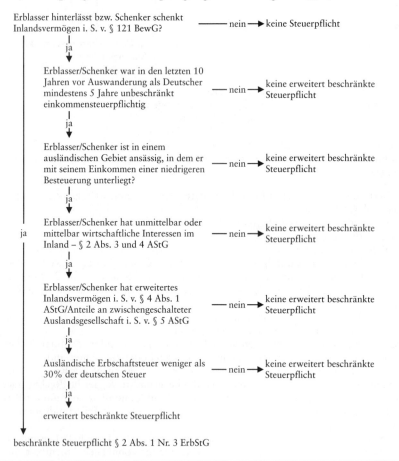

---

[37] Vgl. zu § 2 ErbStG R 4 Abs. 3 S. 6 und 7 ErbStR.
[38] Vgl. FG Bremen Urt. v. 7.6.1995 – EFG 1955, 336; *Daragan* (Wohlschlegel) DStR 1998, 57; Rössler/Troll/*Troll* BewG § 121 Rdnr. 5; Mössner u. a./*Fischer-Zernin* Steuerrecht international tätiger Unternehmen, S. 687 Rdnr. 70; Gürsching/Stenger/*Gorski* BewG § 121 Rdnr. 5; Troll/Gebel/Jülicher/*Jülicher* ErbStG § 2 Rdnr. 72; Moench/*Weinmann* ErbStG § 2 Rdnr. 35; *Geck* ZEV 1995, 249, 251; Fin.Min. Thüringen Erlass v. 5.2.1997 – RIW 1997, 353 für Restitutionsansprüche; vgl. auch H 4 ErbStR sowie Grotherr/*v. Oertzen* S. 1640.
[39] Vgl. *Noll* DStZ 1995, 713.

Wesen der erweitert beschränkten Erbschaftsteuerpflicht ist:
- erweiterter Besteuerungszugriff auf das Inlandsvermögen i. S. d. § 34 c Abs. 1 EStG;
- eingeschränkter Schuldenabzug gem. § 10 Abs. 6 S. 2 ErbStG;
- kleiner Freibetrag von € 1.100,– (§ 16 Abs. 2 ErbStG);
- keine Anrechnung ausländischer Erbschaftsteuer.

b) Das steuerpflichtige erweiterte Inlandsvermögen. Die erweitert beschränkte Steuerpflicht 25 erfasst alle Wirtschaftsgüter, deren Erträge bei unbeschränkter Einkommensteuerpflicht nicht ausländische Erträge i. S. d. § 34 c Abs. 1 S. 1 EStG wären. Hierbei handelt es sich um folgende Wirtschaftsgüter:[40]
- Kapitalforderungen gegen Schuldner **im Inland**,
- Spareinlagen und Bankguthaben bei Geldinstituten **im Inland**,
- Aktien und Anteile an Kapitalgesellschaften **im Inland**,
- Ansprüche auf Renten und andere wiederkehrende Leistungen gegen Schuldner **im Inland**,
- Erfindungen und Urheberrechte, die **im Inland** verwertet werden, soweit sie nicht bereits zum Inlandsvermögen nach § 121 BewG gehören,
- Versicherungsansprüche gegen Versicherungsunternehmen **im Inland**,
- Bewegliche Wirtschaftsgüter, die sich **im Inland** befinden,
- Vermögen, dessen Erträge nach § 5 AStG der erweitert beschränkten Steuerpflicht unterliegen (Vermögen einer zwischengeschalteten ausländischen Gesellschaft),
- Vermögen, das nach § 15 AStG dem erweitert beschränkten Steuerpflichtigen zuzurechnen ist.

IV. Verfahrensrechtliche Aspekte bei Auslandsberührungen

Gemäß § 20 Abs. 6 S. 1 ErbStG haften Versicherungsunternehmen, die vor Entrichtung oder 26 Sicherstellung der Steuer die von ihnen zu zahlende Versicherungssumme oder Leibrente in das Ausland zahlen oder außerhalb Deutschlands wohnhaften Berechtigten zur Verfügung stellen, in Höhe der ausgezahlten Beträge für die Steuer.[41]

Das Gleiche gilt für Personen, in deren Gewahrsam sich Vermögen des Erblassers befindet, 27 soweit das Vermögen **vorsätzlich** oder **fahrlässig** vor Entrichtung oder Sicherstellung der Steuer **außerhalb** Deutschlands **transferiert** wird oder außerhalb Deutschlands lebenden Berechtigten zur Verfügung gestellt wird (§ 20 Abs. 6 S. 2 ErbStG). Die Haftung tritt auch dann ein, wenn sie auf Grund einer Anweisung des ausländischen Verfügungsberechtigten auf eine inländische Bank überwiesen wird.[42] Auch die Auszahlung an einen im Inland wohnenden Bevollmächtigten des ausländischen Berechtigten kann die Haftung begründen.[43] Die Haftung ist zwar auf die Höhe des ausgezahlten Betrages beschränkt.[44] Das Versicherungsunternehmen/die Bank haftet aber nicht nur für die Steuer, die auf diesen Betrag entfällt. Die Haftung umfasst auch Steuerbeträge, die im zeitlichen Zusammenhang mit dem Versicherungsfall auf Grund des steuerbaren Erwerbs anderer Vermögensgegenstände anfallen.[45] Die Haftung des Bankinstituts gem. § 20 Abs. 6 S. 2 ErbStG ist verschuldensabhängig, im Gegensatz zu der Haftung des Versicherungsunternehmens gem. § 20 Abs. 6 S. 1 ErbStG.[46]

Banken und Versicherungsunternehmen machen deswegen regelmäßig die Auszahlung von 28 der **Vorlage** einer **Unbedenklichkeitsbescheinigung** des zuständigen Erbschaftsteuerfinanzamts abhängig. Um zügig eine Auszahlung zu ermöglichen, sollte der ausländische Begünstigte aktiv auf das Erbschaftsteuerfinanzamt zugehen, für eine beschleunigte Abwicklung des Erbschaftsteuerfalles durch Einreichung entsprechender Steuererklärungen und der erforderlichen Fra-

---

[40] Vgl. AStG-Anwendungserlass Tz. 4.1.
[41] Zum Ganzen ausf. Moench/*Kien-Hümbert* ErbStG § 20 Rdnr. 17 ff.
[42] Vgl. RFH v. 8.6.1934 – RStBl. 1934, 925.
[43] Troll/Gebel/Jülicher/*Jülicher* ErbStG § 20 Rdnr. 61.
[44] Troll/Gebel/Jülicher/*Jülicher* ErbStG § 20 Rdnr. 63.
[45] Troll/Gebel/Jülicher/*Jülicher* ErbStG § 20 Rdnr. 63.
[46] Troll/Gebel/Jülicher/*Jülicher* ErbStG § 20 Rdnr. 62 m.w.N.

gebögen sorgen, um so möglichst bald in den Besitz der Unbedenklichkeitsbescheinigung zu kommen.

V. Ausländisches Zivilrecht und deutsches Erbschaftsteuergesetz

29   Die §§ 3 und 7 ErbStG enthalten einen abschließenden Katalog der steuerbaren Erwerbsvorgänge nach dem deutschen Erbschaftsteuergesetz.[47] Durch die Verweisungen auf das deutsche Bürgerliche Gesetzbuch könnte man den Schluss ziehen, dass das deutsche Erbschaftsteuerrecht selbst bei Vorliegen der persönlichen Anknüpfungsmomente gem. § 2 ErbStG nur dann Erwerbsvorgänge besteuern möchte, wenn sie deutschem Erbrecht unterstehen. Dies ist jedoch nicht der Fall. **Auch Erwerbsvorgänge**, die **ausländischem** Erbrecht unterstehen, können vom **deutschen Erbschaftsteuerrecht** besteuert werden.[48] Bei der Prüfung ist wie folgt vorzugehen:

30   Durch **Vergleich** ist zu prüfen, ob die ausländischen privatrechtlichen Institute denen in den § 1 Abs. 1 i. V. m. §§ 3 bis 8 ErbStG nach Maßgabe des deutschen Zivilrechts beschriebenen Erwerbsvorgängen entsprechen. Ist ein **vergleichbares deutsches** Rechtsinstitut **nicht** feststellbar, so ist nicht die formale Gestaltung des ausländischen Rechts maßgebend, sondern die **wirtschaftliche Bedeutung** der durch das ausländische Recht dem Erwerber eingeräumten Rechtsposition.[49] Ergibt sich unter diesem Gesichtspunkt eine vergleichbare deutsche Rechtsposition, ist diese maßgeblich.[50]

31   Dies müsste an sich konsequenterweise für alle Rechtsinstitute ausländischen Rechts gelten, die Tatbestandswirkung für eine Norm des deutschen Erbschaftsteuerrechts entfalten können, z. B. im Rahmen des § 15 ErbStG bei der Frage, ob eine Adoption nach ausländischem Recht (z. B. nach dem Recht des Staates Nevada) zur Verbesserung in der Steuerklasse führen kann.[51] Insbesondere ist die Tatbestandswirkung im Rahmen des § 5 Abs. 1 ErbStG fraglich. Die überwiegende Ansicht der Finanzverwaltung vertritt, dass der **besondere Ehegattenfreibetrag** des § 5 Abs. 1 ErbStG **nur** bei der **deutschen** Zugewinngemeinschaft gewährt werden kann, nicht jedoch bei Zugewinngemeinschaften ausländischen Rechts.[52] An sich müssten jedoch die Grundsätze, die man im Rahmen des § 3 ErbStG für die Tatbestandswirkung ausländischer Erwerbstatbestände anwendet, auf sämtliche Normen des ErbStG ausgedehnt werden. So weit geht jedoch die Finanzverwaltung nicht.[53] *Wachter* vertritt in diesem Zusammenhang[54] bzgl. der steueroptimalen Gestaltung der Überleitung französischer privater Ferienhäuser auf den Ehepartner die Auffassung, dass man durch Anwahl französischen Ehegüterrechts in Form des französischen Güterstandes der allgemeinen Gütergemeinschaft ohne Auslösung von deutschen Erbschaftsteuern den französischen Grundbesitz auf den überlebenden Ehepartner überleiten könnte, da dieser Vorgang jedenfalls dann nicht unter § 3 ErbStG subsumierbar sei, wenn vor der Güterstandsänderung beide Ehepartner zu je 50 % an der französischen Immobilie beteiligt waren. Eine Besteuerung nach § 3 Abs. 1 Nr. 1 ErbStG liege nicht vor, da der Erwerb des überlebenden Ehepartners aufgrund Ehegüterrechts und nicht aufgrund Erbrechts sich vollziehe. § 4 ErbStG[55] sei nicht einschlägig, da dieser nicht für ausländische Gütergemeinschaften gelten würde. Wenn beide Ehepartner schon zu 50 % an der Immobilie beteiligt gewesen seien, fehle es an der notwendigen Bereicherung, die ein Steuerpflichtiger bei Vereinbarung der Gütergemeinschaft erfährt (§ 7 Abs. 1 Nr. 4 ErbStG). M. E. kann jedoch die Besteuerung über § 3 Abs. 1 Nr. 4 ErbStG als Schenkung auf den Todesfall begründet werden.

---

[47] Vgl. *Schaumburg*, Internationales Steuerrecht, Rdnr. 7.16.
[48] *Schaumburg*, Internationales Steuerrecht, Rdnr. 7.16.
[49] *Flick/Piltz* Rdnr. 1247.
[50] Vgl. *Schaumburg*, Internationales Steuerrecht, Rdnr. 7.19 ff. m. w.N.
[51] Vgl. hierzu auch *Flick/Piltz* Rdnr. 1245 ff. mit einer ausf. Auswertung der Rspr. zu verschiedenen Rechtsinstituten ausländischen Rechts.
[52] Z. B. dürfte es keinem Zweifel unterliegen, dass die Schweizer Errungenschaftsbeteiligung, die ganz ähnlich wie die deutsche Zugewinngemeinschaft konstruiert ist, ebenfalls eine Zugewinngemeinschaft im Rahmen des § 5 Abs. 1 ErbSt sein kann.
[53] Vgl. *v. Oertzen* ZEV 1994, 93.
[54] Vgl. Private Ferienhäuser steueroptimal vererben, PIStB 2005, 274, 278 ff.
[55] Vgl. Troll/Gebel/Jülicher/*Jülicher* ErbStG § 4 Rdnr. 5

VI. Besondere Steuertatbestände mit Auslandsbezug
1. Ausländische Familienstiftung

Ausländische Familienstiftungen werden bei internationalen Steuerplanungen immer wieder – ähnlich wie Trusts (vgl. hierzu noch Rdnr. 42.) – als geeignete internationale Steuerplanungsmittel propagiert. Eine Analyse des deutschen internationalen Erbschaftsteuerrechts ist jedoch regelmäßig sehr ernüchternd: 32

a) **Errichtungsbesteuerung.** Ausländische Familienstiftungen werden, da kein Sondertatbestand wie bei der Errichtung einer inländischen Familienstiftung (§ 15 Abs. 2 S. 1 ErbStG) eingreift, immer in **Steuerklasse III** errichtet.[56] Im Schrifttum wird zwar diskutiert, ob der Ausschluss ausländischer Familienstiftungen mit Sitz oder Geschäftsleitung im EU-Raum von der Begünstigung der inländischen Familienstiftung europarechtswidrig ist.[57] Eine europarechtliche Argumentation wird jedoch zumindest die Finanzverwaltung und auch sicherlich wegen der Zurückhaltung der Instanzgerichte bei Anwendung des Europarechts im Gebiet des Erbschaftsteuerrechts[58] kein tauglicher Planungsansatz sein. Siehe hierzu auch noch Rdnr. 11 sowie Rdnr. 72. 33

b) **Laufende Besteuerung.** Wird eine ausländische Familienstiftung faktisch vom **Inland** aus her **geführt**, so wird die Finanzverwaltung trotz Sitzes der Stiftung im Ausland eine **Geschäftsleitung im Inland** unterstellen, mit dem Ergebnis, dass es zur **unbeschränkten Körperschaftsteuer** kommt.[59] Sollte sich eine Geschäftsleitung im Inland nachweisen lassen, so wird die ausländische Familienstiftung genauso wie eine inländische Familienstiftung der inländischen Erbersatzsteuer unterliegen (§ 1 Abs. 1 Nr. 4 ErbStG). 34

Sollte tatsächlich der Sitz der Geschäftsleitung im Ausland liegen, so kommt es aber nicht zu einer beschränkten Erbersatzsteuerpflicht. Die Erbersatzsteuer gilt nur für inländische Familienstiftungen und wird nicht für ausländische Familienstiftungen mit Inlandsvermögen erhoben.

§ 15 AStG zielt auf die Besteuerung der der Familienstiftung nahe stehenden unbeschränkt steuerpflichtigen Personen ab.[60] Die durch ausländische Familienstiftungen gegenüber der deutschen Besteuerung verursachte Abschottungswirkung wird aufgehoben, indem das Einkommen dieser Familienstiftung unmittelbar dem unbeschränkt steuerpflichtigen Stifter, Anfalls- oder Bezugsberechtigten zugerechnet wird.[61] Voraussetzung hierfür ist, dass es sich um Stiftungen handelt, bei denen der Stifter, seine Angehörigen und deren Abkömmlinge zu mehr als der Hälfte bezugs- oder anfallsberechtigt sind.[62] Das zuzurechnende Einkommen wird so ermittelt, als ob die Stiftung in Deutschland unbeschränkt steuerpflichtig wäre.[63] Das auf diese Weise ermittelte steuerbare Einkommen wird sodann den im Inland unbeschränkt steuerpflichtigen Stifter, bei seinem Fehlen den inländischen Bezugs- oder Anfallsberechtigten entsprechend ihres Bezugsrechts – unabhängig von einer Ausschüttung – zugerechnet.[64] Ist gemäß § 15 AStG Einkommen im Jahre 2001 zugerechnet worden und kommt es im Jahre 35

---

[56] H.M. vgl. FG Rheinland Pfalz v. 19.3.1998 – EFG 1998, 1021; *Moench* ErbStG § 15 Rdnr. 40; Troll/Gebel/Jülicher/*Jülicher* ErbStG § 1 Rdnr. 32, § 15 Rdnr. 110.
[57] Vgl. *Thömmes/Stockmann*, Familienstiftung und Gemeinschaftsrecht: Verstößt § 15 Abs. 2 S. 1 ErbStG gegen Diskriminierungsverbote des EGV, IStR 1999, 261.
[58] Vgl. FG Düsseldorf v. 3.7.1996 – EFG 1996, 66, 68; vgl. auch ausf. Troll/Gebel/Jülicher/*Jülicher* ErbStG § 2 Rdnr. 141.
[59] Vgl. Niedersächsisches FG v. 12.12.1969 – EFG 1970, 316; Troll/Gebel/Jülicher/*Jülicher* ErbStG § 1 Rdnr. 32.
[60] Vgl. *Schaumburg*, Internationales Steuerrecht, Rdnr. 11.2.
[61] *Schaumburg*, Internationales Steuerrecht, Rdnr. 11.2.
[62] *Schaumburg*, Internationales Steuerrecht, Rdnr. 11.8.
[63] *Schaumburg*, Internationales Steuerrecht, Rdnr. 11.29 m.w.N.
[64] *Schaumburg*, Internationales Steuerrecht, Rdnr. 11.16 m.w.N.

2002 dann zu einer Ausschüttung, so löst dies nicht nochmals eine Einkommensteuer nach § 22 Abs. 1 EStG aus.

36 Gelegentlich werden Vermeidungsstrategien zu § 15 AStG diskutiert.[65] Bei diesen Vermeidungsstrategien ist jedoch **Vorsicht** geboten: Meistens werden sie als **Gestaltungsmissbrauch** von Seiten der Finanzverwaltung behandelt oder aber, wenn z. B. dem Grunde nach § 15 AStG ausgeschlossen wird, weil die inländische Familie z. B. nur zu 50% bezugs- oder anfallsberechtigt ist, können dann insoweit die Vorschriften des **Investmentsteuergesetz** zur Anwendung kommen, mit der Folge, dass die Strafsteuer des § 6 InvStG ausgelöst werden kann: Dies ist der Fall, wenn die ausländische Familienstiftung ihr Vermögen im Sinne einer Risikomischung i. S. d. § 1 Abs. 1 Nr. 2 InvStG i. V. m. §§ 2 Abs. 4, 8 und 9 InvestmentG strukturiert.

37 Satzungsgemäße Ausschüttungen aus der Familienstiftung sind nicht schenkungsteuerbar.[66] Es liegt keine freigiebige Zuwendung vor, sondern Zuwendungen in Erfüllung des Satzungszwecks. Anders ist dies, wenn die Ausschüttungen keine satzungsgemäße Grundlage haben. Wiederkehrende Ausschüttungen können zu einer Einkommensteuerpflicht nach § 22 Abs. 1 EStG führen, wenn nicht eine Einkommenszurechnung gemäß § 15 Abs. 1 AStG schon erfolgt ist.[67]

38 c) **Auflösung der ausländischen Familienstiftung.** Streitig ist, ob bei Auflösung der ausländischen Familienstiftung die Begünstigung der anwendbaren Steuerklasse, die für inländische Familienstiftungen gilt, anzuwenden ist.

39 Gemäß § 15 Abs. 2 S. 2 ErbStG ist bei inländischen Familienstiftungen das Verhältnis zwischen dem Stifter und dem Anfallsberechtigten bei der Auflösung für die Ermittlung des Freibetrages und der Steuerklasse maßgebend. Nach **teilweise vertretener Auffassung** soll dieses Privileg jedoch **nur** für **inländische** Familienstiftungen gelten.[68] Nach **anderer Ansicht** erstreckt sich auf Grund des Wortlautes des § 15 Abs. 2 S. 2 ErbStG die Begünstigung auch auf Auflösungen ausländischer Familienstiftungen.[69] Da nunmehr der Gesetzgeber im Zusammenhang mit der besonderen Trustbesteuerung klargestellt hat, dass die Auflösung einer ausländischen Vermögensmasse in dem Verwandtschaftsverhältnis zwischen Errichter der ausländischen Vermögensmasse und Anfallsberechtigten besteuert wird, ist kein Grund ersichtlich, warum dies bei der ausländischen Familienstiftung anders sein soll. Soweit an anderer Stelle noch eine andere Auffassung vertreten worden ist, wird diese hiermit aufgegeben.[70]

40 d) **Fazit.** Für den noch in der unbeschränkten Steuerpflicht verhafteten Stifter scheidet aus den o. g. Gründen regelmäßig die Errichtung einer ausländischen Familienstiftung aus. Hat man die Hürden der unbeschränkten Steuerpflicht überwunden, ist darauf zu achten, dass nicht Inlandsvermögen i. S. d. § 121 BewG auf einen derartigen Rechtsüberträger übertragen wird. Denn in diesem Falle würde sodann die beschränkte Steuerpflicht nach § 2 Abs. 1 Nr. 3 ErbStG ausgelöst werden. Folge wäre auch insoweit eine Besteuerung mit Steuerklasse III. Über eine **ausländische** Familienstiftung kann jedoch dann nachgedacht werden, wenn die **Errichtung** aus dem **Ausland** mit **Auslandsvermögen** erfolgt und **nur inländische** Begünstigte existieren. Die Errichtung löst dann keine deutsche Erbschaftsteuer aus. Im Folgenden muss dann durch seriöse Steuerplanungen versucht werden, die einkommensteuerlichen Wirkungen des § 15 AStG zu meiden und gleichzeitig durch eine derartige Strategie nicht die Strafsteuer nach § 6 InvStG auszulösen. Durch die Veränderungen im Körperschaftsteuerrecht infolge der Unternehmensteuerreform, insbesondere die Neuformulierung der §§ 8 b Abs. 1 und 2 KStG,

---

[65] Vgl. *Killius*, FS Rädler, S. 343, 357 ff.
[66] Vgl. Troll/Gebel/Jülicher/*Jülicher* ErbStG § 15 Rdnr. 124.
[67] Vgl. auch Schreiben betreffend Investmentsteuergesetz (InvStG), Zweifels- und Änderungsfragen, BStBl. 2005 I 728, Rdnr. 2 ff.
[68] *Kapp/Ebeling* ErbStG § 15 Rdnr. 61.
[69] Troll/Gebel/Jülicher/*Jülicher* ErbStG § 15 Rdnr. 117 m.w.N.
[70] Vgl. noch *Füger/v. Oertzen*, Die neue Trustbesteuerung in der Erbschafts- und Schenkungsteuer, IStR 999, 11, 14 m.w.N.; wie hier: *Moench* ErbStG § 15 Rdnr. 47 a; *Meincke* ErbStG § 15 Rdnr. 19; Troll/Gebel/Jülicher/*Jülicher* ErbStG § 15 Rdnr. 117.

können sich in einem limitierten Umfang vertretbare Gestaltungen entwickeln, die auch einer Überprüfung durch die Finanzverwaltung standhalten.[71]

2. Trust

Ab dem 5.3.1999 hat der Gesetzgeber neue Steuertatbestände in § 3 Abs. 2 Nr. 1 S. 2, § 7 Abs. 1 Nr. 8 S. 2 und § 7 Abs. 1 Nr. 9 S. 2 ErbStG geschaffen.[72] Mit diesen Steuertatbeständen sollen Errichtung, Ausschüttung aus und Auflösung von Vermögensmassen ausländischen Rechts, deren Zweck auf die Bindung von Vermögen gerichtet ist, besteuert werden. Mit diesen Änderungen beabsichtigt der Gesetzgeber u. a. Trusts zu besteuern. Hierauf ist jedoch der Tatbestand dieser Normen aufgrund der weiten Formulierung nicht beschränkt. Dies macht die Anwendung dieser Vorschriften sehr problematisch[73] 41

a) **Errichtung der Vermögensmasse.** Nach § 3 Abs. 2 Nr. 1 S. 2 bzw. § 7 Abs. 1 Nr. 8 S. 2 ErbStG ist die Errichtung einer ausländischen Vermögensmasse, gerichtet auf die Bindung von Vermögen, ein steuerbarer Vorgang, der grundsätzlich in Steuerklasse III besteuert wird. **Fraglich** und derzeit noch nicht vollständig abgeklärt ist, **ab wann** ein **Trust** eine derartige ausländische Vermögensmasse, gerichtet auf die Bindung von Vermögen, ist. Nach teilweise vertretener Auffassung soll schon der revocable Trust eine derartig steuerschädliche Vermögensmasse sein.[74] Nach anderer Ansicht ist der revocable Trust auf Grund seiner einkommensteuerlichen Transparenz (steuerliche Behandlung als Treuhandschaft i. S. d. § 39 AO) noch kein Rechtsinstitut, dass die konfiskatorische Errichtungsbesteuerung auslöst.[75] Hierfür spricht, dass der Wortlaut sich an einer Vermögensmasse, also sich an einem mit einer gewissen Selbständigkeit ausgerichteten Zweckvermögen orientiert. Daraus ist wohl der Schluss zu ziehen, dass nur dann, wenn i. S. d. § 15 Abs. 4 AStG eine nicht rechtsfähige Vermögensmasse vorliegt, auch der Steuertatbestand des § 3 Abs. 2 Nr. 1 sowie § 7 Abs. 1 Nr. 8 ErbStG erfüllt ist, denn nur dann hat man wohl auch erst eine ausreichend verselbständigte Vermögensmasse i. S. d. Erbschaftsteuerrechts erschaffen. Liegt noch ertragsteuerlich eine Treuhandschaft vor, so wird das Vermögen ohnehin noch beim Erblasser oder unmittelbar beim Berechtigten erfasst. Dann braucht man jedoch nicht diesen Sondertatbestand, der „Steuerstundungen" durch gestreckte, aufschiebend bedingte Erwerbe vermeiden will. 42

b) **Laufende Besteuerung.** Der Gesetzgeber hat den Trust noch schärfer als die ausländische Familienstiftung poenalisiert. 43

Auch der Erwerb des Zwischenberechtigten während der Laufzeit des Trustes, also Ausschüttungen aus dem Trust, kann steuerpflichtig sein (§ 7 Abs. 1 Nr. 8 EStG).[76] Maßgebend ist dabei dass Verwandtschaftsverhältnis zwischen Errichter und Zwischenberechtigten. Damit werden auch satzungsgemäße Ausschüttungen aus dem Trust einer besonderen Besteuerung unterworfen. Dies kennt im Gegensatz hierzu die ausländische Familienstiftung nicht. **Unklar** ist, wer mit dem Begriff **Zwischenberechtigter** gemeint sein soll.[77] Der Begriff des Zwischenberechtigten hat der Gesetzgeber nicht definiert. Es wird die Auffassung vertreten, dass jedweder Zwischenerwerb, sei es durch Ausschüttung von Vermögen oder von Erträgen aus dem Trust, sei es auf Grund gesicherten Rechtsanspruchs oder auf Grund des Ermessens eines Trustees und auch aus während der Geltung des früheren Rechts errichteten Trusts, nach dem Wortlaut 44

---

[71] § 8 b Abs. 7 KStG ist dabei aber zu beachten. Nach h.M. in der Kommentarliteratur ist § 8 b Abs. 1 und 2 KStG auch auf ausländische Familienstiftungen anwendbar. Gleichwohl geht die Finanzverwaltung in der praktischen Handhabung oftmals davon aus, dass bei Rechtsträgern gem. § 15 AStG das Einkommen nicht auf der Grundlage des § 8 b Abs. 1 und 2 KStG ermittelt werden könnte.
[72] Vgl. ausf. Troll/Gebel/Jülicher/*Jülicher* ErbStG § 2 Rdnr. 122 ff.; *Flick/Piltz* Rdnr. 1902 ff. m.w.N.
[73] Vgl. z.B. Groll/*Schindhelm/Stein*, Praxishandbuch Erbrecht, 2. Aufl., B XII Rdnr. 158.
[74] Vgl. Troll/Gebel/Jülicher/*Jülicher* ErbStG § 2 Rdnr. 123 m.w.N.; *ders.*, In der Trust-Falle des ErbStG, IStR 1999, 106 m.w.N.
[75] *Söffing/Kirsten*, Trustbesteuerung nach dem Steuerentlastungsgesetz 1999/2000/2002, DB 1999, 1626, 1631; w. Nachw. bei Troll/Gebel/Jülicher/*Jülicher* ErbStG § 2 Rdnr. 123.
[76] Vgl. *Flick/Piltz* Rdnr. 1930.
[77] Vgl. *Jülicher*, Bei der Trustbesteuerung wird noch „eine Schippe" nachgelegt, IStR 1999, 202, 203.

nunmehr steuerpflichtig sei[78] oder zumindest Ertragsausschüttungen an einen Zwischenberechtigten[79] oder nur vorzeitige Vermögensausschüttungen an einen Anfallsberechtigten.[80] Um eine Übermaßbesteuerung zu vermeiden, zumal eine Anrechnung von Erbschaftsteuern auf Einkommensteuern durch die Streichung des § 35 EStG im Jahre 1998 nicht mehr möglich ist, sollte die Vorschrift tatbestandlich zumindest dann reduziert werden, wenn und soweit aus dem Trust etwas ausgeschüttet wird, was bei dem Bereicherten als Bezugsberechtigten gemäß § 15 Abs. 1 S. 2 AStG schon der Einkommensbesteuerung unterliegt.[81] Auch diese Meinungsvielfalt erschwert eine Planung mit dem Trust.

45 Hinsichtlich der einkommensteuerlichen Wirkungen bei der laufenden Besteuerung wird auf die Ausführungen zu ausländischen Familienstiftungen, insbesondere zum § 15 AStG, und die damit einhergehenden Gefahren verwiesen (oben Rdnr. 34 ff.).

46 Entweder kommt es zu einer Einkommensteuerpflicht des Trustbegünstigten gemäß § 15 AStG oder die konkrete Ausschüttung kann gemäß § 22 Abs. 1 Nr. 1 EStG einkommensteuerpflichtig sein. Daneben tritt die Erbschaft- bzw. Schenkungsteuer auf die konkrete Ausschüttung, sofern nicht der Schenkungsteuertatbestand teleologisch reduziert wird. So weit will die Finanzverwaltung aber wohl nicht gehen.[82] Auch aus diesem Grund verbieten sich regelmäßig Trustkonstruktionen.

47 c) **Auflösung der Vermögensmasse.** Die Auflösung der ausländischen Vermögensmasse, die auf die Bindung von Vermögen gerichtet ist, ist gem. § 7 Abs. 1 Nr. 9 S. 2 ErbStG in dem Verhältnis zu besteuern, das **zwischen** dem **Errichter** der Vermögensmasse und dem **Anfallsberechtigten** anzuwenden wäre. Schwierigkeiten entstehen, wenn Vermögen an den Trusterrichter zurückfällt. Im Hinblick auf die Rechtsprechung des Bundesfinanzhofes zur Auflösung von Stiftungen muss hier mit der Steuerklasse III gerechnet werden.

48 d) **Fazit.** Die Analyse der steuerlichen Situation für ausländische Familienstiftungen und Trusts muss ernüchternd ausfallen. Der Trust wird noch härter als die ausländische Familienstiftung besteuert, so dass regelmäßig Steuerplanungen mit diesem Rechtsinstitut und bei starken Bezügen zur deutschen Rechtsordnung nicht durchgeführt werden können.

VII. Anrechnung ausländischer Erbschafts- oder Schenkungsteuer nach unilateralem Recht

1. Art der persönlichen Steuerpflicht

49 Die Anrechnung ausländischer Erbschaftsteuern auf die deutsche ist in § 21 ErbStG geregelt. Eine Anrechnung ausländischer Erbschaftsteuern auf die inländische kommt **nur** dann in Betracht, wenn entweder der **Erblasser** oder der durch den Erwerb von Todes wegen **Begünstigte** unbeschränkt erbschaftsteuerpflichtig ist.[83] Eine Anrechnung ausländischer Erbschaftsteuern im Fall der beschränkten oder erweitert beschränkten Erbschaftsteuer scheidet aus.

2. Auslandsvermögensbegriff

50 Es kommt nur eine Anrechnung der ausländischen Erbschaftsteuer auf Auslandsvermögen in Betracht, vgl. § 21 ErbStG. Der Auslandsvermögensbegriff ist in § 21 Abs. 2 ErbStG geregelt. Das Gesetz unterscheidet zwischen dem kleinen/engeren und dem großen/weiteren Auslandsvermögensbegriff.[84] Als Auslandsvermögen gelten, wenn der Erblasser zurzeit seines Todes **Inländer** war (§ 21 Abs. 2 Nr. 1 ErbStG, kleiner Auslandsvermögensbegriff), alle Vermögensge-

---

[78] Vgl. *Halaczinski* IWB F. 10 C 905, 906; *Bödecker* IWB F. 3 G 9, 135, 138; *Schwindhelm/Stein*, Der trust im deutschen Erbschaft- und Schenkungssteuerrecht nach dem Steuerentlastungsgesetz 1999/2000/2002, FR 1999, 880, 886; *Jülicher* (Fn. 72) IStR 1999, 202, 203.
[79] *Eisele*, Die Änderung des Erbschaft- und Schenkungssteuergesetzes durch das Steuerentlastungsgesetzes 1999/2000/2002; INF 1999, 324, 327.
[80] *Söffing/Kirsten* (Fn. 70) DB 1999, 1626, 1630.
[81] Vgl. so Strunk/Kaminski/Köhler/*Rundshagen* AStG/DBA § 15 Abs. 4 Rdnr. 22; vgl. auch *Hörger/Stephan/Pohl*, Vermögens- und Unternehmensnachfolge, 2. Aufl., Rdnr. 1636.
[82] Vgl. *Habammer* DStR 2002, 425.
[83] *Flick/Piltz* Rdnr. 1354.
[84] Vgl. *Flick/Piltz* Rdnr. 1355.

genstände der in § 121 BewG genannten Art, die auf einen ausländischen Staat entfallen, sowie alle Nutzungsrechte an diesen Vermögensgegenständen (§ 121 Nr. 8 BewG). Wenn der Erblasser zurzeit seines Todes **kein Inländer** war (§ 21 Abs. 2 Nr. 2 ErbStG, großer Auslandsvermögensbegriff), sind unter Auslandsvermögen alle Vermögensgegenstände mit Ausnahme des Inlandsvermögen i. S. d. § 121 BewG sowie alle Nutzungsrechte an diesen Vermögensgegenständen zu verstehen, § 21 Abs. 2 Nr. 2 ErbStG. Dieser Auslandsvermögensbegriff ist größer, da er Vermögensgegenstände im Inland erfasst, die in § 121 BewG nicht aufgezählt sind.[85]

Unklar ist, ob der kleine Auslandsvermögensbegriff auch dann gilt, wenn ein deutscher Erblasser kurz vor seinem Tode, innerhalb der fünfjährigen unbeschränkten Erbschaftsteuerpflicht für deutsche Abwanderer ins Ausland zieht. Diese Fallgruppe wird in den Kommentaren regelmäßig nur gestreift. Meistens wird ohne weitere Begründung davon ausgegangen, dass auch in diesen Fällen nur der kleine Auslandsvermögensbegriff gilt.[86] Nach anderer Ansicht[87] muss in diesem Fall der große Auslandsvermögensbegriff gelten, da § 21 Abs. 2 Nr. 1 ErbStG voraussetzt, dass der Erblasser Inländer gewesen **ist**, während der abgewanderte Deutsche in den ersten fünf Jahren nach Wegzug nur als Inländer **gilt** (§ 2 Abs. 1 Nr. 2 b ErbStG). In Wegzugsplanungen sollte man jedoch nicht auf eine derartige Auffassung vertrauen, da die herrschende Kommentarliteratur diese Unterscheidungen bisher jedenfalls noch nicht vorgenommen hat. 51

3. Steuerbarkeit des Auslandsvermögens im In- und Ausland[88]

Die Anrechnung der ausländischen Steuer setzt weiter voraus, dass das **Auslandsvermögen** sowohl **ausländischer** als auch **deutscher** Erbschaftsteuer unterliegt. Die ausländische Steuer muss dasselbe Vermögen betreffen, das auch der deutschen Steuer unterworfen ist. Es muss steuerbar sein. 52

4. Anrechenbare Steuer[89]

Die ausländische Erbschaftsteuer kann nur auf die deutsche Steuer angerechnet werden, sofern die ausländische Steuer mit der deutschen Erbschaftsteuer **vergleichbar** ist. Die Tatsache, dass die ausländische Erbschaftsteuer als Nachlasssteuer ausgestaltet ist, ist dabei unerheblich. Eine Schlussbesteuerung der stillen Reserven im Zeitpunkt des Todes durch die ausländische Steuer ist keine Steuer, die mit der deutschen Erbschaftsteuer vergleichbar ist.[90] Auch die portugiesische Erbersatzsteuer ist nach H 82 ErbStR keine anrechenbare ausländische Erbschaftsteuer. Die österreichische Kapitalendsteuer auf Kapitalerträge (Kapitalertragsteuer, mit der auch pauschal die Erbschaftsteuer abgegolten wird) ist ebenfalls keine anrechenbare ausländische Erbschaftsteuer.[91] Nach Ansicht der Finanzverwaltung[92] sind die beim Todesfall für in Italien belegene Immobilien fällige Hypothekarsteuer und die Katastersteuer für die Änderung des Katastereintrages keine mit der deutschen Erbschaftsteuer vergleichbare Steuer. Dasselbe soll für die italienische Stempelsteuer gelten. 53

5. Zeitliche Begrenzung

Die Anrechnung ist begrenzt auf Fälle, in denen die deutsche Steuer innerhalb von fünf Jahren seit dem Zeitpunkt der Entstehung der ausländischen Erbschaftssteuer entstanden ist (§ 21 Abs. 1 S. 4 ErbStG). Aufgrund des Wortlautes dieser Vorschrift kann sich in folgenden Situationen eine Steuerfalle ergeben: 54

Entsteht die ausländische Erbschaftsteuer nach der deutschen Erbschaftsteuer, z. B. dadurch, dass sie erst mit Annahme der Erbschaft ausgelöst wird, ist nach dem Wortlaut keine Anrechnung möglich, weil die deutsche Steuer nicht nach, sondern vor der ausländischen Steuer entsteht.[93] Auch im umgekehrten Fall, dass sie zwar früher, aber mehr als fünf Jahre vor der deut- 55

---

[85] *Flick/Piltz* Rdnr. 1357.
[86] Vgl. nur *Moench* ErbStG § 21 Rdnr. 22.
[87] Vgl. *Schulz* Erbschaftsteuer/Schenkungsteuer S. 531.
[88] Vgl. *Flick/Piltz*, Der internationale Erbfall, Rdnr. 1368.
[89] Ausf. *Flick/Piltz* Rdnr. 1370 ff. m.w.N.
[90] So ausdr. für die kanadische capital gains tax BFH v. 26.4.1995 – BStBl II 1995, 540.
[91] *Flick/Piltz* Rdnr. 1374.
[92] Vgl. FM Bayern, 34-S3812-040-46918/03 v. 8.1.2004 – IStR 2004, S. 174.
[93] *Flick/Piltz* Rdnr. 1386.

schen Steuer entsteht, entfällt jegliche Anrechnungsmöglichkeit im Inland. Nach dem deutsch-amerikanischen Erbschaftsteuer-DBA wird diese Frist jedoch auf zehn Jahre verlängert.[94]

56 Im Zusammenhang mit Trusts ist noch auf Folgendes hinzuweisen: Im DBA USA/Deutschland, Art. 12 Abs. 3, ist die Möglichkeit vorgesehen, eine vorzeitige Besteuerung der Trusterrichtung in Deutschland innerhalb der Fünfjahresfrist nach Entstehung der ausländischen Steuer zu beantragen. Diese Regelung läuft wohl seit 5.3.1999 leer, da nunmehr Deutschland eine eigene Trusterrichtungsbesteuerung kennt.[95] Dies gilt jedoch wiederum dann nicht, wenn mangels Steuerbarkeit Deutschland keine Trusterrichtungsbesteuerung erhoben hat.[96] Nach teilweiser vertretener Auffassung soll diese Situation durch eine Billigkeitslösung[97] gelöst werden.

6. Anrechnungsbetrag und Anrechnungshöchstbetrag

57 § 21 ErbStG lässt nur den Abzug derjenigen ausländischen Steuer zu, die auch das Auslandsvermögen enthält, das auch in Deutschland zur inländischen Steuer herangezogen werden soll.[98] Ferner wird nur maximal der Betrag zur Anrechnung zugelassen, der der deutschen Erbschaftsteuer auf das Auslandsvermögen entspricht. Sofern Auslandsvermögen in verschiedenen Staaten belegen ist, hat der Gesetzgeber durch eine per country limitation darüber hinaus verhindert, dass es im Rahmen des Gesamtbetrages des Auslandsvermögens und der darauf insgesamt entfallenden ausländischen Steuer zu einer Kompensation zwischen Vermögen in Länder mit hohen und solcher mit niedrigen Erbschaftsteuerbelastungen kommen kann.[99]

Der Anrechnungshöchstbetrag ist nach der Formel zu berechnen:[100]

$$\text{Anrechnungshöchstbetrag} = \frac{\text{Deutsche Erbschaftsteuer} \times \text{steuerpflichtiges Auslandsvermögen}}{\text{steuerpflichtiger Gesamterwerb}}$$

58 Ist das Auslandsvermögen in mehreren ausländischen Staaten belegen, ist für jeden ausländischen Staat einzeln zu ermitteln, welcher Anteil das in ihm belegen Vermögen im Verhältnis zum Gesamtvermögen hat.[101]

7. Verfahren der Anrechnung

59 Die Anrechnung erfolgt nur auf Antrag. Antragsberechtigt ist der Steuerschuldner und die gemäß §§ 31 Abs. 5, 6 ErbStG zur Abgabe der Steuererklärung verpflichteten Personen (z. B. der Testamentsvollstrecker).[102] Da nur die festgesetzte und gezahlte ausländische Steuer angerechnet werden kann und da nach Ansicht des FG Düsseldorfs vom 21.8.1998[103] das erstmalige Bekanntwerden der Belastung des steuerpflichtigen Auslandsvermögens mit ausländischer Erbschaftsteuer nach Bestandskraft des inländischen Steuerbescheides keine neue Tatsache i. S. d. § 175 Abs. 1 Nr. 2 AO sein soll, sollte der deutsche Steuerbescheid möglichst lange offen gehalten werden.

VIII. DBA Recht[104]

60 In älteren DBA's vermeidet die Bundesrepublik Deutschland eine Doppelbesteuerung im Wege der Freistellungsmethode[105] mit Progressionsvorbehalt[106] (§ 19 Abs. 2 ErbStG). Dabei

---

[94] Art. 11 Abs. 7 ErbSt DBA-USA.
[95] Vgl. *Füger/v. Oertzen* (Fn. 66) IStR 1999, 11 ff., 15.
[96] Hinweis auf *Jülicher* IStR 2001, 178.
[97] Vgl. *Troll/Gebel/Jülicher/Jülicher* ErbStG § 21 Rdnr. 52 m.w.N.
[98] *Flick/Piltz* Rdnr. 1391.
[99] *Flick/Piltz* Rdnr. 1391.
[100] *Moench* ErbStG § 21 Rdnr. 15.
[101] *Troll/Gebel/Jülicher/Jülicher* ErbStG § 21 Rdnr. 61 ff.
[102] *Flick/Piltz* Rdnr. 1401.
[103] ZEV 1998, 490 (rkr.), vgl. a.A. *Jülicher* ZEV 1999, 80.
[104] Vgl. ausf. *Flick/Piltz* Rdnr. 1411 ff. m.w.N.
[105] Zur Freistellungsmethode *Schaumburg*, Internationales Steuerrecht, Rdnr. 14.17 und 14.20 ff.
[106] Vgl. hierzu *Schaumburg*, Internationales Steuerrecht, Rdnr. 14.25.

wird auch eine virtuelle Doppelbesteuerung vermieden.[107] Im neueren Doppelbesteuerungsabkommen wird zumeist lediglich die im Ausland erhobene Steuer zur Anrechnung zugelassen (Anrechnungsmethode).[108] Vorbehaltlich abweichender Regelung im jeweiligen Doppelbesteuerungsabkommen ist dann die Anrechnung ausländischer Erbschaftsteuern in der Bundesrepublik wegen der Verweisung in § 21 Abs. 4 ErbStG entsprechend den im vorigen Abschnitt dargestellten Verfahren vorzunehmen.

> **Checkliste zu ErbSt-DBA's**
>
> ☐ Der deutsche Besteuerungsanspruch kann durch ein DBA eingeschränkt sein.
> ☐ Deswegen: Existiert ein DBA?
> ☐ Ist es sachlich, örtlich, zeitlich, persönlich anwendbar?
> ☐ Wie verteilt es das Besteuerungsrecht?
> ☐ Folgt das DBA der Freistellungs- oder Anrechnungsmethode?
> ☐ Wenn es der Freistellungsmethode folgt, § 19 Abs. 2 ErbStG beachten (Progressionsvorbehalt).

Die Bundesrepublik Deutschland hat nur wenige DBAs abgeschlossen. Es sind die Folgenden:[109]

Abkommen		Fundstelle				In-Kraft-Treten				Anwendung
		BGBl. II		BStBl. I		BGBl. II		BStBl. I		grund-
mit	vom	Jg.	Seite	Jg.	Seite	Jg.	Seite	Jg.	Seite	sätzlich ab
Dänemark	22.11.1995	63	2565	96	1219	97	728	97	624	1.1.1997
Griechenland	28.11.1910/ 1.12.1910	12	173	–	–	53	525	53	377	1.1.1953
Österreich	4.10.1954	64	755	55	375	55	891	55	557	8.8.1955
Schweden	14.7.1992	65	686	94	422	95	29	95	88	1.1.1995
Schweiz	30.11.1978	66	594	80	243	80	1341	80	786	28.9.1980
Ver. Staaten	3.12.1980	67	847	82	765	86	860	86	478	1.1.1979
In der Neufassung	21.12.2000	68	65	01	114					
Unter Berücksichtigung des Protokolls	14.12.1998	69	1170	01	110	01	62	01	114	15.12.2000

1. DBA Dänemark und Schweden

Hinsichtlich der ErbSt-DBAs Dänemark und Schweden ist zu bemerken, dass sie nicht nur für die Erbschaft-, sondern auch für die Schenkungsteuer gelten. **Maßgebend** ist die **Erblasser- bzw. Schenkeransässigkeit.** Grundsätzlich hat der Staat des Erblassers bzw. Schenkers (Wohnsitzstaat) das Besteuerungsrecht. Aber die Besteuerung im anderen Vertragsstaat wird nicht ausgeschlossen. Daneben kommt für unbewegliches Vermögen und Betriebsstättenvermögen

---

[107] Vgl. für das DBA Österreich Debatin/Wassermeyer/*Züger* DBA-Kommentar, ErbSt DBA Österreich, Vor Art. 1 Rdnr. 17, Art. 1 Rdnr. 10.
[108] Zur Anrechnungsmethode *Schaumburg*, Internationales Steuerrecht, Rdnr. 14.16 und 14.27 ff.
[109] Vgl. auch H 3 ErbStR.

einer Betriebsstätte auch das Belegenheitsprinzip zur Anwendung. Die Doppelbesteuerung wird mit der Anrechnungsmethode vermieden.[110]

2. DBA Griechenland[111]

64 Das DBA Griechenland ist das älteste ErbSt-DBA. Es gilt lediglich für die Erbschaftsteuer und **nicht** für die **Schenkungsteuer**. Es wird dabei auf die Staatsangehörigkeit des Erblassers abgestellt. Es bezieht sich nur auf das bewegliche Vermögen. Bewegliches Vermögen eines Staatsangehörigen eines Vertragsstaates, der im anderen weder Wohnsitz noch gewöhnlichen Aufenthaltsort hat, kann im anderen nur dann besteuert werden, wenn der Erbe zurzeit seines Erbfalles in diesem Staat seinen Wohnsitz oder gewöhnlichen Aufenthaltsort hat. Bemerkenswert ist, dass das DBA keinen Progressionsvorbehalt zulässt.

3. DBA Österreich[112]

65 Das DBA Österreich ist sehr interessant. Jedenfalls gilt dies für die derzeit noch geltende Fassung. Es bezieht sich **nur** auf die **Erbschaftsteuer**, nicht auf die Schenkungsteuer. **Maßgebend** ist grundsätzlich die **Ansässigkeit** des Erblassers. Ein besonderes Besteuerungsrecht gilt für den Belegenheitsstaat für das unbewegliche Vermögen und das Betriebsstättenvermögen einer Betriebsstätte im Belegenheitsstaat. Die Doppelbesteuerung wird durch die Freistellungsmethode unter Progressionsvorbehalt vermieden. Wichtig ist, dass für deutsche Wegzügler die sofortige Abkommensberechtigung eintritt, sofern die ständige Wohnstätte mit Wegzug in Österreich begründet wird. Jeglicher Wohnsitz muss in Deutschland nicht aufgegeben werden.[113] Gemäß der Verständigungsvereinbarung vom 15.10.2003 ist die Erbersatzsteuer vom Anwendungsbereich des DBAs Österreich ausgenommen.[114]

4. DBA Schweiz[115]

66 Bei dem DBA Schweiz gilt der Grundsatz: „Es ist so löchrig wie ein Schweizer Käse". Die Bundesrepublik Deutschland hat sich nämlich für deutsche Wegzügler umfassende nacheilende Besteuerungsrechte vorbehalten. Grundsätzlich gilt es auch **nur** für **Erwerber** von Todes wegen. Es gilt jedoch auch für Schenkungen von Unternehmensvermögen. Insoweit ist eine Verständigungsvereinbarung des BMF einschlägig.[116]

Der Grundsatz lautet auch hier: **Maßgebend** ist der **Erblasserwohnsitz**. Sonderanknüpfungen existieren wie üblich für das unbewegliche Vermögen und das Betriebsstättenvermögen im jeweiligen Belegenheitsstaat.

67 Dem deutschen Fiskus sind aber zusätzliche Besteuerungsrechte eingeräumt:
- bei einem Doppelwohnsitz des Erblassers, wenn dieser seit mindestens fünf Jahren in Deutschland eine ständige Wohnstätte hatte (Art. 4 Abs. 3 DBA);
- bei Wegzug in die Schweiz, wenn der Erblasser in den letzten zehn Jahren zuvor, für mindestens fünf Jahre eine ständige Wohnstätte in Deutschland hatte und sein Tod innerhalb von sechs Jahren nach dem Wegzug eingetreten ist (Art. 4 Abs. 4 DBA). Eine Ausnahme gilt für Schweizer Staatsangehörige oder für Erblasser, die zur Arbeitsaufnahme oder zur Eheschließung mit einem Schweizer auswandern.

---

[110] Vgl. weiterführend neben den DBA-Kommentaren: *Krabbe* IStR 1997, 161; *ders.* ZEV 1997, 147; *Bellstedt* IWB 1994, F. 5, G. 2, 165 ff.; *Flick/Piltz* Rdnr. 1415 ff. und 1501 ff.
[111] Vgl. Troll/Gebel/Jülicher/*Jülicher* ErbStG § 2 Rdnr. 208 f. und § 21 Rdnr. 101 a.E.
[112] *Flick/Piltz* Rdnr. 1492 ff. m.w.N.
[113] Vgl. zum Ganzen neben den DBA-Kommentaren noch *Schuhmann* DVR 1987, 18; *Baumgartner/Gassner/Schick* DStR 1989, 619; *Heinrich/Moritz* ZEV 1995, 325 (zur Endbesteuerung).
[114] BGBl 2004 II, 883. Fraglich in diesem Zusammenhang ist aber, ob die Erbersatzsteuer als besondere Vermögensteuer ohnehin in dem Einkommensteuer –DBA Deutschland/Österreich geregelt ist, vgl. insoweit Lang/Jirousek/*Züger*, Die deutsche „Ersatz-Erbschaftsteuer" im österreich-deutschen DBA-Recht, Praxis des internationalen Steuerrechts – FS Helmut Loukota zum 65. Geburtstag, S. 723 ff., was zur Folge haben könnte, dass es zu denselben steuerlichen Konsequenzen kommt, wie wenn die Familienstiftung vom Erbschaftsteuer-DBA 1954 geschützt wäre.
[115] *Flick/Piltz* Rdnr. 1515 ff. m.w.N.; vgl. ausf. zum DBA Schweiz mit Checkliste *Noll/von Oertzen*, Erbschaftsteuer- und Doppelbesteuerungsabkommen Deutschland/Schweiz-Deutsch-Schweizer Erbfälle, in: Handelskammer Deutschland-Schweiz, Erbschaftsratgeber Deutschland-Schweiz, 2. Aufl., S. 114 ff.
[116] BMF v. 7.4.1988 – DStR 1988, 382.

- Ferner hat Deutschland ein Besteuerungsrecht, wenn der Erwerber im Inland zum Zeitpunkt des Todes über eine ständige Wohnstätte verfügte oder den gewöhnlichen Aufenthalt hatte. Ausnahmsweise gilt diese Anknüpfung nicht, wenn der Erblasser und der Erwerber Schweizer sind (vgl. Art. 8 DBA Deutschland/Schweiz).[117]

Die Doppelbesteuerung wird wie folgt vermieden:
- In Deutschland durch die Anrechnungsmethode.
- Bei einem Schweizer hinsichtlich dessen in der Schweiz befindlichen Vermögens gilt die Freistellungsmethode mit Progressionsvorbehalt.

In der Schweiz wird die Doppelbesteuerung durch die Freistellung unter Progressionsvorbehalt vermieden.

5. DBA USA[118]

Das DBA USA gilt für Schenkungen und Erbschaften. Auch hier ist grundsätzlich der Erblasserwohnsitzstaat maßgebend. Dieser wird ermittelt nach der üblichen Tie-Braker-Rule. Für das unbewegliche Vermögen und das Betriebsstättenvermögen gilt wieder eine Sonderanknüpfung für den Belegenheitsstaat. Die Vermeidung der Doppelbesteuerung erfolgt durch die Anrechnungsmethode. Da im Vergleich zu Deutschland USA in Schenkungs-/Erbschaftsteuerangelegenheiten das Hochsteuerland ist und Deutschland das Niedrigsteuerland, gehen regelmäßig bei allen Erbschaftsteuerplanungen im Verhältnis zur USA die deutschen steuerplanerischen Überlegungen in die genau umgekehrte Richtung als sonst üblich: Man versucht, das ausschließliche Besteuerungsrecht der Bundesrepublik Deutschland herzustellen und meidet eine Besteuerung in den USA.

6. Zusammenfassender Überblick

Übersichtsartig stellt sich die DBA-Situation tabellarisch wie folgt dar:[119]

	Dänemark	Österreich	Schweden	Schweiz	USA
Sachlicher Geltungsbereich	Erbschaft- und Schenkungsteuer	Nur Erbschaftsteuer	Erbschaft und Schenkungsteuer	Erbschaftsteuer, Schenkung von Geschäftsbetrieben	Erbschaft- und Schenkungssteuer (auch Generation-Skipping-Transfer-Tax)
Persönlicher Geltungsbereich	Ansässigkeit des Erblassers bzw. Schenkers in einem oder beiden Vertragsstaaten	Wohnsitz des Erblassers in einem oder beiden Vertragsstaaten	Ansässigkeit des Erblassers bzw. Schenkers in einem oder beiden Vertragsstaaten	Wohnsitz des Erblassers in einem oder beiden Vertragsstaaten	Wohnsitz des Erblassers bzw. Schenkers in einem der beiden Vertragsstaaten
	Nachwirkende Fünf-Jahres-Regel als Ansässigkeitsfiktion		Nachwirkende Fünf-Jahres-Regel als Ansässigkeitsfiktion	Sonderregeln zugunsten der BRD bei Doppelwohnsitz und Wegzugsfällen sowie inländischen Erwerber	Nachwirkung von zehn Jahren bei Auswanderung eigener Staatsangehöriger

---

[117] Abgedruckt bei Troll/Gebel/Jülicher/*Jülicher* ErbStG § 2 Rdnr. 221.
[118] *Flick/Piltz* Rdnr. 1529 ff. m.w.N.
[119] In Anlehnung an *Hörger/Stefan/Pohl*, Unternehmens- und Vermögensnachfolge, 2. Aufl., S. 149, Griechenland ausgenommen.

	Dänemark	Österreich	Schweden	Schweiz	USA
Besteuerungs-regeln	Besteuerungsrecht des Belegenheitsstaates für unbewegliches Vermögen und Vermögen einer Betriebsstätte	Besteuerungsrecht des Belegenheitsstaates für unbewegliches Vermögen und Vermögen einer Betriebsstätte	Besteuerungsrecht des Belegenheitsstaates für unbewegliches Vermögen und Vermögen einer Betriebsstätte	Besteuerungsrecht des Belegenheitsstaates für unbewegliches Vermögen und Vermögen einer Betriebsstätte	Besteuerungsrecht des Belegenheitsstaates für unbewegliches Vermögen und Vermögen einer Betriebsstätte
Vermeidung der Doppelbesteuerung	Anrechnung	Freistellungsmethode mit Progressionsvorbehalt	Anrechnung	Freistellung seitens Schweiz; Grundsätzlich Anrechnung in Deutschland, soweit Erblasser Schweizer Staatsangehöriger Freistellung mit Progressionsvorbehalt	Anrechnung

IX. Deutsches internationales Erbschaftsteuerrecht und EU-Recht

71 Grundsätzlich muss sich die deutsche Erbschafts- und Schenkungsteuer genauso wie eine Ertragsteuer an den EU-rechtlichen Vorgaben messen lassen. Insbesondere die EU-rechtlich garantierte Kapitalverkehrsfreiheit und Niederlassungsfreiheit haben Ausstrahlungswirkung[120]. Ausgelöst durch die Entscheidung des EuGH in der Rechtssache *Barbier* zur niederländischen Erbschaftsteuer, der Entscheidung[121] zur französischen Wegzugsbesteuerung (*Hughes de Lasteyrie du Saillant*) sowie der Entscheidung[122] (*Erben von M.E.A. van Helten – van der Heijden*) zur niederländischen erweitert unbeschränkten Steuerpflicht ist davon auszugehen, dass das Europarecht im Erbschafts- und Schenkungsteuerrecht angekommen ist.

Entsprechend wird in der Literatur diskutiert, ob

72
- § 2 Abs. 1 Nr. 1 b ErbStG (erweitert unbeschränkte Erbschaftsteuerpflicht für deutsche Staatsangehörige)[123]
- § 4 i.V.m. § 2 AStG (die erweitert beschränkte Steuerpflicht für deutsche Staatsangehörige mit Wesentlichen wirtschaftlichen Interessen in Deutschland[124]
- § 5 ErbStG (die Beschränkung der Steuerfreiheit des Zugewinnausgleichs auf deutsche Zugewinngemeinschaften[125]

---

[120] Vgl. zu EU-Rechtsdogmatik ausf. *Hahn*, Gemeinschaftsrecht und Recht der direkten Steuern, DStZ 2005, 433 ff., 469 ff.
[121] Vgl. EuGH Urt. v. 7.9.2004 – RS-C-319/02 – DStRE 2004, 93 sowie der Entscheidung des EuGH v. 11.3.2004 – RS-C-9/02.
[122] BFH/NV 2006, 229; DStRE 2006, 851.
[123] Vgl. hierzu z.B. *Schaumburg*, Problemfelder im Internationalen Erbschaftsteuerrecht, RIW 2001, 165; *Surbier-Hahn*, Die Erbschaftsteuer im Lichte des EU-Vertrages, ErbStB 2004, 124; vgl. hierzu auch EuGH Urteil v. 23.2.2006 – DStRE 2006, 851 f.
[124] Vgl. *Schnittger*, Geltung der Grundfreiheiten des EG-Vertrages im deutsch-internationalen Erbschaftsteuerrecht, FR 2004, 185 ff.
[125] Vgl. *Schnittger* a.a.O.

- § 10 Abs. 6 S. 2 ErbStG (die eingeschränkte Abzugsmöglichkeit von Nachlassverbindlichkeiten bei beschränkt Steuerpflichtigen)[126]
- § 12 Abs. 6 ErbStG (Bewertung des ausländischen Vermögens mit dem gemeinen Wert)[127]
- § 13 Abs. 1 Nr. 4 a ErbStG (keine Steuerbefreiung bei lebzeitigen Zuwendungen eines im Ausland belegenen Familienwohnheims)[128]
- § 13 Abs. 1 Nr. 16 ErbStG (Gegenseitigkeitsvorbehalt für gemeinnützige Organisationen)[129]
- § 13 a Abs. 1, 2 i.V.m. Abs. 4 (für ausländisches Betriebsvermögen werden kein sachlicher Freibetrag und kein Bewertungsabschlag gewährt)[130]
- § 15 Abs. 2 S. 1 ErbStG (keine Tarifvergünstigung bei der Errichtung ausländischer Familienstiftung)[131]
- § 16 Abs. 2 ErbStG, (für beschränkt Erbschaftsteuerpflichtige beträgt der persönliche Freibetrag einheitlich € 1.100)[132]
- § 17 ErbStG (kein besonderer Versorgungsfreibetrag für den überlebenden Ehegatten bei beschränkter Steuerpflicht)[133]
- § 21 ErbStG (das Anrechnungssystem für die ausländischen Erbschaftsteuern).[134]

EU-rechtskonform sind[135].

Ferner wird debattiert, ob es ein EU-rechtliches Meistbegünstigungsprinzip im Bereich der Erbschaftsteuer-DBAs gibt[136].

Bisher ist die Rechtsprechung sehr zurückhaltend gewesen. So hat der BFH in seinem Beschluss vom 10.3.2005[137] entschieden, dass die Bewertung von Auslandsimmobilien mit dem gemeinen Wert für Erbschaftsteuerzwecke jedenfalls für die Jahre vor 1995 nicht EU-rechtswidrig sei. Das FG Berlin[138] und das FG München[139] gehen davon aus, dass die unterschiedlichen Freibeträge für beschränkte und unbeschränkte Steuerpflichtige nicht EU-rechtswidrig sind. Das FG München hat entschieden, dass die Ablehnung der Anrechnung spanischer Erbschaftsteuer, die auf ein vom Erblasser in Spanien unterhaltenes Bankkonto entfällt, nicht gegen Gemeinschaftsrecht verstößt[140]. Der BFH hat aber nunmehr die Frage dem EuGH vorgelegt, ob §§ 13 a, 19 a ErbStG jedenfalls für die Jahre ab 1995 EU-rechtswidrig sind.

Da noch keine feststehende und in allen Teilbereichen ausformulierte Dogmatik vorliegt, wird man Gestaltungen weiterhin ausschließlich am unilateralen Wortlaut orientieren. Bei Rechtsbehelfen und Rechtsmittelverfahren wird man jedoch auch EU-rechtlich argumentieren. Insoweit müssen Bescheide offen gehalten werden[141]

---

[126] Vgl. *Buckstaller/Hasslinger*, Deutsche Erbschaftsteuer im Spannungsfeld jüngster europäischer Judikaturentwicklungen, IWB, Gruppe 9, S. 157.
[127] Vgl. *Schaumburg* RIW 2001, 164.
[128] Vgl. *Busch*, Deutsches Erbschaftsteuerrecht im Lichte der europäischen Grundfreiheiten, IStR 2002, 448, 475; *Dautzenberg/Brüggemann*, EG-Verträge und deutsche Erbschaftsteuer, BB 1997, 123.
[129] Vgl. *Müller-Etienne*, Die Europarechtswidrigkeit des Erbschaftsteuerrechts 2003.
[130] Vgl. die aktuelle Vorlage des BFH zum EuGH zur EU-Rechtmäßigkeit des § 13 a ErbStG v. 11.4.2006 – II R 35/05 – DStR 2006, 1079; Az des EuGH: C – 256/06.
[131] Vgl. *Thömmes/Stockmann* IStR 1999, 261.
[132] Vgl. *Busch* IStR 2002, 448, 475.
[133] Vgl. *Busch* IStR 2002, 448, 475; *Dautzenberg/Brüggemann* BB 1997, 123.
[134] Vgl. *Jochum* ZEV 2003, 171.
[135] Vgl. hierzu auch *Wachter*, Deutsches Erbschaftsteuerrecht und europäisches Gemeinschaftsrecht, FR 2004, 1256; *ders.*, Das Erbschaftsteuerrecht auf dem Prüfstand des Europäischen Gerichtshofs, DStR 2004, 540; *Wilms/Maier*, Europarechtliche Kapitalverkehrsfreiheit und deutsches Erbschaftsteuerrecht, UVR 2004, 327; *Höninger*, Die Bedeutung der Barbier-Entscheidung des EuGH für das deutsche Erbschaftsteuerrecht, INF 2004, 335.
[136] Letzteres hat sich wohl durch die Entscheidung des EuGH in der Rechtssache D erledigt, vgl. hierzu Entscheidung des EuGH v. 5.7.2005 – RS-C-376/03 – EWS 2005, 360 = IStR 2005, 483.
[137] Vgl. FR 2005, 813.
[138] Vgl. Entscheidung v. 9.9.2003 – EFG 2004, 215.
[139] Vgl. Entscheidung v. 5.11.2003 – DStR 2004, 339.
[140] Entscheidung v. 6.7.2005 – DStRE 2006, 850.
[141] Vgl. aber krit. *Meincke*, Ist das deutsche Erbschaftsteuerrecht EU-konform?, ZEV 2004, 353.

X. Gestaltungen im internationalen Erbschaftsteuerrecht[142]

1. Bei unbeschränkter Erbschaftsteuerpflicht

75 Die Gestaltungen in diesem Bereich lassen sich wie folgt systematisieren:
- Strukturierung des ausländischen Vermögens dergestalt, dass bei **Vorhandensein** eines **Doppelbesteuerungsabkommens** bei einem niedrigeren ausländischen Steuerniveau aus deutscher Sicht die Freistellungsmethode unter Progressionsvorbehalt zur Anwendung kommt (z. B. Grundbesitz Österreich o. Ä.).

76 - Durch Zwischenschaltung von inländischen Rechtsträgern, die mit Steuervergünstigungen verknüpft sind (§ 13 a, 19 ErbStG), versucht man, das hoch bewertete Auslandsvermögen in begünstigte Inlandsvermögen umzuwandeln und gleichzeitig die ausländische Erbschaftsteuer oder Schenkungsteuer dadurch auszuschalten.

Beispiel:

Nach der Finanzverwaltung ist die Beteiligung an einer ausländischen Personen- oder Kapitalgesellschaft, wenn sie zum Betriebsvermögen eines inländischen Gewerbebetriebs gehört,[143] von der Begünstigung des § 13 a ErbStG umfasst. Ausländisches Vermögen sollte deswegen mittelbar über eine ausländische Personengesellschaft im inländischen Gewerbebetrieb gehalten werden. So macht es z. B. Sinn, US Grundvermögen über eine US-Personengesellschaft zu halten (regelmäßig LLP Beteiligung), die die Tochter einer GmbH & Co. KG ist, und die deutsche Personengesellschaftsbeteiligung zu Lebzeiten zu verschenken. Wird zu Lebzeiten geschenkt, erheben die USA keine Schenkungsteuer, gleichzeitig handelt es sich in Deutschland um begünstigtes Vermögen i. S. d. § 13 a ErbStG mit der Folge, dass der Bewertungsabschlag von 35% und der Unternehmerfreibetrag von € 225.000,- gewährt werden kann.[144]

77 - Die Begünstigungen nach § 13 Abs. 4 Nr. 3 ErbStG greifen nur für die Beteiligung an **inländischen** Kapitalgesellschaften (EU-Aspekte unberücksichtigt, s.o.), nicht für Beteiligungen an Gesellschaften mit Sitz im Ausland. Hält man Kapitalgesellschaften im Ausland, sollte man überlegen, eine ausländische Kapitalgesellschaft für Zwecke der Erbschaftsteuerersparnis in eine inländische Kapitalgesellschaftsholding einzubringen.

78 - Anrechnungslücken bei der Anrechnung ausländischer Erbschaftsteuern nach § 21 ErbStG auf Grund des engen Auslandsvermögensbegriff des § 21 Abs. 2 S. 1 ErbStG sollte man dadurch vermeiden, dass nur solche Vermögenswerte im Ausland gehalten werden, die bei inländischer Belegenheit **Inlandsvermögen** i. S. d. § 121 BewG wären. Dadurch lässt sich die Anrechnung ausländischer Steuern im Inland sicherstellen.

2. Bei beschränkter Erbschaftsteuerpflicht[145]

79 Der beschränkten Erbschaftsteuerpflicht bzw. einer daraus folgenden Steuerbelastung kann wie folgt ausgewichen werden:
- Vermeidung des Übergangs von Inlandsvermögen im Wege des Erb- oder Schenkungsweges. Zu diesem Zwecke kann bei beschränkt Erbschaftsteuerpflichtigen z. B. dem Zielerwerber Geld geschenkt werden, um mit diesem Geld das Inlandsvermögen entgeltlich zu erwerben.

80 - Das Inlandsvermögen wird so umstrukturiert, dass es sich nicht mehr um Inlandsvermögen handelt, sondern um **Vermögen, dass nicht** von § 121 BewG umfasst wird (Beispiel: Inländisches unbewegliches Vermögen wird über eine ausländische Kapitalgesellschaft gehalten). Sofern nach der Finanzverwaltung Herausgabeansprüche des Treugebers gegen den Treuhänder als schuldrechtliche Ansprüche nicht mehr weder mit dem Steuerwert des Treugutes noch als selbe Vermögensart des Treugutes anzusetzen sind, kann Inlandsvermögen i.S.d.

---

[142] Vgl. ausf. *Arlt* S. 102 ff. sowie Wilms/*Kau*, Erbschaft- und Schenkungsteuergesetz, Internationale Erbfälle, Rdnr. 627 ff.
[143] R 51 Abs. 4 S. 1 ErbStR.
[144] Einzelheiten sind aber str.; vgl. weiterführend *Arlt* S. 294 ff. m.w.N. Aus Gründen der Vorsicht wird man die US-Personengesellschaft so strukturieren, dass sie nicht eine Betriebsstätte in den Vereinigten Staaten begründet. Ist die Personengesellschaft rein vermögensverwaltend tätig, ist die Zuordnung zur deutschen Betriebsstätte zweifelsfrei.
[145] Vgl. zur Steuerplanung bei beschränkt Steuerpflichtigen Grotherr/*v. Oertzen* S. 1640 ff.

§ 121 BewG zwischen Steuerausländern bei Zwischenschaltung einer Treuhandschaft steuerfrei übertragen werden.[146]
- Die Person, für deren Erwerb die beschränkte Steuerpflicht nach § 2 Abs. 1 Nr. 3 ErbStG greift, erhält nicht unmittelbar Inlandsvermögen, sondern einen **Geldanspruch** oder **einen Sachleistungsanspruch** (Vermächtnis). Denn der auf Übertragung von Inlandsvermögen gerichtete Sachleistungsanspruch stellt kein Inlandsvermögen dar.[147] Der Abzug von Verbindlichkeiten beim Verpflichteten muss aber dann gewährleistet sein. Dies ist bei beschränkt Steuerpflichtigen hinsichtlich eines Pflichtteilsanspruchs teilweise der Fall, auch wohl noch bei einem Sachvermächtnis, nicht aber bei allgemeinen Nachlassverbindlichkeiten, wie z. B. einem Geldvermächtnis.[148] Anders dürfte dies dann aber sein, wenn testamentarisch angeordnet worden ist, dass der Erwerber der Immobilie verpflichtet ist, die Immobilie zu veräußern und den so erzielten Veräußerungserlös auszukehren. Denn in diesem Fall ist die Verpflichtung unmittelbar mit dem Erwerb wirtschaftlich verknüpft. Diesen Fall könnte man jedoch auch mit einem Hauptvermächtnis und einem Untervermächtnis optimieren.[149] 81
- Nutzung von R 4 Abs. 3 S. 6 und 7 ErbStR (funktionserfüllte ausländische Kapitalgesellschaft). 82
- Sicherstellung, dass, wenn die beschränkte Steuerpflicht nicht vermieden werden kann, zumindest der **volle Schuldenabzug** dadurch sichergestellt wird, dass die Tatbestandsvoraussetzungen des § 10 Abs. 6 S. 2 ErbStG eingehalten werden. 83
- Bewusster Eintritt in die unbeschränkte deutsche Steuerpflicht: Dies bietet sich insbesondere bei kleineren Vermögen an, wo mit den persönlichen Freibeträgen noch eine günstige Steuerbelastung hergestellt werden kann oder bei hohen Verbindlichkeiten, die durch den Eintritt in die unbeschränkte Steuerpflicht in voller Höhe abzugsfähig werden. Da die Schenkungsteuerübernahme für Inlandsvermögen i.S.d. § 121 BewG ihrerseits nicht zu Inlandsvermögen i.S.d. § 121 BewG führt, ist die Übernahme der Schenkungsteuer gem. § 10 Abs. 2 ErbStG ebenfalls interessant.[150] 84

3. Bei erweitert beschränkter Erbschaftsteuerpflicht

- Weil regelungstechnisch die erweitert beschränkte Steuerpflicht auf die beschränkte Steuerpflicht aufsetzt, ist **Inlandsvermögen** i. S. d. § 121 BewG zu **vermeiden**. Liegt dieses schon nicht vor, kommt es auch nicht zur Infektion des erweitert beschränkten Inlandsvermögens. In der Verwaltungspraxis wird jedoch diese Rechtsansicht in Zweifel gezogen. 85
- Kann das Inlandsvermögen nicht aufgegeben werden, so sollte bei Wegzug das Vermögen so strukturiert werden, dass kein erweitertes Inlandsvermögen existiert. 86
- Ferner gelten die für die beschränkte Steuerpflicht dargestellten Gestaltungsmodelle entsprechend.

XI. Ausblick

Bei jeder internationalen Erbschaftsteuerplanung sollte nicht nur auf erbschaftsteuerliche Aspekte, sondern auch auf ertragsteuerliche Aspekte geachtet werden. Im Zusammenhang mit der Schenkung oder mit dem Wegzug kennt z. B. das deutsche Recht besondere ertragsteuerliche **Steuerentstrickungstatbestände**, die ausgelöst werden und neben der Erbschaftsteuer eine Einkommensteuer hervorrufen können. Dies gilt z. B. für einbringungsgeborene Anteile an Kapitalgesellschaften und für Beteiligungen an inländischen Kapitalgesellschaften, die zwar nicht einbringungsgeboren sind, aber die steuerverstrickt sind, weil man zu 1% oder mehr an einer inländischen Kapitalgesellschaft beteiligt ist. Diese besonderen Steuerentstrickungstatbestände sind zwar ebenfalls. EU-rechtswidrig.[151] Die vorhandene EU-Rechtswidrigkeit wird teilweise durch Änderungen in § 6 AStG im Rahmen der Umsetzung des SEStEG beseitigt wer- 87

---

[146] Vgl. Troll/Gebel/Jülicher/*Jülicher* ErbStG § 2 Rdnr. 73 m.w.N.
[147] Für beschränkt Steuerpflichtige Grotherr/*v. Oertzen* S. 1640 ff.
[148] R 31 Abs. 2 ErbStR, H 4 ErbStR.
[149] Vgl. Troll/Gebel/Jülicher/*Jülicher* ErbStG § 2 Rdnr. 71 m.w.N.
[150] Vgl. Troll/Gebel/Jülicher/*Jülicher* ErbStG § 10 Rdnr. 87.
[151] Vgl. *Schaumburg*, Internationales Steuerrecht, Rdnr. 5.398.

den durch die Gewährung einer Steuerstundung bis zur tatsächlichen Veräußerung, jedenfalls dann, wenn der Wegzug in ein EU/EWR-Land erfolgt.[152] Nach dem Gesetzesentwurf wird jedoch § 6 AStG so geändert werden, dass das grenzüberschreitende Vererben an einen nicht EU/EWR-Angehören zwingend gewinnrealisierend ist. Nach bisherigem Recht war das grenzüberschreitende Vererben für eine Wegzugsbesteuerung irrelevant.[153]

88 Bei Wegzug in einen Drittstaat sind die bisher diskutierten Strategien weiter anwendbar.[154]
- Umwandlung der GmbH in eine Mitunternehmerschaft (z. B. GmbH & Co. KG); § 6 AStG gilt nur für Kapitalgesellschaftsanteile im Privatvermögen, nicht für Mitunternehmeranteile.

89 - Einbringung der Kapitalgesellschaftsbeteiligung in eine gewerblich geprägte Personengesellschaft im Wege der verdeckten Einlage (§ 6 Abs. 1 Nr. 5 a EStG). Sodann erfolgt der Wegzug. Folge soll sein, dass die Beteiligung des Weggezogenen an einer inländisch gewerblich geprägten Personengesellschaft DBA-rechtlich nicht zu einer Betriebsstätte des nunmehrigen Ausländers im Inland führt, da allein auf Grund gewerblicher Prägung kein Unternehmen im abkommensrechtlichen Sinne vorliegt. Dann würde Deutschland zumindest nach den OECD-Musterabkommen regelmäßig das Besteuerungsrecht für die stillen Reserven in den Anteilen verlieren. Eine Besteuerung der stillen Reserven könnte daher trotz der Zwischenschaltung der GmbH & Co. KG nur bis zum Wegzug erfolgen. Im Wegzugszeitpunkt ist § 6 AStG allerdings nicht einschlägig, da es sich bei den GmbH-Anteilen nach der Einbringung in die GmbH & Co. KG nicht mehr um Anteile i. S. d. § 17 AStG handelt. Eine derartige Strategie ist jedoch streitanfällig.[155]

90 - Mit dem Wegzug wird ein Antrag auf unbeschränkte Steuerpflicht gemäß § 1 Abs. 3 EStG gestellt.[156] Unterbleibt für den nachfolgenden Veranlagungszeitraum ein erneuter Antrag oder liegen die Voraussetzungen hierfür nicht vor, endet die unbeschränkte Einkommensteuerpflicht nicht durch Wegzug, so dass die Voraussetzungen des § 6 AStG nicht vorliegen.[157]

Muster: Planungsbogen für eine internationale Nachfolgeplanung

91

	Staat A	Staat B	Staat C	Staat D
Internationale Zuständigkeit in Erbrechtsangelegenheiten a) str. Gerichtsbarkeit b) FG-Sachen				
Anerkennung und Vollstreckung ausländischer Rechtsakte in Erbrechtsangelegenheiten				
IPR-Anknüpfung Güterrecht				
IPR-Anknüpfung Erbrecht				
Anknüpfung der Form				

---

[152] Vgl. zu weiteren Einzelheiten den Gesetzesentwurf.
[153] Anders bei einbringungsgeborenen Anteilen vgl. Schmitt/Hörtnagel/*Schmitt* UmwStG, 4. Aufl. 2005, § 21 Rdnr. 44: Auch das Vererben über die Grenze führt zur Gewinnrealisierung.
[154] Fraglich nach geltendem Recht aber bei Wegzug in EWR-Staaten, da der EWR-Vertrag ähnliche Grundfreiheiten wie der EU-Vertrag kennt, vgl. z.B. für Wegzug in die Schweiz nach geltendem Recht *Weigell* IStR 2006, 190.
[155] Vgl. *von Waldthausen*, Die Steuerlichen Konsequenzen des Wegzugs aus Deutschland (und deren Vermeidung), Euroforum-Skript Wegzugsbesteuerung v. 19.10.2000.
[156] Vgl. zur fingierten unbeschränkten Steuerpflicht nach § 1 Abs. 3 EStG *Schaumburg*, Internationales Steuerrecht, Rdnr. 5.51.
[157] Vgl. *Schaumburg*, Internationales Steuerrecht, Rdnr. 5.401.

	Staat A	Staat B	Staat C	Staat D
materielles Erbrecht, das anwendbar sein soll a) gesetzliches Erbrecht • des Ehegatten • der Kinder				
b) Pflichtteilsrecht • des Ehegatten • der Kinder				
c) Zulässigkeit eines Erbvertrages, Pflichtteilsverzicht, Testamentsvollstreckung				
d) Zulässigkeit einer Schiedsklausel				
im Todesfall vorzulegende Dokumente				
Nachweis der Erbenstellung im Rechtsverkehr				
Anknüpfungen der Steuerpflicht				
Umfang des Besteuerungsrechtes				
Bewertung von Vermögen				
Möglichkeiten der Anrechnung ausländischer Erbschaftsteuern				
Entstehen neben der Erbschaftsteuer weitere Steuerbelastungen, z. B. anlässlich der Erbauseinandersetzung?				
Wie wird die Errichtung, die Auflösung und die Ausschüttungen verselbstständigter Rechtsträger besteuert (z.B. Stiftungen, Anstalten, Trusts)?				

7. Abschnitt. Steuerrecht und steuerlich motivierte Gestaltungen

§ 35 Steuerrecht

Übersicht

	Rdnr.
I. Einführung	1
II. Erbschaftsteuer	2–172
1. Erwerb von Todes wegen	4–13
2. Schenkung unter Lebenden	14–20
3. Ermittlung des steuerpflichtigen Erwerbs	21–160
a) Bereicherung des Erwerbers	22–99
b) Sachliche Steuerbefreiungen	100–160
4. Steuerklassen	161
5. Freibeträge	162–165
6. Steuertarife	166/167
7. Stundung und Erlöschen der Erbschaftsteuer	168–172
III. Einkommensteuer	173–244
1. Besteuerung des Erblassers	174/175
2. Besteuerung des Erben	176–189
a) Besteuerung des Alleinerben	178
b) Besteuerung einer Erbengemeinschaft	179–189
3. Besteuerung der Erbauseinandersetzung	190–207
a) Veräußerung von Erbanteilen	191
b) Ausscheiden vom Miterben	192/193
c) Veräußerung von Nachlassgegenständen	194
d) Realteilung ohne Ausgleichszahlung	195–200
e) Realteilung mit Ausgleichszahlung	201–204
f) Teilerbauseinandersetzung	205–207
4. Erbfallschulden	208–219
a) Sachvermächtnis	209–212
b) Nießbrauchsvermächtnis	213
c) Rentenvermächtnis	214–216
d) Stille Gesellschaft als Vermächtnis	217
e) Unterbeteiligung als Vermächtnis	218
f) Sonstige Vermächtnisse	219
5. Schenkung	220–244
a) Vollständig unentgeltliche Übertragung	221
b) Vollständig entgeltliche Übertragung	222
c) Teilentgeltliche Übertragung	223–226
d) Sonderproblematik bei Übertragung gegen wiederkehrende Leistungen	227–229
e) Ertragsteuerliche Behandlung von unentgeltlichen Vermögensübertragungen	230–239
f) Ertragsteuerliche Behandlung von (teil)entgeltlichen Vermögensübertragungen	240–244
IV. Gewerbesteuer	245–247
V. Grunderwerbsteuer	248/249
VI. Umsatzsteuer	250–253
VII. Anhang: Tabellen	254–261

Schrifttum: *Beiser*, Keine Vererblichkeit von Verlustvorträgen? – Kritik zur Divergenzanfrage des I. Senats des BFH vom 29.3.2000, DStR 2000, 1505; *Birkenfeld*, Beginn, Abwicklung und Ende des Unternehmens, UR 1992, 29; *Bohlmann*, Vermeidung der Zwangsmaßnahme von Sonderbetriebsvermögen und hofesfreiem Betriebsvermögen bei der Erbfolge, BB 1994, 189; *Christoffel*, Ermittlung des Betriebsvermögens für Erbschaft- und Schenkungsteuerzwecke, GmbHR 1997, 517; *Crezelius*, Schenkungsteuerpflicht ehebedingter Zuwendungen, NJW 1994, 3066; *ders.*, Überlegungen zu § 13 a Abs. 4 und 5 ErbStG 1997 – Zugleich Anmerkungen zu dem koordinierten Ländererlaß vom 17.6.1997, DB 1997, 1584; *Daragan/Zacher-Rödder*, Qualifizierte Nachfolge und

Sonderbetriebsvermögen, DStR 1999, 89; 972; *Daragan*, Das Kaufrechtsvermächtnis im Erbschaftsteuerrecht, DB 2004, 2389; *ders.*, Erwerb des Herausgabeanspruchs aus einem Treuhandverhältnis im Erbschafts- und Schenkungsteuerrecht, DB 2005, 2214; *Dautzenberg/Brüggemann*, EG-Vertrag und deutsche Erbschaftsteuer. Überlegungen zum deutschen Erbschaftsteuergesetz, insbesondere zum Betriebsvermögensfreibetrag, BB 1997, 123; *Ebeling*, Erbschaftsteuer-Richtlinien und Hinweise zu den Erbschaftsteuer-Richtlinien, NJW 1999, 1087; *Eisele*, Die Entwicklung des Bewertungsrechts seit den Einheitswert-Beschlüssen des Bundesverfassungsgerichts zur Vermögen- und Erbschaftsteuer, ZEV 1999, 369; *ders.*, Die Erbschaftsteuer-Richtlinien (I), INF 1999, 37; *von Elsner*, Neue steueroptimale Gestaltungen bei Nachfolgeklauseln, JbFSt 1997/98, 558; *Esser*, Ertragsteuerliche Folgen des unentgeltlichen Unternehmensübergangs; insbesondere im Falle von Erbauseinandersetzungen bei Gesellschaftsanteilen, DStZ 1997, 439; *Felix*, Wahlkampfzuwendungen an Abgeordnete und Schenkungsteuer, DVR 1986, 18; *ders.* Anmerkung zu BFH, Urt. v. 2.3.1994 – II R 59/92 –, Schenkungsteuer bei sog. freigebigen Zuwendungen an Ehegatten, BB 1994, 297; *ders.*, Betriebsvermögen-Freibetrag nach § 13 Abs. 2 a ErbStG, BB 1994, 477; *ders.*, Anmerkung zu BFH, Urt. v. 22.6.1994 – II R 1/92 und II R 13/90 –, Grundsätzlich Identität der Vermögensgegenstände Voraussetzung für Befreiung des Rückfalls von Erbschaftsteuer, BB 1994, 1694; *ders.*, Gepräge-OHG, Gepräge-KG und Gepräge-GbR – Verborgene Blüten im kautelarjuristischen Blickfeld?, NJW 1997, 1040; *ders.*, Praktizierung des erbschaftsteuerlichen Betriebsvermögens-Freibetrages, § 13 Abs. 2 a ErbStG, KÖSDI 1994, 9878; *Finkenbeiner*, Verlustvortrag nach § 10 a GewStG bei wechselnden Gesellschaftern einer Personenhandelsgesellschaft, BB 1997, 230; *P. Fischer*, Wiederkehrende Bezüge und Leistungen – steuerrechtliche Aspekte der Vermögensnachfolge, MittBayNot 1996, 137; *ders.*, Wiederkehrende Bezüge und Leistungen, 1994; *Fleischer*, Nochmals: Qualifizierte Nachfolge und Sonderbetriebsvermögen, DStR 1999, 972; *Flume*, Die Nachfolge von Todes wegen in ein Vermögen mit Betriebsvermögen und die Einkommensteuer bei der Übernahme von Ausgleichsverpflichtungen durch den Nachfolger in ein Einzelunternehmen oder die Beteiligung an einer Personengesellschaft, DB 1990, 2390; *Franz/Rupp*, Das Standortsicherungsgesetz, BB 1993, Beil. 20, 17; *Gebel*, Betriebsvermögensnachfolge, 2002; *ders.*, Gesellschafternachfolge im Schenkung- und Erbschaftsteuerrecht, 2. Aufl. 1997; *ders.*, Erbschaftsteuerliche Probleme der verlängerten Maßgeblichkeit, DStR 1996, 1385; *ders.*, Die Verzahnung von Einkommensteuer und Erbschaftsteuer beim Übergang von Betriebsvermögen im Erbgang, BB 1995, 2611; *ders.*, Die schenkungsteuerliche Freibetragsregelung für die Übergabe von Betriebsvermögen in vorweggenommener Erbfolge, UVR 1994, 172; *ders.*, Schenkung von Anteilen an der Betriebskapitalgesellschaft im Zuge einer Betriebsaufspaltung, DStR 1992, 1341; *ders.*, Zeitpunkt der Entstehung der Schenkungsteuer bei Grundstücksschenkungen, DStR 2004, 165; *Geck*, Die Neuregelung des § 13 a Abs. 1 Nr. 4 a ErbStG – offene Fragen in der Praxis, ZEV 1996, 107; *Groh*, Realteilung von Personengesellschaften, WPg 1991, 620; *ders.*, Die Erbauseinandersetzung im Einkommensteuerrecht, DB 1990, 2135; *ders.*, Betriebsschulden aus Privatvorgängen?, DB 1992, 444; *ders.*, Erben als „Durchgangsunternehmer", DB 1992, 1312; *Hannes*, Der Treuhand-Erlass – eine Verwaltungsanweisung contra legem?, ZEV 2005, 464; *Herff*, Wirtschaftliche Eigentum im Ertrag- und Erbschaftsteuerrecht, KÖSDI 2001, 12885; *Herzig*, Verlängerte Maßgeblichkeit und Bilanzpolitik, DB 1992, 1053; *Hörger*, Ertragsteuerliche Behandlung der Erbengemeinschaft und ihrer Auseinandersetzung, DStR 1993, 37; *Hübner*, Erbschaft- und schenkungsteuerliche Begünstigung der Unternehmensnachfolge durch die §§ 13 a, 19 a ErbStG, NWB Fach 10, 787; *ders.*, Der erbschaft- und schenkungsteuerliche Freibetrag für die Übertragung von Betriebsvermögen, DStR 1995, 197; *ders.*, Die (dis)qualifizierte Nachfolgeklausel, ZErb 2004, 24; *Jülicher*, Die Begünstigungen nach § 13 Abs. 2 a S. 1 ErbStG für Anteile an Kapitalgesellschaften, ZEV 1996, 97; *ders.*, Die Nachsteuerregelung des §§ 13 a Abs. 5 ErbStG – Vorsicht, Fußangeln!, DStR 1997, 1949; *ders.*, Verfahrensrecht bei der Erbschaftsteuer: Anzeigepflichten im ErbStG, ZErb 2001, 6; *Kapp/Ebeling*, Erbschaftsteuer- und Schenkungsteuergesetz, Loseblattkommentar; *Kapp*, Abgrenzung zwischen nachträglicher Entlohnung und letztwilliger Zuwendung – BFH vom 15.5.1986, DStR 1987, 80; *Klein-Blenkers*, Zu den subjektiven Voraussetzungen des § 7 Abs. 1 Nr. 1 ErbStG, ZEV 1994, 223; *Kobor*, Entwicklungen im Erbschaft- und Schenkungsteurrecht (2001), FR 2002, 489; *Korezkij*, Auswirkungen der Änderungen der §§ 13 a und 19 a ErbStG auf die Höhe der Erbschaftsteuer und die Zusammenrechnung mehrerer Erwerbe nach § 1 ErbStG, ZEV 2004, 58; *Korn*, Der Ländererlass zu den Erbschaftsteuerermäßigungen für Betriebsvermögen und Gesellschaftsanteile aus beratungspraktischem Blickwinkel, KÖSDI 1997, 11260; *van Lishaut*, Steuersenkungsgesetz: Mitunternehmerische Einzelübertragung i.S.d. § 6 Abs. 5 S. 3 ff. EStG n.F., DB 2000, 1784; *Lüdicke/Kaiser*, Die erbschaft- undschenkungsteuerliche Behandlung der Übertragung treuhänderisch gehaltener Kommanditbeteiligungen, DStR 2005, 1926; *Märkle*, Die Erbauseinandersetzung unter Kreditaufnahme bzw. mit Schuldübernahme, FS L. Schmidt, 1993, 809; *ders.*, Rückwirkende Zurechnung laufender Einkünfte aus dem Nachlaßvermögen bei zeitnaher Erbauseinandersetzung oder Sachvermächtniserfüllung?, DStR 1993, 506; *ders.*, Die teilentgeltliche Betriebsübertragung im Rahmen der vorweggenommenen Erbfolge, DStR 1993, 1005; *ders.*, Die Fremdfinanzierung von Ausgleichs- und Abstandsverpflichtungen, DStR 1993, 1173; *ders.*, Strategien zur Vermeidung der Zwangsentnahme von Sonderbetriebsvermögen bei qualifizierter Nachfolge, FR 1997, 135; *Martin/Suse*, Das leidige Problem der Bewertung von Sachleistungsansprüchen und -verpflichtungen hinsichtlich von Grundvermögen, DB 1990, 1536; *Meincke*, Erbschaftsteuer- und Schenkungsteuergesetz, 14. Aufl. 2004; *ders.*, Abfindungsleistungen aus erbschaftsteuerlicher Sicht, ZEV 2000, 214; *ders.*, Zur Abzugsfähigkeit von Pflichtteilsschulden, ZEV 2006, 199; *Moench*, Erbschaftsteuer- und Schenkungsteuergesetz, Loseblattkommentar; *Moench*, Das „Steuergeschenk mit Haken und Ösen" im neuen Zuschnitt, ZEV 1997, 268; *Paus*, Vermächtnisrenten: Neue Einschränkungen für den Begriff der Versorgungsleistungen?, BB 1994, 1759; *ders.*, Einkommensteuerliche Fragen der Vermächtnisse, FR 1991, 586; *Piltz*, Die neue Erbschaftsbesteuerung des unternehmerischen Vermögens, ZEV 1997, 61; *Rau/Dürrwächter*, Kommentar zum Umsatzsteuergesetz, Loseblatt; *von Rechenberg*, Vererbung von Betriebsvermögen und Anteilen an Familienkapitalgesellschaften, GmbHR 1997,

813; *Reich*, Erbschaft- und schenkungsteuerliche Rahmenbedingungen der Vermögensnachfolge eingetragener Lebenspartner, ZEV 2002, 395; *Reiß*, Zweifelsfragen zur Realteilung mit Spitzenausgleich, DStR 1995, 1129; *Rödder*, Der Einfluss der Erbschaftsteuer auf die Rechtsformwahl mittelständischer Familienunternehmen, DB 1993, 2137; *Rödl/Seifried*, Treuhandverhältnisse im Erbschaft- und Schenkungsteuerrecht, DB 2006, 20; *Schell*, Realteilung im Sinne des § 16 Abs. 3 S. 2 bis 4 EStG, BB 2006, 1026; *Schlepp*, Mietspiegel in Niedersachsen als Basis zur Schätzung der üblichen Marktmiete?, DStZ 1996, 653; *Schmidt*, Einkommensteuergesetz, 25. Aufl. 2006; *Schmidt-Liebig*, Die „neuere Rechtsprechung" des Bundesfinanzhofs zum umsatzsteuerlichen Unternehmer, BB 1994, Beil. 20, 1; *Schnitger*, Geltung der Grundfreiheiten des EG-Vertrages im deutschen internationalen Erbschaftsteuerrecht. Auswirkungen des EuGH-Urteils in der Rs. Erben von Babier, FR 2004, 185; *Schön*, Betriebliche Einzelwirtschaftsgüter bei Einbringung, Realteilung und Erbauseinandersetzung – eine Gedankenskizze, FS Widmann, 531; *Seeger*, Erbauseinandersetzung und vorweggenommene Erbfolge im Einkommensteuerrecht, DB 1992, 1010; *Söffing/Peters/Ommer*, Ausgewählte Probleme im Zusammenhang mit den Erbschaftsteuerrichtlinien, ZEV 1999, 15; *von Sothen*, in: Sudhoff, Handbuch der Unternehmensnachfolge, 5. Aufl. 2005; *Spiegelberger*, Nachfolge von Todeswegen bei Einzelunternehmen und sellschaftsanteilen, DStR 1992, 584; *ders.*, Vermögensnachfolge, 1994; *Strahl*, Fortentwicklung der Unternehmensteuerreform: Hinweise zu den Gesetzesänderungen, KÖSDI 2002, 13164; *Stuhrmann*, Die Realteilung durch Bar- und Sachwertabfindung, DStR 2005, 1335; *Tiedtke/Hils*, Sonderbetriebsvermögen bei qualifizierter Nachfolge in den Anteil eines Mitunternehmers, ZEV 2004, 441; *Tiling*, Die Vergütung des Testamentsvollstreckers, ZEV 1998, 331; *Troll/Gebel/Jülicher*, Erbschaft- und Schenkungsteuer, Loseblattkommentar; *Trompeter*, Die Anschaffungskosten bei vorweggenommener Erbfolge von Betrieben und Mitunternehmeranteilen, BB 1996, 2494; *Wachter*, Erbschaft- und Schenkungsteuer bei der Übertragung treuhänderisch gehaltener Vermögensgegenstände, DStR 2005, 1844; *Wacker/Franz*, Zur ertragsteuerrechtlichen Behandlung der Erbengemeinschaft und ihrer Auseinandersetzung. Zugleich eine Besprechung des BMF-Schreibens v. 11.1.1993, BB 1993, Beil. 5; *Wacker*, Die Realteilung von Personengesellschaften nach dem Steuerentlastungsgesetz 1999/2000/2002, StB 1999, Beil. 2; *Weiher*, Einbringungsvorgänge nach §§ 20, 24 UmwStG und „schädliche Veräußerung" i.S. der §§ 13 a Abs. 5, 19 Abs. 5 und 25 Abs. 2 ErbStG, ZEV 1999, 388; *Weinmann*, Das neue Erbschaftsteuerrecht, ZEV 1997, 41; *ders.*, Änderungen des Erbschaftsteuergesetzes im Jahressteuergesetz 1996, ZEV 1995, 321; *Weßling*, Analyse der Vorteilhaftigkeit der Umwandlung von zu verschenkendem privatem Grundbesitz in Betriebsvermögen nach dem neuen ErbStG, DStR 1997, 1381; *Wichmann*, Der Verkehrswert im Steuerrecht bei den Aufteilungsfällen, BB 1988, 814; *Widmann*, Vorbereitung der Unternehmensnachfolge mittels einer Kapitalgesellschaft, StKongRep 1994, 83; *Winkemann*, Die Realteilung – eine Zwischenbilanz, BB 2004, 130; *Wolf*, Die Steuerfreiheit bei Rückfall geschenkter Beteiligungen an Eltern oder Voreltern gemäß § 13 Abs. 1 Nr. 10 ErbStG, DStR 1988, 563.

I. Einführung

1 In der anwaltlichen Ausbildung spielt das Steuerrecht bedauerlicherweise zumeist nur eine untergeordnete Rolle. Da aber der Beratungbedarf im Erbschafts- und Schenkungsrecht häufig steuerlich motiviert ist, hat der Anwalt einen Großteil dieses Geschäftsfeldes trotz der Restriktionen des Rechtsberatungsgesetzes an Steuerberater und Wirtschaftsprüfer abgeben müssen. Jedem im Bereich des Erbrechts tätigen Anwalt kann man daher nur raten, sich auch auf dem Gebiet des Steuerrechts fortzubilden und sich insbesondere für immer wieder auftretende Problembereiche zu sensibilisieren (vgl. a. § 3 Rdnr. 6 ff.). Denn beraten Notare, Rechtsanwälte, Steuerberater, Wirtschaftsprüfer oder **steuerrechtskundige Testamentsvollstrecker** bei der Abfassung eines Testaments, so haben sie aufgrund der sie treffenden allgemeinen Warnpflicht des sachkundigen Beauftragten auch eine **Belehrungspflicht** über die steuerrechtlichen Folgen der testamentarischen Anordnungen. Insbesondere Rechtsanwälte und Notare sollten beachten, dass das Steuerrecht ein Rechtsgebiet wie jedes andere ist. Es kann daher nicht stillschweigend ausgeklammert werden. Fehlt dem Berater das entsprechende Fachwissen, so hat er den Mandanten spätestens bei Erteilung des Auftrags darauf hinzuweisen und ggf. auf die Hinzuziehung eines Spezialisten zu drängen.

Jeder Erbfall löst grundsätzlich Erbschaftsteuer aus. Ihr gilt daher in der Praxis zunächst das Augenmerk. Doch darf dies den Blick nicht dafür verstellen, dass der Tod gleichzeitig auch Bedeutung für andere Steuerarten entfaltet. Insbesondere im Bereich der Einkommensteuer kann der Vermögensübergang zur Aufdeckung stiller Reserven führen und damit eine entsprechend hohe Steuerlast auslösen (vgl. z.B. § 35 Rdnr. 173).

II. Erbschaftsteuer

2 Durch die Übertragung von Vermögen, sei es durch Tod oder durch Schenkung unter Lebenden, gehen Wirtschaftsgüter und manchmal auch Schulden auf eine oder mehrere Personen über. Es kommt also zu einem Vermögenstransfer, der als solcher der Besteuerung unterliegt, soweit es beim Erwerber zu einer **Bereicherung** kommt. Die Steuerbarkeit erstreckt sich nur auf den Vorgang der **unentgeltlichen Übertragung**, wobei nicht nur die Erbschafts-, sondern auch die Schenkungsfälle einheitlich vom Erbschaft- und Schenkungsteuergesetz erfasst werden. Vereinzelt wird auch das Wort „Schenkungsteuer" verwendet. Hierbei handelt es sich aber nur um ein Synonym für den Begriff „Erbschaftsteuer", § 1 ErbStG.

Jeder der Erbschaftsteuer unterliegende Erwerb ist vom Erwerber binnen einer Frist von drei Monaten dem für die Verwaltung der Erbschaftsteuer zuständigen Finanzamt anzuzeigen, § 30 Abs. 1 ErbStG. Beim Erwerb von Todes wegen beginnt diese Frist allerdings erst, sobald der Erwerber Kenntnis von dem Erbanfall erlangt hat. Eine Anzeige ist gem. § 30 Abs. 3 ErbStG ausnahmsweise dann nicht nötig, wenn der Erwerb auf einer von einem deutschen Gericht oder einem deutschen Notar eröffneten Verfügung von Todes wegen beruht und sich aus der Verfügung das Verhältnis des Erwerbers zum Erblasser unzweifelhaft ergibt.[1]   3

Als Erwerber kommen natürliche und juristische Personen in Betracht, nicht jedoch Personengesellschaften.[2] Bei diesen erwirbt der einzelne Gesamthänder unmittelbar. Kommen Ehegatten oder andere Personen, die in erbrechtlicher Beziehung zueinander stehen, durch einen Unglücksfall, wie z.B. einen Flugzeugabsturz oder Autounfall, ums Leben und ist nicht feststellbar, wann, wer gestorben ist, gilt die Vermutung gem. § 11 VerschG (sog. **Kommorientenvermutung**), dass sie gleichzeitig gestorben sind, so dass zwischen den Verunglückten untereinander Erwerbsvorgänge von Todes wegen nicht stattfinden können.[3]

1. Erwerb von Todes wegen

Beim Erbfall kommt als steuerpflichtiger Vorgang nur der Erwerb von Todes wegen in Betracht, § 1 Abs. 1 Nr. 1 ErbStG. Erfasst wird jede Bereicherung aus Anlass des Todes eines anderen Menschen. Die steuerpflichtigen Tatbestände sind in § 3 ErbStG **abschließend aufgezählt**:   4

- der Erwerb durch Erbanfall, durch Vermächtnis oder aufgrund Erbersatz- oder Pflichtteilsanspruchs, § 3 Abs. 1 Nr. 1 ErbStG,
- der Erwerb durch Schenkung auf den Todesfall, § 3 Abs. 1 Nr. 2 ErbStG,
- sonstige Erwerbe, auf die die für Vermächtnisse geltenden Vorschriften des BGB Anwendung finden, § 3 Abs. 1 Nr. 3 ErbStG,
- der Erwerb eines Dritten aufgrund eines vom Erblasser zu seinen Gunsten geschlossenen Vertrages, § 3 Abs. 1 Nr. 4 ErbStG,
- der Übergang von Vermögen auf eine vom Erblasser angeordnete Stiftung, § 3 Abs. 2 Nr. 1 ErbStG,
- die Zuwendung aufgrund einer Auflage oder Bedingung, § 3 Abs. 2 Nr. 2 ErbStG,
- der Erwerb durch Dritte bei Genehmigung einer Zuwendung, § 3 Abs. 2 Nr. 3 ErbStG,
- die Abfindung für Erbverzichte, § 3 Abs. 2 Nr. 4 ErbStG,
- die Abfindung für die Ausschlagung eines aufschiebend bedingten Vermächtnisses, § 3 Abs. 2 Nr. 5 ErbStG,
- das Entgelt für die Übertragung der Anwartschaft eines Nacherben, § 3 Abs. 2 Nr. 6 ErbStG und
- der Erwerb durch Vertragserben gem. § 2287 BGB, § 3 Abs. 2 Nr. 7 ErbStG.

Unter **Erbanfall** ist der Übergang der zum Nachlass gehörenden Vermögensgegenstände[4] aufgrund gesetzlicher, testamentarischer oder erbvertraglicher Erbfolge (vgl. §§ 4, 5, 10) zu verstehen. Er umfasst auch die Nachlassgegenstände, die der Erbe nicht selbst behalten darf, sondern aufgrund letztwilliger Verfügung des Erblassers (z.B. Vermächtnis, Auflage) an einen anderen herausgeben muss (vgl. § 35 Rdnr. 7, 12). Dabei kommt es nicht darauf an, ob der Erblasser tatsächlich eine Bereicherung angestrebt hatte.[5] Ferner ist nicht entscheidend, ob eine letztwillige Verfügung unter einem Formmangel litt, sofern es das ernstliche Verlangen des Erblassers war, mit dem Nachlass so zu verfahren, wie es die Erben tatsächlich getan ha-   5

---

[1] Vgl. i.e. *Jülicher* ZErb 2001, 6 ff.
[2] BFH Urt. v. 14.9.1994 – II R 95/92 – BStBl. II 1995, 81; Zu den Auswirkungen vgl. Sudhoff/*von Sothen* § 54 Rdnr. 2.
[3] BGH Urt. v. 28.6.1978 – IV ZR 47/77 – BGHZ 72, 85; Sudhoff/*von Sothen* § 54 Rdnr. 2 a.
[4] BFH Urt. v. 29.3.1957 – III 251/56 U – BStBl. III 1957, 211.
[5] BFH Urt. v. 22.2.1961 – II 278/58 S – BStBl. III 1961, 234.

ben.⁶ Maßgebend für die Bemessung der Erbschaftsteuer ist somit der vom Erblasser erhaltene Anteil und nicht etwa die Ergebnisse der Erbauseinandersetzung. Dabei kommt der vom Nachlassgericht geprüften und festgestellten Quote die widerlegbare Rechtsvermutung der Richtigkeit und Vollständigkeit zu.⁷

6   Soweit mehrere Erben in Erbengemeinschaft erwerben, ist ihnen der Nachlass gem. § 39 Abs. 2 Nr. 2 AO **anteilig zuzurechnen**. Bestand Streit hinsichtlich der Erbeinsetzung, ist die durch Urteil oder Vergleich⁸ bestimmte **Quote** maßgebend. Entsprechendes muss bei bloßer Unklarheit hinsichtlich der Erbeinsetzung gelten, wenn sich die Erben ohne gerichtliche Auseinandersetzung einigen.⁹ Entscheidend ist aber, dass es sich tatsächlich nur um eine Einigung über die Erbeinsetzung und nicht bereits um eine Neuverteilung anlässlich der Erbauseinandersetzung handelt. Denn Letztere kann eine Schenkung an einen Erben durch die anderen Erben beinhalten und müsste dann (zusätzlich) für sich betrachtet werden. Dementsprechend ist auch die Einigung der Anspruchsberechtigten mit dem Hoferben (vgl. § 18 HöfeO) über die Verteilung des zu erwartenden Verkaufserlöses für die Besteuerung heranzuziehen.¹⁰ Hat der Erblasser **Teilungsanordnungen** (vgl. § 16) für die Erbauseinandersetzung getroffen, so berühren diese aufgrund ihrer rein schuldrechtlichen Wirkung die erbschaftsteuerliche Aufteilung des Nachlasses grundsätzlich ebenso wenig, wie die **Erbauseinandersetzung** selbst.¹¹ Eine auch erbschaftsteuerlich wirksame Zuordnung von Vermögensgegenständen kann der Erblasser daher i. d. R. nur durch ein Vermächtnis erreichen (vgl. § 13). Ausnahmsweise ist aber auch die Teilungsanordnung erbschaftsteuerlich maßgebend, wenn sie sich nicht allein auf die Nachlassverteilung im Zuge der Erbauseinandersetzung bezieht, sondern darüber hinaus die Erbquoten festlegt.¹² Die Sondererbfolge aufgrund **qualifizierter Nachfolgeklausel** (vgl. z.B. § 40 Rdnr. 34 ff.) bei einer Personengesellschaft ist eine mit dem Erbfall wirksam gewordene, gegenständlich begrenzte Erbauseinandersetzung, bei der sich die gesellschaftsvertragliche Nachfolgeklausel als ein gesellschaftsrechtlich besonders ausgestalteter Unterfall einer Teilungsanordnung erweist.¹³

7   Das **Vermächtnis** spielt im Erbschaftsteuerrecht in mehrfacher Hinsicht eine Rolle. So gehören die Vermächtnisgegenstände zum Nachlass und damit zum Erbanfall (vgl. § 35 Rdnr. 74). Das Vermächtnis stellt ferner eine Nachlassverbindlichkeit dar (vgl. § 35 Rdnr. 88) und korrigiert so die Erbschaftsteuerbelastung des Erben. Im Rahmen des hier interessierenden Erwerbs von Todes wegen handelt es sich allerdings um einen steuerpflichtigen Erwerb durch den Vermächtnisnehmer. Dieser gilt als vom Erblasser unmittelbar zugewandt, was z.B. für die Steuerklasse Bedeutung hat (vgl. § 35 Rdnr. 161). Soweit die **Testamentsvollstreckerkosten** das angemessene Maß überschreiten (vgl. § 19 Rdnr. 168), stellen sie ein Vermächtnis zugunsten des Testamentsvollstreckers dar. Insoweit unterliegen sie grundsätzlich der Erbschaft- und nicht der Einkommensteuer. Dies gilt jedoch nicht bei Rechtsanwälten und anderen Freiberuflern wie z.B. Wirtschaftsprüfern und Steuerberatern. Bei ihnen ist das gesamte Testamentsvollstreckerhonorar, d.h. auch der unangemessene Teil, einkommensteuerpflichtig.¹⁴ Der unangemessene Teil unterliegt somit einer **doppelten Besteuerung**.¹⁵

8   **Schlägt** der Erbe oder der Vermächtnisnehmer die Erbschaft bzw. das Vermächtnis **aus**, so gilt sein Erwerb gem. § 1953 Abs. 1 bzw. § 2180 BGB **rückwirkend** als nicht erfolgt (vgl. § 22 Rdnr. 33). Dieser zivilrechtlichen Situation entsprechend entfällt die entstandene Erbschaftsteuer ebenfalls mit Wirkung für die Vergangenheit. Ein bereits ergangener Erbschaftsteuerbescheid ist in diesem Fall nach § 175 Abs. 1 S. 1 Nr. 2 AO aufzuheben. Die Erbschaft bzw. das Vermächtnis fällt dem Nächstberufenen bzw. dem Ersatzerben oder Ersatzvermächtnisnehmer

---

⁶ BFH Urt. v. 2.12.1969 – II 120/64 – BStBl. II 1970, 119.
⁷ BFH Urt. v. 22.11.1995 – II R 89/93 – BStBl. II 1996, 242.
⁸ BFH Urt. v. 25.8.1998 – II B 45/98 – BFH/NV 1999, 313; *Meincke/Michel* ErbStG § 3 Rdnr. 16 ff.; vgl. o. § 6 Rdnr. 50 ff.
⁹ RFH RStBl. 1939, 835.
¹⁰ BFH Urt. v. 23.3.1977 – II R 35/71 – BStBl. II 1977, 730.
¹¹ BFH Urt. v. 1.4.1992 – II R 21/89 – BStBl. II 1992, 669.
¹² Vgl. hierzu ausführlich *Gebel* Betriebsvermögensnachfolge Rdnr. 415 ff.
¹³ BFH Urt. v. 10.11.1982 – II R 85–86/78 – BStBl. II 1983, 329; Beschl. v. 28.1.1998 – VIII B 9/97 – BFH/NV 1998, 959; vgl. zum Zivilrecht: BGH Urt. v.10.2.1977 – II ZR 120/75 – BGHZ 68, 225, NJW 1977, 1339.
¹⁴ BFH Urt. v. 6.9.1990 – IV R 125/89 – BStBl. II 1990, 1028.
¹⁵ Die Einkommensteuerermäßigung des § 35 EStG ist ab dem Veranlagungszeitraum 1999 weggefallen.

zu, der daraufhin auch neuer Schuldner der Erbschaftsteuer wird (vgl. § 36 Rdnr. 274). Die Rechtsfolgen der Ausschlagung gelten auch für den Fall, dass in der Folgezeit Umstände eintreten (z.B. Auffinden eines Testaments oder Anfechtung eines solchen), die den Erbfall **unwirksam machen.**

Die **Schenkung auf den Todesfall** (vgl. § 32 Rdnr. 34) zählt wegen ihrer Verknüpfung mit dem Tod des Schenkers zu den Erwerben von Todes wegen. Sie wird häufig dann als erbrechtliche Gestaltung herangezogen, wenn sich der Erblasser zu Lebzeiten von seinem Vermögen oder bestimmten Wirtschaftsgütern noch nicht trennen kann. Trotz der Zuordnung zu den Erwerben von Todes wegen ist die Schenkung auf den Todesfall nach den zivilrechtlichen Maßstäben des Schenkungsrechts zu beurteilen, so dass eine Steuerpflicht nur dann eintreten kann, wenn die Tatbestandsmerkmale einer freigebigen Zuwendung (vgl. § 35 Rdnr. 15 ff.) erfüllt sind.[16] Die Schenkung auf den Todesfall wird insbesondere im Bereich der Unternehmensnachfolge immer wieder dann gern als Gestaltungsmittel eingesetzt, wenn der Unternehmenspatriarch die Eigentumsposition an seinem Unternehmen nicht aufgeben will. Hier ist diese Gestaltung aber nahezu immer nur „zweite Wahl", da sie den auserkorenen Betriebsnachfolger regelmäßig in seiner freien Entfaltung behindert und ihm nur wenig Perspektiven aufzeigt. Es sei daher an dieser Stelle ausdrücklich vor ihr gewarnt. Sinnvoll kann sie dagegen im Bereich der Übertragung von Grundstücken sein. Als eine Schenkung auf den Todesfall gilt auch der auf dem **Ausscheiden eines Gesellschafters** beruhende Übergang des Anteils eines Gesellschafters oder eines Teils dieses Anteils bei dessen Tod auf die anderen Gesellschafter oder die Gesellschaft, soweit der Wert des Anteils die Abfindungsansprüche übersteigt, § 3 Abs. 1 Nr. 2 S. 2 ErbStG. Ein derartiger Erwerb von Todes wegen wird regelmäßig verwirklicht, wenn der Gesellschaftsvertrag eine **Fortsetzungsklausel** enthält (vgl. § 40 Rdnr. 29 ff.; § 35 Rdnr. 64) oder das bei einer **Eintrittsklausel** (vgl. § 40 Rdnr. 38; § 35 Rdnr. 64) eingeräumte Eintrittsrecht nicht ausgeübt wird. Eine entsprechende erbschaftsteuerliche Wertung gilt für den Fall der **Einziehung eines Gesellschaftsanteils** aus Anlass des Todes eines Gesellschafters, § 3 Abs. 1 Nr. 2 S. 3 ErbStG. Sieht der Gesellschaftsvertrag einer Kapitalgesellschaft also die Einziehung des Gesellschaftsanteils des verstorbenen Gesellschafters vor und ist die zu zahlende Abfindung geringer als der Steuerwert des Anteils, kommt es bei den verbleibenden Gesellschaftern bzw. beim Erwerb durch die Gesellschaft bei dieser selbst zu einer entsprechenden steuerpflichtigen Bereicherung.

Bei den **sonstigen Erwerben** gem. § 3 Abs. 1 Nr. 3 ErbStG, auf die die für Vermächtnisse geltenden Vorschriften des bürgerlichen Rechts Anwendung finden, handelt es sich um das Voraus des Ehegatten gem. § 1932 BGB (vgl. § 4 Rdnr. 55), der gem. § 13 Abs. 1 Nr. 1 bis zu einem Betrag von € 41.000 steuerfrei bleibt, den Dreißigsten gem. § 1969 BGB (vgl. § 4 Rdnr. 56), der allerdings gem. § 13 Abs. 1 Nr. 4 ErbStG gänzlich steuerfrei bleibt, den Abfindungsergänzungsanspruch nach § 13 Abs. 1 HöfeO (vgl. § 43 Rdnr. 15) und die Zuwendungen nach §§ 1512 bis 1514 BGB sowie § 1371 Abs. 4 BGB.

Die unter § 3 Abs. 1 Nr. 4 ErbStG fallenden **Verträge zugunsten Dritter** (§§ 328 ff. BGB; vgl. § 4 Rdnr. 3) gehören zu den wichtigsten rechtlichen Gestaltungsmöglichkeiten außerhalb des Erbrechts. Erbschaftsteuerrechtlich zählen sie zwar zu den Erwerben von Todes wegen, die in ihnen versprochene Leistung ist jedoch kein Bestandteil des Nachlasses. Hauptanwendungsfälle sind Versicherungsverträge, Konten- und Depotverträge mit Banken sowie Arbeits- und Dienstverträge oder Gesellschaftsverträge, sofern darin eine Hinterbliebenenversorgung vereinbart wurde. Neben dem **Lebensversicherungsvertrag** (vgl. § 47 Rdnr. 1 ff.) erfasst die Bestimmung vor allem die **Unfallversicherung.**[17] Bei der Kfz-Insassen-Unfallversicherung fällt der Anspruch grundsätzlich in den Nachlass des verunglückten Insassen, wo er dann der Erbschaftsteuer unterliegt.[18] Anders verhält es sich dagegen bei der **Luftunfall-Versicherung.** Hier trifft § 50 LuftVG eine pauschalierte Regelung des Schadens, die nicht zu einem der Erbschaftsteuer unterliegenden Erwerb führt.[19] Für die Anwendbarkeit des § 3 Abs. 1 Nr. 4 ErbStG ist es nicht

---

[16] BFH Urt. v. 5.12.1990 – II R 109/86 – BStBl. II 1991, 181.
[17] RFH Urt. v. 22.2.1929 – RStBl. 1929, 282, ist wegen der Neufassung des § 12 Abs. 1 ErbStG nicht mehr einschlägig.
[18] BFH Urt. v. 28.9.1993 – II R 39/92 – BStBl. II 1994, 36.
[19] BFH Urt. v. 11.101978 – II R 46/77 – BStBl. II 1979, 115.

unbedingt erforderlich, dass der Dritte einen Rechtsanspruch auf die Leistung hat. Allerdings muss mit Sicherheit davon ausgegangen werden können, dass er die Leistung (z.B. eine Rente) solange erhält, wie die Voraussetzungen dafür gegeben sind.[20]

11 § 3 Abs. 2 Nr. 1 ErbStG erfasst uneingeschränkt alle Fälle des **Vermögensübergangs auf eine vom Erblasser angeordnete Stiftung** (vgl. hierzu eingehend § 38).[21] Die Errichtung der Stiftung muss vom Erblasser nicht unbedingt lebzeitig erfolgt sein. Erfasst wird daher auch der Vermögensübergang auf die Stiftung, die erst aufgrund einer Bedingung oder Auflage des Erblassers von der Erben errichtet wird. Gleiches gilt hinsichtlich der bereits bestehenden Stiftung, die der Erblasser testamentarisch als Erben oder Vermächtnisnehmer einsetzt. Ist die Stiftung noch nicht errichtet, entsteht die Erbschaftsteuer erst mit deren Genehmigung, § 9 Abs. 1 Nr. 1 Buchst. c ErbStG.[22] Zwischen Tod des Erblassers und Genehmigung erwirtschaftete Gewinne unterliegen somit sowohl der Ertragsteuer wie auch der Erbschaftsteuer.[23] Schließlich erfasst die Vorschrift nunmehr auch die Anordnung eines **testamentary trusts** oder einer ähnlichen Vermögensmasse ausländischen Rechts, deren Zweck auf die Bindung von Vermögen gerichtet ist (vgl. § 36 Rdnr. 80; § 34 Rdnr. 41 ff.). Hier entsteht die Erbschaftsteuer mit dem Zeitpunkt der Bildung oder Ausstattung der Vermögensmasse, § 9 Abs. 1 Nr. 1 Buchst. c Hs. 2 ErbStG.

12 Verbindet der Erblasser den Erwerb durch den Erben mit einer **Auflage** (vgl. § 14) oder einer **Bedingung** (vgl. § 15), so stellt die daraufhin erfolgende Zuwendung für den Begünstigten einen Erwerb von Todes wegen dar, § 3 Abs. 2 Nr. 2 ErbStG. Die Steuer entsteht mit der Vollziehung der Auflage bzw. Erfüllung der Bedingung, § 9 Abs. 1 Nr. 1 Buchst. d ErbStG. Als vom Erblasser zugewendet und damit als Erwerb von Todes wegen gilt auch die **Abfindung für Erbverzichte** usw., § 3 Abs. 2 Nr. 4 ErbStG. Hierunter fallen die Abfindung für einen Verzicht auf den entstandenen Pflichtteilsanspruch oder Erbersatzanspruchs sowie diejenige für die **Ausschlagung** einer Erbschaft oder eines Vermächtnisses (vgl. § 36 Rdnr. 278, 300). Durch den Verzicht kommt es zu keiner Bereicherung aufgrund der Erbschaft. Erst durch die Abfindung ist der Verzichtende bzw. Ausschlagende bereichert. Der Verzicht selbst bleibt gem. § 13 Abs. 1 Nr. 11 ErbStG steuerfrei. Zu beachten ist, dass bei einem **geltend gemachten** Pflichtteils- oder Erbersatzanspruch die Erbschaftsteuer bereits gem. § 9 Abs. 1 Nr. 1 Buchst. b ErbStG entstanden ist. Wird das einem Dritten durch Vertrag zugunsten Dritter zugewendete Recht zurückgewiesen (§ 333 BGB; vgl. § 35 Rdnr. 10), so fällt eine dafür gewährte Abfindung nicht unter § 3 Abs. 2 Nr. 4 ErbStG und ist auch im Übrigen nicht steuerpflichtig, weil ein entsprechender Tatbestand fehlt.[24] Dies ändert aber nichts daran, dass derjenige, dem das Recht aufgrund der Zurückweisung zufällt und der die Abfindung leistet, dennoch das aufgewendete Vermögen als Kosten zur Erlangung des Erwerbs nach § 10 Abs. 5 Nr. 3 ErbStG abziehen kann.

13 **Schuldner der Erbschaftsteuer** ist beim Erwerb von Todes wegen nicht der Erblasser oder der Nachlass, sondern der Erwerber, § 20 EStG. Eine eventuell angeordnete Testamentsvollstreckung ändert hieran nichts. Die Erbschaftsteuer entsteht beim Erwerb von Todes wegen gem. § 9 Abs. 1 Nr. 1 ErbStG grundsätzlich mit dem Tode des Erblassers und nur in den in § 9 Abs. 1 Nr. 1 Buchst. a) bis j) ErbStG abschließend aufgezählten Ausnahmen zu einem anderen Zeitpunkt.

2. Schenkung unter Lebenden

14 Die Schenkung unter Lebenden ist in § 7 ErbStG geregelt. Ebenso wie der Erbfall unterliegt sie nur insoweit der Besteuerung, als es beim Erwerber zu einer **Bereicherung** kommt. Als steuerpflichtige Tatbestände nennt § 7 ErbStG z.B.
- die **freigebige Zuwendung,** § 7 Abs. 1 Nr. 1 ErbStG,
- die Zuwendung aufgrund einer **Auflage** oder **Bedingung,** § 7 Abs. 1 Nr. 2 ErbStG,
- **Gleichstellungs-** und **Ausgleichsgelder,** § 7 Abs. 1 Nr. 3 ErbStG,
- die Bereicherung bei **Vereinbarung der Gütergemeinschaft,** § 7 Abs. 1 Nr. 4 ErbStG,
- die Abfindung für einen **Erbverzicht,** § 7 Abs. 1 Nr. 5 ErbStG,

---

[20] RFH Urt. v. 28.11.1940 – RStBl. 1941, 22.
[21] BFH Urt. v. 25.10.1995 – II R 20/92 – BStBl. II 1996, 99.
[22] BFH Urt. v. 25.10.1995 – II R 20/92 BStBl. II 1996, 99.
[23] Zur Kritik vgl. *Kapp/Ebeling* § 3 Rdnr. 282.1; § 8 Rdnr. 18; § 9 Rdnr. 47.
[24] *Troll/Gebel/Jülicher/Gebel* § 3 Rdnr. 330; *Meincke/Michel* ErbStG § 3 Rdnr. 100; *ders.*, ZEV 2000, 214.

- die Abfindung für einen **vorzeitigen Erbausgleich**, § 7 Abs. 1 Nr. 6 ErbStG,
- die **Herausgabe des Vorerbschaftsvermögens** an den Nacherben, § 7 Abs. 1 Nr. 7 ErbStG,
- den Übergang von Vermögen aufgrund eines **Stiftungsgeschäfts unter Lebenden**, § 7 Abs. 1 Nr. 8 ErbStG, und deren Aufhebung, § 7 Abs. 1 Nr. 9 ErbStG,
- die Zuwendung aufgrund überhöhter Gewinnbeteiligung, § 7 Abs. 6 ErbStG;
- die Zuwendung aufgrund **Ausscheidens eines Gesellschafters** aus einer Kapital- oder Personengesellschaft, § 7 Abs. 7 ErbStG.

Ebenso wie die Regelung beim Erwerb von Todes wegen (vgl. § 35 Rdnr. 4 ff.) ist die Aufzählung der Schenkungen unter Lebenden in § 7 ErbStG abschließend. Oberbegriff ist die **freigebige Zuwendung**, § 7 Abs. 1 Nr. 1 ErbStG, die jede unentgeltliche Bereicherung auf Kosten und mit Willen des Zuwendenden erfasst.[25] Objektiv ist somit erforderlich, dass es zu einer **Entreicherung** des Zuwendenden und zu einer **Bereicherung** des Erwerbers kommt. Ferner muss zwischen der Vermögensmehrung auf der einen Seite und der Vermögensminderung auf der anderen **Kausalität** bestehen.[26] Nicht erforderlich ist jedoch, dass der vom Schenker weggegebene Vermögensbestandteil identisch mit dem Zuwendungsgegenstand ist (sog. mittelbare Schenkung, vgl. § 36 Rdnr. 7 ff.); objektiv entscheidend ist lediglich die hierdurch erlangte Bereicherung. Neben der Vermögensvermehrung kann es zu einer Bereicherung auch durch eine Verminderung von Schulden oder Belastungen beim Bedachten kommen. 15

Eine objektive **Bereicherung** des Erwerbers erfordert einen ganz oder teilweise unentgeltlichen Erwerb. **Unentgeltlich** ist ein Erwerb, soweit er nicht rechtlich abhängig ist von einer den Erwerb ausgleichenden Gegenleistung, die sowohl nach Art eines gegenseitigen Vertrags als auch durch Setzen einer Auflage oder Bedingung begründet sein kann.[27] Objektiv **entgeltlich** ist ein Erwerb, bei dem sich Leistung und Gegenleistung ausgewogen gegenüberstehen. Dies ist anhand der gemeinen Werte (Verkehrswerte) zu beurteilen.[28] Stehen Leistung und Gegenleistung in einem Missverhältnis zueinander, so liegt ein **teilentgeltlicher** Erwerb (die sog. **gemischte Schenkung**, vgl. § 35 Rdnr. 77 ff.) vor. In diesem Fall gilt als Bereicherung der Unterschied zwischen dem Verkehrswert der Leistung des Schenkers und dem Verkehrswert der Gegenleistung des Erwerbers.[29] 16

Die zivilrechtlich nicht als Schenkung einzuordnenden **ehebedingten (unbenannten) Zuwendungen** (vgl. § 32 Rdnr. 18) gelten erbschaftsteuerlich seit dem 31. Mai 1994[30] grundsätzlich als freigebige Zuwendung und damit als steuerbar.[31] Anders verhält es sich nach Ansicht der Finanzverwaltung[32] nur beim gemeinsamen Erwerb eines Familienwohnheims aus den Mitteln nur eines Ehegatten, der Hingabe von Mitteln zum alsbaldigen Erwerb eine Familienwohnheims und der Übertragung des Eigentums oder Miteigentums an einem Familienwohnheim. Diese Tatbestände sollen bereits nicht steuerbar sein. Unabhängig davon wurden sie durch § 13 Abs. 1 Nr. 4 a ErbStG (zusätzlich und – aufgrund der BFH-Rechtsprechung – auch sicherheitshalber) steuerfrei gestellt (vgl. § 35 Rdnr. 104 ff.). Von diesen Ausnahmen abgesehen, bleibt die unbenannte Zuwendung trotz aller berechtigter Kritik[33] unentgeltlich und damit steuerbar. 17

Neben der objektiven Entreicherung des Schenkers, der Bereicherung des Beschenkten und der Kausalität zwischen beidem ist **subjektiv** erforderlich, dass der Zuwendende die Unentgeltlichkeit wollte. Anders als im Zivilrecht (vgl. § 32 Rdnr. 5) ist es nicht notwendig, dass die Bereicherung des Beschenkten in übereinstimmendem Willen von Schenker und Beschenktem erfolgt.[34] Erbschaftsteuerlich ist nur auf den Zuwendenden abzustellen. Er muss in dem Bewusstsein – nicht notwendig in dem Willen – handeln, dass er zu der Vermögenshingabe 18

---

[25] R 14 Abs. 1 S. 2 und 3 ErbStR.
[26] BFH Urt. v. 21.5.2001 – II R 48/99 – BFH/NV 2001,1407; *Gebel* DStR 1992, 1341.
[27] R 14 Abs. 2 S. 3 ErbStR.
[28] R 14 Abs. 2 S. 2 ErbStR.
[29] R 17 Abs. 1 S. 7 ErbStR.
[30] Gleichlautender Ländererlass v. 26.4.1994 – BStBl. I 1994, 297.
[31] BFH Urt. v. 2.3.1994 – II R 59/92 – BStBl. II 1994, 366.
[32] Gleichlautender Ländererlass v. 26.4.1994 – BStBl. I 1994, 297 i.V.m. Gleichlautender Ländererlass v. 10.11.1988 – BStBl. I 1988, 513.
[33] *Meincke* ErbStG § 7 Rdnr. 85 ff.; *Crezelius* NJW 1994, 3066; *Felix* BB 1994, 1342; *Klein-Blenkers* ZEV 1994, 223.
[34] R 14 Abs. 1 S. 1 ErbStG.

rechtlich nicht verpflichtet ist, er also seine Leistung ohne rechtlichen Zusammenhang mit einer Gegenleistung oder einem Gemeinschaftszweck erbringt.[35] Die Finanzverwaltung beurteilt das **Bewusstsein der Unentgeltlichkeit** auf der Grundlage der dem Zuwendenden bekannten objektiven Umstände nach den Maßstäben des allgemein Verkehrsüblichen.[36]

19 Bei der Schenkung unter Lebenden ist neben dem Erwerber (Beschenkten) auch der Schenker **Schuldner der Erbschaftsteuer**, § 20 Abs. 1 ErbStG. Allerdings hat sich das Finanzamt in erster Linie an den Beschenkten zu halten.[37] Den Schenker trifft dagegen lediglich eine Art Haftungsschuld für den Fall, dass der Beschenkte die Erbschaftsteuer[38] nicht zahlen will oder kann. Ist Erwerber einer Schenkung unter Lebenden eine Gesamthandsgemeinschaft, ist nicht sie selbst, sondern sind die Gesellschafter Erwerber im erbschaftsteuerlichen Sinne und damit auch Steuerschuldner.[39] Anders ist dies bei einer Kapitalgesellschaft; diese ist selbst Steuerschuldner. **Übernimmt der Schenker** bei einer Schenkung auch die Entrichtung der geschuldeten Erbschaftsteuer, gilt diese als zusätzlicher Erwerb. Diese Zurechnung ist jedoch nur einmalig bereicherungserhöhend. Die auf die übernommene Steuer entfallende zusätzliche Erbschaftsteuer stellt nach § 10 Abs. 2 ErbStG keinen weiteren zusätzlichen steuerpflichtigen Erwerb dar.

20 Bei der Schenkung unter Lebenden entsteht die Erbschaftsteuer mit dem **Zeitpunkt** der Ausführung der Zuwendung, § 9 Abs. 1 Nr. 2 ErbStG. Dies ist der Fall, wenn der Beschenkte dasjenige erhalten hat, was ihm nach dem Willen des Schenkers verschafft werden sollte und er frei darüber verfügen kann.[40] Maßgebend ist grundsätzlich allein die zivilrechtliche Eigentumsposition, nicht das wirtschaftliche Eigentum gem. § 39 Abs. 2 Nr. 1 AO (vgl. § 36 Rdnr. 6). Weder ein Rücktrittsrecht,[41] noch ein freier Widerrufsvorbehalt für den Schenker oder eine dem Zuwendenden erteilte Verfügungsvollmacht des Zuwendungsempfängers kann daher das Vorliegen einer Schenkung verhindern. Auch eine anderweitige einkommensteuerliche Zuordnung des unter Vorbehalt übertragenen Gegenstandes ändert hieran nichts. Etwas anderes gilt allerdings bei einer Grundstücksschenkung. Hier reicht es, wenn die Vertragsparteien die für die Eintragung der Rechtsänderung in das Grundbuch erforderlichen Erklärungen in gehöriger Form abgegeben haben und der Beschenkte aufgrund dieser Erklärungen in der Lage ist, beim Grundbuchamt die Rechtsänderung zu beantragen. Auflassung und Eintragungsbewilligung müssen daher vorliegen, der Antrag selbst braucht dagegen noch nicht gestellt zu sein.[42] Jede Schenkung ist grundsätzlich vom Erwerber gem. § 30 Abs. 1 ErbStG binnen einer Frist von drei Monaten ab Kenntnis vom Schenkungsanfall dem Finanzamt anzuzeigen. Den Schenker trifft die gleiche **Anzeigepflicht**. Die dabei zu machenden Angaben ergeben sich aus § 30 Abs. 4 ErbStG.[43]

3. Ermittlung des steuerpflichtigen Erwerbs

21 Steuerbemessungsgrundlage der Erbschaftsteuer ist gem. § 10 Abs. 1 S. 1 ErbStG der Wert der Bereicherung, soweit diese nicht steuerfrei gestellt ist. Um den steuerpflichtigen Erwerb zu errechnen ist somit die Bereicherung des Erwerbers um die sachlichen Steuerbefreiungen und persönlichen Freibeträge zu mindern. Danach ergibt sich folgendes Berechnungsschema:

　　　Bereicherung des Erwerbers
./.　　sachliche Steuerbefreiungen
./.　　persönliche Freibeträge

　　　steuerpflichtiger Erwerb

22 **a) Bereicherung des Erwerbers.** Während für einen Erwerb von Todes wegen in § 10 Abs. 1 S. 2 ErbStG explizit vorgeschrieben ist, wie der steuerpflichtige Erwerb zu ermitteln ist, fehlt

---

[35] R 14 Abs. 3 S. 1 und 2 ErbStR.
[36] R 14 Abs. 3 S. 3 und 4 ErbStR.
[37] BFH Urt. v. 29.11.1961 – II 282/58 U – BStBl. 1962 III, 323.
[38] Im Folgenden sollen Erbschaft- und Schenkungsteuer einheitlich als „Erbschaftsteuer" bezeichnet werden.
[39] BFH Urt. v. 14.9.1994 – II R 95/92 – BStBl. II 1995, 81.
[40] BFH Urt. v. 6.3.1985 – II R 19/84 – BStBl. II 1985, 382.
[41] Troll/Gebel/Jülicher/*Gebel* § 7 Rdnr. 54.
[42] BFH Urt. v. 22.9.1982 – II R 61/80, BStBl 1983 II, 179; R 23 ErbStR; a.A. *Gebel* DStR 2004, 165.
[43] Vgl. i. e. *Jülicher* ZErb 2001, 6 ff.

eine entsprechende Wertermittlungsvorschrift für die Schenkung unter Lebenden.[44] Die Rechtsprechung[45] greift daher auf § 7 Abs. 1 Nr. 1 ErbStG zurück, wonach als Schenkung jede freigebige Zuwendung unter Lebenden gilt, „soweit der Bedachte durch sie auf Kosten des Zuwendenden bereichert wird." In beiden Fällen ist somit der Wert der Bereicherung zu berechnen. Ausgangspunkt ist dabei der Wert des Vermögensanfalls. Beim Erbfall sind sodann noch die Nachlassverbindlichkeiten abzuziehen und bei der gemischten Schenkung und der Schenkung unter Auflage etwaige Gegenleistungen zu berücksichtigen.

aa) Wertermittlung. **Bewertungszeitpunkt** ist grundsätzlich der Zeitpunkt der Entstehung der Steuerschuld, § 11 ErbStG. Beim Erbfall ist dies grundsätzlich der Zeitpunkt des Todes des Erblassers (§ 9 Abs. 1 Nr. 1 ErbStG; vgl. § 35 Rdnr. 13), bei der Schenkung der Zeitpunkt von deren Ausführung (§ 9 Abs. 1 Nr. 2 ErbStG; vgl. § 35 Rdnr. 20). Es ist daher eine erbschaftsteuerliche **Stichtagsbewertung** aller zum Erwerb gehörenden Wirtschaftsgüter durchzuführen. Unerheblich ist die Wertentwicklung nach diesem Zeitpunkt. Wird z.B. ein zum Nachlass gehörendes Grundstück erst Jahre später von der Erbengemeinschaft verkauft und der Veräußerungserlös geteilt, sind weder der Verkaufserlös noch der Anteil den jedes Mitglied der Erbengemeinschaft erhält, für die Bewertung des Erbfalls von Bedeutung. Gleiches gilt hinsichtlich der Wertentwicklung bis zur Verfügungsmöglichkeit des Erben. Ein Wertverlust vor der Verfügbarkeit bedingt z.B. durch Formalitätshürden oder Streitigkeiten spielt für die Bewertung keine Rolle und wird auch nur in Ausnahmefällen als unbillige Härte berücksichtigt werden können.[46] 23

Die Bewertung der Vermögensgegenstände richtet sich gem. § 12 Abs. 1 ErbStG nach den Vorschriften des ersten Teils des Bewertungsgesetzes, soweit sich aus den Abs. 2 bis 6 des § 12 ErbStG nichts anderes ergibt. Die zum jeweiligen Erwerb gehörenden Vermögensgegenstände sind zum Zwecke der Erbschaftsbesteuerung einzeln und gesondert zu bewerten. Bewertungsgegenstand ist die sog. **wirtschaftliche Einheit**, § 2 BewG. Hierbei kann es sich um einen einzelnen Vermögensgegenstand handeln. Dienen mehrere Vermögensgegenstände eines Eigentümers einem gemeinschaftlichen wirtschaftlichen Zweck, sind sie zu einer wirtschaftlichen Einheit zusammenzufassen. Hinterlässt z.B. ein Erblasser ein Wohngebäude nebst Grund und Boden, einen Carport, eine Umzäunung und Zubehör, so handelt es sich insoweit nur um eine wirtschaftliche Einheit. Hinterlässt er daneben noch ein Einzelhandelsgeschäft, so sind die hierzu gehörenden Wirtschaftsgüter ebenfalls zu einer weiteren eigenständigen Einheit zusammenzufassen. Der Nachlass würde in diesem Fall aus insgesamt zwei wirtschaftlichen Einheiten bestehen, die jede für sich gesondert zu bewerten wären. Gehörte ihm eine wirtschaftliche Einheit nicht allein, wird gleichwohl die gesamte Einheit bewertet und hieraus der anteilige Wert abgeleitet, § 3 BewG. 24

Welches **Bewertungsverfahren** schließlich zugrundezulegen ist und welche Maßstäbe hierbei anzulegen sind, hängt im Wesentlichen davon ab, um was für einen Bewertungsgegenstand, d.h. um welche wirtschaftliche Einheit es sich handelt. Soweit nichts anderes vorgeschrieben ist, ist für die Bewertung einer wirtschaftlichen Einheit immer der **gemeine Wert** maßgebend, § 9 Abs. 1 BewG. Dieser entspricht dem Preis, der im gewöhnlichen Geschäftsverkehr, d.h. nach den marktwirtschaftlichen Grundsätzen von Angebot und Nachfrage, unter Berücksichtigung der Beschaffenheit des Vermögensgegenstandes bei einer Veräußerung zu erzielen wäre, § 9 Abs. 2 S. 1 BewG. Ungewöhnliche Verhältnisse bleiben dabei ebenso unberücksichtigt, wie persönliche Umstände, die in der Person des Verkäufers oder Käufers ruhen. 25

(1) Kapitalgesellschaftsanteile. Zum Privatvermögen gehörende Kapitalgesellschaftsanteile sind gem. § 12 Abs. 5 ErbStG i.V.m. § 11 BewG mit dem gemeinen Wert der Anteile anzusetzen und zwar sowohl beim Erben, als auch beim Vermächtnisnehmer. Handelt es sich um **börsennotierte Anteile an Kapitalgesellschaften,** d.h. um Wertpapiere, die zum Besteuerungszeitpunkt an einer deutschen Börse zum amtlichen Handel oder zum geregelten Markt zugelassen oder in den Freiverkehr mit einbezogen sind, erfolgt die Bewertung gem. § 11 Abs. 1 BewG zum je- 26

---

[44] R 17 Abs. 1 S. 1 ErbStR.
[45] BFH Urt. v. 21.10.1983 – II R 176/78 – BStBl. II 1982, 83.
[46] BFH Urt. v. 6.12.1989 – II B 70/89 – BFH/NV 1990, 643; *Mönch* § 11 Rdnr. 7; *Meincke* ErbStG § 9 Rdnr. 11; § 11 Rdnr. 5.

weiligen Börsenkurs. Diese Bewertungsmethode birgt insbesondere für technologieorientierte Unternehmen erhebliche Risiken in sich. Diese Unternehmen werden vom Markt nach den Zukunftsaussichten ihrer Produkte bewertet. Hinzu kommt häufig noch ein psychologischer Effekt, der die Bewertung des Unternehmens zusätzlich irrational beeinflusst. Die Volatilität der Aktien ist entsprechend hoch. Es kann daher die Situation eintreten, dass die Aktien im Bewertungszeitpunkt sehr hoch bewertet sind, der Kurs kurz darauf einbricht und die Erbschaftsteuerlast das gesamte Vermögen verschlingt.

Beispiel:
Der 31 jährige Vorstandsvorsitzende eines Biotechnologieunternehmens stirbt bei einem Flugzeugabsturz. Die Aktie wird im Todeszeitpunkt mit € 100 gehandelt. Als die Nachricht eine Woche später bekannt wird, bricht der Kurs auf € 10 ein. Er ist nicht verheiratet und hinterlässt sein Aktienvermögen von 100.000 Stück (= 10% der Aktien) seiner Lebensgefährtin. Ohne Korrektur würde bei einem Freibetrag von € 5.200 und einem Steuersatz von 41% eine Erbschaftsteuerschuld von € 4.094.800 verbleiben. Der Wert der erbten Aktien beträgt allerdings nur noch € 1.000.000.

Hier und in den meisten Fällen wird man sicherlich mit außergewöhnlichen Umständen i.S.d. § 9 Abs. 2 S. 3 BewG argumentieren können. Der niedrigere Wert war im Steuerentstehungszeitpunkt bereits gegeben, realisiert sich jedoch erst verzögert im Börsenkurs, da die kursbeeinflussende Tatsache erst bekannt werden muss. Der außergewöhnlich hohe Kurs hat daher außer Betracht zu bleiben. Allerdings ist nach der Rechtsprechung des BFH eine Abweichung vom Börsenkurs nur in ganz engen Grenzen zulässig, insbesondere bei solchen Umständen, die bei einem Antrag auf Streichung des Kurses (Kursaussetzung) durch den Börsenvorstand im Hinblick auf § 29 Abs. 3 BörsG berücksichtigt werden könnten.[47]

27 Bei **nicht börsennotierte Anteilen an Kapitalgesellschaften** liegen realistische Kauf- und Verkaufspreise meist nicht vor. Hier ist der gemeine Wert zu schätzen. Er ist in erster Linie aus zeitnahen, d.h. weniger als ein Jahr zurückliegenden Verkäufen abzuleiten, wobei grundsätzlich ein einziger Verkauf als Grundlage für die Bewertung ausreicht.[48] Die innerhalb dieses Zeitfensters vorgenommene Ausgabe neuer Anteile im Rahmen einer Kapitalerhöhung kann ebenfalls zur Wertbestimmung herangezogen werden.[49] Verkäufe nach dem Besteuerungszeitpunkt können nur in Ausnahmefällen der Bewertung zugrunde gelegt werden, etwa dann, wenn die Kaufpreisverhandlungen vor dem Stichtag stattgefunden haben und der Kaufpreis sich so weit verdichtet hat, dass er durch den Kaufvertrag letztlich nur noch dokumentiert wird.[50] Etwaige Besonderheiten der Anteile sind mit Zu- und Abschlägen zu berücksichtigen, wie z.B. der Paketzuschlag bei einer Beteiligung von mehr als 25 %, wenn der gemeine Wert höher ist, als der aus Verkäufen oder dem Börsenwert abgeleitete Wert. Ist dies nicht möglich, so ist der gemeine Wert gem. § 11 Abs. 2 S. 2 BewG unter Berücksichtigung des Vermögens und der Ertragsaussichten der Kapitalgesellschaft zu schätzen. Hierbei ist auf das sog. **Stuttgarter Verfahren** zurückzugreifen,[51] welches von der Rechtsprechung als Schätzungsmethode akzeptiert wird.[52] Danach erfolgt die Wertermittlung in drei Schritten:
- Ermittlung des Vermögenswerts,
- Ermittlung des Ertragshundertsatzes und
- Berechnung des gemeinen Werts aus Vermögenswert und Ertragshundertsatz.

28 Der **Vermögenswert** ergibt sich aus dem Verhältnis des Vermögens zum Nennkapital. Auch hier ist grundsätzlich der Wert im Besteuerungszeitpunkt maßgebend. Entsteht die Steuer zu einem Zeitpunkt, der nicht mit dem Schluss des Wirtschaftsjahres übereinstimmt, auf das die Kapitalgesellschaft einen regelmäßigen jährlichen Abschluss macht, und erstellt die Kapitalgesellschaft keinen Zwischenabschluss, der den Grundsätzen der Bilanzkontinuität entspricht, kann aus Vereinfachungsgründen der Wert des Vermögens der Kapitalgesellschaft zum Be-

---

[47] BFH Urt. v. 26.7.1974 – III R 16/73 – BStBl. II 1974, 656; BFH Beschl. v. 1.10.2001 – II B 109/00 – BFH/NV 2002, 319; vgl. a. *Kapp/Ebeling* § 12 Rdnr. 111 ff.
[48] R 95 Abs. 3 S. 1 bis 3 ErbStR.
[49] BFH Urt. v. 5.2.1992 – II R 185/87 – BStBl. II 1993, 266.
[50] BFH Urt. v. 2.11.1988 – II R 52/85 – BStBl. II 1989, 80; Beschl. v. 23.6.1999 – X B 103/98 – BFH/NV 2000, 30; Beschl. v. 23.7.1999 – I B 171/98 – n.v.
[51] Vgl. R 96 bis R 108 ErbStR.
[52] BFH Urt. v. 6.2.1991 – II R 87/88 – BStBl. II 1991, 459; R 38 Abs. 2 ErbStR.

steuerungszeitpunkt aus der auf den Schluss des letzten vor dem Besteuerungszeitpunkt endenden Wirtschaftsjahres erstellten Steuerbilanz unter Berücksichtigung der bis dahin eingetretenen Vermögensveränderungen abgeleitet werden.[53] Das Vermögen, soweit es sich um inländisches handelt, wird nach den Grundsätzen von § 12 Abs. 5 und 6 ErbStG ermittelt (vgl. § 35 Rdnr. 59 ff.). **Ausländisches Vermögen** ist mit dem gemeinen Wert anzusetzen, § 12 Abs. 6 ErbStG, 31 BewG, kann aber mit den Steuerbilanzwerten übernommen werden, wenn dies im Einzelfall nicht zu unangemessenen Werten führt.[54] Ob dies gemeinschaftsrechtlich haltbar ist, ist äußerst zweifelhaft.[55] Zwischenzeitlich aufgetretene Vermögensveränderungen sind durch Hinzu- und Abrechnungen zu berücksichtigen. Der Vermögenswert ergibt sich sodann aus dem Verhältnis des Vermögens zum Nennkapital.

Beispiel:
Eine GmbH hat ein Stammkapital von € 25.000. Unter Zugrundelegung der letzten Steuerbilanz und unter Berücksichtigung diverser Hinzu- und Abrechnungen ergibt sich ein Betriebsvermögen von € 100.000.

$$\text{Vermögenswert} = \frac{100.000 \times 100}{25.000} = 400\%$$

Übersteigen die Passiva die Aktiva, so ergibt sich ein **negativer Vermögenswert**. Mit diesem ist sodann fortzufahren. Eine Begrenzung auf Null scheidet aus.

Beispiel:
Das Stammkapital einer GmbH beträgt € 25.000. Für das Betriebsvermögen wurde ein Betrag von € – 50.000 ermittelt.

$$\text{Vermögenswert} = \frac{-50.000 \times 100}{25.000} = -200\%$$

Der **Ertragshundertsatz** wird aus dem steuerlichen Betriebsergebnis, d.h. dem zu versteuernden Einkommen nach dem Körperschaftsteuergesetz der letzten drei Jahre ermittelt. Das Betriebsergebnis ist um Sondereinflüsse und einmalige Vorgänge zu bereinigen.[56] Es ist daher um Sonderabschreibungen, erhöhte Absetzungen, Verlustvor- und -rückträge, einmalige Veräußerungsverluste, steuerfreie Vermögensmehrungen, wozu auch Bezüge im Sinne des § 8 b Abs. 1 KStG gehören, saldiert mit den damit zusammenhängenden und gemäß § 3 c EStG bisher vom Abzug ausgeschlossenen Betriebsausgaben, sowie Investitionszulagen zu mehren und um einmalig Veräußerungsgewinne, und Körperschaftsteuer, sonstige nicht abziehbare Ausgaben inklusive Solidaritätszuschlag, soweit sie tatsächlich das Einkommen erhöht haben und nicht nach § 8 b Abs. 2 KStG unberücksichtigt blieben, zu mindern.[57] Von dem sich danach ergebenden Betriebsergebnis kann ein Abschlag von bis zu 30% vorgenommen werden, wenn die Kapitalgesellschaft nur über ein geringes Betriebskapital verfügt, der Ertrag ausschließlich und unmittelbar von der persönlichen Tätigkeit des Gesellschaftergeschäftsführers abhängt, wie dies z.B. bei selbständigen Handelsvertretern, Maklern, Unternehmensberatern, aber auch bei Angehörigen der freien Berufe der Fall ist, und dessen Tätigkeiten nicht bereits entsprechend vergütet werden.[58] Die derart bereinigten Betriebsergebnisse der letzten 3 Jahre werden sodann unterschiedlich gewichtet, indem das Betriebsergebnis des letzten Wirtschaftsjahres vor dem Besteuerungszeitpunkt mit dem Faktor 3, das Betriebsergebnis des vorletzten Jahres mit dem Faktor 2 und das des vorvorletzten mit dem Faktor 1 multipliziert wird. Die Summe wird zur Durchschnittsbildung dann durch 6 geteilt, anschließend durch das Nennkapital dividiert und mit 100 multipliziert.

Beispiel:
Das berichtigte steuerliche Betriebsergebnis einer GmbH beträgt im Jahr 01 € 50.000, im Jahr 02 € 85.000 und im Jahr 03 € 45.000. Das Stammkapital der Gesellschaft beträgt € 25.000.

---

[53] R 98 Abs. 2 ErbStR.
[54] R 98 Abs. 1 S. 2 ErbStR.
[55] BFH Beschl. v. 11.4.2006 – II R 35/05 – DStR 2006, 1079 (Vorlagebeschluss zum EuGH).
[56] R 99 Abs. 1 ErbStR; FinMin Baden-Würtemberg Erl. v. 23.8.1999 – 3 – S 3730/8 – ZEV 1999, 394.
[57] R 99 Abs. 1 S. 5 ErbStR; vgl. a. gleichlautende Ländererlasse v. 13.2.2001 – BStBl. I 2001, 162.
[58] R 99 Abs. 2 ErbStR.

Durchschnittsertrag = [(€ 50.000 × 1) + (€ 85.000 × 2) + (€ 45.000 × 3)]/6
= [€ 50.000 + € 170.000 + € 135.000]/6
= € 355.000/6
= € 59.166
Ertragshundertsatz = € 59.166/€ 25.000 × 100 = 236,66%

30 Schließlich erfolgt die **Berechnung des gemeinen Werts** dadurch, dass der Vermögenswert korrigiert wird um den Unterschiedsbetrag, der sich durch Gegenüberstellung der Normalverzinsung und des Ertragshundertsatzes berechnet auf einen Zeitraum von fünf Jahren ergibt.[59] Insgesamt ergibt sich folgende Formel:
gemeiner Wert = 0,68 × (Vermögenswert + 5 × Ertragshundertsatz)

Beispiel:
Der gemeine Wert der o. g. GmbH beträgt
0,68 × [400 + (5 × 236,66)] = 1076% bzw.
0,68 × [-200 + (5 × 236,66)] = 668%.
Bezogen auf das Stammkapital von € 25.000 beträgt der gemeine Wert der GmbH somit € 269.000 bzw. € 167.000.

31 Für die Bewertung von Anteilen, bei denen bestimmte Faktoren wie z.B. fehlender Einfluss auf die Geschäftsführung, Neugründung oder Ausstattung mit ungleichen Rechten vorliegen, gelten Sonderregelungen.[60] Dabei ist allerdings zu beachten, dass die von der Finanzverwaltung entwickelten Grundsätze sich an althergebrachten Bewertungsmethoden orientieren, die bei jungen technologieorientierten Unternehmen versagen. Letztere werden vom Markt nach den Zukunftsaussichten ihrer Produkte beurteilt. Dieser schwer greifbare und oftmals spekulative Bewertungsfaktor wird, solange es nicht zu einer Veräußerung kommt, bei der erbschaftsteuerlichen Bewertung nicht börsennotierter Kapitalgesellschaften nicht erfasst und kann daher in der Gestaltung zur steuerneutralen Vermögensverschiebung genutzt werden. Bei der Bewertung einer **Komplementär-GmbH**, die außer einer Kostenerstattung nur noch ein Entgelt für die Übernahme des Haftungsrisikos erhält und ansonsten keine Geschäfte im eigenen Namen macht, ist ebenso wie bei einer **Liquidationsgesellschaft** grundsätzlich nur der Vermögenswert anzusetzen.

32 Im Wert des Anteils ist auch das **Gewinnbezugsrecht** enthalten. Die vor dem Erbanfall erwirtschafteten, aber noch nicht ausgeschütteten Gewinne gehen mit über, ohne das sich hierdurch der zum Bewertungsstichtag ermittelte Anteilswert betragsmäßig um den auf die Zeit bis zu diesem Stichtag entfallenden Gewinnanteil erhöht, wenn der Gewinnverwendungsbeschluss im Zeitpunkt der Steuerentstehung noch nicht gefasst war.[61] Ist der Gewinnverwendungsbeschluss allerdings vor dem Bewertungsstichtag gefasst worden, ist er gesondert als Kapitalforderung des Erben in der Vermögensaufstellung zu erfassen[62] und mit dem Nennwert bzw. Gegenwartswert anzusetzen (vgl. § 35 Rdnr. 33). Zu beachten ist, dass Schulden und Lasten, soweit sie Anteile an Kapitalgesellschaften betreffen, nur mit dem Betrag abzugsfähig sind, der dem Verhältnis des nach Anwendung des § 13 a ErbStG verbleibenden Werts dieses Vermögens zu dem Wert vor der Anwendung des § 13 a ErbStG entspricht, § 10 Abs. 6 S. 5 ErbStG (vgl. § 35 Rdnr. 99).

33 *(2) Kapitalforderungen und Schulden.* Die Bewertung von Kapitalforderungen und Schulden erfolgt grundsätzlich zum Nennwert, d.h. mit dem Betrag, den der Schuldner an den Gläubiger bei Fälligkeit zurückzuzahlen hat, § 12 Abs. 1 ErbStG i.V.m. § 12 Abs. 1 BewG. Abweichend hiervon ist ein höherer oder niedrigerer Wert, der sog. **Gegenwartswert** anzusetzen, wenn besondere Umstände, wie z.B. fehlende, niedrige oder besonders hohe Verzinsung vorliegen.[63] Eine nur unwesentliche Differenz zwischen marktüblichem Zins und niedrigerem ver-

---

[59] R 100 Abs. 1, 2 ErbStR.
[60] R 100 Abs. 3, 4 ErbStR.
[61] BFH Urt. v. 16.10.1991 – II R 84/87 – BFH/NV 1992, 250; R 38 Abs. 2 ErbStR; a.A. FG Hamburg EFG 1991, 544.
[62] R 38 Abs. 1 ErbStR.
[63] R 109 Abs. 1 ErbStR; vgl. a. gleichlautende Ländererlasse v. 7.12.2001 – BStBl. I 2001, 1041.

einbarten Zinssatz stellt keine freigebige Zuwendung i.S.d. § 7 Abs. 1 Nr. 1 ErbStG dar.[64] **Unverzinsliche Forderungen** oder Schulden von bestimmter Dauer und einer Laufzeit von mehr als einem Jahr sind mit einem Zinssatz von 5,5% oder dem nachweislich niedrigeren Kapitalmarktzins abzuzinsen. Sofern sie **in einem Betrag** zur Zahlung fällig sind, erfolgt ihre Bewertung taggenau mittels Tabelle 1 zu § 12 Abs. 3 BewG.[65] Dabei wird das Kalenderjahr mit 360 Tagen, jeder volle Monat mit 30 Tagen und der letzte Monat mit der Anzahl der Tage bis zur Fälligkeit, höchstens jedoch mit 30 Tagen gerechnet.

Beispiel:
Die Forderung/Schuld beträgt € 100.000, hat eine Laufzeit vom 1.1.01 bis 15.4.03 (2 Jahre, 3 Monate, 15 Tage) und ist in einem Betrag zu tilgen.
Abzinsungsfaktor für 3 Jahre   0,852
Abzinsungsfaktor für 2 Jahre   0,898
Differenz   − 0,046
davon 105/360   − 0,013
Interpoliert ergibt sich ein Abzinsungsfaktor von 0,898 − 0,013 = 0,885. Der Gegenwartswert am 1.1.01 beträgt somit 0,885 × € 100.000 = € 88.500.

Ist die unverzinsliche Forderung oder Schuld **in gleichen Raten** zu tilgen, wird unterstellt, dass die Raten Mitte des Jahres gezahlt werden, und unterjährig ist eine lineare Abzinsung zu berücksichtigen (sog. **mittelschüssige Zahlungsweise**). Um den Kapitalwert der Jahresraten zu erhalten, ist die Summe der Zahlungen eines Jahres (sog. **Jahreswert**) mit dem Vervielfältiger gem. der Tabelle 2 zu § 12 Abs. 1 BewG[66] zu multiplizieren.

Beispiel:
(Halbjährliche Tilgung)
Die Forderung/Schuld beträgt € 100.000, hat eine Laufzeit vom 15.4.01 bis 14.4.03 (2 Jahre) und ist in vier halbjährlichen Raten à € 25.000 zu tilgen.
Vervielfältiger für 2 Jahre gem. Tabelle 2   1,897
Jahreswert (2 × € 25.000 =)   € 50.000
Der Gegenwartswert am 15.4.01 beträgt somit 1,897 × € 50.000 = € 94.850.

Bei **hochverzinslichen Forderungen** oder Schulden von bestimmter Dauer mit einer unkündbaren Laufzeit von mindestens vier Jahren ist der Nennwert um den Kapitalwert der jährlichen Zinsdifferenz bezogen auf den Grenzzinssatz von 9% zu erhöhen. Bei **niedrigverzinslichen Forderungen** oder Schulden von bestimmter Dauer mit einer unkündbaren Laufzeit von mindestens vier Jahren ist der Nennwert um den Kapitalwert der jährlichen Zinsdifferenz bezogen auf den Grenzzinssatz von 3% zu vermindern. Bei der Berechnung des Kapitalwerts der jährlichen Zinsdifferenz ist ebenfalls von mittelschüssiger Zahlung auszugehen (vgl. § 35 Rdnr. 34). Bei einer hoch- oder niedrigverzinslichen Forderung/Schuld, die **in einem Betrag** zur Zahlung fällig wird, ist für die Berechnung des Kapitalwerts der Zinsdifferenz der Vervielfältiger gem. der Tabelle 2 zu § 12 Abs. 1 BewG[67] auf die jährliche Zinsdifferenz anzuwenden.

Beispiel:
(niedrige Verzinsung)
Die Forderung/Schuld beträgt € 100.000, hat einen Zinssatz von 1,25%, eine Laufzeit vom 1.1.01 bis 15.4.03 (2 Jahre, 3 Monate, 15 Tage) und ist in einem Betrag zu tilgen.
Jährliche Zinsdifferenz (3% − 1,25% =)   1,75%
bezogen auf den Nennwert (1,75% v. € 100.000 =) € 1.750
Vervielfältiger für 3 Jahre gem. Tabelle 2   2,772
Vervielfältiger für 2 Jahre gem. Tabelle 2   1,897
Differenz   0,875
davon 105/360   0,255
interpoliert (1,897 + 0,255 =)   2,152
Kapitalwert (2,152 × € 1.750 =)   € 3.766
Der Gegenwartswert am 1.1.01 beträgt somit € 100.000 − € 3.766 = € 96.234.

---

[64] FinMin Baden-Württemberg v. 20.1.2000 − S 3104/6 − DStR 2000, 204.
[65] Vgl. Anhang, Tabelle 1 (Gleichlautende Ländererlasse v. 7.12.2001 − BStBl. I 2001, 1041).
[66] Vgl. Anhang, Tabelle 2 (Gleichlautende Ländererlasse v. 7.12.2001 − BStBl. I 2001, 1041).
[67] Vgl. Anhang, Tabelle 2 (Gleichlautende Ländererlasse v. 7.12.2001 − BStBl. I 2001, 1041).

Beispiel:
(hohe Verzinsung)
Die Forderung/Schuld beträgt € 100.000, hat einen Zinssatz von 13%, eine Laufzeit vom 1.1.01 bis 15.4.03 (2 Jahre, 3 Monate, 15 Tage) und ist in einem Betrag zu tilgen.

Jährliche Zinsdifferenz (13% – 9% =)	4%
bezogen auf den Nennwert (4% v. € 100.000 =)	€ 4.000
Vervielfältiger für 3 Jahre gem. Tabelle 2	2,772
Vervielfältiger für 2 Jahre gem. Tabelle 2	1,897
Differenz	0,875
davon 105/360	0,255
interpoliert (1,897 + 0,255 =)	2,152
Kapitalwert (2,152 × € 4.000 =)	€ 8.608

Der Gegenwartswert am 1.1.01 beträgt somit € 100.000 + € 8.608 = € 108.608.

36 Werden die hoch- oder niedrigverzinslichen Forderungen oder Schulden **in gleichen Raten** getilgt, sind für die Berechnung des Kapitalwerts der Zinsdifferenz die Vervielfältiger der Tabelle 3 zu § 12 Abs. 1 BewG[68] auf die Zinsdifferenz anzuwenden, die sich für ein Jahr nach dem Kapitalstand des Bewertungsstichtags ergibt.

Beispiel:
(niedrige Verzinsung)
Die Forderung/Schuld beträgt € 100.000, hat einen Zinssatz von 1,25%, eine Laufzeit vom 1.1.01 bis 31.3.03 (2 Jahre, 3 Monate) und ist in 27 gleichen Monatsraten zu tilgen.

Jährliche Zinsdifferenz (3% – 1,25%=)	1,75%
bezogen auf den Nennwert (1,75% v. € 100.000 =)	€ 1.750
Vervielfältiger für 3 Jahre gem. Tabelle 3	1,394
Vervielfältiger für 2 Jahre gem. Tabelle 3	0,949
Differenz	0,445
davon 90/360 bzw. 3/12	0,111
interpoliert (0,949 + 0,111 =)	1,06
Kapitalwert (1,06 × € 1.750 =)	€ 8.855

Der Gegenwartswert am 1.1.01 beträgt somit € 100.000 – € 1.855 = € 98.145.**Beispiel:**
(hohe Verzinsung)
Die Forderung/Schuld beträgt € 100.000, hat einen Zinssatz von 13%, eine Laufzeit vom 1.1.01 bis 31.3.03 (2 Jahre, 3 Monate) und ist in 27 gleichen Monatsraten zu tilgen.

Jährliche Zinsdifferenz (13% – 9% =)	4%
bezogen auf den Nennwert (4% v. € 100.000 =)	€ 4.000
Vervielfältiger für 3 Jahre gem. Tabelle 3	1,394
Vervielfältiger für 2 Jahre gem. Tabelle 3	0,949
Differenz	0,445
davon 90/360 bzw. 3/12	0,111
interpoliert (0,949 + 0,111 =)	1,06
Kapitalwert (1,06 × € 4.000 =)	€ 4.240

Der Gegenwartswert am 1.1.01 beträgt somit € 100.000 + € 4.240 = € 104.240.

37 Bei **Annuitätentilgung** ist zur Berechnung des Kapitalwerts der Zinsdifferenz, um den der Nennwert der Forderung/Schuld zu korrigieren ist, der Jahreswert der Annuität mit den Vervielfältigern der Tabelle 4 zu § 12 Abs. 1 BewG[69] bei niedriger Verzinsung und mit den Vervielfältigern der Tabelle 5 zu § 12 Abs. 1 BewG[70] bei hoher Verzinsung zu multiplizieren.

Beispiel:
(hohe Verzinsung)
Die Restforderung/Restschuld beträgt € 200.000, hat einen Zinssatz von 12%, eine vierteljährliche Annuitätenrate von € 7000 und eine Tilgungsdauer von 14,7 Jahren.[71]

Vervielfältiger für 15 Jahre gem. Tabelle 5	1,564
Vervielfältiger für 14 Jahre gem. Tabelle 5	1,425
Differenz	0,139

---

[68] Vgl. Anhang, Tabelle 3 (Gleichlautende Ländererlasse v. 7.12.2001 – BStBl. I 2001, 1041).
[69] Vgl. Anhang, Tabelle 4 (Gleichlautende Ländererlasse v. 7.12.2001 – BStBl. I 2001, 1041).
[70] Vgl. Anhang, Tabelle 5 (Gleichlautende Ländererlasse v. 7.12.2001 – BStBl. I 2001, 1041).
[71] Zur Berechnung der Tilgungsdauer vgl. gleichlautende Ländererlasse v. 7.12.2001 – BStBl. I 2001,1041.

davon das 0,7fache	0,097
interpoliert (1,425 + 0,097 =)	1,522
Jahreswert der Annuität (4 × € 7.000)	€ 28.000
Kapitalwert (1,522 × € 28.000 =)	€ 42.616

Der Gegenwartswert zum Bewertungszeitpunkt beträgt somit € 200.000 + € 42.616 = € 242.616.

Sachleistungsansprüche und -verpflichtungen sind nicht mit dem Steuerwert des Gegenstandes zu bewerten, auf den sie gerichtet sind, sondern mit dem gemeinen Wert und zwar auch dann, wenn der Erwerber seiner Zahlungsverpflichtung bereits nachgekommen ist.[72] Darauf, ob der Sachleistungsanspruchinhaber bereits wirtschaftlicher Eigentümer des Gegenstands geworden ist, kommt es nicht an, da für das Erbschaftsteuerrecht lediglich die zivilrechtliche Rechtslage entscheidend ist.[73] Bedeutung erlangt die Bewertung mit dem gemeinen Wert vor allem bei Sachleistungsansprüchen, die auf an sich begünstigt zu bewertende Gegenstände gerichtet sind (Grundstücke, land- und forstwirtschaftliches Vermögen, Betriebsvermögen und Beteiligungen an Kapitalgesellschaften). Ferner entfallen die Begünstigungen nach den §§ 13 a und 19 a ErbStG (vgl. § 35 Rdnr. 120), da der Sachleistungsanspruch nicht in den Katalog des begünstigten Vermögens aufgenommen wird. Das ihm begünstigtes Vermögen zugrunde liegt, spielt erbschaftsteuerlich keine Rolle. Betroffen sind vor allem **Treuhandverhältnisse**.[74] Insbesondere Publikumsfonds wurden in der Vergangenheit häufig über Treuhänder gehalten. Gegenstand der erbschaftsteuerlich relevanten Zuwendung ist der Herausgabeanspruch des Treugebers nach § 667 BGB gegen den Treuhänder auf Rückübereignung des Treuguts. Da es ausschließlich auf die Zivilrechtslage ankommt, ist unerheblich, wem nach wirtschaftlicher Betrachtungsweise das Treugut nach § 39 Abs. 2 AO zuzurechnen ist. Für vor dem 1.7.2005 begründete Treuhandverhältnisse galt im Hinblick auf die geänderte Verwaltungsauffassung bis zum 30.6.2006 eine Schonfrist. Bis dahin wurde auf das dem Treuhandverhältnis zugrunde liegenden Vermögen abgestellt. Erwerbe bei denen das Treuhandverhältnis nach dem 1.7.2005 begründet wurde und für Erwerbe, die nach dem Stichtag 30.6.2006 erfolgen, sind ausnahmslos als Sachleistungsansprüche mit den entsprechenden negativen steuerlichen Folgen zu klassifizieren.[75]

Darüber hinaus kann die Einordnung von Treuhandverhältnissen im internationalen Erbschaftsteuerrecht zu Qualifikationskonflikten führen. So besteuert z.B. Österreich die Beteiligung an einer Immobilien-KG im Erbschaftsfall, da ihm gemäß Art. 3 des Doppelbesteuerungsabkommens für Erbschaftsteuer (DBA-E) zwischen Deutschland und Österreich beim Übergang von Grundvermögen im Erbfall das alleinige Besteuerungsrecht zusteht. Nach der neuen Verwaltungsauffassung zu Treuhandverhältnissen würde eine treuhänderisch gehaltene Beteiligung an einer Immobilien-KG in Deutschland jedoch als Sachleistungsanspruch unter das sonstige Vermögen fallen, für das das Besteuerungsrecht in Deutschland liegt, Art. 5 DBA-E.

(3) Renten-, Leistungs- und Nutzungsrechte. Renten-, Leistungs- und Nutzungsrechte werden mit dem Kapitalwert bewertet, es sei denn, der gemeine Wert, § 9 BewG, ist nachweislich geringer oder höher. Der **Kapitalwert** entspricht dem Betrag, der heute zum Zinssatz von 5,5% angelegt werden müsste, um unter Berücksichtigung von Zinsen und Zinseszinsen einer laufenden Rentenzahlungsverpflichtung nachkommen zu können. Er wird ermittelt, indem man den **Jahreswert** der Nutzung oder Leistung mit einem bestimmten Vervielfältiger multipliziert. Der Jahreswert ist der Wert einer Nutzung oder Leistung während eines Jahres. Bei einer monatlich zu zahlenden Rente ist der Jahreswert unschwer zu ermitteln. Schwieriger ist es dagegen, den Jahreswert von Nutzungen und Leistungen zu bewerten, die nicht in Geld bestehen, wie z.B. bei freier Kost und Logis. Hier ist der übliche Mittelpreis des Verbrauchsorts anzusetzen, § 15 Abs. 2 BewG. Bei Nutzungen und Leistungen, die in ihrem Betrag noch ungewiss sind oder

---

[72] BFH Urt. v. 15.10.1997 – II R 68/95 – BStBl. II 1997, 820; R 92 ErbStR.
[73] BFH Urt. v. 21.5.2001 – II R 10/99 – BFH/NV 2001, 1404.
[74] BFH Urt. v. 26.1.2001 – II R 39/98 – BFH/ NV 2001, 908; Fin Min Baden-Württemberg (koordinierter Ländererlass) v. 27.6.2005 – 3 – S 3806/51, DB 2005, 1493.
[75] Fin Min Baden-Württemberg (koordinierter Ländererlass) v. 27.6.2005 – 3 – S 3806/51, DB 2005, 1493; zur Diskussion vgl. *Daragan* DB 2005, 2214; *Wachter* DStR 2005, 1844; *Lüdicke/Kaiser* DStR 2005, 1926; *Hannes* ZEV 2005, 464; *Rödl/Seifried* BB 2006, 20.

schwanken, ist der Jahreswert der Betrag, der in Zukunft im Durchschnitt der Jahre voraussichtlich erzielt werden wird, § 15 Abs. 3 BewG. Nicht hierunter fällt eine **Wertsicherung**. Diese bleibt zunächst unbeachtlich. Sie findet erst Berücksichtigung, wenn das ihr zugrunde liegende Ereignis tatsächlich eingetreten ist.[76]

40 Der Jahreswert dient bei Nutzungen (**Nießbrauch**) gleichzeitig als Korrektiv. Hier darf er höchstens den Wert betragen, der sich ergibt, wenn der für das genutzte Wirtschaftsgut bzw. die genutzte wirtschaftliche Einheit nach den Vorschriften des Bewertungsgesetzes anzusetzende Steuerwert durch 18,6 geteilt wird, § 16 BewG. Hierdurch soll erreicht werden, dass der Kapitalwert des Nießbrauchs höchstens den Wert erreicht, den das genutzte Gut selbst hat. Diese Begrenzung des Jahreswerts auf den 18,6ten Teil des Steuerwerts wirkt sich für den Anspruchsberechtigten vorteilhaft aus, weil sich der von ihm zu versteuernde Kapitalwert niedriger gestaltet als ohne diese Begrenzung. Korrespondierend hierzu findet beim Nießbrauchsbelasteten auch nur der entsprechende niedrigere Kapitalwert Berücksichtigung (z.B. beim Abzug als Nachlassverbindlichkeit, vgl. § 35 Rdnr. 88).

41 Bei Zeitrenten und sonstigen **wiederkehrenden Nutzungen und Leistungen von bestimmter Dauer** ist der Jahreswert mit dem Vervielfältiger gem. der Anlage 9 a zum BewG[77] zu multiplizieren, § 13 Abs. 1 BewG.

Beispiel:
Eine monatliche Rente in Höhe von € 1.000 ist vom 1.1.2001 bis 30.9.2009 (9 Jahre, 9 Monate) zu zahlen.
Vervielfältiger für 10 Jahre (Tabelle 7)   7,745
Vervielfältiger für 9 Jahre (Tabelle 7)   7,143
Differenz   0,602
davon 270/360 bzw. 9/12   0,452
interpoliert (7,143 + 0,452 =)   7,595
Jahreswert (12 × € 1.000 =)   € 12.000
Der Kapitalwert zum 1.1.01 beträgt somit 7,595 × € 12.000 = € 91.140.

42 Bei **immer währenden Nutzungen und Leistungen** ist der Jahreswert mit dem Vervielfältiger 18,6 zu multiplizieren, § 13 Abs. 2 Hs. 1 BewG. Als immerwährend gelten Nutzungen und Leistungen, wenn ihr Ende von Ereignissen abhängt, von denen ungewiss ist, ob und wann sie in absehbarer Zeit eintreten.[78] Bei **Nutzungen und Leistungen von unbestimmter Dauer** ist der Jahreswert mit dem Vervielfältiger 9,3 zu multiplizieren, § 13 Abs. 2 Hs. 2 BewG. Bei Leibrenten und sonstigen **lebenslänglichen Nutzungen und Leistungen** ist der Jahreswert mit dem Vervielfältiger gem. der Anlage 9 zum BewG[79] zu multiplizieren, § 14 BewG. Dies gilt auch für eine Rente, die einer verwitweten Person zwar auf Lebenszeit, längstens jedoch bis zu ihrer Wiederverheiratung zusteht. Ebenfalls hierunter fällt eine Rente, die von unbestimmter Dauer, gleichzeitig aber auch von der Lebenszeit einer Person abhängt.

Beispiel:
Ein 61 jähriger Vater erhält von seiner Tochter beginnend mit dem 1.1.01 eine lebenslänglich zu zahlende Rente in Höhe von monatlich € 500.
Vervielfältiger (Tabelle 8)   10,171
Jahreswert (12 × € 500 =)   € 6.000
Der Kapitalwert zum 1.1.01 beträgt somit 10,171 × € 6.000 = € 61.026.

43 Bei **abgekürzten Leibrenten** (sog. Höchstzeitrenten) ist neben einer zeitlichen Begrenzung eine zusätzliche Begrenzung durch das Leben einer oder mehrerer Personen vorgesehen. Dementsprechend ist der Kapitalwert der wiederkehrenden Nutzungen und Leistungen auf Zeit (vgl. § 35 Rdnr. 41) begrenzt durch den Kapitalwert lebenslänglicher Nutzungen und Leistungen (vgl. § 35 Rdnr. 42). Bei **verlängerten Leibrenten**, d.h. bei einer auf die Lebenszeit des Berechtigten abgeschlossenen Rente mit garantierter Mindestlaufzeit, bei der die Rentenleistungen nicht durch den Tod des Berechtigten vorzeitig enden, ist der höhere Vervielfältiger

---

[76] Troll/Gebel/Jülicher/*Troll* § 12 Rdnr. 79.
[77] Vgl. Anhang, Tabelle 7 (Gleichlautende Ländererlasse v. 7.12.2001 – BStBl. I 2001,1041).
[78] BFH Urt. v. 11.12.1970 – III R 1/69 – BStBl. II 1971, 386.
[79] Vgl. Anhang, Tabelle 8 (Gleichlautende Ländererlasse v. 7.12.2001 – BStBl. I 2001,1041).

anzuwenden, der sich bei einem Vergleich der Vervielfältiger für eine reine Zeitrente (Tabelle 7) und für eine reine lebenslängliche Rente (Tabelle 8) ergibt.

Soweit wiederkehrende Leistungen oder Nutzungen zugunsten des Schenkers bzw. dessen **44** Ehegatten oder im Erbfall zugunsten des überlebenden Ehegatten bestimmt worden sind, ist bei der Bewertung zu beachten, dass diese Belastungen aufgrund des Abzugsverbots gem. § 25 Abs. 1 S. 1 ErbStG nicht berücksichtigt werden dürfen (vgl. § 35 Rdnr. 169).

(4) Grundstücke und Erbbaurechte. Wirtschaftliche Einheit des Grundvermögens und damit **45** Bewertungsgegenstand ist das **Grundstück,** § 70 Abs. 1 BewG. Als selbständig zu bewertendes Grundstück gilt auch ein Gebäude, das auf fremdem Grund und Boden errichtet ist, § 70 Abs. 3 BewG. Ein Anteil des Eigentümers eines Grundstücks an anderem Grundvermögen (z.B. an gemeinschaftlichen Garagen) ist in das Grundstück einzubeziehen, wenn der Anteil zusammen mit dem Grundstück genutzt wird, § 138 Abs. 3 S. 2 i.V.m. § 70 Abs. 2 S. 1 BewG. Zum **Grundvermögen** gehören der Grund und Boden, die Gebäude, die sonstigen Bestandteile und das Zubehör, das Erbbaurecht, das Wohnungseigentum, Teileigentum und verwandte Rechte nach dem WEG, soweit es sich nicht um land- und forstwirtschaftliches Vermögen (§ 33 BewG, vgl. § 35 Rdnr. 68 ff.) oder Betriebsgrundstücke (§ 99 BewG, vgl. § 35 Rdnr. 63) handelt. **Außenanlagen** (z.B. Mauern, Umzäunungen, Wegbefestigungen) sind mit dem Boden- bzw. Gebäudewert mit abgegolten.

Der Wert eines **unbebauten Grundstücks** bestimmt sich nach der Fläche und dem um 20% **46** ermäßigten Bodenrichtwert,[80] § 145 Abs. 3 S. 1 BewG, der von den Gutachterausschüssen der Gemeinden oder Kreise aus der von ihnen zu führenden Kaufpreissammlung abgeleitet wird, § 193 Abs. 3 i.V.m. § 196 Abs. 1 BauGB. Die Bodenrichtwerte sind Interessenten auf Anfrage mitzuteilen. In der Bodenrichtwertkarte sind daneben auch die für seine Ermittlung wertbestimmenden Merkmale (z.B. Größe, zulässige Bebaubarkeit, Erschließungszustand) angegeben. Hiervon abweichende Verhältnisse (z.B. abweichende Bebaubarkeit hinsichtlich der Geschosszahl[81]) können zu Wertabweichungen nach oben oder unten führen. Der so ermittelte Bodenrichtwert für das zu bewertende Grundstück ist um 20% zu ermäßigen. Weitere wertbeeinflussende Merkmale, wie z.B. Ecklage, Zuschnitt, Oberflächenbeschaffenheit, Beschaffenheit des Baugrundes, Außenanlagen, Lärm-, Staub- oder Geruchsbelästigungen, Altlasten sowie Grunddienstbarkeiten bleiben außer Ansatz oder sind mit dem Abschlag abgegolten. Dasselbe gilt auch für Sondernutzungsrechte und Wertminderungen durch Nutzungseinschränkungen an einem zum Gemeinschaftseigentum gehörenden Grundstück bei der Bewertung eines Miteigentumsanteils.[82] Ein zusätzlicher Abschlag ist jedoch bei übergroßen Grundstücken[83] und Beeinträchtigungen durch eine Erhaltungssatzung geboten.[84] Unbenommen bleibt der Nachweis des niedrigeren gemeinen Werts, § 145 Abs. 3 S. 3 BewG, durch Vorlage eines Gutachtens. Auch ein Kaufpreis, der für das Grundstück bis zu einem Jahr vor oder nach dem Besteuerungszeitpunkt gezahlt wurde, kann einen niedrigeren Verkehrswert belegen.[85]

Ein Grundstück ist als **bebautes Grundstück** zu bewerten, wenn sich darauf benutzbare **47** Gebäude befinden. Grundstücke mit vorhandenen Gebäuden, die dem Verfall preisgegeben sind bzw. in denen kein benutzbarer Raum mehr vorhanden ist, gelten als unbebaute Grundstücke (vgl. § 35 Rdnr. 46). Benutzbar ist ein Gebäude, wenn es bezugsfertig ist. Geringfügige Restarbeiten (z.B. Malerarbeiten) oder die fehlende Abnahme durch die Bauaufsichtsbehörde schließen die Bezugsfertigkeit nicht aus.

Die Bewertung **bebauter Grundstücke mit Mieterträgen** erfolgt in einem Ertragswertverfah- **48** ren, § 146 BewG, sofern sich die übliche Miete ermitteln lässt, § 147 BewG. Der auf den Grund und Boden entfallende Ertragsanteil wird nicht wie bei dem bei der Verkehrswertermittlung ge-

---

[80] Für den Bodenrichtwert sind die Wertverhältnisse zum 1.1.1996 maßgebend. Eine Aktualisierung soll zum 31.12.2006 erfolgen, § 138 Abs. 4 BewG. Das Einfrieren der Bodenrichtwerte für 11 Jahre soll verfassungsgemäß sein; vgl. FG München Urt. v. 28.7.2004 – 4 K 3891/02 – EFG 2005, 171; Rev. II B 123/04.
[81] R 161 Abs. 2 ErbStR.
[82] FG Nürnberg Urt. v. 8.12.1998 – IV 295/98 – zit. nach *Eisele* ZEV 1999, 369.
[83] Nds. FG Urt. v. 19.3.2002 – 1 K 491/99 – EFG 2002, 1572; Rev. II R 21/02.
[84] FG München Urt. v. 29.11.2002 – 4 V 3829/02 – EFG 2003, 512.
[85] R 163 Abs. 2 ErbStR.

bräuchlichen Ertragswertverfahren[86] getrennt ermittelt, sondern ist vom Ertragsvervielfältiger bereits mit umfasst. Der Wert des Grund- und Bodens insgesamt, d.h. nicht nur sein Ertragsanteil, begrenzt allerdings den Ertragswert nach unten als Mindestwert (vgl. § 35 Rdnr. 52). Ausgangspunkt ist die **Jahresnettokaltmiete**, d.h. das Gesamtentgelt, dass die Mieter oder Pächter für die Nutzung des bebauten Grundstücks aufgrund **vertraglicher Vereinbarung** für den Zeitraum von 12 Monaten zu zahlen haben, § 146 Abs. 2 S. 2 BewG. Hierzu zählen auch Entgelte für die Benutzung von Garagen, Stellplätzen, Gärten und Schuppen. Mietausfälle beeinflussen die Bewertung nicht. Etwaige Mietpreisbindungen (z.B. § 8 WoBindG oder § 11 MHG), die die Miete auf einem geringeren Niveau halten, werden nicht korrigiert.[87] Die umlagefähigen Betriebskosten[88] bleiben insgesamt außer Ansatz, § 146 Abs. 2 S. 3 BewG, ebenso die Umsatzsteuer, wenn das Gebäude umsatzsteuerpflichtig vermietet ist. Die übrigen Bewirtschaftungskosten, wie z.B. die Abschreibung, die Verwaltungs- und Instandhaltungskosten sowie das Mietausfallwagnis[89] mindern die Jahresnettokaltmiete nicht.[90] Um eine Glättung etwaiger Spitzen zu erreichen, ist für die Bewertung die **durchschnittliche Jahresnettokaltmiete** der letzten drei Jahre vor dem Besteuerungszeitpunkt zugrunde zu legen. Für die Fristberechnung gelten die §§ 186 ff. BGB. Nur wenn das Grundstück im Besteuerungszeitpunkt noch keine drei Jahre vermietet war, ist die maßgebliche Jahresnettokaltmiete aus dem kürzeren Zeitraum zu ermitteln, § 146 Abs. 2 S. 4 BewG.

49 Kann nicht auf tatsächliche Mieterträge zurückgegriffen werden, weil z.B. Eigennutzung, vorübergehende Nichtnutzung oder Vermietung zu unüblichen Bedingungen vorliegen, ist die **übliche Miete** zugrunde zu legen, die von fremden Mietern für nach Art, Lage, Größe, Ausstattung und Alter vergleichbare, nicht preisgebundene Grundstücke für ein Jahr gezahlt wird, § 146 Abs. 3 BewG. Soweit bei der Ermittlung der üblichen Miete die Wohnfläche von Bedeutung ist, erfolgt die Berechnung nach den Grundsätzen der §§ 42 bis 44 der II. Berechnungsverordnung.[91] Konflikte mit der Finanzverwaltung sind hier vorprogrammiert, denn die Ermittlung der üblichen Miete ist die einzige „Stellschraube" mit unmittelbarem Einfluss auf die Werthöhe.[92] In erster Linie ist auf Vergleichsmieten aus der unmittelbaren Umgebung des zu bewertenden Grundstücks zurückzugreifen.[93] Diese können dem Finanzamt z.B. aus ertragsteuerlichen Unterlagen bekannt sein. Allerdings muss das Finanzamt das Steuergeheimnis nach § 30 AO beachten. Wo gemeindliche Mietenspiegel auf der Grundlage real ermittelter Mieten vorliegen, kann auf sie zurückgegriffen werden.[94] In Ausnahmefällen kann der Steuerpflichtige die übliche Miete auch durch ein Mietgutachten nachweisen.[95] Auch hier ist wiederum die übliche Jahresnettokaltmiete der letzten drei Jahre zu ermitteln und in eine Durchschnittsmiete umzurechnen. Bei der Ableitung der Miete aus einem Mietenspiegel ist auf dessen Gültigkeit zu achten.

50 Die so ermittelte durchschnittliche Jahresnettokaltmiete ist sodann mit dem **Ertragswertvervielfältiger 12,5** zu multiplizieren. Da die Ertragsfähigkeit eines bebauten Grundstücks im Wesentlichen vom Alter des Gebäudes bestimmt wird, ist das Ergebnis, der sog. **Ausgangswert**, um eine **Alterswertminderung** von 0,5% des Ausgangswerts pro Jahr, maximal jedoch 25%, zu kürzen. Die Alterswertminderung gilt für jedes Jahr, das seit Bezugsfertigkeit des Gebäudes bis zum Besteuerungszeitpunkt vollendet ist. Aus Vereinfachungsgründen wird grundsätzlich davon ausgegangen, dass die Bezugsfertigkeit bereits am 01.01. des Jahres der Bezugsfertigkeit vorlag,[96] was zugunsten des Steuerpflichtigen ein geringfügig höheres Gebäudealter ergeben kann.

---

[86] Vgl. §§ 15 ff. WertV.
[87] R 167 S. 5 ErbStR.
[88] Vgl. Anlage 3 zu § 27 Abs. 1 II. Berechnungsverordnung.
[89] Vgl. § 24 Abs. 1 II. Berechnungsverordnung.
[90] R 168 Abs. 2 ErbStR.
[91] R 173 Abs. 1 ErbStR; H 173 ErbStR.
[92] *Weinmann* ZEV 1997, 41, 46.
[93] R 172 Abs. 2 ErbStR.
[94] R 172 Abs. 3 ErbStR; wegen der Anforderungen an den Mietenspiegel vgl. *Schlepp* DStZ 1996, 653.
[95] R 172 Abs. 4 ErbStR.
[96] R 174 Abs. 1 S. 2 ErbStR.

Beispiel:

Ein Mietwohngrundstück ist seit dem 12.12.1987 bezugsfertig. Im Bewertungszeitpunkt 1.1.2001 ergibt sich ein Gebäudealter von (2001–1987 =) 14 Jahren. Die Alterswertminderung beträgt somit 14 × 0,5 = 7%.

Die Alterswertminderung ist auf 25% begrenzt. Ist das Gebäude älter als 50 Jahre bleibt das über dieser Grenze liegende Alter unberücksichtigt. Sind nach Bezugsfertigkeit des Gebäudes bauliche Maßnahmen erfolgt, die die **gewöhnliche Nutzungsdauer** um mindestens 25 Jahre **verlängert** haben, ist bei der Wertminderung wegen Alters von einer der Verlängerung der gewöhnlichen Nutzungsdauer entsprechenden späteren Bezugsfertigkeit auszugehen, § 146 Abs. 4 S. 2 BewG. Durch die Baumaßnahme müssen verbrauchte Teile ersetzt oder neue Bauteile in das Gebäude eingefügt worden sein, die für die Nutzungsdauer des Gebäudes bestimmend sind (z.B. Fundamente, tragende Wände, Geschossdecken oder Dachaufbau).[97]

Beispiel:

Ein Gebäude ist 1940 gebaut worden und wurde 1998 umfassend renoviert. Dabei wurden auch die tragenden Teile erneuert. Die gewöhnliche Nutzungsdauer verbesserte sich daraufhin um 25 Jahre. Als neues Jahr der Bezugsfertigkeit gilt somit (1950 + 25 Jahre =) 1975. Im Bewertungszeitpunkt 1.1.2001 ergibt sich ein Gebäudealter von (2001–1975 =) 26 Jahren. Die Alterswertminderung beträgt somit 26 × 0,5 = 13%.

Hat sich die **gewöhnliche Nutzungsdauer vermindert**, weil z.B. nicht behebbare oder nur mit unverhältnismäßig hohen Kosten zu beseitigende Bauschäden vorliegen, führt dies nicht zu einer höheren Kürzung wegen Alterswertminderung. Eine Berücksichtigung kann in diesem Fall nur durch den Nachweis eines niedrigeren Verkehrswerts des Grundstücks (vgl. § 35 Rdnr. 53) erfolgen.

Der um die Alterswertminderung **gekürzte Ausgangswert** ist als Grundstückswert zugrunde zu legen, wenn es sich um ein Gebäude mit mehr als zwei Wohnungen handelt, der Bodenwert nicht höher ist (vgl. § 35 Rdnr. 52) und der Verkehrswert nicht niedriger ist (vgl. § 35 Rdnr. 53). Bei **Grundstücken mit nicht mehr als zwei Wohnungen** ist der gekürzte Ausgangswert um 20% zu erhöhen, wenn das Grundstück ausschließlich Wohnzwecken dient, § 146 Abs. 5 BewG. Erfasst werden hier in erster Linie Ein- und Zweifamilienhäuser. Aber auch bei Eigentumswohnungen, die als eigenständiges Grundstück im bewertungsrechtlichen Sinne behandelt werden, müsste nach dem Gesetzeswortlaut der 20%ige Zuschlag vorgenommen werden, § 146 Abs. 8 i.V.m. Abs. 5 BewG. Entgegen den Gesetzeswortlaut nimmt die Finanzverwaltung die gewöhnlichen Eigentumswohnungen in einer größeren Wohnanlage allerdings von dieser Regelung zu Recht aus.[98] Lediglich bei Eigentumswohnungen, die baulich einem Ein- oder Zweifamilienhaus angenähert sind, kommt der Zuschlag in Betracht.[99] Er ist darüber hinaus nur vorzunehmen, wenn das Grundstück **ausschließlich Wohnzwecken** dient. Erfolgt in einem abgegrenzten Teil eines Grundstücks (z.B. Raum oder Garage) eine Nutzung zu eigenen oder fremden gewerblichen, freiberuflichen oder öffentlichen Zwecken, entfällt der Zuschlag. Auf das Verhältnis der zu Wohnzwecken genutzten Räumlichkeiten zu den anderen Zwecken dienenden Räumen kommt es nicht an. Bei Räumlichkeiten, die gemischt genutzt werden, z.B. gleichzeitig Wohn- und gewerblichen Zwecken dienen, ist für ihre Zuordnung zu prüfen, welcher Zweck überwiegt. Das häusliche Arbeitszimmer wird von der Finanzverwaltung der Nutzung zu Wohnzwecken zugerechnet.[100]

Der gekürzte Ausgangswert, mit oder ohne Zuschlag, kann insbesondere bei besonders großen Grundstücksflächen und bei besonders hohen Bodenrichtwerten (z.B. in begehrten Innenstadtlagen in Ballungszentren) zu ungerechtfertigten Ergebnissen führen. In diesen Fällen kann der im Ertragswertverfahren ermittelte Grundstückswert hinter dem Wert des Grund- und Bodens zurückbleiben. Um derart sachwidrige Ergebnisse zu verhindern, ist als **Mindest-**

---

[97] R 174 Abs. 2 S. 3 ErbStR.
[98] R 175 Abs. 1 S. 3 und 4 ErbStR.
[99] R 175 Abs. 1 S. 3 ErbStR.
[100] R 175 Abs. 3 S. 4 ErbStR; H 175 ErbStR unter Hinweis auf BFH Urt. v. 9.11.1988 – II R 61/87 – BStBl. II 1989, 135 und mit einem Nichtanwendungserlass für die Grundstücksbewertung zu BFH Urt. v. 30.6.1995 – VI R 39/94 – BStBl. II 1995, 598.

wert der Wert anzusetzen, der für ein vergleichbares unbebautes Grundstück anzusetzen wäre, d.h. 80% des Bodenwerts (vgl. § 35 Rdnr. 46).

53 Die typisierende Wertermittlung kann in Einzelfällen dazu führen, dass sich für bebaute Grundstücke Werte ergeben, die über den **Verkehrswert** hinausgehen. Damit die vereinfachte Grundstücksbewertung für den Steuerpflichtigen nicht zu einer Überbesteuerung führt, belässt das Gesetz ihm den Nachweis eines geringeren Verkehrswerts (sog. Öffnungsklausel, § 146 Abs. 7 BewG). Als Nachweis ist regelmäßig ein Gutachten des örtlich zuständigen Gutachterausschusses oder eines öffentlich bestellten und vereidigten Sachverständigen für die Bewertung von Grundstücken erforderlich. Ist das zu bewertende Grundstück ein Jahr vor oder nach dem Besteuerungszeitpunkt verkauft worden, kann der erzielte Kaufpreis ohne Wertkorrekturen als Grundstückswert festgestellt werden.[101]

54 Der Grundstückswert ist auf volle fünfhundert Euro abzurunden, § 139 BewG.

Übersicht: Bewertung bebauter Grundstücke mit Mieterträgen

EUR

1. Jahresnettokaltmiete abzüglich Betriebskosten
   1. Jahr   ———
   2. Jahr   ———
   3. Jahr   ———
   Summe   ———
   geteilt durch 3 ergibt   ———
2. durchschnittliche Jahresnettokaltmiete   ———
   x Vervielfältiger 12,5 =
3. Ausgangswert
4. abzüglich Alterswertminderung
   0,5 v. H. × Gebäudealter in Jahre (__ ./.__)
   = __ v. H. × Ausgangswert
   jedoch höchstens 25 v. H. × Ausgangswert   ———
5. gekürzter Ausgangswert
6. Zuschlag bei Wohngebäuden mit einer oder zwei Wohnungen
   20 v. H. des gekürzten Ausgangswerts   ———
   Summe
7. oder
   Fläche × Bodenrichtwert ./. Abschläge
   __ qm × €/qm ____ = € _____
   ./. 20 v. H. =
   Mindestwert   ———
8. oder
   Verkehrswert   ———
9. Grundstückswert
   a) Wert nach Nummer 5 bzw.
   b) Wert nach Nummer 6 oder
   c) Wert nach Nummer 7 (wenn höher als 5 oder 6)
   d) Wert nach Nummer 8 (wenn niedriger als 5 oder 6 oder 7)
   anzusetzender Grundstückswert   ———
   abgerundet auf volle fünfhundert €   ———

55 Die Bewertung von **Sonderfällen bebauter Grundstücke** erfolgt ausnahmsweise im Sachwertverfahren. Betroffen sind Grundstücke mit Gebäuden, die zur Durchführung bestimmter Fertigungsverfahren, zu Spezialnutzungen oder zur Aufnahme bestimmter technischer Einrichtungen errichtet wurden und nicht oder nur mit unverhältnismäßigem Aufwand für andere (normale) Zwecke nutzbar gemacht werden können, § 147 Abs. 1 S. 2 BewG. Hierunter fallen z.B. Bootshäuser, Gewächshäuser, Laboratorien, Kliniken, Sanatorien, Tankstellen und Werk-

---

[101] R 177 Abs. 2 ErbStR.

stattgebäude.¹⁰² Bodenwert und Gebäudewert sind getrennt zu ermitteln. Zur Berechnung des **Werts des Grund und Bodens** ist die Grundstücksfläche mit dem um 30% ermäßigten Bodenrichtwert zu multiplizieren. Wie bei der Bewertung unbebauter Grundstücke sind auch hier abweichende Verhältnisse (z.b. Größe, zulässige Bebaubarkeit, Erschließungszustand) zu berücksichtigen (vgl. § 35 Rdnr. 46). Der Steuerpflichtige kann einen geringeren Verkehrswert nachweisen, § 147 Abs. 2 S. 1 i.V.m. § 145 Abs. 3 S. 3 BewG.

Der **Wert des Gebäudes** bestimmt sich nach den ertragsteuerlichen Bewertungsvorschriften, § 147 Abs. 2 S. 2 BewG. Bei **bilanzierenden Steuerpflichtigen,** bei denen das Grundstück zum ertragsteuerlichen Betriebsvermögen gehört, ist dies der Steuerbilanzwert im Bewertungszeitpunkt unter Berücksichtigung sämtlicher Abschreibungen, unabhängig von ihrer bilanztechnischen Behandlung, und sonstigen Minderungen, wie z.B. der Übertragung einer § 6 b-Rücklage. Aus Vereinfachungsgründen kann der Steuerbilanzwert aus dem letzten Bilanzansatz für das Gebäude vor dem Besteuerungszeitpunkt durch Kürzung um die anteiligen Abschreibungen bis zum Besteuerungszeitpunkt abgeleitet werden, sofern keine Veränderungen stattgefunden haben. Bei Steuerpflichtigen, die ihren Gewinn durch **Einnahme-Überschussrechnung** ermitteln, ist das zum Betriebsvermögen gehörende Gebäude mit dem Restbuchwert im Besteuerungszeitpunkt anzusetzen. Dieser berechnet sich aus den Anschaffungs- oder Herstellungskosten vermindert um zu verrechnende Zuschüsse und die Abschreibungen bis zum Besteuerungszeitpunkt. Gebäude, die sich im **Privatvermögen** befinden, werden ebenso bewertet. Der so ermittelte Grundstückswert ist auf volle fünfhundert Euro abzurunden, § 139 BewG. Der Nachweis eines niedrigeren **Verkehrswerts** ist **nicht möglich.**¹⁰³ 56

Ebenso wie im Zivilrecht (vgl. § 4 Rdnr. 5) ist das **Erbbaurecht** auch im Bewertungsrecht ein eigenständiges Grundstück. Erbbaurecht und belastetes Grundstück bilden je eine selbständige wirtschaftliche Einheit, §§ 68 Abs. 1 Nr. 2, 70 Abs. 1 BewG. Für die **Bewertung des belasteten Grundstücks** wird der Erbbauzins als Rendite des zu Bebauungszwecken überlassenen Grund und Bodens angesehen. Aus seinem Kapitalwert wird der Wert des belasteten Grundstücks abgeleitet. Er beträgt das 18,6-fache des nach den vertraglichen Bestimmungen im Besteuerungszeitpunkt zu zahlenden jährlichen Erbbauzinses, § 148 Abs. 1 S. BewG. Dieser Faktor gilt unabhängig von der tatsächlichen Restlaufzeit des Vertrages. Auch wenn im Extremfall die Dauer nur noch ein Jahr beträgt, ist der volle Ansatz des 18,6-fachen Jahreswerts vorzunehmen. Auch etwaige Rückbauverpflichtungen und Vereinbarungen über den Übergang des Eigentums des vom Erbbauberechtigten errichteten Gebäudes sollen die Höhe des Vervielfältigers nicht beeinflussen.¹⁰⁴ Der Nachweis eines niedrigeren **Verkehrswerts** ist gesetzlich nicht vorgesehen, wird jedoch von der Finanzverwaltung entsprechend §§ 146 Abs. 7, 145 Abs. 3 S. 3 BewG zugelassen.¹⁰⁵ Wird nach den vertraglichen Bestimmungen kein Erbbauzins gezahlt, z.B. im Falle eines Angehörigen, dürfte mangels einer § 146 Abs. 3 BewG entsprechenden Regelung der Wert des belasteten Grundstücks mit € 0 anzusetzen sein. Der so ermittelte Grundstückswert ist auf volle fünfhundert Euro abzurunden, § 139 BewG. 57

Bei der Ermittlung des **Werts des Erbbaurechts** ist von einem Gesamtwert auszugehen, der für Grund und Boden sowie etwaige aufstehende Gebäude zu ermitteln wäre, wenn die Belastung mit dem Erbbaurecht nicht bestünde. Ist das belastete Grundstück im Bewertungszeitpunkt unbebaut, ist der Gesamtwert nach § 145 Abs. 3 BewG zu ermitteln (vgl. § 35 Rdnr. 46), befindet sich darauf ein Gebäude im Zustand der Bebauung, erfolgt die Bewertung nach § 149 BewG, und ist das Grundstück bebaut, richtet sich der Gesamtwert nach den §§ 146, 147 BewG (vgl. § 35 Rdnr. 47 ff.). Von diesem Gesamtwert ist der Wert des belasteten Grundstücks vor Rundung, d.h. das 18,6-fache des nach den vertraglichen Bestimmungen im Besteuerungszeitpunkt zu zahlenden Erbbauzinses abzuziehen, § 148 Abs. 1 S. 2 BewG. Kommt es dabei zu einem negativen Grundstückswert für das Erbbaurecht, ist dieser zu übernehmen.¹⁰⁶ Der 58

---

¹⁰² R 178 Abs. 1 S. 3 und 4 ErbStR.
¹⁰³ R 179 Abs. 5 S. 3 ErbStR.
¹⁰⁴ R 182 Abs. 3 ErbStR.
¹⁰⁵ Vgl. entgegen R 182 Abs. 5 ErbStR die gleichlautenden Ländererlasse v. 1.12.2004 – BStBl. I 2004, 1194.
¹⁰⁶ R 183 Abs. 2 S. 2 ErbStR.

so ermittelte Grundstückswert ist auf volle tausend Deutsche Mark abzurunden, § 139 BewG. Der Nachweis eines niedrigeren Verkehrswerts des Erbbaurechts ist gesetzlich nicht vorgesehen, wird jedoch von der Finanzverwaltung entsprechend §§ 146 Abs. 7, 145 Abs. 3 S. 3 BewG zugelassen.[107] Darüber hinaus wäre ein niedrigerer Verkehrswert bei der Ermittlung des Gesamtwerts zu berücksichtigen, §§ 145 Abs. 3 S. 3, 146 Abs. 7 BewG. Eine bestehende Abbruchverpflichtung wäre ebenfalls bereits hier wertmindernd zu berücksichtigen.[108] Die **Verpflichtung zur Zahlung des Erbbauzinses** ist weder bei der Bewertung noch als gesondertes Recht beim übrigen Vermögen oder als Verbindlichkeit anzusetzen, § 148 Abs. 1 S. 3 BewG.

59 *(5) Betriebsvermögen.* Betriebsvermögen wird als ein einheitlicher Zuwendungsgegenstand angesehen. Es stellt ein Bündel aus Rechten und Pflichten dar, die so eng miteinander verwoben sind, dass nur eine saldierende Bewertung in Betracht kommt.[109] Für den Bestand und die Bewertung des **Betriebsvermögens** sowie für die des Vermögens, das einer freiberuflichen Tätigkeit dient (§ 96 Hs. 1 BewG), sind grundsätzlich die Verhältnisse im Steuerentstehungszeitpunkt maßgebend, §§ 11, 12 Abs. 5 S. 1 ErbStG. Dies bedeutet, dass auf den Bewertungsstichtag eine besondere Aufstellung, die so genannte **Vermögensaufstellung**, zu fertigen ist.[110] Dies gilt jedoch nicht, wenn die Beteiligung über einen Treuhänder gehalten wird (vgl. § 35 Rdnr. 38). Entsteht die Steuer zu einem Zeitpunkt, der nicht mit dem Schluss des Wirtschaftsjahres übereinstimmt, auf das der Betrieb einen regelmäßigen jährlichen Abschluss macht, ist grundsätzlich ein Zwischenabschluss zu erstellen, der den Grundsätzen der Bilanzkontinuität entspricht. Aus Vereinfachungsgründen kann hiervon abgesehen und der Wert des Betriebsvermögens aus einer auf den Schluss des letzten vor dem Besteuerungszeitpunkt endenden Wirtschaftsjahres erstellten Vermögensaufstellung abgeleitet werden.[111] Entsprechend kann verfahren werden, wenn zum Erwerb ein Anteil an einer Personengesellschaft gehört, wobei die Wertableitung allerdings nur für den Gesellschaftsanteil, der Gegenstand des Erwerbs ist, vorzunehmen ist.[112] In die Vermögensaufstellung sind alle aktiven und passiven Wirtschaftsgüter aufzunehmen, die dem Gewerbebetrieb bzw. der freiberuflichen Praxis dienen und bei der steuerlichen Gewinnermittlung dem Betriebsvermögen zuzuordnen sind.[113] Bevor also eine Bewertung vorgenommen werden kann, ist somit zunächst der **Umfang des Betriebsvermögens** zu ermitteln.

60 Bei **bilanzierenden Gewerbetreibenden und freiberuflich Tätigen** besteht zwischen der Steuerbilanz auf den Besteuerungszeitpunkt bzw. den Schluss des letzten davor endenden Wirtschaftsjahres und der Vermögensaufstellung grundsätzlich **Bestandsidentität**. D. h., die in der Steuerbilanz ausgewiesenen Wirtschaftsgüter tauchen auch in der Vermögensaufstellung wieder auf. Dieser Grundsatz der Bestandsidentität wird allerdings insbesondere durchbrochen bei[114]
- Ausgleichsposten im Fall der Organschaft, § 95 Abs. 1 S. 2 BewG,
- Betriebsgrundstücken, die nicht zu mehr als der Hälfte ihres Wertes dem Betrieb dienen oder bei denen ein Nichtunternehmer Miteigentümer ist, zählen nicht zum Betriebsvermögen, § 99 Abs. 2 BewG,
- Anschaffungskosten im Zusammenhang mit dem Erwerb eines Erbbaurechts,
- Schulden und sonstige passive Ansätze, die nicht mit der Gesamtheit oder einzelnen Teilen des Betriebsvermögens i.S.d. Bewertungsgesetzes in wirtschaftlichem Zusammenhang stehen, § 103 Abs. 1 BewG,
- Gewinnansprüchen gegen eine beherrschende Gesellschaft als sonstigem Abzug bei der beherrschten Gesellschaft, § 103 Abs. 2 BewG,

---

[107] Vgl. entgegen R 183 Abs. 3 S. 1 ErbStR die gleichlautenden Ländererlasse v. 1.12.2004 – BStBl. I 2004, 1194.
[108] R 183 Abs. 3 S. 3 ErbStR.
[109] Anders soll dies bei Vermögensverwaltenden Personengesellschaften sein, vgl. § 35 Rdnr. 82.
[110] R 114 Abs. 1 S. 3 ErbStR.
[111] R 39 Abs. 2 ErbStR; H 39 ErbStH „Verfahrensweise bei der Ableitung".
[112] R 40 Abs. 2 ErbStR.
[113] R 114 Abs. 1 S. 1 ErbStR.
[114] Gleichlautender Ländererlass – BStBl. I 1997, 399 Rdnr. 1.2.1.

- Rücklagen (Rücklagen für Ersatzbeschaffung, Rücklagen nach §§ 6 b, 7 g Abs. 3 etc.),[115] § 103 Abs. 3 BewG, und
- Bilanzposten i.S.d. § 137 BewG.

Da die Vermögensaufstellung an die Steuerbilanz anknüpft, dürfen rein handelsbilanzielle Posten wie z.B. ein nach § 281 HGB gebildeter Sonderposten mit Rücklageanteil wegen Sonderabschreibungen oder Drohverlustrückstellungen (vgl. § 249 Abs. 1 HGB, § 5 Abs. 4 a EStG) nicht abgezogen werden. **Grundstücke**, die nicht zu mehr als der Hälfte ihres Wertes dem Gewerbebetrieb dienen (§ 12 Abs. 5 ErbStG i.V.m. § 99 Abs. 1 S. 1 BewG) oder bei denen ein Nichtunternehmer (z.B. der Ehegatte oder der Bruder) Miteigentümer ist (§ 12 Abs. 5 ErbStG i.V.m. § 99 Abs. 2 S. 3 BewG), gehören insgesamt nicht zum Betriebsvermögen im erbschaftsteuerlichen Sinne.[116] Sie sind selbständig als Grundvermögen zu bewerten (vgl. § 35 Rdnr. 45 ff.). Ob und inwieweit ein Grundstück einem Gewerbebetrieb dient, ist ist nach ertragsteuerrechtlichen Grundsätzen zu entscheiden, soweit § 99 Abs. 2 BewG keine Sonderregelungen vorsieht.[117]

Ebenso wie bei bilanzierenden Gewerbetreibenden und freiberuflich Tätigen besteht auch bei einer **bilanzierenden Personengesellschaft** grundsätzlich Bestandsidentität zwischen der Steuerbilanz und der Vermögensaufstellung. Zusätzlich sind die Bilanzansätze aus etwaigen Ergänzungsbilanzen und die Wirtschaftsgüter aus den Sonderbilanzen für das Sonderbetriebsvermögen I und II zu berücksichtigen.[118] Dabei geht die Zurechnung zum Sonderbetriebsvermögen der Personengesellschaft der Zurechnung zum Betriebsvermögen des Gesellschafters vor, § 97 Abs. 1 Nr. 5 S. 2 BewG. Besonderheiten können sich im Verhältnis zwischen dem Gesellschafter und der Personengesellschaft ergeben. Durchbrechungen der Bestandsidentität können sich hier nicht nur in der Bilanz der Gesellschaft sondern auch in den Sonder- und Ergänzungsbilanzen auswirken. Hat der Gesellschafter der Personengesellschaft ein Darlehen gegeben, so kommt es grundsätzlich zu keinem Ansatz in der Vermögensaufstellung, da der zum Gesamthandsvermögen gehörenden Schuld eine entsprechende zum Sonderbetriebsvermögen gehörende Forderung gegenübersteht.[119] Umgekehrt steht einer Forderung der Personengesellschaft an einen Gesellschafter, nicht immer ein entsprechender Schuldposten in der Sonderbilanz gegenüber. Unabhängig von der bilanzsteuerlichen Beurteilung sieht § 97 Abs. 1 Nr. 5 S. 3 BewG vor, dass weder die Forderung der Personengesellschaft noch die entsprechende Schuld des Gesellschafters berücksichtigt werden darf, es sei denn, es handelt sich hierbei um eine Forderung aus dem regelmäßigen Geschäftsverkehr oder aus der kurzfristigen, d.h. weniger als ein Jahr dauernden Überlassung von Geldbeträgen.[120]

Auch bei **nichtbilanzierenden Gewerbetreibenden und freiberuflich Tätigen** (Einnahmen-Überschuss-Rechner) ist Ausgangspunkt die ertragsteuerliche Wertung; allerdings existiert keine Steuerbilanz. Dementsprechend müssen die Wertansätze zunächst einmal nach ertragsteuerlichen Gesichtspunkten ermittelt werden, und zwar nicht nur die des notwendigen Betriebsvermögens, d.h. der Wirtschaftsgüter, die zu mehr als 50 v. H. eigenbetrieblich genutzt werden, sondern auch die des gewillkürten Betriebsvermögens, d.h. der Wirtschaftsgüter, die zu mindestens 10 % eigenbetrieblich genutzt werden.[121] Da derzeit Betriebsvermögen häufig deutlich günstiger besteuert wird als Grundvermögen, kann die zusätzliche Berücksichtigung des gewillkürtes Betriebsvermögens vorteilhaft sein. Ferner sind anzusetzen entstandene Forderungen (inklusive von bis zum Besteuerungszeitpunkt entstandenen Honoraransprüchen bei freiberuflich Tätigen) und Verbindlichkeiten, die mit dem Betrieb oder einzelnen Teilen des Betriebsvermögens in wirtschaftlichem Zusammenhang stehen, sowie Bankguthaben

---

[115] R 118 Abs. 2 ErbStR.
[116] R 51 Abs. 2; R 117 ErbStR; H 117 ErbStH.
[117] BFH Urt. v. 27.10.2004 – II R 8/01 – BStBl. II 2005, 463; gleich lautende Ländererlasse v. 3.6.2005 – BStBl. I 2005, 797; R 117 Abs. 1 S. 1 ErbStR ist nicht mehr anwendbar.
[118] R 115 Abs. 1 S. 1 ErbStR.
[119] R 115 Abs. 2 S. 1 ErbStR.
[120] R 115 Abs. 2 S. 2 bis 4 ErbStR.
[121] R 114 Abs. 3 S. 1 und 2 ErbStR; zum gewillkürten Betriebsvermögen vgl. gleichlautende Ländererlasse v. 3.6.2005 – BStBl. I 2005, 797; BFH Urt. v. 2.10.2003 – IV R 13/03 – BStBl. II 2004, 985; R 114 Abs. 3 S. 3 ErbStR und R 13 Abs. 16 EStR sind überholt.

und Bargeld, die aus den Tätigkeiten herrühren.[122] Ein wirtschaftlicher Zusammenhang ist gegeben, wenn die Entstehung der Schuld ursächlich und unmittelbar auf Vorgängen beruht, die das Betriebsvermögen betreffen.[123] Unerheblich für die Zuordnung der Schuld ist, ob Wirtschaftsgüter des Privatvermögens als Sicherheit dienen.[124] Da die §§ 4 bis 8 BewG gem. § 98 a S. 2 BewG nicht anzuwenden sind, sind neben den auflösend bedingten auch die aufschiebend bedingten Verbindlichkeiten abzugsfähig.[125] Bei Darlehensschulden und anderen Verbindlichkeiten gegenüber nahen Verwandten prüft die Finanzverwaltung, ob ernstlich damit gerechnet werden muss, dass der Gläubiger Erfüllung verlangt. Ist dies nicht der Fall, will sie den Abzug verweigern. Dies ist jedoch unzulässig, denn der Gläubiger (Verwandte) kann bis zur Verjährung jederzeit Erfüllung verlangen. Das er dies vielleicht nicht tun wird, ändert nichts daran, dass es sich bis dahin um eine Verbindlichkeit handelt. Für **nichtbilanzierende Personengesellschaften** gelten die vorgenannten Grundsätze entsprechend. Zusätzlich ist hier allerdings noch das Sonderbetriebsvermögen mit zu berücksichtigen.

63 Steht der Umfang des Betriebsvermögens fest, ist den einzelnen Wirtschaftsgütern ein **Wert** zuzuweisen, mit dem sie sodann in der Vermögensaufstellung anzusetzen sind. Ausgangspunkt sind die ertragsteuerlichen Wertansätze, die in bestimmten Ausnahmefällen aufgrund von Bestimmungen des ErbStG und BewG korrigiert werden. Bei der Bewertung des Betriebsvermögens von **bilanzierenden Gewerbetreibenden, freiberuflich Tätigen und Personengesellschaften** besteht daher zwischen der Steuerbilanz auf den Besteuerungszeitpunkt bzw. den Schluss des letzten davor endenden Wirtschaftsjahres und der Vermögensaufstellung grundsätzlich **Bewertungsidentität**, § 12 Abs. 5 ErbStG i.V.m. § 109 Abs. 1 BewG. Dies bedeutet jedoch nicht, dass auch unrichtige Steuerbilanzwerte in die Vermögensaufstellung zu übernehmen sind; sie sind vielmehr zu korrigieren.[126] Der Erbe kann die auf ihn übergegangenen Wahlrechte (z.B. auf Sonderabschreibungen) nicht in einer für Zwecke der Wertermittlung auf den Todestag erstellten Zwischenbilanz mit erbschaftsteuerlicher Wirkung ausüben.[127] Abweichend von den Steuerbilanzwerten sind einzelne Wirtschaftsgüter jedoch wie folgt anzusetzen:[128]

- Betriebsgrundstücke i.S.d. § 99 Abs. 1 Nr. 1 BewG mit dem Grundstückswert, § 12 Abs. 3 ErbStG i.V.m. § 138 Abs. 3 BewG;
- Betriebsgrundstücke i.S.d. § 99 Abs. 1 Nr. 2 BewG mit dem land und forstwirtschaftlichen Grundbesitzwert, § 12 Abs. 3 ErbStG i.V.m. § 138 Abs. 2 BewG;
- Beteiligungen an Personengesellschaften mit dem Anteil am Betriebsvermögen, § 12 Abs. 5 ErbStG i.V.m. § 97 Abs. 1 a BewG;
- notierte Wertpapiere und Zero-Bonds mit dem Kurswert, § 12 Abs. 5 ErbStG i.V.m. § 11 Abs. 1 BewG (vgl. § 35 Rdnr. 26);
- Investmentzertifikate und Anteile an offenen Immobilienfonds mit dem Rücknahmepreis, § 12 Abs. 5 ErbStG i.V.m. § 11 Abs. 4 BewG;
- nicht notierte Anteile an Kapitalgesellschaften mit dem gemeinen Wert; lässt sich dieser nicht aus zeitnahen Verkäufen ableiten, sind die Anteile mit dem nach dem Stuttgarter Verfahren geschätzten Wert anzusetzen, § 12 Abs. 5 ErbStG i.V.m. § 12 Abs. 2 ErbStG und § 11 Abs. 2 BewG (vgl. § 35 Rdnr. 27 ff.);
- ausländisches Sachvermögen mit dem gemeinen Wert, § 12 Abs. 6 ErbStG i.V.m. § 31 BewG; für Anteile an ausländischen Kapitalgesellschaften, ausländischen Grundbesitz und ausländisches Betriebsvermögen können die Steuerbilanzwerte[129] übernommen werden, wenn dies im Einzelfall nicht zu unangemessenen Werten führt.[130] Ob dies gemeinschaftsrechtlich haltbar ist, ist äußerst zweifelhaft.[131]

---

[122] R 114 Abs. 3 S. 4 bis 7, R 119 Abs. 1 ErbStR.
[123] R 119 Abs. 1 S. 2 ErbStR; vgl. a. R 13 Abs. 15 EStR.
[124] R 119 Abs. 2 S. 1 ErbStR
[125] R 119 Abs. 1 S. 3 ErbStR.
[126] H 122 ErbStR „unrichtige Steuerbilanzwerte".
[127] *Gebel* Betriebsvermögensnachfolge Rdnr. 25, 113; a.A. *Rödder* DB 1993, 2137.
[128] R 122 ErbStR.
[129] Bzw. die ertragsteuerlichen Werte bei nicht bilanzierenden Gewerbetreibenden, freiberuflich Tätigen oder Personengesellschaften, vgl. R 39 Abs. 1 S. 2 ErbStR.
[130] R 39 Abs. 1 S. 2 ErbStR.
[131] BFH Beschl. v. 11.4.2006 – II R 35/05 – DStR 2006, 1079 (Vorlagebeschluss zum EuGH).

Hinsichtlich der **Nachfolgeklauseln bei Personengesellschaften** gilt in Bezug auf die Bewertung Folgendes: 64
- Bei der **Fortsetzungsklausel** (vgl. § 40 Rdnr. 29 ff.) kann ein Erwerb von Todes wegen nach § 3 Abs. 1 Nr. 2 S. 2 ErbStG in Betracht kommen, wenn die von den verbleibenden Gesellschaftern an die Erben zu zahlende Abfindung geringer als der Steuerwert des Anteils ist. Die Differenz ist als Wert des Erwerbs von Todes wegen anzusetzen. Der Abfindungsanspruch gehört bei den Erben zum Gesamtnachlass. Er ist mit seinem Nenn- bzw. Gegenwartswert in die Nachlasswertberechnung einzubeziehen, § 12 Abs. 1 ErbStG i.V.m. § 12 BewG, sofern nicht besondere Umstände, wie z.b. im Gesellschaftsvertrag vereinbarte Zahlungsmodalitäten einen höheren oder geringeren Wert begründen. Ist eine **Minderabfindung** vereinbart, so z.b. bei den häufig anzutreffenden **Buchwertklauseln**, ist deren zivilrechtliche Wirksamkeit – sofern gegeben – auch erbschaftsteuerlich zu beachten. Gleiches gilt, wenn die Abfindung nach Treu und Glauben im Wege der ergänzenden Vertragsauslegung angepasst wird. Die im Zuge des Erbfalls zwangsweise in das Privatvermögen überführten Wirtschaftsgüter des Sonderbetriebsvermögens sind mit dem gemeinen Wert anzusetzen, § 12 Abs. 1 ErbStG i.V.m. § 9 BewG. Nachträgliche Wertveränderungen des Abfindungsanspruchs verändern den Wertansatz im Todes- bzw. Schenkungszeitpunkt nicht, da allein die Verhältnisse im Zeitpunkt der Entstehung der Steuer (vgl. § 9 ErbStG) maßgebend sind. Hier ist aber immer zu prüfen, ob der wertbeeinflussende Faktor nicht schon in diesem Zeitpunkt vorlag und sich lediglich erst später offenbarte.
Da die Erben lediglich einen Abfindungsanspruch und ggf. Wirtschaftsgüter des ehemaligen Sonderbetriebsvermögens erwerben, stehen ihnen der Bewertungsabschlag nach § 13 a Abs. 2 ErbStG (vgl. 35 Rdnr. 124), der Betriebsvermögensfreibetrag nach § 13 a Abs. 1 S. 1 Nr. 1 ErbStG (vgl. § 35 Rdnr. 124) und die Tarifbegrenzung gemäß § 19 a ErbStG (vgl. § 35 Rdnr. 167) nicht zu.
- Bei der **einfachen Nachfolgeklausel** (vgl. § 40 Rdnr. 32 f.) liegt erbschaftsteuerlich ein Erwerb von Todes wegen durch Erbanfall vor, § 3 Abs. 1 Nr. 1 ErbStG, der im Ergebnis nicht anders zu behandeln ist, als der Erwerb des restlichen Nachlasses. Sind mehrere Erben vorhanden, wird der gesplittete Gesellschaftsanteil mit seinem Steuerwert in den Gesamtsteuerwert des Nachlasses einbezogen, der anschließend auf die Miterben entsprechend ihrer Erbquoten aufgeteilt wird.[132] Das Gleiche gilt für die Wirtschaftsgüter des Sonderbetriebsvermögens, die ohnehin im Anteilssteuerwert aufgrund der Vorabzurechnung (vgl. § 35 Rdnr. 61 f.) enthalten sind. Die gesetzliche Regelung des § 177 HGB beim Tod eines Kommanditisten wirkt erbschaftsteuerlich wie eine einfache Nachfolgeklausel und ist dementsprechend bewertungsrechtlich genauso wie diese zu behandeln.
- Bei der Sondererbfolge aufgrund **qualifizierter Nachfolgeklausel** (vgl. § 40 Rdnr. 34 ff.) zugunsten eines Miterben wird die Besteuerung bei der Erbschaftsteuer so vorgenommen, als ob das Betriebsvermögen allen Erben angefallen sei.[133] Dies gilt sowohl für den Gesellschaftsanteil als auch für das Sonderbetriebsvermögen. Dabei gelangen die Wirtschaftsgüter, die beim Erblasser zum Sonderbetriebsvermögen gehörten, mit dem Erbfall insoweit in das Privatvermögen, als sie anteilig den „nichtqualifizierten" Miterben zuzurechnen sind (vgl. § 35 Rdnr. 183). Hierdurch kommt es insoweit in der Person des Erblassers ertragsteuerlich zu einem Entnahmegewinn. Da das Sonderbetriebsvermögen noch durch den Erblasser entnommen wird (vgl. § 35 Rdnr. 185), fließt es als Privatvermögen in den Nachlass ein. Dies bewirkt wiederum, dass bei der Nachlasswertberechnung, sofern das Sonderbetriebsvermögen auf „nichtqualifizierte" Erben übergegangen ist, der **gemeine Wert** anzusetzen ist (§ 12 Abs. 1 ErbStG), wenn sie nicht als Grundstücke unabhängig von ihrer Zugehörigkeit zum Betriebs- oder Privatvermögen mit dem Grundbesitzwert (§ 12 Abs. 3 ErbStG) zu bewerten sind.[134] Die sich hieraus ergebenden Nachteile treffen alle Miterben gemeinsam, d.h. auch den „qualifizierten" Erben, da die höheren Wertansätze in den Gesamtsteuerwert

---

[132] BFH Urt. v. 10.11.1982 – II R 85–86/78 – BStBl. II 1983, 329; vgl. a. *Gebel* Betriebsvermögensnachfolge Rdnr. 805.
[133] BFH Urt. v. 10.11.1982 – II R 85–86/78 – BStBl. II 1983, 329.
[134] A. A. *Gebel* Betriebsvermögensnachfolge Rdnr. 818 f.

des Nachlasses eingehen. Aus erbschaftsteuerlicher Sicht ist diese Klausel nur mit Vorsicht einzusetzen.[135]
- Die **Eintrittsklausel** (vgl. § 40 Rdnr. 38 ff.) räumt dem Erben ein Wahlrecht ein, die Anteile zu übernehmen oder auf die Übernahme zu verzichten. Da bei der erbschaftsteuerlichen Beurteilung auf die Verhältnisse am Todestag abzustellen ist und der Erbe zu diesem Zeitpunkt lediglich einen Anspruch auf Abschluss eines Aufnahmevertrages hat, gehört allein der in der Person des Erblassers entstandene Abfindungsanspruch zum Nachlass. Die erbschaftsteuerliche Behandlung folgt daher der bei einer Fortsetzungsklausel und zwar unabhängig davon, ob der Erbe von seinem Eintrittsrecht Gebrauch macht und ob sie als Treuhandklausel[136] ausgestaltet ist oder nicht. Übernimmt der Erbe die Anteile, erfolgt die Behandlung nach Ansicht der Finanzverwaltung allerdings wie beim Erbfall.[137] Für die Bewertung des Nachlasses ist somit der Gesellschaftsanteil mit dessen Steuerwert zu berücksichtigen. Die erbschaftsteuerliche Behandlung entspricht nach dieser Ansicht derjenigen bei der qualifizierten Nachfolgeklausel. Ob und inwieweit diese Ansicht Bestand haben wird, ist mehr als fraglich. Aus erbschaftsteuerlicher Sicht sollten Eintrittsklauseln wegen der mit ihnen verbundenen Unsicherheiten vermieden werden.[138]
- Bei der **Übernahmeklausel** (vgl. § 35 Rdnr. 182) werden die Erben mit dem Tod des Erblassers Gesellschafter der Personengesellschaft. Die erbschaftsteuerliche Behandlung entspricht (zunächst) derjenigen bei der einfachen Nachfolgeklausel. Macht der berechtigte Mitgesellschafter von seinem Übernahmerecht keinen Gebrauch, bleibt es dabei. Für den Fall der Ausübung des Übernahmerechts werden mit der Übernahme durch den übernahmeberechtigten Mitgesellschafter aber die Nachsteuertatbestände des § 13 a Abs. 5 ErbStG verwirklicht. Ist die Übernahmeklausel ausnahmsweise so ausgestaltet, dass die Ausübung des Übernahmerechtes durch den übernahmeberechtigten Altgesellschafter auf den Todestag zurückwirkt, kommt es zivilrechtlich zu einem unmittelbaren Erwerb durch den Übernahmeberechtigten.[139] In diesem Fall erfolgt die Behandlung wie bei der Fortsetzungsklausel. Die Vergünstigungen der §§ 13 a, 19 ErbStG können von den Erben insoweit nicht beansprucht werden, wohl aber von dem Altgesellschafter. Schuldet dieser keine oder nur eine Minderabfindung, liegt in seiner Person ein Erwerb durch Schenkung auf den Todesfall nach § 3 Abs. 1 Nr. 2 ErbStG vor.

Die **Sondernachfolge nach der Höfeordnung** ist erbschaftsteuerlich entsprechend der Grundsätze zu behandeln, die für die qualifizierte Nachfolgeklausel gelten.

65 Aufgrund der weitgehenden **Bestands- und Bewertungsidentität** zwischen Steuerbilanz und Vermögensaufstellung einerseits und der Maßgeblichkeit der Handelsbilanz für die Steuerbilanz (§ 5 Abs. 1 EStG) andererseits, wird deutlich, dass mit der Ausübung von vielen handelsrechtlichen Ansatz- und Bewertungswahlrechten nicht nur Entscheidungen über den handelsrechtlichen und steuerlichen Gewinn getroffen werden, sondern auch Bewertungsentscheidungen für die Vermögensaufstellung für die Erbschaftsteuer gefällt werden. Man spricht daher auch von der so genannten **verlängerten Maßgeblichkeit** der Handelsbilanz für die Vermögensaufstellung.[140]

66 Bei **nichtbilanzierenden Gewerbetreibenden, freiberuflich Tätigen und Personengesellschaften** ist Ausgangspunkt der ertragsteuerliche Wert, § 12 Abs. 5 ErbStG i.V.m. § 109 Abs. 2 BewG, der in bestimmten Ausnahmefällen aufgrund von Bestimmungen des ErbStG und BewG korrigiert wird. Faktisch bedeutet dies, dass Wirtschaftsgüter des abnutzbaren Anlagevermögens einschließlich der Bodenschätze, exklusive aber der Betriebsgrundstücke, mit ihren ertragsteuerlichen Werten anzusetzen sind, wie sie sich meist aus dem Anlageverzeichnis ergeben (**Bewertungsidentität**). Sonderabschreibungen und Minderungen der Anschaffungs- und Herstellungskosten durch Kapitalzuschüsse und -zulagen sowie durch übertragene stille Reserven und Rücklagen sind mit ihrem ertragsteuerlichen Wert zu berücksichtigen;

---

[135] Vgl. a. *Hübner* ZErb 2004, 34.
[136] Vgl. hierzu Sudhoff/*von Sothen* § 54 Rdnr. 5 h.
[137] R 55 Abs. 2 S. 3 ErbStR.
[138] Sudhoff/*von Sothen* § 54 Rdnr. 5 h.
[139] OLG Hamm Urt. v. 21.1.1999 – 27 U 179/98 – ZEV 1999, 321.
[140] *Gebel* DStR 1996, 1385; *Herzig* DB 1992, 1053.

vollständig abgeschriebene Wirtschaftsgüter sind nicht anzusetzen.[141] Auch hier gilt, dass die Wahlrechte grundsätzlich bereits durch den Erblasser ausgeübt worden sein müssen. Sie können sich erbschaftsteuerlich nur dann bereicherungsmindernd auswirken, wenn sich bereits der Erblasser für den niedrigeren Wert in der Steuerbilanz entschieden hat. Ausnahmsweise kann jedoch der Erbe die Wahlrechte ausüben, wenn die Steuerbilanz des dem Todestag vorangehenden Wirtschaftsjahres vom Erblasser noch nicht erstellt worden war. Im Übrigen gelten die vorgenannten Durchbrechungen der Bewertungsidentität (vgl. § 35 Rdnr. 60, 62) grundsätzlich auch hier.[142] Ergänzend gilt Folgendes:[143]

- Vorratsvermögen ist mit dem Teilwert anzusetzen, § 12 Abs. 5 ErbStG i.V.m. § 10 BewG. Dieser deckt sich in der Regel mit den Wiederbeschaffungskosten oder Wiederherstellungskosten für Wirtschaftsgüter gleicher Art und Güte im Besteuerungszeitpunkt. Bei Roh-, Hilfs- und Betriebsstoffen sind die Wiederbeschaffungskosten regelmäßig aus den Tagespreisen am Stichtag abzuleiten. Der Teilwert für Erzeugnisbestände ist entsprechend R 33 EStR zu ermitteln. Da die Bewertungsidentität ausdrücklich durchbrochen wird, ist die Einschränkung des § 6 Abs. 1 Nr. 2 S. 2 EStG für die erbschaftsteuerliche Bewertung unbeachtlich. Ein unter den Anschaffungs- oder Herstellungskosten liegender Teilwert kann daher auch bei voraussichtlicher nur vorübergehender Wertminderung angesetzt werden.[144]
- Kapitalforderungen, soweit es sich nicht um notierte Wertpapiere handelt, und Kapitalschulden sind mit dem Nennwert bzw. Gegenwartswert anzusetzen, § 12 Abs. 5 ErbStG i.V.m. § 12 Abs. 1 BewG (vgl. § 35 Rdnr. 33 ff.). Soweit sie auf ausländische Währungen lauten, erfolgt die Bewertung mit dem im Besteuerungszeitpunkt maßgebenden Umrechnungskurs, d.h. dem amtlichen, im Bundesanzeiger veröffentlichten Briefkurs.[145] Die Umsatzsteuer kann, soweit die Umsätze nach vereinnahmten Entgelten versteuert werden, bei der Bewertung von Kundenforderungen wertmindernd berücksichtigt werden.
- Einlagen von typisch stillen Gesellschaftern sind grundsätzlich mit dem Nennwert anzusetzen.[146] Die Verpflichtung zur Zahlung des Gewinnanteils, dessen Höhe vom Ergebnis des Wirtschaftsjahres abhängt, kann regelmäßig auch dann abgezogen werden, wenn er der Höhe nach am Bewertungszeitpunkt noch nicht feststeht.
- Ansprüche und Verpflichtungen auf wiederkehrende Nutzungen und Leistungen sind mit dem Kapitalwert, §§ 13 und 16 BewG (vgl. § 35 Rdnr. 39 ff.), Pensionsverpflichtungen mit dem Vielfachen der Jahresrente, § 12 Abs. 5 ErbStG i.V.m. § 104 BewG, ausländische Zahlungsmittel mit dem Umrechnungskurs zum Bewertungszeitpunkt und Sachleistungsansprüche und -verpflichtungen (vgl. § 35 Rdnr. 38) sowie alle anderen bisher nicht aufgeführten Wirtschaftsgüter und Schulden mit dem Teilwert, § 10 BewG.

Bei **Personengesellschaften** ist der in der Vermögensaufstellung ermittelte Wert des Betriebsvermögens gem. § 12 Abs. 5 S. 2 ErbStG i.V.m. § 97 Abs. 1 a BewG auf die Gesellschafter aufzuteilen. Die dort vorgeschriebene Aufteilungsmethode gilt auch in den Fällen, in denen der Gesellschaftsvertrag z.B. im Falle des Ausscheidens eines Gesellschafters oder bei Liquidation eine andere Verteilung des Betriebsvermögens vorsieht.[147] Bei der **Aufteilung** ist von den Kapitalkonten auszugehen, die in der Gesamthandsbilanz, in den Ergänzungsbilanzen und in den Sonderbilanzen – ausgenommen Gegenposten des Sonderbetriebsvermögens – ausgewiesen sind. Die Aufteilung selbst vollzieht sich sodann in vier Schritten:[148]

1. Zuerst sind die Wirtschaftsgüter des Sonderbetriebsvermögens sowie die Gesellschafterschulden dem jeweiligen Gesellschafter mit dem Wert vorab zuzurechnen, mit dem sie im Wert des Betriebsvermögens der Personengesellschaft enthalten sind, § 97 Abs. 1 a Nr. 1 BewG.

---

[141] R 123 Nr. 3 ErbStR; vgl. a. *Gebel* Betriebsvermögensnachfolge Rdnr. 194.
[142] R 123 Nr. 1, 2, 4 bis 8, 16 ErbStR.
[143] R 123 Nr. 9 bis 15, 17 ErbStR.
[144] A. A. *Gebel* Betriebsvermögensnachfolge Rdnr. 200.
[145] BFH Urt. v. 19.3.1991 – II R 134/88 – BStBl. II 1991, 521; H 123 ErbStR „Maßgebender Umrechnungskurs".
[146] R 119 Abs. 4 ErbStR i.V.m. R 112 ErbStR.
[147] *Christoffel* GmbHR 1997, 517; krit. zu Recht *Gebel* Betriebsvermögensnachfolge Rdnr. 755 ff.
[148] Vgl. *Christoffel* GmbHR 1997, 517 m.w. Erläuterungen und Bsp.

2. Sodann ist das Kapitalkonto aus der Steuerbilanz der Gesellschaft mit Ausnahme der Kapitalkonten aus den Sonderbilanzen ebenfalls dem jeweiligen Gesellschafter vorweg zuzurechnen, § 97 Abs. 1 a Nr. 2 BewG. Es werden folglich die Kapitalkonten aller Gesellschafter aus der Gesamthandsbilanz vorweg zugerechnet, um sie aus dem Wert des Betriebsvermögens auszuscheiden. Gleichzeitig werden die Kapitalkonten aus einer etwaigen Ergänzungsbilanz des verstorbenen Gesellschafters (Erblassers) dessen Erben vorweg zugerechnet. Zu den Kapitalkonten zählen dabei neben dem Festkapital auch die variablen Kapitalkonten, soweit es sich dabei um Eigenkapital der Gesellschaft handelt.[149]

3. Der Saldo aus dem Wert des Betriebsvermögens abzüglich der Vorwegzurechnungen für alle Gesellschafter ist nach dem Gewinnverteilungsschlüssel auf die Gesellschafter aufzuteilen, § 97 Abs. 1 a Nr. 3 BewG.

4. Die Vorwegzurechnungen und der Anteil am „Restbetriebsvermögen" ist bei dem jeweiligen Gesellschafter zu einer Summe zusammenzufassen; das Ergebnis stellt den Anteil am Betriebsvermögen dar, der bei der Erbschaftsteuer anzusetzen ist, § 97 Abs. 1 a Nr. 4 BewG.

68 *(6) Land- und forstwirtschaftliches Vermögen.* Die wirtschaftliche Einheit des land- und forstwirtschaftlichen Vermögens und damit Bewertungsgegenstand ist der **Betrieb der Land- und Forstwirtschaft**. Hierzu gehören alle Wirtschaftsgüter, die dem Betrieb im Besteuerungszeitpunkt dauernd zu dienen bestimmt sind, wie z.B. der Grund und Boden, die Wohn- und Wirtschaftsgebäude, die stehenden Betriebsmittel und ein normaler Bestand an umlaufenden Betriebsmitteln. Auch immaterielle Rechte, wie z.B. Milchlieferrechte, Weiderechte, Fischerei- und Jagdrechte können dazu gehören. Bauerwartungsland ist unter den Voraussetzungen des § 69 Abs. 3 BewG als eigenständige wirtschaftliche Einheit dem Grundvermögen zuzuordnen. Zahlungsmittel, Geldforderungen, Geschäftsguthaben und Wertpapiere sind abweichend von ihrer ertragsteuerlichen Erfassung im Betriebsvermögen eines land- und forstwirtschaftlichen Betriebes nicht zum land- und forstwirtschaftlichen Vermögen zu zählen, § 33 Abs. 3 Nr. 1 BewG. Sie sind erbschaftsteuerlich bei der Ermittlung des steuerlichen Erwerbs gesondert als übriges Vermögen zu erfassen. Entsprechendes gilt für Geldschulden, § 33 Abs. 3 Nr. 2 BewG, und Pensionsverpflichtungen, § 140 Abs. 2 BewG.

69 Die Bewertung des Betriebsteils (sog. **Betriebswert**) erfolgt bei inländischem land- und forstwirtschaftlichem Vermögen nach einem stark vereinfachten Ertragswertverfahren mit standardisierten Werten für die wichtigsten Nutzungen und Nutzungsteile. Der **Betriebsteil** umfasst die land- und forstwirtschaftlichen Nutzungen, das Abbauland (z.B. Kiesgruben, Steinbrüche, Torfstiche, § 42 BewG), das Geringstland (§ 44 BewG), das Unland (§ 45 BewG) und die Nebenbetriebe (§ 42 BewG) einschließlich der dazu gehörenden Wirtschaftsgebäude und Betriebsmittel. Der Ertragswert des Betriebsteils ist das 18,6-fache des Reinertrages, d.h. des Betrages, der bei ordnungsmäßiger und schuldenfreier Bewirtschaftung mit entlohnten fremden Arbeitskräften gemeinhin und nachhaltig erzielbar ist, § 36 Abs. 2 S. 2 BewG. Die im Betrieb genutzten Flächen sind nach ihren Nutzungsarten zu unterscheiden. **Feste Ertragswerte** gibt es für landwirtschaftliche, forstwirtschaftliche, weinbauliche und gärtnerische Nutzungen, die sonstigen Nutzungen „Wanderschäferei" und „Weihnachtsbaumkultur" sowie das Geringstland, § 142 Abs. 2 Nr. 1 bis 6 BewG.

70 **Übersicht: Bewertung land- und forstwirtschaftlichen Vermögens**

Landwirtschaftliche Nutzung

Nutzungsteil	Ertragswert je Ar (1 Ar = 100 m^2)
Hopfen	€ 57
Spargel	€ 76
Sonstige landwirtschaftliche Nutzung	€ 0,35 je EMZ

Ertragsmesszahlen (EMZ) sind regelmäßig im Liegenschaftskataster ausgewiesen.

---

[149] R 116 Abs. 2 S. 4 ErbStR.

Forstwirtschaftliche Nutzung

Baumartengruppe	Ertragsfestwert je Ar
Nutzungsgrößen bis zu 10 ha (1 ha = 100 Ar) Nichtwirtschaftswald, Kiefer, Fichte bis zu 60 Jahren, Buche und sonstiges Laubholz bis zu 100 Jahren, Eiche bis zu 140 Jahren	€ 0,26
Fichte über 60 bis zu 80 Jahre, Plenterwald	€ 7,50
Fichte über 80 bis zu 100 Jahren	€ 15
Fichte über 100 Jahre	€ 20
Buche, sonstiges Laubholz über 100 Jahre	€ 5
Eiche über 140 Jahre	€ 10

Weinbauliche Nutzung

Verwertungsform	
Traubenerzeugung, Fassweinausbau	Flaschenweinausbau
EUR 36/Ar	
Ahr, Franken, Württemberg	EUR 82/Ar
	Ahr, Baden, Franken, Rheingau, Württemberg
EUR 18/Ar	EUR 36/Ar
in den restlichen Weinanbaugebieten	in den restlichen Weinanbaugebieten

Gärtnerische Nutzung

Nutzungsteil	Ertragsfestwert je Ar
Gemüsebau	
– Freilandflächen	€ 56
– Flächen unter Glas und Kunststoffen	€ 511
Blumen- und Zierpflanzenbau	
– Freilandflächen	€ 184
– nicht beheizbare Flächen unter Glas und Kunststoffen	€ 920
– beheizbare Flächen unter Glas und Kunststoffen	€ 1.841
Obstbau	€ 20
Baumschulen:	
– Freilandflächen	€ 64
– Flächen unter Glas und Kunststoffen	€ 1.329

Sonstige land- und forstwirtschaftliche Nutzung

Nutzungsteil	Ertragsfestwert
Wanderschäferei	€ 10 je Mutterschaf
Weihnachtsbaumkultur	€ 133 je Ar

Geringstland   € 0,26 je Ar

Für die Nebenbetriebe, das Abbauland, die gemeinschaftliche Tierhaltung und alle anderen sonstigen land- und forstwirtschaftlichen Nutzungen, wie z.B. Saatzucht und Teichwirtschaft, ist ein Einzelertragswert zu ermitteln, § 142 Abs. 2 BewG. Auf Antrag kann für Betriebsteile, für Teilbetriebe und Anteile an Betrieben, die ertragsteuerlich Betriebsvermögen eines Betriebs der Land- und Forstwirtschaft im Sinne des § 13 a Abs. 4 Nr. 2 ErbStG sind, eine Ermittlung des gesamten Betriebswerts in einem Einzelertragswertverfahren erfolgen, § 142 Abs. 3 BewG.

71 Gebäude und Gebäudeteile, die dem Inhaber eines Betriebs der Land- und Forstwirtschaft und den zu seinem Haushalt gehörenden Familienangehörigen zu Wohnzwecken dienen, sind dem **Wohnteil** zuzurechnen, wenn der Betriebsinhaber oder mindestens einer der zu seinem Haushalt gehörenden Familienangehörigen durch eine mehr als nur gelegentliche Tätigkeit in dem Betrieb an ihn gebunden ist.[150] Räumlichkeiten, die Altenteilern zu Wohnzwecken dienen, gehören nur dann zum Wohnteil, wenn ihre Nutzung in einem Altenteilsvertrag geregelt ist und ein räumlicher Zusammenhang mit dem Betrieb besteht. Ferner ist zum Wohnteil der dazugehörige Grund und Boden zu zählen, § 141 Abs. 4 BewG. Die Bewertung des Wohnteils erfolgt grundsätzlich nach denselben Verfahren, wie die Bewertung von Wohngrundstücken (vgl. § 35 Rdnr. 47 ff.). Besonderheiten, die sich aus der Lage des Wohnteils im oder unmittelbar neben dem Betrieb ergeben, werden mit einem Abschlag von 15% auf den Grundstückswert pauschal berücksichtigt, § 143 Abs. 3 BewG. Damit sind alle Besonderheiten, insbesondere auch Lärm- und Geruchsbelästigungen, grundsätzlich mit abgegolten. Zur Berechnung des Mindestwerts ist im Falle einer räumlichen Verbindung mit der Hofstelle der zugehörige Grund und Boden auf das Fünffache der nach DIN 277 ermittelten[151] bebauten Fläche des jeweiligen Wohngebäudes zu begrenzen, § 143 Abs. 2 BewG. Nur wenn der gekürzte Ausgangswert (mit oder ohne Zuschlag, vgl. § 35 Rdnr. 52) niedriger ist, als der so berechnete Mindestwert, kommt letzterer zum Tragen.[152]

72 An Arbeitnehmer des Betriebs vermietete Wohnungen (sog. Landarbeiterwohnungen) sind als **Betriebswohnungen** im Rahmen der Bedarfsbewertung gesondert einschließlich des dazugehörigen Grund und Bodens anzusetzen, § 141 Abs. 3 BewG. Dabei ist es nicht erforderlich, dass der betreffende Arbeitnehmer oder seine Familienangehörigen ganz in dem Betrieb tätig sind. Es genügt, dass der jeweilige Arbeitnehmer vertraglich dazu verpflichtet ist, wenigstens 100 Arbeitstage oder 800 Arbeitsstunden im Jahr mitzuarbeiten.[153] Die Bewertung der Betriebswohnungen erfolgt nach denselben Regelungen wie die des Wohnteils.

73 **Ausländisches land- und forstwirtschaftliches Vermögen** ist gemäß § 12 Abs. 6 ErbStG i.V.m. §§ 31 und 9 BewG mit dem gemeinen Wert zu bewerten, der gemäß § 9 Abs. 2 BewG durch den Preis bestimmt wird, der im gewöhnlichen Geschäftsverkehr nach der Beschaffenheit des Wirtschaftsguts bei einer Veräußerung zu erzielen wäre. Es ist daher im Gegensatz zum inländischen land- und forstwirtschaftlichen Vermögen der Verkehrswert maßgebend. Ob dies gemeinschaftsrechtlich haltbar ist, ist äußerst zweifelhaft.[154]

74 *bb) Vermächtnis.* Bei einem **Vermächtnis**, kommt es zu zwei Erwerben von Todes wegen, und zwar zum einen im Zuge des Erbanfalls beim Erben und zum anderen im Zuge des Vermächtnisses beim Vermächtnisnehmer, § 3 Abs. 1 Nr. 1 ErbStG. Dem Erben wird der Vermächtnisgegenstand unmittelbar zugerechnet und je nachdem, um was für einen Gegenstand es sich handelt, mit dem Verkehrswert oder einem niedrigeren Steuerwert (z.B. bei Grundstücken und Betrieben) bewertet. Zugleich ist er mit dem Vermächtnis belastet. Diese Verpflichtung entsteht beim Eintritt des Erbfalls und führt bei ihm zu einer sofort abzugsfähigen Erbfallschuld entweder in Höhe des gemeinen Werts bzw. Teilwerts oder des Steuerwerts (vgl. § 35 Rdnr. 93).

75 Der Vermächtnisnehmer erwirbt demgegenüber lediglich einen auf Übertragung gerichteten **Vermächtnisanspruch** (§ 2174 BGB, vgl. § 13 Rdnr. 2) und somit nur eine **Forderung**, nicht hingegen den Vermächtnisgegenstand unmittelbar. Diese auf Übertragung von Geld, eines oder mehrerer Wirtschaftsgüter bzw. Sach- und Rechtsgesamtheiten gerichtete Forderung ist ein **Sachleistungsanspruch,** für dessen Bewertung das Bewertungsrecht keine besondere Bestimmung enthält. Die Rechtsprechung und ihr folgend auch die Finanzverwaltung hat bislang den

---

[150] R 132 Abs. 1 S. 1 ErbStR.
[151] R 156 Abs. 2 S. 1 ErbStR. Zugrundezulegen ist die DIN 277 (Ausgabe Nov. 1950), Anl. 12 BewRGr. A.A. Rössler/Troll/Teß § 143 Rdnr. 5, der die Wohnfläche nach den §§ 42 bis 44 der Zweiten Berechnungsverordnung ermitteln will, die die DIN 277 abgelöst hat.
[152] R 156 Abs. 1 ErbStR.
[153] R 131 Abs. 1 ErbStR.
[154] BFH Beschl. v. 11.4.2006 – II R 35/05 – DStR 2006, 1079 (Vorlagebeschluss zum EuGH).

Vermächtnisanspruch mit dem Steuerwert bewertet,[155] obwohl bei der Bewertung von Sachleistungsansprüchen und Sachleistungsverpflichtungen aus gegenseitigen Verträgen eigentlich auf die Regelungen des allgemeinen Teils des Bewertungsgesetzes und damit insbesondere auf §§ 9 Abs. 1, 10 und 12 BewG zurückgegriffen werden müsste, wie der Bundesfinanzhof es bei der Bewertung von in den Nachlass fallenden Sachleistungsansprüchen auch tat. Ein im Zeitpunkt des Erbfalls noch nicht erfüllter Sachleistungsanspruch auf Errichtung eines Gebäudes wurde dementsprechend mit dem gemeinen Wert und nicht mit dem niedrigeren Steuerwert angesetzt.[156] Nun hat der Bundesfinanzhof in einem obiter dictum erkennen lassen, dass er dazu tendiert, diese Sichtweise auch bei Grundstücksvermächtnissen anzuwenden.[157] Konsequenterweise müsste sich diese neue Sichtweise aber auch auf andere unterbewertete Vermögen erstrecken, so dass auch land- und forstwirtschaftliches Vermögen, Betriebsvermögen und nicht notierte Anteile an Kapitalgesellschaften betroffen wären (vgl. § 35 Rdnr. 88, 93).

Für die einzelnen Vermächtnisarten gilt Folgendes:
- Ein **Geldvermächtnis** ist mit dem Nennwert anzusetzen und zwar auch dann, wenn der Vermächtnisnehmer das Geld zum Grundstückserwerb verwendet oder ihm ein Grundstück aus dem Nachlass an Erfüllung statt übereignet wird.[158] Dies gilt auch dann, wenn der Vermächtnisnehmer nach Testament oder Erbvertrag dazu verpflichtet war, die Geldmittel zum Erwerb des Grundstücks einzusetzen.[159]
- Erwerbsgegenstand bei einem **Kaufrechtsvermächtnis** ist das Übernahmerecht als solches, das es dem Bedachten ermöglicht, einen schuldrechtlichen Anspruch auf Übertragung des Gegenstandes, wie er sich im Nachlass befindet, gegen Zahlung des vom Erblasser festgelegten Preises zu begründen.[160] Dieses ist mit dem gemeinen Wert zu bewerten auch selbst dann, wenn der Vermächtnisnehmer den Nachlassgegenstand zu einem unter dem Verkehrswert liegenden Preis erwerben darf.[161] Die Steuer kann allerdings abweichend von § 9 Abs. 1 Nr. 1 Hs. 1 ErbStG – entsprechend der Regelung für den Pflichtteilsanspruch (§ 9 Abs. 1 Nr. 1 lit. b ErbStG) – erst mit der Geltendmachung des Rechts entstehen, weil der mit dem Erwerb des Rechts verbundene Vorteil sich erst dadurch realisiert. „Durch Vermächtnis" erworben ist gleichwohl allein das Gestaltungsrecht und nicht der erst als Folge seiner Geltendmachung entstehende Anspruch auf Übertragung des Nachlassgegenstandes.[162]
- Auch beim **Wahlvermächtnis** ist das Übernahmerecht als solches und nicht der erst durch dessen Ausübung entstehende Übertragungsanspruch Gegenstand des Vermächtnisses.[163] Dementsprechend ist dieses nicht mit dem Steuerwert des Gegenstandes anzusetzen, auf den es sich bezieht, sondern nach § 12 Abs. 1 ErbStG i.V.m. § 9 Abs. 1 BewG mit dem gemeinen Wert.
- Beim **Sachvermächtnis** (z.B. Betriebsvermächtnis, Grundstücksvermächtnis) ist Erwerbsgegenstand der Sachleistungsanspruch, der nach bisheriger Rechtsprechung mit dem Steuerwert des jeweiligen Gegenstands zu bewerten war.[164] Zukünftig dürfte der gemeine Wert massgebend sein.

---

[155] BFH Urt. v. 15.6.1966 – II 32/63 – BStBl. III 1966, 507; v. 15.10.1997 – II R 68/95 – BStBl. II 1997, 820; v. 15.3.2000 – II R 15/98 – BStBl. II 2000,588; R 92 Abs. 2 S. 1 ErbStR.
[156] BFH Urt. v. 27.11.1991 – II R 12/89 – BStBl. II 1992, 298.
[157] BFH Urt. v. 2.7.2004 – II R 9/02 – BStBl. 2004, 1039; ebenso *Viskorf* FR 2004, 1337; a.A. *Crezelius* ZEV 2004, 476.
[158] BFH Urt. v. 25.10.1995 – II R 5/92 – BStBl. II 1996, 97.
[159] BFH Beschl. v. 23.1.1991 – II B 46/90 – BStBl. II 1991, 310; Urt. v. 10.7.1996 – II R 32/94 – BFH/NV 1997, 28. Zur Reparaturmöglichkeit vgl. § 36 Rdnr. 267 f.; 300.
[160] BGH Urt. v. 28.1.1994 – V ZR 90/92 – BGHZ 125, 41.
[161] BFH Urt. v. 6.6.2001 – II R 76/99 – BStBl. II 2001, 605; a.A. *Daragan* DB 2004, 2389.
[162] BFH Urt. v. 1.8.2001 – II R 47/00 – BFH/NV 2002, 288; BGH Urt. v. 30.9.1959 – V ZR 66/58 – BGHZ 31, 13.
[163] BFH Urt. v. 6.6.2001 – II R 14/00 – BStBl. II 2001, 725.
[164] BFH Urt. v. 15.10.1997 – II R 68/95 – BStBl. II 1997, 820; R 92 Abs. 2 S. 1 ErbStR; *Meincke/Michel* ErbStG § 3 Rdnr. 39.

- Beim **Verschaffungsvermächtnis** ist Erwerbsgegenstand ebenfalls ein Sachleistungsanspruch, der nach bisheriger Rechtsprechung mit dem Steuerwert des jeweiligen Gegenstands zu bewerten war.[165] Zukünftig dürfte auch hier der gemeine Wert und damit die vom Erben aufgewendeten Mittel massgebend sein.
- Gegenstand eines **Nießbrauchsvermächtnisses** ist das Nutzungsrecht am nießbrauchsbelasteten Gegenstand. Dieses ist mit seinem nach §§ 13 bis 16 BewG ermittelten Kapitalwert anzusetzen.[166] Da es sich bei dem Nießbrauchsvermächtnis letztlich auch nur um ein Forderungsrecht handelt, müsste es nach der neueren Auffassung des BFH mit dem gemeinen Wert anzusetzen sein.

> **Praxistipp:**
> Testamente, in denen Grundbesitz, land- und forstwirtschaftliches Vermögen, Betriebsvermögen oder ein nicht notierter Anteil an einer Kapitalgesellschaft im Vermächtniswege übergehen soll, sind dahingehend zu überprüfen, ob sie von der sich abzeichnenden Änderung der Bewertung von Sachvermächtnissen betroffen sind. Gegebenenfalls sind Ersatzlösungen zu entwickeln (vgl. § 36 Rdnr. 262 ff.).

77   *cc) Gemischte Schenkung und Schenkung unter Leistungsauflage.* Bei der gemischten Schenkung und der Schenkung unter Leistungsauflage weicht die Rechtsprechung von dem Grundsatz der Identität von Erbschaft- und Schenkungsteuer im Bereich der Wertermittlung ab. **Gemischte Schenkungen** liegen vor, wenn der Leistung des Schenkers eine gemessen am Verkehrswert wertmäßig geringere Gegenleistung des Beschenkten gegenüber steht. **Gegenleistungen** i.S.d. Schenkungsteuerrechts sind nicht nur die Leistungen des Bedachten, die mit der Zuwendung synallagmatisch verknüpft sind, sondern alle diejenigen, die in einem konditionalen oder kausalen Zusammenhang mit der Zuwendung des Schenkers stehen.[167] Dies ist z.B. auch der Fall bei **Versorgungsleistungen,** die somit im Erbschaftsteuerrecht anders als im Einkommensteuerrecht (vgl. § 35 Rdnr. 228) als Gegenleistung zu behandeln sind. Auch die **Übernahme von Schulden** ist Gegenleistung, jedoch nur, wenn Zins- und Tilgungsleistungen auch vom Erwerber getragen werden[168] und es sich nicht um Betriebsschulden oder um die Übernahme anteiliger Gesellschaftsschulden im Zuge der Schenkung einer Beteiligung an einer rein vermögensverwaltenden Personengesellschaft handelt (vgl. § 35 Rdnr. 82). Auch Abstandsleistungen und Ausgleichsleistungen **an Dritte** (z.B. Gleichstellungsgelder) sind Gegenleistungen. Bei den letzteren ist allerdings zu unterscheiden zwischen dem Deckungsverhältnis zwischen Schenker und dem beschenkten Ausgleichsverpflichteten einerseits und dem Valutaverhältnis zwischen Schenker und dem Ausgleichsberechtigten andererseits. Lediglich im Deckungsverhältnis stellt die Ausgleichsleistung eine Gegenleistung dar. Das Valutaverhältnis ist schenkungsteuerlich unbeachtlich. Der Dritte erhält ein für sich gesondert zu betrachtendes Forderungsrecht. Dabei kann es sich ebenfalls um eine Schenkung handeln, die unter Abkürzung des Leistungsweges mit Hilfe des beschenkten Ausgleichsverpflichteten erbracht wird und deren Empfänger der Dritte ist. In diesem Verhältnis ist die Ausgleichsleistung zugleich eine freigebige Zuwendung des Schenkers an den Dritten. Dieses Forderungsrecht – und nicht erst die zu seiner Erfüllung erbrachte Ausgleichsleistung – ist Gegenstand der weiteren mit dem Übertragungsvertrag zu Gunsten des Ausgleichsberechtigten bewirkten Schenkung gemäß § 7 Abs. 1 Nr. 1 ErbStG, die bereits mit Abschluss dieses Vertrages i. S. des § 9 Abs. 1 Nr. 2 ErbStG ausgeführt ist.[169]

78   Keine Gegenleistung ist die **Auflage.** Verpflichtet sie den Bedachten zu einer Geld- oder Sachleistung an den Zuwendenden oder einen Dritten (sog. **Leistungsauflagen**), wird sie von der

---

[165] BFH Urt. v. 15.10.1997 – II R 68/95 – BStBl. II 1997, 820; R 92 Abs. 2 S. 1 ErbStR; *Meincke/Michel* ErbStG § 3 Rdnr. 39.
[166] Troll/Gebel/Jülicher/*Gebel* § 3 Rdnr. 178.
[167] BGH Urt. v. 17.6.1992 – XII ZR 145/91 – NJW 1992, 2566.
[168] BFH Urt. v. 17.10.2001 – II R 60/99 – BStBl. II 2002, 165; H 17 Abs. 2 ErbStH.
[169] BFH Urt. v. 22.10.1980 – II R 73/77 – BStBl II 1981, 78.

Rechtsprechung allerdings der **Gegenleistung gleichgestellt.** Leistungsauflagen, bei denen der Bedachte an einen Dritten leisten muss, sind wie Ausgleichsleistungen an Dritte zu behandeln. Auch hier ist folglich zwischen Deckungs- und Valutaverhältnis zu unterscheiden (vgl. § 35 Rdnr. 77). Dagegen werden sog. **Duldungs- oder Nutzungsauflagen** (z.B. obligatorische und dinglich gesicherte Nutzungsvorbehalte) lediglich als bereicherungsmindernde Faktoren angesehen, die mit ihrem Kapitalwert nach §§ 13 bis 16 ErbStG vom Steuerwert des Zuwendungsgegenstandes abzuziehen sind, sofern ein Abzug nicht an § 25 ErbStG scheitert.[170] Bei Schenkungen, die sowohl Elemente der gemischten Schenkung und Schenkung unter Leistungsauflage als auch der Schenkung unter Nutzungs- oder Duldungsauflage enthalten (sog. **Mischfälle**), ist zunächst die Verhältnisrechnung durchzuführen und sodann von dem so ermittelten Steuerwert der freigebigen Zuwendung der anteilig darauf entfallende Kapitalwert der Nutzungs- oder Duldungsauflage als Last abzuziehen.[171] Bei Schenkungen unter Duldungs- oder Nutzungsauflage zugunsten des Schenkers oder dessen Ehegatten ist § 25 ErbStG zu beachten, der für diese Fälle ein Abzugsverbot normiert (vgl. § 35 Rdnr. 169).

Während beim Erwerb von Todes wegen und damit auch bei der Schenkung auf den Todesfall eine vom Erwerber zu erbringende Leistung in voller Höhe vom Steuerwert des Erwerbs abgezogen wird, muss der Steuerwert der **gemischten Schenkung unter Lebenden** und derjenige der **Schenkung unter Leistungsauflage** im Wege einer **Verhältnisrechnung** ermittelt werden. Zu diesem Zweck ist der Zuwendungsvorgang in einen entgeltlichen und einen unentgeltlichen Vorgang zu zerlegen. Nur der unentgeltliche Teil unterliegt der Erbschaftsteuer. Die erbschaftsteuerliche Bemessungsgrundlage dieses Teils der gemischten Schenkung wird ermittelt, indem der Steuerwert der Leistung des Schenkers in dem Verhältnis aufgeteilt wird, in dem der Verkehrswert der Bereicherung des Beschenkten zum Verkehrswert des geschenkten Vermögens steht.[172] Es ergibt sich somit folgende Berechnungsformel:

$$\frac{\text{Steuerwert der Leistung des Schenkers} \times \text{Verkehrswert der Bereicherung des Beschenkten}}{\text{Verkehrswert der Leistung des Schenkers}} = \text{Steuerwert der freigebigen Zuwendung}$$

Bei der Ermittlung des **Steuerwerts der Leistung des Schenkers** richtet sich die Bewertung der Zuwendungsgegenstände gem. § 12 Abs. 1 ErbStG ebenso wie im Erbfall nach den Vorschriften des ersten Teils des BewG, soweit sich aus den Abs. 2 bis 6 des § 12 ErbStG nichts anderes ergibt. Wird ein **Betriebsvermögen** oder ein Betriebsvermögensanteil zugewendet[173] **und** übernimmt der Erwerber (Beschenkte) **andere Schulden und Lasten** als Betriebsschulden, ist die Verhältnisrechnung bezogen auf den gem. § 12 Abs. 5 ErbStG ermittelten Steuerwert des zugewendeten Betriebsvermögens bzw. Betriebsvermögensanteils anzuwenden. Gleiches gilt für eine rein vermögensverwaltende Personengesellschaft.[174] **Wiederkehrende Leistungen** (z.B. Versorgungsleistungen) sind mit ihrem nach §§ 13 bis 16 BewG zu ermittelnden Kapitalwert in die zur Berechnung des Steuerwerts der freigebigen Zuwendung erforderliche Verhältnisrechnung mit einzubeziehen. Im Übrigen wird auf die oben zur Wertermittlung gemachten Erläuterungen verwiesen (vgl. § 35 Rdnr. 39 ff).

Als **Verkehrswert der Bereicherung des Beschenkten** gilt der gemeine Wert i.S.d. § 9 BewG. Gleiches gilt für den **Verkehrswert der Leistung des Schenkers.** Sofern der vom Steuerpflichtigen erklärte Wert nicht offensichtlich unter dem Verkehrswert liegt, sind die Finanzämter gehalten, diesen zu übernehmen.[175] Bei Nutzungen und wiederkehrenden Leistungen greift die Finanzverwaltung, sofern die Beteiligten keinen Verkehrswert nachweisen, grundsätzlich auf die §§ 13 bis 15 BewG, nicht jedoch auf § 16 BewG zurück.[176] Bei **nichtnotierten Kapitalgesellschaftsanteilen** ist der gemeine Wert aus Verkäufen abzuleiten oder durch Schätzung nach

---

[170] R 17 Abs. 3 ErbStR, vgl. § 35 Rdnr. 169.
[171] R 17 Abs. 4 ErbStR.
[172] R 17 Abs. 2 ErbStR.
[173] Etwaige betriebliche Schulden werden bereits bei der Wertermittlung gem. § 12 Abs. 5 ErbStG erfasst. Insoweit handelt es sich um einen Schuldübergang, der stets zu einer Saldierung führt, vgl. § 35 Rdnr. 82.
[174] FinMin Bayern Schr. v. 20.10.1983 – 33 – S 3806 – 2/27 – 43 044 – DStR 1984, 44.
[175] R 17 Abs. 5 S. 2 ErbStR.
[176] R 17 Abs. 5 S. 3 ErbStR.

Maßgabe des § 12 Abs. 2 ErbStG zu ermitteln.[177] Bei **Grundstücken** und Betriebsgrundstücken sind bei der Ermittlung des Verkehrswerts die regionalen Verhältnisse und der Beleihungswert der Kreditinstitute zu berücksichtigen. Aus Vereinfachungsgründen akzeptiert die Finanzverwaltung grundsätzlich vom Steuerpflichtigen erklärte Verkehrswerte, wenn dieser Wert bei unbebauten Grundstücken das 1,2-fache und bei bebauten Grundstücken das Doppelte des festgestellten Grundstückswerts nicht unterschreitet.[178]

82 Bei einer **Betriebsübergabe** (Betriebsvermögen) ist Zuwendungsgegenstand der Gewerbebetrieb in seiner wirtschaftlichen Einheit aus Besitzposten und Schuldposten („Inbegriff von Sach- und Rechtsgesamtheiten").[179] Der **Schuldübergang** stellt – im Gegensatz zur Schuldübernahme – erbschaftsteuerlich daher **keine Gegenleistung** dar. Dies bedeutet, dass eine Betriebsübergabe, bei der auch die Betriebsschulden übernommen werden, aber ansonsten keine Gegenleistung vorgesehen ist, keine gemischte Schenkung ist. Gleiches gilt für die Schenkung einer Beteiligung an einer gewerblich tätigen Personengesellschaft. Auch hier werden die Betriebsschulden im Rahmen der Bewertung des Betriebsvermögens bei der Saldierung nach § 98 a BewG ungekürzt abgezogen. Anders verhält es sich allerdings bei rein **vermögensverwaltend tätigen Personengesellschaften,** insbesondere bei geschlossenen Immobilienfonds in der Rechtsform einer Gesellschaft bürgerlichen Rechts oder einer Kommanditgesellschaft. Nach § 10 Abs. 1 S. 3 ErbStG erhält der Beschenkte in diesem Fall keine Sachgesamtheit, sondern anteilige Wirtschaftsgüter. Hierdurch soll die Gleichstellung zur Übertragung von Einzelwirtschaftsgütern erreicht werden, so dass im privaten Bereich keine gebündelte Zuwendung von anteiligen Besitz- und Schuldposten mehr möglich wäre. Anders als bei der betrieblichen Beteiligung, bei der die Betriebsschulden im Rahmen der Bewertung des Zuwendungsobjekts „Gesellschaftsanteil" ungekürzt abgezogen werden, hat diese Beurteilung zur Folge, dass als Zuwendungsgegenstände lediglich die (anteiligen) positiven Wirtschaftsgüter anzusehen sind. Die Übernahme der anteiligen Gesellschaftsschulden wäre dann nicht mehr als Schuldübergang im Rahmen eines einheitlichen Zuwendungsobjekts zu beurteilen, sondern als Schuldübernahme und somit als – nur im Rahmen einer Verhältnisrechnung zu berücksichtigende – Gegenleistung zu werten.[180] Es läge somit – anders als bei der Schenkung der betrieblichen Beteiligung – eine gemischte Schenkung vor. Anders sieht dies der Bundesfinanzhof. Da eine rein vermögensverwaltende Personengesellschaft kein Betriebsvermögen hat, ist die Saldierung der positiven und negativen Wirtschaftsgüter zwar nicht nach § 12 Abs. 5 ErbStG i.V.m. § 98 a BewG geboten, wohl aber wegen der zivilrechtlich vorgegebenen Einheitlichkeit des Zuwendungsgegenstandes, eines Mitgliedschaftsrechts als „Bündel" von Rechten und Pflichten.[181] Zur Wertermittlung ist zunächst der Gesamtsteuerwert des Gesellschaftsvermögens festzustellen. Dieser ergibt sich aus dem Steuerwert der Wirtschaftsgüter des Gesellschaftsvermögens, von dem der Nennwert der Gesellschaftsschulden abzuziehen ist. Der entsprechende Anteil an dem so ermittelten Gesamtsteuerwert des Gesellschaftsvermögens stellt den Wert des Erwerbs des Erwerber dar.

83 Bei Betriebsvermögen kann zur Ermittlung des Verkehrswerts auch mit angemessenen Zuschlägen zu den Steuerwerten des Betriebsvermögens gearbeitet werden. Ein Firmenwert ist dabei zu berücksichtigen. Die Finanzverwaltung greift hier auf die direkte und die indirekte Methode zurück.[182] Bei der **direkten Methode** ergibt sich der Unternehmenswert aus dem Substanzwert (Teilwert) des Betriebsvermögens und dem kapitalisierten Übergewinn, d.h. dem nachhaltig erzielbaren Gewinn abzüglich angemessenem Unternehmerlohn und angemessener Verzinsung des Betriebsvermögens. Bei der **indirekten Methode** ergibt sich der Unternehmenswert aus dem Substanzwert (Teilwert) des Betriebsvermögens und dem Gesamtertragswert, d.h. der angemessenen Verzinsung des nachhaltig erzielbaren Gewinns abzüglich angemessenem Unternehmerlohn, wobei zusätzlich ein Risikoabschlag vorzunehmen ist.

---

[177] R 17 Abs. 6 S. 2 ErbStR.
[178] R 17 Abs. 6 S. 4 ErbStR.
[179] BGH Urt. v. 2.3.1988 – VIII ZR 63/87 – NJW 1988, 1668; vgl. § 35 Rdnr. 59.
[180] R 26 ErbStR; vgl. a. § 35 Rdnr. 77.
[181] BFH Urt. v. 17.2.1999 – II R 65/97 – BFH/NV 1999, 1338; *Moench* § 7 Rdnr. 93 m.w.N.
[182] Vgl. H 17 Abs. 6 ErbStR „Unternehmensbewertung".

Beispiel:[183]
Der Substanzwert des Betriebsvermögens eines Einzelunternehmens beträgt € 500.000, der nachhaltig erzielbare Gewinn € 140.000. Als angemessener Unternehmerlohn können € 60.000 angesetzt werden. Der Kapitalisierungsfaktor bei einem Zinssatz von 9 % beträgt 11,11 (= 100 % : 9 %).

	€
Direkte Methode:	
nachhaltig erzielbarer Gewinn	140.000
angemessene Verzinsung des Betriebsvermögens 9 % von € 500.000	./. 45.000
Unternehmerlohn	./. 60.000
Übergewinn	35.000
kapitalisierter Übergewinn:	
€ 35.000 × 11,11	388.850
kapitalisierter Übergewinn	388.850
Substanzwert	+ 500.000
Unternehmenswert	888.850
Indirekte Methode:	
nachhaltig erzielbarer Gewinn	140.000
Unternehmerlohn	./. 60.000
	80.000
kapitalisierter Ertragswert:	
€ 80.000 × 11,11	888.800
Ertragswert	888.800
Substanzwert	./. 500.000
	388.800
Risikoabschlag 50 %	./. 194.400
Substanzwert	+ 500.000
Unternehmenswert	694.400

Die Bewertung von Betriebsvermögen ist mit erheblichen Unsicherheiten behaftet. Selbst die von der Finanzverwaltung zugrunde gelegten Methoden gewähren einen erheblichen Bewertungsspielraum, der von den Steuerpflichtigen genutzt werden kann und auch genutzt werden sollte.

dd) Berücksichtigung des Zugewinnausgleichs. Während die Güterstände der Gütertrennung und der Gütergemeinschaft[184] grundsätzlich keinen erbschaftsteuerlichen Besonderheiten unterliegen, erfährt der Güterstand der Zugewinngemeinschaft erbschaftsteuerlich eine Sonderbehandlung. Ehegatten, die im **Güterstand der Zugewinngemeinschaft** leben, haben bei Beendigung der Ehe (durch Tod, Scheidung, Eheaufhebung u. ä.) oder des Güterstandes (z.B. durch ehevertragliche Vereinbarung eines anderen Güterstandes) grundsätzlich Anspruch auf einen Ausgleich der unterschiedlichen Vermögenszuwächse, die während des Bestehens der Ehe entstanden sind. Entsprechendes gilt für eingetragene Lebenspartner. Um diesem Grundgedanken des **Zugewinnausgleichs**, der eine gleichmäßige Teilhabe beider Ehegatten am Vermögenszuwerwerb während der Ehe durch einen nachträglichen Vermögenstransfer sicherstellen will, Rechnung zu tragen, nimmt § 5 ErbStG den Ausgleichsforderung entsprechenden Betrag von der Erbschaftsbesteuerung aus. Er stellt somit eine Freibetragsregelung dar. Diese Vergünstigung gilt jedoch nicht für die eingetragene Lebenspartnerschaft.[185] Die durch das Lebenspartnerschaftsgesetzergänzungsgesetz angestrebte weitgehende steuerliche Gleichstellung von Ehe und eingetragener Lebenspartnerschaft scheiterte an den politischen Widerständen.[186] Aufgrund dieser erbschaftsteuerlichen Privilegierung ist grundsätzlich zu empfehlen, anstatt der Gütertrennung die Zugewinngemeinschaft zu wählen (vgl. § 36 Rdnr. 251). Den unterschiedlichen Interessen der Ehegatten kann dadurch Rechnung getragen werden, dass der Zugewinn-

---
[183] H 17 Abs. 6 ErbStH „Unternehmensbewertung".
[184] § 4 ErbStG; vgl. a. Troll/Gebel/Jülicher/*Gebel* § 4 Rdnr. 1 bis 17.
[185] *Moench/Weinmann* § 5 Rdnr. 90 ff.
[186] BR-Drs. 739/00; vgl. a. *Reich* ZEV 2002, 395; FinMin. Baden-Württemberg Erl. v. 23.7.2003 – S 3800/16 – DStR 2003, 1486.

ausgleich in einem Ehevertrag den individuellen Bedürfnissen angepasst wird (sog. **modifizierte Zugewinngemeinschaft**, vgl. § 36 Rdnr. 251 ff.).

85 Erbt der überlebende Ehegatte nach § 1371 Abs. 1 BGB (sog. **erbrechtlichen Lösung**), wird nach § 5 Abs. 1 ErbStG der Zugewinnausgleichsanspruch ermittelt, der dem überlebenden Ehegatten zustehen würde, wenn der Zugewinn nach § 1371 Abs. 2 ermittelt würde (sog. **fiktive Ausgleichsforderung**). Damit wird lediglich für erbschaftsteuerliche Zwecke eine Berechnung der Ausgleichsforderung notwendig, sofern der Erwerb des überlebenden Ehegatten einschließlich etwaiger Vorschenkungen (§ 14 ErbStG) die persönlichen Freibeträge (§§ 16, 17 ErbStG) voraussichtlich überschreiten wird.[187] Die Berechnung erfolgt nach den Bestimmungen der 1373 bis 1383 und 1390 BGB durch Gegenüberstellung des Anfangs- und Endvermögens. Hiervon abweichende Vereinbarungen bleiben unberücksichtigt, § 5 Abs. 1 S. 2 ErbStG. Das **Anfangsvermögen** ist das Vermögen, das nach Abzug der Verbindlichkeiten zu Beginn des Güterstandes vorhanden war, § 1374 Abs. 1 BGB. Wird die Zugewinngemeinschaft durch Ehevertrag vereinbart, ist dies der Zeitpunkt des Vertragsschlusses, § 5 Abs. 1 S. 4 ErbStG. Etwaige Vereinbarungen z.B. beim Übergang von der Gütertrennung zur Zugewinngemeinschaft, die bestimmen, dass als Anfangsvermögen nicht das Vermögen im Zeitpunkt des Vertragsschlusses gilt, sondern das Vermögen, welches den Ehegatten bei Eheschließung gehörte, sind erbschaftsteuerlich unbeachtlich und zwar auch, wenn sie vor dem In-Kraft-Treten des § 5 Abs. S. 2 und 4 ErbStG am 1.1.1994 geschlossen wurden.[188] Bei der Berechnung des Anfangsvermögens stellt die infolge des Kaufkraftschwunds nur nominale Wertsteigerung des Anfangsvermögens eines Ehegatten während der Ehe nach Ansicht der Finanzverwaltung keinen Zugewinn dar.[189] Das Anfangsvermögen wird dabei um einen Inflationszuschlag erhöht, indem es mit dem Lebenshaltungskostenindex zur Zeit der Beendigung des Güterstandes multipliziert und durch die für den Zeitpunkt des Beginns des Güterstands geltende Indexzahl dividiert wird.

Beispiel:
Ein Ehepaar hat im Jahr 1964 geheiratet und den gesetzlichen Güterstand der Zugewinngemeinschaft seitdem beibehalten. Der Ehemann hatte ein Anfangsvermögen von € 500.000 und als er im Jahr 2004 verstirbt ein Endvermögen von € 3.000.000. Der Zugewinn der Ehefrau ist € 0. Würde das Anfangsvermögen nicht indiziert werden, wäre die Erbschaftsteuer wie folgt zu berechnen:

	€
Erwerb durch Erbanfall	3.000.000
fiktiven Ausgleichsforderung	1.250.000
(= 1/2 × [€ 3.000.000 – € 500.000])	
persönlicher Freibetrag	307.000
steuerpflichtiger Erwerb	1.443.000
ErbSt, 19%	274.170

Die Berechnung verändert sich aufgrund der Indizierung des Anfangsvermögens (€ 500.000 × 106,2/32,6 = € 1.628.834) wie folgt:

	€
Erwerb durch Erbanfall	3.000.000
fiktiven Ausgleichsforderung	685.583
(= 1/2 × [€3.000.000 – € 1.628.834])	
persönlicher Freibetrags	307.000
steuerpflichtiger Erwerb	2.007.417
ErbSt, 19%	381.409

Die Indizierung des Anfangsvermögens erhöht die Steuerlast des überlebenden Ehegatten im Beispiel somit um € 107.239 (=€ 381.409 – € 274.170).

Nur wenn das Anfangsvermögen einen Wert von € 0 hat, unterbleibt eine Indizierung.

---

[187] R 11 Abs. 1 S. 2 ErbStR.
[188] BFH Urt. v. 18.1.2006 – II R 64/04 – ZEV 2006, 224.
[189] R 11 Abs. 3 S. 3 ErbStR; gilt für Erbfälle ab dem 1.1.1999.

Beispiel:
Hätte der Ehemann im obigen Beispiel ein Anfangsvermögen von € 0 gehabt und ein Endvermögen von € 2.500.000, so dass der Zugewinn in beiden Beispielen gleich wäre, wäre die Erbschaftsteuer wie folgt zu berechnen:

	€
Erwerb durch Erbanfall	2.500.000
fiktiven Ausgleichsforderung	1.250.000
(= 1/2 × [€ 2.500.000 – € 0])	
persönlicher Freibetrags	307.000
steuerpflichtiger Erwerb	943.000
ErbSt, 19%	179.170

Trotz eines gleichen Zugewinns während der Ehe und desselben Erbschaftsteuersatzes in beiden Beispielen ist die Erbschaftsteuerlast des ohne Anfangsvermögen „startenden" Ehemanns, bedingt durch die Indizierung des Anfangsvermögens des anderen, um € 202.239 (= € 369.852 – € 179.170) geringer.

Die Beispiele machen deutlich, dass nur bei Steuerpflichtigen ohne Anfangsvermögen die Indizierung ohne Folgen bleibt. Steuerpflichtige mit Anfangsvermögen kommen nur dann zu dem gleichen Ergebnis, wenn sie mit diesem Anfangsvermögen bis zu ihrem Tode eine Rendite **nach Steuern** erzielen (bezogen auf laufende Erträge und Wertsteigerungen), die dem Kaufkraftschwund entspricht. Schafft der Steuerpflichtige dies nicht oder gibt er das Geld aus, gilt der Grundsatz: Je höher der Wert des Anfangsvermögens ist und je länger die Zugewinngemeinschaft besteht, desto nachteiliger sind die Auswirkungen auf den steuerfreien Ausgleichsbetrag und die Steuerlast des überlebenden Ehegatten.

Preisindex für die Lebenshaltung aller privaten Haushalte

2000 = 100

								1958	1959
								29,1	29,3
1960	1961	1962	1963	1964	1965	1966	1967	1968	1969
29,7	30,5	30,9	31,8	32,6	33,6	34,7	35,4	35,9	36,6
1970	1971	1972	1973	1974	1975	1976	1977	1978	1979
37,9	39,9	44,0	45,0	48,1	51,0	53,1	55,1	56,6	58,9
1980	1981	1982	1983	1984	1985	1986	1987	1988	1989
62,1	66,0	66,9	71,7	73,5	75,0	74,9	75,1	76,1	78,2
1990	1991	1992	1993	1994	1995	1996	1997	1998	1999
80,3	81,9	86,1	89,9	92,3	93,9	95,3	97,1	98,0	98,6
2000	2001	2002	2003	2004	2005				
100	102,0	103,4	104,5	106,2	108,3				

Das **Endvermögen** ist das Vermögen, das nach Abzug aller Verbindlichkeiten bei Beendigung des Güterstandes vorhanden ist, § 1375 Abs. 1 BGB. Für die Bewertung des Anfangs- und Endvermögens ist der **Verkehrswert** maßgebend. Zur Berechnung der fiktiven Ausgleichsforderung wird sodann der niedrigere Zugewinn von dem höheren abgezogen, der sich ergebende Unterschiedsbetrag halbiert und das Ergebnis dem Ehegatten mit dem niedrigeren Zugewinn zugerechnet, § 1378 Abs. 1 BGB. Die so ermittelte fiktive Ausgleichsforderung entspricht nun aber nicht unbedingt dem steuerfrei bleibenden Betrag. Denn in § 5 Abs. 1 S. 5 ErbStG ist eine **Höchstgrenze** vorgesehen. Sie soll etwaige Unterschiede zwischen der zivil- und der steuerrechtlichen Bewertung des Endvermögens ausgleichen. Zu diesem Zweck ist der Wert des Endvermögens des verstorbenen Ehegatten zusätzlich noch nach erbschaftsteuerlichen Bewertungsgrundsätzen zu ermitteln. Nach § 13 a ErbStG begünstigtes Vermögen (vgl. § 35 Rdnr. 117 ff.) ist in die Berechnung mit seinem Steuerwert vor Abzug des Freibetrages und des Bewertungsabschlags einzubeziehen. Ist der Steuerwert des Endvermögens größer oder gleich dem Verkehrswert, ist der Verkehrswert maßgebend und die fiktive Ausgleichsforderung in voller

Höhe steuerfrei. Ist der Steuerwert des Endvermögens dagegen niedriger als dessen Verkehrswert, ist die auf dem Verkehrswert basierende fiktive Ausgleichsforderung entsprechend dem Verhältnis von Steuerwert und Verkehrswert des dem Erblasser zuzurechnenden Endvermögens zu begrenzen.

Beispiel:

	Ehemann €	Ehefrau €
Endvermögen (Verkehrswert)	300.000	3.000.000
indiziertes Anfangsvermögen	100.000	400.000
Zugewinn	200.000	2.600.000

Fiktive Ausgleichsforderung des Ehemannes: 1/2 × (€ 2.600.000 – € 200.000) = € 1.200.000
Das Endvermögen der Ehefrau, welches mit ihrem Nachlass identisch ist, hat jedoch nur einen Steuerwert von € 2.000.000. Die steuerfreie fiktive Ausgleichsforderung ist daher entsprechend dem Verhältnis des Steuerwerts des Endvermögens zu dessen Verkehrswert begrenzt:

$$\frac{1.200.000 \times € \ 2.000.000}{€ \ 3.000.000} = € \ 800.000$$

87   Erbt der überlebende Ehegatte nach § 1371 Abs. 2 BGB (sog. **güterrechtliche Lösung**) oder endet die Zugewinngemeinschaft in anderer Weise als durch den Tod eines Ehegatten, ist die gesamte tatsächlich zu zahlende und somit mit dem Verkehrswert anzusetzende Ausgleichsforderung nach § 5 Abs. 2 ErbStG steuerfrei. Eine Beschränkung wie bei § 5 Abs. 1 S. 5 ErbStG (vgl. § 35 Rdnr. 86) ist nicht vorgesehen. Besteht der Nachlass zu großen Teilen aus Vermögensgegenständen mit einer starken Differenz zwischen Verkehrs- und Steuerwert, so kann der überlebende Ehegatte durch Ausschlagung der Erbschaft mit der Rechtsfolge des § 1371 Abs. 2 BGB die Berechnung der Ausgleichsforderung nach § 5 Abs. 2 ErbStG erreichen und so die Begrenzung des § 5 Abs. 1 S. 5 ErbStG legal umgehen.[190] Für etwaige erbschaftsteuerliche Zuwendungen, die über § 1380 BGB auf die Ausgleichsforderung angerechnet werden, erlischt die damals angefallene Steuer rückwirkend, § 29 Abs. 1 Nr. 3 ErbStG. Ob und inwieweit die Berechnung des Zugewinnausgleichs durch Ehevertrag modifiziert worden ist, ist für die Nichtsteuerbarkeit grundsätzlich ohne Belang.[191] Allerdings nimmt die Finanzverwaltung eine Bereicherung des Ehegatten durch Schenkung auf den Todesfall bzw. Schenkung unter Lebenden an, als die modifizierte Ausgleichsforderung diejenige sich nach §§ 1373 bis 1383 und § 1390 BGB ergebende (reguläre) Ausgleichsforderung übersteigt.[192] Gleichen Ehegatten den während des bisherigen Bestehens des Güterstands der Zugewinngemeinschaft entstandenen Zugewinn durch Ehevertrag aus, ohne diesen Güterstand gleichzeitig zu beenden, liegt hierin eine steuerbare unentgeltliche Zuwendung im Sinne des § 7 Abs. 1 Nr. 1 ErbStG, auf die § 5 Abs. 2 ErbStG keine Anwendung findet.[193]

88   *ee) Nachlassverbindlichkeiten.* Gem. § 10 Abs. 5 ErbStG sind bei der Berechnung der Bereicherung des Erwerbers die abzugsfähigen **Nachlassverbindlichkeiten** abzuziehen. Sind sie zunächst nicht bekannt, so kann der Abzug ohne zeitliche Begrenzung nachgeholt werden. Die Berichtigung erfolgt dann gem. § 173 bzw. § 175 AO.
Bei den vom Erblasser herrührenden Schulden (sog. **Erblasserverbindlichkeiten**, § 10 Abs. 5 Nr. 1 ErbStG) handelt es sich um Verbindlichkeiten, die bei seinem Tod noch nicht erfüllt waren. Es kann sich um Verpflichtungen handeln, die der Erblasser in einem Vertrag eingegangen ist oder durch deliktische Handlungen (vgl. §§ 823 ff. BGB) herbeigeführt hat. Aber auch Abgaben-, Gebühren- und Steuerschulden gehören hierzu. Nicht erforderlich ist, dass sie bereits bestanden. Sie können vielmehr auch mit dem Erbfall oder aber erst danach entstehen. Entscheidend ist lediglich, dass sie in der Person des Erblassers schon derart begründet waren, dass sie auch entstanden wären, wenn er nicht verstorben wäre.[194] Ist dies der Fall kann der Abzug vorgenommen werden. Zu beachten ist, dass Schulden und Lasten, soweit sie Anteile an

---

[190] *Kapp/Ebeling* § 5 Rdnr. 63 m.w.N.; vgl. a. § 36 Rdnr. 249.
[191] R 12 Abs. 2 S. 1 ErbStR.
[192] R 12 Abs. 2 S. 2 bis 6 ErbStR; vgl. § 36 Rdnr. 257.
[193] R 12 Abs. 3 ErbStR; H 12 ErbStH „Vorzeitiger Zugewinnausgleich bei fortbestehender Zugewinngemeinschaft"; zur „Güterstandsschaukel" vgl. § 36 Rdnr. 258.
[194] *Moench* § 10 Rdnr. 51.

Kapitalgesellschaften betreffen, nur mit dem Betrag abzugsfähig sind, der dem Verhältnis des nach Anwendung des § 13 a ErbStG verbleibenden Werts dieses Vermögens zu dem Wert vor der Anwendung des § 13 a ErbStG entspricht, § 10 Abs. 6 S. 5 ErbStG (vgl. § 35 Rdnr. 99). Entsprechendes gilt, wenn die Verbindlichkeiten bereits bei der Bewertung von Grundstücken oder land- und forstwirtschaftlichen Betrieben berücksichtigt wurden. Selbständig und unabhängig vom Bedarfswert eines land- und forstwirtschaftlichen Betriebs können dagegen Patronatslasten,[195] Wegeunterhaltslasten,[196] Holzlasten[197] und Altenteilslasten abgezogen werden; letztere allerdings nur, wenn sie tatsächlich auch in der übernommenen Höhe erbracht werden.[198]

Steuerschulden, die nach § 45 AO auf die Erben übergehen, gehören ebenfalls zu den Erblasserverbindlichkeiten und zwar auch dann, wenn die Steuerfestsetzung erst nach dem Erbfall erfolgt.[199] Gleiches gilt für die latente Ertragsteuerbelastung, die aus der Späre des Erblassers stammt, aber erst vom Erben realisiert wird,[200] soweit sie zum Bewertungsstichtag zumindest dem Grund und der Höhe nach – notfalls im Wege der Schätzung – hinreichend konkretisierbar ist. Erfolgt der Übergang eines Anteils an einer Personengesellschaft aufgrund einer **qualifizierten Nachfolgeklausel** und gelangen die Wirtschaftsgüter, die beim Erblasser zum Sonderbetriebsvermögen gehörten, mit dem Erbfall insoweit in das Privatvermögen, als sie anteilig den „nichtqualifizierten" Miterben zuzurechnen sind, kommt es ertragsteuerlich zu einem entsprechenden Entnahmegewinn (vgl. § 35 Rdnr. 185). Die **Einkommensteuer** entsteht dabei noch in der Person des Erblassers und ist daher als Erblasserverbindlichkeit abzuziehen.[201] Gleiches gilt für die in der Person des Erblassers entstandene Einkommensteuerschuld, die auf den Erben übergeht. Dementsprechend gehören auch **hinterzogene oder verkürzte Steuern** des Erblassers sowie **Hinterziehungszinsen**[202] zu den Erblasserverbindlichkeiten. Die Einkommensteuerschuld, die nach dem Erbfall in der Person des Erben entsteht, ist dagegen eine Eigenschuld des Erben. 89

Auch die **Zugewinnausgleichsschuld** nach § 1371 Abs. 2 BGB (sog. güterrechtlicher Ausgleich, vgl. § 35 Rdnr. 87 und § 36 Rdnr. 255) ist eine Erblasserverbindlichkeit, obwohl dem Forderungsinhaber bis zum Tod des Ehepartners nur eine Erwerbsaussicht zustand, die noch kein disponibles Anwartschaftsrecht ist.[203] Anzusetzen ist die Ausgleichsschuld mit ihrem Nennwert, und zwar auch dann, wenn die Forderung durch Übereignung von Grundbesitz getilgt wird.[204] 90

Eine am Todestag bereits **verjährte Schuld** soll der Erbe als Erblasserverbindlichkeit abziehen können, wenn feststeht, dass er die Einrede der Verjährung nicht erheben wird.[205] Besteht dagegen nach bürgerlich rechtlichen Grundsätzen überhaupt keine den Erben belastende Verbindlichkeit, so kommt eine Berücksichtigung als Erblasserverbindlichkeit nicht in Betracht. Dies gilt auch dann, wenn sich der Erbe aus tatsächlichen oder **sittlichen Gründen** zur Leistung verpflichtet fühlte.[206] Wird eine Erblasserverbindlichkeit nach dem Erbfall freiwillig **von einem Dritten** getilgt, ist dies für den Abzug unerheblich, da es allein auf die Verhältnisse im Todeszeitpunkt ankommt.[207] Allerdings könnte die Leistung des Dritten als freigebige Zuwendung im Sinne des § 7 Abs. 1 Nr. ErbStG zu werten sein. 91

---

[195] RFH Urt. v. 11.2.1937 – III A 199/36 – RStBl. 1937, 532.
[196] BFH Urt. v. 19.6.1951 – III 89/51 U – BStBl. III 1951, 156.
[197] RFH Urt. v. 22.4.1937 – III A 17/37 – RStBl. 1937, 634.
[198] Troll/Gebel/Jülicher/*Gebel* § 10 Rdnr. 165.
[199] FG Hamburg Urt. v. 10.10.1990 – II 173/88 – EFG 1991, 130. Nach FG Münster Urt. v. 15.5.2003 – 3 K 6841/00 Erb EFG 2003, 1182, soll es allerdings zweifelhaft sein, ob eine aus der Sphäre des Erblassers stammende, aber erst von den Erben realisierte Einkommensteuerlast zu den Erblasserschulden gerechnet werden kann.
[200] *Meincke* § 10 ErbStG Rdnr. 32; *Mellinghoff* DStJG 22, 1999, 127, 152; *Hilgers*, Die Berücksichtigung vom Erblasser herrührender Einkommensteuervor- und -nachteile bei der Nachlassbewertung im Erbrecht, Diss. Köln 2001.
[201] *Gebel* Betriebsvermögensnachfolge Rdnr. 520 a.E.
[202] BFH Urt. v. 27.8.1991 – VIII R 84/89 – BStBl. II 1992, 9.
[203] Troll/Gebel/Jülicher/*Gebel* § 10 Rdnr. 121.
[204] BFH Urt. v. 10.3.1993 – II R 27/89 – BStBl. II 1993, 368.
[205] Troll/Gebel/Jülicher/*Gebel* § 10 Rdnr. 132.
[206] Troll/Gebel/Jülicher/*Gebel* § 10 Rdnr. 134; a.A. BFH Urt. v. 18.11.1963 – II 166/61 – HFR 1964, 83.
[207] Troll/Gebel/Jülicher/*Gebel* § 10 Rdnr. 131; a.A. wohl *Moench* DStR 1992, 1185, 1188.

92 Zusätzliche Kosten, die dem Erben durch die Begleichung der Erblasserverbindlichkeiten entstehen, erhöhen den nach § 10 Abs. 5 Nr. 1 ErbStG abzugsfähigen Betrag und sind somit selbst als Erblasserverbindlichkeiten zu klassifizieren.[208] Sie werden mithin nicht von dem Pauschbetrag nach § 10 Abs. 5 Nr. 3 S. 2 ErbStG erfasst. Gleiches gilt für die Aufwendungen, die dem Erben wegen der noch durchzuführenden Veranlagung des Erblassers erwachsen (z.B. Steuerberatungskosten). Nicht hierher gehören dagegen die Kosten für die Erstellung der Erbschaftsteuererklärung; dies sind Erbfallkosten (vgl. § 35 Rdnr. 95).

93 **Erbfallschulden** sind Verbindlichkeiten, die mit dem Erbfall zusammenhängen. Hierbei handelt es sich im Wesentlichen um testamentarische Anordnungen sowie Pflichtteils- und Erbersatzansprüche, § 10 Abs. 5 Nr. 2 ErbStG. Die Verpflichtung zur Erfüllung eines **Vermächtnisses** entsteht beim Eintritt des Erbfalls und ist daher, soweit das Vermächtnis nicht ausgeschlagen wird, sofort abzugsfähig.[209] Auch hier stellt sich wiederum die Frage, mit welchem Wert das Wirtschaftsgut beim Erben anzusetzen ist. In Betracht kommen der gemeine Wert des weiterzugebenden Wirtschaftsguts oder aber der niedrigere Steuerwert. Sachgerecht erscheint hier allein ein identischer Wertansatz beim Erben und beim Vermächtnisnehmer im Wege eines erbschaftsteuerlichen **Korrespondenzprinzips**. Denn der Vermächtnisgegenstand ist mehrfach in die erbschaftsteuerliche Wertermittlung einbezogen ist. Würden dabei der Sachleistungsanspruch des Vermächtnisnehmers[210] und die ihm korrespondierende Sachleistungsverpflichtung des Erben jeweils mit dem aus dem Verkehrswert des Gegenstandes abgeleiteten Wert, der Gegenstand selbst aber bei der Nachlasswertberechnung mit einem niedrigeren Steuersachwert angesetzt, so würden die steuerlichen Ergebnisse gegen den Gleichbehandlungsgrundsatz verstoßen und beim Erben überdies zu einer unzutreffenden Besteuerung führen.[211] Dieses Ergebnis kann nur vermieden werden, wenn bei der Besteuerung die auf ein bestimmtes Bewertungsobjekt bezogene Wertermittlung durchgängig von übereinstimmenden Wertansätzen ausgeht. Dies bedeutet, das der Vermächtnisgegenstand beim Erwerb durch den Erben, beim Abzug als Erfallschuld und beim Erwerb des Vermächtnisnehmers entweder jeweils durchgängig mit dem Steuerwert oder jeweils mit dem gemeinen Wert anzusetzen ist. Soweit bislang mehrere Wertansätze in Betracht kamen, war der zugrunde zu legen, der die geringste Steuerbelastung zur Folge hatte.[212] Dies wurde von der Rechtsprechung bei Grundstücken bisher zumindest ebenso gesehen[213] und bei sonstigen unterbewerteten Betriebsvermögen nie ernsthaft in Frage gestellt.[214] Daher waren z.B. Betriebsvermächtnisse sowohl beim Vermächtnisnehmer als auch beim Erben mit dem gem. § 12 Abs. 5 und 6 ErbStG ermittelten Steuersachwert anzusetzen. Waren einzelne Wirtschaftsgüter des Betriebes nicht von dem Vermächtnis erfasst und verblieben somit beim Erben, war der Steuersachwert des Betriebes entsprechend zu verringern.[215] Diese Sichtweise wird von der Rechtsprechung mittlerweile in Zweifel gezogen.[216] Zwar soll der Erwerb des Erben nach wie vor mit dem Steuerwert bewertet werden. Der Vermächtnisnehmer hingegen erwerbe zivilrechtlich lediglich einen Sachleistungsanspruch, dessen Bewertung grundsätzlich zum gemeinen Wert erfolgen müsse. Um die Steuergerechtigkeit genüge zu tun, soll beim Erben die vermächtnisweise Verpflichtung zur Herausgabe des unterbewerteten Vermögens als eine mit diesem wirtschaftlich zusammenhängende Last anzusehen sein, die gemäß § 10 Abs. 6 S. 3 ErbStG nur mit dem Betrag abzugsfähig ist, der dem steuerpflichtigen Teil entspricht (vgl. § 35 Rdnr. 97). Beim Erben ist daher sowohl beim Erwerb als auch bei der Erbfallschuld der Steuerwert maßgebend; für ihn ändert sich nichts, wohl aber für den Vermächtnisnehmer, der nun den gemeinen Wert zu versteuern hat. Soweit also Testamente Vermächtnisse enthalten, die unterbewertetes Vermögen zum Gegenstand haben, ist Handlungsbedarf gegeben (vgl. § 35 Rdnr. 76; § 36 Rdnr. 262 ff.).

---

[208] Troll/Gebel/Jülicher/*Gebel* § 10 Rdnr. 136.
[209] Troll/Gebel/Jülicher/*Gebel* § 10 Rdnr. 30.
[210] So BFH Urt. v. 2.7.2004 – II R 9/02 – BStBl. II 2004, 1039 in einem obiter dictum; vgl. a. § 35 Rdnr. 75.
[211] *Gebel* Betriebsvermögensnachfolge Rdnr. 210; *Martin* DB 1990, 1536.
[212] *Gebel* Betriebsvermögensnachfolge Rdnr. 210.
[213] BFH Urt. v. 25.10.1995 – II R 5/92 – BStBl. II 1996,97; v. 15.10.1997 – II R 68/95 – BStBl. II 1997, 820; v. 15.3.2000 – II R 15/98 – BStBl. II 2000, 588.
[214] Moench/*Weinmann* § 10 Rdnr. 97 b.
[215] *Gebel* Betriebsvermögensnachfolge Rdnr. 210.
[216] BFH Urt. v. 2.7.2004 – II R 9/02 – BStBl. II 2004, 1039.

94 Entsprechendes gilt auch für ein Vorausvermächtnis. Im Gegensatz dazu führt jedoch eine testamentarische **Teilungsanordnung** oder eine bei der Erbauseinandersetzung zu beachtende **Ausgleichung** nicht zu einer Erbfallschuld. Beides regelt lediglich die Verteilung des Nachlasses unter den Erben. **Auflagen** und Bedingungen stellen ebenfalls eine Erbfallschuld dar, sofern eine Bewertung in Geld möglich ist[217] und sie dem Beschwerten nicht selbst zugute kommen (vgl. § 10 Abs. 9 ErbStG). Sie sind ebenso wie Vermächtnisse grundsätzlich sofort abziehbar. Etwas anderes gilt allerdings bei Vermächtnissen und Auflagen, die **wiederkehrenden Nutzungen und Leistungen** zugunsten des überlebenden Ehegatten zum Gegenstand haben. Sie unterliegen gem. § 25 Abs. 1 S. 1 ErbStG einem Abzugsverbot (vgl. § 35 Rdnr. 169). Werden die wiederkehrenden Nutzungen und Leistungen Verlobten, eingetragenen Lebenspartnern oder Partnern einer nichtehelichen Lebensgemeinschaft eingeräumt, greift das Abzugsverbot nicht ein. Verbindlichkeiten aus **Pflichtteilen** und **Erbersatzansprüchen** sind nur dann abzugsfähig, wenn der Anspruch geltend gemacht wird. Entsprechendes muss für den Dreißigsten nach § 1969 BGB gelten.

95 Schließlich ist noch der Erwerbsaufwand, die so genannten **Erbfallkosten** zu berücksichtigen, § 10 Abs. 5 Nr. 3 ErbStG. Hierzu zählen die Beerdigungskosten und die sog. **Nachlassregelungskosten**. Bei den Nachlassregelungskosten handelt es sich um Kosten, die dem Erwerber unmittelbar im Zusammenhang mit der Abwicklung, Regelung oder Verteilung des Nachlasses oder mit der Erlangung des Erwerbs entstehen (z.B. Auslagen für die Eröffnung des Testaments). Dies trifft jedoch nicht auf Kosten für die Verwaltung des Nachlasses zu (z.B. Nachlassverwaltung gem. § 1981 ff. BGB oder Kosten des Testamentsvollstreckers, die durch die Verwaltung des Nachlasses entstehen[218]). Abzugsfähig sind danach z.B. die Kosten für die Erstellung der Erbschaftsteuererklärung,[219] nicht hingegen die Erbschaftsteuerschuld, § 10 Abs. 8 ErbStG. Erbfallkosten sind ferner die **Kosten der Erbauseinandersetzung** einschließlich der gerichtlichen und außergerichtlichen Kosten einer Auseinandersetzungsklage oder eines Rechtsstreits zwischen den Miterben. Dies gilt auch für die Kosten die im Zuge der Versilberung des Nachlasses zum Zwecke der Erbauseinandersetzung in den Fällen der § 2042 Abs. 2 i.V.m. § 753 BGB und § 2046 Abs. 3 BGB sowie für Verwertungshandlungen, die zum Vollzug letztwilliger, nicht allein dem Erben selbst zugute kommender Anordnungen des Erblassers erforderlich sind.[220] Die **Kosten der Nachlassverwertung** sind dagegen grundsätzlich nicht abzugsfähig. Zu beachten ist, dass es für die Erbfallkosten einen **Pauschalbetrag** i. H. v. DM 20.000,– gibt. D. h., dieser Betrag wird als Erbfallkosten ohne Nachweis abgezogen. Höhere Kosten können abgezogen werden, wenn sie glaubhaft gemacht werden.

96 Schulden und Lasten, die mit Gegenständen zusammenhängen, die ganz oder teilweise von der Erbschaftbesteuerung ausgenommen sind, unterliegen einem **Abzugsverbot**, § 10 Abs. 6 ErbStG. Erfasst werden zunächst Schulden und Lasten, die im wirtschaftlichen Zusammenhang mit Wirtschaftsgütern stehen, die in vollem Umfang von der Besteuerung ausgenommen sind. Dies sind Vermögensgegenstände, die wie z.B. Kulturgüter im Sinne des § 13 Abs. 1 Nr. 2 ErbStG ausdrücklich steuerbefreit oder wie Anwartschaften oder bloße Erwerbsaussichten nicht steuerbar sind. Übersteigen die Schulden den Wert der Vermögensgegenstände, mit denen sie wirtschaftlich zusammenhängen, soll auch der **Schuldenüberhang** nicht abzugsfähig sein.[221] In diesen Fällen hilft nur der Verzicht auf die Steuerbefreiung, sofern er denn zulässig ist (vgl. § 13 Abs. 3 und § 13 a Abs. 6 ErbStG).

97 Schulden und Lasten, die mit teilweise steuerbefreiten Vermögensgegenständen im wirtschaftlichen Zusammenhang stehen, sind nur mit dem Teil abzugsfähig, der dem steuerpflichtigen Teil entspricht, § 10 Abs. 6 S. 3 ErbStG. In erster Linie gilt diese Regelung für erhaltenswerte Kunstgegenstände i.S.d. § 13 Abs. 1 Nr. 2 a ErbStG. Da diese mit 60% ihres Werts steuerfrei bleiben, sind auch mit ihnen zusammenhängende Schulden nur zu 40% abzugsfähig. Nicht unter diese Regelung fallen Vermögensgegenstände, für deren Erwerb ein sachlicher Freibetrag gewährt wird (vgl. z.B. § 13 Abs. 1 Nr. 1 a) ErbStG für Hausrat i.H.v.

---

[217] BFH Urt. v. 18.11.1963 – II 166/61 – HFR 1964, 83.
[218] Vgl. *Tiling* ZEV 1998, 331.
[219] FinMin Nordrhein-Westfalen Erl. v. 25.1.1991 – S 3810 – 13 – V A 2 – DB 1991, 525.
[220] BFH Urt. v. 28.6.1995 – II R 89/92 – BStBl. II 1995, 786; Troll/Gebel/Jülicher/*Gebel* § 10 Rdnr. 217.
[221] RFH Urt. v. 3.6.1943 – III 7/43 – RStBl. 1943, 567.

€ 41.000; § 35 Rdnr. 102); mit ihnen zusammenhängende Schulden und Lasten sind voll berücksichtigungsfähig.[222]

98 Bei Pflichtteilsschulden wenden Rechtsprechung und Finanzverwaltung § 10 Abs. 6 ErbStG an, da diese im wirtschaftlichen Zusammenhang mit den vom Erben steuerfrei erworbenen Vermögensgegenständen stehen.[223] Darüber hinaus könnte § 10 Abs. 6 S. 3 ErbStG beim Abzug von aus Vermächtnissen herrührenden Erbfallschulden Bedeutung erlangen. Der Bundesfinanzhof hat in einem obiter dictum angedeutet, dass er bei den Erben die vermächtnisweise Verpflichtung zur Herausgabe eines Grundstücks als eine mit diesem wirtschaftlich zusammenhängende Last ansehen möchte.[224] Da der Erwerb des Grundstücks beim Erben nur mit dem Steuerwert anzusetzen ist, sei er teilweise „steuerfrei" gestellt. Die Verpflichtung zur Herausgabe, die als Sachwertanspruch grundsätzlich mit dem gemeinen Wert anzusetzen sei, müsse dementsprechend gekürzt werden. Für den Erben ändert sich insoweit nichts. Der Leidtragende ist der Vermächtnisnehmer der nun den gemeinen Wert des Grundstücks zu versteuern hat, wohingegen früher durchgängig nur der Steuerwert zum Ansatz kam. Konsequenterweise wird diese beabsichtigte Rechtsprechungsänderung nicht nur bei Grundstücken, sondern auch bei allen anderen Arten von unterbewertetem Vermögen, wie z.B. bei Betriebsvermögen, land- und forstwirtschaftlichem Vermögen und bei nicht notierten Anteilen an Kapitalgesellschaften anzuwenden sein.

99 Bei beschränkter Steuerpflicht werden Schulden und Lasten nur bei Vermögensgegenständen berücksichtigt, die zum Inlandsvermögen gehören oder die Aufgrund der Zuweisung eines Doppelbesteuerungsabkommens im Inland besteuert werden (§ 10 Abs. 6 S. 2 ErbStG, vgl. § 34 Rdnr. 60). Schließlich sind Schulden und Lasten, soweit sie mit Anteilen an Kapitalgesellschaften oder mit einem land- und forstwirtschaftlichen Betrieb wirtschaftlich zusammenhängen, nur mit dem Betrag abzugsfähig, der dem Verhältnis des nach Anwendung des § 13 a ErbStG verbleibenden Werts dieses Vermögens zu dem Wert vor der Anwendung des § 13 a ErbStG entspricht, § 10 Abs. 6 S. 5 ErbStG. Dies gilt nicht für Schulden und Lasten, die mit Betriebsvermögen wirtschaftlich zusammenhängen, § 10 Abs. 6 S. 4 ErbStG. Im Gegensatz zu der Bewertung von Kapitalgesellschaftsanteilen und land- und forstwirtschaftlichem Betriebsvermögen sind die Betriebsschulden bei der Ermittlung des Reinwerts des Betriebsvermögens bereits berücksichtigt worden (vgl. § 35 Rdnr. 59, 82).

100 **b) Sachliche Steuerbefreiungen.** Sachliche Steuerbefreiungen knüpfen grundsätzlich nicht an persönliche Verhältnisse des Erwerbers an, sondern hängen von den sachlichen Voraussetzungen des Vermögensanfalls ab. Liegen diese Voraussetzungen vor, so bewirken sie, dass der Vermögensanfall ganz oder teilweise erbschaftsteuerfrei bleibt und mindern so den steuerpflichtigen Erwerb. Im Erbschaftsteuergesetz sind die sachlichen Steuerbefreiungen in §§ 13 und 13 a ErbStG geregelt.

101 *aa) Steuerbefreiungen.* Die in § 13 ErbStG genannten Steuerbefreiungen gelten, abgesehen von Einschränkungen im Gesetzeswortlaut oder aufgrund des Sinns der Vorschriften, grundsätzlich gleichermaßen für Schenkungen wie für Erwerbe von Todes wegen. Ihre Voraussetzungen müssen vorbehaltlich anderer Bestimmungen im Zeitpunkt der Steuerentstehung (vgl. § 9 ErbStG) erfüllt sein.[225] Voraussetzungen, die erst danach eintreten, führen zu keiner Steuerbefreiung. Jede einzelne Steuerbefreiung ist für sich anzuwenden, die Anwendung einer anderen, ggf. weiter gehenden Befreiung wird dadurch nicht ausgeschlossen.[226] Die Voraussetzungen sind von Amts wegen zu prüfen. Allerdings braucht das Finanzgericht nicht über einen unstreitigen Sachverhalt hinaus Nachforschungen von Amts wegen anzustellen, es sei denn, aus den Unterlagen böte sich ein besonderer Anlass.[227]

102 Zu den steuerbefreiten Gegenständen gehört zunächst der **Hausrat**, § 13 Abs. 1 Nr. 1 a) ErbStG. Hierunter fallen nicht nur die Ausstattung der Wohnung, sondern auch die dem per-

---

[222] R 31 Abs. 3 S. 2 ErbStR.
[223] FG Rheinland-Pfalz Urt. v. 3.6.2004 – 4 K 2085/01 – DStRE 2004, 1157; R 31 Abs. 2 ErbStR; Moench/*Weinmann* § 10 Rdnr. 97; Troll/Gebel/Jülicher/*Gebel* § 10 Rdnr. 249; krit. *Meincke* ZEV 2006, 199.
[224] BFH Urt. v. 2.7.2004 – II R 9/02 – BStBl. II 2004, 1039; vgl. a. § 35 Rdnr. 75; 93; § 36 Rdnr. 262 ff.
[225] R 41 Abs. 1 ErbStR.
[226] R 41 Abs. 2 ErbStR.
[227] BFH Beschl. v. 9.12.1969 – II R 39/69 – BStBl. II 1970, 97 zur Grunderwerbsteuer.

sönlichen Gebrauch dienenden Dinge wie Kleidung, Porzellan, Bücher und Ähnliches. Davon zu unterscheiden sind rein persönliche Gegenstände wie z.B. Schmuckstücke und Uhren, welche kein Hausrat sind, aber als **„andere bewegliche Gegenstände"** steuerfrei gestellt sein können, § 13 Abs. 1 Nr. 1 b) und c) ErbStG. Gegenstände von hohem Wert gehören zum Hausrat, wenn sie ihrer Art nach geeignet sind und nach dem Lebenszuschnitt der Ehegatten als Hausrat dienen.[228] Dies kann z.B. auch ein wertvoller Kunstgegenstand sein, sofern er nur der Ausschmückung der Wohnung dient. Personen der Steuerklasse I (vgl. § 35 Rdnr. 161) können Hausrat für insgesamt € 41.000,–, § 13 Abs. 1 Nr. 1 a) ErbStG, und andere bewegliche körperliche Gegenstände, die nicht zu den Gegenständen gehören, deren Erhaltung im öffentlichen Interesse liegt (vgl. § 35 Rdnr. 103), für insgesamt € 10.300,–, § 13 Abs. 1 Nr. 1 b) ErbStG, steuerfrei erwerben. Personen der Steuerklassen II und III steht diesbezüglich nur ein Freibetrag in Höhe von € 10.300,– zu, § 13 Abs. 1 Nr. 1 c) ErbStG. Geld, Wertpapiere, Münzen, Edelmetalle, Edelsteine und Perlen sind nicht steuerbefreit, § 13 Abs. 1 S. 2 ErbStG.

Bestimmte **Gegenstände, deren Erhaltung im öffentlichen Interesse liegt** (Grundbesitztümer, Kunstgegenstände, Kunstsammlungen, wissenschaftliche Sammlungen, Bibliotheken und Archive), sind ohne Rücksicht auf Ihren Wert und die Steuerklasse des Erwerbers nur mit 40% anzusetzen, wenn sie zusätzlich in angemessenem Umfang den Zwecken der Forschung oder der Volksbildung nutzbar gemacht sind oder werden und die jährlichen Kosten in der Regel die erzielten Einnahmen übersteigen, § 13 Abs. 1 Nr. 2 a) ErbStG. Sie bleiben sogar gänzlich steuerfrei, wenn der Erwerber darüber hinaus bereit ist, diese Gegenstände den Bestimmungen der Denkmalspflege zu unterstellen und sie sich entweder bereits seit mindestens 20 Jahren in Familienbesitz befinden oder in das Verzeichnis wertvollen Kulturguts oder national wertvoller Archive eingetragen sind, § 13 Abs. 1 Nr. 2 b) ErbStG. Die Vergünstigungen (60%iger Abschlag bzw. Steuerfreiheit) entfallen mit Wirkung für die Vergangenheit, wenn innerhalb von zehn Jahren nach dem Erwerb entweder die genannten Voraussetzungen entfallen oder der Gegenstand verkauft wird. Nach Ansicht der Finanzverwaltung ist zusätzlich erforderlich, dass sich die Gegenstände im Inland befinden,[229] wobei ihre vorübergehende Ausstellung im Ausland unschädlich sein soll.[230]

Vollständig steuerfrei bleibt auch **Grundbesitz, der für Zwecke der Volkswohlfahrt der Allgemeinheit freiwillig zugänglich** gemacht wird, seine Erhaltung im öffentlichen Interesse liegt und die jährlichen Kosten die erzielten Einnahmen in der Regel übersteigen, § 13 Abs. 1 Nr. 3 ErbStG. Erholungswälder, die der Öffentlichkeit gem. § 13 b WaldG zugänglich sind, fallen mangels Freiwilligkeit nicht hierunter. Steuerfrei bleibt auch der **Dreißigste** nach § 1969 BGB (§ 13 Abs. 1 Nr. 4 ErbStG; vgl. § 4 Rdnr. 56).

Zuwendungen unter Lebenden im Zusammenhang mit einem **inländischen Familienwohnheim** nebst dazugehörigen Grundstück[231] bleiben unter Ehegatten ebenfalls steuerfrei, § 13 Abs. 1 Nr. 4 a ErbStG. Erfasst wird nicht nur die Übertragung zu Allein- oder Miteigentum sondern jede Form des unmittelbaren oder mittelbaren Verschaffens. Die Steuerfreiheit wird daher auch gewährt, wenn ein Ehegatte den anderen von Verpflichtungen freistellt, die dieser im Zusammenhang mit der Anschaffung oder Herstellung eines Familienwohnheims eingegangen ist. Gleiches gilt, wenn die Ehegatten ein Familienwohnheim gemeinsam erwerben oder errichten und der eine Ehegatte dem anderen die erforderlichen Mittel ganz oder zum überwiegenden Teil zur Verfügung stellt.[232] Erfolgt die Hingabe der Mittel zu einem Zeitpunkt, in dem der andere Ehegatte noch keine Verpflichtung eingegangen war, fehlt es im Zeitpunkt der Zuwendung an einer Eigennutzung. Mittelbare Grundstücksschenkungen wären danach nicht steuerbefreit.[233] Nach h. M. kommt es allerdings nur darauf an, dass die Eigennutzung im Zeitpunkt der Zuwendung beabsichtigt ist und anschließend ohne Zwischenvermietung kurzfristig realisiert wird.[234] Angesichts der genannten Rechtsprechung ist hier jedoch Vorsicht

---

[228] BGH Urt. v. 14.3.1984 – II R 181/87 – NJW 1984, 1758.
[229] R 42 Abs. 2 ErbStR; zu Recht a.A. Troll/Gebel/Jülicher/*Gebel* § 13 Rdnr. 29 m.w.N.
[230] H 42 ErbStH „Ausstellung im Ausland".
[231] *Moench* § 13 Rdnr. 29.
[232] *Moench* § 13 Rdnr. 29.
[233] FG Rheinland-Pfalz Urt. v. 18.2.1999 – 4 K 2180/98 – EFG 1999, 619.
[234] Troll/Gebel/Jülicher/*Gebel* § 13 Rdnr. 72 m.w.N.

geboten. Schließlich ist steuerbefreit die Übernahme nachträglicher Herstellungs- und Erhaltungsaufwendungen für ein Familienwohnheim.

105 Unter einem **Familienwohnheim** ist ein im Inland belegenes, zu eigenen Wohnzwecken genutztes Haus oder eine im Inland belegene, zu eigenen Wohnzwecken genutzte Eigentumswohnung zu verstehen, wenn sich dort der Mittelpunkt des familiären Lebens befindet.[235] Ferien- oder Wochenendhäuser scheiden daher als Familienwohnheim aus.[236] Erfasst werden nicht nur das Grundstück nebst aufstehendem Gebäude inklusive Garagen und sonstigen Nebengebäuden,[237] sondern auch Häuser und Eigentumswohnungen auf fremdem Grund und Boden sowie Erbbaurechte und Wohnungserbbaurechte.[238] Abzustellen ist auf die Art der Nutzung und nicht auf die Art des Grundstücks. § 75 BewG spielt insoweit keine Rolle.[239] Die **Nutzung zu eigenen Wohnzwecken** setzt voraus, dass die Ehegatten das Haus bzw. die Wohnung selbst und allein oder mit zum Haushalt gehörenden Familienmitgliedern (z.B. Eltern, Kinder, Enkel) oder Personal nutzen.[240] Eine Nutzung nur durch den Zuwendungsempfänger ohne den zuwendenden Ehegatten reicht ebenso wenig, wie die alleinige Nutzung eines Kindes.[241] Unschädlich ist es dagegen, wenn sich der zuwendende Ehegatte den **Nießbrauch** an dem Familienwohnheim vorbehält, solange nur der beschenkte Ehegatte das Haus bzw. die Eigentumswohnung aufgrund ehelicher Gemeinschaft mitbenutzt.[242] Wird eine **selbständige Wohnung** im Haus unentgeltlich Familienangehörigen zu Wohnzwecken überlassen, steht dies der Annahme eines Familienwohnheims solange nicht entgegen, wie die Fremdnutzung nur von untergeordneter Bedeutung ist und die Ehegatten die Hauptwohnung bewohnen. Die Fläche der zu eigenen Wohnzwecken genutzten Wohnung wird in diesen Fällen mehr als 50% der Gesamtwohnfläche betragen müssen.[243]

106 Eine **Mitbenutzung** des Hauses oder der Eigentumswohnung zu anderen als Wohnzwecken, z.B. als **Arbeitszimmer,** oder zu **gewerblichen oder freiberuflichen Zwecken** ist unschädlich, wenn die Wohnnutzung insgesamt überwiegt, d.h. mehr als 50% beträgt, die verbleibenden Wohnräume die Voraussetzungen einer Wohnung erfüllen und die Intensität der Mitbenutzung dem Wohnhauscharakter nicht abträglich ist.[244] Eine auch nur teilweise **Vermietung** des Hauses oder der Eigentumswohnung ist nach h. M. schädlich und lässt die Steuerbefreiung unabhängig vom Flächenverhältnis der Wohnungen zueinander gänzlich entfallen.[245] Dies ist unzutreffend, da der Gesetzeswortlaut keine „ausschließliche" Nutzung zu eigenen Wohnzwecken verlangt. Es kann nach dem Normzweck des § 13 Abs. 1 Nr. 4 ErbStG keinen Unterschied machen, ob in einem Familienwohnheim eine Wohnung von untergeordneter Größe und Bedeutung kraft entgeltlich oder kraft unentgeltlich erworbenen Rechts genutzt wird.[246] Für Zwecke einer risikolosen Gestaltung empfiehlt es sich jedoch, das Grundstück vor der Zuwendung in **Wohnungs- oder Teileigentum** aufzuteilen, sofern dies möglich ist, und dann lediglich die ausschließlich eigengenutzte Eigentumswohnung zu schenken.[247]

107 Der Güterstand der Eheleute spielt für die Anwendung der Steuerbefreiung keine Rolle.[248] Auch Eheleute, die z.B. Gütertrennung vereinbart haben, können sich steuerfrei ein Familienwohnheim zuwenden. Es gibt auch keine Wertobergrenze.[249] Liegen die genannten Voraussetzungen vor, prüft das Finanzamt nicht, ob die Schenkung angemessen war. Auch ein Objektverbrauch (wie z.B. bei der Eigenheimzulage) ist nicht vorgesehen. Während des Bestehens

---

[235] R 43 Abs. 1 S. 1 ErbStR.
[236] R 43 Abs. 1 S. 2 ErbStR.
[237] R 43 Abs. 1 S. 9 ErbStR.
[238] *Weinmann* ZEV 1995, 321, 322.
[239] R 43 Abs. 1 S. 8 ErbStR.
[240] R 43 Abs. 1 S. 3, 7 ErbStR.
[241] Troll/Gebel/Jülicher/*Gebel* § 13 Rdnr. 62.
[242] *Geck* ZEV 1996, 107, 108; *Kapp/Ebeling* § 13 Rdnr. 38.4.
[243] Vgl. Troll/Gebel/Jülicher/*Gebel* § 13 Rdnr. 64, der von „deutlich mehr als 50%" spricht.
[244] R 43 Abs. 1 S. 5 ErbStR; H 43 ErbStH.
[245] R 43 Abs. 1 S. 6 ErbStR; *Moench* § 13 Rdnr. 28; *Kapp/Ebeling* § 13 Rdnr. 38.4; *Weinmann* ZEV 1995, 321, 323.
[246] Troll/Gebel/Jülicher/*Gebel* § 13 Rdnr. 65.
[247] *Korn/Kupfer* KÖSDI 1995, 10467.
[248] R 43 Abs. 2 S. 2 ErbStR.
[249] R 43 Abs. 2 S. 3, 4 ErbStR.

einer Ehe kann nacheinander mehrfach ein Familienwohnheim zugewendet werden.[250] Eine bestimmte Behaltenspflicht ist nicht vorgesehen.[251] Auch eine bestimmte **Behaltenszeit**, während der das Familienwohnheim nach der Zuwendung von den Ehepartnern behalten bzw. eigengenutzt werden muss,[252] ist nicht vorgesehen; einzige Grenze in diesem Zusammenhang ist vielmehr § 42 AO.[253] Die Zuwendung im Wege einer so genannten **Kettenschenkung**, d.h. der Zwischenschaltung eines Ehegatten als Mittelsperson, soll nach verbreiteter Ansicht nicht begünstigt sein.[254] Dies ist jedoch nur dann richtig, wenn den zwischengeschalteten Ehegatten eine rechtliche Pflicht zur Weiterschenkung trifft. Steht ihm demgegenüber ein eigener Handlungsspielraum zur Verfügung und liegen die anderen Voraussetzungen vor, steht einer Steuerbefreiung der Zuwendung nichts entgegen.[255]

Beispiel:
Ein Ehepaar wohnt in einem Einzelhaus, dass dem Vater der Ehefrau und dieser je zur Hälfte gehört. Der Schwiegervater will seine Hälfte dem Schwiegersohn schenken. Die direkte Zuwendung des Schwiegervaters an den Schwiegersohn wäre nach Steuerklasse II zu versteuern. Bei einem Wert des Hauses € 200.000 und einem noch nicht ausgeschöpften Freibetrag würde der steuerpflichtige Erwerb € 100.000 - € 10.300 = € 89.700 betragen. Würde der Schwiegervater dagegen seine Hälfte vorbehaltlos auf seine Tochter übertragen und diese sie sodann an ihren Ehegatten weiterreichen, wäre der Vorgang steuerfrei zu gestalten. Die Schenkung des Vaters an seine Tochter wäre angesichts des Freibetrages von € 205.000 steuerfrei möglich. Die Zuwendung der Tochter an ihren Ehemann wäre gem. § 13 Abs. 4 a ErbStG steuerbefreit.

Behält sich der zuwendende Ehegatte **Rückforderungsrechte** z.B. für den Fall der Ehescheidung oder des Vorversterbens des beschenkten Ehegattens vor, so ist dies nicht schädlich.[256] Auf diese Weise kann gleichzeitig dem Sicherungsbedürfnis des Schenkers Rechnung getragen werden und zugleich bei im Voraus nicht erwartetem Überleben des Schenkers der steuerfreie Rückfall an ihn erreicht werden (vgl. § 35 Rdnr. 171).

Schließlich eignet sich das **Familienwohnheim** auch dazu, Geld steuerfrei zwischen Ehegatten zu transferieren. Gehört dem vermögenden Ehepartner das Haus, schenkt er es dem anderen Ehegatten nach § 13 Abs. 1 Nr. 4 a ErbStG erbschaftsteuerfrei. Danach kauft er es zurück. Im Endeffekt wird dem anderen Ehegatten auf diese Weise letztlich Geld zugewendet. Gehört dem nicht vermögenden Ehegatten das Haus, verkauft er dieses zuerst und lässt es sich dann zurück schenken. Der Vorgang lässt sich grundsätzlich beliebig oft wiederholen. Man spricht daher auch von der sog. „**Wohnheimschaukel**".

Die **Befreiung** des Erben **von einer Schuld** gegenüber dem Erblasser bleibt gem. § 13 Abs. 1 Nr. 5 ErbStG steuerfrei, wenn entweder die Schuld auf der Gewährung von Mitteln zum Zweck des angemessenen Unterhalts oder zur Ausbildung des Bedachten beruht oder die Befreiung von der Schuld vom Erblasser mit Rücksicht auf die Notlage des Schuldners angeordnet wurde und diese auch durch den Erlass der Schuld nicht beseitigt sein darf. Erhält der Erwerber neben dem Schuldenerlass noch weitere Vermögensvorteile, entfällt die Steuerbefreiung insoweit, als die Steuer aus der Hälfte dieser zusätzlichen Zuwendungen gezahlt werden kann, § 13 Abs. 1 Nr. 5 S. 2 ErbStG.

Beispiel:
Der Erblasser hat seinem Pflegekind € 50.000 als Ausbildungsdarlehen gewährt und vermacht ihm zusätzlich noch € 5.200 bei seinem Tode.

	€	€
Ausbildungsdarlehen	50.000	
+ zusätzliches Vermächtnis		5.200
Zwischensumme	55.200	

---

[250] R 43 Abs. 2 S. 5 ErbStR.
[251] R 43 Abs. 2 S. 7 ErbStR.
[252] So aber FG Rheinland-Pfalz Urt. v. 18.2.1999 – 4 K 2180/98 – EFG 1999, 619.
[253] R 43 Abs. 2 S. 8 ErbStR; Troll/Gebel/Jülicher/*Jülicher* § 13 Rdnr. 74; *Moench* § 13 Rdnr. 30; *Kapp/Ebeling* § 13 Rdnr. 38.4.
[254] *Geck* ZEV 1996, 107, 109.
[255] So auch Troll/Gebel/Jülicher/*Jülicher* § 13 Rdnr. 74; *Kapp/Ebeling* § 13 Rdnr. 38.1.
[256] Troll/Gebel/Jülicher/*Jülicher* § 13 Rdnr. 58.

./. Freibetrag	5.200	
steuerpflichtiger Erwerb	50.000	
davon 17%		8.500
davon höchstens zu erheben 50% von € 5.200 =	2.600	

111 Entgegen den Wortlaut gilt diese Vorschrift über § 1 Abs. 2 ErbStG auch für Erwerbe unter Lebenden. Zuwendungen unter Lebenden zum **Zwecke des angemessenen Unterhalts** oder zur **Ausbildung** des Bedachten sind nach § 13 Abs. 1 Nr. 12 ErbStG steuerfrei. Hierunter fallen nur Unterhaltszuwendungen, auf die der Empfänger keinen Anspruch hat. Soweit ein Anspruch besteht, fehlt es bereits an einer Bereicherung (vgl. § 35 Rdnr. 16). Da zwischen Partnern einer **nichtehelichen Lebensgemeinschaft** keine gesetzliche Unterhaltspflicht besteht, kommt hier der Befreiung entscheidende Bedeutung zu.[257] Die Befreiung bezieht sich nur auf laufende Unterhaltszahlungen; Einmalzahlungen für den Erwerb bestimmter Gegenstände oder die Einmalzuwendung eines Kapitals oder eines Rentenstammrechts ist nicht begünstigt.[258] Maßstab für die relativ zu bestimmende Angemessenheit des Unterhalts sind die Verdienstmöglichkeiten und Lebenshaltungskosten unter Berücksichtigung des im Lebenskreis des Bedachten Üblichen.[259] Überschreitet die Zuwendung das Maß der Angemessenheit, ist sie in vollem Umfang steuerpflichtig, § 13 Abs. 2 S. 2 ErbStG. Der Begriff „Ausbildung" wird unter Rückgriff auf die einkommensteuerrechtlichen Vorschriften als das Erlernen einer ersten oder weiteren, später gegen Entgelt auszuübenden Tätigkeit verstanden, wobei die Absicht der späteren Berufsausübung erkennbar sein muss.[260] Neben den Kosten für Unterricht und Lehrmittel werden auch die durch die Ausbildung bedingten Lebenshaltungskosten mit erfasst. Auf eine Angemessenheitsgrenze kommt es hier nicht an.[261] Steuerfrei bleiben ferner **Zuwendungen an erwerbsunfähige Eltern oder Voreltern** des Erblassers oder Schenkers, sofern dieser Erwerb zusammen mit dem übrigen Vermögen des Erwerbers € 41.000 nicht übersteigt, § 13 Abs. 1 Nr. 6 ErbStG. Übersteigt der Wert des Erwerbs diese Grenze, wird die Steuer nur insoweit erhoben, als sie aus der Hälfte des die Wertgrenze übersteigenden Betrages gedeckt werden kann. Zuwendungen als angemessenes **Entgelt für Pflege und Unterhalt** sind gem. § 13 Abs. 1 Nr. 9 ErbStG bis zur Höhe von € 5.200 steuerfrei und zwar auch bei Zuwendungen unter Lebenden.[262] Steuerfrei bis zur Höhe des Pflegegelds nach § 37 SGB XI oder nach ähnlichen Vorschriften sind auch Zuwendungen, die eine Pflegeperson von einem Pflegebedürftigen für Leistungen der Grundpflege oder zur hauswirtschaftlichen Versorgung erhält, § 13 Abs. 1 Nr. 9 a ErbStG. Liegt der Leistung allerdings ein Dienst- oder Arbeitsverhältnis zugrunde, scheidet eine Besteuerung bereits mangels einer Bereicherung aus.

112 Der **Vermögensrückfall** an Eltern oder Voreltern bleibt steuerfrei, § 13 Abs. 1 Nr. 10 ErbStG. Begünstigt ist nur der Rückfall von Vermögensgegenständen an die Person, die sie zuvor durch Schenkung übertragen hat. Erforderlich ist ferner, dass die zurückgefallenen Gegenstände bei objektiver Betrachtung nach Art- und Funktionsgleichheit mit den geschenkten identisch sind (gegenständliche Identität).[263] Der Rückfall von im Austausch der zugewendeten Gegenstände in das Vermögen des Beschenkten gelangten Vermögensgegenstände soll mangels Art- und Funktionsgleichheit nicht begünstigt sein.[264] Wertsteigerungen, die auf die wirtschaftliche Entwicklung (bei einem Grundstück z.B. auf die Verbesserung der Verkehrslage oder auf die Aufschließung eines landwirtschaftlichen Grundstücks zu Bauland) zurückgehen, sollen steuerfrei sein.[265] Wertsteigerungen, die durch den Einsatz von Kapital oder Arbeit oder durch Stehenlassen von Gewinnen entstanden sind, sollen dagegen ebenso wie aus dem Schenkungsgegenstand

---

[257] BFH Urt. v. 1.7.1964 – II 180/62 – HFR 1965, 164.
[258] BFH Urt. v. 13.2.1985 – II R 227/81 – BStBl. II 1985, 333.
[259] RFH Urt. v. 8.7.1932 – V e A 991/31 – RStBl. 1932, 1147.
[260] BFH Urt. v. 17.4.1996 – VI R 94/94 – BStBl. II 1996, 450.
[261] Troll/Gebel/Jülicher/*Gebel* § 13 Rdnr. 145.
[262] RFH Urt. v. 23.5.1935 – RStBl. 1935, 1000; R 44 Abs. 1 S. 1 ErbStR.
[263] BFH Urt. v. 22.6.1994 – II R 1/92 – BStBl. II 1994, 656.
[264] R 45 Abs. 2 S. 1 -3 ErbStR.
[265] R 45 Abs. 2 S. 4 ErbStR; *Kapp/Ebeling* § 13 Rdnr. 87.

gezogene Früchte und deren Erträge steuerpflichtig sein.[266] Die gesetzliche Regelung des Vermögensrückfalls ist unbefriedigend.

Beispiel:
Ein Vater schenkt seiner Tochter ein Aktienpaket eines Maschinenherstellers. Einige Zeit später schichtet die Tochter ihr Depot um, verkauft die Aktien und erwirbt von dem Erlös Pfandbriefe. Wenig später verstirbt sie kinderlos und unverheiratet. Der Vater erbt die Pfandbriefe. Er schenkt diese kurz darauf seinem Sohn. Das geschenkte Vermögen unterliegt zunächst in der Gestalt der Aktien und danach in der Gestalt der Pfandbriefe insgesamt dreimal der Besteuerung. § 13 Abs. 1 Nr. 10 ErbStG kommt nicht zum Tragen, da die Pfandbriefe nicht art- und funktionsgleich mit den Aktien sind.

Es empfiehlt sich daher, bereits bei der Schenkung ein **Rückforderungsrecht** für den Fall des Vorversterbens des Beschenkten zu vereinbaren (vgl. § 35 Rdnr. 171). Dann greift zwar § 13 Abs. 1 Nr. 10 ErbStG nicht ein, da aber bereits die Steuer auf den (ersten) Zuwendungsakt gem. § 29 Abs. 1 Nr. 1 ErbStG entfällt und der Rückfall des Vermögens aufgrund des Rückforderungsrechts selbst keine Bereicherung darstellt, ist diese Gestaltung günstiger. Die vertraglich vereinbarte Rückforderung geht in erster Linie, soweit nicht anders vereinbart, entsprechend § 812 Abs. 1 S. 1 Alt. 1 BGB auf den geschenkten Vermögensgegenstand. Ist dieser aber nicht mehr vorhanden, ist Wertersatz zu leisten, § 818 Abs. 2 BGB. Auf diese Weise werden auch Surrogate erfasst, da auch insoweit die Steuer erstattet wird. Die Rückübertragung eines geschenkten Grundstücks kann allerdings Grunderwerbsteuer auslösen, sofern die Befreiungsvorschriften des 3 GrEStG nicht eingreifen.

Nach § 13 Abs. 1 Nr. 11 ist der **Verzicht auf die Geltendmachung des Pflichtteilsanspruch** oder des Erbersatzanspruchs steuerbefreit. Die stillschweigende Unterlassung der Geltendmachung ist gleichgestellt.[267] Nicht befreit ist demgegenüber der Verzicht auf einen bereits geltend gemachten Pflichtteilsanspruch oder auf ein bereits angenommenes entsprechendes Erbieten des Verpflichteten.[268]

Steuerfrei sind nach § 13 Abs. 1 Nr. 14 ErbStG **übliche Gelegenheitsgeschenke.** Dieser Begriff wird relativ verstanden. In begüterten Kreisen können somit höherwertige Geschenke als in anderen Bevölkerungskreisen zugewandt werden, was in Bezug auf den Grundsatz der Gleichmäßigkeit der Besteuerung zu Recht kritisch gesehen wird.[269] Allerdings wird man dem Normzweck dieser Vorschrift, „übliche Geschenke" von der Besteuerung auszunehmen, nur durch diese individuelle Betrachtungsweise angemessen Geltung verschaffen können. Allerdings setzt die allgemeine Auffassung über die Üblichkeit von Geschenken auch bei großem Wohlstand der Beteiligten eine absolute Obergrenze unabhängig von Anlass und Vermögensverhältnissen.[270] Dennoch wird diese schwer zu definieren sein und immer eine Frage des Einzelfalls bleiben. Darüber hinaus ist zu bedenken, dass es sich insoweit nicht um eine statische Wertgrenze handelt, sondern sich Anschauungen im Laufe der Zeit wandeln. Als eingrenzende Kriterien wird daher auf die Nähebeziehung zwischen Schenker und Beschenktem, das Herausstechen des Anlasses, die Vermögensverhältnisse des Schenkers und die Wiederholbarkeit des Geschenkes vom selben Schenker zurückgegriffen.[271] Eine Zusammenrechnung mehrerer anlässlich verschiedener besonderer Ereignisse gewährter Gelegenheitsgeschenke gem. § 14 Abs. 1 ErbStG scheidet nach dem Normzweck aus.[272] Mehrere Geschenke zu einem Anlass sind dagegen zusammenzurechnen und, wenn sie die Höhe des Üblichen übersteigen, in voller Höhe steuerpflichtig.

Zuwendungen an Pensions- und Unterstützungskassen sind steuerfrei, soweit keine Überdotierung vorliegt, § 13 Abs. 1 Nr. 13 ErbStG. **Zuwendungen an Kirchen und gemeinnützige, mildtätige oder kirchliche Körperschaften** sind gem. § 13 Abs. 1 Nr. 16 ErbStG steuerfrei. Ergänzend hierzu stellt § 13 Abs. 1 Nr. 17 ErbStG zweckgerichtete Zuwendungen steuerfrei,

---

[266] BFH Urt. v. 22.6.1994 – II R 13/90 – BStBl. II 1994, 759; R 45 Abs. 2 S. 5 und 6 ErbStR; *Kapp/Ebeling* § 13 Rdnr. 87; krit. *Wolf* DStR 1988, 563; *Felix* BB 1994, 1694.
[267] Troll/Gebel/Jülicher/*Gebel* § 13 Rdnr. 132.
[268] RFH Urt. v. 5.11.1936 – III e A 63/36 – RStBl. 1936, 1131.
[269] *Meincke* § 13 Rdnr. 45; *Moench* § 13 Rdnr. 80.
[270] RFH Urt. v. 10.10.1930 – RStBl. 1930, 765.
[271] Troll/Gebel/Jülicher/*Gebel* § 13 Rdnr. 168.
[272] Troll/Gebel/Jülicher/*Gebel* § 13 Rdnr. 170; *Moench* § 13 Rdnr. 56.

die ausschließlich **gemeinnützigen, mildtätigen oder kirchlichen Zwecken** i.S.d. §§ 51 bis 54 AO dienen. Die Verwendung zu dem begünstigten Zweck muss vom Zuwendenden verfügt und im Übrigen gesichert sein.[273] Wegen § 10 Abs. 9 ErbStG darf der Zweck der Verwendung nicht zugleich dem Erben bzw. dem Beschenkten zugute kommen. Wird diesem z.B. Geld unter der Auflage zugewandt, es zur Instandhaltung eines ihm gehörenden denkmalgeschützten Gebäudes zu verwenden, ist der Erwerb nicht nach § 13 Abs. 1 Nr. 17 ErbStG von der Steuer befreit.[274] Schließlich sind **Zuwendungen an Gebietskörperschaften** (Bund, Länder und Gemeinden), § 13 Abs. 1 Nr. 15 ErbStG, Ansprüche nach dem **Lastenausgleichsgesetz** und ähnlichen Gesetzen sowie nach dem **Bundesentschädigungsgesetz** steuerfrei, § 13 Abs. 1 Nr. 7 und 8 ErbStG. Wahlkampfspenden an Bundestagsabgeordnete gelten nicht als Zuwendungen an den Bund.[275]

117   bb) *Steuerbegünstigtes Betriebsvermögen.*

Checkliste

☐ Bevorzugt werden Übertragungen von begünstigtem Vermögen und zwar
  • jeder Erwerb von Todes wegen,
  • Schenkungen unter Lebenden.
☐ Begünstigtes Vermögen sind
  • inländisches Betriebsvermögen,
  • inländisches land- und forstwirtschaftliches Vermögen und
  • Anteile an Kapitalgesellschaften mit Sitz im Inland.
☐ Bei Betriebsvermögen und land- und forstwirtschaftlichem Vermögen muss es sich zudem um einen
  • ganzen Betrieb,
  • Teilbetrieb oder
  • Gesellschaftsanteil handeln.
☐ Bei Kapitalgesellschaftsanteilen muss die Beteiligung > 25% sein.
☐ Die Aufteilung des Freibetrags erfolgt bei Erwerben von Todes wegen
  • grundsätzlich nach Erbquoten oder Köpfen, es sei denn,
  • der Erblasser hat eine schriftliche Aufteilungsverfügung erlassen.
☐ Eine Aufteilungsverfügung des Erblassers ist in jedem Fall ratsam!
☐ Die Aufteilung des Freibetrags erfolgt bei der vorweggenommenen Erbfolge durch unwiderrufliche Erklärung des Schenkers.
☐ Das übertragene Vermögen muss 5 Jahre behalten werden.
☐ Eine Nachversteuerung tritt bei inländischem Betriebsvermögen und land- und forstwirtschaftlichem Vermögen ein bei
  • Veräußerung oder Aufgabe des Vermögens,
  • Veräußerung, Entnahme oder Verwendung von wesentlichen Betriebsgrundlagen für betriebsfremde Zwecke,
  • Überentnahmen oder
  • Veräußerung nach Umwandlung.
☐ Eine Nachversteuerung tritt bei im Privatvermögen gehaltenen Anteilen an Kapitalgesellschaften ein bei
  • vollständiger oder teilweiser Veräußerung,
  • verdeckter Einlage in eine andere Kapitalgesellschaft,
  • Auflösung der Kapitalgesellschaft,
  • Herabsetzung des Nennkapitals,
  • Veräußerung von wesentlichen Betriebsgrundlagen und Ausschüttung des Erlöses,
  • Übertragung von Vermögen der Kapitalgesellschaft oder
  • Umwandlungen nach §§ 3 bis 16 UmwStG.

---

[273] BFH Urt. v. 24.11.1976 – II R 99/67 – BStBl. II 1977, 213.
[274] Troll/Gebel/Jülicher/*Gebel* § 13 Rdnr. 224; *Moench* § 13 Rdnr. 102.
[275] Troll/Gebel/Jülicher/*Gebel* § 13 Rdnr. 180; a.A. *Felix* DVR 1986, 18.

(1) Einleitung. Eine besondere sachliche Begünstigung besteht für den Erwerb von betrieblich gebundenem Vermögen, für welches § 13 a ErbStG neben einem Freibetrag als weitere Begünstigung einen Bewertungsabschlag vorsieht. Als zusätzliche Privilegierung ist in diesen Fällen im Rahmen der Ermittlung der Erbschaftsteuer noch eine Tarifentlastung nach § 19 a ErbStG vorgesehen (vgl. § 35 Rdnr. 167). § 13 a ErbStG begünstigt grundsätzlich jeglichen **Erwerb von Todes wegen** und **durch Schenkung unter Lebenden.**[276] Da aber nur der Erwerb bestimmten Vermögens begünstigt ist (vgl. § 35 Rdnr. 120), sind die Erwerbsformen, die (wie z.B. der Pflichtteilserwerb) nur einen Geldanspruch zum Gegenstand haben oder sich nur auf einzelne Wirtschaftsgüter des Betriebsvermögens beziehen, nicht privilegiert. **Vor- und Nacherbfall** sind jeweils für sich getrennt zu betrachten. Es können daher die Begünstigungen des § 13 a ErbStG für beide in Betracht kommen.

Für **mittelbare Schenkungen** kann die Begünstigung nur in Anspruch genommen werden, wenn der Schenker dem Beschenkten einen Geldbetrag mit der Auflage zuwendet, dass dieser sich damit am Betriebsvermögen, land- und forstwirtschaftlichen Vermögen beteiligt oder vom Schenker unmittelbar gehaltene Anteile an einer Personengesellschaft oder einer Kapitalgesellschaft erwirbt.[277]

(2) Begünstigtes Vermögen. Erforderlich ist zunächst, dass es sich um begünstigtes Vermögen handelt. Gem. § 13 a Abs. 4 ErbStG zählen dazu nur
- inländisches Betriebsvermögen,
- inländisches land- und forstwirtschaftliches Vermögen und
- Anteile an Kapitalgesellschaften.

Nicht begünstigt ist derartiges Vermögen, das über einen Treuhänder gehalten wird, da der Herausgabeanspruch gegen den Treuhänder ein Sachleistungsanspruch ist und als Forderung nicht in den Kreis des begünstigten Vermögens einbezogen ist. Sein Erwerb kann folglich auch nicht als Erwerb begünstigten Vermögens i.S. von § 13 a Abs. 4 Nr. 1, § 19 a Abs. 2 Satz 1 Nr. 1 ErbStG behandelt werden. Ein Rückgriff auf die wirtschaftliche Zuordnungsregelung des § 39 Abs. 2 AO scheidet im zivilrechtlich geprägten Erbschaftsteuerrecht aus. Die ertragsteuerliche Zuordnung des Treuguts beim Treugeber ist insofern unbeachtlich.[278]

Der Begriff **inländisches Betriebsvermögen** umfasst aufgrund der Verweisung auf § 12 Abs. 5 ErbStG und den dort enthaltenen weiteren Verweis auf die §§ 95 bis 99, 104, 104, 109 Abs. 1 und 2 sowie 137 BewG zunächst einmal grundsätzlich alle Wirtschaftsgüter, die auch in der Vermögensaufstellung anzusetzen sind und zwar unabhängig davon, ob es sich um bilanzierende oder nichtbilanzierende Gewerbetreibende oder freiberuflich Tätige[279] handelt. Dies bedeutet, dass auch Grundstücke, die im Rahmen einer Betriebsaufspaltung zum Gewerbebetrieb gehören ebenso wie Sonderbetriebsvermögen zum begünstigten Betriebsvermögen zu zählen sind, sofern deren Betriebszugehörigkeit nicht entfällt.[280] Ferner kann auf dem Weg über gewerblich geprägte Personengesellschaften beliebiges Vermögen zum begünstigten Betriebsvermögen „mutieren".[281] Ob derartige Gestaltungen im Hinblick auf die Nachteile der ertragsteuerlichen Verstrickung der Vermögenswertsteigerungen immer sinnvoll sind, sollte genau kalkuliert werden (§ 36 Rdnr. 37 ff.). Entsprechendes gilt für die Bildung von gewillkürtem

---

[276] Das in der früheren Gesetzesfassung vorgesehene Merkmal „durch vorweggenommene Erbfolge", welches der BFH restriktiv auslegte und nur für Schenkungen akzeptieren wollte, die einem Erbfall materiell vergleichbar seien (vgl. BFH Urt. v. 25.1.2001 – II R 52/98 – BStBl. II 2001, 414; Nichtanwendungserlass: Gleichlautende Ländererlasse, v. 15.5.2001 – BStBl. I 2001, 350), ist durch das Steueränderungsgesetz 2001 rückwirkend für alle am Tag der Verkündung des Gesetzes noch nicht bestandskräftig veranlagten Fälle aufgehoben worden. Die Gesetzesänderung entfaltet jedoch keine Wirkung für Altfälle des § 13 Abs. 2 ErbStG a.F. aus der Zeit bis zum 31.12.1995. Diesbezüglich hält der BFH an seiner engen Auslegung des Begriffs „vorweggenommene Erbfolge" fest (vgl. BFH Urt. v. 20.3.2002 – II R 53/99 – BStBl. II 2002, 441; Nichtanwendungserlass: Gleichlautender Ländererlass v. 7.6.2002 – BStBl. I 2002, 656).
[277] R 56 Abs. 3 S. 1 ErbStR; zur Problematik der mittelbaren Schenkung im Bereich des § 13 a ErbStG vgl. *Gebel* Betriebsvermögensnachfolge Rdnr. 687 ff.
[278] FinMin Baden-Württemberg (koordinierter Ländererlass) v. 27.6.2005 – 3 – S 3806/51 – DB 2005, 1493 mit Übergangsregelung für vor dem 1.7.2005 begründete Treuhandverhältnisse bis 30.6.2006; vgl. a. § 35 Rdnr. 38.
[279] § 13 a Abs. 4 Nr. 1 ErbStG gilt seinem Wortlaut nach zwar nicht für die Übernahme einer freiberuflichen Praxis, wird jedoch in die Vergünstigungsregelung mit einbezogen; vgl. R 51 Abs. 1 S. 2 ErbStR.
[280] Troll/Gebel/*Jülicher*/*Gebel* § 13 a Rdnr. 135.
[281] *Moench* ZEV 1997, 268; vgl. a. *Felix* NJW 1997, 1040; *Weßling* DStR 1997, 1381; § 36 Rdnr. 43.

Betriebsvermögen, die mittlerweile nicht nur bei bilanzierenden Gewerbetreibenden und freiberuflich Tätigen zulässig ist, sondern auch bei denen, die ihren Gewinn durch Einnahmenüberschussrechnung nach § 4 Abs. 3 EStG ermitteln.[282] Allerdings ist zu beachten, dass **Grundstücke**, die nicht zu mehr als der Hälfte ihres Wertes dem Betrieb dienen (§ 12 Abs. 5 ErbStG i.V.m. § 99 Abs. 2 S. 2 BewG) oder bei denen ein Nichtunternehmer (z.B. der Ehegatte oder der Bruder) Miteigentümer ist(§ 12 Abs. 5 ErbStG i.V.m. § 99 Abs. 2 S. 3 BewG), nicht zum Betriebsvermögen im erbschaftsteuerlichen Sinne gehören (vgl. § 35 Rdnr. 60). Vorsicht ist daher bei Vermächtnissen geboten. Erhält z.b. ein Erbe eine Kommanditbeteiligung als Vorausvermächtnis und erbt er das zum Sonderbetriebsvermögen gehörende Betriebsgrundstück zusammen mit einem anderen Erben zu gleichen Teilen, zählt das Grundstück nicht zum begünstigtes Vermögen i. S. v. § 13 a ErbStG.

Dieses inländische Betriebsvermögen ist jedoch nur dann begünstigt, wenn es im Zusammenhang mit dem Erwerb eines **ganzen Gewerbebetriebs, Teilbetriebs oder eines Personengesellschaftsanteils** im Sinne des § 15 Abs. 1 Nr. 2, Abs. 3 oder § 18 Abs. 4 EStG erworben wurde. Die Begriffe werden dabei wie im Ertragsteuerrecht verstanden.[283] Hierdurch wird die begünstigte Übertragung **einzelner Wirtschaftsgüter** eines inländischen Betriebsvermögens ausgeschlossen. Möglich ist jedoch der begünstigte Erwerb einzelner Wirtschaftsgüter aus dem Sonderbetriebsvermögen eines Gesellschafters, wenn er mit dem Erwerb einer Gesellschaftsbeteiligung und sei es auch nur ein Zwerganteil verbunden ist.[284] Bei der Übertragung von ganzen Betrieben oder Teilbetrieben müssen sämtliche wesentlichen Betriebsgrundlagen mit übertragen werden.[285] Der Begriff der wesentlichen Betriebsgrundlage, der nach ertragsteuerrechtlichen Gesichtspunkten zu interpretieren ist,[286] ist dabei nicht funktional-quantitativ zu verstehen, sondern rein funktional entsprechend dem Verständnis bei der Unternehmensverpachtung auszulegen, so dass die stillen Reserven insoweit keinen Ausschlag geben.[287] Der Erwerber muss darüber hinaus nach Ansicht der Finanzverwaltung in die Stellung eines Mitunternehmers einrücken.[288]

122 Begünstigt ist ferner **inländisches land- und forstwirtschaftlichen Vermögen**, das im Besteuerungszeitpunkt als solches vom Erblasser auf den Erwerber übergeht und in der Hand des Erwerbers land- und forstwirtschaftliches Vermögen bleibt. Voraussetzung ist, dass dieses Vermögen ertragsteuerlich zum Betriebsvermögen eines Betriebs der Land- und Forstwirtschaft gehört, § 13 a Abs. 4 Nr. 2 ErbStG, und im Zusammenhang mit dem Erwerb eines ganzen Betriebs, eines Teilbetriebs oder einer Beteiligung an einer land- und forstwirtschaftlich tätigen Personengesellschaft auf den Erwerber übergeht. Die Übertragung einzelner Wirtschaftsgüter oder Übertragungen von einer Gruppe derartiger Wirtschaftsgüter, die keinen Teilbetrieb darstellt, ist nicht begünstigt. Gleiches gilt hinsichtlich des Wohnteils des Betriebsinhabers und der Altenteilerwohnungen, § 141 Abs. 1 Nr. 3 BewG. Ertragsteuerlich zum Betriebsvermögen gehörende vermietete Grundstücke, die bewertungsrechtlich dem Grundvermögen zuzurechnen sind, zählen demgegenüber zum begünstigten Vermögen. Erfasst werden hierdurch in erster Linie Wohn- und Geschäftsgebäude, die auf ehemals land- und forstwirtschaftlich genutzten Flächen errichtet worden sind und ertragsteuerlich als gewillkürtes Betriebsvermögen geführt werden. Gleiches gilt für die ebenfalls bewertungsrechtlich zum Grundvermögen gehörenden land- und forstwirtschaftlich genutzten Flächen im Sinne des § 69 BewG sowie zu Wohnzwecken des Betriebsinhabers oder eines Altenteilers dienende Gebäude und Gebäudeteile land- und forstwirtschaftlicher Baudenkmäler (§ 13 Abs. 2 Nr. 2 EStG). Letztere können jedoch bereits unter die volle oder teilweise Erbschaftsteuerbefreiung für denkmalgeschützte Gebäude nach § 13 Abs. 1 Nr. 2 ErbStG fallen. Auch hier sind wiederum die ertragsteuerlichen Grundsätze maßge-

---

[282] BFH Urt. v. 2.10.2003 – IV R 13/03 – BStBl. II 2004, 985; BMF v. 17.11.2004 – IV B 2 – S 2134 – 2/04 – BStBl. I 2004, 1064; Schmidt/*Heinicke* § 4 Rdnr. 167.
[283] R 51 Abs. 3 S. 2 ErbStR; zu den Begriffsdefinitionen vgl. *Sudhoff/von Sothen* § 51 Rdnr. 8, 19, 31.
[284] R 51 Abs. 3 S. 5 ErbStR; H 51 Abs. 3 ErbStR „Gleichzeitige Übertragung von Gesellschaftsbeteiligung und Sonderbetriebsvermögen".
[285] FG Münster Urt. v. 31.7.2003 – 3 K 3764/00 Erb – EFG 2003, 1636.
[286] Vgl. R 51 Abs. 3 S. 2 ErbStR.
[287] Wie hier Moench/*Weinmann* § 13 a ErbStG Rdnr. 26, unter Hinweis auf die Regelung in H 63 ErbSth „Wesentliche Betriebsgrundlage", die sich allerdings mit den Nachsteuertatbeständen befasst; vgl. § 35 Rdnr. 145.
[288] H 51 Abs. 1 ErbStH „Schenkung von Betriebsvermögen unter freiem Widerrufsvorbehalt"; ebenso *Troll/Jülicher* § 13 a ErbStG Rdnr. 134; dagegen *Ebeling* NJW 1999, 1087; *Herff* KÖSDI 2001, 12885.

bend.[289] Ist ein Betrieb der Land- und Forstwirtschaft oder ein Teilbetrieb **verpachtet** und hat der Verpächter von seinem ertragsteuerlichen Wahlrecht dergestalt Gebrauch gemacht, dass er die Aufgabe des Betriebs bzw. Teilbetriebs erklärt hat, liegt ertragsteuerlich und aufgrund der Bestandsidentität auch erbschaftsteuerlich kein land- und forstwirtschaftliches Vermögen mehr vor. Das Vermögen zählt somit nicht mehr zum begünstigten Betriebsvermögen. Dies gilt auch für einzeln verpachtete Flächen, sog. **Stückländereien**, aus denen der Verpächter keine Einkünfte aus Land- und Forstwirtschaft erzielt.[290]

Begünstigt ist schließlich noch der Erwerb von zum Privatvermögen gehörenden **Anteilen an Kapitalgesellschaften,** wenn die Kapitalgesellschaft im Besteuerungszeitpunkt ihren Sitz (§ 11 AO) oder ihre Geschäftsleitung (§ 10 AO) im **Inland** hatte und der Erblasser zu diesem Zeitpunkt (anders als bei § 17 EStG) **zu mehr als einem Viertel** am Nennkapital der Kapitalgesellschaft beteiligt war, § 13 a Abs. 4 Nr. 3 ErbStG. Auch hier kann zur Beurteilung des Begriffs der „Anteile an Kapitalgesellschaften" auf die ertragsteuerlichen Grundsätze des § 17 EStG zurückgegriffen werden.[291] § 13 a Abs. 4 Nr. 3 ErbStG stellt allein auf die Beteiligungshöhe in der Hand des Schenkers ab. Keine Rolle spielt, wie viel von der Beteiligung übergeht. Dies können auch weniger als 25% sein. In die Berechnung der Beteiligungsquote sind grundsätzlich nur die vom Erblasser **unmittelbar** gehaltenen Anteile mit einzubeziehen. Dies muss angesichts des eindeutigen Wortlauts des Gesetzes auch für **einbringungsgeborene Anteile** gelten.[292] Eine **mittelbare** Beteiligung ist dem Erblasser ausnahmsweise dann zuzurechnen, wenn die Anteile von einer nichtgewerblichen Personengesellschaft gehalten werden, da gem. § 10 Abs. 1 S. 3 ErbStG in diesem Fall ein Durchgriff erfolgt.[293] Soweit die Gesellschaft **eigene Anteile** hält, mindern diese nicht das Nennkapital der Gesellschaft und sind bei der Prüfung der Beteiligungshöhe eines Gesellschafters nicht auszuscheiden.[294] Nicht begünstigt ist **ausländisches Betriebsvermögen** und ausländisches land- und forstwirtschaftliche Vermögen sowie Anteile an Kapitalgesellschaften, die ihren Sitz oder ihre Geschäftsleitung im Ausland haben.[295] Hierin könnte im Hinblick auf die gemeinschaftsrechtlich statuierte Niederlassungs- und Kapitalverkehrsfreiheit ein Verstoß gegen das Europäische Gemeinschaftsrecht zu sehen sein.[296] Gegebenenfalls hilft hier die Einbringung des ausländischen Vermögens in eine inländische Kapitalgesellschaft.[297] Gehört die Beteiligung an einer ausländischen Personen- oder Kapitalgesellschaft zum Betriebsvermögen eines inländischen Gewerbebetriebs, so ist sie in dessen Begünstigung einbezogen.[298]

Hinsichtlich der **Nachfolgeklauseln bei Personengesellschaften** gilt Folgendes:
- Bei der **Fortsetzungsklausel** (vgl. § 40 Rdnr. 29 ff.) fällt der Gesellschaftsanteil nicht in den Nachlass. Die Erben können daher mangels eines Übergangs von Betriebsvermögen die Begünstigungen des § 13 a ErbStG nicht in Anspruch nehmen. Er steht vielmehr den verbleibenden Gesellschaftern zu, sofern bei ihnen ein Erwerb von Todes wegen vorliegt.[299]
- Bei der **einfachen Nachfolgeklausel** (vgl. § 40 Rdnr. 32 f.) können die Miterben für ihren jeweiligen Erwerb den Betriebsvermögensfreibetrag nach § 13 a Abs. 1 S. 1 Nr. 1 ErbStG anteilig (nach dem Verhältnis ihrer Erbquoten oder nach einer vom Erblasser verfügten anderweitigen Aufteilung) sowie den Bewertungsabschlag nach § 13 a Abs. 2 ErbStG in Anspruch nehmen.

---

[289] R 52 Abs. 4 S. 2 ErbStR.
[290] R 52 Abs. 5 ErbStR.
[291] Vgl. Sudhoff/*von Sothen* § 51 Rdnr. 147; a.A. *Jülicher* ZEV 1996, 97.
[292] R 53 Abs. 1 S. 2 ErbStR; a.A. *Crezelius* DB 1997, 1584, der § 13 a ErbStG auch auf einbringungsgeborene Anteile anwenden will, wenn die Beteiligungshöhe 25% nicht überschreitet.
[293] Troll/Gebel/Jülicher/*Jülicher* § 13 a ErbStG Rdnr. 236; a.A. H 26 ErbStR „Entlastungen nach § 13 a/19 a ErbStG für Anteile an Kapitalgesellschaften im Gesellschaftsvermögen".
[294] R 53 Abs. 2 S. 2 ErbStR; a.A. *Hübner* NWB Fach 10, 787.
[295] R 51 Abs. 4, R 52 Abs. 1 S. 3, R 53 Abs. 1 ErbStR.
[296] BFH Beschl. v. 11.4.2006 – II R 35/05 – DStR 2006, 1079 (Vorlagebeschl. zum EuGH); vgl. a. *Dautzenberg/Brüggemann* BB 1997, 123, 130; *Schnitger* FR 2004, 185; *Jochum* ZEV 2003, 171; a.A. noch BFH Urt. v. 5.5.2004 – II R 33/02 – BFH/NV 2004, 1279.
[297] Vgl. Troll/Gebel/Jülicher/*Gebel* § 13 a Rdnr. 134.
[298] R 51 Abs. 4 S. 3 ErbStR.
[299] R 55 Abs. 2 S. 5 ErbStR.

- Die **qualifizierte Nachfolgeklausel** (vgl. § 40 Rdnr. 34 ff.) zugunsten eines Miterben wird erbschaftsteuerlich nicht beachtet. Auch die „nichtqualifizierten" Miterben erwerben daher durch Erbanfall anteilig Betriebsvermögen.[300] Die Begünstigungen des § 13 a ErbStG können somit grundsätzlich für alle Erben in Betracht kommen. Aufgrund der Zuordnung des Betriebsvermögens zum qualifizierten Erben kommt es allerdings sogleich zur Verwirklichung eines Nachsteuertatbestandes im Sinne des § 13 a Abs. 5 Nr. 1 ErbStG, wenn der Nachfolgeerbe zum Wertausgleich verpflichtet ist.
- Bei der **Eintrittsklausel** (vgl. § 40 Rdnr. 38 ff.) ist zu unterscheiden: Verzichtet der Erbe, folgt die erbschaftsteuerliche Behandlung der einer Fortsetzungsklausel. Übernimmt er die Anteile, entspricht sie zumindest nach Ansicht der Finanzverwaltung derjenigen bei der qualifizierten Nachfolgeklausel. § 13 a ErbStG käme allen Erben zu Gute; bei einem Wertausgleich wäre allerdings bei den nicht eintrittsberechtigten Erben der Nachsteuertatbestand nach § 13 a Abs. 5 Nr. 1 ErbStG verwirklicht. Nach der hier vertretenen Ansicht wären auch im Falle der Übernahme die Rechtsfolgen identisch mit denen der Fortsetzungsklausel. Ein Betriebsvermögensfreibetrag nach § 13 a Abs. 1 Nr. 1 ErbStG stünde den Erben ebenso wenig zu, wie der Bewertungsabschlag nach § 13 a Abs. 2 ErbStG.
- Bei der **Übernahmeklausel** werden die Erben (zunächst) Gesellschafter der Personengesellschaft. Die erbschaftsteuerliche Behandlung entspricht derjenigen bei der einfachen Nachfolgeklausel, so dass die Steuervergünstigungen des § 13 a ErbStG grundsätzlich zum Tragen kommen. Für den Fall der Ausübung des Übernahmerechts werden mit der Übernahme durch den übernahmeberechtigten Gesellschafter die Nachsteuertatbestände des § 13 a Abs. 5 ErbStG verwirklicht.[301] Ist die Übernahmeklausel allerdings so ausgestaltet, dass die Ausübung des Übernahmerechtes durch den übernahmeberechtigten Altgesellschafter auf den Todestag zurückwirkt, kommt es zivilrechtlich zu einem unmittelbaren Erwerb durch den Übernahmeberechtigten.[302] Die Vergünstigungen des § 13 a ErbStG können hier von den Erben, ebenso wie bei der Fortsetzungsklausel, nicht beansprucht werden, wohl aber von dem Altgesellschafter.

Die **Sondernachfolge nach der Höfeordnung** (vgl. § 43 Rdnr. 4) ist erbschaftsteuerlich entsprechend den Grundsätzen zu behandeln, die für die qualifizierte Nachfolgeklausel gelten.

125 *(3) Betriebsvermögensfreibetrag.* Der **Freibetrag** beträgt € 225.000 (bis zum 31.12.2003: € 256.000). Beim **Erwerb von Todes wegen** tritt die Begünstigung kraft Gesetzes ein und steht grundsätzlich jedem Erwerber des begünstigten Vermögens zu (natürlichen wie auch juristischen Personen), sofern der Erblasser hinsichtlich des Freibetrages keine anderweitigen Verfügungen getroffen hat. Geht das begünstigte Vermögen **ausschließlich auf Erben** über, ist der Freibetrag entsprechend der Erbquoten aufzuteilen. Für die Aufteilung des Freibetrages kommt es dabei nur auf die Zahl der Erwerber an. Es sollen daher auch Erwerber mit einzubeziehen sein, die keiner persönlichen Steuerpflicht im Inland unterliegen.[303] § 13 a ErbStG stelle nur auf „Erwerber" ab. Ob diese auch in Deutschland steuerpflichtig sind, sei irrelevant. Besteht bei den prospektiven Erwerbern des begünstigten Vermögens keine Steuerpflicht, sollte daher vorsichtshalber unbedingt eine Aufteilungsanordnung getroffen werden. Ein bei einem Miterben nicht verbrauchter Freibetragsrest soll auch von den anderen Miterben nicht genutzt werden können.[304]

Beispiel:

Ein in der Schweiz lebender deutscher Staatsangehöriger setzt seine Tochter und deren drei Kinder, seinen in Deutschland lebenden Enkel und seine beiden in der Schweiz lebenden Enkelinnen, zu gleichen Teilen als Erben ein. Er hinterläßt ihnen nur seine inländische GmbH im Steuerwert von € 800.000. Hinsichtlich des Freibetrages nach § 13 a ErbStG verfügt er nichts. Gemäß der Aufteilungsregel nach § 13 a Abs. 1 S. 1 Nr. 1 HS 2 Alt. 1 ErbStG erfolgt die Aufteilung des Freibetrags nach Erbquoten, so dass jeder Erbe einen Anteil von € 56.250 bekommt. Obwohl der Erwerb der Tochter auch ohne Berücksichtigung ihres Anteils

---

[300] BFH Urt. v. 10.11.1982 – II R 85/78 – BStBl. II 1983, 329; R 55 Abs. 2 S. 1 und 2 ErbStR.
[301] A.A. *von Elsner* JbFSt 1997/98, 558 der eine Behandlung entsprechend der Fortsetzungsklausel annimmt; vgl. auch R 55 Abs. 2 S. 6 ErbStR.
[302] OLG Hamm Urt. v. 21.1.1999 – 27 U 179/98 – ZEV 1999, 321.
[303] BFH Urt. v. 25.1.2006 – II R 56/04 – ZEV 2006, 279.
[304] Moench/*Weinmann* § 13 a Rdnr. 69.

am Freibetrag nach § 13 a Abs. 1 S. 1 Nr. 1 ErbStG aufgrund ihres allgemeinen Freibetrages nach § 16 Abs. 1 Nr. 2 ErbStG steuerfrei wäre, bleibt es bei der Zuweisung des Anteils am Betriebsvermögensfreibetrag. Er bleibt mithin wirkungslos und kann nicht auf die anderen Erwerber übertragen werden. Die in der Schweiz lebenden Enkelinnen sind mit dem auf sie entfallenden Erbteil nach dem Erb-DBA Deutschland – Schweiz nicht in Deutschland steuerpflichtig. Auch der auf sie entfallende Anteil am Freibetrag bleibt ungenutzt und verfällt sogar. Der in Deutschland lebende Enkel muss den, den auf ihn entfallenden Anteil am Freibetrag überschießenden Erwerb versteuern.

Eine Aufteilung des Freibetrages bei Erwerben von Todes wegen nach Erbquoten ist sachgerecht nicht möglich, wenn das begünstigte Vermögen auf **Erben und Nichterben** oder ausschließlich auf Nichterben übergeht. Hat der Erblasser z.B. verfügt, dass das begünstigte Vermögen einem Vermächtnisnehmer oder einem überlebensbedingt bedachten Schenknehmer zufallen soll (vollständiger Übergang des begünstigten Vermögens auf Nichterben), geht der Freibetrag nach § 13 a Abs. 3 S. 2 HS 1 ErbStG in einer zweiten Stufe ganz oder teilweise auf diesen über. In diesem Fall erfolgt die Aufteilung, sofern keine Verfügung des Erblassers vorliegt, entsprechend der Aufteilungsregel des § 13 a Abs. 1 S. 1 Nr. 1 ErbStG letzter HS „zu gleichen Teilen". Im ersten Schritt erhalten Erben wie Nichterben gleiche Teile des Freibetrages. Dabei ist die Verteilung des Freibetrages nicht auf eine Verteilung nach Köpfen beschränkt, sondern umschreibt ein Aufteilungsprinzip, das auf die Verteilung des gesamten Freibetrages i. S. des § 13 a Abs. 1 S. 1 ErbStG gerichtet ist.[305] Ein bei der ersten Verteilung des Freibetrags „nach Köpfen" nicht verbrauchter Teil des Freibetrags ist zu gleichen Teilen so lange auf Erwerber zu verteilen, die noch Teile ihres durch § 13 a ErbStG begünstigten Vermögens zu versteuern haben, bis der Freibetrag vollständig verbraucht ist. Dieser Aufteilungsschlüssel gilt auch für die Verteilung eines übergegangenen Freibetrages auf mehrere Zweit- oder Letzterwerber, § 13 a Abs. 3 S. 2 HS 2 ErbStG. Wünscht der Erblasser eine solche Aufteilung nach Köpfen nicht, muss er anderweitig verfügen (vgl. § 35 Rdnr. 129). Auf der zweiten Stufe kann der Erblasser keine abweichende Aufteilung verfügen. Dies ist bei der Aufteilungsverfügung zu berücksichtigen, da mit der Verteilung des Freibetrages zugleich die Weichenstellung hinsichtlich der Weitergabeverpflichtung erfolgt. Ist nur ein Erwerber vorhanden und muss der Erbe das ganze begünstigte Vermögen weitergeben, gehen der Freibetrag und der Bewertungsabschlag dem Erben verloren und in vollem Umfang auf den Zweiterwerber über. Verbleibt bei einem **Vorausvermächtnis** auch nach dessen Erfüllung bei dem anderen Miterben begünstigtes Nachlassvermögen, ist der Vorausvermächtnisnehmer wie ein weiterer Erwerber („Dritter") zu behandeln, so dass bei der dann zunächst nach Köpfen vorzunehmenden Aufteilung auf ihn zwei Kopfteile entfallen.[306] Ihm steht neben dem Anteil als Miterbe auch ein Freibetragsanteil als Vorausvermächtnisnehmer zu.

Teilungsanordnungen sind nach der Rechtsprechung des Bundesfinanzhofs für die Besteuerung des Erbanfalls die einzelnen Miterben unbeachtlich.[307] Sie gehören daher auch nicht zu den nach § 13 a Abs. 3 ErbStG zu beachtenden Weitergabeverpflichtungen, die zugleich einen Übergang des Freibetrages bedingen. Auch hier muss jedoch das auf die Aufteilung des gesamten nach § 13 a Abs. 1 S. 1 ErbStG außer Ansatz zu bleibenden Freibetrags gerichtete Aufteilungsprinzip (vgl. § 35 Rdnr. 126) eingreifen, so dass ein Freibetragsrest nicht verloren geht, sondern zu gleichen Anteilen auf Erwerber zu verteilen ist, die noch Teile ihres durch § 13 a ErbStG begünstigten Betriebsvermögens zu versteuern haben.[308]

Beispiel:
Ein Vater setzt seine beiden Kinder zu gleichen Teilen als Erben ein. Er hinterläßt Ihnen u.a. seinen Gewerbebetrieb im Steuerwert von € 225.000 und verfügt in einer Teilungsanordnung, dass sein Sohn 75 % und seine Tochter 25 % des Betriebes erhalten sollen. Hinsichtlich des Freibetrages nach § 13 a ErbStG verfügt er nichts. Gemäß der Aufteilungsregel nach § 13 a Abs. 1 S. 1 Nr. 1 HS 2 Alt. 1 ErbStG

---

[305] BFH Urt. v. 15.12.2004 – II R 75/01 – BStBl. II 2005, 295; gleichlautende Ländererlasse v. 30.11.2005 – BStBl. I 2005, 1031 unter Aufhebung von R 57 Abs. 5 und 6 ErbStR.
[306] *Gebel* Betriebsvermögensnachfolge Rdnr. 438; ders., BB 1997, 811; Troll/Gebel/Jülicher/*Jülicher* § 13 a Rdnr. 129.
[307] BFH Urt. v. 1.4.1992 – II R 21/89 – BStBl. II 1992, 669; zur überquotalen Teilungsanordnung vgl. § 36 Rdnr. 270.
[308] OFD Düsseldorf v. 28.6.2005 – S 3812 – 19 – St 231/S 3812 – 11 – St 223 – DB 2005, 1493 unter Hinweis auf BFH Urt. v. 15.12.2004 – II R 75/01 – BStBl. 2005, 295 und unter Aufhebung von R 57 Abs. 6 S. 5 ErbStR; a.A. Moench/*Weinmann* § 13 a ErbStG Rdnr. 75.

erfolgt die Aufteilung des Freibetrags nach Erbquoten, so dass jeder der Erben die Hälfte bekommt. Da die Tochter jedoch nur 25 % des Betriebsvermögens erwirbt, bleiben die restlichen 25 % des Freibetrags ungenutzt, verfallen jedoch nicht, sondern kommen dem Sohn zugute, so dass auch dieser steuerfrei erwirbt.

Verloren geht ein Freibetragsanteil aber, wenn er auf einen Erwerber entfällt, dessen Erwerb z.b. auch ohne Berücksichtigung des Anteils am Freibetrag nach § 13 a Abs. 1 S. 1 Nr. 1 ErbStG die allgemeinen Freibeträge (§§ 16, 17 ErbStG) nicht übersteigt oder gar nicht der inländischen Besteuerung unterliegt.[309]

128 Zu einem **Wegfall des Freibetrages** beim Erben und **Übergang auf den Letzterwerber** kommt es nicht erst mit der tatsächlichen Übertragung des dem Erben im Wege der Gesamtrechtsnachfolge zugefallenen begünstigten Vermögens auf den Vermächtnis- bzw. Schenknehmer.[310] Denn die Steuerschuld des Erben und auch die des Vermächtnisnehmers entsteht gemäß § 9 Abs. 1 Nr. 1 ErbStG bereits mit dem Erbfall. Dies gilt für den Vermächtnisnehmer selbst dann, wenn der Erbe sich zunächst weigert, das Vermächtnis freizugeben[311] oder wenn der Vermächtnisnehmer im Ergebnis leer ausgeht, weil der Vermächtnisgegenstand noch in der Hand des Erben ohne Verschulden eines der Beteiligten untergeht.[312]

129 Der Erblasser kann eine anderweitige Aufteilung des Freibetrages verfügen (sog. **Aufteilungsverfügung**). Er kann dabei sowohl Erben wie auch Dritte (z.b. Vermächtnisnehmer) in die Aufteilung mit einbeziehen, allerdings nicht den in § 13 a Abs. 3 ErbStG vorgesehenen Freibetragsübergang verhindern oder einschränken.[313] Eine Dritte einschränkende Aufteilungsverfügung wird somit durch § 13 a Abs. 3 ErbStG wieder „korrigiert". In bezug auf Dritte kann sich die Aufteilungsverfügung des Erblassers daher nur auswirken, wenn diesem ein größerer Freibetragsanteil zugestanden wird, als bei der Vermächtniserfüllung ohnehin auf ihn übergehen würde. Bei einem **Vorausvermächtnis** hat der hierdurch begünstigte Miterbe eine Doppelstellung: Er erhält zum einen einen Anteil des Freibetrages als Miterbe, zum anderen erhält er (zusätzlich) den Anteil der aufgrund der Vermächtniserfüllung auf ihn nach § 13 Abs. 3 S. 2 ErbStG übergeht. Auch dieser Übergang eines Freibetragsanteils ist durch eine Aufteilungsverfügung nicht zu verhindern.

130 Die Aufteilungsverfügung ist immer dann sinnvoll, wenn das begünstigte Vermögen aufgrund des Erbfalls anders verteilt wird, als der Freibetrag. Darüber hinaus sollte für Erwerbe ab dem 01. Januar 2004 geprüft werden, ob der Freibetrag nicht dem Erwerber mit der ungünstigsten Steuerklasse zugewiesen wird, da die Tarifbegrenzung des § 19 a ErbStG die Steuer seitdem nicht mehr auf 100 %, sondern nur noch auf 88 % des Unterschiedsbetrages zur Steuer nach der Steuerklasse I reduziert (vgl. § 35 Rdnr. 167). Eine bewusst durch die Aufteilung vorgenommene Bevorzugung eines Erben rechtfertigt nicht die Annahme einer die Erbeinsetzung als Erwerbsgrund ergänzenden Zuwendung im Sinne des § 7 Abs. 1 Nr. 1 ErbStG.[314] Da die Aufteilung des Freibetrages auch nicht in den Kreis der von § 3 ErbStG umschriebenen Zuwendungen von Todes wegen gehört, ist der Vorteil aus der Aufteilung, der sich für einen über seinen Erbteil hinaus mit dem Freibetrag bedachten Erben ergibt, nicht selbständig steuerpflichtig.[315]

Hat der Erblasser den Freibetrag einem Erwerber zugedacht, der nicht zur Erbfolge gelangt oder kein begünstigtes Vermögen erwirbt, geht die Aufteilung ins Leere. Hier wird der insoweit „frei" gewordene Freibetrag allerdings insoweit nicht verloren gehen, als er im zweiten Schritt zu gleichen Teilen den anderen Miterwerbern zugute käme, bei denen der Wert des begünstigt erworbenen Vermögens den auf sie nach der Aufteilungsverfügung des Erblassers entfallenden Freibetragsanteil übersteigt.[316] Die Finanzverwaltung ordnet in den Fällen, in denen eine Auf-

---

[309] BFH Urt. v. 25.1.2006 – II R 56/04 – ZEV 2006, 279; vgl. a. § 35 Rdnr. 125.
[310] R 61 Abs. 1 S. 4 ErbStR.
[311] BFH Beschl. v. 28.11.1990 – II S 10/90 – BFH/NV 1991, 243.
[312] *Meincke* § 9 ErbStG Rdnr. 9.
[313] *Gebel* Betriebsvermögensnachfolge Rdnr. 434, 437; der zutreffend darauf hinweist, daß sachliche Gründe für diese Begrenzung der Gestaltungsfreiheit des Erblassers nicht zu erkennen sind.
[314] *Gebel* Betriebsvermögensnachfolge Rdnr. 441.
[315] *Meincke* § 13 a ErbStG Rdnr. 9.
[316] Vgl. § 35 Rdnr. 126; so auch gleichlautende Ländererlasse v. 30.11.2005 – BStBl. I 2005, 1031 unter Bezugnahme auf BFH Urt. v. 15.12.2004 – II R 75/01 – BStBl. II 2005, 295; a.A. Mönch/*Weinmann* § 13 a Rdnr. 75.

teilungsverfügung nicht oder nicht im vollen Umfang beachtet werden kann, weil ein Erwerber z.B. durch Ausschlagung der Erbschaft weggefallen ist, dessen Freibetrag oder Anteil am Freibetrag demjenigen zu, der als Erwerber oder Miterwerber an die Stelle des weggefallenen Erben getreten ist, sofern sich aus der Aufteilungsverfügung des Erblassers nicht etwas anderes ergibt.[317]

Die Aufteilungsverfügung des Erblassers bedarf der **Schriftform,** § 126 BGB. Ausreichend ist, wenn sie eigenhändig durch Namensunterschrift oder mittels notariell beglaubigten Handzeichens unterzeichnet ist. Bei z.B. infolge eines Schlaganfalls schreib- und sprechunfähiger Personen hilft die notarielle Beurkundung, da sie die Schriftform gem. § 126 Abs. 3 ersetzt. Dagegen ist eine vom Erblasser nur mündlich erklärte Aufteilung trotz § 41 Abs. 1 AO auch dann unbeachtlich, wenn sie von den Erben übereinstimmend akzeptiert wird.[318] Der Erblasser muss die Aufteilung zwar schriftlich, nicht aber notwendigerweise auch ausdrücklich verfügen. Sie kann daher aus einem Schriftstück im Wege der Auslegung ermittelt werden. Allerdings reicht die bloße Zuweisung einer Gesellschaftsbeteiligung im Wege der qualifizierten Nachfolgeklausel oder eine Teilungsanordnung hierfür nicht aus, wenn der Erblasser in diesen oder anderen Schriftstücken nicht zugleich ergänzende Hinweise auf die Verteilung des Freibetrages gemacht hat.[319]

Die Aufteilungsverfügung darf auch grundsätzlich nicht an Bedingungen geknüpft sein.[320] Einzige Ausnahme ist die Bestimmung eines **Ersatzbegünstigten.**[321] Begründet wird dies mit der Rechtsnatur der Aufteilungsverfügung als Gestaltungsrecht. Die zivilrechtliche Rechtsprechung zur Unbedingtheit des Gestaltungsrecht ist auf Gestaltungsrechte unter Lebenden zugeschnitten. Dort dient das Verbot der Wahrung schützenswerter Interessen des Erklärungsgegners.[322] Sowohl bei den Erben als auch bei der Finanzverwaltung sind allerdings keinerlei schützenswerte Interessen vorhanden. Zutreffenderweise sollte es dem Erblasser, insbesondere auch aufgrund der vielen Unwägbarkeiten im Hinblick auf den Wert des Vermögens zum Zeitpunkt des Erbfalls und die letztlich zur Erbfolge gelangenden Personen, daher nicht verwehrt werden, diesbezüglich durch entsprechende Bedingungen Vorsorge zu treffen. Dementsprechend sind Bedingungen als zulässig zu erachten, die auf Ereignisse abstellen, die bis zum Erbfall eintreten.[323] Bis zum Eintritt des Erbfalles ist die Aufteilungsverfügung frei widerruflich.[324] Der Widerruf ist nicht an die Schriftform gebunden und kann daher z.B. auch mündlich erfolgen.[325]

Die gesetzliche Aufteilungsgrundregel bzw. die schriftliche Aufteilungsverfügung des Erblassers[326] ist sowohl für das Finanzamt als auch für die Erwerber verbindlich. Eine **abweichende Vereinbarung der Miterben** über die Aufteilung des Freibetrages ist daher erbschaftsteuerlich **unbeachtlich** und zwar unabhängig davon, ob sie vor dem Erbfall (z.B. in einem Erbschaftsvertrag i.S.d. § 312 Abs. 2 BGB, vgl. § 26 Rdnr. 123) oder danach (z.B. in einem Auseinandersetzungsvertrag, vgl. § 19 Rdnr. 92) erfolgt.[327] Hat der Erblasser keine Aufteilung des Freibetrags verfügt, können die Erben die Aufteilungsverfügung nach Ansicht der Rechtsprechung anders als bei der Schenkung nicht nachholen.[328]

---

[317] R 57 Abs. 5 S. 5 ErbStR.
[318] *Gebel* Betriebsvermögensnachfolge Rdnr. 441.
[319] Troll/Gebel/Jülicher/*Jülicher* § 13 a ErbStG Rdnr. 95.
[320] R 57 Abs. 5 S. 3 ErbStR; Moench/*Weinmann* § 13 a Rdnr. 74.
[321] R 57 Abs. 5 S. 5 ErbStR.
[322] BGH Urt. v. 21.3.1986 – V ZR 23/85 – BGHZ 97, 264.
[323] Wie hier *Gebel* Betriebsvermögensnachfolge Rdnr. 443; weitergehend Troll/Gebel/Jülicher/*Jülicher* § 13 a ErbStG Rdnr. 96; *ders.* ZEV 2001, 60.
[324] *Felix* KÖSDI 1994, 9879; bei der Schenkung ist die Erklärung des Schenkers unwiderruflich, vgl. § 35 Rdnr. 135.
[325] A.A. *Gebel* Betriebsvermögensnachfolge Rdnr. 443.
[326] R 57 Abs. 5 S. 4 ErbStR.
[327] BFH Urt. v. 25.1.2006 – II R 56/04 – ZEV 2006, 279; R 57 Abs. 6 S. 1 und 2 ErbStR; *Gebel* Betriebsvermögensnachfolge Rdnr. 449.
[328] BFH Urt. v. 25.1.2006 – II R 56/04 – ZEV 2006, 279; Urt. v. 15.12.2004 – II R 75/01 – BStBl. II 2005, 295; *Kobor* FR 2002, 489; Moench/*Weinmann* § 13 a Rdnr. 74; a.A Troll/Gebel/Jülicher/*Jülicher* § 13 a Rdnr. 95; Sudhoff/*von Sothen* § 54 Rdnr. 56.

133   Bei der **Vor- und Nacherbfolge** erwirbt der Nacherbe nicht vom Erblasser, sondern vom Vorerben, § 6 Abs. 2 S. 1 ErbStG. Gleiches gilt bei **Nachvermächtnissen**, § 6 Abs. 4 ErbStG. Dies hat zur Folge, dass sowohl der Erwerb vom Erblasser als auch der Erwerb vom Vorerben jeweils nach § 13 a ErbStG begünstigt sind. Da beide Erwerbe selbständig zu betrachten sind, kommt es auf einen bestimmten zeitlichen Abstand, insbesondere auf die Zehn-Jahresfrist des § 13 a Abs. 1 S. 2 ErbStG nicht an. Vererbt der Vorerbe neben dem begünstigten Vermögen aus der Vorerbschaft eigenes begünstigtes Vermögen, ist der Abzug des für das eigene Vermögen des Vorerben zu gewährenden Freibetrags nur insoweit zulässig, als der Freibetrag für das der Nacherbfolge unterliegende Vermögen nicht bereits verbraucht ist.[329] Es kommt mithin nicht zu einer Verdoppelung des Freibetrages. Dies gilt auch dann, wenn der Nacherbe hinsichtlich des Nacherbschaftsvermögens gemäß § 6 Abs. 2 S. 2 ErbStG beantragt, nach dem Verhältnis zum Erblasser besteuert zu werden.[330] Soweit der Vorerbe keine anderweitige Aufteilung des Freibetrages verfügt hat, ist dieser nach nicht nach Erbteilen, sondern nach Köpfen auf die Erwerber aufzuteilen,[331] wobei dem Nacherben aufgrund des Nacherbschaftsvermögens kein zusätzlicher Anteil am Freibetrag zufällt.

134   Tritt die Nacherbfolge in anderer Weise als durch den Tod des Vorerben z.B. aufgrund einer **Wiederverheiratungsklausel** ein, gilt gemäß § 6 Abs. 3 S. 1 ErbStG die Vorerbfolge als auflösend bedingter und die Nacherbfolge als aufschiebend bedingter Anfall vom Erblasser. Danach läge lediglich ein, wenngleich gestreckter, Erwerb vom Erblasser vor, der im Hinblick auf § 13 a ErbStG wie ein Vermächtnis zugunsten des Nacherben zu behandeln wäre, ohne allerdings ein Sachleistungsanspruch zu sein. Gleiches gilt hinsichtlich des Nachvermächtnisses, § 6 Abs. 4 ErbStG. Die Vergünstigungen nach § 13 a ErbStG kämen mithin zunächst dem Vorerben zugute. Beim Übergang auf den Nacherben würden die Vergünstigungen dann wieder entfallen, § 13 Abs. 3 S. 1 ErbStG und auf den Nacherben übergehen. Dieser konsequenten Folge steht allerdings § 6 Abs. 3 S. 2 ErbStG entgegen, der die Steuerfestsetzung des Vorerben unverändert bestehen bleiben lässt und lediglich die Anrechnung der Steuer des Vorerben beim Nacherben vorsieht. Die Vergünstigungen des § 13 a ErbStG verbleiben mithin beim Vorerben und gehen nur mittelbar über die Anrechnung auf den Nacherben über. Die Finanzverwaltung geht demgegenüber auch im Fall der vorzeitigen Nacherbfolge von zwei Erwerben aus und behandelt den Erwerb des Nacherben als Schenkung unter Lebenden nach § 7 Abs. 1 Nr. 7 ErbStG.[332] Sie gewährt somit auch in diesen Fällen sowohl dem Vorerben als auch dem Nacherben jeweils den vollen Freibetrag und den vollen Bewertungsabschlag selbständig. Der Vorteil einer zweifachen Entlastung bleibt aber begrenzt, da die durch die Vergünstigungen des § 13 a ErbStG geminderte Steuer des Vorerben die anrechenbare Steuer beim Nacherben verringert.[333] Eine vorzeitige Übertragung des begünstigten Nacherbschaftsvermögens auf den Nacherben ist kein Fall des Eintritts der Nacherbschaft in anderer Weise als durch Tod des Vorerben. Hier handelt es sich vielmehr um eine Schenkung unter Lebenden im Sinne des § 7 Abs. 1 Nr. 7 ErbStG des Vorerben an den Nacherben, die dementsprechend selbständig zu beurteilen und gegebenenfalls begünstigt ist.

135   Während die Begünstigungen des § 13 a ErbStG beim Erwerb durch Erbanfall kraft Gesetzes eintreten, ist für ihre Inanspruchnahme im Rahmen der **Schenkung unter Lebenden** eine unwiderrufliche Erklärung des Schenkers erforderlich. Die Erklärung kann noch nach Eintritt der formellen Bestandskraft der Steuerfestsetzung gegenüber dem zuständigen Erbschaftsteuer-Finanzamt abgegeben werden, wenn der Erbschaftsteuerbescheid, die Bewertung von begünstigtem Vermögen betreffend, noch vorläufig nach § 165 AO ist,[334] ansonsten bis zu Bestandskraft des Bescheides. Zwar fordert die Finanzverwaltung grundsätzlich eine schriftliche Erklärung,[335] allerdings genügt auch eine mündliche, da das Gesetz selbst keine Schriftform verlangt. Die Erklärung des Schenkers ist bedingungsfeindlich;[336] jedoch ist ebenso wie bei der

---

[329] BFH Urt. v. 2.12.1998 – II R 43/97 – BStBl. II 1999, 235.
[330] Moench/*Weinmann* § 13 a ErbStG Rdnr. 58.
[331] R 57 Abs. 4 ErbStR.
[332] R 55 Abs. 1 S. 3 ErbStR.
[333] Moench/*Weinmann* § 13 a ErbStG Rdnr. 57.
[334] BFH Urt. v. 10.11.2004 – II R 24/03 – BStBl. II 2005, 182; a.A. R 58 Abs. 1 S. 2 ErbStR.
[335] R 58 Abs. 1 S. 3 ErbStR.
[336] Felix KÖSDI 1994, 9878; a.A. *Kapp/Ebeling* § 13 Rdnr. 209.

Aufteilungsverfügung eines Erblassers für den Erwerb von Todes wegen (vgl. § 35 Rdnr. 132) eine **Ersatzregelung** zulässig. Sie ist zwar nicht höchstpersönlich[337] aber aufgrund ihres Charakters als öffentlich-rechtliches Gestaltungsrecht nicht abtretbar.[338] Verstirbt der Schenker, ohne eine Inanspruchnahme-Erklärung abgegeben zu haben, können weder die Erben (vgl. § 35 Rdnr. 132) noch der Testamentsvollstrecker die Erklärung wirksam nachholen.[339]

Der Schenker kann über den Freibetrag bei einer Zuwendung nur insgesamt verfügen. Eine anteilige Verfügung ist ausgeschlossen, auch wenn der Steuerwert des zugewendeten begünstigten Vermögens geringer als € 225.000 ist.[340] Sind mehrere Erben bedacht worden, muss der Zuwendende ggf. auch den für jeden Bedachten maßgebenden Teilbetrag des Freibetrags bestimmen. Im Zweifel ist wie beim Erwerb von Todes wegen eine Verteilung nach Köpfen vorzunehmen.[341] Ein bei der Verteilung nicht verbrauchter Freibetrag verfällt. Löst ein Vorgang keine Schenkungsteuer aus, geht die Inanspruchnahme-Erklärung insoweit ins Leere. Ein durch die Inanspruchnahme-Erklärung eingetretener Freibetragsverbrauch entfällt wieder, wenn die eine Steuerbegünstigung gewährende Steuerfestsetzung (wie z.B. in einem Nachversteuerungsfall oder bei Widerruf der Schenkung) rückwirkend vollständig beseitigt wird.[342] Damit entfällt auch der Lauf der Sperrfrist rückwirkend, so dass der Freibetrag sofort wieder zur Verfügung steht. Entfällt jedoch nur ein Freibetragsanteil, z.B. wenn nur einer von mehreren begünstigten Erwerbern einen Nachsteuertatbestand verwirklicht, soll aufgrund der Unwiderruflichkeit der Inanspruchnahme-Erklärung eine Aufstockung der Freibetragsanteile der anderen nicht möglich sein.[343]

Hat der Schenker eine den vollen Freibetrag umfassende Inanspruchnahme-Erklärung abgegeben und kann der Freibetrag nur zum Teil genutzt werden, etwa weil der Reinwert des Betriebsvermögens unter € 225.000 zurückbleibt, soll das Kumulierungsverbot des § 13 a Abs. 1 S. 2 ErbStG (vgl. § 35 Rdnr. 137) nur in Höhe des bei der Steuerfestsetzung tatsächlich gewährten Freibetrags Platz greifen.[344] Der Restbetrag steht dann für eine weitere begünstigte Zuwendung von Betriebsvermögen oder Kapitalgesellschaftsanteilen innerhalb des Zehnjahreszeitraums **an denselben Erwerber** zur Verfügung. Sofern ein Schenker also nicht über genügend begünstigtes Vermögen verfügt oder aber dieses in Teilschritten auf seinen erkorenen Nachfolger übertragen will, empfiehlt es sich, in jedem Fall über den ganzen Freibetrag zu verfügen, auch wenn dieser so (noch) nicht voll ausgeschöpft wird. Denn tut er es nicht, verfällt der nicht verbrauchte Freibetrag. Verfügt er aber über den vollen Freibetrag, so hat er im ersten Fall noch die Chance später erworbenen begünstigtes Vermögen an denselben Erwerber innerhalb des Zehnjahreszeitraums zu schenken und den restlichen Freibetrag auszunutzen. Im zweiten Fall, bei der die Vermögensübertragung sukzessive erfolgt, würde der restliche Freibetrag durch die Folgeübertragungen verbraucht werden. Ist eine Zuwendung mit einer Weitergabeverpflichtung verbunden, die aber in der Person des Drittbegünstigten erst mit ihrem Vollzug Schenkungsteuer auslöst, kann der dem Erwerber vom Schenker zugeteilte Freibetragsanteil nach § 13 a Abs. 3 ErbStG ganz oder teilweise auf den Dritten übergehen. Anders als ein Erblasser kann der Zuwendende diesen Freibetragsübergang aber dadurch verhindern, dass er für den Drittbegünstigten keine Inanspruchnahme-Erklärung abgibt.

Wird ein Freibetrag gewährt, kann für weiteres, innerhalb von 10 Jahren nach dem Erwerb von derselben Person anfallendes begünstigtes Vermögen ein Freibetrag weder vom Bedachten noch von anderen Erwerbern in Anspruch genommen werden (sog. **Kumulierungsverbot**). Der Schenker unterliegt hinsichtlich der Verteilung eines erneuten Freibetrags einer Sperrfrist von

---

[337] BFH Urt. v. 20.3.2002 – II R 53/99 – BStBl. II 2002, 441.
[338] *Gebel* Betriebsvermögensnachfolge Rdnr. 707.
[339] BFH Urt. v. 20.3.2002 – II R 53/99 – BStBl. II 2002, 441; Urt. v. 25.1.2006 – II R 56/04 – BFH/NV 2006, 1214; *Gebel* Betriebsvermögensnachfolge Rdnr. 707; a.A. *Felix* KÖSDI 1994, 9878.
[340] R 58 Abs. 2 S. 1 ErbStR.
[341] So wohl auch Troll/Gebel/Jülicher/*Jülicher* § 13 a Rdnr. 102; a.A. Moench/*Weinmann* § 13 a ErbStG Rdnr. 78.
[342] *Gebel* Betriebsvermögensnachfolge Rdnr. 710; ders. UVR 1974, 172, 180; R 59 Abs. 2, 67 Abs. 3 S. 4 ErbStR.
[343] *Gebel* Betriebsvermögensnachfolge Rdnr. 713; R 67 Abs. 3 S. 1 u. 2 ErbStR; wohl a.A. Troll/Gebel/Jülicher/*Jülicher* § 13 a ErbStG Rdnr. 106.
[344] *Gebel* Betriebsvermögensnachfolge Rdnr. 713; Troll/Gebel/Jülicher/*Jülicher* § 13 a Rdnr. 101, 105; a.A. R 58 Abs. 2 S. 2 ErbStR.

zehn Jahren und zwar sowohl in Bezug auf eine nachfolgende freigebige Zuwendung als auch für einen Erwerb von Todes wegen. Für einen innerhalb von diesen zehn Jahren eintretenden Erbfall bedeutet dies, dass es insoweit zu einem **Freibetragsverbrauch** gekommen ist. Dem Beschenkten kann durchaus für weiteres ihm von einem anderen Schenker übergebenes begünstigtes Vermögen wiederum ein Freibetrag gewährt werden. Die Zehnjahresfrist beginnt im Zeitpunkt der Steuerentstehung für den begünstigten Erwerb.[345] Der Verbrauch ist dem Schenker auf dessen Anforderung hin durch das Finanzamt schriftlich mitzuteilen.[346] Entfällt die die Begünstigung des § 13 a ErbStG gewährende Steuerfestsetzung vollständig, entfällt auch der zunächst eingetretene Freibetragsverbrauch wieder. Denn dieser wird nicht schon durch die Verwirklichung des Begünstigungstatbestands und/oder die Inanspruchnahme-Erklärung des Schenkers bewirkt, sondern erst durch den Schenkungsteuerbescheid, der dem Erwerber die Begünstigung gewährt.[347]

138 *(4) Bewertungsabschlag.* Neben dem Freibetrag wird als weitere Begünstigung ein **Bewertungsabschlag** gewährt. Gemäß § 13 a Abs. 2 ErbStG ist der gegebenenfalls um den Freibetrag geminderte Wert des begünstigten Vermögens lediglich mit 65% (bis zum 31.12.2003: 60%) anzusetzen. Der Bewertungsabschlag beträgt mithin 35% (bis zum 31.12.2003: 40%). Um ihn in Anspruch nehmen zu können, ist es nicht erforderlich, dass dem Erwerber auch ein Freibetrag zugestanden hat. § 13 a Abs. 2 ErbStG besagt nur, dass der Abzug des Freibetrages **Vorrang** vor dem Bewertungsabschlag hat.[348] Eine Aufteilung des Bewertungsabschlags auf die einzelnen Erwerber ist nicht erforderlich, da er sich auf das gesamte begünstigte, nach Abzug des Freibetrages verbleibende Vermögen erstreckt. Dementsprechend ist auch beim Erwerb im Wege der Schenkung unter Lebenden keine Inanspruchnahmeerklärung des Schenkers bezüglich des Bewertungsabschlags erforderlich. Überträgt der Erbe im Zuge der Erfüllung einer letztwilligen oder rechtsgeschäftlichen Verfügung des Erblassers Betriebsvermögen auf einen Dritten, entfällt bei ihm gem. § 13 a Abs. 3 ErbStG auch insoweit der Bewertungsabschlag. Dieser steht dann dem Dritten (Vermächtnis- bzw. Schenknehmer) für seinen Erwerb zu. Das **Kumulierungsverbot** (vgl: § 35 Rdnr. 137) bezieht sich lediglich auf den Freibetrag und gilt daher nicht für den Bewertungsabschlag.

139 *(5) Behaltefrist und Nachversteuerung.* Die Privilegierung des Betriebsvermögens ist nur dann gerechtfertigt, wenn es als solches erhalten bleibt. Sowohl der Betriebsvermögensfreibetrag als auch der Bewertungsabschlag führen daher erst nach Ablauf von fünf Jahren (sog. **Behaltensfrist**) zu einer endgültigen Begünstigung. Bis zu diesem Zeitpunkt sind die Begünstigungen nur materiell vorläufig.[349] Wird in dieser Zeit einer der Nachsteuertatbestände des § 13 a Abs. 5 Nr. 1 bis 4 ErbStG verwirklicht, entfallen die Begünstigungen **rückwirkend**. Dementsprechend kann der Erbschaftsteuerbescheid, auch wenn er bereits formell bestandskräftig war, gem. § 175 Abs. 1 Nr. 2 AO berichtigt werden[350] und zwar indem die ursprünglich festgesetzte Erbschaftsteuer um die **Nachsteuer** erhöht wird. Der hiervon betroffene Steuerpflichtige muss den Differenzbetrag zur ursprünglich festgesetzten Erbschaftsteuer nachentrichten. Die Nachsteuer ist jedoch nicht zu verzinsen. Die Behaltensfrist beginnt mit dem Erwerb. Sie berechnet sich nach § 108 Abs. 1 AO, §§ 186, 187 BGB und beginnt somit um 0:00 Uhr des Tages, der auf den Tag folgt, an dem die Erbschaftsteuer für den begünstigungsfähigen Erwerb gemäß § 9 ErbStG entstanden ist. Dies ist nicht immer der auf den Todestag folgende Tag. Insbesondere bei bedingten, betagten oder befristeten Erwerben kann es hier zu Verschiebungen kommen, die im Auge behalten werden müssen. Die Behaltensfrist endet genau fünf Jahre um 24:00 Uhr des Tages, der nach seiner Benennung oder seiner Zahl dem Tag der Steuerentstehung entspricht. Die Regelung des § 193 BGB ist nicht anwendbar, so dass das Fristbeginn und -ende auf jedem beliebigen Tag, also auch einen Sonnabend, Sonntag oder gesetzlichen Feiertag fallen können.[351] Ob der Nachsteuertatbestand willentlich oder unabsichtlich ausgelöst wurde

---

[345] R 59 Abs. 1 S. 2 ErbStR.
[346] R 59 Abs. 1 S. 5 ErbStR.
[347] *Gebel* UVR 1994, 172, 180; *ders.* Betriebsvermögensnachfolge Rdnr. 710; R 59 Abs. 2 und R 67 Abs. 3 S. 4 ErbStR.
[348] *Gebel* Betriebsvermögensnachfolge Rdnr. 277.
[349] Troll/Gebel/Jülicher/*Jülicher* § 13 a Rdnr. 248.
[350] R 62 Abs. 1 S. 3 ErbStR.
[351] Ebenso Moench/*Weinmann* § 13 a ErbStG Rdnr. 100.

spielt ebenso wenig eine Rolle, wie die Motive des Erwerbers.[352] Selbst eine durch Insolvenz erzwungene Betriebsaufgabe soll Nachsteuer auslösen (vgl. § 35 Rdnr. 144).

Der Erwerber ist hinsichtlich der Verwirklichung der Nachsteuertatbestände selbst nach § 153 Abs. 2 AO **anzeigepflichtig**. Hierauf wird in den Erbschaftsteuerbescheiden explizit hingewiesen.[353] Unterlässt der Erwerber die Anzeige, setzt er sich der Gefahr strafrechtlicher Verfolgung aus. In diesem Fall kann je nach Schwere des Verhaltens eine leichtfertige Steuerverkürzung nach § 378 AO oder eine Steuerhinterziehung nach § 370 AO verwirklicht sein. Darüber hinaus sind die Finanzämter gehalten, von sich aus die Behaltensregelung zu überwachen,[354] was sie auch tun. Regelmäßig geschieht dies bei Erbschaftsteuerbescheiden, die unter dem Vorbehalt der Nachprüfung ergangen sind und bei denen dieser Vorbehalt nun aufgehoben werden soll. Die Aufhebung steht gemäß § 163 Abs. 3 AO einer Steuerfestsetzung ohne Vorbehalt gleich. Verstöße gegen die Behaltensregelung vor der Aufhebung stellen dann kein rückwirkendes Ereignis mehr dar, dass nach § 175 Abs. 1 Nr. 2 AO geändert werden könnte. Dies versetzt die Finanzverwaltung regelmäßig in Zugzwang. 140

Bei den **Nachsteuertatbeständen** handelt es sich um eine abschließende Auflistung, die zum Nachteil des Steuerpflichtigen nicht ausdehnbar ist. Sie knüpfen an die unterschiedlichen Arten des begünstigten Vermögens an. Bei **inländischem Betriebsvermögen**[355] sowie **land- und forstwirtschaftlichem Vermögen** entfällt die Begünstigung, wenn 141

- Betriebe, Teilbetriebe oder Mitunternehmeranteile veräußert oder aufgegeben (§ 13 a Abs. 5 Nr. 1 S. 1 bzw. Nr. 2 S. 1 ErbStG),
- wesentliche Betriebsgrundlagen veräußert, entnommen oder für betriebsfremde Zwecke verwendet (§ 13 a Abs. 5 Nr. 1 S. 2 ErbStG bzw. § 13 a Abs. 5 Nr. 2 S. 2 i.V.m. Nr. 1 S. 2 ErbStG),
- größere Entnahmen getätigt (§ 13 a Abs. 5 Nr. 3 ErbStG) oder
- Anteile an einer Kapitalgesellschaft oder Mitunternehmeranteile veräußert werden, die der Veräußerer durch eine Sacheinlage (§ 20 Abs. 1 UmwStG) aus begünstigtem Vermögen oder durch eine Einbringung von begünstigtem Vermögen in eine Personengesellschaft (§ 24 UmwStG) erworben hat (§ 13 a Abs. 5 Nr. 1 S. 2 ErbStG bzw. § 13 a Abs. 5 Nr. 2 S. 2 i.V.m. Nr. 1 S. 2 ErbStG).

Der erste Nachsteuertatbestand knüpft an die ertragsteuerlichen Begriffe der **Unternehmensveräußerung** (§ 16 Abs. 1 EStG) und der **Unternehmensaufgabe** (§ 16 Abs. 3 EStG) an. Bei der Auslegung der Begriffe kann daher grundsätzlich auf die ertragsteuerlichen Begriffe und Wertungen zurückgegriffen werden. Allerdings erstreckt sich der Rückgriff lediglich auf die Tatbestandsebene und dies bei der Betriebsaufgabe auch nur eingeschränkt (vgl. § 35 Rdnr. 144). Aus der Anlehnung an die ertragsteuerlichen Begriffe folgt also nicht, das auch die ertragsteuerlichen Besonderheiten und Ausnahmen schenkungsteuerrechtlich nachvollzogen werden müssen. Die Anlehnung kann nur soweit gehen, wie es um das Grundverständnis dieser Begriffe geht und im Übrigen nur solche ertragsteuerlichen Besonderheiten erfassen, die mit erbschaftsteuer- und schenkungsteuerrechtlichen Grundsätzen Grundsätzen vereinbar sind.[356] Das Erbschaftsteuerrecht wertet daher z.B. eine **Vermögensübertragung gegen Versorgungsleistungen** (vgl. § 36 Rdnr. 153), die ertragsteuerlich einen unentgeltlichen Vorgang darstellt, entsprechend der zivilrechtlichen Rechtslage als gemischte Schenkung oder Schenkung unter Leistungsauflage, mit der Folge, dass der entgeltliche Teil dieser Vermögensübertragungen den Nachsteuertatbestand gemäß § 13 a Abs. 5 ErbStG (bis 1995: § 13 a Abs. 2 a ErbStG) auslöst.[357] Eine der Schenkung beigefügte **Duldungsauflage** (vgl. § 35 Rdnr. 78) stellt schenkungsteuerlich keine Gegenleistung dar und führt demgegenüber nicht zur (Teil-)Entgeltlichkeit.[358] 142

---

[352] BFH Urt. v. 16.2.2005 – II R 39/03 – BStBl. II 2005, 571; *Meincke* § 13 a ErbStG Rdnr. 21; *Moench/Weinmann* § 13 a Rdnr. 111; a.A. zu Recht Troll/Gebel/Jülicher/*Jülicher* § 13 a Rdnr. 267, 271.
[353] R 62 Abs. 1 S. 4 ErbStR.
[354] R 62 Abs. 1 S. 5 ErbStR; OFD München v. 22.1.2003 – S 3812a – 4 St 353 – DB 2003, 637.
[355] Dies gilt gleichermaßen für gewerbliches wie für freiberufliches Betriebsvermögen.
[356] BFH Urt. v. 2.3.2005 – II R 11/02 – BStBl. II 2005, 532.
[357] BFH Urt. v. 2.3.2005 – II R 11/02 – BStBl. II 2005, 532; *Moench/Weinmann* § 13 a Rdnr. 103.
[358] *Moench/Weinmann* § 13 a Rdnr. 103.

143 Für den Wegfall der Begünstigung ist es nicht erforderlich, dass ein Veräußerungs- oder Aufgabegewinn entsteht oder es zur Realisierung der stillen Reserven kommt.[359] Bei der Verwirklichung des **Nachsteuertatbestands der Veräußerung** ist entsprechend der einkommensteuerlichen Regelung auf den **Zeitpunkt des Übergangs des wirtschaftlichen Eigentums** abzustellen sein. Es kommt daher weder allein auf das obligatorische[360] noch auf das dingliche Rechtsgeschäft an.[361] Allerdings ist anzumerken, dass das Erbschaftsteuerrecht vom Grundsatz her auf die zivilrechtliche Lage abstellt. Dies setzt in der Regel den Eigentumsübergang voraus. Da höchstrichterliche Rechtsprechung zu dieser Problematik noch nicht ergangen ist, sollte darauf geachtet werden, dass sowohl das dingliche, als auch das obligatorische Rechtsgeschäft erst nach Ablauf der Behaltensfrist liegen und auch die Umstände, die zum Übergang des wirtschaftlichen Eigentums führen, nicht vor diesem Zeitpunkt verwirklicht werden.

144 Beim **Nachsteuertatbestand der Betriebsaufgabe**, der dem einer Veräußerung gleichgestellt ist, stellt sich die Frage, wann der Nachsteuertatbestand verwirklicht ist, denn die Betriebsaufgabe erstreckt sich grundsätzlich über einen längeren Zeitraum. Diesem Aspekt wird nicht genüge getan, wenn für die Verwirklichung des Nachsteuertatbestands allein auf den Beginn der Betriebsaufgabe abgestellt wird.[362] Zwar wird die entlastungsschädliche Betriebsaufgabe stichtagsbezogen als solche tatsächlich, nicht jedoch unbedingt auch endgültig in die Wege geleitet, wie man an der Betriebsunterbrechung sieht. Darüber hinaus führt diese Ansicht dazu, dass die Vergünstigungen des § 13 a ErbStG stichtagsbezogen in vollem Umfang entfallen, obwohl ein Teil des Betriebsaufgabegewinns möglicherweise erst nach Ablauf der fünfjährigen Behaltensfrist entsteht. Damit wird an sich begünstigungsfähiges Betriebsvermögen vorzeitig in die Nachversteuerung mit einbezogen, was bei dem hiervon betroffenen Erwerber zu einem verfrühten Liquiditätsabfluss führt, ohne dass er aus den bisherigen Aufgabehandlungen entsprechende Liquidität erhalten hätte. Da die Nachsteuertatbestände eng an das Einkommensteuerrecht angelehnt sind und der Aufgabegewinn dort sukzessive entsteht, ist für den Zeitpunkt ihrer Verwirklichung auf die einzelnen Aufgabehandlungen, z.B. die Veräußerung eines einzelnen Wirtschaftsguts, abzustellen. Nicht jeder Aufgabeteilakt führt aber sogleich zu einer Nachsteuer. Solange die Betriebsaufgabe noch nicht beendet ist, entfällt die Begünstigung nur, wenn einer der auf die allmähliche Abwicklung gerichteten Nachsteuertatbestände ausgelöst wird. Dies ist grundsätzlich nur dann der Fall, wenn wesentliche Betriebsgrundlagen veräußert, entnommen oder für betriebsfremde Zwecke verwendet werden (vgl. § 35 Rdnr. 145) oder größere Entnahmen getätigt werden (vgl. § 35 Rdnr. 148). Dies bedeutet, dass sich der Nachsteuertatbestand der Betriebsaufgabe letztlich nur auf die Fälle erstreckt, in denen die Betriebsaufgabe in einem Akt erfolgt, wie z.B. bei der verdeckten Einlage, oder aber auf den letzten Akt bei einer sich über einen längeren Zeitraum hinziehenden Betriebsaufgabe. Entscheidend ist daher allein die **Beendigung der Betriebsaufgabe**.[363] Der Beendigungsgrund spielt nach der Rechtsprechung keine Rolle. Auch die durch Insolvenz erzwungene Betriebsaufgabe, selbst wenn sie vom Insolvenzverwalter ausgesprochen wird, löst beim Erwerber den Nachsteuertatbestand aus.[364] Der Erwerber ist daher „zum Erfolg verdammt" und muss versuchen, den ererbten Betrieb etc. zumindest über die Behaltenfrist zu retten.

145 Ergänzend erfasst der zweite Nachsteuertatbestand die Zuführung von **wesentlichen Betriebsgrundlagen** zu betriebsfremden Zwecken. Dabei kann es sich, wie z.B. bei der **allmählichen Abwicklung**, um alle wesentlichen Betriebsgrundlagen handeln. Aber auch die Verfügung über lediglich eine wesentliche Betriebsgrundlage reicht grundsätzlich schon zur Verwirklichung des Nachsteuertatbestands aus.[365] Zur Beurteilung, ob ein Wirtschaftsgut eine wesentliche Betriebsgrundlage darstellt, sind die ertragsteuerlichen Grundsätze heranzuziehen.[366] Auch hier ist allein auf **funktionale Kriterien** abzustellen, da die Nachsteuerregelung nicht voraussetzt, dass durch die freibetragsschädlichen Verfügungen oder Zuordnungen stille Reserven

---

[359] *Gebel* Betriebsvermögensnachfolge Rdnr. 37.
[360] So Moench/*Weinmann* § 13 a Rdnr. 107.
[361] Ebenso Troll/Gebel/Jülicher/*Jülicher* § 13 a Rdnr. 347.
[362] So aber *Hübner* DStR 1995, 197, 202; Moench/*Weinmann* § 13 a Rdnr. 110.
[363] Ebenso Troll/Gebel/Jülicher/*Jülicher* § 13 a Rdnr. 349.
[364] BFH Urt. v. 16.2.2005 – II R 39/03 – BStBl. II 2005, 571.
[365] R 63 Abs. 2 S. 1 ErbStR.
[366] R 63 Abs. 2 S. 2 ErbStR.

aufgedeckt werden.³⁶⁷ Etwas anderes kann auch nicht für Betriebsgrundstücke gelten und zwar auch dann, wenn ein Miteigentumsanteil an dem Grundstück auf einen betriebsfremden Dritten (z.B. die Ehefrau, vgl. Rn 45) übertragen wird und das Grundstück insgesamt seine bewertungsrechtliche Zuordnung als Betriebsgrundstück verliert.³⁶⁸ Die auf dem Prinzip der Besteuerung nach der Leistungsfähigkeit beruhende Begünstigung des Betriebsvermögens findet ihre Rechtfertigung darin, dass betriebliches Vermögen weniger fungibel ist und es seinen Erwerbern dementsprechend schwerer fällt, aus diesem erworbenen Vermögen Beträge zur Zahlung der Erbschaftsteuer aufzubringen, als den Erwerbern anderer Vermögensarten. Darüber hinaus berücksichtigen die Begünstigungen auch, dass das Betriebsvermögen in gesamtwirtschaftlicher Verantwortung steht und Arbeitsplätze von ihm abhängen.³⁶⁹ Dieser Sinn und Zweck wird aber nicht schon dadurch gefährdet, dass ein Grundstück wegen einer bewertungsrechtlichen Besonderheit nicht mehr Betriebsgrundstück ist, solange es noch dem Betrieb dient. Der Erwerber wird hierdurch auch nicht leistungsfähiger.

Für die Beurteilung, ob eine Betriebsgrundlage wesentlich oder unwesentlich ist, kommt es allein auf den **Zeitpunkt der Veräußerung** an.³⁷⁰ Nur so kann dem Umstand, das ein Betrieb ein lebender Organismus des Wirtschaftslebens ist, der sich den Wandlungen des Marktes anzupassen hat, hinreichend Rechnung getragen werden. Dies ändert nichts daran, dass die Betriebsgrundlage bereits bei Erwerb vorhanden gewesen sein muss.

Ausnahmsweise kommt es aufgrund einer **Billigkeitsregelung** der Finanzverwaltung³⁷¹ bei der **Veräußerung von wesentlichen Betriebsgrundlagen** nicht zur Nachversteuerung, wenn die Veräußerung nicht auf eine Einschränkung des Betriebes abzielt und der Veräußerungserlös im betrieblichen Interesse verwendet wird. Die Regelung ist – wohl notgedrungen – unscharf und wird dem Steuerpflichtigen sicherlich nur selten eine hinreichend sichere Rechtsposition verschaffen.³⁷² Es kann daher nur dazu geraten werden, den Veräußerungserlös einem separaten Konto zuzuführen und die Verwendung des Geldes genauestens zu dokumentieren. Darüber hinaus empfiehlt es sich, die davon angeschafften Gegenstände innerhalb der fünfjährigen Behaltensfrist nicht betriebsfremden Zwecken zuzuführen bzw. im Fall der Veräußerung wieder entsprechend der Billigkeitsregelung zu verfahren. Es ist nämlich davon auszugehen, dass die angeschafften Wirtschaftsgüter während der Behaltensfrist wie die zuvor veräußerten wesentlichen Betriebsgrundlagen zu behandeln sind und jede steuerschädliche Verfügung dementsprechend Nachsteuer auslöst. Dies wird auch für den Fall gelten, dass von dem Veräußerungserlös unwesentliche Betriebsgrundlagen (**nachsteuerverhaftete unwesentliche Betriebsgrundlagen**) angeschafft werden. Erwirbt der Betriebsnachfolger nach dem Erbfall wesentliche Betriebsgrundlagen hinzu und verwendet er dazu freies Betriebsvermögen, eigene Mittel oder Erlöse aus der Veräußerung unwesentlicher Betriebsgrundlagen, sind diese nicht nachsteuerverhaftet (vgl. aber § 35 Rdnr. 148). Die Nachsteuerregelung kann sich nämlich nur auf begünstigtes Betriebsvermögen, also auf (wesentliche) Wirtschaftsgüter beziehen, die beim Erbfall bereits Erwerbsgegenstand waren.³⁷³ Der Verkaufserlös sollte auch dazu verwendet werden dürfen, betriebliche Schulden zu tilgen, laufende betriebliche Aufwendungen zu bestreiten oder die Liquiditätsreserven auf einem betrieblichen Konto zu erhöhen.³⁷⁴ Er dient auch bei diesen Handlungen dem Betrieb und dessen Fortbestand. Allerdings ist zweifelhaft, ob die Finanzver-

---

³⁶⁷ So offenbar auch die Finanzverwaltung, die in H 63 ErbStR „wesentliche Betriebsgrundlagen" auf H 137 Abs. 5 EStH (und nicht auf R 139 Abs. 8 EStR „Abgrenzung zur Betriebsaufspaltung/Betriebsverpachtung") verweist. Dort heißt es unter Hinweis auf BFH Urt. v. 24.8.1989 – IV R 135/86 – BStBl. II 1989, 1014, dass ein Wirtschaftsgut nicht allein deshalb als wesentliche Betriebsgrundlage anzusehen ist, weil in ihm erhebliche stille Reserven ruhen; a.A. Troll/Gebel/Jülicher/*Jülicher* § 13 a Rdnr. 294.
³⁶⁸ So aber Troll/Gebel/Jülicher/*Jülicher* § 13 a Rdnr. 294 a; Moench/*Weinmann* § 13 a ErbStG Rdnr. 113.
³⁶⁹ BverfG Beschl. v. 22.6.1995 – 2 BvL 37/91 – BStBl. II 1995, 655.
³⁷⁰ *Gebel* Betriebsvermögensnachfolge Rdnr. 263; Troll/Gebel/Jülicher/*Jülicher* § 13 a Rdnr. 299; *Hübner* DStR 1995, 197; *Felix* BB 1994, 477; a.A. Moench/*Weinmann* § 13 a Rdnr. 114; *Franz/Rupp* BB 1993, Beilage 20, 17, die auf den Zeitpunkt der Steuerentstehung abstellen wollen. Nach *Meincke* § 13 a ErbStG Rdnr. 22, ist im Zweifel anzunehmen, dass die Wesentlichkeit zu beiden Zeitpunkten bestanden haben muss.
³⁷¹ R 63 Abs. 2 S. 3 ErbStR.
³⁷² Vgl. i. e. *Gebel* Betriebsvermögensnachfolge Rdnr. 255.
³⁷³ *Gebel* Betriebsvermögensnachfolge Rdnr. 263.
³⁷⁴ Ebenso *Eisele* INF 1999, 37; *Söffing/Peters/Ommer* ZEV 1999, 15; zweifelnd Moench/*Weinmann* § 13 a Rdnr. 116.

waltung dies auch so sieht. Sind derartige Maßnahmen geplant, sollten diese noch vor ihrer Realisierung mit der Finanzverwaltung abgestimmt werden.

148 Durch die Veräußerung **unwesentlicher Betriebsgrundlagen** wird, abgesehen von den nachsteuerverhafteten unwesentlichen Betriebsgrundlagen, grundsätzlich keine Nachsteuer ausgelöst. Da dies, vor allem wenn man der funktionalen Betrachtungsweise folgt, dazu führen würde, dass ein beträchtlicher Teil des begünstigten Vermögens (man denke nur an Wirtschaftsgüter des gewillkürten Betriebsvermögens) ohne nachteilige erbschaftsteuerliche Folgen aus dem Betriebszusammenhang gelöst werden könnte, entfallen gem. § 13 a Abs. 5 Nr. 3 ErbStG die Begünstigungen auch, wenn der Erwerber bis zum Ende des letzten in die Fünfjahresfrist fallenden Wirtschaftsjahres Entnahmen tätigt, die die Summe seiner Einlagen und der ihm zuzurechnenden Gewinne oder Gewinnanteile seit dem Erwerb um mehr als € 52.000 übersteigen (sog. **Überentnahmen**), wobei Verluste unberücksichtigt bleiben. Auch hier erfolgt die Interpretation der Begriffe Entnahme, Einlage, Gewinn und Verlust wieder nach ertragsteuerlichen Grundsätzen.[375] Eine Ausnahme besteht lediglich bei Sachentnahmen, die mit dem erbschaftsteuerlichen Wert im Entnahmezeitpunkt anzusetzen sind.[376] Der Grund für die Entnahmen (z.B. Bezahlung der Erbschaftsteuer)[377] spielt keine Rolle.

149 **Sondervergütungen** eines Mitunternehmers im Sinne des § 15 Abs. 1 S. 1 Nr. 2 S. 1 HS 2 EStG sind im Ergebnis für die Nachsteuer nicht relevant, denn sie mindern zwar den Steuerbilanzgewinn, nicht jedoch den Gesamtgewinn der Mitunternehmerschaft, weil der Betrag der in der Steuerbilanz als Aufwand anzusetzen ist, zeit- und betragskonform in der Sonderbilanz des Mitunternehmers als Ertrag angesetzt werden muss.[378] Der Ertrag aus der Sonderbilanz fließt aber in die für die Entnahmebegrenzung anzustellende Vergleichsrechnung von Gewinn und Entnahmen mit ein.

Bei land- und forstwirtschaftlichem Betriebsvermögen können Wirtschaftsgüter, die zwar ertragsteuerlich, nicht jedoch zum nach § 13 a Abs. 4 Nr. 2 ErbStG begünstigten Betriebsvermögen des Betriebs der Land- und Forstwirtschaft gehören (vgl. Rn 35 Rdnr. 122), nachsteuerunschädlich entnommen werden.[379] Eine Ausnahme bildet hier allerdings ein denkmalgeschützter Wohnteil im Sinne des § 13 Abs. 2 Nr. 2 EStG.[380]

150 Die Berechnung bezieht sich auf die jeweilige Betriebsvermögenseinheit, d.h. den Betrieb bzw. den Gesellschaftsanteil. Teilbetriebe sind dagegen nicht gesondert zu erfassen. Hat ein Erwerber sowohl gewerbliches/freiberufliches Betriebsvermögen als auch land- und forstwirtschaftliches Betriebsvermögen erworben, ist die Entnahmebegrenzung für beide Vermögensarten getrennt zu betrachten.[381] Kommt es bei wesentlichen Betriebsgrundlagen zur Nachversteuerung, bleiben die hierauf entfallenden Entnahmen bei der Berechnung außer Betracht.[382] War der Erwerber eines Personengesellschaftsanteils vorher bereits an dieser Gesellschaft beteiligt, bezieht sich die Entnahmebegrenzung nur auf den zusätzlich erworbenen Anteil; sein Kapitalkonto im Besteuerungszeitpunkt übersteigende Entnahmen, Gewinne und Einlagen sind dementsprechend nur anteilig in die Berechnung mit einzubeziehen.[383] Maßgebend für die Berechnung ist die gesamte fünfjährige Behaltensfrist. D. h., der Erwerber kann innerhalb der Behaltensfrist durchaus mehr als € 52.000 entnehmen, solange er nur bis zu deren Ende die Überentnahmen durch Einlagen wieder verringert. Hierin liegt kein Gestaltungsmissbrauch.[384]

---

[375] R 65 Abs. 1 S. 4 ErbStR.
[376] R 65 Abs. 1 S. 5 ErbStR.
[377] R 65 Abs. 1 S. 2 ErbStR.
[378] Vgl. Schmidt/*Wacker* § 15 EStG Rdnr. 440 m.w.N.; Troll/Gebel/Jülicher/*Jülicher* § 13 a Rdnr. 305.
[379] R 65 Abs. 3 S. 1 und 2 ErbStR; *Eisele* INF 1999, 37.
[380] R 65 Abs. 3 S. 3 ErbStR.
[381] R 65 Abs. 2 ErbStR.
[382] R 65 Abs. 1 S. 6 ErbStR.
[383] R 65 Abs. 4 ErbStR.
[384] R 65 Abs. 5 S. 1 ErbStR.

> **Praxistipp:**
> Die Entnahmen sollten während der Behaltensfrist parallel zur Buchführung gesondert aufgezeichnet werden. Auf diese Weise erlangt man einen schnellen Überblick über die Entnahmesituation und kann rechtzeitig etwaigen Überentnahmen entgegenwirken.

Vorsicht ist bei einer „fremdfinanzierten Einlage" geboten. Ist der Kredit als betriebliche Schuld oder negatives Sonderbetriebsvermögen zu werten liegt keine Einlage vor.[385] Bei der Entnahmegrenze von € 52.000 sollte auch einkalkuliert werden, dass sich die dabei zugrunde gelegten Berechnungsfaktoren im Falle einer Außenprüfung auch noch Jahre später ändern können.[386] Schließlich soll noch darauf hingewiesen werden, dass die Finanzverwaltung bei **nicht bilanzierenden** Gewerbetreibenden, freiberuflich Tätigen, Land- und Forstwirten die **Entnahmebegrenzung nicht prüft.**[387]

Auch für die Entnahmebegrenzung gilt grundsätzlich die fünfjährige **Behaltensfrist**, hier jedoch als Zeitraum der Beschränkung der Entnahmerechte verstanden. Sie umfasst aber nur dann genau fünf Jahre, wenn der Zeitpunkt des Erwerbs auf den Beginn eines Wirtschaftsjahres fällt. In allen anderen Fällen beträgt die Behaltensfrist weniger als fünf Jahre, da sie gemäß § 13 a Abs. 5 Nr. 3 ErbStG bereits mit Ablauf des letzten Wirtschaftsjahres endet, das innerhalb der fünfjährigen Behaltenszeit endet. In der Regel bildet daher das Wirtschaftsjahr des begünstigten Erwerbs für die Entnahmebegrenzung ein „Rumpfwirtschaftsjahr", wohingegen die folgenden vier zu berücksichtigenden Jahreszeiträume grundsätzlich mit den Wirtschaftsjahren bei der steuerlichen Gewinnermittlung übereinstimmen.[388]

151

Bei im Privatvermögen gehaltenen **Anteilen an Kapitalgesellschaften** entfällt die Begünstigung gem. § 13 a Abs. 5 Nr. 4 ErbStG bei

152

- vollständiger oder teilweiser Veräußerung der erworbenen Anteile,
- verdeckter Einlage der Anteile in eine andere Kapitalgesellschaft,
- Auflösung der Kapitalgesellschaft,
- Herabsetzung des Nennkapitals der Kapitalgesellschaft,
- Veräußerung der wesentlichen Betriebsgrundlagen durch die Kapitalgesellschaft und Ausschüttung der außerordentlichen Erträge oder
- der Übertragung von Vermögen der Kapitalgesellschaft auf eine Personengesellschaft, natürliche Person oder andere Körperschaft.

Die Nachsteuertatbestände sind an § 17 EStG angelehnt, so dass auf die ertragsteuerlichen Begriffe und Wertungen grundsätzlich zurückgegriffen werden kann. Hinsichtlich der Nachsteuertatbestände gelten die Ausführungen zu § 13 a Abs. 5 Nr. 1 ErbStG im Wesentlichen entsprechend (vgl. Rn 121 ff). Eine schädliche Veräußerung liegt daher auch bei der Übertragung des **wirtschaftlichen Eigentums** vor.[389] Zwar können ohne eine Vermögensbewegung im Rechtssinne keine Zuwendung im Sinne des Erbschaftsteuerrechts sein.[390] Hierauf kommt es aber bei den bewusst an das Einkommensteuerrecht anknüpfenden Nachsteuertatbeständen nicht an. Auch durch eine Übertragung des wirtschaftlichen Eigentums wird der Erwerber steuerlich leistungsfähiger. Will er die Nachsteuer vermeiden, muss er den Anteil voll unentgeltlich übertragen. Die Überführung von Kapitalgesellschaftsanteilen aus dem Privatvermögen in das Betriebsvermögen desselben Steuerpflichtigen oder in sein Sonderbetriebsvermögen als Gesellschafter einer Personengesellschaft ist dagegen unschädlich. Die Übertragung aus dem Privatvermögen in das Gesamthandsvermögen einer Personengesellschaft führt demgegenüber zur Veräußerung und zwar in dem Verhältnis, in dem an der Mitunternehmerschaft andere Personen beteiligt sind.[391] War der Erwerber bereits früher an der Kapitalgesellschaft beteiligt,

---

[385] R 65 Abs. 5 S. 2 und 3 ErbStR.
[386] *Moench* ZEV 1997, 268 (Fn. 61).
[387] R 65 Abs. 6 ErbStR.
[388] Moench/*Weinmann* § 13 a Rdnr. 126; Troll/Gebel/Jülicher/*Jülicher* § 13 a Rdnr. 310; *Korn* KÖSDI 1997, 11260; a.A. *von Rechenberg* GmbHR 1997, 813, 821, der eine Verlängerung des Beurteilungszeitraums annimmt.
[389] Troll/Gebel/Jülicher/*Jülicher*, § 13 a Rdnr. 323; a.A. *Gebel* Betriebsvermögensnachfolge Rdnr. 1056.
[390] BFH Urt. v. 10.11.1982 – II R 111/80 – BStBl. II 1983, 116.
[391] Schmidt/*Weber-Grellet* § 16 EStG Rdnr. 115; vgl. a. Troll/Gebel/Jülicher/*Jülicher* § 13 a Rdnr. 325.

ist bei einer teilweisen Veräußerung seiner Anteile nach Ansicht der Finanzverwaltung[392] davon auszugehen, dass er zunächst die ihm bereits früher gehörenden Anteile veräußert. Bei der Herabsetzung des Nennkapitals sieht die Finanzverwaltung im Billigkeitsweg von einer Nachversteuerung ab, wenn es sich um eine nur nominelle Kapitalherabsetzung zum Zweck der Sanierung der Gesellschaft handelt **und** kein Kapital an die Gesellschafter zurückgezahlt wird.[393]

153 Der Nachsteuertatbestand in § 13 Abs. 5 Nr. 4 S. 2 letzter HS ErbStG, der die **Umwandlungstatbestände der §§ 3 bis 16 UmwStG** ausdrücklich als Nachsteuertatbestände aufführt, erscheint zum einen nicht systemgerecht, weil umgekehrt beim Wechsel von der Personengesellschaft in die Kapitalgesellschaft die Nachversteuerung aufgrund der Verlängerungstatbestände des § 13 Abs. 5 Nr. 1 ErbStG nicht eintritt (vgl. § 35 Rdnr. 154).[394] Zum anderen stellt eine Reihe von Umwandlungsvorgängen wie z.B. die **Verschmelzung** zweier Gesellschaften gemäß §§ 11 bis 13 UmwStG, ihre **Spaltung** nach § 15 UmwStG oder aber der **Formwechsel** von der Kapitalgesellschaft in die Personengesellschaft nach § 14 UmwStG keine Ereignisse dar, bei denen zuvor betrieblich gebundenes Vermögen diesem Verbund entzogen oder auf einen anderen Gesellschafter übertragen wird. Der Anwendungsbereich des § 13 Abs. 5 Nr. 4 ErbStG sollte daher entsprechend teleologisch reduziert werden und auf die Vorgänge beschränkt bleiben, bei denen dies der Fall ist.[395] Die **Ausgliederung von Vermögensteilen** einer Kapitalgesellschaft auf eine bereits bestehende oder neu zu gründende Kapitalgesellschaft nach § 1 Abs. 1 S. 2 UmwStG ist ebenso wie die **Einbringung** von sog. „mehrheitsvermittelnden Anteilen an Kapitalgesellschaften" gemäß § 20 Abs. 1 S. 2 UmwStG nicht nach den §§ 3 bis 16 UmwStG, sondern nach § 20 UmwStG zu behandeln. Gleichwohl handelt es sich vom Grundsatz her um Veräußerungsvorgänge. Über den Umkehrschluss zur ausdrücklich normierten Steuerschädlichkeit der Umwandlungstatbestände der §§ 3 bis 16 ErbStG bzw. durch analoge Anwendung des § 13 a Abs. 5 Nr. 1 S. 2 ErbStG ergibt sich jedoch, deren Privilegierung.[396] In allen Fällen der Umwandlung einer Kapitalgesellschaft sollte eine vorherige verbindliche Auskunft der Finanzverwaltung eingeholt werden, um nachher keine bösen Überraschungen zu erleben.

154 Folgende Maßnahmen stellen **keinen Verstoß gegen die Behaltenpflichten** dar, sind also unschädlich:
- Die **Einbringung** eines Betriebes, Teilbetriebes oder Mitunternehmeranteils in eine Kapital- oder Personengesellschaft gegen Gewährung von Gesellschaftsanteilen,
- die **formwechselnde Umwandlung, Verschmelzung oder Realteilung**[397] einer Personengesellschaft; ob die Einbringung zum Buchwert, zum Teilwert oder zu einem Zwischenwert erfolgt ist ohne Belang. Erst die Veräußerung der dadurch erhaltenen Gesellschaftsanteile innerhalb der Behaltensfrist führt zur Nachsteuer.[398]
- die Übertragung von begünstigtem Vermögen[399] im Wege der Schenkung unter Lebenden,
- aufgrund einer Weitergabeverpflichtung im Sinne des § 13 a Abs. 3 ErbStG als Abfindung für einen Verzicht auf den entstandenen Pflichtteilsanspruch, als Abfindung für die Ausschlagung einer Erbschaft, eines Erbersatzanspruchs oder eines Vermächtnisses
- sowie im Rahmen der Erbauseinandersetzung auf einen oder mehrere Miterben, und zwar auch gegen Abfindungsleistung.

155 Auch eine **steuerneutrale Übertragung von Einzelwirtschaftsgütern** nach § 6 Abs. 5 EStG ist für die Nachsteuertatbestände unschädlich.[400] Nach dem Sinn und Zweck der Begünstigung

---

[392] R 66 Abs. 1 S. 2 ErbStR.
[393] R 66 Abs. 2 ErbStR.
[394] Troll/Gebel/Jülicher/*Jülicher* § 13 a Rdnr. 338.
[395] FG Münster Urt. v. 14.10.2004 – 3 K 901/02 Erb – EFG 2005, 292; Rev. II R 71/04; Troll/Gebel/Jülicher/ *Jülicher* § 13 a Rdnr. 338; *Hübner* NWB, Fach 10, 701; *Moench/Weinmann* § 13 a Rdnr. 137; *Piltz* ZEV 1997, 61; *Söffing/Peters/Ommer* ZEV 1999, 15, die jedoch allesamt Schwierigkeiten wegen des eindeutigen Wortlauts des § 13 a Abs. 5 Nr. 4 S. 2 ErbStG sehen.
[396] *Crezelius* Unternehmenserbrecht Rdnr. 206; Troll/Gebel/Jülicher/*Jülicher* § 13 a Rdnr. 339; *Weiher* ZEV 1999, 388.
[397] Dies gilt aber nur für die reine Naturalteilung, die noch dazu nicht zur Betriebsaufgabe führt, *Gebel* Betriebsvermögensnachfolge Rdnr. 258 Fn. 202, Rdnr. 378 ff.
[398] R 63 Abs. 3 ErbStR.
[399] R 62 Abs. 2 S. 1 Nr. 2 ErbStR.
[400] Ebenso *Gebel* Betriebsvermögensnachfolge Rdnr. 258.

von Betriebsvermögen kommt eine Nachversteuerung nur in Betracht, wenn zuvor begünstigtes Betriebsvermögen den betrieblichen Bereich verlässt. Solange es betrieblich eingebunden ist, und sei es auch in einem anderen Betrieb, wird der Erwerber nicht leistungsfähiger. Schädlich ist dagegen jede Übertragung von wesentlichen betrieblichen Einzelwirtschaftsgütern **in das Privatvermögen** und zwar auch dann, wenn sie im Wege der Schenkung unter Lebenden, aufgrund einer Weitergabeverpflichtung, als Abfindung oder im Rahmen der Erbauseinandersetzung erfolgen.

Soweit durch diese Regelung die Übertragung wesentlicher Betriebsgrundlagen und die Erbauseinandersetzung gegen Abfindung als unschädlich bezeichnet werden, ist dies als eine Billigkeitsregelung der Finanzverwaltung zu werten.[401] Wird allerdings begünstigtes Betriebsvermögen zur **Tilgung von Geldschulden** (z.B. von Geldvermächtnissen, Pflichtteils- oder Zugewinnausgleichsansprüchen) an Erfüllungs Statt weiter übertragen, handelt es sich hierbei um eine schädliche Verfügung.[402] Die **Einräumung eines Nutzungsrechts** an dem begünstigten Vermögen durch den Erwerber verstößt nicht gegen die Behaltensregelung.[403]

Während für die tatbestandlichen Voraussetzungen die Verhältnisse im Zeitpunkt der Tatbestandsverwirklichung maßgebend sind, ist für die **Berechnung der Nachsteuer**, soweit kein zwischenzeitlicher Wertverlust eingetreten ist, auf die **Verhältnisse im Erwerbszeitpunkt** abzustellen. Dies gilt auch hinsichtlich des Werts einer Überentnahme sowie bei der Veräußerung einer wesentlichen Betriebsgrundlage.[404] Der Erwerber ist also so zu besteuern, als sei der Teil des der Nachversteuerung unterliegenden Vermögens mit dem erbschaftsteuerlichen Wert im Besteuerungszeitpunkt von Anfang an auf ihn als nicht begünstigtes Vermögen übergegangen.[405] Betrifft die schädliche Verfügung das gesamte begünstigte Vermögen, entfallen Freibetrag und Bewertungsabschlag vollständig. Ist nur ein Teil des begünstigten Vermögens nachzuversteuern, wie z.B. bei der Veräußerung einer wesentlichen Betriebsgrundlage oder bei der Veräußerung einer von mehreren Betriebsvermögenseinheiten (z.B. ein Gewerbebetrieb und ein Mitunternehmeranteil), ist zunächst der Bewertungsabschlag entsprechend geringer zu gewähren. Erst wenn das begünstigt bleibende Vermögen den dem Erwerber zustehenden Freibetrag oder Freibetragsanteil unterschreitet, ist auch dieser zu kürzen.[406] Bei einer **gemischten Schenkung** (z.B. bei einer Vermögensübertragung gegen Versorgungsleistungen, vgl. § 35 Rdnr. 77) innerhalb der Behaltensfrist entfallen Freibetrag und Bewertungsabschlag nicht vollständig, sondern nur anteilig.[407] Beide bleiben zu dem Prozentsatz erhalten, der sich nach der Berechnungsformel für gemischte Schenkungen (vgl. § 35 Rdnr. 79) für den freigebig und damit unschädlich zugewendeten Teil der gesamten Schenkerleistung ergibt.

Um die Verwirklichung des unternehmerischen Risikos bei der Bemessung der Nachsteuer angemessen zu berücksichtigen, muss ein Wertverlust des betroffenen Vermögens zwischen dem begünstigten Erwerb und der Realisierung des Nachsteuertatbestandes in die Berechnung der Nachsteuer mit einbezogen werden.[408] Dies entspricht dem Prinzip der Besteuerung nach der Leistungsfähigkeit,[409] denn § 13 a Abs. 5 ErbStG findet seine Berechtigung darin, dass bei Verwirklichung bestimmter Tatbestände nach dem begünstigten Erwerb der Erwerber nachträglich leistungsfähiger wird und ihm deshalb die Entrichtung einer Nachsteuer zugemutet werden kann.[410] Nur in dem Maße, in dem der Nachsteuertatbestand den Erwerber leistungsfähiger gemacht hat, kann auch die Nachsteuer erhoben werden. Zu diesem Zweck ist der Wert des begünstigten Vermögens im Zeitpunkt der Verwirklichung des Nachsteuertatbestandes zu ermitteln und dem Wert im Zeitpunkt des Erwerbs gegenüber zu stellen; der geringere Wert ist

---

[401] *Gebel* Betriebsvermögensnachfolge Rdnr. 259.
[402] R 62 Abs. 2 S. 2 ErbStR.
[403] FinMin. Baden-Württemberg Erl. v. 4.1.2000 – S 3812 a/1 – DStR 2000, 248.
[404] R 67 Abs. 1 S. 2 und 4 ErbStR.
[405] R 67 Abs. 1 S. 2 ErbStR.
[406] R 67 Abs. 1 S. 5 und 6 ErbStR.
[407] BFH Urt. v. 2.3.2005 – II R 11/02 – BStBl. II 2005, 532 mit Anm. v. *Viskorf* INF 2005, 568; Berechnungsbeispiel bei Moench/*Weinmann* § 13 a Rdnr. 147.
[408] Ebenso Troll/Gebel/Jülicher/*Jülicher* § 13 a Rdnr. 356; a.A. R 67 Abs. 1 S. 7 ErbStR; Moench/*Weinmann* § 13 a Rdnr. 114, 145, wonach auf die Wertverhältnisse im Zeitpunkt des Erwerbs abzustellen ist.
[409] Vgl. hierzu *Tipke*, Die Steuerrechtsordnung, Bd. 1, 1993, 478 ff.
[410] *Jülicher* DStR 1997, 1949.

sodann für die Nachsteuerberechnung zugrunde zu legen. Auf diese Weise lassen sich nicht nur die Insolvenzfälle (vgl. § 35 Rdnr. 144) praktikabel lösen, sondern zugleich auch diejenigen, in denen kein Totalverlust eingetreten ist, wie z.b. dann, wenn Sonderbetriebsvermögen eines Kommanditisten nicht von der Insolvenz der Gesellschaft betroffen ist.

Beispiel:
Auf einen Alleinerben ist ein Gewerbebetrieb (Steuerwert € 200.000), ein Kommanditanteil (anteiliger Steuerwert € 750.000) und ein zum Sonderbetriebsvermögen gehörendes, an die Kommanditgesellschaft verpachtetes Grundstück übergegangen (anteiliger Steuerwert € 250.000). Drei Jahre nach dem Erwerb wird die Kommanditgesellschaft insolvent. Der Alleinerbe verpachtet das nicht von der Insolvenz betroffene Grundstück (Steuerwert unverändert € 250.000) anderweitig. Für die Nachversteuerung ermittelt sich der Wert des steuerpflichtigen Betriebsvermögens wie folgt:

	€	€
Betriebsvermögen (begünstigt)	200.000	
Freibetrag	225.000	0
ehemaliges Betriebsvermögen (als nicht begünstigt zu behandeln)		
– Wert des Grundstücks im Erwerbszeitpunkt	250.000	
– Wert des Grundstücks bei Neuverpachtung	250.000	
Anzusetzen		250.000
– Wert des Kommanditanteils im Erwerbszeitpunkt	750.000	
– Wert des „Kommanditanteils" bei Vollbeendigung der KG	0	
Anzusetzen		0
Steuerpflichtiges Vermögen (Bemessungsgrundlage)		250.000

Bezogen auf das Sonderbetriebsvermögen und den Gewerbebetrieb hat sich die Bemessungsgrundlage von € 146.250 [= (€ 200.000 + € 250.000 ./. 225.000) × 65%] um € 103.750 auf € 250.000 (s.o.) erhöht. Würde man auf den Wert im Zeitpunkt des Erwerbs abstellen, wäre die Bemessungsgrundlage um € 750.000 höher. Durch die Berücksichtigung des Wertverlustes des Kommanditanteils ist dem unternehmerischen Risiko Rechnung getragen worden.
Hätte der Alleinerbe das Grundstück vor Vollbeendigung der Kommanditgesellschaft in den ererbten Gewerbebetrieb eingebracht, wäre nach der hier vertretenen Ansicht keine Nachsteuer angefallen.

157 Schließlich ist erforderlich, dass das schädliche Verhalten **dem Erwerber,** der die Steuerbegünstigung in Anspruch genommen hat, als Tatbestandsverwirklichung **zuzurechnen** ist. Dies ist immer der Fall, wenn er den Nachsteuertatbestand selbst verwirklicht hat. Dagegen scheidet eine Zurechnung grundsätzlich aus, wenn der Erwerber den Nachsteuertatbestand nicht in eigener Person realisiert hat. Ist die Entlastung z.B. mehreren Miterben zugute gekommen und verstößt nur einer von ihnen gegen die Behaltensregelung, geht dies ausschließlich zu Lasten der von diesem in Anspruch genommenen Befreiung.[411] Wurde das begünstigte Vermögen verschenkt oder aufgrund einer Weitergabeverpflichtung i.S.d. § 13 a Abs. 3 ErbStG, als Abfindung für einen Verzicht auf einen entstandenen Pflichtteilsanspruch, als Abfindung für die Ausschlagung einer Erbschaft, eines Erbersatzanspruchs oder eines Vermächtnisses oder im Rahmen der Erbauseinandersetzung auf einen oder mehrere Miterben übertragen, geht der Verstoß des Zweiterwerbers gegen die Behaltensregelung zu Lasten der Befreiung **aller Miterben.**[412] Zwischen den Miterben sollte daher vorsichtshalber durch **vertragliche** Abreden entsprechende **Schadensersatzansprüche** für den Fall der Nachversteuerung vorgesehen werden. Richtigerweise muss die nachsteuerbegründende **Zurechnung von Drittverhalten** jedoch auf Ausnahmefälle beschränkt bleiben und bedarf – selbst wenn sie in einem Gesetz ausdrücklich vorgesehen ist – einer besonderen Rechtfertigung, wie z.B. in den Fällen, in denen der Vorerwerber das Geschehen selbst beherrscht, das zur Realisierung der tatbestandlichen Voraussetzungen führt, oder wenn ihm auch die Vorteile des Verhaltens des Dritten zugute kommen.[413] Der Vorerwerber erhält die steuerliche Begünstigung aufgrund eigener Tatbestandsverwirklichung. Konsequenterweise muss er dementsprechend selbst ein dem Begünstigungszweck zuwiderlaufendes Verhalten verwirklichen, damit ihm die Begünstigung wieder entzo-

---
[411] R 67 Abs. 2 S. 2 ErbStR.
[412] FG Berlin Urt. v. 4.6.2002 – 5 K 5042/00 – ZEV 2003, 37, rkr. Hiergegen zu Recht *Gebel* Betriebsvermögensnachfolge Rdnr. 267 ff.; *Wachter* ZEV 2003, 39.
[413] *Gebel* Betriebsvermögensnachfolge Rdnr. 267, mit weiteren Ausführungen und Nachweisen zu den Rechtfertigungsgründen in Fn. 217. Ebenso Troll/Gebel/Jülicher/*Jülicher* § 13 a Rdnr. 361.

gen werden kann. Darüber hinaus widerspricht es dem Prinzip der Besteuerung nach der Leistungsfähigkeit, wenn das Verhalten eines Dritten einem Erwerber zugerechnet wird, der selbst nicht durch dieses Verhalten leistungsfähiger geworden ist. Ist ein **Minderheitsgesellschafter** bei Entscheidungen über ein steuerschädliches Verhalten einem Mehrheitsvotum unterlegen, kommt es nach dem eindeutigen Wortlaut der Nachsteuertatbestände trotzdem zum Wegfall der Begünstigungen. Anders als in den Fällen des unmittelbaren Drittverhaltens wirkt hier das Verhalten Dritter lediglich mittelbar und führt letztlich zu einer Tatbestandsverwirklichung durch den Minderheitsgesellschafter selbst.[414] Ihm kommen auch die Vorteile des Wegfalls selbst zugute, was seine steuerliche Leistungsfähigkeit bedingt. Entsprechendes gilt bei einem von der Geschäftsführung ausgeschlossenen Gesellschafter, wenn dieser z.B. die Veräußerung einer wesentlichen Betriebsgrundlage nicht verhindern kann.[415] Hier gilt es Vorsorge zu treffen, z.B. durch entsprechende Regeln im Gesellschaftsvertrag. Denn ob dem Minderheitsgesellschafter ein zivilrechtlicher Schadensersatzanspruch oder gar ein Unterlassungsanspruch zusteht, ist zweifelhaft. Entsprechendes gilt für den Fall der Schenkung, wenn der Beschenkte das ihm geschenkte nachsteuerverhaftete Vermögen veräußert oder in sonstiger Weise schädlich verfügt. Auch hier sollte der Schenkungsvertrag eine an die Nachversteuerungstatbestände des § 13 a Abs. 5 anknüpfende Regelung enthalten.

Kommt es zu einem vollständigen Wegfall der Begünstigungen, ist dem Steuerpflichtigen der zuvor nach § 10 Abs. 6 S. 1ErbStG eingeschränkte Schuldenabzug beim Erwerb nachträglich uneingeschränkt zu gewähren.[416] Bei einem vollständigen Wegfall des Freibetrags entfällt auch die zehnjährige Sperrfrist.[417] Ein **nachträglich wegfallender Freibetragsanteil** kann nicht von anderen Erwerbern, die nicht gegen die Behaltensregelungen verstoßen haben, in Anspruch genommen werden. Beim Erwerb von Todes wegen steht dem die gesetzlich angeordnete bzw. die vom Erblasser verfügte Aufteilung des Freibetrags entgegen.[418]

(6) Verzicht auf die Steuerbefreiung. Gem. § 13 a Abs. 6 ErbStG kann der Erwerber von begünstigtem land- und forstwirtschaftlichem Vermögen und derjenige von Anteilen an einer Kapitalgesellschaft dem Finanzamt gegenüber bis zur Unanfechtbarkeit der Steuerfestsetzung erklären, dass er auf die **Steuerbefreiung verzichtet**. Der Erwerber erhält somit die Möglichkeit, die nachteiligen Folgen, die sich aus § 10 Abs. 6 S. 5 ErbStG ergeben, zu vermeiden. Danach sind Schulden und Lasten, soweit sie das land- und forstwirtschaftliche Vermögen oder Anteile an Kapitalgesellschaften betreffen, nur mit dem Betrag abzugsfähig, der dem Verhältnis des nach Anwendung des § 13 a ErbStG verbleibenden Werts dieses Vermögens zu dem Wert vor der Anwendung des § 13 a ErbStG entspricht. Aufgrund der gerade für land- und forstwirtschaftliches Vermögen geltenden „Bewertungsmilde"[419] können in diesem Bereich leicht die Betriebsschulden den land- und forstwirtschaftlichen Grundbesitzwert nach § 139 bis 144 BewG übersteigen. Gegebenenfalls sollte der Erwerber in diesem Fall auf die Steuerbefreiung verzichten (§ 13 a Abs. 6 ErbStG), um sich den Schuldenabzug zu erhalten. Der Verzicht ist **bedingungsfeindlich**[420] und kann nur nach Vermögensarten (land- und forstwirtschaftliches Vermögen, Kapitalgesellschaftsanteile) **getrennt** in Anspruch genommen werden.[421]

Der Verzicht erstreckt sich sowohl auf den Freibetrag als auch auf den Bewertungsabschlag. Er bewirkt, dass das Vermögen so behandelt wird, soweit es vom Verzicht betroffen ist, als sei es als nicht begünstigtes Vermögen auf den Erwerber übergegangen.[422] Die mit diesem Vermögen in wirtschaftlichem Zusammenhang stehenden Schulden und Lasten können ohne Kürzung nach § 10 Abs. 6 S. 5 ErbStG abgezogen werden. Ist ein Verzicht erklärt und muss das Vermögen aufgrund einer Verfügung des Erblassers an einen Dritten weiter gegeben werden, wirkt der Verzicht auch gegenüber dem Dritten. Ein **Verzicht** ist für begünstigtes land- und forstwirtschaftliches Vermögen (§ 13 a Abs. 4 Nr. 2 ErbStG) und begünstigte Anteile an Kapitalgesell-

---

[414] BFH v. 16.2.2005 – II R 39/03 – BStBl. II 2005, 571.
[415] *Hübner* NWB Fach 10, 701, 710.
[416] Troll/Gebel/Jülicher/*Jülicher* § 13 a ErbStG Rdnr. 364; Moench/*Weinmann* § 13 a Rdnr. 152.
[417] R 67 Abs. 3 S. 4 ErbStR.
[418] R 67 Abs. 3 S. 1 und 2 ErbStR.
[419] *Moench* ZEV 1997, 268.
[420] R 68 Abs. 1 S. 3 ErbStR.
[421] R 68 Abs. 3 ErbStR.
[422] R 68 Abs. 2 ErbStR.

schaften (§ 13 a Abs. 4 Nr. 3 ErbStG) **getrennt möglich**.[423] Innerhalb einer dieser Vermögensarten ist eine Trennung z.B. für einzelne Betriebe, Teilbetriebe oder Anteile nicht zulässig. Der Verzicht kann grundsätzlich nur hinsichtlich des Freibetrags und des Bewertungsabschlags insgesamt erklärt werden.[424] Betrifft er nur eine Vermögensart, ist für dieses Vermögen zunächst nur der Bewertungsabschlag nicht zu gewähren. Erst, wenn das dem Erwerber verbleibende begünstigte Vermögen den ihm zustehenden Freibetrag oder Freibetragsanteil unterschreitet, ist auch dieser zu kürzen.[425]

Beispiel:[426]
Eine Erblasserin hatte sämtliche Anteile an einer GmbH für € 5.000.000 erworben, finanziert durch ein Darlehen, das am Todestag noch mit € 4.000.000 valutierte. Der gemeine Wert der Anteile am Todestag beträgt € 3.000.000. Alleinerbin ist ihre Tochter. Zum Nachlass gehört außerdem ein Bankguthaben mit einem Steuerwert von € 1.000.000.

	€	€
a) Bereicherung ohne Verzicht auf die Steuerbefreiung		
Bankguthaben		1.000.000
GmbH-Anteile (begünstigt)	3.000.000	
Freibetrag	./. 225.000	
Verbleiben	2.775.000	
Bewertungsabschlag	./. 971.250	1.803.750
Wert des Erwerbs		2.803.750
Schulden (Kürzung § 10 Abs. 6 Satz 5 ErbStG)		
€ 4.000.000 × (€ 1.803.750 / € 3.000.000)		./. 2.405.000
Bereicherung		398.750
b) Bereicherung bei Verzicht auf die Steuerbefreiung		
Bankguthaben		1.000.000
GmbH-Anteile (nicht begünstigt)		3.000.000
Wert des Erwerbs		4.000.000
Schulden (ohne Kürzung § 10 Abs. 6 Satz 5 ErbStG)		./. 4.000.000
Bereicherung		0

Würde zum Nachlass außerdem noch ein Gewerbebetrieb mit einem Steuerwert von € 200.000 zählen, würde dieser aufgrund des Freibetrags keiner Erbschaftsteuer unterliegen. Dies gilt auch im Falle des Verzichts für die GmbH-Anteile, da diese getrennt zu betrachten sind.

4. Steuerklassen

161 Um dem persönlichen Verhältnis des Erwerbers zum Erblasser Rechnung zu tragen, verwendet das Erbschaftsteuergesetz keine einheitliche Steuerklasse, sondern differenziert hier entsprechend dem Verwandtschaftsverhältnis. Welche Erbschaftsteuerbelastung ein Erwerber zu tragen hat, wird einerseits durch die Steuerklasse, zu der er gehört, und andererseits innerhalb dieser Steuerklasse wiederum nach der Höhe des steuerpflichtigen Erwerbs bestimmt. Gem. § 15 Abs. 1 ErbStG sind Folgende drei Steuerklassen zu unterscheiden:

Steuerklasse I:
1. Ehegatte, soweit die Ehe zum Zeitpunkt des Erbanfalls rechtswirksam besteht
2. eheliche, nichteheliche und adoptierte Kinder sowie Stiefkinder
3. Abkömmlinge dieser Kinder und Stiefkinder
4. Eltern und Voreltern bei Erwerben von Todes wegen

Steuerklasse II:
1. Eltern und Voreltern bei Erwerben aufgrund Schenkungen unter Lebenden
2. eheliche und nichteheliche Geschwister sowie Stief- und Adoptivgeschwister
3. Abkömmlinge ersten Grades von Geschwistern (Nichten und Neffen)
4. Stiefeltern

---

[423] R 68 Abs. 3 S. 1 ErbStR.
[424] R 68 Abs. 1 S. 3 ErbStR.
[425] R 68 Abs. 1 S. 4, 5 ErbStR.
[426] Nach H 68 Abs. 2 ErbStR.

5. Schwiegerkinder
6. Schwiegereltern
7. geschiedene Ehegatten

Steuerklasse III:
Alle übrigen Erwerber (z.B. Verlobte, Pflegekinder, Pflegeeltern) und die Zweckzuwendungen. Zu den übrigen Erwerbern gehören auch die eingetragenen Lebenspartner.

5. Freibeträge

Das Erbschaftsteuergesetz gewährt neben den sachlichen Steuerbefreiungen auch noch persönliche Freibeträge (§ 16 ErbStG) und in bestimmten Fällen einen Versorgungsfreibetrag (§ 17 ErbStG). Die Freibeträge richten sich gem. § 16 Abs. 1 ErbStG bei unbeschränkt Steuerpflichtigen nach der Steuerklasse und ggf. weiteren hinzutretenden Kriterien:

Steuerklasse I
- Ehegatte   € 307.000
- Kind oder Kind eines verstorbenen Kindes € 205.000
- Alle übrigen Erwerber   € 51.200

Steuerklasse II
- Alle Erwerber   € 10.300

Steuerklasse III
- Alle Erwerber   € 5.200

Bei beschränkt Steuerpflichtigen beträgt der Freibetrag unabhängig von der Steuerklasse gem. § 16 Abs. 2 ErbStG € 1.100.

Unter Berücksichtigung der Freibeträge nach § 13 a und § 16 ErbStG, der Abrundung nach § 10 Abs. 1 S. 5 ErbStG und der Kleinbetragsgrenze nach § 22 ErbStG maximal folgende Vermögenswerte steuerfrei übertragen werden:[427]

Vermögensempfänger	Höchstwert des steuerfrei übertragbaren Vermögens in €
Ehegatte	698.538
Kind	541.615
sonstige Personen der Steuerklasse I	304.999
Steuerklasse II	241.615
Steuerklasse III	233.461

Der Versorgungsfreibetrag beträgt für den Ehegatten € 256.000. Kinder erhalten einen nach Altersstufen gestaffelten Versorgungsfreibetrag. Dieser ist in beiden Fällen um den nach dem Bewertungsgesetz zu ermittelnden Kapitalwert der nicht der Erbschaftsteuer unterliegenden Versorgungsbezüge zu kürzen.[428]

Mehrere innerhalb von 10 Jahren von derselben Person anfallende Vermögensvorteile werden gem. § 14 ErbStG in der Weise zusammengerechnet, dass dem letzten Erwerb die früheren Erwerbe nach ihrem früheren Wert zugerechnet werden und von der Steuer für den Gesamtbetrag die Steuer abgezogen wird, welche für die früheren Erwerbe **zur Zeit des letzten Erwerbs** zu erheben gewesen wäre (**fiktive Abzugssteuer**). Die Steuerklasse, die persönlichen Freibeträge und der Steuertarif richten sich nach aktuellem Recht. Negative Erwerbe bleiben unberücksichtigt. Durch diese Regelung wird bewirkt, dass die Freibeträge innerhalb des Zeitraums von 10 Jahren nur einmal zum Abzug gelangen. Darüber hinaus verhindert die Vorschrift eine Steuerersparnis für die Fälle, in denen eine größere Zuwendung in mehrere Teilzuwendungen zerlegt wird. Bei der Ermittlung des 10 Jahres Zeitraumes ist auf den Zeitpunkt der Entstehung der Steuer für den ersten und den letzten Erwerb abzustellen. Da jeder Erwerb trotz der Zusammenrechnung selbständig bleibt,[429] werden Vorerwerbe nur in Höhe des nach § 13 a ErbStG verbleibenden Werts zusammengerechnet.[430] Deswegen ist es nicht möglich, den beim Vorerwerb nicht voll verbrauchten **Freibetrag nach § 13 a Abs. 1 ErbStG** durch einen Nacherwerb zu

---
[427] *Korezkij* ZEV 2004, 58.
[428] *Moench* § 17 Rdnr. 7 ff.; vgl. auch § 3 Rdnr. 64.
[429] R 70 Abs. 1 S. 2 ErbStR.
[430] R 71 Abs. 3 S. 1 ErbStR; H 71 Abs. 3 Bsp. 1 ErbStH.

verbrauchen.⁴³¹ Der beim Vorerwerb in Anspruch genommene Freibetrag wird durch die Zusammenrechnung nicht berührt, und zwar unabhängig davon, in welcher Höhe er in Anspruch genommen wurde. Dies bedeutet wiederum, dass die Senkung des Freibetrags zum 1. Januar 2004 von € 256.000 auf € 225.000 nicht auf vor diesem Zeitpunkt liegende Erwerbe zurückwirken kann. Auch hinsichtlich des **Bewertungsabschlags** gilt für begünstigte Erwerbe vor dem 1. Januar 2004 noch der Abschlag in Höhe von 40 % und wird nicht nachträglich auf 35 % gesenkt.⁴³²

165 Nach § 27 ErbStG wird beim Übergang desselben Vermögens aufgrund eines Erwerbs von Todes wegen innerhalb von 10 Jahren von einer Person der Steuerklasse I auf Personen dieser Steuerklasse die auf dieses Vermögen entfallende Steuer bis höchstens 50% ermäßigt. Die genaue Höhe der Ermäßigung hängt davon ab, wie viel Zeit zwischen den beiden Steuerentstehungszeitpunkten verstrichen ist. Diese Vergünstigung ist nicht auf Personen der Steuerklassen II und III anzuwenden und zwar auch nicht, soweit deren Erwerbe nach §§ 13 a, 19 a ErbStG begünstigt werden.⁴³³

6. Steuertarife

166 Die Erbschaftsteuer steigt gem. § 19 Abs. 1 ErbStG progressiv mit dem Wert des Erwerbs, und zwar in jeder der drei Steuerklassen stufenweise in sog. **Wertstufen.** Der maßgebliche Steuersatz wird auf den gesamten Erwerb angewendet.

Wert des steuerpflichtigen Erwerbs bis einschließlich	Prozentsätze in den Steuerklassen		
€	I	II	III
52.000	7	12	17
256.000	11	17	23
512.000	15	22	29
5.113.000	19	27	35
12.783.000	23	32	41
25.565.000	27	37	47
über 25.565.000	30	40	50

Bei nur geringem Überschreiten der vorangegangenen Wertstufe sieht § 19 Abs. 3 ErbStG eine Ermäßigung der Steuer vor. Eine Tabelle der maßgebenden Grenzwerte für die Anwendung dieses Härteausgleichs findet sich in den Erbschaftsteuerrichtlinien.⁴³⁴

167 § 19 a ErbStG gewährt eine zusätzliche Vergünstigung für den Erwerb von **Betriebsvermögen, von land- und forstwirtschaftlichem Vermögen und von Anteilen an Kapitalgesellschaften.** Ist der Erwerber dieser Vermögen eine natürliche Person und gehört er zu den Steuerklassen II oder III, wird er zumindest beim Erwerb des begünstigten Vermögens unabhängig von den verwandtschaftlichen Verhältnissen fast so gestellt, als hätte er dieses nach der Steuerklasse I erworben (**Tarifvergünstigung**). Allerdings erstreckt sich die Fiktion nur auf den Tarif und nicht auf die Freibeträge.⁴³⁵ Die Voraussetzungen für die Gewährung der Tarifentlastung und den nachträglichen Wegfall des Entlastungsbetrages sind zwar eigenständig in § 19 a ErbStG geregelt, entsprechen aber denen des § 13 a Abs. 4 und 5 ErbStG (vgl. § 35 Rdnr. 120 ff. u. 139 ff.). Auch die Folgen der Weitergabeverpflichtung entsprechen denen nach § 13 a Abs. 3 ErbStG (vgl. § 35 Rdnr. 126, 133, 136, 138). Anders als bei § 13 a ErbStG zählen allerdings nur natürliche Personen zum Kreis der Begünstigten.⁴³⁶ Stiftungen und andere Körperschaften kommen daher nicht in den Genuss der Begünstigung nach § 19 a ErbStG. Eine Sperrfrist ist

---

⁴³¹ R 71 Abs. 2 S. 3 ErbStR.
⁴³² *Korezkij* ZEV 2004, 58; Sudhoff/*von Sothen* § 54 Rdnr. 72 a, jeweils mit einem umfassenden Berechnungsbeispiel.
⁴³³ *Kapp/Ebeling* § 27 Rdnr. 4.
⁴³⁴ H 75 ErbStR.
⁴³⁵ *Hübner* NWB Fach 10, 787, 802.
⁴³⁶ R 76 Abs. 2 ErbStR.

ebenso wie für den Bewertungsabschlag nach § 13 a Abs. 2 ErbStG nicht vorgesehen. Zur Berechnung des Entlastungsbetrages ist der Wert des begünstigten Vermögens gem. § 19 a Abs. 3 ErbStG zu dem Wert des gesamten Vermögensanfalls ins Verhältnis zu setzen. Umfasst das auf einen Erwerber übertragene begünstigte Vermögen mehrere selbständig zu bewertende wirtschaftliche Einheiten einer Vermögensart (z.b. mehrere Gewerbebetriebe) oder mehrere Arten begünstigten Vermögens, sind deren Werte zuvor zusammenzurechnen.[437] Vermögen, dass aufgrund einer Steuerfreistellung wie z.b. in den Doppelbsteuerungsabkommen mit Österreich und der Schweiz nicht besteuert werden darf, soll nicht in den Kreis des begünstigten Vermögens mit einzubeziehen sein.[438] Dies erscheint insbesondere im Hinblick auf europarechtliche Regelungen äußerst zweifelhaft.[439] Ist der Steuerwert des gesamten begünstigten Vermögens nicht insgesamt positiv, kommt eine Tarifentlastung nicht in Betracht. Der **Wert des gesamten Vermögensanfalls** (§ 10 Abs. 1 S. 2 ErbStG) entspricht dem Steuerwert des gesamten übertragenen Vermögens gekürzt um die Befreiungen nach §§ 13, 13 a ErbStG, nicht aber vermindert um die Nachlassverbindlichkeiten und die persönlichen Freibeträge (**Brutto-Methode**).[440] Der **Entlastungsbetrag** ergibt sich dann als Unterschiedsbetrag zwischen der auf das begünstigte Vermögen entfallenden tariflichen Steuer nach den Steuersätzen der tatsächlichen Steuerklasse des Erwerbers und nach den Steuersätzen der Steuerklasse I. Die Erbschaftsteuer muss hierzu folglich zweimal berechnet werden und zwar einmal nach der tatsächlichen Steuerklasse des Erwerbers und das zweite Mal nach Steuerklasse I. Beide Male ist nach dem Schlüssel des 19 a Abs. 3 ErbStG aufzuteilen, um so den Anteil zu ermitteln, der auf das begünstigte Vermögen entfällt. In beiden Fällen ist der Härteausgleich nach § 19 Abs. 3 ErbStG zu beachten.[441] 88% des Unterschiedsbetrages ergeben dann den Entlastungsbetrag.

Beispiel:
Ein Jungunternehmers verstirbt kinderlos bei einem Unfall. Er hinterläßt seiner Schwester sein Unternehmen mit einem Steuerwert von € 1.301.923 und weiteres, nicht begünstigtem Vermögen im Wert von € 600.000. Die Schwester übernimmt – einschließlich der Bestattungskosten – Nachlassverbindlichkeiten in Höhe von € 100.000.

	€	€
Steuerwert des Betriebsvermögens		1.301.923
Freibetrag		− 225.000
Verbleiben		1.076.923
Bewertungsabschlag von 35 v.H.		− 376.923
gekürzter Ansatz des begünstigten Vermögens		700.000
übriges Vermögen		600.000
gesamter Vermögensanfall		1.300.000

Auf das begünstigte Vermögen entfällt ein Anteil von (7 / 13 × 100 =) 53,85 v. H.

Steuer ohne Tarifbegrenzung		
gesamter Vermögensanfall		1.300.000
Nachlassverbindlichkeiten		− 50.000
Persönlicher Freibetrag Stkl II		− 10.300
Steuerpflichtiger Erwerb		1.239.700
Steuer bei Steuersatz von 27 v.H. (Stkl II)		334.719
Steuer nach Steuerklasse I		
Steuerpflichtiger Erwerb		1.239.700
Steuer bei Steuersatz von 19 v.H.(Stkl. I)		235.543
Unterschiedsbetrag (€ 334.719 ./. € 235.543)	99.176	
Anteiliger Unterschiedsbetrag 53,85 v.H. von € 99.176	53.406	
Entlastungsbetrag 88 v.H. von € 53.406		46.997

---

[437] R 77 S. 2 ErbStR.
[438] Moench/*Weimann* § 19 a ErbStG Rdnr. 9; a.A. Sudhoff/*von Sothen* § 54 Rdnr. 74 a.
[439] Vgl. BFH Beschl. v. 11.4.2006 – II R 35/05 – DStR 2006, 1079 (Vorlagebeschluss zum EuGH).
[440] R 79 Abs. 1 ErbStR.
[441] R 79 Abs. 2 ErbStR.

Festzusetzende Steuer	
Steuer nach Stkl III	334.719
Entlastungsbetrag	– 46.997
Festzusetzende Steuer	287.722

Berechnungsschema für die Gewährung der Begünstigungen nach §§ 13 a, 19 a ErbStG[442]

	€	€
1. Schritt: Berechnung des steuerpflichtigen Erwerbs		
Produktivvermögen		
Betriebsvermögen von Einzelunternehmen	_____	
+ Anteile an Personengesellschaften	_____	
+ Land- und forstwirtschaftliches Vermögen	_____	
+ Wesentliche Beteiligungen an Kapitalgesellschaften	_____	
Summe	_____	
./. Freibetrag, max. € 225.000	_____	
Zwischensumme	_____	
./. 35 % der Zwischensumme, sofern diese > 0	_____	
1a. begünstigtes Produktivvermögen	_____	
+ übriges Vermögen	_____	
1b. **Vermögensanfall**		
./. Nachlassverbindlichkeit	_____	
./. persönliche Freibeträge	_____	
steuerpflichtiger Erwerb	_____	
1c. abgerundeter steuerpfl. Erwerb (auf volle € 100)	_____	
2. Schritt: Berechnung der Erbschaftsteuer		
2a. ErbSt für Steuerklasse II/III …% von 1c.		_____
2b. ErbSt für Steuerklasse I …% von 1c.		_____
2c. Differenz von 2a. und 2b.		_____
2d. davon entfällt auf begünstigte Produktivvermögen		
2a. / 2b. = __,__ % von 2c.		_____
Entlastungsbetrag nach § 19 a ErbStG = 88 % von 2d.		_____
Festzusetzende Erbschaftssteuer		

7. Stundung und Erlöschen der Erbschaftsteuer

168 Erwerber einer **Rente** oder anderer **wiederkehrender Nutzungen oder Leistungen** müssten die Erbschaftsteuer hierauf grundsätzlich nach dem Kapitalwert sofort in voller Höhe entrichten. Im Gegensatz zum Erwerb von Barvermögen hat der Erwerber bei wiederkehrenden Leistungen allerdings noch nicht das dem Kapitalwert entsprechende Vermögen zur freien Verfügung und kann infolgedessen auch die für die Entrichtung der Erbschaftsteuer erforderlichen Beträge nicht aus diesem Vermögen entnehmen. Er müsste deshalb – sofern vorhanden – zunächst auf sein eigenes Vermögen oder den übrigen Erwerb zurückgreifen. Doch auch dies kann schwierig sein. In § 23 Abs. 1 ErbStG ist daher vorgesehen, dass der Erwerber die Erbschaftsteuer auf Antrag auch jährlich im Voraus nach dem Jahreswert der wiederkehrenden Leistung entrichten kann.[443] Die Steuer kann daher aus der effektiven Jahresleistung entnommen werden. Einkommensteuerlich ist die Jahreserbschaftsteuer, soweit die Jahreszahlungen eine dauernde Last nach § 10 Abs. 1 Nr. 1 a EStG darstellen, als Sonderausgabe abziehbar (vgl. § 35 Rdnr. 215). Diese Abzugsfähigkeit spricht in der Regel für einen Antrag nach § 23 ErbStG. Hinzu kommt, dass die „Verrentungsalternative" unter Berücksichtigung der unbeschränkten Abzugsfähigkeit der jährlichen Zahlungen als Sonderausgabe auch bei einem sehr vorsichtig (niedrig) angesetzten Zins gegenüber der Alternative „Sofortzahlung" erheblich günstiger

---

[442] Vgl. Moench/*Weimann* § 19 a Rdnr. 13.
[443] Zur Berechnung vgl. H 84 ErbStH.

ist.[444] Gem. § 23 Abs. 2 ErbStG hat der Erwerber das Recht, die Jahressteuer zum jeweils nächsten Fälligkeitstermin mit ihrem Kapitalwert abzulösen.

Während § 23 ErbStG den Empfänger von wiederkehrenden Nutzungen oder Leistungen betrifft, bezieht sich § 25 ErbStG auf die Behandlung des Nutzungsbelasteten (vgl. a. § 36 Rdnr. 210 ff.). Unterliegen wiederkehrende Nutzungen und Leistungen dem Abzugsverbot des § 25 Abs. 1 S. 1 ErbStG, wird dem beschwerten Vermögenserwerber eine zinslose Stundung des Steuerbetrages zugestanden, der infolge des Nichtabzugs der Belastung zusätzlich anfällt. Zur Berechnung dieses Betrages wird von der veranlagten Steuer die Steuer abgezogen, die sich ergeben würde, wenn bei der Veranlagung der Erwerb um die nicht abzugsfähigen Belastungen gekürzt worden wäre. Der Unterschiedsbetrag ist dann zinslos zu stunden.[445] Die Stundung dauert bis zum Wegfall der Belastung, § 25 Abs. 1 S. 2 ErbStG, oder bis zum Zeitpunkt der Veräußerung des belasteten Vermögens, § 25 Abs. 2 ErbStG. Verzichtet der Berechtigte auf das ihm zustehende Recht, liegt hierin wiederum eine Bereicherung des Verpflichteten, der insoweit von der Verpflichtung befreit wird. Um zu vermeiden, dass in diesen Fällen der Verpflichtete neben der nun fällig werdenden Steuer auf den Bruttoerwerb, die sich wegen des Abzugsverbots nach § 25 ErbStG ergibt, auch noch die Steuer für die Bereicherung aus dem Verzicht selbst voll zu zahlen hat, erhebt die Finanzverwaltung aus Billigkeitsgründen die Steuer für den Verzicht nur insoweit, als diese den Betrag der gestundeten Steuer übersteigt.[446] Auf Antrag des Verpflichteten kann die gestundete Steuer jederzeit mit ihrem Barwert nach § 12 Abs. 3 BewG abgelöst werden, § 25 Abs. 1 S. 3 ErbStG.

Soweit zum Erwerb Betriebsvermögen oder land- und forstwirtschaftliches Vermögen gehört, ist dem Erwerber die darauf entfallende Erbschaftsteuer auf Antrag bis zu 10 Jahre zu stunden, soweit dies zur Erhaltung des Betriebs notwendig ist, § 28 Abs. 1 S. 1 ErbStG. Letzteres ist nicht der Fall, soweit der Erwerber die Steuer aus erworbenem weiteren Vermögen oder aus seinem eigenen Vermögen aufbringen kann.[447] Bei Erwerben von Todes wegen erfolgt die Stundung zinslos; bei Schenkungen unter Lebenden betragen die Stundungszinsen grundsätzlich gem. § 238 AO für jeden Monat 0,5 %. Eine Sicherheitsleistung ist anders als in den Fällen einer Stundung nach § 222 AO nicht vorgesehen.[448] Aufgrund der hohen Hürden, die Rechtsprechung und Finanzverwaltung an die Stundung gelegt haben, ist die Vorschrift in der Praxis nahezu bedeutungslos.[449] Die Stundungsmöglichkeit gilt nicht beim Erwerb von Kapitalgesellschaftsanteilen.

Die **Erbschaftsteuer erlischt,** wenn ein Geschenk aufgrund eines Rückforderungsrechts des Schenkers wieder herauszugeben ist, § 29 Abs. 1 Nr. 1 ErbStG, soweit der Beschenkte die Herausgabe wegen Notbedarfs des Schenkers durch eine Zahlung abwendet, § 29 Abs. 1 Nr. 2 ErbStG, soweit unentgeltliche Zuwendungen auf den Zugewinnausgleich angerechnet werden, § 29 Abs. 1 Nr. 3 ErbStG oder soweit der Erwerb innerhalb von zwei Jahren an inländische Gebietskörperschaften und inländische gemeinnützige Stiftungen weitergegeben wird, § 29 Abs. 1 Nr. 4 ErbStG. Aus gestalterischer Sicht am bedeutsamsten ist das Erlöschen der Erbschaftsteuer aufgrund eines **vertraglichen Rückforderungsrechts.**[450] Insbesondere bei der schenkweisen Übertragung im Rahmen der vorweggenommenen Erbfolge will der Schenker häufig bei ihm nicht genehmen Entwicklungen der Verhältnisse des bzw. zu dem Beschenkten Einfluss auf den Schenkungsgegenstand nehmen. Im Hinblick auf etwaige Rechtsprechungsänderungen bei der Bewertung könnte an ein Rückforderungsrecht gedacht werden, wenn sich diese verwirklichen. Schließlich wäre ein Rückforderungsrecht möglicherweise auch angesichts des sich ständig wandelnden Steuerrechts interessant, dann nämlich, wenn das neue Recht zu steuerlich günstigeren Ergebnissen führt. Auf diese Weise könnten Schenkungen in unsicheren steuerlichen Zeiten schon vorgenommen werden, besteht doch die Möglichkeit der Reparatur. Vereinbart werden daher Rücktrittsrechte nach §§ 346 ff. BGB, Widerrufsvorbehalte mit

---

[444] *Rose* StbJb 1979/80, 49, 79 ff.; vgl. zu den Vor- und Nachteilen *Moench* § 23 Rdnr. 21 ff.
[445] Zur Berechnung vgl. H 85 Abs. 3 ErbStH.
[446] Zur Berechnung vgl. H 85 Abs. 4 ErbStH.
[447] BFH Urt. v. 11.5.1988 – II R 28/88 – BStBl. II 1988, 730.
[448] *Meincke* § 28 Rdnr. 2; a.A. R 86 Abs. 3 ErbStR, wobei allerdings in der Regel von einer Sicherheitsleistung abzusehen sei.
[449] Vgl. Moench/*Kien-Hümbert* § 28 Rdnr. 3 ff.; Troll/Gebel/Jülicher/*Jülicher* § 28 Rdnr. 1.
[450] Troll/Gebel/Jülicher/*Gebel* § 29 Rdnr. 10 ff.; vgl. auch § 37 Rdnr. 87 ff.

den Rechtsfolgen analog § 531 Abs. 2 BGB oder auflösende Bedingungen. Sofern diese Rechte bereits im ursprünglichen Schenkungsvertrag vereinbart wurden, fällt die auf sie zurückzuführende Rückgabe grundsätzlich unter § 29 ErbStG. Vereinbaren Schenker und Beschenkter dagegen die Rückforderungsrechte erst nachträglich, liegt hierin eine selbständige Rückschenkung, aufschiebend bedingt auf den Zeitpunkt der Ausübung des Gestaltungsrechts bzw. des Eintritts der Bedingung. § 29 ErbStG ist nicht anwendbar.[451] Vertragliche Rückfallklauseln sollten immer dann vereinbart werden, wenn der Schenker gleichzeitig als Erbe des Beschenkten in Betracht kommt. Anders als im Fall des § 13 Abs. 1 Nr. 10 ErbStG (vgl. § 35 Rdnr. 112 f.) entfällt dann im Erbfall auch die Steuer auf den ersten Zuwendungsakt, so dass diese Gestaltung günstiger ist, als wenn § 13 Abs. 1 Nr. 10 ErbStG eingreift. Bei Grundstücken sollte das Rückforderungsrecht durch Auflassungsvormerkung gesichert werden.

Formulierungsvorschlag:
Der Schenker kann vom Beschenkten die Rückübereignung des Schenkungsgegenstands verlangen, wenn
- der Beschenkte den Schenkungsgegenstand ohne Zustimmung des Schenkers ganz oder teilweise veräußert oder belastet, oder
- in den Schenkungsgegenstand Zwangsvollstreckungsmaßnahmen eingeleitet werden, oder
- über das Vermögen des Beschenkten das Insolvenzverfahren eröffnet wird, oder
- der Beschenkte vor dem Schenker verstirbt oder
- der Schenkungsgegenstand anstatt mit dem Steuerwert mit einem höheren Wert zu bewerten ist, oder
- sich die erbschaftsteuerlichen Normen derart ändern, dass eine Schenkung nach neuem Recht zu einer günstigeren Erbschaftsbesteuerung führt.

Für den Fall der Rückforderung des Schenkungsgegenstands bei Vorversterben des Beschenkten erhält der Schenker hiermit unter Befreiung von den Beschränkungen des § 181 BGB und unwiderruflich auf den Tod des Beschenkten Vollmacht zur Abgabe und zum Empfang aller Erklärungen, die zur Rückübertragung des Eigentums auf ihn selbst erforderlich sind. Das Rückforderungsrecht erlischt mit dem Tode des Schenkers.

172 Soll anstatt des Schenkers ein Dritter den Gegenstand erhalten, kann eine **Weiterleitungsklausel** vereinbart werden. Ob hier jedoch § 29 Abs. 1 Nr. 1 ErbStG anwendbar ist und die zuvor bezahlte Erbschaftsteuer erstattet wird, ist fraglich.[452] Darüber hinaus unterliegt die Weiterleitung häufig einer schlechteren Steuerklasse als der Rückfall. Schenkt z.B. der Vater dem Sohn einen Vermögensgegenstand und kommt es zur Weiterleitung an den Bruder, fällt dieser Vorgang in Steuerklasse II; ein Rückfall an den Vater und eine Schenkung durch diesen unterläge demgegenüber der Steuerklasse I. Derartige Gestaltungen lassen sich dann z.B. durch eine Ausschlagung reparieren (vgl. § 36 Rdnr. 297 f.). Für den Zeitraum von der Zuwendung bis zur Rückforderung stand dem Beschenkten grundsätzlich die Nutzung des Schenkungsgegenstands zu. § 29 Abs. 2 ErbStG bestimmt daher, dass er für diese Zeit wie ein Nießbraucher zu behandeln ist. § 29 Abs. 2 ErbStG ist jedoch von vornherein nicht anzuwenden, wenn der Beschenkte neben dem Schenkungsgegenstand auch die gezogenen Nutzungen herausgeben muss.[453]

III. Einkommensteuer

173 Der Erbfall selbst ist bei den Erben nicht einkommensteuerpflichtig. Es wäre aber ein gravierender Fehler, würde man bei einem Erbfall nur die erbschaftsteuerliche Seite beachten. Insbesondere bei der Planung und Gestaltung der Vermögensnachfolge, sei es zu Lebzeiten oder von Todes wegen, sind auch immer die einkommensteuerlichen Folgen der Anordnungen zu berücksichtigen. Besondere Gefahren drohen im Bereich des Betriebsvermögens, wo sich z.B.

---

[451] Troll/Gebel/Jülicher/*Gebel* § 29 Rdnr. 3 und 13 m.w.N.
[452] Vgl. hierzu eingehend Troll/Gebel/Jülicher/*Gebel* § 29 Rdnr. 15 ff. m.w.N. zur zivil- und steuerrechtlichen Zulässigkeit.
[453] Troll/Gebel/Jülicher/*Gebel* § 29 Rdnr. 56.

die Aufdeckung stiller Reserven oder anderer Gewinnrealisierungen regelmäßig in einem Veräußerungsgewinn niederschlägt. Im Bereich der vorweggenommenen Erbfolge trifft diese Folge zumeist den Übertragenden, der dann sein Vermögen weggegeben hat und häufig nicht (mehr) über liquide Mittel zur Begleichung der Einkommensteuerschuld verfügt. Gerade hier sollten die einkommensteuerlichen Folgen der geplanten Handlungen genauestens geprüft werden. Ein besonderes Augenmerk sollte in diesem Zusammenhang auf das Sonderbetriebsvermögen gerichtet sein, welches bei testamentarischen Lösungen leider nur allzu häufig übersehen wird. Die gravierendsten steuerlichen Folgen ergeben sich aber in der Regel bei Betriebsaufspaltungen, wenn Besitz- und Betriebsunternehmen im Zuge des Erbfalles getrennt werden. In diesem Fall kommt es zur Besteuerung aller stillen Reserven, d.h. sowohl derjenigen in dem Grundstück als auch derjenigen in der GmbH-Beteiligung (vgl. § 36 Rdnr. 289). Da die Übertragung grundsätzlich unentgeltlich erfolgt, fließen den Erben keine liquiden Mittel zu, aus denen die Steuer beglichen werden könnte. Häufig werden dann dem Betrieb liquide Mittel entzogen, was das Unternehmen in eine Krise führen kann. Eine Reparatur dieser Gestaltungen ist vielfach nicht möglich.

1. Besteuerung des Erblassers

Die Einkommensteuerpflicht des Erblassers erlischt grundsätzlich mit dessen Tod. Sein Tod löst für seine persönliche Besteuerung keinerlei Besonderheiten aus. Der bis dahin entstandene **laufende Gewinn** und von ihm verwirklichte **außerordentliche Einkünfte** sind ihm und nicht den Erben **zuzurechnen**.[454] Der laufende Gewinn bei den Einkünften aus Gewerbebetrieb, Land- und Forstwirtschaft und freiberuflicher Tätigkeit kann durch eine Zwischenbilanz auf den Todestag oder aber durch Schätzung ermittelt werden. Letzteres kann z.B. in der Weise erfolgen, dass der Gewinn zeitanteilig entsprechend der Dauer der Unternehmereigenschaft in dem betreffenden Wirtschaftsjahr aufgeteilt wird. Bei einer **Fortsetzungsklausel** (vgl. § 40 Rdnr. 29 ff.) wird das Unternehmen durch die verbleibenden Gesellschafter ohne Beteiligung der Erben fortgesetzt. In diesem Falle erzielt noch der Erblasser im Todeszeitpunkt einen (ggf. tarifbegünstigten und auf der Ebene der Personengesellschaft gewerbesteuerfreien) Veräußerungs- bzw. Aufgabegewinn in Höhe Unterschieds zwischen Abfindungsanspruch und Buchwert des Kapitalkontos.[455] Ob und in welcher Höhe ein Freibetrag nach § 16 Abs. 4 EStG gewährt wird, bestimmt sich somit nach den Verhältnissen beim Erblasser. An der ertragsteuerlichen Beurteilung ändert sich auch dann nichts, wenn zum Kreis der übernehmenden Gesellschafter auch Miterben gehören[456] oder der Erblasser den Abfindungsanspruch einem Dritten vermacht hat,[457] da bereits der Erblasser den Veräußerungs- bzw. Aufgabetatbestand verwirklicht. Die übernehmenden Gesellschafter haben in Höhe der Abfindungsverbindlichkeit Anschaffungskosten.[458] Die Abfindungsverbindlichkeit selbst ist ebenso wie ein zu ihrer Tilgung aufgenommener Kredit passivierungspflichtige Betriebsschuld der Gesellschaft, die dementsprechend bilanziert. Die für den Kredit gezahlten Zinsen sind Betriebsausgaben. Um keine Zwischenbilanz aufstellen zu müssen, wird häufig vereinbart, dass sich die Höhe des Abfindungsanspruchs nach dem Wert des Gesellschaftsanteils am letzten Bilanzstichtag richtet und der verstorbene Gesellschafter am Gewinn oder Verlust des laufenden Geschäftsjahres nicht mehr teilnimmt. Unerheblich ist, ob sich die Höhe des Anspruchs am Buchwert, Verkehrswert oder einem Zwischenwert orientiert. Hierbei handelt es sich um eine im Vorhinein getroffene, abweichende Gewinnverteilungsabrede, die auch steuerlich zu beachten ist. Dem Erblasser ist daher kein Anteil am Gewinn oder Verlust des laufenden Geschäftsjahres mehr zuzurechnen.[459] Hatte der Erblasser **Sonderbetriebsvermögen,** so wird dieses von der gesellschaftsvertraglichen Fortsetzungsklausel nicht erfasst. Sofern der oder die Erben nicht Gesellschafter der Personengesellschaft sind, werden die Wirtschaftsgüter des Sonderbetriebsvermögens notwendiges Privatvermögen. Auch dieser Entnahmetatbestand wird noch vom Erblasser verwirklicht. Analog § 16

---

[454] BFH Urt. v. 28.3.1973 – I R 100/71 – BStBl. II 1973, 544.
[455] BFH Urt. v. 15.4.1993 – IV R 66/92 – BStBl. II 1994, 227 m.w.N.; BMF Schr. v. 14.3.2006 – IV B 2-S 2242-7/06 – BStBl. I 2006, 253 Rdnr. 69; a.A. *Reiß* in K/S § 16 Rdnr. B 123: Gewinn der Erben.
[456] *Wacker/Franz* BB 1993, Beil. 5, S. 24.
[457] BFH Urt. v. 15.4.1993 – IV R 66/92 – BStBl. II 1994, 227; BGH Urt. v. 13.11.2000 – II ZR 52/99 – BB 2001, 222.
[458] *Bolk* DStZ 1986, 547.
[459] *Littman/Hörger* § 16 Rdnr. 1019 m.w.N.

Abs. 3 S. 7 EStG ist der gemeine Wert dieser Wirtschaftsgüter dem Wert des Abfindungsanspruchs hinzuzurechnen und erhöht auf diese Weise den begünstigten Veräußerungsgewinn des Erblassers.[460]

175 Bei den Überschusseinkünften kommt es demgegenüber darauf an, ob die Einkünfte noch zu Lebzeiten des Erblassers oder erst nach seinem Tode zugeflossen sind. Welchem Zeitraum sie wirtschaftlich zuzuordnen sind, ist grundsätzlich gleichgültig.[461] Sofern die Voraussetzungen für die Zusammenveranlagung im Zeitpunkt des Todes[462] vorlagen, kann der überlebende Ehegatte im Todesjahr und in dem darauf folgenden Jahr nach dem Splittingtarif besteuert werden (**Witwensplitting**, § 32 a Abs. 6 S. 1 Nr. 1 EStG).

2. Besteuerung des Erben

176 Mit dem Erbfall tritt der Erbe ertragsteuerlich ebenso wie im Zivilrecht (vgl. § 4 Rdnr. 91 ff.) in die Rechtsstellung des Erblassers ein. Im Gegensatz zum Verlustvortrag nach § 10 a GewStG (vgl. § 35 Rdnr. 247) galt dies bislang auch hinsichtlich des Rechts zum Verlustabzug nach § 10 d EStG, soweit der Erblasser den Verlust noch hätte geltend machen können und der Erbe den Verlust des Erblassers auch tatsächlich trägt.[463] Mittlerweile zeichnet sich aber eine Änderung ab, da der Übergang eines Verlustabzugs mit der personalen Struktur des Einkommensteuerrechts für unvereinbar angesehen wird.[464] Der XI. Senat des BFH fragte beim I. und VIII. Senat an, ob sie an der Auffassung festhalten, dass der Erbe einen vom Erblasser nicht ausgenutzten Verlustabzug gemäß § 10 d EStG bei seiner eigenen Veranlagung zur Einkommensteuer geltend machen kann.[465] Beide angefragten Senate stimmten einer Rechtsprechungsänderung nicht zu.[466] Der XI. Senat hat nun, da er die von ihm beabsichtigte Rechtsprechungsänderung herbeiführen will, den Großen Senat des BFH angerufen (§ 11 FGO).[467]

177 Ein **Scheinerbe**, der als Eigenbesitzer auftritt, ist wirtschaftlicher Eigentümer im Sinne des § 39 Abs. 2 Nr. 2 AO.[468] Bei Betriebsvermögen ist er daher Unternehmer bzw. Mitunternehmer bis er aus dem Betrieb herausgegeben muss. Gleiches gilt für den wahren Erben und zwar vom Erbfall an.[469] Dieser knüpft an die Bilanzwerte des Erblassers an, § 7 Abs. 1 EStDV, trägt den laufenden Gewinn und Verlust sowie die Veränderungen des Unternehmenswerts. Der Erbe hat – auch für die Vergangenheit – Unternehmensbilanzen aufzustellen, in denen auch die Forderungen und Verbindlichkeiten gegenüber dem Scheinerben aufzunehmen sind. Die Veranlagungen des Scheinerben werden nach § 175 Abs. 1 S. 1 Nr. 2 AO geändert. Das Auffinden eines jüngeren Testaments ist ebenso wie ein Erbvergleich ein rückwirkendes Ereignis. Die Nachveranlagung des wahren Erben erfolgt nach § 174 Abs. 4, 5 AO.

178 a) **Besteuerung des Alleinerben.** Bei einem **Einzelunternehmen** stellt der Erbfall eine **unentgeltliche Betriebsübertragung** i. S. v. § 6 Abs. 3 EStG dar. Es kommt aufgrund des Todes des Erblassers weder zu einer Betriebsaufgabe noch zu einer gewinnrealisierenden Veräußerung. Dementsprechend liegt bei den Erben auch **kein Anschaffungsvorgang** vor. Es sind vielmehr die **Buchwerte** des Einzelunternehmens **fortzuführen**. Der Übergang der **Erblasserschulden** ist kein Entgelt und führt daher nicht zu Anschaffungskosten beim Erben. Gleiches gilt für die Belastung des Erben mit Vermächtnissen, Auflagen und sonstigen **Erbfallschulden** (vgl. § 35 Rdnr. 208). Bei Privatvermögen führt der Erbe die vom Erblasser vorgenommene Abschreibung fort, § 11 d Abs. 1 EStDV.

---

[460] *Groh* DB 1990, 2135, 2140.
[461] BFH Urt. v. 11.8.1971 – VIII R 76/70 – BStBl. II 1972, 55.
[462] BFH Urt. v. 27.2.1998 – VI R 55/97 – BStBl. 1998, 350.
[463] BFH Urt. v. 22.6.1962 – VI 49/61 S – BStBl. III 1962, 386; BFH Urt. v. 5.5.1999 – XI R 1/97 – BStBl. II 1999, 653; BMF Schr. 26.7.2002 – IV A 5 – S 2225 – 2/02 – BStBl I 2002, 667; Schmidt/*Heinicke* § 10 d EStG Rdnr. 13 m.w.N.
[464] BFH Vorlagebeschl. v. 28.7.2004 – XI R 54/99 – BStBl. II 2005, 262; FG Schleswig Holstein Urt. v. 21.9.1999 – III 23/95, EFG 1999, 1221, Rev. – XI R 54/99.
[465] BFH Beschl. v. 10.4.2003 – XI R 54/99 – BStBl. II 2004, 400.
[466] BFH Beschl. v. 22.10.2003 – I ER – S – 1/03 – BStBl. II 2004, 414; v. 14.10.2003 – VIII ER – S – 2/03 – BFH/NV 2004, 331.
[467] BFH Beschl. v. 28.7.2004 – XI R 54/99 – BStBl. II 2005, 262, – GrS 02/04.
[468] BFH Urt. v. 30.3.1967 – IV R 394/62 – BStBl. III 1967, 519; v. 17.8.1967 – IV R 80/67 – BStBl. II 1968, 93; *Groh* DB 1992, 1312.
[469] *Groh* DB 1992, 1312.

b) Besteuerung einer Erbengemeinschaft. Geht ein Einzelunternehmen nicht nur auf einen **179** Alleinerben sondern auf mehrere Miterben (**Erbengemeinschaft**) über, erben diese zur gesamten Hand (vgl. § 40 Rdnr. 147). Ebenso wie der Alleinerbe können die Miterben den Betrieb fortführen, verpachten, veräußern oder aufgeben. In allen Fällen geht das Unternehmen als ganzes zunächst auf die Erbengemeinschaft über. Veräußert diese es z.B. an einen Dritten, so entsteht ein eventueller Veräußerungsgewinn bei der Erbengemeinschaft und ist den Miterben entsprechend ihren Erbteilen ertragsteuerlich zuzurechnen.[470] Mit dem Zeitpunkt des Todes des Erblassers wird die Erbengemeinschaft als mit einer Personengesellschaft vergleichbare Gemeinschaft zur Mitunternehmerschaft. Man spricht insoweit auch von einer „**geborenen Mitunternehmerschaft**".[471] Sie dauert an, bis die Auseinandersetzung über den Gewerbebetrieb vollzogen ist. Es kommt daher insoweit nicht darauf an, auf welchen Zeitraum die Erbengemeinschaft angelegt ist. Nach h. M.[472] gilt dies auch, wenn der Erblasser den Gewerbebetrieb durch **Teilungsanordnung** nur einem Miterben zugeteilt hat und die Erbengemeinschaft demgemäß auseinander gesetzt wird. Demgegenüber ist nach der Gegenansicht der begünstigte Erbe zu Recht bereits mit dem Tod des Erblassers als wirtschaftlicher Eigentümer anzusehen.[473] Er erwirbt danach unmittelbar vom Erblasser; die anderen Erben erlangen an dem durch die Teilungsanordnung dem einem Miterben zugeteilten Betrieb wirtschaftlich betrachtet keine vermögensmäßige Eigenposition. Unabhängig vom Vorliegen einer Teilungsanordnung soll darüber hinaus der Übergang des Betriebes unmittelbar vom Erblasser auf einen Miterben erfolgen und die übrigen Miterben nicht Mitunternehmer werden, wenn einer der Miterben von Anfang an für sich die Alleinerbenstellung beansprucht und er später vergleichsweise auch so gestellt wird, als sei er Alleinerbe gewesen.[474]

Als Mitunternehmer beziehen die Erben **Einkünfte aus Gewerbebetrieb,** die ihnen grundsätzlich **erbanteilig zuzurechnen** sind. Ausnahmsweise erkennt die Finanzverwaltung an, dass die **laufenden Einkünfte** nur dem- oder denjenigen Miterben zugerechnet werden, die den Gewerbebetrieb übernehmen.[475] Dies ist der Fall, wenn die Auseinandersetzung innerhalb von sechs Monaten seit dem Erbfall klar und rechtsverbindlich vereinbart und durchgeführt wird. Gemeint ist dabei nur, dass die Auseinandersetzung über den Gewerbebetrieb vollzogen sein muss, nicht hingegen über den gesamten, zum Teil nicht mit dem betreffenden Gewerbebetrieb zusammenhängenden Nachlass. Die Auseinandersetzung über den Gewerbebetrieb ist vollzogen mit der Übertragung des wirtschaftlichen Eigentums an dessen wesentlichen Betriebsgrundlagen. Sofern der den Gewerbebetrieb übernehmende Miterbe nicht von Anfang an bereits als wirtschaftlicher Eigentümer anzusehen war (vgl. § 36 Rdnr. 5 f.), ändert die Rückbeziehung nichts daran, dass alle Miterben mit dem Erbfall Mitunternehmer geworden sind und daher Ausgleichszahlungen einerseits zu Anschaffungskosten und andererseits zu Veräußerungserlösen führen,[476] sofern nicht die Grundsätze der Realteilung eingreifen.

Ist die **Personengesellschaft** Nachlassgegenstand, hängt die steuerliche Beurteilung davon **180** ab, ob die Gesellschaft aufgrund des Todes des Erblassers aufzulösen ist oder fortgeführt werden kann. Letzteres wird häufig dadurch erreicht, dass im Gesellschaftsvertrag entsprechende Klauseln vorgesehen werden, deren ertragsteuerliche Folgen unterschiedlich sind. **Stirbt der Gesellschafter** einer GbR, einer zweigliedrigen OHG, der Komplementär einer zweigliedrigen Kommanditgesellschaft oder der Inhaber des Handelsgeschäfts bei einer atypischen stillen Gesellschaft, so wird, sofern der Gesellschaftsvertrag keine andere Regelung vorsieht oder die Erben des verstorbenen Gesellschafters zusammen mit den übrigen Gesellschaftern die Fortsetzung der Gesellschaft beschließen, die Gesellschaft aufgelöst (§ 727 Abs. 1 BGB) und abgewickelt (§§ 730 ff. BGB). Der Alleinerbe bzw. bei mehreren Erben die Erbengemeinschaft

---

[470] BFH Urt. v. 17.10.1991 – IV R 97/89 – BStBl. II 1992, 392; BMF Schr. v. 14.3.2006 – IV B 2-S 2242-7/06 – BStBl. I 2006, 253 Rdnr. 3, 61.
[471] Schmidt/*Wacker* § 16 Rdnr. 606.
[472] Vgl. Schmidt/*Wacker* § 16 Rdnr. 611 m.w.N.
[473] *Flume* DB 1990, 2390; *Spiegelberger* DStR 1992, 584.
[474] BFH Urt. v. 24.9.1991 – VIII R 349/83 – BStBl. II 1992, 330 zum Vermächtnis; BMF Schr. v. 14.3.2006 – IV B 2-S 2242-7/06 – BStBl. I 2006, 253 Rdnr. 67 a. E.; Schmidt/*Wacker* § 16 Rdnr. 623 m.w.N.
[475] BMF Schr. v. 14.3.2006 – IV B 2-S 2242-7/06 – BStBl. I 2006, 253 Rdnr. 8 bis 9.
[476] GrS BFH Beschl. v. 5.7.1990 – GrS 2/89 – BStBl. II 1990, 837 (845); BMF Schr. v. 14.3.2006 – IV B 2-S 2242-7/06 – BStBl. I 2006, 253 Rdnr. 14, 26.

tritt in die Liquidationsgesellschaft ein. Einkommensteuerlich werden der Alleinerbe unmittelbar und die Mitglieder der Erbengemeinschaft mittelbar Mitunternehmer.[477] Ihre Mitunternehmerstellung endet erst mit Vollbeendigung der Liquidationsgesellschaft. Kommt es zur Veräußerung oder Aufgabe des Betriebes der Gesellschaft, führt dies zur Realisierung der stillen Reserven. Der den Miterben entsprechend ihrer Erbquote zuzurechnende Veräußerungs- oder Aufgabegewinn unterliegt ggf. der Tarifbegünstigung der §§ 16, 34 EStG.

181   Bei der **Fortsetzungsklausel** (vgl. § 40 Rdnr. 29 ff.) wird die Gesellschaft von den überlebenden Gesellschaftern bzw. bei einer zweigliedrigen Gesellschaft das Unternehmen vom verbleibenden Gesellschafter allein fortgesetzt. Die Erben des verstorbenen Gesellschafters erlangen nur einen schuldrechtlichen Abfindungsanspruch gegen die Gesellschaft. Ertragsteuerlich handelt es sich hierbei in der Regel um eine entgeltliche Veräußerung oder Aufgabe des Mitunternehmeranteils auf den Todesfall gem. § 16 Abs. 1 Nr. 2 EStG bzw. § 16 Abs. 3 S. 1 EStG. Nicht die Erben sondern bereits der Erblasser erzielt in Höhe des Unterschieds zwischen Abfindungsanspruch und Buchwert des Kapitalkontos im Todeszeitpunkt einen tarifbegünstigten Veräußerungs- bzw. Aufgabegewinn. Ob und in welcher Höhe ein Freibetrag nach § 16 Abs. 4 EStG gewährt wird, bestimmt sich somit nach den Verhältnissen beim Erblasser. Auf der Ebene der Personengesellschaft ist der Veräußerungs- bzw. Aufgabegewinn grds. gewerbesteuerfrei; etwaige gewerbesteuerliche Verlustvorträge gehen anteilig verloren. Die Vereinnahmung der Abfindungszahlung durch die Erben ist nicht einkommensteuerpflichtig.[478] Die übernehmenden Gesellschafter haben in Höhe der Abfindungsverbindlichkeit Anschaffungskosten.[479] Hatte der Erblasser Sonderbetriebsvermögen, so wird dieses von der gesellschaftsvertraglichen Fortsetzungsklausel nicht erfasst. Sofern der oder die Erben nicht Gesellschafter der Personengesellschaft sind, werden die Wirtschaftsgüter des Sonderbetriebsvermögens notwendiges Privatvermögen. Auch dieser Entnahmetatbestand wird noch vom Erblasser verwirklicht. Es handelt sich um einen betriebsaufgabeähnlichen Vorgang. Analog § 16 Abs. 3 S. 7 EStG ist der gemeine Wert dieser Wirtschaftsgüter dem Wert des Abfindungsanspruchs hinzuzurechnen und erhöht auf diese Weise den begünstigten Veräußerungsgewinn des Erblassers.[480]

182   Die **Übernahmeklausel** unterscheidet sich von der Fortsetzungsklausel dadurch, dass der Gesellschaftsvertrag den überlebenden Gesellschaftern lediglich ein Recht zubilligt, die Übernahme der des Gesellschaftsanteils des verstorbenen Gesellschafters innerhalb einer bestimmten Frist zu erklären. Wird die Übernahme nicht erklärt, treten die Erben in die Rechtsstellung des Erblassers ein. Machen die verbleibenden Gesellschafter dagegen von ihrem Übernahmerecht Gebrauch, kommt es zu einer Veräußerung bzw. Aufgabe des Mitunternehmeranteils **durch die Erben**.[481] Anders als bei der Fortsetzungsklausel handelt es sich bei der Übernahmeklausel nicht um eine Veräußerung bzw. Aufgabe auf den Todesfall, sondern lediglich um eine vorbereitende Maßnahme durch den Erblasser. Mit dessen Tod treten die Erben vorübergehend in die Personengesellschaft ein. Der Veräußerungs- bzw. Aufgabegewinn wird daher erst von den Erben verwirklicht und ist ihnen entsprechend ihrer Erbquoten zuzurechnen. Ob und in welcher Höhe ein Freibetrag nach § 16 Abs. 4 EStG zu gewähren ist, richtet somit nach den individuellen persönlichen Verhältnissen beim jeweiligen Erben.

183   Aufgrund der **einfachen Nachfolgeklausel** (vgl. § 40 Rdnr. 32 f.) wird der Alleinerbe bzw. jeder Miterbe mit dem Erbfall nach Maßgabe seiner Erbquote unmittelbar Gesellschafter und damit einkommensteuerrechtlich auch Mitunternehmer.[482] Dies gilt selbst dann, wenn der Gesellschaftsanteil aufgrund eines Vermächtnisses[483] oder einer Teilungsanordnung[484] herauszugeben ist. Dies hat zur Folge, dass der Gesellschaftsanteil aufgeteilt auf die Miterben übergeht, etwaiges Sonderbetriebsvermögen dagegen gesamthänderisch in der Erbengemeinschaft gebunden ist. In beiden Fällen liegt jedoch eine unentgeltliche Übertragung auf die Miterben

---

[477] BFH Urt. v. 1.3.1994 – VIII R 35/92 – BStBl. II 1995, 241.
[478] *Bolk* DStZ 1986, 547.
[479] *Bolk* DStZ 1986, 547.
[480] *Groh* DB 1990, 2135, 2140.
[481] Vgl. Schmidt/*Wacker* § 16 Rdnr. 664 m.w.N.
[482] BFH Urt. v. 16.5.1995 – VIII R 18/93 – BStBl. II 1995, 714.
[483] BFH Urt. v. 16.5.1995 – VIII R 18/93 – BStBl. II 1995, 714.
[484] BFH Urt. v. 4.5.2000 – IV R 19/99 – BStBl. II 2002, 850.

gem. § 6 Abs. 3 EStG vor. Ein Veräußerungsgewinn entsteht daher nicht. Die Erben haben die Buchwerte anteilig fortzuführen.

Anders als bei der einfachen Nachfolgeklausel geht bei der **qualifizierten Nachfolgeklausel** (vgl. § 40 Rdnr. 34 ff.) der Gesellschaftsanteil auf einen oder einzelne Miterben über. Die anderen Miterben werden nicht Gesellschafter, sondern erlangen nur einen auf Erbrecht beruhenden schuldrechtlichen Wertausgleichsanspruch gegen den oder die Nachfolger-Miterben, nicht jedoch einen Abfindungsanspruch gegen die Gesellschaft.[485] Nur die Nachfolger-Miterben werden Mitunternehmer.[486] Sie erwerben vom Erblasser unentgeltlich und haben die Buchwerte gem. § 6 Abs. 3 EStG fortzuführen. Der Wertausgleich führt weder bei den Nachfolger-Miterben zu Anschaffungskosten noch bei den anderen Miterben zu einem Veräußerungspreis. Die Wertausgleichsschuld steht einer Vermächtnisschuld näher als einer Abfindung bei Erbauseinandersetzung.[487] Sie ist daher Privatschuld. Stundungs- und Refinanzierungszinsen stellen folglich keine Betriebsausgaben dar.[488]

Hatte der Erblasser **Sonderbetriebsvermögen**, so wird dieses im Gegensatz zu dem Personengesellschaftsanteil zivilrechtlich Gesamthandsvermögen der Erbengemeinschaft. Einkommensteuerrechtlich wird es bei den Nachfolger-Miterben nur in Höhe der Erbquote zu dessen Sonderbetriebsvermögen. In Höhe der Erbquote der anderen, nicht qualifizierten Miterben wird das (bisherige) Sonderbetriebsvermögen des Erblassers zu notwendigem Privatvermögen mit der Folge, dass insoweit ein nicht begünstigter Entnahmegewinn **des Erblassers** entsteht.[489] Soll hier eine Realisierung der stillen Reserven verhindert werden, so setzt dies voraus, dass kein Durchgangserwerb bei der Erbengemeinschaft stattfindet. Das Sonderbetriebsvermögen muss daher bereits im Todeszeitpunkt auf die Nachfolger-Miterben übergehen. Eine (Zwangs-)-Entnahme des Sonderbetriebsvermögens kann durch Alleinerbschaft des qualifizierten Erben, durch Übertragung des Mitunternehmeranteils nebst Sonderbetriebsvermögens im Wege der vorweggenommenen Erbfolge und durch Schenkung des Sonderbetriebsvermögens auf den Todesfall,[490] dies allerdings nur bei beweglichen Wirtschaftsgütern des Sonderbetriebsvermögens, erreicht werden. Bei zum Sonderbetriebsvermögen gehörenden Grundstücken scheidet die Schenkung auf den Todesfall wegen § 925 Abs. 2 BGB als taugliche Maßnahme aus.[491] Hier kann die Auflassung nur durch die Erben erfolgen. Es kommt daher grundsätzlich zu einem Durchgangserwerb der Erbengemeinschaft. Gleiches gilt hinsichtlich der Teilungsanordnung und dem Vorausvermächtnis.[492]

Bei der **Teilnachfolgeklausel** treten nur bestimmte Miterben mit dem ihrer Erbquote entsprechenden Bruchteil der Mitgliedschaft des Erblassers in die Gesellschaft ein. Die anderen Miterben sind von der Gesellschaft abzufinden. Der Gesellschaftsanteil wird daher aufgespalten: Zum einen geht ein Bruchteil auf die zu Gesellschaftern berufenen Miterben über. Die einkommensteuerlichen Folgen entsprechen insoweit denen der **einfachen Nachfolgeklausel** (vgl. § 35 Rdnr. 183). Mit dem restlichen Bruchteil scheidet der Erblasser aus der Gesellschaft in der Weise aus, dass dieser Bruchteil den bisherigen Gesellschaftern anwächst und den nicht zu Gesellschaftern berufenen Miterben ein Abfindungsanspruch gegen die Gesellschaft zusteht. Die einkommensteuerlichen Folgen entsprechen insoweit denen der **Fortsetzungsklausel** (vgl. § 35 Rdnr. 181), allerdings mit der Maßgabe, dass der Erblasser keinen Veräußerungsgewinn,

---

[485] BGH Urt. v. 10.2.1977 – II ZR 120/75 – NJW 1977, 1339 = BGHZ 68, 225.
[486] BFH Urt. v. 29.10.1991 – VIII R 51/84 – BStBl. II 1992, 512.
[487] Vgl. Schmidt/*Wacker* § 16 Rdnr. 672 m.w.N.
[488] BFH Urt. v. 27.7.1993 – VIII R 72/90 – BStBl. II 1994, 625; a.A. Schmidt/*Wacker*, 17. Aufl., § 16 Rdnr. 673: Geborene Betriebsschuld (passives Sonderbetriebsvermögen); *Esser* DStZ 1997, 439, 446.
[489] BFH Urt. v. 29.10.1991 – VIII R 51/84 – BStBl. II 1992, 512; BMF Schr. v. 14.3.2006 – IV B 2 – S 2242 – 7/06 – BStBl. I 2006, 253 Rdnr. 73 bis 74; a.A. *Gebel* Betriebsvermögensnachfolge Rdnr. 814 ff. m.w.N., der die weichenden Erben zunächst als Mitunternehmer behandelt, was zur Folge hat, daß der Gewinn aus der anteiligen Entnahme des Sonderbetriebsvermögens **bei der Erbengemeinschaft** entsteht und der Wertausgleich, den der Nachfolgererbe an die „nichtqualifizierten" Miterben zu leisten hat, bei dem Zahlenden zu **Anschaffungskosten** und bei den weichenden Miterben zu einem **Veräußerungsgewinn** führt.
[490] Littmann/*Hörger* § 16 EStG Rdnr. 1076; *Märkle* FR 1997, 135; a.A. Schmidt/*Wacker* § 16 Rdnr. 75 a.E., der die gleiche Rechtslage wie bei Vermächtnis annimmt.
[491] *Wacker*/*Franz* BB 1993, Beil. 5, S. 25 bis 26; *Bohlmann* BB 1994, 189.
[492] *Wacker*/*Franz* BB 1993, Beil. 5, S. 25; a.A. *Knobbe-Keuk* § 22 VI 4 f.

sondern laufenden Gewinn erzielt.⁴⁹³ Denn er veräußert einkommensteuerlich nur einen Teil eines Mitunternehmeranteils, was seit dem 1.1.2002 nicht mehr zu einer Veräußerung im Sinne des § 16 Abs. 1 S. 1 Nr. 2 EStG führt.

187   Die **Eintrittsklausel** (vgl. § 40 Rdnr. 38 ff.) gibt dem oder den Erben das Recht, in die Gesellschaft nach Maßgabe der Mitgliedschaft des Erblassers einzutreten. Macht der Erbe von diesem Recht **keinen Gebrauch**, wächst den bisherigen Gesellschaftern der Gesellschaftsanteil an. Dem Erben steht ein Abfindungsanspruch gegen die Gesellschaft zu. Die einkommensteuerlichen Folgen entsprechen insoweit denen der **Fortsetzungsklausel** (vgl. § 35 Rdnr. 181). Macht der Erbe demgegenüber von seinem Eintrittsrecht **Gebrauch**, ist danach zu unterscheiden, welche Variante der Eintrittsklausel gewählt wurde: Bei der sog. **Treuhandvariante** halten die überlebenden Gesellschafter die ihnen mit dem Tod zufallenden Vermögensrechte treuhänderisch für den Eintrittsberechtigten und übertragen sie auf diesen im Falle des Eintritts. Abfindungsansprüche kommen nur zum Tragen, wenn der Eintrittsberechtigte nicht eintritt; ansonsten sind sie ausgeschlossen.⁴⁹⁴ Der Gesellschaftsanteil geht hierbei unentgeltlich vom Erblasser auf die überlebenden Gesellschafter (Treuhänder) und sodann auf den Eintrittsberechtigten über. Der Eintrittsberechtigte erwirbt unentgeltlich gem. § 6 Abs. 3 EStG. Die einkommensteuerlichen Folgen entsprechen insoweit denen der **einfachen bzw. qualifizierten Nachfolgeklausel** (vgl. § 35 Rdnr. 183 ff.), wenn alle oder nur einzelne Miterben ein Eintrittsrecht haben, und denen der **Teilnachfolgeklausel** (vgl. § 35 Rdnr. 186), wenn nur ein Teil der Miterben das allen zustehende Eintrittsrecht ausübt. Dies gilt wohl auch dann, wenn das Eintrittsrecht erst nach Ablauf der von der Finanzverwaltung gewährten Sechsmonatsfrist⁴⁹⁵ ausgeübt wird.⁴⁹⁶ Bei der sog. **Abfindungsvariante** erhält der Eintrittsberechtigte im Todeszeitpunkt einen Abfindungsanspruch, mit dem er im Falle des Eintritts in die Gesellschaft sodann seine gesellschaftsrechtliche Einlageverpflichtung erfüllt. Der Erblasser erzielt hierbei einen Veräußerungsgewinn und zwar unabhängig davon, ob der Erbe später von seinem Eintrittsrecht Gebrauch macht oder nicht⁴⁹⁷ oder die überlebenden Gesellschafter im Innenverhältnis verpflichtet sind, den Eintrittsberechtigten so zu stellen, als ob er bereits im Zeitpunkt des Todes des Erblassers Gesellschafter geworden wäre.⁴⁹⁸ Die einkommensteuerlichen Folgen entsprechen insoweit zunächst denen der **Fortsetzungsklausel** (vgl. § 35 Rdnr. 181). Bei Ausübung des Eintrittsrechts kommt es zu einer Verrechnung des Abfindungsanspruchs mit der Einlageverpflichtung des Erben. Der Erbe erwirbt den Gesellschaftsanteil somit entgeltlich.

Die Finanzverwaltung geht offenbar unabhängig von der zivilrechtlichen Beurteilung der Eintrittsklausel davon aus, dass vorerst grundsätzlich die einkommensteuerlichen Folgen der Fortsetzungsklausel eintreten. Macht der Eintrittsberechtigte allerdings innerhalb von sechs Monaten nach dem Erbfall von seinem Eintrittsrecht Gebrauch, so sollen bei Eintritt aller Erben die für die einfache Nachfolgeklausel geltenden Rechtsfolgen eingreifen und bei Eintritt nur eines oder nur einiger Miterben die Regeln der qualifizierten Nachfolgeklausel anwendbar sein.⁴⁹⁹ Diese Anordnung der Finanzverwaltung ist hinsichtlich der Treuhandvariante unzutreffend und in Bezug auf die Abfindungsvariante als Billigkeitsregelung zu verstehen.⁵⁰⁰ Besteht das **Eintrittsrecht zu Gunsten eines Nichterben** und ist diesem der Abfindungsanspruch gegen die Gesellschaft vermächtnisweise zugewandt, gelten die gleichen Regelungen wie beim Eintrittsrecht eines Erben.⁵⁰¹ Angesichts dessen, dass die Billigkeitsregelung der Finanzverwaltung nur für Erben gilt, ⁵⁰² sollte in diesen Fällen die Treuhandvariante unmissverständlich vereinbart werden. Wird das Eintrittsrecht durch den Nichterben nicht ausgeübt, treten die Rechtsfolgen einer Fortsetzungsklausel ein.

---

⁴⁹³ *Tiedtke/Hils* ZEV 2004, 441, 447.
⁴⁹⁴ BGH Urt. v. 29.9.1977 – II ZR 214/75 – NJW 1978, 264; vgl. a. *Wacker/Franz* BB 1993, Beil. 5, S. 26.
⁴⁹⁵ BMF Schr. v. 14.3.2006 – IV B 2 – S 2242 – 7/06 – BStBl. I 2006, 253 Rdnr. 70.
⁴⁹⁶ Ebenso Schmidt/*Wacker* § 16 Rdnr. 677; *Wacker/Franz* BB 1993, Beil. 5, S. 26; a.A. wohl BMF Schr. v. 14.3.2006 – IV B 2 – S 2242 – 7/06 – BStBl. I 2006, 253 Rdnr. 70.
⁴⁹⁷ *Groh* DB 1990, 2135, 2140.
⁴⁹⁸ BGH Urt. v. 29.9.1977 – II ZR 214/75 – NJW 1978, 264.
⁴⁹⁹ BMF Schr. v. 14.3.2006 – IV B 2 – S 2242 – 7/06 – BStBl. I 2006, 253 Rdnr. 70; ebenso BFH Urt. v. 26.3.1981 – IV R 130/77 – BStBl. II 1981, 614.
⁵⁰⁰ Ebenso *Wacker/Franz*, BB 1993, Beil. 5, S. 26.
⁵⁰¹ Ebenso *Wacker/Franz*, BB 1993, Beil. 5, S. 26.
⁵⁰² BMF Schr. v. 14.3.2006 – IV B 2 – S 2242 – 7/06 – BStBl. I 2006, 253 Rdnr. 70.

Bei land- und forstwirtschaftlichen Betrieben können sich anknüpfend an die zivilrechtliche **188** Rechtslage einkommensteuerlich Besonderheiten ergeben. Soweit in den einschlägigen landes- bzw. bundesrechtlichen Vorschriften eine unmittelbare **Sonderrechtsnachfolge** des Hoferben angeordnet ist,[503] kommt es zu einer Nachlassspaltung. Der Hof geht unmittelbar und sofort auf den Hoferben als Alleinerben über. Ein Durchgangserwerb der Erbengemeinschaft ist gesetzlich ausgeschlossen. Die weichenden Erben erhalten insoweit nur schuldrechtliche Abfindungsansprüche im Sinne gesetzlich angeordneter Vermächtnisse.[504] Hinsichtlich des hofesfreien Vermögens und etwaigen Privatvermögens wird dagegen eine Erbengemeinschaft gebildet. Einkommensteuerlich ähnelt die Situation derjenigen bei der qualifizierten Nachfolgeklausel: Der Betrieb geht auf den Hoferben unentgeltlich über. Er hat die Buchwerte gem. § 6 Abs. 3 EStG fortzuführen. Die Abfindungsschuld ist Privatschuld und führt folglich nicht zu Anschaffungskosten des Hofes. Korrespondierend hierzu erzielen aber auch weder der Erblasser noch die weichenden Erben einen Veräußerungsgewinn. Nehmen Wirtschaftsgüter des Betriebsvermögens als sog. **hofesfreies Vermögen** nicht an der Sonderrechtsnachfolge teil, so ist der Buchwert nur im Umfang der Erbquote des Hoferben fortzuführen. Im Übrigen, d.h. in Höhe der Nachlassbeteiligung der anderen Erben, ist eine Entnahme gegeben. Wie bei der Behandlung von Sonderbetriebsvermögen im Falle der qualifizierten Nachfolge in Mitunternehmeranteile wird der Gewinn insoweit noch vom Erblasser verwirklicht.[505] Im Übrigen gelten die allgemeinen Regelungen über die Behandlung der Erbauseinandersetzung (vgl. § 35 Rdnr. 190 ff.).

Liegt eine derartige Sonderrechtsnachfolge nicht vor, werden sämtliche Miterben (zunächst) Mitunternehmer des Hofes. Dies gilt auch für den Fall, dass zugunsten eines Anerben ein gesetzliches Übernahmerecht eingeräumt ist.[506] Die weichenden Erben erzielen einen Veräußerungsgewinn, wenn die Abfindungszahlung den Buchwert ihres Kapitalkontos übersteigt. Hierzu korrespondierend entstehen dem Hofnachfolger Anschaffungskosten. Unterschreitet die Abfindung allerdings das Kapitalkonto, liegt eine unentgeltliche Übertragung vor mit der Folge, dass die Buchwerte gem. § 6 Abs. 3 EStG fortzuführen sind; ein Veräußerungsverlust entsteht mithin nicht.[507]

Unterhält eine Erbengemeinschaft neben dem Gewerbebetrieb auch noch nichtgewerbliches **189** Betriebsvermögen oder Privatvermögen, führen die gewerblichen Einkünfte nicht dazu, dass auch die übrigen, nicht gewerblichen Einkünfte infiziert werden. Die sog. **Abfärbetheorie,** § 15 Abs. 3 Nr. 1 EStG, gilt für die Erbengemeinschaft nicht.[508] Hieran ändert sich auch dann nichts, wenn ein Miterbe seinen Anteil an der Erbengemeinschaft an einen Dritten veräußert.[509] Die Erbengemeinschaft erzielt somit zum Teil gewerbliche und zum Teil nicht gewerbliche Einkünfte, die gegebenenfalls nach unterschiedlichen Einkünfteermittlungsvorschriften ermittelt werden. Umfasst der Nachlass eine **freiberufliche Praxis,** verwandelt sich diese mit dem Erbfall in einen Gewerbebetrieb, sofern nicht *alle* Miterben eine gleichartige freiberufliche Qualifikation besitzen.[510] Dies gilt nicht, wenn die Erben lediglich die noch vom Erblasser geschaffenen Werte realisieren.[511] „Gleichartige freiberufliche Qualifikation" bedeutet dabei nicht notwendig dieselbe. Unschädlich ist z.B., wenn ein Rechtsanwalt und ein Steuerberater eine Steuerberatungskanzlei erben. Ausnahmsweise kommt es nicht zur Umqualifizierung, wenn sich bei einem Erbfall die Beteiligung der berufsfremden Person (Erbe)

---

[503] Vgl. § 4 HöfeO (gilt für Hamburg, Niedersachsen, Schleswig-Holstein und Nordrhein-Westfalen) § 9 Abs. 1 Bremisches HöfeG, § 14 Rheinland-Pfälzisches Landesgesetz über die HöfeO, Art. 9 Württembergisches Anerbengesetz.
[504] BFH Urt. v. 26.3.1987 – IV R 20/84 – BStBl. II 1987, 561; vgl. a. *Kanzler* FR 1991, 177.
[505] BMF Schr. v. 14.3.2006 – IV B 2 – S 2242 – 7/06 – BStBl. I 2006, 253 Rdnr. 78; a.A. *Märkle/Hilger,* Die Einkommensteuer bei Land- und Forstwirten, Rdnr. 443 b.
[506] Vgl. z.B. Art. 10 Abs. 1 Badisches Hofgütergesetz.
[507] BMF Schr v. 14.3.2006 – IV B 2 – S 2242 – 7/06 – BStBl. 2006, 253 Rdnr. 82; vgl. a. *Wacker/Franz* BB 1993, Beil. 5, S. 27.
[508] GrS BFH Beschl. v. 5.7.1990 – GrS 2/89 – BStBl. II 1990, 837, 845; BMF Schr. v. 14.3.2006 – IV B 2 – S 2242 – 7/06, BStBl. I 2006, 253 Rdnr. 4; *Groh* DB 1990, 2135.
[509] BMF Schr. v. 14.3.2006 – IV B 2 – S 2242 – 7/06 – BStBl. I 2006, 253 Rdnr. 47.
[510] BFH Urt. v. 12.3.1992 – IV R 29/91 – BStBl. II 1993, 36; BMF Schr. v. 14.3.2006 – IV B 2 – S 2242 – 7/06, BStBl. I 2006, 253 Rdnr. 5.
[511] BFH Urt. v. 14.12.1993 – VIII R 13/93 – BStBl. II 1994, 922 m.w.N.

auf eine kurze Übergangszeit beschränkt.[512] In Anlehnung daran nimmt die Finanzverwaltung keine gewerblichen Einkünfte an, wenn ein freiberuflich qualifizierter Miterbe innerhalb von sechs Monaten nach dem Erbfall rückwirkend auf diesen die Praxis übernimmt.[513] In diesem Fall sind die laufenden Einkünfte freiberuflicher Natur und allein dem übernehmenden Erben zuzurechnen. Hierbei handelt es sich allerdings nur um eine Vereinfachungsregelung. Im Einzelfall kann die „kurze Übergangszeit" auch kürzer oder länger dauern. Maßgebend sind die Umstände des Einzelfalls. Die bloße Umqualifizierung von einer freiberuflichen Praxis in einen Gewerbebetrieb führt nicht zur Betriebsaufgabe,[514] da es sich insoweit nur um eine Strukturänderung handelt.

Bei Grundvermögen tritt ein Erbe gemäß § 1922 BGB mit dem Tode des Erblassers in die von diesem abgeschlossenen Mietverträge ein. Ihm sind die **Vermietungseinkünfte** daher grundsätzlich zuzurechnen. Werden jedoch nach dem Erbfall wegen einer unklaren Erbrechtslage während einer Übergangszeit die Mietverträge unverändert fortgeführt, ist davon auszugehen, dass der Erbe treuhänderisch (für alle in Betracht kommenden Mitberechtigten) handelt und nicht allein die Vermieterstellung inne hat.[515]

3. Besteuerung der Erbauseinandersetzung

190 Bei der Auseinandersetzung einer Erbengemeinschaft erwirbt ein Miterbe, der Teile des Nachlasses erlangt, grundsätzlich nur insoweit entgeltlich, als der Wert der erlangten Gegenstände den Wert seines Erbanteils übersteigt und er dafür einen Ausgleich leistet. Im Übrigen erwirbt er **unentgeltlich**.[516] Dieser Grundsatz gilt auch, wenn die Auseinandersetzung durch „Verkauf" an einen Miterben[517] oder im Wege der Teilungsversteigerung erfolgt.[518]

191 a) **Veräußerung von Erbanteilen.** Ein Miterbe kann über seinen Erbanteil grundsätzlich frei verfügen. Er kann ihn verschenken oder verkaufen. Besteht der Erbanteil nur aus Betriebsvermögen, richten sich die steuerlichen Folgen der Schenkung nach § 6 Abs. 3 EStG. Der Beschenkte muss das Kapitalkonto des Schenkers fortführen. Im Falle der Veräußerung handelt es sich um die Veräußerung eines Mitunternehmeranteils gem. § 16 Abs. 1 S. 1 Nr. 2 EStG. Es entsteht ein ggf. begünstigter Veräußerungsgewinn in Höhe der Differenz zwischen dem Veräußerungspreis und dem sich aus der Erbquote ergebenden Anteil am Nachlassbetrieb. Beim Erwerber entstehen entsprechende Anschaffungskosten. Besteht der Erbanteil nur aus Privatvermögen, richten sich die steuerlichen Folgen der Schenkung nach § 11 d Abs. 1 EStDV. Der Erwerber führt die Abschreibung ab dem Übergangsdatum fort. Die Abschreibung bis zur Übertragung steht der Erbengemeinschaft zu. Im Falle des Verkaufs bemisst sich die Abschreibung ausgehend von den Anschaffungskosten des Erwerbers nach § 7 EStG. Soweit der Erwerber entgeltlich erwirbt, gelten die zum Nachlass gehörenden Wirtschaftsgüter als im Sinne des § 23 EStG angeschafft.[519] Der Erwerber wird insoweit die dort genannten Fristen (insbes. Grundstücke: 10 Jahre) im Auge behalten müssen. Veräußert ein Miterbe seinen Anteil an einer Erbengemeinschaft, die sowohl einen Gewerbebetrieb als auch Privatvermögen (sog. **Mischnachlass**) unterhält, an einen Dritten oder an einen Miterben, so ist dies zugleich die Veräußerung eines Mitunternehmeranteils nach § 16 Abs. 1 Nr. 2 EStG und diejenige von Privatvermögen.[520] Das Entgelt ist entsprechend dem Verhältnis der Verkehrswerte aufzuteilen,

---

[512] BFH Urt. v. 22.1.1963 – I 242/62 U – BStBl. III 1963, 189: Keine kurze Übergangszeit bei einem Zeitraum von vier Jahren und vier Monaten.
[513] BMF Schr. v. 14.3.2006 – IV B 2 – S 2242 – 7/06 – BStBl. I 2006, 253 Rdnr. 8 bis 9; vgl. a. *Wacker/Franz* BB 1993, Beilage 5, S. 4.
[514] BFH Urt. v. 12.3.1992 – IV R 29/91 – BStBl. II 1993, 36; BMF Schr. v. 14.3.2006 – IV B 2 – S 2242 – 7/06 – BStBl. I 2006, 253 Rdnr. 5.
[515] BFH Urt. v. 23.9.2003 – IX R 26/99 – BFH/NV 2004, 476.
[516] GrS BFH Beschl. v. 5.7.1990 – GrS 2/89 – BStBl. II 1990, 835, 844; a.A. *Stobbe* StuW 1996, 289; bei Teilungsanordnung a.A. *Flume* DB 1990, 2391; *Knobbe-Keuk* § 22 Abs. VI a d, e; *Spiegelberger* DStR 1992, 584, 587.
[517] BFH Urt. v. 26.6.1991 – XI R 5/85 – BFH/NV 1992, 24.
[518] BFH Urt. v. 29.4.1992 – XI R 3/85 – BStBl. II 1992, 727; BMF Schr. v. 14.3.2006 – IV B 2 – S 2242 – 7/06 – BStBl. I 2006, 253 Rdnr. 15.
[519] BFH Urt. v. 20.4.2004 – IX R 5/02 – BStBl. II 2004, 987; Schmidt/*Weber-Grellet* § 23 Rdnr. 47; zu Recht a.A. *Tiedke/Wälzholz* ZEV 2004, 296.
[520] BFH Urt. v. 26.3.1991 – VIII R 172/85 – BFH/NV 1991, 738; BMF Schr. v. 14.3.2006 – IV B 2 – S 2242 – 7/06 – BStBl. I 2006, 253 Rdnr. 46.

sofern die Erben nicht eine nach außen hin erkennbare Zuordnung der Anschaffungskosten vorgenommen haben, die nicht unangemessen erscheint.[521] Erwirbt ein Miterbe alle Anteile der anderen, sind damit zugleich Erbengemeinschaft und Mitunternehmerschaft beendet. Verschenkt der Miterbe seinen Anteil am Mischnachlass, hat der Erwerber im privaten Bereich die AfA der Erbengemeinschaft nach § 11 d Abs. 1 EStDV und im betrieblichen Bereich die Buchwerte der Erbengemeinschaft nach § 6 Abs. 3 EStG fortzuführen.

b) Ausscheiden vom Miterben. Beim Ausscheiden eines Miterben aus der Erbengemeinschaft, wächst den verbleibenden Miterben sein Anteil am Gemeinschaftsvermögen an (vgl. § 29). Da sich die Erbengemeinschaft personell verändert, spricht man in diesem Zusammenhang auch von **persönlicher (Teil-) Auseinandersetzung**. Scheidet ein Miterbe **ohne Abfindung** aus der Erbengemeinschaft aus, liegt ertragsteuerlich eine Schenkung des Erbteils vor (vgl. § 35 Rdnr. 191). Wird ein Nachlass, der nur aus einem oder mehreren Gewerbebetrieben besteht, in der Weise auseinander gesetzt, dass einer oder mehrere Miterben aus der Erbengemeinschaft gegen eine **Abfindung in Geld** ausscheiden und der oder die verbleibenden Miterben den Gewerbebetrieb fortführen, handelt es sich um eine Veräußerung des Mitunternehmeranteils gem. § 16 Abs. 1 Nr. 2 EStG an die verbleibenden Miterben. Die Abfindung ist für sie Veräußerungserlös und führt ggf. zu einem Veräußerungsgewinn. Die übernehmenden Miterben haben Anschaffungskosten in Höhe der Abfindung.[522] Handelt es sich um einen **Mischnachlass**, sind die Zahlungen der verbliebenen Miterben, soweit es sich dabei nicht bloß um die Zuteilung der liquiden Mittel des Nachlasses handelt, entsprechend dem Verhältnis der Verkehrswerte aufzuteilen, sofern die Erben nicht eine nach außen hin erkennbare Zuordnung der Anschaffungskosten vorgenommen haben, die nicht unangemessen erscheint.[523] Ansonsten gelten die gleichen Grundsätze wie beim Erbteilskauf (vgl. § 35 Rdnr. 191).

Erhält der Ausscheidende ganz oder teilweise Wirtschaftsgüter des ererbten Betriebsvermögens (**Sachwertabfindung**), handelt es sich um einen zweistufigen Veräußerungsvorgang. Auf der ersten Stufe kommt es zu einer Veräußerung des Mitunternehmeranteils. Die steuerliche Behandlung entspricht der Veräußerung gegen Geldabfindung. Auf der zweiten Stufe wird die Abfindungsschuld durch die verbliebenen Miterben beglichen. Wird der Abfindungsgegenstand beim weichenden Erben Privatvermögen, wird das betreffende Wirtschaftsgut des Betriebsvermögens von den verbliebenen Miterben entnommen und auf den ausgeschiedenen Miterben übertragen. Es entsteht bei den verbliebenen Miterben in Höhe der Differenz zwischen dem insoweit aufgestockten Buchwert des zur Abfindung verwendeten Wirtschaftsguts und dessen Teilwert ein nicht begünstigter laufender Gewinn aus Gewerbebetrieb.[524] Überführt der Ausscheidende das Wirtschaftsgut allerdings in ein Betriebsvermögen, sind zwingend die Buchwerte fortzuführen, § 6 Abs. 5 EStG.[525]

c) Veräußerung von Nachlassgegenständen. Gem. §§ 2046 ff. BGB kann die Erbauseinandersetzung auch in der Weise erfolgen, dass alle Wirtschaftsgüter des Nachlasses veräußert werden und der Erlös nach Begleichung der Nachlassverbindlichkeiten den Erbquoten entsprechend unter den Miterben verteilt wird. Gehört zum Nachlass ein Gewerbebetrieb, Teilbetrieb oder Mitunternehmeranteil, so handelt es sich bei dessen Versilberung entweder um eine ggf. begünstigte **Veräußerung** bzw. **Aufgabe** oder um eine nicht begünstigte **allmähliche Abwicklung**.[526] Der von der Erbengemeinschaft erzielte Gewinn ist den Miterben entsprechend ihren Erbquoten zuzurechnen und von diesen – im Falle einer begünstigten Veräußerung oder

---

[521] BFH Urt. v. 27.7.2004 – IX R 54/02 – BStBl. II 2006, 9 zur Schenkung von Privatvermögen; BMF Schr. v. 14.3.2006 – IV B 2 – S 2242 – 7/06 – BStBl. I 2006, 253 Rdnr. 42 für reinen Privatvermögensnachlass und Rdnr. 46 für Mischnachlass. Unbefriedigend ist, dass die Finanzverwaltung eine derartige Regelung für den reinen Betriebsvermögensnachlass z.B. in Rdnr. 39 nicht getroffen hat. Hier wäre ggf. an die Umgestaltung des reinen Betriebsvermögensnachlass in einen Mischnachlass nachzudenken.
[522] GrS BFH Beschl. v. 5.7.1990 – GrS 2/89 – BStBl. II 1990, 835, 843.
[523] BMF Schr. v. 14.3.2006 – IV B 2 – S 2242 – 7/06 – BStBl. I 2006, 253 Rdnr. 50 i.V.m. Rdnr. 42 für reinen Privatvermögensnachlass und Rdnr. 46 für Mischnachlass; zum Betriebsvermögensnachlass vgl. Fn. 521.
[524] BFH Urt. v. 23.11.1995 – IV R 75/94 – BStBl. II 1996, 194; BMF Schr. v. 14.3.2006 – IV B 2 – S 2242 – 7/06 – BStBl. I 2006, 253 Rdnr. 51; vgl. a. Schmidt/*Wacker* § 16 Rdnr. 647; a.A. Kirchhof/Söhn/Mellinghoff § 16 B 103: kein Gewinn der verbliebenen Erben.
[525] BMF Schr. v. 14.3.2006 – IV B 2 – S 2242 – 7/06 – BStBl. I 2006, 253 Rdnr. 52.
[526] Vgl. Sudhoff/*von Sothen* § 51 Rdnr. 4 ff., § 52 Rdnr. 2 ff., 23 und 52.

Aufgabe tarifbegünstigt – zu versteuern. Gegebenenfalls erhält der einzelne Mitunternehmer den seinen persönlichen Verhältnissen entsprechenden Freibetrag nach § 16 Abs. 4 EStG. Soweit zum Nachlass Privatvermögen gehört, ist die Veräußerung ertragsteuerlich nur relevant bei wesentlichen Beteiligungen, § 17 EStG, privaten Veräußerungsgeschäften, § 23 EStG und einbringungsgeborenen Anteilen § 21 UmwStG.

195 d) **Realteilung ohne Ausgleichszahlung.** Eine Realteilung liegt vor, wenn eine Erbengemeinschaft sich in der Weise auseinander setzt, dass jeder Erbe einen seinem Anteil am Nachlass entsprechenden Anteil am realen Nachlass erhält (Realteilung ohne Ausgleichszahlung). Besteht der Nachlass nur aus **Privatvermögen**, erwirbt jeder Erbe unentgeltlich. Es entstehen insoweit keine Anschaffungskosten. Der Erbe hat die AfA-Bemessungsgrundlage des Erblassers fortzuführen, § 11 d Abs. 1 EStDV.

196 Besteht der Nachlass nur aus **Betriebsvermögen** entsteht durch den Übergang eines **Einzelunternehmens** auf eine Erbengemeinschaft eine Mitunternehmerschaft. Wird diese durch Zuweisung von Einzelwirtschaftsgütern auf die Miterben gleichmäßig nach Erbquoten verteilt (Zerschlagung des Nachlassbetriebes), führt dies im Falle der Betriebsaufgabe und vorbehaltlich der Körperschaftsklausel (vgl. § 16 Abs. 3 S. 4 EStG) für Realteilungen nach dem 31.12.2000 nicht mehr zwingend zur gewinnrealisierenden **Aufgabe** der Mitunternehmeranteile der Miterben gem. § 16 Abs. 3 S. 1 EStG. Dies geschieht nur, wenn alle wesentlichen Betriebsgrundlagen ins Privatvermögen,[527] in das Gesamthandsvermögen einer anderen Mitunternehmerschaft, an der der übernehmende Erbe ebenfalls beteiligt ist, oder in das Gesamthandsvermögen einer personenidentischen Schwesterpersonengesellschaft überführt werden.[528] Durch die Einbeziehung der Zuweisung einzelner Wirtschaftsgüter in den Buchwertfortführungszwang des § 16 Abs. 3 S. 2 EStG kommt es nicht nur bei der Übertragung von Teilbetrieben oder Mitunternehmeranteilen zu einer steuerneutralen Auseinandersetzung der Erbengemeinschaft, sondern auch bei der Verteilung von einzelnen Wirtschaftsgütern des Betriebsvermögens. Gleiches gilt, wenn der zu einem **Mischnachlass** gehörende Gewerbebetrieb zerschlagen wird. Voraussetzung ist lediglich, dass die zugewiesenen Wirtschaftsgüter bei den übernehmenden Miterben in ein Betriebsvermögen gelangen, der Betrieb in seiner bisherigen Form aufgegeben wird[529] und die Versteuerung der zum Buchwert übergegangenen Wirtschaftsgüter sichergestellt ist. Das Betriebsvermögen, in welches das Wirtschaftsgut überführt werden soll, kann auch erst durch den Übertragungsakt entstehen. Scheidet einer der Erben aus der Mitunternehmerschaft gegen Abfindung mit einem Einzelwirtschaftsgut aus, ohne das der Betrieb der Mitunternehmerschaft beendet wird, soll keine Realteilung sondern eine Sachwertabfindung gegeben sein und zwar auch dann, wenn das Wirtschaftsgut in ein Betriebsvermögen überführt wird.[530]

197 Trotz Buchwertfortführung kann in der Folgezeit eine Nachsteuer anfallen, wenn der Abfindungsempfänger innerhalb einer **Sperrfrist von drei Jahren** die übernommenen Wirtschaftsgüter veräußert oder entnimmt, § 16 Abs. 3 S. 3 EStG. Der durch den rückwirkenden Ansatz des gemeinen Werts entstehende Veräußerungs-, Aufgabe- oder Entnahmegewinn ist der Erbengemeinschaft zuzurechnen. Sofern ein Steuerbescheid bereits ergangen ist, wird die hierdurch entstehende Nachsteuer im Wege einer Bescheidkorrektur nach § 175 Abs. 1 S. 1 Nr. 2 AO erfasst.

Werden die Einzelwirtschaftsgüter in das **Privatvermögen** überführt, kommt es hierdurch zu einer Entnahme. Der dabei entstehende Entnahmegewinn soll allen Miterben zuzurechnen sein.[531] Werden alle (wesentlichen) Wirtschaftsgüter des zum Nachlass gehörenden Gewerbebetriebes unter den Miterben verteilt und ins Privatvermögen überführt, liegt eine begünstigte Betriebsaufgabe vor.

---

[527] BMF Schr. v. 14.3.2006 – IV B 2 – S 2242 – 7/06 – BStBl. I 2006, 253 Rdnr. 13.
[528] BMF Schr. v. 28.2.2006 – IV B 2 – S 2242 – 6/06 – BStBl. I 2006, 221.
[529] BFH Urt. v. 20.2.2003 – III R 34/01 – BStBl. II 2003, 700; BMF Schr. v. 14.3.2006 – IV B 2 – S 2242 – 7/06 – BStBl. I 2006, 253 Rdnr. 11; BMF Schr. v. 28.2.2006 – IV B 2 – S 2242 – 6/06 – BStBl. I 2006, 221; Schmidt/*Wacker* § 16 Rdnr. 535, 536, 537 m.w.N.; a.A. *von Lishaut* DB 2000, 1784, 1789; *Strahl* KÖSDI 2002, 13164, 13171; *Stuhrmann* DStR 2005, 1335.
[530] BMF Schr. v. 28.2.2006 – IV B 2 – S 2242 – 6/06 – BStBl. I 2006, 221; Schmidt/*Wacker* § 16 Rdnr. 535, 536, 537 m.w.N.; a.A. *von Lishaut* DB 2000, 1784, 1789; *Strahl* KÖSDI 2002, 13164, 13171; *Stuhrmann* DStR 2005, 1335.
[531] BMF Schr. v. 14.3.2006 – IV B 2 – S 2242 – 7/06 – BStBl. I 2006, 253 Rdnr. 13.

Werden **Teilbetriebe** nicht zerschlagen, sondern einzelnen Miterben als Ganzes im Rahmen einer quotengerechten Aufteilung des Nachlasses zugewiesen, kommt es ebenso wenig zur Aufdeckung stiller Reserven wie bei der quotengerechten Zuweisung von **Mitunternehmeranteilen**. Gem. § 16 Abs. 3 S. 2 EStG haben die Miterben die **Buchwerte fortzuführen**. Es entstehen weder Veräußerungserlöse noch Anschaffungskosten. Werden **ganze Betriebe** nicht zerschlagen, sondern anderen Miterben im Zuge der quotengerechten Erbauseinandersetzung zugewiesen, erwerben diese in vollem Umfang unentgeltlich. Die **Buchwerte sind fortzuführen**, wobei § 6 Abs. 3 S. 1 EStG unmittelbar zur Anwendung gelangt; § 16 Abs. 3 S. 2 EStG erfasst nicht die Auskehrung eines ganzen Betriebes. Entspricht der Buchwert des erhaltenen Vermögens dem Buchwert des bisherigen Kapitalkontos des jeweiligen Realteilers bzw. fällt auf ihn betragsmäßig genau der Anteil an den stillen Reserven über, der ihm zuvor auf der Ebene der Mitunternehmerschaft zuzurechnen war, finden in der Eröffnungsbilanz des betreffenden Realteilers keine bilanziellen Anpassungsmaßnahmen statt. Sind die stillen Reserven in den Einzelwirtschaftsgütern unterschiedlich hoch und kommt es deshalb aufgrund der Zuteilung dieser Wirtschaftsgüter zu einer disquotalen Verteilung der Buchwerte auf die Realteiler, so entsprechen die Buchwerte der übernommenen Wirtschaftsgüter nicht den bisherigen Kapitalkonten der Realteiler. Es bedarf daher einer bilanziellen Korrektur, die entweder auf der Aktivseite durch Anwendung der sog. Buchwertanpassungsmethode oder auf der Passivseite durch die sog. Kapitalausgleichsmethode[532] bzw. nach der **Kapitalkontenanpassungsmethode** erfolgen kann. Die Finanzverwaltung hat sich für letztere entschieden.[533] Dabei bleiben die Buchwerte in der Eröffnungsbilanz des Realteilers unverändert. Sein Kapitalkonto laut Schlussbilanz der Mitunternehmerschaft wird jedoch durch Auf- oder Abstocken gewinnneutral dahin gehend angepasst, das es der Höhe nach der Summe der Buchwerte der übernommenen Wirtschaftsgüter entspricht. Hierdurch springen stille Reserven von dem das Kapitalkonto aufstockenden Gesellschafter auf den das Kapitalkonto abstockenden Gesellschafter über.[534] Im Falle einer Realisierung der stillen Reserven hat erster in Höhe des Aufstockungsbetrages weniger stille Reserven zu versteuern und letzterer in Höhe Abstockungsbetrages mehr stille Reserven zu versteuern. Dies sollte bei der Erbauseinandersetzung vertraglich erfasst und entsprechend ausgeglichen werden.

Diese Grundsätze gelten auch, sofern es sich um einen **Mischnachlass** handelt.[535] Der Miterbe, der im Zuge der Realteilung des Mischnachlasses Privatvermögen (z.B. ein Mietwohngrundstück) übernimmt, ist in gleicher Weise an den vom Erblasser auf die Erbengemeinschaft übergegangenen und von dieser fortgeführten Steuerwert (§ 11 d Abs. 1 EStDV) gebunden.[536] Übernimmt der andere Miterbe einen ganzen Betrieb, Teilbetrieb oder Mitunternehmeranteil, führt dies weder zu einer anteiligen Gewinnrealisierung noch zu Anschaffungskosten bei dem Erwerber. Dabei spielt es keine Rolle, ob die Erbengemeinschaft alsbald oder erst mehrere Jahre später auseinander gesetzt wird oder ob der Mischnachlass bereits im Zeitpunkt des Erbfalles bestand oder erst im Zuge der Verwaltung des Nachlasses z.B. durch Entnahmen aus dem Betriebsvermögen entstanden ist.[537]

Nachlassverbindlichkeiten inklusive **Erblasserschulden** (vgl. § 35 Rdnr. 88 ff.) zählen nicht zu den Ausgleichszahlungen. Sie können daher zur steuerneutralen, quotengerechten Aufteilung des Nachlasses, sozusagen als Manövriermasse eingesetzt werden (**ausgleichende Schuldübernahme**). Unerheblich ist, ob es sich um eine betriebliche oder um eine private Verbindlichkeit handelt. Man spricht daher in diesem Zusammenhang auch von „neutralen" Wirtschaftsgütern. Durch die Übernahme einer betrieblichen Verbindlichkeit durch einen Erben, der nur Aktivwerte des Privatvermögens erhält, wandelt sich diese in eine Privatschuld um, ist aber ansonsten ohne Auswirkung auf das übrige Betriebsvermögen. Dies könnte bei Pensionsrückstellungen allerdings möglicherweise anders zu beurteilen sein.[538] Wird

---
[532] *Lange-Bilitewski/Hunfeld*, Personengesellschaften im Steuerrecht, Rdnr. 2499 f.
[533] BMF Schr. v. 28.2.2006 – IV B 2 – S 2242 – 6/06 – BStBl. I 2006, 228.
[534] *Schell* BB 2006, 1026.
[535] BMF Schr. v. 14.3.2006 – IV B 2 – S 2242 – 7/06 – BStBl. I 2006, 253 Rdnr. 32.
[536] GrS BFH Beschl. v. 5.7.1990 – GrS 2/89 – BStBl. II 1990, 837, 845; BMF Schr. v. 14.3.2006 – IV B 2 – S 2242 – 7/06 – BStBl. I 2006, 253 Rdnr. 32.
[537] BMF Schr. v. 14.3.2006 – IV B 2 – S 2242 – 7/06 – BStBl. I 2006, 253 Rdnr. 33.
[538] Vgl. OFD Magdeburg Vfg. v. 11.1.1999 – S 1978 – 15 – St 231 – GmbHR 1999, 254.

umgekehrt die Zuteilung von Betriebsvermögen durch die Übernahme einer Privatschuld ganz oder zum Teil ausgeglichen, wandelt sich diese in eine Betriebsschuld um mit der Folge, dass die auf diese Schuld entfallenden Schuldzinsen als Betriebsausgaben abzugsfähig sind.[539] Den übernommenen Schulden kommt dann nur die Funktion einer negativen Rechengröße zu. Übernimmt ein Erbe über seine Erbquote hinaus Verbindlichkeiten der Erbengemeinschaft (**überquotale Schuldübernahme**), führt dies nicht zu Anschaffungskosten[540] und zwar auch dann nicht, wenn durch die Art der Verteilung zusätzlicher Ausgleichsbedarf unter den Erben geschaffen wird. Soweit die Miterben den hierdurch entstandenen Ausgleichsbedarf durch Leistungen aus eigenem Vermögen abdecken, bleibt es eine reine Realteilung ohne Ausgleichszahlung, denn mit der überquotalen Schuldübernahme des einen Miterben korrespondiert grundsätzlich eine aus der Zuteilung resultierende Freistellungsverpflichtung der übrigen Miterben ihm gegenüber. Ob und inwieweit der Finanzierungszusammenhang zwischen Wirtschaftsgut und Schuld erhalten bleibt, ist dabei unerheblich.[541]

Beispiel:
Zum Nachlass gehören zwei gleichwertige Grundstücke, die je mit einer Grundschuld von € 100.000 belastet sind. Im Zuge der Erbauseinandersetzung erhalten die beiden Erben jeder ein Grundstück. Einer der Miterben übernimmt beide Grundschulden. Der andere Miterbe zahlt deshalb an ihn aus seinem sonstigen Vermögen € 100.000. Er erfüllt lediglich intern die Freistellungsverpflichtung, so dass eine Realteilung ohne Abfindungszahlung vorliegt.

Vorsicht ist bei Neuschulden geboten. Werden diese im engen zeitlichen Zusammenhang mit der Erbauseinandersetzung eingegangen, liegt nach Ansicht der Finanzverwaltung ein Missbrauch von Gestaltungsmöglichkeiten gem. § 42 AO vor, so dass es sich steuerlich nicht mehr um eine Nachlassverbindlichkeit handelt.[542]

201 e) **Realteilung mit Ausgleichszahlung.** Erhält einer der Miterben im Rahmen der Realteilung mehr als seiner Erbquote entspricht und zahlt er deshalb an den oder die anderen Miterben einen Ausgleich (Realteilung mit Ausgleichszahlung), führt die Zahlung für das „Mehr" beim weichenden Miterben zu einem Veräußerungserlös und hierzu korrespondierend beim übernehmenden Miterben zu Anschaffungskosten. Dabei erstreckt sich das Veräußerungsgeschäft nur auf das „Mehr", nicht hingegen auf die Zuteilung im Ganzen. Die Zuweisung des der Erbquote entsprechenden Teils erfolgt daher unentgeltlich. Besteht der Nachlass nur aus **Privatvermögen**, ist der Veräußerungserlös nur steuerpflichtig, sofern die Voraussetzungen des § 17 EStG (Veräußerung wesentlicher Beteiligungen an Kapitalgesellschaften), des § 23 EStG (Private Veräußerungsgeschäfte) oder des § 21 UmwStG (einbringungsgeborene Anteile) vorliegen. Der den Ausgleich zahlende Erbe hat Anschaffungskosten in Höhe der Ausgleichszahlung. Übernimmt der ausgleichsverpflichtete Erbe mehrere Wirtschaftsgüter, sind die Anschaffungskosten entsprechend dem Verhältnis der Verkehrswerte aufzuteilen, sofern die Erben nicht eine nach außen hin erkennbare Zuordnung der Anschaffungskosten vorgenommen haben, die nicht unangemessen erscheint.[543]

202 Besteht der Nachlass nur aus **Betriebsvermögen** und kommt es zu einer Zerschlagung des Betriebes, ist der analog § 16 Abs. 3 S. 6 EStG ermittelte Aufgabegewinn um erhaltene oder zu leistende Ausgleichszahlungen zu korrigieren,[544] sofern **sämtliche Einzelwirtschaftsgüter** in das Privatvermögen der Miterben überführt werden. Werden die Einzelwirtschaftsgüter dagegen ganz oder teilweise in ein Betriebsvermögen der Miterben überführt, so ändert dies – vorbehaltlich Behaltefrist und Körperschaftsklausel (vgl. § 35 Rdnr. 197) – nichts an dem Zwang

---

[539] BMF Schr. v. 14.3.2006 – IV B 2 – S 2242 – 7/06 – BStBl. I 2006, 253 Rdnr. 34; a.A. *Groh* DB 1990, 2135, 2139; nähere Einzelheiten zum Schuldzinsenabzug vgl. *Wacker/Franz* BB 1993, Beil. 5, S. 29; *Märkle*, FS L. Schmidt 1993, 809 (827).
[540] GrS BFH Beschl. v. 5.7.1990 – GrS 2/89 – BStBl. II 1990, 837; BMF Schr. v. 14.3.2006 – IV B 2 – S 2242 – 7/06 – BStBl. I 2006, 253 Rdnr. 25; Schmidt/*Wacker* § 16 Rdnr. 630 m.w.N.; a.A. BFH Urt. v. 14.12.2004 – IX R 23/02 – BFH/NV 2005, 619; Nichtanwendungserlass: BMF Schr. v. 30.3.2006 – IV B 2 – S 2242 – 15/06, DStR 2006, 652.
[541] BMF Schr. v. 14.3.2006 – IV B 2 – S 2242 – 7/06 – BStBl. I 2006, 253 Rdnr. 24.
[542] BMF Schr. v. 14.3.2006 – IV B 2 – S 2242 – 7/06 – BStBl. I 2006, 253 Rdnr. 25.
[543] BMF Schr. v. 14.3.2006 – IV B 2 – S 2242 – 7/06 – BStBl. I 2006, 253 Rdnr. 28, 29 i.V.m. Rdnr. 42.
[544] BMF Schr. v. 14.3.2006 – IV B 2 – S 2242 – 7/06 – BStBl. I 2006, 253 Rdnr. 14; *Wacker* StB 1999, Beil. 2, S. 7.

zur Buchwertfortführung nach § 16 Abs. 3 S. 2 EStG. Bei der Zuweisung von **ganzen Betrieben**,[545] **Teilbetrieben** und **Mitunternehmeranteilen** gilt grundsätzlich nichts anderes. Der Wertausgleich führt lediglich zum entstehen eines nicht gewerbesteuerpflichtigen (Ausnahme: § 7 S. 2 GewStG) Gewinns.[546] Nach Ansicht des VIII. Senats des BFH entsteht ein laufender Gewinn in Höhe des Ausgleichsbetrages, der nicht nach §§ 16 Abs. 4, 34 EStG begünstigt ist.[547] In dieser Höhe erziele der Ausgleichsempfänger Betriebseinnahmen und der Ausgleichsverpflichtete Anschaffungskosten. Nach Ansicht der Finanzverwaltung und der h. M. wird nur im Verhältnis der Ausgleichszahlung zum Wert des übernommenen Betriebsvermögens entgeltlich angeschafft und veräußert und nur insoweit Gewinn realisiert.[548] Dieser Gewinn ist mangels zusammengeballter Realisierung der stillen Reserven nicht nach §§ 16 Abs. 4, 34 EStG begünstigt.[549] Ein derartiger Wertausgleich und seine steuerlichen Folgen lassen sich vermeiden, wenn vor der Realteilung die liquiden Mittel des Gesellschaftsvermögens durch Kreditaufnahme oder Einlage aus dem Eigenvermögen des Gesellschafters in für den Wertausgleich erforderlicher Höhe aufgestockt werden (sog. **Einlagenlösung**).[550] Erfolgen zeitnah im Zusammenhang mit der Realteilung Kreditaufnahmen zum Zwecke der Durchführung derselben, nimmt die Finanzverwaltung Gestaltungsmissbrauch an.[551] Grundsätzlich erkennt sie jedoch die Einbeziehung liquider Mittel in die Realteilung an.[552]

Die Realteilung hat zur Folge, dass die übernommenen Buchwerte der Wirtschaftsgüter und das diesen angeglichene Kapitalkonto in der Fortführungs(eröffnungs)bilanz bzw. Ergänzungsbilanz des ausgleichsverpflichteten Miterben entsprechend aufzustocken sind[553] und zwar gleichmäßig im Verhältnis der realisierten zu den insgesamt vorhandene stillen Reserven des übernommenen Betriebsvermögens.[554] Dieses Zusammentreffen von Buchwertfortführung und teilweiser Gewinnrealisierung durch Spitzenausgleich führt beim ausgleichsberechtigten Miterben zu einem nicht nach §§ 16, 34 EStG begünstigten, **laufenden Gewinn** im Rahmen der Auseinandersetzung der Erbengemeinschaft, da es nicht zur zusammengeballten Realisierung der stillen Reserven kommt.[555] Soweit der ausgleichsverpflichtete, übernehmende Miterbe anteilig unentgeltlich, d.h. unter Buchwertfortführung erwirbt, tritt er hinsichtlich der Abschreibung, der Vorbesitzzeit (§ 6 b Abs. 4 S. 1 Nr. 2 EStG) etc. in die Rechtsstellung des Erblassers ein.[556] Hinsichtlich des entgeltlich erworbenen Teils kann auf die durch die Abfindungszahlung entstandenen Anschaffungskosten eine Rücklage nach 6 b EStG übertragen werden.[557] Bei der Übernahme eines Grundstücks gegen Ausgleichszahlung sind daher zwei AfA-Reihen, getrennt nach entgeltlich und nach unentgeltlich erworbenen Gebäudeteil,

---

[545] Vgl. *Wacker* StB 1999, Beil. 2, S. 9.
[546] BFH Urt. v. 17.2.1994 – VIII R 13/94 – BStBl. II 1994, 809; BMF Schr. v. 28.2.2006 – IV B 2 – S 2242 – 6/06 – BStBl. I 2006, 228; BMF Schr. v. 14.3.2006 – IV B 2 – S 2242 – 7/06 – BStBl. I 2006, 253 Rdnr. 14, 19.
[547] BFH Urt. v. 1.12.1992 – VIII R 57/90 – BStBl. II 1994, 607; BFH Urt. v. 17.2.1994 – VIII R 12/93 – BFH/NV 1995, 98; ebenso *Reiß* DStR 1995, 1129.
[548] BMF Schr. v. 28.2.2006 – IV B 2 – S 2242 – 6/06 – BStBl. I 2006, 228; BMF Schr. v. 14.3.2006 – IV B 2 – S 2242 – 7/06 – BStBl. I 2006, 253 Rdnr. 14, 19; Schmidt/*Wacker* § 16 EStG Rdnr. 549, 619 m.w.N.; weitere a.A. *Esser* DStZ 1997, 439, 443; *Seeger* DB 1992, 1010.
[549] BMF Schr. v. 28.2.2006 – IV B 2 – S 2242 – 6/06 – BStBl. I 2006, 228; BMF Schr. v. 14.3.2006 – IV B 2 – S 2242 – 7/06 – BStBl. I 2006, 253 Rdnr. 14, 19, ebenso Schmidt/*Wacker* § 16 EStG Rdnr. 549.
[550] *Knobbe-Keuk* § 22 IX 3; *Groh* WPg 1991, 620; *Hörger* DStR 1993, 37, 43; *Winkemann* BB 2004, 130, 135; a.A. Schmidt/*Wacker* § 16 EStG Rdnr. 550, der in diesen Einlagen lediglich „Scheineinlagen" sieht, die nichts an der Gewinnrealisierung ändern sollen.
[551] BMF Schr. v. 14.3.2006 – IV B 2 – S 2242 – 7/06 – BStBl. I 2006, 253 Rdnr. 25.
[552] BMF Schr. v. 14.3.2006 – IV B 2 – S 2242 – 7/06 – BStBl. I 2006, 253 Rdnr. 30.
[553] Schmidt/*Wacker* § 16 Rdnr. 619 m.w.N. unter Hinweis auf BFH Urt. v. 1.12.1992 – VIII R 57/90 – BStBl. II 1994, 607, 612; BMF Schr. v. 28.2.2006 – IV B 2 – S 2242 – 6/06 – BStBl. I 2006, 228; BMF Schr. v. 14.3.2006 – IV B 2 – S 2242 – 7/06 – BStBl. I 2006, 253 Rdnr. 14, 17.
[554] Schmidt/*Wacker* § 16 Rdnr. 620 a. E.; BMF Schr. v. 28.2.2006 – IV B 2 – S 2242 – 6/06 – BStBl. I 2006, 228; BMF Schr. v. 14.3.2006 – IV B 2 – S 2242 – 7/06 – BStBl. I 2006, 253 Rdnr. 14, 17.
[555] BFH Urt. v. 1.12.1992 – VIII R 57/90 – BStBl. II 1994, 607, 613; *Wacker* StB 1999, Beil. 2, S. 8; BMF Schr. v. 28.2.2006 – IV B 2 – S 2242 – 6/06 – BStBl. I 2006, 228; BMF Schr. v. 14.3.2006 – IV B 2 – S 2242 – 7/06 – BStBl. I 2006, 253 Rdnr. 14, 19.
[556] BMF Schr. v. 14.3.2006 – IV B 2 – S 2242 – 7/06 – BStBl. I 2006, 253 Rdnr. 20, 21.
[557] BMF Schr. v. 14.3.2006 – IV B 2 – S 2242 – 7/06 – BStBl. I 2006, 253 Rdnr. 21.

zu bilden. Bei beweglichen Wirtschaftsgütern kann dagegen auf eine Aufspaltung in zwei AfA-Reihen verzichtet werden.[558]

204 Bei der Realteilung eines **Mischnachlasses,** bei der Wirtschaftsgüter verschiedener Einkunftsarten übernommen werden, richtet sich das Verhältnis, in dem die Ausgleichszahlung den einzelnen Wirtschaftsgütern zuzurechnen ist, nach dem jeweiligen Netto-Vermögenswert, d.h. dem Wert des Vermögens nach Abzug der zuzuordnenden Verbindlichkeiten.[559] Übernimmt einer der Miterben von den Betriebsschulden mehr, als seiner Erbquote entspricht, ist hierin keine Ausgleichszahlung zu sehen.[560] Ansonsten gelten die Grundsätze zum reinen Betriebsvermögensnachlass bzw. reinen Privatvermögensnachlass entsprechend. Soweit sich in dem Nachlass nur ein Mitunternehmeranteil oder ein Betrieb befindet und dieser einem der Erben zugewiesen wird, hat dieser die Buchwerte nach § 6 Abs. 3 EStG fortzuführen.

205 f) **Teilerbauseinandersetzung.** Die Teilerbauseinandersetzung ist dadurch gekennzeichnet, dass die personelle Zusammensetzung der Erbengemeinschaft unverändert bleibt und lediglich das Nachlassvermögen den Miterben in sukzessiver Form zugewiesen wird. Man spricht daher auch von einer **gegenständlichen Teilerbauseinandersetzung.** Die ertragsteuerliche Behandlung entspricht, solange **keine Abfindungen** gezahlt werden, grundsätzlich derjenigen einer Realteilung ohne Ausgleichszahlung. Soweit betriebliche Einzelwirtschaftsgüter des Nachlasses übertragen werden, tätigt die Erbengemeinschaft eine mit dem Teilwert anzusetzende Entnahme. Der dadurch entstehende laufende Gewinn oder Verlust ist als Teil des Gesamtgewinns der Erbengemeinschaft nach Erbquoten (§§ 2038 Abs. 2, 743 Abs. 1 BGB) zuzurechnen.[561]

206 Erfolgt die gegenständliche **Teilerbauseinandersetzung gegen eine Abfindungszahlung,** führt diese in voller Höhe zu Anschaffungskosten des übernehmenden Miterben.[562] Denn bei dieser Ausgleichszahlung handelt es sich um eine Abfindung, die für die Erbquoten der anderen Miterben an diesem Wirtschaftsgut gezahlt wird. Insoweit gelten daher die zur Realteilung mit Ausgleichszahlung dargestellten Grundsätze entsprechend. Erfolgt die Übertragung von Einzelwirtschaftsgütern des Nachlassbetriebes gegen Abfindungszahlung und ist keine Betriebsaufgabe anzunehmen, liegt im Umfang der Erbquote des übernehmenden Miterben eine Entnahme vor.

207 Erhält ein Miterbe, der in einem früheren Teilauseinandersetzungsschritt Abfindungen erbracht hat, nun selbst Abfindungszahlungen (sog. **umgekehrte Abfindungen**), ist darin eine Rückzahlung zu sehen, die den ursprünglichen Veräußerungserlös und die Anschaffungskosten rückwirkend mindert, wenn die Miterben eine entsprechend weitere Auseinandersetzung von vornherein im Auge hatten.[563] Davon ist nach Ansicht der Finanzverwaltung auszugehen, wenn seit der vorangegangenen Teilauseinandersetzung nicht mehr als fünf Jahre verstrichen sind.[564] Ein späterer, d.h. nach Ablauf von fünf Jahren erfolgender Auseinandersetzungsschritt soll dagegen selbständig, d.h. ohne Rücksicht auf die vorhergehende Teilauseinandersetzung zu beurteilen sein.[565] In beiden Fällen kann es sich allerdings angesichts der Rechtsprechung nur um eine widerlegbare Vermutung handeln. Liegen zwei oder mehr einheitlich zu beurteilende Teilauseinandersetzungsschritte vor, handelt es sich bei dem jeweils nachfolgenden Schritt um ein Ereignis mit steuerlicher Rückwirkung im Sinne von § 175 Abs. 1 Nr. 2 AO, welches für alle Schritte und gleichermaßen für den Veräußerungsgewinn des einen Miterben wie für die Anschaffungskosten und die AfA des anderen Miterben maßgebend ist. Für die Berechnung des Fünfjahreszeitraums ist der Übergang des wirtschaftlichen Eigentums entscheidend.[566]

---

[558] BMF Schr. v. 14.3.2006 – IV B 2 – S 2242 – 7/06 – BStBl. I 2006, 253 Rdnr. 20.
[559] *Wacker/Franz* BB 1993, Beil. 5, S. 14.
[560] BMF Schr. v. 14.3.2006 – IV B 2 – S 2242 – 7/06 – BStBl. I 2006, 253 Rdnr. 34, 35; Schmidt/*Wacker* § 16 Rdnr. 621 m.w.N.
[561] BMF Schr. v. 14.3.2006 – IV B 2 – S 2242 – 7/06 – BStBl. I 2006, 253 Rdnr. 57; Schmidt/*Wacker*, § 16 Rdnr. 648; a.A. BFH Urt. v. 31.3.1977 – IV R 58/73 – BStBl. II 1977, 823: Zurechnung des Entnahmegewinns beim Empfänger des Wirtschaftsguts.
[562] BMF Schr. v. 14.3.2006 – IV B 2 – S 2242 – 7/06 – BStBl. I 2006, 253 Rdnr. 56.
[563] GrS BFH Beschl. v. 5.7.1990 – GrS 2/89 – BStBl. II 1990, 837, 845.
[564] BMF Schr. v. 14.3.2006 – IV B 2 – S 2242 – 7/06 – BStBl. I 2006, 253 Rdnr. 58.
[565] BMF Schr. v. 14.3.2006 – IV B 2 – S 2242 – 7/06 – BStBl. I 2006, 253 Rdnr. 58.
[566] A.A. *Wacker/Franz* BB 1993, Beil. 5, S. 20: Verpflichtungsgeschäft.

4. Erbfallschulden

Erbfallschulden wie z.B. Vermächtnis-, Untervermächtnis-, Pflichtteils-, Erbersatz- und Abfindungsschulden stellen **keine Anschaffungskosten** für das im Erbwege erlangte Vermögen dar.[567] Korrespondierend hierzu handelt es sich bei den Empfängern dieser Leistungen (z.B. Vermächtnisnehmer oder Pflichtteilsberechtigter) auch nicht um „Veräußerungserlös", so dass die Leistung seitens des Erben von diesen einkommensteuerfrei vereinnahmt wird.[568] Die Erbfallschulden sind beim Erben **notwendige Privatschulden** und zwar auch dann, wenn sie aus dem Betriebsvermögen im Nachlass herrühren.[569] Stundungs- und Verzugszinsen stellen daher keine Betriebsausgaben dar. Gleiches gilt, wenn ein Kredit aufgenommen wird, um die Erbfallschuld zu begleichen, oder wenn eine Erbfallschuld in ein Darlehen umgewandelt wird (Novation).[570] Vereinbaren Erbe und Pflichtteilsberechtigter, dass dieser einen Vermögensgegenstand **an Erfüllung statt** erhält, so führt dies ertragsteuerlich zu einem entgeltlichen Geschäft mit der Folge, dass der Erbe einen Veräußerungserlös erzielt und dem Pflichtteilsberechtigten Anschaffungskosten entstehen.[571] Nicht zu den Erbfallschulden gehören die Kosten für die Erstellung der Erbschaftsteuererklärung. Sie sind jedoch bis zum 31. Dezember 2005 gem. § 10 Abs. 1 Nr. 6 EStG als Sonderausgaben abzugsfähig, obwohl sie schon bei der Erbschaftsteuer als Nachlassverbindlichkeiten Berücksichtigung gefunden haben.[572] Zahlungen auf Grund eines Vermächtnisses des verstorbenen Arbeitgebers an langjährig bei ihm beschäftigte Arbeitnehmer sind nicht durch das individuelle Dienstverhältnis veranlasst und stellen somit keinen Arbeitslohn i.S.d. § 19 EStG dar.[573]

a) **Sachvermächtnis.** Ist der Erbe testamentarisch dazu verpflichtet, **Wirtschaftsgüter des Privatvermögens** (z.B. **Mietwohngrundstücke**) an einen Dritten herauszugeben (Sachvermächtnis), ist dies ein unentgeltlicher Vorgang. Der Vermächtnisnehmer führt die AfA des Rechtsvorgängers fort, § 11 d EStDV.

Erstreckt sich das Sachvermächtnis auf **einzelne Wirtschaftsgüter des Betriebsvermögens** eines zum Nachlass gehörenden Gewerbebetriebs, führt seine Erfüllung beim Erben unabhängig davon, ob es beim Empfänger Betriebs- oder Privatvermögen wird, zu einer Entnahme dieses Wirtschaftsguts.[574] Denn der Erbe erwirbt zunächst den ganzen Gewerbebetrieb und erfüllt danach das Vermächtnis. Er hat daher auch den Entnahmegewinn als laufenden Gewinn zu versteuern.[575] Dies gilt auch, wenn der Vermächtnisnehmer das Wirtschaftsgut in ein Betriebsvermögen überführt. Ausnahmsweise kann eine Betriebsaufgabe anzunehmen sein, wenn der Erbe alle wesentlichen Betriebsgrundlagen an verschiedene Vermächtnisnehmer herauszugeben hat oder wenn durch die Herausgabe die Voraussetzungen einer Betriebsaufspaltung entfallen. In diesen Fällen erzielt der Erbe einen ggf. begünstigten Veräußerungsgewinn. Anders verhält es sich allerdings bei einem **Vorausvermächtnis zugunsten eines Miterben**, wenn das Wirtschaftsgut in dessen Betriebsvermögen überführt wird. In diesem Fall ist zwingend der Buchwert fortzuführen, § 6 Abs. 5 S. 3 EStG. Erbringt der Vermächtnisnehmer eine Gegenleistung, so handelt es sich um ein **Kaufrechtsvermächtnis**. Soweit dabei ein entgeltliches Geschäft vorliegt, entsteht kein Entnahme-, sondern ein Veräußerungsgewinn des Erben. Korrespondierend hierzu hat der Vermächtnisnehmer Anschaffungskosten.[576]

---

[567] Vgl. Schmidt/*Wacker* § 16 Rdnr. 592; a.A. z.B. *Paus* BB 1994, 1759.
[568] BFH Urt. v. 14.4.1992 – VIII R 6/87 – BStBl. II 1993, 275.
[569] BFH Urt. v. 2.3.1993 – VIII R 47/90 – BStBl. II 1994, 619; 623; 625; Schmidt/*Wacker* § 16 Rdnr. 593.
[570] GrS BFH Beschl. v. 4.7.1990 – GrS 2–3/88 – BStBl. II 1990, 817, 824; Urt. v. 25.11.1993 – IV R 66/93 – BStBl. II 1994, 623.
[571] BFH Urt. v. 16.12.2004 – III R 38/00 – BStBl. II 2005, 554; OFD Münster Vfg. v. 7.6.2006 – ZEV 2006, 311.
[572] FG Niedersachsen Urt. v. 15.12.2005 – 10 K 191/00 – EFG 2006, 567; *Felix* DStZ 1991, 596.
[573] BFH Urt. v. 15.5.1986 – IV/119/84 – BStBl. II 1986, 609; krit. *Kapp* DStR 1987, 80.
[574] GrS BFH Beschl. v. 5.7.1990 – GrS 2/89 – BStBl. II 1990, 837, 840; BMF Schr. v. 14.3.2006 – IV B 2 – S 2242 – 7/06 – BStBl. I 2006, 253 Rdnr. 60; a.A. *Seeger* DB 1992, 1010.
[575] BFH Urt. v. 28.9.1993 – IX R 156/88 – BStBl. II 1994, 319; BMF Schr. v. 14.3.2006 – IV B 2 – S 2242 – 7/06 – BStBl. I 2006, 253 Rdnr. 60; a.A. *Paus* FR 1991, 586.
[576] BMF Schr. v. 14.3.2006 – IV B 2 – S 2242 – 7/06 – BStBl. I 2006, 253 Rdnr. 63; a.A. *Gebel* Betriebsvermögensnachfolge Rdnr. 342.

211 Ist ein **Betrieb, Teilbetrieb oder Mitunternehmeranteil** Gegenstand eines Sachvermächtnisses, erwirbt auch hier zunächst wieder der Erbe und erst mit Erfüllung der Vermächtnisschuld der Vermächtnisnehmer.[577] Es kommt somit zu zwei einander nachfolgenden unentgeltlichen Übertragungen für die jeweils § 6 Abs. 3 EStG gilt. Der Vermächtnisnehmer hat die Buchwerte des mit dem Vermächtnis belasteten **Erben** fortzuführen, da er von diesem und nicht vom Erblasser erwirbt. Eine Gewinnrealisierung tritt daher nicht ein. Da der Vermächtnisnehmer grundsätzlich erst mit Erfüllung des Vermächtnisses selbst Unternehmer im einkommensteuerlichen Sinne wird, sind nach Ansicht von Rechtsprechung und Verwaltung[578] die zwischen Erbfall und Übertragung erzielten Gewinne (inklusive AfA) allein dem oder den Erben zuzurechnen. Erst die nach Übertragung erzielten Gewinne sind beim Vermächtnisnehmer zu erfassen. Etwas anderes soll nur dann gelten, wenn der Vermächtnisnehmer bereits ab Erbfall wirtschaftlicher Eigentümer des Betriebes, Teilbetriebes oder Mitunternehmeranteils war. Hier sollen die Einkünfte bereits ab dem Erbfall allein dem Vermächtnisnehmer zugerechnet werden. Eine starke Gegenmeinung[579] rechnet dagegen dem Vermächtnisnehmer zu Recht die ab Erbfall erzielten Gewinne sofort zu, sofern es sich nicht um ein aufschiebend bedingtes Vermächtnis handelt. Dem Vermächtnisnehmer stehen nämlich zivilrechtlich gem. § 2184 BGB bereits ab dem Erbfall die Früchte des Betriebes zu. Sie müssen ihm daher konsequenterweise auch ab diesem Zeitpunkt einkommensteuerlich zugerechnet werden. Der oder die Erben sind nichts weiter als bloße Durchgangserwerber. Darüber hinaus stelle man sich die praktischen Schwierigkeiten vor, die die Meinung der Rechtsprechung und der Verwaltung nach sich zieht. Zumeist liegt zwischen Erbfall und Erfüllung des Vermächtnisses nur ein kurzer Zeitraum. Wie soll hier der in diese Zeitspanne fallende Gewinn ermittelt werden und müssen hierzu gar zwei Zwischenbilanzen aufgestellt werden?

212 Handelt es sich bei dem vermächtnisweise übertragenen Betrieb um eine **Freiberuflerpraxis**, erzielt der Vermächtnisnehmer nur dann Einkünfte aus freiberuflicher Tätigkeit, wenn er selbst über die erforderliche berufliche Qualifikation verfügt. Ist dies nicht der Fall, erzielt er gewerbliche Einkünfte. Besteht das Sachvermächtnis darin, dass dem Vermächtnisnehmer eine im Privatvermögen gehaltene **Kapitalgesellschaftsbeteiligung** zu übertragen ist, erwirbt dieser unentgeltlich und ist nach § 11 d Abs. 1 EStDV an die bisher für den Alleinerben bzw. die Erbengemeinschaft maßgebenden Steuerwerten gebunden.[580] Hinsichtlich der Fünfjahresfrist nach § 17 Abs. 1 EStG wird dem Vermächtnisnehmer die Besitzzeit des Erblassers und des Erben angerechnet.

213 **b) Nießbrauchsvermächtnis.** Ein Nießbrauchsvermächtnis liegt vor, wenn der Erbe einem Dritten den Nießbrauch an einem Nachlassgegenstand einzuräumen habt. Dem Nießbraucher (Vermächtnisnehmer) wird das Vermächtnis unmittelbar vom Erben zugewandt, weshalb es als unentgeltlicher **Zuwendungsnießbrauch** zu behandeln ist. Ebenso wie bei anderen Vermächtnissen führt dies nicht zu einem Veräußerungs- oder Anschaffungsvorgang (vgl. § 36 Rdnr. 229 f.). Bei einem Betrieb führt die Erfüllung des Nießbrauchsvermächtnisses beim Erben zu einem ruhenden Betrieb.[581]

214 **c) Rentenvermächtnis.** Bei einem Rentenvermächtnis ist danach zu differenzieren, ob es sich um eine Versorgungs-, Unterhalts- oder gar Austauschleistung handelt. In aller Regel wird eine „erbrechtliche Version der zugewendeten bzw. freiwillig verfügten **Unterhaltsrente**"[582] vorliegen (vgl. § 35 Rdnr. 229). Die Rentenzahlungen sind in diesem Fall beim belasteten Erben in vollem Umfang, d.h. auch hinsichtlich eines etwaigen Zinsanteils, nicht als Sonderausgaben abzugsfähig, § 12 Abs. 2 EStG. Auch ein Werbungskosten- oder Betriebsausgabenabzug scheidet aus. Eine steuerliche Berücksichtigung kommt allenfalls als außergewöhnliche Belastung nach § 33 a Abs. 1 und 2 EStG in Betracht. Beim Rentenberechtigten ist die Unterhaltszahlung, so-

---

[577] BFH Urt. v. 16.5.1995 – VIII R 18/93 – BStBl. II 1995, 714.
[578] BFH Urt. v. 24.9.1991 – VIII R 349/83 – BStBl. II 1992, 330; BMF Schr. v. 14.3.2006 – IV B 2 – S 2242 – 7/06, – BStBl. I 2006, 253, Rdnr. 61.
[579] *Spiegelberger* Rdnr. 539; *Märkle* DStR 1993, 506; *Groh* DB 1992, 1312.
[580] BMF Schr. v. 14.3.2006 – IV B 2 – S 2242 – 7/06 – BStBl. I 2006, 253 Rdnr. 62.
[581] BFH Urt. v. 25.1.1996 – IV R 19/94 – BFH/NV 1996, 601.
[582] *Fischer* Rdnr. 261; vgl. a. BFH Urt. v. 26.1.1994 – X R 54/92 – BStBl. II 1994, 633.

fern der belastete Erbe unbeschränkt steuerpflichtig ist, nicht einkommensteuerpflichtig, § 22 Nr. 1 S. 2 EStG i.V.m. § 12 Nr. 2 EStG.

Liegt ausnahmsweise eine **Versorgungsleistung** (vgl. § 35 Rdnr. 228) und nicht nur eine Verrentung des Erbteils vor, ist die ertragsteuerliche Behandlung davon abhängig, ob das Rentenvermächtnis als Leibrente oder als dauernde Last ausgestaltet ist. Handelt es sich um eine **Leibrente,** sind die Zahlungen beim belasteten Erben in Höhe des Ertragsanteils als Sonderausgaben abzugsfähig, § 10 Abs. 1 Nr. 1 a EStG, und beim Rentenberechtigten in dieser Höhe sonstige Einkünfte im Sinne des § 22 Nr. 1 S. 3 Buchst. a Doppelbuchst. bb EStG.[583] Liegt eine **dauernde Last** vor, sind die Zahlungen beim belasteten Erben in voller Höhe als Sonderausgaben abzugsfähig, § 10 Abs. 1 Nr. 1 a EStG, und beim Rentenberechtigten in dieser Höhe sonstige Einkünfte i.S.d. § 22 Nr. 1 S. 1EStG.[584] In beiden Fällen kommt ein Abzug der Zahlungen als Werbungskosten oder Betriebsausgaben beim belasteten Erben nicht in Betracht.

Handelt es sich um eine **Austauschleistung,** stellt sich das Rentenvermächtnis als Kaufrechtsvermächtnis dar (vgl. § 36 Rdnr. 199). Soweit dabei ein entgeltliches Geschäft vorliegt, entsteht kein Entnahme-, sondern ein Veräußerungsgewinn des Erben. Bei Privatvermögen ist dieser allerdings nur in den Fällen der §§ 17, 23 EStG und 21 UmwStG steuerpflichtig. Korrespondierend hierzu hat der Vermächtnisnehmer Anschaffungskosten.

d) Stille Gesellschaft als Vermächtnis. Ebenso wie im Gesellschaftsrecht wird auch steuerlich zwischen typisch und atypisch stiller Gesellschaft unterschieden. Liegen die Voraussetzungen für eine Mitunternehmerschaft vor,[585] handelt es sich einkommensteuerrechtlich um eine atypisch stille Gesellschaft, ist dies nicht der Fall, liegt eine typisch stille Gesellschaft vor. Ordnet der Erblasser eine **typisch stille Gesellschaft** im Wege des Vermächtnisses an, bezieht der **typisch stille Gesellschafter** (Vermächtnisnehmer) gem. § 20 Abs. 1 Nr. 4 EStG Einkünfte aus Kapitalvermögen. Sofern er am Verlust beteiligt ist, stellen die ihm zugeschriebenen Verluste Werbungskosten dar. Aus der Sicht des **Beteiligungsunternehmens** stellen die Einlagen des typisch stillen Gesellschafters Fremdkapital dar. Dementsprechend handelt es sich bei dem Gewinnanteil des typisch stillen Gesellschafters um Betriebsausgaben des Beteiligungsunternehmens. Dieses hat gem. §§ 43 Abs. 1 Nr. 3, 43 a Abs. 1 Nr. 2, 44 Abs. 3 EStG von dem Gewinnanteil des typisch stillen Gesellschafters 25% Kapitalertragsteuer einzubehalten und an das Finanzamt abzuführen. Die einbehaltene Kapitalertragsteuer wird ggf. auf die veranlagte Einkommensteuer des typisch stillen Gesellschafters angerechnet bzw. u. U. wahlweise erstattet. Der **atypisch stille Gesellschafter** ist in der Regel **Mitunternehmer** und erzielt gem. § 15 Abs. 1 Nr. 2 EStG Einkünfte aus Gewerbebetrieb. Der Gewinn der Mitunternehmerschaft wird gem. § 180 AO einheitlich und gesondert festgestellt.[586] Die Einlage des atypisch stillen Gesellschafters ist kein Fremdkapital, sondern eigenkapitalähnlich. Ein Betriebsausgabenabzug beim Beteiligungsunternehmen kommt daher nicht in Betracht. Ebenso wenig besteht eine Pflicht, Kapitalertragsteuer einzubehalten.

e) Unterbeteiligung als Vermächtnis. Der Erblasser kann auch eine Unterbeteiligung als Vermächtnis anordnen. Ebenso wie die stille Gesellschaft kommt auch die Unterbeteiligung in zwei Ausprägungen vor, von denen die eine zu Einkünften aus Kapitalvermögen und die andere zu gewerblichen Einkünften führt. Soweit keine Mitunternehmerschaft anzunehmen ist, gleicht die steuerliche Behandlung derjenigen einer typisch stillen Gesellschaft (vgl. § 35 Rdnr. 217). Die **mitunternehmerische Unterbeteiligung** ist eine reine Innengesellschaft zwischen dem Hauptbeteiligten und dem Unterbeteiligten (Vermächtnisnehmer) in der Rechtsform einer Gesellschaft bürgerlichen Rechts.[587] Für sie wird daher in der einheitlichen und gesonderten Gewinnfeststellung nur über die Zurechnung des Gewinns des Hauptbeteiligten entschieden. Ist dieser eine Personengesellschaft müssen zwei einheitliche und gesonderte Gewinnfeststellungen erfolgen.[588] Auf der Ebene der Personengesellschaft (Hauptbeteiligte) ist der Unterbetei-

---

[583] BFH Urt. v. 26.11.1992 – X R 187/87 – BStBl. II 1993, 298.
[584] BFH Urt. v. 26.1.1994 – X R 54/92 – BStBl. II 1994, 633.
[585] Vgl. Sudhoff/*von Sothen* § 51 Rdnr. 33 ff.
[586] BFH Urt. v. 18.3.1966 – IV R 218/65 – BStBl. III 1966, 197.
[587] GrS BFH Beschl. v. 23.2.1972 – I R 159/68 – BStBl. II 1972, 530.
[588] BFH Urt. v. 23.1.1974 – I R 206/69 – BStBl. II 1974, 480.

ligte grundsätzlich nicht zu erfassen. Der Unterbeteiligte erzielt bei der mitunternehmerischen Unterbeteiligung Einkünfte aus Gewerbebetrieb.

219 **f) Sonstige Vermächtnisse.** Ist der Erbe mit einem **Geldvermächtnis** beschwert, erfolgt die Übertragung des Geldes vom Erben auf den Vermächtnisnehmer unentgeltlich. Der Erbe hat somit keine Anschaffungskosten bezüglich des Nachlasses und zwar auch dann, wenn er eigenes Vermögen zur Vermächtniserfüllung einsetzt oder gar hierfür einen Kredit aufnimmt. Dementsprechend müssen auch Aufwendungen des Erben zur Erfüllung eines sog. **Verschaffungsvermächtnisses**, d.h. für den Erwerb eines nicht zum Nachlass gehörenden Gegenstandes, nicht zu Anschaffungskosten bezüglich des Nachlassvermögens, sondern zu Anschaffungskosten des vermächtnisweise zugewandten Wirtschaftsguts führen. Der Vermächtnisnehmer ist an diese gem. § 6 Abs. 3 EStG bzw. § 11 d EStDV gebunden. Wird ein Wirtschaftsgut des Betriebsvermögens **an Erfüllung statt** übereignet, so liegt nach h. M.[589] eine Entnahme vor. Wird ein Betrieb, Teilbetrieb oder Mitunternehmeranteil an Erfüllung statt übereignet, liegt eine Veräußerung im Sinne des § 16 Abs. 1 EStG vor, da der Anspruch auf den Betrieb etc. nicht mit dem Erbfall entstanden ist; er beruht vielmehr auf der hiervon zu trennenden besonderen Vereinbarung zwischen dem Erben und dem Vermächtnisnehmer.[590]

5. Schenkung

220 Vermögensübertragungen unter Lebenden können entweder entgeltlich, unentgeltlich oder in einer Mischform aus beidem, d.h. teilentgeltlich erfolgen. Je nachdem, welcher Weg von den Vertragsparteien eingeschlagen wird, werden unterschiedliche Rechtsfolgen ausgelöst. Eine Übersicht über die Komplexität dieser vermeintlich einfachen Abgrenzung von unentgeltlicher, teilentgeltlicher und entgeltlicher Übertragung gibt die nachfolgende Graphik.

221 **a) Vollständig unentgeltliche Übertragung.** Eine vollständig unentgeltliche Übertragung liegt vor, wenn für die Leistung **keine Gegenleistung** erbracht wird. Oft fällt sie zusammen mit anderen Vorgängen wie z.B. Unterhaltsleistungen und Versorgungsleistungen, die allerdings keine Gegenleistungen darstellen (vgl. § 35 Rdnr. 227). Im einkommensteuerlichen Sinne ist auch die sog. unbenannte Zuwendung zwischen Ehegatten – unabhängig von der zivilrechtlichen Beurteilung – ein voll unentgeltlicher Vorgang.[591] Gleiches gilt für die bloße Übertragung eines Gewerbebetriebs, Teilbetriebs oder Mitunternehmeranteils, wenn der Erwerber nicht nur Aktiva, sondern auch Passiva übernimmt und daneben **keine** Abstandszahlungen, Gleichstellungsgelder o. ä. zahlt oder private Verbindlichkeiten übernimmt. Denn die übernommenen Verbindlichkeiten sind nach ganz herrschender Ansicht nichts anderes als Wirtschaftsgüter des übertragenen Betriebsvermögens und damit selbst Übertragungsgegenstand.[592] Ihre Buchwerte hat der Übernehmer gem. § 6 Abs. 3 EStG fortzuführen. Dies gilt selbst dann, wenn die Passiva die Buchwerte der Aktiva übersteigen, d.h., wenn ein Betrieb, Teilbetrieb oder Mitunternehmeranteil mit einem negativen Kapitalkonto übertragen wird; immer vorausgesetzt, dass im Übrigen kein Entgelt gezahlt wird. Auch insoweit werden – unabhängig von dem negativen Saldo – lediglich positive und negative Wirtschaftsgüter übertragen.

222 **b) Vollständig entgeltliche Übertragung.** In vollem Umfang entgeltlich und damit eine Veräußerung im einkommensteuerlichen Sinne ist eine Übertragung, wenn sie in Erfüllung eines schuldrechtlichen Verpflichtungsgeschäfts (z.B. Kaufvertrag, Tauschvertag) erfolgt, bei dem die **Gegenleistung**[593] wie unter Fremden kaufmännisch nach dem vollen Wert der Leistung bemessen ist. Gleiches gilt, wenn durch die Übertragung eine aus anderem Rechtsgrund entstandene betriebliche (z.B. Darlehensschuld eines anderen Betriebs des Übertragenden) oder auch

---

[589] BFH Urt. v. 29.6.1995 – VIII R 2/94 – BStBl. II 1996, 60; *Reiß* in K/S/M § 16 Rdnr. B 106 m.w.N.; a.A. Schmidt/*Wacker* § 16 Rdnr. 599: entgeltliche Veräußerung.
[590] BFH Urt. v. 16.12.2004 – III R 38/00 – BStBl. II 2005, 554; Schmidt/*Wacker* § 16 Rdnr. 29, 599; *Groh* DB 1992, 444; *Reiß* in K/S/M § 16 Rdnr. B 106.
[591] Schmidt/*Wacker* § 16 Rdnr. 36.
[592] GrS BFH Beschl. v. 5.7.1990 – GrS 4-6/89 – BStBl. II 1990, 847, 854; BMF Schr. v. 13.1.1993 – IV B 3 – S 2190 – 37/92, BStBl I 1993, 80 Rdnr. 29, 30; Schmidt/*Wacker* § 16 Rdnr. 38, 68; a.A. *Märkle* DStR 1993, 1005; *Trompeter* BB 1996, 2494.
[593] Zum Begriff der Gegenleistung vgl. § 35 Rdnr. 226.

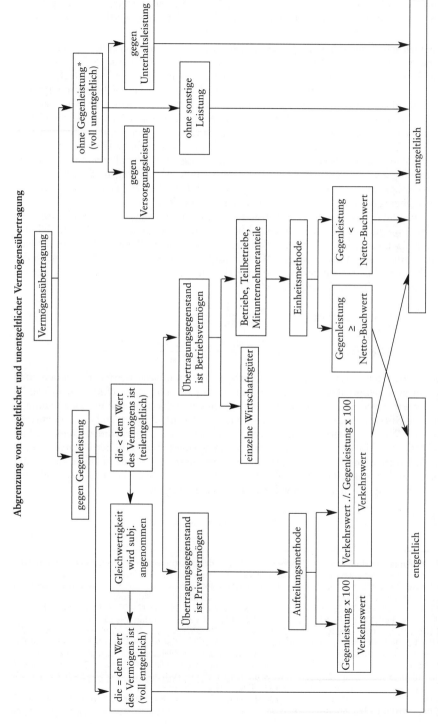

private Geldschuld (z.B. Darlehen, Zugewinnausgleichsanspruch) an Erfüllungs Statt[594] getilgt wird. Entscheidend ist allerdings auch in diesem Fall die **Gleichwertigkeit von Leistung und Gegenleistung**. Ausnahmsweise kann jedoch trotz objektiver Ungleichwertigkeit eine entgeltliche Übertragung vorliegen, wenn die Beteiligten subjektiv von der Gleichwertigkeit ausgegangen sind.[595]

223 **c) Teilentgeltliche Übertragung.** Schwieriger wird die Abgrenzung von entgeltlicher und unentgeltlicher Übertragung bei den teilentgeltlichen Vorgängen (z.B. gemischte Schenkungen), für die das Einkommensteuerrecht keine ausdrückliche Regelung vorsieht. Teilentgeltlich sind diejenigen Übertragungen, bei denen sich **Leistung und Gegenleistung nicht wertmäßig ausgewogen** gegenüberstehen und den Parteien dieser Umstand auch bewusst ist. Bei einem teilentgeltlichen Vorgang vereinen sich Elemente der unentgeltlichen und der entgeltlichen Übertragung. Dementsprechend erfolgt die steuerliche Behandlung entweder allein nach den Vorschriften für entgeltliche oder allein nach denjenigen für unentgeltliche Übertragungen und zwar jeweils angewendet entweder auf die Übertragung insgesamt oder aber nur auf einen Teil der Übertragung. Zu unterscheiden ist hierbei, ob es sich um eine teilentgeltliche Übertragung von Privatvermögen, von einzelnen Wirtschaftsgütern des Betriebsvermögens oder von ganzen Betrieben, Teilbetrieben oder Mitunternehmeranteilen handelt.

224 Die teilentgeltliche Übertragung von **Privatvermögen** und von einzelnen **Wirtschaftsgütern des Betriebsvermögens** ist in einen voll entgeltlichen und einen voll unentgeltlichen Teil aufzuteilen (sog. **Trennungstheorie**[596]). Das Wertverhältnis der beiden Teile wird, sofern die Parteien keine Aufteilung auf die Einzelnen Wirtschaftsgüter vorgenommen haben,[597] nach der sog. **Aufteilungsmethode**[598] entsprechend dem Verhältnis des Verkehrswerts der übertragenen Wirtschaftsgüter zur Gegenleistung ermittelt:

- Entgeltlicher Teil der Übertragung in % = $\dfrac{\text{Gegenleistung} \times 100}{\text{Verkehrswert}}$

- Unentgeltlicher Teil der Übertragung in % = $\dfrac{(\text{Verkehrswert} ./. \text{Gegenleistung}) \times 100}{\text{Verkehrswert}}$

225 Demgegenüber stellt die teilentgeltliche Übertragung von **ganzen Betrieben, Teilbetrieben oder Mitunternehmeranteilen** einen einheitlichen Vorgang dar (sog. **Einheitsmethode**).[599] D.h., es liegt entweder eine in vollem Umfang entgeltliche oder aber eine in vollem Umfang unentgeltliche Übertragung vor. Eine Aufspaltung in einen entgeltlichen und einen unentgeltlichen Teil scheidet aus. Hierbei kommt dem Verkehrswert des Unternehmens keine Bedeutung zu. Maßgebend ist vielmehr das Kapitalkonto des Übergebers, d.h. der Unterschiedsbetrag zwischen Aktiva und Passiva. Übersteigt die Gegenleistung das buchmäßige Kapital des Übergebers, handelt es sich um einen voll entgeltlichen Vorgang. Ist dagegen die Gegenleistung niedriger, so handelt es sich um einen voll unentgeltlichen Vorgang.

---

[594] Bei der Leistung an Erfüllungs Statt erlischt die Forderung des Übertragenden bereits mit dem Bewirken der Leistung. Der Übernehmer übernimmt neben dem Betrieb etc. zusätzlich die Schuld, vgl. § 415 BGB.
[595] BFH Urt. v. 29.1.1992 – X R 193/87 – BStBl. II 1992, 465; Urt. v. 30.7.2003 – X R 12/01 – BStBl. II 2004,211; BMF Schr. v. 13.1.1993 – IV B3 – S 2190 – 37/92 – BStBl. I 1993, 80, Rdnr. 2.
[596] BFH Urt. v. 9.7.1985 – IX R 49/83 – BStBl. II 1985, 722; Urt. v. 24.4.1991 – XI R 5/83 – BStBl. II 1991, 793; BMF Schr. v. 13.1.1993 – IV B3 – S 2190 – 37/92 – BStBl. I 1993, 80, Rdnr. 14, 15 bzw. 34.
[597] BFH Urt. v. 27.7.2004 – IX R 54/02 – DStRE 2005, 1379; BMF Schr. v. 14.3.2006 – IV B 2 – S 2242 – 7/06 – BStBl. I 2006, 253 Rdnr. 42; OFD Münster Erl. v. 13.1.2006 – ESt Nr. 04/2006 – ZEV 2006, 208: Die Aufteilung ist, sofern sie zu keinen unangemessenen wertmäßigen Verschiebungen führt, zugrunde zu legen.
[598] BFH Urt. v. 17.7.1980 – IV R 15/76 – BStBl. II 1981, 11 zu § 17 EStG; BFH Urt. v. 12.7.1988 – IX R 149/83 – BStBl. II 1988, 942 zu § 23 EStG; BMF Schr. v. 13.1.1993 – IV B 3 – S 2190 – 37/92 – BStBl. I 1993, 80, Rdnr. 14 bis 15; Rdnr. 34; H 140 Abs. 4 EStH „Teilentgeltliche Übertragung".
[599] BFH Urt. v. 22.9.1994 – IV R 61/93 – BStBl. II 1995, 367 m.w.N.; BMF Schr. v. 13.1.1993 – IV B3 – S 2190 – 37/92 – BStBl. I 1993, 80, Rdnr. 35 bis 38.

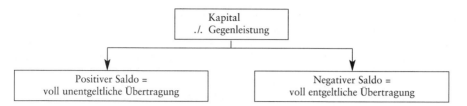

Bei der Einheitsmethode wird dabei auf das **Kapitalkonto nach Übergabe** abgestellt. Verbleiben Betriebsschulden beim Übergeber, so bleiben diese bei der Ermittlung des Kapitals als Saldogröße aus Aktiva minus Passiva unberücksichtigt. In diesem Fall ist das Kapital nach Übergabe höher als das Kapital vor Übergabe, da weniger Passiva abzuziehen sind. Umgekehrt verhält es sich, wenn (unwesentliche) Wirtschaftsgüter des Betriebsvermögens zurückbehalten werden. Das Kapital ist dann nach Übergabe kleiner als das Kapital vor Übergabe, da weniger Aktiva übertragen werden.

Bei der **Abgrenzung** von (teil-) entgeltlicher und unentgeltlicher Übertragung ist zunächst ist festzustellen, ob überhaupt eine Gegenleistung vorliegt. Ist dies der Fall, so ist deren Höhe zu dem Netto-Buchwert bzw. dem Verkehrswert des übertragenen Vermögens in Beziehung zu setzen. Für die Frage, ob überhaupt eine **Gegenleistung** vorliegt oder nicht, ist zuvörderst entscheidend, ob sich die Werte der Leistung und der Gegenleistung **gleichwertig**, d.h. wie unter Fremden nach kaufmännischen Gesichtspunkten gegeneinander ausgewogen gegenüberstehen. Ist dies der Fall, liegt grundsätzlich ein voll entgeltliches Geschäft vor.[600] Gleiches gilt, wenn die Parteien trotz objektiver Ungleichwertigkeit **subjektiv** von der Gleichwertigkeit ausgegangen sind,[601] wobei das Vorliegen einer entsprechenden klaren und eindeutigen Vereinbarung immer vorauszusetzen ist. Die wertmäßige Beurteilung von Leistung und Gegenleistung kann im Einzelfall allerdings ebenso wie die subjektive Annahme der Gleichwertigkeit schwer zu beurteilen sein. Deshalb hat die Rechtsprechung für die Abgrenzung folgende **Vereinfachungsregel** entwickelt: 226

- Bei **Vermögensübertragungen auf Abkömmlinge** besteht eine nur in Ausnahmefällen zu widerlegende Vermutung dafür, dass die Übertragung aus familiären Gründen, nicht aber im Wege eines Veräußerungsgeschäfts unter kaufmännischer Abwägung von Leistung und Gegenleistung erfolgt.[602]
- Dies bedeutet im Umkehrschluss, dass unter **fremden Dritten** die nur in Ausnahmefällen widerlegbare Vermutung besteht, dass bei der Übertragung von Vermögen Leistung und Gegenleistung kaufmännisch gegeneinander abgewogen sind, es sich mithin um ein entgeltliches Veräußerungsgeschäft handelt.[603]

Mit anderen Worten trifft bei der Vermögensübergabe an Angehörige den Steuerpflichtigen die **Beweislast** für das Vorliegen eines entgeltlichen Geschäfts. Bei einer Vermögensübergabe an familienfremde Dritte trifft ihn dagegen die Beweislast für das Vorliegen eines unentgeltlichen Geschäfts. Hat der Steuerpflichtige nachweisen können, dass Leistung und Gegenleistung gleichwertig bzw. ungleichwertig sind, ist es sodann Aufgabe des Finanzamts, andere Umstände darzulegen, die eine betriebliche Veranlassung in Frage stellen.[604]

d) Sonderproblematik bei Übertragung gegen wiederkehrende Leistungen. Erfolgt die Übertragung gegen wiederkehrende Leistungen, können sich besondere Probleme ergeben. Hierbei handelt es sich ausschließlich um eine Besonderheit, die den Bereich der **Gegenleistung** betrifft. 227

---

[600] Vgl. BMF Schr. v. 13.1.1993 – IV B3 – S 2190 – 37/92 – BStBl. I 1993, 80 Rdnr. 2; BMF Schr. v. 16.9.2004 – IV C 3 – S 2255 – 354/04 – BStBl. I 2004, 922 Rdnr. 4.
[601] BFH Urt. v. 29.1.1992 – X R 193/87 – BStBl. II 1992, 465; Urt. v. 30.7.2003 – X R 12/01 – BStBl. II 2004, 211; BMF Schr. v. 16.9.2004 – IV C 3 – S 2255 – 354/04 – BStBl. I 2004, 922, Rdnr. 4; Schr. v. 13.1.1993 – IV B3 – S 2190 – 37/92 – BStBl. I 1993, 80, Rdnr. 2.
[602] GrS BFH Urt. v. 5.7.1990 – GrS 4–6/89 – BStBl. II 1990, 847; BMF Schr. v. 13.1.1993 – IV B3 – S 2190 – 37/92 – BStBl. I 1993, 80 Rdnr. 5; BMF Schr. v. 16.9.2004 – IV C 3 – S 2255 – 354/04 – BStBl. I 2004, 922, Rdnr. 5.
[603] BFH Urt. v. 16.12.1997 – IX R 11/94 – BStBl. II 1998, 718; BMF Schr. v. 16.9.2004 – IV C 3 – S 2255 – 354/04 – BStBl. I 2004, 922, Rdnr. 5.
[604] BFH Urt. v. 29.1.1992 – X R 193/87 – BStBl. II 1992, 465.

Denn wiederkehrende Leistungen im Zusammenhang mit einer Vermögensübertragung können ihrem Charakter nach entweder Versorgungsleistungen, Unterhaltsleistungen oder aber wiederkehrende Leistungen im Austausch mit einer Gegenleistung[605] – kurz: Austauschleistungen oder Gegenleistungsrenten[606] – sein. Während Versorgungs- und Unterhaltsleistungen nicht als Gegenleistung angesehen werden und somit immer zu unentgeltlichen Vermögensübertragungen führen, handelt es sich bei der Austauschleistung (Gegenleistungsrente) stets um eine Gegenleistung, die sowohl zu einer entgeltlichen, als auch zu einer unentgeltlichen Vermögensübertragung führen kann. Welche von beiden Alternativen vorliegt, ist sodann nach den oben bereits erörterten allgemeinen Grundsätzen zu beurteilen (vgl. § 35 Rdnr. 221 ff.).

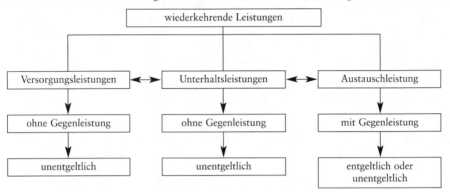

228 **Versorgungsleistungen** sind wiederkehrende Leistungen in der Form von Renten oder dauernden Lasten, die im Rahmen einer Vermögensübergabe zur vorweggenommenen Erbfolge vereinbart werden, und die Versorgung des Vermögensübergebers oder einer von ihm benannten anderen Person zumindest teilweise sichern sollen. Es handelt sich bei der Vermögensübergabe gegen Versorgungsleistungen um ein von der Rechtsprechung geschaffenes Sonderrecht, welches einerseits kein entgeltliches Geschäft, andererseits aber auch keine Vermögensübergabe gegen Unterhaltsleistungen darstellt. Die in diesem Zusammenhang vereinbarten wiederkehrenden Versorgungsleistungen führen nicht zu Anschaffungskosten und damit auch nicht zu Abschreibungsvolumen, wie dies bei einem entgeltlichen Geschäft der Fall wäre. Andererseits sind sie aber auch nicht wie Unterhaltsleistungen überhaupt nicht zu berücksichtigen. Sie stellen vielmehr ein unentgeltliches Geschäft dar, dessen Leistungen beim Vermögensübernehmer, dem Verpflichteten, zu Sonderausgaben und beim Vermögensübergeber, dem Berechtigten, zu sonstigen Einkünften führen (vgl. § 36 Rdnr. 147; § 35 Rdnr. 215).

Die diesem Sonderrecht ursprünglich zugrunde liegende Problematik ist typischerweise dadurch gekennzeichnet, dass der Übergeber Inhaber eines Hofes oder Unternehmens ist, dessen Erträge ausreichen, um seinen Unterhalt zu decken. Irgendwann kommt jedoch der Zeitpunkt, in dem er aus Altersgründen nicht mehr in der Lage sein wird, die Erträge selbst zu erwirtschaften. Er überträgt daher den Hof bzw. das Unternehmen auf die nächste Generation und vereinbart im Zuge dessen wiederkehrende Leistungen, um seine Existenz auch weiterhin zu sichern. Er ist auf diese Weise auch zukünftig nicht auf Unterhalt angewiesen. Werden also in Verbindung mit einer Vermögensübergabe Versorgungsleistungen vereinbart, die der Übernehmer an den Übergeber zu erbringen hat, so liegt hierin regelmäßig **keine Gegenleistung** für die hingegebenen Wirtschaftsgüter. Die Versorgungsleistungen werden vielmehr als die **zukünftigen Erträge des übertragenen Vermögens** angesehen, die sich der Vermögensübergeber sozusagen „als von dem übertragenen Vermögen abgespaltenes Recht" vorbehält, die nunmehr allerdings vom Vermögensübernehmer zu erwirtschaften sind. Geht man davon aus, dass sich der Wert eines Unternehmens aus der Substanz und den zukünftigen Erträgen zusammensetzt,

---

[605] Diesen Ausdruck verwendet die Finanzverwaltung im BMF-Schr. v. 16.9.2004 – IV C 3 – S 2255 – 354/04 – BStBl. I 2004, 922, z.B. in Rdnr. 1, 4, 50 und 58.
[606] Vgl. P. Fischer MittBayNot 1996, 137.

so behält sich der Übertragende – wirtschaftlich gesehen – an den zukünftigen Erträgen denjenigen Teil zurück, den er zur Lebenshaltung benötigt.[607] Das Vermögen selbst, d.h. die Substanz, und der nicht benötigte Anteil an den zukünftigen Erträgen geht daher originär unentgeltlich über, was die Versorgungsleistung von der Kauf- bzw. der Veräußerungsleistung unterscheidet. Dies impliziert gleichzeitig, dass eine Versorgungsleistung nicht in Betracht kommt, wenn der Wert des übertragenen Vermögens kleiner oder gleich dem Barwert der wiederkehrenden Leistung ist. Denn dann hat der Übergeber nichts zurückbehalten. Durch ihre Charakterisierung als vorbehaltene Vermögenserträge unterscheiden sich die Versorgungsleistungen gleichzeitig von den Unterhaltsleistungen im Sinne von § 12 Nr. 1 EStG. Diese sind dadurch gekennzeichnet, dass der Unterhaltsempfänger vom Unterhaltsverpflichteten etwas erhält. Behält sich der Übertragende die Erträge vor, kann der Übernehmer ihm diese nicht zukommen lassen; der Übertragende hat sich ihrer nie entäußert. Aus dem gleichen Grund kann es sich auch nicht um Zuwendungen des Vermögensübernehmers auf Grund freiwillig begründeter Rechtspflicht im Sinne von § 12 Nr. 2 EStG handeln.

Unterhaltsleistungen orientieren sich demgegenüber regelmäßig an den individuellen Bedürfnissen des Vermögensübergebers. Ihre Finanzierung erfolgt grundsätzlich nicht oder aber nicht vollständig[608] aus dem übertragenen Vermögen. Die Höhe der Unterhaltsleistungen ist daher regelmäßig losgelöst von dem Ertrag des übertragenen Vermögens. Es handelt sich mithin im Unterschied zur Versorgungsleistung nicht um vorbehaltene Vermögenserträge. Maßgebend ist der Gedanke der **Existenzsicherung** des Übergebers. Der Unterhaltsleistung liegen folglich persönliche und damit außersteuerliche Gründe zugrunde. Werden also in Verbindung mit einer Vermögensübergabe Unterhaltsleistungen vereinbart, die der Übernehmer an den Übergeber zu erbringen hat, so liegt hierin regelmäßig **keine Gegenleistung** für die hingegebenen Wirtschaftsgüter. Auch die Vermögensübergabe gegen Unterhaltsleistungen erfolgt daher ebenso wie diejenige gegen Versorgungsleistungen unentgeltlich und unterscheidet sich dabei gleichzeitig von der Vermögensübergabe gegen Austauschleistung.

e) Ertragsteuerliche Behandlung von unentgeltlichen Vermögensübertragungen. Wie oben bereits dargestellt, sind die folgenden Vermögensübertragungen unentgeltlich:
- Vermögensübertragungen ohne jede Gegenleistung,
- Betriebs-, Teilbetriebs- oder Mitunternehmeranteilsübertragungen gegen eine Gegenleistung, die kleiner als der Netto-Buchwert des übertragenen Vermögens ist,
- ein Anteil von Übertragungen einzelner Wirtschaftsgüter des Betriebsvermögens, wenn die Gegenleistung niedriger als der Verkehrswert ist sowie
- ein Anteil von Privatvermögensübertragungen, wenn die Gegenleistung niedriger als der Verkehrswert ist.

Bei der ertragsteuerlichen Behandlung ist zwischen dem unentgeltlichen Erwerb einerseits und einer daneben gegebenenfalls erfolgenden Leistung (Versorgungs-, Unterhaltsleistung) andererseits zu unterscheiden.

aa) Unentgeltlicher Erwerb. Die unentgeltliche Übertragung eines **Betriebs, Teilbetriebs oder Mitunternehmeranteils** richtet sich nach § 6 Abs. 3 EStG. Dieser setzt voraus, dass das wirtschaftliche Eigentum an allen wesentlichen Betriebsgrundlagen unentgeltlich auf einen Erwerber in einem einheitlichen Vorgang übertragen wird und der Übergeber damit seine bisher in diesem Betrieb entfaltete unternehmerische Betätigung aufgibt.[609] Beim Übergeber tritt keine Gewinn- oder Verlustrealisierung ein. Der Erwerber hat keine Anschaffungskosten und ist an die Werte des Übergebers gebunden, § 6 Abs. 3 S. 3 EStG. Obwohl eine Gegenleistung, die niedriger als der Buchwert ist, beim Erwerber zu keinen Anschaffungskosten führt, sollen die Gegenleistungsschuld und ihre Finanzierung nach Ansicht der Finanzverwaltung betrieblich

---

[607] GrS BFH Beschl. v. 15.7.1991 – GrS 1/90 – BStBl. II 1992, 78 in Anlehnung an RFH Urt. v. 1.2.1933 – VI A 2056/32 – RStBl. 1933, 583.
[608] Dies ist der Fall, wenn die Erträge der existenzsichernden Wirtschaftseinheit nicht ausreichen, d.h., die 50% Grenze der Finanzverwaltung nicht erreichen, vgl. § 36 Rdnr. 208.
[609] Zu den Besonderheiten bei freiberuflicher Tätigkeit vgl. § 35 Rdnr. 189 und bei Land- und Forstwirtschaft vgl. § 35 Rdnr. 188, deren Erläuterungen für die lebzeitige Sonderrechtsnachfolge entspr. gelten.

veranlasst sein.[610] Ob dies vom Bundesfinanzhof auch so gesehen wird, erscheint zumindest fraglich.[611] Wird nur ein Teil der wesentlichen Betriebsgrundlagen[612] unentgeltlich übertragen und der Rest bei gleichzeitiger Betriebseinstellung in das Privatvermögen überführt, liegt je nachdem, wie schnell die einzelnen Entnahmeakte erfolgen, entweder eine Betriebsaufgabe, § 16 Abs. 3 EStG, oder eine nicht begünstigte allmähliche Abwicklung vor. Sämtliche Wirtschaftsgüter, d.h. auch die unentgeltlich übertragenen, gelten als zuvor entnommen. Der Übergeber erzielt einen ggf. begünstigten Aufgabegewinn. Besondere Vorsicht ist geboten, wenn zurückbehaltene wesentliche Betriebsgrundlagen in ein anderes Betriebsvermögen des Übergebers, in sein Sonderbetriebsvermögen bei einer anderen Mitunternehmerschaft, in das Gesamthandsvermögen einer anderen Mitunternehmerschaft oder in das Sonderbetriebsvermögen eines anderen Mitunternehmers bei derselben Mitunternehmerschaft überführt werden. Diese Wirtschaftsgüter sind gem. § 6 Abs. 5 EStG zwingend mit dem Buchwert anzusetzen.[613] Trotz Betriebseinstellung kommt es dann **nicht** zur Aufdeckung aller stillen Reserven. Eine begünstigte Betriebsaufgabe nach § 16 Abs. 3 EStG scheidet somit aus. Die unentgeltliche Übertragung der übrigen Wirtschaftsgüter löst eine Entnahme aus und führt beim Übergeber zu **laufendem Gewinn**. Übernimmt der Erwerber die unentgeltlich erworbenen Wirtschaftsgüter in ein Betriebsvermögen, sind diese grundsätzlich mit dem Teilwert im Zeitpunkt der Zuführung anzusetzen, § 6 Abs. 1 Nr. 5 bzw. Nr. 6 EStG.

232 Werden **einzelne Wirtschaftsgüter des Betriebsvermögens** an einen Dritten herausgegeben, führt dies beim Übergeber unabhängig davon, ob die übergebenen Wirtschaftsgüter beim Empfänger Betriebs- oder Privatvermögen werden, zu einer Entnahme. Er hat daher auch den Entnahmegewinn als laufenden Gewinn zu versteuern.[614] Ausnahmsweise kann eine Betriebsaufgabe anzunehmen sein, wenn der Übergebende alle wesentlichen Betriebsgrundlagen an verschiedene Erwerber überträgt oder wenn durch die Herausgabe die Voraussetzungen einer Betriebsaufspaltung entfallen. In diesen Fällen erzielt der Übergeber einen ggf. begünstigten Aufgabegewinn, § 16 Abs. 3 EStG.

233 Überträgt der Übergeber **Privatvermögen** (z.B. Mietwohngrundstücke, Kapitalgesellschaftsanteile), ist der Erwerber nach § 11 d Abs. 1 EStDV an die bisher für diesen maßgebenden Steuerwerte gebunden. Er führt die AfA des Übergebers fort. Bei im Privatvermögen gehaltenen **Anteilen an einer Kapitalgesellschaft** wird dem Vermächtnisnehmer in Bezug auf die Fünfjahresfrist nach § 17 Abs. 1 EStG die Besitzzeit des Schenkers angerechnet.[615] Die unentgeltliche Übertragung stellt auch keine Anschaffung im Sinne des § 23 EStG dar. Auch hier tritt der Erwerber in die Vorbesitzzeit des Schenkers ein, § 23 Abs. 1 S. 3 EStG. Anders ist dies aber, wenn Abstandszahlungen an den Vermögensübergeber oder Audgleichszahlungen oder Gleichstellungsgelder an Dritte geleistet werden.

234 *bb) Versorgungsleistung.* Die ertragsteuerliche Behandlung der Versorgungsleistung richtet sich danach, ob es sich bei ihr um eine Leibrente oder eine dauernde Last handelt. Leibrenten und dauernde Lasten unterscheiden sich nach der Rechtsprechung des Bundesfinanzhofs[616] darin, dass **Rentenbezüge** gleich bleibende nicht abänderbare Leistungen in Geld oder vertretbaren Sachen voraussetzen. Denn aus der Regelung des Ertragsanteils ergibt sich, dass der Gesetzgeber von gleich bleibenden Leistungen ausgeht. Die **Leibrente** hat ein einheitliches nutzbares Recht (sog. Rentenstammrecht) zum Inhalt, das dem Berechtigten (Übergeber) für eine vom Leben einer Person abhängige Zeit eingeräumt ist und dessen Früchte als fortlaufend wiederkehrende, gleichmäßige, zahlen- und wertmäßig festgelegte Leistungen bestehen. Dagegen handelt es sich um **dauernde Lasten,** wenn eine Abhängigkeit von **variablen Wer-**

---

[610] BMF Schr. v. 13.1.1993 – IV B 3 – S 2190 – 37/92 – BStBl. I 1993, 80 Rdnr. 38; vgl. a. *Märkle* DStR 1993, 1173.
[611] Vgl. Schmidt/*Wacker* § 16 EStG Rdnr. 40.
[612] Zum Begriff der wesentlichen Betriebsgrundlage vgl. Sudhoff/*von Sothen* § 51 Rdnr. 9 ff.
[613] Erfolgte diese Übertragung in der Zeit vom 1.1.1999 bis 31.12.2000, war der Teilwert anzusetzen, so dass es zu einer begünstigten Betriebsaufgabe kam.
[614] BFH Urt. v. 28.9.1993 – IX R 156/88 – BStBl. II 1994, 319; BMF Schr. v. 14.3.2006 – IV B 2 – S 2242 – 7/06 – BStBl. I 2006, 253 Rdnr. 60; a.A. *Paus* FR 1991, 586.
[615] Vgl. i.e. Sudhoff/*von Sothen* § 51 Rdnr. 162 ff.
[616] GrS BFH Beschl. v. 15.7.1991 – GrS 1/90 – BStBl. II 1992, 78.

ten wie Umsatz oder Gewinn vereinbart wird oder die Bezüge abänderbar (z.B. durch Bezugnahme auf § 323 ZPO) sind. Ob die Abänderbarkeit eine ausdrückliche Bezugnahme auf § 323 ZPO erfordert[617] oder ob sie sich auch aus dem Vertragsinhalt ergeben kann,[618] wird von der Rechtsprechung nicht einheitlich beurteilt. Durchzusetzen scheint sich allerdings die Ansicht, dass sich bei typischen Leibgedings- und Altenteilsverträgen sowie bei mit diesen vergleichbaren Verträgen die Abänderbarkeit aus der Rechtsnatur des Versorgungsvertrages ergeben kann.[619] Die Finanzverwaltung hat sich dem nun angeschlossen und nimmt bei Versorgungsleistungen regelmäßig eine dauernde Last an. Sie hält in diesem Fall eine Bezugnahme auf § 323 ZPO für entbehrlich.[620] Nur wenn die Vertragsparteien die Abänderbarkeit ausdrücklich ausschließen, könne eine Leibrente vorliegen.[621] Solange hier keine endgültige Klarheit besteht, für welchen Weg sich die Rechtsprechung entscheiden wird, empfiehlt es sich, einen Hinweis auf § 323 ZPO sicherheitshalber in die Vermögensübergabeverträge aufzunehmen, wenn eine dauernde Last angestrebt wird. Umgekehrt sollten die Rechte aus § 323 ZPO ausdrücklich ausgeschlossen werden, wenn eine beim Verpflichteten nur mit dem Ertragsanteil abziehbare und beim Berechtigten mit dieser Bemessungsgrundlage steuerbare Leibrente vereinbart sein soll.[622]

Handelt es sich bei der Versorgungsleistung um eine Leibrente, so ist diese mit ihrem **Ertragsanteil** beim Berechtigten (Übergeber) steuerpflichtig, § 22 Nr. 1 EStG. Korrespondierend hierzu ist der Ertragsanteil der Leibrente beim Verpflichteten (Beschenkten) als Sonderausgabe abziehbar, § 10 Abs. 1 Nr. 1 a EStG (sog. **Korrespondenzprinzip**). Handelt es sich dagegen bei der Versorgungsleistung um eine dauernde Last, so ist sie beim Berechtigten (Übergeber) **in vollem Umfang** steuerpflichtiger wiederkehrender Bezug, § 22 Nr. 1 EStG, und korrespondierend hierzu beim Verpflichteten (Beschenkten) in vollem Umfang als Sonderausgabe abziehbar, § 10 Abs. 1 Nr. 1 a EStG.

Es liegt in der Rechtsnatur des Versorgungsvertrages, dass Übergeber und Übernehmer z.B. auf geänderte Bedarfslagen angemessen reagieren dürfen. Eine derartige **Änderung des Versorgungsvertrages** ist anzuerkennen, wenn sie durch nachweisbare Umstände veranlasst ist, die nach Maßgabe des Vertragstextes oder nach der Rechtsnatur des Vertrages rechtserheblich sind und wenn diese Umstände eine veränderbare Leistungsfähigkeit des Verpflichteten (Übernehmer) und / oder eine andere Bedarfslage des Berechtigten (Übergebers) anzeigen.[623] Diese Situation ist grundsätzlich als gegeben anzusehen, wenn eine Leibrente – bei unveränderter Fortgeltung der Zahlungsverpflichtung in eine dauernde Last umgewandelt wird.[624] Ab dem Zeitpunkt der Vertragsänderung hat der Übergeber (Berechtigte) den vollen Betrag der Versorgungsleistungen zu versteuern und der Übernehmer (Verpflichtete) kann den vollen Nennbetrag als Sonderausgaben abziehen.

Haben die Parteien eine **Wertsicherungsklausel** vereinbart, schließt dies die Abänderbarkeit des Versorgungsvertrages nicht aus.[625] Machen die Vertragsparteien später von der vereinbarten Wertsicherungsklausel keinen Gebrauch, lässt dies für sich allein noch keinen zwingenden Schluss auf das Fehlen eines Rechtsbindungswillens zu. Denn wenn diese von einer vereinbarten Wertsicherungsklausel keinen Gebrauch machen, können sie damit auch zum Ausdruck bringen, dass nach ihrer Einschätzung die aktuelle Versorgungssituation eine Anpassung des Zahlbetrags nicht erfordert. Das Verhalten ist daher vielmehr im Rahmen der gebotenen Ge-

---

[617] So der XI. Senat BFH Urt. v. 23.1.1992 – XI R 6/87 – BStBl. II 1992, 526.
[618] So der X. Senat BFH Urt. v. 11.3.1992 – X R 141/88 – BStBl. II 1992, 499.
[619] BFH Urt. v. 3.3.2004 – X R 14/01 – BStBl. II 2004, 826; Urt. v. 3.3.2004 – X R 135/98 – BStBl. II 2004, 824 m.w.N.
[620] BMF Schr. v. 16.9.2004 – IV C 3 – S 2255 – 354/04 – BStBl. I 2004, 922, Tz. 47 unter Bezugnahme auf ein Urt. d. X. Senats des BFH Urt. v. 11.3.1992 – X R 141/88 – BStBl. II 1992, 499.
[621] BMF Schr. v. 16.9.2004 – IV C 3 – S 2255 – 354/04 – BStBl. I 2004, 922 Tz. 48.
[622] GrS BFH Beschl. v. 15.7.1991 – GrS 1/90 – BStBl. II 1992, 78; BFH Urt. v. 3.3.2004 – X R 135/98 – BStBl. II 2004, 824.
[623] BFH Urt. v. 3.3.2004 – X R 135/98 – BStBl. II 2004, 824; Urt. v. 15.7.1992 – X R 165/90 – BStBl. II 1992, 1020; BMF-Schr. v. 16.9.2004 – IV C 3 – S 2255 – 354/04 – BStBl. I 2004, 922 Rdnr. 38.
[624] BFH Urt. v. 3.3.2004 – X R 135/98 – BStBl. II 2004, 824.
[625] BFH Urt. v. 11.3.1992 – X R 3/85 – BStBl. II 1992, 499; BMF-Schr. v. 16.9.2004 – IV 3 – S 2255 – 354/04 – BStBl. I 2004, 922 Rdnr. 48.

samtwürdigung zu berücksichtigen. Für diese ist jedenfalls bei Versorgungsverträgen entscheidend, ob eine festgestellte Abweichung von den vertraglichen Vereinbarungen darauf hindeutet, dass es den Parteien am erforderlichen Rechtsbindungswillen fehlt. Da es sich bei diesen Verträgen ohnehin um privat veranlasste Verträge handelt, kann sich ein Fremdvergleich nur darauf beziehen, ob und welche rechtliche Bindungswirkung die Parteien dem Vertrag beimessen. Es ist folglich in erster Linie darauf abzustellen, ob die Vereinbarung willkürlich abgeändert oder nicht durchgeführt wird, was z.B. bei Zahlungen in schwankender Höhe angenommen wird.[626] Die dauerhafte Zahlung der Versorgungsleistungen mit ihrem ursprünglich vereinbarten Nennbetrag lässt daher ohne weitere Indizien noch keinen Schluss auf einen fehlenden Rechtsbindungswillen der Parteien zu. Auch die zivilrechtliche Unwirksamkeit einer Wertsicherungsklausel hat – entgegen der Auslegung des § 139 BGB – nicht die Unwirksamkeit des gesamten Vertrages zur Folge und damit keinen Einfluss auf die Beurteilung des Versorgungsvertrages.[627]

238 Die Ablösung von wiederkehrenden Versorgungsleistungen z.B. bei Veräußerung eines übernommenen Gewerbebetriebs durch den Übernehmer, ist privat veranlasst und führt weder beim Übernehmer zu Veräußerungskosten noch beim Übergeber zu nachträglichen Anschaffungskosten. Es handelte sich um eine unentgeltliche Vermögensübergabe, im Beispielsfall nach § 6 Abs. 3 EStG. Bei dieser wertenden Zuordnung des Vermögensübergangs als privat und unentgeltlich bleibt es auch dann, wenn die wiederkehrenden Leistungen mit ihrem kapitalisierten Betrag abgelöst werden.[628] Der BFH wertet sie als letzten Akt der – nunmehr vertraglich modifizierten – Erfüllung eines Dauerrechtsverhältnisses, das infolge der gesetzlichen Zuordnung zu den Sonderausgaben privaten Charakter hat und deshalb nicht zur Sphäre der Einkünfteerzielung gehört. Der einmal eingeschlagene „private" Weg ist durch die Veräußerung des Übernehmers nicht umkehrbar. Die Ablösung vollzieht sich in der Privatsphäre. Eine dingliche Sicherung ändert hieran nichts.[629] Da keine Umschichtung in eine andere existenzsichernde und ausreichend ertragbringende Wirtschaftseinheit erfolgt, endet im Zeitpunkt der Veräußerung des Vermögens die Abziehbarkeit der dauernden Last beim Übernehmer (Verpflichteten) und korrespondierend hierzu die Steuerbarkeit der Versorgungsleistung beim Übergeber (Berechtigten). Gleiches soll gelten, wenn die Vertragsparteien eines Übergabevertrages die Versorgungsleistungen ablösen und damit den Transfer vorbehaltener Erträge beenden.[630] Die Abziehbarkeit der Ablösezahlung als dauernde Last kann danach auch nicht mit der Überlegung begründet werden, dass es sich beim Verpflichteten um eine letzte Zahlung auf der die dauernde Last begründende Rechtsgrundlage handelt.

239 *cc) Unterhaltsleistung.* Unterhaltsleistungen unterliegen **keiner Versteuerung** beim Berechtigten (Übergeber), wenn sie von einem unbeschränkt steuerpflichtigen Unterhaltsverpflichteten gezahlt werden, § 22 Nr. 1 S. 2 i.V.m. § 12 Nr. 2 EStG. Korrespondierend hierzu kann der Verpflichtete sie auch nicht als Sonderausgaben abziehen, § 12 Nr. 2 EStG. Sie können bei ihm allenfalls im Rahmen der außergewöhnlichen Belastung in besonderen Fällen gem. § 33 a Abs. 1 und 2 EStG Berücksichtigung finden.

240 f) **Ertragsteuerliche Behandlung von (teil)entgeltlichen Vermögensübertragungen.** Wie oben bereits gezeigt, können entgeltlich sein:
- Vermögensübertragungen gegen eine Gegenleistung, die größer als der oder gleich dem Wert des Vermögens ist,
- Betriebs-, Teilbetriebs- oder Mitunternehmeranteilsübertragungen gegen eine Gegenleistung die größer als der oder gleich dem Netto-Buchwert des übertragenen Vermögens ist,
- ein Anteil von Übertragungen einzelner Wirtschaftsgüter des Betriebsvermögens, wenn die Gegenleistung niedriger als der Verkehrswert ist sowie

---

[626] BFH Urt. v. 3.3.2004 – X R 14/01 – BStBl. II 2004, 826; BMF-Schr. v. 16.9.2004 – IV 3 – S 2255 – 354/04 – BStBl. I 2004, 922 Rdnr. 39.
[627] BFH Urt. v. 3.3.2004 – X R 14/01 – BStBl. II 2004, 826 unter Bezugnahme auf BGH Urt. v. 2.2.1983 – VIII ZR 13/82 – NJW 1983, 1909.
[628] BFH Urt. v. 31.3.2004 – X R 66/98 – BStBl. II 2004, 830.
[629] BFH Urt. v. 31.3.2004 – X R 66/98 – BStBl. II 2004, 830.
[630] BFH Urt. v. 31.3.2004 – X R 66/98 – BStBl. II 2004, 830.

- ein Anteil von Privatvermögensübertragungen, wenn die Gegenleistung niedriger als der Verkehrswert ist.

Die entgeltliche Übertragung eines **Betriebs, Teilbetriebs oder Mitunternehmeranteils** führt zu einem ggf. begünstigten Veräußerungsgewinn nach §§ 16 Abs. 1 bzw. Abs. 3, 34 EStG, je nachdem, ob diese auf einen oder mehrere Erwerber übertragen werden.[631] Hat der Veräußerer das 55. Lebensjahr vollendet oder ist er im sozialversicherungsrechtlichen Sinne dauernd berufsunfähig, erhält er auf Antrag einmalig einen Freibetrag von bis zu € 45.000, sofern der Veräußerungsgewinn die absolute Freibetragsgrenze von € 136.000 nicht übersteigt.[632] Im Rahmen der vorweggenommenen Erbfolge werden Gegenleistungen typischerweise in der Form von Veräußerungsrenten, Abstandszahlungen an den Übertragenden, Gleichstellungsgeldern und der Übernahme privater Verbindlichkeiten vereinbart. Sind aufgrund des Übergabevertrages **Leistungen an Dritte** zu erbringen, muss z.B. ein Wirtschaftsgut des übergebenen Betriebsvermögens vereinbarungsgemäß an einen Drittbegünstigten weitergegeben werden, stellt sich die Frage, wem der dabei anfallende Entnahmegewinn einkommensteuerlich zuzurechnen ist. Da die zur Entnahme führende Leistung an den Dritten auf einer Auflage des Übergebers beruht und im Verhältnis zu diesem ihren Rechtsgrund in der Schenkung hat, erscheint es folgerichtig, eine Entnahme durch den Übergeber anzunehmen.[633] 241

Die **voll entgeltliche** Übertragung **einzelner Wirtschaftsgüter des Betriebsvermögens** stellt einkommensteuerlich für den Übergeber ein Veräußerungsgeschäft und für den Erwerber ein Anschaffungsgeschäft dar. Bei der **teilentgeltliche** Übertragung einzelner Wirtschaftsgüter des Betriebsvermögens ist demgegenüber nur der entgeltliche Teil ein Veräußerungsgeschäft, der unentgeltliche Teil hingegen Entnahme. Die Ermittlung des Veräußerungsgewinns entspricht grundsätzlich derjenigen bei der Betriebsveräußerung.[634] Anders als bei Betriebs- oder Teilbetriebsübertragungen[635] stellt allerdings auch die Übernahme betrieblicher Verbindlichkeiten eine steuerbare Gegenleistung dar. Dies gilt unabhängig davon, ob die Betriebsschuld nur im Innenverhältnis (durch Freistellungsverpflichtung) oder auch im Außenverhältnis (durch Schuldübernahme) übernommen wird.[636] Der Gewinn aus der Veräußerung oder Entnahme von Teilen des nackten[637] Grund und Bodens eines **land- und forstwirtschaftlichen Betriebsvermögens** ist unter bestimmten Voraussetzungen noch bis zum 31.12.2005 auf Antrag des künftigen Erblassers oder Hofübernehmers bis zu einem Betrag von € 61.800 (DM 120.000) steuerfrei, wenn er innerhalb von 12 Monaten danach in sachlichem Zusammenhang mit der Hoferbfolge oder Hofübernahme zur Abfindung weichender Erben verwendet wird, § 14 a Abs. 4 EStG. 242

Werden mit dem Wirtschaftsgut künftig **Überschusseinkünfte** erzielt, bildet das geleistete Gesamtentgelt nebst den Anschaffungsnebenkosten beim Erwerber die künftige AfA-Bemessungsgrundlage für den entgeltlichen Teil. Hinsichtlich des unentgeltlichen Teils ist gem. § 11 d Abs. 1 EStDV der anteilige Entnahmewert maßgebend. Legt der Erwerber das Wirtschaftsgut dagegen in ein **Betriebsvermögen** ein, ist grundsätzlich der Teilwert die Bemessungsgrundlage der künftigen Abschreibungen, § 6 Abs. 1 Nr. 5 bzw. Nr. 6 EStG. Erfolgt die Einlage innerhalb von drei Jahren nach dem Erwerb in vorweggenommener Erbfolge und ist der anteilige Teilwert im Zeitpunkt der Zuführung höher als das Gesamtentgelt nebst Anschaffungsnebenkosten, so sind gem. § 6 Abs. 1 Nr. 5 Buchst. a EStG nur diese Anschaffungskosten anzusetzen. In Bezug auf den unentgeltlichen Teil verbleibt es dagegen beim Ansatz der Einlage mit dem anteiligen Teilwert.[638] 243

Bei der entgeltlichen Übertragung von im Privatvermögen gehaltenen **Anteilen an einer Kapitalgesellschaft** ist danach zu unterscheiden, ob es sich um eine relevante (früher: wesentliche) 244

---

[631] Vgl. Sudhoff/von Sothen § 51 Rdnr. 4 ff. u. § 52 Rdnr. 2 ff.
[632] Zur Berechnung vgl. Sudhoff/von Sothen § 51 Rdnr. 95.
[633] Gebel Betriebsvermögensnachfolge Rdnr. 541; so auch BMF Schr. v. 13.1.1993 – BStBl. I 1993, 80, Tz. 32, sofern das Wirtschaftsgut im unmittelbaren Anschluss an die Übertragung weitergegeben wird.
[634] Vgl. Sudhoff/von Sothen § 51 Rdnr. 59 ff.
[635] Vgl. Sudhoff/von Sothen § 51 Rdnr. 77.
[636] Gebel Betriebsvermögensnachfolge Rdnr. 584.
[637] H/H/R § 14 a Rdnr. 152 f.
[638] BFH Urt. v. 14.7.1993 – X R 74–75/90 – BStBl. II 1994, 15.

oder um eine nicht relevante (früher: unwesentliche) Beteiligung handelt. Während die entgeltliche Übertragung einer nicht relevanten Beteiligung beim Veräußerer grundsätzlich keine steuerlichen Folgen auslöst, führt die entgeltliche Übertragung einer relevanten Beteiligung zu einem Veräußerungsgewinn beim Übergeber und zu Anschaffungskosten beim Erwerber.[639] Soweit die Anteile teilentgeltlich erworben wurden, sind sie nach dem Verhältnis des Verkehrswerts[640] der übertragenen Anteile zur Gegenleistung „wertmäßig"[641] in einen voll entgeltlichen und einen voll unentgeltlichen Teil aufzuspalten.

IV. Gewerbesteuer

245 Der **Tod eines Einzelunternehmers** gilt als Einstellung des Gewerbebetriebes durch ihn. Gem. § 45 AO haften die Erben für die rückständige Gewerbesteuer des Erblassers. Führt der Erbe den Betrieb fort, ist dies gewerbesteuerlich eine **Neugründung** durch diesen.[642] Mit dem Tod des Einzelunternehmers **entfällt der Verlustabzug** gem. § 10 a GewStG vollständig, beim **Tod eines Gesellschafters einer Personengesellschaft** dagegen nur, soweit der Fehlbetrag anteilig auf den ausgeschiedenen Gesellschafter entfällt.[643] Hierbei spielt es keine Rolle, ob eine gesetzliche oder testamentarische Erbfolge vorliegt.[644] Beim **Tod eines Freiberuflers** verwandelt sich dessen freiberufliche Praxis mit dem Erbfall in einen Gewerbebetrieb, sofern nicht der Alleinerbe bzw. alle Miterben eine gleichartige freiberufliche Qualifikation besitzen.

246 Bei der **unentgeltlichen Betriebsübertragung** gilt der Betrieb als durch den bisherigen Unternehmer eingestellt und durch den übernehmenden Unternehmer neu gegründet, wenn er nicht mit einem bestehenden Gewerbebetrieb vereinigt wird, § 2 Abs. 5 GewStG. Dabei wird der Zeitpunkt des Übergangs (Unternehmerwechsel) als Zeitpunkt der Einstellung und als Zeitpunkt der Neugründung angesehen. In diesem Zeitpunkt erlischt die Steuerpflicht des eingestellten Betriebs und gleichzeitig tritt der neu gegründete in die Steuerpflicht neu ein.[645] Entsprechendes gilt hinsichtlich der Steuerschuldnerschaft von Übergeber und Übernehmer, § 5 Abs. 2 GewStG. Bei einer **Mitunternehmerschaft** gilt dies nur, wenn alle Gesellschafter wechseln. Solange mindestens einer der bisherigen Unternehmer das Unternehmen unverändert fortführt, besteht die sachliche Steuerpflicht des Unternehmens fort.[646] Geht ein **Teilbetrieb** eines Unternehmens auf einen anderen Unternehmer über, liegt beim bisherigen Unternehmer die Einstellung eines Gewerbebetriebs nicht vor. In diesem Fall kommt für den Unternehmer, der den Betrieb abgibt, zunächst nur eine Anpassung der Gewerbesteuervorauszahlungen in Betracht. Wird der Betrieb beim Übernehmer nicht mit einem bestehenden Unternehmen vereinigt, kann es zur erstmaligen Festsetzung von Gewerbesteuervorauszahlungen kommen, ansonsten zu einer Erhöhung.

247 Auch bei der vorweggenommenen Erbfolge geht der **Gewerbeverlust** nach § 10 a GewStG mangels Unternehmeridentität verloren, wenn ein Inhaberwechsel bei einem Einzelunternehmen stattfindet.[647] Bei der Übertragung eines Personengesellschaftsanteils gilt dies entsprechend, allerdings nur, soweit der Fehlbetrag anteilig auf den ausgeschiedenen Gesellschafter entfällt.[648] Überträgt ein Gesellschafter jedoch nur einen Teil seiner Beteiligung und bleibt somit weiterhin Gesellschafter der Personengesellschaft, hat dies keinen Einfluss auf seinen Verlustvortrag nach § 10 a GewStG, da die die Unternehmeridentität gewahrt bleibt.[649] Ein Übergang des Verlustvortrags auf den Erwerber des (Teil-)Gesellschaftsanteils kommt nicht in Be-

---

[639] Vgl. Sudhoff/*von Sothen* § 51 Rdnr. 214 bzw. 224.
[640] Schmidt/*Weber-Grellet* EStG § 17 Rdnr. 83; a.A. *Wichmann* BB 1988, 814: gemeiner Wert nach Stuttgarter Verfahren.
[641] *Widmann* StKongRep 1994, 83, 92; a.A. H/H/R § 17 Rdnr. 156: gegenständlich.
[642] BFH Urt. v. 1.4.1971 – I R 184/69 – BStBl. II 1971, 526.
[643] BFH Urt. v. 17.1.2006 – VIII R 96/04 – DStR 2006, 461; a.A. zu Recht Knobbe/*Keuk* § 21 I; *Finkenbeiner* BB 1997, 230.
[644] BFH Urt. v. 14.1.1965 – IV 173/64 S – BStBl. III 1965, 115.
[645] R 20 Abs. 1 GewStR.
[646] R 20 Abs. 2 GewStR.
[647] A 68 Abs. 1 S. 3 GewStG.
[648] BFH Urt. v. 7.12.1993 – VIII R 160/86 – BStBl. II 1994, 331; vgl. a. Sudhoff/*von Sothen* § 51 Rdnr. 242 ff.
[649] BFH Urt. v. 17.1.2006 – VIII R 96/04 – DStR 2006, 461.

tracht. Soweit im Zuge der vorweggenommenen Erbfolge ein **Veräußerungs- oder Aufgabegewinn** i.S.d. § 16 EStG entsteht, unterliegt dieser grundsätzlich nicht der Gewerbesteuer. Dies gilt auch bei teilentgeltlicher Veräußerung.

V. Grunderwerbsteuer

Erfolgt der **Grundstückserwerb von Todes wegen**, unterliegt er in der Regel nicht der Grunderwerbsteuer. Er ist gemäß § 3 Nr. 2 GrEStG hiervon befreit. Erfasst werden alle grundstücksbezogenen Vorgänge des § 3 ErbStG. Dabei spielt keine Rolle, ob Erblasser und Erbe miteinander verwandt sind oder ob der Erwerb kraft gesetzlicher Erbfolge oder aufgrund testamentarischer Anordnung erfolgte. Entsprechendes gilt für Miterben und deren Ehegatten im Rahmen einer **Erbauseinandersetzung**. Nach § 3 Nr. 3 S. 1 bzw. S. 3 GrEStG ist die Übertragung eines zum Nachlass gehörenden Grundstücks auf einen Miterben bzw. auf den Ehegatten eines Miterben im Rahmen der Erbauseinandersetzung grunderwerbsteuerfrei. Es kommt dabei nicht darauf an, ob der Wert des Grundstücks dem Wert seines Erbteils entspricht oder nicht. Gehört der überlebende Ehegatte nicht zu den Miterben, so ist der Erwerb eines Grundstücks aus dem Nachlass nur dann steuerfrei, wenn er mit den Erben des Verstorbenen gütergemeinschaftlich zu teilen hat oder wenn ihm in Anrechnung auf eine Ausgleichsforderung am Zugewinn des verstorbenen Ehegatten ein zum Nachlass gehörendes Grundstück übertragen wird, § 3 Nr. 3 S. 2 GrEStG.

Erfolgt der Grundstückserwerb durch **Schenkung unter Lebenden**, unterliegt er ebenfalls grundsätzlich nicht der Grunderwerbsteuer, sondern ist gemäß § 3 Nr. 2 GrEStG hiervon befreit. Erfasst werden alle Vorgänge, die unter § 7 ErbStG fallen. Steuerfrei sind auch sämtliche Grundstücksübertragungen an den Ehegatten (§ 3 Nr. 4 GrEStG), an Personen, die mit dem Übergeber/Veräußerer in gerader Linie verwandt sind, und an deren Ehegatten sowie an Stiefkinder und deren Ehegatten (§ 3 Nr. 6 GrEStG). Dies gilt auch, wenn das Grundstück gegen eine Rentenverpflichtung übertragen wird. Nicht steuerfrei sind dagegen Grundstücksübertragungen an Geschwister und an Pflegekinder. Eine **Schenkung unter Auflage** unterliegt jedoch der Besteuerung hinsichtlich des Werts solcher Auflagen, die bei der Schenkungsteuer abziehbar sind, § 3 Nr. 2 S. 2 GrEStG. Gehört allerdings der Erwerber zu dem begünstigten Personenkreis des § 3 Nr. 6 GrEStG, so geht diese Regelung vor. Der Erwerb ist dann steuerfrei.

VI. Umsatzsteuer

Der **Tod eines Unternehmers** führt zur Beendigung seines Unternehmens und zum Erlöschen seiner Unternehmereigenschaft. Letztere kann nicht im Erbgang auf den Erben übergehen.[650] Eine Personengesellschaft oder eine Kapitalgesellschaft ist selbst Unternehmer. Der Tod eines Gesellschafters ändert hieran nichts. Soweit Vermögen vom Erblasser auf den Erben übergeht, liegt kein umsatzsteuerbarer Vorgang vor. Dies gilt auch, wenn der Erbanfall auf einer letztwilligen Verfügung des Erblassers beruht.[651] Der Erbe schuldet die Umsatzsteuer, die auf die Tätigkeit des Erblassers zurückgeht, § 45 AO, und muss gegebenenfalls noch dessen Abrechnungspflichten gem. § 14 Abs. 1 S. 1 und 2 UStG erfüllen. Darüber hinaus kann er als Gesamtrechtsnachfolger des Erben die Handlungen und Erklärungen vornehmen, die für die abgeschlossene Umsatztätigkeit des Erblassers rechtserheblich sind (z.B. § 9 Abs. 1 UStG). Bereits vom Erblasser abgegebene Erklärungen (z.B. nach § 19 Abs. 2 S. 1 und 2 UStG) binden den Erben.[652]

Der Erbe wird nicht durch den Erbfall, sondern erst wenn er selbst Umsätze i.S.d. UStG ausführt, zum Unternehmer.[653] Hierfür ausreichend ist z.B. bereits die lediglich kurzfristige **Fortführung des Unternehmens** des Erblassers. Die bloße Geschäftsveräußerung im Ganzen durch den Erben ist dagegen keine ausreichend nachhaltige Tätigkeit i.S.d. § 2 Abs. 1 S. 3 UStG

---

[650] BFH Urt. v. 19.11.1970 – V R 14/67 – BStBl. II 1971, 121.
[651] A.A. *Birkenfeld* UR 1992, 29, 36.
[652] A.A. Rau/Dürrwächter/*Stadie* § 2 Rdnr. 588.
[653] A 19 Abs. 1 S. 5 UStR.

und begründet keine Unternehmereigenschaft des Erben.[654] Dies gilt entsprechend für die Erbengemeinschaft. Allein durch den Tod des Unternehmers wird kein Entnahmeeigenverbrauch verwirklicht. Führt ein nicht ärztlicher Erbe mit Hilfe eines angestellten Arztes die Arztpraxis des Erblassers fort, tätigt er trotzdem heilberufliche Umsätze, die nach § 4 Nr. 14 UStG allerdings umsatzsteuerbefreit sind.[655]

Bei der **Erbauseinandersetzung** unter den einzelnen Miterben als solche handelt es sich um einen Leistungsaustausch und somit letztlich um einen steuerbaren Vorgang, wenn die Erbengemeinschaft umsatzsteuerlich als Unternehmer anzusehen ist.[656] Bei einer Realteilung ohne Ausgleichszahlung werden lediglich Erbansprüche der Miterben erfüllt, so dass ein Leistungsaustausch regelmäßig nicht stattfindet.[657] Etwas anderes gilt allerdings dann, wenn Unternehmensvermögen einer Erbengemeinschaft nicht im Wege der Realteilung auf die Miterben verteilt, sondern gegen Spitzenausgleich einzelnen Miterben zugewiesen wird.[658] Allerdings kann eine nicht steuerbare Geschäftsveräußerung an einen anderen Unternehmer für desssen Unternehmen vorliegen, § 1 Abs. 1 a UStG. Keine umsatzsteuerbaren Vorgänge sind das Ausscheiden eines Miterben aus der Erbengemeinschaft gegen Barabfindung, und die Veräußerung eines Erbteils.[659] Zu beachten ist, dass Maßnahmen in Bezug auf den Nachlass zu einer Berichtigung des vom Erblasser vorgenommenen Vorsteuerabzugs nach § 15 a UStG führen können. Der Erbe begründet keinen neuen Berichtigungszeitraum, sondern setzt den des Erblassers fort.

252 Entnimmt der Unternehmer **Wirtschaftsgüter des Betriebsvermögens**, um sie im Rahmen der vorweggenommenen Erbfolge z.B. an seine Kinder zu übertragen, so unterliegt diese Sachentnahme gem. § 1 Abs. 1 Nr. 1 i.V.m. § 3 Abs. 1 b Nr. 1 UStG grundsätzlich der Umsatzsteuer. Die Entnahme von Grundstücken ist allerdings gem. § 4 Nr. 9 a UStG steuerbefreit, da sie unter das GrEStG fällt. Dies gilt auch dann, wenn sie wie z.B. die Schenkung an Abkömmlinge grunderwerbsteuerfrei ist. Gegebenenfalls ist die Vorsteuer zu korrigieren, § 15 a Abs. 4 UStG. Wird ein **Unternehmen** oder ein in der Gliederung des Unternehmens selbständig geführter Betrieb (**Teilbetrieb**) im Ganzen entgeltlich oder unentgeltlich übereignet, liegt gem. § 1 Abs. 1 a UStG eine nicht steuerbare Geschäftsveräußerung im Ganzen vor.

253 Ändert sich die Erbeinsetzung z.B. aufgrund erfolgreicher Anfechtung oder Auffindens eines neueren Testaments, werden die „neuen" Erben nur dann Unternehmer, wenn sie wiederum in ihrer Person die Unternehmereigenschaft verwirklichen. Der vermeintliche Erbe verliert seine Unternehmereigenschaft nicht rückwirkend, da das Umsatzsteuerrecht an die Tätigkeit und nicht an das Eigentum anknüpft.[660] Die Herausgabe ist kein umsatzsteuerbarer Vorgang.[661]

---

[654] Wie hier OFD Frankfurt Erl. v. 27.6.1996 – S 7172 A – 7 – St IV 22 – UR 1997, 72; a.A. Rau/Dürrwächter/Stadie § 2 Rdnr. 567; *Schmidt-Liebig* BB 1994, Beil. 20, 1, 14 Fn. 134.
[655] Rau/Dürrwächter/*Husmann* § 1 Rdnr. 560 „Erbauseinandersetzung"; Der Erbe erzielt dann allerdings gewerbliche Einkünfte, vgl. § 35 Rdnr. 189, 245.
[656] Rau/Dürrwächter/*Husmann* § 1 Rdnr. 560 „Erbauseinandersetzung"; a.A. BFH Urt. v. 26.10.1967 – V 232/67 – BStBl. II 1968, 247, welche allerdings vor der Rechtsprechungsänderung zur Erbauseinandersetzung erging, GrS BFH Beschl. v. 5.7.1990 – GrS 2/89 – BStBl. II 1990, 837.
[657] Rau/Dürrwächter/*Husmann* § 1 Rdnr. 560 „Erbauseinandersetzung" m.w.N.
[658] *Birkenfeld* UR 1992, 29, 37.
[659] Rau/Dürrwächter/*Husmann* § 1 Rdnr. 560 „ Erbauseinandersetzung".
[660] Rau/Dürrwächter/*Stadie* § 2 Rdnr. 570.
[661] A.A. Rau/Dürrwächter/*Stadie* § 2 Rdnr. 570: § 1 Abs. 1 a UStG.

VII. Anhang: Tabellen

Vervielfältiger für die Abzinsung einer unverzinslichen Forderung oder Schuld, die nach bestimmter Zeit in einem Betrag fällig ist, im Nennwert von 1 €

Anzahl der Jahre	Vervielfältiger	Anzahl der Jahre	Vervielfältiger	Anzahl der Jahre	Vervielfältiger
1	0,948	36	0,146	71	0,022
2	0,898	37	0,138	72	0,021
3	0,852	38	0,131	73	0,020
4	0,807	39	0,124	74	0,019
5	0,765	40	0,117	75	0,018
6	0,725	41	0,111	76	0,017
7	0,687	42	0,106	77	0,016
8	0,652	43	0,100	78	0,015
9	0,618	44	0,095	79	0,015
10	0,585	45	0,090	80	0,014
11	0,555	46	0,085	81	0,013
12	0,526	47	0,081	82	0,012
13	0,499	48	0,077	83	0,012
14	0,473	49	0,073	84	0,011
15	0,448	50	0,069	85	0,011
16	0,425	51	0,065	86	0,010
17	0,402	52	0,062	87	0,009
18	0,381	53	0,059	88	0,009
19	0,362	54	0,056	89	0,009
20	0,343	55	0,053	90	0,008
21	0,325	56	0,050	91	0,008
22	0,308	57	0,047	92	0,007
23	0,292	58	0,045	93	0,007
24	0,277	59	0,042	94	0,007
25	0,262	60	0,040	95	0,006
26	0,249	61	0,038	96	0,006
27	0,236	62	0,036	97	0,006
28	0,223	63	0,034	98	0,005
29	0,212	64	0,032	99	0,005
30	0,201	65	0,031	100	0,005
31	0,190	66	0,029		
32	0,180	67	0,028		
33	0,171	68	0,026		
34	0,162	69	0,025		
35	0,154	70	0,024		

Tabelle 1
(zu § 12 Abs. 3 BewG)

255

Vervielfältiger für eine unverzinsliche Kapitalforderung/-schuld,
die in gleichen Jahresraten getilgt wird.
Der Jahresbetrag der Raten wurde mit 1€ angesetzt.

Laufzeit in Jahren	Kapitalwert	Laufzeit in Jahren	Kapitalwert	Laufzeit in Jahren	Kapitalwert
1	0,974	51	17,464	101	18,598
2	1,897	52	17,528	102	18,602
3	2,772	53	17,588	103	18,607
4	3,602	54	17,645	104	18,611
5	4,388	55	17,699	105	18,614
6	5,133	56	17,750	106	18,618
7	5,839	57	17,799	107	18,621
8	6,509	58	17,845	108	18,624
9	7,143	59	17,888	109	18,627
10	7,745	60	17,930	110	18,630
11	8,315	61	17,969	111	18,633
12	8,856	62	18,006	112	18,635
13	9,368	63	18,041	113	18,638
14	9,853	64	18,075	114	18,640
15	10,314	65	18,106	115	18,642
16	10,750	66	18,136	116	18,644
17	11,163	67	18,165	117	18,646
18	11,555	68	18,192	118	18,648
19	11,927	69	18,217	119	18,650
20	12,279	70	18,242	120	18,652
21	12,613	71	18,264	121	18,653
22	12,929	72	18,286	122	18,655
23	13,229	73	18,307	123	18,656
24	13,513	74	18,326	124	18,657
25	13,783	75	18,345	125	18,659
26	14,038	76	18,362	126	18,660
27	14,280	77	18,379	127	18,661
28	14,510	78	18,395	128	18,662
29	14,727	79	18,410	129	18,663
30	14,933	80	18,424	130	18,664
31	15,129	81	18,437	131	18,665
32	15,314	82	18,450	132	18,666
33	15,490	83	18,462	133	18,667
34	15,656	84	18,474	134	18,668
35	15,814	85	18,485	135	18,668
36	15,963	86	18,495	136	18,669
37	16,105	87	18,505	137	18,670
38	16,239	88	18,514	138	18,670
39	16,367	89	18,523	139	18,671
40	16,487	90	18,531	140	18,671
41	16,602	91	18,539	141	18,672
42	16,710	92	18,546	142	18,672
43	16,813	93	18,553	143	18,673
44	16,910	94	18,560	144	18,673
45	17,003	95	18,566	145	18,674
46	17,090	96	18,572	146	18,674
47	17,173	97	18,578	147	18,675
48	17,252	98	18,583	148	18,675
49	17,326	99	18,589	149	18,675
50	17,397	100	18,593	150	18,676

Tabelle 2
(zu § 12 Abs. 1 BewG)

Tabelle
zur Berechnung der Barwerte der Zinsdifferenzen
für hoch- und niedrigverzinsliche Kapitalforderungen und Schulden mit Ratentilgung

Anzahl der Jahre	Barwert	Anzahl der Jahre	Barwert
1	0,487	51	11,969
2	0,949	52	12,066
3	1,394	53	12,161
4	1,824	54	12,254
5	2,240	55	12,344
6	2,641	56	12,432
7	3,028	57	12,517
8	3,402	58	12,601
9	3,764	59	12,682
10	4,113	60	12,762
11	4,451	61	12,839
12	4,777	62	12,914
13	5,093	63	12,988
14	5,398	64	13,060
15	5,694	65	13,130
16	5,979	66	13,199
17	6,255	67	13,265
18	6,523	68	13,331
19	6,782	69	13,395
20	7,032	70	13,457
21	7,275	71	13,518
22	7,510	72	13,577
23	7,737	73	13,635
24	7,957	74	13,692
25	8,171	75	13,748
26	8,378	76	13,802
27	8,578	77	13,855
28	8,773	78	13,907
29	8,961	79	13,958
30	9,144	80	14,008
31	9,322	81	14,056
32	9,494	82	14,104
33	9,661	83	14,151
34	9,823	84	14,196
35	9,980	85	14,241
36	10,133	86	14,285
37	10,281	87	14,328
38	10,425	88	14,370
39	10,565	89	14,411
40	10,701	90	14,451
41	10,833	91	14,491
42	10,961	92	14,530
43	11,086	93	14,568
44	11,207	94	14,605
45	11,325	95	14,641
46	11,440	96	14,677
47	11,551	97	14,713
48	11,660	98	14,747
49	11,766	99	14,781
50	11,869	100	14,814

Tabelle 3
(zu § 12 Abs. 1 BewG)

Tabelle
der Kapitalwerte der Zinsdifferenzen für niedrigverzinsliche Kapitalforderungen und Schulden mit Annuitätentilgung und einer Annuität im Jahresbetrag von 1 €
Grenzzinsfuß: 3 v.H.

Anzahl der Jahre	Vertraglicher Zinsfuß in Prozent					Anzahl der Jahre
	0,5%	1,0%	1,5%	2,0%	2,5%	
1	0,012	0,010	0,007	0,005	0,002	1
2	0,047	0,038	0,028	0,019	0,009	2
3	0,104	0,083	0,062	0,041	0,020	3
4	0,182	0,144	0,107	0,071	0,035	4
5	0,280	0,222	0,164	0,109	0,054	5
6	0,397	0,314	0,232	0,153	0,076	6
7	0,532	0,420	0,310	0,240	0,101	7
8	0,685	0,539	0,398	0,261	0,129	8
9	0,854	0,671	0,495	0,324	0,159	9
10	1,039	0,815	0,600	0,392	0,192	10
11	1,239	0,970	0,712	0,465	0,228	11
12	1,454	1,136	0,833	0,543	0,265	12
13	1,681	1,312	0,960	0,624	0,305	13
14	1,922	1,497	1,093	0,710	0,346	14
15	2,175	1,691	1,232	0,799	0,389	15
16	2,440	1,893	1,377	0,891	0,433	16
17	2,716	2,103	1,527	0,986	0,478	17
18	3,002	2,320	1,682	1,084	0,525	18
19	3,298	2,544	1,841	1,185	0,572	19
20	3,603	2,774	2,003	1,287	0,621	20
21	3,918	3,010	2,170	1,391	0,670	21
22	4,240	3,251	2,339	1,497	0,720	22
23	4,570	3,497	2,512	1,605	0,770	23
24	4,907	3,748	2,687	1,714	0,821	24
25	5,252	4,003	2,864	1,824	0,872	25
26	5,602	4,262	3,044	1,934	0,923	26
27	5,959	4,524	3,225	2,046	0,974	27
28	6,321	4,790	3,408	2,158	1,026	28
29	6,689	5,058	3,592	2,270	1,078	29
30	7,061	5,329	3,777	2,383	1,129	30
31	7,438	5,602	3,963	2,495	1,181	31
32	7,819	5,877	4,149	2,608	1,232	32
33	8,204	6,154	4,336	2,721	1,283	33
34	8,592	6,432	4,523	2,833	1,334	34
35	8,984	6,712	4,711	2,945	1,384	35
36	9,378	6,992	4,898	3,057	1,434	36
37	9,775	7,273	5,085	3,168	1,483	37
38	10,175	7,555	5,272	3,278	1,533	38
39	10,576	7,837	5,458	3,388	1,581	39
40	10,980	8,119	5,644	3,497	1,629	40
41	11,385	8,401	5,829	3,605	1,677	41
42	11,791	8,683	6,013	3,712	1,724	42
43	12,199	8,964	6,196	3,818	1,770	43
44	12,607	9,245	6,377	3,923	1,816	44
45	13,017	9,526	6,558	4,027	1,861	45
46	13,427	9,805	6,738	4,130	1,905	46
47	13,837	10,084	6,916	4,232	1,949	47
48	14,248	10,362	7,093	4,332	1,992	48
49	14,659	10,638	7,268	4,431	2,034	49
50	15,070	10,914	7,442	4,529	2,076	50

Tabelle 4
(zu § 12 Abs. 1 BewG)

Tabelle
der Kapitalwerte der Zinsdifferenzen für niedrigverzinsliche Kapitalforderungen und
Schulden mit Annuitätentilgung und einer Annuität im Jahresbetrag von 1 €
Grenzzinsfuß: 3 v. H.

Anzahl der Jahre	Vertraglicher Zinsfuß in Prozent					Anzahl der Jahre
	0,5%	1,0%	1,5%	2,0%	2,5%	
51	15,481	11,188	7,614	4,626	2,117	51
52	15,891	11,460	7,784	4,721	2,157	52
53	16,301	11,731	7,953	4,815	2,196	53
54	16,710	12,001	8,120	4,908	2,235	54
55	17,119	12,268	8,285	4,999	2,273	55
56	17,527	12,534	8,449	5,088	2,310	56
57	17,934	12,798	8,610	5,177	2,346	57
58	18,340	13,061	8,770	5,264	2,382	58
59	18,744	13,321	8,928	5,349	2,417	59
60	19,148	13,579	9,084	5,433	2,451	60
61	19,550	13,835	9,238	5,516	2,485	61
62	19,951	14,090	9,390	5,597	2,517	62
63	20,351	14,342	9,539	5,677	2,549	63
64	20,749	14,591	9,687	5,755	2,581	64
65	21,145	14,839	9,833	5,832	2,611	65
66	21,540	15,084	9,977	5,908	2,641	66
67	21,933	15,328	10,119	5,982	2,671	67
68	22,325	15,568	10,259	6,054	2,699	68
69	22,714	15,807	10,397	6,126	2,727	69
70	23,102	16,043	10,532	6,195	2,754	70
71	23,488	16,277	10,666	6,264	2,780	71
72	23,872	16,509	10,798	6,331	2,806	72
73	24,254	16,738	10,928	6,397	2,831	73
74	24,633	16,964	11,055	6,461	2,856	74
75	25,011	17,189	11,181	6,524	2,880	75
76	25,387	17,411	11,305	6,586	2,903	76
77	25,761	17,630	11,427	6,646	2,926	77
78	26,132	17,848	11,546	6,706	2,948	78
79	26,502	18,062	11,664	6,763	2,969	79
80	26,869	18,275	11,780	6,820	2,990	80
81	27,334	18,485	11,894	6,875	3,011	81
82	27,597	18,693	12,006	6,930	3,031	82
83	27,958	18,898	12,117	6,983	3,050	83
84	28,316	19,101	12,225	7,034	3,069	84
85	28,673	19,301	12,331	7,085	3,087	85
86	29,027	19,500	12,436	7,135	3,104	86
87	29,378	19,695	12,539	7,183	3,122	87
88	29,728	19,889	12,640	7,230	3,138	88
89	30,075	20,080	12,740	7,276	3,154	89
90	30,420	20,269	12,837	7,321	3,170	90
91	30,763	20,456	12,933	7,366	3,185	91
92	31,103	20,640	13,027	7,409	3,200	92
93	31,441	20,822	13,120	7,450	3,215	93
94	31,777	21,002	13,210	7,491	3,229	94
95	32,111	21,180	13,300	7,531	3,242	95
96	32,442	21,356	13,387	7,570	3,255	96
97	32,772	21,529	13,473	7,609	3,268	97
98	33,099	21,700	13,558	7,646	3,280	98
99	33,423	21,869	13,640	7,682	3,292	99
100	33,746	22,036	13,722	7,717	3,304	100

Tabelle 4
(zu § 12 Abs. 1 BewG)

Tabelle
der Kapitalwerte der Zinsdifferenzen für hochverzinsliche Kapitalforderungen und Schulden mit Annuitätsvertilgung und einer Annuität im Jahresbetrag von 1 €
Grenzzinsfuß: 9 v.H.

Anzahl der Jahre	Vertraglicher Zinsfuß in Prozent								Anzahl der Jahre
	9,5%	10,0%	10,5%	11,0%	11,5%	12,0%	12,5%	13,%	13,5%	
1	0,002	0,005	0,007	0,009	0,012	0,014	0,016	0,018	0,021	1
2	0,009	0,017	0,026	0,034	0,043	0,051	0,059	0,067	0,075	2
3	0,019	0,037	0,055	0,073	0,091	0,108	0,125	0,142	0,159	3
4	0,032	0,063	0,094	0,124	0,154	0,183	0,232	0,240	0,268	4
5	0,048	0,094	0,140	0,185	0,229	0,273	0,315	0,357	0,398	5
6	0,066	0,130	0,194	0,255	0,316	0,375	0,433	0,490	0,545	6
7	0,086	0,171	0,253	0,333	0,411	0,488	0,562	0,635	0,707	7
8	0,109	0,214	0,317	0,417	0,514	0,609	0,701	0,791	0,879	8
9	0,132	0,261	0,385	0,506	0,623	0,737	0,847	0,955	1,059	9
10	0,157	0,309	0,456	0,598	0,736	0,870	0,999	1,124	1,246	10
11	0,183	0,359	0,530	0,694	0,853	1,006	1,154	1,298	1,436	11
12	0,209	0,411	0,605	0,792	0,972	1,145	1,312	1,473	1,628	12
13	0,236	0,463	0,681	0,891	1,092	1,285	1,471	1,649	1,821	13
14	0,264	0,516	0,758	0,990	1,212	1,425	1,629	1,825	2,013	14
15	0,291	0,569	0,835	1,089	1,332	1,564	1,786	1,999	2,203	15
16	0,319	0,622	0,912	1,187	1,451	1,702	1,942	2,171	2,390	16
17	0,346	0,675	0,987	1,285	1,568	1,837	2,094	2,339	2,573	17
18	0,373	0,727	1,062	1,380	1,683	1,970	2,243	2,504	2,751	18
19	0,400	0,777	1,135	1,474	1,795	2,100	2,389	2,663	2,925	19
20	0,426	0,827	1,207	1,565	1,905	2,226	2,530	2,818	3,092	20
21	0,451	0,876	1,277	1,654	2,011	2,348	2,666	2,968	3,254	21
22	0,476	0,924	1,344	1,740	2,114	2,466	2,798	3,112	3,409	22
23	0,500	0,970	1,410	1,824	2,213	2,579	2,925	3,250	3,558	23
24	0,524	1,014	1,473	1,904	2,308	2,689	3,046	3,383	3,700	24
25	0,547	1,057	1,534	1,981	2,400	2,793	3,162	3,510	3,836	25
26	0,568	1,098	1,593	2,055	2,488	2,893	3,273	3,630	3,966	26
27	0,589	1,138	1,649	2,126	2,572	2,989	3,379	3,745	4,089	27
28	0,610	1,176	1,703	2,194	2,652	3,079	3,480	3,854	4,206	28
29	0,626	1,213	1,754	2,258	2,728	3,166	3,575	3,958	4,316	29
30	0,648	1,247	1,803	2,320	2,800	3,248	3,665	4,055	4,420	30
31	0,665	1,280	1,850	2,378	2,869	3,325	3,751	4,148	4,519	31
32	0,682	1,312	1,894	2,433	2,934	3,399	3,831	4,235	4,612	32
33	0,698	1,342	1,936	2,486	2,995	3,468	3,907	4,317	4,699	33
34	0,713	1,370	1,976	2,535	3,053	3,533	3,979	4,394	4,781	34
35	0,728	1,397	2,013	2,582	3,107	3,594	4,046	4,467	4,858	35
36	0,742	1,422	2,048	2,626	3,159	3,652	4,109	4,535	4,930	36
37	0,755	1,446	2,082	2,667	3,207	3,706	4,169	4,598	4,998	37
38	0,767	1,469	2,113	2,706	3,252	3,757	4,224	4,658	5,061	38
39	0,778	1,490	2,142	2,742	3,294	3,804	4,276	4,713	5,120	39
40	0,789	1,510	2,170	2,776	3,334	3,849	4,324	4,765	5,175	40
41	0,799	1,529	2,196	2,808	3,371	3,890	4,370	4,814	5,226	41
42	0,809	1,546	2,220	2,838	3,406	3,929	4,412	4,859	5,274	42
43	0,818	1,562	2,243	2,866	3,438	3,965	4,451	4,901	5,318	43
44	0,826	1,578	2,264	2,892	3,468	3,998	4,488	4,940	5,360	44
45	0,834	1,592	2,284	2,916	3,496	4,030	4,522	4,977	5,398	45
46	0,841	1,605	2,302	2,939	3,522	4,059	4,553	5,010	5,434	46
47	0,848	1,618	2,319	2,959	3,546	4,086	4,582	5,042	5,467	47
48	0,854	1,629	2,335	2,979	3,569	4,110	4,610	5,071	5,497	48
49	0,860	1,640	2,350	2,997	3,589	4,134	4,635	5,097	5,526	49
50	0,866	1,650	2,363	3,014	3,609	4,155	4,658	5,122	5,552	50

Tabelle 5
(zu § 12 Abs. 1 BewG)

Tabelle
der Kapitalwerte der Zinsdifferenzen für hochverzinsliche Kapitalforderungen und Schulden mit Annuitätsvertilgung und einer Annuität im Jahresbetrag von 1 €
Grenzzinsfuß: 9 v. H.

Anzahl der Jahre	Vertraglicher Zinsfuß in Prozent								Anzahl der Jahre
	9,5%	10,0%	10,5%	11,0%	11,5%	12,0%	12,5%	13,%	13,5%	
51	0,871	1,659	2,376	3,029	3,627	4,175	4,679	5,145	5,576	51
52	0,876	1,668	2,388	3,043	3,643	4,193	4,699	5,166	5,599	52
53	0,880	1,676	2,398	3,057	3,658	4,210	4,718	5,186	5,619	53
54	0,884	1,683	2,408	3,069	3,672	4,226	4,734	5,204	5,638	54
55	0,888	1,690	2,418	3,080	3,685	4,240	4,750	5,221	5,656	55
56	0,891	1,696	2,426	3,090	3,697	4,253	4,764	5,236	5,672	56
57	0,895	1,702	2,434	3,100	3,708	4,265	4,778	5,250	5,687	57
58	0,897	1,707	2,441	3,109	3,718	4,276	4,790	5,263	5,701	58
59	0,900	1,712	2,448	3,117	3,727	4,287	4,801	5,275	5,714	59
60	0,903	1,717	2,454	3,124	3,736	4,296	4,811	5,286	5,725	60
61	0,905	1,721	2,459	3,131	3,743	4,305	4,820	5,296	5,736	61
62	0,907	1,724	2,464	3,137	3,750	4,313	4,829	5,305	5,746	62
63	0,909	1,728	2,469	3,142	3,757	4,320	4,837	5,314	5,755	63
64	0,911	1,731	2,473	3,148	3,763	4,236	4,844	5,322	5,763	64
65	0,912	1,734	2,477	3,152	3,768	4,332	4,851	5,329	5,771	65
66	0,914	1,736	2,480	3,156	3,773	4,338	4,857	5,335	5,778	66
67	0,915	1,739	2,484	3,160	3,778	4,343	4,862	5,341	5,784	67
68	0,916	1,741	2,486	3,164	3,782	4,347	4,867	5,347	5,790	68
69	0,917	1,743	2,489	3,167	3,785	4,352	4,872	5,352	5,795	69
70	0,918	1,744	2,491	3,170	3,789	4,355	4,876	5,356	5,800	70
71	0,919	1,746	2,493	3,172	3,792	4,359	4,880	5,360	5,805	71
72	0,920	1,747	2,495	3,175	3,794	4,362	4,883	5,364	5,809	72
73	0,921	1,749	2,497	3,177	3,797	4,365	4,886	5,367	5,812	73
74	0,921	1,750	2,499	3,179	3,799	4,367	4,889	5,371	5,816	74
75	0,922	1,751	2,500	3,181	3,801	4,369	4,892	5,373	5,819	75
76	0,922	1,752	2,501	3,182	3,803	4,371	4,894	5,376	5,822	76
77	0,923	1,752	2,502	3,183	3,805	4,373	4,896	5,378	5,824	77
78	0,923	1,753	2,503	3,185	3,806	4,375	4,898	5,380	5,827	78
79	0,923	1,754	2,504	3,186	3,807	4,376	4,900	5,382	5,829	79
80	0,924	1,754	25,05	3,187	3,808	4,378	4,901	5,384	5,831	80
81	0,924	1,755	2,506	3,187	3,809	4,379	4,903	5,386	5,832	81
82	0,924	1,755	2,506	31,88	3,810	4,380	4,904	5,387	5,834	82
83	0,924	1,755	2,507	3,189	3,811	4,381	4,905	5,388	5,836	83
84	0,924	1,756	2,507	3,189	3,812	4,382	4,906	5,389	5,837	84
85	0,925	1,756	2,507	3,190	3,812	4,383	4,907	5,390	5,838	85
86	0,925	1,756	2,508	3,190	3,813	4,383	4,908	5,391	5,839	86
87	0,925	1,756	2,508	3,191	3,813	4,384	4,908	5,392	5,840	87
88	0,925	1,756	2,508	3,191	3,814	4,384	4,909	5,393	5,841	88
89	0,925	1,757	2,508	3,191	3,814	4,385	4,909	5,394	5,842	89
90	0,925	1,757	2,508	3,191	3,814	4,385	4,910	5,394	5,842	90
91	0,925	1,757	2,508	3,191	3,814	4,385	4,910	5,395	5,843	91
92	0,925	1,757	2,508	3,191	3,815	4,386	4,911	5,395	5,844	92
93	0,925	1,757	2,508	3,192	3,815	4386	4,911	5,396	5,844	93
94	0,925	1,757	2,508	3,192	3,815	4,386	4,911	5,396	5,845	94
95	0,925	1,757	2,508	3,192	3,815	4,386	4,911	5,396	5,845	95
96	0,925	1,757	2,508	3,192	3,815	4,386	4,912	5,396	5,845	96
97	0,925	1,756	2,508	3,192	3,815	4,386	4,912	5,397	5,846	97
98	0,925	1,756	2,508	3,192	3,815	4,386	4,912	5,397	5,846	98
99	0,925	1,756	2,508	3,191	3,815	4,386	4,912	5,397	5,846	99
100	0,925	1,756	2,508	3,191	3,815	4,386	4,912	5,397	5,846	100

Tabelle 5
(zu § 12 Abs. 1 BewG)

259

Mittlere Lebenserwartung,
abgeleitet aus der „Sterbetafel für die Bundesrepublik Deutschland 1986/88
nach dem Gebietsstand seit dem 3. Oktober 1990"
(Die Zahlen der mittleren Lebenserwartung sind jeweils auf- oder abgerundet)

Bei einem erreichten Alter von ... Jahren	beträgt die mittlere Lebenserwartung für		Bei einem erreichten Alter von ... Jahren	beträgt die mittlere Lebenserwartung für	
	Männer	Frauen		Männer	Frauen
20	53	59	60	17	21
21	52	58	61	17	21
22	51	57	62	16	20
23	50	56	63	15	19
24	49	55	64	14	18
25	48	54	65	14	17
26	47	53	66	13	17
27	46	52	67	12	16
28	45	51	68	12	15
29	44	50	69	11	14
30	43	49	70	11	14
31	42	48	71	10	13
32	42	47	72	10	12
33	41	46	73	9	11
34	40	45	74	8	11
35	39	44	75	8	10
36	38	43	76	8	9
37	37	42	77	7	9
38	36	41	78	7	8
39	35	40	79	6	8
40	34	40	80	6	7
41	33	39	81	6	7
42	32	38	82	5	6
43	31	37	83	5	6
44	30	36	84	5	6
45	29	35	85	4	5
46	29	34	86	4	5
47	28	33	87	4	4
48	27	32	88	4	4
49	26	31	89	3	4
50	25	30	90	3	4
51	24	29	91	3	3
52	23	28	92	3	3
53	23	27	93	3	3
54	22	27	94	2	3
55	21	26	95	2	3
56	20	25	96	2	2
57	19	24	97	2	2
58	19	23	98	2	2
59	18	22	99	2	2
			100	2	2

Tabelle 6
(zu § 12 BewG)

Kapitalwert 260
einer wiederkehrenden, zeitlich beschränkten Nutzung oder Leistung
im Jahresbetrag von 1 €

Laufzeit in Jahren	Vervielfältiger	Laufzeit in Jahren	Vervielfältiger	Laufzeit in Jahren	Vervielfältiger
1	0,974	36	15,963	71	18,264
2	1,897	37	16,105	72	18,286
3	2,772	38	16,239	73	18,307
4	3,602	39	16,367	74	18,326
5	4,388	40	16,487	75	18,345
6	5,133	41	16,602	76	18,362
7	5,839	42	16,710	77	18,379
8	6,509	43	16,813	78	18,395
9	7,143	44	16,910	79	18,410
10	7,745	45	17,003	80	18,424
11	8,315	46	17,090	81	18,437
12	8,856	47	17,173	82	18,450
13	9,368	48	17,252	83	18,462
14	9,853	49	17,326	84	18,474
15	10,314	50	17,397	85	18,485
16	10,750	51	17,464	86	18,495
17	11,163	52	17,528	87	18,505
18	11,555	53	17,588	88	18,514
19	11,927	54	17,645	89	18,523
20	12,279	55	17,699	90	18,531
21	12,613	56	17,750	91	18,539
22	12,929	57	17,799	92	18,546
23	13,229	58	17,845	93	18,553
24	13,513	59	17,888	94	18,560
25	13,783	60	17,930	95	18,566
26	14,038	61	17,969	96	18,572
27	14,280	62	18,006	97	18,578
28	14,510	63	18,041	98	18,583
29	14,727	64	18,075	99	18,589
30	14,933	65	18,106	100	18,593
31	15,129	66	18,136	101	18,598
32	15,314	67	18,165		
33	15,490	68	18,192	mehr als	
34	15,656	69	18,217	101	18,600
35	15,814	70	18,242		

Tabelle 7
(zu § 13 Abs. 1 BewG)
(entspricht Anlage 9a zum BewG)

261

**Kapitalwert
einer lebenslänglichen Nutzung oder Leistung im Jahresbetrag von 1 €**

Der Kapitalwert ist nach der „Sterbetafel für die Bundesrepublik Deutschland 1986/88 nach dem Gebietsstand seit dem 3. Oktober 1990" unter Berücksichtigung von Zwischenzinsen und Zinseszinsen mit 5,5 vom Hundert errechnet worden. Der Kapitalwert der Tabelle ist der Mittelwert zwischen dem Kapitalwert für jährlich vorschüssige und jährlich nachschüssige Zahlungsweise.

Vollendetes Lebensalter in Jahren	Männer	Frauen	Vollendetes Lebensalter in Jahren	Männer	Frauen
0	17,908	18,136	37	15,417	16,267
1	18,040	18,239	38	15,267	16,150
2	18,019	18,227	39	15,109	16,029
3	17,992	18,210	40	14,945	15,902
4	17,961	18,189	41	14,775	15,770
5	17,927	18,166	42	14,598	15,632
6	17,891	18,142	43	14,415	15,498
7	17,853	18,115	44	14,225	15,341
8	17,813	18,087	45	14,030	15,186
9	17,769	18,058	46	13,828	15,025
10	17,723	18,026	47	13,620	14,858
11	17,674	17,993	48	13,406	14,684
12	17,623	17,958	49	13,187	14,503
13	17,569	17,921	50	12,961	14,316
14	17,512	17,882	51	12,730	14,122
15	17,453	17,842	52	12,494	13,920
16	17,393	17,800	53	12,253	13,711
17	17,332	17,756	54	12,008	13,495
18	17,272	17,712	55	11,759	13,271
19	17,212	17,665	56	11,506	13,040
20	17,151	17,616	57	11,249	12,801
21	17,086	17,564	58	10,987	12,553
22	17,018	17,510	59	10,720	12,298
23	16,945	17,452	60	10,448	12,034
24	16,867	17,392	61	10,171	11,763
25	16,785	17,328	62	9,889	11,484
26	16,699	17,261	63	9,603	11,197
27	16,608	17,190	64	9,313	10,903
28	16,512	17,116	65	9,019	10,601
29	16,411	17,038	66	8,723	10,292
30	16,306	16,956	67	8,422	9,977
31	16,196	16,870	68	8,120	9,654
32	16,080	16,781	69	7,816	9,325
33	15,960	16,687	70	7,511	8,990
34	15,833	16,589	71	7,206	8,650
35	15,700	16,486	72	6,904	8,307
36	15,562	16,379	73	6,604	7,962

Vollendetes Lebensalter in Jahren	Männer	Frauen	Vollendetes Lebensalter in Jahren	Männer	Frauen
74	6,310	7,616	93	2,348	2,597
75	6,020	7,271	94	2,229	2,448
76	5,738	6,930	95	2,118	2,310
77	5,464	6,592	96	2,014	2,183
78	5,198	6,261	97	1,917	2,064
79	4,941	5,937	98	1,826	1,955
80	4,693	5,622	99	1,741	1,854
81	4,456	5,317	100	1,662	1,761
82	4,228	5,022	101	1,589	1,675
83	4,010	4,739	102	1,520	1,595
84	3,802	4,468	103	1,455	1,522
85	3,603	4,210	104	1,394	1,453
86	3,415	3,964	105	1,334	1,387
87	3,235	3,731	106	1,272	1,318
88	3,065	3,511	107	1,199	1,238
89	2,904	3,304	108	1,095	1,125
90	2,753	3,109	109	0,908	0,924
91	2,609	2,927	110 und darüber	0,500	0,500
92	2,475	2,756			

Tabelle 8
(Zu § 14 Abs. 1 BewG)
(entspricht Anlage 9 zum BewG)

§ 36 Steuerlich motivierte Gestaltung

Übersicht

	Rdnr.
I. Einführung	1–6
1. Steuerlich relevante Fristen	4
2. Wirtschaftliches Eigentum	5/6
II. Mittelbare Schenkung	7–21
1. Checkliste: Voraussetzungen für eine mittelbare Schenkung	7
2. Einleitung	8–11
3. Mittelbare Grundstücksschenkung	12–16
4. Mittelbare Geldschenkung	17/18
5. Mittelbare Schenkung von Gesellschaftsanteilen und Betriebsvermögen	19–21
III. Familiengrundbesitzgesellschaften	22–36
1. Einleitung	22
2. Gewerbliche Familiengrundbesitzgesellschaft	23–28
3. Vermögensverwaltende Familiengrundbesitzgesellschaft	29–36
IV. Generierung von Betriebsvermögen	37–47
1. Checkliste	37
2. Einleitung	38–40
3. Umwandlung in Betriebsvermögen	41–45
4. Konsequenzen im Übrigen	46–47
V. Familiengesellschaften	48–96
1. Checkliste	48
2. Einleitung	49–52
3. Kurzdarstellung der typischen Gesellschaftsformen	53–80
a) Kommanditgesellschaft	54–57
b) GmbH & Co. KG	58–61
c) Typische und atypische stille Gesellschaft	62–64
d) GmbH & atypisch Still	65
e) Typische und atypische Unterbeteiligung	66/67
f) Gesellschaft mit beschränkter Haftung	68/69
g) Kleine Aktiengesellschaft	70
h) Kommanditgesellschaft auf Aktien	71–73
i) Familienstiftung	74–80
4. Steuerliche Kernprobleme	81–94
a) Mitunternehmerschaft	82–85
b) Gewinnverteilung	86–91
c) Anerkennung der Gesellschafterstellung	92/93
d) Tatsächlicher Vollzug der Verträge	94
5. Erbschaftsteuer	95/96
VI. Betriebsverpachtung	97–127
1. Checkliste	97
2. Einkommensteuer	98–122
a) Wahlrecht des Verpächters	99–108
b) Betriebsfortführung	109–114
c) Betriebsaufgabe	115–117
d) Betriebsübertragung	118–121
e) Entfallen des Wahlrechts	122
3. Gewerbesteuer	123/124
4. Steuerliche Konsequenzen im Übrigen	125–127
VII. Betriebsaufspaltung	128–141
1. Checkliste	128
2. Einleitung	129/130
3. Begriffsabgrenzung und Erscheinungsformen	131–138
a) Sachliche Verflechtung	133–135
b) Personelle Verflechtung	136–138
4. Beendigung der Betriebsaufspaltung	139–141

VIII. Vermögensübergabe gegen wiederkehrende Leistungen	142–209
1. Checkliste	142
2. Einleitung	143–152
3. Vermögensübergabe gegen Versorgungsleistungen	153–185
4. Vermögensübergabe gegen Versorgungsleistungen (ehemaliger Typus 2)	186–193
5. Nachträgliche Umschichtung des übertragenen Vermögens	194–198
6. Vermögensübergabe gegen Austauschleistungen	199–204
7. Vermögensübergabe gegen Unterhaltsleistungen	205–209
IX. Nießbrauchsgestaltungen	210–244
1. Checkliste	210
2. Einleitung	211
3. Vorbehaltsnießbrauch	212–227
a) Ertragsteuerliche Behandlung	213–226
b) Erbschaftsteuerliche Behandlung	227
4. Zuwendungsnießbrauch	228–237
a) Ertragsteuerliche Behandlung	229–234
b) Erbschaftsteuerliche Behandlung	235–237
5. Vermächtnisnießbrauch	238–241
a) Ertragsteuerliche Behandlung	238/239
b) Erbschaftsteuerliche Behandlung	240/241
6. Steuerklauseln	242
7. Finger weg vom Verzicht auf den Nießbrauch!	243/244
X. Gestaltungspotential der Zugewinngemeinschaft	245–261
1. Checkliste	245
2. Grundsätzliches zur Zugewinngemeinschaft	246–250
3. Modifikation der Zugewinngemeinschaft statt Gütertrennung	251–254
4. Lebzeitige Beendigung des Güterstands der Zugewinngemeinschaft	255/256
5. Grenzen der Gestaltung	257–261
XI. Vermächtnisgestaltungen	262–270
1. Checkliste	262
2. Einleitung	263
3. Schenkung	264/265
4. Rollentausch-Modell	266
5. Auflagen-Modell	267
6. Miterben-Modell	268–270
XII. Ausschlagung als Gestaltungsmittel	271–300
1. Checkliste	271
2. Einleitung	272–277
3. Ausschlagung gegen Abfindung	278–281
4. Ausschlagung nach Maß	282
5. Typische Gestaltungssituationen	283–300
a) Widerspruch zum gesellschaftsvertraglichen Erbgang	285/286
b) Vermächtnisweise Zuwendung von Betriebsvermögen	287/288
c) Betriebsaufspaltungen	289
d) Ausgleichszahlungen im Rahmen der Erbauseinandersetzung	290
e) Berliner Testamente	291–296
f) Vorversterben	297/298
g) Ausgeschöpfte Freibeträge zur Erbengeneration	299
f) Vermächtnisweise Zuwendung von erbschaftsteuerlich begünstigtem Vermögen	300

Schrifttum: *Blaufus*, Unternehmenssteuerreform 2001: Steueroptimale Entscheidungen bei der Rechtsformwahl, StB 2001, 208; *Biergans*, Der Nießbrauch an Einzelunternehmen und Mitunternehmeranteilen in der Einkommensteuer, DStR 1985, 327; *Bordewin*, Besonderheiten der Ertragbesteuerung bei Familienpersonengesellschaften, DB 1996, 1359; *Carlé*, Vermächtnis und Teilungsanordnung – zivil- und erbschaftsteuerliche Probleme, KÖSDI 2005, 14691; *Carlé/Bauschatz*, Nießbrauch bei Betriebsvermögen – zivil- und steuerrechtliche Probleme und Lösungen, KÖSDI 2001, 12872; *Crezelius*, Pflichtteilsabfindung und Erbschaftsteuer, BB 2000, 2333; *Dautzenberg/Heyeres*, Die steuerliche Behandlung des nicht-mitunternehmerischen Gesellschafters, BB 1994, 903; *Daragan*, Nochmals: Erbschaft- und Schenkungsteuerplanung für Immobilien im In- und Ausland durch das „Einlagemodell", DStR 2000, 272; *ders.*, Auflösend bedingter Nießbrauch statt Nießbrauchsverzicht, ZErb 2004, 274; *ders.*, Mögliche Änderung der Rechtsprechung des BFH zur Bewertung eines Grundstücksvermächtnisses – Hinweise für die Praxis, ZErb 2005, 40; *Dressler*, Vereinbarungen über Pflichtteilsansprüche – Gestaltungsmittel zur Verringerung der Erbschaftsteuerbelastung, NJW 1997, 2848; *Ebeling*, Erbschaftsteuer-Richtlinien und Hinweise zu den Erbschaftsteuer-Richtlinien, NJW 1999, 1087; *ders.*, Schenkungsteuerlicher Wert einer geschenkten Immobilie, die dem Schenker noch nicht gehört. Interne Zweckbindung als wirkungsloses Abgrenzungskriterium, DB 2002, 1581; *Elser,* Warum die GmbH nur selten als Spardose taugt, BB 2001, 805; *J. Engelhardt,* Die Vermögensübergabe gegen private Versorgungsleistungen, StuW 1997, 235; *Felix,* Ausschlagung statt Erbauseinandersetzung zur Vermeidung der Einkommensteuer, DStZ 1991, 50; *ders.,* Steuerrechtliches Nachdenken über Betriebsaufspaltung StB 1997, 145; *M. Fischer,* Die Besteuerung der KGaA und ihrer Gesellschafter, DStR 1997, 1519; *P. Fischer,* Die vorweggenommene Erbfolge nach dem „Rentenerlass" des BMF v. 23.12.1996, Stbg 1997, 201; *ders.,* Wiederkehrende Bezüge und Leistungen – steuerrechtliche Aspekte der Vermögensnachfolge, MittBayNot 1996, 137; *ders.,* Die letztwillig verfügte Rente – Zum BFH-Urteil vom 27.2.1992 X R 139/88, FR 1992, 765; *Flick,* Die Erbausschlagung als Instrument zur nachträglichen Gestaltung einer verunglückten Erbfolge, DStR 2000, 1816; *Flume,* Teilungsanordnung und Erbschaftsteuer, DB 1983, 2271; *C. Führer,* Gewerblichkeit von Vermietungsleistungen im Rahmen einer Betriebsverpachtung, DStR 1995, 785; *Gebel,* Betriebsvermögensnachfolge, 2. Aufl. 2002; *ders.,* Steuerliche Wertermittlung beim Erwerb durch Vermächtnis und aufgrund Pflichtteils, ZEV 1999, 85; *Geck,* Gestaltungen im Rahmen des Güterstands der Zugewinngemeinschaft – Chancen und Risiken, ZErb 2004, 21; *ders.,* Probleme des Rentenerlasses III aus Sicht der Beratungspraxis, DStR 2005, 85; *ders.,* Welche Gestaltungsmöglichkeiten ergeben sich hinsichtlich der Beendigung der Zugewinngemeinschaft aus der neuen Rechtsprechung des BFH?, ZEV 2006, 62; *ders.,* Gestaltungsüberlegungen bei Grundstücksvermächtnissen unter Berücksichtigung des obiter dictum des BFH, ZEV 2006, 201; *Gosch,* Zur personellen Verflechtung bei der Betriebsaufspaltung, StBp 2000, 185; *Götz,* Lebzeitige Beendigung der Zugewinngemeinschaft als Gestaltungsmittel zur Erlangung rückwirkender Steuer- und Straffreiheit bei unbenannten Zuwendungen, DStR 2001, 417; *ders.,* Erbrechtliche und erbschaftsteuerliche Folgen von Zuwendungen unter Nießbrauchsvorbehalt, INF 2003, 697; *Groh,* Erben als „Durchgangsunternehmer", DB 1992, 1312; *Gschwendtner,* Nießbrauchbestellung am Anteil einer Personengesellschaft, NJW 1995, 1875; *Halaczinsky,* Ist eine Doppelbelastung mit Erbschaft- und Grunderwerbsteuer möglich?, ZEV 2003, 97; *Hannes,* Gestaltungsalternative: Ausschlagung der Erbschaft gegen Nießbrauchsabfindung oder Erbschaftsannahme mit nachfolgender Schenkung unter Nießbrauchsvorbehalt?, ZEV 1996, 10; *F. J. Haas,* Der Nießbrauch an Gewinnanteilen an Personengesellschaften, FS L. Schmidt, 1993, S. 315; *Haritz,* Beendigung einer Betriebsaufspaltung durch Umwandlung, BB 2001, 861; *Herff,* Wirtschaftliche Eigentum im Ertrag- und Erbschaftsteuerrecht, KÖSDI 2001, 12885; *Herzig/Förster,* Steuerentlastungsgesetz 1999/2000/2002: Die Änderung von § 17 und § 34 EStG mit ihren Folgen, DB 1999, 711; *Herzig/Lochmann,* Die Steuerermäßigung für gewerbliche Einkünfte bei der Einkommensteuer nach dem Entwurf zum Steuersenkungsgesetz – Entwicklungen und Gestaltungshinweise, DB 2000, 1192, 1728; *Hild,* Report zum Steuersenkungsgesetz, BB 2000, 1656; *Hörger/Stephan/Pohl,* Vermögensnachfolge im Erbschaft- und Ertragsteuerrecht, 2. Aufl. 2002, Rdnr. 778 ff.; *R. Hübner* in Sudhoff, Handbuch der Unternehmensnachfolge, 5. Aufl. 2005; *Hübner,* Wahl und Ausgestaltung des Güterstandes unter besonderer Berücksichtigung der Zugewinngemeinschaft – Folgen für Erbschaft- und Schenkungsteuer, StbJb 2000, 369; *Hüttemann,* Zwischenzeitlicher Zugewinnausgleich bei fortgesetzter Zugewinngemeinschaft und § 5 Abs. 2 ErbStG; *D. Jacobs,* Rechtsformwahl nach der Unternehmenssteuerreform: Personenunternehmung oder Kapitalgesellschaft?, DStR 2001, 806; *O. H. Jacobs,* Unternehmensbesteuerung und Rechtsform, 2. Aufl. 1998, S. 90 ff.; *Jansen/Jansen,* Der Nießbrauch im Zivil- und Steuerrecht, 6. Aufl. 2000; *Janßen/Nickel,* Unternehmensnießbrauch, 1998, S. 72 ff.; *Jülicher,* Vertragliche Rückforderungsrechte und Weiterleitungsklauseln in Schenkungsverträgen, DStR 1998, 1977; *Kaligin,* Fiskalische Konsequenzen des Umkippens einer Betriebsaufspaltung in eine Betriebsverpachtung – Mögliche Gegenstrategien aus der Sicht der Steuerberatung, BB 1996, 2017; *Kanzler,* Der Wirtschaftsüberlassungsvertrag – Rettungskonstruktion oder Gestaltungsmöglichkeit zur gleitenden Hofnachfolge, FR 1992, 239; *Kapp/Ebeling,* Kommentar zum Erbschaftsteuer- und Schenkungsteuergesetz; *Kempermann,* Grundstücke als wesentliche Betriebsgrundlage in der neueren Rechtsprechung zur Betriebsaufspaltung, FR 1993, 593; *ders.,* Bürogebäude als wesentliche Betriebsgrundlage, DStR 1997, 1441; *ders.,* Versorgungsleistungen bei Vermögensübergabe zur Vorwegnahme der Erbfolge: Sonderausgaben nur bei voraussichtlich ausreichenden Nettoerträgen, DStR 2003, 1736; *Kessler/Teufel,* Die klassische Betriebsaufspaltung nach der Unternehmenssteuerreform, BB 2001, 17; *dies.,* Die umgekehrte Betriebsaufspaltung zwischen Schwestergesellschaften – eine attraktive Rechtsformkombination nach der Unternehmenssteuerreform 2001, DStR 2001, 869; *Kirchhof,* Einkommensteuergesetz, Kommentar, 5. Aufl. 2005; *Knobbe-Keuk,* „Verunglückte" Schenkungen, FS für Flume, Bd. II, 1998, 149; *Kollruss,* Gewerbesteuerliche Optimierung bei der GmbH & Co. KgaA; INF 2003, 347; *Korn,* Nießbrauchsgestaltungen auf dem Prüfstand, DStR 1999, 1461 (Teil I); 1512 (Teil II); *Korezkij,* Familienstiftungen im Erbschaftsteuerrecht – Eine Alternative zu den „klassischen" Vermögensübertragungen, ZEV 1999, 132; *ders.,* Nießbrauchs- oder Rentenlösung bei Grundstücksübertragungen auf Kinder? Analyse der Entscheidungsgrundlagen aus schenkungsteuerlicher Sicht, DStR 2002, 2205; *Korn/Carlé/Stahl,* Einkommensteuergesetz, Loseblattkommentar; *Kowallik,* Erbschaft- und Schenkungsteuerplanung für Immobilien im In- und Ausland durch das „Einlagemodell", DStR 1999, 1834; *ders.,* Erbschaft- und Schenkungsteuerplanung für Immobilien im In- und Ausland durch das „Einlagemodell", DStR 1999, 1834; *Korn/Strahl,* Besteuerung von Gewinneinkünften aus Jahreswechsel 1999/2000. Orientierungen und Gestaltungen, NWB Fach 2, 7217; *Kroschel/Wellisch,* Überlegungen zur optimalen Steuerverstrickung aus erbschaftsteuerlicher Sicht, DB 1998, 1632; *Kuhfus,* Betriebsaufspaltung im Familien-Verbund, GmbHR 1990, 401; *Märkle,* Angehörige als Darlehensgeber, stille Gesellschafter, Kommanditisten, DB 1993, Beil. 2; *ders.,* Lagebericht von der Front der Betriebsaufspaltung, StbJb 1997/98, 29; *ders.,* Probleme der Erbauseinandersetzung bei im Nachlass befindlichen Personengesellschaftsanteilen, DStR 1993, 1616; *ders.,* Gestaltungen zur Vermeidung oder Minderung der Gewerbesteuer, DStR 1995, 1001; *ders.,* Beratungsschwerpunkt Betriebsaufspaltung – neueste Rechtsprechung und Verwaltungsanweisungen, DStR 2002,1109; *Mathiak,* Der Umfang des Betriebsvermögens bei (betriebsfortführender) Unternehmensverpachtung, FR 1984, 129; *J. Mayer,* Berliner Testament ade? – Ein Auslaufmodell wegen

§ 36 Steuerlich motivierte Gestaltung

zu hoher Erbschaftsteuerbelastung?, ZEV 1998, 50; *ders.,* Der beschränkte Pflichtteilsverzicht, ZEV 2000, 263; *ders.,* Wenn das Kind bereits in den Brunnen fiel – Möglichkeiten der Erbschaftsteuerreduzierung nach Eintritt des Erbfalls, DStR 2004, 1541; *Meincke,* Erbschaftsteuer- und Schenkungsteuergesetz, Kommentar, 14. Aufl. 2004; *M. Messner,* Wohnungseigentumsforderung und (vorweggenommene) Erbfolge, ZEV 2000, 223; *Milatz/Sonneborn,* Nießbrauch an GmbH-Geschäftsanteilen: Zivilrechtliche Vorgaben und ertragsteuerliche Folgen, DStR 1999, 137; *Moench,* Erbschaft- und Schenkungsteuer, Loseblattkommentar; *ders.,* Erbschaftsteuer-Belastung und Erbschaftsteuer-Ersparnis in der „Otto-Normal-Familie", DStR 1987, 139; *ders.,* Grundstücke bei Erbschaft und Schenkung (Teil I + II), DStR 1991, 169, 206; *ders.,* Kapital- oder Personengesellschaft als Gestaltungsinstrument der Erbschaftsteuer, StbJb 1997/1998, 363; *ders.,* Hände weg vom Verzicht auf den Nießbrauch!, ZEV 2001, 143; *Muscheler,* Kindespflichtteil und Erbschaftsteuer beim Berliner Testament, ZEV 2001, 377; *Paus,* Bedeutung von Teilungsanordnungen/Vermächtnisnießbrauch an Betriebsgrundstücken, StB 2001, 2; *ders.,* Der Nießbrauch am Anteil an einer vermögensverwaltenden Personengesellschaft, FR 1999, 24; *ders.,* Der Unternehmensnießbrauch, BB 1990, 1675; *Ottersbach/R. Hansen,* Auflagenschenkung von Betriebsvermögen als vorweggenommene Erbfolge, DStR 1997, 1269; *Pelka,* Strategien gegen die Zwangsrealisierung von stillen Reserven, FR 1987, 321; *A. Peter,* Der Begriff der Beteiligung an einer (vermögensverwaltenden) Personengesellschaft im Rahmen der Besteuerung privater Veräußerungsgeschäfte gemäß § 23 Abs. 1 Satz 4 EStG, DStR 1999, 1337; *Petzoldt,* Nießbrauch an Personengesellschaftsanteilen, DStR 1992, 1171; *L. van Randenborgh,* Ist die Betriebsaufspaltung noch zeitgemäß? – 10 Argumente gegen die Betriebsaufspaltung, DStR 1998, 20; *L. Schmidt,* Einkommensteuergesetz, 20. Aufl. 2001, § 15 Rdnr. 740 ff.; *Schoor,* Das Verpächterwahlrecht bei der Verpachtung eines ganzen Betriebes, DStR 1997, 1; *ders.,* Verpächterwahlrecht bei Betriebsverpachtung, FR 1994, 449; *Schulze zur Wiesche,* Die ertragsteuerliche Behandlung von Nießbrauch und Treuhand am Mitunternehmeranteil, FR 1999, 281; *ders.,* Die ertragsteuerliche Behandlung von Nießbrauch und Treuhand an einem KG-Anteil, BB 2004, 355; *Schwendy,* Familiengesellschaften und Gestaltungsmissbrauch, FS Ludwig Schmidt, 1993, 787; *Schwenke,* Das Rechtsinstitut der Vermögensübergabe gegen Versorgungsleistungen im Wandel. Der 3. Rentenerlass des BMF v. 16.9.2004, DStR 2004, 1679; *Seer,* Der minderjährige Kommanditist als Mitunternehmer bei schenkweiser Übertragung der Beteiligung durch seine Eltern, DStR 1998, 600; *Sommer/Kerschbaumer,* „Echte" uns „überquotale" Teilungsanordnungen – Zivil- und steuerrechtliche Probleme, ZEV 2004, 13; *Spiegelberger,* Vermögensnachfolge, 1994, Rdnr. 211 ff.; *ders.,* Vermögensnachfolge, 1994, Rdnr. 415; *ders.,* Die Rechtsprechung des Bundesfinanzhofs zur privaten Versorgungsrente bei der vorweggenommenen Erbfolge, FS Offerhaus, 1999, 547; *ders.,* Vermögensnachfolge, 1994, Rdnr. 673 ff.; *Stahl,* Erbschaftsteuerreduzierung nach §§ 13 a, 19 a ErbStG durch vermögensverwaltende, aber gewerblich geprägte Personengesellschaften, NJW 2000, 3100; *Stephan,* Die Ablösung von Nutzungsrechten gegen wiederkehrende Leistungen nach dem BMF-Schreiben vom 23.12.1996, DB 1997, 2196; *Stuhrmann,* Einkommensteuerrechtliche Behandlung des Nießbrauchs und der obligatorischen Nutzungsrechte bei den Einkünften aus Vermietung und Verpachtung, DStR 1998, 1405; *Sudhoff – von Sothen,* Unternehmensnachfolge, 4. Aufl. 2000, § 55 Rdnr. 33 ff.; *Tiedtke/Heckel,* Die Besteuerung des Geschäftswerts nach erklärter Betriebsaufgabe und anschließender Betriebsverpachtung, DStR 2001, 145; *Tiedtke/Wälzholz,* Ausschlagung einer Erbschaft gegen Zahlung einer Abfindung und Erbschaftskauf als Veräußerungsgeschäfte i. S. des § 23 EStG, DB 2001, 234; *dies.,* Besteuerung privater Veräußerungsgeschäfte nach § 23 EStG bei der vorweggenommenen Erbfolge und Erbauseinandersetzung, ZEV 2000, 293; *dies.,* Nochmals: Einkommensteuerliche Risiken bei der Erbschaftsausschlagung gegen Abfindungszahlungen und beim Erbschaftskauf, ZEV 2002, 183; *Troll/Gebel/Jülicher,* Erbschaftsteuer- und Schenkungsteuergesetz, Loseblattkommentar; *Turner/Doppstadt,* Die Stiftung – eine Möglichkeit individueller Nachfolgegestaltung, DStR 1996, 1448; *Wälzholz,* Die erbschaftsteuerliche Beurteilung von Versorgungsleistungen an den Übergeber und einen Dritten, ZErb 2003, 337; *Warnke,* Behandlung des Nießbrauchs und anderer Nutzungsrechte bei den Einkünften aus Vermietung und Verpachtung, INF 1998, 481 (Teil I); 519 (Teil II); *Werkmüller,* Steuerliche Aspekte der ausländischen Familienstiftung, ZEV 1999, 138; *Weßling,* Analyse der Vorteilhaftigkeit der Umwandlung von zu verschenkendem privaten Grundbesitz in Betriebsvermögen nach dem neuen ErbStG, DStR 1997, 1381; *ders.,* Analyse der Vorteilhaftigkeit der Umwandlung von zu verschenkendem Privaten Grundbesitz in Betriebsvermögen nach dem neuen ErbStG, DStR 1997, 1381; *Westerfelhaus,* Betriebswirtschaftliche Einflüsse auf das Steuerrecht der Familienpersonengesellschaften, DB 1997, 2033; *ders.,* Eingeschränkte Bilanzierungsfähigkeit des Substanzwerterhaltungsanspruchs beim Verpächter, DB 1992, 2365; *Ziegeler,* Nießbrauchverzicht bei erhöhten Grundstückswerten nach dem ErbStG 1996, DB 1998, 1056.

I. Einführung

Die steuerliche Gestaltung im Bereich des Erbrechts und der vorweggenommenen Erbfolge wird in der Praxis vieler Rechtsanwälte häufig weitgehend ausgeblendet.[1] Welcher Stellenwert dieser Problematik zugewiesen wird, zeigt schon die Tatsache, dass in den meisten Erbrechtshandbüchern für Rechtsanwälte steuerliche Teile entweder überhaupt nicht existieren oder sie lediglich rudimentäre Darstellungen enthalten. Eine steuerliche Gestaltung der rechtlichen Verhältnisse unterbleibt daher häufig, obwohl sie ein Teilbereich der Rechtsgestaltung ist,[2] oder

---

[1] *Kessler/Teufel* DStR 2001, 869 Fn. 3.
[2] *Haas* JbFStR 1977/78, 466, 484 f.

aber – was bedeutend schlimmer sein kann – es wird ohne Rücksicht auf die steuerlichen Folgen einfach „drauf los gestaltet". Der Leidtragende ist der Mandant bzw. sein Erbe. Beraten **steuerrechtskundige Rechtsanwälte** bei der Abfassung eines Testaments oder anderen Gestaltungsmaßnahmen, so haben sie aufgrund der sie treffenden allgemeinen Warnpflicht des sachkundigen Beauftragten auch eine **Belehrungspflicht** über die steuerrechtlichen Folgen der vorgesehenen Regelungen. Dies muss auch für den steuerrechtsunkundigen Rechtsanwalt gelten. Das Steuerrecht ist ein Rechtsgebiet wie jedes andere. Es kann daher nicht stillschweigend ausgeklammert werden. Fehlt dem Rechtsanwalt das entsprechende Fachwissen, so hat er den Mandanten vor Erteilung des Auftrags darauf hinzuweisen und ggf. auf die Hinzuziehung eines Spezialisten zu drängen. Auch dieses Kapitel kann nicht das gesamte Spektrum der steuerlichen Gestaltung abdecken, sondern notgedrungen nur einen Ausschnitt aus dem weiten Feld der steuerlich motivierten Gestaltungsberatung geben. Es beschränkt sich daher auf einige immer wiederkehrende Fragestellungen und Gestaltungsansätze.

2   Jeder Erbfall löst grundsätzlich steuerliche Folgen aus. Ob und inwieweit diese gestaltbar sind, hängt neben verschiedenen anderen Faktoren zunächst davon ab, ob der Erblasser noch lebt oder ob er bereits tot ist. Im letzteren Fall sind die Gestaltungsmöglichkeiten zwar stark eingeschränkt, aber keinesfalls ausgeschlossen (vgl. § 36 Rdnr. 271 ff.). Neben steuerlichen Aspekten spielen im Bereich der Gestaltung aber auch immer wieder **psychologische und zwischenmenschliche Faktoren** eine nicht zu unterschätzende Rolle. Sie können eine Gestaltung erst möglich machen, genauso gut aber auch verhindern. Die Umsetzung einer Gestaltungsempfehlung erfordert daher vom Berater ein gerüttelt Maß an Fingerspitzengefühl und Menschenkenntnis. Dennoch scheitert die steuerlich günstigste Gestaltung oft an tatsächlichen Faktoren. Diese gilt es zu respektieren. Denn auch steuerlich perfekte Lösungen, soweit es etwas derartiges überhaupt geben kann, müssen von allen Beteiligten getragen werden. Ist dies nicht der Fall, muss der steuerliche Aspekt zurücktreten.

3   Bei steuerlich motivierten Gestaltungen kann einer **umfassenden Sachverhaltsaufklärung** nicht genug Bedeutung beigemessen werden. Dabei darf der beratende Anwalt sich nicht nur auf die erbrechtlichen und erbschaftsteuerlichen Folgen konzentrieren. Vielmehr sind auch gesellschaftsrechtliche Aspekte und vor allem die anderen Steuerarten mit in die Betrachtung einzubeziehen. Insbesondere einkommensteuerlich können Gestaltungsmaßnahmen zu erheblichen steuerlichen Belastungen führen. Dies ist z.B. der Fall, wenn einzelne Wirtschaftsgüter des Betriebsvermögens, vorzugsweise Grundstücke, die bereits seit langer Zeit zum Unternehmen gehören, anderen Personen zugewiesen werden als der restliche Betrieb. Die hieraus resultierende Entnahme des Grundstücks führt zur Realisierung der stillen Reserven und löst eine entsprechend hohe Einkommensteuer aus (vgl. z.B. § 35 Rdnr. 210). Ein besonderes Augenmerk sollte in diesem Zusammenhang auf das Sonderbetriebsvermögen gerichtet sein, welches bei testamentarischen Regelungen leider allzu häufig übersehen wird. Zu beachten ist auch, dass dem Erben außer dem zugewendeten Wirtschaftsgut in der Regel keine liquiden Mittel zufließen, aus denen er die anfallenden Steuern begleichen könnte. Der Berater sollte sich daher vor etwaigen Gestaltungsmaßnahmen vom Steuerpflichtigen die Vermögensverhältnisse umfassend schildern lassen. Dabei sollte er sich nicht auf die Gegenwart beschränken, sondern die Historie mit einbeziehen. Denn bereits weit zurückliegende Geschehnisse können die Vorteile einer anvisierten Gestaltung schnell dahinschmelzen lassen.

1. Steuerlich relevante Fristen

4   Insbesondere gilt es, **Behalte-, Besteuerungs- und Nachversteuerungsfristen** im Auge zu behalten. Hierunter sind solche Fristen zu verstehen, an deren Nichteinhaltung das Gesetz oder die Finanzverwaltung nachteilige Steuerfolgen knüpft. Sie können die Steuerbarkeit von ansonsten steuerfreien Einkünften auslösen, zur Versagung einer Steuervergünstigung, rückwirkenden Aberkennung eines Bewertungswahlrechts oder einer Nachversteuerung führen. Die wichtigsten Fristen sind in der nachfolgenden Übersicht zusammengestellt:

Übersicht: Steuerlich relevante Fristen

Betriebe, Teilbetriebe, Mitunternehmeranteile	Teilweise oder totale Aufgabe oder Veräußerung eines Betriebs, Teilbetriebs oder Mitunternehmeranteils innerhalb von **5 Jahren** nach Umwandlung, § 18 Abs. 4 UmwStG	Auflösungs- oder Veräußerungsgewinn unterliegt der Gewerbesteuer
	Veräußerung oder Aufgabe eines Betriebes, Teilbetriebes oder Mitunternehmeranteils innerhalb von **5 Jahren** nach dem begünstigten Erwerb von Todes wegen oder durch Schenkung unter Lebenden, §§ 13 a Abs. 5 Nr. 1, Nr. 2, 19 a Abs. 5 Nr. 1, Nr. 2 ErbStG	Wegfall von Freibetrag, vermindertem Wertansatz und Entlastungsbetrag mit Wirkung für die Vergangenheit
Betriebsgrundlagen, wesentliche (s. a. Wirtschaftsgüter, bewegliche, und Grundstücke)	Veräußerung, Überführung ins Privatvermögen oder Zuführung von wesentlichen Betriebsgrundlagen zu anderen betriebsfremden Zwecken oder Aufgabe innerhalb von **5 Jahren** nach dem begünstigten Erwerb von Todes wegen oder durch Schenkung unter Lebenden, §§ 13 a Abs. 5 Nr. 1, Nr. 2, 19 a Abs. 5 Nr. 1, Nr. 2 ErbStG	Wegfall von Freibetrag, vermindertem Wertansatz und Entlastungsbetrag mit Wirkung für die Vergangenheit
Entnahmen	Entnahmen bis zum letzten innerhalb die **Fünfjahresfrist** fallenden Wirtschaftsjahres, die die Summe der Einlagen und der Gewinnanteile des Gesellschafters seit dem Erwerb um mehr als € 52.000 übersteigen; §§ 13 a Abs. 5 Nr. 3, 19 a Abs. 5 Nr. 3 ErbStG	Wegfall von Freibetrag, vermindertem Wertansatz und Entlastungsbetrag mit Wirkung für die Vergangenheit
Erwerbe von Todes wegen und unter Lebenden	Mehrere unter das ErbStG fallende und von derselben Person anfallende Erwerbe innerhalb von **10 Jahren**, § 14 Abs. 1 S. 1 ErbStG	Zusammenrechnung der Erwerbe nach Maßgabe des § 14 Abs. 1 ErbStG
	Veräußerung eines Wirtschaftsguts, dessen Nutzung dem Schenker oder Ehegatten des Erblassers/Schenkers zustehen oder das mit einer wiederkehrenden Nutzung zugunsten dieser Personen belastet ist, während der **Dauer der Belastung**, § 25 Abs. 2 ErbStG	Wegfall der Stundung der ErbSt, soweit die Veräußerung reicht.

Gesamthand	Verringerung der Beteiligungsquote eines Gesamthänders an einer Gesamthand innerhalb von **5 Jahren** nach Übergang eines Grundstücks dieses Gesamthänders auf die Gesamthand, § 5 Abs. 3 GrEStG	Rückwirkende anteilige Versagung der Grunderwerbsteuerbefreiung
	Übertragung eines einer Gesamthand gehörenden Grundstücks auf eine ganz oder teilweise beteiligungsidentische Miteigentümergemeinschaft oder einen Gesamthänder, wenn sich innerhalb der vorangegangenen **5 Jahre** der Gesellschafterbestand der übertragenden Gesamthand geändert hat, § 6 Abs. 4 GrEStG	Anteilige Versagung der Grunderwerbsteuerbefreiung
Grundstücke	Veräußerung von mehr als 3 Objekten innerhalb von **5 Jahren** seit Erwerb oder Fertigstellung	Steuerpflicht der Veräußerungsgewinne sowohl bei der Einkommen- wie der Gewerbesteuer[3]
	Veräußerung oder Entnahme von zuvor unentgeltlich zu Buchwerten auf einen anderen Rechtsträger übertragenen unbeweglichen Wirtschaftsgütern innerhalb von **3 Jahren** ab Abgabe der Steuererklärung des Übertragenden für den VZ der Übertragung, § 6 Abs. 5 S. 3 EStG	Rückwirkender Teilwertansatz und Besteuerung des Veräußerungsgewinns, § 6 Abs. 5 S. 4 EStG
	Veräußerung oder Entnahme von zuvor im Wege der Realteilung als Einzelwirtschaftsgut übertragenem Grund und Boden / Gebäude innerhalb von **3 Jahren** ab Abgabe der Feststellungserklärung der Mitunternehmerschaft für den VZ der Realteilung, § 16 Abs. 3 S. 2 EStG	Rückwirkender Teilwertansatz des betreffenden Wirtschaftsguts, Besteuerung des Veräußerungsgewinns und Gewinnänderung in den Folgejahren, § 16 Abs. 3 S. 3 EStG
	Veräußerung (oder gleichgestellter Vorgang) von im Privatvermögen gehaltenen Grundstücken innerhalb von **10 Jahren** nach Anschaffung, § 23 Abs. 1 S. 1 Nr. 1 EStG (vgl. § 36 Rdnr. 30)	Steuerpflicht des gesamten Veräußerungsgewinns bei Überschreiten der Freigrenze von € 512

---

[3] GrS BFH Beschl. v. 3.7.1995 – GrS 1/93 – BStBl. II 1995, 617; vgl. § 36 Rdnr. 34.

	Der aus der Veräußerung von zu eigenen Wohnzwecken genutzten Wirtschaftsgütern folgende Gewinn ist grundsätzlich nicht nach § 23 EStG steuerpflichtig, wenn dieses **zwischen Anschaffung bzw. Fertigstellung und Veräußerung** ausschließlich oder **im Jahr der Veräußerung und in den 2 vorangegangenen Jahren** – nicht notwendig ausschließlich – zu eigenen Wohnzwecken genutzt wurde, § 23 Abs. 1 S. 1 Nr. 1 S. 3 EStG	Ansonsten Steuerpflicht des gesamten Veräußerungsgewinns bei Überschreiten der Freigrenze von € 512
	Änderung der Verhältnisse, die im Erstjahr der Verwendung für den Vorsteuerabzug maßgebend waren, innerhalb von **10 Jahren** seit Beginn der Verwendung, § 15 a Abs. 1 S. 2 UStG	Vorsteuerberichtigung pro rata temporis
	Keine begünstigte Verwendung der unbeweglichen Wirtschaftsgüter bei betrieblichen Investitionen für **5 Jahre** nach der Anschaffung oder Herstellung, § 2 Abs. 2 InvZulG 2005	Rückwirkender Wegfall der Investitionszulage in voller Höhe und Verzinsung des Rückforderungsanspruchs
Kapitalgesellschaftsanteil	Gewinnbringende Veräußerung (oder gleichgestellter Vorgang) von im Privatvermögen gehaltenen unwesentlichen Anteilen, wenn der Veräußerer zu irgendeinem Zeitpunkt innerhalb der letzten **5 Jahre** unmittelbar oder mittelbar relevant (≥ 1%) beteiligt war, § 17 Abs. 1 S. 1 EStG	Einkommensteuerpflicht des Veräußerungsgewinns
	Verlustbringende Veräußerung (oder gleichgestellter Vorgang) von entgeltlich erworbenen, im Privatvermögen gehaltenen Anteilen, soweit sie nicht während der gesamten letzten **5 Jahre** zu einer wesentlichen Beteiligung gehörten, § 17 Abs. 2 S. 4 b) EStG	Grundsätzlich keine Berücksichtigung des Veräußerungsverlustes
	Veräußerung einbringungsgeborener Anteile innerhalb von **7 Jahren** nach Anschaffung oder gleichgestellten Vorgang, § 8 b Abs. 4 S. 2 Nr. 1 KStG	Versagung der Steuerfreiheit nach § 8 b Abs. 2 KStG
	Ungenügende Fortführung eines Verlustgeschäftsbetriebes innerhalb von **5 Jahren** nach Übertragung von mehr als 50% der Anteile und Zuführung von überwiegend neuem Betriebsvermögen, § 8 Abs. 4 S. 2 KStG	Versagung des Verlustabzugs

	Keine Fortführung des Verlustgeschäftsbetriebs durch die aufnehmende Körperschaft in einem nach dem Gesamtbild der Verhältnisse vergleichbaren Umfang in den darauf folgenden **5 Jahren,** § 12 Abs. 3 S. 2 UmwStG	Versagung des Verlustabzugs der übertragenden Körperschaft
	Bei vorhergehender Spaltung einer Körperschaft Veräußerung von 20% der Anteile – bezogen auf die Ursprungsgesellschaft – einer an der Spaltung beteiligten Körperschaft innerhalb von **5 Jahren** nach dem steuerlichen Übertragungsstichtag, § 15 Abs. 3 S. 4 UmwStG	Erfolgsneutralität der Spaltung entfällt rückwirkend
	Veräußerung oder gleichgestellte Vorgänge (verdeckte Einlage, Auflösung) von einbringungsgeborenen Anteilen oder von mehr als 25%igen Beteiligungen an einer Kapitalgesellschaft innerhalb von **5 Jahren** nach dem begünstigten Erwerb von Todes wegen oder durch Schenkung unter Lebenden, §§ 13 a Abs. 5 Nr. 1, Nr. 4, 19 a Abs. 5 Nr. 1, Nr. 4 ErbStG	Wegfall von Freibetrag, vermindertem Wertansatz und Entlastungsbetrag mit Wirkung für die Vergangenheit
	Aufgabe des inländischen Wohnsitzes durch eine natürliche Person, die mindestens **10 Jahre** unbeschränkt steuerpflichtig war, § 6 Abs. 1 AStG	Anwendung des § 17 EStG auf entsprechende Anteile an inländischen Kapitalgesellschaften[3a]
Land- und Forstwirtschaftlicher Betrieb (s. a. Betriebe)	Nichtverwendung eines bei der Entnahme oder Veräußerung eines zum land- und forstwirtschaftlichen Betrieb gehörenden Grund und Bodens entstandenen Gewinns zur Abfindung weichender Erben innerhalb von **12 Monaten,** § 14 a Abs. 4 S. 2 EStG	Wegfall des gesamten Freibetrages von bis zu € 61.800 nach § 14 a Abs. 4 S. 1 EStG[4]
	Unterlassene Erbauseinandersetzung von gesetzlichen Erben und Mitunternehmern des land- und forstwirtschaftlichen Betriebes bis zur Auseinandersetzung innerhalb von **2 Jahren** nach Erbfall bzw. Volljährigkeit des übernehmenden Erben, § 14 a Abs. 4 S. 5 und 6 EStG	Nichtanerkennung des Mitunternehmer-Erbens als weichenden Erben und somit ggf. Wegfall des Freibetrages nach § 14 a Abs. 4 S. 1 EStG (s. o.)

[3a] Bei Wegzug in EU- oder EWR-Staaten wird die hierauf gestundet; vgl. BMF Schr. v. 8.6.2005 – IV B 5 – S 1348 – 35/05, BStBl. I 2005, 714; im Hinblick auf EuGH Urt. v. 11.3.2004 – C – 9/02 – DStR 2004, 551 (Lasteyrie du Saillant) dürfte keine Steuer anfallen.

[4] Vgl. BFH Urt. v. 23.11.2000 – VI R 85/99 – BStBl. II 2001, 122. Der Freibetrag gilt nur für Entnahmen und Veräußerungen vor dem 1.1.2006.

Lebensversicherung	Kapitalauszahlung vor Ablauf von **12 Jahren** bei Rentenversicherungen gegen laufende Beitragsleistung bei Verträgen, die vor dem 1.1.2005 abgeschlossen wurden, § 10 Abs. 1 Nr. 2 b) cc) und dd) EStG a. F.	Besteuerung des Zinsanteils, §§ 20 Abs. 1 Nr. 6, 52 Abs. 36 S. 5 EStG
	Kapitalauszahlung vor Ablauf von **12 Jahren** bei Rentenversicherungen gegen Einmalzahlung bei Verträgen, die vor dem 1.1.2005 abgeschlossen wurden, § 10 Abs. 1 Nr. 2 b) bb) EStG a. F.	Nachversteuerung der Versicherungsbeiträge, § 10 Abs. 5 EStG, und Besteuerung des Zinsanteils, §§ 20 Abs. 1 Nr. 6, 52 Abs. 36 S. 5 EStG
	Steuerschädlicher Einsatz des Lebensversicherungsvertrages **während der Vertragsdauer,** § 10 Abs. 2 S. 2 EStG a. F.	Nachversteuerung der Versicherungsbeiträge, § 10 Abs. 5 EStG, und Besteuerung des Zinsanteils, §§ 20 Abs. 1 Nr. 6, 52 Abs. 36 S. 5 EStG
Mitunternehmeranteile (s. a. Betriebe)	Veräußerung oder Aufgabe eines Mitunternehmeranteilbruchteils durch den Erwerber innerhalb von **5 Jahren** nach unentgeltlichem Erwerb, § 6 Abs. 3 S 1 HS 2, S. 2 EStG	Rückwirkende laufende und gewerbesteuerpflichtige Besteuerung des Gewinns aus der Übertragung eines Teilmitunternehmeranteils beim Übertragenden; rückwirkende Korrektur des laufenden Gewinns beim Erwerber, § 6 Abs. 3 S. 2 letzter HS EStG
	Abspaltung, Aufspaltung oder Teilübertragung von Mitunternehmeranteilen oder 100%igen Kapitalgesellschaftsbeteiligungen, die innerhalb der vergangenen **3 Jahre** durch Übertragung von Wirtschaftsgütern erworben oder aufgestockt wurden, die kein Teilbetrieb sind, § 15 Abs. 3 S. 1 UmwStG	Versagung der steuerneutralen Spaltung
Personengesellschaft	Wechsel des Gesellschafterbestandes einer grundbesitzenden Personengesellschaft dergestalt, dass mindestens 95% der Anteile auf neue Gesellschafter innerhalb von **5 Jahren** übergehen, § 1 Abs. 2 a GrEStG	Fiktion der steuerpflichtigen Übereignung des Grundbesitzes mit der Folge der Grunderwerbsbesteuerung
Wirtschaftsgüter, bewegliche	Veräußerung oder Entnahme von zuvor unentgeltlich zu Buchwerten auf einen anderen Rechtsträger übertragenen beweglichen Wirtschaftsgütern innerhalb von **3 Jahren** ab Abgabe der Steuererklärung des Übertragenden für den VZ der Übertragung, § 6 Abs. 5 S. 3 EStG	Rückwirkender Teilwertansatz und Besteuerung des Veräußerungsgewinns, § 6 Abs. 5 S. 4 EStG

Veräußerung oder Entnahme von zuvor im Wege der Realteilung als Einzelwirtschaftsgut übertragenen wesentlichen Betriebsgrundlagen innerhalb von **3 Jahren** ab Abgabe der Feststellungserklärung der Mitunternehmerschaft für den VZ der Realteilung, § 16 Abs. 3 S. 2 EStG	Rückwirkender Teilwertansatz des betreffenden Wirtschaftsguts, Besteuerung des Veräußerungsgewinns und Gewinnänderung in den Folgejahren, § 16 Abs. 3 S. 3 EStG
Veräußerung (oder gleichgestellter Vorgang) von im Privatvermögen befindlichen beweglichen Wirtschaftsgütern innerhalb **eines Jahres** nach Anschaffung, § 23 Abs. 1 S. 1 Nr. 2 EStG	Steuerpflicht des gesamten Veräußerungsgewinns bei Überschreiten der Freigrenze von € 512
Änderung der Verhältnisse, die im Erstjahr der Verwendung für den Vorsteuerabzug maßgebend waren, innerhalb von **5 Jahren** seit Beginn der Verwendung, § 15 a Abs. 1 S. 1 UStG	Vorsteuerberichtigung pro rata temporis
Kein Verbleiben des begünstigten beweglichen Wirtschaftsguts in der Betriebsstätte im Fördergebiet für die Dauer von **5 Jahren** nach Anschaffung oder Herstellung, § 2 Abs. 1 InvZulG 2005	Rückwirkender Wegfall der Investitionszulage in voller Höhe und Verzinsung des Rückforderunganspruchs

2. Wirtschaftliches Eigentum

5   Eine weitere, dem Juristen fremd anmutende, aber nichtsdestotrotz bei der Gestaltung zu beachtende steuerliche Besonderheit ist das wirtschaftliche Eigentum.[5] Grundsätzlich sind Wirtschaftsgüter auch im Steuerrecht dem Eigentümer nach Maßgabe des Zivilrechts zuzurechnen, § 39 Abs. 1 AO. Von dieser zivilrechtlich vorgegebenen Regelzurechnung weicht das Steuerrecht, mit Ausnahme des Erbschaftsteuerrechts (vgl. § 36 Rdnr. 6), immer dann ab, wenn ein anderer als der Eigentümer die tatsächliche Herrschaft über ein Wirtschaftsgut in der Weise ausübt, dass er den zivilrechtlichen Eigentümer auf Dauer von der Einwirkung auf das Wirtschaftsgut ausschließen kann, § 39 Abs. 2 Nr. 1 S. 1 AO. Unter dieser Voraussetzung können auch Rechte, z.B. Anteile an Kapitalgesellschaften oder Personengesellschaften, Gegenstand des wirtschaftlichen Eigentums in der Weise sein, dass die Anteile nicht dem bürgerlichrechtlichen, sondern dem wirtschaftlichen Rechtsinhaber zuzurechnen sind.[6] Dies ist z.B. dann der Fall, wenn aufgrund eines zivilrechtlichen Rechtsgeschäfts der Käufer eines Anteils bereits eine rechtlich geschützte, auf den Erwerb des Rechts gerichtete Position erworben hat, die ihm gegen seinen Willen nicht mehr entzogen werden kann und auch die mit den Anteilen verbundenen wesentlichen Rechte sowie das Risiko einer Wertminderung und die Chance einer Wertsteigerung auf ihn übergegangen sind.[7] Diese unterschiedliche Qualifikation ein und desselben Wirtschaftsgutes birgt im Hinblick auf die steuerliche Gestaltung gleichermaßen Chan-

---

[5] Vgl. hierzu eingehend *Herff* KÖSDI 2001, 12885.
[6] BFH Urt. v. 10.3.1988, – IV R 226/85 – BStBl. II 1988, 832 (zum GmbH-Anteil); Urt. v. 16.5.1988 – VIII R 196/84 – BStBl. II 1989, 877.
[7] BFH Urt. v. 30.5.1984 – I R 146/81 – BStBl. II 1984, 825.

cen wie Risiken. So kann eine im Privatvermögen gehaltene, aufgrund der zivilrechtlichen Eigentumsposition unwesentliche Beteiligung an einer Kapitalgesellschaft (unter 1%, § 17 Abs. 1 S. 4 EStG) durch die wirtschaftliche Zurechnung weiterer Anteile zu einer wesentlichen Beteiligung werden und wäre dann steuerverstrickt. Ein weiteres Beispiel dafür, wie schnell eine Gestaltung durch eine Zurechnung aufgrund einer wirtschaftlichen Eigentümerstellung zunichte gemacht werden kann, ist die **frei widerrufliche Schenkung**. Werden z.B. Kommanditanteile schenkweise mit der Maßgabe übertragen, dass der Schenker ihre Rückübertragung jederzeit ohne Angabe von Gründen einseitig veranlassen kann, dann ist der Beschenkte steuerrechtlich nicht als Mitunternehmer anzusehen; es bleibt steuerlich gesehen alles beim Alten (vgl. § 36 Rdnr. 85). Chancen bietet das wirtschaftliche Eigentum insbesondere dort, wo die Abschreibungen und die sonstigen Werbungskosten nicht dem zivilrechtlichen Eigentümer zugute kommen sollen (z.B. beim Leasing). Schließlich bietet das wirtschaftliche Eigentum überall dort Vorteile, wo zwar Vermögen zivilrechtlich übertragen werden, sich aber steuerlich nichts ändern soll. Dies wird insbesondere immer dann angestrebt, wenn Betriebs- oder zur Einkünfteerzielung genutztes Vermögen übertragen und eine Gewinnrealisierung vermieden werden soll. Soll z.B. ein Mehrfamilienhaus auf die nächste Generation übertragen werden, in dem der Übertragende im Erdgeschoss ein Ladenlokal unterhält, kann durch die Bestellung eines eigentumsähnlichen Dauernutzungsrechts eine Entnahme und damit eine Aufdeckung der stillen Reserven vermieden werden.[8]

Im Gegensatz dazu ist das **Erbschaftsteuerrecht** zivilrechtlich geprägt, so dass wirtschaftliches Eigentum für die Frage der Erbschaft- und Schenkungsteuerpflicht keine Rolle spielt.[9] Es ist daher erbschaftsteuerlich irrelevant, ob z.B. eine Schenkung unter dem Vorbehalt des freien Widerrufs steht oder dem Schenker eine unwiderrufliche Vollmacht zur dinglichen Rückübertragung des zugewendeten Gegenstandes eingeräumt wurde.[10] Zu beachten ist allerdings, dass einkommensteuerliche Wertungen in das Erbschaftsteuerrecht abstrahlen können, so dass letztlich das wirtschaftliche Eigentum zumindest mittelbar auch dort seine Wirkung entfalten kann. So werden die Begünstigungen der §§ 13 a, 19 a ErbStG versagt, wenn einkommensteuerlich kein Betriebsvermögen übertragen wird.[11] Erfolgt also z.B. die Schenkung eines Personengesellschaftsanteils unter einem freien Widerrufsvorbehalt, bleibt der Übertragende einkommensteuerlich wirtschaftlicher Eigentümer und erlangt der Übernehmende keine Mitunternehmerstellung. Es liegt somit erbschaftsteuerlich kein Erwerb des anteiligen Betriebsvermögens vor, sondern der Erwerb einzelner Wirtschaftsgüter gemäß § 10 Abs. 1 S. 3 ErbStG. Freibetrag, verminderter Wertansatz und Entlastungsbetrag gelangen nicht zur Anwendung. Geht später auch das wirtschaftliche Eigentum auf den Erwerber über, ist dies erbschaftsteuerlich irrelevant. 6

II. Mittelbare Schenkung

1. Checkliste: Voraussetzungen für eine mittelbare Schenkung 7

☐ Es muss sich um eine Schenkung unter Lebenden handeln.
☐ Der Parteiwille muss auf den zu schenkenden Gegenstand, nicht auf die dafür aufgewendeten Mittel gerichtet sein.
☐ Der Schenkungsgegenstand muss zuvor bekannt sein.
☐ Ist der Schenkungsgegenstand (z.B. ein Gebäude) noch herzustellen, muss er weitestgehend geplant sein.
☐ Der Schenkungsvertrag muss tatsächlich wie vereinbart vollzogen werden.
☐ Der Beschenkte muss über den Schenkungsgegenstand frei verfügen können.

---

[8] *Spiegelberger* Vermögensnachfolge Rdnr. 327 ff.
[9] BFH Urt. v. 22.9.1982 – II R 61/80 – BStBl II 1983, 179; BFH Urt. v. 26.11.1986 – II R 190/81 – BStBl. II 1987, 175; *Gebel* BB 2000, 537.
[10] BFH Urt. v. 13.9.1989 – II R 67/86 – BStBl. II 1989, 1034.
[11] H 51 Abs. 1 ErbStH; Troll/Gebel/Jülicher/*Jülicher* § 13 a Rdnr. 134 m.w.N.; a.A. *Herff* KÖSDI 2001, 12885, 12894; *Ebeling* DB 1999, 611.

2. Einleitung

8 Schenkungsgegenstände mit identischem Verkehrswert können stark von einander abweichende erbschaftsteuerliche Werte haben. Während z.B. bei einer Geldschenkung der erbschaftsteuerliche und der Verkehrswert einander entsprechen, beträgt der erbschaftsteuerliche Wert eines Grundstück im Durchschnitt nur die Hälfte des Verkehrswertniveaus.[12] Diese Unterschiede in der Bewertung haben zu Gestaltungen geführt, bei denen der Schenker dem Erwerber einen Gegenstand (z.B. Geld) zuwendet, den dieser wiederum zum Erwerb eines anderen Gegenstandes (z.B. eines Grundstücks) verwenden soll. Man spricht insoweit von einer **mittelbaren Schenkung**. Hier stellt sich die Frage, was Gegenstand der Zuwendung ist, d.h. im Beispielsfall das Geld oder das Grundstück. Für die Beantwortung maßgebend ist wiederum das bürgerliche Recht, da dieses und nicht das Steuerrecht den Inhalt des Erwerbs bestimmt.[13] Entscheidend ist daher der **Parteiwille**, d.h. es kommt darauf an, was dem Bedachten nach dem Willen des Zuwendenden verschafft werden sollte.[14] Bezogen auf den Beispielsfall ist somit zu klären, ob der Geldbetrag oder das mit dem Geldbetrag von einem Dritten erworbene Grundstück Gegenstand der unentgeltlichen Zuwendung sein sollte. Ist der Parteiwille auf die Schenkung des Grundstücks gerichtet, so ist dieses Schenkungsgegenstand und sein erbschaftsteuerlicher Wert anzusetzen. Aus diesem Grund kann auch durch **Zuwendung des Anspruchs auf Übertragung eines Grundstücks** eine mittelbare Grundstücksschenkung verwirklicht werden.[15] In der bewussten Nutzung dieser Gestaltungsmöglichkeit liegt kein Gestaltungsmissbrauch im Sinne des § 42 AO.[16]

9 Für die steuerliche Gestaltung ergibt sich hieraus, dass das Zuwendungsobjekt nicht unmittelbar aus dem Vermögen des Zuwendenden stammen muss. Dies ist konsequent, da es keinen Unterschied machen kann, ob der Schenker zunächst den Gegenstand selbst erwirbt und ihn sodann unmittelbar dem Beschenkten übereignet oder ob er einen Dritten vertraglich verpflichtet, dem Beschenkten den Gegenstand direkt zu übertragen (Vertrag zugunsten Dritter). Gleiches gilt, wenn der Schenker dem Beschenkten den Vertragsschluss überlässt und lediglich die Verbindlichkeit aus dem Vertrag übernimmt oder wenn er dem Beschenkten die Mittel überlässt, um die Anschaffungskosten selbst zu tragen. Wichtig ist jedoch, dass es sich hierbei immer um einen konkreten, bereits **bekannten Schenkungsgegenstand** handelt.[17] Nur dann kann der Wille des Schenkers durchgreifen, genau diesen bestimmten Gegenstand zu schenken. Stellt der Schenker dagegen die Auswahl des Schenkungsgegenstandes in das Belieben des Beschenkten und gibt ihm ohne Kenntnis des Erwerbsgegenstands lediglich die erforderlichen Mittel, so überlässt er dem Beschenkten nicht den Gegenstand, sondern in erster Linie nur die Mittel zum Erwerb.

10 Als weitere Voraussetzung ist erforderlich, dass der Schenkungsvertrag auch entsprechend dem Parteiwillen **vollzogen** wird.[18] Dies ändert nichts an der Maßgeblichkeit des Parteiwillens. Wird dieser jedoch von den Parteien des Schenkungsvertrages nicht vollzogen, so kann er für die Erhebung der Erbschaftsteuer auch nicht erheblich sein, denn eine Schenkung ist erst ausgeführt, wenn der Beschenkte das erhalten hat, was ihm nach der Schenkungsabrede verschafft werden sollte. Das ist der Fall, wenn der Bedachte im Verhältnis zum Schenker über den Schenkungsgegenstand in tatsächlicher und rechtlicher Hinsicht **frei verfügen** kann.[19] Er darf somit im Verhältnis zum Schenker nicht bereits über die Mittel, sondern erst über den damit erworbenen Gegenstand verfügen können. Daher ist die Schenkung eines Anspruchs auf Übertragung eines Grundstücks immer mit einer entsprechenden Zweckbindung zu versehen, wonach der Beschenkte sich gegenüber dem Schenker verpflichtet, ausschließlich den ihm zugewendeten Anspruch zu verwirklichen und nicht anderweitig über diesen Anspruch zu

---

[12] *Moench* § 12 Rdnr. 7 a.
[13] BFH Urt. v. 5.2.1986 – II R 188/83 – BStBl. II 1986, 460
[14] BFH Urt. v. 15.11.1978 – II R 69/72 – BStBl. II 1979, 201; v. 6.3.1985 – II R 19/84 – BStBl. II 1985, 382, 383.
[15] BFH Urt. v. 10.11.2004 – II R 44/02 – BStBl. II 2005, 188; vgl. a. § 36 Rdnr. 13.
[16] BFH Urt. v. 17.4.1974 – II R 4/67 – BStBl. II 1974, 521.
[17] R 16 Abs. 1 S. 1 ErbStR; a.A. *Meincke* § 7 Rdnr. 17.
[18] BFH Urt. v. 26.9.1990 – II R 50/88 – BStBl. II 1991, 32.
[19] BFH Urt. v. 26.9.1990 – II R 50/88 – BStBl. II 1991, 32, 33 m.w.N.

verfügen.[20] Schädlich ist eine sog. **Kettenauflassung**, bei der in einem einzigen Vertrag Schenkung und Weiterveräußerung eines Grundstücks beurkundet werden. Hierdurch wird der Beschenkte nicht in die Lage versetzt, die Umschreibung des Grundstücks ohne Zutun des Schenkers zu erreichen.[21] Ist diese freie Verfügungsmöglichkeit des Beschenkten gegeben, steht der Annahme einer mittelbaren Schenkung (z.B. des Grundstücks) nicht entgegen, wenn der auf diese Weise mittelbar erlangte Schenkungsgegenstand alsbald durch den Beschenkten wieder veräußert wird.[22] Auch hierin liegt kein Gestaltungsmissbrauch im Sinne des § 42 AO.[23] Die Veräußerung muss dann allerdings auch **durch den Bedachten** durchgeführt werden. War dieser nämlich im Verhältnis zum Schenker rechtlich verpflichtet, den Schenkungsgegenstand an einen bestimmten Dritten zu veräußern, oder konnte er sich der Veräußerung infolge einer tatsächlichen Zwangssituation nicht entziehen, so kann dies zu der Wertung führen, dass nicht der Schenkungsgegenstand, sondern der durch den Verkauf erzielte Erlös geschenkt sein sollte (**mittelbare Geldschenkung**, vgl. § 36 Rdnr. 17 f.).[24] Eine tatsächliche Zwangssituation liegt allerdings nicht schon dann vor, wenn der Beschenkte im Hinblick auf die familiären Beziehungen zwischen ihm und dem Schenker und den von diesem geführten Verkaufsverhandlungen hinsichtlich seiner Verfügungsbefugnis einem gewissen Druck unterworfen gewesen ist.[25] Im Übrigen müssen bei einer derartigen Weiterveräußerung des Schenkungsgegenstands immer die **einkommensteuerlichen Folgen** beachtet werden. Denn ein alsbaldiger Verkauf kann als **privates Veräußerungsgeschäft** (früher: Spekulationsgeschäft) nach § 23 EStG der Einkommensbesteuerung unterliegen (vgl. § 36 Rdnr. 30).

Der Gedanke der mittelbaren Schenkung ist nicht auf **Erwerbe von Todes wegen** übertragbar.[26] Bei diesem wird der Erbe durch den Erbfall Inhaber des Vermögens des Erblassers. Er erlangt es „wie es steht und liegt".[27] Er kann daher grundsätzlich nichts anderes erlangen, als der Erblasser hatte. Dies gilt auch dann, wenn sich der Erblasser und der Erbe in einem Erbvertrag einig gewesen waren, dass der Erbe einen bestimmten Gegenstand eines Dritten mit den hinterlassenen Mitteln erwerben soll.

3. Mittelbare Grundstücksschenkung

Hauptanwendungsfall einer mittelbaren Schenkung ist die mittelbare Grundstücksschenkung. Die Ursache hierfür liegt darin, dass die erbschaftsteuerlich maßgebenden Bedarfswerte nach vorliegenden Schätzungen im Durchschnitt nur 50% des Verkehrswertniveaus erreichen und im Einzelfall auch weit unter dieser Marke liegen können.[28] Bei geschenkten Grundstücken, die von dem Beschenkten eigengenutzt[29] werden sollten, standen diesen erbschaftsteuerlichen Vorteilen bis zum 31.12.2005 Nachteile bei der **Eigenheimzulage** gegenüber. Denn dadurch, dass bei der mittelbaren Grundstücksschenkung das vom Bedachten erworbene Grundstück als vom Schenker zugewandt gilt, liegt kein entgeltlicher Erwerb des Beschenkten und somit keine Anschaffung im Sinne des § 2 EigZulG durch ihn vor.[30] Der Beschenkte konnte demzufolge keine Eigenheimzulage in Anspruch nehmen. Nach Abschaffung der Eigenheimzulage spielt dieser Aspekt allerdings keine Rolle mehr.

Die allgemeinen Grundsätze (vgl. § 36 Rdnr. 9 f.) gelten auch für die mittelbare Grundstücksschenkung. Der **Wille der Beteiligten** muss darauf gerichtet sein, dem Beschenkten zum Erwerb eines bestimmten Grundstücks oder zur Errichtung eines bestimmten Gebäudes zu verhelfen. Dies gilt auch dann, wenn der Schenker nicht die gesamten Kosten der Anschaffung

---

[20] BFH Urt. v. 10.11.2004 – II R 44/02 – BStBl. II 2005, 188 m.w.N.
[21] Hess. FG Urt. v. 12.12.2002 – 1 K 1546/01 – EFG 2003, 870; bestätigt durch BFH Beschl. v. 27.10.2004 u. 10.3.2005 – II R 19/03 – n.v.
[22] BFH Urt. v. 26.9.1990 – II R 150/88 – BStBl. II 1991, 320, 321 f.
[23] BFH Urt. v. 26.9.1990 – II R 150/88 – BStBl. II 1991, 320, 322 m.w.N.
[24] BFH Urt. v. 26.9.1990 – II R 150/88 – BStBl. II 1991, 320, 322; *Moench* DStR 1991, 206.
[25] BFH Urt. v. 26.9.1990 – II R 150/88 – BStBl. II 1991, 320, 322.
[26] BFH Urt. v. 28.6.1995 – II R 89/92 – BStBl. II 1995, 786.
[27] Staudinger/*Marotzke* BGB, 12. Aufl. § 1922 Rdnr. 44, 45.
[28] *Moench* § 7 Rdnr. 28; § 12 Rdnr. 7 a.
[29] Zur Problematik der Anerkennung der mittelbaren Grundstücksschenkung eines Familienwohnheims im Rahmen des § 13 Abs. 1 Nr. 4 a ErbStG vgl. § 35 Rdnr. 104.
[30] BFH Urt. v. 29.7.1998 – X R 54/95 – BStBl. II 1999, 128; v. 8.6.1994 – X R 51/91 – BStBl. II 1994, 779, 782; BMF Schr. v. 10.2.1998 – IV B 3 – EZ 1010 – 11/98 – BStBl. I 1998, 190 Rdnr. 13.

oder Errichtung trägt.[31] Dieser Wille muss nach außen erkennbar sein. Es empfiehlt sich daher die Schriftform. Der Schenkungsgegenstand sollte **genau bezeichnet** werden. Zugleich muss die Zweckbindung deutlich und unmissverständlich zum Ausdruck kommen.[32] Steht noch nicht fest, welches Grundstück erworben oder welches Gebäude errichtet werden soll, sollte mit der Schenkung zugewartet werden. Denn bringt der Schenker dem Beschenkten gegenüber lediglich zum Ausdruck, dass dieser für den zugewendeten Geldbetrag im eigenen Namen und für eigene Rechnung ein Grundstück erwerben soll, ohne dass schon feststeht, um welches Grundstück es sich handelt, liegt eine **Geldschenkung unter einer Auflage** vor.[33] Entsprechendes gilt für die Errichtung eines Gebäudes. Hier muss das Bauvorhaben konkretisiert sein und z.B. durch eine Bauvoranfrage, einen Kostenvoranschlag oder einen Finanzierungsplan belegt werden.[34] Dementsprechend sollte das Wort „Auflage" nach Möglichkeit vermieden werden, auch wenn es nicht unbedingt schädlich sein muss.[35] Soll die mittelbare Grundstücksschenkung durch die **Zuwendung des Anspruchs auf Übertragung eines Grundstücks** verwirklicht werden, muss sich der Beschenkte gegenüber dem Schenker dazu verpflichten, ausschließlich den ihm zugewendeten Anspruch zu verwirklichen und nicht anderweitig über diesen zu verfügen.[36] Durch diese Zweckbindung ist der Bedachte im Verhältnis zum Schenker so gestellt, dass er endgültig erst über das Grundstück tatsächlich und rechtlich frei verfügen kann. Schenkungsgegenstand ist demzufolge nicht der Sachleistungsanspruchs, der mit dem gemeinen Wert anzusetzen wäre,[37] sondern das Grundstück. Diese Bedingungen sind immer zu erfüllen, wenn der Schenker ein durch Kaufvertrag erworbenes, ihm aber noch nicht übereignetes Grundstück übertragen will, der Erwerb des Grundstücks aber noch nicht im Grundbuch eingetragen ist. Sicherer ist es aber, die Grundstückseintragung noch abzuwarten.[38]

14 Die Zusage des Geldbetrags muss vom Schenker grundsätzlich bereits vor dem Zeitpunkt des Erwerbs des Grundstücks oder des Beginns der Baumaßnahme erfolgen.[39] Sie bedarf nicht der für die Wirksamkeit eines Schenkungsversprechens vorgeschriebenen notariellen Beurkundung nach § 518 Abs. 1 BGB, muss aber nachweisbar sein.[40] Der Geldbetrag selbst kann auch nach diesem Termin überwiesen werden, solange er nur bis zur Tilgung der Kaufpreisschuld zur Verfügung steht.[41] Während zivilrechtlich die Schenkung mit der Übergabe oder Überweisung des Geldes vollzogen ist, stellen Finanzverwaltung und Rechtsprechung für den **Zeitpunkt der Steuerentstehung**, § 9 ErbStG, darauf ab, wann die für die Eintragung der Rechtsänderung in das Grundbuch erforderlichen Erklärungen in gehöriger Form abgegeben wurden und der Beschenkte aufgrund dieser Erklärungen in der Lage ist, beim Grundbuchamt die Eintragung der Rechtsänderung zu bewirken.[42] Der grundbuchmäßige Vollzug des Erwerbs ist nicht maßgebend.[43] Bezweckt die mittelbare Grundstücksschenkung die Errichtung eines Gebäudes, ist sie in dem Zeitpunkt ausgeführt, in dem – kumulativ – die Auflassung erklärt, die Eintragungsbewilligung erteilt und das Gebäude fertig gestellt ist.[44] Bei der Finanzierung einer einzelnen Baumaßnahme (z.B. Umbau, Ausbau, Anbau) ist der Abschluss der Bauarbeiten maßgeblich.[45] Stirbt der Schenker vor Abschluss der Bauarbeiten, also vor dem Zeitpunkt

---

[31] R 16 Abs. 1 S. 2 ErbStR.
[32] BFH Urt. v. 5.10.2005 – II R 48/03 – BFH/NV 2006, 302.
[33] R 16 Abs. 2 S. 1 ErbStR.
[34] R 16 Abs. 2 S. 2 ErbStR.
[35] BFH Urt. v. 5.2.1986 – II R 188/83 – BStBl. II 1986, 460; FG Bremen Urt. v. 18.8.1999 – 4 99 041 K3 – EFG 1999, 1071.
[36] BFH Urt. v. 10.11.2004 – II R 44/02 – BStBl. II 2005, 188; vgl. a. Urt. v. 21.5.2001 – II R 10/99 – BFH/NV 2001, 1404.
[37] BFH Urt. v. 21.5.2001 – II R 10/99 – BFH/NV 2001, 1404.
[38] *Ebeling* DB 2002, 1581.
[39] R 16 Abs. 1 S. 4 ErbStR.
[40] BFH Urt. v. 10.11.2004 – II R 44/02 – BStBl. II 2005, 188.
[41] BFH Urt. v. 10.11.2004 – II R 44/02 – BStBl. II 2005, 188.
[42] BFH Urt. v. 23.8.2006 – II R 16/06 – DStR 2006, 1839; R 23 Abs. 2 S. 1 u. 2. i.V.m. Abs. 1 ErbStR; vgl. a. OFD Rostock v. 12.3.2001 – S 3808 – St 264 DStR 2001, 794.
[43] BFH Urt. v. 2.2.2005 – II R 31/03 – BStBl. II 2005, 531.
[44] BFH Urt. v. 4.12.2002 – II R 75/00 – BStBl. II 2003, 273; Beschl. v. 5.6.2003 – II R 74/02 – BFH/NV 2003, 1425; R 23 Abs. 2 S. 3 i.V.m. R 159 Abs. 2 u. 3 ErbStR.
[45] BFH Urt. v. 22.9.2004 – II R 88/00 – ZEV 2005, 34; v. 23.8.2006 – II R 16/06 – DStR 2006, 1839; R 23 Abs. 2 S. 5 ErbStR.

der Steuerentstehung, ändert dies nichts an der Einordnung als mittelbare Schenkung, solange diese nur bestimmungsgemäß vollendet wird.[46] Diese Zeitpunkte sollten im Hinblick auf eine etwaige verschärfende Gesetzesänderung beachtet werden.

Die **Bemessungsgrundlage** für die Erbschaftsteuer variiert je nach Art der mittelbaren Grundstücksschenkung:[47]

Übersicht: Bemessungsgrundlagen der Erbschaftssteuer

Der Schenker finanziert:	Bemessungsgrundlage der Steuer:
1. den vollen Kaufpreis über ein unbebautes Grundstück	Grundstückswert des unbebauten oder bebauten Grundstücks
2. – bei Überzahlung der Erwerbskosten –	– zusätzlicher Ansatz des überschießenden Betrags als Geldschenkung –
3. einen nicht unbedeutenden Teil (mehr als 10 v. H.) des Kaufpreises	Anteil des Grundstückswerts des Grundstücks, der dem Anteil des Geldbetrags am Gesamtkaufpreis entspricht
4. einen unbedeutenden Teil des Kaufpreises	Ansatz des zugewendeten Geldbetrags
5. den Kaufpreis eines Grundstücks im Zustand der Bebauung	Grundstückswert des Grundstücks im Zustand der Bebauung (§ 149 BewG)
6. den Kaufpreis eines Baugrundstücks und die vollen Kosten eines Gebäudes	Grundstückswert des bebauten Grundstücks
7. den Kaufpreis eines Baugrundstücks und einen Teil der Baukosten eines Gebäudes	Anteil des Grundstückswerts des bebauten Grundstücks, der dem Anteil des zugewendeten Geldbetrags an den Gesamtkosten für Kauf und Bebauung entspricht
8. die Baukosten eines Gebäudes, das auf dem Grundstück des Beschenkten errichtet wird	Differenz zwischen dem Grundstückswert des unbebauten Grundstücks und dem Grundstückswert des bebauten Grundstücks nach Bezugsfertigkeit des Gebäudes
9. die Baukosten eines Gebäudes, das (zunächst noch) einem Dritten gehört	Grundstückswert für ein Gebäude auf fremden Grund und Boden bzw. für ein Erbbaurecht
10. die Baukosten für Aus- oder Umbauten	Differenz zwischen dem Grundstückswert des bebauten Grundstücks vor und nach der abgeschlossenen Umbau oder Ausbau

Der **Grundbesitzwert** ist gem. § 12 Abs. 3 ErbStG i.V.m. §§ 138 ff. BewG zu ermitteln (vgl. § 35 Rdnr. 45 ff.). Die **Nebenkosten des Erwerbs** (z.B. Notargebühren) sind in der Regel vom Beschenkten zu tragen. Die Kosten der Rechtsänderung (sog. allgemeine Erwerbsnebenkosten), die Steuerberatungskosten für die Schenkungsteuererklärung und die Grunderwerbsteuer können vom Beschenkten vom Steuerwert der Zuwendung abgezogen werden. Ein Abzug der Schenkungsteuer scheitert an § 10 Abs. 2 u. 8 ErbStG. Übernimmt der Schenker die Nebenkosten stellt dies zwar zusätzliche Bereicherung des Beschenkten dar, der jedoch eine Entreicherung in gleicher Höhe durch die Nebenkosten gegenüber steht.[48]

4. Mittelbare Geldschenkung

Soll nach dem Willen der Beteiligten ein Gegenstand mit niedrigem erbschaftsteuerlichen Wert unentgeltlich übertragen werden, zumeist ein Grundstück, damit der Beschenkte sich durch den Verkauf des Gegenstandes Geldmittel beschaffen kann, und erhält der Beschenkte keine Verfügungsmöglichkeit über den Schenkungsgegenstand (vgl. § 36 Rdnr. 10), so liegt

---

[46] BFH Beschl. v. 5.6.2003 – II B 74/02 – BFH/NV 2003, 1425.
[47] Übersicht nach *Moench* § 7 Rdnr. 40.
[48] *Moench* § 7 Rdnr. 58.

eine **mittelbare Geldschenkung** vor. Gegenstand der Schenkung ist der erzielte Erlös, so dass der erbschaftsteuerliche Wert dem Verkehrswert entspricht.

18 In den meisten Fällen handelt es sich bei der mittelbaren Geldschenkung um eine **verunglückte mittelbare Grundstücksschenkung**. Eigentlich soll dem zu Beschenkenden Geld zugewandt werden. Lediglich aus erbschaftsteuerlichen Gründen wird ein Grundstück geschenkt. Eine derartige Motivationslage sollte im ureigenstem Interesse nie offen gelegt werden, denn auch hier ist Ausgangspunkt der Parteiwille. Ist dieser auf die Schenkung von Geld gerichtet, ist dieses Geld auch Schenkungsgegenstand. Etwas anderes gilt nur dann, wenn die Schenkung anders vollzogen wird. Erhält der Beschenkte eine Verfügungsmöglichkeit über das Grundstück, nach der er in tatsächlicher und rechtlicher Hinsicht frei in seiner Entscheidung über die Verwendung des Grundstücks ist, so ist die Schenkung über ein Grundstück vollzogen.[49] Der abweichende Parteiwille ist ebenso unbeachtlich wie die Tatsache, dass der Beschenkte zur Zeit der Grundstücksübertragung bereits Verkaufsverhandlungen hinsichtlich des Weiterverkaufs geführt hat. Ist umgekehrt der Parteiwille auf die Schenkung eines Grundstücks gerichtet, so ist dieser unbeachtlich, wenn er nicht auch tatsächlich vollzogen wird. Erlangt der Beschenkte keine Rechtsstellung, nach der eine Grundstücksschenkung als ausgeführt gelten konnte, fließt ihm lediglich der Verkaufserlös zu. Dies ist z.B. der Fall, wenn zwar die Voraussetzungen für die Ausführung einer Grundstücksschenkung geschaffen werden, der Beschenkte aber wegen einer in derselben Urkunde getroffenen Vereinbarung mit einem Dritten nicht über das Grundstück verfügen kann.[50] Es liegt eine mittelbare Geldschenkung vor.

5. Mittelbare Schenkung von Gesellschaftsanteilen und Betriebsvermögen

19 Die Grundsätze der mittelbaren Schenkung finden überall dort Beachtung, wo der Wert des Zuwendungsgegenstandes deutlich niedriger als der Steuerwert der für den Erwerb oder die Herstellung benötigten Mittel ist. Betriebsvermögen und hier insbesondere Mitunternehmeranteile gehören daher wegen der Übernahme der Steuerbilanzwerte in die erbschaftsteuerliche Bewertung (vgl. § 35 Rdnr. 63) zu interessanten Zuwendungsgegenständen. Aber auch Kapitalgesellschaftsanteile können attraktiv sein, insbesondere, wenn es sich um Anteile nicht börsennotierter Gesellschaften handelt, die in den letzten Jahren Verluste gemacht haben, jedoch über eine solide Substanz verfügen. Das stark am Ertragswert orientierte erbschaftsteuerliche Bewertungsverfahren führt hier zu deutlich vom Verkehrswert abweichenden Ergebnissen (vgl. § 35 Rdnr. 26 ff.). Bei dieser Form der mittelbaren Schenkung wendet der Schenker in der Regel Geld (oder andere vertretbare Sachen) zum Erwerb eines bereits bestehenden **Betriebes, Teilbetriebes, Mitunternehmer- oder Kapitalgesellschaftsanteils** zu. Denkbar ist auch, dass eine Beteiligung erst in der Hand des Beschenkten neu entsteht.[51] So z.B. wenn sich der Beschenkte mit den erhaltenen Mitteln in eine bestehende Gesellschaft einkauft oder zusammen mit anderen damit eine neue Gesellschaft gründet. Der Erwerb kann sowohl von einem Dritten als auch vom Schenker selbst erfolgen, wobei dieser das zugewendete Geld dann postwendend zurückerhält. Erforderlich ist wiederum, dass dem Beschenkten nicht die Mittel, sondern das Betriebsvermögen bzw. die Beteiligung zugewendet werden sollte (**Parteiwille**).[52] Daneben muss der Beschenkte tatsächlich und rechtlich daran gehindert sein, über die Mittel zum Erwerb zu verfügen.[53]

20 Um die bewertungsrechtlichen Vorteile einer **Personengesellschaftsbeteiligung** (vgl. § 35 Rdnr. 63) nutzen zu können, muss allerdings darauf geachtet werden, dass der Neugesellschafter (Beschenkte) auch **Mitunternehmer**[54] wird. Erfolgt dies nicht, kann dem Neugesellschafter kein Anteil am Einheitswert des Betriebsvermögens zugerechnet werden.[55] Erbschaftsteuer-

---

[49] BFH Urt. v. 26.9.1990 – II R 50/88 – BStBl. II 1991, 32, 33 und – II R 150/88 – BStBl. II 1991, 320, 322.
[50] BFH Beschl. v. 9.6.1993 – II B 11/93 – BFH/NV 1994, 102; Hess. FG Urt. v. 12.12.2002 – 1 K 1546/01 – EFG 2003, 870 zur Kettenauflassung; bestätigt durch BFH Beschl. v. 27.10.2004 u. 10.3.2005 – II R 19/03 – n.v.
[51] *Meincke* § 7 Rdnr. 18; vgl. a. BFH Beschl. v. 31.5.1989 – II B 31/89 – BFH/NV 1990, 235; Urt. v. 19.6.1996 – II R 83/92 – BStBl. II 1996, 616.
[52] BFH Urt. v. 7.4.1976 – II 87/70, II 88/70, II 89/70 – BStBl. II 1976, 632; vgl. § 36 Rdnr. 8.
[53] Hess. FG Urt. v. 7.3.1990 – 10 K 377/84 – EFG 1990, 433; vgl. § 36 Rdnr. 10.
[54] Zum Begriff der Mitunternehmerschaft vgl. § 36 Rdnr. 82 ff.
[55] *Dautzenberg/Heyeres* BB 1994, 903, 906.

lich ergibt sich hieraus die Konsequenz, dass sowohl das Sonderbetriebsvermögen als auch der Gesellschaftsanteil nach den sich aus § 12 Abs. 1 ErbStG ergebenden Grundsätzen zu bewerten sind, was grundsätzlich zu einer Bewertung nach § 9 BewG mit dem gemeinen Wert führt.[56] Daneben können sich durch die Auflösung stiller Reserven drastische einkommensteuerliche Folgen ergeben (vgl. § 35 Rdnr. 180 ff., 210). Bei **Sonderbetriebsvermögen** ist darauf zu achten, dass die Übertragung keine Entnahme auslöst (vgl. § 35 Rdnr. 185 und § 36 Rdnr. 23). Tritt ein Neugesellschafter z.B. in eine bereits bestehende Personengesellschaft ein, muss er bereits Mitunternehmer sein, **bevor** er das Sonderbetriebsvermögen erhält. Ansonsten verliert dieses den betrieblichen Zusammenhang und wechselt ins Privatvermögen. Zuwendungsgegenstand ist das entnommene Wirtschaftsgut, welches erbschaftsteuerlich nach § 12 Abs. 1 ErbStG i.V.m. § 9 BewG grundsätzlich mit dem gemeinen Wert zu bewerten ist. Eine daran anschließende erneute Zuordnung zum Betriebsvermögen ändert hieran nichts. Der Gegenstand der Schenkung wird mit der Zuwendung bestimmt. Beschließen z.B. Beschenkter und Schenker noch am gleichen Tag, jedoch nach erfolgter Zuwendung von GmbH-Anteilen die Umwandlung der GmbH in eine GbR, sind dennoch Anteile an der Kapitalgesellschaft geschenkt.[57]

Hinsichtlich der **Begünstigungen nach den §§ 13 a und 19 a ErbStG** (vgl. § 35 Rdnr. 120 ff. und 167) kommt es seit dem Steueränderungsgesetz 2001 mit Wirkung ab dem 31.12.1995 nicht mehr darauf an, ob sich die mittelbare Schenkung im Wege der **vorweggenommenen Erbfolge** vollzieht. Nach Ansicht der Finanzverwaltung[58] sind die Entlastungen auch bei mittelbaren Schenkungen zu gewähren, wenn der Beschenkte mittelbar **Betriebsvermögen des Schenkers** erwerben muss, sich also in einen Gewerbebetrieb oder einen Mitunternehmeranteil des Schenkers einkauft. Eine Begünstigung scheidet danach folglich aus, wenn die Beteiligung am Gewerbebetrieb eines Dritten erfolgen soll. Den Grund für die Einschränkung macht die Finanzverwaltung daran fest, dass § 13 a ErbStG den Zweck habe, das Betriebsvermögen des Schenkers beim Übergang auf den Betriebsnachfolger zu schonen. Das Gesetz verlangt aber gerade nicht mehr diese „vorweggenommene Erbfolge", so dass nach der Gesetzesänderung für die Auslegung der Finanzverwaltung kein Raum mehr besteht. Dies gewährt aber nur bedingt Schutz vor einer abweichenden Beurteilung. Werden die Begünstigungen der §§ 13 a, 19 a ErbStG angestrebt, sollte in den Fällen der Beteiligung an dem Gewerbebetrieb eines Dritten auf eine mittelbare Schenkung verzichtet werden. Bei Erwerben aus der Hand des Schenkers ist sie nicht unbedingt von Nöten. Hier sollte direkt geschenkt werden. Befindet sich derartiges Vermögen in der Hand eines Dritten, sollte es der Schenker daher zunächst selbst erwerben und sodann begünstigt übertragen. Dies mag zwar umständlicher sein, ist aber bedeutend sicherer. Ein Missbrauch der Gestaltungsmöglichkeiten nach § 42 AO liegt hierin nicht.

III. Familiengrundbesitzgesellschaften

1. Einleitung

Grundbesitz ist seit jeher einer der bedeutendsten Eckpfeiler sowohl des privaten als auch des unternehmerischen Vermögens. Ihm kommt daher auch bei der Gestaltung der Vermögensnachfolge, sei es im Erbgang oder zu Lebzeiten, ein besonderer Stellenwert zu. Gerade der Übergang von Vermögen im Erbgang birgt zivilrechtliche wie steuerrechtliche Unwägbarkeiten. Diesen gilt es im Rahmen einer lebzeitigen Gestaltung entgegen zu wirken. Einer besonderen Beliebtheit erfreut sich in diesem Zusammenhang die Familiengrundbesitzgesellschaft.[59] Zu unterscheiden sind gewerbliche und vermögensverwaltende Familiengrundbesitzgesellschaften. Letztere sollen in erster Linie die stufenweise Übertragung des privaten Grundvermögens auf die nächste Generation erleichtern, sowie gleichzeitig durch die gesamthänderische Bindung und einen entsprechend ausgestalteten Gesellschaftsvertrag die Erhaltung und Verwaltung des privaten Grundbesitzes erleichtern. Bei einer gewerblichen Familiengrundbesitzgesell-

---

[56] *Gebel* Betriebsvermögensnachfolge Rdnr. 939.
[57] BFH Urt. v. 4.7.1984 – II R 73/81 – BStBl. II 1984, 772.
[58] R 56 Abs. 3, R 76 Abs. 1 S. 3 u. 4 ErbStR; gleichlautende Ländererlasse v. 29.11.1994 – BStBl. I 1994, 905 Tz. 3.1 a.E.
[59] *Spiegelberger* Vermögensnachfolge Rdnr. 211 ff.; Sudhoff/*Hübner* § 72 Rdnr. 1 ff.

schaft geht es demgegenüber zumeist darum, die Aufdeckung stiller Reserven zu vermeiden, insbesondere in den Fällen, in denen das Betriebsvermögen und das zum Sonderbetriebsvermögen gehörende Grundstück im Erbgang unterschiedliche Wege einschlagen sollen. Daneben wird die gewerblichen Familiengrundbesitzgesellschaft eingesetzt, um privaten Grundbesitz an den erbschaftsteuerlichen Begünstigungen des Betriebsvermögens teilhaben zu lassen.[60]

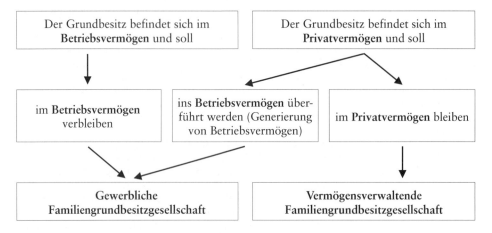

2. Gewerbliche Familiengrundbesitzgesellschaft

23   Bei einer gewerblichen Familiengrundstücksgesellschaft spielt neben den erbschaftsteuerlichen Anreizen der §§ 13 a, 19 a ErbStG (vgl. hierzu § 35 Rdnr. 125 ff. und 167) vor allem die **Verhinderung der Auflösung von stillen Reserven** eine Rolle. Im Gegensatz zu der nachfolgend dargestellten Generierung von Betriebsvermögen (vgl. § 36 Rdnr. 37) soll die Ausgangssituation hier so definiert werden, dass sich das Grundstück bereits in einem **Betriebsvermögen** befindet. Im Falle eines Erbfalls droht dann der Wechsel ins Privatvermögen, mit der ertragsteuerlichen Folge der Auflösung stiller Reserven. Derartige Gefahren verwirklichen sich z.B., wenn Betriebsgrundstücke anderen Personen zugewiesen werden als der Betrieb im Ganzen (vgl. § 35 Rdnr. 210). Das Grundstück gilt als vom Erblasser entnommen, so dass diesem ein ertragsteuerlicher Entnahmegewinn entsteht. Ein besonderes Augenmerk ist auf **Sonderbetriebsvermögen** zu richten. Existiert diesbezüglich beispielsweise bei einer qualifizierten Nachfolgeklausel (vgl. § 40 Rdnr. 34 ff.; § 35 Rdnr. 184 f.) keine korrespondierende Regelung hinsichtlich des Sonderbetriebsvermögens, wird dieses im Gegensatz zu dem Personengesellschaftsanteil zivilrechtlich Gesamthandsvermögen der Erbengemeinschaft. Einkommensteuerlich wird es bei dem qualifizierten Nachfolger nur in Höhe seiner Erbquote zu seinem Sonderbetriebsvermögen. In Höhe der Erbquoten der anderen, nicht qualifizierten Miterben wird das bisherige Sonderbetriebsvermögen des Erblassers zu notwendigem Privatvermögen mit der Folge, dass insoweit ein nicht begünstigter Entnahmegewinn des Erblassers entsteht (vgl. § 35 Rdnr. 185). Ein weiterer, bedeutender Fall ist bei der **Betriebsaufspaltung** (vgl. § 36 Rdnr. 128 ff.) gegeben, wenn Besitz- und Betriebsunternehmen im Zuge des Erbfalls getrennt werden. Hat z.B. ein Unternehmer ein Grundstück, welches er an eine GmbH vermietet hat, deren Alleingesellschafter er ist, an den einen Erben und die GmbH-Beteiligung an den anderen Erben vermacht, endet die Betriebsaufspaltung. Es kommt zur Besteuerung aller stillen Reserven, d.h. sowohl derjenigen in dem Grundstück als auch derjenigen in der GmbH-Beteiligung.[61] Das es sich dabei vielfach um eine begünstigte Betriebsaufgabe handeln wird, ist nur ein schwacher Trost. Denn den Erben fließen in der Regel keine ausreichenden liquiden Mittel zu, aus denen sie die Einkommensteuerlast, sei sie nun begünstigt oder nicht, bezahlen könnten. Wenn Beleihung oder Veräußerung der Substanz nicht möglich sind, werden dem Betrieb häufig liquide

---

[60] *Kowallik* DStR 1999, 1834; *Weßling* DStR 1997, 1381; vgl. hierzu § 36 Rdnr. 37 ff.
[61] BFH Beschl. v. 22.9.1999 – X B 47/99 – BFH/NV 2000, 559; Schmidt/*Wacker* § 15 EStG Rdnr. 865 m.w.N.

Mittel entzogen, was wiederum das Unternehmen in eine Krise führen kann. Ein letzter Ausweg kann noch die Ausschlagung sein (vgl. § 36 Rdnr. 289).

Es gilt daher, das Grundstück auch im Erbfalle im Betriebsvermögen zu halten. Eine **24** Maßnahme ist sicherlich, ein Auseinanderfallen von Betrieb bzw. Mitunternehmeranteil und Sonderbetriebsvermögen durch entsprechende testamentarische Regelungen zu vermeiden. Dies gilt auch hinsichtlich der Betriebsaufspaltung. Daneben besteht aber auch die Möglichkeit, das betreffende Grundstück noch zu Lebzeiten in eine **gewerbliche Familiengrundstücksgesellschaft** zu überführen. Dabei ist nach Möglichkeit eine Entnahme zu vermeiden. Eine einkommensteuerneutrale Übertragung von Grundstücken ist nach § 6 Abs. 5 S. 1 bis 3 EStG in folgenden Fällen möglich:[62]

- Ein Grundstück im Betriebsvermögen eines **Einzelunternehmens** kann in ein Sonderbetriebsvermögen des Einzelunternehmers, in ein Gesamthandsvermögen einer Mitunternehmerschaft oder in ein Betriebsvermögen einer mitunternehmerischen Personengesellschaft ohne Gesamthandsvermögen (z.B. atypische stille Gesellschaft)[63] eingebracht werden, an der der Einzelunternehmer beteiligt ist.
- Befindet sich das Grundstück im **Sonderbetriebsvermögen** eines Mitunternehmers kann es in das Gesamthandsvermögen oder Betriebsvermögen einer mitunternehmerischen Personengesellschaft ohne Gesamthandsvermögen der entsprechenden Mitunternehmerschaft oder in das Sonderbetriebsvermögen eines anderen Mitunternehmers der betreffenden Mitunternehmerschaft übertragen werden. Daneben kann der Steuerpflichtige das Grundstück in ein anderes Sonderbetriebsvermögen, welches er bei einer anderen Mitunternehmerschaft unterhält, oder in das Betriebsvermögen seines Einzelunternehmens überführen.
- Befindet sich das Grundstück bereits in einem **Gesamthandsvermögen** oder im Betriebsvermögen einer mitunternehmerischen **Personengesellschaft ohne Gesamthandsvermögen**, kann es in das Sonderbetriebsvermögen oder in das Betriebsvermögen eines Einzelunternehmens eines der Mitunternehmer der betreffenden Mitunternehmerschaft überführt werden.

Die Ertragsteuerneutralität gilt grundsätzlich nur für unentgeltliche Übertragungen. § 6 **25** Abs. 5 S. 1 bis 3 EStG ist dagegen nicht auf Veräußerungsvorgänge anzuwenden, die wie zwischen fremden Dritten abgewickelt werden (vgl. § 35 Rdnr. 222 ff.). In diesen Fällen ist das Grundstück beim Erwerber gem. § 6 Abs. 1 Nr. 1 und 2 EStG mit den Anschaffungskosten anzusetzen. Der Veräußerer erzielt in derselben Höhe einen Veräußerungsgewinn. Erfolgt die Übertragung des Grundbesitzes ganz oder teilweise gegen Gewährung oder Minderung von **Gesellschaftsrechten,** handelt es sich zwar um einen tauschähnlichen Vorgang,[64] der eigentlich gem. § 6 Abs. 6 S. 1 EStG eine Gewinnrealisierung nach sich ziehen müsste. Allerdings gehen § 6 Abs. 5 S. 1 bis 3 EStG dieser Regelung als lex specialis vor.[65] Die Übertragung ist daher auch in diesen Fällen zwingend zum Buchwert vorzunehmen. Die einkommensteuerneutrale Übertragung ist allerdings dann ausgeschlossen, wenn sich durch die Übertragung gem. § 6 Abs. 5 S. 3 EStG der Anteil einer Körperschaft (z.B. GmbH) an dem übertragenen Grundstück unmittelbar oder mittelbar erhöht, § 6 Abs. 5 S. 4 EStG. Dies gilt unabhängig davon, ob die Übertragung unentgeltlich oder gegen Gesellschafterrechte erfolgt. Erfasst werden hier vor allem die Fälle, in denen eine Komplementär-GmbH am Kapital einer Personengesellschaft (z.B. GmbH & Co. KG oder GmbH & atypisch Still) beteiligt ist, so dass das eingebrachte Grundstück auch den Wert des Anteils der GmbH an der Personengesellschaft erhöht.[66]

Die Beteiligung der Familienmitglieder erfolgt in der Regel durch Schenkung und zwar zu- **26** meist im Zuge der Gesellschaftsgründung.[67] Soweit die Übertragung steuerneutral erfolgen kann, ändert sich hinsichtlich der laufenden Ertragsteuern die Behandlung nicht. Es liegen

---

[62] Dies gilt für Übertragungen, die nach dem 31.12.2000 erfolgten. Hinsichtl. der Übertragungen vor dem 1.1.2001 vgl. Vorauflage.
[63] Die mitunternehmerische Personengesellschaft ohne Gesamthandsvermögen wird vom Tatbestand des § 6 Abs. 5 S. 3 EStG direkt nicht erfaßt. Dieser ist jedoch analog anzuwenden. Ebenso wohl Schmidt/*Glanegger* § 6 EStG Rdnr. 530, 542 m.w.N.
[64] BFH Urt. v. 19.10.1998 – VIII R 69/95 – BStBl. 2000, 230.
[65] OFD Koblenz Rdvfg. v. 17.1.2001 – S 2241 A – St 31 1 – DStR 2001, 829.
[66] Vgl. *Geck* ZEV 2001, 41 (42).
[67] Vgl. hierzu Sudhoff/*Hübner* § 72 Rdnr. 12.

weiterhin Einkünfte aus Gewerbebetrieb vor, die auch nach wie vor **gewerbesteuerpflichtig** sind. Der Einbringungsvorgang an sich löst keine **Umsatzsteuer** aus, § 4 Nr. 9 a UStG. Die Einkünfte werden bei Mitunternehmerschaften einheitlich und gesondert festgestellt und auf die einzelnen Gesellschafter verteilt.

27 Die Einbringung des Grundstücks in die Familiengrundbesitzgesellschaft kann **Grunderwerbsteuer** auslösen. Erforderlich ist ein schuldrechtliches, auf die Änderung der Eigentumsverhältnisse gerichtetes Rechtsgeschäft. Die bloße Änderung der steuerlichen Zuordnung erfüllt noch keinen grunderwerbsteuerlichen Tatbestand. Die Überführung eines Grundstücks aus dem Betriebsvermögen eines Einzelunternehmens in das Sonderbetriebsvermögen desselben Steuerpflichtigen und umgekehrt bleibt daher ebenso grunderwerbsteuerfrei, wie die Übertragung des Grundstücks von einem Sonderbetriebsvermögen in ein anderes Sonderbetriebsvermögen desselben Steuerpflichtigen. Wird das Grundstück dagegen in das Betriebsvermögen einer Personengesellschaft eingebracht, begründet dies für die Gesellschaft den Anspruch auf Übereignung des Grundstücks im Wege der Einlage, was Grunderwerbsteuer gem. § 1 Abs. 1 Nr. 1 GrEStG auslöst. Da das Grundstück in ein Gesamthandsvermögen überführt wird, unterbleibt die Erhebung der Grunderwerbsteuer in Höhe desjenigen Anteils, mit dem der das Grundstück einbringende Alleineigentümer am Vermögen der Gesamthand beteiligt ist, § 5 Abs. 2 GrEStG. Dies gilt allerdings nur insoweit, als sich der Anteil des Veräußerers an der Gesamthand innerhalb den der Übertragung des Grundstücks Folgenden fünf Jahren nicht vermindert (**fünfjährige Nachsteuerfrist**). Bei der Übertragung eines Grundstücks von einer Gesamthand auf einen ihrer Gesellschafter wird die Grunderwerbsteuer in Höhe des Anteils nicht erhoben, mit dem dieser an der Gesellschaft beteiligt war, § 6 Abs. 2 GrEStG. Dies gilt jedoch nicht, soweit sich die Beteiligungsverhältnisse an der übertragenden Gesamthand innerhalb der letzten fünf Jahre vor dem Erwerbsvorgang verändert haben, § 6 Abs. 4 GrEStG. Der **Grundstückserwerb durch den Ehegatten** und derjenige durch Personen, die mit dem Übertragenden in gerader Linie verwandt sind, ist von der Grunderwerbsteuer befreit, § 3 Nr. 4 und 6 GrEStG. Erwirbt eine unter Beteiligung dieser Personen gegründete Familiengrundbesitzgesellschaft in der Rechtsform einer Personengesellschaft das Grundstück, gelten die Gesellschafter als Erwerber, so dass der Erwerb insoweit grunderwerbsteuerfrei bleibt.[68] Eine Familiengrundbesitzgesellschaft in der Rechtsform einer Kapitalgesellschaft schirmt die Gesellschafter ab, so dass deren personenbezogene Befreiungstatbestände nicht durchgreifen können. Es fällt Grunderwerbsteuer an. Eine **Veränderung der Beteiligungsverhältnisse** an der Familiengrundstücksgesellschaft ist erst dann als ein auf die Übereignung eines Grundstücks auf eine neue Personengesellschaft gerichtetes Rechtsgeschäft und damit als grunderwerbsteuerlicher Vorgang zu werten, wenn innerhalb von fünf Jahren unmittelbar oder mittelbar 95 % der Anteile auf neue Gesellschafter übergehen, § 1 Abs. 2 a GrEStG.

28 **Erbschaftsteuerlich** gilt auch für die Familiengrundbesitzgesellschaft grundsätzlich die Privilegierung des Betriebsvermögens. Es wird ein Freibetrag von € 225.000 gewährt, § 13 a Abs. 1 S. 1 ErbStG (vgl. § 35 Rdnr. 125), und der verbleibende Rest des Betriebsvermögens wird mit nur 65 % bewertet, § 13 a Abs. II ErbStG (vgl. § 35 Rdnr. 138). Darüber hinaus wird unabhängig vom tatsächlichen Verwandtschaftsverhältnis zum Erblasser stets die Steuerklasse I zugrunde gelegt (vgl. § 35 Rdnr. 167). Etwaige mit dem Grundbesitz zusammenhängende und sich im Betriebsvermögen befindende Schulden werden anders als im Privatvermögen im Ergebnis mit ihrem Nominalwert von dem steuerlichen Bedarfswert abgezogen (vgl. § 35 Rdnr. 82).

3. Vermögensverwaltende Familiengrundbesitzgesellschaft

29 Die **unentgeltliche Übertragung** eines im Privatvermögen gehaltenen Grundstücks in eine vermögensverwaltende Personengesellschaft löst beim Übertragenden keine ertragsteuerlichen Folgen aus. Die Gesellschafter der Personengesellschaft treten in die Rechtsstellung des Übertragenden ein und führen dessen AfA-Bemessungsgrundlage fort, § 11 d EStDV. Haben sie Erwerbskosten des Schenkungsvorgangs wie z.B. Notarkosten und Eintragungsgebühren zu tragen, sollen diese beim vollständig unentgeltlichen Erwerb des Grundstücks weder zu An-

---

[68] *Pahlke/Franz* § 1 GrEStG Rdnr. 43; *Boruttau/Egly/Sigloch* GrEStG § 3 Rdnr. 31 ff.

schaffungskosten noch zu Werbungskosten führen.[69] Da ein unentgeltlicher Erwerb weder Anschaffung noch Veräußerung sei, löse er auch keinen privaten Veräußerungsgewinn im Sinne des § 23 EStG aus. Der Rechtsnachfolger tritt lediglich in die Behaltefrist des Übertragenden ein, § 23 Abs. 1 S. 3 EStG.

Die vollständig **entgeltliche Übertragung**[70] eines Grundstücks aus dem Privatvermögen auf eine Personengesellschaft kann beim Veräußerer nur dann zu einem steuerpflichtigen Veräußerungsgewinn führen, wenn der Verkauf innerhalb einer Spekulationsfrist von zehn Jahren seit dem Erwerb des Grundstücks erfolgt, § 23 Abs. 1 S. 1 Nr. 1 EStG. Ansonsten handelt es sich beim Veräußerer um einen ertragsteuerlich unbeachtlichen Vorgang. Die entgeltliche Anschaffung führt bei den Gesellschaftern der Personengesellschaft zu Anschaffungskosten. Soweit die Anschaffungskosten auf das Gebäude entfallen, bilden sie die Bemessungsgrundlage für die Abschreibung; das Grundstück unterliegt grundsätzlich keiner Abschreibung. Eine **teilentgeltliche Übertragung**[71] des Grundstücks auf eine Personengesellschaft kann beim Veräußerer nur innerhalb der zehnjährigen Behaltefrist des § 23 Abs. 1 S. 1 Nr. 1 EStG zu einem ertragsteuerlich zu beachtenden Veräußerungsvorgang hinsichtlich des entgeltlichen Teils führen.[72] Dieser errechnet sich nach dem Verhältnis des Verkehrswertes zur Gegenleistung.[73] Die Personengesellschaft tritt hinsichtlich des unentgeltlichen Teils als Rechtsnachfolger in die Rechtsstellung des Übertragenden ein. Bezüglich des entgeltlichen Teils hat die Grundstückspersonengesellschaft dagegen eigene Anschaffungskosten. Beim teilentgeltlichen und beim entgeltlichen Erwerb gehören die Nebenkosten in voller Höhe zu den Anschaffungskosten.[74] 30

Wird ein Grundstück aus einem **Betriebsvermögen** unentgeltlich auf eine vermögensverwaltende und damit nicht gewerbliche Grundstücksgesellschaft übertragen, liegt eine Entnahme des Übertragenden vor. Die entgeltliche Übertragung aus einem Betriebsvermögen kann zu einem laufenden und damit zusätzlich der Gewerbesteuer unterliegenden Veräußerungsgewinn führen. Eine teilentgeltliche Übertragung ist in einen entgeltlichen und einen unentgeltlichen Teil aufzuteilen. Sowohl die Entnahme als auch die Veräußerung gelten auf Seiten des Erwerbers als Anschaffung im Sinne des § 23 EStG, so dass mit der Entnahmehandlung die zehnjährige Behaltefrist zu laufen beginnt. 31

Die von der Familiengrundbesitzgesellschaft als nicht gewerblicher Personengesellschaft erzielten **laufenden Einkünfte** werden den Gesellschaftern im Wege der einheitlichen und gesonderten Feststellung der Besteuerungsgrundlagen nach dem Verhältnis ihrer Beteiligung zugerechnet, §§ 179, 180 AO. Abweichende Vereinbarungen sind steuerlich anzuerkennen.[75] Auf der Ebene des Gesellschafters sind die Gewinn- und Verlustanteile im Rahmen der Einkommensteuererklärung zu erfassen und nach dem persönlichen Steuersatz des jeweiligen Gesellschafters zu versteuern. Verluste unterliegen der Verlustabzugsbegrenzung im Sinne des § 15 a und § 15 b EStG, § 21 Abs. 1 S. 2 EStG. Verluste aus einer vermögensverwaltenden Kommanditgesellschaft dürfen daher, soweit sie die Hafteinlage übersteigen, nur mit künftig anfallenden Überschüssen verrechnet werden. Soweit Verluste aus einem Steuerstundungsmodell resultieren, sind sie sogar nur mit künftigen Gewinnen aus derselben Einkunftsquelle in den Folgejahren zu verrechnen.[76] 32

Die **Veräußerung von Anteilen** an einer vermögensverwaltenden Familiengrundbesitzgesellschaft löst außerhalb der zehnjährigen Behaltefrist des § 23 EStG keine ertragsteuerlichen Folgen aus. Es handelt sich um einen nicht steuerbaren Vorgang der privaten Vermögenssphäre. 33

---

[69] BFH Urt. v. 8.6.1994 – X R 51/91 – BStBl. II 1994, 779; BMF Schr. v. 13.1.1993 BMF IV B 3 – S 2190–37/92 – BStBl. I 1993, 80 Rdnr. 13; a.A. zu Recht Schmidt/*Drenseck* § 7 EStG Rdnr. 72, der die Kosten die Bemessungsgrundlage erhöhen will.
[70] Zum Begriff des vollständig entgeltlichen Erwerbs vgl. § 35 Rdnr. 222.
[71] Zum Begriff des teilentgeltlichen Erwerbs vgl. § 35 Rdnr. 223 ff.
[72] *Tiedke/Wälzholz* ZEV 2000, 293; vgl. a. § 35 Rdnr. 233.
[73] BFH Urt. v. 22.9.1987 – IX R 15/84 – BStBl. II 1988, 250.
[74] BFH Urt. v. 10.10.1991 – XI R 1/86 – BStBl. II 1992, 239; BMF Schr. v. 13.1.1993 BMF IV B 3 – S 2190–37/92 – BStBl. I 1993, 80 Rdnr. 13.
[75] Schmidt/*Drenseck* § 21 EStG Rdnr. 22 m.w.N.
[76] Gilt für alle Steuerstundungsmodelle, für die nach dem 11.11.2005 mit dem Außenvertrieb begonnen wurde, oder denen der Steuerpflichtige nach dem 10.11.2005 beigetreten ist § 52 Abs. 33 a EStG.

Zwischenzeitlich angefallene Wertsteigerungen können somit steuerfrei realisiert werden. Für die Berechnung der Behaltefrist ist zu beachten, dass die Anschaffung oder Veräußerung einer unmittelbaren oder mittelbaren Beteiligung an einer vermögensverwaltenden Personengesellschaft als Anschaffung oder Veräußerung der anteiligen Wirtschaftsgüter gilt, § 23 Abs. 1 S. 4 EStG. Steuerpflichtig sind daher auch die sog. **Mischfälle** der Anschaffung eines Grundstücks durch die Gesellschaft und der Veräußerung der Gesellschaftsbeteiligung und umgekehrt.[77] Von der Steuerpflicht nach § 23 EStG mit erfasst, sind folglich auch die Anschaffung eines Anteils an einer grundstücksbesitzenden Personengesellschaft und die Veräußerung eines Grundstücks der Gesellschaft innerhalb von 10 Jahren nach Anteilserwerb und zwar unabhängig von der Besitzdauer der Gesellschaft, sowie der Erwerb eines Grundstücks durch die Gesellschaft und Veräußerung des Anteils an der Gesellschaft innerhalb von 10 Jahren nach Grundstückserwerb.

34 Generell ist daneben bei der Veräußerung von Grundstücken oder Anteilen an vermögensverwaltenden Grundstücksgesellschaften die Rechtsprechung zum **gewerblichen Grundstückshandel** zu beachten. Hierbei geht es um die Abgrenzung der privaten Vermögensverwaltung einschließlich der Umschichtung des Vermögens zur gewerblichen Betätigung im Bereich des An- und Verkaufs von Grundstücken bzw. der Errichtung von Gebäuden und deren Veräußerung. Während bei der privaten Vermögensverwaltung die Veräußerungsgewinne abgesehen von privaten Veräußerungsgeschäften innerhalb der zehnjährigen Behaltefrist des § 23 Abs. 1 S. 1 Nr. 1 EStG steuerfrei bleiben, zählen sie bei gewerblicher Betätigung zu den Einkünften aus Gewerbebetrieb und unterliegen zusätzlich der Gewerbesteuer. Im Interesse der Rechtssicherheit hat der BFH die sog. **Drei-Objekt-Grenze** entwickelt, wonach der Bereich der privaten Vermögensverwaltung in der Regel erst dann verlassen wird, wenn der Steuerpflichtige mehr als drei Objekte veräußert und zwischen der Anschaffung der Objekte (Kauf bzw. Errichtung) und dem Verkauf ein enger zeitlicher Zusammenhang besteht. Als eng wurde dabei ein Zeitraum von fünf Jahren angesehen.[78] Auf der **Ebene der Personengesellschaft** ist daher grundsätzlich darauf zu achten, dass die Familiengrundbesitzgesellschaft innerhalb von fünf Jahren nicht mehr als drei Objekte veräußert. Möglicherweise daneben bestehende grundstücksgewerbliche Eigenaktivitäten der Gesellschafter sind gesondert zu betrachten und beeinflussen die Beurteilung auf der Ebene der Gesellschaft nicht.[79] Auf der **Ebene der Gesellschafter** sind die Aktivitäten der Familiengrundbesitzgesellschaft dagegen wie eigene Aktivitäten der Gesellschafter zu berücksichtigen.[80] Den Grundstücksveräußerungen der Familiengrundbesitzgesellschaft grundsätzlich gleichwertig sind Veräußerungen der Anteile an dieser Gesellschaft.[81]

Allerdings hat die Drei-Objekt-Grenze lediglich indizielle Bedeutung. Sie kann jederzeit in die eine oder die andere Richtung widerlegt werden. Sie hat daher durch die Rechtsprechung des Bundesfinanzhofs zahlreiche Durchbrechungen erfahren. So liegt ein gewerblicher Grundstückshandel in folgenden Fällen auch ohne Überschreitung der Drei-Objekt-Grenze vor:[82]

- Das Grundstück mit einem darauf vom Veräußerer zu errichtenden Gebäude wird bereits vor seiner Bebauung verkauft. Als Verkauf vor Bebauung ist ein Verkauf bis zur Fertigstellung des Gebäudes anzusehen.
- Das Grundstück wird von vornherein auf Rechnung und nach Wünschen des Erwerbers bebaut.

---

[77] BT-Drs. 612/93, 61; Schmidt/*Weber-Grellet* § 23 EStG Rdnr. 47; a.A. *Peter* DStR 1999, 1337.
[78] GrS BFH Beschl. v. 10.12.2001 – GrS 1/98 – BStBl. II 2002, 291 m.w.N. unter C.II.
[79] GrS BFH Beschl. v. 3.7.1995 – GrS 1/93 – BStBl. II 1995, 617 m.w.N. unter C.III.2 und IV.1; BMF Schr. v. 26.3.2004 – IV A 6 – S 2240 – 46/04 – BStBl. I 2004, 434 Rdnr. 14.
[80] GrS BFH Beschl. v. 3.7.1995 – GrS 1/93 – BStBl. II 1995, 617 m.w.N. unter C.IV.1.; BMF Schr. v. 26.3.2004 – IV A 6 – S 2240 – 46/04 – BStBl. I 2004, 434 Rdnr. 14; Schmidt/*Weber-Grellet* § 15 EStG Rdnr. 73 m.w.N.
[81] BFH Urt. v. 7.3.1996 – IV R 2/92 – BStBl. II 1996, 369; BMF Schr. v. 26.3.2004 – IV A 6 – S 2240 – 46/04 – BStBl. I 2004, 434 Rdnr. 18; ; Schmidt/*Weber-Grellet* § 15 EStG Rdnr. 74.
[82] BMF Schr. v. 26.3.2004 – IV A 6 – S 2240 – 46/04 – BStBl. I 2004, 434 Rdnr. 28, 29.

- Das Bauunternehmen des das Grundstück bebauenden Steuerpflichtigen erbringt erhebliche Leistungen für den Bau, die nicht wie unter fremden Dritten abgerechnet werden.
- Das Bauvorhaben wird nur kurzfristig finanziert.
- Der Steuerpflichtige beauftragt bereits während der Bauzeit einen Makler mit dem Verkauf des Objekts.
- Vor Fertigstellung wird ein Vorvertrag mit dem künftigen Erwerber geschlossen.
- Der Steuerpflichtige übernimmt über den bei Privatverkäufen üblichen Bereich hinaus Gewährleistungspflichten.
- Unmittelbar nach dem Erwerb des Grundstücks wird mit der Bebauung begonnen und das Grundstück wird unmittelbar nach Abschluss der Bauarbeiten veräußert.
- Verkauf von errichteten Großprojekten, wobei die Tätigkeit des Steuerpflichtigen nach ihrem wirtschaftlichen Kern der Tätigkeit eines Bauträgers entspricht.

Umgekehrt kann trotz des Überschreitens der Drei-Objekt-Grenze ein gewerblicher Grundstückshandel zu verneinen sein, wenn der Veräußerer das Objekt langfristig, d.h. mehr als fünf Jahre vermietet hat.[83]

Die Finanzverwaltung hat die Rechtsprechung in einem vereinfachten Prüfschema zusammengefasst (siehe Schaubild auf der folgenden Seite).

Die Einbringung eines Grundstücks in die Familiengrundbesitzgesellschaft unterliegt grundsätzlich nicht der **Umsatzsteuer**, § 4 Abs. 1 Nr. 9 a UStG. Hat der Veräußerer seinerzeit beim Erwerb des Grundstücks zur Umsatzsteuer optiert, unterliegt auch die Veräußerung des Grundstücks der Umsatzsteuer, sofern diese sich nicht als umsatzsteuerfreie Geschäftsveräußerung im Sinne des § 1 Abs. 1 a UStG darstellt. Die Familiengrundbesitzgesellschaft selbst ist Unternehmer im Sinne des § 2 Abs. 1 UStG.[84] Sie kann im Bereich der gewerblichen Vermietung und Verpachtung auf die Steuerbefreiung des § 4 Nr. 12 a) UStG verzichten, § 9 UStG, und wäre dann auch zum Vorsteuerabzug berechtigt.

Wird das Grundstück unmittelbar auf eine Familiengrundbesitzgesellschaft in der Rechtsform einer OHG, KG oder GbR im Wege des Erbfalls oder der Schenkung übertragen, sind nach der Rechtsprechung des BFH die einzelnen Gesamthänder Erwerber und Schuldner der **Erbschaftsteuer** und nicht die Gesamthandsgemeinschaft.[85] Dies gilt unabhängig davon, ob die Gesamthand zivilrechtlich Erbin oder Beschenkte ist. Übertragen Eltern Grundstücke auf ihre Kinder als „Gesellschaft bürgerlichen Rechts", ist diese freigebige Zuwendung nicht als Erwerb der GbR nach Steuerklasse III, sondern als Erwerb der Kinder nach Steuerklasse I zu besteuern. Aufgrund der Rechtsprechung können auch beim Erwerb durch die Familiengrundbesitzgesellschaft persönliche Steuerbefreiungen (z.B. § 13 Abs. 1 Nr. 4 ErbStG) und Freibeträge (§§ 16, 17 ErbStG) zum Tragen kommen. Ob die Rechtsprechung an dieser Sichtweise angesichts der grundsätzlichen Anknüpfung an das Zivilrecht und die Tendenz in der Rechtsprechung des Bundesgerichtshofs zu einer Verselbständigung und Vermögenzuständigkeit der Personengesellschaften[86] festhält, bleibt abzuwarten. Die **Einbringung** eines Grundstücks dem Werte nach führt nicht zu einer freigebigen Zuwendung, weil es an der Übertragung der rechtlichen Verfügungsmacht fehlt.[87] Das Grundstück ist erst dann freigebig zugewendet, wenn später auch das Eigentum unentgeltlich übertragen wird.

---

[83] BMF Schr. v. 26.3.2004 – IV A 6 – S 2240 – 46/04 – BStBl. I 2004, 434 Rdnr. 30.
[84] R 16 Abs. 2 UStR.
[85] BFH Urt. v. 14.9.1994 – II R 95/92 – BStBl. II 1995, 81; Urt. v. 6.3.2002 – II R 85/99 – BFH/NV 2002, 1030.
[86] BGH Urt. v. 29.1.2001 – II ZR 331/00 – DStR 2001, 310.
[87] BFH Beschl. v. 1.2.2001 – II B 15/00 – BFH/NV 2001, 1265.

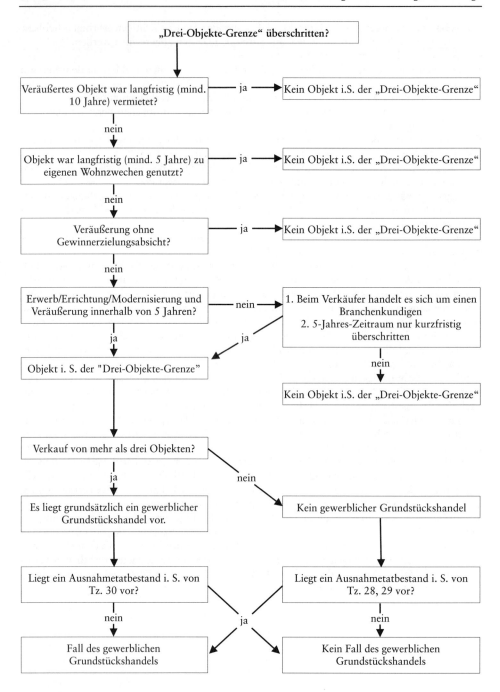

IV. Generierung von Betriebsvermögen

1. Checkliste 37

☐ Liegt zur Umwandlung in Betriebsvermögen geeignetes Vermögen vor?
- Ausländisches Vermögen, insbesondere ausländische Grundstücke,
- Kapitalgesellschaftsbeteiligungen zwischen 1% und 25%,
- Barvermögen.

☐ Kann die Einbringung in ein bestehendes Betriebsvermögen erfolgen?
- Einzelunternehmen,
- freiberufliche Praxis,
- land- und forstwirtschaftlicher Betrieb,
- Sonderbetriebsvermögen,
- notwendiges oder gewillkürtes Betriebsvermögen;
- Gesamthandsvermögen ist nur bedingt geeignet.

☐ Ist die Gründung einer gewerblich geprägten Personengesellschaft erforderlich?
- Ist eine Neugründung zeitlich möglich oder
- muss auf eine Vorratsgründung zurückgegriffen werden?

☐ Lohnt sich die geplante Gestaltung bei Berücksichtigung sämtlicher Kosten und Steuern?
- Einbringungs- und Gründungskosten (z.B. Notar- und Handelsregistergebühren),
- laufende Kosten (z.B. Jahresabschlusskosten, Kosten für Steuererklärungen) über 5 Jahre,
- laufende Einkommen-, Körperschaft- und Gewerbesteuern über 5 Jahre,
- Steuerlast aus der Besteuerung stiller Reserven,
- Grunderwerbsteuer.

2. Einleitung

Seit dem In-Kraft-Treten des JStG 1997 wird im Erbschaftsteuerrecht zwischen „gutem" und 38 „bösem Vermögen" unterschieden.[88] Während ausländisches Vermögen und das Kapitalvermögen grundsätzlich als erbschaftsteuerlich schlecht anzusehen sind (vgl. § 35 Rdnr. 28; 63; 73), stehen das inländischem Betriebsvermögen, das land- und forstwirtschaftliche Vermögen sowie bestimmte prozentuale Anteile an inländischen Kapitalgesellschaften auf der guten Seite. Nur über diesem Vermögen wird das Füllhorn der Vergünstigungen ausgeschüttet, beginnend mit dem Entlastungsfreibetrag von € 225.000 (§ 13 a Abs. 1 S. 1 ErbStG, vgl. § 35 Rdnr. 125), über den Bewertungsabschlag von 35% (§ 13 a Abs. 2 ErbStG, vgl. § 35 Rdnr. 138), bis hin zur Tarifentlastung der „fiktiven Adoption" nach § 19 a ErbStG (vgl. § 35 Rdnr. 167).[89] Daneben sind die Betriebsschulden bei der Bewertung des Betriebsvermögens **in voller Höhe** zu berücksichtigen (vgl. § 35 Rdnr. 82). Bei den nicht privilegierten Gegenständen des Privatvermögens (z.B. Grundstücken), sind die damit zusammenhängenden Schulden nur in Höhe des Prozentsatzes anzusetzen, der sich aus dem Verhältnis des steuerlichen Bedarfswerts des Gegenstands zu seinem Verkehrswert ergibt.[90] Was liegt da näher, als böses in gutes Vermögen zu verwandeln?[91] Doch Vorsicht, vor einer pauschalen Empfehlung zur Umwandlung von Privatin Betriebsvermögen kann nur gewarnt werden![92] All zu oft wird nur die Erbschaftsteuerersparnis auf den Tag der Schenkung ermittelt. Dies hieße jedoch, die mit der Missbrauchsregelung (§§ 13 a Abs. 5, 19 a Abs. 5 ErbStG, vgl. § 35 Rdnr. 139 ff.; 167) zusammenhängenden

---

[88] *Schön* Editorial in DB 6/1996.
[89] *Moench* StbJb 1997/98, 363, 371.
[90] H 17 (2) ErbStH; vgl. § 35 Rdnr. 88.
[91] Vgl. *Stahl* NJW 2000, 3100; *Daragan* DStR 2000, 272; *Kowallik* DStR 1999, 1834; *Kroschel/Wellisch* DB 1998, 1632; *Weßling* DStR 1997, 1381; *Thiel* DB 1997, 64.
[92] *Kroschel/Wellisch* DB 1998, 1632; *Weßling* DStR 1997, 1381; *Ottersbach/Hansen* DStR 1997, 1269.

Folgen zu vernachlässigen. Denn danach ist es in aller Regel nicht möglich, das betreffende Vermögen in der Hand des Schenkers in Betriebsvermögen umzuwandeln, es sodann zu schenken und gleich darauf in der Hand des Beschenkten wieder in Privatvermögen zurückzuverwandeln. Grundsätzlich wird das neu gebildete Betriebsvermögen fünf Jahre unverändert als solches erhalten bleiben müssen. Die sich während dieser Zeit ergebenden ertragsteuerlichen Folgen können den erbschaftsteuerlichen Effekt schnell dahinschmelzen lassen. Insbesondere die Besteuerung der stillen Reserven im Zuge der Entstrickung des Vermögens (z.B. Entnahme oder Veräußerung des betrieblichen Wirtschaftsguts) nach Ablauf der Fünf-Jahres-Frist erweist sich als Ärgernis.[93]

39 Jede Gestaltungsempfehlung sollte daher zuvor genau durchgerechnet werden, ob sie auch tatsächlich die angestrebte Ersparnis bringt, denn oft wird dies nicht der Fall sein. Eine bloße Gegenüberstellung der Schenkung von Privatvermögen und der Schenkung desselben Vermögens als Betriebsvermögen **reicht nicht** aus. Zu berücksichtigen sind vielmehr darüber hinaus die Kosten (z.B. Gründungs- und laufende Kosten einer GmbH & Co. KG) und ertragsteuerlichen Effekte über den Zeitraum der fünfjährigen Nachsteuerfrist.[94] Eine Generierung von Betriebsvermögen wird sich daher immer dann anbieten, wenn das Privatvermögen ohnehin steuerverstrickt ist und zwar sowohl hinsichtlich der laufenden Gewinne als auch in Bezug auf etwaige Wertsteigerungen. Besonders geeignet erscheinen daher im Privatvermögen gehaltene **kleinere Anteile an einer Kapitalgesellschaft** im Umfang von 1% bis 25%. Liegt sie unter 1%, ist sie – noch – steuerfrei veräußerbar, § 17 Abs. 1 S. 1 EStG. Handelt es sich dagegen um eine Beteiligung von mehr als 25%, ist eine Einlage bzw. Umwandlung nicht erforderlich, da sie bereits zu dem von den §§ 13 a, 19 a ErbStG begünstigten Vermögen zählt, §§ 13 a Abs. 4 Nr. 3, 19 a Abs. 2 S. 1 Nr. 3 ErbStG (vgl. § 35 Rdnr. 123). Des Weiteren erscheint **ausländisches Vermögen** geeignet zu sein, insbesondere ausländische Grundstücke, die im Erb- oder Schenkungsfalle nicht wie inländische Grundstücke mit dem Bedarfswert, sondern mit dem gemeinen Wert anzusetzen wären, § 12 Abs. 6 ErbStG i.V.m. § 31 BewG.[95]

40 Einen Sonderfall bildet **ausländisches Betriebsvermögen** von Gewerbebetrieben (Einzelunternehmen oder Personengesellschaften), deren wirtschaftliche Einheit sich ausschließlich auf das Ausland erstreckt sowie das Vermögen, das einer ausländischen Betriebsstätte eines inländischen Gewerbebetriebs dient. Beides zählt nicht zum inländischen Betriebsvermögen und ist daher nicht nach §§ 13 a, 19 a ErbStG begünstigt.[96] Es ist für Zwecke der §§ 13 a, 19 a ErbStG im Wege der Verhältnisrechnung aufzuteilen (vgl. § 35 Rdnr. 123). Die Beteiligung an einer **ausländischen Personen- oder Kapitalgesellschaft** zählt zum inländischen Vermögen und damit nach §§ 13 a, 19 a ErbStG begünstigten Vermögen, wenn ihre Anteile von einem im Inland belegenen Gewerbebetrieb gehalten werden. Grundsätzlich ist es daher vorteilhaft, wenn derartiges ausländisches, nicht begünstigtes Vermögen eines inländischen Gewerbebetriebes in eine ausländische Personen- oder Kapitalgesellschaft eingebracht wird, deren Anteile der Gesellschafter in einem inländischen Betriebsvermögen hält.[97]

Schließlich erscheinen Vermögensgegenstände des Privatvermögens für die Übertragung in ein Betriebsvermögen geeignet, die während der fünfjährigen Behaltensfrist keine bzw. keine nennenswerten Wertsteigerungen erwarten lassen.

3. Umwandlung in Betriebsvermögen

41 Die erbschaftsteuerliche Begünstigung von Betriebsvermögen knüpft über die Verweisung in § 12 Abs. 5 S. 2 ErbStG auf § 95 Abs. 1 BewG an die Grundsätze des Ertragsteuerrechts an (vgl. § 35 Rdnr. 59). Danach ist nur in den seltensten Fällen die Vermögensverwaltung eine originär gewerbliche Tätigkeit, so z.B. beim gewerblichen Grundstückshandel,[98] bei der

---

[93] Weßling DStR 1997, 1381.
[94] Zur Vorteilhaftigkeitsanalyse im Einzelnen vgl. Weßling DStR 1997, 1381.
[95] Kowallik DStR 1999, 1834; Daragan DStR 2000, 272.
[96] R 51 Abs. 4 S. 1 ErbStR; eine andere Frage ist, ob hierdurch eine gemeinschaftswidrige Diskriminierung verursacht wird, vgl. BFH Beschl. v. 11.4.2006 – II R 35/05 – DStR 2006, 1079 (Vorlagebeschluß zum EuGH); vgl. a. EuGH Urt. v. 11.12.2003 – C-364/01 – IStR 2004, 18; Moench/Weinmann § 13 a Rdnr. 6 a m.w.N.
[97] Moench/Weinmann § 13 a Rdnr. 23.
[98] BMF Schr. vom 26.3.2004, IV A 6 – S 2240 – 46/04 – BStBl. I 2004, 434; Schmidt/Weber-Grellet § 15 EStG Rdnr. 51 ff; vgl. auch § 36 Rdnr. 34 ff.

Vermietung von Ferienwohnungen[99] oder in engen Grenzen beim Wertpapierhandel.[100] Oft werden daher die zu verschenkenden und zu vererbenden Gegenstände des „bösen" Vermögens in „gutes" Vermögen umzuwandeln sein. Hierzu könnte man die private Vermögensverwaltung derart intensivieren, dass sie zur gewerblichen Tätigkeit wird. Insbesondere beim gewerblichen Grundstückshandel wird dies häufig ohne großen Aufwand durchführbar sein. Allerdings werden bei diesem Weg zumeist auch Vermögensgegenstände des Privatvermögens von der Gewerblichkeit erfasst, die nicht Gegenstand der Gestaltungsmaßnahme sein sollten. Um dies zu vermeiden, empfiehlt es sich daher, nur die zu verschenkenden oder zu vererbenden Gegenstände z.B. in einen bestehenden Gewerbebetrieb zu integrieren oder in eine gewerbliche Personengesellschaft oder in eine Kapitalgesellschaft einzubringen. Diese zeichnen sich grundsätzlich dadurch aus, dass sie stets gewerbliches Betriebsvermögen haben und immer gewerbliche Einkünfte erzielen. Dies gilt unabhängig davon, ob die konkret in dem Gewerbebetrieb oder durch die Gesellschaften ausgeübte Tätigkeit für sich betrachtet zu einer anderen Einkunftsart (z.B. Vermietung und Verpachtung oder Kapitalvermögen) gehören würde oder ob sie ebenfalls für sich betrachtet überhaupt ertragsteuerpflichtig wäre (wie z.B. die nicht unter §§ 17, 23 EStG fallende Gewinne aus der Veräußerung von Privatvermögen). Allerdings wird in den meisten Fällen die Einbringung in die Kapitalgesellschaft nicht zweckmäßig sein, weil die erbschaftsteuerliche Bewertung von Kapitalgesellschaftsanteilen häufig höher ausfällt als die Bewertung von Mitunternehmeranteilen (vgl. § 35 Rdnr. 26 ff. und 59 ff.). Ein weiterer Nachteil der GmbH-Variante ergibt sich bei der Überführung von inländischem Grundbesitz, die regelmäßig Grunderwerbsteuer auslöst, § 1 GrEStG. Dennoch sollte insbesondere dann, wenn eine GmbH bereits vorhanden ist und das zu übertragende Vermögen nicht aus inländischem Grundbesitz besteht, die GmbH-Variante als Alternative durchgerechnet werden.

42 Besteht bereits ein Gewerbebetrieb oder eine gewerbliche Personengesellschaft und ist beabsichtigt, dieses Vermögen ebenfalls zu übertragen, kann das zu verschenkende oder zu vererbende Privatvermögen diesem angegliedert werden. Dies geschieht durch **Einlage** der betreffenden Wirtschaftsgüter aus dem Privatvermögen **in das Betriebsvermögen**, § 4 Abs. 1 S. 5 EStG. Der Erblasser bzw. Schenker muss dabei seine unternehmerische Entscheidung, das Wirtschaftsgut endgültig dem Betrieb zu widmen, durch ein objektives Verhalten für Dritte erkennbar zum Ausdruck bringen.[101] In der Regel erfolgt dies durch die **Einbuchung**. Bei Personengesellschaften ist eine eigentumsmäßige Übertragung nicht zwingend notwendig. Ausreichend ist auch die **Einlage in das Sonderbetriebsvermögen** des Gesellschafters, welche grundsätzlich durch die rein buchhalterische Einbuchung bzw. den Ausweis des Vermögensgegenstands in der Sonderbilanz vollzogen wird. Personengesellschaftsanteil und Sonderbetriebsvermögen bilden zusammen den erbschaftsteuerlich begünstigten Mitunternehmeranteil im Sinne des § 13 a ErbStG i.V.m. § 15 Abs. 1 Nr. 2 EStG und müssen dementsprechend auch zusammen übertragen werden. Der Vorteil der Einlage in das Sonderbetriebsvermögen liegt darin, dass dieses im Alleineigentum des Mitunternehmers steht und somit auch der Erwerber des Mitunternehmeranteils das zuvor eingelegte Wirtschaftsgut dann zu Alleineigentum erwirbt. Bei **Einbringung** des Wirtschaftsguts **in die Personengesellschaft** wird es dagegen grundsätzlich Gesamthandsvermögen. Darüber hinaus ist es bei Einbringung von Privatvermögen gegen Gewährung von Gesellschaftsrechten für die Personengesellschaft ein Anschaffungsgeschäft[102] und korrespondierend hierzu für den Gesellschafter ein Veräußerungsgeschäft, welches nach §§ 17, 23 EStG der Einkommensteuer unterliegen kann.[103] Werden einzelne Wirtschaftsgüter des Privatvermögens unentgeltlich in das Gesamthandsvermögen einer Personengesellschaft übertragen, ist dies eine Einlage,[104] soweit nicht § 23 Abs. 1 S. 5 Nr. 1

---

[99] BFH Urt. v. 13.11.1996 – XI R 31/95 – BStBl. II 1997, 247 m.w.N.; H 137 Abs. 2 EStH „Ferienwohnung".
[100] BFH Urt. v. 30.7.2003 – X R 7/99 – BStBl. II 2004, 408; Urt. v. 19.2.1997 – XI R 1/96 – BStBl. II 1997, 399, 401; vgl. a. *Schmidt-Liebig* Inf 1999, 641 zu „Daytradern"; *Bornheim* Stbg 2002, 260 zu online-banking.
[101] BFH Urt. v. 22.9.1993 – X R 37/91 – BStBl. II 1994, 172.
[102] BFH Urt. v. 19.10.1998 – VIII R 69/95 – DStR 1998, 366; a.A. zu Recht Schmidt/*Wacker* § 15 Rdnr. 664 m.w.N.
[103] BMF Schr. v. 26.11.2004 – IV B 2 – S 2178 – 2/04 – BStBl. I 2004, 1190; BMF v. 29.3.2000 – IV C 2 – S 2178–4/00 – BStBl I 2000, 462; a.A. BFH Urt. v. 6.10.2004 – IX R 68/01 – BStBl. II 2005, 324.
[104] BMF v. 29.3.2000 – IV C 2 – S 2178–4/00 – BStBl I 2000, 462.

EStG eine Veräußerung fingiert.[105] Im Einzelfall kann mit der unentgeltlichen Übertragung von Wirtschaftsgütern in das Gesamthandsvermögen eine anteilige mittelbare Schenkung an die übrigen Gesellschafter verbunden sein.[106] Bei **teilentgeltlicher** Übertragung gilt die Trennungstheorie.[107]

43 Problematisch ist jedoch, ob eine Einlage mit allen Wirtschaftsgütern unabhängig vom betrieblichen Zusammenhang möglich ist. Grundsätzlich ist der **Umfang des Betriebsvermögens** und damit zugleich der Umfang der möglichen erbschaftsteuerlichen Begünstigung nach ertragsteuerlichen Grundsätzen zu ermitteln (**Grundsatz der Bestandsidentität**).[108] Dies bedeutet, dass bei **bilanzierenden** Gewerbetreibenden, freiberuflich Tätigen und Personengesellschaften über das **gewillkürte Betriebsvermögen** ein weiter Gestaltungsspielraum eröffnet wird. Einzige Voraussetzung ist, dass die eingelegten Wirtschaftsgüter objektiv geeignet und bestimmt sind, den Betrieb zu fördern.[109] Die Rechtsprechung ist bei der Auslegung dieses Merkmals meist großzügig und lässt auch sog. neutrale Wirtschaftsgüter als gewillkürtes Betriebsvermögen zu, die den Betrieb nur mittelbar fördern oder bei denen gegenwärtig sogar nur ein potentieller Sachzusammenhang besteht.[110] Typische Beispiele sind fremdbetrieblich oder zu Wohnzwecken genutzte Miethäuser[111] und zur Kapitalstärkung erworbene Wertpapiere. Entscheidend ist letztlich lediglich eine plausible Erklärung für den betrieblichen Zusammenhang. Der Anreicherung des Betriebsvermögens mit Barmitteln dürften nahezu keine Grenzen gesetzt sein. Gemischt genutzte Wirtschaftsgüter, die nur zum Teil im Betrieb eingesetzt werden, gehören nur dann zum gewillkürten Betriebsvermögen, wenn ihr betrieblicher Nutzungsanteil zwischen 10% und 50% liegt.[112] Darüber liegt notwendiges Betriebsvermögen vor, darunter notwendiges Privatvermögen. Ebenso wie der Einzelunternehmer kann auch der bilanzierende Mitunternehmer im Rahmen seines Sonderbetriebsvermögens gewillkürtes Betriebsvermögen haben (sog. **Sonderbetriebsvermögen II**). Auch hier ist nur erforderlich, dass es objektiv geeignet und subjektiv bestimmt ist, zumindest mittelbar den Betrieb der Personengesellschaft oder die Beteiligung selbst zu fördern. Bei Land- und Forstwirten und bei Freiberuflern grenzt das jeweilige Berufsbild die Möglichkeit der Bildung gewillkürten Betriebsvermögens weiter ein. Wirtschaftsgüter, die danach als **wesensfremd** anzusehen sind, können daher nur in Ausnahmefällen ins gewillkürte Betriebsvermögen überführt werden.[113] Bei **nicht bilanzierenden** Gewerbetreibenden, freiberuflich Tätigen und Personengesellschaften ist die Bildung von gewillkürtem Betriebsvermögen mittlerweile ebenfalls zulässig.[114]

44 Der Grundsatz der Bestandsidentität wird aber vereinzelt **durchbrochen** (vgl. § 35 Rdnr. 60). So ist beispielsweise nach § 99 Abs. 2 S. 3 BewG bei einem Grundstück, dass neben dem Betriebsinhaber auch betriebsfremden Dritten (z.B. dem Ehegatten[115]) gehört, der Anteil des Betriebsinhabers kein Betriebsgrundstück. Das gesamte Grundstück gehört zum Grundvermögen, so dass der Anteil des Betriebsinhabers nicht den Begünstigungen der §§ 13 a, 19 a ErbStG unterliegt. Um aus dem Grundstück begünstigtes Betriebsvermögen zu machen, müsste der Betriebsinhaber Alleineigentümer oder die übrigen Grundstücksmiteigentümer zumindest mit einem Zwerganteil Mitunternehmer des Gewerbebetriebs werden.[116]

---

[105] Zur Vermeidung der Fiktion vgl. *Daragan* DStR 2000, 272, 273 f.; *Stahl* NJW 2000, 3100, 3103.
[106] Schmidt/*Wacker* § 15 EStG Rdnr. 665.
[107] GrS BFH Beschl. v. 12.5.2003 – GrS 1/00 – BStBl. II 2004, 95; Schmidt/*Wacker* § 16 Rdnr. 665 a.E.
[108] §§ 13 a Abs. 4 Nr. 1, 12 Abs. 5 ErbStG i.V.m. §§ 95 ff. BewG; R 51 Abs. 1 S. 2 ErbStR; vgl. § 35 Rdnr. 60.
[109] BFH Urt. v. 19.2.1997 – XI R 1/96 – BStBl. II 1997, 399; Schmidt/*Heinicke* § 4 EStG Rdnr. 105.
[110] Vgl. Schmidt/*Heinicke* § 4 EStG Rdnr. 151 m.w.N.
[111] BFH Urt. v. 25.11.1997 – VIII R 4/94 – BStBl. II 1998, 461.
[112] R 13 Abs. 1 S. 6 EStR.
[113] BFH Urt. v. 24.8.1989 – IV R 80/88 – BStBl. II 1990, 17; BFH Beschl. v. 10.6.1998 – IV B 54/97 – BFH/NV 1998, 1477.
[114] BFH Urt. v. 2.10.2003 – IV R 13/03 – BStBl. II 2004, 985; Gleichlautende Ländererlasse v. 3.6.2005 – BStBl. I 2005, 797; BMF Schr. v. 17.11.2004 – IV B 2 – S 2134 – 2/04 – BStBl I 2004, 1064.
[115] § 26 BewG ist mangels ausdrücklicher Anordnung im Gesetz nicht anwendbar; ebenso Hess. FG Urt. v. 6.9.2005 – 3 K 2119/03 – DStRE 2006, 855, Rev. II R 69/05; R 117 Abs. 2 S. 3 ErbStR; Troll/Gebel/Jülicher/*Jülicher* § 13 a Rdnr. 143; a.A. *Strahl* ZEV 1998, 424, 425 m.w.N. zur Gegenauffassung.
[116] Troll/Gebel/Jülicher/*Jülicher* § 13 a Rdnr. 143.

Eine weitere Durchbrechung ergibt sich aus § 97 Abs. 1 S. 1 Nr. 5 BewG. Danach sind **alle Wirtschaftsgüter,** die zu einem Personengesellschaftsvermögen gehören, bewertungsrechtlich stets Betriebsvermögen und zwar auch dann, wenn ihre Anschaffung privat veranlasst ist.[117] Ausschlaggebend sind allein zivilrechtliche Kriterien und damit die Zugehörigkeit zum Gesamthandsvermögen.[118] Eine möglicherweise andere ertragsteuerliche Beurteilung wird aufgrund der spezialgesetzlichen Verweisung (§§ 13 a Abs. 4 Nr. 1, 12 Abs. 5 ErbStG, § 97 Abs. 1 S. 1 Nr. 5 BewG) unerheblich. Dies eröffnet bei Personengesellschaften interessantes Gestaltungspotential. Denn nach der Rechtsprechung darf **notwendiges Privatvermögen,** wie z.B. das unentgeltlich und ausschließlich zu Wohnzwecken genutzte Einfamilienhaus eines Mitunternehmers, nicht bei der einkommen- und gewerbesteuerlichen Gewinnermittlung mit einbezogen werden. Wird also notwendiges Privatvermögen in eine Personengesellschaft eingelegt, handelt es sich ertragsteuerlich nach wie vor um Privatvermögen, dessen stille Reserven nur in den engen Grenzen der §§ 17, 23 EStG steuerverstrickt sind. Bewertungsrechtlich handelt es sich insoweit jedoch um Betriebsvermögen, für welches die Begünstigungen der §§ 13 a und 19 a ErbStG vollumfänglich gelten.

Ist noch kein Gewerbebetrieb oder gewerblicher Personengesellschaftsanteil vorhanden, 45 können die zu übertragenden Wirtschaftsgüter in eine neu gegründete **gewerblich geprägte Personengesellschaft** gem. § 15 Abs. 3 Nr. 2 EStG eingebracht werden. Eine derartige gewerblich geprägte Personengesellschaft liegt vor, wenn

- an ihr ausschließlich eine oder mehrere Kapitalgesellschaften persönlich haftende Gesellschafter sind **und**
- nur diese oder Nichtgesellschafter zur Geschäftsführung befugt sind **und**
- die Tätigkeit insgesamt mit Einkünfteerzielungsabsicht unternommen wird, d.h. keine Liebhaberei vorliegt.

Da eine GmbH & Co. GbR, d.h. eine Gesellschaft bürgerlichen Rechts, bei der aufgrund gesellschaftsvertraglicher Regelung ausschließlich eine GmbH geschäftsführungs- und vertretungsbefugt war, mittlerweile von der Finanzverwaltung nicht mehr als gewerblich geprägte Personengesellschaft im Sinne des § 15 Abs. 3 Nr. 2 EStG angesehen wird,[119] greift man in der Regel auf eine **GmbH & Co. KG** zurück. Dabei ist zu beachten, dass eine rein vermögensverwaltende GmbH & Co. KG erst mit ihrer Eintragung in das Handelsregister Kommanditgesellschaft wird, §§ 161 Abs. 2, 105 Abs. 2 HGB. Bis dahin ist sie eine vermögensverwaltende GbR, die einer gewerblichen Prägung nicht fähig ist. Dementsprechend kann die Gewerblichkeit erst mit Eintragung ins Handelsregister beginnen.[120] Dies bringt erhebliche Unsicherheiten für die steuerliche Gestaltung mit sich, da die Eintragung insbesondere in Ballungszentren oft vom Zufall abhängt und häufig erst recht spät erfolgt. Solange sich die Finanzverwaltung hier jedoch nicht zu einer anderen Haltung durchringt, kann, wenn die Zeit drängt, nur auf entsprechende Vorratsgründungen zurückgegriffen oder eine originäre Gewerblichkeit herbeigeführt werden.

4. Konsequenzen im Übrigen

Durch die Umwandlung von Privatvermögen in Betriebsvermögen zählen die **laufenden Ein-** 46 **nahmen und Aufwendungen,** soweit sie betrieblich veranlasst sind, nunmehr zu den Einkünften aus Gewerbebetrieb (§ 15 EStG), Land- und Forstwirtschaft (§ 13 EStG) oder selbständiger Tätigkeit (§ 18 EStG). Daneben unterliegen die gewerblichen Einkünfte der Gewerbesteuer, die allerdings aufgrund der Anrechnung nach § 35 EStG ihren Schrecken weitestgehend verloren hat. Zu berücksichtigen sind darüber hinaus noch die Kosten für die laufende Buchführung, Jahresabschlusserstellung und ggf. Jahresabschlussprüfung.

Im Falle der Auflösung stiller Reserven z.B. durch Veräußerung der zuvor in das Betriebs- 47 vermögen eingelegten Wirtschaftsgüter, sind die **Veräußerungsgewinne** steuerpflichtig. Umgekehrt sind Veräußerungsverluste abzugsfähig, wobei die erbschaftsteuerliche Behaltensfrist nach §§ 13 a Abs. 5, 19 a Abs. 5 ErbStG (vgl. § 35 Rdnr. 139 ff., 167) immer im Auge zu behal-

---

[117] *Hübner* NWB F. 10, 787, 788; *Daragan* DStR 2000, 272; Troll/Gebel/Jülicher/*Jülicher* § 13 a Rdnr. 141; a.A. R 51 Abs. 1 S. 2 ErbStR.
[118] *Rössler/Troll-Teß* § 97 Rdnr. 18.
[119] BMF Schr. v. 18.7.2000 – IV C 2 – S 2241 – 56/00 – BStBl. I 2000, 1198.
[120] A.A. *Stahl* NJW 2000, 3100, 3102, der auf den Abschluß des Gesellschaftsvertrages abstellen will.

ten ist. Bei Wirtschaftsgütern des Privatvermögens kommt eine derartige Berücksichtigung der Veräußerungsgewinne und -verluste nur im Rahmen der §§ 17, 23 EStG und § 21 UmwStG in Betracht. Im Übrigen sind im Privatvermögen Veräußerungsgewinne steuerfrei und Veräußerungsverluste irrelevant. Handelt es sich bei den Veräußerungsgewinnen um außerordentliche Einkünfte unterliegen sie den besonderen Begünstigungen des § 34 EStG. Dies bedeutet in der Regel eine Abmilderung der Spitzenbelastung, die bei Steuerpflichtigen, die das 55. Lebensjahr vollendet haben oder im sozialversicherungsrechtlichen Sinne dauernd berufsunfähig sind, sogar nur noch 56 % des durchschnittlichen Steuersatzes betragen kann. Dem letztgenannten Personenkreis steht bei Veräußerung oder Aufgabe eines Betriebes, Teilbetriebes oder Mitunternehmeranteils darüber hinaus noch ein einmaliger Freibetrag in Höhe von maximal €45.000 (bis zum 31.12.2003: € 51.200) zu, § 16 Abs. 4 EStG. Im Gegensatz zu den laufenden Einkünften unterliegen Veräußerungsgewinne grundsätzlich nicht der Gewerbesteuer. Soweit durch die Veräußerung Grundstücke betroffen sind, kann Grunderwerbsteuer anfallen. Gleiches gilt bei einer Personengesellschaft, zu deren Vermögen ein Grundstück gehört, wenn innerhalb von fünf Jahren 95% der Anteile auf neue Gesellschafter übergehen, § 1 Abs. 2 a GrEStG. Schließlich ist zu beachten, dass Freibetrag und Bewertungsabschlag sowie ggf. der Ansatz des Steuersatzes nach der Steuerklasse I gem. § 13 a Abs. 5 ErbStG nachträglich wegfallen können, wenn innerhalb von fünf Jahren nach dem Erwerb das privilegierte Vermögen veräußert, aufgegeben oder entnommen wird (vgl. § 35 Rdnr. 139 ff.). Entsprechendes gilt hinsichtlich der Tarifbegünstigung, § 19 a Abs. 5 ErbStG (vgl. § 35 Rdnr. 167)

V. Familiengesellschaften

1. Checkliste

☐ Umfassende Erforschung des Sachverhalts, insbesondere auf
- bestehende Testamente und Erbverträge,
- mögliche Erben (einschließlich unehelicher Kinder)
- bestehende Verträge (z.B. Gesellschaftsverträge, Miet- und Pachtverträge).
- Ist der Unternehmer tatsächlich bereit Vermögen, zukünftige Gewinne und ggf. Verantwortung abzugeben?

☐ Wahl der „richtigen" Rechtsform
- Berücksichtigung zivilrechtlicher Kriterien (z.B. Haftung und Mitspracherechte der Gesellschafter),
- Berücksichtigung steuerlicher Kriterien (z.B. Durchführung eines Steuerbelastungsvergleichs),
- Berücksichtigung psychologischer Aspekte (z.B. wird sich der eingefleischte Einzelunternehmer an die strengen Formalien einer GmbH gewöhnen können?),
- Berücksichtigung betriebswirtschaftlicher Aspekte (z.B. Ausnutzung von Finanzierungseffekten durch Thesaurierung bei Kapitalgesellschaften).

☐ Ausgestaltung des Gesellschaftsvertrages
- Schaffung einer Mitunternehmerstellung des zu beteiligenden Familienmitglieds,
- Sicherstellung einer angemessenen Gewinnverteilungsabrede

☐ Abschluss des Gesellschaftsvertrages
- Bestellung eines Ergänzungspflegers erforderlich?
- Vormundschaftsgerichtliche Genehmigung notwendig?
- Erfordernis der notariellen Beurkundung?

☐ Tatsächlicher Vollzug des Gesellschaftsvertrages
- Ausübung der Gesellschafterrechte durch die Eltern erkennbar als gesetzliche Vertreter des minderjährigen Gesellschafters.
- Verwendung der Gewinnanteile für Zwecke des minderjährigen Gesellschafters, allerdings nicht für dessen Unterhalt.

☐ Bei entsprechender Risikobereitschaft: Erbschaftsteuergünstige Vermögensverschiebungen erreichbar.

2. Einleitung

Die Gründung einer Familiengesellschaft dient in aller Regel dazu, unternehmerisches Vermögen im Familienverbund zu halten und die Unternehmensnachfolge einzuleiten. Sie eröffnet dem Unternehmer die Möglichkeit, seinen designierten Nachfolger schrittweise mit dem zu übergebenden Unternehmen vertraut zu machen, ihm langsam Mitverantwortung und schließlich die Geschäftsführung zu übertragen. Daneben spielen aber auch oft steuerliche Motive eine entscheidende Rolle. So kann z.B. bei den laufenden Einkünften durch die Aufteilung der positiven Einkünfte auf mehrere Familienmitglieder der Grundfreibetrag von € 7.664 bzw. € 15.328 (Splittingtabelle)[121] mehrfach ausgeschöpft und die Steuerprogression abgeschwächt werden.

Zusätzliche Ersparnisse kann ein Unternehmer bei der **Gewerbesteuer** erzielen, wenn er sein Unternehmen an eine neu zu gründende Familienpersonengesellschaft verpachtet oder verkauft, an der er selbst nicht als Mitunternehmer[122] beteiligt, für die er aber als Geschäftsführer tätig ist. Er erzielt dann nicht mehr gewerbliche, sondern Einkünfte aus nichtselbständiger Tätigkeit, die beim Gewinn der Familienpersonengesellschaft in vollem Umfang als Betriebsausgaben abzuziehen sind. Hierdurch vermindert sich die gewerbesteuerliche Bemessungsgrundlage (§ 7 S. 1 GewStG) und damit die Gewerbesteuerbelastung. Der gleiche Effekt lässt sich erzielen, wenn ein Gesellschafter einer Personengesellschaft seine Anteile z.B. an seine Kinder veräußert oder verschenkt, aber selbst in der Personengesellschaft oder bei einer GmbH & Co. KG als Geschäftsführer der Komplementär-GmbH tätig bleibt. Bei diesen Gestaltungen ist allerdings auch die **Verlustsituation** zu bedenken. Da die Verluste den Gesellschaftern zugerechnet werden, können sie nicht mit dem Gehalt des Geschäftsführers/Unternehmers verrechnet werden. Ferner ist darauf zu achten, dass die Rechtsbeziehungen zwischen dem bisherigen Betriebsinhaber und der Familienpersonengesellschaft bzw. deren Gesellschaftern nicht als verdecktes Gesellschaftsverhältnis und damit als sog. „unerwünschte" Mitunternehmerschaft[123] zu werten sind. Dies hätte nämlich zur Folge, dass der bisherige Unternehmer weiterhin als **wirtschaftlicher Eigentümer** anzusehen wäre (vgl. § 36 Rdnr. 5).

Wird eine **Veräußerung** ins Auge gefasst, kann durch die Beteiligung der Familienmitglieder (z.B. der Ehefrau) der Veräußerungsfreibetrag in Höhe von € 45.000 (bis zum 31.12.2003: € 51.200) mehrfach ausgeschöpft werden, § 16 Abs. 4 EStG. Voraussetzung ist allerdings, dass der Veräußerer das 55. Lebensjahr vollendet hat oder im sozialversicherungsrechtlichen Sinne dauernd berufsunfähig ist. Gleichzeitig unterliegt der verbleibende Veräußerungsgewinn dann auf Antrag nur noch 56 % des durchschnittlichen Steuersatzes, § 34 Abs. 3 EStG. Ist der Veräußerer jünger als 55 Jahre und auch nicht dauernd berufsunfähig, erhält er immerhin noch die sog. Fünftel-Regelung nach § 34 Abs. 1 EStG. Danach ist der Veräußerungsgewinn mit dem Steuersatz zu versteuern, der sich ergeben würde, wenn man den Gewinn auf fünf aufeinander folgende Jahre verteilen würde. Aufgrund dieser Verteilung auf fünf Jahre ergibt sich eine Vergünstigung nur dann, wenn der Veräußerungsgewinn nicht mehr als das Fünffache der Grenze zur oberen Proportionalzone des Einkommensteuertarifs gemäß § 32 a Abs. 1 S. 1 Nr. 4 EStG beträgt.[124] Dies wären im Veranlagungszeitraum 2002 und 2003 € 275.040 (Grenze zur oberen Proportionalzone = € 55.008) und für die Veranlagungszeiträume ab 2004 € 260.760 (Grenze zur oberen Proportionalzone = € 52.152).[125] Bei größeren Veräußerungsgewinnen, die diese Grenze überschreiten würden, ließe sich durch eine Beteiligung von Familienmitgliedern der Veräußerungsgewinn verteilen, so dass die Vergünstigung doch zum Tragen käme.

Vorteile bei der **Erbschaftsteuer** ergeben sich, wenn der Unternehmer zu seinen Lebzeiten seinen Nachfolger sukzessive am Unternehmen beteiligt. Werden diese Übertragungen im Abstand von zehn Jahren vorgenommen, können die Freibeträge nach §§ 13 a, 16, 17 ErbStG mehrfach in Anspruch genommen werden. Darüber hinaus bleiben Wertsteigerungen im Be-

---

[121] In der Fassung des § 32 a Abs. 1 S. 2 Nr. 1 EStG ab dem VZ 2005 § 52 Abs. 41 EStG.
[122] Es darf daher auch keine Betriebsaufspaltung begründet werden, vgl. § 36 Rdnr. 128 ff.
[123] Vgl. Schmidt/*Wacker* § 15 EStG Rdnr. 280 ff., 744.
[124] Vgl. *Herzig/Förster* DB 1999, 711.
[125] § 52 Abs. 41 EStG; zu weiteren wirtschaftlichen Wirkungen des § 34 EStG vgl. Sudhoff/*von Sothen* § 51 Rdnr. 109.

triebsvermögen, die sich zwischen der lebzeitigen Übertragung und dem Tod des Unternehmers ergeben, soweit sie sich auf das übergebene Vermögen beziehen, erbschaftsteuerlich unberücksichtigt. Daneben kann durch die Wahl eines günstigen Zeitpunkts, in dem der Wert des Betriebsvermögens gerade niedrig ist (z.b. vor dem Neubau von Produktionsgebäuden im Hinblick auf die Bewertung nach § 147 BewG), die Steuerlast gemindert werden.[126]

3. Kurzdarstellung der typischen Gesellschaftsformen

53   Trotz einer Reform des Unternehmenssteuerrechts verfügt das deutsche Steuerrecht bislang über keine einheitliche und rechtsformneutrale Unternehmensbesteuerung.[127] Die steuerlichen Folgen hängen vielmehr nach wie vor in entscheidendem Maße von den unterschiedlichen zivilrechtlichen Rechtsformen ab.[128] Weil die steuerliche Belastung eines Unternehmens auf den ersten Blick vermeintlich einfach zu quantifizieren ist, droht allerdings die Gefahr einer einseitigen, lediglich an den unterschiedlichen steuerlichen Folgen orientierten Beurteilung der Vorteilhaftigkeit einer Rechtsform. Dementsprechend hat der Einfluss der Besteuerung bei der Rechtsformentscheidung faktisch eine eher zu große Bedeutung. Er sollte jedoch niemals allein ausschlaggebend sein. Zivilrechtliche, betriebswirtschaftliche und psychologische Faktoren sollten stets mit in die Entscheidung mit einbezogen und ihre Bedeutung für das Gelingen der angestrebten Gestaltung nie unterschätzt werden. Einem eingefleischten Einzelunternehmer beizubringen, dass die Entnahme von Beträgen aus der Kasse für den abendlichen Kinobesuch bei der GmbH einen Gewinnverwendungsbeschluss voraussetzt, ist nahezu unmöglich. Darüber hinaus sind die steuerrechtlichen Aspekte weit differenzierter, als dies auf den ersten Blick erscheinen mag.[129] Insbesondere sollte man sich von dem verlockenden Thesaurierungssteuersatz bei Kapitalgesellschaften nicht blenden lassen. Die sog. **„Spardosen-These"**, bei der auch im Hinblick auf die private Vermögensbildung vorgeschlagen wird, eine GmbH gewissermaßen als „Spardose" zu gründen, um die Vorteile des niedrigen Körperschaftsteuersatzes und vor allem der steuerfreien Anteilsveräußerung nach § 8 b Abs. 2 KStG ausnutzen zu können,[130] rechnet sich nicht immer und ist darüber hinaus fest an bestimmte Sachverhaltsvoraussetzungen geknüpft, die sich nicht verändern dürfen.[131] Hierauf im Einzelnen näher einzugehen, würde den Rahmen dieses Kapitels sprengen. Im Folgenden sollen daher die für die Gestaltung erforderlichen, typischen Gesellschaftsformen[132] aus steuerlicher Sicht lediglich kurz dargestellt werden, um ihre steuerliche Wirkungsweise kennen zu lernen.

54   **a) Kommanditgesellschaft.** Einkommensteuerlich handelt es sich bei der Kommanditgesellschaft grundsätzlich um eine **Mitunternehmerschaft** (vgl. § 36 Rdnr. 82 ff.) und zwar unabhängig davon, ob sie Einkünfte aus Gewerbebetrieb, selbständiger Arbeit oder Land- und Forstwirtschaft erzielt. Sie selbst unterliegt jedoch nicht der Einkommensteuer, da sie insoweit kein eigenständiges Steuersubjekt ist. Einkommensteuerpflichtig sind nach § 1 EStG nur die beteiligten Gesellschafter als natürliche Personen, die den auf sie entfallenden Anteil am positiven und negativen Erfolg der Gesellschaft versteuern, als ob sie selbst gewerblich tätig wären. Die Einkünfte werden auf der Ebene der Personengesellschaft lediglich einheitlich und gesondert festgestellt, auf die Gesellschafter verteilt und diesen im Rahmen ihrer jeweiligen persönlichen Einkommensbesteuerung zugerechnet, §§ 179, 180 Abs. 1 Nr. 2 a, 182 Abs. 1 AO. Kommanditist und Komplementär sind Mitunternehmer im Sinne des § 15 Abs. 1 Nr. 2 EStG und erzielen gewerbliche Einkünfte. Auf die Einkünfte aus Land- und Forstwirtschaft sowie aus selbständiger Arbeit sind die Grundsätze der Mitunternehmerschaft entsprechend anzuwenden, § 13 Abs. 7 bzw. § 18 Abs. 4 S. 2 EStG. Bei der mitunternehmerischen Beteiligung eines Berufsfremden (z.B. Versicherungskaufmann) an einer KG, die Einkünfte aus **selbständiger Tätigkeit** bezieht (z.B. Steuerberatungs-KG, § 49 Abs. 2 StBerG), werden die gesamten Einkünfte in gewerbliche

---

[126] *Moench* § 7 Rdnr. 169.
[127] *O. H. Jacobs,* Unternehmensbesteuerung und Rechtsform, S. 90 ff.
[128] Aufgrund der wirtschaftlichen Betrachtungsweise kann jedoch nicht gefolgert werden, daß bedingt durch die zivilrechtliche Rechtsform zwingend nur bestimmte steuerliche Folgen in Betracht kommen, vgl. § 36 Rdnr. 5 f. und 81 ff.
[129] Vgl. hierzu im einzelnen *O. H. Jacobs,* Unternehmensbesteuerung und Rechtsform, 3. Aufl., S. 499 ff.
[130] *E. Dötsch/Pung* DB 2000, Beil. 10, 5; *Hild* BB 2000, 1656; *Korn/Strahl* NWB Fach 2, 7518.
[131] Vgl. *Elser* BB 2001, 805; *Blaufus* StB 2001, 208.
[132] Zur Betriebsaufspaltung vgl. § 36 Rdnr. 128 ff.

Einkünfte umqualifiziert.[133] Entsprechendes gilt, wenn eine Personengesellschaft gleichzeitig gewerblich tätig ist (sog. **Abfärbung**, § 15 Abs. 3 Nr. 1 EStG). Die Einkünfte aus selbständiger Tätigkeit verwandeln sich in solche aus Gewerbebetrieb und unterliegen dann vollen Umfangs der Gewerbesteuer.[134]

Vergütungen, die der Gesellschafter von der KG für Tätigkeiten im Dienste der Gesellschaft erhält, stellen bei dieser **keine** Betriebsausgaben dar. Gleiches gilt für Entgelte, die der Gesellschafter von der KG für die Hingabe von Darlehen oder die Überlassung von Wirtschaftsgütern bezieht. Derartige Entgelte werden dem empfangenden Gesellschafter im Rahmen der einheitlichen und gesonderten Gewinnfeststellung als Vorweggewinn zugerechnet. Alle Wirtschaftsgüter, die dazu geeignet und bestimmt sind, dem Betrieb der Personengesellschaft zu dienen, sind notwendiges Sonderbetriebsvermögen. Hierbei handelt es sich in erster Linie um Wirtschaftsgüter, die der KG von einem Gesellschafter unmittelbar zur Nutzung überlassen sind und von dieser für eigengewerbliche Tätigkeiten genutzt werden.[135] Diese Wirtschaftsgüter sind steuerverstrickt und unterliegen im Falle der Veräußerung der Einkommensbesteuerung.

Während der Komplementär aufgrund seiner unbeschränkten Haftung Verluste grundsätzlich vollständig nutzen kann, ist beim Kommanditisten die **Verlustverrechnungsmöglichkeit** gemäß § 15 a und § 15 b EStG eingeschränkt. Danach werden Verlustanteile den Kommanditisten zwar unmittelbar und bei entsprechender gesellschaftsvertraglicher Ausgestaltung auch in voller Höhe zugerechnet, jedoch ist der steuerliche Verlustausgleich bzw. -abzug auf die Höhe der Hafteinlage[136] beschränkt. Darüber hinaus gehende Verluste nicht verloren, sondern werden auf neue Rechnung vorgetragen. Sie können in späteren Jahren mit Gewinnen aus der Beteiligung verrechnet werden, § 15 a Abs. 2 EStG. Soweit Verluste aus einem Steuerstundungsmodell resultieren, sind sie sogar nur mit künftigen Gewinnen aus derselben Einkunftsquelle in den Folgejahren zu verrechnen, § 15 b Abs. 1 EStG.[137]

Anders als im Einkommensteuerrecht ist die Kommanditgesellschaft im Gewerbesteuerrecht selbst Steuerschuldner. Auf der Ebene der Gesellschafter fällt dementsprechend insoweit grundsätzlich keine **Gewerbesteuer** mehr an. Da die gewerbesteuerliche Bemessungsgrundlage an den ertragsteuerlichen Gewinn anknüpft, § 7 S. 1 GewStG, wirken sich Vergütungen der KG an ihre Gesellschafter im Sinne des § 15 Abs. 1 Nr. 2 S. 1 EStG insoweit nicht aus. Auf sie fällt Gewerbesteuer ungemildert an. Die Beteiligung als Kommanditist ist deshalb bei entgeltlicher Tätigkeit für die Kommanditgesellschaft, bei Hingabe verzinslicher Darlehen und bei entgeltlicher Überlassung von Wirtschaftsgütern an die Gesellschaft steuerlich gegenüber denjenigen Beteiligungsformen im Nachteil, bei denen diese Entgelte abzugsfähige Betriebsausgaben darstellen und folglich die Gewerbesteuerbelastung mindern (vgl. § 36 Rdnr. 68, 70). Allerdings führt die pauschalierte Anrechnung der Gewerbesteuer auf die Einkommensteuer nach § 35 EStG seit dem Veranlagungszeitraum 2001 zu einer starken wirtschaftlichen Entlastung von der Gewerbesteuer, so dass dieser Nachteil gegenüber der Kapitalgesellschaft je nach Höhe des gewerbesteuerlichen Hebesatzes entweder stark vermindert, eliminiert oder gar überkompensiert wird.[138] Darüber hinaus wird Personengesellschaften anders als Kapitalgesellschaften ein gewerbesteuerlicher Freibetrag von € 24.500 gewährt, § 11 Abs. 1 Nr. 1 GewStG und die Steuermesszahl nach der Höhe des Gewerbeertrags gestaffelt, § 11 Abs. 2 Nr. 1 GewStG. Ein **gewerbesteuerlicher Verlust** kann nicht mit anderen Einkünften verrechnet werden. Er ist unternehmens- und unternehmerbezogen und kann nur im Rahmen des Verlustvortrags nach § 10 a GewStG in den Folgejahren Berücksichtigung finden. Zu beachten ist, dass nach Ansicht der Rechtsprechung[139] der einzelne Mitunternehmer als Unternehmer anzusehen ist. Ihm wird

---

[133] BFH Urt. v. 23.11.2000 – IV R 48/99 – BStBl. II 2001, 241; Urt. v. 9.10.1986 – IV R 235/84 – BStBl. II 1987, 124 m.w.N.

[134] Schmidt/*Wacker* § 18 EStG Rdnr. 44; Ausnahme: „äußerst geringer Anteil" vgl. BFH Urt. v. 11.8.1999 – XI R 12/98 – BStBl. II 2000, 229 bei Umsatzanteil von 1,25%.

[135] BFH Urt. v. 26.1.1994 – III R 39/91 – BStBl. II 1994, 458; Schmidt/*Wacker* § 15 EStG Rdnr. 513 ff.

[136] Zum Unterschied von Pflichteinlage und Hafteinlage vgl. *Röhricht/Graf von Westphalen – von Gerkan* § 171 Rdnr. 6 ff.

[137] Gilt für alle Steuerstundungsmodelle, für die nach dem 11.11.2005 mit dem Außenvertrieb begonnen wurde oder denen der Steuerpflichtige nach dem 10.11.2005 beigetreten ist § 52 Abs. 33 a EStG.

[138] *D. Jacobs* DStR 2001, 806; *Herzig/Lochmann* DB 2000, 1731 ff.; Schmidt/*Glanegger* § 35 Rdnr. 55.

[139] GrS BFH Beschl. v. 3.5.1993 – GrS 3/92 – BStBl. II 1993, 616; BFH Urt. v. 17.1.2006 – VIII R 96/04 – DStR 2006, 461.

der Verlust anteilig zugerechnet. Scheidet er später aus, so geht sein Verlustvortrag endgültig verloren.[140]

58 **b) GmbH & Co. KG.** Die GmbH & Co. KG ist keine gesellschaftsrechtliche Mischform, sondern eine reine Kommanditgesellschaft mit den für diese geltenden steuerlichen Grundsätzen (vgl. § 36 Rdnr. 54 ff.). Allerdings übernimmt eine GmbH die Funktion des Komplementärs. Ebenso wie die KG ist auch die GmbH & Co. KG nicht selbst einkommensteuerpflichtig. Die Einkünfte werden einheitlich und gesondert festgestellt und sodann auf die Gesellschafter einschließlich der Komplementär-GmbH verteilt. Unabhängig von der Art ihrer Betätigung erzielt die GmbH & Co. KG stets Einkünfte aus Gewerbebetrieb, wenn die geschäftsführende Komplementär-GmbH, wie in der Regel, allein geschäftsführungsbefugt ist, § 15 Abs. 3 Nr. 2 EStG.[141] Soll diese **gewerbliche Prägung** vermieden werden, reicht es grundsätzlich aus, wenn bei der GmbH & Co. KG ein Kommanditist (natürliche Person) aufgrund des Gesellschaftsvertrages (ein bloßer Dienstvertrag reicht nicht[142]) allein oder neben der Komplementär-GmbH einzeln oder gemeinschaftlich mit dieser geschäftsführungsbefugt ist und diese keine gewerbliche Tätigkeit entfaltet (vgl. § 36 Rdnr. 54). Soweit natürliche Personen Gesellschafter sind, unterliegt der diesen zugerechnete Gewinnanteil der Einkommensteuer. Ungeachtet der Qualifikation der GmbH & Co. KG als Gewerbebetrieb bezieht der einzelne Gesellschafter nur dann gewerbliche Einkünfte aus seiner Beteiligung, wenn er als Mitunternehmer anzusehen ist (vgl. § 36 Rdnr. 82 ff.). Der Gewinnanteil der Komplementär-GmbH ist bei dieser körperschaftsteuerpflichtig. Aufwandsentschädigung und Haftungsvergütung der Komplementär-GmbH sind, wie andere Tätigkeits- und Nutzungsvergütungen der anderen Mitunternehmer auch, keine Betriebsausgaben der KG, § 15 Abs. 1 Nr. 1 S. 1 EStG, sondern Vorabgewinn der Komplementär-GmbH.

59 Für die Beziehungen zwischen der Komplementär-GmbH und ihren Gesellschaftern gelten regelmäßig die steuerlichen Grundsätze für die GmbH (§ 36 Rdnr. 68 f.). Unproblematisch ist dies, sofern der Anteilseigner der Komplementär-GmbH nicht gleichzeitig als Kommanditist an der GmbH & Co. KG beteiligt ist. Verträge zwischen der GmbH und dem Gesellschafter werden in diesem Fall dem Grunde nach in vollem Umfang steuerlich anerkannt. Ist der Vertragspartner der Komplementär-GmbH jedoch gleichzeitig Kommanditist der GmbH & Co. KG, werden die Leistungen aufgrund von schuldrechtlichen Verträgen zwischen der GmbH und dem Gesellschafter (Kommanditisten) mittelbar als dessen Beitrag zur Förderung des Betriebes der GmbH & Co. KG angesehen und in den Anwendungsbereich des § 15 Abs. 1 Nr. 2 EStG mit einbezogen. Sie gelten einkommensteuerlich daher als Vorweggewinn.

60 Bei Gesellschaftern, die nicht zugleich an der GmbH & Co. KG beteiligt sind, führen Gewinnausschüttungen der Komplementär-GmbH zu Einkünften aus Kapitalvermögen, die erst im Zeitpunkt der Auszahlung zu versteuern sind (vgl. § 36 Rdnr. 69). Veräußern diese Gesellschafter ihre Komplementär-GmbH-Beteiligung, so unterliegen die dabei erzielten Gewinne oder Verluste nur im Rahmen der §§ 17 und 23 EStG der Einkommenbesteuerung. Anders ist dies bei Gesellschaftern der Komplementär-GmbH, die zugleich Kommanditisten der GmbH & Co. KG sind. Deren Anteile an der Komplementär-GmbH gehören zum Sonderbetriebsvermögen und sind dementsprechend unabhängig von der Beteiligungshöhe und -dauer steuerverstrickt. Gewinnausschüttungen der Komplementär-GmbH sind dementsprechend als Sonderbetriebseinnahmen bei den Einkünften aus Gewerbebetrieb des Kommanditisten zu erfassen. Sie unterliegen bereits im Zeitpunkt der Beschlussfassung über die Gewinnverteilung und nicht erst in dem der Auszahlung der Einkommenbesteuerung.[143]

61 **Gewerbesteuerlich** handelt es sich sowohl bei der GmbH & Co. KG (§ 2 Abs. 1 GewStG) als auch bei der Komplementär GmbH (§ 2 Abs. 2 GewStG) jeweils um einen selbständigen Gewerbebetrieb. Es gelten die jeweiligen gewerbesteuerlichen Grundsätze (vgl. § 36 Rdnr. 57 bzw. Rdnr. 68). Gewerbesteuerliche Mehrfachbelastungen werden durch die Kürzungsvorschriften bei der Ermittlung des Gewerbeertrags vermieden (§ 9 Nr. 2 und Nr. 2 a GewStG).

---

[140] BFH Urt. v. 17.1.2006 – VIII R 96/04 – DStR 2006, 461; vgl. hierzu im einzelnen Sudhoff/*v. Sothen* § 51 Rdnr. 242 ff.

[141] BFH Urt. v. 23.5.1996 – IV R 87/93 – BStBl. II 1996, 523, R 138 Abs. 4 EStR; Schmidt/*Wacker* § 15 EStG Rdnr. 221 ff.

[142] BFH Urt. v. 23.5.1996 – IV R 87/93 – BStBl. II 1996, 523, 526; a.A. *Lüdicke* FS FfSt 1999, 323.

[143] BFH Urt. v. 5.12.1979 – I R 184/76 – BStBl. II 1980, 119.

c) Typische und atypische stille Gesellschaft. Der **typische stille Gesellschafter** nimmt lediglich am Gewinn und Verlust des Geschäftsinhabers teil. Die Verlustbeteiligung kann vertraglich ausgeschlossen werden. Bei Beendigung der typischen stillen Gesellschaft ist der Stille nicht an den stillen Reserven beteiligt. Aus der Sicht des Geschäftsinhabers ist die stille Beteiligung Fremdkapital. Dementsprechend sind darauf entfallende Gewinnanteile bei ihm als Betriebsausgaben abzugsfähig. Der typisch stille Gesellschafter erzielt Einkünfte aus Kapitalvermögen gem. § 20 Abs. 1 Nr. 4 EStG. Eine Aufteilung des Gewinns im Rahmen einer einheitlichen und gesonderten Gewinnfeststellung findet nicht statt. Die Besteuerung erfolgt im Zuflusszeitpunkt (Gutschrift auf dem Konto, Scheckübergabe, Barauszahlung). Fehlt eine Vereinbarung über den Auszahlungszeitpunkt, gelten die Gewinnanteile mit der Feststellung des Jahresabschlusses als zugeflossen, sofern über den Gewinnanspruch wirtschaftlich verfügt werden kann[144] und der Geschäftsinhaber auch tatsächlich zur Zahlung in der Lage ist.[145] Die Gewinnanteile unterliegen nach Abzug der Werbungskosten[146] und des Sparerfreibetrags[147] zusammen mit den anderen Einkünften des typisch stillen Gesellschafters der Einkommensteuer. Die Auszahlung der Gewinnanteile unterliegt der Kapitalertragsteuer in Höhe von 25%, §§ 43 a Abs. 1 Nr. 2, 43 Abs. 1 S. 1 Nr. 3 EStG. Diese kann auf die Einkommensteuer angerechnet werden. Bei einer vereinbarten Beteiligung des typisch stillen Gesellschafters am Verlust des Geschäftsinhabers sind die auf ihn entfallenden Verlustanteile im Rahmen des § 20 Abs. 1 Nr. 4 EStG als Werbungskosten zu berücksichtigen.[148] § 15 a EStG gilt entsprechend, § 20 Abs. 1 Nr. 4 S. 2 EStG (vgl. § 36 Rdnr. 56). Gewinne aus der Veräußerung einer typischen stillen Beteiligung unterliegen nur im Rahmen des § 23 EStG der Einkommensbesteuerung.[149] Außerhalb dieses Rahmens anfallende Veräußerungsverluste sind der Privatsphäre zuzuordnen und steuerlich nicht nutzbar. Gewerbesteuerlich ist ausschließlich der Geschäftsinhaber Schuldner der Gewerbesteuer. Ausgangspunkt ist der einkommensteuerliche Gewinn, der bereits um den Gewinnanteil des typisch stillen Gesellschafters gemindert ist. Nach § 8 Nr. 3 GewStG ist dieser Gewinnanteil allerdings dem Gewerbeertrag des Geschäftsinhabers grundsätzlich wieder hinzuzurechnen, so dass letztlich auch der Gewinnanteil des typisch stillen Gesellschafters mit Gewerbesteuer belastet ist. Vom Stillen getragene Verluste führen zu einer Kürzung.[150]

Der **atypische stille Gesellschafter** ist nicht nur am laufenden Gewinn und Verlust beteiligt, sondern nimmt bei Beendigung der atypisch stillen Gesellschaft auch an den stillen Reserven des Unternehmens teil. Steuerlich spricht man von einem atypisch stillen Gesellschafter in der Regel nur, wenn er als Mitunternehmer anzusehen ist (vgl. § 36 Rdnr. 82 ff.). Er erzielt dann Einkünfte aus Gewerbebetrieb, Land- und Forstwirtschaft oder selbständiger Tätigkeit. Die Besteuerung entspricht grundsätzlich derjenigen bei der Kommanditgesellschaft; auf die Ausführungen kann daher weitestgehend verwiesen werden (vgl. § 36 Rdnr. 54 ff.). Da die Einlage des atypischen stillen Gesellschafters in das Vermögen des Geschäftsinhabers übergeht und ein gesamthänderisch gebundenes Vermögen zivilrechtlich nicht existiert, wird das steuerliche Betriebsvermögen der atypischen stillen Gesellschaft aus dem Betriebsvermögen des Geschäftsinhabers abgeleitet. Die Einlage des Stillen wird dementsprechend steuerlich – nicht handelsrechtlich – nicht als Verbindlichkeit, sondern als Eigenkapital behandelt. Ansonsten ist das Betriebsvermögen der atypischen stillen Gesellschaft mit demjenigen des Geschäftsinhabers identisch. Der Gewinn der atypischen stillen Gesellschaft wird auf dieser Basis unter Beachtung der allgemeinen Gewinnermittlungsgrundsätze einheitlich und gesondert festgestellt und sodann nach dem gesellschaftsvertraglichen Gewinn- und Verlustverteilungsschlüssel auf die Gesellschafter verteilt. Entgelte aus schuldrechtlichen Leistungsbeziehungen zwischen dem

---

[144] BFH Urt. v. 14.6.2005 – VIII R53/03– BFH/NV 2005, 2183.
[145] OFD Hannover v. 27.4.1979 – S 2252 – 36 – StO 223/S2252 – 54 StH 224, StEK § 20 EStG Nr. 69; Schmidt/*Heinicke* § 11 Rdnr. 30 „Darlehen"; „Gutschrift".
[146] Mindestens ist der Werbungskostenpauschalbetrag von € 51 bei Ledigen bzw. € 102 bei zusammenveranlagten Ehegatten zu berücksichtigen § 9 a Nr. 2 EStG.
[147] Er beträgt € 1.370 bei Ledigen und € 2.740 bei zusammenveranlagten Ehegatten § 20 Abs. 4 EStG.
[148] BFH Urt. v. 10.11.1987 – VIII R 53/84 – BStBl. II 1988, 186; *Märkle* DStZ 1985, 509 m.w.N.; a.A. Littmann/Bitz/Hellwig § 20 EStG Rdnr. 204, die die Verlustanteile des typisch stillen Gesellschafters als negative Einnahmen ansehen.
[149] BFH Urt. v. 11.2.1981 – I R 98/76 – BStBl. II 1981, 465.
[150] R 50 Abs. 2 S. 1 GewStR.

Geschäftsinhaber und dem atypischen stillen Gesellschafter sind als Sondervergütungen dessen Einkünften aus Gewerbebetrieb zuzurechnen, § 15 Abs. 1 Nr. 2 EStG. Die hierfür eingesetzten Wirtschaftsgüter werden in seiner Sonderbilanz erfasst. Besteuerungszeitpunkt ist der Entstehungszeitpunkt der Einkünfte; auf den Zufluss kommt es nicht an. Kapitalertragsteuer wird nicht erhoben, da die §§ 43 Abs. 1 Nr. 3, 44 Abs. 3 EStG nicht für die atypisch stille Gesellschaft gelten. Im Verlustfall gelten die Beschränkungen des sofortigen Verlustausgleichs, § 15 a Abs. 5 Nr. 1 EStG (vgl. § 36 Rdnr. 56). Gewinne aus der Veräußerung einer als Mitunternehmerschaft zu wertenden atypischen stillen Beteiligung führen zu Einkünften aus Gewerbebetrieb, §§ 16, 34 EStG. Veräußerungsverluste sind im Rahmen des § 15 a EStG steuerlich nutzbar.

64 Gewerbebetrieb im Sinne des Gewerbesteuergesetzes ist die atypische stille Gesellschaft. Schuldner der Gewerbesteuer der atypischen stillen Gesellschaft ist jedoch der Geschäftsinhaber, da die atypische stille Gesellschaft keine Rechtsfähigkeit besitzt. Auch insoweit gelten die oben zur Kommanditgesellschaft gemachten Ausführungen hier entsprechend (§ 36 Rdnr. 57).

65 **d) GmbH & atypisch Still.** Bei einer GmbH & atypisch Still beteiligt sich der atypische stille Gesellschafter an dem Handelsgewerbe einer GmbH. Die steuerliche Behandlung entspricht im Wesentlichen derjenigen einer GmbH & Co. KG (vgl. § 36 Rdnr. 58 ff.). Sämtliche Leistungsbeziehungen des atypischen stillen Gesellschafters mit der GmbH sind dem gewerblichen Bereich zuzurechnen, § 15 Abs. 1 Nr. 2 EStG. Dies gilt z.B. auch für das Gehalt eines an der GmbH atypisch still beteiligten Geschäftsführers. Es zählt zu den Einkünften aus Gewerbebetrieb und nicht, wie sonst, zu den Einkünften aus nichtselbständiger Arbeit. Das Betriebsvermögen ist im Wesentlichen identisch mit demjenigen der GmbH. Der auf den atypischen stillen Gesellschafter entfallende Anteil unterliegt im Zeitpunkt der Entstehung der Besteuerung. Kapitalertragsteuer ist nicht einzubehalten, da es sich weder um Dividenden noch um Einnahmen aus einer typischen stillen Beteiligung handelt, §§ 43 Abs. 1 Nr. 1 bzw. Nr. 3 EStG.

66 **e) Typische und atypische Unterbeteiligung.** Bei der Unterbeteiligung besteht ausschließlich eine Rechtsbeziehung zwischen dem Unterbeteiligten und dem Hauptbeteiligten. Die Ebene der Hauptgesellschaft wird durch die Unterbeteiligung nicht berührt. Die Besteuerungsfolgen, die an eine Unterbeteiligung anknüpfen, sind nahezu identisch mit denen bei der stillen Gesellschaft, so dass auf die dortigen Ausführungen weitestgehend verwiesen werden kann (vgl. § 36 Rdnr. 62 ff.). Erträge aus der typischen stillen Unterbeteiligung unterliegen analog § 20 Abs. 1 Nr. 4 EStG der Einkommensteuer und gemäß §§ 43 Abs. 1 Nr. 3, 43 a Abs. 1 Nr. 2 EStG der Kapitalertragsteuer in Höhe von 25 %.[151] Auf der Ebene des Hauptbeteiligten stellen die auf den Unterbeteiligten entfallenden Gewinnanteile entweder (Sonder-)Betriebsausgaben oder Werbungskosten dar, je nachdem ob er den Gesellschaftsanteil im (Sonder-)Betriebs- oder im Privatvermögen hält. Eine Verlustbeteiligung des Unterbeteiligten kommt nur in Betracht, sofern es sich um eine Unterbeteiligung an einem Mitunternehmeranteil handelt, da nur dort eine direkte Verlustzurechnung auf den Hauptbeteiligten erfolgt. Es liegen dann beim Hauptbeteiligten Sonderbetriebseinnahmen vor.

67 Bei einer **atypischen Unterbeteiligung** bestehen zwei Personengesellschaften, die Hauptgesellschaft und die Unterbeteiligungsgesellschaft und damit auch zwei Mitunternehmerschaften.[152] Der atypische Unterbeteiligte wird einkommensteuerlich Mitunternehmer und zwar nicht nur im Verhältnis zum Hauptbeteiligten, sondern gemäß § 15 Abs. 1 S. 1 Nr. 2 S. 2 EStG auch mittelbar im Verhältnis zur Hauptgesellschaft.[153] Voraussetzung ist allerdings, dass die Rechtsstellung de atypischen Unterbeteiligten vertraglich so ausgestaltet ist, dass der Gewerbebetrieb der Hauptgesellschaft mittelbar anteilig auch für Rechnung des Unterbeteiligten betrieben wird und sowohl er wie auch der Hauptbeteiligte dem Typus des Mitunternehmers (vgl. § 36 Rdnr. 82 ff.) genügt.[154] Eine Unterbeteiligung an einem GmbH-Anteil oder an einer typischen stillen Gesellschaft begründet daher keine Mitunternehmerschaft, da hier nur eine Beteiligung an Einkünften aus Kapitalvermögen erfolgt und der Hauptbeteiligte kein Mitunter-

---

[151] BFH Urt. v. 28.11.1990 – I R 111/88 – BStBl. II 1991, 313.
[152] BFH Urt. v. 29.10.1991 – VIII R 51/84 – BStBl. II 1992, 512 m.w.N.
[153] BFH Urt. v. 2.10.1997 – IV R 75/96 – BStBl. II 1998, 137.
[154] BFH Urt. v. 6.7.1995 – IV R 79/94 – BStBl. II 1996, 269.

nehmer ist. Grundsätzlich sind sowohl die Einkünfte der Hauptgesellschaft als auch diejenigen der Unterbeteiligungsgesellschaft getrennt von einander festzustellen. Eine Zusammenfassung beider Gewinnfeststellungen ist nur mit Zustimmung aller Beteiligten zulässig.[155] Anders als bei einer typischen Unterbeteiligung kann der Hauptgesellschafter den Gewinnanteil des Unterbeteiligten nicht als Werbungskosten bzw. Betriebsausgaben abziehen, da ihm ohnehin nur der um diesen Gewinnanteil gekürzte Gewinn bzw. Gewinnausschüttungsbetrag zugerechnet wird. Schließt der atypische Unterbeteiligte einer Mitunternehmerschaft mit dem Hauptbeteiligten oder mit der Hauptgesellschaft **schuldrechtliche Verträge** ab, werden die Vergütungen daraus als Sonderbetriebseinnahmen bzw. Vorabgewinn behandelt. Weder die typische noch die atypische Unterbeteiligung unterhalten einen Gewerbebetrieb. Sie unterliegen daher nicht selbständig der **Gewerbesteuer**.

f) **Gesellschaft mit beschränkter Haftung.** Im Gegensatz zu den Personengesellschaften wird bei Kapitalgesellschaften streng zwischen der Ebene der Gesellschaft und derjenigen der Gesellschafter unterschieden (**Trennungsprinzip**). Dementsprechend ist die GmbH als juristische Person körperschaftsteuerpflichtig und gilt auch für den Solidaritätszuschlag als eigenständiges Steuersubjekt. Die von ihr erwirtschafteten Einkünfte sind unabhängig von der Art der Betätigung stets Einkünfte aus Gewerbebetrieb, § 8 Abs. 2 KStG, und unterliegen zusätzlich der Gewerbesteuer, § 2 Abs. 2 S. 1 GewStG. Eine Privatsphäre und damit Privatvermögen existiert nicht. Bei der Gewinnermittlung werden Verträge mit den Gesellschaftern grundsätzlich wie Verträge mit fremden Dritten behandelt. Dementsprechend sind die vereinbarten Vergütungen – im Gegensatz zu deren Behandlung bei Personengesellschaften – als Betriebseinnahmen oder -ausgaben in der Gewinn und Verlustrechnung zu erfassen. Weichen derartige Verträge zwischen der GmbH und ihren Gesellschaftern von vertraglichen Vereinbarungen ab, wie sie unter fremden Dritten zustande gekommen wären, werden sie als **verdeckte Gewinnausschüttungen** bzw. verdeckte Einlagen behandelt. Verdeckte Gewinnausschüttungen sind alle Vermögensvorteile, die einem Nichtgesellschafter nicht gewährt würden, sofern diese außerhalb der ordentlichen Gewinnausschüttung zufließen. Seit dem Wegfall des Anrechnungsverfahrens zum 31. Dezember 2000 bzw. 2001[156] unterliegen Gewinne der GmbH dem einheitlichen Steuersatz von 25%, § 23 Abs. 1 KStG. Es handelt sich hierbei auf der Ebene der GmbH um eine **ausschüttungsunabhängige Definitivbelastung**, die sich noch um die Gewerbesteuer und den Solidaritätszuschlag erhöht.[157] Ausschüttungen zwischen Körperschaften sind nach § 8 b KStG steuerfrei, wobei 5 % dieser Ausschüttungen als nicht abzugsfähige Betriebsausgabe gelten, § 8 b Abs. 5 KStG und dafür ist das Abzugsverbot gemäß § 3 c Abs. 1 EStG nicht anwendbar. Bei Ausschüttungen an die Anteilseigner ist Kapitalertragsteuer einzubehalten und anzumelden, § 43 Abs. 1 S. 1 Nr. 1 EStG. Sie beträgt 20 %, wenn die GmbH sie trägt, und 25 % wenn sie der Gesellschafter übernimmt, § 43 a Abs. 1 Nr. 1 EStG.

Getrennt von der GmbH unterliegen ihre Gesellschafter als natürliche Personen der Einkommensteuer. Als Konsequenz der rechtlichen Trennung zwischen der Gesellschafts- und der Gesellschafterebene werden die Gewinne der GmbH nicht unmittelbar den Anteilseignern zugerechnet. Diese erzielen vielmehr grundsätzlich erst in dem Zeitpunkt steuerpflichtige Einkünfte, in dem die GmbH die von ihr erwirtschafteten Gewinne ausschüttet (**Zuflussprinzip**). Auf der Ebene der Gesellschafter handelt es sich dann um Einkünfte aus Kapitalvermögen. Dies gilt auch für verdeckte Gewinnausschüttungen. Aufgrund des Trennungsprinzips werden Vergütungen, die die GmbH an ihre Gesellschafter zahlt, entsprechend ihrem Charakter beim Gesellschafter bei der jeweiligen Einkunftsart erfasst. Erhält z.B. der Gesellschafter-Geschäftsführer ein Gehalt, so ist dieses in der Einkommensteuererklärung des Geschäftsführers bei den Einkünften aus nichtselbständiger Tätigkeit zu erfassen, § 19 EStG. Soweit das Gehalt als verdeckte Gewinnausschüttung anzusehen ist, zählt es zu den Einkünften aus Ka-

---

[155] § 179 Abs. 2 S. 3 AO; AEAO Nr. 4 zu § 179 AO.
[156] Je nachdem, ob das Wirtschaftsjahr dem Kalenderjahr entspricht oder davon abweicht, vgl. § 34 Abs. 1 bzw. Abs. 1 a KStG.
[157] Bei einer durchschnittlichen Gewerbesteuerbelastung von 13% und einem SolZ von 5,5% beträgt die steuerliche Gesamtbelastung der GmbH grundsätzlich nur noch 38–39%; vgl. *Geck* ZEV 2001, 41, 45. Bei einer Ausschüttung kommt aber auf 50 % dieser Ausschüttung noch der persönliche Steuersatz des Anteilseigners hinzu. Eine Gewerbesteueranrechnung findet nicht statt.

pitalvermögen, § 20 Abs. 1 Nr. 1 S. 2 EStG. Beim Gesellschafter sind die Gewinnausschüttungen – offene wie verdeckte – nur **zur Hälfte** als steuerpflichtige Kapitalerträge zu erfassen, §§ 20 Abs. 1 Nr. 1, 3 Nr. 40 Buchst. b) EStG. Die Ausschüttung besteht aus Netto-Dividende zzgl. Kapitalertragsteuer. Letztere wird später ggf. auf die Einkommensteuerschuld angerechnet, § 36 Abs. 2 Nr. 2, § 46 Abs. 2 Nr. 8 EStG, unter Umständen auch wahlweise erstattet, § 44 b EStG. Die mit der Beteiligung zusammenhängenden Aufwendungen können dementsprechend auch nur zur Hälfte abgezogen werden, § 3 c Abs. 2 EStG. Dies gilt auch für Veranlagungszeiträume, in denen mangels Ausschüttung keine Kapitalerträge erzielt werden. Die von der Kapitalgesellschaft gezahlte Körperschaftsteuer ist beim Anteilseigner nicht mehr als Einnahme zu erfassen, kann aber andererseits auch nicht mehr auf die Steuerschuld angerechnet werden. Die bei der GmbH entstehenden Verluste bleiben aufgrund des Trennungsprinzips beim Gesellschafter unberücksichtigt und können – sofern kein Organschaftsverhältnis vorliegt – nicht mit den positiven Einkünften des Anteileigners verrechnet werden.

70   g) **Kleine Aktiengesellschaft.** Steuerlich bestehen zwischen der Aktiengesellschaft und der GmbH grundsätzlich keine Unterschiede. Es kann daher auf die dort gemachten Ausführungen verwiesen werden (vgl. § 36 Rdnr. 68 f.).

71   h) **Kommanditgesellschaft auf Aktien.** Die KGaA ist ein eigenständiges Körperschaftsteuersubjekt, § 1 Abs. 1 Nr. 1 KStG, und unterliegt ebenso wie die GmbH als Kapitalgesellschaft unabhängig von der Art ihrer Betätigung der Gewerbesteuer, § 2 Abs. 2 S. 1 GewStG. Sie erzielt als buchführungspflichtiger Formkaufmann ausschließlich Einkünfte aus Gewerbebetrieb, § 8 Abs. 2 KStG. Auf der Ebene der KGaA sind die Gewinnanteile der persönlich haftenden Gesellschafter sowie ihre Vergütungen für die Geschäftsführung nach § 9 Abs. 1 S. 1 KStG vom körperschaftsteuerpflichtigen Einkommen abzuziehen. Soweit den persönlich haftenden Gesellschaftern andere Sondervergütungen gewährt werden, gilt § 9 Abs. 1 Nr. 1 KStG analog.[158] Gewerbesteuerlich sind alle Arten von Vergütungen, die der persönlich haftende Gesellschafter als Gegenleistung für seine Geschäftsführertätigkeit erhält, dem Gewinn aus Gewerbebetrieb wieder hinzuzurechnen, §§ 8 Nr. 4, und beim persönlich haftenden Gesellschafter wieder zu kürzen, 9 Nr. 2 b GewStG.[159]

72   Die **persönlich haftenden Gesellschafter** einer KGaA sind keine Mitunternehmer, werden jedoch insofern wie Mitunternehmer behandelt, als ihre Gewinnanteile und Vergütungen als gewerbliche Einkünfte erfasst werden.[160] Auf das Vorliegen der Mitunternehmervoraussetzungen kommt es nicht an. Der Gewinn des persönlich haftenden Gesellschafters ist durch Betriebsvermögensvergleich (§ 5 EStG) zu ermitteln. Wie bei anderen Mitunternehmerschaften auch sind Sonder- und Ergänzungsbilanzen zu berücksichtigen.[161] Zu den Einkünften gehören nach § 15 Abs. 1 Nr. 3 EStG neben den Gewinnanteilen auch die Vergütungen für die Tätigkeit im Dienst der KGaA, für die Hingabe von Darlehen und für die Überlassung von Wirtschaftsgütern. Die dem persönlich haftenden Gesellschafter gehörigen Kommanditaktien sind kein Sonderbetriebsvermögen, da sie nicht geeignet sind, seine Einflussmöglichkeiten zu verstärken.[162] Veräußerungsgewinne sind grundsätzlich einkommensteuerpflichtig. Da der Komplementär, sofern er eine natürliche Person ist, selbst keinen Gewerbebetrieb unterhält, unterliegt er grundsätzlich nicht der Gewerbesteuer.[163] Allerdings unterliegen die Gewinnanteile und die Geschäftsführervergütungen der persönlich haftenden Gesellschafter einer KGaA aufgrund der Hinzurechnung nach § 8 Nr. 4 GewStG auf der Ebene der KGaA der Gewerbesteuer. Dem persönlich haftende Gesellschafter steht daher die Steuerermäßigung nach § 35 EStG zu, § 35 Abs. 1 Nr. 2 EStG. Maßgeblich für den Anteil am Gewerbesteuermessbetrag ist das Verhältnis seines aus dem Gewinnverteilungsschlüssel folgenden Gewinnanteils – ohne den auf die Kommanditaktien entfallenden Anteil – zuzüglich etwaiger gewinnabhängiger Vergütungen zum

---

[158] *Schaumburg* DStZ 1998, 525, 533; *M. Fischer* DStR 1997, 1519.
[159] BFH Urt. v. 31.10.1990 – I R 32/86 – BStBl. II 1991, 253; *Kollruss* INF 2003, 347.
[160] BFH Urt. v. 23.10.1985 – I R 235/81 – BStBl. II 1986, 72.
[161] BFH Urt. v. 21.6.1989 – X R 14/89 – BStBl. II 1989, 881.
[162] BFH Urt. v. 21.6.1989 – X R 14/89 – BStBl. II 1989, 881.
[163] BFH Urt. v. 4.5.1965 – I 186/64 U – BStBl. III 1965, 418.

Gesamtgewinn der KGaA.¹⁶⁴ Hinsichtlich der gewinnunabhängigen Tätigkeitsvergütungen beseitigt § 9 Nr. 2 b GewStG die Gewerbesteuerbelastung. **Erbschaftsteuerlich** wird das Betriebsvermögens des persönlich haftenden Gesellschafters wie das eines Mitunternehmers einer Personengesellschaft behandelt. Es gelten bei der Bewertung nach § 12 Abs. 5 S. 2 ErbStG i.V.m. §§ 95 ff. BewG grundsätzlich anstatt des gemeinen Werts der Wirtschaftsgüter die günstigeren Steuerbilanzwerte. Darüber hinaus unterliegt das Betriebsvermögen des persönlich haftenden Gesellschafters den Privilegierungen der §§ 13 a, 19 a ErbStG. Die Übertragung von Grundstücken auf die KGaA löst Grunderwerbsteuer aus, § 1 Abs. 1 Nr. 1 GrEStG. Da die KGaA mit eigener Rechtspersönlichkeit ausgestattet ist, gehen von dem Komplementär gegen Erhöhung seiner Vermögenseinlage eingebrachte Grundstücke unmittelbar in das Vermögen der KGaA über. Obwohl sie somit nicht gesamthänderisch gebunden sind, sollen die §§ 5 und 6 GrEStG entsprechend angewandt werden können, mit der Folge, dass die Grunderwerbsteuer insoweit nicht erhoben wird, als der Komplementär an der KGaA beteiligt ist.¹⁶⁵

Die **Kommanditaktionäre** werden steuerlich wie GmbH-Gesellschafter behandelt (vgl. § 36 Rdnr. 69). Werden die Aktien im Privatvermögen gehalten, erzielen sie mit Zufluss der Dividende Einkünfte aus Kapitalvermögen, § 20 Abs. 1 Nr. 1 EStG. Realisierte Veräußerungsgewinne und Vermögensverluste sind bei im Privatvermögen gehaltenen Beteiligungen außerhalb der §§ 17, 23 EStG und 21 UmwStG nicht steuerbar. **Erbschaftsteuerlich** gilt die Privilegierung der §§ 13 a, 19 a ErbStG erst ab einer Beteiligung von mehr als einem Viertel, § 13 a Abs. 4 Nr. 3 EStG. Die Kommanditaktien sind gemäß § 12 Abs. 1 ErbStG i.V.m. § 11 BewG mit dem Börsenwert oder mit dem gemeinen Wert nach dem Stuttgarter Verfahren zu bewerten (vgl. § 35 Rdnr. 27 ff.).

i) **Familienstiftung.** Eine Familienstiftung ist eine besondere Ausprägung einer rechtsfähigen Stiftung des privaten Rechts (zur Stiftung allgemein vgl. § 38). Sie ist im Wesentlichen im Interesse einer oder mehrerer Familien errichtet (§ 1 Abs. 1 Nr. 4 ErbStG; vgl. § 36 Rdnr. 77) und hat den Zweck, bestehende Unternehmen oder Beteiligungen an Personen- oder Kapitalgesellschaften der Familie zu erhalten und die Rechte aus den Beteiligungen im Sinne des Stifters auszuüben. Die Familienmitglieder erhalten dabei keinen unmittelbaren Einfluss auf die betreffenden Unternehmen und insbesondere keinen Zugriff auf die Unternehmenssubstanz, sondern kommen lediglich über ihre Stellung als Destinatäre in den Genuss der Erträge. Diese Konstruktionen werden vor allem dort gewählt, wo keine oder zu viele Nachfolger vorhanden sind. Insbesondere soll eine drohende Zersplitterung des unternehmerischen Vermögens durch den Erbgang verhindert werden.¹⁶⁶

Soweit eine Familienstiftung ihren Sitz oder ihre Geschäftsleitung im Inland hat, ist sie unbeschränkt körperschaftsteuerpflichtig, § 1 Abs. 1 Nr. 5 KStG. Die Ermittlung ihres Einkommens richtet sich nach den allgemeinen Grundsätzen des Einkommensteuergesetzes, § 8 Abs. 1 KStG. Da sie nicht allein aufgrund ihrer Rechtsform als Kaufmann im Sinne des HGB gilt, kann sie – anders als z.B. Kapitalgesellschaften – grundsätzlich Einkünfte aller Einkunftsarten, mit Ausnahme der Einkünfte aus nichtselbständiger Tätigkeit, erzielen. Etwas anderes gilt nur, wenn sie selbst als Kaufmann einzuordnen ist, § 8 Abs. 2 KStG. Durch die Beteiligung an einer gewerblich tätigen Personengesellschaft kann sie als Mitunternehmerin anzusehen sein. Sie erzielt dann insoweit Einkünfte aus Gewerbebetrieb. Vergütungen, die die Stiftung aus schuldrechtlichen Verträgen mit der Personengesellschaft bezieht, werden dem steuerlichen Ergebnis der Personengesellschaft wieder hinzugerechnet. Bei einer Beteiligung an einer Kapitalgesellschaft ist zu unterscheiden, ob die Stiftung rein vermögensverwaltend tätig wird oder einen eigenen wirtschaftlichen Geschäftsbetrieb unterhält. Von einem Gewerbebetrieb ist insbesondere in den Fällen der Betriebsaufspaltung (vgl. § 36 128 ff.) auszugehen, bei der die Stiftung der Kapitalgesellschaft eine wesentliche Betriebsgrundlage miet- oder pachtweise

---

¹⁶⁴ BMF Schr. v. 15.5.2002 – IV A 5 – S 2296 a – 16/02 – BStBl. I 2002, 533; vgl. a. Schmidt/*Glanegger* § 35 Rdnr. 10.
¹⁶⁵ *Schaumburg/Schulte*, Die KGaA, Rdnr. 159 f.; ablehnend BFH Beschl. v. 27.4.2005 – II B 76/04 – BFH/NV 2005, 1627.
¹⁶⁶ Zum Einsatz von Stiftungen als Instrument der Unternehmensnachfolgeplanung vgl. z.B. *Korezkij* ZEV 1999, 132; *Berndt* NWB 1997, Fach 18, 3505; *Schmitt/Götz* INF 1997, 11; *Turner/Doppstadt* DStR 1996, 1448; *Hennerkes/Schiffer* BB 1992, 1940.

zur Verfügung stellt. Aufgrund des körperschaftsteuerlichen Schachtelprivilegs sind die aus der Beteiligung erzielten Einkünfte aus Gewerbebetrieb und die aus Kapitalvermögen auf der Ebene der Stiftung allerdings grundsätzlich steuerfrei, § 8 b KStG. Da die Stiftung keine Kapitalgesellschaft ist, verleiht ihre Komplementärstellung – im Gegensatz zu der Komplementär-GmbH bei einer GmbH & Co. KG – bei einer **Stiftung & Co. KG** der Kommanditgesellschaft keine gewerbliche Prägung (vgl. § 36 Rdnr. 45). Eine Stiftung & Co. KG kann sowohl gewerblich als auch vermögensverwaltend strukturiert sein. Das steuerpflichtige Einkommen der Familienstiftung unterliegt einem Steuersatz von 25% zzgl. Solidaritätszuschlag. Satzungsgemäße Leistungen, die eine Stiftung an ihre Destinatäre erbringt, stellen nicht abzugsfähige Aufwendungen gemäß § 10 Nr. 1 KStG dar, die bei der Ermittlung des steuerpflichtigen Einkommens der Stiftung nicht abgezogen werden dürfen. Abzugsfähig sind jedoch nicht durch die Satzung veranlasste Aufwendungen, die aufgrund von Dienst-, Miet-, Pacht-, Darlehens-, Lizenz- oder Beratungsverträgen an die Destinatäre geleistet werden. Aufgrund der fehlenden Gesellschafter- bzw. Mitgliederstellung des Destinatärs kann das Institut der **verdeckten Gewinnausschüttung** grundsätzlich nicht zur Anwendung kommen.[167] Allerdings kann es zu einer so genannten **verdeckten Zuwendung** kommen, wenn ein Rechtsgeschäft der Stiftung mit dem Destinatär zu Lasten der Stiftung nicht ausgeglichen ist. In Höhe des unangemessenen Teils stellt die Zahlung eine verdeckte satzungsgemäße Leistung dar, die bei der Stiftung nicht abzugsfähig ist.[168] In Höhe des angemessenen Vergütungsteils liegen abzugsfähige Betriebsausgaben bzw. Werbungskosten vor.[169] Da eine Stiftung keinen Gewerbebetrieb kraft Rechtsform gemäß § 2 Abs. 2 GewStG darstellt, entsteht eine **Gewerbesteuerpflicht** nur soweit sie einen wirtschaftlichen Geschäftsbetrieb unterhält, § 2 Abs. 3 GewStG i.V.m. § 14 AO. Dies ist schon der Fall, wenn sie an einer gewerbliche Personengesellschaft beteiligt ist. Auf der Ebene der Personengesellschaft sorgt die Kürzung nach § 9 Nr. 2 GewStG dafür, dass keine gewerbesteuerliche Doppelbelastung entsteht.

76 Auf der **Ebene des Destinatärs** führen satzungsgemäße Zuwendungen der Stiftung, sofern es sich, wie regelmäßig bei Familienstiftungen, um eine nicht von der Körperschaftsteuer befreite Stiftung handelt, zu sonstigen Einkünften, § 22 Nr. 1 S. 2 EStG, bzw. zu Einkünften aus Kapitalvermögen, § 20 Abs. 1 Nr. 9 EStG, von denen dann gemäß § 3 Nr. 40 S. 1 d) bzw. i) EStG die Hälfte steuerfrei wäre (vgl. § 39 Rdnr. 18). Vergütungen, die der Destinatär aufgrund schuldrechtlicher Vertragsbeziehungen von der Stiftung erhält, werden nach dem Trennungsprinzip einer der sieben Einkunftsarten zugerechnet. Korrespondierend zur steuerlichen Behandlung auf der Ebene der Stiftung, ist eine verdeckte Zuwendung, d.h. der unangemessene Teil einer schuldrechtlichen Vergütung, den Einkünften aus Kapitalvermögen zuzuordnen.

77 Sobald das Vermögen eines Stifters auf die Stiftung übergegangen ist, löst dessen Tod oder der seiner Nachkommen insoweit keinen steuerbaren Vermögensanfall mehr aus. Das Stiftungsvermögen bleibt auf Dauer einer weiteren Erbschaftsbesteuerung entzogen. Diese steuerliche Ungerechtigkeit im Vergleich zu anderen Vermögen beseitigt die turnusmäßige **Ersatzerbschaftsteuer** für Familienstiftungen, indem das Stiftungsvermögen im Abstand von je 30 Jahren der Erbschaftsteuer unterworfen wird, § 1 Abs. 1 Nr. 4 ErbStG. **Familienstiftungen** im erbschaftsteuerlichen Sinne liegen allerdings nur vor, wenn die Stiftung wesentlich im Interesse einer oder bestimmter Familien errichtet ist, § 1 Abs. 1 Nr. 4 ErbStG. Als **Familie** ist der Kreis der durch Abstammung, Heirat oder häusliche Gemeinschaft verbundenen Angehörigen (vgl. § 15 AO) zu verstehen.[170] M. E. zählen zumindest auch eingetragene Lebenspartner dazu. Die Stiftung ist wesentlich im **Familieninteresse** errichtet, wenn nach ihrer Satzung der Stifter, seine Angehörigen und deren Abkömmlinge
• zu mehr als 50% bezugs- oder anfallsberechtigt sind[171] oder
• zu mehr als 25% bezugs- oder anfallsberechtigt sind und zusätzliche Merkmale ein „wesentliches Familieninteresse" belegen[172] oder

---

[167] BFH Urt. v. 9.8.1989 – I R 4/84 – BStBl. II 1990, 237.
[168] *Düll*, Stiftungen im Ertrag- und Substanzsteuerrecht, 151 ff.
[169] *Seifart*, Handbuch des Stiftungsrechts, § 41 Rdnr. 55.
[170] *Meincke* § 1 Rdnr. 16.
[171] R 2 Abs. 2 S. 1 ErbStR.
[172] R 2 Abs. 2 S. 2 ErbStR.

- das Stiftungsvermögen, soweit es einer Nutzung zu privaten Zwecken zugänglich ist, nutzen und die Stiftungserträge an sich ziehen können.[173]

Hinsichtlich der Bezugsberechtigung soll es nach Ansicht der Finanzverwaltung auf die tatsächlichen Ausschüttungen der Stiftung ankommen; thesaurierte Erträge bleiben unberücksichtigt.[174] Während die Finanzverwaltung die Familieninteressen primär über die Bezugsberechtigung der Familienmitglieder und somit über quantitative Kriterien definiert, stellt der BFH (dritte Variante) vorrangig auf sachliche und qualitative Kriterien ab. Entscheidend für die Einordnung sind daher auch die **Möglichkeit der Einflussnahme** der Familien nach Satzung und tatsächlicher Geschäftsführung.[175]

Die **Errichtung der Stiftung** gilt erbschaftsteuerlich als Schenkung unter Lebenden, § 7 Abs. 1 Nr. 8 ErbStG, bzw. als Erwerb von Todes wegen, § 3 Abs. 2 Nr. 1 ErbStG. Ausschlaggebend für die Besteuerung der Errichtung ist das Verwandtschaftsverhältnis des nach der Stiftungsurkunde entferntest Berechtigten zum Stifter, § 15 Abs. 2 S. 1 ErbStG. Der danach maßgebenden Steuerklasse kommt somit sowohl Bedeutung für die Höhe des Steuersatzes nach § 19 Abs. 1 ErbStG als auch für den Ansatz des persönlichen Freibetrags nach § 16 Abs. 1 ErbStG zu. Soweit begünstigtes Vermögen im Sinne des § 13 a Abs. 4 ErbStG auf die Stiftung übergeht, können unabhängig von der anwendbaren Steuerklasse der Freibetrag und der Bewertungsabschlag nach § 13 a Abs. 1 und 2 ErbStG in Betracht kommen.[176] Die Tarifbegünstigung nach § 19 a ErbStG wird dagegen nicht gewährt, da sie nur natürlichen Personen zu teil wird.[177]

Existiert die Stiftung länger als 30 Jahre, unterliegt das Stiftungsvermögen der **Ersatzerbschaftsbesteuerung.** Dabei wird unterstellt, dass sich alle 30 Jahre ein Generationswechsel vollzieht, bei dem das gesamte Vermögen auf zwei Kinder übergeht, § 15 Abs. 2 S. 3 ErbStG. Dementsprechend kommt dabei der Freibetrag nach § 16 Abs. 1 Nr. 2 ErbStG zweimal zur Anwendung, so dass ein Vermögen von insgesamt € 410.000 steuerfrei bleibt. Das steuerpflichtige Vermögen ermittelt sich dabei nach den allgemeinen Vorschriften, die auch sonst für die Erbschaftsbesteuerung maßgebend sind (vgl. § 35 Rdnr. 21 ff.). Durch die Annahme des Vermögensübergangs auf zwei Kinder kommt Steuerklasse I mit dem Steuersatz nach § 19 Abs. 1 ErbStG zum Tragen, der auf die Hälfte des steuerpflichtigen Vermögens anzuwenden wäre, § 15 Abs. 2 S. 3 HS. 2 ErbStG. Die Vergünstigungen nach § 13 a ErbStG durch Freibetrag und Bewertungsabschlag werden auch bei der Bemessung der Ersatzerbschaftsteuer einer Familienstiftung gewährt, soweit zum Vermögen der Stiftung begünstigtes Vermögen gehört, § 13 a Abs. 7 ErbStG. Da bei der Ersatzerbschaftsteuer ohnehin der günstige Steuersatz nach Steuerklasse I zum Tragen kommt, ist die Tarifbegrenzung nach § 19 a ErbStG irrelevant. Nach § 24 ErbStG besteht die Möglichkeit, die anfallende Ersatzerbschaftsteuer bei einem Zinssatz von 5,5% p. a. auf 30 Jahre zu verrenten. Die daneben bestehende Möglichkeit, über § 28 Abs. 2 ErbStG eine Stundung der auf Betriebsvermögen entfallenden Erbschaftsteuer zu erreichen, dürfte aufgrund der kürzeren Laufzeit (bis zu 10 Jahren), der höheren Verzinsung (6%) und der bloßen Erfassung von Betriebsvermögen der Verrentung regelmäßig unterlegen sein.[178] Die Ersatzerbschaftsteuer ist als Personensteuer bei der Ermittlung des zu versteuernden Einkommens der Stiftung nicht abzugsfähig. Dies gilt unabhängig davon, ob sie in einem Einmalbetrag oder in wiederkehrenden Beträgen zu leisten ist.[179]

Die Vermögensübertragung auf einen **Trust** oder auf eine ausländische Familienstiftung ist grundsätzlich nur dann sinnvoll, wenn ein entsprechender Inlandsbezug vermieden werden kann.[180] Der erbschaft- und schenkungsteuerliche Reiz des Trusts lag bislang darin, dass der BFH die Errichtung eines Trusts der Übertragung des Vermögens auf die Anfallsberechtigten

---

[173] BFH Urt. v. 10.12.1997 – II R 25/94 – BStBl. II 1998, 114.
[174] R 2 Abs. 2 S. 4 bis 6 ErbStR.
[175] BFH Urt. v. 10.12.1997 – II R 25/94 – BStBl. II 1998, 114.
[176] R 69 S. 3 bzw. R 55 Abs. 1 S. 4 Nr. 5 ErbStR.
[177] R 76 Abs. 2 S. 2 ErbStR.
[178] Troll/Gebel/Jülicher/*Jülicher* § 28 Rdnr. 12; zur theoretischen Möglichkeit beide Begünstigungen nebeneinander zu beanspruchen vgl. *Korezkij* ZEV 1999, 132, 135.
[179] BFH Urt. v. 14.9.1994 – I R 78/94 – BStBl. II 1995, 207; *Troll* § 24 Rdnr. 3.
[180] Zur Zurechnung nach § 15 AStG vgl. § 39 Rdnr. 30. Diese Grundsätze gelten allerdings nicht für die Erbschaftsteuer, § 15 Abs. 1 S. 2 AStG.

unter der aufschiebenden Bedingung der Auflösung des Trusts gleichgestellt hat.[181] Je länger die Auflösung des Trusts hinausgeschoben werden konnte (beim Jersey-Trust z.B. 100 Jahre), um so länger wurde die Besteuerung des Vermögens hinausgezögert. Dem hat der Gesetzgeber mittlerweile entgegengewirkt, indem er die Besteuerung von Vermögensübertragungen auf ausländische Trusts (§ 3 Abs. 2 Nr. 1 S. 2 und § 7 Abs. 1 Nr. 8 S. 2 ErbStG) und von Vermögenserwerben aus dem Trust (§ 7 Abs. 1 Nr. 9 ErbStG) eingeführt hat. Der einzige nennenswerte Standortvorteil des Trusts oder der Auslandsstiftung ist somit nur noch der Umstand, dass er derzeit (noch) keiner Erbersatzsteuer unterliegt.[182]

4. Steuerliche Kernprobleme

81   Aufgrund der das Steuerrecht bestimmenden wirtschaftlichen Betrachtungsweise (vgl. § 36 Rdnr. 5 f.) spielt aus steuerlicher Sicht weniger die Rechtsform einer Gesellschaft eine Rolle als vielmehr die tatsächlichen Verhältnisse. Die Finanzverwaltung prüft daher bei Familiengesellschaften, inwieweit die Gestaltung des Gesellschaftsvertrages und der schuldrechtlichen Verträge durch familiäre Beziehungen zwischen den Vertragspartnern beeinflusst werden. Nur soweit die Vertragsbeziehungen denen unter fremden Dritten wirtschaftlich entsprechen, sind sie anzuerkennen (sog. **Fremdvergleich**).[183] Die **Angemessenheitsprüfung** erfolgt dabei auf zwei Ebenen: Zum einen wird die Anerkennung der vertraglichen Vereinbarungen an sich untersucht (**Anerkennung dem Grunde nach**) und zum anderen die Angemessenheit der Gewinnverteilungsabrede bzw. der Vergütungen (**Anerkennung der Höhe nach**). Daneben kommt es noch darauf an, ob die Verträge auch tatsächlich so wie vereinbart durchgeführt werden.

82   a) **Mitunternehmerschaft.** Soll das Familienmitglied an einer gewerblichen, land- und forstwirtschaftlichen oder freiberuflichen Personengesellschaft als Mitunternehmer beteiligt sein, müssen zusätzlich die Voraussetzungen für eine Mitunternehmerschaft vorliegen. Der steuerliche Begriff der „Mitunternehmerschaft" ist gesetzlich nicht definiert und kein abstrakter Begriff, sondern ein sog. offener Typus, der durch eine größere und unbestimmte Anzahl von Merkmalen beschrieben werden kann.[184] Er setzt grundsätzlich voraus, dass
- mindestens zwei Personen (Mitunternehmer), die
- Mitunternehmerinitiative entfalten und
- Mitunternehmerrisiko tragen,
- gemeinschaftlich
- eine gewerbliche oder zumindest gewerblich geprägte Tätigkeit[185] ausüben.

Es spielt dabei keine Rolle, ob die Familienmitglieder beschränkt oder unbeschränkt einkommensteuerpflichtig sind.[186] Für die Frage der steuerlichen Anerkennung spielen vor allem die Merkmale Mitunternehmerrisiko und Mitunternehmerinitiative eine bedeutende Rolle. Grundsätzlich müssen beide Merkmale gleichermaßen vorliegen. Ein Weniger des einen Merkmals kann allerdings durch ein Mehr des anderen ausgeglichen werden.[187] Nicht notwendig ist, dass die Merkmale bei jedem Gesellschafter in gleicher Ausprägung vorliegen. Vorsicht ist bei einem Mehr an Mitunternehmerinitiative geboten, denn hier kann z.B. krankheitsbedingte Handlungsunfähigkeit schlagartig zu einem Verlust der Mitunternehmerstellung und daran anknüpfend zur Besteuerung der stillen Reserven führen.

83   **Mitunternehmerrisiko** bedeutet Teilhabe am Erfolg und Misserfolg eines Gewerbebetriebes.[188] Dies drückt sich in der Regel in einer Beteiligung des Mitunternehmers
- am Gewinn und Verlust **sowie**
- an den stillen Reserven einschließlich eines Firmenwerts
aus. Zumindest die **Beteiligung am laufenden Gewinn** ist in jedem Fall für das Vorliegen einer Mitunternehmerschaft erforderlich.[189] Grundsätzlich ist hierbei der Totalgewinn gemeint, d.h.

---

[181] BFH Urt. v. 7.5.1986 – II R 137/79 – BStBl. II 1986, 615 m.w.N.
[182] *Werkmüller* ZEV 1999, 138, 141.
[183] BFH Urt. v. 22.5.1984 – VIII R 35/84 – BStBl. II 1985, 243 m.w.N.; vgl. a. grundlegend *Bordewin* DB 1996, 1359; *Westerfelhaus* DB 1997, 2933.
[184] *Spiegelberger* Vermögensnachfolge Rdnr. 414.
[185] Zur gewerblichen Prägung vgl. § 36 Rdnr. 45. Bei land- und forstwirtschaftlicher sowie bei freiberuflicher Tätigkeit müssen diese Tätigkeiten ausgeübt werden.
[186] BFH Urt. v. 16.12.1997 – VIII R 32/90 – BStBl. II 1998, 480.
[187] BFH Urt. v. 1.8.1996 – VIII R 12/94 – BStBl. II 1997, 272.
[188] Vgl. z.B. BFH Urt. v. 24.9.1991 – VIII R 349/83 – BStBl. II 1992, 330.
[189] BFH Urt. v. 13.10.1992 – VIII R 57/91 – BFH/NV 1993, 518; *Schulze zur Wiesche* DB 1997, 244.

inklusive **stiller Reserven**.[190] Wird die Beteiligung an den stillen Reserven generell ausgeschlossen, d.h., erhält der Gesellschafter sowohl im Falle seines Ausscheidens als auch bei Liquidation der Gesellschaft lediglich den Buchwert, liegt grundsätzlich keine Mitunternehmerstellung vor.[191] Dies gilt jedoch nicht, wenn eine Beteiligung an den stillen Reserven – sofern zivilrechtlich zulässig – lediglich auf den Fall des freiwilligen Ausscheidens eines Gesellschafters begrenzt wird.[192] Auch eine Beteiligung am Firmenwert ist grundsätzlich erforderlich.[193] Allerdings vermittelt eine Beteiligung am laufenden Gewinn bei entsprechend starker Ausprägung der Mitunternehmerinitiative ausreichend Mitunternehmerrisiko.[194] Die **Teilhabe am Verlust** ist keine unabdingbare Voraussetzung für das Vorliegen einer Mitunternehmerstellung. Allerdings ist sie ein deutliches Indiz. Sie kann wie z.B. beim Kommanditisten begrenzt sein. Eine persönliche Haftung ist nicht erforderlich.[195] Andererseits kann eine unbeschränkte Außenhaftung ausreichen, auch wenn im Innenverhältnis ein Freistellungsanspruch besteht.[196]

Mitunternehmerinitiative liegt vor, wenn der Gesellschafter an den unternehmerischen Entscheidungen, wie sie Geschäftsführern oder leitenden Angestellten obliegen, teilhat.[197] Ausreichend ist jedoch, wenn ihm die Möglichkeit zusteht, Rechte auszuüben, die den Stimm-, Kontroll- und Widerspruchsrechten eines Kommanditisten nach den Vorschriften des HGB wenigstens angenähert sind.[198] Das **Stimmrecht** betrifft grundsätzlich keine Geschäftsführungsentscheidungen, sondern nur solche im Gesellschafterbereich. Dies sind in der Regel die Änderung des Unternehmenszwecks, des Gesellschaftsvertrags und der Gewinnverteilung, die Aufnahme neuer Gesellschafter, die Gewinnfeststellung sowie die Bestellung von Geschäftsführern. In den Bereich der Geschäftsführung fallen dagegen die Aufstellung der Bilanz und die laufende Geschäftsführung. Ein besonderes Problem ergibt sich beim atypisch stillen Gesellschafter. Das Gewinnfeststellungsrecht steht hier allein dem Geschäftsinhaber zu. Es liegt somit eine Abweichung zu den Rechten des Kommanditisten vor. Dies ist aber unerheblich, da seine Rechte denjenigen eines Kommanditisten nur **angenähert** sein müssen. Deshalb wird man die Mitunternehmerinitiative nur dann verneinen können, wenn der Geschäftsinhaber durch Ausübung von Bewertungswahlrechten den Gewinn (stark) manipulieren kann. Das **Kontrollrecht** umfasst dagegen die Berechtigung, eine abschriftliche Mitteilung des Jahresabschlusses zu verlangen und dessen Richtigkeit durch Einsichtnahme in die Bücher und die sonstigen Unterlagen der Gesellschaft zu überprüfen (§ 166 Abs. 1 HGB für den Kommanditisten und § 233 Abs. 1 HGB für den stillen Gesellschafter). Eine Einschränkung dieser Mindestkontrollrechte führt zur Verneinung der Mitunternehmerstellung.[199]

Folgende Vertragsklauseln können die Mitunternehmerstellung eines Familienangehörigen gefährden:
- Entnahmerecht nur mit Zustimmung der Eltern,[200]
- Ausschluss der Informations-, Überwachungs- und Widerspruchsrechte gemäß § 164, 166 HGB,[201]
- einseitiges Kündigungsrecht der Eltern,[202]
- langfristige Bindung des Auseinandersetzungsguthabens (z.B. über 15 Jahre),[203]

---

[190] GrS BFH Beschl. v. 25.6.1984 – GrS 4/82 – BStBl. II 1984, 751.
[191] BFH Urt. v. 29.4.1981 – IV R 131/78 – BStBl. II 1981, 663.
[192] BFH Urt. v. 5.7.1979 – IV R 27/76 – BStBl. II 1979, 670.
[193] BFH Urt. v. 27.5.1993 – IV R 1/92 – BStBl. II 1994, 700 u. Urt. v. 9.12.2002 – VIII R 20/01 – BFH/NV 2003, 601 zur atypisch stillen Gesellschaft, Urt. v. 6.7.1995 – IV R 79/94 – BStBl. II 1996, 269 zur Unterbeteiligung.
[194] BFH Urt. v. 15.10.1998 – IV R 18/98 – DStRE 1999, 81; *Schulze zur Wiesche* DB 1997, 244; vgl. aber § 36 Rdnr. 82 a.E.
[195] BFH Urt. v. 24.9.1991 – VIII R 349/83 – BStBl. II 1992, 330.
[196] BFH Urt. v. 11.12.1986 – IV R 222/84 – BStBl. II 1987, 553.
[197] BFH Urt. v. 1.8.1996 – VIII R 12/94 – BStBl. II 1997, 272.
[198] BFH Urt. v. 4.11.1997 – VIII R 18/95 – BStBl. II 1999, 384 m.w.N.
[199] BFH Urt. v. 10.11.1987 – VIII R 166/84 – DB 1988, 940.
[200] BFH Urt. v. 4.8.1971 – I R 209/69 – BStBl. II 1972, 10.
[201] Bloßer Ausschluss des Widerspruchsrechts stört dagegen nicht, BFH Urt. v. 6.4.1979 – I R 116/77 – BStBl. II 1979, 620.
[202] BFH Urt. v. 21.2.1974 – IV B 28/73 – BStBl. II 1974, 404; H 138 a Abs. 2 EStH „Kündigung".
[203] *Spiegelberger*, Vermögensnachfolge Rdnr. 415.

- jederzeitige Verpflichtung zur unentgeltlichen Rückübertragung,[204]
- vom jeweiligen Jahresgewinn abhängiger Gewinnanteil,[205]
- mangelnde Einlage,[206]
- Bareinlage als Darlehen, das aus dem ersten Gewinnanteil wieder zu tilgen ist,[207]
- befristete Gesellschafterstellung der Kinder,[208]
- jederzeitige Ausschluss zum Buchwert,[209]
- jederzeitige Änderungsmöglichkeit des Gesellschaftsvertrages zu Lasten der Kinder,[210]
- Ausschlussklausel bei Scheidung.[211]

In Grenzfällen kann die Mitunternehmereigenschaft jedoch zu bejahen sein, wenn die Vertragsgestaltung nach objektiven Kriterien darauf abzielt, die Kinder an das Unternehmen heranzuführen, um dadurch dessen Fortbestand zu sichern.[212] Voraussetzung ist allerdings, dass die Kinder ihrem Alter nach bereits die für die Heranführung an das Unternehmen erforderliche Reife besitzen.[213]

86   b) **Gewinnverteilung.** Wird die Gesellschafterstellung eines Familienangehörigen dem Grunde nach anerkannt, wird auf der zweiten Stufe die Angemessenheit des gewährten Gewinnanteils überprüft. Die Gewinnverteilungsabrede wird nur insoweit anerkannt, als der auf das Familienmitglied entfallende Gewinnanteil seiner Gesellschafterstellung entspricht. Eine darüber hinausgehende Gewinnbeteiligung gilt als durch familiäre Beziehungen veranlasst und stellt eine einkommensteuerlich unbeachtliche Einkommensverwendung dar (§ 12 Nr. 2 EStG) bzw. ist nach den Regeln des Missbrauchs von rechtlichen Gestaltungsmöglichkeiten zu korrigieren (§ 42 AO). Die Höhe der von der Finanzverwaltung und der Rechtsprechung als angemessen anerkannten Gewinnbeteiligung ist einerseits von der gewählten Gesellschafterstellung (Kommanditist, GmbH-Gesellschafter, stiller Gesellschafter) abhängig und andererseits davon, ob die Beteiligung schenkweise eingeräumt oder mit eigenen Mitteln erworben wurde.

87   Erhält ein Familienangehöriger einen Kommanditanteil im Wege der Schenkung, wird die Gewinnverteilungsabrede mit steuerlicher Wirkung anerkannt, wenn sie den den einzelnen Gesellschaftern zuzurechnenden Leistungsbeiträgen entspricht. Arbeitet der minder- oder volljährige Familienangehörige nicht mit, besteht sein Leistungseinsatz grundsätzlich nur im Kapitaleinsatz. Es kann daher mit steuerlicher Wirkung nur eine Gewinnverteilung vereinbart werden, die auf längere Sicht zu einer angemessenen Verzinsung des tatsächlichen Werts des Gesellschaftsanteils führt. Angemessen ist eine Gewinnverteilungsabrede nach Ansicht des BFH und der Finanzverwaltung, die im Zeitpunkt der Vereinbarung bei vernünftiger kaufmännischer Beurteilung eine durchschnittliche **Rendite bis zu maximal 15%** des wahren Wertes der Beteiligung erwarten lässt.[214] Dieser Grundsatz soll auch auf die schenkweise Übertragung einer atypischen stillen Beteiligung, einer atypischen Unterbeteiligung,[215] einer typisch stillen

---

[204] BFH Urt. v. 16.5.1989 – VIII R 196/84 – BStBl. II 1989, 877; H 138 a Abs. 1 EStH „Rückübertragungsverpflichtung".
[205] *Spiegelberger* Vermögensnachfolge Rdnr. 415.
[206] BFH Urt. v. 1.2.1973 – IV R 9/68 – BStBl. II 1973, 221.
[207] BFH Urt. v. 1.2.1973 – IV R 138/67 – BStBl. II 1973, 526; H 138 a Abs. 2 EStH „Verfügungsbeschränkungen".
[208] BFH Urt. v. 29.1.1976 – IV R 73/73 – BStBl. II 1976, 324; H 138 a Abs. 2 EStH „Befristete Gesellschafterstellung".
[209] BFH Urt. v. 29.4.1981 – IV R 131/78 – BStBl. II 1981, 663; Urt. v. 6.7.1995 – IV R 79/94 – BStBl. II 1996, 269; H 138 a Abs. 1 EStH „Buchwertabfindung".
[210] Schmidt/*Wacker* § 15 Rdnr. 756; BFH Urt. v. 11.10.1988 – VIII R 328/83 – BStBl. II 1989, 762 bei gleichzeitigem Ausschluss des Widerspruchsrechts nach § 164 HGB; a.A. BFH Urt. v. 10.11.1987 – VIII R 166/84 – BStBl. II 1989, 758: solange keine Änderung erfolgt.
[211] BFH Urt. v. 26.6.1990 – VIII R 81/85 – BStBl. II 1994, 645.
[212] BFH Urt. v. 6.4.1979 – I R 116/77 – BStBl. II 1979, 620.
[213] Bejahend bei 17 Jahren: BFH Urt. v. 6.4.1979 – I R 116/77 – BStBl. II 1979, 620; verneinend bei 12 Jahren: BFH Urt. v. 5.7.1979 – IV R 27/76 – BStBl. II 1979, 670; vgl. auch H 138 a Abs. 2 EStH „Alter des Kindes".
[214] GrS BFH Beschl. v. 29.5.1972 – GrS 4/71 – BStBl. II 1973, 5; BFH Urt. v. 24.7.1986 – IV R 103/83 – BStBl. II 1987, 54; H 138 a Abs. 3 EStH „Allgemeines"; a.A. z.B. *Westerfelhaus* DB 1997, 2033, 2035 m.w.N.
[215] BFH Urt. v. 24.7.1986 – IV 103/83 – BStBl. II 1987, 54; a.A. BFH Urt. v. 9.10.2001 – VIII R 77/98 – BStBl. II 2002, 460.

Beteiligung mit Verlustbeteiligung[216] und bei einem schenkweise erworbenen Kommanditgesellschaftsanteil, bei dem der neue Kommanditist nur in nachgeordneter Funktion mitarbeitet,[217] anzuwenden sein. Bei einer typischen stillen Beteiligung, bei der der stille Gesellschafter nur am Gewinn beteiligt ist, reduziert sich der Renditewert auf maximal 12%.[218] Die 15% – Grenze ist nicht auf den entgeltlich erworbenen Kommanditanteil, sowie auf die entgeltlich erworbene atypische stille Beteiligung und atypische Unterbeteiligung anzuwenden. Bei atypisch stillen Beteiligungen sollen Maximalrenditen von 25% (ohne Verlustbeteiligung)[219] und von 35% (mit Verlustbeteiligung)[220] vereinbart werden können, jeweils bezogen auf das eingesetzte Kapital bzw. den wahren Wert der Beteiligung.

Zur Bestimmung des **tatsächlichen Werts des Gesellschaftsanteils** ist zunächst der Wert des gesamten Unternehmens einschließlich stiller Reserven und Geschäftswert bei Vertragsschluss zu ermitteln und dieser sodann auf die einzelnen Gesellschafter nach einem einheitlichen Maßstab zu verteilen, sofern keine Sonderrechte bestehen.[221] Als einheitlicher Maßstab ist die Beteiligung am Liquidationsergebnis gemäß den Bestimmungen des Gesellschaftsvertrages heranzuziehen, da letztlich nur dieses den tatsächlichen Wert des Gesellschaftsanteils wiedergibt.[222] Gleiches gilt, sofern Beschränkungen z.B. hinsichtlich der Gewinnentnahme oder der Abfindungsansprüche bei Ausscheiden aus der Gesellschaft alle Gesellschafter gleichermaßen treffen. Gelten derartige Beschränkungen nur für einzelne Gesellschafter, ist bei diesen vom Anteilswert ein Abschlag zu machen.[223] Umgekehrt ist bei Sonderrechten, die nur für einzelne Gesellschafter gelten, ein Zuschlag zum Anteilswert zu machen.

Zur Berechnung des angemessenen Gewinnanteils ist auf den **Restgewinn** abzustellen. Dieser errechnet sich aus dem Gesamtgewinn abzüglich einer angemessenen Tätigkeitsvergütung, einer Prämie für die Haftungsübernahme durch den Komplementär, einer festen Verzinsung der Kapitalanteile sowie ggf. weiterer angemessener Abgeltungen von Sonderleistungen.[224] Bei dieser Prüfung ist nicht auf den tatsächlichen Gewinn abzustellen, der in den einzelnen Geschäftsjahren erzielt wird, auch nicht auf einen tatsächlichen Durchschnittsgewinn der auf den Vertragsschluss Folgenden fünf Jahre,[225] sondern auf den (fiktiven) Gewinn, der nach den zum Zeitpunkt der Gewinnverteilungsvereinbarung bekannten Umständen und der sich aus ihnen für die Zukunft (in der Regel den nächsten fünf Jahren) ergebenden wahrscheinlichen Entwicklung zu erwarten ist.[226] Wird dieser Wert in einzelnen Jahren bei besonders günstiger Geschäftsentwicklung überschritten oder bei besonders ungünstiger Entwicklung unterschritten, so hat das auf die tatsächliche Gewinnverteilung und auf die Angemessenheit keinen Einfluss mehr.[227]

Bei der **Beteiligung von Familienangehörigen an einer Kapitalgesellschaft** ist die Gewinnverteilung gleichfalls daraufhin zu untersuchen, ob der Verteilungsmaßstab auf gesellschaftsrechtlichen Gründen beruht oder von persönlichen Beziehungen beeinflusst wird. Sieht der

---

[216] H 138 a Abs. 5 EStH „Schenkweise eingeräumte stille Beteiligung".
[217] BFH Urt. v. 5.11.1985 – VIII R 275/81 – BFH/NV 1986, 327.
[218] BFH Urt. v. 29.3.1973 – IV R 56/70 – BStBl. II 1973, 650; H 138 a Abs. 5 EStH „Schenkweise eingeräumte stille Beteiligung".
[219] BFH Urt. v. 14.2.1973 – I R 131/70 – BStBl. II 1973, 395; H 138 a Abs. 5 EStH „Eigene Mittel".
[220] BFH Urt. v. 16.12.1981 – I R 167/78 – BStBl. II 1982, 387; H 138 a Abs. 5 EStH „Eigene Mittel".
[221] GrS BFH Beschl. v. 29.5.1972 – GrS 4/7 – BStBl. II 1973, 5; BFH Urt. v. 9.10.2001 – VIII R 77/98 – BStBl. II 2002, 460; Schmidt/*Wacker* § 15 EStG Rdnr. 778; der BFH hat jedoch keine Aussage darüber getroffen, welche Methode der Unternehmensbewertung (z.B. Ertragswert- oder Substanzwertverfahren) heranzuziehen ist; vgl. hierzu z.B. *Märkle* BB 1993, Beilage 2, 15; *O. H. Jacobs*, Unternehmensbesteuerung und Rechtsform, 3. Aufl., S. 323 ff.
[222] A.A. *Kirchhof/Reiß* § 15 EStG Rdnr. 264, der die stillen Reserven nach Maßgabe des Gewinnverteilungsschlüssels und den Unternehmenswert im übrigen nach den Kapitalanteilen auf die Gesellschafter verteilen will. Nach Ansicht der Finanzverwaltung ist auf die festen Kapitalanteile abzustellen, StEK EStG, § 15 Nr. 75, was jedoch nur in wenigen Fällen zu einer Abweichung von der hier vertretenen Ansicht führen wird, da diese Verteilung zumeist auch im Liquidationsfall zum Tragen kommt.
[223] BFH Urt. v. 29.3.1973 – IV R 158/68 – BStBl. II 1973, 489; *Märkle* BB 1993, Beilage 2, 15.
[224] BFH Urt. v. 29.3.1973 – IV R 158/68 – BStBl. II 1973, 489.
[225] *Littmann* INF 1973, 1, 3.
[226] GrS BFH Beschl. v. 29.5.1972 – GrS 4/71 – BStBl. II 1973, 5 unter IV 2 d cc; H 138 a Abs. 3 EStH „Allgemeines" a.E.
[227] BFH Urt. v. 29.3.1973 – IV R 158/68 – BStBl. II 1973, 489; v. 14.2.1973 – I R 131/70 – BStBl. II 1973, 395.

Gesellschaftsvertrag in Anlehnung an das Wesen einer Kapitalgesellschaft eine Gewinnverteilung im Verhältnis der Kapitalanteile vor, besteht kein Anlass die Gewinnverteilungsabrede zu korrigieren. Allerdings ist es zulässig, einen anderen Aufteilungsmaßstab festzulegen, § 29 Abs. 3 S. 2 GmbHG. Eine Korrektur kann hier nur in den engen Grenzen eines Gestaltungsmissbrauchs nach § 42 AO erfolgen.[228] Denn die für die unentgeltliche Übertragung eines Kommanditanteils auf ein Familienmitglied entwickelten Beurteilungsmaßstäbe sind nicht heranzuziehen.[229] Auch nicht herangezogen werden kann § 12 Nr. 2 EStG, da diese Vorschrift im Verhältnis zwischen einer Kapitalgesellschaft und ihren Anteilseignern nicht anwendbar ist. Schließlich greifen auch nicht die Regelungen über verdeckte Gewinnausschüttungen, da diese sich grundsätzlich nur außerhalb der gesellschaftsvertraglichen Gewinnverteilungsabrede bewegen.

91 Ist eine Gewinnverteilungsabrede nach den vorstehenden Grundsätzen nicht anzuerkennen, werden den am Unternehmen beteiligten Familienmitgliedern steuerlich nur die Gewinnanteile zugerechnet, die innerhalb der Angemessenheitsgrenze liegen. Die diese übersteigenden Gewinnanteile sind Einkommensverwendung und – unabhängig von der zivilrechtlichen Beurteilung – bei den Übertragenden bzw. übrigen Gesellschaftern (z.B. den Eltern) einkommensteuerpflichtig. Diese haben somit Gewinnanteile zu versteuern, die ihnen nicht zugeflossen sind, sondern zivilrechtlich den Familienmitgliedern zustehen.[230] Wird der als unangemessen angesehene Gewinnanteil den Familienmitgliedern belassen, unterliegt er bei Gesellschaftern von Personengesellschaften, vorwiegend Kommanditisten und stillen Gesellschaftern[231] als selbständige Schenkung der Erbschaftsteuer, § 7 Abs. 6 ErbStG. Bemessungsgrundlage ist der Kapitalwert der als unangemessen angesehenen Gewinnbeteiligung.[232]

92 c) **Anerkennung der Gesellschafterstellung.** Bei der Prüfung der Anerkennung dem Grunde nach wird darauf abgestellt, ob das Familienmitglied zivilrechtlich eine Gesellschafterstellung erlangt hat. Erste Voraussetzung für die steuerliche Anerkennung einer Familiengesellschaft ist daher, dass der zugrunde liegende Gesellschaftsvertrag zivilrechtlich wirksam zustande gekommen ist.[233] Diese Forderung ist eine Besonderheit von Familiengesellschaften, denn bei Verträgen zwischen fremden Dritten ist nach § 41 Abs. 1 S. 1 AO die Unwirksamkeit eines Rechtsgeschäftes dann unbeachtlich, wenn die Beteiligten das wirtschaftliche Ergebnis eintreten bzw. bestehen lassen.[234] Insbesondere bei der **Beteiligung von minderjährigen Kindern** (vgl. § 42) sind strenge Vorschriften zu beachten. Wird der Gesellschaftsvertrag mit den Eltern abgeschlossen, können diese aufgrund des Selbstkontrahierungsverbotes nach § 181 BGB ihre Kinder beim Abschluss des Gesellschaftsvertrages nicht wirksam vertreten. Für den Vertragsabschluss muss daher nach § 1909 BGB ein Abschlusspfleger bestellt werden. Dies gilt auch dann, wenn die Beteiligung von den Eltern schenkungsweise übertragen wird, da die Gesellschafterstellung nicht nur rechtliche Vorteile bringt.[235] Die Aufnahme eines minderjährigen Kindes als Kommanditist bedarf ferner der vormundschaftsgerichtlichen Genehmigung (§ 1822 Nr. 3 BGB), die steuerlich nur dann für die Vergangenheit wirkt, wenn sie unverzüglich nach Abschluss des Gesellschaftsvertrages beantragt und in angemessener Frist erteilt wird.[236] Einer notariellen Beurkundung bedarf es bei der schenkungsweisen Aufnahme in eine KG grundsätzlich nicht, wenn diese gemäß § 518 Abs. 2 BGB vollzogen ist. Dies ist der Fall, sobald die Kommanditeinlage auf den neuen Gesellschafter umgebucht und dieser beim Handelsregister angemeldet ist.[237] Bei schenkungsweise begründeten atypisch stillen Beteiligungen und Unterbeteiligungen ist zur zivilrechtlichen Wirksamkeit grundsätzlich notarielle Beurkundung

---

[228] Vgl. z.B. *Schwendy*, FS L. Schmidt, S. 787, 798 ff.
[229] Vgl. z.B. *Costede* GmbHR 1979, 13.
[230] Vgl. *Felix/Streck* DB 1975, 2213; *Knobbe-Keuk* StuW 1985, 382, 383 f.
[231] *Meincke* § 7 Rdnr. 134; a.A. *Kapp/Ebeling* § 7 Rdnr. 190.10, die die typisch stille Beteiligung nicht in den Anwendungsbereich des § 7 Abs. 6 ErbStG einbeziehen.
[232] Vgl. gleichlautender Ländererlass v. 20.12.1974 – BStBl. I 1975, 42; v. 10.3.1976 – BStBl. I 1976, 145.
[233] *Schmidt/Wacker* § 15 EStG Rdnr. 747 m.w.N.
[234] Zur Kritik s. *Knobbe-Keuk*, Unternehmenssteuerrecht S. 507 f.
[235] BFH Urt. v. 1.2.1973 – IV R 61/72 – BStBl. II 1973, 309.
[236] BFH Urt. v. 1.2.1973 – IV R 49/68 – BStBl. II 1973, 307; H 138 a Abs. 2 EStH „Vormundschaftsgerichtliche Genehmigung".
[237] BGH Urt. v. 30.4.1984 – II ZR 132/83 – NJW 1984, 2290.

erforderlich.[238] Der Abschluss eines GmbH-Gesellschaftsvertrages bedarf stets der notariellen oder gerichtlichen Beurkundung, §§ 2 Abs. 1, 15 Abs. 3 GmbHG.

Ergibt die Prüfung, dass die Gesellschafterstellung des Familienmitglieds steuerlich dem Grunde nach nicht anerkannt werden kann, werden die Gewinnanteile und die Gesellschaftsanteile als einkommensteuerlich unbeachtliche Einkommensverwendung bzw. als wirtschaftliches Eigentum in voller Höhe dem Übertragenden (z.B. den Eltern) zugerechnet und bei diesen der Einkommensteuer unterworfen. Die zivilrechtliche Beurteilung wird hiervon nicht berührt. Dementsprechend wird im Erbschaft- und Schenkungsteuerrecht, welches an das Zivilrecht anknüpft, die zivilrechtlich wirksame Übertragung des Gesellschaftsanteils als Schenkung im Sinne des § 7 Abs. 1 Nr. 1 ErbStG angesehen.

d) Tatsächlicher Vollzug der Verträge. Die Gesellschaftsverträge müssen den vertraglichen Bestimmungen gemäß vollzogen werden.[239] Bei der Beteiligung von minderjährigen Kindern erfordert der tatsächliche Vollzug des Gesellschaftsvertrages nicht die Bestellung eines Ergänzungspflegers (Dauerpfleger).[240] Die Eltern können daher als gesetzliche Vertreter die Gesellschafterrechte ihrer minderjährigen Kinder ausüben. Dem tatsächlichen Vollzug steht auch nicht entgegen, wenn die entnahmefähige Gewinnanteile nicht entnommen werden.[241] Schädlich ist aber, wenn die Eltern die Gewinnanteile zwar in ihrer Eigenschaft als gesetzliche Vertreter des minderjährigen Kindes entnehmen, danach jedoch für eigene Zwecke verwenden.[242] Dies soll sogar dann gelten, wenn die Eltern die Gewinnanteile für den Unterhalt des Kindes verwenden.[243]

5. Erbschaftsteuer

Die ertragsteuerlichen Grundsätze zur steuerlichen Anerkennung von Familiengesellschaften sind für das **erbschaftsteuerliche Bewertungsrecht** bindend, § 12 Abs. 5 ErbStG i.V.m. § 95 Abs. 1 S. 1 BewG (vgl. § 35 Rdnr. 63).[244] Die sukzessive Übertragung von Unternehmensvermögen im Abstand von mehr als 10 Jahren ermöglicht die mehrfache Ausnutzung der Freibeträge des § 16 ErbStG und der Vergünstigungen des § 13 a ErbStG. Soweit sich in dem ggf. schon früh auf die Kinder übertragenen Unternehmensvermögen stille Reserven ansammeln, entfällt insoweit die ansonsten bei einer späteren Übertragung anfallende Erbschaft- und Schenkungsteuer. Soweit Zuwendungen an eine Personengesellschaft gemacht werden, z.B. wenn der Vater der Familien-Personengesellschaft ein zinsloses Darlehen gewährt, liegt kein Erwerb der Gesamthandsgemeinschaft vor. Erwerber und Steuerschuldner sind vielmehr die einzelnen Gesellschafter.[245] Bei Zuwendungen durch die Personengesellschaft ist der Bedachte auf Kosten der einzelnen Gesellschafter bereichert.[246] Bei der Gründung einer Personengesellschaft, bei der ein Elternteil Vermögen einbringt, die Kinder jedoch keine Einlage bringen müssen, soll eine mittelbare Schenkung von Anteilen an der neu gegründeten Gesellschaft vorliegen.[247]

Bei Vermögensverschiebungen **zwischen den Gesellschaftern einer Familienkapitalgesellschaft** ist der Durchgriff auf die Gesellschafter wie bei der Personengesellschaft aufgrund der Rechtsfähigkeit der Kapitalgesellschaft erbschaftsteuerlich nicht möglich. Leistet ein Gesellschafter z.B. eine verdeckte Einlage oder sind bei sonst gleicher Beteiligung disquotale Leistungen zu erbringen, erhöht sich der Wert des Vermögens der Kapitalgesellschaft und zugleich auch der Wert der einzelnen Geschäftsanteile. Die gleiche Problematik stellt sich bei Einlagen zu Buchwerten, Einbringungen zu Buch- oder Zwischenwerten, Kapitalerhöhungen gegen zu geringes Aufgeld, Kapitalerhöhung gegen zu hohes Aufgeld, Verzicht auf ein Be-

---

[238] BFH Urt. v. 8.8.1979 – I R 82/76 – BStBl. II 1979, 768; Schmidt/*Wacker* § 15 EStG Rdnr. 773 m.w.N.
[239] BFH Urt. v. 11.10.1988 – VIII R 328/83 – BStBl. II 1989, 762.
[240] BFH Urt. v. 29.1.1976 – IV R 102/73 – BStBl. II 1976, 328.
[241] BFH Urt. v. 29.1.1976 – IV R 102/73 – BStBl. II 1976, 328.
[242] BFH Urt. v. 5.6.1986 – IV R 272/84 – BStBl. II 1986, 802.
[243] Schmidt/*Wacker* § 15 EStG Rdnr. 749 m.w.N.; a.A. *Seer* DStR 1988, 600, 604.
[244] *Moench* § 7 Rdnr. 168.
[245] BFH Urt. v. 14.9.1994 – II R 95/92 – BStBl. II 1995, 81.
[246] BFH Urt. v. 15.7.1998 – II R 82/96 – BStBl. II 1998, 630.
[247] BFH Urt. v. 14.12.1995 – II R 79/94 – BStBl. II 1996, 546; FG Münster Urt. v. 16.5.2002 – 3 K 7831/99 Erb – EFG 2002, 1101; vgl. a. *Moench* § 7 Rdnr. 171.

zugsrecht, Einziehung eines Anteils und Übergang eines Anteils auf die Gesellschaft, sowie sonstige Einstellungen in die Kapitalrücklage.[248] Nach Ansicht der Finanzverwaltung liegen bei Leistungen der Gesellschafter an die Kapitalgesellschaft keine freigebigen Zuwendungen an die Gesellschaft vor.[249] Die Freigebigkeit sei ausgeschlossen, wenn die Zuwendung in rechtlichem Zusammenhang mit einem Gesellschaftszweck stehe, was bereits dann der Fall sei, wenn der Gesellschafter einer Kapitalgesellschaft deren Vermögen durch eine Zuwendung erhöhen wolle. Die Leistung diene dem Gesellschaftszweck und habe ihren Rechtsgrund in der Allgemeinen mitgliedschaftlichen Zweckförderungspflicht. Allerdings könne in der Leistung eine freigebige Zuwendung an die Mitgesellschafter zu sehen sein und zwar dann, wenn der leistende Gesellschafter letztlich mit der Zuwendung das Ziel verfolgt, seinen Mitgesellschaftern zu einem höheren Wert ihrer Anteile zu verhelfen.[250] Die Leistung wird in diesen Fällen also nicht zuerst den Mitgesellschaftern geschenkt, die die so erlangten Mittel dann zum Zwecke der Werterhöhung ihrer Beteiligung an die Gesellschaft leisten, sondern gleich zur Abkürzung des Leistungsweges unmittelbar an die Gesellschaft erbracht. Diese Absicht, die anderen Mitgesellschafter zu bereichern, wird bei Familienangehörigen im Sinne des § 15 AO, bei sonstigen verwandtschaftlichen Beziehungen, bei Lebenspartnern und Partnern einer nichtehelichen Lebensgemeinschaft regelmäßig unterstellt. Stehen sich die Gesellschafter demgegenüber als fremde Dritte gegenüber, sei davon auszugehen, dass die Leistung an die Gesellschaft allein der Förderung des Gesellschaftszwecks dienen soll, sofern keine besonderen Umstände eine andere Würdigung nahe legen. Die Rechtsprechung gelangt in vielen Fällen,[251] wenngleich mit anderem, für den Steuerpflichtigen grundsätzlich günstigerem Lösungsansatz, letztlich aber zu ähnlichen Ergebnissen. Anders ist die Tendenz in der Rechtsprechung jedoch in den Fällen, in denen der Mitgesellschafter bereits beteiligt war und durch die Leistung keine Kapitalveränderung bewirkt wird. Diese Fälle sollen schenkungsteuerfrei bleiben.[252] Zusammenfassend lässt sich sagen, dass Vermögensverschiebungen zwischen Gesellschaftern einer Familienkapitalgesellschaft noch nicht abschließend als geklärt angesehen werden können, allerdings für **risikobereite** Steuerpflichtige erhebliches Gestaltungspotential bieten.

VI. Betriebsverpachtung

1. Checkliste

☐ Dem Verpächter steht das Recht zu, den Betrieb als ruhenden Betrieb fortzuführen, wenn
- er als unbeschränkt steuerpflichtiger
- Eigentümer oder zumindest Nutzungsberechtigter
- die wesentlichen Betriebsgrundlagen
- eines lebenden und
- von ihm selbst betriebenen
- ganzen Betriebes oder Teilbetriebes verpachtet und
- der Pächter den Betrieb so fortführt, dass der Verpächter ihn bei Pachtende wieder aufnehmen und weiter betreiben kann.

---

[248] Vgl. H 18 ErbStH, vgl. a. BeckBilKomm/*Förschle/Hoffmann*, 6. Aufl. 2006, § 272 Rdnr. 56 ff.
[249] R 18 Abs. 2 S. 1 ErbStR.
[250] R 18 Abs. 3 ErbStR.
[251] BFH Urt. v. 20.12.2000 – II R 42/99 – BStBl. II 2001, 454; Urt. v. 30.5.2001 – II R 6/98 – BFH/NV 2002, 26 beide zur kapitalquotenverändernden Kapitalerhöhung; BFH Urt. v. 12.7.2005 – II R 8/04 – BFH/NV 2005, 2128 zur Einbringung zu Buchwerten; FG Düsseldorf Urt. v. 26.11.2003 – 4 K 1210/02 Erb – n.v. zur verdeckten Einlage. Zum Meinungsstreit vgl. *Moench* § 7 Rdnr. 174 ff.
[252] BFH Urt. v. 25.10.1995 – II R 67/93 – BStBl. II 1996, 160 zum Verzicht auf die Verzinsung eines Darlehens; Urt. v. 19.6.1996 – II R 83/92 – BStBl. II 1996, 616 zum Abschluß eines mit sehr günstigen Konditionen ausgestatteten Betriebsüberlassungs- und Pachtvertrages an eine zuvor durch Bargründung errichtete GmbH.

☐ Die Verpachtung führt zur Betriebsaufgabe, wenn
  • der Verpächter dies dem Finanzamt gegenüber erklärt oder
  • eine der tatbestandlichen Voraussetzungen für das Verpächterwahlrecht nicht gegeben ist oder
  • später entfällt.
☐ Die Verpachtung kann auch bei Betriebsfortführung zu einem Wegfall der Verbleibensvoraussetzungen nach Investitionsförderungsgesetzen (z.B. FördG) führen

2. Einkommensteuer

Wird ein Gewerbebetrieb, ein land- und forstwirtschaftlicher Betrieb oder eine freiberufliche Praxis verpachtet, kann der Verpächter grundsätzlich jederzeit bzw. nach Ablauf des Pachtvertrages den Betrieb in nahezu unveränderter Form wieder aufnehmen. Die Verpachtung ist daher grundsätzlich nur vorübergehender Natur und dementsprechend als eine **Betriebsunterbrechung** zu werten. Voraussetzung ist allerdings, dass der Verpächter objektiv die Möglichkeit und subjektiv die Absicht hat, die gewerbliche bzw. land- und forstwirtschaftliche oder freiberufliche Tätigkeit entweder in eigener Person oder durch einen Gesamt- oder unentgeltlichen Einzelrechtsnachfolger wieder aufzunehmen. Ist dies nicht der Fall, stellt sich die Verpachtung als **Betriebsaufgabe** dar.[253] Da insbesondere die Absicht des Steuerpflichtigen schwer überprüfbar ist, nimmt die Rechtsprechung aus „Nachweisgründen" eine bloße Betriebsunterbrechung an, solange der Verpächter dem Finanzamt keine Betriebsaufgabe erklärt hat. Der Verpächter hat daher ein **Wahlrecht,** den Betrieb aufzugeben oder ihn aber als ruhenden Betrieb fortzuführen.[254]

Wird der Betrieb einer Kapitalgesellschaft verpachtet, besteht kein Wahlrecht, da diese grundsätzlich nur Einkünfte aus Gewerbebetrieb erzielt und gewerbliches Betriebsvermögen hat. Ihr Aktivvermögen bleibt erhalten, so dass auch eine Vollbeendigung ausscheidet.

a) **Wahlrecht des Verpächters.** Das Wahlrecht des Verpächters ist an bestimmte sachliche und persönliche Voraussetzungen geknüpft. Liegen diese vor, so kann es gleich zu Beginn der Verpachtung erklärt werden, aber auch zu jedem anderen Zeitpunkt während der Laufzeit des Pachtverhältnisses.[255]

aa) *Sachliche Voraussetzungen.* Als **Gegenstand der Verpachtung** kommen nur **lebende ganze Betriebe**[256] oder **Teilbetriebe**[257] in Betracht. Eine Besonderheit ergibt sich hier bei freiberuflichen Praxen, da bei diesen häufig kein verpachtbarer Betrieb vorhanden sein wird. Bei Schriftstellern und Künstlern scheitert dies grundsätzlich an der höchstpersönlichen Leistung, die erbracht wird. Notare haben ein öffentliches Amt inne, welches in der Regel durch Tod oder Entlassung erlischt. Der Betrieb bzw. Teilbetrieb muss nicht als geschlossener Organismus des Wirtschaftslebens verpachtet werden.[258] Ausreichend ist daher die Verpachtung der **wesentlichen Betriebsgrundlagen.** Der Begriff der wesentlichen Betriebsgrundlagen wird dabei rein **funktional** und nicht funktional-quantitativ verstanden.[259] Wirtschaftsgüter, die funktional für den Betrieb nicht wesentlich sind, denen aber erhebliche stille Reserven anhaften, können daher ebenso entnommen oder veräußert werden, wie die sonstigen funktional nicht wesentlichen Betriebsgrundlagen; das Wahlrecht wird hierdurch nicht berührt. Auch die

---

[253] *Knobbe-Keuk* § 22 IV 2; a.A. *Mathiak* FR 1984, 129 m.w.N.
[254] Grundlegend GrS BFH Beschl. v. 13.11.1963 – GrS 1/63 S – BStBl. III 1964, 124; R 139 Abs. 5 EStR; vgl. a. BFH Urt. v. 2.2.1990 – III R 173/86 – BStBl. II 1990, 497 zum Gewerbebetrieb; Urt. v. 18.3.1999 – IV R 65/98 – BStBl. II 1999, 398 sowie BMF Schr. v. 1.12.2000 – IV AG – S 2242 – 16/00 – BStBl. I 2000, 1556 zum land- und forstwirtschaftlichen Betrieb; v. 12.3.1992 – IV R 29/91 – BStBl. II 1993, 36 und H 147 EStH „Verpachtung" zur freiberuflichen Praxis (str.).
[255] BFH Urt. v. 4.4.1989 – X R 49/87 – BStBl. II 89, 606.
[256] Zum Begriff vgl. *Sudhoff/von Sothen* § 51 Rdnr. 8 ff.
[257] Zum Begriff vgl. *Sudhoff/von Sothen* § 51 Rdnr. 19 ff.
[258] BFH Urt. v. 14.12.1993 – VIII R 13/93 – BStBl. II 1994, 922.
[259] BFH Urt. v. 17.4.1997 – VIII R 2/95 – BStBl. II 1998, 388; H 139 Abs. 8 „Abgrenzung" EStH; Schmidt/*Wacker* § 16 EStG Rdnr. 697; vgl. § 36 Rdnr. 133.

Anzahl der wesentlichen Betriebsgrundlagen spielt keine Rolle. Wird z.B. das Grundstück einer Reitanlage verpachtet, welches alleinige wesentliche Betriebsgrundlage ist, liegt hierin eine Betriebsverpachtung, für die, sofern auch die anderen Tatbestandsvoraussetzungen vorliegen, das Wahlrecht besteht.[260]

101 Umstritten ist, ob **alle wesentlichen Betriebsgrundlagen an einen Pächter** verpachtet werden müssen.[261] Dies ist m. E. nicht erforderlich. Dem Verpächter muss lediglich objektiv die Möglichkeit verbleiben, den vorübergehend eingestellten Betrieb wieder aufzunehmen und fortzuführen.[262] Eine derartige objektive Möglichkeit ist aber auch gegeben, wenn die wesentlichen Betriebsgrundlagen unverändert mit gleicher Vertragslaufzeit an verschiedene Personen verpachtet werden.[263] Entsprechendes gilt, wenn nur ein Teil der wesentlichen Betriebsgrundlagen verpachtet und der Rest „in Reserve" gehalten wird, sei es, indem diese kurzfristig an Dritte zur Nutzung überlassen[264] oder aber vom Verpächter selbst genutzt werden. Dabei darf der Verpächter allerdings keine derartigen Vermietung- und Verpachtungsaktivitäten entfalten, die sich ihrerseits als gewerbliche Betätigung darstellen.[265]

102 Der Pächter muss den Betrieb so **fortführen,** dass der Verpächter ihn nach Pachtende wieder aufnehmen und weiter betreiben kann (vgl. § 36 Rdnr. 108). Der Verpächter darf ihn daher nicht zum Zwecke der Einstellung des bisherigen und Neueröffnung eines anderen, branchenfremden Betriebes verpachten. Diese Gefahr wird häufig bei Grundstücken gegeben sein. Verpachtet z.B. der Einzelhändler sein Grundstück (einzige wesentliche Betriebsgrundlage) an eine Bank, die das Gebäude umbaut und darin eine Filiale eröffnet, wird der ursprüngliche betriebliche Organismus zerstört und eine Weiterführung grundsätzlich unmöglich. Es liegt von Anfang an eine Betriebsaufgabe vor.[266] Diese könnte z.B. durch vorherige Einbringung des Gewerbebetriebs in eine GmbH vermieden werden.

103 Für das Bestehen des Wahlrechts ist nicht erforderlich, dass die Nutzungsüberlassung ihren Rechtsgrund in einem Pachtvertrag hat. Neben diesem können **Rechtsgrund der Nutzungsüberlassung** auch ein Mietvertrag, ein sog. Wirtschaftsüberlassungsvertrag[267] oder eine unentgeltliche Nutzungsüberlassung sein.[268] Einer schuldrechtlichen Nutzungsüberlassung steht eine entgeltliche oder unentgeltliche Nutzungsüberlassung auf dinglicher Grundlage (z.B. Unternehmensnießbrauch, vgl. § 36 Rdnr. 218 ff.) gleich.[269]

104 Bei der Betriebsverpachtung muss es sich um eine **echte Fremdverpachtung** handeln. Ein Wahlrecht besteht somit nur, wenn **keine Betriebsaufspaltung** vorliegt.[270] Denn wenn die Betätigung des Verpächters, weil sie wirtschaftlich eine Art Selbstnutzung ist, einkommensteuerrechtlich notwendig gewerblich ist, kann das verpachtete Vermögen nicht durch Erklärung Privatvermögen werden.[271] Anders verhält es sich jedoch, wenn sowohl Betriebs- als auch Besitzunternehmen verpachtet werden. Hier besteht ein Wahlrecht, sofern auch die anderen Tatbestandsvoraussetzungen vorliegen. Kein Fall der Betriebsaufspaltung ist allerdings die Verpachtung eines zum Nachlass gehörenden Betriebes durch eine Erbengemeinschaft an einen Miterben, da ein Einzelunternehmen keine Betriebsgesellschaft im Sinne einer Betriebsaufspaltung sein kann.[272] Wird ein Betrieb zunächst im Rahmen einer Betriebsaufspaltung verpachtet und fällt später die personelle Verflechtung weg, so **lebt das** durch die Grundsätze der Betriebs-

---

[260] BFH Urt. v. 15.11.1984 – IV R 139/81 – BStBl. II 1985, 205; ebenfalls bejahend für Einzelhandelsgeschäft BFH Urt. v. 29.10.1992 – III R 5/92 – BFH/NV 1993, 233.
[261] *Wendt* StKongRep 1976, 173, 194; *Ehlers* DStZ 1987, 557.
[262] BFH Urt. v. 17.4.1997 – VIII R 2/95 – BStBl. II 1998, 388.
[263] Sudhoff/*von Sothen* § 53 Rdnr. 4.
[264] *Mathiak* FR 1984, 129; FG RhPf EFG 1986, 10 rkr; a.A. wohl BFH Urt. v. 17.4.1997 – VIII R 2/95 – BStBl. II 1998, 388.
[265] BFH Urt. v. 30.7.1985 – VIII R 263/81 – BStBl. II 1986, 359 m.w.N.
[266] Vgl. *Ehlers* DStZ 1987, 557.
[267] BFH v. 23.1.1992 – IV R 104/90 – BStBl. II 1993, 327 m.w.N.
[268] BFH Urt. v. 7.8.1979 – VIII R 153/77 – BStBl. II 1980, 181; a.A. *Kanzler* FR 1992, 239, 245.
[269] Vgl. Schmidt/*Wacker* § 16 EStG Rdnr. 702 m.w.N.
[270] Zur Betriebsaufspaltung vgl. § 36 Rdnr. 128 ff.
[271] BFH Urt. v. 14.12.1993 – VIII R 13/93 – BStBl. II 1994, 922; BMF Schr. v. 17.10.1994 – IV B 2 – S 2242-47/94 – BStBl. I 1994, 771.
[272] Schmidt/*Wacker* § 16 EStG Rdnr. 707; Schmidt/*Wacker* § 15 EStG Rdnr. 857.

aufspaltung zunächst verdrängte **Wahlrecht wieder auf,** sofern die übrigen Voraussetzungen weiterhin erfüllt sind.[273]

Es darf ferner zwischen Verpächter und Pächter **keine Mitunternehmerschaft** bestehen (vgl. § 36 Rdnr. 82 ff.). D.h., der Verpächter darf nicht Mitunternehmer des vom Pächter betriebenen Unternehmens sein. Denn wenn Wirtschaftsgüter, die einem Mitunternehmer gehören, und von der Mitunternehmerschaft genutzt werden, notwendiges Sonderbetriebsvermögen sind, können sie nicht durch Aufgabeerklärung Privatvermögen werden.[274] Dagegen besteht das Wahlrecht, wenn eine Personengesellschaft ihren Gewerbebetrieb an einen Mitunternehmer verpachtet.[275] Ist der Verpächter zunächst Mitunternehmer des vom Pächter betriebenen Unternehmens und scheidet er aus der Gesellschaft aus, **lebt** auch das hier das zunächst verdrängte **Wahlrecht wieder auf,** sofern die übrigen Voraussetzungen weiterhin erfüllt sind.[276] 105

bb) Persönliche Voraussetzungen. Das Wahlrecht steht dem **Verpächter** und nach dessen Tode seinen **Erben** zu. Der Verpächter muss eine natürliche Person oder eine nicht gewerblich geprägte Personengesellschaft sein. Einer Kapitalgesellschaft oder einer gewerblich geprägten Personengesellschaft steht das Wahlrecht dagegen nicht zu, da beide grundsätzlich nur Einkommen aus Gewerbebetrieb und gewerbliches Betriebsvermögen haben und ihre Wirtschaftsgüter weder durch erklärte noch durch tatsächliche Betriebsaufgabe Privatvermögen werden können.[277] Bei einer nicht gewerblich geprägten Personengesellschaft an der neben natürlichen Personen auch Kapitalgesellschaften beteiligt sind (sog. **Zebragesellschaft**), entfällt das Wahlrecht anteilig.[278] Ist der Verpächter eine natürliche Person, muss diese **unbeschränkt steuerpflichtig** sein oder, da das verpachtete Betriebsvermögen i. d. R. keine Betriebsstätte des Verpächters begründet, für den Verpachtungsbetrieb einen ständigen Vertreter i. S. v. § 49 Abs. 1 Nr. 2 EStG bestellt haben.[279] Ist dies nicht der Fall, entfällt das Wahlrecht und zwar, wenn er allein Verpächter ist, vollständig und im Falle seiner Beteiligung an einer verpachtenden Personengesellschaft anteilig. Letzteres gilt jedoch nicht, wenn die verpachtende Personengesellschaft ihre Geschäftsleitung im Inland hat.[280] Besteht zunächst wegen des Vorliegens einer gewerblich geprägten Personengesellschaft das Verpächterwahlrecht nicht und entfallen später die Voraussetzungen hierfür, z.B. durch Eintritt einer natürlichen Person als Komplementärin neben der Komplementär-Kapitalgesellschaft (vgl. § 36 Rdnr. 45, 58), **lebt das Wahlrecht wieder auf,** sofern die übrigen Voraussetzungen weiterhin erfüllt sind.[281] Alle Gesellschafter einer Personengesellschaft oder Mitglieder einer Erbengemeinschaft, bei denen die persönlichen Voraussetzungen des Wahlrechts vorliegen, können das Wahlrecht nur einheitlich ausüben.[282] Hieran ändert sich auch nichts, wenn der Betrieb an einen Gesellschafter oder Miterben verpachtet wird. 106

Der Verpächter muss **Eigentümer** oder zumindest **Nutzungsberechtigter** des Gewerbebetriebs oder Teilbetriebs gewesen sein[283] und diesen grundsätzlich auch **selbst betrieben** haben. Der unentgeltliche Rechtsnachfolger tritt in die Rechtsstellung seines Rechtsvorgängers ein. Gleiches soll bei teilentgeltlichem Erwerb gelten und zwar auch dann, wenn das Entgelt den Buchwert überschreitet, es sich also um ein entgeltliches Geschäft handelt (vgl. § 35 Rdnr. 107

---

[273] BFH Urt. v. 23.4.1996 – VIII R 13/94 – BStBl. II 1998, 325; BMF Schr. v. 17.10.1994 – IV B 2 – S 2242–47/94 – BStBl. I 1994, 771.
[274] BMF Schr. v. 17.10.1994 – IV B 2 – S 2242–47/94 – BStBl. I 1994, 771; BFH Urt. v. 25.3.2004 – IV R 49/02 – BFH/NV 2004, 1247.
[275] Schmidt/*Wacker* § 16 EStG Rdnr. 708.
[276] BFH Urt. v. 13.12.1983 – VIII R 90/81 – BStBl. II 1984, 474; BMF Schr. v. 17.10.1994 – IV B 2 – S 2242–47/94 – BStBl. I 1994, 771.
[277] BFH Urt. v. 1.1.1979 – I R 106/76 – BStBl. II 1979, 716; SenVerw. Bremen Erl. v. 31.5.2000 – S 2240 – 8 – 181 – DStR 2000, 1308; *Schoor* FR 1994, 449.
[278] Schmidt/*Wacker* § 16 EStG Rdnr. 703; a.A. *Schoor* StBP 1996, 29.
[279] BFH Urt. 12.4.1978 – I R 136/77 – BStBl. II 1978, 494; *Horlemann* DStR 1984, 586; a.A. *Streck/Lagemann* DStR 1976, 13.
[280] FG München Urt. v. 24.9.1990 – 13 K 13707/85 – EFG 1991, 328, rkr.; *Horlemann* DStZ 1984, 586.
[281] BFH Urt. v. 17.4.2002 – X R 8/00 – BStBl. II 2002, 527; BMF Schr. v. 17.10.1994 – IV B 2 – S 2242–47/94 – BStBl. I 1994, 771; vgl. a. Schmidt/*Wacker* § 16 EStG Rdnr. 715 m.w.N.
[282] BFH Urt. v. 14.12.1993 – VIII R 13/93 – BStBl. II 1994, 922; SenVerw. Bremen Erl. v. 31.5.2000 – S 2240 – 8 – 181 – DStR 2000, 1308.
[283] BFH Urt. v. 22.5.1990 – VIII R 120/86 – BStBl. II 1990, 780.

225).²⁸⁴ Nach der Rechtsprechung soll es nicht ausreichen, wenn der Erwerber einen Betrieb entgeltlich erwirbt und unmittelbar danach verpachtet.²⁸⁵ Gleiches soll gelten, wenn er bereits einen verpachteten Betrieb entgeltlich erwirbt, sofern der Erwerber nicht erkennbar den Willen zur späteren Eigenbewirtschaftung hat.²⁸⁶ Diese Einschränkung wird auch für den ersten Fall gelten müssen.

108 Erforderlich ist schließlich, dass der Verpächter die **Absicht** hat, die eingestellte gewerbliche, land- und forstwirtschaftliche oder freiberufliche Tätigkeit wieder aufzunehmen und zwar entweder in eigener Person oder aber durch einen Rechtsnachfolger. Diese Absicht wird, unabhängig von der Pachtzeit und solange die sachlichen Voraussetzungen vorliegen (vgl. § 36 Rdnr. 100 ff.), unwiderleglich vermutet.²⁸⁷ Für freiberufliche Praxen kann bei längerfristigen Verpachtungen auf Grund der fortdauernden betrieblichen Verhaftung der stillen Reserven und der Ähnlichkeit mit einem personenbezogenen Gewerbebetrieb nichts anderes gelten.²⁸⁸

109 **b) Betriebsfortführung.** Solange der Verpächter nicht ausdrücklich die Betriebsaufgabe erklärt, gilt sein bisheriger Betrieb einkommensteuerlich als fortbestehend. Dementsprechend bezieht er aus dem Pachtverhältnis auch keine Einkünfte aus Vermietung- und Verpachtung i.S.d. § 21 EStG, sondern vielmehr gewerbliche bzw. land- und forstwirtschaftliche Einkünfte. Wird eine freiberufliche Praxis verpachtet, liegen mangels eigenverantwortlicher Tätigkeit gewerbliche Einkünfte vor und zwar auch dann, wenn der Pächter ein mit der erforderlichen Berufsqualifikation versehener Freiberufler ist. Entsprechendes gilt für die Veräußerung einzelner oder aller Wirtschaftsgüter des verpachteten Betriebsvermögens.²⁸⁹ Der Verpächter (ausgenommen gewerblich geprägte Personengesellschaften und Kapitalgesellschaften) unterliegt allerdings mit seinen Einnahmen nicht mehr der Gewerbesteuer (vgl. § 36 Rdnr. 123). § 35 EStG ist daher grundsätzlich nicht anwendbar. Die verpachteten Wirtschaftsgüter bleiben Betriebsvermögen;²⁹⁰ es kommt somit durch die Verpachtung selbst nicht zur Realisierung stiller Reserven. Dies gilt auch für Wirtschaftsgüter, die nicht mitverpachtet wurden, aber bisher zum Betriebsvermögen gehörten.²⁹¹ Hier wird der betriebliche Zusammenhang erst durch die Entnahme oder Veräußerung der Wirtschaftsgüter oder durch die Betriebsaufgabe gelöst. Zu beachten ist, dass auch Handlungen des Pächters beim Verpächter einkommensteuerliche Folgen auslösen können. Nutzt dieser z.B. ein Wirtschaftsgut privat und duldet der Verpächter diese Nutzung, kommt es hierdurch zu einer Entnahme des Wirtschaftsguts.²⁹² Der Verpächter kann die Regelungen der Ansparabschreibung / -rücklage gemäß § 7 g EStG nicht in Anspruch nehmen.²⁹³ Voraussetzung für diese Vergünstigungen ist die aktive Teilnahme am wirtschaftlichen Verkehr und eine in diesem Sinne werbende Tätigkeit. Der ruhende Betrieb des Verpächters wird diesen Anforderungen nicht gerecht.

110 Die Betriebsverpachtung führt zur Entstehung zweier Betriebe, eines ruhenden Eigentümerbetriebs beim Verpächter und eines wirtschaftenden Betriebs in der Hand des Pächters. Beide bilanzieren grundsätzlich unabhängig voneinander.²⁹⁴ Der Gewinn des Verpächters ermittelt sich weiterhin nach den § 4 Abs. 1, § 5 bzw. § 4 Abs. 3 EStG. Ein abweichendes Wirtschaftsjahr kann vom Verpächter grundsätzlich beibehalten werden.²⁹⁵ Da er nach wie vor rechtlicher

---

²⁸⁴ Schmidt/Wacker § 16 EStG Rdnr. 705; Schoor DStR 1997, 1, 5.
²⁸⁵ BFH Urt. v. 6.3.1991 – X R 57/88 – BStBl. II 1991, 829.
²⁸⁶ BFH Urt. v. 12.9.1991 – IV R 14/89 – BStBl. II 1992, 134 zum land- und forstwirtschaftlichem Betrieb.
²⁸⁷ Vgl. Wassermeyer StKongRep 1986, 69, 82.
²⁸⁸ Herrmann/Heuer/Raupach § 18 Rdnr. 22, 390; Schmidt/Wacker § 18 EStG Rdnr. 215 unter Hinweis auf BFH Urt. v. 13.11.1996 – I R 134/94 – BFH/NV 1997, 438; a.A. FG Saarl Urt. v. 18.12.1996 – 1 K 214/94 – EFG 1997, 654, rkr.; Schoor DStR 1997, 1, 7; Führer DStR 1995, 785, 792 die eine verdeckte Veräußerung annehmen.
²⁸⁹ BFH Urt. v. 26.2.1987 – IV R 325/84 – BStBl. II 1987, 772.
²⁹⁰ BFH Urt. v. 26.3.1991 – VIII R 104/87 – BFH/NV 1991, 671.
²⁹¹ BFH Urt. v. 26.4.1989 – IR 163/85 – BFH/NV 1989, 357; diff. Mathiak FR 1984, 129.
²⁹² BFH Urt. v. 18.11.1986 – VIII R 301/83 – BStBl. II 1987, 261.
²⁹³ BFH Urt. v. 27.9.2001 – X R 4/99 – BStBl. II 2002, 136; BMF v. 25.2.2004 – IV A 6 – S 2183 b – 1/04 – BStBl. I 2004, 337 Tz. 1; diff. Sudhoff/von Sothen § 53 Rdnr. 13.
²⁹⁴ BFH Urt. v. 26.6.1975 – IV R 59/73 – BStBl. II 1975, 700; FinVerw v. 7.12.1988 – S 2137 A – St 113 DStR 1989, 470.
²⁹⁵ R 25 Abs. 3 EStR.

und wirtschaftlicher Eigentümer der verpachteten Wirtschaftsgüter bleibt, stehen ihm auch allein die **Abschreibungen** zu. Dies gilt auch dann, wenn den Pächter eine Substanzerhaltungspflicht trifft.[296] Der Pächter muss für seine Pflicht zur Erneuerung eine **Rückstellung** bilden, soweit mit einer Ersatzbeschaffung während der Laufzeit des Pachtvertrages zu rechnen ist. Die Höhe der Rückstellung bestimmt sich nach der Nutzungsdauer der Wirtschaftsgüter und ihren Wiederbeschaffungskosten am Bilanzstichtag.[297] Demgegenüber hat der Verpächter vor Ersatzbeschaffung seinen Anspruch auf Substanzerhaltung[298] und nach Ersatzbeschaffung das Wirtschaftsgut mit den Anschaffungs- und Herstellungskosten des Pächters unter Verrechnung mit dem Anspruch als sonstige Forderung zu aktivieren und zwar unabhängig davon, ob es fällig ist oder nicht.[299] Die Höhe des zu aktivierenden Anspruchs bestimmt sich nach den jeweiligen eventuell gestiegenen Wiederbeschaffungskosten am Bilanzstichtag und entwickelt sich korrespondierend zu der entsprechenden Rückstellung des Pächters für die noch nicht eingelöste Verpflichtung zur Substanzerhaltung.[300] Wirtschaftsgüter, die der Pächter selbst angeschafft hat und die voraussichtlich während der Pachtzeit ausscheiden oder verbraucht werden, sind nicht dem Verpächter sondern allein dem Pächter zuzurechnen und bei diesem zu bilanzieren.[301]

Durch die Überlassung des **Umlaufvermögens** mit der Verpflichtung, bei Pachtende Wirtschaftsgüter gleicher Art, Menge und Güte zurückzuerstatten (Sachwertdarlehen), wird der Pächter i. d. R. wirtschaftlicher Eigentümer der Wirtschaftsgüter. Er hat sie mit den Teilwerten zu aktivieren und in gleicher Höhe eine Rückgabe- oder Wertersatzverpflichtung zu passivieren.[302] In der Folgezeit hat er diese jeweils mit den Anschaffungskosten der vorhandenen neu angeschafften oder übernommenen Wirtschaftsgüter zu passivieren und nicht mit etwaigen höheren Wiederbeschaffungskosten.[303] Der Verpächter hat den Warenrückgabeanspruch mit dem Buchwert der hingegebenen Wirtschaftsgüter zu aktivieren und diesen Wert bis zum Pachtende grundsätzlich unverändert fortzuführen.[304]

Erhaltungsaufwendungen des Pächters sind bei ihm als Betriebsausgaben zu berücksichtigen. Die Anschaffungs- und Herstellungskosten der von ihm getätigten **Ersatzbeschaffungen** sind bis zur Höhe der Rückstellung mit dieser zu verrechnen. Ein die Rückstellung übersteigender Betrag ist als Wertausgleichsanspruch gegen den Verpächter bei den sonstigen Forderungen zu aktivieren.[305] Dieser Anspruch ist in den folgenden Wirtschaftsjahren unter Berücksichtigung von geänderten Wiederbeschaffungskosten gleichmäßig aufzulösen. Der Auflösungszeitraum ergibt sich aus der Differenz zwischen der Nutzungsdauer des neu angeschafften oder hergestellten Wirtschaftsguts und der bei Pachtbeginn verbliebenen Restnutzungsdauer des ersetzten Wirtschaftsgutes.[306] Ein etwaiger Erlös für das ausgeschiedene, ersatzbeschaffte Wirtschaftsgut stellt beim Pächter eine Betriebseinnahme dar. Die Ersatzbeschaffungen gehen in das Eigentum des Verpächters über und zwar auch insoweit, als ihre Anschaffung oder Herstellung über dessen Verpflichtung aus dem Pachtvertrag hinausgeht (§ 582 a Abs. 2 S. 2, § 1048 Abs. 1 S. 2 Halbs. 2 BGB). Dementsprechend sind sie vom Verpächter mit den vom

---

[296] BFH Urt. v. 16.11.1978 – IV R 160/74 – BStBl. II 1979, 138 m.w.N.; BMF 21.2.2002 – IV A 6 – S 2132 – 4/02 – BStBl. I 2002, 262; a.A. *Herrmann/Heuer/Raupach* § 5 EStG Rdnr. 1463.
[297] BFH Urt. v. 3.12.1991 – VIII R 88/87 – BStBl. II 1993, 89 m.w.N.; BMF 21.2.2002 – IV A 6 – S 2132 – 4/02 – BStBl. I 2002, 262.
[298] A.A. *Westerfelhaus* DB 1992, 2365.
[299] BFH Urt. v. 17.2.1998 – VIII R 28/95 – BStBl. II 1998, 505; BMF v. 21.2.2002 – IV A 6 – S 2132 – 4/02 – BStBl. I 2002, 262.
[300] BFH Urt. v. 28.5.1998 – IV R 31/97 – BStBl. II 2000, 286; BMF v. 21.2.2002 – IV A 6 – S 2132 – 4/02 – BStBl. I 2002, 262; a.A. *Herrmann/Heuer/Raupach* § 5 EStG Rdnr. 1463 m.w.N.
[301] BFH Urt. v. 17.2.1998 – VIII R 28/95 – BStBl. II 1998, 505.
[302] BFH Urt. 6.12.1984 – IV R 212/82 – BStBl. II 1985, 391; BMF v. 21.2.2002 – IV A 6 – S 2132 – 4/02 – BStBl. I 2002, 262.
[303] BFH Urt. v. 26.6.1975 – IV R 59/73 – BStBl. II 1975, 700.
[304] *Schmidt/Weber-Grellet* § 5 EStG Rdnr. 703 m.w.N.; zu den Besonderheiten bei LuF vgl. BFH Urt. v. 30.1.1986 – IV R 130/84 – BStBl. II 1986, 399; BMF v. 21.2.2002 – IV A 6 – S 2132 – 4/02 – BStBl. I 2002, 262.
[305] BFH Urt. v. 17.2.1998 – VIII R 28/95 – BStBl. II 1998, 505; BMF v. 21.2.2002 – IV A 6 – S 2132 – 4/02 – BStBl. I 2002, 262.
[306] BMF v. 21.2.2002 – IV A 6 – S 2132 – 4/02 – BStBl. I 2002, 262.

Pächter aufgewendeten Anschaffungs- oder Herstellungskosten zu aktivieren und abzuschreiben. Gleichzeitig hat er den auf die ersetzten Wirtschaftsgüter entfallenden und als sonstige Forderung aktivierten Anspruch gegen den Pächter auf Substanzerhaltung (Pachterneuerungsanspruch) aufzulösen.[307] Für über die Pachterneuerungsansprüche gegen den Pächter hinausgehende Anschaffungs- und Herstellungskosten des Pächters hat der Verpächter eine Wertausgleichsverpflichtung zu passivieren. Diese Verpflichtung ist korrespondierend zum Wertausgleichsanspruch des Pächter in den folgenden Wirtschaftsjahren gleichmäßig aufzulösen.[308]

113 Ist die Betriebsverpachtung mit Substanzerhaltungspflicht des Pächters („Eiserne Verpachtung") im Vorgriff auf eine spätere **Hofübertragung in der Land- und Forstwirtschaft** vorgenommen worden, kann auf gemeinsamen Antrag von Pächter und Verpächter abweichend von den vorstehend genannten Grundsätzen aus Vereinfachungs- und Billigkeitsgründen auch nach der **Buchwertmethode** verfahren werden, sofern nicht Pächter und Verpächter ihren Gewinn nach § 4 Abs. 1 EStG ermitteln.[309] Diese Ausnahmeregelung erlaubt es Pächter und Verpächter im Ergebnis, die steuerlichen Auswirkungen der späteren Betriebsübertragung teilweise auf den Zeitpunkt der Verpachtung vor zu verlagern. Dabei sind die verpachteten Wirtschaftsgüter vom Pächter in seiner Anfangsbilanz mit den Buchwerten des Verpächters zu aktivieren und korrespondierend hierzu eine Rückgabeverpflichtung in gleicher Höhe zu passivieren. Letztere ist in unveränderter Höhe fortzuführen und nicht abzuzinsen. Der Pächter führt auch die Abschreibungen der verpachteten Wirtschaftsgüter fort und kann für die von ihm vorgenommenen Ersatzbeschaffungen Absetzungen für Abnutzung, Sonderabschreibungen und Teilwertabschreibungen vornehmen. Beim Verpächter bleiben die Buchwerte der verpachteten Wirtschaftsgüter unverändert bestehen. Zu Abschreibungen ist er nicht mehr berechtigt.

Bei der Gewinnermittlung durch **Einnahmenüberschussrechnung** nach § 4 Abs. 3 EStG haben die vorgenannten Forderungen und Verbindlichkeiten jeweils bei Zufluss oder Abfluss eine Gewinnauswirkung.[310] Der Pachterneuerungsanspruch ist daher beim Pächter erst im Jahr der Bezahlung der Ersatzbeschaffung gewinnmindernd zu berücksichtigen. Beim Verpächter führt diese grundsätzlich zum gleichen Zeitpunkt zu einer Betriebseinnahme. Verpächter und Pächter können ihren Gewinn nach **unterschiedlichen Gewinnermittlungsmethoden** ermitteln; z.B. der Verpächter nach § 4 Abs. 3 EStG und der Pächter nach § 5 EStG. In diesem Fall gilt nur für den Verpächter das Zu- und Abflussprinzip. Der Pächter verfährt entsprechend den dargestellten Bilanzierungsregeln (vgl. § 36 Rdnr. 110 ff.).

114 Bei der Betriebsfortführung ist zu beachten, dass trotz des fortbestehenden Betriebs die Verpachtung grundsätzlich zu einem Wegfall der **Verbleibensvoraussetzungen** z.B. § 2 Nr. 2 FördG führt.[311] Anders ist dies eventuell nach § 5 Abs. 2 InvZulG.[312]

115 c) **Betriebsaufgabe.** Die Betriebsaufgabe setzt eine **Aufgabeerklärung** voraus, die gegenüber dem Finanzamt abzugeben ist.[313] Sie ist formfrei, muss aber erkennen lassen, dass der Steuerpflichtige bzw. sein Erbe sich für eine Betriebsaufgabe mit allen Folgen entschieden hat.[314] Bei einer Teilbetriebsaufgabe oder bei Vorhandensein mehrerer Betriebe muss ferner der Umfang der Aufgabeerklärung deutlich gemacht werden. Sofern kein Aufgabezeitpunkt in ihr genannt wird, wird sie mit Zugang beim Finanzamt wirksam, welcher in der Regel zugleich auch als Zeitpunkt der gewinnrealisierenden Betriebsaufgabe im Sinne von § 16 Abs. 3 EStG anzusehen ist..[315] Die Aufgabeerklärung ist grundsätzlich nicht rückwirkend möglich. Aus Vereinfachungsgründen lässt die Finanzverwaltung jedoch eine Rückwirkung von bis zu drei Monaten zu, sofern nicht in dieser Zeit erhebliche Wertsteigerungen des Betriebsvermögens eingetreten sind.[316] Gibt der Erbe die Aufgabeerklärung ab, ist eine Rückwirkung innerhalb der Drei-

---

[307] BFH Urt. v. 17.2.1998 – VIII R 28/95 – BStBl. II 1998, 505; BMF v. 21.2.2002 – IV A 6 – S 2132 – 4/02 – BStBl. I 2002, 262.
[308] BMF v. 21.2.2002 – IV A 6 – S 2132 – 4/02 – BStBl. I 2002, 262.
[309] BMF v. 21.2.2002 – IV A 6 – S 2132 – 4/02 – BStBl. I 2002, 262.
[310] BMF v. 21.2.2002 – IV A 6 – S 2132 – 4/02 – BStBl. I 2002, 262.
[311] BMF v. 29.3.1993 – IV B 3 – S 1988–28/93 – BStBl. I 1993, 279 Rdnr. 5, 6.
[312] BMF v. 28.10.1993 – VI B 3 – InvZ 1010–8/93 – BStBl. I 1993, 904 Rdnr. 19, 21.
[313] BFH Urt. v. 12.3.1992 – IV R 29/91 – BStBl. II 1993, 36.
[314] BFH Urt. v. 15.12.2000 – IV B 87/00 – BFH/NV 2001, 768; R 139 Abs. 5 S. 5 EStR.
[315] BFH Urt. v. 26.6.2003 – IV R 61/01 – BStBl. II 2003, 755.
[316] R 139 Abs. 5 S. 6, 13 EStR; H 139 Abs. 5 „Drei-Monats-Frist"; BFH Urt. v. 27.2.1985 – I R 235/80 – BStBl. II 1985, 456.

Monats-Frist nur zu einem Zeitpunkt möglich, in dem der Erblasser bereits verstorben war. Die Aufgabeerklärung stellt eine höchstpersönliche Willenserklärung des jeweiligen Betriebsinhabers dar. Eine Betriebsaufgabe kann daher nicht von den Erben zu einem Zeitpunkt erklärt werden, zu dem der Erblasser noch lebte und somit noch selbst Betriebsinhaber war.[317] Wird die Aufgabeerklärung in der Steuererklärung abgegeben, gilt als Aufgabezeitpunkt i. d. R. der Zugang der Steuererklärung beim Finanzamt, sofern nicht die Drei-Monats-Frist anwendbar ist.[318] Die Aufgabeerklärung ist grundsätzlich unwiderruflich, aber anfechtbar.[319] Eine Anfechtung wird aber in der Regel scheitern, da zumeist lediglich ein unbeachtlicher Motivirrtum vorgelegen haben wird. Die Aufgabeerklärung kann jedoch ausnahmsweise widerrufen werden, wenn sie auf einen in der Zukunft liegenden, noch nicht eingetretenen Zeitpunkt abgegeben wurde.[320] Einer Aufgabeerklärung bedarf es nicht, wenn das Wahlrecht aufgrund Veränderung der tatbestandlichen Voraussetzungen entfällt (vgl. § 36 Rdnr. 122).

Mit dem Wirksamwerden der Aufgabeerklärung werden grundsätzlich alle Wirtschaftsgüter des bisherigen Betriebsvermögens zu Privatvermögen. Bei der Ermittlung des Aufgabegewinns sind sie mit den gemeinen Werten anzusetzen. Ein Geschäfts- oder Firmenwert bleibt außer Ansatz und zwar unabhängig davon, ob er originär oder derivativ erworben wurde[321] oder dem Pächter zusammen mit den übrigen Wirtschaftsgütern gegen Entgelt zur Nutzung überlassen ist. Er bleibt auch nach erklärter Betriebsaufgabe Betriebsvermögen. Soweit er derivativ erworben wurde, ist die normale Abschreibung und ggf. auch eine Teilwertabschreibung zulässig.[322] Trotz des zwangsweise zurückbehaltenen Geschäftswerts ist der Aufgabegewinn nach §§ 16, 34 EStG begünstigt.[323] 116

Nach Betriebsaufgabe erzielt der Verpächter keine Einkünfte aus Gewerbebetrieb oder Land- und Forstwirtschaft Tätigkeit mehr, sondern Einkünfte aus Vermietung und Verpachtung. Dies gilt allerdings nicht, soweit ein Geschäftswert mitverpachtet wurde. Da der Geschäftswert Betriebsvermögen bleibt, sind die darauf entfallenden Pachtzinsen Betriebseinnahmen. Kommt es später zu einer Veräußerung, entsteht ein einkommensteuerpflichtiger, nicht begünstigter Gewinn, soweit der Erlös auf den Geschäftswert entfällt.[324] Auch eine rückwirkende Änderung des Betriebsaufgabegewinns scheidet aus.[325] 117

d) **Betriebsübertragung.** Wird der Betrieb unter Fortbestand des Pachtvertrages auf einen Dritten **unentgeltlich** übertragen, tritt der Erwerber in das Verpächterwahlrecht ein.[326] Beim Tod des Betriebsinhabers und dem Übergang des Verpachtungsbetriebes auf die Erben entsteht eine Mitunternehmerschaft, die in die „Fußstapfen" des Erblassers tritt und daher das Wahlrecht weiterführen kann.[327] Der Erwerber hat die Buchwerte seines Rechtsvorgängers fortzuführen, § 6 Abs. 3 EStG. Auch im Falle der Einbringung in eine nicht gewerblich geprägte Personengesellschaft zu Buch- oder Zwischenwerten (§ 24 UmwStG) geht das Verpächterwahlrecht auf den Erwerber über.[328] Erfüllt der Erwerber jedoch nicht die persönlichen Voraussetzungen (vgl. § 36 Rdnr. 106 ff.), so erlischt das Wahlrecht sogleich wieder und es kommt in seiner Person zur Betriebsaufgabe. Geht der verpachtete Betrieb unentgeltlich auf den Pächter über, erlischt das Wahlrecht, da auch der Verpachtungsbetrieb endet.[329] Auch in diesem Fall 118

---

[317] OFD Berlin Vfg. v. 11.3.2004 – St 122 – S 2242 – 1/99 – DStR 2004, 818.
[318] R 139 Abs. 5 S. 14 EStR.
[319] A.A. Schmidt/*Wacker* § 16 EStG Rdnr. 711 a.E.
[320] Schmidt/*Wacker* § 16 EStG Rdnr. 711 a.E.; *Uelner* BB 1965, 80.
[321] BFH Urt. v. 4.4.1989 – X R 49/87 – BStBl. II 2002, 387; H 139 Abs. 5 „Geschäftswert" ErbStH; *Weber-Grellet* FR 2002, 723; a.A. *Führer* DStR 1995, 785, 790.
[322] BFH Urt. v. 4.4.1989 – X R 49/87 – BStBl. II 1989, 606.
[323] BFH Urt. v. 19.1.1982 – VIII R 21/77 – BStBl. II 1982, 456.
[324] BFH Urt. v. 30.1.2002 – X R 56/99 – BStBl. II 2002, 387; BMF v. 2.8.1984 – IV B 2 – S 1909 – 8/84 – BStBl. I 1984, 461; Schmidt/*Wacker* § 16 EStG Rdnr. 713; a.A. *Tiedtke/Heckel* DStR 2001, 145.
[325] BFH Urt. v. 30.1.2002 – X R 56/99 – BStBl. II 2002, 387; Schmidt/*Wacker* § 16 EStG Rdnr. 713; a.A. *Tiedtke/Heckel* DStR 2001, 145.
[326] BFH Urt. v. 17.10.1991 – IV R 97/89 – BStBl. II 1992, 392 m.w.N.
[327] BFH Urt. v. 17.10.1991 – IV R 97/89 – BStBl. II 1992, 392; FG Baden-Württemberg Urt. v. 17.2.2005 – 14 K 118/03 – EFG 2005, 1609, Rev. X R 10/05; BMF 11.1.1993 – IV B 2 – S 2242 – 86/92 – BStBl. 1993, 62 Tz. 3; OFD Karlsruhe Vfg. v. 28.8.2003 – S 2239 A – St 313 – DStR 2003, 1880.
[328] Schmidt/*Wacker* § 16 EStG Rdnr. 716.
[329] BFH Urt. v. 7.8.1979 – VIII R 153/77 – BStBl. II 1980, 181; *Pelka* FR 1987, 321.

handelt es sich jedoch nicht um eine Betriebsaufgabe. Der Pächter ist vielmehr gem. § 6 Abs. 3 EStG an die Buchwerte seines Rechtsvorgängers gebunden. Bei Substanzerhaltungsvereinbarung geht die ungewisse Verbindlichkeit durch Vereinigung mit der Pachterneuerungsforderung in der Person des Pächters unter. Aufgrund der Rechtsprechung des Großen Senats des BFH[330] führt die unentgeltliche Betriebsübertragung beim Verpächter aus privaten Gründen zu einem Verzicht auf den Pachterneuerungsanspruch. Dieser Forderungsverzicht soll beim Verpächter zum Zufluss der Forderung unmittelbar vor der Betriebsübertragung führen und eine Gewinnrealisierung auslösen, sofern dieser seinen Gewinn durch Einnahmenüberschussrechnung ermittelt.[331] Bei einem bilanzierenden Verpächter soll der Vorgang dagegen erfolgsneutral sein, da der Verzicht auf den Pachterneuerungsanspruch seitens des Verpächters als Einlage im Sinne des § 4 Abs. 1 Satz 5 EStG zu beurteilen sei und deshalb zu einer Gewinnminderung in korrespondierender Höhe führe.[332] Wechselt der Pächter nach Übernahme des Verpachtungsbetriebs die Gewinnermittlungsart oder überführt er den unentgeltlich übernommenen Verpachtungsbetrieb in einen schon vorher bestehenden eigenen, so treten die damit verbundenen steuerlichen Folgen bei ihm ein.[333]

119 Ist ein Betrieb auf eine Erbengemeinschaft übergegangen oder eine nicht gewerbliche Personengesellschaft Verpächter und setzen sich die Miterben bzw. die Gesellschafter in der Weise auseinander, dass jedem Miterben / Gesellschafter einzelne Wirtschaftsgüter zugewiesen und diese weiterhin verpachtet werden, liegt grundsätzliche eine Betriebsaufgabe vor. Durch die **Verteilung des Vermögens des Verpachtungsbetriebes** kann der Betrieb nicht mehr jederzeit wieder aufgenommen werden. Er geht vollständig unter. Die stillen Reserven sind zu realisieren. Dies ist nur dann nicht der Fall, wenn die übertragenen Einzelwirtschaftsgüter von den Miterben bzw. Gesellschaftern in ein vorhandenes Betriebsvermögen oder einen Betrieb überführt werden, der mit den erhaltenen Wirtschaftsgütern gegründet wird. Hier greifen die Grundsätze der **Realteilung** ein, so dass der Buchwert fortzuführen ist, § 16 Abs. 3 S. 2 EStG. Eine steuerneutrale Realteilung unter Aufgabe des Verpachtungsbetriebes liegt ferner vor, wenn der Verpachtungsbetrieb aus mehreren Teilbetrieben besteht und diese auf die Miterben verteilt werden. Die bloße Weiterverpachtung von landwirtschaftlichen Flächen, die der Miterbe / Gesellschafter zuvor im Rahmen der Auseinandersetzung eines land- und forstwirtschaftlichen Betriebes zugewiesen erhielt, lässt keinen neuen, eigenständigen land- und forstwirtschaftlichen Betrieb entstehen.[334] Hieran ändert sich auch nichts, wenn die den Miterben / Gesellschaftern zugewiesenen Flächen 30 ar übersteigen. Bei der Aufspaltung kommt es zu keiner Verkleinerung des bestehenden Betriebes, sondern zu seiner vollständigen Auflösung.[335]

120 Wird der Betrieb **entgeltlich** übertragen, handelt es sich um eine Betriebsveräußerung i. S. d. § 16 EStG.[336] Sofern der Betrieb nicht auf den Pächter übergeht, ist der Verpachtungsbetrieb einschließlich eines etwaigen Geschäftswerts beim Erwerber grundsätzlich von Anfang an Privatvermögen. Er erzielt dementsprechend Einkünfte aus Vermietung und Verpachtung gem. § 21 Abs. 1 Nr. 2 EStG. Dies gilt allerdings nicht, wenn der Betrieb einem bereits bestehenden Betrieb zuzurechnen ist[337] oder der Erwerber den Betrieb selbst führen will, dies aber wegen der Verpachtung durch den Veräußerer zunächst noch nicht verwirklichen kann.[338] In beiden Fällen entsteht notwendiges Betriebsvermögen.

---

[330] GrS BFH Beschl. v. 9.6.1997 – GrS 1/94 – BStBl. II 1998, 307.
[331] BFH Urt. v. 24.6.1999 – IV R 73/97 – BStBl. II 2000, 309; BMF v. 21.2.2002 – IV A 6 – S 2132 – 4/02 – BStBl. I 2002, 262.
[332] BFH Urt. v. 12.4.1989 – I R 41/85 – BStBl. II 1989, 612; BMF v. 21.2.2002 – IV A 6 – S 2132 – 4/02 – BStBl. I 2002, 262.
[333] BFH Urt. v. 24.6.1999 – IV R 73/97 – BStBl. II 2000, 309.
[334] BFH Urt. v. 20.4.1989 – IV R 95/87 – BStBl. II 1989, 637.
[335] OFD Karlsruhe Vfg v. 28.8.2003 – S 2239 A – St 313 – DStR 2003, 1880. Die Grundsätze des BMF-Schr. v. 1.12.2000 – IV A 6 – S 2242 – 16/00 – BStBl. I 2000, 1556 finden nur bei Verkleinerung des Betriebes Anwendung; vgl. a. BMF Schr. v. 28.2.2006 – IV B 2 – S 2242 – 6/06 – BStBl. I 2006, 228 unter IV. 2.
[336] Zur Betriebsaufgabe vgl. eingehend Sudhoff/*von Sothen* § 51.
[337] BFH Urt. v. 6.3.1991 – X R 57/88 – BStBl. II 1991, 829.
[338] BFH Urt. v. 12.9.1991 – IV R 14/89 – BStBl. II 1992, 134.

121 Bei **teilentgeltlicher** Übertragung kommt es darauf an, ob das Entgelt höher als der Buchwert des Kapitalkontos des Übertragenden ist. Ist dies der Fall, liegt insgesamt ein entgeltliches Geschäft vor (vgl. § 35 Rdnr. 223) und das Verpächterwahlrecht erlischt.[339] Ist das Entgelt geringer als der Buchwert, handelt es sich um ein voll unentgeltliches Geschäft. Das Verpächterwahlrecht geht daher auf den Erwerber über.

122 e) **Entfallen des Wahlrechts.** Grundsätzlich kann der Verpächter das Wahlrecht jederzeit während der Laufzeit des Pachtverhältnisses ausüben. Stellt der **Pächter** den Betrieb jedoch ein[340] oder gestaltet er ihn so um, dass die wesentlichen Betriebsgrundlagen nicht mehr in der bisherigen Form genutzt werden können,[341] entfällt das Wahlrecht und es kommt zwangsweise zur Betriebsaufgabe. Hierbei kommt es aber entscheidend darauf an, ob der Verpächter nach Ablauf des Pachtverhältnisses objektiv in der Lage ist, mit den wesentlichen Betriebsgrundlagen den vorübergehend eingestellten Betrieb wieder aufzunehmen und fortzuführen. Solange dies möglich ist, muss es daher unschädlich sein, wenn der Pächter Einzelne wesentliche Betriebsgrundlagen anders nutzt. Ebenso unschädlich ist die Anpassung an wirtschaftlich veränderte Gegebenheiten (z.B. Umstellung des Warensortiments; Modernisierung der Maschinen; Einzel- statt Großhandel)[342] oder ein Strukturwandel beim Pächter (z.B. vom Gewerbebetrieb zum land- und forstwirtschaftlichen Betrieb). Hier ändert sich ggf. lediglich die Art der Einkünfte und zwar auch die des Verpächters.[343] Schädlich ist allerdings grundsätzlich der Wechsel der Branche,[344] ersatzlose Veräußerung[345] oder ersatzloser Verbrauch wesentlicher Betriebsgrundlagen.[346] Um diesem nicht in seiner Hand liegenden Moment Rechnung zu tragen, sollte der Verpächter in den Pachtvertrag eine entsprechende Klausel aufnehmen, die den Pächter zu einer entsprechenden Fortführung des Betriebes verpflichtet und eine wesentliche Umgestaltung des Betriebes an seine Zustimmung knüpft. Zur Betriebsaufgabe führt auch, wenn das bisherige Pachtverhältnis endet, ohne das der Verpächter unverzüglich einen neuen Pachtvertrag abschließt oder den Betrieb wieder selbst übernimmt[347] oder wenn die persönlichen Voraussetzungen des Wahlrechts (z.B. der unbeschränkten Einkommensteuerpflicht) entfallen.[348]

3. Gewerbesteuer

123 Mit Beginn der Verpachtung erzielt der Verpächter, sofern dies keine Kapitalgesellschaft oder gewerblich geprägte oder abgefärbte Personengesellschaft ist,[349] keine gewerbesteuerpflichtigen Einkünfte mehr.[350] Dies gilt unabhängig davon, ob der Verpächter den Betrieb fortführt oder aufgibt, denn er beteiligt sich nicht mehr am wirtschaftlichen Verkehr. Gleiches gilt auch für die Verpachtung eines Teilbetriebs.[351] Erfolgt die Verpachtung nicht zu einem Bilanzstichtag, muss der auf die Zeit bis zum Pachtbeginn entfallende Gewinn für die Gewerbesteuer besonders ermittelt werden. Hierfür gelten die allgemeinen Grundsätze. Aus Vereinfachungsgründen kann der Gewinn des Wirtschaftsjahrs, in dem die Verpachtung beginnt, durch Schätzung auf die Zeiträume vor und nach Pachtbeginn aufgeteilt werden. Entsprechendes gilt für die Hinzurechnungen und Kürzungen.[352] Ist der Gewinn vor der Verpachtung nach § 4 Abs. 3 EStG ermittelt worden, ist für die Ermittlung des Gewerbeertrags bis zum Pachtbeginn für diesen Zeitpunkt der Übergang zum Vermögensvergleich zu unterstellen.

---

[339] A.A. Schmidt/*Wacker* § 16 EStG Rdnr. 705, 716; *Schoor* DStR 1997, 1, 5.
[340] FG Nds. Urt. v. 10.11.1994 – II 768/89 – EFG 1995, 810; offen gelassen im BFH Urt. v. 3.6.1997 – IX R 2/95 – BStBl. II 1998, 373.
[341] BFH Urt. v. 28.9.1995 – IV R 39/94 – BStBl. II 1996, 276; Urt. v. 15.10.1987 – IV R 66/86 – BStBl. II 1988, 260.
[342] BFH Urt. v. 20.12.2000 – XI R 26/00 – BFH/NV 2001, 1106; *Ehlers* DStZ 1987, 557.
[343] *Richter* BB 1983, 2047.
[344] BFH Urt. v. 2.2.1990 – III R 173/86 – BStBl. II 1990, 497 m.w.N.; Ausnahme: bloße Grundstücksvermietung, vgl. BFH Urt. v. 28.8.2003 – IV R 20/02 – BStBl. II 2004, 10.
[345] BFH Urt. v. 14.12.1993 – VIII R 13/93 – BStBl. II 1994, 922 m.w.N.
[346] *Schoor* FR 1994, 449, 456 m.w.N.
[347] Schmidt/*Wacker* § 16 EStG Rdnr. 714 m.w.N.
[348] BFH Urt. v. 12.4.1978 – I R 136/77 – BStBl. II 1978, 494; *Horlemann* DStZ 1984, 586.
[349] BFH Urt. v. 14.6.2005 – VIII R 3/03 – BStBl. II 2005, 778.
[350] R 11 Abs. 3 GewStR.
[351] BFH Urt. v. 5.10.1976 – VIII R 87/72 – BStBl. II 1977, 45.
[352] R 11 Abs. 3 S. 5 bis 7 GewStR.

Die dabei erforderlichen Zu- und Abrechnungen[353] gehören zum laufenden Gewinn und sind deshalb bei der Ermittlung des Gewerbeertrags zu berücksichtigen.[354] Gewerbesteuerliche Verlustvorträge gehen mit der gewerbesteuerlichen Betriebsaufgabe verloren.

124   Diese Grundsätze gelten auch für **Personengesellschaften** i. S. d. § 15 Abs. 3 Nr. 1 EStG, die ihren Gewerbebetrieb verpachten. Denn die Gewerbesteuerpflicht knüpft hier daran an, dass die Gesellschafter Mitunternehmer des Gewerbebetriebes sind. Bei einer Verpachtung des Gewerbebetriebs im Ganzen ist die werbende Tätigkeit aber eingestellt; die Gesellschaft verwaltet dann nur noch eigenes Vermögen. Verpachtet eine Personengesellschaft allerdings nur einen Teilbetrieb, unterliegen die Erträge aus dem Pachtverhältnis nach Ansicht der Rechtsprechung bei der weiterhin gewerblich tätigen Gesellschaft der Gewerbesteuer.[355] Bei einer **gewerblich geprägten Personengesellschaft** und bei einer **Kapitalgesellschaft** soll die Gewerbesteuerpflicht ausschließlich von ihrer Existenz abhängen. Auch bei der Verpachtung des ganzen Betriebes erzielen diese dementsprechend weiterhin gewerbesteuerpflichtige Einkünfte.

In der Hand des Pächters liegt ein werbender Betrieb vor, der nach den allgemeinen gewerbesteuerlichen Grundsätzen zu behandeln ist.

4. Steuerliche Konsequenzen im Übrigen

125   Die bloße Verpachtung eines Grundstücks im Rahmen einer Unternehmensverpachtung führt grundsätzlich nicht zur **Grunderwerbsteuerpflicht**. Dies gilt auch dann, wenn die Verpachtung langfristig erfolgt.

126   Bei der Verpachtung eines Unternehmens handelt es sich **umsatzsteuerlich** nicht um eine Geschäftsveräußerung i. S. d. § 1 Abs. 1 a UStG. Die Umsätze sind grundsätzlich **steuerbar** und auch **steuerpflichtig**. Werden aber im Zusammenhang mit der Unternehmensverpachtung auch Grundstücksflächen überlassen, so ist aus dem gesamten Pachtzins der auf die Grundstücksüberlassung entfallende Entgeltanteil auszuscheiden.[356] Bei der Verpachtung eines land- und forstwirtschaftlichen Betriebes ist eine Besteuerung nach Durchschnittssätzen gem. § 24 UStG ausgeschlossen.[357] Die Abweichung von der ertragsteuerlichen Beurteilung ergibt sich aus dem tätigkeitsbezogenen Charakter der Umsatzsteuer. Werden aber nur einzelne Flächen im Rahmen eines land- und forstwirtschaftlichen Betriebes verpachtet, kommt dagegen die Durchschnittssatzbesteuerung zur Anwendung.[358] Der auf die verpachteten Anteile entfallende Umsatz unterliegt der normalen Umsatzbesteuerung.

Werden verpachtete Gegenstände nach Beendigung der Pacht veräußert, kommt eine Geschäftsveräußerung im Ganzen in Betracht.[359]

127   Land- und Forstwirte, Gewerbetreibende und freiberuflich Tätige haben gemäß § 138 Abs. 1 AO als Pächter die Pflicht, die **Betriebseröffnung anzuzeigen**.[360] Der Pächter **haftet** nicht als Betriebsübernehmer gem. § 75 AO für die betrieblichen Steuern. Bei einer bloßen Verpachtung des Unternehmens fehlt es am Eigentumswechsel. Dies gilt auch dann, wenn der Betrieb langfristig verpachtet ist.[361] Anders ist dies allerdings beim Erwerb eines Handelsgeschäfts nach § 25 HGB. Hier reicht die Pacht als Inhaberwechsel aus,[362] mit der Folge, dass der Pächter für alle im Betrieb des Geschäfts begründeten Verbindlichkeiten des früheren Inhabers haftet, sofern das Geschäft unter der bisherigen Firma fortgeführt wird.

---

[353] Vgl. R 17 Abs. 1 EStR.
[354] BFH Urt. v. 24.10.1972 – VIII R 32/67 – BStBl. II 1973, 233; R 11 Abs. 3 S. 8 und 9 GewStR.
[355] BFH Urt. v. 13.10.1977 – IV R 174/74 – BStBl. II 1978, 73; a.A. Sudhoff/*von Sothen* § 53 Rdnr. 25.
[356] BFH Urt. v. 26.7.1955 – V 35/55 U – BStBl. III 1955, 258.
[357] EuGH Urt. v. 15.7.2004 – C-321/02 – DStRE 2005, 353; BFH Urt. v. 6.12.2001 – V R 6/01 – BStBl. II 2002, 555; Urt. v. 21.4.1993 – XI R 50/90 – BStBl. II 1993, 696.
[358] BFH v. 11.5.1995 – V R 4/92 – BStBl. II 1995, 610.
[359] R 264 Abs. 7 S. 3 UStR.
[360] *Tipke/Kruse* § 138 AO Rdnr. 1.
[361] BFH Urt. v. 18.3.1986 – VII R 146/81 – BStBl. II 1986, 589.
[362] BFH Urt. v. 21.1.1986 – VII R 179/83 – BStBl. II 1986, 383 m.w.N.

VII. Betriebsaufspaltung

1. Checkliste

☐ Gestaltungen können via Betriebsaufspaltung ungewollt zu einer Steuerverstrickung von Wirtschaftsgütern führen, wenn Besitz- und Betriebsunternehmen
- sachlich und
- personell verflochten sind.

☐ Eine sachliche Verflechtung liegt vor, wenn das Besitzunternehmen dem Betriebsunternehmen
- mindestens eine funktional wesentliche Betriebsgrundlage
- auf schuldrechtlicher oder dinglicher Basis zur Nutzung überlässt.

☐ Eine personelle Verflechtung setzt voraus, dass Besitz- und das Betriebsunternehmen von einem einheitlichen geschäftlichen Betätigungswillen getragen sind. Dies ist der Fall bei
- Beteiligungsidentität oder
- Beherrschungsidentität in beiden Unternehmen.

☐ Gestaltungen können eine bestehende Betriebsaufspaltung auch beenden und zur Auflösung und Versteuerung stiller Reserven führen, indem sie die sachliche und/oder personelle Verflechtung beseitigen.

☐ Eine geordnete Beendigung kann z.B. durch Einbringung der Wirtschaftsgüter des Besitzunternehmens in das Betriebsunternehmen erfolgen.

2. Einleitung

Todgesagte leben länger. So könnte man die Situation um die Betriebsaufspaltung in aller Kürze beschreiben. Aus steuerlicher Sicht hat sie stark an Bedeutung verloren, da sich in den meisten Situationen eine andere Rechtsform finden lässt, die zu einer geringeren Gesamtsteuerbelastung führt als die Betriebsaufspaltung.[363] Hinzu kommt, dass sie rechtsdogmatisch umstritten ist.[364] Aus gestalterischer Sicht, wird man daher nur noch in Ausnahmefällen zur Betriebsaufspaltung raten können.[365] Dennoch werden wir noch lange mit diesem Rechtsinstitut zu tun haben werden, da immer noch eine große Zahl echter wie unechter Betriebsaufspaltungen „aus alten Tagen" existiert, die trotz der Möglichkeiten des Umwandlungssteuergesetzes 1995 nicht umgestaltet werden sollen oder wegen der steuerlichen Belastung und aus Kostengründen nicht beendet werden können.[366] Die Aufgabe des Beraters liegt daher in der Regel darin, bei der Nachfolgegestaltung darauf zu achten, dass die Voraussetzungen für die Betriebsaufspaltung durch die angedachten Maßnahmen bestehen bleiben. Denn endet die Betriebsaufspaltung, droht nicht nur eine Entstrickung der gewerblich vermieteten Wirtschaftsgüter, sondern auch eine Entstrickung der Anteile an der Betriebskapitalgesellschaft und somit die Aufdeckung und Versteuerung aller stillen Reserven. Da durch die Entstrickung zumeist keine Liquidität freigesetzt wird, stehen der steuerlichen Belastung oft keine ausreichenden finanziellen Mittel gegenüber. Die Situation gleicht daher der Problematik beim Auseinanderfallen von Betriebs- und Sonderbetriebsvermögen (vgl. § 35 Rdnr. 185 und § 36 Rdnr. 23).

Darüber hinaus spielt die Rechtsprechung zur Betriebsaufspaltung bei der Gestaltungsberatung immer dort eine Rolle, wo Wirtschaftsgüter einem Betriebsunternehmen zur Verfügung gestellt werden, die Voraussetzungen für eine Betriebsaufspaltung aber aufgrund fehlender personeller Verflechtung (vgl. § 36 Rdnr. 136 ff.) nicht vorliegen. Hier können die Gestal-

---

[363] *Kessler/Teufel* BB 2001, 17.
[364] Zum Streitstand vgl. *Korn-Carlé/Th. Carlé* § 15 EStG Rdnr. 413 ff.
[365] So könnte z.B. zukünftig die umgekehrte Betriebsaufspaltung, bei der das Betriebsunternehmen (i.d.R. eine Personengesellschaft) ein Besitzunternehmen in der Rechtsform einer Kapitalgesellschaft beherrscht, eine attraktive Rechtsformkombination sein; vgl. *Kessler/Teufel* DStR 2001, 869.
[366] *Märkle* StbJb 1997/98, 29, 31.

tungsmaßnahmen eine Betriebsaufspaltung und damit eine Steuerverstrickung der überlassenen Wirtschaftsgüter erstmalig begründen. Gehört z.b. einem Ehegatten das Betriebsgrundstück, auf dem der andere Ehegatte sein Unternehmen in der Rechtsform einer GmbH betreibt (sog. **Wiesbadener Modell**), und stirbt einer von beiden, kommt es bei dem überlebenden Ehegatten zu einer Betriebsaufspaltung, wenn er das Grundstück bzw. die GmbH erbt. Die Wertzuwächse der zuvor im Privatvermögen gehaltenen Anteile bzw. des Grundstücks, die außerhalb der Grenzen des § 23 EStG steuerfrei bleiben würden, sind nunmehr bei Veräußerung des betreffenden Wirtschaftsguts, spätestens bei Betriebsaufgabe oder -veräußerung zu versteuern. Im Folgenden geht es zum einen darum, den beratenden Anwalt für diese Schwierigkeiten zu sensibilisieren. Hierzu werden die Voraussetzungen der Betriebsaufspaltung, d.h. die personelle und sachliche Verflechtung beleuchtet. Zum anderen soll aufgezeigt werden, wie eine bestehende Betriebsaufspaltung einem geordneten, steuerneutralen Ende zugeführt werden kann.

3. Begriffsabgrenzung und Erscheinungsformen

131 Als Betriebsaufspaltung wird die Aufteilung betrieblicher Bereiche auf zwei rechtlich getrennte Unternehmen bezeichnet. Kennzeichnend ist, dass eine ihrer Art nach **nicht gewerbliche Tätigkeit**, nämlich das Vermieten bzw. Verpachten von Wirtschaftsgütern, durch eine enge personelle und sachliche Verflechtung zwischen dem oder den Vermietern bzw. Verpächtern (= **Besitzunternehmen**) und einer oder mehrerer gewerblicher Betriebsgesellschaften (= **Betriebsunternehmen**) zum Gewerbebetrieb im Sinne von § 15 Abs. 1 S. 1 Nr. 1, Abs. 2 EStG und § 2 GewStG wird.[367] Begründet wird dies damit, dass die hinter den beiden Unternehmen stehenden Personen einen einheitlichen geschäftlichen Betätigungswillen haben sollen, der über das Betriebsunternehmen auf die Ausübung einer gewerblichen Tätigkeit gerichtet ist.[368] Diese allein auf Richterrecht basierende Schlussfolgerung wird in der Literatur zu Recht aus steuersystematischer Sicht kritisiert.[369] Dennoch wird man mit ihr wohl noch eine ganze Weile leben müssen; es ist weder zu erwarten, dass der BFH sich zu einer Aufgabe durchringen,[370] noch dass der Gesetzgeber hier die erforderliche Klarheit schaffen wird.

132 Eine **echte Betriebsaufspaltung** liegt vor, wenn zum einen ein bisher einheitlicher Gewerbebetrieb[371] in der Weise aufgeteilt wird, dass ein Teil des Betriebsvermögens auf eine Betriebsgesellschaft übereignet wird und mindestens eine der bisherigen wesentlichen Betriebsgrundlagen beim nunmehrigen Besitzunternehmen verbleibt und der Betriebsgesellschaft zur Nutzung überlassen wird (**sachliche Verflechtung**), sowie zum anderen zwischen beiden Unternehmen eine **personelle Verflechtung** besteht.[372] Eine **unechte Betriebsaufspaltung** liegt demgegenüber vor, wenn der oder die beherrschenden Gesellschafter einer Betriebsgesellschaft dieser ein neu erworbenes Wirtschaftsgut zur Nutzung überlassen, welches für die Betriebsgesellschaft eine wesentliche Betriebsgrundlage darstellt.[373] Bei einer sog. **mitunternehmerischen Betriebsaufspaltung** haben Betriebs- und in der Regel auch Besitzgesellschaft die Rechtsform einer Personengesellschaft. Bei der sog. **kapitalistischen Betriebsaufspaltung** ist das Besitzunternehmen eine Kapitalgesellschaft und das Betriebsunternehmen entweder Kapital- oder Personengesell-

---

[367] Vgl. Schmidt/*Wacker* § 15 EStG Rdnr. 800 m.w.N.
[368] BFH Urt. v. 10.4.1997 – IV R 73/94 – BStBl. 1997, 569; Urt. v. 18.6.1980 – I R 77/77 – BStBl II 1981, 39; Urt. v. 10.11.2005 – IV R 29/04 – BFH/NV 2006, 413.
[369] Vgl. z.B. *Haritz/Wisniewski* GmbHR 2000, 789, 793 f.; *Salzmann* DStR 2000, 1329, 1333; *Knobbe-Keuk*, Bilanz- und Unternehmenssteuerrecht, § 22 X 2 mit umfangreichen Nachweisen in Fn. 384.
[370] Auffällig ist zwar, daß zahlreiche BFH-Richter sich in Veröffentlichungen gegen die Betriebsaufspaltung gewandt haben (vgl. *van Randenborgh* DStR 1998, 20, 22; *Gosch* StBp 1999, 249) ob diese sich jedoch letztlich in einer erforderlichen Entscheidung des Großen Senats beim BFH werden durchsetzen können, ist eher zweifelhaft.
[371] Bei einem freiberuflichen oder land- und forstwirtschaftlichen Betrieb wird eine Betriebsaufspaltung nur begründet, wenn die Betriebsgesellschaft gewerblich tätig oder gewerblich geprägt ist. In diesem Fall erzielt auch die Besitzgesellschaft aufgrund der **Abfärbung** gem. § 15 Abs. 3 Nr. 1 EStG grundsätzlich insgesamt gewerbliche Einkünfte, vgl. BFH Urt. v. 13.11.1997 – IV R 67/96 – BStBl. II 1998, 254. Ist die Betriebsgesellschaft dagegen originär freiberuflich bzw. land- und forstwirtschaftlich tätig, begründet die Nutzungsüberlassung keine Betriebsaufspaltung. Die überlassenen Wirtschaftsgüter der Besitzgesellschaft sind allerdings anteiliges Sonderbetriebsvermögen der Gesellschafter bei der Betriebsgesellschaft und insoweit auch steuerverstrickt.
[372] Vgl. z.B. BFH Urt. v. 14.1.1998 – X R 57/93 – DStR 1998, 887 m.w.N.; H 137 Abs. 4 „Allgemeines".
[373] Vgl. z.B. BFH Urt. v. 6.3.1997 – XI R 2/96 – BStBl. II 1997, 460 m.w.N.; zu Recht a.A. *Knobbe-Keuk*, Bilanz- und Unternehmenssteuerrecht, § 22 X 2; *Mössner* Stbg 1997, 1.

schaft.³⁷⁴ Von einer sog. **umgekehrte Betriebsaufspaltung** spricht man, wenn das Betriebsunternehmen (in der Regel eine Personengesellschaft) ein Besitzunternehmen in der Rechtsform einer Kapitalgesellschaft beherrscht.³⁷⁵

a) **Sachliche Verflechtung.** Für die sachliche Verflechtung von Besitz- und Betriebsunternehmen ist Voraussetzung, dass dem Betriebsunternehmen mindestens ein Wirtschaftsgut zur Nutzung überlassen ist, dass bei diesem eine **wesentliche Betriebsgrundlage** darstellt.³⁷⁶ Es ist nicht erforderlich, dass dieses Wirtschaftsgut die wesentliche Betriebsgrundlage bildet, ohne die der Betrieb nicht geführt werden könnte. Der Begriff wesentliche Betriebsgrundlage setzt vielmehr lediglich voraus, dass das Wirtschaftsgut nach dem Gesamtbild der Verhältnisse zur Erreichung des Betriebszwecks erforderlich ist und besonderes Gewicht für die Betriebsführung besitzt.³⁷⁷ Abzustellen ist allein auf die **funktionalen Erfordernisse** des Betriebs; die bei Betriebsveräußerung und -aufgabe geltende funktional-quantitative Betrachtungsweise, nach der auch wirtschaftlich für das Unternehmen völlig unbedeutende Wirtschaftsgüter als wesentlich eingestuft werden, wenn sie nur erhebliche stille Reserven haben, gilt hier nicht.³⁷⁸ Funktional bedeutsam und damit wesentlich kann ein Wirtschaftsgut nur dann sein, wenn es nicht problemlos ersetzt werden kann.

Als wesentliche Betriebsgrundlage kommen materielle wie immaterielle Wirtschaftsgüter in Betracht. Daher können auch Erfindungen,³⁷⁹ Werberechte³⁸⁰ und Marken³⁸¹ wesentliche Betriebsgrundlage eines Betriebes sein. Grundstücke sind funktional wesentlich, wenn das Betriebsunternehmen in seiner Betriebsführung auf das ihm zur Nutzung überlassene Grundstück angewiesen ist, weil die Betriebsführung durch die Lage des Grundstücks bestimmt wird oder das Grundstück auf die Bedürfnisse des Betriebes zugeschnitten ist, vor allem, wenn die aufstehenden Baulichkeiten für die Zwecke des Betriebsunternehmens hergerichtet oder gestaltet worden sind, oder das Betriebsunternehmen aus anderen innerbetrieblichen Gründen ohne ein Grundstück dieser Art den Betrieb nicht fortführen könnte.³⁸² Auch reine Büro- und/oder Verwaltungsgebäude sollen wesentliche Betriebsgrundlage sein, jedenfalls dann, wenn die Betriebsgesellschaft das Büro- und Verwaltungsgebäude benötigt, es für die betrieblichen Zwecke der Betriebsgesellschaft geeignet und wirtschaftlich von nicht untergeordneter Bedeutung ist.³⁸³ Auch Gebäude, die ausschließlich büromäßig genutzt werden, stellen somit nach Ansicht der Rechtsprechung mittlerweile wesentliche Betriebsgrundlagen dar. Eine Ausnahme wird bei Gebäuden nur in qualitativer Hinsicht z.B. bei einem Geräteschuppen³⁸⁴ und in quantitativer Hinsicht z.B. bei Nutzung nur eines ganz geringen Teils des Gebäudes gemacht.³⁸⁵ Solange der Betrieb ohne weiteres jederzeit andere Büroräumlichkeiten beziehen kann, kann das alte Bürogebäude nach hier vertretener Ansicht jedoch nicht wesentlich sein; seine wirtschaftliche Bedeutung für das Betriebsunternehmen ist dafür zu gering. Entsprechendes muss für Lagerhallen gelten, die, ohne speziell hergerichtet zu

---

³⁷⁴ BFH Urt. v. 16.9.94 – III R 45/92 – BStBl. II 1995, 75, 78.
³⁷⁵ BFH Urt. v. 16.9.94 – III R 45/92 – BStBl. II 1995, 75, 78; zum Begriff und der Möglichkeit der umgekehrten Betriebsaufspaltung Gestaltungsinstrument nach der Unternehmenssteuerreform 2001, *Kessler/Teufel* DStR 2001, 869.
³⁷⁶ Vgl. z.B. BFH Urt. v. 17.11.1992 – VIII R 36/91 – BStBl. II 1993, 233 m.w.N.
³⁷⁷ Vgl. z.B. BFH Urt. v. 2.4.1997 – X R 21/93 – BStBl. II 1997, 565; Urt. v. 18.9.2002 – X R 4/01 – BFH/NV 2003, 41.
³⁷⁸ BFH Urt. v. 2.10.1997 – IV R 84/96 – BStBl. II 1998, 104.
³⁷⁹ BFH Urt. v. 23.9.1998 – XI R 72/97 – BStBl. II 1999, 281 mit Anm. v. *M. Wendt* FR 1999, 29.
³⁸⁰ BFH v. 21.5.1997 – I R 164/94 – BFH/NV 1997, 825.
³⁸¹ *Schweiger* BB 1999, 451, 453.
³⁸² BFH Urt. v. 26.5.1993 – X R 78/91 – BStBl. II 1993, 718.
³⁸³ BFH Beschl. v. 3.4.2001 – IV B 111/00 – GmbHR 2001, 926; Urt. v. 23.5.2000 – VIII R 11/99 – BStBl. II 2000, 621; v. 2.4.1997 – X R 21/93 – BStBl. II 1997, 565; BMF v. 18.9.2001 – IV A 6 – S 2240 – 50/01 – BStBl. I 2001, 634; zu Recht a.A. *Märkle* DStR 1995, 1001; *Kempermann* DStR 1997, 1441; *Korn/Carlé* § 15 EStG Rdnr. 445.
³⁸⁴ *Kempermann* FR 1993, 593.
³⁸⁵ BFH Urt. v. 4.11.1992 – XI R 1/92 – BStBl. II 1993, 245, wonach bei Nutzung von 22 % schon eine Betriebsaufspaltung gegeben sein soll; FG Köln Urt. v. 13.10.2003 – 10 K 7519/00 – EFG 2005, 1932, Rev. IV R 25/05; *Schmidt/Wacker* § 15 EStG Rdnr. 812.

sein, ausschließlich reiner Lagerung dienen.[386] **Bewegliche Anlagegüter,** wie z.B. Maschinen, sind in der Regel wesentliche Betriebsgrundlagen, auch wenn sie keine Sonderanfertigungen, sondern nur Serienfabrikate sind.[387] Dies gilt jedoch nicht, wenn die Wirtschaftsgüter kurzfristig wiederbeschaffbar sind. Bloße Darlehensgewährungen oder Dienstleistungen sind keine wesentlichen Betriebsgrundlagen und begründen daher keine sachliche Verflechtung.[388]

135 Die **Nutzungsüberlassung** kann auf schuldrechtlicher oder dinglicher Grundlage (z.B. Pacht, Nießbrauch, Erbbaurecht) erfolgen.[389] Sie kann ferner entgeltlich, unentgeltlich oder teilentgeltlich sein. Auch wenn das Nutzungsentgelt unangemessen niedrig ist, kann die erforderliche Gewinnerzielungsabsicht gegeben sein, weil sich dementsprechend die Ausschüttungen der Betriebs-GmbH, die Betriebseinnahmen der Besitzgesellschaft darstellen, erhöhen.[390] Gleichgültig ist, ob das Besitzunternehmen **Eigentümer** der zur Nutzung überlassenen Wirtschaftsgüter ist oder ob sie ihm von einem Dritten entgeltlich oder unentgeltlich zur Nutzung überlassen sind.[391]

136 b) **Personelle Verflechtung.** Die zweite Voraussetzung für das Vorliegen einer Betriebsaufspaltung ist eine enge personelle Verflechtung zwischen Besitz- und Betriebsunternehmen. Beide Unternehmen müssen hierzu von einem **einheitlichen geschäftlichen Betätigungswillen** getragen sein,[392] der sich insbesondere auch auf das Nutzungsverhältnis hinsichtlich der wesentlichen Betriebsgrundlage bezieht.[393] Ein einheitlicher geschäftlicher Betätigungswille kann grundsätzlich dann angenommen werden, wenn **Beteiligungsidentität** besteht. In diesem Fall sind an beiden Unternehmen dieselben Personen im gleichen Verhältnis beteiligt.[394]

137 Daneben ist ein einheitlicher geschäftlicher Betätigungswille bei **Beherrschungsidentität** anzunehmen. In diesem Fall beherrscht eine Person oder eine Personengruppe beide Unternehmen in der Weise, dass sie in der Lage ist, in beiden Unternehmen einen einheitlichen Geschäfts- und Betätigungswillen durchzusetzen.[395] Die Beherrschungsidentität kann zum einen auf einer gesellschaftsrechtlichen Grundlage, d.h. auf einer unmittelbaren Mehrheitsbeteiligung oder mittelbaren Beteiligung, sowie zum anderen auf einer tatsächlichen Machtstellung[396] beruhen. Sind z.B. an beiden Unternehmen dieselben Gesellschafter allerdings jeweils in unterschiedlicher Höhe beteiligt, ist dies nach Ansicht der Rechtsprechung Ausdruck eines nicht zufälligen Zusammenkommens der Personen, sondern ein Zusammenschluss zur Verfolgung eines bestimmten wirtschaftlichen Zwecks mit beiden Unternehmen, bei der die wirtschaftliche Notwendigkeit der gewählten Unternehmensform gleichgerichtete Interessen indiziert und ein gemeinsames Handeln gebietet (sog. **„Theorie der bewusst geplanten Doppelgesellschaft"**).[397] Für die Annahme einer solchen Einheit bedarf es keiner vertraglichen Bindungen. Auch auf die besondere Gestaltung der Gesellschaftsverträge kommt es für die Feststellung eines einheitlichen geschäftlichen Betätigungswillens nicht an. Dass die Personen dieser Gruppe an beiden Unternehmen in unterschiedlicher Höhe beteiligt sind, ist in der Regel unerheblich. Nur wenn ihre Beteiligungen der Höhe nach in extremer Weise entgegengesetzt sind, wenn also z.B. der Anteil des A am Besitzunternehmen 95 v. H. und am Betriebsunternehmen 5 v. H. beträgt, während es sich bei B umgekehrt verhält, können

---

[386] A.A. BFH Beschl. v. 3.4.2001 – IV B 111/00 – BFH/NV 2001, 1252; Schmidt/*Wacker* § 15 EStG Rdnr. 813.
[387] BFH Urt. v. 24.8.1989 – IV R 135/86 – BStBl. II 1989, 1014.
[388] BFH Urt. v. 26.1.1989 – IV R 151/86 – BStBl. 1989, 455; Schmidt/*Wacker* § 15 EStG Rdnr. 816.
[389] *Kirchhof/Reiß* § 15 EStG Rdnr. 86.
[390] BFH Urt. v. 13.11.1997 – IV R 67/96 – BStBl. II 1998, 254.
[391] BFH Urt. v. 24.8.1989 – IV R 135/86 – BStBl. II 1989, 1014; Urt. v. 28.11.2001 – X R 50/97 – BStBl. II 2002, 363.
[392] GrS BFH Beschl. v. 8.11.1971 – GrS 2/71 – BStBl. II 1972, 63; H 137 Abs. 6 EStH „Allgemeines".
[393] BFH Urt. v. 21.8.1996 – X R 25/93 – BStBl. II 1997, 44; v. 27.8.1992 – IV R 13/91 – BStBl. 1993, 134.
[394] BFH Urt. v. 2.4.1997 – X R 21/93 – BStBl. II 1997, 565 für Alleingesellschafter; Schmidt/*Wacker* § 15 EStG Rdnr. 820.
[395] Vgl. z.B. BFH Urt. v. 1.7.2003 – VIII R 24/01 – BStBl. II 2003, 757; H 137 Abs. 6 EStH „Beherrschungsidentität"; BMF Schr. v. 7.10.2002 – IV A 6 – S 2240 – 134/02 – BStBl I 2002, 1028.
[396] Vgl. z.B. BFH Urt. v. 29.1.1997 – XI R 23/96 – BStBl. II 1997, 437 für den Fall, in dem der Alleininhaber des Besitzunternehmens seinen 49%igen Geschäftsanteil an der Betriebs-GmbH jederzeit auf bis zu 98% erhöhen konnte; weitere Beispiele vgl. H 137 Abs. 6 EStH „Faktische Beherrschung".
[397] BFH Urt. v. 24.2.2000 – IV R 62/98 – BStBl. II 2000, 417; ebenso *Märkle* DStR 2002, 1109, 1114; zu Recht krit. *Gosch* StBp 2000, 185.

andere Grundsätze gelten.[398] Die Personengruppentheorie greift auch dann nicht ein, wenn die Einheit durch nachgewiesenen Interessengegensätze[399] oder durch wirksame Stimmrechtsbestimmungen aufgelöst ist. Dementsprechend fehlt es an einer Beherrschungsidentität, wenn ein Gesellschafter nur an der Besitz- und nicht an der Betriebsgesellschaft beteiligt ist (sog. „Nur-Besitz-Gesellschafter") und Beschlüsse in der Besitzgesellschaft der Einstimmigkeit oder einer aufgrund der Beteiligung des Nur-Besitz-Gesellschafters nicht erreichbaren qualifizierten Mehrheit bedürfen.[400] Da den Nur-Besitz-Gesellschaftern quasi ein Vetorecht zusteht, können die mehrheitlich beteiligten Personen ihren geschäftlichen Betätigungswillen nicht durchsetzen. Wird die Mehrheit nur von einer Personengruppe (z.B. zwei von drei Gesellschaftern) erreicht, müssen diese eine durch gleichgerichtete Interessen geschlossene Personengruppe bilden (sog. **Personengruppentheorie**).[401]

Für **Ehegatten** sowie für **Eltern und Kinder** gelten grundsätzlich die gleichen Grundsätze wie für fremde Dritte.[402] Dementsprechend liegt keine Betriebsaufspaltung vor, wenn der eine Ehegatte nur am Besitzunternehmen und der andere Ehegatte nur an der Betriebsgesellschaft beteiligt ist (sog. **Wiesbadener Modell**). Sollte einer der Ehegatten das ihm gehörende Unternehmen allerdings von dem anderen Ehegatten geschenkt bekommen haben und ist diese Schenkung frei widerruflich, dürfte eine Betriebsaufspaltung anzunehmen sein.[403] Sind an beiden Unternehmen nur Eltern mit ihren **minderjährigen Kindern** beteiligt, können die Anteile der Kinder den Eltern nur dann zugerechnet werden, wenn Beweisanzeichen für eine gleichgerichtete Interessenlage vorhanden sind. Nach Auffassung der Finanzverwaltung soll allerdings eine personelle Verflechtung vorliegen, wenn einem Elternteil oder beiden Elternteilen und einem minderjährigen Kind an beiden Unternehmen jeweils zusammen die Mehrheit der Stimmrechte zuzurechnen sind. Begründet wird diese Auffassung mit der elterlichen Vermögenssorge.[404] Da diese Zurechnung mit Eintritt der Volljährigkeit der Kinder abrupt endet, kann gleichzeitig auch die personelle Verflechtung wegfallen, was wiederum zur Beendigung der Betriebsaufspaltung und Besteuerung der stillen Reserven führen würde. Dieses Ergebnis wird von der Finanzverwaltung im Billigkeitswege abgemildert, in dem sie dem Steuerpflichtigen auf Antrag das Verpächterwahlrecht (vgl. § 36 Rdnr. 99 ff.) zubilligt.[405]

4. Beendigung der Betriebsaufspaltung

Veränderungen in den personellen oder sachlichen Voraussetzungen der Betriebsaufspaltung können zum endgültigen Wegfall des Tatbestands der Betriebsaufspaltung führen. Eine **personelle Entflechtung** kann z.B. durch Veräußerung der Anteile an der Betriebsgesellschaft an einen nicht an der Besitzgesellschaft Beteiligten erfolgen. Aber auch Erbfall (vgl. § 36 Rdnr. 23, 289) oder Erreichen der Volljährigkeit (vgl. § 36 Rdnr. 138) können eine Betriebsaufspaltung abrupt und häufig ungewollt beenden. Auch eine Kapitalerhöhung, bei der ein Dritter zur Übernahme der neuen Stammeinlage zugelassen wird, kann die Mehrheitsverhältnisse in der Betriebsgesellschaft derart verschieben, dass es zur personellen Entflechtung kommt. Vorsicht ist bei derartigen Beteiligungen Dritter aber auch geboten, wenn es nicht zur personellen Entflechtung kommt. Denn zahlt der Dritte nur den Nennwert der Stammeinlage, obwohl stille Reserven vorhanden sind, werden diese auf ihn verschoben. Ist deren Besteuerung nicht gesichert, kommt es zu einer **Entnahme** des Besitzunternehmers in Höhe der Differenz zwischen dem höheren Wert des übernommenen Anteils und der geleisteten Einlage.[406] Eine **sachliche**

---

[398] BFH Urt. v. 12.10.1988 – X R 5/86 – BStBl. II 1989, 152 m.w.N.
[399] BFH Urt. v. 5.9.1991 – IV R 113/90 – BStBl. II 1992, 349.
[400] BFH Urt. v. 21.1.1999 – IV R 96/96 – BFH/NV 1999, 1033.
[401] BFH Urt. v. 2.8.1972 – IV R 87/65 – BStBl. II 1972, 796.
[402] BFH Urt. v. 24.2.1994 – IV R 8/93 – BStBl. II 1994, 466; Schmidt/*Wacker* § 15 EStG Rdnr. 845 ff. m.w.N.
[403] BFH Urt. v. 16.5.1989 – VIII R 196/84 – BStBl. II 1989, 877; Schmidt/*Wacker* § 15 Rdnr. 847; vgl. a. § 36 Rdnr. 85.
[404] R 137 Abs. 8 EStR; a.A. zu Recht *Kuhfus* GmbHR 1990, 401; *Felix* StB 1997, 145, 151.
[405] R 139 Abs. 2 S. 3 EStR.
[406] BFH Urt. v. 17.11.2005 – III R 8/03 – BStBl. II 2006, 287: Besteuerung der stillen Reserven nicht gesichert; BFH Urt. v. 8.4.1992 – I R 128/88 – BStBl. II 1992, 762: Besteuerung gesichert.

Entflechtung wird in der Regel durch Beendigung des Miet- oder Pachtverhältnisses mit dem Betriebsunternehmen ausgelöst, vorausgesetzt, die Nutzung endet auch tatsächlich. Wird die Betriebsaufspaltung beendet, kommt es grundsätzlich zu einer Betriebsaufgabe des Besitzunternehmens nach § 16 Abs. 3 EStG.[407] Hierbei kommt es nicht nur zu einer Entstrickung der vermieteten Wirtschaftsgüter, sondern auch zu einer Entstrickung der Anteile an der Betriebsgesellschaft[408] und somit zur Versteuerung sämtlicher stiller Reserven. Ein Wahlrecht analog dem Verpächterwahlrecht, die Anteile an der Betriebskapitalgesellschaft bei Beendigung der Betriebsaufspaltung weiter als „ewiges" Betriebsvermögen zu behandelt, existiert nicht.[409]

140 Ausnahmsweise kommt es in folgenden Fällen beim Wegfall der Voraussetzungen für eine Betriebsaufspaltung nicht zu einer Besteuerung der stillen Reserven:
- Bei Wegfall der personellen Verflechtung kann sich die Nutzungsüberlassung immer noch als **Betriebsverpachtung** darstellen (vgl. § 36 Rdnr. 104), sofern die weiterhin überlassenen Wirtschaftsgüter einen Betrieb oder Teilbetrieb bilden.[410] Die Besitzgesellschaft erzielt dann als „Betriebsverpächter" weiterhin gewerbliche Einkünfte, solange sie keine Betriebsaufgabe erklärt oder als betrieblicher Organismus zu existieren aufhört.
- Erfolgt der Wegfall der sachlichen Verflechtung in der Weise, dass das Besitzunternehmen einen ganzen Betrieb oder einen Teilbetrieb anstatt an das Betriebsunternehmen zukünftig an einen fremden Dritten verpachtet (ausreichend ist die Verpachtung der wesentlichen Betriebsgrundlagen, vgl. § 36 Rdnr. 100), stellt sich der Vorgang ebenfalls als **Betriebsverpachtung** dar. Auch in diesem Fall erzielt das Besitzunternehmen nunmehr als Betriebsverpächter weiterhin gewerbliche Einkünfte, solange es nicht die Betriebsaufgabe erklärt oder als betrieblicher Organismus zu existieren aufhört.[411]
- Der Wegfall der Voraussetzungen der Betriebsaufspaltung führt zu einem Strukturwandel innerhalb des Besitzunternehmens, indem dieses sich z.B. in eine freiberufliches Erfinder-Unternehmen verwandelt.[412] Die vermieteten bzw. verpachteten Wirtschaftsgüter befinden sich weiterhin in einem Betriebsvermögen.
- Erfüllt die Besitzgesellschaft den Tatbestand einer gewerblichen geprägten Personengesellschaft, erzielt sie auch nach Wegfall der Voraussetzungen für eine Betriebsaufspaltung noch gewerbliche Einkünfte.[413] Die vermieteten bzw. verpachteten Wirtschaftsgüter befinden sich weiterhin in einem Betriebsvermögen.
- Das Gleiche gilt, wenn das Besitzunternehmen zuvor eine andere gewerbliche Tätigkeit begonnen hat.
- Schließlich kommt es zu keiner Betriebsaufgabe, wenn der Wegfall der sachlichen oder personellen Verflechtung nur von vorübergehender Natur ist. In diesem Fall handelt es sich lediglich um eine Betriebsunterbrechung.[414]

141 Angesichts der Gefahren, die sich aus einer ungewollten Beendigung einer Betriebsaufspaltung ergeben können, ist es in vielen Fällen sinnvoll, einer solchen Betriebsaufspaltung ein bewusst gestaltetes Ende zu setzen. Dabei soll in der Regel eine Aufdeckung und Versteuerung der stillen Reserven vermieden werden. Dies kann z.B. durch **Einbringung der Wirtschaftsgüter des Besitzunternehmens** einschließlich des Sonderbetriebsvermögens in die Betriebskapitalgesellschaft erfolgen. Es handelt sich insoweit um die Einbringung eines Betriebes nach § 20 Abs. 1 S. 1 UmwStG, die unter den dort genannten Voraussetzungen steuerneutral gestaltet werden

---

[407] Vgl. z.B. BFH Urt. v. 25.8.1993 – XI R 6/93 – BStBl. II 1994, 23 m.w.N.
[408] Schmidt/*Wacker* § 15 EStG Rdnr. 865 m.w.N.; a.A. *Kaligin* BB 1996, 2017, 2021.
[409] BFH Urt. v. 17.4.1996 – X R 128/94 – BFH/NV 1996, 877; *Haritz* BB 2001, 861; a.A. *Lemm* DStR 1987, 218, der eine Verstrickung über § 21 UmwStG analog annimmt. Ausnahme: Personelle Entflechtung durch Volljährigkeit der Kinder, vgl. § 36 Rdnr. 138.
[410] BFH Urt. v. 6.3.1997 – XI R 2/96 – BStBl. II 1997, 460; BMF Schr. v. 17.10.1994 – IV B 2 – S 2242 – 47/94 – BStBl I 1994, 771.
[411] BFH Urt. v. 23.4.1996 – VIII R 13/95 – BStBl. II 1998, 325; BMF Schr. v. 17.10.1994 – IV B 2 – S 2242 – 47/94 – BStBl I 1994, 771.
[412] *Paus* DStZ 1990, 193.
[413] FG Düsseldorf Urt. v. 14.8.2003 – 11 K 3786/00 F – EFG 2003, 1544, Rev. VIII R 80/03.
[414] BFH Urt. v. 6.3.1997 – XI R 2/96 – BStBl. II 1997, 460.

kann. Die Anteile an der Betriebskapitalgesellschaft müssen dabei ausnahmsweise nicht eingebracht werden, auch wenn sie zum notwendigen Betriebsvermögen der Besitzgesellschaft zählen.[415] Sie sind in diesem Fall nach § 20 Abs. 1 S. 1 UmwStG als einbringungsgeboren zu behandeln und bleiben steuerverstrickt, ohne das es im Zeitpunkt der Einbringung zu einer Realisierung der stillen Reserven kommt.[416] Handelt es sich bei dem Betriebsunternehmen um eine Personengesellschaft, ist die steuerneutrale Beendigung der Betriebsaufspaltung durch **Einbringung des Besitzunternehmens** nach § 24 UmwStG möglich. Da die Besitzpersonengesellschaft aufgrund der Betriebsaufspaltung als eigengewerblicher Betrieb anzusehen ist,[417] haben die Gesellschafter der Besitzpersonengesellschaft Mitunternehmeranteile derselben, die sie nach § 24 UmwStG in die Betriebspersonengesellschaft einbringen können.[418] Ist es für derartige Gestaltungen jedoch bereits zu spät und droht aufgrund des Erbfalls eine Beendigung der Betriebsaufspaltung, so kann möglicherweise die Ausschlagung ein probates Mittel sein, die Aufdeckung stiller Reserven zu verhindern (vgl. § 36 Rdnr. 289).

VIII. Vermögensübergabe gegen wiederkehrende Leistungen

1. Checkliste

□ Vermögensübertragungen gegen wiederkehrende Leistungen können sich je nach Art ihrer vertraglichen Ausgestaltung und tatsächlichen Durchführung darstellen als Vermögensübergaben gegen
- Versorgungsleistungen,
- Austauschleistungen oder
- Unterhaltsleistungen.

□ Versorgungsleistungen sind
- erbschaftsteuerlich Gegenleistungen für die Vermögensübergabe;
- ertragsteuerlich indes keine Gegenleistungen sondern Leibrenten oder dauernde Lasten, die
- beim Leistungsempfänger als Einkünfte aus wiederkehrenden Bezügen zu erfassen sind und
- die der Leistungsverpflichtete als Sonderausgaben abziehen kann.

□ Austauschleistungen sind
- erbschaftsteuerlich Gegenleistungen für die Vermögensübergabe;
- ertragsteuerlich sind sie ebenfalls Gegenleistung und führen, soweit ein entgeltliches Geschäft vorliegt,
- beim Übertragenden ggf. zu einem Veräußerungsgewinn bzw. -verlust und
- beim Übernehmenden zu Anschaffungskosten und u. U. zu Abschreibungspotential.

□ Unterhaltsleistungen
- sind erbschaftsteuerlich irrelevant, soweit sie in Erfüllung einer bestehenden Unterhaltspflicht geleistet werden;
- Anstandspflichten und andere nur auf sittlichen Gründen beruhende Verpflichtungen sind freigebige Zuwendungen, die aber in bestimmten Fällen erbschaftsteuerfrei gestellt werden;
- ertragsteuerlich bleiben sie grundsätzlich sowohl auf Seiten des Leistungsempfängers
- als auch auf Seiten des Leistungsverpflichteten unberücksichtigt.

---

[415] BFH Urt. v. 24.10.2000 – VIII R 25/98 – BB 2001, 863, 865 f.; BMF Schr. v. 25.3.1998 – IV B 7 – S 1978–21/98/IV B 2 – S 1909–33/98 – BStBl I 1998, 268 Tz. 20.11; *Haritz* BB 2001, 861.
[416] *Haritz* BB 2001, 861 f.
[417] BFH Urt. v. 23.4.1996 – VIII R 13/95 – BStBl I 1998, 325.
[418] BMF Schr. v. 28.4.1998 – IV B 2 – S 2241–42/98 – BStBl I 1998, 583 Tz. 5.

2. Einleitung

143 Die Vermögensübertragung gegen wiederkehrende Leistungen stellt, da sie in der Regel zu Lebzeiten erfolgt oder aber zumindest aufgrund der Rentenzahlungen einen lebzeitigen Bezug aufweist, mehr ein einkommensteuerliches als ein erbschaftsteuerliches Problem dar. **Erbschaftsteuerlich** ist die Vermögensübertragung, soweit sie unentgeltlich erfolgt, in der Regel eine freigebige Zuwendung. Erfolgt die Vermögensübertragung mit Rücksicht auf die künftige Erbfolge, handelt es sich um eine Zuwendung im Wege vorweggenommener Erbfolge.[419] Die daneben mit solchen Übergabeverträgen bezweckte Versorgung des Vermögensübergebers oder seiner Hinterbliebenen wird mit Nutzungsvorbehalten, Versorgungsleistungen oder Abstandszahlungen sichergestellt. Während **Nutzungsvorbehalte** lediglich zu Nutzungs- oder Duldungsauflagen führen, die – sofern nicht die Regelung des § 25 ErbStG entgegensteht (vgl. § 35 Rdnr. 169) – durch Abzug des nach §§ 13 bis 16 BewG ermittelten Kapitalwerts der Nutzung und somit im Wege der Saldierung berücksichtigt wird (vgl. § 35 Rdnr. 78), bilden die Versorgungsleistungen und die Abstandszahlungen an den Vermögensübergeber oder von ihm benannte Dritte Gegenleistungen.[420] Erbschaftsteuerlich sind die hier interessierenden **wiederkehrende Leistungen** (z.B. Versorgungsleistungen) somit mit ihrem nach §§ 13 bis 16 BewG zu ermittelnden Kapitalwert in die zur Berechnung des Steuerwerts der freigebigen Zuwendung erforderliche Verhältnisrechnung mit einzubeziehen (vgl. § 35 Rdnr. 80). Dies hat gleichzeitig zur Folge, dass die Vermögensübergabe gegen Versorgungsleistungen zugunsten des Vermögensübergebers oder seines Ehegatten anders als Nutzungs- oder Duldungsauflagen dem Anwendungsbereich des § 25 ErbStG entzogen ist.[421] Das Erbschaftsteuerrecht wertet eine Vermögensübertragung gegen Versorgungsleistungen, die ertragsteuerlich einen unentgeltlichen Vorgang darstellt (vgl. § 35 Rdnr. 228; § 36 Rdnr. 147), entsprechend der zivilrechtlichen Rechtslage als gemischte Schenkung oder Schenkung unter Leistungsauflage, mit der Folge, dass der entgeltliche Teil dieser Vermögensübertragungen den Nachsteuertatbestand gemäß § 13 a Abs. 5 ErbStG (bis 1995: § 13 a Abs. 2 a ErbStG) auslöst.[422]

144 Insbesondere bei Grundstücksübertragungen auf Kinder stellt sich aus gestalterischer Sicht die Frage, ob der Renten- bzw. Versorgungsleistung der Vorzug zu geben ist, oder ob es lohnender ist, wenn sich der Übertragende den Nießbrauch vorbehält. Bei der **Nießbrauchslösung** darf der Barwert der Nießbrauchslast bei der Ermittlung des steuerlichen Erwerbs nicht berücksichtigt werden, die auf den Barwert dieser Last entfallende Steuer wird jedoch bis zu ihrem Wegfall gestundet und kann vom Nießbrauchsbelasteten jederzeit abgelöst werden, § 25 ErbStG. Darüber hinaus ist zu beachten, dass der im Zuge der Bewertung anzusetzende Jahreswert des Nießbrauchs den 18,6ten Teil vom Steuerwert des Grundstücks nicht übersteigen darf, § 16 BewG. Bei der **Rentenlösung** kommt es nach den Grundsätzen der gemischten Schenkung zu einer Kürzung des Rentenbarwerts, die umso größer ausfällt, je größer der Unterschied zwischen dem Verkehrs- und dem Steuerwert des Grundstücks ist. Dies bedeutet, dass für die Analyse der Vorteilhaftigkeit insbesondere der Verkehrswert des Grundstücks, die Lebenserwartung des berechtigten (Vorbehaltsnießbraucher bzw. Rentenberechtigten) sowie Baujahr und –art des Grundstücks maßgebend sind. Die empfängerbezogenen Faktoren, wie z.B. die Steuerklasse oder die persönlichen Freibeträge, spielen demgegenüber eher eine untergeordnete Rolle, da sie sich bei beiden Varianten regelmäßig gleich auswirken. Eine generelle Aussage zur Vorteilhaftigkeit lässt sich daher nicht treffen.[423] Tendenziell ist jedoch bei Verkehrswerten nahe dem Steuerwert und bei eher kurzer Lebenserwartung des Berechtigten die Rentenlösung vorteilhafter. Bei jüngeren Gebäuden, insbesondere bei Ein- und Zweifamilienhäusern, bei denen ein Zuschlag von 20 % auf den gekürzten Ausgangswert vorgenommen wird (vgl. § 35 Rdnr. 51), kann dagegen die Nießbrauchslösung günstiger sein. Insgesamt wird man jedoch auch die einkommensteuerlichen Auswirkungen bei der Gestaltungsberatung mit berücksichtigen und in

---

[419] Vgl. z.B. BFH Urt. v. 8.12.1993 – II R 61/89 – BFH/NV 1994, 373.
[420] Troll/Gebel/Jülicher/*Gebel* § 7 Rdnr. 232; a.A. hinsichtlich der Versorgungsleistungen *Pietsch* UVR 1991, 6, 12.
[421] Troll/Gebel/Jülicher/*Gebel* § 25 Rdnr. 8.
[422] BFH Urt. v. 2.3.2005 – II R 11/02 – BStBl. II 2005, 532; *Moench/Weinmann* § 13 a Rdnr. 103; vgl. a. § 35 Rdnr. 142.
[423] Vgl. hierzu eingehend *Korezkij* DStR 2002, 2205.

die Berechnung mit einbeziehen müssen. Dies gilt umso mehr, wenn das Stuttgarter Modell Anwendung finden könnte (vgl. § 36 Rdnr. 150). Gerade hierdurch werden die Grenzen tendenziell sehr zu Gunsten der Rentenlösung verschoben.

Unterhaltsleistungen sind, sofern und soweit sie in Erfüllung einer bestehenden Unterhaltspflicht geleistet werden, keine freigebige Zuwendung. Anstandspflichten und andere lediglich auf sittlichen Gründen beruhende Unterhaltszahlungen können, da sie keiner Rechtspflicht entspringen, eine freigebige Zuwendung darstellen. Sie können aber als Zuwendungen zum Zwecke des angemessenen Unterhalts oder zur Ausbildung nach § 13 Abs. 1 Nr. 12 ErbStG (vgl. § 35 Rdnr. 111) oder als übliche Gelegenheitsgeschenke nach § 13 Abs. 1 Nr. 14 ErbStG (vgl. § 35 Rdnr. 115) steuerfrei bleiben. 145

Einkommensteuerlich handelt es sich bei der Vermögensübergabe gegen wiederkehrende Leistungen ausschließlich um eine Besonderheit, die den Bereich der Abgrenzung zwischen entgeltlicher und unentgeltlicher Vermögensübertragung (vgl. § 35 Rdnr. 227 ff.) und hier auch nur die **Gegenleistung** betrifft. Die wiederkehrenden Leistungen können ihrem Charakter nach entweder Versorgungsleistungen, Unterhaltsleistungen oder aber wiederkehrende Leistungen im Austausch mit einer Gegenleistung[424] – kurz: Austauschleistungen oder Gegenleistungsrenten[425] – sein. Während Versorgungs- und Unterhaltsleistungen – anders als im Erbschaftsteuerrecht – nicht als Gegenleistung angesehen werden und somit immer zu unentgeltlichen Vermögensübertragungen führen, handelt es sich bei der Austauschleistung (Gegenleistungsrente) stets um eine Gegenleistung, die sowohl zu einer entgeltlichen, als auch zu einer unentgeltlichen Vermögensübertragung führen kann. Welche von beiden Alternativen vorliegt, ist sodann nach den allgemeinen Grundsätzen zu beurteilen (vgl. § 35 Rdnr. 221 ff.). 146

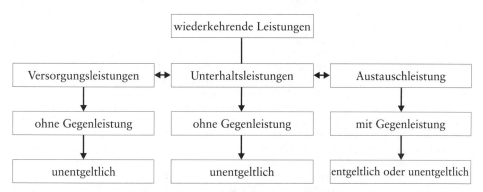

Versorgungsleistungen sind wiederkehrende Leistungen in der Form von Renten oder dauernden Lasten (vgl. § 35 Rdnr. 234), die im Rahmen einer Vermögensübergabe zur vorweggenommenen Erbfolge vereinbart werden, und die Versorgung des Vermögensübergebers oder einer von ihm benannten anderen Person zumindest teilweise sichern sollen. Zu ihnen gehören auch (noch) die Kosten für die Beerdigung des Versorgungsempfängers und die Grabpflegekosten.[426] Es handelt sich bei der Vermögensübergabe gegen Versorgungsleistungen um ein von der Rechtsprechung geschaffenes Sonderrecht, welches einerseits kein entgeltliches Geschäft, andererseits aber auch keine Vermögensübergabe gegen Unterhaltsleistungen darstellt. Die in diesem Zusammenhang vereinbarten wiederkehrenden Versorgungsleistungen führen nicht zu Anschaffungskosten und damit auch nicht zu Abschreibungsvolumen, wie dies bei einem entgeltlichen Geschäft der Fall wäre. Andererseits sind sie aber auch nicht wie Unterhaltsleistungen überhaupt nicht zu berücksichtigen. Sie stellen ein unentgeltliches Geschäft dar, dessen Leistungen beim Vermögensübernehmer, dem Verpflichteten, zu Sonderausgaben nach § 10 Abs. 1 Nr. 1 a EStG und beim Vermögensübergeber, dem Berechtigten, zu sonstigen Einkünf- 147

---

[424] Diesen Ausdruck verwendet BMF v. 16.9.2004 – IV C 3 – S 2255 – 354/04 – BStBl. I 2004, 922, z.B. in Rdnr. 1,4, 50 und 58.
[425] Vgl. P. *Fischer* MittBayNot 1996, 137.
[426] BFH Urt. v. 15.2.2006 – X R 5/04 – DStR 2006, 697.

ten nach § 22 Nr. 1 S. 1 EStG führen (vgl. § 35 Rdnr. 235). Im Falle der Versorgungsleistungen nach dem Tod des Berechtigten (z.B. Beerdigungs- und Grabpflegekosten) hat als Folge des Korrespondenzprinzips bei Altenteilsverträgen der überlebende Ehegatte bzw. der aufgrund des Versorgungsvertrages daneben noch Anspruchsberechtigte diese Versorgungsleistungen als sonstige wiederkehrende Leistungen gem. § 22 Nr. 1 EStG zu versteuern; gibt es diesen nicht trifft den Erben die Versteuerung.

148 Die diesem Sonderrecht ursprünglich zugrunde liegende Problematik ist typischerweise dadurch gekennzeichnet, dass der Übergeber einer Inhaber eines Hofes oder Unternehmens ist, dessen Erträge ausreichen, um seinen Unterhalt zu decken. Irgendwann kommt jedoch der Zeitpunkt, in dem er aus Altersgründen nicht mehr in der Lage sein wird, die Erträge selbst zu erwirtschaften. Er überträgt daher den Hof bzw. das Unternehmen auf die nächste Generation und vereinbart im Zuge dessen wiederkehrende Leistungen, um seine Existenz auch weiterhin zu sichern. Er ist auf diese Weise auch zukünftig nicht auf Unterhalt angewiesen. Werden also in Verbindung mit einer Vermögensübergabe Versorgungsleistungen vereinbart, die der Übernehmer an den Übergeber zu erbringen hat, so liegt hierin regelmäßig **keine Gegenleistung** für die hingegebenen Wirtschaftsgüter. Die Versorgungsleistungen werden vielmehr als die **zukünftigen Erträge des übertragenen Vermögens** angesehen, die sich der Vermögensübergeber sozusagen „als von dem übertragenen Vermögen abgespaltenes Recht" vorbehält, die nunmehr allerdings vom Vermögensübernehmer zu erwirtschaften sind. Geht man davon aus, dass sich der Wert eines Unternehmens aus der Substanz und den zukünftigen Erträgen zusammensetzt, so behält sich der Übertragende – wirtschaftlich gesehen – an den zukünftigen Erträgen denjenigen Teil zurück, den er zur Lebenshaltung benötigt.[427] Das Vermögen selbst, d.h. die Substanz, und der nicht benötigte Anteil an den zukünftigen Erträgen geht daher originär unentgeltlich über, was die Versorgungsleistung von der Kauf- bzw. der Veräußerungsleistung unterscheidet. Dies impliziert gleichzeitig, dass eine Versorgungsleistung nicht in Betracht kommt, wenn der Wert des übertragenen Vermögens größer oder gleich dem Barwert der wiederkehrenden Leistung ist, denn dann hat der Übergeber nichts zurückbehalten. Durch ihre Charakterisierung als vorbehaltene Vermögenserträge unterscheiden sich die Versorgungsleistungen gleichzeitig von den Unterhaltsleistungen im Sinne von § 12 Nr. 1 EStG, die dadurch gekennzeichnet sind, dass der Unterhaltsempfänger etwas erhält. Behält sich der Übertragende die Erträge aber vor, kann der Übernehmer ihm diese nicht zukommen lassen; der Übertragende hat sich ihrer nie entäußert. Aus dem gleichen Grund kann es sich auch nicht um Zuwendungen des Vermögensübernehmers auf Grund freiwillig begründeter Rechtspflicht im Sinne von § 12 Nr. 2 EStG handeln.

149 Zwar ist der Grundgedanke des Rechtsinstituts der Vermögensübergabe gegen Versorgungsleistungen grundsätzlich die Vermögensübergabe im Wege der **vorweggenommenen Erbfolge**, also zu Lebzeiten des Übertragenden. Dem hat die Rechtsprechung jedoch den Fall gleichgestellt, dass Versorgungsleistungen ihren Entstehungsgrund in einer **letztwilligen Verfügung** (z.B. in einem Vermächtnis) haben, sofern ein Mitglied des Generationennachfolge-Verbundes (vgl. § 36 Rdnr. 162) statt seines gesetzlichen Erbteils aus übergeordneten Gründen der Erhaltung des Familienvermögens lediglich Versorgungsleistungen aus dem ihm an sich zustehenden Vermögen erhält und es sich bei den Zahlungen nicht um eine Verrentung des Erbteils handelt.[428]

150 Eine beliebte Gestaltungsvariante im Bereich der Versorgungsleistungen ist das sog. **Stuttgarter Modell**. Dabei wird ein Wohngrundstück, das zuvor im Wege der vorweggenommen Erbfolge gegen Versorgungsleistungen übertragen wurde, anschließend durch den Übernehmer des Grundstücks an den Übergeber vermietet. Durch diese Gestaltung erreicht der Vermögensübernehmer nicht nur die steuerlichen Vorteile aus der Vermögensübergabe gegen Versorgungsleistungen, sondern ihm wird zugleich die Abziehbarkeit von Werbungskosten (z.B. aufgrund von ihm getätigter Investitionen in das Grundstück) bei den Einkünften aus Vermietung und Verpachtung verschafft. Hierin liegt regelmäßig kein Gestaltungsmissbrauch nach § 42 AO

---

[427] GrS BFH Beschl. v. 15.7.1991 – GrS 1/90 – BStBl. II 1992, 78 in Anlehnung an RFH Urt. v. 1.2.1933 – VI A 2056/32 – RStBl. 1933, 583.
[428] BFH Urt. v. 7.3.2006 – X R 12/05 – ZEV 2006, 327 m.w.N.; BMF Schr. v. 16.9.2004 – IV C 3 – S 2255-354/04 – BStBl. I 2004, 922 Rdnr. 40 f.

vor.[429] Durch Übergabevertrag und Mietvertrag entstehen zwei eigenständige Rechtsverhältnisse, die auch steuerlich getrennt voneinander zu beurteilen sind. Dementsprechend ist das Mietverhältnis für sich zu beurteilen und insbesondere nach den Maßstäben des Fremdvergleichs zu untersuchen. Unerheblich ist, ob das Eigentum zuvor unentgeltlich, gegen einen in einem Betrag geleisteten Kaufpreis, gegen Kaufpreisraten oder gegen Versorgungsleistungen übertragen worden ist. Dass die Versorgungsleistungen im Wesentlichen der Miete entsprechen, bedeutet noch keinen Gestaltungsmissbrauch. Anders ist dies jedoch zu beurteilen, wenn die Beteiligten durch zivilrechtlich mögliche Gestaltungen zwar wechselseitige Zahlungspflichten begründen, damit aber die Position des unentgeltlich Nutzenden tatsächlich und wirtschaftlich nicht verändern, so wie es der Fall ist, wenn Miete und dauernde Last einander entsprechen.[430]

Unterhaltsleistungen orientieren sich demgegenüber regelmäßig an den individuellen Bedürfnissen des Vermögensübergebers. Ihre Finanzierung erfolgt grundsätzlich nicht oder aber nicht vollständig[431] aus dem übertragenen Vermögen. Die Höhe der Unterhaltsleistungen ist daher regelmäßig losgelöst von dem Ertrag des übertragenen Vermögens. Es handelt sich mithin im Unterschied zur Versorgungsleistung (vgl. § 36 Rdnr. 147) nicht um vorbehaltene Vermögenserträge. Maßgebend ist der Gedanke der **Existenzsicherung** des Übergebers. Der Unterhaltsleistung liegen folglich persönliche und damit außersteuerliche Gründe zugrunde. Werden also in Verbindung mit einer Vermögensübergabe Unterhaltsleistungen vereinbart, die der Übernehmer an den Übergeber zu erbringen hat, so liegt hierin regelmäßig **keine Gegenleistung** für die hingegebenen Wirtschaftsgüter. Auch die Vermögensübergabe gegen Unterhaltsleistungen erfolgt daher ebenso wie diejenige gegen Versorgungsleistungen unentgeltlich und unterscheidet sich dabei gleichzeitig von der Vermögensübergabe gegen Austauschleistung. Ertragsteuerlich sind sie daher grundsätzlich weder beim Leistungsempfänger noch beim Leistungsverpflichteten zu berücksichtigen (vgl. § 35 Rdnr. 239).

151

Ausgehend von der Vereinfachungsregel bei Verträgen zwischen Angehörigen (vgl. § 35 Rdnr. 226) haben Rechtsprechung und Verwaltung im Bereich der Vermögensübergabe gegen wiederkehrende Leistungen bestimmte Formen der Gestaltung typisiert,[432] die bei der Unterscheidung zwischen Versorgungs-, Unterhalts- und Austauschleistung (Gegenleistungsrente) helfen sollen (siehe Übersicht auf der folgenden Seite).

152

3. Vermögensübergabe gegen Versorgungsleistungen

Checkliste

Eine Vermögensübergabe gegen Versorgungsleistungen liegt vor, wenn
☐ aufgrund einer klaren, eindeutigen, rechtswirksamen und auch durchgeführten Vereinbarung
☐ Leistungen auf Lebenszeit
☐ an bestimmte Empfänger erbracht werden und
☐ eine existenzsichernde und
☐ ausreichend ertragbringende Wirtschaftseinheit
☐ auf bestimmte Empfänger übertragen wurde.

153

---

[429] BFH Urt. v. 10.12.2003 – IX R 12/01 – BStBl II 2004, 643; Urt. v. 10.12.2003 – IX R 41/01 – BFH/NV 2004, 1267; Urt. v. 17.12.2003 – IX R 8/98 – BFH/NV 2004, 939; Urt. v. 17.12.2003 – IX R 60/98 – BStBl II 2004, 646; BFH v. 17.12.2003 – IX R 91/00 – BFH/NV 2004, 1272.
[430] BFH Urt. v. 17.12.2003 – IX R 56/03 – BStBl. II 2004, 648.
[431] Dies ist der Fall, wenn die Erträge der existenzsichernden Wirtschaftseinheit nicht ausreichen, d.h. die 50% Grenze der Finanzverwaltung nicht erreichen, vgl. § 36 Rdnr. 207.
[432] Vgl. BMF Schr. v. 16.9.2004 – IV C 3 – S 2255–354/04 – BStBl. I 2004, 922.

Übersicht über die Abgrenzung der einzelnen Arten wiederkehrender Leistungen

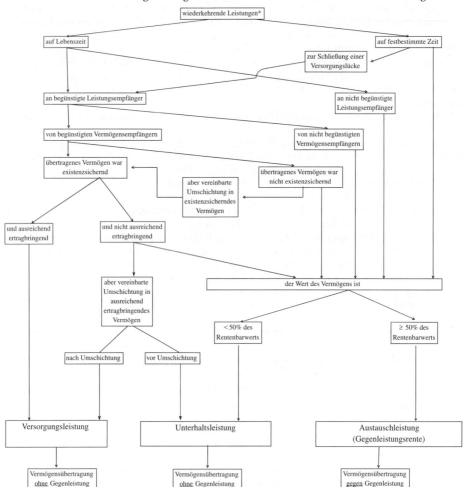

* **Anmerkung:** Unterstellt wird, daß der Kapitalwert der wiederkehrenden Leistungen nicht > und nicht = dem Wert des übertragenen Vermögens ist und die Parteien auch nicht von der Gleichwertigkeit ausgegangen sind, sowie daß sie eine klare und eindeutige Vereinbarung getroffen haben. Die Vermögensübertragung gegen Versorgungsleistungen des Typus 2 ist ab dem 01. November 2004 nicht mehr möglich (vgl. § 36 Rdnr. 187) und daher in der Grafik nicht mehr enthalten.

154 Die erste Tatbestandsvoraussetzung der Vermögensübergabe gegen Versorgungsleistung[433] ist eine **klare, eindeutige, rechtswirksame und auch durchgeführte Vereinbarung.** Dieses Merkmal ist eine Besonderheit, die immer im Zusammenhang mit Verträgen unter Angehörigen auftritt. Denn frei nach dem Grundsatz „Blut ist dicker als Wasser", gehen Rechtsprechung und Finanzverwaltung einhellig davon aus, dass die Vertragsparteien derartiger Verträge es mit dem Abschluss und der Durchführung nicht so genau nehmen, wie sie es bei Verträgen mit fremden

---

[433] Mit Wirkung des 1.11.2004 kann eine Vermögensübergabe gegen Versorgungsleistungen nicht mehr durch Übergabe einer existenzsichernden Wirtschaftseinheit ohne ausreichende Erträge (sog. Typus 2; vgl. Rdnr. 186 ff) erfolgen. Die Vermögensübergabe gegen Versorgungsleistungen Typus 1, bei der die erzielbaren laufenden Nettoerträge des übergebenen Vermögens die vereinbarten wiederkehrenden Leistungen abdecken, ist nunmehr alleiniger Standard, an dem die Vermögensübergabeverträge zu messen sind. Der Typus 2 bleibt jedoch für Altfälle relevant, vgl. BMF Schr. v. 16.9.2004 – IV C 3 – S 2255 – 354/04 – BStBl. I 2004, 922, Rdnr. 74.

Dritten tun würden. Ähnlich wie die bereits erwähnte Vereinfachungsregel (vgl. § 35 Rdnr. 226) dient das Tatbestandsmerkmal der Erleichterung der Arbeit der Finanzverwaltung und nicht zuletzt auch derjenigen der Gerichte. Es wirkt durch die Festlegung bestimmter Eckdaten der Manipulation entgegen und erleichtert die Überprüfbarkeit. Der Steuerpflichtige wird dazu gezwungen, sich so zu verhalten, wie er es auch gegenüber fremden Dritten täte. Voraussetzung ist zunächst, dass ein Übergabevertrag abgeschlossen wird, in dem die gegenseitigen Rechte und Pflichten **klar und eindeutig** vereinbart werden.[434] Die Finanzverwaltung verlangt hierzu, dass im Übergabevertrag zumindest der Umfang des zu übertragenden Vermögens, die Höhe der Versorgungsleistungen sowie die Art und Weise der Zahlung als wesentlicher Vertragsinhalt angegeben werden. Zu Recht hat es die Rechtsprechung jedoch genügen lassen, dass sich der Inhalt der Vereinbarung auch durch Auslegung ermitteln lässt. Eine Vereinbarung, dass dem Übertragenden lebenslänglich auf der übertragenen Besitzung ein freies Altenteilsrecht eingeräumt wird, zielt auf den Kernbestand eines Altenteilrechts, wonach die Altenteiler weiterhin im übergebenen Besitz wohnen dürfen und am Tisch des Übernehmers verköstigt werden.[435] Daneben sollte klar geregelt sein, welche Versorgungsleistungen geschuldet werden. Denn nur wenn die vom Verpflichteten geleisteten Zahlungen laut Übergabevertrag geschuldet werden, können sie als Sonderausgaben abgezogen werden. Dies betrifft insbesondere Verpflichtungen, die nicht vom gesetzlichen Grundtypus erfasst werden, wie z.B. größere Instandhaltungsarbeiten beim Altenteilsvertrag.[436]

Das Merkmal der **Rechtswirksamkeit** setzt insbesondere den formgültigen Abschluss des Vertrages voraus. So bedarf z.B. bei der Übertragung von GmbH-Anteilen sowohl das Verpflichtungsgeschäft als auch die Abtretung der notariellen Beurkundung, § 15 GmbHG. Darüber hinaus ist für das echte Leibrentenversprechen die schriftliche Erteilung erforderlich, § 761 BGB. Das vertragliche Altenteilsrecht kann dagegen formlos vereinbart werden.[437]

Wie grundsätzlich im Steuerrecht, darf es **keine Rückwirkung** geben. Die Vereinbarung muss für die Zukunft geschlossen werden. Dies entspricht dem Gedanken der „vorbehaltenen Erträge". Denn wenn das Vermögen bereits vollständig übergegangen ist, kann der Übergeber sich nichts mehr vorbehalten. Der Vermögensübernehmer würde die wiederkehrenden Leistungen auf rein freiwilliger Basis zahlen und somit Unterhaltsleistungen erbringen. Ausnahmsweise lässt die Verwaltung eine steuerliche Rückwirkung zu, wenn der Zeitraum der Rückwirkung kurz ist und die Vereinbarung der Rückwirkung lediglich technische Bedeutung besitzt.[438] Beide Voraussetzungen müssen kumulativ vorliegen. Offen ist, was hierunter zu verstehen ist. Eine Rückbeziehung bis zu drei Monaten dürfte unschädlich sein.[439] Ein Urteil des BFH,[440] welches ebenfalls aus Vereinfachungsgründen eine kurzfristige Rückbeziehung insbesondere auf den Bilanzstichtag zuließ, verlangte zusätzlich, dass diese ohne steuerliche Auswirkung geblieben sein muss. Dies wird von der Finanzverwaltung im Rentenerlass bislang nicht verlangt, sollte allerdings vorsichtshalber bei der Planung berücksichtigt werden.

Der Vertrag muss ferner **ernsthaft gewollt** und entsprechend seiner Bestimmungen auch **durchgeführt** werden. Hat sich der Vermögensübernehmer nach dem Vermögensübergabevertrag zu mehreren Versorgungsleistungen verpflichtet, die zum Mindestbestand von Versorgungsverträgen gehören sowie als typusprägend anzusehen und als jeweils gleichgewichtig zu beurteilen sind, muss der Rechtsbindungswille nach Ansicht der Rechtsprechung hinsichtlich **aller** geschuldeten Versorgungsleistungen gegeben sein.[441] Willkürliche **Vertragsänderungen** sind nicht zulässig. Auch hier soll die Angleichung an Verträge mit fremden Dritten erreicht werden.

---

[434] BMF Schr. v. 16.9.2004 – IV C 3 – S 2255 – 354/04 – BStBl. I 2004, 922 Rdnr. 37.
[435] BFH Urt. v. 16.9.2004 – X R 7/04 – BFH/NV 2005, 201.
[436] BFH Urt. v. 25.8.1999 – X R 38/95 – BStBl. II 2000, 21.
[437] Palandt/*Thomas* § 759 BGB Rdnr. 8; vgl. § 32 Rdnr. 61.
[438] BMF v. 16.9.2004 – IV C 3 – S 2255 – 354/04 – BStBl. I 2004, 922 Rdnr. 38; BFH Urt. v. 29.11.1988 – VIII R 83/82 – BStBl. II 1989, 281.
[439] Sudhoff/*v. Sothen* § 55 Rdnr. 40; Schmidt/*Wacker* § 16 EStG Rdnr. 443, a.A. noch *Wacker* NWB Fach 3, 9933 (9945 Abschnitt B I 5), der für vier bis sechs Wochen plädiert.
[440] BFH Urt. v. 24.1.1979 – I R 202/75 – BStBl. II 1979, 581.
[441] BFH Urt. v. 19.1.2005 – X R 23/04 – BStBl. II 2005, 434.

> **Praxistipp:**
> Ist beabsichtigt, dem Versorgungsempfänger mehrere, ihrer Art nach gleichwertige Versorgungsleistungen zukommen zu lassen (z.B. ein lebenslängliches Wohnrecht bei freier Heizung und freier Beköstigung einerseits und eine monatliche Rente andererseits), so sollte überlegt werden, ob sich hieraus nicht mehrere separate Versorgungszusagen machen lassen. Wird eine Vereinbarung nicht durchgeführt (z.B. die Zahlung), entfällt nur deren steuerliche Abziehbarkeit als Sonderausgaben, nicht jedoch die der anderen, ordnungsgemäß erbrachten Versorgungsleistungen. Ist dies nicht möglich, muss jede beabsichtigte Veränderung der Versorgungsleistungen zwischen den Parteien vereinbart und begründet werden.

Eine völlige oder zeitweilige Aussetzung der Zahlungen ohne Änderung der Verhältnisse wird als willkürlich angesehen.[442] Offenbar wird in der grundlosen Zahlungseinstellung ein Indiz für die mangelnde Ernsthaftigkeit gesehen.[443] Die Konsequenz dieser Ansicht ist, dass **von Anfang an** keine Versorgungsleistung, sondern eine Unterhaltsleistung vorgelegen hat. Dies kann nicht zutreffend sein. Es muss den Vertragsparteien möglich sein, einen ernsthaft gewollten und den Vertragsbestimmungen gemäß durchgeführten Versorgungsvertrag gemeinschaftlich ab einem bestimmten Zeitpunkt aufzuheben, ohne steuerschädliche Folgen befürchten zu müssen. Denn für das Vorliegen einer Versorgungsleistung kommt es nicht darauf an, ob der Vermögensübergeber, der sich die Erträge vorbehalten hat, auf diese angewiesen oder gar überversorgt ist.[444] Bei einer zeitweiligen, willkürlichen Aussetzung wird die Ansicht vertreten,[445] dass die wiederkehrenden Leistungen ab dem Zeitpunkt der Zahlungseinstellung ihren Charakter als Versorgungsleistung verlieren. Dieser Schluss ist nicht zwingend. Die zeitweise Einstellung kann – eine klare und eindeutige Vereinbarung vorausgesetzt – auch als Verzicht auf Teile des zurückbehaltenen Ertrages und damit als Schenkung dieser Teile angesehen werden. Die Wiederaufnahme der Zahlungen würde in diesem Fall zu keiner neuen Versorgungsleistung führen, welche nur im Zusammenhang mit einer erneuten Vermögensübertragung steuerlich anzuerkennen wäre. Die alte Vereinbarung würde einfach fortgesetzt werden. Dem stünde auch der Versorgungscharakter nicht entgegen, denn die Leistungen werden nur für einen bestimmten, i. d. R. überschaubaren Zeitraum ausgesetzt. Der Versorgungscharakter ansich wird nicht angetastet. Darüber hinaus stellt die Rechtsprechung in Bezug auf die Abänderbarkeit einer Versorgungsvereinbarung in steuerlicher Hinsicht lediglich auf die Ertragskraft des übergebenen Vermögens ab (vgl. § 36 Rdnr. 194 ff.). Diese ist bei einem Verzicht unverändert gegeben. Daneben ist es selbstverständlich möglich, die Aussetzung für eine bestimmte Zeit zu vereinbaren, wenn dies vor der Aussetzung erfolgt und dieser ein wie unter fremden Dritten üblicher Darlehensvertrag zugrunde liegt.[446]

> **Praxistipp:**
> Da nach Ansicht der Finanzverwaltung[447] die wiederkehrenden Leistungen offenbar von Anfang an nicht als Versorgungsleistung angesehen werden, wenn z.B. eine Aussetzung der Zahlungen willkürlich erfolgt, bietet sich hier dem Steuerpflichtigen ein Gestaltungsinstrument.[448] Stellt sich im Nachhinein heraus, dass die Behandlung der wiederkehrenden Bezüge als Veräußerungsleistung steuerlich günstiger gewesen wäre, so ist dies durch zeitweilige Einstellung der Zahlung durchaus noch erreichbar – sofern sie sich nicht insgesamt als Unterhaltsleistungen zu klassifizieren sind.

---

[442] BFH Urt. v. 19.1.2005 – X R 23/04 – BStBl. II 2005, 434; BMF v. 16.9.2004 – IV C 3 – S 2255 – 354/04 – BStBl. I 2004, 922 Rdnr. 39.
[443] Vgl. *Paus* INF 1997, 193, 199.
[444] BFH Urt. v. 24.3.1993 – X R 4/92 – BFH/NV 1993, 717; Urt. v. 16.9.2004 – X R 7/04 – BFH/NV 2005, 201; Sudhoff/*v. Sothen* § 55 Rdnr. 41.
[445] *Wacker* NWB Fach 3, 9933 (9946 B I 5).
[446] BFH Urt. v. 31.8.1994 – X R 115/92 – BFH/NV 1995, 498 m.w.N.
[447] BMF v. 16.9.2004 – IV C 3 – S 2255 – 354/04 – BStBl. I 2004, 922 Rdnr. 39.
[448] *Strahl* KÖSDI 1998, 11575, Tz. 11.

Auch nach Ansicht der Finanzverwaltung sind dagegen Veränderungen des Vertrages zuläs- 158
sig, die auf einer **Änderung der Verhältnisse**, d.h. der objektiven Rahmenbedingungen beruhen.
Gemeint sind hier insbesondere eine grundsätzlich langfristige Veränderung des Versorgungs-
bedürfnisses des Berechtigten und/oder eine Veränderung der wirtschaftlichen Leistungsfähigkeit des Berechtigten. Die Vertragsanpassung muss nicht explizit im Übergabevertrag vorgesehen sein. Sie ist darüber hinaus sogar steuerlich unschädlich durchführbar, wenn sie im Vertrag
ausdrücklich ausgeschlossen worden ist.[449] Die Vertragsänderung muss auch hier wieder in
die Zukunft wirken. Eine steuerliche Rückbeziehung ist grundsätzlich ausgeschlossen. Allerdings
gilt die für den Vertragsschluss zulässige Ausnahme von diesem Grundsatz auch für die Vertragsanpassung (vgl. § 36 Rdnr. 156). Der Rahmen einer möglichen Abänderbarkeit ergibt sich
in zivilrechtlicher Hinsicht einerseits aus der Versorgungsbedürftigkeit des Empfängers und andererseits aus der aus dem übertragenen Wirtschaftsgut resultierenden Leistungsfähigkeit des
Verpflichteten ergeben.[450] In steuerlicher Hinsicht stellt die Rechtsprechung zu Recht lediglich
auf die Ertragskraft des übergebenen Vermögens ab. Soweit die geänderte Versorgungsleistung
durch die erzielbaren Nettoerträge geleistet wird, ist sie weiterhin als dauernde Last abziehbar.[451] Jenseits dieser Grenze führt die Änderung zu Zuwendungen im Sinne des § 12 EStG,
die allenfalls noch als außergewöhnliche Belastung steuerlich berücksichtigt werden können.
Umgekehrt bedeutet dies, dass eine Änderung eines als Versorgungsleistung anerkannten Vertrages, die zu einer Verringerung der Versorgungsleistungen führt, egal aus welchem Grund sie
erfolgt, immer anzuerkennen ist.

Zweite Tatbestandsvoraussetzung ist, dass es sich grundsätzlich um eine **Leistung auf Le-** 159
benszeit handeln muss.[452] Dies entspricht dem Charakter einer Versorgungsleistung und dem
Interesse des Übertragenden, denn üblicherweise erstrebt der Übertragende eine Versorgung
ohne für ihn erlebbaren Endtermin, d.h. bis zu seinem Tode und nicht bis er ein bestimmtes
Alter erreicht hat. In erster Linie erfüllen daher Leibrenten und dauernde Lasten auf Lebenszeit
(zum Unterschied vgl. § 35 Rdnr. 234) diese Voraussetzung. Bei **wiederkehrenden Leistungen**
auf fest bestimmte Zeit ist demgegenüber die Interessenlage grundsätzlich eine andere. Der
exakte Endtermin erlaubt bereits bei Vertragsschluss eine genaue Berechnung der insgesamt zu
zahlenden wiederkehrenden Leistungen. Die Vorgehensweise entspricht daher eher derjenigen
bei einer Veräußerungsleistung, bei der der Kaufpreis, das Gleichstellungsgeld o. ä. der Höhe
nach bekannt ist. Die insgesamt zu zahlenden wiederkehrenden Leistungen werden zur Gegenleistung. Der Umstand, dass als Gegenleistung Rentenzahlungen vereinbart und auch gezahlt
werden, erweist sich als bloße Zahlungsmodalität. Der Versorgungsgedanke, insbesondere die
finanzielle Absicherung bis an das Lebensende, tritt aufgrund der „vorzeitigen" Beendigung in
den Hintergrund. Dem würde es – zutreffend und konsequent – entsprechen, wenn nicht auf
die statistische, sondern auf die tatsächliche Lebenserwartung abgestellt werden würde. Denn
nimmt man den Gedanken der Versorgung ernst, kann die Versorgungsleistung nicht plötzlich aufhören, nur weil ein bestimmter Zeitpunkt erreicht ist.[453] Zu Recht lässt die Finanzverwaltung deshalb nur Ausnahmen zu, bei denen trotz Vereinbarung der wiederkehrenden Leistung auf fest bestimmte Zeit, der Bezug zur Versorgung des Übertragenden deutlich überwiegt.
Dies ist z.B. der Fall, wenn die zeitliche Beschränkung dem etwaigen künftigen Wegfall der
Versorgungsbedürftigkeit des Berechtigten Rechnung trägt,[454] indem die Versorgungsleistung
eine „Versorgungslücke" beim Berechtigten, etwa bis zum erstmaligen Bezug einer Sozialversicherungsrente oder bis zur Wiederverheiratung (sog. Wiederverheiratungsklausel), schließen
soll.[455] Dies muss auch gelten, wenn der Wegfall der Versorgungsbedürftigkeit darauf beruht,

---

[449] BFH Urt. v. 15.7.1992 – X R 165/90 – BStBl. II 1992, 1020; kritisch *Paus* INF 1997, 193, 199.
[450] BFH Urt. v. 13.12.2005 – X R 61/01 – ZEV 2006, 226; BGH Urt. v. 8.10.1957 – V BLw 12/57 – NJW 1957, 1798; OLG Düsseldorf Urt. v. 28.10.1987 – 9 U 69/87 – NJW-RR 1988, 326.
[451] BFH Urt. v. 13.12.2005 – X R 61/01 – ZEV 2006, 226.
[452] BFH Urt. v. 21.10.1999 – X R 75/97 – DStR 200, 147.
[453] Sudhoff/*v. Sothen* § 55 Rdnr. 44; *Paus* INF 1997, 232, so auch BFH Urt. v. 21.10.1999 – X R 75/97 – DStR 2000, 147; wohl a.A. BFH Urt. v. 29.10.1974 – VIII R 131/70 – BStBl. II 1975, 173.
[454] BFH Urt. v. 26.1.1994 – X R 54/92 – BStBl. II 1994, 633; BMF v. 16.9.2004 – IV C 3 – S 2255 – 354/04 – BStBl. I 2004, 922 Rdnr. 58.
[455] BFH Urt. v. 31.8.1994 – X R 44/93 – DStR 1995, 408; BMF v. 16.9.2004 – IV C 3 – S 2255 – 354/04 – BStBl. I 2004, 922 Rdnr. 58.

dass der Berechtigte eine Kapitallebensversicherung ausgezahlt erhält. Ebenso wie in den übrigen Fällen ist der Berechtigte ab diesem Zeitpunkt anderweitig versorgt.[456] Danach ergibt sich für die einzelnen Arten wiederkehrender Leistungen folgendes:
- **Leibrenten** sind auf Lebenszeit ausgerichtet und können daher Versorgungsleistungen sein, wenn die übrigen Tatbestandsvoraussetzungen erfüllt sind.[457]
- Gleiches gilt für **dauernde Lasten.**[458]
- **Langfristige Raten,** seien es Kaufpreis- oder Tilgungsraten, gehören nicht zu den Versorgungsleistungen.
- **Zeitrenten,** bei denen vereinbart wird, dass die Zahlungen des Übernehmers auf eine fest bestimmte Zeit zu leisten sind, und deren Endpunkt nicht durch den Wegfall der Versorgungsbedürftigkeit bestimmt wird, sind keine Versorgungsleistungen.
- Bei **verlängerten Leibrenten (Mindestzeitrenten, verlängerte dauernde Lasten),** bei denen die Leistungen zwar auf Lebenszeit, in jedem Fall aber auf eine bestimmte Zeit zu erbringen sind und deren Endpunkt nicht durch den Wegfall der Versorgungsbedürftigkeit bestimmt wird, steht das Gegenleistungselement im Vordergrund. Sie sind keine Versorgungsleistungen.[459]
- Auch bei der **abgekürzten Leibrente** oder **dauernden Last,** die zwar auf Lebenszeit des Berechtigten, aber höchstens auf eine bestimmte Zahl von Jahren zu leisten ist, überwiegt aufgrund der zeitlichen Begrenzung der Gegenleistungsgedanke, es sei denn, der Endpunkt wird durch den Wegfall der Versorgungsbedürftigkeit bestimmt. Sie sind keine Versorgungsleistungen.

160 Eine dauernde Last liegt auch dann vor, wenn eine Bezugnahme auf 323 ZPO oder eine gleichwertige Änderungsklausel im Versorgungsvertrag fehlt.[460] Die Abänderbarkeit der Versorgungsleistungen ist den zivilrechtlichen Grundlagen des Versorgungsvertrages immanent. Lediglich, wenn sie von den Vertragsparteien ausdrücklich ausgeschlossen wurde, liegt eine Leibrente vor (vgl. § 35 Rdnr. 234).

161 Die wiederkehrende Leistung muss **im sachlichen Zusammenhang mit einer Vermögensübertragung** stehen.[461] Geht z.B. ein Unternehmen vom Vater auf die Kinder über und verpflichten sich diese formgültig aus einer sittlichen Verpflichtung heraus, aber dennoch freiwillig, ihrer Tante väterlicherseits eine Leibrente zu zahlen, so fehlt hier der sachliche Zusammenhang zwischen Vermögensübertragung und Rentenversprechen. Denn die Rentenzahlungen an die Tante erfolgen nicht aus Erträgen des übergebenen Vermögens, die sich der **Vater** vorbehalten hat. Sie erfolgten vielmehr freiwillig durch die **Kinder.** Hätte der Vater dagegen im Zuge der Vermögensübertragung auf die Kinder seiner Schwester eine Leibrente zugesagt, wäre der sachliche Zusammenhang gegeben.[462]

162 Bei den **Empfängern dieser Versorgungsleistungen** darf es sich nach Ansicht der Rechtsprechung und der Finanzverwaltung nicht um beliebige Personen handeln; sie müssen vielmehr einem bestimmten Personenkreis, dem **Generationennachfolge-Verbund** zuzuordnen sein. In Betracht kommen danach ausschließlich
- der Übertragende,
- sein Ehegatte bzw. Lebenspartner einer eingetragenen Lebenspartnerschaft und
- seine gesetzlich erb- und pflichtteilsberechtigten Abkömmlinge sowie
- gegenüber dem Übertragenden aus dem übertragenen Vermögen anspruchsberechtigte Eltern.[463]

---

[456] Sudhoff/*v. Sothen* § 55 Rdnr. 44.
[457] BMF v. 16.9.2004 – IV C 3 – S 2255 – 354/04 – BStBl. I 2004, 922 Rdnr. 34 u. 48.
[458] BMF v. 16.9.2004 – IV C 3 – S 2255 – 354/04 – BStBl. I 2004, 922 Rdnr. 34.
[459] BFH Urt. v. 21.10.1999 – X R 75/97 – DStR 2000, 147; BMF v. 16.9.2004 – IV C 3 – S 2255 – 354/04 – BStBl. I 2004, 922 Rdnr. 59.
[460] BFH Urt. v. 31.3.2004 – X R 3/01 – BFH/NV 2004, 1386 m.w.N.; BMF v. 16.9.2004 – IV C 3 – S 2255 – 354/04 – BStBl. I 2004, 622 Rdnr. 47.
[461] BFH Urt. v. 27.2.1992 – X R 139/88 – BStBl. II 1992, 612.
[462] Eine andere Frage ist, ob die Schwester/Tante zum begünstigten Empfängerkreis der Versorgungsleistung gehört. Nach der hier vertretenen Ansicht wäre sie dazuzuzählen, vgl. § 36 Rdnr. 162. Nicht jedoch nach Meinung der Finanzverwaltung, da es sich bei der Schwester nicht um einen gesetzlich erb- und pflichtteilsberechtigten Abkömmling, Ehegatten oder Elternteil des Vermögensübergebers handelt, vgl. a. § 36 Rdnr. 166.
[463] BMF v. 16.9.2004 – IV C 3 – S 2255 – 354/04 – BStBl. I 2004, 922 Rdnr. 36.

Nicht zu dem Kreis der empfangsberechtigten Personen zählen familienfremde Dritte.[464] Während der Übertragende selbst, sein Ehegatte und sein eingetragener Lebenspartner noch relativ leicht zu bestimmen sind, wird dies bei dem Kreis der „gesetzlich erb- und pflichtteilsberechtigten Abkömmlinge" schon schwieriger. Zu den Abkömmlingen gehören zunächst die Verwandten des Übertragenden in absteigender Linie, d.h. Kinder, Enkel, Urenkel usw. Aber auch das nichteheliche und das Adoptivkind[465] gehören zu den Abkömmlingen, nicht hingegen Stiefkinder.[466] Problematisch wird es aufgrund des Zusatzes „gesetzlich erb- und pflichtteilsberechtigten". Denn gem. § 1924 Abs. 2 BGB schließt ein zur Zeit des Erbfalls lebender Abkömmling die durch ihn mit dem Erblasser verwandten Abkömmlinge aus. Das bedeutet, dass Enkelkinder erst nach dem Tode des entsprechenden Elternteils oder aber erst wenn dieser die Erbschaft ausschlägt, gesetzlich erbberechtigt wären. Versorgungsleistungen könnten daher in der Regel lediglich zugunsten der Kinder und nur selten zugunsten der Enkel oder gar Großeltern vereinbart werden. So akzeptiert die Finanzverwaltung die Eltern – und konsequenterweise auch weitere Voreltern – nur dann als Empfänger der Versorgungsleistungen, wenn das übertragene Vermögen von ihnen selbst stammt und von ihnen im Wege der Vermögensübergabe gegen Versorgungsleistungen auf den Übertragenden übertragen wurde.[467] Begünstigt ist danach nur die Kettenübertragung. Darüber hinaus könnten auch nichteheliche Kinder, die vor dem 1.7.1949 geboren wurden, nicht Empfänger der Versorgungsleistungen sein, da ihnen nur ein Erbersatzanspruch zusteht, sie somit nicht gesetzlich erbberechtigt sind.

Schließlich darf der Empfänger der Versorgungsleistungen nicht auf sein gesetzliches Pflichtteilsrecht verzichtet haben. Tut er dies, schließt er sich selbst aus dem Generationennachfolge-Verbund aus.[468] Diese neue restriktive Tendenz in der Rechtsprechung wirft weitere Fragen auf:[469] Welche Wirkung entfaltet die Beschränkung des Pflichtteils, z.B. auf einen Bruchteil, auf eine feste Summe, auf eine betragsmäßige Obergrenze oder auf den Ergänzungsanspruch? Was passiert bei einem Pflichtteilsverzicht in der Weise, dass bestimmte Gegenstände bei der Nachlassbewertung zum Zwecke der Anspruchsberechnung außer Betracht bleiben sollen?[470] Führt auch die Anrechnung von Zuwendungen auf den Pflichtteil dazu, dass der pflichtteilsberechtigte Zuwendungsempfänger aus dem Generationennachfolge-Verbund ausgeschlossen ist; insbesondere dann, wenn der anrechnungspflichtige Vorempfang dazu führt, dass er nichts als Pflichtteil erhält? Eine sachliche Rechtfertigung für diese Abgrenzung ist nicht erkennbar. Man wird daher alle Abkömmlinge gleich behandeln müssen und zwar unabhängig davon, ob sie auf ihren gesetzlichen Pflichtteil verzichtet haben oder nicht oder ob er ihnen überhaupt zusteht. Entscheidend ist allein die familiäre Verbundenheit. Daher sollten mit Teilen der Rechtsprechung[471] und Literatur[472] auch Geschwister des Vermögensübergebers sowie deren Abkömmling sowie generell die Eltern in den begünstigten Empfängerkreis mit einbezogen werden. Zu Recht hat der Bundesfinanzhof – wohlgemerkt nicht pflichtteilsberechtigte – Geschwister, allerdings nur ausnahmsweise, mit in den Generationennachfolge-Verbund einbezogen, wenn sie auf dem Hof mitarbeiten, dort leben und bei der früheren Hofübergabe durch die Eltern des Hofübergebers zugunsten der Geschwister übergangen worden waren.[473] Offenbar sieht die Rechtsprechung also selbst die Notwendigkeit ihr starres Postulat im Sinne der familiären Strukturen aufzuweichen, nur leider nicht mit der wünschenswerten Konsequenz. Der Rechtsgedanke der vorbehaltenen Vermögenserträge würde damit zum einen nicht allein auf bestimmte Fälle der vorweggenommenen gesetzlichen Erbfolge begrenzt

---

[464] BMF v. 16.9.2004 – IV C 3 – S 2255 – 354/04 – BStBl. I 2004, 922 Rdnr. 36; BFH Urt. v. 14.12.1994 – X R 1/90, X R 2/90 – DStR 1995, 1054 (hier: Haushälterin).
[465] Palandt/*Edenhofer* § 1924 BGB Rdnr. 5; insoweit unzutreffend *Paus* INF 1997, 193, 198.
[466] BFH Urt. v. 26.11.2003 – X R 11/01 – BStBl. II 2004, 820; BFH Urt. v. 27.3.2001 – X R 106/98 – BFH/NV 2001, 1242.
[467] BFH Urt. v. 23.1.1997 – IV R 45/96 – BStBl. II 1997, 458; BMF v. 16.9.2004 – IV C 3 – S 2255 – 354/04 – BStBl. I 2004, 922 Rdnr. 36.
[468] BFH Urt. v. 7.3.2006 – X R 12/05 – ZEV 2006, 327.
[469] *Fleischer* ZEV 2006, 328.
[470] Vgl. *J. Mayer* ZEV 2000, 263.
[471] BFH Urt. v. 23.1.1997 – IV R 45/96 – BStBl. II 1997, 458.
[472] *L. Schmidt* FR 1992, 548; *P. Fischer* FR 1992, 765.
[473] BFH Urt. v. 26.11.2003 – X R 11/01 – BStBl. II 2004, 820.

sein, und zum anderen auch erbrechtliche Gestaltungen außerhalb der gesetzlichen Erbfolge aber innerhalb des „Familiennachfolge-Verbundes"[474] erfassen. Dem steht auch der Wille des Gesetzgebers nicht entgegen. Die Aufnahme von eingetragenen Lebenspartnern in den Kreis der begünstigten Empfänger der Versorgungsleistungen zeigt, dass auch familienähnliche Strukturen erfasst werden sollen. Wenn die Tante des Übergebers, dessen langjähriger nicht ehelicher Lebenspartner,[475] seine Schwester[476] oder ein ihm ans Herz gewachsenes Stiefkind[477] ausgeschlossen sein sollen, so ist dies Willkür. Die Rechtfertigung des BFH ist in diesem Punkt nicht stichhaltig.[478]

164 Erhalten andere, d.h. familienfremde Personen, wie z.B. die Haushälterin,[479] der Mitarbeiter im Betrieb des Übergebers[480] oder nach Ansicht von Rechtsprechung und Finanzverwaltung[481] auch der nicht eheliche, nicht eingetragene Lebenspartner des Vermögensübergebers wiederkehrende Leistungen, sind diese nicht als dauernde Lasten abziehbar und korrespondierend hierzu auch nicht beim Empfänger als sonstige Einkünfte i. S. d. § 22 Nr. 1 S. 1 EStG steuerbar. Familienfremde Personen gehören nicht zum begünstigten Empfängerkreis der Versorgungsleistungen. Zwar kann in zivilrechtlicher Hinsicht im Zuge einer Vermögensübergabe auch die Versorgung familienfremder Personen vereinbart werden. Dieser weiten personellen Grenzziehung folgt das Steuerrecht jedoch nicht. Das Sonderrecht der Vermögensübergabe gegen Versorgungsleistungen ist ein von der Rechtsprechung entwickeltes, aus dem gesetzgeberischen Willen abgeleitetes Rechtsinstitut. Es ist nicht die Regel, sondern die Ausnahme. Historisch geht es auf die typische Hofübergabe an Abkömmlinge zurück, bei der diese zugleich Altenteilslasten übernahmen. Begünstigt werden sollte allein die Versorgungsleistung beim Vermögensübergang im traditionell stark verbundenen Familienverband. Hier liegt (noch) die personelle Grenze. Denn eine darüber hinaus gehende Erweiterung des Personenkreises würde die in § 12 EStG niedergelegte Grundwertung unterlaufen,[482] wonach Aufwendungen aufgrund einer freiwillig begründeten Rechtspflicht nicht die Steuerbemessungsgrundlage mindern dürfen. Der Wille des Gesetzgebers würde folglich durch die Einbeziehung familienfremder Personen in den Empfängerkreis der Versorgungsleistungen nicht verwirklicht, sondern umgangen. Dem steht nicht entgegen, familienähnliche Strukturen gleich zu behandeln. Langjährige nicht eheliche, nicht eingetragene Lebenspartner können mit dem Übergeber ebenso einen „Familie" bilden, wie das Stiefkind. Die enge Grenzziehung ist nicht zeitgemäß.

Praxistipp:
Soll ein familienfremder Dritter, wie z.B. die Haushälterin oder ein verarmter langjähriger Freund der Familie Erträge eines bestimmten Vermögens zu seiner Versorgung erhalten, so könnte dies steuerrechtlich wirksam durch den „guten alten Nießbrauch"[483] geschehen. Ein Nachteil könnte allerdings in der Pflicht zur Bewirtschaftung gem. § 1036 Abs. 2 BGB und in der Erhaltung der Sache (z.B. des Unternehmens) gem. § 1041 BGB liegen (vgl. § 49 Rdnr. 36). Hier wären insbesondere im Hinblick auf das Alter Vorkehrungen zu treffen.

---

[474] Vgl. *Fischer* FR 1992, 765.
[475] So BFH Urt. v. 26.11.2003 – X R 11/01 – BStBl. II 2004, 820; FG München Urt. v. 13.4.2000 – 15 K 3507/94 – EFG 2000, 855; Urt. v. 8.11.2000 – 1 K 3185/00 – EFG 2001, 282; FG Nürnberg Urt. v. 24.11.1999 – V 854/97 – EFG 2001, 562; BMF v. 16.9.2004 – IV C 3 – S 2255 – 354/04 – BStBl. I 2004, 922 Rdnr. 36.
[476] So noch BFH Urt. v. 27.2.1992 – X R 139/88 – BStBl. II 1992, 612.
[477] So BFH Urt. v. 27.3.2001 – X R 106/98 – BFH/NV 2001, 1242.
[478] Sudhoff/*von Sothen* § 55 Rdnr. 47.
[479] BFH Urt. v. 26.11.2003 – X R 11/01 – BStBl. II 2004, 820; FG München Urt. v. 8.11.2000 – 1 K 3185/00 – EFG 2001, 282.
[480] BFH Urt. v. 26.11.2003 – X R 11/01 – BStBl. II 2004, 820; FG Hamburg Urt. v. 7.8.1995 – VIII B 131/95 – EFG 1996, 94.
[481] BFH Urt. v. 26.11.2003 – X R 11/01 – BStBl. II 2004, 820; BMF v. 16.9.2004 – IV C 3 – S 2255 – 354/04 – BStBl. I 2004, 922 Rdnr. 36.
[482] BFH Urt. v. 14.12.1994 – X R 1/90 – X R 2/90, DStR 1995, 1054.
[483] *P. Fischer* Stbg 1997, 201, 209.

Demgegenüber lässt sich dem Willen des Gesetzgebers nicht entnehmen, dass innerhalb des 165
Familienverbundes eine weitere Eingrenzung des Empfängerkreises der Versorgungsleistungen
vorzunehmen ist. Der „Familiennachfolge-Verbund" – im weiten Sinne verstanden – ist ausreichendes Eingrenzungskriterium. Der Personenkreis ist überschaubar und kann genau definiert werden. Die in § 12 EStG niedergelegte Grundwertung wird nicht ausgehöhlt. Darüber hinaus könnte der Übertragende auf diese Weise die Versorgungsleistung auch demjenigen innerhalb der Familie zuwenden, der sie vielleicht nötiger braucht. Gerade dies kennzeichnet einen Familien**verbund**. Eine andere Frage ist aber, ob man den nichtehelichen, nicht eingetragenen Lebenspartner nicht mit in den Kreis des Familienverbundes mit einbezieht.[484] Solange dies aber von Rechtsprechung und Finanzverwaltung nicht akzeptiert wird, bleibt den Betroffenen nur die Möglichkeit des Vorbehaltsnießbrauchs (vgl. § 36 Rdnr. 212 ff.). Gleiches gilt hinsichtlich der Stiefkinder.

Empfänger der Versorgungsleistungen kann schließlich noch derjenige sein, der das in Rede stehende Vermögen dem Übertragenden einst selbst gegen Versorgungsleistungen übertragen hat. Dies ist lediglich eine Vereinfachung, damit nicht eine Kette von Versorgungsleistungen zu erbringen ist. Will der anderweitig ausreichend versorgte Vater den vom Großvater gegen Versorgungsleistungen erworbenen Familienbetrieb auf seinen Sohn überleiten, kann hier eine direkte Versorgung des Großvaters vereinbart werden.

Sind die Geschwister des Übernehmers Empfänger der Versorgungsleistungen, besteht nach 166
Ansicht von Rechtsprechung und Finanzverwaltung die widerlegbare Vermutung, dass es sich hierbei um Gleichstellungsgelder und nicht um Versorgungsbezüge handelt.[485] Ausgangspunkt ist die Vermutung, dass der Übertragende – zumindest nicht in erster Linie – danach strebt, die Geschwister des Übernehmenden zu versorgen, sondern gleichzustellen. Eine hiervon abweichende Beurteilung bedarf entweder eines Leibgedingvertrages oder zumindest eines Versorgungsvertrages, der seinem äußeren Erscheinungsbild nach einem solchen Vertrag zumindest entspricht, oder aber einer besonderen Rechtfertigung. Orientieren sich die wiederkehrenden Leistungen, die die Geschwister des Übernehmenden erhalten sollen, an dem Maßstab des bürgerlich-rechtlichen Altenteilsrechts und sind z.B. auf Versorgung durch Wohnungsgewährung und persönliche Betreuung gerichtet, so wäre die Vermutung widerlegt. In den meisten Fällen gehen die an die Geschwister zu zahlenden Renten aber nach Gegenstand und Höhe über diesen Rahmen deutlich hinaus. Dem Steuerpflichtigen wird es daher in aller Regel sehr schwer fallen, die Vermutung der privaten Veranlassung zu widerlegen mit der Folge, dass grundsätzlich ein entgeltliches Geschäft vorliegt.

Weiteres Tatbestandsmerkmal für das Vorliegen einer Vermögensübergabe gegen Versor- 167
gungsleistungen ist, dass eine **existenzsichernde Wirtschaftseinheit** übertragen werden muss. Dies ist der Fall, wenn das übertragene Vermögen zum einen für eine „generationsübergreifende dauerhafte Anlage" geeignet und bestimmt ist und zum anderen dem Übernehmer zur Fortsetzung des Wirtschaftens überlassen wird, um damit wenigstens teilweise die Existenz des Übergebers zu sichern.[486] Auf die Vermögenssituation beim Übergebenden kommt es nicht an. Er kann reich oder arm sein. Ob er noch weiteres Vermögen besitzt oder bereits durch Sozialversicherungsrente oder Kapitallebensversicherung abgesichert ist, spielt ebenfalls keine Rolle.[487] Zunächst ist erforderlich, dass das übertragene Vermögen **existenzsichernde Qualität** aufweist. Dies ist grundsätzlich der Fall, wenn Betriebe, Teilbetriebe oder Mitunternehmeranteile übertragen werden. Erfasst werden auch land- und forstwirtschaftliche Betriebe, die aufgrund von Wirtschaftsüberlassungsverträgen überlassen werden, die als Vorstufe einer Hof- oder Betriebsaufgabe gelten.[488] Gleiches muss auch für entsprechende Überlas-

---

[484] Sudhoff/v. Sothen § 55 Rdnr. 49.
[485] BFH Urt. v. 20.10.1999 – X R 86/96 – BStBl. II 2000, 602; BMF v. 16.9.2004 – IV C 3 – S 2255 – 354/04 – BStBl. I 2004, 922 Rdnr. 36.
[486] BMF v. 16.9.2004 – IV C 3 – S 2255 – 354/04 – BStBl. I 2004, 922 Rdnr. 9.
[487] BFH Urt. v. 23.1.1992 – XI R 6/87 – BStBl. II 1992, 526; P. Fischer Stbg 1997, 201, 204; a.A. Engelhardt StuW 1997, 241.
[488] BFH Urt. v. 26.11.1992 – IV R 53/92 – BStBl. II 1993, 395; Urt. v. 18.2.1993 – IV R 106/92 – BStBl. II 1993, 546; Urt. v. 18.2.1993 – IV R 50/92 – BStBl. II 1993, 548; Urt. v. 18.2.1993 – IV R 51/92 – BFH/NV 1994, 14; BMF v. 16.9.2004 – IV C 3 – S 2255 – 354/04 – BStBl. I 2004, 922 Rdnr. 10.

sungsverträge (obligatorische Nutzungsrechte, Zuwendungs- oder Vermächtnisnießbrauch) gelten, die auf die unentgeltliche Nutzungsüberlassung von gewerblichen Betrieben gerichtet sind.[489] Aber auch Anteile an einer Kapitalgesellschaft (z.B. GmbH-Anteile, Aktien) fallen hierunter.[490] Eine Wesentlichkeitsgrenze ist dabei nicht zu beachten. Wertpapieren und vergleichbaren Kapitalforderungen (z.B. Festgelder, Bundesschatzbriefe, Sparbuch) erkennt die Finanzverwaltung mittlerweile ebenso existenzsichernde Qualität zu, wie typisch stillen Beteiligungen.[491] Atypisch stille Beteiligungen waren als Mitunternehmerschaften schon seit jeher als existenzsicherndes Vermögen anerkannt. Bei der Übertragung von existenzsicherndem Vermögen mit Endfälligkeit (z.B. festverzinsliche Wertpapiere) ist zu beachten, dass deren existenzsichernde Qualität mit Eintritt der Fälligkeit endet. Will der Übernehmende den Sonderausgabenabzug danach in Anspruch nehmen, muss er den Erlös umschichten (vgl. § 36 Rdnr. 194 ff.). Grundstücke sind existenzsichernd, wenn sie bebaut sind (z.B. Geschäfts- und Mietwohngrundstücke, Ein- und Zweifamilienhäuser, Eigentumswohnungen) oder wenn es sich um unbebaute, verpachtete oder vermietete Grundstücke handelt. Bloßes Brachland, d.h. unbebaute, nicht ertragbringende Grundstücke haben keine existenzsichernde Qualität. Übernommene bebaute Grundstücke können vom Übernehmer fremdvermietet, aber auch eigengenutzt werden. Der Verzicht auf Rechte kann existenzsichernde Qualität haben, wenn diesen Rechten existensichernde Wirtschaftseinheiten zugrunde lagen.

168 Keine existenzsichernde Qualität hat eine Wirtschaftseinheit, wenn sie dem Übernehmer nicht zur Fortsetzung des Wirtschaftens überlassen wird. Erfasst wird hier insbesondere ertragloses Vermögen, wie z.B. Geld, Brachland, Grundstücke mit aufstehendem Rohbau,[492] Hausrat, Kunstgegenstände, Sammlungen und ähnliche Wertgegenstände. Die Übertragung derartiger nicht exitenzsichernder Wirtschaftseinheiten führt ausnahmsweise doch zu einer Versorgungsleistung, wenn sich der Übernehmer im Übergabevertrag oder – zumindest bis zum Bekanntwerden der Beschlüsse des Großen Senats vom 12.5.2003 –[493] in einer Nebenabrede hierzu zum Erwerb einer ihrer Art nach ausreichend ertragbringenden Wirtschaftseinheit verpflichtet und diese **Umschichtung** innerhalb von drei Jahren nach Abschluss des Übergabevertrages vollzogen wird.[494] Entgegen ihrer früheren Ansicht, lässt die Finanzverwaltung auch bei der Übertragung von Bargeld die geplante Umschichtung in ausreichend ertragbringendes Vermögen zu.[495] Bis zu dem Zeitpunkt der Umschichtung liegen entweder Unterhalts- oder Gegenleistungen[496] vor (vgl. § 36 Rdnr. 199 ff. bzw. 205 ff.), danach als Sonderausgaben abziehbare Versorgungsleistungen. Fehlt im Übergabevertrag eine Verpflichtung zum Erwerb einer ausreichend ertragbringenden Wirtschaftseinheit, kann eine Versorgungsleistung nicht in Betracht kommen, und zwar auch dann nicht, wenn nach der Umschichtung sämtliche Voraussetzungen dafür vorlägen. Gleiches soll nach Ansicht der Finanzverwaltung gelten, wenn die Reinvestition nicht innerhalb des Drei-Jahres-Zeitraums erfolgt oder eine nicht

---

[489] Vgl. aber BFH Urt. v. 12.7.1989 – X R 11/84 – BStBl. II 1990, 13 und Urt. v. 24.10.1990 – X R 43/89 – BStBl. II 1991, 175, wonach wiederkehrende Leistungen, die ihrem wirtschaftlichen Gehalt nach Entgelt für eine Nutzungsüberlassung sind, nicht als dauernde Last abgezogen werden können. Ob eine Versorgungs- oder eine Gegenleistung vorliegt, muss aber auch in diesen Fällen einheitlich nach den allgemeinen Kriterien für die Abgrenzung von diesen beiden Arten der wiederkehrenden Leistungen beurteilt werden und läßt sich nicht pauschal beantworten.

[490] *Wacker* NWB Fach 3, 9933 (9948); krit. hierzu *Stephan* DB 1997, Beil, 4, 5.

[491] GrS BFH Beschl. v. 12.5.2003 – GrS 1/00 – BStBl. II 2004, 95; BMF v. 16.9.2004 – IV C 3 – S 2255 – 354/04 – BStBl. II 2004, 922 Rdnr. 10; anders noch BMF Schr. v. 26.8.2002 – IV C 3 – S 2255 – 420/02 – BStBl. I 2002, 893 Rdnr. 10; a.A. *Kirchhof/Fischer* § 22 EStG Rdnr. 11.

[492] BFH Urt. v. 27.8.1997 – X R 54/94 – BStBl. II 1997, 813; BMF v. 16.9.2004 – IV C 3 – S 2255 – 354/04 – BStBl. I 2004, 922 Rdnr. 12; *Kirchhof/Fischer* § 22 EStG Rdnr. 11.

[493] BFH Urt. v. 31.5.2005 – X R 26/04 – BFH/NV 2005, 1789.

[494] BMF v. 16.9.2004 – IV C 3 – S 2255 – 354/04 – BStBl. I 2004, 922 Rdnr. 13 ff. Voraussetzung ist allerdings, dass das Reinvestitionsobjekt auch ausreichend ertragbringend ist, vgl. § 36 Rdnr 174 ff.

[495] BMF v. 16.9.2004 – IV C 3 – S 2255 – 354/04 – BStBl. I 2004, 922 Rdnr. 17.

[496] A.A. BMF v. 16.9.2004 – IV C 3 – S 2255 – 354/04 – BStBl. I 2004, 922 Rdnr. 13, das bis zur Umschichtung immer Unterhaltsleistungen annimmt und erst, wenn die Umschichtung innerhalb des Drei-Jahres-Zeitraums nicht erfolgt, nach den Grundsätzen über die einkommensteuerrechtliche Behandlung wiederkehrender Leistungen im Austausch mit Gegenleistung verfahren will, die aber ebenfalls wieder zu einer Unterhaltsleistung führen können, wenn der Wert des Vermögens nicht 50 % des Rentenbarwertes erreicht (vgl. § 36 Rdnr. 207).

§ 36 Steuerlich motivierte Gestaltung

ausreichend ertragbringende Wirtschaftseinheit erworben wird.[497] Der Drei-Jahres-Zeitraum ist von der Finanzverwaltung wohl eher willkürlich festgelegt worden und berechnet sich nach § 108 AO i.V.m. §§ 187 bis 193 BGB. Ausgangspunkt für die Fristberechnung ist der Abschluss des Übergabevertrages und damit das schuldrechtliche Erwerbsgeschäft. Auf das Verfügungsgeschäft dürfte es danach ebenso wenig ankommen, wie auf den Übergang des wirtschaftlichen Eigentums. Vereinzelt wird die Ansicht vertreten, dass Wertpapiere, sofern es sich nicht um Anteile an Kapitalgesellschaften handelt (vgl. § 36 Rdnr. 167), und typische stille Beteiligungen nicht als existenzsichernd anzusehen sind.[498] Beides wird offensichtlich wegen der Nähe zum Geldvermögen nicht als existenzsicherndes Vermögen anerkannt. Diese Grobeinteilung ist jedoch – sofern sie nach der Klarstellung des Großen Senats des BFH und der diesbezüglichen Änderung der Auffassung der Finanzverwaltung überhaupt noch aufrechterhalten werden kann – als zu undifferenziert abzulehnen. Es ist z.b. nicht einzusehen, warum die atypisch stille Gesellschaft eine existenzsichernde Wirtschaftseinheit darstellt, die **typisch stille Gesellschaft** aber nicht.[499] Nicht existenzsichernd ist ferner infolge **Totalnießbrauch** (Vorbehaltsnießbrauch) völlig ertragloses Vermögen,[500] es sei denn, der Vorbehalt des Nießbrauchs dient lediglich Sicherungszwecken und der Übergeber überlässt gleichzeitig mit der Bestellung des Nießbrauchs dessen Ausübung nach § 1059 BGB dem Übernehmer. Ist dies jedoch nicht der Fall, erwirtschaftet der Übergeber selbst aufgrund des Nießbrauchs und nicht der Übernehmer die Erträge. Erst die **Ablösung** eines derartigen Nießbrauchs durch eine zu dem begünstigten Empfängerkreis gehörende Person (vgl. § 36 Rdnr. 185) kann folglich zu existenzsichernder Qualität führen und zwar beginnend mit dem Ablösungszeitpunkt. Denn erst danach erwirtschaftet der Übernehmer und nicht mehr der Übertragende die Erträge des erworbenen Vermögens. Besteht zwischen Vermögensübergabe und Ablösung des Nießbrauchs ein sachlicher Zusammenhang, spricht man insoweit von einer **gleitenden Vermögensübergabe**, da der Übergeber sich die Erträge seines Vermögens zunächst in Form des Nießbrauchsrechts und erst später als Versorgungsleistungen vorbehält. Ab dem Zeitpunkt der Ablösung des Nießbrauchs liegen daher – wenn auch die anderen Voraussetzungen erfüllt sind – grundsätzlich Versorgungsleistungen vor. Auf einen zeitlichen Zusammenhang kommt es insoweit nicht an.[501] Dient die Ablösung des Nießbrauchs dazu, eine lastenfreie Veräußerung des Vermögens zu ermöglichen, muss im Übergabevertrag oder in dem Vertrag über die Ablösung des Nießbrauchs die Reinvestition in eine ihrer Art nach bestimmte ausreichend ertragbringende Wirtschaftseinheit vereinbart werden.[502]

Als unschädlich ist die Einräumung eines **partiellen Nießbrauchs** anzusehen, solange es sich nur um existenzsicherndes Vermögen handelt.[503] Denn nur soweit der Nießbrauch reicht, erwirtschaftet der Übertragende die Erträge; im Übrigen erwirtschaftet sie der Übernehmer. Eine andere Frage ist allerdings, wie sich dies auf die Ermittlung der ausreichenden Erträge auswirkt (vgl. § 36 Rdnr. 174 ff.). Der **Vermächtnisnießbrauch**, bei dem der Erblasser die Erträge bestimmter Nachlassgegenstände einem Begünstigten zugewiesen hat (vgl. § 13 Rdnr. 106 ff.), wird im Falle seiner Ablösung insoweit gleichbehandelt. Liegt dem Vermächtnisnießbrauch eine an sich existenzsichernde Wirtschaftseinheit zugrunde, stellt die **Ablösung des Nießbrauchsrechts** für den Nießbraucher grundsätzlich eine existenzsichernde Wirtschaftseinheit dar. Gleiches gilt für den **Verzicht auf einen Nießbrauch** und zwar sowohl Vorbehaltsnießbrauch als auch Zuwendungsnießbrauch an einer dem Grunde nach existenz-

---

[497] BMF v. 16.9.2004 – IV C 3 – S 2255 – 354/04 – BStBl. I 2004, 922 Rdnr. 16.
[498] Kirchhof/Fischer § 22 EStG Rdnr. 11.
[499] Sudhoff/von Sothen § 55 Rdnr. 52; ebenso P. Fischer Stbg 1997, 201; Spiegelberger, FS Offerhaus, 547, 555.
[500] BFH Urt. v. 25.3.1992 – X R 100/91 – BStBl. II 1992, 803; v. 14.7.1993 – X R 54/91 – BStBl. II 1994, 19; BMF v. 16.9.2004 – IV C 3 – S 2255 – 354/04 – BStBl. I 2004, 922 Rdnr. 12; krit. Spiegelberger, FS Offerhaus, 547, 558 f.
[501] BFH Urt. v. 3.6.1992 – X R 147/88 – BStBl. II 1993, 98.
[502] BMF v. 16.9.2004 – IV C 3 – S 2255 – 354/04 – BStBl. I 2004, 922 Rdnr. 18; zur Umschichtung vgl. § 36 Rdnr. 194 ff.
[503] Wacker NWB Fach 3, S. 9933, 9962; Paus INF 193, 196.

sichernden Wirtschaftseinheit.[504] Unerheblich ist, dass der Nießbrauch im Falle des Verzichts nicht Gegenstand einer bürgerlich-rechtlichen „Übertragung" ist, sondern mit dem Verzicht erlischt. Insbesondere spielt auch keine Rolle, ob der Verzichtende den Nießbrauch zuvor von dem Übernehmenden im Wege des Zuwendungsnießbrauchs erhalten hat, sofern dem kein „Gesamtplan" zugrunde lag.[505] Wenn der Zuwendungsempfänger allerdings den Nießbrauch ohne Einschränkung erhalten hat und aus freien Stücken auf ihn gegen Versorgungsleistungen verzichtet, ist die Gesamtplanrechtsprechung m. E. nicht anwendbar. Entsprechendes gilt auch für die **Ausschlagung einer Erbschaft** gegen Versorgungsleistungen, wenn sich existenzsicherndes Vermögen im Nachlass befindet.[506] Die Ausschlagung kann dann vorteilhaft sein, wenn der Übernehmer einem höheren Steuersatz unterliegt, als der Ausschlagende. Der **Verzicht auf** die Geltendmachung eines **Pflichtteilsanspruchs** oder eines güterrechtlichen **Zugewinnausgleichsanspruchs** gegen wiederkehrende Leistungen soll existenzsichernde Qualität haben.[507] Hier dürfte aber regelmäßig nicht die Versorgung des Verzichtenden, sondern vielmehr ein Ausgleich für den Verzicht auf seine Beteiligung am Nachlass beabsichtigt sein. Dies schließt eine Zuordnung zum Typus einer „Vermögensübergabe gegen Versorgungsleistungen", der durch eine ganz andere Interessenlage bestimmt ist, von vornherein aus.[508] Es empfiehlt sich daher in derartigen Fällen ausdrücklich im Verzichtsvertrag zu dokumentieren, dass die wiederkehrenden Leistungen der Versorgung des Verzichtenden dienen sollen, wenn eine Vermögensübertragung gegen Versorgungsleistung angestrebt wird.

170 Durch die nunmehr von der Finanzverwaltung eingeräumte Möglichkeit, Bargeld durch Vereinbarung im Übergabevertrag innerhalb von drei Jahren in eine ihrer Art nach bestimmte ausreichend ertragbringende Vermögensanlage umzuschichten,[509] ist der Anwendungsbereich der **mittelbaren Schenkung** im Einkommensteuerrecht deutlich weiter als im Erbschaftsteuerrecht (vgl. § 36 Rdnr. 7 ff.).Bei der **mittelbaren Grundstücksschenkung** (vgl. § 36 Rdnr. 12 ff.) gegen wiederkehrende Leistungen z.B. muss von diesem Geldbetrag nämlich kein exakt bezeichnetes Grundstück erworben werden. Dies gilt selbstverständlich auch für andere mittelbare Gestaltungen, wie z.B. eine **mittelbare Unternehmensschenkung** gegen wiederkehrende Leistungen (vgl. § 36 Rdnr. 19 ff.).

171 Werden ihrer Art nach existenzsichernde Wirtschaftsgüter übertragen, die zwar laufende Nettoerträge abwerfen, jedoch weder über einen positiven Substanzwert noch über einen positiven Ertragswert verfügen, soll eine Vermögensübergabe gegen Versorgungsleistungen nach Ansicht der Rechtsprechung daran scheitern, dass derartige Wirtschaftsgüter kein Vermögen darstellen, dass an die nachfolgende Generation übertragen werden könnte.[510] Dieses merkwürdig anmutende und von der Finanzverwaltung[511] zu Recht abgelehnte Ergebnis resultiert daraus, dass die für die Berechnung des Ertragswertes eines Unternehmens zugrunde zu legenden Gewinne bei betriebswirtschaftlicher Wertermittlung um einen Unternehmerlohn zu kürzen sind.[512] Verbleibt danach kein Ertragswert und ist auch kein Substanzwert vorhanden, existiert nach Auffassung des Großen Senats des Bundesfinanzhofs kein Vermögen, dass übergeben werden könnte. Da aber Wirtschaftsgüter übertragen werden, ist auch Vermögen vorhanden, es hat bloß möglicherweise keinen oder sogar einen negativen Wert.[513] Dies ändert jedoch nichts an seiner Existenz. Auf den Wert des Vermögens kommt es nicht an. Maßgebend ist allein, dass es hinreichende Erträge abwirft. Das die Finanzverwaltung die Rechtsprechung

---

[504] BFH Urt. 13.12.2005 – X R 61/01 – ZEV 2006, 226 m.w.N. unter 1. d).
[505] BFH Urt. 13.12.2005 – X R 61/01 – ZEV 2006, 226; a.A. BMF Schr. v. 24.7.1998 – IV B 3 – S 2253 – 59/98 – BStBl. I 1998, 1175 Rdnr. 61, wonach in diesen Fällen generell Unterhaltsleistungen anzunehmen seien.
[506] BFH Urt. v. 17.4.1996 – X R 160/94 – BStBl. II 1997, 32; vgl. a. *Bolz*, KFR F 3 EStG § 10, 3/96, 334.
[507] *Hofer* NWB Fach 3, 9395, 9400.
[508] BFH Urt. v. 20.10.1999 – X R 132/95 – BStBl. II 2000, 82; Urt. v. 20.10.1999 – X R 86/96 – BStBl. II 2000, 602; vgl. a. § 36 Rdnr. 202.
[509] BMF v. 16.9.2004 – IV C 3 – S 2255 – 354/04 – BStBl. I 2004, 922 Rdnr. 17.
[510] GrS BFH Beschl. v. 12.5.2003 – GrS 2/00 – BStBl. II 2004, 100.
[511] BMF v. 16.9.2004 – IV C 3 – S 2255 – 354/04 – BStBl. I 2004, 922 Rdnr. 8.
[512] IDW-HFA WPg 2000, 825 Tz. 4.4.2.4; vgl. a. GrS BFH Beschl. v. 12.5.2003 – GrS 2/00 – BStBl. II 2004, 100.
[513] Sudhoff/*von Sothen* § 55 Rdnr. 56 a ff.

insoweit nicht anwendet, heißt aber noch nicht, dass der Steuerpflichtige oder sein Berater den Unternehmenswert nicht ermitteln muss. Dieser wird nämlich immer dann wieder eine Rolle spielen, wenn eine Vermögensübergabe gegen Versorgungsleistungen vor die Finanzgerichte gebracht wird. Es ist davon auszugehen, dass diese die Rechtsprechung des Großen Senats beachten werden, mag auch ein anderer Streitpunkt für das Verfahren ursächlich gewesen sein.

Zum Teil und wohl auch von der Verwaltung wird vertreten, dass die **Nutzungsdauer** der 172 im Erlass als typischerweise existenzsichernd bezeichneten Wirtschaftseinheiten bei der Beurteilung, ob es sich um eine Vermögensübergabe gegen Versorgungsleistungen handelt, keine Rolle spielen soll.[514] Betriebe, Teilbetriebe, Mitunternehmeranteile, Anteile an Kapitalgesellschaften, Geschäfts- oder Mietwohngrundstücke, Einfamilienhäuser, Eigentumswohnungen und verpachtete unbebaute Grundstücke wären danach ohne weitere Prüfung durch die Verwaltung als existenzsichernd einzustufen, auch wenn sie nur noch eine verhältnismäßig kurze Restnutzungsdauer aufweisen. Hier ist jedoch Vorsicht geboten. Bei einer zu geringen Restnutzungsdauer tritt der Versorgungsgedanke in den Hintergrund, denn die Versorgung des Übergebers aus dem übertragenen Vermögen ist nicht mehr sichergestellt. Wird beispielsweise ein Miethaus übertragen, dass derart baufällig ist, dass es nur noch eine Restnutzungsdauer von einem Jahr hat, so mag die Existenz des Übergebers noch für dieses eine Jahr gesichert sein. Da aber eine Versorgungsleistung typischerweise nur bei einer Leistung auf Lebenszeit anzunehmen ist, dürfte dies in den meisten Fällen nicht existenzsichernd sein. Darüber hinaus betont der BFH,[515] dass „das übertragene Vermögen für eine generationenübergreifende **dauerhafte** Anlage geeignet und bestimmt" sein muss. Es ist daher zweifelhaft, wie lange die Verwaltung dieser Auffassung (noch) folgen und ob die Rechtsprechung sie bestätigen wird.

Ähnlich problematisch wird die **Übertragung von geringfügigem Vermögen** gegen wieder- 173 kehrende Leistungen gesehen.[516] Vermögen mit einem Wert bis zu € 25.000,00 sei die existenzsichernde Qualität absprechen.[517] Ob eine Versorgungsleistung vorliegt oder nicht, ist jedoch kein Problem der Höhe des Vermögens.[518] Denn auch kleines Vermögen ist durchaus für eine generationenübergreifende dauerhafte Anlage geeignet. Gegenstand einer Vermögensübergabe gegen Versorgungsleistungen kann daher z.B. auch eine im Nebenerwerb betriebene Landwirtschaft sein,[519] solange es sich nicht um einen Liebhabereibetrieb handelt (vgl. § 36 Rdnr. 178). Richtigerweise fordern Rechtsprechung und Finanzverwaltung deshalb auch nicht, dass die Versorgung des Übertragenden vollständig aus dem übernommenen Vermögen gesichert sein soll.[520] Die Höhe des Vermögens begrenzt in der Regel lediglich dessen Ertragskraft. Es könnte daher bei kleineren Vermögen allenfalls das Problem auftreten, dass diese nicht ausreichend ertragbringend sind. Dies ist jedoch ein anderer Punkt und lässt sich unter Gestaltungsgesichtspunkten ohne weiteres über die Höhe der wiederkehrenden Leistungen beeinflussen.

Weitere Voraussetzung für das Vorliegen einer Vermögensübergabe gegen Versorgungsleis- 174 tungen, dass die existenzsichernde Wirtschaftseinheit **ausreichend ertragbringend** ist. Dies ist der Fall, wenn die wiederkehrenden Leistungen im Zeitpunkt der Vermögensübergabe nicht höher sind als der langfristig erzielbare Ertrag des übergebenen Vermögens.[521]

Wiederkehrende Leistungen ≤ langfristig erzielbarer Ertrag des übergebenen Vermögens

---

[514] BMF v. 16.9.2004 – IV C 3 – S 2255 – 354/04 – BStBl. I 2004, 922 Rdnr. 8, *Paus* INF 1997, 193, 194 f.
[515] BFH Urt. v. 27.2.1992 – X R 136/88 – BStBl. II 1992, 609.
[516] *Wacker* NWB Fach 3, 9933, 9949; Schmidt/*Heinicke* § 22 EStG Rdnr. 81.
[517] *Wacker* NWB Fach 3, 9933, 9949; offen gelassen bei einem KG-Anteil im Wert von DM 18.000 im BFH Urt. v. 28.6.2000 – X R 48/98 – DStRE 2000, 1301; ablehnend BFH Beschl. v. 13.9.2000 – X R 147/96 – BStBl. II 2001, 175.
[518] Ebenso nunmehr auch BFH Beschl. v. 10.11.1999 – X R 46/97 – BStBl. II 2000, 188; Beschl. v. 13.9.2000 – X R 147/96 – BStBl. II 2001, 175.
[519] BFH Urt. v. 16.9.2004 – X R 7/04 – BFH/NV 2005, 201.
[520] GrS BFH Beschl. v. 12.5.2003 – GrS 2/00 – BStBl. II 2004, 100; Beschl. v. 5.7.1990 – GrS 4/89, 5/89, 6/89 – BStBl. II 1990, 847; BFH BStBl. II 1992, 609; BMF v. 23.12.1996 – IV B 3 – S 2257-54/96 – BStBl. I 1996, 1508 – Rdnr. 7.
[521] BMF v. 16.9.2004 – IV C 3 – S 2255 – 354/04 – BStBl. I 2004, 922 Rdnr. 19.

175 Bei dieser im Zeitpunkt des Vertragsschlusses (vgl. § 36 Rdnr. 176) anzustellenden **Ertragsprognose** handelt es sich um eine überschlägige Berechnung.[522] Ausgangspunkt sollen nach der Rechtsprechung die steuerlichen Einkünfte sein, die um die Abschreibung für Abnutzung, erhöhte Absetzungen, Sonderabschreibungen sowie um außerordentliche Aufwendungen zu bereinigen seien.[523] Da es hier aber um die Frage geht, ob der Vermögensübernehmer die Versorgungsleistungen aus den Erträgen des übernommenen Vermögens bestreiten kann, muss bei der Beurteilung der Ertragsfähigkeit nicht auf das steuerliche, sondern auf das betriebswirtschaftliche Ergebnis abgestellt werden. Sonderabschreibungen und andere rein steuerliche Vergünstigungen haben daher außer Betracht zu bleiben. Der Sonderausgabenabzug soll jedenfalls nicht daran scheitern, dass die erzielbaren Nettoerträge die Summe der versprochenen Vermögenserträge geringfügig unterschreiten. Jedenfalls die im Steuerrecht allgemein anerkannte Geringfügigkeitsgrenze von 10 v. H. ist auch in diesem Zusammenhang anwendbar.[524] Die Finanzverwaltung folgt dabei der Rechtsprechung.[525] Die Höhe des langfristig erzielbaren Ertrages des übertragenen Vermögens markiert die Obergrenze für die Zulässigkeit einer Versorgungsleistung. Dies basiert auf dem Gedanken der vorbehaltenen Erträge. Es kann nichts vorbehalten werden, was nicht Ertrag ist. Ist die Zahlung der wiederkehrenden Leistung aufgrund einer Prognose im Übergabezeitpunkt nicht allein aus den Erträgen möglich, sondern muss der Übernehmende hierzu die Substanz des übertragenen Vermögens oder gar sein eigenes Vermögen angreifen, überwiegt – insoweit – der Unterhaltscharakter (vgl. § 36 Rdnr. 151). Demgegenüber ist es für das Vorliegen einer Versorgungsleistung völlig unerheblich, wenn das übertragene Vermögen mehr Erträge abwirft, als der Übernehmer an wiederkehrenden Leistungen zu erbringen hat. Die wiederkehrenden Leistungen sind durch die Erträge gedeckt; die Substanz des übertragenen Vermögens muss ebenso wenig angetastet werden wie sonstiges privates Vermögen des Übernehmers. Der Übergeber hat sich einfach weniger Erträge vorbehalten.

Ergibt die Ertragsprognose, dass die wiederkehrenden Leistungen nicht allein aus den zukünftigen Erträgen bestritten werden können, scheint die Finanzverwaltung nach dem „Alles-oder-nichts-Prinzip" vorzugehen und eine Versorgungsleistung insgesamt zu verneinen.[526] Diese Vorgehensweise ist nicht zwingend und auch so nicht unbedingt aus den Entscheidungen des Großen Senats des Bundesfinanzhofs[527] ableitbar. Ausgangspunkt des von der Rechtsprechung entwickelten Rechtsinstituts der Vermögensübergabe gegen Versorgungsleistungen sind die **vorbehaltenen Erträge**. Wird Vermögen übertragen und sind die in diesem Zusammenhang gezahlten wiederkehrenden Leistungen höher als die Erträge, die mit dem Vermögen erwirtschaftet werden können, ändert dies nichts daran, dass der Übergeber sich die Erträge, soweit sie aus dem übergebenen Vermögen erwirtschaftet werden können, dennoch vorzubehalten vermag. Konsequent wäre es daher, den Anteil der wiederkehrenden Leistungen, der erwirtschaftet werden kann, als Versorgungsleistung zu qualifizieren. Lediglich der darüber hinausgehende Betrag würde dann eine steuerlich unbeachtliche Unterhaltsleistung darstellen.[528] Diese im Wege einer Verhältnisrechnung durchzuführende Aufteilung der wiederkehrenden Leistungen in eine Versorgungs- und in eine Unterhaltskomponente wird nicht nur dem Charakter der „vorbehaltenen Erträge" am ehesten gerecht, sondern würde darüber hinaus die Fälle, in denen die Parteien sich bei der Ertragskraft verkalkuliert haben mit den Fällen gleichstellen, die von vornherein zweigeteilt waren. Der Abzug als Versorgungsleistung wäre nämlich unstreitig zulässig, wenn neben entsprechend niedrigen

---

[522] GrS BFH Beschl. v. 12.5.2003 – GrS 1/00 – BStBl. II 2004, 95; BFH Urt. v. 16.6.2004 – X R 50/01 – BStBl. II 2005, 130; *Kempermann* DStR 2003, 1736.
[523] BFH Urt. 13.12.2005 – X R 61/01 – ZEV 2006, 226; BFH Urt. v. 12.5.2003 – GrS 2/00 – BStBl. II 2004, 100 unter C. II. 6. b. aa) c); vgl. a. § 36 Rdnr. 178.
[524] BFH Urt. v. 16.6.2004 – X R 50/01 – BStBl II 2005, 130, unter Hinweis auf BFH Urt. v. 14.1.2004 – X R 37/02 – BStBl. II 2004, 493 m.w.N.
[525] Vgl. BFH Beschl. v. 10.11.1999 – X R 46/97 – BStBl. II 2000, 188 m.w.N.
[526] BMF v. 16.9.2004 – IV C 3 – S 2255 – 354/04 – BStBl. I 2004, 922 Rdnr. 19.
[527] BFH Beschl. v. 12.5.2003 – GrS 1/00, 2/00 – BStBl. II 2004, 95, 100, wo diese Problematik ausdrücklich offen gelassen wird.
[528] BFH Urt. v. 13.12.2005 – X R 61/01 – ZEV 2006, 226; ebenso *Peter Fischer* NWB Fach 3, 12655, 12665 unter V. 2.

wiederkehrenden Leistungen für die Vermögensübergabe der zusätzlich vorgesehene Anteil durch eine separat abgeschlossene Unterhaltsvereinbarung abgedeckt würde.

Maßgebender Zeitpunkt für die Berechnung der langfristigen Erträge ist der **Übergabezeitpunkt**.[529] Bei der gleitenden Vermögensübergabe (vgl. § 36 Rdnr. 168) ist der Zeitpunkt der Ablösung des Vorbehaltsnießbrauchs entscheidend.[530] In beiden Fällen ist eine Prognose zu treffen. Denn es kommt darauf an, wie sich die zukünftig erzielbaren Erträge aus der Sicht des Übergabe- bzw. Ablösezeitpunkts darstellen. Die tatsächliche Entwicklung danach ist unerheblich.[531] Da Prognoseentscheidungen immer mit gewisser Unsicherheit behaftet sind, ist eine **überschlägige Berechnung** ausreichend. Aus Vereinfachungsgründen kann hierzu auf die Einkünfte des Jahres der Vermögensübergabe und der beiden vorangegangenen Jahre zurückgegriffen werden.[532] Entscheidend ist jedoch der zukünftig erzielbare Ertrag. Es ist daher auch zulässig, zukünftig erzielbare Erträge bei der Ertragsprognose zugrunde zu legen.[533] Dies wird z.B. dann in Betracht kommen, wenn der jüngere, gesunde Übernehmer aufgrund seiner besseren körperlichen Leistungsfähigkeit voraussichtlich höhere Erträge mit dem übertragenen Vermögen erwirtschaften wird, als der Übergeber, der wegen seines fortgeschrittenen Alters oder Krankheit hierzu nicht mehr in der Lage war. Stellt der Steuerpflichtige zur Ermittlung der ausreichenden Ertragskraft auf die Zukunft ab, nimmt die Finanzverwaltung sowohl beim Übergeber als auch beim Übernehmer die Veranlagungen des Jahres der Vermögensübergabe und die der beiden nachfolgenden Jahre nach § 165 AO vorläufig vor.[534] Diese Handhabung ist jedoch unzulässig. Entscheidend ist eine auf die Verhältnisse bei Vertragsschluss abstellende **Ertragsprognose**. Ob und inwieweit sich diese später verwirklicht ist irrelevant. Wenn sich die im Zeitpunkt der Übergabe vorhandenen, nach objektiven Kriterien zu beurteilenden Gewinnerwartungen nicht erfüllen, darf das nicht dazu führen, dass nachträglich von einem entgeltlichen Geschäft ausgegangen wird und die stillen Reserven des übertragenen Vermögens aufgedeckt werden müssen.[535]

Bei der Übertragung eines gewerblichen, land- und forstwirtschaftlichen oder auf selbständiger Tätigkeit beruhenden Unternehmens (Betrieb, Teilbetrieb oder Mitunternehmeranteil) gegen wiederkehrende Leistungen im Zuge einer vorweggenommenen Erbfolge besteht, sofern kein weiteres begünstigtes Vermögen mit übertragen wird, eine nur in Ausnahmefällen widerlegbare Vermutung dafür, dass es sich um eine ausreichend ertragbringende Wirtschaftseinheit handelt.[536] Eine derartige Ausnahme sieht der Große Senat des BFH z.B. darin, wenn kein positiver Vermögenswert vorhanden ist. Für die Übertragung von GmbH-Anteilen gelten die gleichen Grundsätze, wenn sowohl Übergeber als auch Übernehmer als Geschäftsführer tätig waren bzw. sind.[537] Gleiches muss für geschäftsführende Gesellschafter von anderen Kapitalgesellschaften gelten. Diese Beweiserleichterung soll nicht bei verpachteten oder überwiegend verpachteten Betrieben sowie bei gewerblich geprägten Personengesellschaften im Sinne des § 15 Abs. 3 Nr. 2 EStG gelten.[538] Wird neben dem begünstigten Vermögen weiteres, nicht begünstigtes Vermögen übertragen, soll die Beweiserleichterung ebenfalls nicht anwendbar sein.[539] Die Beweiserleichterung gilt auch für land- und forstwirtschaftliche Betriebe, deren Gewinn nach Durchschnittssätzen gemäß § 13 a EStG ermittelt wird, sofern sie vom Überneh-

---

[529] So nun auch BFH Urt. v. 31.5.2005 – X R 26/04 – BFH/NV 2005, 1789 u. wohl auch GrS BFH Beschl. v. 12.5.2003 – GrS 1/00 – BStBl. II 2004, 95, der unter C. II. 6. c) zunächst von den „Verhältnissen bei Vertragsschluss" spricht, dann aber auf den „Zeitpunkt der Übergabe" abstellt.
[530] BMF v. 16.9.2004 – IV C 3 – S 2255 – 354/04 – BStBl. I 2004, 922 Rdnr. 25 S. 3.
[531] So nun auch GrS BFH Beschl. v. 12.5.2003 – GrS 1/00 – BStBl. II 2004, 95.
[532] GrS BFH Beschl. v. 12.5.2003 – GrS 1/00 – BStBl. II 2004, 95; BMF v. 16.9.2004 – IV C 3 – S 2255 – 354/04 – BStBl. I 2004, 922 Rdnr. 25 S. 4.
[533] GrS BFH Beschl. v. 12.5.2003 – GrS 1/00 – BStBl. II 2004, 95; BMF v. 16.9.2004 – IV C 3 – S 2255 – 354/04 – BStBl. I 2004, 922 Rdnr. 25 S. 5 bis 7.
[534] BMF v. 16.9.2004 – IV C 3 – S 2255 – 354/04 – BStBl. I 2004, 922 Rdnr. 25.
[535] GrS BFH Beschl. v. 12.5.2003 – GrS 1/00 – BStBl. II 2004, 95.
[536] GrS BFH Beschl. v. 12.5.2003 – GrS 1/00 – BStBl. II 2004, 95; BMF v. 16.9.2004 – IV C 3 – S 2255 – 354/04 – BStBl. I 2004, 922 Rdnr. 23.
[537] GrS BFH Beschl. v. 12.5.2003 – GrS 1/00 – BStBl. II 2004, 95; BFH Urt. v. 21.7.2004 – X R 44/01 – BStBl. 2005, 133; BMF v. 16.9.2004 – IV C 3 – S 2255 – 354/04 – BStBl. I 2004, 922 Rdnr. 23.
[538] BMF v. 16.9.2004 – IV C 3 – S 2255 – 354/04 – BStBl. I 2004, 922 Rdnr. 23.
[539] BMF v. 16.9.2004 – IV C 3 – S 2255 – 354/04 – BStBl. I 2004, 922 Rdnr. 23.

mer überwiegend selbst bewirtschaftet werden und der Jahreswert der vereinbarten wiederkehrenden Leistungen nicht höher ist, als der gemäß § 13 a EStG ermittelte Gewinn des Betriebs (bereinigt um Sondergewinne nach § 13 a Abs. 6 Nr. 2 und 4 EStG).[540] Wird zugleich mit dem Betrieb eine zum Privatvermögen gehörende Wohnung übertragen, die der Übernehmer zu eigenen Wohnzwecken nutzt, ist die von diesem insoweit ersparte Nettomiete als zusätzlicher Ertrag in die Berechnung mit einzubeziehen.[541]

178 Der Ertrag des einzelnen Jahres, der hier als **maßgebender Ertrag** bezeichnet werden soll, errechnet sich nach dem Renten-Erlass der Finanzverwaltung wie folgt:[542]

Einkünfte i. S. d. § 2 Abs. 1 EStG
+ Nutzungsvorteil (bei vom Übernehmer eigengenutzter Wohnung)
+ AfA (inkl. Sonderabschreibungen und erhöhter AfA)
+ außerordentliche Aufwendungen (z.B. Erhaltungsaufwendungen)
= maßgebender Ertrag lt. Finanzverwaltung

Für die Berechnung des Ertrages dürfen nur Einkünfte i. S. d. § 2 Abs. 1 EStG zugrunde gelegt werden. Fehlt die Einkunfts- oder Gewinnerzielungsabsicht, so sind die Einnahmen insoweit nicht in die Berechnung mit einzubeziehen. Bei Übertragung eines **Liebhabereibetriebs** können daher keine Versorgungsleistungen vereinbart werden. In Fällen, in denen beim Übergeber noch Liebhaberei vorliegt, während der Erwerber den Betrieb z.B. durch höheren Arbeitseinsatz, Änderungen der Betriebsstruktur oder Kapitalzuführung mit Gewinnerzielungsabsicht fortführt, ist für die Frage, ob eine Versorgungsleistung vereinbart werden kann, auf die Beurteilung beim Erwerber abzustellen.[543] Allerdings muss deutlich darauf hingewiesen werden, dass der Übernehmer grundsätzlich an die vorgefundene Substanz gebunden ist, wenn Versorgungsleistungen vereinbart werden sollen (vgl. § 36 Rdnr. 167). Aus gestalterischen Aspekten kann es daher sinnvoll sein, die Investitionen noch vom Übertragenden tätigen zu lassen.

179 Während die Finanzverwaltung nur den Nutzungsvorteil des Übernehmers anerkennt, den dieser aus der Nutzung eines vom Übergeber zu eigenen Zwecken (Wohnzwecken, eigenbetrieblichen Zwecken) übertragenen Grundstücks zieht,[544] will der BFH jeden Nutzungsvorteil des Übernehmers hinzurechnen.[545] Danach wären also auch andere ersparte Aufwendungen, wie z.B. ersparte Zinsen, den Erträgen hinzuzurechnen. Dies ist konsequent und bei finanzwirtschaftlicher Betrachtungsweise (vgl. § 36 Rdnr. 175; 180) zwingend. Die Finanzverwaltung will mit ihrer ablehnenden Haltung Fallgestaltungen verhindern, in denen ein Darlehen kurz vor Abschluss des Übergabevertrages aufgenommen wird, um die Übergabe von Geldvermögen in den steuerlich relevanten Bereich zu verlagern.[546] Diese Befürchtungen sind unbegründet, denn der Nutzungsvorteil muss im Zusammenhang mit dem übertragenen Vermögen stehen. Die Tilgung einer privaten Geldschuld (z.B. privater Spielschulden[547]) mit vom Übergeber hingegebenem Geld ist keine Umschichtung in existenzsicherndes Vermögen, die zu als Sonderausgaben zu berücksichtigenden Versorgungsleistungen führt. Anders muss dies jedoch z.B. bei der Ablösung betrieblicher Schulden gesehen werden. Hier steigert der Übernehmer den Wert seines Unternehmens. Derartige Fälle ähneln den mittelbaren Unternehmensschenkungen (vgl. § 36 Rdnr. 170) und sind grundsätzlich anzuerkennen. Gleiches gilt für eine Schuldentilgung, mit der die Anschaffung oder Herstellung von ertragbringendem Vermögen finanziert worden

---

[540] OFD München v. 4.4.2005 – S 2221-131 St 426, die zur Ermittlung der Erträge auf BMF v. 16.9.2004 – IV C 3 – S 2255 – 354/04 – BStBl. I 2004, 922 Rdnr. 25 zurückgreift und dementsprechend die zukünftigen Erträge zugrundelegen will, zur Kritik vgl. § 36 Rdnr. 176.
[541] OFD München v. 4.4.2005 – S 2221-131 St 426; anders BMF v. 16.9.2004 – IV C 3 – S 2255 – 354/04 – BStBl. I 2004, 922 Rdnr. 25 a.E. wonach die Beweiserleichterung entfällt, wenn neben dem Unternehmen weiteres begünstigtes Vermögen übertragen wird, vgl. § 36 Rdnr. 177.
[542] BMF v. 16.9.2004 – IV C 3 – S 2255 – 354/04 – BStBl. I 2004, 922 Rdnr. 20 bis 25.
[543] Sudhoff/v. *Sothen* § 55 Rdnr. 61 f.; ähnlich *Paus* INF 1997, 193, 196.
[544] BMF v. 16.9.2004 – IV C 3 – S 2255 – 354/04 – BStBl. I 2004, 922 Rdnr. 21 (Nichtanwendungserlass zu GrS BFH Beschl. v. 12.5.2003 – GrS 1/00 – BStBl. II 2004, 95).
[545] GrS BFH Beschl. v. 12.5.2003 – GrS 1/00 – BStBl. II 2004, 95; BFH Urt. v. 1.3.2005 – X R 45/03 – BFH/NV 2005, 1419.
[546] Vgl. *Schwenke* DStR 2004, 1679.
[547] *Schwenke* DStR 2004, 1679.

war. So führt auch die Tilgung von auf einem vom Übernehmer selbst genutzten Einfamilienhaus lastenden langfristigen Schuldverpflichtungen zu Nutzungsvorteilen, die zu berücksichtigen sind.[548]

Nicht nur für Mietwohngrundstücke, sondern auch für Betriebe gilt hinsichtlich der Berechnung der Erträge, dass **Absetzungen für Abnutzung**, erhöhte Absetzungen und **außerordentliche Aufwendungen**, die als Ausgaben den Gewinn mindern, wieder hinzuzurechnen sind und die Erträge somit erhöhen. Das „tatsächliche Ertragsbild" soll wiedergegeben und verfälschende Faktoren (wie z.B. außerordentliche Erträge oder Aufwendungen oder unterschiedliche Abschreibungspolitik) eliminiert werden. Sonderabschreibungen und andere rein steuerliche Vergünstigungen haben daher entgegen der Ansicht von Rechtsprechung[549] und Finanzverwaltung[550] außer Betracht zu bleiben. Allerdings berücksichtigt die Finanzverwaltung nur die Aufwands-, nicht jedoch die Ertragsseite. Dies führt dazu, dass Zuschreibungen und außerordentliche Erträge das Ertragsbild einseitig verzerren. Die Folge ist, dass die Erträge höher erscheinen, als sie tatsächlich sind. Richtigerweise muss die genannte Formel entsprechend erweitert werden:[551] 180

maßgebender Ertrag lt. Finanzverwaltung
– Zuschreibungen
– außerordentliche Erträge

= maßgebender Ertrag

Da eine Vermögensübertragung gegen Versorgungsleistungen erfordert, dass die Versorgungsleistungen nicht höher sind als der langfristig zu erzielende Ertrag des übergebenen Vermögens, erlaubt die Berechnungsmethode der Finanzverwaltung grundsätzlich höhere Versorgungsleistungen als die hier für richtig erachtete Methode. Die Grenze zur Unterhaltsleistung wird hier zugunsten der Versorgungsleistung verschoben.

Werden **Anteile an Kapitalgesellschaften** übertragen, ist für die Berechnung des erzielbaren Nettoertrag nach Ansicht von Rechtsprechung und Finanzverwaltung auf den **ausschüttungsfähigen Gewinn der Gesellschaft** und nicht auf die Einkünfte aus Kapitalvermögen gem. § 20 EStG abzustellen.[552] Unerheblich ist, ob es sich bei dem übertragenen Vermögen um eine relevante oder eine geringfügige Beteiligung an der Kapitalgesellschaft handelt und ob der Übernehmer oder der Übergeber beherrschenden Einfluss auf das Ausschüttungsverhalten habt.[553] Es kommt daher allein auf das auf die vom Übergeber übertragenen Kapitalgesellschaftsanteile entfallende Jahresergebnis der Kapitalgesellschaft und nicht auf die tatsächlichen Ausschüttungen an. 181

Die auf den Übergeber (bei vergangenheitsbezogener Betrachtung) bzw. auf den Übernehmer (bei zukunftsorientierter Betrachtungsweise) als Gesellschaftergeschäftsführer entfallenden **Tätigkeitsvergütungen** zählen ebenfalls zum erzielbaren Nettoertrag und sind dem erzielten Jahresergebnis wieder hinzuzurechnen.[554] Der BFH sorgt auf diese Weise im Rahmen der Vermögensübergabe gegen Versorgungsleistungen für eine Gleichbehandlung der Übertragung von Kapitalgesellschaftsanteilen mit derjenigen von Einzelunternehmen und Personengesellschaftsanteilen, bei denen der Abzug eines Unternehmerlohns den Gewinn nicht mindern darf. Eine echte Gleichstellung wird aber nur dann erreicht, wenn sämtliche Vergütungen, die ein Gesellschafter einer Kapitalgesellschaft für eine Tätigkeit in der Gesellschaft erhält, zu den erzielbaren Nettoerträgen hinzugezählt werden, denn dies entspricht der Handhabung beim

---

[548] BFH Urt. v. 1.3.2005 – X R 45/03 – BFH/NV 2005, 1419.
[549] GrS BFH Beschl. v. 12.5.2003 – GrS 2/00 – BStBl. II 2004, 100; BFH Urt. v. 13.12.2005 – X R 61/01 – ZEV 2006, 226.
[550] BMF v. 16.9.2004 – IV C 3 – S 2255 – 354/04 – BStBl. I 2004, 922 Rdnr. 20.
[551] Sudhoff/v. Sothen § 55 Rdnr. 63.
[552] BFH Urt. v. 21.7.2004 – X R 44/01 – BStBl. II 2005, 133; BMF v. 16.9.2004 – IV C 3 – S 2255 – 354/04 – BStBl. I 2004, 922 Rdnr. 24; a.A. Sudhoff/v. Sothen § 55 Rdnr. 65: Allein das Jahresergebnis der Gesellschaft ist maßgebend, da die Ausschüttungsfähigkeit für die Ertragskraft des existenzsichernden Vermögens keine Rolle spielt.
[553] Evtl. a.A. BFH Urt. v. 21.7.2004 – X R 44/01 – BStBl. II 2005, 133.
[554] GrS BFH Beschl. v. 12.5.2003 – GrS 1/00 – BStBl. II 2004, 95; BFH Urt. v. 21.7.2004 – X R 44/01 – BStBl. II 2005, 133; BMF v. 16.9.2004 – IV C 3 – S 2255 – 354/04 – BStBl. I 2004, 922 Rdnr. 24 S. 3.

Einzelunternehmer. Führt man diese Sichtweise konsequent zu Ende, müssten bei Personengesellschaften auch diejenigen Tätigkeiten zum erzielbaren Ertrag zu zählen sein, bei denen ein wirtschaftlicher Zusammenhang zwischen Leistung und Mitunternehmerschaft ausgeschlossen erscheint und die deshalb nicht zu den Einkünften nach § 15 Abs. 1 Nr. 2 EStG gehören.[555] Es ist fraglich, ob die Rechtsprechung den Kreis der erzielbaren Nettoerträge so weit auszudehnen gewillt ist, stellt sie doch bislang bei der GmbH lediglich explizit auf den Gesellschaftergeschäftsführer ab.[556] Konsequent und gerecht wäre es jedenfalls.

182 Bei der Ermittlung der Erträge darf immer nur auf die Erträge desjenigen Vermögens abgestellt werden darf, das gegen wiederkehrende Leistungen übertragen wird. Wird neben den wiederkehrenden Leistungen z.B. noch eine andere Leistung erbracht, so liegen zwei Vorgänge vor, die unterschiedliche Auswirkungen haben können. Nur der Vermögensteil, der konkret mit den wiederkehrenden Leistungen zusammenhängt, ist hinsichtlich seiner Ertragslage zu beurteilen:

- Beim **partiellen Nießbrauch** (z.B. am Teilbetrieb eines Unternehmens) darf bei der Ermittlung der Erträge derjenige Anteil nicht berücksichtigt werden, der auf das Vermögen entfällt, das sich der Übertragende im Wege des Nießbrauchs vorbehalten hat. Denn insoweit liegen keine vorbehaltenen Erträge vor, die der Übernehmer zu erwirtschaften hat (vgl. § 36 Rdnr. 169). Die Feststellung, welcher Anteil des übertragenen Vermögens gegen Nießbrauch und welcher gegen wiederkehrende Leistungen erbracht wird, ist nach der Aufteilungsmethode (vgl. § 35 Rdnr. 224) zu ermitteln.
- Eine ähnliche Situation ergibt sich, wenn das Vermögen nicht nur gegen wiederkehrende Leistungen übertragen wird, sondern daneben **Abstandszahlungen** geleistet, **Gleichstellungsgelder** gezahlt oder Verbindlichkeiten übernommen werden. Die Finanzverwaltung erörtert dies unter dem Stichwort des **teilentgeltlichem Erwerb**.[557] Auch hier spaltet sich die Vermögensübertragung in einen entgeltlichen (Abstandszahlung, Gleichstellungsgeld oder Übernahme von Verbindlichkeiten sind Gegenleistungen) und einen originär unentgeltlichen Teil auf, der entweder Versorgungs- oder aber Unterhaltsleistung ist. Maßgeblich für die Frage, ob die Erträge ausreichen, um daraus die wiederkehrenden Leistungen bestreiten zu können, sind allein die Erträge, die auf den unentgeltlichen Anteil des übertragenen Vermögens entfallen. Zu seiner Ermittlung bedient sich die Finanzverwaltung bei der Übertragung von Privatvermögen und einzelnen Wirtschaftsgütern des Betriebsvermögens der Aufteilungsmethode (vgl. § 35 Rdnr. 224). Bei Betrieben, Teilbetrieben und Mitunternehmeranteilen ist dagegen die Einheitsmethode maßgebend (vgl. § 35 Rdnr. 225).

183 Der auf diese Weise ermittelte Anteil entspricht dem maßgebenden Ertrag des einzelnen Jahres.[558] Bei der Übertragung von **Betriebsvermögen** ist es ausreichend, diesen Betrag den Versorgungsleistungen gegenüber zu stellen. Reicht er aus, um daraus die Versorgungsleistungen bestreiten zu können, liegt vorbehaltlich der anderen Voraussetzungen eine Vermögensübertragung gegen Versorgungsleistungen vor. Anders verhält es sich hingegen bei der Übertragung von **Privatvermögen** oder **einzelnen Wirtschaftsgütern des Betriebsvermögens**. Hier sind nach Ansicht der Finanzverwaltung[559] die Schuldzinsen, soweit sich diese aus der Finanzierung der Anschaffungskosten ergeben, dem maßgebenden Ertrag (vgl. § 36 Rdnr. 178, 180) hinzuzuzählen. Dabei kann auf die durchschnittlichen Schuldzinsen des Jahres der Vermögensübergabe und der beiden vorangegangenen Jahre zurückgegriffen werden.[560] Erst diese Summe ist anteilig den Versorgungsleistungen gegenüber zu stellen. In allen Fällen ist die im Steuerrecht

---

[555] Vgl. hierzu Schmidt/*Wacker* § 15 EStG Rdnr. 562 m.w.N.
[556] GrS BFH Beschl. v. 12.5.2003 – GrS 1/00 – BStBl. II 2004, 95, 96, C. II. 6. d) bb); BFH Urt. v. 21.7.2004 – X R 44/01 – BStBl. II 2005, 133; ebenso BMF v. 16.9.2004 – IV C 3 – S 2255 – 354/04 – BStBl. I 2004, 922 Rdnr. 24 S. 3.
[557] BMF v. 16.9.2004 – IV C 3 – S 2255 – 354/04 – BStBl. I 2004, 922 Rdnr. 27; vgl. a. GrS BFH Beschl. v. 12.5.2003 – GrS 1/00 – BStBl. II 2004, 95.
[558] Lt. Finanzverwaltung vgl. § 36 Rdnr. 178; nach der hier vertretenen Auffassung vgl. § 36 Rdnr. 180.
[559] BMF Schr. v. 16.9.2004 – IV C 3 – S 2255 – 354/04 – BStBl. I 2004, 922 Rdnr. 27; GrS BFH Beschl. v. 12.5.2003 – 1/00 – BStBl. II 2004, 95.
[560] BMF Schr. v. 16.9.2004 – IV C 3 – S 2255 – 354/04 – BStBl. I 2004, 922 Beispiel nach Rdnr. 27.

allgemein anerkannte Geringfügigkeitsgrenze von 10 v. H. zu beachten, so dass die Erträge die wiederkehrenden Leistungen letztlich nur zu 90 % decken müssen.[561]

Auch bei nicht ausreichend ertragbringenden Wirtschaftseinheiten lässt die Finanzverwaltung eine **Umschichtung** in seiner Art nach ausreichend ertragbringendes Vermögen zu, wenn sie von Anfang an im Übergabevertrag vereinbart wurde.[562] Für die Abziehbarkeit als Versorgungsleistungen kommt es lediglich darauf an, dass die zu zahlenden wiederkehrenden Leistungen durch die Erträge aus dem Reinvestitionsobjekt abgedeckt sind, wobei auch hier die im Steuerrecht allgemein anerkannte Geringfügigkeitsgrenze von 10 v. H. zu beachten ist.[563] Ist der Erlös aus der Veräußerung des nicht existenzsichernden Vermögens höher als die Anschaffungs- oder Herstellungskosten des Reinvestitionsobjekts, bleibt in diesen Fällen der gesamte Betrag der zu zahlenden wiederkehrenden Leistung abziehbar.[564] Ist er zu niedrig und wendet der Übernehmende zusätzliche Mittel zum Erwerb des existenzsichernden Reinvestitionsobjekts auf, steht ihm der Sonderausgabenabzug nach Ansicht der Finanzverwaltung nur dann zu, wenn der auf das reinvestierte Vermögen entfallende Anteil an den Erträgen des Reinvestitionsobjekts ausreicht, um die vereinbarten wiederkehrenden Leistungen zu erbringen.[565] Nach der hier vertretenen Ansicht wären die wiederkehrenden Leistungen aufzuteilen (vgl. § 36 Rdnr. 175).

$$\frac{\text{reinvestierter Veräußerungserlös}}{\text{Gesamtreinvestition}} \times \text{monatliche Nettoerträge} \geq \text{monatliche wiederkehrende Leistung}$$

Bis zur Umschichtung erbrachte wiederkehrende Leistungen sind nicht abziehbare Unterhaltsleistungen im Sinne des § 12 Nr. 2 EStG.[566] Dies soll nach Ansicht der Finanzverwaltung auch dann gelten, wenn das Vermögen z.B. in der Zwischenzeit als Festgeld „geparkt" wird.[567] Richtigerweise liegt hierin aber bereits die erste Umschichtung, da Festgeld existenzsichernde Qualität zukommt. Sicherheitshalber sollte jeder Übergabevertrag eine Klausel enthalten, die die Umschichtung ertraglos werdenden Vermögens in eine ihrer Art nach ausreichend ertragbringende Vermögensanlage gebietet.[568] Angesichts der Formulierungen im Renten-Erlass sollte die Art der Zwischenanlage, z.B. „Festgeld," im Vertrag ausdrücklich bestimmt werden. Erfolgt die Umschichtung nicht innerhalb von drei Jahren nach Abschluss des Übergabevertrages, soll nach Ansicht der Finanzverwaltung eine Umschichtung nicht mehr möglich sein, mit der Folge, dass trotz der vereinbarten Umschichtung Versorgungsleistungen nicht mehr in Betracht kommen. Die wiederkehrenden Leistungen sind dann je nach Höhe des Vermögenswerts entweder Unterhaltsleistung (vgl. § 36 Rdnr. 205 ff.) oder Austauschleistung (vgl. § 36 Rdnr. 199 ff.).[569] Die Rechtsprechung fordert eine derartige zeitliche Grenze zur Reinvestition zu Recht nicht.[570] Hinsichtlich der ausreichenden Ertragskraft des Reinvestitionsguts stellt die Finanzverwaltung auf die Erträge ab dem Zeitpunkt der Umschichtung ab, wobei sie die durchschnittlichen Erträge des Jahres der Umschichtung und der zwei nachfolgenden Jahre heranzieht. Dementsprechend werden die Veranlagungen von Übergeber und Übernehmer in diesem Drei-Jahres-Zeitraum von ihr nach § 165 AO vorläufig vorgenommen.[571] Richtigerweise muss jedoch auch hier entsprechend den Grundsätzen des Großen Senats zur Ertragsprognose verfahren werden.[572] Es kann daher auch auf die Vergangenheit abgestellt werden. Hat der Veräußerer des Reinvestitionsguts in der Vergangenheit ausreichende Überschüsse erzielt, so ist dieses ausreichend ertragbringend. Wenn sich die im Zeitpunkt

---

[561] BFH Urt. v. 16.6.2004 – X R 50/01 – BStBl. II 2005, 130.
[562] BMF Schr. v. 16.9.2004 – IV C 3 – S 2255 – 354/04 – BStBl. I 2004, 922 Rdnr. 13 ff.; GrS BFH Beschl. v. 12.5.2003 – 1/00 – BStBl. II 2004, 95.
[563] BFH Urt. v. 16.6.2004 – X R 50/01 – BStBl. II 2005, 130.
[564] BMF Schr. v. 16.9.2004 – IV C 3 – S 2255 – 354/04 – BStBl. I 2004, 922 Rdnr. 14.
[565] BMF Schr. v. 16.9.2004 – IV C 3 – S 2255 – 354/04 – BStBl. I 2004, 922 Rdnr. 15.
[566] BMF Schr. v. 16.9.2004 – IV C 3 – S 2255 – 354/04 – BStBl. I 2004, 922 Rdnr. 14.
[567] BMF Schr, v. 16.9.2004 – IV C 3 – S 2255 – 354/04 – BStBl. I 2004, 922 Rdnr. 14, Beispiel 1.
[568] Ähnlich *Geck* DStR 2005, 85.
[569] BMF Schr. v. 16.9.2004 – IV C 3 – S 2255 – 354/04 – BStBl. I 2004, 922 Rdnr. 16.
[570] GrS BFH Beschl. v. 12.5.2003 – GrS 1/00 – BStBl. II 2004, 95.
[571] BMF Schr. v. 16.9.2004 – IV C 3 – S 2255 – 354/04 – BStBl. I 2004, 922 Rdnr. 26.
[572] Vgl. GrS BFH Beschl. v. 12.5.2003 – GrS 1/00 – BStBl. II 2004, 95 unter C. II. 6. c).

der Übergabe vorhandenen, nach objektiven Kriterien zu beurteilenden Gewinnerwartungen nicht erfüllen, darf das nicht dazu führen, dass nachträglich von einer Unterhaltsleistung ausgegangen wird.

185 Schließlich ist noch Voraussetzung, dass das Vermögen **auf bestimmte Empfänger** übertragen wird. **Empfänger des übertragenen Vermögens** können sein
- Abkömmlinge des Übergebers
- entferntere Verwandte des Übergebers und
- in Ausnahmefällen auch nahe stehende Dritte.[573]

Nach Ansicht der Finanzverwaltung kann jeder Abkömmling des Vermögensübergebers Empfänger des Vermögens sein. Der Empfängerkreis ist hier also nicht wie beim Empfänger der Versorgungsleistungen (vgl. § 36 Rdnr. 162 ff.) auf die gesetzlich erbberechtigten Abkömmlinge begrenzt. Zu den Abkömmlingen gehören daher die Verwandten des Übertragenden in absteigender Linie, d.h. Kinder, Enkel, Urenkel usw., aber auch das nichteheliche und das Adoptivkind. Nicht zu den Abkömmlingen gehören Pflegekinder. Diese können allerdings zu dem Kreis der nahe stehenden Personen zählen. Begünstigte Vermögensübernehmer sind ferner **gesetzlich erbberechtigte entferntere Verwandte.** Der einschränkende Zusatz „gesetzlich erbberechtigt" bedeutet, dass entferntere Verwandte zu den Erben des Vermögensübergebers im Zeitpunkt der Vermögensübergabe gehören müssten, wenn dieser in diesem Augenblick ohne Anordnung auf den Todesfall, d.h. z.B. ohne Testament, versterben würde. Der entferntere Verwandte zählt danach erst dann zum begünstigten Empfängerkreis des Vermögens, wenn die vor ihm in der Erbfolge stehenden Personen verstorben sind oder aber gem. § 2346 BGB durch Vertrag mit dem Erblasser auf ihr gesetzliches Erbrecht verzichtet haben. Eine testamentarische Erbeinsetzung würde also nicht genügen. Nahestehende familienzugehörige, also auch gesetzlich nicht erbberechtigte entferntere Verwandte, und ausnahmsweise auch familienfremde Dritte sollen nach Ansicht der Finanzverwaltung nur dann in den Kreis der möglichen Empfänger des Vermögens einzubeziehen sein, wenn diese aufgrund besonderer persönlicher Beziehungen zum Übergeber ein persönliches Interesse an der lebenslangen angemessenen Versorgung des Übergebers haben oder aber die Vertragsbedingungen allein nach dem Versorgungsbedürfnis des Übergebers und der Leistungsfähigkeit des Übernehmers vereinbart worden sind.[574] Auch hier ist eine sachliche Rechtfertigung für die enge Eingrenzung des Empfängerkreises nicht erkennbar.[575] Dies entspricht auch der Rechtsprechung des Bundesfinanzhofs. So hat der IX. Senat[576] entschieden, dass eine Vermögensübertragung zwar in aller Regel unter Angehörigen stattfindet, unter Fremden aber nicht ausgeschlossen sei. Der zivilrechtliche Grundsatz der Testierfreiheit (§ 2302 BGB, Art. 14 Abs. 1 S. 1 GG) erlaubt es jedem Steuerpflichtigen, einen Fremden als Erben einzusetzen. Es gebe keinen rechtfertigenden Grund, steuerrechtlich hiervon abzuweichen und die Vermögensübergabe gegen Versorgungsleistungen steuerrechtlich auf Vereinbarungen unter Angehörigen zu beschränken. Bereits früher hatte der Bundesfinanzhof Übertragungen von einem Gesellschafter auf einen nicht verwandten Mitgesellschafter,[577] der Stiefmutter auf den nicht gesetzlich unterhaltsberechtigten Stiefsohn[578] und von der Tante auf die Nichte[579] zugelassen.

Eine hiervon zu unterscheidende Frage ist, ob es sich noch um eine Vermögensübergabe gegen Versorgungsleistung handelt, wenn sie ihren Grund nicht in der **persönlichen und familienähnlichen Beziehung** der Beteiligten hat. Die Besonderheit dieses Sonderrechts liegt nämlich darin, dass es sich um einen **unentgeltlichen** Vorgang handelt. Bei einer Übertragung des Vermögens auf fremde Dritte besteht nach der Rechtsprechung des Bundesfinanzhofs die nur in Ausnahmefällen widerlegbare Vermutung, dass bei der Übertragung von Vermögen Leistung und Gegenleistung kaufmännisch gegeneinander abgewogen sind, es sich mithin um ein ent-

---

[573] BMF Schr. v. 16.9.2004 – IV C 3 – S 2255 – 354/04 – BStBl. I 2004, 922 Rdnr. 35.
[574] BMF Schr. v. 16.9.2004 – IV C 3 – S 2255 – 354/04 – BStBl. I 2004, 922 Rdnr. 35.
[575] Sudhoff/v. Sothen § 55 Rdnr. 72 f.
[576] BFH Urt. v. 16.12.1997 – IX R 11/94 – BStBl. II 1998, 718.
[577] BFH Urt. v. 5.3.1964 – IV 417/62 – HFR 1964, 416.
[578] BFH Urt. v. 25.8.1966 – IV 299/62 – BStBl. III 1966, 675; der BFH spricht hier von einem lediglich „nahestehenden Angehörigen".
[579] BFH Urt. v. 16.12.1993 – X R 67/92 – DStR 1994, 497.

geltliches Anschaffungsgeschäft handelt (vgl. § 35 Rdnr. 226). Hält man also die Übertragung des Vermögens an familienfremde Dritte für zulässig, so müssen in Abgrenzung zu den entgeltlichen Geschäften zusätzlich bestimmte Beweisanzeichen vorliegen, die den Anschein der Entgeltlichkeit widerlegen. Denkbare Beweisanzeichen sind

- besondere persönliche Beziehungen zwischen dem Übertragenden und dem Übernehmer,
- die Vertragsbedingungen wurden allein nach dem Versorgungsbedürfnis des Übergebers und der Leistungsfähigkeit des Übernehmers vereinbart oder
- die Versorgungsleistungen sind aus dem übertragenen Vermögen zu erwirtschaften.

4. Vermögensübergabe gegen Versorgungsleistungen (ehemaliger Typus 2)

Checkliste 186

☐ Eine Vermögensübergabe gegen Versorgungsleistungen des **Typus 2** liegt vor, wenn
- Leistungen auf Lebenszeit
- an bestimmte Empfänger erbracht werden,
- eine bestimmte existenzsichernde,
- aber nicht ausreichend ertragbringende Wirtschaftseinheit
- auf bestimmte Empfänger übertragen wurde,
- der Wert dieser Wirtschaftseinheit mindestens 50% des Rentenbarwerts beträgt,
- der obligatorische Vertrag vor dem 1.11.2004 geschlossen wurde und
- Übergeber und Übernehmer übereinstimmend an der bisherigen steuerlichen Beurteilung festhalten.

Der Typus 2 wurde von der Finanzverwaltung geschaffen, weil sie befürchtete, dass andernfalls eine Vermögensübergabe gegen Versorgungsleistungen in vielen Fällen nicht mehr möglich wäre.[580] Der Große Senat verweist demgegenüber auf den Grundgedanken und zugleich die Rechtfertigung des Instituts der Vermögensübergabe gegen Versorgungsleistungen, wonach es sich bei den wiederkehrenden Leistungen um vorbehaltene Vermögenserträge handelt. Danach sei es unabdingbar, dass wiederkehrende Leistungen nur dann als Sonderausgaben Berücksichtigung finden können, wenn sie aus den erzielbaren Nettoerträgen des übergebenen Vermögens erbracht werden können.[581] Nach langem Zögern hat die Finanzverwaltung die Vermögensübergabe gegen Versorgungsleistungen des Typus 2 mit Wirkung ab dem 1. November 2004 **aufgegeben**. Sie gewährt jedoch unter bestimmten Voraussetzungen bei vor diesem Zeitpunkt abgeschlossenen obligatorischen Verträgen Bestandsschutz.[582] Der Typus 2 unterscheidet sich somit vom ehemaligen Typus 1 lediglich dadurch, dass nur bestimmte Wirtschaftseinheiten erfasst werden und diese nicht ausreichend ertragbringend sind (vgl. § 36 Rdnr. 174 ff.), der Wert der übertragenen Wirtschaftseinheit aber dennoch mehr als 50% des Rentenbarwerts beträgt. Zunächst ist festzustellen, dass die Finanzverwaltung auch bei der von ihr erschaffenen Vermögensübergabe gegen Versorgungsleistungen des Typus 2 an dem von der Rechtsprechung entwickelten Leitbild festhält: Das landwirtschaftliche und städtische Altenteil ist der „Urtypus",[583] an dem sich alle Gestaltungen der Vermögensübergabe gegen Versorgungsleistungen messen lassen müssen. Erforderlich ist daher, dass es sich um Leistungen auf Lebenszeit (vgl. § 36 Rdnr. 159) handelt, die an bestimmte Empfänger gezahlt werden (vgl. § 36 Rdnr. 162 ff.). Zudem muss das übertragene Vermögen existenzsichernde Qualität besitzen (vgl. § 36 Rdnr. 167), was, da es sich um eine Art Bestandsschutz handelt, nur bei dem engen Kreis an Wirtschaftsgütern in Betracht kommt, der von der Finanzverwaltung bisher als existenzsichernd anerkannt wurde. Von der Ausnahmeregelung im neuen Rentenerlass werden daher nur Betrieben, Teilbetrieben, Mitunternehmeranteilen, Anteilen an Kapitalgesellschaften, Geschäfts-

---
[580] Vgl. *Brandenberg*, Freundesgabe für Haas, 1996, 39.
[581] GrS BFH Beschl. v. 12.5.2003 – 1/00 u. 2/00 – BStBl. II 2004, 95, 100.
[582] BMF Schr. v. 16.9.2004 – IV C 3 – S 2255 – 354/04 – BStBl. I 2004, 922 Rdnr. 74.
[583] *P. Fischer* Stbg 1997, 201, 204.

oder Mietwohngrundstücken, vermietete Einfamilienhäusern und Eigentumswohnungen sowie verpachteten unbebauten Grundstücken existenzsichernde Qualität zuerkannt.[584]

188 Nicht erforderlich ist nach Ansicht der Finanzverwaltung, dass die Erträge des übertragenen Vermögens ausreichen müssen, um die Versorgungsleistungen zu erbringen. Die Abgrenzung zu den Unterhaltsleistungen wird von der Finanzverwaltung statt dessen dadurch erreicht, dass der **Wert des übertragenen Vermögens** im Zeitpunkt der Vermögensübergabe bei überschlägiger und großzügiger Berechnung mindestens die Hälfte des Kapitalwerts der wiederkehrenden Leistungen betragen muss (sog. **50 v. H. – Regel**). Der Wert des Vermögens bestimmt sich nach dem Betrag, den ein fremder Dritter als Kaufpreis akzeptieren würde.[585] Er ist daher gleichzusetzen mit dem **Verkehrswert**. Die Berechnung hat „überschlägig und großzügig"[586] zu erfolgen. Abzustellen ist auf das Vermögen im **Zeitpunkt der Vermögensübergabe**. Dies gilt auch bei der gleitenden Vermögensübergabe (vgl. § 36 Rdnr. 168).[587] Hier besteht ein Unterschied zum ehemaligen Typus 1, bei dem die Verhältnisse im Zeitpunkt der Ablösung des Nießbrauchsrechts (= Zeitpunkt der Vereinbarung der wiederkehrenden Leistungen) maßgebend sind (vgl. § 36 Rdnr. 168 a.E.). Dabei ist der Vorbehaltsnießbrauch nicht wertmindernd zu berücksichtigen.

189 Der **Kapitalwert der wiederkehrenden Leistungen** ist entsprechend § 14 BewG zu ermitteln, wenn die **Leistungen auf Lebenszeit** gezahlt werden (vgl. § 35 Rdnr. 42 ff.). Ist ausnahmsweise die Vereinbarung einer **wiederkehrenden Leistung auf Zeit** zulässig, weil eine Versorgungslücke geschlossen werden soll (vgl. § 36 Rdnr. 159), ist der Kapitalwert der wiederkehrenden Leistungen entsprechend § 13 BewG zu ermitteln (vgl. § 35 Rdnr. 41).

190 Eine **teilentgeltliche Vermögensübertragung** gegen Versorgungsleistungen des Typus 2 liegt vor, wenn neben den wiederkehrenden Leistungen Abstandszahlungen geleistet, Gleichstellungsgelder gezahlt oder Verbindlichkeiten übernommen werden. Hier ist für die Gegenüberstellung von Wert des Vermögens und Kapitalwert der wiederkehrenden Leistung lediglich der unentgeltliche erworbene Anteil des Vermögens zu berücksichtigen, d.h. derjenige, der gegen die wiederkehrenden Leistungen übertragen wird. Zur Ermittlung dieses Anteils ist bei der Übertragung von Privatvermögen und einzelnen Wirtschaftsgütern des Betriebsvermögens die Aufteilungsmethode (vgl. § 35 Rdnr. 224) und bei Betrieben, Teilbetrieben und Mitunternehmeranteilen die Einheitsmethode (vgl. § 35 Rdnr. 225) anzuwenden.[588] Der so ermittelte unentgeltliche Teil des übertragenen Vermögens ist dann zum Kapitalwert der wiederkehrenden Leistungen in Beziehung zu setzen. Beträgt er 50% des Kapitalwerts oder mehr, liegt insoweit eine Versorgungsleistung des Typus 2 vor. Liegt der Vermögenswert dagegen unter 50% des Kapitalwerts, handelt es sich um eine steuerlich unbeachtliche Unterhaltsleistung (vgl. § 36 Rdnr. 205).

191 Beim **partiellen Nießbrauch,** bei dem sich der Nießbrauch nicht auf das gesamte übertragene Vermögen erstreckt, sondern nur Teile desselben erfasst, ist die Beurteilung ähnlich. Hier ist der nießbrauchsbelastete Anteil auszuscheiden und nur der Anteil des Vermögens für die Gegenüberstellung von Vermögenswert und Kapitalwert heranzuziehen, der gegen wiederkehrende Leistungen übertragen wird. Dieser Anteil ist ebenfalls nach der Aufteilungsmethode zu ermitteln (vgl. § 35 Rdnr. 224).

192 Neu als Tatbestandsmerkmale des Typus 2 hinzugekommen sind der Termin des Abschlusses des obligatorischen Vertrages und der Zwang zur Einigung von Übergeber und Übernehmer. Beide Merkmale entsprechen dem Verständnis des Typus 2 als Bestandsschutzregelung. Mit Veröffentlichung des neuen Rentenerlasses im Bundessteuerblatt ist die neue Sichtweise der Finanzverwaltung bindend. Wurde vor diesem Datum ein obligatorischer Vertrag zur Vermögensübergabe gegen Versorgungsleistungen geschlossen, der zwar nicht unter den alten Typus 1 fiel, der aber dem Typus 2 entsprach, so lässt sich die Finanzverwaltung an ihrer bisherigen Sichtweise festhalten. Auf den Vollzug des Vertrages kommt es dabei nicht an.

---

[584] BMF Schr. v. 16.9.2004 – IV C 3 – S 2255 – 354/04 – BStBl. I 2004, 922 Rdnr. 74 i.V.m. BMF Schr. v. 26.8.2002 – IV C 3 – S 2255 – 420/02 – BStBl. I 2002, 893 Rdnr. 8.
[585] BFH Urt. v. 23.1.1964 – IV 8/62 U – BStBl. III 1964, 422.
[586] GrS BFH Beschl. v. 15.7.1991 – GrS 1/90 – BStBl. II 1992, 78; BMF v. 26.8.2002 – IV C 3 – S 2255 – 420/02 – BStBl. I 2002, 893 Rdnr. 18.1.
[587] BMF v. 26.8.2002 – IV C 3 – S 2255 – 420/02 – BStBl. I 2002, 893 Rdnr. 18.1.
[588] BMF v. 23.12.1996 – IV B 3 – S 2257–54/96 – BStBl. I 1996, 1508, Beispiel Rdnr. 19 i.V.m. Rdnr. 16.

Weiterhin ist erforderlich, dass Übergeber und Übernehmer übereinstimmend an der bis- 193
herigen steuerlichen Beurteilung festhalten. Man kann nur hoffen, dass dieses – unnötige –
Kriterium keine Zwietracht sät. Beruhigend ist nur, dass die Beteiligten an die einmal getroffene Entscheidung für die Zukunft gebunden sind. Damit dürfte jeweils die erste nach dem
01. November 2004 abgegebene Einkommensteuererklärung von Übergeber und Übernehmer
die Unsicherheit beenden und zwar unabhängig davon, welches Jahr sie betrifft. Völlig unklar
ist, welche zivilrechtlichen Folgen eine grundlos verweigerte Zustimmung hat. Es spricht vieles
dafür, dass sie ungeahndet bleibt.

5. Nachträgliche Umschichtung des übertragenen Vermögens

Eine Veränderung des übernommenen Vermögens, die sog. **Umschichtung,** ist zulässig, wenn 194
zeitnah die Wiederanlage in existenzsicherndes Vermögen erfolgt.[589] In diesem Fall ändert sich
an der Einordnung der wiederkehrenden Leistungen als Versorgungsleistungen nichts. Die
Wiederanlage in existenzsicherndes Vermögen ist im Wege des Tausches, aber auch durch Ver-
äußerung und Reinvestition oder Herstellung[590] zulässig. Die Einbringung des übernommenen
Vermögens in eine Kapital- oder Personengesellschaft im Sinne der §§ 20, 24 UmwStG gegen
Gewährung von Gesellschaftsanteilen bzw. -rechten stellt nach Ansicht der Finanzverwaltung
keine nachträgliche Umschichtung dar.[591] Gleiches gilt für die formwechselnde Umwandlung,
Verschmelzung oder die Realteilung von Personengesellschaften. Erst die Veräußerung oder
Übertragung in sonstiger Weise auf Dritte führt zur Umschichtung oder Beendigung der
Versorgungsleistung.

Unklar ist, was die Finanzverwaltung bei der nachträglichen Umschichtung des übergebenen
Vermögens unter dem Begriff „zeitnah" versteht. Anders als bei der zwischen Übergeber und
Übernehmer im Voraus vereinbarten Umschichtung (vgl. § 36 Rdnr. 170) hat die Finanzverwaltung hier weder explizit einen Zeithorizont benannt, noch auf die entsprechende Regelung
bei der im Versorgungsvertrag vereinbarten Umschichtung verwiesen. Die dort genannte Drei-
Jahresfrist dürfte ihr daher wohl zu lang sein. Andererseits muss dem Übernehmer die Möglichkeit verbleiben, sich in angemessener Zeit und ohne Hektik eine adäquate Ersatzinvestition zu
suchen. Eine Frist von einem Jahr wird man ihm daher schon zubilligen müssen.[592] Eventuell
könnte es sich empfehlen, den Erlös in eine existenzsichernde und ausreichend ertragbringende
Zwischenanlage zu investieren (z.B. festverzinsliche Wertpapiere) und dann, wenn man ein
geeignetes Reinvestitionsobjekt gefunden hat, erneut umzuschichten.

War Gegenstand der Vermögensübergabe gegen Versorgungsleistungen eine existenzsi- 195
chernde Wirtschaftseinheit mit Endfälligkeit (z.B. festverzinsliche Wertpapiere), so wird der
sachliche Zusammenhang der wiederkehrenden Leistungen mit der Vermögensübergabe im
Zeitpunkt der Fälligkeit unterbrochen. Auch in diesem Fall, in dem das Vermögen planmäßig
seine existenzsichernde Qualität verliert, lässt die Finanzverwaltung eine Umschichtung
zu.[593] Gleiches muss gelten, wenn der Übernehmer aufgrund einer entsprechenden Regelung
im Gesellschaftsvertrag einer Gesellschaft aus dieser gegen Abfindung ausscheidet. So finden
sich in Gesellschaftsverträgen vereinzelt Regelungen, wo ein Gesellschafter mit Erreichen einer
bestimmten Altersgrenze aus der Gesellschaft zwangsweise ausscheidet. Wird die Abfindung
in existenzsicherndes Vermögen umgeschichtet, kann der Übernehmer die an den Übergeber
gezahlten wiederkehrenden Leistungen auch weiterhin als Sonderausgaben abziehen, sofern

---

[589] BMF Schr. v. 16.9.2004 – IV C 3 – S 2255 – 354/04 – BStBl. I 2004, 922 Rdnr. 31; a.A. BFH Urt. v. 17.6.1998 – X R 104/94 – BStBl. 2002, 646; der X. Senat verweist in seinem Urteil vom 31. März 2004 (Az. X R 66/98 – BStBl. II 2004, 830) in einem Klammerzusatz im Zusammenhang mit der Anschaffung eines Surrogats auf dieses Urteil, was darauf hindeuten könnte, dass er die Fälle der nachträglichen Umschichtung weiterhin sehr restriktiv behandeln will, was allerdings wohl von der Finanzverwaltung und auch vom Großen Senat (Beschl. v. 12.5.2003 – GrS 1/00 – BStBl. II 2004, 95) anders gesehen wird, ebenso *Schwenke* DStR 2004, 1679, der zutreffend anmerkt, dass sich der Große Senat des BFH vor einer Aussage zur rechtlichen Behandlung einer nachträglichen Umschichtung „gedrückt" hat.
[590] BMF Schr. v. 16.9.2004 – IV C 3 – S 2255 – 354/04 – BStBl. I 2004, 922 Rdnr. 31.
[591] BMF Schr. v. 16.9.2004 – IV C 3 – S 2255 – 354/04 – BStBl. I 2004, 922 Rdnr. 32.
[592] Ebenso *Schwenke* DStR 2004, 1679. Nach dem Beispiel in BMF Schr. v. 16.9.2004 – IV C 3 – S 2255 – 354/04 – BStBl. I 2004, 922 Rdnr. 31 ist jedenfalls ein Monat als zeitnah anzusehen.
[593] BMF Schr. v. 16.9.2004 – IV C 3 – S 2255 – 354/04 – BStBl. I 2004, 922 Rdnr. 33.

dieses ausreichend ertragbringend ist. Dies könnte in den Fällen, in denen eine Abfindung zum Buchwert vorgesehen ist, möglicherweise schwierig werden. Bei der Übertragung von Personen- und Kapitalgesellschaftsanteilen ist daher diesen Regelungen im Gesellschaftsvertrag Beachtung zu schenken. Ist keine Abfindung vorgesehen oder reicht die Abfindung nicht aus, um ausreichend ertragreiches Vermögen zu erwerben, dürfte nach Ansicht der Finanzverwaltung der Sonderausgabenabzug beim Übernehmer und die Versteuerung beim Übergeber ab diesem Zeitpunkt entfallen;[594] es liegt dann eine steuerlich unbeachtliche Unterhaltsleistung vor (vgl. aber § 36 Rdnr. 207).

196 Hinsichtlich der **Ertragsprognose** stellt die Finanzverwaltung ausschließlich auf die Erträge ab dem Zeitpunkt der Anschaffung oder Herstellung der Ersatzwirtschaftseinheit ab. Ausreichende Erträge sollen danach vorliegen, wenn die durchschnittlichen Erträge des Jahrs der nachträglichen Umschichtung und der beiden folgenden Jahre ausreichen.[595] Letztlich trifft die Finanzverwaltung auf diese Weise keine Prognose, sondern wartet einfach ab, ob die nächsten drei Jahre durchschnittlich ausreichende Erträge bringen. In dieser „Bewährungsfrist" werden die Veranlagungen über § 165 AO insoweit „offen" gehalten. Das Risiko der Allgemeinen wirtschaftlichen Entwicklung ruht somit auf den Schultern des umschichtenden Übernehmers. Dies entspricht nicht den Vorgaben des Bundesfinanzhofs zur im Voraus vereinbarten Umschichtung.[596] Richtigerweise muss hier ein Gleichklang geschaffen werden und die Ertragsprognose daher auch auf die Vergangenheit gestützt werden können. Sind in der Vergangenheit ausreichende Überschüsse erwirtschaftet worden, ist grundsätzlich von einer ausreichend ertragbringenden Wirtschaftseinheit auszugehen. Dabei ist auch hier von einer überschlägigen Berechnung auszugehen und die im Steuerrecht allgemein anerkannte Geringfügigkeitsgrenze von 10 v. H. zu beachten.

Veräußert der Übernehmer Teile des übernommenen Vermögens an Dritte, ist dies solange unschädlich, wie der verbleibende Rest des übernommenen Vermögens weiterhin eine existenzsichernde (vgl. § 36 Rdnr. 167 ff.) und ausreichend ertragbringende (vgl. § 36 Rdnr. 174 ff.) Wirtschaftseinheit darstellt.[597] Maßgebend für die Beurteilung sind die Erträge ab dem Zeitpunkt, ab dem der übertragende Vermögensteil nicht mehr dem Übernehmer, sondern dem Dritten steuerlich zuzurechnen ist.

Überträgt der Übernehmer das übernommene Vermögen auf einen Dritten und erwirbt er lediglich mit einem Teil des Erlöses zeitnah eine existenzsichernde (vgl. § 36 Rdnr. 167 ff.) und ausreichend ertragbringende (vgl. § 36 Rdnr. 174 ff.) Wirtschaftseinheit oder stellt eine solche her, so bleibt der sachliche Zusammenhang zwischen der wiederkehrenden Leistung und der Vermögensübergabe bestehen.[598] Entscheidend ist, dass der Ertrag der angeschafften oder hergestellten Wirtschaftseinheit ausreicht, um die wiederkehrenden Leistungen – bei Berücksichtigung der Geringfügigkeitsgrenze zumindest zu 90 v. H. – zu erbringen. Es muss daher nur so viel umgeschichtet werden, dass sich die wiederkehrenden Leistungen hieraus finanzieren lassen. Über den Rest kann der Übernehmer frei verfügen. Entsprechendes gilt, wenn der Übernehmer zusätzlich zu dem aus der Veräußerung der übergebenen Wirtschaftseinheit erlangten Erlös eigene Mittel aufwendet[599] oder die Ersatzwirtschaftseinheit daneben fremdfinanziert. Auch hier kommt es für den sachlichen Zusammenhang zwischen den wiederkehrenden Leistungen und der Vermögensübergabe allein darauf an, dass diese aus dem umgeschichteten Vermögen zumindest zu 90 v. H. erbracht werden können. Der auf den zusätzlichen eigen- oder fremdfinanzierten Anteil entfallende Erlös ist für die Beurteilung der ausreichenden Ertragskraft auszublenden.

197 Bei der **Umschichtung in nicht existenzsicherndes Vermögen** endet die Versorgungsleistung in dem Zeitpunkt, in dem der Übernehmer das übernommene Vermögen auf einen Dritten

---

[594] BMF Schr. v. 16.9.2004 – IV C 3 – S 2255 – 354/04 – BStBl. I 2004, 922 Rdnr. 28.
[595] BMF Schr. v. 16.9.2004 – IV C 3 – S 2255 – 354/04 – BStBl. I 2004, 922 Rdnr. 31.
[596] GrS BFH Urt. v. 12.5.2003 – GrS 1/00 – BStBl. II 2004, 95 unter C. II. 6. c).
[597] BMF Schr. v. 16.9.2004 – IV C 3 – S 2255 – 354/04 – BStBl. I 2004, 922 Rdnr. 30.
[598] BMF Schr. v. 16.9.2004 – IV C 3 – S 2255 – 354/04 – BStBl. I 2004, 922 Rdnr. 31.
[599] BMF Schr. v. 16.9.2004 – IV C 3 – S 2255 – 354/04 – BStBl. I 2004, 922 Rdnr. 31.

überträgt und es ihm steuerrechtlich nicht mehr zuzurechnen ist.[600] Ab dann erzielt der Übergeber Unterhaltsleistungen im Sinne des § 12 Nr. 2 EStG, die gemäß § 22 Nr. 1 EStG nicht mehr steuerbar sind und die beim Übernehmer nicht mehr als Sonderausgaben nach § 10 Abs. 1 Nr. 1 a EStG abgezogen werden dürfen. Die früher von der Finanzverwaltung anerkannte **Schamfrist von fünf Jahren,** nach deren Verstreichen eine derartige Umschichtung sanktionslos möglich war, gilt nur noch für Vermögensumschichtungen auf Dritte, die aufgrund eines vor dem 1.11.2004 abgeschlossenen obligatorischen Vertrags erfolgten.[601]

Bei der **Weiterübertragung im Wege der vorweggenommenen Erbfolge** endet der sachliche Zusammenhang der wiederkehrenden Leistung mit der Vermögensübergabe grundsätzlich nicht (vgl. § 36 Rdnr. 149). Die wiederkehrenden Leistungen können auch dann weiterhin als Versorgungsleistungen zu behandeln sein, wenn daneben noch Leistungen vereinbart werden, die zu Anschaffungskosten oder zu einem Veräußerungserlös führen.[602] Wird ein **Vorbehaltsnießbrauch durch wiederkehrende Leistungen abgelöst** und geschieht dies im Zusammenhang mit einer – dann lastenfreien – Veräußerung des Nießbrauchsgegenstandes durch den Nießbrauchsbelasteten, handelt es sich nach Auffassung des BFH[603] bei den wiederkehrenden Leistungen nicht um Versorgungsleistungen. Der Verzicht auf einen Vorbehaltsnießbrauch an einer existenzsichernden Wirtschaftseinheit stehe nur dann einer Vermögensübergabe gleich, wenn das Objekt zu dem Zweck des weiteren „Bewirtschaftens" übergeben werde. Bei der hier in Rede stehenden Konstellation werde jedoch der Verzicht auf den Vorbehaltsnießbrauch „erkauft", um die Wirtschaftseinheit (besser) veräußern zu können. Dies stehe bei wertender Beurteilung der Übergabe eines Geldbetrages und somit der einer nicht existenzsichernden Wirtschaftseinheit näher als der Übergabe eines Hofes oder Betriebes. Tatsächlich handelt es sich hier jedoch um eine **nachträgliche Umschichtung** des übertragenen Vermögens.[604] Daher besteht kein sachlicher Grund, warum ausgerechnet die Ablösung des Vorbehaltsnießbrauchs im Rahmen der nachträglichen Umschichtung anders als anderes Vermögen behandelt werden soll. Dies scheint jetzt auch die Finanzverwaltung so zu sehen.[605] Sie will nunmehr die Ablösung zum Zwecke der lastenfreien Veräußerung anerkennen, wenn sich der Übernehmer im Zusammenhang mit der Ablösung des Nießbrauchsrechts oder bereits im Übergabevertrag dazu verpflichtet, den Veräußerungserlös in eine ihrer Art nach bestimmte ausreichend ertragbringende Wirtschaftseinheit zu investieren (vgl. § 36 Rdnr. 170).

6. Vermögensübergabe gegen Austauschleistungen

Bei der **Austauschleistung** (Gegenleistungsrente) handelt es sich stets um eine Gegenleistung, die sowohl zu einer entgeltlichen, als auch zu einer unentgeltlichen Vermögensübertragung führen kann.[606] Anders als bei der Versorgungs- (vgl. § 36 Rdnr. 153 ff.) oder Unterhaltsleistung (vgl. § 36 Rdnr. 205 ff.) führt die Feststellung, dass sie vorliegt, noch nicht automatisch zu einem Ergebnis über die Entgeltlichkeit oder Unentgeltlichkeit der Vermögensübertragung. Dies ist vielmehr in einem zweiten Schritt zu prüfen (vgl. § 35 Rdnr. 223 ff.).

Checkliste

☐ Eine Vermögensübergabe gegen **Austauschleistung** (Gegenleistungsrente) liegt nach dem Renten-Erlass vor, wenn im Zusammenhang mit der Vermögensübergabe **entweder**
- die Beteiligten Leistung (Vermögensübergabe) und Gegenleistung (wiederkehrende Leistungen) nach kaufmännischen Gesichtspunkten gegeneinander abgewogen haben

---

[600] BFH Urt. v. 31.3.2004 – X R 66/98 – BStBl. II 2004, 830; BMF Schr. v. 16.9.2004 – IV C 3 – S 2255 – 354/04 – BStBl. I 2004, 922 Rdnr. 28.
[601] BMF v. 16.9.2004 – BStBl. I 2004, 922 Rdnr. 67 i.V.m. BMF v. 23.12.1996 – IV B 3 – S 2257 – 54/96 – BStBl. I 1996, 1508 Rdnr. 21.
[602] BMF Schr. v. 16.9.2004 – IV C 3 – S 2255 – 354/04 – BStBl. I 2004, 922 Rdnr. 29.
[603] BFH Urt. v. 14.2.1996 – X R 106/91 – BStBl. II 1996, 687.
[604] Sudhoff/ *v. Sothen* § 55 Rdnr. 88.
[605] BMF Schr. v. 16.9.2004 – IV C 3 – S 2255 – 354/04 – BStBl. I 2004, 922 Rdnr. 18.
[606] Vgl. Schaubild § 36 Rdnr. 146.

und subjektiv von der Gleichwertigkeit der beiderseitigen Leistungen ausgehen durften, auch wenn Leistung und Gegenleistung objektiv ungleichgewichtig sind
(1. Alternative),
oder
- Leistungen auf fest bestimmte Zeit erbracht werden **oder**
- Leistungen nicht an begünstigte Leistungsempfänger erbracht werden **oder**
- keine existenzsichernde **oder**
- keine ausreichend ertragbringende Wirtschaftseinheit übertragen wird **oder**
- der Übernehmer nicht zum begünstigten Personenkreis gehört

und
- der Wert der übertragenen Wirtschaftseinheit mindestens 50% des Rentenbarwerts beträgt

(2. Alternative).

200 Bei der **ersten Alternative** handelt es sich um das klassische Veräußerungsgeschäft. Die Gegenleistung besteht in einer wiederkehrenden Leistung. Maßgebend ist, dass sich die Parteien wie fremde Dritte verhalten haben. Es sollte nichts geschenkt, sondern vielmehr ein kaufmännisches Geschäft vollzogen werden. Auf die objektive Wertgleichheit von Leistung und Gegenleistung kommt es zutreffenderweise nicht an. Jeder, der schon einmal versucht hat, z.B. ein Unternehmen zu bewerten, weiß, dass es einen derartigen objektiven Wert nicht gibt und auch nicht geben kann. Bei Verträgen unter Angehörigen ist jedoch zu beachten, dass den Steuerpflichtigen die Beweislast für die kaufmännische Ausgewogenheit trifft (vgl. § 35 Rdnr. 226).

201 Die **zweite Alternative** ist aus der Abgrenzung zur Versorgungsleistung entstanden und unterscheidet sich von dieser im Wesentlichen dadurch, dass bestimmte Tatbestandsvoraussetzungen der Versorgungsleistung nicht erfüllt sind. Man könnte daher insoweit auch von einem Auffangtatbestand sprechen. Gleichzeitig wird deutlich, dass die Finanzverwaltung – und wohl auch die Rechtsprechung – bei der Vermögensübertragung gegen wiederkehrende Leistungen zunächst prüft, ob es sich um eine Versorgungsleistung handelt. Ist dies nicht der Fall, wird primär der Gegenleistungsaspekt verfolgt. Erst danach gelangt man zur Unterhaltsleistung. Die ersten fünf Tatbestandsmerkmale müssen nur alternativ vorliegen. Es schadet jedoch nicht, wenn sie kumulativ gegeben sind. So kann es sich z.B. auch bei einer Leibrente auf fünf Jahre (Leistung auf fest bestimmte Zeit) an die Haushälterin (nicht begünstigte Leistungsempfängerin) gegen Übertragung einer Briefmarkensammlung (keine existenzsichernde Wirtschaftseinheit) an einen leidenschaftlichen, dem Übertragenden aber völlig unbekannten Sammler (nicht zum begünstigter Personenkreis) zumindest teilweise um eine Austauschleistung handeln, wenn der Wert der Sammlung nur größer als 50% des Kapitalwerts der Leibrente ist.

202 Bei den **Leistungen auf fest bestimmte Zeit** steht der Gegenleistungsgedanke im Vordergrund (vgl. § 36 Rdnr. 159). Zu ihnen zählen langfristige Raten, seien es Kaufpreis- oder Tilgungsraten, Zeitrenten, verlängerte Leibrenten (Mindestzeitrenten, verlängerte dauernde Lasten),[607] und abgekürzte Leibrenten oder dauernden Lasten. Werden die wiederkehrenden Leistungen an **nicht begünstigte Leistungsempfänger** (z.B. die Haushälterin) gezahlt (vgl. § 36 Rdnr. 162 ff.), entspricht dies nicht mehr dem Charakter der Übertragung im Generationennachfolge-Verbund. Sind die Geschwister des Übernehmers Empfänger der Versorgungsleistungen, besteht nach Ansicht von Rechtsprechung und Finanzverwaltung die widerlegbare Vermutung, dass es sich hierbei um Gleichstellungsgelder und nicht um Versorgungsbezüge handelt.[608] Maßstab ist der zivilrechtliche Altenteilsvertrag. In den meisten Fällen gehen die an die Geschwister zu zahlenden Renten aber nach Gegenstand und Höhe über wiederkehrende Leistungen eines typischen Leibgedingvertrages deutlich hinaus. Dem Steuerpflichtigen wird es daher in aller Regel sehr schwer fallen, die Vermutung der privaten

---

[607] BFH Urt. v. 21.10.1999 – X R 75/97 – DStR 2000, 147 m.w.N. Dies gilt unabhängig von der statistischen Lebenserwartung des Berechtigten (vgl. § 36 Rdnr. 159).
[608] BFH Urt. v. 20.10.1999 – X R 86/96 – BStBl. II 2000, 602; BMF v. 16.9.2004 – IV C 3 – S 2255 – 354/04 – BStBl. I 2004, 922 Rdnr. 36 (vgl. § 36 Rdnr. 166).

Veranlassung zu widerlegen mit der Folge, dass grundsätzlich eine Gegenleistungsrente vorliegt (vgl. § 36 Rdnr. 200). Werden die wiederkehrenden Leistungen allerdings für einen Erb- oder Pflichtteilsverzicht gezahlt, so handelt es sich um auf den erbrechtlichen Ausgleich gerichtete Schulden des (zukünftigen) Erben gegenüber (zukünftigen) Miterben, die ihrer Rechtsnatur nach privat sind und die Einkunftssphäre nicht berühren.[609]

Wird eine **nicht existenzsichernde Wirtschaftseinheit** (z.B. ertragloses Vermögen, Hausrat, Brachland, vgl. § 36 Rdnr. 168) übertragen, widerspricht dies einer auf die Versorgung gerichteten Leistung. Auch hier schiebt sich der Gegenleistungscharakter in den Vordergrund.

Kumulativ fordert die Finanzverwaltung als Abgrenzung zur Unterhaltsleistung zusätzlich, dass der Wert des übertragenen Vermögens mindestens die Hälfte des Kapitalwerts der wiederkehrenden Leistungen ausmacht (**50 v. H. – Regel**, vgl. § 36 Rdnr. 188):[610]

Wert der Wirtschaftseinheit ≥ 50% des Kapitalwerts

Der **Wert des Vermögens** bestimmt sich nach dem Betrag, den ein fremder Dritter als Kaufpreis akzeptieren würde.[611] Er ist daher gleichzusetzen mit dem **Verkehrswert**. Bei der Berechnung ist auf das Vermögen im **Zeitpunkt der Vermögensübergabe** abzustellen. Dies gilt auch bei der gleitenden Vermögensübergabe, bei der zunächst nur das Vermögen unter Vorbehalt des Nießbrauchs übertragen und erst später das vorbehaltene Nutzungsrecht gegen wiederkehrende Leistungen abgelöst wird.[612] Der Vorbehaltsnießbrauch ist bei der Berechnung des Vermögenswerts nicht wertmindernd zu berücksichtigen.

Der **Kapitalwert der wiederkehrenden Leistungen** ist entsprechend § 14 BewG zu ermitteln, wenn die **Leistungen auf Lebenszeit** gezahlt werden. Hierzu ist der Jahreswert der wiederkehrenden Leistungen, d.h., die Summe, die jährlich zu zahlen ist, mit dem aus der Anlage 9 zu § 14 BewG zu entnehmenden Vervielfältiger zu multiplizieren. Nur wenn der Wert des übertragenen Vermögens oberhalb dieser Grenze ist, können Austauschleistungen überhaupt vorliegen. Liegt er darunter, stellen die wiederkehrenden Leistungen **in voller Höhe**[613] Unterhaltsleistungen dar (vgl. § 36 Rdnr. 205 ff.). Im Einzelnen sind drei Fälle zu unterscheiden:

- Der Kapitalwert der wiederkehrenden Leistungen und der Wert des übertragenen Vermögens entsprechen einander (**Kapitalwert = Vermögenswert**). Es liegt im Grunde genommen ein Fall der ersten Alternative (vgl. § 36 Rdnr. 200) vor, der sich allerdings dadurch von dieser unterscheidet, dass die Beteiligten keine kaufmännischen Interessen verfolgten und auch subjektiv nicht von der Gleichwertigkeit ausgingen. Bei Vermögensübertragungen zwischen Angehörigen muss die Vermutung, dass die wiederkehrenden Leistungen nach dem Versorgungsbedürfnis der Angehörigen bemessen wurden und daher eine Unterhaltsleistung anzunehmen ist, durch das Vorliegen zumindest eines der ersten Tatbestandsmerkmale der zweiten Alternative als widerlegt angesehen werden. Die wiederkehrenden Leistungen sind daher vollen Umfangs Austauschleistungen. Die Übertragung erfolgt gegen Gegenleistung und ist voll entgeltlich.
- Der Wert des Vermögens ist größer oder gleich 50 v. H., aber kleiner als 100 v. H. des Kapitalwerts der wiederkehrenden Leistungen (**Vermögenswert ≥ 50% aber < 100% des Kapitalwerts**). Hier ist lediglich eine Austauschleistung **in Höhe des angemessenen Kaufpreises** anzunehmen. Der übersteigende Betrag ist eine Zuwendung i. S. d. § 12 Nr. 2 EStG. Die jeweiligen Anteile werden nach der Aufteilungsmethode ermittelt:

$$\text{Austauschleistung in \%} = \frac{\text{Verkehrswert} \times 100}{\text{Kapitalwert}}$$

---

[609] BFH Urt. v. 20.10.1999 – X R 132/95 – BStBl. II 2000, 82; Urt. v. 20.10.1999 – X R 86/96 – BStBl. II 2000, 602; Urt. v. 31.7.2002 – X R 39/01 – BFH/NV 2002, 1575.
[610] BMF v. 16.9.2004 – IV C 3 – S 2255 – 354/04 – BStBl. I 2004, 922 Rdnr. 50 S. 6.
[611] BFH Urt. v. 23.1.1964 – IV 8/62 U – BStBl. III 1964, 422.
[612] BMF Schr. v. 26.8.2002 – IV C 3 – S 2255 – 420/02 – BStBl. I 2002, 893 Rdnr. 18.1 (vgl. § 36 Rdnr. 168).
[613] Der Große Senat des BFH hat die Frage ausdrücklich offen gelassen, ob bei Unterschreiten der 50 %-Grenze die wiederkehrenden Leistungen entsprechend der bisherigen Rechtsprechung (BFH Urt. v. 23.1.1964 – IV 8/62 U – BStBl. III 1964, 422) und Verwaltungsauffassung insgesamt als Unterhaltsleistungen zu werten sind, oder ob – wie hier befürwortet, vgl. § 36 Rdnr. 175 – eine Aufteilung in Versorgungsleistungen (vorbehaltene Erträge) einerseits und Unterhaltsleistungen andererseits vorzunehmen ist, GrS BFH Beschl. v. 12.5.2003 – GrS 2/00 – BStBl. II 2004, 100.

$$\text{Unterhaltsleistung in \%} = \frac{(\text{Kapitalwert ./. Verkehrswert}) \times 100}{\text{Kapitalwert}}$$

- Der Wert des Vermögens ist größer als 100 v. H. des Kapitalwerts der wiederkehrenden Leistungen (**Vermögenswert > 100% des Kapitalwerts**). Es liegt in vollem Umfang eine Austauschleistung vor. Die Vermögensübertragung erfolgte gegen eine Gegenleistung. Ob diese entgeltlicher oder unentgeltlicher Natur ist, ist nach den allgemeinen Grundsätzen (vgl. § 35 Rdnr. 224 f.) zu entscheiden.

7. Vermögensübergabe gegen Unterhaltsleistungen

205 **Unterhaltsleistungen** sind in der Regel wiederkehrende Leistungen, die nicht mit einer Einkunftserzielung zusammenhängen. Sie sind deshalb grundsätzlich weder steuererhöhend noch steuermindernd zu berücksichtigen, es sei denn, das Gesetz sieht dies ausdrücklich vor, wie z.B. in bestimmten Fällen als Sonderausgaben oder außergewöhnliche Belastung (vgl. § 12 Nr. 1 und 2 EStG). Die Abgrenzung derartiger Privataufwendungen von steuerlich zu beachtenden Vorgängen wie der Versorgungsleistung und der Austauschleistung (Gegenleistungsrente) ist schwierig. Die Finanzverwaltung hat im Renten-Erlass eine Abgrenzung versucht.

206

Checkliste

☐ Eine Vermögensübergabe gegen **Unterhaltsleistungen** liegt danach vor, wenn **entweder** im Zusammenhang mit der Vermögensübergabe
- Leistungen auf fest bestimmte Zeit erbracht werden **oder**
- Leistungen nicht an begünstigte Leistungsempfänger erbracht werden **oder**
- keine existenzsichernde **oder**
- keine ausreichend ertragbringende Wirtschaftseinheit übertragen wird **oder**
- der Übernehmer nicht zum begünstigten Personenkreis gehört **und**
- der Wert der übertragenen Wirtschaftseinheit **keine** 50% des Rentenbarwerts beträgt

(**1. Variante**);

oder insoweit der Kapitalwert der wiederkehrenden Leistungen den Wert des übertragenen Vermögens übersteigt, aber nicht mehr als doppelt so hoch ist

(**2. Variante**).

207 Die **erste Variante** ist entstanden aus der Abgrenzung zur Austauschleistung (Gegenleistungsrente). Sie unterscheidet sich von dieser nur darin, dass die übertragene Wirtschaftseinheit **weniger als die Hälfte** des Rentenbarwerts der wiederkehrenden Leistungen wert ist. Der Übernehmer zahlt somit mehr als das Doppelte des Vermögenswerts. Hinsichtlich der übrigen Voraussetzungen kann auf die Erläuterungen bei der Austauschleistung (vgl. § 36 Rdnr. 201 ff.) verwiesen werden. Die wiederkehrenden Leistungen sind **in voller Höhe** Unterhaltsleistungen.

208 Bei der **zweiten Variante** ist der Wert des übertragenen Vermögens größer oder gleich 50%, aber kleiner als 100% des Kapitalwerts der wiederkehrenden Leistungen

Vermögenswert ≥ 50% aber < 100% des Kapitalwerts

Auch hier zahlt der Übernehmer mehr, als das übertragene Vermögen tatsächlich wert ist. Die Finanzverwaltung nimmt in diesem Fall an, dass der Übernehmer das Vermögen voll entgeltlich in Höhe des angemessenen Kaufpreises erworben hat und darüber hinaus noch Unterhaltsleistungen an den Übertragenden zahlt.[614] Es liegen somit nicht in voller Höhe der wiederkehrenden Leistungen Unterhaltsleistungen vor. Lediglich **der übersteigende Betrag** ist unentgeltlich und somit eine Zuwendung i. S. d. § 12 Nr. 2 EStG. Im Übrigen handelt es sich um ein entgeltliches Geschäft. Zur Ermittlung der jeweiligen Anteile wird die Aufteilungsme-

---

[614] BMF Schr. v. 16.9.2004 – IV C 3 – S 2255–354/04 – BStBl. I 2004, 922 Rdnr. 50.

thode angewandt (vgl. § 35 Rdnr. 224). Zusammenfassend stellen sich die erste und die zweite Variante graphisch wie folgt dar:

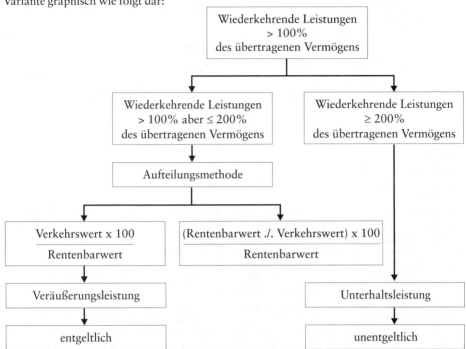

Werden wiederkehrenden Leistungen für einen Erb- oder Pflichtteilsverzicht gezahlt, so handelt es sich um auf den erbrechtlichen Ausgleich gerichtete Schulden des (zukünftigen) Erben gegenüber (zukünftigen) Miterben, die Ihrer Rechtsnatur nach privat sind und die Einkunftssphäre nicht berühren.[615] Sie zählen daher zu den Unterhaltsleistungen (vgl. § 36 Rdnr. 169; 202).

IX. Nießbrauchsgestaltungen

1. Checkliste

☐ Wem ist das Vermögen/sind die Einkünfte persönlich zuzurechnen?
☐ Hinsichtlich der Zurechnung sind folgende Fragen zu klären:
- Wer verwirklicht die Tatbestandsmerkmale der betroffenen Einkunftsart?
- Nutzt der Betreffende seine Rechtsstellung zur Erzielung von Einkünften?
- Ist der Vertrag zivilrechtlich wirksam geschlossen?
- Wird der Vertrag nach außen erkennbar durchgeführt?
- Ist der Nießbrauch frei widerruflich eingeräumt worden?

☐ Sind größere Erhaltungsaufwendungen zu tätigen und sind diese dem wirtschaftlichen Eigentümer des Vermögens vertraglich zugeordnet?
☐ Wird durch die Übertragung von Wirtschaftsgütern des Betriebs- oder Sonderbetriebsvermögens der betriebliche Zusammenhang gelöst?
☐ Verbleibt dem Nießbraucher beim Unternehmensnießbrauch eine einem Mitunternehmer vergleichbare Rechtsposition?

---

[615] BFH Urt. v. 20.10.1999 – X R 86/96 – BStBl. II 2000, 602; BFH Urt. v. 31.7.2002 – X R 39/01 – BFH/NV 2002, 1575.

> ☐ Beim Nießbrauch an einem Personengesellschaftsanteil ist auf eine sinnvolle Gewinn- und Verlustbeteiligung sowie auf angemessene Mitwirkungs- und Verwaltungsrechte des Nießbrauchers zu achten.
> ☐ Bei Verträgen mit Minderjährigen sind folgende Fragen zu klären:
> - Ist eine klare Trennung von Eltern- und Kindsvermögen gewährleistet?
> - Ist ggf. ein Ergänzungspfleger erforderlich?
> - Werden etwaige nach Bestellung abzugebende Erklärungen im Namen des Minderjährigen abgegeben?
> ☐ Enthält der Vertrag eine Steuerklausel zum Schutz des Nießbrauchbestellers?

2. Einleitung

211 Nießbrauchsgestaltungen sind dadurch gekennzeichnet, dass das Vermögen und dessen Erträge unterschiedlichen Personen zugeordnet werden. Zu unterscheiden sind drei klassische Szenarien:
- Der bisherige Eigentümer überträgt im Rahmen der vorweggenommenen Erbfolge Vermögen auf einen Dritten und behält sich den Nießbrauch an diesem Vermögen vor (sog. **Vorbehaltsnießbrauch**).
- Der Erblasser will im Falle seines Todes eine bestimmte Person versorgt wissen. Er weist daher durch letztwillige Verfügung das Vermögen bestimmten Personen zu, verpflichtet diese jedoch dazu, der zu versorgenden Person den Nießbrauch an dem Vermögen oder Teilen davon einzuräumen (sog. **Vermächtnisnießbrauch**).
- Der Eigentümer eines Vermögensgegenstands beabsichtigt, die Versorgung eines anderen sicherzustellen. Er selbst bestellt daher zu dessen Gunsten den Nießbrauch an dem Gegenstand; die Eigentumsverhältnisse bleiben unverändert (sog. **Zuwendungsnießbrauch**).

Zuwendungs- und Vermächtnisnießbrauch (Nießbrauchsvermächtnis) sind dadurch gekennzeichnet, dass der Vermögensgegenstand beim Eigentümer bzw. dessen Erben verbleibt und einem Dritten (dem Nießbraucher) nur das Nießbrauchsrecht an diesem nießbrauchsbelasteten Gegenstand eingeräumt wird. Beim Vorbehaltsnießbrauch verhält es sich dagegen genau umgekehrt. Hier geht das Vermögen, d.h. die Substanz auf den Dritten über, während der ursprüngliche Eigentümer die Nutzung dieses Vermögens zurückbehält. Die steuerlichen Folgen derartiger Nießbrauchsgestaltungen richten sich zum einen danach, wem das Vermögen und wem die Erträge daraus zuzuordnen sind. Zum anderen spielt die Art der Vermögensgegenstände und ihre Zugehörigkeit zum Privat- oder Betriebsvermögen eine wesentliche Rolle. Schließlich kommt es auch noch auf den Umfang des Nießbrauchsrechts an (Vollrechts- oder Ertragsnießbrauch).

3. Vorbehaltsnießbrauch

212 Der Vorbehaltsnießbrauch ist ein typisches gestalterisches Element im Bereich der vorweggenommenen Erbfolge. Mit ihm soll überwiegend nur die wirtschaftliche Absicherung des Übertragenden und ggf. diejenige seiner Familie erreicht werden. Die steuerliche Beratung erstreckt sich daher in diesem Bereich vornehmlich darauf, nachteilige bzw. unvorhergesehene Wirkungen des Nießbrauchs zu vermeiden.[616] Beim Vorbehaltsnießbrauch hält der Nießbrauchsbesteller die Nutzung des Vermögens zurück. Dementsprechend kann der Vorbehaltsnießbrauch auch kein Entgelt für die Vermögensübertragung sein.[617] Die Problematik der Entgeltlichkeit stellt sich somit hinsichtlich des zurückbehaltenen Rechts nicht, wohl aber hinsichtlich des übertragenen Vermögens.

213 **a) Ertragsteuerliche Behandlung.** Das zentrale Problem im Bereich des Einkommensteuerrechts ist die Frage, wem die Einkünfte aus dem nießbrauchsbelasteten Vermögen **persönlich zuzurechnen** sind. Ist der Nießbraucher aufgrund der ihm bei Bestellung des Nießbrauchs vor-

---

[616] Zur umsatzsteuerlichen Behandlung vgl. Korn DStR 1999, 1461, 1472 m.w.N.
[617] GrS BFH Beschl. v. 5.7.1990 – GrS 4-6/89 – BStBl. II 1990, 847; BMF v. 24.7.1998 – IV B 3 – S 2253-59/98 – BStBl. I 1998, 914 Rdnr. 40.

behaltenen Rechte in der Lage, den (neuen) Eigentümer von der Verfügung über den Gegenstand des Nießbrauchs auszuschließen, bleibt er **wirtschaftlicher Eigentümer** desselben, § 39 Abs. 2 Nr. 1 AO. Schon aus diesem Grunde wären ihm daher Erträge und Aufwendungen zuzurechnen (vgl. § 36 Rdnr. 5 f.). So bleibt der Nießbraucher z.B. wirtschaftlicher Eigentümer, wenn er den Nießbrauchsgegenstand unter jederzeit ausübbarem freiem Widerrufsvorbehalt auf den jetzigen (rechtlichen) Eigentümer und Nießbrauchsbesteller übertragen hat.[618] Gezielte Vorbehalte für besondere Zwecke führen dagegen nicht zur Begründung wirtschaftlichen Eigentums.[619] Ansonsten muss, um die Einkünfte **dem Nießbraucher zuzurechnen**, dessen Rechtsstellung es gestatten, die Tatbestandsmerkmale zu verwirklichen, die für die jeweils betroffene Einkunftsart charakteristisch sind. Darüber hinaus ist es erforderlich, dass er seine Rechtsstellung auch tatsächlich in dieser Weise zur Erzielung von Einkünften nutzt.[620] Es ist somit jede Einkunftsart für sich daraufhin zu betrachten, ob der Nießbraucher die notwendigen Voraussetzungen erfüllt. Wird der **Vertrag mit Familienangehörigen** geschlossen, muss er zivilrechtlich wirksam sein und nach außen erkennbar durchgeführt werden (sog. **Klarheitsgebot**, vgl. § 36 Rdnr. 234). Wichtig ist in diesen Fällen, dass sich äußerlich tatsächlich auch etwas ändert und nicht alles beim alten bleibt.

Beim Vorbehaltsnießbrauch an **Grundstücken im Privatvermögen** sind die Einkünfte dem Nießbraucher zuzurechnen, wenn ihm die volle Besitz- und Verwaltungsbefugnis zusteht, er die Nutzungen tatsächlich zieht, das Grundstück im Besitz hat und es verwaltet.[621] Dies ist zumeist unproblematisch, da der Nießbraucher sich den Nießbrauch vorbehalten hat und somit die Vertragsbeziehungen sowie die tatsächlichen Verhältnisse aus seiner Zeit als Eigentümer einfach fortführt. Er darf auch die Abschreibung wie zuvor weiterhin geltend machen.[622] Von ihm getragene Aufwendungen für das zur Einkünfteerzielung genutzte Grundstück sind als Werbungskosten abziehbar, soweit eine gesetzliche oder vertragliche Pflicht zur Kostentragung besteht.[623] Der Nießbrauchsbesteller und neue Eigentümer erzielt in diesem Fall keine Einkünfte aus Vermietung und Verpachtung und darf deshalb weder Abschreibung noch Werbungskosten geltend machen, soweit der Nießbrauch reicht und solange er andauert. Ist bestimmt, dass der Vorbehaltsnießbrauch nach dem Tode des Nießbrauchers auf dessen Ehegatten übergeht, ist dies nicht etwa eine Fortsetzung des bisherigen Vorbehaltsnießbrauchs. Es handelt sich vielmehr um einen neu begründeten Vermächtnisnießbrauch mit der Konsequenz, dass der Ehegatte die zukünftige Abschreibung mangels Besitz- und Verwaltungsbefugnis grundsätzlich nicht als Werbungskosten abziehen kann (vgl. § 36 Rdnr. 213, 215).

Als problematisch erweist sich regelmäßig die **Abzugsfähigkeit als Werbungskosten**. Denn größere Erhaltungsaufwendungen sind, soweit vertraglich nicht etwas anderes vereinbart wurde, vom Eigentümer zu tragen, § 1041 BGB. Dieser kann sie jedoch nicht als Werbungskosten steuerlich geltend machen, da er im Zusammenhang mit dem betreffenden Wirtschaftsgut keine Einkünfte erzielt. Es kann daher grundsätzlich ratsam sein, diese Kosten bei Einräumung des Nießbrauchs vertraglich dem Nießbraucher zuzuweisen (sog. **Bruttonießbrauch**). Im Gegenzug hierzu sollte ihm aber die Möglichkeit eingeräumt werden, das Grundstück als Sicherheit einsetzen zu dürfen, wenn er für die erforderlichen Erhaltungsarbeiten Darlehen aufnehmen muss.[624] Wird eine derartige vertragliche Vereinbarung erst **nach** der Nießbrauchbestellung getroffen, besteht die Gefahr, dass die Finanzverwaltung diese Abrede als freiwillig begründete Rechtspflicht betrachtet und den Abzug gemäß § 12 Nr. 2 EStG versagt. Trägt der Nießbraucher die Kosten größerer Erhaltungsaufwendungen ohne hierzu vertraglich verpflichtet zu sein, im eigenen Interesse, lässt die Finanzverwaltung den Abzug als Wer-

---

[618] BFH Urt. v. 16.5.1989 – VIII R 196/84 – BStBl. II 1989, 877.
[619] BFH Urt. v. 1.3.1994 – VIII R 35/92 – BStBl. II 1992, 241, 246; vgl. a. BFH Urt. v. 26.11.1998 – IV R 39/98 – DStR 1999, 372.
[620] BFH Urt. v. 14.11.1979 – I R 123/76 – BStBl. II 1980, 432; BMF v. 24.7.1998 – IV B 3 – S 2253–59/98 – BStBl. I 1998, 914 Rdnr. 1.
[621] BMF v. 24.7.1998 – IV B 3 – S 2253–59/98 – BStBl. I 1998, 914 Rdnr. 41.
[622] BFH Urt. v. 28.7.1981 – VIII R 35/79 – BStBl. II 1982, 380; GrS BFH Beschl. v. 30.1.1995 – GrS 4/92 – BStBl. II 1995, 281.
[623] BMF v. 24.7.1998 – IV B 3 – S 2253–59/98 – BStBl. I 1998, 914 Rdnr. 43.
[624] *Spiegelberger* Vermögensnachfolge Rdnr. 90.

bungskosten grundsätzlich zu.[625] Der Abzug wird jedoch gemäß § 12 Nr. 2 EStG versagt, wenn der Nießbraucher von vornherein auf seinen Rückgriffsanspruch nach § 1049 BGB gegen den Nießbrauchbesteller verzichtet oder schon bei Tätigung des Aufwands feststeht, dass der Ersatzanspruch nicht zu realisieren ist.[626] Je nach Ausgestaltung und vor allem Dauer des Nießbrauchs besteht darüber hinaus die Gefahr, dass die **nachträgliche Übernahme** größerer Erhaltungsaufwendungen erbschaftsteuerlich als Schenkung des Nießbrauchers an den Besteller gewertet wird. Dies gilt jedoch nur dann, wenn die Zuwendungen nicht aufgrund einer bestehenden Unterhaltspflicht erbracht werden. Ohne das Bestehen einer derartigen Unterhaltspflicht können sie immerhin noch nach § 13 Abs. 1 Nr. 12 ErbStG (vgl. § 35 Rdnr. 111) steuerfrei sein.

216 Wird ein im Privatvermögen gehaltenes Grundstück an einen Einzelunternehmer oder Mitunternehmer unter Nießbrauchsvorbehalt verschenkt und vom Nießbraucher (Schenker) sodann zu betrieblichen Zwecken **an den Einzelunternehmer bzw. die Mitunternehmerschaft** vermietet oder **verpachtet,** wird das Grundstück kein notwendiges (Sonder-)Betriebsvermögen beim Nießbrauchsbesteller. Dies resultiert daraus, dass die Nutzung des Grundstücks allein aus der Nießbraucherstellung und nicht aus der Eigentümerstellung heraus erfolgt. Obwohl das Grundstück sich im Eigentum des Einzelunternehmers bzw. Mitunternehmers befindet und auch betrieblich genutzt wird, kann die Entstehung von Betriebsvermögen vermieden werden.[627] Dies ändert sich jedoch, wenn der Nießbrauch endet. Der Nießbrauchbesteller kann das Grundstück jedoch seinem gewillkürten (Sonder-)Betriebsvermögen zuführen.[628] Solange das Grundstück allerdings nicht zum Betriebsvermögen gehört, können die angemessenen Miet- oder Pachtzinszahlungen sowie die vom Einzelunternehmen bzw. der Mitunternehmerschaft zu tragenden Nebenkosten dort als Betriebsausgaben abgezogen werden.

217 Die isolierte Übereignung von **Wirtschaftsgütern des Betriebsvermögens** (z.B. von Betriebsgrundstücken) unter Nießbrauchsvorbehalt, führt ertragsteuerlich zur **Entnahme** und zur Auflösung der auf das betreffende Wirtschaftsgut entfallenden stillen Reserven. Der Entnahmewert entspricht dem Teilwert des übertragenen Wirtschaftsguts. Eine Kürzung um den Nießbrauchsvorbehalt erfolgt nicht.[629] Entsprechendes gilt für **Wirtschaftsgüter des Sonderbetriebsvermögens.** Eine Übertragung der stillen Reserven auf ein Ersatzwirtschaftsgut gemäß § 6 b EStG ist nicht möglich.[630] Der Vorbehaltsnießbraucher kann das Nutzungsrecht nicht mit dem Teilwert in das eigene Betriebsvermögen einlegen, auch wenn er das übereignete Wirtschaftsgut aufgrund des Nießbrauchs unverändert nutzt.[631] Er kann lediglich die eigenen Aufwendungen abziehen, zu denen auch die abziehbaren Anschaffungs- und Herstellungskosten gehören, die er selbst getragen hat. Dies erfolgt gewinnmindernd durch Ansatz einer entsprechenden Einlage. Bemessungsgrundlage für die Abschreibung eines Gebäudes ist dessen Entnahmewert (Teilwert), so dass die als Einlage und Betriebsausgabe zu berücksichtigende Abschreibung höher als die bisher vor der Entnahme vorgenommene Abschreibung sein kann.[632] Soweit sich der vorbehaltene Nießbrauch auf den Grund und Boden bezieht ist keine Abschreibung zulässig.

218 Beim Vorbehaltsnießbrauch an einem **Einzelunternehmen** ist zwischen Unternehmensnießbrauch und Ertragsnießbrauch zu unterscheiden. Ein **Unternehmensnießbrauch** liegt vor, wenn der Nießbraucher das Unternehmen selbst auf eigene Rechnung und Gefahr führt. Er muss aufgrund des Nießbrauchs im eigenen Namen Unternehmerinitiative entfalten und Unternehmerrisiko tragen. Dies wird beim Vorbehaltsnießbrauch in der Regel der Fall sein, da sich hinsichtlich der vor der Übertragung liegenden Situation grundsätzlich nichts verändert. Der Vorbehaltsnießbraucher erzielt je nach Art des Betriebs Einkünfte aus Gewerbebetrieb,

---

[625] BMF v. 24.7.1998 – IV B 3 – S 2253–59/98, BStBl I 1998, 914 Rdnr. 43.
[626] BMF v. 24.7.1998 – IV B 3 – S 2253–59/98, BStBl I 1998, 914 Rdnr. 43, 21; vgl. a. BFH Urt. v. 5.9.1991 – IV R 40/90 – BStBl. II 1992, 192.
[627] *Korn* DStR 1999, 1461, 1469.
[628] BFH Urt. v. 18.3.1986 – VIII R 316/84 – BStBl. II 1986, 713.
[629] BFH Urt. v. 16.12.1989 – III R 113/85 – BStBl. II 1989, 763.
[630] *Paus* StWa 2001, 43, 48.
[631] GrS BFH Beschl. v. 30.1.1995 – GrS 4/92 – BStBl. II 1995, 281.
[632] BFH Urt. v. 20.9.1989 – X R 140/87 – BStBl. II 1990, 368; Schmidt/*Weber-Grellet* § 5 EStG Rdnr. 177.

Land- und Forstwirtschaft oder freiberuflicher Tätigkeit. Aufgrund der Nießbrauchsbestellung kommt es zu einer der Unternehmensverpachtung vergleichbaren Situation, bei der zwei Betriebe nebeneinander vorliegen.[633]

Der **Betrieb** in der Hand **des Nießbrauchbestellers** (und neuen Eigentümers) wird zum ruhenden Betrieb. Abgesehen von etwaigen stillen Reserven im Umlaufvermögen[634] kommt es grundsätzlich zu keiner Gewinnrealisierung. Ebenso wie dem Verpächter (vgl. § 36 Rdnr. 99 ff.) steht auch dem nießbrauchverpflichteten Erben ein **Wahlrecht** zu: Solange er die Betriebsaufgabe nicht ausdrücklich erklärt, gilt der bisherige Betrieb in einkommensteuerrechtlicher Hinsicht als fortbestehend. Etwaige Einnahmen aus dem Nießbrauch stellen Einnahmen aus Vermietung und Verpachtung dar, soweit sie nicht auch beim Nießbrauchsbesteller zu den Betriebseinnahmen gehören, weil der übertragene Betrieb bei ihm in ein Betriebsvermögen überführt wurde. Da der Nießbrauchbesteller grundsätzlich Eigentümer des Betriebsvermögens ist, ist er auch abschreibungsberechtigt. Ist die Nießbrauchsbestellung entgeltlich, kann er daher die Abschreibungen als Betriebsausgaben abziehen. Liegt keine entgeltliche Nießbrauchsbestellung vor, ist ein Betriebsausgabenabzug mangels Einkunftserzielungsabsicht nicht möglich.[635] Erklärt der Nießbrauchbesteller, dass er den Betrieb aufgeben wolle, liegt eine begünstigte Betriebsaufgabe vor. Die dem Nießbrauchsberechtigten Vermächtnisnehmer überlassenen Wirtschaftsgüter werden dann zu Privatvermögen. Ein Firmenwert bleibt dabei, unabhängig davon, ob er originär oder derivativ erworben wurde, außer Ansatz.[636]

Der **Betrieb** in der Hand **des Vorbehaltsnießbrauchers** (und vormaligen Eigentümers) ist dagegen ein aktiver, wirtschaftender Betrieb.[637] Soweit gegenüber dem Nießbrauchsverpflichteten (und neuen Eigentümer) Verbindlichkeiten bestehen, liegen Betriebsausgaben vor. Da der Vorbehaltsnießbraucher nicht Eigentümer und regelmäßig auch nicht wirtschaftlicher Eigentümer des Betriebsvermögens wird, ist er grundsätzlich nicht abschreibungsberechtigt. In seiner Bilanz ist daher auch nicht das Anlagevermögen, sondern nur das Umlaufvermögen auszuweisen. Er hat für Wertersatz- und Erneuerungsverpflichtungen wie ein Unternehmenspächter mir Erhaltungs- und Erneuerungsverpflichtung (vgl. § 36 Rdnr. 110) Rückstellungen auf Teilwertbasis zu bilden, soweit diese nicht erfüllt sind. Anders als beim Vorbehaltsnießbrauch an bebauten Grundstücken des Privatvermögens (vgl. § 36 Rdnr. 214) schreibt der Nießbraucher also nicht selbst ab. Infolge der von ihm zu tragenden Ersatz- und Erneuerungsverpflichtungen entstehen jedoch letztlich die gleichen Wirkungen.[638] Gibt der Vorbehaltsnießbraucher den Nießbrauch auf, liegt eine begünstigte Betriebsaufgabe vor. Eine ihm hierfür von dem Nießbrauchsbesteller (und neuen Eigentümer) gezahlte Entschädigung ist dabei in voller Höhe als Aufgabepreis zu erfassen.[639] Korrespondierend hierzu entstehen dem Nießbrauchsbesteller nachträgliche Anschaffungskosten.[640]

Ein **Ertragsnießbrauch** an einem Unternehmen liegt vor, wenn dem Vorbehaltsnießbraucher (und früheren Eigentümer) lediglich die Erträge ganz oder teilweise zustehen, ohne dass er das Unternehmen selbst führt. Die steuerliche Behandlung entspricht derjenigen einer Vermögensübergabe gegen Versorgungsleistungen (§ 36 Rdnr. 168). Der Betrieb geht daher vom Nießbraucher auf den Nießbrauchsbesteller in der Regel unentgeltlich über. Er hat die Buchwerte fortzuführen, § 6 Abs. 3 EStG, und ihm ist der gesamte Gewinn zuzurechnen. Die Zahlungen an den Nießbraucher sind beim Nießbrauchsbesteller je nach Art des dem Nießbrauchsrecht zugrunde liegenden Rechtsverhältnisses (unentgeltlich oder entgeltlich) entweder nicht abzugsfähig, Sonderausgaben oder Betriebsausgaben.[641] Korrespondierend hierzu sind sie beim Nießbraucher entweder nicht einkommensteuerpflichtig, wiederkehrende Leistungen i. S. d. § 22 Nr. 1 EStG oder Betriebseinnahmen.[642] Eine lohnende Alternative zum

---

[633] BFH Urt. v. 26.2.1987 – IV R 325/84 – BStBl. II 1987, 772; Schmidt/*Weber-Grellet* § 15 EStG Rdnr. 144.
[634] *Korn* DStR 1999, 1461, 1470.
[635] BFH Urt. v. 16.1.1996 – IX R 60/94 – BFH/NV 1996, 600.
[636] BFH Urt. v. 4.4.1989 – X R 49/87 – BStBl. II 1989, 606; a.A. *Paus* BB 1990, 1675.
[637] BFH Urt. v. 26.2.1987 – IV R 325/84 – BStBl. II 1987, 772.
[638] *Korn* DStR 1999, 1461, 1470.
[639] BFH Urt. v. 4.11.1980 – VIII R 55/77 – BStBl. II 1981, 396.
[640] BFH Urt. v. 26.6.1991 – XI R 4/85 – BFH/NV 1991, 681.
[641] *F. J. Haas*, FS L. Schmidt S. 315.
[642] Vgl. *Biergans* DStR 1985, 327, 335; *Paus* BB 1990, 1675, 1681.

Ertragsnießbrauch kann die **Vermögensübergabe gegen Versorgungsleistungen** zugunsten des Vermögensübergebers oder seines Ehegatten sein. Sie entspricht wirtschaftlich dem Ertragsnießbrauch, unterliegt allerdings nicht dem Abzugsverbot des § 25 Abs. 1 S. 1 ErbStG.[643] Hierbei handelt es sich nicht um einen Missbrauch der Gestaltungsmöglichkeiten gem. § 42 AO.

222 Aus ertragsteuerrechtlicher Sicht ist auch beim **Nießbrauch am Personengesellschaftsanteil** mit Betriebsvermögen[644] einerseits darauf zu achten, dass der Vorbehaltsnießbraucher (und früherer zivilrechtlicher Eigentümer) nicht wirtschaftlicher Eigentümer geblieben ist (vgl. § 36 Rdnr. 5). Ist dies bereits der Fall, stellt sich die Frage nach einer eventuellen Mitunternehmerschaft nicht mehr. Wirtschaftliches Eigentum an einem Personengesellschaftsanteil liegt beim Nießbraucher z.B. dann vor, wenn er den Anteil zwar verschenkt hat, seine Rückgabe aber jederzeit ohne Angabe von Gründen einseitig veranlassen kann.[645] Ist der Vorbehaltsnießbraucher kein wirtschaftlicher Eigentümer geblieben, ist danach zu unterscheiden, ob es sich um einen (partiellen) Unternehmensnießbrauch (vgl. § 36 Rdnr. 218) oder um einen Ertragsnießbrauch[646] handelt. Für die Einordnung als **(partieller) Unternehmensnießbrauch** kommt es darauf an, ob der **Vorbehaltsnießbraucher als Mitunternehmer** (vgl. § 36 Rdnr. 82 ff.) anzusehen ist. Dies ist der Fall, wenn er aufgrund der im Einzelfall getroffenen Abreden oder mangels solcher gesetzlich eine rechtliche und tatsächliche Stellung erlangt, die dem Typusbegriff des Mitunternehmers entspricht.[647] Erforderlich ist daher, dass der Nießbraucher Mitunternehmerrisiko trägt und Mitunternehmerinitiative entfalten kann. Vor dem Hintergrund, dass sich das Mitunternehmerrisiko üblicherweise in einer Beteiligung am laufenden Gewinn und Verlust sowie an den stillen Reserven und am Geschäftswert ausdrückt (vgl. § 36 Rdnr. 83), der Nießbraucher aber an den stillen Reserven des Anlagevermögens und dem Geschäftswert nicht teilnimmt, ist dieses Merkmal beim Nießbraucher nicht unproblematisch. Dennoch ist nach der Rechtsprechung eine Gewinnbeteiligung ausreichend, wenn der Nießbraucher wenigstens einen Teil der mit der Mitgliedschaft verbundenen Verwaltungsrechte wie z.B. Stimmrechte hinsichtlich der laufenden Geschäfte der Personengesellschaft allein oder zusammen mit dem Gesellschafter ausübt[648] und diese im Einzelfall praktische Bedeutung i. S. v. Mitunternehmerinitiative haben.[649] Ein häufig zur gesellschaftsrechtlichen Absicherung des Nießbrauchs vereinbartes Treuhandverhältnis,[650] bei dem der Nießbraucher (und Alteigentümer) die Gesellschafterstellung als Treuhänder des Nießbrauchsbestellers (und neuen Eigentümers) wahrnimmt, verstärkt auch die Mitunternehmerinitiative.

Daneben bleibt auch der **Nießbrauchsbesteller** (und neuer Eigentümer) grundsätzlich **Mitunternehmer**, da er als Anteilsinhaber einen hinreichenden Bestand an vermögensrechtlicher Substanz des nießbrauchsbelasteten Gesellschaftsanteils und an gesellschaftsrechtlichen Mitgliedschaftsrechten zurückbehält.[651] Dies gilt auch bei einem Nießbrauch in Verbindung mit einem Treuhandverhältnis, da der Treuhänder-Kommanditist die für die Mitunternehmerinitiative erforderlichen Stimm-, Kontroll- und Widerspruchsrechte im Innenverhältnis pflichtgebunden für den Treugeber-Kommanditisten ausübt und dieser im Innenverhältnis auch das alleinige Mitunternehmerrisiko trägt.[652]

223 Sind sowohl Nießbraucher (früherer Eigentümer) als auch Nießbrauchsbesteller (neuer Eigentümer) Mitunternehmer, erfolgt die **Gewinnverteilung** im einheitlichen und gesonderten Feststellungsbescheid der Personengesellschaft in zwei Schritten:[653]

---

[643] Troll/Gebel/Jülicher/*Gebel* § 25 Rdnr. 8; vgl. § 35 Rdnr. 169.
[644] Zum Nießbrauch am Anteil an einer vermögensverwaltenden Personengesellschaft vgl. *Paus* FR 1999, 24.
[645] BFH Urt. v. 16.5.1989 – VIII R 196/84 – BStBl. II 1989, 877.
[646] Soweit man einen Nießbrauch am Gewinnstammrecht für zulässig erachtet, ist dieser steuerlich wie ein Ertragsnießbrauch zu behandeln; vgl. § 36 Rdnr. 221.
[647] Vgl. Schmidt/*Wacker* § 15 EStG Rdnr. 306 m.w.N.
[648] *Gschwendtner* NJW 1995, 1875.
[649] BFH Urt. v. 29.1.1976 – IV R 89/75 – BStBl. II 1976, 374; FG Köln Urt. v. 15.11.2002 – 5 K 4243/93 – EFG 2003, 587.
[650] *Janßen/Nickel* S. 76 ff.
[651] BFH Urt. v. 1.3.1994 – VIII R 35/92 – BStBl. II 1995, 241; vgl. a. *Schulze zur Wiesche* FR 1999, 281.
[652] BFH Urt. v. 16.5.1995 – VIII R 18/93 – BStBl. II 1995, 714; *Schulze zur Wiesche* BB 2004, 355.
[653] Vgl. *Paus* BB 1990, 1675.

- Im ersten Schritt wird der Gewinn der Personengesellschaft nach den allgemeinen Regeln ermittelt. Dabei sind Sondervergütungen i. S. v. § 15 Abs. 1 S. 1 Nr. 2 EStG,[654] sowie Aufwand und Ertrag des Sonderbetriebsvermögens von Nießbraucher und Nießbrauchsbesteller in die Gewinnermittlung mit einzubeziehen.[655]
- Im zweiten Schritt wird dann der Gewinnanteil auf Nießbraucher und Nießbrauchsbesteller aufgeteilt. Hierbei werden allen Gesellschaftern und dem Nießbraucher jeweils zunächst ihre Sondervergütungen, -erträge und -aufwendungen zugeteilt. Danach wird der Restgewinn auf die Gesellschafter verteilt, wobei der auf den Nießbrauchsbesteller entfallende Gewinnanteil dann zwischen diesem und dem Nießbraucher aufzuteilen ist.

Nach wohl h. M. stehen dem Nießbraucher dabei der nach dem Gesellschaftsvertrag oder Gewinnverwendungsbeschluss der Gesellschaft entnahmefähige Teil des Anteils am festgestellten (evtl. bereits durch Bildung von Gewinnrücklagen geminderten) Handelsbilanzgewinn abzüglich des darin enthaltenen Gewinns aus der Realisierung stiller Reserven des Anlagevermögens zu.[656] Der Nießbrauchsbesteller erhält dagegen den auf den Gesellschaftsanteil entfallenden Anteil an den bei Bilanzfeststellung gebildeten Gewinnrücklagen, am nicht entnahmefähigen Teil des Bilanzgewinnanteils einschließlich der Mehrgewinnanteile in der Steuerbilanz gegenüber der Handelsbilanz und den Teil des entnahmefähigen Gewinnanteils, der aus der Realisierung stiller Reserven herrührt.[657] Für die Zurechnung von Verlustanteilen kommt es darauf an, wie das Rechtsverhältnis zwischen dem Nießbraucher und dem Nießbrauchsbesteller ausgestaltet ist, aber auch, wie die Verluste nach dem Gesellschaftsvertrag behandelt werden. Werden z.B. Verluste mit künftigen Gewinnen ausgeglichen, erscheint es sachgerecht, die Verluste, soweit sie die Einlage übersteigen, (überwiegend) dem Nießbraucher zuzurechnen, da dieser künftige (entnahmefähige und nicht aus der Realisierung stiller Reserven des Anlagevermögens herrührende) Gewinnanteile verliert.[658] Abweichende Vereinbarungen zwischen Nießbrauchsbesteller und Nießbraucher sind möglich und führen zu gegebenenfalls abweichenden Gewinnzuordnungen im Rahmen der Gewinnverteilung.

Die Schwierigkeiten im Bereich der Mitunternehmerschaft sowie bei der Gewinn- und Verlustbeteiligung von Vorbehaltsnießbraucher und Nießbrauchsbesteller zeigen, dass man als Berater dem Nießbrauchsvertrag besondere Aufmerksamkeit schenken sollte. Dabei sollte man stets bedenken, dass neben dem Nießbraucher und dem Besteller auch noch die übrigen Gesellschafter der Mitunternehmerschaft vorhanden sind. Das Problem für die Gestaltungs- und Beratungspraxis besteht darin, in den Nießbrauchsverträgen schuldrechtliche Vereinbarungen zu treffen, die einerseits dem Besteller und dem Nießbraucher neben einer sinnvollen Aufteilung des Gewinns und des Verlusts sowie den Vermögensrechten jeweils angemessene Mitwirkungs- und Verwaltungsrechte sichern und andererseits ein praktikables und gedeihliches Zusammenwirken des Bestellers (Gesellschafters), des Nießbrauchers, der übrigen Mitgesellschafter und der Gesellschaft bzw. ihres Geschäftsführers zu gewährleisten.[659] Typische Fragestellungen, wie diejenigen, wer an der Gesellschafterversammlung teilnehmen darf, wie die Stimmen abzugeben, welche Konten zu führen sind und vor allem wie die Gewinne entnommen werden können, bilden nur die Spitze des Eisbergs. Bei ihrer Beantwortung sollte grundsätzlich der Steuerberater der Gesellschaft mit eingebunden werden. Auch der Gesellschaftsvertrag der Personengesellschaft ist in die Überlegungen mit einzubeziehen. Sieht dieser z.B. vor, dass Gewinne der Gesellschaft einer gesamthänderisch gebundenen Rücklage zugeführt werden müssen, stehen diese Gewinnanteile nicht dem Nießbraucher, sondern dem Nießbrauchsbesteller zu.[660] Letzterer hat sie zu versteuern, ohne dass ihm die hierfür erforderliche Liquidität zufließt.[661]

---

[654] BFH Urt. v. 11.4.1973 – IV R 67/69 – BStBl. II 1973, 528. Zwar spricht § 15 Abs. 1 S. 1 Nr. 2 EStG vom „Gesellschafter". Teilhaber einer Gemeinschaft werden aber in den Anwendungsbereich der Vorschrift mit einbezogen, wenn diese einer Personengesellschaft vergleichbar ist.
[655] *Paus* BB 1990, 1675.
[656] *Petzoldt* DStR 1992, 1171.
[657] Vgl. Schmidt/*Wacker* § 15 EStG Rdnr. 310 m.w.N.
[658] Vgl. Schmidt/*Wacker* § 15 EStG Rdnr. 311 m.w.N.
[659] *Janßen/Nickel* S. 82 f.
[660] *Baumbach/Hopt* § 105 HGB Rdnr. 45.
[661] *Schulze zur Wiesche* BB 2004, 355.

225 Ist der Nießbraucher **kein Mitunternehmer** oder liegt ein **Ertragsnießbrauch** vor, ist dem Nießbrauchsbesteller der gesamte Gewinnanteil einschließlich des laufenden Gewinns zuzurechnen. Die Zahlungen an den Nießbraucher sind bei ihm je nach Art des Nießbrauchsrechts (unentgeltlich oder entgeltlich) entweder nicht abzugsfähig, Sonderausgaben oder Betriebsausgaben und beim Nießbraucher entweder nicht einkommensteuerpflichtig, wiederkehrende Leistungen i. S. d. § 22 Nr. 1 EStG oder Betriebseinnahmen. Ist der Nießbrauchbesteller kein Mitunternehmer, ist dem Nießbraucher der gesamte Gewinnanteil einschließlich des nicht entnahmefähigen Steuerbilanzgewinnanteils zuzurechnen. Der steuerliche Ausgleich soll in diesem Fall erst bei Beendigung des Nießbrauchs durch Ansatz entsprechenden Aufwands und Ertrags durchzuführen sein.[662]

226 Beim Vorbehaltsnießbrauch an **Kapitalvermögen** (z.B. GmbH-Anteilen, Aktien, verzinslichen Forderungen) sind die Einkünfte dem Nießbraucher zuzurechnen, wenn er während der Dauer des Nießbrauchs die Dispositions- und Verwaltungsbefugnisse tatsächlich hat und ausübt.[663] Die Finanzverwaltung geht demgegenüber sogar grundsätzlich davon aus, dass dem Vorbehaltsnießbraucher die Einkünfte aus dem nießbrauchsbelasteten Kapitalvermögen zuzurechnen sind.[664] Sicherheitshalber sollte bei der Gestaltung – wie beim Grundstücksnießbrauch (vgl. § 36 Rdnr. 215) – darauf geachtet werden, dass der Nießbraucher die für die Kapitaleinkünfte typischen Tätigkeitsmerkmale anstelle des Eigentümers entfaltet. Zu vermeiden ist eine Situation, bei der der Eigentümer dem Nießbraucher lediglich Erträge auskehrt, in deren Erzielung der Nießbraucher nicht eingeschaltet ist, denn dann erzielt der Kapitaleigner die Einkünfte.[665] Die Regelungen und Regelungsbereiche könnten z.B. wie folgt aussehen:[666]

- Zinsen, Dividenden und Ausschüttungen von Investmentanteilen sollten dem Nießbraucher zustehen.
- Einer gesonderten Regelung bedarf es, wem die Erträge thesaurierender Investmentfonds zustehen und in welcher Form der Ausgleich erfolgt, wenn diese der Nießbraucher beanspruchen kann.
- Kapitalerhöhungen aus Gesellschaftsmitteln, Gratisaktien und Bezugsrechte stehen dem Eigentümer (Nießbrauchsbesteller) zu. Hier ist zu regeln, ob diese neuen Papiere ebenfalls nießbrauchsbelastet sein sollen.
- Es sollte vereinbart werden, wer die Stimmrechte aus Aktien ausübt. Hier könnte es sachgerecht sein, dass Eigentümer und Nießbraucher dies einvernehmlich tun.
- Durch Veräußerung realisierte Wertzuwächse sollten dem Nießbrauchsbesteller zustehen. Diesem wären dann auch etwaige private Veräußerungsgeschäfte im Sinne des § 23 EStG zuzurechnen.
- Wiederanlageentscheidungen sollten Nießbrauchsbesteller und Nießbraucher gemeinsam unter angemessener Wahrung ihrer Interessen über die Kontinuität der Depotzusammensetzung treffen.
- Depotauszüge und -mitteilungen sollten sowohl Nießbrauchsbesteller als auch Nießbraucher direkt vom Depotführer erhalten.
- Depot- und Verwaltungsgebühren sollten als laufende Kosten der Nießbraucher tragen.
- Für den Eigentümer und den Nießbraucher sollten getrennte Verwaltungskonten geführt werden. Auf dem Konto des Nießbrauchers wären dann nur die ihm zustehenden Erträge gutgeschrieben und von ihm zu tragende Kosten belastet.
- Schließlich sollten Regelungen für den Fall der Depotauflösung vorgesehen werden.

Darüber hinaus sollte die Position des Nießbrauchers an Kapitalgesellschaftsanteilen durch eine Vollmacht gestärkt werden, die es ihm ermöglicht, die Stimmrechte und andere Verwaltungsrechte ggf. zusammen mit dem Gesellschafter auszuüben.[667]

---

[662] Schmidt/*Wacker* § 15 EStG Rdnr. 307; *Weber* DStZ 1991, 530.
[663] Schmidt/*Weber-Grellet* § 20 EStG Rdnr. 20 ff.; *Milatz/Sonneborn* DStR 1999, 137; a.A. *Kirchhof/Söhn – Wassermeyer* § 20 EStG Rdnr. B 18 ff. u. B 48 ff.
[664] BMF v. 23.11.1983 – IV B 1 – S 2253–103/83 – BStBl. I 1983, 508 Rdnr. 55; OFD Erfurt v. 14.6.1995 – S 2253 A – 02 – St 324 – DStR 1995, 1419.
[665] *Korn* DStR 1999, 1461, 1468.
[666] *Korn* DStR 1999, 1461, 1468 f.
[667] *Milatz/Sonneborn* DStR 1999, 137.

b) Erbschaftsteuerliche Behandlung. Gegenstand der Zuwendung ist beim Vorbehalts- 227
nießbrauch der nießbrauchsbelastete Vermögensgegenstand. Der Vorbehaltsnießbrauch ist keine Gegenleistung, sondern als bereicherungsmindernder Faktor mit seinem nach §§ 13 bis 16 ErbStG zu ermittelnden Kapitalwert vom Steuerwert des Zuwendungsgegenstandes abzuziehen sind, sofern ein Abzug nicht an § 25 ErbStG scheitert.[668] Denn danach ist bei Schenkungen unter Nießbrauchsvorbehalt zugunsten des Schenkers oder dessen Ehegatten der Abzug ausgeschlossen. In diesem Fall ist lediglich die Steuer, die auf der Nichtabzugsfähigkeit beruht, bis zum Wegfall des Nutzungsrechts zinslos zu stunden. Sie kann jederzeit mit dem Barwert abgelöst werden. Übernimmt der Schenker die Erbschaftsteuer, ist zunächst zu klären, ob sich seine Zusage nur auf die sofort fällige Steuer erstreckt oder ob er auch die gestundete Steuer übernehmen wollte. Im ersten Fall ist nur die fällige Steuer nach § 10 Abs. 2 ErbStG dem Erwerb durch die Hauptschenkung hinzuzurechnen. Im zweiten Fall ist neben der sofort fälligen Steuer noch der Ablösebetrag der gestundeten Steuer hinzuzurechnen.[669]

Wird ein Betrieb, Teilbetrieb, Mitunternehmeranteil oder eine Beteiligung an einer Kapitalgesellschaft, an der der Schenker zu mehr als 25% beteiligt ist, unentgeltlich übertragen, kommen auch die Begünstigungen gemäß §§ 13 a, 19 a ErbStG grundsätzlich zum Tragen. Unproblematisch ist dies beim Ertragsnießbrauch, da dieser an der (mit-)unternehmerischen Stellung des Erwerbers üblicherweise nichts ändert und der Schenker selbst nicht mehr Mitunternehmer ist. Doch auch beim Vollrechtsnießbrauch bleiben die §§ 13 a, 19 a ErbStG anwendbar, solange der Beschenkte (Nießbrauchsbesteller) nur eine Unternehmer- bzw. Mitunternehmerstellung erlangt und die wesentlichen Betriebsgrundlagen übertragen erhält.[670] Sofern sich der Schenker den Nießbrauch vorbehalten hat oder ihn zugunsten seines Ehegatten hat bestellen lassen, ist die Nießbrauchslast bei der Berechnung der zu stundenden Steuer nach Maßgabe des § 10 Abs. 6 S. 5 ErbStG zu kürzen.[671]

Beispiel:
Der alleinstehende Onkel schenkt seinem Neffen eine 100 %ige Kapitalgesellschaftsbeteiligung und behält sich den Nießbrauch daran vor. Der gemeine Wert Beteiligung beträgt € 500.000, der Kapitalwert des Nießbrauchsrechts beträgt € 100.000 EUR. Er erklärt, dass der bisher nicht verbrauchte Freibetrag nach § 13 a ErbStG in Anspruch genommen werden soll.

	€	€
Steuer für den Brutto-Erwerb:		
Steuerwert der Zuwendung ohne Abzug des Nießbrauchs		500.000
Freibetrag § 13 a ErbStG		./. 225.000
		275.000
Bewertungsabschlag 35 v.H.		./. 96.250
Verbleiben		178.750
Freibetrag § 16 ErbStG		./. 10.300
steuerpflichtiger Erwerb		168.450
Steuer bei Steuersatz 11 v.H. (§ 19 i.V.m. § 19 a ErbStG)		18.529
Steuer für den Netto-Erwerb:		
steuerpflichtiger Erwerb	168.450	
Berücksichtigung des Nießbrauchs		
(100.000 x 178.500/ 500.000 =)	./. 35.700	
	132.750	
Steuer bei Steuersatz 11 v.H. (§ 19 i.V.m. § 19 a ErbStG)		./. 14.602
Stundungsbetrag nach § 25 ErbStG		3.927

---

[668] R 17 Abs. 3 u. 7 ErbStR, vgl. § 35 Rdnr. 168.
[669] BFH Urt. v. 16.1.2002 – II R 15/00 – BStBl. II 2002, 314; H 27 u. H 85 Abs. 3 ErbStH.
[670] *Korn* DStR 1999, 1461, 1471; *Carlé/Bauschatz* KÖSDI 2001, 12872, 12884; wohl auch H 51 Abs. 1 ErbStH „Schenkung von Betriebsvermögen unter freiem Widerrufsvorbehalt".
[671] R 17 Abs. 7 S. 6 ErbStR; vgl. a. § 35 Rdnr. 99.

Der Nießbrauch wird nach § 10 Abs. 5 S. 6 ErbStG nur im Verhältnis des nach § 13 a ErbStG gekürzten Ansatzes der Beteiligung (= € 178.500) zum ungekürzten Ansatz (= € 500.000) berücksichtigt.[672] Die Steuer auf den Netto-Erwerb ist sofort zu zahlen; lediglich die Differenz zur Steuer auf den Brutto-Erwerb kann nach § 25 ErbStG gestundet werden.

4. Zuwendungsnießbrauch

228　Anders als beim Vorbehaltsnießbrauch behält grundsätzlich der Eigentümer den Vermögensgegenstand und wendet einem Dritten lediglich den Nießbrauch an diesem Gegenstand zu. Ziel dieser Gestaltung ist es, dem Dritten eine Einkunftsquelle zu verschaffen. Im Vordergrund steht zumeist ein Versorgungsgedanke. Allerdings kann eine derartige Gestaltung auch dazu dienen, sich durch die Aufteilung der Einkunftsquellen auf mehrere Familienmitglieder einen bisher ungenutzten Grundfreibetrag, z.B. den eines Kindes, zu erschließen und gegebenenfalls die Steuerprogression auf das Einkommen des Nießbrauchbestellers zu vermindern. Ein Gestaltungsmissbrauch liegt hierin nicht.[673]

229　**a) Ertragsteuerliche Behandlung.** Anders als beim Vermächtnisnießbrauch, der immer unentgeltlich ist, und beim Vorbehaltsnießbrauch, bei dem der Nießbraucher wirtschaftlich betrachtet etwas zurückbehält und sich die Frage der **Entgeltlichkeit** somit in der Regel überhaupt nicht stellt, ist beim Zuwendungsnießbrauch zunächst zu klären, ob der Nießbrauch voll unentgeltlich, voll entgeltlich oder teilentgeltlich bestellt wurde. Auch hier gilt der Grundsatz, dass ein entgeltlich bestellter Nießbrauch bei Personen, die nicht miteinander verwandt sind (vgl. § 15 AO), als **vollentgeltlich** anzusehen ist.[674] Die Beweislast für das Gegenteil trägt das Finanzamt. Bestehen zwischen Nießbraucher und Nießbrauchbesteller jedoch verwandtschaftliche Bande, gilt diese Vermutung nicht (vgl. a. § 35 Rdnr. 226). Sind der Wert des Nießbrauchs und der Wert der Gegenleistung nicht nach wirtschaftlichen Gesichtspunkten abgewogen, handelt es sich um einen **teilentgeltlichen** Vorgang, auf den die Aufteilungsmethode (vgl. § 35 Rdnr. 224) anzuwenden ist.[675] Dies gilt sowohl für unausgewogene Nießbrauchsbestellungen unter Verwandten wie unter fremden Dritten. Auch die Art des nießbrauchsbelasteten Vermögens soll keine Rolle spielen, so dass die Aufteilungsmethode auch beim teilentgeltlichen Zuwendungsnießbrauch an Betrieben, Teilbetrieben und Mitunternehmeranteilen gilt.[676] Wird keine Gegenleistung erbracht oder beträgt der Wert der Gegenleistung weniger als 10% des Werts der Nießbrauchs, liegt ein **unentgeltlich** bestellter Nießbrauch vor.[677] Die Bewertung des Nießbrauchsrechts kann aus Vereinfachungsgründen entsprechend §§ 13 bis 16 BewG erfolgen.

230　Im Übrigen stellt sich wie beim Vorbehaltsnießbrauch auch beim Zuwendungsnießbrauch die Frage, wem die Einkünfte **persönlich zuzurechnen** sind. Entscheidend ist wiederum, wessen Rechtsstellung es ihm ermöglicht, die Tatbestandsmerkmale der betreffenden Einkunftsart zu verwirklichen und dass der Betreffende diese Rechtsstellung auch tatsächlich zur Erzielung von Einkünften nutzt. Beim Zuwendungsnießbrauch an einem **Grundstück** im Privatvermögen erzielt der Nießbraucher, wenn er Vermieter oder Verpächter ist, Einkünfte aus Vermietung und Verpachtung.[678] Soweit der Nießbrauch reicht, erzielt der Besteller keine Einkünfte.[679] Die Abschreibung auf das Gebäude darf der Nießbraucher nicht geltend machen. Etwas anderes gilt nur, wenn er Anlagen im Sinne des § 95 Abs. 1 S. 2 BGB hergestellt oder Einbauten zu vorübergehendem Zweck durchgeführt hat.[680] Die Abschreibung im Übrigen, insbesondere auf das Gebäude steht dem Nießbrauchbesteller zu, der sie allerdings steuerlich nicht nutzen kann, da

---

[672] BFH Urt. v. 6.7.2005 – II R 34/03 – BFH/NV 2005, 2124; R 17 Abs. 7 S. 6 ErbStR; *Moench* § 25 Rdnr. 38; a.A. Troll/Gebel/Jülicher/*Jülicher* § 13 a Rdnr. 150; *Götz* INF 2003, 697.
[673] BFH Urt. v. 25.4.1995 – IX R 41/92 – BFH/NV 1996, 122.
[674] BMF Schr. v. 24.7.1998 – IV B 3 – S 2253–59/98 – BStBl. I 1998, 914 Rdnr. 11; vgl. § 35 Rdnr. 226.
[675] BMF Schr. v. 24.7.1998 – IV B 3 – S 2253–59/98 – BStBl. I 1998, 914 Rdnr. 12; *Jansen/Jansen* Rdnr. 213; a.A. *Warnke* INF 1998, 483 u. *Stuhrmann* DStR 1998, 1407, die analog § 21 Abs. 2 S. 2 EStG Teilentgeltlichkeit erst annehmen, wenn die Gegenleistung 50% des Werts des Nutzungsrechts unterschreitet.
[676] *Jansen/Jansen* Rdnr. 213.
[677] BMF Schr. v. 24.7.1998 – IV B 3 – S 2253–59/98 – BStBl. I 1998, 914 Rdnr. 13.
[678] BMF Schr. v. 24.7.1998 – IV B 3 – S 2253–59/98 – BStBl. I 1998, 914 Rdnr. 14, 18.
[679] BMF Schr. v. 24.7.1998 – IV B 3 – S 2253–59/98 – BStBl. I 1998, 914 Rdnr. 23.
[680] BMF Schr. v. 24.7.1998 – IV B 3 – S 2253–59/98 – BStBl. I 1998, 914 Rdnr. 19.

er keine Einkünfte erzielt.[681] Soweit das Nießbrauchsrecht entgeltlich erworben wurde und der Nießbraucher das Grundstück vermietet, darf er das Nießbrauchsrecht über dessen Dauer nach § 7 Abs. 1 EStG abschreiben. Ist das Nießbrauchsrecht auf Lebenszeit bestellt, ist für die Dauer die mutmaßliche Lebenszeit nach Tabelle 6 zu § 12 BewG (vgl. § 35 Anlage Rdnr. 259) maßgebend.[682] Soweit ein Nießbrauchsrecht unentgeltlich erworben wurde, darf der Nießbraucher keine Abschreibung vornehmen.[683] Werbungskosten können vom Nießbraucher abgezogen werden, sofern und soweit er sie getragen hat.[684] Trägt der Nießbrauchbesteller Werbungskosten, sind diese ihm auch zuzurechnen. Sie sind allerdings mangels Einkünfteerzielung bei ihm nicht abziehbar.[685] Sind bei Bestellung des Nießbrauchs größere Instandsetzungs- und Modernisierungsaufwendungen ersichtlich, sollte daher im Nießbrauchsvertrag vorgesehen werden, dass diese vom Nießbraucher zu tragen sind (vgl. § 36 Rdnr. 215).

Soweit ein entgeltlicher Zuwendungsnießbrauch vorliegt, hat der Nießbrauchbesteller das für die Bestellung des Nießbrauchs gezahlte Entgelt im Jahr des Zuflusses als Einnahme aus Vermietung und Verpachtung zu erfassen.[686] Da er in diesem Fall Einkünfte erzielt, darf er sowohl die Abschreibung als auch die von ihm gezahlten Werbungskosten abziehen. Dies gilt allerdings nur im Jahr des Zuflusses. Aus Billigkeitsgründen kann auf Antrag des Steuerpflichtigen (Nießbrauchbestellers) eine Einmalzahlung gleichmäßig über einen Zeitraum von maximal 10 Jahren verteilt werden.[687] In diesem Fall verlängert sich selbstverständlich auch die Möglichkeit, Abschreibungen und Werbungskosten des Bestellers abzuziehen. Da die Abschreibung und die Werbungskosten des Bestellers häufig ungenutzt bleiben, kann es sich empfehlen, das Entgelt für die Nießbrauchsbestellung zu verrenten. **231**

Der Zuwendungsnießbrauch an einem **Betriebsgrundstück**, das der Nießbraucher dem Nießbrauchbesteller mietweise zur Nutzung überlässt, führt bei dem Besteller weder zu einer Entnahme des Grundstücks noch zu einer Entnahme des Nießbrauchsrechts.[688] Eine Entnahme des Grundstücks kommt nur in Betracht, wenn die Bestellung des Nießbrauchs ausnahmsweise zum Übergang des wirtschaftlichen Eigentums am Grundstück auf den Nießbraucher führt, was jedoch nicht der Fall ist, wenn das Grundstück weiterhin dem Betrieb zur Verfügung steht und dieser Zustand auch nach Beendigung des Nießbrauchsrechts voraussichtlich weiterhin anhalten wird.[689] Die Mietzinszahlungen sind beim Nießbrauchbesteller Betriebsausgaben. Gleiches gilt für die Grundstücksaufwendungen, soweit er sie aufgrund einer Vereinbarung mit dem Nießbraucher zu tragen hat. Die Abschreibung auf ein auf dem Grundstück belegen Gebäude kann der Nießbrauchbesteller nicht abziehen, da aufgrund der Bestellung des Nießbrauchs die Nutzung des Betriebsgrundstücks außerhalb des Betriebes beim Nießbraucher erfolgt. Die Einräumung des Nießbrauchs führt danach zur Entnahme der mit der Nutzung verbundenen anteiligen jährlichen Wertabgaben des Betriebs für das Grundstück, insbesondere der Abschreibung auf das Gebäude (sog. **Aufwandsentnahme**).[690] Der Nießbrauch gehört beim Nießbraucher zu dessen Privatvermögen. Die von dem Nießbrauchbesteller gezahlten Mieten gehören bei ihm daher zu den Einkünften aus Vermietung und Verpachtung.[691] Da die Bestellung des Nießbrauchs an Betriebsvermögen zu keiner Entnahme des Grundstücks führt, lässt sich der Nießbrauch im Rahmen der Unternehmensnachfolge als Gestaltungselement einsetzen. Insbesondere lassen sich mit ihm die üblicherweise drohenden steuerlichen Probleme mit dem Sonderbetriebsvermögen (vgl. § 36 Rdnr. 23) vermeiden. Soll z.B. der **232**

---

[681] GrS BFH Beschl. v. 23.8.1999 – GrS 2/97 – BStBl. II 1999, 782; BMF v. 24.7.1998 – IV B 3 – S 2253–59/98 – BStBl. I 1998, 914 Rdnr. 24; a.A. Schmidt/*Drenseck* § 7 EStG Rdnr. 36.
[682] BMF Schr. v. 24.7.1998 – IV B 3 – S 2253–59/98 – BStBl. I 1998, 914 Rdnr. 26.
[683] BFH Urt. v. 28.7.1981 – VIII R 141/77 – BStBl. II 1982, 454; BMF v. 24.7.1998 – IV B 3 – S 2253–59/98 – BStBl. I 1998, 914 Rdnr. 20.
[684] BMF Schr. v. 24.7.1998 – IV B 3 – S 2253–59/98 – BStBl. I 1998, 914 Rdnr. 21.
[685] BMF Schr. v. 24.7.1998 – IV B 3 – S 2253–59/98 – BStBl. I 1998, 914 Rdnr. 24.
[686] BMF Schr. v. 24.7.1998 – IV B 3 – S 2253–59/98 – BStBl. I 1998, 914 Rdnr. 28.
[687] BMF Schr. v. 24.7.1998 – IV B 3 – S 2253–59/98 – BStBl. I 1998, 914 Rdnr. 30.
[688] BFH Urt. v. 4.5.2000 – IV R 10/99 – BFH/NV 2000, 1039.
[689] BFH Urt. v. 4.5.2000 – IV R 10/99 – BFH/NV 2000, 1039.
[690] BFH Urt. v. 1.3.1994 – VIII R 35/92 – BStBl. II 1995, 241 m.w.N.
[691] BFH Urt. v. 4.5.2000 – IV R 10/99 – BFH/NV 2000, 1039.

Sohn den Betrieb bzw. den Mitunternehmeranteil übernehmen, die Tochter aber die Erträge bzw. den Vermögenswert des Betriebsgrundstücks erhalten, lässt sich dies steuergünstig verwirklichen, indem der Erblasser dem Sohn den Betrieb bzw. den Mitunternehmeranteil nebst Betriebsgrundstück vermacht und der Tochter (ggf. neben anderem Vermögen) lediglich ein Nießbrauchsrecht an dem Betriebsgrundstück zuwendet.[692]

233 Beim Zuwendungsnießbrauch an **Kapitalvermögen** sind die Einkünfte dem Nießbrauchbesteller als Eigentümer des Kapitalvermögens zuzurechnen. Sie gelten mit dem Zufluss beim Nießbraucher als vom Besteller vereinnahmt. Der Nießbraucher erzielt keine Einkünfte.[693] Die Nießbrauchbestellung an einem gewerblichen Einzelunternehmen im Rahmen eines Zuwendungsnießbrauchs entspricht einer **Betriebsverpachtung im Ganzen**.[694] Gleiches gilt für die Nießbrauchbestellung bei selbständigen oder land- und forstwirtschaftlichen Betrieben. Durch die Nießbrauchbestellung entstehen zwei Betriebe, wenn sowohl der Nießbrauchbesteller als auch der Nießbraucher die Kriterien einer Unternehmer- bzw. Mitunternehmerstellung erfüllen. Der Nießbrauchbesteller führt grundsätzlich ähnlich dem Betriebsverpächter sein Unternehmern fort. Bei der Nießbrauchbestellung an einer freiberuflichen Praxis erzielt er allerdings mangels eigenverantwortlicher Tätigkeit Einkünfte aus Gewerbebetrieb. Beim Zuwendungsnießbrauch an einem gewerblichen **Personengesellschaftsanteil** behält der Nießbrauchbesteller einen hinreichenden Bestand an vermögensrechtlicher Substanz, des nießbrauchbelasteten Gesellschaftsanteils (Mitunternehmerrisiko) und einen hinreichenden Bestand an gesellschaftsrechtlichen Mitwirkungsrechten (Mitunternehmerinitiative) zurück, so dass seine bisherige Mitunternehmerstellung aufrechterhalten bleibt.[695] Der Nießbraucher wird Unternehmer bzw. Mitunternehmer, wenn er die dafür erforderlichen Vermögens- und Verwaltungsrechte erlangt.[696] Ist der Zuwendungsnießbrauch lediglich als **Ertragsnießbrauch** ausgestaltet, erhält der Nießbraucher also nur ein Recht gegen den Gesellschafter bzw. Unternehmer (Nießbrauchbesteller) auf Auszahlung des diesem zustehenden – ggf. anteiligen – Gewinns, ist er mangels Mitunternehmerinitiative kein Mitunternehmer. Denn die Mitgliedschaftsrechte in der Gesellschaft stehen ausschließlich dem Gesellschafter zu. Eine Gewinnrealisierung durch die Nießbrauchbestellung entsteht beim unentgeltlichen Zuwendungsnießbrauch grundsätzlich nicht, abgesehen von stillen Reserven im Umlaufvermögen, welches in das Eigentum des Nießbrauchers übergeht (vgl. § 36 Rdnr. 220, vgl. a. § 36 Rdnr. 111). Im Übrigen gelten die steuerlichen Folgen wie beim Vorbehaltsnießbrauch (vgl. § 36 Rdnr. 218 ff.).

234 Probleme gibt es beim Zuwendungsnießbrauch zwischen Angehörigen regelmäßig mit dem **Klarheitsgebot**. Danach muss der Nießbrauch bürgerlich-rechtlich begründet, klar vereinbart, ernsthaft gewollt und tatsächlich durchgeführt werden.[697] Dies erweist sich insbesondere bei Verträgen mit Minderjährigen oft als problematisch. Es muss eine klare Trennung des Vermögens der Eltern und des Kindesvermögens gewährleistet sein. Erlangen die minderjährigen Kinder durch die Nießbrauchbestellung nicht lediglich einen rechtlichen Vorteil oder haben sie das siebente Lebensjahr noch nicht vollendet, müssen sie bei der Begründung des Nutzungsrechts durch einen Ergänzungspfleger vertreten werden.[698] Dies ist ausnahmsweise dann nicht erforderlich, wenn das Vormundschaftsgericht die Mitwirkung eines Ergänzungspflegers für entbehrlich gehalten hat.[699] Die Anordnung der Ergänzungspflegschaft ist allerdings nur für die

---

[692] *Paus* StB 2001, 2; vgl. a. § 36 Rdnr. 231 zur reizvollen Gestaltung der anschließenden Ablösung des Nießbrauchs durch eine Einmalzahlung.
[693] BFH Urt. v. 14.12.1976 – VIII R 146/73 – BStBl. II 1977, 115; BMF v. 23.11.1983 – IV B 1 – S 2253–90/83 – BStBl. I 1983, 508 Rdnr. 57; krit. *Korn* DStR 1999, 1461, 1474.
[694] *Carlé/Bauschatz* KÖSDI 2001, 12873, 12878.
[695] BFH Urt. v. 1.3.1994 – VIII R 35/92 – BStBl. II 1995, 241 m.w.N.
[696] *Schmidt/Wacker* § 15 EStG Rdnr. 306; *Korn* DStR 1999, 1461, 1474; vgl. a. § 36 Rdnr. 82 ff.
[697] BMF Schr. v. 24.7.1998 – IV B 3 – S 2253–59/98 – BStBl. I 1998, 914 Rdnr. 2.
[698] BFH Urt. v. 31.10.1989 – IX R 216/84 – BStBl. II 1992, 506 m.w.N.; BMF Schr. v. 9.2.2001 – IV C3 – S 2253–18/01 – BStBl. I 2001, 171.
[699] BMF Schr. v. 9.2.2001 – IV C3 – S 2253–18/01 – BStBl. I 2001, 171 (Änderung von BMF Schr. v. 24.7.1998 – IV B 3 – S 2253–59/98, BStBl I 1998, 914 Rdnr. 4 und 5); a.A. BFH Urt. v. 31.10.1989 – IX R 216/84 – BStBl. II 1992, 506.

Nießbrauchsbestellung und nicht für die spätere Verwaltung erforderlich.[700] Darüber hinaus erfordert die tatsächliche Durchführung des Nießbrauchs, dass der Nießbraucher als Vermieter bzw. Verpächter gegenüber den Mietern bzw. Pächtern in Erscheinung tritt. Bei einer im Grundbuch eingetragenen dinglichen Nießbrauchbestellung gehen die Miet- bzw. Pachtverträge zwangsläufig auf den Nießbraucher über. Bei obligatorischen Nutzungsrechten bedarf es hier einer rechtsgeschäftlichen Vertragsübernahme.[701] Vertreten Eltern ihre minderjährigen Kinder, müssen die Erklärungen im Namen der Kinder abgegeben werden.[702] Schließlich darf der Nießbrauch nicht frei widerruflich sein, da ansonsten die Einkünfte trotz zivilrechtlich wirksamer und tatsächlich durchgeführter Nießbrauchbestellung dem Besteller zuzurechnen sind.[703]

b) Erbschaftsteuerliche Behandlung. Soweit der Zuwendungsnießbrauch unentgeltlich bestellt wurde (vgl. § 36 Rdnr. 229), handelt es sich um eine Schenkung unter Lebenden nach § 7 ErbStG. Das Nutzungsrecht ist bei der erbschaftsteuerlichen Wertermittlung mit seinem nach §§ 13 bis 16 BewG ermittelten **Kapitalwert** anzusetzen, § 12 Abs. 1 ErbStG. Erlischt der Nießbrauch erst mit dem Tod des Nießbrauchsberechtigten, entspricht der Kapitalwert nach § 14 Abs. 1 BewG dem aus Anlage 9 zum BewG zu entnehmenden Vielfachen des Jahreswerts (vgl. § 35 Rdnr. 261). Gem. § 15 Abs. 3 BewG ist als Jahreswert des Unternehmensnießbrauchs der Gewinn zugrunde zu legen, der in Zukunft im Durchschnitt der Jahre voraussichtlich erzielt werden wird, höchstens jedoch der sich nach § 16 BewG ergebende Wert. Die Ermittlung des künftigen **Durchschnittsertrages** erfolgt in der Regel auf der Grundlage des Ertrags der dem Stichtag vorangehenden drei Jahre.[704] Die Betriebsergebnisse der Folgezeit können, auch wenn sie zum Zeitpunkt der Wertermittlung schon bekannt sind, wegen des Stichtagsprinzips grundsätzlich nicht berücksichtigt werden, es sei denn, die Ergebnisse beruhen ersichtlich auf Umständen, die bereits am Stichtag vorlagen. 235

Der Nießbraucher kann anstatt der Einmalbesteuerung des Nutzungsrechtes gem. § 23 Abs. 1 ErbStG auch eine fortlaufende jährliche **Besteuerung nach dem Jahreswert** wählen. Das einheitliche Nutzungsrecht wird dann wie eine Reihe alljährlich neu für die Dauer eines Jahres begründeter Nutzungsrechte behandelt, wobei hinsichtlich des Jahreswertes aber jeweils auf die Verhältnisse am **ursprünglichen Bewertungsstichtag** abgestellt wird.[705] Auf die tatsächliche Entwicklung der Rentenhöhe, die sich z.B. aufgrund einer Wertsicherungsklausel verändern kann, kommt es nicht an.[706] Gem. § 23 Abs. 2 ErbStG kann die Jahressteuer zum jeweils nächsten Fälligkeitstermin mit ihrem Kapitalwert abgelöst werden. Der Kapitalwert des Ablösungsbetrages ist nach den §§ 13, 14 BewG zu ermitteln. 236

Nach Ansicht der Finanzverwaltung gelten die Begünstigungen für Betriebsvermögen nach §§ 13 a, 19 a ErbStG für den Zuwendungsnießbrauch an **Betriebsvermögen** nicht. Der Nießbraucher erhalte keinen Betrieb, Teilbetrieb oder Mitunternehmeranteil, sondern lediglich ein dingliches Nutzungsrecht an diesen Vermögensgegenständen. Dies soll selbst dann gelten, wenn der Nießbraucher infolge des Zuwendungsnießbrauchs Mitunternehmer einer Personengesellschaft wird.[707] Diese Ansicht stützt sich darauf, dass nach den gem. §§ 3, 7 ErbStG maßgebenden zivilrechtlichen Grundsätzen lediglich ein Nutzungsrecht übertragen werde, welches zivilrechtlich nicht zu dem begünstigten Betriebsvermögen gehöre. Dem ist nicht zuzustimmen. Was zum begünstigten Betriebsvermögen gehört, bestimmt sich nach den §§ 13 a Abs. 4, 19 a Abs. 2 ErbStG, welche ausdrücklich auf die ertragsteuerliche Wertung abstellen. Die zivilrechtliche Beurteilung erstreckt sich daher lediglich darauf, ob es sich um einen 237

---

[700] BFH Urt. v. 23.11.1983 – VIII R 215/79 – BStBl. II 1984, 366; BMF Schr. v. 9.2.2001 – IV C3 – S 2253–18/01 – BStBl. I 2001, 171.
[701] BFH Urt. v. 26.4.1983 – VIII R 205/80 – BStBl. II 1983, 502; BMF Schr. v. 24.7.1998 – IV B 3 – S 2253–59/98 – BStBl. I 1998, 914, Rdnr. 36.
[702] BFH Urt. v. 13.5.1980 – VIII R 63/79 – BStBl. II 1981, 295; BMF Schr. v. 24.7.1998 – IV B 3 – S 2253–59/98 – BStBl. I 1998, 914, Rdnr. 15.
[703] BFH Urt. v. 19.1.2003 – IX R 54/00 – BFH/NV 2004, 1079.
[704] BFH Urt. v. 11.2.1972 – III R 129/70 – BStBl. II 1972, 448.
[705] BFH Urt. v. 8.6.1977 – II R 79/69 – BStBl. II 1979, 562.
[706] *Moench* § 23 Rdnr. 8.
[707] H 51 Abs. 2 „Einräumung obligatorischer Nutzungsrechte an begünstigtem Vermögen" ErbStH; FinMin Saarland v. 30.12.1999 – B/5 – 388/99 – S 3812a, DStR 2000, 556; *Moench* § 13 a Rdnr. 20.

erbschaftsteuerlich relevanten Übertragungsakt handelt. In einem zweiten Schritt ist sodann zu prüfen, ob die Zuwendung begünstigtes Betriebsvermögen enthält. Dies hat ausweislich der gesetzlichen Regelung nach ertragsteuerlichen und nicht nach zivilrechtlichen Gesichtspunkten zu erfolgen. Richtigerweise sind die Begünstigungen der §§ 13 a, 19 a ErbStG somit sowohl bei der Nießbrauchbestellung an einem Einzelunternehmen als auch bei derjenigen an einem Mitunternehmeranteil zu gewähren, sofern der Nießbraucher einkommensteuerlich als Unternehmer bzw. Mitunternehmer anzusehen ist. Denn durch die Bestellung eines Nießbrauchs an einem Einzelunternehmen entstehen – ähnlich wie bei der Betriebsverpachtung (vgl. § 36 Rdnr. 110) – zunächst zwei Betriebe in der Hand des Nießbrauchbestellers, wenn auch nur für eine juristische Sekunde, von denen er den aktiven Betrieb an den Nießbraucher überträgt und den ruhenden Betrieb zurückbehält. Entsprechend verhält es sich beim Mitunternehmeranteil. Das Nießbrauchsrecht entsteht beim zuwendenden Nießbrauchsbesteller) aus einem Mitunternehmeranteil und stellt beim Erwerber (Nießbraucher) wieder einen Mitunternehmeranteil dar, sofern dieser die einkommensteuerlichen Voraussetzungen für eine Mitunternehmerschaft erfüllt.[708]

5. Vermächtnisnießbrauch

238 Unter einem Vermächtnisnießbrauch ist der Nießbrauch zu verstehen, der in einem Testament oder Erbvertrag, also von Todes wegen angeordnet wird.

a) **Ertragsteuerliche Behandlung.** Ertragsteuerlich ist der Vermächtnisnießbrauch an **Grundstücken** im steuerlichen Privatvermögen wie der **unentgeltliche Zuwendungsnießbrauch** zu behandeln.[709] Entsprechendes gilt für den Vermächtnisnießbrauch an **Betriebsgrundstücken** (vgl. § 36 Rdnr. 232). In der Bestellung des Nießbrauchs an dem Betriebsgrundstück durch den Erben (Nießbrauchbesteller) zugunsten des Vermächtnisnehmers (Nießbraucher) liegt keine Entnahme des Grundstücks, solange der Nießbraucher infolge der Nießbrauchbestellung nicht wirtschaftlicher Eigentümer des Betriebsgrundstücks wird.[710] Die von dem Erben (Nießbrauchbesteller) gezahlten Mieten sind beim Vermächtnisnehmer (Nießbraucher) Einkünfte aus Vermietung und Verpachtung. Die Abschreibungen auf ein auf dem Grundstück belegenen Gebäude stehen dem Erben (Nießbrauchbesteller) zu. Durch den Nießbrauch erfolgt die Nutzung des Betriebsgrundstücks außerhalb des Betriebes beim Nießbraucher (Vermächtnisnehmer). Die Einräumung des Nießbrauchs führt danach zur Entnahme der mit der Nutzung verbundenen anteiligen jährlichen Wertabgaben des Betriebs für das Grundstück, insbesondere der Abschreibung auf das Gebäude (sog. **Aufwandsentnahme**).[711]

239 Der Vermächtnisnießbrauch an **Kapitalvermögen** ist nach der Finanzverwaltung wie der **Vorbehaltsnießbrauch** an Kapitalvermögen zu behandeln (vgl. § 36 Rdnr. 226).[712] Die Einnahmen werden daher dem Nießbraucher zugerechnet. Da der Vermächtnisnehmer allerdings nicht unmittelbar vom Erblasser, sondern vom Erben erwirbt, wäre eine Behandlung analog dem Zuwendungsnießbrauch (vgl. § 36 Rdnr. 233) wohl richtiger.[713] Entsprechendes gilt für den Vermächtnisnießbrauch an **Unternehmen** und **Mitunternehmeranteilen** (vgl. § 36 Rdnr. 233).[714] Der Erbe (Nießbrauchbesteller) bleibt grundsätzlich Mitunternehmer; der Vermächtnisnehmer (Nießbraucher) wird Mitunternehmer, sofern er die dafür erforderlichen Vermögens- und Verwaltungsrechte erhält (vgl. § 36 Rdnr. 82 ff.). Dies ist z.B. nicht der Fall, wenn es sich lediglich um einen Ertragsnießbrauch handelt.

240 b) **Erbschaftsteuerliche Behandlung.** Auch hier ist Gegenstand der Zuwendung, der der Erbschaftsteuer zu unterwerfen ist, das Nießbrauchsrecht selbst. Dieses **Nutzungsrecht** ist bei der erbschaftsteuerlichen Wertermittlung mit seinem nach §§ 13 bis 16 BewG ermittelten **Kapi-**

---

[708] Wie hier *Piltz* ZEV 1997, 61, 63; zögernd Troll/Gebel/Jülicher/*Jülicher* § 13 a Rdnr. 149.
[709] BMF Schr. v. 24.7.1998 – IV B 3 – S 2253–59/98 – BStBl. I 1998, 914, Rdnr. 32; vgl. a. § 36 Rdnr. 229; zur Übergangsregelung für vor dem 1.6.1994 notariell beurkundete Nießbrauchsbestellungen vgl. BMF a.a.O. Rdnr. 74 f.; Änderungen bei den Altfällen können zum Wegfall der AfA-Berechtigung führen, vgl. *Korn* DStR 1999, 1461, 1476.
[710] BFH Urt. v. 4.5.2000 – IV R 10/99 – BFH/NV 2000, 1039.
[711] BFH Urt. v. 1.3.1994 – VIII R 35/92 – BStBl. II 1995, 241 m.w.N.
[712] BMF Schr. v. 23.11.1983 – IV B 1 – S 2253–103/83 – BStBl. I 1983, 508, Rdnr. 55.
[713] Vgl. *Blümich/Stuhrmann* § 20 EStG Rdnr. 47 u. § 21 Rdnr. 63.
[714] A.A. *Korn* DStR 1999, 1461, 1476.

talwert anzusetzen, § 12 Abs. 1 ErbStG. Dies gilt sowohl für den Ansatz als Vermächtnislast beim Erben als auch für den Erwerb von Todes wegen beim Vermächtnisnehmer. Soweit es sich bei dem Nießbraucher allerdings um den Ehegatten des Erblassers handelt, scheitert der Abzug der Belastung aus dem Nießbrauchsvermächtnis an § 25 ErbStG. Der Nießbraucher (Vermächtnisnehmer) kann anstatt der Einmalbesteuerung des Nutzungsrechtes gem. § 23 Abs. 1 ErbStG auch eine fortlaufende jährliche **Besteuerung nach dem Jahreswert** wählen. Nach der hier vertretenen Ansicht, stehen dem Nießbraucher (Vermächtnisnehmer) die Begünstigungen der §§ 13 a, 19 a ErbStG zu (vgl. § 36 Rdnr. 227; 237).

Der Vermächtnisnießbrauch am Betriebsvermögen oder ausreichend ertragbringendem Vermögen kann eine steuergünstige **Alternative zur Vor- und Nacherbschaft** sein. Die steuerliche Doppelbelastung entfällt, wenn die als Vorerbe vorgesehene Person statt dessen Vermächtnisnießbraucher und die als Nacherbe vorgesehene Person statt dessen gleich Vollerbe wird. Dieser kann darüber hinaus, soweit es sich bei dem Nießbrauchsberechtigten nicht um den Ehegatten handelt (vgl. § 25 ErbStG), den Nießbrauch mit seinem Kapitalwert als Vermächtnislast abziehen. Hierdurch wird faktisch der Nachlass, soweit er das Unternehmen betrifft, auf zwei Erwerber verteilt, was i. d. R. wegen der Freibeträge und des progressiven Steuertarifs zu einer insgesamt günstigeren Besteuerung führt. Steht der Nießbrauch dem überlebenden Ehegatten zu, wird die Steuer, die auf den Kapitalwert der Nießbrauchslast entfällt, immerhin zinslos bis zum Erlöschen der Belastung gestundet, § 25 Abs. 1 S. 2 ErbStG. Die Ablösung der gestundeten Steuer zum Barwert kann allerdings günstiger sein.[715] Nachteil des Unternehmensnießbrauchs ist allerdings, dass der Betriebsvermögensfreibetrag nach § 13 a Abs. 1 ErbStG – wenn überhaupt (vgl. § 36 Rdnr. 227; 237) – nur einmal in Anspruch genommen werden können. Die Position des Nießbrauchsberechtigten (häufig: des überlebenden Ehegatten) gegenüber dem Erben (häufig: den Kindern) kann durch die Anordnung von Testamentsvollstreckung gestärkt werden.

6. Steuerklauseln

Aus steuerlicher Sicht spielt insbesondere die Frage nach der Zurechnung der Einnahmen eine bedeutende Rolle. Dies kann dazu führen, dass die Einnahmen dem Nießbrauchsbesteller steuerlich zuzurechnen sind, er sie jedoch aufgrund des Nießbrauchsrechts an den Nießbraucher herauszugeben hat (vgl. § 36 Rdnr. 213). Der Nießbrauchsbesteller muss in diesen Fällen Steuern auf Einnahmen zahlen, die ihm nicht zufließen. Dies kann zu Liquiditätsproblemen führen. Es empfiehlt sich daher generell, Steuerklauseln in die Nießbrauchsvereinbarungen zu integrieren, die Steuerausgleichsansprüche für den Fall vorsehen, dass sich die angenommenen Steuerwirkungen nicht einstellen.[716]

> **Formulierungsvorschlag:**
>
> Die Vertragsbeteiligten gehen davon aus, dass die Einkünfte aus dem nießbrauchsbelasteten Vermögen einkommensteuerrechtlich dem Nießbraucher zugerechnet werden, soweit sie ihm wirtschaftlich zustehen. Soweit die Einkünfte entgegen dieser Annahme endgültig dem Nießbrauchsbesteller (Eigentümer) einkommensteuerrechtlich zugerechnet werden, ohne dass ihm entsprechende Erträge zufließen, hat der Nießbraucher ihm aus den Nießbrauchserträgen die Einkommensteuerbelastung einschließlich etwaiger Zuschlagsteuern (z.B. Solidaritätszuschlag) auszugleichen. Zugrundezulegen ist die einkommensteuerliche Mehrbelastung, die durch die Zurechnung der Einkünfte einschließlich etwaiger Progressionswirkungen tatsächlich eintritt.

Speziell für einen Zuwendungsnießbrauch kann sich eine weiter gehende Steuerklausel empfehlen:

---

[715] Vgl. Berechnungsbeispiel bei Moench/*Weinmann* § 6 Rdnr. 50 f.
[716] Steuerklauseln von *Korn* DStR 1999, 1512, 1515.

> **Formulierungsvorschlag:**
> Die Vertragsbeteiligten gehen davon aus, dass der Nießbraucher, nicht der Nießbrauchbesteller (Eigentümer), die ihm zufließenden Einnahmen der Besteuerung zu unterwerfen hat und die aufgrund der gesetzlichen Regelungen oder getroffenen Vereinbarungen geleisteten Werbungskosten oder Betriebsausgaben bei der Ermittlung der aus dem Nießbrauch resultierenden Ausgaben absetzen darf.
> Sollte eine dieser Annahmen nicht zutreffen, kann der dadurch Belastete einen wirtschaftlichen Ausgleich in Höhe der ertragsteuerlichen Mehrbelastung verlangen. Der Ausgleichsverpflichtete hat im Fall der Geltendmachung dieses Anspruchs das Recht, die Aufhebung des Nießbrauchs unter unverzinslicher Rückabwicklung aller bei dem Nießbraucher angefallenen Einnahmen und Ausgaben zu verlangen.

Die Zahlungen des Nießbrauchers aufgrund dieser Steuerklauseln führen beim Nießbraucher – bei in der Regel anzunehmender betrieblicher Veranlassung – zu Sonderbetriebsausgaben und korrespondierend beim Nießbrauchbesteller zu Sonderbetriebseinnahmen in Form von sonstigen wiederkehrenden Bezügen.[717] Dies gilt auch, wenn derartige Steuerklauseln dahin gehend erweitert werden, dass der Nießbraucher auch zur Übernahme der privaten Steuern des Nießbrauchbestellers verpflichtet wird, die auf Einkünfte aus dem nießbrauchsbelasteten Vermögen entfallen, die dem Nießbraucher wirtschaftlich **nicht zustehen**. Betroffen sind z.B. Einkünfte, die nach dem Gesellschaftsvertrag einer gesamthänderisch gebundenen Rücklage zugeführt werden müssen. Diese stehen nicht dem Nießbraucher, sondern dem Nießbrauchbesteller zu.[718] Letzterer hat sie zu versteuern, ohne dass ihm die hierfür erforderliche Liquidität zufließt.[719]

7. Finger weg vom Verzicht auf den Nießbrauch!

Oftmals stellt der Nießbraucher nach einiger Zeit fest, dass er die ihm aufgrund des Nießbrauchs zufließenden Erträge nicht benötigt oder das ihm aufgrund des Nießbrauchs zustehende Wohnrecht nicht nutzen möchte. Er überlegt sich, dass er dem Nießbrauchbesteller doch etwas Gutes tun könnte, indem er auf den Nießbrauch verzichte. Diese auf den ersten Blick nette Geste birgt auf den zweiten eine Reihe erbschaftsteuerlicher Nachteile:[720]
- Mit dem Verzicht auf den Nießbrauch erlischt die Belastung, so dass die bis dahin nach § 25 ErbStG zinslos gestundete Erbschaftsteuer nunmehr fällig wird, sofern sie nicht bereits zuvor abgelöst worden war, was aber in der Regel nicht der Fall sein wird.
- In dem freiwilligen, unentgeltlichen Verzicht des Schenkers liegt seinerseits eine freigebige Zuwendung, die gesondert zu besteuern ist.[721] Um eine Doppelerfassung des Nießbrauchsrechts durch Nichtberücksichtigung als Abzugsposten gem. § 25 Abs. 1 S. 1 ErbStG bei der ursprünglichen Schenkung einerseits und durch eine Erfassung des Verzichts als gesonderte Schenkung anderseits zu vermeiden, soll der bei der Besteuerung des nießbrauchsbelasteten Gegenstandes tatsächlich unberücksichtigt gebliebene Steuerwert des Nutzungsrechts von dem Steuerwert des aufgegebenen Rechts als Bemessungsgrundlage der weiteren Zuwendung (des Verzichts) abgezogen werden. Ob sich in derartigen Fällen eine zusätzliche Steuer ergibt, lässt sich somit wie folgt berechnen:[722]

> Kapitalwert des Nießbrauchs im Zeitpunkt des Verzichts
> ./. Kapitalwert des Nießbrauchs bei Einräumung
>
> = Bemessungsgrundlage zur Besteuerung des Verzichts

- Liegen die Zuwendung unter Nießbrauchsvorbehalt und der nachfolgende Verzicht des Schenkers in einem Zehnjahreszeitraum, sind die beiden Erwerbe nach § 14 Abs. 1 ErbStG

---
[717] *Schulze zur Wiesche* BB 2004, 355.
[718] *Baumbach/Hopt* § 105 HGB Rdnr. 45.
[719] *Schulze zur Wiesche* BB 2004, 355.
[720] Vgl. *Moench* ZEV 2001, 143.
[721] H 84 Abs. 4 ErbStH; BFH Urt. v. 17.3.2004 – II R 3/01 – BStBl. II 2004, 429; Troll/Gebel/Jülicher/*Gebel* § 25 Rdnr. 49; *Moench* § 25 Rdnr. 33; a.A. *Meincke* § 25 Rdnr. 15; *Ziegeler* DB 1998, 1056, 1058.
[722] Vgl. Moench/*Weinmann* § 25 Rdnr. 33 ff. mit umfassenden Berechnungsbeispielen.

zusammenzurechnen, wobei die ursprüngliche Zuwendung mit dem Bruttowert (= ungeminderter Steuerwert des Zuwendungsobjekts) und nicht mehr mit dem Nettowert (= Differenz der Steuerwerte von Zuwendungsobjekt und Nießbrauchsbelastung) berücksichtigt wird.[723] Begründen lässt sich dies mit der Rechtsprechung, wonach eine Zusammenrechnung nach § 14 ErbStG an der Selbständigkeit der einzelnen Erwerbe nichts ändere.[724]

Die sich hieraus ergebenden steuerlichen Nachteile sind gravierend.[725] Es sollte daher nach Alternativen zum Verzicht auf den Nießbrauch gesucht werden. Hier bietet sich zum einen der Widerruf an. Viele Verträge enthalten entsprechende Widerrufsklauseln, die diesen Schritt unter bestimmten Voraussetzungen zulassen. Aufgrund des Widerrufs wird eine schon entrichtete Erbschaftsteuer erstattet und der Weg zur vorbehaltlosen Neuschenkung des betreffenden Vermögens kann nun beschritten werden. Besser noch ist es, den Nießbrauch nur auflösend bedingt durch eine Potestativbedingung zu bestellen.[726] Der Eintritt der Bedingung ist dabei grundsätzlich an den Willen des Nießbrauchers/Schenkers zu knüpfen, kann aber auch an objektive Voraussetzungen gekoppelt werden, wie z.B. den Wegfall der Nutzung des nießbrauchsbelasteten Gegenstandes durch den Nießbraucher. Dabei ist zu beachten, dass dem Nießbraucher hierdurch allerdings keine jederzeitige Widerrufsmöglichkeit eingeräumt werden darf (vgl. § 36 Rdnr. 85). Bei der Abfassung des Vertrages sollten diese Ausstiegsmöglichkeiten berücksichtigt und entsprechende Widerrufsklauseln bzw. Bedingungen vereinbart werden.

X. Gestaltungspotential der Zugewinngemeinschaft

1. Checkliste

☐ Der Güterstand der modifizierten Zugewinngemeinschaft ist dem der Gütertrennung vorzuziehen.
☐ Der Ehevertrag sollte die einvernehmliche lebzeitige Beendigung des Güterstands der Zugewinngemeinschaft zulassen.
☐ Ein Gesellschaftsvertrag sollte eine Klausel enthalten, die jeden Gesellschafter zum Abschluss eines Ehevertrages verpflichtet, der den Gesellschaftsanteil aus der Berechnung des Zugewinns ausnimmt.
☐ Die Klausel im Gesellschaftsvertrag sollte jedem Gesellschafter die Möglichkeit der Vereinbarung einer modifizierten Zugewinngemeinschaft als Alternative zur Gütertrennung eröffnen.
☐ Erfolgt die Modifizierung des gesetzlichen Güterstands nach Eingehung der Ehe, sollten die ihr zugrunde liegenden Motive im Ehevertrag klar und nachvollziehbar dokumentiert werden.
☐ Bei absehbarem Vorversterben eines Ehegatten kann die Beendigung des Güterstandes der Zugewinngemeinschaft noch zu Lebzeiten ratsam sein.
☐ Der Zugewinnausgleichsanspruch kann auch eine Belastung darstellen und sollte ggf. der Höhe nach begrenzt werden.

2. Grundsätzliches zur Zugewinngemeinschaft

Zu Beginn einer Ehe werden güterrechtliche Regelungen häufig nur im Bewusstsein der derzeitigen Scheidungsraten getroffen. Vernachlässigt wird bei diesen Überlegungen oft, dass die Ehe auch durch den Tod und ein Güterstand einfach durch den Wechsel in einen anderen enden kann. Eingedenk dessen muss eine Güterstandsvereinbarung diese Fälle mit berücksichtigen. Wird der eheliche Güterstand beendet, ergeben sich aus erbschaft- und schenkungsteuerlicher

---

[723] H 85 Abs. 4 ErbStH.
[724] BFH Urt. v. 7.10.1998 – II R 64/96 – BStBl. II 1999, 25.
[725] Vgl. *Moench* ZEV 2001, 143 mit Berechnungsbeispielen.
[726] *Daragan* ZErb 2004, 274.

Sicht bei der Gütertrennung und der in der Praxis unbedeutenden Gütergemeinschaft keine besonderen Folgen. Bei der Gütertrennung fällt das Vermögen des Erblassers in den Nachlass. Lediglich hinsichtlich der Erbquote ist § 1931 Abs. 4 BGB in den Fällen der gesetzlichen Erbfolge zu beachten (vgl. § 4 Rdnr. 52). Bei der Gütergemeinschaft fällt der Anteil des Verstorbenen am Gesamtgut sowie dessen Sonder- und Vorbehaltsgut in den Nachlass. Anders verhält es sich jedoch beim Güterstand der Zugewinngemeinschaft, welcher im Erbschaftsteuerrecht eine Sonderbehandlung erfährt. Hier fällt zwar auch das Vermögen des Verstorbenen in den Nachlass, allerdings ist die Abgeltung des Zugewinnausgleichs, sei er nun tatsächlich oder fiktiv berechnet, grundsätzlich gemäß § 5 ErbStG **von der Besteuerung freigestellt** (vgl. § 35 Rdnr. 84 ff.). Dieser Umstand führt dazu, dass dem Güterstand der Zugewinngemeinschaft aus erbschaftsteuerlicher Sicht in der Regel der Vorrang gegenüber dem Güterstand der Gütertrennung zu geben ist (vgl. § 36 Rdnr. 251).

247 Ausgangspunkt für steuerliche Gestaltungsüberlegungen im Zusammenhang mit der Wahl und der Ausgestaltung des Güterstandes ist die unterschiedliche erbschaftsteuerliche Behandlung von fiktivem Ausgleichsanspruch (§ 5 Abs. 1 ErbStG) und güterrechtlichen Ausgleich (§ 5 Abs. 2 ErbStG). Beim **fiktiven Ausgleichsanspruch** bleibt jede zivilrechtlich zulässige Modifikation erbschaftsteuerlich unberücksichtigt. Unabhängig davon, ob die von den Ehegatten gewählte Modifikation des Zugewinnausgleichsanspruchs zu seiner Erhöhung oder zu seiner Minderung führt, wird der Erwerb des überlebenden Ehegatte in Höhe des Betrages steuerfrei gestellt, den der überlebende Ehegatte im Falle des § 1371 Abs. 2 BGB als Ausgleichsforderung hätte geltend machen können (vgl. § 35 Rdnr. 85). Es kommt somit nicht darauf an, ob überhaupt ein Ausgleich erfolgt. Der fiktive Ausgleichsbetrag ist daher beim überlebenden Ehegatten selbst dann steuerfrei, wenn der Zugewinnausgleich auch bei Beendigung durch den Tod vollständig durch Ehevertrag ausgeschlossen wurde. Ein weiterer Aspekt der für die Gestaltungsberatung von Bedeutung ist, ist die Kürzungsvorschrift nach § 5 Abs. 1 S. 5 ErbStG, nach der der fiktive Ausgleichsanspruch auf das Steuerwertniveau heruntergeschleust wird. Er ist daher bei der Berechnung des steuerpflichtigen Erwerbs nicht mit dem Verkehrswert, sondern mit dem niedrigeren **Steuerwert** zu berücksichtigen (vgl. § 35 Rdnr. 86).

248 Anders als beim fiktiven Ausgleichsanspruch sind die Modifizierungen des Zugewinnausgleichsanspruchs in den Fällen des **güterrechtlichen Ausgleichs** nach § 5 Abs. 2 ErbStG grundsätzlich beachtlich. Verringert sich der Ausgleichsanspruch infolge derartiger Modifizierungen, mindert sich auch der erbschaftsteuerfrei bleibende Betrag entsprechend. Umgekehrt führt die Erhöhung des Ausgleichsanspruchs zu einem entsprechenden Anstieg des erbschaftsteuerfrei bleibenden Betrages. Die Grenze liegt dort, wo es den Beteiligten darauf ankommt, dem anderen Ehegatten eine überhöhte Ausgleichsforderung zu verschaffen.[727] Ein weiterer Unterschied zum fiktiven Ausgleichsanspruch liegt darin, dass bei der Ermittlung des steuerpflichtigen Erwerbs des güterrechtlichen Ausgleichs sind grundsätzlich die Verkehrswerte anzusetzen (vgl. § 35 Rdnr. 87).

249 Ob der fiktive Ausgleichsanspruch zum Tragen oder ob der güterrechtliche Ausgleich zur Anwendung kommt, ist vom überlebenden Ehegatten grundsätzlich nicht frei wählbar, sondern richtet sich danach, wie der Güterstand der Zugewinngemeinschaft beendet wurde und ob der überlebende Ehegatte die Erbschaft annimmt oder ausschlägt. Bei **Beendigung der Zugewinngemeinschaft unter Lebenden** greift zwingend der güterrechtliche Ausgleich nach § 5 Abs. 2 ErbStG. Erfolgt die **Beendigung durch den Tod**, gilt demgegenüber grundsätzlich der fiktive Ausgleichsanspruch nach § 5 Abs. 1 ErbStG und zwar unabhängig davon, ob der Vermögensübergang auf den Ehegatten im Wege der gesetzlichen oder der gewillkürten Erbfolge von statten geht. Eine Ausnahme von diesem Grundsatz gilt allein im Falle der **Ausschlagung**. Schlägt der überlebende Ehegatte – gleich, ob nach gesetzlicher oder gewillkürter Erbfolge – die Erbschaft aus, so steht ihm gem. § 1371 Abs. 2 BGB ein güterrechtlicher Ausgleichsanspruch zu, welcher wie der Zugewinnausgleich unter Lebenden in den Anwendungsbereich des § 5 Abs. 2 ErbStG fällt.

---

[727] BFH Urt. v. 28.6.1989 – II R 82/86 – BStBl. II 1989, 897; vgl. a. § 36 Rdnr. 257 ff.

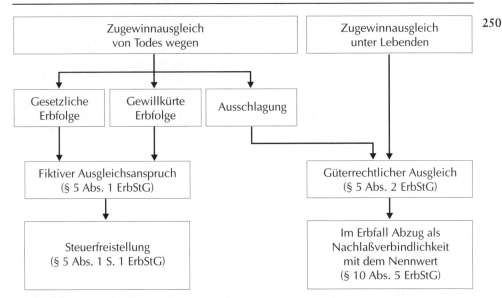

Unter gestalterischen Aspekten lassen sich aus erbschaftsteuerlicher Sicht aus diesen grundsätzlichen Erwägungen folgende zwei Thesen ableiten:

These 1: Der Güterstand der Zugewinngemeinschaft ist demjenigen der Gütertrennung vorzuziehen.

These 2: Dem güterrechtlichen Ausgleich ist der Vorrang vor dem fiktiven Ausgleichsanspruch einzuräumen.

3. Modifikation der Zugewinngemeinschaft statt Gütertrennung

Der Güterstand der Zugewinngemeinschaft ist, wie er sich in seiner gesetzlichen Urform darstellt, zugegebenermaßen nicht unbedingt optimal. Dementsprechend wird in Unternehmerehen häufig Gütertrennung vereinbart, um für den Fall der Scheidung hohe Forderungen des Ehepartners auf Ausgleich des während der Ehe im Unternehmen erwirtschafteten Zugewinns zu vermeiden. Dies geschieht vor dem Hintergrund der berechtigten Befürchtung, dass das Geld zur Erfüllung des Ausgleichsanspruchs dem Unternehmen entzogen werden müsste. Hierdurch kann nicht nur die Liquidität stark belastet, sondern schlimmstenfalls müsste auch die Substanz des Unternehmens angegriffen werden. Der Ausgleichsanspruch könnte daher insbesondere bei Unternehmern, deren Vermögen weitgehend im Unternehmen gebunden ist, existenzbedrohend wirken. Aus diesem Grunde finden sich in Gesellschaftsverträgen häufig Klauseln, die es den Gesellschaftern zur Auflage machen, mit ihren Ehepartnern Gütertrennung zu vereinbaren. Der Nachteil dieser Gestaltung, dass dem überlebenden Ehegatten keine nach § 5 ErbStG steuerfreie Ausgleichsforderung zusteht, wird in beiden Fällen billigend in Kauf genommen, sofern er überhaupt gesehen wurde. Der von den Unternehmern bzw. den Gesellschaftern angestrebte zivilrechtliche Aspekt kann jedoch auch im gesetzlichen Güterstand weitestgehend verwirklicht werden, was den Vorteil hat, dass die Steuerfreiheit der Ausgleichsforderung erhalten bliebe. Hierzu bedarf es lediglich eines notariellen Ehevertrages, in welchem die gewünschten Veränderungen vereinbart werden.

Unabhängig von steuerlichen Gesichtspunkten kann z.B. vereinbart werden, dass das Betriebsvermögen oder der Geschäftsanteil eines Ehegatten nicht bei der Berechnung des Zugewinns mit einzubeziehen ist. Möglich ist auch, den Zugewinnausgleich nur für den Fall der Scheidung ganz oder teilweise auszuschließen.[728] Umgekehrt lassen sich aber auch Vermögensverschiebungen zugunsten des wirtschaftlich schwächeren Ehepartners vereinbaren, solange sie sich im Rahmen der güterrechtlichen Vereinbarung bewegen (vgl. Rdnr. 257 ff.). So lassen sich z.B. Vereinbarungen über die Höhe der Ausgleichsforderung treffen (der Ehemann erhält

---

[728] *Kapp/Ebeling* § 5 Rdnr. 28.

30 % und die Ehefrau 70 % des Zugewinns). Ferner müsste die Vereinbarung zulässig sein, dass bei einem Wechsel von einer bereits seit längerer Zeit bestehenden Gütertrennung in die Zugewinngemeinschaft die Veränderung der jeweiligen Anfangsvermögen seit Begründung der Ehe mit in die Ermittlung der Zugewinnausgleichsforderung einzubeziehen sind.[729] Generell sollte darauf geachtet werden, dass die vertragliche Regelung nicht jede Beendigung des Güterstands unter Lebenden den Ausgleichsanspruch entfallen lässt. Denn hierdurch erschwert man sich nur unnötig eventuelle Gestaltungsmöglichkeiten, wie sie sich z.B. durch eine rechtzeitige Beendigung des Güterstands zu Lebzeiten beider Ehegatten ergeben können (vgl. § 36 Rdnr. 255 f.). Der ganz oder teilweise Wegfall des Zugewinns sollte daher lediglich in den Fällen der Scheidung und des vorzeitigen Ausgleichs nach §§ 1385, 1386 BGB eingreifen, nicht jedoch bei einer einvernehmlichen Aufhebung des Güterstandes durch Ehevertrag.[730]

253 **Formulierungsvorschlag für eine Klausel im Ehevertrag:**[731]

Hinsichtlich des ehelichen Güterrechts soll es grundsätzlich beim gesetzlichen Güterstand verbleiben. Jedoch soll das Betriebsvermögen jedes Ehegatten, beim Zugewinnausgleich in den Fällen der Scheidung und des vorzeitigen Ausgleichs nach §§ 1385, 1386 BGB in keiner Weise berücksichtigt werden. Es soll weder zur Berechnung des Anfangsvermögens noch des Endvermögens hinzugezogen werden. Auch die das Betriebsvermögen betreffenden Verbindlichkeiten, etwa Betriebsdarlehen sollen im Zugewinnausgleich keine Berücksichtigung finden.

Erträge des vom Zugewinnausgleich ausgenommenen Betriebsvermögens können auf dieses verwendet werden, ohne dass dadurch für den anderen Ehegatten Ausgleichsansprüche entstehen. Macht jedoch ein Ehegatte aus einem sonstigen Vermögen Verwendungen auf sein Betriebsvermögen, so werden diese Verwendungen mit ihrem Wert zum Zeitpunkt der Verwendung dem Endvermögen des Eigentümers des Betriebsvermögens hinzugerechnet. Sie unterliegen also, gegebenenfalls um den Geldwertverfall berichtigt, dem Zugewinnausgleich. Entsprechendes gilt für Verwendungen des anderen Ehegatten auf das Betriebsvermögen des anderen. Zur Befriedigung der sich hieraus etwa ergebenden Zugewinnausgleichsforderungen gilt das vom Zugewinn ausgenommene Vermögen im Sinne von § 1378 Abs. 2 BGB als vorhandenes Vermögen.

Die Zwangsvollstreckung in das vom Zugewinnausgleich ausgenommene Betriebsvermögen wegen Zugewinnausgleichsansprüchen ist erst zulässig, wenn die Vollstreckung in das ausgleichspflichtige Vermögen nicht zum Erfolg geführt hat.

Formulierungsvorschlag für eine Klausel im Gesellschaftsvertrag:

Verheiratete Gesellschafter sind verpflichtet, entweder durch Ehevertrag Gütertrennung zu vereinbaren, oder, falls sie Gütergemeinschaft vereinbart haben, die Beteiligung an der Gesellschaft nebst etwaigem Sonderbetriebsvermögen im Ehevertrag zum Vorbehaltsgut des Gesellschafters zu erklären und dies im Güterrechtsregister eintragen zu lassen oder, falls sie im Güterstand der Zugewinngemeinschaft leben, durch Ehevertrag zu vereinbaren, dass der Gesellschafter den Beschränkungen des § 1365 BGB nicht unterliegt und dass sein Anteil an der Gesellschaft nebst etwaigem Sonderbetriebsvermögen in den Fällen der Scheidung und des vorzeitigen Ausgleichs nach §§ 1385, 1386 BGB nicht dem Zugewinn unterliegt. Unverheiratete Gesellschafter, die beabsichtigen, die Ehe einzugehen, haben diese Maßnahmen vor der Eheschließung durchzuführen.

Auf schriftliche Aufforderung der Gesellschafterversammlung hin hat der betreffende Gesellschafter spätestens innerhalb eines Zeitraums von 6 Monaten seit Empfang der Aufforderung nachzuweisen, dass er die ihm nach Abs. 1 obliegenden Verpflichtungen erfüllt hat. Bei der

---

[729] Vgl. *Geck* ZEV 2006, 62; a.A. R 12 Abs. 2 S. 3 ErbStR, wonach eine Schenkung in Betracht zu ziehen sein soll. Hiergegen zu Recht FG Düsseldorf v. 14.6.2006 – 4 K 7107/02 Erb – EFG 2006, 1447; Rev. II R 51/06. Eine § 5 Abs. 1 S. 4 ErbStG entsprechende Regelung fehlt in § 5 Abs. 2 ErbStG. Eine analoge Anwendung des § 5 Abs. 1 S. 4 scheidet ebenfalls aus.
[730] *Hübner* StbJb 2000, 369 (386).
[731] In Anlehnung an *Langenfeld*, Eheverträge und Scheidungsvereinbarungen, 5. Aufl. 2005, S. 139.

> Beschlussfassung der Gesellschafterversammlung über die Aufforderung hat der betroffene Gesellschafter kein Stimmrecht.
> Ein Gesellschafter kann aus der Gesellschaft ausgeschlossen werden, wenn er nach erfolgloser Aufforderung gemäß Abs. 2 nicht die ihm nach Abs. 1 obliegenden Verpflichtungen erfüllt hat. Auch in diesem Fall hat der betroffene Gesellschafter kein Stimmrecht."

Aus erbschaftsteuerlicher Sicht erleidet der Ehegatte durch die Modifizierung keinen Nachteil. Im Falle des Todes erhält der überlebende Ehegatte den fiktiven Ausgleichsanspruch. Die Modifizierungen werden erbschaftsteuerlich ausgeblendet, so dass letztlich der gleiche Betrag erbschaftsteuerfrei bleibt, der auch in dem Fall von der Besteuerung ausgenommen worden wäre, wenn die Modifizierung unterblieben wäre. Für den Fall der Scheidung kommt der güterrechtliche Ausgleich zum Tragen. Es bleibt somit der Betrag steuerfrei, den der Ehegatte insoweit zugewiesen erhält. Anders stellt sich die Situation im Zivilrecht dar. Hier greifen die Modifizierungen auch im Todesfalle durch. Die daraus resultierenden Nachteile können allerdings durch weitere Modifikationen des Zugewinnausgleichs im Nicht-Betriebsvermögensbereich oder durch lebzeitige Zuwendungen kompensiert werden. Zu denken wäre hier z.B. an die gemäß § 13 Abs. 1 Nr. 4 a ErbStG steuerfrei bleibende Schenkung des Familienwohnheims. Dies hätte zugleich den Vorteil, dass dieses im Falle einer Insolvenz des unternehmerisch tätigen Ehegatten – von insolvenzrechtlichen Anfechtungstatbeständen und vertraglich vereinbarter Mithaftung einmal abgesehen – dem Zugriff der Gläubiger entzogen wäre.

4. Lebzeitige Beendigung des Güterstands der Zugewinngemeinschaft

Der güterrechtliche Ausgleich nach § 5 Abs. 2 ErbStG führt wegen seines größeren Gestaltungspotentials und des Fehlens einer § 5 Abs. 1 S. 5 ErbStG entsprechenden Kürzungsvorschrift grundsätzlich zu den erbschaftsteuerlich besseren Ergebnissen. Er ist darüber hinaus als Nachlassverbindlichkeit nach § 10 Abs. 5 Nr. 1 ErbStG von der Bereicherung der Erben mit dem Nennwert abzuziehen, was weitere Gestaltungsmöglichkeiten eröffnet. Die Anwendung des fiktiven Ausgleichsanspruchs nach § 5 Abs. 1 ErbStG sollte daher nur für einen unvorhersehbaren Todesfall eingeplant werden.[732] Steht dagegen das Ableben eines Ehegatten unmittelbar bevor, bietet sich eine Beendigung des Güterstandes unter Lebenden an, um statt des fiktiven Ausgleichs in den Anwendungsbereich des § 5 Abs. 2 ErbStG zu gelangen. Zugleich sollten testamentarisch die gewollten Erbregelungen festgelegt werden, da sich beim Wechsel in den Güterstand der Gütertrennung zivilrechtlich die Erbquoten verändern können. Den Vorteil dieser Gestaltung vermag das folgende Beispiel zu illustrieren:

Ein Ehepaar ist seit vielen Jahren verheiratet und lebt im Güterstand der Zugewinngemeinschaft. Das Anfangsvermögen beider Ehegatten belief sich auf € 0,00. Einen Zugewinn hat allein der Ehemann erzielt. Sein Vermögen setzt sich nunmehr wie folgt zusammen:

	Verkehrswerte in €	Steuerwerte in €
Betriebsvermögen	15.000.000	10.225.000
Kapitalvermögen	2.000.000	2.000.000
Immobilien	9.000.000	6.000.000
Verbindlichkeiten	./. 4.000.000	./. 4.000.000
Gesamtwert	22.000.000	14.225.000

Der Ehemann ist unheilbar an Krebs erkrankt und wird in Kürze sterben. Die Ehefrau soll Alleinerbin werden. Sie erfreut sich bester Gesundheit.

1. Variante: Der Ehemann stirbt, ohne Veränderung des Güterstandes.

Erwerb von Todes wegen	14.225.000
Betriebsvermögensfreibetrag gem. § 13 a Abs. 1 ErbStG	./. 225.000
Bewertungsabschlag gem. § 13 a Abs. 2 ErbStG [(10.225.000 ./. 225.000) x 35%]	./. 3.500.000
Erwerb insgesamt	10.500.000

---
[732] *Hübner* StbJb 2000, 369, 386.

./. fiktiver Ausgleichsanspruch nach § 5 Abs. 1 ErbStG:
€ 11.000.000
anzusetzen gem. § 5 Abs. 1 S. 5 ErbStG:

$$\frac{14.225.000 \times 11.000.000}{22.000.000}$$ ./. 7.112.500

steuerbarer Erwerb	3.387.500
Persönlicher Freibetrag	./. 307.000
Versorgungsfreibetrag	./. 256.000
Steuerpflichtiger Erwerb	2.824.500
Erbschaftsteuer bei Steuersatz von 19%	**536.655**

2. Variante: Kurz vor dem Tod des Ehemanns vereinbaren die Ehegatten Gütertrennung. Die Ehefrau stundet den ihr zustehenden Ausgleichsanspruch bis zum Tode des verpflichteten Ehemanns. Kurz darauf verstirbt der Ehemann.

Erwerb von Todes wegen	14.225.000
Betriebsvermögensfreibetrag gem. § 13 a Abs. 1 ErbStG	./. 225.000
Bewertungsabschlag gem. § 13 a Abs. 2 ErbStG	./. 3.500.000
Erwerb insgesamt	10.500.000
Abzüglich Nachlassverbindlichkeit „Ausgleichsforderung" gem. § 10 Abs. 5 Nr. 1 ErbStG	./. 11.000.000
Steuerbarer Erwerb	0
Steuerpflichtiger Erwerb	0
Erbschaftsteuer	**0**

256 Das Beispiel macht deutlich, dass sich die Vorteile des gesetzlichen Güterstands durch dessen rechtzeitige Beendigung durchaus noch steigern lassen. Der erbschaftsteuerlich reizvolle Effekt wird hier dadurch erzielt, dass der Erwerb von Todes wegen nicht mit dem Verkehrswert, sondern mit dem Steuerwert anzusetzen ist, und die Ausgleichsforderung nicht wie bei § 5 Abs. 1 S. 5 zu kürzen ist. Sie ist als Geldschuld mit ihrem Nennwert anzusetzen (vgl. § 35 Rdnr. 33). Dies führt im Beispiel zu der Situation, dass bereits der steuerbare Erwerb € 0,00 beträgt und somit nicht einmal die Freibeträge zum Tragen kommen. Zu beachten ist allerdings, dass der so genutzte Freiraum bei großen Vermögen grundsätzlich nur so hoch sein sollte, wie das Versorgungsbedürfnis des überlebenden Ehegatten reicht. Denn aus erbschaftsteuerlicher Sicht gilt es auch die Freibeträge zu den Nachfolgegenerationen zu nutzen. Darüber hinaus ist zu bedenken, dass es bei einer zu starken Konzentration des Ehegattenvermögens in der Hand des überlebenden Ehegatten bei einem späteren Übergang auf die Nachfolgegeneration zu einem ungünstigen Progressionseffekt kommen kann, der auch durch § 27 ErbStG (Mehrfacher Erwerb desselben Vermögens) nur bedingt abgemildert werden kann.[733] Schließlich ist darauf zu achten, dass die Erfüllung des Anspruchs grundsätzlich in Geld zu erfolgen hat. Eine Leistung in Sachwerten an Erfüllung statt ist steuerlich eine Veräußerung mit ggf. entsprechend negativen Folgen, wie z.B. der Realisierung der stillen Reserven bei Übertragung von Betriebsvermögen.[734]

5. Grenzen der Gestaltung

257 Die Grenzen der Gestaltung liegen dort, wo es den Beteiligten darauf ankommt, dem überlebenden Ehegatten eine überhöhte Ausgleichsforderung zukommen zu lassen.[735] Es geht also darum, in der Ausgleichsforderung versteckte Schenkungen an den Ehepartner zu enttarnen. Betroffen sind vor allem Vereinbarungen, die dazu führen, dass außerhalb der Ehe liegende Umstände, insbesondere solche, die vor Schließung der Ehe und nach deren Beendigung begründet sind, mit einbezogen werden. Zulässig müssen dagegen Gestaltungen bleiben, solange der „Rahmen einer güterrechtlichen Vereinbarung"[736] nicht überschritten wird. Reine Verän-

---

[733] *Moench* § 5 Rdnr. 62.
[734] BFH Urt. v. 31.7.2002 – X R 48/99 – BStBl. II 282; vgl. a. § 35 Rdnr. 208.
[735] BFH Urt. v. 28.6.1989 – II R 82/86 – BStBl. II 1989, 897; H 12 ErbStH „Verschaffung einer überhöhten Ausgleichsforderung".
[736] BFH Urt. v. 12.7.2005 – II R 29/02 – BStBl. II 2005, 847.

derungen der Beteiligungsquote oder der Bewertung, müssten daher auch steuerlich anerkannt werden. Die Finanzverwaltung knüpft an die Rechtsprechung an und klassifiziert Vereinbarungen, die einem Ehegatten für den Fall der Beendigung der Zugewinngemeinschaft eine **erhöhte güterrechtliche Ausgleichsforderung** verschaffen, als steuerliche Schenkung auf den Todesfall bzw. unter Lebenden, wenn mit ihr in erster Linie nicht güterrechtliche, sondern erbrechtliche Wirkungen herbeigeführt werden sollen.[737] Letzteres soll dann der Fall sein, wenn der Zeitpunkt des Güterstands vor dem Zeitpunkt des Ehevertragsschlusses liegt oder ein abweichendes Anfangsvermögen vereinbart wird und sich hierdurch die Ausgleichsforderung des anderen Ehegatten im Gegensatz zur Situation ohne die Modifizierung erhöht.[738] Auch wenn durch derartige Gestaltungen lediglich der zivilrechtliche Anspruch konkretisiert und eine Vereinfachung der Anspruchsermittlung erreicht werden soll, wird man sich hier auf Diskussionen mit der Finanzverwaltung einstellen müssen. Ein in den Vertrag aufgenommener Hinweis, es handele sich bei der Abweichung um eine „Maßnahme der rechtlichen Ordnung der ehelichen Lebensgemeinschaft",[739] wird diese wohl kaum vermeiden helfen. Es empfiehlt sich vielmehr in der Vereinbarung deutlich zu machen, dass die Eheleute die Modifizierung vereinbart haben, weil sie diese aufgrund der tatsächlichen Gegebenheiten der Ehe als gegenüber der gesetzlichen Regelung sachgerechter empfinden, insbesondere im Hinblick auf die Beiträge beider Ehegatten während des Bestehens der Ehe. Im Übrigen kann etwa eine Erhöhung der Ausgleichsquote oder der Ausschluss der Indexierung des Anfangsvermögens z.B. als pauschale Kompensation für die Herausnahme des Betriebsvermögens aus dem Anfangs- und Endvermögen gewollt sein. Werden derartige Vereinbarungen dann auch noch im Zusammenhang mit der Eheschließung getroffen, wird man kaum sagen können, dass sie darauf zielen, dem anderen Ehegatten eine überhöhte Ausgleichsforderung zu verschaffen.[740] Die Situation mag sich anders darstellen, wenn die Modifizierung in zeitlichem Zusammenhang oder gar aus Anlass der Beendigung des Güterstands vereinbart wird. In jedem Fall ist allerdings zu empfehlen, die der Modifizierung zugrunde liegenden Motive in dem jeweiligen Ehevertrag klar und nachvollziehbar zu dokumentieren.[741]

Liegt eine im Ausgleichsanspruch versteckte Schenkung vor, tritt der Erwerb aber nicht bereits bei Vertragsschluss ein. Vielmehr erfolgt die Vermögensverschiebung erst bei Beendigung des Güterstands. Bis dahin stellt die geplante Erhöhung der Ausgleichsforderung lediglich eine Erwerbschance des günstiger gestellten Ehegatten dar, die noch nicht als Zuwendung behandelt werden kann. Betroffene Eheverträge können daher bis zur Beendigung des Güterstands noch korrigiert werden. Eine andere Frage ist jedoch, ob der begünstigte Ehepartner hier bereit ist mitzuwirken.

Ebenfalls in diesen Bereich gehört der **zwischenzeitliche Zugewinnausgleich bei fortgesetzter** oder nur kurz beendeter **Zugewinngemeinschaft**. Bei einer lebzeitigen Beendigung des gesetzlichen Güterstands werden danach anfallende Zugewinne nicht mehr erfasst. Dies könnte dadurch vermieden werden, dass Ehegatten von Zeit zu Zeit durch Ehevertrag einen zwischenzeitlichen Ausgleich des bisher erzielten Zugewinns vereinbaren. Darüber hinaus wird hierin ein Ausweg aus der grundsätzlichen Erbschaftsteuerpflicht von sog. unbenannten Zuwendungen gesehen.[742] Durch einen zwischenzeitlichen Zugewinnausgleich kann schon zu Lebzeiten des zuwendenden Ehegatten die Entgeltlichkeit und damit Nichtsteuerbarkeit von unbenannten Zuwendungen erreicht werden. Mittlerweile entschieden ist der Fall, dass die Ehegatten die Zugewinngemeinschaft durch formgerechten Ehevertrag bei Fortbestand der Ehe beenden und es tatsächlich zu einer güterrechtlichen Abwicklung der Zugewinngemeinschaft durch Berechnung der Ausgleichsforderung kommt.[743] Den Ehegatten steht es frei, danach sofort wieder in den Güterstand der Zugewinngemeinschaft zu wechseln (sog. **Güterstandsschaukel**). Eine Schamfrist muss nicht eingehalten werden. Es kommt allein darauf an, dass jeder Ehepartner

---

[737] R 12 Abs. 2 S. 2 ErbStR; krit. *Viskorf* ZEV Jahrestagung 2000/2001, 21; *Geck* ZErb 2004, 21.
[738] R 12 Abs. 2 S. 3 ErbStR; a.A. FG Düsseldorf Urt. v. 14.6.2006 – 4 K 7107/02 Erb – EFG 2006, 1447; Rev. BFH – II R 51/06 –.
[739] *Geck* ZEV 2006, 62.
[740] *Hübner* StbJb 2000, 369, 384.
[741] *Hübner* StbJb 2000, 369, 384.
[742] *F. Dötsch* DStR 1994, 638, 642; *Felix* BB 1994, 1342, 1344.
[743] BFH Urt. v. 12.7.2005 – II R 29/02 – DStR 2005, 1772.

vor dem erneuten Wechsel in den Güterstand der Zugewinngemeinschaft vollständig frei in seiner Entscheidung ist. Selbstverständlich ist bei erneuter Begründung des Güterstands der Zugewinngemeinschaft nicht auf das Anfangsvermögen bei Eheschließung abzustellen, sondern vom Stand bei erneutem Vertragsschluss auszugehen, denn sonst würde der Zugewinn des ersten Ausgleichs doppelt zugewendet, was nach Ansicht der Finanzverwaltung als Schenkung zu beurteilen wäre (vgl. § 36 Rdnr. 257). Ferner sollte in den Vereinbarungen anlässlich der Aufhebung der Zugewinngemeinschaft von den bei Schenkungen üblichen Widerrufsklauseln kein Gebrauch gemacht werden. Derartige Vorbehalte bewegen sich außerhalb des güterrechtlichen Rahmens und müssten unweigerlich zur Schenkungsteuerpflicht nach § 7 Abs. 1 Nr. 1 ErbStG führen.[744] Zivilrechtlich ist schließlich zu beachten, dass die Vereinbarung nicht dazu verwendet werden darf, die Pflichtteile Dritter bewusst und planmäßig zu beschneiden.[745]

259 Bei dem ehevertraglich vereinbarten zwischenzeitlichen Zugewinnausgleich ohne gleichzeitige Beendigung des gesetzlichen Güterstands handelt es sich zivilrechtlich letztlich um nichts anderes als eine Modifizierung des bisherigen Güterstandes und damit gleichzeitig um eine Beendigung der Zugewinngemeinschaft in ihrer bisherigen Form. Dies könnte durchaus in den Anwendungsbereich des § 5 Abs. 2 ErbStG mit einbezogen sein.[746] Rechtsprechung und Finanzverwaltung folgen dem unter Berufung auf den Wortlaut des § 5 Abs. 2 ErbStG nicht und klassifizieren die aufgrund einer derartigen Vereinbarung entstehende Ausgleichsforderung als steuerbare unentgeltliche Zuwendung gem. § 7 Abs. 1 Nr. 1 ErbStG.[747] Wird der Güterstand später durch den Tod eines Ehegatten oder zu Lebzeiten beendet und die im Weg des zwischenzeitlichen Zugewinnausgleichs erhaltene Zuwendung auf die Ausgleichsforderung angerechnet (§ 1380 Abs. 1 BGB), erlösche insoweit gem. § 29 Abs. 1 Nr. 3 ErbStG die Steuer mit Wirkung für die Vergangenheit. Die Korrekturvorschrift des § 29 verlöre ihren Sinn, wenn der zwischenzeitliche Zugewinnausgleich für nicht steuerbar gehalten würde.[748]

260 Neben den Grenzen im Bereich der Gestaltungsmöglichkeiten gibt es **Grenzen im tatsächlichen Bereich.** So kann sich leicht die Situation einstellen, dass der entstehende Ausgleichsanspruch einen erheblichen Betrag darstellt und für andere Hinterbliebene oder für ein zum Nachlass gehörendes Unternehmen eine äußerst unangenehme Dimension erreicht. Schließlich muss bedacht werden, dass es sich bei der Ausgleichsforderung zivilrechtlich um einen vollwertigen Anspruch handelt, der auch zwangsweise realisiert werden kann. Fehlen der Erbmasse die zur Erfüllung des Ausgleichs erforderlichen liquiden Mittel, müssen entweder Vermögensgegenstände der Erbmasse veräußert oder das übrige Vermögen der Erben angegriffen werden. Die Übertragung von Sachwerten an Erfüllung statt ist steuerlich ein Veräußerungsgeschäft und löst ggf. weitere, nicht gewollte und belastende steuerliche Folgen aus (vgl. § 36 Rdnr. 256; § 35 Rdnr. 208). Im Unternehmensbereich kann der Ausgleichsanspruch sogar existenzbedrohend sein. Derart unkontrollierte Liquiditätsabflüsse gilt es daher im Rahmen der Gestaltung der vorweggenommenen Erbfolge zu vermeiden. Dies gilt insbesondere in den Fällen, in denen der Ausgleichsanspruch die erforderliche Versorgung des überlebenden Ehegatten deutlich übersteigt. Hier könnte es sinnvoll sein, den Ausgleichsanspruch ehevertraglich zu beschränken. Geschieht dies z.B. im Rahmen der Beendigung des gesetzlichen Güterstands, so unterliegt der teilweise Verzicht auf den Zugewinnausgleich nicht seinerseits der Erbschaftsteuer. Der Verzicht erfolgt in diesem Fall **vor der Entstehung** des Ausgleichsanspruchs, so dass zivilrechtlich das Unterlassen eines Vermögenserwerbs gegeben ist, welcher gemäß § 517 BGB keine Schenkung darstellt. Dies gilt aufgrund der Maßgeblichkeit des Zivilrechts auch im Erbschaftsteuerrecht.[749]

261 Daneben ist zu bedenken, dass der als Erbe eingesetzte Ehegatte die Erbschaft auch unerwartet ausschlagen könnte und ihm in diesem Fall der güterrechtliche Ausgleich zustünde. Die übrigen Erben, die bislang davon ausgingen, dass der überlebende Ehegatte lediglich die ihm

---

[744] Ähnlich *Geck* ZEV 2006, 62.
[745] *Münch* ZEV 2005, 491.
[746] Vgl. *Hüttemann* DB 1999, 248.
[747] BFH Urt. v. 24.8.2005 – II R 28/02 – BFH/NV 2006,63; R 12 Abs. 3 ErbStR; H 12 ErbStH „Vorzeitiger Zugewinnausgleich bei fortbestehender Zugewinngemeinschaft".
[748] BFH Urt. v. 2.3.1994 – II R 59/92 – BStBl. II 1994, 366; *Gebel* DStZ 1993, 451.
[749] *Meincke* § 5 Rdnr. 42; Troll/Gebel/Jülicher/*Gebel* § 5 Rdnr. 65; a.A. *Moench* § 5 Rdnr. 59.

zugedachten Vermögensgegenstände aus dem Nachlass erhalten würde, sehen sich nunmehr einem Geldanspruch ausgesetzt. Deshalb kann es sinnvoll sein, den Zugewinnausgleich bei gewillkürter Erbfolge für den Fall ausdrücklich auszuschließen, dass der überlebende Ehegatte ausschlägt. Dies sollte aber genau durchdacht werden, da die Ausschlagung auch als Gestaltungsmittel eingesetzt werden kann (vgl. § 36 Rdnr. 271 ff.).

XI. Vermächtnisgestaltungen

1. Checkliste 262

☐ Ist ein Vermächtnis vorgesehen, das
- Grundstücke,
- Betriebsvermögen
- land- und forstwirtschaftliches Vermögen oder
- Kapitalgesellschaftsanteile beinhaltet?

☐ Können Erbe und Vermächtnisnehmer die Rollen tauschen?

☐ Wenn nicht, sollte der Erbe mit einer dem Vermächtnis entsprechenden Auflage beschwert werden, die über einen Testamentsvollstrecker abgesichert wird oder

☐ der Vermächtnisnehmer zum Miterben gemacht werden und ihm der Vermächtnisgegenstand per Teilungsanordnung zugewiesen werden.

2. Einleitung

Ein obiter dictum des II. Senats des BFH[750] stellt die bisherige Beratungspraxis bei Vermächtnisgestaltungen in Frage. Die Rechtsprechung und ihr folgend auch die Finanzverwaltung hat bislang den Vermächtnisanspruch mit dem Steuerwert des zugrunde liegenden Vermächtnisgegenstandes bewertet,[751] obwohl der Vermächtnisnehmer lediglich einen auf Übertragung gerichteten **Vermächtnisanspruch** (§ 2174 BGB, vgl. § 13 Rdnr. 2 ff.) und damit nur eine **Forderung,** nicht jedoch den Vermächtnisgegenstand unmittelbar erwirbt. Diese auf Übertragung eines oder mehrerer Vermögensgegenstände gerichtete Forderung ist allerdings ein **Sachleistungsanspruch,** für dessen Bewertung eigentlich auf die Regelungen des allgemeinen Teils des Bewertungsgesetzes und damit insbesondere auf §§ 9 Abs. 1, 10 und 12 BewG zurückgegriffen werden müsste, wie es der Bundesfinanzhof bei der Bewertung von in den Nachlass fallenden Sachleistungsansprüchen, die kein Vermächtnis waren, bisher auch tat (vgl. § 35 Rdnr. 38). Ein im Zeitpunkt des Erbfalls noch nicht erfüllter Sachleistungsanspruch z.B. gerichtet auf Errichtung eines Gebäudes wurde dementsprechend mit dem gemeinen Wert und nicht mit dem niedrigeren Steuerwert angesetzt.[752] Nun hat der Bundesfinanzhof in dem obiter dictum aber erkennen lassen, dass er dazu tendiert, diese Sichtweise auch bei Grundstücksvermächtnissen anzuwenden.[753] Konsequenterweise müsste sich diese neue Sichtweise dann allerdings auf jedes unterbewertete Vermögen erstrecken, so dass auch land- und forstwirtschaftliches Vermögen, Betriebsvermögen und nicht notierte Anteile an Kapitalgesellschaften betroffen wären (vgl. § 35 Rdnr. 88, 93). **Vorausvermächtnisse** sind nicht betroffen. Sie werden nach wie vor mit dem Steuerwert bewertet.[754]

Daneben könnte § 10 Abs. 6 S. 3 ErbStG beim Abzug von aus Vermächtnissen herrührenden Erbfallschulden Bedeutung erlangen (vgl. § 35 Rdnr. 98). Der Bundesfinanzhof hat in dem obiter dictum nämlich angedeutet, dass er bei den Erben die vermächtnisweise Verpflichtung

---

[750] BFH Urt. v. 2.7.2004 – II R 9/02 – BStBl. II 2004, 1039.
[751] BFH Urt. v. 15.6.1966 – II 32/63 – BStBl. III 1966, 507; v. 15.10.1997 – II R 68/95; BStBl. II 1997, 820; v. 15.3.2000 – II R 15/98 – BStBl. II 2000,588; R 92 Abs. 2 S. 1 ErbStR.
[752] BFH Urt. v. 27.11.1991 – II R 12/89 – BStBl. II 1992, 298.
[753] BFH Urt. v. 2.7.2004 – II R 9/02 – BStBl. 2004, 1039; ebenso *Viskorf* FR 2004, 1337; a.A. *Crezelius* ZEV 2004, 476.
[754] BFH Urt. v. 2.3.2006 – II R 57/04 – DStRE 2006, 1012.

zur Herausgabe eines Grundstücks als eine mit diesem wirtschaftlich zusammenhängende Last ansehen möchte.[755] Da der Erwerb des Grundstücks beim Erben nur mit dem Steuerwert anzusetzen ist, sei er teilweise „steuerfrei" gestellt. Die Verpflichtung zur Herausgabe, die als Sachwertanspruch grundsätzlich mit dem gemeinen Wert anzusetzen sei, müsse dementsprechend gekürzt werden. Für den Erben ändert sich insoweit nichts. Der Leidtragende ist der Vermächtnisnehmer der nun den gemeinen Wert des Grundstücks zu versteuern hat, wohingegen früher durchgängig nur der Steuerwert zum Ansatz kam. Auch hier wird sich konsequenterweise die beabsichtigte Rechtsprechungsänderung nicht nur bei Grundstücken, sondern auch bei allen anderen Arten von unterbewertetem Vermögen auswirken.

Die niedrige Bewertung mit dem Steuerwert wird wohl zukünftig allein dem Erben zugute kommen, nicht jedoch dem Vermächtnisnehmer. Dieser erlangt einen mit dem gemeinen Wert zu bewertenden Sachleistungsanspruch. Soll der Vermächtnisnehmer in den Genuss des Steuerwerts gelangen, bedarf es somit bereits einer entsprechenden Gestaltung und zwar nach Möglichkeit bereits durch den Erblasser. Hierzu werden verschiedene Modelle diskutiert, die allerdings nicht immer zu dem gewünschten Ergebnis führen. Da die Rechtsprechungsänderung bislang nur angekündigt, nicht jedoch bereits vollzogen ist, wäre daher daran zu denken, das Vermächtnis mit einem passenden Gestaltungsmodell zu kombinieren und **alternativ zu testieren**:[756]

> **Formulierungsvorschlag:**
> Sofern bei der Erbschaftsteuer der Vermächtnisnehmer den gleichen Wert versteuern muss, wie ihn der Erbe abziehen kann gilt ... (es folgt das Vermächtnis).
> Sofern erbschaftsteuerlich der vom Vermächtnisnehmer zu versteuernde Wert aber nicht dem Abzugsposten bei dem Erben entspricht, gilt... (es folgt die Alternativlösung).

Insgesamt ist das Vermächtnis aus steuerlicher Sicht nur noch bei nicht unterbewertetem Vermögen steuerlich bedenkenlos einsetzbar. Soll sich das Vermächtnis hingegen – auch nur teilweise – auf unterbewertetes Vermögen, also Grundstücke, land- und forstwirtschaftliches Vermögen, Betriebsvermögen und nicht notierte Anteile an Kapitalgesellschaften erstrecken, sind teilweise schwierige Gestaltungen erforderlich. Ist der Erbfall schon eingetreten, könnte allein die Ausschlagung ein probates Mittel sein, die negativen Folgen der Rechtsprechungsänderung abzuwenden (vgl. § 36 Rdnr. 300).

3. Schenkung

264   Der sicherste Weg der angekündigten Rechtsprechungsänderung aus dem Weg zu gehen, ist die vorgezogene Schenkung zu Lebzeiten. Bemessungsgrundlage ist zweifellos der Steuerwert des Schenkungsgegenstands. Damit ist das verschenkte Vermögen aber auch endgültig weg. Die Schenkung ist eben nicht so einfach abänderbar wie ein Vermächtnis. Wenn sich der Schenker keinen Widerruf vorbehalten hat, ist eine Rückgängigmachung nur in engen Grenzen zulässig (vgl. § 32 Rdnr. 78 ff.). Der Zeitpunkt des Eigentumsverlusts lässt sich durch eine **Schenkung auf den Todesfall** noch etwas hinauszögern und dem Vermächtnis zugleich weiter annähern. Der Schenker bleibt so bis zu seinem Tode noch Eigentümer des Grundstücks. Auch die Steuer entsteht erst mit dem Tode des Erblassers, § 3 Abs. 1 Nr. 2 i.V.m. § 9 Abs. 1 Nr. 1 ErbStG. Auch in diesem Fall ist der Steuerwert – bislang jedenfalls – als Bemessungsgrundlage heranzuziehen. Allerdings entsteht mit der noch nicht vollzogenen Schenkung auf den Todesfall mit dem Ableben des Schenkers ein Erfüllungsanspruch, der sich gegen den Erben richtet. Es ist daher nicht auszuschließen, dass der BFH seine beabsichtigte Rechtsprechungsänderung nicht auch auf die Schenkung auf den Todesfall erstreckt.

265   Um sich bei der Schenkung zu Lebzeiten wie auch bei der auf den Todesfall zu Lebzeiten ähnlich wie beim Vermächtnis alle Optionen offen zu halten, wäre an ein **freies Widerrufsrecht** des Schenkers zu denken. Dies funktioniert allerdings nur bei Schenkungsgegenständen bei

---

[755] BFH Urt. v. 2.7.2004 – II R 9/02 – BStBl. II 2004, 1039; vgl. a. § 35 Rdnr. 93.
[756] Vgl. *Carlé* KÖSDI 2005, 14691.

denen nicht die Vergünstigungen des § 13 a ErbStG angestrebt werden. Erbschaftsteuerlich ist die Schenkung trotz des freien Widerrufsrechts des Schenkers vollzogen und auch schenkungsteuerpflichtig.[757] Einkommensteuerlich führt das freie Widerrufsrecht allerdings dazu, dass aufgrund der wirtschaftlichen Betrachtungsweise kein Vermögensübergang stattfindet.[758] Der Beschenkte wird daher bei der Schenkung von Betriebsvermögen kein Mitunternehmer und Gegenstand der Zuwendung ist ein Gesellschaftsanteil an einer vermögensverwaltenden Personengesellschaft. Hierauf sind die Begünstigungen des § 13 a ErbStG aber nicht anwendbar.[759] Gleiches wird für Widerrufsvorbehalte anzunehmen sein, die zwar nicht frei sind, bei denen die Bedingungen aber vom Schenker nach seinem Belieben herbeigeführt oder auch nicht herbeigeführt werden können.[760]

4. Rollentausch-Modell

Als Vermeidungsstrategie kommt zunächst das „Rollentausch-Modell" in Betracht, das zwar mit einigen Risiken behaftet, aber immer dann – zumindest grundsätzlich – geeignet ist, wenn das Vermächtnis aus begünstigtem Vermögen und der Rest des Nachlasses **ausschließlich** aus nicht unterbewertetem Vermögen besteht.[761] Dabei wird Erbe derjenige, der das erbschaftsteuerlich begünstigt bewertete Vermögen erhalten soll, und dieser muss den restlichen Nachlass dann vermächtnisweise an den eigentlich zum Erben Vorgesehenen herausgeben. Ein derartiger Rollentausch wird jedoch in der Praxis vor allem aus psychologischen Gesichtspunkten nur selten einfach durchgeführt werden können, entspricht er doch nicht dem Willen des Erblassers und der sonstigen betroffenen Beteiligten. Er kann sogar familiäre Spannungen auslösen, die bis hin zur Eskalation gehen können. Es wird für manches Kind z.B. nur schwer zu akzeptieren sein, wenn der Vater seine Lebensgefährtin als Erbin einsetzt und es sich plötzlich in der Rolle des Vermächtnisnehmers wieder findet. Hier ist viel Fingerspitzengefühl und eine umfangreiche Kommunikation aller Beteiligten erforderlich. Darüber hinaus sind weitere steuerliche Aspekte bei dieser Gestaltung zu beachten. So geht z.B. der nicht verbrauchte einkommensteuerliche Verlustvortrag des Erblassers (noch[762]) nur auf den Erben, nicht jedoch auf den Vermächtnisnehmer über. Steuererstattungsanprüche stehen allein dem Erben zu, der im Gegenzug auch für die Steuerverbindlichkeiten des Erblassers haftet, § 45 AO.[763] Dies muss bei der Gestaltung berücksichtigt werden. Aus zivilrechtlicher und gestalterischer Sicht ist zu beachten, dass sich die Situation als „verkehrte Welt" darstellt. Der ursprünglich als Erbe Vorgesehene erwirbt nicht im Wege der Universalsukzession. Er erwirbt vom ursprünglich als Vermächtnisnehmer vorgesehenen Erben und muss unter Umständen seinen Anspruch sogar gerichtlich durchsetzen. Dies sind Unwägbarkeiten, die man seinen Erben bzw. Vermächtnisnehmern nicht unbedingt aussetzen sollte. Tut man es jedoch, müssen die Beteiligten umfassend belehrt werden.

5. Auflagen-Modell

Beim „Auflagen-Modell" wird das Vermächtnis durch die Auflage ersetzt.[764] Die Auflage stellt keinen Sachleistungsanspruch dar, so dass die Rechtsprechungsänderung nicht zum Tragen kommt. Der ursprüngliche Vermächtnisgegenstand geht im Wege eines Erwerbs von Todes wegen gemäß § 3 Abs. 2 Nr. 2 ErbStG mit Vollziehung der vom Erblasser angeordneten Auflage über. Der Erbe und der Auflagenbegünstigte erwerben jeweils zum Steuerwert. Die hieraus resultierende Belastung des Erben ist als Nachlassverbindlichkeit abzuziehen, § 10 Abs. 5 Nr. 2 ErbStG, und zwar ebenfalls zum Steuerwert. In der Tat kommt dieses Modell der ursprünglich

---

[757] BFH Urt. v. 13.9.1989 – II R 67/86 – BStBl. II 1989, 1034 m.w.N.; a.A. *Knobbe-Keuk*, FS Flume, Bd. II, S. 149 ff. mit durchaus beachtlichen Argumenten.
[758] BFH Urt. v. 17.6.1998 – XI R 55/97 – BFH/NV 1999, 9 m.w.N.
[759] H 51 Abs. 1 ErbStH; Troll/Gebel/Jülicher/*Jülicher* § 13 a ErbStG Rdnr. 134; a.A. *Ebeling* NJW 1999, 1087; *Herff* KÖSDI 2001, 12885; vgl. a. § 35 Rdnr. 85.
[760] *Jülicher* DStR 1998, 1977.
[761] Vgl. *Geck* ZEV 2006, 201.
[762] Die Frage, ob der einkommensteuerliche Verlustabzug überhaupt vererblich ist, wird vom XI. Senat des BFH bezweifelt und ist dem Großen Senat des BFH zur Beurteilung vorgelegt worden, vgl. BFH Beschl. v. 28.7.2004 – XI R 54/99 – BStBl. II 2005, 262, vgl. § 35 Rdnr. 176.
[763] *Geck* ZEV 2006, 201.
[764] *Daragan* ZErb 2005, 40.

angestrebten vermächtnisweisen Übertragung am nächsten. Es lässt sich sogar noch etwas verfeinern, wenn der Erblasser, um dem Vermächtnisnehmer die Durchsetzung seines Anspruchs gegenüber dem Erben zu erleichtern, den Auflagenbegünstigten als Testamentsvollstrecker einsetzt. Da der durch die Auflage Begünstigte in seiner Eigenschaft als Testamentsvollstrecker durch die Vollziehung der Auflage den gleichen Leistungserfolg herbeiführen kann wie der Vermächtnisnehmer selbst, der das Vermächtnis annimmt und dessen Erfüllung fordert, entspricht das Ergebnis dieser Gestaltung im Wesentlichen dem der Vermächtniseinsetzung. Erbschaftsteuerlich wird daher befürchtet, dass die Grenzen zwischen Auflage und Vermächtnis verwischt werden.[765] Andererseits handelt es sich um eine zivilrechtliche Möglichkeit, die dem Erblasser zivilrechtlich an die Hand gegeben ist. Er kann durchaus seine Gründe haben, warum er so und nicht anders vorgeht. Dies sollte, wenn möglich, zum Ausdruck gebracht werden. Unproblematisch müsste daher sein, wenn der durch die Auflage Begünstigte als Testamentsvollstrecker nicht ausschließlich die ihn selbst betreffende Auflage, sondern darüber hinaus weitere Aufgaben zu erfüllen hat. Alternativ könnte ein Dritter als Testamentsvollstrecker eingesetzt werden, den der Erblasser anweist, die Auflage zu vollziehen.[766] Aus zivilrechtlicher Sicht ist noch zu beachten, dass nach § 2307 BGB nur ein Vermächtnis auf den Pflichtteilsanspruch des Begünstigten unmittelbar und ohne weitere Bestimmung anzurechnen ist.[767] Dies gilt für die Auflage nicht.[768] Bei Pflichtteilsberechtigten ist dementsprechend vertraglich eine Anrechnung auf den Pflichtteil vorzusehen, sofern und soweit nicht bereits ein Pflichtteilsverzicht existiert.

6. Miterben-Modell

268   Bei dem Miterben-Modell wird der ursprünglich nur als bloßer Vermächtnisnehmer Vorgesehene als Miterbe in die Erbengemeinschaft mit einbezogen und die angestrebte Verteilung des Nachlasses im Wege der Teilungsanordnung oder als Vorausvermächtnis sichergestellt. Sämtliche Erben erwerben durch Erbanfall. Der Nachlass ist mit dem Steuerwert zu bewerten. Die nachfolgende Erbauseinandersetzung und der Vollzug der Teilungsanordnung sind für die erbschaftsteuerliche Bewertung unerheblich. Insbesondere führt die Zuweisung der Nachlassgegenstände weder bei der Teilungsanordnung noch beim Vorausvermächtnis zu einem mit dem gemeinen Wert zu bewertenden Sachleistungsanspruch. Allerdings ist zu beachten, dass bei den hier in Rede stehenden Gestaltungen häufig eine familienfremde Person vermächtnisweise bedacht werden soll. Durch das Miterben-Modell wird nun dieser Fremde in die Erbengemeinschaft mit einbezogen, was in aller Regel nicht der Vorstellung der Beteiligten (Erblasser und potentiellen Erben) entsprechen wird.

269   Bei einer **echten Teilungsanordnung**, die die Erbquote im Ergebnis unberührt lässt, besteht lediglich ein Anspruch auf eine vom Erblasser angeordnete Auseinandersetzung des Nachlasses. Die den Miterben durch die Teilungsanordnung zugewiesenen Nachlassgegenstände werden zwingend wertmäßig auf den jeweiligen Erbanteil angerechnet. Der Erbschaftsbesteuerung unterliegt der Erbanteil eines jeden Miterben. Dabei spielt es keine Rolle, ob die ihm zugewiesenen Nachlassgegenstände steuerlich günstig bewertet wurden oder nicht. Die Vorteile einer niedrigen Bewertung kommen somit allen Miterben entsprechend ihrer Erbquote zu Gute.[769]

Beispiel:
Der steuerliche Nachlass besteht aus einem Grundstück mit einem Steuerwert von € 100.000 und einem gemeinen Wert von € 500 000 sowie Barvermögen in Höhe von € 500.000. S und T erben zu gleichen Teilen. Der Erblasser hat das Grundstück per Teilungsanordnung S zugewiesen. Beide Miterben versteuern jeweils € 300.000.

270   Bei einer überquotalen, auch **unechte Teilungsanordnung** genannten Zuteilung ist der Mehrwert, den der begünstigte Miterbe über seine Erbquote hinaus erhalten hat, ein Erwerb durch Vorausvermächtnis. Es kommt daher anders als bei den echten Teilungsanordnungen

---

[765] *Daragan* ZErb 2005, 40; *Geck* ZEV 2006, 201.
[766] Vgl. *Geck* ZEV 2006, 201.
[767] Vgl. *Geck* ZEV 2006, 201.
[768] Mayer/Bonefeld/Wälzholz/Weidlich/*Mayer* Testamentsvollstreckung, 2. Aufl. Rdnr. 602.
[769] BFH Urt. v. 30.6.1960 – II R 254/57 – BStBl. III 1960, 348; Urt. v. 1.4.1992 – II R 21/89 – BStBl. II 1992, 669; R 5 Abs. 1 S. 3 ErbStR; *Moench* § 3 Rdnr. 67 ff.; Troll/Gebel/Jülicher – Gebel § 3 Rdnr. 114 ff.; a.A. *Flume* DB 1983, 2271.

zu keinem Spitzenausgleich der jeweiligen Wertzuweisungen. Das Vorausvermächtnis schließt den Wertausgleichsanspruch des Miterben aus. Diese Wertdifferenz ist nach § 10 Abs. 5 Nr. 2 ErbStG vom Gesamtwert des Nachlasses abzuziehen. Durch die unechte Teilungsanordnung wird also der Nachlasswert insgesamt verringert. Zugleich verringert sich der zu versteuernde Anteil aller[770] Miterben am Gesamtnachlass. Der Erbe, der das Vorausvermächtnis erhalten hat, muss dieses, also den Mehrwert, zusätzlich versteuern. Sein steuerpflichtiger Erwerb setzt sich folglich aus dem Anteil am Gesamtnachlass und dem Vermächtniswert zusammen. Dabei ist das Vorausvermächtnis mit dem anteiligen Steuerwert des Gegenstandes zu bewerten, den der Vermächtnisnehmer aus dem Gesamtnachlass als Voraus erhält.[771] Korrespondierend hierzu ist das Vorausvermächtnis mit dem gleichen Wert gem. § 10 Abs. 5 Nr. 2 ErbStG als Vermächtnisschuld abzugsfähig.

Beispiel:
Der steuerliche Nachlass besteht aus einem Grundstück mit einem Steuerwert von € 100.000 und einem gemeinen Wert von € 500 000 sowie Barvermögen in Höhe von € 500.000. S und T erben zu gleichen Teilen. Der Erblasser hat das Grundstück und € 100.000 per Teilungsanordnung S zugewiesen und verfügt, dass kein Wertausgleich zu zahlen ist. Der Steuerwert des Nachlasses beträgt € 600.000. Davon ist die Verbindlichkeit aus dem Vorausvermächtnis an S abzuziehen. Da der Nachlass begünstigt bewertetes Vermögen enthält, ist nicht der gemeine Wert des Mehrwerts (€ 100.000), sondern der anteilige Steuerwert zu ermitteln und abzuziehen. Der Mehrwert beträgt 1/10 des Gesamtnachlasses, so dass das Vermächtnis mit 1/10 des Steuerwerts zu berücksichtigen ist. S versteuert daher € 270.000 (= 50 % x (€ 600.000 – € 60.000)) als Erbe und € 60.000 als Vermächtnisnehmer.

XII. Ausschlagung als Gestaltungsmittel

1. Checkliste

☐ Ist eine Ausschlagung noch möglich?
  • Erfolgte bereits eine Annahme der Erbschaft oder des Vermächtnisses?
  • Sind seit Kenntnis des Erbfalls durch den Erben mehr als sechs Wochen bzw. sechs Monate vergangen?
☐ Liegt eine typische Gestaltungssituation vor?
  • Besteht ein Widerspruch zum gesellschaftsvertraglichen Erbgang?
  • Wurde Betriebsvermögen vermächtnisweise zugewandt?
  • Sind bei einer Betriebsaufspaltung Besitz- und Betriebsunternehmen aufgeteilt worden?
  • Sind Ausgleichszahlungen im Zuge der Erbauseinandersetzung geplant?
  • Liegt ein Berliner Testament vor?
  • Handelt es sich um einen Fall des Vorversterbens?
  • Sind die Erbschaftsteuerfreibeträge zur Erbengeneration bereits ausgeschöpft?
  • Wurde ein Vermächtnis über erbschaftsteuerlich begünstigtes Vermögen ausgesetzt?
☐ Soll die Ausschlagung gegen Zahlung einer Abfindung erfolgen, so kann dies bei den folgenden Nachlassgegenständen zu einem ertragsteuerpflichtigen Veräußerungsgewinn führen:
  • Betriebsvermögen,
  • Sonderbetriebsvermögen,
  • wesentliche Beteiligungen an Kapitalgesellschaften,

---

[770] *Sommer/Kerschbaumer* ZEV 2004, 13, 17; OFD München Verf. v. 24.4.2002 – S 3811 – 11 St 353 – ZEV 2002, 292; a.A. BFH Urt. v. 1.8.2001 – II R 47/00 – HFR 2002, 620, der aber offenbar übersehen hat, dass nach §§ 2147, 2150 BGB der Erbe und folglich auch der Miterbe auch dann mit dem Vermächtnis belastet ist, wenn er selbst Vermächtnisnehmer ist.
[771] H 5 Abs. 4 ErbStH.

- Grundstücke u. ä., die innerhalb der letzten zehn Jahre vom Erblasser oder seinem Rechtsvorgänger angeschafft wurden,
- sonstige Wirtschaftsgüter einschließlich Termingeschäfte, die innerhalb des letzten Jahres von Erblasser oder seinem Rechtsvorgänger angeschafft wurden.

2. Einleitung

272 Die Ausschlagung ist ein Gestaltungsmittel, dass es einem Erben oder Vermächtnisnehmer erlaubt, eine vorgefundene Situation **rückwirkend** zu beeinflussen. Aufgrund der Ausschlagung gilt sein Erwerb gem. § 1953 Abs. 1 bzw. § 2180 BGB als nicht erfolgt und der Nachlass fällt mit Wirkung ab dem Erbfall an den nächstberufenen Erben (vgl. § 22 Rdnr. 17). Dieses Gestaltungsmittel steht dem Erben bzw. Vermächtnisnehmer allerdings nur dann zur Verfügung, wenn er die Erbschaft nicht bereits angenommen hat, §§ 1943, 2180 Abs. 1 BGB. Mit der **Annahme der Erbschaft** erklärt er nämlich, dass er die bereits erworbene Erbschaft auch behalten will. Dementsprechend kann danach nicht mehr ausgeschlagen werden. Da die Annahme formlos und sogar durch konkludentes Handeln möglich ist, ist hier Vorsicht geboten. Der beratende Anwalt sollte den Erben dementsprechend bereits im ersten Gespräch vor einer verfrühten Annahme der Erbschaft warnen. Die Erbschaft erwirbt der Erbe durch Zeitablauf auch ohne deren ausdrückliche Annahme. Sie ist daher nicht erforderlich und würde den Erben nur einer möglicherweise hilfreichen Gestaltungsmöglichkeit berauben. Auch bei einem Vermächtnis bedarf es keiner ausdrücklichen Annahme desselben, so dass sie hier ebenfalls unterbleiben kann. Die Ausschlagung der Erbschaft muss grundsätzlich innerhalb von **sechs Wochen** erfolgen, § 1944 Abs. 1 BGB. Nach dieser Frist ist eine Ausschlagung nicht mehr möglich, § 1943 BGB. Die Ausschlagungsfrist beginnt nicht schon mit dem Erbfall, sondern erst, wenn der Erbe von dem Erbanfall und dem Grund der Berufung als Erbe bestimmte und überzeugende Kenntnis erlangt hat (vgl. § 25 Rdnr. 21). Dies wird häufig erst mit der amtlichen Testamentseröffnung der Fall sein. Für die Ausschlagung eines Vermächtnisses ist keine besondere Frist vorgesehen (vgl. § 22 Rdnr. 41). Bei bestimmten Sachverhalten mit Auslandsberührung beträgt die Ausschlagungsfrist sechs Monate (vgl. § 22 Rdnr. 27).

273 Im Hinblick auf die relativ knapp bemessene Ausschlagungsfrist von nur sechs Wochen, § 1944 Abs. 1 BGB, könnte man versucht sein, die Erbeinsetzung unter die Bedingung zu stellen, dass der Erbe der Annahme innerhalb einer bestimmten, gegenüber der Ausschlagung längeren Frist (z.B. sechs Monate) erklärt.[772] Die durch Verfügung von Todes wegen zugewandte Erbschaft fällt dem Erben dann erst mit der ausdrücklichen Annahme der Erbschaft an. Dieses Vorgehen führt jedoch zu einer gesetzlich zwingend vorgesehenen Vorerbschaft der gesetzlichen Erben, § 2105 Abs. 1 BGB. Der aufschiebend bedingt eingesetzte Erbe wird im Falle der Annahme Nacherbe. Erbschaftsteuerlich führt dieses Vorgehen dazu, dass die gesetzlichen Erben gezwungen sind, eine Erbschaftsteuererklärung abzugeben und die Erbschaftsteuer zu entrichten. Sofern der aufschiebend bedingt eingesetzte Erbe die Erbschaftsteuer im Hinblick auf die Erbschaft nicht ohnehin schon gleich übernimmt, steht den gesetzlichen Erben im Innenverhältnis zu dem gewillkürten Erben bei Eintritt des Nacherbfalls gegen diesen ein Rückgriffsanspruch zu, § 2124 Abs. 2 S. 2 BGB. Viel gravierender ist jedoch, dass dieses Vorgehen in den meisten Fällen im Ergebnis zur Vernichtung eines Teils des erbschaftsteuerlichen Freibetrages führt. Denn ist die Erbschaftsteuer beim Vorerben höher, als beim eingesetzten Nacherben, wird diese zwar nach § 6 Abs. 3 ErbStG bei Annahme der Erbschaft bei letzterem angerechnet, der überschießende Erbschaftsteuerbetrag aber nicht erstattet.[773] Genau dieser Fall tritt aber ein, wenn zunächst die Abkömmlinge an Stelle des mit einer Überlegungsfrist bedachten Ehegatten als Erben berufen sind. Denn deren Erbschaftsteuerbelastung wird aufgrund des größeren persönlichen Freibetrages, des Versorgungsfreibetrages und – in Fällen der Zugewinngemeinschaft – auch der steuerfreien fiktiven Ausgleichsforderung des letztendlich

---

[772] *Soergel/Stein* BGB 13. Aufl. 2002 § 1944 Rdnr. 19; Staudinger/*Otte* BGB § 1944 Rdnr. 2; *Erman/Schlüter* BGB 11. Aufl. 2004 § 1944 Rdnr. 2; a.A. *Lange/Kuchinke* 5. Aufl. 2001 § 8 III 2 Fn. 56.
[773] FG Freiburg Urt. v. 13.2.1964 – I 90 – 91/62 – EFG 1964, 541 ; Moench/*Weinmann* § 6 Rdnr. 33.

bedachten Ehegatten in den allermeisten Fällen deutlich höher ausfallen. Auf eine solche Klausel sollte daher verzichtet werden.

Ist zu erwarten, dass die steuerliche Bewertung des Nachlasses nicht innerhalb der sechswöchigen Ausschlagungsfrist abgeschlossen werden kann und dem als Erben eingesetzten Ehegatten somit möglicherweise nicht genug Bedenkzeit verbleiben wird, sollte dieser sich daher eher vor Eröffnung des Testaments ins Ausland begeben und erst danach wieder kommen. In diesem Falle beträgt die Ausschlagungsfrist sechs Monate, § 1944 Abs. 2 BGB, was in der Regel ausreichen sollte.

Entsprechend der zivilrechtlichen Rechtslage wird der Ausschlagende auch im **Ertragsteuerrecht** nicht Erbe. Er tritt zwar in der Zeit zwischen dem Erbfall und der Ausschlagung in die einkommensteuerliche Stellung des Erblassers ein, wird aber nicht Eigenbesitzer nach § 39 Abs. 2 Nr. 2 AO, sondern von Rechts wegen. Schlägt der Erbe die Erbschaft aus, entfällt diese Eigenschaft rückwirkend.[774] Erst der endgültige Erbe tritt ertragsteuerlich in die Rechtsstellung des Erblassers ein. Etwaige zwischenzeitlich ergangenen Bescheide sind gemäß § 175 Abs. 1 S. 1 Nr. 2 AO zu berichtigen. Gleiches gilt im **Erbschaftsteuerrecht.** Der zivilrechtlichen Rechtslage entsprechend entfällt die Erbschaftsteuerpflicht ebenfalls mit Wirkung für die Vergangenheit, so dass ein bereits ergangener Erbschaftsteuerbescheid nach § 175 Abs. 1 S. 1 Nr. 2 AO aufzuheben ist. Die Erbschaft bzw. das Vermächtnis fällt dem Nächstberufenen bzw. dem Ersatzerben oder Ersatzvermächtnisnehmer an, der daraufhin auch neu zur Erbschaftsteuer veranlagt wird. Die Ausschlagung selbst, die zugunsten eines Dritten erfolgt, ohne dass der Ausschlagende hierfür eine Gegenleistung (Abfindung) erhält, stellt keine freigebige Zuwendung nach § 7 Abs. 1 ErbStG dar.[775]

274

Die **Ausschlagung gegen Versorgungsleistungen** ist grundsätzlich unentgeltlich. Sie liegt vor, wenn der Erbe die Erbschaft ausschlägt, um der nachfolgenden Generation existenzsicherndes, ausreichend ertragbringendes Vermögen (vgl. § 36 Rdnr. 167) zukommen zu lassen und sich diese dazu verpflichtet, dem ausschlagenden Erben lebenslängliche Versorgungsleistungen zu zahlen.[776] Die Versorgungsleistungen stellen beim Leistenden Sonderausgaben dar, § 10 Abs. 1 Nr. 1 a EStG. Korrespondierend hierzu hat der Empfänger der Versorgungsleistung diese bei der Leibrente mit ihrem Ertragsanteil und bei der dauernden Last in vollem Umfang zu versteuern, § 22 Nr. 1 EStG (vgl. § 35 Rdnr. 235, § 36 Rdnr. 147). Die mit der Ausschlagung verbundene Versorgungsleistung ist ein nach § 3 Abs. 2 Nr. 4 ErbStG steuerpflichtiger Erwerb. Wirtschaftlich gesehen entspricht die Situation einer Vermögensvererbung auf die nächste Generation bei gleichzeitiger testamentarischer Nießbrauchsbegünstigung des überlebenden Ehegatten, allerdings mit dem Vorteil, dass das Abzugsverbot für eine Nießbrauchsbelastung zugunsten des Ehegatten gem. § 25 Abs. 1 S. 1 ErbStG umgangen werden kann, sofern für die Versorgungsleistung keine Nießbrauchsabfindung (vgl. § 36 Rdnr. 169) gewählt wird. § 42 AO greift hier nicht.[777] Handelt es sich bei der Versorgungsleistung um eine Nießbrauchsabfindung an den Ehegatten des Verstorbenen, soll diese nicht steuerbefreit nach § 10 Abs. 5 Nr. 3 ErbStG abzugsfähig sein, sondern dem Anwendungsbereich des § 25 ErbStG unterliegen.[778]

275

Die Ausschlagung und **Geltendmachung des Pflichtteils** ist ebenfalls ein unentgeltlicher Vorgang. Der Pflichtteilsanspruch stellt zwar eine Erbfallschuld dar, seine Erfüllung ist jedoch ertragsteuerlich kein Entgelt und dementsprechend kein Veräußerungs- und Anschaffungsvorgang.[779] Erbschaftsteuerlich stellt der Pflichtteil einen nach § 3 Abs. 1 Nr. 1 ErbStG steuerpflichtigen Erwerb dar und ist für den nächstberufenen Erben als Nachlassverbindlichkeit abzugsfähig, § 10 Abs. 5 Nr. 2 ErbStG. Zu beachten ist allerdings, dass der Pflichtteilsanspruch auf Geld gerichtet ist und dementsprechend mit dem hohen erbschaftsteuerlichen Wert zu Buche schlägt. Vereinbaren der Erbe und der Pflichtteilsberechtigte, dass der Pflichtteilsanspruch

276

---

[774] *Groh* DB 1992, 1312, 1313. Nach h.M. soll dies allerdings nicht bei der Ausschlagung gegen Abfindung gelten, vgl. § 36 Rdnr. 279.
[775] BFH Urt. v. 18.9.1984 – VIII R 119/81 – BStBl. II 1985, 55; v. 22.12.1976 – II R 58/67 – BStBl. II 1977, 420.
[776] BFH Urt. v. 17.4.1996 – X R 160/94 – BStBl. II 1997, 32; vgl. § 36 Rdnr. 142 ff.
[777] Hörger/Stefan/*Pohl*/Hörger/*Pauli* Rdnr. 1809; *Wälzholz* Zerb 2003, 337.
[778] BFH Urt. v. 30.4.1986 – II R 155/83 – BStBl. II 1986, 676.
[779] BFH Urt. v. 14.4.1992 – VIII R 6/87 – BStBl. II 1992, 275.

anstatt des geschuldeten Geldbetrages durch eine Sachleistung erfüllt werden soll (§ 364 BGB), ist dies eine nachträgliche Erfüllungsmodalität, die erbschaftsteuerlich keine Wirkung mehr entfalten kann. Der Erbe kann daher die Pflichtteilsverbindlichkeit auch in diesen Fällen mit dem Nennwert als Nachlassverbindlichkeit abziehen und der Pflichtteilsberechtigte muss sie mit diesem Wert und nicht mit einem etwaigen geringeren Steuerwert versteuern.[780] Derartige Übertragungen von Vermögensgegenständen an Erfüllung statt führen ertragsteuerlich zu einem **entgeltlichen Geschäft** mit der Folge, dass der Erbe einen Veräußerungserlös erzielt und dem Pflichtteilsberechtigten Anschaffungskosten entstehen.[781] Soll der Anspruch eines Pflichtteilsberechtigten durch Übertragung eines Gegenstands mit niedrigem erbschaftsteuerlichen Wert erfüllt werden, kann es sich daher empfehlen, die Ausschlagung nicht mit der Geltendmachung des Pflichtteils, sondern mit einer Abfindung zu kombinieren (vgl. § 36 Rdnr. 278). Denn für die Ausschlagung gegen Abfindung gilt nicht § 3 Abs. 1 Nr. 1 ErbStG, sondern § 3 Abs. 2 Nr. 4 ErbStG, mit der Folge, dass der ausschlagende Pflichtteilsberechtigte mit dem niedrigeren Steuerwert des übertragenen Wirtschaftsguts erbschaftsbesteuert wird.[782]

277 Entsprechendes gilt auch bei einer gleichgeschlechtlichen **Lebenspartnerschaft** im Vermögensstand der Ausgleichsgemeinschaft nach § 6 LPartG. Wichtig ist allerdings, dass der Pflichtteil noch nicht geltend gemacht wurde. Denn die Vereinbarung einer Abfindung nach dessen Geltendmachung führt letztlich lediglich zu einer unbeachtlichen Erfüllungsmodalität und vermag an der bereits mit der Geltendmachung entstandenen Erbschaftsteuer, § 9 Abs. 1 Nr. 1 Buchst. b) ErbStG, nichts mehr zu ändern. Darüber hinaus gilt bei Leistung eines Grundstücks an Erfüllung statt für einen geltend gemachten Pflichtteilsanspruch nicht die Grunderwerbsteuerbefreiung des § 3 Nr. 2 GrEStG.[783] In Betracht kommt aber eine Grunderwerbsteuerbefreiung nach § 3 Nr. 6 GrEStG bei Ehegatten, Stiefkindern und Verwandten in grader Linie.

Erhält der Abzufindende mehr als dem Wert seines Pflichtteilsanspruchs entspricht, liegt eine sog. **überdotierten Abfindung** vor, die eine freigiebige Zuwendung im Sinne des § 7 Abs. 1 Nr. 1 ErbStG in Höhe der Überdotierung enthalten kann.[784]

3. Ausschlagung gegen Abfindung

278 Bei der Ausschlagung gegen Abfindung tritt **erbschaftsteuerlich** beim ausschlagenden Erben die Abfindung an die Stelle des ausgeschlagenen Erwerbs, § 3 Abs. 2 Nr. 4 ErbStG. Sie gilt als vom Erblasser zugewendet, unabhängig davon, wer die Abfindung tatsächlich zahlt. Der nächstberufene Erbe hat den Erwerb durch Erbanfall vom Erblasser zu versteuern. Die Abfindung gehört bei ihm zu den Kosten zur Erlangung des Erwerbs und ist daher als Nachlassverbindlichkeit abzugsfähig, § 10 Abs. 5 S. 1 Nr. 3 ErbStG. Dies gilt auch dann, wenn sie von einem Dritten gezahlt wird, dem die Ausschlagung oder der Verzicht nicht zugute kommt. In diesem Fall stellt die Zahlung der Abfindung durch den Dritten eine selbständig zu beurteilende Schenkung durch diesen dar.[785] Der Erwerb des Abfindungsempfängers wird nach seinem Verhältnis zum Erblasser besteuert. Für die Bewertung des Abfindungsanspruchs kommt es darauf an, was als Abfindung zu leisten ist. Ist als Abfindungsleistung nicht Geld zu zahlen, sondern ein Grundstück zu übertragen, ist der Steuerwert des Grundstücks maßgebend. Allerdings kann der die Abfindung zahlende Erbe, dann auch nur den steuerlichen Grundstückswert als Nachlassverbindlichkeit abziehen.[786]

---

[780] BFH Urt. v. 7.10.1998 – II R 52/96 – BStBl. II 1999, 23 unter Aufgabe des Urt. v. 17.2.1982 – II R 160/80 – BStBl. II 1982, 350; OFD Chemnitz Vfg. v. 11.11.2004 – S 3802 – 1/1 – St23 n.v.; *Crezelius* BB 2000, 2333; *J. Mayer* ZEV 2004, 1541, 1546 m.w.N. in Fn. 52; a.A. Troll/Gebel/Jülicher/*Gebel* § 3 Rdnr. 235; *ders.* ZEV 1999, 85, 88 ff.

[781] BFH Urt. v. 16.12.2004 – III R 38/00 – BStBl. II 2005,554; OFD Münster Vfg. v. 7.6.2006 Kurzinf. ESt 12/2006, ZEV 2006, 311; vgl. § 35 Rdnr. 208; § 36 Rdnr. 256.

[782] *Crezelius* BB 2000, 2333, 2337.

[783] BFH Urt. v. 10.7.2002 – II R 11/01 – BStBl. II 2002, 775 unter Aufgabe des Urt. v. 30.9.1981 – II R 64/80 – BStBl. II 1982, 76; OFD Chemnitz Vfg. v. 11.11.2004 – S 3802 – 1/1 – St23 n.v.

[784] *Crezelius* BB 2000, 2333, 2337; *ders.* ZErb 2002, 142.

[785] RFH Urt. v. 9.7.1931 – RStBl. 1931, 971; Troll/Gebel/Jülicher/*Jülicher* § 3 Rdnr. 338; a.A. Meincke § 3 Rdnr. 99.

[786] BFH Urt. v. 7.10.1998 – II R 52/96 – BStBl. II 1999, 23; *Moench* § 3 Rdnr. 213.

Ertragsteuerlich soll nach Auffassung der Finanzverwaltung[787] und wohl auch nach der Rechtsprechung[788] sowie nach einem beachtlichen Teil der Literatur[789] ein **entgeltliches Rechtsgeschäft** vorliegen, wenn der ausschlagende Erbe eine Abfindung erhält. Die Abfindung wäre danach Entgelt und die Ausschlagung gegen Abfindung wie die entgeltliche Veräußerung des Erbanteils, also als Veräußerung eines Mitunternehmeranteils oder als anteilige Veräußerung der im Gesamthandsvermögen befindlichen Gegenstände, zu behandeln. Begründet wird dies damit, dass der ausschlagende Erbe wirtschaftlicher Eigentümer gewesen sein soll.[790] Der ausschlagende Erbe wird dabei als Durchgangsunternehmer, d.h. als Veräußerer behandelt und die Abfindung als Veräußerungserlös gewertet. Korrespondierend hierzu liegen beim endgültigen Erben Anschaffungskosten in Höhe der Abfindungszahlung vor. Dies führt zu der Situation, dass ein und derselbe Vorgang sowohl der Erbschaftsteuer als auch der Einkommensteuer unterliegt. Richtigerweise handelt es sich jedoch bei der Ausschlagung, unabhängig davon, ob sie gegen Abfindung erfolgt oder nicht, immer um einen **unentgeltlichen Vorgang**, da der Ausschlagende zivilrechtlich nie endgültiger Erbe geworden ist.[791] Er tritt zwar in der Zeit zwischen dem Erbfall und der Ausschlagung in die einkommensteuerliche Stellung des Erblassers ein, wird aber nicht Eigenbesitzer nach § 39 Abs. 2 Nr. 2 AO, sondern von Rechts wegen. Schlägt er aus, ändert sich dieser Rechtszustand rückwirkend, § 1953 Abs. 1 BGB, was auch ertragsteuerlich zu beachten ist. Der die Abfindung zahlende nächstberufene Erbe hat Anschaffungskosten, obwohl es sich bei der Ausschlagung um einen unentgeltlichen Vorgang handelt, da er die Abfindung aufwendet, um die Erbschaft zu erlangen, § 6 Abs. 1 EStG, § 255 Abs. 1 HGB. Die hier vertretene Ansicht führt ertragsteuerlich dazu, dass die Abfindung für den Ausschlagenden ertragsteuerfrei bleibt, der nächstberufene Erbe aber gleichwohl Anschaffungskosten und gegebenenfalls Abschreibungspotential hat.[792]

Zu beachten ist auch, dass nach Ansicht der Finanzverwaltung die Ausschlagung der Erbschaft zu einem **privaten Veräußerungsgeschäft** im Sinne des § 23 EStG führen kann.[793] Dies ist, soweit es sich um einen Alleinerben handelt, konsequent. Anders verhält es sich allerdings, wenn ein Miterbe gegen Abfindung ausschlägt. Denn hier wird keines der in § 23 Abs. 1 EStG genannten Wirtschaftsgüter veräußert, sondern eine gesamthänderisch gebundener Erbanteil. Die Regelung in § 23 Abs. 1 S. 4 EStG ist nicht anwendbar, da ein Erbanteil kein Personengesellschaftsanteil ist. Dementsprechend müsste auch nach der Ansicht, die die Ausschlagung gegen Abfindung als Veräußerungsgeschäft ansieht, die Ausschlagung eines Miterben kein privates Veräußerungsgeschäft nach sich ziehen können.[794] Nach der hier vertretenen Ansicht kommt § 23 EStG schon deswegen nicht zur Anwendung, da insoweit ein unentgeltliches Geschäft vorliegt (vgl. § 36 Rdnr. 279). Für die Gestaltungspraxis ist der sicherste Weg in diesen Fällen jedoch der über eine Ausschlagung im Wege der Vermögensübergabe gegen Versorgungsleistungen (vgl. § 36 Rdnr. 169). Diese Vorgehensweise wurde von der Rechtsprechung als unentgeltlicher Vorgang klassifiziert[795] und führt somit mangels Gegenleistung nicht zu § 23 EStG.

Besteht die Abfindung in der Leistung eines Grundstücks, ist die Übertragung desselben gemäß § 3 Nr. 2 GrEStG grunderwerbsteuerfrei.[796]

---

[787] BMF Schr. v. 11.1.1993 – IV B 2 – S 2242–86/92 – BStBl. I 1993, 62 Rdnr. 40; Schr. v. 24.7.1998 – IV B 3 – S 2253 – 59/98 – BStBl. I 1998, 914 Rdnr. 39.

[788] BFH Urt. v. 4.6.1996 – IX R 59/94 – BStBl. II 1998, 431.

[789] *Groh* DB 1992, 1312, 1313 f.; *Märkle* DStR 1993, 1616, 1619; Schmidt/*Wacker* § 16 Rdnr. 591; *Tiedtke/Wälzholz* BB 2001, 234, 237; *dies.* ZEV 2002, 183; a.A. *Zimmermann* ZEV 2001, 5.

[790] Hierbei stellt sich die Frage, warum der Ausschlagende nur bei einer Ausschlagung gegen Abfindung wirtschaftlicher Eigentümer geworden sein soll. Konsequenterweise müsste dies auch bei der Ausschlagung ohne Abfindung gelten, mit der Folge, daß zwischenzeitliche Gewinne oder Verluste dem Ausschlagenden zuzurechnen wären.

[791] So auch *Felix* DStZ 1991, 50; Hörger/Stephan/*Hörger* Rdnr. 784; *Spiegelberger* Vermögensnachfolge Rdnr. 674.

[792] So auch *Spiegelberger* Vermögensnachfolge Rdnr. 674.

[793] BMF Schr. v. 11.1.1993 – IV B 2 – S 2242–86/92 – BStBl. I 1993, 62 Rdnr. 46 zur Veräußerung eines Erbteils; vgl. a. *Tiedtke/Wälzholz* BB 2001, 234, 238.

[794] *Tiedtke/Wälzholz* BB 2001, 234, 238.

[795] BFH Urt. v. 17.4.1996 – X R 160/94 – BStBl. II 1997, 32.

[796] *Halaczinsky* ZEV 2003, 97; *Boruttau/Sack* GrEStG 15. Aufl. 2002 § 3 Rdnr. 157.

281 Sofern die Ausschlagung gegen Abfindung oder Geltendmachung des Pflichtteils erfolgt, kann dies beim Erben zu Liquiditätsschwierigkeiten führen. Darüber hinaus verjährt ein Pflichtteilsanspruch innerhalb von drei Jahren ab Kenntniserlangung, § 2332 Abs. 1 BGB. Zu einem interessengerechten Ausgleich führt hier regelmäßig eine **Stundungsvereinbarung**. Sie bewirkt, dass der Anspruch liquiditätsangepasst gestreckt wird und die Verjährung zugleich hinausgeschoben wird. In dieser Stundungsvereinbarung kann die Fälligkeit auch bis nach dem Tod des Erben hinausgeschoben werden, ohne dass hierdurch die steuerlich nachteiligen Folgen des § 6 Abs. 4 ErbStG ausgelöst werden.[797] Schließen Erbe und Pflichtteilsberechtigter nach Verjährung des Pflichtteilsanspruchs eine Stundungsvereinbarung, so liegt hierin regelmäßig der Verzicht des Erben auf die Einrede der Verjährung.[798] Erklärt sich der Erbe damit zur Leistung bereit, kann er die Pflichtteilslast nunmehr als Nachlassverbindlichkeit abziehen, wohingegen beim Pflichtteilsberechtigten die Erbschaftsteuer entsteht. Wird der Abfindungs- oder Pflichtteilsanspruch zinslos gestundet, liegt hierin nach einer Ansicht eine freigebige Zuwendung.[799] Deren Bewertung erfolgt nach § 12 Abs. 3 BewG. Nach anderer Ansicht ist in der später fällig werdenden Abfindungs- bzw. Pflichtteilszahlung ein Zinsanteil verdeckt enthalten.[800] Danach liegt keine freigebige Zuwendung vor. Erbschaftsteuer fällt nicht an. Da der Zinsanteil einkommensteuerpflichtig ist, führt die erste Ansicht zur Doppelbesteuerung des Zinsanteils. Hinzu kommt, dass die Zinsen bei Zufluss, d.h. bei Auszahlung, häufig in einer Summe fällig werden, was zum einen einen Progressionseffekt auslösen und zum anderen zum Überschreiten der Sparerfreibeträge führen kann. Dies kann je nach gestundetem Betrag zu signifikanten Steuermehrbelastungen führen. Es könnte sich daher empfehlen, einen moderaten Zinssatz (z.B. 4 % p. a.) zu vereinbaren, der dann jedes Jahr fällig werden sollte.[801]

4. Ausschlagung nach Maß

282 Hierbei handelt es sich um eine Umgehung des grundsätzlichen Verbots der Teilausschlagung, § 1950 S. 2 BGB. Sie erfordert, sofern sie sich nicht als Konsequenz gesetzlicher Erbfolge ergibt (vgl. §§ 1927, 1934 BGB), eine testamentarische Vorbereitung durch den Erblasser. Dieser muss dabei die Erbschaft in mehrere Erbteile zerlegen, ein und denselben Erben dann zu mehreren Erbteilen einsetzen und ihm durch Verfügung von Todes wegen gestatten, den einen Erbteil anzunehmen und den anderen auszuschlagen, § 1951 Abs. 3 BGB.[802] Die Gestattung selbst muss dabei nicht explizit im Testament genannt werden, sondern kann sich auch aufgrund Auslegung ergeben.[803] Die Aufteilung der Erbteile kann allerdings nicht in das Belieben des Erben gestellt werden.[804] Nicht immer ist die Frage, ob die letztwillige Verfügung eine Gestattung der Teilausschlagung enthält, offenkundig und leicht durch Auslegung zu ermitteln. Etwaige diesbezügliche Risiken können von Anfang an vermieden werden, wenn der Erblasser eine klarstellende Ergänzung seiner letztwilligen Verfügung vornimmt. Diese könnte beispielsweise wie folgt lauten:

Formulierungsvorschlag:

Die gesonderte Annahme bzw. Ausschlagung von Erbteilen, die durch dieses Testament von mir gebildet wurden oder die sich aufgrund meines Testaments ergeben oder ergeben können, wird von mir ausdrücklich gestattet.

---

[797] *J. Mayer* ZEV 2004, 1541, 1547 m.w.N. in Fn. 64.
[798] Troll/Gebel/Jülicher/*Gebel* § 3 Rdnr. 232; *Meincke* § 9 Rdnr. 33.
[799] *Moench* DStR 1987, 139, 143; Moench/*Weinmann* § 9 Rdnr. 17; *Meincke* § 7 Rdnr. 50; § 9 Rdnr. 34; *Muscheler* ZEV 2001, 377.
[800] Troll/Gebel/Jülicher/*Gebel* § 3 Rdnr. 229; *J. Mayer* DStR 2004, 1541, 1548.
[801] *J. Mayer* DStR 2004, 1541, 1548.
[802] MüKo-BGB/*Leipold* 3. Aufl. 1997 § 1951 Rdnr. 7 m.w.N.; a.A. Erman/*Schlüter* BGB 10. Aufl. 2000 § 1951 Rdnr. 3, jeweils m.w.N.
[803] *Lange/Kuchinke* 5. Aufl. 2001, § 8 VI 3 e.
[804] Soergel/*Stein* BGB 13. Aufl. 2002 § 1951 Rdnr. 7.

Die Erbteile sollten sich am Gesamtwert des zu erwartenden Nachlasses orientieren und dabei nicht zu groß bemessen werden. Je kleiner die Erbteile sind, umso größer ist die Handlungsfähigkeit des Erben. Ist die Erbeinsetzung zu mehreren Erbteilen steuerlich motiviert, ist es zweckmäßig, die Anzahl der Erbteile an den erbschaftsteuerlichen Freibeträgen zu orientieren. Dabei ist zu bedenken, wer für den Fall der Ausschlagung als Erbe berufen ist. Soweit die gesetzliche Erbfolge nicht zum gewünschten Ergebnis führt, ist ein Ersatzerbe zu bestimmen. Im Hinblick auf die Unsicherheiten, die die gesetzliche Erbfolge mit sich bringt, ist unbedingt zur Ersatzerbenbestimmung zu raten. Sind neben dem Ehegatten nur Kinder und Enkelkinder zu gesetzlichen Erben berufen, reicht eine Stückelung der Erbschaft in Erbteile zu je € 200.000 grundsätzlich aus. Ist der Freibetrag durch Vorerwerbe bereits gemindert, wäre eine entsprechend kleinere Stückelung vorzunehmen. Bei einem kinderlosen Ehepaar, bei dem die Geschwister zur gesetzlichen Erbfolge berufen wären, könnte sich eine Stückelung in Schritten à € 10.000 empfehlen. Grundsätzlich ist eine Zerlegung in mehrere Erbteile bei vielen Testamenten und bei Berliner Testamenten im Besonderen (vgl. § 36 Rdnr. 291 ff.) zu empfehlen, da hierdurch der Handlungsspielraum der Erben im Hinblick auf steuerliche Freibeträge deutlich erweitert wird.

5. Typische Gestaltungssituationen

Handlungsbedarf besteht häufig dann, wenn der Erblasser kein oder kein gültiges Testament hinterlassen oder „falsch" testiert hat. Die Hinterbliebenen sollten in einer derartigen Situation bestehende Reparaturmöglichkeiten offensiv ergreifen und sich nicht aus falsch verstandener Rücksichtnahme auf die vermeintlichen Wünsche des Erblassers pietätvoll zurückhalten. Grundsätzlich kann unterstellt werden, dass der Erblasser das Familienvermögen lieber einvernehmlich unter den Hinterbliebenen verteilt sieht, als es unnötigerweise dem Staat in der Form von vermeidbaren Steuerzahlungen zu schenken. Um diesbezüglichen Bedenken der Erben vorzubeugen, sollte der Erblasser in seinem Testament den Erben dazu raten, steuerliche Gestaltungs- und Reparaturmöglichkeiten zu ergreifen.[805] Aufgrund der sich ständig ändernden Rahmenbedingungen im Steuerrecht sollte den Erben gleichzeitig bei dieser Gelegenheit nahe gelegt werden, die testamentarischen Verfügungen schnellstmöglich auf nachträgliche Optimierungsmöglichkeiten überprüfen zu lassen. Die sechswöchige Ausschlagungsfrist (vgl. § 36 Rdnr. 272) ist schnell verstrichen. Eine derartige Klausel könnte beispielsweise wie folgt aussehen:

> **Formulierungsvorschlag:**
> Es ist möglich, dass sich seit der Erstellung dieses Testament die rechtlichen Rahmenbedingungen geändert haben. Ich empfehle meinen Erben daher, das Testament unmittelbar nach meinem Tode in zivil- und steuerrechtlicher Hinsicht auf Optimierungsmöglichkeiten überprüfen zu lassen. Eine Ausschlagung der Erbschaft oder eines Vermächtnisses, die zu einer Steuerersparnis führt, den Bestand des Familienvermögens sichert oder eine Verteilung der Nachlassgegenstände zur Konsequenz hat, welche den Wünschen meiner Hinterbliebenen und meiner Freunde mehr entspricht, wird von mir ausdrücklich mit getragen, auch wenn dies eine Änderung meiner testamentarischen Anordnungen nach sich ziehen sollte. Die durch dieses Testament gebildeten Erbteile, sowie etwaige aufgrund dieses Testaments sich ergebende Erbteile dürfen gesondert angenommen bzw. ausgeschlagen werden.

Häufig schrecken Erben auch vor der Unbedingtheit der Erbausschlagung und dem Gedanken zurück, keinen Anspruch mehr auf Gegenstände aus dem Nachlass zu haben, welche sie als Erinnerung an den Verstorbenen gern behalten hätten. Dem kann durch entsprechende Vereinbarungen in Ausschlagungsverträgen zwischen dem Ausschlagenden und danach zur Erbfolge Berufenen Rechnung getragen werden. Darüber hinaus reduziert sich die Gefahr in vielen Fällen auch dadurch, dass von dem Ausschlagenden ein Pflichtteilsrecht oder ein güterrechtlicher Anspruch gegen den Nachlass geltend gemacht werden kann.

---

[805] *Flick* DStR 2000, 1816, 1817.

Im Folgenden sollen einige typische Erbfälle aufgezeigt werden, in denen eine Reparatur geraten erscheint:

285 a) **Widerspruch zum gesellschaftsvertraglichen Erbgang.** Häufig finden sich in Gesellschaftsverträgen **qualifizierte Nachfolgeklauseln** (vgl. § 40 Rdnr. 34 ff.) nach denen der Gesellschaftsanteil nur auf einen oder mehrere bestimmte Miterben übergehen darf. Die anderen Miterben werden nicht Gesellschafter, sondern erlangen nur einen auf Erbrecht beruhenden schuldrechtlichen Wertausgleichsanspruch gegen den oder die Nachfolger-Erben, nicht jedoch gegen die Gesellschaft. Vereinzelt werden auch **qualifizierte Eintrittsklauseln** vereinbart, nach denen nur bestimmte Erben das Recht erhalten, in die Gesellschaft nach Maßgabe der Mitgliedschaft des Erblassers einzutreten. Den gesellschaftsvertraglichen Vereinbarungen ist gemeinsam, dass sie es nur einem bestimmten Personenkreis gestatten, das Gesellschaftsverhältnis fortzusetzen. In diesen Fällen ist darauf zu achten, dass die gesetzliche bzw. testamentarische Erbfolge den gesellschaftsvertraglichen Erfordernissen entspricht. Fällt beides auseinander, scheiden die Erben aus der Gesellschaft aus. Dies ist für die Erben um so schmerzlicher, als derartige Klauseln häufig mit einer Abfindung verbunden sind, die unterhalb des Verkehrswerts liegt. Der Erbe verliert dann zusätzlich zu seiner Gesellschafterstellung noch einen Teil des Wertes des Unternehmensanteils.

286 Als Reparaturmöglichkeit kommt die Ausschlagung der nicht qualifizierten Erben in Betracht, wenn hierdurch der Gesellschaftsanteil auf den gesellschaftsvertraglich vorgesehenen Erben übergeht. Eine Ausschlagung wäre z.B. zu erwägen, wenn Eheleute sich durch Berliner Testament gegenseitig zu Erben eingesetzt haben, der Gesellschaftsvertrag jedoch vorsieht, dass nur eheliche, leibliche Kinder Gesellschafter werden dürfen und Ausscheidende nur den Buchwert erhalten sollen.[806] Stirbt der Gesellschafter zuerst, wird seine Ehefrau Alleinerbin. Sie wird zwangsläufig nicht Gesellschafterin und erhält obendrein nur den Buchwert ihrer Beteiligung als Abfindung. Würde die Ehefrau fristgerecht ausschlagen, wären Erben die Kinder und könnten in die Gesellschafterstellung des Erblassers zulässigerweise nachrücken. Die Mutter kann über eine Abfindung, aber auch über die Geltendmachung des Pflichtteils oder eines Zugewinnausgleichsanspruchs versorgt werden. Lässt es der Gesellschaftsvertrag zu, kann auch ein Nießbrauch vereinbart werden.[807] Geschieht dies im Wege der vorweggenommenen Erbfolge durch Vermögensübergabe gegen Versorgungsleistungen greift § 25 ErbStG nicht ein.[808]

287 b) **Vermächtnisweise Zuwendung von Betriebsvermögen.** Als steuerlich ungünstig erweisen sich oft testamentarische Regelungen, in denen ein Betrieb oder Mitunternehmeranteil einerseits und bestimmte Wirtschaftsgüter des Betriebsvermögens oder Sonderbetriebsvermögens andererseits im Erbgang auf verschiedene Personen übergehen. Typische Sachverhaltsgestaltungen sind z.B. Folgende:

- Der Sohn übernimmt als Erbe den Betrieb, während die Tochter als Ausgleich das Betriebsgrundstück als Vermächtnis erhält, ohne gleichzeitig Gesellschafterin zu werden.
- Die einzige Tochter erbt den Mitunternehmeranteil, während die Mutter zum Zwecke ihrer Versorgung das im Sonderbetriebsvermögen gehaltene und an die Mitunternehmerschaft vermietete Grundstück erhalten soll, ohne gleichzeitig Gesellschafterin der Mitunternehmerschaft zu werden.

Einkommensteuerlich führen derartige testamentarische Gestaltungen dazu, dass das Betriebsvermögen bzw. Sonderbetriebsvermögen mit dem Tode des Erblassers von diesem als entnommen gilt (vgl. § 35 Rdnr. 184 f.). Es kommt somit zu einer zumeist unnötigen Einkommensbesteuerung der Differenz des Verkehrswerts zum Buchwert des entnommenen Vermögens.

Erbschaftsteuerlich kommt bei derartigen Vermächtnissen die Problematik hinzu, dass die Rechtsprechung beabsichtigt, das Vermächtnis als Sachleistungsanspruch mit dem gemeinen Wert und nicht mit dem Steuerwert zu bewerten, was zu einer deutlich höheren Erbschaftsbesteuerung des Vermächtnisnehmers führen kann (vgl. § 36 Rdnr. 262 ff.).

288 Lassen sich diese testamentarischen Regelungen nicht mehr zu Lebzeiten des Erblassers korrigieren, so bietet auch hier die Ausschlagung des Vermächtnisses gegen Abfindung oder unter Geltendmachung von Pflichtteils- und/oder Zugewinnausgleichsanprüchen eine nachträgliche

---

[806] Vgl. *Flick* DStR 2000, 1816.
[807] Vgl. hierzu im einzelnen *Hannes* ZEV 1996, 10.
[808] Troll/Gebel/Jülicher/*Gebel* § 25 Rdnr. 8.

Reparaturmöglichkeit. Zu beachten ist dabei, dass die Vermächtnisausschlagung nicht fristgebunden ist. Sie kann daher auch nach Ablauf von sechs Wochen bzw. Monate (vgl. § 36 Rdnr. 273) noch erfolgen, vorausgesetzt, das Vermächtnis wurde zwischenzeitlich nicht bereits angenommen. Der Ausschlagende kann dann mit Vermögensgegenständen abgefunden werden, die nicht zum Betriebsvermögen gehören, und ggf. zusätzlich einen Geldbetrag erhalten. Steht der Versorgungsgedanke im Vordergrund, könnte man dem Ausschlagenden eine grundbuchlich gesicherte und indexierte Rente zahlen, die u. U. auch als Versorgungsleistung ausgestaltet werden kann (vgl. § 36 Rdnr. 275).

c) **Betriebsaufspaltungen.** Eine ähnliche Problematik wie die der vermächtnisweisen Zuwendung von Gegenständen des Betriebsvermögens ergibt sich bei einer Betriebsaufspaltung, wenn durch den Erbgang die personelle Verflechtung (vgl. § 36 Rdnr. 136 ff.) entfällt. Gemeint sind hierbei nicht nur die Fälle, in denen der eine Erbe die Betriebs- und der andere Erbe die Besitzgesellschaft erhält, sondern auch diejenigen, in denen aufgrund des Erbfalls in beiden Unternehmen die Beherrschungsidentität nicht mehr gegeben ist. Dies wäre z.B. grundsätzlich der Fall, wenn ein Unternehmer das Betriebsunternehmen zu 2/3 an seinen Sohn sowie zu 1/3 an seine Tochter und das Besitzunternehmen im umgekehrten Verhältnis, d.h. zu 1/3 an den Sohn und zu 2/3 an die Tochter vermachen würde. Entfällt die personelle Verflechtung von Betriebs- und Besitzunternehmen, liegt eine Betriebsaufgabe nach § 16 Abs. 3 EStG vor. Im Zuge dessen werden sowohl die stillen Reserven des Betriebs- als auch des Besitzunternehmens realisiert (vgl. § 36 Rdnr. 139 ff.). Vermieden werden könnte die Gewinnrealisierung wiederum durch die Ausschlagung eines der Begünstigten, zumeist des Vermächtnisnehmers. Dieser könnte seinen Pflichtteil und/oder den Zugewinnausgleichsanspruch geltend machen sowie ggf. zusätzlich eine Abfindung erhalten (vgl. § 36 Rdnr. 278).

289

d) **Ausgleichszahlungen im Rahmen der Erbauseinandersetzung.** Befinden sich im Nachlass wesentliche Beteiligungen an Kapitalgesellschaften, deren Wert im Verhältnis zum übrigen Nachlass so groß ist, dass die Aufteilung im Rahmen der Erbauseinandersetzung mit einer Zuzahlung verbunden sein wird, kommt es einkommensteuerlich zu einer Veräußerung. Soweit dabei ein Veräußerungsgewinn entsteht, ist dieser von dem die Abfindung empfangenden Erben zu versteuern. Das folgende Beispiel[809] mag die Problematik verdeutlichen:

290

Erben der in Gütertrennung lebenden Unternehmerin F sind ihr Ehemann M sowie ihre ledige und kinderlose Tochter T. Der Nachlass besteht aus einer 100%igen GmbH-Beteiligung mit einem Stammkapital von € 1 Mio. (= Anschaffungskosten) und einem Verkehrswert von € 4 Mio., sowie aus Wertpapieren im Privatvermögen mit einem Kurswert von € 0,8 Mio. zum Todestag. M und T sind gesetzliche Erben zu je einhalb geworden. Sie sind sich darüber einig, dass M die GmbH weiterführen und T das Wertpapiervermögen und eine Zuzahlung von M in Höhe von € 1,6 Mio. erhalten soll. Erfolgt die Auseinandersetzung wie vorgesehen, erzielt T einen tarifbegünstigten Veräußerungsgewinn in Höhe von € 1,2 Mio. (= € 1,6 Mio. ./. € 0,4 Mio. Anschaffungskosten gem. Trennungstheorie, vgl. § 35 Rdnr. 224), weil sie die auf sie im Erbgang übergegangene GmbH-Beteiligung an M abtritt.[810] Da es sich um eine Beteiligung an einer Kapitalgesellschaft handelt, kann M die Zuzahlung nicht wie bei dem Erwerb eines Mitunternehmeranteils gegen Ausgleichszahlung unter Anwachsung im Rahmen einer Aufstockung der hinzu erworbenen ideellen Anteile an den Wirtschaftsgütern des Anlagevermögens abschreiben. Die Zuzahlung stellt vielmehr Anschaffungskosten auf die Beteiligung dar und wird daher erst bei deren Veräußerung steuerlich bemerkbar.

Dieses steuerlich unbefriedigende Ergebnis lässt sich durch eine Ausschlagung abmildern. Würde die Tochter die Erbschaft gegen Abfindung und bei gleichzeitiger Geltendmachung ihres Pflichtteils ausschlagen, würde ihr Vater Alleinerbe werden und die GmbH-Beteiligung insgesamt unentgeltlich erwerben. In Höhe ihres Pflichtteils (1/4 x 4,8 Mio. = € 1,2 Mio.) erwirbt die Tochter unentgeltlich. Gleiches gilt nach der hier vertretenen Ansicht hinsichtlich des Abfindungsbetrages, so dass auch dieser einkommensteuerfrei bleibt.[811] Deutlich hinzuweisen ist

---

[809] Vgl. *Felix* DStZ 1991, 50.
[810] Vgl. GrS BFH Beschl. v. 5.7.1990 – GrS 2/89 – BStBl. II 1990, 837.
[811] Vgl. § 36 Rdnr. 279; a.A. BMF Schr. v. 11.1.1993 – IV B 2 – S 2242-86/92 – BStBl. I 1993, 62 Rdnr. 40.

darauf, dass die Ausschlagung nicht per se dazu berechtigt, den Pflichtteil geltend zu machen.[812]

291 e) **Berliner Testamente.** Berliner Testamente können bereits bei mittleren Vermögen erbschaftsteuerbelastend wirken. So führt der ausschließliche Vermögensübergang an den längerlebenden Ehegatten im ersten Todesfall dazu, dass Kinderfreibeträge ungenutzt bleiben. Zusätzlich kommt es beim überlebenden Ehegatten zu einem größeren Erwerb, welcher gegebenenfalls mit einer höheren Steuerprogression verbunden ist. Im zweiten Todesfall wird Vermögen, das seinerzeit auf den anderen Ehegatten übergegangen ist, nochmals der Erbschaftsteuer unterworfen. Diese mindert sich nur dann, wenn zwischen den beiden Todesfällen nicht mehr als 10 Jahre verstrichen sind, § 27 ErbStG. Bedenkt man, dass Berliner Testamente häufig allein der Motivation entspringen, den überlebenden Ehegatten zu versorgen und diesen insbesondere von seinen Kindern unabhängig zu machen, stellt sich die Frage, ob dies tatsächlich auf diesem Wege geschehen muss. Die erbschaftsteuerbelastende Wirkung von Berliner Testamenten lässt sich im Wege der vorweggenommenen Erbfolge, aber auch durch die Freibeträge ausnutzende Vermächtnisse an die Schlusserben deutlich abmildern. In diesen Fällen bedarf das Berliner Testament nicht notwendigerweise der Korrektur. Soweit mit Vermächtnissen gearbeitet wird, sollten sich diese allerdings nicht auf begünstigtes Vermögen erstrecken (vgl. § 35 Rdnr. 74 ff.; § 36 Rdnr. 262 ff.). Daneben kann der überlebende Ehegatte im Berliner Testament auch zu mehreren Erbteilen eingesetzt werden (vgl. § 36 Rdnr. 282). Der Wert der Erbteile sollte sich dabei an den Freibeträgen der Kinder orientieren. Bei dieser Variante des Berliner Testaments kann der überlebende Ehegatte, wenn er es denn will, einen oder mehrere Erbteile ausschlagen. Die Kinder werden insoweit Erben und die Freibeträge ausgenutzt. Auf diese Weise wird das grundsätzliche Verbot der Teilausschlagung umgangen. Die andernfalls als nachträgliche Gestaltung häufig empfohlene Ausschlagung des gesamten Nachlasses (vgl. § 36 Rdnr. 292 ff.) verliert ihren Schrecken und ihre von dem überlebenden Ehegatten oft als bedrohlich empfundene Wirkung. Denn dieser gibt das Heft des Handelnden nicht vollständig ab.

292 Anders verhält es sich jedoch bei dem klassischen Berliner Testament, welches keinerlei Vermächtnisse oder Erbteilseinsetzungen enthält und bei dem auch die Freibeträge nicht durch lebzeitige Schenkungen bereits genutzt wurden. Ist eine entsprechende Änderung des Testaments nicht mehr möglich, wäre an eine Ausschlagung der Erbschaft durch den längerlebende Ehegatten in der Regel gegen Abfindung zu denken. Sofern die Ehegatten im Güterstand der Zugewinngemeinschaft lebten, erhält der Überlebende bei Ausschlagung den sog. kleinen Pflichtteil, berechnet nach dem nicht um einen pauschalen Zugewinn erhöhten Erbteil, und den Zugewinnausgleich. Beide Ansprüche sind auf Zahlung eines Geldbetrages gerichtet und führen daher nicht immer zum gewünschten Ergebnis. Denn der überlebende Ehegatte ist zumeist daran interessiert bestimmte Sachwerte zu erhalten. Um diese zu erhalten, bedarf es jedoch der Zustimmung der Erben. In diese Abhängigkeit von anderen möchte sich der überlebende Ehegatte aber vielfach nicht begeben. Darüber hinaus entspricht die Situation häufig auch nicht seinem Sicherheitsbedürfnis.

293 Als weitere Möglichkeit kommt in Betracht, die durch das Berliner Testament zugewandte Alleinerbeinsetzung durch Ausschlagung zu beseitigen und das dann kleinere gesetzliche Erbe anzunehmen, § 1948 Abs. 1 BGB. Dies ist aber nur dann möglich, wenn das Berliner Testament keine Ersatzerben vorsieht.[813] Sieht das Berliner Testament, wie in der Regel, die gegenseitige Erbeinsetzung der Ehegatten und die Berufung der gemeinsamen Kinder als Schlusserben nach dem Tode beider Elternteile vor, ist aber gerade diese Schlusserbeneinsetzung – zumeist aufgrund ergänzender Vertragsauslegung – zugleich als Ersatzerbenbestimmung bezüglich des ersten Erbfalls zu sehen.[814] Um dem überlebenden Ehegatten in diesen Fällen das gesetzliche Erbteil zukommen zu lassen, müssten nun ihrerseits die Kinder die Erbschaft ausschlagen und das gesetzliche Erbe annehmen. Dieses Procedere ist sehr aufwendig und zudem risikobehaftet.

---

[812] Vgl. § 22 Rdnr. 36, sowie Sudhoff/*Scherer* § 17 Rdnr. 41, der dort sämtliche Fallgestaltungen aufzeigt, in denen ausnahmsweise einerseits ausgeschlagen und andererseits trotzdem der Pflichtteil geltend gemacht werden kann.

[813] Palandt/*Edenhofer* § 1948 Rdnr. 2 m.w.N.

[814] OLG Stuttgart Beschl. v. 16.3.1978 – 8 W 342/77 – DNotZ 1979, 615; *Lange/Kuchinke* 5. Aufl. 2001 § 24 IV 1.

Es wird daher nur in den wenigen Fällen der „spartanischen" Berliner Testamente, welche ausschließlich die gegenseitigen Erbeinsetzung der Ehegatten vorsehen, zur Anwendung gelangen können. In allen anderen Fällen wird diese Variante gerade älteren Menschen kaum zugemutet werden können. Bei Beteiligung minderjähriger Kinder ist sie gänzlich ausgeschlossen, da deren Ausschlagung der familiengerichtlichen Genehmigung bedarf, § 1643 Abs. 2 BGB. Diese kann aber schon deshalb nicht erteilt werden, weil sich die Kinder durch die Ausschlagung schlechter stellen und die Genehmigung folglich nicht ihrem Wohl dient.[815]

Sinnvoller erscheint daher die Erbausschlagung gegen Abfindungsleistung. Die Art der Abfindung ist frei gestaltbar und kann daher den Bedürfnissen des überlebenden Ehegatten maßgerecht angepasst werden. Die Abfindung kann z.B. so gefasst werden, dass den Erben lediglich Vermögen in Höhe der Freibeträge verbleibt. Auf diese Weise ließe sich das gleiche Ergebnis erreichen, als hätte der Erblasser in seinem Testament entsprechende Vermächtnisse vorgesehen (vgl. a. § 36 Rdnr. 300). Zu beachten ist jedoch, dass die Ausschlagung in der Regel nicht nur die Alleinerbenstellung des überlebenden Ehegatten beseitigt, sondern ihn unter Umständen vollständig aus der Erbfolge ausnimmt.[816] Der Abfassung des Abfindungsvertrages kommt in diesen Fällen entscheidende Bedeutung zu. Aus gestalterischer Sicht besonders interessant ist die Abfindung nicht in Geld, sondern in Gegenständen mit niedrigen erbschaftsteuerlichen Werten, wie z.B. Grundstücken. Denn für die Ausschlagung gegen Abfindung gilt nicht § 3 Abs. 1 Nr. 1 ErbStG, sondern § 3 Abs. 1 Nr. 4 ErbStG, mit der Folge, dass der ausschlagende Pflichtteilsberechtigte mit dem niedrigeren Steuerwert des übertragenen Wirtschaftsguts erbschaftsbesteuert wird.[817] Dabei darf der Pflichtteilsanspruch allerdings noch nicht geltend gemacht sein, da es sich bei der Abfindung ansonsten nur um eine unbeachtliche Erfüllungsmodalität handelt (vgl. § 36 Rdnr. 276). 294

Eine Alternative zur Ausschlagung ist die Geltendmachung von Pflichtteilsansprüchen durch die Kinder. Bei diesen ist der Pflichtteil ein erbschaftsteuerlich relevanter Erwerb, § 3 Abs. 1 Nr. 1 ErbStG, welcher allerdings um die Freibeträge nach § 16 ErbStG zu mindern ist. Beim überlebenden Ehegatten stellt der geltend gemachte Pflichtteilsanspruch in voller Höhe eine Nachlassverbindlichkeit dar, § 10 Abs. 5 Nr. 2 ErbStG. Die Gestaltung setzt jedoch voraus, dass die Kinder nicht zuvor auf ihr Pflichtteil verzichtet haben. Sollen nur die Freibeträge der Kinder ausgenutzt werden, besteht die Möglichkeit, dass diese nur einen Teil des Pflichtteilsanspruchs einfordern. Erbschaftsteuerlich ist dann auch nur dieser Teil zu versteuern.[818] Zu beachten ist, dass von vornherein nur der geringere Teil des Pflichtteils geltend gemacht wird. Wird der gesamte Pflichtteilsanspruch zunächst vorbehaltslos geltend gemacht und dann nur zum Teil erfüllt, kann trotzdem der gesamte Anspruch zu versteuern sein.[819] Wird auf die Resterfüllung verzichtet, so liegt in diesem Verzicht sogar eine eigenständige freigebige Zuwendung des Verzichtenden an den Erben, welche daneben zu versteuern ist und somit zu einer Doppelbelastung führt.[820] 295

Ein aufgrund der damit verbundenen zivilrechtlichen Nachteile unüberwindbares Hindernis für die Geltendmachung des Pflichtteils bei Berliner Testamenten sind die häufig anzutreffenden **Pflichtteilsstrafklauseln**, sei es in der Form der Jastrow'schen Formel oder als einfache, enterbende Pflichtteilsklausel. Hier kann der überlebende Ehegatte zu einer Änderung der nach seinem Tod eintretenden Erbfolge nicht mehr berechtigt sein. Die Geltendmachung des Pflichtteils führt dann zu einem nicht behebbaren Erbrechtsausschluss des Pflichtteilsberechtigten. Weitere steuerliche Nachteile bringt die **Jastrow'sche Formel** mit sich. Hier wird zusätzlich bestimmt, dass den Kinder, die nach dem Tode des erstversterbenden Ehegatten keinen Pflichtteil geltend machen, ein Vermächtnis dieses Elternteils in Höhe des Pflichtteils zufallen soll, welches aber erst mit dem Tode des überlebenden Elternteils fällig wird. Die Finanzverwaltung behandelt diese Vermächtnisse als mit dem Tod des Beschwerten, d.h. des überlebenden Ehegatten 296

---

[815] Hierauf weist *J. Mayer* in DStR 2004, 1541, zu Recht hin.
[816] *J. Mayer* ZEV 1998, 50, 60.
[817] *Crezelius* BB 2000, 2333, 2337.
[818] BFH Urt. v. 18.7.1973 – II R 34/69 – BStBl. II 1973, 798, 806; *J. Mayer* ZEV 2004, 1541 m.w.N.
[819] *J. Mayer* ZEV 2004, 1541.
[820] *J. Mayer* ZEV 2004, 1541; *Kapp/Ebeling* § 3 Rdnr. 213.2.

fällig werdende Vermächtnisse im Sinne des § 6 Abs. 4 ErbStG.[821] Dies hat zur Folge, dass die Vermächtnisse wie eine Nacherbschaft behandelt werden und somit als Erwerb vom überlebenden Ehegatten zu versteuern sind, ohne dass beim Tod des Erstversterbenden oder beim Tod des überlebenden Ehegatten eine Vermächtnislast abgezogen werden kann. Zwar gewährt die Finanzverwaltung den Abzug als Erblasserschuld nach § 10 Abs. 5 Nr. 1 ErbStG beim Tod des überlebenden Ehegatten trotzdem,[822] was jedoch nichts daran ändert, dass nach dem ersten Erbfall die Steuerbelastung nicht gemindert ist und die Kinderfreibeträge nicht ausgeschöpft werden können. Hinzu kommt, dass die Vermächtnisse nach der neueren Rechtsprechung (vgl. § 35 Rdnr. 74 ff., § 36 Rdnr. 262 ff.) als Sachleistungsanspruch mit dem gemeinen Wert zu bewerten sind. Enthält der Nachlass begünstigt bewertetes Vermögen (Betriebsvermögen, Grundvermögen, Kapitalgesellschaftsbeteiligungen) kommen folglich nicht die Steuerwerte zum Tragen. Dies führt bei der Jastrow'schen Formel letztlich zu der Konsequenz, dass man den Kindern, sofern der überlebende Ehegatte die Erbschaft nicht ausschlägt, grundsätzlich nur dazu raten kann, das Vermächtnis nach dem erstversterbenden Elternteil auszuschlagen und mit dem überlebenden Ehegatten einen Erbvertrag abzuschließen, um diesen an einer anderweitigen Verfügung über das Vermögen, zumindest soweit es den „ausgeschlagenen Teil" betrifft, zu hindern.

Besonders vorsichtig sollte man mit der teilweise vertretenen Ansicht umgehen, eine Pflichtteilsstrafklausel lasse sich dahin gehend **teleologisch reduzieren**, dass sie keine Anwendung finde, weil die Pflichtteilsgeltendmachung mit Einverständnis des überlebenden Ehegatten oder sogar auf dessen Initiative hin erfolge und nicht auf einer bewussten Auflehnung gegen den Willen des Erblassers beruhe.[823] Denn der eigentliche Zweck dieser Klauseln ist, dem überlebenden Ehegatten den Nachlass zunächst ungeschmälert zukommen zu lassen. Ob man sich über diesen Willen des Erblassers so einfach hinwegsetzen kann, ist zumindest fraglich. Darüber hinaus sollen die Pflichtteilsstrafklauseln für eine gerechte Verteilung des Nachlasses sorgen, denn derjenige, der seinen Pflichtteil im ersten Erbfall geltend macht, erhält letztlich gegenüber demjenigen, der dies nicht tut, mehr. Spätestens in den Fällen, in denen nicht alle Pflichtteilsberechtigten ihren Pflichtteil geltend machen, stößt die teleologische Reduktion an ihre Grenzen.[824]

All dies kann durch die Verwendung abgeschwächter Pflichtteilsstrafklauseln vermieden werden, die dem überlebenden Ehegatten die notwendige Handlungsfreiheit erhalten:

> **Formulierungsvorschlag:**
> Verlangt einer unserer Abkömmlinge nach dem Tod des Erstversterbenden entgegen den Willen des Längerlebenden seinen Pflichtteil, so ...

Angesichts dieser Schwierigkeiten und aufgrund der größerer Flexibilität bei der Ausgestaltung der Abfindung gegenüber dem auf Geld gerichteten Pflichtteilsanspruch ist die Ausschlagung gegen Abfindung durch den überlebenden Ehegatten der Geltendmachung des Pflichtteilsanspruchs durch die Schlusserben grundsätzlich vorzuziehen.

297 f) **Vorversterben.** Im Falle des Vorversterbens gelangt Vermögen der jüngeren Generation quasi wider den natürlichen Gang der Dinge zu der älteren Generation, ggf. sogar zurück. Gemeint sind hier Fälle, in denen Eltern ihre Kinder oder gar Großeltern ihre Enkel beerben. Die Elterngeneration ist im Zeitpunkt des Erbfalls häufig schon versorgt und auf den unerwarteten Vermögenszuwachs nicht angewiesen. Daneben erben oft auch Geschwister des Verstorbenen, denen mit der gesamten Erbschaft wesentlich mehr gedient wäre. Dennoch kann es Sinn machen, dass die Geschwister das Erbe ausschlagen, da im Erbgang zwischen Geschwistern die

---

[821] R 13 S. 5 ErbStR.
[822] R 13 S. 4 ErbStR.
[823] So *Dressler* NJW 1997, 2848; *Muscheler* ZEV 2001, 377.
[824] *J. Mayer* DStR 2004, 1541, 1546.

Steuerklasse II mit dem verhältnismäßig geringen Erbschaftsteuerfreibetrag von € 10.300 zum Tragen kommt. Ein Beispiel soll dies verdeutlichen:

Die verwitwete M hat einen Sohn S und eine Tochter T. Im Wege der vorweggenommenen Erbfolge hat sie jedem ihrer Kinder vor über zehn Jahren die Hälfte eines Mietwohngrundstücks übertragen. Eine grundsätzlich zu empfehlende Klausel für den Fall des Vorversterbens (vgl. § 35 Rdnr. 171) wurde dabei nicht vorgesehen. S verstirbt unverheiratet, kinderlos und ohne Testament. Der Grundstücksanteil hat einen erbschaftsteuerlichen Wert von € 51.200. Es gilt die gesetzliche Erbfolge, so dass M und T je zur Hälfte erben würden. Für M gilt Steuerklasse I. Aufgrund des hohen Freibetrages erbt sie erbschaftsteuerfrei. Für T gilt hingegen die ungünstige Steuerklasse II. Nach Abzug des Freibetrages verbleibt bei ihr ein erbschaftsteuerlicher Erwerb von € 40.900 und somit ein Erbschaftsteuerbelastung von € 4.908.

Die Reparaturmöglichkeit besteht hier in der Erbausschlagung durch T. Der Grundstücksanteil würde nach § 13 Abs. 1 Ziff. 10 ErbStG erbschaftsteuerfrei an M zurückfallen, die ihn – soweit zwischenzeitliche Schenkungen an T den Freibetrag nicht ausgeschöpft haben – dann ebenfalls erbschaftsteuerfrei an T weiterreichen könnte, da zwischen M und T wiederum die Steuerklasse I mit dem persönlichen Freibetrag von € 205.000 zum Tragen käme. Der Effekt ließe sich nach der hier vertretenen Ansicht[825] noch verstärken, wenn T eine Abfindung in Höhe des Freibetrages (€ 10.300) erhalten würde. 298

g) **Ausgeschöpfte Freibeträge zur Erbengeneration.** Schließlich kommt eine Ausschlagung immer dann in Betracht, wenn die Freibeträge beim Erben durch Vorschenkungen bereits ausgeschöpft sind und dieser selbst über hinreichendes Vermögen verfügt, so dass er auf die Erbschaft nicht angewiesen ist. Auf diese Weise wird nicht nur ein Erbfall übersprungen. Es können vielmehr auch bisher nicht genutzte Freibeträge zu der Enkelgeneration nutzbar gemacht werden. Pro Enkelkind beträgt der Freibetrag immerhin € 51.200. Darüber hinaus kann durch die Verteilung des Nachlasses auf mehrere Personen ein geringerer Steuersatz zur Anwendung kommen, da hierdurch häufig eine niedrigere Progressionsstufe maßgebend sein wird. 299

f) **Vermächtnisweise Zuwendung von erbschaftsteuerlich begünstigtem Vermögen.** Hat der Erblasser ein Vermächtnis über erbschaftsteuerlich begünstigtes Vermögen (Grundstücke, Betriebsvermögen, land- und forstwirtschaftliches Vermögen, nicht notierte Anteile an Kapitalgesellschaften) ausgesetzt, handelt es sich nach der angekündigten Rechtsprechungsänderung durch den BFH um einen Sachleistungsanspruch des Vermächtnisnehmers gegen den oder die Erben auf Eigentumsverschaffung.[826] Dieser wird nicht mit dem Steuerwert, sondern mit dem gemeinen Wert des Vermächtnisgegenstandes bewertet und besteuert (vgl. § 35 Rdnr. 74 ff.; § 36 Rdnr. 262 ff.). Soweit, wie in der Regel, zwischen dem Steuerwert und dem gemeinen Wert ein Bewertungsgefälle zu Gunsten des Steuerwerts besteht, wäre daran zu denken, das Vermächtnis auszuschlagen und als Abfindung die Übertragung von begünstigten Vermögen zu vereinbaren. Das, was der Vermächtnisnehmer als Abfindung erhält, stellt einen Erwerb von Todes wegen dar, § 3 Abs. 2 Nr. 4 ErbStG. Der als Abfindung erlangte Vermögenswert ist mit dem Steuerwert anzusetzen. Zwar liegt grundsätzlich noch keine Steuerumgehung vor, wenn die Steuerersparnis das wesentliche Motiv für die Ausschlagung ist,[827] dennoch sollte nach Möglichkeit als Abfindung nicht unbedingt derselbe Nachlassgegenstand vereinbart werden, der bereits als Vermächtnis vorgesehen war. Hier wird befürchtet, dass die Abfindungsvereinbarung als **Scheingeschäft** i. S. des § 117 BGB gewertet werden könnte.[828] Derartige Umgehungsgeschäfte stellen aber regelmäßig gerade kein Scheingeschäft dar, da die vereinbarten Rechtsfolgen ernsthaft gewollt sind.[829] Problematischer dürfte hier die sich neuerdings in der 300

---

[825] Die Abfindung wäre auch ertragsteuerfrei, vgl. § 36 Rdnr. 279; a.A. BMF Schr. v. 11.1.1993 – IV B 2 – S 2242–86/92 – BStBl. I 1993, 62 Rdnr. 40.
[826] BFH Urt. v. 2.7.2004 – II R 9/02 – BStBl. II 2004, 1039.
[827] FG Düsseldorf Urt. v. 16.10.1964 – III 8/63 Erb – EFG 1965, 183; Troll/Gebel/Jülicher/*Gebel* § 3 ErbStG Rdnr. 335, 27.
[828] *Geck* ZEV 2006, 201, 205.
[829] Palandt/*Heinrichs* § 117 Rdnr. 5; MüKo/*Kramer* § 117 Rdnr. 15.

Rechtsprechung abzeichnende Tendenz sein, in derartigen Fällen einen Missbrauch der Gestaltungsmöglichkeiten nach § 42 AO anzunehmen.[830]

Für die Ausschlagung eines Vermächtnisses existiert anders als für die Erbausschlagung keine Frist. Der Vermächtnisnehmer darf das Vermächtnis nur noch nicht, auch nicht konkludent angenommen haben (vgl. § 36 Rdnr. 272).

---

[830] BFH Beschl. v. 24.5.2000 – II R 74/99 – BFH/NV 2001, 162; FG Düsseldorf Urt. v. 4.5.2005 – 4 K 247/03 Erb – EFG 2005, 1550, Rev. II R 30/05.

§ 37 Steuerstrafrecht

Übersicht

	Rdnr.
I. Einführung	1–5
II. Steuerberichtigung	6–10
1. Checkliste	6
2. Einführung	7
3. Voraussetzungen für eine Steuerberichtigung	8–10
III. Selbstanzeige	11–24
1. Checkliste	11
2. Einführung	12–14
3. Voraussetzungen	15–19
4. Ausschlussgründe	20–24
IV. Fremdanzeige	25–28
1. Checkliste	25
2. Einleitung	26
3. Voraussetzungen	27/28
V. Strafrechtliche Verantwortung des Beraters	29–31

Schrifttum: *Bilsdorfer*, Aktuelle Probleme der Selbstanzeige, wistra 1984, 93; *Blumers*, Zur Auslegung des § 371 AO am Beispiel „Tatentdeckung", wistra 1985, 87; *Felix*, Der durchsuchende Staatsanwalt als Ausschlussgrund für die strafaufhebende Selbstanzeige, BB 1985, 1781; *Franzen/Gast/Joecks* Steuerstrafrecht, 6. Aufl. 2005; *Hübschmann/Hepp/Spitaler*, Kommentar zur Abgabenordnung und Finanzgerichtsordnung, 10. Aufl.; *Koch/Scholz* Abgabenordnung, 5. Aufl. 1996; *Kohlmann* Steuerstrafrecht, 7. Aufl. 1995; *Lüttger*, Die Selbstanzeige im Steuerstrafrecht, StB 1993, 377; *Moench*, Erbschaft- und Schenkungsteuer, Kommentar; *Pfaff*, Kommentar zur steuerlichen Selbstanzeige, 1977; *Petzoldt*, Kommentar zum Erbschaft- und Schenkungsteuergesetz, 2. Aufl. 1986; *Rüping*, Steuerberatung, Steuerhinterziehung und Durchsuchung, DStR 2006, 1249; *Simon/Vogelberg* Steuerstrafrecht, 2000; *Streck*, Praxis der Selbstanzeige, DStR 1985, 9; *ders.*, Die Auswirkungen des Wegfalls des strafrechtlichen Fortsetzungszusammenhangs auf Besteuerungs- und Prüfungssituationen, DStR 1994, 1723; *ders.*, Die Selbstanzeige – Beratungssituation, DStR 1996, 288; *Theil*, Probleme beim Umgang mit der Selbstanzeige in der Praxis, BB 1983, 1274; *Troll/Gebel/Jülicher*, Erbschaftsteuer- und Schenkungsteuergesetz, Kommentar; *Volk* (Hrsg.), Münchner Anwaltshandbuch Verteidigung in Wirtschafts- und Steuerstrafsachen, 2006; *Volk* (Hrsg.), Münchener Anwaltshandbuch Verteidigung in Wirtschafts- und Steuerstrafsachen, 2006; *Wachter*, Bankgeheimnis und Europarecht, ZErb 2004, 90; *Wannemacher* Steuerstrafrecht, 5. Aufl. 2004.

I. Einführung

Checkliste 1

☐ Vor einer Selbstanzeige ist zu prüfen, ob nicht eine Steuerberichtigung nach § 153 AO ausreicht.
☐ Eine lebzeitige Selbstanzeige ist grundsätzlich vorzugswürdig.
☐ Hinterziehungsgemeinschaften belasten und gefährden den Familienzusammenhalt.
☐ Nachzahlungen und Hinterziehungszinsen können das Schwarzgeld schnell aufzehren.

Manche Erbschaft erweist sich für den Erben als Danaer Geschenk, so z. B., wenn sich 2 Schwarzgeld im Nachlass befindet. Erkennt dies der Erbe, ist er zur unverzüglichen Anzeige und Richtigstellung verpflichtet, § 153 AO. Kommt er dieser Berichtigungsverpflichtung nicht nach, begeht er eine Steuerhinterziehung durch Unterlassen, § 370 Abs. 1 Nr. 2 AO. Ignoriert er das Schwarzgeld auch zukünftig und erklärt die damit erwirtschafteten Zinsen nicht, begeht er wiederum eine Steuerhinterziehung, § 340 Abs. 1 Nr. 1 AO. Die Probleme werden komplexer, wenn daneben weitere Personen beteiligt sind. Erbt z. B. der Sohn von seinem Vater ein üppiges Schwarzgeldkonto, welches dieser zusammen mit der noch lebenden Mutter angelegt hat, stellt sich für ihn die Frage, wie er seiner Berichtigungsverpflichtung nachkommen kann, ohne seine Mutter zu belasten. Eine entsprechende Situation ergibt sich bei einer Erbengemeinschaft, wenn einige der Miterben eine Information der Steuerverwaltung nicht für notwendig erachten. Gerade derartige zwangsweise vom Erblasser herbeigeführte Hinterziehungsgemeinschaften erweisen sich als unbeständig. Schert einer aus, fliegt der Rest mit auf. All dies sollte man seinen Erben ersparen. Es gilt daher der Grundsatz, verschwiegenes Vermögen nach Möglichkeit noch zu Lebzeiten zu legalisieren. Ein um die Steuerlasten gemindertes „Weißgeldkonto" wird den Erben mehr Freude bereiten als ein Schwarzgeldkonto, von dem nach Steuernachzahlungen und Hinterziehungszinsen oft weniger übrig bleibt.

3 Darauf zu spekulieren, dass das verschwiegene Vermögen weiterhin verborgen bleiben wird, ist ein riskantes Unterfangen. Denn der Tod löst verschiedene **Anzeigepflichten** aus, § 33 ErbStG i. V. m. §§ 1 bis 3 ErbStDV. Betroffen sind Vermögensverwahrer und Vermögensverwalter. Dies betrifft in erster Linie inländische Kreditinstitute, Postscheckämter und Bausparkassen und soll auch deren **Zweigstellen im Ausland** mit einbeziehen.[1] Nicht betroffen sind ausländische Banken, wohl aber deren inländische Zweigniederlassungen.[2] Das ohnehin mehr in der Volksanschauung bestehende als rechtlich verankerte Bankgeheimnis endet also spätestens mit dem Tod.[3] Aber auch die Beraterschaft (**Rechtsanwälte, Steuerberater und Notare**) ist verpflichtet, auf ihren Ander- und Treuhandkonten ruhendes und von ihnen verwaltetes Vermögen dem Fiskus anzuzeigen. **Treuhänder-Kommanditisten** von Grundvermögensgesellschaften und Beteiligungstreuhänder sind hinsichtlich der Anteile an einem geschlossenen Immobilienfonds grundsätzlich zur Anzeige verpflichtet, wenn der Treugeber verstirbt.[4] Die Anzeigepflicht erstreckt sich auf Guthaben, andere Forderungen, Wertpapiere, Anteile, Genussscheine u. ä. Hatte der Erblasser ein **Bankschließfach** gemietet, ist dem Finanzamt nur diese Tatsache und der Versicherungswert (soweit bekannt) mitzuteilen, nicht jedoch der Inhalt des Schließfaches.[5] Die Anzeige ist schriftlich an das für die Verwaltung der Erbschaftsteuer zuständige Finanzamt zu richten, § 33 Abs. 1 ErbStG i. V. m. § 1 Abs. 1 S. 3 ErbStDV. Zuwiderhandlungen werden als Steuerordnungswidrigkeit mit Geldbuße geahndet, § 33 Abs. 4 ErbStG. Die aus den Anzeigen gewonnenen Erkenntnisse werden, wenn der Reinwert des Nachlasses (= hinterlassene Vermögenswerte, abzgl. Erblasserschulden mit Ausnahme einer Zugewinnausgleichsverpflichtung) mehr als € 250.000 oder den Nachlass gehörende Kapitalvermögen (= Wertpapiere, Anteile, Guthaben, Forderungen, Ansprüche auf Renten oder andere wiederkehrende Bezüge, Zahlungsmittel) mehr als € 50.000 beträgt oder besondere Umstände dazu Anlass geben, von den Erbschaftsteuerfinanzämtern in Form von Kontrollmitteilungen an die Wohnsitzfinanzämter des Erblassers und der Erwerber versandt und zwar unabhängig davon, ob es zu einer Erbschaftsteuerfestsetzung gekommen ist oder nicht.[6]

4 Kommt der Erbe seiner Berichtigungsverpflichtung nach, ist für ihn der steuerstrafrechtliche Aspekt in der Regel erledigt. Hat er jedoch den Tatbestand einer Steuerhinterziehung verwirklicht, bleibt ihm nur noch die nachträgliche Legalisierungsmöglichkeit seines Handelns über eine Selbstanzeige nach § 371 AO. Hierbei handelt es sich um eine Art Amnestieregelung, die dem Steuerpflichtigen den Weg zurück in die Steuerehrlichkeit ebnen soll. Die Straffreiheit erstreckt sich allerdings nicht auf die im Zuge der Steuerhinterziehung möglicherweise in Tateinheit begangenen anderen Straftaten wie z. B. eine Urkundenfälschung.

5 Für den Berater beginnt die Problematik grundsätzlich in dem Moment, in dem er Kenntnis von einer Steuerhinterziehung bekommen hat (vgl. § 37 Rdnr. 29 ff.). Ab diesem Zeitpunkt wird die zukünftige Beratung zu einem Balanceakt zwischen zulässiger Hilfe und aktiver Teil-

---

[1] Moench/Kein/Hümbert § 33 Rdnr. 3; FG BaWü Urt. v. 12.3.2004 – 9 K 338/99 – EFG 2005, 461, Rev. II R 66/04; a.A. Troll/Gebel/Jülicher/*Jülicher* § 33 Rdnr. 3; *Wachter* ZErb 2004, 90.
[2] FinMin Baden-Württemberg Erl. v. 10.1.2000 – S 3844/20, n.v.
[3] *Petzoldt* § 33 Rdnr. 4.
[4] FinMin Ba-Wü Erl. v. 27.11.1998 – 3-S 3844/24 – DStR 1999, 237.
[5] BMF Schr. v. 22.8.1963 – IV C/1 – S 3730 – 21/63 – DVR 1963, 153.
[6] Gleichlautender Erl. v. 18.6.2003 – BStBl. I 2003, 392.

nahmehandlung. Zutreffend spricht Wannemacher[7] in diesem Zusammenhang von „gefahrgeneigter Tätigkeit" und andere davon, dass der Berater „mit einem Bein im Gefängnis steht", wenn er seiner Beratungsaufgabe mandantengerecht nachkommen will.[8]

II. Steuerberichtigung

1. Checkliste

☐ Die Möglichkeit zur Steuerberichtigung ist der Selbstanzeige grundsätzlich vorzuziehen.
☐ Eine Steuerberichtigung ist unter folgenden Voraussetzungen möglich:
- Jemandem ist ein Erklärungsfehler unterlaufen;
- hierdurch wurde eine Steuerverkürzung verursacht,
- die Unrichtigkeit und Unvollständigkeit der Steuererklärung ist vom Steuerpflichtigen erst nachträglich erkannt worden;
- die Festsetzungsfrist ist für die betreffende Steuererklärung noch nicht abgelaufen;
- die Anzeige des Fehlers erfolgt unverzüglich.

☐ Zur Steuerberichtigung sind – sofern die Voraussetzungen vorliegen – verpflichtet:
- Personen, die fahrlässig eine Steuerverkürzung begangen haben
- Personen, die schuldlos eine Steuerverkürzung begangen haben,
- Gesamtrechtsnachfolger
- gesetzliche Vertreter
- Vermögensverwalter
- Verfügungsberechtigte.

2. Einführung

Ein Steuerpflichtiger oder sein Rechtsnachfolger, der nachträglich vor Ablauf der Festsetzungsfrist erkennt, dass eine von ihm oder für ihn abgegebene Steuererklärung unrichtig oder unvollständig ist und hierdurch eine Steuerverkürzung ausgelöst werden kann oder bereits ausgelöst wurde, ist gem. § 153 Abs. 1 S. 1 AO dazu verpflichtet, dies der Finanzverwaltung anzuzeigen und die Erklärungen richtig zu stellen. Kommt er dieser Berichtigungspflicht nicht nach, begeht er eine Steuerhinterziehung durch Unterlassen. Der Unterschied zur Selbstanzeige (vgl. § 37 Rdnr. 11 ff.) besteht darin, dass dem Steuerpflichtigen die Unrichtigkeit oder Unvollständigkeit bei Abgabe der Steuererklärung nicht bekannt und ein Steuerstraftatbestand somit (noch) nicht erfüllt war. Ihm kann folglich (noch) keine Steuerhinterziehung vorgeworfen werden. Dies wiederum führt dazu, dass die Angelegenheit in der Regel in der Veranlagungsstelle abschließend bearbeitet wird und eine Weiterleitung an die Buß- und Strafsachenstelle sowie weitere Steuerfahndungsmaßnahmen unterbleiben. Auch eine Eintragung in die Steuersünderkartei erfolgt nicht. Sofern und soweit daher eine Steuerberichtigung möglich ist, sollte hiervon unbedingt Gebrauch gemacht werden. Leider rät der Berater nur all zu oft vorschnell zur Selbstanzeige.

3. Voraussetzungen für eine Steuerberichtigung

Eine Steuerberichtigung setzt voraus, dass ein Steuerpflichtiger nachträglich vor Ablauf der Festsetzungsfrist erkennt, dass eine von ihm oder für ihn abgegebene Erklärung unrichtig oder unvollständig ist und dass es dadurch zu einer Verkürzung von Steuern kommen kann oder bereits gekommen ist, § 153 Abs. 1 S. 1 Nr. 1 AO. Neben dem Steuerpflichtigen trifft die Berichtigungspflicht auch den **Gesamtrechtsnachfolger** sowie die nach §§ 34, 35 AO für beide handelnden Vermögensverwalter und Verfügungsberechtigten, § 153 Abs. 1 S. 2 AO. Betroffen sind daher auch der **Testamentsvollstrecker** und der Nachlassverwalter. Beide sind jedoch ebenso wenig wie der Erbe verpflichtet, nach Unrichtigkeiten zu suchen. Grundsätzlich

---

[7] Wannemacher/*Gotzens* Rdnr. 2862.
[8] *Simon/Vogelberg* S. 122.

keine Berichtigungspflicht trifft dagegen den Berater. Er ist nur in seltenen Ausnahmefällen in den Adressatenkreis des § 153 AO einbezogen.[9]

9 Gegenstand der Berichtigung ist nicht bloß eine Steuererklärung, sondern aufgrund des eindeutigen Wortlauts der Vorschrift jede steuerlich erhebliche **Erklärung**.[10] Diese muss **unrichtig oder unvollständig** sein. Es muss eine Diskrepanz zwischen den gemachten Angaben und der Wirklichkeit bestehen, wobei diese nicht auf Tatsachen beschränkt sein soll. Als unrichtig bzw. unvollständig sollen auch hieraus resultierende Schlussfolgerungen in die Berichtigungspflicht mit einbezogen sein.[11] Abzustellen ist auf den Zeitpunkt der Erklärungsabgabe. **Nachträgliche Veränderungen** in tatsächlicher Hinsicht oder ein Wandel in der Rechtsprechung machen eine einmal abgegebene Erklärung grundsätzlich nicht unrichtig. Durch die unrichtige oder unvollständige Erklärung muss es zu einer **Steuerverkürzung** kommen oder gekommen sein. Etwaige Fehler oder Irrtümer des Finanzamts, die sich zu Gunsten des Steuerpflichtigen auswirken, lösen keine Berichtigungspflicht aus.

10 In Abgrenzung zur Steuerhinterziehung bzw. -verkürzung verlangt § 153 AO eine **nachträgliche Erkenntnis** der Unrichtigkeit oder Unvollständigkeit. Das positive Wissen der falschen Erklärung bereits bei deren Abgabe bildet bereits den Tatbestand zumindest einer vorsätzlichen Steuerverkürzung. Zu einer Berichtigung kann der Steuerpflichtige aufgrund des verfassungsrechtlich geschützten nemo-tenetur-Grundsatzes nicht mehr gezwungen werden. Will er Steuerstraffreiheit erlangen, hilft hier grundsätzlich nur noch die Selbstanzeige (vgl. § 37 Rdnr. 11 ff.). Die Berichtigungspflicht setzt daher voraus, dass der Steuerpflichtige ohne Verschulden oder leicht oder grob fahrlässig (leichtfertig) etwas Unrichtiges erklärt hat und deshalb den Tatbestand der Steuerhinterziehung nicht verwirklicht hat. Allerdings kann leichtfertiges Handeln ein Bußgeld nach § 378 AO nach sich ziehen und fahrlässiges Tun einen Steuergefährdungstatbestand nach § 379 ff. AO erfüllen. Die nachträgliche Erkenntnis muss den Steuerpflichtigen vor Ablauf der Festsetzungsfrist ereilen. Gemeint ist hiermit grundsätzlich die vierjährige Regelfrist nach § 169 Abs. 1 AO. Eine Besonderheit gilt allerdings für Rechtsnachfolger, die wissen, dass ihr Rechtsvorgänger vorsätzlich oder leichtfertig Steuern verkürzt hat. Diese sind gem. § 153 Abs. 1 AO verpflichtet, für den infolge der Steuerhinterziehung bzw. Steuerverkürzung auf 10 bzw. 5 Jahre verlängerten Verjährungszeitraum entsprechende Berichtigungen abzugeben.[12] Die Anzeige der unrichtigen oder unvollständigen Erklärung und ihre Richtigstellung müssen **unverzüglich**, d. h. ohne schuldhaftes Zögern (§ 121 Abs. 1 S. 1 BGB), erfolgen. Benötigt der Steuerpflichtige für die Richtigstellung etwas Zeit, da er erst Ermittlungen anstellen muss, was bei Erbfällen häufig der Fall sein wird, so genügt zunächst die Anzeige gegenüber der Finanzverwaltung. Der zur Richtigstellung Verpflichtete hat die Ermittlungen jedoch unverzüglich aufzunehmen und in angemessener Frist abzuschließen.[13] Vorsätzliches Unterlassen oder zu langes Zögern erfüllt den Straftatbestand der Steuerhinterziehung. Anzeige wie Richtigstellung können mündlich, fernmündlich oder schriftlich erfolgen. Bei mündlicher Erklärung sollte aus Beweisgründen auf eine Protokollierung bestanden werden. Bei fernmündlicher Erklärung sollte aus dem gleichen Grunde ein Zeuge hinzugezogen werden.

III. Selbstanzeige

11   1. Checkliste

☐ Der Selbstanzeigende muss gegenüber der Finanzbehörde
   • seine unrichtigen Angaben berichtigen,
   • unvollständigen Angaben ergänzen,
   • unterlassenen Angaben nachholen,

---

[9] Vgl. Wannemacher/*Gotzens* Rdnr. 2993 ff.; BGH Beschl. v. 20.12.1995 – 5 StR 412/95 – wistra 1996, 184.
[10] Wannemacher/*Kürzingere* Rdnr. 201 m.w.N.
[11] Wannemacher/*Kürzinger* Rdnr. 203.
[12] *Streck* DStR 1994, 1723, 1725.
[13] *Tipke/Kruse* § 153 Rdnr. 15.

☐ und bei bereits eingetretener Steuerverkürzung
- die zu seinen Gunsten hinterzogenen/verkürzten Steuern
- innerhalb einer ihm gesetzten angemessenen Frist nachentrichten;

☐ und es darf kein Ausschlussgrund vorliegen, d. h.
- es darf kein Amtsträger der Finanzbehörde zur steuerlichen Prüfung oder Ermittlung einer Steuerstraftat oder -ordnungswidrigkeit erschienen sein,
- dem Selbstanzeigewilligen darf die Einleitung eines Straf- oder Bußgeldverfahrens wegen der anzuzeigenden Tat noch nicht bekannt gegeben worden sein und
- die Tat darf nicht bereits entdeckt sein, was der Täter aber wusste oder hätte wissen müssen.

☐ Anzeigenerstatter kann jeder Tatbeteiligte sein.

2. Einführung

Die Selbstanzeige ermöglicht es dem Steuerpflichtigen, **strafbefreiend** zur Besteuerung zurückzukehren. Auf seine Motive kommt es dabei nicht an. Als Beratungsinstrument spielt sie insbesondere im Vorfeld von Außenprüfungen sowie im Zusammenhang mit Steuerfahndungsmaßnahmen bei Banken und dem Scheitern privater oder beruflicher Partnerschaften eine Rolle. Im Bereich des Erbrechts kommt der Selbstanzeige vor allem als den Erbfall vorbereitende Maßnahme (vgl. § 37 Rdnr. 2 a. E.) und bei zu langem Zögern der Erben bei der Berichtigung „schwarzer" Hinterlassenschaften Bedeutung zu (vgl. § 37 Rdnr. 2). Die Selbstanzeige wirkt strafbefreiend bei jeder versuchten und vollendeten Steuerhinterziehung im Sinne des § 370 AO. Ob es sich hierbei um eine leichte Steuerhinterziehung oder um einen besonders schweren Fall handelt, spielt insoweit keine Rolle. Unerheblich ist auch, ob der Selbstanzeigende Täter, Mittäter, mittelbarer Täter oder bloßer Teilnehmer der Steuerhinterziehung war.

Aufgabe des Beraters ist es, dem Mandanten im Zuge der umfassenden beraterischen Aufklärungspflicht sowohl die positiven wie negativen Aspekte einer Selbstanzeige darzulegen. Er ist nicht verpflichtet, dem ihm eine Steuerstraftat offenbarenden Mandanten zur Selbstanzeige zu raten.[14] Er macht sich dabei grundsätzlich weder der Beihilfe noch der Begünstigung schuldig. Allerdings sollte der Berater darauf achten, sich auf sachliche Informationen zu beschränken und von jedweder Beeinflussung des Mandanten gegen eine Selbstanzeige abzusehen. Ferner darf die Beratung nicht auf die Vorteilssicherung gerichtet sein. Entscheidet sich der Mandant gegen eine Selbstanzeige, darf der Berater seine Kenntnisse über die ihm nun bekannte Tathandlung nicht offenbaren. Er ist sowohl standesrechtlich als auch zivilrechtlich aufgrund des Mandatsvertrages zur Berufsverschwiegenheit verpflichtet. Schwierig wird allerdings die Situation, wenn der Berater seinen nicht selbstanzeigewilligen Mandanten künftig weiter berät. Hier besteht die Gefahr, dass er sich nunmehr bei noch nicht beendeten Taten der Mittäterschaft oder Teilnahme an der Steuerhinterziehung seines Mandanten und bei beendeten Taten der Begünstigung oder Strafvereitelung schuldig macht (vgl. § 37 Rdnr. 29). Ist der Mandant hingegen selbstanzeigewillig, ist zu beachten, dass die Selbstanzeige bezogen auf die anzuzeigende Tat eine einmalige Chance darstellt. Fehler bei der Erstattung der Selbstanzeige sind in der Regel nicht heilbar. Für den Berater ist daher die exakte Kenntnis der Voraussetzungen für eine wirksame Selbstanzeige unerlässlich, will er Schaden von sich und/oder seinem Mandanten abwenden.[15]

Aus Sicht des anzeigewilligen Mandanten macht die Selbstanzeige nur Sinn, wenn die Tat **strafrechtlich** noch nicht verjährt ist. Nach Eintritt der **Verjährung** kommt eine Bestrafung oder Bebußung nicht mehr in Betracht. Mit der Selbstanzeige eines Vorgangs, bei dem bereits zuverlässig die Strafverfolgungsverjährung eingetreten ist, hilft man lediglich der Finanzverwaltung, nicht jedoch seinem Mandanten.[16] Darüber hinaus wird durch die Abgabe einer Selbstanzeige

---

[14] Simon/Vogelberg/*Simon* S. 256.
[15] Wannemacher/*Vogelberg* Rdnr. 2077.
[16] *Streck* DStR 1985, 9, 10; DStR 1996, 288, 289.

der Ablauf der Festsetzungsverjährung in der Weise gehemmt, dass die Frist nicht vor Ablauf eines Jahres nach dem Eingang der Anzeige endet, § 171 Abs. 9 AO. Dies kann u. U. zu einer Verlängerung der Festsetzungsverjährung führen. Aufgrund der in diesen Fällen regelmäßig bereits eingetretenen Strafverfolgungsverjährung, wird durch die Selbstanzeige in diesem Fall letztlich nur ein Nachteil für den Mandanten begründet.

3. Voraussetzungen

15 Die Selbstanzeige ist ein Instrument, dass sich an jeden Tatbeteiligten richtet. Jeder, der wegen einer Steuerhinterziehung bestraft werden könnte, sei es als Täter oder als Teilnehmer, kann daher die Selbstanzeige erstatten. Abgesehen von den Fällen der Fremdanzeige (vgl. § 37 Rdnr. 25 ff.) bewirkt er allerdings nur **Straffreiheit für sich persönlich.** Die Selbstanzeige eines Täters erfasst daher nicht automatisch den Mittäter oder Gehilfen. Diese Wirkungsweise der Selbstanzeige kann es erforderlich machen, die Selbstanzeige mit den anderen Tatbeteiligten abzustimmen. Dabei hat der Berater jedoch sehr sorgsam auf die Interessen seines Mandanten zu achten.[17] War er als Mittäter oder Teilnehmer an der Steuerhinterziehung beteiligt, kann sich für ihn eine Interessenkollisionslage ergeben, wenn er hinsichtlich der Selbstanzeige anderer Meinung als der Mandant ist. Entschließt sich der Berater selbst zu einer Selbstanzeige, ist er hieran nicht gehindert. Weder der Aspekt der Mandantentreue noch die Pflicht zur Verschwiegenheit hindern ihn daran.[18] § 203 StGB wird dadurch nicht verwirklicht. Als nicht Tatbeteiligtem verbietet ihm die strafbewehrte Schweigepflicht ein Handeln (vgl. § 37 Rdnr. 13).

Der Berater kann **gleichzeitig für mehrere Auftraggeber** Selbstanzeige erstatten. Er verstößt damit nicht gegen das Verbot der Mehrfachverteidigung (§ 146 StPO), da die Selbstanzeige kein Bestandteil des Strafverfahrens ist und somit kein Verteidigerhandeln darstellt.[19] Die Selbstanzeige kann durch einen **bevollmächtigten Vertreter** (z. B. einen Anwalt oder Steuerberater) abgegeben werden, soweit sie nur vom Täter oder Teilnehmer **persönlich veranlasst** ist. Eine nachträgliche Genehmigung ist nicht möglich, wirkt aber ex nunc.[20] Dem Bevollmächtigten muss ausdrücklich ein **besonderer Auftrag** zur Erstattung der Selbstanzeige erteilt werden und zwar nach Begehung der Tat und vor Erstattung der Anzeige.[21] Dies gilt auch, wenn der mit der laufenden steuerlichen Beratung betraute Berater als Bevollmächtigter eingesetzt wird. Es ist daher grundsätzlich zu empfehlen, dass sich der Berater eine schriftliche Vollmacht für die Abgabe einer Selbstanzeige geben lässt.

16 Die Selbstanzeige ist gegenüber der Finanzbehörde zu erstatten, § 371 Abs. 1 AO. Ausgehend von dem Wortlaut dieser Vorschrift wird man zutreffenderweise alle Finanzbehörden im Sinne von § 6 Abs. 2 AO, also z. B. auch die Bundesmonopolverwaltung für Branntwein, als zuständigen **Erklärungsempfänger** ansehen müssen.[22] Vereinzelt wird die Ansicht vertreten, dass die Selbstanzeige erst dann wirksam zugegangen ist, wenn sie bei der **örtlich und sachlich zuständigen Finanzbehörde** eingegangen ist.[23] Dieser Streitfrage kommt, da jede Selbstanzeige letztlich dort bearbeitet wird, nur dann Bedeutung zu, wenn zwischenzeitlich Veränderungen eingetreten sind, die einer wirksamen Selbstanzeige entgegenstehen (vgl. § 37 Rdnr. 20). Um diesbezüglich von vornherein keine Diskussion aufkeimen zu lassen, empfiehlt es sich grundsätzlich, die Selbstanzeige gleich dort zu erstatten. Staatsanwaltschaft, Polizei oder gar Gerichte sind keine Finanzbehörden und damit nicht als Empfänger einer Selbstanzeige geeignet.[24] Zwar sind sie nach § 116 AO zur Weiterleitung der Selbstanzeige verpflichtet, ob dies dann aber noch rechtzeitig geschieht, ist fraglich und unnötig riskant.

---

[17] Simon/Vogelberg/*Simon* S. 163.
[18] Franzen/Gast/Joecks/*Joecks* § 371 Rdnr. 86 m.w.N.
[19] Franzen/Gast/Joecks/*Joecks* § 371 Rdnr. 81.
[20] Franzen/Gast/Joecks/*Joecks* § 371 Rdnr. 80.
[21] BayOLG Urt. v. 7.10.1953 – Az. 1 St. 41/53 – NJW 1954, 244; Franzen/Gast/Joecks/*Joecks* § 371 Rdnr. 79.
[22] OLG Hamburg Urt. v. 2.6.1992 – 1 Ss 119/91 – wistra 1993, 274, 276; Franzen/Gast/Joecks/*Joecks* § 371 Rdnr. 90; Kohlmann § 371 Rdnr. 85; Wannemacher/*Vogelberg* Rdnr. 2146; *Bilsdorfer* wistra 1984, 93, 96.
[23] OLG Bremen Urt. v. 31.1.1951 – Ss 100/50 – DStZ/B 1951, 212; OLG Frankfurt Urt. v. 18.10.1961 – 1 Ss 854/61 – NJW 1962, 974; Koch/Scholz/Scheurmann/*Kettner* § 317 Rdnr. 15.
[24] A.A. Franzen/Gast/Joecks/*Joecks* § 371 Rdnr. 91; Kohlmann § 371 Rdnr. 85.

Die Selbstanzeige ist **formfrei**. Sie kann schriftlich, mündlich[25] oder gar fernmündlich[26] erstattet werden. Allerdings sollte aus Beweisgründen bei mündlichen Selbstanzeigen unbedingt auf die Protokollierung bestanden werden. Bei fernmündlicher Selbstanzeige sollte ein Zeuge hinzugezogen werden. Wird eine neue, nunmehr richtige Steuererklärung als Selbstanzeige abgegeben, muss hierfür nicht der amtlich vorgeschriebene Vordruck verwendet werden. Die Erklärung muss auch nicht unterschrieben sein, solange sich die Identität des Anzeigenden aus dem Inhalt der Selbstanzeige zweifelsfrei ergibt.[27] Das Wort „Selbstanzeige" muss nicht verwandt werden. Die Selbstanzeige darf vielmehr völlig neutral erscheinen und bedarf keines Hinweises auf ein strafrechtliches Fehlverhalten.[28] Dies sollte man in der Praxis regelmäßig berücksichtigen. Es ist Sache der Finanzverwaltung, den Vorgang zu werten. Der Anzeigenerstatter sollte die Wertung seiner Erklärung als Selbstanzeige nicht ohne Not vorwegnehmen, besteht doch die Chance, dass seine Selbstanzeige als bloße Steuerberichtigung gewertet wird und die negativen Folgen einer Selbstanzeige so ausbleiben. 17

Der **Inhalt der Selbstanzeige** kann kurz als Materiallieferung beschrieben werden; der Steuerpflichtige hat bisher unrichtige Angaben richtig zu stellen sowie unvollständige und fehlende zu ergänzen. Die Angaben müssen den richtigen Zeitraum betreffen. Es reicht z. B. nicht, Einkünfte des Jahres 01 in die Erklärung des Jahres 02 mit einzubeziehen. Maßstab für den Umfang der Erklärung sind die Anforderungen, denen der Anzeigenerstatter bei ordnungsgemäßer Erfüllung seiner steuerlichen Offenbarungspflichten schon früher hätte genügen müssen.[29] Die Angaben müssen dabei so beschaffen sein, dass die Finanzverwaltung in die Lage versetzt wird, auf dieser Grundlage ohne langwierige Nachforschungen den Sachverhalt vollends aufzuklären und die Steuer festzusetzen.[30] Als Grundsatz für die Praxis gilt jedoch, dass der Sachverhalt so weit wie möglich aufgeklärt und im gleichen Umfang der Finanzbehörde auch mitgeteilt werden sollte. Denn reicht der Vortrag nicht aus, ist die Selbstanzeige fehlgeschlagen. Sie beseitigt die Strafbarkeit dann nicht und liefert der Staatsanwaltschaft zugleich die Beweise frei Haus. Die strafmildernde Wirkung der fehlgeschlagenen Selbstanzeige fällt da nicht ins Gewicht. Aus dem gleichen Grunde muss von einer **Teil- oder Stufen-Selbstanzeige** abgeraten werden. Hüten sollte man sich auch vor einer Ankündigung, dass demnächst eine Selbstanzeige folgen werde. Die Ankündigung ist keine Selbstanzeige und wirkt nicht strafbefreiend. Sie wird im Gegenteil die Einleitung eines Steuerstrafverfahrens auslösen,[31] womit dem Steuerpflichtigen die strafbefreiende Selbstanzeige sodann abgeschnitten wäre. Ist Eile geboten, kann geschätzt werden. Hier sollte allerdings lieber zu hoch als zu niedrig gegriffen werden, um die Wirksamkeit der Selbstanzeige nicht zu gefährden.[32] Eine spätere Korrektur nach unten ist möglich.[33] 18

Sind Steuerverkürzungen bereits eingetreten oder Steuervorteile erlangt, so tritt für einen an der Tat Beteiligten Straffreiheit nur ein, soweit er die zu seinen Gunsten hinterzogenen Steuern innerhalb der ihm von der Finanzverwaltung bestimmten **angemessenen Frist** nachentrichtet. Solange besteht nur eine „Anwartschaft auf Straffreiheit",[34] d. h. der Strafanspruch besteht noch, ist aber „auflösend bedingt".[35] Die zu seinen Gunsten hinterzogenen Steuern sind vom Täter daher nicht sogleich mit der Selbstanzeige zu zahlen. Dennoch sollte sogleich, am besten noch vor der Selbstanzeige damit begonnen werden, den voraussichtlich nach zu entrichtenden Betrag möglichst kurzfristig verfügbar zu halten. Denn was als angemessen anzusehen ist, wird von der Rechtsprechung höchst unterschiedlich beurteilt. So hat der BGH eine vom Hauptzollamt gesetzte Frist von vier Tagen zwar als knapp, aber nicht als unangemessen kurz angese- 19

---

[25] OLG Köln Urt. v. 28.8.1979 – 1 Ss 574-575/79 – DB 1980, 57.
[26] OLG Hamburg Urt. v. 21.11.1985 – 1 Ss 108/85 – wistra 1986, 116.
[27] BayObLG Urt. v. 7.10.1953 – 1 St. 41/53 – NJW 1954, 244.
[28] BGH Urt. v. 13.10.1992 – 5 StR 253/92 – wistra 1993, 66.
[29] OLG Stuttgart Beschl. v. 31.1.1996 – 1 Ws 1/96 – wistra 1996, 190, 191.
[30] BGH Urt. v. 14.12.1976 – 1 StR 196/76 – DB 1977, 1347.
[31] Verfolgungszwang gem. § 152 StPO; vgl. BVerfG Beschl. v. 23.7.1982 – 2 BvR 8/82 – NStZ 1982, 430.
[32] OLG Stuttgart Beschl. v. 31.1.1996 – 1 Ws 1/96 – wistra 1996, 190, 191.
[33] Theil BB 1983, 1274, 1277.
[34] BayObLG Beschl. v. 3.11.1989 – 4 St 135/89 – wistra 1990, 159.
[35] BGH Urt. v. 3.6.1954 – 3 StR 302/53 – BGHSt 7, 336, 341.

hen.[36] Es sind nur die hinterzogenen Steuern nach zu entrichten, um in den Genuss der strafbefreienden Wirkung zu gelangen. Steuerliche Nebenleistungen, wie z. B. Verspätungs- und Säumniszuschläge, Nachzahlungs-, Hinterziehungs- und Stundungszinsen fallen nicht hierunter. Bei der Zahlung sollte daher immer bestimmt werden, worauf diese erfolgt. Bei nur teilweiser fristgerechter Nachentrichtung, tritt nur auch nur insoweit Straffreiheit ein.[37] Die Frist beginnt erst, wenn der Pflichtige **positive Kenntnis** von ihr erlangt hat.[38] Eine zu kurz bemessene Frist erzeugt keine Rechtswirkung.[39] Hierauf sollte man angesichts der Unsicherheit hinsichtlich der Angemessenheit aber nicht setzen. Für den Berater ist noch bedeutsam, dass die Hilfestellung bei der Überprüfung der Frist, Strafverteidigung darstellt, da es sich um eine strafrechtliche Frist handelt.[40] Es greift daher insoweit das **Verbot der Mehrfachverteidigung** gemäß § 146 StPO ein.

4. Ausschlussgründe

20 Die strafbefreiende Wirkung einer ansonsten inhaltlich ausreichenden Selbstanzeige wird nur gewährt, wenn dieser noch ein gewisses Maß an Freiwilligkeit anhaftet. Dementsprechend entfällt sie, wenn
- vor Berichtigung, Ergänzung oder Nachholung ein Amtsträger der Finanzbehörde zur steuerlichen Prüfung oder zur Ermittlung einer Steuerstraftat erschienen ist, § 371 Abs. 2 Nr. 1 a) AO, oder
- vor Berichtigung, Ergänzung oder Nachholung dem Täter oder seinem Vertreter die Einleitung eines Straf- oder Bußgeldverfahrens wegen der Tat bekannt gegeben worden ist, § 371 Abs. 1 Nr. 1 b) AO, oder
- die Tat im Zeitpunkt der Berichtigung, Ergänzung oder Nachholung ganz oder zum Teil bereits entdeckt war und der Täter dies wusste oder bei verständiger Würdigung der Sachlage damit rechnen musste, § 371 Abs. 2 Nr. 2 AO.

21 **Amtsträger** im Sinne der ersten negativen Wirksamkeitsvoraussetzung einer strafbefreienden Selbstanzeige ist jeder, der, sei es als Beamter oder als Angestellter, die Aufgaben der öffentlichen Verwaltung für eine Finanzbehörde wahrnimmt, § 7 AO. In der Praxis sind dies in erster Linie Betriebsprüfer, Umsatzsteuer-Sonderprüfer, Lohnsteuerprüfer, Zoll- und Steuerfahndungsbeamte, nicht jedoch Polizei und Staatsanwaltschaft.[41] Der Amtsträger muss zur **steuerlichen Prüfung bzw. Ermittlung** erschienen sein. Erfasst wird jede von der Finanzbehörde vorgenommene zulässige Maßnahme zur Ermittlung und Erfassung der steuerlichen Verhältnisse eines Steuerpflichtigen mit dem Ziel der richtigen und vollständigen Erfassung der Steuerfestsetzung.[42] Das Merkmal ist handlungsbezogen und erfasst daher z. B. nicht die Fälle, in denen der Prüfer persönlich vorbeikommt, um die Prüfung anzukündigen.[43] **Erschienen** ist der Amtsträger, wenn er am Ort der beabsichtigten Prüfung eingetroffen ist. Dies kann der Betrieb oder die Wohnung des Steuerpflichtigen, aber auch die Räumlichkeiten des steuerlichen Beraters sein. Soll eine Selbstanzeige dem erwarteten Prüfer übergeben werden, ist darauf zu achten, dass dieser noch auf der Straße „abgefangen" wird. Denn befindet sich der Amtsträger bereits auf dem Betriebsgelände (z. B. auf dem Betriebsparkplatz) ist er nach Ansicht der Rechtsprechung bereits erschienen (sog. „**Matten-Theorie**"); die Selbstanzeige käme dann zu spät.[44] Die Sperrwirkung dieses negativen Merkmals reicht allerdings nur so weit, wie der Auftrag des Amtsträgers in **sachlicher und zeitlicher** Hinsicht reicht. Sie ergibt sich in der Regel aus der Prüfungsanordnung. Erstreckt sich diese z. B. lediglich auf die Jahre 02 bis 04, so ist eine strafbefreiende Selbstanzeige hinsichtlich des Jahres 01 trotz Erscheinen des Betriebsprüfers noch möglich. Entsprechendes gilt bei mehreren Betrieben oder Steuerpflichtigen.[45]

---

[36] BGH Urt. v. 5.5.1953 – 2 StR 462/52 – zit. nach *Kohlmann* § 371 Rdnr. 101.
[37] Franzen/Gast/Joecks/*Joecks* § 371 Rdnr. 216 m.w.N.
[38] LG Hamburg Urt. v. 4.3.1987 – (50) 187/86 Ns – wistra 1988, 317.
[39] Kohlmann § 371 Rdnr. 102.
[40] Wannemacher/*Vogelberg* Rdnr. 2425.
[41] *Felix* BB 1985, 1781.
[42] BayOLG Urt. v. 17.9.1986 – R Reg 4 St 155/86 – wistra 1987, 77, 78.
[43] Wannemacher/*Vogelberg* Rdnr. 2172.
[44] OLG Stuttgart Urt. v. 22.5.1989 – 3 Ss 21/89 – MDR 1989, 1017.
[45] Franzen/Gast/Joecks/*Joecks* § 371 Rdnr. 146, 148 m.w.N.

Der zweite Ausschlussgrund lässt die Straffreiheit entfallen, wenn dem Täter oder seinem 22
Vertreter die **Einleitung des Straf- oder Bußgeldverfahrens** wegen der Tat bekannt gegeben worden ist. Eingeleitet ist das Verfahren, sobald die zuständige Behörde oder ein Strafrichter eine Maßnahme trifft, die erkennbar darauf abzielt, gegen jemanden wegen einer Steuerstraftat strafrechtlich vorzugehen, 397 Abs. 1 AO. Die **Bekanntgabe** kann schriftlich oder mündlich, auch anlässlich einer Durchsuchung durch Vorlage des Durchsuchungsbeschlusses auf der Grundlage des § 102 StPO (Durchsuchung beim Beschuldigten) geschehen[46] und muss gegenüber dem Beschuldigten selbst erfolgen.[47] Dem Betroffenen muss deutlich gemacht werden, dass neben dem Besteuerungsverfahren nunmehr ein Strafverfahren existiert, er sich also nicht mehr allein in der Rolle eines Steuerpflichtigen befindet, der zur uneingeschränkten Mitwirkung verpflichtet ist. Er ist nun zugleich Beschuldigter und unterliegt insoweit keiner aktiven Mitwirkungspflicht.[48] Auch hier tritt die Sperrwirkung nur in Bezug auf die konkrete Tat ein und zwar nur soweit sie in sachlicher wie zeitlicher Hinsicht bekannt gegeben wird. Außerhalb dieser Parameter ist die Selbstanzeige weiterhin möglich. Darüber hinaus ist die Sperrwirkung auch persönlich begrenzt und trifft nur denjenigen Täter oder Teilnehmer, dem die Einleitung des Verfahrens bekannt gegeben worden ist.[49] Dritte Tatbeteiligte können demgemäß weiterhin strafbefreiend Selbstanzeige erstatten.[50]

Letzter Ausschlussgrund ist die Tatentdeckung und die Kenntnis des Täters davon. Die **Ta-** 23
tentdeckung setzt voraus, dass ein **hinreichender Tatverdacht** im Sinne des § 203 StPO besteht.[51] Daraus folgt, dass nicht nur die objektiven sondern auch die subjektiven Tatbestandsmerkmale hinreichend bekannt,[52] aber noch nicht abschließend ermittelt sein müssen.[53] Für eine Tatentdeckung nicht ausreichend sind ein Anfangsverdacht, die Entdeckungsgefahr oder eine hohe Wahrscheinlichkeit der Entdeckung.[54] Dementsprechend stellt eine **Kontrollmitteilung** in der Steuerakte für sich genommen noch keine Tatentdeckung dar. Hat das Finanzamt jedoch die Kontrollmitteilung bereits ausgewertet und festgestellt, dass die in der Kontrollmitteilung aufgeführten Geschäfte nicht verbucht oder erklärt worden sind **und** ein vorsätzliches Verhalten nahe liegt, wird häufig bereits eine Tatentdeckung vorliegen.[55] Hier ist die Art und Weise, wie das Finanzamt vorgeht, ein gewichtiges Indiz für das Vorstellungsbild des Tatentdeckers. Benutzt dieser eine neutrale Formulierung, wie z. B. „liegen uns Kontrollmitteilungen vor, nach denen Sie Einkünfte aus . . . hatten", zeigt dies deutlich, dass ein konkretes Vorstellungsbild über den subjektiven Tatbestand und damit ein hinreichender Tatverdacht fehlt. Denn sonst hätte das Finanzamt gemäß § 393 Abs. 1 AO den Steuerpflichtigen darüber belehren müssen, dass der Verdacht einer Steuerstraftat besteht und dass seine Mitwirkung nun nicht mehr erzwungen werden kann.[56]

Tatentdecker kann jeder sein, also nicht nur ein Amtsträger, die Polizei oder die Staatsan- 24
waltschaft, sondern auch ein privater Dritter.[57] Letzteres wird aber nur in Ausnahmefällen (z. B. bei persönlicher Feindschaft) bereits eine Tatentdeckung bewirken, da eine Verurteilung des Steuerpflichtigen nur dann als hinreichend wahrscheinlich erscheint, wenn der Dritte das

---

[46] Felix BB 1985, 1781.
[47] Franzen/Gast/Joecks/*Joecks* § 371 Rdnr. 167; Franzen/Gast/Joecks/*Jäger* § 397 Rdnr. 96.
[48] Den Zwiespalt, dass der Steuerpflichtige einerseits im Besteuerungsverfahren zur uneingeschränkten Mitwirkung verpflichtet ist, er als Beschuldigter jedoch nicht an seiner eigenen Verurteilung mitwirken muss, trägt § 393 Abs. 1 S. 2, 3 AO Rechnung, der insoweit für das Besteuerungsverfahren die Zwangsmittel ausser Kraft setzt.
[49] *Kohlmann* § 371 Rdnr. 198.
[50] Hübschmann/Hepp/Spitaler/*Rüping* § 371 Rdnr. 224.
[51] BGH Beschl. v. 30.3.1993 – 5 StR 77/93 – wistra 1993, 227; BGH Urt. v. 13.5.1983 – 3 StR 82/83 – wistra 1983, 197.
[52] Wannemacher/*Vogelberg* Rdnr. 2284 m.w.N. in Fn. 4.
[53] Franzen/Gast/Joecks/*Joecks* § 371 Rdnr. 187.
[54] BGH Beschl. v. 5.4.2000 – 5 StR 226/99 – wistra 2000, 219, 226; Simon/Vogelberg/*Simon* S. 199.
[55] Simon/Vogelberg/*Simon* S. 200.
[56] BGH Beschl. v. 5.4.2000 – 5 StR 226/99 – wistra 2000, 219, 225; Franzen/Gast/Joecks/*Joecks* § 371 Rdnr. 189.
[57] BayObLG v. 4.6.1970 – 4 St 23/70 – DStR 1971, 87; Franzen/Gast/Joecks/*Joecks* § 371 Rdnr. 193; *Kohlmann* § 371 Rdnr. 220; a.A. offenbar *Lüttger* StB 1993, 377.

Verhalten des Steuerpflichtigen in seinem Sinngehalt erfasst[58] und damit zu rechnen ist, dass er seine Kenntnis an die zuständige Behörde weiterleitet.[59] **Die Kenntnis des Täters** von der Tatentdeckung liegt vor, wenn der Täter aus den ihm bekannten Tatsachen den Schluss gezogen hat, dass die Finanzbehörde oder ein sonstiger, zur Anzeige entschlossener Dritter von der Tat und ihren objektiven sowie subjektiven Merkmalen so hinreichende Kenntnisse hat, dass eine Verurteilung wahrscheinlich ist.[60] Unerheblich ist, wie er zu dieser Kenntnis gelangt ist. Der positiven Kenntnis steht gleich, wenn der Täter im Zeitpunkt der Erstattung der Selbstanzeige bei verständiger Würdigung **mit der Entdeckung rechnen musste**. Dies ist der Fall, wenn er aus den ihm nachweislich bekannten Tatsachen den Schluss hätte ziehen müssen, dass eine Behörde oder der anzeigewillige Dritte von der Steuerhinterziehung erfahren hat.[61] Erforderlich ist allerdings die positive Kenntnis der die Tatentdeckung kennzeichnenden Umstände.

IV. Fremdanzeige

1. Checkliste

☐ Der Fremdanzeigende muss
- eine ihm nach § 153 AO obliegende Anzeige rechtzeitig und
- ordnungsgemäß erstatten.

☐ Dem von der Fremdanzeige begünstigten Dritten darf die Einleitung eines Straf- oder Bußgeldverfahrens wegen der angezeigten Tat noch nicht bekannt gegeben worden sein und

☐ er muss bei bereits eingetretener Steuerverkürzung
- die zu seinen Gunsten hinterzogenen/verkürzten Steuern
- innerhalb einer ihm gesetzten angemessenen Frist nachentrichten.

2. Einleitung

Erbfälle, in denen z. B. Schwarzgeld zum Nachlass gehört, können den Erben in ein Dilemma stürzen. Verstirbt z. B. bei einem Ehepaar, das zusammen in Luxemburg Schwarzgeld angelegt hat, der Mann und wird er von seiner Ehefrau und dem gemeinsamen Sohn beerbt, so wäre der Sohn gezwungen, die zuvor von seinen Eltern abgegebenen Steuererklärungen gemäß § 153 AO zu berichten (vgl. § 37 Rdnr. 6 ff.). Da es jedoch auch die Mutter versäumte, das Schwarzgeld in den zurückliegenden Steuererklärungen anzugeben, würde er – ohne die Möglichkeit einer strafbefreienden Fremdanzeige – seine Mutter der Strafverfolgung aussetzen. Der Sohn könnte sich daher aus diesem Grunde an einem steuerehrlichen Verhalten gehindert sehen. Diesen Situationen will § 371 Abs. 4 AO mit der Möglichkeit einer strafbefreienden Fremdanzeige entgegenwirken. Anders als bei der Selbstanzeige, die nur für denjenigen Steuersünder strafbefreiend wirkt, der sie erstattet bzw. durch einen Bevollmächtigten erstatten lässt, gewährt die Fremdanzeige nicht dem Anzeigenden, sondern einem **Dritten** Straffreiheit und zwar unabhängig davon, ob dieser von der Fremdanzeige wusste oder nicht. Die Fremdanzeige stellt daher ein Strafverfolgungshindernis dar. In dem genannten Beispiel bewirkt die Anzeige des Sohnes zugleich die Straffreiheit der Mutter, sofern auch die übrigen Voraussetzungen gegeben sind.

---

[58] *Blumers* wistra 1985, 87.
[59] Franzen/Gast/Joecks/*Joecks* § 371 Rdnr. 193.
[60] Simon/Vogelberg/*Simon* S. 201; *Kohlmann* § 371 Rdnr. 232 ff.
[61] Franzen/Gast/Joecks/*Joecks* § 371 Rdnr. 198.

3. Voraussetzungen

Die strafbefreiende Wirkung tritt nur ein, wenn der nach § 153 AO Verpflichtete seiner **Anzeigepflicht** ordnungsgemäß und rechtzeitig nachgekommen ist. Anders als bei der Selbstanzeige obliegt es nicht dem Täter, sondern dem Dritten, die **Anzeigehandlung** vorzunehmen. Eine Richtigstellung, wie sie in § 153 AO vorgesehen ist (vgl. § 37 Rdnr. 6 ff.), wird bei der Fremdanzeige nicht verlangt.[62] Die nähere Aufklärung des Sachverhaltes wird daher nicht dem Anzeigenden aufgebürdet, sondern ist erst später von Amts wegen vorzunehmen. Daher braucht der Anzeigende insbesondere nicht das Ausmaß der verschwiegenen Besteuerungsgrundlagen anzugeben. Inhaltlich bedarf die Anzeige jedoch insoweit der den Vorgang präzisierenden Angaben, dass die Tat erkennbar wird. Ausreichend wäre z. B., wenn angezeigt würde, dass der Erblasser und seine Ehefrau es mindestens ab dem Jahr 2001 unterlassen haben, ausländische Zinseinkünfte in ihrer gemeinsamen Steuerklärung anzugeben. Soweit gefordert wird, dass der Anzeigende in der Fremdanzeige nach Kräften seine Möglichkeiten zur Richtigstellung genutzt hat, ist dies nicht mit dem eindeutigen Wortlaut des § 371 Abs. 4 AO vereinbar und dementsprechend als zu weitgehend abzulehnen. Dieses Kriterium mag für die Berichtigung nach § 153 AO gelten, hat jedoch bei der Fremdanzeige keinen Raum. **Rechtzeitig** ist die Anzeige, wenn sie unverzüglich, d. h. ohne schuldhaftes Zögern erfolgt.[63] Sie ist **ordnungsgemäß**, wenn der Anzeigende sich mit der Anzeige an eine Finanzbehörde wendet, die er nach den gegebenen Umständen für zuständig halten konnte.[64] Die Anzeige kann mündlich, fernmündlich oder schriftlich erfolgen (vgl. § 37 Rdnr. 17).

Der Dritte profitiert von der Fremdanzeige allerdings nur, wenn ihm oder seinem Vertreter die **Einleitung eines Straf- oder Bußgeldverfahrens** wegen der Tat zuvor noch **nicht bekannt gegeben** wurde, § 371 Abs. 4 S. 1 AO. Dieses Merkmal fungiert gleichermaßen wie das hierzu korrespondierende Merkmal des § 371 Abs. 2 Nr. 1 b) AO bei der Selbstanzeige als Ausschlussgrund und ist entsprechend zu verstehen (vgl. § 37 Rdnr. 22). Die beiden anderen Ausschlussgründe des § 371 Abs. 2 AO gelten bei der Fremdanzeige nicht. Ebenso wie bei der Selbstanzeige ist auch bei der Fremdanzeige eine strafbefreiende Wirkung nur dann gerechtfertigt, wenn etwaige durch die Tat erlangte Vorteile durch **Nachzahlung der betreffenden Steuern** nicht bei dem Steuerpflichtigen verbleiben. Er hat sie daher innerhalb der ihm gesetzten angemessenen Frist nachzuzahlen (vgl. § 37 Rdnr. 19).

V. Strafrechtliche Verantwortung des Beraters

Häufig wenden sich Erben, wenn sie steuerstrafrechtliche Sachverhalte des Erblassers entdecken, hilfesuchend an den steuerlichen Berater. Die daraufhin Folgende rein sachliche Beratung des Mandanten über die positiven und negativen Aspekte einer Selbstanzeige ist beim Berater grundsätzlich weder eine Beihilfehandlung noch eine Begünstigung. Ihn trifft keine besondere Treuepflicht gegenüber den Steuerbehörden.[65] Allein die Kenntnis des Beraters von einer vorsätzlichen Steuerhinterziehung seines Mandanten begründet weder eine Garantenstellung noch eine Handlungspflicht. Er braucht daher keine Erkundigungen einzuholen, Nachprüfungen vorzunehmen oder eigen Ermittlungen vorzunehmen. Er unterliegt daher auch grundsätzlich nicht der Pflicht zur nachträglichen Berichtigung nach § 153 AO. Allerdings besteht die Gefahr, dass er sich im Zuge der künftigen Beratung des nicht berichtigungs- bzw. selbstanzeigewilligen Mandanten bei noch nicht beendeten Taten einer Mittäterschaft oder Teilnahme an der Steuerhinterziehung seines Mandanten und bei beendeten Taten der Begünstigung oder Strafvereitelung schuldig macht. In diesem Zusammenhang wird dem Berater zumeist empfohlen, sein Mandat niederzulegen.[66] Dies ist in der Tat der sicherste Weg für den Berater. Möchte er sich jedoch die Beratung des Mandanten auch zukünftig sichern, kann es sich empfehlen, die

---

[62] Franzen/Gast/Joecks/*Joecks* § 371 Rdnr. 224 m.w.N.; a.A. *Pfaff* S. 205 f.
[63] Hübschmann/Hepp/Spitaler/*Rüping* § 371 Rdnr. 209.
[64] Franzen/Gast/Joecks/*Joecks* § 371 Rdnr. 226.
[65] BGH Urt. v. 26.1.1954 – 5 StR 433/53 – Deutsche Steuer-Rundschau 1955, 324; OLG Bremen Urt. v. 26.4.1985 – Ws 111/84, 115/84, 116/84 – StV 1985, 282.
[66] Franzen/Gast/Joecks/*Joecks* § 371 Rdnr. 86 m.w.N.

Selbstanzeigeberatung durch einen Kollegen durchführen zu lassen. Dies funktioniert selbstverständlich nur solange, wie er selbst den anzuzeigenden Sachverhalt noch nicht kennt.

30 Ob und inwieweit der Berater straf- und bußgeldrechtlich verantwortlich ist, entscheidet letztlich sein Auftrag.[67] Ist er lediglich mit Schreib- und Recherchearbeiten beauftragt, kann er Angaben des Mandanten ungeprüft zu Grunde legen.[68] Bei Buchführungsarbeiten soll er hingegen verpflichtet sein, die Angaben nachzuprüfen.[69] Dies wird im Hinblick auf die steuerstrafrechtlichen Normen jedoch nur dann anzunehmen sein, wenn sich eine Nachprüfung zumindest hätte aufdrängen müssen. Auffällige Differenzen zwischen erklärten Angaben und tatsächlichen Besteuerungsgrundlagen darf er z. B. nicht ignorieren. Eine Erklärung des Beraters, er habe die Erklärung ausschließlich nach den Angaben des Steuerpflichtigen erstellt, reicht in derartigen Fällen jedenfalls nicht, um ihn zu exkulpieren.

31 Unabhängig davon zeichnet sich in der Gerichtspraxis eine rechtlich höchst bedenkliche Tendenz ab, relativ schnell seine Verantwortlichkeit wegen Beihilfe zur Hinterziehung bzw. wegen leichtfertiger Verkürzung anzunehmen. Diese Praxis dient in erster Linie dazu, einen Anfangsverdacht für eine Durchsuchung der Büroräume des Beraters zu „kreieren". Denn ist der Berater nicht an der Tat des Steuerpflichtigen beteiligt oder Täter eines Anschlussdeliktes, kommt eine Durchsuchung seiner Räumlichkeiten nur nach den strengen Anforderungen des § 103 StPO in Betracht. Sie wäre danach nur zulässig, wenn Spuren einer Straftat oder bestimmte Beweismittel gesucht werden und Tatsachen darauf schließen lassen, dass sich diese in den zu durchsuchenden Räumen befinden. Dabei muss die Spur oder das Beweismittel konkretisiert werden, also zumindest als differenzierter Gattungsbegriff umschrieben werden. Ferner müssen Anhaltspunkte dafür vorliegen, dass sich die betreffenden Unterlagen auch im Büro des Beraters befinden. Eine allgemeine Vermutung, dass sich steuerlich relevante Unterlagen immer beim Berater befinden, reicht hierfür nicht aus.[70] Eine Durchsuchungsmaßnahme, die sich nicht auf bereits bei ihrer Anordnung vorhandene und belegte konkrete Indizien für das Auffinden bestimmter Unterlagen im Gewahrsam des Beraters stützt, sondern diese erst selbst zu Tage fördern will, ist als Ausforschungsmaßnahme unzulässig.[71] Weitere Grenzen von Durchsuchungsmaßnahmen beim Berater sind das ihm zustehende Zeugnisverweigerungsrecht, § 53 Abs. 1 S. 1 Nr. 3 StPO, welches sich auch auf seine Angestellten erstreckt, § 53 a Abs. 1 S. 1 u. 2 StPO, der prozessuale, strafbewehrte Schutz des Vertrauensverhältnisses zum Mandanten, § 203 Abs. 1 Nr. 3 StGB, Art. 12 GG, sowie das Beschlagnahmeverbot des § 97 Abs. 1 StPO. Vor diesem Hintergrund ist dringend anzuraten, alle Mitarbeiter im auf eine Durchsuchungsmaßnahme vorzubereiten sowie entsprechend der gesetzlichen Regelungen und Verantwortlichkeiten zu instruieren.[72] Insbesondere Schweigen und das Unterlassen jedweder freiwilligen Herausgabe sind oberstes Gebot. Die bloße Hilfe beim Heraussuchen von Unterlagen ist noch keine freiwillige Herausgabe und schließt einen Widerspruch gegen Durchsuchung und Beschlagnahme nicht aus. Sie kann sogar sehr zweckdienlich sein, um die Einsichtnahme in Unterlagen anderer Mandanten oder anderer Sachverhalte zu verhindern. Ferner sollte der Berater darauf achten, dass etwaige beschlagnahmte Gegenstände gemäß § 109 StPO verzeichnet und versiegelt werden. Immer sollte er von seinem Recht Gebrauch machen, gemäß § 107 S. 2 StPO ein Verzeichnis zu beantragen und eine Bescheinigung über die Durchsuchung, § 107 S. 1 StPO.

---

[67] *Burkhard* INF 2002, 307.
[68] RG Urt. v. 6.6.1932 – 2 D 567/32 – JW 1933, 443.
[69] *Kohlmann* § 378 Rdnr. 118.
[70] *Rüping* DStR 2006, 1249.
[71] BVerfG Urt. v. 28.4.2003 – 2 BvR 358/03 – NJW 2003, 2669; *Rüping* DStR 2006, 1249.
[72] Entsprechende Merkblätter für das Verhalten bei Durchsuchungsmaßnahmen finden sich z. B. in Beck'sches Formularbuch für den Strafverteidiger III. 30; vgl. auch die Checkliste bei *Rüping* DStR 2006, 1249, 1255.

8. Abschnitt. Stiftungsrecht

§ 38 Stiftungszivilrecht

Übersicht

	Rdnr.
I. Überblick	1–33
1. Begriff und Typen der Stiftung	2–7
a) Die rechtsfähige privatrechtliche Stiftung	3–5
b) Kirchliche und kommunale Stiftungen	6/7
2. Sonderformen der Stiftung	8–23
a) Familienstiftung	9–11
b) Unternehmensverbundene Stiftung	12–22
c) Bürgerstiftung	23
3. Stiftungs-GmbH und Stiftungsverein	24–26
4. Die unselbstständige Stiftung	27/28
5. Die Doppelstiftung	29
6. Die Stiftung & Co. KG	30–33
II. Die Entstehung der Stiftung und Gestaltung der Satzung	34–59
1. Die Entstehung der Stiftung	34–39
a) Die Gestaltung des Stiftungsgeschäfts	35–37
b) Die Anerkennung der Stiftung	38/39
2. Die Gestaltung der Satzung (Verfassung) der Stiftung	40–59
a) Name, Sitz und Rechtsform	41
b) Zweck der Stiftung	42–44
c) Gemeinnützigkeit	45–47
d) Stiftungsvermögen	48/49
e) Organe der Stiftung	50–55
f) Einberufung, Beschlussfähigkeit und Beschlussfassung	56
g) Satzungsänderung, Zusammenlegung und Aufhebung der Stiftung	57
h) Vermögensanfall	58
i) Geschäftsjahr	59

Schrifttum: *Andrick/Suerbaum,* Stiftung und Aufsicht, 2001; *Berndt,* Stiftung und Unternehmen, 7. Aufl. 2003; *Burgard,* Das neue Stiftungsprivatrecht, NZG 2002, 697; *Damrau/Wehinger,* Übersicht zum Mindeststiftungsvermögen nach dem Recht der Bundesländer, ZEV 1998, 178 ; *Ebersbach,* Handbuch des deutschen Stiftungsrechts, 1972; *Feick,* Die Stiftung als Instrument der Unternehmensnachfolge, BB 2006, Special Unternehmensnachfolge, 13 ff.; *Feick/Timmer,* Die Verbrauchsstiftung, Stiftung & Sponsoring 2006, Heft 5, 18; *Götz,* Die Familienstiftung als Instrument der Unternehmensnachfolge, NWB Fach 2, 7379 ; *Götz,* Steuerliche Besonderheiten bei unternehmensverbundenen Stiftungen, NWB Fach 2, 7533; *Hennerkes/Binz/Sorg,* Die Stiftung als Rechtsform für Familienunternehmen, DB 1986, 2217 und 2269; *Hennerkes/Schiffer,* Regelung der Unternehmensnachfolge durch Stiftungskonstruktionen, BB 1992, 1941; *Hennerkes/Schiffer,* Die unterschiedliche Behandlung der unternehmensverbundenen Stiftung in der Praxis der Stiftungsbehörden, BB 1995, 209; *Hüttemann,* Das Gesetz zur weiteren steuerlichen Förderung von Stiftungen, DB 2000, 1584; *Hüttemann,* Das Gesetz zur Modernisierung des Stiftungsrechts, ZHR 167, 35, 58; *Korezkij,* Familienstiftungen im neuen Erbschaftsteuerrecht, ZEV 1999, 132; *von Löwe,* Familienstiftung und Nachfolgegestaltung, Diss. Stuttgart 1998; *Lutter,* Die Verbrauchsstiftung – Stiftung auf Zeit, in: Walz/Kötz/Rawert/Schmidt (Hrsg.), Non Profit Yearbook 2004, 2005, 43; *Maier, Jochen,* Die Besteuerung der Stiftung nach der Reform, BB 2001, 494; *Mecking,* Das Gesetz zur weiteren steuerlichen Förderung von Stiftungen, NJW 2001, 203; *Müller/Schubert,* Die Stifterfamilie und die Sicherstellung ihrer Versorgung im Rahmen einer gemeinnützigen Stiftung, DStR 2000, 1289; *Nietzer/Stadie,* Die Familienstiftung & CO. KG – eine Alternative für die Nachfolgeregelung bei Familienunternehmen, NJW 2000, 3457; *Orth,* Stiftungen und Unternehmenssteuerreform, DStR 2001, 325; *Rawert* in Staudinger, BGB, Vorb. §§ 80 ff., 13. Aufl. 1995; *Reuter* in MünchKomm, BGB, Vorb. §§ 80 bis 88, 4. Aufl. 2003; *Rawert,* Der Einsatz der Stiftung zu stiftungsfremden Zwecken, ZEV 1999, 294; *Reuter,* Stiftungsrechtliche Vorgaben für die Verwaltung des Stiftungsvermögens, NZG 2005, 649; *Schauhoff,* Handbuch der Gemeinnützigkeit, 2. Aufl. 2005; *Schiffer/von Schubert,* Unternehmensnachfolge als Gründer: Einsatz unternehmensverbundener Stiftungen?, DB 2000, 437; *Schnitger,* Die Gestaltungsform der Doppelstiftung und ihre Probleme, ZEV 2001, 104; *Seifart/von*

Campenhausen (Hrsg.), Handbuch des Stiftungsrechts, 2. Aufl. 1999; *Sorg*, Die Familienstiftung, Stiftung und Sponsoring 2000, Heft 2, 14; *Timmer*, Stiften in Deutschland, 2005; *Wachter*, Stiftungen, Zivil- und Steuerrecht in der Praxis, 2001; *Wochner*, Rechtsfähige Stiftungen – Grundlagen und aktuelle Reformbestrebungen, BB 1999, 1441.

I. Überblick

1   Die Rechtsform Stiftung war in der Praxis bis vor einigen Jahren relativ unbedeutend geblieben. Gegenwärtig gibt es aber bereits über 11.000 Stiftungen in Deutschland, wobei die ganz überwiegende Zahl gemeinnützig ist.[1] Jährlich kommen etwa 800 neue Stiftungen hinzu, so dass teilweise von einem „Stiftungs-Boom" gesprochen wird.[2]

Die Stiftung bietet sich durchaus zur Regelung von Fragen der **erbrechtlichen Nachfolge** als Alternative zu den in der Praxis sonst üblichen Gestaltungen an, was sich auch daran zeigt, dass die Stiftung derzeit eine Renaissance in der Beratungspraxis erlebt. Darüber hinaus hat der Gesetzgeber durch das Gesetz zur weiteren steuerlichen Förderung von Stiftungen vom 26.7.2000[3] ein Signal zur Stärkung insbesondere der gemeinnützigen Stiftung gesetzt. Durch das „Gesetz zur Modernisierung des Stiftungsrechts", das zum 1.9.2002 in Kraft getreten ist, wurde auch das Stiftungszivilrecht überarbeitet. Wie sich schon aus dem Titel des Gesetzes („Modernisierung") ergibt, handelt es sich bei dem Gesetz **nicht** um eine **grundlegende Reform** des Stiftungszivilrechts. Die von der Bundesregierung zuvor eingesetzte Bund-Länder-Arbeitsgruppe „Stiftungsrecht" kam zu dem Ergebnis, dass sich das bisherige Bundes- und Landesrecht grundsätzlich bewährt habe. Die tatsächlich erfolgten Änderungen betreffen insbesondere folgende Regelungspunkte:

- Der Begriff der „Genehmigung" wird durch den Begriff „**Anerkennung**" ersetzt. Inhaltliche Änderungen sind damit jedoch nicht verbunden.
- Der (nach herrschender Meinung schon bisher bestehende) **Rechtsanspruch** auf Anerkennung einer Stiftung ist in § 80 Abs. 2 BGB ausdrücklich **geregelt**.
- **Voraussetzung** für einen **Anspruch** auf Anerkennung der Stiftung ist nunmehr, dass das Stiftungsgeschäft den Anforderungen des § 81 Abs. 1 BGB genügt, die nachhaltige Erfüllung des Stiftungszwecks gesichert erscheint und der Stiftungszweck das Gemeinwohl nicht gefährde (vgl. § 80 Abs. 2 BGB).

Die übrigen Gesetzesänderungen betreffen überwiegend sprachliche Anpassungen oder gesetzliche Klarstellungen.

Beratungscheckliste: Errichtung einer Stiftung

☐ Feststellung des Willen des Stifters insbesondere zu:
- Zweck der Stiftung
- Begünstigte der Stiftung
- Organe der Stiftung
- Vermögen der Stiftung
- Art der Errichtung der Stiftung: unter Lebenden oder von Todes wegen.

☐ Kontrolle der steuerlichen, stiftungsrechtlichen und erbrechtlichen Konsequenzen der beabsichtigten Stiftung ggf. unter Beteiligung eines Beraters.

☐ Kontaktaufnahme mit der zuständigen Stiftungsbehörde.

☐ Kontaktaufnahme mit der zuständigen Finanzbehörde wegen der Anerkennung der Gemeinnützigkeit.

☐ Abfassung eines Satzungsentwurfs nebst geplanter Vermögensausstattung der Stiftung zur Zuleitung an die Behörden zur Vorabprüfung.

---

[1] *Schiffer/von Schubert* DB 2000, 437, 438; *Götz* NWB 2000, Fach 2, 7379. Die genaue Zahl der Stiftungen ist nicht bekannt, unter anderem weil es kein verbindliches und vollständiges Stiftungsregister gibt.

[2] Vgl. *Timmer*, Stiften in Deutschland, S. 18.

[3] BGBl. I 1034 ff. Aus der Lit. s. hierzu: *Schindler* BB 2000, 2077.

☐ Besetzung der Stiftungsorgane: Bereitschaft der vorgesehenen Organmitglieder erfragen und ggf. schriftlich bestätigen lassen.
☐ Stiftung von Todes wegen: Ggf. Auswahl und Bereitschaft des Testamentsvollstreckers.
☐ Stellung des Antrags auf Anerkennung der Stiftung bei der zuständigen Behörde.

1. Begriff und Typen der Stiftung

Die Stiftung ist eine rechtsfähige Organisation; im Gegensatz zu Personen- und Kapitalgesellschaften ist sie eine von ihrem Gründer völlig losgelöste juristische Person, die unabhängig von dem Stifter oder begünstigten Dritten als reine **Verwaltungsorganisation** existiert.[4] Soweit der Stifter nichts Abweichendes anordnet, darf das Vermögen der Stiftung in seiner Substanz grundsätzlich nicht angegriffen werden („**Grundsatz der Vermögenserhaltung**").[5] Eine **Verbrauchs-** oder **Aufbrauchsstiftung** ist unter bestimmten Voraussetzungen ebenfalls zulässig.[6]

a) **Die rechtsfähige privatrechtliche Stiftung.** Unter dem Begriff der rechtsfähigen privatrechtlichen Stiftung versteht man eine mit eigener Rechtspersönlichkeit ausgestatte Organisation, welche bestimmte durch das Stiftungsgeschäft festgelegte Zwecke mit Hilfe eines diesen Zwecken dauerhaft gewidmeten Vermögens verfolgt.[7] Auf sie sind die Vorschriften der §§ 80 bis 88 BGB anwendbar. Von den rechtsfähigen privatrechtlichen Stiftungen sind die **öffentlich-rechtlichen Stiftungen,** die keine einheitliche Kodifikation erfahren haben, zu unterscheiden. Maßgebliches Differenzierungsmerkmal ist dabei der **Entstehungstatbestand:** Während privatrechtliche Stiftungen durch Rechtsgeschäft entstehen, bedarf es zur Errichtung öffentlich-rechtlicher Stiftungen eines Gesetzes oder Verwaltungsakts. Die öffentlich-rechtlichen Stiftungen spielen für die anwaltliche Beratungspraxis daher kaum eine Rolle.

aa) *Anwendbares Recht.* In den Vorschriften der §§ 80 ff. BGB findet sich lediglich ein Grundgerüst an Regelungen zur rechtsfähigen privatrechtlichen Stiftung. Ergänzt wird dieses Gerüst durch die **Stiftungsgesetze der einzelnen Bundesländer,**[8] die insbesondere die Anforderungen an das Anerkennungsverfahren, die Stiftungsaufsicht und die wesentlichen Fragen der Ausgestaltung der Stiftungsverfassung regeln. Im Einzelfall enthält daneben die **Satzung** der Stiftung die maßgeblichen rechtlichen Bestimmungen. Auf ihre Abfassung ist daher besonderer Wert zu legen (vgl. Rdnr. 40 ff.).

bb) *Öffentliche und privatnützige Stiftungen.* Die rechtsfähigen privatrechtlichen Stiftungen werden ihrerseits in private (besser: privatnützige) und öffentliche Stiftungen unterteilt. Maßgebliches Unterscheidungskriterium ist hierbei die **Zwecksetzung** der Stiftung. Während die **privatnützige Stiftung** einem nur durch konkrete Merkmale begrenzten Personenkreis (z.B.: Familie, Vereinsmitgliedern oder Betriebsangehörigen) zugute kommt, wird durch die **öffentliche Stiftung** stets die Allgemeinheit begünstigt. Als Zwecke öffentlicher Stiftungen gelten insbesondere die Förderung von Religion, Wissenschaft, Forschung, Bildung, Unterricht, Erziehung, Kunst, Denkmalpflege, Heimatschutz, Sport, Wohltätigkeit und andere dem Gemeinwohl dienende Zwecke.[9] Die öffentliche Stiftung ist jedoch nicht mit der gemeinnützigen Stiftung nach §§ 51 ff. AO zu verwechseln (vgl. für letztere Rdnr. 45). Beide Begriffe sind **nicht identisch.** Zwar ist eine gemeinnützige Stiftung im Sinne des Steuerrechts stets zugleich eine öffentliche Stiftung. Aber nicht jede öffentliche Stiftung kann als steuerrechtlich gemeinnützig eingestuft werden.

---

[4] Sudhoff/*Froning* Unternehmensnachfolge § 50 Rdnr. 7.
[5] Vgl. z.B. § 7 Abs. 2 StiftG B-W; § 4 StiftG NRW; § 7 Abs. 2 StiftG R-P.
[6] Vgl. *Feick/Timmer,* Stiftung & Sponsoring, 2006, Heft 5, 18 ff.; Walz/Kötz/Rawert/Schmidt/*Lutter,* Non Profit Yearbook 2004, 43 ff.
[7] MünchKommBGB/*Reuter* Vorb. § 80 Rdnr. 11; Staudinger/*Rawert* Vorb. §§ 80 ff. Rdnr. 4.
[8] Alle Landesstiftungsgesetze (allerdings nur auf dem Stand Herbst 1998) sind abgedruckt bei: *Seifart/von Campenhausen,* Hdb. des Stiftungsrechts, Anh. III. A; Auf den Internetseiten des Bundesverbands deutscher Stiftungen findet sich ein Link zu allen aktuellen Landesstiftungsgesetzen unter www.stiftungen.org
[9] *Seifart/von Campenhausen-von Campenhausen,* Hdb. des Stiftungsrechts, § 2 Rdnr. 3.

6   **b) Kirchliche und kommunale Stiftungen.** Den §§ 80 ff. BGB liegt die Idee der **Einheitsstiftung** zugrunde. Im Landesrecht und in der Praxis haben jedoch Sondertypen Anerkennung gefunden, die es zum Teil schon seit sehr langer Zeit gegeben hat, namentlich die kirchliche und die kommunale Stiftung.[10] Auch diese beiden Sonderformen definieren sich primär über den Zweck der Stiftung. **Kirchliche Stiftungen** im Sinne des staatlichen Rechts sind nach den Legaldefinitionen in den meisten Landesgesetzen solche, deren Zweck ausschließlich oder überwiegend **kirchlichen Aufgaben** dient und die eine besondere organisatorische Verbindung zu einer Kirche aufweisen.[11] Der Begriff der kirchlichen Zwecke wird dabei weit verstanden und kann Zwecke jeder Art umfassen, soweit sie durch den Auftrag der Kirche geprägt sind.[12] Auf kirchliche Stiftungen finden neben den Bestimmungen der §§ 80 ff. BGB und den Landesgesetzen auch kirchenrechtliche Vorschriften Anwendung.[13]

7   **Kommunale Stiftungen** dienen öffentlichen Aufgaben einer kommunalen Körperschaft. Sie zeichnen sich dadurch aus, dass sie regelmäßig in das Gefüge der öffentlichen Verwaltung eingebunden sind und die Aufsicht über die kommunale Stiftung nach den Regeln des Kommunalrechts erfolgt.[14] Die kommunale Stiftung kann genauso wie die kirchliche Stiftung privat- oder öffentlich-rechtliche Stiftung sein. In der erbrechtlichen Beratungspraxis spielen diese Sondertypen der Stiftung eine nur untergeordnete Rolle.

2. Sonderformen der Stiftung

8   Neben den vorerwähnten Sondertypen werden in der stiftungsrechtlichen Praxis weitere Unterscheidungen vorgenommen. Insbesondere die Begriffe Familienstiftung und unternehmensverbundene Stiftung werden zur Klassifizierung **weiterer Stiftungstypen** verwendet. Diese Begriffe dienen jedoch lediglich dazu, die in der Praxis vorkommenden Erscheinungsformen der Stiftungen zu beschreiben, wobei beide Begriffe keine normativen Begriffe des BGB sind. Lediglich im Steuerrecht und im Landesstiftungsrecht finden sich zur Familienstiftung Sonderregelungen.[15] Zwischen den verschiedenen Stiftungstypen kann es demnach zu **Überschneidungen** kommen. Insbesondere die Familienstiftung ist häufig zugleich eine unternehmensverbundene Stiftung.

9   **a) Familienstiftung.** Die in der Praxis wohl bedeutsamste Sonderform der privatnützigen Stiftung ist die Familienstiftung (vgl. hierzu auch § 36 Rdnr. 74 ff.). Sie wird auch als **Prototyp** der privatnützigen Stiftungen bezeichnet.[16] In Deutschland gibt es derzeit schätzungsweise 600 Familienstiftungen.[17] Ihr Zweck ist ganz oder teilweise auf die Förderung oder Verfolgung des **Interesses** oder des **Wohls** einer oder mehrerer bestimmter **Familien** ausgerichtet. Diese allgemeine Definition, die sich so oder in vergleichbarer Form in einigen Stiftungsgesetzen der Bundesländer wiederfindet,[18] zeigt, dass die Qualifizierung als Familienstiftung oftmals streitig ist. Schon die Quantifizierung des Merkmals der „Familienbegünstigung" wird in den verschiedenen Gesetzesvorschriften unterschiedlich bestimmt.[19] Nach **Ansicht des BFH**[20] dient eine Stiftung dann wesentlich dem Interesse einer Familie oder bestimmter Familien, wenn nach der Satzung und gegebenenfalls nach dem Stiftungsgeschäft ihr Wesen darin besteht, es den Familien zu ermöglichen, das Stiftungsvermögen, soweit es einer Nutzung zu

---

[10] *Soergel/Neuhoff* Vorb. § 80 Rdnr. 53 ff.; *Ebersbach,* Handbuch des deutschen Stiftungsrechts, S. 22 ff.

[11] Seifart/von Campenhausen/*von Campenhausen,* Hdb. des Stiftungsrechts, § 2 Rdnr. 7. Vgl. § 22 BaWüStiftG; Art. 29 BayStiftG; § 2 Abs. 1 BdbStiftG; § 16 Abs. 1 BreStiftG; § 20 Abs. 1 HessStiftG; § 11 Abs. 1 Meck-VorpStiftG; § 20 Abs. 1 NdsStiftG; § 13 NRWStiftG; § 12 Rh-PStiftG; § 19 Abs. 1 SaarlStiftG; § 18 Abs. 1 Schl-HolStiftG; § 26 Abs. 1 DDRStiftG.

[12] Seifart/von Campenhausen/*von Campenhausen,* Hdb. des Stiftungsrechts, § 2 Rdnr. 7.

[13] Seifart/von Campenhausen/*von Campenhausen,* Hdb. des Stiftungsrechts, § 24 Rdnr. 1 ff. m.w.N.

[14] Seifart/von Campenhausen/*von Campenhausen,* Hdb. des Stiftungsrechts, § 30 Rdnr. 4 ff.

[15] Vgl. im Steuerrecht: § 1 Abs. 1 Nr. 4 ErbStG und § 15 Abs. 2 AStG. Beide Def. sind nicht deckungsgleich. Zum Landesrecht s. z.B.: § 10 Abs. 1 BerlStiftG und § 17 BreStiftG.

[16] Seifart/von Campenhausen/*von Campenhausen,* Hdb. des Stiftungsrechts, § 2 Rdnr. 12.

[17] *Sorg,* Stiftung und Sponsoring 2000, 14 ff.

[18] Vgl. Fn. 15 sowie § 21 Abs. 1 HessStiftG; § 19 Schl-HolStiftG.

[19] Solange die Begünstigung der Familie 25% oder weniger beträgt, wird man in aller Regel nicht von einer Familienstiftung sprechen können. Vgl. die grafische Darstellung bei *Seifart/von Campenhausen-Pöllath,* Hdb. des Stiftungsrechts, § 14 Rdnr. 7.

[20] BFH Urt. v. 10.12.1997 – BStBl. 1998, II, 114 ff.

privaten Zwecken zugänglich ist, zu nutzen und die Stiftungserträge an sich zu ziehen. Inwieweit davon tatsächlich Gebrauch gemacht wird, ist nach Auffassung des BFH nicht maßgeblich.

Eventuell kann als Auslegungsregel auch auf § 15 Abs. 2 AStG zurückgegriffen werden. Danach sind Stiftungen Familienstiftungen, wenn der Stifter, seine Angehörigen und deren Abkömmlinge zu mehr als der Hälfte bezugs- oder anfallsberechtigt sind. Die **Finanzverwaltung** wiederum geht davon aus, das eine Familienstiftung bereits dann vorliegt, wenn der Stifter, seine Angehörigen und deren Abkömmlinge lediglich zu mehr als 25% bezugs- oder anfallsberechtigt sind und zusätzliche Merkmale ein wesentliches Familieninteresse indizieren (z.B. wesentlicher Einfluss auf die Geschäftsführung der Stiftung) oder wenn sie zu mehr als 50% bezugs- oder anfallsberechtigt sind.[21] 10

Bis zum In-Kraft-Treten des „Gesetzes zur Modernisierung des Stiftungsrechts" am 1.9.2002 wurde von einem Teil der Literatur die Genehmigungsfähigkeit von Familienstiftungen kritisch betrachtet.[22] Diese Mindermeinung hatte auch Eingang in das Landesstiftungsrecht in Brandenburg gefunden (§ 6 Abs. 2 lit. d) Brbg-StiftG). Auf Grund der gesetzlichen Änderungen besteht nunmehr gemäß § 80 Abs. 2 i.V.m. § 81 Abs. 1 BGB ein Anspruch auf **Anerkennung der Stiftung**. Demnach besteht ein „Recht auf Stiftung". Die Gesetzesbegründung hat ausdrücklich darauf hingewiesen, dass der auch weiterhin geltende Grundsatz der gemeinwohlkonformen Allzweckstiftung keine Beschränkung der zulässigen Stiftungszwecke auf steuerbegünstigte Zwecke bedeutet.[23] 11

b) **Unternehmensverbundene Stiftung**.[24] Stiftungen, zu deren Vermögen ein Unternehmen oder eine Beteiligung an einem Unternehmensträger gehört, werden allgemein als **unternehmensverbundene Stiftungen** bezeichnet.[25] 12

Wird das Unternehmen in der Rechtsform der Stiftung betrieben, bilden beide also rechtlich eine Einheit, spricht man von einer **Unternehmensträgerstiftung**. Hält die Stiftung lediglich Anteile an einer Personen- oder Kapitalgesellschaft spricht man von einer **Beteiligungsträgerstiftung** (oder von einer **mittelbaren** Unternehmensträgerstiftung). Weiter unterscheidet man begrifflich zwischen **Zweckverwirklichungsbetrieben**, die den Stiftungszweck durch die Tätigkeit des Unternehmens selbst fördern (z.B. ein Altenheim, das mit eigenen Mitteln den Stiftungszweck Altenpflege fördert) und Unternehmen als **Dotationsquelle**, die lediglich die erwirtschafteten Gewinne zur Erfüllung des vom Unternehmen unabhängigen Stiftungszwecks verwenden.

Ebenso wie die Familienstiftung wurde die unternehmensverbundene Stiftung von der herrschenden Meinung schon früher als zulässig und anerkennungsfähig betrachtet.[26] Doch auch hiergegen richteten sich Bedenken einer neueren Meinung in der Literatur.[27] Diese Bedenken sind jedoch auf Grund der Einführung eines Rechtsanspruchs auf Anerkennung der Stiftung in § 80 Abs. 2 BGB nicht mehr haltbar (vgl. hierzu bereits Rn. 11).[28] 13

Bis zum 1.9.2002 **nicht zulässig** waren unternehmensverbundene Stiftungen, die nur der Erhaltung und Fortführung des Unternehmens selbst dienen sollen (sog. **Selbstzweckstiftungen**). Hieran hat sich nach herrschender Ansicht durch die Stiftungsrechtsreform nichts geändert.[29] 14

aa) *Vorteile der unternehmensverbundenen Stiftung*. Von den beiden Unterformen der unternehmensverbundenen Stiftungen (Unternehmensträgerstiftung und Beteiligungsträgerstiftung) ist die Unternehmensträgerstiftung wenig praktikabel und hat sich in der Praxis nicht durch- 15

---

[21] R 2 Abs. 2 und 3 ErbStR; FinMin Baden-Württemberg, Erl. v. 28.10.1983, abgedr. in DStR 1983, 744 f.
[22] Vgl. Staudinger/*Rawert* Vorb. § 80 Rdnr. 127 ff.; zur gegenteiligen herrschenden Auffassung vgl. Seifart/von Campenhausen/*Pöllath*, Hdb. des Stiftungsrechts, § 14 Rdnr. 29 m.w.N.
[23] Vgl. Gesetzesentwurf der Bundesregierung v. 11.4.2002 – BT-Drucks. 14/8765, S. 9 li. Sp.
[24] Allg. zur Stiftung als Instrument der Unternehmensnachfolge, vgl. *Feick* BB 2006, Special Unternehmensnachfolge, 13 ff.
[25] Daneben werden auch noch die Begriffe Unternehmensstiftung, gewerbliche Stiftung und unternehmensbezogene Stiftung verwendet.
[26] Vgl. Palandt/*Heinrichs* Vorb. § 80 Rdnr. 11; Seifart/von Campenhausen/*Pöllath*, Hdb. des Stiftungsrechts, § 13 Rdnr. 141 m.w.N. Zur Stiftung & Co. KG s. *Wachter* Stiftungen C Rdnr. 14.
[27] Vor allem MünchKomm/*Reuter* Vorb. § 80 Rdnr. 6 ff. sowie Staudinger/*Rawert* Vorb. §§ 80 ff. Rdnr. 93 ff.
[28] Ebenso *Burgard* NZG 2002, 697, 700.
[29] Vgl. *Reuter* NZG 2005, 649 f.; *Hüttemann* ZHR 167 (2003), 35, 58; a.A. *Burgard* NZG 2002, 697, 700.

setzen können.³⁰ Im Unterschied zur Gesellschaft hat die Stiftung keine Gesellschafter, die die Kontroll- und Eigentümerrechte gegenüber der Geschäftsleitung wahrnehmen könnten. Die Stiftung selbst müsste daher die gleiche Organisation wie eine Gesellschaft erhalten, um die Überwachung und Kontrolle der Geschäftsleitung und die Sachgemäßheit der Entscheidungsfindung im Allgemeinen zu gewährleisten.³¹

16 Anderes gilt indes für die Beteiligungsträgerstiftung: Diese Stiftungskonstruktion bietet dem Stifter die Möglichkeit, sein **Unternehmen als Ganzes** zu erhalten. Durch Einbringung der Gesellschaftsanteile in die Stiftung kann einer Zersplitterung der Gesellschaftsanteile durch Erbgänge und Veräußerungen vorgebeugt werden. Gleichzeitig wird der Eintritt von familienfremden Gesellschaftern verhindert. Weiterhin können **Liquiditätsprobleme** des Unternehmens durch Abfindungsansprüche wegen des Ausscheidens von Gesellschaftern oder durch Geltendmachung von Pflichtteilsansprüchen bei rechtzeitiger Übertragung der Geschäftsanteile durch Errichtung einer Stiftung **ausgeschlossen** werden.³² Die Errichtung einer Stiftung kann allerdings nicht die Geltendmachung von Pflichtteilsergänzungsansprüchen gemäß § 2325 Abs. 1 BGB innerhalb der Zehn-Jahres-Frist des § 2325 Abs. 3 S. 1 BGB verhindern.³³

17 Die unternehmensverbundene Stiftung kann außerdem dazu dienen, **unternehmensfremde Zwecke** zu unterstützen. Die Erträge aus dem Unternehmen können z.B. zur Sicherung des Unterhalts von Familienangehörigen oder zur Förderung gemeinnütziger Zwecke eingesetzt werden.³⁴ Durch entsprechende Regelungen in der Satzung der Stiftung kann der Stifter die Fortführung seines Unternehmens nach seinem Willen festschreiben (**Perpetuierung des Unternehmerwillens**). Die Aufhebung der Satzung bedarf ebenso wie jede andere Änderung der Genehmigung der Stiftungsbehörde. Diese wird aber nur erteilt, wenn sie durch die Satzung gestattet ist und im tatsächlichen oder mutmaßlichen Willen des Stifters liegt (vgl. Rdnr. 57).

18 Die Manifestierung des Stifterwillens kann somit auf die **Ewigkeit** angelegt sein. Im Gegensatz zu den erbrechtlich verfügbaren Instrumenten der Auflage und Testamentsvollstreckung ist hier eine längerfristige Gestaltung möglich.³⁵ Die Testamentsvollstreckung endet gemäß § 2210 S. 1 BGB regelmäßig nach 30 Jahren oder nach § 2210 S. 2 BGB mit dem Tode des Erben oder des Testamentsvollstreckers. Zudem kann sich ausnahmsweise der Erbe durch Ausschlagung den erbrechtlichen Anordnungen entziehen und den Pflichtteil verlangen (vgl. im Einzelnen § 2306 BGB).³⁶ Bei der Verewigung des Stifterwillens in der Satzung ist allerdings **größte Sorgfalt** geboten.³⁷ Eine zu enge Festlegung der Art und Weise der Unternehmensfortführung kann Probleme in der Zukunft bereiten, wenn auf Grund der wirtschaftlichen Veränderungen Anpassungen oder gar Veränderungen des Unternehmens erforderlich sind. Die Zukunftsfähigkeit des Unternehmens, und damit der erstrebte Zweck der Errichtung einer Stiftung, kann hierbei leicht gefährdet werden. Hierauf sollte von Seiten der **Berater** bei Errichtung der Stiftung besonders geachtet und hingewiesen werden.

19 Schließlich kann über die Konstruktion einer unternehmensverbunden Stiftung in der Form der Beteiligungsträgerstiftung die Unternehmensführung einer Familiengesellschaft unabhängig von familiären Einflüssen und Streitigkeiten geregelt werden. So kann der Stifter Konflikten in der Nachfolgegeneration bezüglich der **Unternehmensführung** und der Besetzung von Führungspositionen nach Zugehörigkeit zur Familie vorbeugen.

20 *bb) Nachteile der unternehmensverbundenen Stiftung.* Es bestehen aber auch Nachteile, die sich mit der Verwendung einer unternehmensverbundenen Stiftung ergeben. Bereits erwähnt wurde die **mangelnde Flexibilität** der Stiftung. Die Satzung kann für alle Eventualitäten in der Zukunft regelmäßig nicht Sorge tragen. Nachträgliche Satzungsänderungen sind nur unter sehr engen Voraussetzungen zulässig und bedürfen der staatlichen Genehmigung.

21 Schwierigkeiten können sich bei der unternehmensverbunden Stiftung bei der **Auswahl** der Personen für die Geschäftsführung des Unternehmens ergeben. Das Tätigwerden zu Gunsten

---

[30] *Schiffer/von Schubert* BB 2000, 437, 438.
[31] Vgl. Seifart/von Campenhausen/*Pöllath*, Hdb. des Stiftungsrechts, § 13 Rdnr. 14.
[32] *Hennerkes/Schiffer/Fuchs* BB 1995, 209, 210.
[33] Zur Anwendbarkeit des § 2325 BGB auf die Errichtung einer Stiftung vgl. Rdnr. 37 und dort Fn. 70.
[34] Sudhoff/*Froning* § 50 Rdnr. 8.
[35] *Hennerkes/Schiffer/Fuchs* BB 1995, 209, 210.
[36] *Hennerkes/Binz/Sorg* DB 1986, 2269, 2272.
[37] *Hennerkes/Schiffer/Fuchs* BB 1995, 209, 210.

einer fremden Stiftung kann der Motivation des externen Vorstands abträglich sein. Darüber hinaus besteht die Gefahr, dass die Stiftung zur Einnahmequelle für den Vorstand missbraucht wird, da die Destinatäre keine Einflussmöglichkeiten vergleichbar der Gesellschafter einer Gesellschaft haben.

Insbesondere bei gemeinnützigen Stiftungen besteht die Gefahr, einer Besetzung der Organe der Stiftung mit Personen, die zwar dem gemeinnützigen Zweck verpflichtet sind, aber nicht notwendigerweise über die erforderliche Erfahrung im Zusammenhang mit der Besetzung von Führungspositionen in Unternehmen verfügen. Diese Gefahr lässt sich jedoch in der Praxis dadurch begegnen, dass man die Verantwortlichkeit für die gemeinnützige Zweckerfüllung und die Wahrnehmung der Gesellschafterrechte im Unternehmen strikt trennt. Hierfür bietet sich in der Praxis die Einrichtung eines zusätzlichen Kontrollorgans der Stiftung, das ausschließlich für die unternehmerischen Belange zuständig ist, oder die Einsetzung eines besonderen Vertreters (§ 86 S. 1 i.V.m. § 30 BGB) an. Hinzu kommt das allgemeine Problem der **nachträglichen Kapitalaufnahme** durch die Stiftung.[38]

c) **Bürgerstiftung.** Die Organisationsform der Bürgerstiftung ist dabei, sich in Deutschland dauerhaft zu etablieren. Sie zeichnet sich durch ihr gemeinnütziges Engagement, meistens im **lokalen Umfeld** der Bürger („Stifter") aus. Eine Bürgerstiftung ist eine unabhängige, autonom handelnde, gemeinnützige Stiftung, von Bürgern für Bürger, mit möglichst breitem Stiftungszweck.[39] Ziel einer solchen Bürgerstiftung ist es regelmäßig, sich nachhaltig und dauerhaft für das Gemeinwesen in einem geographisch begrenztem Raum zu engagieren. Bürgerstiftungen sind oftmals im besonderen Maße auf Zuwendung durch Spenden und Zustiftungen der Bürger angewiesen, so dass gerade auch Bürgerstiftungen im Rahmen der Vermögensnachfolge unter Lebenden und von Todes wegen attraktive Vehikel sein können.

3. Stiftungs-GmbH und Stiftungsverein

In der Praxis werden anstelle der Rechtsform der Stiftung auch sonstige Körperschaften zur Verwirklichung der Stiftungszwecke verwendet. Häufigste Erscheinungsformen sind dabei die **Stiftungs-GmbH**[40] und der **Stiftungsverein.** Bekannte Beispiele von Stiftungs-GmbHs aus der Praxis sind die Robert-Bosch-Stiftung und die Klaus Tschira Stiftung, die in der Rechtsform der GmbH geführt werden und als Stiftungs-GmbH firmieren. Die Stiftungs-GmbH unterscheidet sich von der Stiftung durch das Vorhandensein von Mitgliedern (Gesellschaftern). Üblicherweise sind dies Personen, die die Anteile treuhänderisch für oder zumindest im Sinne des Stifters halten. Schwierigkeiten können sich ergeben, weil die Mitgliedschaft in der Stiftungs-GmbH **nicht vermögensrechtlich** ausgestaltet sein darf, wenn man die Erhaltung des Stiftungskapitals und die Verwendung der Erträge ausschließlich für die Verfolgung des Stiftungszwecks sicherstellen möchte. In aller Regel kann man durch den **Ausschluss** von Gewinnbezugsrechten, von Abfindungsansprüchen sowie der Teilhabe am Liquidationserlös diesem Bedürfnis Rechnung tragen.[41] Das GmbH-Recht kann jedoch nicht verhindern, dass die Gesellschafter einstimmig die entsprechenden Satzungsbestimmungen ändern und so den ursprünglichen Willen des Stifters unterlaufen können.

Als Vorteil der Stiftungs-GmbH wird insbesondere die im Vergleich zur Stiftung **größere Gestaltungsfreiheit** ohne staatliche Anerkennung, Aufsicht oder andere stiftungsrechtliche Besonderheiten angeführt.[42] Hierbei gilt es aber genau abzuwägen, ob die fehlende staatliche Kontrolle tatsächlich ein Vorteil oder nicht eher ein Nachteil der Stiftungs-GmbH ist. Vor allem wenn man zur Erreichung des Zwecks der Stiftung auf Spenden oder Zustiftungen Dritter angewiesen ist, kann die **staatliche Aufsicht** über die Stiftung ein **Vorzug** sein. Viele Personen spenden eher an staatlich beaufsichtige Institutionen, da sie sich hierdurch eine bessere Kontrolle über die Verwendung der gespendeten Mittel versprechen.

---

[38] Sudhoff/*Froning* § 50 Rdnr. 35.
[39] Def. des Arbeitskreises Bürgerstiftung abgedruckt in Stiftung & Sponsoring, Heft 4, 2002, Beilage „Die roten Seiten", S. 2.
[40] Vgl. *Wachter* GmbH-StB 2000, 191 ff.
[41] Für eine Mustersatzung der Stiftungs-GmbH s. *Wachter* GmbH-StB 2000, 194 ff. und 252 ff.
[42] Seifart/von Campenhausen/*Pöllath*, Hdb. des Stiftungsrechts, § 13 Rdnr. 121.

26 Im Zusammenhang mit Spenden und Zustiftungen ergibt sich seit In-Kraft-Treten des Gesetzes zur weiteren steuerlichen Förderung von Stiftungen am 26.7.2000[43] ein weiterer Nachteil der Stiftungs-GmbH. Die neu eingeführte zusätzliche **Abzugsmöglichkeit** für Zuwendungen an steuerbegünstigte Stiftungen des Privatrechts (mit Ausnahme der Stiftungen zugunsten der sog. Freizeitzwecke des § 54 Abs. 2 Nr. 4 AO) bis zu einem Betrag von € 20.450) je Veranlagungszeitraum gemäß § 10 b Abs. 1 S. 3 EStG als Sonderausgaben gilt nach dem eindeutigen Wortlaut der Vorschrift **nur** für Zuwendungen an Organisationseinheiten in der **Rechtsform der Stiftung**.[44] Gleiches gilt für die ebenfalls neu eingeführte Möglichkeit, die erstmalige Ausstattung einer neu zu errichtenden steuerbegünstigten Stiftung mit einem Betrag von insgesamt bis zu € 307.000 verteilt auf maximal zehn Jahre als Sonderausgabe von der Steuer abzusetzen (§ 10 b Abs. 1 a EStG). Eventuell kann zur Ausnutzung des Abzugsbetrags in Höhe von € 307.000 eine so genannte Förderstiftung neben der Stiftungs-GmbH errichtet werden, die im Rahmen des § 58 Nr. 1 und Nr. 2 AO ihre Erträge an die Stiftungs-GmbH weiterzuleiten hat. Für die Zuwendung an die Förderstiftung kann dann der zusätzliche Abzugsbetrag in Höhe von € 307.000 geltend gemacht werden, sofern kein Gestaltungsmissbrauch i.S.d. § 42 AO vorliegt.[45]

4. Die unselbstständige Stiftung

27 Unter einer unselbstständigen, treuhänderischen oder nichtrechtsfähigen Stiftung versteht man Zuwendungen von Vermögenswerten durch einen Stifter an eine natürliche oder juristische Person mit der Maßgabe, die übertragenen Werte dauerhaft zur Verfolgung eines vom Stifter festgelegten Zwecks zu nutzen.[46] Auch die unselbstständige Stiftung ist durch die nicht verbandsmäßige Struktur und die Dauerhaftigkeit des von ihr verfolgten Zwecks sowie die dazu erforderliche Vermögenswidmung charakterisiert.[47] Im Gegensatz zur rechtsfähigen Stiftung kann die unselbstständige Stiftung jedoch nicht selbst Rechtsträger sein. Sie ist **nicht rechtsfähig** und bedarf daher stets einer anderen natürlichen oder juristischen Person, welche die Rechte und Pflichten aus den übertragenen Vermögenswerten wahrnimmt. In der Praxis empfiehlt es sich, eine juristische Person (z.B. Stiftung, GmbH, AG oder Anstalt des öffentlichen Rechts) als Rechtsträger der unselbstständigen Stiftung zu wählen, da so eine Perpetuierung des Stifterwillens unkompliziert gewährleistet werden kann.[48] Das gestiftete Vermögen geht in das Eigentum des Rechtsträgers über, bleibt dort aber von dem übrigen Vermögen des Rechtsträgers als Sondervermögen getrennt.

Die unselbstständige Stiftung kann auch durch **Verfügung von Todes** wegen in der Form eines Testaments, eines Erbvertrags oder als Vermächtnis mit Auflage errichtet werden.[49]

28 Insbesondere wenn der Stifter nur über ein vergleichsweise geringes Vermögen zur Errichtung einer Stiftung verfügt, bietet sich die unselbstständige Stiftung als **Gestaltungsalternative** zur rechtsfähigen Stiftung an. Sie unterliegt weder der Stiftungsaufsicht noch der staatlichen Anerkennungspflicht, so dass die Kapitalausstattung der unselbstständigen Stiftung nicht staatlich überprüft wird. Schon relativ kleine Vermögen können so rechtlich verselbstständigt werden und stiftungsartige Wirkungen erzielen.

5. Die Doppelstiftung

29 Bei geeigneten Lebenssachverhalten ist auch an die Errichtung einer **Doppelstiftung** zu denken; hierbei wird die Familienstiftung zur steuerlichen Optimierung mit einer gemeinnützigen Stiftung kombiniert.[50] Dies geschieht in der Regel durch die Einsetzung beider Stiftungen als Gesellschafter einer Kapitalgesellschaft (AG, GmbH) mit abweichenden Beteiligungsquoten

---

[43] Gesetz zur weiteren steuerlichen Förderung von Stiftungen v. 26.7.2000 BGBl. I S. 1034 ff.
[44] Vgl. *Hüttemann* DB 2000, 1584, 1587.
[45] Vgl. hierzu *Buchna*, Gemeinnützigkeit im Steuerrecht, Tz. 3.5.4.1, S. 336.
[46] RGZ 88, 335, 339; OLG Hamburg NJW-RR 1986, 1305; Seifart/von Campenhausen/*von Campenhausen*, Hdb. des Stiftungsrechts, § 2 Rdnr. 4.
[47] Seifart/von Campenhausen/*von Campenhausen*, Hdb. des Stiftungsrechts, § 2 Rdnr. 4.
[48] Allg. zu den Schwierigkeiten bei der zivilrechtlichen Einordnung des Stiftungsgeschäfts vgl. *Wachter*, Stiftungen, Zivil- und Steuerrecht in der Praxis, Rdnr. 6 ff.
[49] Vgl. Staudinger/*Rawert* Vorb. §§ 80 ff. Rdnr. 166.
[50] Bedenken gegen die Genehmigungsfähigkeit der Doppelstiftung hat *Rawert* ZEV 1999, 294, 297 geäußert.

der beiden Stiftungen an Vermögen, Stimmrechten und Gewinnbeteiligungen.[51] Bei dieser Gestaltung werden zunächst die Vermögensteile, die zur Sicherung des Familienunterhaltes nicht benötigt werden, an die gemeinnützige Stiftung übertragen. Das restliche Vermögen und insbesondere die Vermögensbestandteile, die die Gemeinnützigkeit unter Umständen gefährden können (etwa Personengesellschaftsbeteiligungen), werden dann auf die Familienstiftung übertragen.[52] Durch einen Ausschluss der Stimmrechte für die von der gemeinnützigen Stiftung gehaltenen Anteile wird die unternehmerische Verantwortung üblicherweise auf die Familienstiftung übertragen. Diese Konstruktion dient der klaren Trennung zwischen gemeinnütziger Zweckverfolgung und Unternehmensführung.[53] Inwieweit diese Konstruktionen steuerlich unangreifbar sind, ist noch nicht abschließend geklärt.[54] Insbesondere die Gefahr der Einordnung der Doppelstiftung als **missbräuchliche Gestaltung** im Sinne des § 42 AO durch die Finanzbehörden muss für jede Konstruktion gesondert überprüft werden.

6. Die Stiftung & Co. KG

Eine in der Praxis recht selten verwendete, aber in der Literatur immer wieder empfohlene Konstruktion ist die **Stiftung & Co. KG**.[55] Sie ist eine Kommanditgesellschaft, bei der anstelle der sonst üblichen GmbH eine Stiftung als **Komplementärin** einer KG eingesetzt wird. Die bislang in der Literatur bestehenden grundsätzlichen Zweifel gegenüber der Zulässigkeit dieser Gestaltungsform[56] dürften mit dem in § 80 Abs. 2 BGB normierten Rechtsanspruch auf Anerkennung einer Stiftung hinfällig sein. Zudem hat der Gesetzgeber durch die Einbeziehung der Stiftung & Co. KG in den Anwendungsbereich der Publizitätspflichten (vgl. § 264 a HGB), deren Zulässigkeit impliziert.[57] Bei der Errichtung sollten in jedem Fall die zuständige Genehmigungsbehörde und das Handelsregister frühzeitig in die Planungen mit einbezogen werden.

Als **Vorzüge** dieser Konstruktion werden nicht primär steuerliche Aspekte genannt. So unterliegt die Stiftung & Co. KG im Gegensatz zur GmbH & Co. KG nicht der Mitbestimmung nach dem MitbestG (vgl. § 1 Abs. 1, 4 Abs. 1 MitbestG 1974). Daneben ist eine Verzahnung der Kommanditanteile mit den Anteilen der Komplementärin nicht notwendig, da die Komplementärstiftung keine Gesellschafter hat.[58]

Ein früherer Vorteil der Stiftung & Co. KG, nämlich die fehlende Publizitätspflicht im Vergleich z.B. zu einer GmbH & Co. KG ist durch die Einführung des KapCoRiLi-Gesetzes weggefallen (vgl. § 264 a HGB).

Da die Stiftung & Co. KG in aller Regel eine **unternehmensverbundene Stiftung** ist, gelten im Übrigen für die Vor- und Nachteile dieser Konstruktion die Ausführungen zur unternehmensverbundenen Stiftung entsprechend (vgl. Rdnr. 12 ff.).

II. Die Entstehung der Stiftung und Gestaltung der Satzung
1. Die Entstehung der Stiftung

Eine Stiftung entsteht nach § 80 BGB durch Stiftungsgeschäft und staatliche Anerkennung, sie kann unter Lebenden oder von Todes wegen gegründet werden: Bei der Errichtung als **Rechtsgeschäft unter Lebenden** hat der Stifter im Rahmen einer einseitigen empfangsbedürftigen Willenserklärung in schriftlicher Form (§ 81 Abs. 1 S. 1 BGB) seinen Willen Ausdruck zu

---

[51] Die Verwendung einer AG erscheint dagegen als weniger praktikabel, da ihre Satzungsautonomie eingeschränkt ist. Vgl. *Schnitger* ZEV 2001, 104, 105.
[52] Vgl. etwa *Hennerkes/Schiffer* BB 1992, 1941, 1945; Seifart/von Campenhausen/*Pöllath*, Hdb. des Stiftungsrechts, § 13 Rdnr. 224 ff.
[53] Gegen die Zulässigkeit der Doppelstiftung richten sich allerdings auch Bedenken in der Literatur. Vgl. *Rawert* ZEV 1999, 294.
[54] *Schnitger* ZEV 2001, 104, 105.
[55] Nach Schätzungen gibt es ca. 100 Stiftung & Co. KG. Allgemein zur Stiftung & Co. KG: Seifart/von Campenhausen/*Pöllath*, Hdb. des Stiftungsrechts, § 13 Rdnr. 85 ff.; *Wachter* Stiftungen C Rdnr. 11 ff.; *Götz* NWB Fach 2, 7533 ff.; *Nietzer/Stadie* NJW 2000, 3457.
[56] *Rawert* ZEV 1999, 294, 297; *Wochner* BB 1999, 1441, 1442.
[57] Vgl. amtliche Begr., BT-Drucks. 14/1806 S. 14 und 18.
[58] *Wachter* Stiftungen C Rdnr. 13.

verleihen, eine Stiftung errichten zu wollen.[59] Die formalen Anforderungen an das **Stiftungsgeschäftes von Todes wegen** richten sich gemäß §§ 80, 83 BGB nach den allgemeinen Voraussetzungen des Erbrechts.[60] Eine durch Stiftungsgeschäft von Todes wegen errichtete Stiftung entsteht erst nach dem Tod des Stifters.[61] Eventuelle Zweifel hinsichtlich des Stifterwillens lassen sich dann aber nicht mehr authentisch ausräumen. Auch Fehler bei der Errichtung der Stiftung können nur schwer behoben werden.[62] Allerdings ist die Anerkennung von „mangelhaften" Stiftungen von Todes wegen gesetzlich erleichtert worden. Nach § 83 S. 2 bis 4 BGB kann die zuständige Behörde vor der Anerkennung einer Stiftung dieser eine Satzung geben oder eine unvollständige Satzung ergänzen. Dabei ist der Wille des Stifters zu berücksichtigen. Als Sitz der Stiftung gilt, wenn nichts anderes bestimmt ist, der Ort, an welchem die Verwaltung geführt wird. Das Gesetz geht nunmehr bei der Errichtung einer Stiftung durch Verfügung von Todes wegen von einem **heilbaren Rechtsmangel** aus, wenn die Satzung nicht den Anforderungen des § 81 Abs. 1 S. 2 BGB in vollem Umfang genügt.[63] Damit die zuständige Stiftungsbehörde überhaupt tätig werden kann, ist zusätzlich in das Gesetz aufgenommen worden, dass das Nachlassgericht den zuständigen Stiftungsbehörden eine entsprechende Mitteilung zu machen hat. Bei der Stiftung von Todes wegen empfiehlt es sich, **Testamentsvollstreckung** gemäß §§ 2197 ff. BGB anzuordnen, um die Begleitung der Errichtung der Stiftung durch eine kompetente Person zu gewährleisten. So kann z.B. dem Testamentsvollstrecker die Befugnis eingeräumt werden, eventuell erforderliche Satzungsänderungen auf Grund von Anordnungen der Anerkennungsbehörde vorzunehmen.[64] In der Praxis ist dem Stifter daher zu empfehlen, **bereits zu Lebzeiten** eine Stiftung mit geringem Grundvermögen zu **errichten** und die Stiftung dann als Erbin einzusetzen oder mit einem Vermächtnis zu bedenken,[65] sofern der Stifter sich noch nicht zu Lebzeiten von seinem überwiegenden Vermögen trennen möchte. Die Erfahrung in der Praxis zeigt zudem, dass die Verantwortlichen (i. d. R. Vorstand und Aufsichtsorgan) bei der Errichtung einer Stiftung von Todes wegen oftmals kein persönliches Verhältnis zu der neu entstehenden Stiftung haben und deshalb nicht mit dem vom Stifter gewünschten Enthusiasmus ihre Aufgaben erfüllen. Errichtet der Stifter die Stiftung jedoch schon zu Lebzeiten, kann er sie selbst z.B. als Vorstandsmitglied bereits mit Leben erfüllen und bei entsprechender Gestaltung der Satzung die seiner Meinung nach geeigneten Nachfolger bestimmen.

35   a) **Die Gestaltung des Stiftungsgeschäfts.** Das Stiftungsgeschäft ist der Rechtsakt, mit welchem eine rechtsfähige Stiftung errichtet wird. In § 81 Abs. 1 BGB sind die Anforderungen an das Stiftungsgeschäft gesetzlich normiert worden. Neben der bislang schon geltenden **Schriftform** (vgl. § 81 Abs. 1 S. 1 BGB) ist in § 81 Abs. 1 S. 2 BGB der Stiftungsakt als solcher geregelt: Der Stifter hat verbindlich zu erklären, dass er ein **Vermögen** zur Erfüllung eines von ihm vorgegebenen Zwecks **widmet**. Darüber hinaus sind die **Mindestanforderungen an die Satzung** in § 81 Abs. 1 S. 3 BGB enthalten. Es handelt sich hierbei um die Regelungen über
1. den Namen der Stiftung,
2. den Sitz der Stiftung,
3. den Zweck der Stiftung,
4. das Vermögen der Stiftung und
5. die Bildung des Vorstands der Stiftung.

36   Die Vorschrift des § 81 Abs. 1 BGB enthält nunmehr bundeseinheitlich und abschließend die inhaltlichen Anforderungen an das Stiftungsgeschäft.[66] Damit sind abweichende und weiter gehende Anforderungen an das Stiftungsgeschäft in den Landesstiftungsgesetzen gemäß Art. 31 EG nichtig.[67]

---

[59] Sudhoff/*Froning* § 50 Rdnr. 11.
[60] Staudinger/*Rawert* § 80 Rdnr. 9; LG Berlin FamRZ 2001, 450.
[61] Eine Stiftung kann z.B. als Erbin, Vermächtnisnehmerin oder Nacherbin eingesetzt werden. Vgl. im Einzelnen Seifert/von Campenhausen/*Hof*, Hdb. des Stiftungsrechts, § 7 Rdnr. 74 ff.
[62] Zur Auslegung des Stiftungsgeschäfts von Todes wegen s. *Schmidt* ZEV 2000, 219.
[63] Vgl. Gesetzesbegründung der Bundesregierung, BT-Drucks. 14/8765 v. 11.4.2002, S. 11 re. Sp.
[64] Staudinger/*Rawert* § 83 Rdnr. 10.
[65] Seifart/von Campenhausen/*Hof*, Hdb. des Stiftungsrechts, § 7 Rdnr. 89.
[66] Vgl. Begr. des Gesetzesentwurfs der Bundesregierung, BT-Drucks. 14/8765 v. 11.4.2002, S. 9.
[67] Vgl. auch *Burgard* NZG 2002, 697, 698.

Formulierungsvorschlag: Stiftungsgeschäft unter Lebenden
Hiermit errichte ich, Frau/Herr …, die „XY-Stiftung" als rechtsfähige Stiftung des bürgerlichen Rechts mit dem Sitz in …
I. Zweck der Stiftung ist die Förderung von …
Die weiteren Einzelheiten ergeben sich aus der Stiftungssatzung, die wesentlicher Bestandteil des Stiftungsgeschäfts und diesem als Anlage 1 beigefügt ist.
II. Ich statte die Stiftung mit folgendem Vermögen aus:
1. € … in bar (in Worten: € …),
2. einem Gesellschaftsanteil von 30% an der AB-GmbH,
3. …
III. Organe der Stiftung sind der Vorstand und der Stiftungsrat nach Maßgabe der als Anlage 1 beigefügten Satzung.
Erste Mitglieder des Vorstands sind:
1. Ich, der Stifter, als Vorsitzender
2. …
3. …
Erste Mitglieder des Stiftungsrats sind:
1. …
2. …
3. …
…
(Ort, Datum)   (Unterschrift des Stifters)

Alternative:
Stiftungsgeschäft von Todes wegen:
Zu meiner Alleinerbin bestimme ich hiermit die „XY-Stiftung" als rechtsfähige Stiftung des bürgerlichen Rechts mit Sitz in …
Zweck der Stiftung ist die Förderung von …
Organe der Stiftung sind der Vorstand und der Stiftungsrat nach Maßgabe der beigefügten Satzung, die Bestandteil dieser Verfügung von Todes wegen ist.
Vorstand:
1.–3. …
Stiftungsrat:
1.–3. …
Ich ordne Abwicklungs-Testamentsvollstreckung an. Als Testamentsvollstrecker bestimme ich … (ggf. Ersatzbenennung). Aufgabe des Testamentsvollstreckers ist es insbesondere, das Anerkennungsverfahren der Stiftung zu betreiben. Der Testamentsvollstrecker ist nach meinem Tod befugt, die Satzung zu ändern, sofern dies für die Anerkennung der Stiftung erforderlich ist.
(Ort, Datum)   (Unterschrift des Stifters)

Umstritten ist, wie das **Versprechen der Vermögensausstattung** rechtlich einzuordnen ist. Nach herrschender Meinung handelt es sich um ein Rechtsgeschäft **sui generis**, auf das Schenkungsrecht analog angewandt wird.[68] Für die Praxis ist hierbei entscheidend, dass die Vorschrift des § 2325 BGB auf die Vermögensausstattung der Stiftung zumindest analog angewendet wird, obwohl § 2325 Abs. 1 BGB ausdrücklich nur von „Schenkung" spricht.[69] Die Errichtung einer Stiftung kann also **nicht** zur **Umgehung von Pflichtteilsergänzungsansprüchen** innerhalb der Zehn-Jahres-Frist des § 2325 Abs. 3 S. 1 BGB verwendet werden. Dies hat der

---

[68] Staudinger/*Rawert* § 80 Rdnr. 11; MünchKomm/*Reuter* § 80 Rdnr. 7; Soergel/*Neuhoff* § 80 Rdnr. 9.
[69] LG Baden-Baden ZEV 1999, 152 m. Anm. *Rawert*.

BGH für endgültige unentgeltliche Zuwendungen an Stiftungen in Form von Zustiftungen oder freien oder gebundenen Spenden klargestellt.[70]

38 b) **Die Anerkennung der Stiftung.** Die Stiftung entsteht erst, wenn sie staatlich anerkannt (früher: genehmigt) ist. Zuständig hierfür sind die **Bundesländer**.[71] Welches Bundesland zuständig ist, bestimmt sich nach dem **Sitz der Stiftung**. Fehlt hierzu eine Bestimmung im Stiftungsgeschäft, ist die Stiftung nicht anerkennungsfähig, da nicht feststeht, nach welchem Landesrecht die Anerkennungsfähigkeit zu beurteilen ist. Die Anerkennung einer Stiftung unter Lebenden setzt einen **Antrag** des Stifters voraus. Beim Stiftungsgeschäft von Todes wegen ist ein Antrag hingegen nicht erforderlich. Das Nachlassgericht hat gemäß § 83 S. 1 BGB der für die Anerkennung der Stiftung zuständigen Behörde mitzuteilen, dass die Verfügung von Todes wegen ein Stiftungsgeschäft beinhaltet, sofern die Anerkennung nicht von dem Erben oder dem Testamentsvollstrecker beantragt wird. Fehlt eine Regelung zum Sitz der Stiftung gilt als Sitz der Ort, an welchem die Verwaltung geführt wird (§ 83 S. 3 BGB). Soweit die Satzung einer Stiftung von Todes wegen unvollständig ist, kann sie durch die zuständige Behörde ergänzt (§ 83 S. 2 BGB) werden. Diese Regelungen sollen helfen, dem letzten Willen eines Erblassers möglichst umfassend Geltung zu verschaffen.

39 Bei der Errichtung einer **gemeinnützigen Stiftung** empfiehlt sich die vorherige Abklärung der steuerlichen Anerkennung der Gemeinnützigkeit mit dem für die Stiftung zuständigen Finanzamt, um das Anerkennungsverfahren zu beschleunigen. Schon bevor das Stiftungsgeschäft vorgenommen wird, kann man z.B. durch Vorlage eines Entwurfs der Stiftungssatzung anfragen, ob die Gemeinnützigkeit der beabsichtigten Stiftung anerkannt werden wird.

2. Die Gestaltung der Satzung (Verfassung) der Stiftung

40 Auf die Abfassung der **Satzung** (Verfassung) der Stiftung ist besondere Sorgfalt anzuwenden. Sie stellt den Aufgaben- und Organisationsplan der Stiftung dar und bietet daher die Gewähr für den Bestand und die Effektivität der Stiftung über den Tod des Stifters hinaus. Nachträgliche Satzungsänderungen sind nur zulässig, wenn sie in der Satzung selbst ausdrücklich vorgesehen oder vom Gesetz gestattet sind.[72]

41 a) **Name, Sitz und Rechtsform.** Jede Stiftung muss einen Namen haben. Der Stifter ist bei der **Namenswahl** im Rahmen der gesetzlichen Bestimmungen (§§ 30, 37 HGB, § 16 UWG sowie §§ 14 und 15 MarkenG) **frei.** Häufig setzt sich der Stifter mit der Namenswahl selbst ein Denkmal oder er beschreibt den Stiftungszweck. Ein Rechtsformzusatz ist nicht erforderlich. In der Satzung empfiehlt sich aber die Erwähnung der **Rechtsform** zur Klarstellung, da von der Rechtsform die Anwendbarkeit der Stiftungsgesetze und die Zuständigkeit der Stiftungsbehörden abhängt. Die Festlegung des **Sitzes** der Stiftung ist eine notwendige Voraussetzung für die Anerkennung der Stiftung (vgl. Rdnr. 38). Durch die grundsätzlich freie Wahl des Sitzes kann man auch die Anwendbarkeit des Landesrechts beeinflussen.[73] In der Praxis wird aber ein rein fiktiver Sitz ohne Bezug zur Verwaltung der Stiftung oder zur Erfüllung ihrer Stiftungszwecke als unzulässig anzusehen sein.

> **Formulierungsvorschlag:**
> § 1 Name, Sitz und Rechtsform der Stiftung
> (1) Die Stiftung führt den Namen „XY-Stiftung".
> (2) Sie hat ihren Sitz in (Ort).
> (3) Sie ist eine rechtsfähige Stiftung bürgerlichen Rechts.

---

[70] BGH ZEV 2004, 115 (Stiftung Dresdner Frauenkirche); anders noch die Vorinstanz: OLG Dresden NJW 2002, 3181.
[71] Die jeweils zust. Behörde richtet sich nach den Landesstiftungsgesetzen. Eine Auflistung befindet sich bei: Seifart/von Campenhausen/*Hof*, Hdb. des Stiftungsrechts, § 7 Rdnr. 239 ff. Siehe allg. zur Stiftungsgenehmigung: Andrick/Suerbaum § 6.
[72] Seifart/von Campenhausen/*Hof*, Hdb. des Stiftungsrechts, § 7 Rdnr. 172.
[73] Vgl. zum Sitz der Stiftung *Mecking* ZSt 2004, 199.

b) Zweck der Stiftung. Der Zweck der Stiftung ist ein ganz wesentlicher Bestandteil der 42
Satzung. Er muss in der Satzung angegeben werden. Hierbei empfiehlt es sich, insbesondere
bei steuerbegünstigten Stiftungen den Zweck **möglichst weit** zu fassen oder eine **Mehrheit von
Zwecken** zu bestimmen. Denn § 55 Abs. 1 Nr. 5 AO bestimmt ausdrücklich, dass die steuerbegünstigte Stiftung ihre Mittel grundsätzlich zeitnah zu verwenden hat. Wird der Zweck
zu eng gefasst, kann es bei der Verwendung der Erträge einer steuerbegünstigten Stiftung zu
Schwierigkeiten kommen, wenn man die Destinatäre einerseits nicht übermäßig unterstützen
möchte, der Zweck der Stiftung aber andererseits so eng gefasst ist, dass der Kreis der potenziellen Destinatäre zu klein ist.

Der Stiftungszweck muss auf **Dauer**, nicht aber auf die Ewigkeit angelegt sein.[74] Zulässig 43
ist daher auch eine Verbrauchs- oder Aufbrauchsstiftung.[75] Unzulässig ist dagegen nach herrschender Meinung die sog. **Selbstzweckstiftung**; das Stiftungsvermögen darf also nicht nur sich
selbst und seiner Mehrung dienen.[76]

Inhaltlich ist darauf zu achten, dass der Stiftungszweck **hinreichend bestimmt** ist. Stiftungszwecke, die z.B. „die Förderung des Allgemeinwohls" oder den „Schutz der Menschheit"
zum Gegenstand haben, genügen den Anforderungen nicht. Der Stifter kann grundsätzlich
jeden nicht gemeinwohlgefährdenden oder nicht unmöglichen Stiftungszweck wählen (Umkehrschluss aus § 87 BGB).

Um in den Genuss der **Steuervergünstigen** einer gemeinnützigen Stiftung zu kommen, muss 44
der Stiftungszweck die Förderung der Allgemeinheit zum Gegenstand haben (vgl. § 52 Abs. 1
AO). Oftmals wünscht der Stifter jedoch nur die Förderung eines bestimmten Personenkreises
(z.B. die Angehörigen einer Universität). In diesen Fällen empfiehlt es sich, um die Anerkennung der Gemeinnützigkeit der Stiftung nach §§ 52 ff. AO sicherzustellen, in der Satzung den
Personenkreis nicht bestimmt einzugrenzen, sondern lediglich den vom Stifter überwiegend
zu fördernden Personenkreis z.B. durch das Wort „insbesondere" hervorzuheben. Werden hin
und wieder andere Personen als die durch das Wort „insbesondere" hervorgehobenen Personen gefördert, bleibt es in aller Regel bei der Förderung der Allgemeinheit und somit bei der
steuerrechtlichen Anerkennung der Stiftung.

Formulierungsvorschlag:
§ 3 Zweck der Stiftung
(1) Zweck der Stiftung ist die Förderung von ...
(2) Der Zweck wird insbesondere verwirklicht durch:
• Auflistung der zu unterstützenden Personen, Organisationen, Projekte etc.

---

c) Gemeinnützigkeit. Die steuerbegünstigten Stiftungen spielen in der Praxis eine erhebliche 45
Rolle, da ca. 95 % aller Stiftungen steuerbegünstigt sind.[77] Zu den Begrifflichkeiten „steuerbegünstigte Zwecke" und „gemeinnützige Zwecke", vgl. § 39 Rdnr. 1.

In der Satzung selbst muss der Stiftungszweck so genau bestimmt sein, dass allein aus der
Lektüre der Satzung geprüft werden kann, ob die Voraussetzungen für eine Steuerbegünstigung
vorliegen (vgl. § 60 Abs. 1 AO).

Zur Verhinderung der Nichtanerkennung der Steuerbegünstigung wegen fehlender Förde- 46
rung des Allgemeinwohls und zur Vermeidung der Einkommensteuerpflicht bei den Destinatären (vgl. § 22 Nr. 1 S. 2 EStG) sollte klargestellt werden, dass die Destinatäre **keinen klagbaren
Anspruch** auf Zuwendungen haben.

Hilfreich für die Formulierung des gemeinnützigen Zwecks in der Praxis ist die Anlage 1 47
zu § 60 AO des Anwendungserlasses zur Abgabenordnung (AEAO), die eine **Mustersatzung**

---

[74] Vgl. *Ebersbach*, Hdb. des deutschen Stiftungsrechts, S. 80 f.
[75] Vgl. *Feick/Timmer*, Stiftung & Sponsoring, 2006, Heft 5, 18.
[76] Seifart/von Campenhausen/*Hof*, Hdb. des Stiftungsrechts, § 8 Rdnr. 55; *Reuter* NZG 2005, 649; *Hüttemann* ZHR 167 (2003), 35, 58; a.A. *Burgard* NZG 2002, 697, 700.
[77] Zu den Zahlen vgl. Bundesverband Deutscher Stiftungen: www.stiftungen.org unter Stifter + Stiftungen – Einführung – Basisdaten.

enthält. Hält sich die Satzung an die Vorgaben aus der Mustersatzung, steht zumindest die Formulierung der Satzung der Anerkennung der Steuerbegünstigung regelmäßig nicht im Wege. Ob eine Stiftung als steuerbegünstigt anerkannt wird, entscheidet jedoch die zuständige Finanzbehörde für jeden Veranlagungszeitraum im Rahmen des Steuerbescheids neu.[78] Wichtig ist deshalb, dass die Steuerbegünstigung nicht nur in der Satzung verankert ist, sondern auch von den Stiftungsorganen in der Praxis beachtet wird.

> **Formulierungsvorschlag (nach Anlage 1 zum Anwendungserlass zu § 60 AO):**
> § 4 Gemeinnützigkeit
> (1) Die Stiftung verfolgt ausschließlich und unmittelbar gemeinnützige Zwecke im Sinne des Abschnitts „steuerbegünstigte Zwecke" der Abgabenordnung.
> (2) Die Stiftung ist selbstlos tätig. Sie verfolgt nicht in erster Linie eigenwirtschaftliche Zwecke.
> (3) Mittel der Stiftung dürfen nur für die satzungsmäßigen Zwecke verwendet werden.
> (4) Niemand darf durch Ausgaben, die dem Stiftungszweck fremd sind, oder durch unverhältnismäßig hohe Vergütungen (wie z.B. Auslagenersatz, Honorare oder andere Entgelte) begünstigt werden.
> (5) Ein Rechtsanspruch auf Leistungen der Stiftung besteht nicht.

48 d) **Stiftungsvermögen.** Das Stiftungsvermögen umfasst begrifflich alle Vermögenswerte der Stiftung.[79] Man unterscheidet zwischen dem **Grundstockvermögen,** das grundsätzlich in seinem Bestand zu erhalten ist,[80] und den Erträgen aus dem Grundstockvermögen. Es gibt **kein** gesetzlich fixiertes **Mindestvermögen** der Stiftung. Die Stiftungsbehörden der Länder empfehlen für die Gründung von selbstständigen Stiftungen mit eigener Stiftungsverwaltung ein Mindestgrundstockvermögen von € 25.000,– bis zu 50.000,–.[81] Je nach Stiftungszweck kann aber auch ein höheres Grundstockvermögen erforderlich sein. In der Praxis empfiehlt es sich, in Zweifelsfällen die zuständige Behörde vorab nach dem erforderlichen Mindestkapital zu fragen. Für kleinere Vermögen bietet sich die unselbstständige Stiftung als Alternative an (vgl. Rdnr. 27 f.).

49 Bei kapitalmäßigen Ausstattungen der Stiftung, die nach der Gründung erfolgen, ist zwischen Zustiftungen und sonstigen Zuwendungen zu unterscheiden. **Zustiftungen** kommen dem Grundstockvermögen zugute und dürfen daher grundsätzlich nicht verbraucht werden. **Sonstige Zuwendungen** (Spenden) sind zur Erfüllung des satzungsmäßigen Zwecks zum zeitnahen Verbrauch bestimmt und sollen nicht dem Grundstockvermögen zufließen. Inzwischen ist in § 58 Nr. 11 AO ausdrücklich geregelt, welche Zuwendungen eine steuerbegünstigte Stiftung dem Grundstockvermögen zuführen darf, ohne ihren Status als steuerbegünstigte Stiftung zu verlieren.[82]

> **Formulierungsvorschlag:**
> § 5 Stiftungsvermögen
> (1) Das Vermögen der Stiftung besteht im Zeitpunkt ihrer Errichtung aus:
> a) € ... in bar,
> b) den Grundstücken, Grundbuch ...
> c) Wertpapieren, Beteiligungen etc.

---

[78] *Schauhoff*, Hdb. der Gemeinnützigkeit, § 9 Rdnr. 28: Das Finanzamt erlässt einen Freistellungsbescheid, der nach § 155 Abs. 1 S. 3 AO einen Steuerbescheid darstellt und für den Veranlagungszeitraum gilt. Vgl. auch § 63 Abs. 3 AO.
[79] Vgl. Staudinger/*Rawert* Vorb. §§ 80 ff. Rdnr. 16.
[80] Seifart/von Campenhausen/*Hof*, Hdb. des Stiftungsrechts, § 10 Rdnr. 5.
[81] Vgl. die Auflistung bei: *Damrau/Wehinger* ZEV 1998, 178; *Müller/Ohland/Brandmüller*, Gestaltung der Erb- und Unternehmensnachfolge in der Praxis, Rdnr. C 239.
[82] Vgl. hierzu auch *Hüttemann* DB 2000, 1584, 1585.

(2) Eine Aufstellung über die Einzelnen der Stiftung gewidmeten Vermögenswerte ist als Anlage beigefügt. Das gesamte Vermögen der Stiftung hat einen ungefähren Zeitwert von € ...
(3) Das Stiftungsvermögen ist der Stiftung ungeschmälert in seinem Wert zu erhalten. Vermögensumschichtungen sind zulässig.
(4) Die Stiftung darf im Rahmen der Vorschriften über das steuerliche Gemeinnützigkeitsrecht Rücklagen bilden. Der Vorstand kann freie Rücklagen (§ 58 Nr. 7 AO) dem Grundstockvermögen zuführen.
(5) Die Stiftung ist berechtigt, Zuwendungen anzunehmen. Zustiftungen sind dem Grundstockvermögen zuzuführen, soweit das steuerliche Gemeinnützigkeitsrecht dem nicht entgegensteht (insb. § 58 Nr. 11 AO) und der Zuwendende keine anders lautende Verwendung vorgeschrieben hat. Die übrigen Zuwendungen (Spenden) sind zeitnah zur Erfüllung des Stiftungszwecks zu verwenden, sofern sie nicht gemäß Abs. 4 zur Rücklagenbildung verwendet werden dürfen.
(6) Die Erträge aus dem Grundstockvermögen dürfen nur zur Bestreitung der Kosten der Stiftung, zur Erfüllung des Stiftungszwecks und zur Bildung von Rücklagen nach Abs. 4 verwendet werden.

e) **Organe der Stiftung.** Das Gesetz sieht als zwingendes Organ nur den **Vorstand** nach § 86 S. 1 iVm § 26 Abs. 1 BGB vor. Er ist für die Stiftung in eigener Verantwortung im Rahmen von Stiftungssatzung und -zweck tätig. In der Praxis wird aber zumeist noch ein **Aufsichtsorgan** als Kontrollorgan eingerichtet, das häufig als Kuratorium, Stiftungsrat, Verwaltungsrat oder Beirat bezeichnet wird. Insbesondere in Stiftungen mit ausreichendem Kapital empfiehlt sich die Einrichtung eines zusätzlichen Kontrollorgans. Da die Stiftung eine vom Stifter losgelöste Rechtsperson ist, kann nur durch ein Kontrollorgan die ordnungsgemäße Überwachung des Vorstandes gewährleistet werden. Die staatliche Aufsicht ist hierzu oftmals nicht in der Lage und will sich bei privatnützigen Stiftungen ohnehin aus der Aufsicht heraushalten.[83] Ein weiterer Anreiz für die Installierung eines Kontrollorgans bei Stiftungen kann die Regelung in einigen Landesgesetzen sein, wonach sich die staatliche Aufsicht zurückzieht, wenn die Stiftung selbst ein funktionsfähiges eigenes Kontrollorgan besitzt.[84]

Zusätzlich können in der Satzung noch **besondere Vertreter** gemäß §§ 86, 30 BGB bestellt werden.[85]

Die **Landesgesetze** enthalten unterschiedliche Vorschriften über die in der Satzung zu treffenden Regelungen hinsichtlich der Organisation der Stiftung. Unabhängig von den Einzelnen landesrechtlichen Regelungen sollte wegen der oft nur lückenhaften Bestimmungen die **Organisation** der Stiftung in der Satzung **sorgfältig geregelt** werden. Es empfiehlt sich, die Zahl der Organmitglieder, deren Bestellung, Abberufung, Wiederwahl etc. zu regeln.

Formulierungsvorschlag:
§ 6 Organe der Stiftung
Organe der Stiftung sind der Vorstand und der Stiftungsrat.
§ 7 Vorstand
(1) Der Vorstand besteht aus bis zu ... Personen. Der erste Vorstand wird von dem Stifter bestellt. Danach werden seine Mitglieder vom Kuratorium gewählt. Ein Mitglied des Vorstandes kann nicht zugleich Mitglied des Kuratoriums sein.
(2) Der Vorstand wählt aus seiner Mitte einen Vorsitzenden und einen Stellvertreter.

---

[83] Vgl. *Hennerkes/Schiffer/Fuchs* BB 1995, 209, 211 f.; In Bayern sind Familienstiftungen z.B. von der staatlichen Aufsicht ausgeschlossen: Art. 18 Abs. 1 BayStiftG. In Berlin, Brandenburg, Bremen, Hamburg, Hessen, Mecklenburg-Vorpommern, Niedersachsen und Rheinland-Pfalz und Schleswig-Holstein findet eine staatliche Aufsicht nur eingeschränkt statt.
[84] Vgl. § 8 Abs. 2 Ba-WüStiftG; § 6 Abs. 3 BdbStiftG; § 7 Abs. 1 NRWStiftG. Zur staatlichen Aufsicht über Stiftungen siehe: *Andrick/Suerbaum* § 7.
[85] Seifart/von Campenhausen/*Hof*, Hdb. des Stiftungsrechts, § 9 Rdnr. 50 ff.

> § 8 Stiftungsrat
> (1) Der Stiftungsrat besteht aus bis zu ... Personen. Der erste Stiftungsrat wird von dem Stifter bestellt. Danach ergänzt sich der Stiftungsrat durch Nachwahl.
> Ein Mitglied des Stiftungsrats kann nicht zugleich Mitglied des Vorstandes sein.
> (2) Der Stiftungsrat wählt aus seiner Mitte einen Vorsitzenden und einen Stellvertreter.

In der Praxis ist es üblich, den Vorstand durch das Kontrollorgan zu bestellen. Es gibt aber auch die Möglichkeit der **Kooptation** des Vorstandes.[86]

> **Alternativ:**
> § 7 (1) ... Der erste Vorstand wird von dem Stifter bestellt. Danach bestimmt jedes Vorstandsmitglied seinen Nachfolger selbst ...

53 Bei der Amtsdauer sowohl von Vorstand und Aufsichtsorgan ist die Festlegung von **Altersgrenzen** zweckmäßig, um eine mögliche Handlungsunfähigkeit durch zu alte Organmitglieder zu verhindern.

> **Formulierungsvorschlag:**
> (3) Die Mitglieder werden auf ... Jahre bestellt. Die Wiederbestellung ist zulässig. Mitglieder des Vorstandes [bzw. Stiftungsrat] scheiden jedoch spätestens mit Vollendung des ... Lebensjahres aus dem Vorstand [bzw. Stiftungsrat] aus.
> Für den Vorstand:
> (4) Die Mitglieder des Vorstandes können vor Ablauf ihrer Amtszeit aus wichtigem Grund vom Kuratorium abberufen werden.
> (5) Scheidet ein Mitglied des Vorstandes vor Ablauf seiner Amtszeit aus, so wird für den Rest der Amtszeit ein Nachfolger vom Kuratorium gewählt.
> Für den Stiftungsrat:
> (4) Die Mitglieder des Stiftungsrats können vor Ablauf ihrer Amtszeit aus wichtigem Grund von der für die Stiftungsaufsicht zuständigen Behörde abberufen werden.
> (5) Scheidet ein Mitglied des Stiftungsrats vor Ablauf seiner Amtszeit aus, so wird für den Rest der Amtszeit ein Nachfolger vom Stiftungsrat gewählt.

54 Zur Vermeidung von Kompetenzkonflikten sind die Aufgaben und Befugnisse der Organe **in der Satzung** klar voneinander abzugrenzen. Die Geschäftsführung und Vertretung der Stiftung müssen eindeutig geregelt werden. Zur Entlastung der Satzung empfiehlt es sich, den Organen die Abfassung einer **Geschäftsordnung** zu ermöglichen. In der Geschäftsordnung können insbesondere Regelungen zu Verfahrensfragen wie z.B. Ladungsfristen, Protokollierung der Beschlüsse, Abstimmungsmodalitäten geregelt werden (vgl. auch das Formulierungsbeispiel unter Rdnr. 56).

> **Formulierungsvorschlag:**
> § 9 Aufgaben des Vorstandes
> (1) Der Vorstand vertritt die Stiftung gerichtlich und außergerichtlich. Ist nur ein Vorstandsmitglied bestellt, vertritt es die Stiftung allein. Hat die Stiftung mehrere Vorstandsmitglieder wird sie durch zwei Vorstandsmitglieder gemeinschaftlich vertreten.
> (2) Er gibt sich eine Geschäftsordnung, die der Genehmigung durch den Stiftungsrat bedarf.

---

[86] *Werner*, Stiftung und Sponsoring 2000, Heft 2, 19 ff.

(3) Der Vorstand verwaltet die Stiftung. Er hat dabei die Geschäfte mit der Sorgfalt eines ordentlichen Geschäftsführers zu führen.
(4) Der Vorstand hat insbesondere folgende Aufgaben:
a) Die Verwaltung des Stiftungsvermögens,
b) die Vergabe der Stiftungsmittel,
c) die Fertigung des Jahresabschlusses und Vorlage an den Stiftungsrat innerhalb von 3 Monaten nach Ende des Geschäftsjahres.
...
Alternativ:
(1) Jedes Vorstandsmitglied ist alleinvertretungsbefugt.

Rechtsgeschäften des Vorstands mit der Stiftung steht grundsätzlich das Verbot des Selbstkontrahierens oder der Mehrfachvertretung (**§ 181 BGB**) entgegen. Eine allgemeine Befreiung des Vorstands von den Beschränkungen des § 181 BGB durch die Satzung birgt **Missbrauchsgefahren** und kann der Stiftung wirtschaftliche Nachteile bringen.[87] In der Praxis empfiehlt es sich daher regelmäßig, die Erteilung der Befreiung von den Beschränkungen des § 181 BGB dem **Kontrollorgan** zu **übertragen**.[88] Hat die Stiftung nur den Vorstand als einziges Organ, muss ggf. für Rechtsgeschäfte, die § 181 BGB unterfallen, ein Notvertreter gemäß § 86 i.V.m. § 29 BGB bestellt werden.

Formulierungsvorschlag:
§ 10 Aufgaben des Stiftungsrats
(1) Der Stiftungsrat hat insbesondere folgende Aufgaben:
a) Die Unterbreitung von Vorschlägen für die Vergabe der Stiftungsmittel,
b) die Genehmigung des vom Vorstand zu erstellenden Jahresabschlusses,
c) die Wahl des Vorstandes,
d) die Überwachung der Geschäftsführung des Vorstandes,
e) die Entlastung des Vorstandes,
f) ...
(2) Der Stiftungsrat darf dem Vorstand insgesamt oder Einzelnen seiner Mitglieder im Einzelfall Befreiung von den Beschränkungen des § 181 BGB erteilen.
(3) Der Stiftungsrat gibt sich eine Geschäftsordnung.

f) **Einberufung, Beschlussfähigkeit und Beschlussfassung.** Trifft die Satzung keine Regelungen zur Beschlussfassung, so findet gemäß § 86 BGB i. V. m. **Vereinsrecht** Anwendung. In der Praxis enthält die Satzung regelmäßig eigenständige Regelungen, die an die Bedürfnisse der jeweiligen Stiftung angepasst werden. Insbesondere sollten zur Einberufungsfrist und -form sowie zum erforderlichen Quorum bei Abstimmungen eindeutige Regelungen getroffen werden.

Formulierungsvorschlag:
§ 11 Einberufung, Beschlussfähigkeit und Beschlussfassung des Vorstandes
(1) Der Vorstand wird von seinem Vorsitzenden schriftlich unter Einhaltung einer Frist von mindestens zwei Wochen und unter Beifügung der Tagesordnungspunkte mindestens ... im Jahr einberufen.

---

[87] Vgl. Seifart/von Campenhausen/*Hof*, Hdb. des Stiftungsrechts, § 9 Rdnr. 193. Teilweise enthalten die Landesgesetze Anzeigepflichten für Rechtsgeschäfte der Stiftung mit Mitgliedern von Stiftungsorganen, um Missbrauchsgefahren vorzubeugen, vgl. § 13 Abs. 1 Nr. 4 BW-StiftG.
[88] Das Landesrecht kann aber zusätzliche Einschränkungen vorsehen. Vgl. Art. 22 BayStiftG.

(2) Der Vorstand ist beschlussfähig, wenn mindestens ... (Anzahl) seiner Mitglieder anwesend sind.
(3) Er fasst seine Beschlüsse mit einfacher Mehrheit der anwesenden Mitglieder, sofern in dieser Satzung nichts Abweichendes bestimmt ist. Beschlüsse können auch im schriftlichen Umlaufverfahren oder auf elektronischem Wege gefasst werden, sofern alle Vorstandsmitglieder hiermit einverstanden sind.

Eine vergleichbare Regelung sollte für die Einberufung, Beschlussfähigkeit und Beschlussfassung des Stiftungsrats getroffen werden.

57 g) **Satzungsänderung, Zusammenlegung und Aufhebung der Stiftung.** Satzungsänderungen sind zulässig, wenn sie entweder durch Satzung oder durch Gesetz gestattet werden.[89] Nach allen Landesgesetzen bedarf eine entsprechende Änderung jedoch der **staatlichen Genehmigung**. Das vom Stifter Gewollte darf gegebenenfalls geänderten Verhältnissen angepasst, aber nicht derart verändert werden, dass die Identität der Stiftung verloren geht.[90] Um das Genehmigungsverfahren zu erleichtern, sollte die Zulässigkeit von Satzungsänderungen in der Satzung selbst bereits festgelegt werden. Die Genehmigungsbehörde kann dann anhand konkreter Vorgaben das Genehmigungsverfahren durchführen. Insbesondere wenn das Vermögen der Stiftung zur Zweckverwirklichung nicht mehr ausreicht, kann die **Zusammenlegung** mit einer anderen Stiftung vorgesehen werden. Der Sache nach handelt es sich hierbei um einen Sonderfall der Satzungsänderung.

Formulierungsvorschlag:
§ 12 Satzungsänderung, Zusammenlegung und Auflösung der Stiftung
(1) Änderungen dieser Satzung, die Zusammenlegung mit einer anderen Stiftung oder die Auflösung der Stiftung können mit einer 2/3-Mehrheit aller Mitglieder des Vorstandes und des Stiftungsrats und nicht gegen den Willen des Stifters beschlossen werden. Wird die Erfüllung des Stiftungszwecks unmöglich, so kann mit einer 2/3-Mehrheit aller Mitglieder des Vorstandes und des Stiftungsrats, aber nicht gegen den Willen des Stifters eine Änderung des Stiftungszwecks beschlossen werden, die dem ursprünglichen Stiftungszweck möglichst nahe kommt.
(2) Das Erfordernis staatlicher Genehmigung in Fällen des Abs. 1 bleibt unberührt.
Ergänzend für die steuerbegünstigte Stiftung:
(3) Beschlüsse gemäß Abs. 1 bedürfen zu ihrer Wirksamkeit der Zustimmung der zuständigen Finanzbehörde und dürfen erst nach Erteilung der Zustimmung ausgeführt werden.

58 h) **Vermögensanfall.** In der Satzung sollte bestimmt werden, an wen das Vermögen im Falle der Auflösung der Stiftung fällt (vgl. § 88 BGB). Fehlen Angaben hierzu, fällt das Vermögen gemäß § 88 S. 2 BGB dem Fiskus des Landes zu, in dem die Stiftung ihren Sitz hatte, oder an einen anderen nach dem Recht dieses Landes bestimmten Anfallberechtigten. Ist die Stiftung steuerlich begünstigt, ist der **Grundsatz der Vermögensbindung**, § 55 Abs. 1 Nr. 4 AO, zu beachten. Danach darf das Vermögen der Stiftung grundsätzlich nur für steuerbegünstigte Zwecke verwendet werden. Hierbei empfiehlt es sich, die Verwendung des Stiftungsvermögens von der vorherigen Zustimmung durch das Finanzamt abhängig zu machen, um die steuerliche Anerkennung der gemeinnützigen Verwendung des Vermögens sicherzustellen. Etwas anderes gilt nur dann, wenn in der Satzung bestimmt ist, dass der Stifter oder von ihm benannte Personen das Vermögen, welches im Zeitpunkt der Vermögensausstattung der Stiftung übertragen worden ist, bei Auflösung der Stiftung an den Stifter bzw. die von ihm benannten Personen

---

[89] Die meisten Landesgesetze enthalten entsprechende Ermächtigungen. Vgl. z.B. § 6 Ba-WüStiftG; § 5 Abs. 1 NRWStiftG; § 8 Rh-PStiftG.
[90] Vgl. BGHZ 99, 344 ff.; Seifart/von Campenhausen/*Hof*, Hdb. des Stiftungsrechts, § 7 Rdnr. 172.

zurückzuzahlen ist.[91] Allerdings kann bei einem entsprechenden Vorbehalt des Stifters die Vermögensausstattung auch nicht im Rahmen des Sonderausgabenabzugs für Spenden geltend gemacht werden.[92]

> **Formulierungsvorschlag:**
> § 13 Vermögensanfall
> Im Falle der Auflösung oder Aufhebung der Stiftung fällt das verbleibende Vermögen an eine oder mehrere durch den Vorstand zu benennende steuerbegünstigte Körperschaft(en), die es in einer den Stiftungszwecken oder diesen so nahe wie möglich kommenden steuerbegünstigten Zwecken entsprechenden Weise zu verwenden hat/haben. Beschlüsse über die künftige Verwendung des Vermögens dürfen erst nach Zustimmung durch die zuständige Finanzbehörde ausgeführt werden.

i) **Geschäftsjahr.** Angaben zum Geschäftsjahr sind grundsätzlich nicht zwingend erforderlich (vgl. § 4 Abs. 2 Meck-Vorp-StiftG). Zur Klarstellung empfiehlt sich aber eine Regelung. 59

---

[91] Vgl. *Schauhoff*, Handbuch der Gemeinnützigkeit, § 5 Rdnr. 103.
[92] Vgl. *Schauhoff*, Handbuch der Gemeinnützigkeit, § 6 Rdnr. 22 sowie allg. zum Spendenabzug § 39 Rdnr. 8 ff.

§ 39 Stiftungssteuerrecht

Übersicht

	Rdnr.
I. Die steuerbegünstigte (gemeinnützige) Stiftung	1–18
1. Voraussetzungen für die Anerkennung als steuerbegünstigt	1–5
2. Die Besteuerung des Stifters bei Errichtung	6/7
a) Ertragsteuer	6
b) Erbschaftsteuer	7
3. Überblick zum Spendenabzug	8–12
a) Grundförderung	9
b) Jährliche Zusatzförderung	10
c) Großspendenregelung	11
d) Zusatzförderung bei Neugründung von Stiftungen	12
4. Die Besteuerung der Stiftung	13–16
a) Errichtung der Stiftung	13
b) Laufende Besteuerung	14/15
c) Auflösung der Stiftung	16
5. Die Besteuerung der Destinatäre	17/18
II. Die privatnützige Stiftung (insb. die Familienstiftung)	19–30
1. Steuern bei Errichtung der Stiftung	20–22
a) Ertragsteuer	20
b) Erbschaftsteuer	21/22
2. Laufende Besteuerung	23/24
3. Auflösung der Stiftung	25
4. Die Besteuerung der Destinatäre	26–29
5. Ausländische Familienstiftung	30
III. Die unselbstständige Stiftung	31
IV. Die Stiftung und Co. KG	32

Schrifttum: *Berndt,* Stiftung und Unternehmen, 7. Aufl. 2003; *Buchna,* Gemeinnützigkeit im Steuerrecht, 8. Aufl. 2003; *Hennerkes/Binz/Sorg,* Die Stiftung als Rechtsform für Familienunternehmen, DB 1986, 2217 und 2269; *Götz,* Die gemeinnützige Stiftung als Instrument der Unternehmensnachfolge, nwb Fach 2, 7321; *ders.,* Die Familienstiftung als Instrument der Unternehmensnachfolge, nwb Fach 2, 7379; *Hüttemann,* Das Gesetz zur weiteren steuerlichen Förderung von Stiftungen, DB 2000, 1584; *Hoenings/Kemcke,* Dürftigkeitsprüfung im Rahmen des § 58 Nr. 5 AO?, ZSt 2005, 117; *von Löwe,* Familienstiftung und Nachfolgegestaltung, Diss. Stuttgart 1998; *Maier, Jochen,* Steueroptimierte Zuwendungen an gemeinnützige Stiftungen, DStR 2006, 505; *Müller/Schubert,* Die Stifterfamilie und die Sicherstellung ihrer Versorgung im Rahmen einer gemeinnützigen Stiftung, DStR 2000, 1289; *Schauhoff,* Handbuch der Gemeinnützigkeit, 2. Aufl. 2005; *Seifart/von Campenhausen* (Hrsg.), Handbuch des Stiftungsrechts, 2. Aufl. 1999; *Troll/Wallenhorst/Hallaczinsky,* Die Besteuerung gemeinnütziger Vereine und Stiftungen, 5. Aufl. 2004; *Wachter,* Stiftungen, Zivil- und Steuerrecht in der Praxis, 2001.

I. Die steuerbegünstigte (gemeinnützige) Stiftung

1. Voraussetzungen für die Anerkennung als steuerbegünstigt

1   Den Begriff gemeinnützige Stiftungen verwendet man umgangssprachlich häufig als Oberbegriff für alle Stiftungen, die steuerbegünstigte Zwecke im Sinne der §§ 51 ff. AO verfolgen. Das Gesetz unterscheidet jedoch zwischen gemeinnützigen (§ 52 AO), mildtätigen (§ 53 AO) und kirchlichen (§ 54 AO) Stiftungen. Die gemeinnützigen Zwecke bilden ebenso wie die mildtätigen Zwecke und die kirchlichen Zwecke nur eine Untergruppe der steuerbegünstigten Zwecke. Aus juristischer Sicht ist es daher korrekter von steuerbegünstigten Stiftungen zu sprechen, wenn nicht nur die gemeinnützigen Stiftungen im Sinne von § 52 AO, sondern auch die mildtätigen und kirchlichen Stiftungen gemeint sind.

2   Die steuerrechtliche Anerkennung einer Stiftung als gemeinnützig setzt nach § 52 Abs. 1 S. 1 AO voraus, dass die Tätigkeit der Stiftung der **Förderung der Allgemeinheit** auf materiellem,

geistigem oder sittlichem Gebiet gewidmet ist.¹ In § 52 Abs. 2 AO sind die anzuerkennenden gemeinnützigen Zwecke einer Stiftung beispielhaft aufgelistet. Eine weitere Gruppe von Voraussetzungen der Steuerbegünstigung betrifft die Art der Zweckerfüllung: Die Zwecke müssen **selbstlos** (§ 55 AO), **ausschließlich** (§ 56 AO) und **unmittelbar** (§ 57 AO) verfolgt werden. Das Gesetz kennt jedoch eine Reihe von Ausnahmen zu den vorstehenden Geboten der Zweckverfolgung. Diese Ausnahmen sind insbesondere in § 58 AO im Einzelnen geregelt.

Besonders hervorzuheben ist, dass die steuerbegünstigte Stiftung bis zu maximal **ein Drittel** ihres Einkommens dazu verwenden darf, in angemessener Weise den Stifter und seine nächsten **Angehörigen** zu **unterhalten**, ihre Gräber zu pflegen und ihr Andenken zu ehren, ohne die Gemeinnützigkeit der Stiftung zu gefährden (§ 58 Nr. 5 AO). Sofern der Erblasser über ein ausreichendes Vermögen verfügt, kann er also zugleich einen gemeinnützigen Zweck verfolgen und seine nächsten Angehörigen angemessen versorgen.² Die Auslegung dieser Vorschrift ist jedoch **umstritten**. Während ein Teil der Literatur für die Bestimmung der Angemessenheit der Zuwendung auf den Lebensstandard des Stifters abstellt,³ stellt die Finanzverwaltung auf den Lebensstandard der begünstigen Person im Zeitpunkt der Zuwendung ab.⁴ Danach sind nur Zahlungen, die notwendig sind, die Begünstigten zu unterhalten, weil diese in Not geraten sind und sich den gewohnten Lebensstil nicht mehr leisten können, gemeinnützigkeitsrechtlich unbedenklich. 3

Zu beachten ist weiter, dass der Kreis der „nächsten Angehörigen" von der Finanzverwaltung **eng** gezogen wird und z.B. entferntere Verwandte (Onkel, Tanten) und Abkömmlinge der Enkel (Urenkel) des Stifters nicht mehr in den Anwendungsbereich von § 58 Nr. 5 AO fallen.⁵ 4

Schließlich ist bei der Errichtung einer gemeinnützigen Stiftung mit gleichzeitiger Versorgung der Angehörigen darauf zu achten, dass die Stiftung nicht zugleich von der Finanzverwaltung als **Familienstiftung** qualifiziert wird und sie dann z.B. der nachteiligen **Erbersatzsteuer** unterfällt (vgl. Rdnr. 23 f.). Nach Auffassung der Finanzverwaltung kann eine Familienstiftung nach § 1 Abs. 1 Nr. 4 ErbStG bereits dann vorliegen, wenn die Destinatäre (der Stifter, seine Angehörigen und deren Abkömmlinge) zu mehr als 25% bezugsberechtigt sind und zusätzliche Merkmale ein wesentliches Familieninteresse indizieren.⁶ Ein solches Familieninteresse kann insbesondere dann vorliegen, wenn die Stiftungsorgane durch Familienmitglieder besetzt sind. Wenn eine gemeinnützige Stiftung ein Drittel ihrer Erträge an den Stifter und seine Angehörigen im Sinne des § 58 Nr. 5 AO ausschütten möchte, sollte deshalb sichergestellt sein, dass die Stiftungsorgane „familienfrei" ausgestaltet sind. Wünscht der Stifter einen Einfluss der Familie in den Stiftungsorganen, sollte man höchsten 25% der Erträge an die Familienmitglieder ausschütten, um die Annerkennung der Stiftung als gemeinnützig nicht zu gefährden. 5

> **Formulierungsvorschlag (zu § 3 Zweck der Satzung):**
> (3) Die Stiftung ist berechtigt, bis zu …% (höchstens ein Drittel) ihres Einkommens dazu zu verwenden, um in angemessener Weise den Stifter und seine nächsten Angehörigen zu unterhalten, ihre Gräber zu pflegen und ihr Andenken zu ehren, sofern durch diese Mittelverwendung die Anerkennung der Stiftung als gemeinnützig im Sinne der Vorschriften der AO über die steuerbegünstigten Zwecke nicht gefährdet wird.

---

¹ Zum Erfordernis eines Inlandsbezugs vgl. BFH ZEV 2005, 172 und das hierzu ergangene BMF-Schreiben v. 20.9.2005, ZEV 2005, 523.
² Vgl. hierzu auch *Müller/Schubert* DStR 2000, 1289.
³ Vgl. *Schauhoff* § 8 Rdnr. 104; *Tipke/Kruse* § 58 Tz. 6.
⁴ Vgl. OFD Magdeburg v. 18.5.2004 – ErbStB 2004, 247; krit. hierzu *Oenings/Kemcke* ZSt 2005, 117.
⁵ Nach Auffassung der Finanzverwaltung fallen hierunter Ehegatten, Eltern, Großeltern, Kinder, Enkel, Geschwister, Pflegeeltern und Pflegekinder. Die Lit. zieht den Personenkreis weiter. Vgl. hierzu *Götz*, NWB Fach 2, 7321, 7324.
⁶ Vgl. R 2 Abs. 2 ErbStR und Rdnr. 9 f.

2. Die Besteuerung des Stifters bei Errichtung

6 a) **Ertragsteuer.** Erfolgen unentgeltliche Zuwendungen an die Stiftung aus dem Privatvermögen des Stifters sind sie ertragsteuerlich grundsätzlich unbeachtlich.[7] Die Übertragung einzelner Wirtschaftsgüter des Betriebsvermögens eines Einzelunternehmers kann auf Grund des sog. **Buchwertprivilegs** nach § 6 Abs. 1 Nr. 4 S. 4 und 5 EStG dazu führen, dass eine Gewinnrealisierung unterbleibt.[8] Betriebe, Teilbetriebe oder gesamte Mitunternehmeranteile, die beim Stifter **Betriebsvermögen** darstellen, können ebenfalls zum Buchwert nach § 6 Abs. 3 EStG eingebracht werden.[9] Zu beachten ist, dass eine unentgeltliche Übertragung des Teils eines Mitunternehmeranteils auf eine gemeinnützige Stiftung auf Grund der Einschränkung des Anwendungsbereichs des § 6 Abs. 3 S. 1 Hs. 2 auf natürliche Personen wohl nicht möglich ist.[10]

7 b) **Erbschaftsteuer.** Die Übertragung von Vermögen auf eine als steuerbegünstigt anerkannte Stiftung ist nach § 13 Abs. 1 Nr. 16 b ErbStG erbschaftsteuerfrei, es sei denn, die Voraussetzungen für die Anerkennung als steuerbegünstigte Körperschaft entfallen innerhalb von zehn Jahren und das Vermögen wird nicht begünstigten Zwecken zugeführt.[11] Interessant ist auch die Ausnutzung von Zuwendungen an steuerbegünstigte Stiftungen zum **rückwirkenden Erlöschen** bereits entstandener Erbschaft- oder Schenkungsteuer gemäß § 29 Abs. 1 Nr. 4 S. 1 ErbStG. Wendet der steuerpflichtige Erwerber innerhalb von 24 Monaten nach dem Zeitpunkt der Entstehung der Steuer die von ihm erworbenen Gegenstände einer steuerbegünstigten (bereits bestehenden oder noch zu errichtenden) Stiftung iSd §§ 52 bis 54 AO (mit Ausnahme der Stiftungen zugunsten der „Freizeitzwecke" des § 52 Abs. 2 Nr. 4 AO) zu, erlischt die Erbschaft- bzw. Schenkungsteuer rückwirkend.[12] Dies gilt jedoch nicht, wenn die Stiftung an den Erwerber oder seine nächsten Angehörigen Leistungen gemäß § 58 Nr. 5 AO erbringt oder der zuwendende für die Zuwendung die spendenrechtlichen Abzugsmöglichkeiten beansprucht (§ 29 Abs. 1 Nr. 4 S. 2 ErbStG).

3. Überblick zum Spendenabzug

8 Das Spendenrecht für natürliche Personen ist insbesondere in § 10 b EStG geregelt, jedoch recht unübersichtlich und uneinheitlich. Ein Sonderausgabenabzug als Spende gemäß § 10 b EStG kann nur für **lebzeitige Zuwendungen** an eine Stiftung gewährt werden (vgl. auch § 29 Abs. 1 Nr. 4 S. 2 ErbStG). Dies ist ein weiteres Argument dafür, dass es in der Regel sinnvoll ist, eine Stiftung bereits unter Lebenden und nicht erst von Todes wegen zu errichten.

9 a) **Grundförderung.** Nach § 10 b Abs. 1 S. 1 EStG besteht zunächst ein jährlicher Sonderausgabenabzug bei Ausgaben zur Förderung kirchlicher, religiöser und als besonders förderungswürdig anerkannter gemeinnütziger (nicht kultureller) Zwecke[13] in Höhe von **5 %** des Gesamtbetrags **der Einkünfte** oder alternativ bis zu einem umsatzabhängigen, allgemeinen Höchstbetrag von 0,2 % der Umsätze einschließlich Löhne und Gehälter. Bei Förderung mildtätiger, wissenschaftlicher und als besonders förderungswürdig anerkannter kultureller Zwecke erhöht sich die Grundförderung auf sogar **10 %**. Bei zusammenveranlagten Ehegatten werden die Einkünfte zusammenaddiert.[14]

10 b) **Jährliche Zusatzförderung.** Zusätzlich können für Zuwendungen an steuerbegünstigte Stiftungen (mit Ausnahme der Stiftungen zu Gunsten der so genannten Freizeitzwecke des § 54 Abs. 2 Nr. 4 AO) gemäß § 10 b Abs. 1 S. 3 EStG **€ 20.450** je Veranlagungszeitraum als Sonderausgabe geltend gemacht werden. Auch hier **verdoppelt** sich der Höchstbetrag **bei zusammenveranlagten Ehegatten**, und zwar selbst dann, wenn die Zuwendung allein aus den Mitteln des einen Ehegatten geleistet wurde, sofern sich aus den Umständen ergibt, dass beide Ehe-

---

[7] Seifart/von Campenhausen/*Pöllath*, Hdb. des Stiftungsrechts, § 40 Rdnr. 45.
[8] Schmidt/*Glanegger* § 6 Rdnr. 427; *Schauhoff*, Hdb. der Gemeinnützigkeit, § 6 Rdnr. 24.
[9] Vgl. Schmidt/*Glanegger* § 6 Rdnr. 473 ff.
[10] Vgl. Herrmann/Heuer/Raupach/*Gratz* § 6 Anm. 1375.
[11] Vgl. *Schauhoff*, Handbuch der Gemeinnützigkeit, § 6 Rdnr. 20.
[12] Erst durch das Gesetz zur weiteren steuerlichen Förderung der Stiftung ist die rückwirkende Erbschaftsteuerbefreiung für Übertragungen auf alle Stiftungen, die steuerbegünstigte Zwecke verfolgen (mit Ausnahme der Zwecke nach § 52 Abs. 2 Nr. 4 AO), erweitert worden. Vgl. *Hüttemann* DB 2000, 1584, 1591.
[13] Vgl. hierzu Anlage 1 zu § 48 Abs. 2 EStDV.
[14] Vgl. *Troll/Wallenhorst/Halaczinsky* F Rdnr. 64.

gatten der Stiftung jeweils einen bestimmten Betrag zukommen lassen wollten.[15] Die Zusatzvergünstigung gilt jedoch – anders als die Grundförderung – nach dem eindeutigen Wortlaut der Stiftung nur für Zuwendungen an Organisationseinheiten in der Rechtsform der Stiftung, und zwar der rechtsfähigen sowie der nichtrechtsfähigen Stiftung.[16] Zuwendungen an eine Stiftungs-GmbH oder einen Stiftungsverein sind dagegen nicht im Rahmen des § 10 b Abs. 1 S. 3 EStG steuerlich begünstigt.

c) **Großspendenregelung.** Beträgt eine Einzelzuwendung zur Förderung wissenschaftlicher, mildtätiger oder als besonders förderungswürdig anerkannter kultureller Zwecke in Höhe von mehr als € 25.565, kann diese Zuwendung gemäß § 10 b Abs. 1 S. 4 EStG im Rahmen der Höchstsätze nicht nur im Veranlagungszeitraum der Zuwendung in Abzug gebracht, sondern auch **ein Jahr rück-** und bis zu **fünf Jahre vorgetragen** werden. Diese Großspendenregelung gilt nach überwiegender Meinung auch für die Zusatzförderung in Höhe von € 20.450 gemäß § 10 b Abs. 1 S. 3 EStG, so dass auch bezüglich dieses Betrags ein Vor- und Rücktrag in Betracht kommt.[17] **11**

d) **Zusatzförderung bei Neugründung von Stiftungen.** Durch das Gesetz zur weiteren steuerlichen Förderungen von Stiftungen haben sich für den Stifter die steuerlichen **Abzugsmöglichkeiten** für Zuwendungen weiter verbessert. Der Stifter kann jetzt nach § 10 b Abs. 1 a EStG Zuwendungen, die er anlässlich der **Neugründung** innerhalb eines Jahres einer steuerbegünstigten Stiftung in deren Grundstockvermögen leistet, bis zu einem Betrag von insgesamt € 307.000 im Jahr der Zuwendung und auf die neun darauf folgenden Veranlagungszeiträume zusätzlich zu den vorstehend beschriebenen Abzugsmöglichkeiten in Abzug bringen. Der Abzugsbetrag steht dem Stifter einmal alle zehn Jahre zu. Er gilt auch, anders als die Zusatzförderung nach § 10 b Abs. 1 S. 3 EStG für Zuwendungen an Stiftungen, die so genannte „Freizeitaktivitäten" fördern.[18] Die Finanzverwaltung hat inzwischen in einer zwischen Bund und Ländern koordinierten Verfügung in Reaktion auf das Urteil des BFH vom 3.8.2005[19] klargestellt, dass auch der Höchstbetrag nach § 10 b Abs. 1 a EStG bei zusammenveranlagten Ehegatten jedem Ehegatten einzeln zusteht.[20] Jedoch gilt die Begünstigung nach § 10 b Abs. 1 a EStG ebenfalls nur für Zuwendungen an rechtsfähige und nichtrechtsfähige Stiftungen, nicht jedoch für Zuwendungen an gemeinnützige Körperschaften in der Rechtsform der GmbH oder des Vereins.[21] **12**

4. Die Besteuerung der Stiftung.

a) **Errichtung der Stiftung.** Bei der **Errichtung** einer gemeinnützigen Stiftung fällt, wie vorstehend ausgeführt, gemäß § 13 Abs. 1 Nr. 16 lit. b ErbStG **keine** Schenkung- oder Erbschaftsteuer an. Es fällt auch keine Grunderwerbsteuer an, wenn **Grundstücke** unentgeltlich auf die Stiftung übertragen werden (§ 3 Nr. 2 GrEStG). **13**

b) **Laufende Besteuerung.** Bei der **laufenden Besteuerung** ist die Stiftung zudem grundsätzlich von allen wichtigen Steuern **befreit,** insbesondere der Körperschaft- und der Gewerbesteuer.[22] Erst wenn die Stiftung, wie z.B. bei der unternehmensverbundenen Stiftung, einen Geschäftsbetrieb unterhält und die Einnahmen hieraus € 30.678 übersteigen, tritt eine Körperschaftsteuer- und Gewerbesteuerpflicht gemäß § 5 Abs. 1 Nr. 9 S. 2 KStG i.V.m. § 64 Abs. 1 und 3 AO ein. Anderes würde allerdings gelten, soweit der wirtschaftliche Geschäftsbetrieb einen so genannten **Zweckbetrieb** im Sinne des § 65 AO darstellt. Ein Zweckbetrieb ist insbesondere gegeben, wenn der wirtschaftliche Geschäftsbetrieb in seiner Gesamtrichtung dazu dient, die steuerbegünstigten satzungsmäßigen Zwecke der Körperschaft zu verwirklichen. **14**

---

[15] BFH BStBl II 2006, 121; vgl. hierzu *Maier* DStR 2006, 505.
[16] Vgl. *Hüttemann* DB 2000, 1584, 1587; *Buchna*, Gemeinnützigkeit im Steuerrecht, Tz. 3.5.4 S. 334.
[17] Vgl. *Kirchhof* § 10 b Rdnr. 42, 45.
[18] Vgl. *Schmidt/Heinicke* § 10 b Rdnr. 71.
[19] BFH BStBl II 2006, 121.
[20] Vgl. OFD Magdeburg v. 13.4.2006 – ZEV 2006, 355.
[21] Vgl. *Schauhoff*, Handbuch der Gemeinnützigkeit, § 10 Rdnr. 94.
[22] *Hennerkes/Binz/Sorg* DB 1986, 2217, 2219.

Beispiel:
Bei einer gemeinnützigen Stiftung, die der Entwicklung von Solaranlagen gewidmet ist, sind Einnahmen aus dem Verkauf von Stiftungs-Informationsmaterial Zweckbetriebseinnahmen. Veranstaltet die Stiftung jedoch einen „Tag der offenen Tür" und verkauft in diesem Rahmen Speisen und Getränke oder veranstaltet einen Basar etc., so handelt die Stiftung im Rahmen eines steuerpflichtigen Geschäftsbetriebes, wobei die Einnahmen aber erst ab € 30.678) der Steuerpflicht unterliegen. Die Einnahmen, die die Stiftung aus Zinsen und Dividenden sowie Miet- oder Pachteinnahmen erzielt, sind als Einnahmen aus Vermögensverwaltung steuerfrei.[23]

15 Schlagwortartig wird häufig zur Abgrenzung von einem steuerpflichtigen Mittelbeschaffungsbetrieb und von einem steuerfreien Zweckverwirklichungsbetrieb gesprochen. Grund der partiellen Steuerpflicht wirtschaftlicher Geschäftsbetriebe ist das Prinzip der wettbewerbsneutralen Besteuerung. Ebenfalls steuerbefreit ist, wie im Steuerrecht üblich, der Bereich der **reinen Vermögensverwaltung**, d.h. die ordnungsgemäße Vermögensverwaltung beispielsweise durch Kauf und Verkauf von Wertpapieren (vgl. auch § 14 S. 3 AO).[24] **Keine** Befreiung wird der gemeinnützigen Stiftung hingegen bei der Entrichtung von Umsatzsteuer gewährt.[25] Für Leistungen, die nicht im Rahmen eines wirtschaftlichen Geschäftsbetriebs ausgeführt werden, gilt jedoch der **ermäßigte** Umsatzsteuersatz in Höhe von 7% (§ 12 Abs. 2 Nr. 8 a UStG).

16 c) **Auflösung der Stiftung.** Die **Auflösung** der gemeinnützigen Stiftung führt zu einem Vermögenserwerb bei den in der Satzung bestimmten begünstigten Personen. Der Erwerb gilt als **Schenkung unter Lebenden** (§ 7 Abs. 1 Nr. 9 EStG), wobei der Stifter und nicht die Stiftung (dann wäre von Steuerklasse III auszugehen) zur Bestimmung der Steuerklasse als Schenker (§ 15 Abs. 2 S. 2 ErbStG) gilt. Bei der Stiftung selbst wird durch die Auflösung keine Steuerpflicht ausgelöst, solange die Anforderungen an die Gemeinnützigkeit eingehalten werden.[26] Wird jedoch bei der Aufhebung der Stiftung Vermögen für nicht steuerbegünstigte Zwecke verwandt, ohne dass ein entsprechender Vorbehalt in der Satzung gemacht worden war, z.B. **steuerschädlich** an die Abkömmlinge des Stifters ausgereicht, kommt es zu einer Nachversteuerung durch **Wegfall der Steuerfreiheit** der Stiftung für die letzten zehn Jahre (§ 61 Abs. 3, § 63 Abs. 2 AO; für die Erbschaftsteuer gilt § 13 Abs. 1 Nr. 16 lit. b S. 2 ErbStG).[27]

5. Die Besteuerung der Destinatäre

17 Wiederkehrende Zuwendungen an die Destinatäre der Stiftung auf Grund der Satzung sind Bezüge aus einer freiwillig eingegangenen Rechtspflicht i.S.d. § 22 Nr. 1 EStG und unterliegen gemäß § 22 Nr. 1 S. 2 EStG **nicht** der Einkommensteuer, wenn sie freiwillig oder auf Grund freiwillig begründeter Rechtspflicht **zur Erfüllung** des steuerbegünstigten Zwecks erfolgen.[28] Bei den satzungsgemäßen Zuwendungen an die Destinatäre ist davon auszugehen, dass Freiwilligkeit i.S.d. § 22 Nr. 1 S. 2 Hs. 1 EStG gegeben ist.[29] Solche Leistungen werden sowohl bei der Stiftung als auch beim Destinatär steuerlich nicht erfasst (vgl. auch § 3 Nr. 11 und Nr. 44 S. 2 EStG).

18 Zuwendungen an Destinatäre, die **außerhalb der Erfüllung** steuerbegünstigter Zwecke i.S.d. §§ 52 bis 54 AO liegen, sind allerdings gemäß § 22 Nr. 1 S. 2 Hs. 2 lit. a) EStG dem Empfänger **zuzurechnen,** und zwar in voller Höhe.[30] Das Halbeinkünfteverfahren gilt insoweit nicht. Diese Regelung zielt insbesondere auf Zuwendungen einer gemeinnützigen Stiftung ab, die an den

---

[23] Vgl. zum Ganzen auch Seifart/von Campenhausen/*Pöllath*, Hdb. des Stiftungsrechts, § 43 Rdnr. 115. Gleiches gilt für die Mitgliedsbeiträge, Spenden, Zuschüsse und Ähnliches, die der Stiftung zugewendet werden.
[24] Bei Unternehmensträgerstiftungen ist zu beachten, dass die Beteiligung der Stiftung an einer gewerblich tätigen Personengesellschaft in der Regel zu einem wirtschaftlichen Geschäftsbetrieb führt, vgl. BFH in BStBl. II 1989 S. 134. Die Beteiligung einer Stiftung an einer Kapitalgesellschaft ist grundsätzlich Vermögensverwaltung. Sie stellt jedoch nach Auffassung der Finanzverwaltung dann einen wirtschaftlichen Geschäftsbetrieb dar, wenn mit ihr tatsächlich ein entscheidender Einfluss auf die laufende Geschäftsführung ausgeübt wird (vgl. *Gördeler*, FS Heinsius, S. 180).
[25] Seifart/von Campenhausen/*Pöllath*, Hdb. des Stiftungsrechts, § 41 Rdnr. 72 ff.
[26] *Flick/Piltz*, Der Internationale Erbfall, Rdnr. 1598.
[27] Seifart/von Campenhausen/*Pöllath*, Hdb. des Stiftungsrechts, § 42 Rdnr. 23.
[28] Schmidt/*Heinicke* § 22 Rdnr. 66; Frotscher/*Kuhlmann* § 22 Rdnr. 2; Blümich/*Stuhrmann* § 22 Rdnr. 66.
[29] *Berndt*, Stiftung und Unternehmen, Rdnr. 1318.
[30] Kirchhof/*Fischer* § 22 Rdnr. 7; Götz NWB Fach 2, 7321, 7332.

Stifter und seine nächsten Angehörigen im Rahmen des § 58 Nr. 5 AO gemacht werden, ohne die Gemeinnützigkeit der Stiftung zu beeinträchtigen. Diese Zuwendungen sollen zumindest einmal auf der Ebene des Empfängers voll besteuert werden. § 3 Nr. 40 lit. i) EStG findet nur auf Bezüge von einer nicht von der Körperschaftsteuer befreiten Körperschaft Anwendung.[31]

II. Die privatnützige Stiftung (insb. die Familienstiftung)

Die Familienstiftung wird gegenüber „normalen" privatnützigen Stiftungen im Steuerrecht zwar einerseits **begünstigt**, andererseits aber auch **benachteiligt**. Vor Errichtung einer Familienstiftung ist im jeweiligen Einzelfall daher sorgfältig zu prüfen, ob aus steuerlicher Sicht die Familienstiftung eine sinnvolle Gestaltung darstellt (vgl. hierzu auch § 36 Rdnr. 75 ff.).[32]

1. Steuern bei Errichtung der Stiftung.

a) **Ertragsteuer.** Ebenso wie bei der gemeinnützigen Stiftung hängt die Entstehung einer Ertragsteuerpflicht bei der Errichtung einer Familienstiftung maßgeblich davon ab, ob Vermögensgegenstände aus dem Privat- oder Betriebsvermögen des Stifters übertragen werden und welcher Art diese Vermögensgegenstände sind. Wenn der Stifter Vermögensgegenstände aus seinem **Privatvermögen** unentgeltlich auf die Familienstiftung überträgt, fällt **keine** Ertragsteuer an.[33] Das Buchwertprivileg des § 6 Abs. 1 Nr. 4 S. 4 EStG findet jedoch auf nicht steuerbegünstigte Familienstiftungen keine Anwendung, so dass die Zuwendung von einzelnen Wirtschaftsgütern (z.B. Betriebsgrundstück) aus dem **Betriebsvermögen** zu einem einkommensteuerpflichtigen Entnahmegewinn durch Aufdeckung der **stillen Reserven** in Höhe des Differenzbetrags zwischen Buchwert und Teilwert führt (§ 6 Abs. 1 Nr. 4 S. 1 EStG).[34] Die unentgeltliche Übertragung eines Betriebs, Teilbetriebs oder eines ganzen Mitunternehmeranteils auf eine Familienstiftung löst nach § 6 Abs. 3 S. 1 Hs. 1 EStG regelmäßig keine Ertragsteuern aus.[35] Ein Teilanteil eines Mitunternehmeranteils wird dagegen nach dem Wortlaut des § 6 Abs. 3 S. 1 Hs. 2 stets zum Teilwert auf die Stiftung übertragen.

b) **Erbschaftsteuer.** Die **erstmalige Ausstattung** und auch die spätere Zuwendung von Vermögen an die Familienstiftung unterliegen regelmäßig der Erbschaft- oder Schenkungsteuer.[36] Die Familienstiftung wird bei der Errichtung und erstmaligen Ausstattung mit Vermögen insofern begünstigt, als die Bestimmung der Steuerklasse nach dem Verhältnis zwischen dem Stifter und dem entferntest Berechtigten erfolgt (§ 15 Abs. 2 S. 1 ErbStG). Für **spätere Zustiftungen** findet nach h. M. § 15 Abs. 2 ErbStG keine Anwendung; es gilt dann stets **Steuerklasse III**.[37] Wegen dieser steuerlichen Nachteile bei späteren Zustiftungen sollte die Familienstiftung **keinesfalls** zunächst nur mit einem relativ geringen Vermögen unter Lebenden errichtet und später, z.B. von Todes wegen, durch Zustiftungen aufgestockt werden, es sei denn Steuerklasse III käme ohnehin auch bei der Errichtung der Stiftung zur Anwendung. Dann stellt sich allerdings die Frage, ob aus steuerlicher Sicht überhaupt eine Familienstiftung errichtet werden sollte. Für die Übertragung von Betriebsvermögen werden die derzeit noch geltenden Begünstigungen gemäß § 13 a ErbStG (zusätzlicher Freibetrag in Höhe von € 225.000 und Bewertungsabschlag in Höhe von 35 %) auch für Zuwendungen – einschließlich späterer Zustiftungen – an eine Familienstiftung entsprechende Anwendung.[38] Das Steuerklassenprivileg gemäß § 19 a ErbStG gilt hingegen nicht für Zuwendungen an Familienstiftungen.

Bei der Bestimmung der Steuerklasse sind zur Ermittlung des entferntest Berechtigten **alle Personen** zu berücksichtigen, die, ohne einen klagbaren Anspruch haben zu müssen, nach

---

[31] Schmidt/*Heinrich* § 22 Rdnr. 68.
[32] Zur Familienstiftung unter erbschaftsteuerlichen Gesichtspunkten siehe z.B.: *Korezkij* ZEV 1999, 132.
[33] *von Löwe*, Familienstiftung und Nachfolgegestaltung, S. 33 ff.
[34] *Wachter*, Stiftungen, Zivil- und Steuerrecht in der Praxis, D 19.
[35] *Götz* NWB Fach 2, 7379, 7382.
[36] Seifart/von Campenhausen/*Pöllath*, Hdb. des Stiftungsrechts, § 14 Rdnr. 100.
[37] RFH Urt. v. 12.5.1931 – Az. I e A 164/30 – RStBl. 1931, 539; *Meincke* § 15 Rdnr. 21; *Kapp/Ebeling* § 15 Rdnr. 62; krit. *Berndt*, Stiftung und Unternehmen, Rdnr. 1272.
[38] *Berndt*, Stiftung und Unternehmen, Rdnr. 902.

der Satzung Vermögensvorteile aus der Stiftung erlangen können;[39] unter Umständen auch Personen, die zum Zeitpunkt der Errichtung der Stiftung noch nicht bezugsberechtigt sind.

2. Laufende Besteuerung

23 Die **laufende Besteuerung** der privatnützigen Stiftung entspricht grundsätzlich der einer jeden anderen juristischen Person. Sie ist z.B. gemäß § 1 Abs. 1 Nr. 4 KStG unbeschränkt körperschaftsteuerpflichtig. Eine wesentliche Besonderheit der Familienstiftung im Vergleich zur Besteuerung anderer Stiftungen oder sonstiger juristischer Personen liegt in der im Jahre 1974 eingeführten **Erbersatz-** oder auch **Ersatzerbschaftsteuer.** Diese spezielle Steuer benachteiligt die Sonderform der Familienstiftung gegenüber der „normalen" Stiftung. Nach § 1 Abs. 1 Nr. 4 ErbStG hat jede Familienstiftung im Zeitabstand von jeweils **dreißig Jahren** die Erbersatzsteuer zu entrichten. Die Steuer fällt erstmals nach Ablauf von dreißig Jahren nach dem ersten Übergang von Vermögen auf die Stiftung an und bemisst sich so, als entfalle das Gesamtvermögen der Stiftung auf zwei Kinder oder andere Erwerber in der Steuerklasse I.[40] Ein Freibetrag von € 410.000 ist anwendbar (2 x € 205.000), § 15 Abs. 2 S. 3 i.V.m. § 16 Abs. 1 Nr. 2 ErbStG.

24 Die Erbersatzsteuer hat der Familienstiftung viel an **Attraktivität genommen.** Dennoch kann sie im Einzelfall günstiger sein als die Erbschaftsteuer im normalen Erbgang, so z.B. bei schnellerer Erbfolge als dreißig Jahre auf Grund von Schicksalsschlägen, bei ungünstigerer Steuerklasse als I oder bei nur einem Kind als Erbe im normalen Erbgang.[41] Auch die Vergünstigungen des § 13 a ErbStG finden gemäß § 13 a Abs. 7 ErbStG bei der Erbersatzsteuer entsprechende Anwendung. Vor allem aber ist die Fälligkeit der Erbersatzsteuer im Voraus **planbar,** so dass die zu zahlende Steuer über einen Zeitraum von dreißig Jahren angespart werden kann. Um später den Stiftungsorganen insbesondere aus steuerlichen Gründen die **Vermeidung** der Erbersatzsteuer zu ermöglichen, empfiehlt es sich, in der Satzung der Familienstiftung festzulegen, dass diese auf Beschluss der Organe vor Ablauf der Dreißigjahresperiode in eine **gemeinnützige** Stiftung **umgewandelt** werden kann.[42] Die Steuerpflicht entfällt nämlich, wenn die Stiftung vor diesem Zeitpunkt aufgelöst oder durch Satzungsänderung in eine andere Stiftung umgewandelt wird (§ 9 Abs. 1 Nr. 4 EStG; R 2 Abs. 2 S. 2 u. 3 ErbStG). Im Übrigen können die Organe der Stiftung dann auch sonstigen eventuell nachteiligen Gesetzesänderungen in der Zukunft betreffend die Familienstiftung, insbesondere im Steuerrecht, durch Satzungsänderung entgegensteuern.

3. Auflösung der Stiftung

25 Wird eine Familienstiftung **aufgelöst,** geht ihr Vermögen auf die in der Satzung bezeichneten Personen über. Dieser Vermögensübergang stellt eine **Schenkung unter Lebenden** dar (§ 7 Abs. 1 Nr. 9 ErbStG).[43] Auch hier gilt der Stifter und nicht die Stiftung zur Bestimmung der Steuerklasse als Schenker (§ 15 Abs. 2 S. 2 ErbStG).

4. Die Besteuerung der Destinatäre

26 Satzungsgemäße Zuwendungen an die Destinatäre lösten bei diesen – als Kehrseite zur steuerlichen Behandlung der unbeschränkt der Körperschaftsteuer unterliegenden Familienstiftung – zur Vermeidung einer Doppelbesteuerung nach der **alten Rechtslage** (mindestens bis einschließlich Veranlagungszeitraum 2000) **keine** Steuerpflicht aus (§ 22 Nr. 1 S. 2 EStG aF).[44] Eine Anrechung der Körperschaftsteuer auf Ebene der Destinatäre fand nicht statt; die Stiftung unterlag vielmehr einer Definitivkörperschaftsteuer.

27 Mit der Einführung eines Definitivsteuersatzes für alle Körperschaften durch das Steuersenkungsgesetz 2001 (StSenkG) werden Körperschaften seit dem Veranlagungsraum 2001, sofern das Kalenderjahr mit dem Wirtschaftsjahr übereinstimmt, einheitlich mit einem Steuersatz von 25 % belastet (§ 23 Abs. 1 KStG). Auf der Ebene der Anteilseigner findet das **Halbeinkünfteverbre**-

---

[39] Vgl. R 73 Abs. 1 ErbStR.
[40] Seifart/von Campenhausen/*Pöllath*, Hdb. des Stiftungsrechts, § 14 Rdnr. 123.
[41] Seifart/von Campenhausen/*Pöllath*, Hdb. des Stiftungsrechts, § 14 Rdnr. 112.
[42] Vgl. *Hof* MüVertrHdb., Bd. 1, VII. 3 Anm. 31.
[43] Vgl. *Flick/Piltz*, Der Internationale Erbfall, Rdnr. 1579.
[44] *Hennerkes/Binz/Sorg* DB 1986, 2217, 2218; Seifart/von Campenhausen/*Pöllath*, Hdb. des Stiftungsrechts, § 14 Rdnr. 150.

fahren statt. Um die Stiftung durch die Gesetzesänderungen nicht ohne hinreichenden Grund gegenüber anderen Körperschaften zu bevorzugen, wurde § 22 Nr. 1 S. 2 EStG geändert, so dass nunmehr Bezüge von Familienstiftungen dem Empfänger zuzurechnen sind. In § 3 Nr. 40 i EStG wurde neu eingefügt, dass diese **Bezüge** im Sinne des § 22 Nr. 1 S. 2 EStG **nur zur Hälfte steuerfrei** sind, soweit sie von einer nicht von der Körperschaftsteuer befreiten Körperschaft stammen.[45]

Neben § 22 Nr. 1 S. 2 EStG enthält aber auch die durch das Steuersenkungsgesetz 2001 (StSenkG) neu eingefügte Vorschrift des § 20 Abs. 1 Nr. 9 EStG eine Regelung, wie Einnahmen von steuerpflichtigen Körperschaften auf der Ebene der Empfänger zu besteuern sind. Nach der Gesetzesbegründung der Bundesregierung soll § 20 Abs. 1 Nr. 9 EStG auch Vermögensübertragungen von Stiftungen an die „hinter diesen Gesellschaften stehenden" Personen erfassen. Aufgrund der systematischen Schwächen des StSenkG war lange nicht abschließend geklärt, ob die Bezüge der Destinatäre von Familienstiftungen als **Einkünfte aus Kapitalvermögen** oder als sonstige Einkünfte steuerlich einzuordnen sind.[46] Das BMF hat mit Schreiben vom 27.6.2006[47] Klarheit geschaffen. Danach fallen alle wiederkehrenden oder einmaligen Leistungen einer Stiftung, die von den beschlussfassenden Stiftungsgremien aus den Erträgen der Stiftung an den Stifter, seine Angehörigen oder deren Abkömmlinge ausgekehrt werden, unter § 20 Abs. 1 Nr. 9 EStG. Gleiches gilt, wenn die Leistungen anlässlich der Auflösung der Stiftung erbracht werden. 28

Beim Begünstigten unterliegen diese Einkünfte gemäß § 3 Nr. 40 i EStG dem Halbeinkünfteverfahren. Nachteilig bei einer Anwendung des § 20 Abs. 1 Nr. 9 EStG gegenüber der Einordnung als sonstige Bezüge i.S.d. § 22 Nr. 1 S. 2 EStG ist, dass für die Einkünfte aus § 20 Abs. 1 Nr. 9 EStG **Kapitalertragsteuer** gemäß § 43 Abs. 1 Nr. 7 a EStG anfällt. 29

5. Ausländische Familienstiftung

Für Familienstiftungen mit Sitz im **Ausland** gilt § 15 AStG. Danach wird **Vermögen und Einkommen** einer Familienstiftung, die ihren Sitz im Ausland hat, dem Stifter und anderen steuerpflichtigen Personen, die bezugsberechtigt oder anfallsberechtigt sind, entsprechend ihrem Anteil **zugerechnet,** wenn sie in Deutschland unbeschränkt steuerpflichtig sind. Familienstiftungen im Sinne des AStG sind Stiftungen, bei denen der Stifter, seine Angehörigen und deren Abkömmlinge zu mehr als der Hälfte bezugsberechtigt sind. Sind sie zu weniger als der Hälfte bezugsberechtigt, wird ihnen Vermögen und Einkommen nicht zugerechnet. Im Einzelnen ist jedoch vieles zu § 15 AStG und seiner Anwendung in der Praxis ungeklärt und umstritten. Die Zurechnung gilt allerdings **nicht** für die Erbschaftsteuer (§ 15 Abs. 1 S. 2 AStG).[48] Vgl. zur ausländischen Familienstiftung auch § 36 Rdnr. 80. 30

III. Die unselbstständige Stiftung

Unselbstständige Stiftungen (vgl. § 38 Rdnr. 27 f.) stellen nach § 1 Abs. 1 Nr. 5 KStG ein eigenes **Körperschaftsteuersubjekt** dar und können daher ebenso wie eine rechtsfähige Stiftung gemäß § 5 Abs. 1 Nr. 9 KStG von der Körperschaftsteuer befreit sein. Auch für Zuwendungen an eine unselbstständige Stiftung gelten die neu eingeführten Abzugsmöglichkeiten (§ 10 b Abs. 1 S. 3 und Abs. 1 a EStG) gleichermaßen, sofern die unselbstständige Stiftung steuerbegünstigte Zwecke verfolgt.[49] Im Erbschaft- und Schenkungssteuerrecht gilt die unselbstständige Stiftung als Zweckzuwendung (vgl. §§ 1 Abs. 1 Nr. 3 und 8 EStG).[50] 31

---

[45] Schaumburg/Rödder/*Schauhoff* Unternehmenssteuerreform 2001, S. 299, 315. *Schauhoff* sind der Ansicht, § 22 Nr. 1 S. 2 EStG sei lex specialis ggü. § 20 Abs. 1 Nr. 9 EStG.
[46] S. die Nachw. in Fn. 44. *Orth* DStR 2001, 325, 333 unterscheidet zwischen Leistungen, auf die der Bezieher einen Rechtsanspruch hat (dann: § 20 Abs. 1 Nr. 9 EStG), und freiwillig bzw. auf Grund einer freiwillig begründeten Rechtspflicht beruhenden Leistungen (dann: § 22 Nr. 1 S. 2 EStG).
[47] DStR 2006, 1227.
[48] Vgl. hierzu allg. *Wöhrle/Schelle/Gross* AStG zu § 15.
[49] Dies hat der Bundesminister der Finanzen in einem Schreiben v. 21.3.2000 an den Stifterverband für die Deutsche Wissenschaft ausdrücklich bestätigt. Vgl. *Hüttemann* DB 2000, 1584, 1587 dort unter Fn. 37 und vorstehend unter Rdnr. 10, 12.
[50] *Wachter*, Stiftungen, Zivil- und Steuerrecht in der Praxis, F Rdnr. 5.

IV. Die Stiftung und Co. KG

32 Aus **steuerlicher** Sicht ist hervorzuheben, dass die Stiftung als Komplementärin im Gegensatz zur GmbH nicht zwangsweise zu einer Prägung der Kommanditgesellschaft als gewerblich im Sinne des § 15 Abs. 3 Nr. 2 EStG führt und somit die Stiftung & Co. KG nicht zwingend insgesamt gewerbliche Einkünfte erzielt.[51] Letztlich bleibt als wesentlicher Vorzug der Stiftung bei der Stiftung & Co. KG gegenüber der GmbH & Co. KG, dass ein „eigentümerloses" Kontroll- und Geschäftsführungsorgan für das KG-Unternehmen zur Verfügung steht. Ob die „Entmachtung" der Kommanditisten durch eine Komplementär-Stiftung und darüber hinaus durch die staatliche Stiftungsaufsicht für das Unternehmen von Vorteil ist, kann in vielen Fällen bezweifelt werden.[52]

---

[51] *Schmidt* § 15 Rdnr. 230; *Götz* NWB Fach 2, 7533, 7544.
[52] Vgl. Seifart/von Campenhausen/*Pöllath*, Hdb. des Stiftungsrechts, § 13 Rdnr. 112 ff.

9. Abschnitt. Unternehmensnachfolge

§ 40 Die Nachfolge in Unternehmen und Gesellschaftsanteile

Übersicht

	Rdnr.
I. Einführung	1–8
II. Die Entwicklung eines ganzheitlichen Nachfolgekonzeptes	9–13
III. Die Übertragbarkeit von Unternehmen bzw. Gesellschaftsanteilen	14–47
1. Gesetzliche Grundlagen	14–28
a) Einzelunternehmen	15/16
b) Anteile an Gesellschaften bürgerlichen Rechts und Partnergesellschaften	17
c) Anteile an Personenhandelsgesellschaften	18–24
d) Anteile an Kapitalgesellschaften	25–28
2. Vertragliche Nachfolgeregelungen für Personengesellschaften	29–41
a) Fortsetzungsklausel	29–31
b) Einfache erbrechtliche Nachfolgeklausel	32/33
c) Qualifizierte erbrechtliche Nachfolgeklausel	34–37
d) Rechtsgeschäftliche Eintrittsklauseln	38–40
e) Rechtsgeschäftliche und „gesellschaftsvertragliche" Nachfolgeklausel	41
3. Vertragliche Nachfolgeregelungen für Kapitalgesellschaften	42–47
IV. Gesellschaftsrechtliche Maßnahmen zur Vorbereitung und Sicherung der Unternehmensnachfolge	48–57
1. Die Wahl der Rechtsform und deren erbschaftsteuerliche Behandlung	48/49
2. Die Schaffung klarer Unternehmensstrukturen	50–52
3. Vertragliche Anpassungen zur Vorbereitung und Ausgestaltung der Nachfolge im Unternehmensvermögen	53/54
4. Die Einsetzung beratender/entscheidender Gremien zur Begleitung der Unternehmensnachfolge	55–57
V. Der Einfluss des Steuerrechts auf die Übertragung von Unternehmensvermögen	58–71
1. Erbschaftsteuerliche Aspekte	58–66
2. Einkommensteuerrechtliche Aspekte	67–71
VI. Die Versorgung des Ehepartners	72–93
1. Vorüberlegungen zur Versorgung des Ehepartners	72–77
2. Die Zuwendung von Vermögensgegenständen unter Lebenden	78–80
3. Die Vererbung von Privatvermögen	81/82
4. Rentenzahlung und/oder sonstige feste Leistungen	83/84
5. Variable Leistungen aus dem Nachlass oder Unternehmensvermögen	85–93
a) Nießbrauch	85–91
b) Sonstige Variable Leistungen	92/93
VII. Die vorweggenommene Erbfolge	94–126
1. Vorteile und Risiken der vorweggenommenen Erbfolge	95–101
2. Mögliche Arten der vorweggenommenen Erbfolge	102–107
3. Die Ausgestaltung der vorweggenommenen Erbfolge	108–114
4. Die Beteiligung Minderjähriger an Gesellschaftsvermögen	115–126
a) Vermögenssorge und Vertretungsberechtigung	116
b) Haftungsbeschränkung des Minderjährigen	117
c) Vertretungsberechtigung der Eltern	118–124
d) Weitere Vorkehrungen bei Beteiligung Minderjähriger	125/126
VIII. Der Unternehmensnachfolger als Alleinerbe	127–136
1. Alleinerbenstellung des Unternehmensnachfolgers	127–129
2. Bestimmung von Ersatzerben	130/131
3. Vor- und Nacherben	132/133
4. Auflagen bezüglich der Unternehmensführung	134/135
5. Vermächtnisse an überlebenden Ehepartner, Kinder und Dritte	136
IX. Der Unternehmensnachfolger als Vermächtnisnehmer	137–146
1. Änderung der Rechtsprechung zur Besteuerung von Sachvermächtnissen?	137/138

	Rdnr.
2. Einzelunternehmen	139/140
3. Anteile an Personengesellschaften	141–144
4. Anteile an Kapitalgesellschaften	145/146
X. Die Vererbung des Unternehmens/von Gesellschaftsanteilen an eine Erbengemeinschaft	147–154
1. Einzelunternehmen	147
2. Anteile an Personengesellschaften	148–153
3. Anteile an Kapitalgesellschaften	154
XI. Die Auswahl des Unternehmens-/Beteiligungsnachfolgers durch Dritte	155–160
1. Wirtschaftliche Aspekte und Festlegung der Auswahlkriterien	155–158
2. Rechtliche Rahmenbedingungen und Gestaltungsmöglichkeiten	159/160
XII. Die Vererbung ausländischer Unternehmen und ausländischen Beteiligungsvermögens	161–168
1. Der Erbfall mit Auslandsberührung	161–163
2. Bedeutung ausländischer Rechtsnormen bei Anwendbarkeit deutschen Erbrechts	164–166
3. Wirtschaftliche, rechtliche und steuerliche Aspekte einer Einbringung von Auslandsbeteiligungen in deutsche Gesellschaften	167/168
XIII. Die Testamentsvollstreckung über Unternehmensvermögen	169/170
1. Typische Anwendungsfälle einer Testamentsvollstreckung über Unternehmensvermögen	169
2. Die Vergütung des Testamentsvollstreckers bei Unternehmensvermögen	170

Schrifttum: *Baumann/Schulze zur Wiesche*, Handbuch der Vermögensnachfolge, 6. Aufl. 2001; *Crezelius* Unternehmenserbrecht, 1988; *Ebenroth* Erbrecht, 1992; *Ebeling*, Erbschaftsteuer- und Schenkungsteuergesetz, 12. Aufl. 2004; *Ebeling/Geck*; Handbuch der Erbengemeinschaft, 6. Aufl. Loseblattsammlung März 2004; *Firsching/Graf* Nachlassrecht, 8. Aufl. 2000; *Flick/Piltz*, Der internationale Erbfall, 1999; *Janssen/Nickel* Unternehmensnießbrauch, 1997; *Kerscher/Tanck*, Pflichtteilsrecht in der anwaltschaftlichen Praxis, 3. Aufl. 2002; *Kerscher/Tanck/Krug*, Das erbrechtliche Mandat, 3. Aufl. 2003; *Krug/Rudolf/Kroiß* Erbrecht, 3. Aufl. 2002; *Lange/Kuchinke*, Lehrbuch des Erbrechts, 5. Aufl. 2001; *Langenfeld/Gail*, Handbuch der Familienunternehmen, 8. Aufl. 2004; *Langenfeld* Testamentsgestaltung, 3. Aufl. 2002; *May/Sies*, Unternehmensnachfolge leicht gemacht, 2000; *Meincke*, Erbschaftsteuer- und Schenkungsteuergesetz, Kommentar, 14. Aufl. 2004; Münchener Kommentar, Handbuch des Gesellschaftsrechts, Band 1, 2. Aufl. 2004; Münchener Kommentar, Bürgerliches Gesetzbuch, Erbrecht, Bd. IV: Erbrecht, 4. Aufl. 2004; *Nieder*, Handbuch der Testamentsgestaltung, 2. Aufl. 2000; *Schmidt* Einkommensteuergesetz, 25. Aufl. 2006; *Scherer/Blanc/Hermann/Groth/Wimmer* Familienunternehmen, 1. Aufl. 2005; *Sobanski/Gutmann*, Erfolgreiche Unternehmensnachfolge, 1998; *Spiegelberger* Vermögensnachfolge, 1994; *Staudinger*, Kommentar zum Bürgerlichen Gesetzbuch, 13. Aufl. 1996 ff.; *Sudhoff* Unternehmensnachfolge, 5. Aufl. 2005; *Tanck/Kerscher/Krug*, Testamente in der anwaltlichen und notariellen Praxis, 3. Aufl. 2005; *Weinläder* Unternehmensnachfolge, 1998; *Weirich*, Erben und Vererben, 5. Aufl. 2004.

I. Einführung

Checkliste

☐ Welche wirtschaftlichen und/oder ideellen Zielsetzungen hat der Erblasser/die Unternehmerfamilie bezüglich des Unternehmens/der Gesellschaftsanteile?
☐ Die Führung des Unternehmens
  • Wer übernimmt die Nachfolge im Management?
  • Wann will sich der/die Senior(en) zurückziehen?
  • Welche Rolle spielen Familienfremde im Management?
  • Wie stark ist die heutige Führung auf den/die Senior(en) abgestimmt?
  • Wer kontrolliert und überwacht das Management?
  • Soll ein Aufsichtsrat/Beirat eingesetzt werden? Wie wird dieser besetzt?
  • Welche Kompetenzen haben Beirat/Gesellschafterversammlung?
  • Bestehen klare Entscheidungsstrukturen/Mehrheiten?
☐ Wirtschaftliche Faktoren / Verteilungsfragen
  • Wie hoch ist das Gesamtvermögen (Vermögensaufstellung)?
  • Wie werden die Gesellschaftsanteile verteilt?

§ 40 Die Nachfolge in Unternehmen und Gesellschaftsanteile

- Welche Verteilung des Familienvermögens wird als sachgerecht erachtet?
- In welchem Umfang erfolgt ein Ausgleich weichender Erben durch Privatvermögen?
- Wie wird die Versorgung des Ehepartners sichergestellt?
- ☐ Finanzielle Restriktionen
  - Bestehen güterrechtliche Ansprüche des Ehepartners?
  - Bestehen Pflichtteilsansprüche des Ehepartners und von weichenden Abkömmlingen?
  - Welche Erbschaft- und Schenkungsteuerbelastungen werden ausgelöst?
  - Welche Einkommensteuerbelastungen treten durch die Schenkung oder den späteren Erbfall und/oder die Nachlassabwicklung auf?
- ☐ Rechtliche Restriktionen
  - Ist für den Erbfall uneingeschränkt deutsches Erbrecht anwendbar?
  - Bestehen Bindungen durch Erbverträge oder gemeinschaftliche Testamente?
  - Welche gesellschaftsrechtlichen Restriktionen bestehen hinsichtlich der Übertragbarkeit von Gesellschaftsanteilen sowie der geplanten Nachlassregelung?
- ☐ Rechts- und Strukturfragen
  - Ist ein Rechtsformwechsel sinnvoll?
  - Müssen die gesellschaftsrechtlichen Strukturen vor der Nachfolge bereinigt werden, z.B. durch Einbringung von Sonderbetriebsvermögen oder von in- oder ausländischen Schwestergesellschaften?
  - Sind Testament und Gesellschaftsvertrag aufeinander abgestimmt?
  - Welcher Absicherung bedarf es im Gesellschaftsvertrag, um das Eindringen Familienfremder zu verhindern?
  - Welche Veränderungen sind in der Unternehmensverfassung erforderlich, um diese an sich ändernde Gesellschafterverhältnisse anzupassen (z.B. Minderheitenrechte, gestaffelte Mehrheiten bei Abstimmungen, Rücklagenbildung, Entnahmeregelung)

Die Übertragung von Unternehmen und Gesellschaftsanteilen auf die kommende Generation betrifft sehr komplexe Problemfelder. Es ist völlig unzureichend, eine Nachfolgeplanung allein unter erbrechtlichen oder steuerlichen Gesichtspunkten durchzuführen. Erforderlich ist ein **ganzheitlicher Ansatz**, der betriebswirtschaftliche, unternehmensstrategische, steuer- und gesellschaftsrechtliche sowie psychologische Aspekte berücksichtigt.[1] In rechtlicher Hinsicht sind bei einer Übertragung von Unternehmen oder Gesellschaftsanteilen insbesondere gesellschaftsrechtliche Restriktionen zu beachten, da eine Übertragung nur im Rahmen der gesellschaftsvertraglichen Bestimmungen möglich ist. Dieser Gesichtspunkt kommt in dem Satz „Gesellschaftsrecht geht vor Erbrecht" zum Ausdruck. Neben den zivilrechtlichen Aspekten einer Unternehmensnachfolge sind in aller Regel die steuerrechtlichen Folgen zu berücksichtigen. Unmittelbar einleuchtend ist dies für die Erbschaftsteuer, die potenziell in jedem Erbfall relevant ist, wenn die erbschaftsteuerlichen Freibeträge überschritten werden.[2] Demgegenüber ist es auf den ersten Blick nicht unmittelbar einleuchtend, dass mit einem Erbfall oder einer vorweggenommenen Erbfolge auch komplizierte einkommensteuerrechtliche Folgen mit erheblichen, unter Umständen sogar unternehmensgefährdenden Belastungen verbunden sein können. Schon durch einen Erbfall selbst können einkommensteuerrechtliche Belastungen ausgelöst werden, z.B. durch die Beendigung einer Betriebsaufspaltung oder eine Entnahme von Sonderbetriebsvermögen. Daneben kann auch die Erbauseinandersetzung als solche zur Auflösung stiller Reserven und damit zu erheblichen Einkommensteuerbelastungen führen. Schließlich sind auch sonstige steuerrechtliche Folgen des Erbfalls (z.B. Verlust bzw. Nutzung von Verlustvorträgen) zu bedenken.[3]

Die Unternehmensnachfolge darf jedoch keinesfalls vorrangig unter rechtlichen oder steuerlichen Gesichtspunkten gesehen werden. Die Praxis zeigt, dass bei der **Unternehmensnachfolgeplanung** zunächst unternehmenspolitische und wirtschaftliche Faktoren zu klären sind,

---

[1] Vgl. Sobanski/Gutmann/*Hennerkes* S. 30 ff.
[2] Vgl. hierzu *von Sothen* § 35.
[3] Vgl. hierzu *von Sothen* § 35.

wobei sich vielfach Schnittstellen mit rechtlichen Aspekten (z.B. Pflichtteilsproblematik weichender Abkömmlinge, güterrechtliche Ansprüche des Ehepartners, Erbschaftsteuern) ergeben. In erster Linie ist zu analysieren, welche wirtschaftlichen, familiären oder auch ideellen Ziele mit einer Nachfolgekonzeption verfolgt werden.[4] Hierbei ist zu berücksichtigen, dass bei Unternehmerfamilien das Unternehmensvermögen häufig einen ganz wesentlichen Bestandteil des Familienvermögens ausmacht. Nicht selten beträgt der Anteil des unternehmerisch gebundenen Vermögens mehr als 90 % des Gesamtvermögens der Familie. Im Ausgangspunkt sind zunächst die Zielsetzungen und Wertvorstellungen der Unternehmerfamilie zu bestimmen und miteinander in Einklang zu bringen. Es ist zu klären, ob die Zielsetzung einer Fortführung als unabhängiges Familienunternehmen im Vordergrund steht oder eine Portfoliobetrachtung, d.h. das Familienunternehmen als (austauschbarer) Teil des Gesamtvermögens der Familie gilt, das es, ebenso wie andere Vermögensteile, unter Renditegesichtspunkten zu optimieren gilt.

3 Bei einer von den meisten Unternehmern gewollten **Fortführung des Familienunternehmens** wird häufig der Wunsch im Vordergrund stehen, das Familienunternehmen durch Familienmitglieder in operativer Verantwortung fortzuführen. Hieraus ergeben sich zwangsläufig verschiedene weitere Fragestellungen:
- Sind geeignete Nachfolger vorhanden?
- Soll nur ein Nachfolger ausgewählt werden?
- Wie ist das Verhältnis mehrerer Nachfolger zu regeln?
- Kann und soll eine Unternehmensfortführung als Familienunternehmen durch Einschaltung von Fremdmanagement durchgeführt werden?
- Wie wird eine qualifizierte Überwachung des Fremdmanagements gewährleistet?

4 Grundsätzlich unabhängig, häufig aber überlagert von der Frage einer persönlichen Mitwirkung von Familienangehörigen im Management ist die Entscheidung bezüglich der **Zuordnung der Eigentümerstellung** am Unternehmen bzw. den Gesellschaftsanteilen. Durch Wahl der geeigneten Rechtsform können Gesellschafterstellung und Unternehmensführung getrennt werden, so dass Gesellschaftsanteile unabhängig von der Tätigkeit im Unternehmen innerhalb der Familie verteilt werden können. Gleichwohl ist es häufig der Wunsch vieler Unternehmer, für Entscheidungsklarheit im Unternehmen zu sorgen. Diese Zielsetzung kann im Widerspruch zu Gerechtigkeitserwägungen stehen.

5 Der Schutz des Unternehmens vor **finanziellen Belastungen** durch die Unternehmensnachfolge spielt in der Praxis eine große Rolle. Soll das Unternehmen, z.B. aus Gründen der klaren unternehmerischen Führung und einer Vermeidung von Streitigkeiten, nur einem oder Einzelnen der potenziellen Erben zugeordnet werden, so können sich hohe finanzielle Ausgleichsverpflichtungen weichender Angehöriger ergeben, z.B. aus Pflichtteilsansprüchen, die sich grundsätzlich, auch wenn gesellschaftsvertragliche Abfindungsansprüche niedrigere Werte vorsehen, am Verkehrswert des Anteils orientieren.[5] Weitere Belastungen drohen durch güterrechtliche Ansprüche des Ehepartners oder aus steuerrechtlichen Verpflichtungen.

6 Im Zielkonflikt zur häufig gewünschten klaren Zuordnung von Unternehmen und Gesellschaftsanteilen steht der Wunsch vieler Eltern, alle Kinder wirtschaftlich möglichst gleich zu behandeln, also für **Verteilungsgerechtigkeit** zu sorgen. Der in der Regel geringe Umfang des Privatvermögens im Verhältnis zum Unternehmensvermögen erschwert diese Zielsetzung erheblich. Ein weiterer Gesichtspunkt ist schließlich die Sicherstellung der Altersversorgung des überlebenden Ehegatten, die, wenn möglich, unabhängig vom unternehmerischen Erfolg erreicht werden sollte.

7 Schließlich spielt die **Konfliktvermeidung**, d.h. die Vermeidung von Auseinandersetzungen zwischen und innerhalb der Generationen eine wichtige Rolle. Hierbei entsteht ein weiterer potenzieller Konflikt mit dem Ziel einer möglichst gerechten Vermögensverteilung, soweit eine Teilung in Natur nicht möglich ist. Hier sind differenzierte Regelungen zur Vermögensteilung erforderlich, die aber unter Liquiditäts- und auch Steueraspekten erhebliche Nebenfolgen auslösen können. Soweit eine Vermögensteilung nicht möglich ist, muss im Gesellschaftsvertrag sichergestellt sein, dass erforderliche Konfliktlösungsmechanismen (z.B. Beiratsverfassung,

---

[4] Vgl. Sobanski/Gutmann/*Hennerkes* S. 30 ff. sowie Sobanski/Gutmann/*Watrin* S. 41.
[5] Vgl. *Crezelius* Rdnr. 88 ff.; *Kerscher/Tanck* § 6 Rdnr. 32.

Schiedsregelungen) verankert sind. Bei alledem muss das aus der menschlichen Natur folgende Veränderungsrisiko Berücksichtigung finden; schon viele auserkorene Nachfolger haben sich nach Stabsübergabe durch die neue Aufgabe oder auch den Einfluss neuer Lebenspartner erheblich verändert.

Sämtliche hier aufgeworfenen Fragestellungen sind vor Niederlegung rechtlicher und steuerlicher Konzeptionen durch ausführliche Gespräche mit dem Unternehmer bzw. der Unternehmerfamilie zu erörtern und in einem **Nachfolgekonzept** zu berücksichtigen. In vielen Fällen empfiehlt sich die Abhaltung organisierter Familientage, in denen die unterschiedlichen Zielvorstellungen und Interessenlagen der einzelnen Familienmitglieder besprochen werden können.

II. Die Entwicklung eines ganzheitlichen Nachfolgekonzeptes

Ein gutes **Nachfolgekonzept** zeichnet sich dadurch aus, dass es die persönlichen, unternehmerischen und wirtschaftlichen Zielsetzungen des Unternehmers in Einklang mit den rechtlichen, steuerlichen und wirtschaftlichen Rahmenbedingungen bringt. Da der Unternehmer selbst die Problemstellungen in der Regel nicht zu überblicken vermag, ist die Einschaltung eines qualifizierten Beraters[6] erforderlich, der den Unternehmer für die jeweiligen Fragestellungen sensibilisiert und – soweit nicht in allen Bereichen Know-how vorhanden ist – unter Einschaltung entsprechender Experten zum Ziel führt. Wie wird hierbei vorgegangen?

In einem ersten Schritt sind zunächst **die Ziele des Unternehmers** und der Unternehmerfamilie zu ermitteln. Steht die Renditeoptimierung im Vordergrund, so sollte unter Einschaltung geeigneter Berater, die über Transaktionserfahrungen verfügen, das richtige Vorgehen abgestimmt werden. Mögliche Transaktionsgestaltungen sind Verkauf, Börsengang, Fusionen usw. Dies führt zu anderen, jedenfalls nicht vorrangig erbrechtlich geprägten, Fragestellungen. Für diesen Beitrag wird unterstellt, dass der Unternehmer eine Unternehmensfortführung unter Einräumung der Gesellschafterstellung an seine Erben bzw. Vermächtnisnehmer verfolgt.

In diesem Fall stellt sich zunächst das Problem der Auswahl des oder der richtigen **Nachfolger im Management**. Hierbei kann es sich um Fremdmanagement handeln, aber auch um eine familieninterne Nachfolge. Schon diese Entscheidung hat häufig erhebliche unternehmenspolitische und wirtschaftliche Auswirkungen bezüglich der Nachfolgeplanung. Ist kein Unternehmensnachfolger aus der Familie vorhanden, der das Unternehmen führen soll, tritt der Aspekt der Verteilungsgerechtigkeit in den Vordergrund. Sind dagegen nur einzelne Erben an einer Tätigkeit im Management interessiert, so wird häufig der Wunsch des Unternehmers bestehen, den tätigen Gesellschaftern eine stärkere oder sogar die alleinige Gesellschafterstellung einräumen zu wollen. Die Unternehmensgröße spielt hier eine wichtige Rolle. Kleinere Unternehmen, bei denen die persönliche Arbeitskraft im Vordergrund steht, sollten in der Regel nur den auch im Unternehmen tätigen Nachfolgern zugeordnet werden. Werden dagegen Unternehmen mit mehreren tausend Mitarbeitern vererbt, so tritt der Gedanke einer Vermögensprivilegierung für tätige Gesellschafter tendenziell in den Hintergrund.

In finanzieller Hinsicht können sich vielfältige Belastungen für das Unternehmen und die Unternehmerfamilie ergeben, so dass die für das Unternehmensvermögen an sich gewünschte Zuordnung vor dem Hintergrund potenzieller **finanzieller Belastungen** zu prüfen ist. Zu berücksichtigen sind zunächst etwaige güterrechtliche Ansprüche des überlebenden Ehepartners. Solche Ansprüche sollten sinnvollerweise bereits unter Lebenden durch Vereinbarung eines sachgerechten Güterstandes (Gütertrennung bzw. modifizierte Zugewinngemeinschaft mit Ausschluss des Unternehmensvermögens vom Zugewinnausgleich) ausgeschlossen oder jedenfalls begrenzt werden. Daneben sind die Pflichtteilsansprüche des Ehepartners, aber auch diejenigen der Abkömmlinge, denen das Unternehmen nicht zugeordnet wird, zu beachten.[7] Weitere wirtschaftliche Belastungen können sich aus den erbschaftsteuerlichen Verpflichtungen der Unternehmenserben, aber auch möglicherweise in ertragsteuerlicher Hinsicht ergeben. Die überschlägige Höhe potenzieller Ansprüche sollte im Rahmen der Nachfolgeplanung ermittelt

---

[6] Vgl. Sobanski/Gutmann/*Paschen*, „Ohne Coaching geht es nicht", S. 120.
[7] Vgl. *Sudhoff* S. 1275 ff.; *Crezelius* Rdnr. 88 ff.

werden. Dabei sollte auf der Zeitachse eine überschlägige Berechnung sowohl für den status quo (Notfallregelung), für den Zeitpunkt der planmäßigen Übergabe des Unternehmens an die nächste Generation sowie den Zeitpunkt des endgültigen Ausscheidens des Seniors aus dem Unternehmen erfolgen.

13 Schließlich besteht das Problem, die vom Unternehmer häufig subjektiv gewünschte **gerechte Vermögensverteilung** zu erreichen. Hier sollte stets der Grundsatz beherzigt werden, dass eine gerechte Verteilung des Vermögens nicht zwingend die mechanisch gleiche Verteilung zur Folge haben muss. Auch der nahe liegende Versuch, die Dominanz des Unternehmensvermögens dadurch zu korrigieren, dass dem Unternehmenserben umfangreiche Zahlungsverpflichtungen (z.B. Kapitalvermächtnisse oder laufende Verpflichtungen) auferlegt werden, ist nur sehr eingeschränkt zu empfehlen. Dieser Weg ist stets mit der Gefahr verbunden, dass die Unternehmensentwicklung erheblich beeinträchtigt oder durch überhöhte Entnahmen sogar gefährdet werden kann. Erschwerend kommt hinzu, dass Ausgleichsverpflichtungen des Unternehmensnachfolgers in der Regel aus versteuertem Einkommen zu erfüllen sind. Auch Schuldzinsen für Kredite, die zur Erfüllung von Vermächtnissen aufgenommen werden, sind in der Regel steuerrechtlich nicht abzugsfähig. Im Rahmen dieses Handbuchs mögen diese Ausführungen ausreichen, um den Berater für die komplexen Fragestellungen zu sensibilisieren. Entsprechend der Zielkonzeption dieses Handbuchs erfolgt nachfolgend eine Konzentration auf die erbrechtlichen und gesellschaftsrechtlichen Fragestellungen, die allerdings nicht dazu verleiten sollte, die zuvor nur angedeuteten wirtschaftlichen und familiären Gesichtspunkte einer strategischen Nachfolgeplanung außer Acht zu lassen.

III. Die Übertragbarkeit von Unternehmen bzw. Gesellschaftsanteilen

1. Gesetzliche Grundlagen

14 Das deutsche Gesellschaftsrecht lässt **Abweichungen** von den gesetzlichen Bestimmungen zur schenkungsweisen Übertragung und Vererbung von Unternehmen und Gesellschaftsanteilen weitgehend zu. Die konkreten vertraglichen Vereinbarungen gehen deshalb den gesetzlichen Vorschriften vor, soweit nicht ausnahmsweise zwingende Vorschriften entgegenstehen. In der Praxis spielen die gesetzlichen Bestimmungen zur Übertragung von Gesellschaftsanteilen daher – jedenfalls im Bereich der Personengesellschaften – meist nur eine subsidiäre Rolle. Gleichwohl ist es wichtig, die gesetzlichen Grundlagen zu kennen, um die geplante Nachfolgeregelung durch individuelle gesellschaftsrechtliche Vereinbarungen abzusichern bzw. unter Umständen erst zu ermöglichen. Enthalten Gesellschaftsverträge keine Vorschriften zur Nachfolge, so gelten die gesetzlichen Bestimmungen.

15 a) **Einzelunternehmen.** Das **Einzelunternehmen** als solches ist nicht Gegenstand des Rechtsverkehrs. Es setzt sich aus einer Vielzahl von Wirtschaftsgütern zusammen, z.B. Gegenständen des Anlagevermögens (Immobilien, Betriebs- und Geschäftsausstattung usw.), des Umlaufvermögens (Roh-, Hilfs- und Betriebsstoffe, Vorräte usw.), Verbindlichkeiten, sowie einer großen Anzahl von Vertragsverhältnissen oder auch rein faktischen Vermögenswerten (Kunden- und Marktbeziehungen).

16 Für die **Übertragung eines Einzelunternehmens** gibt es keine speziellen gesetzlichen Vorschriften, so dass letztlich eine große Zahl einzelner Vermögensgegenstände und Vertragsverhältnisse übertragen wird. Unproblematisch ist die Vererbung von Einzelunternehmen auf den Alleinerben, da nach dem gesetzlichen Prinzip der Gesamtrechtsnachfolge alle Rechten und Pflichten, also auch solche aus Verträgen, auf den Gesamtrechtsnachfolger übergehen. Gleiches gilt im Grundsatz für den Fall des Übergangs eines Einzelunternehmens auf eine Erbengemeinschaft. Die Erbengemeinschaft als solche ist berechtigt, das Einzelunternehmen, welches kraft Erbfall zu einer Gesamthandsgemeinschaft wird, fortzuführen.[8] Allerdings wird unter Rdnr. 147 aufgezeigt, dass ein Einzelunternehmen in der Regel nicht auf eine Erbengemeinschaft vererbt werden sollte. Erhebliche Probleme bereitet ferner der Übergang eines Einzelunternehmens auf einen oder mehrere Vermächtnisnehmer (vgl. Rdnr. 139 f.). Keine Besonderheiten gelten bei der Übertragung eines Einzelunternehmens im Rahmen der vorweggenommenen

---

[8] BGH Urt. v. 8.10.1984 – BGHZ 92, 259, 262; *Crezelius* Rdnr. 222.

Erbfolge. Sollen nur Teile des Einzelunternehmens an den Nachfolger übertragen werden und bleibt der Senior beteiligt – was in Fällen der familieninternen Nachfolge dem Regelfall entspricht – so wird das Einzelunternehmen zur OHG.

b) Anteile an Gesellschaften bürgerlichen Rechts und Partnergesellschaften. Beim Tod eines Gesellschafters sieht das Gesetz die **Auflösung** der Gesellschaft vor, sofern sich nicht aus dem Gesellschaftsvertrag etwas anderes ergibt (§ 727 Abs. 1 BGB). Mit Auflösung der Gesellschaft entsteht eine Liquidationsgesellschaft. Anstelle des Erblassers tritt sein Erbe oder die Erbengemeinschaft, die auf Grund des begrenzten Zwecks der Liquidationsgesellschaft hier ausnahmsweise Mitglied einer Personengesellschaft sein kann. Ein etwaig anfallender Liquidationsgewinn ist in vollem Umfang zu versteuern. Diese Rechtsfolge mag für nicht unternehmerische Gesellschaften durchaus sinnvoll sein. Soweit Unternehmensvermögen vorhanden ist (z.B. Freiberuflersozietäten, oder nicht-kaufmännische Unternehmen) wird diese Rechtsfolge in der Regel nicht gewollt sein, so dass konkrete vertragliche Vereinbarungen erforderlich sind.

Eine Übertragung von GbR-Anteilen unter Lebenden ist gemäß § 719 Abs. 1 BGB von Gesetzes wegen ausgeschlossen.

Bei Partnergesellschaften wird diese durch den Tod eines Partners nicht aufgelöst, der Anteil des verstorbenen Partners ist jedoch nicht vererblich (§§ 9 Abs. 1, 4 PartGG).

c) Anteile an Personenhandelsgesellschaften. Bei den Anteilen an Personenhandelsgesellschaften ist zwischen den Anteilen eines persönlich haftenden Gesellschafters und Kommanditanteilen zu unterscheiden. In der Praxis dominiert die Vererbung von Kommanditanteilen, da die offene Handelsgesellschaft als auch die Kommanditgesellschaft mit einer natürlichen Person als persönlich haftendem Gesellschafter immer seltener anzutreffen sind. Selbst kleinere Handwerksbetriebe werden schon aus Haftungsgründen meist in der Rechtsform einer GmbH oder GmbH & Co. KG geführt.

Beim Tod eines Kommanditisten wird gemäß § 177 HGB die Gesellschaft beim Fehlen abweichender Bestimmungen mit dessen Erben fortgeführt. Geht der Kommanditanteil auf mehrere Erben über, so findet eine Aufspaltung des Anteils im Wege der Sondererbfolge statt,[9] d.h. bezüglich des Gesellschaftsanteils entsteht keine Erbengemeinschaft, sondern jeder Mitgesellschafter wird unmittelbar Gesellschafter der Personengesellschaft, ohne dass es einer Auseinandersetzung unter den Miterben bedarf. Diese Abweichung von allgemeinen erbrechtlichen Grundsätzen (Entstehung einer Gesamthandsgemeinschaft) beruht darauf, dass die Erbengemeinschaft als solche nicht Mitglied einer Personengesellschaft sein kann, weil sich die Erbengemeinschaft weder für eine Betätigung als Gesellschafter noch für die Gesellschafterhaftung eignet. Die Anerkennung des Instituts der Sonderrechtsnachfolge ist letztlich geboten, wenn man die gesetzgeberische Entscheidung, eine Vererbung von Gesellschaftsanteilen zuzulassen (vgl. § 139 BGB, der das voraussetzt), praktikabel umsetzen will. Für die Haftung der als Kommanditisten eintretenden Erben gelten die allgemeinen Bestimmungen der §§ 171-173 BGB, d.h. bei ausstehenden Einlagen haften die Kommanditisten für Verbindlichkeiten der Gesellschaft bis zur Höhe der nicht einbezahlten Hafteinlagen. Ergänzende vertragliche Regelungen sind daher nur dann geboten, wenn das Prinzip der Sonderrechtsnachfolge für Erben modifiziert werden soll, insbesondere der Kreis der nachfolgeberechtigten Personen eingeschränkt werden soll.

Auch bei der OHG oder der KG mit einer natürlichen Person als persönlich haftendem Gesellschafter führt der **Tod eines Komplementärs** nicht mehr zur Auflösung der Gesellschaft, sondern lediglich zum Ausscheiden des Gesellschafters (§ 131 Abs. 3 Nr. 1 HGB). Die früher erforderliche Fortsetzungsklausel im Gesellschaftsvertrag einer OHG oder KG ist daher entbehrlich.

Nach dem gesetzlichen Leitbild scheidet der **persönlich haftende Gesellschafter** mit seinem Ableben aus der Gesellschaft aus und erhält, soweit nicht vertraglich etwas anderes geregelt ist, eine Abfindung in Höhe des Verkehrswertes seiner Beteiligung (§§ 105 Abs. 2 und 161 Abs. 2 HGB, 738 BGB). Beide Rechtsfolgen sind in der Praxis häufig nicht gewollt. Im Hinblick auf

---

[9] So der BGH in st. Rspr. BGH Urt. v. 22.11.1956 – BGHZ 22, 186, 192; BGH Urt. v. 10.2.1977 – BGHZ 68, 229, 237; Urt. v. 30.4.1984 – BGHZ 91, 132, 135; Urt. v. 14.5.1986 – BGHZ 98, 48, 51; Urt. v. 3.7.1989 – BGHZ 108, 187, 192; *Sudhoff* S. 530.

die hohen Belastungen einer Abfindung zum Verkehrswert ist es weithin üblich, eine Reduzierung der Höhe oder gar den völligen Ausschluss der Abfindungsansprüche der Erben eines verstorbenen Gesellschafters[10] vorzusehen. Diese zum Schutz des Unternehmens sinnvolle Regel führt andererseits aber dazu, dass sowohl der Erblasser als auch die potentiellen Erben eines persönlich haftenden Gesellschafters großes Interesse an einer Vererbungsmöglichkeit haben. Scheiden die Erben aus der Gesellschaft aus, so wächst der Gesellschaftsanteil des verstorbenen persönlich haftenden Gesellschafters den verbleibenden Gesellschaftern an. Sollten die Erben keine Abfindung erhalten, so ist zu beachten, dass der Abfindungsausschluss den Formvorschriften der §§ 528 Abs. 2 und 2301 Abs. 2 BGB unterliegen kann. Dies gilt dann, wenn der Abfindungsausschluss nur einzelne Gesellschafter trifft oder auf Grund der großen Altersunterschiede zwischen den Gesellschaftern mit hoher Wahrscheinlichkeit sich nur zulasten einzelner Gesellschafter auswirken wird. Aus der Gesellschaft ausscheidende Erben eines persönlich haftenden Gesellschafters haften für die Verbindlichkeiten des Verstorbenen wie dieser, ihre Haftung ist jedoch gemäß den Regelungen des § 160 Abs. 1 HGB auf einen Zeitraum von fünf Jahren nach dem Ausscheiden beschränkt.[11] Darüber hinaus kann die Haftung der Erben nach allgemeinen erbrechtlichen Bestimmungen (§§ 1975 ff., 2059 BGB) auf den Nachlass begrenzt werden.

22 Weiterhin ist zu berücksichtigen, dass jeder Erbe sein **Verbleiben in der Gesellschaft** davon abhängig machen kann, dass ihm die Stellung eines Kommanditisten eingeräumt wird (§ 139 Abs. 1 HGB). Das Verlangen ist an die verbleibenden Mitgesellschafter zu richten, einer besonderen Form bedarf dieser Antrag nicht.[12] Nehmen die verbleibenden Gesellschafter ein solches Verlangen an, wandelt sich eine OHG in eine KG um. Wird das Verlangen abgelehnt, kann der Erbe gemäß § 139 Abs. 2 HGB ohne Einhaltung einer Frist sein Ausscheiden aus der Gesellschaft erklären und einen etwaigen Abfindungsanspruch geltend machen. Der Anspruch auf Umwandlung des Komplementäranteils des Verstorbenen in einen Kommanditanteil kann durch Gesellschaftsvertrag nicht ausgeschlossen werden, die Höhe des Gewinnanteils des nachrückenden Erben kann jedoch vertraglich modifiziert werden.

23 Vorsorge ist für den Fall zu treffen, dass alle persönlich haftenden Gesellschafter aus der OHG bzw. KG ausscheiden und Kommanditisten werden wollen. Für diesen Fall empfiehlt es sich, eine **Reserve-Komplementär-GmbH** zu gründen, die sich als Kommanditistin an der KG beteiligt, und deren Rechtsstellung sich mit dem Ausscheiden des letztversterbenden persönlich haftenden Gesellschafters automatisch in eine Komplementärstellung verwandelt. Diese Komplementär-GmbH kann auch von der KG selbst gehalten werden. In diesem Fall gelten die Regeln zur so genannten Einheitsgesellschaft. Wird für einen solchen Fall keine Vorsorge getroffen und scheidet der letzte persönlich haftende Gesellschafter aus einer KG aus, so wandelt sich diese in eine OHG um.[13]

24 Bei der Übertragung eines Personengesellschaftsanteils unter Lebenden ist danach zu differenzieren, in welcher Weise die Übertragung des Anteils erfolgen soll: Durch Anwachsung des Anteils beim neu eintretenden Gesellschafter infolge Austritt eines Alt- (sog. Abwachsung) und Eintritt eines Neugesellschafters oder durch Übertragung des Gesellschaftsanteils als solchem. Für die Zulässigkeit der Übertragung bestehen zwar keine ausdrücklichen gesetzlichen Regelungen, die einhellige Auffassung von Rechtsprechung und Literatur geht jedoch heute hiervon aus.[14] Besondere Formerfordernisse für die Übertragung von Anteilen unter Lebenden bestehen nicht; die Anteilsübertragung ist damit formlos möglich, selbst wenn die Personengesellschaft Grundvermögen oder GmbH-Anteile besitzt.[15] Hiervon unberührt bleiben selbstverständlich die allgemeinen Formvorschriften, wenn die Anteilsübertragung auf der Grundlage eines Schenkungsvertrages erfolgt (§ 518 Abs. 1 BGB mit Heilungsmöglichkeit des § 518

---

[10] Vgl. BGH Urt. v. 14.7.1971 – WM 1971, 1338.
[11] Zum Fristbeginn vgl. § 160 Abs. 1 S. 2 HGB (mit Eintragung des Ausscheidens im Handelsregister).
[12] Vgl. BGH Urt. v. 21.12.1970 – BGHZ 55, 270.
[13] Vgl. BGH Urt. v. 23.11.1978 – NJW 1979, 1705, 1706.
[14] Statt vieler: Münchener Anwaltshandbuch/*Mutter* Personengesellschaftsrecht § 6 Rdnr. 289.
[15] Zur Formbedürftigkeit eines Umgehungsgeschäfts *Mutter* § 6 Rdnr. 291.

Abs. 2 BGB). Soweit im Gesellschaftsvertrag nicht anderweitig geregelt, ist hierfür jedoch die Zustimmung sämtlicher Mitgesellschafter erforderlich.[16]

d) **Anteile an Kapitalgesellschaften.** Anteile an Kapitalgesellschaften sind nach den gesetzlichen Regelungen im GmbH-Gesetz und Aktiengesetz **frei vererblich**.[17] Nur für den Fall, dass die Erbfolge ausgeschlossen oder anderweitig beschränkt werden soll, sind ergänzende Vorschriften, z.B. in der Satzung selbst oder in ergänzenden Pool- oder Konsortialverträgen, erforderlich. Anders als im Recht der Personengesellschaften bestimmt sich die Vererbbarkeit der Anteile ausschließlich nach dem Erbrecht, es besteht somit keine gesetzliche Sonderrechtsnachfolge bei Anteilen an Kapitalgesellschaften, noch kann eine solche durch Satzung vorgesehen werden. Die Vererbbarkeit eines Anteils kann nicht durch Satzung ausgeschlossen werden, die Satzung kann allerdings die Mitgliedschaft der Erben in der Gesellschaft an bestimmte Voraussetzungen knüpfen und gegebenenfalls die Ausschließung des Erben sowie die (nachträgliche) Einziehung seiner Anteile anordnen.[18] **Anteile an einer Kapitalgesellschaft, die an mehrere Erben fallen, werden** von diesen **gesamthänderisch in Erbengemeinschaft gehalten**. 25

Die Übertragung von **GmbH-Anteilen unter Lebenden** ist gemäß § 15 Abs. 1 GmbHG frei, bedarf allerdings der notariellen Beurkundung. Sollen Teile eines Geschäftsanteils im Rahmen der vorweggenommenen Erbfolge übertragen werden, so ist für die Teilung des Anteils die Zustimmung der Gesellschaft erforderlich (§ 17 GmbHG). Die Satzung der Gesellschaft kann die Übertragbarkeit der Anteile umfassend modifizieren, insbesondere an die Zustimmung der Mitgesellschafter binden oder die Übertragung an nicht verwandte Dritte ganz ausschließen. Solche Satzungsregelungen haben in der Praxis gerade bei Familienunternehmen eine sehr hohe Verbreitung. 26

Der Grundsatz der freien Übertragbarkeit von Anteilen gilt auch im **Aktienrecht**. Im Hinblick auf die satzungsmäßige Modifizierbarkeit der Aktienübertragung ist allerdings zwischen Inhaber- und Namensaktien zu differenzieren. Allein bei Namensaktien lässt das Gesetz zu, dass die Übertragung an die Zustimmung der Gesellschaft gebunden werden kann (§ 68 Abs. 2 AktG). Bei Inhaberaktien sind Beschränkungen der Übertragbarkeit nur auf schuldrechtlicher Ebene zulässig, so z.B. durch Pool- oder Konsortialverträge. 27

Eine Einschränkung der Übertragbarkeit von Anteilen kann schließlich durch die Vereinbarkeit eines **Vorkaufsrechtes** erfolgen. In einer GmbH kann ein solches durch Satzungsbestimmung festgelegt werden, nicht hingegen in der AG. Hier kann ein Vorkaufsrecht nur schuldrechtlich zwischen Aktionären vereinbart werden. Nachteilig ist, dass solche Verpflichtungen nur schuldrechtlich wirken, d.h. den dinglichen Vollzug einer Anteilsübertragung auf Dritte nicht verhindern können. Außerdem wirken diese nicht bei Anteilserwerb im Wege der Zwangsvollstreckung oder durch Erbgang. 28

2. Vertragliche Nachfolgeregelungen für Personengesellschaften

Die vorstehend geschilderten gesetzlichen Regelungen zur Nachfolge in Personengesellschaften entsprechen bei Familienunternehmen in der Regel nicht der typischen Interessenlage der Gesellschafter und müssen deshalb durch entsprechende gesellschaftsvertragliche Regelung ergänzt oder ersetzt werden. Hierbei kommen folgende vertragliche Nachfolgeregelungen in Betracht: 29

a) **Fortsetzungsklausel.**[19] Die **Fortsetzungsklausel** hat zwischenzeitlich im Bereich des Gesellschaftsrechts nur noch für Gesellschaften bürgerlichen Rechts konstitutive Bedeutung. Ob eine Fortsetzungsklausel im Gesellschaftsvertrag einer GbR vorgesehen oder bei einer Personenhandelsgesellschaft ausgeschlossen wird, hängt insbesondere von wirtschaftlichen Fragestellungen ab. Letztlich muss entschieden werden, ob die persönliche Stellung eines Gesellschafters so wichtig ist, dass die Gesellschaft mit ihm „stehen und fallen" soll. Dies ist z.B. dann der Fall, wenn die persönliche Mitarbeit eines Gesellschafters so wichtig ist, dass eine Weiterführung der GbR ohne ihn nicht möglich ist. In der Regel wird es allerdings den Bedürfnissen

---

[16] Zur Frage, wann die gesellschaftsrechtlichen Treuepflicht zu einer Zustimmungspflicht führt BGH Urt. v. 8.11.2004 – ZEV 2005, 71.
[17] Vgl. nur *Crezelius* Rdnr. 320, 380; *Häger/Wilts* WiB 1995, 409 ff.
[18] Vgl. statt vieler *Hueck/Fastrich* GmbH-Gesetz § 15 Rdnr. 9, 12.
[19] Ausf. hierzu *Nieder* Rdnr. 1232 ff.; *Crezelius* S. 268 ff.

des Wirtschaftslebens entsprechen, dass selbst bei einer aus zwei Personen bestehenden Personengesellschaft das Ausscheiden eines Gesellschafters der Fortsetzung des Unternehmens nicht entgegenstehen soll, auch wenn dieses dann natürlich nur in der Form eines Einzelunternehmens weitergeführt werden kann. Für kapitalistisch strukturierte Gesellschaften bürgerlichen Rechts, z.B. GbR's, die Immobilien halten, ist die Fortführung der GbR in der Regel die einzig sinnvolle Rechtsfolge. Soll beim Ableben eines Gesellschafters die Gesellschaft von den anderen Gesellschaftern fortgesetzt werden, so ist eine Fortsetzungsklausel erforderlich:

> **Formulierungsvorschlag:**
> Bei Ableben eines Gesellschafters wird die Gesellschaft von den übrigen Gesellschaftern fortgesetzt. Verbleibt nur ein Gesellschafter, so geht das gesamte Gesellschaftsvermögen auf ihn über.

30　Eine Regelung zur Höhe des **Abfindungsguthabens** ist erforderlich, soweit eine vom Verkehrswert abweichende Berechnung gewollt ist. Selbst wenn eine Verkehrswertabfindung gewünscht wird, empfiehlt es sich, die Art und Weise der Ermittlung des Verkehrswerts zu regeln, da es eine Vielzahl unterschiedlicher Bewertungsmethoden gibt.[20] Hierbei empfiehlt es sich in der Regel, auf die auch im Fall der Kündigung geltenden Abfindungsmodalitäten Bezug zu nehmen:

> **Formulierungsvorschlag:**
> Die Erben des Gesellschafters erhalten eine Abfindung gemäß § ... dieses Vertrages.

Ist ausnahmsweise gewollt, dass den ausscheidenden Erben keinerlei Abfindung aus dem Gesellschaftsvermögen zustehen soll, so empfiehlt sich folgende Regelung:[21]

> **Formulierungsvorschlag:**
> Den Erben des verstorbenen Gesellschafters stehen keine Abfindungsansprüche gegen die Gesellschaft oder die verbleibenden Gesellschafter zu.

Anders als in den Fällen des Ausscheidens eines Gesellschafters wegen Kündigung oder Ausschluss ist es beim Tod eines Gesellschafters zulässig, die Erben von jeglichen Abfindungsansprüchen auszuschließen.[22]

31　Fortsetzungsklauseln sind bei Familienunternehmen in der Regel nicht geeignet, eine interessengerechte Nachfolgeregelung herbei zu führen, da sie gerade keine Unternehmensnachfolge der Erben in die Anteile des Erblassers, sondern deren Ausschluss vorsehen. Im Verhältnis zum Erbrecht bewirkt eine Fortsetzungsklausel, dass der Gesellschaftsanteil der erbrechtlichen Dispositionsbefugnis des Erblassers entzogen ist, d.h. auch ohne bzw. gegen eine erbrechtliche Verfügung wirkt. Der Erblasser kann in diesem Falle lediglich über den Abfindungsanspruch verfügen.

32　**b) Einfache erbrechtliche Nachfolgeklausel.**[23] Statt einer Fortsetzungsklausel können die Gesellschafter einer Gesellschaft bürgerlichen Rechts gesellschaftsvertraglich regeln, dass beim

---

[20] Zur Frage der rechtlichen Grenzen von Abfindungsbeschränkungen in der Judikatur des BGH ausführlich Staudinger/*Habermeier* § 705 Rdnr. 21 ff., 30 f. (zum Abfindungsausschluss), 32 f. (zu Buchwertklauseln); BGH Urt. v. 20.9.1993 – NJW 1993 S. 3193 f.; OLG München Urt. v. 1.9.2004 – DB 2004 – 2207, 2208 f.
[21] Zu den steuerlichen Folgen eines solchen Abfindungsausschlusses und einer Fortsetzungsklausel vgl. *Mayer* ZEV 2003, 355, 357 f.; *Klümpen-Nensel* ErbBstg 2005, 297 ff.
[22] BGH Urt. v. 9.5.1974 – DB 1974 S. 1519; vgl. *Nieder* Rdnr. 1275; zu den Folgen im Pflichtteilsrecht *Meyer* ZEV 2003, 355.
[23] Vgl. *Nieder* Rdnr. 1238 ff.; *Crezelius* Rdnr. 286 f.

Tod eines Gesellschafters dessen Gesellschafterstellung unmittelbar auf einen oder mehrere Rechtsnachfolger übergehen soll. Eine **Nachfolgeklausel** bewirkt einerseits, dass die Gesellschaft nach dem Tod eines Gesellschafters nicht aufgelöst, sondern fortgesetzt wird und andererseits, dass die Gesellschafterstellung vererblich wird. Im Bereich der Personenhandelsgesellschaften ergibt sich diese Regelung heute aus den gesetzlichen Vorschriften (§ 131 HGB), soweit nicht im Einzelfall gesellschaftsvertraglich etwas anderes vereinbart ist. Für Gesellschaften bürgerlichen Rechts ist die Regelung indessen konstitutiv.

> **Formulierungsvorschlag einer einfachen Nachfolgeklausel:**
> Beim Tod eines Gesellschafters wird die Gesellschaft mit seinen Erben oder den Personen, die er zu Vermächtnisnehmern der Beteiligung bestimmt hat, fortgesetzt.

Bei einer solchen Klausel werden die Anzahl und die konkrete Auswahl der Personen ausschließlich der freien Disposition des Erblassers überlassen. Da eine Miterbengemeinschaft nach noch herrschender Auffassung nicht Gesellschafter einer Personengesellschaft sein kann, erfolgt bei der Erbeinsetzung von mehreren Personen eine Aufteilung des Gesellschaftsanteils auf die Erben entsprechend ihrer Erbquote (**Sondererbfolge**).[24] Der Gesellschaftsanteil teilt sich dabei ungeachtet der im sonstigen Nachlass bestehenden Erbengemeinschaft zwischen den Miterben entsprechend ihrer jeweiligen Erbquote auf. 33

c) **Qualifizierte erbrechtliche Nachfolgeklausel.** Von einer **qualifizierten Nachfolgeklausel**[25] spricht man, wenn die gesellschaftsvertragliche Regelung vorsieht, dass die Beteiligung nur in eingeschränktem Umfang vererblich ist (z.B. nur an Familienangehörige, die in gerader Linie verwandt sind) oder dass die Zahl der potenziellen Unternehmensnachfolger begrenzt wird, um eine Zersplitterung des Gesellschaftsanteils auf mehrere Erben zu verhindern (z.B. nur eine Person als Rechtsnachfolger). Bei Familienunternehmen häufig anzutreffen ist die Begrenzung des Kreises potenzieller Nachfolger auf eheliche, leibliche Abkömmlinge. Alternative Abgrenzungskriterien sind selbstverständlich möglich (z.B. Einbeziehung von Adoptivkindern, nicht ehelichen Abkömmlingen, Ehepartnern, evtl. sonstige Verwandte usw.). 34

> **Formulierungsvorschlag:**
> Beim Tode eines Gesellschafters wird die Gesellschaft mit seinen Erben oder den von ihm bestimmten Vermächtnisnehmern fortgesetzt, soweit es sich um nachfolgeberechtigte Personen handelt. Nachfolgeberechtigt sind nur andere Gesellschafter oder eheliche leibliche Abkömmlinge von Gesellschaftern. Für die Übertragung des Gesellschaftsanteils von Erben auf nachfolgeberechtigte Vermächtnisnehmer bedarf es nicht der Zustimmung der anderen Gesellschafter.

Unternehmer unterliegen häufig dem großen Irrtum, dass diese Klausel bereits ausreicht, um die **Vererbung des Gesellschaftsanteils** auf nachfolgeberechtigte Kinder zu gewährleisten, weshalb die erforderlichen erbrechtlichen Regelungen (Testament, Erbvertrag) unterlassen werden. Diese sind jedoch erforderlich um zu gewährleisten, dass das Vermögen tatsächlich auf die nach dem Gesellschaftsvertrag nachfolgeberechtigten Kinder übergeht. Der Erblasser muss dafür Sorge tragen, dass die vom Gesellschaftsvertrag zugelassenen und von ihm gewünschten Nachfolger tatsächlich zu Erben berufen werden. Die qualifizierte Nachfolgeklausel schafft lediglich die gesellschaftsvertragliche Grundlage dafür, dass der Anteil auf den Erben als Mitglied eines qualifizierten Personenkreises übergehen kann. Wer dagegen Erbe wird, ergibt sich entweder auf Grund gesetzlicher Erbfolge – in der Regel bei Unternehmensvermögen ungeeignet – oder auf Grund letztwilliger Verfügung des Erblassers. Es ist ein grober Gestaltungsfehler, wenn der im Gesellschaftsvertrag zugelassene und gewünschte Nachfolger nicht durch 35

---

[24] BGH Urt. v. 22.11.1956 – BGHZ 22, 186, 192; BGH Urt. v. 10.2.1977 – BGHZ 68, 225, 237.
[25] Vgl. *Crezelius* Rdnr. 260 ff.; *Nieder* Rdnr. 1248 ff.

entsprechende erbrechtliche Regelungen tatsächlich zum Erben oder Vermächtnisnehmer gemacht wird.

Diejenigen Erben oder Pflichtteilsberechtigte des Erblassers, die vom Gesellschaftsvertrag nicht als Erben zugelassen sind, haben lediglich erbrechtliche Ausgleichsansprüche im Hinblick auf den Wert der Gesellschaftsbeteiligung des Erblassers in Höhe ihrer Erbquote. Die vom qualifizierten Nachfolger eventuell geschuldeten Ausgleichsansprüche sind einkommensteuerrechtlich nicht relevant, d.h. es entstehen einerseits keine steuerlichen Anschaffungskosten, andererseits können hierfür aufgewandte Finanzierungskosten auch nicht als Betriebsausgaben berücksichtigt werden.[26] Diese Ausgleichsansprüche können den qualifizierten Nachfolger in erheblicher Weise belasten und sollten deshalb testamentarisch geregelt, wenn möglich beschränkt oder sogar gänzlich ausgeschlossen werden (bis zur Höhe des Pflichtteils).

36 Typisches Beispiel einer **gescheiterten Nachfolgeregelung** ist der Fall, dass gemäß der Nachfolgeklausel im Gesellschaftsvertrag nur Abkömmlinge nachfolgeberechtigt sind, laut Testament aber die Ehefrau Alleinerbin wird. In einem solchen Fall kann die Ehefrau nicht in die Gesellschafterstellung des Erblassers einrücken. Sie erbt nur Abfindungsansprüche die in der Höhe meist unter dem Verkehrswert festgelegt sind. Bei einem Familienunternehmen mit mehreren Stämmen scheidet in einem solchen Falle die Familie des Erblassers aus der Gesellschaft aus und erhält nur die Abfindung. Hinzu kommt, dass dieser Abfindungsanspruch erbschaftssteuerlich nicht als Betriebsvermögen nach § 13 a ErbStG privilegiert ist und ertragssteuerlich ein steuerpflichtiger Veräußerungsgewinn i.S.d. § 16 Abs. 1 Nr. 2 EStG entsteht, so dass im Ergebnis Familienvermögen vernichtet wird.

In steuerlicher Hinsicht ist bei Vorliegen einer qualifizierten Nachfolgeklausel besonders darauf zu achten, ob steuerliches Sonderbetriebsvermögen vorliegt, so z.B. bei der Vermietung eines betriebsnotwendigen Grundstücks an die Personengesellschaft durch den Erblasser. Im Wege der testamentarischen Regelung ist sicher zu stellen, dass das dem Gesellschaftsanteil zugeordnete Sonderbetriebsvermögen insgesamt allein auf den qualifizierten Nachfolger übergeht. Fällt etwa das Sonderbetriebsvermögen an eine Erbengemeinschaft, an der neben dem qualifizierten Nachfolger weitere Nichtgesellschafter-Erben beteiligt sind, so wird das Sonderbetriebsvermögen in Höhe der Anteilsquote der Nichtgesellschafter an der Erbengemeinschaft zu steuerlichem Privatvermögen mit der Folge, dass ein Entnahmegewinn entsteht und eine Gewinnrealisierung erfolgt. Diese Zwangsentnahme kann auch im Rahmen der Auseinandersetzung der Erbengemeinschaft nicht mehr dadurch „repariert" werden, dass dem qualifizierten Nachfolger sämtliches Sonderbetriebsvermögen zugeordnet wird.[27]

37 Eine zweite Variante der qualifizierten Nachfolgeklausel besteht darin, die **Zahl der Unternehmensnachfolger** zu beschränken.

> **Formulierungsvorschlag:**
>
> Beim Tode eines Gesellschafters wird die Gesellschaft immer nur mit einem Erben oder Vermächtnisnehmer als Nachfolger fortgesetzt. Wird der durch Verfügung von Todes wegen bestimmte Nachfolger nicht Erbe, so sind die Erben des Verstorbenen, denen der Gesellschaftsanteil zufällt, verpflichtet, den Gesellschaftsanteil dem zu übertragen, der als Vermächtnisnehmer des Anteils bestimmt wurde. Wurden mehrere Personen bestimmt, so ist der Gesellschaftsanteil an denjenigen zu übertragen, den der Testamentsvollstrecker bzw. wenn ein solcher nicht bestimmt ist, alle übrigen Gesellschafter mehrheitlich als Nachfolger aus der Zahl der Erben oder Vermächtnisnehmer auswählen. Auf den Nachfolger gehen alle Rechte und Pflichten des Verstorbenen über. Wird eine solche Person nicht innerhalb von 6 Monaten nach dem Erbfall bestimmt, so scheiden die Erben aus der Gesellschaft aus.

38 **d) Rechtsgeschäftliche Eintrittsklauseln.**[28] Der Gesellschaftsvertrag einer GbR oder Personenhandelsgesellschaft kann schließlich vorsehen, dass der potenzielle Nachfolger nicht au-

---

[26] Vgl. BFH Urt. v. 27.7.1993 – BStBl. II 1994, 625; *Crezelius* Rdnr. 276.
[27] Vgl. BMF-Schreiben v. 11.1.1993 – BStBl. I 1993 Rdnr. 83 f.
[28] S. hierzu *Crezelius* S. 290 ff.; *Nieder* Rdnr. 1259 ff.

tomatisch kraft Erbrechts in die Gesellschafterstellung eintritt, sondern auch einem Nicht-Erben ein eigenständiges Eintrittsrecht eingeräumt wird. Die **Eintrittsklausel** verschafft dem potenziellen Nachfolger einen lediglich schuldrechtlichen Anspruch, von den verbleibenden Gesellschaftern in die Gesellschaft aufgenommen zu werden (Vertrag zugunsten Dritter). Der Eintritt in die Gesellschaft erfolgt demnach nicht unmittelbar, sondern es bedarf eines zusätzlichen rechtsgeschäftlichen Aufnahmevertrags. Eine rechtsgeschäftliche Eintrittsklausel ist in der Regel äußerst problematisch, da der potenzielle Nachfolger nicht automatisch in die Gesellschaft eintritt und unter Umständen in einem mühsamen Verfahren seine Aufnahme durchsetzen muss.

Außerdem ist zu beachten, dass die Klausel nichts daran ändert, dass die Erben **Abfindungsansprüche** erlangen und dem Nachfolger nur das Recht zuwächst, in die Gesellschaft einzutreten, was diesen seinerseits zur Leistung seiner Einlage verpflichtet. Eine solche Regelung ist aus steuerlicher Sicht unsinnig, da sie zu einer Gewinnrealisierung auf der Ebene des ausscheidenden Gesellschafters führt. Die Erben als Rechtsnachfolger müssen einen eventuell anfallenden Veräußerungsgewinn versteuern und bei einer entsprechenden testamentarischen Regelung auch noch den Nettobetrag der Abfindung an den Eintrittsberechtigten abführen.

Um steuerliche Probleme einer **Gewinnrealisierung** zu vermeiden, muss die Entstehung eines Abfindungsanspruchs verhindert werden. Dies kann in der Weise geregelt werden, dass die Gesellschafterstellung vorübergehend treuhänderisch durch Mitgesellschafter gehalten wird, der Eintrittsberechtigte von seiner Pflicht zur Leistung seiner Einlage befreit wird und ein Abfindungsanspruch erst dann entsteht, wenn der Eintrittsberechtigte sich gegen einen Verbleib in der Gesellschaft entscheidet. Im Ergebnis kommt eine solche Klausel einer qualifizierten Nachfolgeklausel mit Sonderkündigungsrecht gleich.

> **Formulierungsvorschlag einer Eintrittsklausel:**[29]
>
> Beim Tode eines Gesellschafters steht demjenigen, wobei es sich immer nur um eine Person handeln kann, den der Verstorbene durch Erklärung gegenüber der Gesellschaft zu Lebzeiten oder durch Verfügung von Todes wegen als Rechtsnachfolger bestimmt hat, das Recht zu, zu den gleichen Bedingungen der Mitgliedschaft des Verstorbenen seinen Eintritt in die Gesellschaft zu erklären. Der Eintritt hat durch Erklärung gegenüber den übrigen Gesellschaftern spätestens drei Monate nach dem Erbfall zu erfolgen. Nach fruchtlosem Ablauf dieser Frist wird die Gesellschaft von den übrigen Gesellschaftern unter Abfindung der Erben des Verstorbenen fortgesetzt. Tritt der Eintrittsberechtigte in die Gesellschaft ein, so haben ihm die überlebenden Gesellschafter, wozu sie sich hiermit ihm gegenüber verpflichten, den bis dahin treuhänderisch gehaltenen Kapitalanteil des Verstorbenen unentgeltlich zu übertragen. Abfindungsansprüche der Erben des Verstorbenen gegen die Gesellschaft oder die Gesellschafter sind in diesem Fall ausgeschlossen.

e) **Rechtsgeschäftliche und „gesellschaftsvertragliche" Nachfolgeklausel.**[30] Eine **rechtsgeschäftliche Nachfolgeklausel** liegt vor, wenn die Gesellschafterstellung unter Lebenden rechtsgeschäftlich einem Dritten zugewendet werden soll. Derartige Klauseln sind unwirksam, wenn der Dritte nicht an der Vereinbarung selbst beteiligt ist. Etwas missverständlich von einer „**gesellschaftsvertraglichen**" Nachfolgeklausel spricht man schließlich, wenn im Gesellschaftsvertrag verbindlich zwischen Erblasser, Nachfolger und Mitgesellschafter die Nachfolge geregelt wird. Auch eine solche Regelung ist nur zulässig, wenn der Nachfolgeberechtigte dieser unmittelbar zustimmt. Der Übergang des Gesellschaftsanteils soll in diesem Falle direkt auf Grundlage der Nachfolgeregelung im Vertrag erfolgen, einer gesonderten erbrechtlichen Verfügung bedarf es nicht. Rechtlich wird eine solche Vereinbarung als Zuwendung unter Lebenden auf den Todesfall zu qualifizieren sein. Bei Abfassung solcher Nachfolgeregelungen sollte unbedingt klargestellt werden, welche rechtliche Bedeutung einer solchen Klausel beigemessen werden soll, um Streitigkeiten bei der Auslegung zu vermeiden.

---

[29] In Anlehnung an *Nieder* Rdnr. 1263.
[30] Vgl. *Klein*, Münchner Handbuch Gesellschaftsrecht, Bd. I § 14 Rdnr. 19; *Nieder* Rdnr. 1264.

In der Praxis haben derartige Klauseln keine Bedeutung erlangt, so dass von einem Formulierungsvorschlag abgesehen wird.

3. Vertragliche Nachfolgeregelungen für Kapitalgesellschaften

42 Vertragliche Nachfolgeregelungen sind für Kapitalgesellschaften erforderlich, wenn die **freie Vererblichkeit** verhindert oder die gesetzlichen Regelungen (Miterbengemeinschaft ist Gesamthandsgemeinschaft) modifiziert werden sollen. Zu unterscheiden ist hierbei zwischen Gesellschaften mit beschränkter Haftung und Aktiengesellschaften. Beiden Rechtsformen gemeinsam ist der Umstand, dass die Nachfolge in die Gesellschaftsanteile als solche nicht ausgeschlossen werden kann.

43 Im GmbH-Recht ist es zulässig, in der Satzung der GmbH eine so genannte **Einziehungsklausel** zu vereinbaren.[31] Eine derartige Klausel berechtigt die übrigen Gesellschafter zur Einziehung des Geschäftsanteils. In der Satzung sollte ausdrücklich vorgesehen werden, dass dem auszuschließenden Gesellschafter bei der Beschlussfassung kein Stimmrecht zusteht, da nach vorherrschender Auffassung in diesem Falle das Stimmrechtsverbot des § 47 Abs. 4 GmbHG nicht gilt.[32] Wird eine solche Satzungsregelung nachträglich eingefügt, so ist dies nur mit Zustimmung sämtlicher Gesellschafter möglich.[33] Anstelle bzw. besser noch in Ergänzung der Einziehungsklausel kann eine sog. **Abtretungsklausel** in den Gesellschaftsvertrag aufgenommen werden, die die Erben verpflichtet, den GmbH-Anteil an die Gesellschaft selbst oder an dritte in der Regel von der Gesellschafterversammlung mit einfacher oder qualifizierter Mehrheit bestimmte Personen abzutreten.[34]

44 Eine Einziehungsklausel bzw. Abtretungsverpflichtung sollte nur unter genau definierten Voraussetzungen vorgesehen werden, so z.B. wenn Erben des Gesellschafters andere Personen als Abkömmlinge sind.

> **Formulierungsvorschlag:**
> Die Einziehung des Geschäftsanteils eines Gesellschafters ohne dessen Zustimmung ist zulässig, wenn der Geschäftsanteil an eine nicht nachfolgeberechtigte Person vererbt wird. Nachfolgeberechtigt sind ausschließlich eheliche leibliche Abkömmlinge, Mitgesellschafter oder eheliche leibliche Abkömmlinge von Mitgesellschaftern.

45 In Ergänzung zu dieser Einziehungsregelung tritt eine Regelung über das so genannte **Abtretungsverlangen** statt Einziehung.

> Soweit die Einziehung eines Geschäftsanteils zulässig ist, kann die Gesellschaft statt dessen verlangen, dass der Geschäftsanteil an die Gesellschaft oder unter Gleichbehandlung aller übrigen Gesellschafter an die Gesellschafter abgetreten wird, und zwar auch dergestalt, dass der Geschäftsanteil teilweise eingezogen und im Übrigen an die Gesellschaft oder die Gesellschafter abgetreten wird. § 17 GmbHG bleibt unberührt. Soweit die Gesellschaft statt der Einziehung des Geschäftsanteils die Abtretung an sich oder einen Gesellschafter verlangt, gelten die Regelungen in § ... (Abfindungsregelung) entsprechend mit der Maßgabe, dass die Vergütung für den abzutretenden Geschäftsanteil von dem Erwerber des Geschäftsanteils geschuldet wird und die Gesellschaft für deren Zahlung wie ein Bürge haftet, der auf die Einrede der Vorausklage verzichtet hat. § 30 Abs. 1 GmbHG bleibt unberührt.

46 Auch für Aktien kann die **Vererblichkeit der Aktien** als solche nicht ausgeschlossen werden.[35] Selbst bei Namensaktien kann nur die rechtsgeschäftliche Übertragung der Namensak-

---

[31] Vgl. *Crezelius* Rdnr. 324; *Sudhoff* S. 589 ff.
[32] Vgl. Baumbach/Hueck/*Hueck*/*Fastrich* GmbHG § 47 Rdnr. 56.
[33] Vgl. BGH Urt. v. 16.12.1991 – BGHZ 116, 359, 363.
[34] Vgl. *Crezelius* Rdnr. 328; *Sudhoff* S. 592 f.; *Häger*/*Wilts* WiB 1995, 409, 412.
[35] MünchKommBGB/*Leipold* § 1922 Rdnr. 31; *Crezelius* Rdnr. 380; *Sudhoff* S. 580.

tie, nicht aber der Übergang auf den Gesamtrechtsnachfolger verhindert werden (§ 68 Abs. 2 AktG). Unter den Voraussetzungen des § 237 AktG kann jedoch beim Tod eines Aktionärs die Einziehung der Aktien im Wege der Kapitalherabsetzung vorgesehen werden.[36] Auf Grund des komplexen Verfahrens empfiehlt sich eine solche Regelung allerdings nur bei Familien-AGs mit einem kleineren Aktionärskreis. In der Praxis ist es stattdessen üblich, dass Aktionäre, die eine Vererbung auf beliebige dritte Personen ausschließen wollen, insbesondere bei Familienunternehmen, einen Konsortial- oder Poolvertrag abschließen und hierbei sowohl Beschränkungen für die Übertragung von Aktien unter Lebenden als auch für den Todesfall vorsehen.[37] In einem solchen Vertrag kann geregelt werden, dass Aktionäre, die nicht zum Kreis der zugelassenen Nachfolger gehören, verpflichtet sind, ihre Aktien auf die übrigen Partner des Konsortial- oder Poolvertrags bzw. anderweitig festgelegte Personen zu übertragen. In diesem Falle muss der Erblasser im Rahmen seiner testamentarischen Verfügung sicherstellen, dass die Bestimmungen der Konsortial- oder Poolvertrages von seinem Nachfolger beachtet werden. Wird dieser Erbe, so gehen die Verpflichtungen des Pool- oder Konsortialvertrages gemäß § 1922 BGB automatisch über, erhält der Nachfolger die Aktien als Vermächtnis, so ist durch entsprechende Auflagen die Einhaltung dieser Bestimmungen zu gewährleisten.

Bei einer **Kommanditgesellschaft auf Aktien** ist zwischen der Vererbung der Gesellschaftsanteile eines Komplementärs und einer Vererbung der Aktien zu unterscheiden. Für letztere gelten die zuvor dargestellten Regeln entsprechend. Demgegenüber wird die Stellung eines Komplementärs wie die eines persönlich haftenden Gesellschafters einer OHG vererbt, so dass die gleichen Grundsätze wie bei einer Vererbung von Anteilen an Personengesellschaften Anwendung finden.[38]

IV. Gesellschaftsrechtliche Maßnahmen zur Vorbereitung und Sicherung der Unternehmensnachfolge

1. Die Wahl der Rechtsform und deren erbschaftsteuerliche Behandlung

Die Wahl der Rechtsform eines Familienunternehmens erfolgt in der Regel nicht unter dem Gesichtspunkt einer Optimierung der Unternehmensnachfolge. In der Praxis sind für die Rechtsformwahl meist steuerliche Gründe maßgebend, da das deutsche Unternehmenssteuerrecht keine rechtsformunabhängige Besteuerung kennt. Die steuerliche Rechtsformwahl wiederum erfolgt primär unter ertragsteuerlichen Gesichtspunkten. Die Rechtsform ist jedoch wegen unterschiedlicher Bewertungsverfahren für die erbschaftsteuerliche Belastung von erheblicher Bedeutung (vgl. Rdnr. 58 ff.). Gerade im Hinblick hierauf sollte im Zusammenhang mit der Planung der Unternehmensnachfolge die Zweckmäßigkeit der bestehenden Rechtsform bzw. eventuelle Änderungen der Rechtsform geprüft werden.[39] Insbesondere bei ertragsstarken Unternehmen kann ein **Rechtsformwechsel** von der Kapital- in die Personengesellschaft aus erbschaftsteuerlichen Gründen sinnvoll sein.[40] Inwieweit ein solcher Schritt sinnvoll ist, kann nur im Einzelfall anhand der voraussichtlichen Erbschaftsteuerersparnisse und unter Abwägung der sonstigen Rechtsformauswirkungen (Unterschiede in der laufenden Steuerbelastung, einmalige Kosten- oder Steuerbelastungen aus dem Wechsel) analysiert werden. Tendenziell kann die Aussage getroffen werden, dass die Vererbung von Anteilen an Personengesellschaften in der Regel günstiger ist als diejenige von Kapitalgesellschaften.

Zuvor wurde aufgezeigt, dass angesichts der Dispositivität des Gesellschaftsrechts die gewünschten Vererbungsmöglichkeiten grundsätzlich in jeder Rechtsform zu erreichen sind. Gleichwohl lässt sich folgende **Negativauswahl für die Rechtsformwahl** treffen: Einzelunternehmen sollten nur ausnahmsweise Gegenstand einer testamentarischen Regelung sein, da Einzelunternehmen nicht im Wege der Fremdorganschaft geführt werden und bei Existenz mehrerer Erben, insbesondere auch bei minderjährigen Gesellschaftern, erhebliche Probleme

---

[36] Vgl. *Crezelius* Rdnr. 383; *Hüffer* § 237 Rdnr. 12.
[37] *Sudhoff* S. 597.
[38] Vgl. *Crezelius* Rdnr. 390.
[39] So auch *Sudhoff* S. 997 ff.
[40] Vgl. auch *Crezelius* Rdnr. 193; *Schwedhelm* ZEV 2003, 8 ff.

auftreten können. Ferner sind Unternehmen, die einen persönlich haftenden Gesellschafter voraussetzen (OHG, KG mit persönlich haftendem Gesellschafter, KGaA mit persönlich haftendem Gesellschafter) so zu strukturieren, dass der Wegfall des persönlich haftenden Gesellschafters nicht zur Auflösung der Gesellschaft führt. Dies kann in allen Fällen in der Weise geschehen, dass zumindest ein Reserve-Komplementär in Form einer Kapitalgesellschaft vorgesehen wird. Dies ist auch in der Rechtsform der KGaA möglich. Im Übrigen muss in jedem Fall geprüft werden, ob die gesellschaftsvertraglichen bzw. gesetzlichen Bestimmungen zur Rechtsnachfolge mit der gewollten erbrechtlichen Lösung und deren Umsetzung in Testament oder Erbvertrag in Einklang stehen.

2. Die Schaffung klarer Unternehmensstrukturen

50 In Familienunternehmen sind häufig keine klaren **Unternehmensstrukturen** vorhanden. Die vorhandene Struktur ist oft nicht bewusst geplant, sondern Resultat einer historischen Entwicklung. Handelt es sich bei dem Unternehmer um eine einzelne Person oder wenige Personen, so werden neue Aktivitäten, z.B. Gründung von ausländischen Gesellschaften, auch wenn sie letztlich die Funktion von Tochtergesellschaften haben, häufig durch die Gesellschafter persönlich vorgenommen, so dass es sich juristisch um Schwestergesellschaften handelt. Betriebsgrundstücke werden von den Gesellschaftern oftmals mittels einer GbR, gelegentlich aber auch nur zu Bruchteilseigentum erworben. In derartigen Fällen ist sorgfältig abzuwägen, ob die vorhandene Struktur in der nächsten Generation noch eine tragfähige Grundlage darstellt oder ob sämtliche Gesellschaften bzw. der Gesellschaft dienende Vermögensgegenstände (häufig Sonderbetriebsvermögen) in eine Holding- oder Hauptgesellschaft (Stammhausprinzip) eingebracht werden sollen.

51 Für eine **Einbringung** sprechen folgende Gesichtspunkte:
- Wirtschaftlich sind die neu gegründeten „Schwestergesellschaften" häufig Tochtergesellschaften, die ohne die Muttergesellschaft selbst gar nicht lebensfähig sind.
- Das Management der Muttergesellschaft ist für die Geschäftspolitik der gesamten Unternehmensgruppe verantwortlich.
- Bei einer Einbringung in die „Muttergesellschaft" sind unterschiedliche Beteiligungsverhältnisse, insbesondere im Erbfall oder durch Kündigung einzelner Gesellschaften durch einzelne Gesellschafter nicht möglich, so dass die Gesellschafteridentität für die Gesamtgruppe durch Einbringung gesichert wird. Sonderentwicklungen bei einzelnen Gesellschaften mit unterschiedlichen Beteiligungsquoten und gegensätzlichen Interessen werden verhindert.
- Die Unternehmensnachfolge ist erleichtert, da etwaige Gesellschafterkonflikte nicht bei den einzelnen Gesellschaften ausgetragen werden können.
- Bei Vorhandensein von Sonderbetriebsvermögen oder einer Vielzahl von Gesellschaften besteht ohne Einbringung ein deutlich erhöhter Beratungsbedarf bei der Übertragung oder Vererbung von Gesellschaftsanteilen, und zwar erbrechtlich, gesellschaftsrechtlich und steuerrechtlich. Dies gilt erst recht für ausländische Gesellschaftsanteile oder Grundvermögen, zumal hier auch durch ausländische Rechtsordnungen ausgelöste erbrechtliche und erbschaftsteuerrechtliche Komplikationen auftreten können.
- Die Zusammenfassung in einer einheitlichen Gesellschaft verstärkt die Eigenkapitalbasis der Muttergesellschaft.

52 Als **Nachteile** einer Zusammenfassung in **einer einheitlichen Gesellschaft** sind insbesondere zu nennen:
- Konzernabschluss für die gesamte Unternehmensgruppe
- Haftungsrechtliche Nachteile durch Zusammenfassung und Bündelung der Unternehmensteile
- Gegebenenfalls Nachteile bei der Mitbestimmung auf Ebene des Aufsichtsrates und/oder der betriebsverfassungsrechtlichen Organe

Im Ergebnis ist eine Gesamtabwägung sämtlicher Umstände erforderlich, wobei für Zwecke der Unternehmensnachfolge regelmäßig eine Zusammenfassung aller Unternehmensbeteiligungen und der dem Unternehmen dienenden Wirtschaftsgüter unter einer Haupt- oder Holdinggesellschaft zu befürworten ist.

3. Vertragliche Anpassungen zur Vorbereitung und Ausgestaltung der Nachfolge im Unternehmensvermögen

Für den Berater sind grundsätzlich zwei **Beratungssituationen** zu unterscheiden: Die eine besteht darin, dass sein Mandant frei über den Gesellschaftsvertrag verfügen kann, weil die notwendigen Mehrheiten zur Änderung bisheriger Regelungen vorliegen. Dies stellt die Idealsituation dar, weil dann im Zuge der Nachfolgeberatung individuelle Anpassungen des Gesellschaftsvertrages möglich sind. Besteht diese Möglichkeit nicht, so muss der Berater die vorhandenen gesellschaftsvertraglichen Regelungen als gegeben hinnehmen und prüfen, ob die gewollte erbrechtliche Nachfolgekonstruktion unter diesen Bedingungen zu realisieren ist.

Die Wesentlichen gesellschaftsvertraglichen Regelungsmöglichkeiten zur Vorbereitung der Nachfolge beschränken sich dabei nicht auf die bereits dargestellten Regelungen zur Übertragung und Vererbung von Gesellschaftsanteilen.

Darüber hinaus muss der Tatsache Rechnung getragen werden, dass im Zuge der Unternehmensnachfolge wichtige Systemvoraussetzungen sich verändern können. So kann sich ein Unternehmen, das bisher vom Alleineigentümer geleitet wurde, infolge des Generationswechsels zu einem Unternehmen verändern, das über operativ sowie nicht operativ tätige Gesellschafter verfügt und von einem Fremd-Geschäftsführer geleitet wird. Der Gesellschaftsvertrag muss solche Systemveränderungen nachvollziehen und regeln. Grundsätzlich sollte ein guter Gesellschaftsvertrag folgende Punkte regeln:

- Lösung latenter Mehrheit-Minderheit-Konflikte durch qualifizierte Mehrheitsregeln, Minderheitenrechte, Vetorechte oder ggf. Austrittsrechte.
- Lösung eines latenten Konfliktes zwischen geschäftsführenden Gesellschaftern und Fremdgeschäftsführern durch Regelungen zum Vorsitz, Ressortprinzip, Verankerung einer Geschäftsordnung oder eines Beirates.
- Ausübung von Kontrollfunktionen gegenüber der Geschäftsführung durch Eigentümer oder Beiratsmitglieder sowie Regelung von Informations- und Mitspracherechten nicht operativ tätiger Gesellschafter.
- Sicherstellung einer qualifizierten Nachfolge in der Geschäftsführung durch Festlegung der Zahl der Geschäftsführer, etwaiger Qualitätsanforderungen, klare Zuordnung der Personalkompetenz zu Beirat oder Gesellschafterversammlung.
- Sicherung der finanziellen Basis des Unternehmens durch vorausschauende Kündigungsregelung, klare und durchsetzbare Abfindungsregelungen, Entnahmerechte und Regeln zur Ausschüttungs- bzw. Thesaurierungspolitik.
- Schutz vor Negativeinflüssen aus der familiären Sphäre infolge Scheidung, Tod oder Streit von bzw. zwischen Familienmitgliedern durch entsprechende Güterstands-, Übertragungs- bzw. Nachfolgeregeln.
- Regelungen zur Streitverhinderung und Streitschlichtung, z.B. durch Schiedsgerichtsregelung.
- Regelung der Jahresabschlusserstellung, der Ausübung von Wahlrechten und Bilanzierungsspielräumen, der Informationsrechte gegenüber Gesellschaftern, Prüfung durch unabhängigen Wirtschaftsprüfer, Handhabung von Veröffentlichungspflichten sowie klare Kompetenzzuweisung zur Feststellung des Jahresabschlusses an Gesellschafterversammlung oder Beirat.

4. Die Einsetzung beratender/entscheidender Gremien zur Begleitung der Unternehmensnachfolge

Nach deutschem Mitbestimmungs- und Gesellschaftsrecht sind **Aufsichtsgremien** nur bei Vorliegen bestimmter Voraussetzungen zu bilden. Aktiengesellschaften und Kommanditgesellschaften auf Aktien benötigen unabhängig von ihrer Mitarbeiterzahl stets einen Aufsichtsrat. Für Gesellschaften mit beschränkter Haftung besteht erst ab einer Mitarbeiterzahl von 500 die Pflicht, einen Aufsichtsrat zu errichten, wobei die Mitarbeiter konzernabhängiger Gesellschaften nur unter engen Voraussetzungen mitzuzählen sind. Bei Überschreitung einer Mitarbeiterzahl von 2.000 Arbeitnehmern im Konzern besteht sowohl bei Kapitalgesellschaften als auch bei Personengesellschaften mit Kapitalgesellschaften als persönlich haftendem Gesellschafter (§ 4 MitbestG) die Verpflichtung, einen paritätisch mitbestimmten Aufsichtsrat einzusetzen.

56 Soweit die vorgenannten Voraussetzungen nicht vorliegen, besteht keine gesetzliche Obliegenheit, einen Aufsichtsrat oder Beirat einzurichten. Die Einsetzung solcher **Organe** ist dagegen **auf freiwilliger Basis** immer möglich. Welche Vorteile mit der Einsetzung eines solchen Organs verbunden sind, ist in der einschlägigen Spezialliteratur ausführlich dargestellt worden.[41] Gerade im Bereich der Familienunternehmen bietet die Einsetzung eines Aufsichts- oder Beirates zur Begleitung der Unternehmensnachfolge erhebliche Vorteile. Sie erleichtert dem aus Altersgründen ausscheidenden Geschäftsführer-Gesellschafter den Ausstieg aus der operativen Geschäftsführung, da das völlige Loslassen und ein Zurückfallen in die reine Gesellschafterstellung gerade erfolgreichen Unternehmern sehr schwer fällt. Andererseits ermöglicht die Mitwirkung in Organen die Nutzung des umfangreichen Erfahrungspotentials des aus dem operativen Geschäft ausscheidenden Seniors. Nicht weniger wichtig sind indessen fremde Beiräte oder Aufsichtsräte, die den Generationswechsel begleiten können. Ihre Aufgabe sollte es sein, nicht nur fachlichen Rat zu leisten, sondern den häufig mit Problemen verbundenen Generationswechsel zu moderieren, indem sie sowohl die berechtigten Anliegen des ausscheidenden Seniors als auch die des eintretenden Juniors angemessen berücksichtigen. Ferner kann es ihre Aufgabe sein, die Eignung des Nachfolgers aus Sicht eines Familienfremden möglichst neutral zu beurteilen. Angesichts des verständlichen Wunsches vieler Unternehmer, dass ein Mitglied aus der eigenen Familie die Geschäftsführung übernimmt, ist es für sie häufig unmöglich, das eigene Familienmitglied unter Berücksichtigung seiner Stärken und Schwächen objektiv zu beurteilen. Aus der Praxis sind den Verfassern zwar auch Fälle bekannt, in denen sich Senioren über einstimmige Voten familienfremder Beiratsmitglieder hinweggesetzt haben und hierbei in Kauf genommen haben, dass sich das Unternehmen unter der Verantwortung nicht geeigneter Kinder bzw. Schwiegerkinder negativ entwickelt. Dies sind allerdings Ausnahmen. In der Regel wird sich ein Unternehmer, auch wenn der Beirat nur beratende Funktion hat, nicht leichtfertig über Empfehlungen eines solchen Organs hinwegsetzen.

Noch wichtiger ist der Beirat beim plötzlichen Tod des Unternehmers. Hier kann er, insbesondere wenn er das Unternehmen über mehrere Jahre begleitet hat, der Unternehmerfamilie wichtige Hilfestellung bei der Unternehmensfortführung und der Suche nach qualifiziertem Management leisten.

57 Eine Unternehmerfamilie, die sich für die Einrichtung eines Aufsichtsorgans im Rahmen der Unternehmensnachfolge entscheidet, kann hierbei auf folgende – in ihrer praktischen Mitwirkung höchst unterschiedliche – Regelungsmodelle zurückgreifen:
- Einrichtung eines rein **beratenden Beirates**, dessen Organstellung nicht im Gesellschaftsvertrag verankert ist, dessen Rechtsstellung somit allein auf schuldrechtlicher Vereinbarung zwischen den Gesellschaftern einerseits und den Beiratsmitgliedern andererseits basiert;
- Einrichtung eines **Beirates mit organschaftlicher Funktion**, die im Gesellschaftsvertrag des Familienunternehmens verankert ist; hierbei können die Aufgaben des Beirats konkret auf die individuellen Bedürfnisse des Unternehmens abgestellt werden. Neben Beratungsaufgaben kann ein solcher Beirat auch Aufgaben in den Bereichen Unternehmensplanung, Überwachung und Kontrolle der Geschäftsführung sowie Ausübung von Personalkompetenz einnehmen; hierbei empfiehlt sich häufig auch die Aufnahme zeitlich flexibler Aufgabenkataloge, so z.B. eine Übertragung der Personalkompetenz erst mit Ausscheiden des Seniors aus der Geschäftsführung;
- Einrichtung eines mit umfassenden Kompetenzen ausgestatteten **Aufsichtsrates**, dessen Rechte und Pflichten dem Leitbild eines aktienrechtlichen Aufsichtsrates i.S.d. §§ 95 ff. AktG nachgebildet sind;
- schließlich kann auch ein sog. „**schlafender Beirat**" bestellt werden, dessen Tätigkeit erst mit dem Tod des Seniors beginnt. Die Einrichtung eines solchen Beirates kann durch Gesellschaftsvertrag oder im Wege einer Auflage im Unternehmertestament angeordnet werden.

---

[41] Sobanski/Gutmann/*Hennerkes* S. 221 ff.; *Sudhoff* S. 598 ff.

V. Der Einfluss des Steuerrechts auf die Übertragung von Unternehmensvermögen

1. Erbschaftsteuerliche Aspekte

Auch wenn erbschaftsteuerliche Gründe nur ein Kriterium der Nachfolgeplanung sind, gilt es, die erbschaftsteuerlichen Belastungen angemessen zu berücksichtigen. Die anfallenden Erbschaftsteuerbelastungen sind nämlich Nettobelastungen, da sie aus versteuertem Einkommen zu tragen sind. Viele Familienunternehmen verfügen jedoch nicht über einen ausreichend hohen Cash Flow, um hohe Entnahmen zur Finanzierung von Erbschaftsteuerbelastungen vorzunehmen. Je größer das unternehmerische Vermögen ist, desto wichtiger ist es, erbschaftsteuerliche Belastungen zu planen und zu minimieren.

Rein statistisch dominiert bei testamentarischen Gestaltungen das so genannte **Berliner Testament**.[42] Die Eheleute setzen sich wechselseitig als Alleinerben ein. Zu Schlusserben werden die gemeinschaftlichen Kinder bestimmt. Eine solche Testamentsgestaltung mag für „normale" Privathaushalte durchaus sachgerecht sein, wenn darauf vertraut werden kann, dass der überlebende Ehepartner letztlich im Interesse der gemeinsamen Kinder handeln wird. Bei Existenz von größerem Privat- oder Unternehmensvermögen ist eine solche Gestaltung kritisch zu werten. In dem typischen Fall, dass das Unternehmensvermögen beim Ehemann liegt, dieser jedoch vorverstirbt und sein Vermögen seiner Ehefrau vererbt, kommt es nämlich zu zwei Erbfällen und damit zu einer annähernd doppelten Erbschaftsteuerbelastung. Eine solche Steuerbelastung ist, auch wenn selbstverständlich eine angemessene Versorgung des Ehepartners sichergestellt werden und eine Abhängigkeit von den Kindern vermieden werden soll, in der Regel nicht gewollt, da sie zu einer Minderung des Familienvermögens führt.

In der Regel ist es daher der Wille des Unternehmers, die **Vermögenssubstanz** unmittelbar seinen Kindern zuzuwenden. Die Versorgung des Ehepartners muss dann anderweitig, z.B. durch Privatvermögen, Rentenzahlungen oder sonstige variable Leistungen sichergestellt werden (vgl. hierzu Rdnr. 72 ff.). Soll verhindert werden, dass die Kinder zu früh über unternehmerisches Vermögen als solches verfügen, so kann dieses Ziel dadurch erreicht werden, dass der Ehepartner oder auch sachverständige Dritte als Testamentsvollstrecker eingesetzt werden.

Wichtiges Instrumentarium der Erbschaftsteuerplanung ist regelmäßig das Institut der **vorweggenommenen Erbfolge** (vgl. hierzu Rdnr. 94 ff.). Auch hier gilt der Grundsatz, dass dieses Instrumentarium umso wichtiger ist, je höher das Vermögen ist. Die vorweggenommene Erbfolge bietet eine Fülle von Vorteilen. Im Erbschaftsteuerrecht wird grundsätzlich in 10-Jahreszyklen gedacht. Nach den gesetzlichen Bestimmungen werden die Freibeträge auf 10-Jahreszeiträume bezogen. Der Erbschaftsteuertarif ist progressiv ausgestaltet, wobei Schenkungen und erbrechtliche Zuwendungen innerhalb von 10 Jahren zusammenzurechnen sind. Durch Verteilung auf mehrere Dekaden kann die Progression gemindert werden. Ein weiterer Vorteil ist, dass durch rechtzeitige Übertragungen Wertsteigerungen bereits erbschaftsteuerfrei im Vermögen der Nachfolgegeneration eintreten. Darüber hinaus wird auch die einkommensteuerrechtliche Progression gemindert und Grundfreibeträge können auch bei den Kindern genutzt werden.

Ein weiteres Element der **Erbschaftsteuerplanung** ist die (gestaltbare) Zusammensetzung des Vermögens. Hier ist zu berücksichtigen, dass nach den bisherigen erbschaftsteuerlichen Bestimmungen Betriebsvermögen, welches in Form von Anteilen an Personengesellschaften oder aus einem Einzelunternehmen besteht, steuerrechtlich privilegiert ist. Derartiges Betriebsvermögen wird lediglich mit dem steuerlichen Buchwert bewertet (§ 12 Abs. 5 ErbStG). Abweichungen gelten nur für bestimmte Vermögensgegenstände, z.B. Grundvermögen oder Anteile an Kapitalgesellschaften (§ 12 Abs. 3 und 4 BewG). Für Grundvermögen findet eine so genannte Bedarfsbewertung statt, die sich in der Regel am Ertragswert der Immobilien orientiert. Die gesetzlichen Bewertungsverfahren führen allerdings dazu, dass abhängig vom Einzelfall nur ca. 60 % der Grundstücksverkehrswerte angesetzt werden. Demgegenüber sind Wertpapierver-

---

[42] Vgl. hierzu statt vieler *Nieder* Rdnr. 822 ff.; *Sudhoff* S. 219 ff.

mögen und unternehmerische Beteiligungen an börsennotierten Gesellschaften grundsätzlich zum Verkehrswert anzusetzen.

62 Abweichend werden Anteile an Kapitalgesellschaften bewertet.[43] Soweit sich der Wert der Anteile nicht aus Börsenkursen oder Verkäufen, die maximal ein Jahr zurückliegen, ableiten lässt, ist der Wert nach dem Stuttgarter Verfahren zu ermitteln. Bei dem **Stuttgarter Verfahren** handelt es sich um ein in den Erbschaftsteuerrichtlinien (R 96 ff.) angeordnetes kombiniertes Bewertungsverfahren, bei dem sowohl der Substanz- als auch der Ertragswert anzusetzen ist. Die Werte nach dem Stuttgarter Verfahren liegen in der Regel über den steuerlichen Buchwerten, die für Personengesellschaften anzusetzen sind, allerdings meist deutlich unter den Verkehrswerten, die im Fall einer Veräußerung zu erzielen sind. Die Rechtsformwahl (Personengesellschaft oder Kapitalgesellschaft) bei Betriebsvermögen hat demzufolge ebenso entscheidenden Einfluss auf die Bewertung und damit letztlich die Höhe der Erbschaftsteuerbelastung wie die Frage, ob Privatvermögen unmittelbar oder durch gewerbliche Rechtsformen (wie GmbHs oder GmbH & Co. KGs) verwaltet wird.

63 Weiter ist zu berücksichtigen, dass Anteile an Personengesellschaften oder Einzelunternehmen unabhängig von der Beteiligungshöhe zum **Betriebsvermögen** gehören, für welches ein Bewertungsabschlag von 35 % und ein Freibetrag von € 225.000,– vorgesehen ist (§ 13 a ErbStG). Für Anteile an Kapitalgesellschaften werden diese Abschläge nur gewährt, wenn eine Mindestbeteiligung von mehr als 25 % vorliegt (§ 13 a Abs. 4 Nr. 3 ErbStG). Dieser Prozentsatz wurde unverändert beibehalten, auch wenn die im Einkommensteuerrecht geltende Grenze für die Versteuerung wesentlicher Beteiligungen mittlerweile von mehr als 25 % auf mindestens 10 % und seit dem 1.1.2002 auf 1 % abgesenkt wurde.

64 Seit dem Jahre 2002 besteht erbschaftsteuerlich in der Bewertung von unternehmerischem Vermögen keine Planungssicherheit mehr. In der Literatur wird vorwiegend erwartet, dass das Bundesverfassungsgericht infolge des Vorlagebeschlusses des BFH vom 22.5.2002[44] Teile des Erbschaftsteuergesetzes wegen Verstoß gegen den Gleichheitssatz des Art. 3 GG für verfassungswidrig erklären wird, weil die Vorschriften zur Ermittlung der Steuerbemessungsgrundlage[45] bei Betriebsvermögen, bei Anteilen an Kapitalgesellschaften sowie bei Grundbesitz gleichheitswidrig ausgestaltet sind.

65 Im Hinblick auf diese verfassungsrechtlichen Zweifel des BFH ergingen seither Erbschaft- und Schenkungsteuerbescheide nur vorläufig (§ 165 Abs. 1 Nr. 3 AO). Trotz des insoweit bestehenden Vertrauensschutzes, den insbesondere § 176 AO gewährt, besteht seither eine erhebliche Rechtsunsicherheit in der Praxis. Noch schwerer wiegt jedoch, dass der Gesetzgeber in den vergangenen Jahren unterschiedliche Initiativen zur Reform der Besteuerung von unternehmerischem Vermögen im Rahmen der Erbschaftsteuer auf den Weg gebracht hat. In diesem Zusammenhang seien nur erwähnt:
- Gesetzentwurf des Landes Schleswig-Holstein (Bundesrat-Drs. 422/04 vom 21.5.04), mit dem Ziel einer Bewertung aller Vermögensarten orientiert am gemeinen Wert;
- Gesetzentwurf des Landes Hessen, (Bundesrat-Drs. 45/05 vom 28.1.05), zur Verringerung steuerlicher Missbräuche und Umgehungen, der das Ziel verfolgte, die steuerliche Privilegierung des § 13 a ErbStG nicht mehr auf gewerblich geprägte GmbH & Co. KGs i.S.d. § 15 Abs. 1 Nr. 2 EStG zur Anwendung zu bringen;[46]
- Gesetzentwurf der Bundesregierung zur Sicherung der Unternehmensnachfolge vom 2.5.05.[47]

66 Der Gesetzentwurf der Bundesregierung griff einen Vorschlag Bayerns auf und verfolgt das Ziel, die auf produktiv eingesetztes Vermögen entfallende Erbschaft- und Schenkungsteuer für einen Zeitraum von zehn Jahren zu stunden. Die gestundete Steuer soll in zehn Jahresraten unter der Voraussetzung einer entsprechenden Betriebsfortführung erlöschen. Führt der Er-

---

[43] Vgl. *Crezelius* Rdnr. 191 f.
[44] BStBl. II 2002, 598, zur Frage der Verfassungswidrigkeit des Erbschaft- und Schenkungsteuergesetzes vgl. auch *Becker/Horn* DB 2005, 1081 ff.; *Nachreiner* ZEV 2005, 1 ff.
[45] Insb. die Vorschriften der §§ 19 Abs. 1, 10 Abs. 1 S. 1, 2, 10 Abs. 6 S. 4, 12, 13 a, 19 a ErbStG, dabei § 12 ErbStG i.V.m. den in dieser Vorschrift in Bezug genommenen Vorschriften des BewG.
[46] Der Gesetzentwurf wurde am 21.12.2005 v. Bundesrat erneut eingebracht (BR-Drucks. 890/05).
[47] BT-Drucks. 15/5555, vgl. auch Gesetzentwurf der CDU/CSU-Fraktion BT-Drucks. 15/5448.

werber den Betrieb über zehn Jahre fort, soll die Steuer gänzlich entfallen. Vorgesehen war, die Entlastung auf den Wert des begünstigten Vermögens von bis zu € 100 Mio. zu begrenzen, für den übersteigenden Betrag sollten weiterhin die Privilegierungen der §§ 13 a, 19 a ErbStG gelten. Es war angestrebt, produktives Unternehmensvermögen rechtsformneutral nur noch in der Substanz zu erfassen, d.h. der Ertrag sollte nicht mehr in die Bewertung eingehen, womit eine Gleichbehandlung von Personen- und Kapitalgesellschaften erreicht werden sollte. Das Gesetz sollte lt. Entwurf ursprünglich für alle diejenigen Fälle gelten, in denen die Steuer nach dem 31.12.2005 entsteht. Mit Ende der Legislaturperiode im Herbst 2005 ist diese Gesetzesinitiative jedoch dem Grundsatz der Diskontinuität zum Opfer gefallen.

2. Einkommensteuerrechtliche Aspekte

Sowohl der Erbfall als solcher als auch die Erbauseinandersetzung können erhebliche **einkommensteuerrechtliche Belastungen** auslösen. Beim Erbfall selbst wird ein Veräußerungsgewinn dann realisiert, wenn der Erblasser bedingt durch den Erbfall aus der Gesellschaft ausscheidet, eine Betriebsaufgabe oder die Entnahme einzelner Gegenstände des Betriebsvermögens erfolgt. Die insoweit entstehenden Probleme werden häufig nicht erkannt, da eine umfassende rechtliche Würdigung erbrechtliche, gesellschaftsrechtliche und steuerrechtliche Kenntnisse voraussetzt. Dieses Zusammenspiel zwischen Gesellschaftsrecht, Erbrecht und Steuerrecht wird an folgendem Beispiel deutlich:

Der Gesellschaftsvertrag einer Personenhandelsgesellschaft enthält eine **qualifizierte Nachfolgeklausel**, wonach nur eheliche leibliche Abkömmlinge Rechtsnachfolger werden können. Der Erblasser setzt jedoch seine Ehefrau zur Alleinerbin ein. In diesem Fall wird der Eintritt der Erbin in die Gesellschaft aufgrund der qualifizierten Nachfolgeklausel verhindert. Die an sich nachfolgeberechtigten Abkömmlinge werden nicht Erben, so dass der Erblasser mit seinem Ableben aus der Gesellschaft ausscheidet, ohne dass eine Rechtsnachfolge stattfindet. Sieht der Gesellschaftsvertrag eine Abfindung unter Verkehrswert, jedoch über dem Buchwert vor, so hat die Ehefrau als Erbin den Differenzbetrag zwischen Abfindung und Buchwert ihres Anteils zu versteuern. Zusätzlich ist die Familie dadurch bestraft, dass anstelle der unternehmerischen Beteiligung eine Abfindung in Höhe eines unter dem Verkehrswert liegenden Betrages tritt.

Weitere typische Fehlerquelle ist die nicht abgestimmte Zuordnung von **Sonderbetriebsvermögen**[48]. Sonderbetriebsvermögen sind Wirtschaftsgüter, die zivilrechtlich und wirtschaftlich oder nur wirtschaftlich (§ 39 Abs. 2 Nr. 1 AO) im Eigentum eines Mitunternehmers stehen und dazu geeignet und bestimmt sind, dem Betrieb der Personengesellschaft zu dienen (Sonderbetriebsvermögen I, z.B. Betriebsgrundstück) oder der Beteiligung des Gesellschafters an der Personengesellschaft zumindest förderlich sind (Sonderbetriebsvermögen II, z.B. Anteile an der Komplementär-GmbH). Diese Vermögensgegenstände werden steuerrechtlich als Betriebsvermögen qualifiziert, obwohl sie zivilrechtlich im Privatvermögen des Gesellschafters stehen. Geht Sonderbetriebsvermögen durch den Erbfall oder die spätere Erbauseinandersetzung auf Nichtmitunternehmer über, so findet eine Gewinnrealisierung statt. Eine weitere klassische Fehlerquelle im Bereich der Unternehmensnachfolge ergibt sich bei Beendigung einer Betriebsaufspaltung. Bei der **Betriebsaufspaltung** handelt es sich um eine Konstruktion, die sich als Doppelunternehmen bezeichnen lässt. Typisches Kennzeichen einer Betriebsaufspaltung ist, dass eine ihrer Art nach nicht gewerbliche Betätigung, nämlich das Vermieten oder Verpachten von Wirtschaftsgütern (z.B. Grundstücken) von einer (typischerweise) natürlichen Person oder Personengesellschaft an eine (typischerweise) Kapitalgesellschaft erfolgt und eine enge sachliche und persönliche Verflechtung zwischen dem oder den Vermietern (Besitzunternehmen) und einer gewerblichen Betriebsgesellschaft (Betriebsunternehmen) besteht.[49] Bei Beendigung der personellen Verflechtung, so z.B. wenn die Anteile an der Besitz- und Betriebsgesellschaft an unterschiedliche Personen übertragen werden, werden stille Reserven sowohl in den Anteilen an der Besitzgesellschaft als auch in den Anteilen an der Betriebsgesellschaft aufgedeckt.

Zusammengefasst lassen sich im Rahmen der Nachfolge in Unternehmen und Gesellschaftsanteilen folgende Gefahren- und Fehlerquellen nennen, die zu negativen ertragsteuerlichen Folgen führen können:

---

[48] Statt vieler Schmidt/*Wacker* EStG § 15 Rdnr. 506 ff.
[49] Schmidt/*Wacker* EStG § 15 Rdnr. 800.

- Entnahmetatbestände bei Sonderbetriebsvermögen.
- Auflösung von Betriebsaufspaltungen bei Trennung der erforderlichen personellen und sachlichen Verflechtung.
- Disquotale Übertragungen von Mitunternehmeranteilen/Betrieben und Sonderbetriebsvermögen im Rahmen der vorweggenommenen Erbfolge und Verstoß des Empfängers gegen die fünfjährige Haltefrist des § 6 Abs. 3 S. 2 EStG.
- Gewährung von Versorgungsleistungen und sonstigen Gegenleistungen bei der Übertragung von Betriebsvermögen auf Nachfolger, die von der Finanzverwaltung als steuerpflichtiger Veräußerungsgewinn behandelt werden.
- Entnahmetatbestände bei Auseinandersetzung des Nachlasses, bei Übergang von Betriebsvermögen auf Nichtmitunternehmer oder bei der Vornahme von Ausgleichsleistungen, die mit Vermögensgegenständen erfolgen, die nicht zum Nachlass gehören.
- Übertragung von Personengesellschaftsanteilen an Abkömmlinge unter Zurückbehaltung wesentlicher Verwaltungsrechte, wodurch die Mitunternehmerschaft der Abkömmlinge entfällt.

71 Sämtliche zuvor aufgeführten Problemfälle können beim Erbfall selbst sowie bei der späteren **Auseinandersetzung des Nachlasses** auftreten.

Vorgenannte Beispiele, die nicht den Anspruch auf Vollständigkeit erheben können, belegen, dass die einkommensteuerrechtlichen Folgen der Nachfolgeplanung in jedem Fall sorgfältig analysiert werden sollten.

VI. Die Versorgung des Ehepartners

1. Vorüberlegungen zur Versorgung des Ehepartners

72 Wird der überlebende Ehepartner nicht Erbe, sondern wird das unternehmerische Vermögen insbesondere aus erbschaftsteuerlichen Gründen ausschließlich oder überwiegend direkt auf die nächste Generation übertragen, so stellt sich die Notwendigkeit, die **Versorgung des Ehepartners** sicherzustellen. Dieses Thema bereitet vielen Unternehmern Schwierigkeiten, da ihnen häufig ein genauer Überblick über die vermögensrechtliche Zuordnung der während der Ehe erworbenen Vermögensgegenstände fehlt und keine klaren Erkenntnisse über die Kosten der bisherigen Lebensführung und die Versorgungsbedürfnisse des Ehepartners bestehen. Erschwerend kommt hinzu, dass mit Versterben des Unternehmers häufig Annehmlichkeiten wegfallen, die nunmehr aus dem Privatvermögen zu bestreiten sind. Dies gilt z.B. für den Wegfall des Firmenwagens, der privat genutzt werden konnte, die Reduzierung der Firmenrente (Witwenrente meist 60 %) oder sonstige Vorteile aus Geschäftsführer- oder Gesellschafterposition.

73 In einem ersten Schritt ist daher zu analysieren, welche Vermögenswerte dem Ehepartner bereits gehören bzw. ihm im Todesfall zugeordnet werden sollten. Hierbei ist typischerweise zwischen dem räumlich gegenständlichen Ehebereich und den für eine dauerhafte Versorgung notwendigen finanziellen Mitteln zu unterscheiden.

74 Für den **räumlich gegenständlichen Bereich** ist grundsätzlich eine Zuwendung sämtlicher Wirtschaftsgüter, die im Rahmen der Ehe gemeinsam genutzt wurden, an den überlebenden Ehepartner zu empfehlen. Dies gilt für das Eigentum an dem privat genutzten Wohnhaus, an einer selbst genutzten Ferienwohnung, an dem gesamten Hausrat einschließlich Bildern und Antiquitäten, an den persönlichen Lebensgegenständen sowie dem privaten PKW. Bezüglich einzelner Gegenstände kann auch eine bloße Nießbrauchslösung erwogen werden. Grundsätzlich bevorzugen die Verfasser – auch wenn dies erbschaftsteuerlich zu Nachteilen führt – für das Eigenheim und die persönlichen Gegenstände eine klare Zuordnung zum Alleineigentum des überlebenden Ehepartners. Sind noch gemeinsame minderjährige Kinder vorhanden, so müssen auch deren Interessen insbesondere bei Wiederverheiratung des Überlebenden – angemessen berücksichtigt werden. Im Zusammenhang mit der Übertragung des selbstgenutzten Eigenheimes wird oftmals übersehen, dass dies nur unter Lebenden auf den anderen Ehepartner schenkungsteuerfrei übertragen werden kann (vgl. § 13 Abs. 1 Nr. 4 a ErbStG), bei Übertragung von Todes wegen aber Erbschaftsteuer anfällt.

Weitaus aufwendiger ist die Analyse der **finanziellen Versorgung**. Hier ist festzustellen, wel- 75
che ertragsbringenden Vermögenswerte dem überlebenden Ehepartner zustehen und welcher
Versorgungsbeitrag hieraus erwirtschaftet werden kann. Dies ist bereits bei festverzinslichen
Wertpapieren nicht klar möglich, da diese nur während der festen Zinslaufzeit garantierte Erträge
erwirtschaften. Nach Rückzahlung der Papiere ist die Verzinsung abhängig vom dann
bestehenden Zinsniveau. Erst recht sind klare Ertragsprognosen für Aktiendepots, Investmentfonds,
Beteiligungen an Immobilienfonds, steuerbegünstigten Anlagen usw. nicht möglich, so
dass in der Regel nur überschlägige Rechnungen erfolgen können.

Die dem Ehepartner bereits zustehenden Ertragsquellen ist der tatsächlich erforderliche bzw. 76
gewünschte Lebensunterhalt gegenüberzustellen. Basis sollte der aktuelle Aufwand sein, wobei
voraussehbare Entwicklungen (Wegfall des Dienst-PKW, Wegfall einer Dienstwohnung usw.)
zu berücksichtigen sind. Dabei sind Risikozuschläge einzukalkulieren, da unerwartete Entwicklungen
(schwere Krankheit, Pflegebedürftigkeit usw.) niemals auszuschließen sind. Letztlich
führt an einer solchen Ermittlung des voraussichtlichen Versorgungsbedarfs kein Weg vorbei,
da nur auf diese Weise die erforderliche Abwägung mit erbschaftsteuerlichen Optimierungsfragen
und der Frage der Belastbarkeit des Unternehmensnachfolgers erfolgen kann.

Sind diese vorbereitenden Maßnahmen abgeschlossen, so kann überlegt werden, in wel- 77
cher Weise die bestehende „**Versorgungslücke**" geschlossen werden kann. Dies kann grundsätzlich
durch Zuwendung ertragbringenden Vermögens (Immobilien, Bankguthaben, Wertpapiere
usw.), durch Gewährung einer festen Rente oder auch durch variable Zahlungen erfolgen.

2. Die Zuwendung von Vermögensgegenständen unter Lebenden

Zunächst kann die Versorgung von Ehepartnern, die am unternehmerischen Vermögen nicht 78
beteiligt sind, in der Weise erfolgen, dass diese einzelne Vermögensgegenstände durch Schenkung
unter Lebenden zugewandt bekommen. In erbschaftsteuerlicher Hinsicht kann man sich
hierbei den Umstand zu Nutze machen, dass der für Ehepartner bestehende Freibetrag in Höhe
von € 307.000,– (§ 16 Abs. 1 Nr. 1 ErbStG) alle zehn Jahre neu gewährt wird. Darüber hinaus
kann etwa das selbstgenutzte Eigenheim – wie bereits dargestellt – schenkungsteuerfrei auf
den anderen Ehegatten übertragen werden. Weiterhin können Ansprüche aus noch laufenden
Kapitallebens- oder Rentenversicherungen bereits unter Lebenden an den Ehepartner abgetreten
werden. Soweit die Zahlungsansprüche aus diesen Versicherungsverträgen noch nicht fällig
sind, wird der schenkungsteuerliche Wert dieser Ansprüche nur mit zwei Dritteln der eingezahlten
Prämien oder Kapitalbeiträge angesetzt (vgl. § 12 Abs. 1 ErbStG i.V.m. § 12 Abs. 4 BewG).
Hieraus können sich nicht unerhebliche Erbschaftsteuervorteile ergeben.

Besondere Optimierungsmöglichkeiten bestehen darüber hinaus, wenn die Ehepartner 79
über lange Zeit im – ansonsten nicht gerade empfehlenswerten – Güterstand der Zugewinngemeinschaft
gelebt haben. Hier ist eine Beendigung des Güterstands der Zugewinngemeinschaft
durch Ehevertrag möglich. In Höhe des entstandenen Zugewinnausgleiches
können Vermögenswerte schenkungsteuerfrei auf den anderen Ehepartner übertragen werden.
Eine solche Gestaltung ist selbst dann möglich, wenn die Ehepartner unmittelbar im
Anschluss hieran wieder zurück in den Güterstand der Zugewinngemeinschaft wechseln (sog.
„Güterstandsschaukel").[50] Oftmals sind Ehepartner fälschlicherweise der Auffassung, dass
während der Ehe erfolgte sog. „ehebedingte Zuwendungen" keine schenkungsteuerpflichtigen
Vorgänge darstellen. Ehepartner, die die gesetzliche Anzeigepflicht gegenüber dem Finanzamt
unterlassen, laufen Gefahr, erhebliche Schenkungsteuernachzahlungen tätigen zu müssen und
strafrechtlich wegen leichtfertiger Steuerverkürzung belangt zu werden. Bei Vornahme eines
vorweggenommenen Zugewinnausgleiches können eventuell bereits erfolgte Zuwendungen
jedoch schenkungsteuerfrei angerechnet werden. Ursprünglich schenkungsteuerpflichtige
Zuwendungen können auf diese Weise nachträglich steuerbefreit werden.[51] Allerdings ist zu
berücksichtigen, dass die Übertragung von Vermögensgegenständen im Zusammenhang mit
der Beendigung der Zugewinngemeinschaft ein grundsätzlich entgeltliches Veräußerungsge-

---

[50] Vgl. BFH Urt. v. 12.7.2005 – II R 29/02.
[51] Vgl. § 29 Abs. 1 Nr. 3 ErbStG.

schäft darstellt,[52] so dass vorzunehmende Ausgleichszahlungen mit Privatvermögen und nicht steuerverhaftetem Vermögen (z.B. Betriebsvermögen, Immobilien und Wertpapiere innerhalb der Spekulationsfrist) erfolgen sollte.

80   Selbst bei großen Altersunterschieden zwischen Ehepartnern sollten jedoch für den Fall des Vorversterbens des Beschenkten Vorkehrungen in der Weise getroffen werden, dass in die Schenkungs- und Übertragungsverträge entsprechende Widerrufs- und Rückfallklauseln für diesen Fall aufgenommen werden. Dasselbe gilt für den Fall einer möglichen Scheidung oder des dauernden Getrenntlebens der Ehepartner, auch in diesen Fällen sollte sich der übertragende Ehepartner das Recht vorbehalten, die lebzeitigen Vermögensübertragungen zurückzuverlangen. Widerrufsrechte und Rückfallgründe, die im Schenkungs- und Übertragungsvertrag vorbehalten sind, haben schenkungsteuerrechtlich außerdem den Vorteil, dass die Rückübertragung schenkungsteuerfrei erfolgen kann und die für die ursprüngliche Übertragung gezahlte Schenkungsteuer zurückerstattet wird.[53]

3. Die Vererbung von Privatvermögen

81   Die Vererbung ausreichender finanzieller Mittel (festverzinsliche Wertpapiere, Aktien, Festgelder usw.) stellt – ohne Berücksichtigung der erbschaftsteuerlichen Mehrbelastungen – aus Sicht des überlebenden Ehepartners sicherlich die ideale Lösung dar. Durch Übertragung liquiden Privatvermögens kann er die Anlagepolitik selbst bestimmen und hat damit weitgehende Sicherheit über die künftige Versorgungslage. Soweit entsprechender Bedarf besteht, kann er auch die Vermögenssubstanz als solche angreifen. Der genaue Umfang der durch Zuwendung von Finanzwerten zu erreichenden Versorgungshöhe hängt von dem nach Erbschaftsteuerbelastung verbleibenden Nettobetrag, der Anlagepolitik sowie dem persönlichen Steuersatz der Erben ab.

Beispiel:

Werden dem Ehepartner Wertpapiere von € 5 Mio. vermacht (Güterstand Gütertrennung, Verbrauch des Freibetrages durch sonstiges Vermögen), so beträgt die Erbschaftsteuerbelastung des überlebenden Ehepartners € 950.000,–. Die Anlage der Mittel (€ 4.050.000,–) zu einem Zinssatz von 5 % führt zu Bruttoeinkünften von ca. € 202.500,– jährlich. Bei einem Durchschnittssteuersatz von ca. 45 % verbleiben dem Ehepartner jährliche Nettoeinkünfte von € 111.000,–.

82   Häufig besteht das Problem, dass das vorhandene Privatvermögen nicht groß genug ist, um den überlebenden Ehepartner im ausreichenden Umfang abzusichern. Aber auch wenn das Privatvermögen groß genug sein sollte, besteht nicht selten die Problematik, dass die ausschließliche Zuwendung des Privatvermögens an den Ehepartner dazu führt, dass die Unternehmenserben anfallende Erbschaftsteuern und eventuelle Pflichtteile nur durch Kreditaufnahmen finanzieren können. Schließlich ist zu bedenken, dass die Zuwendung des gesamten Privatvermögens an den Ehepartner von den Unternehmenserben als nicht angemessene Risikoverlagerung zu ihren Lasten betrachtet werden kann, die den Liquiditätserfordernissen der Nachfolger keine Rechnung trägt. Es wird deshalb im Rahmen der Unternehmensnachfolge zumeist nach anderen Versorgungswegen gesucht, die dem überlebenden Ehepartner ausreichende Ertragsquellen sichern, ohne die Vermögenssubstanz auf diesen übertragen zu müssen.

4. Rentenzahlung und/oder sonstige feste Leistungen

83   Eine weitere Alternative, die Versorgung des Ehepartners sicherzustellen, besteht darin, dem überlebenden Ehepartner eine genau **festgelegte monatliche Rente** zuzusagen. Auf diese Weise kann grundsätzlich die Versorgung des Ehepartners sichergestellt werden. Das Problem der Wertsicherung kann entweder durch eine Indexklausel oder eine Anpassung an sonstige variable Bezugsgrößen (z.B. Entwicklung der Beamtengehälter) gelöst werden. Allerdings kann die Rentenzahlung bei dem Unternehmensnachfolger, insbesondere bei verschlechterter Ertragslage des Unternehmens, zu erheblichen Belastungen führen. Umgekehrt unterliegt der überlebende Partner dem Bonitätsrisiko des Unternehmensnachfolgers. Gegen dieses Risiko könnte eine Sicherung über Reallasten an Privat- und/oder Betriebsgrundstücken erfolgen. Allerdings

---

[52] BFH Urt. v. 16.12.2004 – III R 38/00; BFH Urt. v. 24.8.2005 – II R 28/02; vgl. bereits BFH Urt. v. 15.2.1977 – VIII R 175/74 – DB 1977, 942; BFH Urt. v. 31.7.2002 – X R 48/99 – DB 2003, 530.
[53] Vgl. § 29 Abs. 1 Nr. 1 ErbStG.

sind insbesondere im letzteren Fall die Interessen des Unternehmens (Finanzierung des Unternehmens, Haltung der Bankpartner usw.) zu berücksichtigen, die einer Beleihung von Betriebsvermögen zumeist entgegenstehen.

> **Formulierungsvorschlag: Leibrente**
> Meine Ehefrau erhält auf ihre Lebenszeit als Vermächtnis ab meinem Tod eine monatlich im Voraus jeweils bis zum 3. Werktag zu zahlende Versorgungsrente von € 4.000,–. Die Höhe dieser Rente soll sich sowohl in der Zeit von der heutigen Testamentserrichtung bis zu meinem Tode als auch danach in dem gleichen prozentualen Verhältnis nach oben oder unter verändern, in dem sich der vom statistischen Bundesamt amtlich festgestellte Lebenshaltungskostenindex für alle privaten Haushalte in Deutschland, bezogen auf die Basis 2005 = 100 Punkte, verändert. Dabei sind vom Stichtag 1.1.2006 bis zu meinem Tode alle Veränderungen zu berücksichtigen. Danach soll eine Veränderung der Rente nur dann eintreten, wenn eine Änderung des Lebenshaltungskostenindexes gegenüber dem letzten für die Änderung maßgeblichen Zeitpunkt um mehr als 10 %-Punkte eingetreten ist. Jeweils nach dem erneuten Eintreten der genannten Bedingung erfolgt, ausgehend vom Stand der letzten Anpassung, eine erneute entsprechende Anpassung und zwar vom Beginn des nächsten Monats an, der dem maßgeblichen Anpassungszeitpunkt folgt.
> Meine Ehefrau ist befugt, den gesamten für die Zukunft noch ausstehenden, nach finanzmathematischen Grundsätzen unter Zugrundelegung eines Zinssatzes von 5,5 % und der allgemeinen Lebenserwartung des Berechtigten nach der neusten amtlichen allgemeinen Sterbetafel sich ergebenden Wert der Rente ohne besonderes Inverzugsetzen der Erben in einem Betrag zu fordern, wenn eine der folgenden Voraussetzungen vorliegen:
> a) Zahlungsverzug i.H.v. mindestens 2-Monatsraten, oder
> b) Eröffnung eines Insolvenzverfahrens oder Ablehnung eines solchen mangels Masse oder
> c) Anordnung der Zwangsversteigerung oder Zwangsverwaltung bezüglich des mit der nachstehenden Reallast belasteten Grundbesitzes.
> Zur Sicherung des Anspruchs auf Zahlung der wertgesicherten Rente ist binnen drei Monaten nach meinem Tod an dem mir gehörenden Grundstück (Grundbuch des Amtsgerichts ..., Flurstück Nr. ...) auf Kosten des Nachlasses eine Reallast an erster Rangstelle in Abt. II und III des Grundbuchs zu bestellen und zur Eintragung im Grundbuch zu bringen. Der Erbe hat sich dabei wegen der Verpflichtung zur Bezahlung der wertgesicherten Geldrente der sofortigen Zwangsvollstreckung in sein gesamtes Vermögen zu unterwerfen und wegen der dinglichen Haftung aus der Reallast der sofortigen Zwangsvollstreckung in den mit der Reallast belasteten Grundbesitz.
> Der Notar wird bereits jetzt beauftragt, die erforderliche Genehmigung der Wertsicherungsklausel durch das Bundesamt für Wirtschaft zu beantragen und entgegenzunehmen.

Alternativ besteht die Möglichkeit, die zum Zeitpunkt der Testamentserrichtung als angemessen angesehene Versorgung in ein bestimmtes Beamtengrundgehalt (z.B. A13, höchste Altersstufe, ohne Zuschläge) umzurechnen und eine Anpassung der Rentenhöhe in Abhängigkeit von diesem Beamtengrundgehalt vorzusehen. Andere Bezugsgrößen (z.B. Bundesangestelltentarifvertrag, sonstige Tarifverträge) sind ebenfalls möglich.

In **steuerlicher** Hinsicht ist bei der Ausgestaltung einer Rente zu beachten, dass der Vermächtnisnehmer die laufenden Einnahmen nach § 22 Nr. 1 S. 3 lit. a), bb) EStG nur in Höhe des Ertragsanteils zu versteuern hat. Der Ertragsanteil ist abhängig vom Lebensalter des Begünstigten bei Rentenbeginn. Umgekehrt darf der Rentenverpflichtete die Belastungen aus der Rente auch nur in Höhe des Ertragsanteils steuerlich geltend machen. Dies gilt jedoch nur dann, wenn die allgemeinen Voraussetzungen einer Vermögensübergabe gegen Versorgungsleistungen vorliegen.[54] Andernfalls liegt die erbrechtliche Version einer zugewendeten Unterhaltsrente vor. Diese steuerlichen Aspekte sind insbesondere bei der Kalkulation der Höhe der

---

[54] Vgl. dazu *Sudhoff* § 55 Rdnr. 23 ff.

Rente (z.B. im Vergleich zur Zuwendung privater Vermögenswerte oder bei Regelung dauernder Lasten) zu beachten.

5. Variable Leistungen aus dem Nachlass oder Unternehmensvermögen

85 a) **Nießbrauch.** Soll die Versorgung des Ehepartners durch **variable Erträge** erfolgen, die Vermögenssubstanz aber bereits auf die nächste Generation übertragen werden, kommt eine Nießbrauchskonstruktion in Betracht. Für eine Nießbrauchskonstruktion spricht, dass die Vermögenssubstanz bereits auf die nächste Generation übergeht, während die Erträge aus dem belasteten Vermögen dem überlebenden Ehegatten zustehen. Nießbrauchskonstruktionen haben den Nachteil, dass sie sehr komplex und damit streitanfällig sind. Dies ergibt sich bereits aus dem natürlichen Interessengegensatz zwischen dem Eigentümer (der an einer langfristigen Vermögensmehrung interessiert ist) und dem Nießbraucher, dem nur temporäre Nutzungen zustehen. Diese Interessengegensätze treten in der Praxis bereits bei Privatvermögen, wie z.B. vermieteten Wohnungen, auf. Renovierungskosten will weder der Eigentümer noch der Vermieter tragen. Der Eigentümer erzielt keine Erträge, der Nießbraucher erzielt nur Erträge auf Zeit, während ihm eine Wertsteigerung der Substanz nur bedingt (evtl. höhere Mieterträge) zugute kommt. Noch stärker sind die Interessengegensätze typischerweise im unternehmerischen Bereich.

86 In rechtlicher Hinsicht ist danach zu differenzieren, ob ein **Nießbrauch** am Nachlass oder an einzelnen Nachlassgegenständen bestellt werden soll. Für einen Nießbrauch am Nachlass gelten die allgemeinen Regeln über den Vermögensnießbrauch (§§ 1086 ff. BGB). Ist der Nießbrauch nur in Höhe einer Quote des Nachlasses zugewandt, so gelten die Regeln über den Quotennießbrauch an einem Vermögen (§ 1089 BGB), während im Fall eines Bruchteilsnießbrauchs die §§ 1086 ff. BGB nicht anzuwenden sind.[55] Schließlich besteht die Möglichkeit, einen Nießbrauch nur an einzelnen Erbteilen zu bestellen. In diesem Fall sind die Vorschriften über den Nießbrauch an Rechten anzuwenden.

Die insoweit bestehenden Gestaltungsmöglichkeiten spielen in der Beratung von Unternehmern in der Regel keine Rolle, so dass diese nicht vertieft werden sollen. Praxisrelevant ist dagegen die Bestellung eines Unternehmensnießbrauchs bzw. des Nießbrauchs an Gesellschaftsanteilen.

87 Beim **einzelkaufmännischen Unternehmen** kann am gesamten Unternehmen ein Nießbrauch eingeräumt werden, was in § 22 Abs. 2 HGB vorausgesetzt wird. Der Nießbraucher wird Inhaber des Handelsgeschäftes, erlangt Besitz am Anlagevermögen, Verfügungsmacht über das Umlaufvermögen und das Recht auf die Erträge; ihn trifft aber auch die volle persönliche Haftung nach außen. Schon aus dem letztgenannten Grund ist eine solche Gestaltung in der Regel nicht zu empfehlen. Viele Einzelheiten sind strittig und bedürfen daher einer individuellen Regelung.[56]

88 Bei einem **Nießbrauch an Personengesellschaftsanteilen** sind grundsätzlich zwei Gestaltungen möglich. Die Einräumung eines Nießbrauchs mit voller Gesellschafterstellung durch zeitlich befristete treuhänderische Abtretung. Eine solche Gestaltung setzt die Übertragbarkeit des Gesellschaftsanteils voraus. Die zweite Möglichkeit besteht in einer Aufspaltung der Gesellschafterstellung zwischen Nießbraucher und Gesellschafter ohne Vollrechtsübertragung. Eine solche Gestaltung wurde früher auf Grund des so genannten Abspaltungsverbots für unzulässig gehalten. Heute wird eine Nießbrauchsbestellung am Gesellschaftsanteil ohne gleichzeitige Vollübertragung der Gesellschafterstellung als zulässig erachtet, wenn der Gesellschaftsvertrag dies zulässt oder die Mitgesellschafter zustimmen.[57] Alternativ besteht die Möglichkeit, den Nießbrauch lediglich an den jährlichen Gewinnansprüchen zu bestellen, wobei jedoch fehlende Ausschüttungsbeschlüsse, z.B. wenn der Nießbrauch an einem Minderheitsanteil besteht, den Nießbrauch wirtschaftlich entwerten können. In steuerlicher Hinsicht ist bei der Einräumung eines Nießbrauchs an einem Personengesellschaftsanteil die zentrale Frage, ob der Nießbraucher und/oder der Gesellschafter Mitunternehmer i.S.d. § 15 EStG sind. Auf diese Frage kann

---

[55] Vgl. Staudinger/*Frank* § 1089 Rdnr. 23 ff.
[56] Vgl. *Nieder* Rdnr. 701.
[57] Vgl. BGH Urt. v. 9.11.1998 – II ZR 213/97 – NJW 1999, 571 = ZEV 1999, 71; Staudinger/*Frank* Anh. zu §§ 1068, 1069 Rdnr. 61 ff.

keine einheitliche Antwort gegeben werden, diese hängt vielmehr von der konkreten Ausgestaltung des Nießbrauchs und des Gesellschaftsvertrages sowie deren praktischer Handhabung ab. Sowohl für den Nießbraucher als auch für den Gesellschafter ist zu prüfen, ob in deren Person die Voraussetzungen der Mitunternehmerschaft (Mitunternehmerrisiko und Mitunternehmerinitiative) erfüllt sind. Die Rechtsprechung hat grundsätzlich anerkannt, dass beide Mitunternehmer sein können.[58] In der Gestaltung sollte stets die zivilrechtliche Zuordnung der Gewinne der einkommensteuerrechtlichen Zurechnung entsprechen, da es andernfalls zu schwierigen und streitanfälligen Rückgriffsforderungen zwischen Gesellschafter und Nießbraucher kommen kann.

Beim **Nießbrauch an Geschäftsanteilen** an einer GmbH oder an Aktien ist nach herrschender Auffassung[59] nur ein Ertragsnießbrauch möglich. Zivilrechtlich handelt es sich um einen Nießbrauch an Rechten (§§ 1069 ff. BGB). Bei der Bestellung solcher Rechte sind die Vorschriften über die Abtretung des Anteils selbst einzuhalten, so dass Vinkulierungs- und Formvorschriften zu beachten sind. 89

> **Formulierungsvorschlag: Nießbrauch an GmbH-Anteil**
> Meine Ehefrau erhält als Vermächtnis auf Lebenszeit den Nießbrauch an den mir gehörenden Geschäftsanteilen an der B-GmbH. Die Gesellschafterrechte, insbesondere die Stimmrechte verbleiben dem Gesellschafter. Er hat sich jedoch aller den Nießbraucher beeinträchtigenden Handlungen zu enthalten und ist dem Nießbraucher zur Auskunft aller die Gesellschaft betreffenden Angelegenheiten verpflichtet. Hinsichtlich aller Fragen der Bilanzierung und Ergebnisverwendung (z.B. Bilanzierungspolitik, Bilanzfeststellung, Gewinnausschüttung) unterliegt er einer Stimmrechtsbindung an die Weisungen des Nießbrauchers. Der ausgeschüttete Gewinn steht dem Nießbraucher allein zu. Soweit anstelle des Geschäftsanteils ein Abfindungsguthaben tritt, ist hieran – nach Abzug etwaiger Steuerbelastungen – der Nießbrauch ebenfalls zu bestellen.

Wegen der **Abhängigkeit des Nießbrauchs** von den unternehmerischen Entscheidungen der Gesellschafter, der Bilanzierungs- und Gewinnausschüttungspolitik, möglicherweise auch von dem Konzernaufbau (Jahresüberschuss entsteht in Tochtergesellschaften und wird dort thesauriert), aber auch wegen verschiedener steuerrechtlicher Problemstellungen, die an dieser Stelle nicht vertieft werden können, stehen die Verfasser Nießbrauchsgestaltungen grundsätzlich kritisch gegenüber. Soweit Erblasser trotz aller Nachteile ein Nießbrauchsvermächtnis zugunsten des überlebenden Ehepartners wünschen, sollten jedenfalls – um Konflikten zwischen Nießbraucher und Gesellschaftern vorzubeugen – neben den vorgenannten Gesichtspunkten folgende Punkte geregelt sein: 90
- Zuordnung des Stimmrechts,
- Klare Definition des Gegenstands des Nießbrauchs,
- Umfang der Gewinn- und Verlustverteilung zwischen Gesellschafter und Nießbraucher,
- Rechte bei Veränderungen des Nießbrauchsgegenstandes (Rechtsformwechsel, Liquidation, Verkauf, Kapitalveränderungen etc.).

Eine weitere Gestaltungsmöglichkeit besteht darin, lediglich ein **schuldrechtliches Ertragsvermächtnis** anzuordnen: 91

> **Formulierungsvorschlag: schuldrechtliches Ertragsvermächtnis**
> Meine Ehefrau erhält als Vermächtnis das lebenslange Recht auf Zahlung eines Geldbetrages, der 20 % des auf meinen Gesellschaftsanteil an der B-KG entfallenden Jahresüberschusses entspricht. Hierauf ist jeweils eine monatliche Vorauszahlung von 1/12, berechnet nach dem Jahresüberschuss der letzten Jahresbilanz, zu leisten. Die genaue Abrechnung und der Ausgleich

---

[58] BFH Urt. v. 1.3.1994 – BStBl. II 1995, 241 – ZEV 1995, 37.
[59] Vgl. etwa OLG Koblenz Urt. v. 16.1.1992 – GmbHR 1992, 464; a.A. *Janssen/Nickel* S. 38.

> von Überzahlungen/Nachzahlungen hat innerhalb eines Monats nach Bilanzfeststellung zu erfolgen. Bei Meinungsverschiedenheiten über die Ertragshöhe zwischen dem Erben und dem Nießbraucher entscheidet ein vom Institut der Wirtschaftsprüfer eingesetzter, bisher nicht im Unternehmen tätiger Wirtschaftsprüfer, der als Schiedsgutachter abschließend entscheidet und dessen Kosten nach dem Obsiegen verteilt werden.

92 b) **Sonstige Variable Leistungen.** Schließlich können **sonstige variable Leistungen** beliebiger Art vorgesehen werden. Variable Leistungen haben aus Sicht des Zahlungsverpflichteten den Vorteil, dass sie als dauernde Last steuerlich in vollem Umfang abzugsfähig sind, während der Berechtigte die Leistungen zu versteuern hat.

> **Formulierungsvorschlag: Dauernde Last**
> Meine Ehefrau erhält als Vermächtnis einen monatlichen Unterhaltsbetrag von € 3.000,- bis zu ihrem Ableben. Für die Abänderungsmöglichkeit dieses Vermächtnisses gilt § 323 ZPO entsprechend. Die Leistungspflicht beginnt am 1. des auf meinen Tod folgenden Kalendermonats. Ersatzvermächtnisnehmer sind zu gleichen Teilen meine nicht zu Erben benannten Kinder.

Durch vorstehende Gestaltung wird das erstrebte Ziel einer steuerlichen Abzugsfähigkeit beim Erben erreicht. In der Praxis ergeben sich jedoch Probleme, welche konkreten Rechtsfolgen die Verweisung auf § 323 ZPO auslöst, insbesondere ab wann und in welchem Umfang anzupassen ist.

93 Vorzugswürdiger ist es daher, die variablen Leistungen in Abhängigkeit von Bezugsgrößen festzulegen, die zwar variabel sind, aber von dritter Seite eindeutig festgestellt werden.

> **Formulierungsvorschlag:**
> Mein Erbe hat als dauernde Last einen monatlichen Unterhaltsbeitrag an meine Ehefrau bis zu deren Ableben zu leisten. Die Höhe des Unterhaltsbetrages beträgt 20 % des in der einheitlichen und gesonderten Gewinnfeststellung auf meinen Erben und/oder seine Rechtsnachfolger entfallenden steuerlichen Ergebnisses aus seiner Mitunternehmerstellung bei der A-GmbH & Co. KG. Hierauf ist eine monatliche Vorauszahlung von 1/12, berechnet nach dem steuerlichen Ergebnis entsprechend der einheitlichen und gesonderten Gewinnfeststellung des letzten Geschäftsjahres bzw. – soweit diese nicht vorliegt – auf Basis der abgegebenen Steuererklärung, zu leisten.

VII. Die vorweggenommene Erbfolge

94 Ein ganzheitliches Nachfolgekonzept darf sich nicht allein auf die Übertragung von Gesellschaftsanteilen von Todes wegen beschränken. Es empfiehlt sich regelmäßig, vorbereitende Maßnahmen zu Lebzeiten zu treffen. Hierzu gehören Maßnahmen zur operativen Übergabe der Geschäftsleitung durch den Gesellschafter-Geschäftsführer auf seinen Nachfolger, die Anpassung der rechtlichen Strukturen im Unternehmen und eine sorgfältige Liquiditätsplanung (und eine ggf. erforderliche Umschichtung von Kapitalanlagen). Teil dieser Überlegungen muss auch die Frage sein, ob und in welchem Umfang die nachfolgende Generation bereits zu Lebzeiten der Senioren ins Unternehmen eintritt bzw. Gesellschaftsanteile erhält.

1. Vorteile und Risiken der vorweggenommenen Erbfolge

95 Die Vorteile der vorweggenommen Erbfolge werden häufig unter dem Gesichtspunkt steuerlicher Optimierungsüberlegungen gesehen. In der Nachfolgeplanung von Familienunternehmen sollten indes andere Aspekte im Vordergrund stehen: Die lebzeitige Einbindung des Nachfolgers im Unternehmen im Rahmen eines Stufenplanes ermöglicht es beiden Generationen, schrittweise eine Überleitung der Aufgaben und Verantwortungsbereiche vorzunehmen. Dies gilt auch dann, wenn die Familie keine gemeinsame Tätigkeit zweier Generationen im Unter-

nehmen wünscht, sondern die Übergabe zu einem festgelegten Stichtag mit dem Eintritt des Juniors und dem Austritt des Seniors präferiert. Auch im letzteren Fall gibt ein solcher Stufenplan dem Nachfolger **Planungssicherheit** und eine klare Richtschnur, welche Ausbildungsschritte bis zur Stabsübergabe erforderlich sind. Auf diese Weise können beide Seiten ihren Erwartungshorizont klar formulieren und sind besser vor Überraschungen gefeit, die aus der Fehleinschätzung der wechselseitigen Erwartungshaltung beider Generationen resultieren.

Die lebzeitige Übertragung von Vermögen auf die nächste Generation sollte für die Junioren 96 zusätzliche **Motivation** schaffen, die anstehenden Aufgaben und Herausforderungen zu bewältigen. Sie sollte von den Junioren als Vertrauensbeweis verstanden werden.

Für die Senioren liegt in der Weggabe von Vermögen schenkungshalber naturgemäß das Risiko, 97 dass die Beschenkten die in sie gesetzte Erwartungshaltung nicht erfüllen oder mit dem erhaltenen Vermögen anders umgehen als gewünscht. Jede Unternehmensnachfolge unterliegt einem erheblichen **Veränderungsrisiko**, das naturgemäß auch für die Person des Nachfolgers gilt. Dies spricht jedoch gerade für und nicht gegen eine frühzeitige Übertragung von Anteilen auf die nächste Generation, da nur auf diese Weise die übergebende Generation die Möglichkeit erhält, die weitere Entwicklung zu beobachten und – soweit erforderlich – korrigierend einzugreifen.

Im Rahmen einer vorweggenommenen Erbfolge ist es zudem möglich, eine **gezielte (Um-)** 98 **Strukturierung** sowohl des privaten als auch des betrieblichen Vermögens im Hinblick auf die Übertragung vorzunehmen. So können etwa im Ausland liegende Vermögensteile bereits zu Lebzeiten übertragen werden, um komplizierte erbrechtliche Abwicklungsfragen zu vermeiden. Gesellschaftsneugründungen können gleich unter hoher Beteiligung der Junioren erfolgen, so dass spätere Wertzuwächse sofort bei der jungen Generation anfallen.

Häufig wird die lebzeitige Übertragung von Betriebsvermögen mit dem Abschluss von 99 **Pflichtteilsverzichtsvereinbarungen** verbunden. Diese sollten stets fair und angemessen sein. Diese geben den Senioren zusätzliche Handlungsfreiheiten in der Lösung der oftmals schwierigen Verteilungsfragen. Durch die rechtzeitige Übertragung von Betriebsvermögen auf die oder den Unternehmensnachfolger können auf Grund der Zehn-Jahres-Frist des § 2325 Abs. 3 BGB die Pflichtteile von nicht mit Betriebsvermögen bedachten Abkömmlingen reduziert werden. Hierbei ist allerdings zu berücksichtigen, dass diese Zehn-Jahres-Frist weder bei lebzeitiger Übertragung von Vermögen auf Ehepartner (§ 2325 Abs. 3 Hs. 2 BGB) noch in denjenigen Fällen gilt, in denen der Schenker den verschenkten Gegenstand wirtschaftlich noch nicht aus seinem Vermögen ausgegliedert hat. Eine wirtschaftliche Ausgliederung wird von der Rechtsprechung etwa in denjenigen Fällen verneint, in denen sich der Schenker die Nutzung des verschenkten Gegenstandes (z.B. durch Nießbrauch) weiterhin vorbehält.[60]

Für die vorweggenommene Erbfolge sprechen schließlich steuerliche Gesichtspunkte. Das 100 **Erbschaft- und Schenkungsteuerrecht** stellt sowohl bei der Gewährung von Freibeträgen als auch der Zusammenrechnung unterschiedlicher Übertragungen auf Zehn-Jahres-Zeiträume ab.[61] Durch die Ausnutzung mehrerer Zehn-Jahres-Zeiträume können die erbschaftsteuerlichen Freibeträge mehrfach genutzt werden und die bestehende Steuerprogression[62] deutlich gemildert werden. Darüber hinaus können in der **Einkommensteuer** durch die familieninterne Verteilung von Einkunftsquellen ebenfalls Progressionsvorteile entstehen. Zu guter Letzt sei noch zu erwähnen, dass durch die lebzeitige Übertragung Wertzuwächse gleich bei den Beschenkten anfallen und damit erbschaftsteuerfrei bleiben.

Die lebzeitige Weggabe von Betriebsvermögen ist naturgemäß für die Übergeber nicht risikolos. 101 Das **Hauptrisiko** für die Übergeber besteht darin, dass hierdurch Abhängigkeiten gegenüber der jüngeren Generation entstehen können. Dies gilt in denjenigen Fällen, in denen die Geschicke des Unternehmens alleine in die Hände der Junioren gelegt werden und der Lebensunterhalt der Übergeber durch Entnahmen und Gewinnausschüttungen finanziert werden soll, aber auch in denjenigen Fällen, in denen die Absicherung durch Nießbrauchsvorbehalte und Rentenzusagen der Beschenkten erfolgen soll. Oftmals wird außerdem nicht bedacht, dass

---

[60] Vgl. BGH Urt. v. 27.4.1994 – NJW 1994, 1791; BGH Urt. v. 25.3.1970 – BGHZ 98, 226, 230 ff.
[61] Vgl. §§ 13 a Abs. 1 S. 2, 14 Abs. 1 ErbStG.
[62] Bei Steuerklasse I zw. 7 und 30 %, bei Steuerklasse II zw. 12 und 40 %, bei Steuerklasse III zw. 17 und 50 %.

durch den frühzeitigen Tod der Junioren die Anteile in die Hände Dritter (z.B. Lebens- und Ehepartner der Junioren) fallen können, die nicht willens oder in der Lage sind, vorhandene Versorgungsverpflichtungen zu übernehmen.

2. Mögliche Arten der vorweggenommenen Erbfolge

102 Der Begriff der vorweggenommenen Erbfolge ist weder im BGB noch im Steuerrecht legal definiert. Die Rechtsprechung versteht hierunter die Übertragung des Vermögens oder eines wesentlichen Teils hiervon durch den (zukünftigen) Erblasser auf einen oder mehrere (zukünftige) in Aussicht genommene Erben als Empfänger.[63] Zwischenzeitlich hat dieser Begriff im Zusammenhang mit der Übergabe von landwirtschaftlichen Betrieben auch eine gesetzliche Aufnahme gefunden (vgl. § 593 a S. 1 BGB, § 17 HöfeO).[64] Nach vorherrschender Auffassung besteht kein eigenes Rechtsinstitut der vorweggenommenen Erbfolge, da die in der Praxis anzutreffenden Fallgestaltungen zu vielschichtig sind.

103 In vielen Fällen erfolgt die Übertragung von Einzelunternehmen und Gesellschaftsanteilen im Wege einer reinen **Schenkung**, ohne dass dem Beschenkten Gegenleistungspflichten, Auflagen oder sonstige Einschränkungen aufgegeben werden.

104 Auf Grund der Komplexität der Übergabesituation, des vorhandenen Veränderungsrisikos und der notwendigen Absicherung der Versorgung des Übergebers werden solche Schenkungen häufig mit entsprechenden Auflagen verbunden (**Schenkung unter Auflagen**). Werden dem Schenker bestimmte Verhaltens- oder Leistungspflichten aufgegeben, spricht man von einer Leistungsauflage, behält sich der Schenker hingegen bestimmte Rechte vor (z.B. Stimmrechte oder ein Nießbrauchsvorbehalt) von einer Nutzungs- oder Duldungsauflage.

105 Die Schenkung unter Auflagen ist nur schwierig von der **gemischten Schenkung** zu unterscheiden, bei der der Beschenkte aus seinem sonstigen Vermögen eine Gegenleistung erbringen muss (z.B. Bezahlung eines Teil-Kaufpreises). Zivilrechtlich setzt die Einordnung als gemischte Schenkung voraus, dass sich beide Parteien darin einig sind, dass die Höhe der Gegenleistung nicht dem Wert des geschenkten Gesellschaftsanteils entspricht und dieser Differenzbetrag dem Beschenkten unentgeltlich übertragen werden soll.[65]

106 Für die Übertragung von Betriebsvermögen durch gemischte Schenkung sprechen häufig steuerliche Erwägungen und die Zielsetzung einer ausreichenden **Altersabsicherung** der Übergeber. Mit Hilfe des entrichteten Kaufpreises kann der Übergeber unabhängig von der operativen Entwicklung des Unternehmens seine Altersversorgung ganz oder teilweise bestreiten. Auf Seiten des Übernehmers setzt dies allerdings voraus, dass dieser in der Lage ist, aus dem übertragenen Betriebsvermögen den bezahlten Kaufpreis zu finanzieren. Ist hierfür eine Fremdfinanzierung erforderlich, kommt eine solche Übertragungsart regelmäßig nur dann in Betracht, wenn die Bonität des Unternehmens und die Nachhaltigkeit der Ertragsaussichten ausreichend gut sind. Andernfalls wird der Nachfolger über die Maßen in seinem finanziellen Handlungsspielraum eingeschränkt, was letztlich der Existenzsicherung des Unternehmens entgegensteht. In der steuerlichen Betrachtung macht eine solche Übertragung dann Sinn, wenn die Buchwerte bzw. Anschaffungskosten der zu übertragenden Gesellschaftsanteile ausreichend hoch sind, um die Entstehung eines steuerpflichtigen Veräußerungsgewinns auf Übergeberseite zu verhindern oder zumindest zu minimieren. Für den Übernehmer entstehen in Höhe des entrichteten Kaufpreises Anschaffungskosten, die bei der Übernahme von Mitunternehmeranteilen oder eines Einzelunternehmens ertragsteuermindernd abgeschrieben werden können.

107 Die zivilrechtliche Differenzierung zwischen einer Schenkung unter Auflagen und einer gemischter Schenkung weicht von der steuerlichen Betrachtung des Übertragungsvorgangs ab: Die neuere Rechtsprechung des Bundesfinanzhofs will die gemischte Schenkung und die Schenkung unter Leistungsauflage gleich behandeln. In beiden Fällen soll das Rechtsgeschäft in einen entgeltlichen und einen unentgeltlichen Teil aufgespalten werden. Nur der unentgeltliche Teil wird als schenkungsteuerpflichtige Zuwendung i.S.d. § 7 Abs. 1 Nr. 1 ErbStG behandelt. Im Ergebnis führt dies zu einer nur begrenzten erbschaftsteuerlichen Abzugsfähigkeit der Gegen-

---

[63] BGH Urt. v. 30.1.1991 – DNotZ 1992, 32.
[64] Die Bezugnahme auf den Begriff der vorweggenommenen Erbfolge in § 13 a Abs. 1 Nr. 2 ErbStG wurde durch das Steueränderungsgesetz 2001 v. 21.12.2001 (BGBl. I, 3794) wieder beseitigt.
[65] Vgl. hierzu BGH Urt. v. 2.10.1987 – BGHZ 107, 156; BGH Urt. v. 23.9.1981 – BGHZ 82, 274.

leistung.⁶⁶ Wird etwa ein Gesellschaftsanteil mit einem Verkehrswert von € 10 Mio. (Erbschaftsteuerwert € 6 Mio.) für einen Kaufpreis von € 5 Mio. übertragen, so unterliegt lediglich die Hälfte des Erwerbs der Schenkungsteuer und wird für steuerliche Zwecke mit € 3 Mio. bewertet.

3. Die Ausgestaltung der vorweggenommenen Erbfolge

Bei der konkreten Ausgestaltung der Schenkungs- und Übergabeverträge ist auf Grund der aufgezeigten Risiken stets auf eine Absicherung der Rechtsposition des Übergebers zu achten.

So sollte zunächst der richtige **Zeitpunkt** der Übertragung mit Bedacht gewählt werden. Hierbei verbietet es sich regelmäßig, allein Aspekten der Steueroptimierung den Vorzug zu geben. Gesellschaftsanteile, die den Junioren namhafte Minderheits-, Mitentscheidungs- oder sogar Alleinentscheidungsrechte einräumen, sollten nur dann übertragen werden, wenn diese nicht mehr minderjährig sind und durch ihren Werdegang in Ausbildung und Beruf erkennen lassen, dass sie über das erforderliche Interesse sowie die notwendigen Fähigkeiten und Charakterstärke verfügen.

Aber selbst dann, wenn diese Voraussetzungen erfüllt zu sein scheinen, sollte sich der Übergeber geeignete **Rückforderungsrechte** vorbehalten. Das BGB sieht nur in sehr wenigen Fällen ein Widerrufs- und Rückforderungsrecht des Schenkers vor, so im Falle des Nichtvollzugs einer Auflage (§ 527 BGB), der Verarmung des Schenkers (§ 528 BGB) oder wegen groben Undanks (§ 530 BGB).⁶⁷ Im Rahmen eines Übergabevertrages bedürfen Rückforderungsrechte der präzisen und individuellen Ausgestaltung, um langwierige Rechtsstreitigkeiten über den Inhalt und die Reichweite dieser Rechte zu verhindern, wie sie etwa im Falle „*Benteler*" über mehr als ein Jahrzehnt stattgefunden haben.⁶⁸

Vertragliche Rückforderungsrechte können bei folgenden Sachverhalten vereinbart werden:
- Vorversterben des Beschenkten,
- Insolvenz des Beschenkten und Vornahme von Zwangsvollstreckungsmaßnahmen in den geschenkten Gesellschaftsanteil; nach h.M. liegt hierin keine Gläubigerbenachteiligung, da der geschenkte Gesellschaftsanteil bereits von Anfang an mit dem Rückforderungsrecht belastet ist und nur eingeschränkt dem Zugriff der Gläubiger des Beschenkten unterliegt; umstritten ist dies für den Fall der Insolvenz, hier wird teilweise die Auffassung vertreten, ein Rückforderungsrecht verstoße gegen §§ 103, 119 InsO,⁶⁹
- Eheschließung und Nicht-Abschluss eines geeigneten Ehe- und Pflichtteilsverzichtsvertrages (bzw. Lebenspartnerschaftsvertrages),
- Verkauf des Anteils oder unentgeltliche Übertragung auf Nicht-Abkömmlinge; dies stellt nach h.M. keinen Verstoß gegen § 137 BGB dar,
- Weitere mögliche Fallkonstellationen: unsittlicher und verschwenderischer Lebenswandel, Beitritt zu einer Sekte, etc.

Formulierungsvorschlag:
(1) Der geschenkte Gesellschaftsanteil des Beschenkten an der Gesellschaft fällt einschließlich etwaiger Surrogate unentgeltlich mit dinglicher Wirkung zu Lebzeiten des Schenkers von dem Beschenkten an den Schenker zurück,
a) mit dem Erlass eines Beschlusses, durch den der geschenkte Gesellschaftsanteil des Beschenkten ganz oder teilweise von einem Gläubiger des Beschenkten gepfändet wird, unter der auflösenden Bedingung, dass der Beschenkte den Pfändungsbeschluss binnen drei Monaten beseitigt;
b) mit dem Eingang eines Antrages auf Eröffnung des Insolvenzverfahrens über das Vermögen des Beschenkten bei Gericht, unter der auflösenden Bedingung, dass der Antrag auf Eröff-

---

⁶⁶ Vgl. hierzu statt vieler *Meincke* ErbStG § 7 Rdnr. 27 ff., 33 ff.
⁶⁷ Zur Rückforderung wegen Störung der Geschäftsgrundlage *Spiegelberger* MittBayNotZ 2000, 1, 3 f.
⁶⁸ BGH Urt. v. 2.7.1990 – NJW 1990, 2616 ff.
⁶⁹ Vgl. hierzu *Spiegelberger* MittBayNotZ 2000, 1, 7 f., der eine Vorverlagerung des Rückforderungsrechts auf den Tatbestand der wesentlichen Vermögensverschlechterung anregt.

nung des Insolvenzverfahrens aus einem anderen Grunde als mangels Masse zurückgewiesen wird;
c) im Falle des Ablebens des Beschenkten, sofern und soweit der geschenkte Gesellschaftsanteil nicht ausschließlich auf Abkömmlinge des Beschenkten übergeht oder diesen Personen vermacht werden.

Der vorstehend vereinbarte Rückfall des Gesellschaftsanteils erfolgt ausschließlich an den Schenker. Das Rückfallrecht ist weder vererblich noch veräußerbar.

(2) Die dingliche Einigung über den Übergang des geschenkten Gesellschaftsanteils des Beschenkten an der Gesellschaft ist jeweils durch die vorstehenden Sachverhalte auflösend bedingt.

Der Beschenkte erklärt hilfsweise bereits hiermit die Einigung über die Rückabtretung des geschenkten Gesellschaftsanteils des Beschenkten an der Gesellschaft (jeweils einschließlich etwaiger Surrogate) in den vorstehend lit. a)-c) genannten Fällen für den Fall, dass die Vereinbarung der auflösenden Bedingung in den Fällen lit. a)-c) gleich aus welchem Grund – nicht unmittelbar zu einem rechtswirksam dinglichen Rückfall führt.

(3) Der Schenker ist über Abs. 1 hinausgehend zu seinen Lebzeiten berechtigt, die Schenkung zu widerrufen und die Rückübertragung des geschenkten Gesellschaftsanteils des Beschenkten an sich zu verlangen, wenn
a) der Beschenkte sich des groben Undanks i.S.d. § 530 BGB schuldig gemacht hat;
b) der Beschenkte mit einem Ehe- oder Lebenspartner nicht Gütertrennung oder eine modifizierte Zugewinngemeinschaft mit dem Inhalt vereinbart, dass die Verfügungsbeschränkung des § 1365 BGB ausgeschlossen ist und der in dieser Vereinbarung geschenkte Gesellschaftsanteil im Falle der Scheidung der Ehe bzw. Aufhebung der Lebenspartnerschaft aus dem Zugewinnausgleich ausscheidet; dies gilt auch dann, wenn eine bestehende güterrechtliche Vereinbarung nachträglich so abgeändert wird, dass die vorgenannten Bestimmungen nicht mehr erfüllt sind; das Widerrufsrecht kann bereits dann ausgeübt werden, wenn der Beschenkte auf Verlangen nicht innerhalb von drei Monaten eine beglaubigte notarielle Urkunde mit diesem Inhalt vorlegt;
c) der Beschenkte einen verschwenderischen Lebenswandel führt, sich einer Sekte anschließt oder bei erwiesener Alkohol- oder Drogenabhängigkeit;
d) über den Beschenkten eine Betreuung mit Einwilligungsvorbehalt (§ 1903 BGB) angeordnet wird;

Das Widerrufsrecht steht ausschließlich dem Schenker als unvererbliches und unveräußerbares Recht zu. Das Widerrufsrecht kann im Widerrufsfalle nur innerhalb von drei Jahren nach Kenntnis des Schenkers vom Vorliegen der Widerrufsvoraussetzungen ausgeübt werden. Der Widerruf ist durch notariell beglaubigte Erklärung gegenüber dem Beschenkten bzw. seinem Rechtsnachfolger auszuüben.

Macht der Schenker von seinem Widerrufsrecht Gebrauch, so ist der Beschenkte verpflichtet, den geschenkten Gesellschaftsanteil und/oder das an seine Stelle getretene Surrogat, jeweils ohne Gegenleistung, an den Schenker zurück zu übertragen.

Hat der Beschenkte Verwendungen auf den geschenkten Gesellschaftsanteil getätigt, so sind dem Beschenkten im Falle der Rückübertragung, diese Verwendungen Zug um Zug zu erstatten.

(4) Fällt der Gesellschaftsanteil des Beschenkten an den Schenker zurück und wird der Gesellschaftsanteil des Beschenkten an den Schenker zurück übertragen, so hat dieses Ereignis hinsichtlich der zwischenzeitlich bei dem Beschenkten zugeflossenen Erträge keinerlei rückwirkende Folgen; die Erträge bleiben mithin bei dem Beschenkten.

(5) Aufgrund des Rückfalls oder der Rückübertragung des Gesellschaftsanteils des Beschenkten entstehen in keinem Falle Abfindungsansprüche des Beschenkten gegenüber dem Schenker.

Schenkungssteuerlich liegt der Vorteil eines solchen vertraglich vereinbarten Rückfalls darin, dass dieser schenkungsteuerfrei erfolgt (§ 13 Nr. 10 ErbStG). Darüber hinaus können die Vertragsparteien bei einem solchen von vornherein vereinbarten Rückforderungsrecht die für die ursprüngliche Schenkung entrichtete Schenkungsteuer zurückfordern (§ 29 Abs. 1 Nr. 1 ErbStG).

Bei der Ausgestaltung solcher Rückfalls- und Widerrufsbestimmungen muss allerdings berücksichtigt werden, dass diese nicht zu einer einseitigen Belastung des Beschenkten werden darf. Dies wäre etwa dann der Fall, wenn ein **freier Widerrufsvorbehalt** vereinbart würde. Ein solcher freier Widerrufsvorbehalt konterkariert zumeist die mit der vorweggenommenen Erbfolge verbundenen positiven psychologischen Effekte beim Nachfolger, der diesen Widerrufsvorbehalt als Damoklesschwert empfinden wird. Hinzu kommen steuerliche Probleme eines freien Widerrufs, die dazu führen können, dass das wirtschaftliche Eigentum am verschenkten Gesellschaftsanteil beim Übergeber verbleibt[70] und bei der Übertragung von Kommanditanteilen der Beschenkte nicht Mitunternehmer i.S.d. § 15 EStG wird, womit auch die erbschaftssteuerlichen Privilegierungen des § 13 a ErbStG entfielen.

Da solche Klauseln für den Beschenkten psychologisch belastend sein können, sollten mögliche Widerrufs- und Rückforderungsrechte zeitlich nicht unbegrenzt, sondern nur innerhalb definierter Zeiträume ab Eintritt bzw. Kenntnis des Schenkers ausgeübt werden können. Auf diese Weise können auch langwierige Rechtsstreitigkeiten über eine mögliche Verwirkung solcher Rechte vermieden werden. Außerdem ist zu berücksichtigen, dass solche Widerrufs- und Rückforderungsrechte bei fehlender zeitlicher Beschränkung die rechtliche und wirtschaftliche Verfügungsmacht erheblich einschränken können. Zusätzliche Komplikationen können sich einstellen, wenn diese Rechte vererbbar gestellt werden und etwa in eine Erbengemeinschaft des Beschenkten und anderer Abkömmlinge des Übergebers fallen. Schließlich ist zu bedenken, dass mit steigendem Alter des Übergebers persönliche Probleme (z.B. Demenz, Betreuungsbedürftigkeit) in der Sphäre des Übergebers entstehen können, die dem Interesse der Unternehmenssicherung entgegenstehen.

Bei der Ausgestaltung der einzelnen Rückforderungs- und Widerrufsklauseln sollten in jedem Einzelfall folgende Regelungspunkte berücksichtigt werden:
- Eindeutige rechtliche Ausgestaltung als auflösende Bedingung, vertragliches Rückforderungsrecht, vertragliches Widerrufsrecht, vertragliches Rücktrittsrecht;
- Absicherung des Rückforderungsrecht;
- Zeitliche Dauer, Vererbbarkeit des Rückforderungsrecht, Ausübungsfristen, Form der Ausübung;
- Regelung zwischenzeitlich gezogener Nutzungen und getätigter Verwendungen auf den Schenkungsgegenstand.

Schließlich sollte der Schenkungs- und Übergabevertrag eine Regelung zur **Pflichtteilsanrechnung** vorsehen (§ 2315 BGB), da andernfalls eine Anrechnung der Vorschenkung auf den späteren Pflichtteilsanspruch des Beschenkten nur möglich ist, wenn zwischen dem Zeitpunkt der Ausführung der Schenkung und dem Tod des Schenkers ein Zeitraum von maximal zehn Jahren liegt (§§ 2327 Abs. 1, 2325 Abs. 3 BGB). Unterbleibt eine solche Anrechnungsbestimmung, kann dies später zu erheblichen Konflikten in der Erbengeneration wegen der nicht beabsichtigten Bevorzugung des beschenkten Abkömmlings kommen. Sollte bei Abschluss des Schenkungs- und Übertragungsvertrages die Vereinbarung einer Pflichtteilsanrechnung vergessen worden sein und einigen sich Schenker und Beschenkter darüber, diese Anrechnungsbestimmung nachzuholen, so bedarf dies der notariellen Beurkundung.

> **Formulierungsvorschlag:**
> Zwischen dem Schenker und dem Beschenkten besteht Einigkeit darüber, dass der Beschenkte sich den heutigen Verkehrswert der in dieser Vereinbarung gemachten Schenkung auf eventuelle gesetzliche Pflichtteilsansprüche am künftigen Nachlass des Schenkers anrechnen lassen muss. Sollte der Wert des geschenkten Gesellschaftsanteils des Beschenkten im Zeitpunkt des Todes des Schenkers allerdings niedriger sein als der heutige Wert, so ist dieser niedrigere Wert zum Todeszeitpunkt für die Pflichtteilsanrechnung maßgeblich.

---

[70] Vgl. BFH Urt. v. 17.6.1998 – ZEV 1998, 445.

4. Die Beteiligung Minderjähriger an Gesellschaftsvermögen[71]

115 Die lebzeitige Übertragung von Gesellschaftsvermögen an Minderjährige kann zu vielfältigen Problemen führen, weshalb solche Übertragungen wohl überlegt sein wollen. Als Motiv stehen zumeist die vorstehend aufgeführten steuerlichen Überlegungen im Vordergrund. Hinzu kommt der Wunsch, den Kindern eigenständige Einkunftsquellen zu verschaffen, die häufig auch nach Erreichung der Volljährigkeit von den Eltern verwaltet werden sollen. Unternehmerische Zielsetzungen treten naturgemäß in den Hintergrund, da bei minderjährigen Kindern deren Eignung und Interesse noch völlig offen sind. Mit der lebzeitigen Übertragung von Betriebsvermögen auf Minderjährige sind namhafte Risiken verbunden, die über die vorgenannten Rückfallbestimmungen im Übertragungsvertrag hinaus besondere Gestaltungsmaßnahmen erfordern. Hauptproblem ist das **Veränderungsrisiko** im Hinblick auf die Entwicklung der Kinder. Ein Missbrauch des geschenkten Betriebsvermögens oder zumindest eine andersartige Verwendung als von den Eltern erwünscht, ist trotz aller sinnvollen und möglichen vertraglichen und gesellschaftsrechtlichen Sicherungen letztlich nie vollständig auszuschließen.

116 a) Die **Vermögenssorge und Vertretungsberechtigung** für ein minderjähriges Kind erfolgt grundsätzlich durch beide Elternteile gemeinschaftlich (§§ 1629 Abs. 2 S. 1, 1638 BGB). Eine Beteiligung des Ehepartners an unternehmerischen Entscheidungen ist in vielen Unternehmerfamilien jedoch gerade nicht gewollt. Um dies zu vermeiden, kann vom Schenker im Schenkungsvertrag ausdrücklich bestimmt werden, dass der Ehepartner von der Vermögenssorge in Bezug auf das geschenkte Betriebsvermögen oder den Gesellschaftsanteil ausgeschlossen wird. Sollte der Schenker versterben, solange der Beschenkte noch minderjährig ist, bedarf es in diesem Falle allerdings der Bestellung eines Pflegers. Die Person des Pflegers muss nicht bereits im Schenkungsvertrag bestimmt werden, sondern kann noch im Testament benannt werden.

> **Formulierungsvorschlag:**
>
> Der Schenker bestimmt, dass der Ehepartner des Schenkers von der Vermögenssorge in Bezug auf die geschenkten Gesellschaftsanteile des Beschenkten vollständig ausgeschlossen ist und die Vermögenssorge insoweit gemäß § 1638 Abs. 3 BGB ausschließlich dem Schenker zusteht. Sollte die Vermögenssorge von dem Schenker nicht mehr ausgeübt werden können, ist für den minderjährigen Beschenkten [...] als Pfleger gemäß §§ 1909, 1917 BGB zu berufen.

117 b) **Haftungsbeschränkung des Minderjährigen.** Seit Einführung des Minderjährigenhaftungsbeschränkungsgesetzes (MHbeG) im Jahre 1998 haben volljährig gewordene Gesellschafter das Recht, ihre Haftung für Verbindlichkeiten, die ihre gesetzlichen Vertreter für sie begründet haben, auf dasjenige Vermögen zu beschränken, das bei Eintritt der Volljährigkeit vorhanden war (§ 1629 a BGB). Dies gilt auch für Verbindlichkeiten, die für einen Minderjährigen als Einzelunternehmer, Gesellschafter einer GbR, OHG oder KG begründet wurden. Die **Haftungsbeschränkung** zugunsten Minderjähriger ist jedoch nicht lückenlos gewährleistet. Diese tritt erst mit Volljährigkeit ein und muss von dem Volljährigen als Einrede selbst geltend gemacht werden. Sie gilt von vornherein nicht für Ansprüche infolge deliktischen Handelns des Minderjährigen, wohl aber bei Verbindlichkeiten des Minderjährigen, die durch unerlaubte Handlungen von Dritten, z.B. Mitgesellschaftern einer OHG, entstanden sind.[72] Problematisch ist zumeist die Abgrenzung, ob Verbindlichkeiten einer GbR, OHG oder KG vor oder nach Eintritt der Volljährigkeit entstanden sind, da der Minderjährige für letztere voll haftet, es sei denn, dieser scheidet innerhalb von drei Monaten nach Eintritt der Volljährigkeit aus der Gesellschaft aus. Es ist damit in jedem Falle eine rasche Entscheidung des volljährig gewordenen Gesellschafters erforderlich, ob er Gesellschafter bleiben will oder sich die Einrede der Haftungsbeschränkung erhalten will. Um das Risiko eines Fortbestehens der Haftung zu vermeiden, haben volljährig gewordene Gesellschafter einer GbR, OHG sowie Komplementäre einer KG das Recht, ihre Gesellschaftsbeteiligung mit Eintritt der

---

[71] Zur Beteiligung Minderjähriger im Erbrecht vgl. ausf. § 42.
[72] Vgl. hierzu *Grunewald* ZIP 1999, 597, 598.

Volljährigkeit zu kündigen (§ 723 Abs. 1 S. 3 Nr. 2 BGB). Der Eintritt der Volljährigkeit gilt dabei als „wichtiger Grund" für eine außerordentliche Kündigung des Gesellschaftsverhältnisses. Nach vorherrschender Auffassung soll dieses Kündigungsrecht auch Kommanditisten zustehen, wenn deren Hafteinlage nicht vollständig geleistet ist,[73] nicht jedoch bei erbrachter Hafteinlage oder bei Beteiligung an einer GmbH oder AG. Aus dieser außerordentlichen Kündigungsmöglichkeit des volljährig Gewordenen und dessen Abfindungsanspruch ergibt sich ein Gefährdungspotenzial für die Liquiditätssituation der Gesellschaft, das durch vertragliche Regelungen nur schwer in Griff zu bekommen ist. Das außerordentliche Kündigungsrecht ist jedenfalls vertraglich nicht abdingbar. Umstritten ist, ob der Minderjährige im Schenkungsvertrag mit einem vertraglichen Rückforderungsanspruch des Schenkers für den Fall der Kündigung beschwert werden darf und ob im Gesellschaftsvertrag der Abfindungsanspruch des volljährig Gewordenen beschränkt werden kann. Da der Sinn und Zweck des MHbeG in der Haftungsbeschränkung und nicht im Bestandsschutz für Vermögen des Minderjährigen liegt, sollten solche Regelungen zulässig sein.

c) **Vertretungsberechtigung der Eltern.** Durch die Beteiligung Minderjähriger an Handelsgesellschaften werden Beschlüsse auf Gesellschafterebene, insbesondere aber Gesellschaftsgründungen, Anteilsübertragungen, Umwandlungen und Änderungen des Gesellschaftsvertrages erheblich erschwert. Die Erschwernis ergibt sich zum einen aus der eingeschränkten **Vertretungsberechtigung** der Eltern, zum anderen aus dem **vormundschaftsgerichtlichen Genehmigungsbedürfnis** für einzelne Rechtsgeschäfte.

aa) Grundsätzlich sind Eltern für ihre Kinder gemeinschaftlich vertretungsberechtigt. Es gibt jedoch Fälle, in denen Eltern von der Vertretung ihrer Kinder ausgeschlossen sind, so z.B. beim Abschluss von Rechtsgeschäften mit dem anderen Elternteil (§§ 1629 Abs. 2 S. 1 BGB, 1795 Abs. 1 Nr. 1 BGB). Bei der Vertretung von Kindern, die bereits 7 Jahre alt sind, gilt dies jedoch dann nicht, wenn das Rechtsgeschäft für das Kind lediglich rechtlich vorteilhaft ist (§ 107 BGB). Für die Gründung einer Handelsgesellschaft unter Mitwirkung eines Minderjährigen, den Beitritt eines Minderjährigen zu einer bereits bestehenden Gesellschaft gilt Folgendes: Ist eines der Elternteile Mitgesellschafter und damit Vertragspartner – was bei Familienunternehmen regelmäßig der Fall sein dürfte – so sind beide Eltern von der Vertretung des Minderjährigen ausgeschlossen (§§ 181 Var. 1, 1629 Abs. 2, 1795 Abs. 1 Nr. 1 BGB). In diesem Falle bedarf es der Bestellung eines Ergänzungspflegers durch das zuständige Familiengericht (§ 1909 Abs. 1 BGB). Dies gilt unabhängig davon, ob es sich hierbei um eine Personen- oder Kapitalgesellschaft handelt. Weder der Abschluss eines Gesellschaftsvertrages noch der Aufnahmevertrag eines neu eintretenden Gesellschafters sind für sich genommen rechtlich vorteilhaft, da diese für den minderjährigen Gesellschafter ein Bündel unterschiedlicher Rechte, Pflichten und Bindungen begründen.[74] Schwieriger zu beantworten ist diese Frage beim sog. derivativen Anteilserwerb, d.h. bei der Übertragung von Gesellschaftsanteilen auf einen Minderjährigen im Wege eines Schenkungs- und Übertragungsvertrages. Einigkeit dürfte nur insoweit bestehen, als die Anteilsübertragung voll eingezahlter Inhaberaktien[75] lediglich rechtlich vorteilhaft ist und damit ohne Bestellung eines Ergänzungspflegers zulässig ist. Dies gilt jedoch nicht für die Schenkung von GmbH-Anteilen, da hiermit bestimmte Haftungsgefahren verbunden sind (Ausfallhaftung, subsidiäre Haftung bei Kapitalrückzahlung an Mitgesellschafter, §§ 24, 31 Abs. 3 GmbHG). Nach vorherrschender, wenn auch in der Literatur umstrittener Auffassung, soll auch für die schenkungsweise Übertragung eines Kommanditanteils die Bestellung eines Ergänzungspflegers erforderlich sein, unabhängig davon, ob die Einlagen vollständig erbracht sind oder nicht.[76] In der Beratungspraxis sollte hier stets der „sichere" Weg gegangen werden und eine entsprechende Ergänzungspflegerbestellung erfolgen, auch wenn in der Sache der abweichenden Literaturauffassung zuzustimmen ist. Zu beachten ist, dass ein Schenkungs- und Übertragungsvertrag jedenfalls dann nicht ohne rechtlichen Nachteil ist, wenn eine Anrechnung auf den Pflichtteil des beschenkten Minderjährigen vereinbart wurde.

---

[73] Vgl. *Grunewald* ZIP 1999, 597, 599; *Reimann* DNotZ 1999, 179, 203 f.
[74] Vgl. *Ivo* ZEV 2005, 193, 194.
[75] Str. für Namensaktien wegen § 64 Abs. 4 AktG, vgl. *Maier-Reimer/Marx* NJW 2005, 3025.
[76] Vgl. hierzu BGH Urt. v. 10.2.1977 – BGHZ 68, 225, 231; *Ivo* ZEV 2005, 193, 194, a.A. *Maier-Reimer/Marx* NJW 2005, 3025, 3026.

120 Sollen mehrere minderjährige Kinder in ein Familienunternehmen eintreten, stellt sich regelmäßig die Frage, ob es hierfür der Bestellung eines oder mehrerer eigener Ergänzungspfleger für jedes Kind bedarf. Letzteres wäre dann zu fordern, wenn der Ergänzungspfleger in der Vertretung mehrerer Minderjähriger durch § 181 BGB gehindert wäre. Unstreitig dürfte sein, dass für die Neugründung einer Gesellschaft und den Beitritt mehrerer Kinder zu einer Personengesellschaft durch Aufnahmevertrag die Bestellung je eigener Ergänzungspfleger erforderlich ist.[77] Etwas anderes sollte dann gelten, wenn mit mehreren minderjährigen Kindern Schenkungs- und Anteilsübertragungsverträge abgeschlossen werden. Hierbei handelt es sich um jeweils eigenständige, zweiseitige Vereinbarungen zwischen dem Schenker und dem jeweiligen Beschenkten, so dass das Mehrfachvertretungsverbot des § 181 BGB hier nicht gilt. In der Praxis der Vormundschaftsgerichte dominiert jedoch weiterhin die Auffassung, auch in diesen Fällen die Bestellung je eigener Ergänzungspfleger zu verlangen. Dem sollte in der Beratungspraxis Rechnung getragen werden.[78]

121 *bb)* Neben der Bestellung eines Ergänzungspflegers kann es erforderlich sein, für Rechtsgeschäfte, die Eltern oder Ergänzungspfleger für minderjährige Kinder vornehmen, die **Zustimmung des Vormundschaftsgerichts** (bzw. des Familiengerichts) einzuholen (§§ 1643 Abs. 1 i.V.m. 1821 f. BGB). Hieran ändert auch die Bestellung eines Ergänzungspflegers nichts (§ 1915 BGB). Rechtsgeschäfte, die ohne die notwendige Zustimmung des Vormundschaftsgerichts abgeschlossen werden, sind nichtig. Gesellschaftsgründungen, die gleichwohl vollzogen werden, behandelt die Rechtsprechung für gewöhnlich nach den Grundsätzen der faktischen Gesellschaft. Da hierdurch jedoch für die Gesellschafter dieselben Verpflichtungen begründet werden können, wie bei einer wirksamen Gesellschaftsgründung, finden die Grundsätze der fehlerhaften Gesellschaft auf minderjährige Gesellschafter keine Anwendung.[79] Für die steuerliche Behandlung ist zu beachten, dass der Beteiligung Minderjähriger bei fehlender zivilrechtlicher Wirksamkeit auch die steuerliche Anerkennung versagt werden kann. Nach Auffassung des BFH wird die zivilrechtliche Rückwirkung der Genehmigung nur dann anerkannt, wenn diese unverzüglich nach Abschluss des Gesellschaftsvertrages beantragt und innerhalb angemessener Frist erteilt wurde.[80]

122 Entscheidender Genehmigungstatbestand ist § 1822 Nr. 3 BGB. Danach ist die Genehmigung für einen Vertrag erforderlich, „der auf den entgeltlichen Erwerb oder die Veräußerung eines Erwerbsgeschäfts gerichtet ist, sowie zu einem Gesellschaftsvertrag, der zum Betrieb eines Erwerbsgeschäfts eingegangen wird". Soweit der Grundsatz, im Detail ist in der Praxis jedoch vieles streitig. Bei der Gründung eines Erwerbsgeschäfts in Form eines einzelkaufmännischen Geschäfts ist ebenso eine Genehmigung erforderlich, wie bei der Gründung einer OHG oder KG unter Mitwirkung eines Minderjährigen. Die Genehmigung ist auch dann erforderlich, wenn ein Minderjähriger nur Kommanditist wird, da er Mitinhaber des gemeinsamen Unternehmens wird.[81] Fraglich ist dies allerdings dann, wenn es sich hierbei um eine rein vermögensverwaltende KG handelt, da diese gerade kein Erwerbsgeschäft betreibt. Die Rechtsprechung hat sich bisher nur mit der Frage beschäftigt, inwieweit die Beteiligung Minderjähriger an der Gründung einer Gesellschaft bürgerlichen Rechts genehmigungsbedürftig ist. Diese Frage wurde bejaht, soweit die Gesellschafter ein gewisses unternehmerisches Risiko übernehmen, für Fremdverbindlichkeiten der Gesellschaft haften sowie wenn der Zweck der GbR auf lange Dauer gerichtet ist und die Vermietung und Verwertung von gewerblich nutzbaren Immobilien umfasst.[82] Eine Genehmigungsbedürftigkeit der Gesellschaftsgründung wird hierbei zumeist auch unter Hinweis auf § 1822 Nr. 10 BGB bejaht. Dies kann jedoch für die Gründung einer vermögensverwaltenden KG auf Grund der Haftungsbeschränkung der Kommanditisten gerade nicht gelten. Gleichwohl ist es in der Beratungspraxis unumgänglich, auch eine sol-

---

[77] Vgl. hierzu statt vieler MünchKomm-HGB/*K. Schmidt* § 105 Rdnr. 129.
[78] Zum Meinungsstand: *Maier-Reimer/Marx* NJW 2005, 3025, 3026 f.; *Ivo* ZEV 2005, 193, 194 f.; a.A. OLG Zweibrücken Urt. v. 14.1.1999 – NJW-RR 1999, 1174.
[79] BGH Urt. v. 30.4.1955 – BGHZ 17, 160, 165.
[80] BFH Urt. v. 5.3.1981 – BStBl. II 1981, 435; dies ist vielfach zu recht kritisiert worden, da der Antragsteller keinen Einfluss auf die Dauer eines Genehmigungsverfahrens hat.
[81] BGH Urt. v. 30.4.1955 – BGHZ 17, 160 ff. mit ausf. Begr.; vgl. auch *Reimann* DNotZ 1999, 179, 184 f.
[82] Vgl. hierzu BayObLG Urt. v. 5.3.1977 – FamRZ 1997, 842, 844.

che KG-Gesellschaftsgründung dem Familien- bzw. Vormundschaftsgericht zur Genehmigung vorzulegen.[83] Auch die Gründung einer GmbH unter Mitwirkung eines Minderjährigen ist genehmigungsbedürftig, ebenso wie einer atypisch stillen Gesellschaft und einer Unterbeteiligung. Demgegenüber dürfte allerdings die Eingehung einer typischen stillen Gesellschaft (oder Unterbeteiligung), die einer reinen Darlehensgewährung gleichsteht, ohne dass der stille Gesellschafter am Verlust der Hauptgesellschaft beteiligt ist oder Einfluss auf die Geschäftsführung hat, keiner Genehmigung bedürfen.[84]

Für die unentgeltliche Übertragung von Personengesellschaftsanteilen an Minderjährige gelten die eben dargestellten Grundsätze entsprechend, und zwar unabhängig davon ob ein Minderjähriger als Kommanditist oder Komplementär Anteile erwirbt. Umstritten ist, ob diese auch für die Übertragung von GmbH-Geschäftsanteilen oder Aktien auf Minderjährige gelten. Nach vorherrschender Auffassung soll die Übertragung von Aktien und GmbH-Anteilen auf Minderjährige genehmigungsfrei sein. Dem ist zuzustimmen, für rein vermögensverwaltende Gesellschaften dürfte dies sogar unstreitig sein. Etwas anderes kann dann gelten, wenn der Erwerb wirtschaftlich der Beteiligung an einem Erwerbsgeschäft gleichsteht (z.B. Fall der Einmann-GmbH, Übernahme sämtlicher Aktien), konkrete Haftungsgefahren bestehen (z.B. Einstandspflicht für nicht geleistete Einlagen eines Mitgesellschafters gemäß §§ 24, 31 Abs. 3 GmbHG) oder wenn die Gesellschaftsgründung noch nicht im Handelsregister eingetragen ist.[85] Umstritten ist schließlich die Frage, ob ausnahmsweise die Übernahme einer Sperrminorität oder der Mehrheit der Anteile bei Kapitalgesellschaften ein Genehmigungserfordernis begründen kann.[86] Die vorgebrachten Argumente für ein Genehmigungsbedürfnis überzeugen nicht. Um das Risiko der Nichtanerkennung einer durchgeführten Schenkung jedoch zu vermeiden, dürfte auch hier letztlich eine Einschaltung des zuständigen Vormundschafts- bzw. Familiengerichts unumgänglich sein.

123

Die Genehmigung der Familiengerichte hat sich am Maßstab des § 1697 a BGB auszurichten. Hiernach ist vorrangig auf das Kindeswohl abzustellen; aber auch die Interessen der Eltern, etwa an der Fortführung eines Familienunternehmens müssen in der Gesamtabwägung berücksichtigt werden. Die Genehmigungen werden in der Praxis bei der unentgeltlichen Übertragung von Kommanditanteilen, GmbH-Geschäftsanteilen oder Aktien in der Regel unproblematisch erteilt, soweit keiner der vorgenannten Ausnahmetatbestände erfüllt ist. Bei der Übertragung von GbR-Anteilen oder Komplementäranteilen an einer OHG oder KG kommt es auf die Abwägung der Vor- und Nachteile im Einzelfall an, wobei das Haftungsrisiko allein keine Versagung der Genehmigung rechtfertigt.[87]

124

d) Weitere Vorkehrungen bei Beteiligung Minderjähriger. Über die vorgenannten Vorkehrungen bei der Ausgestaltung der Schenkungs- und Übertragungsverträge hinaus, sollte bei der Beteiligung Minderjähriger an Handelsgesellschaften stets bedacht werden, dass hierdurch die Flexibilität bei notwendigen Gesellschafterentscheidungen nicht unerheblich beeinträchtigt werden kann, da bei jedem Gesellschafterbeschluss die Frage zu stellen ist, ob die Eltern vertretungsberechtigt sind oder die Zustimmung des Familiengerichts einzuholen ist. So können etwa Änderungen der Gesellschaftsverträge oder wesentliche Änderungen in der Unternehmensverfassung (z.B. Formwechsel) bei Beteiligung Minderjähriger nicht mehr in der gewohnten Geschwindigkeit vollzogen werden. Deshalb sollte vor einem solchen Schritt stets geprüft werden, ob das Dazwischenschalten einer nicht operativen Beteiligungs- oder Holdinggesellschaft möglich ist, um bei den operativen Gesellschaften im Gesellschafterkreis weiterhin voll handlungsfähig zu bleiben.

125

Im privaten Bereich müssen die Eltern neben der vorstehend erläuterten Ausgestaltung der Schenkungs- und Übertragungsverträge auch im testamentarischen Bereich Vorsorge treffen. Regelungsbedürftig ist hierbei insbesondere der Fall eines gleichzeitigen Versterbens der Eltern und des/ der minderjährigen Kinder. Hier bedarf es einer Ersatzerbenregelung. Diese ist mit einer Regelung zur Einsetzung eines Nacherben zu ergänzen, die dann greift, wenn das Kind

126

---

[83] I.d.S. auch *Scherer* Familienunternehmen S. 302 f.; *Hohaus/Eickmann* BB 2004, 1707, 1709.
[84] Vgl. *Reimann* DNotZ 1999, 179, 186.
[85] Das Genehmigungsbedürfnis ergibt sich in diesen Fällen auch aus § 1822 Nr. 10 BGB.
[86] Vgl. hierzu *Scherer* Familienunternehmen S. 304 Fn. 187 f. m.w.N.
[87] Vgl. exemplarisch: OLG Braunschweig Beschl. v. 30.10.2000 – ZEV 2001, 75.

etwa in Folge eines gemeinsamen Verkehrsunfalls mehrere Wochen nach dem Tod der Eltern verstirbt. Schließlich sollte in einem Unternehmertestament bei minderjährigen Kindern stets eine Testamentsvollstreckung bis zur Vollendung der Volljährigkeit (besser bis zum 25. Lebensjahr) angeordnet werden, um eine Verwaltung des Nachlasses durch das Familiengericht und einen von diesem eingesetzten Pfleger zu verhindern.

VIII. Der Unternehmensnachfolger als Alleinerbe

1. Alleinerbenstellung des Unternehmensnachfolgers

127 Die **Alleinerbenstellung des Unternehmensnachfolgers** ist schon aufgrund der einkommensteuerrechtlichen Gefahren die sicherste Lösung. Auch haftungsrechtliche Aspekte sprechen für eine solche Zuordnung, z.B. wenn der Unternehmer als früherer Einzelunternehmer, in seiner Eigenschaft als Geschäftsführer oder auch unter dem Gesichtspunkt einer Konzernhaftung (natürliche Person als Konzernspitze) besonderen Haftungsrisiken ausgesetzt war. Schließlich ist es auch sachgerecht, dass steuerliche Belastungen aus der Vergangenheit, die meist vorrangig aus Unternehmensvermögen resultieren, den Unternehmensnachfolger als Alleinerben treffen.

128 Die Einsetzung eines von mehreren Kindern als Alleinerben stößt aber sowohl im Verhältnis zum überlebenden Ehepartner als auch zu Geschwistern häufig auf emotionale Vorbehalte. Die **Erbenstellung** wird angesichts der gesetzlich bestehenden Gesamtrechtsnachfolge als etwas Höherwertiges als die Zuwendung von Vermächtnissen empfunden. Diese Wertung ist vom Erblasser häufig nicht gewollt, insbesondere nicht im Verhältnis zur überlebenden Ehefrau. In diesen Fällen ist es Aufgabe des Beraters, die sachlichen Gründe für eine „Bevorzugung" einzelner Personen darzulegen und die Diskussion zu versachlichen. Erschwerend kommt hinzu, dass Unternehmensvermögen bzw. Gesellschaftsanteile häufig in Unternehmerfamilien auch wertmäßig den größeren Anteil des Gesamtvermögens ausmachen, so dass in der Tat eine wirtschaftliche Bevorzugung des Unternehmensnachfolgers erfolgt. Insoweit ist es Aufgabe des Beraters, deutlich zu machen, dass unternehmerisches Vermögen größeren Risiken ausgesetzt ist und eine erhöhte soziale Verantwortlichkeit besteht. Die Anteile an einem nicht börsenorientierten Familienunternehmen sind außerdem in der Regel nur sehr eingeschränkt fungibel. Ein schneller Verkauf führt ferner zum Verlust erbschaftsteuerlicher Privilegierungen (vgl. § 13 a Abs. 5 ErbStG) und zu Einkommensteuerbelastungen.

129 Gegebenenfalls kann durch zeitlich beschränkte Verpflichtungen zur Abführung eines eventuellen Veräußerungsgewinns eine stärkere **wirtschaftliche Gleichbehandlung von Abkömmlingen** erreicht werden. Vielfach ist seitens der Unternehmer eine wirtschaftliche Privilegierung von Abkömmlingen nur dann gewollt, wenn diese das Unternehmen auch tatsächlich fortführen. Dies auf Ewigkeit, z.B. durch Auflagen sicherstellen zu wollen, wäre indessen verfehlt. Auch Gewinnabführungsverpflichtungen an Miterben (Geschwister, Ehefrau) sollten zeitlich beschränkt sein, da bereits nach einigen Jahren nicht mehr zwischen den Vorleistungen des Erblassers und den Leistungen des Unternehmensnachfolgers unterschieden werden kann.

2. Bestimmung von Ersatzerben

130 Der Erblasser kann für den Fall, dass der Erbe vor oder nach dem Eintritt des Erbfalles wegfällt oder zusammen mit dem Erblasser verstirbt, einen anderen als Erben einsetzen (Ersatzerbe). Die Einsetzung eines Ersatzerben verhindert den Eintritt der gesetzlichen Erbfolge bei Wegfall eines Erben.

131 Wer zum **Ersatzerben** bestimmt wird, muss im Einzelfall unter Beachtung wirtschaftlicher Aspekte mit dem Erblasser abgeklärt werden. Hat etwa der Erblasser den Sohn als Unternehmensnachfolger auserkoren und hat dieser Sohn nur minderjährige Kinder, so ist es sicherlich nicht sachgerecht, die minderjährigen Kinder des Sohnes als Ersatzerben einzusetzen und Geschwister des gewünschten Unternehmensnachfolgers von der Unternehmensnachfolge auszuklammern. Ist der Nachfolger dagegen bereits seit Jahren erfolgreich im Unternehmen tätig und hat maßgeblich zum unternehmerischen Erfolg beigetragen und das Unternehmen ausgebaut, so erscheint es durchaus sachgerecht, die minderjährigen Kinder zum Teil oder vielleicht sogar

ausschließlich bevorzugt vor anderen Abkömmlingen des Erblassers oder seiner Ehefrau als Erben des unternehmerischen Vermögens einzusetzen.

3. Vor- und Nacherben

Nach § 2100 BGB kann der Erblasser eine oder mehrere Personen in der Weise als Erben einsetzen, dass er bzw. sie erst dann Erben werden, nachdem zunächst ein anderer Erbe geworden ist. Der Erblasser wird zweimal beerbt, zunächst bei seinem Tod vom Vorerben, dann zu einem von ihm testamentarisch bestimmten späteren Zeitpunkt oder einem Ereignis vom Nacherben. Meist wird die **Nacherbfolge** mit dem Tod des Vorerben angeordnet; der Erblasser ist indessen frei, die Nacherbfolge auch von einem anderen Zeitpunkt (Eintritt der Nacherbfolge z.B. 10 Jahre nach dem ersten Erbfall) oder einem in der Zukunft liegenden Ereignis (Unternehmensnachfolger scheidet als Geschäftsführer aus) abhängig zu machen.

Vielen Unternehmern erscheint das Instrumentarium der **Vor- und Nacherbfolge** zunächst als gutes Mittel, die Nachfolge und damit die weiteren Geschicke des Unternehmens möglichst langfristig in dem von ihnen als richtig erachteten Sinn zu regeln. In einer solchen Regelung stecken aber erhebliche Gefahren, da es letztlich kaum möglich ist, die künftigen wirtschaftlichen Entwicklungen und Erfordernisse angesichts der Unwägbarkeiten sachgerecht zu lösen. Wird z.B. im Wege der Vor- und Nacherbfolge geregelt, dass ein Unternehmen oder Gesellschaftsanteil mit dem Tod des Vorerben auf dessen Abkömmlinge übergeht, so werden automatisch auch völlig unqualifizierte Personen Erben, ohne dass dem Unternehmensnachfolger Möglichkeiten verbleiben, sinnvolle eigene Gestaltungen zu konzipieren. Grundsätzlich erscheint es daher besser, der als Nachfolger bestimmten Person die Auswahl seiner Nachfolger zu überlassen. Für den Fall, dass eine Nacherbeneinsetzung dennoch gewollt ist, wird auf § 17 dieses Handbuchs und die dort niedergelegten Formulierungsbeispiele verwiesen.

4. Auflagen bezüglich der Unternehmensführung

Eine **Auflage** legt den Erben oder Vermächtnisnehmern gemäß §§ 2192 ff. BGB Pflichten auf, ohne jedoch einem anderen, auch wenn er objektiv durch die Auflage begünstigt wird, ein Recht zur Erfüllung der Auflage zu geben.[88] Als typisches Beispiel ist die Verpflichtung des Erben zur Grabpflege zu nennen. Mit der Auflage können indessen auch Grundsätze für die Unternehmensführung, (z.B. konkrete unternehmerische Handlungen, Kauf oder Verkauf von Unternehmen oder Teilen, Fusionen, Rechtsformumwandlung usw.) oder die Besetzung bestimmter Organe (Aufsichts- oder Beirat) vorgegeben werden. Inwieweit solche Maßnahmen sinnvoll sind, muss im Einzelfall geprüft werden. Eine überzogene Regelungsdichte für den Unternehmensnachfolger birgt die Gefahr, dass die ursprünglich gut gemeinten Auflagen angesichts veränderter wirtschaftlicher Verhältnisse gravierende Schäden anrichten können, so dass im Einzelfall sorgfältig zu prüfen ist, ob und inwieweit Auflagen vorgesehen werden sollen. Denkbare Auflagen sind z.B.:

- Auflage an die Erben, das Unternehmen (nicht) zu verkaufen
- Auflage zum Rechtsformwechsel eines Einzelunternehmens / einer Personengesellschaft in eine GmbH & Co. KG oder Kapitalgesellschaft
- Bestellung bestimmter Personen zu Geschäftsführern
- Bestellung bestimmter Personen zu Beiräten oder Aufsichtsräten/Nichtabberufung dieser Personen innerhalb bestimmter Zeiträume
- Anordnung zum Verkauf nicht betriebsnotwendigen Vermögens

Bei solchen Auflagen sollte jedoch berücksichtigt werden, dass Unternehmen, Märkte, aber auch die handelnden Personen einem hohen Veränderungsrisiko unterliegen, das ein großes Maß an Flexibilität und Anpassungsfähigkeit an diese Änderungen erfordert. Dieses Bedürfnis an Flexibilität steht in einem Spannungsfeld zum erbrechtlichen Instrumentarium der Auflage, deren Inhalt möglichst exakt bestimmt werden sollte.

Auflagen sollten sich deshalb im Rahmen der Unternehmensnachfolge, soweit sie sich auf unternehmerische Fragen erstrecken, nur sehr maßvoll eingesetzt werden und auf überschaubare Zeiträume erstrecken, die innerhalb des unternehmerischen Beurteilungshorizonts liegen.

---

[88] Ausf. hierzu *Stahl* in § 14 dieses Handbuchs.

5. Vermächtnisse an überlebenden Ehepartner, Kinder und Dritte

136 Sofern nur eines oder Einzelne der Kinder als Unternehmensnachfolger bestimmt wird, ist zunächst die Versorgung des überlebenden Ehepartners sicherzustellen (vgl. hierzu Rdnr. 72 ff.). Daneben sollte auch eine angemessene Berücksichtigung der übrigen Kinder des Erblassers und gegebenenfalls auch von sonstigen Personen vorgesehen werden. Welche Vermögenswerte den übrigen Kindern bzw. sonstigen Dritten zufließen sollen, ist letztlich eine Frage des Einzelfalls. Bezüglich der Kinder ist in diesem Zusammenhang insbesondere zu beachten, dass diesen Pflichtteilsansprüche zustehen, wenn sie nicht ausreichend bedacht werden. Soweit möglich, sollte der Erblasser daher bereits zu Lebzeiten mit den nicht als Unternehmensnachfolger vorgesehenen Kindern **Pflichtteilsverzichtsverträge** abschließen (vgl. hierzu § 31). Insoweit ist allerdings zu beachten, dass Pflichtteilsverzichtsverträge mit minderjährigen Kindern der Genehmigung des Vormundschaftsgerichtes bedürfen und eine solche in der Regel nur unter großen Schwierigkeiten erlangt werden kann. Bezüglich der Formulierung von Vermächtnissen wird auf § 13 dieses Handbuchs verwiesen.

IX. Der Unternehmensnachfolger als Vermächtnisnehmer

1. Änderung der Rechtsprechung zur Besteuerung von Sachvermächtnissen?

137 Gegenwärtig ist offen, ob die vom Bundesfinanzhof angedeutete Verschärfung der Erbschaftsbesteuerung von Sachvermächtnissen, insbesondere von Grundstücksvermächtnissen, tatsächlich zur Umsetzung kommen wird.[89] Dies könnte zu gravierenden Steuermehrbelastungen von Vermächtnisnehmern führen, soweit diese Sachwerte erhalten sollen, die in der erbschaftsteuerlichen Bewertung heute (noch) privilegiert sind (z.B: Grundstücke, Betriebsvermögen, Anteile an nicht börsennotierten Gesellschaften).[90] In diesem Falle müsste – trotz aller vorhandenen Nachteile – die Erbeinsetzung des Unternehmensnachfolgers und der sonstigen Bedachten zu gemeinsamen Erben in Verbindung mit umfangreichen Teilungsanordnungen erwogen werden.[91]

138 Dogmatisch knüpft die äußerst umstrittene Entscheidung des BFH an der in der Rechtsprechung vorherrschenden Auffassung an, dass bei Grundstücksvermächtnissen nicht das Grundstück selbst, sondern der Sachleistungsanspruch auf Verschaffung des Grundstücks Gegenstand des Erwerbs und damit der Bewertung sein sollen, woraus sich eine Bewertung dieses Anspruchs mit dem Verkehrswert ergebe.

Diese Entscheidung ist in der Praxis auf einhellige Ablehnung gestoßen. Die Finanzverwaltung hält (noch) an ihrer bisherigen Bewertungspraxis fest. In der Gestaltungspraxis ist beim Einsatz von Sachvermächtnissen jedoch Vorsicht geboten, jedenfalls ist der Unternehmer ausdrücklich auf die Steuerrisiken einer möglichen Rechtsänderung hinzuweisen.

2. Einzelunternehmen

139 Das **Einzelunternehmen** als solches ist kein Gegenstand des Rechtsverkehrs. Der Erblasser muss daher genau bezeichnen, welche Bestandteile seines Vermögens dem Einzelunternehmen zugeordnet werden und damit auf den Vermächtnisnehmer zu übertragen sind. Eine Bezugnahme auf die Bilanz allein reicht nicht aus, da nicht alle dem Unternehmen zuzuordnenden Wirtschaftsgüter in der Bilanz erfasst werden (z.B. geringwertige Wirtschaftsgüter, schwebende Verträge). Bei Zuwendung eines Einzelunternehmens als Vermächtnis muss daher sehr sorgfältig analysiert und festgelegt werden, welche Vermögensgegenstände, Verbindlichkeiten und Vertragsverhältnisse dem Unternehmensnachfolger zugeordnet werden sollen. Zu berücksichtigen sind auch steuerliche Aspekte, z.B. die Frage, wer nachträgliche Steuerbelastungen, die sich z.B. nach einer Betriebsprüfung ergeben, tragen soll. Grundsätzlich ist dies der Erbe, soweit nicht etwas anderes festgelegt ist. Werden die nachträglichen Steuerbelastungen dem Vermächtnisnehmer auferlegt, so ist weiter zu bedenken, dass dieser nicht Partei eines etwaigen

---

[89] BFH Urt. v. 2.7.2004 – II R 9/02 – BStBl. II 2004, 1039.
[90] Vgl. hierzu ausf. o. § 40 Rdnr. 58 ff.
[91] Vgl. hierzu ausf. § 16.

steuerrechtlichen Verfahrens ist, da sämtliche Verpflichtungen den Gesamtrechtsnachfolger treffen.

Daneben bestehen erhebliche zivilrechtliche Schwierigkeiten im **Außenverhältnis** zu den Gläubigern. Die Übernahme von Verbindlichkeiten bedarf der Zustimmung der Gläubiger, so dass der Erbe bei Verweigerung der Zustimmung in der Haftung bleibt. Auch die Vertragsübernahme bedarf der Zustimmung sämtlicher Vertragspartner. Diese wird – insbesondere wenn sich Vertragspartner von sie belastenden Verträgen lösen wollen – nicht oder nur unter Zugeständnissen erreichbar sein. Weitere Probleme ergeben sich bei nicht übertragbaren Rechten, z.B. Forderungen mit Abtretungsausschluss. Von einer Zuwendung eines Einzelunternehmens auf einen Vermächtnisnehmer ist daher dringend abzuraten. Insoweit gilt es durch Wahl der geeigneten Rechtsform (vgl. Rdnr. 48 f.) vor dem Erbfall Vorsorge zu treffen.

In steuerlicher Hinsicht sollte bei der vermächtnisweisen Übertragung eines Einzelunternehmens bedacht werden, dass nur durch die Übertragung eines Betriebes oder Teilbetriebes im einkommensteuerlichen Sinne eine Fortführung der Buchwerte und damit die Auflösung stiller Reserven vermieden werden kann (§ 6 Abs. 3 EStG). Problematisch ist insoweit z.B. ein Sachvermächtnis, das die Weiterübertragung einzelner Wirtschaftsgüter, die wesentliche Betriebsgrundlagen sind, auf einen Vermächtnisnehmer anordnet. Dieselbe Problematik stellt sich bei der Übertragung von Mitunternehmeranteilen im Vermächtniswege, wenn wesentliches Sonderbetriebsvermögen beim Erben verbleiben soll.

3. Anteile an Personengesellschaften

Sollen **Anteile an Personengesellschaften** an eine Person übergehen, die nicht Erbe wird, so erfolgt dies durch Anordnung eines Vermächtnisses. Im Gegensatz zu einem Einzelunternehmen ist die Vererbung einerseits erheblich vereinfacht, da im Ergebnis ein Gesellschaftsanteil, nicht aber einzelne Vermögensgegenstände vermacht werden. Es bestehen jedoch auch hier rechtliche und steuerliche Fallstricke.

Zunächst ist in **wirtschaftlicher** Hinsicht zu fragen, welche mit dem Gesellschaftsanteil zusammenhängenden Vermögenswerte dem Vermächtnisnehmer zugewandt werden sollen, aber auch, welche Belastungen er gegebenenfalls zu übernehmen hat. Wird ein Gesellschaftsanteil zugewandt, so umfasst dieser grundsätzlich auch sämtliche nicht separierbaren Rechte und Pflichten aus den Gesellschaftsverhältnissen, z.B. anteilige Guthaben an einer gemeinsamen Rücklage. Demgegenüber werden etwaige Darlehensforderungen oder bereits entstandene Auszahlungsansprüche gegen die Gesellschaft bei einer Zuwendung des Gesellschaftsanteils nicht automatisch erfasst, so dass individuelle Regelungen erforderlich sind. Dies gilt insbesondere für etwaige Guthaben auf Darlehens- und Verrechnungskonten, bei denen häufig schon gesellschaftsrechtlich nicht klar ist, ob diese Bestandteil des Gesellschaftsanteils oder – wenn auch eingeschränkt entnehmbar– Fremdkapital der Gesellschaft und damit Forderungseigentum des Gesellschafters sind. Ist sonstiges Vermögen vorhanden, welches in wirtschaftlichem Zusammenhang mit den Gesellschaftsanteilen steht, z.B. Anteile an der Betriebsimmobilie, so ist diesbezüglich eine ausdrückliche Zuwendung an den Vermächtnisnehmer erforderlich.

Erst recht stellt sich das Zuordnungsproblem in Bezug auf Verbindlichkeiten oder auch nachträgliche Steuerbelastungen. Wenn insoweit keine Übernahmeverpflichtung durch den Vermächtnisnehmer angeordnet ist, bleiben die Verbindlichkeiten bei den Erben, auch wenn sie die Gesellschaftsanteile nicht erhalten. Ein eventuell vorhandener steuerlicher Verlustvortrag verbleibt beim Erben und kann nicht mit steuerlicher Wirkung auf den Vermächtnisnehmer übertragen werden. Gegenwärtig ist indes offen und zwischen den Senaten des BFH streitig, ob die Erben überhaupt Verluste des Erblassers noch geltend machen dürfen.[92]

Gesellschaftsvertraglich muss sichergestellt sein, dass der Vermächtnisnehmer überhaupt in die Gesellschafterstellung einrücken kann. Dies ist nur dann möglich, wenn er zum Kreis der nachfolgeberechtigten Personen gehört.[93] Aber auch wenn der Vermächtnisnehmer selbst nachfolgeberechtigt ist, ergibt sich ein rechtstechnisches Problem, wenn der Erbe als solcher gar nicht in die Gesellschafterstellung einrücken kann, z.B. wenn nachfolgeberechtigte Kinder

---

[92] Zum aktuellen Meinungsüberblick: Schmidt/*Heinicke* EStG § 10 d Rdnr. 4.
[93] Zu gesellschaftsvertraglichen Beschränkungen des Kreises potentieller Nachfolger vgl. bereits Rdnr. 34, 37.

Vermächtnisnehmer sind, die nicht nachfolgeberechtigte Ehefrau aber Alleinerbin wird. Zwar wird in der Rechtsprechung eine Sondererbfolge in Gesellschaftsanteile anerkannt, doch gilt dies nur für Erben. Eine **dingliche Sonderrechtsnachfolge** des Vermächtnisnehmers gibt es nicht, so dass der vorgesehene Unternehmensnachfolger bei fehlender Nachfolgeberechtigung des Erben zumindest als Miterbe eingesetzt werden muss, auch wenn er neben dem Unternehmensvermögen überhaupt keine Gegenstände des Nachlasses erhalten soll. Dies muss dann durch Teilungsanordnung angeordnet werden.

Alternativ könnte im Gesellschaftsvertrag vorgesehen werden, dass an sich nicht nachfolgeberechtigte Personen jedenfalls vorübergehend die Gesellschafterstellung erwerben, allerdings dann aus dem Unternehmen ausscheiden, wenn sie nicht innerhalb einer Übergangsfrist (z.B. 6 Monate) den Anteil an nachfolgeberechtigte Personen übertragen.

4. Anteile an Kapitalgesellschaften

145   Auch bei der Vererbung von **Anteilen an Kapitalgesellschaften** ist zunächst der Umfang des gewollten Vermächtnisses zu klären. Die Beteiligung an einer Kapitalgesellschaft umfasst automatisch die auf Ebene der Kapitalgesellschaft gebildeten Kapital- und Gewinnrücklagen sowie Gewinnbezugsrechte. Wurden der Kapitalgesellschaft dagegen Gesellschafterdarlehen gewährt oder sind bereits durch Fassung von Ausschüttungsbeschlüssen Gewinnauszahlungsansprüche entstanden, so sind diese nicht Bestandteil des Gesellschaftsanteils und müssen daher – sollte dies so gewollt sein – ausdrücklich dem Vermächtnisnehmer zugewandt werden.

146   Sind in der Satzung der Kapitalgesellschaft keine besonderen Regelungen vorhanden, so kann der Erbe das Vermächtnis durch Übereignung der Aktien bzw. Abtretung der GmbH-Anteile erfüllen. Allerdings ist in jedem Fall sorgfältig zu prüfen, ob nicht **Vinkulierungsbestimmungen** in der Satzung einer GmbH oder AG die Übertragung an den Vermächtnisnehmer ausschließen. Weiterhin ist zu klären, ob eine Einziehungsgefahr besteht, wenn zunächst eine nicht nachfolgeberechtigte Person Erbe wird.

X. Die Vererbung des Unternehmens/von Gesellschaftsanteilen an eine Erbengemeinschaft

1. Einzelunternehmen

147   In der Rechtsprechung[94] ist anerkannt, dass ein ererbtes Handelsgeschäft von den Erben ohne zeitliche Begrenzung in **ungeteilter Erbengemeinschaft** fortgeführt werden kann. Die Miterben sind als Erbengemeinschaft im Handelsregister einzutragen. Gleichwohl besteht allgemein Einigkeit darüber, dass der Betrieb eines Handelsgeschäfts in Erbengemeinschaft nicht zu empfehlen ist. Er bringt erhebliche Probleme im Hinblick auf die Rechts-, Handlungs-, Haftungs-, Partei- und Insolvenzfähigkeit mit sich.[95] Besondere Probleme ergeben sich bei der Fortführung eines Handelsgeschäfts durch eine Erbengemeinschaft unter Beteiligung von Minderjährigen, auch wenn zwischenzeitlich durch das Minderjährigenhaftungsbeschränkungsgesetz der vom Bundesverfassungsgericht geforderte Schutz des Minderjährigen in § 1629 a BGB eingeführt wurde. Daher sollte es Bestandteil jeder qualifizierten Nachfolgeberatung sein, das Einzelunternehmen bereits zu Lebzeiten in eine Gesellschaft mit haftungsbeschränkender Rechtsform umzuwandeln oder zumindest durch letztwillige Verfügung unter Einsetzung eines Testamentsvollstreckers sicherzustellen, dass das Einzelunternehmen unmittelbar nach dem Erbfall in eine andere Rechtsform überführt wird.

2. Anteile an Personengesellschaften

148   Bei der Vererbung von Anteilen an Personengesellschaften an mehrere Miterben sind grundsätzlich drei Fallkonstellationen zu unterscheiden:
a) die Gesellschaftsanteile werden an alle Miterben entsprechend der testamentarischen Erbquote vererbt,

---

[94] BGH Urt. v. 8.10.1984 – II ZR 223/83 – BGHZ 92, 259, 263.
[95] *Ebenroth* Rdnr. 854 f.

b) die Beteiligung geht nur auf einzelne Miterben über, wobei die übrigen Miterben nach dem Gesellschaftsvertrag der Personengesellschaft nicht in die Gesellschafterstellung eintreten können,
c) die Beteiligung geht auf Einzelne der Miterben über, wobei die Zuordnung der Gesellschaftsanteile abweichend von der Erbquote erfolgt bzw. einzelne Miterben überhaupt nicht Gesellschafter werden sollen.

Für die unter a) erörterte Fallgestaltung ist anerkannt, dass aufgrund der **Sondererbfolge** die Miterben automatisch in Höhe der Erbquote Inhaber des Gesellschaftsanteils des Erblassers werden. Bezüglich des Gesellschaftsanteils entsteht keine Erbengemeinschaft, sondern jeder Mitgesellschafter wird selbst Gesellschafter der Personenhandelsgesellschaft, ohne dass es einer Auseinandersetzung unter den Miterben bedarf.

Ist dagegen nur einem oder mehreren (so genannten **qualifizierten**) **Miterben** der Eintritt in 149 die Gesellschafterstellung gestattet (Fall b)), so erhalten diejenigen Miterben, die in die Gesellschafterstellung einrücken können, den gesamten Anteil des verstorbenen Gesellschafters, wobei sich bei mehreren qualifizierten Miterben die volle Gesellschafterstellung auch auf mehrere Personen verteilen kann. Den nicht in die Gesellschafterstellung einrückenden Personen stehen gegenüber den Miterben Abfindungsansprüche zu. Diese Abfindungsansprüche können allerdings durch das Testament ausgeschlossen werden, z.B. durch Zuwendung des Beteiligungswertes als Vorausvermächtnis.

Formulierungsvorschlag:
Die Gesellschaftsbeteiligung an der X-GmbH & Co. KG wird dem Erben A als Vorausvermächtnis zugewendet, ist also nicht auszugleichen.

In der Rechtsprechung noch nicht abschließend geklärt sind die Rechtsfolgen, die eintreten, 150 wenn zwar alle Miterben nach dem Gesellschaftsvertrag nachfolgeberechtigt sind, aber nur Einzelne von ihnen den Gesellschaftsanteil erwerben sollen bzw. der Fall, dass die vom Erblasser gewollte **Zuweisungsquote** bezüglich der Gesellschaftsbeteiligung von der allgemeinen Erbquote abweichen soll (Fall c)). Enthält der Gesellschaftsvertrag eine allgemeine erbrechtliche Nachfolgeklausel und setzt der Erblasser seine drei Kinder zu gleichen Teilen zu Miterben ein, wobei er aber festlegt, dass nur zwei der Kinder die Gesellschaftsbeteiligung erhalten sollen, so stellt sich die Frage, ob die Zuordnung der Beteiligung auf zwei der drei Miterben mit unmittelbarer gesellschaftsrechtlicher Wirkung möglich ist. Die beiden berechtigten Kinder würden die Gesellschaftsbeteiligung jedenfalls zu einem Drittel kraft erbrechtlicher Sonderrechtsnachfolge erhalten. Bezüglich des verbleibenden Drittels stellt sich die Frage, ob das dritte Kind zunächst Gesellschafter wird und die Beteiligung dann an die verbleibenden Miterben übertragen muss.

Diese Fragestellung ist in der Literatur umstritten.[96] Bis zur Klärung dieser Streitfrage sollten 151 **abweichende Erbquoten** dadurch vermieden werden, dass nur die Unternehmensnachfolger als Erben eingesetzt werden. Alternativ könnte vorgesehen werden, dass die Beteiligungen durch Vorausvermächtnis oder Teilungsanordnung den Begünstigten zugewandt werden.

Formulierungsvorschlag
Meine Gesellschaftsbeteiligung an der X-GmbH & Co. KG erhalten meine Kinder A und B zu gleichen Teilen im Wege eines Vorausvermächtnisses.

Die vorstehend erläuterte Problematik tritt insbesondere beim so genannten **Frankfurter** 152 **Testament**[97] auf. Beim Frankfurter Testament geht das Gesamtvermögen grundsätzlich auf zwei oder mehrere Erben über, wobei die Besonderheit besteht, dass einem Erben das Unternehmensvermögen und einem oder mehreren anderen das Privatvermögen zugewandt wird.

---

[96] Vgl. Ebenroth/Boujong/Joost/*Lorz* § 139 HGB Rdnr. 18 m.w.N.
[97] Benannt nach *Felix* KÖStDI 1990, 8265.

Im Testament werden keine Erbquoten festgelegt, sondern die Erbquoten sollen sich nach dem Verhältnis der den Erben zugewandten Vermögensteile richten. Die Vorzüge dieser Testamentsgestaltung sollen darin liegen, dass eine formale Benachteiligung derjenigen Abkömmlinge, die nicht Unternehmensnachfolger werden sollen, als bloße Vermächtnisnehmer mit schuldrechtlichem Herausgabeanspruch gegenüber den Erben vermieden wird. Außerdem wird die Vermeidung ertragsteuerlicher Belastungen als Vorzug dieser Testamentsgestaltung angesehen. Sollte die angedeutete Änderung der BFH-Rechtsprechung zu Sachvermächtnissen auch für Betriebsvermögen Realität werden, könnte hierin außerdem eine Gestaltung zur Vermeidung erbschaftsteuerlicher Nachteile zu sehen sein. Trotz dieser Vorteile stehen die Verfasser dieser Gestaltungsmöglichkeit kritisch gegenüber, da sie letztlich eine eigentlich unzulässige gegenständliche Erbeinsetzung beinhaltet und die Erbquoten erst mühsam über das Verhältnis der zugewendeten Gegenstände ermittelt werden müssen.

153 Derjenige, der Praxis in der Bewertung von Unternehmen oder Gesellschaftsanteilen hat, weiß, wie konfliktträchtig solche Bewertungen sind, so dass eine klare Regelung durch das so genannte Alleinerben-/Vermächtnismodell vorzuziehen ist. Bei einer solchen Gestaltung können jedenfalls ertragsteuerliche Belastungen vermieden werden, da ein vom Erben zu erfüllendes Vermächtnis im Gegensatz zu Ausgleichszahlungen bei einer Erbauseinandersetzung nicht zu Veräußerungsgewinnen führt. Die weitere Entwicklung der BFH-Rechtsprechung zu Sachvermächtnissen bleibt indes abzuwarten.

3. Anteile an Kapitalgesellschaften

154 Anteile an Kapitalgesellschaften gehen ungeteilt auf die Erbengemeinschaft über, d.h. sowohl GmbH-Anteile als auch Aktien stehen der Erbengemeinschaft als **Gesamthandsgemeinschaft** zu. Im GmbH-Recht hat dies zur Folge, dass die Miterben ihre Rechte aus der Beteiligung nach § 18 Abs. 1 GmbHG nur gemeinschaftlich ausüben können. Dies führt zu einer gewissen Schwerfälligkeit, so dass in der Praxis anzuraten ist, in der GmbH-Satzung zu regeln, dass die Miterben verpflichtet sind, einen gemeinsamen Vertreter zu benennen und bis zur Bestellung dieses Vertreters ein ruhendes Stimmrecht anzuordnen.[98] Soll im Wege der Erbauseinandersetzung der GmbH-Geschäftsanteil aufgeteilt werden, so ist gemäß § 17 Abs. 1 GmbHG die Genehmigung der Gesellschaft erforderlich. Auch wenn § 17 Abs. 1 und 6 GmbHG insoweit nicht klar formuliert sind, wird angenommen, dass auch die Zuteilung eines Teils des Anteils an Miterben als Veräußerung zu qualifizieren ist und demzufolge der Genehmigung der Gesellschaft bedarf. Die Satzung kann allerdings vorsehen, dass die Veräußerung von Teilen eines Geschäftsanteils sowie die Teilung des Anteils im Wege der Erbauseinandersetzung keiner Genehmigung durch die anderen Gesellschafter bedarf (§ 17 Abs. 3 GmbHG). Soll allerdings verhindert werden, dass eine zu große Zahl von Gesellschaftern existiert, so ist zu erwägen, für die Teilung eine qualifizierte Mehrheit einzuführen.

> **Formulierungsvorschlag:**
> Die Teilung eines Geschäftsanteils bei Vererbung ist nur zulässig, wenn die Gesellschafterversammlung mit einer Mehrheit von 75 % der abgegebenen Stimmen zustimmt.

Im Rahmen der Planung der Unternehmensnachfolge sollte geklärt werden, welche Rechtsfolge seitens des Erblassers gewollt ist. Soll eine Teilung ausgeschlossen werden, so kann eine solche Anordnung auch durch Auflagen testamentarisch verfügt werden.

XI. Die Auswahl des Unternehmens-/Beteiligungsnachfolgers durch Dritte

1. Wirtschaftliche Aspekte und Festlegung der Auswahlkriterien

155 Grundsätzlich ist jedem Unternehmer zu empfehlen, die Entscheidung, wer Unternehmenserbe oder Nachfolger bezüglich unternehmerischer Beteiligungen wird, höchstpersönlich zu treffen. Gleichwohl gibt es in der Praxis immer wieder Situationen, in denen der Unterneh-

---

[98] Vgl. *Crezelius* Rdnr. 322.

mer diese Entscheidung selbst nicht treffen kann oder treffen will. Deutlich wird dies bei jedem **Unternehmertestament**, welches in jungen Jahren verfasst wird. Sind minderjährige oder noch in Berufsausbildung befindliche Kinder vorhanden, so ist eine sachgerechte Entscheidung über die Verteilung des unternehmerischen Vermögens unter Berücksichtigung der Eignung der Nachfolger überhaupt noch nicht möglich. Aber auch bei abgeschlossener Berufsausbildung ist häufig die weitere Entwicklung, insbesondere die Einstellung der Kinder zum Unternehmen noch unsicher. Falsch wäre es, angesichts dieser Situation überhaupt kein Testament zu verfassen. In vielen Fällen bestehen Vorbehalte, die Entscheidung darüber, wem im Erbfall erhebliche Vermögenswerte zuwachsen, einem Dritten zu überlassen. Unternehmer behandeln ihre minderjährigen Kinder deshalb im Testament häufig gleich und setzen für eine Übergangszeit einen Testamentsvollstrecker ein, bis die Kinder ihre Gesellschafterrechte eigenständig wahrnehmen können (z.B. 27. Lebensjahr).

Gleichwohl gibt es immer wieder Konstellationen, in denen eine solche Entscheidung nicht möglich ist oder sinnvoller Weise nicht getroffen werden sollte. So gibt es Unternehmen, in denen kraft Gesellschaftsrechts (Gesellschaftsvertrag mit qualifizierter Nachfolgeklausel) nur eine Person Rechtsnachfolger werden darf. Weiter gibt es Fälle, in denen angesichts der Unternehmensgröße nur eine Person Nachfolger werden sollte. Schließlich kann es angesichts der Unternehmens- oder Gesellschafterstruktur sinnvoll sein, mindestens einen der Nachfolger bezüglich des Unternehmens (z.B. durch Zuordnung einer erhöhten Anteilsquote) zu begünstigen.

Wird eine Grundsatzentscheidung getroffen, die Vermögenszuordnung durch Dritte zu regeln, so stellt sich die Frage, wer die Auswahl treffen soll und welche Auswahlkriterien festgelegt werden sollen. Bezüglich des zur **Auswahl berechtigten Personenkreises** wird häufig an den Ehepartner, den Wirtschaftsprüfer, den Hausanwalt oder an sonst im Unternehmen tätige Berater gedacht. Hierbei ist zu berücksichtigen, dass bei sämtlichen Personen auch eigene Interessen im Spiel sein können und Interessenkonflikte drohen. Besser ist es, die Entscheidungskompetenz auf Personen zu übertragen, die einerseits dem Unternehmen sehr nahe stehen, andererseits jedoch so unabhängig sind, dass die Entscheidung nicht aus sachfremden Erwägungen getroffen wird. Es ist daher in vielen Fällen empfehlenswert, die Entscheidungskompetenz auf alle oder einzelne Mitglieder eines beratenden Beirats oder eines Aufsichtsrats zu übertragen.

Im Hinblick auf mögliche **Auswahlkriterien**, die dem Dritten vorgegeben werden sollen, ist Vorsicht geboten, da sich die Verhältnisse bis zum Zeitpunkt der Ausübung des Bestimmungsrechtes erheblich ändern können. Die Frage, ob jemand als Unternehmer geeignet ist, lässt sich nicht in Abhängigkeit von Studienrichtungen oder Examensnoten festlegen. Vielfach wird in entsprechenden Regelungen daher lediglich vorgegeben, dass die Personen bestimmt werden sollen, die für die Unternehmensführung objektiv am besten geeignet sind, wobei dann dem Auswahlgremium die konkrete Auslegung überlassen wird. Zu empfehlen ist jedenfalls, den Zeitpunkt verbindlich festzulegen, bis zu dem die Entscheidung getroffen werden soll.

2. Rechtliche Rahmenbedingungen und Gestaltungsmöglichkeiten

Nach § 2065 Abs. 2 BGB kann der Erblasser grundsätzlich die Bestimmung der Personen, die eine Zuwendung erhalten sollen, sowie die Bestimmung des Gegenstandes der Zuwendung nicht einem anderen überlassen. Ausnahmen von diesem Grundsatz sind in §§ 2151 bis 2154, 2156, 2193 und 2048 BGB vorgesehen.[99]

Das Reichsgericht hat in seiner bekannten „Rittergut-Entscheidung"[100] für eine Erbenauswahl durch einen vom Erblasser bestimmten Dritten einen großzügigen Gestaltungsspielraum eingeräumt. Demgegenüber hat der BGH[101] die Möglichkeit einer **Drittbestimmung** wesentlich eingeschränkt. Nach dieser Entscheidung muss die letztwillige Verfügung so genaue Hinweise enthalten, dass die gesetzlich zulässige Bezeichnung anhand vorgegebener, objektiver Kriterien von jeder mit genügender Sachkenntnis ausgestatteten Person erfolgen kann, ohne dass deren Ermessen bestimmend oder auch nur mitbestimmend ist. Im Hinblick auf den Ausschluss eines

---

[99] Zur Problematik der Zuwendung von Vermögensgegenständen durch Drittbestimmung vgl. auch § 8 und § 13.
[100] RG Urt. v. 6.2.1939 – IV 188/38 – RGZ 159, 296, 299.
[101] BGH Urt. v. 18.11.1954 – IV 2 R 152/54 – BGHZ 15, 199, 203.

Ermessensspielraums wird in der Praxis von der Bezeichnung des Unternehmenserben durch einen Dritten allgemein abgeraten.[102]

160 Demgegenüber lassen die gesetzlichen Bestimmungen bei einer **Zuwendung durch Vermächtnisse** in weitaus größerem Umfang eine Drittbestimmung zu (§§ 2151 ff. BGB). In der Praxis ist es daher üblich, die Zuwendung von Unternehmen oder von Gesellschaftsanteilen in Verbindung mit einem Drittbestimmungsrecht per Vermächtnis anzuordnen.

> **Formulierungsvorschlag:**
> Meine Ehefrau setze ich zu meiner Alleinerbin ein. Meine gesellschaftsrechtlichen Beteiligungen an der A GmbH & Co. KG, etwaigen verbundenen Unternehmen und Nachfolgegesellschaften sowie sämtlichen Gegenständen des Sonderbetriebsvermögens wende ich meinen Kindern A oder B als Vermächtnis mit der Maßgabe zu, dass ein Auswahlgremium berechtigt ist, zu bestimmen, wer von meinen Kindern die Beteiligung, wie sie bei Ausübung des Bestimmungsrechts besteht, erhalten soll (§ 2151 BGB). Die Bestimmungserklärung hat spätestens bis zu dem Zeitpunkt zu erfolgen, bis das jüngste meiner Kinder das 27. Lebensjahr vollendet hat. Die Bestimmungsentscheidung unterliegt keiner gerichtlichen Nachprüfung. Das Auswahlgremium kann vorsehen, dass die Beteiligung in beliebiger Quote zwischen meinen Kindern verteilt werden kann.
> Das Auswahlgremium besteht aus meiner Ehefrau sowie Herrn A und Herrn B. Das Auswahlgremium entscheidet mit einfacher Mehrheit. Sollte eine Person wegfallen, so werden folgende Ersatzpersonen in der aufgeführten Reihenfolge bestimmt (1. Herr C, 2. Herr D). Wird das Bestimmungsrecht nicht innerhalb eines Jahres nach Vollendung des 27. Lebensjahres meines jüngsten Kindes ausgeübt, so steht das Vermächtnis beiden Kindern zu gleichen Teilen zu.

XII. Die Vererbung ausländischer Unternehmen und ausländischen Beteiligungsvermögens

1. Der Erbfall mit Auslandsberührung

161 Ein Erbfall mit Auslandsberührung, auch als internationaler Erbfall bezeichnet, liegt vor, wenn der Erblasser eine fremde Staatsangehörigkeit hat, seinen Wohnsitz oder zumindest einen Zweitwohnsitz im Ausland hat, einzelne Nachlassgegenstände im Ausland liegen (Gesellschaftsanteile, Immobilienvermögen, usw.) oder wenn testamentarische Verfügungen im Ausland errichtet wurden. In einem internationalen Erbfall stellt sich zunächst die Frage, ob deutsches Erbrecht überhaupt anwendbar ist.[103] Die Rechtsprobleme, die sich bei **Auslandsvermögen** stellen, werden an anderer Stelle dieses Handbuchs vertiefend behandelt (§§ 33, 34). Da in der Praxis bei der Abfassung von Nachfolgeregelungen das Problem der Auslandsberührung häufig schlicht übersehen wird, sollen an dieser Stelle zumindest einige kurze Hinweise erfolgen. Wegen Einzelheiten wird auf §§ 33, 34 dieses Handbuchs sowie die Spezialliteratur zum internationalen Erbrechtsfall verwiesen.[104]

162 Im Ausgangspunkt stellt sich die Frage, welche **nationale Rechtsordnung** der am Erbfall beteiligten Staaten Anwendung findet. Dies richtet sich in erster Linie nach einem zwischen den beteiligten Staaten geschlossenen Staatsvertrag.[105] Besteht zwischen den betreffenden Staaten kein Staatsvertrag, so ergibt sich aus den international-erbrechtlichen Kollisionsnormen des Staates, aus dessen Sicht der Erbfall behandelt werden soll, welche nationale Rechtsordnung Anwendung findet. Diese Kollisionsnormen der betroffenen Staaten stimmen nicht notwendigerweise überein, so dass diese Staaten zur Anwendung unterschiedlicher Rechtsnormen gelangen können. Aus Sicht des deutschen Erbrechts (Art. 25, 26 EGBGB) wird jeder Erblasser nach dem Heimatrecht desjenigen Staates beerbt, dessen Staatsangehörigkeit er im Zeitpunkt seines Todes inne hat.

---

[102] Vgl. *Langenfeld* Rdnr. 373.
[103] Vgl. *Flick/Piltz* Rdnr. 4 ff.; *Nieder* Rdnr. 392 ff.
[104] Ausf. *Flick/Piltz*, Der internationale Erbfall.
[105] Vgl. *Nieder* Rdnr. 392 ff.

Führt diese Grundregelung wegen ausländischer Staatsangehörigkeit des Erblassers zur Anwendung **ausländischen Rechts**, so ist in jedem Fall eine vertiefende Auseinandersetzung mit der Spezialliteratur sowie den jeweils einschlägigen ausländischen Rechtsnormen erforderlich. Gelangt man zur Anwendbarkeit deutschen Erbrechts, so bedeutet dies noch nicht zwangsläufig, dass ausländische Rechtsordnungen keine Rolle spielen. In jedem Fall ist zu prüfen, ob und inwieweit ausländische Rechtsnormen „Störfaktoren" der nach deutschem Erbrecht geplanten Nachfolgeregelung sein können.

2. Bedeutung ausländischer Rechtsnormen bei Anwendbarkeit deutschen Erbrechts

Auch wenn nach deutschem internationalem Privatrecht deutsches Erbrecht zur Anwendung kommt, kann für im Ausland belegenes Vermögen das Erbrecht des Belegenheitsstaates zur Anwendung kommen. Gehören zum Nachlass Anteile an ausländischen Gesellschaften, sonstiges Betriebsvermögen im Ausland (Betriebsstätte) oder Auslandsimmobilien, so ist unter Zugrundelegung des internationalen Privatrechts des Belegenheitsstaates zu prüfen, ob für dieses Vermögen deutsches oder ausländisches Erbrecht Anwendung findet. Im letzteren Fall liegt eine so genannte Nachlassspaltung vor. Dies kann dazu führen, dass die ausländische Rechtsordnung ein handschriftliches deutsches Testament oder einen Erbvertrag nicht als formgültige letztwillige Verfügung anerkennt oder dass Pflichtteilsansprüche bezüglich der ausländischen Vermögenswerte anerkannt werden, die nach deutschem Erbrecht ausgeschlossen wären.

Weiterhin ist zu beachten, dass eine **Vererbung von Gesellschaftsanteilen** – wie im Inland auch – nur möglich ist, soweit die gesellschaftsrechtlichen Bestimmungen eine Vererbung generell oder bezüglich des im Gesellschaftsvertrag vorgesehenen Personenkreises zulassen.

Schließlich sind auch **erbschaftsteuerrechtliche Aspekte** zu berücksichtigen, da der Belegenheitsstaat möglicherweise Erbschaftsteueransprüche im Hinblick auf das Auslandsvermögen erhebt.

Zusammenfassend bleibt festzustellen, dass der **internationale Erbfall** wegen des Zusammenspiels verschiedener Rechtsordnungen, insbesondere des internationalen Privatrechts, des Erbrechts, des Gesellschaftsrechts und des Steuerrechts sehr komplex ist und erhöhten Beratungsaufwand erfordert. Damit stellt sich aus Sicht einer deutschen Nachfolgeplanung die Frage, ob und inwieweit es möglich ist, die mit ausländischem Vermögen verbundene rechtliche und steuerliche Komplexität zu reduzieren bzw. zu vermeiden.

3. Wirtschaftliche, rechtliche und steuerliche Aspekte einer Einbringung von Auslandsbeteiligungen in deutsche Gesellschaften

Aus Gründen der Rechtssicherheit und Klarheit erscheint es vorzugswürdig, die **Anwendbarkeit ausländischer Rechtsordnungen** in einer „deutschen" Unternehmensnachfolgeplanung möglichst zu vermeiden. Dies ist grundsätzlich möglich, wenn das ausländische Vermögen und/oder die ausländischen Beteiligungen nicht dem Erblasser als natürlicher Person, sondern einer deutschen Personen- oder Kapitalgesellschaft zustehen. Eine solche Lösung hat den Vorteil, dass ausschließlich Anteile an deutschen Personen- oder Kapitalgesellschaften vererbt werden und die Probleme einer Nachlassspaltung, der Anerkennung deutscher erbrechtlicher Regelungen und einer Nachlassabwicklung im Ausland vermieden werden. Ferner führt die Einbringung des Vermögens bzw. der Gesellschaftsanteile in eine deutsche Personenhandels- oder Kapitalgesellschaft in der Regel dazu, dass auch erbschaftsteuerrechtliche Probleme im Ausland vermieden werden. Diese Grundaussage ist jedoch in jedem Einzelfall zu überprüfen, da das ausländische Erbschaftsteuerrecht darüber entscheidet, ob an die Vererbung einer deutschen Beteiligung, die über im Ausland belegene Vermögenswerte verfügt, im jeweiligen Land Steuerfolgen geknüpft werden (soweit kein vorrangiges Erbschaftsteuer-DBA besteht).

Bei der aus erbrechtlicher Sicht wünschenswerten **Einbringung von ausländischem Beteiligungsvermögen** in eine deutsche Muttergesellschaft oder eine Zwischenholding sind darüber hinaus grundsätzlich folgende Fragen zu prüfen:
- Sprechen haftungsrechtliche oder sonstige wirtschaftliche Gesichtspunkte gegen eine Einbringung der Auslandsbeteiligungen in eine Muttergesellschaft?
- Welche Auswirkungen hat die Einbringung auf die laufende Besteuerung?
- Löst die Einbringung einmalige steuerrechtliche Belastungen im In- oder Ausland aus?
- Welche Auswirkungen hat die Einbringung auf die Erbschaftsteuer?

Nach unseren Erfahrungen ist die Zuordnung der Auslandsbeteiligungen häufig ein eher zufälliges Ergebnis der historischen Entwicklung, ohne dass vorstehende Strukturüberlegungen angestellt wurden. Die Nachfolgeplanung sollte Anlass geben, die vorstehenden Strukturfragen einer klaren und zweckdienlichen Lösung zuzuführen.

XIII. Die Testamentsvollstreckung über Unternehmensvermögen

1. Typische Anwendungsfälle einer Testamentsvollstreckung über Unternehmensvermögen

169   Die rechtlichen Aspekte einer Testamentsvollstreckung werden in § 19 dieses Buches ausführlich behandelt, so dass hierauf verwiesen wird. Bei Vorhandensein von Unternehmensvermögen sollte stets über die **Zweckmäßigkeit** der Anordnung **einer Testamentsvollstreckung** nachgedacht werden, auch wenn eine solche im konkreten Fall verworfen wird. Nach Auffassung der Verfasser ist eine Testamentsvollstreckung bei Beteiligungs- und/oder Unternehmensvermögen insbesondere in folgenden Fällen zu empfehlen:
- Die Erben/Ersatzerben sind minderjährig.
- Die Erben haben das 27. Lebensjahr (zeitlicher Spielraum 25 bis 30 Jahre, abhängig vom Einzelfall) noch nicht vollendet
- Komplizierte Nachlassabwicklung
- Sicherstellung der Abwicklung der Vermächtnisse
- Erwartete Streitigkeiten zwischen den Erben

In Fällen, in denen Erben dauerhaft nicht geeignet sind, die Gesellschafterrechte qualifiziert wahrzunehmen, sollten dagegen anstelle einer Dauertestamentsvollstreckung über 30 Jahre andere Regelungen erwogen werden, wie etwa die Einbringung des Unternehmensvermögens in eine Stiftung oder der Verkauf des Unternehmens.

2. Die Vergütung des Testamentsvollstreckers bei Unternehmensvermögen

170   In § 19 dieses Handbuchs ist dargelegt, dass für die **Vergütung des Testamentsvollstreckers** keine klaren gesetzlichen Grundlagen bestehen. Die in der Praxis anzuwendenden Tabellen führen gerade bei großen Vermögen zu aus Sicht der Betroffenen unangemessenen Beträgen. Deshalb ist es bei Unternehmensvermögen in der Regel sinnvoll, im Testament selbst die Vergütung des Testamentsvollstreckers ausdrücklich zu regeln und mit dem vorgesehenen Testamentsvollstrecker abzustimmen. Welche Vergütung sachgerecht ist, ist eine Frage des Einzelfalls, wobei insbesondere die Qualifikation des Testamentsvollstreckers, der voraussichtliche Umfang seiner Tätigkeit, sein Haftungsrisiko und die von ihm übernommene Verantwortung angemessen berücksichtigt werden sollten. Es sollte stets verhindert werden, dass unangemessen hohe Testamentsvollstreckervergütungen, deren Höhe an der verwalteten Vermögenssubstanz orientiert wird, Unternehmen bei schwächerer Ertragsentwicklung in Schwierigkeiten bringen. Um Interessenidentität zwischen Erben und Testamentsvollstrecker zu gewährleisten, empfiehlt sich häufig, eine moderate Grundvergütung und eine variable Vergütung, die erfolgsabhängig gezahlt wird, vorzusehen. Diese könnte z.B. in Form eines Prozent- oder Promillesatzes des Jahresüberschusses (oder anderer Gewinnbezugsgrößen) der vom Testamentsvollstrecker verwalteten Beteiligungen festgelegt werden.

10. Abschnitt. Spezielle Themen in der Vermögensnachfolge

§ 41 Behinderte Kinder im Erbrecht

Übersicht

	Rdnr.
I. Sozialhilferechtliche Grundlagen	2–5
II. Motivsuche, Interessenkollisionen	6–8
III. Erbrechtliche Konsequenzen, Gestaltungsvarianten	9–44
1. Vorbemerkung	9–11
2. Ehevertragliche Überlegungen/Rechtsgeschäfte unter Lebenden	12/13
3. Erbrechtliche Gestaltungsmöglichkeiten	14–33
a) Vor- und Nacherbschaft	14–25
b) Die „Vermächtnislösung"	26–29
c) Begleitende Maßnahme: postmortale/transmortale Vollmacht	30–33
4. Schwachstellen und Detailprobleme beim „Behindertentestament"	34–44
a) Sittenwidrigkeit	34
b) Quoten-/Werttheorie	35
c) Zulässigkeit der Verwaltungsanordnung	36
d) Ergänzungsansprüche	37–40
e) Ausschlagung	41–43
f) § 2306 Abs. 2 BGB	44

Schrifttum: *Bengel,* Gestaltung letztwilliger Verfügungen beim Vorhandensein behinderter Abkömmlinge, ZEV 1994, 29; *ders./Reimann,* Handbuch der Testamentsvollstreckung, 2. Aufl., Kap. V Rdnr. 342 ff.; *Damrau,* Das Behinderten-Testament mit Vermächtnislösung, ZEV 1998, 1; *Dittmann/Reimann/Bengel,* Testament und Erbvertrag, 3. Aufl. 2000, E Rdnr. 203 ff.; *Eichenhofer,* Ersatzpflicht des Nacherben gegenüber dem Sozialhilfeträger ZfSH SGB 1991, 348, 353 ff.; *Engelmann,* Das sogenannte Behindertentestament, MittBayNot 1999, 509; *ders.,* Letztwillige Verfügungen zugunsten Verschuldeter oder Sozialhilfeempfänger, Diss. 1999; *Frank,* Leistungsvoraussetzungen und Ersatzpflichten in der Sozialhilfe, BWNotZ 1983, 153; *Grimm/Krampe/Pieroth,* Testament zugunsten von Menschen mit geistiger Behinderung, 3. Aufl., 1997; *Hartmann,* Das sog. Behindertentestament: Vor- und Nacherbschaftskonstruktion oder Vermächtnisvariante, ZEV 2001, 89; *Kaden,* Zur Sittenwidrigkeit von Behindertentestamenten, Diss., 1997; *Karpen,* Die Bedeutung der Vorschriften des Sozialhilferechtes für die notarielle Vertragsgestaltung, MittRhNotK, 1988, 131; *Köbl,* Schranken der Privatautonomie auf Grund Sozialhilferechts – eine grundsätzliche Orientierung, ZfSH/SGB 1990, 449; *Krampe,* Testamentsgestaltung zugunsten eines Sozialhilfempfängers, AcP 191 (1991), 526; *Litzenburger,* Die interessengerechte Gestaltung des gemeinschaftlichen Testaments von Eltern zu Gunsten behinderter Kinder, RhNotZ 2004, 138; *Litzenburger,* Ist das Berliner Testament zum Schutz behinderter Erben vor dem Zugriff des Sozialhilfeträgers noch geeignet? RhNotZ 2005, 162; *Littig/Mayer,* Sozialhilferegress gegenüber Erben und Beschenkten, 1999; *Mayer, J.,* Das Behindertentestament in der Zukunft, ZERB 1999, 60; 2000, 16; *ders.,* Das Behinderten-Testament als empfehlenswerte Gestaltung, DNotZ 1994, 347; *Nazari Golpayegani/Boger,* Aktuelle Gestaltungsempfehlungen zum Behindertentestament, ZEV 2005, 377; *Nieder,* Das Behindertentestament, NJW 1994, 1264; *ders.,* Handbuch der Testamentsgestaltung, 2. Aufl. 2000, Rdnr. 263 und 1296 ff.; *Otte,* Anmerkung zur BGH-Entscheidung vom 21.3.1990 – 4 ZR 1969/89 – JZ 1990, 1025; *Pieroth,* Grundgesetzliche Testierfreiheit, sozialhilferechtliches Nachrangprinzip und das sogenannte Behindertentestament, NJW 1993, 173; *Reimann,* Anmerkungen zu BGH Urteil vom 21.3.1990 – IV ZR 169/89 – DNotZ 1992, 245; *ders.,* Anmerkung zu BGH Urteil vom 21.3.1990 – IV ZR 169/89 – MittBayNot 1990, 248; *Settergrin,* Das „Behindertentestament" im Spannungsfeld zwischen Privatautonomie und sozialhilferechtlichem Nachrangprinzip, Diss., 1999; *Smid,* Rechtliche Schranken der Testierfreiheit aus § 138 Abs. 1 BGB, NJW 1990, 409; *Spall,* Zur sog. Vermächtnislösung beim Behindertentestament, MittBayNot 2001, 249; *Spall,* § 2306 Abs. 2 BGB und Behindertentestament, ZEV 2006, 344; *Tanck/Kerscher/Krug,* Testamente in der anwaltlichen und notariellen Praxis, 1999; *van de Loo,* Die letztwillige Verfügung von Eltern behinderter Kinder, NJW 1990, 2852; *ders.,* Die Gestaltung der Verfügungen von Todes wegen zugunsten betroffenen Behinderten, MittRhNotK 1989, 233; *Weidlich,* Vorweggenommene Erbfolge und Behindertentestament – zugleich ein Beitrag zur Anwendbarkeit der Werttheorie beim Bestehen von Pflichtteilsergänzungsansprüchen, ZEV 2001, 94; *Wietek,* Verfügung von Todes wegen zu Gunsten behinderter Menschen, Diss., 1996; *Winkler,* Erbansprüche und Sozialhilfe, Zeitschrift für das Fürsorgewesen, 1987, 56.

Checkliste zum klassischen Behindertentestament:

☐ Erbfolge nach dem Erstversterbenden
- Erbquoten: Berufung des behinderten Kindes mit einer Erbquote höher als der Pflichtteil (§ 2306 Abs. 1 S. 2 BGB)
  Achtung: Quoten-/Werttheorie!
  Restquote: Überlebender Ehegatte
  Ersatzerbenregelung
- Nacherbfolge für den Erbteil des behinderten Kindes
  Kind wird nur Vorerbe, Nacherbe der längerlebende Ehegatte, ersatzweise die Abkömmlinge des Kindes, ersatzweise ...
  Befreiung des Vorerben nur von §§ 2116, 2118, 2119 BGB, im Übrigen nicht befreit
- Tragung der Pflichtteilslast bei Übergehen weiterer Pflichtteilsberechtigter (nur der längerlebende Ehegatte)
- Eventuell Vermächtnisse für weitere Abkömmlinge (um Pflichtteilslast beim Schlusserbfall zu reduzieren; ferner aus erbschaftsteuerlichen Gründen)

☐ Erbfolge nach dem längerlebenden Ehegatten
- Erbquote des behinderten Kindes höher als der Pflichtteil
- Ersatzschlusserbenregelung
- Behindertes Kind wird Vorerbe, befreit nur im selben Umfang wie beim ersten Sterbefall
  Nacherbenbestimmung
  Ersatznacherbenbestimmung
- Evtl. Vorausvermächtnisregelung im Hinblick auf Pflichtteilsergänzungsansprüche des Behinderten

☐ Bestimmung der wechselbezüglichen Verfügungen bzw. bei Erbvertrag Umfang der Bindungswirkung (Abänderungsvorbehalt)

☐ Verzicht auf Anfechtung wegen Übergehens eines Pflichtteilsberechtigten

☐ Testamentsvollstreckung
- Dauertestamentsvollstreckung in beiden Erbfällen
- Aufgaben und Befugnisse des Testamentsvollstreckers
- Person des Testamentsvollstreckers
- Vergütung des Testamentsvollstreckers

☐ Betreuervorschlag

☐ Begleitende Maßnahmen (vor allem im Hinblick auf § 2306 Abs. 2 bei Nacherbeneinsetzung von Pflichtteilsberechtigten unter deren Pflichtteilsquote)
Pflichtteilsverzichte
Vollmachten

I. Sozialhilferechtliche Grundlagen

1   Bei der materiellrechtlichen Gestaltung einer Verfügung von Todes wegen werden die Überlegungen sowohl des Testators als auch des Beraters nicht nur durch die Vorgaben des Bürgerlichen und Handelsrechts bestimmt, sondern häufig – fast immer – müssen darüber hinaus steuerrechtliche Prämissen berücksichtigt werden. Verstärkt spielen auch **sozialhilferechtliche Bestimmungen** eine nicht unerhebliche Rolle. Dies ist vor allem dann der Fall, wenn eine als Zuwendungsempfänger vorgesehene Person im Zeitpunkt der Errichtung der Verfügung von Todes wegen bereits Leistungen nach dem SGB XII erhält oder aber vorauszusehen ist, dass der Begünstigte nach dem Tod des Erblassers Sozialhilfe empfangen wird. Deshalb sind für den beratenden Rechtsanwalt/Notar sozialhilferechtliche Grundkenntnisse unerlässlich.

Das Sozialhilferecht ist geprägt vom **Subsidiaritätsprinzip**, dem Grundsatz des Nachrangs der Sozialhilfe. Sozialhilfe erhält nur derjenige, der sich nicht selbst helfen kann oder wer die erforderliche Hilfe nicht von anderen, insbesondere von Angehörigen beanspruchen kann oder erhält. Aus diesem Prinzip folgt, dass vor Inanspruchnahme des Sozialhilfeträgers der Bedürftige zunächst sein eigenes Vermögen im gesetzlich festgelegten Umfang einsetzen muss.

Zum Vermögen zählen auch „Ansprüche". Nur bestimmte Vermögensteile sind gem. § 90 SGB XII ausgenommen. Der darin aufgeführte Katalog ist abschließend.

Gem. § 93 SGB XII können darüber hinaus vertragliche oder gesetzliche, privat- oder öffentlich-rechtliche Ansprüche des Hilfebedürftigen durch privatrechtsgestaltenden Verwaltungsakt (schriftliche Anzeige gegenüber Dritten) auf den Träger der Sozialhilfe übergeleitet werden. Die **Überleitung** darf jedoch nur „in Höhe der anfallenden Sozialhilfeleistungen"[1] erfolgen.

Auf den Bereich des Erbrechts bezogen bedeutet dieses Prinzip, dass selbstverständlich eine angefallene Erbschaft zum einsetzbaren Vermögen zählt. Soweit der Behinderte nicht Erbe wird und er gem. §§ 2303 ff. BGB zum Kreis der konkret Pflichtteilsberechtigten zählt, steht ihm ein Anspruch i.S.d. § 194 BGB zu. Da dieser **Pflichtteilsanspruch** gem. § 2317 Abs. 2 BGB vererblich und übertragbar ist, kann er gem. § 93 Abs. 1 SGB XII auch dann auf den Sozialhilfeträger übergeleitet werden, wenn ihn der konkret Pflichtteilsberechtigte selbst nicht geltend machen will.[2] Die umstrittene Frage zur Pfändbarkeit des nicht geltendgemachten, nicht anerkannten, nicht rechtshängigen Pflichtteilsanspruchs und das Problem der Zugehörigkeit eines Pflichtteilsanspruchs zur Insolvenzmasse ist hier nicht zu vertiefen.[3]

Neben dem reinen Pflichtteilsanspruch gem. § 2303 sind der **Zusatzanspruch** gem. § 2305, aber auch die **Pflichtteilsergänzungsansprüche** gem. § 2325 BGB überleitbar. Mit der Überleitung gehen die zur Geltendmachung und Durchsetzung erforderlichen Auskunftsansprüche als Nebenrechte gem. § 401 BGB auf den Sozialhilfeträger über.[4]

Vorstehendes gilt auch für **Vermächtnisse**. Diese – als Ansprüche gem. § 1939 BGB gegen den Nachlass – unterfallen ebenfalls dem Überleitungsrecht gem. § 90 Abs. 1 BSHG.

Nicht jedoch werden von §§ 194 BGB, 93 SGB XII **Gestaltungsrechte** erfasst, weil solche subjektive Rechte sind, also keine „Ansprüche" darstellen.[5]

Hat umgekehrt der Erblasser Leistungen aus Sozialhilfe empfangen, so ist für die Verfügung von Todes wegen ferner § 102 SGB XII zu beachten. Nach dieser Norm ist der Erbe des Hilfeempfängers zum Kostenersatz für die innerhalb eines Zeitraums von zehn Jahren vor dem Erbfall aufgewendeten Kosten der Sozialhilfe heranziehbar. Diese Kostenersatzpflicht des Erben ist eine Nachlassverbindlichkeit gem. § 1967 BGB. Ob sie in der Reihenfolge der Befriedigung anderer Nachlassverbindlichkeiten, insbesondere Pflichtteilsansprüchen, Vermächtnissen und Auflagen vorgeht oder gleichsteht, ist umstritten.[6] Der Begriff „Erbe" i.S. § 102 SGB XII ist zivilrechtlich zu sehen; Vermächtnisnehmer werden mit dem Kostenersatzanspruch nicht belastet.[7]

II. Motivsuche, Interessenkollisionen

In der Regel sind die persönlichen Beziehungen der Eltern zu ihren geistig behinderten Kindern von besonderer Liebe und überobligationsmäßiger Fürsorge geprägt. Dies zeigt sich auch im Wunschdenken, für die Zeit Vorsorge zu treffen, zu welcher sie selbst nicht mehr die persönliche Betreuung übernehmen können.

Bei **hohen Vermögensmassen** stellen sich deshalb keine Probleme, weil mit hohem materiellem Einsatz optimale persönliche Betreuung durchführbar ist und bei sehr geringem Vermögen stellen sich ohnehin Fragen nicht, wie man nach dem Tod materiell für das behinderte Kind sorgen könne. Probleme tauchen also in der Regel nur bei sog. **mittleren Vermögensmassen** auf. Eltern von Menschen mit geistiger Behinderung, die dieser „Vermögensgruppe" angehören, befinden sich in einer Konfliktsituation. Einerseits wünschen die Eltern, dass ihr behindertes Kind **unmittelbar** persönliche Vorteile aus dem Nachlass der Eltern genießt; andererseits – und

---

[1] BGH Urt. v. 29.3.1985 – BGZ 94, 141 ff. = NJW 1985, 2419.
[2] *Littig-Mayer* 162; *Dittmann/Reimann/Bengel* E 203; *Engelmann* MittBayNot 1999, 509.
[3] Hierzu MünchKommBGB/*Frank* § 2317 Rdnr. 13 ff.; Palandt/*Edenhofer* § 2317 Rdnr. 3 ff.; vor allem BGH Urt. v. 8.7.1993 – BGHZ 123, 183 ff. = NJW 1993, 2876.
[4] *Littig/Mayer* S. 163; MünchKommBGB/*Frank* § 2317 Rdnr. 10.
[5] Staudinger/*Peters* § 194 Rdnr. 18; Staudinger/*Otte* § 1942 Rdnr. 14.
[6] Bejahend: *Merkler/Zink* § 92 c Rdnr. 23; § 92 a Rdnr. 32 a; verneinend – für das Vermächtnis – vor allem *Damrau* ZEV 1998, 1 ff.; s.a. Rdnr. 28 f.
[7] *Knopp/Fichtner* BSHG § 92 c Rdnr. 12.

dies muss ebenso klar angesprochen werden – wünscht sicher die Mehrheit der Betroffenen nicht, dass die Ansprüche des behinderten Kindes (mindestens der Pflichtteil) im anonymen Topf der Sozialhilfe verschwindet. Eine allgemeine Akzeptanz des Subsidiaritätsprinzips und den daraus resultierenden Folgen lässt sich grundsätzlich bei Eltern behinderter Kinder nicht feststellen. Ob im Bereich des Sozialhilferechts eine nachhaltige Änderung der Grundeinstellung der Bürger angesichts der extrem einengenden Bestimmungen der §§ 90 ff. SGB XII erfolgen wird und Verständnis für die stringente Durchhaltung des Nachrangprinzips durch den Gesetzgeber erweckt werden kann, erscheint zumindest im Hinblick auf den Vergleich zur Regelung bei der Restschuldenbefreiung im Insolvenzverfahren mehr als fraglich. Denn dort bestimmt § 295 Abs. 1 Nr. 2 InsO, dass ererbtes Vermögen nur zu 50% für die Restschuldentilgung einzusetzen ist; 50% bleiben also freies Vermögen. Während beim Insolvenzverfahren in der Regel von einem „verschuldeten" Vermögensverfall gesprochen werden kann und dann gleichwohl 50% zur Verbesserung der Lebensqualität des Schuldners eingesetzt werden dürfen, besteht zufolge des vollen Sozialhilferegresses eine solche Möglichkeit beim behinderten, also unverschuldet in „Not" geratenen Sozialleistungsempfänger offensichtlich nicht. Deshalb erscheint, zumindest im Hinblick auf erbrechtliche Ansprüche eines behinderten Menschen, eine großzügigere Ausgestaltung des „geschützten" Vermögens als richtiger Denkansatz.[8] Eltern behinderter Menschen würden so nicht in die derzeit zweifelsfrei bestehende Konfliktsituation getrieben werden.

6   Der Katalog des „**geschützten Vermögens**" spielt in der erbrechtlichen Gestaltung eine bedeutende Rolle. Insoweit wird auf Rdnr. 21 verwiesen.

Derzeit ist in der Regel die Motivlage der Eltern bei mittlerem Vermögen so, dass sie all das, was die gesetzlichen Möglichkeiten erlauben, ihrem behinderten Kind auch zugutekommen lassen wollen. Dies soll auf unmittelbarem Wege stattfinden, nicht also über das, was ohnehin der anonyme Sozialhilfeträger zu leisten hat. Da bei der stringenten, keine Ausnahme zulassenden gesetzlichen Regelung dieses Ziel nicht anders erreicht werden kann, sind die Eltern im Rahmen der Testierfreiheit häufig gezwungen, Wege zu beschreiten, die letztendlich den Sozialhilfeträger „außen vor" lassen. Jedenfalls zeigt die Praxis, dass Eltern mittlerer Vermögen bei der Gestaltung ihrer Verfügung von Todes wegen nicht primär vom Gedanken getragen werden, der Sozialhilfeträger solle selbst so wenig wie möglich erhalten, sondern vorrangig von der Überlegung, wie kann aus ihrem Nachlass das behinderte Kind gut oder besser gestellt werden.[9]

7   Der rechtliche Berater befindet sich derzeit in einer nicht besonders erfreulichen Situation. Zum einen steht ohnehin das Pflichtteilsrecht als solches auf dem **Prüfstand des Bundesverfassungsgerichts**. Derzeit ist es nicht möglich, die künftigen Vorgaben des Bundesverfassungsgerichts oder die darauf beruhenden, vielleicht auch längst überfälligen, kreativen Überlegungen des Gesetzgebers vorherzusehen. Andererseits muss die Beratung auf dem derzeitigen Stand von Gesetz und Rechtsprechung durchgeführt werden. Testamente sind stets so zu gestalten, dass sie – tritt der Sterbefall am nächsten Tage ein – ihre gewollte Wirkung entfalten; gleichzeitig soll der gute Jurist aber auch Verfügungen von Todes wegen entwerfen oder in erbrechtlichen Dingen so beraten, dass für eine möglichst lange Zeit dem Willen der Testatoren Gültigkeit verschafft wird, und dies alles, obwohl eine Prognose über künftige Rechtsentwicklungen in keiner Weise möglich ist.

III. Erbrechtliche Konsequenzen, Gestaltungsvarianten

1. Vorbemerkung

8   Zum „Behinderten-Testament" sind **verschiedene Gestaltungsvarianten** vorgeschlagen worden.[10] Obwohl sich in der Praxis weitgehend die Vor- **und Nacherbschaftslösung** mit Testamentsvollstreckungsanordnung durchgesetzt hat,[11] wird vor sklavischer Übernahme – wie bei

---

[8] Ansätze in diese Richtung befinden sich bei *Kaden* S. 168 ff. und *Eichenhofer* JZ 1999, 226, 232.
[9] Hierzu – im Hinblick auf die Sittenwidrigkeitsproblematik – *J. Mayer* ZERB 2000, 22.
[10] Zusammenstellung bei *Grimm/Krampe/Pieroth* S. 233 ff.
[11] Hierzu das „Urmuster" bei *Dittmann/Reimann/Bengel* 2. Aufl. 1986, S. 154 ff.; 703 ff.

jedem Muster – gewarnt. Jedem Einzelmandat liegt ein anderer Sachverhalt zugrunde. Verfügungen von Todes wegen sind, wie es dem Charakter der Höchstpersönlichkeit entspricht, stets individuell anzupassen, auch wenn es noch so verlockend erscheint, sich auf einen Typus zurückzuziehen, der bereits zweimal auf dem Prüfstand des BGH war und dort (allerdings auch nur für den jeweils konkret entschiedenen Fall) bestanden hat.[12] Schließlich sind auch die umfangreichen Probleme zum Schenkungswiderruf gem. § 528 BGB zu beachten, wonach der Schenker, der seinen eigenen standesgemäßen Unterhalt nicht bestreiten oder – und dieses ist bei behinderten Abkömmlingen häufig der Fall – die Unterhaltspflicht, die dem Schenker obliegt, nicht erfüllen kann und daher vom Beschenkten Herausgabe des Geschenks verlangen kann. Auch dieser Anspruch ist nach § 93 SGB XII überleitbar.[13]

Soweit versucht wird, den Pflichtteil des Behinderten dadurch zu schmälern, dass für die Erbringung nicht kraft Gesetzes geschuldeter Leistungen an den Behinderten eine **Anrechnungsbestimmung auf den Pflichtteil** gem. § 2315 BGB erfolgt, muss darauf hingewiesen werden, dass die Anrechnung zwingend **bei** der Zuwendung zu erfolgen hat. Eine nachträgliche Anrechnungsbestimmung ist einseitig nicht möglich. Im Übrigen muss die wohl (noch) h.M. zur Frage, wonach die Anrechnungsbestimmung bei der Zuwendung den rechtlichen Charakter eines rechtlich nicht nachteiligen Geschäfts i.S.d. § 107 BGB hat, als problematisch angesehen werden.[14] Die Rechtsprechungsprognose ist unsicher; gerade im Hinblick darauf, dass der anrechnungspflichtige Wert sich gem. § 2315 Abs. 2 S. 2 BGB nach der Zeit bestimmt, zu welcher die Zuwendung erfolgt ist, wird die h. M. wohl dann kaum Bestand haben können, wenn die Wertentwicklung allgemein und speziell nach unten zeigt. In solchen Fällen würde über die Anrechnungsregelung effektiv der Pflichtteil verkürzt werden. Dies kann angesichts der klaren Formvorschriften zum Pflichtteilsverzicht und damit auch zum gegenständlich beschränkten oder partiellen Pflichtteilsverzicht[15] kaum über eine einseitige Willenserklärung, noch dazu beim nicht voll Geschäftsfähigen, ohne rechtlichen Nachteil realisiert werden. Mit der Anrechnungsbestimmung gem. § 2315 BGB sollte dem Schenker/Erblasser nicht ein zusätzliches Mittel zur rechnerischen Wertverkürzung des Pflichtteils an die Hand gegeben werden, wenn im Erbfall der Wert der geschenkten Sache niedriger liegt als im Zeitpunkt der Zuwendung. 9

Die denkbare Möglichkeit eines **Pflichtteilsverzichts** des geistig Behinderten ist praktisch in der Regel nicht erreichbar. Gem. § 1822 Nr. 1 BGB bedarf der Erb- und Pflichtteilsverzicht der vormundschaftsgerichtlichen Genehmigung. Diese kann ohne adäquates Entgelt nicht erteilt werden. Und wird adäquates Geld geleistet, ist dieses vom Behinderten einzusetzen. Der Problemlösung sind solche Wege also i.d.R. nicht dienlich. 10

2. Ehevertragliche Überlegungen/Rechtsgeschäfte unter Lebenden

Der **Güterstand** bestimmt über die **Erbquoten** und damit über die Höhe des Pflichtteilsrechts (§§ 1931 Abs. 1 und 4, 1371 BGB). Bei Vorhandensein von mehr als einem Kind führt der gesetzliche Güterstand (Zugewinngemeinschaft) zur rechnerisch niedrigsten Pflichtteilsquote der Abkömmlinge, soweit der überlebende Ehegatte Erbe oder Vermächtnisnehmer wird (§§ 1931 Abs. 1, 1371 Abs. 1 und 2 BGB). Zu beachten ist allerdings § 1371 Abs. 2 Halbs. 2 BGB, wonach als unmittelbare Folge des sog. „kleinen Pflichtteils" sich die Pflichtteile der Abkömmlinge erhöhen. Bei Vorliegen der Tatbestandsvoraussetzungen richtet sich dann der Pflichtteil der Abkömmlinge ausschließlich nach den Erbquoten gem. § 1931 Abs. 1 BGB. Ehevertragliche Gestaltungen sind in der Regel keine Schenkung i.S.d. §§ 516, 2325 BGB. Dies gilt vor allem für die Vereinbarung der Gütergemeinschaft,[16] denn der Rechtsgrund der Bereicherung liegt hier im familienrechtlichen Vertrag, so dass eine Einigung über die Unentgeltlichkeit fehlt, es sei denn, dass ausnahmsweise die Geschäftsabsichten der Eheleute nicht auf die Ordnung des beiderseitigen Vermögens gerichtet waren. 11

---

[12] BGH Urt. v. 21.3.1990 – BGHZ 111, 36 = NJW 1990, 2055; BGH Urt. v. 20.10.1993 – BGHZ 123, 368 = NJW 1994, 248; zur Warnung „kein Behinderten-Testament von der Stange" s.a. *J. Mayer* ZERB 2000, 22.
[13] Ausf. hierzu *Littig/Mayer* Rdnr. 231 ff.; *Krauß* MittBayNot 1992, 77 ff.
[14] Hierzu Staudinger/*Haas* § 2315 Rdnr. 30 ff.
[15] Vgl. hierzu Staudinger/*Schotten* § 2346 Rdnr. 50; Palandt/*Edenofer* § 2346 Rdnr. 5; Soergel/*Damrau* § 2346 Rdnr. 10.
[16] Palandt/*Edelhofer* § 2113 Rdnr. 3; § 2325 Rdnr. 17; BGH Urt. v. 27.11.1991 – BGHZ 116, 178.

12   Der **Wechsel** vom gesetzlichen **Güterstand** zur Gütertrennung mit Ausgleich des entstandenen Zugewinns stellt ebenfalls keine Schenkung dar, so dass sich Pflichtteilsergänzungsansprüche insoweit nicht ergeben. Auf solche Vorgänge ist § 2325 Abs. 3 Halbs. 2 BGB nicht anwendbar.[17] Im Übrigen sind rechtsgeschäftliche Übertragungen zwischen Ehegatten ohne güterrechtlichen Anspruch bzw. güterrechtliche causa (Gütergemeinschaft!) stets an § 2325 Abs. 3 zu messen (kein Beginn der 10-Jahresfrist!),[18] und bei Übertragungen an nichtbehinderte Abkömmlinge oder Personen ist die generelle **10-Jahresfrist** des § 2325 Abs. 1 BGB zu beachten, es seidenn, dass wegen Vorbehalts des „wirtschaftlichen Eigentums" (z.B. Nießbrauch) diese Frist ohnehin nicht zu laufen beginnt.[19]

3. Erbrechtliche Gestaltungsmöglichkeiten

13   a) **Vor- und Nacherbschaft.** Das „klassische Behindertentestament"[20] basiert auf einer **Kombination von Vor- und Nacherbfolge** mit einer ausführlichen Testamentsvollstreckungsanordnung. Ausgangspunkt für die Gestaltungsüberlegung ist § 2306 BGB: Die Anordnung einer Vor- und Nacherbschaft stellt eine Beschränkung i.S.d. § 2306 Abs. 1 BGB dar. Ist der Erbteil des Vorerben gleich oder kleiner als seine Pflichtteilsquote, so entfällt die Beschränkung kraft Gesetzes; darüber hinaus steht diesem Erben der Pflichtteilsrestanspruch gem. § 2305 BGB zu. Er verbleibt also neben der Geldforderung aus § 2305 BGB in Höhe der unbeschwerten Quote Mitglied der Erbengemeinschaft. Der niedrigere Erbteil ist als Vermögen einzusetzen; gleiches gilt für die Geldforderung, die im Übrigen gem. § 93 SGB XII überleitbar ist.

14   Übersteigt hingegen der hinterlassene Erbteil die Pflichtteilsquote, so steht dem Pflichtteilsberechtigten gem. **§ 2306 Abs. 1 S. 2 BGB ein Wahlrecht** zu (Annahme des höheren Erbteils samt Beschränkungen oder Ausschlagung und voller Pflichtteil).[21] Der Pflichtteilsberechtigte kann also dann, wenn der mit einer Quote höher als der Pflichtteilsquote zum Erben berufen ist und wenn die Berufung mit Beschränkungen und Beschwerungen gem. § 2306 Abs. 1 S. 1 BGB versehen ist, über die Ausschlagung zum Pflichtteil kommen. Die Ausschlagung selbst ist eine amtsempfangsbedürftige, förmliche Willenserklärung gegenüber dem Nachlassgericht (§§ 1945 Abs. 1, 1944 BGB). Sie bewirkt als Gestaltungserklärung, dass der Erbanfall von Anfang an als nicht erfolgt anzusehen ist (§ 1953 Abs. 1 BGB). Der Ausschlagende muss voll geschäftsfähig sein. Im Bereich des geistig Behinderten handelt der gesetzliche Vertreter. Vormund, Betreuer und Pfleger bedürfen stets der vormundschaftsgerichtlichen Genehmigung (§§ 1822 Nr. 2, 1908 i, 1915 BGB).

15   Die **Ausschlagungsfrist** beträgt gem. § 1944 BGB üblicherweise sechs Wochen, beginnend mit der Kenntniserlangung des Erben. Bei Geschäftsunfähigen oder beschränkt Geschäftsfähigen kommt es auf die Kenntnis des gesetzlichen Vertreters an.[22] Soweit keine gesetzliche Vertretung vorliegt, gelten gem. § 1944 Abs. 2 S. 3 BGB die §§ 203, 206: Erst wenn ein beschränkt Geschäftsfähiger oder Geschäftsunfähiger einen gesetzlichen Vertreter hat und dieser vom Anfall der Erbschaft und vom Grund der Berufung Kenntnis erlangt hat, beginnt die für die Ausschlagung geltende Verjährungsfrist von sechs Wochen zu laufen. Wird kein gesetzlicher Vertreter bestimmt, gilt wohl die Verjährungsfrist des § 195 BGB mit der Konsequenz, dass der Anspruch auf Geltendmachung des Pflichtteils gem. § 2332 Abs. 1 BGB nach 30 Jahren verjährt. Jedenfalls ist nach h. M. das Ausschlagungsrecht des behinderten Erben ein Gestaltungsrecht und kein Anspruch i.S.d. §§ 93 Abs. 1 SGB XII, 194 Abs. 1 BGB. Eine Überleitung dieses Rechts gem. § 93 SGB XII ist also nicht möglich.[23]

---

[17] Auch schenkungsteuerrechtlich ergeben sich keine Probleme, § 5 Abs. 2 ErbStG; hierzu Dittmann/Reimann/Bengel/*Geck* C Rn 57 ff. m.w.N.
[18] Hierzu ausf. § 36 Rdnr. 138.
[19] Hierzu ausf. § 36 Rdnr. 136.
[20] Erstmals publiziert unter *Dittmann/Reimann/Bengel* D Rdnr. 272 ff., Anf. Rdnr. 63.
[21] Zur Frage, wann im Bereich des § 2306 Abs. 1 S. 2 BGB der Pflichtteilsanspruch entsteht, vgl. *Bengel* ZEV 2000, 388 ff. m.w.N.
[22] Palandt/*Edenhofer* § 1944 Rdnr. 8.
[23] *Reimann* MittBayNot 1990, 248; *Karpen* MittRhNotK 1988, 149; *Nieder* NJW 1994, 1266; *J. Mayer* DNotZ 1994, 347, 355; *Bengel/Reimann/Mayer* V Rdnr. 353; a.A. soweit ersichtlich nur *van de Loo* NJW 1990, 2856.

Nach vorstehenden Prämissen ist folgender **Gestaltungsvorschlag** entwickelt worden: 16
Das behinderte Kind wird mit einer Quote Erbe, die höher als sein Pflichtteilsrecht ist. Seine Einsetzung als Vorerbe verhindert den Zugriff auf die Substanz des Erbteils sowohl während der Vorerbenstellung als auch nach seinem Tod. Als **nicht befreiter Vorerbe** ist der Behinderte den Verfügungsbeschränkungen der §§ 2113 ff. BGB unterworfen. Damit ist auch der Gläubigerzugriff über § 2115 BGB ausgeschlossen. Dessen Rechtsgedanke macht die an sich mögliche Überleitung nach § 93 Abs. 1 S. 4 SGB XII unzulässig.[24] Dem nichtbefreiten Vorerben gebühren so nur die Nutzungen des Nachlasses zu; ein Zugriff auf die Substanz ist ausgeschlossen.

Anders wäre dies wohl **bei befreiter Vorerbschaft.** Denn dem befreiten Vorerben stehen nicht 17 nur die Nachlassfrüchte, sonder u. U. auch die Nachlassgegenstände zu. Die h. M.[25] subsumiert unter den Begriff der wirtschaftlichen Gefährdung des Nachlasses auch die wirtschaftliche Gefährdung des Vorerben. Damit wäre bei der befreiten Vorerbschaft trotz der Testamentsvollstreckereinsetzung und Verwaltungsanordnungen nicht garantiert, dass der Sozialhilfeträger nicht doch auf Früchte **und** Substanz des Nachlasses zugreifen könnte. Da der Behinderte lediglich die Stellung eines (nicht befreiten) Vorerben erhält, ist er nur Erbe auf Zeit. Dieses ererbte Vermögen verbindet sich nicht mit dem freien Eigenvermögen; es wird dem Vorerben mit Eintritt des Nacherbfalls wieder entzogen, wodurch verhindert wird, dass das Ererbte nach dem Tod des Behinderten in dessen Nachlass fällt. Das Vorerbschaftsvermögen steht demzufolge für einen Kostenersatzanspruch des Sozialhilfeträgers gem. § 102 SGB XII nicht zur Verfügung.

Zu **Nacherben** werden regelmäßig die **Abkömmlinge des Vorerben,** oder der überlebende 18 Elternteil (beim 1. Sterbefall), dann ersatzweise die Geschwister des Vorerben, ersatzweise ein Dritter oder ggf. eine bereits bestehende bzw. auf den Todesfall des Vorerben noch zu errichtende Stiftung berufen.

Da der geistig Behinderte die ihm als Vorerben gebührenden Früchte und Nutzungen 19 nicht selbst verwerten kann, empfiehlt sich eine gleichzeitige Anordnung der **Testamentsvollstreckung.** Mit dieser wird erreicht, dass der Nachlass handlungsfähig bleibt, auch wenn das behinderte Kind unter Vormundschaft steht. Der Zugriff von Eigengläubigern des behinderten Miterben (zu denen auch der Sozialhilfeträger zählt) wird über § 2214 BGB ausgeschlossen. Dies gilt auch nach Durchführung der Erbauseinandersetzung im Hinblick auf die dem Behinderten dann zugefallenen Vermögenswerte. Theoretisch ist auch der Vorerbteil als solcher pfändbar (Arg. §§ 2233 Abs. 1, 2376 Abs. 1 BGB). Diese Möglichkeit und auch die Durchführung der Pfändung hindern aber den Testamentsvollstrecker nicht, über die weiteren Nachlassgegenstände zu verfügen;[26] denn da der Nacherbe nur Rechtsnachfolger des Erblassers und nicht des Vorerben wird, wird er auch nicht Schuldner des Pfändungsgläubigers (§ 2139 BGB). Die Pfändung des Vorerbteils erlischt also mit Eintritt des Nacherbfalles und ist damit ein untaugliches Befriedigungsmittel.

Zwar ist gem. § 2216 Abs. 1 BGB der Testamentsvollstrecker schon kraft Gesetzes zur ord- 20 nungsgemäßen Verwaltung verpflichtet. Empfehlenswert und hilfreich ist jedoch eine **klare Anordnung** an den Testamentsvollstrecker durch den Erblasser (§ 2216 Abs. 2 S. 1 BGB), so dass der Vorerbe keinen Anspruch auf Aushändigung der ihm gem. §§ 2130 ff. BGB zustehenden Nachlassfrüchte hat. Die Verwaltungsanordnungen des Erblassers sollten möglichst präzisiert sein und, um dem Behinderten weitestmöglich die Vorteile aus dem Nachlass zukommen zulassen, sich am Katalog des § 90 SGB XII orientieren. Eine solche sich am Wohl des Behinderten orientierende **Verwaltungsanordnung** könnte beispielsweise wie folgt lauten:[27]

---

[24] BGH Urt. v. 8.7.1993 – NJW 1993, 2876: Die Verwertbarkeit des Anspruchs ist dann bis zur Realisierung des Anspruchs durch den Berechtigten ausgesetzt.
[25] *Otte* JZ 1990, 1027 m.w.N.
[26] BGH Urt. v. 26.10.1966 – NJW 1967, 200; *Bengel/Reimann/Mayer* V Rdnr. 355.
[27] Nach *Dittmann/Reimann/Bengel* S. 406.

21 Formulierungsvorschlag:

Gemäß § 2216 Abs. 2 BGB wird der jeweilige Testamentsvollstrecker verbindlich angewiesen, die gebührenden jährlichen Reinerträgnisse des Nachlasses ausschließlich in folgender Form zu verwenden:
- Geschenke zum Geburtstag und Namenstag von ..., zu Weihnachten, Ostern und Pfingsten;
- Finanzierung von Freizeiten und Urlaubsaufenthalten, einschließlich der dafür notwendigen Materialien und Ausstattungsgegenstände, und gegebenenfalls Bezahlung einer erforderlichen, geeigneten Begleitperson;
- Aufwendungen für Besuche bei Verwandten und Freunden;
- Aufwendungen für ärztliche Behandlungen, Heilbehandlungen, Therapien und Medikamente, die von der Krankenkasse nicht (vollständig) gezahlt werden, z.B. Brille, Zahnersatz usw.;
- Anschaffung von Hilfsmitteln und Ausstattungsgegenständen, die von der Krankenkasse nicht (vollständig) bezahlt werden; dabei sollen die Hilfsmittel von der Qualität so bemessen und ausgewählt werden, dass sie dem Kind optimal dienlich sind;
- Aufwendungen für zusätzliche Betreuung, z.B. bei Spaziergängen, Theater- und Konzertbesuchen, Einkäufen und ähnlichem, entsprechend den Wünschen des Kindes;
- Aufwendungen für Güter des persönlichen Bedarfs des Kindes, z.B. (modische) Kleidung oder Einrichtung seines Zimmers;
- Geldzuwendungen, die jedoch, wenn das behinderte Kind erstattungspflichtige Sozialleistungen in Anspruch nimmt, den Rahmen dessen nicht übersteigen dürfen, was das behinderte Kind nach den einschlägigen Bestimmungen maximal zu freien Verfügung haben darf.

22 Zu beachten ist, dass eine **Überwachung des Testamentsvollstreckers** durch das Nachlassgericht vom Erblasser angeordnet werden kann.[28] Familienrechtliche Beschränkungen (z.B. bei minderjährigen Erben) gelten für den Testamentsvollstrecker nicht. Gleiches gilt für ehegüterrechtliche Beschränkungen des Erben, z.B. § 1365 BGB.[29]

23 Soweit beim Ableben des Vorerben der Testamentsvollstrecker die dem Vorerben gebührenden Erträgnisse nicht ausgereicht hat, fallen diese in das Vermögen des Behindertenerblassers, nicht jedoch in die Nacherbschaft. Dieses Vermögen unterliegt deshalb dem **Zugriff über § 102 SGB XII**. Diskutiert wurde, ob auch diese Vermögensbestandteile dem Zugriff des Sozialhilfeträgers entzogen werden könnten. Denkbar wäre hier eine weitere Beschwerung des Vorerben mit einem Vermächtnis zugunsten des Nacherben im Hinblick auf die nicht verbrauchten Erträgnisse. Die rein erbrechtliche Betrachtungsweise wird eine solche Regelung durchweg als zulässig ansehen können. Jedoch drängt sich hier sehr stark ein Gestaltungsmissbrauch und Sittenwidrigkeit deshalb auf, weil eine solche Regelung wohl kaum den genuinen Interessen des Behinderten, allenfalls denen des Erblassers oder des Nachvermächtnisnehmers dient und solche Verfügungen wohl primär mit dem Motiv zu begründen sind, dass der Zugriff von Sozialhilfeträgern verhindert werden soll.

Etwas anderes gilt selbstverständlich dann, wenn aus den Erträgnissen der Vorerbschaft die Forderungen des Sozialhilfeträgers voll befriedigt werden können. Hier gibt es beim Ableben des behinderten Vorerben keinen Kostenerstattungsanspruch und damit auch keine Forderung gem. § 102 SGB XII. Die zusätzliche Vermächtnisregelung ist hier deshalb zu empfehlen, weil der Behinderte selbst nicht testierfähig ist und über die Vermächtniszuwendung der ursprüngliche Erblasser in zulässiger Weise auf die Verteilung des Vermögens des Vorerben Einfluss nehmen kann.

24 Beim üblichen Anwendungsbereich des „Behindertentestaments" mit Mitteln der Vor- und Nacherbfolge sowie Testamentsvollstreckung läuft die **Abwicklung nach dem Erbfall** regelmäßig wie folgt: Der Testamentsvollstrecker betreibt die Nachlassauseinandersetzung. Der dem Wert der Vorerbquote des Behinderten entsprechende Wert wird in Geld/Wertpapieren auf den Namen des Behinderten angelegt. Soweit ein eigengenutztes Hausgrundstück vorhanden ist, wird dies im Wege der Auseinandersetzung dem anderen Miterben (Ehegatten oder Ab-

---

[28] BayObLG Beschl. v. 27.11.1953 – BayObLGZ 1953, 357.
[29] Staudinger/*Reimann* § 2205 Rdnr. 59.

kömmling) zum Alleineigentum zugewiesen. Der Geldbetrag des behinderten Kindes wird vom Testamentsvollstrecker sodann angelegt. Da der Vorerbe wenigstens von § 2119 BGB befreit werden sollte, muss keine mündelsichere Anlage erfolgen. Je nach Fallgestaltung hat damit der Testamentsvollstrecker die Möglichkeit, die Geldanlage ertragnis- oder wachstumsorientiert vorzunehmen. Wird vorstehender Verfahrensweg gewählt, ergeben sich in der Praxis kaum große Unterschiede zur sog. Vermächtnislösung. Allerdings ist in der Verfügung von Todes wegen insoweit Vorsorge zu treffen, als das Amt des Vormunds und des Testamentsvollstreckers nicht in einer Person zusammenfallen sollen. Die Gestattung des Selbstkontrahierens kommt für den Vormund nicht in Frage;[30] dem Testamentsvollstrecker kann indes durch den Erblasser das Selbstkontrahieren gestattet werden.[31] Ist eine Interessenkollision nicht ausschließbar, kann dem Vormund die Vertretungsmacht hinsichtlich der Wahrung der Rechte des Erben gegenüber dem Testamentsvollstrecker entzogen werden; es ist dann ein Ergänzungspfleger zu bestellen.[32] Eine Beschränkung der Rechte durch Beteiligung Dritter/weiterer Personen wäre denkbar durch die Anordnung eines Mitvollstreckers gem. § 2224 BGB.[33]

b) Die „Vermächtnislösung". Bei jeder **Zuwendung eines Vermächtnisses** an den geistig Behinderten ist zu beachten, dass der unbelastete und unbedingte Vermächtnisanspruch gem. § 93 SGB XII auf den Träger der Sozialhilfe überleitbar ist. Soweit das Vermächtnis erfüllt ist, ist der Vermächtnisgegenstand, soweit er nicht unter das geschützte Vermögen des § 90 SGB XII fällt, vom Hilfeempfänger einzusetzen. Soweit Versorgungsrechte testamentarisch zugewendet werden (z.B. Wohnungsrecht, Wart und Pflege) ist zu beachten, dass ein Geldersatzanspruch dann entstehen kann, wenn der Schuldner von der Verpflichtung zur Gewährung des Rechts befreit wird. Eine solche Befreiung ergibt sich in der Regel, wenn der Berechtigte auf Dauer die dem Wohnrecht unterliegenden Räume nicht nutzen kann, z.B. weil er extern in einem Wohnheim lebt. Bei der Wertermittlung wird regelmäßig – ausgehend von der Ausgestaltung des Wohnungsrechts – vom Mietwert der zugewiesenen Räumlichkeiten auszugehen sein.[34] Zuschläge ergeben sich gegebenenfalls durch von einem üblichen durchschnittlichen Mietvertrag abweichenden Vereinbarungen über Modernisierungs- und Reparaturaufwand und/oder über die Tragung der Heiz- und Nebenkosten. Soweit dem Erben zugunsten des Behinderten Wart- und Pflegelasten obliegen, stellt sich die Ermittlung des Wertes bei Befreiung von der Leistungspflicht regelmäßig schwierig dar. Die Praxis zeigt, dass Sozialhilfeträger sich häufig am Pflegegeld nach § 64 SGB XII orientieren; der jeweilige Prozentsatz, welcher zur Berechnung herangezogen wird, wird jedoch unterschiedlich angesetzt (von 50% des Pflegegeldes bis zum vollen Pflegegeld). Schließlich wäre auch eine Orientierung an den Werten des Pflegeversicherungsgesetzes (§ 37 SGB XI) denkbar.[35] Die Überleitung des Wertsatzes bei dauerhafter Aufgabe der durch Vermächtnis zugewandten Rechte kann jedoch durch entsprechende Gestaltung des Vermächtnisses vermieden werden. Die h. M. empfiehlt eine entsprechende Einschränkung des Vermächtnisses insoweit, als die Vermächtnisleistungen nur solange zu erbringen sind, als sich der Vermächtnisnehmer in dem mit dem Wohnungsrecht belasteten Objekt aufhält bzw. die Leistungen aus Wart und Pflege ebenfalls nur für die „Verweildauer" in den mit dem Wohnungsrecht belasteten Räumen besteht.[36] Soweit Geld- oder Leibrenten gem. § 759 BGB Vermächtnisgegenstand sind, handelt es sich zweifelsfrei um überleitungsfähige Ansprüche gem. § 93 SGB XII.

Schließlich ist bei der Vermächtnislösung besonderes Augenmerk auf § 2307 Abs. 1 BGB zu richten: Erreicht der kapitalisierte Wert der Vermächtnisleistungen nicht den Pflichtteilswert, so steht dem Pflichtteilsberechtigten der **Zusatzpflichtteil** gem. § 2305 BGB zu. Gerade bei **auflösend bedingten Vermächtnissen** (Wegfall des Wohnungsrechtes bzw. der Wart- und Pflegeverpflichtung bei Auszug aus dem Haus) ist eine solche Zusatzpflichtteilsberechnung

---
[30] MünchKommBGB/*Schwab* § 1795 Rdnr. 19.
[31] *Bengel/Reimann* II Rdnr. 56 m.w.N.
[32] LG Frankfurt Beschl. v. 10.1.1990 – RPfleger 1990, 207.
[33] OLG Hamm Beschl. v. 13.1.1993 – MittBayNot 1994, 53: „Der gesetzliche Vertreter kann nicht als alleiniger Testamentsvollstrecker eingesetzt werden".
[34] Hierzu *Littig/Mayer* Rdnr. 264 ff.
[35] Hierzu *Littig/Mayer* Rdnr. 275 ff.
[36] *Krauß* MittBayNot 1992, 77, 100 f; *Schwar* ZEV 1997, 309, 313; krit. *Littig/Mayer* Rdnr. 140, 282.

kaum möglich, weil der Zeitpunkt der Befreiung von der Leistungspflicht regelmäßig nicht bestimmbar ist. Schließlich folgt aus § 2307 Abs. 1 S. 1 BGB eine weitere Unsicherheit: Soweit Ausschlagung des Vermächtnisses erfolgt, steht dem behinderten Abkömmling der volle und ungeschmälerte Pflichtteil zu.

27 Die nicht unerheblichen Probleme mit den reinen **Versorgungs- und/oder Rentenvermächtnissen**[37] im Hinblick auf die denkbare Überleitung und den Pflichtteilsergänzungsanspruch versucht man in der Praxis zu vermeiden durch die Anordnung eines Vor- und Nachvermächtnisses: Dem behinderten Kind wird ein Quotenvermächtnis zugewandt, das mindestens der Quote seines künftigen Pflichtteilsanspruches entsprechen muss. Zum Nachvermächtnisnehmer werden die Abkömmlinge des Behinderten, ersatzweise dessen Geschwister oder ein Dritter berufen. Der Nachvermächtnisfall tritt ein mit dem Tode des Vorvermächtnisnehmers. Soweit das Quotenvermächtnis dem Pflichtteil entspricht, entsteht kein überleitbarer Pflichtteilsrestanspruch nach §§ 2307 Abs. 1 S. 2, 2305 BGB. Selbstverständlich bleibt für den Behinderten bzw. dessen gesetzlichen Vertreter die Ausschlagungsmöglichkeit gem. § 2307 Abs. 1 S. 1 BGB (Genehmigung durch das Vormundschaftsgericht gem. § 1822 Nr. 2 BGB erforderlich).[38] Um dem behinderten Vermächtnisnehmer die geschützten Vorteile/Vermögenswerte des § 90 SGB XII zukommen zu lassen, ist auch hier Testamentsvollstreckungsanordnung mit den entsprechenden Anweisungen vorzusehen.

28 Noch nicht höchstrichterlich geklärt jedoch ist die Frage, ob bei der Vermächtnislösung § 102 SGB XII beim Ableben des Vorvermächtnisnehmers anwendbar ist. Nach h.M. soll der klare Wortlaut des § 102 SGB XII nicht dahin gehend erweitert werden können, dass die Norm **auch zu Lasten des Nachvermächtnisnehmers** eingreife.[39] Nach *Damrau*[40] konkurrieren der Anspruch des Nachvermächtnisnehmers aus § 2191 BGB und der Kostenersatzanspruch des Sozialhilfeträgers mit der Konsequenz, dass eine quotenmäßige Teilung zwischen Nachvermächtnisnehmer und Sozialhilfeträger erfolgt. Allerdings stellt die Forderung des Nachvermächtnisnehmers eine echte Erblasserschuld dar und nicht erst wie der Kostenersatzanspruch nach § 102 SGB XII eine Erbfallschuld; daher reduziert der Nachvermächtnisnehmeranspruch den zur Berechnung des Kostenersatz des Sozialhilfeträgers nach § 102 SGB XII heranzuziehenden Nachlasswert.[41] Unklarheiten bleiben also im Hinblick auf die Auslegung des Begriffs „Nachlass" i.S.d. § 102 SGB XII. Die Vorteile der Vermächtnislösung, die vor allem darin liegen, dass die Einbindung des Behinderten in die Erbengemeinschaft verhindert wird, sind abzuwägen im Hinblick auf die noch nicht restlos geklärten Fragen im Hinblick auf § 102 SGB XII.

Ein weiteres Problem bei der „Vermächtnislösung" liegt im Bereich des Testamentsvollstreckerrechts. Zwar geht die h.M. davon aus, dass bei einer gem. § 2223 BGB angeordneten Vermächtnisvollstreckung auch die Leistung an den Nachvermächtnisnehmer noch zum Aufgabenbereich des Vorvermächtnis-Testamentsvollstreckers gehört.[42] Nach einer beachtlichen Gegenansicht endet aber die Testamentsvollstreckung und damit das Verfügungsrecht des Testamentsvollstreckers mit Eintritt des Nachvermächtnisfalls.[43] Begründet wird diese Ansicht mit der Dogmatik der Testamentsvollstreckung und der Entstehungsgeschichte des § 2223 BGB. Würde die Ansicht von *Damrau* zutreffen, wäre der Vermächtnisvollstrecker nach dem Tod des Vermächtnisnehmers nicht in der Lage, den Vermächtnisgegenstand auf den Nachvermächtnisnehmer zu übertragen. Dies könnte nur ein Testamentsvollstrecker über den Nachlass des behinderten Erben, der mit der Vermächtniserfüllung an den Nachvermächtnisnehmer beschwert ist. Mangels Testierfähigkeit kann aber der geistig Behinderte keine Testamentsvoll-

---

[37] Hierzu ausf. *Spall* MittBayNot 2001, 249 ff.
[38] Zur Frage der Zulässigkeit der Ausschlagung s. Rdnr. 40 ff.
[39] *Van de Loo* NJW 1990, 2854; *Bengel* ZEV 1994, 29; *Schellhorn/Jirasek/Seipp* BSHG, 15. Aufl. 1997 § 92 c BSHG Rdnr. 9.
[40] ZEV 1998, 1.
[41] DNotI-Report 1999, 151; *Weidlich* ZEV 2001, 94 ff.
[42] MüKomm/*Brandner* § 2223 Rdnr. 3; Staudinger/*Reimann* § 2223 Rdnr. 9; *Bengel* NJW 1990, 1826, 1829; *Hartmann* ZEV 2001, 89, 91; so auch ein obiter dictum des BGH ZEV 2001, 20 f.
[43] *Damrau*, FS A. Kreutz, 1998, S. 37 ff.; *Damrau/J. Mayer* ZEV 2001, 293 f.

streckungsanordnung tätigen. So zeigt sich auch im Bereich der Testamentsvollstreckung der Vorteil der Vor- und Nacherbenkonstruktion.

c) Begleitende Maßnahme: postmortale/transmortale Vollmacht. Die noch so ausgefeilteste Verfügung von Todes wegen wird ihre Wirkung nach außen erst dann entfalten, wenn sie vom zuständigen Nachlassgericht eröffnet worden ist. Zwischen Sterbefall und Testamentseröffnung vergeht aber regelmäßig ein mehr- oder minderlanger Zeitraum. Während dieser nicht rechtlichen, jedoch **faktischen „Schwebezeit"** kann weder der Erbe selbst handeln – ihm fehlt der Erbennachweis – noch ein Testamentsvollstrecker tätig werden – ihm fehlt das Testamentsvollstreckerzeugnis. Bei vielen Nachlässen muss aber unverzüglich nach dem Tod des Erblassers Handlungsfähigkeit bestehen. Und hier ist die **Vollmacht über den Tod** hinaus ein bedeutendes Hilfsmittel, neben oder anstelle einer Testamentsvollstreckung. Zwar vertritt die h. M. die Ansicht, dass Vollmacht und Testamentsvollstreckung grundsätzlich nebeneinander isoliert bestehen. Allerdings verstärkt sich in der Literatur eine differenzierende Ansicht:[44] Der Bevollmächtigte sei nach dem Erbfall als Bevollmächtigter der Rechtsnachfolger des Erblassers, also der Erben anzusehen; deshalb könne er auch nur im Rahmen der Verfügungsmacht der Erben handeln. Diese aber ist durch die Rechtsposition des Testamentsvollstreckers beschränkt. Im Übrigen sei auch hier der Wille des Erblassers maßgebend, insbesondere im Hinblick darauf, ob er die Verfügungsmacht des Testamentsvollstreckers einschränken wollte.

Im Prinzip sollten die denkbaren Probleme durch **klare Anordnungen** sowohl in der Verfügung von Todes wegen bei der Testamentsvollstreckungsanordnung als auch bei der Erteilung der Vollmacht vermieden werden, z.B. bei der Testamentserrichtung durch eine Bestimmung, was mit früher erteilten Vollmachten beim Todesfall geschehen soll, bei später erteilten Vollmachten, ob die Vollmacht isoliert neben der früher angeordneten Testamentsvollstreckung über den Tod hinaus bestehen bleiben soll der nicht.[45]

Soweit die postmortale Vollmacht nicht den Beschränkungen durch die Testamentsvollstreckung unterliegt (Regelfall), vertritt der Bevollmächtigte die Erben. Er kann über Nachlassgegenstände wirksam verfügen, **ohne** dass es eines **Erbennachweises** bedürfte. Die gesamten Beschränkungen des Nachlasses (z.B. Nacherbfolge, Testamentsvollstreckung), ungeachtet, ob sie im Grundbuch eingetragen sind oder nicht, entfallen beim Erwerb über den postmortal Vertretenden. Bei Minderjährigen ist weder eine Zustimmung des Vormunds noch eine Genehmigung durch das Vormundschaftsgericht erforderlich.[46] Angesichts dieser doch klaren Rechtslage zeigt sich, dass bei bestimmten Fallkonstellationen eine postmortale Vollmacht unumgänglich ist.

Weil der transmortal Bevollmächtigte die Erben nach dem Tode des Vollmachtgebers vertritt, steht diesen das **jederzeitige Widerrufsrecht,** allerdings nur mit Wirkung für die jeweiligen Erbe zu. Da auch dem Testamentsvollstrecker für die von ihm verwalteten Nachlassgegenstände ein Widerrufsrecht hat,[47] wird häufig der Testamentsvollstrecker zum Bevollmächtigten bzw. der Bevollmächtigte auch zum Testamentsvollstrecker bestellt. Der Widerruf einer Generalvollmacht über den Tod hinaus kann nicht ausgeschlossen werden (wegen Verstoßes gegen das Prinzip der Privatautonomie).[48] Dies gilt auch für einen befristeten Ausschluss der Widerruflichkeit (z.B. bis zur Feststellung des Erben oder Vorliegen des Testamentsvollstreckerzeugnisses). Unwiderrufliche bzw. befristet und widerrufliche Spezialvollmachten auf den Todesfall hingegen sind grundsätzlich zulässig.[49]

4. Schwachstellen und Detailprobleme beim „Behindertentestament"

a) Sittenwidrigkeit. Das „klassische" Behindertentestament war Gegenstand zweier BGH-Entscheidungen.[50] Der BGH hat **verneint,** dass eine **sittenwidrige** und daher nach § 138 BGB

---

[44] MünchKommBGB/*Brandner* § 2211 Rdnr. 13; Staudinger/*Reimann* § 22 Rdnr. 12.
[45] Bengel/*Reimann* I Rdnr. 37 ff.
[46] Bengel/*Reimann* I Rdnr. 48 ff.
[47] Soergel/*Leptien* § 168 Rdnr. 36; Staudinger/*Schilken* § 168 Rdnr. 34.
[48] Staudinger/*Schilken* § 168 Rdnr. 9.
[49] Staudinger/*Schilken* § 168 Rdnr. 35.
[50] BGH Urt. v. 21.3.1990 – BGHZ 111, 36 – NJW 1990, 2055; BGH Urt. v. 20.10.1993 – BGHZ 123, 368 = NJW 1994, 248.

nichtige Gestaltung zu Lasten der Sozialhilfe und der öffentlichen Hand vorläge. Er stellte fest, dass Eltern gerade durch dieses sog. „Behindertentestament" ihrer sittlichen Verantwortung für das Wohl des Kindes nachkommen können, wenn über die ohnehin gewährte Sozialhilfe hinaus dem Behinderten zusätzliche Vorteile und Annehmlichkeiten gewährt werden. Im Übrigen habe das Nachrangprinzip im Sozialrecht durch zahlreiche Ausnahmen im BSHG die prägende Wirkung verloren. Zu beachten ist jedoch, dass beide Entscheidungen des BGH sich auf einen kleinen bzw. einen mittleren Nachlass (ca. DM 460.000,–) bezogen. Zwar enthalten beide Entscheidungen kein obiter dictum, gleichwohl kann bei kritischer Betrachtung der Schluss gezogen werden, dass bei erheblich größeren Nachlässen die Entscheidung anders ausfallen könnte, vor allem dann, wenn allein aus dem Pflichtteil die Sicherstellung der Versorgung des Behinderten problemfrei möglich wäre.[51] Jedenfalls sollten – um letzte Risiken auszuschließen – bei größeren Vermögen **salvatorische Regelungen** für den Fall getroffen werden, dass sich das Behindertentestament als unwirksam erweisen sollte. Denn eine denkbare Nichtigkeit wegen Verstoßes gem. § 138 BGB würde mangels Vorliegen einer anderen Verfügung von Todes wegen zur gesetzlichen Erbfolge führen, was von den Beteiligten wohl keinesfalls gewollt ist. Im Übrigen ist ohnehin von einer sklavischen Übernahme des klassischen Musters abzuraten. Jeder einzelne Fall bedarf einer individuellen Regelung. Das „Muster" kann nur Anregung für die individuelle Gestaltung sein.

34   b) **Quoten-/Werttheorie.** Die dem „Behindertentestament" zugrunde liegenden Überlegungen werden konterkariert, wenn der dem Pflichtteilsberechtigten hinterlassene Erbteil die Hälfte des gesetzlichen Erbteils nicht übersteigt (§ 2306 Abs. 1 S. 1 BGB). Die Frage, wann der zugewendete Erbteil größer ist als die Hälfte des gesetzlichen Erbteils, wird zunächst durch **einen Vergleich der Quoten** beantwortet (Quotentheorie). Die angeordneten Belastungen sind hierbei nicht zu berücksichtigen. Die konkrete Wertverhältnisse (Werttheorie) sind ausnahmsweise dann heranzuziehen und mit dem Wert der Quote des Pflichtteilsanspruchs zu vergleichen, wenn zufolge lebzeitiger Zuwendungen des Erblassers bei der Pflichtteilsberechnung Korrekturen über die Ausgleichung oder Anrechnung gem. §§ 2315, 2316 BGB vorzunehmen sind.[52] So ist ausnahmsweise nach der Werttheorie der Pflichtteilsbetrag maßgebend, bei dessen Berechnung auch Werte heranzuziehen sind, die nicht im Nachlass enthalten sind, aber bei der konkreten Pflichtteilsberechnung herangezogen werden. Anrechnungspflichtige Zuwendungen des Erblassers (§ 2315 BGB) werden nur insoweit berücksichtigt, als sie dem anspruchstellenden Pflichtteilsberechtigten selbst gemacht worden sind. Die Anrechnung bewirkt im Ergebnis eine Reduzierung der Pflichtteilslast insgesamt, hat jedoch lediglich auf den Zuwendungsempfänger beschränkte individuelle Wirkungen. Ausgleichspflichtige Zuwendungen hingegen ändern die Pflichtteilslast insgesamt nicht; sie verschieben die individuelle Pflichtteilshöhe innerhalb des Kollektivs der ausgleichungspflichtigen Abkömmlinge.[53]

35   c) **Zulässigkeit der Verwaltungsanordnung.** Diskutiert wird auch die Frage, in welchem Umfang Verwaltungsanordnungen gem. § 2216 Abs. 2 S. 1 BGB zulässig sind, die im Prinzip **nur** die **Auskehr** der dem Vorerben zustehenden **Früchte** für Bereiche, die dem **geschützten Vermögen** des § 90 SGB XII unterfallen, zulässt.[54] Ausgangspunkt der Diskussion ist, dass § 2216 Abs. 2 S. 2 BGB nicht nur auf die Gefährdung des Nachlasses abstellt, sondern dass über den reinen Wortlaut hinaus das Nachlassgericht eine Verwaltungsanordnung des Erblassers auch bei Gefährdung des Erben oder einer anderen am Nachlass interessierten Person außer Kraft setzen kann. Prämisse ist jedoch stets, dass eine Verwaltungsanordnung vom Gericht nur entsprechend den Intensionen des Erblassers außer Kraft gesetzt werden darf (tatsächlicher oder

---

[51] *Dittmann/Reimann/Bengel* E 219; *J. Mayer* ZERB 2000, 16; *Kerscher/Tanck/Krug* § 2 Rdnr. 197; a.A. *Settergren* S. 110 Fn. 15, 359.

[52] H.M. Palandt/*Edenhofer* § 2206 Rdnr. 5; MünchKommBGB/*Frank* § 2316 Rdnr. 19; BayObLG Beschl. v. 6.3.1959 – BayObLGZ 1959, 77, 80; Beschl. v. 23.4.1968 – BayObLGZ 18, 112, 114; BGH Urt. v. 30.4.1981 – BGHZ 80, 263; OLG Celle Urt. v. 9.3.1995 – ZEV 1996, 307, m. Anm. *Skibbe* (mit Nichtannahmebeschluss des BGH); a.M. offensichtlich *J. Mayer* ZERB 2000 15 Fn. 63 m.w.N.).

[53] Deshalb hat konsequent das RG in RGZ 93, 3 ff. nicht nur die ausgleichungspflichtigen Zuwendungen des den Pflichtteil fordernden Abkömmlings, sondern auch die an seine Geschwister berücksichtigt; a.A: offensichtlich OLG Celle Urt. v. 9.3.1995 – ZEV 1996, 307 ff.; hierzu krit. *Skibbe* ZEV 1996, 309.

[54] Hierzu ausf. *J. Mayer* ZERB 2000, 17 f.; Grimm/Krampe/Pieroth/*Krampe* S. 62 ff.; *ders*. AcP 191, 538 ff.

zumindest mutmaßlicher Wille des Erblassers).[55] Unbestritten dürfte sein, dass nicht nur der unterhaltsbedürftige Pflichtteilsberechtigte bei der befreiten Vorerbschaft einen grundsätzlich unentziehbaren Anspruch auf die Auskehrung der Früchte des Nachlasses hat. Die Frage ist nur, ob die Früchte vorab zur Deckung des Lebensunterhalts und damit für die Erstattung der Sozialhilfeträgerkosten heranzuziehen sind, oder ob über die Testierfreiheit ein Vorrang des „Extra-Unterhalts", also der Leistungen, die unter § 90 SGB XII fallen, besteht. Da es sich bei diesem „Extra-Unterhalt" auch um „Unterhaltsleistungen" handelt, steht einer entsprechenden Gestaltung § 2216 Abs. 1 BGB nicht entgegen.[56] Probleme tauchen – wie bereits ausgeführt – lediglich dann auf, wenn aus den Erträgnissen ohnehin die gesamte Versorgung des Behinderten (notwendiger und angemessener Unterhalt) sichergestellt ist.[57]

d) **Ergänzungsansprüche.** Auch bei der Abfassung eines behinderten Testamentes sind die gesetzlichen Vorschriften zur Pflichtteilsergänzung (§§ 2325 ff. BGB) zu berücksichtigen. Soweit der Erblasser **unentgeltliche Zuwendungen** an andere Personen als den pflichtteilsberechtigten Behinderten getätigt hat, kann ein solcher Ergänzungsanspruch dem Behinderten neben seiner Erbenstellung zustehen. Dieser Anspruch ist auf den Sozialhilfeträger überleitbar, sukzessive und unter der Bedingung künftig erbrachter Sozialhilfeleistungen. Soweit die Zuwendungen gleichzeitig gem. § 2050 BGB ausgleichungspflichtig sind, führen sie – ungeachtet der **10-Jahres-Grenze** des § 2325 Abs. 3 BGB – zu einer Erhöhung des Pflichtteils der zunächst nicht bedachten Abkömmlinge gem. § 2316 BGB. Ist der Restnachlass zu gering, scheitert der Ausgleichungspflichtteil zwar an § 2056 S. 1 BGB; jedoch führt dann § 2056 S. 2 BGB zu einer Erhöhung der Pflichtteilsquote auch bezüglich des Pflichtteilsergänzungsanspruchs.[58] 36

Ob nun bei Vorliegen eines Pflichtteilsergänzungsanspruchs des Behinderten der Sozialhilfeträger die Überleitung geltend macht oder nicht, obliegt dessen Ermessen. Bei der Ausübung hat der Sozialhilfeträger die sozialen Rechte des Pflichtteilsberechtigten i.S.d. §§ 3 bis 10 SGB I zu beachten.[59]

Im Rahmen dieser **Ermessensentscheidung** ist zu berücksichtigen, dass sich der Hilfeempfänger über §§ 25 Abs. 2 Nr. 1, 29 a BSHG aus dem Pflichtteilsanspruch zusätzliche Vorteile verschaffen kann, die über das Leistungsniveau der Sozialhilfe hinausgehen, soweit er nur damit sein Vermögen nicht verschwendet.[60] So kann die Ermessensentscheidung des Sozialhilfeträgers im Hinblick auf die Überleitung von Pflichtteilsergänzungsansprüchen insoweit beeinflusst werden, als dem Behinderten zusätzlich ein weiteres Vermächtnis zugewendet wird, und zwar bedingt für den Fall, dass ihm beim Erbteil Pflichtteilsergänzungsansprüche zustehen. In der Regel wird ein Geldvermächtnis gewählt, ggf. als Verschaffungsvermächtnis; die Höhe dieses Zusatzvermächtnisses wird wie der Pflichtteilsergänzungsanspruch ermittelt, jedoch wird bei dieser Ermittlung nicht auf die Pflichtteilsquote des Behinderten, sondern auf die konkrete Erbquote, jedenfalls auf mehr als die Pflichtteilsquote abgestellt. Wegen der Testierunfähigkeit des Behinderten wird das Vermächtnis als Vorvermächtnis ausgestaltet. Da es der Dauertestamentsvollstreckung (ebenso wie die Vorerbschaft des Behinderten) unterstellt wird und auch hier die Anweisungen an den Testamentsvollstrecker gem. § 2216 Abs. 2 BGB gelten, fließen die Zinsen bzw. Erträge dem Behinderten zusätzlich zu etwaigen Sozialhilfeleistungen zu. Zu Nachvermächtnisnehmer werden diejenigen Personen berufen, die auch Nacherben werden. Vorausvermächtnis und Nachvermächtnis sind auflösend bedingt zu gestalten insoweit, als es entfällt, wenn der Behinderte den ihm zugewendeten Miterbenanteil ausschlägt oder er die ihm zustehenden Pflichtteilsergänzungsansprüche geltend macht. 37

An der rein erbrechtlichen **Zulässigkeit** eines solchen **Zusatzvermächtnisses** dürfte kein Zweifel bestehen. Es liegen jedoch bislang kaum Erfahrungen, vor allem keine Entscheidungen dazu vor, inwieweit die Träger der Sozialhilfe, die zweifelsfrei dem Wohl des Behinderten unmittelbar dienenden Regelungen akzeptieren. 38

---

[55] Staudinger/*Reimann* § 2216 Rdnr. 28.
[56] Was auch *Krampe*, der die „Früchte-Lösung" entwickelt hat, akzeptiert, S. 85.
[57] *J. Mayer* ZERB 2000, 17.
[58] *J. Mayer* ZERB 2000, 18; BGH Urt. v. 2.12.1987 – NJW 1988, 821.
[59] *Littig/J. Mayer* Sozialhilferegress gegenüber Erben und Beschenkten S. 2.
[60] *Littig/J. Mayer* S. 102; *Frank* BWNotZ 1983, 153, 160.

39 Formulierungsvorschlag: Vermächtnis bei Ergänzungsansprüchen

Ein jeder von uns beschwert – unabhängig von der Reihenfolge unseres Versterbens – die jeweiligen Miterben von (Name des Behinderten) zu dessen Gunsten mit Folgendem, bedingten

Vorausvermächtnis:

Soweit (Name des Behinderten) beim jeweiligen Erbfall wegen lebzeitiger Zuwendungen des Erblassers an andere Personen Pflichtteilsergänzungsansprüche gegen den Nachlass oder den Beschenkten zustehen würden, haben die Beschwerten (Name des Behinderten) einen baren Geldbetrag hinauszuzahlen bzw. zu verschaffen.

Die Höhe dieses Geldvermächtnisses ist wie die des zum Bedingungseintritt führenden Pflichtteilsergänzungsanspruches zu ermitteln, jedoch ist dabei anstelle der Pflichtteilsquote von (Name des Behinderten) die ihm vom Erblasser für diesen Erbfall zugewendete Erbquote heranzuziehen.

(1) (Name des Behinderten) ist jedoch nur

Vorvermächtnisnehmer.

(2) Nachvermächtnisnehmer sind seine etwa vorhandenen Abkömmlinge, ersatzweise die oben durch einen jeden von uns als Nacherben benannten Personen gemäß den dort getroffenen Verteilungsgrundsätzen.

(3) Die Anwartschaft des Nachvermächtnisnehmers ist weder vererblich noch übertragbar noch zu sichern.

(4) Das Nachvermächtnis fällt mit dem Tod von (Name des Behinderten) an.

(5) Die bis dahin zu ziehenden Nutzungen stehen dem Vorvermächtnisnehmer zu. Sie dürfen jedoch nur in derselben Weise verwendet werden wie die Erträge seines Miterbenanteils.

Zur Sicherung der vorstehend angeordneten Verwendung der Nutzungen ordnet jeder von uns

Nachvermächtnisvollstreckung

an, für welche die nachstehend getroffenen Bestimmungen über die Testamentsvollstreckung am Miterbenanteil von (Name des Behinderten), auch hinsichtlich der Person des Vermächtnisvollstreckers, entsprechend gelten.

Das vorstehend angeordnete Vorausvermächtnis ist einschließlich Nachvermächtnis

auflösend bedingt:

Es entfällt – jeweils getrennt für den jeweiligen Erbfall –, wenn (Name des Behinderten) seinen ihm zugewandten Miterbenanteil ausschlägt oder

(Name des Behinderten) ihm zustehende Pflichtteilsergänzungsansprüche geltend macht.

40 e) **Ausschlagung.** Die Vor- und Nacherbschaftslösung beim „Behindertentestament" beruht auf § 2306 Abs. 1 S. 2 BGB. Alle grundsätzlichen Überlegungen schlagen jedoch dann fehl, wenn der mit Vor- und Nacherbschaft belastete pflichtteilsberechtigte **Erbe ausschlägt** und den **Pflichtteil verlangt.** Das Ausschlagungsrecht ist befristet (§ 1944 Abs. 1 BGB). Ist der Erbe nicht voll geschäftsfähig, kommt es für den Fristbeginn auf die Kenntnis seines Vertreters an,[61] wobei die Frist gem. § 1944 Abs. 2 S. 2 BGB beim gewillkürten Erbrecht nicht vor Verkündung (§ 2260 BGB) beginnt.

41 Der gesetzliche Vertreter bedarf zur Ausschlagung der **Genehmigung des Vormundschaftsgerichts** (§§ 1822 Rdnr. 2, 1908 i Abs. 1, 1915 Abs. 1, 1643 Abs. 2 BGB).

Der gesetzliche Vertreter des Behinderten muss sich bei der Frage der Ausschlagung allein am Wohl des Betreuten orientieren. *J. Mayer* führt zutreffend aus, dass es für die Entscheidung des Betreuers keine Rolle spielen darf, dass durch die Gestaltung des „klassischen" Behindertentestaments dem Sozialhilfeträger und damit letztlich der Allgemeinheit Nachlassmittel entzogen werden.[62] Gleiches gilt für das Vormundschaftsgericht.[63] Letztlich ist entscheidend eine Gesamtabwägung aller Umstände, gerichtet auf das Ziel. Dieses ist alleine das Wohl des

---

[61] BayObLG Beschl. v. 14.5.1984 – RPfleger 1984, 403; Staudinger/*Otte* § 1944 Rdnr. 14.
[62] ZERB 2000, 19.
[63] Grimm/Krampe/Pieroth/*Klüsener* S. 159 ff.

behinderten Kindes; Drittinteressen sind hierbei nicht zu berücksichtigen.[64] Das (behauptete) Stigma,[65] dass der Behinderte beim Behindertentestament Sozialleistungsempfänger bleibt, kann wohl kaum in die Wertung des Gerichts einbezogen werden. Schließlich bleiben bei der Rechtskonstruktion über § 2306 Abs. 1 S. 2 BGB dem Behinderten Vermögensvorteile, die bei Ausschlagung mit der Folge des Pflichtteilsüberleitung an den Sozialhilfeträger ihm nicht zugute kommen können. Dies alles wird jedoch wohl nur dann gelten, wenn der Nachlass nicht so groß ist, dass die Versorgung des Behinderten bereits aus dem Pflichtteil auf Lebenszeit sichergestellt wäre.

In Grenzbereichen jedenfalls empfiehlt sich die zusätzliche Überlegung, ob für den Fall der Ausschlagung eine **zusätzliche Berufung** des Behinderten zum Erben mit der Quote seines Pflichtteilsrechts ohne Beschränkungen und Beschwerungen vorgenommen werden sollte („cautela socini"). 42

f) § 2306 Abs. 2 BGB. Werden Pflichtteilsberechtigte mit einer Quote, die unter ihrer Pflichtteilsquote liegt, zum Nacherben berufen, ordnen §§ 2306 Abs. 2, 3206 Abs. 1 S. 1 BGB an, dass die Nacherbenbeschränkung wegfällt und der ursprünglich als Nacherbe Eingesetzte sofort Erbe mit der ihm zugewandten Quote wird.[66] Dies führt (möglicherweise) dazu, dass die vererbten Bruchteile das Ganze übersteigen und deshalb gem. § 2090 BGB eine verhältnismäßige Minderung der Bruchteile hinzunehmen wäre. Da § 2090 BGB abdingbar ist, kann der Erblasser für diesen Fall anordnen, dass in jedem Fall die dem Behinderten zugewandte Quote unverändert sein muss, also ihm gegenüber die Regel des § 2090 BGB nicht gilt, ein Ergebnis zu dem auch ohne präzise Anordnung die Testamentsauslegung führen würde. Abhilfe könnte auch anstelle der Erbenberufung des Behinderten zu einer bestimmten Quote die Einsetzung zu einer Quote, „die ... % über seinem Pflichtteil" liegt, allerdings mit der kostennachteiligen Folge, dass dann auch beim notariellen Testament zum Erbennachweis ein Erbschein erforderlich wird. Es bleibt zu hoffen, dass die missglückte Norm des § 2306 Abs. 2 BGB alsbald durch den Gesetzgeber korrigiert wird. 43

---

[64] Grimm/Krampe/Pieroth/*Klüsener* S. 166.
[65] *J. Mayer* - DNotZ 1994, 347, 351.
[66] *Spall* ZEV 2006, 344.

§ 42 Minderjährige im Erbrecht

Übersicht

	Rdnr.
I. Einführung	1–13
1. Die Vertretung	3–8
2. Die gerichtliche Zustimmung	9/10
3. Internationales	11–13
II. Besonderheiten der Mandatsannahme	14–19
1. Minderjähriger Mandant als Erbe	15–17
2. Der Minderjährige als Testator	18/19
III. Der Minderjährige und der Erbvertrag	20–23
IV. Der Minderjährige als Alleinerbe	24–33
1. Die Annahme der Erbschaft	24–26
2. Die Ausschlagung der Erbschaft	27–32
3. Die Anfechtung der Annahme oder der Ausschlagung der Erbschaft	33
V. Der Minderjährige als Miterbe	34–73
1. Die Annahme und Ausschlagung der Erbschaft sowie entsprechende Anfechtungserklärungen	34–39
a) Eltern schlagen für sich aus, nehmen aber für das Kind an	35
b) Eltern nehmen für sich an, schlagen aber für das Kind aus	36/37
c) Eltern nehmen für sich und ein Kind an, schlagen aber für ein anderes minderjähriges Kind aus	38/39
2. Die Verwaltung des gesamthänderischen Nachlasses	40–55
a) Maßnahmen der laufenden Verwaltung	41–51
b) Maßnahmen der nicht notwendigen Verwaltung	52–54
c) Maßnahmen der Notverwaltung	55
3. Die Erfüllung eines Vermächtnisses	56–61
4. Der Austritt aus der Erbengemeinschaft und ihre Beendigung	62–73
a) Die Verfügung über den Erbteil	62/63
b) Die Miterbenauseinandersetzung	64–68
c) Die Abschichtung	69–73
VI. Der Minderjährige als Vorerbe	74–87
1. Nacherben sind die Eltern oder ein Elternteil	75–78
a) Maßnahmen der ordnungsmäßigen Verwaltung	75/76
b) Verfügungen des Vorerben gem. § 2113 Abs. 1 und Abs. 2 S. 1 BGB	77
c) Sonstiges	78
2. Nacherben sind minderjährige Geschwister des minderjährigen Vorerben	79–83
a) Maßnahmen der ordnungsmäßigen Verwaltung	80
b) Verfügungen des Vorerben gem. § 2113 Abs. 1 und Abs. 2 S. 1 BGB	81
c) Sonstiges	82/83
3. Mehrere minderjährige Geschwisterkinder sind Vorerben	84–86
4. Genehmigung des Familien-/Vormundschaftsgerichts	87
VII. Der Minderjährige als Nacherbe	88–95
1. Vorerben sind die Eltern oder ein Elternteil	89–91
a) Maßnahmen der ordnungsmäßigen Verwaltung	89
b) Verfügungen der Eltern gem. § 2113 Abs. 1 und Abs. 2 S. 1 BGB	90
c) Sonstiges	91
2. Vorerben sind minderjährige Geschwister des minderjährigen Nacherben	92
3. Nacherben sind mehrere minderjährige Geschwisterkinder	93
4. Genehmigung des Familien-/Vormundschaftsgerichts	94
5. Besonderheiten bei der Ausschlagung	95
VIII. Der Minderjährige als Vermächtnisnehmer	96–99
IX. Der Minderjährige als Vor- oder Nachvermächtnisnehmer	100
X. Der Minderjährige als Pflichtteilsberechtigter	101–107
1. Pflichtteilsansprüche gegen einen Elternteil	102–105
2. Pflichtteilsansprüche gegen Geschwister	106/107

XI. Der Minderjährige als Erb- und Pflichtteilsverzichtender 108–110
XII. Der Minderjährige und der Erb- und Pflichtteilsverzicht der Eltern 111/112
XIII. Der Minderjährige und die Testamentsvollstreckung 113–128
    1. Die Verwaltung des Nachlasses 114–119
        a) Das Nachlassverzeichnis gem. § 2215 BGB 115
        b) Herausgabe von Nachlassgegenständen gem. § 2217 BGB 116/117
        c) Auskunfts- und Rechenschaftspflichten des Testamentsvollstreckers gem. § 2218 BGB 118
        d) Antrag auf Außerkraftsetzung von Verwaltungsanordnungen des Erblassers 119
    2. Die Nachlassauseinandersetzung durch den Testamentsvollstrecker 120–126
        a) Auseinandersetzungsplan 122–124
        b) Auseinandersetzungsvereinbarung 125/126
    3. Die Beendigung der Testamentsvollstreckung 127/128
XIV. Der Minderjährige und die Anfechtung 129–132
XV. Der minderjährige Erbe im Gesellschaftsrecht 133–139
    1. Der erbrechtliche Eintritt 133/134
        a) GbR, OHG und KG 133
        b) GmbH und AG 134
    2. Die laufende Geschäftsführung unter Beteiligung minderjähriger Erben 135/136
        a) GbR, OHG und KG 135
        b) GmbH und AG 136
    3. Änderung des Gesellschaftsvertrages unter Beteiligung minderjähriger Erben .. 137/138
        a) GbR, OHG und KG 137
        b) GmbH und AG 138
    4. Die Haftungsbeschränkung für minderjährige Erben 139

Schrifttum: *Bürger,* Die Beteiligung Minderjähriger an Gesellschaften mit beschränkter Haftung, RNotZ 2006, 156; *Czeguhn/Dickmann,* Der Minderjährige in der BGB-Gesellschaft, FamRZ 2004, 1534; *Damrau,* Der Minderjährige im Erbrecht, 2002; *ders.,* Auswirkungen des Testamentvollstreckeramtes auf elterliche Sorge, Vormundsamt und Betreuung, ZEV 1994, 1; *ders.,* Minderjährige Kinder aus geschiedenen Ehen als Erben, ZEV 1998, 90; *ders.,* Erbenmehrheit und Familiengericht, ZEV 2006, 190; *Ivo,* Die Übertragung von Kommanditanteilen an minderjährige Kinder, ZEV 2005, 193; *Joussen,* Die erbrechtliche Anfechtung durch Minderjährige, ZEV 2003, 181; *Pluskat,* Der entgeltliche Erwerb eines GmbH-Geschäftsanteils eines beschränkt geschäftsfähigen Minderjährigen, FamRZ 2004, 676; *Reimann,* Der Minderjährige in der Gesellschaft – Kautelarjuristische Überlegungen aus Anlass des Minderjährigenhaftungsbeschränkungsgesetzes, DNotZ 1999, 179; *Reiß,* Kann der Immobilienerwerb Minderjähriger sofort im Grundbuch vollzogen werden? – zugleich Anmerkung zum BGH (Beschl. v. 25.11.2004), RNotZ 2005, 224; *Riedel,* Nachfolgeplanung und Minderjährigenrecht, in: Jubiläumsschrift 10 Jahre DVEV, 2005, 109; *Rust,* Die Beteiligung von Minderjährigen im Gesellschaftsrecht – Vertretung, familien-/vormundschaftsgerichtliche Genehmigung und Haftung des Minderjährigen, DStR 2005, 1942 (Teil I) sowie 1992 (Teil II); *Servatius,* Die gerichtliche Genehmigung von Eltern-Kind-Geschäften, NJW 2006, 334; *Zimmermann,* Der minderjährige Erbe, in: Groll (Hrsg.), Praxis-Handbuch Erbrechtsberatung, 2. Aufl. 2005, Kapitel B.X., S. 567 ff.

I. Einführung

Checkliste

☐ Ist ein Beteiligter minderjährig? Gilt möglicherweise **ausländisches Recht**, so dass die Volljährigkeit z.B. erst mit 21 Jahren eingreift?
☐ Darf der Minderjährige selbst handeln? Wenn ja: Ist die Einwilligung des gesetzlichen Vertreters erforderlich oder ist das Rechtsgeschäft lediglich rechtlich vorteilhaft?
☐ Wenn der Minderjährige handeln darf, aber die Einwilligung des gesetzlichen Vertreters erforderlich ist:
    • Liegt für die Eltern oder den Vormund ein **abstraktes gesetzliches Vertretungsverbot** gem. **§ 1795, § 181 BGB** vor (Prüfung, ob Rechtsgeschäft nur zur Erfüllung einer Verbindlichkeit erfolgt oder lediglich rechtlich vorteilhaft ist), das auch für die Einwilligung gilt?

- Liegt ein **konkreter Interessengegensatz** vor, der auch im Fall der Einwilligung zur Entziehung der Vertretungs (Einwilligungs-) macht gem. **§ 1796 BGB** berechtigt?
- Wenn ja: **Unverzügliche Anzeigepflicht der Eltern oder des Vormunds** gem. § 1909 Abs. 2 BGB! Pflegerbestellung ist erforderlich.

Merke: Ist ein Elternteil nicht zur Einwilligung berechtigt, ist auch der andere Elternteil ausgeschlossen.

☐ Wenn die Eltern oder der Vormund anstelle des Minderjährigen handeln:
- Liegt ein **abstraktes gesetzliches Vertretungsverbot** gem. § 1795, § 181 BGB vor (Prüfung, ob Rechtsgeschäft nur zur Erfüllung einer Verbindlichkeit erfolgt oder lediglich rechtlich vorteilhaft ist)?
- Liegt ein **konkreter Interessengegensatz** vor, der zur Entziehung der Vertretungsmacht gem. § 1796 BGB berechtigt?
- Wenn ja: **Unverzügliche Anzeigepflicht der Eltern oder des Vormunds** gem. § 1909 Abs. 2 BGB! Pflegerbestellung ist erforderlich.

Merke: Ist ein Elternteil nicht zur Vertretung berechtigt, ist auch der andere Elternteil ausgeschlossen.

☐ Bedürfen Eltern der Zustimmung durch das Familien- oder Vormundschaftsgericht? Wenn ja:
- Muss die Zustimmung vorher erfolgen (Einwilligung)?
- Genügt die nachträgliche Zustimmung (Genehmigung)?

☐ Bedarf der Vormund der Zustimmung durch das Vormundschaftsgericht? Wenn ja:
- Muss die Zustimmung vorher erfolgen (Einwilligung)?
- Genügt die nachträgliche Zustimmung (Genehmigung)?

☐ Ist ein Pfleger bestellt, ist wie bei Eltern und Vormund zu prüfen:
- Muss der Pfleger selbst handeln oder „nur" einwilligen?
- Bestehen für den Pfleger abstrakte Vertretungsverbote oder konkrete Interessengegensätze?
- Müssen bei mehreren Minderjährigen mehrere Pfleger bestellt werden?

2   In jedem Stadium der Beratung und Gestaltung erbrechtlicher Fälle kann es zu Fragen des Minderjährigenrechts kommen. Deswegen finden sich an verschiedenen Stellen dieses Handbuchs bereits Ausführungen zur rechtlichen Behandlung der Beteiligung Minderjähriger. Dieses Kapitel soll es ermöglichen, einen Überblick zu gewinnen, welche Fragen der Berater zu beachten hat. In der Regel sind zwei Themenkreise besonders relevant. Das betrifft zum Einen, ob Minderjährige für Rechtsgeschäfte einer **Vertretung** oder **Einwilligung** bedürfen und wer zur Vertretung oder Einwilligung berechtigt ist. In der Praxis ist dann häufig zu beantworten, ob ein **Ergänzungspfleger** erforderlich ist. Zum Anderen ist immer zu prüfen, ob der gesetzliche Vertreter zusätzlich die **Zustimmung des Familien- oder Vormundschaftsgerichts** benötigt.

1. Die Vertretung

3   Sämtliche Vertretungsfragen lassen sich in der Regel mit den Vorschriften der §§ 104 bis 113, §§ 164 bis 181, §§ 1629 bis 1630, §§ 1638 bis 1642, §§ 1793 bis 1797, § 1804, § 1909 und § 1915 BGB lösen.

4   Kinder unter sieben Jahren sind geschäftsunfähig, § 104 Nr. 1 BGB. Damit können sie keine eigenen Willenserklärungen abgeben und benötigen selbstverständlich eine (gesetzliche) Vertretung. Minderjährige im Alter von 7 bis 17 Jahren können Willenserklärungen, durch die sie nicht nur einen rechtlichen Vorteil erlangen, zwar selbständig abgeben, doch benötigen sie gem. § 107 BGB die **Einwilligung** ihres gesetzlichen Vertreters. Ob ein Geschäft lediglich rechtlich vorteilhaft ist, entscheidet sich allein nach den rechtlichen Folgen des Geschäfts. Auf wirtschaftliche Gesichtspunkte ist nicht abzustellen.[1] Gesetzliche Vertreter sind für alle Minderjährigen im Normalfall die Eltern, was aus § 1629 Abs. 1 S. 1 BGB folgt. Gem. § 1629 Abs. 1 S. 2 1. HS BGB vertreten die Eltern das minderjährige Kind gemeinschaftlich, solange

---

[1] Palandt/*Heinrichs* § 107 Rdnr. 2.

sie die elterliche Sorge gemeinsam ausüben, eine Willenserklärung nicht nur gegenüber dem Kind abzugeben ist und keine Gefahr im Verzug besteht. Im letzteren Fall muss allerdings der andere Ehegatte unterrichtet werden, § 1629 Abs. 1 S. 4 2. HS BGB. Ein Halbwaise wird nur vom überlebenden Elternteil gesetzlich vertreten, § 1629 Abs. 1 S. 3 BGB. Sind beide Eltern verstorben, erhält das minderjährige Kind gem. § 1773 Abs. 1 BGB einen Vormund.

Bei **Interessenkonflikten** dürfen Eltern trotz elterlicher Sorge oder der Vormund trotz wirksamer Bestellung das minderjährige Kind nicht vertreten. Für den Vormund ergibt sich das aus § 1795 BGB, der einen Katalog von abstrakten Fällen enthält, in denen die (gesetzliche) Vertretungsmacht ausgeschlossen wird. Über § 1795 Abs. 2 BGB kommt zudem § 181 BGB zur Anwendung. Ferner führt ein konkreter und erheblicher Interessengegensatz gem. § 1796 BGB zur Entziehung der Vertretungsmacht, wobei allerdings nicht schon jeder Interessengegensatz genügt, sondern es muss eine Verschiedenheit der Interessen in der Art vorliegen, dass die Förderung des einen Interesses nur auf Kosten des anderen geschehen kann.[2] Für Eltern gilt nichts anderes, denn § 1629 Abs. 2 S. 1 BGB verweist auf § 1795 BGB und bestimmt, dass der Vater und die Mutter das Kind insoweit nicht vertreten können, als nach § 1795 BGB ein Vormund von der Vertretung des Kindes ausgeschlossen ist. Nach h. M. führt ein **Vertretungsverbot** nach § 1629 Abs. 2 BGB **für einen Elternteil** zum **vollständigen Ausschluss der elterlichen Vertretungsmacht**, so dass auch der andere Elternteil nicht zur Vertretung berechtigt ist.[3]

Die **gesetzlichen Vertretungsverbote** erfassen Sachverhalte, bei denen der Gesetzgeber die Interessen des Minderjährigen schützen möchte. Gerade in Erbrechtssachverhalten kann eine Interessenkonfliktlage schnell entstehen, so z.B. bei Erbengemeinschaften, an denen Eltern und Kinder beteiligt sind und sich die Frage stellt, wie Auseinandersetzungen, Abschichtungen oder einfach nur die ordentliche Verwaltung erfolgen können, wenn Eltern für sich und zugleich für ihr Kind handeln.

Liegt ein gesetzliches Vertretungsverbot für die Eltern oder den Vormund vor, wird eine **Pflegschaft** erforderlich, § 1909 Abs. 1 S. 1 BGB. Die Gesetzesüberschriften sprechen treffenderweise auch von einer Ergänzungspflegschaft. Denn mit einer Pflegerbestellung soll nicht generell, sondern **nur für bestimmte Rechtsgeschäfte** ein Pfleger anstelle der Eltern oder des Vormunds handeln. Abweichend von gesetzlichen Vertretungsverboten erhält ein Minderjähriger auch dann einen Pfleger, wenn er Vermögen von Todes wegen oder aufgrund von Schenkungen erwirbt und der Erblasser bzw. Schenker angeordnet hat, dass die Eltern bzw. der Vormund des Minderjährigen das erworbene Vermögen nicht verwalten sollen, § 1909 Abs. 1 S. 2 i.V.m. § 1638 BGB. Der Erblasser oder Schenker kann sogar die Person des Pflegers benennen, der dann als Pfleger zu berufen ist, § 1917 Abs. 1 BGB. Diese Anordnungen werden herkömmlicherweise als **familienrechtliche Anordnungen** bezeichnet und gesondert im **Kapitel § 18** behandelt. In der Regel muss jedoch das Vormundschaftsgericht einen Pfleger aussuchen und bestellen. § 1915 BGB bestimmt hierfür, dass auf die Pflegschaft die Vorschriften der Vormundschaft entsprechend anzuwenden sind. Allerdings stellt § 1916 BGB klar, dass für eine nach § 1909 BGB anzuordnende Pflegschaft nicht die Vorschriften über die Berufung zur Vormundschaft gelten. Denn normalerweise können nach § 1776 Abs. 1 BGB die Eltern eine Person benennen, die dann als Vormund zu berufen ist. Eine Interessenkollision wäre jedoch nahe liegend, weshalb diese Vorschriften ausgeschlossen sind. Allerdings soll § 1779 Abs. 2 BGB ohne Einschränkung gelten, so dass das Vormundschaftsgericht zwar gehalten ist, eine Person auszuwählen, die zur Führung der Vormundschaft geeignet ist. Das Vormundschaftsgericht soll aber bei dieser Auswahl die persönlichen Bindungen des Kindes und die Verwandtschaft mit dem Kind berücksichtigen. Die Pflegschaft endet, wenn der Minderjährige entweder volljährig wird oder wenn das Vormundschaftsgericht die Pflegschaft aufhebt, weil der Grund für die ursprüngliche Anordnung weggefallen ist, vgl. § 1919 BGB.

---

[2] OLG Hamm Beschl. v. 13.1.1993 – FamRZ 1993, 1122, 1123.
[3] BGH Urt. v. 14.6.1972 – NJW 1972, 1708, 1708 f.; OLG Hamm Beschl. v. 13.1.1993 – FamRZ 1993, 1122, 1123; BayObLG Beschl. v. 16.10.1959 – FamRZ 1960, 33, 34 f.; BayObLG Beschl. v. 27.6.1974 – FamRZ 1976, 168 (LS [Vertretungsausschluss schon dann, wenn eine Interessenkollision auch nur möglich ist, ob eine Gefährdung der Interessen des Vertretenen tatsächlich besteht, ist gleichgültig]).

8 Wird es versäumt, einen erforderlichen Pfleger zu bestellen, ist das Rechtsgeschäft in der Regel schwebend unwirksam, die §§ 177 ff. BGB finden Anwendung.[4]

2. Die gerichtliche Zustimmung

9 Die zu beachtenden Vorschriften für Fragen nach der Notwendigkeit einer Zustimmung durch das Familien- oder Vormundschaftsgericht sind vor allem die §§ 1643 bis 1645 BGB, §§ 1821 bis 1832 BGB. Wenn Eltern Rechtsgeschäfte für das minderjährige Kind vornehmen, ist in bestimmten Fällen noch die Genehmigung des **Familiengerichts** erforderlich, § 1643 Abs. 1 BGB. Das Gesetz bestimmt, dass diese Genehmigung erfolgen muss, wenn nach § 1821 und nach §§ 1822 Nr. 1, 3, 5, 8 bis 11 BGB auch ein Vormund der Genehmigung bedarf. Auf die einzelnen Fälle wird bei Bedarf näher eingegangen, ebenso auf § 1643 Abs. 2 BGB, der für den Fall der Ausschlagung und den Verzicht auf den Pflichtteil regelt, ob eine familiengerichtliche Genehmigung notwendig ist. Die Rechtsfolge richtet sich nach § 1643 Abs. 3 i.V.m. § 1828 ff. BGB, so dass das Rechtsgeschäft erst wirksam wird, wenn das Familiengericht das Rechtsgeschäft nachträglich genehmigt. Dabei ist die schwebende Unwirksamkeit erst beendet, wenn die Eltern die Genehmigung des Familiengerichts dem Vertragspartner des Minderjährigen mitteilen.

10 Neben den Eltern bedarf auch der Vormund der gerichtlichen Zustimmung. Zuständiges Gericht ist anders als für Eltern gem. §§ 1821 ff. BGB das **Vormundschaftsgericht**.

3. Internationales

11 Deutschland knüpft internationalprivatrechtlich für die Nachfolge von Todes wegen an die Staatsangehörigkeit an, so dass gem. Art. 25 Abs. 1 EGBGB immer dann deutsches Erbrecht (deutsches Erbstatut) anzuwenden ist, wenn der Erblasser Deutscher war. Für die Ausnahmen von dieser Regel und die Konflikte mit anderen Staaten, die anders anknüpfen, kann auf § 33 verwiesen werden. Doch was gilt für Fragen des Minderjährigenrechts? Wenn eine Erbengemeinschaft Rechtsgeschäfte im Rahmen der Verwaltung des Nachlasses tätigt oder die Rechtsnachfolge in ein Unternehmen zu klären ist, sind erbrechtliche (Erbstatut), vertragliche (Vertragsstatut), gesellschaftsrechtliche (Gesellschaftsstatut) und familienrechtliche Fragen (Sorgerechts- oder Kindschaftsstatut) berührt, so dass eine Abgrenzung erforderlich ist. Nach Art. 21 EGBGB unterliegt das Rechtsverhältnis zwischen einem Kind und seinen Eltern dem Recht des Staates, in dem das Kind seinen **gewöhnlichen Aufenthalt** hat.

Beispiel:
Der Erblasser war griechischer Staatsangehöriger und lebte mit seiner Familie in Frankfurt a. M. Beide Staaten erklären griechisches Erbrecht für anwendbar (Art. 25 Abs. 1 EGBGB, Art. 28 Griechisches ZGB[5]). Die Fragen des Sorgerechts unterliegen aber aus deutscher Sicht gem. Art. 21 EGBGB dem deutschen Recht.

12 Verändert sich der Aufenthalt der Familien, verändert sich aus deutscher Sicht auch das Sorgerechtsstatut ex nunc.[6] Das Sorgerechtsstatut regelt unter anderem, wer sorgeberechtigt ist und bestimmt den Inhalt und Umfang der gesetzlichen Vertretungsmacht inklusive deren Beschränkungen, also an sich auch die Genehmigungsbedürftigkeit,[7] doch ist die Frage der Genehmigungsbedürftigkeit umstritten. Der BGH scheint sie stillschweigend dem Vertragsstatut zu unterstellen.[8] Dagegen tendiert das OLG Stuttgart zum Sorgerechtsstatut.[9] Die praktische Bedeutung des Art. 21 EGBGB ist insofern eingeschränkt, als gem. Art. 3 Abs. 2 EGBGB staatsvertragliche Regelungen vorgehen. Neben den Niederlassungsabkommen zwischen dem deutschen Reich und dem Kaiserreich Persien (**Deutsch-Iranisches Niederlassungsabkommen**)

---

[4] Palandt/*Diederichsen* § 1794 Rdnr. 1.
[5] Süß/Haas/*Stamatiadis*, Erbrecht in Europa, § 5 „Erbrecht in Griechenland" I 1. Rdnr. 1.
[6] Palandt/*Heldrich* Art. 21 EGBGB Rdnr. 3.
[7] Palandt/*Heldrich* Art. 21 EGBGB Rdnr. 5.
[8] BGH Urt. v. 28.1.2003 – ZEV 2003, 375, 375 f.
[9] OLG Stuttgart Beschl. v. 10.4.1996 – NJW-RR 1996, 1288, 1288.

vom 17.2.1929[10] ist das **Haager Minderjährigenschutzabkommen**, MSA, zu beachten.[11] Das MSA knüpft zwar auch an den Aufenthalt des Kindes an, doch enthält Art. 3 MSA eine wichtige Ausnahme. Danach geht ein Gewaltverhältnis, das der Staat gesetzlich anordnet, dem der Minderjährige angehört, dem Recht am Aufenthaltsort vor. Zu einem Gewaltverhältnis gehört auch das Sorgerecht.[12] Hat der Minderjährige mehrere Staatsangehörigkeiten, enthält das MSA hierfür keine Regelung. Deshalb wird auf das autonome Kollisionsrecht zurückgegriffen, womit Art. 5 EGBGB gilt, so dass aus deutscher Sicht bei einer deutschen Staatsangehörigkeit deutsches Sorgerecht zur Anwendung kommt, Art. 5 Abs. 1 S. 2 EGBGB.

Hat man geklärt, nach welchem Recht sich die elterliche Vertretungsmacht richtet, bleibt noch offen, ab wann ein Minderjähriger volljährig ist und die Sorgerechtsbestimmungen regelmäßig enden. Die **Rechts- und Geschäftsfähigkeit** wird aus deutscher Sicht nach Art. 7 EGBGB dem **Recht der Staatsangehörigkeit** unterstellt. Wenn das Sorgerecht der Eltern für einen ausländischen Minderjährigen dem Aufenthaltsprinzip folgt, ist also nicht gesagt, dass der in Deutschland lebende Minderjährige auch mit 18 Jahren gem. § 2 BGB volljährig wird. Wenn auch viele Staaten die Volljährigkeit mit 18 Jahren eintreten lassen, darf nicht übersehen werden, dass einige Länder beispielsweise den Eintritt des 21. Lebensjahres verlangen.[13]

II. Besonderheiten der Mandatsannahme

Wenn die Fälle auch selten sein mögen, sollen sie kurz behandelt werden. Es geht um Fälle, in denen der Rechtsanwalt von einem Minderjährigen im Zusammenhang mit einem Erbrechtsfall aufgesucht wird.

1. Minderjähriger Mandant als Erbe

Wünscht ein minderjähriger Mandant anwaltliche Beratung, weil z.B. ein Erbfall in seiner Familie eingetreten ist, stellt sich die Frage nach der Pflicht zur Vertretung. Wenn er den Rechtsanwalt um rechtlichen Rat bittet, entsteht ein Beratungsvertrag mit dem Minderjährigen. Für außergerichtliche Angelegenheiten sieht das RVG seit **1.7.2006** vor, dass der Rechtsanwalt eine Vergütung mit dem Mandanten aushandelt. Durch die Vergütungspflicht ist der Mandatsvertrag für den Minderjährigen nicht nur rechtlich vorteilhaft. Der Rechtsanwalt muss also den Minderjährigen darüber aufklären, dass er zunächst die Einwilligung der Eltern als gesetzliche Vertreter benötigt. Auch wenn der Minderjährige gerade mit Blick auf seine Eltern um Rechtsrat bittet, sind seine Eltern grundsätzlich vertretungsbefugt, da kein gesetzliches Vertretungsverbot eingreift.

Beispiel:
Die Eltern haben ein gemeinschaftliches Testament errichtet. Der Vater verstirbt. Die Mutter ist befreite Vorerbin und der sechzehnjährige Sohn alleiniger Nacherbe. Die Mutter verschenkt das vom Vater ererbte Grundstück an ihren Geliebten. Das Grundbuchamt übersieht die Problematik der Vorerbschaft und trägt die Übertragung in das Grundbuch ohne Nacherbenvermerk ein. Der Minderjährige sucht einen Rechtsanwalt auf und fragt, ob er gegen diese Schenkung und den fehlenden Nacherbenvermerk etwas unternehmen kann.

Der Rechtsanwalt wird mit Blick auf seine Vergütung die Einwilligung des gesetzlichen Vertreters zur Mandatsvereinbarung verlangen. Die Mutter ist gesetzlich vertretungsberechtigt, doch wird sie die Einwilligung nicht erteilen. Die gesetzlichen Vertretungsverbote greifen nicht ein, da sie andere Fallgruppen erfassen, vgl. § 1795 Abs. 1 und § 181 BGB. Hier hilft aber **§ 1796 BGB**, der über § 1629 Abs. 2 S. 3 BGB auch für Eltern gilt. Danach kann das Vormundschaftsgericht bzw. bei Eltern das Familiengericht (vgl. § 1629 Abs. 2 S. 3 BGB) dem

---

[10] RGBl 1930 II 1002, 1006; 1931 II 9; BGBl 1955 II, 829; hierzu z.B. Erman/*Hohloch* Art. 21 EGBGB Rdnr. 3.
[11] BGBl. 1971 II, 1150; abgedr. bei Palandt/*Heldrich* Anh. zu Art. 24 EGBGB, dort auch zu den Vertragsstaaten in Vorb., Rdnr. 1.
[12] Palandt/*Heldrich* Anh. zu Art. 24 EGBGB, Art. 3 MSA Rdnr. 18.
[13] So etwa Ägypten, Argentinien, Brasilien, Island, Kamerun, Südafrika. Übersicht über zahlreiche Staaten bei *Süß*, Ausländer im Grundbuch und im Registerverfahren, Rpfleger 2003, 53, 54 ff. Ungewöhnlich ist die Regelung des Staates Oman, wonach die Volljährigkeit mit dem Beginn der Geschlechtsreife eintritt.

Vormund oder den Eltern die Vertretung entziehen, wenn ein Interessengegensatz zwischen dem Interesse der Eltern oder des Vormunds und dem Interesse des Minderjährigen besteht, obwohl kein gesetzliches Vertretungsverbot eingreift. Während § 1795 BGB ein Verbot ausspricht, selbst wenn kein konkreter Interessengegensatz vorliegt, muss für die Anwendung des § 1796 BGB ein **erheblicher Interessengegensatz** nach den **konkreten Fallumständen** sichtbar werden.[14] Die Rechtsprechung hat z.b. einen Interessengegensatz bejaht, wenn der Vormund Testamentsvollstrecker des Nachlasses ist, an dem der Minderjährige beteiligt ist,[15] oder einen solchen Interessengegensatz für möglich gehalten, wenn Eltern die Erbschaft für den Minderjährigen ausschlagen und dadurch selbst Erbe werden.[16] Die **Rechtsfolge** des § 1796 BGB ist auf die Entziehung der Vertretungsmacht und gegebenenfalls auf die Bestellung eines Pflegers gerichtet.[17] Die Entscheidung wird mit ihrer Bekanntmachung gem. § 16 FGG wirksam.

17 Im Beispielsfall dürfte ein konkreter Interessenwiderstreit zu bejahen sein, denn die Mutter als Vorerbin verfügt unentgeltlich über das Grundstück, das im Nacherbfall dem minderjährigen Nacherben zufallen sollte. Diese Verfügung ist im Nacherbfall unwirksam, so dass der Nacherbe gegenüber dem Beschenkten die zukünftige Unwirksamkeit durch eine Feststellungsklage geltend machen kann.[18] Wenn die Mutter mehr an den Geliebten denkend die Einwilligung in den Mandatsvertrag verweigert und damit nicht die Interessen des Minderjährigen mit Nachdruck verfolgt,[19] kann das Familiengericht die Entziehung der Vertretungsmacht und die Pflegerbestellung anordnen. Der Pfleger könnte dann in den Abschluss des Mandatsvertrags mit dem Rechtsanwalt einwilligen. Die Mutter wird allerdings entgegen der Verpflichtung gem. § 1909 Abs. 2 BGB das Vormundschaftsgericht nicht unterrichten. Im Zweifel erfährt das Gericht vom Geschehen nur, wenn es vom Rechtsanwalt informiert wird. Die Mutter riskiert eine Schadensersatzpflicht, wenn sie der Informationsobliegenheit nach § 1909 Abs. 2 BGB nicht nachkommt.

2. Der Minderjährige als Testator

18 Minderjährige können ab dem Alter von 16 Jahren – wenn auch eingeschränkt – Testamente errichten, §§ 2229, 2233 Abs. 1 BGB. Wenn ein Sechzehnjähriger einen Rechtsanwalt aufsucht, um sich hinsichtlich der Gestaltung eines Testamentes rechtlich und steuerrechtlich beraten zu lassen, bevor er anschließend zu einem Notar geht, ist fraglich, ob auch für den Mandatsvertrag mit dem Rechtsanwalt die Einwilligung der Eltern als gesetzliche Vertreter erforderlich ist.

19 Die Einwilligung ist für die Wirksamkeit des Mandatsvertrages konstitutiv, wenn man von der Anwendung des sog. Taschengeldparagraphen § 110 BGB einmal absieht.[20] Der Rechtsanwalt muss daher den Minderjährigen bitten, die Einwilligung der Eltern einzuholen, bevor er anschließend rechtlichen Rat erteilen wird. Ob sich der Minderjährige auf § 1796 BGB berufen kann, wenn die Eltern die Einwilligung verweigern, ist fraglich und eher abzulehnen, da ein Interessenwiderstreit zwischen ihm und den Eltern nicht vorliegt. Einen unzulässigen Rechtsmissbrauch wird man auch nicht bejahen können, nur weil die Eltern die wirtschaftlich unvernünftige Entscheidung treffen, wenn sie dem Minderjährigen die Einholung rechtlichen Expertenrats untersagen. Immerhin bestimmt aber § 2229 Abs. 2 BGB, dass der Minderjährige zur Errichtung eines Testaments nicht der Zustimmung seines gesetzlichen Vertreters bedarf. Hieraus könnte man ableiten, dass dies erst recht gelten muss, wenn der Minderjährige zur Vorbereitung der notariellen Testamentserrichtung Rechtsrat einholt. Der Zweck des § 2233 Abs. 1 BGB besteht darin, die fachkundige Beratung durch einen Notar sicherzustellen.[21] Nur wird ein Notar bei werthaltigem Vermögen im Nachlass gelegentlich nicht fachkundig genug sein, um z.B. sämtliche ertrag- und erbschaftsteuerrechtlichen Folgen der Verfügung von Todes

---

[14] MünchKommBGB/*Wagenitz* § 1796 Rdnr. 14; Palandt/*Diederichsen* § 1795 Rdnr. 1.
[15] OLG Hamm Beschl. v. 13.1.1993 – FamRZ 1993, 1122, 1123.
[16] BayObLG Beschl. v. 5.8.1983 – Rpfleger 1983, 482, 483.
[17] Palandt/*Diederichsen* § 1795 Rdnr. 1.
[18] Palandt/*Edenhofer* § 2113 Rdnr. 12.
[19] Hierzu MünchKommBGB/*Wagenitz* § 1796 Rdnr. 10.
[20] Vgl. Gerold Schmidt/von Eicken/Madert/Müller-Rabe/*Madert* § 1 RVG Rdnr. 21.
[21] Bamberger/Roth/*Litzenburger* § 2233 Rdnr. 1.

wegen richtig einzuschätzen, wie es in der Regel ein auf das Erbrecht spezialisierter Rechtsanwalt vermag. Dennoch steht zu vermuten, dass Gerichte eine großzügige Auslegung oder eine analoge Anwendung des § 2229 BGB hinsichtlich der anwaltlichen Beratung im Vorfeld einer Testamentserrichtung ablehnen würden. Damit ist eine Einwilligung der Eltern oder des Vormunds in den Mandatsvertrag für eine „Vorfeldberatung" erforderlich.

III. Der Minderjährige und der Erbvertrag

20 Minderjährige können grundsätzlich keinen Erbvertrag schließen, da das Gesetz in § 2275 Abs. 1 BGB die unbeschränkte Geschäftsfähigkeit verlangt. Gem. § 2275 Abs. 2 BGB kann aber ein beschränkt geschäftsfähiger Ehegatte als Erblasser mit seinem Ehegatten einen Erbvertrag schließen. Da man nach § 1303 Abs. 2 BGB frühestens mit 16 Jahren die Ehe eingehen darf, bedeutet das also auch für § 2275 Abs. 2 BGB, dass der Minderjährige mindestens 16 Jahre alt sein muss.

21 Der minderjährige Erblasser benötigt zur Wirksamkeit des Erbvertrags die **Zustimmung des gesetzlichen Vertreters**, § 2275 Abs. 2 S. 2 1. HS BGB. Diese könnte grundsätzlich auch erst nach der Beurkundung gem. § 182 Abs. 2 BGB erfolgen. Es ist aber strittig, ob der Notar die Beurkundung mit dem Hinweis auf § 11 BeurkG verweigern darf[22] oder ob es genügt, bei der Beurkundung gem. § 17 Abs. 2 BeurkG auf die fehlende Genehmigung hinzuweisen.[23] Sind die Eltern gesetzliche Vertreter, ist eine zusätzliche Genehmigung durch das Familiengericht entbehrlich, wie sich aus § 2275 Abs. 2 S. 2 2. HS BGB mittelbar ergibt. Denn wenn nach dieser Regelung ein Vormund als gesetzlicher Vertreter die Zustimmung des Vormundschaftsgerichts benötigt, so folgt aus der Nichterwähnung der Eltern, dass für ihr Handeln keine gerichtliche Zustimmung erforderlich ist.

22 Der Vertragspartner des minderjährigen Erblassers unterliegt den normalen Regeln der Geschäftsfähigkeit, so dass entweder der gesetzliche Vertreter an Stelle des Minderjährigen oder der Minderjährige selbst handelt, vgl. §§ 106, 107 BGB. Der Erbvertrag wird in aller Regel lediglich rechtlich vorteilhaft sein, wenn der Minderjährige selbst bedacht ist. Eine Zustimmung des gesetzlichen Vertreters ist dann entbehrlich.[24] Wenn ein weiterer Vertrag mit dem Erbvertrag verbunden wird und man die Verträge als einheitlichen Vertrag im Sinne von § 139 BGB qualifizieren kann, kann sich ein Zustimmungserfordernis ergeben, wenn die Regelungen nicht nur rechtlich vorteilhaft sind. Je nach Gegenstand des Vertrags kann sich auch eine Zustimmungspflicht des Familien- bzw. Vormundschaftsgerichts ergeben.[25]

23 Ein **Interessenkonflikt** ist bezüglich der Eltern ausgeschlossen, wenn der Minderjährige den Erbvertrag als Verfügender schließt, da er nur mit seinem Ehegatten den Erbvertrag vor Erreichen der Volljährigkeit vereinbaren darf. Ist der **Minderjährige aber nicht von Todes wegen verfügender Vertragspartner** und schließt er den Vertrag mit einem oder beiden Elternteilen ab, gelten die allgemeinen Regeln. Ist der Vertrag lediglich rechtlich vorteilhaft (§ 107 BGB), ist eine Einwilligung nicht erforderlich; § 181 BGB findet auf diese Fallgruppen von vornherein keine Anwendung.[26] Übernimmt der Minderjährige jedoch auch Verpflichtungen, greift über § 1629 Abs. 2 S. 1, § 1795 Abs. 2 BGB die Vorschrift des § 181 BGB ein, der auch auf einseitige Zustimmungserklärungen anwendbar ist.[27] Danach kann kein Elternteil die Einwilligung für den Minderjährigen erklären, wenn er auf der anderen Seite des Vertrages steht. Das gilt auch, wenn nicht er, sondern der andere Ehegatte der Vertragspartner ist. Nach h. M. führt ein **Vertretungsverbot** nach § 1629 Abs. 2 BGB **für einen Elternteil zum vollständigen Ausschluss der elterlichen Vertretungsmacht**, so dass auch der andere Elternteil nicht zur Vertretung berechtigt

---

[22] So Palandt/*Edenhofer* § 2275 Rdnr. 2; Soergel/*Wolf* § 2275 Rdnr. 7.
[23] So *Damrau* Minderjährige S. 2 Rdnr. 4; Erman/*Schmidt* § 2275 Rdnr. 2; MünchKommBGB/*Musielak* § 2275 Rdnr. 10; Staudinger/*Kanzleiter* § 2275 Rdnr. 7; Bamberger/Roth/*Litzenburger* § 2275 Rdnr. 6.
[24] *Damrau* Minderjährige S. 3 Rdnr. 11.
[25] Vgl. *Damrau* Minderjährige S. 4 Rdnr. 12, dort auch zum Aufhebungsvertrag in Rdnr. 13.
[26] St. Rspr., z.B. BGH Urt. v. 27.9.1972 – BGHZ 59, 236, 240; BGH Urt. v. 25.4.1985 – BGHZ 94, 232, 235; w. Nachw. bei Palandt/*Heinrichs* § 181 Rdnr. 9
[27] Palandt/*Heinrichs* § 181 Rdnr. 6.

ist.[28] In diesen Fällen muss ein **Pfleger** bestellt werden.[29] Zusätzlich ist die familiengerichtliche Zustimmung gem. § 1643 Abs. 1 BGB erforderlich, wenn einer der Katalogfälle gem. § 1821, § 1822 Nr. 1, 3, 5, 8 bis 11 BGB gegeben ist.

Handelt ein Vormund, gilt für die Vertretung und die vormundschaftsgerichtliche Zustimmung nichts anderes.

IV. Der Minderjährige als Alleinerbe

Im Mittelpunkt stehen die Annahme und die Ausschlagung der Erbschaft sowie die Anfechtung beider Rechtsgeschäfte.

1. Die Annahme der Erbschaft

24 Der Minderjährige kann die Annahme der Erbschaft nicht ohne Zustimmung des gesetzlichen Vertreters eigenständig erklären. Die Annahmeerklärung ist eine einseitige, nicht empfangsbedürftige Willenserklärung, durch die das Recht zur Ausschlagung der Erbschaft verloren geht.[30] Sie ist ein Verzicht auf das Ausschlagungsrecht.[31] Damit ist sie nicht nur rechtlich vorteilhaft, § 107 BGB. Es gilt vor allem § 111 BGB, so dass die Annahme nur durch **vorherige schriftliche** Einwilligung erfolgen kann. Anderenfalls ist bei nachträglicher Genehmigung die Annahmeerklärung unwirksam.

25 Die Eltern können die Annahme der Erbschaft auch an Stelle des Minderjährigen erklären. Das muss auch gelten, wenn die Eltern oder der Vormund Vermächtnisnehmer sind und in der Folge Ansprüche gegen das minderjährige Kind geltend machen können. Erst für die Geltendmachung dieser Ansprüche ist zu prüfen, ob für die Einwilligung oder die Vertretung Vertretungsverbote (§ 1795 BGB) oder Interessengegensätze (§ 1796 BGB) bestehen.

26 Eine **familiengerichtliche Genehmigung** ist für die Annahme der Erbschaft **nicht erforderlich**, vgl. § 1643 Abs. 1 und Abs. 2 i.V.m. § 1822 Nr. 2 BGB. Unterlassen Eltern oder der Vormund die Annahmeerklärung oder verweigern sie die Einwilligung für eine Annahmeerklärung des Minderjährigen, tritt der Anfall der Erbschaft kraft Gesetzes automatisch ein, § 1943 BGB. Der Minderjährige wird aber hinsichtlich der Haftung für Verbindlichkeiten insofern geschützt, als dass er gem. § 1629 a Abs. 1 BGB bei Eintritt der Volljährigkeit nur mit dem Vermögen haften muss, was tatsächlich vorhanden ist.

2. Die Ausschlagung der Erbschaft

27 Die Ausschlagungserklärung ist wie die Annahmeerklärung eine einseitige, allerdings empfangsbedürftige Willenserklärung. Es gilt wieder § 111 BGB. Der beschränkt geschäftsfähige Minderjährige kann also die Ausschlagung nur mit **vorheriger schriftlicher Einwilligung** der gesetzlichen Vertreter erklären. Die Eltern oder der Vormund können die Ausschlagung auch an Stelle des Minderjährigen abgeben. Fraglich ist, ob für die Einwilligung und die Vertretung ein Vertretungsverbot oder Interessengegensatz möglich ist, die eine Pflegerbestellung erforderlich werden lassen. Das ist grundsätzlich zu verneinen, die Eltern sind vertretungsberechtigt. Die Ausschlagung als einseitige Willenserklärung erfolgt gegenüber dem Nachlassgericht, so dass § 1795 Abs. 1 BGB nicht eingreift. Es liegt auch kein Fall des § 181 BGB vor, da der Elternteil weder ein Rechtsgeschäft mit sich, noch ein Rechtsgeschäft mit einem anderen schließt, den er auch vertreten würde. Das Recht zur Vertretung besteht sogar dann, wenn z.B. ein Erblasser den Eltern das Recht zur Vermögensverwaltung entzogen hat, vgl. § 1638 und § 1909 Abs. 1

---

[28] BGH Urt. v. 14.6.1972 – NJW 1972, 1708, 1708 f.; OLG Hamm Beschl. v. 13.1.1993 – FamRZ 1993, 1122, 1123; BayOblG Beschl. v. 16.10.1959 – FamRZ 1960, 33, 34 f.; BayOblG Beschl. v. 27.6.1974 – FamRZ 1976, 168 (LS [Vertretungsausschluss schon dann, wenn eine Interessenkollision auch nur möglich ist, ob eine Gefährdung der Interessen des Vertretenen tatsächlich besteht, ist gleichgültig]).

[29] Palandt/*Diederichsen* § 1629 Rdnr. 21.

[30] *Damrau* Minderjährige § 4 Rdnr. 13.

[31] Palandt/*Edenhofer* § 1943 Rdnr. 1.

S. 2 BGB. Die Eltern können die Erbschaft dennoch ausschlagen, da die Entscheidung über die Annahme der Erbschaft keine Vermögensverwaltung ist.[32]

Was ist, wenn die Eltern eigensinnig und aus Trotz wegen des Entzugs der Vermögensverwaltung die Erbschaft ausschlagen und damit nicht am Kindeswohl orientiert handeln? Ein gesetzliches Vertretungsverbot gem. § 1629 Abs. 2 BGB i.V.m. § 1795 und § 181 BGB liegt nicht vor. Für eine analoge Anwendung der §§ 1795, 181 BGB dürfte es an einer unbeabsichtigten Gesetzeslücke fehlen. Ein erheblicher Interessengegensatz im Sinne von § 1796 BGB ist an sich nur schwer zu bejahen, denn ein Interessengegensatz im Sinne eines Widerstreits besteht nicht. Dennoch verfolgen Eltern im Beispiel gerade nicht das Kindeswohl, so dass § 1796 BGB weiter ausgelegt und angewendet werden sollte, um Missbräuche des elterlichen Sorgerechts zu verhindern. § 1796 BGB könnte auch angewendet werden, wenn durch die Ausschlagung an Stelle des Kindes der gesetzliche Vertreter Erbe wird.[33]

Weiteres Beispiel:
Der Großvater setzt seinen Sohn als Erben und dessen Sohn als Ersatzerben ein und bestimmt eine dreijährige Testamentsvollstreckung. Der Vater schlägt für sich und für den Sohn die Berufung aufgrund der Verfügung von Todes wegen aus. Dadurch würde der Vater gesetzlicher Alleinerbe ohne Testamentsvollstreckung.[34]

Auch in diesem Beispiel wäre nach h. M. der Vater handlungsberechtigt, eine **Pflegerbestellung** nicht erforderlich.[35] Nach *Damrau* werde dies in der Literatur mit einer Entscheidung des *BayObLG*[36] begründet, wonach die Genehmigungspflicht des Familiengerichts (§ 1643 Abs. 2 Satz 1 BGB) eine Pflegerbestellung entbehrlich mache. *Damrau* kritisiert diese Ansicht, da mit dem Verweis auf die Genehmigungspflicht in den meisten Fällen eine Pflegerbestellung gespart werden könnte.[37]

Das *BayObLG* hat aber seine Entscheidung nicht mit diesem Argument begründet, sondern lediglich festgestellt, dass im Fall der Ausschlagung der Erbschaft den Eltern die Vertretungsmacht nur über § 1796 BGB entzogen werden könne und dann, wenn sich das Vormundschaftsgericht gegen die Entziehung der elterlichen Vertretungsmacht entscheidet, die Ausschlagung mit der Genehmigung des Vormundschaftsgerichts wirksam wird.[38]

Im Übrigen ist fraglich, auf welche Kenntnis es für den Beginn der Ausschlagungsfrist gemäß § 1944 Abs. 1 i.V.m. § 1944 Abs. 2 S. 1 BGB ankommt, wenn die Eltern die Kenntnis zu unterschiedlichen Zeitpunkten erhalten und sich ein Elternteil im Ausland befindet. Nach § 1944 Abs. 3 BGB beträgt die Ausschlagungsfrist sechs Monate, wenn der Erblasser seinen Wohnsitz im Ausland oder der Erbe sich bei Beginn der Frist im Ausland aufgehalten hat. Nach einer Auffassung sollte analog § 1629 Abs. 1 S. 2 zweiter Halbsatz BGB die Kenntnis eines der gesetzlichen Vertreter genügen.[39] Nach anderer Auffassung soll es auf denjenigen Elternteil ankommen, hinsichtlich dessen die längere Frist maßgeblich ist.[40] Denn grundsätzlich sei die Kenntnis beider Elternteile erforderlich.[41]

---

[32] OLG Karlsruhe Beschl. v. 22.7.1965 – FamRZ 1965, 573, 573 f.; offen gelassen vom BGH Beschl. v. 30.11.1988 – NJW 1989, 984, 985; Palandt/*Diederichsen* § 1638 Rdnr. 2; MünchKommBGB/*Musielak* § 1638 Rdnr. 15.
[33] Palandt/*Edenhofer* § 1945 Rdnr. 3 a.E.
[34] Bsp. bei *Damrau* Minderjährige § 5 Rdnr. 31, der entgegen der h.M. im Beispielsfall eine Pflegerbestellung verlangt, da nach seiner Auffassung § 181 BGB auch bei so genannten amtsempfangsbedürftigen Willenserklärungen anwendbar ist.
[35] Hierzu krit. *Riedel*, Nachfolgeplanung und Minderjährigenrecht, Jubiläumsschrift, S. 111.
[36] BayObLG Beschl. v. 5.8.1983 – Rechtspfleger 1983, 482 f.
[37] *Damrau* Minderjährige § 5 Rdnr. 32 Fn. 25.
[38] BayObLG Beschl. v. 5.8.1983 – Rechtspfleger 1983, 482, 483.
[39] MünchKommBGB/*Leipold* § 1944 Rdnr. 14; Soergel/*Stein* § 1944 Rdnr. 12 (entspr. § 166 Abs. 1).
[40] *Riedel*, Nachfolgeplanung und minderjährigen Recht, Jubiläumsschrift, S. 110; *Damrau* Minderjährige § 5 Rdnr. 20; vgl. auch LG Freiburg Beschl. v. 15.8.1991 – BWNotZ 1993, 44, 44.
[41] *Riedel*, Nachfolgeplanung und minderjährigen Recht, Jubiläumsschrift, S. 110; *Damrau* Minderjährige S. 6 Rdnr. 22; soweit in der Lit. auf BayObLG Rpfleger 1984, 403 verwiesen wird, ist dies unzutreffend. da der Beschluss nur beinhaltete, dass die Kenntnis des gesetzlichen Vertreters maßgebend sei, siehe *Goerke*, Aus der Rechtsprechung des Bayer. Obersten Landesgerichts auf dem Gebiet der freiwilligen Gerichtsbarkeit, Rpfleger 1984, 401, 403 mit Verweis auf BayObLG Beschl. v. 14.5.1984; dasselbe gilt für OLG Hamburg Urt. v. 23.8.1983 – MDR 1984, 54 f., denn gesetzlicher Vertreter war nur eine Einzelperson, vor allem kein Elternteil.

32 Wenn Eltern die einem Kind angefallene Erbschaft oder ein zugedachtes Vermächtnis ausschlagen, besteht an sich eine **Genehmigungspflicht des Familiengerichts** gemäß § 1643 Abs. 2 S. 1 BGB. In § 1643 Abs. 2 S. 2 BGB ist aber eine gewichtige Ausnahme geregelt: Fällt die Erbschaft oder das Vermächtnis erst infolge elterlicher Ausschlagung an, so können die Eltern auch für das Kind ohne Genehmigung ausschlagen. Satz 2 enthält aber auch gleich eine Rückausnahme, denn eine Genehmigung soll erforderlich sein, wenn der ausschlagende Elternteil neben dem Kind berufen war.[42] Ferner soll nach dem Sinn und Zweck des § 1643 BGB eine Genehmigungspflicht auch bestehen, wenn der testamentarisch eingesetzte Elternteil erst für sich und anschließend für das Kind ausschlägt, er aber anschließend gesetzlicher Erbe wird. Ferner soll eine Genehmigung erforderlich sein, wenn ein Elternteil erst für sich und dann für z.B. drei seiner vier Kinder ausschlägt mit der Folge, dass das vierte Kind Alleinerbe würde. Denn die Ausschlagung erfolgt nicht, weil die Erbschaft nachteilig bewertet wird, sondern um die Erbschaft in eine bestimmte Richtung zu lenken.[43]

3. Die Anfechtung der Annahme oder der Ausschlagung der Erbschaft

33 Die Anfechtung der Annahme der Erbschaft gilt als Ausschlagung, die Anfechtung der Ausschlagung der Erbschaft gilt als Annahme der Erbschaft, § 1957 Abs. 1 BGB. Grundsätzlich gelten für den minderjährigen Erben die Regeln, die auch im Rahmen der Annahme und der Ausschlagung der Erbschaft Anwendung finden. Wenn es um die Anfechtung der Ausschlagung geht, soll nach einer Auffassung der Minderjährige die Anfechtung der Ausschlagung selbst vornehmen dürfen, da die Anfechtung der Ausschlagung lediglich rechtlich vorteilhaft sei. Denn durch die Anfechtungserklärung könne ein Ausschlagungsrecht nicht mehr verloren gehen.[44] Nach anderer Auffassung ist der Erwerb des Nachlasses rechtlich nachteilig, weil auch die Schulden auf den Erben übergehen und die mit der Erbschaft verbundene Haftung nicht lediglich rechtlich vorteilhaft ist.[45] Deshalb benötigt nach letzterer Auffassung der Minderjährige für die Anfechtung der Ausschlagung die Zustimmung seines gesetzlichen Vertreters.

V. Der Minderjährige als Miterbe

1. Die Annahme und Ausschlagung der Erbschaft sowie entsprechende Anfechtungserklärungen

34 Sind die Eltern nicht an der Miterbengemeinschaft beteiligt, gelten keine Besonderheiten gegenüber der Stellung des Minderjährigen als Alleinerben, solange nicht mehrere minderjährige Kinder Miterben sind. Sind beide Eltern oder ist ein Elternteil Mitglied der Erbengemeinschaft, sind folgende Konstellationen interessant:

35 a) **Eltern schlagen für sich aus, nehmen aber für das Kind an.** Dieser Fall ist unproblematisch. Ein Vertretungsverbot liegt weder gem. § 1795 noch gem. § 181 BGB vor, was entsprechend für den Vormund gilt. Auch ein erheblicher Interessengegensatz gem. § 1796 BGB ist nicht vorhanden. Die Genehmigung des Familiengerichts ist nicht erforderlich, da nur die Ausschlagung gem. § 1643 Abs. 2 S. 1 BGB zu einer Genehmigungspflicht führt, nicht hingegen die Annahme der Erbschaft.

36 b) **Eltern nehmen für sich an, schlagen aber für das Kind aus.** Wie unter a) bestehen keine abstrakten Vertretungsverbote (§§ 1795, 181 BGB). Könnte aber ein erheblicher Interessengegensatz gem. § 1796 BGB zur Entziehung der Vertretungsmacht berechtigen? Sofern die Eltern durch die Ausschlagung als Ersatzerbe den Anteil des Minderjährigen erhalten, soll sogar die **analoge Anwendung des § 181 BGB** geboten sein,[46] so dass eine Pflegerbestellung erforderlich wäre. Aber auch wenn die Eltern nicht an die Stelle des Kindes treten, ist das Motiv fraglich, warum Eltern die Erbschaft für sich annehmen, aber für das Kind ausschlagen. Ist die eigene Annahme als rational vernünftige Entscheidung der Eltern zu qualifizieren, ist zweifelhaft,

---

[42] MünchKommBGB/*Huber* § 1643 Rdnr. 12, 16.
[43] MünchKommBGB/*Huber* § 1643 Rdnr. 23.
[44] *Damrau* Minderjährige § 6 Rdnr. 44.
[45] Groll/*Zimmermann* Handbuch Teil B X Rdnr. 3.
[46] Vgl. Soergel/*Zimmermann* § 1795 Rdnr. 12, der § 181 BGB analog anwenden möchte, wenn das einseitige Rechtsgeschäft gegenüber einer Behörde vorzunehmen ist und materiell den Vormund oder die Eltern betrifft.

warum das Kind nicht partizipieren sollte. Auch diesbezüglich könnte man von einem erheblichen Interessenwiderstreit gem. § 1796 BGB sprechen, so dass gute Gründe für ein Vertretungsverbot und eine Pflegerbestellung sprechen. Entsprechend der überwiegenden Ansicht zur Ausschlagung des minderjährigen Alleinerben ist in der Praxis allerdings nicht davon auszugehen, dass das Familiengericht eine Pflegerbestellung verlangt.

Nach § 1643 Abs. 2 S. 1 BGB ist für die Ausschlagung die **Zustimmung des Familiengerichts** 37 erforderlich. Hier ist **Vorsicht** geboten, da die Zustimmung innerhalb der Ausschlagungsfrist beim Nachlassgericht zugehen muss. Der Vertreter kann zwar die Ausschlagungsfrist dadurch hemmen, dass er die Ausschlagung beim Nachlassgericht erklärt und den beim Familiengericht gestellten Antrag auf Genehmigung der Ausschlagung dem Nachlassgericht anzeigt.[47] Doch mit der Erteilung der Genehmigung endet die Hemmung der Ausschlagungsfrist, die Frist läuft weiter. Die Genehmigung wird wegen § 1643 Abs. 3 BGB und § 1828 BGB nur wirksam, wenn der Vertreter die Genehmigung dem Nachlassgericht rechtzeitig mitteilt. Wird die Hemmung der Ausschlagungsfrist erst am letzten Tag erreicht, könnte es für die fristgerechte Bekanntgabe der Genehmigung gegenüber dem Nachlassgericht eng werden.

c) **Eltern nehmen für sich und ein Kind an, schlagen aber für ein anderes minderjähriges Kind** 38 **aus.** Was gilt, wenn die Eltern mehrere Kinder vertreten? Grundsätzlich wird wohl auch hier ein Vertretungsverbot abgelehnt, wenn Eltern mehrere Minderjährige vertreten. Doch dürfte in dem Fall, dass für ein Kind die Annahme erklärt, aber für ein anderes Kind ausgeschlagen wird, § 1796 BGB zur Anwendung kommen und ein erheblicher Interessengegensatz vorliegen.

Nimmt man hinsichtlich der Ausschlagung ein Vertretungsverbot der Eltern an, so fragt sich, 39 ob ein Pfleger für mehrere Kinder ausschlagen darf oder ob für jedes Kind ein Pfleger bestellt werden muss. M. E. ist die Interessenlage der Minderjährigen in der Situation der Ausschlagung grundsätzlich gleich, und dies auch dann, wenn die Kinder zu unterschiedlichen Erbquoten bedacht sind und/oder unterschiedliches Vermögen (Immobilien einerseits, Wertpapierdepot andererseits) im Wege einer Teilungsanordnung erhalten. Ein Pfleger kann auch für mehrere Kinder abwägen, ob eine Ausschlagung sinnvoll ist. In aller Regel wird für Kinder dieselbe Entscheidung vernünftig sein.

2. Die Verwaltung des gesamthänderischen Nachlasses

Bei der Verwaltung muss rechtlich zwischen dem Innen- und Außenverhältnis differenziert 40 werden. Im **Innenverhältnis** trifft die Erbengemeinschaft im Wege des **Beschlusses** Entscheidungen über Maßnahmen der ordnungsmäßigen Verwaltung gem. § 2038 Abs. 1 S. 2 1. HS BGB (sog. laufende Verwaltung oder Mehrheitsverwaltung), der außerordentlichen Verwaltung gem. § 2038 Abs. 1 S. 1 BGB (sinnvolle Maßnahmen, die aber nicht zwingend erforderlich sind, sog. Gemeinschaftsverwaltung, es gilt das Einstimmigkeitsprinzip) sowie gegebenenfalls der Notverwaltung gem. § 2038 Abs. 1 S. 2 2. HS BGB (sog. Einzelverwaltung). Das Außenverhältnis betrifft die Umsetzung der durch Beschluss getroffenen Ergebnisse, die in Verpflichtungs- und Verfügungsgeschäfte mit Dritten münden können.

a) **Maßnahmen der laufenden Verwaltung.** *aa) Der Beschluss im Innenverhältnis.* Wenn min- 41 destens ein Elternteil an der Erbengemeinschaft beteiligt ist, stellt sich die Frage, ob Eltern den Minderjährigen bei der **Stimmabgabe** im Rahmen der internen Willensbildung vertreten können. Die wohl überwiegende Meinung[48] möchte für die Stimmabgabe die §§ 181, 1795 BGB **nicht** anwenden, wenn auch ohne den minderjährigen Miterben eine beschlussfähige Mehrheit vorhanden ist,[49] so dass dann die Eltern **bei der Beschlussfassung zur Vertretung berechtigt sind.**[50] Im Umkehrschluss müsste diese Auffassung eine **Pflegerbestellung** für erforderlich halten, wenn es an einer beschlussfähigen Mehrheit fehlt.

Die Begründung der Entbehrlichkeit eines Pflegers ist zwar aus zwei Gründen zweifelhaft, 42 das Ergebnis erscheint aber richtig. Einmal kommen Zweifel, wenn die Eltern mehrere minderjährige Miterben vertreten und/oder selbst Mitglied der Erbengemeinschaft sind. Man könnte

---

[47] Vgl. *Damrau* Minderjährige S. 10 Rdnr. 37 m.w.N.
[48] Es gibt nur wenige Stellungnahmen in der Kommentarlit.
[49] Staudinger/*Werner* § 2038 Rdnr. 33; MünchKommBGB/*Heldrich* § 2038 Rdnr. 38.
[50] *Damrau* Minderjährige S. 46 Rdnr. 161; Staudinger/*Werner* § 2038 Rdnr. 33; LG Köln Urt. v. 13.11.1958 – WuM 1959, 54, 54 f.

in dem Beschluss ein Rechtsgeschäft im Sinne des § 1795 Abs. 1 Nr. 1 BGB erblicken, so dass ein Pfleger für jedes Kind erforderlich wäre. Immerhin handelt es sich bei einem Beschluss um ein mehrseitiges Rechtsgeschäft, dass zwischen verschiedenen Personen abgeschlossen wird,[51] so dass ein Interessenkonflikt möglich ist. Zum anderen ist zu bedenken, dass auch dann, wenn ohne den minderjährigen Erben eine Mehrheit vorhanden ist, ein Pfleger als gleichwertiger Diskussionspartner die Entscheidung argumentativ in eine andere Richtung lenken kann, obwohl er nur eine Minderheit vertritt. Einem Achtjährigen dürfte das schwer fallen.

43 Ist mit der h. M. eine Pflegerbestellung erforderlich, wenn es ohne den Minderjährigen an einer beschlussfähigen Mehrheit fehlt, und sind mehrere minderjährige Miterben vorhanden, fragt sich, ob für jedes Kind ein Pfleger bestellt werden muss. Wenn man für den Beschluss einen Pfleger für erforderlich hält, müsste aufgrund der Struktur des Beschlusses als mehrseitiges Rechtsgeschäft, bei dem es anders als bei einem Vertrag kein gleiches Lager geben kann, für jedes Kind konsequent ein eigener Pfleger bestellt werden.

44 M. E. ist fraglich, ob es nicht sinnvoller ist, für Maßnahmen der laufenden Verwaltung **ähnlich wie bei der Beteiligung Minderjähriger an Personengesellschaften** im Zusammenhang mit Beschlüssen über Maßnahmen der Geschäftsführung[52] generell ein Vertretungsverbot abzulehnen.[53] Maßnahmen der laufenden Verwaltung zeichnen sich gerade dadurch aus, dass sie zur Erhaltung des Nachlasses objektiv notwendig und geeignet sein müssen. Solange eine Maßnahme zur Nachlasserhaltung objektiv erforderlich und der Nachlasserhaltung objektiv dienlich ist, besteht keine Gefahr einer Beeinträchtigung der objektiven Interessen des minderjährigen Miterben.[54] Diese Sichtweise entspringt nicht zuletzt praktischen Erwägungen, da es für Maßnahmen der laufenden Verwaltung als wohl häufigste Vorgänge im Rahmen der Verwaltung der Erbengemeinschaft als übermäßige Belastung erscheint, jedes Mal einen Pfleger zu bestellen, wenn eine Maßnahme ohnehin erfolgen muss. Zudem kann man in der Vornahme laufender Verwaltungsmaßnahmen die Verfolgung eines gemeinsamen Zwecks[55] erblicken, nämlich bis zur Auseinandersetzung der Erbengemeinschaft das Nachlassvermögen bestmöglich zum Wohle aller Miterben zu verwalten. Problematisch sind lediglich Zweifelsfälle, wenn sich nicht klären lässt, ob eine Maßnahme noch objektiv zur Werterhaltung erforderlich ist (laufende Verwaltung oder Notverwaltung) oder ob nicht bereits eine außerordentliche Verwaltung vorliegt.

45 Eine **Genehmigungspflicht** des Familiengerichts für Beschlüsse über Grundstücksgeschäfte ist abzulehnen, wenn man die *Verpflichtung* im Sinne von § 1821 Abs. 1 Nr. 4 BGB nicht auf die Beschlussfassung der Erbengemeinschaft, sondern nur auf das Außenverhältnis gegenüber Dritten bezieht.[56]

46 *bb) Das Verpflichtungsgeschäft.* Soll der Beschluss zu einem Vertrag mit Dritten führen (z.B. Reparatur- und Instandsetzungsarbeiten, Veräußerungen von Wertpapieren aus einem Depot, um Kursverluste zu vermeiden) und ist damit das **Außenverhältnis** berührt, ist zu unterscheiden. Für Verpflichtungsgeschäfte soll nach h. M. der Mehrheitsbeschluss im Innenverhältnis zu einer Vertretungsmacht der Mehrheit im Außenverhältnis führen.[57] Für Verfügungsgeschäfte jedoch verlangt die h. M. gem. § 2040 BGB die Mitwirkung sämtlicher Miterben. Wenn die Mehrheit also die Minderheit verpflichtet, aber der überstimmte Miterbe nicht an der Verfügung mitwirkt, muss er von den Miterben auf diese Mitwirkung verklagt werden, da anderenfalls die Miterbengemeinschaft ihrer vertraglichen Leistungspflicht nicht nachkommt.[58]

47 Folgt man der **Ansicht der h. M.**, dass die Mehrheit der Miterben die Minderheit auch nach außen bei Verpflichtungen vertritt, wäre ein Pfleger bei Abschluss des Verpflichtungsgeschäfts

---

[51] Palandt/*Heinrichs* Überbl. Vor § 104 Rdnr. 12.
[52] BGH Beschl. v. 18.9.1975 – BGHZ 65, 93, 95 ff.
[53] So zutr. *Damrau* Minderjährige S. 46 Rdnr. 161 mit Verweis auf S. 35 Rdnr. 132.
[54] Vgl. *Damrau* Minderjährige S. 46 Rdnr. 161 mit Verweis auf S. 35 Rdnr. 132.
[55] Vgl. hierzu BGH Beschl. v. 18.9.1975 – BGHZ 65, 93, 97 f.
[56] Vgl. *Damrau* Minderjährige S. 48 Rdnr. 169.
[57] BGH Urt. v. 29.3.1971 -BGHZ 56, 47, 51; Palandt/*Edenhofer* § 2038 Rdnr. 11; MünchKommBGB/*Heldrich* § 2038 Rdnr. 51; Bamberger/Roth/*Lohmann* § 2038 Rdnr. 7; **a.A.** Erman/*Schlüter* § 2038 Rdnr. 12 m.w.N.
[58] Vgl. MünchKommBGB/*Heldrich* § 2038 Rdnr. 53.

demnach überflüssig, unabhängig davon, ob der Minderjährige zur Minder- oder Mehrheit gehört. Denn die Vertretungsmacht der Mehrheit folgt aus dem Ergebnis des Beschlusses im Innenverhältnis. Solange das Verpflichtungsgeschäft nur die Umsetzung des Beschlusses ist, kommt es beim Verpflichtungsgeschäft mit Blick auf den Minderjährigen auf die Vertretungsbefugnis nicht mehr an, da auch ein Pfleger sich dem Mehrheitsbeschluss fügen müsste. Denn die Weichen werden beim Beschluss gefällt, etwa bei der Entscheidung, ob die Heizungsanlage einer Immobilie repariert bzw. erneuert wird. Entsteht ohne die Stimme eines Minderjährigen keine Mehrheit,[59] so müsste nach der wohl h. M. für die Beschlussfassung im Innenverhältnis ein Pfleger bestellt werden. Wenn der Beschluss nach außen „durchschlägt" und zu einer Vertretungsmacht der Mehrheit für Verpflichtungsgeschäfte führt, muss bereits und gerade bei der Beschlussfassung geprüft werden, ob ein Vertretungsverbot vorliegt, was mit Blick auf § 181 BGB nach wohl h. M. immer der Fall sein soll, wenn die Stimmen des Minderjährigen für eine Mehrheitsbildung von Bedeutung sind. Eine andere Frage ist, wie konkret Beschlüsse gefasst werden, ob nicht häufig die Umsetzung des Beschlusses im Rahmen von Vertragsverhandlungen eine Erweiterung des ursprünglichen Beschlusses bedeuten wird, so dass in der Praxis in der widerspruchslosen Akzeptanz eines abgeschlossenen Verpflichtungsgeschäfts häufig erst die nachträgliche und konkludente Genehmigung (als nachgeholter Beschluss) liegen wird. Dann allerdings wäre eine Pflegerbestellung entweder bei Abschluss des Verpflichtungsgeschäfts oder bei der nachträglichen Genehmigung erforderlich, solange man mit der h. M. einen Pfleger immer dann für erforderlich ansieht, wenn ohne den Minderjährigen keine Mehrheit besteht.

Diese Erörterungen zeigen, wie vorzugswürdig es ist, auf die Erbengemeinschaft die Grundsätze der Beteiligung Minderjähriger an einer Gesellschaft anzuwenden. Stellt man nämlich nicht darauf ab, ob die Stimme eines Minderjährigen für eine Mehrheit benötigt wird, sondern wendet man die **Grundsätze des Gesellschaftsrechts** an, so scheidet eine Anwendung der §§ 1795, 181 BGB für laufende Angelegenheiten aus, da es um das objektive Interesse aller Miterben geht.[60] Maßgeblich ist allerdings auch bei dieser vorzuziehenden Auffassung nicht das Verpflichtungsgeschäft, sondern bereits der Beschluss. Zur Genehmigung siehe unten Rdnr. 51. 48

cc) *Das Verfügungsgeschäft.* Kommt es zur Verfügung und ist deshalb die Mitwirkung des Minderjährigen gem. § 2040 BGB erforderlich, ist die Frage nach der Vertretungsbefugnis wieder gem. § 1795, § 181 und § 1796 BGB zu beantworten, wobei nichts anderes als für den vorangegangenen Beschluss gelten kann. Nach **wohl h. M.** müsste, wenn Eltern an der Erbengemeinschaft beteiligt sind, ein Pfleger auch für das Verfügungsgeschäft bestellt werden, wenn ohne den Minderjährigen keine Mehrheit bei der Beschlussfassung zustande gekommen ist. Dagegen spricht, dass auch das Verfügungsgeschäft nur die Umsetzung des Beschlusses ist, so dass eigentlich nur bei der Beschlussfassung ein Pfleger notwendig wäre, während die Eltern die daraus resultierenden Verträge als Umsetzungsakte anstelle des Minderjährigen schließen könnten. 49

Lehnt man jedoch die Auffassung ab, die Pflegerbestellung an die Notwendigkeit der Minderjährigenstimme für eine Abstimmungsmehrheit zu knüpfen, sondern stellt man auf das objektive Interesse aller Miterben an laufenden Erhaltungsmaßnahmen ab, so ist ein Pfleger nicht erforderlich. 50

dd) *Gerichtliche Genehmigung.* Ob eine **familiengerichtliche Genehmigung** für das Verpflichtungs- und Verfügungsgeschäft erforderlich ist, entscheidet sich danach, ob die Verwaltungsmaßnahme ein Rechtsgeschäft ist, das unter die §§ 1643 Abs. 1 i.V.m. § 1821 und § 1822 Nr. 1, 3, 5, 8 bis 11 BGB fällt. Im Beispiel der Reparatur oder des Austauschs einer Heizungsanlage wäre eine Genehmigung nicht erforderlich. Für einen Vormund gelten die vorstehenden Ausführungen entsprechend. 51

b) **Maßnahmen der nicht notwendigen Verwaltung.** Folgt man der unter a) dargestellten wohl **h. M.**, so müsste bei der außerordentlichen Verwaltung gem. § 2038 Abs. 1 S. 1 BGB als Gemeinschaftsverwaltung immer ein Pfleger bestellt werden. Denn es gilt das Einstimmigkeitsprinzip. Für Maßnahmen, die sinnvoll, aber nicht unbedingt notwendig für die Verwaltung 52

---

[59] Vgl. oben Rdnr. 41 f.
[60] Vgl. Rdnr. 44.

der Erbengemeinschaft bis zur Auseinandersetzung sind, müsste demnach immer ein Pfleger bestellt werden, wenn Eltern und minderjährige Kinder Mitglieder einer Erbengemeinschaft sind.

53 Wenn man jedoch wie hier die Auffassung vertritt, dass eine Parallele zur Rechtslage des Gesellschaftsrechts zu ziehen ist, muss Folgendes beachtet werden. Der BGH hat in einem obiter dictum zur Personengesellschaft ausgeführt, dass die Grundsätze der Gesellschafterbeschlüsse über Maßnahmen der Gesellschaft oder sonstige gemeinsame Angelegenheiten auch für außergewöhnliche Geschäfte gelten sollen.[61] Der BGH hat seine Rechtsprechung zur Behandlung Minderjähriger bei Gesellschafterbeschlüssen über Maßnahmen der Gesellschaft damit begründet, dass die Verfolgung eines gemeinsamen Gesellschaftszwecks einer Interessenkollision im Sinne von § 181 BGB grundsätzlich entgegensteht und darüber hinaus das Gesellschaftsverhältnis in besonderem Maße auf dem Vertrauen der Gesellschafter zueinander beruht.[62] Fraglich ist, ob dies nicht nur auf laufende Verwaltungsmaßnahmen einer Erbengemeinschaft, sondern auch auf außergewöhnliche Maßnahmen übertragbar ist. Während laufende Verwaltungsmaßnahmen objektiv der Nachlasserhaltung dienen und damit im Interesse des Minderjährigen sind, zeichnen sich außerordentliche Verwaltungsmaßnahmen gerade dadurch aus, dass sie zwar nützlich sein können, aber nicht für die Nachlasserhaltung bis zur Auseinandersetzung der Erbengemeinschaft zwingend erforderlich sind.

Beispiel:
Die Erbengemeinschaft verwaltet eine große Wohnmietimmobilie in bester Lage. Einige Miterben erwägen, die funktionstüchtige 8 Jahre alte Heizungsanlage durch eine modernere Heizungsanlage zu ersetzen und das mit einer Sanierung der Wärmedämmung zu verbinden, da diese Maßnahmen langfristig mehr Komfort und höhere Mieteinnahmen versprechen.

54 Hierbei handelt es sich um außergewöhnliche Verwaltungsmaßnahmen, da diese zur Erhaltung des Nachlasses zwar geeignet sind, aber keineswegs bis zur Auseinandersetzung durchgeführt werden müssen. Die Erbengemeinschaft ist eine Zwangsgemeinschaft und zwingend auf Auflösung gerichtet, sie ist gerade keine werbende Gesellschaft. Deswegen besteht auch ein erheblicher Unterschied zur Situation von Personengesellschaften, denn anders als bei diesen fehlt es bei einer Erbengemeinschaft an einem freiwilligen Zusammenschluss und der Verfolgung eines bestimmten Zweckes, abgesehen von einer vorübergehenden Vermögensverwaltung. Aus diesem Grund muss bei **außergewöhnlichen Maßnahmen** und der Beteiligung der Eltern sowie des Minderjährigen an der Erbengemeinschaft ein **Interessenkonflikt bereits bei der Beschlussfassung angenommen** werden, so dass in diesen Fällen Eltern gem. § 1795 Abs. 2 i.V.m. § 181 1. Altern. BGB nicht zur Vertretung berechtigt sind. Es **muss ein Pfleger** bestellt werden. Sind **mehrere Kinder** vorhanden, ist zu beachten, dass auch für den Pfleger die für die Vormundschaft geltenden Vorschriften anzuwenden sind, § 1915 Abs. 1 S. 1 BGB. Folglich gelten auch für den Pfleger die §§ 1795, 181 BGB. Bei strenger Anwendung des § 1795 Abs. 2 i.V.m. § 181 BGB läge ein Verstoß gegen das Verbot der Mehrfachvertretung vor, so dass für jedes Kind ein Pfleger bestellt werden müsste.

Für eine Genehmigungspflicht durch das Familiengericht ist zu prüfen, ob ein Fall des § 1643 Abs. 1 BGB vorliegt.

55 c) **Maßnahmen der Notverwaltung.** Maßnahmen der Notverwaltung sind nicht anders als laufende Verwaltungsmaßnahmen zu beurteilen. Die Notverwaltung dient immer der objektiven Nachlasserhaltung, nur mit dem Unterschied, dass sie besonders eilbedürftig ist und daher ein Miterbe auch alleine handeln darf. Es gelten deshalb grundsätzlich die Ausführungen zur laufenden Verwaltung. Da in Notfällen eine vorherige familiengerichtliche Genehmigung selten abgewartet werden kann, kommt nur eine Nachgenehmigung gem. § 1829 BGB in Betracht.[63] In der Praxis dürften sich eher selten Probleme durch die Beteiligung Minderjähriger stellen.[64]

---

[61] BGH Beschl. v. 18.9.1975 – BGHZ 65, 93, 100.
[62] BGH Beschl. v. 18.9.1975 – BGHZ 65, 97 ff.
[63] *Damrau* Minderjährige S. 50 Rdnr. 174.
[64] Einzelheiten bei *Damrau* Minderjährige S. 49 Rdnr. 172 ff.

3. Die Erfüllung eines Vermächtnisses

Wird ein Vermächtnis gegenüber einen nicht an der Erbengemeinschaft beteiligten Dritten 56 erfüllt, besteht grundsätzlich kein Problem, auch wenn ein Elternteil an der Erbengemeinschaft beteiligt ist oder er mehrere minderjährige Erben vertritt. Der Vertreter und der (die) Minderjährige(n) stehen im gleichen Lager. Ein Pfleger ist nicht erforderlich. Nichts anderes gilt aber auch dann, wenn das Vermächtnis z.B. als Vorausvermächtnis an den gesetzlichen Vertreter oder an einen von mehreren minderjährigen Miterben herauszugeben ist, denn § 181 BGB findet keine Anwendung, wenn das Rechtsgeschäft ausschließlich in der Erfüllung einer Verbindlichkeit liegt.[65] Was gilt aber bei einem **Wahlvermächtnis**?

Beispiel:
Der Großvater setzt seine beiden Söhne, die beide zwei Kinder haben, zu je 1/4 und seine vier Enkel zu je 1/8 als Erben ein und bestimmt zusätzlich, dass seine vier Enkel jeweils ein Gemälde aus seiner umfangreichen Kunstsammlung ohne Anrechnung auf ihren Erbteil auswählen dürfen. Im Todeszeitpunkt sind alle vier Enkel noch minderjährig.

Das Wahlvermächtnis gem. § 2154 BGB gilt als Wahlschuld im Sinne von §§ 262 bis 265 57 BGB.[66] Die ausgeübte Wahl kann nicht widerrufen werden.[67] Die zunächst unbestimmbare, aber bestimmbare Leistung wird durch das Wahlrecht konkretisiert.[68] Das Wahlrecht ist also als Gestaltungsrecht eine einseitige empfangsbedürftige Willenserklärung.[69] Demnach könnte der Minderjährige gem. § 111 BGB das Wahlrecht **nur mit vorheriger Einwilligung** (nicht nachträglicher Genehmigung) der Eltern vornehmen. In diesem Fall wie auch im Fall, dass die Eltern das Wahlrecht an Stelle des Kindes ausüben, ist **fraglich**, ob ein Interessenkonflikt gem. § 1795 Abs. 2 i.V.m. § 181 BGB vorliegt und daher ein Pfleger bestellt werden muss, wenn das Wahlrecht der Minderjährigen gegenüber den Miterben, zu denen auch die Minderjährigen gehören, ausgeübt werden soll.

Die Ausübung des Vermächtniswahlrechts ist **nicht nur rechtlich vorteilhaft** im Sinne von 58 § 107 BGB, da dadurch das Wahlrecht erlischt. Sofern Leistungspflichten gegenüber einem Minderjährigen bestehen, soll die Erfüllung nicht ohne Einwilligung der Eltern wirksam erfolgen können.[70] Das gilt auch dann, wenn die Übereignung einer Sache an den Minderjährigen ohne Einwilligung des gesetzlichen Vertreters wirksam ist, da bei versagter Einwilligung der Minderjährige gem. § 812 Abs. 1 BGB die Sache herausgeben muss.[71]

Ist die Ausübung des Wahlrechts nicht nur rechtlich vorteilhaft, können die Eltern weder 59 gem. § 107 BGB einwilligen noch an Stelle des minderjährigen Miterben das Wahlrecht ausüben, da insoweit § 1795 Abs. 2 i.V.m. § 181 1. HS 1. Altern. BGB eingreift und das Insichgeschäft die Vertretungsmacht der Eltern ausschließt. Folglich ist ein Pfleger zu bestellen. Die Eltern können sich auch nicht auf § 181 2. HS BGB berufen, wonach § 181 BGB nicht anzuwenden ist, wenn das Rechtsgeschäft ausschließlich in der Erfüllung einer Verbindlichkeit besteht. Denn die Erfüllung wird nur durch die zuvor erfolgte Konkretisierung, welches Gemälde zu leisten ist, im Wege der Ausübung des Wahlrechts möglich. Diese Ausübung ist aber nicht nur die Erfüllung einer Verbindlichkeit.

Sind mehrere minderjährige Vermächtnisnehmer vorhanden, gilt wieder, dass auch für den 60 Pfleger die §§ 1795, 181 BGB zu beachten sind, § 1915 Abs. 1 S. 1 BGB. Bei strenger Anwendung müsste auch hier für jedes Kind ein Pfleger bestellt werden.[72]

Eine **Genehmigung des Familiengerichts** ist erforderlich, wenn ein Fall des § 1643 Abs. 1 61 i.V.m. § 1821 oder § 1822 Nr. 1, 3, 5, 8 bis 11 BGB vorliegt. Entsprechendes gilt für die

---

[65] *Damrau* Minderjährige S. 51 Rdnr. 178.
[66] Palandt/*Edenhofer* § 2154 Rdnr. 1.
[67] Palandt/*Heinrichs* § 263 Rdnr. 2.
[68] Palandt/*Heinrichs* § 262 Rdnr. 1.
[69] Palandt/*Heinrichs* § 263 Rdnr. 1.
[70] MünchKommBGB/*Schmitt* § 107 Rdnr. 43; Soergel/*Hefermehl* § 107 Rdnr. 8; Palandt/*Heinrichs* § 107 Rdnr. 2 m. Hinweisen zur **a.A.**, z.B. *Harder*, JuS 1977, 149, 151 f.; *van Venrooy* BB 1980, 1017 ff.
[71] MünchKommBGB/*Schmitt* § 107 Rdnr. 44; Soergel/*Hefermehl* § 107 Rdnr. 8; Palandt/*Heinrichs* § 107 Rdnr. 2.
[72] Vgl. oben Rdnr. 54.

Genehmigung des Vormundschaftsgerichts im Falle eines Vormunds (§§ 1821 ff. BGB). Im Beispielsfall des Gemäldes ist keine familiengerichtliche Genehmigung erforderlich.

4. Der Austritt aus der Erbengemeinschaft und ihre Beendigung

62 a) **Die Verfügung über den Erbteil.** Möchte der minderjährige Miterbe seinen Erbteil veräußern, ist dies nicht nur rechtlich vorteilhaft. Er benötigt also die Einwilligung seiner gesetzlichen Vertreter. Diese können aber auch an Stelle des Minderjährigen den Erbteil veräußern. In beiden Fällen wird ein Interessenkonflikt vorliegen, wenn der Erbteil einem Elternteil oder einem Geschwisterkind veräußert wird, § 1795 i.V.m. § 181 BGB.[73] Die Eltern oder der Vormund unterliegen einem Vertretungsverbot, so dass ein **Pfleger** bestellt werden muss. Erfolgt die Veräußerung nicht an ein minderjähriges Geschwisterkind oder Elternteil, kann unter Umständen ein erheblicher Interessengegensatz gem. § 1796 BGB vorliegen, wenn der Erwerber aus sonstigen Gründen den Eltern oder dem Vormund sehr nahe steht, wie z.B. enge Freunde. In diesem Fall kann auch ein Pfleger erforderlich werden, wenn der Interessengegensatz so erheblich ist, dass das Interesse der Eltern auf Kosten der Interessen des Minderjährigen durchgesetzt wird. Im Übrigen kann auch eine **Pflegerbestellung** gem. § 1795 Abs. 2, § 181 BGB erforderlich werden, wenn ein Elternteil als Miterbe das **Vorkaufsrecht** gem. § 2034 BGB ausübt.

63 Gem. § 1643 Abs. 1 BGB i.V.m. § 1822 Nr. 1 BGB ist die **Genehmigung des Familiengerichts** für eine Erbteilsveräußerung erforderlich.[74] Im Falle eines Vormunds ist entsprechend die Genehmigung des Vormundschaftsgerichts Voraussetzung für eine wirksame Erbteilsveräußerung.

64 b) **Die Miterbenauseinandersetzung.** Wenn der gesetzliche Vertreter an der Erbengemeinschaft beteiligt ist oder mehr als einen minderjährigen Miterben vertritt, ist er für die Einwilligung in den Auseinandersetzungsvertrag oder für den unmittelbaren Abschluss des Auseinandersetzungsvertrags an der Vertretung gem. § 181 BGB gehindert.[75]

65 Dann muss auch für **jeden minderjährigen Miterben ein eigener Pfleger** bestellt werden.[76] Etwas anderes soll nur dann gelten, wenn die Auseinandersetzung nach den gesetzlichen Regeln erfolgt, da sie dann zur Erfüllung einer Verbindlichkeit vorgenommen wird.[77] Nach den gesetzlichen Regeln erfolgt die Auseinandersetzung, wenn gem. § 2046 BGB zunächst sämtliche Verbindlichkeiten getilgt werden und der dann verbleibende Überschuss nach Erbquoten gem. § 2047 BGB verteilt wird. Das bedeutet gem. § 2042 Abs. 2 i.V.m. § 753 BGB die Teilung in Natur oder bei Unmöglichkeit dieser Teilung den Verkauf des Nachlassvermögens nach den Regeln des Pfandverkaufs gem. § 1233 ff. BGB bzw. bei Grundstücken nach den Vorschriften über die Zwangsversteigerung gem. § 180 ff ZVG. In diesem Fall soll der gesetzliche Vertreter auch mehrere Minderjährige vertreten dürfen.[78] Zumindest nach *Damrau* soll das auch gelten, wenn der **Erblasser Teilungsanordnungen** verfügt hat und die Miterben die Auseinandersetzung genau nach diesen Teilungsanordnungen vornehmen; auch dann soll ein Pfleger nicht erforderlich sein.[79] Im Übrigen ist für jeden Minderjährigen ein Pfleger zu bestellen, wenn die minderjährigen Miterben einzelne Vermögensgegenstände an einen Volljährigen veräußern und sie sich im Wege der Auseinandersetzung einig sind, dass der erzielte Erlös unter ihnen entsprechend ihren Erbteilen verteilt wird.[80]

---

[73] *Damrau* Minderjährige S. 51 Rdnr. 180.
[74] Zum Erbteilskauf *Damrau* Minderjährige S. 52 Rdnr. 181 ff. (auch wenn sich Grundstücke und Gesellschaftsbeteiligungen im Nachlass befinden).
[75] Vgl. BGH Beschl. v. 9.7.1956 – BGHZ 21, 229, 231 ff. = NJW 1956, 1433; RG Urt. v. 3.10.1918 – RGZ 93, 334, 335; OLG Hamm Beschl. v. 13.1.1993 – 1993, 1122, 1124; Soergel/*Zimmermann* § 1795 Rdnr. 5.
[76] BGH Beschl. v. 9.7.1956 – BGHZ 21, 229, 231 ff. = NJW 1956, 1433; RG Urt. v. 3.10.1918 – RGZ 93, 334, 336.
[77] BGH Beschl. v. 9.7.1956 – BGHZ 21, 229, 232 = NJW 1956, 1433; MünchKommBGB/*Heldrich* § 2042 Rdnr. 38; *Damrau* Minderjährige § 36 Rdnr. 221; *Eberl-Borges*, Die Erbauseinandersetzung, 2000, S. 142.
[78] BGH Beschl. v. 9.7.1956 – BGHZ 21, 229, 233; MünchKommBGB/*Heldrich* § 2042 Rdnr. 38.
[79] *Damrau* Minderjährige § 37 Rdnr. 223; *ders.* ZEV 1994, 1, 3.
[80] RG Urt. v. 3.10.1918 – RGZ 93, 334, 335 f.; MünchKommBGB/*Heldrich* § 2042 Rdnr. 38; a.A. BayObLG Beschl. v. 27.7.1908 – BayObLGZ 9, 459, 461 f., wonach nur ein Pfleger für alle Minderjährigen erforderlich ist, wenn ein Grundstück an einen Dritten verkauft wird.

Bei den **Vollzugsgeschäften** als Folge der Auseinandersetzungsvereinbarung ist ein Pfleger in der Regel nicht erforderlich.[81] Das wird deutlich, wenn man sich noch einmal die Art und Weise der Erbauseinandersetzung vergegenwärtigt: Dogmatisch erfolgt die **Auseinandersetzung** durch eine **vertragliche Vereinbarung** der Miterben **im Innenverhältnis**, mit dem die Miterben den verpflichtenden Rechtsgrund für aufteilende Verfügungen über die einzelnen Nachlassgegenstände schaffen (Auseinandersetzungsvertrag), sowie durch die **Vornahme der einzelnen Verfügungen** selbst (Auseinandersetzungsvollzug).[82] Wenn die Verfügungen gegenüber Dritten erfolgen, ist die Auseinandersetzung erst mit der vollständigen Erlösverteilung beendet. In all diesen Fällen kann ein **Vertretungsverbot bei Abschluss des schuldrechtlichen Verpflichtungsgeschäfts** der Auseinandersetzung entstehen. Der Vollzug erfolgt dann jedoch in Erfüllung einer Verbindlichkeit, so dass gem. §§ 181 oder 1795 Abs. 1 Nr. 1 2. HS BGB kein Vertretungsverbot eingreift. Sofern nicht der Pfleger bei Abschluss des schuldrechtlichen Auseinandersetzungsvertrages die Verfügung schon ausgeführt hat, können die Eltern beim Vollzugsgeschäft an Stelle der Kinder handeln, auch wenn die Eltern selber Miterben sind oder mehrere Kinder vertreten. 66

Bezüglich der Genehmigung ist zu unterscheiden. Der **Auseinandersetzungsvertrag als solcher** ist **für Eltern nicht genehmigungspflichtig**, da § 1643 Abs. 1 BGB nicht auf § 1822 Nr. 2 BGB verweist. Für Eltern ist die **Genehmigung des Familiengerichts** nur dann erforderlich, wenn der Auseinandersetzungsvertrag oder sein Vollzug ein nach den §§ 1643, 1821, 1822 Nr. 1, 3, 5, 8 bis 11 BGB genehmigungspflichtiges Geschäft enthält. 67

Ist gesetzlicher Vertreter ein Vormund oder Pfleger, wenn z.B. Eltern einem Vertretungsverbot unterliegen, ist die **Genehmigung des Vormundschaftsgerichts gem. § 1822 Nr. 2, § 1915 BGB immer erforderlich**, also **auch** für den **einfachen Auseinandersetzungsvertrag**.[83] Wenn sich die Auseinandersetzung jedoch nach den **gesetzlichen Regeln** richtet, ist umstritten, ob dann überhaupt ein Erbteilungsvertrag gem. § 1822 Nr. 2 BGB vorliegt.[84] M. E. ist jede mündliche oder schriftliche Vereinbarung über die Auseinandersetzung als Erbteilungsvertrag im Sinne von § 1822 Nr. 2 BGB aufzufassen, da das Gesetz nicht zwischen den Inhalten möglicher Auseinandersetzungsverträge unterscheidet und das Vormundschaftsgericht prüft, ob die gesetzlichen Regeln eingehalten worden.[85] Wenn Vermögensgegenstände gemeinsam verkauft und anschließend der Erlös verteilt wird, ist nur die Erlösverteilung genehmigungspflichtig, es sei denn, dass die Verfügung im Außenverhältnis als solche z.B. gem. § 1821 BGB genehmigungspflichtig ist.[86] Richtig erscheint insoweit die Äußerung *Damraus*, dass der Antrag auf die freiwillige Teilungsversteigerung gem. § 180 ff. ZVG nicht genehmigungspflichtig sei.[87] Das gilt aber nicht für die Erlösverteilung, die im Sinne von § 1822 Nr. 2 BGB ein Erbteilungsvertrag ist und einer Genehmigungspflicht unterliegt, wenn nicht bereits zuvor die schuldrechtliche Vereinbarung genehmigt wurde. In der Regel erfasst die Genehmigung des Verpflichtungsgeschäfts auch die zur Umsetzung erforderlichen Verfügungen.[88] Soweit § 181 Abs. 2 S. 2 ZVG zur Anwendung gelangt, gilt die Genehmigungspflicht nur für den Antrag eines Vormunds oder Betreuers auf eine Zwangsversteigerung. 68

c) Die Abschichtung. Die Abschichtung ist eine vom BGH[89] anerkannte Möglichkeit für Miterben, aus der Erbengemeinschaft auszuscheiden. Dabei treffen die Miterben eine Abschichtungsvereinbarung, in der ein Miterbe oder mehrere Miterben die Aufgabe der Mitgliedschaft 69

---

[81] Vgl. *Damrau* Minderjährige § 38 Rdnr. 229.
[82] MünchKommBGB/*Heldrich* § 2042 Rdnr. 1.
[83] MünchKommBGB/*Heldrich* § 2042 Rdnr. 38.
[84] **Gegen die Qualifikation als Erbteilungsvertrag (keine Genehmigungspflicht):** *Damrau* Minderjährige § 36 Rdnr. 220; Erman/*Holzhauer* § 1822 Rdnr. 6; *Brüggemann* FamRZ 1990, 124, 128. **Für die Qualifikation als Erbteilungsvertrag (Genehmigungspflicht):** Palandt/*Diederichsen* § 1822 Rdnr. 4; MünchKommBGB/*Wagenitz* § 1822 Rdnr. 10 Fn. 9; Soergel/*Zimmermann* § 1822 Rdnr. 9; Staudinger/*Engler* § 1822 Rdnr. 24.
[85] MünchKommBGB/*Wagenitz* § 1822 Rdnr. 10 Fn. 9.
[86] Soergel/*Zimmermann* § 1822 Rdnr. 9; vgl. auch MünchKommBGB/*Heldrich* § 2042 Rdnr. 1.
[87] *Damrau* Minderjährige § 36 Rdnr. 222.
[88] MünchKommBGB/*Wagenitz* § 1822 Rdnr. 10.
[89] BGH Urt. v. 21.1.1998 – BGHZ 138, 8, 10 f. = NJW 1998, 1557 = ZEV 1998, 141; a.A. mit beachtlichen Arg. *K. Schmidt* AcP 205 (2005), 305 ff.

erklären und damit aus der Erbengemeinschaft ausscheiden. Als Folge des Ausscheidens wächst der Erbteil des Ausgeschiedenen den verbleibenden Miterben kraft Gesetzes an.[90]

70 Was gilt nun bei der Beteiligung Minderjähriger? Der BGH scheint den Abschichtungsvertrag wohl als **Auseinandersetzungsvertrag** gem. § 2042 BGB zu deuten.[91] Demnach könnten die **Ausführungen zur Miterbenauseinandersetzung** auf die **Abschichtung übertragen** werden.[92] Hiergegen hat *Damrau* Einwände. Nach seiner Auffassung seien die Willenserklärungen der verbliebenen Miterben an den ausscheidenden Miterben parallel gerichtet und ein Ergänzungspfleger nicht erforderlich, wenn ein verbleibender Miterbe minderjährig ist und seine Eltern entweder auch verbleibende Miterben sind oder mehrere minderjährige verbleibende Miterben vertreten.[93] M. E. ist das mindestens dann problematisch, wenn für das Ausscheiden eines Miterben eine Abfindung gezahlt wird. In diesem Fall ist die Vereinbarung wie eine Auseinandersetzungsvereinbarung zu qualifizieren und, da diese nicht nach den gesetzlichen Regeln erfolgt, wie bei der Auseinandersetzungsvereinbarung ein **Vertretungsverbot** gem. § 1795 Abs. 2 i.V.m. § 181 BGB anzunehmen.

71 Wenn entweder die Eltern als Miterben verblieben sind und ein Kind ausscheidet, oder die Eltern sowohl ein verbleibendes minderjähriges Kind als auch ein ausscheidendes minderjähriges Kind vertreten, liegt ebenso ein Vertretungsverbot vor, da die Eltern auf beiden Seiten auftreten.[94]

72 Wird eine Pflegerbestellung erforderlich, so soll ein Pfleger für die minderjährigen Miterben ausreichen, die auf einer Seite der Abschichtungsvereinbarung stehen, so dass bei mehreren minderjährigen Miterben als verbleibende Erben und ausscheidende Erben jeweils nur ein Pfleger bestellt werden muss.[95] M. E. gilt das aber dann nicht, wenn bei der Abschichtung eine Gegenleistung für das Ausscheiden vereinbart wird und diese unterschiedlich ausfällt, z.B. erhält ein Kind ein Grundstück, ein anderes ein Wertpapierdepot. In diesem Fall sind die Interessen nicht mehr gleichgerichtet und für jedes Kind ein Pfleger erforderlich.

73 Für die **Genehmigungspflicht** gilt nichts anderes als für den Auseinandersetzungsvertrag.[96] Wenn **Eltern** an Stelle eines Minderjährigen handeln, besteht **keine Genehmigungspflicht** des Familiengerichts, da § 1643 Abs. 1 BGB nicht auf § 1822 Nr. 2 BGB verweist, in dem für Erbteilungsverträge die Genehmigungspflicht vorgesehen ist. Eine Genehmigungspflicht des Familiengericht besteht nur dann, wenn als Abfindung eine Vermögensübertragung erfolgt, die über § 1643 Abs. 1 BGB von § 1821, § 1822 Nr. 1, 3, 5, 8 bis 11 BGB erfasst wird.[97] Handeln **jedoch ein Vormund** oder ein **Pfleger** an Stelle des Kindes, so ist der Abschichtungsvertrag entsprechend § 1822 Nr. 2 BGB vom Vormundschaftsgericht zu genehmigen.

VI. Der Minderjährige als Vorerbe

74 Ist ein Vorerbe minderjährig, kann sich die Frage nach der Vertretungsberechtigung der Eltern etwa dann stellen, wenn als Nacherben minderjährige Kinder oder die Eltern selbst eingesetzt sind. Wenn Eltern einen minderjährigen Vorerben vertreten und der Nacherbe ein weiteres minderjähriges Kind der Eltern ist, müsste an sich wegen § 1795 Abs. 1 Nr. 1 BGB ein Pfleger bestellt werden,[98] was auch gelten müsste, wenn die Eltern selbst Nacherben sind. In vielen Fällen wird aber der Vorerbe nur zur Erfüllung einer Verbindlichkeit handeln, so dass

---

[90] BGH Urt. v. 21.1.1998 – BGHZ 138, 8, 10 f. = NJW 1998, 1557 = ZEV 1998, 141; OLG Celle Urt. v. 25.4.2002 – ZEV 2002, 363, 364; LG Köln Beschl. v. 7.5.2003 – NJW 2003, 2993, 2993 f.; vgl. auch *Wesser* AcP 204 (2004), 208, 216 ff.; **a.A.** mit beachtlichen Arg. *K. Schmidt* AcP 205 (2005), 305 ff.
[91] BGH Urt. v. 21.1.1998 – BGHZ 138, 8, 10 f. = NJW 1998, 1557 = ZEV 1998, 141; auch *Damrau* Minderjährige § 39 Rdnr. 234.
[92] Vgl. oben Rdnr. 64 ff.
[93] *Damrau* Minderjährige § 39 Rdnr. 231.
[94] So auch *Damrau* Minderjährige § 39 Rdnr. 232.
[95] *Damrau* Minderjährige § 39 Rdnr. 232.
[96] Vgl. oben Rdnr. 67 f.
[97] Vgl. *Damrau* Minderjährige § 39 Rdnr. 235.
[98] Vgl. *Damrau* Minderjährige § 46 Rdnr. 271.

dann die Vertretungsmacht der Eltern nicht ausgeschlossen ist, vgl. § 1795 Abs. 1 Nr. 1 2. HS BGB, § 181 2. HS BGB.

1. Nacherben sind die Eltern oder ein Elternteil

a) **Maßnahmen der ordnungsmäßigen Verwaltung.** Fraglich ist z.B. die Behandlung der ordnungsmäßigen Verwaltung des Nachlasses. Sofern eine **Verfügung zur ordnungsmäßigen Verwaltung** erforderlich ist, die der Vorerbe nicht mit Wirkung gegen den Nacherben vornehmen kann (§ 2113 BGB), muss der Nacherbe gem. § 2120 BGB zustimmen. Interpretiert man diese **Zustimmung des Nacherben als Erfüllung einer Verbindlichkeit**, bestünde kein Vertretungsverbot, denn die Vertretungsverbote gem. § 181 BGB gelten nicht, wenn das Rechtsgeschäft ausschließlich in der Erfüllung einer Verbindlichkeit besteht, § 181 2. HS BGB. *Damrau* lehnt jedoch die Interpretation der Zustimmungspflicht als Erfüllung einer Verbindlichkeit mit dem Hinweis ab, dass der Vorerbe häufig eine Wahlmöglichkeit habe, welche Verfügung er zur Erfüllung der Verwaltungsaufgaben vornimmt, so dass dann in der Zustimmung nicht lediglich die Erfüllung einer Verbindlichkeit zu sehen ist. So können die zur Begleichung einer Nachlassschuld erforderlichen finanziellen Mittel durch den Verkauf von Aktien oder durch die Belastung eines Nachlassgrundstücks erzielt werden.[99] Das **Argument Damraus ist abzulehnen**, da der Nacherbe nur das Zustimmungsrecht hat, um dem Vorerben zu ermöglichen, gegenüber Dritten und dem Nacherben den Nachlass wirksam zu verwalten.[100] Ist die Verwaltung ordnungsgemäß und die Frage der Art und Weise der Ausführung offen, so entscheidet der Vorerbe über die Auswahl der Maßnahme. Wenn also der Vorerbe die Belastung des Grundstücks an Stelle des Aktienverkaufs wählt, um mit der gewonnenen Liquidität die Nachlassverbindlichkeit zu tilgen, so kann der Nacherbe nicht die Zustimmung mit dem Argument verweigern, dass der Vorerbe hierfür doch die Aktien veräußern solle. Diese Entscheidung trifft der Vorerbe. Die Einwilligung des Nacherben erfolgt deswegen lediglich zur Erfüllung einer Verbindlichkeit, nämlich zur Erfüllung seiner Verpflichtung gem. § 2120 BGB.

Sind die Eltern selbst Nacherben und entscheiden sie an Stelle des minderjährigen Vorerben über die Auswahl der Maßnahme zur ordnungsmäßigen Verwaltung, können sie die Verfügung an Stelle des minderjährigen Vorerben vornehmen, da ihre Zustimmung lediglich in Erfüllung einer Verbindlichkeit erfolgt, § 181 BGB findet keine Anwendung. Das leuchtet auch ein, da die Zustimmungspflicht dem Vorerben nur dazu dient, sich gegenüber dem Nacherben und Dritten abzusichern. Wenn die Eltern jedoch selbst Nacherben sind, kann es zu keinem Konflikt kommen. **Ein Pfleger ist entbehrlich.**[101]

b) **Verfügungen des Vorerben gem. § 2113 Abs. 1 und Abs. 2 S. 1 BGB.** Nehmen die Eltern an Stelle des minderjährigen Vorerben eine Verfügung gem. § 2113 Abs. 1 oder § 2113 Abs. 2 S. 1 BGB vor und entspricht sie auch keiner ordnungsmäßigen Verwaltung, liegt dennoch kein Vertretungsverbot nach § 1795 Abs. 2 i.V.m. § 181 BGB vor. Wenn die Eltern als Nacherben freiwillig einer Verfügung des Minderjährigen zustimmen, die sie als Vertreter selber vornehmen, ist dieses Insichgeschäft zwar streng genommen nicht lediglich rechtlich vorteilhaft für den Minderjährigen, doch schaden die Eltern sich selbst, wenn sie dieser Verfügung zustimmen, da die Verfügung später im Nacherbfall wirksam ist. Etwas anderes kann gelten, wenn die Verfügung des Minderjährigen zu Gunsten der Eltern erfolgt oder aus anderen Gründen § 1796 BGB Anwendung findet.

c) **Sonstiges.** Die Hinterlegung von Wertpapieren (§ 2116 BGB), der Sperrvermerk im Schuldbuch (§ 2118 BGB), die Erstellung eines Verzeichnisses der Erbschaftsgegenstände (§ 2121 BGB), die Herausgabe der Erbschaft an den Nacherben (§ 2130 BGB) sowie die Leistung von Wertersatz (§ 2134 BGB) an den Nacherben sind m. E. sämtlich Maßnahmen, die als **Erfüllung einer Verbindlichkeit** im Sinne von § 1795 Abs. 1 Nr. 1 2. HS BGB oder § 181 2. HS BGB zu qualifizieren sind, so dass **kein Ausschluss der Vertretungsmacht** vorliegt. Stehen sich also ein minderjähriger Vorerbe und seine Eltern (§ 181 BGB) als Nacherben gegenüber,

---

[99] *Damrau* Minderjährige § 46 Rdnr. 271.
[100] MünchKommBGB/*Grunsky* § 2120 Rdnr. 2; Palandt/*Edenhofer* § 2120 Rdnr. 1.
[101] Im Ergebnis auch MünchKommBGB/*Schramm* § 181 Rdnr. 31.

können die Eltern den Vorerben bei den angesprochenen Maßnahmen vertreten.[102] Im Einzelfall kann aber über § 1796 BGB den Eltern die Vertretungsmacht entzogen werden.

2. Nacherben sind minderjährige Geschwister des minderjährigen Vorerben

79 Dies ist wohl der umstrittenste Fall. Hier handeln die Eltern auf beiden Seiten für ihre minderjährigen Kinder.

80 a) **Maßnahmen der ordnungsmäßigen Verwaltung.** Ist eine Verfügung ordnungsgemäß, muss der Nacherbe gem. § 2120 BGB dieser Verfügung zustimmen. In diesem Fall greift § 1795 Abs. 1 Nr. 1 BGB ein, da die Zustimmung ein Rechtsgeschäft ist und die Eltern auf beiden Seiten auftreten. Allerdings kann man auch hier einwenden, dass die Zustimmung nur als Erfüllung einer Verbindlichkeit aufzufassen ist und deswegen ein Interessenkonflikt ausscheidet, § 1795 Abs. 1 Nr. 1 2. HS BGB. Der Nacherbe muss zustimmen, wenn die Verfügung der ordnungsmäßigen Verwaltung dient. Insofern handelt er in Erfüllung einer Verbindlichkeit. Der Vorerbe verwaltet den Nachlass, wozu er verpflichtet ist, so dass auch aus seiner Sicht eine Erfüllung einer Verbindlichkeit gegeben ist. M. E. können die Eltern in diesem Fall für den Vorerben die Verwaltungsverfügung vornehmen und für den Nacherben zustimmen. Ein Pfleger ist also nicht erforderlich.

81 b) **Verfügungen des Vorerben gem. § 2113 Abs. 1 und Abs. 2 S. 1 BGB.** Bei diesen Verfügungen können die Eltern **weder die Vorerben- noch die Nacherbenseite** vertreten, wenn die Verfügungen nicht der ordnungsmäßigen Verwaltung dienen, da die Eltern auf beiden Seiten handeln, § 1795 Abs. 1 Nr. 1 BGB, und keine Erfüllung einer Verbindlichkeit vorliegt.[103] Manche vertreten allerdings die Ansicht, dass ein Insichgeschäft dann nicht gegeben ist, wenn die Verfügung an einen Dritten erfolgt und die Eltern für den Nacherben gegenüber dem Dritten zustimmen, da sie dann nur auf einer Seite des Rechtsgeschäfts handeln. Nach § 182 Abs. 1 BGB kann die Zustimmung auch einem Dritten gegenüber erteilt werden.[104] Eine Pflegerbestellung ist dann nicht erforderlich. Nach anderer Ansicht müsse § 181 BGB analog angewendet und ein Pfleger bestellt werden, da der Interessenwiderstreit unabhängig davon bestehe, wem gegenüber die Zustimmung erklärt wird.[105]

82 c) **Sonstiges.** Die Hinterlegung von Wertpapieren (§ 2116 BGB), der Sperrvermerk im Schuldbuch (§ 2118 BGB), die Erstellung eines Verzeichnisses der Erbschaftsgegenstände (§ 2121 BGB), die Herausgabe der Erbschaft an den Nacherben (§ 2130 BGB) sowie die Leistung von Wertersatz (§ 2134 BGB) an den Nacherben sind zwar m. E. auch in dieser Fallkonstellation sämtlich Maßnahmen, die aus Sicht des Vorerben als **Erfüllung einer Verbindlichkeit** im Sinne von § 1795 Abs. 1 Nr. 1 2. HS BGB oder § 181 2. HS BGB zu qualifizieren sind, so dass für den Vorerben **kein Ausschluss der Vertretungsmacht** vorliegt. Jedoch gilt das nicht für die Perspektive des Nacherben, der diese Rechte geltend machen kann. In diesem Fall greift § 1795 Abs. 1 Nr. 1 BGB mit der Folge ein, dass die Eltern weder für den Vorerben noch den Nacherben vertreten können und **ein Pfleger zu bestellen** ist, der die Rechte des Nacherben geltend machen kann. Da ein Pfleger über § 1915 Abs. 1 BGB auch in den Anwendungsbereich des § 1795 BGB fällt, muss für den Vorerben sowie den Nacherben ein eigener Pfleger bestellt werden.

83 Nach **anderer Ansicht** werden die Maßnahmen aus Sicht eines Nacherben lediglich rechtlich vorteilhaft sein, so dass ein Pfleger nicht erforderlich sei.[106] Handeln aber die Eltern nicht, so

---

[102] Für die Vertretung des minderjährigen Nacherben stellt sich die Sachlage schwieriger dar, s. unten unter Rdnr. 88 ff.
[103] Vgl. *Damrau* Minderjährige § 45 Rdnr. 262 und § 46 Rdnr. 271.
[104] RG Urt. v. 29.3.1911 – RGZ 76, 89, 92 f.; OLG Düsseldorf Beschl. v. 22.8.1984 – NJW 1985, 390, 390; OLG Hamm Beschl. v. 19.3.1965 – NJW 1965, 1489, 1490; OLG Hamm Beschl. v. 11.4.2003 – DNotZ 2003, 635, 636; LG Berlin Beschl. v. 1.6.1987 – RPfleger 1987, 457, 457; Palandt/*Heinrichs* § 181 Rdnr. 8; Soergel/*Leptien* § 181 Rdnr. 31; Soergel/*Harder/Wegmann* § 2113 Rdnr. 11.
[105] Vgl. BGH Beschl. v. 27.2.1980 – BGHZ 77, 7, 9 f.[nicht zum Minderjährigenrecht, sondern zur Anwendung des § 181 bei einer Löschungsbewilligungserklärung gegenüber dem Grundbuchamt]; Erman/*Palm* § 181 Rdnr. 17; MünchKommBGB/*Schramm* § 181 Rdnr. 31; MünchKommBGB/*Grunsky* § 2120 Rdnr. 7 Fn. 21 und § 2113 Rdnr. 15; Bamberger/Roth/*Litzenburger* § 2113 Rdnr. 23; Staudinger/*Schilken* § 181 Rdnr. 41.
[106] *Damrau* Minderjährige § 45 Rdnr. 264.

könnte das Familiengericht einen Pfleger bestellen, das über § 1640 BGB, § 74 a FGG von der Nacherbschaft des Minderjährigen Kenntnis hat.[107]

3. Mehrere minderjährige Geschwisterkinder sind Vorerben

Wenn die Eltern **mehrere minderjährige Vorerben** vertreten, so sollte auch im Rahmen der **ordnungsmäßigen Verwaltung** eine Anwendung der §§ 1795 und 181 BGB ausgeschlossen sein. Die Vorerbengemeinschaft ist wie die Erbengemeinschaft zu behandeln, soweit die Situationen vergleichbar sind, was z.B. bei der Nachlassverwaltung der Fall ist. Bezüglich der **ordnungsmäßigen Nachlassverwaltung** ist also eine **Pflegerbestellung abzulehnen**; die Vorschriften der §§ 1795, 181 BGB sind nicht anzuwenden.[108]

Bei **Verfügungen** der Vorerben **gem. § 2113 Abs. 1 und Abs. 2 S. 1 BGB** ist die Interessenlage gleich, da sie auf einer Seite des Vertrags stehen und es ihr gemeinsames Interesse ist, die Zustimmung des Nacherben zu erhalten. Ein Interessenkonflikt liegt nicht vor. Das gilt auch, wenn die Eltern Nacherben sind. Ein Pfleger ist also entbehrlich. Etwas anderes könnte im Einzelfall nur gelten, sofern es zu einem konkreten Interessenwiderstreit gem. § 1796 BGB kommt.

Im Übrigen besteht auch bezüglich der oben unter Rdnr. 78 aufgeführten Rechtsgeschäfte und Maßnahmen kein Interessenkonflikt, denn auch diesbezüglich stehen die Vorerben auf der selben Seite, so dass ein Pfleger entbehrlich ist.

4. Genehmigung des Familien-/Vormundschaftsgerichts

Die **Genehmigung des Familiengerichts** ist immer dann notwendig, wenn ein Rechtsgeschäft des minderjährigen Vorerben den Katalog der §§ 1643 Abs. 1, 1821, 1822 Nr. 1, 3, 5, 8 bis 11 BGB erfüllt. Die Grundstücksbelastung zur Tilgung von Nachlassverbindlichkeiten ist z.B. gem. § 1821 Abs. 1 Nr. 1 BGB genehmigungspflichtig, da keine genehmigungsfreie Verfügung über Grundpfandrechte gem. § 1821 Abs. 2 BGB vorliegt, sondern es sich um eine Bestellung eines Grundpfandrechts handelt und letzteres jedoch eine Verfügung über das Grundstück des minderjährigen Vorerben ist.[109] Für den **Vormund** gelten die Ausführungen entsprechend.

VII. Der Minderjährige als Nacherbe

In dieser Konstellation muss die Vertretungsberechtigung vor allem genau geprüft werden, wenn die Eltern als (Mit-) Vorerben eingesetzt sind, zugleich minderjährige Vorerben vertreten oder mehrere minderjährige Geschwister Nacherben sind.

1. Vorerben sind die Eltern oder ein Elternteil

a) **Maßnahmen der ordnungsmäßigen Verwaltung.** Fraglich ist, ob **Eltern die Zustimmung** an Stelle des Nacherben zu eigenen Verfügung **erteilen** können. Grundsätzlich handeln die Eltern auf beiden Seiten, so dass ein Interessenkonflikt gem. §§ 1629 Abs. 2, § 1795 Abs. 2 i.V.m. § 181 BGB vorliegt. Grundsätzlich gilt auch hier, dass nach einer Auffassung zumindest gegenüber Dritten die Zustimmung des Nacherben durch die Eltern erklärt werden kann,[110] während nach anderer Auffassung auch gegenüber Dritten § 181 BGB eingreift.[111] M. E. muss beachtet werden, dass Verfügungen im Rahmen einer ordnungsmäßigen Verwaltung zu einer Zustimmungspflicht des Nacherben führen, die als Erfüllung einer rechtlichen Verbindlichkeit im Sinne von § 181 BGB zu qualifizieren sind. Wenn der Nacherbe zustimmen muss, scheidet ein Interessenkonflikt m. E. aus, so dass kein Pfleger zu bestellen ist.

---

[107] Hierzu ausf. *Damrau* Minderjährige § 45 Rdnr. 265 f.
[108] Vgl. oben Rdnr. 41 ff. u. 75 f.
[109] Palandt/*Diederichsen* § 1821 Rdnr. 14.
[110] RG Urt. v. 29.3.1911 – RGZ 76, 89, 92 f.; OLG Düsseldorf Beschl. v. 22.8.1984 – NJW 1985, 390, 390; OLG Hamm Beschl. v. 19.3.1965 – NJW 1965, 1489, 1490; OLG Hamm Beschl. v. 11.4.2003 – DNotZ 2003, 635, 636; LG Berlin Beschl. v. 1.6.1987 – RPfleger 1987, 457, 457; Palandt/*Heinrichs* § 181 Rdnr. 8; Soergel/*Leptien* § 181 Rdnr. 31; Soergel/*Harder/Wegmann* § 2113 Rdnr. 11.
[111] Vgl. BGH Beschl. v. 27.2.1980 – BGHZ 77, 7, 9 f.[nicht zum Minderjährigenrecht, sondern zur Anwendung des § 181 bei einer Lösungsbewilligungserklärung gegenüber dem Grundbuchamt]; Erman/*Palm* § 181 Rdnr. 17; MünchKommBGB/*Schramm* § 181 Rdnr. 31; MünchKomm/*Grunsky* § 2120 Rdnr. 7 Fn. 21 und § 2113 Rdnr. 15; Bamberger/Roth/*Litzenburger* § 2113 Rdnr. 23; Staudinger/*Schilken* § 181 Rdnr. 41. Vgl. oben Rdnr. 81.

90 **b) Verfügungen der Eltern gem. § 2113 Abs. 1 und Abs. 2 S. 1 BGB.** Ganz anders stellt sich die Rechtslage für Verfügungen dar, die nicht zum Zwecke der ordnungsmäßigen Verwaltung erfolgen. In diesen Konstellationen fällt eine Zustimmung an Stelle des Nacherben in den Anwendungsbereich des § 181 BGB und kann nicht als Erfüllung einer Verbindlichkeit angesehen werden. Verkaufen die Eltern ein Grundstück, können sie nicht für den Nacherben die Zustimmung erklären. Hierfür müsste ein Pfleger bestellt werden.

91 **c) Sonstiges.** Hier gelten die Ausführungen unter Rdnr. 82 entsprechend. Sofern es um die Rechte des minderjährigen Nacherben geht, die gegenüber den Eltern als Vorerben geltend zu machen sind, greift § 1795 Abs. 2 i.V.m. § 181 BGB ein, so dass die Ausführungen unter Rdnr. 82 entsprechend herangezogen werden können.

2. Vorerben sind minderjährige Geschwister des minderjährigen Nacherben

92 Hier kann vollständig auf die Ausführungen oben unter Rdnr. 79 ff. verwiesen werden.

3. Nacherben sind mehrere minderjährige Geschwisterkinder

93 Sofern mehrere minderjährige Kinder Nacherben sind und Dritte die Stellung als Vorerben innehaben, greift § 1795 Abs. 2 i.V.m. § 181 BGB nicht ein, da zwar eine Mehrfachvertretung vorliegt, jedoch die Kinder im gleichen Lager stehen und ein Insichgeschäft nicht gegeben ist.

4. Genehmigung des Familien-/Vormundschaftsgerichts

94 Bezüglich der Genehmigungspflicht kann auf die Ausführungen zur Genehmigungsbedürftigkeit im Falle eines minderjährigen Vorerben unter Rdnr. 87 verwiesen werden.

5. Besonderheiten bei der Ausschlagung

95 Bei der Ausschlagung im Zusammenhang mit der Vor- und Nacherbfolge ist § 1913 BGB zu beachten. Während nach § 1912 BGB eine Leibesfrucht gemäß § 1912 Abs. 2 BGB in der Regel keinen Pfleger bedarf, wenn Eltern die elterliche Sorge zustünde, wenn das Kind bereits geboren wäre, wird in § 1913 S. 2 BGB bestimmt, dass für einen Nacherben, der noch nicht gezeugt ist oder dessen Persönlichkeit erst durch ein künftiges Ereignis bestimmt wird, für die Zeit bis zum Eintritt der Nacherbfolge ein Pfleger bestellt werden kann. Für noch nicht gezeugte Abkömmlinge kann keine Vertretungsmacht der Eltern bestehen. Mangels entsprechender Regelung gemäß § 1912 BGB soll dann, wenn Rechte potentieller späterer Nacherben gewahrt werden müssen, ein Pfleger bestellt werden, damit rechtswirksam agiert werden kann. So hat die Rechtsprechung entschieden, dass dann, wenn ein Nacherbe gegen Abfindung auf sein Nacherbenrecht verzichtet, für mögliche später geborene Abkömmlinge ein Pfleger zu bestellen ist.[112] In der Entscheidung des Landgerichts Duisburg wurde allerdings die Pflegerbestellung deswegen angeordnet, um ein auch für den noch nicht gezeugten Ersatznacherben günstiges Rechtsgeschäft zwischen Vor- und Nacherben zu ermöglichen. Ist der Nacherbe noch minderjährig und schlagen die Eltern für den minderjährigen Nacherben die Nacherbenanwartschaft gegen Abfindung aus, muss also in Erwägung gezogen werden, ob für noch nicht gezeugte Nacherben ebenso ein Pfleger zu bestellen ist, der entsprechend die Ersatznacherbenanwartschaft ausschlägt. Letzteres gilt jedoch nur, wenn im Testament – wie häufig – als Nacherben gemeinschaftliche Abkömmlinge eingesetzt werden. Einer Pflegerbestellung könnte man testamentarisch dadurch vorbeugen, dass zwar gemeinschaftliche Abkömmlinge als Nacherben bestimmt werden, dass aber bei Wegfall eines Abkömmlings eine klare Ersatznacherbfolge angeordnet wird (z.B. zu Gunsten der übrigen noch lebenden Abkömmlinge) **und** eine weitere Ersatznacherbfolge zu Gunsten noch nicht gezeugter Nacherben ausgeschlossen wird.

VIII. Der Minderjährige als Vermächtnisnehmer

96 Nach h. M. wird der Erbe als Vermächtnisschuldner nicht von seiner Pflicht zur Erfüllung frei, wenn er das Eigentum am Vermächtnisgegenstand auf den minderjährigen beschränkt geschäftsfähigen Begünstigten überträgt. Das Eigentum geht zwar über, da es nur einen rechtlichen Vorteil für den Minderjährigen bedeutet, die Eltern müssen jedoch noch zustimmen,

---

[112] LG Duisburg Beschl. v. 6.2.1960 – NJW 1960, 1205 ff.

damit Erfüllung eintritt.¹¹³ Ist der Minderjährige geschäftsunfähig, müssen seine Eltern das Vermächtnis an seiner Stelle geltend machen.

Wenn ein Elternteil Erbe ist und das Vermächtnis schuldet, ist die Geltendmachung des Vermächtnisanspruchs für den Minderjährigen lediglich rechtlich vorteilhaft. § 1795 Abs. 2 i.V.m. § 181 BGB greift nicht ein. Etwas anderes könnte aber im Falle eines Wahlvermächtnisses gelten, vgl. oben unter VI. 3. Rdnr. 56 ff.

Ist ein anderes minderjähriges Kind Erbe, können die Eltern dennoch handeln. Denn für den minderjährigen Erben ist die Vermächtniserfüllung nur eine Erfüllung einer Verbindlichkeit, so dass ein Vertretungsverbot gem. § 1795 Abs. 1 Nr. 1 2. HS BGB nicht entsteht. Für den minderjährigen Vermächtnisnehmer bleibt die Vermächtnisforderung lediglich rechtlich vorteilhaft.

Im Einzelfall könnte § 1796 BGB eingreifen und eine andere Beurteilung ermöglichen. Eine **Genehmigungspflicht des Familiengerichts** besteht nur, sofern ein Fall aus dem Katalog der §§ 1643 Abs. 1, § 1821, § 1822 Nr. 1, 3, 5, 8 bis 11 BGB vorliegt. Für einen Vormund oder Pfleger gelten die Ausführungen entsprechend.

IX. Der Minderjährige als Vor- oder Nachvermächtnisnehmer

Hier gibt es keine Besonderheiten. Der Nachvermächtnisnehmer hat zwischen Erbfall und dem Anfall des Nachvermächtnisses eine Anwartschaft. Die Verfügungsbeschränkungen der §§ 2113 f. BGB für Vorerben finden aber keine Anwendung auf den Vorvermächtnisnehmer. Der Vorvermächtnisnehmer zieht die Nutzungen bis zum Anfall des Nachvermächtnisses, trägt die gewöhnlichen Erhaltungskosten und ist dem Nachvermächtnisnehmer zur ordnungsmäßigen Verwaltung verpflichtet.¹¹⁴ Soweit der BGH im Falle ordnungsmäßiger Verwaltung dem Nachvermächtnisnehmer ein Zustimmungsrecht zubilligt, von dem die Wirksamkeit der Verfügung des Vorvermächtnisnehmers abhängt,¹¹⁵ können die Ausführungen zur Beteiligung Minderjähriger bei der Vor- und Nacherbfolge oben unter Rdnr. 75 f. u. 80 entsprechend herangezogen werden.

X. Der Minderjährige als Pflichtteilsberechtigter

Diesbezüglich sind insbesondere Sachverhalte zu beachten, in denen sich der Pflichtteilsanspruch gegen einen Elternteil oder gegen Geschwister richtet.

1. Pflichtteilsansprüche gegen einen Elternteil

Die Situation entsteht typischerweise im Fall des Berliner Testaments, wenn sich Ehegatten gegenseitig als Alleinerben einsetzen und die gemeinsamen Kinder als Erben des überlebenden Ehepartners bestimmen. Ist ein Kind bei Ableben des ersten Ehegatten minderjährig und beschränkt geschäftsfähig, könnte es seinen Pflichtteilsanspruch geltend machen. In diesem Fall bedürfte es der Einwilligung des gesetzlichen Vertreters gem. § 107 BGB, sofern man die Geltendmachung nicht nur als rechtlich vorteilhaft ansieht. Denkbar ist auch, dass der vertretungsberechtigte Elternteil an Stelle des Kindes den Pflichtteilsanspruch gegen sich selbst geltend macht. Nach **h. M.** ist **grundsätzlich ein Vertretungsverbot abzulehnen**. Der überlebende Elternteil soll für die Kinder entscheiden dürfen, ob der Pflichtteil geltend gemacht wird.¹¹⁶ Er darf lediglich keinen Erlass mit sich selbst als Vertreter des Minderjährigen schließen, §§ 1629 Abs. 2, § 1795 Abs. 2, 181 BGB. Auch für die Berechnung des Pflichtteilsanspruchs soll eine Pflegerbestellung nicht erforderlich sein. Aufschluss über die Berechnung ergibt sich aus dem Vermögensverzeichnis, das der gesetzliche Vertreter beim Familiengericht gem. § 1640 BGB einreichen muss, solange keine Ausnahme gem. § 1640 Abs. 2 BGB vorliegt.¹¹⁷ Im Einzelfall

---

¹¹³ Vgl. *Damrau* Minderjährige § 49 Rdnr. 289; vgl hierzu auch oben Rdnr. 56 ff., dort auch zur Mindermeinung.
¹¹⁴ Palandt/*Edenhofer* § 2191 Rdnr. 3; zur Verwaltung BGH Urt. v. 6.3.1991 – BGHZ 114, 16. 20 ff.
¹¹⁵ Siehe BGH Urt. v. 6.3.1991 – BGHZ 114, 16, 29.
¹¹⁶ BayObLG Beschl. v. 25.4.1963 – BayObLGZ 1963, 132, 134; MünchKommBGB/*Lange* § 2317 Rdnr. 9; Palandt/*Edenhofer* § 2317 Rdnr. 5; vgl. auch *Damrau* Minderjährige § 8 Rdnr. 56.
¹¹⁷ Palandt/*Edenhofer* § 2317 Rdnr. 5.

kann aber das Familiengericht den Eltern die Vertretungsmacht gem. § 1796 BGB entziehen und eine Pflegschaft anordnen, sofern ein erheblicher Interessengegensatz vorliegt.[118] Das könnte etwa der Fall sein, wenn der überlebende Elternteil für ein minderjähriges Kind den Pflichtteil geltend macht, es aber für andere minderjährige Kinder willkürlich unterlässt. In der Literatur wird auch der Fall genannt, dass der überlebende Elternteil durch sein Verhalten riskiert, den Pflichtteilsanspruch nach Erreichen der Volljährigkeit des zuvor minderjährigen Pflichtteilsberechtigten nicht mehr erfüllen zu können, etwa bei einem kostspieligen Lebenswandel oder einer erneuten Heirat.[119]

103   In diesem Zusammenhang ist bedeutsam, dass die **Verjährung** von Ansprüchen zwischen Eltern und Kindern und dem Ehegatten eines Elternteils und dessen Kinder während der Minderjährigkeit der Kinder gehemmt ist, § 207 Abs. 1 S. 2 Nr. 2 BGB. Bleiben Eltern untätig, kann das Kind nach Erreichen der Volljährigkeit seine Pflichtteilsansprüche durchsetzen.[120]

104   Ist den Eltern das **Recht zur Vermögensverwaltung gem. § 1638 BGB entzogen**, gilt das auch für die Vermögenssorge, so dass ein **Pfleger** gem. § 1909 zu bestellen ist.[121] Aus gestalterischer Sicht ist die Frage zu stellen, in welchen Fällen die Entziehung der elterlichen Vermögensverwaltung gem. § 1638 BGB eine geeignete Maßnahme ist. Klassisch gilt das für geschiedene Eheleute, wenn ein geschiedener Partner, z.B. der Ehemann, wieder verheiratet ist und aus der neuen Ehe weitere Kinder stammen. Stirbt der geschiedene Ehemann und setzt er z.B. seine neue Frau als Alleinerbin oder auch seine neuen Kinder als Miterben ein, um zu vermeiden, dass sein Kind aus erster Ehe und damit die geschiedene Ehefrau als gesetzliche Vertreterin faktisch in die Erbengemeinschaft einrückt, so kann für solche Fälle die Entziehung der Vermögensverwaltung sinnvoll sein.[122]

105   Eine **Genehmigung des Familiengerichts** bzw. des **Vormundschaftsgerichts** ist für die Geltendmachung und Durchsetzung von Pflichtteilsforderungen mangels Erwähnung in § 1643 und § 1821 f. BGB nicht erforderlich. Entsteht jedoch Streit zwischen einem Pfleger und dem Elternteil über die Höhe der Pflichtteilsforderung, soll die getroffene Vereinbarung über §§ 1909, 1915 Abs. 1, 1822 Nr. 12 BGB zur Genehmigungspflicht des Vormundschaftsgerichts führen.[123]

2. Pflichtteilsansprüche gegen Geschwister

106   Der Elternteil ist gem. § 1795 Abs. 1 Nr. 1 BGB zur Vertretung berechtigt, wenn der Minderjährige Pflichtteilsansprüche gegen seine Geschwister hat. Für den minderjährigen Erben liegt in der Erfüllung der Pflichtteilsforderungen nur die Erfüllung einer Verbindlichkeit, vgl. § 1795 Abs. 1 Nr. 1 2. HS BGB. Aus Sicht des minderjährigen Pflichtteilsberechtigten ist die Durchsetzung des Pflichtteilsanspruchs lediglich rechtlich vorteilhaft. Sofern die Ansprüche gerichtlich geltend gemacht werden, verliert der Elternteil seine Vertretungsmacht, da § 1795 Abs. 1 Nr. 3 BGB anders als Nr. 1 keine Ausnahme für den Fall der Erfüllung einer rechtlichen Verbindlichkeit enthält.

Verzichten Eltern auf die Geltendmachung von Pflichtteilsforderungen, ist jedoch der Erbe nach Eintritt der Volljährigkeit des Pflichtteilsberechtigten nicht mehr zahlungsfähig, wird eine Schadensersatzpflicht des Elternteils über § 1664 BGB für möglich gehalten.[124]

107   Bezüglich der Genehmigungspflicht kann oben auf Rdnr. 105 verwiesen werden. Bei *Damrau* findet sich auch die Behandlung von Pflichtteilsansprüchen gegen Verschwägerte oder Seitenverwandte des gesetzlichen Vertreters.[125]

---

[118] MünchKommBGB/*Lange* § 2317 Rdnr. 9; vgl. BayObLG Beschl. v. 25.4.1963 – BayObLGZ 1963, 132, 134.
[119] *Damrau* Minderjährige § 8 Rdnr. 61.
[120] Vgl. Palandt/*Edenhofer* § 2317 Rdnr. 5.
[121] MünchKommBGB/*Lange* § 2317 Rdnr. 9; Staudinger/*Haas* § 2317 Rdnr. 44.
[122] Ausf. hierzu *Damrau* Minderjährige § 7 Rdnr. 45 ff.
[123] *Damrau* Minderjährige § 8 Rdnr. 65.
[124] *Damrau* Minderjährige § 9 Rdnr. 74.
[125] *Damrau* Minderjährige § 10 und § 11.

XI. Der Minderjährige als Erb- und Pflichtteilsverzichtender

Der beschränkt geschäftsfähige Minderjährige kann den Verzichtsvertrag nur mit Zustimmung seines gesetzlichen Vertreters schließen, § 107 BGB. Der Verzicht ist rechtlich nachteilig.[126] Erfolgt der Verzicht gegenüber einem sorgeberechtigten Elternteil, so ist diesem gem. § 1629 Abs. 2 S. 1 BGB, § 1795 Abs. 1 Nr. 1 BGB die Vertretungsmacht entzogen, wenn der Minderjährige einen Verzicht gegenüber dem anderen Elternteil erklären möchte. Ist der Elternteil selbst betroffen, ist seine Vertretungsmacht gem. § 1795 Abs. 2, § 181 BGB ausgeschlossen. Für den Minderjährigen muss ein **Pfleger** bestellt werden. Entsprechendes gilt, wenn ein Vormund für den Minderjährigen handelt.

In der Regel wird für den Erbverzicht gem. § 2347 S. 1 2. HS BGB die **Genehmigung des Vormundschaftsgerichts** erforderlich sein. Das muss auch dann gelten, wenn nur ein **Pflichtteilsverzicht** vereinbart werden soll.

Ist aber das Vormundschaftsgericht zuständig, wenn der Minderjährige auf einen Pflichtteil verzichtet? An sich ist § 1643 Abs. 2 BGB einschlägig, wonach das Familiengericht zuständig wäre. Für den Erbverzicht, der einen Pflichtteilsverzicht enthält, bestimmt § 2347 S. 1 BGB die Genehmigungspflicht des Vormundschaftsgerichts. Fraglich ist, ob damit tatsächlich der Gesetzgeber wollte, dass im Falle eines **Pflichtteilsverzichts**, sofern Eltern überhaupt vertretungsberechtigt sind, das **Familiengericht** zuständig ist, und bei einem **Erbverzicht das Vormundschaftsgericht** die Genehmigung erklären muss. Immerhin bestimmt § 2346 Abs. 2 BGB, dass der Verzicht auch auf das Pflichtteilsrecht beschränkt werden kann. Deshalb ist fraglich, ob der Gesetzgeber eine Zuständigkeitsspaltung wünschte. Diese Frage ist von Bedeutung, da die Zustimmung durch ein unzuständiges Gericht als unwirksam betrachtet werden muss. Im Zweifelsfall sollte beim Familiengericht und beim Vormundschaftsgericht die Genehmigung beantragt werden, um jedes Risiko einer fehlenden Genehmigung zu vermeiden.

XII. Der Minderjährige und der Erb- und Pflichtteilsverzicht der Eltern

Ist der Minderjährige der Verzichtsempfänger, kann er gem. § 2347 Abs. 2 S. 1 BGB den Vertrag nur persönlich schließen, wobei er im Fall der beschränkten Geschäftsfähigkeit nicht der Zustimmung des gesetzlichen Vertreters bedarf. Deshalb können Eltern als Vertreter des Minderjährigen für sich einen Erb- oder Pflichtteilsverzicht erklären. Ein **Pfleger** ist entbehrlich. Eine **Genehmigung des Vormundschaftsgerichts** ist für den **beschränkt geschäftsfähigen Minderjährigen nicht erforderlich**, da der Verzicht nur rechtlich vorteilhaft für den Minderjährigen ist.[127] Ist der Minderjährige **geschäftsunfähig**, so ist nach § 2347 Abs. 2 S. 2 2. HS BGB die Genehmigung des Vormundschaftsgerichts erforderlich.

Wenn sich der unbeschränkt oder beschränkt geschäftsfähige Minderjährige verpflichtet, für den Verzicht eine **Abfindung** zu zahlen, so ist der Verpflichtungsvertrag zur Entgegennahme eines Erbverzichts rechtlich nachteilig i.S.d. § 107 BGB. Eltern sind in diesem Fall gem. §§ 1629 Abs. 2, 1795 Abs. 2, § 181 BGB an der Vertretung gehindert. Ein **Pfleger** muss bestellt werden. Unsicher ist die Frage der gerichtlichen Genehmigungspflicht. § 1643 BGB dürfte keine Anwendung finden, da dieser nur den Verzicht des Minderjährigen betrifft. § 2347 Abs. 2 BGB ordnet eine Genehmigungspflicht nur für den geschäftsunfähigen Minderjährigen an. Dadurch verbleibt es für den beschränkt geschäftsfähigen Minderjährigen dabei, dass das Vormundschaftsgericht nicht zustimmen muss.

XIII. Der Minderjährige und die Testamentsvollstreckung

Die Ausführungen beschränken sich überwiegend auf Fälle, in denen der gesetzliche Vertreter – in der Regel die Eltern oder ein Elternteil – zum Testamentsvollstrecker berufen ist und minderjährige Abkömmlinge allein oder neben den Eltern als Erben eingesetzt sind. Die

---

[126] MünchKommBGB/*Strobel* § 2347 Rdnr. 1.
[127] *Damrau* Minderjährige § 44 Rdnr. 255.

Ernennung eines Minderjährigen zum Testamentsvollstrecker durch den Erblasser ist übrigens gem. § 2201 BGB unwirksam, da die Ernennung von Geschäftsunfähigen oder Personen, die zu der Zeit, in der das Amt anzutreten ist, in der Geschäftsfähigkeit beschränkt sind, unwirksam ist.

1. Die Verwaltung des Nachlasses

114 Der Testamentsvollstrecker hat den Nachlass gem. § 2205 BGB zu verwalten. Er hat dabei unter anderem nach Annahme des Amtes ein Nachlassverzeichnis für die Erben zu erstellen, muss auf Verlangen Nachlassgegenstände, die er nicht (mehr) benötigt, den Erben überlassen und hat den Erben auf ein entsprechendes Verlangen regelmäßig Rechnung zu legen.

115 a) **Das Nachlassverzeichnis gem. § 2215 BGB.** Der Elternteil muss in seiner Eigenschaft als Testamentsvollstrecker das Nachlassverzeichnis erstellen und dem minderjährigen Erben, vertreten durch sich (dem Elternteil) selbst, mitteilen. Bestünde keine Testamentsvollstreckung, müssten Eltern gem. § 1640 BGB dem Familiengericht ein Vermögensverzeichnis mitteilen. Der Testamentsvollstrecker hat diese Obliegenheit nicht. Im Fall eines fremden Testamentsvollstreckers müssen auch Eltern kein Verzeichnis einreichen, da das Vermögen nicht ihrer Verwaltung im Sinne von § 1640 BGB unterliegt. Ist nun der überlebende Elternteil zugleich Testamentsvollstrecker, so wird wohl nach h. M. eine Pflicht der Eltern angenommen, dem Familiengericht das Verzeichnis mitzuteilen. Das scheint aufgrund von Schutzerwägungen zugunsten des Minderjährigen überzeugend.[128] Nach wohl nun **h. M.** muss für die Entgegennahme und Überprüfung des Verzeichnisses ein **Pfleger bestellt** werden.[129] Zwar handelt es sich dabei um kein Rechtsgeschäft, so dass die §§ 1795, 181 BGB nicht eingreifen. Doch wird in aller Regel ein erheblicher Interessengegensatz gem. § 1796 BGB vorliegen.[130]

Eine **familien- oder vormundschaftsgerichtliche Genehmigung** ist nicht erforderlich, da kein Fall der §§ 1821 ff. BGB vorliegt.

116 b) **Herausgabe von Nachlassgegenständen gem. § 2217 BGB.** Diese Fälle sind ähnlich wie unter a) zu beurteilen. § 2217 BGB dient grundsätzlich der Abgrenzung der Machtsphäre des Testamentsvollstreckers von der des Erben. Der Erbe soll in den Genuss des Nachlasses kommen, sobald das ohne Beeinträchtigung der Aufgaben des Testamentsvollstreckers geschehen kann.[131] Damit handelt es sich auch um ein Recht des minderjährigen Erben, das der gesetzliche Vertreter gegen den Testamentsvollstrecker geltend zu machen hat. Ist der gesetzliche Vertreter zugleich Testamentsvollstrecker, könnte ebenso das Vormundschaftsgericht dem Elternteil die Vertretungsmacht entziehen und einen **Pfleger** bestellen, § 1796 BGB.[132] Allerdings kann den Eltern nicht schon deswegen die Vertretungsmacht entzogen werden, weil zukünftig ein Fall des § 2217 BGB eintreten könnte. Eine bloße Beobachtungspflegschaft ist unzulässig.[133]

117 Eine ganz andere Frage ist, ob das Vormundschaftsgericht im konkreten Fall Kenntnis von der Notwendigkeit einer Pflegerbestellung erhält. Eltern müssen zwar gem. § 1909 Abs. 2 BGB dem Vormundschaftsgericht unverzüglich anzeigen, dass eine Pflegschaft erforderlich wird, unterbleibt diese Anzeige, kann es auch nicht zur Entziehung der Vertretungsmacht der Eltern kommen.

118 c) **Auskunfts- und Rechenschaftspflichten des Testamentsvollstreckers gem. § 2218 BGB.** Auch hier gilt, dass den Eltern die Vertretungsmacht gem. § 1796 BGB entzogen werden kann, wenn in der Doppelstellung als gesetzlicher Vertreter einerseits und Testamentsvollstrecker andererseits ein erheblicher Interessengegensatz entsteht. Nach wohl überwiegender Meinung

---

[128] Vgl. KG JFG 11, 48 = JW 1934, 1293; krit. Soergel/*Damrau* § 2215 Rdnr. 7.

[129] **Für eine Pflegerbestellung:** OLG Hamm Beschl. v. 13.1.1993 – FamRZ 1993, 1122, 1123; OLG Nürnberg Beschl. v. 29.6.2001 – FamRZ 2002, 272, 272 = ZEV 2002, 158, 158 m. Anm. *Schlüter;* MünchKommBGB/*Zimmermann* § 2215 Rdnr. 9. **Gegen eine Pflegerbestellung:** Soergel/*Damrau* § 2215 Rdnr. 7; ders. ZEV 1994, 1, 2.

[130] Vgl. OLG Hamm Beschl. v. 13.1.1993 – FamRZ 1993, 1122, 1123 und OLG Nürnberg Beschl. v. 29.6.2001 – FamRZ 2002, 272, 272 = ZEV 2002, 158, 158 m. Anm. *Schlüter;* krit. *Damrau* ZEV 1994, 1, 2.

[131] Soergel/*Zimmermann* § 2217 Rdnr. 1.

[132] Vgl. OLG Hamm Beschl. v. 13.1.1993 – FamRZ 1993, 1122, 1123; i.E. wohl auch Groll/*Zimmermann* Handbuch B X Rdnr. 43.

[133] OLG Hamm Beschl. v. 13.1.1993 – FamRZ 1993, 1122, 1123.

muss auch für die Rechnungslegung gem. § 2218 BGB ein **Pfleger** bestellt werden.[134] Der Erbe kann schließlich gem. § 2218 Abs. 2 BGB jährlich Rechnungslegung verlangen, wenn die Verwaltung länger dauert. Dieses Recht könnte ihm genommen werden, wenn der Elternteil als Vertreter des Kindes sich entscheidet, keine Auskünfte oder Rechnungslegung sich selbst gegenüber in seiner Eigenschaft als Testamentsvollstrecker zu verlangen. Nach **anderer Ansicht** ist für Eltern kein Pfleger zu bestellen, nur weil sie vom Erblasser zusätzlich als Testamentsvollstrecker eingesetzt worden sind.[135] Zur Vermeidung dieser Schwierigkeiten siehe den Gestaltungstipp unten Rdnr. 128.

d) Antrag auf Außerkraftsetzung von Verwaltungsanordnungen des Erblassers. Die obigen Ausführungen unter a) bis c) dürften auch entsprechend gelten, wenn der Testamentsvollstrecker gem. § 2216 Abs. 2 BGB den Antrag beim Nachlassgericht stellt, Anordnungen des Erblassers für die Verwaltung des Nachlasses außer Kraft zu setzen. In diesem Fall sollen die Beteiligten vor der Entscheidung gehört werden, § 2216 Abs. 2 S. 3 BGB. Für den Minderjährigen ist ein Pfleger zu bestellen.[136] Die Annahme liegt nah, dass der Testamentsvollstrecker zugleich als Vertreter des minderjährigen Beteiligten einem erheblichen Interessengegensatz gem. § 1796 BGB unterliegen könnte.[137]

2. Die Nachlassauseinandersetzung durch den Testamentsvollstrecker

Gem. § 2204 BGB hat der Testamentsvollstrecker die Auseinandersetzung der Erben untereinander zu bewirken. Der Testamentsvollstrecker hat entweder für den Abschluss eines **Auseinandersetzungsvertrages** mit allen Miterben zu sorgen oder einen **Auseinandersetzungsplan** aufzustellen. Vor der Ausführung des Plans sind alle Miterben zu hören, § 2204 Abs. 2 BGB.

Wenn Eltern Miterben und zugleich Testamentsvollstrecker sind, so ist regelmäßig davon auszugehen, dass der Erblasser den möglichen Interessenwiderstreit gestatten wollte, auch wenn er nicht ausdrücklich § 181 BGB ausgeschlossen hat.[138] Fraglich ist das jedoch, wenn zugleich minderjährige Kinder Miterben sind und die Eltern neben ihrer eigenen Miterbenstellung Testamentsvollstrecker sind oder auch lediglich als Testamentsvollstrecker berufen sind, ohne Miterben zu sein.

a) Auseinandersetzungsplan. Nach **h. M.** kann ein Testamentsvollstrecker aufgrund §§ 1629 Abs. 2, 1795 Abs. 2, 181 BGB nicht an der Auseinandersetzung als gesetzlicher Vertreter eines minderjährigen Erben mitwirken, es muss ein **Pfleger** bestellt werden.[139] Mehrere minderjährige Miterben können aber durch **einen Pfleger** vertreten werden, da sie alle auf derselben Seite stehen.[140] Das gilt auch, wenn zur Erfüllung eines Teilungsplans Gegenstände auf minderjährige Erben übertragen werden, z.B. Grundstücke.[141]

Eine **Genehmigung durch das Familiengericht** ist für den **Teilungsplan nicht** erforderlich.[142] Der Teilungsplan ist kein Auseinandersetzungsvertrag im Sinne von § 1822 Nr. 2 BGB.[143] Er wird vom Testamentsvollstrecker einseitig festgelegt. Das gilt auch, wenn Grundstücke veräußert werden, da sich nicht die Minderjährigen verpflichten, sondern allein der Testamentsvollstrecker gem. § 2205 BGB verfügt.[144]

---

[134] OLG Hamm Beschl. v. 13.1.1993 – FamRZ 1993, 1122, 1123; OLG Nürnberg Beschl. v. 29.6.2001 – FamRZ 2002, 272, 272 = ZEV 2002, 158, 158 m. Anm. *Schlüter*; MünchKommBGB/*Zimmermann* § 2218 Rdnr. 14; a.A. Erman/*Schmidt* § 2219 Rdnr. 3; *Schlüter* ZEV 2002, 158 ff.; *Damrau* ZEV 1994, 1, 2.
[135] *Damrau* ZEV 1994, 1, 2; *ders.* § 35 Rdnr. 215 und § 30 Rdnr. 192; Staudinger/*Reimann* § 2218 Rdnr. 22.
[136] I.E. auch Groll/*Zimmermann* Handbuch B X Rdnr. 43.
[137] Vgl. OLG Hamm Beschl. v. 13.1.1993 – FamRZ 1993, 1122, 1123.
[138] Bamberger/Roth/*J. Mayer* § 2204 Rdnr. 15.
[139] OLG Hamm Beschl. v. 13.1.1993 – FamRZ 1993, 1122, 1123 f.; BayObLG Beschl. v. 9.6.1967 – BayObLGZ 1967, 230, 240; Palandt/*Edenhofer* § 2204 Rdnr. 4; Staudinger/*Reimann* § 2197 Rdnr. 58 und § 2204 Rdnr. 29; Damrau ZEV 94, 1, 3 f.; *ders.* Minderjährige § 31 Rdnr. 197.
[140] *Damrau* Minderjährige § 31 Rdnr. 197; zum Arg. der selben Seite s. BGH Urt. v. 23.2.1968 – BGHZ 50, 8, 10.
[141] *Damrau* Minderjährige § 31 Rdnr. 198.
[142] *Damrau* Minderjährige § 31 Rdnr. 197.
[143] MünchKommBGB/*Zimmermann* § 2204 Rdnr. 9.
[144] *Damrau* Minderjährige § 31 Rdnr. 195.

124   Nur wenn der Teilungsplan im Einvernehmen mit den Erben von den Anordnungen des Erblassers abweicht, muss für die Zustimmung des minderjährigen Erben die Zustimmung des Vormundschaftsgerichts eingeholt werden,[145] was m. E. aber nur für den Vormund oder Pfleger gilt, nicht für Eltern, da § 1822 Nr. 2 BGB nicht auf Eltern anwendbar ist, vgl. § 1643 Abs. 1 BGB. Da jedoch den Eltern, die zugleich Testamentsvollstrecker sind, die Vertretungsmacht gem. § 1795 Abs. 2, 181 BGB entzogen ist, wird eine vormundschaftsgerichtliche Zustimmung erforderlich sein, da § 1822 Nr. 2 BGB für einen Pfleger gem. § 1915 BGB anwendbar ist.

125   b) **Auseinandersetzungsvereinbarung.** Schließen die Miterben unter Mitwirkung des Testamentsvollstreckers eine Auseinandersetzungsvereinbarung, und ist ein minderjähriger Miterbe ein Kind des Testamentsvollstreckers, so kann der Testamentsvollstrecker das Kind nicht vertreten, § 1629 Abs. 2, § 1795 Abs. 2, § 181 BGB. Sind mehrere minderjährige Kinder Miterben, muss anders als beim Auseinandersetzungsplan für **jedes Kind ein Pfleger** bestellt werden.[146]

126   Der Auseinandersetzungsvertrag ist ein Erbteilungsvertrag gem. § 1822 Nr. 2 BGB und bedarf der vormundschaftsgerichtlichen Genehmigung, wenn der Minderjährige durch einen Vormund oder Pfleger (wenn z.B. die Eltern rechtlich verhindert sind) vertreten wird.[147] Der BGH zog für die vormundschaftsgerichtliche Genehmigungspflicht einer Grundstücksverfügung allerdings § 1821 Abs. 1 Nr. 1 BGB heran, wenn Pfleger, Testamentsvollstrecker und minderjährige Erben über einen Teil des Nachlasses eine Vereinbarung treffen.[148] Aus der Entscheidung wird nicht klar, ob er § 1822 Nr. 2 BGB übersehen hat oder den Tatbestand des Erbteilungsvertrags gar nicht als erfüllt ansah. Deshalb ist das häufige Zitat dieser Entscheidung in der Literatur[149] mit Skepsis zu begegnen.

3. Die Beendigung der Testamentsvollstreckung

127   Der Testamentsvollstrecker, der zugleich als Elternteil gesetzlicher Vertreter des minderjährigen Erben ist, hat gem. § 2218, § 666 BGB bei Beendigung seiner Tätigkeit Rechenschaft abzulegen.

128   Konsequenterweise muss auch hier wie im Fall der laufenden Verwaltung des Nachlasses für die abschließende Rechnungslegung ein **Pfleger** bestellt werden, wenn es zu einer Doppelstellung der Eltern als gesetzliche Vertreter und als Testamentsvollstrecker kommt. Auch hier gilt, dass den Eltern die Vertretungsmacht gem. § 1796 BGB entzogen werden kann, wenn in dieser Doppelstellung ein erheblicher Interessengegensatz entsteht. Daher muss für die Rechnungslegung gem. § 2218 BGB ein **Pfleger** bestellt werden.[150] Andere sehen sogar die §§ 1795 Abs. 2, 181 BGB als einschlägig an, so dass den Eltern bereits kraft Gesetzes die Vertretungsmacht entzogen wird.[151] Nach **anderer Ansicht** ist für Eltern kein Pfleger zu bestellen, nur weil sie vom Erblasser zusätzlich als Testamentsvollstrecker eingesetzt worden sind.[152] Ferner ist eine **Pflegerbestellung erforderlich**, wenn ein Antrag auf Entlassung des Testamentsvollstreckers gem. § 2227 BGB gestellt werden soll. Der Antrag ist nicht nur rechtlich vorteilhaft, da der Antrag eine Kostenpflicht verursachen kann.[153]

Gestaltungstipp: Die Fälle einer Pflegerbestellung aufgrund einer Doppelfunktion als Elternteil und Testamentsvollstrecker können dadurch vermieden werden, dass Mittestamentsvollstreckung angeordnet wird mit dem Inhalt, dass der Mitvollstrecker alle diejenigen Aufga-

---

[145] MünchKommBGB/*Zimmermann* § 2204 Rdnr. 9; vgl. Staudinger/*Reimann* § 2204 Rdnr. 22; die in diesem Zusammenhang häufig zit. Entscheidung BGH Beschl. v. 18.6.1971 – BGHZ 56, 275, 284 erging allerdings zu einem Auseinandersetzungsvertrag und bezog sich auf eine Grundstücksverfügung gem. § 1821 Abs. 1 Nr. 1 BGB.
[146] *Damrau* Minderjährige § 34 Rdnr. 212; Bamberger/Roth/*J. Mayer* § 2204 Rdnr. 19.
[147] *Damrau* Minderjährige § 34 Rdnr. 212.
[148] BGH Beschl. v. 18.6.1971 – BGHZ 56, 275, 284.
[149] Z.B. *Damrau* Minderjährige § 31 Rdnr. 194; § 32 Rdnr. 202, § 33 Rdnr. 209.
[150] OLG Hamm Beschl. v. 13.1.1993 – FamRZ 1993, 1122, 1123; OLG Nürnberg Beschl. v. 29.6.2001 – FamRZ 2002, 272, 272 = ZEV 2002, 158, 158 m. Anm. *Schlüter*; MünchKommBGB/*Zimmermann* § 2218 Rdnr. 14.
[151] Bamberger/Roth/*J. Mayer* § 2218 Rdnr. 15.
[152] *Damrau* ZEV 1994, 1, 5; *ders.* § 35 Rdnr. 215 und § 30 Rdnr. 192; Staudinger/*Reimann* § 2218 Rdnr. 22.
[153] BayObLG Beschl. v. 9.6.1967 – BayObLGZ 1967, 230, 239.

ben übernimmt, für die der Testamentsvollstrecker aufgrund seiner Doppelfunktion verhindert ist.[154]

XIV. Der Minderjährige und die Anfechtung

Ein Minderjähriger ist zur Anfechtung einer letztwilligen Verfügung berechtigt, wenn er in dieser Verfügung übergangen worden ist, weil er bei der Errichtung z.B. noch gar nicht geboren war. Sofern er in der Geschäftsfähigkeit beschränkt ist, soll er wohl nach überwiegender Auffassung die Anfechtung selbst erklären können. Denn wenn der Minderjährige nach § 2080 Abs. 1 BGB anfechtungsberechtigt ist, weil ihm die Anfechtung unmittelbar zustatten kommt, so kann er auch selbst die Anfechtung gem. § 107 BGB wirksam erklären, da er lediglich einen rechtlichen Vorteil erhält.[155] Eine Zustimmung des gesetzlichen Vertreters soll dann nicht erforderlich sein.[156] Nach einer anderen Auffassung wird aber der Erwerb des Nachlasses als rechtlich nachteilig qualifiziert, da die mit der Erbschaft verbundene Haftung nicht nur rechtlich vorteilhaft ist.[157]

Ist der Minderjährige jedoch geschäftsunfähig, so kann der Elternteil als gesetzlicher Vertreter nicht anstelle seines anfechtungsberechtigten Kindes die Anfechtung seiner, des Elternteils, Einsetzung erklären, was aus § 1629 Abs. 2 S. 1, 1795 Abs. 2, 181 BGB folgen soll.[158]

Eine **gerichtliche Genehmigungspflicht** besteht nicht, da der Fall der Anfechtung einer letztwilligen Verfügung nicht vom Katalog der §§ 1821, 1822 BGB erfasst wird.

Die Anfechtungsfrist beträgt zwar gemäß § 2082 Abs. 1 BGB ein Jahr. Diese Frist endet jedoch für das übergangene Kind erst 6 Monate nach Erreichen der Volljährigkeit gemäß § 2082 Abs. 2 BGB in Verbindung mit § 210 Abs. 1 BGB. Der Minderjährige ist während der Zeit seiner Minderjährigkeit ohne gesetzlichen Vertreter, da dieser ihn gemäß § 1629, 1795, 181 BGB nicht vertreten kann. § 181 BGB soll bei einer Anfechtung gegenüber dem Nachlassgericht entsprechend anwendbar sein.[159]

XV. Der minderjährige Erbe im Gesellschaftsrecht

1. Der erbrechtliche Eintritt[160]

a) **GbR, OHG und KG.** Die Nachfolge eines Minderjährigen in eine GbR, eine OHG oder in eine KG als Komplementär oder Kommanditist vollzieht sich bei entsprechender Anordnung automatisch, ohne dass ein Mitwirken eines **Pflegers** oder die Zustimmung eines **Familien- oder Vormundschaftsgerichts** erforderlich ist. Sind mehrere Miterben vorhanden, kommt es (im Fall der einfachen Nachfolgeklausel) zu einer Sondererbfolge, bei der jeder Miterbe entsprechend seiner Quote unmittelbar einen Anteil an der Mitgliedschaft erhält, ohne dass eine gesamthänderische Bindung entsteht.[161] Für den gesetzlichen Vertreter stellt sich dann die Frage, ob er für den Minderjährigen die Erbschaft annehmen oder ausschlagen soll. Diesbezüglich kann auf die Ausführungen oben unter Rdnr. 24 ff. verwiesen werden. Allerdings ist der **Eintritt** eines minderjährigen Erben durch das Familien- bzw. Vormundschaftsgericht gem. § 1822 Nr. 3 BGB **genehmigungspflichtig**, wenn den Gesellschaftern die gesellschaftsvertragliche Verpflichtung auferlegt ist, nach dem Tod eines bestimmten Gesellschafters dem Minderjährigen durch Vertrag in die Gesellschaft aufzunehmen.[162] Ist der gesetzliche Vertreter an der Gesellschaft be-

---

[154] Staudinger/*Reimann* § 2218 Rdnr. 22.
[155] *Joussen* ZEV 2003, 181, 183; *Damrau* Minderjährige § 12 Rdnr. 80; MünchKommBGB/*Leipold* § 2080 Rdnr. 12; Soergel/*Loritz* § 2080 Rdnr. 21.
[156] *Joussen* ZEV 2003, 181, 183 f.
[157] Groll/*Zimmermann* Handbuch Teil B X Rdnr. 3 (dort zur Annahme der Erbschaft, wobei dieses Arg. auch für die Anfechtung des Testaments gelten kann).
[158] Soergel/*Loritz* § 2080 Rdnr. 21 m.w.N.
[159] *Damrau* Minderjährige § 12 Rdnr. 82 m.w.N.
[160] Für eine Beteiligung zu Lebzeiten vgl. oben § 32 Rdnr. 49 ff. und den Beitrag von *Rust* DStR 2005, 1942 ff. und 1992 ff.
[161] Vgl. hierzu im Handbuch § 40 Rdnr. 19.
[162] H.M., z.B. MünchKommBGB/*Wagenitz* § 1822 Rdnr. 23; Soergel/*Zimmermann* § 1822 Rdnr. 22; a.A. *Damrau*, Minderjährige S. 37 Rdnr. 139.

teiligt, so sollen auch die §§ 1629 Abs. 2, 1795, 181 BGB eingreifen und ein **Pfleger** erforderlich sein.[163]

134 **b) GmbH und AG.** Der Minderjährige wird mit dem Tod eines Gesellschafters Inhaber der vererbten GmbH-Anteile bzw. Inhaber der Aktien. Auch hier sind ein **Pfleger** sowie die **Genehmigung durch das Familien- oder Vormundschaftsgericht** nicht erforderlich. Erhält der Minderjährige die GmbH-Anteile oder die Aktien als Vermächtnis, gilt nichts anderes, solange es sich nicht um ein Wahlvermächtnis handelt, vgl. oben Rdnr. 56 ff. Denn die Erfüllung eines Vermächtnisses erfolgt lediglich zur Erfüllung einer Verbindlichkeit. Sofern mehrere Miterben vorhanden sind, gibt es keine Sondererbfolge wie bei den Personengesellschaften. GmbH-Anteile und Aktien unterliegen einer gesamthänderischen Bindung, wobei die §§ 18 GmbHG, 69 AktG zu beachten sind. Zu Problemen der Beteiligung Minderjähriger an Miterbengemeinschaften siehe oben Rdnr. 34 ff.

2. Die laufende Geschäftsführung unter Beteiligung minderjähriger Erben

135 **a) GbR, OHG und KG.** Nach h. M. finden bei Beschlussfassungen im Rahmen der laufenden Geschäftsführung die §§ 1629, 1795, 181 BGB keine Anwendung.[164] Das Ergebnis wird durch eine teleologische Reduktion des § 181 BGB erreicht. Diese Vorschrift verlangt einen Interessengegensatz, der aber bei Beschlussfassungen über laufende Geschäftsführungsmaßnahmen nicht vorliege. Sämtliche Gesellschafter bezwecken aufgrund des freiwilligen Zusammenschlusses das Wohl der Gesellschaft, so dass unterschiedliche Ansichten über den Weg, wie das Wohl der Gesellschaft zu erreichen ist, kein Interessengegensatz im Sinne von § 181 BGB sei.[165] Es muss also **kein Pfleger** bestellt werden. In der Regel wird auch eine **familien- oder vormundschaftsgerichtliche Genehmigung** nicht erforderlich sein.

136 **b) GmbH und AG.** Bei Kapitalgesellschaften soll ebenso wie bei Personengesellschaften eine teleologische Reduktion des § 181 BGB für Gesellschafterbeschlüsse über Geschäftsführungsmaßnahmen erfolgen. Auch hier steht die gemeinsame Verfolgung des im Gesellschaftsvertrag festgelegten Zwecks im Vordergrund, so dass die in § 181 BGB vorausgesetzte Kollision widerstreitender persönlicher Interessen nicht vorliege.[166] Der gesetzliche Vertreter kann also die minderjährigen Gesellschaftererben auch dann vertreten, wenn er selbst an der Gesellschaft beteiligt ist. Wie bei den Personengesellschaften werden die Beschlüsse über laufende Geschäftsführungsmaßnahmen keiner Genehmigungspflicht unterliegen.

3. Änderung des Gesellschaftsvertrages unter Beteiligung minderjähriger Erben

137 **a) GbR, OHG und KG.** Soll ein Gesellschaftsvertrag geändert werden und ist der gesetzliche Vertreter an der Gesellschaft beteiligt, so ist der gesetzliche Vertreter gem. § 1795 Abs. 2 BGB i.V.m. § 181 BGB gehindert, den minderjährigen Erben zu vertreten.[167] Das Vormundschafts- oder das Familiengericht (bei einer Vertretung durch die Eltern, vgl. § 1629 Abs. 2 S. 3 BGB) ist zu informieren, damit es einen **Pfleger** bestellen kann. Hingegen soll nach der Rechtsprechung die Änderung eines Gesellschaftsvertrages **nicht** gem. § 1822 Nr. 3 BGB **genehmigungsbedürftig** sein,[168] während das juristische Schrifttum zwar den Wortlaut des § 1822 Nr. 3 BGB anerkennt, aber eine Umgehung der vormundschaftsgerichtlichen Genehmigung fürchtet und deshalb auch die Änderung des Gesellschaftsvertrages als genehmigungspflichtig ansieht.[169] Der BGH sieht hingegen nur den Start in eine Mitgliedschaft als einen Vorgang an, der nur unter

---

[163] Vgl. Soergel/*Leptien* § 181 Rdnr. 19; Staudinger/*Schilken* § 181 Rdnr. 22; a.A. *Damrau* Minderjährige S. 37 Rdnr. 138, der insgesamt den Eintritt als rechtlich nicht nachteilig ansieht und keine unterschiedliche Behandlung des Eintritts aufgrund einer Eintrittsklausel oder der Nachfolge aufgrund einer einfachen oder qualifizierten Nachfolgeklausel möchte.
[164] BGH Beschl. v. 18.9.1975 – BGHZ 65, 93, 96 ff.; BGH Urt. v. 24.9.1990 – NJW 1991, 691, 692; MünchKommBGB/*Schramm* § 181 Rdnr. 20; Staudinger/*Schilken* § 181 Rdnr. 26; Soergel/*Leptien* § 181 Rdnr. 20; *Damrau* Minderjährige S. 35 Rdnr. 132.
[165] Vgl. BGH Beschl. v. 18.9.1975 – BGHZ 65, 93, 97 f.
[166] MünchKommBGB/*Schramm* § 181 Rdnr. 19; Staudinger/*Schilken* § 181 Rdnr. 25; Soergel/*Leptien* § 181 Rdnr. 21
[167] BGH Urt. v. 24.5.1976 – NJW 1976, 1538, 1539 ; BGH Urt. v. 20.9.1962 – BGHZ 38, 26, 31; Soergel/*Leptien* § 181 Rdnr. 20; MünchKommBGB/*Schramm* § 181 Rdnr. 21; Staudinger/*Schilken* § 181 Rdnr. 26.
[168] BGH Urt. v. 26.1.1961 – NJW 1961, 724, 725.
[169] Soergel/*Zimmermann* § 181 Rdnr. 26; MünchKommBGB/*Wagenitz* § 1822 Rdnr. 28; beide m.w.N.

Mitwirkung des Vormundschaftsgerichts erfolgen könne, während alle weiteren Maßnahmen bei der Führung des Gesellschaftsunternehmens der gesetzliche Vertreter unter eigener Verantwortung zu treffen habe.[170]

b) GmbH und AG. Wie bei den Personengesellschaften entsteht auch bei den Kapitalgesellschaften ein gesetzliches Vertretungsverbot, so dass bei einer Änderung der GmbH-Satzung in der Regel ein Pfleger bestellt werden muss, wenn die gesetzlichen Vertreter zugleich an der Gesellschaft beteiligt sind.[171] Zu den satzungsändernden Gesellschaftsbeschlüssen gehören auch alle Arten von Umwandlungen, der Abschluss und die Aufhebung von Unternehmensverträgen auf Seiten der abhängigen Gesellschaft und die Auflösung der Gesellschaft.[172] Ferner zählen auch Einziehungsbeschlüsse dazu, die ebenso dem Geltungsbereich des § 181 BGB unterfallen.[173] Ist ein Pfleger notwendig, aber nicht bestellt, sind die Rechtshandlungen zunächst schwebend unwirksam oder gegebenenfalls sogar nichtig, da in der Regel bereits die Gesellschafterversammlung auf einer fehlerhaften Einberufung beruhen wird und die gefassten Beschlüsse somit nichtig sind. Häufig wird die Ladung den Eltern zugehen, die in einem Fall des § 181 BGB aber nicht befugt sind, die Ladung anzunehmen.[174] Diese Ausführungen gelten grundsätzlich auch für die Aktiengesellschaft, wobei allerdings auf § 135 AktG hinzuweisen ist, der eine Mehrfachvertretung zulassen soll, weswegen § 181 BGB insoweit keine Anwendung finde.[175] Ein Genehmigungserfordernis im Zusammenhang mit der Änderung des Gesellschaftsvertrags gemäß § 1822 Nr. 3 BGB lehnt die wohl h.M. auch bei Kapitalgesellschaften ab.[176]

4. Die Haftungsbeschränkung für minderjährige Erben

Für die Haftung Minderjähriger sieht § 1629 a BGB Erleichterungen vor. Hierzu wird auf die Ausführungen in **§ 40 Rdnr. 117** verwiesen.[177]

---

[170] BGH Urt. v. 20.9.1962 – BGHZ 38, 26, 28 ff.
[171] Vgl. BGH Urt. v. 6.6.1988 – NJW 1989, 168, 169 (allerdings nicht zur Pflegerbestellung und zum Minderjährigenrecht, sondern zu § 181 und dem Selbstkontrahieren unter Volljährigen); *Bürger* RNotZ 2006, 156, 171; vgl. Bonefeld/Daragan/Wachter/*Scherer*/*Feick*, Der Fachanwalt für Erbrecht, 23. Kap. S. 1242 Rdnr. 162.
[172] *Pluskat* FamRZ 2004, 677, 679.
[173] *Bürger* RNotZ 2006, 156, 171 (mit einer Übersicht zum Erfordernis der Pflegerbestellung bei Beschlüssen auf S. 173).
[174] *Bürger* RNotZ 2006, 156, 174.
[175] *Rust* DStR 2005, 1992, 1993; Staudinger/*Schilken* § 181 Rdnr. 25; **a.A.** Soergel/*Leptien* § 181 Rdnr. 21, der auf den Wortlaut des § 135 AktG hinweist und kein Anknüpfungspunkt für eine solche weite Auslegung sieht.
[176] Vgl. *Bürger* RNotZ 2006, 156, 177 m.w.N., die von ihm zitierte Entscheidung BGHZ 33, 26, 27 ff. ist wohl die Entscheidung BGH Urt. v. 20.9.1962 – BGHZ 38, 26, 28 ff., in der es allerdings um eine Personenhandelsgesellschaft ging.
[177] S. auch *Rust* DStR 2005, 1992, 1994 ff.

§ 43 Landwirtschaftliches Sondernachfolgerecht

Übersicht

	Rdnr.
I. Prüfungspunkte bei der landwirtschaftlichen Sondernachfolge	1
II. Hoferbrecht	2–24
1. Prinzip	2
2. Rechtsgrundlagen	3–7
a) Höfeordnung	4
b) Landesrechtliche Anerbengesetze	5
c) Landgüterrecht des BGB (§§ 2049, 2312 BGB, Art. 137 EGBGB)	6
d) Rechtslage in den neuen Bundesländern	7
3. Die wesentlichen Regelungen der Höfeordnung	8–18
a) Hofeigenschaft des Betriebes	8–11
b) Gesetzliche Hoferbenfolge	12
c) Hoferbenbestimmung	13
d) Sondererbfolge	14
e) Abfindung der weichenden Erben	15/16
f) Gegenständlich beschränkte Ausschlagung des Hofanfalls/ Verzicht auf Abfindungs- und Nachabfindungsansprüche	17
g) Verfahrensrecht	18
4. Die wesentlichen Regelungen des BGB zum Hoferbrecht	19–22
a) Landgut	19
b) Anordnung des Erblassers	20
c) Der Ertragswert	21
d) Ehescheidung	22
5. Das landesrechtliche Anerbengesetz für Rheinland-Pfalz	23
6. Erteilung des Erbscheins, Landwirtschaftsgericht	24
III. Lebzeitige Übertragung des Hofes im Wege der vorweggenommenen Erbfolge nach der Höfeordnung	25–49
1. Zivilrechtliche Einordnung und Abgrenzung zu anderen Geschäften	26/27
2. Wirksamkeitsvoraussetzungen der Hofübergabe	28–40
a) Geschlossene Übergabe	28
b) Die Vertragsparteien	29
c) Vertretung bei Vertragsschluss	30
d) Wirtschaftfähigkeit des Übernehmers	31
e) Fehlen entgegenstehender Hoferbenbestimmung	32–36
f) Umgehung der Bindung durch Löschung der Hofeigenschaft	37
g) Rechtsfolge	38
h) Tod des Hofübergebers	39
i) Tod des Hofübernehmers	40
3. Formerfordernisse	41
4. Typischer Inhalt des Übergabevertrags	42–46
a) Gewährung des Altenteils	42
b) Übernahme der Hofesschulden	43
c) Abfindung der weichenden Erben	44
d) Sicherung der weichenden Erben	45
e) Verfügungsverbot	46
5. Genehmigung des Übergabevertrags	47–49
a) Zuständigkeit und Verfahren	47
b) Inhaltskontrolle des Vertrages	48
c) Rechte weichender Erben im Genehmigungsverfahren	49
IV. Übergabeverträge nach den Vorschriften des BGB	50

Schrifttum: *Adlerstein/Desch,* Das Erbrecht in den neuen Bundesländern, DtZ 1991, 193; Beck'sches Formularbuch zum Bürgerlichen-, Handels- und Wirtschaftsrecht, 7. Aufl. 1998; *Bendel,* Landwirtschaftliches Sondererbrecht in den fünf neuen Bundesländern, AgrarR 1991, 1; *ders.,* Zur Änderung der nordwestdeutschen Höfeordnung und zur neuen Verfahrensordnung für Höfesachen, AgrarR 1976, 149; *Eickmann,* Grundstücksrecht in den neuen Bundesländern, 3. Aufl. 1996; *Edenfeld,* Anm. z. BGH, Urteil vom 22.10.1986, NJW

1997, 69; Zur Hofübergabe, DNotZ 1986, 67; *ders.*, Weiterführende Bahnen nach der Zulassung vertragsbrechender Hoferklärungen, AgrarR 1991, 5; *Faßbender./Hölzel/von Jeinsen/Pikalo*, Höfeordnung, 3. Aufl. 1994; *Graf* Nachlassrecht, 8. Aufl. 2000; *Hessler*, Landwirtschaftliches Erbrecht und Sondererbrecht, NWB Nr. 40, 1996, Fach 23, 317; *Hoffmann-Fölkersamb*, Hofübergabe, Testament, Steuern, Verträge, 6. Aufl. 1994; *Ivo*, Der Verzicht auf Abfindungs- und Nachabfindungsansprüche gemäß §§ 12, 13 HöfeO, ZEV 2004, 316; *Kersten/Bühling*, Formularbuch und Praxis der Freiwilligen Gerichtsbarkeit, 20. Aufl. 1994; *Köhne*, Das landwirtschaftliche Sondererbrecht im Lichte des agrarstrukturellen Wandels, AgrarR 1995, 321; *Lange/Kuchinke*, Lehrbuch des Erbrechts, 4. Aufl. 1995; *Lange/Wulff/Lüdtke-Handjery*, Höfeordnung, 10. Aufl. 2001; *Lüdtke-Handjery*, Zur Vererbung des Ehegattenhofs, DNotZ 1978, 27; *ders.*, Hofübergabe als vertragliche und erbrechtliche Nachfolge, DNotZ 1985, 332–367; *Müller-Feldhammer*, Das Ertragswertverfahren bei der Hofübergabe, ZEV 1995, 161; *Pikalo/Bendel*, Grundstücksverkehrsgesetz 1963; *Spiegelberger* Vermögensnachfolge, 1994; *Steffen*, Die Beteiligung weichender Erben am Hofübergabevertrag, AgrarR 1981, 97; *Wenzel*, Rechtsfragen zum Grundstücksverkehrs-, Höfe- und Landpachtrecht in der Rechtsprechung des BGB, AgrarR 1995, 37; *Wöhrmann/Stöcker*, Das Landwirtschaftserbrecht, 6. Aufl. 1995 u. 7. Aufl. 1999.

I. Prüfungspunkte bei der landwirtschaftlichen Sondernachfolge

Zusätzlich zu den Prüfungspunkten bei Planung der Vererbung[1] oder vorweggenommener Erbfolge des Hofes[2] sind bei der landwirtschaftlichen Sondernachfolge folgende Aspekte einzubeziehen: 1

Checkliste zu Besonderheiten der landwirtschaftlichen Sondernachfolge

☐ Landwirtschaftliches/forstwirtschaftliches Vermögen mit Hofesqualität
☐ Aufrechterhaltung der Hofesqualität vor dem Erbfall bzw. Übergang
☐ Welches Anerbenrecht ist anwendbar?
☐ Erbrechtliche (Aus-)Wirkungen der lebzeitigen Übertragung des Hofes
☐ Vertragsmäßige Abfindungsregeln
☐ Vertragsmäßiger, gegenständlich auf den Hof oder das hoffreie Vermögen oder beides bezogener Erbverzicht
☐ Absicherung des Altenteilers
☐ Sicherungsinstrumente für den Altenteiler
☐ Einbeziehung sich verändernder wirtschaftlicher und sonstiger Verhältnisse
☐ Genehmigungsbedürftigkeit lebzeitiger Übertragung

II. Hoferbrecht

1. Prinzip

Nach dem Erbrecht des Bürgerlichen Gesetzbuches fällt eine Unternehmens- und Wirtschaftseinheit mit dem Tod des Erblassers in die Hand der Erbengemeinschaft und setzt diese – wenn nicht vertraglich vorgebeugt wird – dem Risiko des Zerfalls aus, da die gesetzliche Regelung die gemeinsame Verwaltung des Nachlasses erschwert und die Aufteilung des Erbes unter den Miterben begünstigt.[3] In der Landwirtschaft würde die uneingeschränkte Geltung des allgemeinen Erbrechts zu einer aus agrarstrukturpolitischen Gründen unerwünschten Zersplitterung von Betrieben führen.[4] Daher schränkt das Anerbenrecht als landwirtschaftliches Sondererbrecht die Erbteilung in zweierlei Hinsicht ein: Zum einen wird der Hof nur an einen Erben, den zu seiner Fortführung befähigten Hoferben, zugewiesen, was die **Fortsetzung des Betriebes als Einheit** ermöglicht, zugleich aber auch die Testierfreiheit beschränkt. Zum 2

---

[1] Dazu § 1.
[2] Dazu § 32 Rdnr. 2.
[3] §§ 2038, 2042 BGB; *Lange/Kuchinke* § 53 Abs. 1 S. 1 a.
[4] Vgl. BVerfG BVerfGE 15, 337, 342; BGH NJW 1992, 2827 = BGHZ 118, 361, 367; *Lange/Kuchinke* § 53 Abs. 1 S. 1 b; Soergel/*Stein* § 1922 Rdnr. 76 ff.

anderen erfolgt die Abfindung der weichenden Erben nicht nach dem Verkehrswert, sondern nach dem Ertragswert[5] bzw. einem fiktiven Hofeswert, der wesentlich unter dem Verkehrswert liegt. Auf diese Weise soll der Überschuldung des Hofes durch zu hohe Abfindungszahlungen entgegengewirkt und dem Hoferben die wirtschaftliche Handlungsfähigkeit erhalten werden.[6]

2. Rechtsgrundlagen

3   Kennzeichnend für das Anerbenrecht ist, dass **keine bundesweit einheitlich geltende Regelung** existiert.[7] Es können gegenwärtig **vier Gebiete** unterschieden werden:[8] Der Geltungsbereich der HöfeO, der Geltungsbereich der landesrechtlichen Anerbengesetze, das übrige Gebiet der alten Bundesrepublik, in dem nur bürgerliches Recht gilt und schließlich das Beitrittsgebiet, das eine Sonderstellung einnimmt. Von besonderer Bedeutung für Regelungen der vorweggenommenen Erbfolge ist zudem das Grundstücksverkehrsgesetz, nach dem die rechtsgeschäftliche Übertragung landwirtschaftlicher Grundstücke genehmigungspflichtig ist.

4   a) **Höfeordnung.** In der ehemaligen britischen Zone, d.h. den Bundesländern Nordrhein-Westfalen, Niedersachsen (außer im Amt Neuhaus, ehemals Mecklenburg-Vorpommern), Schleswig-Holstein und Hamburg, gilt die Höfeordnung[9] als partielles Bundesrecht (Art. 125 GG). Sie beruht auf der von der britischen Militärregierung erlassenen Höfeordnung von 1947,[10] die ihrerseits ehemalige landesgesetzliche Vorschriften und das 1933 für das ganze Reich eingeführte Reichserbhofgesetz[11] zum Vorbild nahm. Nach der Höfeordnung fällt der Hof in **Ausnahme** zu dem in § 1922 BGB niedergelegten Prinzip der **Universalsukzession** nicht an die Erbengemeinschaft, sondern unmittelbar dem Hoferben zu. Die weichenden Erben und die Pflichtteilsberechtigten werden in Geld abgefunden.[12] Die Zuweisung eines Hofes kommt nur bei einem verwaisten Hof in Betracht (§ 10 HöfeO i.V.m. § 13 GrdstVG).

5   b) **Landesrechtliche Anerbengesetze.**[13] Nach dem Vorbild der Höfeordnung wurden in mehreren Ländern Anerbengesetze geschaffen oder Anerbengesetze aus der Zeit vor 1933 neu verkündet, so in Rheinland-Pfalz,[14] Bremen[15] und Hessen.[16] In Baden-Württemberg herrscht Rechtszersplitterung.[17] Für Teile des ehemaligen Landes Baden gilt das badische Hofgütergesetz,[18] in Nordwürttemberg und Nordbaden[19] sowie in Südwürttemberg[20] gilt das württembergische Gesetz über das Anerbenrecht. Mit Ausnahme von Baden und Hessen haben sich die Länder nach dem Vorbild der HöfeO für eine **Sondererbfolge** in den Hof entschieden;

---

[5] *Müller-Feldhammer* ZEV 1995, 161 ff.
[6] BVerfG BVerfGE 15, 337, 342; der Geschäftswert bei Beurkundung von Hofübergabeverträgen entspricht nach BayObLG MittBayNot 1999, **203** jedoch nur dann dem Hofwert nach § 19 Abs. 4 KostO, wenn dieser höher ist als die Gegenleistung, anderenfalls der Gegenleistung.
[7] Dazu krit. *Köhne* AgrarR 1995, 321, 326.
[8] Soergel/*Stein* § 1922 Rdnr. 77 ff.; 94, 95; *Lange/Kuchinke* § 53 Abs. 1 S. 3 c.
[9] In der Bekanntmachung v. 26.7.1976 (BGBl. I S. 1933 ff.).
[10] VO Nr. 84 v. 24.4.1947 (VOBlBrZ S. 33).
[11] V. 29.9.1933 (RGBl. I S. 685).
[12] Die Darstellung der Erbfolge in den Hof beschränkt sich auf die Höfeordnung als der praktisch bedeutsamsten Anerbenregelung. Die Bedeutung der übrigen Anerbengesetze ist demgegenüber – gemessen an der Zahl der ihr unterfallenen Betriebe – gering.
[13] Überblick über die heute geltenden höferechtlichen Gesetze bei MünchKommBGB/*Leipold* Einl. § 1922 Rdnr. 78 ff.
[14] Gesetz über die Einf. der Höfeordnung (HöfeO Rh.-Pf.), v. 7.10.1953 i.d.F. v. 18.4.1967 (GVBl. S. 138); geändert durch Gesetz v. 18.12.1981 (GVBl. S. 331).
[15] Bremisches Höfegesetz (Brem.HöfeG) v. 18.7.1899 i.d. Bek. v. 19.7.1948 (GBl. S. 327), geändert durch Gesetz v. 19.10.1965 (GBl. S. 137) und v. 23.2.1971 (GBl. S. 14) z. T. aufgehoben durch § 39 Abs. 2 Nr. 42 GrdstVG.
[16] Hessische Landgüterordnung (HessLGüterO) v. 1.12.1947 i.d. Bek. v. 13.8.1970 (GVBl. S. 547).
[17] Soergel/*Stein* § 1922 Rdnr. 94.
[18] Badisches Gesetz geschlossene Hofgüter betreffend (BadHofgüterG) v. 20.8.1989 i.d.F. v. 12.7.1949 (GVBl. S. 288). Das Gesetz gilt nur für einen festen Bestand von Hofgütern in bestimmten Amtsgerichtsbezirken des heutigen Landesteils Südbaden.
[19] Württembergisches Anerbengesetz (WürttAnerbenG) v. 14.2.1930 i.d.Bek. v. 30.7.1948 (RegBl. S. 165), geändert durch G. v. 7.12.1965 und 30.6.1970.
[20] WürttAnerbenG v. 14.2.1930 i.d.F. des Gesetzes über die Wiedereinführung des Anerbenrechts v. 13.6.1950 (RegBl S. 242), geändert durch Gesetz v. 7.12.1965 u. 30.6.1970. Die Regelungen unterscheiden sich nur unwesentlich von der Rechtslage in Nordwürttemberg und Nordbaden.

die letztgenannten begnügen sich mit einer Zuweisung des Hofes an den Anerben bei der Erbauseinandersetzung.[21] Bayern, Berlin, das Saarland und die neuen Bundesländer haben kein Anerbengesetz geschaffen.[22]

c) Landgüterrecht des BGB (§§ 2049, 2312 BGB, Art. 137 EGBGB). In den Bundesländern ohne eigenes Anerbenrecht gilt das Landgüterrecht des BGB (Art. 64 EGBGB), das sich aber in den §§ 2049, 2312 auf eine Festschreibung des Ertragswertprinzips beschränkt. Die Landgüter sollen dadurch gegen eine völlige Überschuldung im Erbgang geschützt werden.[23] Die Zuweisung an einen **einzigen Erben** kennt das BGB nicht. Nach dem GrdstVG besteht allerdings die Möglichkeit einer Zwangszuweisung des Hofes an einen Erben auf Antrag, wenn sich die Miterben über die Auseinandersetzung nicht einigen können (§§ 13, 14 GrdstVG).

d) Rechtslage in den neuen Bundesländern. In den neuen Bundesländern steht das Landwirtschaftsrecht vor dem besonderen Problem, die durch die sozialistischen Reformgesetze geschaffene Lage rückgängig machen und eine strukturelle Anpassung an die Marktwirtschaft erreichen zu müssen. Auch im Gebiet der ehemaligen DDR galten vor In-Kraft-Treten des Reichserbhofgesetzes am 1.10.1933 Anerbengesetze. Das Kontrollratsgesetz Nr. 45 hat die nationalsozialistische Regelung aufgehoben und die alte Rechtslage wiederhergestellt.[24] Im Gegensatz zur britischen Besatzungsmacht traf die Sowjetunion in der Folgezeit keine Neuregelung des Anerbenrechts.[25] Mit Erlass des LPG-Gesetzes 1959[26] wurden bäuerliche Betriebe jedoch konsequent aufgelöst und in LPG-gebundenes Grundeigentum überführt. Das Anerbenrecht war damit zwar nicht aufgehoben,[27] aber weitgehend gegenstandslos geworden.[28] Endgültig hinfällig wurden die Anerbengesetze mit In-Kraft-Treten des ZGB und des EGZGB 1976.[29] Das Einführungsgesetz enthielt keinen dem Art. 64 EGBGB entsprechenden Vorbehalt zugunsten landesrechtlicher Regelungen; es fehlt auch an einer den §§ 2049, 2312 BGB vergleichbaren Regelung im ZGB. Seit der Wiedervereinigung gilt in den neuen Ländern das **Landgüterrecht des BGB**.[30] Die alten landesrechtlichen Gesetze sind durch den Beitritt nicht wieder aufgelebt.[31] Die landwirtschaftlichen Produktionsgenossenschaften mussten nach dem Landwirtschaftsanpassungsgesetz[32] bis zum 31.12.1991 in Personen- oder Kapitalgesellschaften umgewandelt werden; wurde kein rechtzeitiger Antrag gestellt, war die LPG kraft Gesetzes aufgelöst. Mitglieder, die mit der Umwandlung nicht einverstanden waren, hatten ein Austrittsrecht; sie erhielten dann die eingebrachten Grundstücke und die Hofstelle zurück.[33] Aus den landwirtschaftlichen Produktionsgenossenschaften sind indes kaum bäuerliche Familienbetriebe hervorgegangen; mehrheitlich handelt es sich heute um Großbetriebe, die von Gesellschaften verwaltet werden.[34] Das Problem der Hofübergabe stellt sich daher in den neuen Ländern in anderem Maße als in den alten. Für Altfälle können die durch Reichserbhofrecht zu-

---

[21] *Lange/Kuchinke* § 53 Abs. 1 S. 3 a.
[22] Soergel/*Stein* § 1922 Rdnr. 94.
[23] BVerfG BVerfGE 15, 337, 342; BVerfG BVerfGE 67, 348, 367 f.; BGH BGHZ 98, 382, 387.
[24] Art. I des KRG v. 20.2.1947, KR Abl. 256.
[25] *Bendel* AgrarR 1991, 1 ff. m.w.N.; *Adlerstein/Desch* DtZ 1991, 193, 200; *Lange/Kuchinke* § 53 Abs. 1 S. 3 a. Anerbengesetze existierten im Gebiet der heutigen Länder Mecklenburg-Vorpommern, Brandenburg, Sachsen-Anhalt und Sachsen. Thüringen kannte kein Anerbenrecht.
[26] V. 3.4.1959 (GBl. I S. 577) u. v. 2.7.1982 (GBl. I S. 443) i.d.F. des Änderungsgesetzes v. 6.3.1990 (GBl. I S. 133).
[27] Mit Ausnahme von Mecklenburg-Vorpommern, wo das Anerbenrecht 1951 aufgehoben wurde; *Adlerstein/Desch* DtZ 1991, 193, 200.
[28] Die DDR vertrat die Auffassung, sämtliche frühere Anerbengesetze seien schon mit Inkrafttreten der DDR-Verfassung 1949 als gegenstandslos anzusehen; krit. dazu OLG Celle VIZ 1996, 52; auch *Adlerstein/Desch* DtZ 1991, 200 Fn. 69.
[29] Zwar ist in § 15 Abs. 2 EGZGB das Höferecht nicht als eine Rechtsvorschrift erwähnt, die zugleich mit dem Inkrafttreten des EGZGB außer Kraft trat, jedoch war es geltende Rechtsauffassung in der DDR, dass zum Zeitpunkt des Inkrafttretens des ZGB gegenstandslose Rechtsvorschriften keiner ausdrücklichen Aufhebung bedurften; OLG Celle VIZ 1996, 52, 53; *Adlerstein/Desch* DtZ 1991, 193, 200.
[30] *Bendel* AgrarR 1991, 1, 3.
[31] *Lange/Kuchinke* § 53 Abs. 1 S. 3 a.
[32] BGBl. I S. 1418; vgl. dazu *Eickmann* Grundstücksrecht Rdnr. 46 ff.
[33] *Eickmann* Grundstücksrecht Rdnr. 48.
[34] *Bendel* AgrarR 1991, 1, 2.

nächst außer Kraft, jedoch durch das Kontrollratsgesetz Nr. 45 wieder in Kraft gesetzte und bis 1.1.1976 gültig gebliebenen Anerbengesetze, in der ehemaligen DDR von Bedeutung sein.[35]

3. Die wesentlichen Regelungen der Höfeordnung

8   a) **Hofeigenschaft des Betriebes.** Nach der Höfeordnung unterliegen dem Anerbenrecht nur solche Besitzungen, für die § 1 HöfeO bestimmte Voraussetzungen hinsichtlich der Art, der Eigentumsverhältnisse und Größe sowie den Wert des Betriebes aufstellt.

9   *aa) Art der Besitzung.* Bei dem zu übertragenden Betrieb muss es sich um eine land- oder forstwirtschaftliche Besitzung handeln. Der Begriff wird in der HöfeO nicht definiert. Als Auslegungsregel wird daher die Legaldefinition des Grundstücksverkehrsgesetzes herangezogen.[36] Landwirtschaft im Sinne dieses Gesetzes ist die **Bodenbewirtschaftung** und die mit der Bodennutzung verbundene **Tierhaltung**, um pflanzliche oder tierische Erzeugnisse zu gewinnen, insbesondere der Ackerbau, die Wiesen- und Weidewirtschaft, der Erwerbsgartenbau, der Erwerbsobstbau und der Weinbau sowie die Fischerei in Binnengewässern (§ 1 Abs. 2 GrdstVG). Hobbymäßig betriebene Landwirtschaft ist im Gegensatz zum Nebenerwerb nicht eine solche im Sinne der HöfeO. Entscheidend für die Abgrenzung zur Nebenerwerbslandwirtschaft ist, ob der Bewirtschafter berufsmäßig und damit zum Broterwerb und nicht nur zum Vergnügen tätig ist.[37] Gartenbaubetriebe sind landwirtschaftliche Besitzung im Sinne der HöfeO, auch wenn die Pflanzenaufzucht überwiegend in Gewächshäusern und Behältern erfolgt.[38] Tierhaltung stellt nur dann Landwirtschaft dar, wenn sie ganz oder jedenfalls überwiegend aus den Erzeugnissen des Betriebs ermöglicht wird.[39] Für die Pferdehaltung auf Wiesenflächen hat der BGH den landwirtschaftlichen Betriebscharakter verneint, da die Haltung von Pferden zwar mit der Nutzung des Bodens verbunden ist, aber nicht dazu dient, pflanzliche oder tierische Erzeugnisse zu gewinnen. Etwas anderes gilt nur, wenn eine Bodenbewirtschaftung etwa zur Erzeugung von Grünfutter in merklichem Ausmaß erfolgt.[40]

10 *bb) Eigentumsverhältnisse.* Der Betrieb muss sich im **Alleineigentum** einer natürlichen Person oder im gemeinsamen Eigentum von Ehegatten befinden (sog. Ehegattenhof) oder zum Gesamtgut einer fortgesetzten Gütergemeinschaft gehören (§ 1 Abs. 1 HöfeO). Auf einen landwirtschaftlichen Betrieb, der sich im Eigentum mehrerer Personen, die nicht verheiratet sind, oder einer juristischen Person befindet, findet die HöfeO keine Anwendung.

11 *cc) Wert und Größe.* Ein Betrieb ist schließlich nur dann hoffähig, wenn er einen **Wirtschaftswert** von mindestens EUR 10.000 aufweist (§ 1 HöfeO).[41] Ein Wert von EUR 5.000 reicht, wenn der Eigentümer gegenüber dem Landwirtschaftsgericht eine Erklärung auf Erlangung der Hofeigenschaft in öffentlich beglaubigter Form abgegeben hat und der Hofvermerk eingetragen wurde (§ 1 Abs. 4 HöfeO). Bei kleineren Betrieben besteht kein agrarstrukturelles Interesse, sie unter Benachteiligung der Miterben als wirtschaftliche Einheit zu erhalten.[42] Bestehen

---

[35] *Graf* Nachlassrecht Rdnr. 4.401.
[36] *v. Lüpke* § 1 Rdnr. 13.
[37] *Faßbender/Hölzel/v. Jeinsen/Pikalo* § 1 HöfeO Rdnr. 4.
[38] BGH NJW 1997, 664, 665 = BGHZ 134, 146, nachdem der BGH die Hoffähigkeit in BGHZ 8, 109, 113, noch mit dem Argument abgelehnt hatte, bei der Aufzucht von Pflanzen im Topf auf Tischen in Gewächshäusern ohne jegliche Freilandkultur fehle es an der erforderlichen Bodenbewirtschaftung.
[39] BGH NJW-RR 1996, 528, 529 (zu § 9 Abs. 5 GrdstVG); *Pikalo/Bendel*, Grundstücksverkehrsgesetz § 1 Anm. E II 1 b; *Wöhrmann/Stöcker* § 13 GrdstVG Rdnr. 5.
[40] BGH NJW-RR 1996, 528 (zu § 9 V GrdstVG).
[41] Der Begriff des Wirtschaftswertes ist in § 46 BewG definiert. In der Praxis kommt man zum Wirtschaftswert, indem man vom Einheitswert den Wohnwert abzieht; dazu *Faßbender/Hölzel/v. Jeinsen/Pikal* § 1 HöfeO Rdnr. 45. Die landesrechtlichen Anerbengesetze formulieren ihre Mindestanforderungen teilweise abweichend: In Bremen ist die Mindestgröße mit 2, 5 ha beziffert. In Hessen wird die Größe einer Ackernahrung gefordert. Als solche gilt die genutzte Landfläche, die notwendig ist, um eine Familie unabhängig vom Markt und von der allgemeinen Wirtschaftslage zu ernähren und so bekleiden sowie den Betrieb aus sich selbst zu erhalten. Auch die HöfeO Rh.-Pf. stellt auf die Ackernahrung ab. Das WürttAnerbenG umschreibt ein Anerbengut als eine ihrem Hauptzweck nach zum Betrieb der Land- und Forstwirtschaft geeignete Besitzung, die einheitlich bewirtschaftet werden kann.
[42] *Köhne* AgrarR 1995, 322, kritisiert, dass die derzeitige gesetzliche Regelung die Schwelle zu niedrig ansetzt, da Betriebsgrößen von weniger als 8 ha auch im Nebenerwerb nicht als zukunftsträchtige Einheiten einzustufen seien.

Zweifel hinsichtlich des Hofwertes, kann eine vorsorgliche Hoferklärung abgegeben werden. Seit der Höferechtsnovelle in 1976 kann der Hofeigentümer den Verlust der Hofeigenschaft bewirken, indem er erklärt, der Betrieb solle kein Hof mehr sein, und einen entsprechenden Vermerk im Grundbuch erwirkt (§ 1 Abs. 4 HöfeO). Es gibt also keinen gesetzlichen Zwang, seine Besitzung dem Höferecht zu unterwerfen. Man spricht auch vom „fakultativen Höferecht". Die Eintragung eines Hofvermerks im Grundbuch begründet dafür lediglich eine Vermutung, die widerlegt werden kann (§ 5 HöfeO). Zwar verliert der Hof seine Hofeigenschaft im Falle eines Absinkens des Wirtschaftswertes oder des Verlustes der Eignung zur Bewirtschaftung nach § 1 Abs. 3 HöfeO erst mit der Löschung der Hofeigenschaft im Grundbuch. Nach der Rechtsprechung des BGH entfällt aber unabhängig von der Löschung des Hofvermerks die Hofeigenschaft, wenn keine landwirtschaftliche Besitzung mehr vorliegt, also z.B. die wirtschaftliche Betriebseinheit des Hofes durch Stilllegung aufgelöst wurde.[43] Umgekehrt kann ein Betrieb Hofeigenschaft besitzen, auch wenn er nicht als solcher im Grundbuch eingetragen ist. Bleiben Zweifel über die Hofeigenschaft bestehen, empfiehlt es sich, ein positives oder negatives Hoffeststellungsverfahren nach § 11 HöfeO einzuleiten, das die Frage abschließend klärt.[44]

b) **Gesetzliche Hoferbenfolge.** Die HöfeO stellt eine Rangordnung der Hoferben auf, die greift, wenn der Erblasser keine andere Bestimmung getroffen hat. In erster Linie sind die **Kinder** des Erblassers und deren Abkömmlinge berufen, in zweiter Linie der Ehegatte, in dritter Linie die Eltern, wenn der Hof von ihnen oder aus ihrer Familie stammt, und danach die Geschwister und deren Abkömmlinge. Liegen die Voraussetzungen der Berufung zum Erben bei mehreren Miterben vor, entscheiden die folgenden Kriterien: 12
- Bewirtschaftungsübertragung: als Hoferbe scheidet aus, wer nicht wirtschaftsfähig ist, es sei denn, mangelnde Altersreife ist der Grund (§ 6 Abs. 6, 7 HöfeO), oder der Hof wird an den längstlebenden Ehegatten vererbt (§ 8 HöfeO),
- Ausbildung,
- Beschäftigung,
- Jüngster oder Ältester, je nach Brauch.

Der Hof vererbt sich nach BGB, wenn kein gesetzlicher Hoferbe und durch den Erblasser keine Hoferbenbestimmung erfolgt. Handelt es sich um einen so genannten **Ehegattenhof**, der im gemeinschaftlichen Eigentum beider Ehegatten steht, wird der Ehegatte bei Versterben eines von ihnen nach dem Gebot der geschlossenen Hofvererbung (§§ 4, 16 HöfeO) Vollerbe des Anteils des Erblassers an dem Ehegattenhof (§ 8 HöfeO). Schlägt der Ehegatte die Erbschaft oder den „*Anteil am Ehegattenhof*" (§ 11 HöfeO analog)[45] aus, kann dies zum Verlust der Hofeigenschaft führen, wenn die Eigentumsfläche des Ausschlagenden für sich gesehen nicht die Voraussetzungen erfüllt, die für die Hofeigenschaft verlangt werden.[46]

c) **Hoferbenbestimmung.** Der Eigentümer kann die Hoferben durch Verfügung von Todes wegen ohne Beschränkung auf den Personenkreis frei bestimmen und die in einem einseitigen Testament enthaltene Bestimmung jederzeit widerrufen (§ 7 HöfeO, §§ 2253, 2254 BGB), wenn nicht bereits zu Lebzeiten eine wirksame Disposition über den Hof getätigt wurde. Auch wenn der Hofübergabevertrag Rechtsgeschäft unter Lebenden ist, legt die HöfeO ihm **erbrechtliche Wirkungen** bei: sein Abschluss stellt eine Form der Hoferbenbestimmung dar (§ 7 HöfeO) und mit der Übertragung des Hofes gilt der Erbfall als eingetreten (§ 17 Abs. 2 HöfeO).[47] Der Eigentümer kann die Hoferbfolge jedoch nicht gänzlich ausschließen (§ 16 HöfeO). Eine Einschränkung der Testierfreiheit erfolgt durch das Erfordernis der Wirtschaftsfähigkeit des Hof- 13

---

[43] BGH BGHZ 84, 78, 83; BGH NJW-RR 1995, 1155, 1156: In diesem Fall war Indiz für die über Jahre hinweg andauernde Bewirtschaftungsaufgabe das größtenteils fehlende Maschineninventar, das gänzliche Fehlen von lebendem und Feldinventar sowie die parzellierte Verpachtung von Hofland; OLG Celle, Beschl. v. 17.1.2005, Az. 7 W 93/04, www.dgar.de/info/Goslar2005, verneinte die Hofeigenschaft des Anwesens *ohne* Löschung des Hofvermerks im Grundbuch in einem Fall, in dem die Hofaufgabeverhalten des Erblassers (u.a. durch Verpachtung) erkennbar gewesen sei; *Wenzel* AgrarR 1995, 37, 40 m.w.N.
[44] Kersten/Bühling/*Faßbender* § 40 Rdnr. 412.
[45] *Lange/Wulff/Lüdtke-Handjery* § 8 HöfeO Rdnr. 14.
[46] Zu einzelnen Fallgestaltungen nach der Ausschlagung *Bendel* AgrarR 1976, 149, 157 und *Lüdtke-Handjery* DNotZ 1978, 27, 33.
[47] Zur vorweggenommenen Erbfolge und Bindungswirkung s. Rdnr. 36, 37.

erben (§ 7 Abs. S. 2 HöfeO). Nach der gesetzlichen Definition (§ 6 Abs. 7 HöfeO) ist wirtschaftsfähig, wer nach seinen körperlichen und geistigen Fähigkeiten, nach seinen Kenntnissen und seiner Persönlichkeit in der Lage ist, den von ihm zu übernehmenden Hof selbständig ordnungsgemäß zu bewirtschaften. Ausnahmsweise kann auch ein nichtwirtschaftsfähiger Nachfolger den Hof übernehmen,
- wenn die fehlende Wirtschaftsfähigkeit allein auf die fehlende Altersreife zurückzuführen ist (§ 6 Abs. 6 S. 2, 1. Alt. HöfeO),
- wenn es sich um die Vererbung an den überlebenden Ehegatten handelt (§ 6 Abs. 6 S. 2, 2. Alt. HöfeO),
- oder wenn alle Abkömmlinge wegen Wirtschaftsunfähigkeit ausscheiden und ein wirtschaftsfähiger Ehegatte nicht vorhanden ist (§ 7 Abs. 1 S. 2, 2. Halbs. HöfeO).

Stirbt der designierte Hoferbe oder wird er wirtschaftsunfähig, wird die Bestimmung gegenstandslos.[48] In Abweichung von dem Verbot, die Bestimmung des Erben Dritten zu überlassen (§ 2065 BGB), darf dem Ehegatten in der letztwilligen Verfügung die Bestimmung des Hoferben überlassen werden (§ 14 Abs. 3 HöfeO). Die Befugnis erlischt, wenn der Ehegatte wieder heiratet oder der gesetzliche Hoferbe das 25. Lebensjahr erreicht hat.

Beim Ehegattenhof können die Ehegatten nur gemeinsam über den Hof verfügen und nur gemeinsam einen Dritten zum Hoferben bestimmen. Eine getrennte Vererbung des Hofeigentumsanteils eines Ehegatten scheitert an dem **Gebot der geschlossenen Hofvererbung** (§§ 4, 16 HöfeO). Auch dürfen sich die Ehegatten nicht zu Vorerben des Hofes oder bezüglich des eigenen Eigentumsanteils berufen.

14   d) **Sondererbfolge.** Der Hof fällt im Wege der **dinglich wirkenden Sondererbfolge** (sog. Spezialsukzession) in seiner gesamten Wirtschaftseinheit mit dem Erbfall kraft Gesetzes als Teil der Erbschaft in das Alleineigentum des gesetzlichen oder gewillkürten Erben.[49] An die Stelle des Hofes tritt innerhalb der Erbengemeinschaft der Hofeswert (§ 4 S. 2 HöfeO), der sich nach § 12 HöfeO errechnet. Das hoffreie Vermögen wird nach BGB vererbt. Der Hoferbe haftet im Außenverhältnis als Gesamtschuldner für alle Nachlassverbindlichkeiten (§ 15 Abs. 1 HöfeO). Im Innenverhältnis ist für die Erfüllung vorrangig der hoffreie Nachlass heranzuziehen (§ 15 Abs. 2 HöfeO).

15   e) **Abfindung der weichenden Erben.** Als Ausgleich für das auf Grund der Anerbenregelung entfallende Erbteil hat der weichende Erbe einen Anspruch auf Abfindung in Geld gegen den Hofnachfolger (§§ 12, 13, 17 Abs. 2 HöfeO). Maßgebend für die Ermittlung des Abfindungsanspruchs ist der sog. **Hofeswert**, der das Anderthalbfache des durch das Bewertungsgesetz festgesetzten Einheitswertes beträgt (§ 12 Abs. 2 HöfeO[50]) und der erheblich unter dem Verkehrswert des Hofes liegt.[51] Bei Berechnung des gesetzlichen Abfindungsanspruchs wird der Übernehmer mitgezählt, und zwar auch dann, wenn er nicht zu den Erben des Übergebers gehört. Denn durch den Übergabevertrag im Rahmen der vorweggenommenen Erbfolge wird der Übernehmer zugleich Rechtsnachfolger und hat eine dem Erben vergleichbare Stellung.

---

[48] BGH RdL 1963, 270, 271 f.
[49] Sondererbfolge auch nach § 9 BremHöfeG, § 14 HöfeO Rh.-Pf., Art. 3 und 9 WürttAnerbenG. Nur ein Übernahmerecht sehen § 11 HessLandgüterO, § 10 BadHofgüterG vor.
[50] Der Einheitswert nach § 48 BewG umfasst den Wirtschafts- und Wohnwert. Der Wirtschaftswert bemisst sich nach den selbstbewirtschafteten Flächen des Betriebes, d.h. den eigenen, gepachteten und unentgeltlich zur Nutzung überlassenen Flächen in dem Verfahren gem. § 33 BewG; der Wohnwert berechnet sich nach der Kostenmiete (6% der Anschaffungs- und Herstellungskosten des Gebäudes einschließlich Grund und Boden) mit einem Abschlag von 20% wegen der mit der Land- und Forstwirtschaft verbundenen Nutzungsbeschränkungen; vgl. *Müller-Feldhammer* ZEV 1995, 161, 163 Fn. 27 m. w. Nachw. Die geltende Fassung der HöfeO unterliegt in Hinblick auf Art. 3 GG verfassungsrechtlichen Bedenken, die geltende landesrechtliche Regelung, welche die Berechnung des Gutswertes auf Grundlage des steuerlichen Einheitswertes vornahm, hat das BVerfG NJW 1988, 2733 ff. für unvereinbar mit Art. 137 EGBGB angesehen, weil die steuerliche Einheitsbewertung eine von der erbrechtlichen Nachlassbewertung grundsätzlich abweichende Zielsetzung habe.
[51] Nach den landesrechtlichen Anerbengesetzen bemisst sich der Gutswert nach dem 20- bis 25-fachen des jährlichen Reinertrags; vgl. Art. 4 Abs. 3 WürttAnerbenG (20-facher Jahresreinertrag); § 14 Abs. 4 BremHöfeG (25-facher Reinertrag); § 16 HessLandgüterO (25-facher Reinertrag); § 21 Abs. 2 HöfeO Rh.-Pf. (25-facher Reinertrag).

> **Formulierungsvorschlag:**
> Der Einheitswert des Hofes ist durch Bescheid des Finanzamtes in ... vom ... auf EUR ... festgesetzt worden.
> Etwaige Ansprüche des Übernehmers des Hofes wegen bereits von ihm getätigter Investitionen in den Hof sowie dessen bisheriger Mithilfe bei der Bewirtschaftung des Hofes gegen den Übergeber – gleich welcher Art und ungeachtet ihrer Verjährung – werden durch die Hofübergabe abgegolten.
> Die Geschwister A und B erhalten zur Abgeltung ihrer Abfindungsansprüche einen eigenen Anspruch gegen den Übernehmer, der sich hiermit verpflichtet, jedem seiner Geschwister einen Betrag von EUR ... zu bezahlen. Der Anspruch ist wie folgt zu begleichen: ...
> Die Geschwister A und B erklären sich hinsichtlich ihrer Abfindungsansprüche für befriedigt und verzichten auf die Geltendmachung weiter gehender Abfindungsansprüche. Das Recht, eine Nachabfindung nach § 13 HöfeO zu verlangen, wird von dem vorliegenden Verzicht nicht berührt.

Die Höhe einer vertragsmäßigen Abfindung darf nicht so bemessen sein, dass sie der Hof nicht aufzubringen vermag. Da die Abfindungsregelung des § 12 HöfeO lückenhaft ist, können auf Verlangen nach billigem Ermessen **Zuschläge** gemacht werden, wenn besondere Umstände des Einzelfalls, die für den Wert des Hofes von erheblicher Bedeutung sind, in dem Hofeswert nur ungenügend zum Ausdruck kommen (§ 12 Abs. 2 S. 3 HöfeO), etwa, wenn Grundstücke mit Baulandqualität zum Hof gehören.[52] Eine analoge Anwendung des § 12 Abs. 2 Satz 3 HöfeO kommt beispielsweise in Betracht, wenn sich das Verhältnis zwischen Einheitswert und Ertragswert des Hofes verschoben hat, und die an den Einheitswert anknüpfende Abfindungsregelung lückenhaft geworden ist, weil die nach § 21 Abs. 1 BewG aller sechs Jahre vorzunehmende Hauptfeststellung des Einheitswertes unterblieben ist.[53] Der Hofeswert muss im Zeitpunkt des Erbfalls dann deutlich hinter dem Wert zurückbleiben, der sich bei einer aktuellen Einheitswertfeststellung ergeben würde. Bei der Berechnung der Abfindung werden vom Hofeswert die Nachlassverbindlichkeiten abgezogen, zu denen auch der übernommene Altenteil gehört.[54] Der verbleibende Betrag wird anteilig an die Miterben verteilt; ihnen muss dabei allerdings insgesamt mindestens ein Drittel des Hofeswertes verbleiben (§ 12 Abs. 3 HöfeO).

Der **Minderjährigenschutz** eines minderjährigen Miterben wird dadurch verwirklicht, dass die Abfindung bis zu dessen Volljährigkeit gestundet wird (§ 12 Abs. 6 S. 1 HöfeO). Kosten des angemessenen Lebensbedarfs und der angemessenen Berufsausbildung u.ä. sind dem Minderjährigen aus seiner Abfindung vor dessen Volljährigkeit zu gewähren.

Veräußert der Hoferbe innerhalb von zwanzig Jahren nach dem Erbfall den Hof bzw. Hofbestandteile in Form von Zubehör (§ 3 HöfeO) oder Betriebsmitteln (§ 2 HöfeO), können die Erben **Nachabfindungsansprüche** geltend machen (§ 13 HöfeO), da mit der Veräußerung des Hofes der Grund für die höferechtliche Privilegierung des Hofnachfolgers entfällt.[55] Im Wege der Rechtsfortbildung hat der BGH Nachabfindungspflichten auch angenommen, wenn es sich zwar nicht um Hofbestandteile gehandelt hat, aber infolge ihres Vermögenswertes um „ähnliche Rechte" wie zum Beispiel bei der Milchquotenveräußerung.[56] Die Höhe des Nachabfindungsanspruchs bemisst sich nach dem Wert des erzielten Erlöses, auf den bereits geleistete

---

[52] Vgl. BGH ZEV 2001 Heft 2 VI (Urt. v. 17.11.2000 online); BGH NJW 1996, 2229 f. m.w.N.; danach hängt der Zuschlag zum Hofeswert nicht davon ab, ob der Hofeigentümer den Wert der Baulandqualität schon realisiert hat oder dies konkret beabsichtigt, sondern er erfolgt auch, wenn er die Grundstücke weiterhin nur landwirtschaftlich nutzen will.
[53] BGH ZEV 2001 Heft 2 VI.
[54] *Faßbender/Hölzel/v. Jeinsen/Pikalo* § 17 HöfeO Rdnr. 136; BGH RdL 1953, 80, 81 f.; BGH AgrarR 1986, 319, 320; *Lange/Wulf/Lüdtke-Handjery* § 17 HöfeO Rdnr. 85 ff. Der Kapitalwert des Altenteils ist anhand der Lebenserwartung des Altenteilers zu errechnen.
[55] BGH Urt. v. 27.5.2004, www.Lexetius.com/2004, zur Hinweispflicht des Notars auf mögliche Nachabfindungsansprüche der Veräußerers ggü. weichenden Erben; OLG Koblenz www.RechtsCentrum.de zur Nachabfindung zugunsten weichender Erben im Fall eines Teilverkaufs des Hofs.
[56] BGH NJW 1998, 78, 79.

Abfindungszahlungen angerechnet werden (§ 12 HöfeO). Auch die Belastung des Hofes mit Grundpfandrechten außerhalb der ordnungsgemäßen Bewirtschaftung kann Nachabfindungsansprüche zur Folge haben.[57]

17 **f) Gegenständlich beschränkte Ausschlagung des Hofanfalls/ Verzicht auf Abfindungs- und Nachabfindungsansprüche.** Der Hof fällt nur einem der Erben zu. Dieser kann den Anfall des Hofes durch Erklärung gegenüber dem Nachlassgericht ausschlagen (§ 11 S. 1 HöfeO). Der Verzicht erstreckt sich i.d.R. auch auf seine Abkömmlinge. Der Verzichtende verliert dadurch nicht seine Erbenstellung hinsichtlich des hoffreien Vermögens, im Unterschied zur Anordnung in § 1950 BGB für das Erbrecht für das hoffreie Vermögen. Der Erbverzicht kann wahlweise für den Hof oder das hoffreie Vermögen oder beides erklärt werden.[58]

Der Miterbe, der einen Erbverzicht nach § 2346 Abs. 1 S. 1 BGB abgegeben hat, ist auch von den Abfindungsansprüchen des § 12 HöfeO ausgeschlossen.[59] Soweit der Miterbe einen auf den Hof beschränkten Erbverzicht abgegeben hat, verliert er zugleich seine Nachabfindungsansprüche nach § 13 HöfeO (§ 13 HöfeO spricht von den „*nach § 12 Berechtigten*").[60]

Der isolierte Verzicht auf bereits entstandene Abfindungsansprüche nach § 12 und/oder Nachabfindungsansprüche nach § 13 HöfeO führt zum Erlöschen (§ 397 Abs. 1 BGB). Der Anspruch auf Nachabfindung verjährt mit Ablauf des dritten Jahres des Zeitpunktes, in dem der Berechtigte von dem Eintritt der Veräußerung Kenntnis erlangt hat. Unter Veräußerung ist die rechtsgeschäftliche Veräußerung des Eigentums zu verstehen, die durch die Eintragung des Erwerbs in das Grundbuch vollzogen ist.[61]

Formulierungsvorschlag:

Die Geschwister A und B erklären, mit der Zahlung von EUR ... hinsichtlich sämtlicher Ansprüche nach § 12 HöfeO abgefunden zu sein. Das Recht, eine Nachabfindung nach § 13 HöfeO zu verlangen, wird von dem vorgenannten Verzicht nicht berührt.

18 **g) Verfahrensrecht.** Für Verfahren in Höfesachen gilt die Verfahrensordnung zu Höfesachen (HöfeVfO) welche das Gesetz über gerichtliche Verfahren in Landwirtschaftssachen für anwendbar erklärt. Sachlich zuständig ist das **Landwirtschaftsgericht**.

4. Die wesentlichen Regelungen des BGB zum Hoferbrecht

19 a) **Landgut.** Ein Landgut im Sinne von § 2049 BGB ist nach der Rechtsprechung des BGH eine Besitzung, die eine zum **selbständigen Betrieb** der Landwirtschaft geeignete Wirtschaftseinheit darstellt und mit den erforderlichen Wohn- und Wirtschaftsgebäuden versehen ist.[62] Sie hat eine gewisse Größe zu erreichen. Eine Bewirtschaftung des Landgutes im Nebenerwerb ist ausreichend, solange der Betrieb nicht nur unerheblich zum Einkommen des Eigentümers und seiner Familie beiträgt. Auch landwirtschaftliche Nebenbetriebe und nichtlandwirtschaftliche Betriebsteile können das Schicksal des Landgutes teilen, wenn eine Verflechtung vorliegt, die eine Trennung nicht ohne Nachteil für das Landgut möglich erscheinen lässt. Das kann durchaus auch bei der Verbindung einer Gastwirtschaft mit einer Landwirtschaft der Fall sein. Zum Landgut zählt auch das landwirtschaftliche Inventar als Zubehör. Für Rechte kommt es auf deren Verbundenheit mit dem landwirtschaftlichen Betrieb an. Als solche Rechte kommen Beteiligungen an Molkereien und Zuckerfabriken, Milchreferenzmengen und Zuckerrübenkontingente in Betracht. Deren Schicksal sollte in einem Übergabevertrag oder einer letztwilligen Verfügung ausdrücklich geregelt werden.

---

[57] BGH ZEV 2001 Heft 2 VI.
[58] BGH NJW 1952, 103; OLG Oldenburg OLGR 1998, 12; *Ivo* ZEV 2004, 316.
[59] BGH ZEV 1997, 69.
[60] BGH ZEV 1997, 69; OLG Köln Entscheidung v. 6.11.2001, www.RechtsCentrum.de ; *Ivo* ZEV 2004, 317.
[61] OLG Köln Entscheidung v. 6.11.2001, www.RechtsCentrum.de.
[62] *Müller-Feldhammer* ZEV 1995, 165; BGH NJW 1964, 1414, 1416. Str. ist, ob das Bewertungsprivileg auch für Großgrundbetriebe gilt, was vom Schrifttum mit dem Argument abgelehnt wird, die §§ 2049, 2312 schützten nur bäuerliche Familienbetriebe. Die Rspr. folgt dieser Auffassung bisher nicht und sieht offenbar den Zweck des Landgutsrechts in der Erhaltung einer gesunden Agrarstruktur.

Baugrundstücke oder Grundstücke, die zur Auskiesung anstehen, gehören nicht mehr zum Landgut. Diese können von dem Erben nicht zum Ertragswert übernommen werden.[63]

b) Anordnung des Erblassers. Die Anordnung des Erblassers, nach welcher einer der Erben zur Übernahme des Betriebs berechtigt sein soll, kann in einer letztwilligen Verfügung oder in einer Übergabe zu Lebzeiten im Wege der vorweggenommenen Erbfolge durch notariell beurkundeten Vertrag erfolgen. Anders als in der Höfeordnung ist eine **formlose Bestimmung** des Erben **nicht möglich** und daher ohne rechtlichen Folgen. Hat der Eigentümer keine ausdrückliche Anordnung getroffen, bleibt es bei der gesetzlichen Erbfolge. Der vorgesehene Miterbe hat jedoch in diesem Falle die Möglichkeit, eine gerichtliche Zuweisung des Betriebs zu beantragen. Diese Möglichkeit eröffnet das Grundstücksverkehrsgesetz, wenn sich die Miterben über die Auseinandersetzung nicht einigen können (§§ 13, 14 Grundstücksverkehrsgesetz). Die Voraussetzungen sind im Einzelnen:

- es existiert ein zuweisungsfähiger Hof, der im Wesentlichen dem Unterhalt einer bäuerlichen Familie genügt,
- es ist gesetzliche Erbfolge eingetreten,[64]
- Ausschlagungsgründe sind nicht gegeben,
- eine güterrechtliche Auseinandersetzungseinigung hat nicht stattgefunden,
- die Auseinandersetzung darf nicht ausgeschlossen sein, ein zu ihrer Bewirkung berechtigter Testamentsvollstrecker darf nicht vorhanden sein oder ein Miterbe darf keinen Aufschub verlangen können,
- der Zuweisungsempfänger ist bereit und in der Lage, den Betrieb fortzuführen und
- ein entsprechender Zuweisungsantrag wird gestellt.

Muster: Zuweisungsantrag

An das
Amtsgericht – Landwirtschaftsgericht –
...

Antrag auf Zuweisung eines landwirtschaftlichen Betriebes

Hiermit beantragt der Unterzeichner, ..., die Zuweisung des im Grundbuch von ... Band ... Blatt ... eingetragenen landwirtschaftlichen Betriebes gemäß §§ 13 ff. GrdstVG. Als Eigentümer ist mein Vater ... im Grundbuch eingetragen. Dieser ist am ... gestorben, ohne eine letztwillige Verfügung errichtet zu haben. Gesetzliche Erben sind die Ehefrau ..., die Tochter ..., der Antragsteller. Der Erbschein liegt in Anlage dem Antrag bei. Ausschlussgründe für eine Zuweisung liegen nicht vor. Von den gesetzlichen Erben ist der Unterzeichner zur Fortführung des landwirtschaftlichen Betriebes geeignet:
(1) der Unterzeichner hat eine landwirtschaftliche Ausbildung, belegt durch Zeugnisse gemäß Anlage,
(2) die Ehefrau des Erblassers ist pflegebedürftig,
(3) die Geschwister landwirtschaftsfremde Berufe ausüben.
Der bäuerliche Betrieb umfasst ... [Ausführungen zum Betrieb und der Leistungsfähigkeit, eine Familie zu ernähren]. Der Antragsteller hat seit ... in dem väterlichen Betrieb gearbeitet ... [weitere Ausführungen zu den individuellen Verhältnissen].
Die Ehefrau des Erblassers ist mit der Zuweisung des Betriebes einverstanden. Eine finanzielle Versorgung ist ihr versprochen und ist gesichert.
Es wird beantragt, die Abfindungszahlungen an die Geschwister durch das Gericht festzusetzen und eine Stundungsregelung vorzusehen (§ 16 Abs. 3 GrdstVG), da der Antragsteller aus folgenden Gründen nicht zur sofortigen Zahlung in der Lage ist: ... [hier Gründe aufführen, die dem Antragsteller bei Zahlung in Schwierigkeiten der Bewirtschaftung des landwirtschaftlichen Betriebes bringen würde].
Ort, Datum ...
Unterschrift ...

---

[63] *Hessler* NWB Nr. 40, Fach 23, 319.
[64] BGH BGHZ 40, 60, 62 ff.

Im Falle des Vorliegens einer rechtswirksamen letztwilligen Anordnung entsteht eine Erbengemeinschaft; der bedachte Erbe kann jedoch von seinen Miterben die Einräumung des Alleineigentums des Landgutes verlangen.

Die Vorschrift des § 2049 BGB findet auch bei Vererbung eines Landgutes bei fortgesetzter Gütergemeinschaft Anwendung (§ 1515 BGB). Voraussetzung ist, dass die Ehegatten wirksam den Güterstand der Gütergemeinschaft vereinbart haben und diese zwischen dem überlebenden Ehegatten und einem anteilsberechtigten Abkömmling fortgesetzt wird.

21   c) **Der Ertragswert.** Der Ertragswert bestimmt sich nach dem Reinertrag, den das Landgut nach seiner bisherigen wirtschaftlichen Bestimmung bei ordnungsgemäßer Bewirtschaftung nachhaltig erzielt (§ 2049 Abs. 2 BGB), d.h. der Betrag, der am Monats- bzw. Jahresende dem Landwirt nach Abzug aller Kosten und **angemessener Entlohnung** der Arbeitskraft übrig bleibt.[65] In Art. 137 EGBGB ist dazu geregelt, dass die landesgesetzlichen Vorschriften über die Grundsätze, nach denen der Ertragswert festzustellen ist, unberührt bleiben. Einige Bundesländer haben lediglich den Kapitalisierungsfaktor für den jährlichen Reinertrag festgesetzt.[66] Nachabfindungsansprüche bei Veräußerung oder anderweitiger Verwertung von Grundstücken oder von Zubehör sind abweichend von der Höfeordnung und anders als beim gerichtlichen Zuweisungsverfahren nach dem Grundstücksverkehrsgesetz im BGB nicht vorgesehen.

Der Ertragswert ist nicht nur für die Berechnung der Abfindung, sondern auch für den **Pflichtteil** maßgebend, wenn der Erblasser eine Nachfolge in das Landgut ausdrücklich angeordnet hat. Soweit der Zweck, einen leistungsfähigen landwirtschaftlichen Betrieb in der Hand einer Person zu erhalten, nicht erreicht werden kann, ist die Übernahme zum Ertragswert nicht gerechtfertigt.[67]

Können „praktisch baureife"[68] Grundstücke aus dem Hof ohne Gefahr für dessen dauernde Lebensfähigkeit herausgelöst werden, müssen diese Flächen für die Berechnung des Pflichtteils zum **Verkehrswert** veranschlagt werden.[69] Auch scheidet eine Anwendung der §§ 2049, 2312 BGB aus, wenn landwirtschaftliche Flächen in einem Bebauungsplan als Baugebiet ausgewiesen sind.[70]

22   d) **Ehescheidung.** Zum Schutz des land- oder forstwirtschaftlichen Betriebs wird mit der Berechnung des Anfangsvermögens und des Endvermögens die Wirtschaftseinheit ebenfalls mit dem **Ertragswert** angesetzt, wenn der Hofeigentümer mit einer Ausgleichsforderung in Anspruch genommen wird (§ 1376 Abs. 4 BGB) und eine Weiterführung oder Wiederaufnahme des Betriebs durch den Eigentümer oder einen Abkömmling erwartet werden kann.

5. Das landesrechtliche Anerbengesetz für Rheinland-Pfalz[71]

23   Die Höfeordnung für Rheinland-Pfalz verlangt für den Hof im Sinne dieses Gesetzes die Eintragung des Betriebs in eine **Höferolle,** die bei dem Grundbuchamt geführt wird. Die Löschung des Hofes in der Höferolle kann nur aus wichtigem Grund beantragt werden (§ 6 HöfeORhldPf).[72] Hofbauer können eine natürliche Person oder Ehegatten sein. Sofern durch Verfügung von Todes wegen nichts Abweichendes bestimmt ist, fällt der Hof als Teil der Erbschaft

---

[65] *Müller-Feldhammer* ZEV 1995, 161, 163.

[66] In den neuen Bundesländern, in denen kein Ausführungsgesetz besteht, empfiehlt der Arbeitskreis der deutschen Gesellschaft für Agrarrecht, AgrarR 1994, 5, in Anwendung des § 36 Abs. 2 S. 3 BewG den Multiplikator 18.

[67] BGH NJW 1987, 1260 für baureife und auskiesungsreife Grundstücke, BGH NJW-RR 1992, 66 = AgrarR 1992, 133.

[68] In dem vom BGH entschiedenen Fall hatte das Berufungsgericht die in Frage stehenden Flächen als Bauerwartungsland qualifiziert, d.h. sie waren entweder in einem Flächennutzungsplan als Bauland dargestellt oder es war den sonstigen Umständen zu entnehmen, dass sie in absehbarer Zeit Bauzwecken dienen würden, vgl. *Müller-Feldmann* ZEV 1995, 161, 166.

[69] BGH BGHZ 98, 382, 388.

[70] So ausdr. BGH BGHZ 98, 382, 388; vgl. auch OLG Stuttgart NJW 1967, 2410 ff., das die Anwendbarkeit des Landgutrechts auf einen Hof in Großstadtnähe ablehnte, da der Verkehrswert ein Vielfaches des Ertragswertes betrug.

[71] *Hessler* NWB Nr. 40, Fach 23, S. 326 ff. zu weiteren landesrechtlichen Anerbengesetzen.

[72] OLG Koblenz Entscheidung v. 13.1.2004 – Az. 3 W 788/03.

kraft Gesetzes nur einem Erben zu (§ 14 HöfeO Rh.-Pf.). Beim Ehegattenhof ist dies der andere Ehegatte, und, wenn der Hof nicht von dem überlebenden Ehegatten stammt, der Hofvorerbe. Dies ist ein Abkömmling des Erblassers, wobei das Kind vorgeht, hinsichtlich dessen der Erblasser durch Art und Umfang der Beschäftigung auf dem Hof hat erkennen lassen, dass dieses Kind den Hof übernehmen soll. Abfindungsansprüche bemessen sich nach dem Ertragswert des Hofes. Als Ertragswert gilt das 25-fache des jährlichen Reinertrags. Der Ehegatte, der nicht Hoferbe wird, hat Anspruch auf einen Altenteil. Nachabfindungsansprüche können innerhalb von 15 Jahren nach Anfall oder Übernahme des Hofes bestehen. Mit Veräußerung des Hofes oder Löschung des Hofes oder Grundstücksteilen in der Höferolle.

6. Erteilung des Erbscheins, Landwirtschaftsgericht[73]

In einigen Anerbengesetzen ist für die Erteilung des Erbscheins die **Zuständigkeit des Landwirtschaftsgerichts** zur Erteilung, Einziehung und Kraftloserklärung von Erbscheinen und Hoffolgezeugnissen bei Nachlässen, zu denen ein Hof gehört, begründet.[74] Im Übrigen bleibt es bei der Zuständigkeit des Nachlassgerichtes nach § 2353 BGB. Zusätzlich zu den landesrechtlichen Regelungen gilt bundesweit das Gesetz über das gerichtliche Verfahren in Landwirtschaftssachen (LwVG). Es bringt ergänzende und für zukünftige Landesgesetze einschränkende Regelungen. Von der in § 20 Abs. 3 LwVG für Landesrecht geschaffenen Ermächtigung, für das Erbscheinverfahren Sonderregelungen zu treffen, hat Niedersachsen, Hamburg und Nordrhein-Westfalen Gebrauch in Ausführungsgesetzen gemacht. Das Nachlassgericht prüft, in welchem Land der Hof liegt und welches Recht auf den Erbfall Anwendung findet. Der Erbschein wird entweder als allgemeiner Erbschein mit Anerbenvermerk oder als Anerbenschein erteilt. Ein Teilerbschein über das hoffreie Vermögen ist zulässig. Das Landwirtschaftsgericht ist auch für die gerichtliche Zuweisung eines landwirtschaftlichen Betriebs zuständig.

III. Lebzeitige Übertragung des Hofes im Wege der vorweggenommenen Erbfolge nach der Höfeordnung

In der Landwirtschaft ist die Hofübergabe an die nachfolgende Generation zu Lebzeiten des Betriebsinhabers eine seit alters her übliche Form der Regelung des Generationswechsels, die ebenfalls in der Höfeordnung und einigen landesrechtlichen Anerbengesetzen eine gesetzliche Regelung gefunden hat. In den Bundesländern, die kein Anerbenrecht kennen, wird dennoch der ganz überwiegende Teil der Höfe im Wege der vorweggenommenen Erbfolge übertragen; die fehlende gesetzliche Regelung wird dabei durch Vertragsklauseln ersetzt.[75] Zu der Vermögensübertragung im Wege der vorweggenommenen Erbfolge haben die Anerbenrechte eigene Wege gesucht. Die folgende Darstellung beschränkt sich auf die **vorweggenommene Erbfolge nach der Höfeordnung** als der praktisch bedeutsamsten Anerbenregelung.[76] Die Bedeutung der übrigen Anerbengesetze ist demgegenüber – gemessen an der Zahl der ihr unterfallenen Betriebe – gering; auf landesrechtliche Besonderheiten soll daher nur in den Fußnoten eingegangen werden.

1. Zivilrechtliche Einordnung und Abgrenzung zu anderen Geschäften

Das bürgerliche Recht kennt den (Hof-)Übergabevertrag nicht als besonderen Vertragstyp. Die schuldrechtliche Einordnung der Überlassung von Vermögen zum Zweck der Vorwegnahme der Erbfolge wird daher nach den in § 37 dargelegten Grundsätzen erfolgen, wobei **die gemischte Schenkung oder Schenkung** unter Auflagen überwiegen dürfte.[77] Entscheidun-

---

[73] S. a. *Graf* Nachlassrecht Rdnr. 4.399 ff. mit Formulierungsbeispielen zum Erbschein.
[74] Für Altfälle in den neuen Bundesländern kann das Reichserbhofrecht bedeutsam sein, bei dessen Anwendung für die Erteilung des Erbscheins das Nachlassgericht zuständig ist; siehe dazu *Lange/Wulff/Lüdtke-Handjery* Einl. Rdnr. 1.
[75] So noch *Wöhrmann/Stöcker* in der 6. Aufl. § 17 HöfeO Rdnr. 2; *Spiegelberger* Vermögensnachfolge Rdnr. 332; z.B. werden in Nordrhein-Westfalen 90%, in Altbayern über 87% aller Höfe auf diesem Wege übertragen.
[76] *Hoffmann-Fölkersamb* Hofübergabe S. 17.
[77] OHG BrZ OGHZ 1, 258, 261 f.; OGH BrZ OGHZ 2, 160, 165; BGH BGHZ 3, 206, 211; BayObLG AgrarR 1989, 132, 133; *Faßbender/Hölzel/v. Jeinsen/Pikalo* § 17 HöfeO Rdnr. 1; a.A.: *Wöhrmann/Stöcker*

gen des BayObLG sind allerdings zurückhaltend mit der Annahme einer Schenkung. In einem Fall wollte die Erblasserin die Übertragung des Hofes wegen groben Undanks nach § 530 BGB widerrufen. Das Gericht lehnte das Vorliegen einer Schenkung mit der Begründung ab, dass bei einem aus den bäuerlichen Verhältnissen erwachsenen Hofübergabevertrag für die Vertragsparteien nicht die Möglichkeit der freien Verwertung des Anwesens im Vordergrund stehe; vielmehr käme es ihnen darauf an, dass der oft über Generationen im Familienbesitz befindliche Hof an die folgenden Generationen weitergegeben und als Wirtschaftseinheit fortgeführt werde.[78] Vom Kaufvertrag unterscheidet sich der Hofübergabevertrag durch einen Unterschied im angestrebten Zweck: Beim Übergabevertrag geht es dem Hofeigentümer nicht um den Austausch gleichwertiger Leistungen, sondern darum, den Hofübernehmer bereits zu seinen Lebzeiten zum Erben und Hofnachfolger zu bestimmen.[79] Diese Zwecksetzung kommt in den Übernahmebedingungen zum Ausdruck. Der Übernehmer erbringt in der Regel kein echtes Entgelt für den Erwerb des Hofes: Die von ihm zu erbringenden Leistungen sind in der Regel unabhängig vom Wert des übergebenen Betriebes und erreichen weder dessen Verkehrswert noch dessen Ertragswert.[80]

Muster eines notariellen Hofübergabevertrages:

27   [Verhandelt am ... in ...]

Hofübergabe

1. Die Eheleute ... – im Folgenden Übergeber – sind je zur Hälfte Eigentümer des im Grundbuch von ... (Ort, Band, Blatt) eingetragenen Grundbesitzes mit einer Größe von ... ha. Der Grundbesitz ist in Abt. II unbelastet. In Abt. III ist eine Buchgrundschuld über EUR 100 000 zugunsten der Sparkasse ... eingetragen.

   Die Übergeber übertragen hiermit den in Ziff. 1. bezeichneten Grundbesitz im Wege der vorweggenommenen Erbfolge mit allen Rechten und Pflichten auf ihren Sohn – im Folgenden Übernehmer – zu Alleineigentum, der diese Übertragung hiermit annimmt.

   Besitz, Nutzungen und Lasten sowie die Gefahr des zufälligen Untergangs oder der zufälligen Verschlechterung gehen mit Wirkung vom 1. des Monats ... auf den Übernehmer über.

4. Mit dem Grundbesitz gem. Ziff. 2. übertragen werden die Anteile an der Genossenschaft ... e. G. sowie die Anteile an der Forstinteressengemeinschaft ... und sonstige betriebliche Beteiligungen ... Mit übertragen werden weiterhin sämtliche Bestandteile des Grundbesitzes, der gesamte landwirtschaftliche Betrieb mit allen Aktiva und Passiva am 1. des ... (dem Tag des Besitzübergangs).[81] In sämtliche betrieblichen Dauerschuldverhältnisse und sonstige betriebliche Rechte und Pflichten tritt der Übernehmer anstelle der Übergeber mit Wirkung vom Tag der Besitzübergabe ein (vorbehaltlich der Zustimmung Dritter im Außenverhältnis, im Innenverhältnis jedoch uneingeschränkt). Der Übernehmer trägt mit Wirkung vom Tag der Besitzübergabe sämtliche Steuern und Abgaben des Hofes, auch soweit diese vorher entstanden sind. Persönliche Steuern der Übergeber, insbesondere Einkommen-, Kirchensteuer, werden nicht übernommen.

5. Sollten zu dem landwirtschaftlichen Betrieb im Eigentum der Übergeber noch weiteres Grundvermögen oder den landwirtschaftlichen Betrieb betreffende Rechte gehören, die in

---

§ 17 HöfeO Rdnr. 42, sieht in der Hofübertragung einen Vertrag sui generis, qualifiziert ihn jedoch teilweise als Schenkung und wendet z.B. § 530 BGB analog an; *Faßbender* sieht in der Übergabevertrag als Vertrag sui generis und unterwirft ihn nicht den Regeln der Schenkung, wendet jedoch zumindest § 530 BGB analog an, *Faßbender/Hölzel/v. Jeinsen/Pikalo* § 17 HöfeO Rdnr. 21.

[78] BayObLG BayObLGZ 1995, 186, 191 ff.; BayObLG AgrarR 1996, 402, 403; a.A. *Faßbender/Hölzel/v. Jeinsen/Pikalo* § 17 HöfeO Rdnr. 19 ff.

[79] *Wöhrmann/Stöcker* § 17 HöfeO Rdnr. 36.

[80] *Hoffmann-Fölkersamb* Hofübergabe S. 113; *Wöhrmann/Stöcker* § 17 HöfeO Rdnr. 36.

[81] In manchen Gegenden wird von dem als „Rheinische Hofübergabe" bekannten Nachfolgemodell Gebrauch gemacht. Dabei übereignet der Hofeigentümer dem Übernehmer den Hof, behält sich aber selbst den Nießbrauch daran vor. Die Bewirtschaftung des Hofes durch den Hofnachfolger wird in einem gleichzeitig vereinbarten Pachtvertrag geregelt. Neben einem Pachtzins in Geld verpflichtet sich der Übernehmer zur Gewährung des Altenteils. Vertragsmuster zur „Rheinischen Hofübergabe" bei Kersten/Bühling/*Faßbender* Rdnr. 413.

dieser Urkunde nicht ausdrücklich aufgeführt sind und auch nicht ausdrücklich zurückbehalten wurden, sollen diese ebenfalls auf den Übernehmer übergehen. Der Übernehmer wird von den Übergebern unter Befreiung von § 181 BGB bevollmächtigt, alle Erklärungen abzugeben, die zur Eigentumsumschreibung solchen Grundvermögens oder solcher Rechte noch erforderlich sind. Die Vollmacht erlischt nicht mit dem Tod der Übergeber oder eines von ihnen. Sie gilt nach dem Tod des Übernehmers für dessen Hofnachfolger.

6. Für eine bestimmte Größe, Güte und Beschaffenheit des übertragenen Grundbesitzes, seiner Bestandteile und des landwirtschaftlichen Betriebes einschließlich seiner Ertragskraft übernehmen die Übergeber keine Gewähr. Die Übergeber haften für einen ungehinderten Besitz- und Eigentumsübergang sowie für die Freiheit von grundbuchmäßigen Belastungen mit Ausnahme der Buchgrundschuld in Abt. III über EUR 100 000, die mit übernommen wird.
7. Von der Übertragung ausdrücklich ausgenommen sind: … persönliche Dinge, Grundbesitz].
8. Die Vertragsteile sind sich über den Eigentumsübergang einig und bewilligen und beantragen die Eintragung der Rechtsänderung im Grundbuch.
9. [Altenteil, Beteiligung von Miterben, Genehmigung etc.][82]
10. Die Kosten dieses Vertrages und seines Vollzuges sowie etwaige Schenkungssteuer trägt der Übernehmer.

Unterschriften

Der Hofübergabevertrag ist zwar ein Rechtsgeschäft unter Lebenden. Die HöfeO legt diesem aber auch **erbrechtliche Wirkungen** bei: sein Abschluss stellt eine Form der Hoferbenbestimmung dar (§ 7 HöfeO) und mit der Übertragung des Hofes gilt zugunsten anderer Abkömmlinge der Erbfall als eingetreten (§ 17 Abs. 2 HöfeO). Der Hofübergabevertrag wird daher als ein Vertrag mit Doppelwirkung charakterisiert: Er ist zugleich Vertrag unter Lebenden und Verfügung von Todes wegen.[83]

2. Wirksamkeitsvoraussetzungen der Hofübergabe

a) **Geschlossene Übergabe.** Aus Sinn und Zweck der Höfeordnung folgt, dass eine geschlossene und **lebensfähige Betriebseinheit** übertragen werden muss.[84] Die Hofeigenschaft des Betriebes sollte vor der Beurkundung des Vertrages eindeutig geklärt sein.[85] Der Hof muss grundsätzlich als Ganzes an den Hofnachfolger übergeben werden.[86] Zwar ist es mit der HöfeO und dem GrdstVG vereinbar, dass der Hofeigentümer einzelne Grundstücke von der Übertragung ausnimmt und sich selbst als „Notpfennig" vorbehält oder zur Abfindung weichender Erben benutzt, soweit dadurch nicht die ordnungsgemäße Bewirtschaftung des Betriebes gefährdet wird.[87]

b) **Die Vertragsparteien.** Bei der lebzeitigen Hofübergabe nach § 17 HöfeO ist der Übergeber in der Auswahl seines Nachfolgers frei. Der Übergabevertrag wird nicht zwingend zwischen Eltern und einem Abkömmling geschlossen; auch ein entfernter Verwandter oder ein **Familienfremder** kommen in Betracht.[88] Allein an eine juristische Person oder mehrere Personen, die nicht verheiratet sind, kann der Hof nicht wirksam übergeben werden.[89] Auf der Übergeberseite muss der Hofeigentümer oder – wenn ein Ehegattenhof übertragen werden soll –

---

[82] S. dazu Rdnr. 42 und § 32 Rdnr. 53 ff.
[83] BGH RdL 1953, 53 Nr. 17; BGH NJW 1962, 447; *Faßbender/Hölzel/v. Jeinsen/Pikalo* § 17 HöfeO Rdnr. 2; *Wöhrmann/Stöcker* noch in der 6. Aufl. § 17 HöfeO Rdnr. 9, nicht mehr in der 7. Aufl. § 17 HöfeO Rdnr. 10.
[84] *Wöhrmann/Stöcker* § 17 HöfeO Rdnr. 26.
[85] Kersten/Bühling/*Faßbender* § 40 Rdnr. 412.
[86] *Lange/Wulff/Lüdtke-Handjery* § 17 HöfeO Rdnr. 10; *Lüdtke-Handjery* DNotZ 1985, 332, 347.
[87] OLG Hamm RdL 1965, 271, 272; *Wöhrmann/Stöcker* § 17 HöfeO Rdnr. 26; *Lange/Wulff/Lüdtke-Handjery* § 17 HöfeO Rdnr. 114.
[88] *Wöhrmann/Stöcker* § 17 HöfeO Rdnr. 6; Kersten/Bühling/*Faßbender* § 40 Rdnr. 412.
[89] *Wöhrmann/Stöcker* § 17 HöfeO Rdnr. 6; vgl. § 16 i.V.m. § 17 HöfeO. Mit Inkrafttreten des LPartG wird die eingetragene Lebenspartnerschaft wie die Ehe anerkannt.

beide Ehegatten mitwirken.[90] In den Übergabevertrag können außer den Vorgenannten auch andere erbrechtlich Berechtigte, etwa die nicht bedachten Kinder des Übergebers einbezogen werden, wenn gleichzeitig eine Regelung über die Abfindungs- und Nachabfindungsansprüche getroffen werden soll.[91]

30 c) **Vertretung bei Vertragsschluss.** Trotz der erbrechtlichen Wirkungen des Hofübergabevertrages (§ 17 Abs. 2 HöfeO) ist dagegen die **rechtsgeschäftliche Vertretung** des Übergebers zulässig.[92] Kontrovers diskutiert wurde die Frage nach der Zulässigkeit der gesetzlichen Vertretung. Hier scheint sich inzwischen die Auffassung durchgesetzt zu haben, dass der gesetzliche Vertreter des geschäftsunfähigen oder beschränkt geschäftsfähigen Hofeigentümers den Übergabevertrag mit einem Nachfolger seiner Wahl und zu frei vereinbarten Bedingungen abschließen kann.[93] Die früher herrschende Ansicht, der Vertrag könne nur mit dem gesetzlichen Hoferben und zu den gesetzlichen Bedingungen abgeschlossen werden, dürfte angesichts der doppelten Kontrolle der Entscheidung des Vertreters durch das Landwirtschafts- und das Vormundschaftsgericht zu eng sein.

31 d) **Wirtschaftsfähigkeit des Übernehmers.** Der Übernehmer muss grundsätzlich wirtschaftsfähig sein. Dies bestimmt sich nach denselben Regelungen wie die Hoferbenbestimmung durch Verfügung von Todes wegen[94]

32 e) **Fehlen entgegenstehender Hoferbenbestimmung.** Der Abschluss des Hofübergabevertrages setzt voraus, dass der Übergeber über den Hof noch frei verfügen kann. Er darf zuvor keine bindende Hoferbenbestimmung – sei es durch Rechtsgeschäft, Verfügung von Todes wegen oder faktisches Verhalten – getroffen haben.

33 An die in einem Erbvertrag oder in einem **bindend gewordenen gemeinschaftlichen Testament** etroffenen Bestimmungen ist der Hofeigentümer gebunden, so dass er nicht durch Abschluss eines Übergabevertrags einseitig etwas anderes bestimmen kann.[95] Zwar wird der Erblasser durch eine bestimmte Verfügung von Todes wegen nicht gehindert, zu seinen Lebzeiten Rechtsgeschäfte zu tätigen, die zu dieser im Widerspruch stehen. Dennoch bleibt der Übergabevertrag unwirksam.[96] Dies folgt aus der Doppelnatur des Übergabevertrags. Denn wegen der rechtsgeschäftlichen und testamentsähnlichen Wirkungen des Übergabevertrages kollidiert der Hofübergabevertrag mit einer bindend gewordenen früheren Verfügung von Todes wegen (entsprechend § 2289 Abs. 1 S. 2 BGB).[97] Dem Erblasser ist es also verwehrt, durch Übergabevertrag eine von einem zeitlich vorhergehenden Erbvertrag oder einem gemeinschaftlichen Testament abweichende Bestimmung des Hoferben zu treffen.

34 Ein dem Übergabevertrag zeitlich vorhergehendes **einfaches Testament** hindert den Hofeigentümer nicht am Abschluss eines Übergabevertrags. Nach § 2253 BGB kann der Erblasser die in einem Testament getroffene Erbeinsetzung jederzeit durch eine gegenteilige Verfügung von Todes wegen wieder ändern. Diese Wirkung hat auf Grund seines testatähnlichen Charakters auch der Übergabevertrag.

35 Die letztwillige Komponente des Übergabevertrags verhindert den Abschluss eines Hofübergabevertrags auch für den Fall, dass der Hofeigentümer bereits einen Übergabevertrag mit

---

[90] Die Beteiligung des anderen Ehegatten ist wegen § 1365 BGB in der Regel auch erforderlich, wenn der Hof im Alleineigentum eines Ehepartners steht. Der eingetragene Lebenspartner dürfte nach Inkrafttreten des LPartG die einem Ehegatten entspr. Rechte haben.
[91] *Lüdtke-Handjery* DNotZ 85, 332, 338.
[92] *Faßbender* DNotZ 1986, 67, 68; *Faßbender/Hölzel/v. Jeinsen/Pikalo* § 17 HöfeO Rdnr. 58; i.E. auch *Lüdtke-Handjery* DNotZ 1985, 332, 339; a.A. *Wöhrmann/Stöcker* noch in der 6. Aufl. zu § 17 HöfeO Rdnr. 22.
[93] *Faßbender/Hölzel/v. Jeinsen/Pikalo* § 17 HöfeO Rdnr. 55; *Lange/Wulff/Lüdtke-Handjery* § 17 HöfeO Rdnr. 28; a.A. *Wöhrmann/Stöcker* noch in der 6. Aufl. zu § 17 HöfeO Rdnr. 21, in der die Vertretung bei Übergabeverträgen gänzlich abgelehnt wurde.
[94] *Faßbender/Hölzel/v. Jeinsen/Pikalo* § 17 HöfeO Rdnr. 63.
[95] *Lange/Wulff/Lüdtke-Handjery* § 17 HöfeO Rdnr. 41; *Lüdtke-Handjery* DNotZ 1985, 332, 342.
[96] BGH RdL 1951, **129**; BGH RdL 1952, 132, 134; BGH RdL 1953, 53 Nr. 17; BGH RdL 1968, 293, 295; *Faßbender/Hölzel/v. Jeinsen/Pikalo* § 17 HöfeO Rdnr. 38; *Lange/Wulff/Lüdtke-Handjery* § 17 HöfeO Rdnr. 42; *Wöhrmann/Stöcker* § 17 HöfeO Rdnr. 30 ff.; *Lüdtke-Handjery* DNotZ 1985, 332, 343.
[97] *Fassbender/Hölzel/v. Jeinsen/Pikalo* § 17 HöfeO Rdnr. 38.

einem anderen Hoferben geschlossen hat.[98] Da mit dem Hofübergabevertrag eine Hoferbenbestimmung getroffen wird, ist der **zweite, abweichende Übergabevertrag** – auch wenn er vor Vollzug des ersten geschlossen wird – unwirksam und nicht genehmigungsfähig.

Dem Abschluss eines Übergabevertrags kann schließlich entgegenstehen, dass der Hofeigentümer eine **formlos bindende Hoferbenbestimmung** getroffen hat. Das Institut der formlosen Hoferbenbestimmung ist von der Rechtsprechung des BGH aus dem Grundsatz von Treu und Glauben (§ 242 BGB) entwickelt worden.[99] Das zweite Änderungsgesetz zur HöfeO hat diese Rechtsprechung teilweise kodifiziert. Danach ist der Eigentümer unter bestimmten Umständen an eine Hoferbenbestimmung gebunden, obwohl diese nach den allgemeinen Vorschriften wegen Formmangels nichtig wäre. Eine derartige Bestimmung liegt vor, wenn der Eigentümer einen Hoferben aus dem Kreis seiner Abkömmlinge ausgewählt und ihm die Bewirtschaftung des Hofes auf Dauer übertragen hat, wobei die Übertragung vorbehaltlos erfolgt sein muss (§§ 6 Abs. 1 S. 1 Nr. 1, 7 Abs. 2 S. 1 HöfeO). Ebenso gebunden ist der Eigentümer, wenn er durch Art und Umfang der Beschäftigung eines Anwärters auf dem Hof zu erkennen gegeben hat, dass dieser den Hof erhalten soll (§§ 6 Abs. 1 S. 1 Nr. 2, 7 Abs. 2 S. 2 HöfeO). Der Kreis der geschützten Personen ist auf die Abkömmlinge des Eigentümers beschränkt (§ 7 Abs. 2 HöfeO).[100] Beim Ehegattenhof können sich auch Abkömmlinge nur eines Ehegatten auf den formlosen Hofübergabevertrag berufen.[101] Solange der ausgewählte Abkömmling den Hof bewirtschaftet, ist eine vom Eigentümer vorgenommene „Bestimmung eines anderen zum Hoferben" unwirksam. Der Hofeigentümer kann demnach eine anderweitige Nachfolgeregelung weder in einem Testament oder einem Erbvertrag noch in einem Übergabevertrag treffen (§ 7 Abs. 2 S. 2 HöfeO). Der Übernehmer trägt die Beweislast für den Abschluss des formlosen Übergabevertrags und dafür, dass die Bindung nachträglich nicht wieder entfallen ist.[102]

f) **Umgehung der Bindung durch Löschung der Hofeigenschaft.** Das Recht des Eigentümers, eine Hoferklärung abzugeben, ist keinen Beschränkungen unterworfen (fakultatives Höferecht).[103] Das bedeutet indes nicht, dass der Hofeigentümer einen **wirksam geschlossenen Hofübergabevertrag** durch Aufhebung der Hofeigenschaft wieder beseitigen kann. Die Verpflichtung des Hofeigentümers, den Vertrag durch Übergabe und Umschreibung im Grundbuch zu erfüllen, wird durch die Löschung des Hofvermerks nicht berührt. Der (wirksam bestimmte) Nachfolger erhält zwar den Betrieb, die Konditionen der Nachfolge bestimmen sich aber nach den für ihn wesentlich ungünstigeren Bestimmungen des bürgerlichen Rechts.[104] Stirbt der Hofeigentümer, bevor er den Übergabevertrag erfüllt hat, hat dies je nach Fortschritt der Hofübergabe unterschiedliche Folgen (siehe dazu sogl. Rdnr. 37). Im Falle eines formlos bindenden Hoferbenbestimmung hat die Bestimmung der Nachfolge allein die Wirkung eines Übergabe**vor**vertrags.[105] Er gibt dem Prätendenten einen Anspruch auf Abschluss eines Übergabevertrags. Dieser unterfällt jedoch nicht mehr der Höfeordnung, sondern dem Landgutsrecht (§ 2049 BGB), mit der Folge, dass sich die Abfindungslasten wesentlich erhöhen, in bestimmten Gebieten sogar verdreifachen können.[106]
Wurde der Hofnachfolger als **Vertragserbe** eingesetzt, bleibt der Hofeigentümer zwar unabhängig von der Hoferklärung nach den §§ 2286, 2289 BGB gebunden. Die Vererbung erfolgt jedoch nicht nach Höferecht, sondern nach dem BGB.[107] Selbst wenn man die Hoferbenberufung in eine Zuwendung des Betriebes als Landgut umdeutet, sieht sich der Hoferbe teilweise

---

[98] BGHRdL 1952, 139, Nr. 16; BGH BGHZ 12, 286,306; BGH NJW 1988, 710, 711 = BGHZ 101, 57; *Lüdtke-Handjery* DNotZ 1985, 332, 344; *Faßbender/Hölzel/v. Jeinsen/Pikalo* § 17 HöfeO Rdnr. 36; *Lange/Wulff/Lüdtke-Handjery* § 17 HöfeO Rdnr. 42; *Wöhrmann/Stöcker* § 17 HöfeO Rdnr. 32.
[99] BGH BGHZ 12, 286, 303 ff.; 23, 249, 54 ff.
[100] Versuchen, im Wege einer Analogie auch Dritten den Schutz dieser Vorschriften zukommen zu lassen, hat sich der BGH in BGHZ 87, 237, 238, widersetzt.
[101] BGH BGHZ 119, 387, 250.
[102] BGH NJW 1988, 710, 711 = BGHZ 101, 57; BGH BGHZ 119, 387, 250.
[103] BGH RdL 1962, 18, 19; BGH AgrarR 1976, 350, 351; BGH NJW 1988, 710, 711= BGHZ 101, 57.
[104] BGH LM BGB § 313 Nr. 22.
[105] BGH BGHZ 12, 286, 303; BGH LM § 313 BGB Nr. 22; BGHZ 101, 57, 61.
[106] *Faßbender* AgrarR 1991, 5, 8.
[107] BGH NHW 1988, 710, 711. Diese Rspr. wird heftig kritisiert; s. z.B. *Faßbender* DNotZ 1986, 67, 70; *ders.* AgrarR 1991, 5 ff.; *Faßbender/Hölzel/v. Jeinsen/Pikalo* § 6 HöfeO Rdnr. 18.

ruinösen Abfindungslasten ausgesetzt,[108] § 2312 BGB, der den Ertragswert zur Bemessungsgrundlage der Pflichtteilsansprüche macht, ist nur anwendbar, wenn der Hofnachfolger zum Kreis der Pflichtteilsberechtigten gehört (Abs. 3). Übernimmt dagegen ein Neffe oder ein Familienfremder den Hof, steht ihm das Ertragswertprivileg nicht zu.

38 **g) Rechtsfolge.** Konsequenz der Unwirksamkeit des Übergabevertrags ist, dass das Landwirtschaftsgericht die erforderliche Genehmigung des Vertrages nach dem GrdstVG versagen wird und der Vertrag daher nicht vollzogen werden kann. Wird allerdings der Vertrag trotz Nichtigkeit genehmigt und vollzogen, geht der Abkömmling seiner Rechte wegen der früher eingegangenen Bindung des Hofeigentümers verlustig.[109]

39 **h) Tod des Hofübergebers.** Je nach Fortschritt der Hofübergabe hat der Tod des Hofübergebers unterschiedliche Rechtsfolgen:[110]
- Verstirbt er **nach Genehmigung** des Entwurfs des Übergabevertrages durch das Landwirtschaftsgericht und vor der notariellen Beurkundung, tritt gesetzliche Erbfolge ein. Der Entwurf kann möglicherweise als Indiz für eine formlose Hofübergabe herangezogen werden.
- Stirbt der Hofübergeber **vor Genehmigung** des Landwirtschaftsgerichts, jedoch nach Beurkundung, und ist der Hofübernehmer zugleich gesetzlicher oder gewillkürter Erbe, ist das Genehmigungsverfahren dennoch durchzuführen, da die Bindung an die in dem Übergabevertrag eingegangenen Verpflichtungen bestehen bleiben.
- Stirbt der Hofübergeber nach notarieller Beurkundung, jedoch **vor Genehmigung durch das Landwirtschaftsgericht**, und ist der Hofübernehmer nicht gesetzlicher oder gewillkürter Erbe, treten die Erben in die Rechte und Pflichten des Übergabevertrages ein und sind zur Erfüllung verpflichtet. Das Genehmigungsverfahren wird zwischen den Erben und dem Hofübernehmer durchgeführt.
- Stirbt der Hofübergeber nach notarieller Beurkundung und **nach Rechtskraft der Genehmigung**, hat der Hofübernehmer einen Anspruch auf Eintragung, wenn in dem Übergabevertrag die Auflassung enthalten ist.

40 **i) Tod des Hofübernehmers.** Auch hier sind verschiedene Stadien zu unterscheiden:[111]
- **Vor notarieller Beurkundung** ist der Vertrag trotz einer bereits erteilten Genehmigung durch das Landwirtschaftsgericht nicht bindend. Die Erben des Hofübernehmers haben keine Ansprüche erlangt.
- Stirbt der Hofübernehmer **nach Beurkundung**, jedoch vor Auflassung, und fehlt eine vertragliche Regelung für diesen Fall, wird der Hofübergeber frei.
- Stirbt der Hofübernehmer **nach notarieller Beurkundung und Auflassung**, hat er bereits ein Anwartschaftsrecht an dem Hof erworben, welches sich wie der Hof selbst auf die Erben des Hofübernehmers vererbt. Unmaßgeblich ist, ob bereits eine landwirtschaftsgerichtliche Genehmigung vorliegt.

3. Formerfordernisse

41 Da die vertragliche Übergabe des Hofes notwendigerweise die Übertragung von Grundstücken einschließt, bedarf er zu seiner Gültigkeit der notariellen Beurkundung (§ 311 b Abs. 1 S. 1 BGB).[112] Der Mangel der Form wird durch Auflassung und Eintragung geheilt (§ 311 b Abs. 1 S. 2 BGB). Ein zusätzliches Beurkundungserfordernis stellt § 311 b Abs. 3 BGB für den Fall auf, dass es sich bei dem Hof, der Gegenstand des Übertragungsvertrages ist, um das **gesamte Vermögen** des Hofeigentümers handelt. Diese Norm sieht keine Heilungsmöglichkeit vor. Die Frage, ob ein Hof das Gesamtvermögen umfasst, kann also im Streitfall von erhebli-

---

[108] *Faßbender* AgrarR 1991, 5, 8.
[109] BGH BGHZ 12, 287, 306.
[110] *Wöhrmann/Stöcker* § 17 HöfeO Rdnr. 161 bis 165.
[111] *Wöhrmann/Stöcker* § 17 HöfeO Rdnr. 166 bis 172.
[112] *Faßbender/Hölzel/v. Jeinsen/Pikalo* § 17 HöfeO Rdnr. 69; *Wöhrmann/Stöcker* § 17 HöfeO Rdnr. 11 ff.

cher Bedeutung sein.[113] Vom Beurkundungszwang erfasst werden alle im inneren Zusammenhang mit der Hofübergabe getroffenen Abreden, auch die unwesentlichen.[114] Bei gemischten oder zusammengesetzten Verträgen erstreckt sich der Formzwang auf den ganzen Vertrag.[115]

4. Typischer Inhalt des Übergabevertrags

a) **Gewährung des Altenteils.** Typischerweise enthält der Übergabevertrag als Gegenleistung des Übernehmers dessen Verpflichtung zur Gewährung des Altenteils.[116] Dessen Ausgestaltung unterliegt dabei der freien Vereinbarung der Vertragsschließenden. Das Altenteil soll die Lebensbedürfnisse des Hofübergebers, der mit dem Hof in der Regel sein ganzes Vermögen in die Hände seines Nachfolgers gibt, im Alter gewährleisten. Im Sinne einer umfassenden Absicherung wird daher im Übergabevertrag üblicherweise eine vollständige **Versorgung** des Altenteilers vereinbart, die beispielsweise folgende Punkte umfassen kann:[117]

42

Checkliste:

- ☐ Wohnungsrecht des Übergebers auf der Hofstelle,
- ☐ freies Aufenthaltsrecht auf dem Anwesen,
- ☐ die Verpflichtung des Übernehmers, für die Instandhaltung der Wohnräume zu sorgen,
- ☐ die Versorgung mit Wäsche, Licht, Heizung, Wasser,
- ☐ das Recht auf Verköstigung am Familientisch oder nach Wahl in den Wohnräumen des Übergebers,
- ☐ das Recht auf Pflege im Alter,[118]
- ☐ Übernahme von Krankheitskosten, soweit diese über die Leistungen der Krankenkasse hinausgehen,[119]
- ☐ das Recht auf eine bestimmte, entsprechend § 1612 BGB den wirtschaftlichen Gegebenheiten anzupassende Geldrente,
- ☐ Mitbenutzungsrechte am Pkw und Inanspruchnahme von Fahrdiensten,
- ☐ die Übernahme der Kosten der Beerdigung,
- ☐ Pflege der Grabstätte.

Das Wohnungs- und Aufenthaltsrecht wird in der Regel als beschränkt persönliche Dienstbarkeit (§§ 1090, 1093 BGB) abgesichert.[120] Die Eintragung der übrigen Verpflichtungen kann als Reallast erfolgen (§§ 1105 ff. BGB). Zur Verfügung steht auch die Eintragung als einheitli-

---

[113] *Wöhrmann/Stöcker* Landwirtschaftserbrecht § 17 Rdnr. 11.
[114] Vgl. Palandt/*Heinrichs* § 126 BGB Rdnr. 3.
[115] Dies bedeutet z.B. bei der Rheinischen Hofübergabe, bei welcher der Hof unter Nießbrauchsvorbehalt übertragen wird, die Bewirtschaftung durch einen Pachtvertrag geregelt wird, dass auch der Pachtvertrag beurkundungsbedürftig ist. S. dazu Kersten/Bühling/*Faßbender* § 40 Rdnr. 412.
[116] *Faßbender/Hölzel/v. Jeinsen/Pikalo* § 17 HöfeO Rdnr. 74 ff.; *Lüdtke-Handjery* DNotZ 1985, 332, 347; *Wöhrmann/Stöcker* § 17 HöfeO Rdnrn. 50 ff.
[117] Zu den Formulierungen s. § 32. Weitere Vertragsentwürfe bei *Spiegelberger* Vermögensnachfolge Rdnr. 333; *Lüdtke-Handjery*, Beck'sches Formularbuch zum Bürgerlichen-, Handels- und Wirtschaftsrecht, 7. Aufl. 1998, III E 11; Kersten/Bühling/*Faßbender* § 40 Rdnr. 413 (zur Rheinischen Hofübergabe). Zur Bewertung s. § 46.
[118] Bei der Formulierung der Pflegevereinbarung sollten die Interessen der Vertragsparteien im Hinblick auf das neue Pflegeversicherungsgesetz abgewogen werden. Es sollte klargestellt werden, ob vertragliche Ansprüche neben den gesetzlichen bestehen und wie weit sie reichen, vgl. *Rinck* AgrarR 1996, 392 (Tagungsbericht).
[119] Seit der beitragsfreien Krankenversicherung der Altbauern spielt die Versorgung für den Krankheitsfall nur noch eine untergeordnete Rolle. Dem Übernehmer werden lediglich die Beiträge für eine private Zusatzversicherung oder die von der Krankenkasse nicht gedeckten Kosten der Behandlung in einer gehobenen Krankenhausklasse auferlegt, *Faßbender/Hölzel/v. Jeinsen/Pikalo* § 17 HöfeO Rdnr. 75.
[120] Inhalt der beschränkt persönlichen Dienstbarkeit und Formulierung s. § 32 Rdnr. 110; *Lüdtke-Handjery*, Beck'sches Formularbuch zum Bürgerlichen-, Handels und Wirtschaftsrecht, 7. Aufl. 1998, III E 11; *Spiegelberger* Vermögensnachfolge S. 131.

ches Recht in Form des Leibgedinges nach § 49 GBO.[121] Subsidiär finden auf Altenteilsverträge landesrechtliche Regelungen Anwendung.[122]

43 **b) Übernahme der Hofesschulden.** Die auf dem Hof ruhenden Verbindlichkeiten und Beschränkungen (Hypotheken, Grundschulden, Dienstbarkeiten) werden in aller Regel durch ausdrückliche Bestimmung im Übergabevertrag vom Hofnachfolger übernommen,[123] gegebenenfalls unter Befreiung des Übergebers zumindest von bedeutenden Schulden.

44 **c) Abfindung der weichenden Erben.** Da der Erbfall beim Hofübergabevertrag mit der Übertragung des Hofes als eingetreten gilt (§ 17 Abs. 2 HöfeO), haben die weichenden Erben einen Abfindungsanspruch. Die Fälligkeit des Anspruchs wird auf den Zeitpunkt der Umschreibung des Hofeigentums im Grundbuch vorverlegt.[124] Wird keine anderweitige vertragliche Regelung getroffen, sieht sich der Hofnachfolger also gleichzeitig den Abfindungsansprüchen seiner Geschwister und den Ansprüchen der Eltern auf Gewährung des Altenteils ausgesetzt.[125] Die **Erbfallfiktion** gilt allerdings nur eingeschränkt: Sie greift nur, wenn der Hof an einen Abkömmling übergeben wurde. Bei Übergabe an den Ehegatten oder einen Dritten bleibt es bei der regulären Bestimmung, dass Abfindungsansprüche erst mit dem Tod des Hofeigentümers entstehen. Die Fiktion gilt zudem nur zugunsten der übrigen Abkömmlinge, also insbesondere nicht für den Ehegatten und schließlich nur hinsichtlich des Hofes, nicht bezüglich des hoffreien Vermögens.[126] Die Vorschriften über Nachabfindungsansprüche geltend entsprechend. § 12 HöfeO gestattet die vertragliche Regelung der Abfindungsansprüche, da die gesetzlichen Ansprüche unter dem Vorbehalt einer anderweitigen Regelung im Übergabevertrag stehen. Aus dieser Formulierung wird die Befugnis der vertragsschließenden Parteien abgeleitet, die Abfindungen auf dasjenige festzusetzen, was dem Pflichtteil des Abfindungsberechtigten entspricht.[127] Wurde eine geringere Abfindung vereinbart oder jede Abfindung ausdrücklich vertraglich ausgeschlossen,[128] kann der weichende Erbe als Abfindung nur die Differenz zwischen der vertraglich vereinbarten und derjenigen Abfindung verlangen, die ihm kraft Gesetzes als Pflichtteil zusteht.

Zur Vermeidung von Auseinandersetzungen um den Hof ist es ratsam, die weichenden Erben am Übergabevertrag zu beteiligen.[129] Auf diese Weise kann die Höhe von Abfindungen und Abfindungsergänzungen einvernehmlich geregelt werden. Im Vertrag sollten insbesondere die Modalitäten der Abfindungszahlung geklärt werden. Sind finanzielle Engpässe des Hofnachfolgers abzusehen, empfiehlt sich die Stundung der Ansprüche oder eine Ratenzahlung.[130] Bis zur Zahlung kann eine Verzinsung oder dingliche Sicherung der Abfindungsansprüche durch Hypothek oder Grundschuld vereinbart werden.[131] Für noch nicht versorgte weichende Erben, etwa minderjährige Kinder, wird oft statt oder neben dem Geldanspruch ein Versorgungsanspruch aus dem Hof etwa bis zum Abschluss der Berufsausbildung vereinbart. Ein Erbe kann auch in Grund und Boden abgefunden werden, soweit der Betrieb die Abspaltung von Grundstücken zulässt. Ist die mit den weichenden Erben vereinbarte Abfindung geringer als der

---

[121] Zum Inhalt der Reallast und Formulierung s. § 32 Rdnr. 108; *Faßbender/Hölzel/v. Jeinsen/Pikalo* § 17 HöfeO Rdnr. 86.
[122] Art. 15 des PrAGBGB; Art. I, II, des Lippischen Leibzuchtgesetzes §§ 5 ff. des NdsAG-BGB, sowie §§ 1 ff. des SchlHAGBGB, abgedruckt bei *Faßbender/Hölzel/v. Jeinsen/Pikalo* Anhang III.
[123] *Lüdtke-Handjery* DNotZ 1985, 332, 349; *Faßbender/Hölzel/v. Jeinsen/Pikalo* § 17 HöfeO Rdnr. 127 f.
[124] BGH BGHZ 1, 343; *Lüdtke-Handjery* DNotZ 1985, 332, 356, *Faßbender/Hölzel/v. Jeinsen/Pikalo* § 17 HöfeO Rdnr. 175, *Lange/Wulff/Lüdtke-Handjery* § 17 HöfeO Rdnr. 83; *Wöhrmann/Stöcker* § 17 HöfeO Rdnr. 64.
[125] Krit. daher auch *Faßbender/Hölzel/v. Jeinsen/Pikalo* § 17 HöfeO Rdnr. 172.
[126] *Faßbender/Hölzel/v. Jeinsen/Pikalo* § 17 HöfeO Rdnr. 171 f. zur verfassungsrechtlichen Problematik.
[127] BGH BGHZ 25, 287; OLG Celle RdL 1976, 246, 247; *Lange/Wulff/Lüdtke-Handjery* § 17 HöfeO Rdnr. 71; *Faßbender/Hölzel/v. Jeinsen/Pikalo* § 17 HöfeO Rdnr. 176; *Lüdtke-Handjery* DNotZ 1985, 332, 349; a.A. noch *Wöhrmann/Stöcker* in der 6. Aufl. zu § 17 HöfeO Rdnr. 65, nicht mehr in der 7. Aufl. § 17 HöfeO Rdnr. 66.
[128] *Ivo* ZEV 2004, 316 bis 319 zur Zulässigkeit des isolierten Verzichts auf Nachabfindungsansprüche vor und nach dem Erbfall sowie zum Verzicht auf künftige Nachabfindungsansprüche vor dem Erbfall und nach dem Erbfall mit Formulierungsvorschlägen.
[129] *Lüdtke-Handjery* DNotZ 1985, 332, 350.
[130] *Lüdtke-Handjery* DNotZ 1985, 332, 350.
[131] Vgl. die Vertragsklausel bei *Lüdtke-Handjery*, Beck'sches Formularbuch zum Bürgerlichen Handels- und Wirtschaftsrecht III E 11 § 4.

Pflichtteil, müssen Pflichtteilsverzichte beurkundet werden. Vorsorglich sollte auch ein förmlicher Verzicht auf Pflichtteilsergänzungsansprüche in den Vertrag aufgenommen werden, soweit sie aus der Hofübergabe hergeleitet werden können.[132] Der mit einem weichenden Erben geschlossene umfassende **Erbverzichtsvertrag** schließt auch Nachabfindungsansprüche nach § 13 HöfeO aus, da er die Erbenstellung beseitigt, an die §§ 12, 13 HöfeO anknüpfen.[133] Formulierungsbeispiel für einen Hofübergabevertrag:

> **Formulierungsvorschlag:**
>
> Der Übernehmer hat an die Erschienene zu ..., die Schwester des Übernehmers, folgende Ausgleichzahlungen zu leisten: ... Auf Sicherungshypotheken und sonstige Sicherheiten wird verzichtet.
>
> Im Gegenzug verzichtet die Schwester auf ihre Erb-, Pflicht- bzw. Pflichtteilsergänzungsansprüche aus der Übertragung der in dieser Urkunde übertragenen Vermögenswerte. Dieser Verzicht erstreckt sich nicht auf Ansprüche auf Ergänzung der Abfindung (nach § 13 HöfeO). Etwaige Ergänzungsansprüche sollen jedoch erst ausgelöst werden, wenn Erlöse aus dem Verkauf es Hofes oder Hofesvermögen innerhalb einer Frist von ... Jahren nach Übernahme einen Betrag von EUR ... übersteigen. Die bei einer Veräußerung anfallenden Steuern, insbesondere Einkommensteuer, sind von dem Verkaufserlös abzuziehen, bevor eine Berechnung der Höhe der Ergänzungsabfindung erfolgt.

> **Alternative:**
>
> Die Erschienene zu ... verzichtet hiermit unwiderruflich auf ihre Erbansprüche aus dem übertragenen Hof und auf die Vergütung des Vermögens, das in den Hof eingebracht wurde und nicht von dem Übergeber nach diesem Vertrag zurückbehalten wurde.

Gelegentlich wird Familienmitgliedern neben der Geldabfindung ein Recht auf Heimatzuflucht zugesprochen.

> **Formulierungsvorschlag:**
>
> Die Tochter ... hat, solange sie unverheiratet bleibt, verwitwet oder geschieden sein wird, das Recht auf Heimatzuflucht durch Gewährung von Unterkunft auf dem Hof.

d) Sicherung der weichenden Erben. Das Gesetz sichert den Hofübergeber gegen Vertragsverletzungen des Hofübernehmers nur unzureichend.[134] Für den Übergeber, der sich im Hofübergabevertrag ein Altenteil ausbedungen hat, schließen landesrechtliche Vorschriften das Recht, wegen **Nichterfüllung oder Verzuges** nach § 325 Abs. 2 BGB oder § 326 BGB vom Vertrag zurückzutreten oder nach § 527 BGB die Herausgabe des Grundstücks zu fordern, ausdrücklich aus.[135] Die Rechtsprechung lehnt einen Rücktritt vom Übergabevertrag auch ab, wenn er auf positive Vertragsverletzungen des Hofübernehmers wie z.B. Tätlichkeiten, Beschimpfungen, Beleidigungen usw. gestützt wird.[136] Der Bundesgerichtshof hat dem Übergeber aber ein Widerrufsrecht wegen groben Undanks gemäß § 530 BGB (analog) zugebilligt.[137] Zwei jüngere Entscheidungen des BayObLG haben dagegen die Anwendbarkeit

---

[132] *Faßbender/Hölzel/v. Jeinsen/Pikalo* § 17 HöfeO Rdnr. 142.
[133] BGH NJW 1997, 653 = ZEV 1997, 69, mit Anm. *Edenfeld*. Die Entscheidung steht im Einklang mit der Lit.: *Faßbender/Hölzel/v. Jeinsen/Pikalo* § 13 HöfeO Rdnr. 57; *Lange/Wulff/Lüdtke-Handjery* § 12 HöfeO Rdnr. 16; *Wöhrmann/Stöcker* § 13 HöfeO Rdnr. 10, 133.
[134] *Wöhrmann/Stöcker* § 17 HöfeO Rdnr. 75.
[135] Art. 15 § 7 PrAGBGB, Art. II Nr. 10 des Lippischen Gesetzes zur Regelung des Leibzuchtrechts, § 9 Nds-AGBGB; § 5 SchlHABGBG; abgedruckt bei *Faßbender/Hölzel/v. Jeinsen/Pikalo* Anhang III.
[136] BGH BGHZ 3, 206, 210; *Wöhrmann/Stöcker* § 17 HöfeO Rdnr. 75.
[137] BGH BGHZ 3, 206, 213; BGH BGHZ 30, 120, 121; BGH RdL 1951, 294, BGH NJW 1964, 1323; ebenso *Wöhrmann/Stöcker* § 17 HöfeO Rdnr. 43 f.; *Lange/Wulff/Lüdtke-Handjery* § 17 HöfeO Rdnr. 63.

des § 530 BGB auf Hofübergabeverträge verneint.[138] Durch ein vertragliches Rücktrittsrecht kann der Übergeber gegen schwerwiegende Vertragsverstöße seitens des Übernehmers abgesichert werden.[139] Die Vereinbarung einer Rücktrittsoption dürfte die Entscheidung des Hofeigentümers erleichtern, den Hof zu Lebzeiten zu übergeben. Eine solche Vereinbarung ist zulässig, wenn das Rücktrittsrecht auf Fälle vorsätzlicher und grober Vertragsverletzungen beschränkt wird und damit Ultima Ratio bleibt.[140] Von der Rechtsprechung wurde auch eine Vertragsklausel akzeptiert, welche die Rückübertragung für den Fall vorsah, dass der Hofübernehmer oder seine Ehefrau Scheidungsantrag stellen.[141]

46 e) **Verfügungsverbot.** Dem Hofeigentümer kann schließlich daran gelegen sein sicherzustellen, dass sein Nachfolger den Hof nicht ohne seine Zustimmung veräußert oder belastet. Verfügungsverbote mit dinglicher Wirkung in Form eines Rücktrittsrechtes für den Fall der abredewidrigen Veräußerung des Hofes können wirksam vereinbart werden.[142] Der auf diese Weise bedingte Rückauflassungsanspruch kann durch eine Vormerkung gesichert werden.[143]

5. Genehmigung des Übergabevertrags

47 a) **Zuständigkeit und Verfahren.** Der Übergabevertrag ist nach dem Grundstücksverkehrsgesetz genehmigungspflichtig Für die Genehmigung ist nicht die Genehmigungsbehörde nach dem GrdstVG, sondern das Amtsgericht **als Landwirtschaftsgericht** zuständig.[144] Daher gilt die Begrenzung der Dauer des Genehmigungsverfahrens auf einen Monat – wie sie § 6 GrdstVG vorsieht – für das Verfahren der Hofübergabe nicht (§ 31 Abs. 2 S. 1 GrdstVG).[145] Der Entwurf des Übergabevertrags ist genehmigungsfähig.[146] Nach § 8 Nr. 2 GdstVG ist die Genehmigungsbehörde jedoch verpflichtet, die Genehmigung zu erteilen, wenn der Hof geschlossen an den Ehegatten oder die mit dem Hofübergeber in direkter Linie oder bis zum Dritten Grad in der Seitenlinie verwandten oder bis zum zweiten Grad verschwägerten Personen verkauft oder im Wege der vorweggenommenen Erbfolge abgegeben wird. Die Privilegierung des § 8 Nr. 2 GrdstVG gilt nicht für Höfe, welche der HöfeO unterstellt sind (§ 31 Abs. 1 GdstVG).

In den Übergabevertrag sollte der Hinweis auf das Genehmigungserfordernis angebracht werden.

Formulierungsvorschlag:

Der Vertrag bedarf der Genehmigung nach dem Grundstücksverkehrsgesetz. Der Notar wird mit der Einholung der Genehmigung beauftragt. Sie gilt mit dem Eingang beim Notar allen Beteiligten als zugegangen.

Alternative:

Der Notar hat die Beteiligten darauf hingewiesen, dass der Vertrag der Genehmigung nach dem Grundstücksverkehrsgesetz bedarf, soweit die übergebenen Grundstücke noch land- oder forstwirtschaftlich genutzt werden. Die Beteiligten beantragen hiermit diese Genehmigung und ersuchen das Landwirtschaftsgericht, den Genehmigungsbescheid dem Notar zu übersenden.

---

[138] BayObLG AgrarR 1996, 402, 403; BayObLG BayObLGZ 1995, 186, 191 ff.
[139] *Wöhrmann/Stöcker* § 17 HöfeO Rdnr. 77; *Faßbender/Hölzel/v. Jeinsen/Pikalo* § 17 HöfeO Rdnr. 112 ff. Zu den Gestaltungsempfehlungen bei Aufnahme von Rücktrittsklauseln s. § 37 Rdnr. 87 ff.
[140] OLG Hamm RdL 1965, 271, 272; *Wöhrmann/Stöcker* § 17 HöfeO Rdnr. 76; *Lange/Wulff/Lüdtke-Handjery* § 17 HöfeO Rdnr. 53; *Faßbender/Hölzel/v. Jeinsen/Pikalo* § 17 HöfeO Rdnr. 113.
[141] OLG Köln AgrarR 1997, 160.
[142] BGH JZ 1997, 516; der Fall betraf allerdings keinen Hof, sondern die Übertragung nichtlandwirtschaftlicher Grundstücke im Wege der vorweggenommenen Erbfolge.
[143] *Wöhrmann/Stöcker* § 17 HöfeO Rdnr. 77; *Faßbender/Hölzel/v. Jeinsen/Pikalo* § 17 HöfeO Rdnr. 121; a.A. *Lüdtke-Handjery* DNotZ 1985, 332, 351.
[144] §§ 1 Nr. 2, 2 Abs. 1 LwVG.
[145] *Faßbender/Hölzel/v. Jeinsen/Pikalo* § 17 HöfeO Rdnr. 200.
[146] *Wöhrmann/Stöcker* § 17 HöfeO Rdnr. 78; *Lange/Wulff/Lüdtke-Handjery* § 17 HöfeO Rdnr. 129; a.A. *Faßbender/Hölzel/v. Jeinsen/Pikalo* § 17 Rdnr. 200.

b) Inhaltskontrolle des Vertrages. Die Übergabe eines Hofes nach den Vorschriften der Hö- 48 feO unterliegt der Inhaltskontrolle durch das Landwirtschaftsgericht.[147] Das Verwandtenprivileg des § 8 Nr. 2 GrdstVG, wonach die Übergabe eines Landgutes an den Ehegatten, Abkömmlinge (in gerader Linie, bis zum dritten Grad in Seitenlinie oder bis zum zweiten Grad verschwägert) stets zu genehmigen ist, gilt nicht für die Hofübergabe nach der HöfeO (§ 31 Abs. 1 GrdstVG). Im Genehmigungsverfahren wird der Übergabevertrag vom Landwirtschaftsgericht in erster Linie auf die Einhaltung der Vorschriften des **Grundstücksverkehrsgesetzes** geprüft. Die Prüfung umfasst aber auch das Vorliegen der geschlossenen Hoferbfolge nach der HöfeO.[148] Das Grundstücksverkehrsgesetz stellt in § 9 drei Anforderungen an die Veräußerung eines landwirtschaftlichen Betriebes:

- Die Übergabe darf nicht zu einer „ungesunden" Bodenverteilung führen. Eine solche kann vorliegen, wenn der Hof in die Hand eines Nichtlandwirts gelangt, obwohl Hauptberufslandwirte am Erwerb zu gleichen Bedingungen interessiert sind.[149]
- Die Veräußerung darf nicht eine unwirtschaftliche Aufteilung oder Verkleinerung zur Folge haben (§ 9 Abs. 1 Nr. 2 GrdstVG). Das ist der Fall, wenn vom Hof Grundstücke in beträchtlichem Umfang oder solche, die für die Hofbewirtschaftung besonders wichtig sind, abgetrennt und an Dritte übereignet oder vorbehalten werden, sodass Gefahren für die ordnungsgemäße Bewirtschaftung des Resthofes bestehen.[150] Als zulässig anerkannt ist die Ausgliederung des Altenteilerhauses mit Umland, die gesonderte Veräußerung als Bauland zur Abfindung von Miterben oder die Abfindung eines Miterben in Land statt in Geld, wenn der Miterbe das Land selbst bewirtschaften will.[151]
- Der vom Übernehmer zu leistende Gegenwert darf nicht in grobem Missverhältnis zum Wert des Grundstückes stehen. Auf Hofübergabeverträge ist diese Bestimmung nur anwendbar, wenn eine überhöhte Gegenleistung vorliegt, da der Sinn des Höferechts gerade darin besteht, dem Hofnachfolger eine finanziell günstige Ausgangsposition zu sichern.[152] Überhöhte Abfindungs- und Altenteilslasten können also zu einer Versagung der Genehmigung führen.

Die vom Landwirtschaftsgericht in die Prüfung einzubeziehenden **höferechtlichen Aspekte** folgen aus § 17 Abs. 1 HöfeO, der auf § 16 HöfeO verweist. Danach darf durch den Übergabevertrag die „Erbfolge kraft Höferechts" nicht ausgeschlossen werden. Überprüft wird also, ob die Voraussetzungen eines wirksamen Hofübergabevertrages vorliegen. Unzulässig ist eine Übergabe an mehrere Personen, mit Ausnahme von Ehegatten, oder an eine juristische Person. Der Hofnachfolger muss grundsätzlich wirtschaftsfähig sein. Der Hof muss als Ganzes übergeben werden – dieser Gesichtspunkt deckt sich weitgehend mit § 9 Nr. 2 GrdstVG – und Gegenleistungen müssen so bemessen werden, dass sie vom Übernehmer aufgebracht werden können (vgl. § 9 Nr. 3 GrdstVG). Schließlich darf der Übergabevertrag nicht gegen eine bereits bindend gewordene Hoferbenbestimmung verstoßen.

c) Rechte weichender Erben im Genehmigungsverfahren. Nach § 15 Abs. 2 LwVG sind im 49 Genehmigungsverfahren die Beteiligten zu einer mündlichen Verhandlung zu laden. Als Beteiligte werden allgemein die Personen angesehen, die beschwerdeberechtigt sind, d.h. diejenigen, deren Rechte und Pflichten durch die Regelung der Angelegenheit unmittelbar betroffen werden können.[153] In der Praxis werden jedoch die weichenden Erben – sofern nicht an dem Übergabevertrag beteiligt – nicht als Beteiligte anerkannt und folglich auch nicht beigezogen,[154] selbst auf die Gefahr hin, dass ihre Unterrichtung über den Eintritt der vorweggenommenen Erbfolge und über die ihnen in diesem Zusammenhang zustehenden Abfindungsansprü-

---

[147] *Lüdtke-Handjery* DNotZ 1985, 332, 358 f.; *Faßbender/Hölzel/v. Jeinsen/Pikalo* § 17 HöfeO Rdnr. 207 ff.
[148] OLG Köln AgrarR 1981, 171, 172; ausf. zu dem Stand der Rechtsprechung *Lange/Wulff/Lüdtke-Handjery* § 17 HöfeO Rdnr. 111 bis 118; *Lüdtke-Handjery* DNotZ 1985, 332, 359.
[149] *Lüdtke-Handjery* DNotZ 1985, 332, 359.
[150] *Lüdtke-Handjery* DNotZ 1985, 332, 359; weitergehend *Faßbender/Hölzel/v. Jeinsen/Pikalo* § 17 HöfeO Rdnr. 211, nach dem für jede Abtrennung billigenswerte Gründe bestehen müssen.
[151] *Faßbender/Hölzel/v. Jeinsen/Pikalo* § 17 HöfeO Rdnr. 211; *Lüdtke-Handjery* DNotZ 1985, 332, 359.
[152] *Lüdtke-Handjery* DNotZ 1985, 332, 359; *Faßbender/Hölzel/v. Jeinsen/Pikalo* § 17 HöfeO Rdnr. 214 f.
[153] Das beeinträchtigte Recht muss ein wirkliches subj. materielles Recht sein, BGH NJW 1951, 483; *Wöhrmann/Stöcker* § 17 HöfeO Rdnr. 117, 131.
[154] BGH BGHZ 1, 343; OLG Köln AgrarR 1980, 135; AgrarR 1984, 133, 134; OLG Oldenburg AgrarR 1980, 227, 228; *Lüdtke-Handjery* DNotZ 1985, 332, 361.

che dem guten Willen der Vertragsschließenden überlassen bleibt.[155] Einen Anspruch auf Zuziehung weichender Erben lässt die Rechtsprechung nur in Ausnahmefällen zu, etwa, wenn der Hofübernehmer wirtschaftsunfähig ist und sein Wegfall dem weichenden Erben unmittelbar zugute käme.[156] Die weichenden Erben sind auch grundsätzlich nicht beschwerdebefugt.[157] Für die Beschwerdebefugnis nach §§ 9 LwVG, 20 Abs. 1 FGG fehlt es an der Beeinträchtigung von Rechten des gesetzlichen Erben, da er kein gesichertes Anwartschaftsrecht auf die Erbschaft hat. Etwas anderes gilt in den Fällen, in denen der Hofeigentümer vor dem Übergabevertrag den Beschwerdeführer erbvertraglich, durch bindend gewordenes gemeinschaftliches Testament oder durch formlos bindenden Hoferbenbestimmung zum Nachfolger bestimmt und der Betreffende so eine rechtlich **gesicherte Anwartschaft** auf das Erbe erlangt hatte.[158] Hier ist ein subjektives Recht und damit die Beschwerdebefugnis gegeben. Nicht ausreichend für eine Rechtsbeeinträchtigung des weichenden Erben ist dagegen, dass seine Abfindungsansprüche durch die Anwendung der HöfeO erheblich gekürzt werden. Er wird daher nicht mit dem Argument gehört, der Grundbesitz sei kein Hof.[159] Ein Beschwerderecht der weichenden Erben ergibt sich auch nicht daraus, dass der Übergabevertrag im Wege eines echten Vertrages zugunsten Dritter ihre Abfindungsansprüche regelt, da eine vertragliche Regelung, welcher die Erben nicht zugestimmt haben, ihre gesetzlichen Abfindungsansprüche nicht verkürzen oder ausschließen kann.[160]

IV. Übergabeverträge nach den Vorschriften des BGB

50 Bei landwirtschaftlichen Betrieben, die weder der Höfeordnung noch einem landesrechtlichen Anerbengesetz unterfallen, richtet sich die vorweggenommene Erbfolge allein nach den Vorschriften des bürgerlichen Rechts und damit insbesondere nach den Vorschriften des Landgüterrechts (§§ 2312, 2049 BGB).

Das BGB kennt eine den §§ 17 Abs. 2, 12 HöfeO entsprechende Regelung nicht. Bei einer Hofübergabe nach bürgerlichen Recht können die weichenden Erben also nicht schon zum **Zeitpunkt der Übertragung** Abfindungsansprüche gegen den Hofnachfolger geltend machen, sondern sind auf Pflichtteils- bzw. Pflichtteilsergänzungsansprüche beschränkt, die erst mit dem Ableben des Hofübergebers entstehen (§§ 2303, 2325 BGB). Da es sich bei einer Hofübergabe in der Regel um eine gemischte Schenkung handelt und der Wert des Anteils, der als Schenkung anzusehen ist, nur einen geringen Teil ausmacht, wird der Pflichtteilsergänzungsanspruch spürbar verkürzt.

Die Genehmigung eines Übergabevertrags außerhalb der HöfeO richtet sich nach den Vorschriften des **Grundstücksverkehrsgesetzes,** in dessen §§ 8 ff. Genehmigungs- und Versagungsgründe normiert sind. Nach § 8 Nr. 2 GrdstVG besteht die Pflicht zur Erteilung der Genehmigung, wenn ein land- oder forstwirtschaftlicher Betrieb im Wege der vorweggenommenen Erbfolge geschlossen auf einen nahen Angehörigen des Eigentümers übertragen wird. Höferrechtliche Aspekte spielen dabei keine Rolle. Zuständig für die Genehmigung ist in diesem Fall nicht das Landwirtschaftsgericht, sondern die nach Landesrecht zuständige Genehmigungsbehörde (§ 3 Abs. 1 S. 1 GrdstVG).

---

[155] *Wöhrmann/Stöcker* § 17 HöfeO Rdnr. 117.
[156] OLG Oldenburg AgrarR 1980, 109, 110; *Wöhrmann/Stöcker* § 17 HöfeO Rdnr. 117.
[157] *Lange/Wulff/Lüdtke-Handjery* § 17 HöfeO Rdnr. 137; BGH BGHZ 1, 343; OLG Köln AgrarR 1984, 133, 134; aus der neueren Rspr. BGH AgrarR 1996, 400, 401; BGH AgrarR 1997, 14; OLG Celle AgrarR 1997, 103; *Lüdtke-Handjery* AgrarR 1982, 7, 9; *Steffen,* AgrarR 1981, 97 ff.
[158] BGH BGHZ 12, 286, 306; BGH NJW 1961, 1816; BGH NJW 1962, 447, 448; *Wöhrmann/Stöcker* § 17 HöfeO Rdnr. 145 f.
[159] BGH AgrarR 1996, 400, 401.
[160] BGH AgrarR 1996, 400, 401 = DNotZ 1996, 890, a.A. *Wöhrmann/Stöcker* § 17 HöfeO Rdnr. 143.

§ 44 Vorsorgevollmacht und Patientenverfügung

Übersicht

	Rdnr.
I. Beratungscheckliste/Vorbemerkungen	1/2
II. Vorsorgevollmacht	3–28
1. Wirksamkeit und Reichweite	3
2. Inhaltliche Ausgestaltung	4–14
a) Generalvollmacht im Vermögensbereich	4
b) Vollmacht in persönlichen Angelegenheiten	5–7
c) Grundverhältnis	8
d) Sicherungsmöglichkeiten gegen Vollmachtsmissbrauch	9–14
4. Widerrufsprobleme	15–20
a) Sicherstellung des Widerrufs	15–19
c) Widerruf der Vollmacht durch einen Betreuer	20
5. Mehrere Bevollmächtigte	21–23
6. Vollmachtsbetreuung	24
7. Form und Kosten der Vorsorgevollmacht	25–27
a) Formfragen	25
b) Kostenfragen	26/27
8. Hinterlegung/Registrierung/Unterrichtungspflicht	28
III. Betreuungsverfügung	29–33
1. Allgemeines	29
2. Regelungsinhalt	30–33
a) Auswahl des Betreuers	30
b) Wünsche zur Art und Weise der Betreuung	31
c) Form und Verfahrensfragen	32/33
IV. Patientenverfügung	34–47
1. Begriff und Inhalt	34–40
a) Sterbehilfe	35/36
b) Sonstige Regelungsbereiche	37–40
2. Wirksamkeit, Ausgestaltung und Form	41–43
a) Geschäftsfähigkeit/Einsichtsfähigkeit	40
b) Formerfordernisse, Wirkungsdauer	41/42
c) Inhaltliche Anforderungen	43
3. Vormundschaftsgerichtliche Genehmigung	44/45
4. Reformbestrebungen	46/47

Schrifttum (Auswahl): Allgemein: *Baumann*, Die Altersvorsorge-Vollmacht – Zwei grundsätzliche Fragen, NJW 1996, 241; *Britz*, Rechtsgeschäftliche Abgabe von Patientenverfügung, Betreuungsverfügung und Vormundbenennung, RNotZ 2001, 271; *Groll* (Hrsg.), Praxishandbuch Erbrechtsberatung, 2. Aufl. 2005; *Keilbach*, Vorsorgeregelungen zur Wahrnehmung der Selbstbestimmung bei Krankheit, im Alter und am Lebensende, FamRZ 2003, 969; *A. Langenfeld/G. Langenfeld*, Die Vorsorgevollmacht, ZEV 1996, 339; *G. Langenfeld*, Münchener Vertragshandbuch Bd. 6, Bürgerliches Recht, 2. Halbbd., 5. Aufl. 2003; *ders.*, Vorsorgevollmacht und Patientenverfügung: weniger Freiheit, mehr Rechtssicherheit ZEV 2003, 449; *Limmer*, Die Vorsorgevollmacht unter Berücksichtigung des Betreuungsrechtsänderungsgesetzes, ZNotP 1998, 322; *Mehler*, Interdisziplinäres Fachsymposium zum Thema Vorsorgevollmacht, MittBayNot 2000, 16; *Müller/Renner*, Betreuungsrecht und Vorsorgeverfügungen in der Praxis, 2005; *Perau*, Betreuungsverfügung und Vorsorgevollmacht, MittRhNotK 1996, 285; *Rudolf/Bittler*, Vorsorgevollmacht, Betreuungsverfügung, Patientenverfügung, 2. Aufl. 2006; *Uhlenbruck*, Die Altersvorsorge-Vollmacht als Alternative zum Patiententestament und zur Betreuungsverfügung, NJW 1996, 1583; *Weser*, Die Auswirkungen des Betreuungsrechtsänderungsgesetzes auf die notarielle Praxis, MittBayNot 1992, 161; *Winkler*, Vorsorgeverfügungen – Vorsorgevollmacht, Betreuungsverfügung, Patiententestament und Organverfügung, 2003; Würzburger Notarhandbuch, Frenz/Hertel/Limmer/Mayer (Hrsg.), 2005.

Vorsorgevollmacht: *Ahrens*, Autonomie in Fesseln – Vorsorgevollmacht und Vorsorgeverhältnis an den Schranken des Rechtsberatungsgesetzes, BtPrax 2005, 163; *Albrecht*, Aktuelle Fragen zur Vorsorgevollmacht, DAI-Skript zur zweiten Jahresarbeitstagung des Notariats, 2004, 274; *Bühler*, Vorsorgevollmacht zur Vermeidung einer Gebrechlichkeitspflegschaft oder Betreuung, BWNotZ 1990, 1; *ders.*, Vollmachtserteilung zur Vermeidung einer Betreuerbestellung- Möglichkeiten und Grenzen einer Vorsorgevollmacht, FamRZ 2001, 1585 ff.; *Dodegge*, Die Vorsorgevollmacht im Lichte des Betreuungsrechtsänderungsgesetzes, BtPrax 2000, 99; *Epple*, Einfluss der

Betreuungsverfügung auf das Verfahren, die Führung und Überwachung der Betreuung, BtPrax 1993, 156; *Görk,* Das zentrale Vorsorgeregister der Bundesnotarkammer, neue rechtliche Grundlagen und praktische Abläufe, DNotZ 2005, 87; *Langenfeld,* Die Vorsorgevollmacht des Unternehmers, ZEV 2005, 52; *G. Müller,* Altersvorsorgevollmacht – Gestaltung ihres Inkrafttretens, DNotZ 1997, 100; *dies.,* Auswirkungen des Betreuungsrechtsänderungsgesetzes auf die Vorsorgevollmacht, DNotZ 1999, 107; *Renner,* Die Vorsorgevollmacht – Gestaltungsempfehlungen für die notarielle Praxis mit kostenrechtlichen Auswirkungen, NotBZ 1998, 85; *ders.,* Der Widerruf von Vorsorgevollmachten, ZNotP 2004, 388; *Reymann,* Vorsorgevollmachten von Berufsträgern, ZEV 2005, 457, 514, 2006, 12; *Tiedtke,* Kostenrechtliche Behandlung von Vorsorgevollmachten, MittBayNot 2006, 397; *Waldner/Mehler,* Probleme des § 172 BGB, insbesondere bei der Vorsorgevollmacht, MittBayNot 1999, 26; *Walter,* Die Vorsorgevollmacht, Diss. 1997; *Wolfsteiner,* nochmals: Die Altersvorsorge-Vollmacht, NJW 1996, 2417.

Patientenverfügung: *Alberts,* Sterbehilfe, Vormundschaftsgericht und Verfassung, NJW 1999, 835; *Albrecht/Albrecht,* Änderungen im Recht der Patientenverfügung, MittBayNot 2003, 348; *Baumann/Hartmann,* Die zivilrechtliche Absicherung der Patientenautonomie, DNotZ 2000, 594; *Bundesärztekammer,* Grundsätze zur ärztlichen Sterbebegleitung, NJW 2004, Heft 23, S. XXIX f. = FG-Prax 2004, 146 ff.; *Coeppicus,* Abbruch lebenserhaltender Maßnahmen – Sterbehilfe im und nach dem Beschluss des BGH vom 17.3.2003, RPfl 2004, 262; *Deichmann,* Vormundschaftsgerichtlich genehmigtes Töten durch Unterlassen?, MDR 1995, 983; *Dieckmann,* Die Patientenverfügung nach der Entscheidung des Bundesgerichtshofs vom 17.3.2003 – Überlegungen für die notarielle Praxis, BWNotZ 2004, 49; Handreichungen für Ärzte zum Umgang mit Patientenverfügungen, hrsg. von der Bundesärztekammer, BtPrax 2000, 10; *Hager* (Hrsg.), Die Patientenverfügung, Tagungsband, Schriften zum Notarrecht Bd. 1, 2006; *Harder,* Voluntas aegroti suprema lex – Bemerkungen zum sogenannten „Patiententestament", ArztR 1991, 11; *Hartmann,* Der Abgabetatbestand der Patientenverfügung, RNotZ 2001, 273; *Höfling,* Forum – „Sterbehilfe" zwischen Selbstbestimmung und Integritätsschutz, JuS 2000, 111; *Hufen,* Verfassungsrechtliche Grenzen des Richterrechts – Zum neuen Sterbehilfebeschluss des BGH, ZRP 2003, 248; *Laufs,* Zivilrichter über Leben und Tod?, NJW 1998, 3399; *Milzer,* Die Patientenverfügung – ein Rechtsgeschäft mit ablaufendem Haltbarkeitsdatum?, NJW 2004, 2277; *Otto,* Patientenautonomie und Strafrecht bei der Sterbebegleitung, NJW 2006, 2217; *Roth,* Die Verbindlichkeit der Patientenverfügung und der Schutz des Selbstbestimmungsrechts, JZ 2004, 494; Schutzbrief für lebenserhaltende Therapie, hrsg. von der Deutschen Gesellschaft für humanes Sterben, NJW 2000, 2724; *Spickhoff,* Die Patientenautonomie am Lebensende: Ende der Patientenautonomie?, NJW 2000, 2297; *ders.,* Die sog. Patientenverfügungen im Groll Praxis-Handbuch Erbrechtsberatung, Abschnitt B. XVI.; *Uhlenbruck,* Bedenkliche Aushöhlung der Patientenrechte durch die Gerichte, NJW 2003, 1710; *Vossler,* Bindungswirkung von Patientenverfügungen, ZRP 2002, 295; *Zimmermann,* Der Abbruch künstlicher Ernährung – ein Schritt zur Euthanasie, BWNotZ 1999, 57.

I. Vorbemerkungen

Beratungscheckliste

1. Beteiligte
   ☐ Vollmachtgeber: Personalien, Geschäftsfähigkeit
   ☐ Bevollmächtigter: Personalien, Bereitschaft zur Übernahme, Ersatzbevollmächtigter?
   ☐ Belehrung über den Vertrauenscharakter der Vollmacht!
2. Inhaltliche Ausgestaltung
   ☐ Vermögensangelegenheiten: Generalvollmacht
   ☐ nicht vermögensrechtliche Angelegenheiten: medizinischer Eingriff, Freiheitsentziehung, Sterbehilfe (streitig)
   ☐ Sicherungsmöglichkeiten gegen Vollmachtsmissbrauch:
   ☐ bloße Anweisung im Innenverhältnis oder
   ☐ Sicherung durch Notar: verzögerte Aushändigung von Ausfertigungen?
   ☐ Übertragbarkeit in Vermögensangelegenheiten/in persönlichen Angelegenheiten
3. Form
   ☐ privatschriftlich
   ☐ bei Grundbesitz Beglaubigung notwendig, § 29 GBO
   ☐ Beurkundung insb. wegen Feststellung der Geschäftsfähigkeit zweckmäßig
4. Registrierung der Vollmacht
5. Betreuungsverfügung
   ☐ Person des Betreuers
   ☐ konkrete Anweisungen: bestimmtes Altersheim, finanzielle Dinge
6. Patientenverfügung
   ☐ Sterbehilfe?

☐ Organentnahme?
☐ Verbindung mit Vorsorgevollmacht?

Gemäß § 1896 Abs. 2 S. 2 BGB ist die Anordnung einer Betreuung nicht erforderlich, soweit die Angelegenheiten eines Volljährigen durch einen **Bevollmächtigten** ebenso gut wie durch einen Betreuer besorgt werden können. Falls eine ausdrückliche und wirksame Bevollmächtigung vorliegt, ist daher die Anordnung einer Betreuung nicht zulässig. Um Missbräuchen vorzubeugen, regelt § 1896 Abs. 3 BGB die Möglichkeit der Bestellung eines Betreuers mit der alleinigen Aufgabe der Überwachung des Bevollmächtigten.

Weiterhin sieht § 1901 Abs. 2 S. 2 BGB vor, dass der künftige Betreute die Möglichkeit hat, in einer **Betreuungsverfügung** seine Vorstellungen und Wünsche hinsichtlich seiner Lebensführung nach Eintritt des Betreuungsfalles zu äußern und festzulegen. Der Betreuer hat diesen Wünschen des Betreuten zu entsprechen, soweit die Befolgung dessen Wohl nicht zuwider läuft und dem Betreuer zuzumuten ist.

Nicht unmittelbar im Gesetz vorgesehen, aber im Grundsatz anerkannt, ist schließlich ein drittes Instrument der Vorsorge, nämlich die sog. **Patientenverfügung**, auch Patiententestament und Patientenbrief genannt. Es handelt sich dabei um eine schriftliche Behandlungsanweisung des potentiellen Patienten an seinen Arzt für den Fall künftiger Entscheidungsunfähigkeit.[1] Meist wird ihm darin untersagt, unter bestimmten Umständen künstliche lebensverlängernde Maßnahmen trotz Aussichtslosigkeit seiner Lage durchzuführen.[2]

II. Vorsorgevollmacht

1. Wirksamkeit und Reichweite.

Die Vollmacht kann die Betreuung nur dann überflüssig machen, wenn die Angelegenheiten der betreffenden Person durch den Bevollmächtigten ebenso gut wie durch einen Betreuer besorgt werden können. Voraussetzung hierfür ist die **wirksame Erteilung** der Vollmacht, insbesondere die unbeschränkte Geschäftsfähigkeit des Vollmachtgebers im Zeitpunkt ihrer Erteilung: Bei Zweifeln an der **Geschäftsfähigkeit** zum Zeitpunkt der Erteilung ist trotz Vollmacht eine Betreuung anzuordnen.[3] Soweit es um nicht vermögensrechtliche Angelegenheiten im persönlichen Bereich geht, genügt jedoch die allgemeine Einwilligungsfähigkeit. Wenn es sich bei dem Bevollmächtigten um eine Person handelt, die in einem Abhängigkeitsverhältnis oder einer anderen engen Beziehung zu einer Anstalt, einem Heim oder einer sonstigen Einrichtung, in dem der Betroffene lebt, steht, ist die Vollmacht zwar nach h.M. nicht unwirksam. Das Vormundschaftsgericht hat dann aber wegen der Regelung der §§ 1896 Abs. 2 S. 2, 1896 Abs. 3 BGB individuell zu prüfen, ob nicht trotz der Vollmacht eine Betreuung erforderlich ist.[4] Die Vollmacht muss weiterhin alle Bereiche umfassen, die Aufgabenbereich eines Betreuers sein können: also insbesondere die Besorgung sämtlicher Vermögensangelegenheiten, die Einwilligung in ärztliche Maßnahmen, die Aufenthaltsbestimmung und freiheitsbeschränkende Maßnahmen.[5] Allerdings können **nicht alle Bereiche** von einer Vollmacht erfasst werden.

Beispiele:
- Eidesstattliche Versicherungen können nach h.M. nicht vom Bevollmächtigten abgegeben werden (z. B. bei Erbscheinsanträgen nach § 2356 Abs. 2 BGB).[6]

---

[1] *Schöllhammer* S. 17; *Keilbach* FamRZ 2003, 969, 970.
[2] *A. Langenfeld/G. Langenfeld* ZEV 1996, 339.
[3] BayObLG Beschl. v. 6.5.1993 – FamRZ 1994, 720, 721; Beschl. v. 27.5.1993 – FamRZ 1993, 1249; OLG Köln Beschl. v. 27.9.2000 – RNotZ 2001, 345.
[4] MünchKommBGB/*Schwab* § 1896 Rdnr. 97; *Bamberger/Roth/G. Müller* § 1896 Rdnr. 18; *Waller* FamRZ 1999, 684, 688; a.A. Palandt/*Diedrichsen* Einf. vor § 1896 Rdnr. 7.
[5] LG Hamburg Beschl. v. 12.7.1999 – DNotZ 2000, 220; *A. Langenfeld/G Langenfeld* ZEV 1996, 339.
[6] Palandt/*Edenhofer* § 2396 Rdnr. 11; a.A. *Litzenburger* ZEV 2004, 450 ff.

- Bei Steuererklärungen lässt die Finanzverwaltung die Abgabe durch einen Bevollmächtigten nicht ausreichen.[7]
- Wenn zum Schutz einer Person ein Einwilligungsvorbehalt nach § 1903 BGB erforderlich ist, muss zwingend ein Betreuer für den entsprechenden Lebensbereich bestellt werden.[8] Dagegen ermöglicht die Neuregelung des § 51 S. 1 Abs. 3 ZPO nunmehr auch die Vertretung der prozessunfähigen Parteien im gerichtlichen Verfahren.[9]

2. Inhaltliche Ausgestaltung.[10]

4   a) **Generalvollmacht im Vermögensbereich.** Zunächst sollte durch die Vorsorgevollmacht der gesamte Vermögensbereich abgedeckt sein, wie bspw. Grundvermögen (wegen § 29 GBO ist dann aber mindestens öffentliche Beglaubigung erforderlich), Geld- und Bankangelegenheiten, aber auch Vertretung gegenüber Behörden und Gerichten. Um nicht Zweifel an der Vollständigkeit aufkommen zu lassen, empfiehlt sich eine allgemeine Formulierung als **Generalvollmacht.** Lediglich beispielhaft sollten einige besonders bedeutsame Rechtsgeschäfte aufgeführt werden, wobei allerdings klar gestellt werden muss, dass es sich nicht um eine abschließende Aufzählung handelt.[11] Letzteres empfiehlt sich deshalb, weil die Generalvollmacht nach der Rechtsprechung im Zweifel in der Weise eingeschränkt ausgelegt werden muss, dass ganz außergewöhnliche Geschäfte von ihr nicht mehr gedeckt sein sollen.[12] Die ausdrückliche Nennung bedeutsamer Rechtsgeschäfte bietet so eine Auslegungshilfe bei der Beurteilung der Reichweite der Vollmacht. Andere Autoren wenden sich gegen die **Aufzählung von Beispielen** mit der Begründung, damit bestehe die Gefahr der ungewollten Begrenzung der Vollmacht, weil in dem Katalog nicht aufgeführte Rechtsgeschäfte u.U. als nicht erfasst angesehen würden.[13] M.E. erhöht es aber die Akzeptanz der Vollmacht für den Adressaten, der i.d.R. juristischer Laie ist, wenn auch im Vermögensbereich gewisse wichtige und häufig vorkommende Rechtsgeschäfte genannt werden. Der Gefahr der ungewollten Begrenzung der Vollmacht kann mit einem eindeutig gefassten Hinweis auf den bloßen Beispielscharakter entgegengewirkt werden.[14] Auch sollte der Beispielskatalog nicht zu umfassend und unübersichtlich sein. Da insbesondere Schenkungen für den Vollmachtgeber wirtschaftlich nachteilig sind, sollte die Befugnis hierzu besonders erwähnt werden.[15] Lediglich der Klarstellung dient der Hinweis der Weitergeltung im Fall der **Geschäftsunfähigkeit** des Vollmachtgebers, da dies auch ohne ausdrückliche Regelung der Fall ist.[16] Enthalten sollte die Vollmacht auch eine Befreiung von den Beschränkungen des § 181 BGB sowie eine Bestimmung, nach der sie über den Tod des Bevollmächtigten hinaus gilt. Letzteres empfiehlt sich deshalb, weil das OLG Hamm entschieden hat, dass die Vorsorgevollmacht entgegen der Regelung der §§ 672, 168 BGB im Zweifel mit dem Tod des Bevollmächtigten erlischt.[17] Im Vermögensbereich kann auch die Befugnis zur Erteilung von Untervollmachten für einzelne Rechtsgeschäfte gegeben werden, nicht jedoch sollte die Übertragbarkeit der Vollmacht an Dritte insgesamt vorgesehen werden, da das Vertrauensverhältnis an die Person des Bevollmächtigten geknüpft ist.[18] Eine solche Vollmacht kann auch als **Generalvollmacht** im herkömmlichen Sinn gebraucht werden, falls sie nicht in ihrer Wirksamkeit an das Vorliegen der Geschäftsunfähigkeit des Vollmachtgebers geknüpft ist.[19]

5   b) **Vollmacht in persönlichen Angelegenheiten.** *aa) Konkretisierungserfordernis.* Spätestens seit der Neufassung der §§ 1904 Abs. 2 und 1906 Abs. 5 BGB im Jahre 1998 ist anerkannt, dass

---

[7] *Müller/Renner* Rdnr. 255.
[8] G. *Müller*, Würzburger Notarhandbuch, Teil 3 Rdnr. 915; *Müller/Renner* Rdnr. 295.
[9] 2. BtÄndG mit Wirkung zum 1.7.2005, BGBl. I S. 1073 ff.
[10] Zur Vollmacht vgl. auch § 22.
[11] A. *Langenfeld/G. Langenfeld* ZEV 1996, 339, 340.
[12] OLG Frankfurt Beschl. v. 21.11.1986 – NJW-RR 1987, 482; OLG Zweibrücken Beschl. v. 12.4.1990 – NJW-RR 1990, 931.
[13] *Müller*, Würzburger Notarhandbuch, Kap. 3 Rdnr. 519; Müller/Renner/*Renner* Rdnr. 236 ff.
[14] So auch *Rann* RPfl 2002, 90, 95; *Langenfeld* ZEV 2003, 449; *Bühler* FamRZ 2001, 1585, 1587.
[15] *Müller*, Würzburger Notarhandbuch, Kap. 3 Rdnr. 523 f.
[16] Soergel/Siebert/*Leptien* § 168 Rdnr. 12.
[17] OLG Hamm Beschl. v. 17.9.2002 – DNotZ 2003, 120.
[18] A. *Langenfeld/G. Langenfeld* ZEV 1996, 339, 340; Müller/Renner/*Renner* Betreuungsrecht Rdnr. 232.
[19] Vgl. u. Rdnr. 8.

grundsätzlich auch in persönlichen Angelegenheiten eine Stellvertretung zulässig ist, da diese Vorschriften das Vorhandensein einer entsprechenden Vollmacht voraussetzen.[20] Allerdings ergeben sich durch das Betreuungsrechtsänderungsgesetz auch wichtige Vorgaben für die Gestaltung derartiger Vollmachten in diesem Bereich. Vorsorgevollmachten in persönlichen Angelegenheiten, wie Einwilligung in ärztliche Maßnahmen, Entscheidung über freiheitsentziehende Unterbringung oder unterbringungsähnliche Maßnahmen bedürfen der **Schriftform** und müssen diese Maßnahmen **ausdrücklich** umfassen. Außerdem bedarf der rechtsgeschäftlich Bevollmächtigte in gleichem Umfang einer vormundschaftsgerichtlichen Genehmigung, wie ein Betreuer bei Ausübung der Gesundheitsfürsorge oder des Aufenthaltsbestimmungsrechts einer vormundschaftsgerichtlichen Genehmigung bedarf.[21] Mit der Einführung des Schriftformerfordernisses ist das Handeln in diesem Bereich aufgrund einer mündlichen oder konkludent erteilten Vollmacht ausgeschlossen.[22] Soll die Vollmacht den Bevollmächtigten zur Einwilligung in konkret gefährliche ärztliche Maßnahmen oder zur freiheitsentziehenden Unterbringung des Vollmachtgebers oder zu sonstigen unterbringungsähnlichen Maßnahmen im Sinne des § 1906 Abs. 4 BGB ermächtigen, dann muss sie die dort genannten Maßnahmen ausdrücklich umfassen. Es empfiehlt sich daher, die Vollmacht insofern in enger Anlehnung oder unter Übernahme des Wortlautes des § 1904 Abs. 1 bzw. § 1906 Abs. 4 BGB zu formulieren. Auch sollten früher erteilte zu allgemein gehaltene Vorsorgevollmachten auf ihre ausreichende Konkretisierung hin überprüft und ggf. neu erteilt werden. Nach Ansicht des OLG Zweibrücken unterliegen auch vor In-Kraft-Treten der Neufassung der §§ 1904, 1906 BGB erteilte Vollmachten diesen Anforderungen.[23] Eine abstrakt formulierte Generalvollmacht ist in keinem Fall mehr ausreichend, um die dort genannten Handlungen mit zu umfassen.[24] In Anbetracht der Warnfunktion des Ausdrücklichkeitserfordernisses erscheint oft zweifelhaft, ob ein lediglich abstrakt formulierter Hinweis auf die Regelungen der §§ 1904 und 1906 BGB genügend ist.[25] Dem Erfordernis der Ausdrücklichkeit ist aber entsprochen, wenn der Gesetzestext übernommen wird.

bb) vormundschaftsgerichtliche Genehmigung. Während im Vermögensbereich der Vorteil 6 der Vollmacht gegenüber der Betreuung weiterhin darin besteht, dass der Bevollmächtigte grundsätzlich alle Rechtsgeschäfte – auch im Grundstücksbereich – ohne Einschaltung des Vormundschaftsgerichts tätigen kann, ist in Angelegenheiten der Personensorge immer dann eine **vormundschaftsgerichtliche Genehmigung** erforderlich, wenn auch ein Betreuer im Sinne § 1896 ff. BGB dieser Genehmigung bedürfte.[26] Eine Einwilligung in einen medizinischen Eingriff bedarf danach zu ihrer Wirksamkeit der vormundschaftsgerichtlichen Genehmigung, wenn der Vollmachtgeber mangels natürlicher Einsichts- und Steuerungsfähigkeit nicht selbst zur Erklärung der Einwilligung in der Lage ist und die begründete Gefahr besteht, dass der Vollmachtgeber auf Grund der Maßnahme stirbt oder einen schweren und länger dauernden gesundheitlichen Schaden erleidet sowie mit dem Aufschub der Maßnahme keine Gefahr verbunden ist. Weiterhin bedarf der Bevollmächtigte nach § 1906 Abs. 5 S. 2 in Verbindung mit § 1906 Abs. 1 BGB einer vormundschaftsgerichtlichen Genehmigung für die Einwilligung in eine mit einer Freiheitsentziehung verbundene Unterbringung des Vollmachtgebers. Schließlich ist sie gem. § 1906 Abs. 5 S. 2 in Verbindung mit § 1904 BGB erforderlich, wenn sich der Vollmachtgeber in einer Anstalt, in einem Heim oder einer sonstigen Einrichtung aufhält, ohne untergebracht zu sein, und ihm durch mechanische Vorrichtungen, Medikamente oder auf andere Weise über einen längeren Zeitraum oder regelmäßig die Freiheit entzogen werden soll.

cc) Passive Sterbehilfe. Der Bundesgerichtshof hat in seinem grundlegenden Beschluss vom 7 17.3.2003 einem Betreuer das Recht zugebilligt, dem Patientenwillen des Sterbenden nach einem Behandlungsabbruch gegenüber Arzt und Pflegepersonal Geltung zu verschaffen. Zur Verweigerung der Einwilligung in eine ärztlicherseits angebotene lebensverlängernde Behandlung

---

[20] *G. Müller* DNotZ 1999, 107, 119.
[21] *G. Müller* DNotZ 1999, 107, 109.
[22] MünchKommBGB/*Schramm* § 167 Rdnr. 25.
[23] OLG Zweibrücken Beschl. v. 19.4.2002 – RPfl 2002, 517.
[24] *G. Müller* DNotZ 1999, 107, 114.
[25] *G. Müller* DNotZ 1999, 107, 113.
[26] *G. Müller* DNotZ 1999, 107, 115.

bedarf er allerdings der **Zustimmung des Vormundschaftsgerichts**.[27] Daraus schließt die Literatur, dass auch einem Vorsorgebevollmächtigten gleiche Befugnisse eingeräumt werden können.[28] Da der BGH das Genehmigungserfordernis nicht aus einer Analogie zu § 1904 Abs. 2 BGB, sondern aus einer Rechtsfortbildung herleitet, braucht diese Befugnis nicht ausdrücklich in einer Vollmacht aufgenommen zu werden.[29] Insbesondere wenn die Vorsorgevollmacht mit einer Patientenverfügung verbunden wird, empfiehlt sich aus Klarstellungsgründen jedoch, ihm die Ermächtigung zur Durchsetzung der Regelungen der **Patientenverfügung** zu erteilen, wobei allerdings auf das Erfordernis der vormundschaftsgerichtlichen Genehmigung hingewiesen werden sollte.[30]

8   c) **Grundverhältnis.** Nach dem Abstraktionsprinzip ist zwischen der Vollmacht und dem ihr zugrunde liegenden Rechtsverhältnis (Grundverhältnis) zu unterscheiden.[31] Bei dem Grundverhältnis handelt es sich regelmäßig nicht um eine reine Gefälligkeit, sondern um einen Auftrag oder im Falle der Entgeltlichkeit um einen Geschäftsbesorgungsvertrag.[32] Bei einer innerhalb des familiären Bereichs erteilten Vorsorgevollmacht werden die Regelungen hierzu meist nicht sehr detailliert ausfallen, es bieten sich jedoch beispielsweise solche über die **Beschränkung der Verwendung der Vollmacht auf den Vorsorgefall** oder der Rangfolge zwischen mehreren Bevollmächtigten an. Andererseits wünschen viele Vollmachtgeber gerade, dass die Vollmacht vor Eintritt der Betreuungsbedürftigkeit bereits als Generalvollmacht verwendet werden kann. Um die Vollmacht nicht zu überfrachten und insbesondere nicht die Gefahr heraufzubeschwören, dass der Rechtsverkehr aus diesen Anordnungen zum Innenverhältnis auf Beschränkungen der Vollmacht nach außen schließt, sollten m.E. nach umfangreiche Regelungen zum Grundverhältnis in gesonderter Urkunde niedergelegt werden.[33] Das Grundverhältnis verstößt regelmäßig, auch beim entgeltlich tätigen Bevollmächtigten, nicht gegen das Rechtsberatungsgesetz, da die Rechtsbesorgung in unmittelbarem Zusammenhang mit der Vermögensverwaltung steht und dieser gegenüber untergeordnet ist, Art. 1 § 5 Nr. 3 RBerG.[34] Anders kann dies sein, wenn Berufsbetreuer rechtliche Angelegenheiten Dritter aufgrund von Vorsorgevollmachten besorgen.[35] Ausführlichere Anweisungen im Grundverhältnis empfehlen sich bei Vorsorgevollmachten von **Unternehmern**, die der Vorsorge für den Fall des längerfristigen Ausfalls durch Krankheit oder Unfall dienen. Dann sind insbesondere Anweisungen zur Umstrukturierung des Unternehmens aus Haftungsgründen oder ggf. sogar seiner Liquidation denkbar.[36] Zu beachten ist aber, dass Generalvollmachten im gesellschaftsrechtlichen Bereich, insbesondere bei der Übertragung von organschaftlichen Befugnissen, weitgehend unzulässig sind.[37]

9   d) **Sicherungsmöglichkeiten gegen Vollmachtsmissbrauch.** Die weitgehende Generalvollmacht birgt eine erhebliche Missbrauchsgefahr in sich und sollte daher nur bei Vorliegen eines ausreichenden Vertrauensverhältnisses zur Person des Bevollmächtigten erteilt werden. Vor einem zu großzügigen Umgang mit Vorsorgevollmachten muss daher gewarnt werden.

10 Das erste Sicherungsproblem besteht in der Regelung des **Zeitpunktes des In-Kraft-Tretens** der Vollmacht. Das Anknüpfen an den Verlust der Geschäftsfähigkeit oder der natürlichen Ein-

---

[27] BGH Beschl. v. 17.3.2003 – BGHZ 153, 205 = NJW 2003, 1588.
[28] Renner/Müller/*Renner* Rdnr. 361; Gutachten DNotI-Report 2003, 74, 76; *Albrecht/Albrecht* MittBayNot 2003, 348, 353; *Perau* RNotZ 2003, 263, 265; *Langenfeld* ZEV 2003, 449, 451; *Milzer* NJW 2003, 1836; *Dieckmann* BWNotZ 2004, 49, 55.
[29] *Müller*, Würzburger Notarhandbuch, Teil 3 Rdnr. 527.
[30] So h.M.: *Milzer* NJW 2003, 1836; *Perau* RNotZ 2003, 163; *Albrecht/Albrecht* MittBayNot 2003, 353; *Renner* NotBZ 2003, 969; *Keilbach* FamRZ 2003, 969, 975; zweifelnd ob Bevollmächtigter Genehmigung bedarf, *Dieckmann* BWNotZ 2004, 49, 55; abl.: *Stoffers* DNotZ 2003, 855, 859.
[31] *Bühler* FamRZ 2001, 1585, 1593.
[32] *Bühler* FamRZ 2001, 1585, 1593; *G. Müller*, Würzburger Notarhandbuch, Teil 3 Rdnr. 551.
[33] Dazu *G. Müller*, Würzburger Notarhandbuch, Teil 3 Rdnr. 552; anders *Milzer* NJW 2003, 1836, 1838, der als Weg bei notariellen Vollmachten Teilausfertigungen vorschlägt; Muster einer umfassenden Regelung des Grundverhältnisses bei *Winkler*, Beck'sches Formularbuch Familienrecht, S.V.2.
[34] *Bühler* FamRZ 2001, 1585, 1594; dazu umfassend *Ahrens* BTPrax 2005, 163.
[35] OLG Zweibrücken Widerspruchsbescheid v. 7.2.2003 – FamRZ 2003, 1044.
[36] *Langenfeld* ZEV 2005, 52 (mit Formulierungsvorschlägen); *Reymann* ZEV 2005, 457, 514, *ders.* ZEV 2006, 12.
[37] *Reymann* ZEV 2005, 457, 460; *Joussen* WM 1994, 273, 277.

sichtsfähigkeit als Voraussetzung der Wirksamkeit der Vollmacht[38] macht diese im vermögensmäßigen Bereich jedoch weitgehend unbrauchbar, da der Geschäftsgegner dies in der Regel nicht prüfen und sich daher nicht auf die Wirksamkeit der Vollmacht verlassen kann.[39] Bei einer notariell beurkundeten Vollmacht wird vorgeschlagen, die Wirksamkeit davon abhängig zu machen, dass der Bevollmächtigte eine Ausfertigung der Urkunde besitzt. Nach § 51 Abs. 2 BeurkG soll der beurkundende Notar angewiesen werden, dem Bevollmächtigten eine Ausfertigung erst dann zu erteilen, wenn auf Grund einer ärztlichen Bescheinigung nachgewiesen ist, dass der Vollmachtgeber geschäftsunfähig ist oder Zweifel an seiner Geschäftsfähigkeit bestehen.[40]

> **Formulierungsvorschlag:**
>
> Die Vollmacht tritt erst in Kraft, wenn der Bevollmächtigte eine Ausfertigung dieser Urkunde besitzt. Der Notar wird angewiesen, dem Bevollmächtigten erst dann eine Ausfertigung zu erteilen, wenn er eine ärztliche Bescheinigung vorlegt, wonach der Vollmachtgeber die in der Vollmacht bezeichneten Angelegenheiten ganz oder teilweise nicht mehr selbst erledigen kann. Der Arzt ist ermächtigt, auf Antrag des Bevollmächtigten eine Bescheinigung zu erteilen. Der Notar muss die Rechtmäßigkeit der Bescheinigung nicht prüfen. Werden widersprechende Bescheinigungen vorgelegt, oder ergeben sich andere Zweifelsfragen, so darf der Notar auf Antrag des Bevollmächtigten keine Ausfertigung erteilen; erforderlichenfalls muss dann ein Betreuer bestellt werden.[41]

11

Diese Lösung bietet den Vorteil, dass die Vollmacht vor Eintritt des Vorsorgefalles nicht missbräuchlich benutzt werden kann. Andererseits dürften die Ärzte nicht sehr gerne bereit sein, ein derartiges Zeugnis auszustellen, wenn man ihnen die rechtlichen Folgen dieses Zeugnisses vor Augen hält.[42] Um wenigstens dem Notar die schwierige Aufgabe zu ersparen, die Aushändigungsvoraussetzungen zu prüfen, muss vorgesehen werden, dass keine Ausfertigung zu erteilen ist, wenn widersprechende ärztliche Stellungnahmen vorliegen.[43] In der Praxis wird in der Regel auf eine Sicherung gegen vorzeitigen Gebrauch verzichtet und die Vollmacht **unbedingt erteilt**, eventuell verbunden mit der lediglich im **Innenverhältnis** erteilten Weisung, erst mit dem Eintritt des Vorsorgefalles von ihr Gebrauch zu machen.[44] Trotzdem dürfte diese Lösung in der Regel vorzugswürdig sein, da nur so der Übergang von der Eigen- zur Fremdfürsorge unkompliziert ohne ärztliche Gutachten und unauffällig möglich ist.[45] Im Übrigen beseitigen auch die vorgenannten Sicherungsmechanismen nicht die Gefahr des Missbrauchs der Vollmacht nach Eintritt des Betreuungsbedarfes, die dann wegen der eingeschränkten Handlungsfähigkeit des Vollmachtgebers noch größer sein dürfte.

12

> **Formulierungsvorschlag:**[46]
>
> Die Vollmacht soll dann gelten, wenn ich durch Alter, Krankheit oder sonstige geistige, körperliche oder seelische Behinderung nicht in der Lage bin für mich selbst zu sorgen. Diese Bestimmung ist jedoch keine Beschränkung der Vollmacht gegenüber Dritten, sondern lediglich eine Anweisung an den Bevollmächtigten, die nur im Innenverhältnis gilt; im Außenverhältnis ist die Vollmacht unbeschränkt.

13

---

[38] *Uhlenbruck* NJW 1996, 1583.
[39] *Wolfsteiner* NJW 1996, 2417; *Baumann* NJW 1996, 2418.
[40] *Bühler* BWNotZ 1990, 1, 3 f.; *ders.* FamRZ 2001, 1585, 1591.
[41] Formulierungsvorschlag nach *Bühler* FamRZ 2001, 1585, 1597.
[42] *Weser* MittBayNot 1992, 171.
[43] *G. Müller* DNotZ 1997, 100, 111.
[44] Kersten/Bühling/Appell/Kanzleiter/*Peter*, Formularbuch und Praxis der Freiwilligen Gerichtsbarkeit, § 101 Rdnr. 64 M; Wurm/Wagner/Zartmann/*Klug*, Das Rechtsformularbuch, Muster 72 b.
[45] *Mehler* MittBayNot 2000, 16, 17.
[46] Müller/Renner/*Renner* Betreuungsrecht Rdnr. 229.

14   Aus der Sicht eines Laien, dem gegenüber die Vollmacht verwandt wird, ist jedoch die Unterscheidung zwischen Innen- und Außenverhältnis oft nicht verständlich, so dass einiges dafür spricht, eine Beschränkung völlig wegzulassen. Zudem wünschen viele Beteiligte die Verwendung der Vollmacht auch als normale Generalvollmacht. Eine Sicherung dadurch, dass dem Bevollmächtigten die Vollmacht zunächst nicht ausgehändigt wird, birgt das Problem, dass es dann möglicherweise an einer wirksamen **Abgabe der Vollmachtserklärung** fehlt. Dies ist aber Voraussetzung dafür, dass die Willenserklärung noch nach Eintritt der Geschäftsunfähigkeit dem Erklärungsgegner zugehen und damit nach § 130 Abs. 2 BGB wirksam werden kann.[47] Daher sollte dem Bevollmächtigten nach Beurkundung zumindest eine einfache Abschrift der Vollmacht ausgehändigt werden.

4. Widerrufsprobleme.

15   a) **Sicherstellung des Widerrufs.** Da Vorsorgevollmachten regelmäßig eine Generalvollmacht[48] beinhalten und auch eine Vollmacht im persönlichen Bereich nicht unwiderruflich ausgestaltet werden kann,[49] kann der Vollmachtgeber seine Vollmacht jederzeit widerrufen, sofern er nicht zwischenzeitlich geschäftsunfähig geworden ist.[50] Nach dem **Tod des Vollmachtgebers** kann jeder einzelne Miterbe die Vollmacht widerrufen.[51]

16   Gemäß § 172 Abs. 2 BGB besteht die Vertretungsmacht fort, bis die Vollmachtsurkunde dem Vollmachtgeber zurückgegeben wird oder für kraftlos erklärt wird, so lange darf der gutgläubige Geschäftspartner auf das **Fortbestehen** der Vollmacht vertrauen. Dieser Rechtsschein geht nur von der Urschrift oder bei einer notariell beurkundeten Vollmacht von der Ausfertigung aus, da gem. §§ 45, 47 BeurkG die Urschrift beim Notar verbleiben muss und im Rechtsverkehr die Ausfertigung die Urschrift vertritt. Selbst beglaubigte Abschriften genügen nicht.[52] Gem. § 51 Abs. 1 Nr. 1 BeurkG hat nur der Vollmachtgeber Anspruch auf Erteilung einer Ausfertigung, da nur er die Erklärung abgegeben hat. Nach der Rechtsprechung ist die Beweiskraft der Ausfertigung auch dann gegeben, wenn im Ausfertigungsvermerk ein anderer als der Bevollmächtigte genannt ist.[53] Da der Vollmachtgeber aber selbst jederzeit neue Ausfertigungen für sich verlangen kann, spricht dies dagegen, mehrere gegenseitig erteilte Vollmachten in eine einzige Urkunde aufzunehmen. Denn damit wäre sonst die **Rückgabe der Urkunde** im Fall des Widerrufs nicht zu sichern, da der Vollmachtgeber die auf sich lautende Ausfertigung der gegenseitigen Vollmacht weiterhin zur Vertretung des anderen verwenden könnte. Allerdings kann er nach § 51 Abs. 2 BeurkG in der Vollmacht selbst Anweisung geben, dass an den Bevollmächtigten Ausfertigungen erteilt werden dürfen. Sofern man für die erste Ausfertigung eine Sicherung aus den oben genannten Gründen nicht für wünschenswert hält, sollte dies doch für **weitere Ausfertigungen** erfolgen, um die Erfüllung der Rückgabepflicht gem. § 175 BGB nach Widerruf der Vollmacht sicherzustellen:[54]

17
> **Formulierungsvorschlag:**
> Jede weitere Ausfertigung soll nur auf schriftliche Anweisung des Vollmachtgebers erteilt werden. Sollte der Vollmachtgeber nicht mehr in der Lage sein, eine Anweisung zu erteilen, so kann der Bevollmächtigte gegen Vorlage einer dies belegenden ärztlichen Bestätigung weitere Ausfertigungen vom Notar verlangen.

---

[47] *Bühler* FamRZ 2001, 1585, 1590; dazu *Britz* RNotZ 2001, 271.
[48] Palandt/*Edenhofer* § 160 Rdnr. 6.
[49] *Bühler* FamRZ 2001, 1585, 1589; BGHZ DNotZ 1972, 229.
[50] *Müller*, Würzburger Notarhandbuch, Teil 3 Rdnr. 935; *Walter*, Die Vorsorgevollmacht 1997, 51; *Bühler* FamRZ 2001, 1585, 1589.
[51] RG SeuffA 79 Nr. 221; BGH, Urt. v. 18.4.1969 – NJW 1969, 1245, 1246; Staudinger/*Reimann*, Vorbem. zu §§ 2197 bis 2228 Rdnr. 73; MünchKommBGB/*Schramm* § 168 Rdnr. 34; a.A. *Madaus* ZEV 2004, 448.
[52] BGH Urt. v. 20.12.1979 – NJW 1980, 698; BGH Urt v. 15.7.1987 – BGHZ 102, 63 = NJW 1988, 697, 698.
[53] OLG Köln Beschl. v. 9.7.2001 – RPfl 2002, 197.
[54] *Perau* MittRhNotK 1996, 285, 298.

b) Widerruf durch den anderen Bevollmächtigten. Da Vorsorgevollmachten regelmäßig als 18
Generalvollmachten ausgestaltet werden, könnte die Gefahr bestehen, dass ein Bevollmächtigter die Vollmacht des anderen Bevollmächtigten widerruft. Ein missbräuchlich erklärter Widerruf allein mit dem Ziel, den anderen Bevollmächtigten auszuschalten, dürfte allerdings unwirksam sein,[55] da auch Generalvollmachten einschränkend ausgelegt werden und ganz ungewöhnliche Geschäfte nicht umfassen.[56] Befürchtet man allerdings vor vornherein Streitigkeiten zwischen den Bevollmächtigten, beispielsweise bei Ernennung mehrerer Kinder zu Vorsorgebevollmächtigten, so kann ein solcher Vollmachtswiderruf auch ausdrücklich ausgeschlossen werden. Der in erster Linie bevollmächtigte Ehegatte sollte jedoch unbedingt auch zum Widerruf der Vollmachten der Kinder berechtigt bleiben.[57]

> **Formulierungsvorschlag:** 19
> Kein Bevollmächtigter – mit Ausnahme des Ehegatten – kann die Vollmacht eines anderen Bevollmächtigten widerrufen.

Fehlt es an dem uneingeschränkten Vertrauensverhältnis, so fragt es sich allerdings, ob anstatt einer Vorsorgevollmacht eher eine Betreuungsverfügung in Frage kommt, da der Betreuer einer stärkeren Kontrolle unterliegt.

c) Widerruf der Vollmacht durch einen Betreuer. Ein bestellter Betreuer kann eine Vorsorge- 20
vollmacht nur widerrufen, wenn entweder eine totale Betreuung oder eine Vollmachtsbetreuung angeordnet wurde oder der Betreuer ausdrücklich zum Widerruf der Vollmacht bestellt wurde.[58] Nach h.M. ist ein Vollmachtswiderruf durch einen Betreuer nur zulässig, wenn ein wichtiger Grund vorliegt, da es sich dabei um eine endgültige Maßnahme handelt, die nicht rückgängig zu machen ist.[59]

5. Mehrere Bevollmächtigte

Soll eine allgemeine Überwachung des Bevollmächtigten erreicht werden, so kommt die 21
Erteilung einer **Doppelvollmacht** in Frage, nach der zwei Personen als Gesamtvertreter nur gemeinsam handeln können oder zumindest bei Einzelvertretungsbefugnis die Überwachung des jeweiligen anderen Vertreters übernehmen und hierzu eigens bevollmächtigt werden. Um die Praktikabilität bei Alltagsgeschäften nicht zu sehr einzuschränken, sollte in diesem Fall aber die Befugnis zur Erteilung von Untervollmachten erteilt werden, so dass auch ein Einzelner der Bevollmächtigten allein handeln kann.[60] Alternativ bietet sich an, lediglich im Innenverhältnis eine Verpflichtung vorzusehen, bei wichtigen Geschäften nur gemeinschaftlich zu handeln.[61]

> **Formulierungsvorschlag:** 22
> Beide Bevollmächtigten sind alleinvertretungsberechtigt. Ohne dass dies die Wirksamkeit der Vollmacht im Außenverhältnis beschränkt, bestimme ich jedoch, dass die Bevollmächtigten sich in bedeutenden Rechtsgeschäften und in persönlichen Angelegenheiten untereinander abstimmen müssen und zur gegenseitigen Kontrolle der Vollmachtsausübung und zur Geltendmachung der Rechte aus dem zu Grunde liegenden Auftragsverhältnis berufen und verpflichtet sind. Der wechselseitige Widerruf der Vollmacht ist ausgeschlossen. Sollte das Vormundschaftsgericht eine Vollmachtsbetreuung für erforderlich halten, soll jeder Bevollmächtigte Vollmachtsbetreuer für den anderen sein.

---

[55] Müller/Renner/*Renner* Betreuungsrecht Rdnr. 429.
[56] OLG Zweibrücken Beschl. v. 12.4.1990 – NJW-RR 1990, 931; OLG Frankfurt Beschl. v. 21.11.1986 – NJW 1987, 482.
[57] *Perau* MittRhNotK 1996, 285, 300.
[58] OLG Köln Beschl. v. 27.9.2000 – RNotZ 2001, 345.
[59] Bamberger/Roth/*Müller* § 1896 Rdnr. 28; wohl auch BayObLG Beschl. v. 3.6.1994 – FamRZ 1994, 1550; a.A. Soergel/*Zimmermann* § 1896 Rdnr. 92.
[60] *Perau* MittRhNotK 1996, 285, 297.
[61] Müller/Renner/*Renner* Rdnr. 392.

Meist bestellt der Vollmachtgeber aber mehrere gleichrangige Einzelbevollmächtigte. Hier muss klargestellt werden, dass jeder von ihnen einzelvertretungsberechtigt handeln kann.

23   Häufig geht der Wunsch des Vollmachtgebers auch dahin, einen **Ersatzbevollmächtigten** für den Fall zu benennen, dass der Hauptbevollmächtigte ausfällt, beispielsweise die Kinder als Ersatz für den Ehegatten.

Wird nur ein Bevollmächtigter bestellt, empfiehlt sich diese Regelung für den Fall, dass der Bevollmächtigte von der Vollmacht keinen Gebrauch mehr machen kann oder will. Dies ist auch erforderlich, wenn mehrere Personen nur gesamtvertretungsberechtigt sein sollen.[62] Bei der Gestaltung des Zeitpunkts, ab dem die Ersatzvollmacht **wirksam** werden soll, ist es problematisch, die Ersatzvollmacht von der aufschiebenden Bedingung des Ausfalls des primär Bevollmächtigten abhängig zu machen, da der Bedingungseintritt dann dem Rechtsverkehr nachgewiesen werden müsste. Leichter handhabbar ist daher lediglich eine **Beschränkung im Innenverhältnis**.[63] Zur Absicherung gegen unzulässigen Gebrauch der Ersatzvollmacht kann der Hauptbevollmächtigte angewiesen werden, dem Ersatzbevollmächtigten erst dann eine Ausfertigung auszuhändigen, wenn der Ersatzfall eintritt. Allerdings ist dann bei einem plötzlichen Ausfall des Bevollmächtigten der Ersatzbevollmächtigte zunächst nicht handlungsfähig.

6. Vollmachtsbetreuung

24   Schließlich bietet sich als Überwachungsmaßnahme die **Vollmachtsbetreuung** an: Gem. § 1896 Abs. 3 BGB kann als Aufgabenkreis auch die Geltendmachung von Rechten des Betreuten gegenüber seinem Bevollmächtigten bestimmt werden. Ein solcher Betreuer darf jedoch nur bestellt werden, wenn dies erforderlich ist. Dies setzt zum einen voraus, dass der Vollmachtgeber den Bevollmächtigten aufgrund seines medizinischen Befundes nicht mehr hinreichend überwachen kann.[64] Nach h.M. muss weiterhin eine Kontrolle des Bevollmächtigten **konkret erforderlich** sein, weil er Umfang und Schwierigkeit der zu besorgenden Geschäfte nicht gewachsen ist oder die Vollmacht für eigene Zwecke missbraucht.[65] Außerdem setzt die Bestellung eines Vollmachtbetreuers voraus, dass die Vollmacht wirksam erteilt und nicht wieder erloschen ist.[66] Umstritten und höchstrichterlich nicht geklärt ist allerdings die Frage, ob der Vollmachtsüberwachungsbetreuer die Vollmacht ohne weiteres selbst widerrufen kann,[67] oder ob der Widerruf nur aus wichtigem Grund (so die h.M.) zulässig ist.[68] Dem Bevollmächtigten steht mangels Beschwerdebefugnis nach h.M. kein eigenes Beschwerderecht gegen die Bestellung eines Überwachungsbetreuers zu.[69] Er kann jedoch im Namen des Vollmachtgebers handeln. Außerdem kann ihm nach § 69 g Abs. 1 FGG als naher Angehöriger ein eigenes Beschwerderecht zustehen.

7. Form und Kosten der Vorsorgevollmacht

25   a) **Formfragen.** Eine gesetzliche Form der Vorsorgevollmacht ist nicht vorgeschrieben; lediglich für die in §§ 1904 und 1906 BGB beschriebenen Maßnahmen schreiben §§ 1904 Abs. 2 und 1906 Abs. 5 BGB Schriftform vor. Soll die Vollmacht auch im Grundstücksverkehr genutzt werden, so ist wegen § 29 GBO zumindest öffentliche Beglaubigung notwendig. Seit 1.7.2005 kann die öffentliche Beglaubigung einer Unterschrift unter einer Vorsorgevollmacht und einer Betreuungsverfügung auch durch die Urkundsperson der Betreuungsbehörde erfolgen, § 6 Abs. 2 BtBG.[70] Noch ist allerdings nicht geklärt, ob eine derartige beglaubigte Vollmacht dem

---

[62] *Müller*, Würzburger Notarhandbuch, Teil 3. Rdnr. 536.
[63] Vgl. Formulierungsvorschlag Rdnr. 28.
[64] BayObLG Beschl. v. 3.6.1994 – FamRZ 1494, 1550; BayObLG Beschl. v. 11.5.2005.
[65] BayObLG FamRZ – Beschl. v. 31.3.1999 – 1999, 1302; BayObLG Beschl. v. 11.5.2005 – DNotI-Report 2005, 135.
[66] Palandt/*Diederichsen* § 1896 Rdnr. 21; MünchKommBGB/*Schwab* § 1896 Rdnr. 231.
[67] *Soergel*/*Zimmermann* § 1896 Rdnr. 92; Palandt/*Diederichsen* § 1896 Rdnr. 21.
[68] Bamberger/Roth/*G. Müller* § 1896 Rdnr. 28; *Vollmer* ZfR 1999, 891, 892; nicht ganz eindeutig BayObLG Beschl. v. 3.6.1994 – FamRZ 1994, 1550; *Münch*, Ehebezogene Rechtsgeschäfte, 2004, Rdnr. 1203; Gutachten des DNotI, DNotI-Report 2003, 33, 34; Staudinger/*Bienwald* § 1904 Rdnr. 84.
[69] OLG Stuttgart Beschl. v.1.8.1994 – FamRZ 1995, 427; BayObLG Beschl. v. 9.4.2003 – FamRZ 2003, 1219; a.A. OLG Zweibrücken, Beschl. v. 30.8.2002 – FamRZ 2003, 703 für umfassende Betreuung.
[70] 2. BtÄndG, BGBl. I, S. 173, 179.

grundbuchrechtlichen Formgebot des § 29 GBO genügt.[71] Außerdem ist die Beglaubigungszuständigkeit der Betreuungsbehörden auf Vorsorgevollmachten und Betreuungsverfügungen beschränkt, also insbesondere nicht gegeben, wenn die Vollmacht unabhängig vom Betreuungsfall nur als Generalvollmacht verwendet werden soll.[72] Da gem. § 11 Abs. 1 BeurkG der Notar die Geschäftsfähigkeit des Vollmachtgebers zu prüfen hat, ist aus Beweisgründen notarielle Beurkundung ohnehin der bloßen Beglaubigung der Unterschrift vorzuziehen. Aus diesem Grund empfiehlt sich auch – obwohl dies nicht wie bei Testamenten vorgeschrieben ist – unter Umständen die Feststellungen über die Geschäftsfähigkeit ausdrücklich in die Vollmachtsurkunde aufzunehmen.[73] Ein weiterer Vorteil der beurkundeten Vollmacht stellt die Möglichkeit dar, im Fall des Verlustes einer Ausfertigung diese durch die Erteilung einer weiteren Ausfertigung zu ersetzen, wobei nach § 51 Abs. 1 Nr. 1 BeurkG nur der Vollmachtgeber einen Anspruch auf Erteilung hat.

b) Kostenfragen. Der Geschäftswert richtet sich grundsätzlich nach dem Aktivvermögen des Vollmachtgebers, wobei ein Abschlag von 10% bis 50% zu machen ist.[74] Bei einem Geschäftswert von € 200.000 beträgt danach die Gebühr gemäß § 38 Abs. 2 Nr. 4 KostO € 178,50 zuzüglich Umsatzsteuer. Der Geschäftswert für die anwaltlichen Gebühren bestimmt sich nach den gleichen Grundsätzen.[75] Da nach § 38 Abs. 2 Nr. 4 KostO für eine Vollmacht nur eine halbe Gebühr anfällt und der Geschäftswert nach oben auf € 500.000,– begrenzt ist (§ 41 Abs. 4 KostO), was eine gebühr von € 403, 50 zzügl. UmsSt. auslöst, sollte von der Beurkundung der Vollmacht aus Kostengründen nicht abgeraten werden.

8. Hinterlegung/Registrierung/Unterrichtungspflicht

Eine bundeseinheitliche Hinterlegungsmöglichkeit für Vorsorgevollmachten gibt es bisher nicht. In einigen Bundesländern können aber mit Betreuungsverfügungen kombinierte Vorsorgevollmachten[76] in anderen Bundesländern auch reine Vorsorgevollmachten[77] bei den Amtsgerichten hinterlegt werden. Neben einigen privaten Organisationen, wie z. B. dem Deutschen Roten Kreuz, bietet inzwischen die Bundesnotarkammer zwar keine Hinterlegungsmöglichkeit aber eine Registrierung von Vorsorgevollmachten an. Wird beispielsweise in Unkenntnis der Existenz der Vorsorgevollmacht ein Betreuungsantrag gestellt, so kann das Vormundschaftsgericht durch Einsicht in das Register feststellen, dass eine entsprechende Vollmacht vorliegt, die regelmäßig die Betreuung überflüssig macht. Da auch üblicherweise die persönlichen Daten des Vertreters registriert sind, erleichtert dies auch die Kontaktaufnahme des Gerichts mit ihm. Durch Einsicht in das Register sollen Vormundschaftsgerichte die Möglichkeit erhalten, sich über bestehende Vollmachten zu informieren, um so überflüssige Betreuungen vermeiden zu können.[78] Die Registrierungsmöglichkeit ist **nicht** auf notariell beurkundete Vorsorgevollmachten beschränkt.[79] Der Notar soll nach § 20 a BeurkG auf die Möglichkeit der Registrierung hinweisen. Seit 1.7.2005 muss der Besitzer einer Vorsorgevollmacht bei Eintritt des Betreuungsfalls das Vormundschaftsgericht unterrichten, § 1901 a S. 2, 3 BGB.[80]

---

[71] Gutachten, DNotI-Report 2005, 121 ff.
[72] Gutachten, DNotI-Report 2005, 121, 125.
[73] Müller/Renner/*Renner* Betreuungsrecht Rdnr. 471.
[74] Korintenberg/Lappe/*Schwarz* Kostenordnung § 38 Rdnr. 35: Tudtke MittBayNot 2006, 397, 399, str. vgl. OLG Oldenburg Beschl. v. 13.7.2005 – RNotZ 2005, 558.
[75] LG Osnabrück Beschl. v. 27.6.1996 – FamRZ 1997, 832.
[76] Hessen, Sachsen, Sachsen-Anhalt, Thüringen, Bayern, Bremen, Niedersachsen, Saarland, vgl. G. Müller; freigestellt den Amtsgerichten in Berlin und BaWü.
[77] *G. Müller*, Würzburger Notarhandbuch, Teil 3 Rdnr. 567.
[78] *G. Müller*, Würzburger Notarhandbuch, Teil 3 Rdnr. 568.
[79] Vgl. § 78 a bis 78 c BNotO; Vgl. BGBl I 2004, 598; dazu *Görk* DNotZ 2005, 87 i.V.m. Vorsorgeregisterverordnung.
[80] 2. BTÄndG, BGBl. 2005 I S. 1073 ff.

Muster einer Vorsorgevollmacht

28   Generalvollmacht und Vorsorgevollmacht
Urkundseingang, Personalien (notarieller Eingang)

I. Vollmachterteilung

Ich erteile hiermit

- nachfolgend der Bevollmächtigte genannt-

Generalvollmacht

mich in allen persönlichen und vermögensrechtlichen Angelegenheiten, bei denen eine Stellvertretung überhaupt zulässig ist, umfassend zu vertreten.

Die Vollmacht ist jederzeit widerruflich. Sie dient auch der Vermeidung der Anordnung einer Betreuung und soll bei Eintritt einer Geschäftsunfähigkeit des Vollmachtgebers und auch im Falle, dass trotzdem ein Betreuer bestellt werden muss, nicht erlöschen. Die Vollmacht bleibt über den Tod hinaus wirksam. Der Bevollmächtigte ist von den Beschränkungen des § 181 BGB befreit, kann also als Vertreter insbesondere auch mit sich selbst Verträge abschließen.

II. Vermögensangelegenheiten

Die Vollmacht berechtigt zur Vornahme aller Rechtshandlungen und Rechtsgeschäfte im Namen des Vollmachtgebers, soweit eine Vertretung rechtlich zulässig ist, insbesondere, ohne dass durch die folgende beispielhafte Aufzählung die umfassende Vollmacht eingeschränkt wird:
- zur Verfügung über Vermögensgegenstände jeder Art, zum Erwerb und zur Verwaltung von Vermögensgegenständen;
- zur Verfügung über Bankkonten, Depots und sonstiges Geldvermögen und zur Regelung aller Bankgeschäfte;
- zur Vertretung gegenüber Versicherungsgesellschaften und gegenüber den Ausgebern von Renten, Versorgungsbezügen oder Sozialhilfe;
- zur Regelung sämtlicher Steuerangelegenheiten und zu sämtlichen Erklärungen gegenüber den Finanzbehörden;
- zum Abschluss und zur Auflösung von Heimverträgen und zur Vertretung gegenüber der jeweiligen Heimleitung;
- zu sämtlichen Prozesshandlungen;
- zu geschäftsähnlichen Handlungen wie Mahnung oder Fristsetzung;
- zu Schenkungen, auch an den Bevollmächtigten selbst.

III. Persönliche Angelegenheiten

Der Bevollmächtigte ist weiterhin zu meiner Vertretung in allen persönlichen Angelegenheiten befugt. Die Vollmacht umfasst insbesondere die Befugnis,
- zur Einwilligung in ärztliche Maßnahmen, wie einer Untersuchung des Gesundheitszustandes, einer Heilbehandlung oder einem ärztlichen Eingriff auch dann, wenn die begründete Gefahr besteht, dass der Vollmachtgeber auf Grund der Maßnahme stirbt oder einen schweren und länger dauernden gesundheitlichen Schaden erleidet (§ 1904 BGB),
- den Aufenthalt des Vollmachtgebers zu bestimmen, auch zu Unterbringungsmaßnahmen i.S.d. § 1906 BGB, insbesondere zu einer Unterbringung des Vollmachtgebers, die mit einer Freiheitsentziehung verbunden ist, zur sonstigen Unterbringung des Vollmachtgebers in einer Anstalt, einem Heim oder einer sonstigen Einrichtung oder zur Vornahme von sonstigen freiheitsentziehenden Maßnahmen durch mechanische Vorrichtungen, Medikamente oder auf andere Weise über einen längeren Zeitraum,
- meine Rechte gegenüber Ärzten, Krankenhäusern, Pflegeheimen wahrzunehmen und alle nötigen Auskünfte zu verlangen sowie Einsicht in meine Krankenunterlagen zu nehmen.

Der Notar wies darauf hin, dass Entscheidungen über gefährliche ärztliche Maßnahmen und Unterbringungen der vormundschaftsgerichtlichen Genehmigung bedürfen.

IV. Untervollmacht

Die Vollmacht ist im Ganzen nicht auf Dritte übertragbar.

Der Bevollmächtigte kann jedoch in Vermögensangelegenheiten für einzelne Rechtsgeschäfte Untervollmacht erteilen, nicht aber in persönlichen Angelegenheiten.

V. Ersatzbevollmächtigter

Für den Fall, dass der Bevollmächtigte mich nicht mehr vertreten kann oder will, ernenne ich ...
zum Ersatzbevollmächtigten.

Die Ersatzvollmacht ist wirksam, sobald der Ersatzbevollmächtigte eine auf seinen Namen lautende Ausfertigung der Vollmacht besitzt. Im Innenverhältnis wird der Ersatzbevollmächtigte jedoch angewiesen, von der Ersatzvollmacht erst Gebrauch zu machen, wenn der Bevollmächtigte nicht mehr für mich handeln kann oder will.

VI. Grundverhältnis

Im Innenverhältnis, d. h. ohne Einfluss auf die Wirksamkeit der Vollmacht im Außenverhältnis, soll von ihr erst Gebrauch gemacht werden, wenn ich auf Grund Krankheit oder Behinderung nicht mehr in der Lage sein sollte, meine Angelegenheiten ganz oder teilweise selbst zu besorgen. Im Innenverhältnis, d. h. ohne Einfluss auf die Wirksamkeit der Vollmacht im Außenverhältnis, weise ich den Bevollmächtigten an, Folgendes zu beachten: ...

VII. Betreuungsverfügung

Für den Fall, dass trotz erteilter Vorsorgevollmacht die Bestellung eines Betreuers erforderlich werden sollte, soll der Bevollmächtigte zum Betreuer bestellt werden.

VIII. Patientenverfügung[81]

IX. Schlussbestimmungen

Die Bestellung eines zweiten Bevollmächtigten oder einer sonstigen Kontrollperson wird nicht gewünscht. Der Vollmachtgeber wünscht auch keine Beschränkung dergestalt, dass die Vollmacht erst mit Eintritt der Betreuungsbedürftigkeit wirksam werden soll.
Eine Registrierung der Vollmacht im Vorsorgeregister der Bundesnotarkammer wird gewünscht.
Von dieser Vollmacht erhalten der Bevollmächtigte und der Ersatzbevollmächtigte je eine Ausfertigung und der Vollmachtgeber eine Kopie.
Die Kosten der Vollmacht trägt der Vollmachtgeber.
Unterschrift

III. Betreuungsverfügung

1. Allgemeines

Gem. § 1897 Abs. 4 BGB ist dem Vorschlag des Betreuten, eine bestimmte Person zum Betreuer zu bestellen, zu entsprechen, wenn es dem Wohl des Betreuten nicht zuwider läuft. Dem Gericht steht **kein Auswahlermessen** zu.[82] Schlägt er vor, eine bestimmte Person nicht zu bestellen, so soll hierauf Rücksicht genommen werden. Weiterhin hat der Betreuer gem. § 1901 Abs. 2 BGB den Wünschen des Betreuten zu entsprechen, soweit dies dessen Wohl nicht zuwider läuft und dem Betreuer zuzumuten ist. Dies gilt auch für Wünsche, die der Betreute vor der Bestellung des Betreuers geäußert hat, es sei denn, dass er an diesen Wünschen erkennbar nicht mehr festhalten will. Eine **Betreuungsverfügung** ist demnach eine Willensäußerung, in der jemand für den Fall seiner Betreuungsbedürftigkeit und der Bestellung eines Betreuers Vorschläge zur Person des Betreuers und/oder Wünsche zur Wahrnehmung der Aufgabe des Betreuers geäußert hat.[83] Der Vorschlag, eine bestimmte Person zum Betreuer zu bestellen, ist unabhängig von der Geschäftsfähigkeit des Betreuten verbindlich, so lange ein entsprechender Wille feststellbar ist.[84] Eine Betreuungsverfügung kommt insbesondere in Betracht, wenn der Mandant eine stärkere **Kontrolle** der ihn betreuenden Person im Vorsorgefall wünscht.[85]

---

[81] S. nachfolgende Rdnr. 32.
[82] Staudinger/*Bienwald* § 1897 Rdnr. 28.
[83] Staudinger/*Bienwald* § 1901 a Rdnr. 1.
[84] BayObLG Beschl. v. 14.6.1996 – FamRZ 1996, 1374.
[85] *G. Müller*, Würzburger Notarhandbuch, Teil 3, Rdnr. 585; zur Abgrenzung zur Vorsorgevollmacht, OLG Frankfurt Beschl. v. 29.3.2004 – DNotZ 2004, 937.

2. Regelungsinhalt

30 **a) Auswahl des Betreuers.** § 1897 Abs. 4 S. 1 BGB gibt der Auswahl des Betroffenen in der Betreuungsverfügung allerdings nur verbindliche Wirkung, wenn die vorgeschlagene Person **geeignet** ist, die Angelegenheiten des Betreuten rechtlich zu besorgen. Die Eignung unterliegt als unbestimmter Rechtsbegriff der vollen Nachprüfung in der Rechtsbeschwerde.[86] Der Betreuer ist dann geeignet, wenn er die dazu notwendigen intellektuellen und emotionalen Kenntnisse und Fähigkeiten besitzt und einsetzen kann, um der übertragenen Aufgabe gewachsen zu sein.[87] Den wichtigsten Ausschlussgrund nennt § 1897 Abs. 3 BGB. Danach darf nicht zum Betreuer bestellt werden, wer zu einer Einrichtung, in der der Betreute **untergebracht** ist oder wohnt, in einem **Abhängigkeitsverhältnis** oder in einer anderen engen Beziehung steht.

31 **b) Wünsche zur Art und Weise der Betreuung.** Die konkrete Ausgestaltung der Betreuungsverfügung im Einzelnen ist schwierig, da der Umfang und die Dauer einer möglichen Betreuung kaum vorhersehbar sind. Insbesondere zu detailliert formulierte Wünsche können angesichts geänderter Umstände die Frage aufwerfen, ob der Betreute an ihnen im Zeitpunkt des Betreuungsfalles noch festhalten möchte.[88] Oft besteht aber gerade bei alten Menschen der Wunsch, so lange wie möglich in der gewohnten Umgebung bleiben zu können und nur bei zwingender Notwendigkeit in ein Alters- oder Pflegeheim zu müssen. Damit in Zusammenhang steht die Auswahl des bestimmten Pflegedienstes oder Altersheimes.[89] In Vermögensangelegenheiten wäre bspw. eine Befreiung von der Pflicht zur mündelsicheren Geldanlage nach § 1811 BGB zulässig.[90] Da nach der Rechtsprechung ein Betreuer eine Patientenverfügung gegenüber dem Arzt durchsetzen kann, diesem weiter gehende lebensverlängernde Maßnahmen zu verbieten, enthält auch eine **Patientenverfügung** eine entsprechende Betreuungsverfügung.[91] Zu beachten ist die zwingende Grenze der Ausgestaltung nach § 1908; i.V.m. § 1804 BGB, wonach der Betreuer in Vertretung des Befreiten **Schenkungen** nur ausnahmsweise machen darf, wenn durch sie einer sittlichen Pflicht oder einer auf den Anstand zu nehmenden Rücksicht entsprochen wird. In diesem Rahmen ist es zulässig, dem Betreuer aufzugeben, bisher geleistete Unterstützungen Dritter, bspw. aus dem Verwandtenkreis nach Eintritt des Betreuungsfalles fortzusetzen.[92] Unter das Verbot fällt nach der Rechtsprechung auch eine Zuwendung im Wege der vorweggenommenen Erbfolge.[93] Ob es möglich ist, (bei entsprechender Geschäftsfähigkeit des Betreuten), die Vertretungsmacht des Betreuers durch **zusätzliche Vollmachten** zu erweitern, ist streitig.[94] Wünsche hinsichtlich der Durchführung der Betreuung sind für den Betreuer verbindlich, es sei denn, sie laufen dem Wohl des Betroffenen zuwider oder sind dem Betreuer nicht zumutbar, § 1901 Abs. 3 S. 1 BGB. Sie verlieren auch ihre Wirkung, wenn der Betreute an diesen Wünschen erkennbar nicht mehr festhalten will, § 1897 Abs. 3 S. 2 BGB.

32 **c) Form und Verfahrensfragen.** Für die Betreuungsverfügung hat der Gesetzgeber keine Form vorgeschrieben. Aus Beweisgründen ist jedoch Schriftform, unter Umständen verbunden mit einer Unterschriftsbeglaubigung, empfehlenswert. Nach § 1901 a BGB hat jedoch derjenige, der ein Schriftstück besitzt, in dem jemand für den Fall seiner Betreuung Vorschläge zur Auswahl des Betreuers oder Wünsche zur Wahrnehmung der Betreuung geäußert hat, dieses unverzüglich an das Vormundschaftsgericht **abzuliefern,** nachdem er von der Einleitung eines Betreuungsverfahrens Kenntnis erlangt hat. Die Ablieferungspflicht entsteht im Moment der Einleitung des Betreuungsverfahrens. Das ist dann der Fall, wenn das Vormundschaftsgericht Verfügungen zur Aufklärung des Sachverhaltes trifft, z. B. wenn es die Anregung zu einer Betreuerbestellung dem Betroffenen mit der Bitte um Stellungnahme zuschickt.[95] In einigen

---

[86] BayObLG Beschl. v. 18.11.1993 – FamRZ 1994, 530.
[87] Staudinger/*Bienwald* § 1897 Rdnr. 13.
[88] *Epple* BtPrax 1993, 151, 155.
[89] *Perau* MittRhNotK 1996, 285, 288.
[90] *Epple* BtPrax 1993, 156, 157.
[91] BGH Beschl. v. 17.3.2003 – NJW 2003, 1588 dazu u. Rdnrn. 34 ff.
[92] *Epple* BtPrax 1993, 156, 158.
[93] BayObLG Beschl. v. 24.5.1996 – FGPrax 1996, 147.
[94] Dafür Staudinger/*Bienwald* § 1902 Rdnr. 15, 18; MünchKommBGB/*Schwab* § 1902 Rdnr. 10; a.A. Palandt/*Diederichsen* § 1902 Rdnr. 2; OLG Köln Urt. v. 13.3.2000 – FamRZ 2000, 1525.
[95] Staudinger/*Bienwald* § 1901 a Rdnr. 10.

Bundesländern besteht bereits vorher eine Hinterlegungsmöglichkeit bei Gericht.[96] In allen anderen Ländern ist die Ablieferung einer Betreuungsverfügung vor Einleitung eines Verfahrens nach h.M. nicht möglich.[97]

> **Formulierungsvorschlag:** 33
> Für den Fall meiner Betreuungsbedürftigkeit wünsche ich, dass ... zu meinem Betreuer für alle erforderliche Angelegenheiten vom Vormundschaftsgericht bestimmt wird. Sollte er dazu nicht willens oder in der Lage sein, soll ersatzweise ... mein Betreuer sein. Für den Fall meiner Pflegebedürftigkeit wünsche ich weiterhin, so lange wie möglich in meiner eigenen Wohnung gepflegt zu werden. Sollte eine häusliche Pflege nicht mehr möglich sein, so möchte ich im ... untergebracht werden.

IV. Patientenverfügung

1. Begriff und Inhalt

Die schriftliche Weisung einer Person, durch die sie als künftiger Patient die Vornahme bestimmter **medizinischer Maßnahmen** wünscht oder untersagt, wird als Patientenverfügung bezeichnet.[98] Zum Teil spricht man auch von Patientenbrief oder Patiententestament. Letzteres ist jedoch terminologisch ungenau, da es um ärztliche Behandlung zu Lebzeiten geht.[99] Sinn und Zweck der Patientenverfügung ist es, dem Willen des Behandelten für den Fall zur Durchsetzung zu verhelfen, dass er sich nicht mehr selbst äußern kann. Unmittelbarer Adressat der Patientenverfügung sind zunächst der behandelnde Arzt sowie das Pflegepersonal. Sofern ein Betreuer bestellt ist oder ein Bevollmächtigter für den Patienten handelt, richtet sie sich als Betreuungsverfügung auch an den Betreuer, § 1901 Abs. 3 BGB, bzw. als Anweisung im Sinne des § 662 BGB an einen Bevollmächtigten.[100] 34

a) *Sterbehilfe.* Häufigster Inhalt einer Patientenverfügung ist die Ablehnung lebensverlängernder und -erhaltender Maßnahmen, wenn ein hoffnungsloser gesundheitlicher Zustand erreicht ist. 35

aa) Grundsätzliche Zulässigkeit. Früher war streitig, ob und inwieweit eine derartige Patientenverfügung behandelnde Ärzte binden kann. Eine stark vertretene Auffassung nahm an, ihr komme nur eine indizielle Bedeutung bei der Ermittlung des Patientenwillens zu.[101] Nach neuerer höchstrichterlicher Rechtsprechung wirkt eine frühere Willensbekundung, mit der ein Patient seine Einwilligung in lebensverlängernde Maßnahmen verweigert, auch nach Eintritt der Einwilligungsunfähigkeit fort, falls er sie nicht widerrufen hat.[102] Auch nach Auffassung der Bundesärztekammer sind Patientenverfügungen dann verbindlich, wenn sie sich auf die konkrete Behandlungssituation beziehen und keine Umstände erkennbar sind, dass der Patient sie nicht mehr weiter gelten lassen möchte.[103]

bb) Grenzen der Sterbehilfe. Allerdings hat der Wunsch nach Sterbehilfe die Grenzen insbesondere des Strafrechts zu beachten. Aktive Sterbehilfe ist als Tötung auf Verlangen nach § 216 StGB strafbar.[104] Erlaubt ist jedoch die Schmerzlinderung auch dann, wenn sie mit einer 36

---

[96] Bayern: Art. 34 a AVGVG; Sachsen: Verwaltungsvorschrift. v. 8.1.1993, Sächsisches ABL. 116; Hessen: Runderlass v. 27.10.1995 JMBl 1995, 774; Saarland: unveröffentlichte Rundverfügung; Sachsen-Anhalt: AV des Justizministeriums v. 22.7.1996 JMBLSA Nr. 8/96, 220; Thüringen: Verwaltungsvorschrift v. 7.5.1993 JMBL 1993, 253.
[97] KG Beschl. v. 21.3.1995 – RPfl 1995, 458; a.A. Staudinger/*Bienwald* § 1901 a Rdnr. 8.
[98] *A. Langenfeld/G. Langenfeld* ZEV 1996, 339; *Baumann/Hartmann* DNotZ 2000, 594, 603.
[99] *G. Müller*, Würzburger Notarhandbuch, Teil 3, Rdnr. 569.
[100] *Vossler* ZErb 2002, 285, 289; *Baumann/Hartmann* DNotZ 2000, 594, 604; a.A. für Sterbehilfe *Albrecht/Albrecht* MittBayNot 2003, 348, 354: Adressat nicht der Arzt.
[101] *Laufs* NJW 1998, 399; *Spickhoff* NJW 2000, 2297, 2301; Überblick über den Meinungsstand bei *Baumann/Hartmann* DNotZ 2000, 594, 604 f.
[102] BGH Beschl. v. 17.3.2003 – BGH 154, 205, 210 = NJW 2003, 1588 f.
[103] Grundsätze der Bundesärztekammer zur ärztlichen Sterbebegleitung, BTPrax 2004, 146 = NJW 2004 Heft 23 S. XXIX.
[104] *Schroth*, Die Patientenverfügung, Tagungsband, 60, 61 ff.; zum Wunsch nach aktiver Sterbehilfe im Ausland Gutachten, DNotI-Report 2001, 105; zusammenfassend *Otto* NJW 2006, 2217.

Lebensverkürzung verbunden ist; allerdings darf diese nur Nebenfolge der schmerzlindernden Maßnahme sein.[105] Außerdem ist der bloße Verzicht auf lebensverlängernde Maßnahmen erlaubt, wenn das Grundleiden einen irreversiblen tödlichen Verlauf angenommen hat, auch wenn der unmittelbare Sterbevorgang noch nicht eingesetzt hat, aber der Behandlungsabbruch dem tatsächlichen oder mutmaßlichen Willen des Betroffenen entspricht.[106] Teile der Literatur und einige Oberlandesgerichte gehen davon aus, dass die Voraussetzung des irreversiblen tödlichen Verlaufs auch dann vorliegt, wenn sich bei einem Wachkomapatienten der Zustand kontinuierlich verschlechtert und keine Chance mehr besteht, wieder zu Bewusstsein zu gelangen sowie bei weit fortgeschrittenen Demenzkrankheiten.[107]

37 b) **Sonstige Regelungsbereiche.** Möglich und verbindlich ist auch eine behandlungslegitimierende Patientenverfügung, mit der der Betroffene den Ärzten ausdrücklich den Abbruch lebensverlängernder intensivmedizinischer Maßnahmen untersagt.

38 **Formulierungsvorschlag:**[108]
Die Anwendung bzw. Fortsetzung lebenserhaltender Maßnahmen (die künstliche Ernährung oder Beatmung) und die Therapie interkurrent auftretender Krankheiten sind in meinem Interesse und es ist mein ausdrücklicher Wunsch und Wille, dass Behandlungen und Therapien fortgesetzt und nicht unterbrochen werden, auch wenn der behandelnde Arzt oder Dritte dieser Fortsetzung geringe Heilungschancen einräumen. Dies gilt auch, wenn ein unumkehrbarer Sterbeprozess eingetreten ist.

39 Zu beachten ist dabei allerdings, dass der Arzt nicht zur Vornahme einer sinnlos erscheinenden medizinisch nicht mehr indizierten Behandlung gezwungen werden kann.[109]
- Denkbar ist auch eine antizipierte Verweigerung bestimmter Medikamente und Behandlungen im Rahmen einer **psychiatrischen Behandlung,** deren Bindungswirkung aber dann endet, wenn eine freiheitsentziehende Zwangsbehandlung des Betroffenen zulässig ist.[110]
- Grundsätzlich beachtlich sind auch Patientenverfügungen der Mitglieder der Glaubensgemeinschaft der Zeugen Jehovas, mit denen sie die **Blutspende** verweigern, wobei sich Gerichte bei akuter Lebensgefahr teilweise durch eine Unterstellung einer Willensänderung über diese hinwegsetzen.[111]
- Auch die Verweigerung einer **Organentnahme** oder einer **Obduktion** kann – obwohl eigentlich nicht Inhalt einer Patientenverfügung – mit ihr verbunden werden, da insoweit der Wille des Betroffenen beachtlich ist, vgl. § 3 Abs. 2 Nr. 1 Transplantationsgesetz.[112] Für Organspender empfiehlt sich jedoch eher das Mitführen eines Organspendeausweises.[113]

2. Wirksamkeit, Ausgestaltung und Form

40 a) **Geschäftsfähigkeit/Einsichtsfähigkeit.** Nach überwiegender Meinung genügt zur Errichtung einer Patientenverfügung eine natürliche Einsichtsfähigkeit, da es für die Einwilligung in ärztliche Eingriffe bzw. deren Verweigerung auch nur darauf und nicht auf die Geschäftsfähigkeit des Betroffenen ankommt.[114]

---

[105] Groll/*Spickhoff,* Praxis-Handbuch Erbrechtsberatung, B XVI. Rdnr. 6.
[106] BGH Urt. v. 13.9.1994 – BGHSt 40, 257 = NJW 1995, 204.
[107] Müller/Renner/*Renner* Betreuungsrecht Rdnr. 350 f.; *Kutzer* FPR 2004, 683, 686; *Albrecht/Albrecht* Mitt-BayNot 2003, 348, 352; *Hufen* ZRP 2003, 248, 249; OLG Karlsruhe Beschl. v. 26.3.2004 – NJW 2004, 1882; a.A. Groll/*Spickhoff,* Praxis-Handbuch Erbrechtsberatung, B XVI. Rdnr. 22. m.w.N.
[108] Ausf. Formulierungsvorschlag bei *Schobert* NJW 2000, 2724.
[109] Groll/*Spickhoff,* Praxis-Handbuch Erbrechtsberatung, B XVI. Rdnr. 13; *Laufs* NJW 1996, 763.
[110] Dazu *Müller,* Würzburger Notarhandbuch, 3. Teil Rdnr. 580 ff.; *Hartmann* NSDZ 2000, 113 ff.
[111] Vgl. insb. BVerfG Nichtannahmebeschl. v. 2.8.2001 = NJW 2002, 206; *Ohler/Weis* NJW 2002, 1941; OLG München Urt. v. 31.1.2002 – MedR 2003, 174; AG Dülmen Beschl. v. 13.8.1998 – FamRZ 1999, 1300.
[112] Dazu *Deutsch* NJW 1998, 777; zur Obduktion OLG Karlsruhe Urt. v. 26.7.2001 – NJW 2001, 2808; zur Vereinbarung zur Zulässigkeit einer Zustimmung in AGBs BGH Urt. v. 31.5.1990 – NJW 1990, 2313.
[113] Renner/Müller/*Renner* Betreuungsrecht Rdnr. 276.
[114] Groll/*Spickhoff,* Praxis-Handbuch Erbrechtsberatung, B XVI. Rdnr. 25; *Müller,* Würzburger Notarhandbuch, 3. Teil Rdnr. 575; *Roth* JZ 2004, 494, 497; *Keilbach* FamRZ 2003, 969, 976.

b) Formerfordernisse, Wirkungsdauer. Ein gesetzliches Formerfordernis für eine Patienten- 41
verfügung besteht nicht, wobei aber aus Beweisgründen zumindest Schriftform empfehlenswert ist.[115] Die Hinzunahme von Zeugen ist ebenso wenig erforderlich wie eine notarielle Beurkundung. Letztere ist allerdings empfehlenswert, da so die Einsichtsfähigkeit und Ernsthaftigkeit der Willensbildung des Patienten kaum angezweifelt werden kann.[116] Abzulehnen ist eine in der Literatur geäußerte Meinung, wonach die **ärztliche Aufklärung** Wirksamkeitsvoraussetzung einer Patientenverfügung sei.[117] Denn eine solche ist nur erforderlich bei der Einwilligung in einen ärztlichen Eingriff, nicht aber für dessen Verweigerung.[118] Zur Aufklärung über die medizinischen Zusammenhänge ist die Inanspruchnahme einer ärztlichen Beratung allerdings sicher sinnvoll. Nach der neueren Rechtsprechung des BGH[119] ist auch für die Praxis entschieden, dass die Patientenverfügung nicht etwa in gewissen Abständen bestätigt werden muss, um ihre Wirksamkeit zu erhalten.[120] Obwohl eine regelmäßige Aktualisierung als Bekräftigung des Willens hier nicht schädlich ist, sollte deren ausdrückliche Empfehlung in der Vollmacht unterbleiben, da ansonsten, falls die Aktualisierung vergessen wird, hieraus ein falscher Schluss gezogen werden könnte.[121] Um diesen Eindruck entgegen zu wirken, kann vielmehr folgender Hinweis zweckmäßig sein:

> **Formulierungsvorschlag:** 42
> „Ich wünsche nicht, dass mir in der akuten Situation eine mögliche Änderung meines Willens unterstellt wird. Ich sehe es deshalb nicht als erforderlich an, die Patientenverfügung in den kommenden Jahren schriftlich zu bestätigen."[122]

c) Inhaltliche Anforderungen. Es wird diskutiert, ob Patientenverfügungen möglichst in- 43
dividuell auf den konkreten Einzelfall bezogen formuliert werden müssen,[123] oder ob auch auf übernommenen Mustern basierende Verfügungen wirksam sein können.[124] Einer Patientenverfügung kann m. E. nicht schon deshalb die Gültigkeit versagt werden, weil sie nicht medizinisch exakt formuliert ist oder weil sich der medizinische Laie (deshalb) vorgefertigter Formulierungsmuster bedient und mangels eigenen Sachverstands bedienen muss. Denn die Patientenverfügung dient der Durchsetzung des verfassungsrechtlich geschützten Selbstbestimmungsrechts des Patienten (Art. 2 Abs. 2 GG),[125] das unabhängig vom juristischen und medizinischen Sachverstand des Betroffenen zu achten ist. Da die Patientenverfügung sicherlich nie alle Behandlungssituationen erfassen kann, ist es umso notwendiger, sie mit einer **Vollmacht** zu verbinden, damit der Bevollmächtigte den in ihr zum Ausdruck kommenden Willen zur Durchsetzung verhelfen kann.[126]

3. Vormundschaftsgerichtliche Genehmigung

Bis zur grundlegenden Entscheidung des BGH vom 17.3.2003 war heftig umstritten, ob ein 44
Behandlungsabbruch aufgrund einer Patientenverfügung einer vormundschaftsgerichtlichen Genehmigung bedarf. Die einen befürworten eine analoge Anwendung des § 1904 Abs. 1 S. 3 BGB, da bei riskanten Operationen die Einwilligung des Gerichts erforderlich sei und daher erst

---

[115] *Müller*, Würzburger Notarhandbuch, 3 Teil Rdnr. 576.
[116] Groll/*Spickhoff*, Praxis-Handbuch Erbrechtsberatung, B XVI. Rdnr. 26.
[117] So *Zimmermann* BWNotZ 1999, 57, 62; *Winkler* Vorsorgeverfügungen S. 9.
[118] Groll/*Spickhoff*, Praxis-Handbuch Erbrechtsberatung, B XVI. Rdnr. 26; *Albrecht/Albrecht* MittBayNot 2003, 348, 354; Müller/Renner/*Renner* Betreuungsrecht Rdnr. 315.
[119] BGH Beschl. v. 17.3.2003 – NJW 2003, 1588, 1591.
[120] So aber bspw. *Winkler* Vorsorgeverfügung S. 68.
[121] *Milzer* NJW 2004, 2277, 2278.
[122] *Milzer* NJW 2004, 2277, 2278.
[123] So *Uhlenbruck* NJW 2004, 2886.
[124] So insb. Müller/Renner/*Renner* Betreuungsrecht Rdnr. 338.
[125] Vgl. BVerfG Beschl. v. 25.7.1979 – BVerfGE 52, 131, 171 ff., dazu *Gaßner*, Die Patientenverfügung, Tagungsbd., 24 ff.
[126] So Müller/Renner/*Renner* Betreuungsrecht Rdnr. 338 f.

recht, wenn es um eine Entscheidung über Leben und Tod gehe.[127] Andere lehnten die Analogie ab, da ein Gericht nicht über Leben und Tod entscheiden dürfe.[128] Nunmehr hat der BGH die Erforderlichkeit der vormundschaftsgerichtlichen Genehmigung nicht aus einer Analogie zu § 1904 Abs. 1 BGB, sondern aus der **richterlichen Rechtsfortbildung** hergeleitet. Sei für den Patienten ein Betreuer bestellt, so habe dieser dem Patientenwillen gegenüber Arzt und Pflegepersonal in eigener rechtlicher Verantwortung Ausdruck und Geltung zu verschaffen. Seine Einwilligung in eine ärztlich angebotene lebenserhaltende oder -verlängernde Behandlung könne der Betreuer jedoch nur mit Zustimmung des Vormundschaftsgerichts wirksam verweigern. Das Vormundschaftsgericht überprüft daher nur, ob der Betreuer den Willen des Betreuten zutreffend ermittelt hat. Die gerichtliche Kontrolle erfolgt jedoch nur in Konfliktsituationen: Der Prüfungsvorbehalt ist auf die Fälle beschränkt, in denen eine lebensverlängernde oder -erhaltende Maßnahme medizinisch indiziert oder zumindest ärztlich angeboten wird, der Betreuer in die angebotene Behandlung aber nicht einwilligt. Dies gilt auch, wenn eine eindeutige Patientenverfügung vorliegt.[129] Verlangt der Betreuer dagegen in Übereinstimmung mit dem behandelnden Arzt, dass die künstliche Ernährung des betreuten einwilligungsunfähigen Patienten eingestellt wird, so kann das Pflegeheim in diesen Fällen dem weder den Heimvertrag entgegenhalten noch sich auf die Gewissensfreiheit des Pflegepersonals berufen.[130] Nach Ansicht des OLG Karlsruhe[131] muss bei der gerichtlichen Entscheidung über den Behandlungsabbruch dem Beteiligten außerdem ein Verfahrenspfleger nach § 67 FGG bestellt werden.

45 Die überwiegende Auffassung verlangt unter den gleichen Voraussetzungen wie bei einem Betreuer auch für die Verweigerung der Weiterbehandlung durch einen **Vorsorgebevollmächtigten** eine Genehmigung des Vormundschaftsgerichts.[132]

4. Reformbestrebungen

46 Im Herbst 2004 hat das Bundesjustizministerium einen Referentenentwurf des 3. BTÄndG vorgelegt, der allerdings im Februar 2005 wieder zurückgezogen worden ist.[133] Danach sollte die Bedeutung von Patientenverfügungen gestärkt werden. Insbesondere sollte eine Verweigerung der Weiterbehandlung durch einen Vorsorgebevollmächtigten nicht mehr der Genehmigung des Gerichts bedürfen.[134]

47 **Formulierungsvorschlag (bei Verbindung mit Vorsorgevollmacht):**[135]

Der Vorsorgebevollmächtigte soll dafür sorgen, dass mir auch Hilfe beim Sterben und Hilfe zum Sterben einschließlich des Behandlungsabbruchs geleistet wird. Der Bevollmächtigte hat eine ggf. erforderliche Genehmigung des Vormundschaftsgerichts einzuholen und den behandelnden Ärzten mitzuteilen. Wenn mein Grundleiden nach ärztlicher Überzeugung ohne Aussicht auf Besserung sein und die Krankheit einen tödlichen Verlauf angenommen haben sollte, sowie entweder der Tod ohnehin in kurzer Zeit eintritt oder ich dauerhaft in einem Koma liege, z. B. wegen schwerer Dauerschädigung des Gehirns oder dauernden Ausfalls lebenswichtiger Organfunktionen, verfüge ich, von allen Wiederbelebungsmaßnahmen und lebensverlängernden

---

[127] OLG Frankfurt Beschl. v. 15.7.1998 – NJW 1998, 2747; OLG Frankfurt Beschl. v. 20.11.2001 – NJW 2002, 989; OLG Karlsruhe Beschl. v. 29.10.2001 – NJW 2002, 685; *Baumann/Hartmann* DNotZ 2000, 594, 602.
[128] LG München I Beschl. v. 18.2.1999 – NJW 1999, 1768; OLG Brandenburg Beschl. v. 17.2.1999 – NJW 2000, 2361; *Deichmann* MDR 1995, 983; *Alberts* NJW 1999, 835; *Laufs* NJW 1998, 3399; *Dodegge* NJW 1997, 2425.
[129] BGH Beschl. v. 17.3.2003 – NJW 2003, 1588 ff.; BGH Beschl. v. 8.6.2005 – ZEV 2005, 485.
[130] BGH Beschl. v. 8.6.2005 – ZEV 2005, 485; zu Schadensersatzansprüchen bei Weigerung OLG München, Urt. v. 26.4.2006 – MittBayNot 2006, 424.
[131] OLG Karlsruhe Beschl. v. 26.3.2004 – NJW 2004, 1882; dazu *Schmidl* ZErB 2005, 82.
[132] *Albrecht/Albrecht* MittBayNot 2003, 348, 354; *Perau* RNotZ 2003, 263, 265; LG Ellwangen – Beschl. v. 7.5.2003 – FamZR 2004, 732; a.A. *Stoffers* DNotZ 2003, 855, 860.
[133] Vgl. NJW-Aktuell Heft 13/2005, S. VI.
[134] Zum Stand der Reform ausf. *Müller/Renner/Renner* Betreuungsrecht Rdnr. 363 ff.; *Heßler*, Die Patientenverfügung, Tagungsbd., hrsg. v. J. Hager, 2006 40 ff.
[135] Nach *Albrecht/Abrecht* MittBayNot 2003, 348, 355; *Langenfeld* ZEV 2003, 449, 452.

Maßnahmen abzusehen. Ich wünsche dann keine künstliche Beatmung und will auch nicht mittels einer Magensonde ernährt werden; Organübertragungen lehne ich in dieser Situation ab. Alle meine Leiden lindernden Maßnahmen, insbesondere eine umfassende Schmerztherapie, sollen durchgeführt werden, auch wenn sie lebensverkürzend wirken. Diese Patientenverfügung soll so lange weiter gelten, bis ich sie schriftlich widerrufe. Sie gilt auch, wenn mir nach Wegfall des Bevollmächtigten ein Betreuer bestellt werden sollte.

§ 45 Auskunftspflichten im Erbrecht

Übersicht

	Rdnr.
I. Basiswissen zum Auskunftsrecht	1–12
1. Verfahrensrechtliche Erwägungen	1–3
2. Rechtsquellen und Anspruchsgrundlagen	4–11
3. Auswahl wichtiger Anspruchsgrundlagen für die Auskunftserteilung/Erbenermittlung	12
II. Einsatzzeitpunkte für Auskunftspflichten	13–16
1. Der Erbfall	13/14
2. Lebzeitige Auskunftsansprüche?	15/16
III. Auskunftsrechtliche Termini, Inhalt und Rechtsfolgen	17–25
1. Auskunft als Oberbegriff	17/18
2. Instrumentarien zur Auskunftserteilung	19–21
3. Aktiva und Passiva bei Aufzeichnungspflichten	22
4. Inventar/Nachlassverzeichnis: Abgrenzung und Überschneidung	23–25
IV. Die einzelnen Auskunftsansprüche im Erbrecht	26–79
1. Ansprüche gegen den vorläufigen Erben, §§ 1959 ff., 666 BGB	26–32
2. Ansprüche gegen den Erbschaftsbesitzer und gegen den sonstigen Besitzer, §§ 2027 Abs. 1 und Abs. 2 BGB	33–39
a) Übersicht	33
b) „Der Erbschaftsbesitzer"	33
c) Auskunftsverpflichtungen	33
d) Zusammenfassung der einzelnen Auskunftspflichten	34
e) Der Kreis der Auskunftsgläubiger gemäß § 2027 Abs. 1 BGB	35
f) Vererblichkeit der Ansprüche gemäß § 2027 BGB	36
g) Beweislast	37
h) Verjährung. Die Auskunftsansprüche aus § 2027 BGB gelten als erbrechtl. Ansprüche gemäß § 197 Abs. 1 Ziffer 2 BGB und verjähren mit Ablauf einer Frist von 30 Jahren	38
i) Gerichtsstand	39
3. Ansprüche gegen den Hausgenossen, § 2028 BGB	40–53
a) Bedeutung	40
b) Verschuldungsfrage	41
c) Auskunftsverpflichtete	42
d) Beispiele aus der Rechtsprechung	43/44
e) Auskunftsgläubiger	45
f) Unterschiede zwischen § 2027 und § 2028 BGB	46/47
g) Erbschaftliche Geschäfte	48/49
h) Art und Form der Auskunftserteilung	50
i) Freiwillige Versicherung an Eides statt	51
j) Gründe für die eidesstattliche Versicherung	52
k) Beweislast/Verjährung/Verzicht	53
4. Auskunftsobliegenheiten bei der Testamentsvollstreckung	54–62
a) Allgemeines	54
b) Die Grundsätze zur Benachrichtigung gemäß den §§ 2218 Abs. 1, 666 BGB	55
c) Laufende Informationserteilung durch den Testamentsvollstrecker gemäß den §§ 2218 Abs. 1, 666 BGB 2. Alternative	56
d) Das Nachlassverzeichnis bei Amtsantritt gemäß § 2215 Abs. 1 BGB	57
e) Die Rechnungslegung (Rechenschaftsablegung) durch den Testamentsvollstreckers gemäß §§ 2218 Abs. 1, 666 ff., 2218 Abs. 2 BGB	58–62
5. Ansprüche gegen den Nachlasspfleger/Nachlassverwalter	63–65
a) Die Auskunftsgläubiger	64
b) Gegenstand der Auskunftserteilung	65
6. Auskunftsansprüche des Pflichtteilsberechtigten gegen den Erben, § 2314 BGB	66
7. Auskunftsansprüche des Vermächtnisnehmers	67–73
a) Die Ausgangslage für den Vermächtnisnehmer	67–72

§ 45 Auskunftspflichten im Erbrecht § 45

Rdnr.

    b) Der Wertermittlungsanspruch des Vermächtnisnehmers 73
  8. Auskunftsansprüche bei Vor- und Nacherbschaft 74–79
    a) Das Auskunftsrechtsverhältnis Vorerbe-Nacherbe 75–77
    b) Kontrollrechte bei befreiter Vorerbschaft 78
    c) Feststellungsklage des Nacherben 79
V. Auskunfts- und Informationspflichten innerhalb der Erbengemeinschaft 80–92
  1. Realer Nachlassbestand 84
  2. Gesetzliche Miterben und wechselseitige Informationsrechte bei Vorempfängen gemäß § 2057 BGB 85–87
  3. Auskunftsverzichtsvertrag 88/89
  4. Auskunftsberechtigte 90/91
  5. Verjährung 92
VI. Erbengemeinschaft und Hausbank des Erblassers 93–104
  1. Allgemeines 93
  2. Auskunftspflichten des anderen Miterben 94–99
    a) Auskunftslage zwischen Miterben 94
    b) Keine Informationsrechte aus § 2027 BGB 95
    c) Kein Auskunftsrecht aus § 2314 BGB 96
    d) Mögliche Anspruchsgrundlage: § 242 BGB 97–99
  3. Auskunftsverhältnis Miterbe – Hausbank des Erblassers 100–104
    a) Allgemeines 100
    b) Informationsinteresse und Bankgeheimnis 101
    c) Die besondere Bedeutung des § 2039 BGB 102–104
VII. Auskunftsquellen: Übersicht 105
VIII. Wer kann auf Auskunftsansprüche verzichten? 106–109
IX. Die Verjährung von Auskunftsansprüchen 110–112

Schrifttum: *Baumgärtel/Laumen,* Handbuch der Beweislast im Privatrecht, 1999; *Bengel/Reimann/Klumpp,* Handbuch der Testamentsvollstreckung, 3. Aufl. 2001; *Bülow/Schmidt,* Kommentar zur Hinterlegungsordnung, 4. Aufl. 2004; *Frieser,* Anwaltliche Strategien im Erbschaftsstreit, 2004; *Geurts/Koch/Schebesta/Weber,* Bankgeheimnis und Bankauskunft in der Praxis, 2000; *Gottwald,* Verjährung im Zivilrecht, 2005; *Hepting,* Die personenstandsrechtliche Antragsbefugnis eines vom Nachlasspfleger beauftragten Erbenermittlers, ZEV 1999, 302; *Hohmann,* Die Sicherung des Vertragserben vor lebzeitigen Verfügungen des Erblassers, ZEV 1994, 133; *Hoppe/Spoer/Niewerth,* Das Einsichtsrecht der Erbenermittler in Personenstandsbücher, StAZ 1998, 65; *Keilbach,* Die Auskunftsrechte des Vermächtnisnehmers, FamRZ 1996, 1191; *Kerscher/Tanck/Krug,* Das erbrechtliche Mandat, 2000; *Klook,* Die überschuldete Erbschaft, 1998; *Kümpel,* Bank- und Kapitalmarktrecht, 3. Aufl. 2004; *Lange/Kuchinke,* Erbrecht, 1995; *Lorenz,* Auskunftsansprüche im Bürgerlichen Recht, JuS 1995, 569, 575; *Mayer/Bonefeld/Wälzholz/Weidlich,* Testamentsvollstreckung, 2005; *Möhring/Beisswinger/Klingelhöffer,* Vermögensverwaltung in Vormundschafts- und Nachlasssachen, 7. Aufl. 1992; *Ott-Eulberg/Schebesta/Bartsch,* Erbrecht und Banken, 2000; *Palandt* (Hrsg.), BGB, Kommentar, 65. Aufl. 2006; *Reimann,* Die Kontrolle des Testamentsvollstreckers, FamRZ 1995, 588; *Sarres,* Erbrechtliche Auskunftsansprüche, 2004; *ders.,* Die Erbengemeinschaft, 2. Aufl. 2006; *ders.,* Auskunftspflichten zwischen Miterben über lebzeitige Zuwendungen gemäß § 2057 BGB, ZEV 2000, 349; *ders.,* Auskunftsansprüche des Erben gegen den Hausgenossen, ZEV 1998, 422 ff.; *ders.,* Auskunftspflichten zwischen Miterben bei gesetzlicher oder gewillkürter Erbfolge, ZEV 1996, 300; *ders.,* Auskunftspflichten bei Vor- und Nacherbschaft, ZEV 2004, 56; *ders.,* Auskunftsansprüche aus Treu und Glauben (§ 242 BGB) ZEV 2001, 225; *Sarres/Afraz,* Auskunftsansprüche gegenüber Vertragserben sowie gegenüber der Erblasser-Bank bei lebzeitigen Zuwendungen des Erblassers, ZEV 1995, 433; *Schöne,* Auskunftsansprüche im Erbrecht, Diss., 1983; *Speckmann,* Der Anspruch des Miterben auf Auskunft über den Bestand des Nachlasses, NJW 1973, 1869; *Steiner,* Die Praxis der Klage auf Erbauseinandersetzung, ZEV 1997, 89; *Wolff,* Die Geheimhaltungspflicht der Bank, DB 1968, 695.

Beratungscheckliste: Auskunftsansprüche

1. Informationsgewinnung und Durchsetzung von Auskunftsansprüchen
    ☐ Realistische Auskunftschancen?
    ☐ Erreichbarkeit der notwendigen Beweismittel?
    ☐ Verhältnismäßigkeit des Aufwandes?
    ☐ Verschleierungsgefahren?

2. Feststellung der Nachlassmasse, Ermittlung von Erben und Auskunftsmöglichkeiten
   ☐ Sondierungen und Vorermittlungen durch den Mandanten
   ☐ Unbekannter Nachlass/unbekannte Erben: Erbenermittlung notwendig?
   ☐ Realer Nachlassbestand: Eigene Feststellungen des Mandanten?
   ☐ Fiktiver Nachlassbestand: Eigene Feststellungen des Mandanten?
   ☐ Beweismittel: Rechtmäßige Zugriffsmöglichkeiten durch den Mandanten?
   ☐ Grundstückskaufverträge, Kontoauszüge, Sparbücher, Rechnungen, Darlehensverträge, Depotauszüge, usw.?
   Dritte als Informationsquellen: Freunde, Bekannte, Verwandte, Geschäftspartner, ?
   ☐ Andere Auskunftsquellen: Amtsgericht/Handelsregister; Amtsgericht/Grundbuchamt; Finanzämter, Banken?
3. Vorprozessuale Korrespondenz
   ☐ Potenzielle Verhandlungsgegner: Kooperativ oder streitorientiert?
   Vorschlag: Auskunftsverzichtsvertrag?
   ☐ Möglicher Prozessgegner: Keine wirtschaftlichen oder rechtlichen Kompromisschancen?
4. Prozessvorbereitungen:[1]
   ☐ Feststellung von Verjährungsfristen und damit zusammenhängende Problemstellungen
   ☐ Zeitlich/wirtschaftliche Abwägungen zwischen außergerichtlicher Schlichtung und Prozessführung
5. Nach Erhebung einer möglichen Stufenklage:
   ☐ Prüfung, ob Durchlaufen der Auskunftsstufe sinnvoll?
   ☐ Übergang zur Leistungsstufe aus Zeitgründen?
   ☐ Substantiierung in der Leistungsstufe möglich?

I. Basiswissen zum Auskunftsrecht

1. Verfahrensrechtliche Erwägungen

1   Jede erbrechtliche Rechtsverfolgung steht und fällt mit dem Auskunftsstatus. Zur Durchsetzung erbrechtlicher Ansprüche ist es geboten, dem Gericht die anspruchsbegründenden Tatsachen zu präsentieren. Diese Klägerpflicht ist in der Regel erfüllbar, wenn durch räumliche Nähe bzw. Vorkontakte sämtliche maßgeblichen Informationen nach Art und Umfang verfügbar sind. Problematisch wird die Klägerposition dann, wenn Informationsdefizite eine gezielte und aussichtsreiche Rechtsverfolgung erschweren, etwa durch fehlende oder schwer zugängliche Informationsquellen. Fragen um Auskunftsmöglichkeiten und Auskunftspflichten rücken insbesondere bei fortschreitender Globalisierung des Rechts- und Wirtschaftslebens zunehmend in das Zentrum vorbereitender Rechtsplanung.

2   Das für den Rechtsanwalt schon rechtsrelevante Vorstadium bis zur Rechtsverfolgung (Auskunftsklage/Stufenklage) lässt sich durch nachfolgende Arbeitsschritte optimieren:
• Sondierung des verteilungsfähigen und potentiellen Nachlassbestandes
• Ermittlung möglicher Auskunftsquellen/-personen
• Überprüfung der möglichen Auskunftsrechtsverhältnisse
• Sammlung der materiellen Auskunftsansprüche
• Stoffsammlung zwecks Substantiierung des Klagevorbringens
• Die Rechtsverfolgung (Auskunftsklage und/oder Stufenklage)

3   Auskünfte und Rechnungslegung zu wirtschaftlich relevanten Positionen erhalten im Recht- und Wirtschaftsleben einen gesteigerten Stellenwert.[2] Probleme zur Informationsbeschaffung und -missbrauch werden die gesellschaftliche Zukunft zunehmend bestimmen. Hiervon wird auch das Erbrecht erfasst. Denn bei Abwicklung von Nachlassfällen mit auskunftsrechtlichen Fragestellungen ist Vermögen im In- und Ausland betroffen.

---

[1] Vgl. *Steiner* S. 89 bis 92; *Sarres* Auskunftsansprüche S. 101 ff.
[2] Vgl. allg. zum mögl. Auswertungsmissbrauch von Auskunft den hervorragenden Kommentar von *Hamm* NJW 2001, 269 ff.

2. Rechtsquellen und Anspruchsgrundlagen

Obwohl für Auskunftsansprüche im Erbrecht eine relativ hohe Anspruchsdichte besteht, kann nicht auf ein abgeschlossenes System zurückgegriffen werden. Bei der Sichtung von Anspruchsgrundlagen hilft zunächst die Unterscheidung zwischen der Ermittlung des realen **Nachlassbestandes** andererseits und der Ermittlung von anrechnungs- und ausgleichungspflichtigen **Vorempfängen** (sog. fiktiver Nachlass).[3]

Bei der Fixierung der tatsächlichen Nachlassmasse helfen als bewährte Anspruchsgrundlagen in den meisten Fällen folgende Normen:
- Auskunftsansprüche gegen den Erbschaftsbesitzer § 2027 Abs. 1 S. 1 BGB (Erbschaftsbestand)
- Auskunftsansprüche gegen den Erbschaftsbesitzer, § 2027 Abs. 1 S. 2 BGB (Verbleib der Erbschaftsgegenstände)
- Auskunftsansprüche gegen den Erbschaftsbesitzstörer, § 2027 Abs. 2 BGB (Eingriffstatbestand der Störung)
- Auskunftsansprüche gegen den Hausgenossen, § 2028 BGB
- Auskunftsansprüche des Pflichtteilsberechtigten gegen den Erben, § 2314 BGB
- Auskunftsansprüche gegen den Testamentsvollstrecker, § 2215 BGB

Der Ermittlung des Nachlassbestandes zur Kenntnisnahme bzw. zur Kontrolle des Erben dient bei der Testamentsvollstreckung als sichere Anspruchsgrundlage die Vorschrift des § 2215 BGB, wonach der Testamentsvollstrecker dem Erben unverzüglich nach der Annahme des Amtes ein Verzeichnis der seiner Verwaltung unterliegenden Nachlassgegenstände mitzuteilen hat. Das weitere Schicksal des Verhältnisses zwischen Testamentsvollstrecker und Erben folgt anderen rechtlichen Grundlagen.

Auch die Auskunftsrechte des Pflichtteilsberechtigten gemäß § 2314 BGB beruhen auf klaren Grundlagen und auf ständig ergänzender Einzelfallrechtsprechung.

Darüber hinaus behilft sich das „erbrechtliche Auskunftssystem" mit der unmittelbaren oder entsprechenden Anwendung **des Auftragsrechts**, z. B. in drei praxisrelevanten Bereichen:
- Rechtsverhältnis des endgültigen zum vorläufigen Erben, §§ 1959, 681, 666 BGB
- Rechtsverhältnis Testamentsvollstrecker und Erbe bei der Dauervollstreckung, § 2218 Abs. 1 und 2 BGB, wobei Abs. 1 auf die §§ 664, 666 bis 668, 670 BGB verweist.
- Rechtsverhältnisse zwischen Miterben bei (eigenmächtiger) Verwaltungsübernahme durch einen Miterben oder möglicherweise durch eine bestimmte Gruppe von Miterben bei einer größeren Erbengemeinschaft.[4]

Für das Verhältnis Vermächtnisnehmer und Erben fehlt es an einer konkreten Anspruchsgrundlage. Deswegen muss hier nach wohl unbestrittener Auffassung im Einzelfall **Treu und Glauben, § 242 BGB,** ergänzend eingreifen.[5]

Weitgehend ungeklärt ist auch die Auskunftslage innerhalb der Erbengemeinschaft, die in der Praxis regelmäßig Probleme bereitet.

Für den tatsächlichen Nachlassbestand gibt es nur **spärliche Einzelfallrechtsprechung.**[6]

Zur Ermittlung von Vorempfängen fungiert mit ihrem nicht zuverlässig ausdifferenzierten Anwendungsbereich die relativ unsichere Vorschrift des § 2057 BGB mit einem **weiten Auskunftsrahmen**, insbesondere für den sog. sichersten Weg des Rechtsanwalts.

Irritationen begegnet in der Praxis das Verhältnis von § 260 BGB zu den selbständigen Anspruchsgrundlagen auf Auskunftserteilung (z. B. § 2027 BGB), weil § 260 BGB vorschnell als eigenständige Anspruchsgrundnorm angesehen wird. Dies ist objektiv **unzutreffend,** weil diese Vorschrift lediglich im Hinblick auf die Art und Weise der Erfüllung von Auskunftsansprüchen Bedeutung hat.[7]

---

[3] Vgl. zuletzt OLG Karlsruhe Beschl. v. 20.1.2000 – NJW-FER, 2000 124, wonach sich bei unentgeltlichen Zuwendungen an Dritte durch den Erblasser der Auskunftsanspruch gegen die Erben auch auf die Identifizierung der Person des Empfängers erstrecken soll.
[4] Vgl. Palandt/*Edenhofer* § 2038 Rdnr. 2.
[5] Vgl. die weiteren Ausführungen zu diesem Auskunftsrechtsverhältnis u. Rdnr. 88 ff.
[6] Vgl. OLG Karlsruhe Urt. v. 13.10.1971 – MDR 1972, 424.
[7] Vgl. entspr. *Kerscher/Tanck/Krug* a. a. O. S. 935.; *Sarres* Auskunftsansprüche S. 7.

Sie dürfen – außer im streitigen Fall des § 260 Abs. 1 BGB – erst eingreifen, wenn die Voraussetzungen eines bestimmten Auskunftsanspruchs erfüllt sind.

3. Auswahl wichtiger Anspruchsgrundlagen für die Auskunftserteilung/Erbenermittlung

12
- Sonderfall Erbenermittlung: Einsicht in die Bücher und Erteilung von Personenstandsurkunden, § 61 PStG[8]
- Auskunftsansprüche des vorläufigen Erben gegen den endgültigen Erben, §§ 1959, 681, 666 BGB
- Auskunftsansprüche des Erben gegen den Erbschaftsbesitzer, § 2027 BGB
- Auskunftsansprüche des Erben gegen den Hausgenossen, § 2028 BGB
- Auskunftsanspruch des Pflichtteilsberechtigten gegen den Erben, § 2314 BGB
- Auskunftsansprüche des Erben gegen den Testamentsvollstrecker, § 2215 BGB
- Auskunftsansprüche des Vermächtnisnehmers, § 242 BGB.
- Auskunftsansprüche gegen den Nachlasspfleger, § 2012 BGB
- Auskunftsansprüche des Nacherben gegen den Vorerben, §§ 2121, 2127 BGB
- Auskunftsansprüche innerhalb der Erbengemeinschaft, § 242 BGB
- Auskunftsansprüche des Nießbrauchers gegen den Erben, §§ 1035, 1061 BGB
- Auskunftsansprüche des Erben gegen den Hoferben, § 242 BGB
- Auskunftsansprüche der Nachlassgläubiger gegen den Fiskus, § 2011 BGB.

II. Einsatzzeitpunkte für Auskunftspflichten

1. Der Erbfall

13 Hier ist anzuknüpfen an die Gesamtrechtsnachfolge. Soweit der Hauptanspruch vermögensrechtliche Interessen betrifft, fällt auch ein hiermit korrespondierender Auskunftsanspruch als Hilfsanspruch in den Nachlass, § 1922 BGB. Dieser kann von den Erben geltend gemacht werden.[9]

Auskunfts- und Rechenschaftsansprüche sind daher **vererblich,** solange sie nicht höchstpersönlich auf die Rechtsposition des Erblassers projiziert sind.[10] Sie können als abgeleitete Ansprüche bezeichnet werden und sind zu unterscheiden von den hier maßgeblichen Auskunftsansprüchen, die regelmäßig erst mit dem Erbfall einsetzen können und sich ausschließlich auf die originäre Erbschaft beziehen. Sie betreffen die mit dem Erbfall entstehenden Hauptansprüche, welche die mit dem Erbfall einsetzenden Auskunftsrechtsverhältnisse begleiten.

14 Informationsfragen betreffen die Ermittlung und Feststellung sowie Zuordnung von Nachlassvermögen. Vorsorgende „Sicherungsauskünfte" schon zu Lebzeiten des Erblassers stellen eine besondere Rechtsproblematik dar und sind daher gesondert zu prüfen. Ihre Berechtigung ist umstritten.

2. Lebzeitige Auskunftsansprüche?

15 Wenn z. B. der durch Erbvertrag gebundene Erblasser mit beeinträchtigenden Schenkungen die Rechtsposition (Aussicht) des Vertragserben zu schmälern versucht, ist streitig, ob der Vertragserbe eine Klärung durch (lebzeitige) Feststellungsklage herbeiführen kann.

Das OLG Koblenz hat das **Feststellungsinteresse** in einem Fall bejaht, in dem der Erblasser den Hauptbestandteil seines beträchtlichen Vermögens im Werte von rund DM 110.000,– für ca. DM 22.500,– an einen Dritten in Benachteiligungsabsicht übertragen hatte.[11]

16 Falls in einem entsprechenden Ausnahmefall dieser Hauptanspruch entsprechend § 2287 BGB bestehen kann, so darf auch der Auskunftsanspruch als vorgeschalteter Hilfsanspruch nicht verweigert sein. Denn das Feststellungsrecht müsste auch das Informationsinteresse umfassen, weil der Vertragserbe wissen muss, in welchem Umfange der Nachlass durch beeinträchtigende Schenkungen betroffen ist. Das bereicherungsrechtliche und damit auch

---

[8] Vgl. hierzu die weiteren Ausführungen in § 48 Rdnr. 28 ff.
[9] Vgl. *Lange/Kuchinke* S. 108.
[10] BGH Urt. v. 19.9.1989 – NJW-RR 90, 131.
[11] OLG Koblenz Urt. v. 14.7.1987 – MDR 1987, 935; verneint durch OLG München Urt. v. 24.4.1995 – FamRZ 1996, 253.

auskunftsrechtliche lebzeitige Feststellungsinteresse muss auf spezielle Sonderfälle beschränkt sein. Andernfalls könnte ein allgemein als anstößig empfundenes, die Würde des Erblassers verletzendes Gefeilsche um sein Hab und Gut schon vor seinem Tode einsetzen.[12]

III. Auskunftsrechtliche Termini, Inhalt und Rechtsfolgen

1. Auskunft als Oberbegriff

Auskunft als Rechtsbegriff bezeichnet die Mitteilung von Tatsachen nach vorheriger Aufforderung. Der Terminus findet sich in zahlreichen erbrechtlichen Vorschriften oder in solchen, die für das Erbrecht anwendbar sind, z. B. § 666 BGB (Auskunft des Beauftragten), § 2027 BGB (Erbschaftsbesitzer), § 2028 BGB (Hausgenosse), § 2057 BGB (Miterbe betreffend Vorempfänge), § 2127 BGB (Vorerbe gegenüber Nacherben), § 2314 BGB (Erben gegenüber Pflichtteilsberechtigten), § 2012 BGB (Auskunftspflichten des Nachlasspflegers), § 2011 BGB (Auskunftspflicht des Fiskus gegenüber Nachlassgläubigern).

Übersicht zur Terminologie:
- **Mitteilung** betrifft die unaufgeforderte Information.
- **Benachrichtigung** und **Mitteilung** gelten als **Synonyme**.
- **Rechnungslegung** (Synonym = Rechenschaftslegung) umfasst eine präzise Auskunft einschließlich der Gesamtdarstellung von Einnahmen und Ausgaben, z. B. § 2215 BGB (Testamentsvollstrecker).

2. Instrumentarien zur Auskunftserteilung

Die Umsetzung von Auskunftserteilung erfolgt durch bestimmte Instrumentarien. Für die Praxis im Mittelpunkt steht die schriftliche Darstellung erbrechtlicher Wirtschaftsfaktoren durch das Bestandsverzeichnis oder das in Vorschriften auch genannte Nachlassverzeichnis. (§§ 2027, 2121, 2127, 2314 BGB)

Das Nachlassverzeichnis erfasst sämtliche zum Nachlass gehörenden beweglichen und unbeweglichen Sachen, z. B. Barvermögen, Kapitalvermögen, Forderungen und Verbindlichkeiten, so dass unter Einbeziehung aller wirtschaftlichen Rechtspositionen die Feststellung der verteilungsfähigen Nachlassmasse möglich wird.

Das Nachlassverzeichnis ist daher strukturell aufgebaut wie eine Bilanz.

Die Verpflichtung zur Erstellung eines Bestands- oder Nachlassverzeichnisses folgt aus speziellen Vorschriften. Diese geben auch vor, ob eine saldierungsfähige Darstellung zu erfolgen hat (Aktiva und Passiva) oder nur ein Verzeichnis mit dem Aktivvermögen.

Privatschriftliche Verzeichnisse sind nicht zwangsläufig als sichere Informationsgrundlage für erbrechtliche Berechnungen geeignet. Der Auskunftsschuldner neigt ehe zur fehlerorientieren Zurückhaltung sowie zu Aufzeichnungen, die interpretations- oder nachbesserungsbedürftig sind.

Mit größerer Gewähr für wahrheitsgemäße Angaben und mit anerkannter Autorität ausgestattet sind in der Rechtspraxis wohl notarielle Nachlassverzeichnisse. Denn der beauftragte Notar hat den Nachlassbestand in der Regel selbst zu ermitteln und bringt durch Untersuchung des Bestandsverzeichnisses zum Ausdruck, dass er für den Inhalt des Verzeichnisses verantwortlich zeichnet. Nur unter diesen Voraussetzungen soll ein formell ordnungsgemäßes notarielles Nachlassverzeichnis vorliegen.[13]

Allerdings gilt das notarielle Nachlassverzeichnis als Informationsgrundlage für eine spätere Berechnung von Ansprüchen nicht durchgehend als Patentrezept: Aus Kostengründen wird die amtliche Aufnahme von Verzeichnissen von Notaren nicht gern übernommen. Ihre Ermittlungsmöglichkeiten sind begrenzt. Sie können im Einzelfall auch detektivische Recherchen nicht ersetzen.[14] Daher erscheint es für Rechtsanwälte generell geboten, hohe Erwartungshal-

---

[12] Vgl. OLG München Urt. v. 24.4.1995 – FamRZ 1996, 253.
[13] LG Aurich Urt. v. 7.7.2004 – ZErb 2005, 254; OLG Celle DNotZ 2003, 62.
[14] Zum notariellen Nachlassverzeichnis ausf./krit. *Nieder* ZErb 2004, 63 ff.

tungen bei Mandanten der Realität anzupassen. Denn auch die Verpflichtung zu einem notariellen Verzeichnis führt nicht dazu, dass das vollständige Nachlassvermögen aufgedeckt wird.[15]

3. Aktiva und Passiva bei Aufzeichnungspflichten

22 Die wesentlichen Fälle der Pflicht zur Erstellung eines Nachlassverzeichnisses werden nachfolgend aufgeführt:
- Gemäß § 2314 BGB hat der Erbe dem Pflichtteilsberechtigten ein Nachlassverzeichnis vorzulegen (**Aktiva und Passiva**).
- Gemäß § 2215 BGB hat der Testamentsvollstrecker dem oder den Erben ein Nachlassverzeichnis zu erstellen und vorzulegen (**Aktiva und Passiva**).
- Gemäß § 2027 BGB ist der Erbschaftsbesitzer zur Erstellung eines Verzeichnisses verpflichtet (**nur Aktiva**).
- Aus § 2121 BGB erfolgt eine Nachlassverzeichnispflicht für den Vorerben gegenüber dem Erben (**nur Aktiva**).
- Gemäß § 2057 BGB sind die miterbenden Abkömmlinge als gesetzliche Erben wechselseitig verpflichtet, ihre lebzeitigen Vorempfänge offen zu legen (**nur Aktiva**).

4. Inventar/Nachlassverzeichnis: Abgrenzung und Überschneidung

23 Vom Nachlass bzw. von den Nachlassverzeichnispflichten zu unterscheiden sind das **Inventar** bzw. die **Inventarisierung** gemäß § 2001 BGB mit der Rechtsfolge des § 2009 BGB. Rechtlich bedeutet eine Inventarerrichtung die Erstellung und die Einreichung eines Verzeichnisses beim zuständigen Nachlassgericht mit dem Ziel der **Haftungsbeschränkung** aus § 2009 BGB, wonach das rechtzeitig errichtete Inventar im Verhältnis von Erbe und Nachlassgläubigern zur Vermutung führt, dass beim Erbfall ausschließlich die inventarisierten Nachlassgegenstände vorhanden waren.[16]

24 Formell unterscheidet sich die Inventaraufnahme durch den Erben dadurch vom Nachlassverzeichnis, dass die Inventarisierung die amtliche Mitwirkung gemäß § 2002 BGB zwingend voraussetzt. Im Gegensatz zum Nachlassverzeichnis verlangt das wirksame Inventar die Beschreibung der Nachlassgegenstände und auch Wertangaben.

25 Rechtlich bewahrt sich der Erbe durch wirksame Inventarisierung die **Möglichkeit einer Haftungsbeschränkung auf den Nachlass**. Das Nachlassverzeichnis ist ein Mittel der Auskunftserteilung, dient einer zweckmäßigen Nachlassabwicklung und kann als Privatverzeichnis ausreichend sein. Seine auch widerlegbare Richtigkeitsvermutung ist jedoch geringer als beim Inventar des Erben.[17, 18]

IV. Die einzelnen Auskunftsansprüche im Erbrecht

1. Ansprüche gegen den vorläufigen Erben, §§ 1959 ff., 666 BGB

26 Erst mit Ausschlagung der Erbschaft durch den vorläufigen Erben und Erbschaftsannahme durch den endgültigen Erben stellt sich generell die Frage nach der Rechenschaft des vorläufigen Erben für sein bisheriges rechtsrelevantes Verhalten. Zur Rechenschaftslegung benötigt er Informationen über die Rechtsverhältnisse im Zusammenhang mit dem Nachlass. Hieraus ergibt sich die Forderung nach Auskunfts- und Rechenschaftspflichten des vorläufigen Erben.

27 Der vorläufige Erbe wird überwiegend gemäß den §§ 1959 Abs. 1, 677, 681, 665, 666 BGB wie ein Geschäftsführer ohne Auftrag oder als Erbschaftsbesitzer behandelt, so dass ihn bestimmte Auskunftspflichten treffen können.[19] Der vorläufige Erbe kommt einem auftragslosen Geschäftsführer sehr nahe bzw. gilt als eine Art Treuhänder.[20] Gemäß § 681 S. 2 BGB sind die §§ 666 bis 668 BGB uneingeschränkt anwendbar, § 678 BGB gilt nicht. Entsprechend § 666 BGB hat der vorläufige Erbe danach eine umfassende Pflicht zur Offenbarung der wirtschaft-

---
[15] *Nieder* S. 66.
[16] Vgl. *Lange/Kuchinke* S. 1157.
[17] Zur Beweisfunktion bei der Testamentsvollstreckung vgl. *Bengel/Reimann/Klumpp* S. 108.
[18] Vgl. zum Inventar vertiefend die weiteren Ausführungen in § 26 Rdnr. 36 ff.
[19] Vgl. Palandt/*Edenhofer* § 2027 Rdnr. 1; ausf. zum Streitstand: *Klook* S. 58 ff.
[20] Vgl. Palandt/*Edenhofer* § 1959 Rdnr. 1.

lichen Vorgänge im Hinblick auf die Abläufe und Ergebnisse der erbschaftlichen Geschäfte. Hieraus ergeben sich drei Rechtspflichten:[21]
- Die Benachrichtigungspflicht,
- die Auskunftspflicht,
- die Rechenschaftspflicht

Der Treuhänder/Geschäftsführer ohne Auftrag ist gehalten, gemäß § 666 BGB umfassend Auskunft über das gesamte Spektrum der erbschaftlichen Geschäfte zu erteilen. Hierzu gehört bis zum definitiven Abschluss der Geschäfte eine konkrete Aufklärung zum aktuellen Stand der Geschäftsvorfälle. Nach Durchführung der Geschäfte steigert sich diese Obliegenheit zur Rechnungslegungspflicht gegenüber dem endgültigen Erben. Dieser hat Anspruch darauf, die erbschaftlichen Geschäfte in ihrem Gesamtzusammenhang zu erfahren und mit Detailinformationen ausgetet zu werden. Hierzu gehören auch die mit den Geschäften verbundenen Verbindlichkeiten, die den Nachlass belasten. 28

Die erbschaftlichen Geschäfte als maßgeblicher Auskunftsgegenstand sind weit auszulegen und orientieren sich an allen nachlassbezogenen Handlungen, die rechtsgeschäftlichen Bezug haben. Die nachfolgenden Aktivitäten des vorläufigen Erben lösen als erbschaftliche Geschäfte seine Auskunftsverpflichtung aus: 29
- Der vorläufige Erbe begleicht fällige Rechnungen des Erblassers mit Mitteln des Nachlasses und verhindert hierdurch den Schuldnerverzug zu Lasten des endgültigen Erben.
- Der vorläufige Erbe beauftragt einen Steuerberater mit der Erstellung von Steuererklärungen.[22]

Der **Einsatzzeitpunkt** für Auskunftspflichten ist dort anzusetzen, in welchem der endgültige Erbe die Erbschaft ausdrücklich annimmt oder durch sein Verhalten seinen Annahmewillen unmissverständlich dokumentiert (z. B. durch Prozessführung, Stellung des Erbscheinsantrags, Verfolgung von Ansprüchen für den Nachlass). 30

Wenn sich während der Schwebezeit nicht konkret abzeichnet, wer als endgültiger Erbe in die gesamte Rechtsstellung des Erblassers eintritt und demzufolge Interessenkollisionen auftreten, ist für den Einsatzzeitpunkt der Auskunftsberechtigung abzustellen auf die Erstellung des Erbscheins. Denn die Beantragung des Erbscheins ist das amtliche Zeugnis des Nachlassgerichts für den Erben über sein Erbrecht und die Größe seines Erbteils und dient zum Nachweis der Berechtigung, über die Nachlassgegenstände zu verfügen.[23]

Der endgültige Erbe kann nach Erbscheinserteilung seine Auskunftsberechtigung unter Beweis stellen und seine Ansprüche geltend machen. Der vorläufige Erbe erfährt mit Vorlage des Erbscheins, wer Auskunftsgläubiger ist. Er ist dann in der Lage, gegenüber dem endgültig Berechtigten zu erfüllen. 31

Der endgültige Erbe trägt für die von ihm verfolgten Auskunftsansprüche in zweierlei Hinsicht die Darlegungs- und Beweislast: Er muss seine Rechtsposition als endgültiger Erbe konkretisieren. Ferner hat er darzutun, welche erbschaftlichen Geschäfte durch den vorläufigen Erben vorgenommen worden sind oder welche Umstände hierfür konkret sprechen. 32

2. Ansprüche gegen den Erbschaftsbesitzer und gegen den sonstigen Besitzer, §§ 2027 Abs. 1 und Abs. 2 BGB

a) **Übersicht.** Zur Feststellung des endgültigen Nachlasses kann der wahre Erbe in drei Fällen mit unterschiedlichen Zielrichtungen beim Erbschaftsbesitzer Informationen sammeln: 33
- Gegen den Erbschaftsbesitzer über den Bestand der Erbschaft, § 2027 Abs. 1 BGB,
- Gegen den Erbschaftsbesitzer über den Verbleib von Gegenständen, § 2027 Abs. 1 BGB
- Gegen den sonstigen Besitzer über eigenmächtige Verfügungen (Besitzstörungen), § 2027 Abs. 2 BGB.

b) „**Der Erbschaftsbesitzer**". Die Ansprüche des Erben richten sich gegen den Erbschaftsbesitzer, dessen rechtliche Einordnung Probleme bereiten kann. Gemäß § 2018 BGB ist beson-

---

[21] Vgl. Palandt/*Sprau* § 666 Rdnr. 3.
[22] Vorstehende Bsp. gem. *Klook* S. 51, 53; vgl. auch *Sarres* ZEV 1998, 423 zur Besorgung erbschaftlicher Geschäfte.
[23] BayObLG Beschl. v. 11.1.1999 – FamRZ 1999, 1172 m.w.N.

deres Merkmal des des Erbschaftsbesitzers gemäß § 2018 BGB, dass er aufgrund eines ihm in Wirklichkeit nicht zustehenden Erbrechts etwas aus der Erbschaft erlangt hat. Charakteristikum des Erbschaftsbesitzers ist seine Erbrechtsanmaßung. Zahlreiche überschießende Anspruchsanmaßungen beim Erben, Miterben, Nacherben sind möglich:

Beispiel:
Der B wäre gemäß gesetzlicher Erbfolge Alleinerbe des EL, mit dem er bis zu dessen Tod gemeinsam in einem Anwesen gelebt hat. EL hat aber die Z mit wirksamen Testament zur Alleinerbin eingesetzt. B. verweigert die Herausgabe des nicht bekannten Nachlassvermögens. B ist als (anmaßender) Erbschaftsbesitzer auskunftsrechtlicher Anspruchsgegner der auskunftsberechtigten Z.

c) **Auskunftsverpflichtungen.** Beim Erbfall vorrangig von Bedeutung ist die Ermittlung des aktuellen Nachlassbestandes, der vom Erben gemäß § 2027 Abs. 1 BGB verlangt werden kann. Das zwingend schriftliche vollständige Bestandsverzeichnis (§ 260 BGB) zur Erfüllung von Auskunftspflichten muss den überprüfbaren Aktivnachlass, also etwa Grundbesitz, Konten und bewegliche Gegenstände enthalten, ferner Angaben über Surrogate gemäß § 2019 BGB; sowie Früchte gemäß § 2020 BGB. Der Erbschaftsbesitzer erfüllt seine Bestandsermittlungspflicht nicht durch pauschale Angaben. und auch nicht durch eine Kombination von mündlichen und schriftlichen Mitteilungen. Fehlerhaft sind Kollektivangaben wie „Bücher, PKWs, Schmuck, Betten, Mobiliar, Briefmarken oder Münzen."[24] Lebzeitige Schenkungen des Erblassers sind schon nach dem Wortlaut der Vorschrift nicht Gegenstand von Auskunftspflichten.

d) **Zusammenfassung der einzelnen Auskunftspflichten.** Sowohl der sich ein Erbrecht anmaßende Erbschaftsbesitzer gemäß § 2027 Abs. 1 BGB als auch der Besitzstörer gemäß § 2027 Abs. 2 BGB haben die Nachlassaktiva schriftlich in einem Verzeichnis anzugeben einschließlich des Voraus gemäß § 1932 BGB und des Vorausvermächtnisses gemäß § 2115 BGB sowie über den Verbleib bestimmter Erbschaftsgegenstände zu informieren. Diese Informationsobliegenheit konzentriert sich primär auf den Untergang, die Verschlechterung oder die Veräußerung von Nachlassgegenständen.

Nachlassverbindlichkeiten sind nicht zu dokumentieren und nicht anzugeben. Den Erbschaftsbesitzer trifft auch keine Pflicht zur **Bewertung** des Aktivvermögens.

e) **Der Kreis der Auskunftsgläubiger gemäß § 2027 Abs. 1 BGB.** Der **Alleinerbe** ist der originäre Gläubiger von Auskunftsrechten gegenüber jedem Erbschaftsbesitzer oder sonstigem Besitzer. Auskunftsberechtigt ist auch jeder **Miterbe** gegenüber einem anderen Mitglied einer Erbengemeinschaft. Soweit ein Miterbe Auskunft von einem Dritten verlangt, ist die Auskunft allen Miterben gemeinschaftlich zu erteilen.[25]

Auch der **Nachlasspfleger** hat Auskunftsrechte. Denn im Rahmen seiner Aufgabenstellung gemäß § 1960 BGB erstreckt sich seine Tätigkeit primär auf die Sicherung und Erhaltung des Nachlasses im Interesse der (unbekannten) Erben. Zur Erfüllung seines gesetzlichen Auftrages kann er daher auch Angaben vom Erbschaftsbesitzer verlangen.

Da der **Nachlassverwalter** auf Grund seiner Amtsführung die Belange des Erben zu wahren hat, benötigt er genaue Kenntnisse vom Aktivbestand des Nachlasses und kann sich insoweit auskunftsrechtlich auch an den Erbschaftsbesitzer wenden. Denn Hauptaufgabe des Verwalters ist die Berichtigung von Verbindlichkeiten, die den Nachlass belasten.[26] Informationen hierzu kann der Erbschaftsbesitzer haben.

Die Auskunftsberechtigung gebührt auch dem **Pfändungsgläubiger,** der den Erbteil gepfändet hat, weil er in die Rechtsposition des Erben einrückt. Der Gläubiger hat ein berechtigtes Interesse an der Nachlasssicherung.[27]

Nach Eintritt der Nacherbfolge ist auch der **Nacherbe** auskunftsberechtigt gemäß § 2027 BGB.

---

[24] Staudinger/*Otte* § 2027 Rdnr. 11.
[25] Vgl. RGZ 81, 32; MünchKommBGB/*Frank* § 2027 Rdnr. 3.
[26] Vgl. Palandt/*Edenhofer* § 1985 Rdnr. 5.
[27] Vgl. MünchKommBGB/*Frank* § 2027 Rdnr. 3; *Schöne* S. 80.

f) Vererblichkeit der Ansprüche gemäß § 2027 BGB. Umstritten ist in Rechtsprechung und Literatur, ob die Auskunftsverpflichtung aus § 2027 Abs. 1 BGB auf den Erben des Erbschaftsbesitzers übergeht.[28] Die Rechtsprechung bejaht die Vererblichkeit der Auskunftsverpflichtung des Erbschaftsbesitzers. Sie argumentiert, dass die Unvererblichkeit einer bürgerlich-rechtlichen Verbindlichkeit voraussetze, dass sie nach der Natur der geschuldeten Leistung nur von dem Erblasser, also nicht von dessen Erben, erfüllt werden könne. Diese Voraussetzung treffe bei einem Anspruch auf Rechnungslegung gemäß § 259 BGB nicht zu. Diese Linie gelte auch für den Anwendungsbereich des § 2027 BGB. Dass der Erbe des Erbschaftsbesitzers im Allgemeinen geringere Kenntnisse über den Umfang und den Verbleib der Erbschaft haben wird als der Rechtsvorgänger, stehe dem nicht entgegen. Vielmehr werde sich der Erbe in Fällen dieser Art das notwendige eigene Wissen verschaffen oder vervollständigen. Wenn der zur Auskunft Verpflichtete keine eigenen Kenntnisse habe bzw. sich nicht verschaffen könne, so genüge er seiner Auskunftspflicht bereits mit der Darlegung dieses Sachverhalts.[29]

g) Beweislast. Wenn der Erbe gegen einen Besitzer aus dem Erbschaftsanspruch (§§ 2018 ff. BGB) Klage erhebt, obliegt ihm die Beweislast für seine Erbberechtigung und für den Erbschaftsbesitz des Beklagten. Der Nachweis zum Erbrecht umfasst den Tod des Erblassers und den Berufungsgrund des klagenden Erben.

h) Verjährung. Die Auskunftsansprüche aus § 2027 BGB gelten als erbrechtliche Ansprüche gemäß § 197 Abs. 1 Ziffer 2 BGB und verjähren mit Ablauf einer Frist von 30 Jahren.[30] Eine Ausnahme von der 30-jährigen Verjährungsfrist gilt nur für die Auskunftsansprüche gegen den Erbschaftsbesitzer, der aus unerlaubter Handlung gemäß § 2025 BGB haftet (strafbare Handlung/verbotene Eigenmacht). Gemäß § 852 BGB verjährt der Auskunftsanspruch wie der Hauptanspruch aus § 2025 BGB mit einer Frist von 3 Jahren.

Eine **Verjährungsunterbrechung** gemäß § 209 BGB tritt nur ein für solche Gegenstände, die im Klageantrag konkret aufgeführt sind.[31]

i) Gerichtsstand. Sowohl für die Klagen gemäß § 2027 Abs. 1 BGB als auch für Klagen gemäß § 2027 Abs. 2 BGB ist der besondere Gerichtsstand der Erbschaft gemäß § 27 ZPO vorrangig maßgeblich. Klagen sind also vor dem Gericht zu erheben, bei dem der Erblasser zurzeit des Todes den allgemeinen Gerichtsstand gehabt hat.[32]

3. Ansprüche gegen den Hausgenossen, § 2028 BGB

a) Bedeutung. Für den Erben ist der Hausgenosse eine wichtige Informationsquelle, die sich aus der häuslichen Gemeinschaft mit dem Erblasser ableitet. Einzige Anknüpfungstatsache für diese einfache Zeugnispflicht ist lediglich die lebzeitige Gemeinschaft des Hausgenossen mit dem Erblasser. Über die Anspruchsgrundlage des § 2028 BGB sollen Erkenntnisse des Erben über den wirtschaftlichen Verbleib von Nachlasswerten sowie über so genannte erbschaftliche Geschäfte erfasst werden. Die Auskunftsnorm des § 2028 BGB hat zwar ähnliche Struktursätze wie die Vorschrift des § 2027 BGB. Erhebliche Unterschiede liegen bei Art und Umfang der Auskunftspflichten sowie beim Personenkreis der Auskunftsverpflichteten.

b) Verschuldungsfrage. Die Auskunftstatbestände des § 2028 und des § 2027 BGB stehen in einer Anspruchsreihe. Beide Ansprüche setzen kein Verschulden voraus. Sie begründen keine Schadensersatzansprüche für den Erben. Auskunftspflichtig ist in beiden Fällen auch derjenige, der in gutem Glauben in Rechte Dritter (Erbe) eingegriffen hat. Für § 2028 BGB ist lediglich Anspruchsvoraussetzung, dass auf Grund der häuslichen Gemeinschaft eine Vermutung (Verdacht) besteht, dass der Hausgenosse Erkenntnisse über den Nachlass haben kann.[33]

c) Auskunftsverpflichtete. Die weite Auslegung des Begriffs „häusliche Gemeinschaft" führt dazu, dass jeder, der im weitesten Sinne in einer räumlichen oder persönlichen Beziehung zum

---

[28] Vgl. zum Meinungsstand BGH Urt. v. 5.6.1985 – NJW 1985, 3069, 3070.
[29] Vgl. BGH Urt. v. 5.6.1985 – NJW 1985, 3068 ff.; a.A. MünchKommBGB/*Frank* § 2027 Rdnr. 5.
[30] Vgl. Palandt/*Heinrichs* § 197 Rdnr. 8; Palandt/*Edenhofer* § 197 Rdnr. 8.
[31] Vgl. Palandt/*Edenhofer* § 2026 Rdnr. 2, Einführung 2 Vor § 2018.
[32] Vgl. zum Meinungsstand Staudinger/*Gursky* § 2027 Rdnr. 4.
[33] Vgl. *Lorenz* S. 569, 570.

Erblasser gestanden hatte, als Anspruchsgegner in Betracht kommt. Hierzu gehören u. a. die Haushälterin, die Pflegerin des Erblasser, mit ihm zusammenlebende Angehörige oder auch sonstige vorübergehende oder länger verbleibende Wohngenossen.

43 **d) Beispiele aus der Rechtsprechung.** Die Einzelfallrechtsprechung aus länger zurückliegenden Entscheidungen orientiert sich an dem Terminus des so genannten Hausgenossen. Danach trifft die Auskunftspflicht folgende Zeitgenossen des Erblassers:

44
- Den Zimmer-/Flur-/Stockwerksnachbar[34]
- Den Lebensgefährten[35]
- Den Mieter im Haus des Erblassers[36]
- Miterben, wenn sie den Nachlass nicht gemeinsam in Besitz genommen haben[37]
- Länger dienende Hausangestellte des Erblassers.

45 **e) Auskunftsgläubiger.** Ein Recht auf Information haben in erster Linie der Erbe und der Miterbe. Ferner auskunftsberechtigt gemäß § 2028 BGB ist der weiter gehende Personenkreis, der auch nach § 2027 BGB Ansprüche anmelden kann. Hierzu gehören der Nachlasspfleger, der Nachlassverwalter, der Pfändungsgläubiger und der Nacherbe.

46 **f) Unterschiede zwischen § 2027 und § 2028 BGB.** Der Auskunftsumfang des § 2028 BGB ist im Vergleich zu § 2027 BGB geringer. Er erstreckt sich primär auf die vom Hausgenossen geführten erbschaftlichen Geschäfte. Die Offenbarung dieser Vorgänge ist nicht Gegenstand der Auskunft gemäß § 2027 BGB. Die Vorschrift des § 2028 BGB hat hier einen eigenständigen Anwendungsbereich, mit dem auch der Unterschied zu § 2027 BGB deutlich wird.

47 Ferner hat der Hausgenosse seine Kenntnisse über den Verbleib von bestimmten **Erbschaftsgegenständen** zu offenbaren. Erfasst sind nicht nur körperliche Sachen, sondern auch Forderungen für den Nachlass entsprechend den Grundsätzen zu § 2027 BGB. Nachlassgegenstände, die zu Lebzeiten des Erblassers endgültig und rechtswirksam aus seinem Vermögen in die Vermögenssphäre eines Dritten oder sogar des Hausgenossen gelangt sind, unterfallen nicht der Auskunftsverpflichtung.[38]

48 **g) Erbschaftliche Geschäfte.** Begriff und Gegenstand der erbschaftlichen Geschäfte orientieren sich an dem Terminus des Geschäfts in § 677 BGB und sind daher weit auszulegen.

Diese „so genannte Geschäftsführung des Hausgenossen" beinhaltet sämtliche Handlungen, die einen Bezug zum Nachlass haben. Dies kann ein Rechtsgeschäft sein, dass der Hausgenosse für den Erblasser erfüllt. In Betracht kommt die Übernahme von Nachlassverbindlichkeiten. Zu denken ist auch an tatsächliche Handlungen im Zusammenhang mit der Nachlassmasse. Weitere Einzelheiten zu den erbschaftlichen Geschäften ergeben sich aus den Grundsätzen zu § 1959 BGB, der die so genannten erbschaftlichen Geschäfte des vorläufigen Erben für den endgültigen Erben behandelt.

Beispiele:
- Der Hausgenosse führt aufwändige Arbeiten am Haus des Erblassers durch.
- Entgegennahme von Zahlungen für den Nachlass usw.

49 Definitorisch liegen erbschaftliche Geschäfte immer dann vor, wenn tatsächliche oder rechtsgeschäftliche Handlungen vorgenommen werden, die sich auf den Nachlass beziehen, insbesondere wenn über Nachlassgegenstände verfügt wird, Verpflichtungsgeschäfte nach ihrem Inhalt mit Nachlassgegenständen erfüllt werden oder Rechtsgeschäfte zu Gunsten des Nachlasses abgeschlossen werden.[39]

50 **h) Art und Form der Auskunftserteilung.** Im Vergleich zu § 2027 BGB ist die Auskunftserteilungspflicht des Hausgenossen stark eingeschränkt. Der Hausgenosse hat kein Bestandsverzeichnis zu fertigen. Er ist grundsätzlich nicht zu einer Rechnungslegung verpflichtet. Eine Ausnahme kann sich nur ergeben für die erbschaftlichen Geschäfte.

---

[34] Vgl. Palandt/*Edenhofer* Rdnr. 1.
[35] Vgl. LG Berlin FamRZ 1979, 503.
[36] Vgl. BGH LM Nr. 1 zu § 2028 BGB.
[37] Vgl. RGZ 58, 88, 89; RGZ 80, 285, 287; RGZ 81, 30.
[38] Vgl. BGH Urt. v. 2.7.1964 – DB 1964, 1443.
[39] Vgl. MünchKommBGB/*Leipold* 3. Aufl. 1997 § 1959 Rdnr. 4.

Wird überobligationsmäßig ein Bestandsverzeichnis errichtet, so muss dieses sachlich richtig und inhaltlich vollständig sein. Andernfalls können die Voraussetzungen des § 2028 Abs. 2 BGB (Eidesstattliche Versicherung) erfüllt sein.

Als Auskunft des Hausgenossen wird grundsätzlich eine Erklärung verstanden, die er auf Fragen in dem Bewusstsein abgibt, einer gesetzlichen Pflicht zu genügen. Es handelt sich also um eine einfache Berichtspflicht, die sich in einer formlosen Erklärung erschöpfen kann.[40] Ermittlungen zur Erweiterung oder Ergänzung der gemachten Angaben muss der Hausgenosse nicht anstellen.

i) Freiwillige Versicherung an Eides statt. Der Hausgenosse hat die rechtliche Möglichkeit, freiwillig im FGG-Verfahren eine eidesstattliche Versicherung über die Vollständigkeit der gemachten Angaben abzugeben, wenn eine begründete Annahme dafür besteht, dass die erteilte Auskunft ohne die erforderliche Sorgfalt erteilt worden ist. 51

Bei Ablehnung der eidesstattlichen Versicherung muss der Erbe den Hausgenossen im Prozesswege dazu zwingen, die gemachten Angaben als richtig zu bestätigen. Die Vollstreckung des Urteils erfolgt gemäß §§ 889, 888 BGB.

j) Gründe für die eidesstattliche Versicherung. Voraussetzungen für den Antrag auf Abgabe einer Versicherung an Eides statt sind im Wesentlichen: 52
- Es muss Grund zur Annahme dafür bestehen, dass die Auskunft (hier Angaben) wegen mangelnder Sorgfalt unvollständig oder unrichtig erteilt worden ist.
- Es darf sich nicht um eine Angelegenheit von geringer Bedeutung handeln (etwa geringer Wert der Nachlassgegenstände).
- Darstellung von triftigen Gründen durch den Erben, woraus sich die konkrete Annahme rechtfertigen lässt, dass die erteilte Auskunft entsprechend unvollständig oder unrichtig ist („Sachvortrag greifbarer Tatsachen").[41]

k) Beweislast/Verjährung/Verzicht. Wegen Beweislast/Verjährung/Verzicht wird Bezug genommen auf die Darstellung zu § 2027 BGB. Die hierbei maßgeblichen Grundsätze beim Erbschaftsbesitzer gelten auch für den Hausgenossen gemäß § 2028 BGB.[42] 53

4. Auskunftsobliegenheiten bei der Testamentsvollstreckung

a) Allgemeines. Mit der Übernahme seines Amtes treffen den Testamentsvollstrecker einmalige und auch laufende Informationsobliegenheiten. Hierbei stehen drei Pflichten im Vordergrund: Benachrichtigung, Auskunft, Rechenschaftsablegung. 54

Die weitgehenden Auskunftspflichten des Testamentsvollstreckers richten sich nach den für das Auftragsrecht maßgeblichen Normen der § 664 ff. BGB. Die auf den Testamentsvollstrecker anwendbare auskunftsrechtliche Rechtsprechung resultiert nicht selten aus Urteilen zum Gesellschaftsrecht.[43]

b) Die Grundsätze zur Benachrichtigung gemäß den §§ 2218 Abs. 1, 666 BGB. Nach Erbenantritt sowie in der laufenden Testamentsvollstreckung hat der Testamentsvollstrecker aus eigener Initiative dem Erben oder den Erben die notwendigen Mitteilungen zu machen. 55

Die laufende Unterrichtungspflicht des Testamentsvollstreckers orientiert sich an Geschäftsabläufen, über die der Erbe Kenntnis erhalten muss, um Entscheidungen mitzutragen oder auch nur allgemein informiert zu sein. Dies gilt für so genannte Risikogeschäfte oder für die Eingehung von Schulden.[44]

Informationsbedarf besteht auch im Hinblick auf Steuerverbindlichkeiten, die während der Testamentsvollstreckertätigkeit bzw. aus der Erbschaft entstanden sind. Denn für diese Steuern bleibt der Erbe selbst verantwortlich.

c) Laufende Informationserteilung durch den Testamentsvollstrecker gemäß den §§ 2218 Abs. 1, 666 BGB 2. Alternative. Bei laufender Unterrichtung des Erben über den Gang der 56

---
[40] Vgl. BGH Urt. v. 14.12.1970 – WM 1971, 443, 445.
[41] Vgl. u. a. BGH Urt. v. 2.7.1964 – DB 1964, 1443 m.w.N.
[42] Vgl. hierzu *Sarres* ZEV 1998, 422.
[43] Vgl. z.B. BGH Urt. v. 30.4.1964 – BGHZ 41, 318, 323 – Architektenfall; BGH Urt. v. 14.12.1970 – WM 1971, 995 – Offenbarungspflichten beim Verkauf von Geschäftsbeteiligungen.
[44] Bengel/Reimann/*Klumpp* S. 304 ff., 307.

Geschäfte kann grundsätzlich eine mündliche Auskunft ausreichend sein oder auch eine Benachrichtigung mit den üblichen schnelllebigen Medien (z. B. E-Mail). Nicht entschieden ist, ob für die Testamentsvollstrecker-Auskunft als klassische Wissenserklärung prinzipiell die Schriftform vorgeschrieben sein soll oder nicht.

Nach überwiegender Auffassung in Rechtsprechung und Literatur[45] korrespondiert diese Auskunft nicht mehr zwangsläufig mit einer Wissenserklärung und ist daher nicht **schriftlich zu fixieren und auch nicht höchstpersönlich zu unterschreiben.** Deswegen ist es nicht mehr als problematisch anzusehen, wenn der einen Testamentsvollstrecker vertretende Rechtsanwalt für diesen Informationen im Rechtssinne ordnungsgemäß sowie rechtswirksam durch Schriftsatz übermittelt. Für die anwaltliche Praxis empfiehlt aber nach wie vor, den sichersten Weg zu wählen und die entsprechende Auskunftserteilung vom Testamentsvollstrecker unterschriftlich bestätigen zu lassen. Hierdurch kann nicht nur anwaltliche Entlastung erreicht werden, sondern auch wegen der höchstpersönlichen Einbindung des Testamentsvollstreckers eine größtmögliche Genauigkeit und Zuverlässigkeit in eigenem Interesse. Jedenfalls für die Auskunftspflicht des Erben gegenüber dem Pflichtteilsberechtigten soll nunmehr die vom Pflichtteilsberechtigten geschuldete Auskunft durch den Schriftsatz eines Rechtsanwalts erteilt werden können, da das Gesetz keine bestimmte Form vorschreibe.[46]

57 d) **Das Nachlassverzeichnis bei Amtsantritt gemäß § 2215 Abs. 1 BGB.** Nach Übernahme seines Amtes hat der Testamentsvollstrecker ohne schuldhaftes Verzögern dem Erben das nach Sachgruppen strukturierte Nachlassverzeichnis zu übermitteln. **Informationsgegenstand** sind alle zur Nachlassmasse gehörenden Gegenstände.

Unabdingbar sind folgende Angaben in dem vorzulegenden Nachlassverzeichnis:
Alle zum Nachlass gehörenden Gegenstände, soweit der Testamentsvollstrecker sie aus den ihm vorliegenden Unterlagen entnehmen konnte und ferner die die Nachlassmasse belastenden Nachlassverbindlichkeiten, bezogen auf den Zeitpunkt des Erbfalls. Eine Wertfeststellung ist nicht verlangt.[47]

58 e) **Die Rechnungslegung (Rechenschaftsablegung) durch den Testamentsvollstreckers gemäß §§ 2218 Abs. 1, 666 ff., 2218 Abs. 2 BGB.** Die nur **auf Verlangen** des Erben vom Testamentsvollstrecker durchzuführende Rechenschaftsablegung überragt die Auskunftspflicht durch größere Informationsdichte und -intensität, weil sie die rechtlich und wirtschaftlich maßgebliche Testamentsvollstreckertätigkeit lückenlos dokumentieren soll.

Die rechtmäßigen Anforderungen orientieren sich an **Übersichtlichkeit, Transparenz und Belegbarkeit** der wirtschaftlichen Vorgänge (= Rechnungslegung).[48]

59 Die umfassende Rechenschaftsablegung umfasst daher die schriftliche Darstellung von Aktiva und Passiva des Nachlassvermögens und schließt mit einem bestimmten wirtschaftlichen Ergebnis ab.[49] Der Umfang dieser Auskunft richtet sich nach den Anforderungen des Erben, er kann auf sie sogar verzichten, etwa bei einer einfachen Nachlassabwicklungen im Familienkreise[50]

Art und Ausmaß der Rechenschaftsablegung haben keine statischen Vorgaben, sondern sind einzelfallbezogen. Sie hängen u. a. von folgenden Faktoren ab: Umfang des Nachlasses, Anzahl der Nachlasspositionen, Aufwand der Dokumentation von Aktiva und Passiva, Umfang der Geschäftstätigkeit, Informationsinteresse des Erben.

aa) Die Rechnungslegung während laufender Testamentsvollstreckung.
60 Beispiel:[51]

Das Nachlassvermögen des 1972 verstorbenen G. H. beläuft sich auf einige Millionen €, hierunter auch über Depotkonten geführte Wertpapiere. Die Rechnungslegung erfolgte bis Juni 1995 durch Übersendung

---

[45] Zum Meinungsstand OLG Nürnberg ZEV 2005, 312.
[46] So ausdr. OLG Nürnberg ZEV 2005, 312 (rkr.).
[47] Vgl. BayObLG Beschl. v. 8.7.1997 – FamRZ 1998, 325 ff.
[48] Vgl. zur Rechnungslegung Mayer/Bonefeld/Daragan/*J. Mayer*, S. 110 ff.
[49] Bsp. für eine Rechenschaftsablegung/Rechnungslegung bei *Bengel/Reimann/Klumpp* S. 343 ff.; ferner bei *Möhring/Beisswinger/Klingelhöffer* S. 73 ff.
[50] Vgl. Bengel/Reimann/*Klumpp* S. 344 f.
[51] Vgl. OLG Düsseldorf Urt. v. 26.9.1997 – OLG-Report 1998, 80, 81 (Sachverhalt verkürzt).

von Kontoauszügen über das bei der V-Bank geführte Konto. Hierbei waren Fehler unterlaufen, die zwischenzeitlich Korrekturen unterworfen wurden.
Erstmalig im Juli 1995 verlangte die fachlich beratene Erbin jährliche Rechnungslegung, jeweils für die Jahre 1992, 1993 und 1994.

Ein Anspruch auf Rechnungslegung für die Erbin besteht demzufolge für die Jahre 1992 und 1993 nicht. Denn die Tatsache der erkannten und berichtigten Fehler zeigt, dass die rechtlich und steuerlich beratene Erbin auf Grund der bisherigen einverständlichen Unterrichtung durch den Testamentsvollstrecker in der Lage war, die Fehler zu erkennen. Ferner hat sie sich vor Juli 1995 nicht veranlasst gesehen, jährliche Rechnungslegung zu verlangen. Hierfür besteht erst für die Jahre 1994 und 1995 eine entsprechende Verpflichtung.[52]

bb) Anforderungen an ein Nachlassverzeichnis. Ein Nachlassverzeichnis in Kurzform könnte unter Berücksichtigung der Grundsätze des § 2215 BGB wie folgt strukturiert sein:[53]

Muster eines Nachlassverzeichnisses

Nachlassverzeichnis,
gefertigt zum 10.10.2005
= Aufnahme der Testamentsvollstreckertätigkeit

A. Aktivvermögen
  I. Immobilien   Beträge
    1. Achtfamilien-Wohnhaus, K-Straße 100, Münster
       eingetragen im Grundbuch von Münster, Nr. ...
       Verkehrswert gemäß Sachverständigengutachten
       des Gutachters M. aus Münster vom ... 2005   ... €
  II. Mobilien/Mobiliar
    1. Einrichtungsgegenstände:
       Wohnzimmer
       Schlafzimmer
       Kinderzimmer
       Küche   ... €
       jeweils gemäß weiterer Auflistungen
    2. Kunstsammlung   ... €
       Wert gemäß Schätzgutachten
       des Sachverständigen ... aus Münster
    3. Pkw, Volvo, Kennzeichen: ...
       Wert gemäß Schätzung des Vertragshändlers/Sachverständigen   ... €
    4. Privatbücherei im Erdgeschoss
       Wert gemäß Angebot der Fachbuchhandlung   ... €
    5. HiFi-Anlage   ... €
       Wert gemäß Schätzung des Fachhändlers/Sachverständigen   ... €
  III. Guthaben bei Banken und Sparkassen
    1. Guthaben bei S-Bank in Münster
       Stichtag/Wertstellung: 10.10.2005
    2. Guthaben bei der Postbank Dortmund
       Stichtag/Wertstellung: 10.10.2005
    3. Honorare aus Autorentätigkeit
       Guthaben zum Stichtag: 10.10.2005
       Summe des Nachlassvermögens   ... €
B. Nachlassverbindlichkeiten
  I. Betriebsgründungsdarlehen bei der B-Bank,
    Forderungskonto Stichtag: 10.10.2006   ... €

---

[52] Vgl. hierzu OLG Düsseldorf Urt. v. 26.9.1997 – OLG-Report 1998, 80, 81.
[53] Vgl. zum Überblick der verschiedenen Auskunftspflichten des Testamentsvollstreckers instruktiv BayObLG Beschl. v. 18.12.1997 – ZEV 1998, 348.

II. Kosten für Nachlassabwicklung
   1. Honorar Rechtsanwalt R. aus Münster ... €
     Bisherige Notarkosten des Notariats K. aus Münster ... €
     gemäß Kostenrechnung vom ...
III. Erblasserschulden
   1. Krankenhauskosten/Arztrechnungen ... €
     zum Stichtag 10.10.2005
   2. Steuerrückstände beim Finanzamt Münster ... €
     zum Stichtag 10.10.2005
   3. Mietzinsrückstände ... €
     zum Stichtag 10.10.2005
   4. Energiekosten Erblasserwohnung ... €
     Abschlussberechnung der Stadtwerke Münster
     zum Stichtag 10.10.2005
IV. Bestattungskosten ... €
   1. Rechnung des Bestattungsunternehmens S. aus Münster vom ... €
   2. Kosten für Todesanzeigen ... €
     gemäß Rechnung vom
   3. Kosten für Grabstein des Familiengrabes
     gemäß Rechnung vom
Summe/Ergebnis AktivNachlass ... €
Summe/Ergebnis PassivNachlass ... €
Gesamtergebnis Überschuss/Defizit: ... €
Münster, den 10.10.2005
...
(Testamentsvollstrecker)

5. Ansprüche gegen den Nachlasspfleger/Nachlassverwalter

63 Der gemäß § 1960 BGB rechtswirksam bestellte Pfleger übernimmt als gesetzlicher Vertreter der Erben Nachlassfürsorgefunktionen, wonach er zur Erfüllung seiner Aufgaben berechtigt ist, selbst zur Ermittlung des Nachlassbestandes Auskunft von Dritten zu verlangen, insbesondere von der Erblasserbank.

Primär konzentriert sich die Verpflichtung des Nachlasspflegers auf die Auskunftserteilung gegenüber den Nachlassgläubigern. Ihre Auskunftsberechtigung korrespondiert mit der Tatsache, dass sie sich nicht unmittelbar an die Erben halten können, die ihre Verfügungsbefugnis über den Nachlass an die Nachlasspfleger verloren haben.

64 **a) Die Auskunftsgläubiger.** Wer gemäß den Grundsätzen der §§ 34, 78 FGG glaubhaft machen kann, Zahlungsansprüche gegen die Erben zu haben, hat als potentieller Anspruchsteller zumindest eingeschränkt Anspruch auf Auskunftserteilung. Da der Nachlasspfleger gesetzlicher Vertreter der Erben ist, hat er die Nachlassgläubiger so zu behandeln, als wenn diese sich unmittelbar an die Erben mit ihrem Auskunftsverlangen gerichtet hätten. Orientierungsmaßstab für das Auskunftsinteresse ist das berechtigte Interesse an der Akteneinsicht gemäß § 34 FGG.[54]

Nachlass- und damit Auskunftsgläubiger sind auch die einzelnen Miterben einer Erbengemeinschaft. Demzufolge hat der Nachlasspfleger jedem einzelnen Miterben Auskunft zu erteilen und ihm ein Nachlassverzeichnis zur Verfügung zu stellen.

65 **b) Gegenstand der Auskunftserteilung.** Schon der Wortlaut des Gesetzes gibt vor, dass über den Bestand des Nachlasses Auskunft zu erteilen ist, also in Form eines Nachlassverzeichnisses. Diesen Mindeststandard muss der Nachlasspfleger erfüllen, um gegen sich gerichtete Schadensersatzansprüche zu vermeiden.

---

[54] Vgl. z. B. BGH Urt. v. 21.9.1993 – NJW-RR 1994, 381, 382; BayObLG Urt. v. 28.10.1996 – FamRZ 1997, 1026.

Ob der Nachlassgläubiger darüber hinaus weiter gehende Auskünfte aus der Nachlassakte erhalten oder gar Akteneinsicht nehmen konnte, bemisst sich nach dem **Geheimhaltungsinteresse der Erben und des Erblassers.** Enthält die Nachlassakte z. B. das Scheidungsurteil des Erblassers sowie Personenstandsurkunden, so muss das Auskunftsinteresse der Nachlassgläubiger zurücktreten, weil der Schutz der persönlichen Angelegenheiten Vorrang hat.[55]

Der Umfang der Auskunft korrespondiert mit den Ermittlungsmöglichkeiten und Ermittlungsergebnissen des Nachlasspflegers im Rahmen seiner Tätigkeit. Hierbei kann er auf die Erblasserbanken zurückgreifen, die dem Nachlasspfleger insgesamt Angaben machen müssen über Art und Umfang der Bankgeschäfte des Erblassers einschließlich der hierzu notwendigen Belege. Der Nachlassgläubiger profitiert daher vom Informationsstatus des Nachlasspflegers über die Erblasserbanken. Die Bankauskünfte beziehen sich u. a. auf Existenz und Bestand von Girokonten, Sparkonten, ggf. Depotkonten oder Banksafes.

6. Auskunftsansprüche des Pflichtteilsberechtigten gegen den Erben, § 2314 BGB

Vergleiche die Ausführungen in § 36 (Pflichtteilsrecht) dieses Handbuches. 66

7. Auskunftsansprüche des Vermächtnisnehmers

a) **Die Ausgangslage für den Vermächtnisnehmer.** Es gehört zu einer selbstverständlich erscheinenden Nachlassplanung des Erblassers, seinen Erben mit Vermächtnissen zu beschweren, um andere zu begünstigen. Nicht selbstverständlich und nach Art und Umfang auch nicht endgültig geklärt ist demgegenüber die Auskunftsposition des Vermächtnisnehmers gegenüber dem Erben. Problematisch ist also, unter welchen Voraussetzungen der Vermächtnisnehmer den Anspruchsinhalt konkret bestimmen kann. Spezielle erbrechtliche Vorschriften sowie andere Normen im BGB regeln die Informationslage des Vermächtnisnehmers nicht. Auf dieses **Regelungsdefizit** hat die Rechtsprechung für die Rechtspraxis im Kern mit zwei Lösungsansätzen reagiert: 67

Zunächst sei die letztwillige Verfügung bzw. der Erblasserwille auszulegen und daraufhin zu überprüfen, ob ein Auskunftsanspruch oder sogar ein Rechnungslegungsanspruch mitgemacht ist.[56]

Wenn dieser Weg scheitert, soll sich die Auskunftsberechtigung des Vermächtnisnehmers durch analoge Anwendung anderer Vorschriften oder aus Treu und Glauben, § 242 BGB, ergeben können.[57]

Auskunftsschuldner sind primär der Erbe oder die Fremdverwalter, etwa der Nachlasspfleger, der Nachlassverwalter oder der Insolvenzverwalter. 68

Wenn der Erblasser mit einem großen Vermögen an Aktien und Immobilien sowie Spareinlagen in seinem Testament verfügt, seine langjährige Mitarbeiterin **erhalte das Guthaben auf einem bestimmten Konto** bei einer bestimmten Sparkasse und sie könne hierüber frei verfügen, so gilt der Auskunfts- bzw. Rechnungslegungsanspruch über den Stand des Sparvermögens beim Erbverfall **als Annex zum Hauptanspruch.** Denn Vermächtnisanspruch und Auskunftsanspruch sind hier als Einheit anzusehen, da der Hauptanspruch ohne den Nebenanspruch (Auskunft) nicht durchsetzbar ist.[58]

aa) Art und Umfang der Auskunft. Die Informationsrechte des Vermächtnisnehmers orientieren sich einzelfallbezogen an den für die Erfolg versprechende Rechtsverfolgung unentbehrlichen Angaben. Der Vermächtnisnehmer soll nicht mehr erfahren als er benötigt, um seinen Anspruch gegen den Erben durchsetzen zu können. 69

Für diese Ansprüche lassen sich überschlägig **zwei Fallgruppen** bilden:
- Bezieht sich der Vermächtnisanspruch lediglich auf eine **bestimmte Vermögensposition,** z. B. Sparvermögen, Wertpapierdepot oder auf den Rückkauf einer bestimmten Lebensversi- 70

---

[55] Vgl. BayObLG Urt. v. 28.10.1996 – FamRZ 1997, 1026.
[56] Vgl. auch LG Köln Urt. v. 25.4.1989 – NJW-RR 1990, 13, 14.
[57] Andere Vorschriften z.B.: § 809 BGB zum Recht auf Besichtigung zur Leistungsbestimmung; § 810 BGB zum Einsichtsrecht in Urkunden, soweit dieses nicht ausgeschlossen ist.
[58] BGH WM 1964, 953, i.Ü. auch unter Berücksichtigung von § 242 BGB; Palandt/*Edenhofer* § 2218 Rdnr. 9 zum Auskunftsanspruch gegenüber dem Testamentsvollstrecker.

cherung,[59] so ist der Auskunftsanspruch auf die notwendigen Angaben zu dieser Position beschränkt. Denn weitere Angaben sind zur Rechtsverfolgung nicht erforderlich.

71 • Anders ist die Auskunftslage, wenn der Erblasser einem Dritten eine zeitlich begrenzte prozentuale **wirtschaftliche Beteiligung an einem Gewerbebetrieb** vermacht hat. Die endliche Höhe des Anspruchs erfordert daher Angaben über die gewerblichen Ein- und Ausgaben, also eine umfassende Rechenschaftslegung.

Beispiel:
Wollte der Erblasser z. B., dass ein Freund zwei Jahre lang Anspruch auf 10% des steuerbereinigten Gewinns aus einem Gewerbebetrieb erhält, so umfasst der Auskunftsanspruch auch die Überlassung einer **Einnahme- und Überschussrechnung zu den entsprechenden Geschäftsjahren** oder bei entstehendem Erläuterungsbedarf auch die Einsicht in andere Geschäftsunterlagen.[60]

72 *bb) Vermächtnisnehmer: Auskunftsbeschränkung durch Testament?* Der Erblasser verfolgt mit der Zuwendung durch Vermächtnis gerade das Ziel, dem Begünstigen wirtschaftlich lediglich einen beschränkten Teil seines Vermögens oder einen bestimmten Gegenstand zu überlassen. Hintergrund ist auch häufig der Wunsch, dass über Einzelheiten seiner Lebensverhältnisse möglichst. wenig an die Öffentlichkeit gelangt. Diese Zielsetzung ist möglich durch geeignete Gestaltung der letztwilligen Verfügung, mit der Auskunftsrechte des Vermächtnisnehmers ausgeschlossen oder zumindest beschränkt werden können.

73 **b) Der Wertermittlungsanspruch des Vermächtnisnehmers.** Auch Wertermittlungsansprüche des Vermächtnisnehmers sind ebenso wie Auskunftsansprüche gesetzlich nicht geregelt.

Während höchstrichterliche Rechtsprechung für den eigenständigen Auskunftsanspruch des Vermächtnisnehmers gegen den Erben § 242 BGB als Anspruchsgrundlage heranzieht, konnte der Vermächtnisnehmer bisher für Wertermittlungsansprüche nicht auf vergleichbar eindeutige Entscheidungen zurückgreifen. Neue Rechtsprechung[61] hat hervorgehoben, dass der Vermächtnisnehmer ebenfalls aus § 242 BGB einen Wertermittlungsanspruch herleiten kann, etwa die Vorlage eines Sachverständigengutachtens zu einem Nachlassgrundstück. Denn der Vermächtnisnehmer soll sich selbst ein Bild machen können.

8. Auskunftsansprüche bei Vor- und Nacherbschaft

74 Mit der Nachfolgeregelung von Vorerbschaft und Nacherbschaft initiiert der Erblasser zwei Erbfälle: Zunächst gelangt das Nachlassvermögen in die Obhut des Vorerben.(Vorerbschaft). Mit dem Tod des Vorerben wird der Nacherbe endgültiger Vermögensträger (Nacherbschaft).

Zwischen Beginn der Vorerbschaft und Eintritt der Nacherbschaft können Jahrzehnte liegen. In dieser Übergangsphase bestehen spezielle auskunftsrechtliche Interessen und Sicherungerechte des Nacherben.

75 **a) Das Auskunftsrechtsverhältnis Vorerbe-Nacherbe. Das Nachlassverzeichnis des nicht befreiten Vorerben.**

Der Nacherbe ist berechtigt, von dem nicht befreiten Vorerben ein Bestandsverzeichnis zu verlangen, § 2121 BGB. Es muss den Aktivnachlass erfassen. Wertangaben werden nicht verlangt. Formelle Anforderungen sind zu beachten. Folgende Angaben sind unabdingbar:
• Das Tagesdatum der Aufnahme des Verzeichnisses
• Unterzeichnung des Verzeichnisses durch den Vorerben
• Öffentliche Beglaubigung des Verzeichnisses auf Verlangen

Die Pflicht zur Verzeichnisvorlage durch den Vorerben besteht nur einmal. Der Nacherbe kann demzufolge die Verzeichnisvorlage auch nur einmal verlangen. Auch Ergänzungen oder Nachbesserungen muss der Vorerbe nicht vornehmen.[62]

76 Die Auskunftsnorm des § 2127 BGB soll den Nacherben davor schützen, dass der Vorerbe das ihm anvertraute Nachlassvermögen nicht ordnungsgemäß verwaltet, sondern rechtswidrige Verfügungen vornimmt und Vermögensschäden zulässt. Normzweck ist die Abwendung von Gefahren für den künftigen Herausgabeanspruch des Nacherben gemäß § 2130 BGB.

---

[59] Vgl. auch LG Köln NJW-RR 90, 13, 14.
[60] BGH WM 1969, 337, 339; vgl. vertiefend *Keilbach* S. 1191.
[61] LG Karlsruhe ZErb 2005, 130.
[62] Vgl BGHZ 127, 360, 366.

Die Auskunftspflicht ist aber an besondere Voraussetzungen geknüpft. Der Nacherbe hat gegen den Vorerben nur einen Auskunftsanspruch über den Bestand der Erbschaft, **wenn Grund zur Annahme besteht, dass der Vorerbe durch seine Verwaltung die Rechte des Nacherben erheblich verletzt.**

Die Anforderungen an den Grad der Pflichtverletzung sind relativ hoch. Gedacht ist hier an Fälle der **unwirtschaftlichen Verwaltung des Vermögens oder an ungünstige Vermögensanlage, also ein Verstoß gegen die §§ 2116-2119 BGB.** Von Bedeutung sind nacherbengefährdende unentgeltliche Verfügungen.

Erhebliche Rechtsverletzungen[63] sind in folgenden Fällen anzunehmen:
- Entgegen § 2113 BGB veräußert der Vorerbe Immobilien
- Entgegen § 2119 BGB legt der Vorerbe Geld nicht mündelsicher an

Eine Auskunftserweiterung gemäß § 242 BGB kann sich in Ausnahmefällen dann ergeben, wenn der § 2127 BGB seine „Sicherungsfunktion" nicht mehr erfüllen kann.[64]

b) **Kontrollrechte bei befreiter Vorerbschaft.** Der gemäß § 2136 BGB weitgehend von Pflichten befreite Vorerbe kann nachfolgende Rechte des Nacherben weder einschränken noch aufheben:
- Die Nachlassbestandsverzeichnispflicht gemäß § 2121 BGB
- Sachverständige Feststellungen zum Zustand der Erbschaft; § 2122 Satz 2 BGB

c) **Feststellungsklage des Nacherben.** Gesetzeswidrige Verfügungen des Vorerben werden erst mit dem Eintritt des Nacherbfalles unwirksam, § 2113 Abs. 2 BGB.

Der Nacherbe kann bereits vor dieser erst in der Zukunft eintretenden Rechtsfolge mit der Feststellungsklage gemäß § 256 ZPO geltend machen, dass bestimmte Verfügungen unwirksam sind.[65]

V. Auskunfts- und Informationspflichten innerhalb der Erbengemeinschaft

Die Erbengemeinschaft gilt als Zwischenstufe für den Vermögenstransfer vom Erblasser zum endgültigen Berechtigten. Sie ist daher Liquidationsgemeinschaft, deren Vermögen in toto einvernehmlich oder durch gerichtliche Entscheidung verteilt werden soll. Dieser Liquidationszweck scheint es nahe zu legen, dass alle Miterben wechselseitig Auskunft zum Vermögen erteilen, da nur auf diesem Wege eine zügige Auflösung des gesamten Nachlassvermögens möglich werden kann. Andererseits hat jeder Miterbe eine eigene Rechtsstellung und ist auch nicht gehalten, sein Wissen zum eigenen Nachteil preiszugeben.

In diesem Spannungsverhältnis bewegt sich die (streitige) Grundsatzfrage, ob die Miterbenstellung allein als Ausfluss eines gesetzlichen Schuldverhältnisses Auskunftspflichten auslösen sollte oder ob auf den anerkannten sog. allgemeinen Auskunftsanspruch gemäß § 242 BGB mit seinen speziellen Voraussetzungen für den Einzelfall zurückgegriffen werden muss. Dieser wiederum setzt eine spezielle Sonderverbindung zwischen den Beteiligten voraus und es bedarf der besonderen Konkretisierung, dass der Anspruchsberechtigte auf die Information angewiesen ist und der Auskunftsschuldner diese unschwer erteilen kann.[66]

Hiervon unabhängig kann ein Miterbe von dem anderen Auskünfte abfordern, wenn sich seine Auskunftsberechtigung aus bestimmten Einzelvorschriften ableiten lässt. Zu diesen Sondervorschriften gehören die §§ 2027, 2028, 2057 BGB.. Über diese Einzelvorschriften hinaus, also wegen der Erbengemeinschaft als solcher, lehnt der Bundesgerichtshof wechselseitige Auskunftspflichten zwischen Miterben ab, weil eine hierfür genügende Sonderbeziehung fehle.[67]

Gegen automatische Auskunftspflichten[68] zwischen Miterben allein wegen ihrer Gesamthänderstellung sprechen u.a. nachfolgende vier Gründe:

---

[63] Vgl hierzu *Sarres* ZEV 2004, 56, 57.
[64] LG Berlin ZEV 2002, 160 mit ausf. Anm. *Krug*; *Sarres* Auskunftsansprüche S. 75.
[65] OLG Oldenburg Urt. v. 29.5.2001 – NJW-RR 2002, 728.
[66] BGH Urt. v. 7.12.1988 – JR 1990 m. Anm. *Wassermann*; mit Fallgestaltungen und zum Streitstand *Sarres* ZEV 2001, 225 ff.; *Lorenz* JuS 1995, 569 ff., 573.
[67] BGH a.a.O.; stellvertretend für die Gegenansicht: MünchKommBGB/*Heldrich* § 2038 Rdnr. 48 m.w.N.
[68] Zur Klarstellung: Über gesetzliche Einzelansprüche hinaus.

- Häufig stehen Miterben wegen ihrer Erbauseinandersetzungsansprüche im Wettbewerb zu einander, sodass anspruchsfeindliche Angaben offenbart werden müssen.
- Risiken wechselseitiger Ausforschung werden gefördert.
- Der anerkannte sog. allgemeine Auskunftsanspruch mit den weiter gehenden Anforderungen gemäß § 242 BGB soll nur Gerechtigkeitslücken decken
- Einen allgemeinen Auskunftserteilungspflicht kennt das BGB nicht[69]

Hier ist zu unterscheiden zwischen realem und fiktivem Nachlassbestand:

1. Realer Nachlassbestand

84 Soweit der Miterbe seine Auskunftsansprüche zunächst auf den realen Nachlassbestand konzentriert, so kann er die Informationsberechtigungen gegenüber dem Erbschaftsbesitzer gemäß § 2027 BGB, gegenüber dem Hausgenossen gemäß § 2028 BGB sowie in gleicher Weise wiederum gegen den (eigenmächtig) verwaltenden Miterben gemäß §§ 666, 681 BGB. Hieraus folgt, dass der Miterbe verschiedene Anspruchsgrundlagen zur Verfügung hat,, um von dem anderen Miterben Informationen erhalten zu können. Die Mitwirkung beim Nachlassverzeichnis kann der Miterbe von einem anderen Mitglied der Erbengemeinschaft nur ausnahmsweise verlangen.[70] Hier ist auf den konkreten Einzelfall abzustellen.

Darüber hinaus besteht eine wechselseitige Auskunftserteilungspflicht innerhalb der Erbengemeinschaft grundsätzlich nicht.

2. Gesetzliche Miterben und wechselseitige Informationsrechte bei Vorempfängen gemäß § 2057 BGB

85 Abkömmlinge als gesetzliche Miterben sollen erbrechtlich gleich behandelt werden. Diesem Ziel dient ein (umstrittenes) **starkes Auskunftsrecht.** Deshalb gewährt § 2057 BGB weit reichende Auskunftsberechtigungen für den Miterben, der durch Zuwendungen z. B. an Geschwister, benachteiligt worden sein könnte.

86 Die Rechtsprechung sieht den begünstigten Miterben verpflichtet, Angaben über solche ausgleichungsfähigen Zuwendungen gemäß den §§ 2050 ff BGB zu machen, die unter Umständen bis in Zeiten seines Studiums oder seiner Schulzeit zurückreichen können.[71] Zeitlich und sachlich kann vom Trend zur Totalaufklärung gesprochen werden.[72]

87 Die Informationsobliegenheit setzt schon ein, wenn bestimmte Zuwendungsarten zum Ausgleich anstehen können und der gesetzliche Miterbe (Sohn/Tochter) als potentieller Auskunftsberechtigter um bestimmte Angaben zu lebzeitigen Zuwendungen nachsucht. Von der Aufklärungspflicht eines begünstigten Miterben sind prinzipiell nachfolgende Erblasser-Zuwendungen umfasst: Ausstattungen gemäß § 2050 Abs. 1 BGB, Zuschüsse zum Einkommen gemäß § 2050 Abs. 2 BGB, Aufwendungen zur Berufsvorbereitung gemäß § 2050 Abs. 2 BGB sowie andere Zuwendungen gemäß § 2050 Abs. 3 BGB.[73]

Anwaltsschreiben, mit denen Auskünfte beim (gegnerischen) Miterben angefordert werden, umfassen regelmäßig ein breites Spektrum an **möglichen Vermögenspositionen,** die einseitig einem bestimmten Abkömmling oder bestimmten bevorzugten Kindern überlassen worden sind.[74]

3. Auskunftsverzichtsvertrag

88 Zwischen Abkömmlingen entsteht beim Erbfall häufig Streit darüber, ob einer oder mehrere Miterben Auskunft über angebliche lebzeitige Zuwendungen erteilen muss. Dieser Fall kann insbesondere dann eintreten, wenn **die behaupteten Zuwendungen Jahrzehnte zurückliegen sollen** und der auskunftsfordernde Miterbe nicht einmal oberflächliche Anhaltspunkte für auskunftsberechtigende lebzeitige Vorausempfänge bieten kann. Dann erscheint es ange-

---

[69] BGH Urt. v. 18.1.1978 – NJW 1978, 1002
[70] Vgl. OLG Karlsruhe Urt. v. 13.10.1971 – MDR 1972, 424; zur Auskunftspflicht unter Familienangehörigen bei Vermögensverwaltung vgl. BGH ZEV 2001, 194 mit Anm. *Skibbe*.
[71] H.M. wohl seit RG-Urteil v. 28.4.1904 – RGZ 58, 88; RG-Urteil v. 12.5.1910, RGZ 73, 372 ff. mit unterschiedlicher Interpretation der Vorschrift des § 2057 BGB.
[72] Vgl. hierzu umfassend *Sarres* ZEV 2000, 349.
[73] Zum Streitstand vgl. weitergehend *Sarres* ZEV 2000, 349 ff.
[74] Zu Besp. von Aufforderungsschreiben vgl. *Kerscher/Tanck* S. 74; *Frieser* S. 144.; ausf. Klinger/Erker/*Oppelt* MPFErbR K.I.2 (S. 397).

zeigt, einige streitige bzw. unsichere auskunftsrechtliche oder sogar zuwendungsrechtliche Vermögenspositionen aus der Erbauseinandersetzung herauszunehmen und hierüber verbindliche Regelungen zu treffen, die sich auf bestimmte Zeiträume und/oder auf bestimmte Vermögensbereiche (Erbteile) erstrecken können.[75]

Eine Vereinbarung könnte wie folgt formuliert werden:

Muster eines Auskunftsverzichtsvertrages

Vereinbarung zwischen
Hans Maier (Miterbe 1) und
Klaus Maier (Miterbe 2)

A.

Wir sind die gesetzlichen Abkömmlinge von Edwin Maier.

Laut Erbschein des Amtsgerichts ... vom ... sind wir die gesetzlichen Miterben unseres Vaters, Edwin Maier, zu je 1/2.

B.

Zwischen uns besteht Streit im Hinblick auf bestimmte lebzeitige Zuwendungen des Erblassers zu Gunsten beider Miterben.

Im Streit stehen insbesondere:

a) Eine Barzuwendung in Höhe von ... aus dem Jahre 1980 zu Gunsten von Klaus Maier.
b) Eine Barzuwendung in Höhe von ... aus dem Jahre 1975 zu Gunsten von Hans Maier.

Es lässt sich nicht klären, ob diese Zuwendungen ggf. später an den Erblasser zurückgeflossen sind oder diese Zuwendungen Gegenleistungen waren für bestimmte Leistungen.

Da wir beide zwingend davon ausgehen, dass weitere Zuwendungen nicht in Betracht kommen, vereinbaren wir heute Folgendes:

a) Soweit es um behauptete lebzeitige Zuwendungen unseres verstorbenen Vaters in den Jahren ... geht, verzichten wir wechselseitig auf Auskunftsansprüche.
b) Ferner verzichten wir in Höhe dieser vermeintlichen lebzeitigen Zuwendungen auch wechselseitig auf mögliche Zuwendungsausgleichsansprüche im Zusammenhang mit dieser Erbauseinandersetzung.

C.

Sollten zu einem späteren Zeitpunkt andere bisher unbekannte lebzeitige Zuwendungen, die anrechnungsfähig sein können, bekannt werden, so bleibt ihre Anrechnung von dieser Vereinbarung unberührt.

D.

Im Übrigen besteht der Nachlass aus:
Aktiva/Nachlassverbindlichkeiten/Berechnung der Erbanteile
Aufteilung der Nachlassgegenstände

E.

(Salvatorische Klausel usw.)
..., den ...

...   ...
Hans Maier = Miterbe 1   Klaus Maier = Miterbe 2

4. Auskunftsberechtigte

Die Auskunftsberechtigung gemäß § 2057 BGB können für sich beanspruchen:
- Der Miterbe; jeder Miterbe[76] verfolgt diesen Auskunftsanspruch im Hinblick auf den späteren Zuwendungsausgleichsanspruch für sich. Es handelt sich also nicht um einen Anspruch „pro socio", sondern um einen Individualanspruch.

---

[75] Vgl. zum Verzicht auf Auskunftsansprüche auch Rdnr. 98 ff.
[76] Vgl. § 2057 BGB.

- Der Testamentsvollstrecker[77]
- Der Nachlassinsolvenzverwalter[78]
- Der nichterbende pflichtteilsberechtigte Abkömmling gemäß § 2057 BGB analog

91   Ein Auskunftsanspruch aus **unmittelbarer Anwendung des § 2057 BGB** könnte hier grundsätzlich nur begründet sein, wenn der Pflichtteilsberechtigte zu den Erben gehört. Da dies auf den nichterbenden Pflichtteilsberechtigten nicht zutrifft, kommt allenfalls eine analoge Anwendung des § 2057 BGB in Betracht. Ähnlich wie der Miterbe (Abkömmling) zur Bestimmung seines Erbteils Vorausempfänge des anderen Miterben kennen muss, muss auch der nichterbende Pflichtteilsberechtigte (Abkömmling) zur Bestimmung seines Pflichtteils gemäß § 2316 BGB ausgleichspflichtige Zuwendungen gemäß den §§ 2050 ff. BGB von dem anderen pflichtteilsberechtigten Abkömmling in Erfahrung bringen können. Insoweit liegt eine vergleichbare Situation wie im Verhältnis der gesetzlichen Miterben zueinander vor. Daher ist in diesen Fällen eine analoge Anwendung des § 2057 auf § 2316 BGB zu bejahen.[79]

5. Verjährung

92   Der Auskunftsanspruch besteht also grundsätzlich solange, wie die Auseinandersetzung der Gesamthandsgemeinschaft nicht vollzogen ist. Im Zweifel ist von der 30-jährigen Verjährungsfrist gem. § 197 Abs. 1 Nr. 2 BGB auszugehen.

VI. Erbengemeinschaft und Hausbank des Erblassers

1. Allgemeines

93   Nicht nur in älteren Erbverträgen kommt es zu letztwilligen Verfügungen ohne Widerrufsmöglichkeit oder ohne Rücktrittsrecht. Falls ein Erblasser gleichwohl unter Missachtung dieser endgültigen Rechtsbindung über das Maß seiner Verfügungsfreiheit gemäß § 2286 BGB hinaus lebzeitige Zuwendungen an Miterben vornimmt, wird die **Verteilungsgerechtigkeit** hierdurch massiv beeinträchtigt.

Wenn also der andere benachteiligte Miterbe nach dem Erbfall hiervon pauschal oder spekulativ Kenntnis erlangt, kann er kompensierende Ansprüche gleichwohl nur unter den speziellen Voraussetzungen des § 2287 BGB realisieren. Die hohen Anforderungen an die Darlegungs- und Beweislast erstrecken sich auf den Schenkungsvorgang selbst, die zugewendeten Beträge und auch auf Tatsachen, die das Merkmal „**Beeinträchtigungsabsicht**" ausfüllen können. Der klagebereite Miterbe benötigt daher ein gutes Informationsgerüst, um seine Klage ordnungsgemäß begründen zu können.

Als Informationsträger für die notwendigen Angaben kommen z. B. in Betracht:
- Die Hausbank des Erblassers
- und/oder der begünstigte Miterbe

Die nachfolgende Darstellung konzentriert sich auf die abgestufte Prüfung von Anspruchsgrundlagen, die dem auskunftsbedürftigen Miterben zur Verfügung stehen könnten:

2. Auskunftspflichten des anderen Miterben

94   a) **Auskunftslage zwischen Miterben.** Der benachteiligte Miterbe kann hiernach die Mitteilung der klagebegründenden Tatsachen regelmäßig nicht gemäß § 2057 BGB von einem anderen Mitglied der Erbengemeinschaft verlangen. Denn die Vorschrift des § 2057 BGB ist nur anwendbar auf Auskunftspflichten zwischen Abkömmlingen (Kindern), die qua gesetzlicher Erbfolge berufen worden sind. Demzufolge scheidet § 2057 BGB in den Fällen als Anspruchsgrundlage aus, in denen Miterben durch Erbvertrag letztwillig begünstigt worden sind (so genannte gewillkürte Erbfolge).

95   b) **Keine Informationsrechte aus § 2027 BGB.** Den Prozessstoff kann der auskunftsfordernde Miterbe auch nicht aus dem Anwendungsbereich des § 2027 BGB erlangen. Denn die

---

[77] MünchKommBGB/*Dütz* § 2057 Rdnr. 2.
[78] MünchKommBGB/*Dütz* § 2057 Rdnr. 2.
[79] Vgl. hierzu OLG Nürnberg Urt. v. 29.4.1957 – NJW 1957, 1482, das die analoge Anwendung von § 2057 BGB bejaht (Leitsatz); ferner *Klingelhöffer* a.a.O. Rdnr. 320; ferner RGZ 73, 372; MünchKommBGB/*Dütz* § 2057 Rdnr. 3.

Norm des § 2027 BGB enthält nur einen Verpflichtungstatbestand für den Erbschaftsbesitzer. Diese Verpflichtungen beziehen sich ausschließlich auf den tatsächlichen Bestand des Nachlasses. Einbezogen sind nicht lebzeitige Vorausempfänge.[80]

c) **Kein Auskunftsrecht aus § 2314 BGB.** Auch die Vorschrift des § 2314 BGB streitet nicht für die Interessen des auskunftsbedürftigen Miterben. § 2314 BGB ist Anspruchsnorm für den Pflichtteilsberechtigten, der vom Erben umfassend Auskunft verlangen kann. Für die Auskunftslage eines Miterben ist diese Vorschrift daher nicht heranzuziehen. Es besteht keine Regelungslücke. Eine analoge Anwendung hat die Rechtsprechung bisher verneint.[81]

d) **Mögliche Anspruchsgrundlage: § 242 BGB.** Voraussetzung für eine Auskunftsverpflichtung aus Treu und Glauben wäre ein dem Grunde nach bereits bestehender Anspruch (Sonderverbindung).[82] Die Befriedigung des Informationsinteresses des auskunftsbedürftigen Miterben über § 242 BGB muss im Ergebnis daran scheitern, dass eine entsprechende Sonderverbindung zwischen Miterben grundsätzlich verneint wird, so dass Auskunftsobliegenheiten nur in Ausnahmesituationen angenommen werden können.[83]

Dieses besondere Rechtsverhältnis zwischen gesetzlichen Miterben (= Sonderverbindung) lässt sich nur für außerordentliche Lebenssachverhalte annehmen, z. B. dann, wenn der auskunftsfordernde Miterbe das seine Interessen tangierende Informationsdefizit selbst nicht beseitigen kann, hierzu aber der andere Miterbe in der Lage ist und dies ihm auch zumutbar ist („Garantenstellung").

Diese eine Auskunftspflicht begründende besondere Beziehung zwischen Miterben ist aber dann dem Grunde nach schon zum Scheitern verurteilt, wenn sich diese Miterben aus Rechtsgründen als Gegner gegenüber stehen und schon ein Mindestmaß an Gemeinsamkeiten dafür fehlt, um eine Sonderbeziehung in Betracht ziehen zu können. Dies gilt etwa für einen Miterben, der von dem anderen potentiellen Miterben Angaben über die bezweifelte Testierfähigkeit des Erblassers verlangt, damit also die Erbengemeinschaft in Frage stellt, um ausschließlich seine eigene Erbberechtigung anzustreben.

3. Auskunftsverhältnis Miterbe – Hausbank des Erblassers

a) **Allgemeines.** Fraglich ist, ob der Miterbe Auskünfte von der Erblasserbank darüber verlangen kann, inwieweit der Erblasser durch Zuwendungen an den anderen Miterben oder an Dritte lebzeitige Verfügungen vorgenommen hat. Mit solchen Anfragen werden Banken im Erbfall häufig konfrontiert, weil der Miterbe mit Bankauskünften Vorausempfänge erfahren möchte, um eine etwaige Klage gemäß § 2287 BGB vorbereiten zu können.

b) **Informationsinteresse und Bankgeheimnis.** Unbestritten gehen die Auskunftsrechte des Erblassers gegen die Erblasserbank im Erbfall insgesamt auf seine Erben oder Miterben über, §§ 666, 675, 676 f, 1922 BGB.[84]

Die höchstrichterliche Rechtsprechung befasst sich zwar allgemein mit dem Übergang von Informationsrechten auf den oder die Erben83, eine spezielle Behandlung der möglichen Auskunftsfragen bei Miterben, die als Rechtsnachfolger in der Regel in die Geschäftsverbindung von Erblasser und Kreditinstitut eintreten, fehlen. Die Erblasserbank, die grundsätzlich nur an Miterben gemeinsam leisten darf, kommt in kritische Situationen, wenn nur ein Miterbe z.B. Informationen zu in der Vergangenheit liegenden Geschäftsvorfällen verlangt, die gerade und ausschließlich seinen Vermögensinteressen dienen würde. Denn ohne Informationserteilung zu Gunsten des auskunftsbedürftigen Miterben hätte dieser keine berechtigte Chance, im Prozesswege die ihn benachteiligenden lebzeitigen Zuwendungen in Erfahrung zu bringen und den wirtschaftlichen Ausgleich durchsetzen zu können. Diese Auskunftsberechtigung könnte die schon zu Lebzeiten verursachte erbrechtliche Benachteiligung kompensieren. In der Rechtspraxis gilt aber der Auskunftsanspruch von Miterben gemäß § 2039 BGB als **einheitlicher An-**

---

[80] BGHZ 61, 182.
[81] Vgl. BGH Urt. v. 2.6.1993 – NJW 1993, 2737.
[82] BGH NJW 1979, 1832; BGH NJW 1981, 1738; BGH NJW-RR 1989, 450; BGHZ 87, 188 ff., 193.
[83] BGH NJW-RR 1989, 450 f.
[84] BGHZ 107, 104 ff.; 108; zur Gläubigerstellung des Erben nach dem Tod des Kunden (= Erblassers) *Kümpel* a.a.O. S. 184; zur Berechtigung von Erbe/Miterbe am Bankkonto (Giroverhältnis) beim Erbfall Palandt/*Edenhofer* § 1922 Rdnr. 33.

spruch.⁸⁵ Dies führt zu der Rechtsfrage, ob die Erblasserbank wegen der gesamthänderischen Bindung der Miterben und wegen der überragenden Bedeutung des Bankgeheimnisses nicht dann Auskünfte verweigern muss, wenn entweder ein Miterbe aus nachvollziehbaren Gründen der Auskunftserteilung widerspricht und/oder er zusätzlich durch die einseitige Auskunftserteilung eine Gefährdung der **postmortalen Geheimhaltungsinteressen** des Erblassers befürchtet.⁸⁶

102 **c) Die besondere Bedeutung des § 2039 BGB.** Mit dem Erbfall geht auch der Anspruch des Erblassers auf Geheimhaltung auf die Erben über.⁸⁷ Bei strenger Betrachtung der gesamthänderischen Qualität des Anspruchs auf Auskunftserteilung muss hiermit korrespondierend die Geheimhaltungspflicht entsprechend beurteilt werden. Hieraus wurde abgeleitet, dass die Miterben die Bank auch nur gemeinsam von der Verschwiegenheitsverpflichtung befreien können.⁸⁸

103 Wenn die Geldinstitute trotz ihnen mitgeteilter bzw. beachtenswerter Kontroversen zwischen den Miterben an einen oder an beide Miterben gleichzeitig oder sukzessive Auskünfte erteilen, so widerspricht dies dem Rechtsgedanken des § 2039 BGB. Bei Streit zwischen Miterben bei gewillkürter Erbfolge über die Auskunftslage sind die mit entsprechenden Rechtsproblemen durchaus befassten Geldinstitute gehalten, entsprechende Urkunden (Kontoauszüge usw.) beim zuständigen Amtsgericht gemäß den Grundsätzen der Hinterlegungsordnung zu hinterlegen, so dass die Miterben die Frage der Offenbarung oder Herausgabe der betreffenden (geheimhaltungsbedürftiger oder sonst sensibler) Auskünfte respektive Unterlagen klären lassen können.

104 Die Hinterlegungsordnung verschafft den streitenden Miterben auch die Berechtigung, die nach der Hinterlegungsordnung vorgesehenen so genannten sonstigen Urkunden mit Beweiswert beim Gericht hinterlegen zu können. Vom Urkundsbegriff erfasst werden Briefe, Kontoauszüge, Handakten, Vollstreckungstitel, Schuldscheine usw.⁸⁹ Durch die Inanspruchnahme der gesetzlich zulässigen Hinterlegungsmöglichkeiten können Rechtsfragen im Zusammenhang mit zu respektierenden Persönlichkeitsrechten des Erblassers zumindest vorläufig „abgeschichtet" werden. Dadurch wird die regelmäßig langwierige Auseinandersetzung gefördert.⁹⁰

VII. Auskunftsquellen: Übersicht

105 • Zentrale Testamentskartei beim Amtsgericht Berlin-Schöneberg,
Grunewaldstr. 66–67, 10823 Berlin
Telefon: 030/90159–0
Telefax: 030/90159–429
Bei dieser zentralen Testamentskartei erhält grundsätzlich derjenige Auskunft, der die Sterbeurkunde des betroffenen Erblassers vorlegt (vgl. § 26 Rdnr. 2).
• Bundesverband der Deutscher Banken
Walter-Flex-Str. 2, 53113 Bonn
Tel.: 0228/24213–50
Fax: 0228/24213–53
• Bundesverband öffentlicher Banken Deutschland
Lennéstr. 17, 10785 Berlin
Tel.: 030/8192–0
Fax: 030/8192–289
(z. B. Westdeutsche Landesbank)
Es gilt der Grundsatz, dass die Auskunftserteilung betreffend vermuteter Bankkonten des Erblassers regelmäßig unter Vorlage entsprechender Nachweise möglich wird (Erbschein, Bestallungsurkunde des Nachlasspflegers bzw. des Nachlassverwalters usw.). In der Regel werden dann die Anfragen vom Bundesverband weitergegeben an die entsprechenden regio-

---

⁸⁵ Palandt/*Edenhofer* § 1922 Rdnr. 33.
⁸⁶ *Sarres/Afraz* S. 433 ff., 435 m.w.N.
⁸⁷ *Geurts*/u.a. S. 13; OLG Stuttgart MDR 1983, 236.
⁸⁸ *Wolff* DB 1968, 695 ff., 697.
⁸⁹ Vgl. *Bülow/Schmidt* § 5 Rdnr. 11.
⁹⁰ Vgl hierzu *Sarres/Afraz* ZEV 1995, 433 ff. im Zusammenhang mit Auskünften von Banken.

nalen Mitgliedsinstitute in den entsprechenden Bundesländern. Die mögliche Dauer für die Auskunftserteilung kann angesetzt werden auf mindestens 1 bis 2 Monate.
- Bundesverband der Deutschen Volks- und Raiffeisenbanken e. V.
Heussallee 5, 53113 Bonn
Tel.: 0228/509–0
Fax: 0228/509–201

VIII. Wer kann auf Auskunftsansprüche verzichten?

Der **Pflichtteilsberechtigte** kann auf seine Ansprüche zu Lebzeiten verzichten. Hierzu erforderlich ist jedoch die notarielle Beurkundung gemäß § 2348 BGB. Wenn mit dem Verzicht auf den Pflichtteil über den Hauptanspruch verfügt wird, dann schließt dies auch den Auskunftsanspruch als Nebenanspruch zwangsläufig ein.[91] Nach dem Erbfall, also bei Begründung des Auskunftsrechtsverhältnisses Pflichtteilsberechtigter – Erbe, kann der Pflichtteilsberechtigte formfrei durch Erlassvertrag auf seine Auskunftsberechtigungen verzichten.[92]

Abgesehen von höchstpersönlichen Auskunftsverpflichtungen, die möglicherweise vom Erblasser auf den Erben übergehen können, entstehen mit dem Erbfall eigenständige Pflichtverhältnisse zwischen den Erben und anderen Erbberechtigten oder zwischen dem Erben und Dritten (z. B. Erbe-Vermächtnisnehmer/Erbe-Erbschaftsbesitzer).

Regelmäßig können die Auskunftsberechtigten über ihre entsprechenden auskunftsrechtlichen Positionen frei verfügen bzw. hierüber vertragliche Absprachen treffen. Praxisrelevante Beispiele ergeben sich im Hinblick auf wechselseitige Informationsdefizite zwischen Miterben. Erbauseinandersetzungen können beschleunigt werden, wenn entsprechende Auskunftspositionen vertraglich ausgeklammert werden. Rechtsdogmatisch erscheint ein entsprechender Verzicht unproblematisch. Bisher existiert jedoch hierzu wenig Rechtsprechung.[93]

Jedenfalls können Miterben ihre schwierigen Auseinandersetzungsfragestellungen durch Verzichtsverträge erleichtern und/oder die Auseinandersetzung zeitlich erheblich abkürzen. Die gesamte Erbabwicklung wird von wesentlichen Störfaktoren entlastet.

IX. Die Verjährung von Auskunftsansprüchen

Der Gesetzgeber hat den erbrechtlichen Ansprüchen in § 197 Abs. 1 Nr. 2 BGB eine Sonderstellung zugewiesen. Sie sind nicht der Regelverjährung des § 195 BGB unterworfen (Verjährungsfrist: 3 Jahre), sondern sie verjähren demzufolge in 30 Jahren, soweit nicht ein anderes bestimmt ist.

Die lange Verjährungsfrist gilt unstreitig für Folgende auskunftsrechtlichen Tatbestände: §§ 2027 , 2028, 2057, 242 BGB. Demgegenüber wird die Ansicht vertreten, dass bestimmte, „nicht mehr genuin erbrechtliche „Ansprüche nicht mehr in den Anwendungsbereich des § 197 Abs. 1 Ziffer 2 BGB fallen..

Dies seien primär Vorschriften aus dem Auftragsrecht oder dem Recht der Geschäftsführung ohne Auftrag, die erst über erbrechtliche Vorschriften anwendbar würden. Demzufolge sind Ansprüche des Erben gegen den Testamentsvollstecker auf Auskunft und Rechnungslegung gemäß §§ 2218, 666 BGB bereits nach 3 Jahren gemäß der Regelverjährung des § 195 BGB verjährt.[94]

---

[91] BGH FamRZ 1997, 173.
[92] BGH FamRZ 1997, 173, 174.
[93] Vgl. den Einzelfall bei OLG Stuttgart NJW 1968, 2338.
[94] Zum Streitstand insgesamt: OLG Karlsruhe ZErb2006, 1; Palandt/*Heinrichs* § 197 Rdnr.8; *Löhnig* ZEV 2004, 272; *Bonefeld* ZErb 2003, 248; *Schlichting* ZEV 2002, 480; *Otte* ZEV 2002, 501; *J. Mayer* Testamentsvollstreckung S. 136.

§ 46 Bewertung im Erbrecht

Übersicht

	Rdnr.
I. Die Bewertung des Nachlasses	1–12
II. Einzelfälle der Bewertung	13–71
1. Unternehmen	13–32
a) Einzelkaufmännisches Unternehmen	16–27
b) Personengesellschaften	28–31
c) Kapitalgesellschaften	32
2. Grundstücke	33–45
a) Grundsätzliches	33
b) Bewertungsmethoden	34–38
c) Einzelfälle	39–44
3. Bargeld/Geldforderungen	46
4. Aktien/Festverzinsliche Wertpapiere	47/48
5. Lebensversicherungen	49–52
6. Kunstgegenstände, Schmuck, Sammlungen	53–58
7. Kraftfahrzeuge	59
8. Möbel, persönliche Gegenstände und Hausratsgegenstände	60
9. Sonstige Rechte	61–63
10. Bewertung im Landwirtschaftsrecht	64–71

Schrifttum: *Bambring/Jerschke* (Hrsg.), Beck'sches Notarhandbuch, 4. Aufl. 2006; *Crezelius*, Unternehmenserbrecht, 1. Aufl. 1998; *Dörr*, Die Entwicklung des Güterrechts seit dem 1. EheRG, NJW 1989, 1953; *Eiselt*, Buchwertabfindungen in Personengesellschaften und Pflichtteil, NJW 1981, 2447; *Elfring*, Die Lebensversicherung im Erbrecht, ZEV 2004, 305; *Grossfeld*, Unternehmensbewertung als Rechtsproblem, JZ 1981, 641; *Harder*, Zum Gegenstand der Schenkung im Sinne von BGB § 2325 in Bezug auf einem vom Erblasser abgeschlossenen Lebensversicherungsvertrag (f), FamRZ 1976, 617; *Heuer*, Kunstgegenstände in der Vermögenserklärung zum 1. Januar 1963 (Teil I), DB 1964, 48; *Kasper*, Anrechnung und Ausgleichung im Pflichtteilsrecht, 1. Aufl. 1999; *Kerscher/Riedel/Lenz*, Pflichtteilsrecht in der anwaltlichen Praxis, 3. Aufl. 2002; *Klingelhöffer*, Pflichtteilsrecht, 2. Aufl. 2003; *Kummer*, Pflichtteilsergänzung in DDR-Erbfällen – Kollisionsrecht und Grundstücksbewertung, ZEV 1995, 319; *Landsittel*, Gestaltungsmöglichkeiten von Erbfällen und Schenkungen, 1. Aufl. 2000; *Lange/Kuchinke*, Lehrbuch des Erbrechts, 5. Aufl. 2001; *Mayer*, Wertermittlung des Pflichtteilsanspruchs: Vom gemeinen, inneren und anderen Werten, ZEV 1994, 331; *Meinecke*, Das Recht der Nachlassbewertung in BGB, 1. Aufl. 1973; *Pentz*, Pflichtteilsergänzung bei „gemischten" Schenkungen, FamRZ 1997, 724; *Piltz*, Die Unternehmensbewertung in der Rechtsprechung, 3. Aufl. 1994; *Piltz/Wissmann*, Unternehmensbewertung beim Zugewinnausgleich nach Scheidung, NJW 1985, 2673; *Schröder*, Bewertungen im Zugewinnausgleich, 3. Aufl. 2002; *Siebert*, Gesellschaftsvertragliche Abfindungsklauseln und Pflichtteilsrecht, NJW 1960, 1033; *Simon/Kleiber*, Schätzung und Ermittlung von Grundstückswerten, 7. Aufl. 1996; *Sudhoff* (Hrsg.), Unternehmensnachfolge, 5. Aufl. 2005; *Wollny*, Unternehmens- und Praxisübertragungen, 3. Aufl. 1994; *Zimmermann*, Praxishinweise zur Grundstücksbewertung, ZERB 2000, 46; *Zimmermann*, Pflichtteilsrecht und Zugewinnausgleich bei Unternehmer- und Gesellschafternachfolge, BB 1969, 965.

I. Die Bewertung des Nachlasses

1

Beratungscheckliste

I. Allgemeines
   ☐ Grundsätzliche Bewertung zum „vollen wirklichen Wert", in der Regel der auf dem Markt zu erzielende Verkehrswert.
   ☐ Keine Buchwerte, keine steuerlichen Einheitswerte.
   ☐ Beachtung außergewöhnlicher Umstände, die die Marktsituation beeinflussen.

§ 46 Bewertung im Erbrecht

- ☐ Abzug von Kosten (z. B. Maklercourtage) bzw. latenter Ertragsteuer.
- ☐ Beachte die Sonderregelungen für „Landgüter".
- ☐ Maßgeblicher Bewertungsstichtag = Todestag; Ausnahme § 2312 BGB; bei Pflichtteilsergänzungsansprüchen gemäß § 2325 BGB ggf. Kaufkraftausgleich zu beachten.

II. Unternehmensbewertung
- ☐ In der Regel Bewertung des Unternehmens nach dem Ertragswertverfahren, abgestellt auf den zukünftigen Ertrag des Unternehmens; Beachtung außerordentlicher einmaliger Aufwendungen und Erträge (z. B. Verkauf eines Betriebsgrundstücks).
- ☐ Ggf. ergänzende Heranziehung des Substanzwertverfahrens; beachte: Substanzwert umfasst nicht den „Good Will".
- ☐ Ausnahmeweise Anwendung des Liquidationswertverfahrens, wenn die Fortführung des Unternehmens völlig unvertretbar ist bzw. der Erbe zur Liquidation gesetzlich verpflichtet ist; bei Fortführung des Unternehmens Maßgeblichkeit des Ertragswerts, selbst wenn der Liquidationswert höher ist.
- ☐ Bewertung von Personengesellschaften/Anteilen an Personengesellschaften gemäß vorstehenden Bewertungsmethoden; ggf. Ab- bzw. Zuschlag für Minderheits- bzw. Mehrheitsbeteiligungen, Problem: Abfindungsklauseln.

III. Grundstücke
- ☐ Nachvollziehbarkeit des Sachverständigengutachtens?
- ☐ Bei Veräußerung eines Grundstücks bis zu fünf Jahren nach dem Erbfall ist in der Regel der Verkaufswert anzusetzen.
- ☐ Ergänzende Heranziehung der Bodenrichtwerte nach § 196 BauGB.
- ☐ Ggf. Beachtung außergewöhnlicher Marktumstände.
- ☐ Abzug der Veräußerungskosten sowie latenter Ertragsteuer vom Wert des Grundstücks.
- ☐ Wertminderungen auf Grund von Miteigentumsanteilen Dritter beach-ten.
- ☐ Ggf. Wertzuschlag bei Mehrfamilienhäusern, wenn sich diese in Eigentumswohnungen umwandeln lassen.

IV. Bargeld/Geldforderungen
- ☐ Ggf. bei Sammlungen von Gold- und Silbermünzen höheren Sammlerwert beachten.

V. Aktien/Festverzinsliche Wertpapiere
- ☐ Grundsätzliche Bewertung zum amtlichen Börsenkurs am Todestag.
- ☐ Ggf. Ansatz eines Durchschnittskurses bei am Neuen Markt gehandelten Papieren.
- ☐ Eventuell Abzug von Spekulationsteuer (§ 23 EStG) bei der Bewertung.

VI. Lebensversicherungen
- ☐ Nur wenn kein Bezugsberechtigter angegeben ist, fällt die Versicherungsforderung in den Nachlass.
- ☐ Ggf. im Verhältnis zum Bezugsberechtigten pflichtteilsergänzungserhebliche Schenkung gegeben.
- ☐ Schenkungsgegenstand ist nicht die Versicherungssumme, sondern lediglich die das Vermögen des Erblassers entreichernde Prämienzahlung.

VII. Kunstgegenstände, Schmuck, Sammlungen
- ☐ Bewertung mit dem Veräußerungswert zum Zeitpunkt des Erbfalls, ggf. Abschlag für das Verwertungsrisiko von 25% bis 40%.
- ☐ Ggf. Zuschlag für Vollständigkeit einer Sammlung.

VIII. Kraftfahrzeuge
- ☐ Bewertung nach „Schwacke-Liste" bzw. DEKRA-Gutachten.

IX. Sonstige Aktiva
- ☐ Bei Teppichen in der Regel Einholung eines Sachverständigengutachtens zu empfehlen.
- ☐ Wohnungseinrichtung kommt in der Regel mangels Markt für gebrauchte Möbel kein Wert zu, ggf. Einigung auf einen Pauschalbetrag.
- ☐ Bei Wohnrechten sind die Vorschriften des Bewertungsgesetzes heranzuziehen (§ 14 BewG), Renten sind nach versicherungsrechtlichen Grundsätzen zu bewerten.

> X. Bewertung eines Landgutes
> ☐ Sonderbewertung eines Landgutes nach dem Ertragswert.
> ☐ Beachtung einschlägiger landesrechtlicher Bewertungsvorschriften sowie ggf. bei Vererbung eines landwirtschaftlichen Betriebes landesrechtlicher Anerbengesetze bzw. der Höfeordnung von 1976.
> ☐ Ggf. Festsetzung eines Übernahmepreises durch den Erblasser.
> ☐ Ggf. bei Veräußerung von Bau- bzw. Bauerwartungsland Abzug der latenten Ertragsteuer.

2   Bewertungen im Erbrecht sind häufig zweckorientiert. Das BGB kennt **keinen Allgemeinen verbindlichen Wertbegriff**. Die Bewertung eines Gegenstandes ist vielmehr relativ. Entscheidend für die Bewertung sind die Umstände des Einzelfalles, die Eigenart des zu bewertenden Gegenstandes, die daraus resultierende Verwendungsart sowie das Umfeld und die Beziehungen des Inhabers des zu bewertenden Gegenstandes zu diesem Umfeld.[1]

Auf die Bewertung der Nachlassgegenstände kommt es vor allem für die Berechnung des Pflichtteils an. Hier wählt der Erbe in der Regel einen anderen Bewertungsansatz als der Pflichtteilsberechtigte. Dies ist, mangels absoluter Werte, legitim. Bewertungsfragen stellen sich auch bei der Anrechnung (§§ 2315 Abs. 2 S. 2 BGB) und beim Ausgleich lebzeitiger Zuwendungen (§§ 2050 ff. bzw. §§ 2316, 2050 ff. BGB).[2]

Diese Aufzählung ist bei weitem nicht abschließend. So sieht das Erbrecht an vielerlei Stellen die Entrichtung von Werten vor (vgl. beispielsweise § 2170 Abs. 2 BGB). Ebenso kann es zu Bewertungsfragen bei der in das Erbrecht einspielenden Zugewinnausgleichsberechnung kommen.[3]

Hier kann sich ein von der Nachlassbewertung abweichender Bewertungsmaßstab ergeben, da die Ehegatten im Gegensatz zur Nachlassbewertung Bestimmungen zum Umfang und zur Bewertung der Zugewinnbeteiligung treffen können.

3   Auch das BGB steht einer solchen, keiner ausschließlich gültigen Regel Folgenden, Bewertung nicht entgegen. Es kennt keine allgemeinverbindliche Wertdefinition.[4] Somit fehlt es an einer rechtlich verbindlichen Auswertungsmethode, die stets eindeutige Ergebnisse liefert.[5] Auch der Betriebswirtschaftslehre ist keine allgemeinverbindliche Wertdefinition zu entnehmen, die hier Abhilfe schaffen könnte.[6] Die Bewertung obliegt also letztlich dem Rechtsanwender selbst, der hierfür mangels eigener Sachkenntnis vor allem auf **Sachverständigengutachten** zurückgreift. Häufig erschöpft sich daher die Bewertung in einer Schlüssigkeitsprüfung des jeweiligen Sachverständigengutachtens.

4   Das BGB enthält mit § 2311 BGB eine **Wertermittlungsvorschrift** für das Erb- bzw. Pflichtteilsrecht. Ziel dieser Wertermittlungsvorschrift ist es, den Pflichtteilsberechtigten materiell so zu stellen, als wenn er zu einem dem Pflichtteil entsprechenden Bruchteil Erbe geworden wäre.[7] § 2311 Abs. 1 S. 1 BGB ordnet also dem als Geldanspruch ausgestalteten, jedoch zunächst durch die Pflichtteilsquote ausgedrückten Pflichtteilsanspruch einen Geldbetrag zu.

Dabei ist der Wert des Nachlasses bzw. der Einzelnen den Nachlass bildenden Gegenstände zur Zeit des Erbfalls zugrunde zu legen (§ 2311 Abs. 1 S. 1 BGB). Diesen vermeintlich objektiven Wertansatz konkretisiert die Rechtsprechung und die herrschende Lehre dahin gehend, dass der „**volle wirkliche Wert**"[8] des Nachlasses bzw. der einzelnen Nachlassgegenstände zu ermitteln ist. In der Regel ist dies der am Markt zu erzielende Verkehrswert, also der normale

---

[1] Staudinger/*Haas* § 2311 Rdnr. 48; *Schröder* Rdnr. 63.
[2] Vgl. hierzu im Einzelnen *Kasper* S. 61 ff.
[3] Vgl. hierzu im Folgenden Rdnr. 11.
[4] Staudinger/*Haas* § 2311 Rdnr. 47.
[5] Staudinger/*Thiele* § 1376 Rdnr. 10.
[6] *Piltz/Wissmann* NJW 1985, 2673.
[7] BVerfG Beschl. v. 26.4.1988 = NJW 1988, 2723, 2724.
[8] OLG München Urt. v. 15.1.1988 = BB 1988, 429, 431; Staudinger/*Thiele* § 1376 Rdnr. 10; Staudinger/*Haas* § 2311 Rdnr. 50; MünchKommBGB/*Koch* § 1376 Rdnr. 8 m.w.N.; *Dörr* NJW 1989, 1953, 1954; *Schröder* Rdnr. 59.

Verkaufswert. Der Normalverkaufswert ist der Preis, der im gewöhnlichen Geschäftsverkehr nach der Beschaffenheit des Wirtschaftsgutes bei einer Veräußerung unter normalen und erlaubten wirtschaftlichen Verhältnissen unserer Wirtschaftsordnung voraussichtlich zu erzielen wäre.[9] Dort wo es an einem solchen Verkaufswert fehlt, also bei der Bewertung nicht marktgängiger Posten, ist deren Wert gemäß § 2311 Abs. 2 S. 1 BGB ggf. durch **Schätzung** zu ermitteln.

Der Ansatz des Normalverkaufswertes schließt andere, nicht marktbezogene Bewertungsmethoden grundsätzlich aus. So können **Buchwerte** nicht zur Nachlassbewertung herangezogen werden. Im Rahmen der Nachlassbewertung sind diese durch Wiederbeschaffungswerte zu ersetzen und daraus resultierende stille Reserven aufzudecken.[10] Ebenso sind **steuerliche (Einheits-) Wertfestsetzungen** unbeachtlich.[11] Um eine realitätsbezogene Bewertung zu gewährleisten, versagt es § 2311 Abs. 2 S. 2 BGB dem Erblasser selbst Wertbestimmungen zu treffen. Allerdings verstößt eine dem Pflichtteilsberechtigten vorteilhafte Wertbestimmung des Erblassers nicht gegen § 2311 Abs. 2 S. 2 BGB. Grenzen einer solchen Wertbestimmung bildet lediglich das Pflichtteilsrecht der anderen Pflichtteilsberechtigten.[12]

Unter Umständen kann eine solch günstige Wertfestsetzung zu Pflichtteilsergänzungsansprüchen gemäß § 2325 BGB führen.

Vereinzelt hat die Rechtsprechung Korrekturen des Verkehrswertes vorgenommen. Im Falle vorübergehender, die Mechanismen des Marktes außer Kraft setzender außergewöhnlicher Verhältnisse, sollen auf diesen Veränderungen beruhende aktuelle Verkaufswerte unerheblich sein. Zu nennen sind hier so genannte **Stopp-Preise** auf dem Immobilienmarkt[13] **und außergewöhnliche politische Umstände**, wie die Auswirkung des Chruschtschow-Ultimatums auf den Berliner Grundstücksmarkt.[14] Eine außergewöhnliche Marktsituation hat die Rechtsprechung auch dann angenommen, wenn auf dem relevanten Markt eine (vorübergehende) Flaute herrscht und der Erbe auf einen Verkauf des Nachlassgegenstandes zum Stichtag auf Grund ausreichender Barmittel nicht angewiesen ist.[15] In diesen Fällen stellt die Rechtsprechung auf den „wahren inneren" Wert des Gegenstandes ab. Nach *Klingelhöffer* soll es sich bei dem wahren inneren Wert um den Wert handeln, der für den Inhaber darin besteht, dass er den Gegenstand weiter nutzen kann. Dies soll der kapitalisierte Nutzungswert sein, der allerdings am Stichtag als Preis auf Grund der ungewöhnlichen Umstände nicht zu erzielen ist.[16] Nach der Rechtsprechung des BGH rechtfertigen die vorhandenen Marktanomalien ein Abweichen vom Normalverkaufswert und sind als wertmindernde Umstände bei der Ermittlung des wahren inneren Wertes in Ansatz zu bringen. Dabei soll die Wertminderung umso größer sein, desto geringer die Aussicht ist, dass diese Umstände in absehbarer Zeit wieder wegfallen.[17]

Der Vorrang des tatsächlich erzielten Kaufpreises als Bewertungsgrundlage bedeutet nicht, dass Korrekturen des Verkehrswertes ausgeschlossen sind. Zum einen ist die Preisentwicklung seit dem Erbfall zu berücksichtigen;[18] zum anderen sind die **Kosten**, wie z. B. Maklercourtage bei Grundstückskauf, im Zusammenhang mit der Veräußerung[19] zu berücksichtigen. Ausnahmsweise kann auch der Liebhaberwert zu berücksichtigen sein, wenn sich auf dem Markt für das Objekt ein Liebhaberwert gebildet hat, so für Briefmarken oder Oldtimer.[20] In Abzug zu bringen sind auch Ertragsteuern nach § 16 EStG, soweit diese unvermeidbar waren.[21]

---

[9] Staudinger/*Haas* § 2311 Rdnr. 52; *Meincke* S. 155 f.
[10] *Wollny* Rdnr. 1676.
[11] Staudinger/*Haas* § 2311 Rdnr. 50.
[12] Staudinger/*Hass* 2311 Rdnr. 57 m.w.N.
[13] BGH Urt. v. 25.3.1954 = NJW 1954, 1037; vgl. auch *Kummer* ZEV 1995, 319, 320.
[14] BGH Urt. v. 31.5.1965 = BGH NJW 1965, 1589.
[15] BGH Urt. v. 1.4.1992 = NJW-RR 1992, 899.
[16] *Klingelhöfer* Rdnr. 175.
[17] BGH Urt. v. 25.3.1954 = BGHZ 13, 45, 47 = NJW 1954, 1037; BGH Urt. v. 31.5.1965 = BGH NJW 1965, 1589, 1590.
[18] BGH Urt. v. 24.3.1993 = NJW-RR 1993, 834.
[19] BGH Urt. v. 17.3.1982 = NJW 1982, 2497, 2498; Staudinger/*Haas* § 2311 Rdnr. 66 m.w.N.
[20] *Mayer* ZEV 1994, 331.
[21] BGH Urt. v. 26.4.1972 = NJW 1972, 1269 f.

8 Eine verbindliche Wertdefinition enthalten die §§ 2312, 2313 BGB für „**Landgüter**". „Landgüter" sind identisch mit dem „Land- und Forstwirtschaftlichen Betrieb" in § 1376 Abs. 4 BGB.[22] Ein Landgut ist hiernach unter Zugrundelegung des Ertragswertverfahrens zu bewerten. In Baden-Württemberg, Bremen, Hessen und Rheinland-Pfalz sind allerdings die landesrechtlichen Anerbengesetz zu beachten, soweit es sich um landwirtschaftliche Anwesen handelt.[23]

9 Maßgeblicher **Bewertungsstichtag** ist gemäß § 2311 Abs. 1 S. 1 BGB die Zeit des Erbfalls, also der Tod des Erblassers bzw. der gemäß § 9 VerschG festgestellte Todeszeitpunkt.[24] Das Stichtagsprinzip führt zu einer klaren Risikoverteilung zwischen Erben und Pflichtteilsberechtigten. Der Pflichtteilsberechtigte trägt demnach nicht die Gefahr des Untergangs eines Nachlassgegenstandes nach dem Erbfall auf der Aktivseite, ist aber andererseits mit dem Risiko der Geldentwertung belastet. Allerdings macht der BGH hiervon bei Pflichtteilsergänzungsansprüchen gem. §§ 2325 ff. BGB eine Ausnahme, in dem er bei deren Berechnung im gewissen Umfang dem Kaufkraftschwund Rechnung trägt.[25] Eine weitere Ausnahme vom Stichtagprinzip regelt § 2313 BGB. Hängt der Bestand des Nachlasses von künftigen ungewissen Ereignisses ab, sind also zurzeit des Erbfalls Rechte und **Verbindlichkeiten** noch **aufschiebend oder auflösend** bedingt bzw. waren diese zweifelhaft oder unsicher, so gilt gemäß § 2313 BGB Folgendes:

10 Von einer aufschiebenden Bedingung abhängigen Rechte und Verbindlichkeiten, ungewisse oder unsichere Rechte sowie zweifelhafte Verbindlichkeiten bleiben bei der Feststellung des Wertes des Nachlasses außer Ansatz. Auflösend bedingte Rechte und Verbindlichkeiten kommen hingegen wie unbedingte zum Ansatz. Ändert sich die Rechtslage hat gemäß § 2313 Abs. 1 S. 3 BGB ein entsprechender Ausgleich zu erfolgen. Tritt bei einem aufschiebend bedingten Recht bzw. einer auflösend bedingten Verpflichtung Bedingungseintritt ein, ist an den Pflichtteilsberechtigten eine entsprechende Nachzahlung zu leisten.[26] Kommt es bei auflösend bedingten Rechten und aufschieben bedingten Verpflichtungen zum Bedingungseintritt, so vermindert sich der Pflichtteil. Der Pflichtteilsberechtigte hat das zu viel Erhaltene zurückzuzahlen. Gleiches gilt bei Klärung ungeklärter Verbindlichkeiten.[27] Sicherheitsleistung kann weder der Erbe noch der Pflichtteilsberechtigte hinsichtlich der vorläufig berücksichtigten bzw. nicht berücksichtigten Interimswerte verlangen. Es gelten die allgemeinen Vorschriften zum Schutz bedingter Ansprüche (§ 916 Abs. 2 ZPO) und zu deren Entstehung und Berücksichtigung in der Insolvenz (§ 191 InsO).

11 Die Bewertungsmethode kann vom Tatrichter vorgegeben werden. Sie kann aber auch mangels solcher Vorgabe durch den Gutachter selbst erfolgen. Der Richter kann im letzteren Fall sowohl die **Auswahl** als auch die **Anwendung** der jeweiligen **Bewertungsmethode** auf ihre rechtliche Vertretbarkeit im konkreten Fall prüfen.[28] Bestehen Meinungsverschiedenheiten über die anzuwendende Bewertungsmethode, darf der Sachverständige nicht nur eine Bewertungsmethode anwenden und auf dieser basierend das Gutachten erstellen.[29] Wahl und Anwendung der Bewertungsmethode sind Tatfrage und somit nur daraufhin nachprüfbar, ob ihnen rechtsfehlerhafte Erwägungen oder Verstöße gegen Erfahrungssätze und Denkgesetze zugrunde liegen.[30]

12 Regeln zur **Wertbestimmung** enthält auch das **gesetzliche Güterrecht**. § 1376 BGB enthält Wertbestimmungen zur Berechnung des Anfangs- und Endvermögens sowie einer während des Bestehens der Zugewinngemeinschaft eingetretenen Vermögensmehrung bzw. -minderung. § 1376 Abs. 4 BGB enthält ein Bewertungsprivileg zugunsten land- und forstwirtschaftlicher Betriebe. Diese sind mit dem Ertragswert anzusetzen. Endet die Zugewinngemeinschaft durch Tod eines Ehegatten, so kann der überlebende Ehegatte gemäß § 1371 Abs. 3 BGB die Erbschaft ausschlagen und neben dem so genannten „kleinen Pflichtteil" die Zugewinnausgleichs-

---

[22] *Klingelhöffer* Rdnr. 223.
[23] Vgl. im Einzelnen MünchKommBGB/*Leipold* Einl. zu § 1922 Rdnr. 119; *Kerscher/Riedel/Lenz* § 7 Rdnr. 119.
[24] MünchKommBGB/*Lange* § 2311 Rdnr. 15.
[25] Vgl. § 36 Rdnr. 126; BGH Urt. v. 4.7.1975 – BGHZ 65, 75.
[26] Staudinger/*Haas* § 2313 Rdnr. 15.
[27] Staudinger/*Haas* § 2313 Rdnr. 16.
[28] BGH Urt. v. 30.9.1981 = NJW 1982, 575.
[29] Staudinger/*Haas* § 2311 Rdnr. 73.
[30] BGH Urt. v. 1.4.1992 = FamRZ 1992, 918, 919; *Nieder* Rdnr. 106; a.A. *Grossfeld* JZ 1981, 641, 643.

forderung verlangen. Die Ausschlagung der Erbschaft ist wirtschaftlich für ihn dann von Interesse, wenn er hierdurch mehr als die ihm gemäß § 1371 Abs. 1 BGB ohnehin zukommende Hälfte des Nachlasses erhält. Dies ist immer der Fall, wenn der vom Erblasser während des Güterstandes erzielte Mehrzugewinn (§ 1378 Abs. 1 BGB) 6/7 oder mehr des Nachlasses beträgt. Voraussetzung ist allerdings, dass die Verbindlichkeiten bei dieser Werterelation schon berücksichtigt sind. Erforderlich ist also stets eine Bewertung des Zugewinns bzw. des Mehrzugewinns. Ebenso wie bei der Bewertung des Nachlasses ist bei der Bewertung des Anfangs- bzw. Endvermögens der „wahre" bzw. „volle" Verkehrswert anzusetzen.[31] Erschwert wird die Berechnung der Ausgleichsforderung allerdings dadurch, dass im Gegensatz zur Nachlassbewertung die Ehegatten weitgehende Bestimmungen zum Umfang und der Bewertung der Zugewinnbeteiligung treffen können. Hierzu gehören Vereinbarungen über Feststellung und Bewertung des Anfangs- und Endvermögens, Einbeziehung vorehelichen Vermögens in den Zugewinnausgleich, die Herausnahme einzelner Vermögensgegenstände oder bestimmter Teile des Vermögens aus dem Zugewinnausgleich sowie die Festlegung des Berechnungszeitpunkts für den Ausgleich.[32] Die Beratung des überlebenden Ehegatten zur Frage der Ausschlagung erfordert daher stets eine umfangreiche Prüfung der zwischen den Ehegatten abgeschlossenen Vereinbarungen. Erschwert wird die Beratung durch die kurze Ausschlagungsfrist und die Relativität der gewählten Bewertungsansätze. Letztlich empfiehlt sich eine Ausschlagung nur dann, wenn sich die oben genannte Wertrelation zwischen Nachlasswert und Mehrzugewinn deutlich ergibt.

II. Einzelfälle der Bewertung

1. Unternehmen

Die Bewertung eines Unternehmens ist im Einzelfall schwierig. Nach den allgemeinen Grundsätzen ist für die Bewertung eines Unternehmens auf den wahren wirklichen Wert und nicht auf den Bilanzwert des Unternehmens abzustellen. Dieser wahre wirkliche Wert wird jedoch wiederum durch die den Einzelfall kennzeichnenden Umstände, d. h. die Beziehung des Unternehmens zu seinem Umfeld, wesentlich geprägt. Die Art des Unternehmens hat entscheidenden Einfluss auf diese, den Wert bestimmende Wechselbeziehung des Unternehmens zu seinem Umfeld. So sind für die Kaufpreisfindung einer freiberuflichen Praxis, wie z. B. einer Zahnarztpraxis oder Rechtsanwaltskanzlei andere Faktoren maßgebend als für ein kaufmännisches Einzelunternehmen, eine Personengesellschaft oder GmbH-Anteile. Hinzu kommt, dass eine bestimmte **Bewertungsmethode für die Bewertung von Unternehmen** nicht vorgeschrieben ist.[33] Zur Berechnung des Pflichtteils können daher die gängigen Bewertungsmethoden, wie Ertragswert-, Substanzwert-, oder Liquidationswertverfahren sowie nach Veräußerung des Unternehmens (ein bis zwei Jahre) nach dem Erbfall der tatsächlich erzielte Kaufpreis von Bedeutung sein. Die Auswahl der Bewertungsmethode entscheidet der Tatrichter. Dieser hat zu prüfen, ob das mittels der Bewertungsmethode gefundene Ergebnis sich noch im Rahmen der Angemessenheit bewegt.[34] Die Auswahl der Bewertungsmethode durch den Tatrichter ist nur insoweit reversibel, ob rechtsfehlerhafte Erwägungen oder Verstöße gegen Erfahrungssätze und Denksätze der Auswahl zugrunde liegen.[35] Der Pflichtteilsberechtigte kann bei der Bestimmung des Pflichtteilsanspruchs jedoch nicht die Liquidation des Unternehmens verlangen. Dies gilt auch dann, wenn der Liquidationswert höher als der Ertragswert ist. Der Ertragswert bleibt grundsätzlich auch in diesem Fall für die Bestimmung der Höhe des Pflichtteilsanspruchs maßgebend.[36]

Weiteren Einfluss auf die Bewertung des Unternehmens hat der so genannte **Managementfaktor**. Bei der Bewertung von Unternehmen muss die Abhängigkeit der Ertragskraft von der persönlichen Qualifikation des Inhabers bzw. des Managements beachtet werden. Gerade bei

---

[31] MünchKommBGB/*Koch* § 1376 Rdnr. 8.
[32] Brambring/Jerschke/*Grziwotz* B I Rdnr. 62.
[33] *Klingelhöffer* Rdnr. 200.
[34] MünchKommBGB/*Lange* § 2311 Rdnr. 25 m.w.N. z. Rspr.
[35] *Klingelhöffer* Rdnr. 200.
[36] BGH Urt. v. 17.1.1973 = NJW 1973, 509.

kleineren und mittleren Unternehmen kommt dem Managementfaktor eine entscheidende Bedeutung zu. Hier hängt die Ertragskraft des Unternehmens oft unmittelbar mit dem individuellen Einsatz des Erblassers und dessen Ruf zusammen. In einem solchen Fall muss der personenbezogene Wertfaktor, der sich meistens nicht genau bestimmten lässt, bei der Bewertung beachtet werden.

Dies kann durch einen entsprechenden Abzug bei der Ermittlung des Ertragswertes oder aber durch Abgehen von der Ertragswertmethode hin zu einer Kombination von Substanzwert und „Good Will" erfolgen.[37]

15 Von Bedeutung ist der **Bewertungsstichtag**. Maßgeblicher Bewertungsstichtag für den Erben und Pflichtteilsberechtigten ist der Todestag. Dies ergibt sich aus dem Stichtagsprinzip. Das Stichtagsprinzip wird gegen die Anwendung der Ertragswertmethode ins Feld geführt. So widerspräche eine an den zu erwarten-den Zukunftserträgen orientierte Bewertung dem Stichtagsprinzip.[38] Meist werden der Zeitpunkt der Unternehmensbewertung und der des Unternehmensüberganges voneinander abweichen. Es kann sich daher empfehlen, zwischen den Parteien eine Einigkeit darüber herzustellen, wie Wertveränderungen zwischen Bewertungsstichtag und Veräußerungszeitpunkt zu berücksichtigen sind. Zu empfehlen ist in diesem Zusammenhang die **Vereinbarung eines festen Bewertungs-stichtages** zwischen Erbe und Pflichtteilsberechtigtem. In Betracht kommt hier vor allem der Bilanzstichtag vorzugsweise nach dem Todesfall. Eine solche Abrede vermeidet die mit erheblichem Aufwand verbundene Erstellung einer Zwischenbilanz auf den Todeszeitpunkt und ist somit kostengünstig.[39] Zu Schwierigkeiten bei der Bewertung führen auch die häufig in Gesellschaftsverträgen anzutreffenden detaillierten Regelungen für den Fall, dass einer der Gesellschafter aus der Gesellschaft ausscheidet. In diesem Zusammenhang ist insbesondere die Bedeutung von Abfindungsklauseln,[40] die den Abfindungsanspruch des scheidenden Gesellschafters hinter den wahren Wert der Gesellschaftsbeteiligung zurücktreten lassen, bei der Berechnung des Pflichtteils bisher noch nicht vollständig geklärt.

16 **a) Einzelkaufmännisches Unternehmen.** Nach der Rechtsprechung sind grundsätzlich die im gewöhnlichen Geschäftsverkehr zustande gekommenen stichtagsnahen Preise (ein bis zwei Jahre vor bzw. nach dem Stichtag) als maßgebliche Orientierungsgröße zur Wertbestimmung anzusehen, wenn wesentliche Marktveränderungen nicht eingetreten sind und außergewöhnliche oder persönliche Umstände den Kaufpreis nicht beeinflusst haben.[41] Ist das Unternehmen also innerhalb des vorgenannten Zeitraumes veräußert worden, so ist dem **Unternehmenswert** der erzielte Kaufpreis zugrunde zu legen.[42] Fehlt es an einer Veräußerung des Unternehmens innerhalb dieses Zeitraumes, wird zunehmend die Ertragswertmethode als maßgebliche Bewertungsmethode angesehen.[43]

17 *aa) Ertragswertverfahren.* Anknüpfungspunkt des Ertragswertverfahrens ist die auf Dauer angelegte Ertragskraft des Unternehmens. Der Ertragswert ist demnach der Barwert aller zukünftigen Erträge. Zu ermitteln sind alle dem Unternehmenseigner zukünftig zufließenden finanziellen Überschüsse, also alle Ausschüttungen, die möglich sind, ohne die Ertragskraft des Unternehmens zu schwächen.[44] In der Bewertungspraxis wird der zukünftige **Ertrag eines Unternehmens** aus dem Durchschnitt der Gewinne der Vorjahre abgeleitet. Die künftigen finanziellen Überschüsse sind aufbauend auf einer Vergangenheitsanalyse zu prognostizieren. Dieser sind in aller Regel Gewinn- und Verlustrechnungen, Kapitalflussrechnungen, Bilanzen und interne Ergebnisrechnungen zugrunde zu legen. Der Unternehmenswert (Zukunftserfolgswert) wird durch Diskontierung der künftigen finanziellen Überschüsse auf den Bewertungsstichtag ermittelt. Als Zeitraum, der der Abzinsung zugrunde zu legen ist, ist in der Mehrzahl der Be-

---

[37] *Klingelhöffer* Rdnr. 198 a. E.
[38] *Kerscher/Riedel/Lenz* § 7 Rdnr. 76.
[39] Vgl. *Klingelhöffer* Rdnr. 207.
[40] Vgl. hierzu § 46 Rdnr. 29 und 30.
[41] BGH Urt. v. 17.3.1982 = BB 1982, 887 = NJW 1982, 2497, 2498.
[42] *Klingelhöffer* Rdnr. 209.
[43] Sudhoff/*Scherer* § 17 Rdnr. 70.
[44] *Piltz* S. 148.

wertungsfälle von einer unbegrenzten Lebensdauer des zu bewertenden Unternehmens auszugehen. Ausgangspunkt ist also das Modell einer immer währenden Rente.[45]

Ausnahmsweise kann es aber auch sachgerecht sein, eine begrenzte Lebensdauer des zu bewertenden Unternehmens zu unterstellen. Aufgabe des Basiszinssatzes ist es, eine Alternativrendite aus einer alternativen Investition zu ermitteln. Die nachhaltige Ertragskraft eines Unternehmens lässt sich marktgerecht nur durch Vergleich mit einer solchen Alternativrendite bestimmen. Für die Berechnung des objektiven Unternehmenswertes (Zukunftserfolgswert) auf den Bewertungsstichtag ist auf eine (quasi) risikofreie alternative Kapitalmarktanlage abzustellen. Für die Berechnung ist somit ein Zinssatz anzunehmen, der den üblichen Effektivverzinsung inländischer öffentlicher Anleihen oder der Rendite langfristig festverzinslicher Wertpapiere am Stichtag entspricht.[46] Im Gegensatz zur alternativen Anlageform können die künftigen finanziellen Überschüsse des Unternehmens auf Grund des bestehenden unternehmerischen Risikos nicht mit Sicherheit prognostiziert werden. Diesem Unternehmensrisiko wird durch einen Risikoabschlag im Ertragswert begegnet.[47] Der so gewonnene Jahresertrag ist zur normalisieren, d. h. aperiodische oder außergewöhnliche Erfolgskomponenten sind zu eliminieren.

Der Vergangenheitserfolg kann durch die Ausübung von Bilanzierungs- oder Bewertungswahlrechten oder erhöhte Abschreibungsmöglichkeiten bedingt sein. Gewinne können zudem durch **außerordentliche einmalige Aufwendungen** und Erträge, wie z. B. den Verkauf eines Betriebsgrundstücks gegen einen hohen Buchwert oder den Verlust eines Lkws durch einen Unfall beeinflusst werden. Aufwendung und Erträge des nicht betriebsnotwendigen Vermögens (z. B. Erträge aus nicht betriebsnotwendigen Beteiligungen) können zudem Einfluss auf den Gewinn nehmen. Vor allem zu achten ist auf die **Bildung bzw. Auflösung stiller Reserven**. Ersteres führt zu einer Unterschätzung der Ertragskraft, letzteres zu einer Überschätzung der Ertragskraft.[48] Zu Bereinigen sind aber auch personenbezogene oder andere spezifische Erfolgsfaktoren, so z. B. die Erfolgswirkung aus besonderen Einkaufs- und Absatzbeziehungen im Rahmen eines Konzernverbundes. Ebenso sind betriebliche Eigenleistungen zu berichten.[49]

Nicht betriebsnotwendiges Vermögen und nicht betriebsnotwendige Passivposten sind außerhalb der Unternehmensbewertung gesondert zu bewerten und mit ihren Einzelveräußerungspreisen dem vorher ermittelten Ertragswert als Barwert hinzurechnen. Aus dem so gewonnenen **normalisierten Gewinn** ist unter Zuhilfenahme des arithmetischen Mittels der durchschnittliche Gewinn zu berechnen.[50] Zur Bildung des Durchschnittsertrages wird in der Regel auf die Erträge der letzten drei bis fünf Wirtschaftsjahre zurückgegriffen. Eine Verfeinerung des Durchschnittsertrages lässt sich durch Berechnung des gewogenen arithmetischen Mittels erreichen. Hierbei wird nicht nur der rechnerische Durchschnitt der Einzeljahre gesucht, sondern die Ergebnisse der einzelnen Wirtschaftsjahre werden unterschiedlich gewichtet und erst dann das arithmetische Mittel errechnet.[51] Dabei erscheint es in der Praxis sachgerecht z. B. bei Berücksichtigung von drei Vorjahresgewinnen dem letzten Jahresergebnis das größte Gewicht zukommen zu lassen.[52] Die zukünftige finanzielle Entwicklung eines Unternehmens lässt sich für einen gewissen Zeitraum plausibler beurteilen und sicherer prognostizieren als für nachfolgende Jahre. Die Praxis prognostiziert dabei die finanziellen Überschüsse auf der Basis unterschiedlicher Zukunftsphasen. Durchgesetzt hat sich hier die so genannte **Dreiphasenmethode**[53]. Für die erste Phase von drei Jahren wird für den jährlichen Ertrag eine Teilprognose, zumeist auf der Grundlage hinreichend detaillierter Planungsrechnungen erstellt. Für die darauf Folgende fünf Jahre umfassende zweite Phase wird die Teilplanung der ersten Phase mehr oder weniger pauschal fortgeschrieben, d. h. der Trend

---

[45] BGH Urt. v. 30.9.1981 = NJW 1982, 575.
[46] BGH Urt. v. 30.9.1982 = BGH NJW 1982, 575.
[47] Sudhoff/*Scherer* § 17 Rdnr. 71; IDW Prüfungsstandards, IDW S 1 Rdnr. 97.
[48] Vgl. zu allem: *Wollny* Rdnr. 1606 ff.
[49] *Wollny* Rdnr. 1611.
[50] *Wollny* Rdnr. 1621.
[51] Vgl. hierzu im Einzelnen: *Wollny* Rdnr. 1623 f.
[52] Sudhoff/*Scherer* § 17 Rdnr. 71.
[53] *Piltz* S. 148.

der ersten Phase wird als durchschnittlich zu erwartender wirtschaftlicher Erfolg unterstellt. Für den sich daran anschließenden Zeitraum erfolgt lediglich eine grobe Schätzung auf der Grundlage des Endwertes der zweiten Phase.[54]

19 **bb) Substanzwertverfahren.** Bei dem **Substanzwert** handelt es sich um den Gebrauchswert (Reproduktionswert) der betrieblichen Substanz.

Der Substanzwert ergibt sich als Rekonstruktions- oder Wiederbeschaffungswert aller im Unternehmen vorhandener immaterieller und materieller Werte (und Schulden). Er ist die Summe aller Aufwendungen, die nötig wären, um ein gleichwertiges Unternehmen zu errichten.[55]

20 Die **Ermittlung des Subtanzwertes** erfolgt bezogen auf die einzelnen Vermögensgegenstände des Unternehmens. Der Substanzwert ist die Summe aus der Addition der Zeitwerte der einzelbewertbaren Vermögensgegenstände des Unternehmens abzüglich der Zeitwerte der einzelbewertbaren Schulden des Unternehmens.[56] Bei der Ermittlung des Substanzwertes werden die Einzelobjekte mit ihren Wiederbeschaffungspreisen, überzählige Objekte mit ihren Veräußerungspreisen angesetzt.[57] In der Praxis ist Ausgangspunkt für die wertmäßige Erfassung aller Wirtschaftsgüter in der Regel die Jahresbilanz. In der Bilanz sind die einzelnen Wirtschaftsgüter mit ihren Anschaffungs- oder Herstellungskosten vermindert um die Abschreibung angesetzt. Diese Bilanzansätze sind für die Substanzbewertung durch die jeweiligen Wiederbeschaffungswerte der einzelnen Vermögensgüter zu ersetzen. Dabei ist dem Alter der Substanz durch Abschläge vom Rekonstruktionsneuwert Rechnung zu tragen, die sich aus dem Verhältnis der Restnutzzeit zur Gesamtnutzzeit der Vermögensteile bzw. aus dem Verhältnis des Restnutzungspotentials zum Gesamtnutzungspotentials ergeben (Rekonstruktionszeitwert).[58] Stille Reserven sind aufzudecken. Nicht betriebsnotwendiges Vermögen und überzählige Objekte sind bei der Addition der Einzelwerte mit dem Veräußerungspreis anzusetzen. Der Substanzwert umfasst nicht den **Geschäftswert** (**Good Will**; Mehrwert der Substanz). Der Geschäftswert ist gesondert zu bewerten. Er bildet zusammen mit dem Substanzwert den Wert des Unternehmens.[59] Die Praxis legt den um den Geschäftswert erhöhten Substanzwert häufig der Preisfindung zugrunde.

21 Dem **Substanzwert** kommt in der Praxis bei der Ermittlung des Unternehmenswert grundsätzlich **keine eigenständige Bedeutung** zu.

Im Schrifttum wird das Substanzwertverfahren mittlerweile als überholt angesehen,[60] da ein potentieller Käufer seine Preisvorstellung wesentlich an dem zu erwartenden Nutzen ausrichtet und sich daher nur ein Preis erzielen lässt, der eine angemessene Kapitalverzinsung gewährleistet.[61] In der Praxis spielt der Substanzwert aber häufig bei der Preisfindung eine Rolle. Er dient als rechnerische Grundlage für die Ertragswertrechnung, wobei diese vom Substanzwert abhängt, wie z. B. bei Abschreibungen.[62]

22 Führt der Erbe das Unternehmen fort, ermittelt der **BGH** den Unternehmenswert durch eine **Zusammenschau von Substanzwert- und Ertragswertverfahren** bzw. durch eine Berichtigung des Substanzwertes nach Maßgabe der Ertragsfähigkeit.[63] *Crezelius* tritt dem entgegen. Er vertritt die Auffassung, dass der objektive Wert einer unternehmerischen Beteiligung allein schon durch die auf ihr lastende latente Steuer gemindert wird. Bei der Wertermittlung im Rahmen des Pflichtteilsrechts seien latente Steuern daher grundsätzlich zu berücksichtigen.[64] Für die generelle Berücksichtigung der latenten Ertragsteuer bei der Pflichtteilsberechnung spricht jedenfalls, dass die Fortführung des Unternehmens ohne Berücksichtigung der latenten Steuerlast

---

[54] Vgl. Sudhoff/*Scherer* § 17 Rdnr. 71.
[55] *Klingelhöffer* Rdnr. 204.
[56] *Wollny* Rdnr. 1675.
[57] *Wollny* Rdnr. 1670.
[58] IDW Prüfungsstandards, IDW S 1 Rdnr. 180.
[59] *Wollny* Rdnr. 1679.
[60] *Klingelhöffer* Rdnr. 204 m.w.N.
[61] MünchKommBGB/*Lange* § 2311 Rdnr. 25
[62] *Wollny* Rdnr. 1674.
[63] BGH Urt. v. 17.1.1973 = NJW 1973, 509 f.
[64] *Crezelius* Rdnr. 95.

den Erben oft zwingt, dieses letztlich doch zu veräußern, um den hohen Pflichtteilsanspruch bedienen zu können.

Dem Substanzwertverfahren kann zusätzliche Bedeutung zukommen bei kleineren und mittleren Unternehmen die durch die Person ihres Betreibers geprägt sind. Die Prognose zukünftiger Erträge wird hier durch den nur schwer zu bestimmenden Anteil des Inhabers des Unternehmens an dessen Erfolg erschwert. Hier bietet sich das Substanzwertverfahren zur Wertermittlung an.[65] Ähnliches gilt für Freiberuflerpraxen, bei denen allerdings auch die Bewertungsrichtlinien der jeweiligen Standesorganisation berücksichtigt werden sollten.

Werden bei der Veräußerung des Unternehmens stille Reserven aufgedeckt, sind die **latenten Ertragsteuern** bei der Wertberechnung zu berücksichtigen, d. h. der Substanzwert ist um den Barwert der latenten Steuerlast zu mindern. Führt hingegen der Erbe das Unternehmen fort, d. h. ist nicht abzusehen, dass stille Reserven demnächst zur Auflösung kommen werden, bleiben die latenten Ertragsteuern unberücksichtigt.[66] Der Erbe kann die latente Ertragsteuerlast nicht als Nachlassverbindlichkeit abziehen.[67] Hingegen sind **hypothetische Veräußerungskosten** immer, unabhängig von der Bewertungsmethode, zu berücksichtigen.[68]

Ausnahmsweise kann nach der Entscheidung des BGH vom 24.5.1993[69] die **Substanzwertmethode** anzuwenden sein, wenn ein hoher Anteil von nicht betriebsnotwendigem Vermögen (betriebsneutrales oder Zuatzvermögen) vorhanden ist und das Betriebsvermögen vor allem aus Grundstücken besteht, die keine weiteren Erträge erwarten lassen.

cc) Liquidationswert. Der Liquidationswert bildet die **Wertuntergrenze** für die Unternehmensbewertung. Er wird ermittelt als Barwert der Nettoerlöse, der sich aus der Veräußerung der einzelnen Vermögensgegenstände des Unternehmens abzüglich Schulden und Liquidationskosten ergibt. Bei schlechter Ergebnislage des Unternehmens kann der Liquidationswert als Barwert der finanziellen Überschüsse, die sich bei Liquidation des gesamten Unternehmens ergeben, den Ertragswert übersteigen. Im Pflichtteilsrecht soll nach Ansicht der Rechtsprechung[70] selbst dann der Ertragswert maßgebend sein, wenn dieser unter dem Liquidationswert liegt; vorausgesetzt, der Erbe führt das Unternehmen tatsächlich fort. Die überwiegende Ansicht in der Literatur[71] will in diesem Fall hingegen den Liquidationswert als maßgeblichen Wert der Unternehmensbewertung zugrunde legen. Gegen die Maßgeblichkeit des, den Liquidationswert unterschreitenden Ertragswert wird vor allen Dingen angeführt, dass die Höhe des Pflichtteilsanspruchs von der unternehmerischen Entscheidung des Erben abhängig gemacht werden würde.[72] Die Literatur will die Anwendung der Ertragswertmethode nur dann zulassen, wenn der Erbe zur Fortführung des Unternehmens verpflichtet ist.[73] Dieser überwiegenden Literaturansicht wird entgegengehalten, dass sich der maßgebende Unternehmenswert nicht aus dem Liquidationswert oder den Vergangenheitserträgen, sondern aus den zu erwartenden Zukunftserträgen ergibt.[74] Gerade bei innovativen Unternehmen könne die Vergangenheitsbetrachtung nicht maßgebend sein.

Nach dieser Ansicht soll der Liquidationswert nur dann anzunehmen sein, wenn bei Fortführung des Unternehmens tatsächlich keine Erträge zu erwarten sind.[75]

Der BGH hält in seinem Urteil vom 17.1.1973 den Liquidationswert ausnahmsweise dann für maßgebend, wenn die Fortführung des Unternehmens völlig unvertretbar ist bzw. der Erbe zur Liquidation gesetzlich verpflichtet ist.[76] In der Praxis wird meist der Wert eines fortzuführenden Unternehmens höher sein, als dessen Zerschlagungswerte. Man wird daher dem BGH

---

[65] Sudhoff/*Scherer* § 17 Rdnr. 72.
[66] Staudinger/*Haas* § 2311 Rdnr. 82.
[67] *Klingelhöffer* Rdnr. 210.
[68] Staudinger/*Haas* § 2311 Rdnr. 82.
[69] BGH Urt. v. 24.5.1993 = GmbHR 1993, 505 = ZIP 1993, 1160.
[70] BGH Urt. v. 17.1.1973 = BGH LM Nr. 10 = NJW 1973, 509.
[71] MünchKommBGB/*Lange* § 2311 Rdnr. 25; Soergel/*Dieckmann* § 2311 Rdnr. 21; *Mayer* ZEV 1994, 331, 335.
[72] MünchKommBGB/*Lange* § 2311 Rdnr. 25.
[73] MünchKommBGB/*Lange* § 2311 Rdnr. 25 m.w.N. in Fn. 78.
[74] Sudhoff/*Scherer* § 17 Rdnr. 72.
[75] Sudhoff/*Scherer* § 17 Rdnr. 72.
[76] BGH Urt. v. 17.1.1973 = BGH LM Nr. 10 = NJW 1973, 509, 510; BGH Urt. v. 7.5.1986 = FamRZ 1986, 776, 779.

folgend, bei **Fortführung des Unternehmens** den **Ertragswert** als **maßgeblich** ansehen müssen. Eine Ausnahme ist in Übereinstimmung mit dem BGH nur dann zu machen, wenn das Unternehmen nach dem Erbfall ohne Erlös liquidiert wird und es auch am Bewertungsstichtag unter Berücksichtigung der Zukunftsaussichten keinen positiven Ertragswert hatte.[77] Hier ist der Liquidationswert bezogen auf den Stichtag für die Ermittlung des Pflichtteils maßgeblich.

27 Werden bei der Bewertung des Unternehmens nach seinem Liquidationswert stille Reserven aufgedeckt, so sind **latente Steuern** nach § 16 EStG zu berücksichtigen.[78] Dies gilt auch für auf nicht betriebsnotwendigem Vermögen lastende Ertragsteuern.[79]

28 b) **Personengesellschaften.** Für die **Bewertung von Personengesellschaften** bzw. **Anteilen an Personengesellschaften** gelten die vorstehenden genannten Bewertungsmethoden ebenfalls. Abzustellen ist auf den quotalen Wert der Beteiligung des Erblassers an der Gesellschaft. Bestimmt der Gesellschaftsvertrag mittels einer Nachfolgeklausel die Fortsetzung der Gesellschaft mit einem oder mehreren Erben und weist der Erblasser diesen auch die Rechtsnachfolge zu, fällt die Beteiligung in den Nachlass. Zum Zwecke der Pflichtteilsberechnung ist sie grundsätzlich mit ihrem vollen Wert zu berücksichtigen.[80] Der Wert der quotalen Beteiligung kann im Einzelfall zu korrigieren sein, wenn mit dem Anteil unterschiedlich ausgestaltete Herrschaftsrecht verbunden sind. So ist bei einer **Mehrheitsbeteiligung** ein Zuschlag, bei einer **Minderheitsbeteiligung** ein Abschlag denkbar.[81]

29 Probleme bereiten die häufig in Gesellschaftsverträgen anzutreffenden **Abfindungsklauseln**, die dem Erben für den Fall seines Ausscheidens aus der Gesellschaft, lediglich den **Buchwert** der Beteiligung bzw. einen Wert zwischen Buchwert und Vollwert zuweisen. Ist der Pflichtteilsberechnung in diesen Fällen der **Vollwert** zugrunde zulegen oder aber der im Falle der Kündigung des Gesellschaftsvertrages tatsächlich realisierte Abfindungsbetrag? Für die Berücksichtigung des Missverhältnisses zwischen Abfindungsbetrag und Vollwert der Beteiligung zugunsten des Erben und zu Lasten des Pflichtteilsberechtigten spricht zunächst, dass der Erbe oftmals gezwungen sein wird, den Gesellschaftsvertrag zu kündigen, um sich so die Liquidität für die Erfüllung des Pflichtteilsanspruchs zu beschaffen. Die Notwendigkeit liquider Mittel zur Erfüllung des sofort fälligen Pflichtteilsanspruchs zwingt ihn also einen Abschlag bei der ihm in Form des Gesellschaftsanteils durch den Erblasser zugewiesenen Vermögensposition hinzunehmen. Der Pflichtteilsberechtigte wird sich hingegen regelmäßig darauf berufen, dass sich der Pflichtteilsanspruch nach dem Bestand und Wert des Nachlasses zurzeit des Erbfalls berechnet und deshalb der Vollwert der Beteiligung ausschlaggebend ist. Das Schrifttum vertritt in dieser Frage unterschiedliche Ansichten. Eine höchstrichterliche Entscheidung hierzu fehlt, soweit ersichtlich, bis heute.

30 Das überwiegende Schrifttum folgt den Grundsätzen des Pflichtteilsrechts und hält auch im Falle einer **Buchwert-Abfindungsklausel** den Vollwert der Beteiligung für maßgeblich.[82] Andere stellen auf das Ausscheiden des Erben aus der Gesellschaft innerhalb der Drei-Monats-Frist des § 139 Abs. 3 HGB ab. Scheidet der Erbe innerhalb dieser Frist aus der Gesellschaft aus, so wird der Pflichtteil nach dem Buchwert der Beteiligung bemessen.[83] Verbleibt der Erbe hingegen in der Gesellschaft, so soll sich sein Pflichtteil nach dem realen Wert der Beteiligung bemessen. In diesem Fall soll aber dem pflichtteilsberechtigten Erben, der den Pflichtteilsberechtigten nicht ohne Ausscheiden aus der Gesellschaft und Inanspruchnahme des Abfindungsguthabens befriedigen kann, im Rahmen des § 2331 a BGB eine Stundungsmöglichkeit zustehen.[84] Wiederum andere wollen den Erben über die Differenz zwischen dem Vollwert der Beteiligung und dem Klauselwert ein vorläufiges Leistungsverweigerungsrecht zubilligen, vorausgesetzt, der Erbe kann den unter Zugrundelegung des Vollwerts berechneten Pflichtteil

---

[77] BGH Urt. v. 17.3.1982 = NJW 1982, 2497, 2498.
[78] Staudinger/*Haas* § 2311 Rdnr. 82.
[79] Staudinger/*Haas* § 2311 Rdnr. 82.
[80] MünchKommBGB/*Lange* § 2311 Rdnr. 30.
[81] *Klingelhöffer* Rdnr. 212.
[82] MünchKommBGB/*Lange* § 2311 Rdnr. 33; Soergel/*Dieckmann* 2311 Rdnr. 30; *Zimmermann* BB 1969, 965.
[83] *Eiselt* NJW 1981, 2447.
[84] *Eiselt* NJW 1981, 2447, 2452.

nicht durch Veräußerung seines Anteils oder aus anderen Mitteln erbringen.[85] Ein Teil der Literatur zieht zur Lösung des Problems § 2313 BGB analog heran. Argumentiert wird sowohl mit der auflösenden als auch mit der aufschiebenden Bedingung. Scheidet der Erbe zum Buchwert aus, soll dies dem Eintritt einer auflösenden Bedingung nach § 2313 Abs. 1 S. 2 und S. 3 BGB gleichstehen. Folge dieser auflösenden Bedingung ist die Herabsetzung des Pflichtteils, der zunächst zum Erbfall nach dem Vollwert ohne Abschlag für Abfindungsrisiken berechnet worden ist.[86] Vergleichbar zu einem aufschiebend bedingten Recht soll die Differenz zwischen Buchwert und Vollwert analog § 2313 Abs. 1 S. 1 BGB zunächst außer Ansatz gelassen werden. Kommt es später zu einer Realisierung des Vollwerts, soll dann entsprechend dem sich ergebenden Wert ein Ausgleich analog § 2313 Abs. 1 S. 3 BGB mittels einer zusätzlichen Zahlung stattfinden.[87] Diese Ansätze scheitern schon daran, dass die Gesellschafterstellung weder ein auflösend noch ein aufschiebend bedingtes Recht ist, sondern in ihrem Bestand von der Kündigung oder aber einem Auflösungsbeschluss abhängig. Hingegen hängt der Bestand nicht von der Abfindungsklausel ab.[88] Als Variation der vorgenannten Versionen wird vertreten, dass die Differenz zwischen Buchwert und Vollwert ein unsicheres Recht nach § 2313 Abs. 2 BGB sei und daher wie ein aufschiebend bedingtes Recht zu behandeln. Der BGH hat dies abgelehnt. Die Unternehmensbeteiligung sei kein ungewisses oder unsicheres Recht.[89] Eine weitere Auffassung sieht in der Differenz zwischen Buch- und Vollwert eine vom Erblasser veranlasste Zuwendung des ausscheidenden Gesellschafters an seine Mitgesellschafter. Aus der Ratio der §§ 2325 ff. BGB lasse sich daher der Schluss ziehen, dass dem Pflichtteilsberechtigten durch die Abfindungsklausel kein Nachteil entstehen darf. Reicht auf Grund einer Abfindungsvereinbarung der Nachlass nicht zur Erfüllung des Pflichtteilsanspruches aus, so könne zwar der Pflichtteilsberechtigte mangels Schenkung nicht gemäß § 2329 BGB gegen die Mitgesellschafter vorgehen, die Abfindungsvereinbarung stelle jedoch im Zusammenhang mit der Kündigung des Gesellschaftsvertrages eine unentgeltliche Verfügung dar, die gemäß §§ 134 InsO, 4 AnfG angefochten werden könne.[90]

Bei der Berechnung des Ausgleichsanspruchs für den Zugewinnausgleich gemäß § 1376 BGB hat der BGH der Bewertung der Abfindungsklausel den Vollwert des Anteils zugrunde gelegt, jedoch hiervon einen Abschlag wegen der fehlenden freien Verwertbarkeit des Anteils vorgenommen.[91] Die Höhe des vorzunehmenden Abschlags bestimme sich danach, wie sich die eingeschränkte Verwertbarkeit nach der Verkehrsanschauung auf den Wert der Beteiligung auswirke.[92] Dieser Abschlag soll jedenfalls dann vorzunehmen sein, wenn der Erbe in der Gesellschaft verbleibt. Ob dies auch dann gilt, wenn der Erbe die Gesellschaft verlässt, hat der BGH offen gelassen. Gerade im Falle der Kündigung der Gesellschaft zur Erfüllung des Pflichtteilsanspruches verwirklicht sich aber das dem zu bewertenden Anteil in Form der Buchwert-Abfindung innewohnende Risiko. Dieses Risiko drückt sich in der Differenz zwischen Klauselwert und Vollwert aus und kann somit wertmäßig erfasst werden. Als wertbestimmender Faktor beeinflusst es den Wert der Beteiligung. Im Ergebnis wird daher gerade in Fällen, in denen der Erbe die Gesellschaft kündigt, um den Pflichtteilsanspruch erfüllen zu können, ein Abschlag vom Vollwert gerechtfertigt sein.[93]

c) Kapitalgesellschaften. Die Bewertung von Anteilen an Kapitalgesellschaften erfolgt grundsätzlich mit dem Verkehrswert.[94] Nicht zu berücksichtigen ist demnach der Buchwert. Han-

---

[85] *Siebert* NJW 1960, 1033, 1036 ff.
[86] Vgl. *Eiselt* NJW 1981, 2447, 2451.
[87] *Siebert* NJW 1960, 1033, 1035.
[88] *Eiselt* NJW 1981, 2447, 2451.
[89] BGH Urt. v. 10.10.1979 = NJW 1980, 229, 230.
[90] *Heckelmann*, Abfindungsklauseln in Gesellschaftsverträgen, 1. Aufl. 1973, 268 ff; so auch *Haegele* BWNotZ 1976, 25, 28; vgl. auch MünchKommBGB/*Frank* § 2311 Rdnr. 26 a. E.
[91] BGH Urt. v. 10.10.1979 = NJW 1980, 229, 230.
[92] Krit. zur Übernahme der vom BGH zum Zugewinnausgleich entwickelten Rspr. im Bereich des Pflichtteilsrechts *Pentz* FamRZ 1997, 724, 727, der allerdings diese Rspr. lediglich im Hinblick auf den Schenkungsbegriff nicht übernommen sehen will.
[93] Sudhoff/*Scherer* § 17 Rdnr. 77; so wohl auch *Lange/Kuchincke* § 37 VII. 3. f.
[94] MünchKommBGB/*Lange* § 2311 Rdnr. 27.

delt es sich um börsennotierte AG-Anteile, ist deren Kurswert am Stichtag anzusetzen.[95] Bei GmbH-Anteilen entspricht der **Verkehrswert** dem Wert, den ein Außenstehender für den Anteil gezahlt hätte, wenn er ihn unter üblichen Bedingungen gekauft hätte.[96] Tritt das Auseinandersetzungsguthaben hinter dem Verkehrswert auf Grund einer Abfindungsklausel zurück, so gilt das vorstehende zur Beteiligung an einer Personengesellschaft gesagte entsprechend.[97] Für die Zulässigkeit eines **Abschlags vom Vollwert** der Beteiligung spricht hier insbesondere, dass beim Bestehen einer Abtretungsverpflichtung der Gesellschafter den Anteil zwangsläufig verliert; also nicht wie bei der Personengesellschaft entscheiden kann, ob er den Gesellschaftsanteil behält oder nicht.[98] Gleiches gilt für die Einziehung des im Erbgang erworbenen Geschäftsanteils gegen Abfindung unter Verkehrswert.[99] Enthält die Satzung Vinkulierungsklauseln gemäß § 15 Abs. 5 GmbHG, die die Abtretung des Geschäftsanteils an weitere Voraussetzungen, insbesondere die Genehmigung der Gesellschaft, knüpfen, gilt Folgendes:

Mangels der freien Veräußerlichkeit der Anteile bestehen für diese lediglich verschlechterte Veräußerungsmöglichkeiten. Dieses Risiko ist dem Anteil von vornherein eminent und somit auch ein wertbestimmender Faktor. Mithin ist also auch hier ein Abschlag vom Verkehrswert gerechtfertigt.

2. Grundstücke

33   a) **Grundsätzliches.** Der Bewertung von Grundstücken kommt bei der Feststellung des Nachlasswertes erhebliche Bedeutung zu. Sie bilden oft den Großteil des Nachlasses. Werden sich Erbe und Pflichtteilsberechtigter über den Wert eines Grundstückes nicht einig, so hilft nur das Sachverständigengutachten. Der Grundstückssachverständige wird dabei entweder durch eine der Parteien beauftragt oder im Prozess vom Gericht hoheitlich ernannt (§ 404 Abs. 1 S. 2 ZPO). Im Prozess entscheidet sodann das Gericht gemäß § 286 Abs. 1 S. 1 ZPO unter Billigung aller Umstände nach freier Überzeugung über den Wert des Grundstücks. Das Sachverständigengutachten bildet dabei regelmäßig die Grundlage für die vom Gericht vorgenommene „richterliche Bewertung". Ein revisionsrechtlich relevanter Verfahrensverstoß ist gegeben, wenn der Sachverständige die erforderliche Sachkunde nicht aufweist. Rügt eine Partei die Sachkunde des Sachverständigen, so hat das Gericht auf diese Rüge einzugehen und die Sachkunde des bestellten Sachverständigen im Einzelnen darzulegen. Die Qualität und Nachvollziehbarkeit solcher Sachverständigengutachten wird häufig gerügt. Zum Teil wird von gravierenden Mängeln und sogar von Dilettantismus gesprochen.[100] Den als Grundstückssachverständigen tätigen Gutachtern fehlt es teilweise an der erforderlichen Qualifikation. Gleiches gilt zumindest partiell für die Gutachter der gemeindlichen Gutachterausschüsse.[101] Der angesprochenen **Rüge der Sachkunde des Gutachters** kommt also im Prozess eine nicht zu unterschätzende Bedeutung zu.

34   b) **Bewertungsmethoden.** Nach allgemeinen Grundsätzen ist auch bei der Bewertung von Grundstücken vom „wahren inneren" Wert auszugehen. Maßgebend ist demnach der Verkehrswert, der in der Regel dem **normalen Verkaufswert** zum Zeitpunkt des Erbfalls entspricht.[102] Unbeachtlich ist der Einheitswert, welcher der Erbschaftsteuer zugrunde gelegt wird.[103] Fehlt es an einem tatsächlichen Verkaufspreis als Bewertungsgrundlage, ergeben sich die Bewertungsmaßstäbe aus der auf Grund des Bundesbaugesetzes (§ 199 Abs. 1 BauGB) erlassenen Wertermittlungsverordnung (WertermittlungsVO) in der Fassung vom 6.12.1988 (BGBl. I S. 2209) geändert durch Art. 3 Bau- und Raumordnungsgesetz (BauROG) vom 18.8.1997 (BGBl. I S. 2081, 2110). Gemäß § 3 dieser Verordnung ist die Auswahl der

---

[95] Staudinger/*Haas* § 2311 Rdnr. 111.
[96] MünchKommBGB/*Frank* § 2311 Rdnr. 27.
[97] Vgl. § 46 Rdnr. 28.
[98] Sudhoff/*Scherer* § 17 Rdnr. 78.
[99] Sudhoff/*Scherer* § 17 Rdnr. 79.
[100] *Simon/Kleiber* Rdnr. 1.3.
[101] So hatte im Jahre 1992 ein Großteil der in Baden-Württemberg bestehenden Gutachterausschüsse in Gemeinden bis 75.000 Einwohnern als Vorsitzenden keine Sachverständigen; vgl. zu allem instruktiv: *Zimmermann* ZERB 2000, 46.
[102] BGH Urt. v. 13.3.1991 = NJW-RR 1991, 900, 901; BGH Urt. v. 24.3.1993 = NJW-RR 1993, 834; MünchKommBGB/*Frank* § 2311 Rdnr. 22.
[103] *Klingelhöffer* Rdnr. 180.

geeigneten Bewertungsmethode zur Ermittlung des Verkehrswertes nach dem Einzelfall zu entscheiden.

Abhängig von der **Art des Grundstücks** kann das Vergleichswertverfahren, das Ertragswertverfahren und das Sachwertverfahren herangezogen werden. Unzulässig ist es hingegen einen Mischwert anzusetzen, der als Mittelwert zwischen den Ertrags- und dem Substanzwerten berechnet wird.[104] Das gefundene Ergebnis ist „auf Grund der unterstützend herangezogenen Werte, d. h. der anderen Verfahren, kritisch zu würdigen und, sofern es geboten erscheint, zu berichtigen" (vgl. §§ 7, 14, 20 WertermittlungsVO). Stets zu berücksichtigen sind bei der Wertfestsetzung die den Veräußerungserlös mindernden **Kosten**[105] sowie eine eventuell bestehende **latente Einkommensteuerlast**[106]. Voraussetzung für die Berücksichtigung einer solchen latenten Steuerlast ist allerdings, dass sich das Grundstück zum Zeitpunkt des Verkaufs im Betriebsvermögen befand. Wurde es dem Betriebsvermögen vorher entnommen, ist durch die Entnahme der Steuertatbestand bereits verwirklicht worden.[107] Die Kosten sind auch dann zu berücksichtigen, wenn es tatsächlich nicht zu einer Veräußerung kommt. Maßgebend ist der Veräußerungserlös der erzielt worden wäre.[108] 35

Wird das Grundstück zeitnah zum Erbfall veräußert, soll der tatsächlich erzielte Verkaufspreis als Bewertungsgrundlage maßgeblich sein. Auf eine Ermittlung des Verkehrswertes gemäß den in § 3 der WertermittlungsVO genannten Verfahren soll es nicht ankommen. Als zeitnah hat der BGH in seinem Urteil vom 14.10.1992[109] einen **Veräußerungszeitraum von bis zu fünf Jahren** seit dem Erbfall angesehen. Nach dieser Entscheidung soll der Verkaufserlös auch dann für die Bestimmung des Verkehrswertes des Nachlassgrundstücks zu berücksichtigen sein, wenn das Grundstück erheblich teurer, als vom Sachverständigen geschätzt, veräußert wurde, der Pflichtteilsberechtigte aber nachweist, dass sich die Marktverhältnisse und die Bausubstanz nicht wesentlich verändert haben. Der Verkehrswert soll hier durch Rückrechnung vom Verkaufszeitpunkt auf den Erbfall bestimmt werden. 36

Bei der Berechnung des Pflichtteils ist demnach der tatsächlich erzielte Verkaufserlös zu berücksichtigen, selbst wenn dieser auf ungewöhnlichen Wertsteigerungen beruht. Dieser tatsächlich erzielte Verkaufserlös ist allerdings um die Entwicklung der Grundstückspreise seit dem Erbfall zu korrigieren. Er darf der Bestimmung des Verkehrswertes des Nachlassgrundstückes nicht einfach zugrunde gelegt werden.[110] Zur Begründung der **Berücksichtigung des tatsächlichen Verkaufserlöses** bei der Verkehrswertbestimmung des Nachlassgrundstückes führt der BGH an, dass es grundsätzlich nicht gerechtfertigt sei, im erbrechtlichen Bewertungsrecht die (relativ) gesicherte Ebene tatsächlich erzielter Verkaufserlöse zu verlassen. Lediglich beim Vorliegen außergewöhnlicher Preisverhältnisse und Ausnahmebedingungen seien unangemessene Ergebnisse bei der Bewertung über die Denkfigur des „wahren inneren" Werts zu korrigieren.[111] So soll der Erbe beim Herrschen so genannter **„Stopp-Preise"** zum Zeitpunkt des Erbfalls berechtigt sein, den Differenzbetrag zwischen dem inneren Wert und dem festgesetzten Höchstpreis (Stopp-Preis) zu verweigern, wenn er den Pflichtteilsanspruch nicht aus seinem Barvermögen befriedigen kann und ihm auch sonst nicht zuzumuten ist, die nötigen Mittel aus der Veräußerung nicht preisgebundener Grundstücke zu beschaffen.[112] Nach dieser Rechtsprechung ist der dem Pflichtteilsanspruch zugrunde liegende Wert davon abhängig, ob der Erbe mit anderen Nachlassmitteln die Folgen eines auf dem Markt nicht realisierbaren „wahren" Werts ausgleichen kann. Übertragen auf die heutigen Verhältnisse stellt sich nach *Klingelhöffer* die Frage, ob dem Erben, der Grundvermögen erbt, das er in absehbarer Zeit 37

---

104 *Klingelhöffer* Rdnr. 186.
105 BGH Urt. v. 22.10.1986 = NJW 1987, 1260, 1262.
106 BGH Urt. v. 27.9.1989 = FamRZ 1989, 1276, 1279.
107 *Klingelhöffer* Rdnr. 187.
108 Staudinger/Haas § 2311 Rdnr. 74.
109 BGH Urt. v. 14.10.1992 = NJW-RR 1993, 131; nach dem OLG Düsseldorf Urt. v. 23.9.1994 = FamRZ 1995, 1236, 1237, 1238 ist bei einer drei Jahre zurückliegenden Grundstücksveräußerung nicht mehr von einem zeitnahen Verkauf zu sprechen.
110 BGH Urt. v. 13.3.1991 = NJW-RR 1981, 900; BGH Urt. v. 23.3.1993 = NJW-RR 1993, 834; beide Entscheidungen betreffen die Entwicklung der Grundstückspreise beim Bau des Münchner Flughafens.
111 BGH Urt. v. 13.3.1991 = NJW-RR 1981, 900, 901 m.w.N.
112 BGH Urt. v. 25.3.1954 = NJW 1954, 1037.

nicht veräußern kann, ein Recht zusteht, den Pflichtteil deshalb nicht zu bezahlen, weil er über keinen ausreichenden Barnachlass verfügt.[113] Der zum Todeszeitpunkt erzielbare Verkaufserlös soll auch dann bei der Wertfestsetzung außer Betracht bleiben, wenn die Preise zu diesem Zeitpunkt auf vorübergehend ungewöhnlichen Umständen beruhen und diese bei nüchterner Betrachtung bereits im Zeitpunkt des Erbfalls als nur vorübergehend erkennbar waren.[114]

38 Der aktuelle Veräußerungswert soll auch bei einem vorübergehenden Preisrückgang nicht zu berücksichtigen sein, wenn dieser Preisrückgang schon zum Zeitpunkt des maßgeblichen Stichtags als vorübergehend erkennbar war und der Erbe auf den Verkauf des Grundstücks auf Grund ausreichender Barmittel nicht angewiesen ist.[115] Hingegen sei die Orientierung an dem tatsächlich erzielbaren Verkaufserlös dann geboten, wenn das Grundstück zur Veräußerung bestimmt ist und auch veräußert werden muss.[116] Ob die Preisanomalien des Marktes vorübergehender Art sind oder nicht, wird sich aber immer nur ex post beurteilen lassen. Die Höhe der Wertminderung von der Aussicht auf den zeitnahen Wegfall des außergewöhnlichen Umstandes abhängig zu machen, scheint daher bedenklich.[117]

39 c) **Einzelfälle.** *aa) Unbebaute Grundstücke.* Der Wert unbebauter Grundstücke ist grundsätzlich durch Vergleich mit anderen Grundstücken zu ermitteln.[118] Als Vergleichsmaßstab kommen die bei den Gemeinden in der Regel geführten Kaufpreissammlungen gemäß § 195 BauGB in Betracht, aus denen sich die Vergleichswerte ergeben. Herangezogen werden können aber auch die aus der Kaufpreissammlung abgeleiteten **Bodenrichtwerte nach § 196 BauGB**[119]. Ein zeitnaher Verkaufserlös ist aber auch hier der Ermittlung des Verkehrswertes zugrunde zu legen.[120] Steht der Grad der baulichen Nutzung noch nicht fest, so bei Bauerwartungsland, so kann es schwierig sein, den Verkehrswert durch Vergleichswerte zu ermitteln. Hier kann ein pauschaler Zuschlag auf den bisherigen Wert, den das Grundstück als landwirtschaftlich genutztes Grundstück hatte, angebracht sein. Von dem höheren Wert sind die latente Steuerlast der Veräußerung sowie deren Kosten gegebenenfalls abzusetzen. Die Bemessung des Zuschlags ist dem Tatrichter vorbehalten.[121]

40 *bb) Bebaute Grundstücke.* Bei einem **eigengenutzten Einfamilienhaus** stehen für den Käufer die möglichen Herstellungskosten für ein vergleichbares Haus sowie der Grundstückswert bei der Bemessung des Kaufpreises im Vordergrund. Hier dürfte das Sachwertverfahren der zutreffende Bewertungsmaßstab sein.[122] Der Sachwert kann wegen anstehender Reparaturen bzw. vorhandener Abnutzungen zu ermäßigen sein. Ebenso können besondere Einbauten, je nach deren Nutzbarkeit für den Käufer sich erhöhend auswirken.[123]

41 Bei **Mietshäusern** steht für den Käufer die Rendite des eingesetzten Kapitals im Vordergrund. Der Verkehrswert ist daher mittels des Ertragswertsverfahrens zu bestimmen.[124] Der BGH lässt auch einen Mischwert aus Ertragswert und Sachwert zu.[125] Lassen sich Mehrfamilienhäuser in **Eigentumswohnungen** umwandeln und ergibt sich hierdurch eine günstigere Verkaufsmöglichkeit, ist bei der Verkehrswertermittlung ein entsprechender Wertzuschlag zu machen.[126] Offen ist, ob bei einer Mehrwertsteueroption des Vermieters die abzuführende Mehrwertsteuer vom

---

[113] *Klingelhöffer* Rdnr. 183.
[114] BGH Urt. v. 31.3.1965 = NJW 1965, 1589 „Chruschtschow-Ultimatum".
[115] BGH Urt. v. 1.4.1992 = FamRZ 1992, 918, 919 = NJW-RR 1992, 899.
[116] BGH Urt. v. 1.4.1992 = FamRz 1992, 918, 919.
[117] So aber BGH in BGH Urt. v. 25.4.1954 = NJW 1954, 1037 = BGHZ 13, 45, 47; BGH Urt. v. 31.3.1965 = NJW 1965, 1589, 1590.
[118] BGH Urt. v. 27.9.1989 = FamRZ 1989, 1276, 1279; OLG Düsseldorf Urt. v. 11.3.1988 = BB 1988, 1001, 1002; *Mayer* ZEV 1994, 331, 333; *Klingelhöffer* Rdnr. 187.
[119] Staudinger/*Haas* § 2311 Rdnr. 75.
[120] *Klingelhöffer* Rdnr. 187.
[121] Staudinger/*Haas* § 2311 Rdnr. 78.
[122] BGH Urt. v. 13.3.1970 = NJW 1970, 2018 f; *Mayer* ZEV 1994, 331, 333; *Klingelhöffer* Rdnr. 188.
[123] *Klingelhöffer* Rdnr. 188.
[124] OLG Düsseldorf Urt. v. 11.3.1988 = BB 1988, 1001, 1002; *Mayer* ZEV 1994, 331, 333; *Klingelhöffer* Rdnr. 189; *Nieder* Rdnr. 107.
[125] BGH Urt. v. 23.10.1985 = NJW-RR 1986, 226, 227 für vermietete Eigentumswohnung.
[126] *Mayer* ZEV 1994, 331, 333; Soergel/*Dieckmann* § 2311 Rdnr. 33.

Wert des vermieteten Hausgrundstücks abzusetzen ist. *Klingelhöffer*[127] will dies in Anlehnung an den Abzug der latenten Ertragsteuer zulassen.

cc) Miteigentumsanteil. Vor allem beim Versterben eines Ehegatten fällt häufig nur ein halber **Miteigentumsanteil** an der eigengenutzten Immobilie in den Nachlass. Da der andere hälftige fremdgenutzte Miteigentumsanteil faktisch zur Unverkäuflichkeit des in den Nachlass fallenden Miteigentumsanteil führt, kann nicht der halbe Verkehrswert des Grundstücks samt Gebäude angesetzt werden.[128] Hier ist ein deutlicher Wertabschlag zu machen. Allerdings ist zu berücksichtigen, dass der in den Nachlass fallende hälftige Miteigentumsanteil zur Erlangung von Krediten belastet werden kann und daher einen gewissen Wert darstellt. 42

dd) Ausländische Grundstücke. **Ferienwohnungen** im Ausland sind häufig nur schwer zu veräußern, zum Teil weil bereits der Kaufpreis überhöht war, so dass hier ein erheblicher Abschlag gerechtfertigt ist.[129] Ebenfalls wertbeeinflussend wirken sich Verkehrsbeschränkungen für Grundstücke im Ausland aus. So ist z. B. in Polen, Österreich, Tschechien, Ungarn und der Schweiz der Grundstückerwerb durch Ausländer beschränkt. Dies kann einen Abschlag,[130] andererseits auf Grund der in beliebten Erholungsgebieten eintretenden Marktverknappung auch einen Aufschlag rechtfertigen.[131] 43

ee) Heimstätten. Das **Reichsheimstättengesetz** ist mit Wirkung vom 1.10.1993 außer Kraft gesetzt worden. Es findet aber weiterhin auf Erbfälle vor diesem Zeitpunkt Anwendung. Die Heimstätte ist abweichend zu allgemeinen Bewertungsregeln bei der Pflichtteilsberechnung gemäß § 36 der Verordnung zur Ausführung des Reichsheimstättengesetzes vom 19.7.1940 (AVO) mit dem so genannten „Anrechnungswert"[132] zu bewerten. Hat der Heimstätter gemäß § 10 AVO Anspruch auf ein im Grundbuch eingetragenes Entgelt, sind jedoch die Bodenwerte so gestiegen, dass dem Heimstätter und dem Ausgeber ein Festhalten an diesem Entgeltbetrag nicht zuzumuten ist, muss jeder Teil einer angemessenen Änderung zustimmen. Der so geänderte Betrag ist der Pflichtteilsberechnung zugrunde zu legen.[133] Für die Pflichtteilsberechnung nach dem 1.10.1993, also nach dem außer Kraft treten des Reichsheimstättengesetzes, ist allein der Verkehrswert maßgebend.[134] 44

ff) Einheimischenmodelle. Bei **Einheimischenmodellen** vergibt die Gemeinde günstig Bauland an Einheimische mit der Auflage, dieses nicht zu veräußern. Nach *Klingelhöffer*[135] ist der Pflichtteilsberechnung ein Mittelwert zwischen Gestehungskosten und effektiven Markwert zugrunde zu legen. 45

3. Bargeld/Geldforderungen

Die Bewertung von **Bargeld** ist in der Regel unproblematisch. Bei in- und ausländischen **Gold- und Silbermünzen** kann allerdings deren Wert in Sammlerkreisen über dem Nennwert liegen. Die Münzen sind mit dem Wert anzusetzen, zu dem sie auf dem Markt verkauft werden können. Ist eine Sammlung komplett, so ist der Wert für die gesamte Sammlung anzusetzen.[136] Bei Goldmünzen wird in der Regel der Goldpreis bezahlt, jedoch kann auch diesen ein Sammlerwert zukommen. Ausländische Zahlungsmittel sind mit dem Preis anzusetzen, zu dem die ausländische Währung angekauft wird. Für **Bankguthaben** ist das Saldo am Todestag maßgebend. Zum Nachweis ist regelmäßig eine Saldenbestätigung des Kreditinstituts einzuholen. Bei (Bau)-Spargguthaben sind die Zinsen hinzuzurechnen, die bis zum Todestag angefallen sind. Ggf. kann bei einer der Nachlassberechnung zugrunde zu legenden (fiktiven) Auflösung 46

---

[127] *Klingelhöffer* Rdnr. 190.
[128] Staudinger/*Haas* § 2311 Rdnr. 79.
[129] *Klingelhöffer* Rdnr. 191.
[130] *Klingelhöffer* Rdnr. 194.
[131] Staudinger/*Haas* § 2311 Rdnr. 79.
[132] Vgl. zur Berechnung des Anrechnungswertes: BGH Urt. v. 24.5.1972 = NJW 1972, 1669 f; BGH Urt. v. 19.3.1975 = NJW 1975, 1021.
[133] BGH Urt. v. 24.5.1972 = NJW 1972, 1669; *Klingelhöffer* Rdnr. 193.
[134] *Mayer* ZEV 1994, 331, 334.
[135] *Klingelhöffer* Rdnr. 194.
[136] *Klingelhöffer* Rdnr. 231.

des Kontos zum Todeszeitpunkt eine Minderung des Guthabens um die dann fällige **Vorfälligkeitsentschädigung** zu berücksichtigen sein.

4. Aktien/Festverzinsliche Wertpapiere

47 Bei Aktien und festverzinslichen Wertpapieren ist grundsätzlich der amtliche Börsenkurs am Todestag maßgebend.[137] Anzusetzen ist der mittlere Tageskurs der Börse.[138] Ob extreme Kursschwankungen am Todestag zu berücksichtigen sind oder nicht, ist strittig. *Klingelhöffer* will in solchen Fällen eine Schätzung vornehmen; *Mayer* lehnt dies mit dem Hinweis ab, **starke Kursschwankungen** seien typisch für diese Form der Vermögensanlage.[139] Ausnahmsweise kommt der Kurswert nicht als alleiniger Wertmesser in Betracht; so z. B. bei Aktienpaketen (so genannter Paketzuschlag[140]), die in ihrer Zusammenfassung einen besonderen Wert repräsentieren oder aber auch bei großen Stückzahlen.[141] Ebenso können **Gewinnbezugsrechte** einen zu berücksichtigenden Vermögenswert darstellen.[142] Bei am **neuen Markt gehandelten Papieren** sind häufig Kursausschläge nach oben und unten zu beobachten, weshalb vorgeschlagen wird, zu deren Bewertung auf einen Durchschnittskurs, z. B. die 200-Tage-Richtlinie abzustellen.[143] Allerdings ließe sich auch hier argumentieren, dass diese Kursschwankungen typisch für den neuen Markt sind und somit auf die erbrechtliche Bewertung durchschlagen müssen. Bei Aktienbesitz an Familiengesellschaften, deren Aktien sich zum Teil in den Händen der Familienmitglieder befinden und zudem nicht börsennotiert sind, kann wegen der Einflussmöglichkeit der Familienmitglieder auf die Geschäftspolitik der Gesellschaft ein Zuschlag oder aber ein Abschlag gerechtfertigt sein.[144] Aktien ausländischer Kapitalgesellschaften sind wie Aktien inländischer Gesellschaften zu bewerten, wenn sie im amtlichen Handel gehandelt werden.[145] Lässt sich der gemeine Wert so nicht ermitteln, ist der Kurswert im Immissionsland maßgeblich.

48 Es wird die Frage diskutiert, ob **Spekulationsteuer** (§ 23 EStG) bei der Bewertung von Aktien zu berücksichtigen ist.[146] In Anlehnung an die Berücksichtigung latenter Ertragsteuer scheint dies gerechtfertigt.

5. Lebensversicherungen

49 Grundsätzlich fällt der Anspruch aus einer Lebensversicherung nicht in den Nachlass. Es handelt sich um einen Erwerb unter Lebenden, wenn im Versicherungsvertrag der Bezugsberechtigte genannt ist.[147] Der **Anspruch aus einer Lebensversicherung** ist demnach nicht zu den Aktiva des Nachlasses zu zählen. Dies gilt auch dann, wenn im Versicherungsvertrag der oder die Erben als Bezugsberechtigte benannt sind.[148] Der Bezugsberechtigte erwirbt hier einen eigenen, nicht zum Nachlass gehörenden Anspruch auf die Versicherungsleistung. Macht der Erblasser die Versicherungssumme zum Gegenstand eines Vermächtnisses,[149] so soll dies Pflichtteilsansprüche auslösen. In dem der Erblasser den Anspruch vermächtnisweise zuwendet, mache er – den an sich unter Lebenden bestehenden Anspruch – zu einem Nachlasswert. Der Erbe soll sich allerdings gegenüber dem Vermächtnisnehmer auf sein Kürzungsrecht gemäß § 2318 BGB berufen können, wenn der Anspruch aus der Lebensversicherung den einzigen Nachlasswert darstellt; weitere Nachlasswerte also fehlen.[150] Ist hingegen kein Bezugsberechtigter angegeben, fällt die Versicherungsforderung in den Nachlass.[151]

---

[137] *Mayer* ZEV 1994, 331, 332.
[138] *Klingelhöffer* Rdnr. 236.
[139] *Mayer* ZEV 1994, 331, 332 unter Hinweis auf MünchKommBGB/*Frank* § 2311 Rdnr. 19.
[140] MünchKommBGB/*Lange* § 2311 Rdnr. 23.
[141] MünchKommBGB/*Lange* § 2311 Rdnr. 23.
[142] *Klingelhöffer* Rdnr. 236.
[143] *Landsittel* Rdnr. 359.
[144] Staudinger/*Haas* § 2311 Rdnr. 112.
[145] *Landsittel* Rdnr. 360.
[146] *Klingelhöffer* Rdnr. 237.
[147] BGH Urt. v. 8.5.1954 = BGHZ 13, 226, 232; Staudinger/*Haas* § 2311 m.w.N.
[148] Staudinger/*Haas* § 2311 Rdnr. 22.
[149] Vgl. *Klingelhöffer* Rdnr. 244.
[150] *Klingelhöffer* Rdnr. 245.
[151] BGH Urt. v. 8.2.1960 = BGHZ 32, 44, 46, 47; Staudinger/*Haas* § 2311 Rdnr. 23; a.A. *Elfring* ZEV 2004, 305, 309.

Im Verhältnis zu dem Bezugsberechtigten kann jedoch eine **pflichtteilsergänzungserhebli-** 50
che Schenkung gegeben sein. Ein Pflichtteilsergänzungsanspruch kommt in Betracht, wenn der Erbe als Bezugsberechtigter genannt ist und die Erbschaft nicht ausgeschlagen hat, aber auch dann, wenn die Lebensversicherung einen Kredit des Erblassers sichert. Ist der Erbe als Bezugsberechtigter genannt, so kann die Zuwendung an den Bezugsberechtigten eine ergänzungserhebliche Schenkung darstellen. Schenkungsgegenstand ist allerdings nicht der Anspruch auf die Versicherungssumme, sondern lediglich die das Vermögen des Erblassers entreichernde Summe der zu entrichtenden Prämie.[152] Das Vermögen des Erblassers ist nur um die **Summe der gezahlten Prämien** gemindert, so dass auch nur diese zu berücksichtigen ist. Prämienzahlungen, die länger als zehn Jahre vor dem Erbfall zurückliegen, bleiben unberücksichtigt.[153] Die Prämienzahlung stellt nicht zwangsläufig eine ergänzungserhebliche Schenkung dar. Dient sie dazu, die Altersvorsorge zu sichern oder zu verbessern, wird dies nicht der Fall sein.[154] Die Zuwendung des Anspruchs aus der Lebensversicherung unter Ehegatten kann eine unbenannte Zuwendung darstellen und somit ergänzungspflichtig sein.[155] Der Erblasser kann auch bestimmen, dass der zugewandte Anspruch aus der Lebensversicherung auf den Pflichtteil anzurechnen ist.[156]

Dient die Versicherungssumme der **Sicherung eines Kredits** so liegt nach Auffassung der 51
Rechtsprechung kein Widerruf der Bezugsberechtigung vor, sondern lediglich eine Rangrücktrittsvereinbarung zugunsten des Darlehensgebers; vorausgesetzt, der Versicherungszweck steht fest und das Verwertungsrecht des Sicherungsnehmers ist der Höhe nach bestimmbar.[157]

Diese **Rangrücktrittsvereinbarung** reicht so weit, wie ein Sicherungszweck zugunsten des 52
Sicherungsnehmers fortbesteht. Nach Ansicht des BGH ist der Teil der Lebensversicherung, zu dessen Gunsten ein Vorrang des Darlehensgebers noch besteht und der somit zur Abdeckung der Schulden dient, in entsprechender Höhe als Aktivum des Nachlasses zu berücksichtigen.[158] Wirtschaftlich sei dieser Teil der Lebensversicherung nicht dem Bezugsberechtigten, sondern dem Erblasser zuzuordnen. In dem der Erblasser die Bezugsberechtigung zugunsten des Darlehensgebers ändert, bezieht er nach Ansicht des BGH die Versicherung wieder in den Nachlass ein. Dies ist zur Vermeidung der Benachteiligung Pflichtteilsberechtigter sachgerecht. Der auf der Passivseite zu berücksichtigenden Darlehensverbindlichkeit des Erblassers stellt der BGH auf der Aktivseite den diese Verbindlichkeit sichernden Teil der Lebensversicherung entgegen.[159] Der bezugsberechtigte Erbe kann der partiellen Berücksichtigung der Lebensversicherung als Nachlassaktiva nicht dadurch entgegengetreten, dass er selbst den vom Erblasser aufgenommenen Kredit zurückführt.[160] Unklar bleibt allerdings, ob dies auch dann gilt, wenn der Alleinerbe gesamtschuldnerisch mithaftet und deshalb berechtigt und verpflichtet war, den noch offenen Kreditsaldo zurückzuführen.[161] Bei durch Grundpfandrechten der Lebensversicherer gesicherten Finanzierungsmodellen sollte der Pflichtteilsberechtigte prüfen, ob ein solches zugunsten der Lebensversicherung eingetragenes und ihm als Passivum entgegengehaltenes Grundpfandrecht noch valutiert ist.[162]

6. Kunstgegenstände, Schmuck, Sammlungen

Kunstgegenstände sind mit dem Veräußerungswert zum Zeitpunkt des Erbfalls anzuset- 53
zen.[163] Der bei einer zeitlich nahe dem Bewertungsstichtag erfolgten Veräußerung erzielte Preis kann, vorausgesetzt bei einer Veräußerung an einen Händler oder bei einer Versteigerung wäre etwa der gleiche Betrag erzielt worden, als Schätzgrundlage des „wahren Wertes" des

---

[152] BGH Urt. v. 14.7.1952 = BGHZ 7, 134, 143; Staudinger/*Olshausen* § 2325 Rdnr. 38.
[153] Staudinger/*Olshausen* § 2325 Rdnr. 38.
[154] BGH Urt. v. 27.11.1991 = NJW 1992, 564, 566; *Klingelhöffer* Rdnr. 345.
[155] BGH Urt. v. 27.11.1991 = BGHZ 116, 167; Staudinger/*Haas* § 2311 Rdnr. 24.
[156] Staudinger/*Haas* § 2311 Rdnr. 24 bzw. § 2315 Rdnr. 14.
[157] BGH Urt. v. 18.10.1989 = BGHZ 109, 67, 69; BGH Urt. v. 8.5.1996 = NJW 1996, 2230 = FamRZ 1996, 935.
[158] BGH Urt. v. 8.5.1996 = ZEV 1996, 263 m. Anm. *Kummer*; *Klingelhöffer* Rdnr. 274; Staudinger/*Haas* § 2311 Rdnr. 25.
[159] Staudinger/*Haas* § 2311 Rdnr. 25 m.w.N.
[160] BGH Urt. v. 8.5.1996 = ZEV 1996, 263.
[161] *Klingelhöffer* Rdnr. 274 a. E.
[162] *Klingelhöffer* Rdnr. 276.
[163] Staudinger/*Haas* § 2311 Rdnr. 114.

Kunstgegenstandes angenommen werden. Da nicht mit Sicherheit beantwortet werden kann, dass tatsächlich bei einer Veräußerung an einen Händler oder bei einer Versteigerung der etwa gleiche Betrag wie der Veräußerungspreis erzielt worden wäre, kann für das Verwertungsrisiko ein Abschlag von 25 bis 40% vom erzielten Preis gerechtfertigt sein.[164] Letztlich empfiehlt sich immer, das Gutachten eines renommierten Kunsthauses einzuholen.[165]

54 Der Wert einer **Kunstsammlung** ist von deren Verwertung entscheidend abhängig. In der Regel erzielt die Veräußerung der einzelnen Kunstgegenstände über einen längeren Zeitraum hinaus einen höheren Erlös als die Verwertung der kompletten Sammlung zum Stichtag. Bei einer Gesamtveräußerung der Sammlung stellt sich allerdings die Frage der Zumutbarkeit einer solchen für den Erben; insbesondere dann, wenn diese erfolgen muss, um Pflichtteilsansprüche zu erfüllen.[166]

55 Der **Anschaffungswert** des Kunstgegenstandes ist hingegen nicht erheblich.[167] Die Bewertung von Kunstgegenständen wird allgemein dadurch erschwert, dass es für diese keinen festen Marktpreis gibt. Es gibt folglich für Kunstgegenstände auch keinen festen bestimmbaren „wahren Wert". Vielmehr wird man häufig eine obere und untere Grenze fixieren, innerhalb derer der Wert des Kunstgegenstandes liegen wird.[168]

56 Auch bei **Schmuck** fallen Anschaffungswert und zu erzielender Veräußerungspreis häufig auseinander. Grundsätzlich ist daher der Veräußerungswert anzusetzen, unterste Wertgrenze bildet der Materialwert.[169]

57 Für **Briefmarken** (Einzelstücke/Sammlungen) ist, da es einen Markt gibt, deren gemeiner Wert anzusetzen.[170] Der Liebhaberwert ist bei Briefmarkensammlungen daher nicht entscheidend. Zur Wertermittlung kann auf den so genannten „Michel-Katalog" zurückgegriffen werden.

58 Eine Sammlung alter und seltener **Weine** kann einen in die Aktiva aufzunehmen Vermögenswert darstellen.[171]

7. Kraftfahrzeuge

59 **Kraftfahrzeuge** sind mit dem Veräußerungswert anzusetzen. Für Pkw kann zur Ermittlung des Veräußerungspreises die so genannte „Schwacke-Liste" herangezogen werden. Bei Bedarf kommt auch ein DEKRA-Gutachten in Betracht. Zur überschlägigen Ermittlung des Wertes kann auch auf die einschlägigen Internetbörsen (z. B. www.mobile.de bzw. www.autoscout24.de) zurückgegriffen werden. Diese lassen leicht erkennen, wie der Markt bestimmte Autos bewertet. Zwischen Händlereinkaufspreis und dem Preis, der auf dem privaten Markt erzielt wird, liegen oft Unterschiede. Für die Pflichtteilsberechnung kann hier von einem Mittelwert ausgegangen werden.[172] Bei einem umsatzsteuerpflichtigen Erblasser ist die abzuführende Umsatzsteuer vom Preis abzusetzen.[173] Auch bei Oldtimern ist der erzielte Veräußerungspreis anzusetzen, selbst wenn der Erblasser wesentlich mehr in das Fahrzeug investiert hat.[174]

8. Möbel, persönliche Gegenstände und Hausratsgegenstände

60 Gegenstände des persönlichen Gebrauchs, wie Kleidung, haben in der Regel keinen Wert. Eine Ausnahme kann bei sehr wertvollen Kleidungsstücken, wie z. B. einem Pelzmantel, gegeben sein. Für die Pflichtteilsberechnung empfiehlt es sich, dass sich die Parteien auf einen Pauschalbetrag einigen. Selten dürfte es sich empfehlen, einen Sachverständigen für das Hausratswesen einzuschalten. Gleiches gilt für die **Wohnungseinrichtung**. Zum Teil wird vertreten,

---

[164] *Schröder* Rdnr. 134.
[165] OLG Köln Urt. v. 5.10.2005 = ZEV 2006, 77.
[166] Staudinger/*Haas* § 2311 Rdnr. 114.
[167] Staudinger/*Haas* § 2311 Rdnr. 114.
[168] *Heuer* DB 1964, 48, 85.
[169] Staudinger/*Haas* § 2311 Rdnr. 114.
[170] BGH Urt. v. 25.3.1954 = NJW 1954, 1037; *Klingelhöffer* Rdnr. 254.
[171] *Klingelhöffer* Rdnr. 254.
[172] *Klingelhöffer* Rdnr. 246.
[173] *Klingelhöffer* Rdnr. 246.
[174] *Klingelhöffer* Rdnr. 246.

hierfür müsste der Anschaffungs- oder Wiederbeschaffungspreis abzüglich eines Abnutzungsabschlages angesetzt werden. *Klingelhöffer* lehnt dies mit dem Hinweis darauf ab, dass es keinen Markt für gebrauchten Hausrat gibt und der Erbe daher den Wert der Wohnungseinrichtung zur Erfüllung des Pflichtteilsanspruches nicht in Geld umsetzen kann.[175] Für **elektronische Geräte** (Fernseher, Hifi-Anlage) ist, soweit es einen Markt gibt, der Veräußerungspreis anzusetzen. Bei alten **Teppichen** ist der Händlerpreis durch Sachverständige zu ermitteln.

9. Sonstige Rechte

Zur Bewertung eines auf Lebenszeit eingeräumten **Wohnrechts** können nach der Rechtsprechung die Vorschriften des Bewertungsgesetzes herangezogen werden (vgl. § 14 BewG).[176] Verbindlichkeiten auf wiederkehrende Leistungen werden mit dem Kapitalwert in Ansatz gebracht. Bei **Renten** sind versicherungsrechtliche Grundsätze anzuwenden.[177] Bei auflösend bedingten Rechten gemäß § 2313 Abs. 1 S. 2 BGB bzw. bei den diesen gleichstehenden ungewissen und unsicheren Rechten gemäß § 2313 Abs. 2 S. 1 BGB muss festgestellt werden, ob das Rechtexistiert bzw. verwirklicht werden kann. Je nach Ergebnis der Prüfung hat der Erbe bzw. der Pflichtteilsberechtigte gemäß § 2313 Abs. 1 S. 3 BGB einen Ausgleichsanspruch.

Gewerbliche Schutzrechte sind keine ungewissen Rechte im Sinne des § 2313 Abs. 2 BGB.[178]

Bei Bestehen eines **Lizenzvertrages** ist der Ertragswert des gewerblichen Schutzrechtes zu ermitteln. Dies gilt auch für die Verwertung musikalischer Rechte.[179] *Klingelhöffer* schlägt zur Vermeidung eines Pflichtteilsstreites vor, den Pflichtteilsberechtigten in Höhe seiner Pflichtteilsquote an der Tantieme aus der Lizenzverwertung zu beteiligen.

10. Bewertung im Landwirtschaftsrecht

§ 2312 BGB enthält Sonderregelungen für die Bewertung eines Landgutes. Unter „Landgut" ist der „Land- und Forstwirtschaftliche Betrieb" des § 1376 Abs. 4 BGB zu verstehen. Nach der Rechtsprechung ist ein **Landgut** „eine Besitzung, die eine zum selbständigen und dauernden Betrieb der Landwirtschaft geeignete und bestimmte Wirtschaftseinheit darstellt, die mit den nötigen Wohn- und Wirtschaftsgebäuden versehen ist und von einer Stelle aus bewirtschaftet wird".[180] Entscheidend ist also das Vorliegen einer wirtschaftlichen Einheit, die für sich geeignet ist, den Lebensunterhalt des Inhabers zu einem erheblichen Teil zu decken.[181] Ein wesentlicher Teil des Einkommens muss aus der landwirtschaftlichen Betätigung des Inhabers erzielt werden.[182] Ist ein Landgut im Sinne des § 2312 BGB gegeben und zählt der Übernehmer des Landgutes zum Kreis der pflichtteilsberechtigten Erben gemäß §§ 2312 Abs. 3, 2303 BGB, so ist der Berechnung des Pflichtteils der **Ertragswert des Landgutes** und nicht der in § 2311 Abs. 2 BGB genannte Schätzwert zugrunde zu legen.

Der Ertragswert bestimmt sich nach dem **Reinertrag**, den das Landgut nach seiner wirtschaftlichen Bestimmung bei ordnungsgemäßer Bewirtschaftung nachhaltig gewähren kann (§ 2049 Abs. 2 BGB).[183] Näheres ist dem einschlägigen Landesrecht (Art. 137 EGBGB) zu entnehmen. Danach ist der jährliche Reinertrag mit einem so genannten **Kapitalisierungsfaktor** zu multiplizieren, der im Allgemeinen 25 aber auch 17 oder 18 betragen kann.[184] Der Ertragswert kann nicht auf der Basis des steuerlichen Einheitswertes ermittelt werden.[185] Für den Betrieb eines Landgutes hinzugepachtete Flächen sind, auch bei langfristigem Pachtvertrag, im Rahmen der Ertragswertermittlung nicht zu berücksichtigen.[186] Hingegen sind staatliche Subventionsleis-

---

[175] *Klingelhöffer* Rdnr. 249.
[176] BGH WM 1970, 1520, 1521
[177] MünchKommBGB/*Lange* § 2311 Rdnr. 24.
[178] *Klingelhöffer* Rdnr. 259.
[179] *Klingelhöffer* Rdnr. 259.
[180] BGH Urt. v. 22.10.1986 = BGHZ 98, 376, 377; Staudinger/*Haas* § 2312 Rdnr. 10.
[181] Staudinger/*Haas* § 2312 Rdnr. 12.
[182] MünchKommBGB/*Lange* § 2312 Rdnr. 3.
[183] MünchKommBGB/*Lange* § 2312 Rdnr. 8.
[184] MünchKommBGB/*Lange* § 2312 Rdnr. 8; zum Kapitalisierungsfaktor vgl. die Übersicht bei Palandt/*Edenhofer*, zuletzt 55. Aufl., Art. 137 EGBGB Rdnr. 2.
[185] MünchKommBGB/*Frank* § 2312 Rdnr. 5.
[186] Staudinger/*Haas* § 2312 Rdnr. 17.

tungen für landwirtschaftliche Betriebe als dem Betrieb zufließende Erträge im Rahmen der Ertragswertermittlung zu berücksichtigen.[187]

66 § 2312 BGB ist auf Grund des Normzweckes – der Erhaltung leistungsfähiger landwirtschaftlicher Betriebe – restriktiv auszulegen. Ein landwirtschaftlicher Betrieb bzw. ein Teil eines landwirtschaftlichen Betriebes kann daher die Eigenschaft als Landgut verlieren, wenn eine landwirtschaftliche Nutzung nicht mehr vorgesehen ist. So, wenn nicht betriebsnotwendiges **Bau- oder Bauerwartungsland** ohne Gefahr für die Leistungsfähigkeit des Landgutes aus diesem herausgelöst werden kann.[188] Für diese Grundstücke ist der Normalverkaufswert, also der Verkehrswert anzusetzen.[189] Dies soll selbst dann gelten, wenn wertvolles Bau- oder Bauerwartungsland landwirtschaftlich genutzt wird. Eine Hintansetzung des Pflichtteilsberechtigten sei hier nicht mehr zu vertreten.[190] Entsprechend hatte das OLG Stuttgart entschieden, dass landwirtschaftlich genutztes Gelände in Großstadtnähe dann kein Landgut mehr sei, wenn der Verkehrswert ein Vielfaches des Ertragswertes übersteigt.[191] Nach der Rechtsprechung des BGH verliert ein landwirtschaftlicher Betrieb seine Eigenschaft als Landgut hingegen nicht dadurch, dass infolge der stadtnahen Lage der Verkehrswert im Vergleich zum Ertragswert erheblich gestiegen ist.

67 Statt des Ertragswertes kann der Erblasser einen **Übernahmepreis** festlegen, vorausgesetzt, dieser erreicht den Ertragswert und übersteigt nicht den Schätzwert. Liegt der bestimmte Übernahmepreis unter dem Ertragswert, so ist der Ertragswert zugrunde zu legen.[192] Überschreitet hingegen der vom Erblasser festgesetzte Übernahmepreis den Schätzwert, ist der Wertansatz unwirksam und der Schätzwert ist maßgebend.[193] Unter Umständen kann im letzteren Fall eine vermächtnisweise Bedenkung der Pflichtteilsberechtigten vorliegen.[194]

68 Im Fall der Veräußerung von Bau- bzw. Bauerwartungsland ist die **latente Ertragsteuer** abzusetzen, vorausgesetzt, das bisher landwirtschaftlich genutzte Grundstück gehört noch zum Betriebsvermögen.[195]

69 § 2312 BGB findet keine Anwendung, wenn sich die Vererbung eines landwirtschaftlichen Betriebes nach **landesrechtlichen Anerbengesetzen** (Baden-Württemberg, Bremen, Hessen und Rheinland-Pfalz) oder der **Höfeordnung von 1976** (Hamburg, Niedersachsen, Nordrhein-Westfalen und Schleswig-Holstein) richtet.

70 Für die Berechnung des Hofwertes enthält die Höfeordnung in §§ 16 Abs. 2, 12 Abs. 2, 10 HöfeO Sondervorschriften. Hofeswert ist demnach grundsätzlich der 1 1/2-fache steuerliche Einheitswert nach § 48 BewG. Ähnliche Bewertungsregeln enthalten die vorgenannten Anerbengesetze. Veräußert der Hoferbe den Hof innerhalb von 20 Jahren nach dem Erbfall und überschreitet der erzielte Erlös den festgestellten Hofeswert, können die Pflichtteilsberechtigten Ergänzungen auf ihre Pflichtteile nach Maßgabe des § 13 HöfeO verlangen.

71 Das Höferecht ist fakultativ. Ob ein landwirtschaftliches Anwesen dem Höferecht unterliegt, ergibt sich aus dem **Hofvermerk im Grundbuch**.

---

[187] Staudinger/*Haas* § 2312 Rdnr. 17.
[188] Staudinger/*Haas* § 2312 Rdnr. 17; *Klingelhöffer* Rdnr. 227; MünchKommBGB/*Lange* 2312 Rdnr. 3.
[189] BGH Urt. v. 9.10.1991 = NJW-RR 1992, 66, dem entschiedenen Fall lag der Einsatz landwirtschaftlicher Nutzfläche zur Kiesgewinnung zu Grunde.
[190] MünchKommBGB/*Lange* § 2312 Rdnr. 4.
[191] OLG Stuttgart Urt. v. 18.1.1967 = NJW 1967, 2410.
[192] Staudinger/*Haas* § 2312 Rdnr. 9.
[193] *Klingelhöffer* Rdnr. 223; Staudinger/*Haas* § 2312 Rdnr. 8.
[194] Staudinger/*Haas* § 2312 Rdnr. 9 m.w.N.
[195] *Klingelhöffer* Rdnr. 228.

§ 47 Lebensversicherungen im Erbrecht

Übersicht

	Rdnr.
I. Einleitung	1–12
1. Überblick	4–7
2. Arten der Lebensversicherung	8–12
II. Die Lebensversicherung im Erbrecht	13–50
1. Die Bedeutung der Lebensversicherung im Erbrecht	13
2. Die Zugehörigkeit der Lebensversicherung zum Nachlass	14–20
a) Fälle fehlender Zugehörigkeit zum Nachlass	15
b) Fälle der Zugehörigkeit zum Nachlass	16/17
c) Berechnung der gesetzlichen Erbquoten und der Pflichtteilsansprüche	18/19
3. Deckungsverhältnis	21–28
a) Ein Versicherungsnehmer	21
b) Mehrere Versicherungsnehmer	22
c) Übertragung des Lebensversicherungsvertrages auf den Bedachten im Wege der Vertragsübernahme	23
d) Widerruf der Bezugsberechtigung	24–28
4. Valutaverhältnis	29–50
a) Ein Bezugsberechtigter	30
b) Mehrere Bezugsberechtigte	31
c) Widerruf der Bezugsberechtigung beim Vertrag zugunsten Dritter	32–35
d) Verschiedene Interpretationsmöglichkeiten bei der LV auf den Todesfall	36/37
e) Änderungen im Valutaverhältnis	38–49
III. Die Lebensversicherung im Erbschaftsteuerrecht	51–162
1. Fälle der Unentgeltlichkeit	53–58
2. Fälle der Entgeltlichkeit	59
3. Die Lebensversicherung im Erlebensfall	60
4. Die Lebensversicherung im Erbfall	61–63
5. Bestimmung des steuerbaren Zuwendungsgegenstandes/Bewertung	64–101
a) Bestimmung des steuerbaren Zuwendungsgegenstandes	64–85
b) Besonderheiten des Bewertungsrechts	86–101
6. Erbschaftsteuerbefreiung	102–118
a) Bzgl. der Bemessungsgrundlage	102–112
b) Steuerklassen, Steuersätze und Durchführung der Besteuerung	113/114
c) Freibeträge	115–118
7. Gestaltungsempfehlungen/Praktische Hinweise	119–162
a) Bezugsberechtigter als Versicherungsnehmer	123–130
b) Unterhaltsberechtigte Personen als Versicherungsnehmer	131–135
c) Sonstige Personen als Versicherungsnehmer	136
d) Sonstige Gestaltungen	137–149
e) Gestaltungsmissbrauch (§ 42 AO)	150–152
f) Haftungsfragen	153–155
g) Anzeigepflichten des Bezugsberechtigten	156
h) Pflichten des Notars	157–160
i) Mitteilungspflichten des Lebensversicherers	161/162

Schrifttum: *Daragan*, Anmerkung zum BFH-Urteil vom 30.6.1999, ZErb 1999, 85; *Dobmaier*, Lebensversicherung und letztwillige Verfügung, AnwBl 1999, 692; *Elfring*, Die Lebensversicherung im Erbrecht, ZEV 2004, 305; *Esch*, Handbuch der Vermögensnachfolge: bürgerlich-rechtliche und steuerliche Gestaltung der Vermögensnachfolge von Todes wegen und unter Lebenden, 5. Aufl. 1997; *Fiedler*, Die Besteuerung der unentgeltlichen Übertragung von Lebensversicherungsverträgen, DStR 2000, 533; *Fromm*, Ende der 2/3-Bewertung von Kapitallebensversicherungen?, DStR 2005, 1465; *ders.*, Zur Besteuerung des Erwerbs einer nicht fälligen Kapitallebensversicherung von Todes wegen, DStR 2005, 1969; *Gebel*, Der Erbschaft- oder Schenkungsteuer unterliegende Zuwendungen im Rahmen von Dreiecksverhältnissen, ZEV 2000, 173; *ders.*, Mittelbare Schenkungssumme durch unentgeltliche Einräumung eines Bezugsrechts aus einer Kapitallebensversicherung, ZEV 2005, 236 – 241; *Geck*, Lebensversicherungen und Erbschaftsteuer, ZEV 1995, 140; *Halaczinsky*, Lebensversicherungen im Erbschaftsteuerrecht, ZErb 2002, 306; *Jülicher*, Verfahrensrecht bei der Erbschaftsteuer: Anzeigepflichten im ErbStG, ZErb 2001, 6; *Kapp/Ebeling*, Erbschaftsteuer- und Schenkungsteuergesetz, Kommentar, 12. Aufl. 2000, Stand: Juni 2005; *Kottke*, Erbschaftsteuerliche Gestaltung der Lebensversicherung von Ehegatten, DB 1990, 2446; *Kurzendörfer*, Einführung in die Lebensversicherung, Karlsruhe, 2. Aufl. 1996; *Landsittel*, Gestaltungsmöglichkeiten von Erbfällen und Schenkungen, 3. Aufl. 2006; *Lehmann*, Die Erbschaftsbesteuerung von Versicherungsverträgen, ZEV 2004, 398. *Mayer, Jörg*, Ausgewählte erbrechtliche Fragen des Vertrages zugunsten Dritter, DNotZ 2000, 905; *Meincke*, Erbschaftsteuer- und Schenkungsteuergesetz, Kommentar, 14. Aufl. 2004; *Pagels*, Bezugsrechte in der Lebensversicherung, NWB 1996, Fach 21, 1243; *Pahlke*, Befreiende Lebensversicherung und „vergleichbare Vorsorge", NWB Nr. 24 vom 13.6.2000, Fach 10, Seite 927; *Prölls/Martin*, Versicherungsvertragsgesetz, 26. Aufl. 1998; *Progl*, Die Reichweite des Pflichtteilsergänzungsanspruchs gemäß § 2325 BGB bei Lebensversicherungszuwendungen, ZErb 2004, 187. *Rödder*, Sind Lebensversicherungen erbschaft- und schenkungsteuerlich vorteilhaft?, DStR 1993, 781; *Scherer*, Erfolgreiche Unternehmensnachfolge – Beratungsaspekte und Störfelder, BB 2004, 2; *Schlünder/Geißler*, Ehe und Familie im Erbschaft- und Schenkungsteuerrecht, FamRZ 2005,149; *Schwintowski*, in: Berliner Kommentar zum VVG, Vorb. zu §§ 159 bis 178 (zit.: BerlinKommVVG); *Terbille* (Hrsg.), Münchner Anwaltshandbuch Versicherungsrecht, 2004; *Troll/Gebel/Jülicher*, Erbschaftsteuer- und Schenkungsteuergesetz, Kommentar, Stand: März 2005; *Viskorf*, Anm. in DStR 1999, 1766; *Vollkommer*, Erbrechtliche Gestaltung des Valutaverhältnisses beim Vertrag zugunsten Dritter auf den Todesfall?, ZEV 2000, 10.

I. Einleitung

1   **Checkliste**

☐ Welche Art der Lebensversicherung (LV) liegt vor?
☐ Wer ist
  • Versicherer?
  • Versicherungsnehmer?
  • Versicherte Person?
  • Begünstigter?
☐ Liegen sämtliche schriftlichen Nachweise für die Stellung der unter 2. genannten Personen vor?
☐ Gibt es (eine oder mehrere) letztwillige Verfügungen (die ggf. der Begünstigungsregelung aus dem Versicherungsvertrag ganz oder teilweise widersprechen)?
☐ Liegen alle schriftlichen Mitteilungen an die bzw. von der LV-Gesellschaft vor?
☐ Dient die LV ganz oder teilweise der Besicherung von Krediten aus der betrieblichen Sphäre (Ggf. dem steuerlichen Berater mitteilen, vgl. § 10 Abs. 1 Nr. 2 i. V. m. Abs. 5 EStG)? Wenn ja, seit wann?

2 Um die Aktualität des vorliegenden Beitrags dauerhaft bis zu einem gewissen Grade zu gewährleisten, werden nachfolgend einige Internet-Adressen genannt, die zum Auffinden aktueller Informationen hilfreich sein können. Gerade auf dem Gebiet des Steuerrechts ist es unerlässlich, vorliegende Literatur stets auf deren **Aktualitätsgehalt** hin zu überprüfen, bevor dem Mandanten konkrete Beratungsvorschläge gemacht werden.

3 Von einem Abdruck einer ganzen Reihe von Web-Adressen – wie in der Vorauflage – wird an dieser Stelle abgesehen. Stattdessen soll isoliert auf die sehr informative Internetadresse des Bundesministeriums der Finanzen sowie allgemein auf die Suchmaschine Google hingewiesen werden:
www.bundesfinanzministerium.de
www.google.de

1. Überblick

4 Die Lebensversicherung (im Folgenden: LV) ist eine Form der **Personenversicherung**. Es sind hierbei vier Beteiligte zu unterscheiden:
• der Versicherer (VS)
• der Versicherungsnehmer (VN)
• die versicherte Person (VP)
• der Bezugsberechtigte (BB)

VS und VN sind die Vertragsparteien. VN, VP und BB können identisch sein. Ebenso kann Personenverschiedenheit zwischen all diesen Personen vorliegen. Die Fälligkeit der Ansprüche hängt je nach vereinbartem Versicherungstyp vom Erleben eines bestimmten Zeitpunktes oder Versterben der versicherten Person ab (§ 159 VVG). Ist nicht der VN selbst BBer, sondern ein Dritter, handelt es sich zivilrechtlich um einen **Vertrag zugunsten Dritter**. Über den durch die Ansparung von Kapital entstandenen wirtschaftlichen Wert kann der VN bereits vor Eintreten des Versicherungsfalls rechtlich verfügen, z. B. durch Verpfändung.

Die LV kann zivilrechtlich auf zwei grundsätzlich verschiedene Arten im Wege der Schenkung übertragen werden. Entweder setzt der VN den Begünstigten als BB ein oder der VN überträgt den LV-Vertrag selbst im Wege der Vertragsübergabe auf diesen.[1]

In der Beratungspraxis stellt sich bei der Schenkung bzw. Erbschaft häufig die Frage nach der **steuergünstigsten Vertragsgestaltung** von LV-Verträgen. Wie bedeutsam die steuerlichen Folgewirkungen sind, zeigt der Umstand, dass LVen bei geringwertigen Nachlässen oft den wesentlichen Teil des hinterlassenen Vermögens ausmachen.[2] Nicht zuletzt wegen der haftungsrechtlichen Risiken[3] hat der anwaltliche Berater die erbschaft- und schenkungsteuerlichen Fragestellungen, die sich im Zusammenhang mit LV-Verträgen stellen, zu beachten.

2. Arten der Lebensversicherung

Es gibt verschiedene Typen von LVen.[4] Es ist zwischen **LVen auf den Erlebens- und solchen auf den Todesfall** zu unterscheiden. Die Todesfallversicherung ist in Deutschland gebräuchlicher.[5] Bei der reinen Todesfallversicherung tritt die Fälligkeit der Versicherungsleistung erst und nur dann ein, wenn die VP verstirbt. Die Leistungspflicht des VS bei der reinen Erlebensversicherung hängt hingegen davon ab, ob die VP einen bestimmten Stichtag erlebt.

Als Mischform aus beiden LV-Arten tritt die **kapitalbildende LV** in Erscheinung. Bei ihr werden die Voraussetzungen der Erlebens- und der Todesfallversicherung für den Eintritt des Versicherungsfalls kumulativ verbunden. Die Versicherungsleistung wird fällig, wenn die VP verstirbt **oder** wenn sie einen bestimmten Stichtag erlebt.[6] Beispiel: Fälligkeit der Versicherungsleistung mit dem Tod, spätestens mit Erreichen des 60. Lebensjahres. Für den VS besteht also in jedem Fall eine Leistungspflicht.

LVen lassen sich auch nach der **Art der Prämienzahlung** unterscheiden. Grundsätzlich zahlt der VN seine laufende monatliche Prämie an den VS. Dagegen leistet der VN bei einer **LV mit Beitragsdepot** eine einmalige Zahlung in Höhe des Betrages der gesamten Prämien oder mehrerer Jahresprämien.[7] Von diesem Beitragsdepot wird zunächst die erste Prämie bezahlt, während der Rest hinterlegt wird und in den folgenden Jahren dazu dient, die übrigen Prämien zu bezahlen. Das hinterlegte Geld wird gleichzeitig angelegt und verzinst. Das Beitragsdepot kann nur durch Kündigung des Versicherungsvertrages oder durch Freistellung von Beiträgen aufgelöst werden. Der Betrag aus dem Beitragsdepot, welcher im Versicherungsfall nicht für Prämien verbraucht wurde, wird an den Einzahler ausgezahlt.

Die **fondsgebundene LV**, bei der in Verbindung mit dem Abschluss einer reinen Todesfall- oder Risiko-LV Fondsanteile bzw. Investmentzertifikate verkauft werden, stellt nach Maßgabe des § 54 b VAG einen weiteren, besonderen Typ der LV dar.[8]

Die fondsgebundene LV zeichnet sich dadurch aus, dass die **Versicherungsleistung** weder betragsmäßig bestimmt ist, noch ausschließlich in Geld geschuldet wird. Sie ist primär in **Wertpapieren** zu erbringen und ergibt sich aus der Wertentwicklung der in einem besonderen Fonds zusammengefassten Vermögensanlagen. Auch wenn infolge der Kursentwicklung ein Wertzuwachs oder auch eine Wertminderung eintreten kann, ist jedoch eine Mindesttodesfallleistung garantiert.[9]

---

[1] *Fiedler* DStR 2000, 533, 534.
[2] *Vollkommer* ZEV 2000, 10.
[3] *Dobmaier* Mitteilungen AnwBl 99, 692 f.
[4] Vgl. BerlinKommVVG/*Schwintowski* Vorb. zu §§ 159 bis 178 Rdnr. 2 bis 17.
[5] *Fiedler* DStR 2000, 533.
[6] *Fiedler* DStR 2000, 533, 534.
[7] *Fiedler* DStR 2000, 533, 537.
[8] FinMin Bayern Erlass v. 17.1.2000 – 31 – S 2000 – 645/267 – 758, DB 2000, 497.
[9] FinMin Bayern a.a.O.

Weiter wird zwischen der **Kapital- und der Renten-LV** unterschieden. Je nach Vereinbarung zahlt der VS nach dem Eintritt des Versicherungsfalles den vereinbarten Betrag einmalig oder fortlaufend aus (§ 1 Abs. 1 S. 2 VVG).

II. Die Lebensversicherung im Erbrecht

1. Die Bedeutung der Lebensversicherung im Erbrecht

13   Die beliebten und in ihrem wirtschaftlichen Gewicht bedeutenden LV–Verträge sind im Bereich der **Nachfolgeplanung** besonders geeignet, die nachfolgend genannten Zielsetzungen zu erreichen:[10]
- Absicherung von nahen Angehörigen, insbesondere für den Todesfall eines Familienmitglieds, das hauptsächlich für den Familienunterhalt finanziell aufkommt.
- Liquiditätsvorsorge für den Fall, dass Pflichtteilsansprüche gegen den Willen von Erben geltend gemacht werden.
- Liquiditätsvorsorge für die zu erwartende Erbschaftsteuerbelastung.
- Liquiditätsvorsorge für Kosten im Zusammenhang mit der Bestattung des Erblassers und der Regelung von Vermögensfragen.

2. Die Zugehörigkeit der Lebensversicherung zum Nachlass

14   Nach § 330 BGB liegt bei einem **LV-Vertrag zugunsten Dritter** im Zweifel ein **echter Vertrag zugunsten Dritter** vor, da § 330 BGB für alle Arten von LVen auf den Todes- oder Erlebensfall gilt.[11]

In diesem Fall entsteht der Anspruch auf die Versicherungssumme ohne Durchgang durch das Vermögen des VN unmittelbar in der Person des BBen, fällt also bei einer Versicherung auf den Todesfall **nicht** in den Nachlass.[12] Ansprüche aus einem LV-Vertrag, die mit dem Tod der versicherten Person fällig werden, gehören **nicht** zum Nachlass, sobald der Erblasser einen BBen widerruflich oder unwiderruflich im Wege des Vertrages zugunsten Dritter benannt hat. Dies kann insbesondere in Fällen der Anordnung einer Vor- und Nacherbschaft oder einer Testamentsvollstreckung zu unliebsamen Überraschungen aus Sicht des Erblassers führen.[13] Ist dagegen kein BBer benannt, fällt die Versicherungssumme in den Nachlass (BGHZ 32, 41).

15   a) **Fälle fehlender Zugehörigkeit zum Nachlass.** Ist Zahlung „an die Erben" ausbedungen, sind diejenigen bezugsberechtigt, die im Falle des Todes zu Erben berufen sind, selbst wenn sie die Erbschaft ausschlagen (§ 167 Abs. 2 S. 2 VVG). Bei Kapitalversicherungen nach § 167 Abs. 2 S. 1 VVG ist dann im Zweifel anzunehmen, dass die Erben den Anspruch auf die Versicherungssumme nicht kraft Erbrechts, sondern kraft Versicherungsrechts als BBe erwerben sollen.[14] Die LV-Leistung fällt also selbst dann nicht in den Nachlass des VNs, wenn dieser dem VS als BBe „die Erben" benannt hat.[15] Die Testamentsanordnung hat auf die versicherungsvertragsmäßig getroffene Regelung keinen Einfluss.

16   b) **Fälle der Zugehörigkeit zum Nachlass.** Ist ein **BBer nicht benannt,** fällt die Versicherungssumme in den Nachlass und somit an die Erben.[16] Ist die Versicherung nicht auf das Leben des VNs, sondern auf die Person eines anderen abgeschlossen, der im Versicherungsfall auch die Versicherungssumme erhalten soll, so gehört der Auszahlungsanspruch zu dessen Nachlass.[17]

17   Die auf Grund eines LV-Vertrags ausgezahlte Summe gehört auch dann zum Nachlass, wenn der VN seine Ansprüche aus einer **LV als Sicherheit** an einen Kreditgeber abtritt und zu diesem Zweck ein widerruflich eingeräumtes Bezugsrecht widerruft; in diesem Fall gehört der Anspruch beim Tod dieses VNs in Höhe der gesicherten Schuld zu seinem Nachlass.[18]

---

[10] Vgl. *Landsittel* S. 393 Rdnr. 1153 ff.
[11] Palandt/*Grüneberg* § 330 Rdnr. 2.
[12] BGHZ 13, 232; 32, 47; 130, 381; OLG Frankfurt/M. NJW-RR 1998, 795; *Lehmann* ZEV 2004, 398 f.
[13] Vgl. hierzu *Mayer* DNotZ 2000, 905.
[14] *Kapp/Ebeling* § 3 Rdnr. 266.
[15] *Pagels* NWB 1996, Fach 21 S. 1243 f.
[16] BGH NJW 1960, 912; BGH NJW 1996, 2230; *Esch*, S. 220.
[17] Troll/Gebel/Jülicher/*Gebel* § 10 Rdnr. 21.
[18] BGH NJW 1996, 2230 = ZEV 96, 263, mit Anm. von *Kummer*; BGH BHW 1990, 256.

c) **Berechnung der gesetzlichen Erbquoten und der Pflichtteilsansprüche.** *aa) Bei fehlender Zugehörigkeit der Lebensversicherung zum Nachlass.* Da die Kapital-LV bei der Benennung eines BBen nicht in den Nachlass fällt, bleibt sie auch bei der Berechnung der gesetzlichen Erbquoten und der Pflichtteilsansprüche außer Betracht.[19]

Fällt die Versicherungsleistung nicht in den Nachlass, sondern gelangt sie zu den Erben als BBe, können Pflichtteilsergänzungsansprüche ausgelöst werden, wenn der Erblasser Gelder zur Zahlung der Versicherungsprämie **unentgeltlich** zugewandt hatte.[20] Nach § 2325 Abs. 1 BGB kann in dem Fall, in dem der Erblasser einem Dritten eine Schenkung gemacht hat, der Pflichtteilsberechtigte als Ergänzung des Pflichtteils den Betrag verlangen, um den sich der Pflichtteil erhöht, wenn der verschenkte Gegenstand dem Nachlass hinzugerechnet wird. Bei der LV können die **Prämien eine unentgeltliche Zuwendung** darstellen, dagegen nicht die Versicherungssumme selbst.[21] Die Prämienzahlungen können also zu einem Anspruch auf Ergänzung des Pflichtteils auf Grund erfolgter Schenkung führen.[22] Gläubiger ist der Pflichtteilsberechtigte, also jeder aus dem Kreis der in § 2303 BGB genannten Angehörigen, dessen Pflichtteilsrecht nicht durch § 2309 BGB ausgeschlossen ist.[23] Der Ergänzungsanspruch nach § 2325 Abs. 1 BGB ist ein rechtlich selbständiger außerordentlicher Pflichtteilsanspruch (BGHZ 103, 333). Er steht dem Berechtigten auch dann zu, wenn dieser nicht durch Verfügung von Todes wegen von der Erbfolge ausgeschlossen ist oder die Erbschaft ausgeschlagen hat (BGH, NJW 1973, 995; vgl. *Steiner* MDR 1997, 906).

bb) Bei Zugehörigkeit der Lebensversicherung zum Nachlass. Fällt der auf Grund LV-Vertrag ausgezahlte Betrag (LV-Summe zzgl. Gewinnanteil und zzgl. Bonus) in den Nachlass, **erhöht** dies den **Wert des Nachlasses** und ist daher bei der Berechnung des Pflichtteils gemäß § 2311 BGB zu berücksichtigen.

3. Deckungsverhältnis

a) **Ein Versicherungsnehmer.** Zwischen dem VN und dem VS wird ein Versicherungsvertrag geschlossen. Die vertraglichen Pflichten richten sich nach dem VVG. Nach § 1 Abs. 1 S. 2 VVG ist der VS bei der LV verpflichtet, nach dem Eintritt des Versicherungsfalles den vereinbarten Betrag an Kapital oder Rente zu zahlen. Der VN hat nach § 1 Abs. 2, S. 1 VVG die vereinbarte Prämie zu entrichten.

b) **Mehrere Versicherungsnehmer.** Sind an einem Versicherungsvertrag mehrere VN beteiligt wie z. B. bei der **verbundenen LV** (siehe unten), so sind diese Teilhaber einer untereinander bestehenden Gemeinschaft, die gesamtschuldnerisch für die Versicherungsprämien gemäß § 427 BGB haften.[24] Bei **Ehegatten** ist von einer im Innenverhältnis vereinbarten hälftigen Zahlungsverpflichtung auszugehen. Dabei kann unterstellt werden, dass die Leistungen unter den Ehegatten nicht abgerechnet, sondern ersatzlos von demjenigen getragen werden, der hierzu in der Lage ist.[25]

c) **Übertragung des Lebensversicherungsvertrages auf den Bedachten im Wege der Vertragsübernahme.** Der LVsnehmer kann die LV dem Bedachten zuwenden, indem er den LV-Vertrag auf ihn im Wege der Vertragsübernahme überträgt.[26] Hierfür ist ein **dreiseitiger Vertrag** zwischen dem Bedachten, dem VN und dem VS oder ein Vertrag des Bedachten mit dem VN und die Zustimmung des VS erforderlich.[27] Der Bedachte übernimmt dann alle Rechte und Pflichten des ausscheidenden VNs.

---

[19] *Esch* S. 220.
[20] *Landsittel* S. 394 Rdnr. 1158, 116 f.
[21] Vgl. BGH FamRZ 1976, 616 mit abl. Anm. von *Harder*.
[22] Zu den Auswirkungen der Prämienzahlung und der Zuwendung einer Bezugsberechtigung im Rahmen des § 2325 BGB vgl. MünchKomm/*Lange* § 2325 Rdnr. 22.
[23] Palandt/*Edenhofer* § 2325 Rdnr. 4.
[24] Troll/Gebel/Jülicher/*Gebel* § 12 Rdnr. 137.
[25] FinMin Mecklenburg-Vorpommern v. 27.9.1993 – DB 1993, 2362.
[26] *Fiedler* DStR 2000, 533, 534.
[27] Palandt/*Grüneberg* § 330 Rdnr. 2.

24 **d) Widerruf der Bezugsberechtigung.** Entgegen § 328 BGB steht bei der Kapital-LV dem VN nach § 166 VVG sowie nach § 13 Abs. 1 S. 2 ALB[28] im Zweifel das Recht zu, **ohne Zustimmung** des VS einen Dritten als BBen zu bezeichnen, an dessen Stelle einen anderen zu setzen oder die Bestimmung zu widerrufen und zwar auch dann, wenn die Bezeichnung im Vertrag erfolgt ist. Bei anderen als Kapital-LVen bedarf es zur Begründung eines entsprechenden Widerrufsrechts einer besonderen Vereinbarung.

25 Bestimmungen und Widerruf sind einseitige Willenserklärungen und zugleich rechtsgestaltende Verfügungen.[29] Das **Bestimmungsrecht** ist keine höchstpersönliche Verfügung, sondern abtretbar und pfändbar. Die Erklärungen müssen dem VS zugehen, können aber auch in einer Verfügung von Todes wegen enthalten sein (§ 332 BGB). Widerrufserklärungen gegenüber dem Dritten oder anderen Beteiligten genügen jedenfalls nicht.[30] Allerdings ist § 332 BGB durch die ALB nach § 13 Nr. 4 ALB 1986 formularmäßig ausgeschlossen.

26 Der BBe übernimmt nicht die Rechte aus dem Vertrag. Er kann den Vertrag nicht kündigen und hat keinen Einfluss auf die Änderung seiner Bezugsberechtigung. Der **Widerruf** kann aber auch schon vorher auf Antrag des VNs durch schriftliche Bestätigung des VS ausgeschlossen werden (§ 13 Abs. 2 ALB). Hierdurch entsteht abweichend von § 331 bereits vor dem Tod des VNs ein eigenes Forderungsrecht des BBen.[31]

27 Der VN kann einen Dritten als BBen auch unwiderruflich einsetzen, wenn er dies dem VS gegenüber erklärt und dieser Ausschluss des Widerrufsrechts vom VS schriftlich bestätigt wurde, § 13 Abs. 2 ALB.

28 Maßgeblich für die unwiderrufliche Einsetzung als Bezugsberechtigter ist das **Deckungsverhältnis** zwischen VN und VS, nicht das Valutaverhältnis zwischen VN und dem BBen.[32] Ein mit dem BBen vereinbartes Widerrufsverbot wirkt nur schuldrechtlich.[33] Mit dem Tod des VNs erlischt das Widerrufsrecht.

4. Valutaverhältnis

29 Nach § 159 Abs. 1 VVG kann die LV auf die Person des VNs oder eines anderen abgeschlossen werden.

30 **a) Ein Bezugsberechtigter.** Nennt der LV-Vertrag einen BBen, so ist dessen Rechtsstellung durch **Auslegung** zu ermitteln (§ 328 Abs. 2 BGB). Wenn der Versicherungsfall eintritt, erwirbt der BBe als Dritter im Sinne des § 330 BGB einen Vermögensvorteil in Form des Zahlungsanspruchs gegen den VS. Dies gilt auch bei LVen auf den Todesfall, wenn der Begünstigte schon vor dem Tod des VNs unwiderruflich als BBer benannt worden war.[34]

31 **b) Mehrere Bezugsberechtigte.** Mehrere als BBe Bezeichnete sind mangels näherer Bestimmung **zu gleichen Teilen** berechtigt.

Wenn mehrere VN als BBe am Versicherungsvertrag beteiligt sind und der Anspruch auf die Versicherungssumme auf Grund des Todes des Erstversterbenden oder im Erlebensfall der Beteiligten entstehen soll, fällt die Versicherungssumme der Gemeinschaft an. Erfolgt die Leistung nach dem Tod des einen VNs ausschließlich an einen (überlebenden) VN, erhält dieser die Leistung nur anteilig entsprechend dem Anteil des Vorverstorbenen an der Gemeinschaft.[35]

32 **c) Widerruf der Bezugsberechtigung beim Vertrag zugunsten Dritter.** Nach § 166 Abs. 1 VVG ist bei einer Kapital-LV im Zweifel anzunehmen, dass dem VN die Befugnis vorbehalten ist, **ohne Zustimmung des VS einen Dritten als BBen** zu bezeichnen sowie an die Stelle des so bezeichneten Dritten einen anderen zu setzen.

---

[28] Allg. Lebensversicherungsbedingungen, Veröffentlichungen des Bundesaufsichtsamtes für das Versicherungswesen 1986, 209.
[29] BGH NJW-RR 1989, 22.
[30] RGZ 140, 34; 153, 225.
[31] BGHZ 45, 165.
[32] *Fiedler* DStR 2000, 533, 534.
[33] BGH NJW 1975, 1360.
[34] BFH BStBl. III 1952, 240, 241.
[35] Troll/Gebel/Jülicher/*Gebel* § 12 Rdnr. 137.

Das **Bestimmungsrecht** ist **keine höchstpersönliche Befugnis**, sondern abtretbar und pfändbar.[36] Die Abtretung und die Verpfändung der Rechte aus dem Versicherungsvertrag stellt keinen Widerruf einer bestehenden Bezugsberechtigung dar;[37] auch die Anzeige der Abtretung oder Verpfändung ist in der Regel kein Widerruf.[38] 33

Gläubiger können mit dem **Anspruch aus dem Versicherungsvertrag** gemäß § 857 Abs. 2 ZPO auch das **Widerrufsrecht pfänden** und nach Überweisung ausüben.[39] Auch der Insolvenzverwalter kann das Bezugsrecht widerrufen.[40] 34

Der im Zusammenhang mit einer Sicherungsabtretung formularmäßig erklärte Widerruf ist in der Regel dahin gehend zu verstehen, dass das **Bezugsrecht** nicht erlöschen, sondern **hinter den vereinbarten Sicherungszweck zurücktreten** solle.[41] Die Sicherungsabtretung hindert daher den VN i.d.R nicht, einen anderen BBen zu bestimmen.[42] Auch nach Ausschluss des Widerrufsrechts bleibt der VN der Vertragspartner. Er kann daher auch nach unwiderruflicher Einräumung des Bezugsrechts das vertragliche Deckungsverhältnis noch kündigen.[43] Die Zuwendung des Bezugsrechts kann wegen Gläubigerbenachteiligung anfechtbar sein.[44] 35

d) **Verschiedene Interpretationsmöglichkeiten bei der LV auf den Todesfall.** Das hinterlassene Vermögen aus einer LV kann der schuldrechtlichen oder der erbrechtlichen Rechtsnachfolge unterstellt werden. Die Zuwendung bedarf im Valutaverhältnis zwischen Erblasser bzw. seinem Erben und dem Dritten eines **Rechtsgrundes**. Andernfalls müsste der Dritte die Versicherungssumme nach § 812 Abs. 1 BGB an den Nachlass herausgeben. 36

Nach h.M. liegt der Zuwendung an den BBen bei einer LV auf den Todesfall stets eine schenkungsrechtliche causa[45] zugrunde.[46] Nach einer anderen Ansicht ist dagegen auch eine erbrechtliche causa denkbar.[47] 37

e) **Änderungen im Valutaverhältnis.** *aa) vor dem Erbfall. (1) Widerruf der Bezugsberechtigung.* Der Widerruf kann als **Rücknahme der Schenkungsofferte** des Erblassers aufzufassen sein. 38

Zur Änderung der Bezugsberechtigung bedarf es einer entsprechenden schriftlichen Anzeige gegenüber dem VS zu Lebzeiten des Erblassers.[48] Solange diese ihm nicht zugegangen ist, darf und muss der VS an den ihm genannten BBen auszahlen.[49] 39

In der Zuwendung einer LV an einen anderen als den zunächst vorgesehenen BBen ist ein **Widerruf der ursprünglichen Bezugsberechtigung** zu sehen. Hatte der ursprünglich BBe von seiner Bezugsberechtigung keine Kenntnis gehabt, kann das Angebot der Schenkung von diesem nicht mehr nach § 130 Abs. 1 S. 2 wirksam angenommen werden. Zahlt die Versicherung an den ursprünglich BBen, muss dieser daher die Versicherungsleistung nach § 812 BGB an den später Benannten herausgeben. Das Gleiche gilt, wenn der VN mit dem ursprünglich BBen in gültiger Ehe gelebt hatte, die vor dem Tod des VNs geschieden wurde.[50] 40

(2) Scheitern der Ehe. Ist die Ehefrau als BBe bezeichnet, erlischt ihr Bezugsrecht mit der Scheidung nur dann, wenn der Bestimmung eine hinreichend deutliche, auflösende Bedingung beigefügt ist.[51] Die im LV-Vertrag als BBe **benannte Ehefrau bleibt** auch nach Scheidung der Ehe **anspruchsberechtigt**.[52] Wenn der Erblasser seinen Ehegatten namentlich oder unter der 41

---

[36] BGHZ 91, 289.
[37] RGZ 127, 272; 153, 226.
[38] BGHZ 109, 70.
[39] RGZ 153, 225.
[40] BAG ZIP 1996, 966.
[41] BGH a. a. O. Düsseldorf VersR 1997, 1215.
[42] OLG Köln VersR 1990, 1339, OLG Hamm VersR 1994, 1053.
[43] RGZ 154, 159; BGHZ 45, 167.
[44] Palandt/*Grüneberg* § 330 Rdnr. 6.
[45] BGH NJW 1995, 1082, 1084; FG Baden-Württemberg Urt. v. 30.1.1998 – 9 K 73/96 – EFG 1999, 80.
[46] BGH NJW 1975, 382, NJW 1975, 1360; NJW 1976, 749; Erman/*Westermann* § 331 Rdnr. 4.
[47] *Vollkommer* ZEV 2000, 10, 11.
[48] Vgl. § 13 Abs. 4 ALB 86 oder § 14 Abs. 4 ALB 94.
[49] *Dobmaier* AnwBl 1999, 692.
[50] *Dobmaier* a. a. O. 692, 693.
[51] Palandt/*Grüneberg* § 330 Rdnr. 3.
[52] BGH DB 1975, 2274; *Esch* S. 220.

Bezeichnung Ehemann oder Ehefrau als Erben einsetzte und danach eine zweite Ehe einging, bezieht sich die Erbeinsetzung ausschließlich auf denjenigen, der mit dem Erblasser zurzeit des Abschlusses der Lebensversicherung verheiratet war.[53]

42 Bei einer LV, die der betrieblichen Altersversorgung dient, ist im Zweifel die Ehefrau begünstigt, die bei **Eintritt des Versicherungsfalls** mit dem VN verheiratet ist.[54] Entsprechendes gilt für die Unfallversicherung.[55]

43 Nach § 2077 BGB ist eine letztwillige Verfügung, durch die der Erblasser seinen Ehegatten bedacht hat, unwirksam, wenn die Ehe vor dem Tode des Erblassers aufgelöst worden ist oder zurzeit des Todes des Erblassers die Voraussetzungen für die Scheidung der Ehe gegeben waren und der Erblasser die Scheidung beantragt oder ihr zugestimmt hat. § 2077 BGB ist **nicht analog** auf das LV-Verhältnis **anwendbar**, es bedarf in der Regel eines ausdrücklichen Widerrufs der Bezugsberechtigung gegenüber dem VS.[56] Das gilt auch dann, wenn die Ehefrau ohne Zusatz des Namens benannt ist.[57]

44 Etwas anderes gilt hinsichtlich der Frage, ob die geschiedene Ehefrau die Versicherungssumme im Valutaverhältnis auch behalten darf. Hierfür ist es nötig, dass in der Beziehung zum Erblasser ein Rechtsgrund besteht;[58] das ist nicht der Fall, wenn das Valutaverhältnis wegen Wegfalls der Geschäftsgrundlage rückabgewickelt werden muss.[59] Mit dem Scheitern der Ehe fällt die **Geschäftsgrundlage im Valutaverhältnis** regelmäßig weg.[60]

45 *(3) Scheitern der nichtehelichen Lebensgemeinschaft.* Der BGH überträgt die „Regel", dass mit dem Scheitern der Ehe die Geschäftsgrundlage wegfällt, nicht auf gescheiterte nichteheliche Lebensgemeinschaften. Grund hierfür ist, dass „die Partner einer nichtehelichen Lebensgemeinschaft ihre persönlichen und wirtschaftlichen Leistungen **nicht gegenseitig aufrechnen** können".[61]

46 *(4) Sonstige Fälle.* Vorsorglich sollte geprüft werden, ob dem Valutaverhältnis ein **sittenwidriges Rechtsgeschäft** nach § 138 BGB zugrunde liegt oder ob im Fall einer Schenkung die – sehr engen – Voraussetzungen des **§ 530 BGB** vorliegen.[62]

47 *bb) Im Erbfall.* Auch der durch Verfügung von Todes wegen Begünstigte erwirbt nicht aus dem Nachlass, sondern ohne Durchgangserwerb **unmittelbar vom Versprechenden**.[63] Nach § 332 BGB kann der VN im Zweifel durch testamentarische Anordnung die Bezugsberechtigung ändern. § 332 BGB tritt als Auslegungsregel zurück, soweit durch Vertrag oder AGB etwas anderes bestimmt ist.[64] Für LVen gilt § 13 Abs. 3 ALB, wonach die Begründung oder der Widerruf eines Drittrechts erst mit schriftlicher Anzeige an den VS wirksam wird;[65] die Vorlage des Testaments beim VS nach dem Tod des Erblassers genügt nicht.[66]

48 Nach § 13 Nr. 4 ALB 1986 (= § 13 Nr. 3 ALB 81/75) ist § 332 BGB formularmäßig ausgeschlossen. Der im Deckungsverhältnis wirkungslose Widerruf des Bezugsrechts kann aber als **Rücknahme der Schenkungsofferte** des Erblassers aufzufassen sein und dadurch im Valutaverhältnis einen Rechtserwerb des BBen verhindern.[67]

49 Auch nach der Ansicht, die eine erbschaftsteuerliche causa (Vermächtnis) favorisiert, setzt sich die später getroffene Änderung der testamentarischen **Bezugsberechtigung nach § 332**

---

[53] *Kapp/Ebeling* § 7 Rdnr. 465; *Tappmeier* DNotZ 1987, 715.
[54] BGHZ 79, 295.
[55] OLG Stuttgart NJW-RR 1988, 1180.
[56] BGHZ 79, 298; NJW 1987, 3131; OLG Karlsruhe VersR 98, 219; *Kapp/Ebeling* § 7 Rdnr. 465; a.A. Ffm VersR 1997, 1216.
[57] BGH a. a. O. Köln VersR 1983, 1182; LG Saarbrücken NJW 1983, 180.
[58] BGH NJW 1987, 3131.
[59] BGH NJW 1995, 1082; OLG Karlsruhe VersR 1998, 219.
[60] BGH DNotZ 1987, 771; *Kapp/Ebeling* § 7 Rdnr. 465.
[61] BGH NJW 1996, 2727; vgl. auch OLG Koblenz VersR 99, 930.
[62] *Dobmaier* AnwBl 1999, 692, 693.
[63] Palandt/*Grüneberg* § 332 Rdnr. 2.
[64] BGHZ 81, 98.
[65] Palandt/*Grüneberg* § 332 Rdnr. 3; *Schmalz/Brüggemann* ZEV 1996, 84; OLG Koblenz FamRZ 1998, 770.
[66] BGH NJW 1993, 3134.
[67] *Schmalz/Brüggemann* ZEV 1996, 88, OLG Düsseldorf VersR 1996, 591.

BGB gegen eine anders lautende frühere vertragliche Bestimmung (= § 13 Nr. 4 ALB 1986) durch, so dass der letztwillig Bestimmte die LV erhält und auch behalten darf.[68]

cc) Auswirkungen der Änderungen (Zusammenfassung). Durch das Scheitern der Ehe fällt die **Geschäftsgrundlage im Valutaverhältnis** weg.
Der Widerruf der Bezugsberechtigung hebt den Schenkungsvertrag bzw. das Vermächtnis auf. Die testamentarische Änderung der Bezugsberechtigung nach § 332 BGB ist wegen § 13 Abs. 3 ALB formularmäßig ausgeschlossen. Erfolgt sie trotzdem, kann der im Deckungsverhältnis wirkungslose Widerruf als Rücknahme der Schenkungsofferte des Erblassers aufgefasst werden und dadurch einen Rechtserwerb des BBen im Valutaverhältnis verhindern.

III. Die Lebensversicherung im Erbschaftsteuerrecht

Häufig wird nicht hinreichend darauf geachtet, wie sich die später von dem VS zu erbringenden Leistungen für die BBen **erbschaftsteuerlich** auswirken. Es kommen insoweit drei Möglichkeiten in Betracht:[69]
- Erwerb durch Erbanfall nach § 3 Abs. 1 Nr. 1 ErbStG: Gehört die LV-Summe zum Nachlass, liegt ein **Erwerb von Todes wegen** nach § 3 Abs. 1 **Nr. 1** ErbStG vor.
- Erwerb von Todes wegen i. S. v. § 3 Abs. 1 Nr. 4 ErbStG: Ist ein BBer benannt worden, liegt bei der LV auf den Todesfall ein Erwerb von Todes wegen im Sinne des § 3 Abs. 1 **Nr. 4** ErbStG vor.[70]
- Nicht der Erbschaftsteuer unterliegende Bezüge, wobei danach zu unterscheiden ist, ob der BBe über einen **Versorgungsfreibetrag nach § 17 ErbStG** verfügt, der durch die nicht der Erbschaftsteuer unterliegenden Bezüge gekürzt wird, oder kein Versorgungsfreibetrag besteht.

§ 3 Abs. 1 und 2 ErbStG hat **abschließenden Charakter.**[71] Daher gehört zum steuerpflichtigen Erwerb nur, was in § 3 ErbStG – mit Einschränkungen durch § 5 ErbStG und Ergänzungen durch §§ 4 und 6 ErbStG – als steuerpflichtiger Erwerb bezeichnet ist. Insofern nicht genannte Steuervorteile bleiben, soweit § 7 ErbStG nicht eingreift, steuerfrei.[72] Wenn an den VN ausgezahlt wird, fällt daher keine ErbSt an. Es ist also steuergünstig, wenn die Person, die wirtschaftlich abgesichert werden soll, **selbst VN** ist, während derjenige, dessen Einkommenswegfall zu kompensieren ist, VP wird.[73]

1. Fälle der Unentgeltlichkeit

Es muss ein **Unentgeltlichkeitswille** vorliegen.[74] Die Auszahlung der LV-Leistung ist nur dann erbschaft**steuerpflichtig,** wenn zwischen dem Erblasser und dem begünstigten Dritten **kein** Rechtsverhältnis besteht, auf Grund dessen der Erblasser verpflichtet war, eine bestimmte Leistung an den Dritten zu erbringen.
- Ein **unentgeltlicher** Erwerbsfall ist gegeben, wenn die Mutter als Gläubigerin eines bereits entstandenen und bezifferten Zugewinnausgleichsanspruchs sich gegenüber ihrem Ehemann als Schuldner verpflichtet, diesen Anspruch nach seinem Tode den Kindern unentgeltlich abzutreten.[75]
- Es ist außerdem dann **kein** der Erbschaftsteuer unterfallender Sachverhalt gegeben, wenn der BBe ein **Kreditgeber** ist und die Versicherungsleistung das Restdarlehen des verstorbenen VNs zurückführt. Die Tilgung des Erblasser-Darlehens stellt keine Bereicherung des/der Erben dar, die diese Nachlassverbindlichkeit nicht mehr regulieren müssen (anders nur dann, wenn die Versicherungsleistung die Darlehensvaluta übersteigt. Dies lässt sich durch entsprechende Gestaltung vermeiden).

---

[68] *Vollkommer* ZEV 2000, 10, 12 Fn. 23.
[69] Vgl. *Landsittel* S. 393 Rdnr. 1156; grundlegend: *Lehmann* ZEV 2004,398 ff.; *Halaczinsky* ZErb 2002, 306.
[70] BFH BStBl. III 1960, 54; Vgl. Troll/Gebel/*Jülicher/Gebel* § 3 Rdnr. 288 m.w.N.
[71] BFH BStBl. II 1991, 412, 413.
[72] *Meincke* § 3 Rdnr. 6.
[73] *Geck* ZEV 1995, 140; *Landsittel* S. 395 Rdnr. 1161.
[74] *Kapp/Ebeling* § 3 Rdnr. 274.
[75] BFH Urt. v. 13.5.1998 – BFH/NV 1998, 1485.

56 • Ferner liegt **kein** steuerpflichtiger Erwerb vor, wenn der Erblasser zugunsten seiner geschiedenen Ehefrau eine LV abgeschlossen hat, um damit seinen Unterhaltspflichten nachzukommen.[76]

57 Umstritten ist, ob ein **unentgeltlicher** – und damit steuerfreier – Erwerb vorliegt, wenn der Dritte nach von vornherein getroffener besonderer Vereinbarung mit dem Erblasser die Prämien für die Versicherung aus eigenen Mitteln zu entrichten hatte und auch tatsächlich entrichtet hat.

58 In diesem Fall liegt nach einer Ansicht **keine Bereicherung aus dem Vermögen des Erblassers** vor.[77] Dagegen hat das Hessische Finanzgericht[78] entschieden, dass allein die Prämienzahlung durch den BBen es nicht verhindern kann, dass der Erwerb des Anspruchs auf Auszahlung der LV-Summe der Erbschaftsteuer unterliegt (siehe unten).

2. Fälle der Entgeltlichkeit

59 Erfolgt der Erwerb der LV entgeltlich, so löst dieser Vorgang **keine Erbschaftsteuer** aus.

3. Die Lebensversicherung im Erlebensfall

60 Ist im Erlebensfall nicht der Versicherte, sondern eine andere Person bezugsberechtigt, so ergibt sich die Steuerpflicht für die Auszahlung der Versicherungssumme auf den Erlebensfall aus § 7 Abs. 1 Nr. 1 ErbStG, sofern Freigebigkeit die causa ist.[79]

4. Die Lebensversicherung im Erbfall

61 Ist die LV Teil des Nachlasses ergibt sich die Erbschaftsteuerpflicht aus § 3 Abs. 1 Nr. 1 ErbStG.

62 Im Erbfall löst die LV auf den Todesfall nach § 1 Abs. 1 Nr. 1 ErbStG i. V. m. § 3 Abs. 1 Nr. 4 ErbStG eine **Erbschaftsteuerpflicht** aus, wenn sie nicht Teil des Nachlasses ist und auf Grund eines vom Erblasser geschlossenen Vertrages bei dessen Tode von einem Dritten unmittelbar erworben wird.[80]

63 Eine Bereicherung von Todes wegen setzt weiter voraus, dass der Vermögensgegenstand unentgeltlich erworben wird. Die Beurteilung der Frage des unentgeltlichen Erwerbs richtet sich nach dem dem Valutaverhältnis zugrunde liegenden Rechtsgrund, d. h. ob der BBe voll entgeltlich, teilentgeltlich oder unentgeltlich erwirbt.[81]

5. Bestimmung des steuerbaren Zuwendungsgegenstandes/Bewertung

64 a) **Bestimmung des steuerbaren Zuwendungsgegenstandes.** Der Zuwendungsgegenstand wird nach der Rechtsprechung des Bundesfinanzhofs danach bestimmt, was der Bedachte **tatsächlich endgültig erhalten** hat. Ausschlaggebend ist also insoweit nicht der Wille des Zuwendenden.[82] Dies wird in der Literatur teilweise abweichend beurteilt.[83]

65 aa) *Umstände ohne Bedeutung für die Bestimmung des Zuwendungsgegenstandes.* (1) Höhe der Versicherungssumme. Für die Bemessung der **Höhe der Erbschaftsteuer** ist es ohne Bedeutung, ob die Versicherungssumme hinter den laufenden Aufwendungen des Erblassers zurückbleibt oder sie übersteigt.[84]

66 *(2) Übergang von Ansprüchen nach dem Tod des Versicherungsnehmers.* Ebenso wenig ist von Bedeutung, ob der Berechtigte den Anspruch **nach dem Tode des VNs** abtritt[85] oder nach diesem Zeitpunkt selbst verstirbt und der zu seinem Nachlass gehörende Anspruch auf seine Erben übergeht. In letzterem Fall können also zwei steuerpflichtige Vorgänge vorliegen.[86]

---

[76] BFH Urt. v. 28.11.1967 – II 72/63 – BStBl. II 1968, 239; BFH Urt. v. 26.1.1971 – II B 32/70 – BStBl. II 1971, 184.
[77] *Kapp/Ebeling* § 3 Rdnr. 275.
[78] Hess. Finanzgericht Urt. v. 11.4.1989 – EFG 1989, 518.
[79] *Mönch/Kien-Hümbert* ErbStG § 7 Rdnr. 104 a.
[80] *Scherer* BB 2004, 2, 5.
[81] Vgl. RG v. 25.3.1930 – VII 440/29 – RGZ 128, 187, 189; *Gebel* UVR 1993, 141, 142.
[82] BFHE 162, 139; 276, 53.
[83] Troll/Gebel/Jülicher/*Gebel* § 3 Rdnr. 295 f.
[84] Vgl. RFH RStBl. 1928, 270; *Kapp/Ebeling* § 3 Rdnr. 295.
[85] FG Nürnberg EFG 1967, 354.
[86] Troll/Gebel/Jülicher/*Gebel* § 3 Rdnr. 296.

(3) Abtretung vor Entstehen der Forderung. Die Abtretung der Ansprüche **vor Eintritt des** **Versicherungsfalles** löst noch keine Steuerpflicht aus. Sie kann ihre volle Wirkung erst entfalten, wenn und sobald alle Voraussetzungen für die Entstehung der Forderung in der Person des Abtretenden erfüllt sind, gleichgültig ob sie dem Abtretungsempfänger unmittelbar oder erst nach Durchgangserwerb des Abtretenden zusteht.[87] Aus § 7 Abs. 1 Nr. 10 ErbStG ergibt sich, dass der Erwerb aufschiebend bedingt, betagt oder befristet erworbener Ansprüche nur dann der Schenkungsteuer unterliegt, wenn der Erwerber durch Verzicht auf den künftigen Anspruch den Wert seiner Erbschaft realisiert. Der Erwerb eines aufschiebend bedingten Anspruchs löst vor Eintritt der Bedingung grundsätzlich also noch keine Steuer aus.[88]

67

bb) Der Zuwendungsgegenstand. Bei Schenkungen unter Lebenden entsteht die Steuer im Zeitpunkt der **Ausführung der Zuwendung**.[89] Daher ist die Schenkung eines Bezugsrechts aus einem LV-Vertrag erst bei Fälligkeit der Versicherung ausgeführt.[90]

68

(1) Versicherungsnehmer ist selbst versicherte Person. Weitgehender **Klärungsbedarf** besteht hinsichtlich der schenkungsteuerlichen Behandlung der Übertragung von LVen. Der Bundesfinanzhof hat sich in zwei grundlegenden Entscheidungen Anfang der 50er-Jahre[91] sowie im Urteil vom 30.6.1999[92] mit den schenkungsteuerlichen Fragestellungen beschäftigt. Dieses Problem wirkt sich vor allem bei der Bewertung noch nicht fälliger Versicherungen im Rahmen des § 12 Abs. 4 BewG aus (siehe unten, „Bewertung").

69

(a) Bei widerruflicher Einräumung der Bezugsberechtigung aus einer kapitalbildenden oder sonstigen LV. Wenn der VN zugleich VP ist und den Dritten als BBen einsetzt, ist der Zuwendungsgegenstand nicht das übertragene Bezugsrecht, sondern der später **ausgezahlte Versicherungsbetrag**, den der Dritte gemäß § 3 Abs. 1 Nr. 4 ErbStG erwirbt.[93]

70

Bei der LV auf den Todesfall oder den Erlebensfall hängt die Auszahlung vom **Eintritt zukünftiger ungewisser Ereignisse** ab. Bei der kapitalbildenden LV handelt es sich um eine zusammengesetzte Todesfall- und Erlebensfallversicherung; mithin also um zwei alternativ aufschiebend bedingte Forderungen. Die unentgeltliche Abtretung einer erst künftig entstehenden Forderung ist kein Zuwendungsgegenstand, der Erbschaftsteuer auslöst.[94] Dies ergibt sich indirekt auch aus § 7 Abs. 1 Nr. 10 ErbStG, nach dem erst die Abfindung für aufschiebend bedingte Ansprüche der Erbschaftsteuer unterliegt.[95]

71

(b) Bei unwiderruflicher Einräumung des Bezugsrechts. Räumt ein VN einem Dritten unwiderruflich das Bezugsrecht an einer Kapital-LV ein und erhält der Begünstigte bei Eintritt des Versicherungsfalls die Versicherungsleistung, ergibt sich im Vergleich zur widerruflichen Benennung kein Unterschied. Die Einräumung des Bezugsrechts als solche unterliegt auch hier nicht der Schenkungsteuer nach § 7 Abs. 1 Nr. 10 ErbStG. Die Versicherungssumme selbst ist der Zuwendungsgegenstand, auch wenn das Bezugsrecht unwiderruflich eingeräumt worden ist.[96] Zuwendungsgegenstand ist erst die zur Auszahlung gelangte Versicherungsleistung.[97] Der unwiderruflich BBe erwirbt keinen Vermögenswert, sondern nur einen **aufschiebend bedingten Anspruch** auf die Versicherungsleistung. Das Versicherungsverhältnis besteht nicht zum BBen, so dass der Wertzuwachs nach Einräumung des Widerrufsrechts ausschließlich auf einer Vermögensposition beruhte, die nur dem VN zugerechnet werden kann.[98] Denn durch die unwiderrufliche Einräumung des Bezugsrechts geht die Stellung als VN nicht verloren. Dem VN ver-

72

---

[87] BGH Urt. v. 19.9.1983 – II ZR 12/83 – BGHZ 88, 205, 206 f.
[88] *Mönch* ErbStG § 7 Rdnr. 225; *Meincke* § 7 Rdnr. 116.
[89] Vgl. RFH RStBl. 1932, 217.
[90] FG Münster EFG 1997, 1401 unter Bezugnahme auf BFH BStBl. III 1952, 240.
[91] BFH Urt. v. 11.7.1952 – III 112/51 S – BStBl. III 1952, 240; Urt. v. 12.6.1953 – III 19/52 S – BStBl. III 1953, 247.
[92] BFH II R 70/97 – DStR 1999, 1764.
[93] *Fiedler* DStR 2000, 533, 534.
[94] BFH Urt. v. 30.6.1999 – II R 70/97 – DStR 1999, 1764, 1765; *Meincke* § 7 Rdnr. 116.
[95] *Fiedler* DStR 2000, 533, 534.
[96] *Fiedler* DStR 2000, 533, 535.
[97] BFH Urt. v. 30.6.1999 – II R 70/97 – ZErb 1999, 83 ff.
[98] BFH Urt. v. 30.6.1999 – II R 70/97 – DStR 1999, 1764, 1765; anders BFH v. 12.6.1953 – III 19/52 S – BFHE 57, 648, BStBl. III 1953, 247

bleibt das Dispositionsrecht, d. h. nur er kann den Vertrag kündigen oder in eine beitragsfreie Versicherung umwandeln und damit die Höhe der Versicherungsleistung beeinflussen.[99]

73 VN und Beschenkter können nicht bestimmen, dass das Bezugsrecht und nicht die später ausgezahlte Versicherungssumme **Zuwendungsgegenstand** sein soll.[100] Der Parteiwille des Schenkenden und des Beschenkten ist nämlich nur dann maßgeblich, wenn er auch vollzogen wird.[101] Die Schenkung ist aber erst vollzogen, wenn alle Voraussetzungen für die Entstehung der Forderung in der Person des Abtretenden (VNs) erfüllt sind.[102] Ein Schenkungsvollzug liegt erst dann vor, wenn die versprochene Leistung voll erbracht ist.[103] Bei unwiderruflicher Abtretung der Bezugsberechtigung kann der Erwerber ein sofortiges Recht aus dem Versicherungsvertrag erwerben, § 13 Abs. 2 ALB n. F., § 166 VVG ist insoweit abdingbar.[104] Dem Erwerber steht dann das **Dispositionsrecht** zu, da er die Versicherung kündigen kann oder die Ansprüche aus dem Versicherungsvertrag abtreten und verpfänden kann.

74 Bei seinem Tod fallen die Ansprüche in seinen Nachlass und nicht in den des VNs.[105] Durch die unwiderrufliche Abtretung des noch nicht entstandenen Vollrechts allein ist die Zuwendung aber noch nicht nach § 9 Abs. 1 ErbStG ausgeführt.

Eine **Wertsteigerung** bei der kapitalbildenen LV, welche nach Begründung des unwiderruflichen Bezugsrechts eingetreten ist, ist nicht in Abzug zu bringen.[106]

75 Der von der Gegenansicht angeführte Gedanke, die kapitalbildende LV sei eine Mischung aus Versicherungsvertrag auf den Todesfall und Sparvertrag, findet im Gesetz keine Stütze.[107]

76 *(c) Bei Einräumung des Bezugsrechts und der Übertragung der Stellung als Versicherungsnehmer.* Wenn der Dritte den ganzen Vertrag einschließlich sämtlicher Ansprüche aus diesem übernimmt, ist denkbar, dass die Versicherungssumme oder aber der Vertrag selbst **Schenkungsgegenstand** ist.

77 *(aa)* Der Bundesfinanzhof hat in einem obiter dictum mit Urteil vom 12.6.1953[108] entschieden, dass – wie bei der Einsetzung als BBer – der **Zuwendungsgegenstand die Versicherungssumme** ist und nicht die übergegangenen Ansprüche auf Grund des Versicherungsvertrages. Den auf den Dritten übergegangenen Gestaltungsrechten (Kündigung, Rücktritt) komme **kein** selbständiger Vermögenswert zu.

78 *(bb)* Auch ein Teil der Literatur folgt dieser erbschaftsteuerlichen Beurteilung, welche nach ihrer Ansicht aber anders ausfallen sollte, wenn der Beschenkte die weitere Zahlung der Prämien übernimmt.[109] Dann beruhe der spätere Erwerb der vollen Versicherungssumme nicht mehr auf der Zuwendung des Schenkers.[110] Nur dies kann richtig sein.

79 Fraglich ist die **Frist**, innerhalb derer der Zuwendungsgegenstand noch die Ansprüche aus dem LV-Vertrag und nicht die spätere Versicherungssumme sein kann.[111]

80 *(cc)* In der **Literatur** wird vertreten, dass Zuwendungsgegenstand auch der Vertrag selbst sein kann[112] und dieser entgegen der Rechtsprechung[113] zumindest einen selbständigen Vermögenswert darstellt.

81 Wenn nicht nur das Bezugsrecht, sondern die Stellung als VN eingeräumt wird und damit das **Dispositionsrecht über die Verträge** erlangt wird, so beruhen die Wertsteigerungen in der Zeit

---

[99] Prölls/Martin/*Kollhosser* § 165 Rdnr. 1, § 155 Rdnr. 7 m.w.N.
[100] Vgl. BFH Urt. v. 30.6.1999 – II R 70/97 – DStR 1999, 1764, 1766.
[101] Vgl. BFH Urt. v. 9.11.1994 – II R 87/92 – BStBl. 1995, 83, DStR 1995, 130; BFH Urt. v. 30.6.1999 – II R 70/97 – DStR 1999, 1764, 1766.
[102] *Fiedler* DStR 2000, 533, 535.
[103] MünchKommBGB/*Kollhosser* § 518 Rdnr. 21.
[104] *Prölls/Martin* § 166 Rdnr. 3.
[105] Vgl. *Prölls/Martin* § 15 ALB Rdnr. 3.
[106] Vgl. BFH Urt. v. 30.6.1999 – II R 70/97 – DStR 1999, 1764, 1765; BFH Urt. v. 12.6.1953 – III 19/52 S – BStBl. III 1953, 247; Urt. v. 11.7.1952 – III 112/52 S – BStBl. III 1952, 240; *Mönch* § 7 Rdnr. 36.
[107] *Fiedler* DStR 2000, 533, 535.
[108] III 19/52 S – BStBl. III 1953, 247.
[109] Troll/Gebel/Jülicher/*Gebel* § 3 Rdnr. 295, § 12 Rdnr. 137.
[110] Vgl. BFH Urt. v. 12.6.1953 – III 19/52 S – BStBl. III 1953, 247, 249.
[111] Vgl. *Rödder* DStR 1993, 781, 783.
[112] *Fiedler* DStR 2000, 533, 536.
[113] BFH Urt. v. 12.6.1953 – III 19/52 S – BStBl. III 1953, 247, 248.

zwischen der Einräumung der VN-Eigenschaft und der Endfälligkeit auf einem Vertrag, an dem der Begünstigte beteiligt war. Dann hätte der Begünstigte durch Kündigung den Rückkaufswert realisieren können oder die Gewinnanteile für die Zeit nach der Erlangung der VNeigenschaft seinem „Versicherungskonto" gutschreiben können.[114] Unter Rückkaufswert ist dabei der Betrag zu verstehen, den der VS im Falle der vorzeitigen Auflösung des Vertragsverhältnisses gemäß § 176, 178 Abs. 2 VVG zu erstatten hat.[115]

Zuwendungsgegenstand sei in diesen Fällen die gesamte Vermögensposition „Lebensversicherung", die nach § 12 Abs. 1 BewG mit ihren Werten zum maßgeblichen Stichtag (= Zeitpunkt der Ausführung der Zuwendung) zu bewerten sei,[116] demnach zum Zeitpunkt der Vertragsschenkung.

(dd) Bei Verzicht auf die Bezugsberechtigung. Verzichtet der BBe auf seine Leistung, liegt **kein steuerpflichtiger Erwerb** beim BBen vor.[117] Das gilt auch dann, wenn der BBe gegenüber dem Lebensversicherer einen Dritten als empfangsberechtigt benennt, weil er diesen für den Alleinerben hält.[118]

(2) Versicherungsnehmer ist nicht zugleich versicherte Person. Wenn der Schenker nicht zugleich VP ist, wird der Erwerb der Bezugsberechtigung beim Tod des Versicherten nicht vom Wortlaut des § 3 Abs. 1 Nr. 4 ErbStG erfasst.[119] Dies deshalb, weil die Leistung nicht beim Tod des Schenkers gemäß § 3 Abs. 1 Nr. 4 ErbStG fällig wird. Der Erwerb ist gemäß § 7 Abs. 1 S. 1 Nr. 1 ErbStG als lebzeitige Zuwendung vom VN gemäß § 7 Abs. 1 S. 1 Nr. 1 ErbStG **steuerbar**.[120] Besteuert wird auch hier der **Erwerb der Versicherungssumme** und nicht schon der Erwerb der Bezugsberechtigung. Insofern bestehen keine Unterschiede zu einem Erwerb nach § 3 Abs. 1 Nr. 4 ErbStG.

Im Unterschied zu § 3 Abs. 1 Nr. 4 ErbStG kann jedoch nur bei einem Erwerb nach § 7 Abs. 1 S. 1 Nr. 1 ErbStG im Valutaverhältnis vereinbart werden, dass mit der Versicherungssumme ein bestimmter Vermögensgegenstand erworben werden soll (sog. **mittelbare Schenkung**), so dass nicht die Versicherungssumme, sondern der zu erwerbende Vermögensgegenstand zugewendet ist.[121]

b) Besonderheiten des Bewertungsrechts. Zur Bewertung von Lebensversicherungen im Erbrecht vgl. auch § 33 Rdnr. 49 ff.

aa) Allgemeines. Für die Wertermittlung ist gemäß § 11 ErbStG grundsätzlich der Zeitpunkt der **Entstehung der Steuer** maßgebend. Die Steuer entsteht gemäß § 9 Abs. 1 Nr. 2 ErbStG mit dem Zeitpunkt der Ausführung der Zuwendung. Bei Schenkung der Ansprüche aus LV-Verträgen ist die Schenkung erst bei Fälligkeit der Versicherung ausgeführt.[122]

bb) Bewertung noch nicht fälliger Ansprüche. Die Bewertung noch nicht fälliger Ansprüche aus LVen hat erbschaftsteuerlich keine allzugroße Bedeutung. Wird einem Dritten ein Versicherungsanspruch und nicht die noch nicht fälligen Ansprüche aus der LV übertragen, kommt es nämlich **erst im Versicherungsfall** zur **Steuerpflicht**. Daher ist grundsätzlich der Nennbetrag der Versicherungssumme die Bemessungsgrundlage.[123]

Wenn allerdings die LV noch vor dem Zeitpunkt der Fälligkeit **übertragen** wird und die Prämien von dem Dritten weitergezahlt werden, sei davon auszugehen, dass die Übertragung endgültig erfolgt ist, so dass die Bewertung zu diesem Zeitpunkt nach § 12 Abs. 4 BewG durchzuführen ist.[124] Nach § 12 Abs. 4 BewG könnten noch nicht fällige LV-Ansprüche alternativ zum Rückkaufswert oder mit dem **Zweidrittelwert** (bezogen auf die gezahlten Prämien) angesetzt werden. Liegt eine sog. fondsgebundene LV vor, richtet er sich nach dem Ausgabepreis der von

---

[114] *Viskorf* Anm. in DStR 1999, 1766.
[115] Troll/Gebel/Jülicher/*Gebel* ErbStG § 7 Rdnr. 87.
[116] *Viskorf* Anm. in DStR 1999, 1766.
[117] *Kurzendörfer* S. 355 f.
[118] BFH Urt. v. 17.1.1990 – DB 1990, 1269.
[119] *Fiedler* DStR 2000, 533, 535.
[120] Vgl. Troll/Gebel/Jülicher/*Gebel* § 7 Rdnr. 139, § 3 Rdnr. 290.
[121] *Fiedler* DStR 2000, 533, 535.
[122] FG Münster DStR 1998, 100.
[123] *Fiedler* DStR 2000, 533, 535.
[124] Troll/Gebel/Jülicher/*Gebel* § 12 Rdnr. 135.

dem Versicherungsunternehmen dafür seit Abschluss des Versicherungsvertrags erworbenen Investmentzertifikate.

90 Der **Versicherungsanspruch** kann außer Ansatz bleiben, wenn im Falle einer vorzeitigen Kündigung nichts oder jedenfalls zum Stichtag noch nichts als Rückkaufswert erstattet wird.[125]

91 Nach dem Urteil des Bundesgerichtshofs vom 30.6.1999[126] erwirbt der unwiderruflich BBe mit Einräumung der Bezugsberechtigung keinen Vermögenswert, sondern nur einen bedingten Anspruch auf die Versicherungsleistung. Die günstige Bewertung nach § 12 Abs. 4 BewG kann danach nicht schon dann in Anspruch genommen werden, wenn der BBe ausgewechselt wird. Hierfür ist vielmehr erforderlich, dass der VN ausgetauscht wird und der Versicherungsvertrag auf den Begünstigten übertragen wird.[127] Die Entscheidung des BFH hat den Gestaltungsmöglichkeiten daher nicht schlechthin eine Absage erteilt.[128] Nur eventuell steht eine ältere Entscheidung des BFH[129] der Ansicht entgegen, dass der Zuwendungsgegenstand (LV) bei der vollständigen Abtretung aller Rechte aus einem Versicherungsvertrag nach § 12 Abs. 2 bzw. § 11 Abs. 1 BewG mit dem Wert zum Zeitpunkt der Ausführung der Zuwendung zu bewerten sei.[130]

92 Zahlt der Schenker die Prämien weiter, sind sie zusätzliche **freigebige Zuwendungen**, die nach § 7 Abs. 1 Nr. 1 ErbStG der Schenkungsteuer unterliegen.[131]

93 Ein Beispiel für das mögliche **Minderungspotential bei der Bemessungsgrundlage** – und zwar durch die Wahlmöglichkeit zwischen dem Ansatz des Zweidrittelwerts der gezahlten Prämien gegenüber dem in der Regel höheren Rückkaufswert – findet sich bei *Troll*.[132]

94 Bei einer durchschnittlich rentierlichen Kapital-LV mit 12 bzw. 25 Jahren Laufzeit und einer jährlichen Prämie von € 2.500,– beträgt der Zweidrittelwert schon zur Hälfte der Laufzeit im Verhältnis zum Verkehrswert (Rückkaufswert) nur noch etwa die Hälfte. Am Ende der Laufzeit beläuft sich diese Relation immer noch auf 40 v. H., so dass die **Bewertung mit dem Zweidrittelwert** meist **steuergünstiger** ist.

Bei LVen, die zum Betriebsvermögen gehören, gilt allerdings – ohne entsprechendes Wahlrecht – der Steuerbilanzwert.[133]

95 *cc) Bewertung fälliger Ansprüche.* Ist der fällige Versicherungsanspruch auf Auszahlung einer Kapitalsumme gerichtet, so ist sie wie jede andere Kapitalforderung mit dem **Nennwert** anzusetzen (§ 12 Abs. 1 BewG).

96 Ist der Anspruch auf Auszahlung einer Rente gerichtet, so ist er mit dem Kapitalwert der jährlichen Rentenleistungen zu bewerten (§§ 13 ff. BewG). Hatte der Dritte einen Teil der Prämien selbst entrichtet und kann dieser Teil in Abzug gebracht werden, muss der anzusetzende Wert nach den jeweils gezahlten Prämien aufgeteilt werden.[134]

97 *dd) Bewertung bei Vertragsübernahme.* Wenn der Vertrag erworben wird, ist der Erwerb gemäß § 12 Abs. 1 ErbStG i. V. m. § 12 Abs. 4 BewG zu bewerten. Danach kann der Steuerpflichtige wählen, ob der LV-Vertrag **mit zwei Dritteln** der eingezahlten Prämien **oder mit** dem **Rückkaufswert** bewertet wird.[135]

98 Bei Auszahlung der Versicherungssumme ist der Nennbetrag die Bemessungsgrundlage; Wertzuwächse, die auf die Zeit nach Vertragsübernahme entfallen, sind dem Beschenkten erbschaftsteuerfrei zuzurechnen und daher vom Betrag der Auszahlung abzuziehen.[136]

---

[125] Troll/Gebel/Jülicher/*Gebel* § 12 Rdnr. 134. Vgl. hierzu neue Rspr. des BGH wonach im Falle vorzeitiger Kündigung von LV-Verträgen Mindestansprüche des VN festgeschrieben werden. Die Auswirkungen dieser Rspr. müssen sich in der Praxis erst noch zeigen.
[126] *Viskorf* DStR 1999, 1764.
[127] *Daragan* ZErb 1999, 85.
[128] Geck/Messner ZEV-Report Steuerrecht, 2000, 21; *Viskorf* FR 1999, 450 Anm. zu BFH Urt. v. 30.6.1999 – DB 1999, 2395 = BB 1999, 2284 = DStR 1999, 1764.
[129] BFH Urt. v. 12.6.1953 – III 19/52 S – BStBl. III 1953, 247.
[130] Geck/Messner, ZEV-Report Steuerrecht, 2000, 21.
[131] *Daragan* ZErb 1999, 85.
[132] Troll/Gebel/Jülicher/*Gebel* § 12 Rdnr. 135.
[133] Troll/Gebel/Jülicher/*Gebel* § 12 Rdnr. 821.
[134] Troll/Gebel/Jülicher/*Gebel* § 12 Rdnr. 134.
[135] *Fiedler* DStR 2000, 533, 537; *Meincke* § 12, Rdnr. 87.
[136] *Viskorf* Anm. zu BFH-Urt. v. 30.6.1999 – II R 70/97 DStR 1999, 1766.

ee) Bei der Bewertung abzugsfähige Kosten. *(1) Des Erwerbs.* Unter Kosten im Sinne des 99
§ 10 Abs. 5 Nr. 3 ErbStG zur Erlangung des Erwerbs einer LV-Summe fällt auch die Summe der
Beträge, die der BBe dem Erblasser als VN zur Leistung der LV-Prämien ohne Rückzahlungsverpflichtung gegeben, d. h. **faktisch geliehen,** hatte.[137]

(2) Kosten zur Erfüllung einer sittlichen Pflicht. Der Erwerber eines Anspruchs auf Versicherungsleistungen kann von seinem erbschaftsteuerpflichtigen Erwerb die Kosten der Erfüllung 100
sittlicher Pflichten **abziehen.**[138]

Voraussetzung ist, dass der BBe bei der Tilgung einer Schuld in Erfüllung einer – einer rechtlichen Verpflichtung gleichwertigen – sittlichen Pflicht handelte. Grund für die Abzugsfähigkeit 101
ist, dass ein Zuwachs an wirtschaftlicher Leistungsfähigkeit insoweit nicht eintritt, als der Erwerber unter Berücksichtigung der jeweiligen Verhältnisse mit einer in Geld bewertbaren sittlichen Pflicht – gewissermaßen spiegelbildlich – **wirtschaftlich belastet** ist.[139] Eine abzugsbegründende rechtliche Verpflichtung ist nach § 33 Abs. 2 EStG dann anzunehmen, wenn nach dem
Urteil aller billig und gerecht denkenden Menschen ein Steuerpflichtiger sich zur Erbringung
der dann tatsächlich erbrachten Leistungen verpflichtet halten durfte, weil die Sittenordnung
das Handeln erfordert und jede Möglichkeit, die geltend gemachten Aufwendungen zu vermeiden, ausgeschlossen ist.[140] Vor allem die persönlichen Beziehungen der Beteiligten sind von
Bedeutung.[141] Die Grundsätze zu § 33 Abs. 2 EStG finden auch hier Anwendung.[142] Über die
Abziehbarkeit einer sittlichen Pflicht wird in einem Billigkeitsverfahren gemäß §§ 163, 227 AO
entschieden.

6. Erbschaftsteuerbefreiung

a) Bzgl. der Bemessungsgrundlage. aa) Zuwendung von Vermögensgegenständen durch 102
Schenkung o. ä. Nach § 13 Abs. 1 Nr. 10 ErbStG bleiben Vermögensgegenstände, die Eltern
oder Voreltern ihren Abkömmlingen durch Schenkung oder Übergabevertrag zugewandt
haben und die an diese Personen von Todes wegen zurückfallen, **steuerfrei.** Haben die Eltern
ihrem Kind die LV-Prämien bezahlt, so bekommen die Eltern als BBe die LV-Summe und werden damit steuerpflichtig, obwohl sie ihrem Abkömmling freigebig Geldvermögen zugewendet
und dieses dann zurückerhalten haben.

Hatten die Eltern die Prämien für die LV ihres Kindes gezahlt und verstirbt das Kind vorzeitig, ist die Identität des Zugewendeten der Höhe nach auf den Rückkaufswert der Versicherung 103
beschränkt, den das verstorbene Kind als VN selbst gehabt hat.[143]

bb) Betriebsvermögen. Nach § 13 a ErbStG bleibt Betriebsvermögen (soweit die Lebens- 104
versicherung z.B. zur Absicherung von Verbindlichkeiten im Betriebsvermögen eingegangen
wird, gehört auch die Versicherungsleistung zum Betriebsvermögen) bis zu einem Wert von
€ 225.000 außer Ansatz. Der übersteigende Wert des Betriebsvermögens ist dann noch mit 65
v. H. anzusetzen (§ 13 a Abs. 2 ErbStG).[144]

cc) Zugewinngemeinschaft. Vermögensvorteile, die dem überlebenden Ehegatten mit dem 105
Tod des Erblassers auf Grund eines LV-Vertrages unmittelbar anfallen und der Erbschaftsteuer
nach § 3 Abs. 1 Nr. 4 ErbStG unterliegen, gehören nicht zum **gesetzlich übergegangenen Nachlassvermögen** nach § 1922 BGB. Dieser Vermögensanfall unterliegt der Erbschaftsteuer nur in
den Grenzen des § 5 ErbStG.[145] Der BFH geht davon aus, dass der Anspruch automatisch in
den Nachlass fallen würde, wenn nicht ein bestimmter BBer benannt worden wäre. Wäre der

---

[137] FG München EFG 1999, 660 = UVR 1999, 187.
[138] FG Baden-Württemberg Urt. v. 30.1.1998 – 9 K 73/96 – EFG 1999, 80; BFH Urt. v. 18.11.1963 – II 166/61 –
HFR 1964, 83; FinMin NRW DB 1987, 1069; a.A. Troll/Gebel/Jülicher/*Gebel* § 10 Rdnr. 134.
[139] FG Bad.-Württ. EFG 1999, 80, 81.
[140] BFH Urt. v. 27.2.1987 – III R 209/81 – BFHE 149, 240, BStBl. II 1987, 432.
[141] BFH BFHE 181, 441, BStBl. II 1997, 199.
[142] FG Bad-Württ. EFG 1999, 80, 82.
[143] Vgl. Hess. FG Urt. v. 11.4.1989 – X 182–183/82 – EFG 1989, 518; *Kapp/Ebeling* § 13 Rdnr. 86;
Troll/Gebel/Jülicher/*Gebel* § 12 Rdnr. 137.
[144] Vgl. hierzu *Andres,* Internet-Millionen vor dem Fiskus retten – steuergünstiges Vererben von Unternehmensvermögen, JurPC, Web-Dok. 212/2000.
[145] BFH BStBl. II 1977, 420, mit dem die gegenteilige Auffassung in BStBl. III 1964, 529 aufgegeben worden
ist.

überlebende Ehegatte in einem solchen Fall Alleinerbe, erhielte er den Anspruch in gleichem Umfang, gleichzeitig würde sich das ihm zustehende steuerfreie Viertel entsprechend erhöhen. Dieses müsse auch dann gelten, wenn der überlebende Ehegatte als BBer benannt worden war.

106 Hieraus ergibt sich, dass bei der Berechnung der steuerfreien Ausgleichsforderung gem. § 5 Abs. 1 ErbStG die Versorgungsansprüche des überlebenden Ehegatten zu berücksichtigen sind.[146] Daher werden nach R 11 Abs. 4 ErbStR die LV-Ansprüche des überlebenden Ehegatten i. S. d. § 3 Abs. 1 Nr. 4 ErbStG dem Endvermögen des verstorbenen Ehegatten zugerechnet.

107 Dies gilt nicht, wenn der Zugewinn nach § 1371 Abs. 2 BGB ausgeglichen wird (§ 5 Abs. 2 ErbStG); dann erfolgt die Berechnung der Ausgleichsforderung ausschließlich nach den bürgerlich-rechtlichen Vorschriften.

108 *dd) Leistungen aus gesetzlichen Zwangsversicherungen.* **Strittig** ist, ob der Bezug einer vom Erblasser zur Befreiung von der Pflichtversicherung in der gesetzlichen Rentenversicherung abgeschlossenen LV auf Grund § 3 Abs. 1 Nr. 4 ErbStG der Erbschaftsteuer unterliegt.

109 Mönch[147] sowie die Finanzverwaltung[148] begründen die Anwendbarkeit des § 3 Abs. 1 Nr. 4 ErbStG mit dem **Gesetzeswortlaut**. Gebel[149] weist demgegenüber darauf hin, dass § 3 Abs. 1 Nr. 4 ErbStG eine freigebige Zuwendung im Valutaverhältnis zwischen dem VN und dem versorgten Angehörigen voraussetze, die bei erzwungenen Versicherungen regelmäßig fehle.

110 Der Bundesfinanzhof hat mit Beschluss vom 25.8.1998 festgestellt, dass ernstliche Zweifel an der Erbschaftsteuerpflicht von Leistungen aus einer LV gemäß § 3 Abs. 1 Nr. 4 ErbStG bestehen, wenn der Erblasser die LV zur Befreiung von der Pflichtversicherung in der gesetzlichen Rentenversicherung abgeschlossen hat.[150] Die sog. befreiende LV konnte auf Grund einer vor Jahrzehnten geltenden, mittlerweile überholten Rechtslage zwecks Befreiung von der gesetzlichen Rentenversicherung abgeschlossen werden.[151]

111 Demgegenüber hat das Hessische Finanzgericht[152] entschieden, dass Leistungen aus einer sog. **befreienden LV**, die vom Erblasser abgeschlossen wurde, um von der gesetzlichen Rentenversicherung befreit zu werden, beim Erben einen steuerpflichtigen Erwerb i. S. des § 3 Abs. 1 Nr. 4 ErbStG auslösen.[153] Dies deshalb, da die Ansprüche aus der befreienden LV nicht als Surrogat der Ansprüche aus der gesetzlichen Rentenversicherung angesehen werden könnten.[154] Dem hat sich im Ergebnis der BFH angeschlossen mit dem Argument, wer von der Befreiungsmöglichkeit Gebrauch mache, habe sich gegen eine Mitgliedschaft in der gesetzlichen Rentenversicherung entschieden.[155]

112 *ee) Prämienzahlungen durch den Bezugsberechtigten.* Wenn der BBe im Innenverhältnis zum Erblasser als VN die Stellung wie ein VN inne hatte und daher die Prämienzahlung und Versicherungsleistung von vornherein der Vermögenssphäre des BBen zuzurechnen ist, entfällt die Annahme einer freigebigen Zuwendung und es entsteht **keine Erbschaftsteuer**.[156] Dieser Fall kann gemäß dem Erlass des FinMin NW vom 26.4.1999[157] jedoch nur dann angenommen werden, wenn der BBe als Prämienzahler von vornherein sowohl für den Erlebens- als auch für den Todesfall unwiderruflich bezugsberechtigt war (siehe unten bei Gestaltungsempfehlungen).

113 b) **Steuerklassen, Steuersätze und Durchführung der Besteuerung.** Maßgebend für die Einstufung in eine der **drei Steuerklassen** (I, II oder III) und somit für die Höhe der fälligen Steuer ist nach § 15 Abs. 1 ErbStG das Verhältnis zum Erblasser bzw. Schenker.

Die **Erbschaftsteuersätze** sind in § 19 ErbStG geregelt.

---

[146] *Kapp/Ebeling* § 5 Rdnr. 71.
[147] *Mönch* ErbStG § 3 Rdnr. 101.
[148] Z.B. OFD Düsseldorf Urt. v. 21.8.1969 – DB 1969, 1823, zum Handwerkerpflichtversicherungsgesetz v. 8.9.1960, BGBl. 1960 I, 737.
[149] Troll/Gebel/Jülicher/*Gebel* § 3 Rdnr. 303.
[150] DStR 1998, 1599; DStRE 1998, 843.
[151] ZEV-Report Steuerrecht ZEV 2000, 99.
[152] Urt. v. 16.6.1999 – 1 K 3235/96 – EFG 1999, 1298 f. – Rev. eingelegt, Az. des BFH: II R 59/99.
[153] Ebenso: FinMin-Erlass NRW v. 5.6.1964, StEK, ErbStG § 2 Nr. 6; OFD Düsseldorf Vfg. v. 21.8.1969 – DB 1969, 1823.
[154] Hess. FG Urt. v. 16.6.1999 – EFG 1999, 1298, 1299.
[155] BFH Urt. v. 24.10.2001 – BStBl. II, 153, 154. Vgl. auch R 10 Abs. 2 ErbStR.
[156] *Kapp/Ebeling* § 3 Rdnr. 269.1.
[157] FinMin NRW Erlass v. 26.4.1999 – S 3802–17 – V A 2, DB 1999, 1142.

Bei Rentenleistungen an Dritte kann die Erbschaftsteuer statt einmalig vom Kapitalwert auch jährlich vom sog. „Jahreswert" in Abzug gebracht werden (§ 23 ErbStG). Im Übrigen wird darauf hingewiesen, dass die auf die Rente zu entrichtende Erbschaftsteuer als „dauernde Last" von der **Einkommensteuerschuld** absetzbar ist.[158]

114

c) **Freibeträge.** Bei LVen können persönliche Freibeträge (§ 16 ErbStG) und besondere Versorgungsfreibeträge (§ 17 ErbStG) relevant werden.

115

Stirbt bei einer Versicherung auf den Todesfall die VP und ist der Begünstigte selbst VN, fällt **keine Erbschaftsteuer** an.[159] In Höhe des Zahlungsanspruchs gegen den VS wird jedoch ein eventuell vorliegender Versorgungsfreibetrag des Begünstigten i. S. von § 17 ErbStG gekürzt. Entgegen der Auffassung des Finanzgerichts Rheinland-Pfalz[160] hat der Bundesfinanzhof entschieden, dass der Versorgungsfreibetrag nach § 17 ErbStG durch alle von der Erbschaftsteuer nicht erfassten Versorgungsleistungen gekürzt wird, unabhängig davon, ob die Leistung lebenslänglich, auf befristete Zeit oder einmalig ausgezahlt wird.[161]

116

Dies bedeutet, dass **bei Ehepartnern** und – altersabhängig – bei Kindern derartige Gestaltungen (**VN = Begünstigter**) zur Kürzung des Versorgungsfreibetrages nach § 17 ErbStG führen.

117

Da dem **nichtehelichen Lebenspartner** kein Versorgungsfreibetrag zusteht, bietet sich zu seiner finanziellen Absicherung eine Gestaltung von Lebensversicherungsverträgen an, bei der der Begünstigte zugleich VN ist.[162]

118

7. Gestaltungsempfehlungen/Praktische Hinweise

Ziel der Gestaltungen ist es vor allem, die Identität von VN-Stellung und bezugsberechtigter Person herzustellen, so dass insbesondere bei Risiko-LVen die Versicherungssumme beim Tod der versicherten Person **steuerfrei** an den VN fällt.

119

Nach § 332 BGB ist der Erblasser befugt, die Bezugsberechtigung testamentarisch dadurch zu ändern, dass er einen anderen BBen benennt. § 332 BGB wird durch § 13 ALB formularmäßig ausgeschlossen.

120

Hat der VN keinen BBen benannt, so dass ihm selbst die Versicherungssumme im Versicherungsfall (zB beim Tod der versicherten Person) zufällt, so kann dieser Erwerb **keine Erbschaft- oder Schenkungsteuer** auslösen.

121

Etwas anderes kann aber gelten, wenn dem VN die Prämien von einer anderen Person, die auch die VP (z. B. der Ehegatte oder ein Teilhaber) sein kann, zur Verfügung gestellt werden. Bei der **wiederkehrenden Kapitalüberlassung** kann es sich dann um eine freigebige Zuwendung handeln, deren Gegenstand entweder die Summe der Prämien oder aber die Versicherungssumme ist.[163]

122

a) **Bezugsberechtigter als Versicherungsnehmer.** Es liegt **kein erbschaftsteuerpflichtiger Erwerb** vor, wenn der VN im Erlebensfall die Versicherungsleistung bezieht. Dasselbe gilt, wenn für den Bezug der Versicherungsleistungen im Todesfall der versicherten Person nicht diese, sondern der BBe der VN ist.[164]

123

Die Drittbegünstigten müssen VN sein. Nicht nur die VP selbst kann LVen nehmen, sondern jede andere Person auch. Während der Laufzeit ist der VN Prämienschuldner und in allen Rechten einer Vertragspartei (z. B. Kündigung, Käufer des Rückkaufswertes) einzig legitimierte Person.

124

Es genügt nicht, dass er stets tatsächlich die Prämien bezahlt hat, ohne selbst Vertragspartner geworden zu sein.[165] Wirtschaftliche Vertragsbeherrschung des BBen reicht allein nicht aus, damit keine Erbschaftsteuer entsteht. Diese Ansicht des Hessischen Finanzgerichts vertritt

125

---

[158] *Kurzendörfer* S. 355.
[159] *Scherer* BB 2004, 5.
[160] FG Rheinland-Pfalz Urt. v. 25.3.1994 – EFG 1995, 128.
[161] BFH DStR 1997, 1399.
[162] *Landsittel* S. 396 Rdnr. 1164.
[163] Troll/Gebel/Jülicher/*Gebel* § 7 Rdnr. 140.
[164] *Mönch/Kien-Hümbert* § 3 Rdnr. 104 a; *Scherer* BB 2004, 5, 7.
[165] *Mönch/Kien-Hümbert* § 3 Rdnr. 104 c zu mit Hinweis auf Urt. des Hess. FG v. 11.4.1989 (EFG 1989, 518), dort zahlten die Eltern die Prämien für den Sohn: In diesem Fall sei § 3 Abs. 1 Nr. 4 ErbStG einschlägig, der nach § 13 Abs. 1 Nr. 10 ErbStG im Umfang eines Rückfalls steuerfrei bleibt.

auch das Niedersächsische Finanzgericht.[166] Demnach zeichnet sich bei den Finanzgerichten die Tendenz ab, dass allein die Zahlung der Prämien durch den BBen nicht ausreicht, um der Steuerpflicht zu entgehen. Dies gelte beispielsweise dann, wenn der BBe dem VN die Mittel zur Prämienzahlung lediglich darlehensweise zur Verfügung stelle.

126 Im Hinblick auf die Entscheidungen der Finanzgerichte ist hinsichtlich der Erbschaftsteuerpflicht darauf abzustellen, ob **im Valutaverhältnis** anhand der Rechtsbeziehungen zwischen VN und BBem eine **freigebige Zuwendung** des BBen an den VN feststellbar ist.[167]

127 Der BBe trage für einen solchen seine Bereicherung ausschließenden Sachverhalt die Feststellungslast.[168]

128 Demgegenüber vertrat noch das FG Rheinland-Pfalz[169] die Rechtsauffassung, dass die Steuerbarkeit der im Versicherungsfall ausgezahlten Versicherungssumme generell zu verneinen sei, wenn der BBe die Prämien selbst gezahlt habe.

129 **Gestaltungsempfehlung.**[170] Bis zur endgültigen Klärung der Wirkungen einer Prämienzahlung durch den BBen ist der Gestaltungspraxis zu empfehlen, durch entsprechenden Zahlungsweg, etwa **direkte Prämienzahlung** durch den BBen, zu dokumentieren, dass dieser die Prämien aus **Eigenmitteln** entrichtet hat.

130 Zudem sollten VN und BBer im Hinblick auf die Beweisanforderungen des Niedersächsischen Finanzgerichts vorsorglich durch eine **interne privatschriftliche Ergänzungsvereinbarung** festhalten, dass der BBe sich freigebig zur Prämienzahlung verpflichtet und der VN ihm daraufhin einen Rechtsanspruch auf Auszahlung der Versicherungssumme einräumt. Einfacher wäre es, wenn der BBe selbst VN wird.

131 b) **Unterhaltsberechtigte Personen als Versicherungsnehmer.** Versicherungsverträge zur Versorgung von unterhaltsberechtigten Personen sollten stets auf das Leben des Unterhaltsverpflichteten durch den Unterhaltsberechtigten als VN abgeschlossen werden.[171]

132 Üblicherweise versichert der **Ehegatte** sein Leben und benennt als BBen seinen zu sichernden Ehegatten.[172] Folge dieser **steuerlich nachteiligen Gestaltung** ist, dass der bezugsberechtigte Ehegatte bezüglich des Erwerbs der Versicherungsleistung erbschaftsteuerpflichtig ist (nach § 3 Abs. 1 Nr. 1 ErbStG), wenn Ehegatte die Versicherungssumme als Erbe erlangt (= wenn kein BBer benannt ist oder der Vertrag allgemein zugunsten des/der Erben abgeschlossen ist) oder nach Nr. 4, wenn er die Summe als BBer erlangt. Bei Nr. 1 ist das bloße Bestehen des Anspruchs steuerpflichtig, bei Nr. 4 erst die Auszahlung der Versicherungssumme.

133 Diese Steuerbelastung kann vermieden werden, indem der bezugsberechtigte Ehegatte selbst VN wird – bezogen auf das Leben des anderen Ehegatten als Erblasser.[173] Dann fällt keine Erbschaftsteuer an.[174]

134 Werden die Prämien durch die VP gezahlt, so kann hierin eine **Schenkung im Verhältnis zum VN** liegen. Das Unterhaltsrecht verpflichtet Ehegatten, eine angemessene Alters- und Hinterbliebenenabsicherung aufzubauen, so dass bei LV-Verträgen im angemessenen und üblichen Rahmen die Übernahme der Prämienzahlungen durch die VP nicht als freigebige Zuwendung angesehen werden kann.[175] Diese Beurteilung steht im Einklang mit der Auffassung des Bundesfinanzhofes,[176] wonach in den Kreis unbenannter Zuwendungen unter Eheleuten nur solche

---

[166] Niedersächs. FG Urt. v. 24.2.1999 – III 334/94 – EFG 1999, 1141; rechtshängig geworden beim BFH unter Az. II R 58/99.
[167] *Geck/Messner* ZEV-Report Steuerrecht ZEV 2000, 21.
[168] *Geck/Messner* a. a. O.
[169] FG Rheinland-Pfalz Urt. v. 13.12.1993 – 4 K 1130/93 – EFG 1994, 665.
[170] Vgl. *Geck/Messner* a. a. O., 21, 22.
[171] *Geck* ZEV 1995, 140 ff.
[172] Zu Fragen der Wirksamkeit der Bestimmung eines Bezugsberechtigten vgl. LG München Urt. v. 13.2.2004 – FamRZ 2005,134.
[173] *Geck* ZEV 1996, 140; *Kottke* DB 1990, 2446 ff.
[174] *Schlünder/Gießler* FamRZ 2005, 150, mit Hinweis auf eine insoweit krit. erscheinende Entscheidung des BFH (BStBl. II, 2002, 153), wonach diese urspr. zum Standardrepertoire des Beraters gehörende Einschätzung nunmehr ins Wanken geraten sei. Vgl. hierzu *Gebel* Anm. zu BFH Urt. v. 24.10.2001 – ZEV 2002, 118, 120.
[175] *Kapp/Ebeling* § 3 Rdnr. 269.1.
[176] BFH BStBl. II 1994, 366.

Leistungen einbezogen werden können, zu denen der Lebende nicht bereits kraft Unterhaltsrechts verpflichtet ist.

In den Nachlass fällt hingegen die vom Erstverstorbenen auf das Leben des Längstlebenden genommene LV, die noch nicht fällig geworden ist. Sie kann vom Längstlebenden als VN fortgeführt, oder – weil auf sein eigenes Leben genommen – zum **Vermeiden späterer negativer Erbschaftsteuerfolgen** im Falle seines eigenen Todes auf Abkömmlinge als neue VN (und Prämienschuldner) übertragen werden.

c) Sonstige Personen als Versicherungsnehmer. Bei **nichtehelichen Lebensgemeinschaften** benennen die Partner üblicherweise den anderen Teil als BBen für Versicherungsleistungen im Todesfall, wobei die VP der Versicherungsnehmer ist. Dies ist nur aus einkommensteuerlichen und sparprämienmäßigen Aspekten für vermögensbildende LVen sinnvoll, erbschaftsteuerlich jedoch nachteilig.

d) Sonstige Gestaltungen. *aa) Austausch des Versicherungsnehmers.* Auch bei bestehenden LV-Verträgen ist es möglich, eine erbschaftsteuergünstige Gestaltung zu erreichen, wonach der BBe VN und damit auch Vertragspartner mit allen Rechten und Pflichten (Prämienzahlungspflicht) wird.[177]

Der **Austausch des VNs** hat vor Eintritt des Versicherungsfalles zu erfolgen. Der nachträgliche Wechsel des VNs stellt einen Änderungsvertrag gemäß § 305 BGB dar. In der Praxis genügt die briefliche Anzeige dieser Bitte an das Versicherungsunternehmen mit der der bisherige VN seine Rechte als Partei aufgibt und der bislang nur bezugsberechtigte Teil die Stellung des VNs unter Anerkennen aller Abreden und bei Übernahme der Prämienzahlungspflicht zu erwerben sich erbietet. **Schriftliche Annahme des Versicherungsunternehmens** ist erforderlich und erfolgt regelmäßig durch Zusenden eines neuen Versicherungsscheins. Die bloße Bestätigung per Brief reicht allerdings aus. Gelegentlich verlangen die Versicherungsunternehmen die selbstschuldnerische Bürgschaft des bisherigen Vertragsinhabers für die künftige Prämienzahllast (z. B.: bzgl. Kindern oder bzgl. des einkommenslosen Ehepartners).

bb) LV auf verbundene Leben. Die **LV auf verbundene Leben** bei Ehegatten folgt dem gleichen Konzept, allerdings im Todesfall nur anteilig. Darin liegt auch ihr Nachteil. Die eine Versicherungssumme, bemessen und begrenzt von der Fähigkeit des Ehegatten zur laufenden Prämienzahlung, wird bei Tod des erstversterbenden Ehepartners insgesamt fällig. Der überlebende Ehepartner bezieht die Versicherungsleistungen als VN erbschaftsteuerfrei, als BBer gemäß § 3 Abs. 1 Nr. 4 ErbStG erbschaftsteuerpflichtig.

Die Ehegatten sind formal gleichwertig, wirtschaftlich als Teilhaber einer Versichertengemeinschaft nur insoweit Vertragspartei, als sie die Prämien wirtschaftlich schuldeten. Das ist auf Grund der engen persönlichen Beziehung der Gatten regelmäßig **zu gleichen Anteilen** die Hälfte,[178] auch bei Gesamtschuldnerschaft für die Versicherungsprämien (vgl. §§ 427, 421 BGB).

Bei Ehegatten ist von einer im Innenverhältnis vereinbarten Zahlungsverpflichtung auszugehen.[179] Der überlebende Ehegatte hat die **Hälfte der Versicherungsleistung** in die Bemessungsgrundlage für seine Erbschaftsteuer einzubeziehen.

Die Finanzverwaltung[180] behandelt die Leistung aus dem verbundenen LV-Vertrag an den überlebenden Ehegatten grundsätzlich nur zur Hälfte als Erwerb i. S. d. § 3 Abs. 1 Nr. 4 ErbStG und die Auszahlung noch zu Lebzeiten des VNs als Erwerb i. S. d. § 7 Abs. 1 Nr. 1 ErbStG.[181] Anzeigepflicht nach § 33 Abs. 3 ErbStG besteht dann, wenn die Auszahlung nicht an den VN zugleich erfolgt.[182]

Die LV auf verbundene Leben bei nichtehelicher Lebensgemeinschaft kann diese Folge bei dem niedrigeren persönlichen Freibetrag in Steuerklasse III von € 5.200,- (§ 16 Abs. 1 Nr. 5

---

[177] *Reimann* ZEV 1997, 133; *Wachenhausen,* Das neue Erbschaft- und Schenkungsteuerrecht, 1997, Rdnr. 168.
[178] Nds. Fin.-Min. v. 11.7.1990 – S 3844-94-34; Fin.-Min. NRW v. 13.6.1990 – S 3802-19-V A 2/S 3844-2-V A 2.
[179] *Kapp/Ebeling* § 3 Rdnr. 277.1.
[180] R 9 ErbStR.
[181] *Kapp/Ebeling* § 3 Rdnr. 265, § 13 Rdnr. 180 m.w.N.
[182] Vgl. R 9 Abs. 4 ErbStR.

ErbStG) und bei Nichtplatzgreifen des an die Ehe geknüpften Versorgungsfreibetrags des § 17 Abs. 1 ErbStG (von € 256.000,–) nach BFH[183] diese vermeidbare Erbschaftsteuerlast auslösen.

144 Im Erlebensfall ist die verbundene LV ohne nachteilige Schenkungsteuererfolgen, wenn der Endtermin für die Versicherung auf den Erlebensfall jedes Vertragsteils hälftig abstellt. Eine Steuerlast tritt gemäß § 7 Abs. 1 Nr. 1 ErbStG für den Bezug der halben Versicherungsleistung auf, wenn der Erlebenszeitpunkt beispielsweise in der Person des älteren oder des jüngeren VNs den Versicherungsfall bildet und die Auszahlung der vollen Summe an beide Vertragsinhaber bewirkt. Dies kann man auch anders sehen, weil es auf die VP selbst eigentlich nicht ankommen kann.

145 *cc) Bemessungsgrundlagen-Minderungspotential.* Nach § 12 Abs. 4 BewG können noch nicht fällige LV-Ansprüche alternativ zum **Rückkaufswert** für bewertungsrechtliche Zwecke auch mit dem **Zweidrittelwert** angesetzt werden; vgl. hierzu Rdnr. 94.

146 Regelmäßig liegt sowohl der Rückkaufswert als auch der Betrag, der sich bei Zugrundelegung von 2/3 der eingezahlten Prämien ergibt, unter dem tatsächlichen Wert des Anspruchs gegen den VS.[184]

Beispiel für mögliches Bemessungsgrundlagen-Minderungspotential:
Durchschnittlich rentierliche Kapital-LV mit 12 bzw. 25 Jahren Laufzeit bei einer jährlichen Prämie von € 2500. Schon zur Hälfte der Laufzeit beträgt der Zweidrittelwert im Verhältnis zum Verkehrswert (Rückkaufswert) nur noch etwa die Hälfte. Am Ende der Laufzeit beläuft sich diese Relation immer noch auf 40 v. H. Dieses Steuersparpotential kann genutzt werden, indem z. B. der Vater dem Sohn Geld mit der Maßgabe schenkt, von einem Dritten einen teilweise angesparten LV-Vertrag zu erwerben[185] bzw. indem der Versprechensempfänger seine Vertragsstellung an den BBen verschenkt.[186]

147 *dd) Vertragliches Rückforderungsrecht.* Ob die Steuerpflicht des Rückfalls von aus dem geschenkten Vermögensgegenstand erzielten Früchten durch die Vereinbarung eines **vertraglichen Rückforderungsrechts** vermieden werden kann, ist umstritten.[187]

148 Erfasst das vertragliche Rückforderungsrecht neben dem Gegenstand und seinen Surrogaten auch die **Nutzungen,** ist aus dem Rückforderungsrecht bzw. dem Widerruf nach § 531 Abs. 2 i. V. m. §§ 812 ff. zu folgern, dass auch hinsichtlich der Früchte kein steuerpflichtiger Vorgang gegeben ist, da die Früchte nach § 818 Abs. 1 BGB Teil des Herausgabeanspruchs sind. Gegen eine Parallele zur Steuerpflicht der Nutzungen nach § 29 Abs. 2 ErbStG spricht, dass die dort getroffene Regelung vom bewertungsrechtlichen Verbleib der Nutzungen beim Erwerber ausgeht.[188]

149 Es ist auch die **einkommensteuerliche Seite** zu beachten: Sollte die Finanzverwaltung die Einkünfte dem Rückfallberechtigten nachträglich nach § 175 Abs. 1 S. 1 Nr. 2 AO zurechnen,[189] so könnte dieser schlechter stehen als bei einem nach dem ErbStG steuerpflichtigen Rückfall von Nutzungen, die nicht von einem vertraglichen Rückforderungsanspruch erfasst werden.

150 *e) Gestaltungsmissbrauch (§ 42 AO).* Wenn der BBe selbst zur Steuerersparnis VN wird, fällt keine Erbschaftsteuer an. Sofern die VP dem VN die Mittel zur Prämienzahlung zur Verfügung stellt, kann sich im Einzelfall die Frage stellen, ob ein Gestaltungsmissbrauch nach § 42 AO vorliegt.

151 Unter **Ehepartnern** ist dies zu verneinen, soweit sich die Überlassung der Mittel im Rahmen einer angemessenen Alters- und Hinterbliebenensicherung bewegt.[190]

152 Zwischen **nichtehelichen Lebenspartnern** ohne Kinder bestehen zwar keine Unterhaltsverpflichtungen. Andere Gründe wie etwa Pflegeleistungen könnten es aber rechtfertigen, dass die

---

[183] BFH Beschl. v. 27.10.1982 – BStBl. II 1983, 114.
[184] *Landsittel,* Gestaltungsmöglichkeiten von Erbfällen und Schenkungen, S. 385 Rdnr. 1131.
[185] Troll/Gebel/Jülicher/*Jülicher* § 12 Rdnr. 137; vgl. *Rödder* DStR 93, 781.
[186] *Fiedler* DStR 2000, 533 (537); *Viskorf* Anm. in DStR 1999, 1766.
[187] Skeptisch: *Petzoldt* KFR F. 10, § 13 ErbStG S. 355; abl. *Kapp/Ebeling* § 13 Rdnr. 85, wonach die Erträge entspr. dem steuerpflichtigen Kapitalwert des Nießbrauchs i.S.d. § 29 Abs. 2 ErbStG zu behandeln sind.
[188] Troll/Gebel/Jülicher/*Jülicher* ErbStG § 13 Rdnr. 130.
[189] Vgl. *Jülicher* DStR 1998, 1977, 1982 f.
[190] *Kottke* DB 1990, 2446, 2447; *Landsittel* S. 396 Rdnr. 1165.

VP dem VN die zur Prämienzahlung erforderlichen Mittel überlässt.[191] Bei der nichtehelichen Lebensgemeinschaft ist aber eher damit zu rechnen, dass Zahlungen eine Gegenleistung des Zahlungsempfängers zugrunde liegt.[192]

f) **Haftungsfragen.** Nach § 17 Abs. 1 BeurkG ist ein Notar dazu verpflichtet, die Beteiligten über die rechtliche Tragweite des Geschäfts zu belehren, wozu die Informationen über die rechtlichen Voraussetzungen des gewünschten Erfolges – wie etwa die für die Änderung der Bestimmung des Zuwendungsempfängers – gehören. Die Rechtsprechung bejaht eine dem beurkundenden Notar obliegende **Amtspflicht**, den Erblasser darauf hinzuweisen, dass ggf. eine von dem testierten Willen **abweichende Bezugsberechtigung** gegenüber dem VS umgehend zu widerrufen ist.[193]

Steht das Ableben des Erblassers, der den Zuwendungsempfänger ändern möchte, kurz bevor und hat sich der Notar in Kenntnis dieser Umstände bereit erklärt, den Widerruf an den VS zu übermitteln, wäre er nach BGH[194] verpflichtet gewesen, alles für den rechtzeitigen Zugang zu unternehmen. Anderenfalls muss sich der Notar eine Amtspflichtverletzung vorwerfen lassen. Nach § 19 Abs. 1 S. 2 BNotO haftet der Notar bei fahrlässiger Pflichtverletzung für einen daraus entstehenden Schaden jedoch nur **subsidiär**, wenn keine anderweitige Ersatzmöglichkeit zur Verfügung steht.[195] War ein Anwalt bei der Testamentserrichtung eingeschaltet, haftet er dem Grunde nach ebenfalls und vorrangig.

Im Rahmen der **Schadensminderungspflicht** bzw. der Kausalität bleibt zu prüfen, ob sich der Geschädigte nicht beim VS oder beim BBen schadlos halten kann.[196] So hat das Landgericht Limburg in einem rechtskräftigen Urteil vom 26.6.1998[197] die Bevollmächtigten des Klägers als anderweitige Ersatzmöglichkeit angesehen, da diese es versäumt haben, den betreffenden VS vor Auszahlung der Versicherungssumme – ggf. mit Hilfe einer einstweiligen Verfügung – zur Hinterlegung der Versicherungssumme zu bewegen. Die Anwälte waren frühzeitig nach Bekanntwerden der letztwilligen Verfügung und der hiervon abweichenden Bezugsberechtigung eingeschaltet und hätten schnell reagieren müssen.

g) **Anzeigepflichten des Bezugsberechtigten.** Dem VS ist gemäß § 171 Abs. 1 S. 1 VVG eine Anzeige von dem Eintritt des Versicherungsfalles nur zu machen, wenn der **Tod als Versicherungsfall** bestimmt ist. Die Anzeige hat gemäß § 171 Abs. 1 S. 2 VVG innerhalb von drei Tagen nach dem Eintritt des Versicherungsfalls zu erfolgen, wobei durch die Absendung die Frist gewahrt wird. Steht das Recht auf die Leistung einem anderen als dem VN zu, so obliegt die Anzeigepflicht sowie die Pflicht zur Auskunft dem anderen (§ 171 Abs. 2 VVG).

h) **Pflichten des Notars.** Aus § 34 ErbStG, §§ 12 und 13 ErbStDV sowie § 102 Abs. 4 AO ergeben sich die **steuerlichen Anzeigepflichten** und sonstigen Beistandspflichten. Nach § 34 ErbStG haben die Notare u. a. Erbauseinandersetzungen, Schenkungen und Schenkungsversprechen, Zweckzuwendungen sowie Rechtsgeschäfte anzuzeigen, die zwar nicht der Form, wohl aber der Sache nach eine Schenkung oder Zweckzuwendung enthalten (§ 8 Abs. 2 ErbStDV).

Derartige Rechtsgeschäfte sind schon dann anzuzeigen, wenn auch nur eine **Vermutung für eine freigebige Zuwendung** besteht. Die Anzeige ist an das für die Verwaltung der Erbschaftsteuer (Schenkungsteuer) zuständige Finanzamt zu richten, in dessen Bezirk der (letzte) Wohnsitz oder der (letzte) gewöhnliche Aufenthalt des Erblassers oder Schenkers, hilfsweise der des Erwerbers liegt (§ 35 ErbStG). Die Mitteilung erfolgt durch Übersendung einer beglaubigten Abschrift der Urkunde, die der Notar aufgenommen oder die er entworfen und auf der er eine Unterschrift beglaubigt hat (§§ 7 und 8 ErbStDV). Hierbei sind auch die für die Erbschaft-(Schenkung)steuer erheblichen Umstände, soweit sie sich nicht schon aus dem Inhalt der Beurkundung ergeben, mitzuteilen, insbesondere letzter Wohnort, Sterbeort, Todestag des

---

[191] *Landsittel* S. 396 Rdnr. 1166.
[192] BFH BStBl. II 1990, 160, 166.
[193] *Dobmaier* AnwBl 1999, 692, 693.
[194] VersR 1994, 586.
[195] *Dobmaier* AnwBl. 1999 692, 693.
[196] *Dobmaier* AnwBl. 1999, 692, 693.
[197] 2 O 453/97.

Erblassers, Namen und Wohnungen des Schenkers, der Erwerber und sonstigen Beteiligten, das Verwandtschaftsverhältnis oder Schwägerschaftsverhältnis des Erwerbers zum Erblasser oder Schenker, der Wert des Nachlasses oder der Zuwendung. Der Notar ist verpflichtet, die Beteiligten über diese Umstände zu befragen.

159 Die Anzeigen sind **alsbald nach der Beurkundung oder der Unterschriftsbeglaubigung** zu erstatten, unabhängig davon, ob noch eine Bedingung eintreten, eine Frist ablaufen muss oder der Vorgang von der Besteuerung ausgenommen ist.

160 Bei Absendung der Anzeige ist auf der Urschrift der Urkunden bzw. der zurückbehaltenen beglaubigten Abschrift der Absendetag sowie das bzw. die Finanzämter zu vermerken, an welche die Anzeige übermittelt wurde (§ 8 Abs. 1 und 4 ErbStDV).

161 i) **Mitteilungspflichten des Lebensversicherers.** Nach § 33 Abs. 3 ErbStG und § 7 ErbStDV ist der Lebensversicherer (außer bei Direktversicherungen) zur **Mitteilung an das Finanzamt** verpflichtet, wenn die Versicherungsleistung (Kapital oder Rente) an eine andere Person als die des VNs ausgezahlt „oder zur Verfügung gestellt wird".[198] Bei Fremdpersonenversicherungen entsteht die Mitteilungspflicht bereits bei Tod der versicherten Person, wenn der Versicherungsvertrag von einer anderen Person fortgeführt wird.[199] Bei Kapitalzahlung besteht eine Mitteilungspflicht, wenn diese einschließlich der Gewinnanteile mehr als DM 2.000,–/€ 1.000,– beträgt. Auszahlungen an einen im Ausland befindlichen BBen sollen erst dann vorgenommen werden, wenn der Empfänger eine vom inländischen Finanzamt ausgestellte Steuerunbedenklichkeitsbescheinigung vorgelegt hat.

162 Es entfällt die Anzeigepflicht des Versicherungsunternehmens gemäß § 33 Abs. 3 ErbStG, wenn an den VN als BBen ausgezahlt wird.

---

[198] *Kurzendörfer* a. a. O.; vgl. des weiteren MittBayNot 2000, S. 170.
[199] Steuer-Rundschreiben 2/93 des Verbandes der LVU, Schreiben des BMF v. 28.4.1993 (IV C 3 – S 3844 – 10/93).

§ 48 Deutsch-deutsches Erbrecht

Übersicht

	Rdnr.
I. Einführung	1/2
1. Was ist deutsch-deutsches Erbrecht?	1
2. Bedeutung	2
II. Kollisionsrecht	3–9
1. Problemstellung	3–6
a) Zeitliche Kollision	4
b) Örtliche Kollision	5
c) Sondervorschrift für DDR-Immobilien (Nachlassspaltung)	6
2. Sonderregelung für nichteheliche Kinder in Artikel 235 § 1 Abs. 2 EGBGB	7–9
III. Materiellrechtliche Fragestellungen	10–38
1. Gesetzliche Erbfolge	10/11
2. Gewillkürte Erbfolge	12–21
a) Sonderregelung in Artikel 235 § 2 EGBG	12–16
b) Erbverträge	16
c) Nachträgliche Korrektur der von Fehlvorstellungen beeinflussten Verfügungen von Todes wegen	17–21
3. Erbschaftsausschlagungen und ihre Anfechtung	22–29
a) Wirksame Ausschlagung	24–26
b) Anfechtungsvoraussetzungen	27–29
4. Besonderheiten des Pflichtteilsrechts	30–36
a) Pflichtteilsrecht in Ost-Erbfällen	30
b) Nachträgliche Ergänzung des Pflichtteils	31–36
5. Erbverzichte	37
6. Zusammenfassung	38
IV. Nachlassverfahrensrechtliche Fragestellungen (Erbscheinsverfahren)	39–43
1. Erbfälle vor dem 3.10.1990 (Altfälle)	39–42
a) Erbscheine aus der Zeit vor dem Beitritt	39
b) Erbscheine nach dem Beitritt	40–42
2. Erbfälle nach dem 2.10.1990 (Neufälle)	43

Schrifttum: *Adlerstein/Desch,* Das Erbrecht in den neuen Bundesländern, DtZ 1991, 193; *Benicke,* Zum Pflichtteilsanspruch des Adoptivkindes nach seinem leiblichen Vater im deutsch-deutschen Rechtsverkehr nach dem Einigungsvertrag, IPRax 1996, 188; *Berger/Marko/Orth,* Modernes Erbrecht in einem vereinigten Deutschland, NJ 1990, 384; *Bestelmeyer,* Erbfälle mit Nachlassgegenständen in der ehemaligen DDR, Rpfleger 1992, 229; *ders.,* Weitere erbrechtliche Fragestellungen nach dem Einigungsvertrag, Rpfleger 1992, 321; *ders.,* Aktuelle erbrechtliche Fragestellungen nach dem Einigungsvertrag, Rpfleger 1991, 381; *ders.,* Zum gespaltenen Anfechtungsstatut bei der Anfechtung von Testamenten und Ausschlagungserklärungen im Anwendungsbereich des DDR-ZGB, DtZ 1994, 99; *ders.,* Stellungnahme zu den Beiträgen von de Leve und Brakebusch, Rpfleger 1994, 235; *ders.,* Erbrecht nach Erbausschlagung und Restitutionsanspruch nach dem Vermögensgesetz – Ein Kollisionsproblem?, FamRZ 1994, 604; *ders.,* Testamentsanfechtung nach vollzogener Wiedervereinigung bei deutsch-deutschen Erbfällen – Anfechtungserklärung oder Anfechtungsklage?, FamRZ 1994, 1444; *Böhm,* Notwendigkeit der erbrechtlichen Gleichstellung nichtehelicher Kinder, ZRP 1994, 292; *Böhringer,* Erbscheinsverfahren nach dem Einigungsvertrag, Rpfleger 1991, 275; *Bosch,* Familien- und Erbrecht als Themen der Rechtsangleichung nach dem Beitritt der DDR zur Bundesrepublik Deutschland, FamRZ 1992, 869 und 993; *ders.,* Die erbrechtliche Stellung des nichtehelichen Kindes bei Tod seines Vaters – de lege lata et de lege ferenda, FamRZ 1996, 1; *Brakebusch,* Der Erbnachweis im Grundbuchberichtigungsverfahren hinsichtlich Grundeigentums im Beitrittsgebiet von Erblassern aus den alten Bundesländern, DtZ 1994, 61; *ders.,* Heilung formunwirksamer Ausschlagungserklärungen?, Rpfleger 1994, 234; *Casimir,* Zur Erhöhung des Pflichtteils wegen Ansprüchen nach dem Vermögensgesetz – Verjährung am 3.10.1993?, DtZ 1993, 234; *ders.,* Welches Erbrecht gilt für Ansprüche nach dem Vermögensgesetz?, DtZ 1993, 362; *ders.,* Erbrechtliche Fragen als Folge der Wiedervereinigung, BerlAnwBl. 1993, 285; *Dieckmann,* Teilhabe des Pflichtteilsberechtigten an Vorteilen des Erben nach dem Vermögensgesetz, ZEV 1994, 198; *Dörner,* Zur Behandlung von deutschen Erbfällen mit interlokalem Bezug, DNotZ 1977, 324; *ders.,* Probleme des neuen internationalen Erbrechts, DNotZ 1988, 67; *ders.,* Interlokales Erb- und Erbscheinsrecht nach dem Einigungsvertrag, IPRax 1991, 392; *ders.,* Rechtsfragen des deutsch-deutschen Erbrechts – BGHZ 124, 270, JuS 1995, 771; *Dressler,* Grundbesitz in der ehemaligen DDR als Grundlage für nachträgliche Pflichtteilsansprüche aus BGB-Erbfällen, DtZ 1993, 229; *ders.*, Zur Berechnung des Pflichtteilsanspruchs aus § 2313 BGB bei Rückgabe von DDR-Grundbesitz, NJW 1993, 2519; *ders./Meyer-Sparenberg*, Rechtsanwendungsprobleme im Privatrecht des vereinigten Deutschlands, DtZ 1991, 1; *Ebenroth*, Erbrecht 1. Aufl. 1992; *Eberhardt/Lübchen*, Zum Erbrecht des nichtehelichen Kindes nach Art. 235 § 1 II EGBGB, DtZ 1992, 206; *Fahrenhorst*, Die Bestandskraft von Testamenten und Erbausschlagungen im Hinblick auf die deutsche Vereinigung, JR 1992, 265; *Faßbender*, Das Pflichtteilsrecht nach der Vereinigung, DNotZ 1994, 359; *Ferid/Firsching/Dörner/Hausmann*, Internationales Erbrecht (Loseblatt) Deutschland DDR Stand März 2005; *Frieser*, Innerdeutsches Erbrecht nach dem Einigungsvertrag, AnwBl. 1992, 293; *Göhring/Posch*, Zivilrecht (2 Bände), 1981; *Gräf*, Handbuch der Rechtspraxis in der DDR, 1. Aufl. 1988; *Grün*, DDR-Staatserbe nach Erbausschlagung als Restitutionsvoraussetzung – Erbrechtslage als vermögensgesetzliche Vorfrage, DtZ 1996, 367; *Grunewald*, Die Auswirkungen eines Irrtums über politische Entwicklungen in der DDR auf Testamente und Erbschaftsausschlagungen, NJW 1991, 1208; *Henrich*, Probleme des interlokalen und des internationalen Ehegüter- und Erbrechts nach dem Einigungsvertrag, IPRax 1991, 14; *ders.*, Probleme der deutschen Rechtseinheit im Zivilrecht, FamRZ 1991, 873; *Heß*, Bemerkungen zur geplanten Übergangsregelung des Erbrechtsgleichstellungsgesetzes, FamRZ 1996, 781; *ders.*, Noch einmal: Kollisionsrecht oder Auslegung, JR 1994, 273; *Hildebrandt/Janke*, Die Rechtsprechung zum Erbrecht, NJ 1985, 441; *Horn*, Die heutige Auslegung des DDR-Rechts und die Anwendung des § 242 BGB auf DDR-Altverträge, DWiR 1992, 45; *Horst*, Erbrechtliche Hintergründe offener Vermögensfragen, ZOV 1993, 300; *Kettel*, Nochmals – Erbrecht nach Erbausschlagung und Restitutionsanspruch – ein Kollisionsproblem?, DtZ 1994, 20; *Janke*, Zur rechtlichen Stellung des Testamentsvollstreckers bei DDR-Erbfällen vor dem 1.1.1976, DtZ 1994, 364; *Köster*, Erbrechtliche Fragestellungen nach dem Einigungsvertrag, Rpfleger 1991, 97; *dies.*, Nichtehelichen-Erbrecht nach dem Einigungsvertrag, Rpfleger 1992, 369; *de Leve*, Deutsch-deutsches Erbrecht nach dem Einigungsvertrag, 1995; *ders.*, Deutsch-deutscher Erbfall: Nachträgliche Pflichtteilsausgleichung bei Rückgabe enteigneten Vermögens nach dem Vermögensgesetz, DtZ 1994, 270; *ders.*, Erbschaftsausschlagungen im deutsch-deutschen Verhältnis und ihre Anfechtung, DtZ 1996, 199; *ders.*, Anfechtungsausschlußfristen (korrigierter Titel), Rpfleger, 1994, 233; *ders.*, Das Erbrecht des nichtehelichen Kindes nach Art. 235 § 1 Abs. 2 EGBGB, FuR 1995, 282, *ders.*, Deutsch-deutsches Erbrecht: Der Anspruch nach dem Vermögensgesetz in West-Erbfällen mit Nachlassspaltung, FamRZ 1996, 201; *ders.*, Gibt es einen Restitutionsanspruch ausschlagender Erben gemäß § 1 Abs. 1 VermG, wenn der Immobiliarnachlass zusätzlich von der DDR enteignet wurde?, BerlAnwBl. 1995, 436; *Limmer*, Die Bindungswirkung von in der DDR errichteten gemeinschaftlichen Testamenten, ZEV 1994, 290; *ders.*, Die Zugehörigkeit von Restitutionsansprüchen zum Nachlass, ZEV 1994, 31; *Lorenz*, Rechtsnachfolge in enteignetes Vermögen – zum Begriff des „Rechtsnachfolgers" in § 2 Abs. 1 VermG, DStR 1993, 1224; *ders.*, Internationale und interlokale Zuständigkeit deutscher Nachlassgerichte zur Entgegennahme von Erbausschlagungserklärungen, ZEV 1994, 175; *ders.*, Erbausschlagungen im deutsch-deutschen Verhältnis, DStR 1994, 584; *Oetker*, Rechtsvorschriften der ehemaligen DDR als Problem methodengerechter Rechtsanwendung, JZ 1992, 608; *ders.*, „Rechtsnachfolge" i. S. v. § 2 Abs. 1 VermG und kollisionsrechtliche Nachlassspaltung, ZEV 1995, 436; *von Morgen/Götting*, „Gespaltene" Testamentsvollstreckung bei gesamtdeutschen Nachlässen, DtZ 1994, 199; *von Ohlshausen*, Erwerb aufgrund des Vermögensgesetzes in der Pflichtteilsberechnung oder Rätselhaftes vom IV. Zivilsenat des BGH, DtZ 1993, 331; *Otto/Steffens*, Folgt dem Teilungsunrecht nun das Vereinigungsunrecht?, DtZ 1996, 6; *Pohl*, Mängel bei der Erbschaftsannahme und -ausschlagung, AcP 177 (1977), 52; *Rau*, Erbnachweise für Vermögen im Bereich der ehemaligen DDR, DtZ 1991, 19; *Rauscher*, 0KPflichtteilsausgleich für restituierten DDR-Grundbesitz, JR 1994, 485; *Sandweg*, Deutsch-deutsches Erbrecht, BWNotZ 1992, 45; *Schotten*, Probleme des internationalen Privatrechts im Erbscheinsverfahren, Rpfleger 1991, 181; *ders./Johnen*, Erbrecht im deutsch-deutschen Verhältnis, die Rechtslage vor der Vereinigung und die Regelungen im Einigungsvertrag, DtZ 1991, 225; *dies.*, Probleme hinsichtlich der Anerkennung, der Erteilung und des Inhalts von Erbscheinen im deutsch-deutschen Verhältnis, DtZ 1991, 257; *Schwedthelm/Olbing*, Erb- und Erbschaftssteuerrecht in den neuen Bundesländern, ZEV 1995, 17; *Solomon*, Nachlassspaltung, Qualifikation, Pflichtteil und der Rückübertragungsanspruch nach dem Vermögensgesetz, IPRax 1995, 24; *ders.*, Das Vermögensgesetz und § 25 Abs. 2 Rechtsanwendungsgesetz der DDR – abgeschlossene Vorgängen und offene Fragen –, IPRax 1997, 24; *Stübe*, Die gesetzliche Erbfolge nach BGB und ZGB, 1994; *Trilsch-Eckardt*, Sonderfall zur Bindungswirkung von in der DDR errichteten gemeinschaftlichen Testamenten, ZEV 1995, 217; *Trittel*, Deutsch-deutsches Erbrecht nach dem Einigungsvertrag, DNotZ 1991, 237; *Vogt/Kobold*, Erbrecht nach Erbausschlagung und Restitutionsanspruch – ein Kollisionsproblem, DtZ 1993, 226; *Wähler*, Intertemporale, interlokale und materiellrechtliche Probleme des Erbrechts nach der Wiedervereinigung, ROW 1992, 103; *Wasmuth*, Zur vertraglichen und deliktischen Haftung von Wirtschaftsunternehmen in den neuen Bundesländern, DtZ 1991, 46; *ders.*, Besonderheiten bei der Abwicklung von Handelsgeschäften in den neuen Bundesländern, DStR 1991, 85; *ders.*, Zur Korrektur abgeschlossener erbrechtlicher Sachverhalte im Bereich der ehemaligen DDR, DNotZ 1992, 3; *Westen/Schleider*, Zivilrecht im Systemvergleich, 1984.

I. Einführung

Bearbeitungscheckliste

☐ Weist der Erbfall einen zeitlichen oder örtlichen Bezug zur DDR oder zum Beitrittsgebiet auf?
☐ Wo und wann testierte der Erblasser?
☐ Wo und wann lebte und starb der Erblasser?
☐ Gibt es Nachlass im Beitrittsgebiet, insbesondere Immobilien?

Das vorliegende Kapitel beleuchtet die Gegenstände der übrigen Kapitel in diesem Handbuch, soweit sich dabei aufgrund der deutsch-deutschen Problematik Besonderheiten ergeben können. Statt in jedem Kapitel vereinzelt, wird das deutsch-deutsche Erbrecht hier zusammengefasst.

1. Was ist deutsch-deutsches Erbrecht?

Das **deutsch-deutsche** Erbrecht im engeren Sinne umfasst die Kollisionsregelungen, die aufgrund der Erstreckung des westdeutschen Rechts und insbesondere Erbrechts auf die frühere DDR erforderlich geworden sind. Es beantwortet die Frage, welches Recht in örtlicher und zeitlicher Hinsicht in einem West-Erbfall, in einem Ost-Erbfall oder in einem West-Ost-Erbfall anzuwenden ist. Das deutsch-deutsche Erbrecht im weiteren Sinne umfasst die speziellen sachlichen Folgeprobleme, die sich aufgrund der Rechtseinheit in Deutschland im Bereich des materiellen Erbrechts ergeben.

2. Bedeutung

1989 gab es in der früheren Bundesrepublik 697.730 **Sterbefälle,** davon betrafen 689.035 den Tod deutscher Staatsangehöriger, in der DDR gab es 250.711 Sterbefälle.[1] Da auch noch in den 80-er Jahren fast 1/4 aller Bewohner der damaligen Bundesrepublik mit Bewohnern der DDR verwandtschaftlich verbunden waren und fast die Hälfte der DDR-Bürger westdeutsche Verwandte hatte,[2] gab es nach 40 Jahren deutscher Teilung immer noch eine Vielzahl deutsch-deutscher Erbfälle. Da die erbrechtlichen Sachverhalte wie Testamentserrichtung, Verwandtschaft, Vermögenszu- und -abgänge und auch Nachlassabwicklungen (Auseinandersetzungen von Erbengemeinschaften, Testamentsvollstreckung, Rechtsstreitigkeiten) häufig viele Jahre dauern, gibt es auch 16 Jahre nach der Herstellung der deutschen Einheit eine – wenn auch abnehmende – erhebliche Zahl deutsch-deutscher Fragestellungen in der erbrechtlichen Praxis des Rechtsanwalts und Notars.

II. Kollisionsrecht

Checkliste: Kollisionsrecht

☐ Trat der Erbfall vor oder nach dem Wirksamwerden des Beitritts (3.10.1990, 0 Uhr) ein?
☐ In Erbfällen vor dem Beitritt: Hatte der Erblasser seinen letzten gewöhnliche Aufenthalt in den alten oder in den neuen Bundesländern?

---

[1] Statistisches Jahrbuch für die Bundesrepublik Deutschland 1990 S. 61 (Tabelle 3.22.1) und 640 (Tabelle 2.6.1).
[2] *Kringe* NJW 1983, 2292.

§ 48 3–5   Teil B. Die Beratung in der Vermögensnachfolge

☐ Bei Erblassern in Erbfällen zwischen dem 31.12.1975 und dem 3.10.1990, die ihren letzten gewöhnlichen Aufenthalt in den Altbundesländern hatten: Gehören Immobilien in der früheren DDR zum Nachlass?

1. Problemstellung

3   In den vor dem 3.10.1990 existierenden zwei deutschen Staaten galten auch zwei unterschiedliche Rechtsordnungen. Jeder der beiden Staaten nahm eigene Änderungen des ursprünglich einheitlichen Reichsrechts vor, und zwar zu ganz unterschiedlichen Zeitpunkten. Dies führt im Ergebnis zu der ersten Fragestellung in örtlicher Hinsicht, welches Recht welchen Teilgebiets in Deutschland gilt, und zweitens zu der Fragestellung in zeitlicher Hinsicht, welches der zeitlich nacheinander im jeweiligen Teilrechtsgebiet für gültig erklärten Gesetze anzuwenden ist.

Einfach gesagt: Es gibt **West-Erbfälle** und es gibt **Ost-Erbfälle**, innerhalb beider Gruppen gibt es **Altfälle** und gibt es **Neufälle**. Das örtliche Kollisionsrecht beantwortet nun die Frage, ob ein Ost- oder ein West-Erbfall vorliegt, das zeitliche Kollisionsrecht beantwortet die Frage, ob ein Neu- oder ein Altfall vorliegt.

Artikel 230 EGBGB setzte für das Beitrittsgebiet am 3.10.1990 das materielle Recht des BGB und das IPR des EGBGB in Kraft. Die Rechtsänderung zum 3.10.1990 betrifft also nur das Teilrechtsgebiet der früheren DDR, nicht auch die alten Bundesländer. Es entsteht mit dem Beitritt also eine zeitliche Rechtskollision, die mit einer örtlichen Differenzierung einhergeht.

4   **a) Zeitliche Kollision.** Für das Teilrechtsgebiet der DDR, wo die Rechtsänderung zum 3.10.1990 stattgefunden hat, stellt sich die Frage, welches der in diesem Gebiet zeitlich aufeinander folgenden Gesetze oder welche jeweilige Fassung der geänderten Gesetze in einem Erbfall anzuwenden ist. Immer gilt für **zeitliche Kollisionen** der überschaubare Grundsatz, dass Erbfälle nach dem zur Zeit ihres Eintritts geltenden Recht und dass die Wirksamkeit von Testamenten nach dem im Zeitpunkt ihrer Errichtung geltenden Recht zu beurteilen sind.[3]

Altfälle: Soweit im Folgenden von **Altfällen** die Rede ist, sind damit Erbfälle vor dem 3.10.1990 gemeint.[4] Da die Rechtsänderung zum 3.10.1990 nur das Beitrittsgebiet betrifft, bleibt in den Altfällen der frühere Zustand der Rechtsspaltung erhalten.

Neufälle: Dies sind diejenigen Erbfälle, die sich seit dem Wirksamwerden des Beitritts (3.10.1990, 0 Uhr) ereignet haben. Wie im Folgenden zu zeigen ist, blieb die durch Art. 230 EGBGB angeordnete Rechtseinheit nicht ohne Ausnahmen.

5   **b) Örtliche Kollision.** Weil in Altfällen im Beitrittsgebiet die Rechtsspaltung erhalten bleibt, stellt sich bei einem Auslandsbezug des Erbfalles die Frage, ob im Einzelfall – dem jeweils zu beurteilenden internationalen Erbfall – das IPR der Bundesrepublik Deutschland oder das IPR der DDR anzuwenden ist.

Bei Erbfällen ohne Auslands-, aber mit deutsch-deutschem Bezug ist zu klären, ob im Einzelfall das materielle Erbrecht der DDR oder dasjenige des westdeutschen Teilstaats anzuwenden ist. Das ist die **innerdeutsche oder interlokale Fragestellung**.

Die Frage lautet vereinfacht: Handelt es sich um einen Ost- oder um einen West-Erbfall? Nach der heute herrschenden Meinung löst sich dieses Problem mit einer interlokalen Vorprüfung: Das auf die Rechtsnachfolge von Todes wegen anwendbare IPR oder Sachrecht ist das derjenigen deutschen Teilrechtsordnung, in deren Geltungsbereich der Erblasser seinen letzten gewöhnlichen Aufenthalt hatte.[5] Hatte also der ausländische Erblasser diesen gewöhnlichen

---

[3] Diese Grundsätze sind grundlegend kodifiziert in Art. 213 und 214 EGBGB, aber auch § 8 EGZGB, Art. 235 § 1 Abs. 1 und § 2 EGBGB.

[4] Vgl. Art. 235 § 1 Abs. 1 EGBGB. Auch der „abgeschlossene Vorgang" in Art. 236 § 1 EGBGB meint für den Bereich des Erbrechts die Erbfälle vor dem Beitritt, vgl. *de Leve*, Deutsch-deutsches Erbrecht, S. 62 f.; Ferid/Firsching/Dörner/Hausmann/*de Leve*, Internationales Erbrecht, (Loseblatt) Deutschland DDR Grdz. D Rdnr. 61. Zum dabei geltenden Erbschaftsteuerrecht vgl. *Schwedthelm*/*Olbing* ZEV 1995, 17.

[5] BGH Urt. v. 1.12.1993 – IV ZR 261/92 – WM 1994, 157 m. krit. Anm. *Dörner*, IPRax 1995, 89 und JuS 1995, 771; BayObLG Beschl. v. 20.12.2000 – 1 ZBR 153/99 – NJW-RR 2001, 950, 951 f.; Palandt/*Heldrich* Art. 236 EGBGB Rdnr. 7; ausf. zu dem Meinungsstreit und den verschiedenen Argumenten *de Leve*, Deutsch-deutsches Erbrecht, S. 62 ff. und S. 84 ff. Der Verfasser vertritt im vorgenannten Buch die Gegenmeinung, aus Gründen der Praxisrelevanz wird hier der Ansatz der herrschenden Meinung zugrundegelegt.

Aufenthalt auf dem Gebiet der DDR, so ist deren IPR[6] anzuwenden. Im innerdeutschen Verhältnis gilt entsprechend, dass sich die Rechtsnachfolge von Todes wegen bei einem deutschen Erblasser nach dem Recht desjenigen Teilgebiets richtet, in welchem der Erblasser vor dem Tode seinen letzten gewöhnlichen Aufenthalt hatte.[7]

c) **Sondervorschrift für DDR-Immobilien (Nachlassspaltung).** Das internationale Privatrecht der DDR enthielt den Grundsatz, dass das Heimatrecht des Erblassers im Todeszeitpunkt die erbrechtlichen Verhältnisse bestimmt. Während der Geltung des Rechtsanwendungsgesetzes in der DDR (RAG) vom 1.1.1976 bis zum 2.10.1990 galt eine Sondervorschrift in § 25 Abs. 2 RAG: Die erbrechtlichen Verhältnisse bezüglich Eigentum und Rechten an Grundstücken und Gebäuden, die in der DDR belegen waren, unterlagen stets dem DDR-Recht.[8] Diese Regelung wurde auch aus Sicht des westdeutschen Teilrechtsstaats akzeptiert, so dass sich in Erbfällen vom 1.1.1976 bis zum 2.10.1990 die Vererbung einer DDR-Immobilie immer nach dem dort geltenden Recht bestimmt.[9] Es kommt also zu einer so genannten **Nachlassspaltung**, weil der Erbfall zwar allgemein dem westdeutschen oder einem ausländischen Erbrecht unterliegt, aber die erbrechtlichen Verhältnisse bezüglich einer DDR-Immobilie sich nach den damals dort geltenden Regeln richten. Eine Nachlassspaltung liegt immer dann vor, wenn der Erbfall zwar allgemein dem Heimat- oder Wohnsitzrecht des Erblassers unterliegt, für bestimmte einzelne Gegenstände, in der Hauptsache Immobilien, aber ein davon abweichendes Recht – wie das Recht am Belegenheitsort der Sache – gilt.[10]

Gehört in einem West-Erbfall aus der Zeit vom 1.1.1976 bis zum 2.10.1990 zum Nachlass ein Anteil an einer Erbengemeinschaft, zu deren Vermögen ein in der ehemaligen DDR belegenes Grundstück gehört, tritt insoweit eine Nachlassspaltung nicht ein.[11]

2. Sonderregelung für nichteheliche Kinder in Artikel 235 § 1 Abs. 2 EGBGB

Checkliste: Nichteheliche Kinder

☐ Hatte der Erblasser (Vater oder Kind) am 2.10.1990 seinen gewöhnlichen Aufenthalt in der damaligen DDR?
☐ Ist das Kind vor dem 3.10.1990 geboren (oder nur gezeugt)?

Eine Ausnahmeregelung, wonach das materielle Erbrecht des BGB für den Bereich des Beitrittsgebiets gegenüber den alten Bundesländern modifiziert wird, enthält Artikel 235 § 1 Abs. 2 EGBGB für **nichteheliche Kinder**. Hintergrund der Vorschrift ist derjenige, dass in der DDR mit Einführung des Familiengesetzbuches (FGB) am 1.4.1966 minderjährige nichteheliche Kinder den ehelichen Kindern völlig gleichgestellt worden waren, wenn der Erbfall ab diesem Tag eintrat; für volljährige nichteheliche Kinder galten Modifizierungen (§ 9 Abs. 2 EGFGB).[12] Diese **Gleichstellung** wurde mit dem am 1.1.1976 eingeführten Zivilgesetzbuch (ZGB) erweitert, welches die Sonderregeln für beim Erbfall volljährige nichteheliche Kinder aufhob.[13]

---

[6] S. dazu im Einzelnen *de Leve*, Deutsch-deutsches Erbrecht, S. 10 ff.
[7] Palandt/*Edenhofer* Art. 235 § 1 EGBGB Rdnr. 5.
[8] Zur Reichweite dieser Vorschrift *de Leve*, Deutsch-deutsches Erbrecht, S. 17 Fn. 127.
[9] Palandt/*Edenhofer* § 2369 Rdnr. 7. Instruktiv BayObLG Beschl. v. 12.10.1999 – 1 ZBR 34/99 – NJW 2000, 440, 441 f.
[10] Vgl. § 33; Palandt/*Heldrich* Art. 25 EGBGB Rdnr. 2.
[11] BGH Beschl. v. 24.1.2001 – IV ZB 24/00 – NJW 2001, 2396, 2397 m. Anm. *Rehborn* BGH-Report 2001, 332, 333; anders noch die Vorinstanz KG Beschl. v. 12.9.2000 – 1 W 2112/99 – VIZ 2001, 392; BayObLG Beschl. v. 29.9.1998 – 1 ZBR 67/98 – NJW-RR 1999, 1239.
[12] Vgl. *de Leve*, Deutsch-deutsches Erbrecht, S. 20 bis 23; zur statusbegründenden Wirkung eines (unterhaltsrechtlichen) Vaterschaftsanerkenntnisses in der früheren DDR s. OLG Hamm Beschl. v. 29.9.2003 – 15 W 298/03 – DNotZ 2004, 650.
[13] § 15 Abs. 2 Ziff. 37 EGZGB, vgl. *de Leve*, Deutsch-deutsches Erbrecht, S. 27.

In den alten Bundesländern brachte das Nichtehelichengesetz am 1.7.1970 nur eine eingeschränkte Annäherung der erbrechtlichen Stellung nichtehelicher Kinder an diejenige der ehelichen Kinder, und das auch nur für nach dem 30.6.1949 geborene Kinder.[14]

8 Das in der DDR für betroffene Personen bestehende Vertrauen auf die erbrechtliche Gleichstellung nichtehelicher Kinder sollte mit dem Beitritt nicht enttäuscht werden, so dass Artikel 235 § 1 Abs. 2 EGBGB anordnete, dass diese Gleichstellung in Erbfällen mit Bezug auf das Beitrittsgebiet erhalten bleibt.[15] Doch wie dieser Bezug ausgestaltet sein musste, ließ die Vorschrift offen.

Die Gleichstellung nach DDR-Recht bleibt dem nichtehelichen Kind dann erhalten,
- wenn sich die Erbfolge nach dem Vater im Falle von dessen Tod am 2.10.1990 nach dem Erbrecht der DDR gerichtet hätte, der Vater also seinen gewöhnlichen Aufenthalt im östlichen Teilstaat gehabt hat[16] und
- wenn das Kind vor dem 3.10.1990 geboren wurde, auf seinen Geburts- oder Aufenthaltsort kommt es nicht an.[17]

Das gilt auch für vor dem 1.7.1949 geborene nichteheliche Kinder.[18] Umstritten ist, ob die Gleichstellung auch für das vor dem 3.10.1990 gezeugte, aber erst später geborene nichteheliche Kind gilt.[19]

Einigkeit herrscht darüber, dass die Gleichstellung umgekehrt auch zugunsten des nichtehelichen Vaters gilt, wenn dessen nichteheliches Kind stirbt. Streitig ist aber, ob dabei auf das am 2.10.1990 hypothetische Erbstatut des Kindes (= Erblasser) oder des (erbenden) Vaters abzustellen ist.[20] Schließlich wird kontrovers diskutiert, ob wegen der Berücksichtigung des hypothetischen Erbstatuts am 2.10.1990 die Gleichstellung des nichtehelichen Kindes in Erbfällen nach dem Beitritt auch insoweit erhalten bleibt, als dass im Beitrittsgebiet belegene Immobilien zum Nachlass gehören. Es gäbe dann also auch noch nach dem Beitritt die Möglichkeit einer eingeschränkten Nachlassspaltung, wenn ein nichtehelicher Westvater mit Immobilien im Beitrittsgebiet verstirbt, die er dort bereits vor dem 3.10.1990 besaß.[21]

9 Die Bedeutung der Sondervorschrift in Artikel 235 § 1 Abs. 2 EGBGB ist mittlerweile nur noch gering, da durch das **Erbrechtsgleichstellungsgesetz** in Erbfällen ab 1.4.1998 ohnehin eine völlige Gleichbehandlung nichtehelicher Kinder angeordnet worden ist.[22] Jedoch bleibt Artikel 235 § 1 Abs. 2 EGBGB mit den vorstehend dargestellten Regelungen und Problemen auch in Erbfällen ab 1.4.1998 zu beachten, wenn das nichteheliche Kind vor dem 1.7.1949 geboren wurde, da diese nichtehelichen Kinder auch nach In-Kraft-Treten des Erbrechtsgleichstellungsgesetzes von der Erbfolge nach dem biologischen Vater ausgenommen bleiben, sofern nicht dessen hypothetisches Erbstatut am 2.10.1990 das Recht der DDR gewesen ist.[23]

---

[14] Art. 12 § 10 Nichtehelichengesetz und §§ 1934 a ff. BGB a.F., vgl. *de Leve,* Deutsch-deutsches Erbrecht, S. 56.

[15] BVerfG Beschl. v. 11.3.1996 – 1 BvR 261/94 – NJW 1996, 1884; BVerfG Beschl. v. 20.11.2003 – 1 BvR 2257/03 – FPR 2004, 140.

[16] OLG Köln Beschl. v. 23.11.1992 – 11 W 67/92 – DtZ 1993, 125; *Schlüter/Fegeler* FamRZ 1998, 1337, 1340; *de Leve* FuR 1995, 282, 283; *de Leve,* Deutsch-deutsches Erbrecht, S. 99; Palandt/*Edenhofer* Art. 235 § 1 EGBGB Rdnr. 2.

[17] OLG Brandenburg Beschl. v. 12.9.1996 – 10 Wx 25/95 – FamRZ 1997, 1031, 1032; LG Erfurt Beschl. v. 16.11.1999 – 7 T 62/99 – FamRZ 2000, 988; LG Neubrandenburg Beschl. v. 12.10.1994 – 3 T 129/94 – Rpfleger 1995, 214, 215; Palandt/*Edenhofer* Art. 235 § 1 EGBGB Rdnr. 3. Im Einzelnen ist vieles str., vgl. *de Leve* FuR 1995, 282.

[18] LG Neubrandenburg Beschl. v. 12.10.1994 – 3 T 129/94 – Rpfleger 1995, 214, 215; *de Leve* FuR 1995, 282, 285 m.w.N.; *de Leve,* Deutsch-deutsches Erbrecht, S. 103; MünchKomm/*Leipold* Art. 235 § 1 EGBGB Rdnr. 60; Palandt/*Edenhofer* Art. 235 § 1 EGBGB Rdnr. 3.

[19] Ausf. mit Übersicht zum Streitstand *de Leve* FuR 1995, 282, 285.

[20] Ausf. *de Leve* FuR 1995, 282, 286; *de Leve,* Deutsch-deutsches Erbrecht, S. 103 f.

[21] Zum Sach- und Streitstand *de Leve,* Deutsch-deutsches Erbrecht, S. 104 f.; vgl. auch Münch Komm/*Leipold* Art. 235 § 1 EGBGB Rdnr. 55. Verneinend KG Beschl. v. 8.8.1995 – 1 W 2149/94 – DtZ 1996, 213, 214.

[22] Mit dem Erbrechtsgleichstellungsgesetz ist auch der Wortlaut von Art. 235 § 1 Abs. 2 EGBGB für die Zeit ab 1.4.1998 neugefasst worden, ohne dassdass damit eine inhaltliche Änderung der Regelung verbunden war, vgl. Palandt/*Edenhofer*[61] Art. 235 § 1 EGBGB Rdnr. 1.

[23] Vgl. BVerfG Beschl. v. 20.11.2003 – 1 BvR 2257/03 – FPR 2004, 140, 141; MünchKomm/*Leipold* Art. 235 § 1 EGBGB Rdnr. 44 a.

III. Materiellrechtliche Fragestellungen

1. Gesetzliche Erbfolge

Unterliegt nach der interlokalen Vorprüfung[24] ein Erbfall dem Recht der früheren DDR, so ist das seinerzeit dort geltende gesetzliche Erbrecht geläufig, denn bis zum 1.1.1976 galt auch dort das BGB, welches erst zum 1.4.1966 durch Einführung des FGB eine wesentliche Änderung erfuhr. Das Einführungsgesetz zum FGB brachte vom Rechtszustand des BGB im Westen abweichende Regelungen zum Erbrecht des nichtehelichen Kindes[25] und des Ehegatten in § 10 Abs. 1 EGFGB.

Danach erbte der Ehegatte wie ein Erbe erster Ordnung, mindestens jedoch 1/4. War der überlebende Ehegatte selbst der einzige vorhandene Erbe erster Ordnung, so wurde er sogar Alleinerbe,[26] es sei denn, dass der Erblasser seinen Eltern oder einem Elternteil unterhaltspflichtig im Sinne von §§ 81 ff. EGFGB gewesen war, denn dann erbten die Eltern neben dem Ehegatten. Die Erhebung der Scheidungs- oder Nichtigkeitsklage hatte keinen Einfluss auf das **Ehegattenerbrecht**, es entfiel erst mit der rechtskräftigen Scheidungs- oder Nichtigkeitserklärung.[27] Diese Regelungen der gesetzlichen Erbfolge des Ehegatten wirken sich selbstverständlich auch als Berechnungsgrundlage für einen möglichen Pflichtteilsanspruch aus, wenn der Erblasser in einer Verfügung von Todes wegen abweichende Bestimmungen getroffen hatte.

Für Ost-Erbfälle zwischen dem 31.12.1975 und dem 3.10.1990 brachte das ZGB eine Neuregelung der gesetzlichen Erbfolge: Sie beruht auf dem **Parentelsystem**,[28] beschränkte sich jedoch auf drei Ordnungen.[29] Der Staat erbte, wenn innerhalb dieser Ordnungen keine Erben vorhanden waren.[30] Als Durchbrechung des Parentelsystems gehörten nach § 365 ZGB auch Ehegatten zur ersten Ordnung. Das Ehegattenerbrecht des ZGB brachte in der Sache keine Änderung im Vergleich zum FGB. Hatte der Erblasser keine Nachkommen, wurde der Ehegatte sogar Alleinerbe,[31] die Eltern erhielten neben dem Ehegatten nichts. Sie bildeten mit ihren Nachkommen eine zweite Ordnung.[32] Die dritte Ordnung bestand aus den Großeltern des Erblassers und deren Nachkommen,[33] an die Stelle eines verstorbenen Großeltern- oder Elternteils traten im Gegensatz zu §§ 1925 Abs. 2, 1926 Abs. 3 BGB nicht dessen Abkömmlinge, sondern der überlebende Elternteil.[34]

2. Gewillkürte Erbfolge

Dieser Abschnitt nimmt Bezug auf die §§ 5 bis 10, 15, 17 und 40 des Handbuchs.

a) Sonderregelung in Artikel 235 § 2 EGBGB

Checkliste
☐ Ist der Erbfall nach dem 2.10.1990 eingetreten? ☐ Hatte der Testator oder hatten die Testatoren bei Errichtung der Verfügung von Todes wegen ihren gewöhnlichen Aufenthalt in der DDR?

---

[24] S. o. Rdnr. 5.
[25] S. o. Rdnr. 7; Ausf. Ferid/Firsching/Dörner/Hausmann/*de Leve*, Internationales Erbrecht (Loseblatt) Deutschland DDR Grdz. B Rdnr. 4 ff.
[26] § 10 EGFGB.
[27] Kommentar zum Familienrecht des DDR-Justizministeriums, S. 337.
[28] § 364 Abs. 2 ZGB.
[29] §§ 365 bis 368 ZGB.
[30] § 369 ZGB.
[31] § 366 ZGB.
[32] § 367 ZGB.
[33] § 368 ZGB.
[34] §§ 367 Abs. 2 S. 2, 368 Abs. 3 S. 1 ZGB. Ausf. zum ZGB-Erbrecht Ferid/Firsching/Dörner/Hausmann/*de Leve*, Internationales Erbrecht, (Loseblatt) Deutschland DDR Grdz. B Rdnr. 13 ff.

§ 48 13, 14   Teil B. Die Beratung in der Vermögensnachfolge

Nach Artikel 235 § 2 EGBGB richten sich auch in Erbfällen nach dem Beitritt die Errichtung und Aufhebung einer Verfügung von Todes wegen und die Bindung beim **gemeinschaftlichen Testament**[35] nach bisherigem Recht, wenn die Verfügung vor dem 3.10.1990 unter Geltung des damaligen DDR-Rechts errichtet oder aufgehoben worden ist.[36] Auch diese Vorschrift bezweckt, das Vertrauen des Testierenden in das zum Zeitpunkt der Errichtung oder Aufhebung der Verfügung von Todes wegen geltende DDR-Recht zu schützen, da für ihn zu dieser Zeit eine Rechtsänderung nicht vorhersehbar oder sicher war.[37] Eine solche Rechtsänderung hat es mit dem Beitritt aber nur in den fünf neuen Bundesländern gegeben, daher ist der Anwendungsbereich dieser Vorschrift nur eröffnet, wenn die interlokale Vorprüfung ergibt, dass der hypothetische Erbfall im Zeitpunkt der Errichtung oder Aufhebung der Verfügung von Todes wegen dem DDR-Recht unterlegen hätte.[38] In den Anwendungsbereich des Artikel 235 § 2 EGBGB fallen alle Fragen, die im Zusammenhang mit der gültigen Errichtung und Aufhebung einer Verfügung von Todes wegen stehen, also die Testierfähigkeit, die Form, die Zulässigkeit bestimmter Verfügungsarten und die Regelungen über Willensmängel.[39] Die Norm will einmal wirksam errichtete Verfügungen von Todes wegen weiterhin als gültig behandeln. Die **Wirksamkeit der Errichtung oder Aufhebung einer Verfügung von Todes wegen** unterliegt also dem hypothetischen Erbstatut im Zeitpunkt dieser Handlungen, die Rechtsfolgen (**Wirkungen**), die sich aus der Verfügung von Todes wegen ergeben, richten sich dagegen nach dem Erbstatut, dem im Erbfallzeitpunkt geltenden Sachrecht.

13   *aa) Rechtslage in der DDR vor Einführung des ZGB.* Bis zur Einführung des ZGB am 1.1.1976 galt in der DDR für die gewillkürte Erbfolge das gleiche Recht wie im Westen. In der DDR war jedoch mit dem Gesetz über die Herabsetzung des Volljährigkeitsalters vom 17.5.1950 bestimmt worden, dass die Volljährigkeit bereits mit Vollendung des 18. Lebensjahres einsetzt; der solchermaßen Volljährige gewann damit auch bereits die volle **Testierfähigkeit,** die in der damaligen Bundesrepublik bis zum 1.1.1975 erst ab Vollendung des 21. Lebensjahres gegeben war.[40] In der DDR richtet sich die Gültigkeit von Testamenten vor 1976 noch nach den Normen des Gesetzes über die Errichtung von Testamenten und Erbverträgen vom 31.7.1938,[41] welche den gleichen Inhalt hatten wie entsprechende Regeln im West-BGB.[42]

14   *bb) Rechtslage nach Einführung des ZGB.* Die Regeln des ZGB zur gewillkürten Erbfolge wiesen noch zahlreiche Gemeinsamkeiten mit den Regeln des BGB auf, im Folgenden sollen jedoch die Hauptunterschiede beleuchtet werden:
- **Testierfähig** war jeder Bürger, der volljährig und handlungsfähig war.[43] Eine besondere Testierfähigkeit wie das BGB in § 2229 kannte das ZGB nicht.

---

[35] Vgl. LG Leipzig Beschl. v. 5.5.1999 – 1 T 2063/99 – NJW 2000, 438, 439.
[36] Vgl. dazu Ausf. *de Leve* Rpfleger 1996, 141; *Limmer* ZEV 1994, 290.; Ferid/Firsching/Dörner/Hausmann/ *de Leve,* Internationales Erbrecht, (Loseblatt) Deutschland DDR Grdz. D Rdnr. 74 ff.
[37] OLG Dresden Urt. v. 6.4.1993 – 7 U 360/93 – DtZ 1993, 311, 312; LG Leipzig Beschl. v. 5.5.1999 – 1 T 2063/99 – NJW 2000, 438, 439; *Limmer* ZEV 1994, 290, 192; MünchKomm/*Leipold,* Art. 235 § 2 EGBGB Rdnr. 1.
[38] S. o. Rdnr. 5.
[39] *De Leve,* Deutsch-deutsches Erbrecht, S. 107 ff.; teilweise anders *Limmer* ZEV 1994, 290, 291 ff.
[40] Vgl. *de Leve,* Deutsch-deutsches Erbrecht, S. 19 f.; Palandt/*Edenhofer*[61] § 2247 Rdnr. 3.
[41] RGBl. 1938 I 973.
[42] In der Bundesrepublik galt bis zum 1.4.1953 das TestG, welches durch das Rechtseinheitsgesetz vom 5.3.1953 (BGBl. 1953 I 33) inhaltlich unverändert in das BGB wieder eingefügt worden ist. Der Sache nach galten in der Bundesrepublik also seit jeher die auch heute noch bestehenden Regelungen zur Gültigkeit von Testamenten. Eine synoptische Gegenüberstellung der Bestimmungen von TestG und BGB enthält Palandt/*Rechenmacher*[10], S. 2200 f. Die Geltung des TestG statt der BGB-Regeln in der DDR übersieht das LG Köln Urt. v. 29.5.1992 – 30 O 346/91 – DtZ 1993, 215, was jedoch wegen der Inhaltsgleichheit beider Regelungskomplexe unerheblich ist. Richtig sieht dies dagegen das OLG Frankfurt Urt. v. 8.2.1993 – 27 U 124/91 – FamRZ 1993, 858, 860.
[43] § 370 Abs. 1 S. 2 in Verbindung mit §§ 49, 52 ZGB.

- Der Erblasser musste das Testament persönlich errichten.[44] Als **außerordentliches Testament** konnte ein Nottestament durch mündliche Erklärung gegenüber zwei Zeugen errichtet werden.[45]
- Eine letztwillige Verfügung konnte in Form eines **eigenhändigen oder eines notariellen Testaments** errichtet werden.[46] Ein Testament war nichtig, wenn es gegen ein in Rechtsvorschriften enthaltenes Verbot oder gegen Formvorschriften der §§ 383 bis 386 ZGB verstieß.[47] Der Nichtigkeitsgrund der Unvereinbarkeit mit den Grundsätzen der sozialistischen Moral ist mit dem Beitritt gegenstandslos geworden.[48] Der Erblasser konnte sein Testament durch Vernichtung, Veränderung oder durch Errichtung eines neuen anders lautenden Testaments, bei notariellen Testamenten und Nottestamenten auch durch Rücknahme aus der Verwahrung, widerrufen.[49]
- Das ZGB enthielt in §§ 388 bis 393 Bestimmungen über das **gemeinschaftliche Testament**. Als Inhalt eines solchen war die gegenseitige Erbeinsetzung durch Ehegatten zwingend erforderlich;[50] die gemeinsam getroffenen Vereinbarungen waren grundsätzlich bindend,[51] wenn nicht die Möglichkeit abweichender Verfügungen vereinbart worden war.[52] Dem **Widerruf** vor Annahme der Erbschaft nach dem Tode eines Ehegatten in § 2271 Abs. 2 S. 1 BGB entsprach die Widerrufsmöglichkeit in § 392 Abs. 4 S. 1 ZGB: Jedoch konnte der überlebende Ehegatte nach Widerruf und Ausschlagung gemäß § 392 Abs. 4 S. 2 ZGB nur noch seinen Pflichtteil beanspruchen, wogegen der nach § 2271 Abs. 2 S. 1 BGB ausschlagende Ehegatte wegen § 1948 Abs. 1 BGB die Erbschaft als eingesetzter Erbe ausschlagen und als gesetzlicher Erbe annehmen kann, wenn sein gesetzlicher Erbteil geringer ist als es der gewillkürte Erbteil wäre.[53]
- Das ZGB ließ jedoch eine weitere, über die Regelung des BGH hinausgehende Möglichkeit zu, die Testierfreiheit wieder zu erlangen: Selbst wenn er das im gemeinschaftlichen Testament vom Vorverstorbenen Zugewandte angenommen hatte, konnte der überlebende Ehegatte im Gegensatz zum BGB seine Verfügung durch Erklärung gegenüber der zuständigen Stelle aufheben, wenn er das aus der Erbschaft Erlangte, soweit es seinen gesetzlichen Erbteil überstieg, an die Testamentserben oder deren Rechtsnachfolger herausgab.[54] Die Herausgabepflicht entfiel, wenn die Erben darauf verzichteten[55] oder wenn der überlebende Ehegatte Alleinerbe des Erstverstorbenen geworden wäre.[56] Die Aufhebung befreite den Ehegatten von der Bindung an das gemeinschaftliche Testament.[57]
- Der Erblasser konnte in einem Testament auch **Auflagen** erteilen.[58] Diese unterschieden sich von denjenigen des BGB[59] dadurch, dass abweichend von § 2194 S. 1 BGB jeder die Erfüllung der Auflage verlangen konnte, der nur ein berechtigtes Interesse daran nachweisen konnte,[60] welches nicht materieller Natur sein musste.[61]
- Die **Testamentsanfechtung** richtet sich nach § 374 ZGB. Dessen Abs. 1 enthielt nach seinem Wortlaut die in §§ 2078, 2079 BGB noch enthaltenen Anfechtungsgründe des Motivirrtums

---

[44] § 370 Abs. 2 ZGB.
[45] §§ 383 Abs. 2, 385 ZGB.
[46] §§ 383 bis 385 ZGB.
[47] § 373 ZGB.
[48] *Oetker* JZ 1992, 608, 612; *Horn* DWiR 1992, 45, 46.
[49] § 387 Abs. 2 ZGB.
[50] §§ 388, 389 Abs. 1 S. 1 ZGB; vgl. Kommentar zum Familienrecht des DDR-Justizministeriums, S. 433.
[51] § 390 Abs. 1 S. 1 ZGB.
[52] § 390 Abs. 1 S. 2 ZGB; zur Bindung nach dieser Vorschrift vgl. BGH Urt. v. 18.1.1995 – IV ZR 88/94 – ZEV 1995, 221 m. Anm. *Leipold*, 222.
[53] Palandt/*Edenhofer* § 2271 Rdnr. 17.
[54] § 393 S. 1 ZGB; Einzelheiten bei *Limmer* ZEV 1994, 290, 292.
[55] § 393 S. 1 ZGB; vgl. BGH Urt. v. 18.1.1995 – IV ZR 88/94 – ZEV 1995, 221, 222.
[56] OLG Dresden Urt. v. 31.5.1994 – 7 U 1326/94 – DtZ 1995, 140, 141; *Trilsch-Eckardt* ZEV 1995, 217, 218.
[57] § 393 S. 2 ZGB.
[58] §§ 371 Abs. 1, 382 ZGB.
[59] §§ 2192 ff. BGB.
[60] § 382 Abs. 2 S. 1 ZGB.
[61] *Mampel* NJW 1976, 593, 598.

und der Übergehung eines unbekannten Pflichtteilsberechtigten nicht. Diese Art der Irrtümer wurde jedoch in § 374 Abs. 1 ZGB hineingelesen.[62] Im Gegensatz zu § 2081 BGB erfolgte die Anfechtung nach ZGB durch eine Klage.[63] Das Klagerfordernis für eine Anfechtung bleibt jedoch nur in vor dem Beitritt eingetretenen Erbfällen, die dem ZGB unterliegen, erhalten.[64] In Erbfällen nach dem 2.10.1990 spielt das Klagerfordernis keine Rolle mehr.

- Der Erblasser konnte einen Miterben oder eine andere Person zum **Testamentsvollstrecker** bestimmen und ferner im Einzelnen regeln, wie eine testamentarische Festlegung ausgeführt, der Nachlass verwaltet und darüber verfügt werden musste.[65] Jedoch bedeutete diese Anordnung der Testamentsvollstreckung nicht eine Verfügungsbeschränkung der Erben wie in § 2311 BGB, denn eine Beschränkung in der Verfügungsmacht war nach § 371 Abs. 2 ZGB ausgeschlossen.[66] Der Testamentsvollstrecker hatte lediglich die Rechtsstellung eines Vertreters der Erben, welche seine Vollmacht jederzeit widerrufen konnten.[67]

- Da der testamentarische Erblasser den Bedachten in der Verfügungsbefugnis nicht beschränken durfte,[68] war die Anordnung der **Vor- und Nacherbfolge** ausgeschlossen.[69] Eine vor dem 1.1.1976 wirksam angeordnete Vor- und Nacherbfolge entfaltete keine beschränkende Wirkung, wenn der Erbfall in der Zeit vom 1.1.1976 bis zum 2.10.1990 eintrat.[70] Die angeordnete Vor- und Nacherbfolge wirkte sich dahin aus, dass der befreite Vorerbe im Erbfallzeitpunkt solange unbeschränkter Vollerbe blieb, bis der Nacherbe im Zeitpunkt des vorgesehenen Eintritts des Nacherbfalls diese Rechtsstellung erlangte;[71] bei nicht befreiter Vorerbschaft galt der Nacherbe als Alleinerbe, der Vorerbe hatte als Vermächtnis das Nutzungsrecht an den Nachlassgegenständen erworben.[72]

15 *cc) Auslegung von Testamenten.* Hat in einem West-Erbfall ein Erblasser, der in der Zeit zwischen dem 31.12.1975 und dem 3.10.1990 verstorben ist, in einem Testament letztwillig verfügt, so gilt diese Erbeinsetzung grundsätzlich auch für das in der ehemaligen DDR belegene (Immobiliar-) Vermögen, wobei in dem Testament für eine solche **Auslegung** irgendein – wenn auch unvollkommener – Anhaltspunkt bestehen muss.[73]

16 b) **Erbverträge.** Den Erbvertrag als Verfügungsart ließ das ZGB nicht mehr zu.[74] Ein zwischen 1975 und dem Beitritt abgeschlossener einseitiger **Erbvertrag** konnte aber in ein Testament **umgedeutet** werden.[75] Vor 1976 abgeschlossene zweiseitige Erbverträge wurden in der

---

[62] *Göhring/Posch* Zivilrecht II. S. 261 f.; *Westen/Schleider* S. 813 f.; ZGB-Kommentar S. 424.
[63] § 374 Abs. 2 S. 1 ZGB.
[64] BGH Urt. v. 1.12.1993 – IV ZR 261/92 – WM 1994, 157; OLG Dresden Urt. v. 6.4.1993 – 7 U 360/93 – DtZ 1993, 311, 312; *Thode* JZ 1994, 472, 473; *Otte* ZEV 1994, 104, 105; wohl auch *Wasmuth* DNotZ 1992, 3, 11; Ausf. *de Leve*, Deutsch-deutsches Erbrecht, S. 124 f.
[65] § 371 Abs. 3 ZGB.
[66] *Von Morgen/Götting* DtZ 1994, 199, 200; *Westen/Schleider* S. 808.
[67] §§ 53 ff., 58 ZGB. Vgl. dazu KG Beschl. v. 21.11.1995 – 1 W 1603/95 – Rpfleger 1996, 111, 114; KG Beschl. v. 21.3.1995 – 1 W 2563/94 – DtZ 1995, 448.
[68] § 371 Abs. 2 ZGB.
[69] *Köster* Rpfleger 1991, 97, 98; *Mampel* NJW 1976, 593, 597; *Eberhardt* NJ 1974, 732, 734; *Westen/Schleider* S. 806.
[70] § 8 Abs. 2 S. 2, 2. HS EGZGB i.V.m. § 371 Abs. 2 ZGB. Vgl. BayObLG Beschl. v. 20.12.2000 – 1 ZBR 153/99 – NJW-RR 2001, 950, 952.
[71] *Köster* Rpfleger 1991, 97, 99; ZGB-Kommentar S. 511.
[72] *Trittel* DNotZ 1991, 237, 240; zu einem Sonderfall der unentgeltlichen Verfügung durch befreiten Vorerben vgl. OLG Brandenburg Urt. v. 28.4.1998 – 10 U 37/97 – NJWE-FER 1999, 244. I.E. ähnli. KG Beschl. v. 13.6.1996 – 1 W 3981/94 – ZEV 1996, 349, 350 f.
[73] KG Beschl. v. 18.7.1995 – 1 W 7491/93 – DtZ 1995, 417, 418; KG Beschl. v. 21.11.1995 – 1 W 1609/95 – Rpfleger 1996, 111, 112 f.; OLG Hamm Beschl. v. 15.5.1996 – 15 W 256/95 – ZEV 1996, 346, 347 mit Anm. *Lorenz;* OLG Hamm Beschl. v. 27.1.1995 – 15 W 350/94 – FamRZ 1995, 1092, 1095; LG Hamburg Beschl. v. 28.11.1994 – 301 T 124/92 – FamRZ 1995, 833; Ausnahmefall bei BayObLG Beschl. v. 12.10.1999 – 1 ZBR 34/99 – NJW 2000, 440.
[74] *De Leve*, Deutsch-deutsches Erbrecht, S. 30.
[75] BayObLG Beschl. v. 5.12.1995 – 1 ZBR 44/95 – DtZ 1996, 214, 215; BayObLG Beschl. v. 13.2.1995 – 1 ZBR 96/94 – ZEV 1995, 256, 259; OLG Jena Beschl. v. 21.10.1993 – 6 W 14/93 – FamRZ 1994, 786, 787.

DDR auch nach dem 31.12.1975 als wirksam behandelt,[76] konnten aber nur noch nach den allgemeinen Regeln des ZGB über die Anfechtung, Aufhebung und Änderung von Verträgen[77] beeinflusst werden.[78] Insoweit hat Artikel 235 § 2 S. 1 EGBGB auch noch für Erbverträge Bedeutung: Richtet sich die Aufhebung eines Erbvertrages in räumlicher Hinsicht nach dem Recht der DDR, so waren diese besonderen Aufhebungsregeln in der DDR zwischen dem 31.12.1975 und dem 3.10.1990 zu beachten.[79]

c) Nachträgliche Korrektur der von Fehlvorstellungen beeinflussten Verfügungen von Todes wegen. Obwohl die Wiedervereinigung mittlerweile mehr als 15 Jahre zurückliegt, gibt es in aktuellen Erbfällen, in denen auch Verfügungen von Todes wegen aus der DDR-Zeit zu berücksichtigen sind, eine nach wie vor aktuelle Problematik: Vor 1989 waren die meisten Personen in Deutschland vom dauerhaften Fortbestand der deutschen Teilung und der mit ihr einhergehenden politischen und wirtschaftlichen Verhältnisse überzeugt. So galten beispielsweise **Miethäuser in der DDR** wegen der dort bestehenden Mietpreisbindung, die kostendeckende Mieteinnahmen unmöglich machte, als wirtschaftlich wertlos.[80] Ebenso hielt man in der DDR belegene Immobilien, die enteignet oder unter staatliche Zwangsverwaltung gestellt worden waren, für unwiederbringlich verloren.[81] Soweit Personen zu Erben eingesetzt worden waren, welche die DDR nach dem 10.6.1953 ohne die erforderliche Ausreisegenehmigung verlassen hatten, stellte die DDR-Regierung im Erbfallzeitpunkt das von diesen ererbte Vermögen unter staatliche Treuhandverwaltung und entzog es damit dem bedachten Empfänger.[82] Diese Erben waren faktisch enteignet, weil sie ihr Eigentum in der DDR niemals nutzen konnten. Diese Zustände veranlassten zahlreiche Erblasser, davon abzusehen, solchermaßen betroffene Personen zu Erben einzusetzen.[83] Der Erblasser nahm also die Regelung seines Nachlasses auf der Grundlage von Verhältnissen vor, die sich später stark veränderten und deren Fortbestand bis 1989 von niemandem bezweifelt wurde. Seit der Wiedervereinigung stellt sich die Frage, ob die sog. „Wende" in der DDR auch in rechtlicher Hinsicht eine Korrektur der unter den damaligen Umständen verfügten Testamentsinhalte ermöglicht.

aa) Geheime Vorbehalte oder Scheinerklärungen in Testamenten oder Erbverträgen. Sie spielen in der Praxis keine Rolle, da diese sich in den Verfügungen von Todes wegen kaum jemals niedergeschlagen haben dürften und auch in der Praxis wohl nicht zu beweisen wären.[84]

bb) Auslegung. In der Praxis Erfolg versprechender ist sicherlich die Möglichkeit der **Auslegung einer Verfügung von Todes wegen.** Eine solche Auslegung ist unter interlokalrechtlichen Gesichtspunkten nach denjenigen Regeln vorzunehmen, denen die Verfügung im Errichtungszeitpunkt unterlag.[85]

Für die dem westdeutschen Teilrechtsgebiet zuzuordnenden Verfügungen von Todes wegen ist die **Andeutungstheorie** bei der Auslegung zu berücksichtigen. Sie erlaubt grundsätzlich eine ergänzende Auslegung des Testaments, wenn in der Urkunde irgendwie zum Ausdruck gebracht worden ist, dass die als unveränderlich erachteten rechtlichen und wirtschaftlichen

---

[76] OG-DDR, NJ 1979, 144, 145; *Hildebrandt/Janke* NJ 1985, 441, 444; *Lüdtke-Handjery* DB 1976, 229, 231; *Schotten/Johnen* DtZ 1991, 225, 227 Fn. 14; *Dörner* DNotZ 1977, 324, 341; Palandt/*Edenhofer* Art. 235 § 2 EGBGB Rdnr. 2.
[77] §§ 70, 77 ff. ZGB.
[78] OLG Jena Beschl. v. 21.10.1993 – 6 W 14/93 – FamRZ 1994, 786, 787; OG-DDR NJ 1979, 144, 145; *Hildebrandt/Janke* NJ 1985, 441, 444.
[79] *De Leve*, Deutsch-deutsches Erbrecht, S. 111 f.
[80] *Fahrenhorst* JR 1992, 265.
[81] Vgl. Bezirksgericht Erfurt Beschl. v. 22.2.1993 – W 18/92 – NJ 1993, 372; *Grunewald* NJW 1991, 1208, 1209.
[82] § 1 Abs. 1 der Anordnung Nr. 2 über die Behandlung des Vermögens von Personen, die die DDR nach dem 10.6.1953 verlassen, GBl.-DDR 1958 I 664. Vgl. den Fall bei BGH Urt. v. 20.3.1996 – IV ZR 366/94 – DtZ 1996, 207.
[83] Vgl. BGH Urt. v. 1.12.1993 – IV ZR 261/92 – WM 1994, 157, 160; LG Köln Urt. v. 29.5.1992 – 30 O 346/91 DtZ 1993, 215, wo aber irrtümlicherweise der 10.6.1958 als Stichtag für das Verlassen der DDR genannt wird.
[84] *De Leve*, Deutsch-deutsches Erbrecht, S. 112 ff.; Ferid/Firsching/Dörner/Hausmann/*de Leve*, Internationales Erbrecht (Loseblatt) Deutschland DDR Grdz. D Rdnr. 82 ff.
[85] *De Leve*, Deutsch-deutsches Erbrecht, S. 115.

Gegebenheiten in der früheren DDR Motiv und Grundlage der Verfügungen des Testators waren.[86] In Altfällen stellt sich das Problem, dass möglicherweise lange nach dem Erbfall eingetretene Änderungen der rechtlichen und ökonomischen Situation zu berücksichtigen sind. Das ist aus Gründen der Rechtssicherheit zumindest in den Altfällen ausgeschlossen, in denen die Anordnungen im Testament ihre Wirkungen bereits entfaltet haben.[87] In Neufällen, denen vor dem Beitritt errichtete Testamente zugrunde liegen, stellt sich dagegen die Frage, ob und wie ein späterer realer Wille des Erblassers, der ja die politisch-ökonomischen Umwälzungen im Beitrittsgebiet selbst erlebt hat, bei der ergänzenden Testamentsauslegung beachtet werden muss. Zwar können nach der Testamentserrichtung erfolgte Willensbekundungen des Erblassers grundsätzlich zur Ermittlung des hypothetischen Erblasserwillens im Errichtungszeitpunkt herangezogen werden,[88] aber die ergänzende Testamentsauslegung verbietet sich in diesen Fällen deswegen, weil der Testator seine Verfügung doch nach der Wiedervereinigung den neuen Umständen hätte anpassen können, wenn er die Veränderungen in Bezug auf seine Anordnungen für wesentlich hielt. Aufgrund des mittlerweile erheblichen zeitlichen Abstands zum Beitritt ist daher dieser Problemkreis in der Praxis nur noch von geringer Bedeutung. Nur bei bindend gewordenen gemeinschaftlichen Testamenten und Erbverträgen kann der Anwendungsbereich der Auslegung größer sein, da diese Verfügungen nicht einfach widerrufen oder korrigiert werden können.[89]

Das Vorstehende gilt jedenfalls im Ergebnis auch dann, wenn die Verfügung von Todes wegen nach den Regeln des interlokalen Rechts dem früheren DDR-Recht unterliegt.[90]

20   cc) *Anfechtung.* Es bleibt schließlich die Frage, ob Verfügungen von Todes wegen aufgrund der Veränderungen im deutsch-deutschen Verhältnis durch **Anfechtung** vernichtet werden können.

Der Anwendungsbereich der Anfechtung ist weit, da nach § 2078 Abs. 2 BGB auch der Motivirrtum zur Anfechtung des Testaments berechtigt, also eine Fehlvorstellung, die gerade diesen Erblasser unter Berücksichtigung seiner ihm eigenen Vorstellungen mit Sicherheit dazu gebracht hätte, anders zu testieren.[91] Ein solcher Irrtum kann grundsätzlich auch darin bestehen, dass der Erblasser die zur Zeit der Testamentserrichtung noch zukünftigen Umwälzungen in der früheren DDR für unwahrscheinlich hielt, er also von der Stabilität der damaligen ökonomischen und rechtlich-politischen Umstände im östlichen Teilstaat ausging und er seine Verfügung dementsprechend eingerichtet hat.[92] Nicht jede nur geringe Veränderung der Wirtschafts- oder Rechtslage soll ein **Anfechtungsrecht** begründen. Eine Umwälzung von einem derartigen Ausmaß, wie sie nach der „Wende" in der DDR geschah, ist jedoch in jedem Fall erheblich und vermag eine Anfechtung zu rechtfertigen.[93] Es muss aber festgestellt werden können, dass der Testator im Falle der Kenntnis von der zukünftigen Entwicklung in Deutschland anderweitig verfügt hätte.[94] Ist der Erbfall erst nach dem Beitritt eingetreten, so muss der Erblasser spätestens mit dem Beitritt eine Vorstellung von den Umwälzungen in der früheren DDR gewonnen haben. Er konnte das Testament ändern, wenn der Fortbestand der früheren

---

[86] KG Urt. v. 17.11.1994 – 12 U 2775/94 – FamRZ 1995, 762, 763; OLG Frankfurt Beschl. v. 19.1.1993 – 20 W 59/92 – DtZ 1993, 216; OLG Frankfurt Beschl. v. 22.1.1993 – 20 W 408/91 – FamRZ 1993, 613.

[87] OLG Jena Beschl. v. 11.10.1994 – 6 W 284/94 – FamRZ 1995, 446, 447; *Bestelmeyer* Rpfleger 1992, 321, 326; *Wasmuth* DNotZ 1992, 3, 8; *Grunewald* NJW 1991, 1208, 1209 f.; *Ebenroth* Erbrecht Rdnr. 404; übersehen bei OLG Frankfurt Beschl. v. 19.1.1993 – 20 W 59/92 – DtZ 1993, 216.

[88] *Ebenroth* Erbrecht Rdnr. 407.

[89] *De Leve,* Deutsch-deutsches Erbrecht, S. 117.

[90] *De Leve,* Deutsch-deutsches Erbrecht, S. 117 f; Ferid/Firsching/Dörner/Hausmann/*de Leve,* Internationales Erbrecht (Loseblatt) Deutschland DDR Grdz. D Rdnr. 91 ff.

[91] BGH Urt. v. 27.5.1987 – IV a ZR 30/86 – NJW-RR 1987, 1412.

[92] LG Gießen Beschl. v. 3.3.1993 – 7 T 39/93 – DtZ 1993, 217; LG Gießen Beschl. v. 14.1.1992 – 7 T 251/91 – FamRZ 1992, 603, 604; *Mayer,* ZEV 1994, 12, 14; *Fahrenhorst* JR 1992, 265, 267; *Wasmuth* DNotZ 1992, 3, 9 f.; *Grunewald* NJW 1991, 1208, 1211; *Ebenroth* Erbrecht Rdnr. 306.

[93] Vgl. *de Leve,* Deutsch-deutsches Erbrecht, S. 120.

[94] BGH Urt. v. 1.12.1993 – IV ZR 261/92 – WM 1994, 157, 160 f.; LG Gießen Beschl. v. 3.3.1993 – 7 T 39/93 – DtZ 1993, 217, 218; Notariat Stuttgart-Botnang Beschl. v. 2.12.1993 – GRN 254/1992 – FamRZ 1994, 658, 660; *Horst* ZOV 1993, 300, 306; *Otte* ZEV 1994, 104.

Zustände in Deutschland für die Verfügung bestimmend war. Hat er eine solche Änderung nicht vorgenommen, so wird der Fortbestand der deutschen Teilung für ihn bei der Errichtung der Verfügung nicht von Bedeutung gewesen sein.[95]

Daneben ist zu beachten, dass die Anfechtung fristgebunden ist. Die **Anfechtung muss binnen Jahresfrist** erfolgen, welche in dem Zeitpunkt beginnt, in welchem der Anfechtungsberechtigte von dem Anfechtungsgrund **Kenntnis erlangt**.[96] Nach Ablauf von 30 Jahren seit dem Erbfall ist die Anfechtung gänzlich ausgeschlossen.[97] Der Fristbeginn setzt voraus, dass der Anfechtungsberechtigte von allen mit dem Anfechtungsgrund zusammenhängenden Tatsachen Kenntnis erlangt.[98] Erst dann, wenn er weiß, dass Vermögenswerte im Beitrittsgebiet existieren, die vermuten lassen, dass eine Verfügung von Todes wegen auf der Unveränderlichkeit der Gegebenheiten im Beitrittsgebiet beruht, liegt diese Kenntniserlangung vor. Sie konnte daher auch erst nach dem Beitritt eintreten. Lag diese Kenntnis von im Beitrittsgebiet belegenen Immobilien bereits bei der Wiedervereinigung vor, so ist auf den 3.10.1990 als Fristbeginn im Sinne von § 2082 Abs. 2 S. 1 BGB abzustellen, denn spätestens mit dem Beitritt herrschte Klarheit hinsichtlich des neuen politischen und wirtschaftlichen Systems in den neuen Ländern.[99] In diesen Fällen – und das wird in der Praxis die Mehrzahl sein – ist die Anfechtung wegen Fristablaufs seit dem 3.10.1991 ausgeschlossen. Aber auch bei Kenntniserlangung nach dem Beitritt ist nicht anzunehmen, dass den Berechtigten das Vorhandensein von vermögensrechtlichen Beziehungen zum Beitrittsgebiet, die eine solche Anfechtung wegen Motivirrtums begründen könnten, allzu lange unbekannt geblieben ist. In der heutigen Praxis ist die begründete Anfechtung einseitiger letztwilliger Verfügungen daher äußerst selten. Das gilt im Ergebnis auch für einseitige und vertragsmäßige Verfügungen in gemeinschaftlichen Testamenten und Erbverträgen und auch in Altfällen, in denen das DDR-Sachrecht anzuwenden ist.[100]

3. Erbschaftsausschlagungen und ihre Anfechtung

Dieser Abschnitt ergänzt § 22 des vorliegenden Handbuchs.

Genauso wie ein Erblasser vor dem Beitritt bei der Errichtung einer Verfügung von Todes wegen grundsätzlich von der Fortdauer der deutschen Teilung und der damit einhergehenden politischen und ökonomischen Unterschiede ausging, so waren auch seine Erben zumeist von der Unveränderlichkeit dieses Zustands überzeugt. Dementsprechend häufig wurden Erbschaften ausgeschlagen, weil zum Nachlass auch DDR-Immobilien gehörten, die weder wirtschaftlich zu nutzen noch zu verkaufen oder einfach überschuldet waren, so dass sie als wertlos angesehen wurden.[101] In der Praxis machten die Behörden der DDR sogar die Genehmigung eines von einem Erben gestellten Ausreiseantrags davon abhängig, dass er eine angefallene Erbschaft ausschlägt.[102] Da das Grundvermögen im Beitrittsgebiet aufgrund der dortigen Veränderungen immens an Wert gewonnen hat, sind die Erben aus heutiger Sicht bestrebt, eine solche **Ausschlagung** rückgängig zu machen.[103]

Handelt es sich bei dem in Frage stehenden Immobiliarvermögen um bebaute Grundstücke und Gebäude, erfolgte die Ausschlagung wegen Überschuldung und wurden die Immobilien daraufhin in **Volkseigentum** übernommen, so ist der Ausschlagende von einer Maßnahme nach § 1 Abs. 2 VermG betroffen gewesen und damit stehen ihm gegebenenfalls Rückübertragungs-

---

[95] So auch *Adlerstein/Desch* DtZ 1991, 193, 197; *Wähler* ROW 1992, 103, 110; *Wasmuth* DNotZ 1992, 3, 11; für eine Einzelfallprüfung *Bestelmeyer* Rpfleger 1992, 321, 327.
[96] § 2082 BGB.
[97] § 2082 Abs. 3 BGB.
[98] RGZ 132, 1, 4.
[99] LG Gießen Beschl. v. 3.3.1993 – 7 T 39/93 – DtZ 1993, 217, 218 hält diese Auffassung zumindest für erwägenswert.
[100] *De Leve*, Deutsch-deutsches Erbrecht, S. 122 f., 125 f.; Ferid/Firsching/Dörner/Hausmann/*de Leve*, Internationales Erbrecht, (Loseblatt) Deutschland DDR Grdz. D Rdnr. 100 ff.
[101] *Lorenz* DStR 1994, 584; *Mayer* ZEV 1994, 12, 15; *Vogt/Kobold* DtZ 1993, 226; *Bestelmeyer* Rpfleger 1992, 321, 325; *Wähler* ROW 1992, 103, 109; vgl. auch den Fall bei LG Neubrandenburg Beschl. v. 25.3.1993 – 3 T 55/92 – NJ 1993, 467.
[102] *Mayer* ZEV 1994, 12, 15; vgl. auch den Fall bei KG Beschl. v. 8.12.1992 – 1 W 1997/91 – DtZ 1993, 87.
[103] Vgl. auch *Lorenz* DStR 1994, 584, 586.

ansprüche nach § 3 VermG bezüglich dieser bebauten Grundstücke und Gebäude zu.[104] Bei **Kettenerbausschlagungen** steht der Anspruch aus § 3 VermG dem zunächst berufenen, zuerst ausschlagenden Erben zu.[105] Wird die vormals erfolgte Ausschlagung erfolgreich angefochten, so wird die Erbstellung des zuerst Berufenen mit ex-tunc-Wirkung beendet, so dass sich eine **Rückübertragung nach dem VermG** erübrigt.

24   a) **Wirksame Ausschlagung.** Um überhaupt angefochten werden zu brauchen, muss die Ausschlagung zuvor wirksam erklärt worden sein. Die **Wirksamkeit einer Ausschlagungserklärung** richtet sich nach demjenigen Recht, welchem auch der Erbfall und die Erbfolge insgesamt unterliegen.[106] In Erbfällen, die dem DDR-Recht unterliegen, richtet sich also auch die Frage nach der Wirksamkeit der Erbschaftsausschlagung nach dessen Regeln.[107]

In Altfällen vor 1976 galten in beiden Teilen Deutschlands die gleichen Regeln des BGB über Erbschaftsausschlagungen. In Erbfällen vom 1.1.1976 bis zum 2.10.1990 war eine Ausschlagung von in der DDR belegenen Immobilien, die sich nach dem BGB richtet, nicht mehr denkbar, weil solches Vermögen selbst bei westdeutschen Erblassern wegen des von der westdeutschen Rechtsordnung akzeptierten § 25 Abs. 2 RAG dem DDR-Recht unterlag und nur nach dessen Regeln ausgeschlagen werden konnte.[108]

25   In West-Erbfällen musste die Ausschlagung durch Erben in beiden deutschen Staaten gegenüber dem **zuständigen Nachlassgericht** erklärt werden.[109] In Ost-Erbfällen vor 1976 galt zwar auch § 1945 Abs. 1 BGB, aber seit dem 15.10.1952 waren Ausschlagungserklärungen gegenüber **staatlichen Notariaten** abzugeben, welche die Nachlassgerichte ersetzt hatten.[110] Dementsprechend konnte auch nur dann in einem West-Erbfall gegenüber dem staatlichen Notariat der DDR und in einem Ost-Erbfall gegenüber einem westdeutschen Nachlassgericht ausgeschlagen werden, wenn man den materiellrechtlichen Gehalt des § 1945 Abs. 1 BGB, der für die Ausschlagung eine Erklärung gegenüber einem bestimmten (inländischen) Gericht vorsieht, auf die Frage der Amtsempfangsbedürftigkeit reduziert und die Frage des genauen Adressaten im Übrigen dem jeweiligen Prozessrecht überlässt.[111]

26   In Ost-Erbfällen vom 1.1.1976 bis zum 2.10.1990 und aufgrund der Nachlassspaltung auch für Ost-Immobilien in West-Erbfällen waren die Ausschlagungsregeln des ZGB zu berücksichtigen. Die Ausschlagungserklärung konnte auch von Erben in Westdeutschland nur gegenüber einem staatlichen Notariat der DDR abgegeben werden.[112] Die Erklärung gegenüber einem

---

[104] Vgl. *Fahrenhorst* JR 1992, 265, 269; *Adlerstein/Desch* DtZ 1991, 193, 198; *Ebenroth* Erbrecht Rdnr. 342; *Vogt/Kobold* DtZ 1993, 226, 227 f.
[105] BVerfG Beschl. v. 31.3.1998 – 1 BvR 2008/97 – NJW 1998, 2583, 2584; BVerwG Urt. v. 28.8.1997 – 7 C 70/96 – NJW 1998, 255, 256; BVerwG Urt. v. 27.1.1997 – 7 C 38/93 – NJW 1994, 1233; VG Weimar Urt. v. 16.12.1992 – 1 K 170/92 – DtZ 1993, 221, 222; *Kettel* DtZ 1994, 20, 22; *Bestelmeyer* FamRZ 1994, 604, 606; *Vogt/Kobold* DtZ 1993, 226, 229.
[106] KG Beschl. v. 8.12.1992 – 1 W 1997/91 – DtZ 1993, 87, 88; KG Beschl. v. 14.1.1992 – 1 W 666/91 – DNotZ 1992, 445, 447; LG Bonn Beschl. v. 9.8.1991 – 5 T 24/91 – Rpfleger 1991, 507, 508; LG Hamburg Urt. v. 29.11.1984 – 2 S 179/83 – ROW 1985, 172, 173; LG Stralsund Beschl. v. 30.8.1993 – 2 b T 25/93 – Rpfleger 1994, 66; *Lorenz* DStR 1994, 584, 585; *Bestelmeyer* Rpfleger 1992, 321, 325.
[107] Vgl. dazu LG Neubrandenburg Beschl. v. 1.6.1994 – 3 T 39/94 – Rpfleger 1995, 21; *de Leve* DtZ 1996, 199, 201 f.
[108] S. o. Rdnr. 6; falsch LG Berlin Beschl. v. 6.12.1990 – 83 T 323/90 – FamRZ 1991, 738, 739 ff., welches unzutreffenderweise die BGB-Regeln zugrundelegt; vgl. auch *Lorenz* DStR 1994, 584, 585; *Dörner* IPRax 1991, 392, 396.
[109] § 1945 Abs. 1 BGB, §§ 72, 73 Abs. 1, 2 FGG.
[110] *De Leve*, Deutsch-deutsches Erbrecht, S. 134 Fn. 1006.
[111] So *Lorenz* ZEV 1994, 146, 147.
[112] § 403 Abs. 2 S. 1 ZGB; vgl. BayObLG Beschl. v. 19.2.1991 – BReg. 1 – 79/90 – ROW 1991, 243, 244 f.; BayObLG Beschl. v. 5.12.1995 – 1 ZBR 44/95 – DtZ 1996, 214, 217; KG Beschl. v. 13.6.1996 – 1 W 3981/94 – ZEV 1996, 349, 350; KG Beschl. v. 12.3.1996 – 1 W 4/95 – NJW 1998, 243, 244; KG Beschl. v. 14.1.1992 – 1 W 666/91 – DNotZ 1992, 445, 447 f.; KG Beschl. v. 11.8.1992 – 1 W 38/91 – DtZ 1992, 355; LG Bonn Beschl. v. 9.8.1991 – 5 T 24/91 – Rpfleger 1991, 507, 508; Notariat 3 Baden-Baden Beschl. v. 8.4.1991 – III GRN 141/80 – Rpfleger 1991, 252, 253; *Lorenz* DStR 1994, 584, 586; *Lorenz* ZEV 1994, 146, 148; *Bestelmeyer* Rpfleger 1993, 381, 382; *Bestelmeyer* Rpfleger 1992, 321, 325; *Vogt/Kobold* DtZ 1993, 226, 227; *Trittel* DNotZ 1992, 450, 451; *Frieser* AnwBl. 1992, 293, 297; *Wähler* ROW 1992, 103, 109; *Sandweg* BWNotZ 1992, 45, 46; *Wasmuth* DNotZ 1992, 3, 12; *Dörner* IPRax 1991, 392, 395; *Adlerstein/Desch* DtZ 1991, 193, 198; *Köster* Rpfleger 1991, 97, 99.

Nachlassgericht in der früheren Bundesrepublik war nicht wirksam.[113] Die Ausschlagungserklärung war aber auch dann wirksam, wenn die grundsätzlich notwendige **notarielle Beglaubigung** nicht von einem staatlichen Notariat der DDR, sondern von einem westdeutschen Notar vorgenommen worden war.[114]

b) **Anfechtungsvoraussetzungen.** War eine Erbschaftsausschlagungserklärung nach dem Vorstehenden einmal wirksam abgegeben, so konnte nur durch deren **Anfechtung** die Wirkung einer Erbschaftsannahme wiederhergestellt werden. 27

Bezüglich des Erklärungsempfängers gibt es nur die eine Besonderheit, dass mit dem Beitritt für das Gebiet der neuen Bundesländer die früheren staatlichen Notariate durch Nachlassgerichte bei den Amtsgerichten ersetzt worden sind.[115]

In West-Erbfällen kann sich ein Anfechtungsgrund nur aus den allgemeinen Vorschriften der §§ 119 ff. BGB ergeben. Wenn der Erbe die Ausschlagung in der Überzeugung erklärt hatte, der in der DDR belegene ImmobiliarNachlass sei und bleibe wertlos, so hatte er eine falsche Vorstellung über die zukünftige Entwicklung des Nachlasswertes oder diesen bestimmender Rechtsverhältnisse. Er unterlag damit einem **Motivirrtum**, der grundsätzlich unbeachtlich ist und nicht zur Anfechtung berechtigt,[116] es sei denn, der Irrtum bezieht sich auf eine Fehlvorstellung über verkehrswesentliche Eigenschaften der Sache.[117] Als solche Eigenschaft des Nachlasses wird seine Zusammensetzung, also auch die Zugehörigkeit bestimmter Gegenstände von bedeutendem Umfang, angesehen.[118] Ein solcher Anfechtungsgrund liegt nur dann vor, wenn der Erbe bei der Ausschlagung nicht wusste, dass Grundvermögen in der DDR vorhanden war[119] oder der Erbe zwar Kenntnis davon hatte, dass im Beitrittsgebiet belegene Immobilien zum Nachlass gehörten, er jedoch über dessen Zusammensetzung irrte. Eine Anfechtung ist aber auch in diesen Fällen nur dann möglich, wenn der Erbe die Ausschlagungserklärung bei Kenntnis der wahren Zusammensetzung des Nachlasses und bei verständiger Würdigung nicht abgegeben hätte.[120] Weil der Erbe die Erbschaft wegen der tatsächlich fehlenden Möglichkeit zur wirtschaftlichen Verwertung ausgeschlagen hatte, wäre auch für den Fall der Kenntnis vom genauen Umfang der für wertlos gehaltenen Immobilie nicht anzunehmen gewesen, dass er statt dessen die Erbschaft angenommen hätte.[121] Ein Eigenschaftsirrtum als Grund für eine Anfechtung der Erbschafsausschlagung scheidet daher in der Praxis aus. 28

---

[113] BGH Beschl. v. 12.3.1997 – IV ZR 81/96 – NJW 1998, 227; BayObLG Beschl. v. 13.2.1995 – 1 ZBR 96/94 – ZEV 1995, 256, 258 m. Anm. *Limmer* ZEV 1995, 260, 261; LG Berlin Beschl. v. 21.11.1994 – 87 T 160/94 – FamRZ 1995, 757, 758, a.A. LG München II Beschl. v. 8.4.1994 – 6 T 7714/93 – Rpfleger 1994, 466 m. abl. Anm. *Bestelmeyer* Rpfleger 1995, 113. Es besteht keine Möglichkeit, § 403 Abs. 2 S. 1 ZGB auf die Frage der Amtsempfangsbedürftigkeit zu reduzieren wie § 1945 Abs. 1 BGB für die Zeit vor 1976, vgl. *Lorenz*, ZEV 1994, 146, 148.

[114] § 16 S. 2, 2. Fall RAG, § 403 Abs. 2 S. 2 ZGB; vgl. OLG Dresden Urt. v. 18.12.1995 – 7 U 679/95 ZEV 1997, 26; OLG Karlsruhe Urt. v. 26.5.1995 – 14 U 31/94 DtZ 1995, 338; LG Stralsund Beschl. v. 30.8.1993 – 2 b T 25/93 Rpfleger 1994, 66, 67; *Kettel*, DtZ 1994, 20, 21; *Gräf*, Rdnr. 257.

[115] Einigungsvertrag Art. 8 i.V.m. Anlage I Kap. III Sachgebiet A Abschn. III Ziff. 13, 1 Buchst. a, e Einigungsvertrag (BGBl. 1990 II 885, 932 f., 922).

[116] BayObLG Beschl. v. 19.10.1994 – IV ZR 30/94 – ZEV 1995, 34; KG Beschl. v. 14.1.1992 – 1 W 666/91 – DNotZ 1992, 445, 449 f.; KG Beschl. v. 11.8.1992 – 1 W 38/91 – DtZ 1992, 355, 356; OLG Frankfurt Beschl. v. 10.6.1991 – 20 W 141/91 – DNotZ 1992, 53, 56; OLG Düsseldorf Urt. v. 17.12.1993 – 7 U 135/92 – ZEV 1995, 32, 34; LG Neubrandenburg Beschl. v. 1.6.1994 – 3 T 39/94 – Rpfleger 1995, 21, 22; LG Zweibrücken Beschl. v. 11.12.1991 – 4 T 101/91 – DtZ 1993, 122, 124; LG Berlin Beschl. v. 6.12.1990 – 83 T 323/90 – FamRZ 1991, 738, 741; Kreisgericht Roßlau Beschl. v. 14.12.1991 – VI 210/91 – NJ 1992, 126; *Lorenz* DStR 1994, 584, 588; *Mayer* ZEV 1994, 12, 15; *Horst* ZOV 1993, 300, 308; *Bestelmeyer* Rpfleger 1993, 381, 384; *Bestelmeyer* Rpfleger 1992, 321, 326; *Frieser* AnwBl. 1992, 293, 297; *Wähler* ROW 1992, 103, 109; *Horn* DWiR 1992, 45, 48; *Wasmuth* DNotZ 1992, 3, 12; *Grunewald* NJW 1991, 1208, 1212; *Ebenroth* Erbrecht Rdnr. 342.

[117] § 119 Abs. 2 BGB.

[118] Palandt/*Edenhofer* § 1954 Rdnr. 4.

[119] BayObLG Beschl. v. 20.12.1993 – 1 ZBR 33/93 – ZEV 1994, 105, 106; KG Beschl. v. 11.8.1992 – 1 W 38/91 – DtZ 1992, 355, 356; *Lorenz* DStR 1994, 584, 588; *Mayer* ZEV 1994, 12, 15; *Bestelmeyer* Rpfleger 1993, 381, 384; *Bestelmeyer* Rpfleger 1992, 321, 326; *Grunewald* NJW 1991, 1208, 1212; *Ebenroth* Erbrecht Rdnr. 342.

[120] *Pohl* AcP 177 (1977), 52, 81.

[121] BVerfG Beschl. v. 3.5.1994 – 1 BvR 554/94 – DtZ 1994, 312; KG Beschl. v. 11.8.1992 – 1 W 38/91 – DtZ 1992, 355, 356; *Lorenz* DStR 1994, 584, 588.

Wenn staatliche Stellen der DDR die Genehmigung eines Ausreiseantrags davon abhängig machten, dass der Ausreisewillige eine ihm angefallene Erbschaft ausschlug, so liegt darin eine **widerrechtliche Drohung** im Sinne von § 123 Abs. 1 BGB, welche die Ausschlagungserklärung anfechtbar macht.[122] Jedoch sind diejenigen Fälle, in denen ein DDR-Bürger einen Ausreiseantrag stellte, ihm gleichzeitig eine Erbschaft anfiel und die DDR-Behörden ihn diese auszuschlagen zwangen, in der Praxis wohl äußerst selten, weshalb zu diesem Themenbereich auch bisher nur sehr wenige Entscheidungen ergangen sind.

Sollte dennoch ausnahmsweise ein Anfechtungsgrund vorliegen, so kann die Anfechtung während 30 Jahren seit der Ausschlagung nur **binnen sechs Wochen** von dem Zeitpunkt an erfolgen, in welchem der Berechtigte vom Anfechtungsgrund Kenntnis erlangt hat oder in welchem die Zwangslage zu bestehen aufgehört hat.[123] Unterliegt der Erbfall dem Erbrecht des östlichen Teilrechtsgebiets, so wurde die 30-Jahres-Frist am 1.1.1976 durch die 4-Jahres-Frist aus § 405 Abs. 2 S. 2 ZGB ersetzt, so dass in diesen Fällen eine Anfechtung ausgeschlossen bleibt.[124] Aber in West-Erbfällen vor 1976 ist anzunehmen, dass der Ausschlagende während des Beitrittsprozesses Kenntnis von Art und Umfang des in der ehemaligen DDR belegenen Immobiliarnachlasses gewonnen, bzw. im Fall widerrechtlicher Drohung die Zwangslage spätestens am 3.10.1990 zu bestehen aufgehört hat, so dass eine Anfechtung binnen sechs Wochen hätte erklärt werden müssen.[125] Eine Ausschlagungsanfechtung ist damit heute nur noch in denjenigen West-Erbfällen denkbar, bei denen ein Eigenschaftsirrtum vorlag und der Ausschlagende von diesem erst gegenwärtig Kenntnis erlangt.

29 Soweit sich die Ausschlagungsanfechtung nach den Regeln des ZGB richtet, ist eine Irrtumsanfechtung von vornherein nicht möglich, da das ZGB eine Anfechtung der Ausschlagung aufgrund eines Eigenschaftsirrtums nicht zulässt.[126] Zwar würde auch eine rechtswidrige Drohung durch die DDR-Behörden gegenüber einem Ausreisewilligen diesen grundsätzlich zu einer Anfechtung berechtigen, jedoch sind die **Anfechtungsausschlussfristen** bereits seit langem abgelaufen.[127]

4. Besonderheiten des Pflichtteilsrechts

30 **a) Pflichtteilsrecht in Ost-Erbfällen.** Die Berechnung der Quote für den **Pflichtteilsanspruch** in Ost-Erbfällen wich bereits ab 1.4.1966 durch die Einführung des Familiengesetzbuchs von der in Westdeutschland und bis dahin auch in der DDR geltenden BGB-Regelung ab.[128] Das ZGB brachte zum 1.1.1976 noch weiter gehende Abweichungen: Pflichtteilsberechtigt waren einerseits der durch Testament von der Erbfolge ausgeschlossene Ehegatte des Erblassers[129] und anderseits die enterbten Kinder, Enkel und Eltern des Erblassers, letztere jedoch nur dann, wenn sie im Zeitpunkt des Erbfalles einen Unterhaltsanspruch[130] gegen den Erblasser gehabt hatten.[131] Im Gegensatz zur westdeutschen Rechtslage belief sich der Pflichtteilsanspruch der Höhe nach auf 2/3 des Wertes des gesetzlichen Erbteils,[132] es handelte sich um einen reinen Geldanspruch. Berechnungsgrundlage für den Pflichtteil war der Wert des Nachlasses im Zeitpunkt des Erbfalles,[133] für den Ehegatten unter Einschluss des Wertes der im Wege der Sondererbfolge[134] zu vererbenden Haushaltsgegenstände.[135]

---

[122] KG Beschl. v. 8.12.1992 – 1 W 1997/91 – DtZ 1993, 87, 89 für die gleichartige Rechtslage nach § 70 Abs. 1 S. 2, 2. Fall ZGB.
[123] § 1954 BGB.
[124] § 11 Abs. 2 EGZGB; vgl. *Lorenz* DStR 1994, 584, 588. Falsch *Bestelmeyer* Rpfleger 1993, 381, 383 ff. Gegen eine Hemmung der Ausschlussfrist KG Beschl. v. 1.12.1992 – 1 W 4290/92 – DtZ 1993, 89, 90.
[125] § 1954 Abs. 1, 2 BGB.
[126] *De Leve*, Deutsch-deutsches Erbrecht, S. 139.
[127] *De Leve*, Deutsch-deutsches Erbrecht, S. 139 f.
[128] S. o. Rdnr. 10.
[129] § 396 Abs. 1 Ziff. 1 ZGB.
[130] §§ 12, 17, 19, 81 ff. FGB.
[131] § 396 Abs. 1 Ziff. 2 ZGB.
[132] § 396 Abs. 2 S. 1, 2 ZGB.
[133] § 396 Abs. 2 S. 3 ZGB.
[134] § 365 Abs. 1 S. 3 ZGB.
[135] *Hildebrandt/Janke* NJ 1985, 441, 442; ZGB-Kommentar S. 438.

Differenzierte Regelungen zur **Ausgleichung und Anrechnung**,[136] zur **Pflichtteilsergänzung**,[137] **-entziehung**[138] und **-beschränkung** in guter Absicht[139] kannte das ZGB nicht. Wichtigste Unterschiede des ZGB-Erbrechts zum BGB und in der Praxis bedeutsam sind die Tatsachen, dass der Pflichtteilsanspruch 2/3 des Wertes des fiktiven gesetzlichen Erbteils umfasst und Abkömmlingen ein Pflichtteilsanspruch nur dann zusteht, wenn sie im Zeitpunkt des Erbfalls gegenüber dem Erblasser unterhaltsberechtigt waren.[140]

b) Nachträgliche Ergänzung des Pflichtteils. aa) *Ausgleichung nach § 2313 BGB.* Erhalten 31 nun die Erben nach einer von schädigenden Vorgängen nach § 1 VermG betroffenen Person solche Vermögensrechte zurückübertragen[141] oder eine diesbezügliche Entschädigung,[142] so stellt sich die Frage, ob und wie sich diese Maßnahmen auf die Berechnung eines Pflichtteils in Erbfällen vor dem 3.10.1990 auswirken können. In der anwaltlichen und forensischen Praxis ist dabei von Interesse, ob Pflichtteilsansprüche sich nachträglich erhöhen oder ob Pflichtteilsberechtigte einen **Ausgleichsanspruch** erhalten.[143]

Interlokalrechtlich ist die Ermittlung des anwendbaren Pflichtteilsrechts keinen Besonderheiten unterworfen, in West-Erbfällen richtet sie sich nach dem auf den Erbfall in der Hauptsache anzuwenden Recht in seiner jeweiligen Fassung, für den Ost-Erbfall gilt Entsprechendes.[144] Der BGH hat die interlokal und intertemporalrechtliche Fragestellung schon von vornherein verneint mit der Begründung, ein pflichtteilsrechtlicher Ausgleichsanspruch könne frühestens mit der Entstehung der Ansprüche aus dem VermG im Beitrittszeitpunkt begründet worden sein und daher schon gar kein abgeschlossener Vorgang im Sinne von Arikel 236 § 1 EGBGB sein, der Anspruch unterliege von vornherein den seit diesem Zeitpunkt einheitlich geltenden gesamtdeutschen Regeln.[145] Der Ausgangspunkt des BGH ist falsch, dass Ausgleichsansprüche zusammen mit den Rechten aus dem VermG erst im Beitrittszeitpunkt entstanden sein konnten, denn die Rückerstattungs- und Entschädigungsansprüche nach dem VermG, die ja einen Ausgleichsanspruch begründen sollen, sind bereits mit dem In-Kraft-Treten des VermG am 29.9.1990, also vier Tage vor dem Beitritt, geschaffen worden.[146] Nach der Auffassung des BGH soll in intertemporaler Hinsicht ein möglicher pflichtteilsrechtlicher Ausgleichungsanspruch als nicht abgeschlossener Vorgang nach dem am Tag seiner Entstehung geltenden Recht zu bestimmen sein.[147] Dieses wäre dem hypothetischen Erbstatut am 29.9.1990 zu entnehmen. Diese Auffassung kann beispielsweise für Ost-Erbfälle vor dem 1.4.1966 zur Folge haben, dass für den Ausgleichungsanspruch andere Berechtigte und Pflichtteilsquoten zu berücksichtigen wären als für den eigentlichen Erbgang, weil von diesem Tag an das Erb- und Pflichtteilsrecht des nichtehelichen Kindes nach seinem Vater eingeführt wurde.[148] Die Regeln des allgemeinen Erbstatuts müssen aber im Interesse einer einheitlichen Behandlung der mit dem Erbfall zu-

---

[136] §§ 2315, 2316 BGB.
[137] §§ 2325 ff. BGB.
[138] §§ 2333 ff. BGB.
[139] § 2338 BGB.
[140] Zur diff. Verjährungsregel in Ost-Erbfällen vgl. BGH Urt. v. 20.3.1996 – IV ZR 366/94 – DtZ 1996, 207 m. Anm. *Thode* ZEV 1996, 267.
[141] § 3 Abs. 1 S. 1 VermG.
[142] Gesetz über die Entschädigung nach dem Gesetz zur Regelung offener Vermögensfragen (Entschädigungsgesetz – EntschG) v. 27.9.1994 (BGBl. 1994 I 2624; 1995 I 110).
[143] Vgl. *de Leve* DtZ 1994, 270; *Dressler* DtZ 1993, 229.
[144] OLG Hamburg Beschl. v. 3.9.1992 – 2 W 18/92 – DtZ 1993, 28, 29. Das umfasst auch die Beurteilung der Wirksamkeit einer Pflichtteilsentziehung in einem Neuerbfall, dem ein Ost-Testament aus der Zeit vor dem Beitritt zugrunde liegt, OLG Dresden Urt. v. 24.9.1998 – 7 U 1596/98 – NJWE-FER 1999, 275.
[145] BGH Urt. v. 23.6.1993 – IV ZR 205/92 – NJW 1993, 2176.
[146] An diesem Tag trat das VermG in der ursprünglichen Fassung v. 23.9.1990 als ein Teil des Einigungsvertrages in Kraft (BGBl. 1990 II 889, 1159), vgl. die Bekanntmachung v. 16.10.1990 (BGBl. 1990 II 1360). Richtig gesehen bei BGH Urt. v. 28.1.2004 – XII ZR 221/01 – FPR 2004, 384, 385; auch BGH Beschl. v. 13.12.1995 – IV ZR 342/94 – ZEV 1996, 117 m. Anm. *Dressler*; OLG Oldenburg Urt. v. 18.10.1994 – 5 U 81/94 – ZEV 1996, 116, 117. Ausf. dazu *Casimir* DtZ 1993, 362, 363; *Dieckmann* ZEV 1994, 198; *de Leve* DtZ 1994, 270; *Rauscher* JR 1994, 485, 486; *Solomon* IPRax 1995, 24, 28 ff. Den Fehler des BGH zum Inkrafttreten des VermG am 29.9.1990 übernimmt OLG Düsseldorf Urt. v. 27.3.1998 – 7 U 242/96 – NJW-RR 1998, 1157.
[147] BGH Urt. v. 23.6.1993 – IV ZR 205/92 – NJW 1993, 2176, 2177.
[148] S. o. Rdnr. 7 und 10.

sammenhängenden Fragen für alle erbrechtlichen Beziehungen angewendet werden,[149] wozu auch ein pflichtteilsrechtlicher Ausgleichungsanspruch zählt. Ein solcher Anspruch muss also entgegen der Auffassung des BGH, welche dieser in dem im Detail wenig geglückten Urteil vom 23.6.1993 geäußert hat, dem **allgemeinem Erbstatut** unterliegen.[150]

33 In West-Erbfällen und Ost-Erbfällen nach dem BGB (vor 1.1.1976) gilt der Stichtagsgrundsatz aus § 2311 BGB: Die Höhe des Anspruchs wird durch den Bestand und den Wert des Nachlasses im Erbfallzeitpunkt festgelegt, spätere Wertsteigerungen bei Nachlassgegenständen sind grundsätzlich unbeachtlich.[151] Wenn ein in der früheren DDR belegener Vermögenswert seit dem Erbfall nur aufgrund der Herstellung der deutschen Einheit eine Wertsteigerung erfahren hat, so bleibt diese für die Pflichtteilsberechnung außer Betracht.[152] Im Gegensatz dazu stellen die schon oben erwähnten Ansprüche aus dem VermG jedoch nicht bloße wirtschaftliche Wertsteigerungen, sondern selbständige Vermögensgegenstände dar.

Diese Ansprüche sind in Erbfällen nach dem 28.9.1990 noch in der Person des Erblassers selbst entstanden, sie fallen damit direkt in den Nachlass und sind von vornherein bei der Pflichtteilsberechnung zu berücksichtigen. Soweit ihr Wert im Erbfallzeitpunkt noch nicht festgestellt werden kann, bleiben sie zunächst außer Ansatz.[153] Steht der Wert des Anspruchs fest, so muss alsdann die Ausgleichung vorgenommen werden, wobei dieser Wert unter Berücksichtigung der Kaufkraftentwicklung des Geldes und der Marktpreisentwicklung für Vermögensgegenstände der zugrunde liegenden Art auf den Erbfallzeitpunkt umzurechnen ist.[154]

34 In Erbfällen vor dem 29.9.1990 lag ein Anspruch nach dem VermG noch nicht vor. Er ist an diesem Tag originär in der Person des Erben als Rechtsnachfolger des ursprünglichen Vermögensinhabers entstanden.[155] So wie bereits in der Vergangenheit Ansprüche aufgrund des Lastenausgleichsgesetzes bei der Pflichtteilsberechnung zu berücksichtigen sind,[156] hat der BGH auch Ansprüche nach dem VermG in die Pflichtteilsberechnung einbezogen, stützt seine Argumentation nunmehr aber auf eine Analogie zu § 2313 Abs. 1 BGB.[157] Den Stichtagsgrundsatz des § 2311 Abs. 1 S. 1 BGB berücksichtigt der BGH dadurch, dass der Geldwert des Restitutions- oder Entschädigungsanspruchs im Entstehungszeitpunkt unter **Berücksichtigung des Kaufkraftschwundes** auf den Erbfallzeitpunkt umgerechnet wird.[158]

Fraglich ist aber, ob solche Ansprüche auf Ausgleichung nicht heute schon seit langem verjährt sind. Die dreijährige **Verjährungsfrist** des § 2332 Abs. 1 BGB beginnt frühestens im Zeitpunkt der Entstehung des Anspruchs, wenn zu dieser Zeit auch Kenntnis vom Erbfall und von der beeinträchtigenden Verfügung von Todes wegen vorliegt.[159] In Erbfällen vor dem 29.9.1990 ist die dreijährige Verjährungsfrist daher regelmäßig spätestens mit dem 29.9.1993

---

[149] *Dörner* DNotZ 1988, 67, 88 ff.
[150] Wie hier *Faßbender* DNotZ 1994, 359, 361 f.; *Rauscher* JR 1994, 485, 486; *Solomon* IPRax 1995, 24, 28 ff.; wohl auch *Casimir* DtZ 1993, 362, 363 f.; *Casimir* DtZ 1993, 234; *Dressler* DtZ 1993, 229, 230; *Wasmuth* DNotZ 1992, 3, 16 f.; *Adlerstein/Desch* DtZ 1991, 193, 199; Soergel/*Dieckmann*12 § 2311 BGB Rdnr. 48 f.
[151] BGH Urt. v. 14.7.1952 – IV ZR 74/52 – BGHZ 7, 134, 138.
[152] OLG Köln Beschl. v. 21.3.1996 – 20 W 27/96 – NJW 1998, 240.
[153] § 2313 Abs. 1 S. 1 BGB analog.
[154] *Wasmuth* DNotZ 1992, 3, 16; Soergel/*Dieckmann*12 § 2311 BGB Rdnr. 47.
[155] § 2 Abs. 1 S. 1 VermG.
[156] BGH Urt. v. 19.4.1972 – IV ZR 128/70 – MDR 1972, 851, 852; BGH Urt. v. 10.11.1976 – IV ZR 187/75 – FamRZ 1977, 128, 129.
[157] BGH Urt. v. 23.6.1993 – IV ZR 205/92 – NJW 1993, 2176, 2177; schon vorher OLG Koblenz Beschl. v. 27.5.1993 – 6 W 128/93 – DtZ 1993, 253, 254; OLG München Urt. v. 9.2.1993 – 25 U 5149/92 – DtZ 1993, 153, 154; OLG Celle Beschl. v. 1.7.1992 – 7 W 16/92 – AgrarR 1993, 118, 119; zust. *Faßbender* DNotZ 1994, 359, 364; *de Leve* DtZ 1994, 270; *Dressler* NJW 1993, 2519; *von Ohlshausen* DtZ 1993, 331, 332.
[158] BGH Urt. v. 23.6.1993 – IV ZR 205/92 – NJW 1993, 2176, 2177; ebenso OLG München Urt. v. 9.2.1993 – 25 U 5149/92 – DtZ 1993, 153, 154; *Dieckmann* ZEV 1994, 198, 200 f.; *Horst* ZOV 1993, 300, 310; a.A. *Dressler* DtZ 1993, 229, 233; *von Ohlshausen* DtZ 1993, 331, 332; *Faßbender* DNotZ 1994, 359, 366 f.; *Rauscher* JR 1994, 485, 489.
[159] BGH Urt. v. 23.6.1993 – IV ZR 205/92 – NJW 1993, 2176, 2177; BGH Beschl. v. 13.12.1995 – IV ZR 342/94 – ZEV 1996, 117; OLG Düsseldorf Urt. v. 27.3.1998 – 7 U 242/96 – NJW-RR 1998, 1157; OLG Oldenburg Urt. v. 18.10.1994 – 5 U 81/94 – ZEV 1996, 116; OLG Koblenz Beschl. v. 27.5.1993 – 6 W 128/93 – DtZ 1993, 253, 254.

abgelaufen, allenfalls in Erbfällen nach dem 28.9.1990 kann noch eine Ausgleichung des Pflichtteilsanspruchs nach den oben dargestellten Grundsätzen in Betracht kommen.

bb) Ausgleichung nach ZGB. Nun stellt sich die Frage, ob eine solche nachträgliche Ausgleichung, die schon nach den BGB-Regeln und der westdeutschen Rechtsprechung zahlreiche Problemfragen aufwirft, auch in Ost-Erbfällen möglich ist, die dem ZGB unterliegen. Bei Rückübertragungs- und Entschädigungsansprüchen nach dem VermG, die sich auf Immobiliarvermögen beziehen und den Rechtsnachfolgern des Geschädigten zustehen,[160] ist darauf hinzuweisen, dass sich der Kreis dieser Rechtsnachfolger nur dann nach dem ZGB bestimmt, wenn für den Erbfall allgemein dessen Regelungen gelten, die Vermögensgesetzansprüche können nach der Rechtsprechung nicht unter die Nachlassspaltende Sondernorm des § 25 Abs. 2 RAG subsumiert werden.[161] Ein Pflichtteilsanspruch von Kindern, Enkeln und Eltern des Erblassers wird in den meisten Fällen schon mangels einer Unterhaltspflicht des Erblassers gegenüber diesen Personen dem Grunde nach ausgeschlossen gewesen sein.[162] Diese Personen sind von vornherein von Ausgleichungsansprüchen ausgeschlossen. In ZGB-Erbfällen zwischen dem 28.9. und dem 3.10.1990 war der mit In-Kraft-Treten des Vermögensgesetzes am 29.9.1990 entstandene Rückübertragungs- oder Entschädigungsanspruch von vornherein im Nachlass vorhanden und damit bei der Pflichtteilsberechnung nach § 396 Abs. 2 ZGB zu berücksichtigen.

In Erbfällen vor dem 29.9.1990 sind in ZGB-Erbfällen nachträgliche Ausgleichungen ausgeschlossen, da das ZGB Ausgleichungsansprüche wie in § 2313 Abs. 1 BGB nicht kannte und eine Erweiterung des ZGB oder eine analoge Übertragung des § 2313 Abs. 1 BGB in dieses Gesetzbuch nicht möglich ist.[163]

cc) Pflichtteilsergänzung. **Pflichtteilsergänzungsansprüche** kannte das ZGB nicht,[164] so dass in Ost-Erbfällen zwischen dem 31.12.1975 und dem 3.10.1990 eine Pflichtteilsergänzung nicht in Betracht kommt. In Neufällen gilt einheitlich das BGB. Dabei ist anerkannt, dass eine Pflichtteilsergänzung nach §§ 2325 ff. BGB auch dann in Betracht kommt, wenn ein nach der Einigung Deutschlands verstorbener Erblasser noch vor dem Beitritt unter Geltung des ZGB Schenkungen vorgenommen hatte.[165]

5. Erbverzichte

Weil die Bürger der alten Bundesrepublik den in der DDR belegenen Nachlass für wertlos hielten, erklärten sie oftmals einen Erbverzicht zugunsten ihrer in der DDR lebenden Verwandten.[166] Der **Erbverzicht** unterliegt demjenigen Recht, welches auch zur Anwendung gekommen wäre, wenn der Erbfall am Tag des Abschlusses des Erbverzichtsvertrags eingetreten wäre (hypothetisches Erbstatut).[167] Ein danach den Regeln des §§ 2346 ff. BGB unterliegender, vor dem Beitritt abgeschlossener unentgeltlicher Erbverzicht kann allenfalls nach den Regeln vom **Wegfall der Geschäftsgrundlage** aufgehoben oder angepasst werden, wenn der Wert der vom Verzicht umfassten Immobilie wesentlich gestiegen ist.[168] Während der Geltung des ZGB war

---

[160] § 2 Abs. 1 S. 1 VermG.
[161] S. o. Rdnr. 6; BGH Beschl. v. 4.10.1995 – IV ZB 5/95 – DtZ 1996, 84; Anm. *Rauscher* JR 1996, 280; BGH Urt. v. 10.5.2000 – IV ZR 171/99 – NJW 2000, 2421, 2422; BayObLG Beschl. v. 12.10.1999 – 1 ZBR 34/99 – NJW 2000, 440, 442; OLG Düsseldorf Beschl. v. 3.11.1997 – 3 Wx 105/97 – NJW 1998, 2607, 2608; KG Beschl. v. 21.11.1995 – 1 W 1609/95 – Rpfleger 1996, 111, 112; OLG Hamm Beschl. v. 23.1.1995 – 15 W 328/94 – FamRZ 1995, 758; OLG Hamm Beschl. v. 27.1.1995 – 15 W 350/94 – FamRZ 1995, 1092; abl. *de Leve* FamRZ 1996, 201; *Lorenz* ZEV 1995, 436, 437; *Dieckmann* ZEV 1994, 198, 199; *Rauscher* JR 1996, 283 und JR 1994, 485, 487; *Solomon* IPRax 1997, 24 und IPRax 1995, 24.
[162] § 396 Abs. 1 Ziff. 2 ZGB, (s. o. Rdnr. 30).
[163] LG Hamburg Urt. v. 23.4.1998 – 310 O 269/97 – NJW 1998, 2608, 2609; *de Leve* DtZ 1994, 270, 271; *Casimir* DtZ 1993, 234, 235;Ferid/Firsching/Dörner/Hausmann/*de Leve*, Internationales Erbrecht (Loseblatt) Deutschland DDR Grdz. D Rdnr. 138 ff.
[164] S. o. Rdnr. 30.
[165] BGH Urt. v. 7.3.2001 – IV ZR 258/00 – NJW 2001, 2398; OLG Dresden Urt. v. 25.3.1999 – 7 U 3689/98 – NJW 1999, 3345.
[166] *Adlerstein/Desch* DtZ 1991, 193, 198. Vgl. den Fall bei BGH Urt. v. 12.3.1999 – V ZR 243/97 – NJW 1999, 2037.
[167] *De Leve*, Deutsch-deutsches Erbrecht, S. 140.
[168] *De Leve*, Deutsch-deutsches Erbrecht, S. 141 ff.

in der DDR ein Erbverzichtsvertrag schlechthin unzulässig.[169] Wegen der Nachlassspaltung erfassten zwischen dem 31.12.1975 und dem 3.10.1990 abgeschlossene Erbverzichtsverträge niemals Immobilien in der damaligen DDR.[170]

6. Zusammenfassung

38   Für die anwaltliche Praxis ist daher im Ergebnis leider festzustellen, dass sich die beitrittsbedingte Anpassung von Sachverhalten, die aus der Zeit vor der Wiedervereinigung stammen oder durch die damaligen Verhältnisse beeinflusst sind, im Nachhinein äußerst schwierig gestaltet: So fehlt es entweder schon an den Voraussetzungen (wie bei der Anfechtung von Erbschaftsausschlagungen); oder Ausschlussfristen (wie bei der Testamentsanfechtung) stehen einer Modifikation entgegen. Das mag im Einzelfall zwar bedauerlich sein, beruht aber auf dem hohen Rang, der im Übergangsrecht anlässlich des Beitritts dem Vertrauensschutzprinzip eingeräumt worden ist. Dies schafft allerdings im Ergebnis die erforderliche Rechtssicherheit. So macht die Tatsache eines Fristablaufs allein schon deutlich, dass das Recht bestrebt ist, einen stabilen Zustand zu schaffen, der nicht durch die Veränderung von Vorgängen in der Vergangenheit mit Ausstrahlung auf zahlreiche heutige Rechtsverhältnisse verhindert werden soll. Diese Rechtssicherheit war und ist vor allem in den neuen Bundesländern erforderlich, da dort schon die Übernahme des westdeutschen Rechts für den einzelnen Bürger genug Unwägbarkeiten brachte. Die geringe Veränderbarkeit der bereits bestehenden Rechtsverhältnisse im Interesse der Rechtssicherheit dient einer Annäherung der neuen an die alten Bundesländer und wird damit auch dem Einigungsvertrag gerecht. Dort, wo in der Vergangenheit durch staatlichen Gewaltmissbrauch seitens der DDR-Organe Zustände geschaffen wurden, die keinen Vertrauensschutz verdienen können, kann weniger durch erbrechtliche Instrumentarien eine Korrektur vorgenommen werden als vielmehr durch das **spezielle Regelungswerk im VermG**.[171]

IV. Nachlassverfahrensrechtliche Fragestellungen (Erbscheinsverfahren)

1. Erbfälle vor dem 3.10.1990 (Altfälle)

39   a) **Erbscheine aus der Zeit vor dem Beitritt.** In den Erbfällen vor dem Beitritt stellt sich die Frage der **Fortgeltung von Erbscheinen** aus der Zeit der Teilung. Die von westdeutschen Nachlassgerichten in Ost-Erbfällen erteilten Erbscheine bleiben wirksam und müssen entgegen früherer Praxis nach dem Beitritt auch von Stellen in den neuen Bundesländern berücksichtigt werden.[172] Der in einem West-Erbfall ausgefertigte allgemeine Erbschein nach § 2353 BGB erstreckt seine Wirkung ohne weiteres auch auf das Beitrittsgebiet,[173] ein gesonderter, dieses bestätigender Vermerk ist nicht erforderlich.[174] Hatten westdeutsche Nachlassbehörden damals einen gegenständlich auf in den alten Bundesländern belegene Nachlassgegenstände beschränkten Erbschein erteilt, ist dieser nach wie vor wirksam und auch im Beitrittsgebiet zu beachten, seine Tatbestandswirkungen bleiben aber auf das in den alten Bundesländern belegene Nachlassvermögen beschränkt, für Gegenstände im Beitrittsgebiet enthält er keine Erbenvermutung.[175]

Auch die in Ost-Erbfällen von DDR-Stellen erteilten Erbscheine sind allein durch den Beitritt grundsätzlich nicht unrichtig geworden und daher auch nicht einzuziehen.[176] Sie entfalten im gesamten vereinigten Deutschland ihre Wirkung und benötigen keinen besonderen Vermerk.[177]

---

[169] *De Leve*, Deutsch-deutsches Erbrecht, S. 143.
[170] Vgl. OLG Düsseldorf Beschl. v. 3.11.1997 – 3 Wx 105/97 – NJW 1998, 2607; *de Leve*, Deutsch-deutsches Erbrecht, S. 143.
[171] Vgl. Kreisgericht Roßlau Beschl. v. 14.12.1991 – VI 210/91 – NJ 1992, 126.
[172] *Wähler* ROW 1992, 103, 108; *Schotten/Johnen* DtZ 1991, 257, 261.
[173] *Bestelmeyer* Rpfleger 1992, 229, 230 und 232; *Böhringer* Rpfleger 1991, 275, 277; *Adlerstein/Desch* DtZ 1991, 193, 199 f.; *Köster* Rpfleger 1991, 97, 99 f.
[174] *Bestelmeyer* Rpfleger 1992, 229, 232; *Böhringer* Rpfleger 1991, 275, 277.
[175] *Dörner* IPRax 1991, 392, 394 f.; *Schotten/Johnen* DtZ 1991, 247, 261.
[176] *Schotten/Johnen* DtZ 1991, 257, 261.
[177] *Wähler* ROW 1992, 103, 108; *Dörner* IPRax 1991, 392, 394; *Böhringer* Rpfleger 1991, 275, 277; *Adlerstein/Desch* DtZ 1991, 193, 199 f.; *Rau* DtZ 1991, 19, 20.

Auch der in einem West-Erbfall von DDR-Behörden erteilte **gegenständliche beschränkte Erbschein** reicht zum Nachweis der Gesamtrechtsnachfolge in die von ihm erfassten Nachlassgegenstände aus,[178] er bezieht sich aber nach wie vor allein auf im Beitrittsgebiet belegenes Vermögen.[179] Es ist daher in der Praxis zweckmäßig, einen neuen, einheitlich in der gesamten Bundesrepublik geltenden Erbschein zu beantragen.

Zu beachten ist auch, dass in West-Erbfällen zwischen dem 31.12.1975 und dem 3.10.1990, in denen Ost-Immobilien zum Nachlass gehörten und die wegen der Nachlassspaltung auch dem östlichen Erbrecht unterlagen,[180] von westdeutschen Behörden erlassene Erbscheine keine Aussage über das im Beitrittsgebiete belegene Immobiliarvermögen treffen kann. Die Ergänzung dieses Erbscheines durch einen diesen Umstand klarstellenden Vermerk ist nicht zwingend erforderlich, jedoch aus Gründen der Klarheit zweckmäßig.[181] Fehlt dieser Hinweis, wird der Erbschein dadurch aber nicht unrichtig und unterliegt auch nicht der Einziehung.[182]

b) **Erbscheine nach dem Beitritt.** Auch in Altfällen, die dem DDR-Recht unterliegen, ist seit **40** dem Beitritt allein das nach § 73 FGG zu bestimmende Nachlassgericht zuständig.[183] Es stellt einen allgemeinen Erbschein nach § 2353 BGB/§ 413 ZGB aus, der alle in den alten und neuen Bundesländern belegenen Nachlassgegenstände erfasst und ihre Erbfolge nach dem Recht der DDR bezeugt.[184] Ein Antrag auf Erteilung eines auf in den alten Bundesländern belegene Nachlassgegenstände beschränkten Erbscheins durch ein dortiges Nachlassgericht[185] ist nach dem Beitritt unzulässig, da ein solcher Erbschein nicht mehr erteilt werden darf.[186] Im Gegensatz dazu lässt der BGH allerdings die Erteilung eines gegenständlich auf Grundstücke im Beitrittsgebiet beschränkten Erbscheins zu, auch wenn diese nicht infolge einer Nachlassspaltung einem anderen Recht unterliegen als der übrigen Nachlass.[187] Begründet wird dies damit, dass der in der ehemaligen DDR gelegene (Immobiliar-) Nachlass ungeachtet des anzuwendenden Sachrechts als besonderer Nachlass gilt und der Erbe einen solchen Erbschein für die Grundbuchberichtigung brauche. Das ist zweifelhaft, weil der allgemeine Erbschein nach § 2353 BGB auch das im östlichen Teilrechtsgebiet belegene Vermögen – egal ob beweglich oder unbeweglich – erfasst, solange dieses keiner Nachlassspaltung unterliegt.

In West-Erbfällen mit **Nachlassspaltung**[188] bezeugt ein allgemeiner West-Erbschein nach **41** § 2353 BGB die Erbfolge nur, soweit sie auf dem BGB beruht. Im Beitrittsgebiet kann dieses Erbrechtszeugnis auch nach dem 2.10.1990 zur **Grundbuchberichtigung** nicht verwandt

---

[178] Art. 18 Abs. 1 Einigungsvertrag; *Bestelmeyer* Rpfleger 1992, 229, 230 f. und 233; *Henrich* FamRZ 1991, 1362, *Dörner* IPRax 1991, 392, 396; *Böhringer* Rpfleger 1991, 275, 277 f.; *Schotten/Johnen* DtZ 1991, 257, 261; *Adlerstein/Desch* DtZ 1991, 193, 199; *Köster* Rpfleger 1991, 97, 99 f.; *Rau* DtZ 1991, 19, 20.
[179] § 2369 BGB bzw. § 414 ZGB, vgl. *Dörner* IPRax 1991, 392, 396; *Schotten/Johnen* DtZ 1991, 257, 261; *Rau* DtZ 1991, 19, 20.
[180] S. o. Rdnr. 6.
[181] *de Leve*, Deutsch-deutsches Erbrecht, S. 162 f.
[182] LG Berlin Beschl. v. 13.9.1991 – 83 T 318/91 – FamRZ 1992, 230, 232; LG München I Beschl. v. 11.3.1991 – 16 T 24406/90 – FamRZ 1991, 1489, 1490; *Brakebusch* DtZ 1994, 61; *Trittel* DNotZ 1992, 450, 451; *Trittel* DNotZ 1991, 237, 244 f.; *Bestelmeyer* Rpfleger 1992, 229, 231 f.; *Dörner* IPRax 1991, 392, 396; *Böhringer* Rpfleger 1991, 275, 278; *Adlerstein/Desch* DtZ 1991, 193, 200; *Köster* Rpfleger 1991, 97, 100; *Henrich* IPRax 1991, 14, 19; Palandt/*Edenhofer* § 2353 Rdnr. 7.
[183] OLG Bremen Beschl. v. 17.9.1993 – (1) III AR 15/93 – DtZ 1994, 252; KG Beschl. v. 17.12.1991 – 1 AR 37/91 – Rpfleger 1992, 160; das gilt nicht für die Erteilung weiterer Ausfertigungen eines vor dem Beitritt von einem westdeutschen Nachlassgericht erteilten Erbscheins, hier bleibt es bei der Zuständigkeit des erteilenden Gerichts, KG Beschl. v. 17.11.1992 – 1 AR 44/92 – Rpfleger 1993, 201. Zur Wertbestimmung im Erbscheinsverfahren vgl. BayObLG Beschl. v. 9.3.1995 – 3 ZBR 281/94 ZEV 1995, 231; BayObLG Beschl. v. 29.6.1995 – 3 ZBR 137/95 – FamRZ 1996, 189.
[184] *Wähler* ROW 1992, 103, 108; *Dörner* IPRax 1991, 392, 395; *Böhringer* Rpfleger 1991, 275, 276 f.; *Schotten/Johnen* DtZ 1991, 257, 261. Zur Vor- und Nacherbfolge im Erbschein nach Übergangsrecht der DDR in Altfällen vgl. KG Beschl. v. 25.7.1995 – 1 W 6521/94 – DtZ 1995, 418.
[185] § 2369 Abs. 1 BGB analog i.V.m. § 73 Abs. 3 FGG.
[186] BayObLG Beschl. v. 17.3.1992 – BReg. 1 aZ 53/89 – DtZ 1992, 250, 251; *Dörner* IPRax 1991, 392, 395; *Schotten/Johnen* DtZ 1991, 257, 262.
[187] BGH Beschl. v. 24.1.2000 – IV ZB 24/00 – NJW 2001, 2396, 2398 m. Anm. *Rehborn* BGH-Report 2001, 332, 333. A.A. BayObLG Beschl. v. 29.9.1998 – 1 ZBR 67/98 – NJW-RR 1999, 1239.
[188] S. o. Rdnr. 6.

werden.¹⁸⁹ Für die Erbfolge nach ZGB in das der Nachlassspaltung unterliegende Grundstücksvermögen im Beitrittsgebiet wird ein eigener, für diesen Sondernachlass bestimmter Erbschein erteilt.¹⁹⁰ Zur Erteilung dieses auf Immobiliarvermögen im Beitrittsgebiet beschränkten Erbscheins ist allein das nach dem Beitritt allgemein örtlich zuständige Nachlassgericht befugt, eine Zuständigkeit von Nachlassgerichten am Ort der Belegenheit der Immobilie existiert nicht.¹⁹¹ Über jede der beiden Vermögensmassen hat das solchermaßen einheitlich zuständige Nachlassgericht einen eigenen Erbschein auszustellen. Es handelt sich dabei um zwei selbständige Erbrechtszeugnisse für die verschiedenen Nachlassteile, die jedoch in einer Urkunde zu einem so genannten **Doppelerbschein** zusammengefasst werden können.¹⁹²

42   Für die Zuständigkeit zur Einziehung eines unrichtigen Erbscheins gilt das zur Zuständigkeit für die Erteilung Gesagte entsprechend. Das gilt auch für Ost-Erbfälle, in denen der einzuziehende Erbschein vor dem Beitritt von einem westdeutschen Nachlassgericht erteilt wurde¹⁹³ und umgekehrt in West-Erbfällen, in denen Stellen in der DDR wegen dort belegenen Vermögens einen Erbschein erteilt hatten.¹⁹⁴

2. Erbfälle nach dem 2.10.1990 (Neufälle)

43   In den so genannten Neufällen gibt es für die sachliche und örtliche Zuständigkeit von Nachlassgerichten zur **Erbscheinserteilung** keine Besonderheiten mehr gegenüber der Darstellung in § 50 dieses Handbuchs. Jedoch müssen nicht nur der beratende Anwalt oder der beurkundende Notar, sondern auch jede Nachlassbehörde vorher zumindest denklogisch die Frage beantworten, ob beitrittsbedingte Besonderheiten bezüglich des Nichtehelichenerbrechts¹⁹⁵ oder bezüglich der Wirksamkeit von Verfügungen von Todes wegen¹⁹⁶ zu beachten sind. Für Erbfälle vom 3.10.1990 bis zum 31.3.1998 ist daher zu berücksichtigen, dass ein nichteheliches Kind zur Erbengemeinschaft gehören kann, so dass sein Erbteil im Gegensatz zu dem damaligen Erbersatzanspruch nach §§ 1934 a ff. BGB a. F. im Erbschein auszuweisen ist.

---

¹⁸⁹ *Brakebusch* DtZ 1994, 61; *Bestelmeyer* Rpfleger 1992, 229, 230; *Dörner* IPRax 1991, 392, 396.
¹⁹⁰ BayObLG Beschl. v. 9.11.1993 – 1 ZBR 91/92 – ZEV 1994, 47, 48; BayObLG Beschl. v. 20.12.2000 – 1 ZBR 153/99 – NJW-RR 2001, 950, 951 f.; OLG Köln Beschl. v. 20.12.1993 – 2 Wx 26/93 – DtZ 1994, 216; OLG Zweibrücken Beschl. v. 20.7.1992 – 3 W 172/91 – DtZ 1992, 360; KG Beschl. v. 14.1.1992 – 1 W 666/91 – DNotZ 1992, 445, 448; LG Aachen Beschl. v. 30.8.1991 – 3 T 70/91 – Rpfleger 1991, 460. Zur rechtlichen Einordnung dieses auf Nachlassvermögen im Beitrittsgebiet beschränkten Erbscheins vgl. *de Leve*, Deutsch-deutsches Erbrecht, S. 166.
¹⁹¹ KG Beschl. v. 14.1.1992 – 1 W 666/91 – DNotZ 1992, 445, 448; Bezirksgericht Erfurt Beschl. v. 14.1.1993 – 3 T 120/92 – DtZ 1994, 77; Bezirksgericht Dresden Beschl. v. 6.2.1991 – BSZ 1/91 – DtZ 1991, 216; LG Berlin Beschl. v. 13.9.1991 – 83 T 318/91 – DtZ 1992, 30; LG München I Beschl. v. 11.3.1991 – 16 T 24406/90 – FamRZ 1991, 1489; LG Berlin Beschl. v. 10.6.1991 – 83 T 172/91 – FamRZ 1991, 1361; LG Berlin Beschl. v. 6.12.1990 – 83 T 323/90 – FamRZ 1991, 738, 739; *Brakebusch* DtZ 1994, 61; *Bestelmeyer* Rpfleger 1992, 321, 328; *Wähler* ROW 1992, 102, 108; *Dörner* IPRax 1991, 392, 396; *Böhringer* Rpfleger 1991, 275, 278; *Adlerstein/Desch* DtZ 1991, 193, 199; *Köster* Rpfleger 1991, 97, 100; *Rau* DtZ 1991, 19.
¹⁹² BayObLG Beschl. v. 20.12.2000 – 1 ZBR 153/99 – NJW-RR 2001, 950, 952; LG München I Beschl. v. 11.3.1991 – 16 T 24406/90 – FamRZ 1991, 1489, 1490; LG Aachen Beschl. v. 30.8.1991 – 3 T 70/91 – Rpfleger 1991, 460; Notariat Stuttgart-Botnang Beschl. v. 2.12.1993 – GRN 254/1992 – FamRZ 1994, 658, 659; *Bestelmeyer* Rpfleger 1992, 229, 231; *Wähler* ROW 1992, 103, 108 f.; *Dörner* IPrax 1991, 392, 396; *Böhringer* Rpfleger 1991, 275, 278; *Schotten/Jonen* DtZ 1991, 257, 262; *Adlerstein/Desch* DtZ 1991, 163, 200; *Köster* Rpfleger 1991, 97, 100. Zum Testamentsvollstreckungsvermerk in Nachlassspaltungsfällen siehe *von Morgen/Götting* DtZ 1994, 199, 203.
¹⁹³ KG Beschl. v. 23.6.1992 – 1 AR 10/92 – DtZ 1992, 333, 334; KG Beschl. v. 17.12.1991 – 1 AR 37/91 – Rpfleger 1992, 160.
¹⁹⁴ KG Beschl. v. 29.2.2000 – 1 AR 14/00 – NJWE-FER 2000, 244.
¹⁹⁵ Art. 235 § 1 Abs. 2 EGBGB, s. o. Rdnr. 7 bis 9.
¹⁹⁶ Art. 235 § 2 EGBGB, s. o. Rdnr. 12 bis 15.

§ 49 Nießbrauch im Erbrecht und bei der vorweggenommenen Erbfolge

Übersicht

	Rdnr.
I. Einleitung	1–4
1. Nießbrauch als beschränktes dingliches Recht	1
2. Aufspaltung von Verfügungsbefugnis und Erträgen	2
3. Nießbrauchbestellung und Vermögensnachfolge	3
4. Nießbrauchbestellung und steuerliche Gestaltung	4
II. Nießbrauch als dingliches Recht	5–31
1. Einräumung des Nießbrauchs	5–14
a) Nießbrauch an beweglichen Sachen	6
b) Nießbrauch an Grundstücken	7/8
c) Nießbrauch an Rechten	9/10
d) Nießbrauch am Nachlass einerseits und an Erbteilen andererseits	11–14
2. Dinglicher Rechtsschutz des Nießbrauchers	15/16
a) Gegenüber Dritten	15
b) Gegenüber dem Eigentümer	16
3. Inhaltliche Ausgestaltung des Nießbrauchs	17–23
a) Beschränkung auf einzelne Vermögensgegenstände	17
b) Quotennießbrauch	18
c) Rechtsverschaffung für mehrere Berechtigte	19/20
d) Ausschluss einzelner Nutzungen	21
e) Dispositionsnießbrauch	22/23
f) Grenzen der Gestaltungsfreiheit	24
4. Einschränkungen der Übertragbarkeit des Nießbrauchs	24–29
a) Natürliche Personen	25–28
b) Juristische Personen	29
5. Nießbrauch in Zwangsvollstreckung und Zwangsverwaltung	30/31
a) Zwangsvollstreckung	29/30
b) Zwangsverwaltung	31
III. Zuständigkeitsabgrenzung zwischen Eigentümer und Nießbraucher	32–49
1. Ausgestaltung von Rechten und Pflichten zwischen Eigentümer und Nießbrauchberechtigtem	34–43
a) Zuordnung von Aufwendungen	35–37
b) Zuordnung von öffentlichen und privaten Lasten	38/39
c) Überlegungen zur Vertragsgestaltung	40–42
d) Regelungsbedarf im Gesellschaftsrecht	43
2. Ausübung von Mitwirkungsrechten	44–49
a) Personengesellschaft	44/45
b) Kapitalgesellschaften	46/47
c) Wohnungseigentümergemeinschaft	48
d) Erbengemeinschaft	49
IV. Nießbrauchsvermächtnis versus Vor- und Nacherbschaft	50–57
1. Abgrenzung zwischen Nießbrauchsvermächtnis und Vor- und Nacherbschaft	51
2. Unterschiede beider Gestaltungen	52–57
a) Dingliche Surrogation	52
b) Verfügungsbefugnis	53
c) Haftung	54
d) Haftung für Nachlassverbindlichkeiten	55
e) Erbschaftsteuerliche Erwägungen	56
f) Fazit	57
V. Nießbrauch und Herausgabeansprüche von Pflichtteilsberechtigten und Vertragserben	58–60
1. Pflichtteilsergänzungsanspruch gemäß § 2325 BGB	59
2. Ausgleichsansprüche von Begünstigten aus Erbverträgen und Ehegattentestamenten	60

Schrifttum: *Amann,* Leistungspflichten und Leistungsansprüche aus Dienstbarkeiten, DNotZ 1989, 531; *Frank,* in Staudinger (Hrsg.), BGB, Neufassung 2002, §§ 1030 bis 1089; *Hügel/Scheel,* Rechtshandbuch Wohnungseigentum, 2002; *Jerschke,* Beck'sches Notarhandbuch, 4. Aufl. 2006; *Keidel/Kuntze/Winkler* FGG, 15. Aufl. 2003; *Knöchlein,* Grundstücksübertragung unter eingeschränktem Vorbehaltsnießbrauch: Schenkung und zusätzliches Schenkungsversprechen des Übergebers?, MittBayNot 1995, 345; *Langenfeld* Testamentsgestaltung, 3. Aufl. 2002; *Lindemeier,* Die Belastung des Gesamthandanteils im Grundbuch des zum Gesamthandsvermögen gehörenden Grundstücks, DNotZ 1999; *Oczko,* Der Nießbrauch am Erbteil, Diss., Berlin 1912, S. 15 ff.; *Pohlmann,* MünchKomm, BGB, 4. Aufl. 2004, §§ 1030-1089; *Reithmann/Albrecht,* Handbuch der notariellen Vertragsgestaltung, 8. Aufl. 2001; *T. Scheel,* Beeinträchtigende Schenkungen i.S.d. § 2287 BGB, NotBZ 2001, 58; *Schippers,* Aktuelle Fragen des Grundstücksnießbrauchs in der notariellen Praxis, MittRhNotK 1996, 197; *Schön,* Der Nießbrauch am Gesellschaftsanteil, ZHR 158 (1994), 229; *Ulmer,* Gesellschaft bürgerlichen Rechts und Partnerschaftsgesellschaft, 4. Aufl. 2004; *Wegmann,* Grundstücksüberlassung, 2. Aufl. 1999; *Wolfsteiner,* in Kersten/Bühling (Hrsg.), Formularbuch der Freiwilligen Gerichtsbarkeit, 21. Aufl. 2001, § 70; *ders.,* Dingliche Sicherung des Mieters?, ZNotP 1997, 88.

I. Einleitung

1. Nießbrauch als beschränktes dingliches Recht

1   Durch die Bestellung eines Nießbrauchs kann der Eigentümer einer Sache oder der Inhaber eines Rechtes dieses in der Weise **belasten**, dass der Nießbraucher sämtliche **Nutzungen** i.S.d. § 100 BGB erhält. Auf diese Weise spaltet der Eigentümer die mit dem Eigentum verbundenen Rechtspositionen in die für den Nießbraucher bestimmten Nutzungsmöglichkeiten einerseits und die bei ihm verbleibende Verfügungsbefugnis andererseits auf. Je nachdem, ob eine bewegliche oder unbewegliche Sache, ein Recht oder Rechtsgesamtheiten übertragen wird, sind besondere, an die Übereignung des betreffenden Gegenstandes angelehnte Formvorschriften zu beachten.

2. Aufspaltung von Verfügungsbefugnis und Erträgen

2   Die Einräumung eines Nießbrauchs führt dazu, dass das Vermögen einerseits und dessen Erträge andererseits verschiedenen Personen zugeordnet sind. Diese Aufspaltung von Rechten und Zuständigkeiten macht detaillierte Regelungen zur Kompetenzverteilung zwischen Eigentümer und Nießbraucher erforderlich. Hierin liegt ein Schwerpunkt der anwaltlichen bzw. notariellen Gestaltungsaufgabe. Darüber hinaus sind häufig auch Dritte von der **Zuständigkeitsaufspaltung** zwischen Eigentümer und Nießbraucher betroffen, wenn sie entweder die Zustimmung beider benötigen oder nicht sicher beurteilen können, ob für eine rechtsverbindliche Erklärung der Eigentümer oder der Nießbraucher zuständig ist.

3. Nießbrauchbestellung und Vermögensnachfolge

3   Nießbrauchsgestaltungen kommen sowohl als Übertragung unter Lebenden im Rahmen einer vorweggenommenen Erbfolge als auch in Verfügungen von Todes wegen vor. Dies macht es schwer, die an sich sachenrechtliche Thematik einheitlich im Rahmen eines erbrechtlichen Rechtshandbuchs abzuhandeln. Die größte praktische Relevanz weist der Nießbrauch im Zusammenhang mit **lebzeitigen Grundstücksübertragungen** auf; hier liegt auch der Schwerpunkt der folgenden Ausführungen. Bei Verfügungen von Todes wegen stellt der Nießbrauch als Zuwendung eines Rechts an einem oder mehreren Vermögensgegenständen regelmäßig ein **Vermächtnis** dar. Gegenstand dieses Vermächtnisses können einzelne Sachen oder Rechte sein, aber auch sämtliche Vermögensgegenstände des Nachlasses bzw. ein Erbanteil.

4. Nießbrauchbestellung und steuerliche Gestaltung

4   Stärker als alle anderen beschränkten dinglichen Rechte ist der Nießbrauch durch **steuerrechtliche Vorgaben** geprägt. Zumeist wird eine Nießbrauchsgestaltung sogar nur deshalb gewählt, weil sie den Beteiligten eine optimierte Besteuerung ermöglicht.[1] Mit Recht warnt aber insbesondere *Wolfsteiner* davor, die Vertragsgestaltung ausschließlich an steuerrechtli-

---

[1] Als dingliches Sicherungsinstrument ist der Nießbrauch hingegen – anders als Grundpfandrechte, Dienstbarkeiten und Reallasten – ungebräuchlich geworden. Dies liegt insbesondere daran, dass der sicherungshalber bestellte Nießbrauch im Falle einer Insolvenz oder Zwangsversteigerung gem. § 111 InsO bzw. § 57 a ZVG keinen gesicherten Zugriff auf die Mieten eines Grundstücks ermöglicht; vgl. *Wolfsteiner* ZNotP 1997, 88, 89 (für Dienstbarkeiten); MünchKommBGB/*Pohlmann* § 1030 Rdnr. 76.

chen Kriterien auszurichten, weil sich zum einen die damit verbundenen Erwartungen nicht immer erfüllten und sich die Beteiligten dabei oft zivilrechtlich nicht gewollten Regelungen unterwerfen.[2] Dies kann insbesondere bei komplexen Nießbrauchsgegenständen, wie z.B. einem Unternehmen, zu Problemen führen.[3] Die ertragsteuerlichen und erbschaftsteuerlichen Konsequenzen einer Nießbrauchzuwendung bzw. eines Nießbrauchvorbehalts werden ausführlich in § 36 dargestellt.

Checkliste: Nießbrauch

☐ Motive für die Nießbrauchsgestaltung (insbesondere auch steuerlich, z.B. AfA-Fortführung, Werbekostenabzug, Bewertung bei der Erbschaft- und Schenkungsteuer)
☐ Gestaltungsalternativen
☐ Genaue Bestimmung des Nießbrauchsgegenstandes
☐ Quoten/Bruchteilsnießbrauch
☐ Ausübungsüberlassung an Dritte
☐ Mehrere Berechtigte: Bruchteils- oder Gesamtberechtigte; aufschiebende Bedingungen
☐ Brutto- oder Nettonießbrauch
☐ Verteilung von Rechten und Pflichten zwischen Eigentümer und Nießbraucher (insbesondere
☐ Instandhaltungs- und Instandsetzungsmaßnahmen, Objektversicherung, Tragung von öffentlichen Abgaben und Lasten, Übernahme von Verbindlichkeiten und Grundschuldzinsen)
☐ Ausübung von Stimmrechten und Gewinnbeteiligung bei Nießbrauch an Unternehmensbeteiligungen
☐ Grundbuchrechtliche Fragen bei Grundstücksnießbrauch (Rangverhältnis zu anderen Belastungen, Löschungserleichterung)

II. Nießbrauch als dingliches Recht

1. Einräumung des Nießbrauchs

Der Nießbrauch ist ein umfassendes **dingliches Nutzungsrecht**.[4] Die Einräumung eines Nießbrauchs orientiert sich an den Vorschriften für die Begründung bzw. Übertragung des Eigentums an Rechten bzw. Forderungen. Von dieser dinglichen Rechtsverschaffung ist das **schuldrechtliche Kausalgeschäft** zu unterscheiden, wobei es sich bei lebzeitigen Rechtsgeschäften meist um Schenkungen und bei Verfügungen von Todes wegen um Vermächtnisse handeln wird.

a) **Nießbrauch an beweglichen Sachen.** Demgemäß bestimmt § 1032 BGB, dass der Nießbrauch an beweglichen Sachen durch **Einigung und Übergabe** (bzw. ein Übergabesurrogat wie die Begründung eines Verwahrungsverhältnisses oder die Abtretung eines schuldrechtlichen Herausgabeanspruchs) begründet wird. Dabei gelten zugunsten des Nießbrauchempfängers gemäß § 1032 S. 2 BGB auch die Vorschriften über den gutgläubigen (lastenfreien) Erwerb.

b) **Nießbrauch an Grundstücken.** Der Nießbrauch an **Grundstücken** wird hingegen nach den allgemeinen immobiliarsachenrechtlichen Regeln durch **Einigung und Eintragung** im Grundbuch eingeräumt, wobei die Eintragung im Grundbuch – wie stets – eine Bewilligung des Berechtigten (§ 19 GBO) in notariell beglaubigter Form (§ 29 GBO) und damit die Mitwirkung

---

[2] Kersten/Bühling/*Wolfsteiner*, Formularbuch und Praxis der Freiwilligen Gerichtsbarkeit, S. 1292.
[3] Sudhoff/*Stenger* Unternehmensnachfolge § 34 Rdnr. 7.
[4] Keinen echten Nießbrauch stellt der sogenannte „Ertragsnießbrauch" dar. Er bezeichnet eine Gestaltung, bei der der Nutzungsberechtigte lediglich einen schuldrechtlichen Anspruch erhält, nicht jedoch eine dingliche Rechtsstellung. Sofern eine Nießbrauchsbestellung in dinglicher Hinsicht – etwa wegen Verstoßes gegen den sachenrechtlichen Typenzwang – scheitern sollte, kann die Bestellung in manchen Fällen gem. § 140 BGB in eine weniger weit reichende schuldrechtliche Nutzungsberechtigung umgedeutet werden.

eines Notars erfordert, der in der Praxis auch den Grundbuchantrag stellt (vgl. § 15 GBO). Gleiches gilt für die Nießbrauchsbestellung an Wohnungs- und Teileigentumseinheiten oder an einem Erbbaurecht (§ 7 ErbbauVO).

> **Formulierungsvorschlag:**
> Im Grundbuch des Amtsgerichts ... von ... ist Herr ... als Alleineigentümer eingetragen. Der vorgenannte Grundbesitz ist in Abt. II wie folgt belastet: .... Der Grundbesitz ist in Abt. III wie folgt belastet: .... Herr ... räumt hiermit seiner Tochter ... ab dem ... den unentgeltlichen Nießbrauch am Grundbesitz nach Maßgabe der gesetzlichen Vorschriften[5] ein. Herr ... bewilligt und beantragt, den Nießbrauch an nächstoffener Rangstelle mit dem Hinweis einzutragen, dass zur Löschung der Nachweis des Todes der Berechtigten genügt. Die Kosten der Urkunde und ihres Vollzuges im Grundbuch trägt der Eigentümer.

8   Beim Nießbrauch an Grundstücken und grundstücksgleichen Rechten ist ferner zu beachten, dass die Belastung des Grundstücks ebenso wie die Eigentumsübertragung unter Umständen einer **öffentlichrechtlichen Genehmigung** bedarf, etwa gemäß § 144 Abs. 2 Nr. 2 BauGB (Veräußerung oder Belastung im Sanierungsgebiet[6]) oder nach § 2 Abs. 3 S. 2 GrdStVG (Übertragung größerer landwirtschaftlicher Grundstücke mit jeweils landesrechtlich unterschiedlichen Mindestschwellen). Eine familien- oder vormundschaftsgerichtliche Genehmigung für die Zuwendung eines Nießbrauchs an einen Minderjährigen oder ein Mündel ist regelmäßig nicht erforderlich; es sei denn, das zugrunde liegende schuldrechtliche Geschäft verwirklicht unabhängig von der Nießbrauchsbestellung zugunsten des Minderjährigen oder Mündels einen eigenständigen Genehmigungstatbestand (z.B. eine Schuldübernahme nach § 1822 Nr. 10 BGB).

9   c) **Nießbrauch an Rechten.** Der Nießbrauch an Rechten – insbesondere Gesellschaftsanteilen – wird gemäß § 1069 Abs. 1 BGB nach denjenigen Vorschriften eingeräumt, die für die **Übertragung** solcher Rechte gelten, in den meisten Fällen daher nach §§ 398, 413 BGB.[7] Dabei sind die für die Übertragung geltenden **Formvorschriften** zu beachten, etwa § 15 Abs. 4 GmbHG für GmbH-Anteile (vgl. insoweit die Parallele zur Verpfändung in § 1274 BGB). Sofern ein Recht seinem Inhalt nach nicht übertragen werden kann wie beispielsweise eine höchstpersönliche Forderung oder der Nießbrauch selbst (§ 1059 BGB), kann an einem solchen Recht nach § 1069 Abs. 2 BGB auch kein Nießbrauch eingeräumt werden.

10 Diese Einschränkung hat herausragende Bedeutung bei der Übertragung von Gesellschaftsanteilen zur Nutzung, weil sie nur bei einer entsprechenden Ausgestaltung des **Gesellschaftsvertrages** möglich ist. So kommt eine Nießbrauchsbestellung an einem GmbH-Anteil nicht in Betracht, wenn die Satzung die Übertragbarkeit der Anteile ausschließt; allerdings dürfte es sich hier um seltene Ausnahmefälle handeln.[8] Bei Personengesellschaften bedarf die Nießbrauchsbestellung hingegen gemäß §§ 105, 161 HGB sowie §§ 717, 719 BGB stets der Zustimmung sämtlicher Gesellschafter, die freilich bereits im Gesellschaftsvertrag erteilt sein kann.[9] Dabei ist allerdings Vorsicht geboten: Eine Regelung im Gesellschaftsvertrag, die die Nießbrauchseinräumung lediglich für zulässig erklärt, reicht noch nicht aus. Aus Gründen der Rechtssicherheit ist es vielmehr geboten, die **Zustimmung ausdrücklich** zu erklären. Manche Autoren verlangen angesichts der gravierenden Folgen für die Mitgesellschafter – insbesondere der Doppelzustän-

---

[5] In den meisten Fällen ist es zweckmäßig, die (weitgehend dispositiven) Vorschriften zur Verteilung der nötigen Aufwendungen zur Erhaltung des Nießbrauchsgegenstandes abzuändern. Vgl. hierzu die Formulierungsvorschläge weiter unten im Text.
[6] Ebenso § 51 Abs. 1 Nr. 1 BauGB für die Nießbrauchsbestellung an einem Grundstück in einem Umlegungsgebiet.
[7] Die Nießbrauchsbestellung an einem BGB-Gesellschaftsanteil oder an einem Erbteil kann auch im Grundbuch eingetragen werden, um sichtbar zu machen, dass die BGB-Gesellschafter bzw. die Erbengemeinschaft für eine Verfügung über das Grundstück die Zustimmung des Nießbrauchers (in notarieller Form) benötigen, vgl. OLG Hamm DNotZ 1977, 376, 377.
[8] Bsp. bei Sudhoff/*Stenger* § 31 Rdnr. 7.
[9] Sudhoff/*Stenger* § 34 Rdnr. 19.

digkeit von Anteilsinhaber und Nießbraucher – einen Zustimmungsbeschluss miNennung des Berechtigten.[10]

d) Nießbrauch am Nachlass einerseits und an Erbteilen andererseits. Aufgrund des **sachenrechtlichen Bestimmtheitsgebotes** kann ein Nießbrauch nicht für eine Sachgesamtheit wie etwa das Vermögen einer Person bestellt werden. Vielmehr ist es erforderlich, dass sämtliche Vermögensgegenstände, an denen ein Nießbrauch eingeräumt werden soll, nach den für die jeweilige Vermögenskategorie geltenden Standards übertragen werden. Dies bedeutet, dass Grundstücke und grundstücksgleiche Rechte grundbuchmäßig nach Grundbuchblatt und lfd. Nummer zu bezeichnen sind (§ 28 GBO); für bewegliche Sachen gelten die – vor allem im Recht der Kreditsicherheiten entwickelten – Anforderungen der Bestimmtheit; bei Forderungen genügt hingegen bereits die einfacher zu erfüllende Bestimmbarkeit.

Dies hat gerade im Erbrecht Folgen: Soll dort vermächtnisweise ein Nießbrauch am gesamten Nachlass verschafft werden, so ist **jeder Nachlassgegenstand** einzeln nach den für ihn geltenden Regeln zu übertragen.[11] Diese Übertragung muss der Vermächtnisbegünstigte im Verhältnis zu den Erben erst noch durchsetzen, weil ihm das Vermächtnis nicht den Nießbrauchsgegenstand unmittelbar, sondern lediglich einen schuldrechtlichen Übertragungsanspruch verschafft.[12]

Anders verhält es sich hingegen, wenn der Nießbrauch an einem **Erbteil als Recht** übertragen wird:[13] Für diese Übertragung gelten die §§ 2033 Abs. 1, 1069 BGB (notariell beurkundeter Zessionsvertrag) sowie für das schuldrechtliche Kausalgeschäft ebenso wie bei der Vollrechtsübertragung die §§ 2371, 2385 BGB. Allerdings vermittelt der Nießbrauch keine unmittelbare dingliche Berechtigung an den einzelnen Vermögensgegenständen, sondern lediglich eine Mitberechtigung an der Gesamthandsgemeinschaft der Erben. Darüber hinaus ist zu beachten, dass die Einräumung eines Nießbrauchs am Erbteil eines Minderjährigen bzw. eines Mündels der familien- bzw. vormundschaftsgerichtlichen Genehmigung bedarf (§§ 1643 Abs. 1, 1822 Nr. 1 BGB).

Ein weiterer wichtiger Unterschied zwischen dem Nießbrauch an sämtlichen Nachlassgegenständen und dem Nießbrauch am Erbteil liegt im Prinzip der **dinglichen Surrogation:** Während bei einem Nießbrauch an Nachlassgegenständen das Nutzungsrecht nur an den im Zeitpunkt der Verfügung vorhandenen Vermögensgegenständen bestehen kann, bezieht sich der Nießbrauch an einem Erbanteil immer auf den jeweiligen Bestand des Nachlasses.[14] Dieser kann sich nicht nur durch Verfügungen der Erben(gemeinschaft) verringern, sondern gewinnt aufgrund der dinglichen Surrogation gemäß § 2041 BGB auch neue Vermögensgegenstände hinzu.[15]

2. Dinglicher Rechtsschutz des Nießbrauchers

a) Gegenüber Dritten. Als (sehr umfassender) Ausschnitt aus dem Eigentum verschafft der Nießbrauch seinem Inhaber einen ähnlich weit reichenden Schutz durch **dingliche Anspruchsgrundlagen** wie das Eigentum selbst: Gemäß § 1065 BGB kann der Nießbraucher nach Maßgabe der §§ 985, 1007 BGB Herausgabe des Nießbrauchsgegenstandes von einem Dritten ohne Besitzrecht verlangen. Die §§ 1065, 1004 BGB verschaffen dem Nießbraucher einen Anspruch auf Beseitigung und Störungsunterlassung. Soweit bereits ein Schaden eingetreten ist, hat der Nießbraucher gemäß § 823 Abs. 1 BGB einen Schadensersatzanspruch, weil der Nießbrauch ein absolutes Recht darstellt. Ebenso genießt der Nießbraucher den possessorischen Besitzschutz gemäß §§ 861 f. BGB sowie den petitorischen Besitzschutz nach § 1007 BGB. Schließlich gelten die Vermutungswirkung der Grundbucheintragung (§ 891

---

[10] Sudhoff/*Stenger* § 34 Rdnr. 19.
[11] *Nieder,* Handbuch der Testamentsgestaltung, Rdnr. 694. Insofern ist die gebräuchliche Formulierung „Nießbrauch am Nachlass" irreführend; vielmehr müsste es heißen „Nießbrauch an allen Nachlassgegenständen".
[12] MünchKommBGB/*Pohlmann* § 1089 Rdnr. 3; Sudhoff/*Scherer* § 7 Rdnr. 25.
[13] Vgl. hierzu die historisch interessanten Ausführungen von *Oczko,* Der Nießbrauch am Erbteil, S. 15 ff.
[14] Sudhoff/*Scherer* § 7 Rdnr. 27.
[15] *Langenfeld* Testamentsgestaltung Rdnr. 244; Staudinger/*Frank* § 1089 Rdnr. 31; MünchKommBGB/*Pohlmann* § 1089 Rdnr. 14.

BGB) bzw. bei beweglichen Sachen des unmittelbaren Besitzes (§ 1006 BGB) auch zugunsten des Nießbrauchers.

16 **b) Gegenüber dem Eigentümer.** Der Nießbraucher ist dem Eigentümer gegenüber zum Besitz berechtigt (§ 1036 BGB). Darüber hinaus besteht zwischen Eigentümer und Nießbraucher ein **gesetzliches Schuldverhältnis**, das für die Beteiligten des Nießbrauchsverhältnisses im Falle einer Pflichtverletzung quasivertragliche Ansprüche begründet.[16] Der Unterschied zum Deliktsrecht besteht vor allem darin, dass der Anspruchsgegner gemäß § 278 BGB verschuldensunabhängig für ein Fehlverhalten seiner Hilfspersonen („Erfüllungsgehilfen") einstehen muss.[17]

3. Inhaltliche Ausgestaltung des Nießbrauchs

17 **a) Beschränkung auf einzelne Vermögensgegenstände.** Da sich das Nießbrauchsrecht auf einzelne Vermögensgegenstände bezieht, kann ein Erblasser im Rahmen seiner Nachlassplanung **bestimmte Vermögensgegenstände** aussuchen, die er dem Bedachten zur Nutzung überlassen will. Auf diese Weise kann er Teile seines Vermögens unterschiedlich behandeln.

18 **b) Quotennießbrauch.** Der Regelfall eines Nießbrauchs ist die Verschaffung des alleinigen Nießbrauchsrechts für sämtliche Erträge des Nießbrauchsgegenstands. Diese Gestaltung ist indessen nicht zwingend. Da die Nutzungen von Vermögensgegenständen regelmäßig teilbar sind, ist auch der so genannte Quotennießbrauch anerkannt, bei dem der Nießbraucher vom Eigentümer eine dingliche Berechtigung nur hinsichtlich eines quotalen **Bruchteils der Erträge** erwirbt.

19 **c) Rechtsverschaffung für mehrere Berechtigte.** Der Eigentümer kann auch mehreren Nießbrauchsberechtigten einen **Bruchteilsnießbrauch** verschaffen, für den im Innenverhältnis der ideell mitberechtigten Nießbraucher dann die Regeln der Bruchteilsgemeinschaft (§§ 741 ff. BGB) gelten. Anders als beim Quotennießbrauch wird hier nicht im Verhältnis zwischen Eigentümer und Nießbraucher geteilt, sondern im Verhältnis mehrerer Nießbraucher untereinander.

20 Möglich ist schließlich auch die Verschaffung eines einheitlichen Nießbrauchsrechts zugunsten mehrerer Berechtigter als **Gesamtgläubiger** gemäß § 428 BGB. Hier steht das Nießbrauchsrecht nach dem Tode des einen Berechtigten dem anderen Berechtigten im vollen Umfang zu.[18] Ein Nießbrauch kann auch zugunsten einer **Gesamthandsgemeinschaft** begründet werden (Erbengemeinschaft, Gütergemeinschaft, Gesellschaft bürgerlichen Rechts), wobei in diesem Fall gemäß § 47 GBO alle Berechtigten namentlich aufgeführt sein müssen. Schließlich können durch Bedingungen (wenn Nießbraucher 1 verstirbt, erlangt Nießbraucher 2 das Recht) oder durch Kumulation mehrerer **Nießbräuche hintereinander geschaltet** werden (vorrangiger Nießbrauch für Nießbraucher 1 erlischt mit seinem Tode, so dass ab dann nur noch der nachrangige Nießbrauch 2 gilt; ebenso sind auch zwei gleichrangige Nießbräuche möglich).[19] Eine solche Gestaltung ist vor allem dann sinnvoll, wenn der zweite Nießbraucher das Nutzungsrecht nicht sofort erlangen soll, etwa weil es sich um einen Ehepartner handelt, der selbst nicht in den Grundbesitz investiert und der dadurch im Falle einer Scheidung einen unerwünschten Vorteil erlangen würde.[20]

21 **d) Ausschluss einzelner Nutzungen.** § 1030 Abs. 2 BGB gestattet es dem Eigentümer zudem, einzelne Nutzungen aus dem an sich umfassenden Nießbrauch auszuklammern. Allerdings darf der Ausschluss bestimmter Nutzungen nicht so weit gehen, dass dadurch das gesetzliche Leitbild eines **umfassenden Nutzungsrechts** in Frage gestellt wird. Dabei verschwimmen im Grundstücksrecht die Grenzen zur Dienstbarkeit, deren Leitbild die Einräumung inhaltlich beschränkter Nutzungsmöglichkeiten ist, die in der Grundbucheintragung auch zumindest schlagwortartig spezifiziert sein müssen.[21] Ein inhaltlich allzu eng gefasster Nießbrauch

---

[16] BGHZ 95, 144, 147; Amann DNotZ 1989, 531, 534.
[17] BGHZ 95, 144, 148.
[18] Kersten/Bühling/*Wolfsteiner*, Formularbuch und Praxis der Freiwilligen Gerichtsbarkeit, S. 1289.
[19] Vgl. zu den unterschiedlichen Gestaltungsmöglichkeiten die knappe, übersichtliche Darstellung von Reithmann/Albrecht/*Albrecht*, Notarielle Vertragsgestaltung, Rdnr. 692.
[20] *Wegmann* Grundstücksüberlassung Rdnr. 293.
[21] *Schippers* MittRhNotK 1996, 197, 198.

(z.B. Nutzung eines bestimmten Zimmers in einem Miethaus[22] oder eines Stockwerks in einem nicht nach dem Wohnungseigentumsgesetz aufgeteilten Hausgrundstück) ist daher nichtig. Demgegenüber lässt § 7 Abs. 2 GBO wie bei einer sonstigen Dienstbarkeit (oder auch bei einer Auflassungsvormerkung) die Beschränkung des Ausübungsbereichs für den Nießbrauch auf eine Grundstücksteilfläche zu.[23] Wird eine begrenzte Rechtsverschaffung an einem Grundstück gewünscht, so ist häufig die Dienstbarkeit die passendere Gestaltung.

e) **Dispositionsnießbrauch.** Schließlich ist zu beachten, dass es dem Wesen des Nießbrauchs an sich widerspricht, wenn er mit einer Verfügungsbefugnis des Nießbrauchsberechtigten kombiniert wird, weil dem Eigentümer dann praktisch keine Rechte mehr verbleiben. Diese Einschränkung kann aber – mit Anerkennung der Rechtsprechung – dadurch überwunden werden, dass der Nießbraucher eine **Verfügungsmöglichkeit aus anderen Rechtsinstituten** erhält, sei es durch seine zusätzliche Bestellung als Testamentsvollstrecker oder durch eine (postmortale) Bevollmächtigung. Diese Kombination wird als Dispositionsnießbrauch bezeichnet.

f) **Grenzen der Gestaltungsfreiheit.** Häufig übersehen wird ferner, dass der Nießbrauch – ebenso wie eine Dienstbarkeit – den Eigentümer lediglich zur **Duldung der Nutzungen** durch den Nießbraucher verpflichten darf, jedoch keine Verpflichtungen zu einem aktiven Tun begründen kann.[24]

Beispiel:[25]
Eine Nießbrauchsbestellungsurkunde sieht vor, dass der Eigentümer zur Wiederaufforstung eines vom Nießbraucher abgeholzten Forsts verpflichtet wird. Eine solche Handlungsverpflichtung für den Eigentümer widerspricht dem „Wesen des Nießbrauchs" und kann daher dinglich nicht vereinbart werden.

Entgegenstehende Vereinbarungen sind nichtig, weil sie gegen den sachenrechtlichen Typenzwang verstoßen.[26] Auch darf der Nießbraucher den Nießbrauchsgegenstand nicht einer **gänzlich anderen Nutzung** als bislang vorgesehen zuführen.

Beispiel:
Der Nießbrauch an einem Wald berechtigt den Nießbraucher nicht dazu, ein unter dem Erdboden liegendes Rohstoffvorkommen auszubeuten und hierzu die Bäume zu fällen (§ 1036 Abs. 2 BGB).[27]

Umstritten ist schließlich, ob als dinglicher Inhalt des Nießbrauchsrechts eine **Entgeltzahlungspflicht** des Nießbrauchers vereinbart werden kann.[28]

4. Einschränkungen der Übertragbarkeit des Nießbrauchs

a) **Natürliche Personen.** Ebenso wie eine Dienstbarkeit kann der Nießbrauch nach der zwingenden Vorschrift des § 1059 S. 1 BGB nicht auf andere Personen übertragen werden, weil dem historischen Gesetzgeber die Gefahr einer vollständigen Aushöhlung des Eigentums zu groß erschien. Dementsprechend kann ein Anspruch auf Nießbrauchsbestellung **nicht übertragen** werden.[29] Im Falle des Todes des Nießbrauchers erlischt der Nießbrauch kraft Gesetzes (§ 1061 BGB); im Grundbuch kann für diesen Fall eine Löschungserleichterung gemäß § 23 GBO vorgesehen werden, wonach ausnahmsweise auf die Löschungsbewilligung des Erben des Nießbrauchers verzichtet werden kann und lediglich ein Todesnachweis vorzulegen ist.

Die rechtlichen Wirkungen einer an sich nicht möglichen Nießbrauchsübertragung können freilich durch alternative Gestaltungen nachgezeichnet werden:

---

[22] Vgl. MünchKommBGB/*Pohlmann* § 1089 Rdnr. 6; Reithmann/Albrecht/*Albrecht*, Handbuch der notariellen Vertragsgestaltung, Rdnr. 690.
[23] *Schippers* MittRhNotK 1996, 197, 199.
[24] BayObLG 1972, 364, 367; *Knöchlein* MittBayNot 1995, 345, 347.
[25] BayObLGZ 1972, 364, 365, 366.
[26] Der einzige Weg, grundstücksbezogene Leistungspflichten zu „verdinglichen", besteht in der Einräumung einer (grundpfandrechtsähnlichen) Reallast.
[27] Ebenso für die Bebauung eines mit einem Nießbrauch belasteten unbebauten Grundstücks Kersten/Bühling/*Wolfsteiner*, Formularbuch und Praxis der Freiwilligen Gerichtsbarkeit, S. 1289.
[28] Dagegen etwa *Schippers* MittRhNotK 1996, 197, 204; MünchKommBGB/*Pohlmann* § 1030 Rdnr. 79; dafür aber BayObLGZ 1985, 6, 12.
[29] Arg. aus § 1059 e BGB; vgl. Staudinger/*Frank* § 1059 Rdnr. 4; insoweit unzutreffend OLG Bamberg OLGE 1, 18.

25 § 1059 S. 2 BGB ermöglicht es dem Nießbraucher, das Nießbrauchsrecht einem Dritten zur **Ausübung zu überlassen**. Dieses Ausübungsrecht stellt nach heute h.M. keine dingliche Rechtsposition dar, sondern lediglich eine schuldrechtliche Erlaubnis durch den Nießbraucher.[30] Zudem führt die Beendigung der Ausübung durch den ausübungsberechtigten Dritten nicht zum Erlöschen des Nießbrauchs; vielmehr geht das Ausübungsrecht dann auf seine Erben über. Das (selbst nicht dingliche) Ausübungsrecht kann mit dinglicher Wirkung ausgeschlossen werden; bei Grundstücken bedarf diese Inhaltsbestimmung des Nießbrauchs zu ihrer Wirksamkeit der Eintragung im Grundbuch.[31] Soweit der Nießbrauch einem Dritten zur Ausübung überlassen werden *kann*, so kann er gemäß § 857 Abs. 3 ZPO auch **gepfändet** werden,[32] und zwar auch dann, wenn die Ausübung mit dinglicher Wirkung vertraglich ausgeschlossen wurde. Diese weitere Lockerung des Unübertragbarkeitsprinzips hindert den Schuldner daran, die Pfändung im Zusammenwirken mit dem Eigentümer zu vereiteln, und ist daher rechtspolitisch geboten.[33]

26 Des weiteren kann der Eigentümer die Übertragung des Nießbrauchs dadurch simulieren, dass er mehrere auflösend bedingte Nießbräuche für verschiedene Personen, die nacheinander zum Zuge kommen sollen, oder entsprechende Vormerkungen zur Sicherung von Ansprüchen auf Nießbrauchsbestellungen **hintereinander schaltet**.[34] Sofern deren Identität noch nicht feststeht, können – jedenfalls für Nießbrauchsbestellungsvormerkungen – auch Benennungsrechte Dritter als Anspruchsinhaber eingetragen werden.[35]

27 Mit der Nichtübertragbarkeit des Nießbrauchs hängt eine weitere Eigenheit des Nießbrauchs eng zusammen: Gemäß § 1063 Abs. 1 BGB führt das Zusammentreffen von Nießbrauch und Eigentum in einer Person – allerdings nur bei beweglichen Sachen – grundsätzlich zum Erlöschen des Nießbrauchrechts (§ 1063 BGB). Demgegenüber tritt bei Grundstücken gemäß § 889 BGB diese so genannte **Konsolidation** nicht ein. Dies ermöglicht es beispielsweise, einen Nießbrauch zugunsten beider Ehepartner im Grundbuch einzutragen, auch wenn einem von beiden das Grundstück zusteht.[36]

28 b) **Juristische Personen.** Bei juristischen Personen erlischt der Nießbrauch erst, wenn die juristische Person selbst aufhört zu existieren (§ 1061 S. 2 BGB). Da juristische Personen (und insbesondere Stiftungen) tendenziell eine „unendliche" Lebensdauer haben, kann dies dazu führen, dass Eigentum und Nießbrauch (d.h. Verfügungs- und Nutzungsbefugnis) für einen unbegrenzten Zeitraum auseinander fallen. Diese Gestaltung ist für den Eigentümer des Nießbrauchsgegenstandes auf Dauer äußerst unbefriedigend, weil er niemals imstande sein wird, den Nießbrauchsgegenstand selbst zu nutzen.

Beispiel:
Eine Stiftung erhält im Wege eines Vermächtnisses ein Nießbrauchsrecht an einem Gesellschaftsanteil. Da eine Stiftung eine inhaberlose Rechtspersönlichkeit mit tendenziell unbegrenzter Lebensdauer ist, können die Erben möglicherweise während ihres ganzen Lebens den Gesellschaftsanteil nicht selbst nutzen.

29 Für juristische Personen als Nießbrauchsempfänger gilt der Ausschluss der Unübertragbarkeit nur eingeschränkt: Gemäß § 1059 a Abs. 1 Nr. 1 BGB bleibt das Nießbrauchsrecht zudem grundsätzlich erhalten, wenn seine Übertragung im Wege einer **Gesamtrechtsnachfolge**, etwa durch eine Verschmelzung oder Ausgliederung nach dem Umwandlungsgesetz oder durch eine Anwachsung des Gesellschaftsvermögens auf den letzten verbliebenen Gesellschafter erfolgt. § 1059 a Abs. 2 BGB stellt zudem ausdrücklich klar, dass dieses Privileg auch für

---

[30] Staudinger/*Frank* § 1059 Rdnr. 18, unter Berufung auf RGZ 159, 193, 208.
[31] BGH NJW 1985, 2827. Umgekehrt ist eine Eintragung der Ausübungsüberlassung wegen deren schuldrechtlichen Charakters jedoch nicht zulässig, BGHZ 55, 111 (Ls.).
[32] BGH NJW 1985, 2827.
[33] Staudinger/*Frank* § 1059 Rdnr. 27.
[34] Vgl. MünchKommBGB/*Pohlmann* § 1059 Rdnr. 5.
[35] Derartige Gestaltungen haben sich in jüngster Zeit vor allem bei Dienstbarkeiten zur Errichtung von Windradanlagen verbreitet. Im einzelnen ist hier freilich noch vieles unklar, insbesondere auch die Frage, ob für die Hintereinanderschaltung von Nießbräuchen dieselben Zulässigkeitsgrenzen gelten wie für die weniger umfassenden und daher unproblematischeren Dienstbarkeiten. Zudem ist bei derartigen Gestaltungen darauf zu achten, dass dem Grundbuchamt der jeweilige Bedingungseintritt in grundbuchtauglicher Form (§ 29 GBO) nachgewiesen werden muss.
[36] Kersten/Bühling/*Wolfsteiner*, Formularbuch und Praxis der Freiwilligen Gerichtsbarkeit, S. 1289.

rechtsfähige Personengesellschaften gilt. Hierzu gehört nach dem Grundsatzurteil des BGH vom 29.1.2001[37] auch die **Gesellschaft bürgerlichen Rechts**, so dass natürliche Personen auch außerhalb des handelsrechtlichen Kontexts Zugang zum Privileg des § 1059 a BGB erhalten. Ebenso bleibt der Nießbrauch gemäß § 1059 a Abs. 2 BGB im Falle eine **Unternehmensübertragung** im Wege eines Asset Deal erhalten, sofern er anlässlich der Unternehmensveräußerung mitübertragen wird, den Unternehmenszwecken dient und die zuständige Landesbehörde einen positiven Bescheid mit der Feststellung dieser Voraussetzungen erlässt (so genannter **Feststellungsbescheid**).

5. Nießbrauch in Zwangsvollstreckung und Zwangsverwaltung

a) **Zwangsvollstreckung.** Beim Nießbrauch von Grundstücken gerät der Nießbrauchsberechtigte häufig in Konflikt mit einem Grundpfandgläubiger, der die Zwangsverwaltung oder Zwangsversteigerung betreibt. Im Falle der Zwangsversteigerung kommt es – wie stets – darauf an, welches Recht den Vorrang genießt. Dabei gilt auch zwischen dem in Abt. II des Grundbuchs verzeichneten Nießbrauch und einem in Abt. III des Grundbuchs verzeichneten Grundpfandrecht ein Rangverhältnis nach Maßgabe des Prioritätsprinzips. Wenn der **Nießbrauch** gegenüber dem Grundpfandrecht **vorrangig** ist, fällt er gemäß §§ 44, 52 ZVG grundsätzlich in das „geringste Gebot" und bleibt auch nach Erteilung des Zuschlags erhalten.

Ist der **Nießbrauch** hingegen gegenüber einer Grundschuld **nachrangig**, so erlischt er (§§ 52 Abs. 1, 91 Abs. 1 ZVG). Nur soweit der Versteigerungserlös zur Befriedigung der vorrangigen Gläubiger ausreicht, wird der Restbetrag zur Auskehr von Nutzungsentgelten an den Nießbraucher verwendet. Dabei ist zu beachten, dass die Auszahlung nicht sofort in voller Höhe des kapitalisierten Nießbrauchrechts erfolgt, sondern gemäß § 92 ZVG mit Verzögerung als Geldrente.[38] Dies kann zu Liquiditätsengpässen führen.

> **Praxistipp:**
> Wenn der Gläubiger in das Grundeigentum vollstrecken will, benötigt er zusätzlich zum **Vollstreckungstitel** gegenüber dem Grundstückseigentümer auch bei einem nachrangigen Nießbrauchsrecht einen Duldungstitel gegen den Nießbraucher (§ 737 ZPO). Dieser Titel muss schon bei Beginn der Zwangsvollstreckung vorliegen.

b) **Zwangsverwaltung.** Insbesondere bei vermieteten Grundstücken betreiben Grundpfandgläubiger die Zwangsvollstreckung häufig in der Form der Zwangsverwaltung. Dabei kommt es bei nießbrauchsbelasteten Grundstücken zwangsläufig zu einem Verteilungskonflikt mit dem Nutzungsrecht des Nießbrauchers, dem an sich die Mieten gemäß § 100 BGB zustehen. Soweit der Nießbrauch dem Grundpfandrecht im Rang vorgeht, kann der Grundpfandgläubiger nicht auf die Mieten zugreifen, obwohl sie gemäß § 1124 BGB in den **Haftungsverband des Grundpfandrechts** fallen. Hat hingegen das Grundpfandrecht den höheren Rang, so kann der Grundpfandgläubiger auch auf die Mieten zugreifen. Hierzu benötigt er in formaler Hinsicht aber zusätzlich zum Vollstreckungstitel gegen den Grundstückseigentümer einen analog § 727 ZPO (partielle Rechtsnachfolge und Titelerweiterung) zu erlangenden **Duldungstitel** gegen den Nießbraucher.[39]

III. Zuständigkeitsabgrenzung zwischen Eigentümer und Nießbraucher

Die Aufspaltung der Eigentümerbefugnisse in die beim Eigentümer verbleibende Verfügungsbefugnis und die auf den Nießbraucher übergehende Nutzungsbefugnis führt zu schwierigen Abgrenzungen der rechtlichen Zuständigkeiten. Im gesetzlichen Schuldverhältnis zwischen Eigentümer und Nießbraucher stellt sich vor allem die Frage, wer die mit dem

---
[37] BGHZ 146, 341; bestätigt durch BGH NJW 2002, 1207.
[38] *Jerschke*, Beck'sches Notarhandbuch, A.V Rdnr. 136.
[39] MünchKommZPO/*Wolfsteiner* § 727 Rdnr. 33, 43; BGH NJW 2003, 2164.

Nießbrauchsgegenstand verbundenen Aufwendungen trägt. Die angemessene **Verteilung der Lasten** gehört zu den wichtigsten Aufgaben des Beraters, weil das insoweit dispositive Gesetzesrecht den Interessen der Beteiligten oftmals nicht gerecht wird.

33 Wenn sich der Nießbrauch nicht auf einen im Alleineigentum stehenden Gegenstand bezieht, sondern auf die Mitberechtigung an einer Gemeinschaft oder Gesellschaft, stellt sich auch im Verhältnis zu Dritten die Frage, wer von beiden **Mitwirkungs-** und insbesondere Stimmrechte in und gegenüber der Gemeinschaft ausüben darf. Obwohl diese Frage in unterschiedlichen Kontexten (Erbengemeinschaft im Erbrecht, Wohnungseigentümergemeinschaft im Grundstücksrecht, Personen- und Kapitalgesellschaft im Gesellschaftsrecht) historisch unterschiedlich beantwortet wurde, zeichnet sich mittlerweile eine einheitliche Linie ab.

1. Ausgestaltung von Rechten und Pflichten zwischen Eigentümer und Nießbrauchberechtigtem

34 Die Regelungen zur Verteilung von Rechten und Pflichten im gesetzlichen Schuldverhältnis zwischen Eigentümer und Nießbraucher sind in weitem Umfang **dispositiv** und sollten bei der Vertragsgestaltung besonders sorgfältig ausgearbeitet werden.[40] Sie regeln lediglich das Innenverhältnis zwischen Eigentümer und Nießbraucher und begründen somit grundsätzlich keine Anspruchsgrundlagen für Dritte.[41]

Dabei können zwei bereits erwähnte Grundmodelle unterschieden werden, zwischen denen beliebige Mittellösungen denkbar sind:
- Beim **Bruttonießbrauch** wird der Nießbraucher über die gesetzliche Lastenverteilung hinaus von seinen Verpflichtungen im Verhältnis zum Eigentümer befreit. Diese Gestaltung empfiehlt sich immer dann, wenn die Erträge des Nießbrauchsgegenstandes nicht zur Erfüllung der Nießbraucherpflichten ausreichen und kein anderweitiges Vermögen zur Erhaltung des Nießbrauchsgegenstandes vorhanden ist/eingesetzt werden soll.
- Beim **Nettonießbrauch** wird der Nießbraucher über die gesetzliche Lastenverteilung hinaus im Verhältnis zum Eigentümer mit den Aufwendungen für den Nießbrauchsgegenstand belastet. Diese Gestaltung bietet sich vor allem dann an, wenn der Eigentümer, dem die Erträge des Nießbrauchsgegenstandes ja nicht mehr zufließen, kein weiteres Vermögen für den Nießbrauchsgegenstand mehr einsetzen kann oder will.

35 a) **Zuordnung von Aufwendungen.** Da die Nießbrauchseinräumung zu einer Trennung zwischen der Verfügungsbefugnis des Eigentümers und der Nutzungsbefugnis des Nießbrauchers führt, gehört es zu den praktisch wichtigsten Gestaltungsfragen des Nießbrauchsrechts, wer von beiden die **Kosten** im Zusammenhang mit dem Erhalt und der Nutzung des Nießbrauchsgegenstandes zu tragen hat. Das insoweit überwiegend dispositive Gesetz enthält hierzu einige Regelungen, die tendenziell **nutzungsbezogene**, „alltägliche" Aufwendungen dem Nießbraucher und tendenziell **substanz- oder verwertungsbezogene**, „außerordentliche" Aufwendungen dem Eigentümer zuweisen. Dahinter steht die Überlegung, dass die nutzungsbezogenen Aufwendungen aus den Erträgen des Nießbrauchsgegenstandes beglichen werden sollen, während die substanzbezogenen Aufwendungen aus der Substanz der Sache zu leisten sind.[42] Das Gesetz verwendet für diese Abgrenzung den altertümlichen Begriff des „Stammrechts".

36 Gemäß § 1041 BGB hat der Nießbraucher für die Erhaltung der Sache in ihrem **wirtschaftlichen Bestand** zu sorgen; Ausbesserungen und Erneuerungen muss er nur im Rahmen der **gewöhnlichen Unterhaltung** der Mietsache vornehmen. Dabei kommt es vor allem auf die Kriterien der regelmäßigen und häufigen Wiederkehr der Maßnahmen sowie ihres Umfangs an.[43] Nach diesem Maßstab fallen in den Verantwortungsbereich des Nießbrauchers Ver-

---

[40] Formulierungsvorschläge finden sich z.B. bei Kersten/Bühling/*Wolfsteiner*, Formularbuch der freiwilligen Gerichtsbarkeit, S. 1291; *Nieder*, Münchener Vertragshandbuch, Bd. 6, Bürgerliches Recht II, Abschn. XVI.22; *Hügel/Scheel*, Rechtshandbuch Wohnungseigentum, Rdnr. 420.
[41] Staudinger/*Frank* § 1047 Rdnr. 5.
[42] *Schippers* MittRhNotK 1996, 197, 201.
[43] MünchKommBGB/*Pohlmann* § 1041 Rdnr. 4.

schleiß- und Schönheitsreparaturen an Mietwohnungen,[44] das Wohngeld einschließlich der Instandhaltungsrücklage in der Wohnungseigentümergemeinschaft (soweit es sich nicht um außerordentliche Investitionen handelt) oder die Fütterung von Tieren aus einem Viehbestand, während der Einbau einer neuen Heizungsanlage vom Eigentümer[45] oder gar der Wiederaufbau eines zerstörten Hauses[46] auf einem zur Nutzung überlassenen Hausgrundstück Angelegenheit des Eigentümers ist. Dabei ist allerdings zu beachten, dass letzterer in Ermangelung einer ausdrücklichen Regelung insoweit keiner Verpflichtung zur Vornahme der Erhaltungs- oder Wiederherstellungsmaßnahme unterliegt;[47] der Nießbraucher hat hierauf also keinen Anspruch gegen den Eigentümer.[48] Insbesondere begründet die Verpflichtung zur Instandhaltung oder Instandsetzung noch keine Verpflichtung zum Wiederaufbau des zerstörten Nießbrauchsgegenstandes; diese muss vielmehr ausdrücklich festgelegt werden.[49]

§ 1045 Abs. 1 BGB verpflichtet demgegenüber den Nießbraucher, zugunsten des Eigentümers für fremde Rechnung eine **Versicherung** eine Brand- und Unfallversicherung zum Neuwert (d.h. ohne Abzug des Nießbrauchswertes)[50] abzuschließen, soweit dies den Regeln einer ordnungsmäßigen Wirtschaft entspricht.

b) Zuordnung von öffentlichen und privaten Lasten. Eine strukturähnliche Regelung wie § 1041 BGB trifft § 1047 BGB für die auf dem Nießbrauchgegenstand ruhenden öffentlichen Lasten: Sie sind vom Nießbraucher im Verhältnis zum Eigentümer dann zu tragen, wenn sie nicht „als auf den Stammwert der Sache angelegt" anzusehen sind, d.h. sich nicht auf die Substanz oder die Verwertung des Nießbrauchsgegenstandes beziehen. Zu den vom Nießbraucher im Verhältnis zum Eigentümer zu tragenden öffentlichen Lasten rechnen demnach die Grundsteuer, Abwasser- und Straßenreinigungsgebühren, und zwar unabhängig von der Höhe der von ihm gezogenen Erträge.[51] Der Nießbraucher muss die ihm zuzurechnenden Lasten mithin auch dann tragen, wenn die Einnahmen aus dem Nießbrauch hierfür nicht ausreichen.[52] Demgegenüber gelten als substanz- bzw. verwertungsbezogene Aufwendungen, die dem Eigentümer zuzurechnen sind, beispielsweise Erschließungsbeiträge[53] oder Ausgleichsbeträge für Sanierungsleistungen in einem Sanierungsgebiet gemäß § 144 BauGB.[54]

Darüber hinaus ist der Nießbraucher verpflichtet, private Lasten aus Grundpfandrechtszinsen zu tragen. Im Falle von Finanzierungsgrundschulden wird diese Vorschrift dahin gehend verstanden, dass der Nießbraucher lediglich die **Zinsen** des gesicherten Darlehens zu tragen hat (und nicht die oft weit höheren Grundschuldzinsen, die in der Praxis bei älteren Grundschulden aus Hochzinsphasen bis zu 20% betragen können).[55] Insbesondere beim Zuwendungsnießbrauch wird ferner oft vereinbart, dass der Nießbrauchsberechtigte auch die Darlehenstilgung übernimmt.[56]

c) Überlegungen zur Vertragsgestaltung. Die – tendenziell an das Mietrecht erinnernde – Lastenverteilung zwischen Nießbraucher und Eigentümer kann letzteren, der ja selbst keine Erträge aus dem Nießbrauchsgegenstand erzielt und für die ihm abverlangten außergewöhnlichen Investitionen, oftmals überfordern. Offensichtlich wird dieses Problem insbesondere beim Vorbehaltsnießbrauch als Mittel der vorzeitigen Erbfolge, wenn der Erwerber zwar das Eigentum etwa an einem Mietwohnungshaus erhält, hierfür jedoch die Kosten der Instandhaltung und die öffentlichen Lasten tragen muss, diese jedoch nicht aus Erträgen des Mietwohnungshauses finanzieren kann.[57] Diese **Diskrepanz von Nutznießung und Verantwortlichkeit** kann durch

---

[44] *Schippers* MittRhNotK 1996, 197, 201.
[45] BGH NJW 1993, 3198, 3199 (für § 2124 BGB).
[46] *Schippers* MittRhNotK 1996, 197, 201.
[47] BGHZ 52, 234, 237.
[48] Umgekehrt ist er ihm ggü. aber gem. § 1042 BGB zur Anzeige verpflichtet.
[49] *Schippers* MittRhNotK 1996, 197, 201.
[50] MünchKommBGB/*Pohlmann* § 1045 Rdnr. 5.
[51] RGZ 72, 101; Staudinger/*Frank* § 1047 Rdnr. 4.
[52] So schon RGZ 153, 29 (für die mittlerweile abgeschaffte Vermögensteuer).
[53] *Langenfeld* Testamentsgestaltung Rdnr. 245 a.E.
[54] *Schippers* MittRhNotK 1996, 197, 201.
[55] So Staudinger/*Frank* § 1047 Rdnr. 21; a.A. *Schippers* MittRhNotK 1996, 197, 202.
[56] Kersten/Bühling/*Wolfsteiner*, Formularbuch und Praxis der Freiwilligen Gerichtsbarkeit, S. 1290.
[57] *Knöchlein* MittBayNot 1995, 345, 347.

die Vertragsgestaltung – auch mit dinglicher Wirkung – ausgeglichen werden, weil die Regelungen im Innenverhältnis zwischen Nießbraucher und Eigentümer im Rahmen des gesetzlichen Typenzwangs dispositiv sind.[58] Demgemäß sollte bei mangelnder Leistungsfähigkeit des nießbrauchsbelasteten Eigentümers vorgesehen werden, dass der Nießbraucher sämtliche (und nicht nur die gesetzlich für ihn vorgesehenen nutzungsbezogenen) Lasten zu tragen hat.

> **Formulierungsvorschlag für einen Nettonießbrauch, bei dem der Eigentümer weitestgehend die gesetzlichen Verpflichtungen des Nießbrauchers übernimmt:**
>
> Im Verhältnis zum Eigentümer werden dem Nießbraucher mit dinglicher Wirkung über die gesetzlichen Regelungen hinaus die Verpflichtungen auferlegt, auch außerordentliche Instandhaltungs- und Instandsetzungsmaßnahmen (jedoch ohne die Wiederherstellung zerstörter Gebäude) vorzunehmen, sämtliche privatrechtlichen und öffentlichrechtlichen Lasten, einschließlich der zum Stammwert rechnenden Lasten und einschließlich etwa mit dem Nießbrauchsgegenstand verbundener Einkommensteuern des Eigentümers zu übernehmen sowie die Tilgung und den Zins für diejenigen Verbindlichkeiten zu übernehmen, die vor der Nießbrauchsbestellung durch Grundschulden auf dem Nießbrauchsgegenstand abgesichert sind oder mit Zustimmung des Nießbrauchers zur Absicherung von Verbindlichkeiten im Zusammenhang mit Instandhaltungs- und Instandsetzungsmaßnahmen erst nach der Nießbrauchseinräumung abgesichert werden. Der Nießbraucher hat auch keine Verwendungsersatzansprüche und Wegnahmerechte. Für den Fall, dass die vorstehenden Regelungen keine dingliche Wirkung haben sollten, gelten sie nur als schuldrechtliche Abreden.

Umgekehrt kann es vorkommen, dass sich der Nießbrauch für den Nießbraucher als kostspielige Zuwendung erweist, weil die von ihm geschuldeten Aufwendungen die Erträge des Nießbrauchsgegenstandes übersteigen. Insbesondere wenn der Eigentümer weiteres Vermögen einsetzen kann oder will und der Nießbraucher nicht überfordert werden soll, empfiehlt sich daher der umgekehrte Weg, den Nießbraucher von seinen gesetzlichen Verpflichtungen zu befreien.

> **Formulierungsvorschlag für einen Bruttonießbrauch, bei dem der Nießbraucher weitestgehend von seinen Verpflichtungen entbunden wird:**
>
> Im Verhältnis zum Eigentümer wird der Nießbraucher mit dinglicher Wirkung von den Verpflichtungen befreit, die zur gewöhnlichen Unterhaltung des Grundbesitzes rechnenden Instandhaltungs- und Instandsetzungsmaßnahmen vorzunehmen (§ 1041 S. 2 BGB), den Nießbrauchsgegenstand gegen Brandschäden und sonstige Sachschäden zu versichern oder auf seine Kosten versichert zu halten (§ 1045 BGB), die ihm zugewiesenen öffentlichen und privaten Lasten des Nießbrauchsgegenstandes zu tragen (§ 1047 BGB) und eine Sicherheit nach § 1051 BGB zu leisten. Der Eigentümer ist auch verpflichtet, außergewöhnliche Ausbesserungen am Nießbrauchsgegenstand vorzunehmen und diesen im Falle seiner Zerstörung wiederaufzubauen. Für den Fall, dass die vorstehenden Regelungen keine dingliche Wirkung haben sollten, gelten sie nur als schuldrechtliche Abreden.[59]

41 Zusätzlich zur Frage der Lastenverteilung bei Aufwendungen auf den Nießbrauchsgegenstand ist es für die Beteiligten oft wichtig, den Gebrauch des Nießbrauchsgegenstandes im Einzelnen genau zu regeln. Bei einem Nießbrauch über ein Hausgrundstück könnte in diesem Sinne beispielsweise geregelt werden, ob der Nießbraucher berechtigt ist, das Haus umzubauen (z.B. Ausbau des Dachgeschosses, Einreißen von Wänden) oder ein neues Gebäude auf einer bislang als Garten genutzten Teilfläche zu errichten.

---

[58] *Knöchlein* MittBayNot 1995, 345, 347.
[59] Da die Grenzen des sachenrechtlichen Typenzwangs im Nießbrauchsrecht nicht im Einzelnen ausgelotet sind, empfiehlt sich diese besondere Form der „salvatorischen Klausel".

Verbleibt es für grundlegende Investitionen auf den Nießbrauchsgegenstand bei der gesetzlichen Lastenverteilung, so kann es vorkommen, dass der Eigentümer zur Finanzierung seiner Aufwendungen möglicherweise ein Darlehen benötigt. Dieses Darlehen wird ihm die Bank aber nur gewähren, wenn der Nießbraucher mit seinem Recht hinter das Finanzierungsgrundpfandrecht der Bank im **Rang zurücktritt**. Dadurch setzt er zwar sein Nießbrauchsrecht insgesamt aufs Spiel, weil dieses als nachrangiges Recht in der Zwangsversteigerung erlöschen würde. Andererseits ist der Rangrücktritt aber zumeist der einzige Weg, um dringend notwendige Erhaltungsmaßnahmen (z.B. die Reparatur eines undichten Daches) überhaupt zu ermöglichen. In einem solchen Fall sollte der Nießbraucher zumindest darauf dringen, dass er durch Eintragung einer Löschungsvormerkung gemäß § 1179 BGB und gleichzeitige Abtretung der Rückgewähransprüche die Löschung der Grundschuld nach Tilgung des Kredits verlangen kann.[60]

Beispiel:
Die 70-jährigen Eltern haben ihrer einzigen Tochter das Eigentum an der von ihnen noch genutzten Wohnung überschrieben und sich den Nießbrauch daran vorbehalten. Sie und die berufstätige Tochter verfügen über keine weiteren finanziellen Mittel. Nachdem das Dach undicht wird, muss ein Darlehen für die Reparaturmaßnahmen in Höhe von € 20.000 aufgenommen werden. Die Bank gewährt dieses Darlehen nur, wenn die Eltern mit ihrem Nießbrauchsrecht gegenüber der Finanzierungsgrundschuld der Bank im Rang zurücktreten. Da die Tochter das Darlehen nicht zurückzahlt, lässt die Bank das Grundstück zwangsversteigern. Dabei erlischt das mittlerweile nachrangige Nießbrauchsrecht.

Umgekehrt hat der Eigentümer bisweilen ein Interesse daran, dem Nießbraucher die Nutzung des Nießbrauchsgegenstands mit möglichst geringen finanziellen Belastungen zu ermöglichen. In diesem Sinne kann ohne Verstoß gegen den sachenrechtlichen Typenzwang etwa vereinbart werden, dass anstelle des Nießbrauchers der Eigentümer die laufenden Unterhaltskosten, die Kosten der Versicherung und sämtliche öffentlichen Lasten trägt (so genannter **Bruttonießbrauch**). Falls eine derartige Lastenverteilung gewollt ist, muss sie durch eine Weitergabeverpflichtung des Eigentümers bei Veräußerung an einen Rechtsnachfolger flankiert werden, da sie als rein schuldrechtliche Vereinbarung gegenüber dem Rechtsnachfolger keine Wirkung entfaltet.

d) Regelungsbedarf im Gesellschaftsrecht. Wenn **Gesellschaftsbeteiligungen** oder auch Einzelunternehmen einem Nießbraucher zur Nutzung übertragen werden, sind **detaillierte Regelungen** zur Stellung des Nießbrauchers im Unternehmen zu treffen, weil das Nießbrauchsrecht hierzu keine detaillierten Aussagen treffen kann. Daher ist es von größter Bedeutung, dass der Inhaber bei der Nießbrauchsbestellung festlegt, wer das Unternehmen führt, wer das Stimmrecht ausübt und inwiefern der Nießbraucher auch an Risiken und Verlusten teilnimmt[61] und welche Folgen Umstrukturierungs- oder Kapitalmaßnahmen für den Nießbrauch haben sollen.

2. Ausübung von Mitwirkungsrechten

a) Personengesellschaft. Nach früherer Auffassung verstößt die Bestellung eines Nießbrauchs an einem Gesellschaftsanteil gegen das so genannte **Abspaltungsverbot** gemäß § 717 S. 1 BGB. Dieses verbietet zwingend eine Trennung von Mitgliedschaftsrechten und Gesellschaftsanteilen durch Abtretung (oder Zurückbehalt) nur von Mitgliedschaftsrechten wie der Ausübung der Geschäftsführungsbefugnis oder des Stimmrechts.[62] Nach heute h.M. erfasst das Abspaltungsverbot jedoch nicht den Fall der Begründung eines dinglichen Rechts, bei dem Rechtsinhaber und Nießbraucher gemeinsam die vollen Mitgliedschaftsrechte innehaben. Damit erübrigt sich die frühere Hilfskonstruktion der so genannten Treuhandlösung, dass nämlich dem Nießbrauchsberechtigten auf Zeit formal die Stellung eines Vollgesellschafters durch Verschaffung einer Treuhänderposition gewährt werden müsse.[63] Allerdings bedarf die partielle Rechtsübertragung durch Nießbrauchsbestellung – ebenso wie die Anteilsübertragung – der Zustimmung sämtlicher Gesellschafter, die aber bereits im Gesellschaftsvertrag erteilt werden kann.

---

[60] *Jerschke*, Beck'sches Notarhandbuch, Abschn. A.V. Rdnr. 137.
[61] Sudhoff/*Scherer* § 7 Rdnr. 31.
[62] Referiert bei *Ulmer*, Gesellschaft bürgerlichen Rechts und Partnerschaftsgesellschaft, § 705 Rdnr. 96; s.a. schon BGHZ 58, 316 ff. Grundlegende Abhandlung von *Lindemeier* DNotZ 1999, 876, 887 ff.
[63] Vgl. *Ulmer*, Gesellschaft bürgerlichen Rechts und Partnerschaftsgesellschaft, § 705 Rdnr. 96.

45 Die Anerkennung der Nießbrauchseinräumung an einem Gesellschaftsanteil führt dazu, dass der Nießbraucher eigenständige dingliche Rechte gegenüber den Gesellschaftern hat. Damit ist aber noch nicht die Frage beantwortet, welche Mitgliedschaftsrechte auf den Nießbraucher übergehen und welche beim Rechtsinhaber verbleiben.[64] Nach heute wohl h.M. verbleibt das **Stimmrecht** beim Gesellschafter.[65] Dem Leitbild des Nießbrauchs entspricht es allerdings eher, dass der Nießbraucher für alle laufenden, die Nutzung und Verwaltung des Gesellschaftsanteils betreffenden Fragen allein zuständig ist, während der Inhaber allein berechtigt bleibt, sobald es um grundlegende, das „Stammrecht" betreffende Grundlagenfragen geht, insbesondere um Änderungen des Gesellschaftsvertrages.[66] Diese Abgrenzung ist aber so unscharf und auch immer noch umstritten,[67] dass sich entweder eine klärende Regelung im Gesellschaftsvertrag empfiehlt oder aber eine Abstimmung durch Inhaber und Nießbraucher gemeinsam;[68] diese gemeinsame Abstimmung kann natürlich nicht zu einer Verdoppelung des Stimmgewichtes führen.

Auch die Zuordnung von Gewinnen aus dem nießbrauchsbelasteten Gesellschaftsanteil kann problematisch werden, insbesondere wenn der Gewinn sich nicht auf laufende Erträge aus dem operativen Geschäft bezieht, sondern z.B. auf außerordentliche Erträge aus der Veräußerung einer Unternehmenssparte. Zudem können Konflikte daraus entstehen, dass der stimmberechtigte Eigentümer sein Stimmrecht in einer Weise ausübt, die dem nießbrauchsberechtigten den Zugang zu den Gewinnen erschwert, etwa durch eine aus Sicht des Nießbrauchers überzogene Thesaurierung von Gewinnen. Noch problematischer wird es, wenn der Inhaber des Gesellschaftsanteils dem Nießbraucher Informationen über das Unternehmen vorenthält.

Beispiel:
Der Erblasser hat seiner Ehefrau den Nießbrauch an einer Personengesellschaftsbeteiligung hinterlassen. Die Erben beschließen die Umwandlung der Personengesellschaft in eine Aktiengesellschaft; die Satzung der neuen Aktiengesellschaft nützt die Möglichkeit, zwingende Regeln zur Thesaurierung von Gewinnen zu beschließen, in maximalem Umfang aus. In dieser Situation hätte es sich empfohlen, dass der Erblasser die Erben verpflichtet, der Nießbraucherin die Finanzunterlagen der Gesellschaft offenzulegen und sich vor Grundlagenbeschlüssen mit ihr abzustimmen. Darüber hinaus ist eine Stimmrechtsvollmacht für den Nießbraucher hilfreich (siehe sogleich).

46 b) **Kapitalgesellschaften.** Für die Gesellschafterstellung an einer Kapitalgesellschaft gelten dieselben Überlegungen. Auch hier greift das – grundsätzlich auch insoweit anerkannte – Abspaltungsverbot nicht ein. Daher kann ein Nießbrauch an einem GmbH-Geschäftsanteil unter denselben Voraussetzungen eingeräumt werden, unter denen der Geschäftsanteil auch übertragen werden könnte, d.h. nach Maßgabe etwaiger **Genehmigungserfordernisse** gemäß §§ 1069 BGB, 15 Abs. 5 GmbHG und nur in der Form notarieller Beurkundung (§ 15 Abs. 3 GmbHG).[69]

47 Das **Stimmrecht** verbleibt nach h.M. auch hier zwingend beim Eigentümer.[70] Dieser kann aber den Nießbraucher bevollmächtigen, das Stimmrecht für ihn auszuüben.[71] Eine verdrängende Vollmacht, d.h. eine Vollmachterteilung unter Verzicht auf die eigene Stimmrechtsausübung, ist jedoch unzulässig.[72] Dasselbe gilt nach h.M. für eine unwiderrufliche Bevollmächtigung;[73] Abweichende gesellschaftsvertragliche Regelungen sind denkbar.

---

[64] Ausf. *Lindemeier* DNotZ 1999, 876, 894 ff.
[65] Umfassende Darstellung bei MünchKommBGB/*Pohlmann* § 1068 Rdnr. 68 ff.
[66] *Ulmer*, Gesellschaft bürgerlichen Rechts und Partnerschaftsgesellschaft, § 705 Rdnr. 99.
[67] Alternativ wird auf der Grundlage des Abspaltungsverbotes vertreten, dass nur der Nießbrauchsbesteller stimmberechtigt sei; vgl. Staudinger/*Frank* Anh. zu §§ 1068 f. Rdnr. 70. Eine weitere Ansicht geht davon aus, dass Besteller und Nießbraucher das Stimmrecht nur gemeinsam und einheitlich ausüben können; vgl. *Schön* ZHR 158, 229, 261 f.
[68] So insb. *Lindemeier* DNotZ 1999, 876, 899, der eine Bruchteilsgemeinschaft zwischen Nießbraucher und Anteilsinhaber konstruiert.
[69] Diese ist auch schon für das Verpflichtungsgeschäft erforderlich, vgl. § 15 Abs. 4 S. 1 GmbHG.
[70] OLG Koblenz NJW 1992, 2163, 2164; Staudinger/*Frank* Anh. zu § 1068 f Rdnr. 70.
[71] Demgem. hat das OLG Koblenz in der zit. Entscheidung die unwirksame Übertragung des Stimmrechts in eine wirksame Stimmrechtsvollmacht umgedeutet (§ 140 BGB), NJW 1992, 2163, 2164.
[72] Kersten/Bühling/*Wolfsteiner*, Formularbuch und Praxis der Freiwilligen Gerichtsbarkeit, S. 1290.
[73] Kersten/Bühling/*Wolfsteiner*, Formularbuch und Praxis der Freiwilligen Gerichtsbarkeit, S. 1290.

Formulierungsvorschlag:
Der Gesellschafter bevollmächtigt den Nießbraucher hiermit, soweit gesetzlich und nach Maßgabe des Gesellschaftsvertrages zulässig, ihn bei der Teilnahme an Gesellschafterversammlungen zu vertreten, das Stimmrecht für ihn auszuüben und sämtliche Erklärungen gegenüber den oder seitens der Gesellschaft bzw. Geschäftsführern abzugeben oder entgegenzunehmen.

c) **Wohnungseigentümergemeinschaft.** Auch bei einer Wohnungseigentümerversammlung, deren Struktur Verwandtschaft mit Kapitalgesellschaften oder Genossenschaften aufweist, stellt sich die Frage, ob der Eigentümer, der Nießbraucher oder nur beide gemeinsam zur Ausübung des Stimmrechts berechtigt sind. Im Einklang mit dem nunmehr herrschenden Lösungsvorschlag im Gesellschaftsrecht hat der BGH kürzlich entschieden, dass das Stimmrecht ausschließlich dem **Eigentümer** zusteht.[74] Aus dem zwischen Wohnungseigentümer und Nießbraucher bestehenden Begleitschuldverhältnis kann der Eigentümer jedoch verpflichtet sein, sich mit dem Nießbraucher abzustimmen, nach dessen Weisung zu handeln oder ihm sogar eine Stimmrechtsvollmacht zu erteilen, wobei der Umfang dieser Rücksichtnahmepflichten im Innenverhältnis zwischen Eigentümer und Nießbraucher davon abhängt, inwieweit der Nießbraucher für die Kosten des Nießbrauchsgegenstandes verantwortlich ist.[75]

Für die Lösung des BGH spricht nicht zuletzt die einfache, auch im Gesellschaftsrecht gültige Überlegung, dass der die Versammlung einberufende Verwalter oftmals den Nießbraucher gar nicht kennt.

Beispiel:
Der Alleineigentümer einer Wohnungseigentumseinheit wendet seiner Ehefrau vermächtnisweise den Nießbrauch daran zu; Erben werden vier seiner fünf Kinder zu gleichen Teilen. Nach seinem Tod wurde noch kein Erbschein ausgestellt, weil das Testament vom fünften Kind angefochten wird. In der Wohnungseigentümerversammlung lehnt der Verwalter unter Berufung auf die BGH-Rechtsprechung die Teilnahme der Mutter ab und verlangt eine Vollmacht als Legitimationsnachweis.

d) **Erbengemeinschaft.** Die Erbengemeinschaft ist eine Gesamthandsgemeinschaft mit einer nur rudimentär geregelten Binnenverfassung. Aufgrund dieser gesamthänderischen Mitberechtigung bedürfen die übrigen Erben in der Erbengemeinschaft entsprechend § 1071 BGB der **Zustimmung des Erbteilsnießbrauchers**[76] (wobei dieser in der Erbengemeinschaft ebenso wie ein Miterbe überstimmt werden kann[77]), während sie im Falle eines Nießbrauchs an sämtlichen Nachlassgegenständen ohne Zustimmungserfordernis über die nießbrauchsbelasteten Vermögensgegenstände verfügen könnten.[78] Umgekehrt kann die Erbauseinandersetzung entsprechend § 1066 Abs. 2 BGB nur von dem Inhaber des Erbanteils und vom Nießbrauchberechtigten gemeinsam verlangt werden.[79] Hiervon statuiert § 86 Abs. 2 FGG eine wichtige verfahrensrechtliche Ausnahme: Sofern die Erben kein Interesse an einer Auseinandersetzung des Nachlasses zeigen, kann der Nießbraucher das gerichtliche Verfahren zur **Vermittlung der Auseinandersetzung** einleiten; bei der Durchführung ist der Nießbraucher indessen wieder auf den Erben angewiesen.[80]

IV. Nießbrauchsvermächtnis versus Vor- und Nacherbschaft

Die Abgrenzung zwischen Nießbrauchsvermächtnis einerseits und Vor- und Nacherbschaft andererseits gehört zu den praktisch wichtigsten Problemen an der Schnittstelle zwischen Erbrecht und Nießbrauchsrecht. Dabei treten vor allem zwei Fragestellungen auf: Bei bereits vorhandenen letztwilligen Verfügungen stellt sich häufig das **Auslegungsproblem**, welche der

---
[74] BGH NJW 2002, 1647, 1648 f.; BayObLG MittBayNot 1999, 65, 66.
[75] BGH NJW 2002, 1647, 1649.
[76] OLG Hamm DNotZ 1977, 376, 378.
[77] MünchKommBGB/*Pohlmann* § 1089 Rdnr. 14.
[78] *Nieder*, Handbuch der Testamentsgestaltung, Rdnr. 696; Sudhoff/*Scherer* § 7 Rdnr. 26.
[79] Staudinger/*Frank* § 1089 Rdnr. 34; MünchKommBGB/*Pohlmann* § 1089 Rdnr. 14.
[80] Staudinger/*Frank* § 1089 Rdnr. 34; Keidel/Kuntze/Winkler/*Winkler* FGG § 86 Rdnr. 64.

beiden Gestaltungen der Erblasser verwirklichen wollte, wobei auch zahlreiche komplizierte Zwischenlösungen denkbar sind. Bei der Rechtsgestaltung durch den Notar oder Anwalt kommt es hingegen darauf an, die Vor- und Nachteile beider Gestaltungen gegeneinander abzuwägen und die einmal gewählte Gestaltung in der letztwilligen Verfügung hinreichend deutlich zu formulieren.

1. Abgrenzung zwischen Nießbrauchsvermächtnis und Vor- und Nacherbschaft

51 Sofern der Erblasser (bzw. sein Berater) sich konsequent an die erb- oder sachenrechtliche Terminologie hält, besteht nur ein geringes Risiko, Auslegungszweifel zu verursachen, weil die Auslegung sich zunächst am **Wortlaut** orientieren wird. Oft ist der vom Erblasser gewählte Wortlaut aber nicht eindeutig (etwa wenn nur von Verwaltung oder Nutzungsrecht die Rede ist). Zudem verbinden Erblasser mit den erbrechtlichen Termini oft ganz andere Vorstellungen, als die teilweise äußerst komplizierten Rechtsfolgen es vorsehen, oder überhaupt keine konkreten Vorstellungen, so dass der gewählte Wortlaut nicht immer den Ausschlag für die richtige Auslegung geben kann.[81] Die Abgrenzung der Rechtsinstitute voneinander fällt insbesondere dann schwer, wenn der Nutzung berechtigt sein soll, über den Nachlass zu verfügen, oder wenn der Erblasser eine Nutzung am Nachlass in seinem jeweiligen Bestand anordnen will, die aber nur bei einer dinglichen Surrogation denkbar ist.

2. Unterschiede beider Gestaltungen

Das Nießbrauchsvermächtnis einerseits (insbesondere in Verbindung mit einer Bestellung des Vermächtnisnehmers als Testamentsvollstrecker) und die Vor- und Nacherbschaft andererseits führen **wirtschaftlich** für den zunächst Bedachten zu recht **ähnlichen** Ergebnissen. Beide Gestaltungsformen unterscheiden sich jedoch in Details, vor allem im Verhältnis zum Letztbedachten.[82]

52 **a) Dingliche Surrogation.** Im Falle der Vor- und Nacherbschaft wird der Nacherbe vor Substanzverlusten des Nachlasses durch die **dingliche Surrogation** geschützt: Alle mit Nachlassmitteln erworbenen Vermögensgegenstände gehören automatisch wieder zum Nachlass.

Dieser nur im Erbrecht bekannte Mechanismus ist in einem Nießbrauchsvermächtnis nicht von vornherein angelegt. Wenn der Nießbraucher aus dem Nießbrauchsgegenstand einen Ersatzvermögensgegenstand erwirbt, unterfällt dieser nicht der dinglichen Surrogation. Allerdings kann der Erblasser den Nießbrauchsbegünstigten – wie bereits erwähnt – zum Testamentsvollstrecker ernennen; wenn dieser über einen Nachlassgegenstand verfügt und dafür einen anderen Vermögensgegenstand hinzuwirbt, zählt der **Ersatzgegenstand** gemäß § 2041 BGB automatisch wieder zum Nachlass. Dasselbe gilt, wenn der Nießbraucher den Nießbrauch nicht an sämtlichen Nachlassgegenständen, sondern an einem Erbanteil erhält.

53 **b) Verfügungsbefugnis.** Die Unterschiede beider Gestaltungen zeigen sich deutlicher in der Rechtsposition des Letztbedachten: Der Vorerbe ist wahrer Erbe und dem Nacherben als Letztbedachten gegenüber bis zum Eintritt des Nacherbfalles Eigentümer der Nachlassgegenstände,[83] dessen Verfügungsbefugnis lediglich bei unentgeltlichen Verfügungen und Grundstücksveräußerungen bzw. -belastungen eingeschränkt ist (§ 2113 BGB). Der Nießbraucher hat hingegen selbst kein **Verfügungsrecht** über den Nießbrauchsgegenstand; diese kann ihm lediglich durch Zuhilfenahme weiterer Rechtsinstitute, insbesondere Testamentsvollstreckung oder (postmortale) Vollmacht, zusätzlich vermittelt werden. Da die Kombination des Nießbrauchs mit einer aus anderen Rechtsinstituten „geliehenen" Verfügungsbefugnis aber anerkannt ist, schadet dies letztlich nicht. Allerdings darf der Nießbraucher gegenüber dem Erben – anders als der Vorerbe gegenüber dem Nacherben – als lediglich Nutzungsberechtigter die wirtschaftliche Zweckbestimmung des von ihm genutzten Gegenstands nicht grundlegend verändern.[84]

54 **c) Haftung.** Der Nießbraucher-Testamentsvollstrecker ist gegenüber dem Erben in umfassenderer Weise gemäß §§ 2218, 666 BGB zur **Rechenschaft** (und bei Pflichtverletzungen zu

---

[81] Vgl. MünchKommBGB/*Pohlmann* § 1089 Rdnr. 5.
[82] *Nieder*, Handbuch der Testamentsgestaltung, Rdnr. 697.
[83] *Langenfeld* Testamentsgestaltung Rdnr. 243.
[84] *Nieder*, Handbuch der Testamentsgestaltung, Rdnr. 697.

Schadensersatz) verpflichtet als der (auflösend bedingt selbständige) Vorerbe gegenüber dem Nacherben (vgl. § 2121 BGB). Dementsprechend haftet der Vorerbe nur mit dem abgemilderten **Haftungsmaßstab** der eigenüblichen Sorgfalt und – als befreiter Vorerbe – auch erst nach Eintritt des Nacherbfalles, wenn er den Nachlass schädigt, während der Nießbraucher dem Erben im Rahmen des zwischen ihnen bestehenden gesetzlichen Schuldverhältnisses unbeschränkt haftet.[85] Wird der Nießbrauch mit einer Testamentsvollstreckung kombiniert, so haftet der Nießbraucher zudem in seiner Eigenschaft als Testamentsvollstrecker der Erbengemeinschaft gegenüber unabdingbar gemäß § 2216 BGB für Pflichtverletzungen.

d) **Haftung für Nachlassverbindlichkeiten.** Bei der Kombination von Vor- und Nacherbschaft tritt der Vorerbe als (zeitlich begrenzter) Vollerbe in alle Rechte und Pflichten des Erblassers gleichermaßen ein, so dass ein Gleichklang von Rechten und Pflichten herrscht. Demgegenüber verbleiben die **Nachlassverbindlichkeiten** auch dann beim Erben, wenn dieser wegen der Belastung des Nachlasses mit dem Nießbrauchvermächtnis am Nachlass keine Erträge hieraus ziehen kann; dies gilt nach zutreffender Auffassung gleichermaßen für den Nießbrauch an sämtlichen Nachlassgegenständen und den Nießbrauch am Erbanteil.[86]   55

e) **Erbschaftsteuerliche Erwägungen.** In erbschaftsteuerlicher Hinsicht hat das Nießbrauchvermächtnis den Vorteil, eine **Doppelbesteuerung** durch zwei aufeinander folgende Erbfälle zu vermeiden (vgl. § 6 ErbStG).[87] Überdies ist die die Bewertung mit dem **kapitalisierten Nutzungswert** des Nießbrauchsgegenstandes gemäß §§ 13 bis 16 BewG zumeist günstiger als der ansonsten anzuwendende Bewertungsansatz.[88] Für detailliertere Ausführungen zur Erbschaftsteuer wird auf Kapitel [•] verwiesen.   56

f) **Fazit.** In der Gestaltungspraxis sind beide Varianten nebeneinander anzutreffen, wobei das Nießbrauchvermächtnis in Baden-Württemberg einen **regionalen Schwerpunkt** zu haben scheint und für rechtliche Laien leichter verständlich ist.[89] Sofern steuerliche Erwägungen nicht den Ausschlag geben, wird es entscheidend darauf ankommen, wie stark der Erblasser den Erstbedachten (z.B. die Ehefrau) gegenüber den Letztbedachten (z.B. den Kindern) in die **Pflicht nehmen** will.[90]   57

V. Nießbrauch und Herausgabeansprüche von Pflichtteilsberechtigten und Vertragserben

Die Zuwendung oder der Vorbehalt eines Nießbrauchs werden ferner im Zusammenhang mit **Pflichtteilsergänzungsansprüchen** übergangener Pflichtteilsberechtigter sowie **mit bereicherungsrechtlichen Ausgleichsansprüchen** von Vertragserben diskutiert. Die hiermit verbundenen Probleme sollen hier nur angedeutet werden, weil sie entweder an anderer Stelle in diesem werk ausführlich abgehandelt werden oder nicht nießbrauchspezifisch sind.   58

1. Pflichtteilsergänzungsanspruch gemäß § 2325 BGB

Wenn ein Grundstückseigentümer im Wege der vorweggenommenen Erbfolge ein Grundstück unter Vorbehalt des Nießbrauchs überträgt, stellt sich häufig die Frage, ab welchem Zeitpunkt die **Zehnjahresfrist** gemäß § 2325 Abs. 3 BGB läuft und in welchem Umfang der vorbehaltene Nießbrauch bei der Berechnung eines Pflichtteilergänzungsanspruchs anzusetzen ist. Für den Lösungsansatz der höchstrichterlichen Rechtsprechung wird insoweit auf die Ausführungen in Kapitel [•] verwiesen.   59

Umgekehrt kann ein Zuwendungsnießbrauch zu einem Pflichtteilsergänzungsanspruch führen, wenn die Zuwendung innerhalb der Zehnjahresfrist des § 2325 BGB erfolgt.[91] Dann stellt sich insbesondere die Frage, mit welchem Wert die Zuwendung anzusetzen ist.

---

[85] *Langenfeld* Testamentsgestaltung Rdnr. 243.
[86] Staudinger/*Frank* § 1089 Rdnr. 35; vgl. auch RGZ 60, 131.
[87] *Nieder*, Handbuch der Testamentsgestaltung, Rdnr. 697.
[88] *Nieder*, Handbuch der Testamentsgestaltung, Rdnr. 697.
[89] *Nieder*, Handbuch der Testamentsgestaltung, Rdnr. 697.
[90] Vgl. Sudhoff/*Scherer* § 7 Rdnr. 30.
[91] Staudinger/*Frank* Vorb. zu §§ 1030 ff. Rdnr. 83.

2. Ausgleichsansprüche von Begünstigten aus Erbverträgen und Ehegattentestamenten

60 Ebenso kann es vorkommen, dass ein Erblasser gemäß § 2287 BGB durch die Zuwendung eines Nießbrauchs die Rechte eines erbvertraglich Berechtigten oder des durch eine wechselbezügliche Verfügung geschützten Ehegatten unterläuft.[92] Für die Beurteilung der Frage, ob die Zuwendung in **Beeinträchtigungsabsicht** erfolgte und damit nach den Regeln des Bereicherungsrechts rückabzuwickeln ist, kommt es entgegen dem Wortlaut des § 2287 Abs. 1 S. 1 BGB nicht in erster Linie auf eine bös(artig)e Absicht des Zuwendenden an, sondern vielmehr darauf, ob er ein nachvollziehbares, in die Zukunft gerichtetes Eigeninteresse für die Zuwendung hatte[93] (und nicht etwa nur eine Dankesschuld abtragen wollte). Kann dieses „lebzeitige Eigeninteresse" bejaht werden, so scheidet ein Bereicherungsanspruch aus. Da dieses Kriterium bei einer vorausschauenden vertraglichen Dokumentation fast immer zu erfüllen ist, geht der Bereicherungsanspruch gemäß § 2287 BGB zumeist ins Leere. Hierbei handelt es sich aber nicht um ein nießbrauchsrechtliches Problem.

---

[92] Vgl. BGH NJW 1992, 2287.
[93] Vgl. hierzu die ausf. Darstellung von *T. Scheel* NotBZ 2001, 58, 59.

Teil C. Die Vermögensnachfolge im Verfahren

1. Abschnitt. FGG-Verfahren

§ 50 Erbschein und sonstige Aufgaben des Nachlassgerichts[1]

Übersicht

	Rdnr.
I. Überblick	1–9
1. Aufgaben und Pflichten des Nachlassgerichts, der Notare und anderer beteiligter Behörden	1–4
2. Aufgaben und Pflichten des Nachlassgerichts im Einzelnen	5–9
a) Adressat von Erklärungen der Verfahrensbeteiligten	5
b) Durchführung von Verfahren auf Antrag der Beteiligten	6
c) Einleitung des Verfahrens von Amts wegen	7
d) Weitere Behörden	8/9
II. Erbscheinsverfahren	10–38
1. Erbscheinsantrag	10
2. Materielle und prozessuale Rechtswirkungen des Erbscheins	11–14
3. Verfahren zur Erteilung von Erbscheinen	15–25
4. Arten und besondere Formen des Erbscheins	26–29
5. Auslandsberührung	30/31
6. Rechtsbehelfe/Einziehung/Kraftloserklärung	32–38

Schrifttum: *Brehm*, Freiwillige Gerichtsbarkeit, 3. Aufl. 2002; Beck'sches Notarhandbuch, 4. Aufl. 2006; *Dressler*, Der erbrechtliche Auslegungsvertrag – Gestaltungshilfe bei einvernehmlichen Nachlassregelungen, ZEV 1999, 289; *Fetsch*, Die „Belegenheit" von Forderungen im Internationalen Erbscheinsverfahren: Zur Auslegung und ratio von § 2369 Abs. 2 BGB, ZEV 2005, 425; *Kerscher/Tanck/Krug*, Das erbrechtliche Mandat, 3. Aufl. 2003; *Kuchinke*, Erbrecht: Ein Lehrbuch (begr. v. Heinrich Lange), 5. Aufl. 2001; *Litzenburger*, Ist die eidesstattliche Versicherung eines Vorsorgebevollmächtigten im Erbscheinsverfahren zulässig?, ZEV 2004, 450; *Mümmler*, Anwaltsgebühren in einer Testamentsvollstreckersache, JurBüro 1997, 408; *von Oertzen*, Praktische Handhabung eines Erbrechtsfalls mit Auslandsberührung, ZEV 1995, 167; *Reithmann*, Vorsorgende Rechtspflege durch Notare und Gerichte, 1989; *Sudhoff* Unternehmensnachfolge, 5. Aufl. 2005; *Wöhrmann/Stöcker*, Das Landwirtschaftserbrecht, 8. Aufl. 2004; *Zimmermann*, Das Erbscheinsverfahren und seine Ausgestaltung, ZEV 1995, 275; *ders.*, Erbschein und Erbscheinsverfahren, 2004.

I. Überblick

1. Aufgaben und Pflichten des Nachlassgerichts, der Notare und anderer beteiligter Behörden

Das Verfahren des Nachlassgerichts in Nachlass- und Teilungssachen gehört zur freiwilligen 1 Gerichtsbarkeit (§§ 72 ff. FGG). Zu den wichtigsten Besonderheiten dieses Verfahrens gegenüber dem Zivilprozess gehört die Einleitung des Verfahrens von Amts wegen oder auf Antrag; es gilt der Untersuchungsgrundsatz (§ 12 FGG). An die Stelle von Parteien treten Beteiligte.

Im Unterschied zu den Notaren, die im Wesentlichen als Vertrauenspersonen **vorsorgend** 2 der Sicherung und Erleichterung des Rechtsverkehrs dienen, handeln die Nachlassgerichte **fürsorgend**, jedoch nicht vornehmlich für den Rechtsverkehr, sondern in Ausübung einer Überwachungsfunktion. Wenn die Notare neben Vollzugs- und Treuhandtätigkeiten vor allem Beurkundungen vornehmen, die dem Zeugnis im Rechtsverkehr dienen (§§ 20 ff. BNotO), so erfüllt das Nachlassgericht vor allem Aufgaben der Eröffnung, Verkündung und Sicherung

---

[1] Autor der 1. Aufl.: Ralf E. Hess.

der für das Erbrecht bedeutsamen Urkunden (z. B. Testamentseröffnung), der Feststellung und Legitimation durch Klärung erbrechtlicher Rechtsverhältnisse (z. B. Erbscheinsverfahren bzw. Erbenermittlung[2] im Rahmen von landesrechtlich geregelten Verfahren) sowie der Fürsorge für den Nachlass in bestimmten Fällen (z. B. Nachlasspflegschaft, Nachlassinsolvenz- bzw. -verwaltung, Überwachung der Testamentsvollstrecker). **Sachlich zuständig** für die dem Nachlassgericht obliegenden Aufgaben ist das Amtsgericht (§ 72 FGG). Funktionell werden die Aufgaben zwischen Richter und Rechtspfleger nach dem Prinzip der Vorbehaltsübertragung verteilt, wonach für Nachlass- und Teilungssachen der Rechtspfleger zuständig ist, soweit sie nicht nach § 16 RPflG dem Richter vorbehalten sind. Abweichend hiervon sind in Baden-Württemberg die Aufgaben des Nachlassgerichts dem staatlichen Notariat übertragen.[3]

3   Die **örtliche Zuständigkeit** ergibt sich in der Regel aus dem letzten Wohnsitz bzw. Aufenthalt des Erblassers zum Zeitpunkt des Erbfalls (§ 73 FGG). Für deutsche Erblasser ohne letzten Wohnsitz oder Aufenthalt im Inland zur Zeit des Erbfalls ist das Amtsgericht Berlin-Schöneberg Nachlassgericht zuständig (§ 73 Abs. 2 FGG); für einen Ausländer als Erblasser ohne Wohnsitz oder Aufenthalt im Inland sind die Amtsgerichte zuständig, in deren Bezirk sich Nachlassgegenstände befinden (§ 73 Abs. 3 FGG).

Für den beratenden Anwalt empfiehlt sich eine enge Zusammenarbeit mit dem Nachlassgericht, um den Einfluss auf den Gang des Verfahrens zu behalten und frühzeitig für seinen Mandanten unerwünschte Entwicklungen, wie z. B. nicht einzuhaltende Fristbestimmungen des Nachlassgerichts, zu vermeiden.

4   Neben den Notaren, Geburtsstandesämtern und den Nachlassgerichten sind eine Vielzahl von Behörden mittel- oder unmittelbar an der Erfüllung der vorgenannten Aufgaben beteiligt, insbesondere Konsulate, Landwirtschaftsbehörden und das **Amtsgericht Berlin-Schöneberg (Hauptkartei für Testamente), Grunewaldstraße 66/67, 10823 Berlin**, bei dem alle öffentlich errichteten Verfügungen von Todes wegen, bei denen ein nicht in Deutschland lebender Deutscher beteiligt ist, geführt werden. Todesfälle werden über die Einwohnermeldeämter diesem Gericht unmittelbar zur Kenntnis gebracht.

2. Aufgaben und Pflichten des Nachlassgerichts im Einzelnen

5   a) **Adressat von Erklärungen der Verfahrensbeteiligten.** Das Nachlassgericht ist Adressat einer Vielzahl von Erklärungen der Beteiligten im Rahmen der Durchführung der ihm zugewiesenen verschiedenen Verfahren und Aufgaben. Nachfolgend sind die wesentlichen dem Nachlassgericht gegenüber abzugebenden Erklärungen aufgeführt:
- Erklärung der Ausschlagung der Erbschaft (§ 1945 BGB);
- Ablehnung bzw. Anfechtung der Fortsetzung der Gütergemeinschaft nach Tod eines Ehegatten (§§ 1484, 1945, 1955 BGB) bzw. entsprechende Verzichtserklärung eines anteilsberechtigten Abkömmlings (§ 1491 BGB);
- Aufhebungserklärung des überlebenden Ehegatten bei fortgesetzter Gütergemeinschaft (§ 1492 BGB);
- Anfechtung der Annahme oder der Ausschlagung einer Erbschaft bzw. der Versäumung der Ausschlagungsfrist (§§ 1955, 1956 BGB);
- Entgegennahme des Nachlassinventars (§ 1993 BGB);
- Anfechtung eines Testamentes oder Erbvertrages (§§ 2081, 2281 BGB);
- Anzeige des Eintritts der Nacherbfolge (§ 2146 BGB);
- Annahme sowie Ablehnung des Testamentsvollstreckeramtes (§ 2202 BGB), Kündigung des Testamentsvollstreckeramtes (§ 2226 BGB);
- Anzeige eines Erbschafts- oder Erbteilskaufs sowie der dinglichen Erbteilsübertragung (§ 2384 BGB);
- Protokollierung der eidesstattlichen Versicherung des Erben über die Vollständigkeit des Nachlassinventars (§ 2006 BGB).

6   b) **Durchführung von Verfahren auf Antrag der Beteiligten.** Auf Antrag wird das Nachlassgericht in folgenden Fällen tätig:
- Antrag auf Nachlassauseinandersetzung (§§ 86 ff. FGG);

---

[2] Vgl. Rdnr. 7 a.E.; *Reithmann* Nr. I.2 c, S. 7.
[3] Vgl. §§ 1 Abs. 2, 38 LFGG i.V.m. Art. 147 EGBGB.

- Antrag eines Nachlassgläubigers auf Anordnung der Nachlasspflegschaft (§ 1961 BGB);
- Stundung des Pflichtteilsanspruchs (§ 2331 a BGB);
- Bestimmung der Inventarfrist (§ 1994 BGB) und Aufnahme eines Inventars (§ 2003 BGB);
- Anordnung der Nachlassverwaltung mit der Folge einer Haftungsbeschränkung (§ 1981 BGB);
- Aufgebot von Nachlassgläubigern (§ 1970 BGB, §§ 989 ff. ZPO);
- Fristbestimmung in bestimmten Fällen bei Vermächtnissen oder Auflagen (§§ 2151 Abs. 3, 2153 bis 2155 BGB);
- Fristsetzung zur Bestimmung eines Testamentsvollstreckers und zur Annahme des Testamentsvollstreckeramtes (§§ 2198 Abs. 2, 2199, 2202 Abs. 2 BGB);
- Entlassung eines Testamentsvollstreckers bei Vorliegen eines wichtigen Grundes (§ 2227 BGB);
- Erteilung eines Erbscheines oder eines Testamentsvollstreckerzeugnisses (§§ 2353 ff., 2368 BGB).

c) Einleitung des Verfahrens von Amts wegen. Von Amts wegen wird das Nachlassgericht in folgenden Fällen tätig:
- Mitteilung vom Anfall der Erbschaft bei Ausschlagung bzw. der Anfechtung der Annahme oder der Ausschlagung an den nächsten Berechtigten (§§ 1953 Abs. 3, 1957 Abs. 2 BGB);
- Mitteilung an den Begünstigten bei Anfechtung eines Testaments oder Erbvertrags (§§ 2081 Abs. 2, 2281 Abs. 2 S. 2 BGB);
- Nachlasssicherung durch Anlegung von Siegeln, Hinterlegung von Geld, Wertpapieren und Kostbarkeiten, Aufstellung eines Nachlassverzeichnisses (§ 1960 BGB) sowie Bestellung eines Nachlasspflegers für noch nicht feststehende Erben (§ 1960 Abs. 2 BGB);
- Ernennung eines Testamentsvollstreckers (§ 2200 BGB);
- Veranlassung zur Ablieferung von Testamenten oder Erbverträgen (§§ 2259, 2300 BGB);
- Eröffnung und Verkündung einer Verfügung von Todes wegen (§§ 2260 bis 2262 BGB);
- Einziehung oder Kraftloserklärung eines Erbscheins (§ 2361 BGB) bzw. eines Testamentsvollstreckerzeugnisses (§§ 2368, 2361 BGB);
- Unterrichtung des Grundbuchamtes, wenn ein Grundstück zum Nachlass gehört (§ 83 GBO);
- Baden-Württemberg und Bayern: Erbenermittlung von Amts wegen (§ 41 Ba.-Wü. LFGG, Art. 37 Bayerisches AGGVG).

d) Weitere Behörden. Besondere Zuständigkeiten sind dem **Landwirtschaftsgericht** im Höferecht mit der Erteilung und Einziehung eines Hoffolgezeugnisses (§ 18 HöfeO) und der Entgegennahme der Erklärung über die Ausschlagung des Anfalls eines Hofes zugewiesen (§ 11 HöfeO).

Konsulate im Ausland sind berechtigt, eine Verfügung von Todes wegen eines deutschen Staatsangehörigen zu beurkunden und zu eröffnen (§ 11 KonsG) und den Nachlass eines deutschen Staatsangehörigen zu sichern (§ 9 KonsG).

II. Erbscheinsverfahren

1. Erbscheinsantrag

Der Erbscheinsantrag muss so bestimmt sein, dass ihn das Nachlassgericht bei Stattgabe wörtlich übernehmen könnte.[4]

Checkliste:

☐ Beantragte Erbscheinsart (Rdnr. 26 bis 29).
☐ Zuständiges Nachlassgericht (so z.B. Notariat in Baden-Württemberg; Landwirtschaftsgericht, soweit Hof zum Nachlass gehörig und im Geltungsbereich der HöfeO).

---

[4] Seit RGZ 156, 172, 180 h.M.

- ☐ Antragsberechtigung (Rdnr. 16).
- ☐ Personalien des/der Antragsteller(s).
- ☐ Persönliche Daten des Erblassers: Ort und Zeit der Geburt und des Todes (Nachweis des Todestages durch beglaubigte Sterbeurkunde), letzter Wohnsitz (maßgeblich für die Zuständigkeit des Nachlassgerichts), Staatsangehörigkeit, Güterstand.
- ☐ Beanspruchte Erbquote (Alleinerbe; 1/4 usw.).[5]
- ☐ Berufungsgrund
  - bei gesetzlicher Erbfolge:
    Angaben über das Verwandtschaftsverhältnis zum Erblasser bzw. das Ehegattenverhältnis (Nachweis durch Familienstammbuch oder begl. Geburtsurkunden bzw. Heiratsurkunden) und den Güterstand (kein Nachweis erforderlich). Das Nachlassgericht kann vom überlebenden, antragstellenden Ehegatten die eidesstattliche Versicherung verlangen, dass keine Ehesache im Sinne des § 1933 BGB anhängig ist;[6]
  - bei gewillkürter Erbfolge:
    Bezeichnung und Vorlage des Testaments oder Erbvertrags, auf das/den sich der Antragsteller stützt.
- ☐ Ob und gegebenenfalls welche Personen sind oder waren vorhanden, die das (gesetzliche/testamentarische) Erbrecht der Benannten ausschließen oder mindern würden. Welches sind die Gründe für den Wegfall (z. B. Enterbung § 1938 BGB, Ausschlagung § 1953 BGB, Erbverzicht § 2346 BGB, Scheidungslage § 1933 BGB, festgestellte Erbunwürdigkeit § 2344 BGB, Tod vor dem Erbfall etc.).
- ☐ Angabe, ob ein Rechtsstreit über das Erbrecht anhängig ist.
- ☐ Darstellung, ob und welche (sonstigen) Verfügungen von Todes wegen (Testamente und Erbverträge) vorhanden sind (Es sind alle Schriftstücke zu benennen, die sich inhaltlich oder äußerlich als letztwillige Verfügung darstellen, ohne Rücksicht auf ihre materielle oder formelle Gültigkeit, und abzuliefern. Ebenso sind Testamente (ihrem Inhalt nach) anzugeben, von denen der Antragsteller weiß, dass sie gegen den Willen des Erblassers vernichtet wurden.[7]
- ☐ Erklärung der Annahme der Erbschaft. Beantragt ein Miterbe einen gemeinschaftlichen Erbschein, so sind alle Erben mit ihren Erbteilen aufzuführen verbunden mit der Erklärung, dass auch die übrigen Erben die Erbschaft angenommen haben.
- ☐ Eidesstattliche Versicherung des oder der Antragsteller, dass ihm oder ihnen nichts bekannt ist, was der Richtigkeit der gemachten Angaben entgegensteht (§ 2356 Abs. 2 BGB).
- ☐ Gegebenenfalls: Verfügungsbeschränkung durch Testamentsvollstreckung (Name des Testamentsvollstreckers, Annahme des Amtes) und Nacherbfolge (nicht aber Vermächtnisse oder Auflagen); beim Höfe- und Anerbenrecht kommt als Verfügungsbeschränkung ein Recht des überlebenden Ehegatten zur Verwaltung und Nutznießung in Frage.[8]
- ☐ Vermögen im Ausland ist beim Tod eines Deutschen darzutun, weil dann nach h. M. eventuell ein Geltungsvermerk im Erbschein erforderlich ist;[9] beim Antrag auf einen gegenständlich beschränkten Fremdrechtserbschein (§ 2369 BGB) ist neben der Angabe der gegenständlichen Beschränkung[10] darzutun, dass sich Vermögen im Inland befindet.
- ☐ Bezeichnung des Nachlasswerts nach Abzug der Verbindlichkeiten (§ 107 KostO); eingeschlossen sind auch noch nicht geltend gemachte Pflichtteilsansprüche, selbst wenn es nicht wahrscheinlich ist, dass diese geltend gemacht werden.
- ☐ Gegebenenfalls Antrag, nur einen gebührenbegünstigten Erbschein (z. B. nur für Grundbuchzwecke, § 107 Abs. 3 KostO) zu erteilen.

---

[5] In Ausnahmefällen müssen vom Antragsteller keine genauen Erbquoten angegeben werden, wenn ihm diese Berechnung nicht möglich ist; hier genüge die Angabe der Berechnungsgrundlagen. Vgl. Palandt/*Edenhofer* § 2353 Rdnr. 11.
[6] OLG Braunschweig v. 20.6.1990 – DNotZ 1991, 550.
[7] MünchKommBGB/*Promberger* § 2354 Rdnr. 21.
[8] Vgl. MünchKommBGB/*Promberger* § 2353 Rdnr. 30.
[9] Vgl. MünchKommBGB/*Promberger* § 2369 Rdnr. 12 m.w.N.
[10] BayObLG FamRZ 1998, 1198.

2. Materielle und prozessuale Rechtswirkungen des Erbscheins

Ein Erbe muss sein Erbrecht im Rechtsverkehr häufig gegenüber Banken,[11] Behörden, Grundbuchamt (vgl. § 35 GBO), Handelsregister[12] etc. beweisen können. Nur dann ist es möglich, z. B. über Nachlasskonten zu verfügen oder zeitsensible Wertpapiergeschäfte zu tätigen. Die allgemeinen Geschäftsbedingungen der Banken sehen in § 5 vor, dass zum Nachweis des Erbrechts ein Erbschein oder eine Ausfertigung oder beglaubigte Abschrift vom Testament oder Erbvertrag zusammen mit der Eröffnungsniederschrift des Nachlassgerichts verlangt werden kann. Meist ist dies nicht kurzfristig zu erlangen, sodass es häufig ratsam ist, dem Erben in letztwilligen Verfügungen **trans- oder postmortale Vollmachten** zu erteilen.[13] Das Erbrecht ist in entsprechender Weise gegenüber Grundbuchämtern, Handelsregistern, Auslandsbanken oder Versicherungen nachzuweisen. Aber auch Dritten soll der Nachweis der Passivlegitimation in bestimmten Fällen (§§ 727, 792 ZPO) erleichtert werden. Der Erbschein bezweckt jedoch nicht, Aufschluss über den Umfang oder den Wert[14] des Nachlasses, über den gegenwärtigen Inhaber des Nachlasses oder über Rechtsgeschäfte des Erben betreffend den Nachlass zu geben.

Ein Erbschein begründet als „öffentliche Urkunde" im Sinne von §§ 415 ZPO, 271 StGB[15] eine Rechtsvermutung (§ 2365 BGB) über das Erbrecht und die Höhe des Erbteils (§ 2353 BGB). **Positiv** wird vermutet, dass demjenigen, welcher in dem Erbschein als Erbe bezeichnet ist, das in dem Erbschein angegebene Erbrecht zur bezeichneten Größe zusteht und **negativ** nur, dass andere als die angegebenen Nacherbschaften und Testamentsvollstreckungen nicht bestehen. Keine Vermutungswirkung entfaltet der Erbschein nach h. M. aber im Rechtsstreit zwischen Erbprätendenten und im Erbscheinsverfahren.[16] Gemäß den §§ 2366, 2367 BGB genießt der Erbschein **öffentlichen Glauben**.

Sowohl die Rechtsvermutung als auch der öffentliche Glaube beziehen sich nicht auf eventuelle Pflichtteilsrechte, Vermächtnisse, Auflagen oder Teilungsanordnungen, die schuldrechtlicher Natur sind und nicht in einen Erbschein aufgenommen werden können. Der öffentliche Glaube kann auch im **Gesellschaftsrecht** Bedeutung erlangen, wenn ein Nichterbe, also ein Nichtmitgesellschafter, der durch Erbschein ausgewiesen war, an Gesellschafterbeschlüssen mitgewirkt hat. Die so gefassten Beschlüsse werden als wirksam zustande gekommen angesehen.[17]

Klagen im Hinblick auf das Erbrecht können durch die Einleitung eines Erbscheinsverfahrens **vermieden** werden. Da mit der Erteilung des Erbscheins über die Erbenstellung der Parteien entschieden wird, sind anhängige Prozesse, bei denen die Erbenstellung Vorfrage ist, gemäß § 148 ZPO auszusetzen. Dies gilt z. B. für die Stufenklage (Auskunfts- und Herausgabeklage).[18] Das bedeutet jedoch nicht, dass das Prozessgericht in der abschließenden Entscheidung – gegebenenfalls auch abweichend von einem erteilten Erbschein – nicht das Erbrecht in eigener Entscheidung festzustellen hat.[19] Anzumerken ist, dass – anders als die Entscheidung des Prozessgerichts – das Erbscheinsverfahren nicht zur rechtskräftigen Feststellung des Erbrechts führt.[20] So steht auch der Zulässigkeit einer **Verfassungsbeschwerde** gegen die im Erbscheinsverfahren ergangene letztinstanzliche Entscheidung der Grundsatz der Subsidiarität entgegen, wenn das Ziel vor den Fachgerichten durch Klage auf Feststellung des Erbrechts erreicht werden kann.[21]

---

[11] Kein gesetzlicher Anspruch einer Bank auf Vorlage eines Erbscheins bei eröffnetem öffentlichen Testament, vgl. BGH v. 7.6.2005 – ZEV 2005, 388 ff.
[12] Vgl. KG v. 12.11.2002 – ZEV 2003, 204 f.
[13] Vgl. hierzu Teil B. § 20.
[14] OLG Düsseldorf v. 27.9.1990 – Rpfleger 1991, 23.
[15] Vgl. MünchKommBGB/*Promberger* § 2353 Rdnr. 6; verneinend Palandt/*Edenhofer* § 2353 Rdnr. 2.
[16] Jauernig/*Stürner* § 2365 Rdnr. 2.
[17] Vgl. Sudhoff/*Scherer* § 13 Rdnr. 4.
[18] OLG München v. 11.11.1994 – ZEV 1995, 459; vgl. auch MünchKommBGB/*Promberger* § 2365 Rdnr. 24.
[19] Vgl. BGH v. 3.2.1967 – BGHZ 47, 58.
[20] KG FamRZ 2000, 577; BayObLG ZEV 2003, 369, 70 m.w.N. (h.M.).
[21] BVerfG v. 29.8.2005 – ZEV 2006, 74.

Wenngleich der Erbschein im Rechtsstreit um das Erbrecht nur von begrenzter Bedeutung ist, so kommt doch die Rechtsvermutung des § 2365 BGB dem im Erbschein genannten Erben im Rechtsstreit gegen Dritte zu Hilfe durch Umkehr der Beweislast in analoger Anwendung des § 292 ZPO.

3. Verfahren zur Erteilung von Erbscheinen

15 Das Nachlassgericht (in Baden-Württemberg das staatliche Notariat; §§ 1 Abs. 2, 38 LFGG) erteilt einen Erbschein nur auf **Antrag** (§ 2353 BGB); Erbscheine werden also nicht von Amts wegen erteilt. Sachlich und örtlich **zuständig** ist grundsätzlich das Amtsgericht, in dessen Bezirk der Erblasser seinen letzten Wohnsitz oder Aufenthalt hatte (§§ 72, 73 Abs. 1 FGG, 7 BGB, 3 FGG; vgl. auch Rdnr. 3). Bei gesetzlicher Erbfolge ist grundsätzlich der Rechtspfleger (§ 3 Nr. 2 c RPflG), bei Testamenten, Erbverträgen oder der Erteilung von gegenständlich beschränkten Erbscheinen (Fremdrechtserbschein; § 2369 BGB) der Richter (§ 16 Abs. 1 Nr. 6 RPflG) zuständig.

In Hamburg, Niedersachsen, Nordrhein-Westfalen, Schleswig-Holstein sind die Landwirtschaftsgerichte für den Erbschein zuständig, wenn zum Nachlass auch ein „Hof" im Sinne der HöfeO gehört. Örtlich zuständig ist das Gericht, wo die Hofstelle liegt (§ 10 LwVG).

Der Antrag auf Erteilung eines Erbscheins bedarf keiner Form und kann bei Vorlage einer schriftlichen Vollmacht (§ 13 FGG) auch von einem gewillkürten **Vertreter** gestellt werden. Die Erleichterung des § 88 Abs. 2 ZPO gilt nur für den Zivilprozess, sodass in der Regel Rechtsanwälte und Notare eine schriftliche Vollmacht vorlegen. Eine Frist für den Antrag besteht nicht, sodass grundsätzlich auch Jahrzehnte nach dem Todesfall der Erbe oder Erbeserbe einen Erbschein beantragen kann. Lediglich die **eidesstattliche Versicherung**, die nur höchstpersönlich[22] erklärt werden kann, ist vor einem Notar oder zur Niederschrift des Nachlassgerichts abzugeben (§ 2356 Abs. 2 BGB). Sie kann jedoch, was in der Praxis häufig vorkommt, erlassen werden, § 2356 Abs. 2 S. 2 BGB, ggf. sollte das Gericht um einen Erlass gebeten werden.[23]

16 **Antragsberechtigt**[24] sind:
- Erbe;
- Vorerbe, nur vom Eintritt der Vorerbfolge bis zum Eintritt des Nacherbfalls (h.M.[25]);
- Nacherbe, sobald der Nacherbfall eingetreten ist;[26]
- Miterbe (gemeinschaftlicher Erbschein oder Teilerbschein);
- (Nachlass-) Gläubiger des Erben mit vollstreckbarem Titel;
- Erbe des Erben;
- Erbteilserwerber und der Erbschaftskäufer auf den Namen des Erben (str.[27]);
- Testamentsvollstrecker, Nachlass- und Insolvenzverwalter, Abwesenheits- und Auseinandersetzungspfleger;
- gesetzlicher Vertreter des Erben.

Das Nachlassgericht muss dem Antrag auf Erteilung des Erbscheins entweder stattgeben oder diesen zurückweisen. Bei behebbaren Mängeln des Antrags wird in der Praxis eine **Zwischenverfügung** in analoger Anwendung (§ 139 Abs. 1 S. 2 ZPO) erlassen.[28]

17 Bei schwieriger Rechtslage und einander widersprechenden Erbscheinsanträgen ist auch die Erteilung eines **Vorbescheides** von der Rechtsprechung zugelassen, um eine Beschwerdemöglichkeit vor Erteilung eines Erbscheins zu eröffnen und um zu verhindern, dass durch die Erteilung eines unrichtigen Erbscheins irreversible Folgen geschaffen werden.[29]

---

[22] Vgl. hierzu *Litzenburger* ZEV 2004, 450.
[23] Zum Erlass einer formgerechten eidesstattlichen Versicherung für einen im Ausland lebenden ausländischen Staatsbürger, vgl. OLG München v. 15.11.2005 – ZEV 2006, 118 ff. mit Anm. *Heinemann*.
[24] Vgl. hierzu ausf. *Zimmermann*, Erbschein und Erbscheinsverfahren, Rdnr. 34 ff.
[25] MünchKommBGB/*Promberger* § 2353 Rdnr. 123.
[26] BayObLGZ 1999, 70, 74.
[27] H.L. lehnt es ab; vgl. MünchKommBGB/*Promberger* § 2353 Rdnr. 128 m.w.N.
[28] BayObLG FamRZ 2003, 1590/2; gegen eine Analogie zu § 18 GBO: *Zimmermann*, Erbschein und Erbscheinsverfahren, Rdnr. 295.
[29] BVerfGE 101, 397 (nachlassgerichtliches Verfahren); BGH v. 18.4.1956 – NJW 1956, 987; BayObLG v. 13.6.1994 – FamRZ 1995, 60; vgl. auch *Brehm* Rdnr. 583 m.w.N.; ablehnend *Lukoschek* ZEV 1999, 6.

§ 50 Erbschein und sonstige Aufgaben des Nachlassgerichts　　　　18–23　**§ 50**

Das Nachlassgericht gibt in einem Vorbescheid zu erkennen, welchen Erbschein es nach Ablauf einer vom Gericht bestimmten **richterlichen** Beschwerdefrist (§ 19 FGG) erteilen will. Eine Bindung des Richters, den Erbschein entsprechend dem Inhalt des Vorbescheides zu erteilen, oder eine **Bindung** an die gesetzte Frist, die vom Nachlassgericht ohne weiteres verlängert werden kann, besteht jedoch **nicht**.[30] § 22 FGG ist bei richterlichen Fristen nicht anwendbar.[31]　　18

Sowohl das Nachlassgericht als auch das Beschwerdegericht sind an die ergangenen Entscheidungen gebunden.[32]

Eine Abänderung des Antrags selbst durch das Nachlassgericht ist jedoch nicht zulässig, **Hilfsanträge** können bei Unsicherheit über bestimmte Sachverhalte jedoch gestellt werden, wenn **jeder Antrag das behauptete Erbrecht genau bezeichnet**, sie denselben Erbfall betreffen und dem Nachlassgericht die Reihenfolge der Prüfung und Entscheidung bezeichnet wird.[33] Der Antrag ist bedingungsfeindlich, kann also nicht vom Eintreten eines anderen Ereignisses abhängig gemacht werden.[34]　　19

Da das Nachlassgericht Miterben **rechtliches Gehör** zu gewähren hat (§ 2360 BGB), ein Erfordernis, das bei Nichteinhaltung sowohl vor dem Nachlass- als auch vor dem Beschwerdegericht nachgeholt werden kann, wird ein Verfahren durch gemeinsame Antragstellung oder Beifügung von Zustimmungserklärungen der Miterben erheblich beschleunigt.　　20

Letztwillige Verfügungen sind in **Urschrift oder Ausfertigung,** andere Unterlagen in beglaubigter Form vorzulegen.

Vom **Beweis** über die Echtheit einer letztwilligen Verfügung bis zum Nachweis der Abkunft einer Person ist eine Vielzahl von Beweiserfordernissen für entscheidungserhebliche Tatsachen denkbar. Dem Nachlassgericht steht zur Beweiserhebung nach seinem freien, pflichtgemäßen Ermessen die Entscheidung zur Erhebung von **Freibeweis** oder **Strengbeweis,** der sich nach den Beweisregeln der ZPO richtet (§ 15 FGG), offen. Wegen des **Amtsermittlungsgrundsatzes** (§ 12 FGG) trifft einen Antragsteller zwar das Risiko, ob z. B. eine bestimmte Tatsache festgestellt und als bewiesen angesehen werden kann, es steht jedoch im Ermessen des Gerichts, welche Beweise es erheben will. Die sachgerechte Ausübung des Ermessens ist nachprüfbar durch das Beschwerdegericht.[35] Im Rahmen der Erhebung des Freibeweises kann das Gericht ohne förmliche oder prozessuale Bindungen nahezu jede ihm geeignet erscheinende Erkenntnisquelle für seine Ermittlungen benutzen. Es ist verpflichtet, zu allen Ermittlungsergebnissen rechtliches Gehör zu gewähren (Art. 103 GG).　　21

Die Beteiligten können jedoch trotz des Amtsermittlungsgrundsatzes das Verfahren wirksam beeinflussen (erhebliche „indizielle Bedeutung"),[36] indem **alle** Beteiligten sich schuldrechtlich über bestimmte einzelne Verfahrensgegenstände einigen oder sich sogar – mit Beurkundungspflicht – über die Erbenstellung vergleichen (§§ 305, 2033, 2371, 2385 BGB).[37] Ein solcher **Vergleichs- oder Auslegungsvertrag** kann auch vor dem Nachlassgericht geschlossen werden (§ 127 a BGB).[38] Auch ein Schiedsvergleich im Rahmen eines Schiedsgerichtsverfahrens ist möglich.[39]

Nach Erteilung eines Erbscheins ist ausschließlich das in § 2361 geregelte Einziehungsverfahren möglich.　　22

Eine **Kostenentscheidung** wird im Erbscheinserteilungsverfahren nicht getroffen, da gemäß den §§ 2 Nr. 1, 49, 107, 130 KostO der jeweilige Antragsteller die gerichtlichen Kosten zu tragen hat.[40]　　23

---

[30] Vgl. *Brehm* Rdnr. 583 m.w.N.
[31] Vgl. *Kerscher/Tanck/Krug* § 25 Rdnr. 109; *Zimmermann* ZEV 1995, 275.
[32] OLG Karlsruhe v. 12.2.1988 – RPfl 1988, 315.
[33] OLG Hamm v. 29.4.1992 – FamRZ 1993, 111; BayObLG v. 25.1.1973 – BayObLGZ 73, 30.
[34] BayObLG v. 20.8.1998 – FamRZ 1999, 814.
[35] BayObLG v. 28.12.1993 – ZEV 1994, 303.
[36] Vgl. *Zimmermann,* Erbschein und Erbscheinsverfahren, Rdnr. 245 ff. m.w.N.
[37] BGH v. 22.1.1986 – NJW 1986, 1812; *Dressler* ZEV 1999, 289; ZEV-Report 2004, 303 m.w.N.; vgl. § 6 Rdnr. 50 ff.
[38] BGH v. 5.10.1954 – BGHZ 14, 381; OLG Nürnberg v. 16.5.1972 – RPfl 1972, 305.
[39] MünchKommBGB/*Förschler* § 127 a Rdnr. 4.
[40] Zur Erstattung außergerichtlicher Kosten nach § 13 a Abs. 1 S. 1 FGG; vgl. *Zimmermann,* Erbschein und Erbscheinsverfahren, Rdnr. 320 ff. m.w.N.

24 Kosten[41] des Erbscheins werden nach dem (reinen) Nachlasswert abzüglich der Nachlassverbindlichkeiten unter Einschluss der Vermächtnisse und Pflichtteilsrechte berechnet.[42] Es entsteht eine volle (10/10) Gebühr nach § 107 KostO. Wurde die eidesstattliche Versicherung nicht bereits im Erbscheinsantrag zur Niederschrift des Nachlassgerichts erklärt, entsteht eine weitere volle Gebühr nach § 49 KostO. Für die Zurückweisung eines Erbscheinsantrags fällt die Hälfte einer vollen Gebühr an, höchstens jedoch € 35,- (§ 130 Abs. 1 KostO), falls nicht vollständig auf Kostenerhebung verzichtet wird (§ 130 Abs. 5 KostO).

Der Rechtsanwalt erhält für die Vertretung im Erbscheinsverfahren Gebühren nach dem RVG. Es kann die Verfahrensgebühr (1,3) und die Terminsgebühr (1,2) anfallen, Nr. 3100, 3104.

Muster: Erbscheinsantrag[43]

25 An das Amtsgericht (bzw. Notariat in Bad.-Württ.)
– Nachlassgericht –
...
Az.: ...

Erbscheinsantrag

Unter Vorlage der beiliegenden Vollmacht zeige ich die Vertretung des ... an.
Namens und in Vollmacht meines Mandanten beantrage ich in der Nachlasssache... die Erteilung eines Erbscheins mit folgendem Inhalt:
Alleinerbin des am ... in ... gestorbenen, zuletzt in ... wohnhaft gewesenen Herrn ...
ist auf Grund Testaments geworden:
...

Begründung:
Der Erblasser ... ist ausweislich beiliegender Sterbeurkunde des Standesamts ... am ... in ... gestorben. Er hatte seinen letzten Wohnsitz in ... und war deutscher Staatsangehöriger.
Der Erblasser hat mit seiner Ehefrau am ... ein privatschriftliches Testament errichtet, wonach sich die Eheleute gegenseitig zu Alleinerben eingesetzt haben. Nach dem Tod des letztversterbenden Ehegatten sollen die gemeinschaftlichen Abkömmlinge gemäß gesetzlicher Erbfolge Erben werden. Der Antragstellerin ist eine weitere vom Erblasser errichtete Verfügung von Todes wegen nicht bekannt.
Das Testament wurde vom Nachlassgericht am ... mit Aktenzeichen ... eröffnet und ist formwirksam. Das Original ist bei den Nachlassakten, worauf Bezug genommen wird.
Der Erblasser war in erster Ehe verheiratet mit der Antragstellerin. Die Ehe wurde am ... gemäß beigefügter Heiratsurkunde des Standesamtes ... geschlossen. Die Ehegatten hatten während der Dauer der Ehe ihren Wohnsitz in Deutschland. Sie lebten im gesetzlichen Güterstand der Zugewinngemeinschaft. Aus der Ehe sind zwei Söhne, ... und ..., hervorgegangen.
Zum Nachweis überreiche ich eine beglaubigte Abschrift der Personenstandsurkunden.
Einzig die beiden Söhne wären, wenn kein Testament vorhanden wäre, neben der Ehefrau als gesetzliche Erben in Betracht gekommen.
Weitere Personen, durch die die Vorgenannten von der gesetzlichen Erbfolge ausgeschlossen oder deren Vorhandensein ihre Erbteile mindern würden, sind und waren nicht vorhanden. Weitere Kinder, eheliche, nichteheliche, adoptierte oder für ehelich erklärte, hatte der Erblasser nicht.
Die Söhne haben zu Protokoll des Nachlassgerichts anlässlich der Testamentseröffnung die Rechtsgültigkeit des Testaments anerkannt.

---

[41] Vgl. hierzu ausf. *Zimmermann*, Erbschein und Erbscheinsverfahren, Rdnr. 643 ff.
[42] Keine Ermäßigung von Erbscheinsgebühren nach Europarecht (Gesellschaftssteuer-Richtlinie), vgl. OLG Stuttgart ZEV 2004, 381 f.
[43] Vgl. weitere Muster bei Klinger/*Gregor*, Münchener Prozessformularbuch Erbrecht, G. I. 1 bis 13.

Beschränkungen des Erbrechts der Antragstellerin, wie Testamentsvollstreckung oder Nacherbschaft, sind nicht angeordnet.
Die Antragstellerin hat die Erbschaft als Alleinerbin angenommen.
Ein Rechtsstreit über das Erbrecht ist nicht anhängig.
Die diesen Antragsschriftsatz mitunterzeichnende Antragstellerin versichert nach bestem Wissen und Gewissen, dass ihr nichts bekannt ist, was der Richtigkeit der obigen Angaben entgegensteht. Sie ist bereit, die Angaben an Eides statt zu versichern, bittet jedoch darum, ihr die Abgabe einer eidesstattlichen Versicherung gem. § 2356 Abs. 2 S. 2 BGB zu erlassen.
Der Wert des Nachlasses nach Abzug der Verbindlichkeiten beträgt ca. ...
Es wird gebeten, der Antragstellerin zu meinen Händen eine Ausfertigung und ... beglaubigte Abschriften zu erteilen.
Maßnahmen zur Sicherung des Nachlasses sind nicht erforderlich.
Rechtsanwalt

4. Arten und besondere Formen des Erbscheins

Folgende Arten bzw. besondere Formen des Erbscheins können beim Nachlassgericht beantragt werden:
- **Alleinerbschein**, § 2353, 1. Alt. BGB: Zeugnis über das Erbrecht des Allein- oder Universalerben.
- **Teilerbschein** (§ 2353, 2. Alt. BGB) über das Erbrecht eines von mehreren Miterben. Der Teilerbschein kann von dem einzelnen Miterben sowohl über das eigene Erbrecht als auch über das Erbrecht eines anderen Miterben derselben Erbengemeinschaft beantragt werden.
- **Gemeinschaftlicher Erbschein** (§ 2357 BGB), in dem alle Miterben mit ihren Erbquoten aufgenommen sind.
- **Gruppenerbschein**, in dem mehrere Teilerbscheine in einer Urkunde zusammengefasst sind; da er das Erbrecht mehrerer, aber nicht aller Miterben bescheinigt, steht er zwischen dem Teilerbschein und dem gemeinschaftlichen Erbschein. Als Antragsteller müssen beim Gruppenerbschein alle aufgeführten Miterben auftreten.[44]
- **Gemeinschaftlicher Teilerbschein** zugunsten mehrerer Miterben über einen Teil des Nachlasses; er unterscheidet sich vom Gruppenerbschein nur dadurch, dass er schon auf Antrag eines einzigen Miterben erteilt werden kann.
- **Sammelerbschein** (zusammengefasster oder vereinigter Erbschein) über mehrere Erbfälle mehrerer Erblasser. Dieser kann nur erteilt werden, wenn dasselbe Nachlassgericht für die in Frage stehenden Erbfälle zuständig ist.
- **Gegenständlich beschränkter Erbschein** gemäß § 2369 BGB (sog. Fremdrechtserbschein) für das im Inland befindliche Nachlassvermögen eines Ausländers, wenn fremdes Erbrecht anzuwenden und eine allgemeine internationale Zuständigkeit des Nachlassgerichts nicht gegeben ist. Hinzuweisen ist im Erbschein auf die für das Inlandsvermögen beschränkte Geltung und auf das für die Erbfolge maßgebende sachliche Recht.
- **Hoffolgeerbschein** oder „Hoffolgezeugnis" nach § 18 Abs. 2 S. 3 HöfeO.[45] Es wird **ausschließlich** über das hofgebundene Vermögen nach dem Höferecht erteilt im Gegensatz zum Erbschein, der im Regelfall über den gesamten Nachlass erteilt wird. Gehört ein Hof im Sinne der HöfeO zum Nachlass, kann das ausschließlich zuständige Landwirtschaftsgericht einen allgemeinen Erbschein (auch bezüglich des hoffreien Vermögens) nach § 18 Abs. 2 S. 2 HöfeO erteilen, in welchem der Hoferbe aufzuführen ist. Das Landwirtschaftsgericht kann aber auch einen Erbschein über den hoffreien Nachlass und daneben ein Hoffolgezeugnis erteilen.[46]
- **Heimstättenfolgezeugnis** für vor dem 1.10.1993 eingetretene Erbfälle.[47]

---

[44] KGJ 41, 90.
[45] Vgl. auch § 43 Rdnr. 24.
[46] OLG Oldenburg NdsRpfl 1997, 262; *Zimmermann*, Erbschein und Erbscheinsverfahren, Rdnr. 450 m.w.N.
[47] Reichsheimstättengesetz, aufgehoben durch Gesetz v. 17.6.1993, BGBl I 1993, 912.

27 Wird ein Erbschein nur für **Grundbuchzwecke** benötigt, so sind bei entsprechender Antragstellung die Gebühren nach § 107 Abs. 3 KostO nur nach dem Wert des Grundstücks bzw. des Rechts bewertet, über das auf Grund des Erbscheins verfügt werden kann.

28 **Formulierungsvorschlag:**

Der Antragsteller beantragt die Erteilung eines (gemeinschaftlichen) Erbscheins mit dem vorstehenden Inhalt. Um Übersendung einer Ausfertigung des Erbscheins zum Grundbuch des Amtsgerichts ... von ..., Band ..., Blatt ... sowie einer unbeglaubigten Kopie zu Händen des beurkundenden Notars wird gebeten.
Der Erbschein wird nur zu Grundbuchzwecken benötigt.
Der Verkehrswert des Grundbesitzes abzüglich der darauf lastenden Verbindlichkeiten wird mit ... angegeben.

29 Das Erbrecht des Vorerben sowie eventuelle Verfügungsbeschränkungen werden durch den **Vorerben-Erbschein** bezeugt (§ 2363 BGB), der auch die Vererblichkeit des Nacherbenanwartschaftsrechts (§ 2108 Abs. 2 BGB) oder angeordnete Testamentsvollstreckung zur Sicherung der Rechte des Nacherben (§§ 2222, 2364 BGB) ausweist.[48]

Der Eintritt des **Nacherbfalls** führt zur Unrichtigkeit und Einziehung des Erbscheins des Vorerben (§§ 2139, 2361 BGB).[49] Das Antragsrecht geht über auf den Nacherben. In einem Erbschein, der einem Nacherben erteilt wird, ist der Tag des Eintritts des Nacherbfalls anzugeben.[50]

5. Auslandsberührung

30 Nach Art. 25 Abs. 1 EGBGB bestimmt sich die Erbfolge nach dem Recht des Staates, dem der Erblasser zum Zeitpunkt seines Todes angehört hat. Die deutsche internationale Zuständigkeit ist nur dann begründet, wenn deutsches Erbrecht anzuwenden ist.[51] Die internationale Zuständigkeit zur Erteilung eines Erbscheins nach dem Tod eines in Deutschland lebenden Ausländers fehlt daher in der Regel.

Nachlassspaltung und damit die Möglichkeit, einen z. B. gegenständlich beschränkten Erbschein zu erlangen, tritt vor allem bei zum Nachlass gehörenden, in Deutschland belegenen Immobilien ein.[52]

31 Außer im Grundbuchverfahren sind **ausländische Erbscheine** regelmäßig im Inland anzuerkennen (§§ 16 a FGG, 35 GBO).[53] Lehnt das Grundbuchamt z. B. einen Berichtigungsantrag ab, so hilft der Antrag auf Erteilung eines gegenständlich beschränkten (Fremdrechts-)Erbscheins nach § 2369 BGB, der in jedem Falle vom Grundbuchamt anzuerkennen ist.

6. Rechtsbehelfe/Einziehung/Kraftloserklärung

32 Die Anfechtbarkeit von Verfügungen im Erbscheinsverfahren richtet sich nach den allgemeinen Vorschriften. Statthaft sind die **Beschwerde** (§ 19 FGG) – ohne Anwaltszwang – und die weitere Beschwerde (§ 27 FGG).[54] Eine Frist (§ 22 FGG) besteht im Erbscheinsverfahren nicht (Ausnahme: Kosten, § 20 a Abs. 2 FGG). Die Befugnis zur Einlegung der (weiteren) Beschwerde kann im Erbscheinsverfahren – selbst nach Ablauf von vielen Jahren – nicht **verwirkt** werden.[55]

---

[48] Vgl. zum Eintritt der Unrichtigkeit BayObLG v. 28.1.1998 – FamRZ 1999, 816.
[49] Vgl. MünchKommBGB/*Promberger* § 2361 Rdnr. 5 m.w.N.
[50] BayObLG NJW-RR 1990, 199.
[51] *Von Oertzen* ZEV 1995, 167; Palandt/*Edenhofer* § 2353 Rdnr. 22.
[52] Palandt/*Heldrich* Art. 25 EGBGB Rdnr. 2 und 3 m.w.N.; zur „Belegenheit" von Forderungen im internationalen Erbscheinsverfahren vgl. *Fetsch* ZEV 2005, 425 ff.
[53] Vgl. hierzu diff. *Zimmermann*, Erbschein und Erbscheinsverfahren, Rdnr. 723 ff.
[54] Bei Einreichung einer Beschwerdeschrift ist für die weitere Beschwerde die Unterzeichnung durch einen Rechtsanwalt erforderlich (§ 29 Abs. 1 S. 3 FGG).
[55] BayObLG FamRZ 1996, 1304 = NJW-RR 1997, 389 = ZEV 1996, 393; vgl. zur Beschwerdeberechtigung eines (Mit-)Erbseben BayObLG ZEV 2003, 288.

> **Formulierungsvorschlag:** 33
>
> An das
> Landgericht
> – Beschwerdekammer –
> In der Nachlasssache ..., Az. ... des Amtsgerichts ... überreiche ich anliegend schriftliche Vollmacht und lege hiermit gegen den Beschluss des AG ... unter Az. ... Beschwerde ein.
> Beschwerdegegner ist ...
> Ich beantrage, wie folgt zu beschließen:
> 1. Der Beschluss des Amtsgerichts – Nachlassgericht – vom ... Az. ... wird aufgehoben.
> 2. Das Nachlassgericht wird angewiesen, einen Erbschein folgenden Inhalts zu erteilen ...
> 3. Der Beschwerdegegner hat die Kosten des Beschwerdeverfahrens einschließlich der außergerichtlichen Kosten des Beschwerdeführers zu tragen.

Wie bereits ausgeführt, kann der Zurückweisungsbeschluss des Nachlassgerichts mit der einfachen Beschwerde zum Landgericht angefochten werden. Das Landgericht kann 34
- die unzulässige oder unbegründete Beschwerde kostenpflichtig (§ 13 a Abs. 1 S. 2 FGG) verwerfen bzw. zurückweisen
- den erstinstanzlichen Beschluss aufheben verbunden mit
- der Anweisung an das Nachlassgericht, einen Erbschein bestimmten Inhalts zu erteilen
- den erstinstanzlichen Beschluss aufheben und an das Nachlassgericht unter Beachtung der Rechtsauffassung des Landgerichts zur erneuten Entscheidung zurückverweisen.

Ist der Erbschein bereits erteilt, eingezogen oder ist der Beschluss, durch den das Zeugnis für 35
kraftlos erklärt wird, öffentlich bekannt gemacht, scheiden Rechtsmittel mit dem Ziel der Aufhebung des Anordnungsbeschlusses aus. Eine Aussetzung der Vollziehung durch das Rechtsmittelgericht nach § 24 Abs. 3 HS. 2 FGG ist wegen der Rechtsnatur des Erbscheins nicht möglich.[56] In Betracht kommt aber der Erlass einer **einstweiligen Anordnung** auf Rückgabe des Erbscheins zu den Akten, was nicht mit einer Einziehung nach § 2361 BGB zu verwechseln ist.[57] Für die Kraftloserklärung eines Erbscheins wird die Beschwerde ausdrücklich durch § 84 FGG ausgeschlossen.

Die Rechtsprechung lässt die Beschwerde aber mit dem Ziel zu, den Erbschein einzuziehen bzw. zu erteilen.[58] Eine Beschwerde, die sich „gegen den Erbschein" richtet, ist regelmäßig in den Antrag umzudeuten, das Beschwerdegericht möge das Nachlassgericht anweisen, den Erbschein einzuziehen oder für kraftlos zu erklären. Wegen des öffentlichen Glaubens, den der Erbschein genießt, ist ein Erbschein bei **Unrichtigkeit** von Amts wegen durch das Nachlassgericht, das ihn erteilt hat, **einzuziehen** (§ 2361 BGB).

Bei **materieller Unrichtigkeit**, also fehlendem Übereinstimmen des im Erbschein ausgewiesenen Erbrechts mit der materiellen Rechtslage, ist der Erbschein stets einzuziehen.[59]

Bei **formeller Unrichtigkeit** wird eine Verpflichtung des Gerichts zur Einziehung nur bei gravierenden Verfahrensverstößen angenommen, z. B. bei fehlender örtlicher Zuständigkeit des Gerichts oder funktioneller Zuständigkeit des Rechtspflegers (ohne Möglichkeit der Übertragung, § 8 Abs. 4 RPflG).[60]

---

[56] OLG Köln OLGZ 1990, 303.
[57] BGHZ 40, 57, 59; OLG Köln OLGZ 1990, 303; vgl. hierzu auch *Zimmermann*, Erbschein und Erbscheinsverfahren, Rdnr. 287.
[58] BGHZ 30, 220, 223 f.
[59] Zur Einziehung des dem Vorerben erteilten Erbscheins bei Eintritt des Nacherbfalls, OLG Köln ZEV 2003, 466 = RPfleger 2003, 193.
[60] BGH v. 21.6.1963 – NJW 1963, 1975; vgl. auch Aufzählung bei Palandt/*Edenhofer* § 2361 Rdnr. 4 und w. Nachw. bei MünchKommBGB/*Promberger* § 2361 Rdnr. 14; ausf. hierzu *Zimmermann*, Erbschein und Erbscheinsverfahren, Rdnr. 474 ff.

36 **Formulierungsvorschlag:**
Gemäß beigefügter schriftlicher Vollmacht zeige ich an, dass Herr ... mich mit seiner Vertretung in der Nachlasssache ... beauftragt hat.
Ich beantrage namens und in Vollmacht meines Mandanten, den vom Nachlassgericht ... am ... gemäß Az. ... erteilten Erbschein wegen nachträglich eingetretener Unrichtigkeit einzuziehen. (Es folgt die Begründung)

37 Die Einziehung erfolgt durch Beschluss (Einziehungsanordnung) und der tatsächlichen Durchführung. Alle **Ausfertigungen** des unrichtigen Erbscheins sind zu den Akten zu nehmen, gegebenenfalls ist die Rückgabe durch Zwangsmittel (§ 33 FGG) zu erzwingen. Kraftlos ist der Erbschein erst nach Ablieferung aller Ausfertigungen (§ 2361 Abs. 1 S. 2 BGB).

38 Können nicht alle Ausfertigungen erlangt werden, kommt das Verfahren zur **Kraftloserklärung** (§ 2361 Abs. 2 BGB) in Betracht. Die Kraftloserklärung erfolgt durch öffentliche Bekanntmachung (§ 187 ZPO) und Aushang an der Gerichtstafel des Nachlassgerichts (§ 186 ZPO).

§ 51 Testamentsvollstreckerzeugnis

Übersicht

	Rdnr.
I. Funktion und Rechtswirkungen des Testamentsvollstreckerzeugnisses	1–7
II. Verfahren	8–25
1. Zuständigkeit, Antrag auf Erteilung	8–12
2. Verfahren des Nachlassgerichts	13–16
3. Inhalt des Testamentsvollstreckerzeugnisses	17–22
4. Rechtsmittel	23–25
III. Einziehung und Rückgabe des Testamentsvollstreckerzeugnisses	26–29
IV. Sachverhalte mit Auslandsberührungen	30/31

Schrifttum: *Bengel/Reimann*, Handbuch der Testamentsvollstreckung, 3. Aufl. 2001; *Bestelmeyer*, Zur Zulässigkeit eines nachlassgerichtlichen Zeugnisses über die Fortdauer des Amtes des Testamentsvollstreckers, ZEV 1997, 316; *Firsching*, Testamentsvollstrecker – executor – trustee, DNotZ 1959, 354; *Firsching/Graf*, Nachlassrecht, 8. Aufl. 2000; *Haegele*, Testamentsvollstreckerzeugnis und Erbschein, Justiz 1957, 99, 128; *Mayer/Bonefeld/Wälzholz/Weidlich*, Testamentsvollstreckung, 2. Aufl. 2005; *Schaub*, Die Legitimation des im öffentlichen Testament nicht bezeichneten Testamentsvollstreckers, ZEV 1995, 361; *Winkler*, Der Testamentsvollstrecker nach bürgerlichem, Handels- und Steuerrecht, 17. Aufl. 2005; *Zimmermann*, Die Testamentsvollstreckung – Ein Handbuch für die gerichtliche, anwaltliche und notarielle Praxis, 2. Aufl. 2003.

I. Funktion und Rechtswirkungen des Testamentsvollstreckerzeugnisses

Die Gesichtspunkte, die im Zusammenhang mit dem Testamentsvollstreckerzeugnis zu beachten sind, stellt die folgende Beratungscheckliste überblicksartig dar: **1**

Beratungscheckliste: Testamenstvollstreckerzeugnis

1. Notwendigkeit der Beantragung eines Testamentsvollstreckerzeugnisses
   - ☐ Mögliche Entbehrlichkeit wegen Vorliegens einer Verfügung von Todes wegen in öffentlicher Urkunde
   - ☐ Anforderungen von Ämtern, Banken, etc.
   - ☐ Fortbestehen des Testamentsvollstreckeramtes im Zeitpunkt der beabsichtigen Beantragung
2. Weitere Schritte bis zur Erteilung des Zeugnisses
   - ☐ Ordnungsgemäßer Antrag mit Nachweisen im Sinne von § 2356 BGB
   - ☐ Antragsberechtigung klären
   - ☐ Art des Testamentsvollstreckerzeugnisses bei mehreren Testamentsvollstreckern
   - ☐ Bei schwieriger Sach- und Rechtslage: Hinweis auf Vorbescheid, evtl. Haupt- und Hilfsantrag stellen
   - ☐ Rechtsmitteleinlegung bei Versagung des beantragten Testamentsvollstreckerzeugnisses bzw. bei dessen Erteilung mit dem Ziel der Einziehung
3. Mögliche Entwicklungen nach der Erteilung
   - ☐ Beschwerde mit dem Ziel der Einziehung oder Herausgabeklage nach § 2362 Abs. 1 BGB bei Unrichtigkeit von Anfang an oder schweren Verfahrensverstößen
   - ☐ Möglichkeit der Beantragung eines Zeugnisses über die Fortdauer des Amtes
   - ☐ Rückgabe bei zwischenzeitlicher Beendigung des Amtes an das Nachlassgericht.

2   Der Erbschein enthält für den Fall der Testamentsvollstreckung lediglich die Angabe, dass Testamentsvollstreckung angeordnet ist, eine namentliche Nennung der Person des Testamentsvollstreckers erfolgt darin nicht. Der Vermerk im Erbschein dient nur der Kundbarmachung der Verfügungsbeschränkung des Erben, nicht aber der positiven Bekanntmachung, dass einer bestimmten Person das Amt des Testamentsvollstreckers zusteht. Der Testamentsvollstrecker bedarf aber zur Wahrnehmung seiner Aufgaben einer verlässlichen **Legitimation im Rechtsverkehr**. Diese Legitimation gewährt ihm das Testamentsvollstreckerzeugnis. Es erfüllt für den Testamentsvollstrecker die gleiche Funktion wie der Erbschein für den Erben.[1]

3   Gemäß §§ 2368 Abs. 3, 2365 BGB wird **vermutet**, dass dem im Testamentsvollstreckerzeugnis genannten Testamentsvollstrecker sein Amt wirksam zusteht und sein er nicht durch andere als die im Zeugnis angegebenen Anordnungen beschränkt ist.[2] Im Verhältnis zu Dritten, nicht aber zum Erben,[3] genießt der Testamentsvollstrecker bei seinen Rechtshandlungen **Gutglaubensschutz** nach §§ 2366, 2367 BGB in Bezug auf seine Rechtszuständigkeit. Dies schließt – anders als beim Erbschein – auch die **Vornahme von Verpflichtungsgeschäften** mit ein. Selbst wenn das Testamentsvollstreckerzeugnis unrichtig ist und der Ausgewiesene in Wirklichkeit nicht Testamentsvollstrecker ist oder über seine in Wahrheit bestehende Verpflichtungsbefugnis hinaus handelt, werden wirksame Verbindlichkeiten für den Nachlass nach §§ 2206 Abs. 1 S. 1, 2207 Abs. 1 S. 1 BGB begründet.[4]

4   Die angesprochenen Rechtswirkungen bringt nur das Testamentsvollstreckerzeugnis hervor, nicht aber die Bestätigung des Nachlassgerichts nach § 2202 BGB, dass der Testamentsvollstrecker sein Amt angenommen hat. Ebenso wenig hat die Eintragung des Testamentsvollstreckervermerks im Grundbuch gemäß § 52 GBO diese Wirkung.[5] Wie beim Erbschein umfasst die Vermutungswirkung des Testamentsvollstreckerzeugnisses nicht die Frage, ob sich die Verfügung des Testamentsvollstreckers wirklich auf einen Nachlassgegenstand bezieht und ob die angegebenen Beschränkungen der Befugnisse des Testamentsvollstreckers auch wirklich bestehen. Erweiterungen der Befugnisse des Testamentsvollstreckers nehmen dagegen nach wohl überwiegender Ansicht an der Vermutungs- und Gutglaubenswirkung teil.[6] Ist im Erbschein die angeordnete Testamentsvollstreckung nicht angegeben, so steht wegen des Widerspruchs beider Zeugnisse keinem die Vermutung des § 2365 BGB zur Seite; der durch § 2366 BGB gewährte Gutglaubensschutz entfällt daher im Umfang des inhaltlichen Widerspruchs beider Zeugnisse.[7]

5   Außerdem bezeugt das Testamentsvollstreckerzeugnis nicht, dass das **Amt noch fortbesteht**. Anders als ein erteilter Erbschein wird das Testamentsvollstreckerzeugnis beim Wegfall der Stellung des Testamentsvollstreckers (durch Tod oder Geschäftsunfähigkeit, Kündigung, Entlassung, Zeitablauf, Erledigung der Aufgaben, etc.) gemäß § 2368 Abs. 3 2. Halbs. BGB nämlich von selbst kraftlos. Die Vermutungswirkungen und der Gutglaubensschutz entfallen.[8] Der Möglichkeit einer zwischenzeitlichen Beendigung des Amts des Testamentsvollstreckers ist bei der Vornahme von Rechtsgeschäften mit einem Testamentsvollstrecker als Geschäftspartner also immer Rechnung zu tragen (vgl. Rdnr. 27).

6   Insbesondere um die mit der Erteilung eines Testamentsvollstreckerzeugnisses verbundenen Kosten (hierzu Rdnr. 16) zu vermeiden, kommt es für den Testamentsvollstrecker in bestimmten Situationen in Betracht, sich auf andere Weise zu legitimieren. Eine solche

---

[1] Bengel/Reimann/*Reimann* Rdnr. II 275.
[2] MünchKommBGB/*J. Mayer* § 2368 Rdnr. 37 f.; *Winkler* Rdnr. 703.
[3] BGH Urt. v. 22.1.1964 – BGHZ 41, 23, 30 = NJW 1963, 1316; Mayer/Bonefeld/Wälzholz/*J. Mayer* Rdnr. 53; *Zimmermann* Rdnr. 277.
[4] Staudinger/*Schilken* § 2368 Rdnr. 12; MünchKommBGB/*J. Mayer* § 2368 Rdnr. 46; Soergel/*Zimmermann* § 2368 Rdnr. 9, 12; Lange/Kuchinke ErbR § 39 VIII 3 a.
[5] Bengel/Reimann/*Reimann* Rdnr. II 275 f.
[6] MünchKommBGB/*J. Mayer* § 2368 Rdnr. 37; Palandt/*Edenhofer* § 2368 Rdnr. 8; Mayer/Bonefeld/Wälzholz/Weidlich/*J. Mayer* Rdnr. 52; a.A. bzgl. der Erweiterungen *Winkler* Rdnr. 703; Lange/Kuchinke ErbR § 39 VIII 3 a.
[7] BGH Urt. v. 13.6.1990 – FamRZ 1990, 1111, 1112; Palandt/*Edenhofer* § 2368 Rdnr. 9; Jauernig/*Stürner* § 2368 Rdnr. 3; *Zimmermann* Rdnr. 275; *Zahn* MittRhNotK 2000, 89, 104.
[8] BGH Urt. v. 22.1.1964 – BGHZ 41, 23; Bengel/Reimann/*Reimann* Rdnr. II 277; Sudhoff/*Scherer* Unternehmensnachfolge § 9 Rdnr. 41; *Zimmermann* Rdnr. 275; *Zahn* MittRhNotK 2000, 89, 103.

Legitimation kann etwa durch die Vorlage des Testaments und des Annahmezeugnisses erfolgen.[9] Ist die Ernennung zum Testamentsvollstrecker in einem **öffentlichen Testament oder in einem Erbvertrag** enthalten, kann der Testamentsvollstrecker den Nachweis seines Amtes beim Grundbuchamt, etwa zur Eintragung des Testamentsvollstreckervermerks nach § 52 GBO, durch die Vorlage einer beglaubigten Abschrift der Verfügung von Todes wegen und einer Ausfertigung (oder beglaubigten Abschrift) der Niederschrift über die Eröffnung erbringen (§ 35 Abs. 2 2. Hs. GBO). Geht aus dem Eröffnungsprotokoll allerdings nicht hervor, dass der Testamentsvollstrecker das Amt auch angenommen hat, ist darüber hinaus das Annahmezeugnis als besonderer, vom Nachlassgericht zu fertigender Nachweis dieser Tatsache erforderlich.[10] Im sonstigen Rechtsverkehr, insbesondere von Banken, wird jedoch im Regelfall die Vorlage des Testamentsvollstreckerzeugnisses verlangt werden. Im Hinblick auf den hierdurch gewährten Gutglaubensschutz ist dies auch legitim, Schadenersatzpflichten können aus einem solchen Verlangen nicht entstehen.[11]

Im **Verhältnis zum Erbschein** gilt grundsätzlich, dass das Testamentsvollstreckerzeugnis zur Ausübung der Aufgaben des Testamentsvollstreckers ausreicht. Ein Erbschein wird daneben normalerweise nicht benötigt. Im Grundbuchverkehr ermöglicht § 40 Abs. 2 GBO den Vollzug der vom Testamentsvollstrecker vorgenommenen Verfügungen über Grundstücke oder Rechte an Grundstücken ohne eine vorherige Eintragung der Erben.[12] Ausnahmsweise bedarf aber auch der Testamentsvollstrecker des amtlichen Nachweises, wer Erbe geworden ist, nämlich dann, wenn der Testamentsvollstrecker Handlungen vornimmt, die in formeller Hinsicht den grundbuchrechtlichen Nachweis der Erbenstellung erfordern, etwa bei der Umschreibung eines mit Mitteln der Erbschaft erworbenen Grundstücks auf die Miterbengemeinschaft, oder wenn das Recht der Testamentsvollstreckung die Zustimmung der Erben erfordert, beispielsweise bei unentgeltlichen Verfügungen, die nur mit Zustimmung der Erben wirksam vorgenommen werden können.[13]

II. Verfahren

1. Zuständigkeit, Antrag auf Erteilung

Erteilt wird das Testamentsvollstreckerzeugnisses vom Richter, der gemäß § 16 Abs. 1 Nr. 6 RPflG innerhalb des gemäß §§ 72, 73 FGG zuständigen Nachlassgerichts funktionell zuständig ist. Bei der Sondererbfolge in einen landwirtschaftlichen Betrieb (Hof) nach der HöfeO ist ebenfalls das Nachlassgericht, nicht das Landwirtschaftsgericht zuständig.[14]

Das Testamentsvollstreckerzeugnis wird nur auf (bestimmten) Antrag erteilt. Hierin ist zugleich die konkludente Annahme des Testamentsvollstreckeramtes zu sehen. Der Bestimmtheitsgrundsatz erfordert, dass ein vom gesetzlichen Regelfall abweichender Umfang der Befugnisse sowie gegenständliche Beschränkungen der Rechtsmacht des Testamentsvollstreckers mit in den Antrag aufgenommen werden.[15]

Formulierungsvorschlag: Antrag auf Erteilung eines Testamentsvollstreckerzeugnisses

Ich, ..., beantrage die Erteilung eines Testamentsvollstreckerzeugnisses in folgender Form:

---

[9] Vgl. BGH Urt. v. 27.2.1961 – WM 1961, 479, 481; Soergel/*Zimmermann* § 2368 Rdnr. 2.
[10] Kuntze/Ertl/Herrmann/Eickmann/*Eickmann* Grundbuchrecht § 52 Rdnr. 4; Bengel/Reimann/*Reimann* Rdnr. II 275.
[11] BGH Urt. v. 27.2.1961 – WM 1961, 479, 481; Bengel/Reimann/*Reimann* Rdnr. II 275.
[12] *Winkler* Rdnr. 722; *Zimmermann* Rdnr. 10.
[13] *Winkler* Rdnr. 723.
[14] Str.; wie hier BGH Beschl. v. 28.1.1972 – BGHZ 58, 105, 106 = NJW 1972, 582; Damrau/*Uricher* § 2368 Rdnr. 4; Palandt/*Edenhofer* § 2368 Rdnr. 5; Bengel/Reimann/*Reimann* Rdnr. II 280; a.A. Soergel/*Zimmermann* § 2368 Rdnr. 6.
[15] *Zimmermann* Rdnr. 255; Firsching/*Graf* Rdnr. 4.454.

> Testamentsvollstreckerzeugnis
> Der/die ... (Beruf) ... (vollständiger Name), wohnhaft in ..., ist zum Testamentsvollstrecker über den Nachlass des am ... in ... verstorbenen ..., zuletzt wohnhaft in ..., geboren am ..., ernannt worden.
> Der Erblasser hat angeordnet, dass das Grundstück Fl.Nr. ... der Gemarkung ... von der Testamentsvollstreckung ausgenommen ist.
> Der Erblasser hat angeordnet, dass der Testamentsvollstrecker in der Eingehung von Verbindlichkeiten nicht beschränkt sein soll.
> Begründung:
> Herr ..., zuletzt wohnhaft in ... ist am ... in ... verstorben. In seinem Testament vom ..., eröffnet vor dem Nachlassgericht am ..., hat der Erblasser mich zum Testamentsvollstrecker in dem oben bezeichneten Umfang ernannt. Ich nehme das Amt an.
> Zum Nachweis der erforderlichen Tatsachen lege ich vor:
> (Erklärungen und Nachweise gemäß §§ 2368 Abs. 3, 2355 BGB in der Form des § 2356 BGB)
> (Ort, Datum, Unterschrift)
> (Anlagen)

11 Antragsberechtigt ist in jedem Fall der Testamentsvollstrecker selbst. Sind mehrere Testamentsvollstrecker ernannt (Mittestamentsvollstreckung), kann ein gemeinschaftliches Testamentsvollstreckerzeugnis (entsprechend § 2357 Abs. 1 S. 2 BGB) über das Recht aller, ein gemeinschaftliches Teilzeugnis über die Rechte Einzelner von mehreren Testamentsvollstreckern oder ein Sonderzeugnis (Teilzeugnis) für einen einzelnen Mittestamentsvollstrecker beantragt werden.[16] Unter den Voraussetzungen der §§ 792, 896 ZPO sind auch Nachlassgläubiger antragsberechtigt. Ein Antragsrecht des Erben wird von der Rechtsprechung nicht zugelassen.[17] Demgegenüber will ein Teil der Literatur auch dem Erben ein Antragsrecht gewähren.[18]

12 Ebenso wie der Antragsteller, der einen Erbschein begehrt, hat der Antragsteller eines Testamentsvollstreckerzeugnisses eine Reihe von Angaben zu machen und deren Richtigkeit teils durch Urkunden, teils durch Versicherung an Eides statt nachzuweisen (vgl. § 2368 Abs. 3 BGB i. V. m. §§ 2354, 2355, 2355, 2368 Abs. 3 BGB). Angegeben werden muss:
- die Zeit des Todes des Erblassers,
- die Verfügung von Todes wegen, auf der die Ernennung beruht,
- ob und welche weiteren Verfügungen von Todes wegen des Erblassers vorhanden sind,
- ob ein Rechtsstreit über seine Ernennung anhängig ist,
- ob eine Person weggefallen ist, durch die er von seinem Amt ausgeschlossen wäre oder durch die seine Rechtsstellung beschränkt würde.[19]

2. Verfahren des Nachlassgerichts

13 Das Erteilungsverfahren verläuft ebenso wie das Erbscheinsverfahren. **Inhaltlich** prüft das Nachlassgericht dabei vor allem die **Gültigkeit der Anordnung und der Ernennung**, was die Überprüfung der Gültigkeit der Verfügung von Todes wegen mit umfasst. Demnach kann das Testamentsvollstreckerzeugnis nicht ausgestellt werden, wenn die Testamentsvollstreckung wegen § 2306 Abs. 1 S. 1 BGB als nicht angeordnet gilt oder wenn der Erblasser durch ein gemeinschaftliches Testament oder einen Erbvertrag an der Ernennung eines Testamentsvollstreckers gehindert war.[20] Bei mittlerweile schon wieder beendeter Testamentsvollstreckung kann ein Zeugnis nur mit dem Vermerk der Beendigung erteilt werden. Ein solches Zeugnis ent-

---

[16] Vgl. MünchKommBGB/*Mayer* § 2368 Rdnr. 24 f.; Staudinger/*Schilken* § 2368 Rdnr. 5; *Winkler* Rdnr. 694, 698; Bengel/Reimann/*Reimann* Rdnr. II 271.
[17] OLG Hamm Beschl. v. 6.9.1973 – NJW 1974, 505; BayObLG, Beschl. v. 12.7.1994 – ZEV 1995, 22, 23; ebenso Erman/*Schlüter* § 2368 Rdnr. 1; Palandt/*Edenhofer* § 2368 Rdnr. 5; Damrau/*Uricher* § 2368 Rdnr. 4.
[18] I.d.S. *Winkler* Rdnr. 687; *Zimmermann* Rdnr. 253; MünchKommBGB/*Mayer* § 2368 Rdnr. 6.
[19] Firsching/*Graf* Rdnr. 4.454; Bengel/Reimann/*Reimann* Rdnr. II 282.
[20] *Winkler* Rdnr. 689.

faltet aber keinen rückwirkenden Gutglaubensschutz im Hinblick auf die in der Vergangenheit abgeschlossenen Rechtsgeschäfte.[21]

Vor Erteilung des Testamentsvollstreckerzeugnisses hat das Nachlassgericht, wenn die Ernennung des Testamentsvollstreckers auf einem privatschriftlichen Testament beruht, den Erben anzuhören. Das folgt direkt aus dem **Grundsatz der Gewährung rechtlichen Gehörs** (Art. 103 Abs. 1 GG). § 2368 Abs. 2 BGB, wonach der Erbe „wenn tunlich" vor der Erteilung des Zeugnisses gehört werden „soll", ist insoweit verfassungskonform auszulegen.[22] Im Rahmen der Amtsermittlungspflicht des Nachlassgerichts kann es jedoch auch geboten sein, zusätzlich eine Anhörung der in einer früheren Verfügung von Todes wegen eingesetzten oder der gesetzlichen Erben durchzuführen, da der Testamentserbe und der ernannte Testamentsvollstrecker auf Mängel des sie beide begünstigenden Testaments oft nicht hinweisen werden.[23]

Wie im Erbscheinsverfahren kann das Nachlassgericht bei Vorliegen einer schwierigen Sach- und Rechtslage einen **beschwerdefähigen Vorbescheid** erteilen, um auf diese Weise eine Vorklärung der Sach- und Rechtslage zu erreichen und zu verhindern, dass ein mit den Vermutungs- und Gutglaubenswirkungen ausgestattetes unrichtiges Testamentsvollstreckerzeugnis in den Rechtsverkehr gelangt.[24] Diese Gefahren drohen aber nicht, wenn das Nachlassgericht den Antrag auf Zeugniserteilung zurückweisen möchte, so dass in diesem Fall ein Vorbescheid nicht möglich ist.[25]

An Kosten fällt für die **Erteilung des ersten Testamentsvollstreckerzeugnisses** eine volle Gebühr an (§ 109 Abs. 1 S. 1 Nr. 2 KostO i.V.m. §§ 107 ff. KostO). Der regelmäßige Geschäftswert beträgt € 3.000; der Maximalwert wird als Bruchteil des Reinnachlasses gebildet (§ 107 Abs. 2 KostO), darf aber höchstens € 500.000 betragen (vgl. § 30 Abs. 2 KostO).[26] Kostenschuldner ist der Antragsteller (§ 2 Nr. 1 KostO), darüber hinaus sind es über § 2206 BGB aber auch die Erben (§ 3 Nr. 3 KostO).

3. Inhalt des Testamentsvollstreckerzeugnisses

Das Nachlassgericht kann das Zeugnis nur bei Vorliegen eines deckungsgleichen Antrages erteilen. Ein abweichend vom Antrag erteiltes Testamentsvollstreckerzeugnis ist hierbei selbst dann einzuziehen, wenn das Zeugnis richtig wäre.[27] Bei der Stellung des Antrages und evtl. weiteren Hilfsanträgen gilt es besonders darauf zu achten, in welchem Umfang **Erweiterungen und Beschränkungen** bezüglich des Umfangs der Befugnisse des Testamentsvollstreckers Bestandteil des Testamentsvollstreckerzeugnisses werden. Dazu ist auf **das gesetzliche Regel-Ausnahme-Verhältnis** abzustellen. Entspricht die Stellung des Testamentsvollstreckers dem gesetzlichen Regeltypus der §§ 2203 bis 2206 BGB, bedarf es insoweit keiner weiteren Angaben im Testamentsvollstreckerzeugnis. Dagegen ist es gemäß § 2368 Abs. 1 S. 2 BGB in das Zeugnis aufzunehmen, dass der Testamentsvollstrecker in der Verwaltung des Nachlasses beschränkt ist oder in der Eingehung von Verbindlichkeiten nicht beschränkt sein soll.

Darüber hinaus sind aber auch sonstige Abweichungen von der gesetzlichen Regelstellung notwendiger Inhalt des Testamentsvollstreckerzeugnisses. Dies gilt insbesondere für Abweichungen von der gesetzlichen Verfügungsbefugnis, bei der Anordnung einer Verwaltungs- oder Dauertestamentsvollstreckung gemäß § 2209 BGB, der Beschränkung der Testamentsvollstreckung auf einzelne Miterben oder Nachlassgegenstände, der Beschränkung des Testa-

---

[21] Vgl. OLG Stuttgart Beschl. v. 6.7.1979 – DNotZ 1981, 294, 295; KG Beschl. v. 13.7.1964 – NJW 1964, 1905, 1906; MünchKommBGB/*J. Mayer* § 2368 Rdnr. 59; Staudinger/*Schilken* § 2368 Rdnr. 28; Bengel/Reimann/*Reimann* Rdnr. II 297.
[22] Vgl. BVerfG Beschl. v. 11.5.1965 – NJW 1965, 1267; BGH Beschl. v. 5.7.1963 – NJW 1963, 1972, 1973; Staudinger/*Schilken* § 2368 Rdnr. 23; *Zimmermann* Rdnr. 259. Die Notwendigkeit der Gewährung rechtlichen Gehörs soll nach *Zimmermann* Rdnr. 259 auch bestehen, wenn die Ernennung des Amtsinhabers auf einem öffentlichen Testament oder einem Erbvertrag beruht; a.A. *Winkler* Rdnr. 690.
[23] *Winkler* Rdnr. 690; MünchKommBGB/*J. Mayer* § 2368 Rdnr. 11.
[24] BayObLG Beschl. v. 20.7.1990 – FamRZ 1991, 111, 112; Bengel/Reimann/*Reimann* Rdnr. II 288, 290 (mit Formulierungsvorschlag); *Zimmermann* Rdnr. 266.
[25] OLG Düsseldorf Beschl. v. 31.1.1994 – NJW-RR 1994, 906; *Zimmermann* Rdnr. 267.
[26] Ausf. zu Kostenfragen *Zimmermann* Rdnr. 301 ff.; vgl. auch *Winkler* Rdnr. 732, der „im Zweifel" einen Ansatz von etwa 30% des Nachlasswertes empfiehlt.
[27] OLG Zweibrücken Beschl. v. 21.6.1988 – OLGZ 1989, 153.

mentsvollstreckers auf die Überwachung der Erben (§ 2208 Abs. 2 BGB) oder der Verwaltung des Nachlasses nur bis zu einem bestimmten Ereignis oder Zeitpunkt.[28]

19 Ob die Befreiung von dem Verbot des § 181 BGB als Erweiterung der Verfügungsbefugnis des Testamentsvollstreckers in das Testamentsvollstreckerzeugnis aufgenommen werden kann, hat das OLG Hamm in einem *obiter dictum* für den Fall verneint, dass sich bei einem als Testamentsvollstrecker eingesetzten Miterben eine solche Befreiung im Wege der Testamentsauslegung ergibt.[29] Allerdings kann es durchaus Fälle geben, in denen der Amtsinhaber Interesse an einem formellen Nachweis der Befreiung von den Beschränkungen des § 181 BGB haben kann (z.B. bei der Übertragung von Grundvermögen auf sich selbst). Dies spricht für die Möglichkeit eines Ausweises der Befreiung im Testamentsvollstreckerzeugnis.[30]

20 Nicht anzugeben sind hingegen die sich aus dem Gesellschaftsrecht ergebenden gesetzlichen Beschränkungen, wenn ein Anteil an einer Personengesellschaft Bestandteil des Nachlasses ist.[31] Nicht anzugeben sind ferner – wegen der fehlenden Relevanz für Dritte – Verwaltungsanordnungen des Erblassers (§ 2216 Abs. 2 BGB), welche die Verfügungs- und Verpflichtungsbefugnis des Testamentsvollstreckers unberührt lassen.[32] Schließlich finden Befugnisse des Testamentsvollstreckers, die nicht auf erbrechtlicher Grundlage beruhen (z. B. eine diesem erteilte Vollmacht) im Zeugnis keine Berücksichtigung.[33]

21 Die Bezeichnung des Erblassers und des Testamentsvollstreckers gehört ebenfalls in das Testamentsvollstreckerzeugnis. Die Angabe des Erben ist demgegenüber auf die Fälle beschränkt, in denen die Testamentsvollstreckung nur in Bezug auf einzelne Miterbenanteile angeordnet ist.[34]

22 Beim Zusammentreffen mit einer Vor- und Nacherbschaft ist ein einheitliches Testamentsvollstreckerzeugnis zu erteilen, wenn die Testamentsvollstreckung sowohl für den Vorerben als auch für den Nacherben angeordnet worden ist.[35] Bezieht sich die angeordnete Fremdverwaltung nur auf die Nacherbschaft, ist das Zeugnis – abgesehen vom Fall des § 2222 BGB – erst beim Nacherbfall zu erteilen.[36]

4. Rechtsmittel

23 Auch was die möglichen Rechtsmittel angeht, gelten die Rechtsgrundsätze aus dem Erbscheinsverfahren entsprechend (vgl. hierzu § 50 Rdnr. 10 ff, 32 ff.).[37] Wurde die Erteilung des Zeugnisses abgelehnt, steht dem Antragsteller die Beschwerde gemäß § 20 Abs. 1 und 2 FGG zu. Im Falle **der Erteilung des Zeugnisses sind beschwerdebefugt** die Erben und etwaige Mittestamentsvollstrecker oder Testamentsvollstreckerprätendenten, nicht aber lediglich Pflichtteilsberechtigte.[38] Beschwerdeziel kann dann aber nur noch die Einziehung des sich bereits im Verkehr befindlichen Testamentsvollstreckerzeugnisses sein.[39]

24 Ist in Bezug auf eine im Nachlass befindliche Kommanditbeteiligung Testamentsvollstreckung angeordnet, so sollen nach Auffassung des OLG Hamm auch die Mitgesellschafter beschwerdeberechtigt sein, wenn die Wahrnehmung der Gesellschafterrechte weder im

---

[28] BayObLG Beschl. v. 20.8.1998 – ZEV 1999, 67, 68 m. Anm. *Reimann*; OLG Zweibrücken Beschl. v. 23.9.1997 – FG Prax 1998, 27, 28; OLG Zweibrücken Beschl. v. 6.10.1997 – FG Prax 1998, 26, 27 = FamRZ 1998, 581; BayObLG, Beschl. v. 4.6.1992 – FamRZ 1992, 1354 (Dauertestamentsvollstreckung im Zusammenhang mit der Zuwendung eines Nutzungsvermächtnisses); *Winkler* Rdnr. 691 ff.; *Zimmermann* Rdnr. 269; MünchKommBGB/*J. Mayer* § 2368 Rdnr. 9; Mayer/Bonefeld/Wälzholz/Weidlich/*J. Mayer* Rdnr. 61.

[29] OLG Hamm Beschl. v. 23.3.2004 – 288, 289 m. Anm. *Letzel* ZEV 2004, 289.

[30] Vgl. *Letzel* ZEV 2004, 289, 290.

[31] BGH Beschl. v. 10.1.1996 – NJW 1996, 1284 = ZEV 1996, 110 m. Anm. *Lorz*; *Zimmermann* Rdnr. 271; unzutreffend daher OLG Stuttgart Beschl. v. 12.10.1998 – ZIP 1988, 1335, 1336 f.

[32] BayObLG Beschl. v. 20.8.1998 – ZEV 1999, 67, 68; Jauernig/*Stürner* § 2368 Rdnr. 2; Bengel/Reimann/*Reimann* Rdnr. II 294.

[33] Soergel/*Zimmermann* § 2368 Rdnr. 9.

[34] Soergel/*Zimmermann* § 2368 Rdnr. 1; *Winkler* Rdnr. 695.

[35] BayObLG Beschl. v. 20.4.1959 – NJW 1959, 1920, 1921; Soergel/*Zimmermann* § 2368 Rdnr. 8.

[36] Vgl. Soergel/*Zimmermann* § 2368 Rdnr. 8.

[37] Vgl. Palandt/*Edenhofer* § 2353 Rdnr. 25 ff.; Staudinger/*Schilken* § 2353 Rdnr. 82 ff.; ausf. *Zimmermann* Rdnr. 281 ff.

[38] Zur fehlerhaften Beschwerdebefugnis des Pflichtteilsberechtigten vgl. OLG Celle Beschl. v. 6.11.2003 – NJW-RR 2004, 872, 873.

[39] Bengel/Reimann/*Reimann* Rdnr. II 294; MünchKommBGB/*J. Mayer* § 2368 Rdnr. 25.

Gesellschaftsvertrag zugelassen noch dieser *ad hoc* zugestimmt wurde, aber dennoch ein Testamentsvollstreckerzeugnis erteilt wird.[40] Dem ist allerdings nicht zuzustimmen, da die fehlende Zustimmung nur zur Folge hat, dass der Testamentsvollstrecker in der Gesellschaft nicht tätig werden darf, die angeordnete Testamentsvollstreckung aber zumindest die Außenseite der Beteiligung erfasst (vgl. § 19 Rdnr. 244 ff.), also nicht wirkungslos bleibt, und es nicht zu den Aufgaben des Nachlassgerichts gehört, im Rahmen des Verfahrens auf Erteilung eines Testamentsvollstreckerzeugnisses zu klären, wo die vom Gesetz gezogenen Grenzen des Kompetenzbereichs des Testamentsvollstreckers verlaufen (vgl. auch Rdnr. 20).[41]

Neben der Beschwerdemöglichkeit mit dem Ziel, eine Einziehung des Testamentsvollstreckerzeugnisses zu erreichen, steht die **Klage auf Herausgabe** des Testamentsvollstreckerzeugnisses an das Nachlassgericht gemäß § 2362 Abs. 1 BGB zur Verfügung.

III. Einziehung und Rückgabe des Testamentsvollstreckerzeugnisses

War das Testamentsvollstreckerzeugnis **von Anfang an unrichtig** oder leidet es an einem **schwerwiegenden Verfahrensverstoß**, hat es das Nachlassgericht nach §§ 2368 Abs. 3, 2361 BGB von Amts wegen einzuziehen.[42] Kann das unrichtige Zeugnis nicht sofort erlangt werden, wird es vom Nachlassgericht durch Beschluss förmlich für kraftlos erklärt (§ 2368 Abs. 3, § 2361 Abs. 2 BGB). Erst mit der Einziehung oder der Kraftloserklärung des Testamentsvollstreckerzeugnisses enden seine Rechtswirkungen. Im Fall der Einziehung ist die Beschwerde ebenfalls statthaft, nicht hingegen dann, wenn das Nachlassgericht das Testamentsvollstreckerzeugnis in einer öffentlichen Bekanntmachung für kraftlos erklärt hat (§ 84 S. 2 FGG).[43] Nur ausnahmsweise kommt statt der Einziehung die Berichtigung des Testamentsvollstreckerzeugnisses in Betracht, wenn es sich um bloße Schreibfehler handelt (§ 319 ZPO analog) oder einer von mehreren Testamentsvollstreckern wegfällt und auf Grund einer vom Erblasser erteilten Ermächtigung ein Nachfolger ernannt wird.[44]

Endet das **Amt des Testamentsvollstreckers**, z. B. durch Kündigung, Entlassung oder Zeitablauf (zu den einzelnen Beendigungsgründen vgl. § 19 Rdnr. 201 ff.), wird das Testamentsvollstreckerzeugnis nach § 2368 Abs. 3 2. Hs. BGB von selbst kraftlos (vgl. Rdnr. 5). Die Beweiskraft ist aufgehoben und zwar unabhängig davon, ob ein Dritter vom Erlöschen Kenntnis hat. Eine förmliche Einziehung nach § 2361 Abs. 1 BGB kommt nicht in Betracht. Die Gefahren, die von einem im Umlauf befindlichen Testamentsvollstreckerzeugnis, das nicht der wirklichen Rechtslage entspricht, ausgehen, sind durch § 2368 Abs. 3 2. Halbs. BGB für diesen Fall ausgeschlossen. Dennoch ist das Nachlassgericht nach hM verpflichtet, die Rückgabe des Testamentsvollstreckerzeugnisses zu den Akten zu verlangen oder die Beendigung auf dem Zeugnis zu vermerken.[45]

Diese Einschränkung der Gutglaubens- und Vermutungswirkung des Testamentsvollstreckerzeugnisses hat in der Praxis das Bedürfnis entstehen lassen, auch ein **Zeugnis über das Fortbestehen der Testamentsvollstreckung** erhalten zu können. Die Möglichkeit eines solchen Zeugnisses über das fortdauernde Amt des Testamentsvollstreckers wird wohl überwiegend für zulässig erachtet;[46] eine gefestigte nachlassgerichtliche Praxis besteht jedoch ebenso wenig wie Voraussetzungen und Wirkungen geklärt sind; dies gilt insbesondere im Hinblick auf die Frage,

---

[40] OLG Hamm Beschl. v. 17.1.1991 – FamRZ 1992, 113 m. krit. Anm. *Reimann*; krit. auch *Zimmermann* Rdnr. 283.
[41] BGH Beschl. v. 10.1.1996 – NJW 1986, 1284 = ZEV 1996, 110 m. Anm. *Lorz*; a.A. OLG Stuttgart Beschl. v. 12.10.1988 – ZIP 1988, 1335, 1336 f.
[42] RG Urt. v. 10.12.1913 – RGZ 83, 348, 352; OLG Zweibrücken Beschl. v. 30.6.1999 – FamRZ 2000, 323, 324; OLG Zweibrücken Beschl. v. 6.10.1997 – FG Prax 1998, 26, 27 = FamRZ 1998, 581; Palandt/*Edenhofer* § 2368 Rdnr. 11 und 2361 Rdnr. 3 ff.; *Winkler* Rdnr. 705.
[43] Vgl. Staudinger/*Schilken* § 2368 Rdnr. 29 und § 2361 Rdnr. 40 m.w.N.
[44] KG Beschl. v. 3.10.1904 – KGJ 28 A 200, 203; *Winkler* Rdnr. 699, 705; *Firsching/Graf* Rdnr. 4.467; Mayer/Bonefeld/Wälzholz/Weidlich/*J. Mayer* Rdnr. 62; zweifelnd *Zimmermann* Rdnr. 291.
[45] OLG München Beschl. v. 25.7.1950 – NJW 1951, 74; KG Urt. v. 13.7.1964 – NJW 1964, 1905, 1906; Erman/*Schlüter* § 2368 Rdnr. 4; MünchKommBGB/*J. Mayer* § 2368 Rdnr. 48; *Firsching/Graf* Rdnr. 4.470 f.; *Zahn* MittRhNotK 2000, 89, 103; gegen eine solche Verpflichtung *Zimmermann* Rdnr. 299.
[46] Vgl. *Winkler* Rdnr. 708; *Firsching/Graf* Rdnr. 4.472; *Zahn* MittRNotK 2000, 89, 104.

ob mit einem solchen Zeugnis ein Gutglaubensschutz verbunden ist.[47] Nach neuerer Ansicht soll nur eine Bescheinigung des Nachlassgerichts begehrt werden können, dass dort in den Akten nichts (z. B. keine Kündigung oder Entlassung) vorliegt, was auf eine Amtsbeendigung hindeuten würde.[48]

29 Ein Negativattest des Nachlassgerichts dahin gehend, dass die Testamentsvollstreckung weggefallen oder beendet ist oder dass überhaupt keine Testamentsvollstreckung besteht, soll nach hM nicht in Betracht kommen.[49] Vielmehr ist hier ein etwa erforderlicher Nachweis mittelbar durch den Erbschein ohne Testamentsvollstreckervermerk möglich.

IV. Sachverhalte mit Auslandsberührungen

30 Auch § 2369 BGB findet über § 2368 Abs. 3 BGB für das Testamentsvollstreckerzeugnis entsprechende Anwendung, wenn der Erblasser nach ausländischem Recht beerbt wird (vgl. Art 25 Abs. 1 EGBGB), und im Inland Nachlassgegenstände vorhanden sind.[50] Das Nachlassgericht ist in diesem Fall für die **Erteilung eines auf das Inland beschränkten Fremdrechts-Testamentsvollstreckerzeugnisses** nach § 73 Abs. 1 u. 3 FGG örtlich und nach § 2368 Abs. 3 BGB i.V.m. § 2369 BGB unter Durchbrechung des Gleichlaufgrundsatzes auch international zuständig.

31 Der Ernennung und Entlassung des Testamentsvollstreckers ist in diesem Fall ausländisches materielles Recht zugrunde zu legen. Das Fremdrechts Testamentsvollstreckerzeugnis muss das anwendbare ausländische Recht bezeichnen, die Beschränkung auf das Inland kenntlich machen und die Befugnisse des Testamentsvollstreckers nach dem betreffenden Erbstatut konkret aufführen.[51] Eine Zeugniserteilung kommt aber nur in Frage, wenn der vorgesehene Verwalter eine Stellung inne hat, die der eines deutschen Testamentsvollstreckers vergleichbar ist, und der Eingesetzte auch außerhalb des eigenen Rechtsgebiets zu handeln befugt ist.[52] Die Bestimmung der genauen Rechtsstellung des Amtsinhabers und deren Vergleichbarkeit mit dem Institut der §§ 2197 ff. BGB verursacht nicht selten Schwierigkeiten, insbesondere im Zusammenhang mit dem anglo-amerikanischen Rechtskreis und den unterschiedlichen Befugnissen eines dort zur Nachlassabwicklung eingesetzten *administrator* oder *executor*.[53]

---

[47] Skeptisch zur Zulässigkeit eines solchen Zeugnisses über den Fortbestand des Amtes denn auch Münch-KommBGB/*J. Mayer* § 2368 Rdnr. 58; Mayer/Bonefeld/Wälzholz/Weidlich/*ders.* Rdnr. 61.

[48] I. d. S. *Bestelmeyer* ZEV 1997, 316, 317 ff.; *Zimmermann* Rdnr. 305.

[49] *Firsching/Graf* Rdnr. 4.472; *Winkler* Rdnr. 724; Mayer/Bonefeld/Wälzholz/Weidlich/*J. Mayer* Rdnr. 74; a.A. in zweifelsfreien Fällen *Zimmermann* Rdnr. 306.

[50] BayObLG Beschl. v. 13.11.1986 – BayObLGZ 1986, 466, 470; KG Beschl. v. 18.5.1908 – KGJ 36 A 109, 112 ff.

[51] *Zimmermann* Rdnr. 272 (mit Formulierungsbeispiel); Bengel/Reimann/*Haas* Rdnr. IX 453.

[52] MünchKommBGB/*Mayer* § 2368 Rdnr. 27; Bengel/Reimann/*Haas* Rdnr. IX 453.

[53] Ausf. dazu Bengel/Reimann/*Haas* Rdnr. IX 453; *Firsching* DNotZ 1959, 354; Staudinger/*Schilken* § 2368 Rdnr. 40 ff.; ferner MünchKommBGB/*J. Mayer* § § 2368 Rdnr. 27; zur Erteilung eines gegenständlich beschränkten Testamentsvollstreckerzeugnisses für den *executor* des Nachlasses eines US-amerikanischen Erblassers vgl. auch OLG Brandenburg Beschl. v. 2.4.2001 – FGPrax 2001, 206.

§ 52 Testamentseröffnung

Übersicht

	Rdnr.
I. Verfahrensbesonderheiten	1–7
1. Allgemeines	1
2. Zuständigkeit	2–4
3. Rechtsbehelfe und Kosten	5–7
II. Voraussetzungen der Testamentseröffnung	8–12
1. Testament in Verwahrung des Nachlassgerichts	9–11
a) Testament befindet sich bereits in Verwahrung des Nachlassgerichts	9
b) Testament befindet sich bei Privaten	10
c) Testament befindet sich bei Notar oder Behörde	11
2. Tod des Erblassers	12
III. Eröffnungsverfahren	13–23
1. Terminbestimmung und Ladung	13/14
2. Eröffnungstermin	15
3. Benachrichtigung der Beteiligten	16/17
4. Rechtsfolgen der Eröffnung	18/19
5. Besonderheiten beim gemeinschaftlichen Testament und beim Erbvertrag	20–23
IV. Ermittlung der Testamentserben	24–28
1. Auskunftsansprüche gegenüber dem Nachlassgericht	25/26
a) Einsicht in die Nachlassakten	25
b) Umfang der Einsicht	26
2. Einsichtnahme in das eröffnete Testament	27
3. Auskünfte von Meldebehörden und Standesämtern	28

Schrifttum: *Bartsch,* Das Recht auf Einsicht in die Nachlassakte, ZErb 2004, 80; *Reimann/Bengel/J. Mayer* Testament und Erbvertrag, 5. Aufl. 2006; *Firsching/Graf,* Handbuch der Rechtspraxis, Nachlassrecht 8. Aufl. 2000; *Keim,* Die Aufhebung von Erbverträgen durch Rücknahme aus amtlicher oder notarieller Verwahrung, ZEV 2003, 55; *Langenfeld,* Freiheit oder Bindung beim gemeinschaftlichen Testament oder Erbvertrag von Ehegatten, NJW 1987, 1577; *von Dickhuth-Harrach,* Die Rückgabe eines Erbvertrages aus der notariellen Verwahrung, RNotZ 2002, 384.

I. Verfahrensbesonderheiten

1. Allgemeines

Gemäß § 2260 BGB ist jede letztwillige Verfügung zu eröffnen, falls sie sich nur äußerlich 1 und dem Inhalt nach als Testament oder Erbvertrag darstellt.[1] Dabei ist gleichgültig, ob die Verfügung offen, geschlossen, formell ungültig, widerrufen, materiell unwirksam oder gegenstandslos geworden ist. Nottestamente sind zu eröffnen, selbst wenn der Erblasser die Errichtung um mehr als drei Monate überlebt hat und das Nottestament dadurch gemäß § 2252 Abs. 1 BGB unwirksam geworden ist. Lediglich Schriftstücke, die sich äußerlich schon als reine Entwürfe darstellen, sind nicht zu eröffnen. Gemäß § 2263 BGB kann der Erblasser die Eröffnung nicht verbieten, die Beteiligten können auch nicht darauf verzichten oder ihr widersprechen. Ein **Erbschein** kann vor Eröffnung nicht erteilt werden. Die Gültigkeit der letztwilligen Verfügung hängt nicht von ihrer Eröffnung ab. Zu eröffnen ist immer die Urschrift, bei mehreren Urschriften alle, notfalls bei Verlust eine etwa vorhandene Ausfertigung oder beglaubigte Abschrift, nicht aber eine einfache Abschrift.[2]

---

[1] BGH Beschl. v. 11.4.1984 – BGHZ 91, 105 = NJW 1984, 2098; OLG Frankfurt Beschl. v. 13.8.1970 – RPfl. 1970, 392; KG Beschl. v. 26.3.1977 – RPfl. 1977, 256.
[2] KG JW 1919, 586.

2. Zuständigkeit

2   Für die Eröffnung letztwilliger Verfügungen ist grundsätzlich das Nachlassgericht (§§ 2260, 2300 BGB), in Baden-Württemberg das Notariat als Nachlassgericht (§§ 1, 38 LFGG) **sachlich** zuständig.

3   **Örtlich** zuständig ist das Gericht des letzten Wohnsitzes des Erblassers, § 73 FGG, hilfsweise des letzten Aufenthaltsortes.[3] Ist der Erblasser Deutscher und hatte er zur Zeit des Erbfalls im Inland weder Wohnsitz noch Aufenthalt, so ist gemäß § 73 Abs. 2 FGG das Amtsgericht Schöneberg in Berlin-Schöneberg zuständig. Es kann aber die Sache mit bindender Wirkung an ein anderes Gericht abgeben. Ausnahmsweise obliegt die Eröffnung gemäß § 2261 BGB dem verwahrenden Gericht, wenn es nicht mit dem Nachlassgericht identisch ist, weil der beurkundende Notar nach §§ 34 BeurkG, § 2258 a Abs. 2 Nr. 1 BGB oder der Erblasser selbst es dort nach § 2258 a Abs. 1 S. 2 BGB hinterlegt hat. Zur Eröffnung eines Testaments eines Ausländers ist ein deutsches Gericht zuständig, wenn die Ausstellung eines gegenständlich beschränkten Fremdrechtserbscheins gemäß § 2369 BGB oder kraft Rückverweisung bzw. durch Rechtswahl nach Artikel 25 Abs. 2 EGBGB deutsches materielles Erbrecht anzuwenden ist,[4] ebenso wenn ein Staatsvertrag die Mitwirkung des deutschen Gerichts vorsieht. Es ist ferner zuständig, falls ein Sicherungsbedürfnis für den Nachlass besteht.[5]

4   **Funktionell** zuständig ist gemäß § 3 Nr. 2 c RPflG der Rechtspfleger, in Baden-Württemberg der Notar.

3. Rechtsbehelfe und Kosten

5   Gegen die ablehnende Entscheidung des Rechtspflegers über die Eröffnung ist nach § 11 RPflG, § 19 FGG die Beschwerde statthaft. Gleiches gilt für die Entscheidung, dass eröffnet wird. Sobald die Eröffnung jedoch erfolgt ist, ist die Beschwerde mangels eines Rechtsschutzbedürfnisses unzulässig.[6]

6   Sinnvoll kann eine Beschwerde deshalb nur in den Fällen sein, in denen der Rechtspfleger im Wege eines Vorbescheides angesichts einer zweifelhaften Rechtslage ankündigt, das Testament eröffnen zu wollen und Gelegenheit gibt, vor der Durchführung dieser Entscheidung Rechtsbehelfe einzulegen.[7] Gegen die Ablehnung der Einsicht in die Nachlassakten oder die Erteilung einer beglaubigten Abschrift der Verfügung von Todes wegen hat der Berechtigte ebenfalls das Rechtsmittel der Beschwerde gemäß §§ 11 RPflG, 19 FGG.

7   Für die Eröffnung einer Verfügung von Todes wegen wird gemäß §§ 102, 103 KostO die Hälfte der vollen Gebühr erhoben. Der Geschäftswert bestimmt sich gemäß § 46 KostO nach dem reinen Nachlasswert abzüglich der Verbindlichkeiten.[8] Werden mehrere Verfügungen von Todes wegen gleichzeitig eröffnet, so sieht § 103 Abs. 2 KostO die einmalige Erhebung der Gebühr aus dem zusammengerechneten Wert vor, wobei mehrere Verfügungen über den gleichen Nachlass nicht werterhöhend wirken.[9]

II. Voraussetzungen der Testamentseröffnung

8   **Gegenstand der Eröffnung** ist jede amtlich verwahrte oder nach § 2259 BGB abgelieferte, sich äußerlich als Testament darstellende Urkunde (wenn auch formungültig). Auch widerrufene letztwillige Verfügungen sind zu eröffnen, selbst soweit – bei zerstörten Testamenten – die Urkundenteile noch vorhanden sind. Möchte der Erblasser nicht, dass sein widerrufenes Testament eröffnet wird, so empfiehlt sich, sein in amtlicher Verwahrung bei Gericht befindliches

---

[3] *Firsching/Graf* Nachlassrecht Rdnr. 4.33.
[4] BayObLG Beschl. v. 7.2.1958 – BayObLGZ 58, 34.
[5] BayObLG Beschl. v. 7.2.1958 – BayObLGZ 58, 34.
[6] OLG Frankfurt Beschl. v. 8.3.1976 – FamRZ 1977, 482; OLG Köln Beschl. v. 26.5.2003 – RPfl. 2003, 503.
[7] OLG Hamm Beschl. v. 10.9.1981 – NJW 1982, 57; Reimann/Bengel/J. Mayer/*Voit*, Testament und Erbvertrag, § 2260 Rdnr. 19.
[8] Dabei ist die Erbschaftsteuer nicht abziehbar, §§ 103, 46 Abs. 4 S. 2 KostO; OLG Köln Beschl. v. 9.5.2001 – ZEV 2001, 406.
[9] Reimann/Bengel/J. Mayer/*Voit*, Testament und Erbvertrag, § 2260 Rdnr. 22.

Testament gemäß § 2256 BGB aus der Verwahrung zu holen und es endgültig zu vernichten. Dies ist seit 2002 auch bei Erbverträgen möglich, § 2300 Abs. 2 BGB.[10]

1. Testament in Verwahrung des Nachlassgerichts

a) **Testament befindet sich bereits in Verwahrung des Nachlassgerichts.** Das Testament kann sich bereits vor dem Tod des Erblassers in amtlicher Verwahrung des Nachlassgerichts befinden, entweder weil der Testator es selbst dort hinterlegt hat, § 2258 Abs. 2 Nr. 3 BGB, oder weil es vom Notar nach § 2258 a Abs. 2 Nr. 1 BGB unmittelbar nach Errichtung dort abgeliefert wurde.

b) **Testament befindet sich bei Privaten.** Nach dem Tod des Erblassers ist jede Verfügung von Todes wegen, die sich nicht beim Nachlassgericht oder einem anderen Amtsgericht befindet, an das Nachlassgericht **abzuliefern** (§ 2259 BGB). Abzuliefern ist jede Urschrift, bei Verlust derselben eine etwaige beglaubigte Abschrift, auch zurückgenommene öffentliche Testamente, widerrufene mit Ungültigkeitsvermerk versehene und zerrissene Urkunden.[11] Auch ein durch das Vorversterben des Bedachten überholtes Testament ist abzuliefern.[12] Nicht abzuliefern sind jedoch Erbverzichtsverträge[13] oder Urkunden, die lediglich Anordnungen über die Art der Bestattung enthalten. Weigert sich der Besitzer, das Testament abzuliefern, so kann das Nachlassgericht die Ablieferung im Inland gegen eine private Person **erzwingen**, §§ 33, 88 FGG, und zwar durch Festsetzung eines Zwangsgeldes oder durch Anwendung unmittelbaren Zwanges, § 33 Abs. 2 FGG, zu dessen Durchführung es den Gerichtsvollzieher beauftragt.[14] Falls die Vermutung besteht, dass jemand ein Testament in Besitz hat, so kann die Erzwingung der Ablieferung durch Aufforderung zur Abgabe einer eidesstattlichen Versicherung erfolgen, § 83 Abs. 2 FGG. Die Zwangsmaßnahmen sind gemäß §§ 11 RPflG, 19 FGG mit der Beschwerde anfechtbar. Die Ablieferungspflicht besteht jedoch nicht nur gegenüber dem Nachlassgericht, sondern jedem gegenüber, der aus der Verfügung Rechte herleiten kann, so dass dieser die Ablieferung auch im **Klagewege** selbst erzwingen kann.[15]

c) **Testament befindet sich bei Notar oder Behörde.** Da gemäß § 34 Abs. 2 BeurkG die Beteiligten die besondere amtliche Verwahrung für notarielle **Erbverträge** ausschließen können und in der Praxis hiervon häufig Gebrauch gemacht wird, befinden sich diese zurzeit des Erbfalles meistens beim Notar. Zu den sonstigen Behörden, die eine Verfügung von Todes wegen in Besitz haben können, gehören Verwaltungsbehörden, Bürgermeister, Gerichte, Staatsanwaltschaften und Konsulatsbeamte. Sie sind nach § 2259 Abs. 2 BGB verpflichtet, nach Eintritt des Todesfalles diese Urkunde an das Nachlassgericht zu übersenden. Dieses kann die Ablieferung durch Anrufung der Dienstaufsicht, nicht aber durch Zwangsmittel, durchsetzen.[16]

2. Tod des Erblassers

Weitere Voraussetzung für die Eröffnung der Verfügung von Todes wegen ist der Tod des Erblassers. Das Nachlassgericht erfährt vom Tod durch Anzeige des Standesbeamten, Übersendung eines Todeserklärungsbeschlusses durch das Amtsgericht, Vorlage einer Sterbeurkunde eines Beteiligten oder durch Mitteilung einer Behörde oder eines Dritten. Nach der bundeseinheitlichen Bekanntmachung über die Benachrichtigung in Nachlasssachen[17] hat die verwahrende Stelle das Geburtsstandesamt von einer Verfügung von Todes wegen zu unterrichten. Wenn der **Standesbeamte des Geburtsortes** von dem Standesamt des Sterbeortes vom Tod des Erblassers erfährt, so verständigt er die verwahrende Stelle, Notar oder Amtsgericht, hiervon. Nach der Sonderregelung des § 2263 a BGB sind Testamente, die sich seit mehr als 30 Jahren in amtlicher Verwahrung befinden, vom gemäß §§ 2260, 2261 BGB zuständigen Gericht zu eröffnen, falls die angestellten Ermittlungen nicht zur Feststellung des Fortlebens des Erblassers führen. Bei Erbverträgen beträgt die Frist 50 Jahre, § 2300 a BGB. Nur wenn die nach § 12

---

[10] Dazu *Keim* ZEV 2003, 55.
[11] *Firsching/Graf* Nachlassrecht Rdnr. 4.43.
[12] BayObLG Beschl. v. 27.11.1996 – FamRZ 1997, 644.
[13] BayObLG Beschl. v. 21.6.1983 – BayObLGZ 83, 149.
[14] *Firsching/Graf* Nachlassrecht Rdnr. 4.52.
[15] BayObLG Beschl. v. 10.11.1983 – RPfl 1984, 19.
[16] MünchKommBGB/*Hagena* § 2259 Rdnr. 41.
[17] Abgedruckt bei *Weingärtner* Notarrecht Nr. 270.

FGG vorzunehmenden Ermittlungen zu keinem Ergebnis führen, ist nach § 2263 a S. 2 und 3 BGB die Eröffnung durchzuführen. Stellt sich später heraus, dass der Erblasser noch lebt, wird dies auf dem Eröffnungsprotokoll vermerkt und das Testament wieder in Verwahrung gegeben. Auf die Wirksamkeit hat diese vorzeitige Eröffnung keinen Einfluss.[18]

III. Eröffnungsverfahren

1. Terminbestimmung und Ladung

13   Das Nachlassgericht bestimmt **von Amts wegen** einen Termin zur Eröffnung des Testaments unabhängig von der Ermittlung der Person und des Aufenthalts der gesetzlichen Erben, da der damit verbundene Zeitverlust den berechtigten Interessen der Beteiligten widersprechen würde.[19] Nach der Sollvorschrift des § 2260 Abs. 1 S. 2 BGB sind die gesetzlichen Erben und die sonstigen **Beteiligten** zu dem Termin zu **laden**, soweit dies tunlich ist. Beteiligte im Sinne des § 2262 BGB sind diejenigen, denen durch die Verfügung ein Recht gewährt oder genommen oder deren Rechtslage in sonstiger Weise unmittelbar beeinflusst wird.[20] In Betracht kommen Ehegatten, Kinder, auch Adoptiv- und nichteheliche Kinder, pflichtteilsberechtigte Personen, auch enterbte, Personen, die auf ihr Pflichtteil verzichtet haben oder denen der Pflichtteil entzogen wurde oder die für erbunwürdig erklärt worden sind, Auflagenbegünstigte sowie Personen, die die Vollziehung einer Auflage verlangen können, Nach- und Ersatzerben, Testamentsvollstrecker, Vermächtnisnehmer und deren Ersatzberechtigte, **nicht** jedoch Nachlassgläubiger. Nicht Beteiligter am Eröffnungsverfahren nach dem Tod des erstversterbenden Ehegatten ist derjenige, dem in einem gemeinschaftlichen Testament erst nach dem Tod des Längstlebenden ein Vermächtnis zugewendet wurde.[21]

14   Die Ladung kann **unterbleiben,** wenn sie untunlich ist, insbesondere, wenn aus besonderen Gründen eine sofortige Eröffnung veranlasst erscheint und die Namen und Anschriften der Beteiligten dem Gericht unbekannt und zu ihrer Ermittlung erheblicher Aufwand nötig wäre. Die Bestimmung wird in der Praxis sehr weit ausgedehnt, wo oft von Ladungen der Beteiligten überhaupt abgesehen und die Testamentsabschriften **nur übersandt** werden.[22]

2. Eröffnungstermin

15   Die Eröffnungsverhandlung ist **nicht öffentlich,** die Beteiligten können sich jedoch vertreten lassen. Die Anwesenheit dritter Personen ist nur mit Zustimmung aller Beteiligter zulässig.[23] Der Eröffnungstermin beginnt regelmäßig mit der Feststellung des Todestages und des Umstandes, ob der Verschluss eines verschlossenen Testamentes unversehrt war, § 2260 Abs. 3 S. 2 BGB. Anschließend wird das Testament durch Verlesen seines Inhalts bekannt gegeben. Wird es den Beteiligten zur Durchsicht vorgelegt oder erscheint zum Eröffnungstermin niemand, so kann das Vorlesen nach § 2260 Abs. 2 S. 2 und 3 BGB unterbleiben. Zu eröffnen ist vorbehaltlich der Sonderregelung des § 2273 BGB für gemeinschaftliche Testamente bzw. § 2300 a BGB für Erbverträge **der gesamte Inhalt.**[24] Zu verkünden ist auch eine angeordnete Nacherbfolge, die erst mit dem Tod des Vorerben eintreten soll. Beim Tod des Vorerben wird das Testament nicht erneut verkündet.[25] Ansonsten liegt die Art der Verkündung im Ermessen des Nachlassgerichtes.[26] Falls die Beteiligten die Gültigkeit des Testaments anerkennen, ist die Aufnahme einer entsprechenden Erklärung in die Eröffnungsniederschrift empfehlenswert. Ferner ist eine Belehrung über die offensichtlichen Folgen des Testaments wie Pflichtteilsan-

---

[18] Reimann/Bengel/J. Mayer/*Voit*, Testament und Erbvertrag, § 2263 a Rdnr. 8.
[19] MünchKommBGB/*Hagena* § 2260 Rdnr. 21.
[20] BGH Beschl. v. 21.12.1977 – BGHZ 70, 173, 176 = NJW 1978, 633.
[21] BGH Beschl. v. 21.12.1977 – BGHZ 70, 173, 176 = NJW 1978, 633; MünchKommBGB/*Musielak* § 2273 Rdnr. 3.
[22] MünchKommBGB/*Hagena* § 2260 Rdnr. 22.
[23] Firsching/*Graf* Nachlassrecht Rdnr. 464.
[24] Vgl. Rdnr. 20 ff.
[25] Firsching/*Graf* Nachlassrecht Rdnr. 4.64.
[26] MünchKommBGB/*Hagena* § 2260 Rdnr. 32.

sprüche, Haftung für Nachlassverbindlichkeiten und Ausschlagungsfristen angebracht. Form und Inhalt der Eröffnungsniederschrift sind im Wesentlichen landesgesetzlich geregelt.[27]

3. Benachrichtigung der Beteiligten

Nach § 2262 BGB hat das Nachlassgericht die Beteiligten, welche bei der Eröffnung des Testaments nicht zugegen gewesen sind, von dem sie betreffenden Inhalt in Kenntnis zu setzen. Die Verletzung der Pflicht kann Amtshaftungsansprüche auslösen.[28] 16

Zu informieren sind grundsätzlich alle Beteiligten.[29] Bei jeder möglichen Beeinträchtigung der erbrechtlichen Stellung ist dem Beeinträchtigten das **gesamte Testament** zur Kenntnis zu geben, da er nur dann dazu in der Lage ist zu beurteilen, ob der Erblasser möglicherweise nicht testierfähig war oder etwa ein Anfechtungsgrund gegeben ist.[30] Bei Anordnung eines Vermächtnisses muss der Vermächtnisnehmer auch erfahren, wer Erbe ist, so dass ihm das Testament auch insoweit zur Kenntnis gebracht werden muss.[31] Auch der Inhalt eines wegen Formmangels unwirksamen bzw. eines widerrufenen Testaments ist mitzuteilen, um den Bedachten die Möglichkeit der Überprüfung des Widerrufs bzw. der Nichtigkeit zu geben.[32] Gehört Grundbesitz zum Nachlass, so sind die als Erben eingesetzten Personen, soweit der Aufenthalt dem Gericht bekannt ist, darauf hinzuweisen, dass durch den Erbfall das Grundbuch unrichtig geworden ist und dass gebührenrechtliche Vergünstigungen für eine Grundbuchberichtigung bestehen.[33] Der Erblasser kann die Benachrichtigung nicht verbieten, wohl aber können die Beteiligten auf sie verzichten.[34] Das Nachlassgericht muss zur Erfüllung der Benachrichtigungspflicht von Amts wegen ermitteln § 12 FGG, falls die Beteiligten unbekannt sind,[35] zum Beispiel durch Anfrage bei Einwohnermeldeämtern oder bei entsprechender Nachlassmasse auch durch Zeitungsanzeigen. Der Umfang der Ermittlungspflicht ist durch Landesgesetze näher bestimmt.[36] 17

4. Rechtsfolgen der Eröffnung

Nach der Eröffnung wird gemäß § 34 Abs. 2 Nr. 3 ErbStG der Inhalt des Testaments dem **Finanzamt** mitgeteilt. Weiterhin beginnt frühestens mit dem Zeitpunkt der Eröffnung nach § 1944 Abs. 2 S. 2 BGB die **Ausschlagungsfrist**, unabhängig davon, ob der Erbe im Eröffnungstermin anwesend war, sofern er Kenntnis von der Eröffnung gehabt hat.[37] 18

Gemäß § 35 Abs. 1 S. 2 GBO kann die **Grundbuchberichtigung** auf den Erben auch ohne Vorlage eines Erbscheins erfolgen, wenn die Erbfolge durch öffentliches Testament oder Erbvertrag nachgewiesen ist und daneben auch die Eröffnungsniederschrift mit vorgelegt wird. 19

5. Besonderheiten beim gemeinschaftlichen Testament und beim Erbvertrag[38]

Von dem Grundsatz, dass Testamente in vollem Umfang zu eröffnen sind, macht § 2273 Abs. 1 BGB eine Ausnahme. Bei der Eröffnung eines gemeinschaftlichen Testamentes sind die Verfügungen des überlebenden Ehegatten, soweit sie sich sondern lassen, weder zu verkünden noch sonst zur Kenntnis der Beteiligten zu bringen. Die Vorschrift läuft jedoch weitgehend leer, da meist eine **Untrennbarkeit** der Verfügungen beider Ehegatten besteht. Eine solche ist nach der Rechtsprechung dann gegeben, wenn die Verfügungen sprachlich zusammengefasst sind oder die Verfügung des einen Ehegatten auf die des anderen Ehegatten verweist oder inhaltlich Bezug nimmt, so dass zum Verständnis der einen die Kenntnis der anderen Verfügung 20

---

[27] MünchKommBGB/*Hagena* § 2260 Rdnr. 34.
[28] BGH Urt. v. 27.2.1991 – BGHZ 117, 287.
[29] Vgl. o. Rdnr. 1.
[30] OLG Frankfurt Beschl. v. 8.3.1976 – RPfl 1977, 206; KG Beschl. v. 19.12.1978 – DNotZ 1979, 556, 559.
[31] Reimann/Bengel/J. Mayer/*Voit*, Testament und Erbvertrag § 2262 Rdnr. 6.
[32] BGH Beschl. v. 21.12.1977 – BGHZ 70, 173 = RPfl 1978, 92; BayObLG Beschl. v. 31.7.1989 – NJW-RR 1989, 1284.
[33] *Firsching/Graf* Nachlassrecht Rdnr. 4.72.
[34] MünchKommBGB/*Hagena* § 2262 Rdnr. 26.
[35] BayObLG Beschl. v. 11.10.1979 – MDR 1980, 141.
[36] Fundstellen bei MünchKommBGB/*Hagena* Voraufl. § 2262 Rdnr. 2 Fn. 4.
[37] BGH Urt. v. 26.9.1990 – BGHZ 112, 229, 234 = NJW 1991, 169, 170.
[38] Dazu Gutachten DNotI-Report 1997, 20.

notwendig ist.³⁹ Setzen sich Ehegatten gegenseitig als Alleinerben und die Abkömmlinge zu Erben des Längstlebenden ein, wird von der Rechtsprechung bereits eine Sonderungsmöglichkeit verneint mit der Folge, dass alle Verfügungen zu verkünden sind.⁴⁰ Bei der Errichtung der gemeinschaftlichen Verfügung von Todes wegen hatte keiner der Ehegatten gewusst, wer von ihnen der Längstlebende sein würde und somit hatte jeder auch für sich verfügt. Mit dem Tod des Erstversterbenden sind damit diese für den Tod des Längerlebenden getroffenen Verfügungen lediglich gegenstandslos geworden. Sie bleiben damit aber immer noch ihm zuzurechnende Verfügungen und sind trotz ihrer Gegenstandslosigkeit mit zu verkünden.⁴¹

21 Gemäß § 2300 BGB gilt entsprechendes für Ehegattenerbverträge. Auch eine Anordnung in einem Erbvertrag oder gemeinschaftlichen Testament, die nach dem Längstlebenden geltenden Regelungen nicht zu eröffnen, ist gemäß § 2263 BGB nichtig.⁴² Wenn die Ehegatten vermeiden wollen, dass die Verfügungen, die der Längerlebende für den zweiten Todesfall getroffen hat, schon beim ersten Erbfall bekannt gegeben werden, so können sie dies nur durch folgende Formulierung erreichen:

> **Formulierungsvorschlag:**
> Ich, der Ehemann, setze als Längerlebender zu meinen Erben ein: ...
> Ich, die Ehefrau, setze als Längerlebende zu meinen Erben ein: ...⁴³

22 Doch auch damit ist das Geheimhaltungsinteresse der Erblasser nur ungenügend geschützt, da in der Regel beide Verfügungen der Eheleute für den Tod des Längerlebenden gleich lautend sein werden und die – gegenstandslose – Schlusserbeneinsetzung des erstverstorbenen Ehegatten auf jeden Fall verkündet wird. Diese lässt dann unschwer Rückschlüsse auf den Inhalt der Verfügung des längerlebenden Ehegatten zu.⁴⁴ Der frühere Streit, ob der Eröffnungszwang beim Erbvertrag nicht sachgerecht oder gar verfassungsrechtlich zweifelhaft sei,⁴⁵ hat heute an Bedeutung verloren, da jetzt Erbverträge wie gemeinschaftliche Testamente (§ 2272 BGB) durch **Rücknahme aus der amtlichen oder notariellen Verwahrung** widerrufen werden können, § 2300 Abs. 2 BGB, jedoch nur, wenn sie lediglich Verfügungen von Todes wegen zum Inhalt haben (nicht bei Verbindung mit Ehevertrag, Pflichtteilsverzicht oder postmortaler Vollmacht⁴⁶). So können die Vertragsschließenden (aber nur alle gemeinsam!) eine Eröffnung verhindern.

23 Nach h.M. können alle Beteiligten jedoch auf die Eröffnung der sonst mit zu verkündenden Verfügungen des überlebenden Ehegatten verzichten, sofern keine öffentlichen Interessen entgegenstehen.⁴⁷ Soweit sich die Verfügungen des überlebenden Ehegatten ausnahmsweise sondern lassen, sind sie geheim zu halten. Möchten die Beteiligten in die Verfügung Einsicht nehmen, so ist der Inhalt insoweit zu verdecken; Abschriften werden nur auszugsweise übersandt.

Beim zweiten Erbfall werden dann nur die Bestimmungen, die für den zweiten Erbfall von Bedeutung sind, verkündet. Sind für die beiden Erbfälle wegen Wegzuges des verwitweten Ehepartners verschiedene Nachlassgerichte örtlich zuständig, § 13 FGG, eröffnet das verwahrende Gericht und übersendet das Testament dann dem zuständigen Nachlassgericht, § 2261 BGB.

---

[39] MünchKommBGB/*Musielak* § 2273 Rdnr. 2.
[40] RGZ 150, 315, 318; BGH Beschl. v. 11.4.1984 – BGHZ 91, 105, 108 = RPfl 1984, 318; BayObLG Beschl. v. 19.9.1989 – NJW-RR 1990, 135.
[41] BayObLG Beschl. v. 13.7.1982 – RPfl 1982, 424, 425; BayObLG Beschl. v. 19.9.1989 – NJW 1990, 135; a.A. *Langenfeld* NJW 1987, 1577, 1582; krit. auch *Bühler* ZRP 1988, 59.
[42] LG Bonn Beschl. v. 11.4.2000 – MittRhNotK 2000, 439.
[43] *Staudinger/Kanzleiter* § 2273 Rdnr. 8.
[44] Reimann/Bengel/J. Mayer/*J. Mayer*, Testament und Erbvertrag, § 2273 Rdnr. 12.
[45] Dazu BVerfG Beschl. v. 2.2.1994 – NJW 1994, 2535; *Weirich* DNotZ 1997, 7.
[46] *Keim* ZEV 2003, 52.
[47] Palandt/*Edenhofer* § 2273 Rdnr. 3; Staudinger/*Kanzleiter* § 2273 Rdnr. 10.

IV. Ermittlung der Testamentserben

Im Bundesrecht existiert außer § 2262 BGB (für Beteiligte bei Testamentseröffnung) keine Vorschrift, die das Nachlassgericht verpflichtet, die Erben zu ermitteln. Lediglich § 41 FGG Baden-Württemberg und Art. 37 Bay AGGVG sehen eine amtliche Erbenermittlung vor. Davon kann nur bei geringem Nachlass abgesehen werden, sowie in Bayern auch dann, wenn kein Grundstück oder grundstücksgleiches Recht zum Nachlass gehört.

Nach Bundesrecht kann aber das Nachlassgericht als Sicherungsmittel gemäß § 1960 Abs. 2 BGB Nachlasspflegschaft[48] anordnen mit der Aufgabe des Nachlasspflegers, die Erbenermittlung durchzuführen. Ob vom Nachlasspfleger mit der Erbenermittlung beauftragte Erbenermittler eine Erlaubnis nach RBerG benötigen, hängt von den Umständen des Einzelfalls ab.[49] Ansonsten sind die Beteiligten auf **eigene Ermittlungen** angewiesen und müssen sich dabei selbst bei den amtlichen Stellen um Auskunft bemühen.[50]

1. Auskunftsansprüche gegenüber dem Nachlassgericht

a) **Einsicht in die Nachlassakten**.[51] Nach der allgemeinen Vorschrift des § 34 Abs. 1 FGG kann jedem Einsicht in die Gerichtsakten gestattet werden, der ein **berechtigtes Interesse** glaubhaft macht. Der Antragsteller muss ein vernünftiges, durch die Sachlage gerechtfertigtes Interesse glaubhaft machen, das auch tatsächlicher Art sein kann und nicht auf bereits vorhandenen Rechten beruhen muss.[52] Dies ist im Allgemeinen gegeben, wenn künftiges Verhalten des Antragstellers durch Kenntnis vom Akteninhalt beeinflusst werden kann.[53] Ein berechtigtes Interesse auf Einsicht hat, wer glaubhaft macht, gesetzlicher oder testamentarischer Erbe, Pflichtteilsberechtigter oder Vermächtnisnehmer zu sein. Ein solches Interesse kann auch haben, wer glaubhaft macht, eine **Forderung** gegen den Nachlass zu haben.[54] Auch der **Notar** muss ein berechtigtes Interesse darlegen, da er nicht als Behörde nach Art. 35 GG um Amtshilfe ersucht, sondern insoweit als Vertreter der Beteiligten tätig wird.[55]

b) **Umfang der Einsicht**. Bei Vorliegen eines berechtigten Interesses entscheidet das Nachlassgericht nach seinem pflichtgemäßen Ermessen über die Gewährung der Akteneinsicht. Sie ist nur insoweit zu gestatten, als das glaubhaft gemachte Interesse reicht.[56] Ob es alle in den Akten befindliche Urkunden umfasst, ist gegenüber dem Interesse der Beteiligten an der Geheimhaltung abzuwägen.[57] Der Nachlassgläubiger erhält jedoch Einsichtsrecht in das vom Erben erstellte Nachlassverzeichnis.[58] Für die **eröffneten Testamente** gilt die strengere Vorschrift des § 2264 BGB.[59] Ein Rechtsanspruch auf Akteneinsicht durch Hinausgabe der Akten in die Büroräume des Anwalts besteht wegen der Verlustgefahr grundsätzlich nicht, es sei denn, es wird glaubhaft gemacht, dass andernfalls das Akteneinsichtsrecht vereitelt oder wesentlich erschwert würde.[60]

Nach § 34 Abs. 1 S. 2 FGG besteht jedoch die Möglichkeit der Abschriftserteilung von in den Akten befindlichen Schriftstücken.

---

[48] Vgl. dazu § 53.
[49] BGH Urt. v. 13.3.2003 – ZEV 2003, 467.
[50] Übersicht über nützliche Hilfestellungen bei der Erbenermittlung bei *Bonefeld* ZErb 2003, 47.
[51] Dazu *Bartsch* ZErb 2004, 80.
[52] BayObLG Beschl. v. 23.10.1989 – FamRZ 1990, 430.
[53] BGH Beschl. v. 21.9.1993 – NJW-RR 1994, 381; BayObLG Beschl. v. 4.1.1995 – BayObLGZ 1995, 1.
[54] BayObLG Beschl. v. 28.10.1996 – NJW-RR 1997, 771.
[55] BayObLG Beschl. v. 13.3.1997 – zit. nach *Firsching/Graf* Nachlassrecht Rdnr. 3.59.
[56] BayObLG Beschl. v. 28.10.1996 – NJW-RR 1997, 771.
[57] Palandt/*Edenhofer* § 2353 Rdnr. 24.
[58] BayObLG Beschl. v. 28.5.1990 – FamRZ 1990, 1124.
[59] Vgl. u. Rdnr. 27.
[60] BayObLG Beschl. v. 4.1.1995 – BayObLGZ 1995, 1; MünchKommBGB/*Hagena* § 2264 Rdnr. 16.

2. Einsichtnahme in das eröffnete Testament

27 Sondervorschriften für das Nachlassverfahren befinden sich in §§ 78 FGG, 1953 Abs. 3, 1957 Abs. 2, 2010, 2081 Abs. 2, 2146 Abs. 2, 2228, 2264 und 2384 Abs. 2 BGB. Nach den Spezialnormen des BGB ist Voraussetzung zur Einsichtnahme jeweils ein **rechtliches** Interesse. Sie gewähren dafür aber auch ein **Recht auf Akteneinsicht** im Gegensatz zu § 34 FGG, der eine Ermessensentscheidung vorsieht. Gemäß § 2264 BGB ist derjenige, der ein rechtliches Interesse glaubhaft macht, berechtigt, ein eröffnetes Testament einzusehen sowie eine Abschrift zu fordern, die auf Verlangen zu beglaubigen ist. Ein rechtliches Interesse erfordert, dass es sich auf durch Rechtsnormen geregelte Verhältnisse einer Person zu einer anderen Person oder Sache bezieht.[61] In der Rechtsprechung werden jedoch die Voraussetzungen gegenüber § 34 FGG nicht wesentlich strenger angesehen: es wird bspw. auch für einen Nachlassgläubiger bejaht.[62] **Vor Eröffnung** haben Dritte kein Einsichtsrecht. Nach der Rechtsprechung gilt dies auch bei gemeinschaftlichen Testamenten für die nach dem Tod des erstverstorbenen Ehegatten nicht eröffneten und wieder verwahrten Verfügungen des Überlebenden.[63] Zum Testament zählen auch die Anlagen und das Eröffnungsprotokoll.[64] Für **eröffnete Erbverträge** gilt nicht § 2264 BGB, sondern die allgemeine Vorschrift des § 34 FGG, so dass ein berechtigtes Interesse genügt, andererseits aber das Einsichtsrecht im Ermessen des Gerichts steht.

3. Auskünfte von Meldebehörden und Standesämtern

28 Nach den Meldegesetzen der Länder besteht ein allgemeiner Auskunftsanspruch für jedermann über Vor- und Familiennamen, akademischen Grad und die Anschrift (einfache Melderegisterauskunft).[65] Soweit jemand ein berechtigtes Interesse glaubhaft macht, darf ihm zusätzlich eine erweiterte Meldeauskunft erteilt werden, bspw. über Tag und Ort der Geburt sowie den Sterbetag und -ort. Falls der Datenempfänger ein rechtliches Interesse insbesondere zur Geltendmachung von Rechtsansprüchen glaubhaft macht, hat die Meldebehörde von der sonst in diesem Fall vorzunehmenden Unterrichtung des Betroffenen abzusehen.[66]

Dagegen kann ein Gläubiger von den **Standesämtern** keine Abschrift des Familienbuches erhalten, um seinen Anspruch gegen die Kinder als mutmaßliche Erben geltend zu machen. Da nicht feststeht, ob die Abkömmlinge tatsächlich Erben sind und damit für Nachlassverbindlichkeiten haften, ist der Gläubiger auf die Möglichkeit zu verweisen, gemäß § 1961 BGB beim Nachlassgericht die Bestellung eines Nachlasspflegers zu beantragen, gegen den dann Ansprüche zu richten sind.[67] Gewerbliche Erbenermittler haben einen Anspruch, wenn sie von einem Nachlasspfleger bevollmächtigt sind.[68]

---

[61] MünchKommBGB/*Heldrich* § 2264 Rdnr. 4.
[62] KG Beschl. v. 20.12.1977 – RPfl 1978, 140.
[63] OLG Jena Beschl. v. 18.12.1997 – RPfl 1998, 249; a.A. Palandt/*Edenhofer* § 2264 Rdnr. 1.
[64] MünchKommBGB/*Heldrich* § 2264 Rdnr. 6; Palandt/*Edenhofer* § 2264 Rdnr. 2.
[65] Z. B. § 34 Abs. 1 Meldegesetz von Rheinland-Pfalz; vgl. § 21 Melderechtsrahmengesetz.
[66] Z. B. § 34 Abs. 2 Meldegesetz von Rheinland-Pfalz.
[67] AG Siegen Beschl. v. 17.10.1987 – StAZ 1989, 12; *Hepting-Gaaz* Personenstandsgesetz § 61 Rdnr. 51, zu § 61 PstG auch § 32 Rdnr. 3.
[68] OLG Bremen Beschl. v. 2.4.1998 – ZEV 1999, 322; OLG Frankfurt Beschl. v. 3.12.1999 – StAZ 2000, 207; *Hepting* ZEV 1999, 302.

§ 53 Sicherung des Nachlasses

Übersicht

	Rdnr.
I. Zuständigkeit	1–5
II. Unklarheit über die Erbfolge	6–8
III. Sicherungsbedürfnis	9/10
IV. Sicherungsmaßnahmen	11–16
1. Anlegung von Siegeln	12/13
2. Amtliche Inverwahrungnahme	14
3. Sperrung von Bankkonten	15
4. Aufnahme Nachlassverzeichnis	16
V. Nachlasspflegschaft	17–22
VI. Prozessnachlasspflegschaft	23/24
VII. Nachlassverwaltung	25
VIII. Rechtsbehelfe	26

Schrifttum: *Firsching/Graf* Nachlassrecht, 8. Aufl. 2000; *Hartung*, Der Nachlaßpfleger im Streit mit dem Erbprätendenten; *Jochum/Pohl* Nachlasspflegschaft, 2. Aufl. 2003; *Ott-Eulberg*, Die Nachlasspflegschaften in der anwaltlichen Praxis, 1999; *ders.*, Die Nachlaßpflegschaft als taktisches Mittel zur Durchsetzung von Pflichtteils- und Pflichtteilsergänzungsansprüchen; *Tidow*, Die Anordnung der Nachlaßpflegschaft gem. § 1960 BGB, Rpfleger 1991, 400; *Weimar*, Notwendigkeit und Aufgabe eines Nachlaßpflegers, MDR 1980, 195; *Weirich*, Erben und Vererben, 5. Aufl. 2004; *Zimmermann* Nachlasspflegschaft, 2003.

I. Zuständigkeit

Nach dem System des deutschen Erbrechts gibt es keinen Nachlass ohne (privaten)[1] Erben. Dieser erwirbt – auch wenn er noch nicht bekannt ist – den Nachlass nach dem Grundsatz der Universalsukzession mit dem Tod des Erblassers ipso jure, d.h. ohne seine Mitwirkung auch ohne sein Wissen, §§ 1922, 1942 BGB. Die Besorgung aller sich aus der Erbschaft erbgebenden Angelegenheiten obliegt ab Eintritt des Erbfalls grundsätzlich dem oder den Erben. 1

Dem/den Erben allein obliegt die Besorgung aller sich aus der Erbschaft ergebenden Angelegenheiten ohne das der Staat eingreift. Trotz der rechtlichen Lückenlosigkeit des Vermögensübergangs vergeht bis zur endgültigen Feststellung der Erbfolge jedoch oftmals längere Zeit, während der dafür gesorgt werden muss, dass nachteilige Veränderungen am Nachlassbestand unterbleiben und eventuell vorhandene letztwillige Verfügungen sichergestellt werden.

Besteht ein aktuelles Bedürfnis zum Ergreifen von Nachlasssicherungsmaßnahmen zu einem Zeitpunkt, zu dem die Person des verantwortlichen Erben oder seine Annahme noch ungewiss ist, ist das Nachlassgericht gemäß § 1960 BGB verpflichtet, vorübergehend von Amts wegen für die Sicherung des Nachlasses zu sorgen.

Sachlich zuständig ist gemäß § 1962 BGB grundsätzlich das **Nachlassgericht**, dessen örtliche Zuständigkeit sich gemäß § 73 FGG wiederum noch dem letzten Wohnsitz oder Aufenthalt des Erblassers bestimmt. Neben dem Nachlassgericht ist gemäß § 74 FGG auch jedes Amtsgericht zuständig, in dessen Bezirk ein Fürsorgebedürfnis hervortritt. Das Gericht der Fürsorge wird dadurch aber nicht zum Nachlassgericht, sondern hat dem Nachlassgericht über die angeordneten Maßnahmen Mitteilung zu machen. Funktional ist gemäß § 3 Nr. 2 c, 16 Abs. 1, 14 Nr. 4 regelmäßig der **Rechtspfleger** zuständig. Auf der Grundlage von Art. 140, 147 EGBGB haben einige Bundesländer in mehr oder weniger großem Umfang einzelne Aufgaben nachlassgerichtlicher Verrichtungen auf andere Behörden als die Nachlassgerichte übertragen. Dies 2

---

[1] Auch das gesetzliche Erbrecht des Fiskus gem. § 1936 BGB ist seinem Charakter nach ein privates Erbrecht, Palandt/*Edenhofer* § 1936 Rdnr. 1.

betrifft vor allem die tatsächliche Durchführung der einzelnen Maßnahmen und ist daher in der anwaltlichen Praxis von nachgeordneter Bedeutung.

3 Hervorzuheben ist, dass neben den Vorschriften des BGB über die Nachlasssicherung die öffentlich-rechtlichen **allgemeinen Regeln des Polizei- und Ordnungsrechts** Anwendung finden und dessen Möglichkeiten von dem Anwalt vor allem dann genutzt werden sollten, wenn höchste Eile geboten ist, z.B. bei Gefahr des Diebstahls oder Veruntreuung von Nachlassgegenständen oder Vernichtung einer privatschriftlichen Verfügung von Todes wegen.

4 Auch wenn der **Erblasser Ausländer** ist, ist ein deutsches Gericht befugt Maßnahmen zur Sicherung des inländischen Nachlasses zu treffen und zwar selbst dann, wenn ein zuständiges deutsches Nachlassgericht fehlt.[2] Die Prüfung, ob ein Sicherungsbedürfnis besteht und welche Maßnahme zu ergreifen ist, richtet sich dabei nach deutschem Recht. Daher ist beispielsweise die Anordnung einer Nachlasspflegschaft auch dann möglich, wenn das für die Beerbung maßgebliche Recht eine solche nicht kennt.[3] Zuständig dürfte gemäß §§ 16 Abs. 1 Nr. 1, 14 Nr. 4 RPflG dann allerdings der Nachlassrichter sein,[4] jedenfalls besteht aber eine Vorlagepflicht an den Richter gemäß § 5 Abs. 1 Nr. 3 RPflG.

5 Umgekehrt kann sich die Fürsorge des deutschen Nachlassgerichts im Einzelfall auch auf den im Ausland belegenen Nachlass eines Deutschen erstrecken. Dies hängt im Wesentlichen davon ab, ob Nachlassspaltung eingetreten ist.[5]

II. Unklarheit über die Erbfolge

6 Unklarheit über die Erbfolge kann sowohl aus tatsächlichen als auch aus rechtlichen Gründen bestehen. Ein Erbe ist unbekannt, wenn aus der Sicht des entscheidenden Gerichts über seine Existenz, seine Identität bzw. seine Berechtigung mehr als nur unerhebliche Zweifel bestehen.[6] Außer dem Fall der Unbekanntheit der Verwandschaftsverhältnisse des Erblassers sind typische Fälle:
- der bekannte Erbe hat die Erbschaft noch nicht angenommen, oder die Annahme selbst ist ungewiss;
- zwischen den Erbprätendenten besteht ein Rechtsstreit über das Erbrecht;
- unklar ist, ob eine Verfügung von Todes wegen vorliegt, ob noch Testierfähigkeit bestand, wie sie auszulegen ist oder ob sie ungültig ist z.B. wegen der Sperrwirkung eines vorherigen Erbvertrages oder gemeinschaftlichen Testaments;
- Erbschaft des nasciturus § 1923 Abs. 2 BGB;
- die Vaterschaft eines nichtehelichen Kindes ist noch nicht rechtskräftig festgestellt;
- Erbunwürdigkeit gemäß § 2339 vor Rechtskraft des Urteils;
- Verschollenheit einer Person, ohne dass eine Lebens- oder Todesvermutung eingreift;
- Einsetzung einer genehmigungspflichtigen Stiftung zum Erben bis zur Erteilung der Genehmigung.

Unbekannt ist ein Erbe aber auch dann, wenn zwar alle in Betracht kommenden Personen bekannt sind, aber das Nachlassgericht nicht ohne umfängliche Ermittlungen feststellen kann, wer von diesen der wahre Erbe ist[7] oder wenn unter sämtlichen Miterben die Größe ihrer Erbteile untereinander ungewiss ist.[8] **Keine Unbekanntheit** des Erben i.S. des § 1960 BGB liegt (mehr) vor, wenn für sein Erbrecht ein hoher Grad der Wahrscheinlichkeit spricht.[9] Letzte Gewissheit des Nachlassgerichts ist nicht erforderlich. Unerheblich ist daher, ob ein etwaiges Erbscheinsverfahren bereits abgeschlossen ist.[10] Umgekehrt folgt daraus, dass ein Anwalt den Antrag auf Einziehung eines Erbscheins unmittelbar mit dem Antrag auf Anordnung von

---

[2] BGH Urt. v. 26.10.1967 – FamRZ 1968, 27.
[3] BGH Urt. v. 26.10.1967 – BGHZ 49, 2.
[4] Str. s. BayObLG Beschl. v. 16.8.1982 – BayOLGZ 82, 284 = Rpfleger 1982, 423 m. Anm. *Meyer-Stolte*.
[5] BayObLG Beschl. v. 16.8.1982 – BayOLGZ 82, 288.
[6] Soergel/*A. Stein* § 1960 Rdnr 6.
[7] OLG Köln Beschl. v. 4.1.1989 – FamRZ 1989, 436.
[8] BayObLG Beschl. v. 16.8.1982 – BayOLGZ 82, 290.
[9] KG Beschl. v. 24.2.1998 – NJW-RR 1999, 159.
[10] KG Beschl. v.24.2.1998 – NJW-RR 1999, 159.

Nachlasssicherungsmaßnahmen gemäß § 1960 BGB z.B. Nachlasspflegschaft kombinieren kann[11] und sollte.

Liegen die Voraussetzungen des § 1960 BGB nur bezüglich der Person eines Miterben vor, sind die Nachlasssicherungsmaßnahmen auch nur hinsichtlich dieses Erbteils zulässig.[12] Beispielsweise wäre eine Nachlasspflegschaft als Teilnachlasspflegschaft für den unbekannten Miterben zu beschränken,[13] es sei denn, die Sicherungsmaßnahme kann der Natur der Sache nach nur einheitlich für den gesamten Nachlass oder einen Nachlassgegenstand getroffen werde wie z.B. bei einer Siegelung.[14]

Ist der Erbe der Person nach bekannt und lediglich ihr Aufenthalt unbekannt, kommt regelmäßig nur die Bestellung eines Abwesenheitspflegers gem. § 1911 BGB durch das Vormundschaftsgericht in Betracht.[15]

III. Sicherungsbedürfnis

Weitere Voraussetzung für eine Berechtigung und Verpflichtung des Nachlassgerichts zum Tätigwerden ist das Vorliegen eines besonderen Sicherungsbedürfnisses. Ein solches **Sicherungsbedürfnis** besteht, wenn ohne Eingreifen des Nachlassgerichts der Bestand des Nachlasses gefährdet wäre.[16] Ob dieses Sicherungsbedürfnis besteht, prüft das Nachlassgericht nach pflichtgemäßem Ermessen. Maßgegend ist dabei das Interesse des endgültigen Erben an der Erhaltung und Sicherung des Nachlasses[17] nicht aber das Interesse etwaiger Nachlassgläubiger, da sich diese im Wege der Anordnung einer Nachlasspflegschaft gemäß § 1961 BGB oder einer Nachlassverwaltung gemäß § 1981 Abs. 2 BGB sichern müssen.

Ein **Sicherungsbedürfnis** i.S.d. § 1960 BGB ist **zu verneinen**, wenn die an sich erforderliche Sicherung in einfacher Weise erreicht werden kann. Hierbei ist durch den Anwalt auch die Möglichkeit einer einstweiligen Verfügung gemäß § 938 ZPO in Betracht zu ziehen. Im Übrigen dürfte ein Sicherungsbedürfnis regelmäßig nicht gegeben sein, wenn der Nachlass einer Testamentsvollstreckung unterliegt oder bereits Nachlassverwaltung gemäß § 1981 BGB angeordnet ist. Ob das Vorhandensein eines über den Tod des Erblassers hinaus **Bevollmächtigten** – zu denken ist insbesondere an die inzwischen weit verbreiteten Vorsorgevollmachten – das Sicherungsbedürfnis entfallen lässt, ist in jedem Einzelfall genau zu prüfen. Ist der Bevollmächtigte vertrauenswürdig (z.B. Ehepartner oder vorläufiger Erbe) oder ist ein Missbrauch der Vollmacht aufgrund der Zusammensetzung des Nachlasses ausgeschlossen, fehlt regelmäßig ein Sicherungsbedürfnis.[18] Oftmals kann sich aber in der Praxis gerade umgekehrt aus dem Vorhandensein einer solchen Vollmacht ein besonders dringendes Bedürfnis zur Ergreifung von Sicherungsmaßnahmen ergeben, wenn nämlich ein Missbrauch der Vollmacht befürchtet werden muss, beispielsweise weil der Bevollmächtigte – möglicherweise entgegen seinen Erwartungen – nicht zum Kreis der Erben gehört. Diese Situation ist häufig anzutreffen bei über den Tod hinaus erteilten **Bankvollmachten**, da der grundsätzlich auch durch einen von mehreren Miterben ausreichende Widerruf[19] von der Bank bis zum Nachweis der Erbenstellung durch Vorlage eines Erbscheins oftmals nicht akzeptiert wird. Allerdings sind dann gegenüber dem Nachlassgerichts zumindest objektivierte Zweifel an der Vertrauenswürdigkeit des Bevollmächtigten darzulegen, um ein Fürsorgebedürfnis zu bejahen.[20]

---

[11] BayObLG Beschl. v. 18.10.1960 – BayObLGZ 60, 407.
[12] Palandt/*Edenhofer* § 1960 Rdnr 1; s.a. OLG Köln Beschl. v. 4.1.1989 – FamRZ 1989, 436.
[13] *Weirich* Rdnr 93; Palandt/*Edenhofer* § 1960 Rdnr 1; s.a. KG Beschl. v. 13.11.1970 – NJW 1971, 565.
[14] OLG Köln Beschl. v. 4.1.1989 – FamRZ 1989, 436.
[15] Palandt/*Edenhofer* § 1960 Rdnr. 6; str.; a.A. Soergel/*A. Stein*, § 1960 Rdnr 6, der einen Fürsorgeanlass bejaht unter dem Aspekt, dass nicht angenommen wurde oder Ungewissheit über die Annahme bestehe; diff. Erman/W. *Schlüter* § 1960 BGB Rdnr 3: Beschränkung auf Abwesenheitspfleger tritt erst nach Annahme der Erbschaft ein.
[16] OLG Düsseldorf Beschl. v. 21.10.1994 – FamRZ 1995, 895.
[17] OLG Düsseldorf Beschl. v. 3.12.1997 – FamRZ 1998, 584.
[18] Vgl. KG Beschl. v. 3.8.1998 – FamRZ 2000, 446.
[19] Palandt/*Edenhofer* vor § 2197 Rdnr. 13.
[20] Vgl. OLG Düsseldorf Beschl. v. 3.12.1997 – FamRZ 1998, 583.

IV. Sicherungsmaßnahmen

11 Ist ein Bedürfnis zur einstweiligen Sicherung des Nachlasses gegeben, hat das Nachlassgericht von Amts wegen die erforderlichen Maßnahmen zu treffen. Welche konkrete Maßnahme zu ergreifen ist, hat das Gericht nach pflichtgemäßen Ermessen orientiert an dem Interesse des endgültigen Erben an der Sicherung und Erhaltung des Nachlasses zu treffen. § 1960 Abs. 2 BGB enthält lediglich eine Aufzählung der wichtigsten Sicherungsmittel, ist aber nicht abschließend. So kann das Nachlassgericht beispielsweise auch Maßnahmen zur Auffindung von Testamenten[21] oder zur Ermittlung von Erben treffen.[22] Dadurch lässt sich manchmal eine deutlich aufwendigere und kostenintensivere Nachlasspflegschaft vermeiden. Ferner kommen Ermittlungen über den Bestand des Nachlasses,[23] die Anordnung des Verkaufs verderblicher Waren aber auch die Bewachung eines Grundstücks[24] in Betracht. Außer der Anordnung einer Nachlasspflegschaft sind insbesondere folgende Fürsorgemaßnahmen praxisrelevant:

1. Anlegung von Siegeln

12 Die Versiegelung von Räumen oder Behältnissen erfolgt aufgrund nachlassgerichtlicher Anordnung, während die Ausführung der **Siegelung** aufgrund Art. 140 EGBGB durch die nach Landesrecht hierzu ermächtigten Organe[25] erfolgt. Die Siegelung kann bei deren Behinderung gemäß § 35 FGG erzwungen und durchgesetzt werden. Das Betreten einer fremden Wohnung bedarf dabei jedoch einer gesonderten richterlichen Anordnung. Der Regelfall ist jedoch der **Antrag auf Versiegelung der Wohnung des Erblassers**, um ein Verschwinden von Nachlassgegenständen zu verhindern. Ein diesbezüglicher Antrag kann mit dem Antrag auf Durchsuchung der Wohnung des Erblassers durch den die Siegelung vornehmenden Beamten kombiniert werden, damit dieser eine eventuell vorhandene letztwillige Verfügung auffindet und beim Nachlassgericht abliefert. Hier ist oftmals unverzügliches Handeln geboten, so dass eine Siegelung notfalls auch an Sonn- und Feiertage oder zur Nachtzeit vorzunehmen ist. Eine Siegelung ist auch dann ein probates Sicherungsmittel, wenn sich Nachlassgegenstände an verschiedenen Orten befinden und aufgrund der räumlichen Entfernung eine tatsächliche Inbesitznahme nicht schnell genug möglich ist. Befinden sich Nachlassgegenstände im Ausland, können Sicherungsmaßnahmen unter zur Hilfenahme der Deutschen Auslandsvertretungen erreicht werden. Oftmals hilft jedoch nur der kurzfristige Einsatz von Privatdetektiven.

Muster: Siegelungsantrag

13 An das Amtsgericht ...
In der Nachlasssache des am ... mit letztem Wohnsitz in Koblenz verstorbenen Heinz Mustermanns beantragen wir, dessen Wohnung in der Humboldstraße 108, 56077 Koblenz zu versiegeln und etwaige darin befindliche Testamente in Gewahrsam des Nachlassgerichts zu nehmen sowie zum Nachlass gehörende Wertpapiere, Gelder und Kostbarkeiten in amtliche Verwahrung zu verbringen. Es besteht die Gefahr, dass in der Wohnung befindliche letztwillige Verfügungen und/oder Nachlassgegenstände verschwinden.
Wir vertreten die Lebensgefährtin des Verstorbenen, Frau Sabine Sanft, wohnhaft Kaiserstraße 1, 56410 Montabaur. Unsere Mandantin ist die mutmaßliche Alleinerbin des Erblassers aufgrund eines von diesem errichteten handschriftlichen Testaments. Das Original-Testament müsste sich in der Wohnung des Erblassers in Koblenz, Humboldstraße 108, bei seinen persönlichen

---

[21] RG Beschl. v. 15.10.1908, RGZ 69, 271.
[22] Palandt/*Edenhofer* § 1960 Rdnr 8.
[23] OLG Celle Beschl. v. 20.9.1958 FamRZ 1959, 33.
[24] Soergel/*A. Stein* § 1960 Rdnr. 11 m.w.N., str.
[25] Nachw. b. Firsching/*Graf* 4.564.

> Unterlagen in seinem Schreibtisch befinden. Der Verstorbene hat unserer Mandantin lediglich die diesem Schriftsatz beigefügte Kopie seines Testaments ausgehändigt. Unsere Mandantin hat mit dem Erblasser nicht in der Wohnung zusammengelebt und von daher keinen eigenen Zugang zu der Wohnung. Zudem befindet sich unsere Mandantin noch bis zum … berufsbedingt im Ausland. Aufgrund des Ausschlusses der gesetzlichen Erbfolge steht zu befürchten, dass die Kinder des Erblassers, Herr Carl-Philipp Mustermann und Frau Charlotte Mustermann, die beide einen Schlüssel zur Wohnung haben, das Testament vernichten, da sie ein greifbares Interesse am Eintritt der gesetzliche Erbfolge haben. Weiterhin hat die im Haus wohnende Nachbarin Frau Elvira Neu-Gierig einen Schlüssel zur Wohnung. Da diese entgegen früherer Testamente und ihr gemachter Ankündigungen des Erblassers keinerlei Zuwendungen aus dem Nachlass erhält, besteht die Gefahr, dass diese Nachlassgegenstände aus der Wohnung entfernt oder das jüngste Testament vernichtet. Zudem hat unsere Mandantin beobachtet, dass von den vorgenannten Personen schon Vorbereitungen zum Abtransport von Gegenständen getroffen wurden, sofern dies nicht sogar schon erfolgt ist
>
> Die Anordnung einer Nachlasspflegschaft ist nicht erforderlich, da die unverzügliche Auffindung des maßgeblichen Testaments zu erwarten ist und die Art der Nachlassgegenstände bis zur Rückkehr unserer Mandantin am keine weiter gehenden umfangreichere Sicherungsmaßnahmen erfordern.
>
> Rechtsanwalt

2. Amtliche Inverwahrungnahme

Gehören zum Nachlass Bargeld, Wertpapiere oder sonstige Wertgegenstände, die aufgrund der Natur der Sache ein höheres Risiko auf ein Abhandenkommen aufweisen, können diese Gegenstände auf Anordnung des Nachlassgerichts in **amtliche Verwahrung** genommen werden. Die Beantragung einer Inverwahrungnahme kommt sowohl als Einzelmaßnahme in Betracht häufig aber auch im Kombination mit einer Siegelung.[26] Im letzteren Fall hat der Beamte, der die Siegelung vornimmt, solche Gegenstände zu verzeichnen und beim Nachlassgericht zur amtlichen Aufbewahrung abzuliefern. Im Übrigen gelten für das weitere Verfahren die allgemeinen Vorschriften der Hinterlegungsordnung i.V.m. § 30 RPflegerG. Das Nachlassgericht ist dabei befugt, zur Erfüllung dringlicher Nachlassangelegenheiten wie z.B. Bezahlung der Beerdigungskosten, an Beteiligte oder Dritte bestimmte Geldsummen zur Auszahlung zu bewilligen mit der Verpflichtung zur Abrechnung darüber mit den späteren Erben.

3. Sperrung von Bankkonten

Ein weiteres anerkanntes Sicherungsmittel ist die **Sperrung von Bankkonten** durch das Nachlassgericht.[27] Hierdurch lässt sich zum einen das Risiko eines Missbrauchs von über den Tod hinaus geltenden Generalvollmachten oder sog. Vorsorgevollmachten aber auch von Bankvollmachten begrenzen. Zum anderen ist so ein unkontrollierter Geldmittelabfluss aufgrund von Daueraufträgen, Einzugsermächtigungen oder Lastschriften vermeidbar. In den letzteren Fällen sind jedoch auch die Rechte dadurch betroffener Dritter durch das Nachlassgericht angemessen zu berücksichtigen. Allgemein anerkannt ist auch hier die Befugnis des Nachlassgerichts, Auszahlungen vom Konto des Erblassers zur Erfüllung dringlicher Nachlassangelegenheiten durch entsprechende Anweisungen an die Geldinstitute vorzunehmen.[28] Bei geringfügigen Nachlässen kann so eine langwierige Erbenermittlung vermieden und die Vorlage eines Erbscheins bei der Bank entbehrlich werden.

---

[26] Ein Muster für die Beantragung einer Inverwahrungnahme als Einzelmaßnahme findet sich bei *Ott-Eulberg* § 6 Rdnr. 22.
[27] KG Beschl. v. 29.1.1982 – Rpfleger 1982, 184.
[28] Ein Muster für die Beantragung einer Kontensperre mit Auszahlungsanweisung findet sich bei *Ott-Eulberg* § 6 Rdnr. 23.

4. Aufnahme Nachlassverzeichnis

16 Die Aufnahme von einem **Nachlassverzeichnis** kommt insbesondere dann in Betracht, wenn bis zur Feststellung der wirklichen Erben Veränderungen im Nachlassbestand unvermeidlich sind wie im Fall der Veräußerung verderblicher Waren oder ganz allgemein, wenn zur Fortführung eines Betriebes zum Stichtag Feststellungen über den Bestand der Aktiva und Passiva zu treffen sind. Das Nachlassverzeichnis gemäß § 1960 BGB ist nicht identisch mit dem Nachlassinventar der §§ 1993 ff. BGB oder dem Nachlassverzeichnis der §§ 2314 Abs. 1, 260 BGB, da es sich anders als diese auf den Aufnahmezeitpunkt bezieht. Weiterhin müssen dem Zweck nach Nachlassverbindlichkeiten darin nicht aufgenommen werden. Dies ist aber gleichwohl möglich und regelmäßig auch sinnvoll.[29] Das Verzeichnis wird entsprechend den §§ 2001 ff. errichtet, unanwendbar sind jedoch die der Fristwahrung dienenden §§ 2002, 2003 und 2009. Zuständig ist – vorbehaltlich abweichender landesgesetzlicher Regelungen – das Nachlassgericht. Entsprechend der §§ 1 Abs. 2, 36, 60, 61 Abs. 1 Nr. 2 BeurkG ist eine Niederschrift in der Form des § 37 BeurkG aufzunehmen. Wertangaben hinsichtlich der Nachlassgegenstände sind nicht erforderlich, jedoch kann das Nachlassgericht bestimmen, dass ein Schätzer hinzugezogen wird.

V. Nachlasspflegschaft

17 Die Anordnung einer **Nachlasspflegschaft** ist das in der Praxis wichtigste Mittel zur Nachlasssicherung. Sie wird im Interesse der noch unbekannten Erben angeordnet, wenn die Erbenermittlung voraussichtlich längere Zeit in Anspruch nehmen wird und der Nachlass zwischenzeitlich einer Verwaltung bedarf. Sie ist in erster Linie gerichtet auf die Ermittlung der unbekannten Erben und beinhaltet die Sicherung, Erhaltung und Verwaltung des Nachlasses bis zur Annahme der Erbschaft. Hauptaufgabe des Nachlassverwalters ist zunächst die Inbesitznahme der Nachlassgegenstände für den (unbekannten) wahren Erben. Liegen die Voraussetzungen der Anordnung einer Nachlasspflegschaft nicht bezüglich aller **Miterben** vor, ist die Pflegschaft grundsätzlich nur auf die betroffenen Erbteile zu beschränken.[30]

18 Die Nachlasspflegschaft dient im Gegensatz zur Nachlassverwaltung nach § 1975 BGB nicht der Beschränkung der Erbenhaftung und im Gegensatz zur Testamentsvollstreckung auch nicht der Verwirklichung des Erblasserwillens. Sie dient vom Fall des § 1961 BGB abgesehen regelmäßig auch nicht der Befriedigung von Nachlassgläubigern. Aufgrund ihres **vorläufigen Sicherungscharakters** ist es grundsätzlich nicht Aufgabe des Nachlasspflegers, die Erbschaft für den Erben anzunehmen oder auszuschlagen, einen Erbschein zu beantragen, einen Rechtsstreit über das Erbrecht zu führen oder die Erbauseinandersetzung vorzunehmen. Die Nachlassgegenstände sollen daher zunächst nur aus zwingenden Gründen möglichst in Absprache mit dem Nachlassgericht und etwaigen bereits bekannten Miterben veräußert werden. Zur Verfügung über Grundstücke ist gem. §§ 1821, 1915, 1962 BGB die Genehmigung des Nachlassgerichts erforderlich. Ist die Erbenermittlung erkennbar schwierig, ist der Nachlasspfleger gleichwohl berechtigt, die Wohnung des Erblassers zu kündigen und zu räumen, sowie bei klarer Rechtslage Vermächtnisse und Auflagen vorab zu erfüllen. Dies kann – was in der Praxis häufig der Fall ist – soweit gehen, dass der Nachlassverwalter den gesamten Nachlass zu Geld macht und das Geld jeweils anteilig an nach und nach aufgefundene Erben auszahlt. Nicht zuzuordnende Beträge kann er selbst verwalten oder später beim Amtsgericht hinterlegen, solange eine Ermittlung der restlichen Erben – ggf. unter Einschaltung eines gewerbsmäßigen Erbenermittlers – noch möglich erscheint bevor das Erbrecht des Fiskus gemäß § 1936, 1964 f. BGB eingreift. Der Nachlasspfleger hat dem Nachlassgericht jährlich Rechnung über die Verwaltung zu legen. Zu beachten sind auch seine steuerlichen Pflichten z.B. nach § 5 ErbStDVO, 34, 36, 45, 69 AO.

19 Ihrer **Rechtsnatur** nach ist die Nachlasspflegschaft eine Unterart der Pflegschaft (§ 75 Satz 1 FGG) auf die gemäß § 1915 BGB grundsätzlich die Vorschriften über die Vormundschaft ange-

---

[29] Soergel/A. *Stein* § 1960 Rdnr 11.
[30] OLG Düsseldorf Beschl. v. 21.10.1994 – FamRZ 1995, 895; KG Beschl. v 13.11.1971 – NJW 1971, 565; *Weirich* Rdnr. 93; Palandt/*Edenhofer* § 1960 Rdnr 9.

wandt werden, soweit sich nicht aus ihrem Charakter einer Nachlasspflegschaft etwas anderes ergibt.[31] Dem Typus nach handelt es sich um eine Personenpflegschaft, so dass dem Nachlasspfleger im Gegensatz zu Testamentsvollstrecker und Nachlassverwalter im Verhältnis zum wirklichen Erben keine verdrängende Vertretungsmacht zukommt. Als Vertreter des Erben ist der Nachlasspfleger grundsätzlich auch aktiv und passiv zur Prozessführung befugt. Führt er einen Rechtsstreit, so kann das Prozessgericht das Bedürfnis für eine Nachlasspflegschaft prüfen.[32]

Die **Auswahl** des Nachlasspflegers erfolgt durch den Rechtspfleger nach pflichtgemäßem Ermessen ausschließlich nach der Eignung der betreffenden Person. Ein Recht auf einen bestimmten Pfleger haben die Beteiligten nicht. In der Regel greifen die Nachlassgerichte auf einen kleinen Kreis von ihnen bekannten und bewährten Nachlasspflegern im Amtsgerichtsbezirk zurück. Es ist aber gleichwohl sinnvoll und oftmals erfolgreich, den Antrag auf Einrichtung einer Nachlasspflegschaft mit dem Vorschlag der Bestellung einer bestimmten Person zu verbinden, wenn diese geeignet und zur Übernahme der Pflegschaft bereit ist. Im Rahmen der Bestellung werde die **Aufgaben** des Pflegers nach dem jeweiligen Bedürfnis des Falles festgelegt. In der Regel wird der Wirkungskreis weit gezogen, kann aber auch auf die Besorgung bestimmter einzelner Angelegenheiten, wie z.B. die Auflösung einer Wohnung oder auf die Verwaltung bzw. Veräußerung einzelner Nachlassgegenstände beschränkt werden. 20

Die Nachlasspflegschaft ist im Gegensatz zur Nachlassverwaltung (§ 1987 BGB) grundsätzlich unentgeltlich zu führen. Eine **Vergütung** erhält nur ein professioneller Nachlasspfleger, wenn das Nachlassgericht bei seiner Bestellung feststellt, dass er die Pflegschaft berufsmäßig führt §§ 1915, 1836 BGB. Die im Einzelnen durch das Nachlassgericht festzusetzende Vergütung erfolgt gem. §§ 1915 Abs. 1 S. 1, 1836 Abs. 1 BGB grundsätzlich nach dem erforderlichen Zeitaufwand auf der Basis der Regelstundensätze des Vormünder- und Betreuervergütungsgesetzes VBVG. Zusätzlich erhält der Pfleger Ersatz seiner ihm entstandenen Aufwendungen gemäß § 1835 BGB. Sofern der Nachlass **nicht mittellos** ist, gestattet § 1915 Abs. 2 BGB (geändert durch das 2. BtÄndG vom 1.7.2005) nunmehr ausdrücklich eine Abweichung von den oft nicht kostendeckenden Regelstundensätzen des VBVG. Abzustellen ist dann auf die für Führung der Pflegschaftsgeschäfte nutzbaren Fachkenntnisse des Pflegers sowie auf dem Umfang und die Schwierigkeit der Pflegschaftsgeschäfte. Der Wert des Nachlassvermögens ist aber auch in dem Fall des vermögenden (nicht mittellosem) Nachlasses anders als nach früherer Rechtslage kein zwingendes Bemessungskriterium für die Vergütungshöhe, kann aber indirekt Bedeutung erlangen, indem er Rückschlüsse auf Umfang und Schwierigkeit der Tätigkeit zulässt.[33] Die Neuregelung des § 1915 Abs. 2 BGB ermöglicht so eine sachgerechte Vergütung des Nachlasspflegers, indem regelmäßig nach erbrachtem Zeitaufwand und angemessenem Stundensatz abgerechnet wird.[34] M.E. nach dürfte auch die Festsetzung einer Pauschalvergütung durch das Nachlassgericht orientiert am Nettonachlasswert (1-2 % bei größeren und 3-5 % bei kleineren Nachlässen) zulässig sein. Wird ein **Rechtsanwalt** gerade wegen seiner Rechtskenntnisse zum Nachlasspfleger bestellt, ermöglicht § 1915 Abs. 2 BGB eine Abrechnung auf der Basis – nicht überhöhter – Stundensätze.[35] Unberührt gemäß § 1 Abs. 2 S. 2 RVG bestehen bleibt die Möglichkeit des zum Nachlasspfleger bestellten Rechtsanwalts, seine Tätigkeit soweit sie zu seinem Beruf gehört, z.B. bei einem von ihm geführten Zivilprozess oder in Fällen bei denen auch ein Nichtjurist als Nachlasspfleger sich eines Anwaltes bedienen würde, als Aufwendungsersatz gemäß § 1835 Abs. 3 BGB nach dem RVG abzurechnen.[36] In diesem Umfang kann seine Tätigkeit allerdings nicht nochmals bei der Bemessung der Vergütung nach § 1915 Abs. 1 Satz 2 BGB berücksichtigt werden. 21

---

[31] Näher Erman/W. *Schlüter* § 1960 BGB Rdnr 9.
[32] KG Urt. v. 3.8.1998 – ZEV 1999, 395 m. Anm. *Damrau*.
[33] MünchKommBGB/*Leipold* § 1960 Rdnr. 66 m.w.N.
[34] Krit. zur Stundenvergütung *Fromm* ZEV 2006, 298, 301.
[35] Palandt/*Diederichsen* § 1915 Rdnr 6.
[36] Näher Palandt/*Diederichsen* § 1835 Rdnr 4 m.w.N..

22 **Muster: Nachlasspflegschaft**

An das Amtsgericht …

Am … verstarb mit letztem Wohnsitz in Koblenz, Rathausgasse 7, ausweislich der beigefügten Sterbeurkunde der am … geborene Josef Alt. Der Verstorbene war verwitwet und hatte keine Kinder. Er lebte ganz zurückgezogen. Entsprechend den Angaben seiner Zugehfrau kommen als Erben allenfalls Personen der dritten Erbordnung in Betracht. Wer diese sind, ist zur Zeit unbekannt.

Zum Nachlass gehören neben dem Wohnungsinventar und diversem Bankvermögen zwei Mietshäuser, die einer Verwaltung bedürfen, sowie umfangreicher unbebauter Grundbesitz in Koblenz-Bubenheim. Von letzterem benötigt die Stadt Koblenz verschiedene Teilstücke für Straßenbauzwecke.

Namens und im Auftrag meiner Mandantin, der Stadt Koblenz, beantrage ich, die Bestellung eines Nachlasspflegers zur Sicherung und Verwaltung des Nachlasses und zur Ermittlung der unbekannten Erben. Als Nachlasspfleger schlage ich den Rechtsanwalt Rolf Kundig aus Koblenz vor, der mir gegenüber die Bereitschaft zur Annahme des Amtes erklärt hat.

Den Wert des Nachlasses ohne Schuldenabzug schätze ich auf € …

Rechtsanwalt

VI. Prozessnachlasspflegschaft

23 Die Anordnung einer **Prozessnachlasspflegschaft** gemäß § 1961 BGB auf **Antrag eines Nachlassgläubigers**, gibt einem Gläubiger die Möglichkeit, seinen Anspruch auch bei Ungewissheit über den Erben und damit auch bereits vor Annahme einer Erbschaft zu verfolgen. Dem Gläubiger bleibt so die eigene zeit- und kostenintensive Ermittlung der tatsächlichen Erben erspart, da ihm die Beschaffung der für die Passivlegitimation der Erben erforderlichen Unterlagen unzumutbar wenn nicht sogar unmöglich ist. Eine Glaubhaftmachung des potentiellen Anspruchs ist nicht erforderlich.[37] Es genügt, wenn der Antragsteller die Absicht vorträgt, einen Anspruch gegen den Nachlass gerichtlich (auch in Form eines Arrestes) geltend machen zu wollen und Anhaltspunkte nennt, die einen Anspruch zumindest als denkbar und nicht offensichtlich unbegründet erscheinen lassen.[38] Zu den fraglichen Ansprüchen, die die Bestellung eines Nachlasspflegers gemäß § 1961 BGB rechtfertigen, gehören nicht nur solche, die bereits vor dem Tod des Erblassers entstanden sind.

24 Die Prozessnachlasspflegschaft eröffnet auch ein Mittel zur raschen Verwirklichung von Ansprüchen, die erst aufgrund des Todes des Erblassers entstanden sind. Zu den Ansprüchen, bei welchen ein Anwalt unbedingt die Beantragung einer Nachlasspflegschaft erwägen sollte, zählen insbesondere Pflichtteils- und Pflichtteilsergänzungsrechte,[39] Vermächtnisse, Auflagen und Bestattungskostenersatz aber auch die Ansprüche eines Vermieters, der die Wohnung des Verstorbenen kündigen will und unverzüglich geräumt haben möchte. Die erfolgreiche Durchsetzung derartiger Ansprüche ist gegenüber einem Nachlasspfleger oftmals leichter als gegenüber einer zerstrittenen Erbengemeinschaft. Zudem hat der Nachlasspfleger eine eher neutrale Stellung, da zu seinen Aufgaben auch die Befriedigung berechtigter Ansprüche gegen den Nachlass gehört, um so unnötige Rechtsstreite zu vermeiden deren Kosten den Nachlass nur schmälern würden. Er hat daher weniger das Bestreben zu Verheimlichung von Nachlassgegenständen. Hilfreich und unbedingt durch den Anwalt zu nutzen ist auch dessen Auskunftspflicht gegenüber den Gläubigern über den Bestand des Nachlasses gemäß § 2012 BGB und das von diesem beim Nachlassgericht einzureichende Nachlassverzeichnis gemäß § 1802 BGB.

---

[37] Palandt/*Edenhofer*, § 1961 Rdnr. 3.
[38] KG Beschl. v. 17.6.1999 – NJW-FER 2000, 15.
[39] Ausführlich zur Nachlasspflegschaft als taktisches Mittel zur Durchsetzung derartiger Ansprüche mit Antragsmuster *Ott-Eulberg* ZErb 2000, 222.

Die Bestellung eines Pflegers gemäß § 1961 BGB ist auch anerkannt für den Fall, dass ein Miterbe die Zwangsversteigerung des Grundbesitzes zwecks Auseinandersetzung der Erbengemeinschaft beantragt und die weiteren Miterben aber unbekannt sind.[40]

VII. Nachlassverwaltung

In Abgrenzung zur Nachlasspflegschaft des § 1960 BGB ist die **Nachlassverwaltung** gemäß § 1975 BGB nicht auf die Sicherung des Nachlasses für die unbekannten Erben gerichtet sondern auf die Befriedigung der Nachlassgläubiger und auf die Herbeiführung der Haftungsbeschränkung der Erben auf den Nachlass. Aufgrund der unterschiedlichen Zielsetzung schließen sich Nachlasspflegschaft und Nachlassverwaltung rechtlich nicht gegenseitig aus. Neben einer Nachlassverwaltung mit dem Wegfall der Verwaltungs- und Verfügungsbefugnis der Erben dürfte aber selten noch ein Bedürfnis für eine Aufrechterhaltung einer Nachlasspflegschaft bestehen. Umgekehrt bildet das Vorhandensein eines Nachlasspflegers keinen Hinderungsgrund für die Anordnung der Nachlassverwaltung. Eine solche **nachfolgende Anordnung der Nachlassverwaltung** kommt vor allem dann in Betracht, wenn bei unübersichtlichen Nachlassverhältnissen die nicht auszuschließende Gefahr einer Dürftigkeit des Nachlasses erkennbar wird. Hier ist der Übergang in das vielfach in Anlehnung an die Insolvenzverwaltung ausgestaltete Nachlassverwaltungsverfahren der empfehlenswerte Weg, der wegen der Haftungsbeschränkung regelmäßig auch im Interesse der Erben liegt,[41] zumal in der Praxis Nachlassverwaltungen vielfach zur Nachlassinsolvenz führen und gemäß § 1988 BGB die Nachlassverwaltung endigt. Im Übrigen kann bezüglich der Einzelheiten der Nachlassverwaltung auf die Ausführungen in § 27 verwiesen werden.

VIII. Rechtsbehelfe

Gegen die Anordnungen des Nachlassgerichts gemäß § 1960 BGB ist die einfache Beschwerde gemäß § 19 FGG gegeben. Anwaltszwang besteht nicht. Beschwerdeberechtigt gegen die Auswahl des Sicherungsmittels und insbesondere gegen die Anordnung der Nachlasspflegschaft und Auswahl der Person des Pflegers sind immer die Erbanwärter, regelmäßig nicht aber Ersatzerben, Miterben, Nacherben, Vermächtnisnehmer, Nachlassschuldner sowie Bevollmächtigte des Erblassers oder Dritte und mit Einschränkungen Testamentsvollstrecker und Gläubiger.[42] Äußerstenfalls ist auch eine Entlassung des Nachlasspflegers gegen seinen Willen gemäß § 1915, 1886 BGB durch Beschluss des Nachlassgerichts möglich. Der Vollständigkeit halber ist zu erwähnen, dass eine Nachlasspflegschaft auch bei Zweckerreichung nicht von selbst endet, vielmehr bedarf es immer einer Aufhebung durch Beschluss.

---

[40] Firsching/*Graf* Rdnr 4.688; Palandt/*Edenhofer* § 1961 Rdnr 3.
[41] Zum Instrument der Nachlassverwaltung, wenn zum Nachlass ein Unternehmen gehört s. *Fromm* ZEV 2006, 298.
[42] Nähere Einzelheiten b. *MünchKommBGB/Leipold* § 1960 Rdnr. 84, 86.

§ 54 Vermittlungsverfahren zur Erbauseinandersetzung

Übersicht

	Rdnr.
I. Antragsvoraussetzungen	1–4
1. Einleitung	1/2
2. Zuständigkeit	3
3. Antrag und Antragsberechtigung	4
II. Antrag auf Vermittlung	5–7
III. Verfahren und Maßnahmen	8–11

Schrifttum: *Firsching/Graf* Nachlassrecht, 8. Aufl. 2000; *Groll*, Praxis-Handbuch Erbrechtsberatung, 2. Aufl. 2005; *Sarres*, Die Erbengemeinschaft, 1999; *Bumiller/Winkler*, Freiwillige Gerichtsbarkeit, Kommentar, 8. Aufl. 2006.

Beratungscheckliste

Wann kann zum Vermittlungsverfahrens **geraten** werden:
☐ bei zwar zerstrittenen, aber noch konsensfähigen Erbengemeinschaften;
☐ bei Erbengemeinschaften, bei denen die Chance besteht, dass unter Mitwirkung eines neutralen Dritten einzelne Streitpunkte im Kompromisswege geklärt werden können;
☐ bei einzelnen untätigen Miterben.
Vom Vermittlungsverfahren ist **abzuraten**, wenn bereits abzusehen ist, dass einer der Erben einer Sachentscheidung widersprechen wird.

I. Antragsvoraussetzungen

1. Einleitung

1   Das nachlassgerichtliche Vermittlungsverfahren nach den §§ 86 ff. FGG fristet in der Praxis ein „Schattendasein". Das liegt vor allem daran, dass bereits bei **Widerspruch eines** Miterben das Vermittlungsverfahren nicht mit einer Auseinandersetzung des Nachlasses abgeschlossen werden kann. Das Nachlassgericht hat nur eine Vermittlungs- und keine Sachentscheidungsbefugnis.[1]

2   Das Vermittlungsverfahren bietet jedoch auch Vorteile. Im Gegensatz zu Teilungsklagen[2] vor dem Prozessgericht muss **kein** Teilungsplan vorgelegt werden.[3] Auch kann ein qualifizierter Nachlassrichter als „neutrale Person" streitschlichtend wirken und den Beteiligten Kompromissvorschläge unterbreiten.[4] Im Übrigen ist das Vermittlungsverfahren regelmäßig kostengünstiger als ein streitiges Verfahren.[5]

---

[1] KG Beschl. v. 18.3.1965 = NJW 1965, 1538, 1539.
[2] Siehe hierzu § 57 Klagen im Zusammenhang mit Miterben.
[3] Vgl. *Firsching/Graf* S. 578.
[4] Vgl. auch *Sarres* S. 91.
[5] Zu den Vor- und Nachteilen des Vermittlungsverfahrens siehe auch Groll/*v. Morgen* C IV Rdnr. 126.

2. Zuständigkeit

Sachlich zuständig ist das **Amtsgericht** als Nachlassgericht.[6] In einigen Bundesländer ist jedoch statt oder neben dem Nachlassgericht der Notar zuständig.[7]

3. Antrag und Antragsberechtigung

Das Vermittlungsverfahren wird nur auf **Antrag** eingeleitet. Antragsberechtigt ist jeder Miterbe, Erbteilserwerber, Pfandgläubiger und Nießbrauchsberechtigte an einem Erbteil.[8]
Ein Vermittlungsverfahrens findet z. B. nicht statt, wenn
- die Erbauseinandersetzung nach §§ 2043 ff. BGB ausgeschlossen ist;
- ein Auseinandersetzungstestamentsvollstrecker bestimmt ist;
- Erbteilungsklage erhoben wurde;[9]
- ein Nachlassinsolvenzverfahren angeordnet ist.[10]

II. Antrag auf Vermittlung[11]

Der Antrag sollte die genauen Personalien des Verstorbenen sowie seinen letzten Wohnsitz und Angaben zu den Beteiligten enthalten. Soweit möglich, sollte die Teilungsmasse bezeichnet werden.[12] Gegebenenfalls kann auf ein dem Gericht bereits vorliegendes Nachlassverzeichnis verwiesen werden. Die Vorlage eines Teilungsplanes ist **nicht** erforderlich.

Ein Antrag auf Einleitung eines Vermittlungsverfahrens könnte folgendermaßen **formuliert** werden:

Formulierungsvorschlag:

An das Amtsgericht – Nachlassgericht – ...

Sehr geehrte Damen und Herren,

ich vertrete Frau ... Auf mich lautende Vollmacht ist beigefügt.

Am ... verstarb die Mutter meiner Mandantin, Frau ... geb. am ... in ..., zuletzt wohnhaft in ..., Witwe des vorverstorbenen Herrn ...

Sie wurde ausweislich des Erbscheins vom ... (Az.: ...) von ihren beiden Söhnen, Herrn ..., geb. am ..., wohnhaft in ... und Herrn ..., geb. am ..., wohnhaft in ... und meiner Mandantin zu gleichen Teilen beerbt.

Ich beantrage, die Erbauseinandersetzung zu vermitteln. Auf das in der Anlage beigefügte Verzeichnis der Nachlassgegenstände nehme ich Bezug.

Mit freundlichen Grüßen

                                                Rechtsanwalt

---

[6] Die örtliche Zuständigkeit richtet sich nach dem letzten Wohnsitz des Erblassers; vgl. § 73 FGG.
[7] In Baden-Württemberg, Bayern, Hessen, Niedersachsen; eine Übersicht zu allen Bundesländern findet sich bei *Sarres* S. 81 und bei *Firsching/Graf* S. 575.
[8] § 86 FGG; vgl. *Bumiller/Winkler* § 86 Rdnr. 2 ff. zu weiteren Antragsberechtigten.
[9] Vgl. *Bumiller/Winkler* § 86 Rdnr. 12.
[10] Zu weiteren Ausschlussgründen s. *Firsching/Graf* S. 577.
[11] § 87 FGG.
[12] § 87 FGG.

Das Nachlassverzeichnis lässt sich z. B. wie folgt aufbauen:[13]

Muster: Nachlassverzeichnis

Aktiva	Passiva
Grundbesitz: Flurstück Nr. ... GuF, X-Straße, eingetragen im Grundbuch von ... Wert laut Sachverständigengutachten vom ... € ... **Bewegliche Sachen:** Diverse Hausratsgegenstände Geschätzter Wert: € ... Bankguthaben: Girokonto Nr. ... bei der X-Bank Kontostand zum ... € ... Sparkonto Nr. bei der X-Bank Kontostand zum ... € ...	Durch Grundpfandrecht an Flurstück Nr. ... abgesichertes **Darlehen** der X-Bank, zum ... noch valutierend mit € ... Bislang nicht erfülltes Geldvermächtnis für Herrn ... in Höhe von € ... Geschätzte Kosten für die Grabpflege für die ortübliche Liegedauer € ...
Gesamtwert der Aktiva: ... €	**Gesamtwert der Passiva: ... €**

III. Verfahren und Maßnahmen

8   Das Gesetz sieht zwei **Verfahrensabschnitte** vor, nämlich die Verhandlung über vorbereitende Maßnahmen[14] und die Verhandlung über die Auseinandersetzung.[15]

9   Im Rahmen des **ersten Verfahrensabschnittes** können die Beteiligten sich z. B. über die Art der Teilung, über den Wert einer Sache oder über Ausgleichszahlungen einigen.[16]
Das Verfahren wird folgendermaßen durchgeführt:[17]
- Sind alle Beteiligten anwesend, wird ihre Vereinbarung beurkundet und bestätigt.[18]
- Gleiches gilt, falls **nicht** alle Beteiligten anwesend sind, aber zuvor ihre Zustimmung in der entsprechenden Form erteilt haben.
- Ist einer der Beteiligten **säumig,** hat ihm das Gericht den Inhalt der Vereinbarung bekannt zu machen. Das Gericht setzt dem Säumigen eine Frist. Beantragt er innerhalb dieser Frist keine neue Verhandlung, oder erscheint er erneut, nachdem auf seinen Antrag eine weitere Verhandlung anberaumt wurde, **nicht,** wird die Vereinbarung **bestätigt**.[19] Gegen die Bestätigung steht dem Säumigen das Rechtsmittel der sofortigen Beschwerde zu.[20]
- **Widerspricht** einer der Anwesenden, ist das Verfahren **gescheitert;** ggf. kommt Aussetzung nach § 95 FGG in Betracht.

10   Im **zweiten Verfahrensabschnitt** stellt das Gericht (in Zusammenarbeit mit den Beteiligten) einen **Auseinandersetzungsplan** auf.[21]
Dieses Verfahren wird wie folgt durchgeführt:
- Sind alle Beteiligten erschienen und einverstanden, wird der Auseinandersetzungsplan beurkundet. Er kann gleich bestätigt werden. Mit seiner Rechtskraft gilt er als vertragliche Ver-

---

[13] Vgl. auch das Bsp. bei *Sarres,* oben § 45 Rdnr. 62.
[14] § 91 FGG.
[15] § 93 FGG.
[16] Weitere Bsp. finden sich bei *Bumiller/Winkler* § 91 Rdnr. 3.
[17] Vgl. § 91 FGG.
[18] Die Bestätigung erfolgt durch Beschl.; vgl. § 96 FGG.
[19] Vgl. § 91 Abs. 3.
[20] § 96 FGG; die Beschwerde kann nur darauf gegründet werden, dass Verfahrensvorschriften nicht beachtet wurden.
[21] § 93 FGG; zum Inhalt des Plans vgl. *Bumiller/Winkler* § 93 Rdnr. 2; ein Muster für einen Auseinandersetzungsplan findet sich bei *Firsching/Graf* S. 587.

einbarung zwischen den Beteiligten. Haben nicht anwesende Beteiligte zuvor zugestimmt, kann in gleicher Weise verfahren werden;
- Bei säumigen Beteiligten gelten die Ausführungen zu den vorbereitenden Maßnahmen entsprechend;
- Rechtsmittel: sofortige Beschwerde;[22]
- Stimmt einer der Anwesenden endgültig **nicht** zu, ist das Vermittlungsverfahren ergebnislos geblieben.

Wirkung der Bestätigung:[23] Mit erfolgter Bestätigung sind die Beteiligten an die getroffenen Vereinbarungen gebunden und können sie einseitig nicht mehr abändern. Auch kann aus einer bestätigten Vereinbarung die Zwangsvollstreckung betrieben werden.[24] Eine der materiellen Rechtskraft einer gerichtlichen Entscheidung vergleichbare Wirkung wird durch die Bestätigung **nicht** herbeigeführt.

Daraus ergibt sich z. B. **Folgendes:** Der Auseinandersetzungsvertrag kann von einem Beteiligten wegen Willensmängel angefochten werden oder aus allgemeinen vertraglichen Gründen nichtig sein.[25]

Die Kosten des Vermittlungsverfahrens ergeben sich aus §§ 116, 148 KostO. Das Vermittlungsverfahren ist kostengünstiger als die Auseinandersetzungsklage.

11

---

[22] § 96 FGG.
[23] § 97 FGG.
[24] § 98 FGG.
[25] Vgl. *Bumiller/Winkler* § 97 Rdnr. 3.

§ 55 Grundbuch und Handelsregister

Übersicht

	Rdnr.
I. Bearbeitungscheckliste	1/2
II. Grundbuch	3–20
1. Pflicht zur Berichtigung des Grundbuches/Ausnahmen	3/4
2. Berichtigungsantrag	5
3. Unrichtigkeitsnachweis	6–10
a) Erbschein	7–9
b) Beurkundete Verfügung von Todes wegen	10
4. Sonderfälle	11–17
a) Testamentsvollstreckung	11/12
b) Vor- und Nacherbschaft	13
c) Erbteilsübertragung, Abschichtungsvertrag	14/15
d) Auslandsberührung	16/17
5. Kosten der Grundbuchberichtigung	18/19
6. Rechtsbehelfe	20
III. Handelsregister	21–40
1. Anmeldepflicht	21
2. Verfahren	22/23
3. Einzelfirma	24–27
4. Offene Handelsgesellschaft	28–30
5. Kommanditgesellschaft	31–33
6. GmbH	34–37
7. Kosten der Registerberichtigung	38
8. Rechtsbehelfe	39/40

Schrifttum: *Gustavus* Handelsregisteranmeldungen, 6. Aufl. 2005; *Jung*, Unentgeltliche Verfügungen des Testamentsvollstreckers und des befreiten Vorerben, Rpfleger 1999, 204; *Reimann*, Erbauseinandersetzung durch Abschichtung, ZEV 1998, 213; *Schneider*, Zur Antragsbefugnis und zu den Eintragungsgrundlagen im Grundbuchberichtigungsverfahren bei angeordneter Testamentsvollstreckung, MittRhNotK 2000, 283; *Schaub*, Unentgeltliche Verfügungen des Testamentsvollstreckers, ZEV 2001, 257; *Weirich*, Erben und Vererben, 5. Aufl. 2004; *Zahn*, Testamentsvollstreckung im Grundbuchverkehr, MittRhNotK 2000, 89.

1

I. Bearbeitungscheckliste

☐ Gehört Grundbesitz zum Nachlass?
☐ War der Erblasser Inhaber oder Teilhaber eines handelsrechtlichen Unternehmens?
☐ War der Erblasser Eigentümer eines sonstigen in einem öffentlichen Register verzeichneten Gegenstands wie Schiff oder Luftfahrzeug, oder war er Mitglied einer Genossenschaft oder Partnerschaft?

2   Mit dem Eintritt des Erbfalls werden sämtliche Register, in denen der Erblasser als Eigentümer oder als sonstiger Berechtigter eines Gegenstandes oder Rechts eingetragen ist, unrichtig. Damit diese Register ihre Funktion als **öffentliche Register** erfüllen können, müssen diese dadurch berichtigt werden, dass der Erbe als neuer Eigentümer bzw. Miteigentümer eingetragen wird. Um die Handlungsfähigkeit des Erben sicherzustellen, ist es sinnvoll, dass der Erbe seiner Verpflichtung zur Berichtigung der Register unverzüglich nachkommt. In fast allen Fällen mit nennenswertem Nachlass ist **Grundeigentum** betroffen. Oftmals befinden sich auch **Unternehmensbeteiligungen** im Nachlass und sei es auch in Form einer meist steuerlich motivierten

Beteiligung an einer Publikumsgesellschaft oder als Mitglied einer Genossenschaftsbank oder Partnerschaft. Seltener war der Erblasser Eigentümer eines Schiffes oder eines Luftfahrzeuges. Die folgenden Ausführungen beschränken sich auf die typischen Fälle: Grundbuch und Handelsregister. **Schiffe** und **Luftfahrzeuge** werden nach dem SchRG (s. § 41 Abs. 1 Schiffsregisterordnung) und dem LuftRG (s. § 86 des Gesetzes über Rechte an Luftfahrzeugen) teilweise ähnlich behandelt wie Grundstücke; Im Bereich **Genossenschaftsregister** oder **Partnerschaftsregister** gibt es viele Parallelen zum Handelsregister.

II. Grundbuch

1. Pflicht zur Berichtigung des Grundbuches/Ausnahmen

Sobald das Grundbuchamt von Amts wegen durch das Nachlassgericht vgl. § 83 GBO oder durch sonstige Umstände erfährt, dass das Grundbuch durch Eintritt eines Erbfalls unrichtig geworden ist (§ 894 BGB), fordert es einen mutmaßlichen Erben oder Miterben auf, seiner aus § 82 GBO resultierenden Verpflichtung nachzukommen, die Berichtigung des Grundbuches zu beantragen. Hervorzuheben ist, dass gemäß § 60 Abs. 4 GBO **Gerichtsgebührenfreiheit** besteht, wenn der Berichtigungsantrag **binnen zwei Jahren nach dem Erbfall** eingereicht wird. Das Grundbuchamt kann den **Grundbuchberichtigungszwang** auch durch Androhung und Festsetzung von Zwangsgeld gemäß § 33 FGG durchsetzen. Daher ist die Grundbuchberichtigung von Amts wegen gemäß § 82 a GBO eher die Ausnahme. Die Anregung eines solchen Verfahrens bei Gericht kommt jedoch dann in Betracht, wenn der Mandant weder Erbe noch Miterbe ist, gleichwohl aber ein Interesse an der Grundbuchberichtigung hat, z.B. als Inhaber eines Rechts an einem Nachlassgrundstück. 3

Von der Grundbuchberichtigung kann als **Ausnahme** von dem Prinzip der Voreintragung gemäß § 39 GBO abgesehen werden, wenn demnächst eine Veräußerung des Grundbesitzes oder eine Auseinandersetzung darüber beabsichtigt ist, §§ 40, 82 S. 2 GBO. Im Fall der Verkaufsabsicht ist unter Ausnutzung der 2-jährigen Gebührenfreiheit gleichwohl eine vorherige Grundbuchberichtigung sinnvoll, damit später die Kaufpreisfälligkeit schnellstmöglich herbeigeführt werden kann. 4

2. Berichtigungsantrag

Die Grundbuchberichtigung erfolgt gemäß § 13 GBO nur auf Antrag. Eine Bewilligung ist nicht erforderlich, vielmehr ist die Unrichtigkeit des Grundbuches gemäß § 35 GBO nachzuweisen. Es genügt, wenn der Grundbuchberichtigungsantrag **schriftlich** von einem Miterben allein gestellt wird. Eine öffentliche Beglaubigung des Antrags gemäß § 29 GBO ist nicht erforderlich. Daher bedarf auch die Vollmacht eines Rechtsanwalts, der den Berichtigungsantrag entworfen hat und für seinen Mandanten stellen will, abweichend von § 13 S. 3 FGG gemäß § 30 GBO lediglich der Schriftform. 5

3. Unrichtigkeitsnachweis

Die Unrichtigkeit des Grundbuches ist gemäß § 35 Abs. 1 S. 1 GBO grundsätzlich durch einen **Erbschein** nachzuweisen. Beruht die Erbfolge jedoch auf einer **beurkundeten Verfügung von Todes wegen** (notarielles Testament oder Erbvertrag) genügt in der Regel die Vorlage der Verfügung von Todes wegen zusammen mit der Niederschrift über deren gerichtliche Eröffnung, § 35 Abs. 1 S. 2 GBO. Befinden sich Grundbuchamt und Nachlassgericht bei dem selben Amtsgericht, reicht in beiden Fällen die Bezugnahme auf die Nachlassakten unter Angabe des Aktenzeichens. 6

a) **Erbschein.** Der Erbschein muss dem Grundbuchamt wegen der Vermutung des § 2365 BGB in Urschrift oder entsprechend § 47 BeurkG in Ausfertigung vorliegen. Da sich die Urschrift des Erbscheins in den Gerichtsakten des diesen erteilenden Nachlassgerichts befindet, sind regelmäßig Ausfertigungen von Erbscheinen beizubringen. Sinnvoll ist es, die Übersendung der Ausfertigung mit der Bitte um Rückgabe nach Gebrauch zu verbinden, damit der Erbnachweis beispielsweise auch noch gegenüber einem anderen Grundbuchamt geführt werden kann. Ist Eile geboten und Grundbesitz in mehreren Amtsgerichtsbezirken vorhanden, bietet es sich an, weitere Ausfertigungen des Erbscheins zu beantragen. 7

8 Das Grundbuchamt hat lediglich zu prüfen, ob der Erbschein das vom Antragsteller behauptete Erbrecht bezeugt, nicht aber dessen Richtigkeit. Etwas anderes gilt nur dann, wenn dem Grundbuchamt neue Tatsachen bekannt geworden sind, die dem Nachlassgericht offenbar nicht bekannt waren und angenommen werden muss, dass das Nachlassgericht bei deren Kenntnis den Erbschein einziehen oder für kraftlos erklären würde.[1]

Muster: Grundbuchberichtigungsantrag aufgrund Erbschein

9
                    Grundbuchberichtigungsantrag
Im Grundbuch des Amtsgerichts Koblenz von
                    Rübenach Blatt 1234
Ist als Eigentümer des dort verzeichneten Grundbesitzes
Flur 1 Nr. 100 Gebäude- und Freifläche, Koblenzer Straße 12,
                                                                groß 456 qm,
Flur 1 Nr. 101, Mülltonnenstellplatz, daselbst,
                                                                groß 4 qm,
Herr Josef Alt in Koblenz eingetragen.
Der Grundstückseigentümer ist verstorben und ausweislich des Erbscheins des Amtsgerichts Koblenz vom 1.2.2006 – AZ VI 1/06 beerbt worden von
1. mir seiner Witwe Clara Alt geb. Schön,
   geboren am 28.7.1920, wohnhaft Koblenzer Straße 12, 56072 Koblenz,
2. seiner Tochter Elise Jung geb. Alt
   geboren am 1.5.1950, wohnhaft Frankenstraße 45, 53111 Bonn,
3. seinem Sohn Peter Alt,
   geboren am 31.12.1955, wohnhaft Kemperhofweg 21, 56073, 56068 Koblenz.
Unter Bezugnahme auf die Nachlassakte beantrage ich, das vorbezeichnete Grundbuch dahin gehend zu berichtigen, dass an Stelle des Verstorbenen seine vorgenannten Erben als Eigentümer in Erbengemeinschaft eingetragen werden. (fakultativ: ... und mir nach Vollzug eine unbeglaubigte Grundbuchabschrift zu erteilen.)
Der Verkehrswert des Grundbesitzes wird mit Euro 200.000,– angegeben. (Wertangabe nicht erforderlich innerhalb von zwei Jahren nach dem Erbfall)
Koblenz 4. Juli 2006
Clara Alt (keine Unterschriftsbeglaubigung)

10 **b) Beurkundete Verfügung von Todes wegen.** Bei einer **beurkundeten Verfügung von Todes wegen** genügt regelmäßig die Vorlage der Verfügung und der Niederschrift über deren gerichtliche Eröffnung **jeweils in beglaubigter Abschrift**, § 35 Abs. 1 S. 2 GBO. Auch hier ist ein Verweis auf die Nachlassakten ausreichend, wenn es sich um dasselbe Amtsgericht handelt. Nur wenn das Grundbuchamt die Erbfolge als durch diese Urkunden nicht für nachgewiesen erachtet, kann es weiter gehend die Vorlegung eines Erbscheins verlangen.[2] Das Grundbuchamt hat jedoch zunächst auch bei rechtlich schwierigen Fragen die Verfügungen von Todes wegen selbständig auszulegen.[3] Nur dann, wenn sich bei der Prüfung hinsichtlich des behaupteten Erbrechts wirkliche Zweifel ergeben, die nur durch weitere Ermittlungen des Nachlassgerichts über den Willen des Erblassers und die tatsächlichen Verhältnisse geklärt werden können, darf das Grundbuchamt die Vorlage eines Erbscheins verlangen.[4] Zu weiter gehenden eigenen Sachverhaltsermittlungen ist das Grundbuchamt aber nicht berechtigt, da das Grundbuchverfahren ein reines Nachweisverfahren ist, § 29 GBO. Die bloße Möglichkeit, dass Eheleute bei

---

[1] BayObLG Beschl. v. 14.11.1996 – Rpfleger 1997, 156.
[2] Zur Problematik des Nachweises des Erbrechts gegenüber Banken ohne Erbschein zuletzt BGH Urt. v. 7.6.2005 – MittBayNot 2006 157; ausf. *Keim* WM 2006, 753, jeweils m.w.N.
[3] BayObLG Beschl. v. 7.10.1994 – DNotZ 1995, 306; näher *Baur/von Oefele/Schaub* § 35 GBO Rdnr 124 ff.
[4] LG Neuruppin Beschl. v. 29.8.2003 – MittBayNot 2004, 46.

einem gemeinschaftlichen notariellen Testament oder Erbvertrag später noch gemeinsam eine anderweitige handschriftliche Verfügung von Todes wegen getroffen haben könnten oder dem Längstlebenden eine Änderungsmöglichkeit bezüglich der Schlusserben offen gelassen wurde, rechtfertigt nicht das Verlangen nach einem Erbschein. Dem Grundbuchamt müssen konkrete Anhaltspunkte vorliegen, die für das Vorhandensein einer wirksamen späteren Verfügung von Todes wegen sprechen[5] oder die Unwirksamkeit der vorgelegten Verfügung vermuten lassen, wie z.B. eine zwischenzeitlich erfolgte Ehescheidung, vgl. §§ 2268, 2077 BGB. Nach der Rechtsprechung zu § 35 Abs. 1 GBO ist die Vorlage eines Erbscheins auch dann entbehrlich, wenn der Erbnachweis durch zusätzlich zu dem notariellen Testament vorgelegte weitere öffentliche Urkunden geführt werden kann,[6] insbesondere durch Personenstandsurkunden oder die eidesstattliche Versicherung eines Beteiligten, z.B. des überlebenden Ehegatten, dass keine weiteren gemeinschaftlichen Kinder geboren wurden.

4. Sonderfälle

a) **Testamentsvollstreckung.** Unterliegt ein Nachlassgrundstück einer **Testamentsvollstreckung**,[7] wird dies als Verfügungsbeschränkung des Erben von Amts wegen in Abt. II des Grundbuches vermerkt, § 52 GBO. Eingetragen wird – wie beim Erbschein – niemals die Person des Testamentsvollstreckers, sondern lediglich „Testamentsvollstreckung ist angeordnet". Die Eintragung des Testamentsvollstreckervermerks erfolgt aufgrund der vorbeschriebenen Vorlage des Erbschein oder der beurkundeten Verfügung von Todes wegen in der Regel zusammen mit der Grundbuchberichtigung auf die Erben, kann aber z.B. wenn die Erben noch unbekannt sind, auch separat erfolgen. Der Testamentsvollstrecker hat seine Stellung erst, wenn er über ein Nachlassgrundstück verfügt, nachzuweisen durch Vorlage eines Testamentsvollstreckerzeugnisses oder bei Berufung in einer beurkundeten Verfügung in der Form des § 35 Abs. I GBO. Im letzteren Fall ist die Annahme des Amtes (§ 2202 BGB) durch öffentliche Urkunde gegenüber dem Grundbuchamt nachzuweisen.

Wegen des Verbots jeglicher unentgeltlicher Verfügungen gemäß § 2205 S. 3 BGB bereitet in der Praxis der Nachweis gegenüber dem Grundbuchamt, dass auch keine teilweise unentgeltliche Leistung (**gemischte Schenkung**) vorliegt, Schwierigkeiten. Daher ist dem Grundbuchamt die Entgeltlichkeit näher darzulegen. Im häufigsten Fall, Veräußerung an einen Nichterben gegen Geldzahlung, ist das Grundbuchamt jedoch zu einer Eigentumsumschreibung auf den Erwerber verpflichtet, solange ihm keine konkreten Anhaltspunkte für eine Unrichtigkeit der vom Testamentsvollstrecker behaupteten Entgeltlichkeit vorliegen.[8]

b) **Vor- und Nacherbschaft.** Hat der Erblasser **Vor- und Nacherbschaft** verfügt, ordnet § 51 GBO zur Verhinderung eines gutgläubigen Erwerbs die Eintragung eines Nacherbenvermerks im Grundbuch an. Die Eintragung erfolgt in Abt. II unter Angabe etwaiger Befreiungen von Verfügungsbeschränkungen sowie unter Benennung der Person des Nacherben und der Bedingungen des Eintritts des Nacherbfalls. Wegen des Verschenkungsverbotes des § 2113 Abs. 2 BGB stellt sich wie bei der Testamentsvollstreckung bei der Vor- und Nacherbschaft das gleiche Problem des Nachweises der Entgeltlichkeit einer Verfügung gegenüber dem Grundbuchamt. Diese Situation tritt insbesondere häufig bei Verfügungen eines (ansonsten) befreiten Vorerben auf, da er von diesem Verbot gesetzlich nicht befreibar ist. Da die Bestimmungen des § 2207 S. 2 BGB und des § 2113 Abs. 2 BGB einander nachgebildet sind, richtet sich die Frage der Unentgeltlichkeit und auch deren Nachweis gegenüber dem Grundbuchamt nach ähnlichen Grundsätzen.[9] Von daher kann auf die vorstehenden Ausführungen bei der Testamentsvollstreckung nebst den dort angegebenen Nachweisen verwiesen werden.

---

[5] OLG Frankfurt Beschl. v. 29.6.1998 – MittBayNot, 1999, 184.
[6] BayObLG Beschl. v. 7.10.1994 – DNotZ 1995, 306; *Baur/von Oefele/Schaub* § 35 GBO Rdnr. 138; *Demharter* § 25 GBO Rdnr. 40.
[7] Umfassend zur Testamentsvollstreckung im Grundbuchverkehr, *Zahn*, MittRhNotK 2000, 89 ff.; ergänzend *Schneider* MittRhNotK 2000, 283 ff.
[8] Näher zu unentgeltlichen Verfügungen des Testamentsvollstreckers: *Jung* Rpfleger 1999, 204 ff.; *Schaub* ZEV 2001, 257.
[9] *Schaub* ZEV 2001, 257 m.w.N.

14 c) **Erbteilsübertragung, Abschichtungsvertrag.** Bei einer **Erbteilsübertragung** gemäß § 2033 BGB oder **Erbschaftskauf** gemäß § 2371 BGB wird das Grundbuch ebenfalls unrichtig. Zweckmäßigerweise werden die nach §§ 22, 19 GBO erforderliche Grundbuchberichtigungsbewilligung des Erbteilsveräußerers und der Grundbuchberichtigungsantrag des Erwerbers in den beurkundungspflichtigen Vertrag aufgenommen, § 29 GBO. Nutzt man die vom BGH anerkannte Möglichkeit einer personellen und gegenständlichen teilweisen oder vollständigen Auseinandersetzung des Nachlasses durch formfreien **Abschichtungsvertrag**[10], ist das Grundbuch durch öffentlich beglaubigte Berichtigungsbewilligung der ausgeschiedenen Miterben und schriftlichen Antrag eines verbleibenden Miterben zu berichtigen. Ist der Abschichtungsvertrag ausnahmsweise beurkundungsbedürftig, weil als Abfindung für das Ausscheiden ein Gegenstand aus dem Nachlass oder dem Privatvermögen eines Miterben geleistet wird, dessen Übertragung der Beurkundungsform bedarf (§ 313 BGB Grundstück, § 15 IV GmbHG GmbH-Geschäftsanteil), nimmt man die Grundbuchberichtigung direkt in den Notarvertrag auf.

15 Das **Ausscheiden eines BGB-Gesellschafters durch Tod** und Anwachsung seines Anteils bei den verbleibenden Gesellschaftern gemäß § 738 Abs. 1 BGB bei getroffener Fortsetzungsvereinbarung ist mittels einer Grundbuchberichtigung ins Grundbuch einzutragen. Ist – wie wegen der Formfreiheit des Gesellschaftsvertrages in der Praxis häufig – die Vereinbarung einer Fortsetzungsklausel nicht durch öffentliche Urkunde nachweisbar, müssen die Erben des verstorbenen Gesellschafters unter Nachweis ihres Erbrechts in grundbuchmäßiger Form als nunmehrige Buchberechtigte die Grundbuchberichtigung durch öffentlich beglaubigte Erklärung bewilligen. Die Bewilligung durch die verbleibenden Gesellschafter reicht nicht aus.

16 d) **Auslandsberührung. Auslandsberührung** ist immer dann gegeben, wenn ein Ausländer ein im Inland belegenes Grundstück hinterlässt, unabhängig davon, ob der Erblasser zur Zeit seines Todes im In- oder Ausland Wohnsitz bzw. Aufenthalt hatte. Zum Schutz des inländischen Rechtsverkehrs besteht auch in diesen Fällen ein Bedürfnis zur Berichtigung des Grundbuches. Problematisch ist oftmals der Nachweis der Erbfolge nach fremdem Recht in der Form des § 35 GBO. Grundsätzlich ist auch hier der Nachweis durch Vorlage einer in einer öffentlichen Urkunde niedergelegten Verfügung von Todes wegen samt Eröffnungsnachweis möglich, auch wenn diese Urkunde im Ausland errichtet wurde. Das Grundbuchamt hat dann in eigener Zuständigkeit zu prüfen, ob eine öffentliche Urkunde vorliegt.

17 **Ausländische Erbscheine** unterfallen nicht der Legitimationswirkung und Vermutungswirkung des § 2365 BGB und sind mangels Rechtskraftwirkung für das Grundbuchamt grundsätzlich unverbindlich.[11] Sie können aber gemäß § 16 a FGG anerkannt werden. In aller Regel wird jedoch für die Berichtigung des Grundbuches bei ausländischen Erblassern die Vorlage eines deutschen Erbscheins verlangt. § 2369 BGB ermöglicht in solchen Fällen die Erteilung von einem sowohl gegenständlich als auch territorial beschränkten sog. **Fremdrechtserbschein** durch das deutsche Nachlassgericht, selbst wenn das Heimatrecht des Erblassers keinen Erbschein kennt. Ist bereits ein ausländischer Erbschein vorhanden lässt sich durch dessen Vorlegung in der Regel die Erteilung des Fremdrechtserbscheins beschleunigen. In allen Fällen mit Auslandsberührung ist gemäß § 5 FGG der Richter zuständig.

5. Kosten der Grundbuchberichtigung

18 Für die Berichtigung des Grundbuches ist gemäß §§ 60 Abs. 1, 18 KostO eine volle Gebühr (10/10) nach dem Verkehrswert des Grundbesitzes – ohne Abzug der auf dem Grundbesitz lastenden Verbindlichkeiten – zu entrichten. Hinzu kommen die Kosten der Erteilung des Erbscheins. Diese lassen sich gemäß § 107 Abs. 3 KostO reduzieren, wenn ein **Erbschein ausschließlich für Grundbuchzwecke** beantragt wird. Wird dieser anderweitig verwendet, erfolgt eine Nacherhebung der Kosten, § 107 a Abs. 2 KostO.

19 § 60 Abs. 4 KostO gewährt **Kostenbefreiung**, wenn die Grundbuchberichtigung binnen zwei Jahren nach dem Erbfall beantragt wird.

---

[10] BGH Urt. v. 21.1.1998 – ZEV 1998, 141; Zur Auseinandersetzung mit der Frage, ob Abschichtungsverträge nicht doch beurkundungspflichtig sind: *Reimann* ZEV 1998, 213 ff.
[11] Palandt/*Edenhofer* § 2353 Rdnr 9.

6. Rechtsbehelfe

Gegen die Entscheidung des Grundbuchamtes findet nach Zwischenverfügung und Zurückweisung gemäß § 18 GBO das Rechtsmittel der formlosen und unbefristeten **Beschwerde** gemäß § 71 GBO statt (kein Anwaltszwang). Über die beim Grundbuchamt oder dem Beschwerdegericht einzulegende Beschwerde entscheidet bei Nichtabhilfe gemäß § 75 GBO das Landgericht, § 72 GBO. Die Beschwerde kann auf neue Tatsachen und Beweise gestützt werden, § 74 GBO. Gegen die Entscheidung des Landgerichts ist unter den Voraussetzungen des § 78 GBO die weitere Beschwerde zum Oberlandesgericht statthaft. Dabei besteht grundsätzlich Anwaltszwang, es sei denn die Beschwerde wurde von einer Behörde oder dem Notar eingelegt, der gemäß § 15 GBO den Berichtigungsantrag gestellt hat, § 80 GBO.

III. Handelsregister

1. Anmeldepflicht

Gemäß §§ 31, 29 HGB ist jede Änderung des Inhabers einer Firma zur Eintragung in das Handelsregister anzumelden. Daraus folgt auch eine Anmeldepflicht hinsichtlich der durch Eintritt eines Erbfalls eingetretenen Rechtsänderungen und dem daraus resultierenden Unrichtigwerden des Registers. Verstöße gegen die Anmeldepflicht hat das Registergericht durch Festsetzung von Zwangsgeld zu verfolgen, § 14 HGB. Schwerer wiegt der aus der Publizitätswirkung des § 15 Abs. 1 HGB Folgende mittelbare Zwang zur Anmeldung. Um das Unternehmen oder einen Erben vor Haftungsrisiken in der Übergangszeit zwischen Eintritt des Erbfalls und der Eintragung der Veränderung im Register zu schützen, ist eine unverzügliche Berichtigung des Registers geboten.

2. Verfahren

Der Nachweis der Erfolge wird in grundsätzlich in gleicher Weise geführt wie gegenüber dem Grundbuchamt (s. Rdnr 6 ff.) mit der gewissen Erleichterung, dass öffentliche Urkunden nur soweit tunlich beigebracht werden müssen § 12 Abs. 2 S. 2 HGB. Wenn jedoch die Vorlage eines Erbscheins notwendig wird, ist anders als bei der Grundbuchberichtigung die Gebührenermäßigungsvorschrift des § 107 Abs. 3 und 4 KostO als Ausnahmevorschrift wohl nicht entsprechend anwendbar. Es fällt daher die volle Gerichtsgebühr bei der Erbscheinserteilung an.[12]

Jede Handelsregisteranmeldung sowie zur Aufbewahrung bei Gericht bestimmte Zeichnungen von Firmen und Unterschriften sind in **öffentlich beglaubigter Form** (§ 12 HGB) einzureichen. Hierfür sind, von Ausnahmen abgesehen,[13] die Notare zuständig, § 129 BGB. Eine Vertretung des Mandanten bei der Anmeldung durch den Anwalt ist zulässig. Wie bei jeder Handelsregistervollmacht bedarf die Vollmachtserteilung dann aber mindestens einer notariellen Unterschriftsbeglaubigung, § 12 Abs. 2 S. 1 HGB. Die nach §§ 29, 108 Abs. 2 HGB erforderlichen Zeichnungen von Firmen und Unterschriften müssen allerdings persönlich erfolgen und vor dem Notar vollzogen werden. Eine Beglaubigung aufgrund Anerkennung ist gemäß § 40 BeurkG nicht möglich.

3. Einzelfirma

War der Erblasser Inhaber eines eingetragenen einzelkaufmännischen Unternehmens, ist entweder das Erlöschen der Firma oder deren Fortführung anzumelden, §§ 29, 31, 12 Abs. 1 HGB. Bei Fortführung der Firma tritt grundsätzlich unbeschränkte Haftung nach §§ 27 Abs. 1, 25 Abs. 1 HGB ein, im Gegensatz zu der auf den Nachlass beschränkbaren erbrechtlichen Haftung. Die handelsrechtliche Haftung lässt sich im Wege des § 25 Abs. 2 HGB ausschließen[14] oder durch Einstellung des Geschäfts innerhalb der drei Monatsfrist

---

[12] Ausführlich zum Nachweis der Erbfolge gegenüber dem Handelsregister: s. Gutachten des Deutschen Notarinstituts, DNotI-Report 2006, 109.
[13] Keiner öffentlichen Beglaubigung bedürfen Anmeldungen zum Handelsregister, die eine juristische Person des öffentlichen Rechts in einer von ihr als öffentliche Behörde ausgestellten öffentlichen Urkunde einreicht, BayObLG Beschl. v. 24.6.1975 – DNotZ 1976, 120.
[14] LG Koblenz Beschl. v. 22.5.1974 – MittRhNotK 1974, 263.

gemäß § 27 Abs. 2 HGB. Die Anordnung von Testamentsvollstreckung über ein zum Nachlass gehörendes Handelsgeschäft kann nicht eingetragen werden,[15] weil der Testamentsvollstrecker Verbindlichkeiten nur für den Nachlass eingehen kann nicht aber für den Erben persönlich.[16] Um Schwierigkeiten aus dem Weg zu gehen, ist es allen Fällen in denen ein Unternehmen zum Nachlass gehört und Testamentsvollstreckung angeordnet ist, in der Praxis üblich, den Testamentsvollstrecker an der Registeranmeldung mitwirken zu lassen.[17]

25 Hervorzuheben ist, dass nach h.M. eine Einzelfirma auch durch eine Erbengemeinschaft zeitlich unbeschränkt fortgeführt werden kann, ohne dass dadurch kraft Gesetzes eine Personenhandelsgesellschaft entstünde.[18] Dies gilt auch bei minderjährigen Miterben. Zu beachten ist jedoch die Begrenzung der Vertretungsmacht der Eltern gemäß § 1629 Abs. 1 BGB, so dass ggf. ein Ergänzungspfleger zu bestellen ist,[19] der dann auch die Handelsregisteranmeldung zu unterzeichnen hat. Im Hinblick auf § 1629 a BGB ist das Geburtsdatum der Kinder mit einzutragen. Aus Haftungsgründen ist im Fall der Beteiligung Minderjähriger aber die Umwandlung in eine Kommanditgesellschaft sowie Übertragung des Geschäfts von der Erbengemeinschaft auf die KG nahe liegend und zu empfehlen.

26 Bei Fortführung des Geschäfts ohne Firma richtet sich die Haftung nur nach den allgemeinen erbrechtlichen Bestimmungen.

27 **Muster: Anmeldung Fortführung einzelkaufmännisches Unternehmen**
Der bisherige Inhaber der im Handelsregister unter HR A 1234 verzeichneten Firma „Beispiel e.K.", Herr Hans Mustermann, ist am ... verstorben und beerbt worden von mir/ uns
Bezeichnung des/der Erben mit Name, Vorname, Geburtsdatum, Wohnort
Geschäft und Firma ist auf mich allein/ uns in ungeteilter Erbengemeinschaft übergegangen. Ich/wir führe es unter der Firma

„Beispiel e.K."

fort und zeichne die Namensunterschrift bei der vorgenannten Firma wie folgt:
Zum Nachweis der Erbfolge ist beigefügt:
Unterschrift des Alleinerben oder aller Miterben

4. Offene Handelsgesellschaft

28 Verstirbt ein Gesellschafter einer OHG, so ist entweder die **Auflösung** der Gesellschaft oder deren **Fortsetzung** mit den daran anknüpfenden weiteren Rechtsfolgen anzumelden. Nach der gesetzlichen Neuregelung des § 131 HGB tritt die Auflösung nur noch ein, wenn diese Rechtsfolge ausdrücklich im Gesellschaftsvertrag vereinbart wurde.[20] Der Regelfall ist nunmehr die Fortsetzung der Gesellschaft. Anzumelden ist zunächst das Ausscheiden des Verstorbenen. Im Übrigen ist danach zu differenzieren, welche Regelungen der Gesellschaftsvertrag für den Tod eines Gesellschafters enthält: Ausscheiden des Erblassers gem. § 131 Abs. 2 HGB bei Fehlen einer Regelung, Fortsetzung der Gesellschaft gemäß § 139 HGB aufgrund unterschiedlichster Fortsetzungsklauseln, die den Übergang der Gesellschafterstellung auf alle Erben oder Einzelne von mehreren Miterben bewirken oder rechtsgeschäftlicher Eintritt in die Gesellschaft aller oder einzelner Erben aufgrund von vielfältigen Eintrittsklauseln.[21] Trotz der großen Verschiedenheit der in der Praxis Verwendung findenden **Fortsetzungs- und Eintrittsklauseln**[22] ist in

---

[15] RG Beschl. v. 26.3.1931 – RGZ 132, 138.
[16] Zu den rechtlichen Möglichkeiten bei angeordneter Testamentsvollstreckung siehe BGHZ 12, 102.
[17] Näher zur Frage der Eintragungsfähigkeit der Testamentsvollstreckung im Handelsregister im Allgemeinen s. oben § 19 Rdnr. 63 sowie Rdnr. 203, 204 zu der in der Praxis entwickelten Treuhandlösung oder Vollmachtlösung.
[18] BGH Beschl. v. 8.10.1984 – NJW 1985, 136.
[19] KG Beschl. v. 18.11.1901 – KGJ 23 A 89.
[20] Aber auch in diesem Fall können die verbleibenden Gesellschafter zusammen mit den Erben trotzdem noch die Fortsetzung der Gesellschaft beschließen.
[21] Zur Abgrenzung von Eintrittsklausel und Nachfolgeklausel s. BGH Urt. v. 10.2.1977 – BGHZ 68, 237.
[22] Überblick bei *Weirich* Rdnr. 1209 ff.; *Baumbauch/Hopt* § 139 HGB Rdnr 1 ff. m.w.N.

allen Fallkonstellationen bei der handelsregisterlichen Anmeldung[23] gleich, dass grundsätzlich alle Gesellschafter und alle Erben – auch nicht eintretende Erben – die Anmeldung vornehmen müssen. Die Erben können, vom Ausnahmefall des § 143 Abs. 3 HGB abgesehen, ihre Mitwirkung an der Anmeldung nicht verweigern,[24] selbst wenn ihre Abfindung durch die Gesellschaft streitig ist, z.B. wenn der übernehmende Gesellschafter die Auseinandersetzung- und Abfindungsansprüche nicht zuvor erfüllt.[25]

Erwähnenswert ist das **Wahlrecht gemäß § 139 Abs. 1 HGB** eines jeden nachfolgeberechtigten Erben eines OHG-Gesellschafters, seine Gesellschafterstellung in eine Beteiligung als Kommanditist umzuwandeln. Die Ausübung dieses Rechts führt zu einer – in die Handelsregisteranmeldung wegen der Änderung des Rechtsformhinweises des § 19 Abs. 1 Nr. 3 HGB aufzunehmenden – Rechtsformumwandlung. 29

Zweckmäßigerweise nimmt man in die Handelsregisteranmeldung die Einwilligung der Erben in die Fortführung der Firma auf. 30

5. Kommanditgesellschaft

War der **Erblasser persönlich haftender Gesellschafter** einer KG gelten die selben Regeln wie bei der OHG mit der Besonderheit, dass die Gesellschaftaufgelöst ist, wenn er der einzige persönlich haftende Gesellschafter war.[26] 31

Bei **Tod eines Kommanditisten** wird die Gesellschaft grundsätzlich fortgesetzt. Anzumelden ist durch alle Gesellschafter und alle Erben des verstorbenen Kommanditisten die Rechtsnachfolge kraft Erbfolge oder das Ausscheiden des Erben aus der KG (§§ 177, 162 Abs. 3 HGB), wenn der Erbe aufgrund der Bestimmungen des Gesellschaftsvertrag vom Eintritt in die Gesellschaft ausgeschlossen ist. Wenn **Testamentsvollstreckung** angeordnet ist, hat der Testamentsvollstrecker an Stelle des Eintretenden an der Anmeldung mitzuwirken;[27] die Testamentsvollstreckung als solche ist aber nicht eintragungsfähig.[28] Ist der Erbe schon Kommanditist, ist der Übergang der Einlage des Verstorbenen auf ihn als Erhöhung von dessen Einlage und seine neue Gesamteinlage anzumelden. 32

Wird ein Kommanditist von **mehreren Erben** beerbt, tritt jeder nachfolgeberechtigte Erbe als selbständiger Kommanditist mit dem seiner Erbquote entsprechenden Teil der Einlage des Erblassers in die Gesellschaft ein. Der Betrag ist gemäß § 162 Abs. 1 HGB in der Anmeldung anzugeben. 33

6. GmbH

GmbH-Geschäftsanteile sind gemäß § 15 Abs. 1 GmbHG vererblich und gehen nach den allgemeinen Bestimmungen auf die Erben des Gesellschafters über. Daher enthalten fast alle GmbH-Gesellschaftsverträge besondere Bestimmungen für den Tod eines Gesellschafters, die einer intensiven Prüfung zu unterziehen sind. Im Falle einer Erbengemeinschaft sind die Gesellschafterrechte gemäß § 18 GmbHG auszuüben. 34

Testamentsvollstreckung am GmbH-Anteil ist zulässig, es sei denn der Gesellschaftsvertrag schließt[29] diese ausdrücklich aus. Da der Testamentsvollstrecker aber nur den Nachlass verpflichten darf, kann er in eigener Machtvollkommenheit an Kapitalerhöhungen nur mitwirken, wenn die erforderlichen Mittel entweder aus Gesellschaftsmitteln oder aus dem Nachlass aufgebracht werden.[30] 35

---

[23] Formulierungshilfen für die häufigsten Fälle finden sich bei *Gustavus* Handelsregisteranmeldungen A 34–39.
[24] BayObLG Beschl. v. 12.10.1978 – DNotZ 1979, 109.
[25] OLG Hamburg v. 5.6.1919 – LZ 1920, 490.
[26] Zu den daraus resultierenden Rechtsfolgen und der zu bejahenden Zulässigkeit der Firmenfortführung durch den einzigen verbleibenden Kommanditisten s. BayObLG Beschl. v. 10.3.2000 – MittRhNotK 2000, 216 m.w.N.
[27] BGH Beschl. v. 3.7.1989 – DNotZ 1990, 183; Der Testamentsvollstrecker hat den Nachweis der Erbfolge in den Kommanditanteil auch bei Dauertestamentsvollstreckung durch Vorlage eines Erbscheins zu führen, KG Beschl. v. 30.5.2000 – MittRhNotK 2000, 397.
[28] KG Beschl. v. 4.7.1995 – DNotZ 1996, 813; näher zur Eintragungsfähigkeit eines Testamentsvollstreckervermerks bei einer Kommanditgesellschaft s. oben § 19 Rdnr. 237.
[29] *Gustavus* A 106; *Weirich* Rdnr. 1240.
[30] *Weirich* Rdnr. 1240.

36 Der Tod eines GmbH-Gesellschafters muss dem Registergericht nicht durch eine förmliche Handelsregisteranmeldung angezeigt werden. Gemäß § 40 GmbHG haben die Geschäftsführer lediglich unverzüglich eine **neue Gesellschafterliste** beim Gericht einzureichen.

37 Ist der einzige andere Gesellschafter Alleinerbe, hat dieser, wenn die Gesellschaft noch keine 3 Jahre bestand und die Stammeinlagen noch nicht voll eingezahlt sind, als nunmehriger Alleingesellschafter gemäß § 19 Abs. 4 GmbHG innerhalb von 3 Monaten wahlweise die Zahlung nachzuholen, eine Sicherung zu bestellen oder einen Teilgeschäftsanteil an einen Dritten zu übertragen. Die Erfüllung einer dieser drei Möglichkeiten ist dem Registergericht zumindest glaubhaft zu machen. Ansonsten ist durch das Registergericht ein Verfahren gemäß § 144 b FGG einzuleiten, welches schlussendlich zu einer Auflösung der Gesellschaft führt.

7. Kosten der Registerberichtigung

38 Bei jeglicher Registeranmeldung bei einer **Einzelfirma** ist stets ein Geschäftswert von € 25.000,– zugrunde zu legen, § 26 Abs. 3 Nr. 1 KostO. Wie bei allen Handelsregisteranmeldungen erhebt das Gericht hieraus eine volle 10/10 Gebühr, der Notar, der in der Regel die Handelsregisteranmeldung entwirft und die Beglaubigung vornimmt eine 5/10 Gebühr. Bei den **Personenhandelsgesellschaften** ist der zugrundezulegende Geschäftswert nach § 26 Abs. 4 Nr. 3 KostO regelmäßig € 25.000,–, jedoch findet bei Gegenstandsverschiedenheit der anzumeldenden Tatsachen oder einer Mehrzahl von betroffenen Gesellschaftern eine Hinzuaddition statt. Ist ein Kommanditist Gegenstand der Anmeldung, ist als Geschäftswert abweichend die einfache Kommanditeinlage, höchsten jedoch ein Betrag von € 500.000,– maßgebend.

8. Rechtsbehelfe

39 Erhebt das Registergericht eine Zwischenverfügung oder weist es eine Anmeldung zurück, findet die **unbefristete Beschwerde** gemäß § 19 FGG zum Landgericht statt. Sie wird durch Beschwerdeschrift oder zu Protokoll der Geschäftsstelle eingelegt, § 21 FGG; neues Tatsachen- und Beweisvorbringen ist möglich, § 23 FGG. Anwaltszwang besteht nicht. Sind mehrere Personen antragsberechtigt, steht die Beschwerde nur allen gemeinsam zu.[31] Die Beschwerdebefugnis des beglaubigenden Notars ergibt sich aus § 129 FGG. Unter den Voraussetzungen des § 27 FGG ist die **weitere Beschwerde** (Rechtsbeschwerde) zum Oberlandesgericht gegeben (Anwaltszwang § 29 FGG).

40 Eine Beschwerde gegen Handelsregistereintragungen ist nicht statthaft, da wegen der Außenwirkung des Registers eine Änderung nicht mehr vorgenommen werden kann, § 11 Abs. 5 RPflG. Gleiches gilt regelmäßig bei Ablehnung eines Antrags auf Änderung der Fassung eines Eintrags.[32] Unzulässige Eintragungen sind aber gemäß §§ 142, 144, 144 a FGG von Amts wegen zu löschen, so dass das gedachte Ziel einer Beschwerde durch Antrag oder Anregung zur Einleitung eines Amtslöschungsverfahrens erreicht werden kann, ebenso wie eine Änderung der Fassung. In diesem Verfahren kann zugleich der Antrag gestellt werden, eine Eintragung entsprechend einer bestimmten Anmeldung vorzunehmen. Unzulässige Beschwerden sind regelmäßig umzudeuten in eine Anregung an das Landgericht auf Einleitung eines solchen Verfahrens von Amts wegen.

---

[31] BayObLG Beschl. v. 13.5.1977 – Rpfleger 1977, 321.
[32] BayObLG Beschl. v. 4.12.1984 – DNotZ 1986, 48.

2. Abschnitt. Prozessverfahren

§ 56 Klagen im Zusammenhang mit der Anfechtung

Übersicht

	Rdnr.
I. Klage auf Feststellung des Erbrechts bei unwirksamer oder angefochtener Verfügung von Todes wegen	1–19
1. Allgemeines	4–6
2. Antrag	7–10
3. Klagebegründung	11–13
4. Erwiderung	14/15
5. Darlegungs- und Beweislast	16–18
6. Vorläufiger Rechtsschutz	19
II. Anfechtungsklage bei Erbunwürdigkeit	20–33
1. Allgemeines	22–24
2. Antrag	25–28
3. Klagebegründung	29/30
4. Erwiderung	31
5. Darlegungs- und Beweislast	32
6. Vorläufiger Rechtsschutz	33

Schrifttum: *Baumgärtel*, Handbuch der Beweislast im Privatrecht, Band 1, 2. Aufl. 1991, Band 2, 1985; *Firsching/Graf* Nachlassrecht, 8. Aufl. 2000; *Kerscher/Tanck/Krug*, Das erbrechtliche Mandat, 1998; *Krug/Rudolf/Kroiß* Erbrecht, 2001; *Löhnig*, Die Verjährung der im fünften Buch des BGB geregelten Ansprüche, ZEV 2004, 267; *Nieder*, Handbuch der Testamentsgestaltung, 2. Auflage 2000; *Rudolf*, Handbuch der Testamentsauslegung und -anfechtung, 2000; *Speckmann*, Der Streitwert der Erbunwürdigkeitsklage, MDR 1972, 905; *Sudhoff* Unternehmensnachfolge, 5. Auflage 2005; *Vorwerk*, Das Prozessformularbuch, 8. Aufl. 2005; *Weimar*, Die Erbunwürdigkeit, MDR 1962, 633.

I. Klage auf Feststellung des Erbrechts bei unwirksamer oder angefochtener Verfügung von Todes wegen

Der Erbe hat nach dem Erbfall zunächst das Interesse, sich als solcher gegenüber Behörden, Banken und Versicherungen zu legitimieren. Der Streit über das Erbrecht wird daher zuvörderst im **Erbscheinsverfahren** ausgetragen. Darin sind auch Unwirksamkeit und Anfechtbarkeit einer Verfügung von Todes wegen zu prüfen, bevor das Nachlassgericht den Erbschein erteilt. Eine die Nachlassbeteiligten bindende Entscheidung zur Unwirksamkeit oder Wirksamkeit einer Verfügung von Todes wegen kann jedoch allein im ordentlichen Verfahren herbeigeführt werden, da nur das **Feststellungsurteil** in Rechtskraft erwächst. Während im Zivilprozess allerdings der **Beibringungsgrundsatz** herrscht, kann die Entscheidung im Erbscheinsverfahren auf Grund des **Amtsermittlungsgrundsatzes**, § 12 FGG, nicht mit der Beweisfälligkeit eines Beteiligten begründet werden. Maßgeblich ist dort allein die materielle Feststellungslast nach Abschluss der nachlassgerichtlichen Ermittlungen.[1] Ferner bestehen im Erbscheinsverfahren erleichterte Voraussetzungen für eine Beteiligtenvernehmung,[2] während eine Parteivernehmung im Zivilprozess nur in den Ausnahmefällen der §§ 445 ff. ZPO verfahrensrechtlich zulässig ist.

Gerade im Falle einer Auseinandersetzung vor den ordentlichen Gerichten ist der **Sachverhalt** umfassend durch Befragen des Mandanten zu ermitteln, wobei eigene Erkundigungen oder Ermittlungen grundsätzlich nicht geschuldet sind.[3] Ausnahmen gelten für die Einsichtnahme

1

2

---

[1] BayObLG Beschl. v. 28.12.1993 – FamRZ 1994, 1137.
[2] Vgl. hierzu *Firsching/Graf* Nachlassrecht Rdnr. 4.250 f.
[3] *Schneider* Prozessformularbuch Kap. 4 Rdnr. 1.

in Handelsregister und Grundbuch, die der Anwalt selbst vorzunehmen hat. Wie stets ist der Mandant eingehend über die Erfolgsaussichten unter Hinweis auf die Unsicherheiten einer etwaigen Beweisaufnahme sowie die Verteilung der Darlegungs- und Beweislast im Fall eines non liquet zu unterrichten. Hat bereits ein Dritter den Nachlass in Besitz genommen, muss diesem Umstand besonderes Augenmerk gewidmet werden, da sich gerade eine solche Konstellation häufig nachteilig auf die **Beweisbarkeit** eines Sachverhalts auswirkt.

Bearbeitungscheckliste

☐ Welches Gericht ist örtlich und sachlich zuständig? Besteht eine Schiedsgerichtsklausel, welche zur Unzulässigkeit einer Klage vor den ordentlichen Gerichten führt, §§ 1066, 1032 ZPO?
☐ Wer ist passivlegitimiert? Wen weist die unwirksame oder anfechtbare Verfügung von Todes wegen als Begünstigten aus? Wer berühmt sich eines Erbrechts?
☐ Wurde bereits ein Erbschein erteilt, dessen Herausgabe beansprucht werden soll?
☐ Ist der Klagegegner Erbschaftsbesitzer? Soll Auskunft und Herausgabe der Nachlassgegenstände im Wege der Stufenklage beansprucht werden?
☐ Wurde die Anfechtung bereits erklärt? Ist die Anfechtungsfrist gewahrt?
☐ Welche Beweismittel können zum Nachweis der Unwirksamkeit und/oder Anfechtbarkeit der Verfügung von Todes wegen angeführt werden?

1. Allgemeines

Das Erbrecht ist ein Rechtsverhältnis im Sinne des § 256 Abs. 1 ZPO und kann daher im Wege der **Feststellungsklage** im Zivilprozess geltend gemacht werden. Ist ein Erbschein noch nicht erteilt, so ist derjenige passivlegitimiert, welcher sich anstelle des Mandanten des Erbrechts berühmt. Im Fall der Anfechtung kann die Feststellungsklage sowohl von dem Anfechtenden als auch von dem Anfechtungsgegner erhoben werden.[4] Berühmen sich mehrere Personen des Erbrechts oder begünstigt die unwirksame/angefochtene Verfügung von Todes wegen mehrere Personen, ist die Klage gegen alle vermeintlichen Erben als Streitgenossen zu richten (subjektive Klagehäufung), damit eine umfassende **Rechtskraftwirkung** des Urteils auf alle an dem etwaigen Erbscheinsverfahren Beteiligten erreicht wird. Nur dann ist das Nachlassgericht an die rechtskräftige Feststellung des Erbrechts auch gebunden.[5] Kommt im Feststellungsprozess ein Vergleich zwischen allen Beteiligten zustande und werden streitige Auslegungsfragen darin vergleichsweise geregelt, entfaltet die Feststellung des Erbrechts im gerichtlich protokollierten Vergleich, welcher gemäß § 127 a BGB die notarielle Beurkundung ersetzt, ebenfalls dingliche Wirkung zwischen allen Beteiligten.[6]

Ist ein Erbschein bereits erteilt, richtet sich die Feststellungsklage gegen den darin bezeichneten (Schein-)Erben. Solchenfalls sollte der Feststellungsantrag um den Antrag auf **Herausgabe des Erbscheins** an das Nachlassgericht entsprechend § 2362 Abs. 1 BGB ergänzt werden. Dieser Herausgabeanspruch ist nicht im Verfahren der freiwilligen Gerichtsbarkeit, sondern vielmehr vor den ordentlichen Gerichten geltend zu machen.[7] Neben dem Herausgabeanspruch sollte der Erbe parallel die **Einziehung** oder **Kraftloserklärung** des Erbscheins durch das Nachlassgericht gemäß § 2361 BGB initiieren, indem er diesem seine Zweifel an der Richtigkeit des erteilten Erbscheins zuträgt.[8] Schließlich kann es sich im Einzelfall empfehlen, den Antrag auf Feststellung des Erbrechts sowie den Antrag auf Herausgabe des Erbscheins mit einem drit-

---

[4] Sudhoff/*Scherer* Unternehmensnachfolge § 5 Rdnr. 17.
[5] BayObLG Beschl. v. 29.7.1969 – FamRZ 1969, 676; Staudinger/*Schilken* § 2360 Rdnr. 11 ff.; Erman/*Schlüter* § 2359 Rdnr. 5; MünchKommBGB/*Mayer* § 2359 Rdnr. 40 ff.; *Rudolf* § 3 VII.
[6] BGH Urt. v. 22.1.1986 – NJW 1986, 1812, 1813; *Kerscher/Tanck/Krug* § 5 III 4.
[7] Palandt/*Edenhofer* § 2362 Rdnr. 1.
[8] Siehe oben § 50 Rdnr. 32 ff.

ten Klageantrag in Form einer **Stufenklage** zu verbinden. Dieser Antrag ist in der ersten Stufe auf Auskunft über den Bestand der Erbschaft sowie den Verbleib der Erbschaftsgegenstände, § 2362 Abs. 2 BGB, und in einer weiteren Stufe auf Herausgabe derselben zu richten. Siehe im Einzelnen zur Erbschaftsklage § 59 sowie zur Auskunftsklage § 62.

Außerhalb der Feststellungsklage kann die Unwirksamkeit oder Nichtigkeit einer letztwilligen Verfügung mittelbar auch Gegenstand einer **Leistungsklage** werden, wenn der Zahlungs- oder Herausgabeanspruch auf das Erbrecht gestützt wird. Da mit einem obsiegenden Urteil nicht zugleich das Erbrecht mit Rechtskraftwirkung festgestellt ist, sollte das Erbrecht des Klägers zum Gegenstand einer **Zwischenfeststellungsklage** gemacht werden, § 256 Abs. 2 ZPO. Für den Beklagten, der den Klageabweisungsantrag auf sein Erbrecht stützt, bietet sich dementsprechend eine Zwischenfeststellungswiderklage gemäß § 256 Abs. 2 ZPO an.

Besteht schließlich die Besorgnis, dass einzelne Zeugen wegen ihres Alters oder wegen fortschreitender Krankheit in einer im Hauptsacheverfahren durchzuführenden Beweisaufnahme nicht mehr vernommen werden können, ist ein **selbstständiges Beweisverfahren** zu beantragen.[9]

2. Antrag

Beispiel eines Klageantrags auf **Feststellung** des Erbrechts:

> **Formulierungsvorschlag:**
> Wir werden beantragen,
> I. festzustellen, dass der Kläger Alleinerbe (oder: Miterbe neben den(m) weiteren Erben …) am Nachlass des am … in … verstorbenen Erblassers … ist.

Ist der Beklagte Besitzer eines unrichtigen Erbscheins, kann der Feststellungsantrag um folgenden **Herausgabeantrag** ergänzt werden:

> **Formulierungsvorschlag:**
> II. den Beklagten zu verurteilen, die ihm in der Nachlasssache … erteilten … (genaue Anzahl) Ausfertigungen des Erbscheins des Amtsgerichts …, Az. …, an das Nachlassgericht herauszugeben.

Ist der Beklagte Besitzer der Nachlassgegenstände, können die vorgenannten Klageanträge noch folgende Ergänzung finden:

> **Formulierungsvorschlag:**
> III. den Beklagten im Wege der Stufenklage zu verurteilen,
> 1. dem Kläger über den Bestand des Nachlasses des am … in … verstorbenen Erblassers …, über aus den Nachlassgegenständen gezogene Nutzungen sowie über den Verbleib der Erbschaftsgegenstände Auskunft zu erteilen,
> 2. die Richtigkeit seiner Angaben zu Protokoll an Eides statt zu versichern,
> 3. an den Kläger die nach Erteilung der Auskunft zu Ziff. III.1. noch näher zu bezeichnenden Erbschaftsgegenstände oder deren Surrogate Zug um Zug gegen Ersatz (notwendiger)[10] Verwendungen herauszugeben.

---

[9] So zutr. *Krug/Rudolf/Kroiß* Erbrecht § 8 Rdnr. 223.
[10] Nach Rechtshängigkeit und bei Bösgläubigkeit des Erbschaftsbesitzers ist das Zurückbehaltungsrecht auf notwendige Verwendungen beschränkt, und auch diese sind nur nach den Grundsätzen der GoA erstattungsfähig, §§ 2023 Abs. 2, 2024, 994 Abs. 2, 683, 684 BGB.

10 Eine **Feststellungswiderklage** kann mit folgendem Antrag angekündigt werden:

> **Formulierungsvorschlag:**
> erheben wir Widerklage mit dem Antrag,
> festzustellen, dass der Beklagte Alleinerbe am Nachlass des am … in … verstorbenen Erblassers … ist.

3. Klagebegründung

11 Zunächst ist der **Sachverhalt** vorzutragen. Hierzu gehören insbesondere Ausführungen zum Erbfall und zur Person des Erblassers, zu den testamentarischen und gesetzlichen Erben, zu einem etwaigen Erbscheinsverfahren und zur Herleitung des klägerischen Erbrechts. Der Vortrag zu den Unwirksamkeits- und/oder Anfechtungsgründen sollte bereits in der Klageschrift unter Beweis gestellt werden. Soweit das Erbrecht auf die Anfechtung einer Verfügung von Todes wegen gestützt wird, ist ferner die Anfechtungserklärung und der Zugang dieser Erklärung vorzutragen und unter Beweis zu stellen.

12 Im Rahmen der **Zulässigkeit** der Klage ist zu beachten, dass eine **letztwillige Schiedsklausel** zur Unzulässigkeit der Klage führt, wenn sich der Beklagte darauf beruft, bevor er sich in der mündlichen Verhandlung zur Sache einlässt, §§ 1066, 1032 Abs. 1 ZPO.[11] Dies gilt jedoch nur dann, wenn die Schiedsklausel nicht ihrerseits von der Unwirksamkeits- oder Nichtigkeitsfolge erfasst wird. Bestehen Zweifel über die Wirksamkeit einer Schiedsklausel, ist vorab eine Entscheidung des zuständigen Oberlandesgerichts zur Zulässigkeit des schiedsrichterlichen Verfahrens herbeizuführen, § 1062 Abs. 1 Ziff. 2 ZPO. Zum Schiedsverfahren siehe im Einzelnen § 63. Die **örtliche Zuständigkeit** ist neben dem Wohnsitzgericht des Beklagten, § 13 ZPO, auch im besonderen Gerichtsstand der Erbschaft, § 27 ZPO, begründet. Zwischen beiden Gerichtsständen hat der Kläger die Wahl, § 35 ZPO. Das **Feststellungsinteresse** als weitere Zulässigkeitsvoraussetzung der erbrechtlichen Feststellungsklage entsteht für den gesetzlichen Erben oder den durch einfaches Testament berufenen Erben erst mit dem Tod des Erblassers. Zuvor ist die geltend gemachte Rechtsposition nicht gegenwärtiger konkreter Art.[12] Soweit jedoch die Bindungswirkung eines gemeinschaftlichen Testaments oder eines Erbvertrags reicht, ist bereits zu Lebzeiten des Erblassers ein rechtliches Verhältnis (Anwartschaft) begründet, welches ein Feststellungsinteresse des Schlusserben rechtfertigen kann.[13] Das Feststellungsinteresse des Erben besteht schließlich unabhängig davon, ob zeitgleich ein **Erbscheinsverfahren** anhängig ist oder ein Erbschein bereits erteilt ist.[14] Bei Anhängigkeit eines Erbscheinsverfahrens wird allerdings das Nachlass- oder Beschwerdegericht das Verfahren bis zur rechtskräftigen Entscheidung über die Feststellungsklage regelmäßig **aussetzen**.[15] Zur rechtlichen Begründung der Unwirksamkeit oder Anfechtbarkeit der Verfügung von Todes wegen vgl. § 7.

13 Schlussendlich sollte die Klageschrift Angaben zum **Streitwert** enthalten. Bei einer Klage auf Feststellung des Erbrechts ergibt sich dieser aus § 3 ZPO und ist regelmäßig mit dem Wert des Erbanteils abzüglich eines Abschlags von 20% zu beziffern.[16] Dabei ist der Wert etwaiger unstreitiger Pflichtteilsansprüche vorab von dem Nachlasswert in Abzug zu bringen.[17] Ist das Erbrecht eines Vorerben betroffen, dürfte wegen dessen schwächerer Stellung ein höherer Abschlag von etwa 25% anzusetzen sein.[18] Der Streitwert eines Antrags auf Herausgabe

---

[11] *Nieder* § 10 VII Rdnr. 1019.
[12] BGH Urt. v. 16.5.1962 – BGHZ 37, 137, 145; OLG Karlsruhe Urt. v. 23.8.1989 – FamRZ 1989, 1351, 1352; OLG Frankfurt a.M. Beschl. v. 30.1.1997 – NJW-RR 1997, 581, 582; Zöller/*Greger* § 256 Rdnr. 11.
[13] BGH Urt. v. 4.7.1962 – BGHZ 37, 331, 334 f.; Palandt/*Edenhofer* § 2269 Rdnr. 10, str.; a.A. Staudinger/*Kanzleiter* § 2269 Rdnr. 15.
[14] BGH Beschl. v. 3.2.1967 – BGHZ 47, 58, 66; BGH Urt. v. 8.12.1982 – BGHZ 86, 41, 51.
[15] BayObLG Beschl. v. 29.7.1969 – FamRZ 1969, 676 f.
[16] BGH Beschl. v. 10.5.1989 – FamRZ 1989, 958, 959; BGH Beschl. v. 17.10.1956 – LM § 3 ZPO Nr. 11; Zöller/*Herget* § 3 Rdnr. 16 „Erbrechtliche Ansprüche"; Baumbach/Lauterbach/Albers/*Hartmann* Anh § 3 Rdnr. 53.
[17] BGH Beschl. v. 15.1.1975 – LM § 3 ZPO Nr. 50; Thomas/Putzo/*Hüßtege* § 3 Rdnr. 59.
[18] BGH Beschl. v. 10.5.1989 – FamRZ 1989, 958, 959; Zöller/*Herget* § 3 Rdnr. 16.

des Erbscheins gemäß § 2362 Abs. 1 BGB bemisst sich nach dem Interesse des Klägers daran, die aus den §§ 2366, 2367 BGB drohenden Nachteile, etwa eine irreversible Verfügung des Scheinerben über Nachlassgegenstände, zu verhindern.[19] Bei der Stufenklage ist nur der höchste Anspruch maßgebend, mithin der Herausgabeanspruch der zweiten Stufe, § 44 GKG. Im Fall einer Klagehäufung ist der Streitwert jedoch nicht höher als der Streitgegenstand,[20] so dass der Streitwert den Nachlasswert abzüglich unstreitiger Pflichtteilsansprüche nicht übersteigen kann.

4. Erwiderung

Derjenige, der mit einer Feststellungsklage des vermeintlichen Erben konfrontiert ist und selbst meint, Erbe geworden zu sein, sollte sein Erbrecht mittels einer (Zwischenfeststellungs-)**Widerklage** mit Rechtskraftwirkung feststellen lassen. Allein ein klageabweisendes Urteil bewirkt nicht, dass das Erbrecht des Beklagten rechtskräftig festgestellt wäre. Dies lässt sich allein mit einer Widerklage bewirken, wobei die Feststellungswiderklage gegebenenfalls auch vor einen **Dritten**, der sich eines Erbrechts berühmt, erstreckt werden kann.[21] Bei der Entscheidung zwischen Feststellungswiderklage und bloßer Zwischenfeststellungswiderklage (§ 256 Abs. 2 ZPO) sollte bedacht sein, dass letztere mit dem Verzicht des Klägers auf den Klageanspruch unzulässig wird.[22] Daher empfiehlt es sich für den Beklagten zumeist, Feststellungswiderklage zu erheben. Den Gebührenstreitwert erhöht eine Feststellungswiderklage nur, wenn der Feststellungsanspruch des Beklagten über den vom Kläger mit der Feststellungsklage geltend gemachten Feststellungsanspruch hinausgeht, § 45 Abs. 1 S. 3 GKG.

Vorrangig wird der Beklagte mit seiner Erwiderung das Erbrecht des Klägers und damit das Eingreifen von Unwirksamkeitsgründen bestreiten. Stützt der Kläger sein Erbrecht auf eine Anfechtung, ist eine **Verfristung** des Anfechtungsrechts zu prüfen. Dem mit einem Feststellungsantrag verbundenen Herausgabeantrag (Erbschaftsklage, § 2018 BGB) wird der Beklagte einen **Verwendungsersatzanspruch** entgegenhalten, soweit er Verwendungen auf den Nachlass erbracht hat, §§ 2022, 1000 S. 1 BGB. Diese Einrede führt zur Verurteilung Zug um Zug, § 274 Abs. 2 BGB. Die weitere Einrede der **Verjährung** wird der Beklagte der Erbschaftsklage nur selten entgegenhalten können, da der Herausgabeanspruch gegen den Erbschaftsbesitzer erst nach dreißig Jahren verjährt, §§ 2026, 197 Abs. 1 Ziff. 2 BGB.[23]

5. Darlegungs- und Beweislast

Soweit es die Unwirksamkeits- und Nichtigkeitsgründe betrifft, gelten die allgemeinen Regeln zur Darlegungs- und Beweislast. Mithin ist grundsätzlich derjenige darlegungs- und beweisbelastet, der sich auf die **Wirksamkeit** einer Verfügung von Todes wegen beruft, um sein Erbrecht zu begründen. Echtheit des Testaments und Testierwille des Erblassers sind daher im Bestreitensfall von demjenigen zu beweisen, der Rechte aus der Verfügung von Todes wegen herleitet.[24] Für die mangelnde **Testierfähigkeit** des Erblassers trägt hingegen derjenige die Beweislast, der dessen Testierunfähigkeit als Ausnahme von der gesetzlichen Regel behauptet.[25] Die Einholung eines Sachverständigengutachtens setzt voraus, dass hinreichende Anhaltspunkte für eine Testierunfähigkeit des Erblassers vorgetragen und unter Beweis gestellt sind.[26] Die Darlegungs- und Beweislast für die objektiven und subjektiven Voraussetzungen der **Sitten-** oder **Gesetzeswidrigkeit** einer Verfügung von Todes wegen trägt derjenige, der sich darauf beruft.[27]

---

[19] Thomas/Putzo/*Hüßtege* § 3 Rdnr. 60.
[20] Arg. ex § 45 Abs. 1 S. 3 GKG, vgl. Zöller/*Herget* § 3 Rdnr. 16 „Klagenhäufung".
[21] BGH Urt. v. 17.5.1977 – NJW 1977, 1637, 1638 f.; Zöller/*Greger* § 256 Rdnr. 23.
[22] Zöller/*Greger* § 256 Rdnr. 27.
[23] *Löhnig* ZEV 2004, 267, 268 f.
[24] Baumgärtel/*Strieder* Beweislast § 2229 Rdnr. 1; *Kerscher/Tanck/Krug* § 5 III 3 b.
[25] KG Beschl. v. 7.9.1999 – NJW 2001, 903 f.; BayObLG Beschl. v. 6.5.1988 – FamRZ 1988, 1099, 1100; OLG Köln Beschl. v. 20.12.1993 – NJW-RR 1994, 396; Baumgärtel/*Strieder* Beweislast § 2229 Rdnr. 1.
[26] KG Beschl. v. 7.9.1999 – NJW 2001, 903, 904.
[27] BGH Beschl. v. 31.3.1970 – BGHZ 53, 369, 379; Baumgärtel/*Laumen* Beweislast § 134 Rdnr. 1 sowie § 138 Rdnr. 1.

17 Steht die anfängliche Wirksamkeit der Verfügung von Todes wegen fest, trägt für das Eingreifen von **Anfechtungsgründen** derjenige die Beweislast, der sich auf die Anfechtung stützt und darüber sein Erbrecht begründet.[28] Dies gilt auch für die **Ursächlichkeit** des Anfechtungsgrundes, wobei die Angabe des Erblasser bestimmenden Grundes im Testament eine widerlegbare tatsächliche Vermutung dahingehend schafft, dass dieser auch der tatsächlich bestimmende gewesen ist.[29] Bei einem Irrtum über den Pflichtteilsberechtigten besteht hingegen gemäß § 2079 BGB eine gesetzliche Vermutung für die Ursächlichkeit von Irrtum und Verfügung. Für die **Verfristung** des Anfechtungsrechts trägt nach zutreffender Auffassung der Anfechtungsgegner die Darlegungs- und Beweislast.[30] Die Rechtsvermutung des § 2365 BGB, mithin die Vermutung des Erbrechts zugunsten der im Erbschein angegebenen Person, findet schließlich im Verhältnis zweier sich gegenseitig das Erbrecht streitig machender Parteien (Erbprätendentenstreit) nach zutreffender Ansicht keine Anwendung, da der Prozessrichter an die Auffassung des Nachlassrichters zur Erbfolge nicht gebunden ist.[31]

18 Soweit der Feststellungsantrag mit einem Antrag auf **Herausgabe des Erbscheins** gemäß § 2362 Abs. 1 BGB gegen den Besitzer des unrichtigen Erbscheins verbunden wird, ist der Kläger sowohl für sein Erbrecht, mithin die Unrichtigkeit des Erbscheins, als auch für den Besitz des Beklagten darlegungs- und beweispflichtig. Die Vermutung der Richtigkeit des Erbscheins aus § 2365 BGB kommt dem Beklagten jedoch nicht zugute, da er sonst besser gestellt wäre als im Einziehungsverfahren nach § 2361 BGB.[32]

6. Vorläufiger Rechtsschutz

19 Angesichts häufig langjähriger Dauer des Hauptsacheverfahrens kann die Inanspruchnahme vorläufigen Rechtsschutzes neben der Klage auf Feststellung des Erbrechts erforderlich sein. Insofern ist das Feststellungsbegehren selbst einer einstweiligen Verfügung nicht zugänglich, da ein schützenswertes Interesse an einer **vorläufigen Feststellung des Erbrechts** mangels Vollstreckbarkeit kaum vorstellbar ist. Vorläufiger Rechtsschutz in der Gestalt einstweiliger Verfügung und – seltener – in der Gestalt dinglichen Arrests kommt jedoch hinsichtlich des bereits erteilten Erbscheins oder im Hinblick auf die Nachlassgegenstände in Betracht. So kann der Antrag auf Herausgabe des **Erbscheins** durch einen Antrag auf Erlass einer einstweiligen Verfügung flankiert werden, mit welchem dem Inhaber eines unrichtigen Erbscheins dessen einstweilige Rückgabe aufgegeben oder ihm untersagt wird, von diesem Gebrauch zu machen. Der in diesem Fall glaubhaft zu machende Verfügungsgrund setzt voraus, dass etwa die Besorgnis besteht, Nachlassgegenstände (etwa Kontoguthaben oder Grundstücke) könnten anderenfalls unwiederbringlich abhanden kommen. Ferner kommt eine Untersagungsverfügung an den Scheinerben in Betracht, über **Nachlassgegenstände** zu verfügen. Bei der Besorgnis der Vereitelung oder wesentlichen Erschwerung des Herausgabeanspruchs kann gegen den Erbschaftsbesitzer eine einstweilige Verfügung auf Herausgabe der Nachlassgegenstände an einen **Sequester** durchgesetzt werden. Stets bedarf es in diesen Fällen der Glaubhaftmachung sowohl des Verfügungs(Arrest-)anspruchs (Erbrecht) als auch des Verfügungs(Arrest-)grunds (Abwendung wesentlicher Nachteile). Soweit Grundstücke betroffen sind, ist eine einstweilige Verfügung auf Eintragung eines **Widerspruchs** gemäß § 899 BGB möglich. Ein solcher Widerspruch weist auf die Unrichtigkeit des Grundbuchs hin, sofern etwa der Scheinerbe dort bereits eingetragen ist. Für den Widerspruch ist die Glaubhaftmachung des Verfügungsgrunds durch die Vorschrift des § 899 Abs. 2 S. 2 BGB wesentlich erleichtert, die die Gefährdung des Rechts des Widersprechenden fingiert.

Der Mandant ist auf die drohende **Schadensersatzpflicht** aus § 945 ZPO hinzuweisen. Diese tritt unabhängig von einem Verschulden ein, sofern sich die angeordnete Maßnahme als von

---

[28] BGH Urt. v. 31.10.1962 – NJW 1963, 246, 248; BayObLG Beschl. v. 12.5.1976 – FamRZ 1977, 347, 349; KG Urt. v. 1.12.1975 – FamRZ 1977, 271, 273.
[29] BGH Urt. v. 14.1.1965 – NJW 1965, 584; *Lange/Kuchinke* Erbrecht § 36 IV 2.
[30] Baumgärtel/*Strieder* Beweislast § 2082 Rdnr. 1.
[31] Baumgärtel/*Baumgärtel* Beweislast § 2365 Rdnr. 9; Palandt/*Edenhofer* § 2365 Rdnr. 3; Soergel/*Zimmermann* § 2365 Rdnr. 4; Staudinger/*Schilken* § 2365 Rdnr. 28; diff. MünchKommBGB/*Mayer* § 2365 Rdnr. 24; a.A. Erman/*Schlüter* § 2365 Rdnr. 4; offengelassen von BGH Beschl. v. 3.2.1967 – BGHZ 47, 58, 66 f.
[32] Palandt/*Edenhofer* § 2362 Rdnr. 1.

Anfang an ungerechtfertigt erweist oder aufgrund der § 926 Abs. 2 ZPO oder § 942 Abs. 3 ZPO aufgehoben wird.

II. Anfechtungsklage bei Erbunwürdigkeit

Auch die Erbunwürdigkeit eines Erben, Vermächtnisnehmers oder Pflichtteilsberechtigten ist durch Anfechtung geltend zu machen. Diese Anfechtung ist jedoch kein Unterfall der Testamentsanfechtung, es handelt sich vielmehr um eine Anfechtung des **Erbschaftserwerbs**, § 2340 BGB.

Bearbeitungscheckliste

☐ Welches Gericht ist örtlich und sachlich zuständig? Besteht eine letztwillige Schiedsklausel, die den Rechtsweg zu den ordentlichen Gerichten ausschließt?
☐ Ist der Unwürdige Erbe, Vermächtnisnehmer oder Pflichtteilsberechtigter?
☐ Kommt dem Anfechtenden der Wegfall des Erbunwürdigen – jedenfalls mittelbar – zustatten?
☐ Welche Erbunwürdigkeitsgründe liegen vor und welche Beweismittel können angeführt werden?
☐ Hat der Erblasser dem Erbunwürdigen verziehen?
☐ Ist die Anfechtungsfrist gewahrt?
☐ Wurde dem Erbunwürdigen ein Erbschein erteilt, dessen Herausgabe beansprucht werden soll?
☐ Ist der Erbunwürdige Erbschaftsbesitzer? Soll ergänzend Auskunfts- und/oder Herausgabeklage erhoben werden?

---

1. Allgemeines

Die **Erbunwürdigkeit** eines **Erben** kann nur durch Erhebung der **Anfechtungs(wider)klage** vor den ordentlichen Gerichten erfolgen, § 2342 Abs. 1 BGB. Mittel zur fristwahrenden Geltendmachung der Erbunwürdigkeit des Erben sind sowohl Klage als auch Widerklage. Die **Jahresfrist** ab Kenntnis des Anfechtungsgrunds ist zu beachten, §§ 2340 Abs. 3, 2082 BGB. Die Wahrung der Frist setzt nicht notwendig voraus, dass die Zustellung der Klage innerhalb der Jahresfrist bewirkt wird. § 167 ZPO lässt es genügen, dass die Klageschrift innerhalb der Frist bei Gericht eingegangen ist und die Zustellung „demnächst" erfolgt. Um dies zu gewährleisten, ist es zweckmäßig, den Gerichtskostenvorschuss bereits bei Einreichung der Klageschrift einzuzahlen. Ein der Erbunwürdigkeitsklage sodann stattgebendes Urteil wirkt nicht allein für den Kläger, sondern auch für alle übrigen, nicht am Rechtsstreit beteiligten Anfechtungsberechtigten, § 2344 Abs. 1 BGB. Daher ist die Erbunwürdigkeitsklage nicht bloße Feststellungsklage, sondern **Gestaltungsklage**. Die Erbschaft verliert der Erbunwürdige mit der Rechtskraft des Urteils, und zwar rückwirkend. Daher kann das Nachlassgericht die Erbunwürdigkeit auch erst dann berücksichtigen, da es die Anfechtungsvoraussetzungen nicht etwa selbst ermittelt.[33] Eine anhängige Anfechtungsklage kann jedoch Anlass sein, das Erbscheinsverfahren unter Bestellung eines Nachlasspflegers auszusetzen.[34]

Die **Vermächtnis-** und **Pflichtteilsunwürdigkeit** kann demgegenüber auf einem einfacheren Weg, nämlich im Wege der Anfechtungserklärung gegenüber dem Unwürdigen, geltend gemacht werden, § 2345 BGB. Die Erhebung einer Anfechtungsklage ist hierzu nicht erforderlich. Im Passivprozess kann die Unwürdigkeit dem Klageanspruch noch nach Ablauf der Anfechtungsfrist im Wege der Einwendung entgegengehalten werden, §§ 2345 Abs. 1 S. 2, 2083

---

[33] *Firsching/Graf* Nachlassrecht Rdnr. 1.333.
[34] *Palandt/Edenhofer* § 2342 Rdnr. 1; *Lange/Kuchinke* Erbrecht § 6 III 2.

BGB. Wurde vor der Anfechtung zur Befriedigung des Vermächtnisnehmers oder Pflichtteilsberechtigten etwas geleistet, ist bereicherungsrechtliche Leistungsklage auf Rückgewähr zu erheben.

24 Ist der Erbunwürdige **Erbschaftsbesitzer,** kann die Anfechtungsklage nach zutreffender, aber umstrittener Auffassung mit der Herausgabeklage verbunden werden.[35] Für eine solche Verbindung sprechen insbesondere prozessökonomische Gründe. Der Antrag ist auf Herausgabe nach Rechtskraft des der Anfechtung stattgebenden Urteils zu richten und enthält damit eine Klage auf künftige Leistung im Sinne des § 259 ZPO. Auch ein Antrag im Wege der Stufenklage kommt in Betracht, wobei der Auskunftsanspruch ebenfalls erst nach Rechtskraft begründet ist und vollstreckt werden kann.

2. Antrag

25 Der Klageantrag einer **Erbunwürdigkeitsklage** kann wie folgt formuliert werden:

> **Formulierungsvorschlag:**
> Wir werden beantragen,
> I. den Beklagten als (Mit-)Erben am Nachlass des am ... in ... verstorbenen ... für erbunwürdig zu erklären.

26 Da ein dem Beklagten erteilter Erbschein mit Rechtskraft des stattgebenden Urteils unrichtig wird, kann der vorstehende Antrag um folgenden **Herausgabeantrag** ergänzt werden:

> **Formulierungsvorschlag:**
> II. den Beklagten zu verurteilen, nach Rechtskraft des dem Klageantrag zu Ziff. I. stattgebenden Urteils die ihm in der Nachlasssache ... erteilten ... (genaue Anzahl) Ausfertigungen des Erbscheins des Amtsgerichts ..., Az. ..., an das Nachlassgericht herauszugeben.

27 Ist der Beklagte Erbschaftsbesitzer, können diese Anträge um eine **Erbschaftsklage**[36] ergänzt werden:

> **Formulierungsvorschlag:**
> III. den Beklagten im Wege der Stufenklage zu verurteilen,
> 1. dem Kläger nach Rechtskraft des dem Klageanspruch zu Ziff. I. stattgebenden Urteils über den Bestand des Nachlasses des am ... in ... verstorbenen Erblassers ..., über aus den Nachlassgegenständen gezogene Nutzungen sowie über den Verbleib der Erbschaftsgegenstände Auskunft zu erteilen,
> 2. die Richtigkeit seiner Angaben zu Protokoll an Eides statt zu versichern,
> 3. an den Kläger die nach Erteilung der Auskunft zu Ziff. III.1. noch näher zu bezeichnenden Erbschaftsgegenstände oder deren Surrogate Zug um Zug gegen Ersatz (notwendiger)[37] Verwendungen herauszugeben.

28 Soweit es die Anträge zu Ziff. II. und zu Ziff. III. betrifft, ist der Kläger vor Klageerhebung ausdrücklich auf das bestehende **Prozessrisiko** hinzuweisen, da die Zulässigkeit von

---

[35] MünchKommBGB/*Helms* § 2342 Rdnr. 3; Erman/*Schlüter* § 2342 Rdnr. 2; Palandt/*Edenhofer* § 2342 Rdnr. 1; a.A. Planck/*Greiff* § 2342 Anm. 3; *Weimar* MDR 1962, 633.
[36] Siehe auch § 59.
[37] Nach Rechtshängigkeit und bei Bösgläubigkeit des Erbschaftsbesitzers ist das Zurückbehaltungsrecht auf notwendige Verwendungen beschränkt, und auch diese sind nur nach den Grundsätzen der GoA erstattungsfähig, §§ 2023 Abs. 2, 2024, 994 Abs. 2, 683, 684 BGB.

Herausgabe- und Erbschaftsklage vor Rechtskraft des stattgebenden Urteils zur Erbunwürdigkeit umstritten ist.

3. Klagebegründung

Neben der Darlegung des **Sachverhalts,** insbesondere zu den Erbunwürdigkeitsgründen,[38] sollte die Klageschrift zur Zulässigkeit und Begründetheit der Erbunwürdigkeitsklage Stellung nehmen. Die örtliche **Zuständigkeit** im Fall einer Erbunwürdigkeitsklage ist sowohl am Wohnsitz des Beklagten als auch im besonderen Gerichtsstand der Erbschaft, § 27 ZPO, begründet. **Aktivlegitimiert** ist jeder, dem der Wegfall des Erbunwürdigen unmittelbar oder mittelbar zustatten kommt, § 2341 BGB. **Passivlegitimiert** ist der Erbunwürdige oder dessen Erbe. Soweit der Anfechtungsberechtigte der Auffassung ist, dass alle vor ihm Berufenen erbunwürdig sind, kann er die Anfechtungsklage wegen der Rückwirkung der Anfechtung und aus prozessökonomischen Gründen sofort gegen alle erheben.[39] Die abweichende Auffassung, welche prozessökonomische Erwägungen unter Hinweis auf den Wortlaut des § 2340 Abs. 2 S. 1 BGB ablehnt,[40] beachtet nicht hinreichend, dass dieser Vorschrift gerade derartige Zweckmäßigkeitserwägungen des Gesetzgebers zugrunde liegen.[41] 29

Über die Bemessung des **Streitwerts** einer Erbunwürdigkeitsklage besteht Uneinigkeit. Nach einer Auffassung entspricht der Streitwert dem Vorteil, den der Anfechtungskläger erstrebt – bei Miterben daher der Wert der Erhöhung des Erbteils bei Wegfall des Unwürdigen.[42] Nach zutreffender abweichender Auffassung entspricht der Streitwert hingegen der Beteiligung des Erbunwürdigen am Nachlass, da Ziel der Erbunwürdigkeitsklage die Beseitigung der Erbenstellung ist.[43] 30

4. Erwiderung

Der Anfechtungsklage kann der Anfechtungsgegner neben dem Fehlen von Erbunwürdigkeitsgründen insbesondere eine **Verzeihung** des Erblassers, § 2341 BGB, oder eine **Verfristung** des Anfechtungsanspruchs, §§ 2340 Abs. 3, 2082 BGB, entgegenhalten. Soweit der Anfechtende Klage auf Herausgabe der Erbschaftsgegenstände nach Rechtskraft der Erbunwürdigkeitsklage erhoben hat, sollte der Beklagte hilfsweise einen etwaigen **Verwendungsersatzanspruch** geltend machen, soweit er Verwendungen auf den Nachlass erbracht hat, §§ 2022, 1000 S. 1 BGB. Diese Einrede führt zur Verurteilung Zug um Zug, § 274 Abs. 2 BGB. Sollte das Erbrecht des Anfechtungsgegners neben der Unwürdigkeit noch aus anderen Gründen bestritten werden, kommt für ihn eine (Zwischen-)**Feststellungswiderklage** gegen den Anfechtenden in Betracht. Vgl. hierzu Rdnr. 14. 31

5. Darlegungs- und Beweislast

Die Darlegungs- und Beweislast für das Eingreifen der Erbunwürdigkeitsgründe trifft den Anfechtenden.[44] Behauptet der Beklagte jedoch im Fall eines Tötungsdelikts mangelnde **Schuldfähigkeit,** trifft ihn die Beweislast für die Richtigkeit dieser Behauptung.[45] Ebenso hat er eine **Verzeihung** des Erblassers und/oder die Versäumung der **Anfechtungsfrist** des § 2340 Abs. 3 BGB zu beweisen.[46] 32

---

[38] Siehe zu den einzelnen Erbunwürdigkeitsgründen § 35 Rdnr. 30.
[39] MünchKommBGB/*Helms* § 2340 Rdnr. 2; Palandt/*Edenhofer* § 2340 Rdnr. 1; RGRK/*Kregel* § 2340 Rdnr. 2.
[40] Staudinger/*Olshausen* § 2340 Rdnr. 8; Erman/*Schlüter* § 2340 Rdnr. 2.
[41] So zutr. MünchKommBGB/*Helms* § 2340 Rdnr. 2.
[42] So Baumbach/Lauterbach/Albers/*Hartmann* Anh. § 3 Rdnr. 42 a.E.; *Speckmann* MDR 1972, 905, 908; Thomas/Putzo/*Hüßtege* § 3 Rdn. 61.
[43] BGH Urt. v. 20.10.1969 – NJW 1970, 197; OLG Koblenz Beschl. v. 11.12.1996 – MDR 1997, 693; Zöller/*Herget* § 3 Rdnr. 16.
[44] *Baumgärtel* Beweislast § 2339 Rdnr. 1.
[45] *Firsching/Graf* Nachlassrecht Rdnr. 1.334.
[46] *Baumgärtel* Beweislast § 2340 Rdnr. 1 sowie § 2343 Rdnr. 1.

6. Vorläufiger Rechtsschutz

33   Vorläufiger Rechtsschutz bei der Erbunwürdigkeitsklage kommt insbesondere in Gestalt einer einstweiligen Verfügung zur Sicherung der späteren Durchsetzung des Herausgabeanspruchs in Betracht. Die Gründe, die die Erbunwürdigkeit und damit den Verfügungsanspruch rechtfertigen, werden regelmäßig die Darlegung auch des Verfügungsgrunds erleichtern. Diese Gründe sind glaubhaft zu machen. Hinsichtlich der Mittel zur Sicherung des Herausgabeanspruchs vgl. Rdnr. 19. Soweit **Grundstücke** betroffen sind, kommt allerdings kein Widerspruch nach § 899 BGB in Betracht, da das Grundbuch durch die Eintragung des Erbunwürdigen nicht unrichtig geworden ist. Da der Erbunwürdige die Erbschaft mit Rechtskraft des Urteils in der Hauptsache rückwirkend verliert, dürfte es sich auch nicht um einen künftigen Anspruch im Sinne des § 883 Abs. 1 S. 2 BGB handeln, der durch Eintragung einer Vormerkung gesichert werden könnte, da vormerkbar im Sinne dieser Vorschrift nur schuldrechtliche Ansprüche auf *dingliche* Rechtsänderung sind. Zu erwägen ist daher eine einstweilige Verfügung auf Eintragung eines **Veräußerungsverbotes**. Stets ist der Mandant auf die drohende **Schadensersatzpflicht** aus § 945 ZPO hinzuweisen, sofern sich die angeordnete Maßnahme als von Anfang an ungerechtfertigt erweist oder aufgrund des § 942 Abs. 3 ZPO aufgehoben wird.

§ 57 Klagen im Zusammenhang mit der Vermächtniserfüllung

Übersicht

	Rdnr.
I. Prozessuale Grundsätze zur Durchsetzung des Vermächtnisanspruches	1–7
II. Außergerichtliche und gerichtliche Maßnahmen zur Durchsetzung des Vermächtnisanspruchs	8–20
1. Sicherung und Erfüllung eines Vermächtnisanspruches auf Übertragung eines Grundstückes oder Einräumung von Grundstücksrechten	8–11
a) Außergerichtliche Aufforderung zur Sicherung eines künftigen Vermächtnisanspruches	8/9
b) Außergerichtliche Aufforderung zur Erfüllung eines sofort fälligen Vermächtnisanspruches	10
c) Vermächtniserfüllungsvertrag	11
2. Antrag auf Erlass einer einstweiligen Verfügung zwecks Eintragung einer Vormerkung	12
3. Arrestgesuch	13
4. Klage auf Auflassung des Grundstückes	14–16
5. Klage auf Einräumung von sonstigen Grundstücksrechten	17
6. Klage auf Übereignung beweglicher Sachen und Abtretung von Rechten	18
7. Klage im Zusammenhang mit der Leistung eines nur der Gattung nach bestimmten Vermächtnisgegenstandes	19
8. Gerichtliche Überprüfung von Bestimmungs- und Auswahlrechten	20

Schrifttum: *Locher/Mes* Beck'sches Prozeßformularbuch, 10. Aufl. 2006; *Dieterle,* Das Geschiedenen-Testament, BWNotZ 1971, 18; *Frieser,* Anwaltliche Strategien im Erbschaftsstreit, 2. Aufl. 2004; *Groll,* Praxishandbuch Erbrechtsberatung, 2. Auflage 2005; *Krug Bonefeld/Kroiß/Tanck* Der Erbprozeß 1. Aufl.; *Palandt,* Kommentar zum BGB, 64. Aufl. 2005; *Schlichting,* Münchener Kommentar zum BGB, 4. Aufl. 2004; *Schlitt,* Münchener Prozeßformularbuch Erbrecht, 1. Aufl. 2004; *Soergel/Wolf,* Kommentar zum BGB; *Staudinger,* Kommentar zum BGB, 4. Aufl. 2005; *Vorwerk,* Das Prozeßformularbuch, 7. Aufl. 2005; *Weirich,* Erben und Vererben, Rdnr. 709; *Zöller,* Kommentar zur Zivilprozeßordnung, 24. Aufl.2004.

Beratungscheckliste

☐ Wer ist Vermächtnisnehmer und wer ist aktivlegitimiert?
☐ Was ist Vermächtnisgegenstand?
☐ Was ist Inhalt des Vermächtnisanspruchs und wie ist er zu erfüllen?
☐ Ist der Vermächtnisanspruch fällig?
☐ Nach welchem Beteiligungsverhältnis ist der Vermächtnisanspruch bei mehreren Vermächtnisnehmern zu erfüllen?
☐ Wer ist Beschwerter und wer ist passivlegitimiert?
☐ Welches Gericht ist zuständig?
☐ Wurde der Beschwerte wegen der Kostenfolge nach § 93 ZPO außergerichtlich zur Erfüllung des Vermächtnisses aufgefordert?

I. Prozessuale Grundsätze zur Durchsetzung des Vermächtnisanspruches

1   Zur Rechtsnatur des Vermächtnisanspruches wird zunächst auf die Darstellungen in § 13 Rdnr. 1 sowie Rdnr. 42 ff. verwiesen. **Der Anspruch** des Vermächtnisnehmers (§ 2174 BGB) richtet sich **gegen den Beschwerten, der Erbe** oder **Vermächtnisnehmer** sein kann. Mit Ausnahme des Vorausvermächtnisses an den alleinigen Vorerben ist der Vermächtnisanspruch durch besonderen sachenrechtlichen Übertragungsakt als Nachlassverbindlichkeit zu erfüllen. Die **Kosten der Vermächtniserfüllung** hat grundsätzlich der Beschwerte zu tragen.[1]

Zu erfüllen hat das Vermächtnis der beschwerte **Erbe** oder **Vermächtnisnehmer**. Ist Testamentsvollstreckung angeordnet, bei der auch die Erfüllung des Vermächtnisses zu dem Aufgabenkreis des Testamentsvollstreckers gehört, muss dieser das Vermächtnis erfüllen. Auch der Vermächtnisvollstrecker im Sinne des § 2223 BGB ist nach §§ 2212, 2213 BGB zur Erfüllung des Vermächtnisses verpflichtet. Insoweit gelten für den Vermächtnisvollstrecker keine Besonderheiten gegenüber dem allgemeinen Testamentsvollstrecker, zu dessen Aufgabenkreis regelmäßig auch die Erfüllung der Vermächtnisse gegenüber den Erben gehört.

2   Gemäß § 2223 BGB wäre ein entsprechender **Erfüllungsanspruch**, insbesondere auch ein **Klageverfahren wahlweise** sowohl gegen **den oder die Erben** als auch gegen **den Testamentsvollstrecker** zulässig. Steht dem **Testamentsvollstrecker nicht die Verwaltung** des Nachlasses zu, ist die Geltendmachung **nur gegen den Erben** zulässig.[2] Bei Anordnung der Testamentsvollstreckung ist deshalb zunächst die **entscheidende Frage**, ob sich die **Verwaltungsbefugnis des Testamentsvollstreckers auf den ganzen Nachlass oder auf einzelne Nachlassgegenstände bezieht**. Im ersten Fall ist eine Klage ausschließlich gegen die Erben oder ausschließlich gegen den Testamentsvollstrecker oder beides zulässig. Im letzten Fall sind nur die Erben – wie auch grundsätzlich bei der Geltendmachung von Pflichtteilsansprüchen – passivlegitimiert. Richtet sich die **Klage ausschließlich gegen die Erben** und muss allerdings in den Nachlass vollstreckt werden, bezüglich dessen Testamentsvollstreckung angeordnet worden ist, ist es auch zulässig, die **Erben auf Leistung** zu verklagen und den **Testamentsvollstrecker** insoweit auf **Duldung der Zwangsvollstreckung** in die seiner Verwaltung unterlegenen Nachlassgegenstände zu verklagen.[3] Dabei sind die Klage sowohl getrennt wie gemeinsam zulässig, da der Erbe zur Zwangsvollstreckung in den Nachlass in jedem Falle einen Titel gegen den Testamentsvollstrecker benötigt (§ 748 ZPO). Wegen der Vollstreckung in das Eigenvermögen ist der Titel gegen den Erben nötig. Steht dem Testamentsvollstrecker dagegen nur die **Verwaltung einzelner Nachlassgegenstände** zu, kann der Vermächtnisnehmer nur gegen den oder die Erben Leistungsklage erheben. Wegen der Testamentsvollstreckung ist insoweit nur die Klage auf Duldung der Zwangsvollstreckung zulässig.

Die Rechtskraft eines ausschließlich gegen den Testamentsvollstrecker ergangenen Urteiles über einen seiner Verwaltung unterliegenden Nachlassgegenstand wirkt auch für und gegen den Erben (§ 327 Abs. 2 ZPO). Ist das Nachlassinsolvenzverfahren angeordnet, kann auch hier der **Insolvenzverwalter** gemäß § 227 Abs. 1 Nr. 2 InsO Beklagter eines Vermächtniserfüllungsverfahrens sein.

3   **Aktivlegitimiert** für die Durchsetzung des Vermächtnisses ist in jedem Falle der **Begünstigte**.

4   Der Anspruch des Vermächtnisnehmers kann im Wege der Klage am besonderen **Gerichtsstand der Erbschaft** (§ 27 ZPO) geltend gemacht werden.

Daneben kommt der **Gerichtsstand des Wohnsitzes des Beklagten** (§ 13 ZPO) in Betracht, nicht aber der Gerichtsstand des Erfüllungsortes (§ 29 ZPO). Bei unterschiedlichem Gerichtsstand vom **Beschwerten** und einem eventuell mitverklagten **Testamentsvollstrecker** kann die Bestimmung des zuständigen Gerichtes gemäß § 36 Nr. 3 ZPO beantragt werden.

5   Mit der Anordnung des Vermächtnisses in einem Testament hat der Vermächtnisnehmer generell noch kein **Anwartschaftsrecht**. Dies gilt gleichfalls für ein in einem bindend gewordenen gemeinschaftlichen Testament oder erbvertraglich angeordneten Vermächtnis. Nach h.M. kann ein Vermächtnisanspruch zu **Lebzeiten des Erblassers** nicht durch eine Vormerkung abgesichert werden, weil der Erblasser die letztwillige Verfügung grundsätzlich jederzeit wider-

---

[1] BGH Urt. v. 20.3.1963 – V ZR 89/62 – NJW 1963, 1602.
[2] Palandt/*Edenhofer* § 2213 Rdnr. 1.
[3] Palandt/*Edenhofer* § 2213 Rdnr. 2.

rufen kann. Dies gilt grundsätzlich auch bei einem gem. § 2170 Abs. 2 BGB bindend gewordenen gemeinschaftlichen Testament oder einem Erbvertrag. In allen Fällen sind noch Verfügungen unter Lebenden zulässig, so dass das noch nicht angefallene Vermächtnis zu Lebzeiten des Erblassers keinen künftigen Anspruch i.S.d. § 883 BGB darstellt.[4] Bei einem Erbvertrag ist es zusätzlich möglich, dass der Erblasser mit dem Beschwerten einen Verfügungsunterlassungsvertrag über den Vermächtnisgegenstand vereinbart und zusätzlich einen aufschiebend bedingten Anspruch auf Auflassung des Grundstücks für den Fall des Verstoßes gegen den Verfügungsunterlassungsvertrag begründet. Dieser Anspruch kann dann durch Vormerkung gesichert werden.[5] **Nach dem Erbfall** ist der Vermächtnisanspruch des Vermächtnisnehmers durchaus vormerkbar, wenn mit dem Erbfall das Vermächtnis angefallen und die Fälligkeit auf einen späteren Zeitpunkt hinausgeschoben ist. Ungeachtet dessen besteht für den Erblasser auch die Möglichkeit, dass er für den Fall des Anfalls des Vermächtnisses bereits in der letztwilligen Verfügung eine Eintragungsbewilligung zwecks Eintragung einer Vormerkung zugunsten des Vermächtnisnehmers abgibt. Mit dieser Vorgehensweise könnte der Erblasser dem Vermächtnisnehmer ein kostenaufwendiges, einstweiliges Verfügungsverfahren ersparen.

Grundsätzlich ist der Schutz des Vermächtnisnehmers im Gesetz relativ schwach ausgestaltet.

Der Bedachte genießt nur den Schutz des § 160 Abs. 1 BGB, wonach er nach Anfall des Vermächtnisses dann **Schadensersatz** verlangen kann, wenn sein Recht durch den Beschwerten **durch Verschulden vereitelt oder beeinträchtigt worden** sein sollte.[6] Der durch ein **aufschiebend bedingtes** oder **aufschiebend befristetes Vermächtnis** Bedachte hat zwischen dem Erbfall und dem Eintritt oder dem Ausfall der Bedingung oder Befristung ein **Anwartschaftsrecht,** das grundsätzlich **vererblich, übertragbar, pfändbar** und **verpfändbar** ist.[7] Da bei aufschiebend bedingten Vermächtnissen generell die Auslegungsregel des § 2074 BGB gilt, wonach im Zweifel die Zuwendung nur gelten soll, wenn der Bedachte die Bedingung auch erlebt, sollte in jedem Falle bei Bedingungen und Befristungen im Testament selbst Anordnungen über die **Vererblichkeit** und **Übertragbarkeit** des Vermächtnisanwartschaftsrechts getroffen werden.[8]

Der Vermächtnisnehmer ist zwar **Nachlassgläubiger, Erblasserschulden, Erbfallschulden** und die **Ansprüche Pflichtteilsberechtigter** gehen ihm jedoch vor, soweit der Erblasser nicht gemäß § 2189 BGB eine andere Rangfolge festgelegt hat (§ 226 Abs. 2 Nr. 5 InsO). Für den Vermächtnisnehmer besteht deshalb durchaus die Gefahr, dass sein Anspruch durch vorhergehende Gläubiger vereitelt wird und insoweit die **Überschuldung des Nachlasses** eintritt, die den **Beschwerten** dazu veranlassen, die **beschränkte Erbenhaftung** herbeizuführen. Hierzu wird auf die entsprechenden Ausführungen zu § 13 dieses Buches verwiesen. Der Erbe muss sich wie bei allen Nachlassgläubigern die Beschränkung seiner Haftung vom Erbteil gemäß **§ 780 ZPO** vorbehalten, um Vollstreckungen in sein Eigenvermögen zu verhindern. Besteht die Gefahr, dass ein **Eigengläubiger des Erben** in den Vermächtnisgegenstand vollstreckt, bevor das Vermächtnis erfüllt ist, kann der Vermächtnisnehmer nach geltendem Recht die Zwangsvollstreckung in den Vermächtnisgegenstand nicht verhindern, da **schuldrechtliche Verschaffungsansprüche keine die Veräußerung hinderndes Recht** im Sinne des § 771 ZPO sind. Gleichfalls begründet der Vermächtnisanspruch im Insolvenzverfahren des Erben **kein Aussonderungsrecht** nach § 43 InsO. Der Vermächtnisnehmer kann jedoch **Nachlassverwaltung** beantragen mit der Folge (§ 1981 Abs. 2 BGB), dass der Nachlassverwalter dann die Aufhebung bisher durchgeführter Vollstreckungsmaßnahmen verlangen kann (§ 784 Abs. 2 ZPO).[9] Wegen weiterer Einzelheiten wird gleichfalls auf § 13 Rdnr. 42 ff. verwiesen.

---

[4] Palandt/*Bassenge* § 883 Rdnr. 19; BGHZ 12, 115; BayOLG Beschl. v. 5.8.1999 – 2 Z BR 35/99 – BayObLGZ 99, 226.
[5] Vgl. hierzu Münchener Prozeßformularbuch Erbrecht/*Schlitt*, O. I. 6 Anm. 1; BGHZ 134, 182.
[6] Staudinger/*Otte* § 2179 Rdnr. 1.
[7] Staudinger/*Otte* § 2179 Rdnr. 7 bis 9; Palandt/*Edenhofer* § 2179 Rdnr. 1.
[8] *Dieterle* BWNotZ 1970, 18.
[9] MünchKommBGB/*Schlichting* § 2174 Rdnr. 17; *Weirich*, Erben und Vererben, Rdnr. 709; Soergel/*Wolf* § 2174 Rdnr. 17; Palandt/*Edenhofer* § 2174 Rdnr. 3; *Frieser*, Anwaltshandbuch Strategien im Erbschaftsstreit, Rdnr. 481; Münchener Prozeßformularbuch Erbrecht*Schlitt*, O. I. 7, 8.

7 Aber auch ohne die Möglichkeit, dass durch Nachlassgläubiger in den Vermächtnisgegenstand vollstreckt wird, kann der **Beschwerte** den Vermächtnisgegenstand an einen **Gutgläubigen** nach § 892 BGB veräußern. In diesem Falle wäre der Vermächtnisnehmer auf einen Anspruch aus § 816 Abs. 1 S. 1 BGB und im Falle des Verschuldens auf **Schadenersatz** nach §§ 280, 823 Abs. 1 BGB, § 826 BGB eventuell auch aus § 887 Abs. 2, § 678 BGB angewiesen. Erfährt der Vermächtnisnehmer von der Absicht des Erben, den Vermächtnisgegenstand zu veräußern, ohne dass die Veräußerung zur Befriedigung von Nachlassgläubigern geboten ist, kann der Vermächtnisnehmer eine **einstweilige Verfügung** erwirken, durch die dem Erben ein **gerichtliches Verfügungsverbot** (§ 938 Abs. 2 ZPO, § 136 BGB) auferlegt wird. Gleichfalls ist bei Grundstücksrechten auch die Eintragung einer **Vormerkung** durch einstweilige Verfügung zur Absicherung der Ansprüche des Vermächtnisnehmers möglich. Bei Geldvermächtnissen ist gleichfalls eine Sicherung durch **Arrest** gemäß § 916 Abs. 1 ZPO denkbar; alle anderen Vermächtnisansprüche, die nicht auf eine Geldforderung gerichtet sind, können durch **einstweilige Verfügung** gemäß §§ 935, 940 ZPO gesichert werden.[10] Auch wenn der **Vermächtnisnehmer** bereits im **Besitz des vermachten Gegenstandes** ist, könnte der Beschwerte dennoch über den Vermächtnisgegenstand verfügen, wenn er insoweit den Herausgabeanspruch im Sinne von § 931 BGB abtritt. Dem Herausgabeverlangen des Dritten kann der Vermächtnisnehmer jedoch gemäß § 986 Abs. 2 BGB seinen eigenen Vermächtnisanspruch entgegensetzen, aus dem ein **Recht zum Besitz** des Vermächtnisgegenstandes resultiert.

Bei dem **Sicherungsinteresse des Vermächtnisnehmers** ist aus vorstehenden Erwägungen zwischen verschiedenen Fallgestaltungen zu differenzieren, die nachfolgend besonders behandelt werden.[11]

II. Außergerichtliche und gerichtliche Maßnahmen zur Durchsetzung des Vermächtnisanspruchs

1. Sicherung und Erfüllung eines Vermächtnisanspruches auf Übertragung eines Grundstückes oder Einräumung von Grundstücksrechten

8 a) Außergerichtliche Aufforderung zur Sicherung eines künftigen Vermächtnisanspruches. Nach h.M. ist der Vermächtnisanspruch auf Übertragung eines Grundstückes oder Grundstücksrechtes mit dem Anfall des Vermächtnisses, unabhängig davon, ob das Vermächtnis fällig ist oder nicht, nach §§ 883, 885 BGB durch **Vormerkung** sicherbar.[12] Die Vormerkung kann grundsätzlich auf **Bewilligung des Erblassers oder des Beschwerten** oder auf Grund einer **einstweiligen Verfügung** im Grundbuch eingetragen werden.

Richtet sich der Antrag auf Erlass einer einstweiligen Verfügung auf Eintragung einer Vormerkung ist insoweit auf § 885 Abs. 1 S. 2 BGB zu verweisen, wonach der **Verfügungsgrund** nicht glaubhaft gemacht werden muss.[13]

9 Aus einem **Feststellungsurteil**, wonach ein künftiger Anspruch auf ein Vermächtnis lediglich festgestellt wird, kann eine Vormerkung nicht eingetragen werden. Diese Frage wird von den Grundbuchämtern unterschiedlich gehandhabt. In jedem Falle sollte ein **Leistungsurteil nebst Bewilligung** gemäß § 894 ZPO erzielt werden.[14] Einem Verfügungs- oder Arrestverfahren oder auch einer Leistungsklage sollte aber in jedem Falle wegen der Kostenfolge des § 93 ZPO zunächst ein **außergerichtliches Aufforderungsschreiben** an den Beschwerten vorausgehen.

---

[10] Vgl. hierzu Münchener Prozeßformularbuch Erbrecht*Schlitt*, O. I. 7, 8.
[11] Weiteres Muster zur Vermächtniserfüllung: Münchener Prozeßformularbuch Erbrecht*Schlitt*, O. I. 7, 8.
[12] Palandt/*Edenhofer* § 2174 Rdnr. 8.
[13] BGH Urt. v. 19.1.1954 – V ZB 28/53 – BGHZ 12, 115; OLG Hamm Urt. v. 24.1.1983 – 10 U 118/83 – MDR 1984, 402.
[14] BGH Urt. v. 19.1.1954 – V ZB 28/53 – BGHZ 12, 115; OLG Hamm Urt. v. 24.1.1983 – 10 U 118/83 – MDR 1984, 402; MünchKommBGB/*Schlichting* § 2174 Rdnr. 24; Soergel/*Wolf* § 2174 Rdnr. 15.

Muster: Klagevorbereitendes Aufforderungsschreiben bei künftigem Vermächtnisanspruch

Herrn
Klaus Erbe ...
(Datum)
Betrifft: Sicherung eines künftigen Vermächtnisanspruches durch Vormerkung
Sehr geehrter Herr Erbe,
in vorbezeichneter Angelegenheit zeige ich laut anliegender Vollmacht an, dass ich Herrn Adam anwaltlich vertrete. Aufgrund des Testaments des Erblassers ... vom ..., eröffnet am ..., AZ des Nachlassgerichts ..., steht meinem Mandanten, dem 15-jährigen Sohn des Erblassers, Adam, mit Vollendung des 18. Lebensjahres ein Anspruch auf Übereignung des Grundstückes der Gemarkung Fulda, eingetragen im Grundbuch von Fulda Blatt 2000 BV lfd. Nr. 1, Am Frauenberg 1, gegenüber Ihnen als Alleinerbe zu.[15]
Ich habe Sie nunmehr aufzufordern, zur Sicherung dieses Vermächtnisanspruches die Eintragung einer Vormerkung an nächstoffener Rangstelle im Grundbuch zu bewilligen und anliegende Bewilligungserklärung in grundbuchmäßiger Form abzugeben.
Zur Abgabe der Bewilligungserklärung setze ich Ihnen eine Frist bis zum

...,

anderenfalls werde ich den Anspruch meines Mandanten gerichtlich durchsetzen.
Mit freundlichen Grüßen

Rechtsanwalt

Anlage Bewilligungserklärung

Muster: Bewilligungserklärung

Ich, Herr Klaus Erbe, ..., bin auf Grund Testamentes vom ... Alleinerbe des am ... verstorbenen Erblassers ... geworden. Zum Nachweis der Erbfolge lege ich den Erbschein des Nachlassgerichts vom ... zu Aktenzeichen ... vor.
Zum Nachlass gehört insbesondere das Grundstück der Gemarkung Fulda, eingetragen im Grundbuch von Fulda Blatt 2000 BV lfd. Nr. 1, Am Frauenberg 1.
Aufgrund privatschriftlichen Testaments des Erblassers vom ..., eröffnet am ..., ist dieses Grundstück als Vermächtnis gemäß § 2174 BGB mit Vollendung des 18. Lebensjahres dem Sohn des Erblassers Adam zu übereignen und aufzulassen.
Zur Absicherung dieses künftigen Übereignungsanspruches bewillige und beantrage ich die Eintragung einer Vormerkung im Grundbuch an nächstoffener Rangstelle.
Die Kosten der Eintragung dieser Vormerkung sind mir als Alleinerben aufzugeben.[16]
Fulda, den
Unterschriftsbeglaubigung

b) Außergerichtliche Aufforderung zur Erfüllung eines sofort fälligen Vermächtnisanspru- 10 ches. Die Eintragung einer Vormerkung ist möglicherweise dann entbehrlich, wenn der Vermächtnisanspruch **mit dem Erbfall entstanden** und auch **fällig ist.** Ein **Anspruch auf Sicherung des Vermächtnisgegenstandes** durch **Vormerkung** kann jedoch auch bei einem sofort fälligen Vermächtnis bestehen, wenn die Gefahr besteht, dass der Beschwerte vor Erfüllung des Vermächtnisses zum Nachteil des Vermächtnisnehmers über den Vermächtnisgegenstand verfügt. Bei dem Aufforderungsschreiben ist auf vorstehendes **Muster** zu verweisen.

---

[15] In diesem Fall handelt es sich bereits um ein Anwartschaftsrecht des Vermächtnisnehmers vgl. Rdnr. 1.
[16] Grds. hat der Beschwerte die Kosten der Vermächtniserfüllung zu tragen; BGH Urt. v. 20.3.1963 – V ZR 89/62 – NJW 1963, 1602.

Während es in dem vorbezeichneten Beispielsfall unter Rdnr. 1 um die Absicherung eines **künftigen Anspruches** geht, der nur durch Vormerkung abgesichert werden kann, muss für den Fall der **sofortigen Fälligkeit des Vermächtnisanspruches** gleichfalls der Erbe oder Vermächtnisnehmer als Beschwerter außergerichtlich aufgefordert werden, die **Übereignung** und **Auflassung des Grundstückes** zu erklären, um damit das Vermächtnis zu **erfüllen**. Das außergerichtliche Aufforderungsschreiben kann wie im nachfolgenden **Muster** formuliert werden:

Muster: Klagevorbereitendes Aufforderungsschreiben bei sofort fälligem Vermächtnisanspruch

Herrn
Klaus Erbe
Betrifft: Erfüllung des Vermächtnisanspruches auf Grund letztwilliger Verfügung des Erblassers
… vom …

Sehr geehrter Herr Erbe,

in vorbezeichneter Angelegenheit zeige ich laut anliegender Vollmacht an, dass ich Herrn Adam anwaltlich vertrete. Aufgrund des Testaments des Erblassers vom …, eröffnet am …, steht meinem Mandanten, dem Sohn des Erblassers …, Adam, ein mit dem Erbfall fälliger Anspruch auf Übereignung des Grundstückes der Gemarkung Fulda eingetragen im Grundbuch von Fulda, Blatt 2000, BV lfd. Nr. 1., zu dessen Alleineigentum zu. Dieser Vermächtnisanspruch richtet sich gegen Sie als den im Erbschein des Nachlassgerichts zu Aktenzeichen … ausgewiesenen Alleinerben. Ich fordere Sie namens unseres Mandanten nunmehr auf, bis zum

… (Frist)

alle für die Vermächtniserfüllung erforderlichen Schritte in die Wege zu leiten.

Sie sind verpflichtet, das Grundstück durch notariellen Übergabevertrag auf meinen Mandanten zu übereignen und aufzulassen. Ich haben Sie deshalb aufzufordern, mir einen notariellen Vertragsentwurf zuzuleiten, in dem die Auflassung zugunsten meines Mandanten enthalten ist.

Ich gehe davon aus, dass im unmittelbaren Anschluss an die Abstimmung des Entwurfes dieser beurkundet und auch im Grundbuch vollzogen wird. Gleichfalls weise ich Sie darauf hin, dass ich Sie im Falle der Verweigerung Ihrer Mitwirkung auf Auflassung des Grundstückes verklagen kann, wobei dann das rechtskräftige Urteil im Sinne von § 894 ZPO Ihre Auflassungserklärung ersetzt. Zum gegenwärtigen Zeitpunkt gehe ich allerdings davon aus, dass die gerichtliche Durchsetzung des Vermächtnisanspruches entbehrlich ist und Sie die Mitwirkung zu der Übereignung des Grundstückes nicht verweigern.

Die Kosten der Vermächtniserfüllung haben Sie als Alleinerbe zu tragen.

Mit freundlichen Grüßen

Rechtsanwalt

11 c) **Vermächtniserfüllungsvertrag.** Wenn Zweifel daran bestehen, dass der Beschwerte selbst einen **Vertragsentwurf** vorbereitet und fertigt, kann dieser selbstverständlich auch vom **Vermächtnisnehmer** bereits an den beschwerten Erben oder Vermächtnisnehmer zugeleitet werden. Eine sinnvolle Möglichkeit besteht auch darin, den Übereignungsvertrag nebst Auflassung mit **einem vollmachtlosen Vertreter** beurkunden zu lassen und den Beschwerten lediglich aufzufordern, den **Vertrag nach § 185 BGB in grundbuchmäßiger Form zu genehmigen**. In diesem Falle müsste das außergerichtliche Aufforderungsschreiben auf Genehmigung des bereits beurkundeten Vertrages gerichtet sein, wobei die vorbereitete Genehmigungserklärung beigefügt sein kann.

Wird die Genehmigung vom Beschwerten nicht erteilt, ist eine **Klage nach § 894 ZPO auf Abgabe der Genehmigungserklärung** notwendig. Prozessual bietet diese Vorgehensweise den Vorteil, dass mit Rechtskraft des Urteiles der Vermächtniserfüllungsvertrag nebst Auflassung als genehmigt gilt. Einer zusätzlichen Auflassungserklärung wie in der nachfolgend unter Rdnr. 7 beschriebenen Vorgehensweise bedarf es dann nicht mehr.

Kommt es infolge des außergerichtlichen Aufforderungsschreiben zum Abschluss eines notariellen Übertragungsvertrages oder zur Bestellung des dinglichen Rechts, ist damit das Vermächtnis erfüllt.

Muster: Vermächtniserfüllungsvertrag

Verhandelt zu Fulda am …
Vor mir, dem unterzeichnenden Notar … mit dem Amtssitz in Fulda erschienen heute:
1. als beschwerter Erbe: Herr Klaus Erbe,… (persönliche Daten)
2. als Vermächtnisnehmer: Herr Adam …, (persönliche Daten)

Die Erschienenen wiesen sich aus durch Vorlage ihrer gültiger Ausweispapiere.
Der Notar fragte die Erschienenen, ob er oder eine der mit ihm beruflich verbundenen Personen in einer Angelegenheit, die Gegenstand dieser Beurkundung ist, außerhalb des Notaramtes tätig war oder ist. Es handelt sich hierbei um die Frage einer Vorbefassung im Sinne von § 3 Abs. 1 Nr. 7 BeurkG. Sie wurde von den Beteiligten verneint.[17]

Die Erschienenen erklärten folgenden

Vermächtniserfüllungsvertrag.

I. Vorbemerkung

Der Erschienene zu 1. ist im Wege der Erbfolge, nachgewiesen durch Erbschein des Nachlassgerichts Fulda zu AZ: … Alleinerbe des am … verstorbenen Erblassers … geworden.

Bezüglich des im Grundbuch von Fulda Blatt 2000 BV lfd. Nr. 1 verzeichneten Grundbesitzes ist der Erblasser noch als Eigentümer eingetragen.

Durch letztwillige Verfügung vom …, eröffnet am …, hat der Erblasser den vorgenannten Grundbesitz vermächtnisweise seinem Sohn Adam, dem Erschienenen zu 2., zugewandt. Zur Erfüllung des Vermächtnisses überträgt der Erschienene zu 1. den nachfolgend bezeichneten Grundbesitz nunmehr auf den dies annehmenden Erschienenen zu 2. zu nachfolgenden Bedingungen.

II. Grundbuchstand

Der Vermächtnisgegenstand ist im Grundbuch von Fulda Blatt 2000 wie folgt verzeichnet:

BV lfd. Nr. 1   Hof- und Gebäudefläche,
                 Am Frauenberg 1
                 in einer Größe von … qm

Der Grundbesitz ist in Abt. II wie folgt belastet:
…
Der Grundbesitz ist in Abt. III wie folgt belastet:
…
Die in Abt. II und in Abt. III eingetragenen und vom Erblasser begründeten Belastungen werden ausdrücklich von dem Erschienenen zu 2. übernommen.
Der amtierende Notar hat den Grundbuchinhalt am … feststellen lassen.

III. Übertragung

Der Erschienene zu 1. überträgt nunmehr in Erfüllung seiner Verpflichtung aus dem Testament des Erblassers vom …, eröffnet am …, den in Ziff. II. näher bezeichneten Grundbesitz auf den Erschienenen zu 2.
Der Erschienene zu 2. nimmt hiermit die Übertragung ausdrücklich an.

IV. Besitz, Nutzen und Lasten, Abgeltungsklausel

1. Die Übertragung des Grundstücks erfolgt mit allen Rechten und Pflichten sowie allen aufstehenden Aufbauten, gesetzlichen Bestandteilen und Zubehör.
2. Besitz, Nutzen, öffentliche Lasten und Gefahr gehen ab dem Todestag des Erblassers auf den Erschienenen zu 2. über.

---

[17] Diese Vorbefassungsklausel muss nur beim Anwaltsnotar mit aufgenommen werden.

3. Gehaftet wird nur für ungehinderten Besitz- und Eigentumsübergang und für die Freiheit von Belastungen jeder Art, soweit sie nicht ausdrücklich in dieser Urkunde übernommen worden sind.
4. Der Zustand des Vertragsbesitzes ist dem Erschienenen zu 2. bekannt. Die Übertragung erfolgt somit unter Ausschluss jeglicher Gewährleistung. Gehaftet wird somit nicht für Flächenmaß, Beschaffenheit von Boden und Gebäuden und für die Freiheit von Sachmängeln.
5. Mit Erfüllung und Vollzug dieses Vertrages sind alle Ansprüche des Erschienenen zu 2. als Vermächtnisnehmer gegenüber dem Nachlass abgegolten und erledigt.
Die Vertragsparteien erklären übereinstimmend, dass mit Vollzug dieser Urkunde keine wechselseitigen Ansprüche aus dem Nachlass des am ... verstorbenen Erblassers ... mehr bestehen.

V. Auflassung

1. Die Erschienenen zu 1. und 2. erklärten sodann die Auflassung wie folgt:
Wir sind uns darüber einig, dass das Eigentum an dem in Ziff. II näher bezeichneten Grundbesitz auf den Erschienenen zu 2. zu Alleineigentum übergeht.
Wir bewilligen und beantragen die Eintragung dieser Rechtsänderung im Grundbuch.
2. Auf die Bewilligung und Eintragung einer Auflassungsvormerkung wurde nach Belehrung durch den amtierenden Notar über deren Bedeutung und Wirkung ausdrücklich verzichtet.

VI. Belehrungen

Die Erschienenen wurden von dem Notar darauf hingewiesen, dass die Eigentumsumschreibung erst nach Vorliegen der Unbedenklichkeitsbescheinigung des Finanzamtes erfolgen kann.

VII. Schlussbestimmungen

1. Die Kosten dieser Urkunde und ihres Vollzuges im Grundbuch trägt der Erschienene zu 1. Den Kostenwert geben die Erschienenen mit € 900.000,- an.
2. Eine etwaige Erbschaftsteuer trägt der Erschienene zu 2. entsprechend dem steuerlichen Wert seines Vermächtnisgegenstandes.
3. Von dieser Urkunde sind Ausfertigungen, beglaubigte und einfache Abschriften zu erteilen an:
   – das Grundbuchamt beim Amtsgericht ...
   – dem zuständigen Finanzamt – Erbschaftsteuerstelle –
   – dem zuständigen Finanzamt – Grunderwerbssteuerstelle –
   – jedem Vertragsbeteiligten

Diese Niederschrift wurde den Erschienenen vorgelesen, von ihnen nebst Anlagen genehmigt und eigenhändig wie folgt unterzeichnet:
Unterschriften
Beteiligte
Notar

Wenn der Beschwerte und Vermächtnisnehmer nicht gleichzeitig bei der Beurkundung anwesend sein können oder wollen, empfiehlt es sich, dass für den Nichterschienenen, hier beispielsweise den Beschwerten, – wie vorstehend beschrieben – ein **vollmachtloser Vertreter** auftritt, was selbstverständlich im **Rubrum der Urkunde** entsprechend vermerkt werden muss. Der beurkundete Vertrag ist dann zwecks Genehmigung an den Beschwerten weiterzuleiten, der anliegende Genehmigungserklärung in öffentlich beglaubigter Form nach § 29 GBO abgeben muss:

Muster: Genehmigungserklärung

Mir, Herrn Erbe ..., ist der Inhalt der notariellen Verhandlung vom ... der Urkundenrolle des Notars ... für das Jahr 2000 bekannt.
Ich genehmige hiermit sämtliche von ... (vollmachtloser Vertreter) in meinem Namen abgegebenen Erklärungen und schließe mich den erklärten Bewilligungen und Anträgen ausdrücklich an.
Unterschrift
Unterschriftsbeglaubigung

2. Antrag auf Erlass einer einstweiligen Verfügung zwecks Eintragung einer Vormerkung

Ist Vermächtnisgegenstand ein Grundstück und hat der Beschwerte trotz des vorgenannten Aufforderungsschreibens weder die **Bewilligung einer Vormerkung** noch **die Auflassung zugunsten des Vermächtnisnehmers** erklärt und besteht die Gefahr, dass der mit dem Vermächtnis Beschwerte den Vermächtnisanspruch durch **Verfügungen über das Grundstück** vereitalt, muss der Vermächtnisanspruch durch einen **Antrag auf Erlass einer einstweiligen Verfügung** mit dem Ziel der Eintragung einer Vormerkung gesichert werden.[18]

12

Muster: Antrag auf Erlass einer einstweiligen Verfügung zwecks Eintragung einer Vormerkung

> Landgericht Fulda
> Antrag auf Erlass einer einstweiligen Verfügung
> des Herrn Michael Adam, Frauenberg 1, 36037 Fulda
> – Antragsteller –
> Prozessbevollmächtigte: Rechtsanwälte Müller, Marberzeller Straße 5, 36043 Fulda
> gegen
> Herrn Klaus Erbe, Bahnhofstraße 50, 36037 Fulda
> – Antragsgegner –
> wegen: Eintragung einer Vormerkung
> Gegenstandswert: € 300.000,–
> (1/3 des mit € 900.000,– geschätzten Verkehrswertes des Grundstückes)
> Namens und in Vollmacht des Antragstellers beantrage ich – wegen der Dringlichkeit ausschließlich ohne mündliche Verhandlung durch den Vorsitzenden – den Erlass der Folgenden einstweiligen Verfügung:
> 1. Der Antragsgegner bewilligt und beantragt die Eintragung einer Vormerkung zur Sicherung des Anspruches des Antragstellers auf Auflassung des im Grundbuch von Fulda Blatt 2000 BV lfd. Nr. 1 verzeichneten Grundbesitzes der Gemarkung Fulda Flur ... Flurstück ..., Gebäude- und Freifläche, Am Frauenberg 1.
> 2. Dem Antragsgegner werden die Kosten des Verfahrens auferlegt.
> Ferner wird beantragt,
> den Antrag auf Eintragung der Vormerkung durch das erkennende Gericht an das zuständige Grundbuchamt weiterzuleiten.
> Begründung
> Der Antragsgegner ist Alleinerbe des am ... in Fulda verstorbenen Erblassers ... Der Erblasser hat in seiner letztwilligen Verfügung vom ..., durch das Nachlassgericht Fulda, Aktenzeichen ..., eröffnet am ..., den Antragsgegner als Alleinerben eingesetzt und zugunsten des Antragstellers ein Grundstücksvermächtnis betreffend des Grundstückes des Erblassers angeordnet.
> *Zur Glaubhaftmachung:* beglaubigte Abschrift des Eröffnungsprotokolls des Nachlassgerichts vom ... als Anlage A 1 beigefügt
> Auf Antrag des Antragsgegners wurde diesem ein Erbschein erteilt, der ihn als Alleinerben ausweist.
> *Zur Glaubhaftmachung:* Vorlage des Erbscheins in beglaubigter Kopie als Anlage A 2 beigefügt
> Das Hausgrundstück Am Frauenberg 1 (Vermächtnisgegenstand) ist in der Zwischenzeit im Grundbuch auf den Antragsgegner umgeschrieben worden. Über die Umschreibung hat der Antragsgegner den Antragsteller nicht informiert. Trotz außergerichtlicher Aufforderungsschreiben vom ... hat der Antragsgegner das Vermächtnis nicht erfüllt, sondern trotz eindeutiger Rechtslage die Erfüllung verweigert.

---

[18] Durch einen Rechtshängigkeitsvermerk können die Ansprüche des Vermächtnisnehmers nach h.M. nicht gesichert werden, da der Vermächtnisanspruch nur schuldrechtlicher Natur ist. OLG Schleswig FamRZ 1996, 175; a.A. wohl OLG München NJW 1966, 1030; zur Problematik Bonefeld/Krauß/Tanck/*Krug* S. 152 ff.

Zur Glaubhaftmachung: Vorlage eines Grundbuchauszuges in beglaubigter Kopie als Anlage A 3 beigefügt sowie Schreiben des Antragsgegners vom ... in beglaubigter Kopie als Anlage A 4 beigefügt

Der Verfügungsgrund muss im Hinblick auf § 885 Abs. 1 S. 2 BGB nicht glaubhaft gemacht werden. Der Antragsteller kann die Eintragung der Vormerkung verlangen, nachdem die Gefahr besteht, dass der Antragsgegner das Grundstück veräußert und das Eigentum für den Antragsteller auf Grund gutgläubigen Erwerbs verloren geht (vgl. aus der Rechtsprechung nur: BGHZ 12, 115, OLG Hamm MDR 1984, 402).

Die Anregung, die amtliche Eintragung zu veranlassen, erfolgt vor dem Hintergrund der Regelung in § 941 ZPO.

Rechtsanwalt

3. Arrestgesuch

13   Handelt es sich bei dem Vermächtnisgegenstand um eine **Geldforderung**, wie bei einem Geldvermächtnis, kann dieser Vermächtnisanspruch nicht durch einstweilige Verfügung, sondern allenfalls durch ein Arrestgesuch gem. § 916 Abs. 1 ZPO gesichert werden. Liegen Arrestgesuch und Arrestgrund vor, kann sowohl der **dingliche** als auch der **persönliche Arrest** zur Sicherung des Vermächtnisanspruches erreicht werden. Dies wäre etwa der Fall, wenn sich der mit dem Vermächtnis beschwerte Erbe mit dem kompletten Vermögen ins Ausland absetzen will, bevor er das Vermächtnis erfüllt hat.[19] Ein Arrestgesuch ist gem. § 917 ZPO zulässig, wenn der Vermächtnisanspruch noch nicht tituliert ist.

Muster: Antrag auf Erlass eines Arrestes

Landgericht Fulda

Antrag auf dinglichen Arrest und Arrestpfändung

des Herrn Michael Adam, Frauenberg 1, 36037 Fulda (Antragsteller)

Prozessbevollmächtigte: Rechtsanwälte Müller, Marberzeller Straße 5, 36043 Fulda

g e g e n

Herrn Klaus Erbe, Bahnhofstraße 50, 36037 Fulda (Antragsgegner)

wegen: Arrest und Arrestpfändung

Vorläufiger Streitwert: € 50.000,-

Namens und in Vollmacht des Antragstellers beantrage ich – wegen der Dringlichkeit ausschließlich ohne mündliche Verhandlung durch den Vorsitzenden – den Erlass des folgenden Arrestbefehls und Arrestpfändungsbeschlusses:

I. Wegen einer Vermächtnisforderung des Antragstellers in Höhe von € 50.000,- nebst Zinsen in Höhe von 5 % über dem jeweiligen Basiszinssatz seit ... gegen den Antragsgegner sowie einer Kostenpauschale von € ... wird der dingliche Arrest in das gesamte Vermögen des Antragsgegners angeordnet.

II. Der Antragsgegner hat die Kosten des Arrestverfahrens zu tragen.

III. Die Vollziehung des Arrestes wird durch Hinterlegung durch den Antragsgegner in Höhe von € ... gehemmt.

IV. In Vollziehung des Arrestes wird gepfändet die angebliche Sparforderung des Antragsgegners nebst Zinsen gegen die Bank ... unter Konto-Nr... bis zum Höchstbetrag von .... Der Antragsgegner hat sich jeder Verfügung über die Forderung zu enthalten. Die Bank ... (Drittschuldner) darf an den Antragsgegner nicht mehr leisten.

Begründung:

Der Antragsgegner ist Alleinerbe des am ... verstorbenen Erblassers ..., zuletzt wohnhaft gewesen .... Das öffentliche Testament wurde am ... durch das Nachlassgericht ... vom ... zu Aktenzeichen ... eröffnet. Der Antragsgegner hat die Erbschaft angenommen.

---

[19] Vgl. hierzu Münchener Prozessformularbuch*Schlitt*, O. I. 8.

> *zur Glaubhaftmachung*: öffentliches Testament vom ... – URNr. .../... des Notars ... in ... – sowie Eröffnungsprotokoll des Nachlassgerichts ... vom ... zu Aktenzeichen ... – (beglaubigte Fotokopien liegen an)
> Der Antragsteller hat aufgrund des öffentlichen Testamentes vom ... einen Vermächtnisanspruch gegen den Antragsgegner auf Zahlung von € 50.000,-.
> *Zur Glaubhaftmachung*: öffentliches Testament vom ... – URNr. .../... des Notars ... in ... –, und Eröffnungsprotokoll des Nachlassgerichts ... vom ... zu Aktenzeichen ..., wie vor
> Der Antragsgegner hat unter Freunden angekündigt, dass er zur Vereitelung des Vermächtnisanspruches des Antragstellers das Sparvermögen bei der Bank ... abheben und sich nach Argentinien absetzen werde. Den Kontostand hat der Antragsgegner mit € ... angegeben.
> *Zur Glaubhaftmachung*: anliegende eidesstattliche Versicherung des Herrn ... vom ... (Original liegt an)
> Außer dem vorstehend bezeichneten Sparvermögen sind keine finanziellen Mittel mehr im Nachlass oder im Eigenvermögen des Antragsgegners zur Erfüllung des Vermächtnisanspruches des Antragstellers vorhanden. Nach eigenem Bekunden des Antragsgegners hat dieser bis auf das im Arrestantrag bezeichnete Sparvermögen des Erblassers alle Vermögenswerte aus dem Nachlass liquidiert, um nach Argentinien auszuwandern.
> *Zur Glaubhaftmachung*: Nachlassaufstellung des Antragsgegners – (beglaubigte Fotokopie liegt an) sowie eidesstattliche Versicherung des Zeugen Markus Schuh vom ...
> Die Äußerungen des Antragsgegners lassen besorgen, dass der Antragsgegner die Vermögenswerte des Erblassers beiseite schafft und die Vollstreckung des Vermächtnisanspruches des Antragstellers ohne dessen Verhängung damit vereitelt werden, weil sich der Antragsgegner nach eigenem Bekunden nach Argentinien absetzen will, ist der Arrestgesuch gem. § 917 Abs. 2 ZPO gegeben.
>
> Rechtsanwalt

4. Klage auf Auflassung des Grundstückes

Unabhängig davon, ob der **Vermächtnisanspruch** im Vorfeld der Erfüllung durch Vormerkung gesichert worden ist oder nicht, muss selbstverständlich der Vermächtnisgegenstand an den Vermächtnisnehmer übereignet werden. Bei Grundstücken ist hierzu nach **§§ 873, 925 BGB Auflassung und Eintragung im Grundbuch** erforderlich. Wenn auf Grund vorstehenden Aufforderungsschreibens nach Ziff. 1 b kein notarieller Vertrag über die **Erfüllung des Vermächtnisses** abgeschlossen werden konnte, ist eine Klage nach § 894 ZPO zwingend erforderlich.

Der Anspruch des Vermächtnisnehmers gegen den Beschwerten kann im besonderen **Gerichtsstand des § 27 ZPO** geltend gemacht werden. Daneben kommt der allgemeine Gerichtsstand des **Wohnsitzes des Beschwerten** nach § 13 ZPO, aber nicht der besondere **Gerichtsstand des Erfüllungsortes** nach § 29 ZPO in Betracht.

Sämtliche Sicherungsansprüche können auch für den Untervermächtnis- oder Nachvermächtnisnehmer begehrt werden. **Aktivlegitimiert** zur Geltendmachung des Vermächtnisses ist generell der Begünstigte. **Beklagter** und **passivlegitimiert** ist der **Beschwerte** und/oder der **Testamentsvollstrecker**, soweit ihm eine **allumfassende Verwaltungsbefugnis** eingeräumt wird.[20]

Muster: Klage auf Auflassung eines Grundstücks

> Landgericht Fulda
>
> Klage
>
> des Herrn Adam, Frauenberg 1, 36037 Fulda
>
> – Kläger –

---

[20] Zu Einzelheiten Palandt/*Edenhofer* § 2174 Rdnr. 2, § 2212 Rdnr. 1, § 2213 Rdnr. 5 bis 8; sowie vorstehend Rdnr. 1.

Prozessbevollmächtigter: RA ...

gegen

Herrn Klaus Erbe, Bahnhofstraße 50, 36037 Fulda

– Beklagter –

wegen Vermächtniserfüllung

Gegenstandswert: € 900.000,–

Wir bestellen uns als Prozessbevollmächtigte des Klägers, erheben in dessen Namen Klage gegen den Beklagten und werden im Termin zur mündlichen Verhandlung folgenden Antrag stellen:

1. Der Beklagte wird verurteilt, den im Grundbuch von Fulda Blatt 2000 BV lfd. Nr. 1 verzeichneten Grundbesitz der Gemarkung Fulda Flur ... Flurstück ..., Gebäude- und Freifläche, Am Frauenberg 1, an den Kläger aufzulassen und die entsprechende Eigentumsänderung im Grundbuch zu bewilligen.
2. Dem Beklagten werden die Kosten des Rechtsstreits auferlegt.

Begründung

Der Beklagte ist Alleinerbe des am ... verstorbenen Erblassers geworden. Der Erblasser hat in seinem privatschriftlichen Testament vom ... zugunsten des Klägers ein Vermächtnis angeordnet, wonach ihm das vorbezeichnete Grundstück zu Alleineigentum zu übertragen ist.

Beweis: Vorlage des Testaments als Anlage K 1, Vorlage einer Kopie des Erbscheines vom 4.5.1997 als Anlage K 2 sowie Beiziehung der Nachlassakten A 2 ...

Trotz Aufforderung durch den Kläger sowie anwaltlicher Mahnung hat der Beklagte das Grundstück nicht umschreiben lassen. Zur Begründung hat er nur lapidar darauf verwiesen, es gebe „noch eine Reihe von Fragen zu klären."

Beweis: Vorlage des Anwaltsschreiben vom 1.8.1999 als Anlage K 3 sowie des Schreibens des Beklagten vom 10.8.1999 als Anlage K 4

Der Anspruch des Klägers ergibt sich aus § 2174 BGB. Ein Zurückbehaltungsrecht steht dem Beklagten nicht zu.

Den Gerichtskostenvorschuss zahlen wir durch anliegenden Verrechnungsscheck.

Rechtsanwalt

Wenn der Beschwerte nicht auf Genehmigung eines durch vollmachtlosen Vertreter und Vermächtnisnehmer bereits beurkundeten Vertrages nebst Auflassung verklagt worden ist,[21] sondern – wie vorstehend – auf **Erklärung** der **Auflassung, ist nach** Rechtskraft des Urteils noch zusätzlich die Beurkundung der Auflassungserklärung notwendig. Zur Beurkundung der Einigungserklärung ist die gleichzeitige Anwesenheit der Parteien im Sinne des § 925 BGB nicht notwendig. Erforderlich ist hingegen, dass das **rechtskräftige Urteil** im Zeitpunkt der Beurkundung bereits vorliegt.[22]

Die von dem Notar zu beurkundende **Auflassungserklärung** müsste wie folgt formuliert werden:

Muster: Auflassungserklärung

16   Verhandelt zu Fulda am ...
Vor mir, dem unterzeichnenden ... Notar mit dem Amtssitz in Fulda erschien heute:
Herr Adam ...
dem Notar ausgewiesen durch Vorlage gültiger Ausweispapiere.

---

[21] Vgl. vorstehend Rdnr. 5.
[22] BayObLG München Beschl. v. 14.7.1983 – 2 Z 36/83 – DNotZ 1984, 628; Zöller/*Stöber* ZPO § 894 Rdnr. 7.

> Der Erschienene erklärte nachfolgende Auflassung zu Protokoll:
> Herr Erbe ist durch rechtskräftiges Urteil des Landgerichts Fulda vom 10.12.2000, Aktenzeichen 3 O 222/2000, von dem ich eine mit Rechtskraftbescheinigung versehene Ausfertigung übergebe, verurteilt worden, den im Grundbuch von Fulda Blatt 2000 BV lfd. Nr. 1 verzeichneten Grundbesitz der Gemarkung Fulda Flur ... Gebäude- und Freifläche, Am Frauenberg 1, auf mich aufzulassen.
> Ich nehme diese Auflassungserklärung hiermit entgegen und beantrage, mich als neuen Eigentümer des Grundbuchs einzutragen.

Die Auflassungserklärung kann selbstverständlich auch durch gerichtlichen Vergleich protokolliert werden, wobei dann eine zusätzliche Beurkundung der Auflassungserklärung durch den Notar nicht notwendig ist (§ 127 a BGB).

5. Klage auf Einräumung von sonstigen Grundstücksrechten

Ist der Anspruch des Vermächtnisnehmers nicht auf Übereignung des Grundstückes, sondern auf **Bestellung eines dinglichen Rechts,** hier insbesondere die **Bestellung eines Nießbrauchsrechts** oder **einer beschränkt persönlichen Dienstbarkeit,** gerichtet, müsste der **Klageantrag** wie folgt lauten:

> **Formulierungsvorschlag:**
> 1. Der Beklagte wird verurteilt, dem Kläger an dem im Grundbuch von Fulda Blatt 2000 BV lfd. Nr. 1 verzeichneten Grundbesitz der Gemarkung Fulda Flur ..., Gebäude- und Freifläche, Am Frauenberg 1, den Nießbrauch zu bestellen und die Eintragung des Nießbrauchs zugunsten des Klägers im Grundbuch an nächst offene Rangstellen zu bewilligen.
> 2. Dem Beklagten werden die Kosten des Rechtsstreites auferlegt.

Wenn entgegen der gesetzlichen **Lastenverteilung** für den Nießbrauch in der letztwilligen Verfügung eine **abweichende Regelung** getroffen worden ist, könnte der Klageantrag wie folgt lauten:

> **Formulierungsvorschlag:**
> 1. Der Beklagte wird verurteilt, an den Kläger an dem im Grundbuch von Fulda Blatt 2000 BV lfd. Nr. 1 verzeichneten Grundbesitz der Gemarkung Fulda Flur ..., Gebäude- und Freifläche, Am Frauenberg 1, den Nießbrauch mit der Maßgabe zu bestellen und die Eintragung des Nießbrauchs zugunsten des Klägers im Grundbuch an nächst offene Rangstelle zu bewilligen, dass in Abweichung vom gesetzlichen Inhalt des Nießbrauchsrecht der Beklagte alle Lasten, auch die Kosten des gewöhnlichen Unterhalts des auf dem Grundstück aufstehenden Hauses, die Kosten der Versicherung sowie der wiederkehrenden öffentlichen und privaten Lasten zu tragen hat.
> 2. Dem Beklagten werden die Kosten des Rechtsstreits auferlegt.

6. Klage auf Übereignung beweglicher Sachen und Abtretung von Rechten[23]

Auch bei Klagen auf **Zahlung einer Geldsumme, Übereignung von beweglichen Sachen** oder Klagen auf Einräumung und **Abtretung von Rechten** ist in der gleichen Verfahrensweise, wie bei Immobilien, vorzugehen, so dass zunächst wegen der Kostenlast durch **außergerichtliches Aufforderungsschreiben** die Zahlung oder die sachenrechtliche Übertragungsakte zwischen Erbe und Vermächtnisnehmer zu fordern sind.

---

[23] Wegen umfangreicher Prozeßformulare wird auf Münchener Prozessformularbuch *Schlitt*, Kap. O. verwiesen.

Verweigert sich der Erbe als Beschwerter des Vermächtnisses hierbei mitzuwirken, müssen die für die Übertragung des Vermächtnisgegenstandes erforderlichen Erklärungen gleichfalls durch **Klage nach § 894 ZPO** ersetzt werden. Soweit hier **Realakte** für die Übergabe beweglicher Gegenstände notwendig sind, muss durch entsprechendes Urteil die **Inbesitznahme und die Übergabe durch den Gerichtsvollzieher** vollstreckt werden. Dies gilt gleichfalls für **Abtretungsvorgänge**, bei denen zur Abtretung auch die Übergabe von **Schuldurkunden** notwendig sind, wie beispielsweise eines **Grundschuldbriefes**. Handelt es sich bei dem Vermächtnisgegenstand um ein Geldvermächtnis oder eine bewegliche Sache, genügt hier eine einfache Leistungsklage.

Der **Klageantrag** des Vermächtnisnehmers gegenüber dem Beschwerten könnte wie folgt lauten:

> **Formulierungsvorschlag:**
> Der Beklagte wird verurteilt, an den Kläger den Pkw der Marke Mercedes Benz, Fahrgestell-Nr. ..., amtliches Kennzeichen ..., des am ... verstorbenen Erblassers zu übereignen und herauszugeben.

Ein derartiges Leistungsurteil wäre dann, wie jedes Leistungsurteil, durch den Gerichtsvollzieher zu vollstrecken.

7. Klage im Zusammenhang mit der Leistung eines nur der Gattung nach bestimmten Vermächtnisgegenstandes

19 Soweit bei Gattungsvermächtnissen dem **Beschwerten, Dritten** oder dem **Bedachten** letztwillig die Bestimmung des Vermächtnisgegenstandes zugebilligt wurde, wird hier auf die Ausführungen in § 13 verwiesen. Sofern hier überhaupt eine gerichtliche Nachprüfung möglich ist, müssen dem Gericht **konkrete Auswahlkriterien** „an die Hand" gegeben werden, um die Entscheidung des Dritten nach den Kriterien des Erblassers oder auch des Begünstigten[24] zu überprüfen, zu ersetzen oder zu korrigieren.

Der Klageantrag bei einem **Gattungsvermächtnis** könnte wie folgt formuliert werden:

> **Formulierungsvorschlag:**
> 1. Der Beklagte wird verurteilt, an den Kläger 100 Flaschen Rotwein mit nachfolgenden Qualitätskriterien
>   - Jahrgang 1990 bis 1995
>   - Anbaugebiet Bordeaux
>   - mit der Auszeichnung „Prädikatswein"
>   zu übereignen.
> 2. Der Beklagte hat die Kosten des Verfahrens zu tragen.

8. Gerichtliche Überprüfung von Bestimmungs- und Auswahlrechten

20 Wie vorstehend bereits in § 15 ausgeführt, kann die **Auswahl des Vermächtnisnehmers** nur bei **Arglist des Auswahlberechtigten** gerichtlich überprüft werden. Im Übrigen ist die Auswahl des Auswahlberechtigten nicht überprüfbar. Gleichfalls ist eine Überprüfung der Wahl des Auswahlberechtigten beim **Wahlvermächtnis** oder im Zusammenhang mit einem **Zweckvermächtnis** gleichfalls nur unter ganz eingeschränkten Möglichkeiten denkbar.[25]

---

[24] Ohne bes. Anordnung des Erblassers muss die Gattung eine den Verhältnissen des Bedachten entspr. Qualität aufweisen; vgl. § 13 Rdnr. 23.
[25] Vgl. vorstehend § 13 Rdnr. 105 bis 109.

§ 58 Klagen im Zusammenhang mit der Vor- und Nacherbfolge

Übersicht

	Rdnr.
I. Allgemeines zu den Klagen	1–7
1. Verfahrensart und -grundsätze	1
2. Zuständigkeit	2/3
a) Sachliche Zuständigkeit	2
b) Örtliche Zuständigkeit	3
3. Beweislast	4
4. Einstweiliger Rechtsschutz	5/6
5. Zwangsvollstreckung	7
II. Ausgewählte Klagen	8–14
1. Klage des Vorerben gegen den Nacherben auf Einwilligung in bestimmte Geschäfte	8
2. Klage des Nacherben gegen einen beschenkten Dritten auf Einwilligung in eine Grundbuchberichtigung	9/10
3. Sonstige Klagen	11–14

Schrifttum: *Baumgärtel/Laumen,* Handbuch der Beweislast, 2. Aufl. 1999; Beck'sches Prozessformularbuch, 10. Aufl. 2005; *Bonefeld/Kroiß/Tanck,* Der Erbprozess, 2. Aufl. 2005; Münchener Prozessformularbuch Band 4 Erbrecht, 2004; *Rosenberg/Schwab/Gottwald,* Zivilprozessrecht, 16. Aufl. 2004.

I. Allgemeines zu den Klagen

1. Verfahrensart und -grundsätze

Die Vor- und Nacherbschaft ist ein kompliziertes, schwierig handhabbares Rechtsinstitut, 1 das wegen der unterschiedlich gelagerten Interessen von Vorerben und Nacherben ein beträchtliches **Konfliktpotential** birgt. Streitigkeiten können sich insbesondere an der Verwaltung des Nachlasses durch den Vorerben entzünden: Der Nacherbe, dessen Interesse auf eine – zumindest wertmäßig – ungeschmälerte Erhaltung des Nachlasses gerichtet ist, wird die Frage der Ordnungsmäßigkeit der Verwaltungstätigkeit des Vorerben oftmals anders beurteilen als der Vorerbe, dem grundsätzlich an einer möglichst ungehinderten Nutzung des Nachlasses gelegen ist.

Streitigkeiten, die aus dem zwischen Vor- und Nacherben bestehenden Rechtsverhältnis resultieren, gehören grundsätzlich vor die **ordentliche streitige Gerichtsbarkeit,** also vor das Prozessgericht und nicht vor das Nachlassgericht.[1] Dem Nachlassgericht kann gleichwohl im Rahmen der ihm allgemein zugewiesenen Nachlasssachen[2] eine streitklärende Funktion zukommen. So vermag das Nachlassgericht beispielsweise im Rahmen des **Erbscheinsverfahrens,** des Verfahrens über die **Ausschlagung** der Erbschaft, über die **Anfechtung** der Annahme oder der Ausschlagung der Erbeinsetzung oder der Enterbung wichtige Feststellungen über die Rechtsstellung der Beteiligten zu treffen. Unter anderem hat sich das Nachlassgericht, bevor es dem Vorerben einen Erbschein erteilt, zu vergewissern, unter welchen Voraussetzungen die Nacherbfolge eintritt, wer der Nacherbe ist und ob und in welchem Umfang der Erblasser den Vorerben befreit hat (§ 2363 Abs. 1 BGB).[3] Über diese Fragen können sich Vor- und Nacherben auch im Rahmen von Feststellungs-, Leistungs- oder Gestaltungsklagen auseinander setzen.

---

[1] Zur Abgrenzung zw. ordentlicher streitiger und freiwilliger Zivilgerichtsbarkeit vgl. *Rosenberg/Schwab/Gottwald* Zivilprozessrecht § 11.

[2] Eine im Bereich der Vor- und Nacherbschaft besonders geregelte Aufgabe des Nachlassgerichtes ist das Verfahren zur Feststellung des Zustandes der Erbschaft gemäß § 2122 BGB, das sich nach § 164 FGG richtet.

[3] Näher zum nachlassgerichtlichen Verfahren Münchener Prozessformularbuch Erbrecht *de Leve,* Form.L.I.1 und 2, II.3

2. Zuständigkeit

2 a) **Sachliche Zuständigkeit.** Die sachliche Zuständigkeit bei Klagen im Bereich der Vor- und Nacherbschaft bestehenden Rechtsverhältnis richtet sich nach den allgemeinen Bestimmungen der §§ 23 Nr. 1, 71 Abs. 1 GVG. Im Arrest- und einstweiligen Verfügungsverfahren sind darüber hinaus die §§ 919, 936, 937, 942, 943 ZPO zu beachten. Für die Bestimmung des **Zuständigkeitsstreitwertes** sind die §§ 2 ff. ZPO maßgeblich. Soweit keine bestimmte Geldsumme gefordert wird, ist der Streitwert in der Regel nach § 3 ZPO nach freiem Ermessen zu schätzen. Entscheidend ist dabei das **objektive wirtschaftliche Interesse des Klägers**[4].

Bei der Wertbemessung ist der **Verkehrswert** zugrunde zu legen. So hat sich der Wert der Klage des Vorerben gegen den Nacherben auf Zustimmung zu einem Verkauf und zur Auflassung eines zum Nachlass gehörigen Grundstückes an dessen Verkehrswert zu orientieren.[5] Dabei sind für den Vorerben eingetragene Belastungen vom Verkehrswert abzuziehen, wenn sie durch den Eintritt der Nacherbfolge unberührt bleiben.[6] Der gleichzeitig geltend gemachte Antrag auf Einwilligung in die Löschung des Nacherbenvermerkes im Grundbuch hat keinen eigenen wirtschaftlichen Wert.[7] Soweit der Vorerbe klageweise die Feststellung seiner Eigenschaft als Vorerbe begehrt, ist neben dem bei positiven Feststellungsklagen üblichen Abschlag von 20% gegenüber dem Wert einer entsprechenden Leistungsklage[8] zu berücksichtigen, dass die Stellung eines Vorerben erheblich schwächer als die eines Vollerben ist.[9]

3 b) **Örtliche Zuständigkeit.** Für die örtliche Zuständigkeit gelten die §§ 12 ff. ZPO. Im Arrest- und einstweiligen Verfügungsverfahren sind darüber hinaus die §§ 919, 936, 937, 942, 943 ZPO zu beachten. Für Klagen im Bereich der Vor- und Nacherbschaft kommen neben dem allgemeinen Gerichtsstand des Beklagten nach den §§ 13 ff. ZPO insbesondere der **besondere Gerichtsstand der Erbschaft** (§ 27 ZPO) und der **ausschließliche dingliche Gerichtsstand** (Gerichtsstand der belegenen Sache, § 24 ZPO) in Betracht. Der besondere Gerichtsstand der Erbschaft betrifft gemäß § 27 Abs. 1 ZPO Klagen, welche die Feststellung des Erbrechtes, Ansprüche des Erben gegen einen Erbschaftsbesitzer, Ansprüche aus Vermächtnissen oder sonstigen Verfügungen von Todes wegen, Pflichtteilsansprüche oder die Teilung der Erbschaft zum Gegenstand haben. Erbrecht in diesem Sinne ist auch das Recht des Nacherben.[10] Nicht anwendbar ist § 27 ZPO indessen für Klagen des Nacherben gegen einen Dritten, der vom Vorerben wegen § 2113 Abs. 1 BGB unwirksam ein Grundstück erworben hat, auf Herausgabe **für den Fall des Eintritts der Nacherbfolge**, da diese Klage weder einen Anspruch gegen einen Erbschaftsbesitzer noch die Feststellung des Erbrechtes zum Gegenstand hat.[11] In diesem Fall ist auch der ausschließliche dingliche Gerichtsstand gemäß § 24 ZPO nicht begründet, denn mit dieser Klage wird kein Eigentum, sondern das dem Nacherben zustehende Anwartschaftsrecht geltend gemacht.[12] Anders ist es jedoch, wenn **nach dem Eintritt des Nacherbfalls** gemäß § 2113 BGB geklagt wird; jetzt macht der Nacherbe sein Eigentum geltend.[13]

3. Beweislast

4 Hinsichtlich der Beweislastverteilung gilt auch bei Klagen im Bereich der Vor- und Nacherbschaft zunächst die allgemeine Grundregel der Beweislastverteilung, dass der Anspruchsteller die Beweislast für die **rechtsbegründenden**, der Anspruchsgegner sie für die **rechtsvernichtenden, rechtshindernden und rechtshemmenden Tatbestandsmerkmale** trägt.[14] Macht jemand Ansprüche als Nacherbe geltend, so obliegt ihm dem gemäß der Beweis seiner Erbenstellung.

---

[4] Stein/Jonas/*Roth* § 3 Rdnr. 3, 14.
[5] Stein/Jonas/*Roth* § 3 Rdnr. 68 Stichwort „Vorerbe".
[6] OLG Schleswig Beschl. v. 12.6.1968 – JurBüro 1968, 735.
[7] OLG Schleswig Beschl. v. 12.6.1968 – JurBüro 1968, 735; Stein/Jonas/*Roth* § 5 Rdnr. 12.
[8] Vgl. nur Zöller*Herget* § 3 Rdnr. 16 Stichwort „Feststellungsklagen".
[9] BGH Beschl. v. 10.5.1989 – FamRZ 1989, 959, 960.
[10] Zöller*Vollkommer* § 27 Rdnr. 4; Stein/Jonas/*Schumann* § 27 Rdnr. 14.
[11] Stein/Jonas/*Schumann* § 27 Rdnr. 14; a.A. RG Beschl. v. 18.4.1921 – RGZ 102, 102, 105 in einem obiter dictum.
[12] RG Beschl. v. 18.4.1921 – RGZ 102, 102, 104.
[13] Stein/Jonas/*Schumann* § 24 Rdnr. 16.
[14] St. Rspr., vgl. nur BGH Urt. v. 13.11.1998 – NJW 1999, 352, 353 m.w.N.

§ 58 Klagen im Zusammenhang mit der Vor- und Nacherbfolge   5 § 58

Neben der Tatsache seiner Einsetzung als Nacherbe und dem Tod des Erblassers muss er hierbei die Tatsachen, aus denen sich der Eintritt der Nacherbfolge ergibt, beweisen.[15]

Darüber hinaus ergibt sich die Beweislastverteilung aus **speziellen Beweislastregeln, Auslegungsregeln und Tatsachenvermutungen**. Eine spezielle Beweislastregel enthält § 2132 BGB, wonach Veränderungen oder Verschlechterungen von Erbschaftssachen, die durch ordnungsmäßige Benutzung herbeigeführt werden, vom Vorerben nicht zu vertreten sind: Der Vorerbe trägt demgemäß die Beweislast dafür, dass er die Sache ordnungsgemäß benutzt hat.[16] Wichtige gesetzliche Auslegungsregeln und Vermutungen enthalten beispielsweise die §§ 2102, 2108 Abs. 2 S. 1 und 2110 BGB. In Rechtsprechung und Literatur sind weitere Vermutungen herausgebildet worden: So spricht im Fall des Ehegattentestamentes mit auflösend bedingter Vollerbschaft des überlebenden Ehegatten und aufschiebend bedingter Nacherbschaft für den Fall der Wiederverheiratung nach überwiegender Auffassung eine tatsächliche Vermutung dafür, dass der Überlebende **befreiter** Vorerbe ist;[17] des Weiteren wird vermutet, dass eine Ersatznacherbenberufung der Abkömmlinge eines Nacherben nach § 2069 BGB dann nicht dem Willen des Erblassers entspricht, wenn der neben anderen Verwandten eingesetzte Nacherbe vor Eintritt des Nacherbfalls die Erbschaft **ausschlägt** (§ 2142 BGB), um den Pflichtteil vom Vorerben zu verlangen, da ansonsten der Stamm des Ausschlagenden bevorzugt würde.[18] Folge dieser Auslegungsregeln und Vermutungen ist jeweils, dass derjenige, der einen **von diesen Regeln abweichenden Sachverhalt** behauptet, für die dafür maßgebenden Umstände darlegungs- und beweispflichtig ist.[19]

4. Einstweiliger Rechtsschutz

Die Inanspruchnahme einstweiligen Rechtsschutzes kommt im Bereich der Vor- und Nach-   5
erbschaft namentlich dann in Betracht, wenn eine Verletzung der Nacherbenrechte durch das Verhalten oder die ungünstige Vermögenslage des Vorerben zu besorgen ist. Zwar steht dem Nacherben in einem solchen Fall ein Anspruch auf **Sicherheitsleistung** gemäß § 2128 Abs. 1 BGB zu, dieser ist jedoch, wenn er nicht freiwillig erfüllt wird, im Prozessweg zu verfolgen.[20] Um eine Vereitelung seiner Rechte bis zum Erlass eines vollstreckbaren Urteils auf Sicherheitsleistung zu verhindern, kann der Nacherbe deshalb auf die allgemeinen Sicherungsmittel des **Arrestes** oder der **einstweiligen Verfügung** zurückgreifen.[21] Insbesondere kann im Wege der einstweiligen Verfügung eine vorläufige Verwaltung angeordnet werden (§§ 938, 940 ZPO).[22]

> **Formulierungsvorschlag: EV-Antrag auf vorläufige Entziehung der Verwaltungsbefugnis**[23]
> Namens und in Vollmacht des Antragstellers beantragen wir, Folgende einstweilige Verfügung – wegen der Dringlichkeit ohne mündliche Verhandlung (§ 937 Abs. 2 ZPO) – zu erlassen:
> 1. Bezüglich des Nachlasses des am ... in ... verstorbenen ..., zuletzt wohnhaft in ..., wird die vorläufige gerichtliche Verwaltung angeordnet. Die §§ 2128, 2129, 1052 BGB gelten für die vorläufige Verwaltung entsprechend. Die Anordnung endet zwei Wochen nach Eintritt der Rechtskraft des Urteils des Landgerichts ... vom ..., Az. ....
> 2. Dem Antragsgegner wird untersagt, über den Nachlass zu verfügen.
> 3. Zum vorläufigen Verwalter wird der Antragsteller, Herr ... bestellt.[24]

---

[15] Baumgärtel/*Schmitz* § 2100 Rdnr. 1.
[16] RGRK/*Johannsen* § 2132 Rdnr. 1; Staudinger/*Avenarius* § 2132 Rdnr. 1; Soergel/*Harder-Wegmann* § 2132 Rdnr. 1; Erman/*Schmidt* § 2132 Rdnr. 1.
[17] MünchKommBGB/*Musielak* § 2269 Rdnr. 54 m.w.N.
[18] BGH Urt. v. 29.6.1960 – BGHZ 32, 60 = NJW 1960, 959; BayObLG Beschl. v. 2.3.2000 – ZEV 2000, 274.
[19] Baumgärtel/*Schmitz* § 2102 Rdnr. 1; § 2108 Rdnr. 1; § 2110 Rdnr. 1; Staudinger/*Avenarius* § 2102 Rdnr. 4; MünchKommBGB/*Grunsky* § 2110 Rdnr. 1.
[20] RG Urt. v. 6.10.1904 – RGZ 59, 200, 201.
[21] Vgl. nur Staudinger/*Avenarius* § 2128 Rdnr. 17.
[22] OLG Celle Urt. v. 23.6.1934 – HRR 1934 Nr. 1683.
[23] Nach Bonefeld/Kroiß/Tanck/*Steinbacher*, S. 320.
[24] Verwalter kann auch der Nacherbe sein, vgl. MünchKommBGB/*Grunsky* § 2128 Rdnr. 4.

> 4. Dem Antragsgegner wird geboten, sämtliche zum Nachlass gehörenden Gegenstände gemäß dem beiliegenden Bestandsverzeichnis vom ... an den vorläufigen Verwalter herauszugeben.

6 Gegenüber dem **befreiten** Vorerben stellen Arrest und einstweilige Verfügung ohnehin die einzigen Sicherungsmittel dar.[25] Dabei ist jedoch zu beachten, dass der befreite Vorerbe einen weiten Spielraum bei der Verwaltung des Nachlasses hat.[26] Eine zur Inanspruchnahme einstweiligen Rechtsschutzes berechtigende Verletzung der Nacherbenrechte ist daher nur unter engen Voraussetzungen, beispielsweise bei unentgeltlichen Verfügungen, anzunehmen.

5. Zwangsvollstreckung

7 Hinsichtlich der Zwangsvollstreckung gelten im Bereich der Vor- und Nacherbschaft grundsätzlich keine Besonderheiten. Erwähnung verdient jedoch das Verfahren bei der Vollstreckung eines Urteils gegen den Vorerben auf **Sicherheitsleistung** gemäß § 2128 BGB: Ist der Vorerbe rechtskräftig zur Sicherheitsleistung[27] verurteilt und leistet er die Sicherheit innerhalb der hierfür im Urteil gemäß § 255 Abs. 2 ZPO oder nachträglich durch das Vollstreckungsgericht (§ 764 ZPO) gesetzten Frist nicht, so ist dem Vorerben auf Antrag des Nacherben die Verwaltung zu entziehen und auf einen vom Gericht zu bestellenden Verwalter zu übertragen, § 2128 Abs. 2 BGB i. V. m. § 1052 BGB. Der Antrag gehört nicht mehr zum Erkenntnisverfahren, sondern zur Zwangsvollstreckung, er ist daher beim **Vollstreckungsgericht** und nicht beim Prozessgericht zu stellen.[28]

> **Formulierungsvorschlag für einen Antrag auf Anordnung der gerichtlichen Verwaltung gemäß §§ 2128 Abs. 2, 1052 BGB:**[29]
> In der Zwangsvollstreckungssache .../...
> beantragen wir namens und in Vollmacht des Gläubigers:
> 1. Bezüglich des Nachlasses des am ... in ... verstorbenen ..., zuletzt wohnhaft in ..., wird die gerichtliche Verwaltung angeordnet;
> 2. Der Schuldner wird verpflichtet, sämtliche zum Nachlass gehörenden Gegenstände gemäß dem beiliegenden Bestandsverzeichnis vom ... an den Verwalter herauszugeben.[30]
> Es wird angeregt, den Gläubiger, Herrn ... zum Verwalter zu bestellen.[31]

II. Ausgewählte Klagen

1. Klage des Vorerben gegen den Nacherben auf Einwilligung in bestimmte Geschäfte

8 Zur ordnungsgemäßen Nachlassverwaltung, insbesondere zur Berichtigung von Nachlassverbindlichkeiten, kann es notwendig werden, dass der Vorerbe **über Nachlassgegenstände verfügt**. Hierin sind ihm jedoch durch die §§ 2113, 2114, 2116 bis 2118 BGB Grenzen gesetzt. So kann der nicht befreite Vorerbe gemäß § 2113 Abs. 1 BGB Grundstücksverfügungen nicht mit Wirkung gegen den Nacherben vornehmen. Eine Verfügung des Vorerben ist aber wirksam, wenn ihr der Nacherbe zustimmt,[32] d. h. in die Verfügung einwilligt (§ 183 BGB) oder sie

---

[25] Staudinger/*Avenarius* § 2128 Rdnr. 17.
[26] MünchKommBGB/*Grunsky* § 2128 Rdnr. 5.
[27] Die Vollstreckung der Sicherheitsleistung selbst erfolgt nach § 887 ZPO, Stein/Jonas/*Brehm* § 887 Rdnr. 20; MünchKomm-ZPO/*Schilken* § 887 Rdnr. 3.
[28] *Lange/Kuchinke* § 28 Fn. 220; Staudinger/*Avenarius* § 2128 Rdnr. 14; MünchKommBGB/*Grunsky* § 2128 Rdnr. 4.
[29] Nach Bonefeld/*Kroiß/Tanck/Steinbacher*, S. 320.
[30] Da der Vorerbe auch das allgemeine Verwaltungsrecht verliert, ist dem Verwalter die Erbschaft herauszugeben. Sind die herauszugebenden Gegenstände in dem Beschluss über die Verwalterbestellung genau bezeichnet, kann bei Weigerung der Herausgabe aus diesem vollstreckt werden, andernfalls muss das Gericht einen Ergänzungsbeschluss erlassen (vgl. § 1052 Abs. 2 mit §§ 150, 152 ff. ZVG), Staudinger/*Avenarius* § 2129 Rdnr. 4.
[31] Verwalter kann auch der Nacherbe sein, vgl. MünchKommBGB/*Grunsky* § 2128 Rdnr. 4.
[32] S. etwa BGH Urt. v. 25.9.1963 – BGHZ 40, 115 = NJW 1963, 2320.

genehmigt (§ 184 Abs. 1 BGB). Unter den Voraussetzungen des § 2120 BGB ist der Nacherbe zur Erteilung der Zustimmung auch verpflichtet, (s. dazu oben § 19 Rdnr. 63). Erfüllt der Nacherbe den Zustimmungsanspruch des Vorerben nicht freiwillig, kann der Vorerbe auf Erteilung der Zustimmung klagen (zur Zuständigkeit s. oben Rdnr. 2). Die Zustimmung gilt gemäß § 894 Abs. 1 S. 1 ZPO als erteilt, sobald das hierauf ergehende Urteil Rechtskraft erlangt.

Formulierungsvorschlag für einen Klageantrag auf Erteilung der Zustimmung zu einer Verfügung des Vorerben:[33]
Namens und in Vollmacht des Klägers werden wir beantragen:
Der Beklagte wird verurteilt, seine Zustimmung zur Übertragung des im Grundbuch von ... Blatt ..., Flst.-Nr. ..., eingetragenen Grundstücks auf Herrn ... zu erteilen und die Umschreibung des Eigentums an dem bezeichneten Grundstück auf Herrn ... zu bewilligen.

2. Klage des Nacherben gegen einen beschenkten Dritten auf Einwilligung in eine Grundbuchberichtigung

Verfügungen des Vorerben über Nachlassgegenstände, die dieser gemäß § 2113 BGB nicht mit Wirkung gegen den Nacherben vornehmen konnte, sind **mit Eintritt des Nacherbfalls unwirksam** (s. dazu oben § 19 Rdnr. 55, 57 f.). Der Nacherbe kann daher die betreffenden Nachlassgegenstände von dem Erwerber herausverlangen. Bei Grundstücksverfügungen des Vorerben, auf Grund derer eine Rechtsänderung im Grundbuch eingetragen worden ist, hat der Nacherbe gegen den wegen fehlender materieller Berechtigung zu Unrecht Eingetragenen einen Anspruch auf Zustimmung zur Berichtigung des Grundbuchs (§ 894 BGB). Der Berichtigungsanspruch ist notfalls im Klageweg durchzusetzen. Die rechtskräftige Verurteilung des Verpflichteten ersetzt gemäß § 894 Abs. 1 S. 1 ZPO seine nach §§ 19, 29 GBO erforderliche Bewilligung. Für eine Berichtigungsklage fehlt nach wohl h. M.[34] allerdings das Rechtsschutzbedürfnis, wenn eine Grundbuchberichtigung wegen nachgewiesener Unrichtigkeit bereits nach §§ 22, 29 GBO unzweifelhaft möglich ist.

Soweit die Verfügung des Vorerben (teilweise) **entgeltlich** erfolgt ist, ist die vom Erwerber erbrachte Gegenleistung bei der durch § 2113 BGB gebotenen Rückabwicklung zu berücksichtigen; der Erwerber braucht den Herausgabe- bzw. Berichtigungsanspruch des Nacherben nur **Zug um Zug** gegen Rückerstattung der Gegenleistung zu erfüllen.[35]

Formulierungsvorschlag für einen Klageantrag auf Einwilligung eines beschenkten Dritten in eine Grundbuchberichtigung:[36]
...
Namens und in Vollmacht des Klägers werden wir beantragen:
Der Beklagte wird verurteilt, darin einzuwilligen, dass das Grundbuch von ... Blatt ..., Flst.-Nr. ..., dahin berichtigt wird, dass Eigentümer des eingetragenen Grundstücks der Kläger ist, und zwar Zug um Zug gegen Zahlung von DM ...

Der Nacherbe kann im Übrigen bereits vor Eintritt des Nacherbfalls gegenüber dem Vorerben oder dem Erwerber die Unwirksamkeit der von dem Vorerben getroffenen Verfügung

---

[33] Vgl. Münchener Prozessformularbuch Erbrecht *de Leve*, L II.1; Bonefeld/Kroiß/Tanck/*Steinbacher*, S. 282.
[34] Vgl. nur MünchKommBGB/*Wacke* § 894 Rdnr. 3 m.w.N.
[35] BGH Urt. v. 10.10.1984 – NJW 1985, 382, 383; Urt. v. 30.5.1990 – FamRZ 1990, 1344, 1345.
[36] Nach *Böhmer/Klinger*, Beck'sches Prozessformularbuch, Form. II. J. 13.

durch **Feststellungsklage** geltend machen.[37] Umgekehrt kann auch der Vorerbe gegen den Nacherben Klage auf Feststellung erheben, dass eine von ihm getroffene Verfügung nicht den Beschränkungen des § 2113 BGB unterliegt, wenn der Nacherbe das bestreitet oder sonst ein rechtliches Interesse gegenüber dem Nacherben begründet ist.[38]

3. Sonstige Klagen

11 Angesichts der vielfältigen im Verhältnis zwischen Vor- und Nacherben bestehenden Rechte und Pflichten sind auch die Klagemöglichkeiten in diesem Bereich zahlreich.[39] Von den im Einzelnen in Frage kommenden Klagegegenständen sind vor allem die Folgenden bedeutsam:

Die Verpflichtung des Vorerben zur **Mitteilung eines Nachlassverzeichnisses** gemäß § 2121 BGB;[40]

Formulierungsvorschlag für einen Klageantrag auf Mitteilung eines Nachlassverzeichnisses:

...

Namens und in Vollmacht des Klägers werden wir beantragen:

Der Beklagte wird verurteilt, dem Kläger ein Verzeichnis sämtlicher zum Nachlass des am ... in ... gestorbenen Herrn ..., zuletzt wohnhaft in ..., gehörenden Gegenstände, einschließlich der Surrogate, mitzuteilen.

---

12 Die Verpflichtung des Vorerben zur **Auskunftserteilung** gemäß § 2127 BGB;[41]

Formulierungsvorschlag für einen Klageantrag auf Erteilung von Auskunft über den Nachlassbestand:

Namens und in Vollmacht des Klägers werden wir beantragen:

Der Beklagte wird verurteilt, dem Kläger Auskunft über den gegenwärtigen Bestand des Nachlasses des am ... in ... gestorbenen Herrn ..., zuletzt wohnhaft in ..., zu erteilen.

---

13 Die Verpflichtung des Vorerben zur **Sicherheitsleistung** gemäß § 2128 BGB;[42]

Formulierungsvorschlag für einen Klageantrag auf Sicherheitsleistung:

Namens und in Vollmacht des Klägers werden wir beantragen:

Der Beklagte wird verurteilt, dem Kläger Sicherheit für den Nachlass des am ... in ... gestorbenen Herrn ..., zuletzt wohnhaft in ..., zu leisten[43].

---

14 Die Verpflichtung des Vorerben zur **Rechnungslegung** und zur **Herausgabe der Erbschaft** gemäß § 2130 BGB;[44]

---

[37] RG Urt. v. 14.4.1928 – HRR 1928, 1629; Urt. v. 4.2.1933 – RGZ 139, 343, 348; Staudinger/*Avenarius* § 2113 Rdnr. 42; MünchKommBGB/*Grunsky*, § 2113 Rdnr. 10; RGRK/*Johannsen* § 2113 Rdnr. 14; Erman/*Schmidt* § 2113 Rdnr. 7; a. A. OLG Celle Beschl. v. 12.5.1954 – MDR 1954, 547.
[38] Staudinger/*Avenarius* § 2113 Rdnr. 41.
[39] Ausf. Darstellung mit Formulierungsbeispielen bei Münchener Prozessformularbuch Erbrecht *de Leve*, Abschn. L, M; Bonefeld/Kroiß/Tanck/*Steinbacher*, S. 265 ff.
[40] Vgl. § 19 Rdnr. 71.
[41] Vgl. § 19 Rdnr. 73.
[42] Vgl. § 19 Rdnr. 74.
[43] Die Höhe der Sicherheit ist anhand des Nachlasswertes vom Prozessgericht festzusetzen, RGRK/*Johannsen* § 2128 Rdnr. 7.
[44] Vgl. § 19 Rdnr. 113, 108.

Formulierungsvorschlag für einen Klageantrag auf Rechnungslegung und Herausgabe der Erbschaft:[45]

Namens und in Vollmacht des Klägers werden wir beantragen:

Der Beklagte wird verurteilt,
1. dem Kläger Rechenschaft zu legen über die Verwaltung des Nachlasses des am ... in ... gestorbenen Herrn ..., zuletzt wohnhaft in ..., durch Vorlage eines Bestandsverzeichnisses, einer geordneten Zusammenstellung der Einnahmen und Ausgaben sowie der vorhandenen Belege;
2. an den Kläger die nach Erteilung der Rechnungslegung noch zu bezeichnenden Nachlassgegenstände herauszugeben.

---

[45] Vgl. Bonefeld/Kroiß/Tanck/*Steinbacher*, S. 325 ff.

§ 59 Klagen im Zusammenhang mit der Testamentsvollstreckung

Übersicht

	Rdnr.
I. Der Testamentsvollstrecker als Partei kraft Amtes	2/3
II. Aktivklagen des Testamentsvollstreckers	4–16
1. Umfang der Prozessführungsbefugnis gemäß § 2212 BGB	4–7
2. Einschränkungen der Prozessführungsbefugnis	8–10
3. Prozessführung durch den Erben	11–14
4. Rechtskraftwirkung (§ 327 ZPO)	15
5. Gerichtsstand	16
III. Passivprozesse gegen den Testamentsvollstrecker	17–32
1. Prozessführungsbefugnis des Testamentsvollstreckers (§ 2213 BGB)	17–22
a) Verwaltung des gesamten Nachlasses	17–19
b) Verwaltung nur einzelner Nachlassgegenstände	20/21
c) Beaufsichtigende Testamentsvollstreckung	22
2. Geltendmachung von Ansprüchen gegen den Erben	23/24
3. Geltendmachung von Pflichtteilsansprüchen	25–27
4. Gerichtsstand	28
5. Urteilswirkung	29
6. Zwangsvollstreckung	30–32
IV. Klagen gegen den Testamentsvollstrecker persönlich	33–36
V. Einstweiliger Rechtsschutz	37/38

Schrifttum: *Bengel/Reimann*, Handbuch der Testamentsvollstreckung, 3. Aufl. 2001; *Garlichs*, Passivprozesse des Testamentsvollstreckers, Diss. Konstanz, 1996; *ders.*, Der Testamentsvollstrecker privat, ZEV 1996, 447; *ders./Mankel*, Die passive Prozessführungsbefugnis des Testamentsvollstreckers bei Teilverwaltung, MDR 1998, 511; *Klinghöffer*, Testamentsvollstreckung und Pflichtteilsrecht, ZEV 2000, 261; *Löwisch*, Kann der Testamentsvollstrecker Prozesse über das Erbrecht bestimmter Personen führen?, DRiZ 1971, 272; *Mayer/Bonefeld/Wälzholz/Weidlich*, Testamentsvollstreckung, 2. Aufl. 2005; *Tiedtke*, Der Testamentsvollstrecker als gesetzlicher oder gewillkürter Prozessstandschafter, JZ 1981, 429; *Winkler*, Die Testamentsvollstreckung nach bürgerlichem, Handels- und Steuerrecht, 17. Aufl. 2005; *Zimmermann*, Die Testamentsvollstreckung – Ein Handbuch für die gerichtliche, anwaltliche und notarielle Praxis, 2. Aufl. 2003.

Beratungscheckliste

1   Entscheidend bei Klagen im Zusammenhang mit einer Testamentsvollstreckung ist vor allem die Frage, wer klagen darf – der Testamentsvollstrecker oder der Erbe – bzw. ob eine Klage gegen den Testamentsvollstrecker oder gegen den Erben zu richten ist. Zu unterscheiden ist auch danach, ob der Testamentsvollstrecker als Träger seines Amtes verklagt werden soll oder in privater Eigenschaft. Die folgende Beratungscheckliste gibt einen Überblick über die **in Betracht kommenden Konstellationen** und die hierbei aufgeworfenen Fragestellungen:

Beratungscheckliste:

1. Aktivprozesse
☐ Soll ein zum Nachlass gehörendes Recht, das der Verwaltung des Testamentsvollstreckers unterliegt, eingeklagt werden?
 • Prozessführungsbefugnis nur beim Testamentsvollstrecker (§ 2212 BGB)
 • Liegt einer der Ausnahmefälle vor, in denen die Prozessführungs-befugnis nicht beim Testamentsvollstrecker liegt?
  – Klagen zur Feststellung des Erbrechts

- Geltendmachung von Nachlassansprüchen gegen den Testamentsvollstrecker
- Gesellschaftsrechtliche Streitigkeiten, sofern Verwaltungsbefugnis des Testamentsvollstreckers nur „Außenseite" der Beteiligung umfasst
• Ist ansonsten ausnahmsweise eine Klage durch den Erben möglich?
- Ermächtigung des Erben durch den Testamentsvollstrecker
- Anordnung des Erblassers

2. Passivprozesse
☐ Verwaltet der Testamentsvollstrecker den gesamten Nachlass?
• Möglichkeit der Leistungsklage gegen Testamentsvollstrecker (nach Amtsannahme) und Erben (nach Erbschaftsannahme) (§ 2213 Abs. 1 S. 1 BGB)
• Klage gegen den Testamentsvollstrecker ermöglicht Vollstreckung in den Nachlass, Klage gegen den Erben Vollstreckung in das Erben-Eigenvermögen (unter Vorbehalt der erbrechtlichen Haftungsbeschränkung)
• Bei Leistungsklage nur gegen den Erben ist zur Zwangsvollstreckung in den verwalteten Nachlass Duldungstitel gegen Testamentsvollstrecker erforderlich
☐ Verwaltet der Testamentsvollstrecker nur einzelne Nachlassgegenstände?
• Leistungsklage nur gegen den Erben möglich (§ 2213 Abs. 1 S. 2 BGB)
• Duldungsklage gegen den Testamentsvollstrecker bei beabsichtigter Vollstreckung in seiner Verwaltung unterliegende Gegenstände
☐ Geht es um die Geltendmachung von Pflichtteilsansprüchen?
• Klage nur gegen den Erben möglich (§ 2213 Abs. 1 S. 3 BGB)
• Erfordernis eines Duldungstitels gegen Testamentsvollstrecker bei beabsichtigter Vollstreckung in von ihm verwalteten Nachlass.

3. Klagen gegen den Testamentsvollstrecker persönlich
☐ Abgrenzungskriterium: Steht der geltend zu machende Anspruch im Zusammenhang mit der Verwaltung des Nachlasses im weitesten Sinne oder handelt es sich um die Geltendmachung persönlicher Rechte und Verbindlichkeiten?
• Beispiele für persönliche Klagen:
• Schadensersatzklagen, Vergütungsstreitigkeiten
• Klärung der Gültigkeit des Testaments, in welchem der Testamentsvollstrecker ernannt worden ist
• Klage gegen den Testamentsvollstrecker als (vermeintlichen) Vermächtnisnehmer.

I. Der Testamentsvollstrecker als Partei kraft Amtes

Der Testamentsvollstrecker tritt im Prozess als **Partei kraft Amtes**[1] auf. Er klagt deshalb im eigenen Namen „als Testamentsvollstrecker", nicht in Vertretung der Erben (zur Stellung des Testamentsvollstreckers ausf. § 19 Rdnr. 9 ff.).

Formulierungsvorschlag:

In Sachen

..., Rechtsanwältin, wohnhaft ..., als Testamentsvollstreckerin über den Nachlass des am ... verstorbenen Fritz Mayer, ...

– Klägerin –

Der Klageantrag lautet auf Zahlung an den Testamentsvollstrecker, nicht auf Zahlung an den Erben. Als Partei kann der Testamentsvollstrecker gemäß §§ 445 ff. ZPO vernommen werden. Ein Zeugnisverweigerungsrecht gemäß § 383 Abs. 1 Nr. 6 ZPO steht ihm nicht zu.[2] Auf Antrag kann dem Testamentsvollstrecker **Prozesskostenhilfe** gewährt werden, wenn die zur

---

[1] BGH Urt. 2./3.12.1968 – BGHZ 51, 125, 128; BGH Urt. v. 27.2.1961 – WM 1961, 479, 480; BGH Urt. v. 4.2.1987 – NJW-RR 1987, 1090, 1091; Krug/Rudolf/Kroiß/*Littig* ErbR § 13 Rdnr. 175; *Tiedtke* JZ 1981, 429.
[2] *Winkler* Rdnr. 432.

Führung des Rechtsstreits erforderlichen Mittel aus dem von ihm verwalteten Nachlass nicht aufgebracht werden können und den am Gegenstand des Rechtsstreits wirtschaftlich Beteiligten nicht zuzumuten ist, die Kosten aufzubringen (§ 116 S. 1 Nr. 1 ZPO). Die beabsichtigte Rechtsverfolgung muss hinreichend Aussicht auf Erfolg bieten und darf nicht mutwillig erscheinen (§§ 114, 116 S. 2 ZPO).[3] Unterliegt der Testamentsvollstrecker im Prozess, wird er gemäß §§ 91 ff. ZPO zur Zahlung der **Kosten des Rechtsstreits** verurteilt. Für diese haftet er jedoch nicht persönlich, sondern nur mit dem von ihm verwalteten Nachlass, in welchen auf Grund des Kostenfestsetzungsbeschlusses zu vollstrecken ist.[4] Auf einem anderen Blatt steht die Frage, ob der verlorene Rechtsstreit gemäß § 2219 BGB eine Haftung des Testamentsvollstreckers auf Schadensersatz auslöst.

II. Aktivklagen des Testamentsvollstreckers

1. Umfang der Prozessführungsbefugnis gemäß § 2212 BGB

4   Bei Prozessen, in denen ein zum Nachlass gehörendes Recht geltend gemacht werden soll (Aktivprozesse), ist **allein der Testamentsvollstrecker prozessführungsbefugt**, sofern das Recht seiner Verwaltung unterliegt (§ 2212 BGB). Eine Klage des Erben ist wegen fehlender Prozessführungsbefugnis als unzulässig abzuweisen.[5] Wird die Testamentsvollstreckung übersehen und ergeht eine Entscheidung in der Sache, wirkt ein klageabweisendes Urteil nicht gegen den Testamentsvollstrecker, er kann also trotzdem selbst Klage erheben.[6] Der Erbe ist bei Aktivprozessen auch dann nicht prozessführungsbefugt, wenn der Testamentsvollstrecker eine Klageerhebung unterlässt. Er hat in diesem Fall einer Untätigkeit des Testamentsvollstreckers nur die Möglichkeit, die Entlassung des Testamentsvollstreckers beim Nachlassgericht zu beantragen (§ 2227 BGB) oder ihn nach § 2216 BGB im Klageweg zur Prozessführung anzuhalten.[7]

5   Führen **mehrere Testamentsvollstrecker** das Amt gemeinschaftlich (§ 2224 Abs. 1 BGB), klagen sie in notwendiger Streitgenossenschaft (§ 62 ZPO).[8] Etwas anderes gilt bei Notmaßnahmen (z. B. bei der Einlegung eines Rechtsmittels), bei denen jeder Testamentsvollstrecker selbständig handeln kann (vgl. § 2224 Abs. 2 BGB).[9]

6   Die Prozessführungsbefugnis des Testamentsvollstreckers gilt sowohl für Verfahren vor den ordentlichen Gerichten als auch vor Verwaltungs- und Schiedsgerichten.[10] Als Partei ist der Testamentsvollstrecker grundsätzlich berechtigt, **sämtliche Prozesshandlungen** vorzunehmen, z. B. Klage, Einreden, Prozessaufrechnung, Zwangsvollstreckung, wobei ihm zugleich alle Einwendungen entgegen gehalten werden können, die gegenüber dem Erben begründet sind. Allerdings können der Erklärung eines Verzichts oder Anerkenntnisses sowie dem Abschluss eines Vergleichs im Einzelfall Anordnungen des Erblassers und das Schenkungsverbot des § 2205 S. 3 BGB entgegenstehen. Hier ist in jedem Fall Vorsicht geboten: Nach der Rechtsprechung kann z. B. auch die Zustimmung zu einem gerichtlichen Vergleich eine unentgeltliche Verfügung darstellen, wenn das wechselseitige Nachgeben nicht gleichwertig ist und der Testamentsvollstrecker dies erkennen musste.[11] Eine demnach gemäß § 2205 S. 3 BGB eintretende Unwirksamkeit schlägt nach hM auch auf die prozessuale Seite durch, so dass keine Verfahrensbeendigung eintritt.[12]

---

[3] Dazu MünchKommZPO/*Wax* § 116 Rdnr. 8 ff.; a. A. *Grunsky* NJW 1980, 2041, 2044 (Unanwendbarkeit von § 116 Abs. 1 Nr. 1 ZPO auf den Testamentsvollstrecker).
[4] *Zöller/Herget* § 91 Rdnr. 8; *Tiedtke* JZ 1981, 429; Mayer/Bonefeld/Wälzholz/Weidlich/*J. Mayer* Rdnr. 224.
[5] BGH Urt. v. 14.12.1959 – BGHZ 31, 279, 281 = NJW 1960, 523; MünchKommBGB/*Zimmermann* § 2212 Rdnr. 3; Staudinger/*Reimann* § 2212 Rdnr. 5.
[6] Ausf. *Zimmermann* Rdnr. 596.
[7] MünchKommBGB/*Zimmermann* § 2212 Rdnr. 15; *ders.* Rdnr. 596; Staudinger/*Reimann* § 2212 Rdnr. 10.
[8] *Thomas/Putzo* § 62 Rdnr. 8; *Lindacher* JuS 1986, 379, 382.
[9] OLG Saarbrücken Beschl. v. 31.10.1966 – NJW 1967, 1137 f.; *Zimmermann* Rdnr. 595.
[10] Bengel/Reimann/*D. Mayer* Rdnr. V 375; *Winkler* Rdnr. 433.
[11] BGH Urt. v. 24.10.1990 – WM 1991, 205, 207 = NJW 1991, 842; *Ebenroth* ErbR Rdnr. 652.
[12] Mayer/Bonefeld/Wälzholz/Weidlich/*J. Mayer* Rdnr. 219; Staudinger/*Reimann* § 2212 Rdnr. 2; a. A. Soergel/*Damrau* § 2212 Rdnr. 8.

Der Testamentsvollstrecker kann im Rahmen seiner Befugnisse einen durch den Tod des Erblassers nach § 239 ZPO **unterbrochenen Aktivprozess** gemäß § 243 ZPO aufnehmen. Wechselt die Person des Testamentsvollstreckers, so finden die §§ 241, 246 ZPO entsprechende Anwendung, d. h. das Verfahren wird kraft Gesetzes unterbrochen bzw. – bei Vertretung durch einen Prozessbevollmächtigten – auf Antrag ausgesetzt. Bei einem Erlöschen von Amt oder Verwaltungsrecht des Testamentsvollstreckers gelten die §§ 239, 246 ZPO.[13]

2. Einschränkungen der Prozessführungsbefugnis

Die Prozessführungsbefugnis des Testamentsvollstreckers besteht nur, sofern das jeweils gerichtlich geltend zu machende Recht seiner Verwaltung unterliegt.[14] Aufgrund dieser Verknüpfung von Verwaltungs- und Prozessführungsbefugnis ist der Testamentsvollstrecker z. B. nicht befugt, für die Erben einen Rechtsstreit über den **Kreis der Gesellschafter einer OHG** zu führen, da sich seine Zuständigkeit in Bezug auf die Verwaltung des Anteils eines persönlich haftenden Personengesellschafters nur auf die vermögensrechtliche „Außenseite" der Beteiligung, nicht aber auf die inneren Angelegenheiten der Gesellschaft erstreckt (vgl. § 19 Rdnr. 244 ff.).[15]

Der Testamentsvollstrecker ist außerdem normalerweise nicht berechtigt, einen Prozess über die **Feststellung des Erbrechts** als solches zu führen, weil das Erbrecht nicht der Testamentsvollstreckung unterliegt und die Frage, wer Erbe ist, für die Rechtsstellung des Testamentsvollstreckers regelmäßig ohne Belang ist.[16] Etwas anderes gilt jedoch, wenn der Testamentsvollstrecker in dieser Eigenschaft ein berechtigtes Interesse an der Feststellung hat, wer der wahre Erbe ist, etwa weil diese Feststellung zur Durchführung der ihm übertragenen Erbauseinandersetzung erforderlich ist.[17] Ebenso wenig kann der Testamentsvollstrecker nach Ansicht der Rechtsprechung einen Anspruch aus § 2287 BGB geltend machen; allerdings wirkt die vom Testamentsvollstrecker erhobene Klage verjährungsunterbrechend.[18]

Eine Einschränkung erfährt die Prozessführungsbefugnis des Testamentsvollstreckers schließlich in den Fällen, in denen er selbst **Schuldner des Nachlasses** ist, da sich niemand selbst verklagen kann. In diesem Fall steht es also dem Erben selbst zu, den Testamentsvollstrecker zu verklagen,[19] sofern nicht mehrere Testamentsvollstrecker das Amt gemeinschaftlich führen; letzterenfalls liegt das Prozessführungsrecht bei den Mittestamentsvollstreckern. Ein Schadenersatzanspruch aus der Verwaltung des Nachlasses unterliegt der Geltendmachung durch den Nachfolger im Amt.[20]

3. Prozessführung durch den Erben

Der Erbe ist zur Führung eines Aktivprozesses nicht befugt. Die Vorschrift des § 2212 BGB ist aber nicht zwingend. Dementsprechend kann der Erblasser in Bezug auf das Prozessführungsrecht die Anordnung treffen, dass dieses insgesamt oder für bestimmte Angelegenheiten dem Erben zustehen soll.[21] Ebenso kann der Testamentsvollstrecker – sofern dies im konkreten Fall mit seinen Amtspflichten vereinbar ist –[22] den Erben nach hM auch ermächtigen, der Testamentsvollstreckung unterliegende Rechte gerichtlich im Wege der **gewillkürten Prozessstandschaft** geltend zu machen.[23] Die Tatsache, dass der Erbe in diesem Fall kein fremdes, sondern

---

[13] Vgl. BGH Urt. v. 25.9.1964 – NJW 1964, 2301; Staudinger/*Reimann* § 2212 Rdnr. 3; Mayer/Bonefeld/Wälzholz/Weidlich/*J. Mayer* Rdnr. 221.
[14] Ausf. Staudinger/*Reimann* § 2212 Rdnr. 5.
[15] BGH Beschl. v. 12.1.1998 – NJW 1998, 1313, 1314 = ZEV 1998, 72; hierzu *Ulmer* JZ 1998, 468.
[16] *Löwisch* DRiZ 1971, 272, 273; Staudinger/*Reimann* § 2212 Rdnr. 25.
[17] BGH Urt. v. 4.2.1987 – NJW-RR 1987, 1090, 1091; OLG Karlsruhe Urt. v. 6.8.2004 – ZEV 2005, 256; MünchKommBGB/*Zimmermann* § 2212 Rdnr. 10; *ders.* Rdnr. 599; Staudinger/*Reimann* § 2212 Rdnr. 26.
[18] BGH Urt. v. 3.7.1980 – BGHZ 78, 1, 5 = NJW 1980, 2461; Jauernig/*Stürner* § 2212 Rdnr. 1; Mayer/Bonefeld/Wälzholz/Weidlich/*J. Mayer* Rdnr. 377.
[19] BGH Urt. v. 14.11.2002 – ZEV 2003, 75 = NJW-RR 2003, 217; Staudinger/*Reimann* § 2212 Rdnr. 11; Mayer/Bonefeld/Wälzholz/Weidlich/*J. Mayer* Rdnr. 222.
[20] BGH Urt. v. 23.4.1958 – BB 1958, 721; MünchKommBGB/*Zimmermann* § 2212 Rdnr. 17; Staudinger/*Reimann* § 2219 Rdnr. 32.
[21] Mayer/Bonefeld/Wälzholz/Weidlich/*J. Mayer* Rdnr. 218; Staudinger/*Reimann* § 2212 Rdnr. 7.
[22] Staudinger/*Reimann* § 2212 Rdnr. 8.
[23] BGH Urt. v. 29.5.1961 – BGHZ 35, 180, 182 ff. = WM 1961, 747 (gewillkürte Prozessstandschaft zwischen Konkursverwalter und Gemeinschuldner); BGH Urt. v. 28.11.1962 – BGHZ 38, 281, 286 = BGH NJW 1963,

ein eigenes Recht einklagt, steht einer gewillkürten Prozessstandschaft nicht entgegen. Das für die Prozessstandschaft erforderliche eigene rechtsschutzwürdige Interesse des Erben[24] folgt in der Regel schon daraus, dass er Träger des materiellen Rechts ist.[25]

12   Die Problematik der Möglichkeit des Testamentsvollstreckers, den Erben zur Prozessführung zu ermächtigen, liegt denn auch weniger in der Frage ihrer grundsätzlichen Zulässigkeit als im **Schutz des Beklagten**, dessen Kostenerstattungsanspruch sich gegen den (u. U. vermögenslosen) Erben und nicht den Nachlass richtet. Eine Rückermächtigung, die allein der Verschiebung des Kostenrisikos dient, ist daher als sittenwidriger Rechtsmissbrauch unzulässig,[26] wobei allerdings zu berücksichtigen ist, dass sich aus dem der Prozessführung zugrunde liegenden Rechtsverhältnis u. U. ein Erstattungsanspruch des Erben gegen den Nachlass ergeben kann.[27]

13   Hinsichtlich der Frage, ob der **Klagantrag im Falle der Rückermächtigung** auf Leistung an den Erben oder auf Leistung an den Testamentsvollstrecker zu richten ist, scheinen unterschiedliche Auffassungen zu bestehen.[28] Die Frage ist anhand der Kompetenzzuordnung der Testamentsvollstreckung jedoch eindeutig zu klären. Zwar ist es grundsätzlich möglich, dass der Erbe als Prozessstandschafter auf Leistung an sich selbst klagt.[29] Da der Testamentsvollstrecker den Nachlass zu verwalten hat, zu dem das eingeklagte Recht gehört, muss er bei der Ermächtigung jedoch sicherstellen, dass sein Verwaltungsrecht insoweit fortbesteht. Dementsprechend wird der Testamentsvollstrecker den Erben nur ermächtigen, auf Leistung in den Nachlass zu klagen, sofern er den Prozessertrag nicht unter Beachtung der insoweit einschlägigen Voraussetzungen nach § 2217 BGB an den Erben freigibt.[30]

14   Der Erbe kann Prozessen, die der Testamentsvollstrecker führt, als **Nebenintervenient** (§§ 66, 69 ZPO) beitreten. Das für die Nebenintervention erforderliche rechtliche Interesse folgt aus der Rechtskrafterstreckung auf den Erben gemäß § 327 ZPO. Eine **Hauptintervention** (§ 64 ZPO) ist möglich, wenn der Erbe die Amtsstellung oder das Verwaltungsrecht des Testamentsvollstreckers in Bezug auf den Prozessgegenstand bestreitet oder dessen Freigabe nach § 2217 Abs. 1 BGB beansprucht.[31]

4. Rechtskraftwirkung (§ 327 ZPO)

15   Rechtskräftige Entscheidungen, die im Prozess zwischen dem Testamentsvollstrecker und dem Beklagten ergangen sind, wirken gemäß § 327 Abs. 1 ZPO **für und gegen den Erben**, wenn das zum Nachlass gehörige Recht der Testamentsvollstreckung unterliegt. Hat der Erbe mit Einwilligung des Testamentsvollstreckers in gewillkürter Prozessstandschaft einen Prozess über ein verwaltungsunterworfenes Nachlassrecht geführt, so ist umgekehrt der Testamentsvollstrecker an das Urteil gebunden.[32] Ein vom Erblasser erstrittenes Urteil wirkt ebenfalls für und gegen den Testamentsvollstrecker.

5. Gerichtsstand

16   Der Testamentsvollstrecker kann, soweit seine Prozessführungsbefugnis reicht, den **Gerichtsstand des § 27 ZPO** in Anspruch nehmen, sofern einer der dort geregelten Fälle vorliegt.[33] Der besondere Gerichtsstand des § 28 ZPO ist für Aktivklagen ohne Bedeutung.

---

297 (gewillkürte Prozessstandschaft zwischen Nachlassverwalter und Erben); Staudinger/*Reimann* § 2212 Rdnr. 8; MünchKommBGB/*Zimmermann* § 2212 Rdnr. 18; a. A. *Koch* JZ 1984, 809, 812.

[24] Hierzu Zöller/*Vollkommer* Vorb. § 50 Rdnr. 44.
[25] BGH Urt. v. 28.11.1962 – BGHZ 38, 281, 288 f. = NJW 1963, 297.
[26] BGH Urt. v. 28.11.1962 – BGHZ 38, 281, 287 f. = NJW 1963, 297.
[27] MünchKommBGB/*Zimmermann* § 2212 Rdnr. 18; ausf. *ders.* Rdnr. 597.
[28] Vgl. Bengel/Reimann/*D. Mayer* Rdnr. V 383, einerseits (= Leistung an den Erben) und *Zimmermann* Rdnr. 597 sowie Damrau/*Bonefeld* § 2212 Rdnr. 13 andererseits.
[29] Vgl. BGH Urt. v. 29.11.1966 – WM 1967, 53, 56.
[30] Vgl. Soergel/*Damrau* § 2222 Rdnr. 3; i.E. ebenso MünchKommBGB/*Zimmermann* § 2212 Rdnr. 18.
[31] MünchKommBGB/*Zimmermann* § 2212 Rdnr. 16; Staudinger/*Reimann* § 2212 Rdnr. 16.
[32] Staudinger/*Reimann* § 2212 Rdnr. 21; MünchKommBGB/*Zimmermann* § 2212 Rdnr. 19.
[33] Bengel/Reimann/*D. Mayer* Rdnr. V 380.

III. Passivprozesse gegen den Testamentsvollstrecker
1. Prozessführungsbefugnis des Testamentsvollstreckers (§ 2213 BGB)

a) **Verwaltung des gesamten Nachlasses.** Bei Passivklagen gegen den Testamentsvollstrecker, also bei gerichtlichen Streitigkeiten, in denen eine Leistung aus dem Nachlass oder die Feststellung von Nachlassverbindlichkeiten beansprucht wird,[34] hängt die Prozessführungsbefugnis davon ab, ob der Testamentsvollstrecker den gesamten Nachlass oder nur einzelne Nachlassgegenstände verwaltet. Ersterenfalls ist er nach erfolgter Amtsannahme (§ 2202 BGB) zur Prozessführung für den Nachlass legitimiert.[35] Der Nachlassgläubiger kann also den Testamentsvollstrecker auf Leistung oder Feststellung verklagen. Er hat aber auch die Möglichkeit, den Testamentsvollstrecker lediglich auf Duldung der Zwangsvollstreckung zu verklagen und den Erben auf Leistung oder gegen beide auf Feststellung des Bestehens einer Nachlassverbindlichkeit zu klagen (s. auch Rdnr. 23).

Stand dem Erben eine Forderung gegen den Erblasser zu, so schließt die zur Verwaltung des Nachlasses angeordnete Testamentsvollstreckung eine ansonsten eintretende **Konfusion** aus. In diesem Fall kann der Erbe seine Forderung naturgemäß allein gegen den Testamentsvollstrecker geltend machen.[36]

Die passive Prozessführungsbefugnis des den gesamten Nachlass verwaltenden Testamentsvollstreckers kann ausnahmsweise durch spezialgesetzliche Regelungen ausgeschlossen sein, **in Patentstreitigkeiten** etwa im Falle des § 81 Abs. 1 S. 2 PatG. Demnach ist eine Patentnichtigkeitsklage auch dann nur gegen die in der Patentrolle eingetragenen Erben zu richten, wenn das betreffende Patent in den Verwaltungsbereich des Testamentsvollstreckers fällt; auf einem anderen Blatt steht, dass erbrechtlich nur der Testamentsvollstrecker zur Führung eine entsprechenden Nichtigkeitsprozesses befugt ist und die Erteilung einer etwaigen Prozessvollmacht also durch ihn zu erfolgen hat.[37]

b) **Verwaltung nur einzelner Nachlassgegenstände.** Verwaltet der Testamentsvollstrecker nur einzelne Nachlassgegenstände, kann der Nachlassgläubiger nur **gegen den Erben auf Leistung** klagen (§ 2213 Abs. 1 S. 2 BGB).[38] Will der Gläubiger allerdings in die der Verwaltung des Testamentsvollstreckers unterliegenden Gegenstände vollstrecken, benötigt er einen **Duldungstitel** gegen den Testamentsvollstrecker, da ein gegen den Erben erstrittenes Urteil nicht gegen den Testamentsvollstrecker wirkt (§ 748 Abs. 2 ZPO). Als Verteidigung gegenüber der Duldungsklage, in die eine unzulässige Leistungsklage gegen den Testamentsvollstrecker umgedeutet werden kann,[39] stehen dem Amtsinhaber alle materiellen Einwendungen und Einreden des Erben zur Verfügung.[40]

Die **Reihenfolge,** in welcher die Titel gegen Testamentsvollstrecker und Erben erstritten werden, ist ohne Belang, sofern sie nur bei Beginn der Zwangsvollstreckung vorliegen.[41] Die Bezeichnung der einzelnen Nachlassgegenstände im Urteilstenor des Duldungstitels ist nicht zwingend.[42] Unterliegen die Nachlassgegenstände, in die vollstreckt werden soll, nicht der

---

[34] Ausf. hierzu Mayer/Bonefeld/Wälzholz/Weidlich/*J. Mayer* Rdnr. 226 ff.; Bengel/Reimann/*D. Mayer* Rdnr. V 386.
[35] Vgl. nur MünchKommBGB/*Zimmermann* § 2213 Rdnr. 8.
[36] BGH Urt. v. 1.6.1967 – BGHZ 48, 214, 220 = NJW 1967, 2399; Mayer/Bonefeld/Wälzholz/Weidlich/*J. Mayer* Rdnr. 228; *Garlichs* ZEV 1996, 447, 449; Jauernig/*Stürner* § 2213 Rdnr. 4; unzutreffend Palandt/*Edenhofer* § 2213 Rdnr. 5 (Klage gegen den Testamentsvollstrecker persönlich).
[37] BGH Urt. v. 14.6.1966 – NJW 1966, 2059; Mayer/Bonefeld/Wälzholz/Weidlich/*J. Mayer* Rdnr. 226.
[38] Vgl. nur Palandt/*Edenhofer* § 2213 Rdnr. 2; MünchKommBGB/*Zimmermann* § 2213 Rdnr. 10; Mayer/Bonefeld/Wälzholz/Weidlich/*J. Mayer* Rdnr. 230; kritisch und abweichend *Garlichs/Mankel* MDR 1998, 511, 514 ff.; *Garlichs,* Passivprozesse des Testamentsvollstreckers, Rdnr. 29 ff.
[39] Vgl. Erman/*Schmidt* § 2213 Rdnr. 3; Staudinger/*Reimann* § 2213 Rdnr. 12.
[40] Bengel/Reimann/*D. Mayer* Rdnr. V 388.
[41] MünchKommZPO/*Heßler* § 748 Rdnr. 21.
[42] Zöller/*Stöber* § 748 Rdnr. 4.

Verwaltung des Testamentsvollstreckers, so ist weder ein Duldungs- noch ein sonstiger Titel gegen den Testamentsvollstrecker erforderlich.[43]

22 c) **Beaufsichtigende Testamentsvollstreckung.** Steht dem Testamentsvollstrecker überhaupt kein Verwaltungsrecht zu, sondern hat er allein beaufsichtigende Funktion (Fall des § 2208 Abs. 2 BGB), dann steht die passive Prozessführungsbefugnis allein dem Erben zu. Wegen der fehlenden Verwaltungsbefugnis des Testamentsvollstreckers kann hier aus jedem Urteil auch uneingeschränkt in den Nachlass vollstreckt werden.[44]

2. Geltendmachung von Ansprüchen gegen den Erben

23 Sobald der Erbe die Erbschaft angenommen hat, ist er unabhängig von der angeordneten Testamentsvollstreckung **immer passiv prozessführungsbefugt**, kann also auf Leistung oder Feststellung verklagt werden.[45] Vor Erbschaftsannahme ist nur eine Klage gegen den Testamentsvollstrecker möglich, wenn dieser seinerseits sein Amt angenommen hat und in der Sache prozessführungsbefugt ist. Die Klage gegen den Erben eröffnet den Nachlassgläubigern die Möglichkeit, auch auf das Eigenvermögen des Erben zugreifen zu können, jedoch vorbehaltlich der diesem zustehenden Möglichkeiten zur Herbeiführung einer Haftungsbeschränkung. Für eine beabsichtigte Vollstreckung in den der Verwaltung des Testamentsvollstreckers unterliegenden Nachlass bedarf es aber zumindest auch eines Duldungstitels gegen den Testamentsvollstrecker (§ 748 ZPO). Beide Klagen können miteinander verbunden, was aus Zeit- und Kostengründen sowie zur Vermeidung divergierender Entscheidungen empfehlenswert ist, oder gesondert erhoben werden.

> **Formulierungsvorschlag:**
> (Klageantrag eines Nachlassgläubigers gegen den Erben auf Leistung und gegen den Testamentsvollstrecker auf Duldung der Zwangsvollstreckung in den Nachlass)
>
> Klage
>
> ...
> wegen Forderung/Duldung der Zwangsvollstreckung.
> (vorläufiger) Streitwert: ...
> Namens und in Vollmacht der Klägerin erhebe ich Klage und werde beantragen:
> 1. Der Beklagte zu 1 wird verurteilt, der Klägerin EUR ... zuzüglich Zinsen hieraus in Höhe von 5 Prozentpunkten über dem Basiszinssatz ab dem ... zu zahlen.
> 2. Der Beklagte zu 2 wird verurteilt, die Zwangsvollstreckung in Höhe von EUR ... zuzüglich Zinsen hieraus in Höhe von 5 Prozentpunkten über dem Basiszinssatz ab dem ... in den von ihm in seiner Eigenschaft als Testamentsvollstrecker verwalteten Nachlass der am ... gestorbenen ... zu dulden.
> 3. (Kosten, vorläufige Vollstreckbarkeit)

24 Einschränkungen der Verteidigungsmöglichkeiten, die dem Erben bei der Prozessführung zur Verfügung stehen, resultieren aus der alleinigen aktiven Prozessführungsbefugnis des Testamentsvollstreckers. Aufgrund dieser kann sich der Erbe mit einer Gegenforderung des Nachlasses nicht durch Widerklage oder Aufrechnung verteidigen, sofern nicht der Testamentsvollstrecker hierin einwilligt – wozu er nach § 2216 BGB verpflichtet sein kann – oder die Gegenforderung freigibt.[46]

---

[43] *Zimmermann* Rdnr. 629.
[44] *Erman/Schmidt* § 2213 Rdnr. 3, 8; Staudinger/*Reimann* § 2213 Rdnr. 15.
[45] BGH Urt. v. 16.3.1988 – NJW 1988, 1390; Staudinger/*Reimann* § 2213 Rdnr. 4; Damrau/*Bonefeld* § 2213 Rdnr. 1 f.
[46] MünchKommBGB/*Zimmermann* § 2213 Rdnr. 5; Staudinger/*Reimann* § 2213 Rdnr. 5; Damrau/*Bonefeld* § 2213 Rdnr. 7.

3. Geltendmachung von Pflichtteilsansprüchen

Bei Pflichtteilsansprüchen gilt die Besonderheit, dass diese – auch wenn der Testamentsvollstrecker den gesamten Nachlass verwaltet – im Streitfall **nur gegen den Erben** eingeklagt werden können (§ 2213 Abs. 1 S. 3 BGB).[47] Dies gilt auch für die verbundenen Nebenansprüche, z. B. auf Auskunft und Wertermittlung gemäß § 2314 BGB.[48] Soll wegen des Pflichtteils in Nachlassgegenstände vollstreckt werden soll, die der Verwaltungsbefugnis des Testamentsvollstreckers unterliegen, benötigt der Pflichtteilsberechtigte jedoch wiederum einen zusätzlichen Duldungstitel gegen den Amtsinhaber (§ 748 Abs. 3 ZPO).[49] Ein Zwang zur Verbindung von Zahlungs- und Duldungsklage besteht auch hier nicht; die Reihenfolge, in welcher die Urteile erstritten werden, ist ebenfalls ohne Belang.[50]

Wird über das Vermögen des Erben das Insolvenzverfahren eröffnet, so soll die angeordnete Testamentsvollstreckung nach Maßgabe der Rechtsprechung des Bundesgerichtshofes nicht verhindern, dass der unter Testamentsvollstreckung stehende Nachlass in die Insolvenzmasse fällt (vgl. § 19 Rdnr. 84).[51] In diesem Fall muss die Zahlungsklage gegen den Insolvenzverwalter gerichtet werden; eine analoge Anwendung von § 2213 Abs. 1 S. 3 BGB kommt im Interesse der Insolvenzgläubiger nicht in Betracht.[52]

Die mit der Regelung des § 2213 Abs. 1 S. 3 BGB verbundene Problematik liegt darin, dass der beklagte Erbe auf die Informationen des Testamentsvollstreckers angewiesen ist, um die ihm gemäß § 2314 BGB obliegenden Pflichten gegenüber dem Pflichtteilsberechtigten zu erfüllen. Ein direkter Anspruch des Pflichtteilsberechtigten gegen den Testamentsvollstrecker auf Auskunft und Wertermittlung besteht jedoch ebenso wenig wie sich Divergenzen zwischen Erben und Testamentsvollstrecker über die Bewertung von Nachlassgegenständen vermeiden lassen. Als **Lösungsmöglichkeit** kann es sich hier anbieten, dass der Erblasser den Testamentsvollstrecker postmortal bevollmächtigt, für die Erben die Pflichtteilsansprüche abzuwickeln, wobei die Möglichkeit eines Erbenwiderrufs durch die gleichzeitige Anordnung entsprechender Auflagen auszuschließen wäre.[53]

4. Gerichtsstand

Klagen gegen den Testamentsvollstrecker oder den Erben wegen Nachlassverbindlichkeiten können im **Gerichtsstand der Erbschaft** erhoben werden (§§ 27, 28 ZPO). Zu den Klagen nach § 28 ZPO gehören auch solche aus Rechtsgeschäften, die der Testamentsvollstrecker im Zusammenhang mit der Verwaltung des Nachlasses tätigt. Im Übrigen können Klagen gegen den Testamentsvollstrecker auch in seinem **allgemeinen Gerichtsstand** erhoben werden.[54] Bei unterschiedlichem allgemeinen Gerichtsstand von Erben und Testamentsvollstrecker kann gemäß § 36 Abs. 1 Nr. 3 ZPO die Bestimmung eines zuständigen Gerichts beantragt werden, sofern auch die Möglichkeit, im besonderen Gerichtsstand der §§ 27, 28 ZPO zu klagen, ausscheidet (z. B. weil der Nachlass bereits geteilt ist).[55]

5. Urteilswirkung

Gemäß § 327 Abs. 2 ZPO wirkt ein Urteil gegen den Testamentsvollstrecker im Hinblick auf den Nachlass auch für und gegen den Erben, soweit der Testamentsvollstrecker zur Führung des Rechtsstreites berechtigt war. Wird aber umgekehrt der Erbe rechtskräftig verurteilt, wirkt

---

[47] Vgl. nur BGH Urt. v. 3.12.1968 – BGHZ 51, 125, 129 = NJW 1969, 424; BGH Urt. v. 11.5.2006, ZIP 2006, 258, 260; ausf. *Klingelhöffer* ZEV 2000, 261.
[48] MünchKommBGB/*Zimmermann* § 2213 Rdnr. 13; Palandt/*Edenhofer* § 2213 Rdnr. 6.
[49] BGH Urt. v. 11.5.2006, ZIP 2006, 258, 260; *M. Tanck* in Mayer/Süß/Tanck/Bittler/Wälzholz, Handbuch Pflichtteilsrecht, § 14 Rdnr. 75.
[50] RGZ 109, 166; *Klingelhöffer* ZEV 2000, 261, 262.
[51] BGH Urt. v. 11.5.2006 – ZIP 2006, 258, 260.
[52] BGH Urt. v. 11.5.2006 – ZIP 2006, 258, 260; a.A. *Marotzke* ZEV 2005, 310.
[53] Formulierungsbeispiel bei *Klingelhöffer*, ZEV 2000, 261, 262; zurückhaltend in Bezug auf die Lösungsmöglichkeit der Erteilung einer postmortalen Vollmacht allerdings *Zimmermann* Rdnr. 607 (Fn. 1359).
[54] Soergel/*Damrau* § 2213 Rdnr. 12; MünchKommBGB/*Zimmermann* § 2213 Rdnr. 17.
[55] Staudinger/*Reimann* § 2213 Rdnr. 25.

das Urteil nicht gegen den Testamentsvollstrecker.[56] Auf ein klagabweisendes Urteil zugunsten des Erben kann er sich jedoch berufen.[57]

6. Zwangsvollstreckung

30 Für die Zwangsvollstreckung in einen vom Testamentsvollstrecker **im Ganzen verwalteten Nachlass** ist ein gegen ihn erlassenes Urteil erforderlich und ausreichend (§ 748 Abs. 1 ZPO). Die Möglichkeit der Vollstreckung in den Nachlass ist von der Fortdauer des Verwaltungsrechts des Testamentsvollstreckers unabhängig.[58] Der Gläubiger kann schon während des Bestehens der Testamentsvollstreckung die Erteilung einer vollstreckbaren Ausfertigung gegen den Erben verlangen (§ 728 Abs. 2 S. 2 ZPO), um auf dessen persönliches Vermögen Zugriff nehmen zu können. Dem Erben steht jedoch die Möglichkeit der Haftungsbeschränkung offen, ohne dass es insoweit eines entsprechenden Vorbehalts im Urteil bedarf (§ 780 Abs. 2 ZPO).

31 Besitzt der Gläubiger nur einen **Titel gegen den Erben,** kommt allein die Zwangsvollstreckung in dessen Eigenvermögen in Betracht, wobei der Erbe gemäß §§ 780 ff. ZPO bei entsprechendem Vorbehalt im Urteil die Beschränkung seiner Haftung geltend machen kann. Eine Vollstreckung in den Nachlass auf der Grundlage eines gegen den Erben gerichteten Titels kommt demgegenüber allein dann in Betracht, wenn die Beschränkung durch die angeordnete Testamentsvollstreckung zwischenzeitlich weggefallen ist. Unterliegen nur einzelne Nachlassgegenstände der Verwaltung des Testamentsvollstreckers und bezieht sich das gegen den Erben gerichtete Urteil hierauf, dann kann für die Dauer der Verwaltung ebenfalls nicht in diese vollstreckt werden, sofern nicht zugleich ein Duldungstitel gegen den Testamentsvollstrecker erstritten wurde (§ 748 Abs. 2 ZPO).

32 Die schon gegen den **Erblasser begonnene Zwangsvollstreckung** kann ohne neue Vollstreckungsklausel in seinen Nachlass fortgesetzt werden (§ 779 Abs. 1 ZPO). Hatte aus einem gegen den Erblasser erlassenen vollstreckbaren Urteil die Zwangsvollstreckung noch nicht begonnen, dann ist die Klausel für den Gläubiger umzuschreiben: gegen den Testamentsvollstrecker, wenn er den Nachlass verwaltet (§ 749 ZPO), gegen den Erben, wenn kein Testamentsvollstrecker den Nachlass verwaltet (§ 727 ZPO). Unterliegt nur ein Teil des Nachlasses der Testamentsvollstreckung, muss die Klausel auf den Testamentsvollstrecker und den Erben umgeschrieben werden (§§ 749, 748 Abs. 2 ZPO).

Muster: Antrag auf Titelumschreibung eines gegen den Erblasser erlassenen Urteils gegen den Testamentsvollstrecker[59]

> An das
> Amtsgericht
> ...
> Az. ...
>
> In Sachen
> ...
> gegen
> ...
>
> beantrage ich namens und in Vollmacht des Klägers als Gläubiger des im Verfahren geltend gemachten Anspruches gemäß §§ 749, 727 ZPO
> die Erteilung einer vollstreckbaren Ausfertigung des gegen die Erblasserin ..., verstorben am ..., ergangenen und in der Anlage im Original beigefügten rechtskräftigen Urteils des Amtsgerichtes ... zum Zwecke der Zwangsvollstreckung gegen ... als Testamentsvollstrecker für den Nachlass der am ... verstorbenen ...

---

[56] RGZ 109, 166 f.; *Kerscher/Tanck/Krug* § 20 Rdnr. 78, 80; *Garlichs/Mankel* MDR 1998, 511, 512.
[57] *Zimmermann* Rdnr. 602; Staudinger/*Reimann* § 2213 Rdnr. 6; Erman/*Schmidt* § 2213 Rdnr. 12.
[58] MünchKommBGB/*Zimmermann* § 2213 Rdnr. 9.
[59] Vgl. Krug/Rudolf/Kroiß/*Littig* ErbR § 13 Rdnr. 192.

Die Erblasserin ... ist am ... in ... verstorben. Sie hat für ihren gesamten Nachlass Testamentsvollstreckung angeordnet und ... zum Testamentsvollstrecker ernannt. Beschränkungen der Rechte des Testamentsvollstreckers hat die Erblasserin nicht angeordnet. ... hat das Amt mit Erklärung vom ... gegenüber dem Nachlassgericht angenommen.
Auf die in der Anlage auf Antrag des Gläubigers gemäß § 85 FGG erteilte Ausfertigung des Testamentsvollstreckerzeugnisses wird Bezug genommen.
Der Gläubiger benötigt eine vollstreckbare Ausfertigung des bereits gegen die Erblasserin ergangenen Urteils zum Zwecke der Zwangsvollstreckung in den insgesamt vom Testamentsvollstrecker verwalteten Nachlass nach § 749 ZPO.

Rechtsanwalt

IV. Klagen gegen den Testamentsvollstrecker persönlich

Die Geltendmachung von Ansprüchen gegen den **Testamentsvollstrecker persönlich** wird von § 2213 BGB nicht erfasst. Persönliche Klagen gegen den Testamentsvollstrecker sind solche, bei denen es nicht um die Verwaltung des Nachlasses im weitesten Sinne geht.[60] Die Abgrenzung kann in Grenzbereichen durchaus Probleme aufwerfen (s. sogleich Rdnr. 34).[61] Verklagt ein Gläubiger den Testamentsvollstrecker in der falschen Eigenschaft, ist die Klage unbegründet,[62] wobei das Gericht jedoch bei entsprechenden Bedenken gemäß § 139 ZPO zum Hinweis verpflichtet ist.

Typische Fälle, bei denen der Testamentsvollstrecker persönlich und nicht in seiner Amtseigenschaft zu verklagen ist, sind die **Geltendmachung von Schadenersatzansprüchen**[63] sowie der Streit um seine Ernennung und Absetzung.[64] Persönlicher Beklagter ist der Testamentsvollstrecker auch dann, wenn Nachlassgegenstände herausverlangt werden sollen, die er auf Grund eines vermeintlichen eigenen Vermächtnisanspruchs in Besitz genommen hat[65] oder wenn er aus den §§ 2218, 667 BGB auf Herausgabe der Erbschaft nach Beendigung der Testamentsvollstreckung in Anspruch genommen werden soll.[66]

Nicht in persönlicher, sondern richtigerweise in amtlicher Eigenschaft ist der Testamentsvollstrecker hingegen zu verklagen, wenn der Erbe die Vorlage eines Nachlassverzeichnisses oder Rechnungslegung verlangt[67] oder gemäß § 2217 BGB die Überlassung von Nachlassgegenständen zur freien Verfügung begehrt.[68] Auch wenn der Erbe den Testamentsvollstrecker auf Erfüllung seiner Verpflichtung zur ordnungsgemäßen Nachlassverwaltung verklagt (§ 2216 BGB), so ist diese Klage wegen des Zusammenhangs mit den Amtspflichten gegen den Testamentsvollstrecker als Partei kraft Amtes, nicht gegen ihn persönlich zu richten.[69]

Unterliegt der Testamentsvollstrecker im persönlichen Prozess, sind die hiermit verbundenen **Kosten von ihm persönlich** zu tragen, ohne dass über den Aufwendungsersatzanspruch der §§ 2218, 670 BGB bei den Erben Rückgriff genommen werden kann. Dies gilt insbesondere bei Schadensersatz- oder Vergütungsprozessen. Durfte der Testamentsvollstrecker das betreffende Verfahren allerdings für erforderlich halten, um den letzten Willen des Erblassers zu verteidigen

---

[60] *Zimmermann* Rdnr. 614.
[61] Ausf. *Zimmermann* Rdnr. 614 ff. Nach *Garlichs* ZEV 1996, 447, 449 sollen Amtsklagen nur vorliegen, wenn auch ein Nachfolger im Amt des Testamentsvollstreckers in gleicher Weise verpflichtet wäre; nach *Kessler* DRiZ 1967, 299, 301 ist darauf abzustellen, in welches Vermögen man ggf. vollstrecken muss und welches Vermögen für die Kosten des Rechtsstreits zu haften hat.
[62] *Garlichs* ZEV 1996, 447.
[63] BGH Urt. v. 4.11.1987 – NJW-RR 1988, 386; vgl. auch BGH Urt. v. 18.9.2002 – NJW 2002, 3773 = ZEV 2002, 499 m. Anm. *Otte* = ZErb 2002, 356; *Garlichs* ZEV 1996, 447, 449; *Damrau/Bonefeld* § 2213 Rdnr. 21.
[64] *Mayer/Bonefeld/Wälzholz/Weidlich/J. Mayer* Rdnr. 226; *Garlichs* ZEV 1996, 447, 448; *Damrau/Bonefeld* § 2213 Rdnr. 21.
[65] *Winkler* Rdnr. 448; vgl. auch *Garlichs* ZEV 1996, 447, 449.
[66] *Palandt/Edenhofer* § 2213 Rdnr. 5; *Erman/Schmidt* § 2213 Rdnr. 13.
[67] OLG Koblenz Urt. v. 11.12.1992 – NJW-RR 1993, 462; *Zimmermann* Rdnr. 616; *Garlichs* ZEV 1996, 447, 448; a. A. KG OLG 10, 303.
[68] *Garlichs* ZEV 1996, 447, 448; *Mayer/Bonefeld/Wälzholz/Weidlich/J. Mayer* Rdnr. 226; a. A. OGHZ 2, 45, 48.
[69] *Garlichs* ZEV 1996, 447, 449; *Soergel/Damrau* § 2213 Rdnr. 6; *Zimmermann* Rdnr. 616.

und durchzusetzen (z. B. bei Streitigkeiten um die Absetzung des Testamentsvollstreckers sowie über die Gültigkeit eines ihn ernennenden Testaments), kann auch bei einem verlorenen Prozess ein Kostenerstattungsanspruch gegen die Erben in Betracht kommen.[70]

V. Einstweiliger Rechtsschutz

37 Insoweit ist insbesondere die Frage von Bedeutung, inwieweit durch einstweilige Anordnungen in die Amtsführung des Testamentsvollstreckers eingegriffen werden kann. Hier verneint die h.M. die Möglichkeit, dass das Nachlassgericht im Entlassungsverfahren nach § 2227 BGB durch einstweilige Anordnung **eine vorläufige Entlassung des Testamentvollsteckers** ausspricht (vgl. auch bereits § 19 Rdnr. 207).[71] Begründet wird dies damit, dass die gesetzlich vorgesehenen, einzelnen Zuständigkeiten des Nachlassgerichts bei Bestehen einer Testamentsvollstreckung kein Eingreifen in die Amtsführung aufgrund einer einstweiligen Anordnung vorsehen und bei nur vorläufiger Entlassung des Testamentsvollstreckers ungewiss bliebe, wem während dieser Zeit die Verwaltung und die Verfügung über den Nachlass zusteht.[72] Ebenso wenig kann das Prozessgericht den Testamentsvollstrecker durch einstweilige Verfügung (§§ 935, 940 ZPO) vorläufig entlassen.[73]

38 In Bezug auf die konkrete Amtsführung des Testamentsvollstreckers ist es aber möglich, dass die Erben ihren **Rechtsanspruch auf ordnungsgemäße Verwaltung** (§ 2216 BGB) gegen den Testamentsvollstrecker im Zivilprozess durchsetzen, wobei hier unter den Voraussetzungen der §§ 935 ff. ZPO auch einstweiliger Rechtsschutz gewährt werden kann. Auf dieser Grundlage ist es also möglich, dass die Erben aus § 2216 BGB beim Prozessgericht eine einstweilige Verfügung des Inhalts beantragen, das dem Testamentsvollstrecker eine bestimmte und konkret beabsichtigte Maßnahme (z.B. der Verkauf von bestimmten Vermögensgegenständen aus dem Nachlass) untersagt wird.[74]

---

[70] BGH Urt. v. 6.7.1977 – NJW 1977, 1726, 1727; *Zimmermann* Rdnr. 617; *Winkler* Rdnr. 449; Mayer/Bonefeld/Wälzholz/*J. Mayer* Rdnr. 226.
[71] Vgl. OLG Köln Beschl. v. 8.10.1986 – Rpfleger 1987, 70; *Winkler* Rdnr. 804; *Muscheler* AcP 1997, 226, 259; *Zimmermann* Rdnr. 809.
[72] Vgl. *Winkler* Rdnr. 804.
[73] *Zimmermann* Rdnr. 809.
[74] Vgl. *Zimmermann* Rdnr. 809.

§ 60 Klagen im Zusammenhang mit der Erbenhaftung

Übersicht

	Rdnr.
I. Allgemeines	1–11
1. Haftungsbeschränkungsvorbehalt bei Leistungsklagen	2/3
a) Die Verteidigung des Erben gegen Leistungsklagen	2
b) Ausnahmen	3
2. Kein Beschränkungsvorbehalt bei Feststellungsklagen und dinglichen Pflichtenlagen	4
3. Die Zwangsvollstreckung gegen den Erben	5
4. Kosten, Prozesskostenhilfe	6
5. Gebührenanspruch; Streitwert	7/8
a) Gebührenanspruch	7
b) Streitwert	8
6. Zuständigkeiten; Zulässigkeit des Verfahrens	9–11
a) Gerichtsstands- und Schiedsvereinbarungen	9
b) Gerichtsstand der Erbschaft	10
c) Einwendungsklagen	11
II. Musterklagen und -anträge	12–22
1. Antrag bei Klage eines Nachlassgläubigers gegen den Alleinerben auf Auflassung eines Grundstücks	13
2. Klage eines Nachlassgläubigers auf Auflassung bei Verwaltungsvollstreckung	13
3. Klagen gegen Miterben	14–18
a) Zahlungsklagen	14
b) Klagen bei Testamentsvollstreckung	15
c) Klagen auf Vornahme einer Verfügung	16
d) Klage gegen den unbeschränkbar haftenden Miterben vor Nachlassteilung	17
e) Klageantrag bei teilschuldnerischer Haftung	18
4. Einwendungsklagen des Erben nach § 785 ZPO	19–22
a) Klage bei Vollstreckung in das Eigenvermögen des Erben	19
b) Klagen bei Dürftigkeit des Nachlasses	20
c) Konkurrierende Erinnerung nach § 766 ZPO	21
d) Klage des Erben bei Androhung der Vollstreckung	22
III. Vorläufiger Rechtsschutz im Zusammenhang mit der Erbenhaftung	23–32
1. Allgemeines	23–27
a) Rechtsschutz vor der Annahme	24
b) Rechtsschutz nach der Annahme	25
c) Gläubigerschutz durch sonstige Maßnahmen	26
d) Prozesspflegschaft	27
2. Arrestantrag	28
3. Antrag auf Erlass einer einstweiligen Verfügung auf Eintragung einer Vormerkung	29/30
4. Besonderheit bei Miterben	31
5. Antrag auf Erlass einer einstweiligen Verfügung auf Eintragung eines Widerspruchs	31
6. Eintragung eines Rechtshängigkeitsvermerks	32

Schrifttum: *Behr,* Vollstreckungsmöglichkeiten des Nachlassgläubigers, JurBüro 1996, 120; *ders.,* Zwangsvollstreckung in den Nachlass, Rpfl 2002, 2; *Bonefeld/Kroiß/Tanck* Erbprozess 2005; *Dauner-Lieb,* Zwangsvollstreckung bei Nachlassverwaltung und Nachlasskonkurs, FS Gaul, 1997, 93; *Enders,* Die anwaltliche Honorarrechnung in erblichen Angelegenheiten Teil VI – Gerichtliche Tätigkeit – Stufenklage, JurBüro 2001, 57; *Garlichs/Mankel,* Die passive Prozessführungsbefugnis des Testamentsvollstreckers, MDR 1998, 511; *Johannsen,* Erbrecht in der Rechtsprechung des Bundesgerichtshofs, III. Erbenhaftung WM 1972, 919; *Klinger,* Münchener Prozessformularbuch Erbrecht, 2004; *Klinger/Ruby,* Gebühren im erbrechtlichen Mandat nach dem neuen RVG, ZEV 2004, 181; *Leipold,* Rechtsprechungsbericht Erbrecht 1996 und 1997, JZ 1998, 885; *Muscheler,* Haftungsbeschränkung zugunsten Minderjähriger, WM 1998, 2271; *Münzberg,* Anmerkung zum Beschluss des BayObLG v. 7.10.1999, Rpfl 1999, 216; *Noack,* Vollstreckung gegen Erben, JR 1969, 8; *K. Schmidt,* Zum Prozessrecht der beschränkten Erbenhaftung, JR 1969, 45; *Schulte,* Verurteilung zur Auskunftserteilung – Bemessung von Beschwer und Kostenstreitwert, MDR 2000, 805; *Stein,* Nachlassverwaltung und Zwangsvollstreckung, ZEV 1998, 178; *Weißler,* Das Nachlassverfahren, 2 Bde., 1920; *Westphal/Behr,* Zwangsvollstreckung in den Nachlass, Rpfl 2002, 509; *Wessels,* Zwangsvollstreckungsrechtliche Fragestellungen im Erbrecht, Zeitschrift für Familien- und Erbrecht, 2005, 191.

I. Allgemeines

1   Der auf erbrechtlichem Gebiet forensisch tätige Anwalt trägt in einem hohen Maße die Verantwortung dafür, dass bei einer gerichtlichen Auseinandersetzung die vom Gesetz vorgesehenen Möglichkeiten der Haftungsbeschränkung erhalten bleiben,[1] wie er auch dafür zu sorgen hat, dass der Mandant bei der Geltendmachung von Nachlassverbindlichkeiten nicht grundlos einen Beschränkungsvorbehalt akzeptieren muss. Dies setzt neben einer genauen Kenntnis des Rechtscharakters der streitigen Verbindlichkeit und der jeweiligen Haftungslage vor allem eine Beherrschung der zivilprozessualen Ergänzungen des materiellen Haftungsrechtes voraus, an die im Streit über materiell-rechtliche Fragen häufig nicht gedacht wird. Um sicher zu gehen, dass die Möglichkeit der Haftungsbeschränkung nicht verloren geht, hat der Anwalt in Erbenhaftungsangelegenheiten zwei Gesichtspunkte stets zu beachten:

- Mag es auch noch so richtig sein, dass nur das BGB die Haftung des Erben als unbeschränkt, aber beschränkbar festgelegt hat, im Rechtsstreit sollte stets die gegenteilige Ansicht *Binders*[2] beachtet werden: „Das allgemeine Prinzip der Erbenhaftung steht nicht im BGB, sondern in der ZPO". Nur die ZPO weist oder versperrt nämlich den Weg zur Verwirklichung der Haftungsbeschränkung.
- Es besteht auch nach der Neufassung des § 139 ZPO keine Pflicht des Gerichts, auf die Notwendigkeit eines Beschränkungsvorbehaltes nach § 780 ZPO **hinzuweisen**.[3] Um dem Erben die Möglichkeit der Haftungsbeschränkung zu erhalten, muss deshalb die einschlägige Einrede erhoben werden. Niemand darf darauf vertrauen, dass das Gericht einen entsprechenden Hinweis gibt.

1. Haftungsbeschränkungsvorbehalt bei Leistungsklagen

2   **a) Die Verteidigung des Erben gegen Leistungsklagen.** Verteidigt sich der Erbe (auch der Vor-, Nach- oder Miterbe) gegen eine **Leistungsklage** eines Nachlassgläubigers, ist stets der **Vorbehalt** aus § 780 ZPO zu beantragen. Der entsprechende Antrag könnte nach Abweisungs- und Vollstreckungsschutzantrag als zweiter Hilfsantrag wie folgt formuliert werden:

> **Formulierungsvorschlag:**
> weiter hilfsweise, dem Beklagten die Beschränkung der Haftung auf den Nachlass des am ... verstorbenen E vorzubehalten.[4]

Der Vorbehalt nach § 780 ZPO ist nicht bloß Voraussetzung für das Vorgehen gegen Zwangsvollstreckungsmaßnahmen von Nachlassgläubigern nach Herbeiführung einer Haftungsbeschränkung oder durch Berufung auf die §§ 1990, 1991 BGB. Auch die Berufung auf die **Ausschließung** oder die **Verschweigung** nach §§ 1973, 1974 BGB sowie auf das Verweigerungsrecht des **Miterben** nach § 2059 BGB können nur auf Grund des Vorbehaltes nach § 780 ZPO zum Ziel führen. Anders liegt es nur beim privaten Gläubigeraufgebot des Miterben nach § 2061 BGB, das für die gegenständliche Haftungsbeschränkung ohne Bedeutung ist. Zur Erhebung der **Schonungseinreden** (§§ 2014, 2015 BGB) soll nach wohl überwiegender Meinung der Vorbehalt nach § 780 nicht erforderlich sein. Aber der Vorbehalt nach § 305 ZPO, der auf jeden Fall erforderlich ist, deckt sich mit dem nach § 780

---

[1] BGH Urt. v. 11.7.1991 – NJW 1991, 2839; Urt. v. 21.2.2002 – NJW 2002, 1414.
[2] Die Rechtsstellung des Erben, Bd. II S. 96.
[3] OLG Düsseldorf Beschl. v. 20.10.2003 – FamRZ 2004, 1222.
[4] Ein bes. Antrag ist zwar nicht erforderlich (BGH Urt. v. 29.4.1993 – BGHZ 122, 297 = NJW 1993, 1851), aber nach dem Gebot des sichersten Weges angebracht, damit er nicht übersehen wird.

ZPO;[5] überdies führt auch die Erhebung der Einreden nach §§ 2014, 2015 BGB zu einer vorläufigen Haftungsbeschränkung (§ 782 ZPO). Der vorsichtig operierende Anwalt wird deshalb stets die Aufnahme des Vorbehalts der beschränkten Haftung beantragen, übrigens höchst vorsorglich auch dann, wenn der Kläger nur Verurteilung zur **Zahlung aus dem Nachlass** begehrt. Dagegen liegt ein Fall des § 780 ZPO nicht vor, wenn sich der beklagte Erbe auf eine Haftungsvereinbarung beruft.[6] Hier ist schon im Erkenntnisverfahren über die behauptete Beschränkungsvereinbarung zu entscheiden. Für § 780 ZPO ist unerheblich, um welche Art Leistung es sich handelt. **Unterlassungsansprüche**[7] werden von der Bestimmung ebenso erfasst wie **Verschaffungsansprüche**[8] und Ansprüche auf Abgabe einer **Willenserklärung**.[9] Im Falle der Klage auf Abgabe einer Willenserklärung (etwa auf Abgabe der Auflassungserklärung) ist die Aufnahme des Vorbehaltes nach § 780 ZPO deshalb von besonderer Bedeutung, weil mit Rechtskraft des vorbehaltlosen Urteils die Fiktion des § 894 ZPO eingreift, die Willenserklärung also als abgegeben gilt. Dies gilt wieder nicht, wenn die Klage nur auf Herbeiführung der Auflassung gerichtet ist.[10] Nach ständiger Rechtsprechung[11] ist die Frage der beschränkten oder der unbeschränkten Haftung schon im Grundurteil zu entscheiden, weshalb der Prozessbevollmächtigte stets zu prüfen hat, ob das Urteil eine entsprechende Entscheidung enthält.[12] Ansonsten ist ein Antrag auf Ergänzungsurteil gem. § 321 ZPO bzw. die Einlegung eines Rechtsmittels geboten. Das Vorbehaltserfordernis gilt nicht nur für das **Leistungsurteil**. Auch die im § 794 ZPO genannten Titel unterliegen der Vorschrift des § 780 ZPO.[13] Dies gilt insbesondere für Vergleiche nach § 794 Abs. 1 Nr. 1 ZPO. Ein vor dem Nachlassgericht abgeschlossener **Vergleich** ist allerdings kein Vollstreckungstitel im Sinne dieser Vorschrift.[14] Der Prozessbevollmächtigte hat bei der Formulierung des Vergleichs auf einen eindeutigen und klaren **Vorbehalt** zu achten. Die bloße Bezeichnung des Schuldners als „Erbe" reicht nach der – sehr strengen – Rechtsprechung des BGH grundsätzlich nicht aus.[15] Die Einrede kann bis zum Schluss der letzten mündlichen Verhandlung in den **Tatsacheninstanzen** geltend gemacht werden. Wird sie erstmals in der Berufungsinstanz erhoben, soll dies nur unter der Voraussetzung des § 531 Abs. 2 ZPO möglich sein.[16] Im **Revisionsverfahren** ist sie nur dann zulässig, wenn die Erhebung der Einrede vorher nicht möglich war[17] oder kein Anlass gegeben war, sie zu erheben.[18] Eine Revision, die nur die Aufnahme des Vorbehalts zum Ziel hat, ist unzulässig.[19] Hat allerdings das Berufungsgericht über die erhobene Dürftigkeitseinrede nicht entschieden, kann das Revisionsgericht den Vorbehalt auch ohne Antrag nachholen.

b) Ausnahmen. Ein Antrag auf Aufnahme eines Vorbehalts ist nicht erforderlich, wenn der **Fiskus** als gesetzlicher Erbe verurteilt wird (vgl. § 2011 BGB) oder wenn die Verurteilung wegen einer Nachlassverbindlichkeit gegen einen **Nachlassverwalter** (§ 1984 BGB) oder einen anderen **Nachlasspfleger** (§ 1961 BGB) oder gegen einen verwaltenden **Testamentsvollstrecker** (§§ 2209, 2213 BGB) erfolgt. In allen diesen Fällen kommt nur eine Haftung mit dem Nachlass in Betracht, so dass ein Vorbehalt überflüssig wäre. Dies gilt – anders als bei Prozessführung

3

---

[5] BGH Urt. v. 21.3.1955 – BGHZ 17, 69, 73 = NJW 1955, 788.
[6] BGH Urt. v. 14.7.1954 – ZZP 68 (1955), 101, 102.
[7] RGZ 92, 341.
[8] BGH Urt. v. 29.5.1964 – NJW 1964, 2298.
[9] RGZ 49, 417.
[10] BGH Urt. v. 24.4.1963 – NJW 1963, 1611.
[11] RGZ 104, 340; 61, 293, 294; ebenso in der Sache BGH Urt. v. 28.9.2000 – NJW 2001, 146, 149.
[12] Der Vorbehalt kann sich auch aus den Gründen ergeben, MünchKomm/*Siegmann* § 1967 Rdnr. 35 m.w.N; a.A. Bonefeld/Kroiß/Tanck/*Krug* Erbprozess Kap. 9 Rdnr. 38.
[13] Vgl. § 795 ZPO.
[14] BayObLG Beschl. v. 14.7.1997 – ZEV 1997, 461.
[15] Urt. v. 11.7.1991 – NJW 1991, 2839.
[16] OLG Düsseldorf Beschl. v. 20.10.2003 – FamRZ 2004, 1222 (Im konkreten Fall hat sich der Erbe in 1. Instanz allerdings ohne Überschuldung des Nachlasses berufen, was u.E. zur Aufnahme des Vorbehaltes hätte führen müssen.) Vgl. auch OLG Hamm Urt. v. 15.11.2005 – MDR 2006, 695.
[17] Erbfall ist erst nach Schluss der Berufungsverhandlung eingetreten, BGH Urt. v. 21.3.1955 – BGHZ 17, 69, 73 = NJW 1955, 788; BGH Urt. v. 28.9.2000 – NJW 2001, 146, 149.
[18] Etwa weil die Nachlassverwaltung erst während des Revisionsverfahrens aufgehoben wurde, BGH Urt. v. 9.5.1962 – NJW 1962, 1250.
[19] BGH Urt. v. 26.6.1970 – BGHZ 54, 204 = NJW 1970, 1742.

durch den Erben – auch für die Verurteilung zur Tragung der Prozesskosten, und zwar auch bei der Prozessführung durch den Nachlasspfleger (§§ 1960 Abs. 3, 1961 BGB). Wird er auch oder (bei Klageabweisung) nur zur Tragung der Kosten verurteilt, wird wie bei der Prozessführung durch den Nachlassverwalter oder den Testamentsvollstrecker nur eine Nachlassverbindlichkeit begründet.[20] Die Gegenansicht[21] übersieht, dass auch der Nachlasspfleger den Erben nur im Rahmen seiner Rechtsmacht, d.h. nur als Träger des Nachlasses verpflichten kann. Folglich ist der noch unbekannte Erbe nicht gehindert, auch wegen der vom Nachlasspfleger verursachten Prozesskosten die Haftungsbeschränkung herbeizuführen. Dies sollte schon im Erkenntnisverfahren berücksichtigt werden, etwa mit dem Antrag, dem unbekannten Erben die Beschränkung der Haftung auf den Nachlass wegen Hauptforderung, Zinsen und Kosten vorzubehalten. Bei der kraft Gesetzes eintretenden Beschränkung der Haftung auf den Nachlass (Fälle nach § 5 KonsularG und § 409 ZGB-DDR) ist von Amts wegen auf eine beschränkte Haftung, d.h. auf Leistung aus dem Nachlass oder auf Duldung der Zwangsvollstreckung in den Nachlass zu erkennen. Haftet der Erbe mit dem Wert des Nachlasses, wird demgegenüber ohne Vorbehalt verurteilt. Der Erbe haftet also mit Eigenvermögen und Nachlass für Verpflichtungen aus §§ 102, 103 SGB XII, § 1836 e BGB. Es besteht keine Beschränkungsmöglichkeit nach § 1975 BGB.[22] Nach dem MHbeG wird zwar die Haftung kraft Gesetzes auf den Bestand des bei Eintritt der Volljährigkeit vorhandenen Vermögens beschränkt. Gleichwohl ist – wie § 786 ZPO und die Übergangsvorschrift des Art. 3 Abs. 1 MHbeG zeigen – stets ein Vorbehalt nach § 780 ZPO erforderlich, um die Haftungsbeschränkung im Wege der §§ 1990, 1991 BGB herbeiführen zu können.[23] Auf Klägerseite ist darauf zu achten, dass ein Vorbehalt zu unterbleiben hat, wenn der beklagte Erbe dem klagenden Gläubiger gegenüber wegen Eidesverweigerung (§ 2006 BGB) oder allgemein **unbeschränkbar** (etwa wegen eines Inventarvergehens oder der Versäumung der Inventarfrist) oder wegen einer Nachlass-Erbenschuld (die ihn auch persönlich verpflichtet) haftet oder wegen einer einzelnen Gläubigern gegenüber ausgesprochenen Verzichts[24] oder wegen seiner Haftung für Geschäftsschulden nach §§ 27, 139 HGB[25] keine Beschränkung (mehr) herbeiführen kann.

2. Kein Beschränkungsvorbehalt bei Feststellungsklagen und dinglichen Pflichtenlagen

Nach der Rechtsprechung des Reichsgerichts[26] und des KG[27] bedarf es bei **Feststellungsklagen** keines Vorbehalts, um dem beklagten Erben die Möglichkeit der Beschränkung der Haftung auf den Nachlass zu erhalten, da sich § 780 ZPO nur auf Leistungsklagen bezieht. Nur diese ermöglichen im Fall der Verurteilung des Beklagten – anders als beim Feststellungsurteil – eine Vollstreckung gegen den Erben, was Voraussetzung für die nach §§ 781 bis 784 ZPO erhobenen Einwendungen ist. Von dieser Rechtsprechung macht das OLG Bamberg[28] mit Billigung des BGH[29] dann eine **Ausnahme**, wenn der Erbe der Feststellungsklage den genauen Umfang seiner Zahlungsverpflichtung entnehmen kann. Aus anwaltlicher Vorsicht ist es deshalb geboten, wie bei jeder Leistungsklage so auch bei jeder **bezifferten Feststellungsklage** unter Berufung auf die angeführte Rechtsprechung die Einrede der beschränkten Erbenhaftung zu erheben. Sinnlos wäre dagegen die Erhebung einer solchen Einrede, wo für den Erben eine dingliche Pflichtenlage besteht, also dort, wo der Erbe in seiner Eigenschaft als Grundstückseigentümer und deshalb ohne Haftungsbeschränkungsmöglichkeit haftet, wie §§ 1137 Abs. 1 S. 2 und 1211 Abs. 1 S. 2 BGB zeigen. Gegenüber Klagen aus §§ 985 und 1147 BGB kann

---

[20] Staudinger/*Marotzke* § 1967 Rdnr. 47; *Planck/Flad* § 1967 Anm. 6 b a.E.; MünchKomm/*Siegmann* § 1967 Rdnr. 37; *Binder*, Rechtsstellung des Erben, Bd II S. 47; *Strohal*, Das deutsche Erbrecht, Bd II S. 181; *Weißler* Bd I S. 128; oben § 59 Rdnr. 17 ff.
[21] KG Rpfl 1976, 187; *Damrau* ZEV 1999, 234; *Klinger/Gutbell/Joachim*, Münchener Prozeßformularbuch Erbrecht, Formular T II 1 Anm. 3.
[22] BayVGH Urt. v. 15.7.2003 – FamRZ 2004, 489, 491.
[23] *Muscheler* WM 1998, 2271, 2285.
[24] BGH Urt. v. 2.7.1992 – NJW 1992, 2694.
[25] RGZ 88, 219.
[26] JW 1930, 2215, 2216.
[27] Urt. v. 8.1.1970 – DAR 1971, 19.
[28] Urt. v. 18.9.1995 – ZEV 1996, 463.
[29] Nichtannahme-Beschluss vom 2.10.1996 – ZEV 1996, 465.

deshalb keine Haftungsbeschränkung geltend gemacht werden. Gleiches gilt nach § 884 BGB, soweit ein Anspruch gegen den Erben durch Vormerkung gesichert ist.

3. Die Zwangsvollstreckung gegen den Erben

Der **Beschränkungsvorbehalt** hindert Nachlass- und Eigengläubiger des Erben nach § 781 ZPO nicht an der Vollstreckung in dessen Gesamtvermögen. Der Erbe muss vielmehr bei Vollstreckungsmaßnahmen in sein Eigenvermögen, etwa bei Eintragung einer Zwangshypothek wegen einer titulierten Erblasserschuld zu Lasten eines nachlassfremden Grundstücks des Erben trotz Anordnung der Nachlassverwaltung,[30] auf Grund des § 784 ZPO die **Einwendungsklage** nach §§ 785, 787 ZPO erheben und beweisen, dass die ihm vorbehaltene **Beschränkung der Haftung** eingetreten ist, also Nachlassverwaltung angeordnet oder Nachlassinsolvenz eröffnet ist oder die Voraussetzungen der Dürftigkeitseinrede gegeben sind. Auch ohne entsprechenden Vorbehalt kann der Erbe die Einwendungsklage erheben, wenn der Gläubiger aus einem noch gegen den **Erblasser** ergangenen Urteil auf Grund einer titelübertragenden Klausel nach § 727 ZPO[31] gegen den Erben vollstreckt oder die Erhebung der Einrede nicht mehr möglich war, weil der Erbe erst nach Schluss der letzten **Tatsachenverhandlung** in das Verfahren eingetreten ist.[32] Gleiches gilt bei Vollstreckung auf Grund eines Auszugs aus der Insolvenztabelle, § 201 Abs. 2 InsO. Die Einwendungsklage ist eine **Vollstreckungsabwehrklage**[33], die beim Prozessgericht des ersten Rechtszugs zu erheben ist. Sie und nicht eine Erinnerung nach § 766 ZPO ist auch dann das richtige Mittel gegen die Zwangsvollstreckung in das Eigenvermögen, wenn zur Zahlung aus dem Nachlass verurteilt worden ist.[34] Für **Miterben** bestehen keine Besonderheiten. Auch sie haben bei Vollstreckung in ihr Eigenvermögen nach Anordnung der Nachlassverwaltung oder Eröffnung des Nachlassinsolvenzverfahrens oder vor Teilung des Nachlasses die Klagemöglichkeiten gem. §§ 781, 785, 767 ZPO.[35]

4. Kosten, Prozesskostenhilfe

Prozesskosten, die noch in der Person des Erblassers entstanden sind, sind Erblasserschulden, also reine **Nachlassverbindlichkeiten**, so die noch nicht beglichenen Kosten eines abgeschlossenen Rechtsstreits oder die bis zum Erbfall entstandenen Kosten eines anhängigen Verfahrens.[36] Die Kosten eines vom **Erben** geführten Aktiv- oder Passivprozesses trägt dagegen dieser im Falle des Unterliegens; wurde der Rechtsstreit in ordnungsgemäßer Verwaltung des Nachlasses geführt, haftet auch der Nachlass, sodass eine Nachlass-Erbenschuld vorliegt.[37] Ohne Kostenbelastung für den Nachlassgläubiger bleibt die Aufnahme des **Haftungsbeschränkungsvorbehalts**, wenn er diesem Begehren nicht entgegengetreten ist, § 92 Abs. 2 S. 1 ZPO.[38] Betraf der Streit der Parteien aber gerade die Frage, ob der Erbe unbeschränkbar oder persönlich wegen des Vorliegens einer Nachlass-Erbenschuld haftet, und unterliegt der Nachlassgläubiger insoweit, hat er je nach der wirtschaftlichen Bedeutung der streitigen Frage einen Teil der Kosten zu tragen. Führen die **Erben** einen zurzeit des Erbfalls anhängigen Rechtsstreit fort und unterliegen sie, so kann nur wegen der Kosten, die nach ihrem Eintritt entstanden sind, eine vorbehaltlose Verurteilung in die Kosten erfolgen. Wegen der bis zum Erbfall entstandenen Kosten besteht dagegen die Möglichkeit der Beschränkung der Haftung auf den Nachlass.[39] Der Vorbehalt muss im **Kostenausspruch** des Urteils enthalten sein,[40] weil

---

[30] OLG Frankfurt Beschl. v. 23.5.1997 – NJW-RR 1998, 160.
[31] Anders bei Erteilung der Klausel auf eine Klage nach § 731 ZPO hin erteilt worden ist. Hier ist der Vorbehalt nach § 780 ZPO aufzunehmen, VGH Mannheim Urt. v. 12.11.2002 – ZEV 2003, 472.
[32] BGH Urt. v. 26.6.1970 – BGHZ 54, 204 = NJW 1970, 1742.
[33] BGH Urt. v. 13.7.1989 – NJW-RR 1989, 1226.
[34] So auch *Münzberg* Rpfl 2000, 216, 217 gegen BayObLG Beschl. v. 7.10.1999 – ZEV 2000, 151.
[35] Wegen eines Klagemusters vgl. Rdnr. 19.
[36] BGH Urt. v. 26.6.1970 – BGHZ 54, 204 = NJW 1970, 1742.
[37] Zu dieser zutreffenden Einschränkung *Johannsen* WM 1972, 920 und Staudinger/*Marotzke* § 1967 Rdnr. 47.
[38] BayObLG Beschl. v. 7.10.1999 – ZEV 2000, 151.
[39] BGH Urt. v. 26.6.1970 – BGHZ 54, 204, 207 = NJW 1970, 1742.
[40] KG Beschl. v. 12.12.1975 – MDR 1976, 584.

er sonst nicht in den Kostenfestsetzungsbeschluss aufgenommen werden kann.[41] Im Wege der **Erinnerung** kann die Haftungsbeschränkung bezüglich der Kosten nicht mehr geltend gemacht werden.[42] Hat der Erbe nach Eintritt des Erbfalls den Rechtsstreit durch **Anerkenntnis** unter Vorbehalt der Haftungsbeschränkung oder durch Rücknahme eines Rechtsmittels alsbald beendet, dürfen ihm persönlich keine Kosten entstehen. Er kann in diesem Falle auch hinsichtlich des Kostenausspruchs die Haftungsbeschränkung erreichen.[43] Erkennt der Erbe – wenn auch unter Vorbehalt der Beschränkung der Haftung – den Klageanspruch sofort an, hängt die Entscheidung, ob er Veranlassung zur Klage gegeben hat (§ 93 ZPO), davon ab, ob er seine Leistungsbereitschaft erklärt oder wegen des Vorranges des Judikatsanspruchs (§ 1991 Abs. 3 BGB) eine Zwangsvollstreckungsunterwerfung mit Vorbehalt der Haftungsbeschränkung angeboten hat. Nach der Rechtsprechung des OLG München[44] muss der Erbe ohne Aufforderung des Klägers keine **Unterwerfung** anbieten (zweifelhaft).

Die **Prozesskostenhilfe** endet mit dem Tode der Partei, der sie bewilligt war. Streitig ist, ob der Wegfall rückwirkend eintritt[45] oder ob die Bewilligung hinsichtlich der bereits erfüllten Kostentatbestände weiter wirkt.[46] War dem Erblasser ratenfreie Prozesskostenhilfe bewilligt und führen die Erben den Rechtsstreit nicht fort, so kann die Landeskasse sie unabhängig von ihren Vermögensverhältnissen wegen der durch den Erblasser verursachten Kosten nicht in Anspruch nehmen.[47]

5. Gebührenanspruch; Streitwert

7   a) **Gebührenanspruch.** Gebührenrechtlich ist von Bedeutung, dass die Zusatzgebühr des § 6 Abs. 1 S. 2 BRAGO nach überwiegender Rechtsprechung[48] auch dann erwächst, wenn ein durch Tod unterbrochener Rechtsstreit durch mehrere Miterben aufgenommen wird. Nach dem RVG gilt dasselbe (§ 7 RVG mit Nr. 1004 VV). Das Gebührenfestsetzungsverfahren nach § 11 RVG ist auch gegen den Erben möglich. In diesem Verfahren kann der Vorbehalt nach § 780 ZPO noch aufgenommen werden.[49]

8   b) **Streitwert.** Der **Streitwert** der gegen den Erben erhobenen Zahlungsklage weist im Allgemeinen keine Besonderheiten auf. Er bemisst sich also i. d. R. nach dem Betrag der eingeklagten Forderung. Wichtig ist, dass der **Vorbehalt** der beschränkten Erbenhaftung ohne Einfluss auf den Streitwert ist, unabhängig davon, ob der Nachlassgläubiger diesen Vorbehalt schon in der Klage berücksichtigt oder ob der Erbe dessen Aufnahme erreicht; § 6 ZPO ist auch nicht entsprechend anwendbar. Gleiches gilt bei Klagen eines Dritten gegen Miterben, etwa auf Zahlung einer Erblasserschuld oder Erfüllung eines Vermächtnisses. Im Übrigen ist bei der **Beteiligung von Miterben** zu unterscheiden:

Klagt ein Miterbe eine Nachlassforderung **gegen einen Miterben** ein, bemisst sich der Streitwert nach dem Betrag der eingeklagten Forderung abzüglich eines dem Anteil des beklagten Miterben entsprechenden Betrages,[50] während die Klage eines Miterben **gegen einen Dritten** gem. § 2039 BGB den vollen Streitwert rechtfertigt. Macht ein Miterbe gegen die Übrigen eine **Nachlassverbindlichkeit** geltend, ist der Streitwert um den Anteil des Klägers zu kürzen;[51] dies gilt auch dann, wenn der Miterbe gegen die übrigen Miterben auf Auflassung eines Nachlass-

---

[41] OLG Koblenz Beschl. v. 28.6.1996 – NJW-RR 1997, 1160; LG Leipzig Beschl. v. 7.1.1999 – ZEV 1999, 234 m. Anm. *Damrau*.
[42] BGH Beschl. v. 13.1.2004 – FamRZ 2004, 441 (zur Dürftigkeitseinrede); OLG München Beschl. v. 12.5.1993 – JurBüro 1994, 112.
[43] Staudinger/*Marotzke* § 1967 Rdnr. 47; teilw. abw. für die Kosten der Verlustigerklärung RG HRR 1930, 455 (aber wie anders soll der Erbe zur Vermeidung weiterer Kosten den Rechtsstreit beenden?).
[44] Beschl. v. 27.6.1995 – JurBüro 1995, 659.
[45] OLG Frankfurt Beschl. v. 21.9.1995 – NJW-RR 1996, 776.
[46] So zutreffend KG Beschl. v. 1.10.1985 – Rpfl 1986, 281.
[47] OLG Düsseldorf Beschl. v. 4.3.1999 – NJW-RR 1999, 1086.
[48] OLG Hamm Beschl. v. 16.3.2004 – ZEV 2004, 246 m. Anm. *Klinger*; OLG Koblenz Beschl. v. 7.4.1997 – NJW-RR 1997, 1492; OLG Stuttgart Beschl. v. 5.9.1990 – MDR 1990, 1126; OLG Schleswig Beschl. v. 8.5.1989 – JurBüro 1989, 1391; OLG Hamburg Beschl. v. 10.3.1989 – MDR 1989, 830.
[49] OLG Schleswig Beschl. v. 28.5.1984 – SchlHA 1984, 152; OLG Düsseldorf Beschl. v. 27.5.1981 – Rpfl 1981, 409.
[50] BGH Beschl. v. 7.11.1966 – NJW 1967, 443; OLG Karlsruhe Beschl. v. 25.2.1992 – Rpfl 1992, 254.
[51] BGH Beschl. v. 7.11.1966 – NJW 1967, 443.

grundstücks (etwa auf Grund eines Vorausvermächtnisses) klagt; der Streitwert bemisst sich zwar nach dem Verkehrswert des Grundstücks, jedoch abzüglich eines dem Anteil des Klägers entsprechenden Betrages.[52] Klagt dagegen ein Miterbe auf **Mitwirkung** bei der Auflassung eines Nachlassgrundstücks an einen Dritten,[53] ist der Streitwert nach dem dem Anteil des Beklagten entsprechenden Wert des Grundstücks zu bemessen.

Der Wert der **Auskunftsklage** und der Klage auf **Vorlage eines Nachlassverzeichnisses** (zB bei einem Quotenvermächtnis) bleibt gem. § 3 ZPO i. d. R. hinter dem Wert des Hauptanspruchs zurück. Er richtet sich nicht nach dem Wert des Nachlasses,[54] sondern nach dem Interesse des Klägers, das häufig mit 25% der Hauptforderung bewertet wird. Im Einzelfall kann es auch höher liegen und bis an den Wert des Hauptanspruchs reichen, wenn ohne die verlangte Auskunft die Weiterverfolgung des Hauptanspruchs aussichtslos wäre. Auch der Anspruch auf Abgabe der **eidesstattlichen Versicherung** gem. §§ 1990, 1991, 1978, 666, 667, 259 BGB ist nur mit einem Bruchteil (etwa 75%) des vom Kläger auf Grund der Auskunft erwarteten **Mehrbetrages** zu bewerten.[55] Der **Wert der Beschwer** des zur Auskunft bzw. Abgabe der eidesstattlichen Versicherung verurteilten Erben richtet sich stets nach dem Aufwand an Zeit und Kosten, die bei Abgabe der eidesstattlichen Versicherung[56] entstehen bzw. bei Nichterfüllung der Auskunft erspart werden.[57] Ein besonderes **Geheimhaltungsinteresse** kann den Wert der Beschwer erhöhen,[58] auch sind die Kosten einer Wertermittlung zu berücksichtigen.[59] Gleiches gilt für die Vorlage von Urkunden. Auch hier richtet sich der Wert der Beschwer nach der erforderlichen Zeit und dem Kostenaufwand sowie einem etwaigen Geheimhaltungsinteresse.[60] Nach überwiegender Auffassung richtet sich in diesen Fällen auch der Kostenstreitwert nach der jeweiligen Beschwer.[61]

Der Wert der **Duldungsklage** (Klage gem. §§ 1990, 1991 BGB gegen den Erben oder gem. § 2213 gegen den Testamentsvollstrecker) bemisst sich nach § 6 ZPO, also nach dem Wert der Forderung einschließlich Zinsen und Kosten;[62] jedoch liegt dieser nicht höher als der Wert des Nachlasses. Bei Verbindung von Duldungs- und Zahlungsklage erfolgt keine Zusammenrechnung nach § 5 ZPO. Entscheidend ist allein der Wert der Zahlungsklage.

Die **Vollstreckungsgegenklage** nach § 785 ZPO weist gegenüber derjenigen nach § 767 ZPO keine Besonderheiten auf. Ihr Wert richtet sich nach dem Wert des Vorprozesses ohne Nebenforderungen,[63] wenn mit der Klage der Ausschluss der Zwangsvollstreckung aus dem ganzen Titel erreicht werden soll, sonst nach dem Umfang der erstrebten Ausschließung der Zwangsvollstreckung, und zwar auch bei dürftigem Nachlass.[64] Auch die Kosten des Vorprozesses bleiben außer Betracht.[65] Diese bestimmen allerdings den Streitwert, wenn der Nachlassgläubiger aus einem mit dem Vorbehalt versehenen **Kostenfestsetzungsbeschluss** die Vollstreckung in nachlassfremde Gegenstände betreibt und der Erbe dieser Zwangsvollstreckung entgegentritt. Richtet sich die Klage nur gegen die Vollstreckung in bestimmte nachlassfremde Gegenstände

---

[52] BGH Beschl. v. 24.4.1975 – NJW 1975, 1415.
[53] Vgl. Rdnr. 16.
[54] BGH Beschl. v. 24.11.1994 – BGHZ 128, 85 = NJW 1995, 664; BGH Beschl. v. 25.1.12006 – ZEV 2006, 265. Zum Wert der Beschwerde, wenn der Beklagte nach Erteilung verstreuter Einzelauskünfte verurteilt worden ist, ein geordnetes Nachlassverzeichnis vorzulegen, BGH Beschl. v. 25.6.1997 – NJW-FER 1997, 233.
[55] BGH Beschl. v. 2.7.1964 – KostenRspr. § 3 Nr. 113.
[56] BGH Beschl. v. 5.12.2001 – ZEV 2002, 194 (DM 1000,-); BGH Beschl. v. 21.6.2000 – NJW 2000, 3073 (DM 1.480,-); BGH Beschl. v. 30.1.1991 – NJW 1991, 1833 (DM 500,-).
[57] BGH Beschl. v. 26.10.2005 – FamRZ 2006, 33; BGH Beschl. v. 5.11.1997 – ZEV 1998, 142.
[58] BGH Beschl. v. 24.11.1994 – BGHZ 128, 85 = NJW 1995, 664.
[59] BGH Beschl. v. 5.11.1997 – ZEV 1998, 142.
[60] BGH Beschl. v. 14.7.1999 – NJW 1999, 3049.
[61] Dagegen *Schulte* MDR 2000, 805, der mit beachtlichen Gründen eine instanzunabhängige Streitwertbemessung empfiehlt.
[62] BGH Beschl. v. 22.4.1999 – NJW-RR 1999, 1080.
[63] BGH Beschl. v. 2.2.1962 – NJW 1962, 806.
[64] BGH Beschl. v. 23.9.1987 – NJW-RR 1988, 444.
[65] BGH Urt. v. 20.9.1995 – NJW 1995, 3318.

(sog. Interventionsklage[66]), richtet sich der Streitwert nach § 6 ZPO, wird also begrenzt durch den Wert der gepfändeten Gegenstände.

6. Zuständigkeiten; Zulässigkeit des Verfahrens

9 a) **Gerichtsstands- und Schiedsvereinbarungen. Gerichtsstandsvereinbarungen** wirken gegenüber dem Erben auch dann, wenn in seiner Person die Voraussetzungen für eine zulässige Prorogation nicht vorliegen. Das OLG Köln[67] folgert dies daraus, dass der in § 38 Abs. 1 ZPO verwirklichte Schutzgedanke lediglich den Abschluss der Vereinbarung betrifft. Diese Entscheidung hat ganz überwiegend Zustimmung gefunden.[68] Auch sonstige Prozessverträge wirken im Rahmen ihrer gesetzlichen Zulässigkeit gegen den Erben, weshalb dieser auch an **Schiedsvereinbarungen** gebunden ist.[69] Der Erbe bleibt aus solchen Vereinbarungen verpflichtet, wie er auch in **beweisrechtliche** Positionen des Erblassers einrückt.[70]

10 b) **Gerichtsstand der Erbschaft.** Die Bestimmungen über den **Gerichtsstand der Erbschaft**, §§ 27, 28 ZPO, erleichtern den Nachlassgläubigern die Durchsetzung ihrer Ansprüche. Nach § 27 Abs. 1 ZPO können Ansprüche aus Vermächtnissen und Auflagen sowie Pflichtteilsansprüche (Ansprüche nach § 1967 Abs. 2 BGB) am Gericht des letzten Wohnsitzes des Erblassers geltend gemacht werden. Dies gilt auch, wenn ein Testamentsvollstrecker Partei ist. Sonstige Nachlassverbindlichkeiten, auch Nachlass-Erbenschulden und Verbindlichkeiten, die der Testamentsvollstrecker begründet hat, können gegen den Alleinerben, die Miterben und/oder den Testamentsvollstrecker im Gerichtsstand der Erbschaft eingeklagt werden, solange der Nachlass sich noch ganz oder teilweise (auf den Wert der noch vorhandenen Nachlassgegenstände kommt es nicht an) im Bezirk des Gerichts befindet. Sollen **Miterben** in Anspruch genommen werden, entfällt auch diese Voraussetzung. Gegen sie kann im Gerichtsstand der Erbschaft auch dann Klage erhoben werden, wenn die Teilung vollzogen und kein Nachlass mehr im Gerichtsbezirk vorhanden ist. Nach dem klaren Wortlaut des § 28 ZPO wird nur vorausgesetzt, dass die Miterben noch als Gesamtschuldner haften. Diese Haftung besteht aber auch nach der Teilung fort bis die Voraussetzungen der Teilhaftung nach §§ 2060, 2061 BGB vorliegen. Deshalb kommt trotz Teilung des Nachlasses und trotz unterschiedlicher Wohnsitze der Miterben eine Gerichtsstandsbestimmung gem. § 36 Abs. 1 Nr. 3 ZPO nicht in Betracht, solange nicht die Voraussetzungen der §§ 2060, 2061 BGB vorliegen.[71] Bei Klagen gegen den Erben und den **Testamentsvollstrecker** im Falle des § 27 Abs. 1 ZPO (auf Vermächtniserfüllung etc.) ist stets ein gemeinschaftlicher besonderer Gerichtsstand gegeben. Dies trifft auch im Falle des § 28 ZPO zu, solange der Testamentsvollstrecker noch Nachlass im Bezirk des Gerichts des letzten Wohnsitzes des Erblassers verwaltet. Für einen Antrag auf Gerichtsstandsbestimmung nach § 36 Abs. 1 Nr. 3 ZPO, wie er häufig empfohlen wird,[72] ist deshalb i. d. R kein Raum. Dies gilt auch im Falle der Inanspruchnahme der Miterben nach der Teilung. Dann hat sich das Amt des Vollstreckers erledigt, weil kein Nachlass mehr vorhanden ist. Unberührt bleibt die Möglichkeit, Erben und Testamentsvollstrecker in ihrem allgemeinen Gerichtsstand einzeln zu verklagen.

11 c) **Einwendungsklage.** Die **Einwendungsklage** nach § 785 ZPO ist nach der zwingenden Bestimmung der §§ 785, 767 Abs. 1 ZPO bei dem Prozessgericht des ersten Rechtszuges zu erheben, was i. d. R. das nach §§ 27, 28 ZPO zuständige Gericht ist.

---

[66] Vgl. *K. Schmidt* JR 1989, 48.
[67] Urt. v. 21.11.1991 – NJW-RR 1992, 571.
[68] Staudinger/*Marotzke* § 1922 Rdnr. 339; MünchKomm/*Leipold* § 1922 Rdnr. 82; *Lange/Kuchinke* Erbrecht S. 93.
[69] BGH Urt. v. 5.5.1977 – BGHZ 68, 356, 359 = NJW 1977, 1397.
[70] BGH Urt. v. 16.6.1993 – NJW-RR 1994, 323.
[71] BayObLG Beschl. v. 4.8.2005 – NJW-RR 2006, 15 (dort auch dazu, dass Gerichtsstand bei Forderungen aus einem Krankenhausaufnahmevertrag gegen die Erben Sitz der Klinik ist); BayObLG Beschl. v. 21.1.1999 – NJWE-FER 1999, 124; BayObLG Beschl. v. 16.11.1949 – NJW 1950, 310.
[72] Palandt/*Edenhofer* § 2213 Rdnr. 5; *Locher/Mees/Böhmer*, Beck'sches Prozessformularbuch, 9. Aufl., S. 812.

II. Musterklagen und -anträge

1. Antrag bei Klage eines Nachlassgläubigers gegen den Alleinerben auf Auflassung eines Grundstücks

> **Formulierungsvorschlag:**
> 1. Der Beklagte wird verurteilt, das im Grundbuch von A-Stadt Bd. 1 Bl. 100 unter der lfd. Nummer 1 eingetragene Grundstück Parz.Nr. 33 Kaiserstr. 100 an den Kläger aufzulassen und dessen Eintragung zu bewilligen.
> 2. Das Urteil ist vorläufig vollstreckbar.
> 3. Kosten und Antrag nach §§ 276, 331 Abs. 3 ZPO.
>
> Streitwert: € 750.000,– (Verkehrswert des Grundstücks)

Der vorstehend geltend gemachte Anspruch kann sich etwa aus §§ 433, 435, 1967 BGB ergeben, wenn der Erblasser das Grundstück verkauft hat. Die Tenorierung schließt sich der Rechtsprechung des BGH[73] an. Der Kläger verlangt hier nicht die Herbeiführung der Auflassung, sondern die Verfügung selbst, also die Abgabe der **Auflassungserklärung**. Steht der Kaufpreisanspruch noch offen, ist Zug um Zug-Verurteilung zu beantragen. Obwohl die Abgabe einer Willenserklärung verlangt wird, deren Vollstreckung mit Eintritt der Rechtskraft erfolgt (§ 894 ZPO), ist der Antrag auf Vollstreckbarerklärung sinnvoll; nach § 895 ZPO gilt nämlich im Falle der Verurteilung durch vorläufig vollstreckbares Urteil die Eintragung einer Vormerkung als bewilligt. Der beklagte Erbe kann sich gegen die Klage auch auf § 780 ZPO berufen, was für den Fall der **Überschuldung** des Nachlasses im Hinblick auf § 1980 BGB und § 103 InsO von Bedeutung ist. Enthält das Urteil einen Vorbehalt nach § 780 ZPO, tritt die Wirkung des § 894 ZPO nicht ein. § 894 ZPO verlangt ein vorbehaltloses Urteil.

Der Klageantrag lautet nicht anders, wenn ein **Vermächtnisnehmer** (§§ 2147, 2174 BGB) Erfüllung des Vermächtnisses verlangt. Er passt auch dann, wenn – wie ein lehrreicher Fall aus der Rechtsprechung des BGH[74] zeigt – ein Miterbe als Vorausvermächtnisnehmer seinen Anspruch nach durchgeführter Teilungsversteigerung, bei der ein anderer Miterbe das Grundstück ersteigert hat, gegen diesen Miterben vorgeht (Folge der Regelung des § 2058 BGB). Der Streitwert wird hier nicht gekürzt um den dem Anteil des Klägers oder des Beklagten entsprechenden Betrag, weil das Grundstück nicht mehr Nachlassgegenstand ist.

2. Klage eines Nachlassgläubigers auf Auflassung bei Verwaltungsvollstreckung

Besteht im Eingangsfall **Testamentsvollstreckung**, kommt nur folgender Klageantrag in Betracht:

> **Formulierungsvorschlag:**
> 1. Der beklagte Testamentsvollstrecker wird verurteilt, das Grundstück ... an den Kläger aufzulassen sowie dessen Eintragung und die Löschung des Testamentsvollstreckervermerks zu bewilligen.
>
> Im Übrigen lautet die Antragstellung wie oben Rdnr. 12.

Trotz § 2213 BGB müsste bei vorstehendem Sachverhalt die Klage gegen den Erben als unbegründet – weil unmöglich – abgewiesen werden, weil dieser über einen der Verwaltung des Testamentsvollstreckers unterliegenden Nachlassgegenstand nicht verfügen kann,[75] § 2211 BGB,

---
[73] Urt. v. 30.6.1993 – WM 1993, 1762, 1765.
[74] Urt. v. 15.10.1997 – NJW 1998, 682.
[75] So auch *Wieser*, Prozessrechtskommentar zum BGB, § 2213 Rdnr. 2.

was auch für Verfügungen durch Urteil (§ 894 ZPO) zu gelten hat. Der Erbe könnte nur – einer wohl wollenden Rechtsprechung folgend – auf Herbeiführung der Auflassung im Sinne eines schuldrechtlichen Anspruchs verklagt werden, was dem Nachlassgläubiger aber nicht weiterhilft. Die entsprechende Duldungsklage (§ 748 Abs. 2 ZPO) gegenüber dem Testamentsvollstrecker wäre ohne Substrat. Es bleibt bei Klagen, mit denen eine Verfügung erreicht werden soll, nur die Klage gegen den Testamentsvollstrecker selbst, sofern nicht der Kläger die Einwilligung des Testamentsvollstreckers (§ 185 Abs. 1 BGB) nachweist.[76] Ist der Testamentsvollstrecker selbst der Vermächtnisnehmer, kann er nach der Rechtsprechung des Reichsgerichts – statt sinnvollerweise die Verbindlichkeit an sich selbst zu erfüllen[77] – den Erben auf Auflassung verklagen. Darin ist die Freigabe zur Erfüllung einer Verbindlichkeit zu sehen,[78] weshalb § 2211 BGB einer solchen Klage nicht entgegensteht.

3. Klagen gegen Miterben

14 a) **Zahlungsklagen. Zahlungsklagen** weisen gegenüber sonstigen Klagen gegen Gesamtschuldner keine Besonderheiten auf. Die **Gesamtschuldklage** („werden gesamtschuldnerisch zur Zahlung von ... verurteilt") ist stets der Gesamthandsklage vorzuziehen, weil sie auch nach der Teilung die Vollstreckung eröffnet, dann in das Privatvermögen des Erben. Soll gleichwohl die **Gesamthandsklage** erhoben werden, ist zu tenorieren:

> **Formulierungsvorschlag:**
> Die Beklagten (folgt namentliche Aufzählung) haben wegen einer Forderung von € ... nebst ... Zinsen hieraus seit dem ... die Zwangsvollstreckung in den Nachlass des am ... verstorbenen E zu dulden.

Bei unterschiedlichen allgemeinen Gerichtsständen der Miterben ermöglichen §§ 27, 28 ZPO die Erhebung der Klage gegen alle Miterben im Gerichtsstand der Erbschaft.[79]

15 b) **Klagen bei Testamentsvollstreckung.** Ist ein **Testamentsvollstrecker** vorhanden, sollte dieser stets mit in Anspruch genommen werden. Dadurch werden unnötige Kosten gespart, weil die Vollstreckung in den Nachlass nach § 748 Abs. 1 S. 2 ZPO einen Duldungsurteil gegen den Testamentsvollstrecker voraussetzt und das gegen den/die Erben ergangene Urteil keine Rechtskraft gegen den Vollstrecker wirkt, wohl aber umgekehrt, § 327 Abs. 2 ZPO.

> **Formulierungsvorschlag:**
> 1. wie Rdnr. 14 (Zahlungsklage)
> 2. Der Beklagte 5) (Testamentsvollstrecker) hat wegen der unter 1. angeführten Hauptforderung nebst Zinsen die Zwangsvollstreckung in den Nachlass des am ... verstorbenen E zu dulden.
> 3. Vorläufige Vollstreckbarkeit
> 4. Die Beklagten tragen die Kosten des Rechtsstreits.
> Antrag nach §§ 276, 331 Abs. 3 ZPO.

Unrichtig wäre der Antrag, den Beklagten die Kosten gesamtschuldnerisch aufzuerlegen.[80] Erben und Testamentsvollstrecker, der auf Duldung der Zwangsvollstreckung in den Nachlass in Anspruch genommen wird, sind keine Gesamtschuldner, auch nicht i. S. v. § 100 Abs. 4 ZPO.[81] § 32 Abs. 1 S. 1 GKG gilt nur für die Gerichtskosten. Ob eine Gesamtschuld

---

[76] BGH Urt. v. 26.3.1999 – NJW 1999, 2034.
[77] RGZ 61, 139, 143; BayObLG Beschl. v. 26.5.1982 – Rpfl 1982, 344.
[78] RGZ 82, 149.
[79] Vgl. oben Rdnr. 10.
[80] Wie *Böhmer* (Fn. 72) vorschlägt.
[81] MünchKomm/*Belz* ZPO § 100 Rdnr. 13; vgl. auch RG LZ 1908, 73 und *Riesenfeld* Erbenhaftung Bd I S. 143.

vorliegt, wenn beide auf Zahlung verklagt werden, ist ebenso fraglich[82] wie die überwiegend bejahte Möglichkeit, Erben und Testamentsvollstrecker nebeneinander auf Zahlung in Anspruch zu nehmen.[83] Es ist zu bedenken, dass – jedenfalls beim Alleinerben – nur eine Verbindlichkeit besteht, auch wenn diese auf ein Tätigwerden des Testamentsvollstreckers zurückgeht. Um jedes Kostenrisiko auszuschließen, sollte der mitverklagte Testamentsvollstrecker nur auf Duldung der Zwangsvollstreckung in Anspruch genommen werden.[84] Auch wenn die Miterben ihren allgemeinen Gerichtsstand in verschiedenen Landgerichtsbezirken haben, kommt keine Gerichtsstandsbestimmung nach § 36 Abs. 1 Nr. 3 ZPO in Betracht, wenn sich im Bereich des angerufenen Gerichtes Nachlass befindet. Dann ist gemeinsamer besonderer Gerichtsstand das Gericht der §§ 27, 28 ZPO.[85] Wichtig ist, dass der Testamentsvollstrecker bei bloßer Teilverwaltung nach überwiegender Meinung nicht auf Leistung in Anspruch genommen werden kann, § 2213 Abs. 1 S. 2 BGB. Richtiger Beklagter ist in diesem Falle der Erbe, gegen den Testamentsvollstrecker ist die Duldungsklage zu erheben.[86]

c) **Klagen auf Vornahme einer Verfügung.** Hier könnte der Klageantrag lauten:

Formulierungsvorschlag:
1. Die Beklagten werden verurteilt, das im Grundbuch von A-Stadt eingetragene Grundstück ... an den Kläger aufzulassen und dessen Eintragung zu bewilligen.

Zug um Zug-Verurteilung kommt in Betracht, wenn es sich um eine kaufvertragliche Schuld oder eine Kaufoption für einen Dritten oder um ein entgeltliches Vermächtnis handelt. Hat ein **Miterbe** Anspruch auf Übereignung des Grundstücks (etwa auf Grund Vorausvermächtnisses) ändert sich am Antrag nichts. Die für die Übereignung erforderliche Mitwirkung des klagenden Erben erfolgt mit der Klage und der Entgegennahme der Auflassungserklärung der übrigen Miterben.[87] Wegen der notwendigen Verfügung durch alle Miterben (§ 2040 BGB) besteht eine materiellrechtlich notwendige Streitgenossenschaft nach § 62 ZPO. Die Praxis lässt indessen zur Vermeidung unnötiger Rechtsstreitigkeiten Ausnahmen zu. In den oben[88] beschriebenen Fällen (ein Teil der Miterben hat die Auflassung schon erklärt oder ist zur Auflassung verurteilt oder wenn die nicht in Anspruch genommenen Miterben unstreitig zur Auflassung bereit sind) ist zu tenorieren:

Formulierungsvorschlag:
Die Beklagten werden verurteilt, in Gemeinschaft mit den Miterben A und B das im Grundbuch von A-Stadt ... eingetragene Grundstück an den Kläger aufzulassen und dessen Eintragung zu bewilligen.

Die näher liegende Tenorierung, dass die beklagten Miterben einer schon vorliegenden Auflassung des Grundstücks durch einzelne Miterben zuzustimmen haben, lehnt die Rechtsprechung ab.[89] Wird die **Zustimmung zur Grundbuchberichtigung** (§ 894 BGB) verlangt, verhält es sich nicht anders.[90] Es kann tenoriert werden:

---

[82] Bejahend Klinger/*Zimmermann*, Münchner Prozessformularbuch Erbrecht, R IV 3; ebendort *Gutbell/ Joachim* Formular T II 10 Anm. 1.
[83] Dagegen *Riesenfeld* (Fn. 81); vgl. zur Streitfrage *Lange/Kuchinke* Erbrecht S. 713 Fn. 329.
[84] So die Entscheidung des BGH v. 16.3.1988 – BGHZ 104, 1 und die Vorschläge bei *Lorz* oben § 59 Rdnr. 17, 23; *Schlüter* Erbrecht Rdnr. 872; *Weißler* Bd. II S. 252.
[85] Vgl. oben Rdnr. 10; a. A. wohl *Böhmer* (Fn. 72) S. 812.
[86] Vgl. § 59 Rdnr. 20. Dagegen mit beachtlichen Gründen *Garlichs/Mankel* MDR 1998, 511.
[87] Wegen der Streitwertermäßigung vgl. Rdnr. 8.
[88] Vgl. § 23 Rdnr. 67.
[89] RGZ 93, 292, 296; dieser Rspr. folgt wohl auch der BGH, vgl. Urt. v. 8.6.1962 – NJW 1962, 1722. Zulässig dagegen Klage auf Zustimmung zur Auszahlung eines Vorausvermächtnisses gegen den allein bestreitenden Miterben, OLG Karlsruhe Urt. v. 24.3.2005 – ZEV 2005, 396. Bonefeld/Kroiß/Tanck/*Krug* Erbprozess Kap. 9 Rdnr. 312 hält auch bei der Auflassung die Zustimmungsklage für zulässig.
[90] Anders OLG Naumburg Urt. v. 16.1.1997 – NJW-RR 1998, 308, das wohl stets die Inanspruchnahme aller Miterben verlangt. Aber an eine Berichtigung, die auch nur eine Form der Verfügung ist, können keine höheren

> **Formulierungsvorschlag:**
> Die Beklagten werden verurteilt, die Eintragung des Klägers als Eigentümer des im Grundbuch von A-Stadt ... eingetragenen Grundstücks zu bewilligen.

Der Streitwert entspricht auch in diesem Falle dem Verkehrswert des Grundstücks. Bestreiten nur einige Miterben ihre Verpflichtung, ist wie bei der Auflassung zu tenorieren („in Gemeinschaft mit den Miterben A, B und C die Eintragung ..."). Eine Berichtigung **zugunsten** der Miterbengemeinschaft kann gem. § 2039 BGB auch ein einzelner Miterbe verlangen.[91] Bei der **Duldungsklage** auf Grund einer **Hypothek** (§ 1147 BGB) an einem Nachlassgrundstück sind ebenfalls alle Miterben in Anspruch zu nehmen:

> **Formulierungsvorschlag:**
> Die Beklagten werden verurteilt, wegen einer Hypothekenforderung von ... nebst ... % Zinsen die Zwangsvollstreckung in das (näher bezeichnete) Grundstück zu dulden.

Richtet sich die Klage auf **Löschung** einer **Grundschuld** gegen die Miterben, besteht ebenfalls eine notwendige Streitgenossenschaft, da auch die Bewilligung der Löschung eines Rechts eine Verfügung darstellt. Der Streitwert wurde bisher in diesen Fällen nach dem Nennwert der Grundschuld bemessen, auch wenn keine volle Valutierung besteht. In Sonderfällen (wenn der Streitwert weit über dem wirtschaftlichen Wert des Verfahrens liegt) ist er nach der Rechtsprechung des BVerfG[92] aber nach § 3 ZPO zu schätzen. Darin könnte der Beginn einer Änderung der Rechtsprechung zu sehen sein.[93]

17 **d) Klage gegen den unbeschränkbar haftenden Miterben vor Nachlassteilung.** Schulden die Miterben € 12.000,- und ist ein unbeschränkbar haftender Miterbe zu einem Drittel am Nachlass beteiligt, wird er zwar mit den übrigen Miterben als Gesamtschuldner verurteilt. Der Vorbehalt bezüglich des Leistungsverweigerungsrechtes nach § 2059 Abs. 1 S. 1 BGB bezieht sich beim unbeschränkbar haftenden Miterben aber nur auf zwei Drittel der Forderung; er hat also zu lauten:

> **Formulierungsvorschlag:**
> Dem Miterben X bleibt bis zur Teilung des Nachlasses des am ... verstorbenen E wegen der den Betrag von € 4.000,- übersteigenden Forderung die Beschränkung der Haftung auf den Nachlass und seinen Anteil am Nachlass vorbehalten.

18 **e) Klageantrag bei teilschuldnerischer Haftung.** Der Fall der **Teilschuld** gem. §§ 2060, 2061 BGB[94] ist schon im Klageantrag, nicht erst auf Einrede zu berücksichtigen. Ist im obigen Beispielsfall Rdnr. 17 Teilhaftung eingetreten, hat bei Vorhandensein von 3 Miterben zu gleichen Erbteilen der Antrag zu lauten:

> **Formulierungsvorschlag:**
> A, B und C werden zur Zahlung von je € 4.000,- verurteilt.

Anforderungen gestellt werden als an die Verfügung selbst. Zweifel wohl auch bei MünchKomm/*Heldrich* § 2059 Rdnr. 23 Fn. 94.
[91] BGH Urt. v. 21.7.2000 – WM 2000, 2057; zur Vollstreckungsgegenklage durch eienn Miterben nach § 707 ZPO vgl. BGH Urt. v. 5.4.2006 – NJW 2006, 1969.
[92] Beschluss vom 16.11.1999 – NJW-RR 2000, 946.
[93] Vgl. schon OLG Köln Beschl. v. 2.3.1995 – BB 1995, 952 (Wert richtet sich nach dem wirtschaftlichen Interesse des Klägers im Zusammenhang mit der Belastung § 3 ZPO) und *Zöller/Herget* § 3 Rdnr. 16; zum Wert des Streits um die Löschung einer Zwangssicherungshypothek vgl. BGH Urt. v. 19.1.2006 – WM 2006, 580 unter I.
[94] Vgl. § 23 Rdnr. 73 f.

Haften A und B noch beschränkbar, erhalten sie auf Antrag den Vorbehalt nach § 780 ZPO. C wird vorbehaltlos (mit der Möglichkeit der Vollstreckung in sein Eigenvermögen) verurteilt. Der Eintritt der teilschuldnerischen Haftung nach einer Verurteilung muss gem. § 767 ZPO geltend gemacht werden.

4. Einwendungsklagen des Erben nach § 785 ZPO

a) **Klage bei Vollstreckung in das Eigenvermögen des Erben.** Bei Vollstreckung in das Eigenvermögen des Erben könnte ein Klageantrag lauten: 19

> **Formulierungsvorschlag:**
> 1. Die Zwangsvollstreckung des Beklagten aus dem Urteil des Landgerichts A-Stadt v. ... in das nicht zum Nachlass gehörende Vermögen des Klägers, insbesondere in den am ... von OGV Schnell (DR-Nr. ...) gepfändeten Mercedes-Pkw 500 SL mit dem amtlichen Kennzeichen ... wird für unzulässig erklärt.[95]
> 2. Die Vollstreckung in den vorgenannten Pkw des Klägers wird bis zur Rechtskraft des Urteils einstweilen eingestellt.[96]
> 3. Das Urteil ist vorläufig vollstreckbar.
> 4. Kosten und Antrag nach §§ 276, 331 Abs. 3 ZPO.
> Ferner wird beantragt,
> die Zwangsvollstreckung in den vorgenannten Pkw des Klägers gem. §§ 785, 767, 769 ZPO ohne Sicherheitsleistung einstweilen einzustellen.

Der **Streitwert** bemisst sich hier nach der Höhe der Vollstreckungsforderung begrenzt durch den Wert des gepfändeten Gegenstandes. Zur Begründung der Klage könnte etwa vorgetragen werden, dass der Kläger wegen einer Nachlassverbindlichkeit in Höhe von €... durch Urteil des Landgerichts vom ... verurteilt worden sei, die Beschränkung der Haftung aber vorbehalten blieb. Inzwischen sei Nachlassverwaltung angeordnet (Beschluss des Nachlassgerichts vom ...). Der Beklagte vollstrecke gleichwohl mit der völlig unrichtigen Begründung, der Kläger habe ihm gegenüber auf die Beschränkung der Haftung verzichtet.

b) **Klagen bei Dürftigkeit des Nachlasses.** Der Antrag ändert sich nicht in dem in der Praxis 20 häufiger vorkommenden Fall der Berufung auf die **Dürftigkeit des Nachlasses** (§§ 1990, 1991 BGB). Hier muss der Erbe aber außer der Zugehörigkeit des Pfändungsgegenstandes zu seinem Eigenvermögen die Dürftigkeit des Nachlasses beweisen, was im Hinblick auf seine Verwalterhaftung wesentlich schwieriger ist als der urkundlich mögliche Nachweis der Beschränkung gem. § 1975 BGB. Zum **Nachweis** der Dürftigkeit gehört die Darlegung des Bestandes und des Verbleibs des Nachlasses[97] und das Vorbringen, welche andere Schulden bestehen, die der Klageforderung vorgehen, § 1991 Abs. 4 BGB, bei § 1973 der Nachweis der Erschöpfung. Das OLG Düsseldorf[98] war mit der Annahme der Dürftigkeit wegen durchgeführter Teilung wohl zu schnell bei der Hand.[99]

c) **Konkurrierende Erinnerung nach § 766 ZPO.** Mit der Klage nach § 785 ZPO in der Form 21 der Widerspruchsklage kann eine **Erinnerung nach § 766 ZPO** konkurrieren, wenn nämlich der Titel auf Duldung der Zwangsvollstreckung in bestimmte Gegenstände lautet.[100] Die formlose Erinnerung ist an das Vollstreckungsgericht zu richten, also nach § 764 Abs. 2 ZPO an das Amtsgericht, in dessen Bezirk die Vollstreckung stattfindet.

d) **Klage des Erben bei Androhung der Vollstreckung.** Hat der Gläubiger beim Vorhanden- 22 sein eines Titels wie in Rdnr. 19 die Zwangsvollstreckung in Gegenstände, die zum Eigenver-

---

[95] Vgl. BGH Urt. v. 12.1.1972 – WM 1972, 363.
[96] §§ 785, 770 ZPO.
[97] BGH Urt. v. 2.7.1992 – NJW 1992, 2694, 2695.
[98] Urt. v. 15.9.1995 – ZEV 1996, 72 m. abl. Anm. *Stein* S. 73.
[99] So die berechtigte Kritik von *Leipold* JZ 1998, 885.
[100] *Münzberg* Rpfl 2000, 216, 217.

mögen des Erben gehören, **angedroht,**[101] weil der Erbe diese dem Nachlass entnommen oder sie mit Mitteln des Nachlasses angeschafft habe, hat der Klageantrag zu lauten:

> **Formulierungsvorschlag:**
> Die Zwangsvollstreckung aus dem Urteil des Landgerichts A-Stadt vom ... in das nicht zum Nachlass gehörende Vermögen des Klägers wird für unzulässig erklärt.

Auch hier kann gem. §§ 785, 769 ZPO eine einstweilige Anordnung beantragt werden, etwa dahin, dass die angedrohte Zwangsvollstreckung in die zum Eigenvermögen des Klägers gehörenden Gegenstände nur gegen Sicherheitsleistung erfolgen darf. Übereilten Klagen des Erben kann § 93 ZPO entgegengehalten werden. Die praktische Auswirkung der echten Vollstreckungsabwehrklage ist gering. Pfändet der Nachlassgläubiger andere Gegenstände, von denen er behauptet, sie gehörten zum Restnachlass, muss der Erbe erneut Klage aus § 785 ZPO erheben. Erspart bleibt ihm nur der nochmalige Nachweis, dass er für die Klagforderung nur mit dem Nachlass einzustehen hat.

III. Vorläufiger Rechtsschutz im Zusammenhang mit der Erbenhaftung

1. Allgemeines

23 Der vorläufige Rechtsschutz spielt speziell im Zusammenhang mit der Erbenhaftung keine bedeutsame Rolle. Dies hängt einerseits mit der Entscheidung des Gesetzgebers zusammen, die Instrumentarien des einstweiligen Rechtsschutzes gerade dann einzuschränken, wenn sie für die Nachlassgläubiger bedeutsam werden könnten: unmittelbar nach dem Erbfall (a) und in der Nachlasskrise (b), andererseits auch damit, dass die beiden Bestimmungen des BGB, bei denen der einstweilige Rechtsschutz am ehesten in Betracht kommen könnte (§ 1963 BGB und § 1969 BGB) ohne praktische Bedeutung geblieben sind. Insoweit kann auf die Ausführungen in § 23 verwiesen werden.

24 **a) Rechtsschutz vor der Annahme.** Nach § 1958 BGB kann ein Anspruch, der sich gegen den Nachlass richtet, **vor der Annahme** nicht gegen den Erben geltend gemacht werden. Das gilt im Hinblick auf den Normzweck der Bestimmung (Vermeidung unnötiger Prozesse) auch für die Verfahren des Arrestes und der einstweiligen Verfügung (siehe oben § 23 Rdnr. 26). Ganz ausgeschlossen ist der einstweilige Rechtsschutz gegen den vorläufigen Erben freilich nicht. Wo sich das Begehren des Nachlassgläubigers nicht gegen den vorläufigen Erben als Träger des Nachlasses richtet, wie etwa beim **Schutz eines absoluten Rechtes** des Nachlassgläubigers gegen zerstörerische Maßnahmen des vorläufigen Erben, kommt auch gegenüber diesem eine einstweilige Verfügung in Betracht. Hier geht es allerdings um Maßnahmen, wie sie jedem Dritten gegenüber zulässig wären, weshalb ein Fall des § 1958 eigentlich nicht vorliegt. Zum Vorgehen nach § 1961 BGB vgl. unten Rdnr. 27.

25 **b) Rechtsschutz nach der Annahme.** Mit der **Annahme der Erbschaft** entfällt der Hinderungsgrund des § 1958 BGB auch für Maßnahmen des einstweiligen Rechtsschutzes. Den Nachlassgläubigern stehen jetzt die Möglichkeiten der §§ 916, 935, 940 ZPO offen. Freilich muss nun bedacht werden, dass die von den Nachlassgläubigern i.d.R. erst bei Bekanntwerden der Nachlassinsuffizienz durch **Vormerkung oder Arrest** erwirkten Sicherheiten nach Eröffnung und während des Nachlassinsolvenzverfahrens ihre **Wirksamkeit verlieren (§ 321 InsO).**[102] Der Grundsatz der par conditio creditorum ist in der Nachlassinsolvenz also noch strenger durchgeführt als bei der Regelinsolvenz (vgl. § 88 InsO).[103] Dies gilt – allerdings etwas

---

[101] Drohende Vollstreckung ist entgegen *Graf* ZEV 2000, 125, 128 Voraussetzung für die Klage, vgl. BGH Urt. v. 12.1.1972 – WM 1972, 363.
[102] Vgl. etwa LG Stuttgart Beschl. v. 14.2.2002 – ZEV 2002, 371 m. Anm. *G. Siegmann.*
[103] Die auf eine Vormerkung zurückgehende und eingetragene Bauhandwerkersicherungshypothek (§ 648 BGB) hat allerdings Bestand, weil diese gem. §§ 894, 895 ZPO als rechtsgeschäftlich bewilligt gilt und deshalb gem. § 884 BGB auch gegenüber der Einrede der beschränkten Haftung bestandfest ist, MünchKommInsO/*Ganter* § 50 Rdnr. 106.

eingeschränkt – auch dann, wenn der Nachlass dürftig ist, §§ 1990, 1991 BGB. Dann bleibt für die im Wege des vorläufigen Rechtsschutzes gesicherten Ansprüche aus Pflichtteilsrechten, Vermächtnissen und Auflagen nur der Rang nach § 327 Abs. 1 Nr. 1 und 2 InsO. Auch der Erbe geht mit seinen Ansprüchen aus § 1978 Abs. 3 BGB und mit sonstigen Ansprüchen gegen den Erblasser jedem anderen Gläubiger, auch dem Arrestgläubiger vor. Ruht die Arresthypothek auf einem zum Eigenvermögen des Erben gehörenden Grundstück, muss der Gläubiger ihrer Löschung zustimmen. Und mit der Einrede aus § 1991 Abs. 3 BGB, der Gläubiger komme erst nach dem ihm vorgehenden Titelgläubiger zum Zuge, kann ebenfalls Aufhebung der Vollstreckungsmaßnahme verlangt werden.[104] Es empfiehlt sich deshalb bei dürftigem Nachlass, die Hauptsache so früh als möglich oder zusammen mit dem Arrestantrag anhängig zu machen und nicht die Anordnung nach § 926 ZPO abzuwarten. Ein rechtskräftiges Versäumnisurteil kann für den Nachlassgläubiger wertvoller sein als ein Arrestbeschluss.

c) **Gläubigerschutz durch sonstige Maßnahmen.** Vor der Annahme der Erbschaft sollte geprüft werden, ob nicht eine Anregung gegenüber dem Nachlassgericht, wegen Gefährdung des Nachlassbestandes **Sicherungsmaßnahmen nach § 1960 BGB** einzuleiten, angebracht ist. Zwar spielen die Belange der Nachlassgläubiger aus Sicht des Nachlassgerichts insoweit keine Rolle. Deren Interessen sind aber auch gewahrt, wenn sich das Nachlassgericht zur Vornahme einer Siegelung, der Hinterlegung von Geld, Wertpapieren und Kostbarkeiten, der Anordnung einer Hausbewachung oder zur Sperrung der Konten des Erblassers entschließt.[105] Erst recht gilt dies, wenn eine **Nachlasspflegschaft** i.S.v. § 1960 BGB angeordnet wird, die gem. § 1960 Abs. 3 BGB auch vor der Annahme der Erbschaft die Einleitung gerichtlicher Maßnahmen ermöglicht. Wird das Nachlassgericht auf diese Weise tätig, ist allerdings fraglich, ob noch ein Arrestgrund besteht.[106] Von Vorteil für den Nachlassgläubiger ist die Anordnung der Pflegschaft gleichwohl, weil der Nachlasspfleger den Gläubigern über den Bestand des Nachlasses Auskunft zu erteilen hat (§ 2012 Abs. 1 S. 2 BGB), was die Entscheidung über das weitere Vorgehen erleichtert.

26

d) **Prozesspflegschaft.** Nur auf Antrag (§ 1961 BGB) erfolgt die Anordnung der sog. Klagpflegschaft, die auch die Einleitung von Maßnahmen des einstweiligen Rechtsschutzes ermöglicht.[107] Bevor dies geschieht, sollte der Gläubiger noch prüfen, ob ihm nicht mit dem Antrag auf Anordnung der **Nachlassverwaltung** besser gedient ist, § 1981 Abs. 2 BGB. Nach der Annahme muss aber die zeitliche Begrenzung des Antragsrechts der Nachlassgläubiger (2 Jahre seit Annahme der Erbschaft) beachtet und in jedem Fall berücksichtigt werden, dass eine Gefährdung der Befriedigung aller Nachlassgläubiger vorhanden sein muss. Ist nur der Individualanspruch eines einzelnen Gläubigers gefährdet (etwa sein Anspruch auf Auflassung eines Nachlassgrundstücks), kommt nur eine Abhilfe durch eine Maßnahme des einstweiligen Rechtsschutzes in Betracht.

27

2. Arrestantrag

Ergibt die Prüfung, dass im Hinblick auf das Verhalten des Erben (der etwa bei nicht vorhandenem Eigenvermögen Nachlass verschleudert) die Eilbedürftigkeit einen Arrestantrag rechtfertigt, könnte bei Glaubhaftmachung der Verschleuderung des Nachlasses und des Arrestanspruchs folgender Arrestantrag gestellt werden:

28

Formulierungsvorschlag:

Namens des Ast.-Gläubigers beantrage ich, wegen Dringlichkeit ohne mündliche Verhandlung durch den Vorsitzenden allein folgenden

Arrestbefehl

1. Wegen einer Forderung des Ast. von € ... nebst ... Zinsen sowie wegen eines Kostenpauschquantums von € ... wird zu Lasten des im Grundbuch von ... eingetragenen Nachlass-

---

[104] Vgl. *Strohal*, Das deutsche Erbrecht, Bd. II S. 309.
[105] KG Beschl. v. 29.1.1982 – Rpfl 1982, 184 und oben § 50.
[106] RGZ 60, 179.
[107] RGZ 60, 179; oben § 50 Rdnr. 6. Auch hier wird nur selten ein Arrestgrund gegeben sein.

> grundstücks für den Ast. eine Sicherungshypothek über € ... in Abt. 3 an bereiter Stelle eingetragen.
> 2. Die Vollziehung des Arrestes wird durch Hinterlegung von € ... (Lösungssumme) gehemmt.
> 3. Der Ag./Schuldner trägt die Kosten des Arrestverfahrens.

Die Stellung des Eintragungsantrags beim Grundbuchamt, die als Vollziehung des Arrestes gilt, ist Sache des Ast. (§ 932 Abs. 2 i.V.m. § 867 Abs. 1 ZPO). Aus der eingetragenen Arresthypothek kann auf Duldung der Zwangsvollstreckung durch Zwangsversteigerung oder Zwangsverwaltung geklagt werden.[108]

3. Antrag auf Erlass einer einstweiligen Verfügung auf Eintragung einer Vormerkung.

29 Eine einstweilige Verfügung zur Sicherung eines Auflassungsanspruchs des Nachlassgläubigers durch Vormerkung wie oben Rdnr. 12 kann wie folgt formuliert werden, wobei Glaubhaftmachung einer Gefährdung des Rechts nicht erforderlich ist (§ 885 Abs. 1 S. 2 BGB):

> **Formulierungsvorschlag:**
> 1. Zu Lasten des im Grundbuch von ... eingetragenen Grundstücks ist in Abt. II an bereiter Stelle eine Vormerkung zur Sicherung des Anspruchs des Antragstellers auf Auflassung dieses Grundstücks an den Antragsteller einzutragen.
> 2. Der Antragsgegner trägt die Kosten des Verfügungsverfahrens.

Nach § 941 ZPO kann das Gericht gebeten werden, das Grundbuchamt um Eintragung der Vormerkung zu ersuchen.

30
4. Besonderheit bei Miterben

Handelt es sich bei dem Nachlassgläubiger um einen **Miterben,** an den der Erblasser noch zu Lebzeiten verkauft hat, bedarf es keiner weiteren Sicherung, weil der Gläubiger an der Veräußerung mitwirken muss (vgl. oben § 61).

5. Antrag auf Erlass einer einstweiligen Verfügung auf Eintragung eines Widerspruchs

31 War der Erblasser nur Bucheigentümer eines Grundstücks (etwa wegen Nichtigkeit von Kaufvertrag und Auflassung), steht dem wahren Berechtigten ein Anspruch auf Berichtigung des Grundbuchs zu (§ 894 BGB); zu dessen Sicherung kann die Eintragung eines Widerspruchs verlangt werden, die durch eine einstweilige Verfügung erreicht werden kann, wobei auch hier keine Gefährdung des Rechts des Antragstellers glaubhaft gemacht werden muss, § 899 Abs. 2 S. 2 BGB. Der Antrag kann wie folgt tenoriert werden:

> **Formulierungsvorschlag:**
> 1. Im Grundbuch von ... ist in Abt. II zu Gunsten des Antragstellers ein Widerspruch gegen die Eintragung des Eigentums des Antragsgegners einzutragen.
> 2. Der Antragsgegner trägt die Kosten des Verfügungsverfahrens.
>
> Weiter beantrage ich, das Grundbuchamt um die Eintragung des Widerspruchs zu ersuchen (§ 941 ZPO).

---

[108] BGH Urt. v. 15.4.1997 – NJW 1998, 3230.

6. Eintragung eines Rechtshängigkeitsvermerks

Besteht im vorliegenden Fall nicht die Gefahr, dass der Erbe bei Einreichung einer Berichtigungsklage das Grundstück alsbald veräußert, kann der Nachlassgläubiger sich mit einem nach Zustellung der Klage vom zuständigen Gericht auszustellenden Rechtshängigkeitsvermerk (Form des § 29 GBO) unmittelbar an das Grundbuchamt mit der Bitte um Eintragung dieses Vermerks wenden (vgl. oben § 55 Rdnr. 3 ff.).Da dieser Weg überwiegend für zulässig gehalten wird, wird es nach Klageerhebung für eine einstweilige Verfügung am Rechtsschutzinteresse fehlen.[109]

---

[109] Palandt/*Bassenge* § 899 Rdnr. 10.

§ 61 Klagen im Zusammenhang mit Miterben

Übersicht

	Rdnr.
I. Auseinandersetzungsklage	2–30
1. Erstes Beratungsgespräch	2–4
2. Vorbereitung der Teilungsklage	5–15
a) Grundlagen	5
b) Teilungsreife	6–8
c) Aufbau des Teilungsplans	9–12
d) Klageweise Geltendmachung der zum Vollzug des Teilungsplans erforderlichen dinglichen Erklärungen	13
e) Vorgehensweise gegenüber den nichtverklagten Miterben	14
f) Genehmigungen	15
3. Prozessplanung durch Kläger	16–24
a) Minimierung des Kostenrisikos durch Auswahl des Klägers	17
b) Prozesstaktik	18–24
4. Klageerhebung	25–28
a) Übersendung des Teilungsplans	25
b) Klageantrag einer Erbauseinandersetzungsklage	26
c) Ermittlung des sachlich und örtlich zuständigen Gerichts	27
d) Aktiv- und Passivlegitimation	28
5. Verteidigung des beklagten Miterben	29/30
a) Einwendungen	29
b) Prozesstaktik	30
II. Teilungsversteigerung	31–44
1. Einleitung	31/32
2. Zuständigkeit	33
3. Beizufügende Unterlagen nach § 35 GBO	34
4. Antragsmuster	35
5. Die wichtigsten Rechtsmittel	36–40
a) Beschwerde nach §§ 11 Abs. 1 RPflG, 74 a Abs. 5 S. 3 ZVG	36
b) Antrag auf Einstellung des Verfahrens nach § 180 Abs. 2 ZVG	37/38
c) Einstweilige Einstellung nach § 765 a ZPO	39
d) § 771 ZPO Der der Versteigerung entgegenstehende Rechte	40
6. Übersicht über die wichtigsten Fristen	41
7. Ergebnis einer erfolgreichen Versteigerung	42
8. Kosten	43
9. Großes und kleines Antragsrecht	44
III. Klage eines Miterben auf Erfüllung eines Anspruchs des Nachlasses	45–47
1. Einleitung	45
2. Prozesstaktik	46
3. Muster mit Erläuterungen	47
IV. Klage eines Miterben auf Zustimmung zu Verwaltungsmaßnahmen	48/49
1. Einleitung	48
2. Muster für einen Klageantrag	49
V. Verwaltungsmaßnahmen und einstweiliger Rechtsschutz	50–53
1. Einleitung	50
2. Einstweiliger Rechtsschutz bei Willenserklärungen	51–53

Schrifttum: *Bonefeld/Kroiß/Tanck*, Der Erbprozess, 2. Aufl. 2005; *Brox* Erbrecht, 21. Aufl. 2004; *Frieser,* Anwaltliche Strategien im Erbschaftsstreit, 2. Aufl. 2004; *Firsching/Graf* Nachlassrecht, 8. Aufl. 1999; *Johannson,* Die Rechtsprechung des BGH auf dem Gebiet des Erbrechts, WM 1970, 738; *Klinger,* Münchener Prozessformularbuch Erbrecht, 2004; *Sarres,* Die Erbengemeinschaft, 1999; *Steiner,* Die Praxis der Klage auf Erbauseinandersetzung, ZEV 1997, 89 ff.; *Sudhoff* Unternehmensnachfolge, 5. Aufl. 2005; *Schöner/Stöber* Grundbuchrecht, 13. Aufl. 2004; *Stöber* Zwangsversteigerungsgesetz, 18. Aufl. 2006.

Beratungscheckliste   1

- ☐ Ist die Erbfolge zuverlässig festgestellt?
- ☐ Welche Zielsetzungen hat der Mandant?
- ☐ Prozesskostenhilfe → maßgeblich sind die wirtschaftlichen Verhältnisse des jeweiligen Miterben, es sei denn er wurde nur vorgeschoben?
- ☐ Liegt eine Gerichtsstandsvereinbarung vor?
- ☐ Liegt eine Schiedsgerichtsklausel vor?
- ☐ Welches Gericht ist sachlich zuständig → Amtsgericht, Landgericht?
- ☐ Welches Gericht ist örtlich zuständig → §§ 12, 13, 27 ZPO?
- ☐ Speziell zur Erbauseinandersetzungsklage?
- ☐ Sind sämtliche Aktiv- und Passivpositionen des Nachlasses geklärt?
- ☐ Bedarf es zur Begleichung von Nachlassschulden der Verwertung einzelner Nachlassgegenstände?
- ☐ Liegen Anordnungen des Erblassers zur Teilung vor, welche die gesetzlichen Teilungsregeln verdrängen → Teilungsanordnungen, Vorausvermächtnis an einzelne Erben, Teilungsverbote?
- ☐ Welche Maßnahmen sind erforderlich, um einen in wertgleiche Teile teilbaren Nachlassbestand zu erhalten?
- ☐ Bestehen Anrechnungs- und Ausgleichspflichten?
- ☐ Liegen evtl. erforderliche privatrechtliche Genehmigungen vor → güterrechtliche Zustimmungserfordernisse, familiengerichtliche/vormundschaftsgerichtliche Genehmigungen?
- ☐ Welche Beweismittel liegen vor → Miterben als Zeugen, Notar als Zeuge, behandelnde Ärzte als Zeugen?
- ☐ Liegt eine Pfändung oder Nießbrauchsbelastung einzelner Erbteile vor?
- ☐ Speziell zur Teilungsversteigerung?
- ☐ Ist die Teilungsversteigerung durch Anordnung des Erblassers oder Vereinbarung der Miterben ausgeschlossen?
- ☐ Ist Teilungsversteigerung aus einem anderen Grunde zeitlich oder auf Dauer gehindert → Versteigerung stellt besondere Härte für einen der Miterben dar?
- ☐ Liegen die erforderlichen Erbnachweise und Grundbuchunterlagen vor?

I. Auseinandersetzungsklage

1. Erstes Beratungsgespräch

Ist eine einvernehmliche Auseinandersetzung unter den Miterben nicht möglich, bleibt dem teilungswilligen Erben neben der nachlassgerichtlichen Vermittlung der Erbauseinandersetzung[1] nur der Weg über die **Erbauseinandersetzungsklage**.[2] **Streitgegenstand** einer solchen Klage ist das Begehren auf Zustimmung zu einem vom Kläger zu erstellenden Erbauseinandersetzungsvertrag, auch **Teilungsplan** genannt.   2

Im ersten Beratungsgespräch sollte sich der Rechtsanwalt zunächst einen Überblick über den **Nachlassbestand**, die Erbfolge sowie die Zielsetzung des Rat suchenden Mandanten verschaffen.[3] Ein weiterer zu besprechender Punkt wird die Kostenfrage sein.[4] Für die Inanspruchnahme von **Prozesskostenhilfe** gelten folgende Grundsätze: 3

Entscheidend ist die wirtschaftliche Lage des jeweils Prozesskostenhilfe beantragenden Erben. Dies gilt nicht, wenn ein Kläger von weiteren wirtschaftlich leistungsfähigen Miterben bewusst vorgeschoben wird, um kostengünstig zu prozessieren.[5]   4

---

[1] Vgl. § 54.
[2] Zu den allg., bei jeder Mandatsführung geltenden Grundsätzen vgl. §§ 1, 2, 3.
[3] Vgl § 26 Rdnr. 51 ff. und 55 ff. und zu Auskunftsansprüchen § 45.
[4] Zum Streitwert vgl. Rdnr. 17.
[5] Zöller/*Philippi* § 116 Rdnr. 11.

2. Vorbereitung der Teilungsklage

5 **a) Grundlagen.** Gegenstand einer Erbauseinandersetzungsklage ist, wie bereits erwähnt, das Begehren auf Zustimmung zu einem vom Kläger vorzulegenden **Teilungsplan**.[6] Der Teilungsplan hat sich, sofern keine abweichenden Erblasseranordnungen oder bindenden Vereinbarungen aller Miterben vorliegen, **streng** nach den gesetzlichen Vorgaben zu richten. Dem Gericht selbst ist jeder gestaltende Eingriff in den Teilungsplan **untersagt**. Kleinste Ungereimtheiten des Teilungsplans führen zur **Gesamtabweisung** der Klage. Eine **Teilabweisung** durch Abänderung des Teilungsplans ist dem Gericht, da in diesem Fall nicht ein „weniger" sondern ein „aliud" zugesprochen werden würde, **nicht möglich**. Hieraus resultiert das **hohe prozessuale Risiko**, welches mit einer Erbauseinandersetzungsklage verbunden ist und die Notwendigkeit, auf die Erstellung des Teilungsplans besonderes Gewicht zu legen.

6 **b) Teilungsreife.** *aa) Unter den Miterben streitiger Nachlassbestand.* Ob für eine erfolgreiche Teilungsklage **sämtliche Aktiva und Passiva des Nachlasses** von vornherein feststehen müssen, ist streitig.

Beispiel:
Die Parteien streiten über die Zugehörigkeit bestimmter Gegenstände zum Nachlass.

Die eine Meinung verneint hier die Teilungsreife, da zwischen den Parteien **Streit** über den Umfang des zu verteilenden Nachlasses besteht.[7] Ihrer Ansicht nach hätte eine **Teilungsklage keinen Erfolg**. Vielmehr wäre der Streitpunkt zunächst im Wege der **Feststellungsklage** auszuräumen. Wird Klage vor Teilungsreife erhoben, so kann dies einen Schadensersatzanspruch gegen den die Klage erhebenden Rechtsanwalt begründen.[8]

Die **Gegenmeinung** lässt die Teilungsklage mit der Begründung zu, dass Streitfragen über den Bestand des Nachlasses im Rahmen der Teilungsklage mit zu entscheiden seien.[9] Sie beruft sich zu Recht darauf, dass auch ansonsten Vorfragen incidenter durch das Prozessgericht zu klären sind.

Nach zutreffender Meinung ist es dem Kläger daher auch bei einem unter den Miterben streitigen Nachlassbestand möglich, eine Teilungsklage zu erheben. Für den Fall, dass der Sachverhalt nicht exakt aufklärbar ist, sind für jede mögliche Fallalternative durch den Kläger gesonderte Teilungspläne zu erstellen. Diese sind sodann im Prozess im Wege **hilfsweiser Klageanträge** geltend zu machen.[10]

7 *bb) Noch ausstehende Teilungsversteigerung (Pfandverkauf).* Falls bei Klageerhebung einzelne Nachlassgegenstände nicht ohne Wertverlust teilbar sind, stellt sich auch hier die Frage, ob dies der Teilungsreife entgegensteht.

Beispiel:
Bei Klageerhebung gehört ein Grundstück zum Nachlass.

Nach einer stark vertretenen Meinung ist es nicht erforderlich, zunächst den Grundbesitz durch Teilungsversteigerung zu verwerten.[11]

Der gegenteiligen Auffassung,[12] die vor Klageerhebung eine Teilungsversteigerung verlangt, kann nicht gefolgt werden. Diese berücksichtigt nicht, dass es sich insoweit nur um eine Voraussetzung für den **Vollzug** eines Teilungsplans, nicht aber um eine Voraussetzung für die Aufstellung eines den gesamten Nachlass erfassenden Teilungsplans handelt.

---

[6] Vgl. § 26 Rdnr. 55 ff. zu den allg. Anforderungen, die an einen Teilungsplan zu stellen sind.
[7] So teilweise die Instanzrechtsprechung; vgl. KG Urt. v. 20.10.1961 – NJW 1961, 733 und OLG Karlsruhe Urt. v. 29.11.1973 – NJW 1974, 956 und die ihr folgende Lit.; vgl. z. B. Palandt/*Edenhofer* § 2042 Rdnr. 16.
[8] LG Erfurt Urt. v. 18.11.1997 – ZEV 1998, 391 ff.
[9] So *Johannsen*, unter Hinweis auf BGH Urt. v. 24.1.1962 – V ZR 6/61 WM 1970, 744; und wohl auch OLG Düsseldorf Urt. v. 19.4.1996 – FamRZ 1996, 1338 und LG Münster Urt. v. 22.4.2003 – NJOZ 2004, 257 ff.; so auch MünchKommBGB/*Heldrich* § 2042 Rdnr. 59.
[10] Klagemuster bei Münchener Prozessformularbuch Erbrecht/*Erker/Oppelt* Form K. VI. 2.
[11] *Steiner* ZEV 1997, 89, 91; *Brox* S. 295; Sudhoff/*Scherer* Unternehmensnachfolge § 14 Rdnr. 20; MünchKommBGB/*Heldrich* § 2042 Rdnr. 59; OLG Köln Beschl. v. 24.6.1996 – NJW-RR 1997, 91.
[12] Bonefeld/Kroiß/Tanck/*Krug*, Der Erbprozess, III. Kap. Rdnr. 385, 493

Nach der hier vertretenen Auffassung wäre eine Klage möglich.[13] Die erforderlichen Maßnahmen zum späteren **Vollzug** wären allerdings als notwendiger Bestandteil eines vollständigen Teilungsplans detailliert in diesem zu beschreiben.[14]

cc) Rückstellungen. Ist die Erbengemeinschaft Schuldner von derzeit nicht fälligen Forderungen gegen Dritte, sind im Teilungsplan gem. § 2046 Abs. 1 BGB entsprechende Rückstellungen zu bilden.[15] Einfluss auf die Teilungsreife haben solche Forderungen nicht. **8**

Beispiel:
Der im Jahre 2000 verstorbene Erblasser hat von seiner Lebensgefährtin ein Darlehen über DM 14.000,- erhalten, welches im Jahre 2010 zur Rückzahlung ansteht.

Gleiches gilt, sofern zwischen der Erbengemeinschaft einerseits und deren Gläubiger andererseits Streit über den Bestand oder den Umfang einer Nachlassschuld besteht. Auch hier sind Rückstellungen zu bilden.

Zusammenfassung: Auch wenn eine Teilungsklage nach der hier vertretenen Auffassung trotz streitigen Nachlassbestandes und noch ausstehender Teilungsversteigerung zulässig ist, bestehen auf Grund der gegenteiligen Auffassungen **erhebliche** Risiken. Diese lassen es angeraten erscheinen, vor **Erhebung** der Erbauseinandersetzungsklage einzelne Streitpunkte unter den Miterben im Wege der Feststellungsklage vorab zu klären und letztendlich ohnehin erforderliche Teilungsversteigerungen ebenfalls vorab durchzuführen.

c) Aufbau des Teilungsplans. Der Teilungsplan ist in der Regel in zwei Unterabschnitte gegliedert, welche den gesetzlich vorgegebenen Schritten, die bei einer Auseinandersetzung durchzuführen sind, spiegelbildlich entsprechen: **9**
- Auflistung der Aktiva und Passiva des Nachlasses
- Verteilung des Nachlasses nach Abzug der Schulden.

Bedarf die Erbauseinandersetzung noch zu ihrer Durchführung des Verkaufs von Nachlassgegenständen, so ist der Teilungsplan um die Folgenden beiden Punkte zu erweitern:
- Verkauf von Nachlassgegenständen, soweit dies zur Schuldentilgung erforderlich ist;
- Veräußerung von nicht teilbaren Gegenständen, sofern sie nicht kraft letztwilliger Verfügung einem der Erben zugewiesen sind.

Der Teilungsplan kann sich auf rein schuldrechtliche Regelungen beschränken, auch wenn zu seinem Vollzug **Verfügungen** erforderlich sind. Eine solche Beschränkung ist aber nicht zwingend. Dem Kläger steht es vielmehr frei, die zum Vollzug des Teilungsplans erforderlichen Verfügungen mit einzuklagen. Diese sind dann als weiterer Unterpunkt[16]
- Erfüllungsgeschäfte zum Vollzug des Teilungsplans
- in den Teilungsplan mit aufzunehmen.

Formulierungsvorschlag: Auflistung der Aktiva und Passiva **10**
Feststellung des Nachlasses
1. Aktiva
   a) Sachen
      aa) unbewegliches Vermögen
          Grundstück:
          Flurstück Nr. ... Gebäude und Freifläche mit ... qm
          verzeichnet im Grundbuch von ...
      bb) bewegliche Sachen
          Esszimmer bestehend aus:
          Esstisch gearbeitet aus Eiche für 6 Personen
          Sechs zum Esstisch passenden Stühlen
          Bild „Hirsch vor Alpenlandschaft" 120 cm W 80 cm

---

[13] Klagemuster bei Münchener Prozessformularbuch Erbrecht/*Erker/Oppelt* Form K. VI. 5.
[14] *Brox* S. 295; vgl. Rdnr. 12.
[15] Klagemuster bei Münchener Prozessformularbuch Erbrecht/*Erker/Oppelt* Form K. VI. 6.
[16] Palandt/*Edenhofer* § 2042 Rdnr. 16.

> b) Rechte und Forderungen
>   Sparguthaben bei der ... über € 66.000,–, Konto Nr. ...
> 2. Passiva
>   a) Forderungen
>   Forderung des X-Versand für ein Farbfernsehgerät über € 2.300,–

Die komplette Aufzählung des Nachlassbestandes ist nicht notwendiger Inhalt des Klageantrags. Sie muss aber zumindest in der Klagebegründung enthalten sein.

11 Sofern der Nachlass bereits in wertgleiche Teile teilbar ist, muss im Einzelnen aufgeführt werden, wie die vorhandenen Gegenstände und Forderungen zu verteilen sind. Dabei sind von dem vorhandenen Aktivvermögen zunächst die Nachlassverbindlichkeiten und notwendigen Rückstellungen in Abzug zu bringen, sodann ist der verbleibende Rest unter Berücksichtigung von Erblasseranordnungen entsprechend den Erbquoten zu verteilen.

> **Formulierungsvorschlag:**
> Verteilung des Nachlasses
> 1. Begleichung fälliger Verbindlichkeiten
>   € 2300,– wegen Forderung des X-Versand für ein Farbfernsehgerät
>   Der Betrag ist vom Sparkonto des Erblassers zu überweisen.
> 2. Rückstellungen
>   Rückstellung für Darlehen über € 14.000,– ausgereicht von der Lebensgefährtin des Erblassers.
>   Dieser Betrag hat auf dem Konto des Erblassers zu verbleiben.
> 3. Vorausvermächtnis des Erblassers
>   Das
>   Esszimmer bestehend aus:
>   Esstisch aus Eiche für 6 Personen
>   Sechs zum Esstisch passenden Stühlen
>   Bild „Hirsch vor Alpenlandschaft" 120 cm W 80 cm, Künstler unbekannt
>   ist dem E 1 im Wege eines Vorausvermächtnisses zu übereignen.
> 4. Der verbleibende Geldbetrag von ... € ist unter den Miterben je hälftig zu verteilen.

12 Ist der Nachlassbestand zum Zeitpunkt der Klageerhebung noch nicht in wertgleiche Teile teilbar, so ist abstrakt zu beschreiben, in welcher Weise der Gegenstand zu verwerten ist und wie mit den erzielenden Erlösen zu verfahren ist.

> **Formulierungsvorschlag:**
> Verteilung des Nachlasses
> Das
> Grundstück:
> Flurstück Nr. ... Gebäude und Freifläche mit ... qm,
> verzeichnet im Grundbuch von ...
> ist im Wege einer Teilungsversteigerung zu veräußern.[17]
> Der Versteigerungserlös aus dem Grundstück ist wie folgt zu verteilen:
> 1. Begleichung fälliger Verbindlichkeiten
> 2. Rückstellungen
> 3. Der verbleibende Rest ist unter den Miterben je hälftig zu verteilen.

---

[17] Vgl. Rdnr. 26 zur Formulierung bei Verwertung einer beweglichen Sache.

d) Klageweise Geltendmachung der zum Vollzug des Teilungsplans erforderlichen dinglichen 13
Erklärungen. Der Teilungsplan kann sich, wie bereits ausgeführt, auf einen rein verpflichtenden Inhalt beschränken.

Die Aufnahme von Auflassungen und sonstiger zum Vollzug des Teilungsplans erforderlicher Erklärungen in den Teilungsplan ist aber **dringend anzuraten,** da andernfalls bei einem hartnäckig kämpfenden Prozessgegner nach erfolgreicher Klage auf Zustimmung zum Teilungsplan eine weitere Klage auf Zustimmung zu den zum Vollzug des Teilungsplans erforderlichen Vollzugsgeschäfte zu erheben wäre.[18]

Wird die Zustimmung der zum **Vollzug des Teilungsplans** erforderlichen **Verfügungen** mit eingeklagt, so wird durch das obsiegende Urteil gem. § 894 ZPO nicht nur die Zustimmung der sich sträubenden Miterben zum Teilungsplan, sondern auch deren Zustimmung zu den zum Vollzug des Teilungsplans erforderlichen Verfügungen – z. B. Auflassung – ersetzt.

Formulierungsvorschlag für eine im Teilungsplan enthaltene Auflassung:
Von Seiten des Beklagten besteht Einigkeit mit den übrigen Miterben über den Eigentumsübergang entsprechend dem vorgelegten Teilungsplan bezüglich des im Grundbuch von ... verzeichneten Flurstücks Nr. ... GuF mit ... qm. Vom Beklagten wird entsprechender Grundbuchvollzug bewilligt.

---

e) Vorgehensweise gegenüber den nichtverklagten Miterben. Nicht ersetzt werden können 14 durch ein obsiegendes Urteil die zum wirksamen Zustandekommen eines Teilungsplans **erforderlichen Erklärungen des Kläger** und **eventueller weiterer mit dem vorgelegten Teilungsplan einverstandener und deshalb nicht mitverklagter Miterben.** Die Erklärungen dieser Personen müssen gesondert abgegeben werden.

Enthält der Teilungsplan eine Auflassung, ist § 925 BGB zu beachten. Danach hat eine Auflassung bei gleichzeitiger **Anwesenheit** sämtlicher Beteiligter zu erfolgen.

Dieses besondere Formerfordernis der gleichzeitigen Anwesenheit der Beteiligten gilt als gewahrt, wenn der Kläger und eventuelle weitere Miterben bei Abgabe ihrer Erklärungen das rechtskräftige Urteil vorlegen, in welchem die Zustimmung des Beklagten zu einer Auflassung ersetzt wird.

Es reicht dann aus, wenn der Kläger und die weiteren Miterben gleichzeitig anwesend sind. Der Anwesenheit des Miterben dessen Zustimmung ersetzt wurde, bedarf es nicht.[19]

Der Teilungsplan der Miterben, welche sich einig sind, sollte im Vorfeld einer Erbauseinandersetzungsklage in der **notwendigen Form** abgefasst werden. Ist mit Sicherheit ausgeschlossen, dass die übrigen Erben von ihrer Zustimmung nochmals abrücken, kann hierauf ausnahmsweise verzichtet werden. Ansonsten nicht!

Enthält der Teilungsplan notarieller Beurkundung bedürftige Rechtsgeschäfte, ist er zu Protokoll eines Notars zu erklären. Sollte im anschließenden Klageverfahren der Teilungsplan abgeändert werden, ist die Zustimmung der übrigen Erben spätestens nach Abschluss des Prozesses nochmals zu erklären.

f) Genehmigungen.[20] Wie bei einer einvernehmlichen Auseinandersetzung müssen erforderliche vormundschaftsgerichtliche/familiengerichtliche Genehmigung- und güterrechtliche Zustimmungserfordernisse beachtet werden. 15

Andernfalls wird die Klage als unbegründet abgewiesen.[21]

---

[18] Klagemuster bei Münchener Prozessformularbuch Erbrecht/*Erker/Oppelt* Form K. VI. 4.
[19] Palandt/*Bassenge* § 925 Rdnr. 6.
[20] Zu den Genehmigungserfordernissen im Allg. vgl. § 26 Rdnr. 68 ff.
[21] KG Urt. v. 20.10.1960 – NJW 1961, 733, 734.

3. Prozessplanung durch Kläger

16 Im Zuge einer Erbauseinandersetzungsklage bzw. Feststellungsklage auf Einzelne unter den Miterben streitige Punkte besteht weder eine **prozessual notwendige** noch eine **materiell – rechtlich notwendige Streitgenossenschaft**.[22] Jeder der Miterben kann daher einzeln klagen bzw. einzeln verklagt werden. Darüber hinaus hat der Kläger die Wahl, sogleich Erbauseinandersetzungsklage zu erheben oder aber zunächst den Antrag auf gerichtliche Vermittlung der Erbauseinandersetzung zu stellen.[23] Vor Erhebung der Teilungsklage kann es notwendig oder sachgerecht sein, eine Feststellungsklage zu erheben oder eine Teilungsversteigerung durchzuführen.[24] In Einzelfällen kann statt der Erbauseinandersetzungsklage eine Leistungsklage auf Übertragung einzelner Vermögensgegenstände statthaft sein. Dies zusammen eröffnet ein weites Feld prozesstaktischer Möglichkeiten.

17 a) **Minimierung des Kostenrisikos durch Auswahl des Klägers.** Bei Festsetzung des Streitwerts für eine Auseinandersetzungsklage ist nach der Rechtsprechung des Bundesgerichtshof maßgebend, was der Kläger nach Durchführung des Verfahrens zu erwarten hat.[25]

Besteht eine Erbengemeinschaft aus mehr als zwei Personen mit unterschiedlichen Erbquoten, sollte die Teilungsklage von demjenigen Miterben erhoben werden, der die geringste Erbquote hat. Dies ist selbstverständlich nur dann möglich, falls sich zumindest zwei der Erben mit unterschiedlichen Quoten über das Ob- und Wie der Auseinandersetzung einig sind.

18 b) **Prozesstaktik.** *aa) Verhältnis Erbauseinandersetzungsklage – Teilungsversteigerung.* Die **Teilungsversteigerung** von Vermögensgegenständen, welche in Natur nicht in wertgleiche Teile aufspaltbar sind, kann nach der **hier vertretenen Auffassung** vor, während oder nach Durchführung einer Erbauseinandersetzungsklage beantragt und betrieben werden.[26]

Unter **prozesstaktischen** Erwägungen sollte jedoch eine erforderliche Teilungsversteigerung vor der Erbauseinandersetzungsklage durchgeführt werden. Zum einen verschlankt eine erfolgreich durchgeführte Versteigerung den späteren Prozessstoff. Zum anderen übt bereits der Antrag auf Teilungsversteigerung auf die sich gegen eine Teilung sträubenden Erben einen wohltuenden Einigungsdruck aus.

19 *bb) Erhebung von Feststellungsklagen über Einzelne streitige Punkte.* Durch eine Feststellungsklage können (bzw. müssen[27]) einzelne Streitpunkte im Vorfeld einer Erbauseinandersetzungsklage einer gerichtlichen Klärung zugeführt werden.[28] Dies kann sowohl Zeit als auch Kosten sparen, in dem eine teilweise **Vorabklärung des Streitstoffes** herbeigeführt wird. Das besondere Rechtsschutzbedürfnis einer Feststellungsklage wird dann auch in dem Umstand gesehen, dass eine solche eine wesentlich umfangreichere Leistungsklage überflüssig machen kann. In jedem Fall führt sie aber zu einer **Vereinfachung des Prozessstoffes** der späteren Erbauseinandersetzungsklage.[29]

Nachteilig kann sein, dass statt einer Klage zwei Klagen zu erheben sind und dies zu Zeitverlusten führt. Zwangsläufig ist dies allerdings nicht, da zwei übersichtliche Verfahren unter Umständen schneller beendet sind als ein mit Hilfsanträgen überladener „Mammutprozess". Für die Berechnung des Streitwertes bei einer solchen Feststellungsklage ist das jeweilige Interesse des Klägers am Ausgang des Verfahrens maßgeblich. Klagt beispielsweise der ausgleichspflichtige Erbe auf Feststellung, dass in seiner Person keine Ausgleichspflichten entstanden sind, so ist der gesamte Betrag der im Streit stehenden Zuwendung der Streitwertbemessung zu Grunde zu legen. Klagt dem gegenüber einer der von der möglichen Ausgleichung begünstigten Miterben, so ist dem Streitwert der Betrag zu Grunde zu legen, um den sich der Anteil des klagenden Miterben am Nachlass bei der Feststellung der Ausgleichspflicht erhöhen würde.

---

[22] MünchKommBGB/*Heldrich* § 2042 Rdnr. 62.
[23] Palandt/*Edenhofer* § 2042 Rdnr. 16.
[24] Vgl. o. zu Teilungsreife Rdnr. 5 ff.
[25] BGH Urt. v. 24.4.1975 – NJW 1975, 1415, 1416.
[26] Vgl. Rdnr. 5 ff.
[27] Vgl. Rdnr. 5 ff. zur Herstellung der Teilungsreife.
[28] BGH Urt. v. 27.6.1990 – NJW-RR 1990, 1220; OLG Düsseldorf Urt. v. 19.4.1996 – FamRZ 1996, 1338.
[29] Klagemuster bei Münchener Prozessformularbuch Erbrecht/*Erker*/*Oppelt* Form K. VII. 4.

Ein auf Feststellung gerichteter **Klageantrag** mit welchem eine Vorabklärung über bestehende Anrechnungs- und Ausgleichspflichten sowie die Eigentumsverhältnisse an einem bestimmten Vermögensgegenstand herbeigeführt werden soll, könnte wie folgt lauten:

> **Formulierungsvorschlag:**
> Ich kündige für die Verhandlung folgenden Antrag an:
> Die Teilung des Nachlasses des am ... in ... verstorbenen ..., am ... in ... geborenen, zuletzt wohnhaft in ... gewesenen Erblassers, hat unter Berücksichtigung folgender Feststellungen zu erfolgen:
> Der Beklagte hat die ihm von Erblasser am ... zugewandte Ausstattung mit einem Betrag von Euro ... gegenüber seinen Geschwistern auszugleichen.
> Das im Nachlass befindliche Gemälde „Hirsch vor Alpenlandschaft", Künstler unbekannt, gehört zum Nachlass. Eigentumsrechte- oder Eigentumsverschaffungsansprüche des Beklagten bestehen nicht.

In der Klagebegründung sollte dann zunächst in aller Kürze entsprechend dem oben Gesagten zur Zulässigkeit einer solchen Klage Stellung genommen werden.

cc) Teilerbauseinandersetzungsklage. Im Zuge einer Erbauseinandersetzungsklage ist stets über die Auseinandersetzung des gesamten Nachlasses zu entscheiden. Nur ausnahmsweise kann **Teilerbauseinandersetzung** verlangt werden.[30] Auch hier ist grundsätzlich das Aufstellen eines Teilungsplans erforderlich. In diesem ist dann mitaufzuführen, welche Vermögenswerte weiter im Gesamthandseigentum verbleiben.

dd) Auseinandersetzung durch Leistungsklage auf Übertragung einzelner Vermögensgegenstände. Ausnahmsweise kann im Wege einer Leistungsklage die Auseinandersetzung einer Erbengemeinschaft ohne Aufstellung eines entsprechenden Teilungsplans verfolgt und die Übertragung einzelner Vermögensgegenstände auf einzelne Miterben geltend gemacht werden. Gerechtfertigt wird dies mit prozessökonomischen Gründen.

Fallbeispiel:
In einem Testament hatte ein Erblasser zwei Personen zu Erben eingesetzt und im Wege einer Teilungsanordnung verfügt, dass der Erbe 1 das im Nachlass befindliche Hausgrundstück gegen Zahlung von € 300.000,– erhalten solle. Neben dem Hausgrundstück war kein weiterer Nachlass vorhanden.

Der vom Erben 2 erhobenen Leistungsklage gegen den Erben 1 auf Zahlung gab das Oberlandesgericht Frankfurt a. M. statt.[31]

ee) Auswahl des Klägers mit dem Ziel der Zeugengewinnung. Klagt nur einer von mehreren Miterben, kann dies von Bedeutung sein, da die **Miterben**, welche nicht Partei der Erbauseinandersetzungsklage sind, im Prozess als **Zeugen** gehört werden können. Je nachdem, ob man Kläger oder Beklagter ist, hat dies für die eigene Vorgehensweise im Prozess Konsequenzen. Befindet man sich in der Rolle des Klägers, sollte man von vornherein sämtliche einem nicht wohl gesonnene Miterben in den Prozess als Beklagte mit einbeziehen.

ff) Erbschein. An vorhandene Erbscheine ist das Prozessgericht nicht gebunden, da das Erbscheinsverfahren eine materielle Rechtskraft nicht kennt.[32] Ein vorhandener Erbschein erleichtert allerdings bei umstrittener Erbfolge die Beweisführung für die Miterben, die sich auf einen vorhandenen Erbschein berufen können.[33]

---

[30] Vgl. § 26 Rdnr. 105.
[31] OLG Frankfurt Urt. v. 21.10.1976 – NJW 1977, 253.
[32] Palandt/*Edenhofer* § 2353 Rdnr. 14.
[33] *Firsching/Graf* S. 356; zum Erbschein allg. vgl. § 50.

> **Formulierungsvorschlag für eine Klage, die eine vom Erbschein abweichende Erbfolge zugrunde legt:**
> Die der Klage zugrunde gelegte Erbfolge, wonach Kläger und Beklagte zu je 1/2 Erben wurden, ergibt sich aus dem Testament des Erblassers vom …
> Der Erbschein vom … des Nachlassgerichts … (Az: …), wonach der Kläger zu 1/3 und der Beklagte zu 2/3 Erben wurden, ist unrichtig.
> Dies ergeben die folgenden Erwägungen:
> …
> Von Seiten des Klägers wurde darauf verzichtet, den unrichtigen Erbschein mit der Beschwerde anzugreifen, da der Erbschein für das Prozessgericht nicht bindend ist und die vorherige Durchführung des Beschwerdeverfahrens eine weitere Zeitverzögerung und damit einher gehende wirtschaftliche Nachteile – unter anderem Zinsverluste – zur Folge gehabt hätte.

24 *gg) Einstweiliger Rechtsschutz*. Steht einem der Miterben ein Anspruch auf einen bestimmten Nachlassgegenstand, beispielsweise ein Grundstück zu, so stellt sich die Frage, ob er diesen Anspruch nicht im Wege des **einstweiligen Rechtsschutzes** vor oder zumindest mit Klageerhebung sichern sollte (z. B. einstweilige Verfügung auf Eintragung einer Vormerkung).

Dies ist in aller Regel nicht angezeigt. Geht man davon aus, dass für eine Verfügung über einen Nachlassgegenstand stets die Zustimmung sämtlicher Miterben erforderlich ist, bedarf es eines solchen Schutzes vor beeinträchtigenden Verfügungen der Miterben nicht. Da auch ein Erbteilserwerber, bzw. Pfändungspfandgläubiger nicht mehr Rechte erwirbt, als seinem Rechtsvorgänger, bzw. Schuldner zustanden, benötigt man auch diesen Personen gegenüber keine besonderen Absicherungen.

4. Klageerhebung

25 **a) Übersendung des Teilungsplans.** Vor Klageerhebung hat man dem künftigen Prozessgegner den erstellten Teilungsplan zu übersenden, verbunden mit der Aufforderung, diesem innerhalb einer bestimmten Frist zuzustimmen. Andernfalls läuft man Gefahr, dass der Beklagte unter Verwahrung gegen die Kostenlast im Prozess ein sofortiges Anerkenntnis abgibt.

> **Formulierungsvorschlag:**
> Unter Vorlage einer auf meine Person lautenden Vollmacht zeige ich hiermit an, dass ich in der anstehenden Auseinandersetzung des Nachlasses auf Ableben von Herrn/Frau …, die Interessen von Herrn/Frau … vertrete.
> Herr/Frau … hat mich mit der Wahrnehmung seiner/ihrer Interessen beauftragt, um auf sachlicher Basis eine möglichst rasche und unter den Erben gütliche Erbauseinandersetzung herbeizuführen, was schon aus Kostengründen auch im Interesse der übrigen Miterben liegt.
> Nach den bisherigen von mir durchgeführten Ermittlungen ist der in Anlage 1 aufgeführte Nachlassbestand vorhanden.
> Entsprechend den gesetzlichen Teilungsregeln, die hier zum Zuge kommen, da der Erblasser keine abweichenden Verfügungen getroffen hat, ist dieser Nachlassbestand, soweit es sich nicht um Geld oder Wertpapiere handelt, zu veräußern und der aus der Veräußerung erzielte Erlös unter den Erben zu verteilen. Den gesetzlichen Vorgaben folgend habe ich den Teilungsplan wie Anlage 2 aufgestellt.
> Ich bitte Sie hiermit, mir Ihr Einverständnis bzw. mögliche Einwendungen gegen diesen Teilungsplan bis spätestens … mitzuteilen.
> Für eventuelle Rücksprachen stehe ich Ihnen selbstverständlich auch telefonisch zur Verfügung.
> Mit freundlichen Grüßen
> Rechtsanwalt

b) Klageantrag einer Erbauseinandersetzungsklage. Sofern der Teilungsplan einen größeren 26
Umfang ausweist bzw. mehrere Teilungspläne hilfsweise eingeklagt werden, empfiehlt es sich
zur besseren Übersichtlichkeit im **Klageantrag**, lediglich auf die **als Anlage** beizufügenden Teilungspläne zu verweisen.[34]

> **Formulierungsvorschlag:**
> Ich kündige für die Verhandlung folgende Anträge an:
> Der Beklagte wird verurteilt, zum Zwecke der Erbauseinandersetzung des Nachlasses auf Ableben des am … verstorbenen, in … am … geborenen Erblassers … dem Teilungsplan wie Anlage 1 zuzustimmen.
> Für den Fall, dass das Gericht zu dem Ergebnis gelangt, es bestünden ausgleichspflichtige Vorempfänge des Klägers in Höhe von € …, wird hilfsweise der Antrag gestellte, den Beklagten zu verurteilen, dem Teilungsplan wie Anlage 2 zuzustimmen.

Hat der Teilungsplan demgegenüber nur einen geringeren Umfang bedarf es keiner Bezugnahme auf eine Anlage. Der Klageantrag könnte dann wie folgt lauten:

> **Formulierungsvorschlag:**
> Ich kündige für die Verhandlung folgenden Antrag an:
> Der Beklagte wird verurteilt, zum Zwecke der Erbauseinandersetzung des Nachlasses auf Ableben des am … verstorbenen, in … am … geborenen Erblassers … dem folgenden Teilungsplan zuzustimmen:
> Das vorhandene Barvermögen von € 50.000,– einschließlich des Verkaufserlöses des noch im Nachlass befindlichen Gemäldes, 120 cm W 80 cm, Künstler unbekannt, Motiv Frühlingsblumen in Vase ist zwischen den beiden Miterben – Kläger und Beklagter – hälftig zu teilen.
> Das Gemälde ist im Wege einer öffentlichen Versteigerung gem. §§ 2042, 753, 1235 Abs. 1 BGB zu verwerten.[35]

c) Ermittlung des sachlich und örtlich zuständigen Gerichts. Die **örtliche Zuständigkeit** richtet 27
sich nach dem besonderen Gerichtsstand des § 27 ZPO. Danach ist örtlich zuständig das Gericht, in welchem der Erblasser seinen letzten allgemeinen Gerichtsstand hatte. Bei der sachlichen Zuständigkeit ergeben sich keine Besonderheiten zu sonstigen Zivilverfahren. Entscheidend ist die Streitwerthöhe. Diese richtet sich nach der Erbquote, welche der die Teilung verlangende Erbe für sich zu beanspruchen hat.[36]

d) Aktiv- und Passivlegitimation. Grundsätzlich sind sämtliche Personen, die nach materiellem Recht Aufhebung der Gemeinschaft verlangen können bzw. gegen die ein solcher Aufhebungsanspruch zu richten ist, **aktiv- bzw. passivlegitimiert.** 28
Im Ergebnis ist allerdings nur gegen diejenigen Erben, Testamentsvollstrecker bzw. Nießbrauchsberechtigten oder Pfändungspfandgläubiger Klage zu erheben, die dem vorgelegten Teilungsplan widersprochen haben, da weder eine prozessual notwendige, noch eine materiell rechtlich notwendige Streitgenossenschaft besteht. Nur gegen die am Klageverfahren Beteiligten wirkt dann allerdings auch ein obsiegendes Urteil.

---

[34] Ein kompletter Teilungsplan lässt sich aus den in den Rdnr. 10, 11 bzw. 12 aufgeführten Formulierungsbeispielen zusammenfügen.
[35] Vgl. zum Meinungsstreit über die Teilungsreife bei einer solchen Konstellation Rdnr. 6 ff.
[36] BGH Urt. v. 24.4.1975 – NJW 1975, 1415, 1416.

5. Verteidigung des beklagten Miterben

29 **a) Einwendungen.** Von dem **Beklagten** können im Zuge einer Erbauseinandersetzungsklage eine Fülle von **Einwendungen** erhoben werden.[37]

An erster Stelle zu nennen sind hier Einwendungen, welche sich gegen die sachliche Richtigkeit des vom Kläger aufgestellten Teilungsplans wenden.

Diese lassen sich wie folgt untergliedern:
- Der Teilungsplan umfasst nicht sämtliche Aktiv- und Passivpositionen des Nachlasses.
- Ausgleichs- und Anrechnungspflichten unter Abkömmlingen des Erblassers wurden nicht berücksichtigt.
- Der Teilungsplan ist unrichtig, da er nicht von den korrekten Erbquoten ausgeht.
- Teilungsanordnungen des Erblassers bzw. bindende Absprachen der Erben wurden im Teilungsplan nicht berücksichtigt.
- Die Auswahl der zur Begleichung von Nachlassschulden zu verkaufenden Gegenständen ist fehlerhaft.

Die zweite Gruppe von Einwendungen zielt darauf ab, dass die Auseinandersetzung überhaupt oder zumindest zurzeit nicht verlangt werden kann.

In Betracht kommt hier folgender Beklagtenvortrag:
- Die Auseinandersetzung ist wegen Unbestimmtheit der Erbteile gehindert.[38]
- Das Verlangen auf Auseinandersetzung ist rechtsmissbräuchlich.[39]
- Durch letztwillige Verfügung ist die Auseinandersetzung ausgeschlossen.[40]
- Durch vertragliche Vereinbarung ist die Auseinandersetzung ausgeschlossen.[41]
- Die Auseinandersetzung ist ausgeschlossen, da ein Aufgebotsverfahren aussteht.[42]

30 **b) Prozesstaktik.** Sofern man sich in der Rolle des Beklagten befindet, sollte man „Parteizeugen" des Klägers ggf. in das Prozessrechtsverhältnis mit einbeziehen. Geeignet erscheint hier vor allem eine Widerklage und zwar in Form der **Drittwiderklage**.[43]

Ein Antrag, der eine bloße Verneinung der Klage enthält, ist nicht zulässig. Denkbar wäre aber beispielsweise eine Widerklage auf Zustimmung zu einem eigenen von dem des Klägers sich unterscheidenden Teilungsplan, bzw. eine Widerklage, mit welcher Auskunftsansprüche geltend gemacht werden.

Inwieweit eine solche Widerklage schlussendlich vom erkennenden Gericht für zulässig und begründet erachtet wird, mag zweifelhaft sein. Ein Mittel, die Miterben aus der Zeugenrolle zu drängen und auf diese Weise die Waffengleichheit wiederherzustellen, ist es jedoch allemal.

II. Teilungsversteigerung

1. Einleitung

31 Die **Teilungsversteigerung von Grundstücken** dient dazu, die für die Begleichung der Nachlassverbindlichkeiten erforderlichen Barmittel zu beschaffen sowie einen in wertgleiche Teile spaltbaren Nachlassbestand zu erhalten. Sie kann von jedem der Miterben jederzeit verlangt werden. Zur **Versteigerung bedarf** es **nicht der Zustimmung der übrigen Miterben.**

Im Zuge einer Teilungsversteigerung ist es ohne weiteres möglich, Einzelne, von mehreren zum Nachlass gehörende Grundstücke zur Versteigerung zu bringen. Hierin ist keine unzulässige Teilerbauseinandersetzung zu sehen. Den Erben steht es nämlich frei, die Reihenfolge festzulegen, in welcher sie Einzelne, in der Natur nicht wertgleich teilbare Nachlassgegenstände, veräußern. Im Übrigen führt die Versteigerung, wie unten noch auszuführen ist, auch nicht zu einer Auflösung der Erbengemeinschaft an dem versteigerten Gegenstand, sondern lediglich zu einer Fortsetzung der Erbengemeinschaft am Surrogat des veräußerten Gegenstands.

---

[37] Muster bei Münchener Prozessformularbuch Erbrecht/*Erker/Oppelt* Form K. VI. 7.
[38] Vgl. § 26 Rdnr. 58.
[39] Vgl. § 26 Rdnr. 59.
[40] Vgl. § 26 Rdnr. 111 ff.
[41] Vgl. § 26 Rdnr. 60.
[42] Vgl. allg. zum Aufgebotsverfahren § 23.
[43] Klagemuster bei Münchener Prozessformularbuch Erbrecht/*Erker/Oppelt* Form K. VI. 8.

Als besondere Form der Zwangsversteigerung ist der Fall zu betrachten, in welchem der zur Versteigerung zugelassene Personenkreis durch Erblasseranordnung begrenzt ist. Eine solche Anordnung ist bei Festsetzung der Versteigerungsbedingung durch das Zwangsvollstreckungsgericht zu berücksichtigen. Gebote von Personen, die außerhalb des zum Erwerb berechtigten Personenkreises stehen, sind dann nicht zuzulassen.[44]

Das Verfahren selbst lässt sich in folgende Schritte untergliedern:
- Antrag auf Versteigerung
- Anordnungsbeschluss, der den übrigen Beteiligten zuzustellen ist
- Wertfestsetzung nach vorangegangener Einschätzung durch Wertgutachten
- Festsetzung eines Versteigerungstermins und anschließende Bekanntgabe desselben
- Durchführung der Versteigerung

Antragsbefugt für die Teilungsversteigerung ist der Personenkreis, welcher auch im Zuge einer Erbauseinandersetzungsklage aktivlegitimiert wäre. Am Verfahren zu **beteiligen sind sämtliche Miterben** sowie diejenigen **Personen denen Nießbrauchs- oder Pfandrechte** an Erbteilen **zustehen**. Diesen ist der Anordnungsbeschluss zuzustellen.

Von Personen, deren Zustimmung auch bei einer Erbauseinandersetzungsklage einzuholen wäre, sind die erforderlichen Zustimmungen mit dem Antrag einzureichen.

Für den Fall, dass bezüglich des Erbes insgesamt oder einzelner Erbteile eine Vor- und Nacherbschaft angeordnet ist, ergeben sich keine Besonderheiten bei der Teilungsversteigerung. Bei einer Teilungsversteigerung handelt es sich nicht um eine Verfügung, welche unter die §§ 2113, 2115 BGB fällt, da das Recht auf Teilungsversteigerung dem Nachlass immanent ist. Das Recht des Nacherben setzt sich am Versteigerungserlös fort.[45]

Bestehen bzgl. des zur Versteigerung zu bringenden Grundstücks vertragliche oder öffentliche Vorkaufsrechte, so hindert dies die Teilungsversteigerung ebenfalls nicht, da in der Versteigerung kein Vorkaufsfall zu sehen ist. Dies gilt auch für das Vorkaufsrecht nach BauGB. Die Rechte des nach BauGB Vorkaufsberechtigten sind nach herrschender Meinung dadurch hinreichend gewahrt, dass ihm die Möglichkeit offen steht, das Grundstück im Wege der Versteigerung wie jeder andere auch zu erwerben.

2. Zuständigkeit

Zuständig ist das **Amtsgericht**, in dessen Bezirk das Grundstück liegt.[46]

3. Beizufügende Unterlagen nach § 35 GBO

Beizufügen ist ein beglaubigter **Grundbuchauszug**, der nicht älter als 1 Woche sein sollte und aus welchem sich das Eigentumsrecht des Erblassers bzw. der Erbengemeinschaft ergeben muss.

Des Weiteren ist entweder eine beglaubigte **Abschrift des öffentlichen Testaments mit Ausfertigung des Eröffnungsprotokolls** oder eine Ausfertigung des Erbscheins beizufügen. Reine Privaturkunden, wie z. B. ein **privatschriftliches Testament** können, sofern das Zwangsvollstreckungsgericht sich im Wege freier Beweiswürdigung von ihrer Echtheit überzeugt, ebenfalls Grundlage einer Zwangsversteigerung sein.[47]

Wird die Versteigerung nicht durch die eigene Mandantschaft betrieben, sollte man dem **Versteigerungsantrag** in jedem Falle **beitreten**, da dieser dann nicht mehr ohne Zustimmung der eigenen Mandantschaft zurückgezogen werden kann.

---

[44] *Stöber* § 180 Rdnr. 7.11 d.
[45] *Stöber* § 180 Rdnr. 7.16 b.
[46] §§ 1, 15 ZVG.
[47] *Stöber* § 181 Rdnr. 5.2.

4. Antragsmuster

35 An das
Amtsgericht ...
Versteigerungsgericht
...
In der Teilungsversteigerungsangelegenheit betreffend das im Grundbuch von ... verzeichnete Grundstück Flurstück Nr.: ... der Erbengemeinschaft ... bestehend aus folgende Miterben:
1.
2.
3.
stelle ich hiermit unter Vorlage einer auf mich lautenden Vollmacht Namens und im Auftrag des Miterben ... den Antrag,
bzgl. des oben aufgeführten Grundstücks zum Zwecke der Aufhebung der Gemeinschaft die Zwangsversteigerung anzuordnen.
Gründe:
Die oben aufgeführten Beteiligten sind wie sich aus dem in Anlage 1 beigefügten Erbschein ergibt, Miterben des im Grundbuch von ... verzeichneten Erblassers. Beglaubigter Grundbuchauszug vom ... ist beigefügt.
Zur Vorbereitung der Erbauseinandersetzung soll der Grundbesitz veräußert werden. Teilungsanordnungen des Erblassers liegen nicht vor.

Rechtsanwalt

5. Die wichtigsten Rechtsmittel

36 a) **Beschwerde nach §§ 11 Abs. 1 RPflG, 74 a Abs. 5 S. 3 ZVG.** Vor der Versteigerung hat der zuständige Rechtspfleger den Wert des Objekts gem. §§ 85 Abs. 2, 74 a ZVG festzusetzen. Hierzu wird in aller Regel ein Gutachten eingeholt. Da unter den Erben oftmals erst nach Antragstellung eines der Erben auf Zwangsversteigerung ernsthafte Gespräche zwischen einem das Grundstück übernahmewilligen Erben und den übrigen Erben zustande kommen, hat das Gutachten erhebliche Bedeutung. Ist die **Wertfestsetzung** unangemessen und dies für die eigene Mandantschaft nachteilhaft, so kann man das Gutachten alleine aus verhandlungstaktischen Gründen keinesfalls hinnehmen.

Zunächst sollte man in diesen Fällen mit einer formlosen **Gegenvorstellung** seine Einwendungen geltend machen. Dies muss bereits vor endgültiger Wertfestsetzung durch das Gericht unmittelbar nach Vorlage des gerichtlich veranlassten Sachverständigengutachtens geschehen. Ziel einer solchen Gegenvorstellung ist es zunächst, eine Ergänzung und Erläuterung des Gutachtens herbeizuführen. Ansatzpunkte für Gegenvorstellungen bieten Sachverständigengutachten meist reichlich.

Bleibt die Gegenvorstellung ergebnislos, kann Beschwerde nach §§ 11 Abs. 1 RPflG, 74 a Abs. 5 S. 3 ZVG eingelegt werden.

37 b) **Antrag auf Einstellung des Verfahrens nach § 180 Abs. 2 ZVG.** Das Verfahren kann nach § 180 Abs. 2 ZVG bis zu 6 Monate eingestellt werden, sofern dies bei **Abwägung** der **widerstreitenden Interessen** angemessen erscheint.

Als Grund für eine Einstellung nach § 180 Abs. 2 ZVG kommen insbesondere das Vorliegen Erfolg versprechender Vergleichsverhandlungen in Betracht. Des Weiteren aber auch, dass der Versteigerungsantrag für den Antragsgegner überraschend erfolgte und dies eine unbillige Härte darstellt. Schließlich kann im Zuge des Verfahrens nach § 180 Abs. 2 ZVG vorgetragen werden, dass nach geringfügigen Investitionen eine im Verhältnis zu den Investitionen erhebliche Wertsteigerung zu erwarten ist.

Der Antrag kann einmal wiederholt werden. Die Höchstdauer der Einstellung beträgt somit 1 Jahr. Der Antrag muss gem. § 30 b Abs. 1 ZVG innerhalb einer Notfrist von 2 Wochen gestellt werden. Die Notfrist beginnt mit Zustellung der mit einer Rechtsmittelbelehrung versehenen Verfügung, in welcher die übrigen Miteigentümer über ihr Recht auf Stellung des Einstellungsantrags, den Fristbeginn und die Rechtsfolgen eines fruchtlosen Ablaufs des Fristbeginns hingewiesen wurden.

> **Formulierungsvorschlag für Antrag auf Einstellung des Verfahrens nach § 180 Abs. 2 ZVG:** 38
> An das
> Amtsgericht ...
> Versteigerungsgericht
> ...
> In der Teilungsversteigerungsangelegenheit betreffend das im Grundbuch von ... verzeichnete Grundstück Flurstück Nr.: ... der Erbengemeinschaft ... bestehend aus folgende Miterben:
> 1.
> 2.
> 3.
> stelle ich hiermit unter Vorlage einer auf mich lautenden Vollmacht Namens und im Auftrag des Miterben
> den Antrag,
> das Zwangsversteigerungsverfahren einstweilen einzustellen.
> Gründe:
> Die von mir vertretene Miterbin ist die Ehefrau des Erblassers. Sie hat das Objekt mit dem verstorbenen Erblasser über 30 Jahre hinweg bewohnt. Sie hat mehrfach ihre Bereitschaft erklärt, das Objekt zu übernehmen. Der Abschluss eines notariellen Erbauseinandersetzungsvertrages ist bisher an den fehlenden finanziellen Mitteln meiner Mandantin gescheitert. Mittlerweile ist es ihr gelungen, von der ... Bank eine Finanzierungszusage zu erhalten. Diese ist in Anlage beigefügt. Aufgrund der nunmehr veränderten Situation ist sie mit den übrigen Miterben erneut in Verhandlungen eingetreten, die sich nunmehr auf Erfolg versprechendem Wege befinden.
> Rechtsanwalt

c) **Einstweilige Einstellung nach § 765 a ZPO.** Voraussetzung ist hier, dass auf Grund besonderer Umstände die Vollstreckung **nicht mit den guten Sitten zu vereinbaren** ist. 39

Beispiel:
Versteigerungsantrag eines der Miterben gegen seinen hochbetagten und kranken Vater.

d) **§ 771 ZPO Der der Versteigerung entgegenstehende Rechte.** Obgleich § 771 ZPO eine Zwangsvollstreckung voraussetzt, hält die ganz herrschende Meinung die Klage nach § 771 ZPO auch zur Geltendmachung von Einwendungen materieller Art gegen eine Zwangsversteigerung zur Aufhebung der Gemeinschaft nach §§ 180 ff. ZVG für zulässig.[48] 40

An materiellen Einwendungen kommt insbesondere ein Teilungsverbot des Erblassers in Betracht. Geltend gemacht werden kann über § 771 ZPO aber auch, dass eine Aufhebung durch Vereinbarung der Miterben ausgeschlossen ist.

6. Übersicht über die wichtigsten Fristen
Beschlusszustellungsfrist, § 43 Abs. 2 ZVG 41
Der Beschluss, der die Versteigerung anordnet, ist den übrigen Beteiligten vier Wochen vor dem angesetzten Versteigerungstermin zuzustellen. Diese ist in aller Regel gewahrt, da der Anordnungsbeschluss zeitlich zu Beginn des Verfahrens ergeht.
Bekanntmachungsfrist, §§ 43 Abs. 1, 39 I ZVG
Sechs Wochen vor der Versteigerung ist die Versteigerung im Amtsblatt bekannt zu machen. War das Verfahren nur einstweilen eingestellt, sind allerdings zwei Wochen ausreichend. Eine Verletzung der Vorschriften führt dazu, dass der Versteigerungstermin aufzuheben und in einem unter Verletzung der Vorschrift durchgeführten Termin gem. § 83 ZVG kein Zuschlag erteilt werden darf.

---

[48] OLG Hamburg Urt. v. 23.8.1960 – NJW 1961, 610.

7. Ergebnis einer erfolgreichen Versteigerung

42 Der **Erlös aus der Versteigerung** steht der Erbengemeinschaft zur gesamten Hand zu. Eine endgültige Auseinandersetzung bezüglich der versteigerten Gegenstände findet mithin durch die Versteigerung nicht statt. Eine erfolgreich abgeschlossene Teilungsversteigerung erleichtert aber sowohl ein FGG Vermittlungsverfahren als auch eine Auseinandersetzungsklage in ganz erheblicher Weise, da Grundstücke oftmals den Hauptstreitpunkt bilden. Erfahrungsgemäß führt deshalb bereits die Einleitung des Verfahrens dazu, ins Stocken geratene Verhandlungen wieder in Gang zu bringen.

8. Kosten

43 Im Zwangsversteigerungsverfahren findet kein Kostenausgleich statt. Ein solcher Ausgleich ist vielmehr außerhalb eines Verfahrens durchzuführen. War die Versteigerung gerechtfertigt, fallen sie den Miterben entsprechend ihrer Quote zur Last.[49]

9. Großes und kleines Antragsrecht

44 Ist nur ein Miteigentumsanteil an einem Grundstück in die Gesamthand gefallen, steht es jedem an der Erbengemeinschaft beteiligten Miterben frei mit dem so genannten **kleinen Antragsrecht** die Versteigerung des der Erbengemeinschaft zustehenden Miteigentumsanteils herbeizuführen oder im Wege des so genannten großen Antragsrechts die Versteigerung des Gesamtgrundstücks zum Zwecke der Aufhebung der Erbengemeinschaft und der Miteigentümergemeinschaft zu verlangen. Dies ist in aller Regel wirtschaftlich sinnvoll, da nur bei Versteigerung des Gesamtgrundstücks ein angemessener Erlös zu erwarten ist.

III. Klage eines Miterben auf Erfüllung eines Anspruchs des Nachlasses

1. Einleitung[50]

45 Jedem der Miterben steht es nach § 2039 BGB frei, Forderungen der Erbengemeinschaft mit der Maßgabe einzuziehen, dass Leistung an die Erbengemeinschaft erfolgt. Einer Mitwirkung der übrigen Erben bedarf es hierzu nicht. Dies gilt auch für die klageweise Geltendmachung von Ansprüchen der Erbengemeinschaft.

Zwischen mehreren klagenden Erben besteht keine **prozessual notwendige Streitgenossenschaft**, da keine Rechtskrafterstreckung kraft Gesetzes eintritt, sondern eine einheitliche Entscheidung nur wünschenswert bzw. aus Gründen der Logik notwendig erscheint. Eine materiell notwendige Streitgenossenschaft besteht ebenfalls nicht, da nach § 2039 jeder Erbe einzelklagebefugt ist. Der einzelne Erbe handelt dann als gesetzlicher Prozessstandschafter. Der Klageantrag hat folglich auch auf Leistung an die Erbengemeinschaft zu lauten.

2. Prozesstaktik

46 Wie bei einer Erbauseinandersetzungsklage ist es auch hier den Erben möglich, dadurch, dass nur einer der Miterben klagt, die übrigen Erben als Zeugen zu gewinnen. Auch hier muss es das Ziel des Beklagten sein, die so gewonnenen **Zeugen** aus ihrer Zeugenrolle zu drängen.

3. Muster mit Erläuterungen

47 Wie aufgeführt, handelt der Einzelne als Kläger auftretende Miterbe in **gesetzlicher Prozessstandschaft**. Er, und nicht die Erbengemeinschaft, sind daher als Parteien im Rubrum aufzuführen. Die Klage ist allerdings zu richten auf Leistung an die Erbengemeinschaft. Ein Klageantrag auf Zahlung von € 5.000,– könnte mithin wie folgt lauten:

> **Formulierungsvorschlag:**
> Der Beklagte wird verurteilt, an
> …
> …

---

[49] *Stöber* § 180 Rdnr. 7.14 b m.w.N. zur Kostenberechnung.
[50] Vgl. auch § 26 Rdnr. 39.

...
(Erbengemeinschaft auf Ableben von ..., geb. am ... in ..., verstorben am ... in ...)
€ 5.000,- zu zahlen.

IV. Klage eines Miterben auf Zustimmung zu Verwaltungsmaßnahmen

1. Einleitung

Jeder Miterbe ist verpflichtet, bei Maßnahmen, die zur **ordnungsgemäßen** Verwaltung des Nachlasses erforderlich sind, mitzuwirken.[51] Weigert sich einer der Miterben trotz entsprechender Verpflichtung zur Mitwirkung, können die übrigen Miterben seine Zustimmung einklagen. Im Bereich der **außerordentlichen** Verwaltung kommt demgegenüber eine Klage nicht in Betracht, da hier keine Mitwirkungspflichten bestehen.

Die Klage auf Zustimmung zu einer bestimmten Verwaltungsmaßnahme ist Leistungsklage, im Regelfall gerichtet auf Abgabe einer Willenserklärung. Selbstverständlich kann jedoch auch, sofern erforderlich, ein tatsächliches Handeln eingeklagt werden. Für die Vollstreckung gelten die allgemeinen Grundsätze, d.h. es findet insbesondere § 894 ZPO Anwendung. Zu beachten ist, dass nur die Miterben, die sich weigern an der Maßnahme mitzuwirken, verklagt werden müssen.[52]

Besteht zwischen den Miterben Streit wegen der Nutzung eines Nachlassgegenstandes ist zu berücksichtigen, dass nur eine dem **billigen Interesse** der Erben entsprechende Regelung verlangt werden kann.[53] Das Gericht darf, sofern die Zustimmung zu einer unbilligen Vereinbarung gefordert wird, nicht auf eine seinem dafürhalten interessengerechte Regelung erkennen, sondern ist an den Klageantrag gebunden.[54] Um einer möglichen (vollständigen) Klageabweisung vorzubeugen, kann es daher geboten sein, im Wege des Hilfsantrags die Zustimmung zu (weiteren) Nutzungsregelungen geltend zu machen.[55]

2. Muster für einen Klageantrag

Ein Klageantrag, mit welchem die Zustimmung eines Miterben zur Kündigung eines Mieters der Erbengemeinschaft verlangt wird, kann entsprechend dem nachfolgenden Formulierungsbeispiel abgefasst werden.[56]

> **Formulierungsvorschlag:**
> Der Beklagte wird verurteilt, folgende Willenserklärung abzugeben:
> Ich kündige hiermit gegenüber Herrn...den am...abgeschlossenen Mietvertrag über die Wohnung...mit sofortiger Wirkung wegen ...

V. Verwaltungsmaßnahmen und einstweiliger Rechtsschutz

1. Einleitung

Im Bereich der ordnungsgemäßen Verwaltung kann ein Bedürfnis bestehen, die Zustimmung zu einer Verwaltungsmaßnahme im Wege des einstweiligen Rechtsschutzes durchzusetzen.

Beispiel:
Die (hälftigen) Miterben A und B sind in Erbengemeinschaft Eigentümer eines vermieteten Hausanwesens in Z Stadt. Bei einem schweren Gewitter schlägt der Blitz in das Dach des Anwesens ein und beschädigt dieses erheblich. A, der in der Nachbarschaft wohnt, wird von der informierten Feuerwehr hinzugezogen. Mit ihr spricht er als erste Maßnahme die Abdichtung des Daches gegen Regen durch Planen ab. Diese Abdichtung wird jedoch nur wenige Wochen wirksam sein. Um den Schaden zu beheben, ist kurzfristig

---

[51] § 2038 Abs. 1 S. 2 BGB.
[52] BGH Urt. v. 24.6.1991 – FamRZ 1992, 50, 51.
[53] § 745 Abs. 2 BGB; zu Nutzungsvereinbarung s. § 26 Rndr. 33.
[54] BGH Urt. v. 29.9.1993 – NJW 1993, 3326, 3327.
[55] Muster bei Münchener Prozessformularbuch Erbrecht/*Erker/Oppelt* Form K.III.2.
[56] Zu weiteren Muster s. Münchener Prozessformularbuch Erbrecht/*Erker/Oppelt* Form K.III.4.

eine (zumindest teilweise) Neueindeckung des Daches erforderlich. A informiert B und regt an, den Reparaturauftrag unverzüglich zu vergeben. B lehnt ab.
A kann den Auftrag nicht allein vergeben. Das Anbringen der Planen war zwar von seinem Notverwaltungsrecht gedeckt. Weitergehende Maßnahmen unterfallen jedoch der Mehrheitsverwaltung.[57] Da A und B Miterben zu je 1/2 Anteil sind, kann A die Reparatur nicht ohne gerichtliche Hilfe durchsetzen.

2. Einstweiliger Rechtsschutz bei Willenserklärungen[58]

51 Die Zustimmung zu einer Verwaltungsmaßnahme kann mittels einstweiliger Verfügung im **Regelfall** nicht durchgesetzt werden. Die h.M. lehnt nämlich den Erlass einer einstweiligen Verfügung auf Abgabe einer Willenserklärung grundsätzlich ab.[59] Begründet wird dies damit, dass das einstweilige Verfügungsverfahren die Hauptsache nicht vorwegnehmen dürfe, die Abgabe einer Willenserklärung jedoch vielfach endgültig und im Hauptsacheverfahren nicht mehr änderbar sei. Darüber hinaus könne § 894 ZPO nicht angewendet werden. § 894 ZPO setze nämlich eine rechtskräftige Entscheidung im ordentlichen Verfahren voraus und könne insbesondere auf einstweilige Verfügungen, soweit sie im Beschlusswege ergehen, nicht angewendet werden, da diese Beschlüsse formell nicht rechtskräftig werden können.[60]

52 Nach teilweise vertretener Auffassung kommt **ausnahmsweise** der Erlass einer einstweiligen Verfügung auf Abgabe einer Willenserklärung in Betracht, wenn der Gläubiger auf die sofortige Erfüllung seines Anspruchs dringend angewiesen ist und eine Zurückweisung seines Antrags einer Rechtsverweigerung gleichkäme.[61] Diese Auffassung weist darauf hin, dass § 894 ZPO nur ein formell rechtskräftiges Urteil voraussetze, ohne dies auf ein bestimmtes Verfahren zu beziehen. Daher stehe § 894 ZPO dem Erlass einer einstweiligen Verfügung, zumindest durch Urteil, nicht entgegen. Auch seien ansonsten faktisch endgültige Regelungen durch einstweilige Verfügung nicht generell ausgeschlossen.

53 Die letztgenannte Auffassung erscheint durchaus vorzugswürdig. In der Praxis ist allerdings, angesichts der unklaren Rechtslage und des hohen Prozessrisikos, dazu raten, dass – sofern überhaupt ein einstweiliges Verfügungsverfahren durchgeführt werden soll – eine Entscheidung **nach** mündlicher Verhandlung beantragt wird. Die zeitliche Verzögerung dürfte regelmäßig hinnehmbar sein. Die Entscheidung ergeht dann durch Urteil, so dass dem Einwand, § 894 ZPO sei – zumindest auf Beschlüsse – nicht anwendbar, der Boden entzogen ist. Darüber hinaus kann es geraten sein, sofern möglich, „nur" die Zustimmung zu einer vorläufigen Maßnahme zu begehren (also z.B. nur teilweise Anbringung neuer Dachziegel) und die endgültige Regelung dem Hauptsacheverfahren vorzubehalten. Damit lässt sich das Argument des Verbotes der Vorwegnahme der Hauptsache entkräften.

Beachte: Hat man eine einstweilige Verfügung erstritten, stellt sich die Frage, ob eine Zustellung nach § 929 Abs. 2 ZPO erforderlich ist. Das OLG Köln geht davon aus, dass § 929 Abs. 2 ZPO nicht für die Abgabe einer Willenserklärung gelte, da die Vollstreckungswirkung kraft Gesetz eintrete und die Anwendung des § 929 Abs. 2 ZPO damit nur eine nutzlose Förmelei sei. Die Meinung des OLG ist jedoch nicht unbestritten.[62] Daher dürfte es in der Praxis am sichersten sein, die Zustellung vorzunehmen.

---

[57] S. hierzu § 26 Rndr. 36.
[58] S. hierzu auch Münchener Prozessformularbuch Erbrecht/*Erker*/*Oppelt* Form K. III. 5.
[59] Vgl. Musielak/*Huber* § 940 Rndr. 26; Baumbach/Lauterbach/Albers/*Hartmann* § 940 Stichwort: Willenserklärung jeweils m.w.N.
[60] Musielak/*Huber* § 940 Rndr. 26.
[61] So OLG Köln Urt. v. 7.12.1995 – NJW 1997, 59, 60 m. eingehender Begr. und Nachw. zum Streitstand; ihm folgt z.B. Baumbach/Lauterbach/Albers/*Hartmann* § 940 Stichwort:Willenserklärung.
[62] S. die Nachw. bei OLG Köln Urt. v. 7.12.1995 – NJW 1997, 59, 60.

§ 62 Klagen im Zusammenhang mit dem Pflichtteilsanspruch

Übersicht

	Rdnr.
I. Zuständigkeit	2–4
II. Klagen des Pflichtteilsberechtigten	5–28
1. Auskunftsklage	5/6
2. Stufenklage auf Auskunft, Eidesstattliche Versicherung und Zahlung des Pflichtteils	7–14
3. Leistungsklagen wegen eines Pflichtteilsergänzungsanspruches	15–26
a) Klage gegen den Erben nach § 2325 BGB	15–18
b) Klage gegen den Beschenkten gemäß § 2329 BGB	19–22
c) Klage auf den Pflichtteilsrestanspruch gemäß § 2305 BGB	23
d) Der Pflichtteilsanspruch des Pflichtteilsergänzungsgläubigers	24–26
4. Klage auf Feststellung des Pflichtteils	27/28
III. Einreden gegen den Pflichtteilsanspruch	29–32
IV. Darlegungs- und Beweislast	33–35
V. Rechtsmittel	36–39

Schrifttum: *Baumbach/Lauterbach/Albers/Hartmann*, Zivilprozessordnung, 64. Aufl. 2006; *Coing*, Zur Auslegung des § 2314 BGB, NJW 1993, 1298; *Kerscher/Tanck/Krug*, Das erbrechtliche Mandat, 3. Aufl. 2003; *Klingelhöffer*, Pflichtteilsrecht, 2. Aufl. 2003; *Vorwerk* (Hrsg.), Das Prozess-Formular-Buch, 7. Aufl. 2002.

Beratungscheckliste 1

I. Auskunftsklage/Stufenklage
- ☐ Gerichtsstand
- ☐ Erhebung der Auskunftsklage bei geringer oder fehlender Kenntnis des Nachlassbestandes; beachte: Kostentragungspflicht bei sofortigem Anerkenntnis des Beklagten, wenn versäumt wurde, Auskunftsbegehren zunächst außergerichtlich geltend zu machen
- ☐ Konkret formulierter Klageantrag bei Auskunftsklage
- ☐ Auskunftsklage/des Antrags auf Abgabe der eidesstattlichen Versicherung hemmt die Verjährung des Pflichtteilsanspruchs nicht
- ☐ Zahlungsklage anstatt Stufenklage bei im Wesentlichen vorprozessual erteilter Auskunft über Bestand und Wert des Nachlasses
- ☐ Titel auf Duldung der Zwangsvollstreckung gemäß § 748 Abs. 3 ZPO im Falle einer angeordneten Testamentsvollstreckung

II. Leistungsklage wegen Pflichtteilsergänzungsanspruch
- ☐ Selbstständiger Pflichtteilsergänzungsanspruch gemäß § 2325 BGB
- ☐ Einrede des § 2328 BGB zugunsten des selbst pflichtteilsberechtigten Erben
- ☐ Erhebung der Einrede der Unzulänglichkeit des Nachlasses bei wirtschaftlich wertlosem Nachlass bringt den Zahlungsanspruch zu Fall
- ☐ Berücksichtigung von Eigengeschenken des Pflichtteilsberechtigten gemäß § 2327 BGB
- ☐ Subsidiäre Haftung des Beschenkten gemäß § 2329 BGB, wenn der Erbe den Pflichtteilsergänzungsanspruch nicht erfüllen kann, ggf. Umstellung des Leistungsantrages gegen den Erben auf einen Anspruch auf Duldung der Zwangsvollstreckung gegen den Beschenkten, wenn der Erbe zugleich Beschenkter ist
- ☐ Geltendmachung des Pflichtteilsrestanspruches gemäß § 2305 BGB

III. Feststellungsklage
- ☐ Bestehen/Nichtbestehen eines Pflichtteilsanspruchs kann nicht Gegenstand einer Feststellungsklage sein, lediglich die rechtsverbindliche Klärung des Bestehens einer Pflichtteilsentziehung/eines Pflichtteilsverzichts sind der Feststellungsklage zugänglich

☐ Lebzeitige Klärung durch den Erblasser und in der Regel durch den Pflichtteilsberechtigten möglich
IV. Einreden
☐ Verjährung gemäß § 2332 BGB, Unterscheidung zwischen Pflichtteils- und Pflichtteilsergänzungsanspruch
☐ Neubeginn der Verjährung gemäß § 212 Abs. 1 Nr. 1 BGB durch Anerkenntnis des Verpflichteten, Klageerhebung gemäß § 204 Abs. 1 Nr. 1 BGB hemmt die Verjährung; beachte: Erhebung der Auskunftsklage führt nicht zur Hemmung der Verjährung.
V. Darlegungs- und Beweislast
☐ Pflichtteilsberechtigten trifft Beweislast für das Bestehen des Pflichtteilsrechts sowie Zugehörigkeit eines bestimmten Gegenstands zum Nachlass
☐ Bei Geltendmachung des Pflichtteilsergänzungsanspruches trifft ihn die Beweislast für die objektive Unentgeltlichkeit der Zuwendung, d. h. den Wert von Leistung und Gegenleistung; bei grobem Missverhältnis beider Werte spricht eine tatsächliche Vermutung für teilweise Unentgeltlichkeit der Zuwendung
☐ Erbe hat pflichtteilsmindernde Tatsachen zu beweisen
☐ Beruft sich der Erbe auf Verjährung, hat er die Kenntnis des Pflichtteilsberechtigten von der beeinträchtigenden Verfügung von Todes wegen zum verjährungsrelevanten Zeitpunk zu beweisen
VI. Rechtsmittel
☐ Grundsätzlich Berufung, wenn Wert des Beschwerdegegenstandes die Berufungssumme gemäß § 511 ZPO übersteigt oder das Gericht die Berufung zugelassen hat.
☐ Bei Stufenklage kann gegen die Teilurteile der ersten beiden Stufen Berufung eingelegt werden
☐ Revision erfordert Zulassung gemäß § 543 ZPO

I. Zuständigkeit

2   Für erbrechtliche Streitigkeiten und somit auch für die Geltendmachung von Pflichtteilsansprüchen gilt § 27 ZPO im besonderen Wahlgerichtsstand der Erbschaft. Demnach ist gemäß § 27 Abs. 1 ZPO das Gericht zuständig, an dem der Erblasser zurzeit seines Todes seinen allgemeinen Gerichtsstand gehabt hat (§§ 12 bis 16 ZPO). In der Regel ist dies das Gericht des letzten Wohnsitzes des Erblassers gemäß § 13 ZPO. Der Gerichtsstand des § 27 ZPO ist jedoch nicht ausschließlich, so dass der Kläger unter mehreren allgemeinen Gerichtsständen des Erblassers frei wählen kann. Die Parteien können einvernehmlich einen anderen Ort, in der Regel deren Wohnsitz, als Gerichtsstand wählen. Dies empfiehlt sich dann, wenn die Parteien und der Erblasser nicht am selben Ort gewohnt haben. Maßgeblich für die Feststellung des allgemeinen Gerichtsstandes gemäß § 27 ZPO ist der Zeitpunkt des Todes. Der allgemeine Gerichtsstand des § 27 ZPO erfordert nicht, dass sich jemals ein Nachlassgegenstand im Bezirk des Gerichts befunden hat.[1]

3   Zu den Klagen wegen eines Pflichtteilsanspruchs, für die § 27 ZPO gilt, zählen: Der Anspruch gegen den Erben auf eine Barzahlung gemäß § 2303 BGB, der Auskunftsanspruch nach § 2314 BGB, der Anspruch auf die Ergänzung des Pflichtteils nach § 2325 BGB gegen den Erben bzw. § 2329 BGB gegen den Beschenkten, sowie die Anfechtungsklage gegen den erbunwürdigen Pflichtteilsberechtigten gemäß § 2345 Abs. 2 BGB.

4   Gerichtsstand eines deutschen Erblassers mit letztem Wohnsitz im Ausland ist gemäß § 27 Abs. 2 ZPO dessen letzter inländischer Wohnsitz. War ein solcher nicht vorhanden, gilt hilfsweise die Regelung des § 15 Abs. 1 S. 2 ZPO, d. h. allgemeiner Gerichtsstand des Erblasser ist am Sitz der Bundesregierung.

---

[1] *Baumbach/Lauterbach/Albers/Hartmann* § 27 Rdnr. 1.

II. Klagen des Pflichtteilsberechtigten

1. Auskunftsklage

In der Regel steht am Anfang einer jeden gerichtlichen Geltendmachung des Pflichtteils- 5
anspruches die **Auskunftsklage**[2]. Die Auskunftsklage ist im Gegensatz zur Stufenklage gemäß § 254 ZPO als „klassische" Klage des Pflichtteilsberechtigten dann zu empfehlen, wenn noch nicht feststeht, ob überhaupt ein Zahlungsanspruch des Pflichtteilsberechtigten gegen den Erben gegeben ist. Die Auskunftsklage sollte also immer in Betracht gezogen werden, wenn der Pflichtteilsberechtigte überhaupt keine Kenntnisse über den Bestand des Nachlasses hat und daher auch nicht beurteilen kann, ob ihm letztlich ein Zahlungsanspruch gegen den Erben zusteht. Bei getrennter Geltendmachung des Auskunftsanspruchs ist stets auf die Verjährungsfrist des § 2332 BGB zu achten. Die Auskunftsklage hemmt nicht die Verjährung des Pflichtteilsanspruchs. Gegenüber der Stufenklage hat die Auskunftsklage allerdings den Vorteil des geringeren Kostenrisikos. Ergibt die Auskunft, dass ein Pflichtteilsanspruch nicht besteht, nachdem der Erbe zunächst seiner Auskunftspflicht nicht nachgekommen ist, so trägt der Erbe die Kosten.[3] Wurde hingegen der Auskunftsanspruch vor Erhebung der Klage nicht außergerichtlich geltend gemacht, so treffen die Kosten bei einem **sofortigen Anerkenntnis** des Erben den Pflichtteilsberechtigten gemäß § 93 ZPO. Die klageweise Durchführung des Auskunftsanspruches ohne vorherige außergerichtliche Geltendmachung desselben verbietet sich daher von selbst.

Besondere Sorgfalt ist bei der Auskunftsklage auf die **Formulierung des Klageantrages** zu 6
richten. Dieser muss nicht, sollte aber schon im Hinblick auf eine spätere Vollstreckung möglichst konkret gehalten sein. In der Regel wird man Auskunft über sämtliche zum Nachlass gehörenden Aktiva und Passiva, Schenkungen des Erblassers an Dritte, insbesondere auch den Ehepartner sowie über anrechnungs- (§ 2315 BGB) und ausgleichspflichtige Zuwendungen (§§ 2316, 2050 ff. BGB) verlangen. Zu den Aktiva, über die Auskunft zu erteilen ist, zählen in der Regel Betriebsvermögen, Grundvermögen, sonstiges Vermögen wie Wertpapiere, Genussscheine, Bankguthaben, Forderungen, Ansprüche aus Lebens-, Kapital- oder Rentenversicherung, Angaben über Edelmetalle, Edelsteine, Perlen, Schmuck, Kunstgegenstände sowie über sonstige Haushaltsgegenstände und Fahrzeuge. Die auskunftspflichtigen Passiva umfassen Verbindlichkeiten, insbesondere Darlehens- und Steuerschulden, Hypotheken, Grundschulden, Bürgschaften, Beerdigungskosten, Gerichtskosten für die Eröffnung des Testament sowie auskunftspflichtige Schenkungen. Dabei sollten auch im Einzelnen die Unterlagen bezeichnet werden, auf die sich der Auskunftsanspruch bezieht, so z. B. Konto- und Depotauszüge, Bilanzen, Gewinn- und Verlustrechnungen, Grundbuchauszüge, Gesellschaftssatzungen, Eheverträge usw. Ist der Pflichtteilsberechtigte nicht in der Lage, diese Urkunden genau zu bezeichnen, so kann er zunächst allgemein auf Auskunft klagen und im Vollstreckungsverfahren sodann die Urkunden genauer bezeichnen. Der Erbe muss dann im Vollstreckungsverfahren darlegen, dass bestimmte Unterlagen nicht benötigt werden.[4]

2. Stufenklage auf Auskunft, Eidesstattliche Versicherung und Zahlung des Pflichtteils

Häufig werden Pflichtteilsansprüche im Wege der **Stufenklage** gemäß § 254 ZPO gerichtlich 7
geltend gemacht. Die Stufenklage verknüpft bis zu drei prozessual selbstständige Stufen. In der ersten Stufe nimmt der Pflichtteilsberechtigte den Erben auf Auskunft über den Bestand des Nachlasses (§§ 2314, 260 BGB) in Anspruch. Dieser Stufe schließt sich ggf. der Anspruch auf Abgabe der eidesstattlichen Versicherung (§ 260 Abs. 2 BGB) an. Die dritte Stufe richtet sich auf Zahlung des Pflichtteilsbetrages aus dem Nachlass. Die Ersten beiden Stufen werden durch **Teilurteile**, die letzte Stufe durch **Schlussurteil** entschieden. Das Schlussurteil entscheidet auch über die Kosten des Rechtsstreits. Ein Übergang in die nächste Stufe ist grundsätzlich erst dann möglich, wenn die vorangegangene Stufe rechtskräftig erledigt ist. Allerdings kann der Pflicht-

---

[2] Vgl. im Einzelnen § 66.
[3] *Klingelhöffer* Rdnr. 401.
[4] *Klingelhöffer* Rdnr. 408 a.E.

teilsberechtigte von der ersten in die dritte Stufe (= Leistungsbegehren) direkt übergehen, wenn er sich nach Auskunftserteilung zu einer Bezifferung des Pflichtteilsanspruchs in der Lage sieht. Dies ist eine zulässige Klageänderung gemäß § 264 Nr. 2 ZPO. Einer Klagerücknahme oder Klageänderung bedarf es für die übergangene Stufe grundsätzlich nicht.[5] Die prozessuale Geltendmachung sämtlicher Stufen kann sich daher als hinderlich erweisen. So sollte ggf. von der prozessualen Geltendmachung des Auskunftsanspruches abgesehen werden, wenn der Pflichtteilsberechtigte die Nachlassgegenstände im Wesentlichen kennt. Der Antrag auf Abgabe der eidesstattlichen Versicherung sollte hingegen immer bedingt, d. h. als Hilfsanspruch, gestellt werden. Anderenfalls erweist er sich als Hindernis, wenn der Schuldner nach Verurteilung in der ersten Stufe ein ordnungsgemäßes Nachlassverzeichnis vorlegt. Kennt der Pflichtteilsberechtigte bereits einen Teil des Nachlasses und dessen Wert, kann er auch prozessual so vorgehen, dass er in Höhe des Mindestwertes des Pflichtteils Teilklage erhebt und diese mit einer Stufenklage bezüglich des restlichen Pflichtteilswertes verbindet.[6]

8 Im Gegensatz zur Auskunftsklage und dem Antrag auf Abgabe der eidesstattlichen Versicherung hemmt die Stufenklage die dreijährige Verjährungsfrist gemäß § 2332 BGB. Das **Kostenrisiko** ist im Gegensatz zur Auskunftsklage jedoch höher. Die Hemmung besteht so lange, bis die das Leistungsverlangen vorbereitenden Hilfsansprüche erfüllt worden sind.[7] Die Hemmung der Verjährung endet gemäß § 204 Abs. 1 Nr. 1 BGB jedoch, wenn der Kläger das Leistungsverlangen nach Abschluss der diese vorbereitenden Stufen nicht beziffert. Beziffert der Kläger den Leistungsantrag, so bleibt im Umfang der Bezifferung die Hemmung der Verjährung in der konkret bezifferten Höhe erhalten. Unterlässt der Kläger die Bezifferung, ist die Klage als unzulässig abzuweisen. An die Bezifferung ist der Kläger nicht gebunden.[8] Bis zur mündlichen Verhandlung kann der Kläger den Leistungsantrag anpassen. Stellt sich aufgrund der erteilten Auskunft heraus, dass der Nachlass wertlos ist, ist der Leistungsantrag abzuweisen. Der Kläger kann jedoch den Leistungsantrag für erledigt erklären (§ 91a ZPO). Ihn trifft zwar dann die Kostentragungspflicht, jedoch kann der Kläger einen Schadenersatz in Form eines materiell-rechtlichen Kostenerstattungsanspruches geltend machen.[9] Prozessual erfolgt diese Geltendmachung im selben Verfahren als Feststellungsantrag.[10] Diese Kostenfolge ist bei der Angabe des Streitwertes stets zu bedenken. Der Streitwert der Stufenklage richtet sich nach dem höchsten des mit der Klage verbundenen Anspruchs gemäß § 44 GKG. Entbehrt der angegebene Streitwert der Höhe nach jeder sachlichen Grundlage, so trägt der Beklagte nur insoweit die Kosten, als eine sachgerechte Streitwertangabe begründet gewesen wären.[11]

9 Der Pflichtteilsberechtigte ist bei Streit über den Bestand und/oder Wert des Nachlasses nicht gezwungen, eine Stufenklage zu erheben. Er hat hier vielmehr ein Wahlrecht zwischen Zahlungsklage und Stufenklage. Eine Zahlungsklage empfiehlt sich allerdings nur dann, wenn bei der Stufenklage Verzögerungen zu erwarten sind, die Auskunft im Wesentlichen bereits vorprozessual erteilt wurde bzw. der Berechtigte weitestgehend Kenntnis vom Nachlassbestand und dessen Wert hat.[12] Gegen ein dem Auskunftsantrag stattgebendes Teilurteil kann **Berufung** eingelegt werden, sofern der Wert des Beschwerdegegenstandes die Berufungssumme (§ 511 ZPO) übersteigt oder das Gericht die Berufung zugelassen hat. Anderenfalls ist die Berufung unzulässig.

10 Bei der **Formulierung des Auskunftsantrages** in der ersten Stufe der Stufenklage ist, ebenso wie bei der isolierten Auskunftsklage, besondere Sorgfalt anzuwenden. Auch hier müssen die Unterlagen genau bezeichnet werden, deren Vorlage der Pflichtteilsberechtigte vom Erben gemäß § 2314 BGB begehrt. Dazu gehören, ebenso wie bei der isolierten Auskunftsklage, Eheverträge, Grundbuchauszüge, Gründungsurkunden über Gesellschaften, Depot- und Kontoaus-

---

[5] BGH Versäumnisurteil v. 15.11.2000 – NJW 2001, 833.
[6] *Coing* NJW 1983, 1298.
[7] BGH Urt. v. 8.2.1995 – NJW-RR 1995, 770.
[8] BGH Urt. v. 2.3.2000 – NJW 2000, 1645.
[9] BGH Urt. v. 5.5.1994 – NJW 1994, 2895.
[10] BGH Urt. v. 5.5.1994 – NJW 1994, 2895.
[11] Vorwerk/*Joachim* Kap. 91 Rdnr. 74.
[12] *Klingelhöffer* Rdnr. 400.

§ 62 Klagen im Zusammenhang mit dem Pflichtteilsanspruch

züge, Bilanzen nebst Gewinn- und Verlustrechnung sowie Saldenbescheinigungen.[13] Ist es dem Pflichtteilsberechtigten nicht möglich, diese Urkunden im Einzelnen zu bezeichnen, so kann er sich damit begnügen, die Vorlage der „notwendigen Urkunden" zu verlangen.[14]

Muster einer Stufenklage

An das Landgericht ...

Klage

des ..., wohnhaft in ...,

– Kläger –

Prozessbevollmächtigter: Rechtsanwalt ...

gegen

Herrn/Frau ..., wohnhaft in ...,

– Beklagte(r) –

Prozessbevollmächtigter: Rechtsanwalt ...

wegen Auskunft, Abgabe einer eidesstattlichen Versicherung und Zahlung

Streitwert: € 400.000,– (geschätzt)

Namens des Klägers beantrage ich, den Beklagten im Wege der Stufenklage zu verurteilen:
1. Auskunft über den Bestand des Nachlasses des ... am ... verstorbenen ... (nachfolgend: Erblasser) zu erteilen und zwar
   a) durch Vorlage eines notariellen Verzeichnisses,
   b) durch Vorlage von Kopien aller Unterlagen, die zur Ermittlung des Wertes erforderlich sind, das sind insbesondere alle auf den Namen des Erblassers lautenden Sparbücher der Sparkasse ... und Kontoauszüge aller sonstigen Konten- und Depotauszüge.
2. Für den Fall, dass das Verzeichnis nicht mit der erforderlichen Sorgfalt errichtet worden sein sollte, zu Protokoll an Eides statt zu versichern, dass er den Bestand des Nachlasses so vollständig und richtig angegeben hat, als er dazu in der Lage ist.
3. Den Wert des einzelkaufmännischen Unternehmens „..." durch Sachverständigengutachten zu ermitteln.
4. Nach Auskunftserteilung und Ermittlung des Wertes des einzelkaufmännischen Unternehmens „..." gemäß Klageantrag Ziffer 3 an den Kläger den Pflichtteil in Höhe einer Pflichtteilsquote von (Quote) des sich nach dem Klageantrag Ziffer 1 und Ziffer 3 ergebenden Nachlasswertes nebst ... Zinsen seit Rechtshängigkeit der Klage zu zahlen.

Begründung:

Der Kläger ist der Sohn des Erblassers, der Beklagte dessen Enkel. Durch letztwillige Verfügung vom ... hat der Erblasser den Beklagten zum Alleinerben eingesetzt.

Beweis: Letztwillige Verfügung vom ...

Der Kläger hat keine nähere Kenntnis über den Stand und Wert des Nachlasses im Einzelnen. Ihm ist lediglich bekannt, dass der Erblasser das oben genannte einzelkaufmännische Unternehmen geführt hat.

Der Kläger hat den Beklagten bereits vorprozessual mit Schreiben vom ... aufgefordert, Auskunft über den Bestand des Nachlasses zu erteilen, den Wert des einzelkaufmännischen Unternehmens zu ermitteln und den sich daraus ergebenden Pflichtteil zu bezahlen. Der Beklagte hat sich auf Grund des Zerwürfnisses des Klägers mit dem Erblasser geweigert, Auskunft zu erteilen bzw. den Wert des einzelkaufmännischen Unternehmens zu ermitteln.

Der Kläger bedarf daher der Auskunft über den Bestand des Nachlasses bzw. der Ermittlung des Wertes des einzelkaufmännischen Unternehmens, um den ihm zustehenden Pflichtteilsanspruch bzw. Pflichtteilsergänzungsanspruch geltend machen zu können.

Der Antrag Ziffer 2 begründet sich aus § 260 Abs. 2 BGB.

Rechtsanwalt

---

[13] *Klingelhöffer* Rdnr. 408.
[14] Vorwerk/*Joachim* Kap. 91 Rdnr. 78.

§ 62 12–16

12 Im Zusammenhang mit dem vorstehenden Klagemuster ist auf Folgendes hinzuweisen:
Bei der Stufenklage ist der **Zuständigkeits-** und der **Gebührenstreitwert** zu unterscheiden. Für den Zuständigkeitsstreitwert sind gemäß § 5 ZPO die Werte aller Stufen zu addieren. In der Regel ist hierbei der Auskunftsanspruch mit 1/3 bis 1/10 des Zahlungsanspruches anzusetzen. Für den **Antrag auf eidesstattliche Versicherung** ergibt sich der **Streitwert** nach dem zu erwartenden Zusatzwert nach Abgabe der eidesstattlichen Versicherung. Die Höhe des Zahlungsanspruches ergibt sich aus den Erwartungen des Klägers. Für den Gebührenstreitwert ist gemäß § 44 GKG der Anspruch mit dem höchsten Wert maßgebend. Es ist nicht zwingend erforderlich, dass im **Leistungsantrag** die Pflichtteilsquote angegeben wird. Der Kläger kann hier ebenso gut einen Betrag nennen. In diesem Fall empfiehlt es sich, in der Klagebegründung zunächst den Bruchteil zu errechnen und anzugeben, umso den Streit über die Höhe des Zahlungsanspruches nicht erst nach Stellung des Leistungsantrages aufkommen zu lassen.

13 Ist **Testamentsvollstreckung** angeordnet, ist der Erbe im Pflichtteilsstreit lediglich passivlegitimiert (§ 2213 Abs. 1 S. 3 BGB). Ein gegen den Erben erwirktes Urteil entfaltet im Falle der Anordnung der Testamentsvollstreckung keine Wirkung gegen den Testamentsvollstrecker. Will sich der Testamentsvollstrecker nicht gegenüber dem Erben schadensersatzpflichtig machen, so kann er den Pflichtteilsanspruch nicht mit Wirkung für den Erben prozessual anerkennen. Der Pflichtteilsberechtigte muss deshalb gemäß § 748 Abs. 3 ZPO im Hinblick auf die spätere Zwangsvollstreckung in den der Verwaltung des Testamentsvollstreckers unterliegenden Nachlass einen Duldungstitel gegen den Testamentsvollstrecker erwirken. Die Klage gegen den Erben sollte daher mit einer Klage auf Duldung der Zwangsvollstreckung in den der Testamentsvollstreckung unterliegenden Nachlass verbunden werden. Leistungstitel und Duldungstitel müssen nicht notwendig im selben Rechtsstreit erwirkt werden.

14 Den **Prozesszinsen** kommt im Hinblick auf die lange Prozessdauer besondere Bedeutung zu. Im Zahlungsantrag sollten daher, wenn der Kläger mehr als die gesetzliche Verzinsung mit 5 Prozentpunkten über dem Basiszinssatz gemäß § 247 Abs. 1 BGB verlangt, der höhere Zinsanspruch nach Zeiträumen aufgeschlüsselt werden. In der Begründung ist dieser Zinsanspruch substantiiert darzulegen und unter Beweis zu stellen.[15]

3. Leistungsklagen wegen eines Pflichtteilsergänzungsanspruches

15 a) **Klage gegen den Erben nach § 2325 BGB.** Der Pflichtteilsergänzungsanspruch gemäß § 2325 BGB steht als selbständiger **außerordentlicher Pflichtteilsanspruch**[16] neben dem Pflichtteilsanspruch gemäß § 2303 BGB. Daher kann ihn auch der Pflichtteilsberechtigte geltend machen, der nicht durch Verfügung von Todes wegen ausgeschlossen worden ist[17] oder die Erbschaft ausgeschlagen hat. Der Anspruch richtet sich grundsätzlich gegen den Erben bzw. im Falle der Erbengemeinschaft gegen die Miterben. Dabei kommt es nicht darauf an, wer die Schenkung empfangen hat. Wird durch den Ergänzungsanspruch das eigene Pflichtteilsrecht des Erben beeinträchtigt, so kann dieser gemäß § 2328 BGB die Befriedigung insoweit verweigern. Bei der Abfassung des Klageantrags ist, soweit ergänzungspflichtige Schenkungen auch Grundstücke umfassen, auf das Niederstwertprinzip zu achten.

16 **Formulierungsvorschlag: Klageantrag**

An das Landgericht…

Stufenklage

des…, wohnhaft in…

– Kläger –

Prozessbevollmächtigter: Rechtsanwalt…

gegen

…, wohnhaft in…

– Beklagter –

---

[15] *Klingelhöffer* Rdnr. 409.
[16] BGH Urt. v. 9.3.1988 – BGHZ 103, 333.
[17] BGH Urt. v. 21.3.1973 – NJW 1973, 995.

> Prozessbevollmächtigter: Rechtsanwalt...
> wegen Auskunft, Pflichtteil und Pflichtteilsergänzung
> Namens des Klägers beantrage ich, den Beklagten im Wege der Stufenklage zu verurteilen,
> 1. Auskunft über den Bestand des Nachlasses des am 5. Januar 2005 verstorbenen... zu erteilen, und zwar
>   a) hinsichtlich des hälftigen Wertes des im Grundbuch von... eingetragenen Grundstücks durch Vorlage eines Sachverständigengutachtens (Wertschätzung per 5. Januar 2005)
>   b) im Übrigen durch Vorlage eines durch einen Notar aufgenommenen Verzeichnisses und
> 2. Weitere Auskunft über die in der Zeit vom 5. Januar 1998 bis zum 5. Januar 2005 vorgenommenen Schenkungen des am 5. Januar 2005 verstorbenen... zu erteilen, und zwar
>   a) hinsichtlich des hälftigen Wertes des im Grundbuch von... eingetragenen Grundstücks durch Vorlage eines Sachverständigengutachtens (Wertschätzung per 11. April 1999 oder 5. Januar 2005, je nach dem, welcher Wert der geringere ist).
>   b) hinsichtlich des Wertes des gesamten Inventars des Autohauses..., wie es in der Bilanz per 31. Dezember 1999 ausgewiesen ist, durch Vorlage eines Sachverständigengutachtens (Wertschätzung per 11. April 1999 oder 5. Januar 2005, je nach dem welcher Wert der geringere ist)

Ist der Erbe selbst Beschenkter im Sinne von § 2329 BGB, so kann er ebenfalls in Anspruch genommen werden. In diesem Fall ist zugunsten des Erben § 2328 BGB analog anzuwenden.[18] Macht dabei der Erbe, der zugleich selbst Beschenkter ist, die Einrede der Unzulänglichkeit des Nachlasses geltend, ist der Antrag auf Duldung der Zwangsvollstreckung nach § 2329 BGB umzustellen. Das Gericht hat hierauf gemäß § 139 ZPO hinzuweisen.[19] Ist kein Nachlass von wirtschaftlichem Wert vorhanden, fehlt es an einem Haftungsgegenstand. 17

Der auf § 2325 BGB gestützte Anspruch gegen den Erben ist durch die Unzulänglichkeit des Nachlasses materiell entkräftet, die Zahlungsklage ist als unbegründet abzuweisen.[20]

Hat der Pflichtteilsberechtigte selbst ein Geschenk vom Erblasser erhalten, so ist dieses zur Berechnung des Ergänzungsanspruches gemäß § 2327 BGB dem Nachlass hinzuzurechnen und zugleich dem Pflichtteilsberechtigten auf die Ergänzung anzurechnen.[21] Der Schenkungsbegriff des § 2325 BGB entspricht demjenigen der §§ 516, 517 BGB. Dem Pflichtteilsergänzungsanspruch unterliegen auch **gemischte Schenkungen,** und zwar in Höhe des unentgeltlichen Teil. Besteht ein grobes Missverhältnis zwischen Leistung und Gegenleistung so besteht zugunsten des Pflichtteilsberechtigten eine tatsächliche Vermutung, dass eine Schenkung gewollt war.[22] Der Erbe kann diese entkräften, in dem er seinerseits Tatsachen vorträgt und ggf. unter Beweis stellt, die geeignet sind, die Annahme einer Schenkung auszuräumen. Gegenstand des Pflichtteilsergänzungsanspruches ist die Zahlung einer bestimmten Geldsumme. Zu klagen ist auf den Fehlbetrag; wegen dieses kann auch vollstreckt werden. 18

b) Klage gegen den Beschenkten gemäß § 2329 BGB. Der Auskunftsanspruch richtet sich gegen den Beschenkten, wenn die Voraussetzungen des § 2329 BGB gegeben sind. § 2329 BGB ist insoweit subsidiär und findet nur dann Anwendung, wenn der Erbe gemäß § 2325 BGB zur Ergänzung nicht verpflichtet ist. Dies ist der Fall, wenn die Haftung des Erben gemäß §§ 1975, 1990 BGB beschränkt ist und der Nachlass für die Pflichtteilsergänzung nicht ausreicht oder wenn der Anspruch gegen den Erben in voller Höhe wegen dessen eigenen Pflichtteilsrechts nicht erfüllt werden kann. Hier tritt die alleinige **subsidiäre Haftung des Beschenkten** gemäß § 2329 Abs. 1 S. 2 BGB ein. 19

Der Anspruch gegen den Beschenkten ist auf **Duldung der Zwangsvollstreckung** in den geschenkten Gegenstand in Höhe der Ergänzungsforderung gerichtet.[23] Bei Geldgeschenken bzw. beim Vorliegen eines bereicherungsrechtlichen Wertersatzanspruches nach § 818 Abs. 2 20

---

[18] BGH Urt. v. 10.11.1982 – NJW 1983, 1485, 1487.
[19] *Kerscher/Tanck/Krug* § 29 Rdnr. 22.
[20] BGH Urt. v. 5.4.2000 – ZEV 2000, 274.
[21] Vgl. hierzu im Einzelnen § 29 Rdnr. 156.
[22] Vgl. hierzu im Einzelnen § 29 Rdnr. 123.
[23] BGH Urt. v. 10.11.1982 – NJW 1983, 1485; Muster in Münchener Prozessformularbuch Erbrecht, P VI 2.

BGB ist der Anspruch ausnahmsweise auf Zahlung gerichtet. Hier ist ein Zahlungsantrag zu stellen. Für den Fall, dass der geschenkte Gegenstand nicht mehr vorhanden ist, sollte zusammen mit diesem Zahlungsantrag hilfsweise der Antrag auf Duldung der Zwangsvollstreckung gestellt werden. Der Anspruch gemäß § 2329 BGB ist ein Bereicherungsanspruch, so dass dem Beschenkten die Einrede der Entreicherung gemäß § 818 Abs. 3 BGB zur Seite steht. Der Beschenkte kann die Vollstreckung durch Zahlung des Ergänzungsbetrages abwenden.

21 Sind mehrere Beschenkte vorhanden, so richtet sich der **Anspruch gegen alle Beschenkten.** Wegen der in § 2329 Abs. 3 BGB festgelegten Reihenfolge, ist zunächst der zuletzt Beschenkte zu verklagen. Steht nicht fest, in welcher Höhe der zuletzt Beschenkte noch bereichert ist und steht auch nicht fest, in welcher Höhe die früher Beschenkten die Zwangsvollstreckung in die ihnen geschenkten Gegenstände dulden müssen, kann der Pflichtteilsberechtigte Leistungsklage gegen den zuletzt Beschenkten und gegen die früheren Beschenkten zunächst Feststellungsklage erheben.[24]

Muster: Ergänzungsklage gegen den Beschenkten

22 An das Landgericht…

Klage

des…, wohnhaft in…,

– Kläger –

Prozessbevollmächtigter: Rechtsanwalt…

gegen

Herrn/Frau…, wohnhaft in,

– Beklagte (r) –

Prozessbevollmächtigter: Rechtsanwalt…
wegen Duldung der Zwangsvollstreckung
Streitwert: €…
Namens des Klägers beantrage ich,
die Beklagte zu verurteilen, wegen einer Forderung in Höhe von € 200.000,–
zuzüglich…% Zinsen seit Rechtshängigkeit die Zwangsvollstreckung in folgende Gegenstände zu dulden:
1. Grundstück in…, eingetragen im Grundbuch von…, Band…, Blatt…, Bestandsverzeichnis…, Flurstücknummer…, in einer Größe von… qm.
2. Ölgemälde von…, Größe 40 x 60 cm.
3. Die Beklagte kann die Zwangsvollstreckung nach Ziffer 1 und Ziffer 2 durch Bezahlung des Betrages in Höhe von €… zuzüglich 5% Zinsen über dem Basiszinssatz seit Rechtshängigkeit der Klage abwenden.
4. Für den Fall der Anordnung des schriftlichen Vorverfahrens beantrage ich schon jetzt den Erlass eines Versäumnisurteils gemäß § 331 Abs. 3 ZPO oder den Erlass eines Anerkenntnisurteils gem. § 307 ZPO, sobald hierfür die gesetzlichen Voraussetzungen gegeben sind.

Begründung:

Der Kläger ist Alleinerbe des am… verstorbenen Herrn… auf Grund dessen letztwilliger Verfügung.
Die Beklagte ist die langjährige Freundin des Erblassers. Der Erblasser übertrug der Beklagten mit Schenkungsvertrag vom… das im Klagantrag Ziffer 1 näher bezeichnete Grundstück unentgeltlich.
Beweis: Übergabevertrag vom…
Der Erblasser hat der Beklagten weiterhin das im Klagantrag Ziffer 2 bezeichnete Ölgemälde geschenkt. Dieses hat mindestens einen Wert in Höhe von € 20.000,–.
Beweis: Sachverständigengutachten

---

[24] *Klingelhöffer* Rdnr. 411; BGH Urt. v. 4.4.1955 – NJW 1955, 1185.

Das vorbezeichnete Grundstück sowie das Ölgemälde stellen das Einzige noch verwertbare Vermögen des Erblassers dar. Der Erbe hat daher auch die Einrede des unzureichenden Nachlasses geltend gemacht.

Der Pflichtteilsergänzungsanspruch des Klägers ergibt sich aus der Hinzurechnung des Wertes des Grundstückes sowie des Ölgemäldes zum ansonsten wertlosen Nachlass. In Höhe der Hälfte des so ermittelten fiktiven Nachlasswertes steht dem Kläger ein Pflichtteilsanspruch zu. Wegen dieses Anspruches hat die Beklagte die Zwangsvollstreckung in das im Klagantrag Ziffer 1 bezeichnete Grundstück bzw. das im Klagantrag Ziffer 2 bezeichnete Ölgemälde zu dulden.

Rechtsanwalt

c) **Klage auf den Pflichtteilsrestanspruch gemäß § 2305 BGB.** Der Pflichtteilsberechtigte kann den ihm gemäß § 2305 BGB zustehenden **Pflichtteilsrestanspruch** im Klageweg fordern. Der Klageantrag geht auf Zahlung des Differenzbetrages zwischen dem ihm zugewandten Erbteil und dem höheren Pflichtteil.[25] Ist der Anspruch des Erben so stark belastet, dass er als Erbe weniger erhält als ihm im Falle der Enterbung als Pflichtteil zustehen würde, so kann der Erbe ebenfalls den Pflichtteilsrestanspruch geltend machen. 23

d) **Der Pflichtteilsanspruch des Pflichtteilsergänzungsgläubigers.** Dem Pflichtteilsergänzungsgläubiger steht ein Auskunftsanspruch gegen die Erben über den fiktiven Nachlassbestand zu. Der **fiktive Nachlassbestand** ist dabei der Nachlassbestand, der sich ergeben würde, wenn die Schenkungen des Erblassers innerhalb der letzten zehn Jahre sowie ausgleichspflichtige Zuwendungen dem Nachlass wieder hinzugerechnet werden würden. Die Auskunft richtet sich also auf die Schenkungen der letzten zehn Jahre und auf ausgleichspflichtige Zuwendungen. 24

Zu den Schenkungen zählen auch Pflicht- und Anstandsschenkungen gemäß § 2330 BGB obwohl diese grundsätzlich von der Ergänzung ausgeschlossen sind. Weiter umfasst der Auskunftsanspruch alle ungeklärten Veräußerungen, bei denen es sich wenigstens zum Teil um eine Schenkung handeln könnte.[26] Der Auskunftsanspruch umfasst alle Vertragsbedingungen, die für die Beurteilung, ob ein Pflichtteilsanspruch dem Grunde und der Höhe nach besteht, maßgeblich sind. Auskunftsverpflichteter ist grundsätzlich der Erbe. Ausnahmsweise ist der Beschenkte verpflichtet, wenn diesen eine Pflicht zur Offenlegung möglicher Schenkungsumstände trifft. Ob dies der Fall ist, bestimmt sich nach Treu und Glauben. Der Pflichtteilsergänzungsgläubiger darf sich die erforderliche Kenntnis nicht auf andere zumutbarer Weise verschaffen können.

Dem **pflichtteilsberechtigten Miterben** steht ein Auskunftsanspruch gemäß § 2314 BGB nicht zu.[27] Er kann sich auf Grund der Stellung als Miterbe selbst Auskunft über den Bestand und den Wert des Nachlasses verschaffen. Sollte er hierzu nicht in der Lage sein, kommt ggf. ein Auskunftsanspruch gemäß § 242 BGB in Betracht.[28] 25

Der gemäß § 2329 BGB in Anspruch genommene **Beschenkte** ist zur Wertermittlung mittels eines Sachverständigengutachtens nicht verpflichtet.[29] Dem Pflichtteilsergänzungsgläubiger steht somit ein solcher Anspruch nur zu, wenn er die Kosten für die Ermittlung des Wertes mittels eines Sachverständigengutachtens übernimmt. Allerdings darf es ihm nicht möglich sein, sich anderweitig Gewissheit über das Bestehen seines Anspruches verschaffen zu können.[30] Der Auskunftsanspruch setzt nicht voraus, dass der Pflichtteilsergänzungsanspruch bereits dem Grunde nach besteht.[31] 26

---

[25] Vgl. hierzu im Einzelnen § 29 Rdnr. 30.
[26] BGH Urt. v. 6.6.1979 – BGHZ 74, 379.
[27] BGH Urt. v. 2.6.1993 – BGH NJW 1993, 2737.
[28] Palandt/*Edenhofer* § 2314 Rdnr. 2.
[29] BGH Urt. v. 19.4.1989 – BGHZ 107, 200.
[30] BGH Urt. v. 4.10.1989 – BGHZ 108, 393.
[31] BGH Urt. v. 2.6.1993 – BGH NJW 1993, 2737.

4. Klage auf Feststellung des Pflichtteils

27 Die Feststellungsklage kommt nur dann in Betracht, wenn streitig ist, ob ein Pflichtteilsrecht überhaupt besteht. Gegenstand der Feststellungsklage ist hingegen nicht das Bestehen eines Pflichtteilsanspruchs. Der Feststellungsklage ist somit die rechtsverbindliche Klärung, ob eine wirksame **Pflichtteilsentziehung**[32] oder ein wirksamer **Pflichtteilsverzicht** vorliegt, zugänglich. Der Erblasser kann bereits zu Lebzeiten klären lassen, ob eine Pflichtteilsentziehung wirksam ist.[33] Auch beim Pflichtteilsberechtigten kann ein Feststellungsinteresse gegeben sein; so, wenn der Erblasser vor dem Erbfall das Entziehungsrecht bereits in einem notariellen Testament ausgeübt hat.[34]

28 Der Erblasser kann mittels einer Feststellungsklage zu Lebzeiten nicht klären lassen, ob Schenkungen Ergänzungsansprüche auslösen.[35] Der Feststellungsklage zugänglich ist die **Feststellung der Ausgleichspflicht** nach § 2050 BGB. Streitwert ist der Anteil am Pflichtteil, der dem Kläger durch die Ausgleichung zu Gute kommt.[36]

III. Einreden gegen den Pflichtteilsanspruch

29 Der Erbe kann einwenden, der Pflichtteilsanspruch sei gemäß § 2332 BGB verjährt oder er sei erfüllt. Eine teilweise Erfüllung des Pflichtteilsanspruches kann durch die Anordnung der **Anrechnung** einer lebzeitigen Schenkung an den Pflichtteilsberechtigten gemäß § 2315 BGB gegeben sein. Es sollte daher stets in die entsprechenden Übertragungsurkunden Einsicht genommen werden.

30 Hat der Pflichtteilsberechtigte selbst eine Schenkung vom Erblasser erhalten, so hat er sich dieses Geschenk gemäß § 2327 Abs. 1 BGB auf seinen Ergänzungsanspruch anrechnen zu lassen.[37] Die Zehnjahresfrist des § 2325 Abs. 3 BGB gilt hier nicht. Vielmehr ist jede Schenkung zu berücksichtigen, auch wenn sie aus unvordenklicher Zeit stammt. Eine zeitliche Grenze für deren Berücksichtigung gibt es also nicht. Dem Erben selbst steht ein entsprechender Auskunftsanspruch gegen den Pflichtteilsberechtigten zur Seite.[38]

31 Der Pflichtteilsanspruch verjährt in drei Jahren vom Zeitpunkt des Eintritts der Kenntnis vom Erbfall und der beeinträchtigenden Verfügung. Stets ist darauf zu achten, dass Pflichtteils- und Pflichtteilsergänzungsanspruch unabhängig voneinander verjähren. Bestehen substantiierte Wirksamkeitsbedenken seitens des Pflichtteilsberechtigten gegen die ihm nachteilige letztwillige Verfügung, so kann der Beginn der Verjährungsfrist hinausgeschoben sein.[39] Gegen den Beschenkten beginnt die Frist gemäß § 2332 Abs. 2 BGB stets mit dem Erbfall zu laufen. Der Neubeginn der Verjährung tritt durch Anerkenntnis des Verpflichteten gemäß § 212 Abs. 1 Nr. 1 BGB ein. Ohne Zustimmung des Erben kann der Testamentsvollstrecker ein solches Anerkenntnis allerdings nicht abgeben.[40]

32 Die Klageerhebung **hemmt** gemäß § 204 Abs. 1 Nr. 1 BGB die **Verjährung**. Bei der Klageerhebung ist darauf zu achten, dass diese sowohl den Pflichtteil als auch den Pflichtteilsergänzungsanspruch erfasst. Die Klage auf Feststellung des Pflichtteilsrechts hemmt daher nicht automatisch die Verjährung des Pflichtteilsergänzungsanspruches, wenn in dieser zu diesem Anspruch nichts vorgetragen worden ist.[41] In diesem Fall tritt die Hemmung der Verjährung für den Pflichtteilsergänzungsanspruch nur dann ein, wenn dieser gesondert geltend gemacht wird. Der BGH privilegiert den Pflichtteilsberechtigten für den Fall, dass er zunächst Kenntnis von einer ihn beeinträchtigenden Verfügung unter Lebenden erhält und später Kenntnis von der ihn beeinträchtigenden letztwilligen Verfügung. Die Verjährungsfrist für den Pflichtteils-

---

[32] BGH Urt. v. 1.3.1974 – NJW 1974, 1084.
[33] BGH Urt. v. 1.3.1974. – NJW 1974, 1084.
[34] BGH Versäumnisurteil v. 10.3.2004 – NJW 2004, 1874.
[35] *Klingelhöffer* Rdnr. 407.
[36] RG Urt. v. 12.7.1894 – RGZ 33, 427.
[37] Vgl. zum Anrechnungsverfahren Palandt/*Edenhofer*§ 2327 Rdnr. 2.
[38] BGH Urt. v. 4.5.1964 – NJW 1964, 1414.
[39] BGH Urt. v. 5.4.1984 – NJW 1984, 2935, 2936.
[40] Vorwerk/*Joachim* Kap. 91 Rdnr. 108.
[41] BGH Urt. v. 27.3.1996 – NJW 1996, 1743.

ergänzungsanspruch soll hier nicht vor Kenntnis der beeinträchtigenden letztwilligen Verfügung zu laufen beginnen.[42] Wegen der unterschiedlichen Verjährungsfristen für Pflichtteil- und Pflichtteilsergänzungsanspruch sollte der Mandant im Beratungsgespräch immer nach ihn beeinträchtigenden lebzeitigen Verfügungen des Erblassers gefragt werden. Handelt es sich bei dem Erben und dem Beschenkten um dieselbe Person, so hemmt die auf Pflichtteilsergänzung gerichtete Zahlungsklage auch die Verjährung für den Anspruch auf Duldung der Zwangsvollstreckung gemäß § 2329 BGB.[43]

IV. Darlegungs- und Beweislast

Der Pflichtteilsberechtigte muss sein Pflichtteilsrecht, die Tatsache, dass er von der Erbfolge ausgeschlossen ist sowie die Zugehörigkeit eines bestimmten Gegenstandes zum Nachlass beweisen. Dies gilt sowohl bezüglich des realen als auch des fiktiven Nachlassbestandes. Erst wenn der Pflichtteilsberechtigte die Zugehörigkeit eines bestimmten Gegenstandes zum Nachlass bewiesen hat, besteht der **Anspruch auf Wertermittlung**. Dieser kann nicht vorher mit dem Ziel geltend gemacht werden, festzustellen, ob eine (gemischte) Schenkung vorliegt.[44]

Der Pflichtteilsberechtigte hat also beim Ergänzungsanspruch zunächst die Zugehörigkeit des geschenkten Gegenstandes zum fiktiven Nachlass zu beweisen. Zu beweisen hat er auch die objektive (teilweise) Unentgeltlichkeit der Zuwendung. Er trägt also die Beweislast für die Unangemessenheit des Verhältnisses von Leistung und Gegenleistung.[45] Demnach hat der Pflichtteilsberechtigte zunächst den Wert von Leistung und Gegenleistung zu beweisen. Ergibt sich zwischen diesen beiden Werten ein auffälliges grobes Missverhältnis, so gesteht der BGH dem Pflichtteilsberechtigten bezüglich der Unentgeltlichkeit der Zuwendung eine **Darlegungs- und Beweislasterleichterung** zu.[46] Nunmehr spricht nach Auffassung des BGH eine tatsächliche Vermutung dafür, dass sich die Parteien über die teilweise Unentgeltlichkeit der Zuwendung einig waren.[47] Diese Vermutung soll schon dann gelten, wenn das Mehr der Leistung über ein geringes Maß deutlich hinausgeht.[48] Will der Erbe bzw. der Beschenkte diese Vermutung entkräften, so muss er substantiiert die Tatsachen vortragen und ggf. beweisen, die die Gegenleistung begründen. Er kann sich hierbei nicht auf den Inhalt der Urkunde des Übergabevertrages berufen. Deren Richtigkeit und Vollständigkeit wird gemäß § 416 ZPO nur zwischen den Vertragsparteien, also nicht im Verhältnis zu Dritten vermutet.[49]

Der Erbe hat pflichtteilsmindernde Tatsachen zu beweisen. Er trägt die **Beweislast** für Tatsachen, die eine Anrechnung der Zuwendung auf den Pflichtteil begründen, die zu einer Ausgleichung von Zuwendungen führen, sowie für solche Tatsachen, die eine Pflichtteilsentziehung rechtfertigen. Beruft sich der Erbe auf Verjährung des Pflichtteils, so hat er die Tatsachen darzulegen und zu beweisen, die die Kenntnis des Pflichtteilsberechtigten von der beeinträchtigenden Verfügung von Todes wegen zu dem verjährungsrelevanten Zeitpunkt begründen.

V. Rechtsmittel

Gegen das Teilurteil kann Berufung eingelegt werden, wenn das Gericht die Berufung zugelassen hat oder der Wert des Beschwerdegegenstandes die Berufungssumme übersteigt (§ 511 ZPO). Ist dies nicht der Fall, ist die Berufung unzulässig. Probleme bereitet die Beschwer, wenn der Erbe nach der ersten Stufe durch Teilurteil zur Erteilung einer Auskunft verurteilt worden ist. Entscheidend für die Beschwer des Rechtsmittels des Klägers sind dessen Aufwand, Zeit und Kosten. Unter Umständen kann auch ein anderweitiger Aufwand bzw. ein besonderes Interesse zu berücksichtigen sein.

---

[42] Vorwerk/*Joachim* Kap.l 91 Rdnr. 108.
[43] Vorwerk/*Joachim* Kap. 91 Rdnr. 110.
[44] *Klingelhöffer* Rdnr. 414.
[45] BGH Urt. v. 27.5.1981 – NJW 1981, 2458.
[46] BGH Urt. v. 21.6.1972 – NJW 1972, 1709, 1710.
[47] BGH Urt. v. 21.6.1972 – BGHZ 59, 132 – BGH NJW 1972, 1709, 1710.
[48] BGH Urt. v. 17.1.1996 – ZEV 1996, 186.
[49] BGH Urt. v. 29.11.1989 – NJW 1990, 716, 717.

37 Zu berücksichtigen sind bei der Ermittlung des Wertes des Rechtsmittelinteresses folgende Kosten bzw. folgender Aufwand:
- Sind im Rahmen der Auskunft keine Belege vorzulegen, können Kosten für Fotokopien nur zu einem Bruchteil berücksichtigt werden.[50]
- Der Aufwand eines Betreuers mit € 51,13 Stundensatz, wenn der Betreuer die Auskunft für den Auskunftspflichtigen erteilen muss.[51]
- Die Kosten der Inanspruchnahme eines Anwalts, wenn der Verpflichtete zur Abgabe der eidesstattlichen Versicherung verurteilt worden ist und der Urteilstenor nicht hinreichend bestimmt ist, so dass Zweifel über seinen Inhalt im Vollstreckungsverfahren zu klären wären oder die Erfüllung des Anspruches auf Auskunft Rechtskenntnis voraussetzt.[52]

38 Nicht zu berücksichtigen sind dagegen bei der Bemessung des Wertes des Rechtsmittelinteresses folgende Kosten bzw. folgendes Interesse:
- Wenn die Erteilung der Auskunft auch ohne die Hinzuziehung eines Steuerberaters möglich ist Steuerberaterkosten.[53]
- Reisekosten bei schrift- und geschäftsgewandten Auskunftspflichtigen, wenn diese Kosten bei Klärung der für die Auskunft notwendigen Vorfragen entstehen.[54]
- Das Interesse, mit der Auskunft der Durchsetzung des Leistungsanspruches entgegenzutreten.[55]
- Geheimhaltungsinteresse, das mit der Gefahr eines Anspruches eines Dritten gegen den Auskunftsverpflichteten begründet wird, der nach erteilter Auskunft den Auskunftspflichtigen aus einem anderen Rechtsverhältnis in Anspruch nehmen kann.[56]

39 Die Revision bedarf der Zulassung gem. § 543 ZPO. Wurde die Revision vom Berufungsgericht nicht zugelassen, muss im Rahmen der Nichtzulassungsbeschwerde dargelegt werden, dass die Rechtssache von grundsätzlicher Bedeutung ist oder dass die Fortbildung des Rechts oder die Einheitlichkeit der Rechtsprechung die Entscheidung erforderlich macht.

Die von dem Tatrichter zur **Bewertung von Nachlassgegenständen** gewählte Bewertungsmethode ist keine Rechtsfrage und somit in der Revisionsinstanz nicht nachprüfbar.[57] Der Revision ist allerdings zugänglich, ob das Gericht bei der Würdigung des Gutachtens gegen Denkgesetze oder Erfahrungssätze verstoßen hat. Reversibel ist ebenfalls, ob das Gutachten falsch verstanden wurde oder sonst auf rechtsfehlerhaften Erwägungen beruht.[58]

Verzichtet das Gericht auf die Einholung eines Sachverständigengutachtens, weil es sich selbst für sachkundig hält, kann dies nicht als Verfahrensverstoß nach § 286 ZPO gerügt werden. Das Gericht kann zudem einen Beweisantrag auf Einholung eines Sachverständigengutachtens ablehnen, wenn es die Tatsache als wahr unterstellt. Der Revision ist allerdings die Ablehnung eines entsprechenden Beweisantrages dann zugänglich, wenn das Gericht diesen ablehnt, weil es das Gegenteil für erwiesen hält. Dies stellt die vorweggenommene Würdigung eines nicht erhobenen Beweises dar.[59]

---

[50] BGH BGHR Rechtsmittelinteresse 38 zu § 3 ZPO.
[51] BGH Beschl. v. 1.10.1997 – FamRZ 1998, 365.
[52] BGH Urt. v. 29.11.1995 – WM 1996, 466.
[53] BGH BGHR Rechtsmittelinteresse 38 zu § 3 ZPO.
[54] BGH BGHR Rechtsmittelinteresse 38 zu § 3 ZPO.
[55] BGH Urt. v. 5.11.1997 – FamRZ 1998, 364.
[56] Vorwerk/*Joachim* Kap. 91 Rdnr. 77; a.A. *Klingelhöffer* Rdnr. 423.
[57] *Klingelhöffer* 1. Aufl. Rdnr. 425.
[58] *Klingelhöffer* 1. Aufl. Rdnr. 425.
[59] *Klingelhöffer* 1. Aufl. Rdnr. 424.

§ 63 Klagen in Zusammenhang mit § 2018 BGB

Übersicht

	Rdnr.
I. Klageanträge	1–3
1. Verbindung des Herausgabeanspruchs mit der Auskunftsklage und der Erbenfeststellungsklage	1/2
a) Mit der Auskunftsklage	1
b) Mit der Erbenfeststellungsklage	2
2. Klageantrag	3
II. Prozessuale Besonderheiten der Klage in Zusammenhang mit § 2018 BGB	4–9
1. Zuständigkeit	4/5
a) Örtliche Zuständigkeit: besonderer Gerichtsstand nach § 27 ZPO	4
b) Sachliche Zuständigkeit: Zuständigkeitsstreitwert	5
2. Gebührenstreitwert	6
3. Beweislastfragen	7/8
a) Erbrecht	7
b) Erbschaftsbesitz	8
4. Vorläufiger Rechtsschutz	9

Schrifttum: *Bartsch,* Hinweise zur Stufenklage für die Praxis, Der Fachanwalt für Erbrecht, 2006, 3; Beck'sches Prozessformularbuch, 10. Aufl. 2006; *Klinger,* Münchener Prozessformularbuch Erbrecht, 2004; *Krug/Rudolf/Kroiß,* Erbrecht, Anwaltsformulare, 2. Aufl. 2003.

I. Klageanträge

1. Verbindung des Herausgabeanspruchs mit der Auskunftsklage und der Erbenfeststellungsklage

a) **Mit der Auskunftsklage.** Auch wenn der Kläger im Wege des **Gesamtanspruches** die Herausgabe des gesamten Nachlasses verlangt, muss er nach § 253 Abs. 2 Nr. 2 ZPO die einzelnen Nachlassgegenstände, auf die sich sein Herausgabeanspruch richtet, spätestens zum Schluss der mündlichen Verhandlung genau kennzeichnen.[1] Vielfach wird der Kläger dazu erst auf Grund einer Auskunftserteilung des Beklagten im Stande sein und deshalb die Klage auf **Auskunft** nach § 2027 Abs. 1 BGB mit der Klage auf den Erbschaftsanspruch verbinden. Er kann sich dann die bestimmte Angabe der Leistungen, die er verlangt, bis nach Erteilung der Auskunft und ggf. Abgabe einer eidesstattlichen Versicherung des Beklagten vorbehalten (§ 254 ZPO Stufenklage). Für den Fall, dass die Auskunft nicht mit der erforderlichen Sorgfalt erteilt wird, kann der Erbe in einer zweiten Stufe auch beantragen, dass der Beklagte die Richtigkeit und Vollständigkeit der Auskunft durch Abgabe einer **eidesstattlichen Versicherung** bekräftigt, § 260 Abs. 2 BGB.[2] In der dritten Stufe erfolgt dann schließlich die genaue Bezeichnung der zu erbringenden Leistung. Jede Stufe schließt bei Begründetheit mit einem der Rechtskraft fähigen und vollstreckbaren Teilurteil.[3] Die Klageverbindung mit einer Auskunftsklage empfiehlt sich schon deshalb, weil sich nur so die **Rechtshängigkeit** sofort auf alle später genannten Gegenstände erstreckt.[4] Stellt sich im Laufe des Verfahrens heraus, dass die ursprünglichen Angaben des Klägers unvollständig waren, liegt allerdings in der nachträglichen Vervollständigung eine nach § 264 Nr. 2 ZPO ohne Weiteres zulässige Klageerweiterung.[5] Gegenüber der bloßen Leis-

1

---

[1] MünchKommBGB/*Helms* § 2018 Rdnr. 28.
[2] Formular bei *Erker/Oppelt,* Münchener Prozessformularbuch Erbrecht, Formular J. II.2.
[3] *Thomas/Putzo* § 254 Rdnr. 6.
[4] Staudinger/*Gursky* Vorb. §§ 2018 ff. Rdnr. 5.
[5] Staudinger/*Gursky* Vorb. §§ 2018 ff. Rdnr. 30.

tungsklage bringt die Stufenklage den Vorteil, dass damit bereits die Verjährung des geltend gemachten Leistungsanspruchs gem. § 204 Abs. 1 Nr. 1 BGB gehemmt wird.[6]

2 b) Mit der Erbenfeststellungsklage. Die **Rechtskraft** des Herausgabeurteils umfasst nicht das Erbrecht des Klägers, da dies lediglich eine Vorfrage über die Entscheidung über den Erbschaftsanspruch darstellt.[7] Möchte der Kläger eine rechtskräftige Feststellung seines Erbrechts, so muss er eine entsprechende **Feststellungsklage** erheben, die gem. § 260 ZPO mit der Herausgabeklage verbunden werden kann. Wegen des minderen Rechtskraftumfanges der Leistungsklage besteht auch ein Feststellungsinteresse, obwohl die Leistungsklage erhoben werden kann. Denn der Kläger kann ein obsiegendes Leistungsurteil beispielsweise nicht zur Begründung des Anspruchs auf Herausgabe des unrichtigen Erbscheins nach § 2362 BGB oder weiterer Nachlassgegenstände verwenden.[8]

2. Klageantrag[9]

3 Formulierungsvorschlag:
Namens und mit Vollmacht des Klägers erhebe ich Klage und werde beantragen:
1. Der Beklagte wird verurteilt, dem Kläger Auskunft über den Bestand der Erbschaft nach dem am ... verstorbenen Herrn ... und über den Verbleib der Nachlassgegenstände zu erteilen.
2. Es wird festgestellt, dass der Kläger Alleinerbe nach dem am ... in ... verstorbenen Herrn ... geworden ist.
3. Der Beklagte wird verurteilt, an den Kläger die nach Erteilung der Auskunft noch zu bezeichnenden Nachlassgegenstände herauszugeben.

II. Prozessuale Besonderheiten der Klage in Zusammenhang mit § 2018 BGB

1. Zuständigkeit

4 a) Örtliche Zuständigkeit: besonderer Gerichtsstand nach § 27 ZPO. Örtlich zuständig ist für Klagen, die die Feststellung des Erbrechts und die Ansprüche des Erben gegen den Erbschaftsbesitzer zum Gegenstand haben, neben dem allgemeinen Gerichtsstand nach §§ 12 ff. ZPO auch das Gericht, bei dem der Erblasser zurzeit seines Todes seinen allgemeinen Gerichtsstand gehabt hat, § 27 ZPO. Der besondere Gerichtsstand gilt nach h. M. auch für den Auskunftsanspruch gegen den nicht als Erbschaftsbesitzer im Besitz von Nachlassgegenständen befindlichen Dritten gem. § 2027 Abs. 2 BGB,[10] während er für den Anspruch nach § 2028 BGB gegen Hausgenossen nicht gegeben ist. Für die Einzelklagen kommt der besondere Gerichtsstand des § 27 ZPO nicht in Betracht.

5 b) Sachliche Zuständigkeit: Zuständigkeitsstreitwert. Der Wert des **Auskunftsanspruchs** bemisst sich nach dem Interesse des Klägers an der Erteilung der Auskunft und orientiert sich dabei am Wert des Leistungsanspruches, der mit ihm vorbereitet werden soll. Von diesem Wert ist ein Bruchteil von 1/10 bis 1/4 anzusetzen.[11]
Der Streitwert der **Feststellungsklage** ist mit 50% bis 80% des Wertes der Leistungsklage zu bestimmen, wird aber daneben **nicht gesondert angesetzt**.[12] Der Anspruch auf Abgabe ei-

---

[6] OLG Hamm Urt. v. 22.8.1989 – NJW-RR 1990, 709.
[7] MünchKommBGB/*Helms* § 2018 Rdnr. 31.
[8] Staudinger/*Gursky* Vorb. §§ 2018 ff. Rdnr. 25.
[9] Vollständige Formulare bei *Böhmer/Klinger*, Beck'sches Prozessformularbuch, Formular II.J.2.; *Gregor*, Münchener Prozessformularbuch, Formular H.I.3.
[10] OLG Nürnberg Beschl. v. 16.9.1980 – OLGZ 81, 115; Palandt/*Edenhofer* § 2027 Rdnr. 5; *Thomas/Putzo* § 27 Rdnr. 2; a.A. Stein/Jonas/*Schumann* § 27 Rdnr. 8.
[11] Baumbach/Lauterbach/Albers/*Hartmann* Anhang 3 Rdnr. 24.
[12] Zöller/*Vollkommer* § 301 Rdnr. 14.

ner eidesstattlichen Versicherung besitzt neben dem Auskunftsbegehren keinen eigenen Streitwert.[13] Für die Zuständigkeit (§ 5 ZPO) sind die Werte zusammen zu zählen.[14]

2. Gebührenstreitwert

Der Gebührenstreitwert der Stufenklage bemisst sich nach § 18 GKG dagegen allein nach dem am **höchsten bewerteten Anspruch,** also im Normalfall dem Leistungsanspruch. Dieser Gesamtstreitwert gilt jedoch nur für solche Gebühren, die sich auf sämtliche verbundenen Ansprüche beziehen, namentlich die Prozessgebühr des Anwalts, da mit der Klageerhebung alle Ansprüche rechtshängig geworden sind. Der Streitwert der anwaltlichen Verhandlungs- und Beweisgebühr richtet sich nach den Werten auf den jeweiligen Stufen. Gem. § 15 Abs. 3 RVG darf aber die Summe dieser drei Gebühren die aus dem Gesamtbetrag der Teilwerte nach dem höchsten Gebührensatz berechnete Gebühr nicht überschreiten.

3. Beweislastfragen

a) **Erbrecht.** Der Erbe muss sein Erbrecht beweisen, d.h. den Tod des Erblassers und den Berufungsgrund, auf den er sich stützt. Wer sich auf gesetzliches Erbrecht beruft, muss seine verwandtschaftliche Beziehung zum Erben dartun. Soweit seine Verwandtschaft durch andere Personen vermittelt wird, hat er auch deren Wegfall zu beweisen, nicht dagegen, dass keine näheren oder gleichnahen Verwandten vorhanden sind, ebenfalls nicht, dass keine ihn ausschließende letztwillige Verfügung vorliegt.[15] Beruft sich der Kläger auf eine letztwillige Verfügung, so muss er die formgerechte Errichtung und deren Inhalt beweisen, nicht aber notwendigerweise durch Vorlage der Originalurkunde. Falls bspw. das Testament vernichtet wurde, so kann die formgerechte Errichtung z. B. durch Zeugen oder Vorlage einer Fotokopie bewiesen werden.[16] Hat allerdings der Erblasser selbst die Testamentsurkunde vernichtet, wird nach § 2255 S. 2 BGB die Widerrufsabsicht vermutet. Die mangelnde Testierfähigkeit muss der Beklagte dartun, auch wenn der Erblasser unter Betreuung stand.[17] Für den Beweis der **Testierunfähigkeit** ist regelmäßig ein Sachverständigengutachten eines Psychiaters und nicht nur eines praktischen Arztes erforderlich.[18] Ob sich an der Beweislastverteilung etwas ändert, wenn der Kläger einen Erbschein vorlegen kann, ist streitig, da die Vermutung des § 2365 BGB nach einer teilweise vertretenen Meinung nur gegen Dritte, nicht aber im Streit der Erbprätendenten gilt.[19]

b) **Erbschaftsbesitz.** Der Kläger muss weiterhin den Erbschaftsbesitz des Beklagten im Sinne des § 2018 BGB beweisen, also dass dieser etwas aus der Erbschaft auf Grund einer Erbrechtsanmaßung erlangt hat. Im Gegensatz zur Vindikation muss der Kläger aber nicht darüber hinaus nachweisen, dass sich die Nachlasssachen gegenwärtig noch im Besitz des Beklagten befinden. Dies ergibt sich aus der Formulierung „erlangt hat" in § 2018 BGB.[20] Vermag der Erbe zwar den Besitz des Beklagten zu beweisen, bestehen aber Zweifel, ob der Nachweis der Erbrechtsanmaßung gelingen wird, so empfiehlt es sich, die Klage zusätzlich auch auf die Einzelansprüche zu stützen. Dem Kläger obliegt auch der Beweis der Zugehörigkeit des herausverlangten Gegenstandes zum Nachlass.

4. Vorläufiger Rechtsschutz

Eine **einstweilige Verfügung** nach § 935 ZPO,[21] bspw. mit dem Ziel der Eintragung eines Widerspruchs im Grundbuch, setzt die Glaubhaftmachung der Anspruchsvoraussetzung voraus (vgl. § 294 ZPO). Als Alternative bietet sich im Grundstücksbereich zur Sicherung die Eintragung eines **Rechtshängigkeitsvermerkes** im Grundbuch des Grundstückes an, um wegen § 325

---

[13] H.M.: OLG Düsseldorf Beschl. v. 17.7.1961 – NJW, 1961, 2021, 2022; OLG Zweibrücken Beschl. v. 15.1.1973 – JurBüro 1973, 444, 445; OLG Frankfurt Beschl. v. 9.2.1973 – JurBüro 1973, 766; a.A. OLG Bamberg Beschl. v. 11.5.1995 – FamRZ 1997, 40.
[14] *Thomas/Putzo* § 5 Rdnr. 4.
[15] Staudinger/*Gursky* § 2018 Rdnr. 39.
[16] RG LZ 1920, 387; vgl. auch § 7 Rdnr. 7.
[17] BayObLG Beschl. v. 6.5.1988; OLG Frankfurt Beschl. v. 5.9.1995 – FamRZ 1996, 635.
[18] BGH Urt. v. 20.6.1984 – FamRZ 1984, 1003.
[19] Soergel/Siebert/*Damrau* § 2365 Rdnr. 4; BGH Beschl. v. 3.2.1967 – BGHZ 47, 850, 66 = NJW 1967, 1126; MünchKommBGB/*J. Mayer* § 2365 Rdnr. 23 mit Darstellung des Streitstandes.
[20] Staudinger/*Gursky* § 2018 Rdnr. 45.
[21] Muster bei *Winkler/Lingg,* Münchener Prozessformularbuch Erbrecht, I.III.3.

Abs. 2 ZPO den guten Glauben eines möglichen Erwerbers in Bezug auf die Rechtshängigkeit des Herausgabeanspruches zu zerstören.[22] Zur Eintragung genügt der Nachweis der Rechtshängigkeit durch öffentliche Urkunden, §§ 22, 29 GBO, bspw. durch Vorlage einer entsprechenden Bestätigung des Prozessgerichts.[23]

---

[22] Muster bei *Erker/Oppelt*, Münchener Prozessformularbuch Erbrecht, J.II.6.
[23] OLG Schleswig Beschl. v. 26.5.1994 – Rpfl 1994, 455; OLG Stuttgart Beschl. v. 9.8.1996 – Rpfl 1997, 15.

§ 64 Klagen im Zusammenhang mit § 2287 BGB[1]

Übersicht

	Rdnr.
I. Die Interessenlage der Beteiligten/Klagevoraussetzungen	2–11
1. Allgemeines	2
2. Materielle Klagevoraussetzungen	3–11
II. Gerichtliche Geltendmachung zu Lebzeiten des Erblassers	12–14
1. Einstweilige Verfügung und Vormerkungsfähigkeit des Herausgabeanspruchs	12/13
2. Klagen des Vertragserben auf Rückforderung nach § 826 BGB und auf Feststellung eines künftigen Anspruches aus § 2287 BGB	14

Schrifttum: *Beisenherz*, „Berechtigte Erberwartung" des Vertragserben, Anwachsung und Ausschlagung, ZEV 2005, 8; *Dittmann/Reimann/Bengel*, Testament und Erbvertrag, 4. Aufl. 2002; *Frieser*, Anwaltliche Strategien im Erbschaftsstreit, 2. Aufl. 2004; *Hohmann*, Die Sicherung des Vertragserben vor lebzeitigen Verfügungen des Erblassers, ZEV 1994, 133; *Kuchinke*, Erbrecht: Ein Lehrbuch (begr. v. Heinrich Lange), 5. Aufl. 2001; *Kerscher/Tanck/Krug*, Das erbrechtliche Mandat, 3. Aufl. 2003; *Langenfeld* Testamentsgestaltung, 3. Aufl. 2002; *Schindler*, Irrtum über die rechtliche Bindung und die Beeinträchtigungsabsicht nach § 2287 BGB, ZEV 2005, 334; *Spellenberg*, Verbotene Schenkungen gebundener Erblasser in der Rechtsprechung, NJW 1986, 2531.

Beratungscheckliste 1

Zur Feststellung des Sachverhalts und der Klagevoraussetzungen ist im Wesentlichen eine Klärung der nachfolgenden Fragen notwendig:
- ☐ Liegt ein Erbvertrag oder ein gemeinschaftliches Ehegattentestament vor und wer ist Vertragserbe?
- ☐ Hat der Erblasser lebzeitig durch Schenkung nach Abschluss des Erbvertrages verfügt?
- ☐ Ist der Vertragserbe durch die Schenkung objektiv beeinträchtigt?
- ☐ Bestand eine subjektive Beeinträchtigungsabsicht des Erblassers?
- ☐ Liegt ein Missbrauch der Verfügungsfreiheit des Erblassers vor oder bestand ein anerkennenswertes lebzeitiges Eigeninteresse?

I. Die Interessenlage der Beteiligten/Klagevoraussetzungen

1. Allgemeines

Die Klagemöglichkeit gemäß § 2287 BGB dient dem Schutz des Vertragserben vor **missbräuchlichen** Schenkungen des Erblassers zugunsten eines Dritten, da der Erblasser nach § 2286 BGB trotz des Erbvertrages durch Rechtsgeschäfte unter Lebenden uneingeschränkt über sein Vermögen verfügen kann. Die Verfügungen des Erblassers zu seinen Lebzeiten sind, Geschäftsfähigkeit etc. vorausgesetzt, selbst dann wirksam, wenn sie missbräuchlich und in beeinträchtigender Absicht im Hinblick auf den (unliebsamen) Vertragserben erfolgen.[2] Der Schutz des § 2287 BGB gewährt jedoch dem Vertragserben erst nach Anfall der Erbschaft einen schuldrechtlichen Anspruch auf Herausgabe des Geschenkes gegen den Dritten und lediglich nach den Vorschriften über die ungerechtfertigte Bereicherung. Das gesetzliche Zusammenspiel der lebzeitigen Verfügungsfreiheit nach § 2286 BGB und des nach §§ 2287, 2288 BGB geregelten Schutzes des Vertragserben bzw. Vermächtnisnehmers ist als abschließend zu

2

---

[1] Autor der 1. Aufl.: *Ralf E. Hess*.
[2] BGHZ 59, 343, 348; MünchKommBGB/*Musielak* § 2287 Rdnr. 1 m.w.N.

betrachten, welches auch nicht durch die vom BGH wieder aufgegebene Rechtsprechung zur „Aushöhlungsnichtigkeit"[3] solcher Geschäfte noch durch Schadensersatzansprüche gegen den Erblasser oder den Dritten gemäß § 826 BGB[4] erweiterbar ist.

> **Formulierungsvorschlag: Klageantrag**
> Namens und mit Vollmacht des Klägers erhebe ich Klage und werde beantragen:
> 1. Der Beklagte wird verurteilt, der Übertragung des Grundstücks ..., eingetragen im Grundbuch von ... des Amtsgerichts ..., Band ..., Blatt ..., auf den Kläger zuzustimmen und die Eintragung des Klägers als Eigentümer zu bewilligen.
> 2. Der Beklagte wird verurteilt, das unter Nr. 1 bezeichnete Grundstück an den Kläger herauszugeben.
> 3. Der Beklagte hat die Kosten des Rechtsstreits zu tragen.
> 4. Das Urteil ist, gegebenenfalls gegen Sicherheitsleistung, vorläufig vollstreckbar.

Die Vorschrift hat auch **Bedeutung für gemeinschaftliche Testamente** (§§ 2287, 2288 BGB analog)[5], wenn Verfügungen wechselbezüglich und bindend geworden sind, also nicht zu Lebzeiten beider Ehegatten.[6]

Gläubiger des schuldrechtlichen Herausgabeanspruchs nach § 2287 BGB ist der im Erbvertrag bestimmte Vertragserbe, der den Anspruch originär mit dem Tode des Erblassers (§§ 1922 Abs. 1, 1942 Abs. 1 BGB) erwirbt. **Schuldner** des Herausgabeanspruchs ist stets der vom Erblasser Beschenkte. Weder der Erblasser selbst noch andere Miterben kommen als Anspruchsgegner in Betracht.[7]

2. Materielle Klagevoraussetzungen

3   Folgende materiellen Voraussetzungen sind für Klagen auf Grundlage von § 2287 BGB entscheidend:
- Zwischen Erblasser und Vertragserbe muss ein **formgültiger** (§ 2276 BGB) und **wirksamer** Erbvertrag bestanden haben.

4   - Der Erblasser muss durch Schenkung **nach** Abschluss des Erbvertrages verfügt haben. Für die Beurteilung, ob eine **Schenkung** vorliegt, ist im Wesentlichen der Schenkungsbegriff des allgemeinen Schenkungsrechts (§§ 516 ff. BGB) heranzuziehen, jedoch nach der Rechtsprechung des BGH regelmäßig erweitert um die **ehebezogenen** (auch unbenannten oder ehebedingten) **Zuwendungen**.[8] Erforderlich ist also objektiv und subjektiv die Einigung über die Unentgeltlichkeit der Zuwendung.[9] So müssen sich die Beteiligten bei gemischten[10] oder verschleierten[11] Schenkungen, gegebenenfalls auch bei zusätzlichem Vorliegen einer Auflage, über die teilweise Unentgeltlichkeit klargewesen sein.[12] Bei einer **gemischten** Schenkung kann der Vertragserbe den geschenkten Gegenstand herausverlangen, wenn der unentgeltliche Charakter des Geschäftes überwiegt (eine vom Beschenkten erbrachte Gegenleistung ist zu erstatten);[13] ansonsten ist der Anspruch des Vertragserben auf Erstattung der Wertdifferenz gerichtet.[14] Die Durchsetzung des Herausgabeanspruchs erfolgt **Zug um Zug** gegen

---

[3] Vgl. BGHZ 59, 343, 345 m.w.N. zur alten Rspr. (Grundsatzentscheidung) zur Aufhebung der Aushöhlungsnichtigkeit; BGHZ 66, 8, 14; 77, 264; 88, 269, 271; Palandt/*Edenhofer* § 2287 Rdnr. 2.
[4] Palandt/*Edenhofer* § 2287 Rdnr. 2.
[5] BGHZ 66, 8 15; BGHZ 82, 274, 276 f.; MünchKommBGB/*Musielak* § 2287 Rdnr. 2; Palandt/*Edenhofer* § 2287 Rdnr. 3.
[6] BGHZ 87, 19.
[7] MünchKommBGB/*Musielak* § 2287 Rdnr. 20.
[8] BGHZ 116, 167, 174 f. = NJW 1992, 564; NJW-RR 1996, 133.
[9] Vgl. *Spellenberg* NJW 1986, 2531, 2532.
[10] BGH FamRZ 1964, 429, 430; WM 1986, 977, 978; MünchKommBGB/*Musielak* § 2287 Rdnr. 3.
[11] BGH FamRZ 1961, 72, 73; MünchKommBGB/*Musielak* § 2287 Rdnr. 3.
[12] BGH v. 21.5.1986 – NJW RR 1986, 1135; BGH v. 16.10.1963 – FamRZ 1964, 429.
[13] BGH NJW 1953, 501; BGHZ 77, 264, 271 f.; BGHZ 88, 269, 272 f.; für ein Wahlrecht MünchKommBGB/*Musielak* § 2287 Rdnr. 22.
[14] RGZ 148, 236; BGHZ 30, 120.

Ausgleich der entgeltlichen Leistung.[15] Denkbar ist auch eine Zug um Zug Verurteilung in der Weise, dass ein Bereicherungsanspruch aus § 2287 BGB Zug um Zug gegen **Ausgleich der Pflichtteilsansprüche** oder des **Zugewinns** zuerkannt wird.[16] Zu beachten ist, dass Schenkungsversprechen von Todes wegen auch dann gegenüber dem Vertragserben unwirksam sind, wenn die Beurkundungsform eingehalten wurde und das Versprechen vor Abschluss eines Erbvertrages abgegeben wurde (§ 2301 Abs. 1 i. V. m. § 2289 Abs. 1 S. 1 BGB).[17]

- Der Vertragserbe muss in seiner berechtigten Erberwartung[18] **objektiv beeinträchtigt** sein. So reicht der Schutz des § 2287 BGB nur insoweit, als auch der Erblasser im Rahmen des Erbvertrags gebunden ist.[19] Eine Beeinträchtigung des Vertragserben kommt nicht in Betracht, soweit z. B. bei lebzeitigen unentgeltlichen Verfügungen zu Gunsten des Ehegatten die Erbmasse nur zur Begleichung von Pflichtteilsansprüchen bzw. der Zugewinnausgleichsforderung ausreicht. Der Bereicherungsanspruch aus § 2287 BGB ist **beschränkt** auf die nach Erfüllung von Pflichtteils- oder Zugewinnausgleichsansprüchen verbleibende Erbmasse.[20] Entsprechendes gilt bei einem im Erbvertrag vereinbarten **Vermächtnisvorbehalt** betreffend den unentgeltlich zugewandten Vermögensgegenstand[21] oder die Aufteilung des Vermögens im Wege der vorweggenommenen Erbfolge entsprechend einer im Erbvertrag vereinbarten **Teilungsanordnung** (§ 2048 BGB).[22] Auch bei Veränderung des **Güterstandes** zwischen Ehegatten wird grundsätzlich eine Beeinträchtigung berechtigter Erberwartungen des Vertragserben abgelehnt.[23]

- Die objektive Beeinträchtigung des Vertragserben muss vom Erblasser beabsichtigt gewesen sein (**subjektive Beeinträchtigungsabsicht**). Es reicht aus, wenn der Erblasser die Beeinträchtigung des Vertragserben neben anderen Motiven gewollt hat.[24] Ein nur bedingter Vorsatz ist für die Annahme einer Beeinträchtigungsabsicht jedoch weiterhin unbeachtlich. Der BGH führt aus, dass dem Vertragserben erhebliche Beweisschwierigkeiten entstehen, wenn er die Benachteiligungsabsicht des Erblassers beweisen muss. Es komme letztlich darauf an, ob die Schenkung ihrem Inhalt nach darauf gerichtet war, den Erbvertrag abzuändern und der Beschenkte ganz oder zumindest teilweise als Vermögensnachfolger des Erblassers anzusehen ist.[25] Dies sei dann der Fall, wenn der Erblasser dem Bedachten ohne lebzeitiges Eigeninteresse Vermögenswerte ohne angemessene Gegenleistung zukommen lässt.

- Durch das vom BGH eingeführte (ungeschriebene) Tatbestandsmerkmal der **Missbrauchskorrektur** (Missbrauch der Verfügungsfreiheit durch den Erblasser) wird jedoch eine mögliche Ausweitung des § 2287 BGB als Generalklausel wieder beschränkt.[26] So muss der Erblasser sein Recht, frei über sein Vermögen zu verfügen, missbraucht haben. Ein Missbrauch wird im Wesentlichen begründet durch das **Fehlen eines anzuerkennenden „lebzeitigen Eigeninteresses"** an der Übertragung. Daneben hat der BGH ausgeführt, dass ein Missbrauch auch aus sonstigen Gründen ausgeschlossen sein kann, d. h. das lebzeitige Eigeninteresse ist keine zwingende Voraussetzung, sondern ein Grund, den der Vertragserbe akzeptieren muss.[27] Rechtsprechung und Literatur haben deshalb zur Konkretisierung des § 2287 BGB

---

[15] BGH v. 23.9.1981 – NJW 1982, 43.
[16] BGHZ 88, 269; BGHZ 77, 264.
[17] Vgl. Palandt/*Edenhofer* § 2301 Rdnr. 5 bis 7.
[18] Vgl. hierzu auch *Beisenherz* ZEV 2005, 8 ff. zur Anwachsung und Ausschlagung.
[19] BGH NJW-RR 1989, 259; BGHZ 83, 44, 48; MünchKommBGB/*Musielak* § 2287 Rdnr. 10.
[20] BGHZ 88, 269, 272 (auch zum Herausgabeanspruch des den Pflichtteil übersteigenden Wertes der zugewendeten Sache); Dittmann/Reimann/Bengel/*J. Mayer* § 2287 Rdnr. 37.
[21] BGH WM 1986, 1221, 1222.
[22] BGHZ 82, 274, 278 f.; MünchKommBGB/*Musielak* § 2287 Rdnr. 10.
[23] BGHZ 116, 178, 181 f.; MünchKommBGB/*Musielak* § 2287 Rdnr. 5.
[24] BGHZ 59, 343, 349; BGH v. 21.5.1986 – NJW-RR 1986, 1135; BGH v. 27.11.1991 – NJW 1992, 564.
[25] Vgl. Prot. V, S. 393; BGHZ 66, 8, 15 f.; BGHZ 88, 269, 270; in der Tendenz MünchKommBGB/*Musielak* § 2287 Rdnr. 17.
[26] BGH v. 5.7.1972; BGHZ 59, 343, 350; *Spellenberg* NJW 1986, 2531, 2535; Dittmann/Reimann/Bengel/*J. Mayer* § 2287 Rdnr. 44.
[27] BGH v. 21.5.1986 – NJW-RR 1986, 1135, 1136; v. 23.4.1986 – NJW-RR 1987, 2; vgl. hierzu auch *Schindler* ZEV 2005, 334 m.w.N.

Fallgruppen gebildet.²⁸ Entscheidend ist eine **Gesamtabwägung** der Interessen des Vertragserben an der Erhaltung des Vermögens gegenüber dem Nachteil des Erblassers, an den Vertrag gebunden zu sein.²⁹ Überwiegen die Anhaltspunkte dafür, dass (nur) der Erbvertrag durch die Schenkung unterlaufen werden sollte, liegen die Voraussetzungen des § 2287 BGB vor. Ein lebzeitiges Eigeninteresse wird hingegen beispielsweise angenommen, wenn der Erblasser in Erfüllung einer sittlichen Verpflichtung handelte, z. B. mit der Schenkung Pflege oder Versorgung im Alter verbessern bzw. sichern wollte (meist fehlt bereits eine Schenkung, sofern die Versorgungs- und Pflegeleistung als Gegenleistung anzusehen ist).³⁰

8 Wegen der für den Vertragserben nur schwer zu beweisenden Motivationslage des Erblassers gestattet die Rechtsprechung eine **Beweiserleichterung** in der Weise, dass ohne weitere Begründung das Fehlen eines lebzeitigen Eigeninteresses behauptet werden darf. Der **Beschenkte** muss zunächst schlüssig die Umstände darlegen, die für ein anerkennenswertes Eigeninteresse sprechen. Gelingt dies, muss erst dann der Vertragserbe die angeführten Motive widerlegen und die Beeinträchtigungsabsicht beweisen.³¹

9 Der Herausgabeanspruch des Vertragserben nach § 2287 BGB ist ausgeschlossen, sofern im Erbvertrag ein **Vorbehalt** für die Vornahme unentgeltlicher Zuwendungen vereinbart wurde³² oder der Vertragserbe in notarieller Form (h. M.; str³³) seine **Zustimmung** zu beeinträchtigenden Schenkungen erklärt. Aus Gründen des Minderjährigenschutzes bedarf die Zustimmung des gesetzlichen Vertreters eines Vertragserben vor Eintritt des Erbfalls jedoch der Genehmigung des Vormundschaftsgerichtes (analog §§ 2347 Abs. 1, 2352 S. 2 BGB).³⁴

10 • Die berechtigte Erberwartung des Vertragserben wird grundsätzlich auch nicht durch Veränderungen des Güterstandes zwischen dem Erblasser und seinem Ehegatten objektiv beeinträchtigt (durch Vereinbarung der Gütertrennung ausgelöster Zugewinnausgleich nach §§ 1372 ff. BGB), da die Ehegatten nach dem Familienrecht jederzeit frei über ihren Güterstand entscheiden können.³⁵ Gleiches gilt grundsätzlich auch für die Vereinbarung der Gütergemeinschaft (§§ 1408 ff., 1415 ff.).³⁶

11 • Einen **Auskunftsanspruch** über das Geschenk und dessen Verbleib gegen einen (vermeintlich) vom Erblasser Beschenkten beinhaltet der Herausgabeanspruch des Vertragserben gemäß § 2287 BGB grundsätzlich nicht.³⁷ Auch aus §§ 2027, 2028 BGB ergibt sich eine solche Auskunftspflicht nicht, da das Geschenk nicht zum Nachlass des Erblassers gehört.³⁸ Jedoch kommt nach h. M. ein Auskunftsanspruch gegen den Beschenkten nach dem Grundsatz von Treu und Glauben (§ 242 BGB) in Betracht, wenn der Vertragserbe das Vorliegen einer beeinträchtigenden Schenkung und damit die Voraussetzungen für das Bestehen eines Anspruchs aus § 2287 BGB schlüssig und in substantiierter Weise dargetan hat.³⁹ Nicht ausreichend ist hingegen lediglich die Absicht, den Auskunftsanspruch zur bloßen Ausforschung einer Schenkung durchzusetzen.⁴⁰ In analoger Anwendung des § 2314 BGB besteht ein Wertermittlungsanspruch, wenn der Vertragserbe den Wert der Schenkung nicht kennen

---

[28] Vgl. Palandt/*Edenhofer* § 2287 Rdnr. 6 f. m.w.N.; krit. hierzu MünchKommBGB/*Musielak* § 2287 Rdnr. 17.
[29] BGHZ 77, 264, 266 f.; BGHZ 83, 44, 45 f.; ausf. Staudinger/*Kanzleiter* § 2287 Rdnr. 8 ff.; MünchKommBGB/*Musielak* § 2287 Rdnr. 13.
[30] BGH v. 28.9.1983 – NJW 1984, 121; OLG Köln v. 30.9.1991 – FamRZ 1992, 607; w. Bsp. in der Rspr. sind BGH v. 27.9.1995 – ZEV 1996,25; LG Gießen v. 12.5.1980 – MDR 1981, 582; BGH v. 26.11.1975 – BGHZ 66, 8 und BGH v. 12.6.1980 – BGHZ 77, 264.
[31] BGH v. 26.2.1986 – NJW, 1986, 1755; OLG Köln v. 30.9.1991 – FamRZ 1992, 607.
[32] Vgl. MünchKommBGB/*Musielak* § 2287 Rdnr. 24 m.w.N.
[33] Notarielle Beurkundung analog § 2348 BGB; h.M.: BGHZ 108, 252, 255; Palandt/*Edenhofer* § 2287 Rdnr. 8 m.w.N.; a.A. Staudinger/*Kanzleiter* § 2287 Rdnr. 30.
[34] BGHZ 83, 44, 50; MünchKommBGB/*Musielak* § 2287 Rdnr. 24.
[35] BGHZ 116, 178, 181 f.
[36] BGHZ 116, 178, 182 f.; vgl. MünchKommBGB/*Musielak* § 2287 Rdnr. 5.
[37] BGHZ 18, 67, 68; MünchKommBGB/*Musielak* § 2287 Rdnr. 23.
[38] Staudinger/*Kanzleiter* § 2287 Rdnr. 25.
[39] BGHZ 97, 188, 193; Dittmann/Reimann/Bengel/*J. Mayer* § 2287 Rdnr. 103.
[40] BGHZ 61, 180.

kann.[41] Auch im Rahmen einer **Stufenklage** kann der Anspruch auf Auskunft in der Weise verfolgt werden, dass zunächst Auskunft und nach erfolgter Auskunft der Anspruch nach § 2287 BGB geltend gemacht wird.[42]

II. Gerichtliche Geltendmachung zu Lebzeiten des Erblassers

1. Einstweilige Verfügung und Vormerkungsfähigkeit des Herausgabeanspruchs

Unabhängig von der Gefahr, bei Versagung des einstweiligen Rechtsschutzes mit dem Anspruch aus § 2287 BGB nach dem Tod des Erblassers zu scheitern, lehnt die überwiegende Auffassung in Rechtsprechung und Literatur die Sicherung der Ansprüche des Vertragserben **zu Lebzeiten des Erblassers** durch Arrest oder einstweilige Verfügung als unzulässig ab.[43] Gleiches gilt für einen Anspruch auf Eintragung einer Vormerkung.[44] Dies beruht darauf, dass zu Lebzeiten des verfügenden Erblassers durch den Erbvertrag zwischen den Beteiligten keinerlei Rechte und Pflichten begründet werden[45] und erst mit dem Eintritt des Erbfalls Rechtsfolgen ausgelöst werden.

Der Bedachte kann jedoch durch zusätzliche Rechtsgeschäfte unter Lebenden mit dem Erblasser entsprechende Sicherungsrechte vereinbaren. So kann der Erbvertrag mit einem sog. schuldrechtlichen **Verfügungsunterlassungsvertrag** (§§ 311 Abs. 1, 137 BGB) verbunden werden, in dem sich der Erblasser dazu verpflichtet, über einzelne Gegenstände oder über wesentliche zum Nachlass gehörige Gegenstände (z. B. Grundstücke) zu seinen Lebzeiten nicht zu verfügen.[46] Die Errichtung eines Verfügungsunterlassungsvertrages ist grundsätzlich formlos möglich, selbst wenn er Grundstücke betrifft. § 311 b Abs. 1 BGB umfasst nur die tatsächliche (positive) Verfügung.[47] Der Verfügungsunterlassungsvertrag bedarf lediglich dann der Form des § 2276 BGB, wenn er Bestandteil des Erbvertrages ist.[48]

Zwar stellt die schuldrechtliche Verpflichtung, über bestimmte Gegenstände nicht zu verfügen, kein sicherbares Recht i. S. v. § 883 Abs. 1 BGB dar; eine Vormerkung diesbezüglich ist daher ausgeschlossen.[49] Jedoch kann der Bedachte bei Gefahr einer Verletzung dieser Vertragspflicht ein gerichtliches Veräußerungsverbot im Wege einer einstweiligen Verfügung erwirken.[50] Ein derartiges Veräußerungsverbot kann, sofern es ein Grundstück betrifft, in das Grundbuch eingetragen werden.[51]

Sehr wohl denkbar ist die Sicherung der Ansprüche des Vertragserben durch einstweilige Verfügung (wegen Eintragung einer Vormerkung) **nach** dem **Erbfall** zur Absicherung des Bereicherungsanspruchs.[52]

2. Klagen des Vertragserben auf Rückforderung nach § 826 BGB und auf Feststellung eines künftigen Anspruches aus § 2287 BGB

Zu **Lebzeiten des Erblassers** hat der Vertragserbe keine Möglichkeit, das an Dritte gemachte Geschenk gemäß § 826 BGB zurückzufordern. Der BGH hat insoweit eindeutig entschieden, dass § 2287 BGB als lex specialis gegenüber § 826 BGB anzusehen ist.[53] Der Ausschluss des

---

[41] BGH v. 26.2.1986 – NJW 1986, 1755; BGH v. 8.7.1985 – NJW 1986, 127.
[42] Vgl. hierzu Klinger/*Schlitt*, Münchener Prozessformularbuch Erbrecht, Form N. II. 3., Anm. 1 a.E.; vgl. § 45.
[43] OLG Koblenz v. 14.7.1987 – MDR 1987, 935, 936 f.; BayObLG v. 28.11.1952 – BayObLGZ 1952, 289; MünchKommBGB/*Musielak* § 2287 Rdnr. 20; a.A. *Hohmann* ZEV 1994, 133, 136 f.
[44] A.A.: Dittmann/Reimann/Bengel/*J. Mayer* § 2287 Rdnr. 93, bejaht die Möglichkeit der Vormerkung.
[45] BGHZ 8, 23, 30; Palandt/*Edenhofer* Überbl. Vor § 2274 Rdnr. 3.
[46] H.M.; Mot. V, S. 327; BGHZ 12, 115, 122; BGHZ 31, 13, 18 f.; MünchKommBGB/*Musielak* § 2286 Rdnr. 10 m.w.N.
[47] BGH FamRZ 1967, 470; MünchKommBGB/*Musielak* § 2286 Rdnr. 10.
[48] Soergel/*Wolf* § 2286 Rdnr. 4; a.A. MünchKommBGB/*Musielak* § 2286 Rdnr. 4; Dittmann/Reimann/Bengel/*J. Mayer* § 2286 Rdnr. 25.
[49] BGH FamRZ 1967, 470; Dittmann/Reimann/Bengel/*J. Mayer* § 2286 Rdnr. 7, 26.
[50] BGH DNotZ 1962, 497, 499; MünchKommBGB/*Musielak* § 2286 Rdnr. 12.
[51] MünchKommBGB/*Musielak* § 2286 Rdnr. 10, 12; zur sog. „Sicherungsschenkung" wird auf die Ausführungen des Autors in § 10 Rdnr. 39 verwiesen.
[52] Vgl. hierzu Muster in Münchener Prozessformularbuch Erbrecht/*Schlitt*, Form N. II. 1.
[53] BGH v. 21.6.1989 – NJW 1989, 2389; BGH v. 30.4.1991 – NJW 1991, 1952.

§ 826 BGB gilt selbst bei kollusivem Zusammenwirken von Erblasser und Drittem in der Absicht, den Vertragserben zu schädigen.[54]

Trotz der Auffassung des OLG Koblenz, dem Vertragserben stehe ein „einer Anwartschaft" gleichkommendes Recht und damit ein Feststellungsinteresse zu, ist der Auffassung des OLG München zuzustimmen, dass in Anbetracht der Konstruktion des § 2287 BGB eine Feststellungsklage nur auf ganz seltene Ausnahmefälle beschränkt bleiben müsse.[55] Die h. M. betrachtet die Feststellungsklage des Erbvertragserben aus § 2287 BGB mangels eines gegenwärtigen feststellungsfähigen Rechtsverhältnisses als unzulässig. So habe der erbvertraglich Bedachte nur eine bloße Hoffnung, aber kein rechtlich gesichertes Anwartschaftsrecht.[56] Da die gesetzliche Lösung grundsätzlich die Verfügungsfreiheit des Erblassers zu Lebzeiten voranstellt und Ansprüche nach dem Wortlaut des § 2287 BGB erst nach dem Tod geltendgemacht werden können, käme die generelle Zulassung der Feststellungsklage einer Aushöhlung des § 2287 BGB gleich. Darüber hinaus könnte das behauptete Anwartschaftsrecht von Gläubigern des Vertragserben gepfändet werden mit der Folge, dass sich zu Lebzeiten des Erblassers nicht am Nachlass beteiligte Personen um sein Vermögen streiten würden. Gerade Folgen dieser Art sollten aber mit der engen Ausgestaltung des § 2287 BGB verhindert werden.

---

[54] BGHZ 108, 73. Allerdings kann § 138 BGB dann eingreifen, wenn etwa das Geschäft bewusst darauf gerichtet war, einen Verfügungsunterlassungsvertrag zu brechen; vgl. BGH NJW 1991, 1952; Palandt/*Edenhofer* § 2287 Rdnr. 2.

[55] OLG Koblenz v. 14.7.1987 – MDR 1987, 935; OLG München v. 24.4.1995 – NJW-RR 1996, 328, vgl. auch *Frieser,* Anwaltliche Strategien im Erbschaftsstreit, Rdnr. 684.

[56] Vgl. OLG Schleswig v. 4.6.2002 – DNotI-Report 2003, 58; MünchKommBGB/*Musielak* § 2287 Rdnr. 17; zum Anwartschaftsrecht vgl. BGHZ 12, 115, 118 ff.; a.A. *Hohmann* ZEV 1994, 133, 135 m.w.N.

§ 65 Die Klage bei Zuwendungen auf den Todesfall

Übersicht

	Rdnr.
I. Verträge zugunsten Dritter auf den Todesfall (mit Lebensversicherung)	1–3
II. Aufschiebend bedingte Versprechensschenkung im Zweipersonenverhältnis	4/5
III. Notgeschäftsführung	6/7
IV. Muster einer Klageschrift bei Vertrag zugunsten Dritter auf den Todesfall	8

Schrifttum: *Elfring,* Das System der drittbezogenen Ansprüche bei der Lebensversicherung, NJW 2004, 483; *ders.,* Die Verwertung verpfändeter und abgetretener Lebensversicherungsansprüche in der Insolvenz des Versicherungsnehmers, NJW 2005, 2192; *Werkmüller,* Zuwendungen auf den Todesfall: Die Bank im Spannungsfeld kollidierender Interessen nach dem Tod ihres Kunden, ZEV 2001, 97.

I. Verträge zugunsten Dritter auf den Todesfall (mit Lebensversicherung)

Unentgeltliche Zuwendungen durch Verträge zugunsten Dritter finden große Beliebtheit, da **1** sie es dem Schenker ermöglichen, einer ihm nahe stehenden Person nach dessen Tode einen Vermögensvorteil zu verschaffen, ohne dabei zugleich schenkungsrechtliche und/oder erbrechtliche Formvorschriften einhalten zu müssen.[1] Der Bezugsberechtigte in diesem Dreiecksverhältnis erwirbt seinen Anspruch nicht aus dem Nachlass, sondern im Rahmen eines Rechtsgeschäftes unter Lebenden.[2] Darin liegt jedoch auch die Ursache dafür, dass die Erben sich nicht stets mit der Zuwendung abfinden mögen und dem Begünstigten seine Position streitig machen. Eine Klage ist dann sinnvoll, wenn der Rechtserwerb des Begünstigten von den Erben nach dem Todesfall des Zuwendenden noch vereitelt werden konnte oder wenn die Zuwendung wegen anderer Mängel im Dreiecksverhältnis des Vertrages zugunsten Dritter gescheitert ist. Erhält der Dritte die Leistung zu Unrecht – etwa wegen fehlerhaften Valutaverhältnisses oder wegen wirksamer Anfechtung des Valutaverhältnisses oder wegen wirksamer Widerrufs des Bezugsrechts durch die Erben –, so steht dem Erben ein Bereicherungsanspruch zu. Da die vorgenannten Willenserklärungen ohne weitere Förmlichkeiten (gebotenermaßen jedoch schriftlich) auf den Weg gebracht werden, erlangen Eilverfahrensvorschriften hier nur Bedeutung, wenn es um die Sicherung der Zwangsvollstreckung gegen unlautere Beeinträchtigungen und Machenschaften des Schuldners geht.[3] Der Erbe verfolgt seine Ansprüche im Hauptverfahren mit der Klage, die sich auf Herausgabe der Zuwendung (z.B. ein Depot) oder auf Zahlung der Summe, um welche der Begünstigte bereichert ist, richtet.[4] Mit einer Klage nach dem AnfG bzw. nach der Insolvenzanfechtung muss der Empfänger der Leistung rechnen, wenn die Zuwendung des Bezugsrechts aus einer Lebensversicherung in einem für die Insolvenzanfechtung maßgeblichen Zeitraum erfolgte oder wenn der Anfechtende gegen den widerruflich Bezugsberechtigten antritt.[5]

Der Rechtserwerb des Begünstigten ist im Verhältnis zu dem Erben nur dann gesichert, wenn **2** die Voraussetzungen der §§ 516 ff. BGB gewahrt sind.[6] Bei der im Valutaverhältnis vereinbarten Schenkung handelt es sich nicht um eine Zuwendung auf den Todesfall, sondern um eine Versprechensschenkung unter Lebenden.[7] Dabei ist eine auf den Tod aufschiebend bedingte

---

[1] BGH NJW 2004, 214, 215; OLG Hamm VersR 2002, 1409, 1410.
[2] BGH NJW 2004, 214, 215; *Elfring* NJW 2004, 483 ff.; *Elfring* NJW 2005, 2192 ff.
[3] Die schlechte Vermögenslage des Schuldners gibt keinen Arrestgrund, auch nicht bei Rechtsnachfolge vom „sicheren Schuldner" auf einen überschuldeten Erben in einem Fall des LAG Hamm MDR 1977, 611.
[4] S. dazu § 32 Rdnr. 44 ff.
[5] BGH NJW 2004, 214, 215: Anspruch auf Rückgewähr der gesamten Lebensversicherungssumme, nicht nur auf die vom Versprechensempfänger geleisteten Prämien.
[6] S. dazu § 32 Rdnr. 33 ff.
[7] *Werkmüller* ZEV 2001, 87, 98; OLG Düsseldorf NJW-RR 1996, 1329, 1330.

Abtretung der Forderung ausreichend.[8] Bei einem durch Irrtum beeinflussten Valutaverhältnis haben die Erben die Möglichkeit der Anfechtung nach §§ 119 ff. BGB. Eine erbrechtliche Anfechtung nach § 2078 BGB findet auf Verträge zugunsten Dritter auf den Todesfall keine Anwendung.[9] Das Anfechtungsrecht nach § 119 BGB geht nach dem Tod des Erklärenden auf dessen Erben über und wird von allen Miterben gemeinschaftlich, jedoch nicht notwendigerweise zeitgleich und in einem einheitlichen Rechtsakt, ausgeübt. Richtet sich die Anfechtung gegen einen Miterben, hat dieser wegen Interessenwiderstreits kein Stimmrecht in der Erbengemeinschaft.

Hatte der Begünstigte von der Schenkung nach dem Tod des Schenkers durch den Anweisungsempfänger im Dreiecksverhältnis noch keine Kenntnis erhalten, so fehlt es an einer wirksamen Einigung über die Unentgeltlichkeit. Zwar kann der Dritte das Angebot des Schenkungsversprechens noch nach dem Tod des Erblassers annehmen, das von dem Anweisungsempfänger als Erklärungsbote des Erblassers überbracht wird (§ 130 Abs. 2 BGB). Der Erbe kann dies jedoch verhindern durch Erklärung des Widerrufs des Angebotes gegenüber dem Begünstigten vor dessen Annahme.[10] Der Erbe tritt in solchen Fällen in einen **zeitlichen Wettlauf** mit dem Anweisungsempfänger, der seinerseits den Begünstigten erst in Kenntnis setzt. Vorsorglich sollte auch die Vollmacht des Anweisungsempfängers widerrufen und das zwischen dem (verstorbenen) Anweisenden und dem Anweisungsempfänger begründete Auftragsverhältnis gekündigt werden.[11] Wenn der Zuwendende eine unwiderrufliche Vollmacht erteilt hat – was für den Einzelfall (nicht für eine Generalvollmacht) möglich ist – ist der Widerruf jedoch ohne Nutzen. Das Auftragsverhältnis selbst ist nur sehr eingeschränkt widerruflich.[12]

3 **Praxistipp:**
Für die **Schlüssigkeit der Klage** auf Herausgabe der Bereicherung ist Vortrag zur Erbenstellung, zum Widerruf und zur Besitzerlangung des Begünstigten an dem ggf. in die Erbschaft fallenden Vermögen ausreichend. Über die Einzelheiten des Valutaverhältnisses ist zur Schlüssigkeit der Klage noch nicht zwingend vorzutragen. Es sollte die Einlassung des Beklagten abgewartet werden.

II. Aufschiebend bedingte Versprechensschenkung im Zweipersonenverhältnis

4 Liegt ein formnichtiges Schenkungsversprechen im Zweipersonenverhältnis zwischen Schenker und Beschenktem vor, verbunden mit einer aufschiebend bedingten Abtretungsvereinbarung, so wird der Formmangel in der juristischen Sekunde des Erbfalls geheilt. Ein Widerruf der Erben gegenüber dem Beschenkten nutzt nichts, da dessen Anspruch konditionsfest ist und gegen die Erben eingeklagt werden kann.

5 Hatte der Schenker dem Begünstigten ausschließlich eine unter der Befreiung des § 181 BGB erteilte postmortale widerrufliche Bankvollmacht gegeben mit der Maßgabe, dass der Begünstigte die Abtretung einer Forderung im Wege eines In-sich-Geschäfts erst nach dem Erbfall bewirken sollte, können die Erben – sofern sie davon Kenntnis erhalten – den Vollzug der Schenkung unterbinden, wenn der Begünstigte von dem Todesfall selbst noch keine Kenntnis hatte.

---

[8] Palandt/*Weidenkaff* § 518 Rdnr. 10.
[9] BGH NJW 2004, 767, 769.
[10] BGH BGHZ 91, 288, 291; OLG Düsseldorf FamRZ 1998, 774, 775; OLG Hamm NJW-Spezial 2005, 110.
[11] *Werkmüller* ZEV 2001, 97; in dem Fall des OLG Hamm VersR 2005, 819, hatte der Nachlasspfleger gegenüber dem Versicherer den Auftrag zur Mitteilung des Bezugsrechts gekündigt.
[12] Das OLG Celle WM 1993, 591, 592, hält einen Verzicht auf das Recht zum Widerruf des Auftragsverhältnisses nur durch Verzicht aller Erben oder als Anspruch auf Unterlassen eines Widerrufs in Verbindung mit einem unwiderruflichen Forderungsrecht für möglich.

III. Notgeschäftsführung

Die Erbengemeinschaft verwaltet das Erbe gemeinschaftlich als Gesamthandvermögen (§ 2083 BGB) und ist im Prinzip nur zusammen für den Nachlass handlungsfähig. Ist einer der Erben selbst durch den Vertrag zugunsten Dritter begünstigt oder sind Miterben nicht erreichbar bzw. nicht ermittelbar, müsste ein Widerruf der Schenkung gegenüber dem Begünstigten scheitern. Für dringliche Maßnahmen soll indes jeder Miterbe eine alleinige Entscheidungskompetenz im Rahmen seines **Notverwaltungsrechtes** haben (§ 2039 Abs. 1 S. 2 BGB). Maßnahmen, die nicht unter die ordnungsgemäße oder laufende Verwaltung fallen und auch keine Notgeschäftsführung sind, erfordern allerdings Übereinstimmung aller Miterben.[13] Im Innenverhältnis können sie also nur einstimmig beschlossen werden. Nach außen hin ist gemeinsames Auftreten erforderlich. Unter den Begriff der **ordnungsgemäßen Verwaltung** fallen alle Maßnahmen, die der Beschaffung des Gegenstandes und dem Interesse aller Miterben nach billigem Ermessen entsprechen. Dafür ist eine wirtschaftliche Beurteilung anzustellen.[14] Es kommt darauf an, was eine verständige Person in dieser Lage machen würde. Verfügungen über einzelne Nachlassgegenstände (Sachen und Rechte) können von den Miterben nur gemeinschaftlich getroffen werden. Ausgenommen sind Verfügungen eines einzelnen Miterben, die zur Erhaltung des Nachlasses erforderlich sind (§ 2038 Abs. 1 S. 2 HS 2 BGB). Verfügungen sind Rechtsgeschäfte, die unmittelbar darauf gerichtet sind, auf ein bestehendes Recht einzuwirken, es zu verändern, zu übertragen oder aufzuheben.[15] Zur Verfügung gehört z.B. die Anfechtung einer Willenserklärung, die Ermächtigung eines Dritten zur Verfügung, nicht jedoch der Widerruf einer abstrakten Vollmacht, wohl aber die Kündigung des zugrunde liegenden Auftragsverhältnisses, soweit dadurch über einen Nachlassgegenstand verfügt wird.

Jeder Miterbe kann jedoch für sich, ungeachtet des Notverwaltungsrechts, die Vollmacht widerrufen. Widerruft nur ein Erbe, erlischt sie im Übrigen nicht. Zum Widerruf der Vollmacht über den Tod hinaus ist auch während des Bestehens einer Erbengemeinschaft jeder einzelne Erbe befugt, und zwar ohne Rücksicht darauf, ob der Vollmacht ein Rechtsgeschäft zugrunde liegt oder nicht. Durch den Widerruf eines Miterben wird aber das Vertretungsrecht des Bevollmächtigten hinsichtlich der übrigen Miterben nicht berührt.[16]

IV. Muster einer Klageschrift bei Vertrag zugunsten Dritter auf den Todesfall

Der besondere Wahlgerichtsstand des § 27 ZPO für die Erbschaft gilt auch bei einer Klage aufgrund einer sonstigen Verfügung von Todes wegen. Eine solche ist z.B. eine Schenkung von Todes wegen gemäß § 2301 BGB, und zwar die Schenkung nach Abs. 1, in welcher das Schenkungsversprechen unter der Bedingung erteilt wird, dass der Empfänger den Schenker überlebt, und die Schenkung nach Abs. 2, bei der die Schenkung zu Lebzeiten vollzogen wird.[17]

Muster:

An das
Landgericht
...

Klage

des ...   – Kläger –
gegen
den ...   – Beklagter –

---

[13] Die Miterben sind jedoch von der Verwaltung ausgeschlossen, wenn die Befugnis zur Verwaltung einem Testamentsvollstrecker übertragen ist (§ 2305 BGB). S. dazu auch § 21.
[14] BGH FamRZ 1965, 267, 269; Palandt/*Edenhofer* § 2038 Rdnr. 13.
[15] Palandt/*Heinrich* Überbl. § 104 Rdnr. 16.
[16] Palandt/*Edenhofer* § 2038 Rdnr. 13 – 15.
[17] S. dazu § 32 Rdnr. 13 ff.

Namens und im Auftrag des Klägers erheben wir Klage und werden beantragen:
1. Der Beklagte wird verurteilt, an den Kläger € ... nebst 5% Zinsen über dem Basiszins der EZB ... ab dem ... zu zahlen.
2. Der Beklagte hat die Kosten des Rechtsstreits zu tragen.

Begründung:

Ausweislich des in Anlage vorgelegten Testaments der Eheleute ... vom ... UR-Nr. ... ist der Kläger Schlusserbe nach seinen Eltern, die beide verstorben sind, und zwar der Vater am ... und die Mutter am ...

Die Mutter war Inhaberin eines Sparkontos Nr. ... bei der ... Bank in ...

Am ... unterzeichnete die Mutter eine Vereinbarung mit der Bank, wonach mit ihrem Tode alle Rechte aus diesem Sparkonto auf den Beklagten übergehen sollten. Die Mutter hatte sich das einseitige Recht zur Erklärung eines Widerrufs gegenüber der Bank vorbehalten. Die Mutter verstarb am ... Der Kläger erfuhr von der Disposition der Mutter über das Sparkonto zugunsten des Beklagten am ..., mithin nach dem Tod der Mutter. Er ließ daraufhin mit Schreiben des Prozessbevollmächtigten vom ... sämtliche Erklärungen der Mutter hinsichtlich des Sparkontos gegenüber dem Beklagten und vorsorglich gegenüber der Bank widerrufen. Der Beklagte löste das Sparkonto dennoch auf und transferierte den Guthabenbetrag auf sein Konto.

Dem Kläger steht ein Bereicherungsanspruch auf Herausgabe des von dem Beklagten Erlangten zu. Eine wirksame Schenkung der Verstorbenen an den Beklagten liegt nicht vor.

Rechtsanwalt

§ 66 Klagen im Zusammenhang mit dem Auskunftsanspruch

Übersicht

	Rdnr.
I. Vorbemerkung	1
II. Auskunftsklage	2
III. Stufenklage gemäß § 254 ZPO	3–7
1. Rechtsverfolgung und Stufenklage	3
2. Die Prinzipien bei der Stufenklage	4
3. Drei Stufen und ihre Unwägbarkeiten	5
4. Stufenklage und Klägerherrschaft	6
5. Streitwertfragen und Kostenlast	7
IV. Auskunft und einstweiliger Rechtsschutz	8
V. Akteneinsichtsrechte	9
VI. Informationen aus Gutachten für das eigene Klagevorbringen Sachverständigengutachten/Krankenakten	10/11
VII. Klagemuster	12–17
1. Auskunftsklage gegen den Erbschaftsbesitzer	12/13
2. Stufenklage/Erbschaftsklage gegen den Erbschaftsbesitzer	14
3. Stufenklage gegen den Hausgenossen	15
4. Stufenklage des Pflichtteilsberechtigten	16/17

Schrifttum: *Bartsch*, Hinweise zur Stufenklage für die Praxis, Beilage, Der Fachanwalt für Erbrecht, ZErb 2006, 3; *Hülsmann/Baldamus,* Ärztliche Schweigepflicht versus Informationsinteresse der Erben, ZEV 1999, 91; *Klinger* (Hrsg.), Münchener Prozessformularbuch Erbrecht, 2004; *Thomas/Putzo*, ZPO, 26. Aufl. 2004.

I. Vorbemerkung

Prozesse im Hinblick auf Auskunftserteilung haben primär den Zweck, in späteren Prozessen konkrete Anträge stellen zu können bzw. die Ansprüche hinreichend substantiieren zu können. Insoweit unterscheiden sich erbrechtliche Prozesse grundsätzlich nicht von Prozessen in anderen Rechtsbereichen. Als sog. Standardklage gilt auch hier die Kombination aus Auskunfts- und Leistungsantrag, also die **Stufenklage** mit der Besonderheit ihrer verjährungshemmenden Wirkung. 1

Darüber hinaus konzentrieren sich im Erbrecht die Fragen darauf, ob Akteneinsichtsrechte zu gewähren sind und persönlichkeitsbezogene Daten für die Rechtsverfolgung preisgegeben werden sollen bzw. dürfen. Für die anwaltliche Praxis geht es nicht selten um die Abwägung zwischen postmortalen Erblasserrechten einerseits und der **unentbehrlichen Offenbarung** von Tatsachen für eine geeignete Verfolgung erbrechtlicher Ansprüche andererseits.

II. Auskunftsklage

Die Auskunftsklage als isolierte Klage stellt anwaltlich nicht den sichersten Weg dar. Denn 2 die Auskunftsklage unterbricht nicht die Verjährung des konkreten Anspruchs. Allein in der Geltendmachung des Auskunftsanspruchs liegt noch nicht das Verlangen des Hauptanspruchs.[1] Die Verjährungsunterbrechung kann auch nicht dadurch erzielt werden, dass die Auskunftsklage mit der Ankündigung verbunden wird, nach Erteilung der Auskunft den Zahlungsantrag zu stellen.[2]

---

[1] Vgl. OLG Düsseldorf FamRZ 1999, 1097, 1098 für den Pflichtteilsanspruch; ebenso BayObLG FamRZ 1991, 494.
[2] OLG Celle FamRZ 1996, 678 (Ls.).

Verjährungshemmung tritt nur ein, wenn Auskunftsverlangen und Zahlungsbegehren prozessual in einer **Stufenklage gemäß § 254 ZPO** miteinander unmissverständlich verbunden sind. Deswegen können vordergründig nur zwei Gesichtspunkte die Erhebung einer (spekulativen) Auskunftsklage stützen:
- Das Kostenargument: Der Streitwert bei einer Auskunftsklage wird angesetzt mit einer Quote von 1/10 bis 1/2 des Wertes der Hauptsache.[3] Damit wäre auch das anwaltliche Vergütungsaufkommen geringer und damit ein vermeintliches und Prozess- und Kostenrisiko.
- Unentschlossenheit des Auskunftsberechtigten: Der Kläger möchte nur in Erfahrung bringen, ob der Nachlass werthaltig ist und klagt „auf Probe" mit dem Vorbehalt, die Rechtsverfolgung zu einem späteren Zeitpunkt gegebenenfalls mit einer Leistungsklage fortzusetzen.

Beide Argumente tragen eine sichere Mandatsführung nicht und provozieren lediglich Haftungsgefahren für den Prozessbevollmächtigten. Daher kann eine Auskunftsklage nur in Ausnahmefällen geboten sein.

III. Stufenklage gemäß § 254 ZPO

1. Rechtsverfolgung und Stufenklage

3   Im Erbrecht stoßen erfahrungsgemäß unversöhnliche Interessen aufeinander, so dass der Anspruchsteller häufig nach vergeblichen außergerichtlichen Bemühungen um seine Rechte nunmehr in der Klägerrolle mit gerichtlicher Hilfe die Sicherung bzw. Durchsetzung seiner Ansprüche verfolgt. Neben dem Antrag auf Arrest kommen in der Rechtspraxis alternativ die Auskunftsklage und die Stufenklage mit den drei Elementen Auskunft/ eidesstattliche Versicherung/Leistung in Betracht. Bei der Entscheidung für die Stufenklage als den sog. „sichersten Weg" für den Prozessbevollmächtigten stehen primär zwei Gründe im Vordergrund:
1. Auf der Auskunftsstufe die Erlangung fehlender Angaben zum Nachlass
2. Bei drohender Verjährung von Ansprüchen die Hemmung ihrer Verjährung, da Leistungsansprüche von Anfang an ohne Bezifferung rechtshängig werden.

Diese Darstellung konzentriert sich auf ausschließlich praxisrelevante Verfahrensfragen.

2. Die Prinzipien bei der Stufenklage

4   Die Stufenklage gemäß § 254 ZPO ist eine Verbindung von mehreren Ansprüchen. Zusammengefasst werden nachfolgende Rechtspositionen, die prozessual grundsätzlich als drei selbstständige Stufen anzusehen sind:
- Stufe 1: Anspruch auf Auskunft und/oder Wertermittlung oder Rechnungslegung,
- Stufe 2: Abgabe der eidesstattlichen Versicherung,
- Stufe 3: Leistung.

Ohne situationsadäquate Eigeninitiative des Klägers wird jede Stufe prozessual eigenständig und in „numerischer Reihenfolge" abgehandelt. Über jede einzelne Stufe wird gesondert verhandelt und entschieden. Das Durchlaufen aller Stufen („Prozess im Prozess") erfolgt, also sukzessive mit der regelmäßig strengen Vorgabe, dass jeder Stufe erst erledigt sein muss, bevor zur nächsten übergegangen werden kann.

3. Drei Stufen und ihre Unwägbarkeiten

5   Die Stufenklage verbirgt viele Probleme, die häufig erst im Verfahren zutage treten: Prozessverzögerung durch drei Stufen, Unvorhergesehene Kostenfragen; Streitwertbestimmungen bei frühzeitiger Prozesserledigung, Vollstreckungsprobleme mit dem Auskunftstitel.Prozessökonomisch wird mit der Stufenklage der gesamte anspruchsbegründende Sachverhalt dem Gericht präsentiert. Demzufolge werden mehrere, zeitlich nicht überschaubare Einzelprozesse vermieden bzw. entbehrlich.[4]

---

[3] Vgl. BGH FamRZ 2006, 619.
[4] Vgl. OLG Düsseldorf Urt. v. 6.11.1998 – FamRZ 1999, 1097.

Im Vergleich zur Auskunftsklage bewirkt die Stufenklage schon die Hemmung der Verjährung des Leistungsanspruchs gemäß §§ 204 Abs. 1 Ziff. 2, 209 BGB, obwohl dieser noch nicht beziffert ist.[5]

4. Stufenklage und Klägerherrschaft

Bei strenger Orientierung an den herkömmlichen Regularien bei der Stufenklage kann das Gesamtverfahren im Einzelfall mehrere Jahre andauern. Denn der Prozessrhythmus ist zeitraubend, wenn die mit einem Teilurteil endenden Stufen vom Auskunftsschuldner auch noch mit der Berufung angegriffen werden. Berufungsfähig sind jedoch nur relativ wenige Urteile, da sie entweder im Urteil nicht zugelassen ist oder die Berufungssumme nicht erreicht wird.[6]

Die komplexen Verfahrensstrukturen bei der Stufenklage kann der auf Prozesserledigung konzentrierte Kläger aber beliebig sowie interessenorientiert durchbrechen und für sich nutzen. Er hat z.B. beim Pflichtteilsprozess die Freiheit, nach lückenhafter Auskunftserteilung die Auskunftsstufe vorübergehend oder ganz aufzugeben, um etwa wegen Verdachts sorgfaltswidriger Erstellung eines Nachlassverzeichnisses den Antrag auf Abgabe der Eidesstattlichen Versicherung gemäß § 260 Abs. 2 BGB zu stellen.[7] Hierfür kann er erfolgreich auch ein außergewöhnliches Prozessverhalten[8] des Auskunftsschuldners (Erbe) heranziehen, der sich jahrelang bewusst streitorientiert unter Ausschöpfung fast aller Rechtsmittel und -behelfe gegen eine Auskunftserteilung gewehrt hat und damit durch eigenes Verhalten den Verdacht unseriösen Prozessverhaltens („Anschein vorsätzlicher Unvollständigkeit"[9]) auf sich lenkt.

In sonstigen Fällen eines erkennbar unvollständigen Nachlassverzeichnisses wird lediglich ein Auskunftsergänzungsanspruch zuerkannt, weil der ursprüngliche Erfüllungsanspruch fortbestehe.[10] Die jeweilige Abgrenzung zwischen Auskunftsergänzungsanspruch und Eidesstattlicher Versicherung wegen nachlässig erteilter Auskünfte wird in der Rechtspraxis immer wieder auf Schwierigkeiten stoßen, da verlässliche Abgrenzungskriterien schwer zu definieren sind. Für einen Anspruch auf Abgabe de eidesstattlichen Versicherung ist jedenfalls der Sachvortrag[11] erforderlich, dass die Unvollständigkeit und Unrichtigkeit der Auskunft vermeidbar war.

Der Gläubiger kann zudem die Wahl treffen, einerseits zur Verfahrensbeschleunigung ohne Begründung unmittelbar von der Auskunftsstufe auf die Leistungsstufe – auch ohne Erledigungserklärung – zu wechseln, um seinen Zahlungsantrag zu beziffern.[12] Andererseits soll er die prozessuale Befugnis haben, nach Erreichen der Leistungsstufe diese wieder fallen zu lassen, um zur Auskunftsstufe zurück zu kehren, da dies keine Klageänderung darstelle.[13]

5. Streitwertfragen und Kostenlast

Die Streitwertbestimmung für die Stufenklage folgt aus *§ 44 GKG*. Entscheidend sind das Interesse bzw. die Erwartungshaltung des Klägers. Die Werte für die verschiedenen Stufen werden nicht addiert. Vorbehaltlich eines sich aus der Auskunft ergebenden höheren Wertes gilt zunächst der in der Klageschrift angegebene höchste Wert. Dies ist in der Regel der vom Kläger geltend gemachte Zahlungsanspruch,[14] der in der Klageschrift als „vorläufig" angegeben wird. Wird also etwa der Auskunftsantrag mit € 6.000 bewertet, derjenige für die Versicherung an Eides statt mit € 3000 und der Zahlungsantrag mit € 30.000, so beträgt der Streitwert für den Rechtsstreit insgesamt € 30.000.

Besondere Bewertungsunsicherheiten beim Streitwert entstehen dann, wenn sich die Parteien vor einer Bezifferung des Kläengeranspruchs auf der Leistungsstufe vergleichen oder wenn der Wert des Nachlasses entgegen der Klägererwartung sehr gering ist.

---

[5] OLG Hamm FamRZ 1990, 291.
[6] Klinger/*Ruby* AIII 1 (S. 36) m.w.N.
[7] OLG Düsseldorf FamRZ 1996, 493, 494.
[8] OLG Frankfurt NJW-RR 1993, 1483.
[9] OLG Frankfurt NJW-RR1993, 1483.
[10] OLG Oldenburg NJW-RR 1992, 777.
[11] BGHZ 89, 137.
[12] OLG Düsseldorf FamRZ 1996, 493; OLG München 1983, 629; OLG Koblenz NJW 1963,912.
[13] *Bartsch* S. 6.
[14] Münchener Prozessformularbuch Erbrecht/*Ruby* AIII.1 (S. 35).

Da es zu einer Klärung des Anspruchswertes nicht abschließend kommen kann, stellt sich die Frage, nach welchen Kriterien sich der Streitwert für das Gesamtverfahren richten soll und wie die Kostenlast in solchen Fällen zu verteilen ist.[15] Gegeneinander abzuwägen ist daher der Anlass zur Klageerhebung durch den auskunftsunwilligen Beklagten gegenüber den überzogenen Wertvorstellungen des Klägers. Hier soll es interessengerecht sein, die Kosten des Rechtsstreits gegeneinander aufzuheben, wenn der Einigungswert vergleichsweise gering ist.[16]

Wenn die Parteien sich auf der Auskunftsstufe einigen, soll gleichwohl der Wert des Zahlungsantrages eine erhebliche Bedeutung gewinnen, wobei im Zuge einer Schätzung die Klägerangaben einzubeziehen sind.[17] Die Wertverhältnisse am Ende einer Instanz sollen daher nicht entscheidend sein.[18]

IV. Auskunft und einstweiliger Rechtsschutz

8   In Betracht käme eine einstweilige Verfügung gemäß § 940 BGB. Sie soll aber durch eine vorübergehende Regelung den Rechtsfrieden bis zur Entscheidung in der Hauptsache sichern. Bei einem Auskunfsrechtsverhältnis ist eine entsprechende Regelung schwer vorstellbar bzw. regelbar. Denn eine vorläufige Auskunft kann es schon begrifflich nicht geben. Denn jede Auskunft würde die Hauptsache vorwegnehmen. Deswegen wird nach überwiegender Auffassung vertreten, dass eine einstweilige Verfügung unzulässig ist.[19]

V. Akteneinsichtsrechte

9   Für die anwaltliche Praxis kann von Bedeutung werden, selbst entsprechende Rechte geltend zu machen oder zur Vermeidung von mandatsbezogenen Beeinträchtigungen entsprechende ungerechtfertigt erscheinende Verfahrensrechte abzuwehren.

Im Zentrum dieser Problematik steht das **berechtigte Interesse auf Akteneinsicht** gemäß §§ 34, 78 FGG. Dieser Begriff ist gesetzlich nicht konkretisiert. Das berechtigte Interesse geht grundsätzlich weiter als das rechtliche Interesse gem. § 299 Abs. 2 ZPO. Das Akteneinsichtsrecht erfordert ein nach vernünftiger Abwägung durch die Sachlage gerechtfertigtes Interesse, das auch tatsächlicher (wirtschaftlicher) Art sein kann. Das kann insbesondere dann zu bejahen sein, wenn ein künftiges Verhalten des Antragstellers durch die Kenntnis vom Akteninhalt beeinflusst werden kann. Demzufolge wird ein berechtigtes Interesse nicht grundsätzlich durch den Verfahrensgegenstand begrenzt und kann auch am Verfahren nicht beteiligten Personen zustehen. Seine Begrenzung findet es aber in gleich- oder höherwertigen Interessen Anderer an der Geheimhaltung des gesamten Akteninhalts oder einzelner Aktenteile. Im Kern ist das berechtigte Interesse des § 34 FGG im Zusammenhang mit dem Recht auf **informationelle Selbstbestimmung** zu ermitteln.[20] Deshalb gilt es argumentativ zu beachten, dass beim Akteneinsichtsrecht auch nach dem Ableben der **postmortale Persönlichkeitsschutz überragende Bedeutung** gewinnen kann, wenn es darum geht, solche Umstände nicht zur Offenbarung gelangen zu lassen, die dem Grundrechtsschutz unterliegen.

VI. Informationen aus Gutachten für das eigene Klagevorbringen Sachverständigengutachten/Krankenakten[21]

10   Die genaue Kenntnis von Sachverständigengutachten/ Krankenakten oder anderer Schriftstücke, die über die Testierfähigkeit/ Testierunfähigkeit des Erblassers Auskunft geben können, sind für erbrechtliche Streitigkeiten von großer Bedeutung. Hier geht es u. a. um die postmor-

---

[15] Ausführungen hierzu auch bei *Bartsch*.
[16] OLG Dresden NJW-RR 2001, 864 (Leitsatz).
[17] OLG Düsseldorf JurBüro 1995, 484.
[18] OLG Celle MDR 2003, 55.
[19] Statt aller: OLG Hamm NJW-RR 1992, 640; Thomas/*Reichhold* § 940 Rdnr. 17; ders.§ 938 Rdnr. 3.
[20] OLG Schleswig Beschl. v. 14.1.1999; zum Recht auf informationelle Selbstbestimmung BVerfG Urt. v. 15.12.1983 – NJW 1984, 419.
[21] OLG Düsseldorf Beschl. v. 29.3.2000 – ZEV 2000, 363 (Ls.).

tale Schweigepflicht von Medizinern, die rechtliche Handhabe zur Schweigepflichtsentbindung nach dem Ableben des Patienten sowie um die Respektierung des (mutmaßlichen) Patientenwillens.[22]

Bei der Abwägung zwischen der Verwertung von Krankenakten des Erblassers in einem Rechtsstreit und dem mutmaßlichen Geheimhaltungsinteresse des Erblassers soll **das Aufklärungsinteresse** und damit die konkrete Kenntnis und Verwertung der Krankenakte **Vorrang genießen.** Denn die Aufklärung von Zweifeln an der Testierfähigkeit liege im wohlverstandenen Interesse eines Erblassers, der ein Testament errichtet habe.[23] Dieses weitgehende Recht auf Einsicht in die Krankenakte wird u. a. damit begründet, dass sein Ausschluss objektiv gegen Art. 103 Abs. 1 GG verstoße, da das Einsichtsrecht der Partei sich nicht nur auf die Prozessakten, sondern auch auf sonstige Urkunden, die im Verfahren (insbesondere als Beweismittel) verwertet werden können, erstrecke. Denn das Privatgutachten diene dem qualifizierten substantiierten Parteivortrag.[24]

VII. Klagemuster

1. Auskunftsklage gegen den Erbschaftsbesitzer

In der Nachlasssache
Meyer ./. Müller
(Rubrum)
wird beantragt,
den Beklagen zu verurteilen,
   dem Kläger ein Verzeichnis über den Bestand des Nachlasses der ... am ... verstorbenen Magda H. vorzulegen und über den Verbleib der Nachlassgegenstände einschließlich der Nachlassforderungen Auskunft zu erteilen. Die verlangten Angaben beziehen sich zunächst speziell auf folgende Gegenstände und Vermögenspositionen:
   1. Das aus mindestens 100 Teilen bestehende Silber-Besteck der Marke ...
   2. Zwei auf den Namen der Erblasserin lautende Sparbücher der X-Bank mit einem jeweiligen Wert von rund € 10. 000,–.
   3. Acht Buchbände der Lexika-Reihe ..., 10. Aufl. 1999.
   Begründung:
Die Beklagte war mit der Erblasserin sehr eng befreundet. Sie waren in den letzten Jahren Nachbarn und die Erblasserin hatte der Beklagten häufig Gegenstände leihweise überlassen, die die Beklagte für ihre Familienfeiern benötigte oder für ihre gelegentliche literarische Tätigkeit. Die Erblasserin hatte ihrer Nachbarin auch ihre wirtschaftlichen Verhältnisse anvertraut und entsprechenden Urkunden zur Verwahrung gegeben. Die Beklagte hatte und hat immer noch einen Schlüssel zur Wohnung der Erblasserin, so dass es keine Ausnahme darstellt, wenn die Beklagte mit vorheriger Zustimmung der Erblasserin Gegenstände aus der Wohnung vorübergehend mitnahm.

Rechtsanwalt

2. Stufenklage/Erbschaftsklage gegen den Erbschaftsbesitzer

In der Nachlasssache
Bauer ./. Zeppelin
(Rubrum)

---

[22] Vgl. hierzu im Überblick *Hülsmann/Baldamus*, S. 91 ff. mit Hinweisen für die anwaltliche Praxis, S. 94.
[23] OLG Düsseldorf Beschl. v. 29.3.2000 – ZEV 2000, 363 (Ls.); BGH Beschl. v. 4.7.1984 – NJW 1984, 2893; BayObLG Beschl. v. 21.8.1986 – NJW 1987, 1492, 1493.
[24] OLG Düsseldorf Beschl. v. 29.3.2000 – ZEV 2000, 363 (Volltext nicht veröffentlicht).

wird beantragt, den Beklagen zu verurteilen,
1. dem Kläger ein aktuelles Bestandsverzeichnis über den Nachlass des am ... verstorbenen Hans H. ... vorzulegen, insbesondere zu Folgenden im Besitze des Beklagten befindlichen
   – Immobilien (nähere Angaben ...);
   – Inventar aus den Anwesen (nähere Angaben ...);
   – Persönliche Gegenstände des Erblassers;
   – Barvermögen des Erblassers;
   – Kunstgegenstände (nähere Angaben ...);
2. schriftlich Auskunft zu erteilen über den Verbleib folgender Gegenstände:
   a) den Schmuck des Erblassers (genaue Bezeichnung ...)
   b) den Schreibsekretär (genaue Bezeichnung ...)
   c) Fachliteratur (genaue Bezeichnung oder nähere Einzelheiten ...)
   d) Sparbücher, Lebensversicherungspolicen, Kontoauszüge mit Angaben über eingezogene Mietzinsforderungen (nähere Einzelheiten ...)
3. den Beklagten für den Fall, dass er die Auskunft nicht mit der erforderlichen Sorgfalt erteilt, zu verurteilen, die eidesstattliche Versicherung abzugeben, dass er die Auskunft so vollständig erteilt habe, wie er dazu imstande sei;
4. nach Auskunftserteilung den Beklagten zu verurteilen, die auf Grund der Auskunft noch näher zu bezeichnenden Erbschaftsgegenstände an den Kläger herauszugeben;
5. festzustellen, dass der Kläger Alleinerbe nach dem am ... in ... verstorbenen Hans H. ist.

Begründung:
...

Rechtsanwalt

3. Stufenklage gegen den Hausgenossen

15 In der Nachlasssache
Graf ./. Zumdick
(Rubrum)
wird beantragt, den Beklagen zu verurteilen,
1. Angaben darüber zu machen, ob und ggf. welche erbschaftlichen Geschäfte er aus den Mitteln des Nachlasses des am ... verstorbenen Heinz Klattke geführt hat und was ihm über den Verbleib der Gegenstände (... konkretisierende Angaben von Nachlassgegenständen oder Forderungen ...) bekannt ist;
2. den Beklagten für den Fall, dass er die Angaben nicht mit der erforderlichen Sorgfalt gemacht hat, zu verurteilen, die eidesstattliche Versicherung abzugeben, dass er die Angaben so vollständig gemacht habe, wie er dazu imstande sei;
3. nach Auskunftserteilung den Beklagten zu verurteilen, die auf Grund der gemachten Angaben noch näher zu bezeichnenden Erbschaftsgegenstände an den Kläger herauszugeben;
4. nach Auskunftserteilung den Beklagten zu verurteilen, an den Kläger € ... zu zahlen;
(bezifferter Ausgleichs- und Bereicherungsanspruch aus den erbschaftlichen Geschäften).

...

Rechtsanwalt

4. Stufenklage des Pflichtteilsberechtigten

16 Wenn der Pflichtteilsberechtigte vorprozessual wie prozessual durchgängig zum Ausdruck gebracht hat, eine vollständige, mit hohen Richtigkeitsgarantien versehene Auskunft erhalten zu wollen, kann der Auskunftsschuldner sich nicht auf die als unvollständig behauptete außergerichtliche Auskunftserteilung berufen und der Pflichtteilsberechtigte kann sich auch nicht auf die zweite Prozessstufe – der Versicherung der Vollständigkeit und Richtigkeit – verweisen

§ 66 Klagen im Zusammenhang mit dem Auskunftsanspruch

lassen. Denn es kann einzelfallbezogen nicht im Belieben des Auskunftsschuldners liegen, wie er das Auskunftsbegehren befriedigt. Bei qualifizierten Auskunftsbegehren ist das Verlangen nach der Vorlage eines notariellen Nachlassverzeichnisses nicht rechtsmissbräuchlich.[25]

Muster:[26] Stufenklage des Pflichtteilsberechtigten

An das
Landgericht
...
In der Nachlasssache
Busch ./. Krüger
(Rubrum)
wird beantragt, die Beklagte im Wege der Stufenklage zu verurteilen,

1. Auskunft
unter Hinzuziehung der Klägerin[27] Auskunft über den Bestand des Nachlasses der am ... 2000 verstorbenen Frau Agnes B. geboren am ... zu erteilen, und zwar durch die Vorlage eines durch einen Notar aufgenommenen Verzeichnisses, insbesondere im Hinblick auf den Wert des Miteigentumsanteils am Hausgrundstück ... in ... und im Hinblick auf den Wert der Eigentumswohnung ... in Starnberg,
2. ferner den Wert des Unternehmens (Konkretisierung) ... in (HRB ...) durch Sachverständigengutachten zu ermitteln.
3. Für den Fall, dass das Verzeichnis nicht mit der erforderlichen Sorgfalt erstellt sein sollte, an Eides statt zu versichern, dass sie die Auskunft so vollständig erteilt habe, wie sie dazu im Stande sei;
4. nach Erteilung der Auskunft und nach Feststellung des Wertes der Immobilien und nach Vorlage des Sachverständigengutachtens zum Wert des Unternehmens (Konkretisierung) ... an die Klägerin den Pflichtteilsbetrag gemäß Pflichtteilsquote von ... entsprechend den gemäß Klageanträgen von Ziffer 1 und 2 ermittelten Nachlasswerten nebst .5% Zinsen über dem jeweiligen Basiszinssatz seit ... 2006 (oder Rechtshängigkeit der Klage) zu zahlen.

Begründung:

...

Rechtsanwalt

---

[25] OLG Oldenburg Urt. v. 2.1.1999; vgl. auch FamRZ 1993, 857.
[26] Vgl. Klinger/*Kasper* PV. 3 (S. 810).
[27] Allerdings hat die Klägerin kein Mitwirkungsrecht, vgl. KG FamRZ 1966, 767.

3. Abschnitt: Schiedsverfahren und Mediation

§ 67 Das erbrechtliche Schiedsgericht

Übersicht

	Rdnr.
Beratungscheckliste	1
I. Einführung	2–14
1. Begriff des erbrechtlichen Schiedsgerichts	2–4
2. Zweckmäßigkeit des erbrechtlichen Schiedsgerichts	5–14
a) Vertraulichkeit	6
b) Kompetenz	7–10
c) Zeit	11
d) Familienfrieden	12
e) Grenzüberschreitung	13/14
II. Abgrenzung zu verwandten Rechtsinstituten	15–18
1. Das vertragliche Schiedsgericht	15/16
2. Schiedsgutachteranordnung	17
3. Mediation	18
III. Zulässigkeit und Rechtsnatur der Anordnung	19–23
IV. Formerfordernisse	24/25
V. Inhaltliche Reichweite und erfasster Personenkreis	26–31
1. Testament	26–30
2. Erbvertrag und gemeinschaftliches Testament	31
VI. Das Schiedsgericht	32–35
VII. Das Schiedsverfahren	36–39
VIII. Schiedsspruch und Schiedsvergleich	40–47
1. Schiedsspruch	41/42
2. Schiedsvergleich	43–46
3. Steuerliche Berücksichtigung	47
IX. Honorierung des Schiedsgerichts	48–51
1. Gebühren	48–50
2. Steuerliche Abzugsfähigkeit	51
X. Formulierungsmöglichkeiten	52

Schrifttum: *R. Geimer,* Nichtvertragliche Schiedsgerichte, Festschrift Peter Schlosser, Grenzüberschreitungen, 2005, 197; *Happe,* Schiedsgerichtsklauseln im Testament, in: Böckstiegel (Hrsg.), Schiedsgerichtsbarkeit in gesellschaftsrechtlichen und erbrechtlichen Angelegenheiten, 1996; *Hieke,* Die Schiedsgerichtsklausel, in: Groll, Praxis-Handbuch Erbrechtsberatung, 2. Aufl. 2005, 903; *Hennerkes/Schiffer,* Schiedsgerichtsbarkeit und mittelständische Unternehmen, BB 1992, 1439; *Kipp/Coing* Erbrecht, 14. Aufl. 1990; *Kohler,* Letztwillige Schiedsklauseln, DNotZ 1962, 125; *Krause,* Letztwillige Schiedsklausel, in: Frieser/Sarres/Stückemann/Tschichoflos (Hrsg.) Handbuch des Fachanwalts Erbrecht, 2005, 296; *Krug,* Schiedsverfahren in Erbstreitigkeiten, in: Krug/Rudolf/Kroiß, Erbrecht, 2. Aufl. 2003, § 23; *ders.,* Schiedsgerichtsklausel in letztwilligen Verfügungen, in: Tanck/Krug/Daragan (Hrsg.) Testamente in der anwaltlichen und notariellen Praxis, 3. Aufl. 2006, § 19; *Otte,* Die Zulässigkeit testamentarischer Schiedsgerichte, in: Notar und Rechtsgestaltung, 1998, 242 ff.; *Pawlytta,* Erbrechtliches Schiedsgericht und Pflichtteilsrecht, ZEV 2003, 89; *Schiffer,* Erbrechtliche Gestaltung: Möglichkeiten der Schiedsgerichtsbarkeit, in: Böckstiegel (Hrsg), Schiedsgerichtsbarkeit in gesellschaftsrechtlichen und erbrechtlichen Angelegenheiten, 1996; *ders.,* Mandatspraxis Schiedsverfahren und Mediation, 2005; *ders.,* Erbrechtliche Gestaltung: Letztwillige Schiedsklauseln-Möglichkeiten und Hinweise, BB-Beilage vom 27.4.1995; *Schmitz,* Schiedsvereinbarungen in der notariellen Praxis, RNotZ 2003, 591; *Schulze,* Letztwillig eingesetzte Schiedsgerichte, MDR 2000, 314; *Schwab/Walter,* Schiedsgerichtsbarkeit, Kommentar, 7. Aufl. 2005; *Walter,* Schiedsverträge und Schiedsklauseln in der notariellen Praxis, insbesondere bei letztwilligen Verfügungen, MittRhNotK 1984, 69; *Wegmann,* Die Schiedsgerichtsbarkeit in Nachlasssachen, ZEV 2003, 20.

> **Beratungscheckliste** 1
>
> 1. Anwendungsbereich:
>   ☐ Sachverhalt weist erbrechtliche Bezüge sowie Nachlassvermögen in gewissen Umfang auf
>   ☐ Verschiedene Nachlassvermögenswerte, z. B. Wertpapier- und Immobilienvermögen
>   ☐ Ausländische Vermögenswerte
>   ☐ Unternehmens- und Gesellschaftsbeteiligungen
> 2. Schiedsgericht sachlich zuständig? **Keine** Zuständigkeit für:
>   ☐ Streitigkeiten mit Erblassergläubigern,
>   ☐ Entscheidungen, die nach § 2065 BGB auch Dritten untersagt sind.
>   ☐ Umstritten: Streitigkeiten mit Pflichtteilsberechtigten.
> 3. „Mindestinhalt" einer Schiedsgerichtsanordnung:[1]
>   ☐ Anordnung, dass ein Schiedsgericht unter Ausschluss des ordentlichen Rechtsweges über sämtliche Streitigkeiten, die im Zusammenhang mit der letztwilligen Verfügung und deren Ausführung entstehen, zu entscheiden hat,
>   ☐ Bestimmung des/der Schiedsrichter, Ersatzschiedsrichter sowie einer Institution, die im Zweifelsfall einen Schiedsrichter benennt,
>   ☐ Bestimmung der für das Schiedsverfahren maßgeblichen Normen (Rechtsordnung, Gesetz, gesetzliche Auslegungsregeln),
>   ☐ Befugnis des Schiedsgerichts, Tatsachen durch einen Schiedsgutachter feststellen zu lassen,
>   ☐ Bestimmungen, die das Honorar des Schiedsrichters betreffen.
> 4. Gestaltung:
>   ☐ Einhaltung der für letztwillige Verfügungen geltenden Formvorschriften, Testamentsform,
>   ☐ Einhaltung der Form gemäß § 1031 ZPO zwischen (Erb-)Vertragsparteien oder bei ad hoc-Schiedsgericht,
>   ☐ Bei Wirkung des Erbvertrags gegenüber Dritten: Testamentsform. Liegt regelmäßig durch notarielle Beurkundung vor.

I. Einführung

1. Begriff des erbrechtlichen Schiedsgerichts

Erbrechtliche Streitigkeiten können durch ein Schiedsgericht entschieden werden. Das erbrechtliche Schiedsgericht findet seine Grundlage in **§ 1066 ZPO,** welcher auf die Vorschriften des 10. Buches der ZPO verweist. 2

Das Schiedsgericht und damit auch das erbrechtliche ist ein privates Gericht bestehend aus einem oder mehreren Schiedsrichtern, denen die Entscheidung bürgerlicher Rechtsstreitigkeiten **an Stelle staatlicher Gerichte** durch private Willenserklärung übertragen ist.[2] Das erbrechtliche Schiedsgericht unterliegt den vom Erblasser im Testament oder den Parteien im Erbvertrag festgelegten Regeln. 3

Im schiedsrichterlichen Verfahren entscheidet das Schiedsgericht **endgültig** über eine Streitigkeit. 4

2. Zweckmäßigkeit des erbrechtlichen Schiedsgerichts

Das erbrechtliche Schiedsgericht bietet dort **Vorteile,** wo die staatliche Gerichtsbarkeit auf Grund ihrer starren Struktur und mangelnder Spezialisierung nicht in der Lage ist, erbrechtlichen Fällen angemessen zu begegnen. Es gibt bei Land- und Oberlandesgerichten i.d.R. weder Kammern noch Senate für Erbrecht, so dass jeder Richter sich mit der schwierigen Materie beschäftigt, wenn bei ihm „per Zufall" ein Erbrechtsstreit anhängig wird. Daher stellt das 5

---

[1] Vgl. Böckstiegel/*Happe* S. 94; vgl. *Schiffer*, Mandatspraxis Schiedsverfahren, S. 176 Rdnr. 691.
[2] Vgl. *Schwab/Walter* Kap. 1 Rdnr. 1.

erbrechtliche Schiedsgericht vor allem eine echte Alternative dar, wenn der Nachlass wertvolle Vermögensgegenstände umfasst und/oder der Sachverhalt grenzüberschreitende Bezüge aufweist. Gerade wenn das Vermögen aus Grundbesitz, Unternehmensanteilen und Wertpapieren besteht, können sich schwierige Bewertungsfragen stellen, zu deren befriedigender Beantwortung den Gerichten spezielle Kenntnisse, die nötige Zeit und Geschick fehlen.

Das erbrechtliche Schiedsgericht bietet folgende Vorteile:

6 a) **Vertraulichkeit.** Schiedsgerichtsverfahren sind im Gegensatz zu staatlichen Gerichtsverfahren nicht öffentlich.[3] Dadurch werden Streitigkeiten **nicht publik.** Für Unternehmen ist dies besonders interessant: Firmen- und Familiengeheimnisse bleiben den Konkurrenzunternehmen verborgen.[4] Ein mit Gerichtsstreitigkeiten oftmals verbundener Imageverlust wird vermieden.

7 b) **Kompetenz.** Der Erblasser kann entweder den oder die Schiedsrichter vorab bestimmen oder überlässt es den Parteien, das Schiedsgericht zu bestellen.

8 Dadurch besteht die Möglichkeit, Personen auszuwählen, die über gute Erbrechtskenntnisse, wirtschaftlichen Sachverstand und einschlägige Erfahrungen auf dem Gebiet der Erbauseinandersetzung verfügen.

9 Es wurde bereits darauf hingewiesen, dass sich dies gerade bei schwierigen Bewertungsfragen als vorteilhaft erweist.

10 Können die Parteien einen von allen anerkannten Schiedsrichter benennen, führt dies auch zu einer größeren **Akzeptanz** des Schiedsgerichts. Ein Ergebnis ist die **höhere Vergleichsquote** als vor staatlichen Gerichten sowie dass der Schiedsspruch oder Schiedsvergleich zu einem hohen Prozentsatz freiwillig erfüllt wird.[5]

11 c) **Zeit.** Das staatliche Verfahren dauert unter Ausschöpfung des Rechtsmittelzugs mehrere Jahre. Anders das erbrechtliche Schiedsgericht: Die vereinfachten und vom Erblasser festgelegten Verfahrensregeln ermöglichen einen **zügigeren Verfahrensablauf.**[6]

12 d) **Familienfrieden.** Durch das öffentliche Gerichtsverfahren entstehen häufig familiäre Zerwürfnisse oder bereits bestehende werden noch verstärkt.[7]

In einem nichtöffentlichen Verfahren verliert **niemand sein Gesicht, zumindest nicht gegenüber Familienfremden.** Es besteht eher die Möglichkeit, Kompromisse einzugehen und damit Vergleichsbereitschaft aufzubringen.

13 e) **Grenzüberschreitung.** Bei grenzüberschreitenden Sachverhalten bietet sich das Schiedsgericht auch unter **gestalterischen Aspekten** an. Hierzu folgendes Beispiel:

E, Deutscher und Italiener, wohnhaft in Frankfurt/Main, schließt mit seiner in Italien lebenden Tochter vor einem deutschen Notar einen Pflichtteilsverzicht ab. Nach seinem Tode klagt die Tochter in Italien und verlangt erfolgreich ihren Pflichtteil in der Form des Noterbrechts (vgl. Art. 46 Abs. 2 S. 3 Italienisches IPRG, wonach Pflichtteilsberechtigten mit gewöhnlichem Aufenthalt in Italien ihr Pflichtteilsrecht nach italienischem Recht zusteht.)

Die Tochter wird dieses Urteil in Deutschland nach Einholung eines Vollstreckungsurteils gemäß § 722 Abs. 1 ZPO i. V. m. den Vorschriften des deutsch-italienischen Vollstreckungsvertrages aus dem Jahre 1936[8] vollstrecken können, da das italienische Gericht auch aus deutscher Sicht international zuständig war. Trotz des nach deutschem IPR wirksamen Pflichtteilsverzichts kommt die Verzichtende zu ihrem italienischen Pflichtteil.

14 Diese Vollstreckung kann durch eine Schiedsgerichtsanordnung verhindert werden. Liegt eine Schiedsklausel vor, wird nach wohl überwiegender Ansicht das ausländische Urteil wegen Übergehens einer Schiedsgerichtsanordnung in Deutschland nicht anerkannt.[9] Die wirksame

---

[3] *Schwab/Walter* Kap. 1 Rdnr. 8.
[4] Böckstiegel/*Schiffer*, Erbrechtliche Gestaltung, S. 65.
[5] *Hennerkes/Schiffer* BB 1992, 1439 f.; *Schiffer* S. 165 Rdnr. 637.
[6] Vgl. *Hennerkes/Schiffer* BB 1992, 1439; vgl. *Kohler* DNotZ 1962, 125, 126.
[7] Vgl. *Schiffer* S. 164 Rdnr. 634.
[8] Deutsch-italienisches Abkommen über die gegenseitige Anerkennung und Vollstreckung gerichtlicher Entscheidungen in Zivil- und Handelssachen v. 9.3.1936 RGBl. 37 II 145, abgedr. in *Baumbach/Lauterbach/Albers/Hartmann*, ZPO, Kommentar, 64. Aufl. 2006, Schlussanhang V B 2.
[9] *Zöller/Geimer*, ZPO Kommentar, 25. Aufl. 2005, § 1032 Rdnr. 17 und § 328 Rdnr. 129; *Geimer*, Internationales Zivilprozessrecht, 5. Aufl. 2005, Rdnr. 2907; OLG Celle Beschl. v. 8.12.1977 – RIW 1979, 131.

Schiedsgerichtsanordnung führt aus deutscher Sicht zur Unzuständigkeit ausländischer Gerichte im Sinne von § 328 Abs. 1 Nr. 1 ZPO. Voraussetzung ist aber, dass der Berechtigte im Vollstreckungsurteilsverfahren die **Einrede der Schiedsgerichtsbarkeit** erhebt. War er bereits Partei des ausländischen Verfahrens, muss er schon damals diese Einrede erhoben haben, da sie sonst nicht mehr geltend gemacht werden kann.[10] Auf diese Weise wird ein „Vollstreckungsschutzschirm" für das deutsche Vermögen geschaffen.

II. Abgrenzung zu verwandten Rechtsinstituten

1. Das vertragliche Schiedsgericht

Die häufigsten Schiedsverfahren gründen sich auf **vertragliche Vereinbarungen**, beruhen also auf zweiseitigen Willenserklärungen. **Die Begriffe „Schiedsvertrag", „Schiedsabrede" oder „Schiedsgerichtsklausel" werden hierfür in der Praxis als Synonyme gebraucht.**[11] Der Gesetzgeber bezeichnet in § 1029 Abs. 2 ZPO die Schiedsvereinbarung in Form einer selbständigen Vereinbarung als „Schiedsabrede" und in Form einer Vertragsklausel als „Schiedsklausel".

In der Praxis finden sich Schiedsgerichtsvereinbarungen überwiegend im internationalen Wirtschaftsverkehr. Die Handelspartner greifen mangels internationaler Gerichte oft auf „private" Richter zurück.[12]

„Erbrechtliche" Schiedsgerichte treten in der Praxis in zwei Formen auf:
- Nach Eintritt des Erbfalls **vereinbaren** die Erben oder die Pflichtteilsberechtigten mit den Erben ad hoc die Schiedsgerichtsbarkeit (vertragliches Schiedsgericht). Die Vereinbarung (§ 1031 ZPO) ist schriftlich abzuschließen (§ 1029 Abs. 2 ZPO).
- Der Erblasser **ordnet** im **Testament** oder im **Erbvertrag** gemäß § 1066 ZPO für die Zeit nach seinem Tod das Schiedsgericht **an**. Die Besonderheit dieses Schiedsgerichts ist die Anordnung durch **einseitige** Willenserklärung.

2. Schiedsgutachteranordnung

Eine Schiedsgutachteranordnung liegt vor, wenn ein Schiedsgericht nicht den gesamten Rechtsstreit unter den Parteien entscheiden soll, sondern ein Schiedsgutachter sich nur **Teilaspekten** widmet.[13] Hierzu zählen die Feststellung von Tatsachen oder die Klärung einzelner Rechtsfragen.[14] Das Schiedsgutachten unterfällt regelmäßig den §§ 1025 ff. ZPO.[15] Dadurch hat das Gutachten gemäß § 1055 ZPO die Wirkung eines rechtskräftigen Urteils. Es bindet die staatlichen und privaten Gerichte im Rahmen eines eventuell folgenden Rechtsstreits, soweit die Parteien über den Gegenstand des Gutachtens bestimmen können.[16]

Der Schiedsgutachter kann u. a. Folgendes abschließend klären:[17]
- Bestimmung von Vermächtnissen und Auflagen, §§ 2156, 2192 BGB
- Vornahme der Teilung des Nachlasses nach billigem Ermessen, § 2048 S. 2 BGB
- Feststellung des Bedingungseintritts oder Erfüllung von Auflagen
- Bewertung des Nachlassvermögens.

Ob die Wirksamkeit eines feststellenden Schiedsgutachtens über § 319 BGB oder nur über §§ 1059 ZPO angegriffen werden kann, ist umstritten.[18]

3. Mediation

Unter Mediation wird herkömmlich ein freiwilliges, außergerichtliches Streitbeilegungsverfahren verstanden.[19] Der Mediator **unterstützt** lediglich die Konfliktparteien, indem er den Parteien den eigentlichen Streitgegenstand verdeutlicht, dabei den gesamten sozialen, psychologischen Hintergrund erfasst und Lösungsvorschläge unterbreitet. Die Konfliktparteien sollen

---

[10] Str.; vgl. Zöller/*Geimer* § 328 Rdnr. 129.
[11] Zu Abweichungen in internationalen Verträgen: *Schwab/Walter* Kap. 3 Rdnr. 1.
[12] *Schiffer* S. 14 Rdnr. 47.
[13] Zöller/*Geimer* § 1029 Rdnr. 3.
[14] *Schwab/Walter* Kap. 2 Rdnr. 2 ff.; Zöller/*Geimer* § 1029 Rdnr. 3.
[15] *Schwab/Walter* Kap. 2 Rdnr. 15, str.
[16] *Schwab/Walter* Kap. 2 Rdnr. 15.
[17] Vgl. Böckstiegel/*Schiffer* S. 82.
[18] *Schwab/Walter* Kap. 2 Rdnr. 15 m.w.N.
[19] *Risse* ZEV 1999 S. 205 ff.; ähnl. *Mähler/Mähler* NJW 1997, 1262, 1263; vgl. § 68.

den Streit selbst lösen.[20] Der Mediator hat **keinerlei Entscheidungsbefugnis**. Das unterscheidet ihn vom Schiedsgericht.

III. Zulässigkeit und Rechtsnatur der Anordnung

19   Die Zulässigkeit einer Schiedsgerichtsanordnung in einer letztwilligen Verfügung ist heute **bei deutschen Erblassern** allgemein anerkannt.[21] Nach überwiegender Ansicht ist der Erblasser zu allen Anordnungen befugt, die nicht ausdrücklich durch Gesetz untersagt sind.[22] Bisher noch nicht entschieden und im Schrifttum wenig diskutiert ist die Frage, inwiefern **ausländische Erblasser letztwillig** ein **Schiedsgericht anordnen können**. Die Beantwortung der Frage hängt davon ab, wie man die letztwillige Schiedsgerichtsanordnung qualifiziert. Qualifiziert man sie als erbrechtliche Regelungsfrage, so wird sie vom Erbstatut (Artikel 25 Abs. 1 EGBGB) beantwortet.[23] Man könnte sie jedoch auch als rein verfahrensrechtliche Anordnung qualifizieren, so dass die Qualifikation nach dem Verfahrensstatut, also im Zweifel nach der lex fori, erfolgt.[24] Für die erstgenannte Auffassung könnte zwar der Wortlaut sprechen. Überzeugender ist es jedoch, zwischen der Zulässigkeit des Schiedsverfahrens und dem für die Entscheidung der Streitsache anzuwendenden materiellen Recht zu unterscheiden. Für die Frage der Zulässigkeit ist die deutsche lex fori maßgeblich. Denn § 1066 ZPO als prozessuale (Ermächtigungs-) Norm[25] entscheidet über die Befugnis eines Schiedsgerichts mit Sitz in Deutschland nach deutschem Recht, auch wenn für die Erbfolge aus deutscher Sicht ausländisches Erbrecht zur Anwendung kommt.[26] Folglich ist § 1066 ZPO als verfahrensrechtliche Anordnung zu qualifizieren.[27] Die in der Vorauflage geäußerte Ansicht, trotz der Stellung in der ZPO von einer materiellrechtlichen Regelungsfrage auszugehen, wird nicht aufrechterhalten. Auf Folgendes muss aber hingewiesen werden. Wenn nach deutscher Auffassung zwischen der Anwendung des materiellen Rechts und der prozessualen Anordnung eines Schiedsgerichts unterschieden werden muss, kann dies in einem Fall mit Auslandsberührung innerhalb eines fremden Rechtskreises ganz anders gesehen werden. Bei ausländischen Erblassern ist Vorsicht geboten, da ausländische Rechtsordnungen mitunter einseitige Schiedsgerichte nicht akzeptieren. Bei Auslandsberührung muss vorher zwingend geprüft werden, ob die Anordnung eines deutschen Schiedsgerichts einen Erbrechtsprozess im Ausland vermeiden kann. So wäre **bei ausländischen Erblassern** das ausländische Erbstatut zu befragen. Viele ausländische Rechtsordnungen lehnen einseitige Schiedsgerichtsanordnungen als unwirksam ab.

20   Abgesehen von der Frage des Verhältnisses von ausländischem Erbstatut und deutscher (Schiedsgerichts-) lex fori ist die Bestimmung der Rechtsnatur der testamentarischen Schiedsgerichtsanordnung noch aus anderen Gründen bedeutsam. Das gilt etwa für die Frage, ob Erben mit einer **Auflage** beschwert wären und nach § 2306 BGB die Erbschaft ausschlagen dürfen oder ob der Erblasser im Erbvertrag die Schiedsgerichtsanordnung **bindend** treffen kann, was gem. § 2278 Abs. 2 BGB nur bei Erbeinsetzungen, Vermächtnissen und Auflagen der Fall ist.

Teilweise wird in einer Schiedsklausel eine **Auflage** gesehen,[28] wobei das für manche wohl nur gelten soll, wenn die ausschließliche Zuständigkeit des Schiedsgerichts angeordnet

---

[20] *Stadler* NJW 1998, 2479, 2482.
[21] MünchKommBGB/*Leipold*, 4. Aufl. 2004, Band 9, § 1937 Rdnr. 29 Fn. 17 m.w.N.
[22] *Schwab/Walter* Kap. 32 Rdnr. 25; *Schiffer* S. 164 Rdnr. 633.
[23] Musielak/*Voit* § 1066 Rdnr. 1; vgl. Tanck/Krug/Daragan/*Krug*, Testamente in der anwaltlichen und notariellen Praxis, § 19 Rdnr. 24.
[24] Vgl. Zöller/*Geimer* § 1066 Rdnr. 19; *Geimer*, Nichtvertragliche Schiedsgerichte, FS Schlosser, S. 202 ff.; Tanck/Krug/Daragan/*Krug* § 19 Rdnr. 24.
[25] Vgl. *Geimer*, FS Schlosser, S. 202 f. und 207; Zöller/*Geimer* § 1066 Rdnr. 18.
[26] *Geimer*, FS Schlosser, S. 303 f.; vgl. zur Qualifizierung des § 1066 ZPO als prozessuale Ermächtigungsnorm auch *Pawlytta* ZEV 2003, 89, 92.
[27] Vgl. Zöller/*Geimer* § 1066 Rdnr. 19; *Geimer*, FS Schlosser, S. 202 ff.; Tanck/Krug/Daragan/*Krug* § 19 Rdnr. 24.
[28] *Langenfeld* Testamentsgestaltung, 3. Aufl. 2002, 3. Kap. § 9 Rdnr. 302; *Mayer* ZEV 2000, 263, 267; *Kohler* DNotZ 1962, 125, 126 f.; *Nieder* Testamentsgestaltung Rdnr. 1019; vgl. auch Stein/Jonas/*Schlosser*, Kommentar zur ZPO, Bd. 9, 22 Aufl. 2002 Rdnr. 3.

ist.²⁹ Danach wäre der Erbe im Sinne von § 2306 BGB beschwert und der Erblasser könnte innerhalb eines Erbvertrags eine Schiedsgerichtsanordnung vertragsmäßig und damit bindend treffen. Entsprechendes gilt für das gemeinschaftliche Testament im Falle wechselbezüglicher Verfügungen. Manche wollen § 2306 BGB analog anwenden, weil dem Pflichtteilsberechtigten durch die Schiedsklausel der staatliche Rechtsschutz entzogen werde, was eine Beschwerung sei.³⁰

Die **Gegenmeinung** verneint eine Auflage.³¹ Manche argumentieren, dass die Auflage eine schuldrechtliche Leistungsverpflichtung begründe.³² Durch eine Schiedsgerichtsvereinbarung werde aber keine Leistungspflicht statuiert, sondern die Kompetenz des Schiedsgerichts für den Streitfall festgelegt.³³ Ferner könne dann, wenn die Schiedsgerichtsbarkeit und die staatliche Gerichtsbarkeit gleichwertig seien, die Anordnung eines Schiedsgerichts nicht als Belastung des Betroffenen bezeichnet werden, zumal jeder Schiedsspruch durch ein staatliches Gericht überprüft werden könne und auch eine Vollstreckung erst nach Einschaltung eines staatlichen Gerichts möglich sei.³⁴ Stattdessen wird die Einsetzung eines Schiedsgerichts als Anordnung eigener Art verstanden³⁵ oder als selbständige prozessuale Verfügung qualifiziert,³⁶ die man mit einer Verwaltungsanordnung nach § 1638 BGB vergleichen könne.³⁷

Die Auffassung der Einordnung einer letztwilligen Schiedsgerichtsanordnung als materiell-rechtliche Auflage ist abzulehnen. § 1066 ZPO ist eine **prozessuale Ermächtigungsnorm**, die dem Erblasser die Wahl überlässt, ob seine Erben oder Vermächtnisnehmer vor einem staatlichen oder einem privaten Gericht ihre Rechte verfolgen sollen. Die private Schiedsgerichtsbarkeit ist keine Gerichtsbarkeit zweiter Klasse, sondern gesetzgeberisch normiert, verfassungsgemäß und damit eine gleichwertige Alternative zur staatlichen Gerichtsbarkeit. Die Schiedsgerichtsanordnung in einem Testament ist **zugleich eine letztwillige Verfügung**, was aber mangels Erwähnung nicht aus §§ 1937 bis 1941 BGB folgt,³⁸ sondern sich unmittelbar aus der Ermächtigungsnorm des § 1066 ZPO ergibt. Diese vom Gesetzgeber geschaffene Zwitterstellung (letztwillige Verfügung mit prozessualer Wirkung) ist eine Besonderheit³⁹ und erklärt wohl die Neigung, die einseitige Schiedsgerichtsanordnung in ein herkömmliches Schema pressen zu wollen. Deshalb betrachten einige § 1066 ZPO lediglich als eine Verweisungsnorm auf materielles Recht, was weder mit dem Sinn und Zweck und der Stellung der Vorschrift sowie der Bedeutung der Schiedsgerichtsbarkeit im Einklang steht.

Lehnt man wie hier mit der überwiegenden Meinung die Auffassung einer materiell-rechtlichen Auflage ab, ist die einseitige **Schiedsgerichtsanordnung** des Erblassers **im Erbvertrag nicht bindend**. Ferner ist die Schiedsgerichtsanordnung, die weder Vermächtnis noch Auflage ist, **keine Beschränkung** oder **Beschwerung i. S. d. § 2306 BGB**, so dass die Schiedsgerichtsanordnung auch dann gilt, wenn der angeordnete Erbteil die Hälfte des gesetzlichen Erbteils nicht übersteigt. Der pflichtteilsberechtigte Erbe kann die Erbschaft auch nicht ausschlagen und den Pflichtteil verlangen. Wer auf die Schiedsgerichtsanordnung die Folgen der letztwilligen Auflage analog anwenden möchte,⁴⁰ übersieht das Fehlen einer unfreiwilligen

---

²⁹ So *Kohler* DNotZ 1962, 125, 126 f. und *Nieder* Rdnr. 1019.
³⁰ Musielak/*Voit* § 1066 Rdnr. 3.
³¹ RGZ Urt. v. 27.9.1920 – RGZ 100, 76, 77; Staudinger/*Otte* (2000) Vorb. § 1937 Rdnr. 7; Münch-KommBGB/*Leipold*, 4. Aufl. 2004, Band 9 § 1937 Rdnr. 31; *Walter* MittRhNotK 1984, 69, 76 f.; Groll/*Hieke* Praxis-Handbuch B XIV 2. Rdnr. 35 f.; *Wegmann* ZEV 2003, 20, 21; Tanck/Krug/Daragan/*Krug* § 19 Rdnr. 11; Schwab/*Walter* Kap. 32 Rdnr. 25; *Schiffer* S. 164 Rdnr. 633; Frieser/Sarres/Stückemann/Tschichoflos/*Krause*, Handbuch Fachanwalt, J S. 296 Rdnr. 534; wohl auch *Schulze* MDR 2000, 314, 315 Fn. 17 und Soergel/*Stein*, 13. Aufl. 2002, § 1937 Rdnr. 9.
³² Schwab/*Walter* Kap. 32 Rdnr. 25; MünchKommBGB/*Leipold* § 1937 Rdnr. 31; *Schiffer* S. 164 Rdnr. 633.
³³ MünchKommBGB/*Leipold* § 1937 Rdnr. 31; *Schiffer* S. 164 Rdnr. 633.
³⁴ Krug/Rudolf/Kroiß/*Krug* Erbrecht § 32 Rdnr. 14.
³⁵ Groll/*Hieke* B XIV 2. Rdnr. 35 f., Tanck/Krug/Daragan/*Krug* § 19 Rdnr. 11; vgl. *Walter* MittRhNotK 1984, 69, 77.
³⁶ *Geimer*, FS Schlosser, S. 204 und 207; vgl. Zöller/*Geimer* § 1066 Rdnr. 18.
³⁷ Tanck/Krug/Daragan/*Krug* § 19 Rdnr. 11.
³⁸ Vgl. i.E. auch RGZ Urt. v. 27.9.1920 – RGZ 100, 76, 77.
³⁹ Ein Grund könnte darin liegen, dass die Historie des § 1066 ZPO älter als das BGB ist und in die 60iger Jahre des 19. Jhd. zurückreicht, vgl. *Pawlytta* ZEV 2003, 89, 91.
⁴⁰ Musielak/*Voit* § 1066 Rdnr. 3.

Lücke. Da vor allem das Schiedsgericht das staatliche Gericht wertgleich ersetzt,[41] fehlt es schon im Grundsatz an einer Beschränkung oder Beschwerung i. S. d. § 2306 BGB.[42]

23 Die Rechtsprechung hat diesen Streit bisher wohl noch nicht endgültig entschieden. Das Reichsgericht hat zwar dargelegt, dass die Rechtfertigung der einseitigen Schiedsgerichtsanordnung aus der ZPO erfolge und der Rückgriff auf die Auflage nach § 1940 BGB überflüssig sei.[43] Ob die Rechtsprechung jedoch heute § 1066 ZPO als alleinige Ermächtigungsnorm mit den hier skizzierten Rechtsfolgen einer Ablehnung der Auflagenqualifikation sowie einer Ablehnung der analogen Anwendung qualifizieren würde (z. B. keine Beschwerung nach § 2306 BGB), kann nicht als sicher gelten. Deswegen ist der Praktiker gehalten, den Mandanten über die offenen Rechtsfragen in Kenntnis zu setzen. Gegebenenfalls sind in der letztwilligen Verfügung „Strafklauseln"[44] aufzunehmen, wonach z. B. die Begünstigung an die Beachtung der Schiedsgerichtsklausel geknüpft wird.

IV. Formerfordernisse

24 In **Testamenten** bedarf die Schiedsgerichtsanordnung der Form der letztwilligen Verfügung.[45] Es kommt also auch § 2247 BGB zur Anwendung.[46]

Wenn der Erblasser außerhalb der Testamentsurkunde auf seine letztwillige Verfügung Bezug nehmend (vgl. §§ 1066, 1029 Abs. 2 1. Alt. ZPO) eine Schiedsgerichtsanordnung trifft, muss er ebenso die Formvorschriften für letztwillige Verfügungen beachten.[47]

25 Bei **Erbvertragsklauseln** muss unterschieden werden. Bezüglich der Vertragspartner kommt § 1031 ZPO zur Anwendung. Es handelt sich um den Normalfall einer vertraglichen Schiedsgerichtsanordnung.[48]

Für aus dem Erbvertrag resultierende Streitigkeiten zwischen der überlebenden Vertragspartei und Dritten sowie Dritten untereinander müssen die Formvorschriften letztwilliger Verfügungen eingehalten werden.

Die Nichtigkeit des Erbvertrags wegen eines Formverstoßes ist unschädlich, soweit eine Umdeutung in eine einseitige letztwillige Verfügung in Betracht kommt und die diesbezüglichen Formvorschriften erfüllt sind.[49]

Wird die Schiedsvereinbarung außerhalb des Erbvertrages getroffen, so handelt es sich gleichfalls um eine vertragliche Schiedsgerichtsanordnung, die der Form des § 1031 ZPO bedarf.

V. Inhaltliche Reichweite und erfasster Personenkreis

1. Testament

26 Die **Reichweite der Schiedsgerichtsanordnung** ist wie ihre rechtliche Qualifikation sehr umstritten. Hier liegt der Wermutstropfen für den Rechtsanwalt schlechthin, denn bei allen Vorzügen des Schiedsgerichts muss er den Testierenden aufklären, dass für einige Rechtsbereiche unsicher ist, ob sie von einer Schiedsklausel erfasst werden. Der Streit ist bedeutsam, weil entschieden werden muss, ob z. B. auch Pflichtteilsberechtigte unter die einseitige Schiedsgerichtsanordnung fallen. Das Meinungsspektrum bewegt sich zwischen der Auffassung, dass nur das vom Schiedsgericht entschieden werden darf, worüber der Erblasser unmittelbar disponieren kann, und der Ansicht, dass die einseitige Schiedsgerichtsklausel als prozessuale Ermächtigungsnorm keine oder nur wenige Einschränkungen enthalte und wie ein staatliches Gericht sämtliche Streitfragen zu entscheiden habe.

---

[41] Zum gleichwertigen Rechtsschutz s. Bundestagsdrucksache 13/5274 S. 34.
[42] Vgl. auch Tanck/Krug/Daragan/*Krug* § 19 Rdnr. 12.
[43] RGZ Urt. v. 27.9.1920 – RGZ 100, 76, 77.
[44] Vgl. § 24 und Palandt/*Edenhofer* § 2075 Rdnr. 6
[45] Tanck//Krug/Daragan/*Krug* § 19 Rdnr. 30; *Nieder* Rdnr. 1019.
[46] Allg. zur Form s. § 5.
[47] Vgl. *Schiffer* BB Beilage 27.4.1995 S. 1, 3.
[48] *Walter* MittRhNotK 1984, 69, 77; *Schulze* MDR 2000, 314.
[49] Allg. zur Umdeutung s. §§ 5, 6, 7 od. 11.

Für einige richtet sich also die Reichweite der einseitigen Schiedsgerichtsanordnung ausschließlich nach dem Umfang der Verfügungsmacht des Erblassers.[50] Zum **erfassten Personenkreis** gehören damit die Erben, Vermächtnisnehmer, diejenigen im Falle einer Auflage, denen gemäß § 2194 BGB der Wegfall des mit der Auflage zunächst Beschwerten unmittelbar zustatten kommt sowie die Testamentsvollstrecker. **Sachlich erfasst** eine Schiedsgerichtsanordnung nach dieser Auffassung all das, was der Erblasser **inhaltlich durch Testament gestalten kann**,[51] insbesondere die Entscheidung über:
- die Gültigkeit, Anfechtung und Auslegung von Testamenten[52]
- den Eintritt einer Bedingung oder der Auflagenerfüllung
- die Bezeichnung des Erben[53] und
- das „Ob" einer wirksamen Erbeinsetzung[54]

Von der Schiedsklausel soll jedoch nach dieser Auffassung das nicht erfasst werden, was außerhalb der letztwilligen Verfügungsmacht des Erblassers liege.[55] Deshalb könnten
- Pflichtteilsansprüche[56]
- Forderungen von Nachlassgläubigern,[57] soweit sie nicht auf Verfügungen von Todes wegen beruhen (vgl. § 1967 Abs. 2 BGB) und
- Streitigkeiten über die Zugehörigkeit von Vermögensgegenständen zum Nachlass[58]

nicht einseitig der privaten Schiedsgerichtsbarkeit unterstellt werden.

Nach anderer Auffassung ist der materiell-rechtliche Ansatz über § 2065 BGB zur Bestimmung der Reichweite verkürzt und beachtet nicht hinreichend die **selbständige Bedeutung des § 1066 ZPO**, der mehr als nur eine Verweisungsnorm ist.[59] Die Zulässigkeit der einseitigen Anordnung eines Schiedsgerichts wird also von der Verfügungsfreiheit des Erblassers abgekoppelt und die sachliche und personelle Reichweite unabhängig (er) bestimmt. Hat der Erblasser formgültig ein Schiedsgericht eingesetzt, so sei es im Zweifel zuständig, über die Wirksamkeit bzw. Unwirksamkeit der sonstigen Verfügungen des Erblassers zu entscheiden.[60] Deshalb seien auch Pflichtteilsansprüche von der Schiedsgerichtsanordnung erfasst, denn die staatliche sowie die private Schiedsgerichtsbarkeit seien gleichwertig.[61] Man müsse die Frage der Gerichtspflichtigkeit von der Frage der fehlenden Verfügungsfreiheit des Erblassers strikt trennen.[62] Manche weisen daraufhin, dass die Versagung der Entscheidungskompetenz für Pflichtteilsansprüche erhebliche Abgrenzungsprobleme schafft, da ein der Schiedsklausel unterfallender Erbe Pflichtteilsergänzungsansprüche geltend machen könnte und im Übrigen der Erblasser die Entziehung des Pflichtteiles sowie die Pflichtteilsbeschränkung – der materiell-rechtlichen Auffassung folgend – anordnen könnte, die damit als schiedsfähig gelten müssten.[63]

---

[50] Staudinger/*Otte* Vorb. § 1937 Rdnr. 8; MünchKommBGB/*Leipold* § 1937 Rdnr. 32; *Schiffer* S. 170 Rdnr. 660; *Kohler* DNotZ 1962, 125, 126 f.; wohl auch *Schulze* MDR 2000, 314, 315 Fn. 17.
[51] MünchKommBGB/*Leipold* § 1937 Rdnr. 33; *Schiffer* S. 171 Rdnr. 662; Vgl. *Lange-Kuchinke* § 32 II 4 b) S. 738.
[52] Palandt/*Edenhofer* § 2065 Rdnr. 14; *Nieder* Rdnr. 283.
[53] Vgl. Stein/Jonas/*Schlosser* § 1066 Rdnr. 3; *Schiffer* S. 172 Rdnr. 670.
[54] *Kipp/Coing* S. 424.
[55] MünchKommBGB/*Leipold* § 1937 Rdnr. 34.
[56] BayObLG Beschl. v. 1.6.1956 – BayObLGZ 1956, 186, 189; MünchKommBGB/*Leipold* § 1937 Rdnr. 34; *Schiffer* S. 171 Rdnr. 663; Musielak/*Voit* § 1066 Rdnr. 3; *Schulze* MDR 2000, 314, 316; Bamberger/Roth/ Müller-Christmann § 1937 Rdnr. 3 Fn. 11; *Otte*, Zulässigkeit Schiedsgerichte, 241, 251; vgl. *Mayer* ZEV 2000, 263, 267 f.
[57] *Schulze* MDR 2000, 314, 316.
[58] MünchKommBGB/*Leipold* § 1937 Rdnr. 34; *Schiffer* S. 171 Rdnr. 663.
[59] Vgl. *Geimer*, FS Schlosser, S. 202 ff.; *Schmitz* RNotZ 2003, 591, 611.
[60] *Geimer*, FS Schlosser, S. 204; vgl. Zöller/*Geimer* § 1066 Rdnr. 17 f.
[61] *Geimer*, FS Schlosser, S. 205; *Schmitz* RNotZ 2003, 591, 611; Krug/Rudolf/Kroiß/*Krug* § 23 Rdnr. 17; Tanck/Krug/Daragan/*Krug*, Testamente in der anwaltlichen und notariellen Praxis, § 19 Rdnr. 15.; *Pawlytta* ZEV 2003, 89, 91 ff.; in der Tendenz wohl auch *Wegmann* ZEV 2003, 20, 21; zum gleichwertigen Rechtsschutz Bundestagsdrucksache 13/5274 S. 34.
[62] *Geimer*, FS Schlosser, S. 206; vgl. Zöller/*Geimer* § 1066 Rdnr. 18; *Schmitz* RNotZ 2003, 591, 611; *Pawlytta* ZEV 2003, 89, 91 ff.; vgl. wohl auch *Wegmann* ZEV 2003, 20, 21.
[63] Groll/*Hieke* B XIV 4. Rdnr. 53, der zwar die von ihm als h.M. bezeichnete materiell-rechtliche Auffassung als zu eng bezeichnet und die Gründe für die Schiedsfähigkeit von Pflichtteilsansprüchen wohl als schlüssig ansieht, aber am Ende rät, Entscheidungen über Pflichtteilsansprüche auszuklammern; s. zu den praktischen Argumenten *Pawlytta* ZEV 2003, 89, 91 f.

Letztere Meinungen überzeugen, wonach das **gesamte Pflichtteilsrecht einseitig** der **Schiedsgerichtsbarkeit unterstellt werden kann**. Denn § 1066 ZPO ermächtigt den Erblasser, in einer letztwilligen Verfügung einseitig ein Schiedsgericht anzuordnen. Damit können erbrechtliche Streitigkeiten prozessual vor einem privaten Schiedsgericht anstelle eines staatlichen Gerichts ausgetragen werden. Die Vorschrift enthält gerade keine Einschränkung, dass die Schiedsgerichtsbarkeit nur für bestimmte Fragen zuständig sein soll. Eine Einschränkung hatte der Gesetzgeber weder angeordnet noch bezweckt. Vielmehr ist auch hier wieder zu berücksichtigen, dass die **private, einseitige Schiedsgerichtsbarkeit keine Gerichtsbarkeit zweiter Klasse** ist, sondern eine **gleichwertige und verfassungsgemäße Alternative**[64] darstellt. Deshalb kann es nicht zu einer Benachteiligung der Pflichtteilsberechtigten kommen, nur weil ein Schiedsverfahren angeordnet ist. Wenn Erben untereinander über die Höhe ihrer Erbberechtigung streiten, ist für sie die Schiedsgerichtsbarkeit aus dogmatischer Sicht weder vorteilhafter noch nachteiliger als für Pflichtteilsberechtigte. Solange die Schiedsgerichtsbarkeit gem. § 1066 ZPO einseitig angeordnet werden kann, gibt es keinen Grund, das Pflichtteilsrecht auszunehmen. Die Tatsache, dass Pflichtteilsrechte gesetzlich geregelt sind, bedeutet nur eine Rechtsinhaberschaft, die aus dem Gesetz folgt und vom Erblasser durch letztwillige Verfügung ausgelöst wird. Pflichtteilsrechte sind aber keine schlechteren oder besseren Rechte als Erbrechte, sondern Mindestrechte. Der Erblasser könnte es bei der gesetzlichen Erbfolge belassen und lediglich ein Schiedsgericht einsetzen.[65] Auch dann würde der Streit über gesetzliche Ansprüche geführt und dieser Streit nach der materiell-rechtlichen Auffassung als schiedsfähig gelten. Die Vertreter der materiell-rechtlichen Auffassung verwechseln die Frage der Gerichtspflichtigkeit als eigene Anordnungsbefugnis des Erblassers[66] mit der Frage, inwieweit der Erblasser inhaltlich auf Erb- und Pflichtteilsrechte einwirken kann. Die materiell-rechtliche Auffassung kann vor allem den Widerspruch nicht auflösen, dass dann, wenn das Schiedsgericht nur für Rechte zuständig sein soll, über die der Erblasser unmittelbar verfügen kann, einige Fragen des Pflichtteilsrechts ohnehin der Schiedsgerichtsbarkeit unterliegen: so die Ertragswertanordnung gem. § 2312 BGB, die Verteilung der Pflichtteilslast gem. § 2324 BGB, die Entziehung des Pflichtteils gem. §§ 2333 bis 2335 BGB, die Pflichtteilsbeschränkung nach § 2338 BGB.[67] Die Auffassung derer, die Pflichtteilsansprüche nicht als einseitig schiedsfähig ansehen, würde zu einer fragwürdigen Aufspaltung führen und zeigt, dass der Ansatz der Anknüpfung an die Testierfreiheit[68] des Erblassers zu eng ist. Aus diesen Gründen kann die materiell-rechtliche Auffassung nicht überzeugen. Vielmehr ist das gesamte Pflichtteilsrecht einseitig schiedsfähig. In diesem Zusammenhang wird häufig auch ausgeführt, dass das Schiedsgericht über dasjenige nicht entscheiden dürfe, was gem. § 2065 BGB auch Dritten untersagt ist.[69] Der Erblasser dürfe auch dem Schiedsgericht nicht die Entscheidung zuweisen, ob die Verfügung gelten soll und wer welchen Vermögensgegenstand erhält.[70] Diese Feststellung ist zwar richtig, doch erscheint sie als selbstverständlich, denn auch das staatliche Gericht wäre nicht befugt, solche Entscheidungen zu treffen.[71] Als Grenze der einseitigen Schiedsgerichtsbarkeit ist der Verweis auf materiell-rechtliche Befugnisgrenzen des Erblassers unergiebig.

28   Dagegen können **Ansprüche von Nachlassgläubigern**, deren Forderungen entweder bereits gegenüber dem Erblasser bestanden oder gegenüber den Erben entstehen, **ohne dass sie auf einer Verfügung von Todes wegen beruhen**, nicht der Schiedsgerichtsbarkeit unterworfen werden.[72] Hierbei handelt es sich um Klagen von Dritten oder um Klagen gegen Dritte.[73]

---

[64] *Pawlytta* ZEV 2003, 89, 93 f.; *Geimer*, FS Schlosser, S. 200 ff., 205; vgl. *Schmitz* RNotZ 2003, 591, 611.
[65] *Otte* S. 247.
[66] Vgl. *Geimer*, FS Schlosser, S. 206; vgl. Zöller/*Geimer* § 1066 Rdnr. 18.
[67] *Pawlytta* ZEV 2003, 89, 91 f.
[68] Vgl. z.B. *Otte* S. 251.
[69] Zu § 2065 BGB s. § 7.
[70] Z.B. *Schiffer* S. 172 Rdnr. 667 f.
[71] Vgl. nur Soergel/*Stein* § 1937 Rdnr. 9; MünchKommBGB/*Leipold* § 2065 Rdnr. 9; *Geimer*, FS Schlosser, S. 205.
[72] Vgl. MünchKommBGB/*Leipold* § 1937 Rdnr. 34.
[73] Vgl. *Otte* S. 249.

Ferner soll das Schiedsgericht nicht für die Frage zuständig sein, ob Gegenstände zum Nachlass gehören.[74] Das scheint zumindest dann nicht einleuchtend, wenn z. B. ein Erblasser seine Ehefrau und seine Kinder als Erben eingesetzt hat und zu klären ist, ob der Erblasser vor seinem Tod seiner Ehefrau einen Vermögensgegenstand geschenkt hat oder ob sich dieser noch im Nachlass befindet. Es erscheint wenig sinnvoll, zur Klärung dieser Vorfrage das Schiedsverfahren zu unterbrechen und ein staatliches Gericht anzurufen.

Im Übrigen kann das Schiedsgericht zwar nicht entscheiden, ob die letztwillige Verfügung überhaupt gelten soll oder den Zeitpunkt der Nacherbfolge festlegen.[75] Es kann aber diesen Zeitpunkt feststellen sowie entscheiden, ob es sich um ein gültiges, d. h. mit Testierwillen des Erblassers errichtetes Testament handelt. Auch hier gilt wieder, dass das Schiedsgericht nicht weniger Befugnisse als ein staatliches Gericht hat. Schließlich müsste auch ein staatliches Gericht im Zweifelsfall prüfen, ob der Erblasser mit Testierwillen handelte. Das Schiedsgericht hat bei der **Auslegung** des Testamentes die üblichen Auslegungskriterien zu beachten. Kommt das Schiedsgericht zur Entscheidung, dass das Testament oder die Schiedsgerichtsanordnung ungültig ist, so darf es hierüber nicht mehr entscheiden. Es hat seine Tätigkeit einzustellen, sofern die streitenden Parteien das Schiedsgericht nicht vertraglich vereinbaren und zur Entscheidung ermächtigen.[76] Dabei ist § 1040 ZPO zu beachten, so dass ein Betroffener, wenn sich das Schiedsgericht für zuständig erklärt, über den Zwischenentscheid eine Entscheidung eines staatlichen Gerichts beantragen kann.

Sofern manche das Schiedsgericht als befugt ansehen, über die **Anfechtung** des Testamentes und damit über die Nichtigerklärung der Schiedsgerichtsanordnung zu entscheiden,[77] ist zu differenzieren. Die Anfechtungserklärung erfolgt gegenüber dem **Nachlassgericht**, vgl. §§ 2081, 2281 Abs. 2 BGB. Dies ist keine Aufgabe des ordentlichen Gerichts und damit auch nicht des erbrechtlichen Schiedsgerichts. Das Nachlassgericht prüft allerdings nicht, ob die Anfechtung begründet ist.[78] Erfolgt diese Prüfung in einem Erbscheinsverfahren, ist das Nachlassgericht ausschließlich zuständig, nicht das erbrechtliche Schiedsgericht. Wenn aber der Folgestreit in die Zuständigkeit des Prozessgerichts fallen würde, ist dieser im Falle einer Schiedsklausel vor dem Schiedsgericht zu führen. Kommt das Schiedsgericht zum Ergebnis, dass das Testament mit der Schiedsklausel nichtig ist, sollten die Parteien erwägen, das Schiedsgericht zur Entscheidung zu ermächtigen. Dann wird die letztwillig angeordnete Schiedsgerichtsanordnung durch eine Adhoc Schiedsgerichtsvereinbarung ersetzt.

Umstritten ist auch, ob das Schiedsgericht über die **Entlassung eines Testamentsvollstreckers** entscheiden darf. Dies wird abgelehnt mit dem Hinweis auf den Schutzzweck des § 2227 BGB.[79] § 2227 sei unabdingbar[80] und ein Recht eines Beteiligten, über das der Erblasser nicht verfügen könne.[81] Nach anderer Ansicht könne das Schiedsgericht auch über die von Erben beantragte Entlassung des Testamentsvollstreckers entscheiden.[82] Über die Entlassung des Testamentsvollstreckers entscheidet jedoch das **Nachlassgericht**, weshalb diese Zuständigkeit weder dem Prozessgericht noch dem Schiedsgericht zukommen kann. Sofern in der Zuständigkeit des Nachlassgerichts nur eine Organisationsanordnung gesehen wird,[83] ist dies verkürzend und verwirrend. Es gibt schon genug Abgrenzungsschwierigkeiten, so dass nicht auch noch innerhalb der **freiwilligen Gerichtsbarkeit** danach unterschieden werden sollte, was zwingend als Statusverfahren dem Nachlassgericht zuzuordnen ist und welche Aufgaben auch dem Schiedsgericht zugewiesen werden könnten. Allein im Sinne der Rechtssicherheit

---

[74] BayObLGZ Beschl. v. 1.6.1956 – NJW 1956, 186, 189.
[75] Vgl. BGH Urt. v. 18.11.1954 – NJW 1955, 100.
[76] *Schiffer* S. 173 Rdnr. 675.
[77] MünchKommBGB/*Leipold* § 1937 Rdnr. 33; Palandt/*Edenhofer* § 2065 Rdnr. 14; *Nieder* Rdnr. 283; *Schulze* MDR 2000, 314, 317 f.
[78] MünchKommBGB/*Leipold* § 2081 Rdnr. 11.
[79] RG Urt. v. 23.6.1931 – RGZ 133, 128, 135 f.; MünchKommBGB/*Leipold* § 1937 Rdnr. 35 m.w.N.; Musielak/*Voit* § 1066 Rdnr. 3; Baumbach/Lauterbach/Albers/Hartmann § 1066 Rdnr. 2.
[80] Vgl. *Kipp/Coing* § 78 III. Ziff. 4.
[81] MünchKommBGB/*Leipold* § 1937 Rdnr. 35.
[82] *Schiffer* S. 173 Rdnr. 677; Schwab/*Walter* Kap. 32 Rdnr. 26; Tanck/Krug/Daragan/*Krug* § 19 Rdnr. 4.; *Geimer*, FS Schlosser, S. 207; Stein/Jonas/*Schlosser* § 1066 Rdnr. 3.
[83] *Schulze* MDR 2000, 314, 318.

und Rechtsklarheit sollte wenigstens dort, wo das Gesetz eine Aussage über die Gerichtszuständigkeit trifft, diese beibehalten werden, so dass das einseitige Schiedsgericht zwar die Prozessgerichtsbarkeit ersetzen kann, nicht aber die freiwillige Gerichtsbarkeit.[84]

Solange und soweit dem erbrechtlichen Schiedsgericht nicht einhellig die Kompetenz für sämtliche Rechtsbereiche zugestanden wird, die von § 27 ZPO erfasst werden, bleibt die inhaltliche und personelle Reichweite in einigen zentralen Fragen unsicher.

2. Erbvertrag und gemeinschaftliches Testament

31 Beim **gemeinschaftlichen Testament** ist eine Schiedsklausel jeweils als **einseitige Schiedsgerichtsanordnung** eines jeden Ehegatten zu verstehen. Die Wechselbezüglichkeit der Schiedsgerichtsanordnungen und damit eine Bindungswirkung für den überlebenden Ehegatten scheidet aus, da die Schiedsgerichtsanordnung keine Auflage ist.[85] Zum Teil wird vertreten, dass eine Schiedsgerichtsanordnung, die ein Ehegatte nach dem Tod des anderen Ehegatten trifft, unwirksam sei, da sie die Schlusserben wie eine nachträglich angeordnete Testamentsvollstreckung beeinträchtigen würde.[86] Dies ist sehr fragwürdig, denn die Bindungswirkung ist im Gesetz klar geregelt, § 2270 Abs. 3 BGB. Bei einer Schiedsgerichtsanordnung handelt es sich weder um eine Erbeinsetzung, ein Vermächtnis oder um eine Auflage. Damit kann der überlebende Ehegatte auch nach dem Tode des anderen Ehegatten ein Schiedsgericht anordnen oder eine solche Klausel (für seinen Nachlass) widerrufen. Wer in der nachträglichen Anordnung eines Schiedsgerichts eine Beeinträchtigung der Schlusserben sieht, scheint das private Schiedsgericht als nachteilig zu bewerten.[87] Dies widerspricht der Gesetzeslage und der Auffassung des Gesetzgebers.

Im **Erbvertrag** ist eine Schiedsgerichtsklausel in aller Regel als vertragliche **Schiedsgerichtsvereinbarung** zu qualifizieren. Werden Dritte gemäß § 1941 Abs. 2 BGB bedacht, so unterfallen sie ebenso der Schiedsgerichtsvereinbarung. Ansonsten bestehen hinsichtlich des Personenkreises und der sachlichen Reichweite keine Besonderheiten.

VI. Das Schiedsgericht

32 Der Erblasser kann die Anzahl der Schiedsrichter festlegen. Empfehlenswert ist, das Schiedsgericht mit einem Schiedsrichter oder drei Schiedsrichtern zu besetzen. Letzteres Schiedsgericht kann dann mit einem Vorsitzenden und zwei Beisitzern versehen werden.[88]

Als Schiedsrichter sollten Personen eingesetzt werden, die in rechtlicher und wirtschaftlicher Hinsicht auf dem Gebiet des Erbrechts kompetent sind. Sie müssen **unparteiisch** sein,[89] weswegen jede Vorbefassung in der gleichen Angelegenheit ein Schiedsrichteramt ausschließt oder zumindest zur Befangenheit führt.[90]

Der Erblasser sollte versuchen, selbst eine geeignete Person zu bestimmen oder den Modus der Bestimmung festlegen. Je stärker das Schiedsgericht akzeptiert wird, desto größer ist die Vergleichsbereitschaft und damit die Chance auf eine für alle befriedigende Streitbeilegung.

33 Hat der Erblasser oder haben die Streitenden keine Vertrauensperson, die den Anforderungen entspricht oder können sich die Parteien nicht einigen, so kann der Erblasser die Bestellung der Schiedsrichter einem Dritten überlassen. Das könnten der Präsident der örtlichen Industrie- und Handelskammer oder der des zuständigen OLG sowie eine der Schiedsinstitutionen sein.[91] Auch gibt es mittlerweile eine erbrechtliche Schiedsinstitution.

---

[84] Vgl. hierzu BayObLG Beschl. v. 19.10.2000 – NJW-FER 2001, 50, 50 f.: „Die Ausübung der Schiedsgerichtsbarkeit ist nur für bürgerliche Rechtsstreitigkeiten i.S.v. § 13 GVG und für echte Parteistreitigkeiten der freiwilligen Gerichtsbarkeit gestattet."; s. auch *Otte* FamRZ 2006 309, 309; *Wegmann* ZEV 2003, 20, 20 f.

[85] Zur abweichenden Auffassung s. § 67 Rdnr. 20.

[86] Vgl. Nachw. bei Tanck/Krug/Daragan/*Krug* § 19 Rdnr. 35.

[87] So z.B. OLG Hamm Urt. v. 8.10.1990 – NJW-RR 1991, 455, 456, das in der nachtr. Einsetzung eines Schiedsgerichts durch den Erblasser eine Beeinträchtigung des Begünstigten sah, der zuvor mit dem Erblasser einen Erbvertrag geschlossen hatte; a.A. Tanck/Krug/Daragan/*Krug* § 19 Rdnr. 13.

[88] *Schiffer* S. 167 Rdnr. 643.

[89] *Raeschke/Kessler/Berger*, Recht und Praxis des Schiedsverfahrens, 3. Aufl. 1999 Rdnr. 465 ff.

[90] Hierzu Böckstiegel/*Happe* S. 90 f.

[91] *Schiffer* S. 167 Rdnr. 644.

Adresse: 34
- Deutsche Schiedsgerichtsbarkeit für Erbstreitigkeiten (DSE) e. V., Hauptstr. 18, 74918 Angelbachtal/Heidelberg, Tel. 07265/4937-44, -45 Fax. /493746; www.dse-erbrecht.de

Ferner:
- Schlichtungs- und Schiedsgerichtshof Deutscher Notare, Deutscher Notarverein, Kronenstr. 73/74, 10117 Berlin, Tel. 030/20615740; Fax. 030/20615750; www.dnotv.de;
- Deutsche Institution für Schiedsgerichtsbarkeit e. V. (DIS), Hauptgeschäftsstelle Beethovenstr. 5-13, 50674 Köln, Tel: 0221/285520 und Telefax: 0221/28552222; www.dis-arb.de

Da der Schiedsrichter nicht vorbefasst sein sollte, kann der Testamentsvollstrecker nicht als Schiedsrichter fungieren, wenn die Streitigkeiten sein Amt betreffen, z. B. bei Streitigkeiten über die Rechtswirksamkeit des Testamentes und dessen Auslegung, soweit davon auch die Bestellung des Testamentsvollstreckers abhängt, bei von ihm geführten Aktivprozessen oder gegen ihn geführten Passivprozessen sowie bei Streitigkeiten über den nach § 2204 BGB vorgelegten Auseinandersetzungsplan.[92] 35

VII. Das Schiedsverfahren[93]

Der Erblasser kann den **Ablauf** des Schiedsverfahrens gemäß §§ 1066, 1042 Abs. 3 ZPO **festlegen.** Er kann das Verfahren von den nicht zwingenden Vorschriften befreien und damit für eine Vereinfachung und Beschleunigung sorgen.[94] Zwingende Vorschriften sind u. a. die §§ 1033, 1042 Abs. 1 und 2, 1046 Abs. 1, 1047 Abs. 2 und 3, 1048 Abs. 4 S. 1 und 1049 Abs. 3 ZPO.[95] 36

Gemäß § 1032 Abs. 1 ZPO z. B. kann sich jeder des erfassten Personenkreises, sofern ein anderer Betroffener Klage vor einem ordentlichen Gericht erhebt, auf die **Einrede der Schiedsgerichtsbarkeit** berufen. Damit wird die Klage als unzulässig abgewiesen. 37

Maßnahmen des **einstweiligen Rechtsschutzes** können zwar nach § 1041 ZPO der Kompetenz des Schiedsgerichtes unterworfen werden, jedoch ist es nicht möglich, den einstweiligen Rechtsschutz sowohl nach § 1033 ZPO als auch nach § 1041 ZPO auszuschließen. Das staatliche Gericht ist also neben dem Schiedsgericht zuständig, Eilmaßnahmen zu erlassen. Da jedoch einstweilige Maßnahmen des ordentlichen Gerichts sofort vollstreckbar sind, während hingegen die einstweilige Maßnahme des Schiedsgerichts erst durch das staatliche Gericht für vollziehbar erklärt werden muss, § 1041 Abs. 2 ZPO,[96] kann bei Eilbedürftigkeit dem Mandanten kaum empfohlen werden, erst das Schiedsgericht anzurufen. Lediglich dann, wenn die Annahme wahrscheinlich ist, dass der Gegner eine Schutzschrift hinterlegt hat, könnte das Schiedsgericht eine Alternative sein. Allerdings ist sehr umstritten, ob eine einstweilige Maßnahme durch das Schiedsgericht ohne Anhörung der Gegenseite angeordnet werden darf,[97] während vor einem staatlichen Gericht die einstweilige Verfügung ohne Gewährung des rechtlichen Gehörs erlassen werden kann.

Der Erblasser sollte auch den Ort des Schiedsgerichts bestimmen oder dies für den Fall anordnen, dass die Parteien sich nicht einigen können. Ferner besteht die Möglichkeit, das Verfahren einer institutionellen Schiedsgerichtsbarkeit zu unterwerfen. Damit gelten die Regeln der von der jeweiligen Institution festgelegten Schiedsordnung. In der Regel sind dadurch Fragen wie die der Schiedsrichterbestellung und der Honorarhöhe geklärt. 38

Die grundsätzlichen Verfahrensregeln ergeben sich ansonsten aus den §§ 1042 ff. ZPO. 39

---

[92] *Firsching/Graf* Nachlassrecht Kap. 1 Rdnr. 87; Tanck/Krug/Daragau/*Krug* § 19 Rdnr. 29.
[93] Dazu *Schiffer* BB Beilage v. 27.4.1995 S. 5.
[94] *Lachmann*, Handbuch für die Schiedsgerichtsbarkeit, 2. Aufl. 2002, Rdnr. 363.
[95] Baumbach/Lauterbach/Albers/Hartmann/*Albers* § 1042 Rdnr. 7.
[96] *Schütze*, Ausgewählte Probleme des deutschen und internationalen Schiedsverfahrensrechts, 2006, S. 238 f.; Tanck/Krug/Daragau/*Krug* § 19 Rdnr. 53 f.
[97] Streitdarstellung bei *Lachmann* Kap. 15 C III 3. Rdnr. 1437 ff.

Die Klage beim Schiedsgericht äußert dieselben **materiellen Wirkungen** wie beim staatlichen Gericht. Dazu gehören etwa die Hemmung der Verjährung gemäß § 204 Abs. 1 Nr. 11 BGB[98] oder die Entstehung des Anspruchs auf Prozesszinsen.[99]

VIII. Schiedsspruch und Schiedsvergleich

40   Das Schiedsgericht entscheidet durch Schiedsspruch gemäß § 1054 ZPO oder Schiedsvergleich nach § 1053 ZPO. Damit endet das Schiedsverfahren, § 1056 ZPO.

1. Schiedsspruch

41   Der Schiedsspruch hat gemäß § 1055 ZPO die **Wirkung eines rechtskräftigen** gerichtlichen **Urteils**. Er kann auf Klageabweisung oder innerhalb der gestellten Anträge auf Verurteilung, Feststellung oder Gestaltung lauten. Er muss gemäß § 1057 ZPO eine Kostenentscheidung enthalten, sofern nichts anderes angeordnet oder vereinbart wurde.

Der Schiedsspruch muss **schriftlich** ergehen, von den Schiedsrichtern unterzeichnet und datiert werden, ohne abweichende Anordnung auch begründet und jeder Partei übersandt werden, § 1054 ZPO. Die Erfüllung dieser Förmlichkeiten ist Voraussetzung für die Rechtskraftwirkung nach § 1055 ZPO und die Vollstreckbarerklärung gemäß § 1060 ZPO.[100]

Der **Antrag auf Vollstreckbarerklärung** gemäß § 1062 Abs. 2 ZPO ist bei dem nach § 1062 Abs. 1 Nr. 4 ZPO zuständigen Gericht zu stellen. Es entscheidet durch Beschluss. Die Rechtslage ist die gleiche wie in § 722 ZPO.

42   Der Schiedsspruch kann nur gemäß § 1059 Abs. 2 ZPO aufgehoben werden, womit im Zweifel die Schiedsgerichtsanordnung wieder auflebt, § 1059 Abs. 5 ZPO. **Rechtsmittel** gibt es also keine. Nach Erteilung der Vollstreckbarkeitserklärung kann der Antrag auf Aufhebung des Schiedsspruchs nicht mehr gestellt werden, § 1059 Abs. 3 S. 4 ZPO.

2. Schiedsvergleich

43   Das Schiedsverfahren endet auch, wenn sich die Parteien vergleichen, § 1053 Abs. 1 S. 1 ZPO. Entweder hält das Schiedsgericht auf Antrag der Parteien gemäß § 1053 Abs. 1 S. 2 ZPO den Vergleich in **der Form eines Schiedsspruchs** mit vereinbartem Wortlaut – Schiedsvergleich – fest. Nach Abs. 2 hat er dieselbe Wirkung wie jeder andere Schiedsspruch zur Sache.

44   Oder die Parteien vergleichen sich ohne einen solchen Antrag durch Anwaltsvergleich. Dieser Vergleich ist nach §§ 796 a bis c ZPO vollstreckbar.[101]

Der **Vorteil** des **Schiedsvergleichs:** Durch die Form des Schiedsspruchs kann er auch im Ausland ohne weiteres für vollstreckbar erklärt werden.[102]

45   Der Schiedsvergleich ist Prozessvertrag und zugleich materiell-rechtlicher Vertrag nach § 779 BGB. Die Vorschrift des § 794 Abs. 1 Nr. 1 ZPO gilt auch für den Schiedsvergleich. Wirken Dritte am Schiedsverfahren mit, unterwerfen sie sich dem Schiedsverfahren und können sich nicht mehr im Aufhebungsverfahren auf die fehlende Schiedsgerichtsbarkeit gemäß § 1059 Abs. 2 Nr. 1 a ZPO berufen.[103] Es könnte z. B. versucht werden, Pflichtteilsberechtigte miteinzubeziehen, die sonst nicht von einer Schiedsgerichtsanordnung erfasst werden.

46   Die Formerfordernisse entsprechen denen des Schiedsspruchs. Durch den Schiedsvergleich **erlischt** die prozesshindernde **Einrede der Schiedsgerichtsbarkeit**.

3. Steuerliche Berücksichtigung

47   Schiedsspruch und Schiedsvergleich werden **erbschaftsteuerlich anerkannt**. Für den Schiedsspruch ergibt sich dies aus der Tatsache, dass der Schiedsspruch das staatliche Urteil wertgleich ersetzt und ein staatliches Urteil in Rechtsstreitigkeiten steuerlich akzeptiert wird. Das muss also auch für den Schiedsspruch gelten. Ähnlich ist die Rechtslage für den Schiedsvergleich. Da für die Erbschaftsbesteuerung von der durch den Erbvergleich geschaffenen Rechtslage aus-

---

[98] Palandt/*Heinrichs* § 204 Rdnr. 26.
[99] Hierzu *Schwab/Walter* Kap. 16 Rdnr. 5.
[100] Zöller/*Geimer* § 1054 Rdnr. 1.
[101] *Schwab/Walter* Kap. 23 Rdnr. 1.
[102] *Schwab/Walter* Kap. 23 Rdnr. 5.
[103] *Schwab/Walter* Kap. 23 Rdnr. 8.

zugehen ist,[104] ist auch der Schiedsvergleich erbschaftsteuerlich anzuerkennen. Voraussetzung der Anerkennung des Erbvergleichs und damit auch der Anerkennung des Schiedsvergleichs ist allerdings, dass ein tatsächlich streitiges und zweifelhaftes Rechtsverhältnis vorlag.[105]

IX. Honorierung des Schiedsgerichts

1. Gebühren

Der oder die Schiedsrichter können mit den Streitbeteiligten ihre Gebühren **frei aushandeln**. Sie sind nicht an gesetzliche Vorschriften gebunden. Möglich ist also ein Pauschalhonorar, eine Stundenvergütung oder eine Mischung aus beiden. Der Erblasser kann aber auch die Schiedsgerichtsklausel mit einer Gebührenregelung versehen oder die Geltung einer institutionellen Schiedsgerichtsordnung mit der dort getroffenen Vergütungsregelung anordnen.[106]

48

Fehlt eine **besondere Vereinbarung** oder **Anordnung** einer **Vergütung** des Schiedsrichters, wobei § 4 RVG nicht gilt, so wird nach § 612 Abs. 2 BGB die übliche Vergütung geschuldet. Üblich ist aber für einen Rechtsanwalt als Schiedsrichter die Vergütung nach dem RVG.[107] Daher erhält der Schiedsrichter:
- als Grundvergütung die Verfahrensgebühr,
- für seine Tätigkeit in der Verhandlung die Terminsgebühr,
- bei Abschluss eines Vergleiches die Einigungsgebühr.[108]

In der **Praxis** sind auch **Vereinbarungen üblich**, wonach der Schiedsrichter für die Abfassung des Schiedsspruchs eine weitere Gebühr erhält. Nach einem gemeinsamen Vorschlag des DAV und des Deutschen Richterbundes[109] erhielten unter Geltung der BRAGO der Vorsitzende 15/10-Gebühren, die übrigen Schiedsrichter 13/10-Gebühren. Bischof schlägt nun vor, dass die Schiedsrichter die Gebühren eines Rechtsanwalts in der Berufungsinstanz erhalten, wobei die Terminsgebühr doppelt anfallen soll. Die Gebühren des Vorsitzenden sollen jeweils um 0,2 zu erhöhen sein.[110]

49

Der Streitwert des Schiedsgerichtsverfahrens kann nicht vom Schiedsgericht selbst festgesetzt werden. Soll sich die Vergütung nach dem Streitwert bestimmen, ist auch insoweit eine Vereinbarung der Parteien oder eine Anordnung des Erblassers erforderlich.[111]

Praxistipp:

Der Anordnung eines Schiedsgerichts wird oftmals entgegengehalten, dass die dadurch anfallenden Kosten erheblich höher sind als diejenigen eines staatlichen Gerichtsverfahrens. Der Kosteneinwand ist zwar bei geringeren Streitwerten richtig. Jedoch gilt dies zum einen nur für eine Instanz. Zum anderen sollte die höhere Kompetenz des Schiedsgerichts berücksichtigt werden. Dadurch wird eine bessere und eine weiteren Streit vermeidende Entscheidung möglich, so dass entweder die Kosten sich „rentieren" oder gar geringer ausfallen.

50

2. Steuerliche Abzugsfähigkeit[112]

Die Abzugsfähigkeit der Kosten eines Schiedsverfahrens als Nachlassverbindlichkeit vom steuerpflichtigen Erwerb ergibt sich aus **§ 10 Abs. 5 Nr. 3 ErbStG**.

51

---

[104] Vgl. *Moench* § 3 Rdnr. 50 ff.; Vgl. Troll/Gebel/Jülicher/*Gebel* § 3 Rdnr. 80 ff.
[105] Troll/Gebel/Jülicher/*Gebel* § 3 Rdnr. 83.
[106] Gerold/Schmidt/v. Eicken/Madert/Müller-Rabe/*Madert* RVG 17. Aufl. 2006 § 1 Rdnr. 193.
[107] Gerold/Schmidt/v. Eicken/Madert/Müller-Rabe/*Madert* § 1 Rdnr. 194.
[108] Gerold/Schmidt/v. Eicken/Madert/Müller-Rabe/*Madert* § 1 Rdnr. 194.
[109] Abgedr. bei *Glossner/Bredow/Bühler*, „Das Schiedsgericht in der Praxis", 3. Aufl. 1990, Anhang 12 S. 289 ff.
[110] *Bischof* SchiedsVZ 2004, 252, 253
[111] Gerold/Schmidt/v. Eicken/Madert/Müller-Rabe/*Madert* § 1 Rdnr. 194 m.w.N.
[112] Zur steuerlichen Behandlung des Honorars beim Schiedsrichter Lachmann/*Slabon*, Handbuch für die Schiedsgerichtspraxis, 2. Aufl. 2002, Kap. 22 und *Schiffer* S. 79 ff. Rdnr. 281 ff.

Abzugsfähig sind die Kosten, die unmittelbar mit der **Erlangung** des Erwerbs oder mit der Abwicklung, Regelung oder Verteilung des Nachlasses entstehen. Hierzu gehört der Fall, dass der Erbe die Feststellung seines Erbrechts und den Erhalt des ihm zustehenden Nachlassvermögens erstreitet.[113] Aufgrund der Gleichwertigkeit der staatlichen und privaten Gerichtsbarkeit muss dies auch für Erbrechtsstreitigkeiten vor einem Schiedsgericht gelten.

X. Formulierungsmöglichkeiten

52   In der Literatur gibt es folgende Vorschläge:[114]

> **Formulierungsvorschlag:**
> Streitigkeiten[115] der Erben, Vermächtnisnehmer und sonstigen Begünstigten unter sich oder mit dem Testamentsvollstrecker, welche sich bei der Durchführung der letztwilligen Anordnung ergeben, sind unter Ausschluss der ordentlichen Gerichte durch einen Schiedsrichter als Einzelrichter zu entscheiden. Tatsachen kann er auch ohne Schiedsverfahren durch ein Schiedsgutachten feststellen. Soweit keine zwingenden Gesetze entgegenstehen, entscheiden Schiedsrichter und Schiedsgutachter prozess- und materiell-rechtlich nach freiem Ermessen. Schiedsrichter und -gutachter sind die jeweiligen Testamentsvollstrecker für die Dauer ihres Amtes.[116]
> Der Schiedsrichter erhält für jeden Streitfall eine Vergütung, die derjenigen entspricht, die einem Rechtsanwalt für die Vertretung einer Partei vor den staatlichen Gerichten gemäß Rechtsanwaltsvergütungsgesetz (RVG) zusteht. Eine Gebühr entspricht einem Betrag von 1,3 des Vergütungsverzeichnisses. Damit sind sämtliche Ansprüche, ausschließlich der entstandenen und nachgewiesenen Spesen und Auslagen, abgegolten.
> Beteiligte, welche die ordentlichen Gerichte in anderen als den zwingend vorgeschriebenen Fällen anrufen oder einstweilige Verfügungen oder Arreste beantragen, haben alles, was sie noch als Erbteil oder Vermächtnis unmittelbar besitzen, vermächtnisweise an die anderen Erben im Verhältnis ihrer Erbteile herauszugeben.

> **Alternative 1:**[117]
> Ich bestimme, dass über sämtliche Streitigkeiten, die sich aus meinem Testament ergeben, ein Schiedsrichter entscheidet, soweit dies gesetzlich zulässig ist. Zum Schiedsrichter bestimme ich Herrn X. Sollte dieser das Amt nicht antreten oder niederlegen, so ist Herr Y Ersatzschiedsrichter. Sollte auch dieser das Amt nicht antreten oder niederlegen, so soll der Präsident der Notarkammer des Bezirks, in dem mein Testament hinterlegt ist, einen Schiedsrichter ernennen, der Volljurist ist und erbrechtliche Erfahrungen hat. Der Schiedsrichter hat den Streit nach Maßgabe der bestehenden Gesetze und den anerkannten Auslegungsregeln unter Berücksichtigung des Grundsatzes der Billigkeit zu entscheiden. Tatsachen kann er durch einen Schiedsgutachter feststellen lassen. Der Schiedsrichter erhält für jeden Streitfall eine Vergütung, die derjenigen entspricht, die einem Rechtsanwalt für die Vertretung einer Partei vor den staatlichen Gerichten gemäß Rechtsanwaltsvergütungsgesetz (RVG) zusteht. Eine Gebühr entspricht einem Betrag von 1,3 des Vergütungsverzeichnisses. Auslagen darf der Schiedsrichter zusätzlich abrechnen.

---

[113] Vgl. Moench/*Weimann* § 10 Rdnr. 80; Troll/Gebel/Jülicher/*Gebel* § 10 Rdnr. 214.
[114] Die Formulierungen in der Lit. enthalten noch Verweise auf die BRAGO. Die Schiedsordnung der Deutschen Schiedsgerichtsbarkeit für Erbstreitigkeiten e. V. enthält in der Gebührenanlage die Feststellung, dass eine Gebühr einem Betrag von 1,3 des Vergütungsverzeichnisses entspreche. Wir haben die Vorschläge entspr. abgewandelt und an Stelle der BRAGO Bezug auf das RVG genommen.
[115] Vorschlag nach *Nieder*, Münchener Vertragshandbuch Band 6, Bürgerliches Recht II, 5. Aufl. 2003, XVI.27 S. 1007.
[116] Verstärkung der Rechtsmacht der Testamentsvollstrecker. U. E. sollten Testamentsvollstrecker und Schiedsrichter verschiedene Personen sein, um auch eine Kontrolle des Testamentsvollstreckers zu ermöglichen und um eine Überfrachtung der Befugnisse des Testamentsvollstreckers zu vermeiden.
[117] Vorschlag nach Böckstiegel/*Happe* S. 94.

Alternative 2:[118]

Streitigkeiten der Erben, Vermächtnisnehmer und sonstigen Beteiligten unter sich oder mit dem Testamentsvollstrecker, welche sich bei der Durchführung der letztwilligen Anordnung ergeben, sind unter Ausschluss des ordentlichen Richters durch einen Schiedsrichter als Einzelrichter zu entscheiden. Tatsachen kann er auch ohne Schiedsverfahren durch ein Schiedsgutachten feststellen. Soweit keine zwingenden Gesetze entgegenstehen, entscheiden Schiedsrichter und Schiedsgutachter prozess- und materiell-rechtlich nach freiem Ermessen. Schiedsrichter und -gutachter ist der erstberufene Testamentsvollstrecker oder – falls er das Amt als Schiedsrichter oder Schiedsgutachter nicht ausüben kann oder will –, der nach Ziffer 1. nächstberufene Testamentsvollstrecker.[119]

Beteiligte, welche die ordentlichen Gerichte in anderen als den gesetzlich zwingend vorgeschriebenen Fällen anrufen oder einstweilige Verfügungen oder Arreste beantragen, haben alles, was sie noch als Vorempfang, Erbteil oder Vermächtnis unmittelbar oder als Surrogat besitzen, als Vermächtnis an die Erben im Verhältnis ihrer Erbteile herauszugeben.[120]

Alternative 3:[121]

Streitigkeiten der Erben, Vermächtnisnehmer und sonstigen Begünstigten untereinander, welche sich bei der Durchführung der letztwilligen Anordnung ergeben, sind unter Ausschluss der ordentlichen Gerichte durch einen Schiedsrichter als Einzelrichter zu entscheiden. Soweit es um die Feststellung einzelner Tatsachen geht, kann der Schiedsrichter auch ohne Schiedsverfahren als Schiedsgutachter eine Feststellung treffen. Soweit keine zwingenden Gesetze entgegenstehen, entscheidet der Schiedsrichter, und zwar auch in seiner Funktion als Schiedsgutachter, prozess- und materiell-rechtlich nach freiem Ermessen. Schiedsrichter und -gutachter ist der jeweils eingesetzte Testamentsvollstrecker für die Dauer seines Amtes. Der Schiedsrichter erhält für jeden Streitfall eine Vergütung, die derjenigen entspricht, die einem Rechtsanwalt für die Vertretung einer Partei vor den staatlichen Gerichten gemäß Rechtsanwaltsvergütungsgesetz (RVG) zusteht. Eine Gebühr entspricht einem Betrag von 1,3 des Vergütungsverzeichnisses. Damit sind sämtliche Ansprüche, ausschließlich der entstandenen und nachgewiesenen Spesen und Auslagen, abgegolten. Die Beteiligten werden im Wege der Auflage verpflichtet, die vorstehende Anordnung zu beachten.

Alternative 4:[122]

Für das gemeinschaftliche Testament:
„Wir ordnen an, dass alle Streitigkeiten, die durch unsere Erbfälle hervorgerufen werden, unter Ausschluss der ordentlichen Gerichte der Deutschen Schiedsgerichtsbarkeit für Erbstreitigkeiten e. V. unterworfen sind."

Für das Einzeltestament:
„Ich ordne an, dass alle Streitigkeiten, die durch meinen Erbfall hervorgerufen werden, unter Ausschluss der ordentlichen Gerichte der Deutschen Schiedsgerichtsbarkeit für Erbstreitigkeiten e. V. unterworfen sind."

---

[118] Vorschlag nach *Kohler* DNotZ 1962, 133 f.
[119] Bzgl. der Verstärkung der Rechtsmacht des Testamentsvollstreckers durch Berufung zum Testamentsvollstrecker vgl. Fn. 73.
[120] Strafklausel, um ein Forumshopping zwischen Schiedsgericht und staatlichem Gericht zu vermeiden.
[121] Vorschlag nach Bengel/Reimann/*Mayer* Kap. 5 Rdnr. 406.
[122] Schiedsklauseln der Deutschen Schiedsgerichtsbarkeit für Erbstreitigkeiten e. V. aus der Schiedsordnung der DSE mit Stand v. 1.7.2004; weitere Vorschläge bei *Wegmann* ZEV 2003, 20, 22 und *Schiffer* S. 177 Rdnr. 697.

§ 68 Mediation von Erbstreitigkeiten

Übersicht

	Rdnr.
I. Einführung	1–10
1. Begriff der Mediation	2
2. Angewandte Verhandlungsforschung	3/4
3. Falsches Image und nüchterne Realität	5/6
4. Abgrenzung zu Prozess, Schiedsverfahren und Schlichtung	7–9
5. Mediation als qualifizierte Dienstleistung	10
II. Eignungskriterien für die Erbmediation	11–19
1. Ausgangspunkt: Nachteile gerichtlicher Erbauseinandersetzungen	12
2. Vor- und Nachteile der Mediation	13–15
3. Grundbedingungen der Mediation	16
4. Checkliste für die Verfahrenswahl	17
5. Warum Mediation funktioniert	18/19
III. Verfahrenseinleitung: Vom Konflikt zur Mediation	20–29
1. Mediationsvereinbarung nach Ausbruch des Konflikts	21
2. Mediationsklauseln in Testamenten und Erbverträgen	22–26
a) Verbindliche Klauseln	23/24
b) Unverbindliche Klauseln	25
c) Einbezug einer Verfahrensordnung	26
3. Musterklauseln	27
4. Alternative Verfahrenseinleitung	28/29
IV. Vorbereitung der Mediation	30–34
1. Bestimmung und Beauftragung des Mediators	30–32
2. Schriftliche Vorbereitung der Verhandlung	33/34
V. Der Verfahrensablauf	35–57
1. Erste Phase: Der Verhandlungsvertrag	37–40
2. Zweite Phase: Ermittlung wechselseitiger Interessen	41–44
3. Dritte Phase: Objektive Informationserhebung	45–47
4. Vierte Phase: Verhandlung und Lösungssuche	48–53
5. Fünfte Phase: Abschluss des Vergleichsvertrags	54–57
VI. Kosten des Verfahrens	58–67
1. Gebühr der Mediationsvereinigung	59
2. Vergütung des Mediators	60/61
3. Honorar der Parteianwälte	62
4. Sonstige Kosten	63
5. Kostenerstattung	64/65
6. Kostenvorteil gegenüber dem Zivilprozess?	66/67
VII. Mediation als anwaltliche Aufgabe	68–75
1. Tätigkeit als Mediator	69/70
2. Tätigkeit als Parteianwalt	71–75
a) Hinweispflicht auf Mediation	72
b) Vorbereitende Aufgaben	73
c) Teilnahme an der Verhandlung	74/75
VIII. Ausblick: Erbmediation – ein Verfahren mit Zukunft	76

Schrifttum: *Breidenbach*, Mediation, 1995; *Brieske,* Haftungs- und Honorarfragen in der Mediation, in: Henssler/Koch (Hrsg.), Mediation in der Anwaltspraxis, 2000, S. 271 ff.; *Duve/Eidenmüller/Hacke*, Mediation in der Wirtschaft, 2003; *Duve,* Mediation und Vergleich im Prozess, 1999, *ders.,* Ausbildung zum Mediator, in: Henssler/Koch (Hrsg.), Mediation in der Anwaltspraxis, 2000, S. 153 ff.; *ders./Ponschab,* Wann empfehlen sich Mediation, Schlichtung oder Schiedsverfahren in wirtschaftsrechtlichen Streitigkeiten, Konsens/ZKM 1999, 263; *Eidenmüller,* Vertrags- und Verfahrensrecht der Wirtschaftsmediation, 2001; *ders.,* Prozessrisikoanalyse, ZZP 2000, 5; *Fisher/Ury/Patton,* Das Harvard-Konzept, 18. Aufl. 1999; *Hacke,* Rechtsanwälte als Parteivertreter in der Wirtschaftsmediation, SchiedsVZ 2004, 80; *Haft,* Verhandeln und Mediation, 2000; *Henssler,* Anwaltliches Berufsrecht und Mediation, in: Breidenbach/Henssler (Hrsg.), Mediation für Juristen, 1997, S. 75 ff.; *Koch,* Vertragsgestaltungen in der Mediation, in: Henssler/Koch (Hrsg.), Mediation für die Anwaltspraxis, 2000,

S. 245 ff.; *Risse*, Wirtschaftsmediation, 2003; *ders.*, Wirtschaftsmediation, NJW 2000, 1614; *ders.*, Beilegung von Erbstreitigkeiten durch Mediationsverfahren, ZEV 1999, 205; *ders.*, Die Rolle des Rechts in der Wirtschaftsmediation, BB 1999 (Beilage 9), 1; *ders.*, Kommentierter Mustervertrag „Wirtschaftsmediation, in: Berliner Vertrags-Office (soft-use), 1999; *ders.*, Wirtschaftsmediation in nationalen und internationalen Handelsstreitigkeiten, WM 1999, 1864; *ders.*, Klassisches Verhandeln und Wirtschaftsmediation, in: Konsens/ZKM 1999, 131; *ders.*, Neue Wege der Konfliktbewältigung: Last-Offer-Schiedsverfahren, High/Low-Arbitration and Michigan-Mediation, BB 2001 (Beil. 2), 16; *Schmidt*, Wirtschaftsmediation – die nicht gesehene Chance, BB 1998 (Beilage 10), 6; *Wegmann*, Mediation zur Lösung von betrieblichen Nachfolgeproblemen, in: v. Schlieffen/Wegmann (Hrsg.), Mediation in der notariellen Praxis, 2002; *Zöller*, ZPO-Kommentar, 25. Aufl. 2005.

I. Einführung

Mit der Anzahl komplexer Erbfälle nehmen auch die Erbstreitigkeiten zu. Im Gegensatz zur fantasievoll betriebenen Nachlassplanung verweisen die beratenden Anwälte ihre Mandanten dann meist stereotyp auf die Beschreitung des Rechtswegs. Zwar scheint allgemein Einigkeit zu bestehen, dass ein Gerichtsverfahren den Bestand des Nachlasses gefährdet, den Familienfrieden zerstört und allzu oft nur „verbrannte Erde" hinterlässt. Doch gibt es, so glauben viele, nach gescheiterten Verhandlungen keine Alternative zur gerichtlichen Klärung der Erbstreitigkeit. In dieses Paradigma erbrechtlicher Konfliktaustragung ist mit der Mediation Bewegung gekommen. Der nachfolgende Beitrag stellt die Erbmediation in ihrer Grundstruktur vor und erläutert deren Chancen und Risiken. Die Mediation kann dazu dienen, eine in langwierigen Gerichtsprozessen drohende Vernichtung materieller und immaterieller Werte zu verhindern.

1. Begriff der Mediation

Der Begriff der Mediation bezeichnet ein eigenständiges, klar strukturiertes Streitbeilegungsverfahren, in dem ein neutraler Dritter, der so genannte Mediator, versucht, mit den Parteien eine einvernehmliche Lösung des Konfliktes zu erarbeiten.[1] Der Ursprung des Wortes liegt im englische Verb „to mediate", also „vermitteln, aushandeln". Im Unterschied zum Gerichtsprozess hat der Mediator keine Entscheidungsgewalt. Seine Aufgabe ist es, die Verhandlungen der Parteien so zu lenken und zu optimieren, dass ein möglicher Einigungsspielraum ausgelotet wird. Kennzeichnend für die Mediation ist, dass das Recht zwar eine große Rolle bei der Suche nach einem Vergleich spielt, bewusst aber auch die wirtschaftlichen und persönlichen Aspekte des Konfliktes in die Verhandlungen einbezogen werden. Die Parteien delegieren die Verantwortung zur Entscheidung der Streitigkeit nicht auf einen Dritten. Wenn die Kontrahenten sich einigen, setzt der Mediator diese Einigung zusammen mit den Parteien und deren Rechtsanwälten in einen verbindlichen Vergleichsvertrag um. Scheitert die Mediation, steht den Parteien der Weg vor die Gerichte offen.

2. Angewandte Verhandlungsforschung

Die Mediation setzt Erkenntnisse der Verhandlungsforschung in ein Verfahrensmodell um. Mediation ist also eine drittunterstützte Verhandlung.[2] Streitparteien verhandeln oft ineffektiv und versäumen es, ihre bilateralen Verhandlungen zielführend zu strukturieren. Gerade in Erbstreitigkeiten geschieht dies wegen der emotionalen Betroffenheit der Parteien, die auf die Verhandlungsführung abfärbt, sehr häufig. Wegen dieser falschen Verhandlungsführung verpassen die Kontrahenten eine an sich mögliche Einigung.[3] Wie oft dies passiert, zeigen die Jahre nach Prozessbeginn vor dem Oberlandesgericht oder dem Schiedsgericht geschlossenen Vergleiche. Die Rahmendaten dieser Vergleiche haben sich seit Ausbruch des Konflikts nicht verändert. Die Streitparteien und deren Anwälte müssen sich daher fragen lassen, warum sie diesen Vergleich nicht viel früher mit einem Bruchteil der finanziellen und emotionalen Streitaustragungskosten geschlossen haben. Der verhandlungstheoretische Hintergrund für dieses Versagen liegt darin, dass die Parteien intuitiv in einem „Basarstil" verhandelt haben, der in einem von wechselseitigen Konzessionen geprägten Verteilungskampf über den Nachlass mündete. In dieser wenig kooperativen Atmosphäre werden mögliche Einigungsspielräume nicht erkannt. Die Parteien berücksichtigen zudem nicht, dass ihren Interessen vielleicht besser mit

---

[1] Zur Terminologie vgl. *Risse* Wirtschaftsmediation S. 5; *Breidenbach* S. 4.
[2] *Haft*, Verhandeln und Mediation, S. 244 f.
[3] Vgl. dazu *Risse* Konsens/ZKM 1999, 131 ff.

einer Lösung gedient ist, die von der schematischen gesetzlichen Regelung abweicht. Hinzu kommt, dass Parteien verhandlungspsycholgisch dazu neigen, die eigene Rechtsposition zu überschätzen und Argumente der Gegenseite zu ignorieren.[4] Erst wenn der Richter ihnen ihre Illusionen nimmt, kommt es – regelmäßig viel zu spät – zu einer realistischen Bewertung.

4 Aus diesem Verhandlungsdilemma zieht die Mediation die Konsequenz. Mit dem Mediator moderiert ein neutraler Dritter die Verhandlungen. Dabei setzt er insbesondere das an der Harvard Law School entwickelte kooperative Verhandlungskonzept[5] ein. Das Harvard-Konzept stellt statt der Positionen und Forderungen der Parteien deren Interessen in den Mittelpunkt. Immer noch illustrativ, wenn auch inzwischen etwas abgegriffen, ist das Beispiel, in dem zwei Kinder um eine Orange, ihre Position oder Forderung, streiten. Während ein Richter die Orange im Zweifel teilen würde, führt die Offenlegung der Interessen der Kinder zu einer überraschenden Lösung. Das eine Kind will die Orange essen, während das andere die Schale zum Sandkuchenbacken benötigt. Der Gegensatz von Positionen ist also nicht gleichzusetzen mit einem Gegensatz der Interessen. Dieses Szenario ist auch in Erbstreitigkeiten immer wieder anzutreffen. Erbe A ist an einer raschen Geldzahlung interessiert, Erbe B an der Führungsrolle im ererbten Unternehmen, Erbe C vorrangig am Familienfrieden. Das Harvard-Konzept nutzt die in der Vielfalt und Divergenz der Interessen liegende Chance zur Einigung. Parteien bewerten verschiedene Aspekte des Streits unterschiedlich und sind deshalb zu „Tauschgeschäften" bereit.[6] Die etwas höhere Geldzahlung wird gegen eine zeitliche Streckung zur Schonung der Liquidität des Nachlasses getauscht. Die Mediation hat schließlich Methoden entwickelt, die einer frühzeitigen realistischen Einschätzung der eigenen Rechtsposition dienen. Die Mediation stellt sich insofern als optimierte Verhandlung dar, bei der der Mediator als Verhandlungscoach die Verhandlungen so strukturiert, dass zunächst verdeckte Einigungsspielräume aufgedeckt werden.[7]

3. Falsches Image und nüchterne Realität

5 Streitende Erben und deren Rechtsberater haben oft eine unzutreffende Vorstellung von der Mediation und lehnen diese daher ungeprüft ab. Die begriffliche Nähe zur „Meditation", mit der die Mediation nun wirklich nichts zu tun hat,[8] erweckt bei vielen den Eindruck einer fernöstlichen Heilslehre. Oberflächlich informierte Beobachter meinen, mit der Mediation solle ein Versöhnungsideal allgemein hoffähig gemacht werden. Von einem „Palaver" ist die Rede. Die Herkunft der Mediation aus dem Familienrecht (Scheidungsmediation) sehen viele als Anzeichen für eine sozialtherapeutische Grundausrichtung. Dieser falsche Gesamteindruck wird durch die im Zusammenhang mit der Mediation genannte „ADR"[9] oder Alternative Streitbeilegung noch verstärkt: Das „Alternative" suggeriert Ablehnung und Abkehr vom vermeidlichen Gegenmodell „Gerichtsprozess" und dem dort als Entscheidungsstandard dienenden Recht und Gesetz.[10] Mediation soll sich folgerichtig nur „im Schatten des Rechts"[11] bewegen. Das Bild von einem unjuristischen, diffusen und risikobehafteten Verfahren wird so abgerundet und scheint gegenwärtig weithin zu dominieren. Die Verbreitung der Mediation von Erbstreitigkeiten ist in Deutschland daher noch gering.[12]

6 Von der Realität qualifiziert durchgeführter Mediationsverfahren ist das skizzierte Image weit entfernt. Der Mediator ist kein weiser alter Mann, der salomonische Lösungen für jede Lebenslage bereit hält. Die Mediation ist ein nüchternes, rationales und rationelles Verfahren, in dem ohne Vergleichsdruck Einigungsmöglichkeiten eruiert werden. In der Erbmedia-

---

[4] Ausf. zu diesen verhandlungspsychologischen Phänomen *Duve/Eidenmüller/Hacke* S. 28 ff.
[5] *Fisher/Ury/Patton* passim.
[6] *Risse* Wirtschaftsmediation S. 73 f.
[7] *Risse* Konsens/ZKM 1999, 131, 133.
[8] Eine Anekdote aus den Anfangsjahren der Mediation in Deutschland berichtet, zur ersten Vortragsveranstaltung in München seien die meist langhaarigen Zuhörer in fehlgeleiteter Erwartung mit Kissen und Wolldecken gekommen. Darüber mag man schmunzeln, über das der Mediation immer noch anhaftende falsche Image kaum.
[9] ADR ist das englische Akronym für „Alternative Dispute Resolution"; amüsant, aber oft zutreffend, ist die Übersetzung als „Avoiding Desastrous Results".
[10] *Risse* Wirtschaftsmediation S. 6 f.
[11] So der Titel eines Beitrags von *Wesel* in „Die Zeit" v. 26.2.1998, S. 51.
[12] Zur internationalen Verbreitung vgl. nur *Risse* WM 1999, 1864.

tion haben Recht und Gesetz eine facettenreiche Bedeutung, etwa als Gestaltungsmittel und Fairnesskontrolle, die über die Rolle des Rechts im Prozess als bloßem Entscheidungsmaßstab hinausgeht.[13] Die Teilnahme von beratenden Rechtsanwälten ist regelmäßig erforderlich und wird von den meisten Mediatoren auch aktiv propagiert.[14]

4. Abgrenzung zu Prozess, Schiedsverfahren und Schlichtung

Die Mediation unterscheidet sich strukturell von anderen Streitbeilegungsverfahren.[15] Die Unterschiede zum Gerichtsprozess sind dabei am größten. Dort geben die Parteien die Streitentscheidung vollständig aus der Hand und delegieren diese auf den Richter. Der Richter entscheidet in einem streng formalisierten Verfahren. Sein Entscheidungsmaßstab ist ausschließlich das Recht. Die Parteien haben die Garantie, dass am Ende des Prozesses eine Entscheidung des Konflikts steht. Die Mediation belässt die Verantwortung und damit auch die Verantwortungslast für die Konfliktlösung bei den Parteien. Das Verfahren ist zwar klar strukturiert, bleibt aber flexibel, weil es keine gesetzliche Verfahrensordnung wie die ZPO gibt. Dem Verfahren fehlt die Rechtsfixiertheit, rechtsfremde Aspekte werden in den Prozess der Entscheidungsfindung integriert. Weil nur der Konsens der Parteien die Mediation erfolgreich beendet, garantiert das Mediationsverfahren nicht die Beendigung des Konflikts. Für die Unterschiede zwischen Schiedsverfahren und Mediation gelten die Ausführungen zum Zivilprozesses entsprechend. Das Schiedsverfahren erlaubt zwar eine größere Flexibilität des Verfahrens, ist aber ebenfalls rechtsfixiert und auf eine bindende Entscheidung durch einen neutralen Dritten ausgerichtet.[16]

Oft wird argumentiert, die Vergleichsbemühungen des Richters oder Schiedsrichters stellten im Prinzip eine in das Gerichtsverfahren integrierte Mediation dar. Das ist falsch. Richterliche Vergleichsgespräche werden davon geprägt, dass der Moderator den Konflikt am Ende entscheiden kann. Die Entscheidungsmacht des Richters überschattet die Verhandlungen. Weil die streitenden Erben diese Entscheidungsmacht kennen, werden sie ihre Interessenlage nicht offen schildern und vermeidlich nachteilige Informationen zurückhalten. Die Parteien folgen der vorläufigen Rechtseinschätzung des Richters und dem darauf basierenden Vergleichsvorschlag nur deshalb, weil sie wissen, dass der Richter den Konflikt am Ende so ähnlich entscheiden könnte. Gerichtliche Vergleichsgespräche werden von den streitgegenständlichen Rechtsfragen und den sich daraus ergebenden Prozessrisiken dominiert. Mediationsverhandlungen verlaufen anders. Es wird nicht nur erörtert, welche Lösung das Bürgerliche Gesetzbuch für den Erbstreit vorsähe, sondern auch, welche wirtschaftlichen, steuerlichen und vor allem auch persönlichen Aspekte in einer Gesamteinigung nach Einschätzung der Beteiligten berücksichtigt werden sollten. Die Parteien wissen dabei, dass der Mediator den Konflikt nicht entscheiden kann. Entsprechend offener ist die Gesprächsatmosphäre. Anders als der um einen Vergleich bemühte Richter hält sich der Mediator mit inhaltlichen Vorschlägen zurück und konzentriert sich auf eine Optimierung des Verhandlungsablaufs. Dem Mediator stehen dazu Mittel zur Verfügung, die der Richter nicht hat. So kann der Mediator etwa Einzelgespräche mit den Parteien führen, was dem Richter prinzipiell verboten ist.

Am schwierigsten ist die Abgrenzung der Mediation zur Schlichtung. Die Streitparteien schalten in beiden Fällen einen neutralen Dritten in ihre Verhandlungen ein, der sie bei der Suche nach einer Einigung unterstützt. Die Tätigkeit des Schlichters ist darauf ausgerichtet, einen Kompromiss durch inhaltliche Vorschläge herbeizuführen. Die persönliche Autorität und die Sachkunde des Schlichters soll eine Ausgewogenheit des Vergleichsvorschlags garantieren. Der Schlichter erarbeitet seinen Schlichtungsspruch fast immer unter Zugrundelegung seiner rechtlichen Beurteilung des Konflikts und unter Abwägung der wechselseitigen Prozessrisiken. Anders der Mediator: Der Schwerpunkt seiner Tätigkeit liegt in einer Optimierung des Verhandlungsprozesses. Was der Mediator vom Konflikt selbst hält, ist sekundär und wird von ihm regelmäßig nicht offen gelegt. Der Mediator muss nicht zwingend über vertiefte erbrechtliche Kenntnisse verfügen, auch wenn dies sinnvoll ist. Unentbehrlich ist dagegen die Expertise des Mediators, um die Verhandlungen zu strukturieren. Schlichtung und Mediation

---

[13] Ausf. zur Rolle des Rechts: *Risse* BB 1999 (Beilage 9), 1.
[14] Zur Rolle der Anwälte: *Hacke* SchiedsVZ 2004, 80.
[15] Zu den Abgrenzungskriterien vgl. auch *Duve/Ponschab* Konsens/ZKM 1999, 263.
[16] Vgl. dazu *Risse* WM 1999, 1864.

erreichen das gemeinsame Ziel, einen Vergleichsabschluss, auf unterschiedlichem Weg. In der Schlichtung nehmen die Parteien den Vorschlag des Schlichters an oder sie lehnen ihn ab. In der Mediation müssen die Parteien mehr als eine Ja/Nein-Entscheidung treffen; sie müssen den Vergleich unter Anleitung des Mediators selbst erarbeiten. Diese Unterschiede schließen allerdings nicht aus, dass der Mediator am Ende des Verfahrens als Schlichter auftritt, wenn die Parteien anders eine Einigung nicht erreichen.

5. Mediation als qualifizierte Dienstleistung

10 Die Leitung eines Mediationsverfahrens ist eine qualifizierte Dienstleistung. Vom Mediator werden nicht nur gute Rechtskenntnisse, sondern auch besondere Fertigkeiten in der Strukturierung von Verhandlungen verlangt. Diese Kenntnisse müssen aktiv durch eine besondere Ausbildung erworben werden.[17] Die fehlende Ausbildung lässt sich nicht durch Anwalts- oder Lebenserfahrung kompensieren. Eine professionell durchgeführte Mediation verlangt nach einem professionell geschulten – und entsprechend entlohnten – Mediator, nicht aber nach einem willkürlich eingesetzten Dritten, der gutwillig, aber ohne besonderes Verfahrensverständnis, mit den Parteien eine Einigung zu finden versucht. Wer vom Leiter der Güteverhandlung nur einen unverbindlichen Einigungsvorschlag bekommt, wird in dem Verfahren keinen besonderen Wert erkennen und mit dem Gerichtsprozess gleich das „Original" wählen. Solche Verfahren können im Einzelfall durchaus sinnvoll sein, nur haben sie mit Mediation nichts zu tun. Gerade in Erbstreitigkeiten werden durch die nicht korrigierte falsche Verhandlungsführung so Einigungschancen vertan.

II. Eignungskriterien für die Erbmediation

11 Die Erbmediation ist eines von mehreren möglichen Verfahren, um erbrechtliche Konflikte zu lösen. Die Parteien und ihre Rechtsberater müssen entscheiden, ob sie diesen Weg gehen wollen. Dazu müssen sie die Vor- und Nachteile dieses Verfahrens kennen und wissen, welche Konflikte sich für eine Erbmediation eignen und welche nicht.

1. Ausgangspunkt: Nachteile gerichtlicher Erbauseinandersetzungen

12 Die Alternative zur Mediation ist das Gerichtsverfahren. Ausgangspunkt der Überlegungen, ob ein Mediationsverfahren einem Prozess vorgeschaltet werden soll, ist daher, welche Nachteile die Parteien bei einer gerichtlichen Auseinandersetzung zu befürchten haben.

Gerichtsprozesse dauern lange. Ein Rechtsstreit über zwei Instanzen lässt sich selten innerhalb von zwei Jahren beenden. Der schwebende Prozess hat unmittelbaren Einfluss auf den Wert des Nachlasses, weil relevante Entscheidungen in der zerstrittenen Erbengemeinschaft nicht oder nicht rechtzeitig getroffen werden, was zum Substanzverlust führt. Gehört zum Nachlass ein Unternehmen, blockiert die Auseinandersetzung der neuen Eigentümer oft die Unternehmensführung.[18] Da der Prozess öffentlich ist, erfahren Dritte von dem Prozess. Vor Gericht wird systemimmanent um ein „Recht haben" gegeneinander gerungen; den Gerichtssaal verlässt immer eine Partei verbittert als Verlierer. Der Familienfrieden wird durch den Prozess so meist irreparabel zerstört. Schließlich kann der Richter die Klage nur zusprechen oder abweisen; er darf nur die vorgesehene Rechtsfolge zubilligen und nur die im Gesetz festgelegten Tatbestandsmerkmale beachten. Das deutsche Erbrecht kennt die Tatbestandsmerkmale „Minimierung der Erbschaftssteuer" oder „Erhalt des Familienfriedens" nicht. Deshalb ist die rechtlich vorgegebene Entscheidung des Konflikts oft auch aus Sicht der obsiegenden Partei nicht optimal. Je stärker diese Nachteile eines Gerichtsverfahren im konkreten Erbkonflikt drohen, desto mehr Gedanken sollten sich die Parteien und deren Anwälte über alternative Formen der Streitbeilegung machen.

---

[17] Nach § 7 a der anwaltlichen Berufsordnung (BORA) ist für Anwälte eine qualifizierte Ausbildung vorgeschrieben, wenn sie sich selbst als Mediator bezeichnen wollen.
[18] *Wegmann* S. 154, 156.

2. Vor- und Nachteile der Mediation

Das Mediationsverfahren hat gegenüber dem Gerichtsverfahren einige Vorteile.[19] Es ist schnell eingeleitet und abgeschlossen. Der Mediator steht als privater Dienstleister sofort zur Verfügung, so dass ein Mediationsverfahren selten länger als ein paar Wochen (1–6 Verhandlungstermine) dauert. Die Erbmediation ist zwar nicht unbedingt billiger als ein Gerichtsprozess.[20] Eine Kostenersparnis gegenüber dem zeitaufwändigeren Gerichtsverfahren ergibt sich aber daraus, dass die „weichen" Kosten der Erbstreitigkeit verringert werden, weil die Parteien sich nicht über Jahre innerlich mit dem Prozess beschäftigen und ihre Energien so binden. Die Mediation ist im Gegensatz zum Gerichtsverfahren vertraulich; Spannungen in der Erbengemeinschaft werden nicht nach außen – etwa in den vererbten Betrieb – getragen. Auch der Erhalt der Parteibeziehungen wird erleichtert, da die Mediation anders als der Prozess nicht polarisiert. Die Mediation schafft eine Arbeitsatmosphäre zwischen den Streitparteien, die das Treffen notwendiger Entscheidungen erleichtert, auch wenn eine Einigung am Ende misslingt. Der zentrale Vorzug der Mediation liegt in ihrer Innovationskraft. Die Parteien können die schematischen Lösungen des Erbrechts durch interessengerechte Regelungen ersetzen. Wenn die Parteien sich einigen, muss ein Pflichtteil nicht länger in bar ausgezahlt, sondern kann auch mit einem Minderheitsanteil am Unternehmen oder einen wertvollen Uhr abgegolten werden. Bisweilen werden dabei „win-win"-Lösungen erreicht, indem der zu verteilende Kuchen vergrößert wird. Gerade das Erbschaftssteuerrecht bietet hierfür Ansätze, setzt aber ein koordiniertes Verhalten der Erben gegenüber dem Finanzamt voraus. Nur die Mediation kann den notwendigen Konsens herbeiführen.

In Erbstreitigkeiten scheut eine Partei den Gang zum Gericht oft, weil sie im Interesse des Familienfriedens den eigenen Verwandten nicht vor ein Gericht zerren will. Die mit dem Kläger assoziierte Rolle des geldgierigen Familienmitglieds wird auch bei eigenem Nachteil vermieden. Tatsächlich schadet der latent weiter schwelende Konflikt sowohl dem Nachlass, etwa dem führungslos bleibenden Unternehmen, als auch den persönlichen Beziehungen der Erben mehr als ein klarer Schnitt. Hier hilft die Mediation mit ihrer niedrigen Eintrittsschwelle. Ihr auch nach außen hin kundgetaner Charakter als bloße Vermittlung vermeidet die skizzierten Hemmungen und erleichtert den Parteien so die Einleitung des Verfahrens. Scheitert die Mediation, gewinnen die Kontrahenten zumindest die wichtige Einsicht, dass eine gerichtliche Auseinandersetzung unvermeidbar ist. Die Erbmediation ist auch dort ein gangbarer Weg, wo der Rechtsweg ausscheidet. So hat der potentielle Erblasser keine Möglichkeit, die Pflichtteilsberechtigten zum Abschluss eines Erbvertrages gerichtlich zu zwingen. Scheitert eine unmittelbare Verhandlung, kann die Mediation dabei helfen, einen Konsens zwischen den Parteien herbeizuführen. Scheut der Erblasser aus emotionalen Gründen die direkte persönliche Konfrontation mit seinen Familienangehörigen, dient die Mediation dazu, ohne vorgeschaltete bilaterale Verhandlungen gemeinsam eine Nachlassplanung vorzunehmen.

Nachteilig an der Mediation ist ihre fehlende Ergebnissicherheit; in den USA scheitern etwa 30% der qualifiziert durchgeführten Mediationsverfahren.[21] Dort ist von den Parteien nutzlos Geld und Zeit investiert worden. Wegen der raschen Durchführung bleibt die zeitliche Verzögerung allerdings überschaubar. Die in die Mediation vergeblich investierte Mühe führt zur Frustration bei den Beteiligten. Mediationsverfahren sind nicht prozesskostenhilfefähig, die Gebührenstaffelung des GKG findet keine Anwendung. Bei kleineren Nachlässen führt dies schnell dazu, dass die Kosten des Mediationsverfahrens außer Verhältnis zum Gegenstandswert stehen. Umgekehrt schließt das Mediationsverfahren das Gerichtsverfahren nicht endgültig aus, so dass bei sehr großen Streitwerten die Chancen einer raschen Einigung die risikoarme Vorschaltung der Mediation ratsam werden lassen. Bei eindeutiger Rechtslage ist die Wahrscheinlichkeit gering, dass die vermutlich obsiegende Partei in der Mediation eine Einigung erreicht, die besser ist als der Prozesserfolg. Der offene Informationsaustausch in der Mediation kann von einer unredlichen Partei missbraucht werden.[22] Wer dort in der Hoffnung auf eine

---

[19] Ausf. dazu: *Risse* Wirtschaftsmediation S. 498 ff.
[20] Vgl. dazu u. Rdnr. 66 f.
[21] *Schmidt* S. 6 f.
[22] *Risse* Wirtschaftsmediation S. 511 ff. mit Vorschlägen zu Gegenmaßnahmen.

Einigung freimütig seinen akuten Geldbedarf darlegt, muss befürchten, dass die Gegenseite auf Zeit zu spielen beginnt, um weitere Konzessionen zu erzwingen. Mitgeteilte Informationen können Eingang in einen Folgeprozess gewinnen. Die Gefahr des Missbrauchs lässt sich durch vor der Mediation getroffene Vereinbarungen einschränken, ausschließen lässt sie sich nicht. Verhandlungsschwache Parteien können in der Mediation übervorteilt werden, wenn sie nicht von einem Anwalt sachkundig unterstützt werden. Im Gerichtsverfahren sind die Fürsorge des Richters und der Anwaltszwang begrüßenswerte Korrektive für emotionale und intellektuelle Verhandlungsungleichgewichte.

3. Grundbedingungen der Mediation

16 Mediation setzt zwingend die persönliche Teilnahme der Parteien am Verfahren voraus. Anders als im Prozess genügt es nicht, wenn Rechtsanwälte als Vertreter in die Verhandlungen entsandt werden. Weigern sich die Streitparteien beharrlich und endgültig, gemeinsam an einem Verhandlungstisch Platz zu nehmen, ist eine Mediation unmöglich. Die persönliche Anwesenheitspflicht führt zu Schwierigkeiten, wenn Minderjährige Parteien des Konflikts sind, wie dies in Erbstreitigkeiten bisweilen der Fall ist. Die Teilnehmer müssen zusammen über den Konfliktgegenstand in Form eines Vergleichs verfügen können. Das führt dazu, dass alle Teilnehmer einer Erbengemeinschaft an der Mediation teilnehmen müssen. Da die Parteien selbst über den Konflikt verhandeln und schließlich eine eigenverantwortliche Entscheidung treffen, müssen die Teilnehmer über ein Mindestmaß an Verhandlungs-, Artikulations- und Konfliktfähigkeit verfügen. Unterschiede im Intellekt der Parteien dürfen nicht so groß sein, dass die schwächere Partei in einen für sie nachteiligen Kompromiss hineingedrängt wird. Persönliche Abhängigkeiten zwischen den Beteiligten, die eigenverantwortliche Entscheidungen unmöglich machen, gefährden die Mediation. Die Begleitung der Parteien durch Anwälte ist hier ein regelmäßig notwendiges Korrektiv, auch wenn dies zu zusätzlichen Kosten führt.

4. Checkliste für die Verfahrenswahl

17 Die Überlegungen zu den Nachteilen gerichtlicher Erbauseinandersetzungen, den Vor- und Nachteilen der Erbmediation und den Grundbedingungen der Mediation lassen sich in eine Checkliste umsetzen, die eine Entscheidungshilfe für die Wahl des geeigneten Streitbeilegungsverfahrens bieten kann.

Checkliste

Ausschlusskriterien für die Mediation
☐ fehlende Bereitschaft aller Konfliktparteien zur Mitwirkung
☐ keine Bereitschaft zur persönlichen Teilnahme
☐ Verfahrenskosten außer Verhältnis zum Nachlasswert (Kleinstfälle)
☐ schwerwiegende Machtungleichgewichte zwischen Parteien

Ausschlusskriterien für Gerichtsverfahren/Mediation als einzige Alternative
☐ Partei schließt Prozess aus emotionalen Gründen aus
☐ Familienfrieden wichtiger als gerichtliche Klärung
☐ Entscheidung durch Richter unmöglich (Aushandeln eines Erbvertrags)

Abwägungsrelevante Faktoren bei alternativer Entscheidung

Pro Mediation	Contra Mediation
☐ schnelle Streiterledigung wichtig	☐ völlig eindeutige Rechtslage
☐ außerrechtliche Faktoren wichtig	☐ Gefahr des Missbrauchs zur Zeitverschleppung/Erlangung von Informationen
☐ vertrauliche Streiterledigung wichtig	
☐ Erhalt der Parteibeziehungen wichtig	
☐ hoher Gegenstandswert (Chancen der Mediation nutzen)	☐ Geringer Streitwert (Vorschaltung der Mediation teuer)

5. Warum Mediation funktioniert

Mediation funktioniert. Auch wo Parteien die bilateralen Verhandlungen als scheinbar aussichtslos abgebrochen haben, einigen sich die Kontrahenten doch in der Erbmediation. Der Erfolg hat mehrere Ursachen. Eine professionell geleitete Mediation optimiert die Vergleichsverhandlungen. Der Mediator beschleunigt dazu den Erkenntnisprozess, den die Parteien sonst während der langen Prozessdauer durchlaufen, wo sie sich häufig genug dann doch vor dem Oberlandesgericht einigen. Typische Einigungshindernisse wie die kognitive Dissonanz und die reaktive Abwertung werden so abgebaut.[23]

Andere Erfolgsfaktoren sind profaner. Viele Parteien warten in einem Konflikt das „settlement event", das Vergleichsereignis, ab und legen den Konflikt dann bei. Sie suchen eine Gelegenheit, ihre Version des Konflikts einem Dritten darzulegen und diesen von der Richtigkeit ihrer Auffassung zu überzeugen. Erst wenn sie sich so Luft gemacht haben, sind sie vergleichsbereit. Außerdem tendieren Menschen dazu, getätigte Investitionen mit einem Resultat, einem vermeidlichen Erfolg, abzuschließen. Wer Zeit und Geld in ein Mediationsverfahren investiert hat, gesteht sich ungern die Erfolglosigkeit dieses Aufwands ein. Er vergleicht sich, damit sich das Honorar des Mediators und die eigenen Mühen gelohnt haben. Diese psychologischen Aspekte bewirken durchaus die Gefahr, dass eine Partei übereilt einen für sie unvorteilhaften Vergleich schließt, an den sie dann dauerhaft gebunden ist. Auch deshalb ist die Begleitung der Parteien durch mediationserfahrene Anwälte sinnvoll.

III. Verfahrenseinleitung: Vom Konflikt zur Mediation

Ist ein Konflikt mediationsgeeignet, stellt sich die Frage der Verfahrenseinleitung. Die mediationswillige Partei muss erreichen, dass auch ihr Kontrahent diesem Streitbeilegungsverfahren zustimmt und zu einer konstruktiven Mitarbeit bereit ist.

1. Mediationsvereinbarung nach Ausbruch des Konflikts

Ist der erbrechtliche Konflikt erst einmal ausgebrochen, ist die Vereinbarung eines Mediationsverfahrens schwierig. Woran liegt das? Eine Streitpartei zögert regelmäßig aus emotionalen Gründen, nach gescheiterten Einigungsbemühungen eine Mediation, also eine erneute Verhandlung diesmal unter Anleitung eines Mediators, vorzuschlagen. Sie sieht in einem solchen Vorschlag ein Eingeständnis von Schwäche, das es durch die sofortige Beschreitung des Rechtswegs zu vermeiden gilt. Ähnlich ist die Gefühlslage beim Adressaten eines Mediationsvorschlags. Er vermutet ein strategisches Motiv hinter der Idee eines Mediationsverfahrens. Wenn der Kontrahent glaubt, gegenwärtig sei für ihn das Mediationsverfahren günstiger als ein Prozess, dann ist die eigene Interessenlage, so der Gedankengang, vermutlich umgekehrt. Also lehnt man den Vorschlag besser ab.[24] Hinzu kommt, dass die Mediation noch ein weithin unbekanntes Verfahren mit einem vielerorts schlechten Image ist. In der ohnehin emotional anstrengenden Situation des Konflikts sind die Parteien nicht bereit, sich mit diesem Verfahrensmodell erstmals auseinander zu setzen. Dieses Szenario hat zur Konsequenz, dass die Grundlage für ein Mediationsverfahren vor Ausbruch des Konflikts gelegt werden sollte.

2. Mediationsklauseln in Testamenten und Erbverträgen

In Erbverträgen und Testamenten bietet es sich an, Mediationsklauseln aufzunehmen, die Erben und Vermächtnisnehmer darauf verweisen, vor Anrufung eines Gerichts ein Mediationsverfahren durchzuführen. Auf diese Weise wird das emotionale Zögern zur Beschreitung dieses Weges vermieden.[25] Solche Mediationsklauseln können als verbindliche oder nur als empfehlende Klauseln formuliert sein.

a) Verbindliche Klauseln. Verbindliche Mediationsklauseln sind dadurch gekennzeichnet, dass sie den Streitparteien den Zugang zu den staatlichen Gerichten zunächst versperren. Erst wenn die Mediation gescheitert ist, kann Klage erhoben werden. Vorher muss das angerufene Gericht die Klage auf die Mediationseinrede des Beklagten als „derzeit unzulässig" abweisen.

---

[23] Zu diesen Einigungshindernissen *Duve/Eidenmüller/Hacke* S. 27 ff.
[24] Ausf. zu dieser Motivationslage: *Risse* Wirtschaftsmediation S. 116 f.
[25] *Risse* ZEV 1999, 205, 209.

Die Frage ist, ob eine derart einschneidende Regelung in Testamenten oder Erbverträgen wirksam angeordnet werden kann. Während der Gesetzgeber die Wirksamkeit von Schiedsvereinbarungen in §§ 1066, 1029 ff. ZPO auch für Testamente und Erbverträge geregelt hat,[26] fehlt eine entsprechende normative Vorgabe für Mediationsklauseln. Auch eine einschlägige Judikatur existiert – anders als zu Schlichtungsklauseln[27] – bisher nicht. Problematisch könnte eine solche Klausel im Hinblick auf eine Verwehrung effektiven Rechtsschutzes sein, da die Mediation nicht zwingend zu einer Entscheidung führt, gleichzeitig aber die Anrufung des Gerichtes zunächst verbietet. Jedenfalls einstweiliger Rechtsschutz muss daher, in Anlehnung an § 1033 ZPO, möglich bleiben. Weiter darf der Zugang zum staatlichen Gericht oder Schiedsgericht nicht davon abhängen, ob eine Partei einen Kostenvorschuss für den Mediator aufbringen kann. Die Sperrfunktion der Mediation muss dann entfallen, weil der mittellosen Partei sonst eine Konfliktentscheidung dauerhaft vorenthalten würde. Das Schrifterfordernis des § 1031 ZPO[28] wird im Testament und im notariellen Erbvertrag gemäß § 2276 BGB automatisch eingehalten. Eine gesonderte Urkunde ist analog § 1031 Abs. 5 S. 2 ZPO auch bei Privatpersonen nicht erforderlich.[29] Da die weithin unbekannte Mediationsvereinbarung in Erbverträgen und vorweggenommenen Erbfolgevereinbarungen sicher eine überraschende Klausel i. S. v. § 305 c BGB darstellen würde, sollte der beurkundende Notar diese trotz der in § 310 Abs. 4 BGB geregelten Unanwendbarkeit des AGB-Vorschriften auf Erbverträge nicht vorformuliert verwenden, um späteren Auseinandersetzungen über eine Wirksamkeit vorzubeugen. Im Übrigen hat der Gesetzgeber verbindliche Schlichtungsverfahren in § 15 a EGZPO und § 305 Abs. 1 Nr. 1 InsO anerkannt, so dass gegen die rechtliche Wirksamkeit von Mediationsklauseln ansonsten keine Bedenken bestehen.

24   Eine gut formulierte Mediationsklausel legt fest, wie der Mediator bestimmt wird, wenn die Parteien sich nicht auf eine Person einigen können. Im Ausnahmefall[30] kann es sich anbieten, die Person des Mediators bereits in der Klausel zu benennen. Auch die Verbindlichkeit der Mediation und die Sanktionen einer Nichtbeachtung[31] sollte geregelt sein. Wichtig ist die Bestimmung, wann die Mediation als gescheitert gilt, so dass der Rechtsweg beschritten werden kann. Parteien nehmen oft konstruktiver und inhaltlich offener an einer Mediation teil, wenn die Kosten für die Einschaltung des Mediators aus dem Nachlass bestritten werden. So entsteht nicht das unangenehme Gefühl, durch den Erblasser faktisch zu unnötigen Ausgaben gezwungen worden zu sein. Die typischen Inhalte einer Schiedsklausel, nämlich der Ort des Verfahrens, das anwendbare Recht und die Verfahrenssprache, spielen dagegen eine untergeordnete Rolle. Auch der Einfluss eines Mediationsverfahrens auf laufende Verjährungs- oder Ausschlussfristen wird in der Erbmediation seltener relevant, zumal nach der Neuregelung in § 203 BGB laufende Vergleichsverhandlungen die Verjährung automatisch hemmen.[32]

25   **b) Unverbindliche Klauseln.** Der Erblasser kann in das Testament oder den Erbvertrag auch eine unverbindliche Mediationsklausel aufnehmen, die streitenden Erben dieses Konfliktbeilegungsverfahren nur unverbindlich empfiehlt. Solche Klauseln sind effektiver als man zunächst meint. Die Konfliktparteien entsprechen dem Wunsch des Erblassers oft bereits aus moralischem Pflichtgefühl. Die Klausel erfüllt zudem eine wichtige Hinweisfunktion auf die Existenz dieses alternativen Streitbeilegungsverfahrens. Wer im Testament den Hinweis auf die Mediation liest, wird im Streitfall seinen Anwalt fragen, worum es sich hierbei handelt. Wer das Verfahren einleiten will, kann sich auf die Empfehlung des Erblassers berufen, was die skizzierten psychologischen Hemmungen gegen einen solchen Vorschlag beseitigt.

---

[26] Ausf. zur Beilegung von Erbstreitigkeiten durch Schiedsverfahren § 63 dieses Buches.
[27] Vgl. nur BGH BB 1999, 129, wonach solche Schlichtungsklauseln zulässig sind.
[28] Ob dieses Schriftformerfordernis analog auch auf Mediationsklauseln Anwendung findet, ist str.; abl. *Eidenmüller*, Vertrags- und Verfahrensrecht, S. 10.
[29] § 1031 ZPO soll auf Schiedsklauseln in letztwilligen Verfügungen keine Anwendung finden; vgl. *Zöller/Geimer* § 1066 Rdnr. 9.
[30] Ausnahmefall deshalb, weil der Erblasser oder die Parteien des Erbvertrags selten einen professionellen Mediator kennen. Der langjährige Freund des Erblassers oder der Hausanwalt sind dagegen eine schlechte Wahl, da diesen regelmäßig die Mediationserfahrung fehlen wird.
[31] Neben der vorläufigen Versperrung des Rechtswegs kann die Klausel vorsehen, dass eine die Teilnahme verweigernde Partei zwingend die Kosten eines Folgeprozesses trägt.
[32] Ausf. zum Problemkreis der Verjährung: *Eidenmüller*, Vertrags- und Verfahrensrecht, S. 29 ff.

c) **Einbezug einer Verfahrensordnung.** Die Erbmediation ist ein weithin unbekanntes Verfahren. Anders als beim Schiedsverfahren in §§ 1025 ff. ZPO gibt es keine gesetzlich normierte Verfahrensordnung, an der sich die Parteien orientieren können. Bei einer schlichten „ad hoc"-Mediationsklausel sind die damit konfrontierten Parteien und bisweilen auch deren Anwälte oft ratlos, was sie als nächstes tun sollen. Es ist daher sinnvoll, die Verfahrensordnung einer Mediationsvereinigung in die Klausel einzubeziehen. Diese Vereinigung leistet ähnlich wie vergleichbare Institutionen der Schiedsgerichtsbarkeit gegen eine Gebühr Hilfestellung bei der Auswahl des Mediators und der weiteren Verfahrensdurchführung. Die Vereinigung steht den Parteien und deren Anwälten als Ansprechpartner für Fragen aller Art zur Verfügung. Die Inbezugnahme der Verfahrensordnung hat auch den Vorteil, dass so das gesamte ausgeklügelte Regelwerk in die Mediationsklausel integriert wird. Die Parteien können sicher sein, dass die wichtigsten regelungsbedürftigen Details des Verfahrens auch in ihrem Fall geregelt sind. Diese Vorteile wiegen die relativ geringen Gebühren der Mediationsvereinigung[33] auf. Neben regional tätigen Mediationsvereinigungen gibt es in Deutschland auch einige wenige, bundesweit tätige Organisationen. So bietet etwa die DIS – Deutsche Institution für Schiedsgerichtsbarkeit e.V.[34] eine Schlichtungsordnung an, auf die in einer Mediationsklausel Bezug genommen werden kann. Das ist vor allem dann sinnvoll, wenn bei einem Scheitern der Mediation ein Schiedsverfahren nachfolgen soll, das dann ebenfalls unter dem Regelwerk der DIS-Schiedsordnung ablaufen kann. Als reine Mediationsorganisation mit eigener Verfahrensordnung ist sicher die Gesellschaft für Wirtschaftsmediation und Konfliktmanagement e. V. (gwmk) in München[35] am bekanntesten.

3. Musterklauseln

Musterklauseln für Mediationsverfahren sind wegen der Besonderheiten jedes Einzelfalls problematisch. Es ist gerade ein Vorteil der Mediation, dass die Parteien oder auch der Erblasser im Wege des so genannten Verfahrensdesigns ein maßgeschneidertes Modell der Streitbeilegung für die spezifische Konfliktkonstellation entwerfen können. Eine einfache Mediationsklausel für erbrechtliche Streitigkeiten könnte etwa lauten:

> **Formulierungsvorschlag:**
> Streitigkeiten aus oder in Zusammenhang mit diesem Testament/Erbvertrag werden einvernehmlich durch ein Mediationsverfahren beigelegt. Können sich die Parteien nicht innerhalb von zwei Wochen nach dem schriftlichen Mediationsantrag einer Seite auf die Person des Mediators einigen, wird dieser vom Präsidenten der IHK Frankfurt am Main/vom beurkundenden Notar nach Aufforderung durch eine Partei bestimmt. Das Verfahren ist vertraulich. Eine Beschreitung des Rechtsweges ist erst zulässig, wenn eine Partei oder der Mediator die Mediation nach einer ersten gemeinsamen Verhandlung für gescheitert erklärt hat oder seit der Bestimmung des Mediators ein Monat verstrichen ist. Ein gerichtliches Eilverfahren bleibt jederzeit zulässig.

Ein Formulierungsvorschlag für eine Mediationsklausel, die die Verfahrensordnung einer Mediationsvereinigung in Bezug nimmt, lautet:

> **Formulierungsvorschlag:**
> Zur Beilegung von Streitigkeiten aus oder im Zusammenhang mit diesem Testament/Erbvertrag werden die Parteien ein Mediationsverfahren gemäß der Schlichtungsordnung der Deutschen Institution für Schiedsgerichtsbarkeit e.V. (DIS), Beethovenstraße 5 – 13, 50674 Köln durchführen. Ein gerichtliches Eilverfahren bleibt zulässig.

---

[33] Vgl. dazu u. Rdnr. 59.
[34] Internet-Homepage: www.dis-arb.de.
[35] Internet-Homepage: www.gwmk.org.

Eine unverbindliche Mediationsklausel könnte folgenden Wortlaut haben:

> **Formulierungsvorschlag:**
> Zur Beilegung von Streitigkeiten aus oder im Zusammenhang mit diesem Testament/Erbvertrag sollen die Streitparteien ein Mediationsverfahren nach der Verfahrensordnung der Gesellschaft für Wirtschaftsmediation und Konfliktmanagement e. V., Schackstraße 2, 80539 München, durchführen. Diese Klausel verpflichtet die Parteien aber nicht, an einem solchen Mediationsverfahren teilzunehmen. Die sofortige Einleitung eines gerichtlichen Verfahrens bleibt zulässig.

4. Alternative Verfahrenseinleitung

28 Bis sich die Mediation als eigenständiges Streitbeilegungsverfahren etabliert hat, wird die Mediationsklausel in Testamenten und Erbverträgen selten anzutreffen sein. Die Streitparteien kennen das Verfahren meist nicht und werden sich selbst kaum zu einer Mediation entschließen. Rechtsanwälte sind berufsrechtlich bereits heute verpflichtet, dieses Verfahren zur Beilegung einer Erbstreitigkeit in Erwägung zu ziehen, nachdem § 18 BORA Mediation als anwaltliche Tätigkeit definiert. Noch Erfolg versprechender ist der Vorschlag zur Mediation, wenn der Initiator ein neutraler Dritter ist wie etwa der als Nachlassabwickler eingesetzte Steuerberater des Erblassers, der Beirat eines vom Erbfall betroffenen Unternehmens oder auch eine problembewusste Hausbank des verstorbenen Unternehmers.

29 Nach Ausbruch des Konflikts ist der Vorschlag zur Mediation ein schwieriges Unterfangen. Die mediationswillige Partei und ihr Rechtsanwalt wollen vermeiden, dass der Vorschlag als Schwächeeingeständnis verstanden wird. Wenn sie die Mediation deshalb als „letzte Chance zur Vermeidung eines Gerichtsverfahrens" darstellen, klingt das für den Gegner mehr nach einer Drohung als nach einem vernünftigen Vorschlag. Umgekehrt darf der Gegner nicht den Eindruck gewinnen, die Mediation werde als strategisches Manöver gegen ihn eingesetzt. Es ist ratsam, den Vorschlag von Anwalt zu Anwalt zu unterbreiten, statt die Parteien selbst handeln zu lassen. Die emotionale Distanz zum Konflikt ermöglicht den Anwälten eine nüchternere Prüfung der Chancen und Risiken des Verfahrens. Dem Vorschlag sollten einige, von einer neutralen Stelle erstellte Unterlagen beigefügt sein, die über das Mediationsverfahren informieren. Mediationsvereinigungen leisten auch hierbei Hilfestellung. Ganz ähnlich stellt sich im Übrigen die Problemlage für einen zukünftigen Erblasser dar, der noch zu Lebzeiten die Erfolge einvernehmlich regeln will und dazu eine Mediation mit allen Beteiligten durchführen möchte. Der zukünftige Erblasser ist hier gut beraten, wenn er sich schon bei der Frage der Einleitung des Mediationsverfahrens professioneller Unterstützung bedient, um Fehler – etwa bei der Festlegung des Teilnehmerkreises der Mediation – zu vermeiden.[36]

IV. Vorbereitung der Mediation

1. Bestimmung und Beauftragung des Mediators

30 Haben sich die Parteien grundsätzlich auf die Durchführung eines Mediationsverfahrens geeinigt, muss der Mediator bestimmt und beauftragt werden. Da nur ein Mediator die Verhandlungen leitet, steht das ausgewogene Auswahlverfahren des Schiedsrechts nicht zur Verfügung, wo beide Seiten typischer Weise einen Schiedsrichter benennen, die dann den Obmann bestimmen. Im Idealfall können sich die Parteien auf eine Person verständigen, deren Sachkunde und Unparteilichkeit beide vertrauen. Sonst muss ein Dritter die Bestimmung des Mediators vornehmen. So sieht etwa § 3 der Verfahrensordnung der gwmk vor, dass den Streitparteien in einem ersten Schritt eine Liste mit mindestens drei möglichen Mediatoren übersandt wird. Einigen sich die Parteien nicht binnen zwei Wochen nach Zugang dieser Liste, bestimmt die Mediationsvereinigung eine Person zum Mediator, die nicht auf der Vorschlagsliste genannt war.

---

[36] *Wegmann* S. 15.

Ist der erwählte Mediator zur Übernahme des Amts bereit, schließt er mit den Parteien einen 31 Vertrag, der die wechselseitigen Rechte und Pflichten festlegt. Dieser Vertrag wird als Mediatorvertrag bezeichnet.[37] Hierbei handelt es sich um einen Dienstvertrag mit Geschäftsbesorgungscharakter. Vertragspartner sind die Konfliktparteien auf der einen und der Mediator auf der anderen Seite. Der Mediatorvertrag übernimmt die gleiche Aufgabe, die der Schiedsrichtervertrag im Schiedswesen erfüllt. Kerninhalte des Vertrags sind die Leistungspflichten des Mediators und das dafür zu zahlende Honorar. Die Leistungspflichten sollten nicht zu detailliert definiert sein, weil dies die späteren Verhandlungen unnötig einengt. Folgende Checkliste bezeichnet die wesentlichen Elemente, die ein Mediatorvertrag enthält:

Checkliste: Mediatorvertrag

- ☐ Bezeichnung, Adresse der Parteien
- ☐ Bezeichnung, Adresse des Mediators
- ☐ Neutrale Umschreibung des Konflikts
- ☐ Auftragserteilung an den Mediator
- ☐ Umschreibung der Aufgabe des Mediators
- ☐ Ort, Zeit und Absage von Verhandlungsterminen
- ☐ Rechtsberatung als Bestandteil der Tätigkeit?
- ☐ Honorar des Mediators
- ☐ Haftungsbegrenzung
- ☐ Vertraulichkeitsabrede
- ☐ Kündigung des Vertrags

Die genaue Vertragsgestaltung hängt davon ab, welchen berufsrechtlichen Regelungen der 32 Mediator unterliegt. Für Anwälte gilt die BRAO und grundsätzlich auch das RVG, da Mediation als anwaltliche Tätigkeit anerkannt ist. Nichtanwaltliche Mediatoren sollten im Mediatorvertrag aus Haftungsgründen klarstellen, dass keine Rechtsberatung erfolgt und dass die Parteien diesbezüglich Rechtsrat über Anwälte einholen sollen. Die Formulierung eines Mustervertrags[38] fällt wegen dieser unterschiedlichen Vorgaben schwer.

2. Schriftliche Vorbereitung der Verhandlung

Mediation ist eine mündliche Verhandlung, die auf den umfangreichen Austausch langer 33 Schriftsätze verzichtet. Viele Parteien haben aber noch nie an einer Erb- oder Wirtschaftsmediation teilgenommen. Für eine vernünftige Vorbereitung müssen die Parteien wissen, was sie erwartet. Daneben sollten einige Verfahrensfragen vorab geklärt werden. Zu diesem Zweck schreibt der Mediator die Parteien mit gleich lautenden Schreiben an, sofern nicht eine Mediationsvereinigung diese Aufgabe wahrnimmt. In dem Schreiben erläutert der Mediator die Grundzüge des Verfahrens und stellt sich auch selbst kurz vor. Das Anschreiben enthält allgemeine Hinweise für die Parteien, wie sie sich auf die Verhandlung vorbereiten sollen. Darin steht insbesondere, dass die Parteien selbst und nicht deren Anwälte in der Mediation vorrangig auftreten und dass die Parteien zu Beginn der Verhandlung ihre Sichtweise im Zusammenhang darstellen sollten.

Auch der Mediator benötigt zur Vorbereitung der Mediation einige Informationen von den 34 Parteien, um die er in seinem Anschreiben ebenfalls bittet. Hierbei geht es nur um eine grobe Umschreibung des Konflikts, die dem Mediator eine sinnvolle Vorbereitung ermöglicht. Die meisten Mediatoren limitieren diese schriftlichen Vorabinformationen auf wenige Seiten. Die

---

[37] Die Terminologie ist uneinheitlich. Wie hier: *Eidenmüller*, Vertrags- und Verfahrensrecht, S. 32 ff.; *Risse* Wirtschaftsmediation S. 134 ff. mit einem Mustervertrag; *Koch* nennt solche Verträge dagegen Mediationsvereinbarung, vgl. *Koch* S. 267.

[38] Ein Mustervertrag mit Erläuterungen findet sich etwa bei *Risse* Wirtschaftsmediation S. 134 ff.

jeweils andere Seite erhält eine Durchschrift. Unabhängig von der inhaltlichen Schilderung benötigt der Mediator von den Parteien einige Angaben, um die Verhandlung organisatorisch vorzubereiten. Wichtig ist vor allem die Anzahl und Identität der teilnehmenden Personen. Unentbehrlich ist ferner die Kenntnis, in welchem Verfahrensstand sich der Konflikt befindet. Der Mediator muss wissen, ob die Mediation vor dem Hintergrund eines bereits laufenden Prozesses stattfindet, da von dieser Frage Hinweispflichten des Mediators abhängen können. Weiter wird der Mediator wissen wollen, ob die Parteien anwaltlich beraten sind und ob Anwälte an der Verhandlung teilnehmen werden. Hiervon hängt es ab, auf welche Weise rechtliche Aspekte des Konfliktes in die Verhandlung eingeführt werden. Manche Mediatoren bitten die Parteien zusätzlich, einen vertraulich bleibenden „Fragebogen" auszufüllen, der dann auch der Gegenseite nicht zugänglich gemacht wird. Darin wird dann etwa gefragt, worin die Partei die eigentliche, vielleicht tiefer liegende Konfliktursache sieht, was sie tun würde, wenn sie die Uhr zurückdrehen könnte oder welche Nachteile sie in einem alternativen Gerichtsverfahren sehen würde.

V. Der Verfahrensablauf

35   Die Mediation kennt keine verbindliche Prozessordnung, die den Ablauf des Verfahrens vorgibt. Der Eigendynamik von Verhandlungen wird bewusst Raum eingeräumt, ohne dass dies zu Lasten der Verhandlungsstruktur gehen darf. In den USA hat sich für den Verfahrensablauf ein Fünf-Phasen-Modell als Grundmuster durchgesetzt, das nachfolgend summarisch erläutert wird.[39] Wie solche Verfahren in der Praxis ablaufen, lässt sich besser anhand von Beispielsfällen vermitteln, auf die vorliegend aus Platzgründen verzichtet werden muss.[40]

36   Die Mediation ist keine unstrukturierte Fortsetzung der meist zuvor gescheiterten bilateralen Einigungsgespräche. Vielmehr nutzt die Mediation die Erkenntnisse der Verhandlungsforschung, um die Verhandlungen so zu strukturieren, dass ein Einigungsspielraum von den Parteien erkannt wird. Die Aufgabe der formalen Verhandlungsführung liegt beim Mediator. Er sagt den Parteien, wie sie verhandeln sollen. Dazu muss er in jeder Verhandlungssituation wissen, was er aus welchem Grund tut. Der Mediator kann zwar keine verbindlichen Anordnungen treffen, doch werden die Parteien seinen Empfehlungen in der Regel folgen. Aus der inhaltlichen Diskussion des Konflikts hält sich der Mediator vorläufig heraus. Das Prinzip der Mediation gründet darauf, dass das „Wie" der Verhandlung vom „Worüber", also dem Inhalt der Verhandlung, getrennt wird. Die Kontrahenten müssen sich immer erst über das formale „Wie" einigen, bevor sie den Konflikt selbst diskutieren. Über die Einhaltung der vereinbarten Spielregeln wacht der Mediator.

1. Erste Phase: Der Verhandlungsvertrag

37   In der ersten Verhandlungsrunde geht es nicht um Sachfragen, sondern um die Planung des weiteren Verfahrens. Die Mediationssitzung beginnt mit der Vorstellung der Teilnehmer. Der Mediator erläutert noch einmal kurz den Grundcharakter der Mediation und stellt klar, dass ein Vergleichsdruck nicht besteht. Sollte eine Partei zu der Auffassung gelangen, ihre Interessen besser vor Gericht durchzusetzen, steht ihr dies jederzeit frei, ohne dass der Abbruch der Mediation mit Rechtsnachteilen oder einem moralischen Makel behaftet wäre.

38   Im Mittelpunkt der ersten Verhandlungsrunde steht der Abschluss des Verhandlungsvertrags. Die Parteien einigen sich unter Anleitung des Mediators auf die beabsichtigte Vorgehensweise. Das weitere Procedere und die Spielregeln des Verfahrens werden festgelegt. Daneben dient der Verhandlungsvertrag auch dazu, das Verhältnis des Mediationsverfahrens zu einem möglichen Folgeprozess zu klären. Der Inhalt des Verhandlungsvertrags hängt davon ab, welche Einzelheiten bereits in der Mediationsabrede enthalten sind oder welche Regelungen die dort in Bezug genommene Verfahrensordnung enthält. Der Verhandlungsvertrag wird für die Parteien formuliert und enthält daher auch Punke, die einem prozesserfahrenen Anwalt selbstverständlich erscheinen. Folgende Checkliste illustriert, welche Punkte neben der einlei-

---

[39] Ausf. dazu: *Risse* Wirtschaftsmediation S. 159 bis 445; kürzer: *Risse* NJW 2000, 1614, 1616.
[40] Einen erbrechtlichen Beispielsfall schildert *Risse* ZEV 1999, 205; auch die zweimonatlich erscheinende Zeitschrift für Konfliktmanagement ZKM enthält illustrative Beispielsfälle aus der Praxis.

tenden Umschreibung des Konflikts und der Benennung der Teilnehmer in einer Erbmediation regelungsbedürftig sein können:

Checkliste: Regelungsbedürftige Punte in der Erbmediation 39

☐ Vertraulichkeit des Verfahrens
☐ Teilnahmeberechtigung von Anwälten und dritten Personen
☐ Ort, Zeit und Absage von Verhandlungsterminen (Zeitplan)
☐ Zulässigkeit von Einzelgesprächen mit dem Mediator
☐ Keine Kommunikation mit dem Mediator außerhalb der Verhandlungen
☐ Methoden der Sachverhaltsaufklärung („Beweisaufnahme")
☐ Gesprächsregeln in der Mediation
☐ Verwertungsverbote für einen Anschlussprozess[41]
☐ Stillhaltevereinbarung und vorläufige Regelungen
☐ Vorzeitige Beendigung der Mediation durch die Parteien
☐ Beendigung der Mediation durch den Mediator
☐ Verbindlichkeit von Vereinbarungen/Zwischenergebnissen
☐ Hemmung der Verjährung und anderer Fristen
☐ Aufteilung der entstehenden Kosten

Kommentierte Musterverträge[42] sind wegen der konfliktspezifischen Eigenarten jeder Auseinandersetzung mit Vorsicht anzuwenden. Über seinen eigentlichen Regelungsgehalt hinaus dient der Vertrag auch einem verhandlungspsychologischen Zweck. Die Parteien empfinden die erreichte Einigung in formalen Verhandlungsfragen als ersten Erfolg der Mediation. Der Vertragsabschluss signalisiert den zerstrittenen Erben, dass eine konstruktive Zusammenarbeit trotz des Konflikts und des vorangegangenen Scheiterns bilateraler Verhandlungen möglich ist. Für den Fortgang der Mediation und die Gesprächsatmosphäre ist diese Erfahrung prägend. 40

2. Zweite Phase: Ermittlung wechselseitiger Interessen

Die zweite Phase ist oft die längste der gesamten Mediation. Sie beginnt mit dem Eröffnungsstatement der Parteien, das diese im Regelfall detailliert vorbereitet haben. Die Parteien erwarten von der Mediation, dass sie im Zusammenhang schildern können, wie sie den Konflikt sehen und welche Ansprüche sie daraus ableiten. Verhandlungspsychologisch ist es wichtig, diese Erwartungshaltung zu erfüllen, um Vertrauen für das Verfahren der Erbmediation zu gewinnen. 41

Im Anschluss an diese Eingangsstatements setzt der Mediator mit dem „Aktiven Zuhören" eine Schlüsseltechnik der Mediation ein. Dazu wendet sich der Mediator zunächst nur einer Partei zu und beginnt mit einer einleitenden, offen formulierten[43] Frage. Die folgende Darstellung der Partei fasst der Darstellung in kurzen Intervallen immer wieder zusammen und lässt sich die Richtigkeit dieser Zusammenfassung bestätigen: „Habe ich Sie richtig verstanden, dass ...". Mit dieser Gesprächstechnik verfolgt der Mediator mehrere Ziele: Zunächst stellt er ein korrektes Verständnis sicher. Gerade in emotional belasteten Erbstreitigkeiten besteht die Gefahr, dass Parteien sich nicht deutlich ausdrücken. Der Mediator hält die vortragende Partei zu einem vollständigem Vortrag ihrer Sachverhaltswahrnehmung und daraus abgeleiteter eigener Interessen an. Ein geschickter Mediator erzeugt in der vortragenden Partei so das ebenso angenehme wie zutreffende Gefühl, dass ihr zugehört wird. Ebenso wichtig ist der Effekt auf die Gegenseite, die nach den im Verhandlungsvertrag vereinbarten Gesprächsregeln nicht ein- 42

---

[41] Zu diesem besonders schwierigen Punkt vgl. *Eidenmüller*, Vertrags- und Verfahrensrecht, S. 27 f.
[42] *Risse* Wirtschaftsmediation S. 176 ff.
[43] Offen formulierte Fragen sind solche, die die Partei zum Erzählen und nicht nur zu einer „ja/nein"-Antwort veranlassen. Offene Fragen beginnen meist mit einem „W"-Wort (wie, weshalb, worüber, welche usw.).

greifen darf. Da sie vom Zwang der aktiven Gesprächsteilnahme befreit ist, kann sie sich ganz auf das Zuhören konzentrieren. Das übliche Streitgespräch in bilateralen Verhandlungen führt dagegen dazu, dass die notwendige Aufmerksamkeit für die gegnerische Sichtweise durch eine im Kopf ablaufende Konzentration auf eine Entgegnung und Kritik ersetzt wird. Indem der Mediator die Aussage wiederholt, entkoppelt er die Schilderung von der Person des Kontrahenten. Das wiederum beugt der reaktiven Abwertung von Aussagen des Kontrahenten vor, einem verhandlungspsychologischen Phänomen, das oft ein zentrales Einigungshindernis darstellt.

43 Eine andere wichtige Mediationstechnik ist der „Caucus", das Einzelgespräch des Mediators mit den Parteien. Die Zulässigkeit solcher Gespräche ist ein evidenter Vorteil der Mediation gegenüber dem Prozess. Vor Aufnahme der Gespräche haben sich die Parteien mit dem Mediator geeinigt, dass dieser den Inhalt der Gespräche vertraulich behandeln muss, wenn die Partei die Offenlegung nicht ausdrücklich erlaubt. Der Mediator erfährt so Informationen, die für das Finden einer Einigung nützlich sein können.[44]

44 Am Schluss dieser Phase berichtet der Mediator, inwieweit sich die Sachverhaltsdarstellungen beider Parteien decken. In einem zweiten Schritt legt der Mediator dar, in welchen Punkten offenbar unterschiedliche Auffassungen hinsichtlich des streitverursachenden Geschehens existieren. Schließlich stellt er fest, welche Problemkreise gelöst und welche Interessen der Parteien für eine Einigung befriedigt werden müssen. In diesem Verfahrensabschnitt beschäftigen sich die Teilnehmer vorrangig mit dem konfliktbegründenden Sachverhalt und ihren Interessen, die sie befriedigt sehen wollen. Der Sachverhalt wird weder rechtlich gewürdigt, noch werden konkrete Forderungen aus ihm abgeleitet. Die Trennung von Sachverhalt und Beurteilung – dem Juristen aus der Trennung von Tatbestand und Entscheidungsgründen im gerichtlichen Urteil wohlvertraut[45] – organisiert die Komplexität der Verhandlung. Die Verhandlungsforschung hat gezeigt, dass Parteien in bilateralen Verhandlungen unfähig sind, das Problem der Komplexität eines Verhandlungsgegenstandes zu bewältigen:[46] Sachverhalt, Beweisfragen, rechtliche Würdigung, persönliche Empfindungen und konfliktfremde Aspekte werden zunächst vermengt und dann in einer einzigen Forderung konzentriert, über die anschließend isoliert verhandelt werden soll. In dieser Situation unterbleibt eine strukturierte inhaltliche Auseinandersetzung mit den einzelnen Punkten. Die Mediation sucht dieses Ergebnis durch die inhalts- und interessenbezogene, vor allem aber strukturierte Vorgehensweise zu vermeiden.

3. Dritte Phase: Objektive Informationserhebung

45 Die in der zweiten Mediationsphase ermittelte subjektive Sichtweise der Parteien ist wichtig, reicht aber für eine vernünftige Entscheidungsfindung nicht aus. Strittige Sachverhaltsfragen müssen geklärt oder als nicht unbedingt klärungsbedürftig erkannt werden. Als zentrale Rahmenvorgabe des Konflikts wird die rechtliche Situation erörtert. In Erbstreitigkeiten sind oft auch steuerliche Gesichtspunkte wichtig, um eine mögliche Einigung optimal zu gestalten.

46 Die Rolle des Rechts in der Mediation wird regelmäßig unterschätzt.[47] Das Recht dient nicht nur dazu, das Mediationsverfahren nach außen abzuschirmen, indem Verjährungs- und Vertraulichkeitsabreden vereinbart werden. Auch inhaltlich trägt das Recht in der Mediation zur Streiterledigung bei. Die Parteien müssen zunächst wissen, was die Alternative zu einer Einigung in der Mediation ist, um sich später frei für oder gegen einen Kompromiss entscheiden zu können. Die Alternative ist in aller Regel der mutmaßliche Ausgang eines anschließenden Prozesses. Über einen solchen Prozessausgang wird, mit allen Unwägbarkeiten, in der Mediation offen diskutiert. Gesetzliche Normen verdeutlichen weiter gesellschaftliche Wertungen, deren Verständnis zu einer Einigung beitragen kann: Eine Diskussion über Sinn und Unsinn des Pflichtteilsrechts macht den Parteien häufig klar, dass der schematische Lösungsvorschlag des Rechts ihren besonderen Fall nicht richtig abbildet. Schließlich definiert das Recht den Gestaltungsspielraum, den die Parteien bei einer Einigung haben. Aus all diesen Gründen nimmt die Erörterung des Rechts in der Mediation breiten Raum ein. Die rechtliche Erörterung kann vom einem sachkundigen Mediator auch inhaltlich geleistet werden, doch weckt dessen Ein-

---

[44] Ausf. zum Caucus: *Risse* Wirtschaftsmediation S. 241 ff.
[45] Vgl. nur § 313 Abs. 1 Nr. 5, 6 ZPO.
[46] *Haft* S. 54 ff.
[47] *Risse* Wirtschaftsmediation S. 288 ff.

schätzung oft bei einer Seite Zweifel an seiner Neutralität. In größeren Erbstreitigkeiten ist die Hinzuziehung eines außenstehenden Experten sinnvoll. Wenn der pensionierte Nachlassrichter die Rechtslage und die wechselseitigen Prozessrisiken erläutert hat, setzt sich bei den Parteien oft eine realistischere Einschätzung als zu Beginn der Verhandlung durch. Nehmen Rechtsanwälte beratend an der Mediation teil, tragen sie maßgeblich zur Klärung der Rechtslage bei, etwa indem sie wechselseitig die Chancen und Risiken für die eigene Partei – oder auch aus Sicht der Gegenseite – erläutern.[48] Wichtig ist nur, dass die juristischen Aspekte des Konflikts so aufbereitet werden, dass die Parteien diese wirklich verstehen und als Grundlage für die später zu treffende Entscheidung einsetzen können. Der Mediator muss wissen, wie er dieses Ziel durch eine entsprechende Organisation der rechtlichen Erörterung erreicht.

Auch offene Sachverhaltsfragen werden in dieser Phase der Mediation thematisiert, etwa der Wert von bestimmten Nachlassgegenständen oder die aktuelle Situation eines zum Nachlass gehörenden Unternehmens. Die Parteien entscheiden unter Anleitung des Mediators, ob und wie sie diese Sachverhaltsaspekte weiter aufklären wollen. In der Mediation kann eine Art Beweisaufnahme durch Anhörung von Sachverständigen und freiwillig erscheinenden Zeugen stattfinden, auch wenn nur die Parteien diese Aussagen würdigen können. Oft reicht es aber aus, dass die Parteien erkennen, dass dieser Punkt offen ist und in einem Gerichtsverfahren geklärt werden müsste. Die Unsicherheit des Ausgangs einer solchen Klärung können die Parteien vermeiden, wenn sie sich in der Mediation einigen.

4. Vierte Phase: Verhandlung und Lösungssuche

Nachdem das zu entscheidende Problem in all seinen Facetten bekannt ist, müssen die Parteien nach einer Lösung suchen. Der Mediator kann hierzu verschiedene Techniken einsetzen. Zu Beginn der Phase stellt der Mediator mit den Parteien eine Agenda auf, die die weitere Struktur der Verhandlung und die Reihenfolge der zu erörternden Punkte vorgibt.

Die bekannteste Technik zur Lösungssuche ist sicher das „Brainstorming".[49] Dazu sammeln die Parteien in einer ersten Spontanphase möglichst viele Lösungsvorschläge für die zuvor herausgearbeiteten Problemkreise. Begründungen oder Kritik sind in dieser Phase verboten. Erst in einem zweiten Schritt erfolgt die gemeinsame Bewertung der Einigungsoptionen. Bewertungsmaßstab ist dabei, inwieweit die einzelnen Alternativen die vorher herausgearbeiteten Parteiinteressen befriedigen. Für den nüchternen Juristen hört sich diese Technik wie eine Spielerei aus Kindertagen an. Es ist aber immer wieder erstaunlich, welche Erfolge die Entkopplung von Vorschlägen und deren Bewertung hat. Die menschliche Fantasie löst Probleme oft effektiver und sinnvoller, als dies ein Richter mit seiner strengen Bindung an Recht und Gesetz kann. Die schwierige Organisation des Brainstormings übernimmt der Mediator.

Eine andere Technik ist das „Logrolling".[50] Der Mediatior initiiert dabei Tauschgeschäfte zwischen den Parteien, die verschiedene Aspekte eines denkbaren Kompromisses unterschiedlich bewerten. Während es dem Erben A vor allem auf eine möglichst hohe Geldzahlung ankommt, ist dem Haupterben B besonders an einer Schonung der Liquidität des Nachlasses gelegen, um das ererbte Unternehmen nicht auf Grund hoher Erbschaftsteuern und weiterer Verpflichtungen zu gefährden. Sind diese Hintergründe offen gelegt, kann A eine Ratenzahlung konzedieren, wofür B im Austausch eine höhere Gesamtzahlung aus dem Nachlass bewilligt. Aufgrund der unterschiedlichen Präferenzen der Erben ist das Tauschgeschäft für beide gewinnbringend. Solche Tauschgeschäfte optimieren daher im Raum stehende Lösungsvorschläge und ermöglichen so eine abschließende Einigung.

Die Mediation ist nicht so naiv zu glauben, jede Erbauseinandersetzung lasse sich durch „win-win"-Lösungen beilegen. Auch in erbitterten Verteilungskämpfen kann die Mediation eine Einigung herbeiführen. Dazu wird der Mediator oft den Caucus einsetzen. Wenn etwa beide Parteien in diesen Einzelgesprächen konzedieren, dass sie ihre Position bisher bewusst übertrieben dargestellt haben, um am Ende einen tragbaren Kompromiss zu erzielen, ergibt sich aus den vertraulichen Schilderungen unerwartet ein Einigungsbereich. Der Mediator muss dann dafür sorgen, dass die Parteien diesen Einigungsbereich auch erkennen und einen ent-

---

[48] Zu den unterschiedlichen Möglichkeiten, rechtliche Aspekte in den Konflikt einzuführen, vgl. *Risse* BB 1999 (Beilage 9), 1, 5.
[49] Ausf. zu dieser Technik: *Duve/Eidenmüller/Hacke* S. 184 ff.
[50] Vgl. dazu: *Risse* Wirtschaftsmediation S. 346 ff.

sprechenden Vergleich schließen. In bilateralen Verhandlungen wäre dieser Einigungsbereich nicht aufgedeckt worden. Oft kommt es zu einer „Shuttle-Diplomatie" des Mediators, in der er die Lösungsvorschläge einer Seite der Gegenseite überbringt und mit den Parteien jeweils im Wechsel erörtert. Diese Pendeldiplomatie hat den Vorteil, dass die den Vorschlag empfangende Partei vom Zwang zur Spontanantwort befreit wird. Es wird ihr so erleichtert, sich ohne den sonst verspürten Drang zur Kritik inhaltlich mit dem Vorschlag auseinander zu setzen und mögliche Änderungsvorschläge zu entwickeln. Diese Änderungs- oder Gegenvorschläge kann der Mediator dann wieder der anderen Seite überbringen. Meist arbeiten die Parteien dabei gemeinsam an einem einzigen Vertragsentwurf, den sie immer wieder abändern, korrigieren und ergänzen. Das „One Text"-Verfahren strukturiert die Verhandlungen. Über wechselseitige Konzessionen wird schließlich eine Einigung erreicht.

51 Auch wenn die Erbquoten feststehen, bereitet die Aufteilung des Nachlasses häufig Schwierigkeiten. Der Mediator ermittelt dann in einem ersten Schritt zusammen mit den Parteien einen objektiven Standard, nach dem die Aufteilung erfolgen soll. In einem getrennten zweiten Schritt wird dieser Standard umgesetzt. In Erbstreitigkeiten hat sich das „Der Eine teilt, der Andere wählt"-Verfahren bewährt. Ein Erbe teilt den Nachlass in zwei Hälften, die ihm gleichwertig erscheinen. Der Miterbe kann wählen, welchen Teil er bei der Nachlassauseinandersetzung erhalten möchte. Der implizite Fairnessgehalt überzeugt die Parteien oft so sehr, dass sie sich plötzlich unmittelbar einigen, weil niemand die unangenehme und schwierige Aufgabe des Teilens übernehmen will. Dieses Verfahren funktioniert auch bei komplizierteren Erbquoten. Bei einer 4/7 : 2/7 : 1/7-Verteilung wird der Nachlass in sieben Teile untergliedert. Ist eine ausgeglichene Realteilung wegen der Struktur des Nachlasses unmöglich, legen die Parteien finanzielle Ausgleichbeträge fest, um gleichwertige Teile zu schaffen. Die Erben wählen dann reihum einen Erbteil, bis der Nachlass verteilt ist. Das Verfahren funktioniert auch bei einzelnen Gegenständen: Streiten die beiden Miterben um das geliebte Ferienhaus, legt eine Partei den Kaufpreis für das Haus fest und die andere wählt, ob sie zu diesem Preis kaufen oder verkaufen möchte. Der Kaufpreis fließt in den Nachlass, der dann leicht entsprechend der Erbquote geteilt werden kann. Die Trennung zwischen der Suche nach einem objektiven Teilungsmaßstab, der als verbindlich vereinbart wird, und dessen anschließender konkreter Anwendung findet sich in der Erbmediation in vielen Facetten. Streiten die Erben um den Wert des Familienwohnhauses, mag der Durchschnitt von drei einzuholenden Gutachtermeinungen ein fairer Standard sein; beim Auto reicht vielleicht die Vereinbarung, dessen Wert durch einen Blick in den Anzeigenteil der nächsten Samstagszeitung zu bestimmen. Sind die Differenzen gegen Ende der Verhandlungen gering, kann sogar der objektive Standard des Würfelns sinnvoller sein, als den Reststreit aufwändig vor Gericht auszutragen oder deswegen gar die gesamte Einigung in Frage zu stellen.

52 Die Parteien können sich auch darauf verständigen, dass sie ihren Konflikt auf der Basis der bestehenden Rechtslage lösen wollen. Der Entscheidungsmaßstab des Rechts ist für die Parteien meist akzeptabel, weil er auch in einem alternativen Gerichtsverfahren zur Anwendung käme. Die Parteien übernehmen unter Anleitung des Mediators und der beratenden Parteianwälte nun die sonst dem Richter zukommende Aufgabe, den ermittelten Sachverhalt unter eine Rechtsnorm zu subsumieren. Es spricht wenig dafür, dass die von ihren Anwälten und dem Mediator beratenen Parteien dabei zu einem schlechteren Ergebnis gelangen als ein überarbeiteter Richter. Die in Deutschland noch kaum verbreitete Prozessrisikoanalyse ist bei diesem Vorgehen ein entscheidendes Hilfsmittel des Mediators.[51] Dazu werden die streitgegenständlichen Rechtsfragen in einen Entscheidungsbaum umgesetzt, den der Mediator dann mit den Parteien erörtert. Der Mediator behält dabei die Aufgabe, den Parteien auch nicht subsumsionsfähige Aspekte des Konflikts, wie etwa die Wahrung des Familien- und Betriebsfriedens bei der streitigen Unternehmensnachfolge, in ihrer wirtschaftlichen und persönlichen Bedeutung bewusst zu machen und deren Einbeziehung in die Vergleichsüberlegungen anzuregen. Die so gemeinsam erarbeitete Lösung weicht von der gesetzlich angeordneten Rechtsfolge oft substantiell ab. Gelingt es den Parteien nicht, sich auf eine Einigung zu verständigen, können sie den Mediator als letzte Alternative auch um einen Schlichtungsvorschlag bitten.[52]

---

[51] *Eidenmüller* ZZP 2000, 5.
[52] Verschiedene Strömungen der Mediation stehen sich hier gegenüber. Viele wollen den Mediator auf eine reine Verhandlungsführung beschränken; andere erlauben ihm auch die inhaltliche Stellungnahme bis hin zu

Wenn auch auf der Basis des Schlichtungsvorschlags keine Einigung gelingt, können die 53
Parteien erwägen, die Mediation in ein Schiedsverfahren überzuleiten. Ob der Mediator
in diesen so genannten MedArb-Verfahren[53] noch als Schiedsrichter fungieren kann, ist
natürlich fraglich und vom Ablauf der vorangegangenen Mediation abhängig. Neben dem
klassischen Schiedsverfahren gibt es hier interessante hybride Modelle, wie etwa das Last-
Offer-Schiedsverfahren oder die Michigan-Mediation, die sich für eine Kombination mit der
Mediation anbieten. Beim Last-Offer-Schiedsverfahren wird die Entscheidungsbefugnis des
Schiedsrichters insofern begrenzt, als er zwischen dem letzten Vergleichsangebot des Klägers
und dem des Beklagten entscheiden muss. Das erhöht den Einigungsdruck auf die Parteien,
die jetzt beide einen möglichst „vernünftigen" Vorschlag machen wollen. In der Michigan-
Mediation macht der Mediator einen unverbindlichen Vergleichsvorschlag. Lehnt eine Partei
diesen ab, erreicht später im Prozess aber kein oder ein betragsmäßig nur um 10% besseres
Ergebnis, hat sie die Kosten der Mediation und/oder des Gerichtsverfahrens vollständig zu
tragen. Diese Kostensanktion erhöht das Risiko, den Vergleichsvorschlag abzulehnen, und
steigert so gleichzeitig den Einigungsdruck.

Die Erbmediation baut keinen Einigungsdruck auf. Wenn eine Partei meint, ihre Aussichten
im Prozess seien besser als der in der Mediation erreichbare Kompromiss, soll sie den Rechtsweg beschreiten. Der Mediator stellt sicher, dass erzielbare Teilkompromisse realisiert werden,
auch wenn ein Gerichtsverfahren ansonsten unvermeidlich ist. Solche Teileinigungen können
in abtrennbaren Komplexen bestehen, über die dann nicht mehr gestritten werden muss. Solche
Einigungen können aber auch auf tatsächlicher Ebene liegen, etwa in einem einvernehmlichen
Wertansatz für Nachlassgegenstände, was den anschließenden Prozess maßgeblich erleichtert
und beschleunigt.

5. Fünfte Phase: Abschluss des Vergleichsvertrags

Zeichnet sich eine Einigung ab, wird diese zunächst stichpunktartig skizziert und von den 54
Parteien als unverbindliche Absichtserklärung unterschrieben. Wenn an der Mediation ausnahmsweise keine Anwälte teilgenommen haben, ist es in der Regel zwingend, dass die Parteien
diesen Vergleichsentwurf mit nach Hause nehmen, um ihn rechtlich prüfen zu lassen. Die Mediation dient nicht dazu, juristisch unkundige Parteien in einen Kompromiss zu drängen, der
sie evident schlechter stellt als ein alternativer Gerichtsprozess.

Die kautelarjuristische Gestaltung des Vergleichsvertrages ist an sich eine Aufgabe des 55
rechtskundigen Mediators, der dabei mit den Parteianwälten zusammenarbeitet. Es würde
aber dem Charakter der Mediation als von den Parteien selbst gesteuertem Konfliktlösungs-
verfahren widersprechen, wenn man sie später mit Vertragswerk konfrontieren würde, das
Juristen allein ausformuliert haben. Die persönliche Identifikation mit dem Vertragswerk
als Produkt eigener Verhandlungstätigkeit beugt späteren Streitigkeiten wirksam vor. Das
zeitaufwändige Einbeziehen der Parteien in die schriftliche Fixierung der Einigung lohnt sich
daher. Der Mediator stellt sicher, dass die Einigung verständlich abgefasst wird und gesetzlichen Formvorschriften genügt. Der Vergleichsvertrag weist auch insofern Besonderheiten auf,
als er neben den eigentlichen Leistungspflichten weiche Absichtserklärungen und rechtlich
irrelevante Punkte enthält. So erkennen die Parteien ihre wechselseitige konstruktive Mitarbeit
im zurückliegenden Mediationsverfahren an oder äußern die Absicht, zukünftig verständnis-
voller miteinander umzugehen. Auch Entschuldigungen finden sich in solchen Verträgen. Den
Parteien sind diese Punke aus emotionalen Gründen wichtig und es steigert die Zufriedenheit
mit dem erreichten Vergleich, wenn diese Aspekte Aufnahme in die Vertragsurkunde finden.

Mediationsunerfahrene Juristen glauben oft, die Vollstreckbarkeit des Vergleichs sei ein zen- 56
traler Punkt. Das ist regelmäßig falsch. Wer sich an einem Verhandlungstisch sitzend geeinigt

---

einem Schlichtungsspruch; vgl. dazu *Duve*, Mediation und Vergleich im Prozess, S. 216 ff., unter erläuternder
Bezugnahme auf das sog. Riskin-Modell.

[53] In einem MedArb-Verfahren – der Begriff ist ein Akronym für die Verbindung von Mediation und Schiedsverfahren – vereinbaren die Parteien vor oder während des Mediationsverfahrens, dass die Mediation im Falle
ihres Scheiterns sofort in ein Schiedsverfahren übergeleitet wird, wobei Erkenntnisse aus dem Mediationsverfahren zumindest teilweise in das Schiedsverfahren einfließen und dieses so beschleunigen, ausführlich zu diesen
Modellen *Risse* BB 2001 (Beil. 2), 16.

hat, erfüllt die Vereinbarung freiwillig. In manchen Fällen ist eine sofortige Erfüllung möglich, etwa durch die telefonische Veranlassung einer Überweisung. Aus einem sorgfältig formulierten Vergleichsvertrag lässt sich ohne weiteres auf Erfüllung klagen, so dass der Schuldner durch eine Erfüllungsverweigerung nur zusätzliche Kosten auslösen würde. Vereinbarte Vertragsstrafen, Verfallklauseln oder hohe Verzugszinssätze machen den Vertrag zu einem „self-executing"-Agreement. Wer vertraglich Leistungspflichten übernimmt, von deren Unerfüllbarkeit er bei Unterzeichnung weiß, macht sich des Eingehungsbetruges strafbar. Vor diesem Hintergrund ist ein durch den Vertrag erzeugter unmittelbarer Vollsteckungsdruck meist entbehrlich. Den Parteien steht es natürlich frei, den Vergleichsvertrag in einen vollstreckbaren Titel umzusetzen. Dazu können sie den Vertrag als notarielle Urkunde vor einem Notar unterschreiben oder einen so genannten Anwaltsvergleich schließen.[54] Der vollstreckbare Mediationsvergleich sollte vor allem dann ein Thema sein, wenn aus dem Vertrag weit in der Zukunft liegende Leistungspflichten zu erfüllen sind.

57 Am Ende der Mediation steht oft ein symbolischer Abschlussakt. Das kann die förmliche Unterzeichnung des Vergleichsvertrags, ein Handschlag oder ein festliches Abendessen sein. Der nüchterne Jurist mag dies belächeln. Schaden tut es den weiteren Parteibeziehungen kaum.

VI. Kosten des Verfahrens

58 Das Mediationsverfahren wird oft als die billigere Alternative zum Gerichtsprozess angepriesen.[55] Problematisch an dieser Aussage ist zunächst, dass mit diesem „Billig"-Argument schnell auch die Assoziation eines qualitativ minderwertigen Verfahrens einhergeht. Tatsächlich ist die Mediation eine hoch qualifizierte Dienstleistung, die ihren Preis hat. Die folgenden Kostengruppen lassen sich unterscheiden.

1. Gebühr der Mediationsvereinigung

59 Die Mediationsvereinigung, die das Verfahren ähnlich einer parallelen Institution aus der Schiedsgerichtsbarkeit organisatorisch betreut, erhält dafür eine Verfahrensgebühr. Die Höhe dieser Gebühr wird streitwertabhängig ermittelt. Bei der Gesellschaft für Wirtschaftsmediation und Konfliktmanagement (gwmk)[56] fällt die Höchstgebühr von € 2.000 (Stand 30.6.2006) an, wenn ein Streitwert von € 1. Mio. überschritten ist.[57] Nach der Schlichtungsordnung der Deutschen Institution für Schiedsgerichtsbarkeit liegt die Einschreibegebühr bei pauschal € 250. Bei einer ad-hoc Mediation entfällt diese Kostenposition.

2. Vergütung des Mediators

60 Der Mediator wird für seine Tätigkeit auf Stundenbasis vergütet. Die Parteien treffen hierüber mit dem Mediator in dem so genannten Mediatorvertrag[58] eine ausdrückliche Vereinbarung. Agiert ein Rechtsanwalt als Mediator, bewegen sich die Stundensätze meist im Rahmen zwischen € 200,-/h und € 450,-/h zzgl. Auslagen und Umsatzsteuer.[59] Im Mediatorvertrag sollte ausdrücklich festgelegt sein, dass der Mediator auch für seine Vorbereitungszeit auf dieser Basis bezahlt wird. Das Gesamthonorar hängt von der einzelfallabhängigen Dauer des Mediationsverfahrens ab. Übernimmt man zu Illustrationszwecken die Erfahrungen aus der Wirtschaftsmediation, wo eine plausible Annahme bei 20–40 Mediatorstunden liegt,[60] auch für die Erbmediation, ergeben sich Honoraransprüche in der Größenordnung zwischen € 4.000,- und € 18.000,-. In komplexen Erbstreitigkeiten können diese Kosten aber rasch ein Vielfaches dieser Summe betragen.

---

[54] Vgl. *Eidenmüller*, Vertrags- und Verfahrensrecht, S. 44.
[55] Statt vieler: *Eidenmüller*, Vertrags- und Verfahrensrecht, S. 5 ff., 67 f. mit illustrativen Vergleichsrechnungen.
[56] Brienner Str. 9, 80333 München.
[57] § 1 der gwmk-Gebührenordnung.
[58] *Eidenmüller*, Vertrags- und Verfahrensrecht, S. 32 ff.
[59] Die Spezialkenntnisse des Anwalts können hier auch Stundenhonorare von bis zu € 600,- rechtfertigen; vgl. dazu auch § 2 Rdnr. 21.
[60] *Eidenmüller*, Vertrags- und Verfahrensrecht, S. 5.

Für Anwaltsmediatoren ist in § 34 RVG inzwischen[61] klargestellt, dass auch sie auf eine Gebührenvereinbarung hinwirken müssen, wobei in aller Regel eben Stundenhonorare vereinbart werden. Für die Tätigkeit als Mediator ist die Sondervereinbarung nahezu zwingend erforderlich, da sich die über den Verweis auf die BGB-Regelungen hilfsweise eingreifende „übliche Vergütung" für einen Mediator kaum ermitteln lässt. Um unnötigen Honorarstreitigkeiten aus dem Wege zu gehen, sollte der Anwaltsmediator bei der Vergütungsvereinbarung die Formvorschriften des § 4 RVG beachten und diese Vereinbarung möglichst frühzeitig schließen.

3. Honorar der Parteianwälte

Auch Rechtsanwälte, die ihre Mandanten in Mediationsverfahren beraten oder auch in die einzelnen Mediationssitzungen begleiten, müssen heute mit ihren Mandanten eine Honorarvereinbarung treffen, da die anwaltliche Begleitung von Gerichtsverfahren eine außergerichtliche Tätigkeit darstellt, für die es keinen gesetzlichen Gebührenrahmen mehr gibt. Erbstreitigkeiten, die einer Mediation zugeführt werden, sind meist in tatsächlicher und/oder rechtlicher Hinsicht komplex und schwierig. Die qualifizierte Betreuung in einem Mediationsverfahren erfordert vom beratenden Anwalt besondere Kenntnisse. Die entstehenden Anwaltskosten für einen Erbrechtsspezialisten können so erhebliche Größenordnungen erreichen. Mandant und Anwalt sollten daher jeweils gemeinsam prüfen, ob sich dieser finanzielle Aufwand in Relation zum Erbanspruch lohnt, zumal in der Mediation aufgewandte Anwaltskosten vom „Gegner" in aller Regel[62] nicht erstattungsfähig sind.

4. Sonstige Kosten

Erbmediationen verursachen insbesondere bei einer vielköpfigen Erbengemeinschaft, deren Mitglieder weit auseinander wohnen, nennenswerte logistische Kosten. Wenn der Mediator keine neutralen Sitzungsräume zur Verfügung stellen kann, müssen geeignete Räume in einem Hotel angemietet werden. Die streitenden Erben müssen zum Verhandlungstermin anreisen, da eine vollständige Vertretung durch Anwälte entfällt. Diese persönliche Anwesenheitspflicht unterscheidet die Mediation vom Zivilprozess. Sie kann in komplexen Verfahren mit mehreren Verhandlungsterminen zu einem merklichen Kostenfaktor werden. Dem selbständigen Arzt oder dem Angestellten werden der entstehende Einnahmeausfall oder der in Anspruch genommene Urlaub nicht ersetzt. Es ist oft dieser Kostenfaktor, der die Mediation für kleinere Fälle unwirtschaftlich werden lässt.

5. Kostenerstattung

Da es in der Mediation an einem verbindlich entscheidenden Dritten fehlt, gibt es auch keine Auferlegung von Kosten an die unterliegende Partei. Die Parteien können zwar in einem abschließenden Vergleich eine Vereinbarung über Kostenquoten und Erstattungsansprüche treffen, doch ist das in der Praxis selten. In der Regel bleibt es bei der zu Beginn der Mediation getroffenen Abrede, wonach die Kosten des Verfahrens gleichmäßig von den Parteien getragen werden und jede Partei ihren Rechtsanwalt selber bezahlt. Eine Kostenerstattungspflicht auf schuldrechtlicher Grundlage – etwa aus positiver Forderungsverletzung (§ 280 BGB), weil das ehrliche Bemühen um eine außergerichtliche Streitbeilegung als vertragliche Nebenpflicht normiert war – ist theoretisch vielleicht denkbar, aus Sicht der Praxis aber nur ein juristisches Glasperlenspiel.

Für Mediationsverfahren gibt es keine Prozesskostenhilfe. Einige Rechtsschutzversicherungen haben aber die Bereitschaft signalisiert, die Erstattungsfähigkeit von Mediationskosten im Einzelfall zu prüfen.[63] Eine Anfrage vor Beginn der Mediation lohnt. Innovativ ist die Anord-

---

[61] Zum inzwischen überholten Streit um die Anwendbarkeit von BRAGO/RVG vgl. OLG Hamm Urt. v. 20.10.1998 – MDR 1999, 836.
[62] Abweichende Regelungen in der Mediationsvereinbarung sind selten. Für einen Kostenerstattungsanspruch nach Scheitern der Mediation fehlt oft die Anspruchsgrundlage, wenn nicht ohnehin vertraglich vereinbart war, dass jede Seite ihre Kosten endgültig und unabhängig vom Mediationsausgang selbst trägt.
[63] Zu einem rechtlichen Anspruch gegen die Rechtsschutzversicherung auf Übernahme der Kosten vgl. *Brieske* Rdnr. 109 ff.; viele Rechtsschutzversicherungen umfassen erbrechtliche Streitigkeiten aber schon grundsätzlich nicht.

nung im Testament oder Erbvertrag, dass das Honorar des Mediators bis zu einer gewissen Höhe aus dem Nachlass beglichen wird.

6. Kostenvorteil gegenüber dem Zivilprozess?

66 Eine klare Aussage, dass die Mediation weniger Kosten verursacht als der Zivilprozess oder ein Schiedsverfahren, lässt sich nicht treffen. Das liegt zu einem daran, dass selbst bei einer unterstellten Einigungswahrscheinlichkeit von 80%[64] das Scheitern der Mediation droht. Die Mediationskosten treten dann zu den Kosten des nachfolgenden Zivilprozesses hinzu. Die kalkulatorische Einigungswahrscheinlichkeit hilft den enttäuschten Parteien dann wenig. Zu Beginn des Verfahrens lässt sich auch nicht sicher absehen, wie lange das Verfahren dauern und wie teuer es damit wird. Da die Kosten der Mediation zu einem großen Teil unabhängig vom Streitwert entstehen, ist diese bei kleinen Streitwerten relativ gesehen recht teuer. Umgekehrt sind die Kosten der Mediation bei hohen Streitwerten in Relation zur Chance, den Streit günstiger als vor Gericht beizulegen, eine gute Investition, wenn auch kein sicheres Geschäft.

67 Der Kostenvorteil der Mediation gegenüber dem Zivilprozess liegt auf einer anderen Ebene als der finanzielle Verfahrensaufwand. Die Mediation bietet die Chance, Lösungen zu entwickeln, die in einem allein rechtsfixierten Gerichtsprozess unmöglich sind. Bisweilen gelingen sogar Ergebnisse, die alle Parteien zufrieden stellen.[65] Anders als das polarisierende Gerichtsurteil trägt die konsensuale Lösung dazu bei, dass sich die Erben weiter in die Augen sehen können und der Familienfrieden erhalten bleibt. Das rasch durchgeführte und vertrauliche Mediationsverfahren vermeidet, dass der Streit publik wird. In der besonders sensiblen Unternehmensnachfolge wird der Streit nicht in den Betrieb hineingetragen, was meist zu unmittelbaren finanziellen Einbußen führt.

VII. Mediation als anwaltliche Aufgabe

68 Viele Anwälte begegnen der Erbmediation mit Skepsis. Das liegt zum einen an dem beschriebenen nebulösen Image, das die Mediation hierzulande immer noch hat. Anwälte zögern, ihren Mandanten ein Streitbeilegungsverfahren zu empfehlen, das sie selber nicht genau kennen. Zum anderen sorgen sie sich unterschwellig auch darum, dass ihre juristische Kompetenz in der Mediation nicht gebraucht wird, was einen Mandatsrückgang und Honorareinbußen befürchten lässt. Mehr besorgt als spöttisch wird ADR dann mit „Alarming Drop of Revenues" übersetzt.[66] Tatsächlich bietet sich für Anwälte in der Erbmediation ein weites Betätigungsfeld.

1. Tätigkeit als Mediator

69 Nach § 18 BORA gehört die Mediation zum anwaltlichen Berufsfeld. Die vor der ausdrücklichen Regelung in § 18 BORA erörterte Frage, ob sich der Anwaltsmediator wegen seiner Tätigkeit für beide Streitparteien der Gefahr von Interessenkollisionen oder gar des Vorwurfs des Parteiverrats aussetzt, ist damit endgültig vom Tisch.[67] Der Anwaltsmediator wird im erklärten gemeinsamen Interesse der Parteien tätig, eine einvernehmliche Beilegung des Streits herbeizuführen. Interessenkollisionen können dagegen nur bei parteilicher Interessenwahrnehmung auftreten. Die Tätigkeit als Mediator setzt rechtlich keine besondere Qualifizierung oder staatliche Anerkennung voraus. Auch der Begriff des Mediators ist ungeschützt; jedermann kann sich also als Mediator bezeichnen. Für Anwälte gilt hier jedoch die Sonderregelung in § 7 a BORA, wonach für die Führung der Bezeichnung eine geeignete Ausbildung nachzuweisen ist. Aus rechtlicher Sicht kann also jeder Anwalt in erbrechtlichen Konflikten als Mediator agieren, nennen darf er sich so aber nur nach durchlaufen einer Mediationsausbildung.

70 Erfolg wird die Mediation nur haben, wenn sie professionell durchgeführt wird. Das setzt einen entsprechend geschulten Mediator voraus, nicht aber einen willkürlich eingesetzten „Schlichter", der gutwillig, jedoch ohne besonderes Verfahrensverständnis versucht, mit

---

[64] *Duve/Ponschab* S. 263, 266.
[65] Diese „win-win"-Lösungen sind in Erbmediationen relativ selten, kommen aber vor; vgl. das Bsp. bei *Risse* ZEV 1998, 205.
[66] Angesichts der Honorare, die sich in der Erbmediation verdienen lassen, ist das unverständlich; vgl. Rdnr. 58 ff.
[67] Zu dieser Diskussion: *Henssler* S. 75 f.

den Parteien eine Einigung zu finden. Langjährige Konflikt- und Verhandlungserfahrung als Anwalt sowie solide erbrechtliche Kenntnisse ersetzt nicht das notwendige Erlernen von Mediationstechniken und Verhandlungsstrategien. Wer sich seriös als Mediator betätigen will, kommt um eine solche Zusatzausbildung nicht herum.[68]

2. Tätigkeit als Parteianwalt

In nahezu allen Erbmediationen werden die Streitparteien von ihrem Anwalt begleitet. Das hat zunächst praktische Gründe, weil die Parteien in aller Regel über ihren Anwalt zur Mediation gekommen sind, der sie auf dieses Verfahren hingewiesen hat. Aus den nachfolgend genannten Gründen ist es aber auch inhaltlich sinnvoll, wenn Parteianwälte umfassend in das Mediationsverfahren eingebunden werden.[69]

a) **Hinweispflicht auf Mediation.** Da Mediation in § 18 BORA als anwaltliche Tätigkeit definiert ist, muss der Anwalt sich über die Kernelemente dieses Verfahren kundig machen. Er muss seinen Mandanten im Konfliktfall auf diese Alternative zum Gerichtsprozess hinweisen, wenn die Eigenarten des Konflikts ein Mediationsverfahren sinnvoll scheinen lassen. Der Rechtsanwalt hat hier eine Schlüsselposition inne. Bei den streitenden Erben handelt es sich regelmäßig um Privatpersonen, die auf der einen Seite das Mediationsverfahren nicht kennen und auf der anderen Seite dem Rat ihres Anwalts folgen, wie der Konflikt einer Lösung zugeführt werden soll. Entsprechend groß ist die Verantwortung des Anwalts, seiner Aufgabe als Konfliktlotse gerecht zu werden. Er muss die Vor- und Nachteile der Mediation kennen, um gemeinsam mit seinem Mandanten abzuwägen, ob diese Alternative weiterverfolgt werden soll.[70] Diese Verantwortung besteht auch, wenn der Anwalt seinen Mandanten bei der Testamentsgestaltung berät. Gerade bei mutmaßlich schwierigen Nachlässen sollte er seinen Mandanten auf die Möglichkeit hinweisen, eine Mediationsklausel in das Testament aufzunehmen.

b) **Vorbereitende Aufgaben.** Ist die Entscheidung für die Mediation gefallen, unterstützt der Anwalt seinen Mandanten bei der Initiierung und Vorbereitung des Verfahrens. Zunächst muss auch die Gegenseite für diese Idee gewonnen werden, was häufig auf der Anwaltsebene leichter gelingt als durch einen unmittelbaren Parteivorschlag. Enthält das Testament eine Mediationsklausel, muss das Verfahren auf dieser Grundlage in Gang gesetzt werden. In einem zweiten Schritt muss ein kundiger und von allen Streitparteien akzeptierter Mediator gefunden werden, wozu häufig eine Mediationsvereinigung eingeschaltet wird. Der Anwalt analysiert, welche Gefahren seinem Mandanten aus einem Mediationsverfahren drohen und begegnet diesen durch entsprechende Klauseln in der Mediationsvereinbarung. Das können etwa verjährungshemmende Abreden, Stillhalteabkommen oder besondere Vertraulichkeitsklauseln sein. Gemeinsam mit seinem Mandanten bereitet der Anwalt den Sachverhalt so auf, dass er in die Mediation eingeführt werden kann. Er klärt seinen Mandanten auch über die Rechtslage und mögliche Prozessrisiken auf. Gemeinsam mit seinem Mandanten verfasst er, falls vereinbart, schriftliche Vorabinformationen für den Mediator. Auch das Eröffnungsstatement, das die Partei zu Beginn der Mediationssitzung halten soll, wird gemeinsam vorbereitet.

c) **Teilnahme an der Verhandlung.** Der Anwalt begleitet seinen Mandanten regelmäßig auch in die eigentliche Mediationsverhandlung. Seine Funktion dort unterscheidet sich wesentlich von seiner Rolle im Gerichtsprozess, wo er als Bindeglied zwischen Partei und Gericht agiert.[71] In der Mediation sitzt der Anwalt hinter seinem Klienten und unterstützt ihn in der Verhandlung; er vertritt seinen anwesenden Mandanten aber nicht. Der Anwalt wacht darüber, dass die Partei keine unüberlegten Äußerungen macht, die ihm in einem möglich bleibenden Gerichtsprozess schaden könnten. Eine aktive Rolle nimmt der Anwalt ein, wenn es um die Erörterung der sich stellenden Rechtsfragen geht. Er achtet darauf, dass der Mandant die rechtlichen Aspekte so gut versteht, dass er sie in eine abschließende Entscheidung für

---

[68] Für diese Zusatzausbildung gibt es in Deutschland noch keinen einheitlichen Standard; ausf. zu Ausbildungsfragen unter Nennung einiger Ausbildungsinstitute: Henssler/Koch/*Duve* S. 153 ff.
[69] Ausf. zu den vielfältigen Funktionen des Parteianwalts in der Mediation *Hacke* SchiedsVZ 2004, 80 ff.
[70] Vgl. dazu o. Rdnr. 11 ff.
[71] Dieses Rollenverständnis wird meist schon in der Sitzordnung im Gerichtssaal deutlich: Der Anwalt sitzt zwischen Partei und Gericht, schirmt seinen Mandanten also vom Gericht ab und filtert die Informationen seines Mandanten vor Weitergabe an den Richter.

§ 68 75

oder gegen einen Vergleich einfließen lassen kann. Dies ist ein zentraler Aspekt der Mediation, da der Mandant selbst, nicht der rechtskundige Richter, den Streit entscheidet. In den Verhandlungspausen dient der Anwalt seinem Mandanten als vertrauter Gesprächspartner, um das Für und Wider einzelner Streitaspekte und Vorschläge zu erörtern. Der Parteianwalt verhindert, dass sein Mandant in der Mediation unüberlegt einen Vergleich abschließt, weil er seine vorteilhafte Rechtsposition verkennt. Zu diesem Zweck erläutert er seine Einschätzung von der Rechtslage, damit sich die Partei zwischen einem Vergleichsabschluss und einem alternativen Gerichtsprozess entscheiden kann. Einigen sich die Parteien, trägt der Anwalt schließlich maßgeblich zur Umsetzung der Einigung in einen bindenden Vergleichsvertrag bei.

75 **Checkliste für den Parteianwalt**

Informationspflichten
Im Konfliktfall:
☐ Grundstruktur des Verfahrens
☐ Vor- und Nachteile
☐ Kosten
☐ Entscheidung für oder gegen die Mediation
Vorbeugende Konfliktberatung:
☐ Aufnahme von Mediationsklauseln in Testamente?
☐ Formulierung einer entsprechenden Konfliktklausel

Vorbereitende Aufgaben
Einleitung des Verfahrens:
☐ Vorschlag an die Gegenseite
☐ Umsetzung einer testamentarischen Mediationsklausel
☐ Einschaltung einer Mediationsvereinigung
☐ Bestimmung des Mediators
Bewältigung von Verfahrensrisiken durch Mediationsvereinbarung:
☐ Droht Verjährung?
☐ Droht nachteilige Veränderung des Status quo während der Mediation?
☐ Einstweilige Regelungen zur Nachlassverwaltung?
☐ Besonderer Vertraulichkeitsschutz erforderlich?
☐ Sonstiges?
Vorbereitung der Mediationsverhandlung:
☐ Aufarbeitung des Sachverhalts
☐ Analyse der Rechtslage und der Interessen des Mandanten
☐ Vorbereitende Stellungnahme an Mediator
☐ Erarbeitung des Eröffnungsstatements mit Mandant

Teilnahme an Mediationsverhandlung
☐ Rollenverständnis: Berater, nicht Vertreter des Mandanten
☐ Mandanten für sich selber reden lassen/keine Sprachrohrfunktion
☐ Aktivere Rolle bei Erörterung der Rechtslage
☐ Schutz des Mandanten vor nachteiligen Äußerungen
☐ Verständnis für rechtliche Aspekte vermitteln/kein „Juristendeutsch"
☐ Mandanten Alternativen aufzeigen (Klageerhebung/Risiken eines Prozesses)
☐ Gesprächspartner des Mandanten in Verhandlungspausen
☐ Ausformulierung des Vergleichsvertrags

VIII. Ausblick: Erbmediation – ein Verfahren mit Zukunft

Die Mediation ist ein klar strukturiertes, seriöses Verfahren der Streitbeilegung. Erbrechtliche Auseinandersetzungen eignen sich für dieses Verfahren in einem besonderen Maße. Sie sind regelmäßig in tatsächlicher wie rechtlicher Hinsicht komplex. Wenn ein Testament, wie so oft, fehlt oder unklar abgefasst ist, führen die pauschalen gesetzlichen Lösungen zu unbefriedigenden Lösungen. Erbstreitigkeiten erschöpfen sich nicht in einem isolierten rechtlichen Konflikt, sondern laufen vor dem Hintergrund langfristiger familiärer Beziehungen ab, die wiederum den Erbfall überdauern sollen. Der Gerichtsprozess wirkt kontraproduktiv auf den Erhalt des Familienfriedens. Der Wert des Nachlasses sinkt mit der Dauer der Nachlassauseinandersetzung, so dass eine schnelle Konfliktbewältigung erforderlich ist. Das kann nur die Mediation, nicht der Gerichtsprozess, leisten. Gerade in der Unternehmensnachfolge ist dieser Punkt von überragender Bedeutung, weil die Unternehmensführung dort unter dem Nachlasskonflikt leidet und der Streit auch Unruhe im Betrieb erzeugt. Die Nachlassteilung scheitert oft an der emotionalen Betroffenheit der Beteiligten und divergierenden Interessen der Erben, was den Streitparteien eine sachliche Auseinandersetzung mit auftretenden Problemen unmöglich macht. Solche Einigungshindernisse kann der Mediator aus dem Weg räumen. Steueroptimierte Nachlassabwicklungen setzten den Konsens der Beteiligten voraus, werden durch einen Gerichtsprozess also verhindert. Entscheidend ist schließlich, dass ein Mediationsverfahren für die zerstrittenen Erben kaum Risiken birgt. Wenn man sieht, wie oft in langjährigen gerichtlichen Erbauseinandersetzungen ganze Nachlässe einschließlich aller familiären Bindungen vernichtet werden, sollte man die Chancen der Mediation in der anwaltlichen Beratung stärker berücksichtigen.

Teil D. Steuerverfahren

§ 69 Besteuerungsverfahren

Übersicht

	Rdnr.
I. Allgemeines	2/3
1. Das Verfahrensrecht	2
2. Aktuelle Gesetzesänderungen	3
II. Systematische Einordnung des Besteuerungsverfahrens	4–44
1. Einschlägige Gesetze und Ausführungsvorschriften	4–6
a) Außergerichtliches Verfahren	5
b) Gerichtliches Verfahren	6
2. Aufbau und grundlegende Besonderheiten des Steuerverfahrens	7–44
a) Auslöser für die Abgabe einer Anzeige und einer Erbschaftsteuererklärung	8–20
b) Bedarfsbewertung	21–23
c) Sonstiges	24–44
III. Darstellung der Rechtsbehelfe	45–102
1. Außergerichtlicher Rechtsbehelf: Einspruch	45–63
a) Zulässigkeitsvoraussetzungen	46
b) Eingeschränkter Suspensiveffekt des Einspruchs	47
c) Ausgestaltung des Einspruchsverfahren	48–52
d) Abschluss des Einspruchsverfahren	53–59
e) Kosten des Einspruchsverfahren	60
f) Aussetzung der Vollziehung/Ruhen des Verfahrens	61–63
2. Gerichtliche Rechtsbehelfe und Rechtsmittel	64–102
a) Gerichtsverfassung	64/65
b) Klagesystem der Finanzgerichtsordnung	66–70
c) Zulässigkeit der Klage	71–89
d) Vorläufiger Rechtsschutz	90–95
e) Rechtsmittel	96–98
f) Kosten des Gerichtsverfahrens	99
g) Rechtskraft (§ 110 FGO)	100
h) Verfassungsrechtlicher Rechtsschutz	101
i) Europarechtlicher Rechtsschutz	102
IV. Darstellung des finanzgerichtlichen Prozesses	103–117
1. Verfahrensgrundsätze	103–106
2. Sachaufklärung und Entscheidungsfindung durch das Gericht	107–111
3. Entscheidung des Gerichts	112–117
V. Praxisrelevante Fragen zum Erbschaftsteuerrecht	118–120
1. Erklärungsverpflichtung und Anzeigeverpflichtung	119
2. Steuererklärung bei der Bedarfsbewertung	120
VI. Amtliche Formulare zur Erbschaftsteuererklärung	121–133
1. Erbschaftsteuererklärung	121/122
2. Amtliche Anleitung zur Erbschaftsteuererklärung	123/124
3. Ergänzende Hinweise zum Ausfüllen der Steuererklärung	125/126
4. Muster: Einspruchsschreiben mit Antrag auf Aussetzung der Vollziehung	127
5. Muster: Finanzgerichtliche Klage	128/129
a) im Verfahren zur Erlangung vorläufigen Rechtsschutzes	128
b) im Hauptsacheverfahren	129

Schrifttum: *Bareis/Elser,* Analyse des neuen Erbschaftsteuerrechts, DStR 1997, 557; *Brinkmeier,* Erben und Vererben – Vermeiden Sie die häufigsten Fehler, Betrieb und Wirtschaft 2000, 90; *Christoffel/Geckle/Pahlke,* ErbSt-Gesetz, 1998; *Christoffel/Weinmann,* Erbschaft – Schenkung, 2. Aufl. 1994; *Daumke,* Grundriss der AO, 1988; *Gebel,* Bemerkungen zu Teil II der Erbschaftsteuer-Richtlinien, BB 1999, 1629; *Gürsching/Stenger/Christoffel,* Bewertungsgesetz, Kommentar, Loseblatt, Stand: 2004; *Halaczynski,* Die Erbschaft- und Schenkungsteuererklärung, 2006; *Hermes*, Schadenersatz bei der Amtspflichtverletzung durch den Finanzbeamten, DStZ 1996, 9; *Hofmann*, „Mandantenberatung bei der steuerlichen Selbstanzeige", DStR 1998, 399, 403; *Jakob* Abgabenordnung, 2. Aufl. 1996; *Kapp/Ebeling*, Erbschaftsteuer- und Schenkungsteuergesetz, Kommentar, Loseblatt, Stand: 2004; *Klein*, Kommentar zur Abgabenordnung, 4. Aufl. 1989; *Kreutziger/Lindberg/Schaffner*, Bewertungsgesetz, Kommentar, 2002; *Meincke*, Kommentar zum Erbschaftsteuergesetz, 14. Aufl. 2004; *Nacke*, Amtshaftung bei fehlerhaftem Verhalten von Finanzbeamten, DStZ 1996, 20; *Nissen*, Amtshaftung der Finanzverwaltung, DStZ 1997, 13; *Schäfer/Strotmeier*, Bewertung, Erbschaft- und Schenkungsteuer, Grundsteuer, 5. Aufl. 2002; *Siegert*, Die wesentlichen Änderungen der Abgabenordnung durch das Steuerberatungsgesetz 1999, BB 2000, 748; *Stegmaier*, Die Festsetzungsverjährung im Erbschaft- und Schenkungsteuerrecht, DStZ 1996, 83; *Tipke/Kruse*, Kommentar zur Abgabenordnung, Loseblatt, Stand: 2005; *Tipke/Lang* Steuerrecht, 17. Aufl. 2002; *Wachenhausen*, Erbschaft- und Schenkungsteuerrecht, 1997; *ders.*, Änderungen im Erbschaftsteuergesetz durch das JStG 1997, NJW 1997, 686; *ders.*, Analyse des neuen Erbschaftsteuerrechts, DStR 1997, 557.

1 **Beratungs-Checkliste**

Bei der Übernahme eines Mandates mit erbschaftsteuerlicher Relevanz ist grundsätzlich Folgendes zu beachten:
1. Liegen tatsächlich alle Verfügungen von Todes wegen vor?
2. Sind alle Erben und Vermächtnisnehmer namentlich bekannt (wegen Vollständigkeit der Erbschaftsteuererklärung)?
3. Was gehört alles zum Nachlass?
4. Existieren Wertgutachten über einzelne Vermögensgegenstände, die zum Nachlass gehören? Wie aktuell sind diese Gutachten?
5. Sind Besonderheiten (insbesondere bei Immobilien) bekannt oder erkennbar, die Wertabschläge dieser Vermögensgegenstände rechtfertigen (z.B. Kontaminationen, Einschränkungen der Nutzungsmöglichkeit)?
6. Wurde der Erbfall im Rahmen der §§ 30, 33, 34 ErbStG bereits angezeigt?
7. Wurde von der Finanzbehörde bereits die Abgabe einer Erbschaftsteuererklärung gefordert (ggf. zu welchem Termin)?
8. Falls bereits ein Bescheid ergangen ist: Wurde hiergegen (fristwahrend) Einspruch eingelegt bzw. Klage erhoben?

I. Allgemeines

1. Das Verfahrensrecht

2 Das Besteuerungsverfahren der Erbschaftsteuer ist teilweise im Erbschaftsteuergesetz (ErbStG) geregelt, darüber hinaus finden insbesondere die Vorschriften der Abgabenordnung (AO) und – soweit der gerichtliche Rechtsschutz betroffen ist – die der Finanzgerichtsordnung (FGO) Anwendung. Die AO ist lex specialis zum Verwaltungsverfahrensgesetz (VwVfG) wie die FGO auch lex specialis zur Verwaltungsgerichtsordnung ist (VwGO). Das Steuerverfahrensrecht umfasst die gesetzliche Normierung **nicht-vermögensrechtlicher Verfahrenspflichten** (Handlungs-, Erklärungs-, Mitwirkungs- und Duldungspflichten) zur Durchsetzung der vermögensrechtlichen Steueransprüche.[1] Für die Erbschaftsteuer als bewertungsgesetzabhängige Steuerart nimmt zudem das Bewertungsgesetz (BewG) eine besondere Rolle im Verfahren ein.

2. Aktuelle Gesetzesänderungen

3 Aufgrund der tendenziellen Kurzlebigkeit steuerrechtlicher Vorschriften ist eine Einbeziehung aktueller Rechtsprechung und Literatur zu einer jeden Falllösung – unabhängig von den Informationen des vorliegenden Werkes – unerlässlich. Hierbei kann eine Internet-Recherche hilfreich sein. Als empfehlenswerte Web-Adresse[2] ist hierfür vor allem zu nennen: www.bundesfinanzministerium.de.

---

[1] Vgl. *Jakob* § 1 Rdnr. 3.
[2] Vgl. hierzu auch § 47 m. w. hilfreichen Webadressen-Nachw.

Zusätzlich empfiehlt sich in allen Fällen eine allgemeine Recherche über www.google.de, wobei dort die jeweils gesuchten Begriffe kombiniert einzugeben und die Vielzahl der Rückmeldungen zumindest unter den zuerst genannten Treffern hinzuzuziehen ist. Häufig können dadurch aktuelle Entscheidungen zu dem jeweiligen Fall schnell gefunden werden.

II. Systematische Einordnung des Besteuerungsverfahrens

4

1. Einschlägige Gesetze und Ausführungsvorschriften
- Abgabenordnung (AO) 1977
- Bewertungsgesetz (BewG)
- Erbschaftsteuer- und Schenkungsteuergesetz (ErbStG)
- Erbschaftsteuer-Durchführungsverordnung (ErbStDV)
- Finanzgerichtsordnung (FGO)
- Erbschaftsteuer-Richtlinien (ErbStR)

a) **Außergerichtliches Verfahren.** Steuerrecht ist Massenfallrecht. Im Veranlagungsverfahren wird zunächst unter Einbeziehung des Steuerpflichtigen der **Sachverhalt ermittelt** und anschließend die Steuer festgesetzt. Erfahrungsgemäß ist ein hoher Prozentsatz der Steuerbescheide fehlerhaft. Damit die Finanzgerichte nicht mit Klagen überhäuft werden (jährlich etwa 2 Mio. Einsprüche bei den Finanzämtern), wird dem Steuerpflichtigen und der Finanzverwaltung die Gelegenheit gegeben, die Fälle im Rahmen eines Einspruchsverfahrens nochmals zu prüfen. Die §§ 347 ff. AO regeln das förmliche außergerichtliche Rechtsbehelfsverfahren. Hierbei handelt es sich um **leges speciales zum Widerspruchsverfahren** der VwGO. Das Einspruchsverfahren stellt sich als verlängertes Verwaltungsverfahren dar. Es ist grundsätzlich obligatorische Voraussetzung für ein gerichtliches Verfahren.[3]

5

Das Einspruchsverfahren dient mehreren Zwecken: Zum einen schützt es die Individualrechte des Einspruchsführers, welcher über das Verfahren nach § 362 AO letztlich disponieren kann. Zum anderen dient es der **Selbstkontrolle der Verwaltung,** die den Bescheid in vollem Umfang (§ 367 Abs. 2 S. 1 AO) überprüfen und folgerichtig gemäß § 367 Abs. 2 S. 2 AO sogar „verbösern" kann. Nicht zu vergessen ist die Entlastung der Finanzgerichte, da lediglich 3% von rund zwei Millionen eingelegten Einsprüchen zum Gegenstand eines finanzgerichtlichen Prozesses werden.[4] Im Unterschied zu den Finanzgerichten sind die Finanzbehörden an Verwaltungsvorschriften wie Richtlinien, Erlasse und OFD-Verfügungen gebunden.

b) **Gerichtliches Verfahren.** Der Finanzrechtsweg ist im Fünften Abschnitt der FGO, §§ 33 ff. FGO, geregelt. Wie in der Verwaltungsgerichtsordnung sind als Klagearten die **Anfechtungs- und Verpflichtungsklage** und die **allgemeine Leistungsklage** (§ 40 FGO) sowie die **Feststellungsklage** (§ 41 FGO) vorgesehen. Das Gericht entscheidet entweder auf Grund mündlicher Verhandlung durch Urteil (§ 90 FGO) oder in dafür geeigneten Fällen ohne mündliche Verhandlung durch Gerichtsbescheid (§ 90 a FGO). Im Rahmen des zweistufigen Gerichtsaufbaus kann gegen die Entscheidung des Finanzgerichts ggf. mit der Revision beim Bundesfinanzhof vorgegangen werden (§§ 115 Abs. 1 u. 2, 116 FGO). Die Nichtzulassung der Revision kann nach § 115 Abs. 3 FGO mit der Nichtzulassungsbeschwerde angefochten werden. Darüber hinaus kann der Steuerpflichtige die **Aussetzung der Vollziehung** des angefochtenen Verwaltungsakts nach § 69 Abs. 3 FGO beantragen. Nach § 114 Abs. 1 FGO besteht für das Gericht die Möglichkeit, auf Antrag auch schon vor Klageerhebung eine **einstweilige Anordnung** in Bezug auf den Streitgegenstand zu treffen. Gegen Entscheidungen über die Aussetzung der Vollziehung und über einstweilige Anordnungen steht den Beteiligten die Beschwerde zu, wenn sie in der Entscheidung ausdrücklich zugelassen worden ist, § 128 Abs. 3 FGO.

6

---

[3] Vgl. §§ 44 bis 46 FGO: Ausnahmen bei der Sprungklage (§ 45 AO) und der Untätigkeitsklage (§ 46 AO).
[4] Geschäftsbericht der Finanzgerichte in der BRD 1996 (für die Jahre 1995 und 1996), EFG 1997, 922.

2. Aufbau und grundlegende Besonderheiten des Steuerverfahrens

7

Checkliste: Potentiell steuerpflichtige Vorgänge

☐ Erwerb von Todes wegen, § 1 Abs. 1 Nr. 1 ErbStG
- Erbanfall, § 1922 BGB, § 3 Abs. 1 Nr. 1 ErbStG
- Erbersatzanspruch (vom 1.4.1998), § 1934 a BGB, § 3 Abs. 1 Nr. 1 ErbStG
- Vermächtnis, §§ 2147 ff. BGB, § 3 Abs. 1 Nr. 1 ErbStG
- Pflichtteilsanspruch, §§ 2303 f. BGB, § 3 Abs. 1 Nr. 1 ErbStG
- Schenkung auf den Todesfall, §§ 2301 ff. BGB, § 3 Abs. 1 Nr. 2 ErbStG
- Vermächtnisähnliche Erwerbe, § 3 Abs. 1 Nr. 3 ErbStG
- Erwerb aufgrund eines vom Erblasser geschlossenen Vertrages, § 3 Abs. 1 Nr. 4 ErbStG

☐ Schenkung unter Lebenden, § 1 Abs. 1 Nr. 2 ErbStG
- Zweckzuwendungen, § 1 Abs. 1 Nr. 3 ErbStG
- Stiftungsvermögen, § 1 Abs. 1 Nr. 4 ErbStG

8 a) **Auslöser für die Abgabe einer Anzeige und einer Erbschaftsteuererklärung.** Im Erbschaftsteuergesetz stehen die **Pflicht zur Anzeige eines Erwerbs** nach § 30 ErbStG und die **Pflicht zur Abgabe der Erbschaftsteuererklärung** nach § 31 ErbStG selbständig nebeneinander.[5]

9 *aa) Anzeige und Erbschaftsteuererklärung.* (1) Anzeige. Nach § 30 Abs. 1 ErbStG hat der Empfänger bzw. bei einer Zweckzuwendung der Beschwerte einen der Erbschaftsteuer unterliegenden Erwerb (§ 1 ErbStG) binnen einer **Frist von drei Monaten** nach erlangter Kenntnis von dem Anfall oder von dem Eintritt der Verpflichtung dem für die Verwaltung der Erbschaftsteuer zuständigen Finanzamt anzuzeigen.[6] Der Anzeigepflicht ist auch dann noch nachzukommen, wenn die Drei-Monats-Frist bereits abgelaufen ist.[7] Der Testamentserbe erlangt in der Regel erst mit der Eröffnung des Testaments Kenntnis von dem Erwerb.[8] **Zuständiges Finanzamt** für die Verwaltung der Erbschaftsteuer ist – vorausgesetzt der Erblasser oder Schenker war ein Inländer – nach § 35 Abs. 1 ErbStG das Finanzamt entsprechend sinngemäßer Anwendung des § 19 Abs. 1 (Wohnsitz-Finanzamt) und des § 20 (Finanzamt des Ortes der Geschäftsleitung bzw. das Finanzamt, in dessen Bezirk sich der größte Teil des maßgeblichen Vermögens befindet) der Abgabenordnung. § 35 Abs. 2 ErbStG sieht hingegen abweichende Regelungen für den Fall vor, dass Erwerber bzw. Beschwerte eine Körperschaft, Vermögensmasse oder Personenvereinigung ist. Eine telefonische Rückfrage beim Wohnsitz-Finanzamt des Erblassers hilft erfahrungsgemäß hier am schnellsten weiter.

10 Der **Anzeigepflicht** nach § 30 Abs. 1 ErbStG ist bereits dann Genüge getan, wenn das Finanzamt aufgrund der Mitteilung des Steuerpflichtigen in der Lage ist zu prüfen, ob ein steuerbarer Vorgang vorliegt und ein Besteuerungsverfahren einzuleiten ist. Hierzu reicht in der Regel die namentliche Bezeichnung des Erblassers bzw. Schenkers und des Erwerbers sowie die Mitteilung des Rechtsgrundes für den Erwerb aus.[9] Gemäß § 30 Abs. 3 ErbStG **entfällt** die Anzeigeverpflichtung, wenn der Erwerb auf einer von einem deutschen Gericht, einem deutschen Notar oder einem deutschen Konsul eröffneten Verfügung von Todes wegen beruht und sich aus der Verfügung das Verhältnis des Erwerbers zum Erblasser unzweifelhaft ergibt. Soweit § 30 Abs. 3 ErbStG von dem Verhältnis des Erwerbers zum Erblasser (Schenker) spricht, sind damit die Verhältnisse zwischen dem Erwerber und dem Erblasser bzw. Schenker gemeint, die den Erbschaft- bzw. Schenkungsteuertatbestand ausgelöst haben.[10] Kann das Finanzamt der amtlich eröffneten Verfügung unzweifelhaft diese Angaben entnehmen, entfällt die Anzeigepflicht

---

[5] *Kapp/Ebeling* Vorb. § 31 ErbStG.
[6] *Schäfer/Strotmeier* S. 160 Rdnr. 560; *Meincke* § 30 Rdnr. 5.
[7] Vgl. RFH v. 22.12.1933 – RStBl. 1934, 89; *Kapp/Ebeling* § 30 Rdnr. 2.
[8] BFH v. 27.11.1981 – II R 18/80 – BStBl. II 1982, 276 = StRK RAO § 145 Rdnr. 37.
[9] BFH v. 9.6.1999 – HFR 1999, 809.
[10] BFH v. 9.6.1999 – HFR 1999, 809 m.w.N.

i.S.d. § 30 Abs. 1 ErbStG.[11] Die Anzeigepflicht erstreckt sich nur auf positive Verhältnisse, nicht etwa auch darauf, dass ein Erbfall (beispielsweise der Ersatzerbfall) nicht eingetreten ist.

Der Vermögensverwahrer, der **Vermögensverwalter** und das Versicherungsunternehmen können nach § 33 ErbStG anzeigepflichtig sein. Nach § 33 Abs. 1 ErbStG i.V.m. § 1 ErbStDV haben Vermögensverwahrer und Vermögensverwalter eine Anzeige zu erstatten, wenn ein Erblasser verstorben ist, für den sie geschäftsmäßig Vermögen verwahrt oder verwaltet haben. Verwaltet ein Dritter treuhänderisch die Beteiligungen der Kommanditisten, ist der Treuhänder zur Anzeige verpflichtet, wenn der Kommanditist, dessen Anteil er verwaltet, verstorben ist.[12],[13]

(2) Steuererklärung. Im Erbschaftsteuerrecht besteht **keine generelle Steuererklärungspflicht.**[14] Gemäß § 149 Abs. 1 S. 1 AO bestimmen die Einzelsteuergesetze, wer zur Abgabe einer Steuererklärung verpflichtet ist. Das Erbschaftsteuergesetz enthält keine Vorschrift, nach der der einzelne Erwerber unaufgefordert eine Steuererklärung vorlegen muss.[15] Die Verpflichtung zur Abgabe einer Erklärung entsteht somit erst nach entsprechender Aufforderung durch das Finanzamt. Das Finanzamt kann nach § 31 Abs. 1 ErbStG von jedem an einem Erbfall Beteiligten die Abgabe einer Erklärung innerhalb einer **Frist von mindestens einem Monat** verlangen. Diese Aufforderung kann u. U. jedoch bereits ermessensfehlerhaft sein, wenn die zu beachtenden Freibeträge offensichtlich unterschritten werden.

Der **Testamentsvollstrecker** ist gemäß § 31 Abs. 5 ErbStG verpflichtet, eine Steuererklärung für die Erben abzugeben. Diese Verpflichtung hängt nicht davon ab, dass das Finanzamt die Erben zur Abgabe von Steuererklärungen auffordert.[16] In der Regel soll das Finanzamt den Testamentsvollstrecker anstelle der Beteiligten auffordern, eine Erbschaftsteuererklärung abzugeben. Gegen denjenigen, der seiner Pflicht zur Abgabe einer Steuererklärung nicht nachkommt, kann nach § 152 AO n. F. ein **Verspätungszuschlag bis zu € 25.000,– (bis Ende 2001: DM 50.000,–)** festgesetzt werden, der aber nicht über zehn Prozent der festgesetzten Steuer hinausgehen darf.

bb) Bedeutung für die Festsetzungsverjährung. Die **Festsetzungsverjährung** hat im Steuerrecht besondere Bedeutung, da die Verjährung im Gegensatz zum Privatrecht keine Einrede ist, sondern **von Amts wegen zu beachten** ist und den Steueranspruch zum **Erlöschen** bringt. Der Steueranspruch erlischt bei Eintritt der Festsetzungsverjährung nach § 47 AO i.V.m. § 232 AO. Nach Eintritt der Verjährung wird die Festsetzung der Steuer deshalb unzulässig (§ 169 Abs. 1 S. 1 AO). Für die Erbschaftsteuer gilt die **vierjährige** (§ 169 Abs. 2 Nr. 2 AO) **Festsetzungsfrist**. Nach § 170 Abs. 1 AO beginnt die Festsetzungsfrist mit Ablauf des Kalenderjahres, in dem die Steuer entstanden ist oder eine bedingt entstandene Steuer unbedingt geworden ist. Nach § 170 Abs. 5 Nr. 1 AO **beginnt** die Festsetzungsfrist bei der Erbschaft- und Schenkungsteuer **bei einem Erwerb von Todes wegen** jedoch nicht vor Ablauf des Kalenderjahres, in dem der Erwerber **Kenntnis** von dem Erwerb erlangt hat.

(1) Anlaufhemmung (§ 170 Abs. 2 AO). Besondere Bedeutung gewinnt die Anzeige- und die Steuererklärungspflicht im Zusammenhang mit der **Anlaufhemmung der Festsetzungsverjährung.** Die Verlängerung der grundsätzlichen Vierjahresfrist (§ 169 Abs. 2 Nr. 2 AO) ist nach § 170 Abs. 2 Nr. 1 AO an das Bestehen einer **Handlungspflicht** des Steuerpflichtigen oder seiner Vertreter bzw. der für ihn zum Handeln Verpflichteten geknüpft. Von deren Verhalten hängt der konkrete Lauf der Frist im Einzelfall ab:[17]

---

[11] BFH v. 16.10.1996 – DStR 1997, 80, 81.
[12] OFD München Verfügung v. 31.3.1999 – S 3844–25 St 353.
[13] Zur Frage, wie zur korrekten Erfüllung der Anzeigepflicht gem. § 33 ErbStG i.V.m. § 5 ErbStDV der Wert von Finanzierungsschätzen und anderen Diskontpapieren im Todeszeitpunkt des Erblassers zu ermitteln ist, ist das BMF-Schreiben v. 14.12.1993 – IV B 8 – S 3844–28/93 (DB 1994, 608) zu beachten.
[14] *Hofmann* DStR 1998, 399, 403.
[15] BFH v. 9.6.1999 – HFR 1999, 809, 810.
[16] BFH v. 7.12.1999 – DB 2000, 554, 555 = BB 2000, 552 ff.; *Meincke* § 31 Rdnr. 12 f.
[17] BFH v. 7.12.1999 – DB 2000, 554, 555; BFH v. 16.2.1994 – BStBl. II 1994, 866 = DB 1994, 1170, unter II. 2.

- **bei Anzeigepflicht:**

16 Nach § 170 Abs. 2 Nr. 1 AO wird der Anlauf der Festsetzungsverjährung gehemmt, wenn eine **Anzeige zu erstatten** ist. In diesem Fall beginnt die Festsetzungsfrist erst mit Ablauf des Kalenderjahres, in dem die Anzeige eingereicht wird, spätestens jedoch mit Ablauf des dritten Kalenderjahres, das auf das Kalenderjahr folgt, in dem die Steuer entstanden ist, es sei denn, dass die Festsetzungsfrist nach § 170 Abs. 1 AO später beginnt.

17 Die **Berichtigungsanzeige** (§ 153 AO) gehört nicht zu den Anzeigen i.S.d. § 170 Abs. 2 Nr. 1 AO.[18] Der Steuerpflichtige kommt daher keiner Anzeigepflicht i.S.d. § 170 Abs. 2 Nr. 1 AO nach, wenn er nachträglich erkennt, dass eine von ihm oder für ihn abgegebene Steuererklärung unrichtig oder unvollständig ist und es dadurch zu einer Verkürzung von Steuern kommen kann oder bereits gekommen ist, und dies dem Finanzamt nach § 153 Abs. 1 AO anzeigt.[19] Die **Anzeigepflicht nach § 153 Abs. 1 AO**, wonach ein Steuerpflichtiger Unrichtigkeiten bei seiner Erklärung dem Finanzamt anzuzeigen hat, entsteht in der Regel erst nach Festsetzung der Steuer. Der Eintritt der Anzeigepflicht nach § 153 Abs. 1 AO setzt notwendigerweise die Abgabe einer – zu berichtigenden – Steuererklärung voraus. Hat der Lauf der Festsetzungsfrist einmal begonnen, kann der Eintritt der Pflicht zur Anzeige nach § 153 Abs. 1 AO nicht noch einmal gemäß § 170 Abs. 2 Nr. 1 AO zum erneuten Beginn der Festsetzungsfrist in ihrer ganzen Länge von vier Jahren führen. Die Anlaufhemmung endet mit **Eingang der Anzeige beim Finanzamt**. Erfolgt danach eine Aufforderung zur Abgabe einer Steuererklärung, tritt eine erneute Anlaufhemmung ein.[20]

- **bei Steuererklärungspflicht:**

18 Solange seitens des Finanzamtes keine Aufforderung zur Abgabe einer Erbschaftsteuererklärung vorliegt, besteht **grundsätzlich keine Pflicht** zur Abgabe (Ausnahmen gelten bei Testamentsvollstreckern und Nachlassverwaltern). Bei der **Aufforderung zur Abgabe** einer Erbschaftsteuererklärung handelt es sich um einen Verwaltungsakt, der innerhalb der vierjährigen Festsetzungsfrist erlassen werden kann.[21] Die Abgabe der Steuererklärung führt zum Beginn der Festsetzungsfrist nach § 170 Abs. 2 Nr. 1 AO, und zwar mit Ablauf des Kalenderjahres, in dem die Erklärung abgegeben wird. Dem steht die Abgabe einer teilweise unvollständigen oder unrichtigen Erklärung nicht entgegen, soweit diese nicht derart unzutreffend und/oder lückenhaft ist, dass sie praktisch auf die Nichteinreichung der Erklärung hinausläuft.[22] Eine **Mahnung** nach § 259 AO stellt keine Aufforderung zur Abgabe einer Steuererklärung gemäß § 31 ErbStG dar.[23]

19 Fordert das Finanzamt nur **einen von mehreren Erben** nach § 31 Abs. 1 ErbStG zur Erklärungsabgabe auf, entsteht die Erklärungspflicht nur in dessen Person. Daher ist in diesem Fall der Beginn der Festsetzungsfrist auch nur gegenüber diesem Erben gehemmt.[24] Die Handlungspflicht von vom Steuerpflichtigen unabhängigen Dritten reicht nicht aus, um die Anlaufhemmung in Gang zu setzen. Unabhängige Dritte sind anzeigepflichtige Dritte, wie z.B. Behörden und Notare. Der **Testamentsvollstrecker** ist jedoch nicht Dritter, sondern jemand, der für den oder die Erben handelt. Er nimmt die Rechte und Pflichten des Erben betreffend den Nachlass wahr (§§ 2205, 2208 BGB); dem Erben ist die Ausübung seiner Rechte verwehrt (§ 2211 BGB). Der Testamentsvollstrecker ist daher einem gesetzlichen Vertreter gleichgestellt und gerade kein unabhängiger Dritter.[25] Der Testamentsvollstrecker ist nach § 31 Abs. 5 ErbStG verpflichtet, die Steuererklärung abzugeben. Ihm gegenüber ist nach § 32 Abs. 1 S. 1 ErbStG der Steuerbescheid bekannt zu geben. Er hat für die Bezahlung der Erbschaftsteuer zu sorgen und auf Verlangen des Finanzamts aus dem Nachlass Sicherheit zu leisten (§ 32 Abs. 1 S. 2 und 3 ErbStG). Die Pflicht des Testamentsvollstreckers zur Abgabe der Steuererklärung ist auf den Erwerb von Todes wegen seitens des/der Erben beschränkt.[26] Für Personen, denen infolge des

---

[18] BFH v. 22.1.1997 – DStR 1997, 495, 496.
[19] BFH v. 22.1.1997 – DStR 97, 495 ff.
[20] *Hofmann* DStR 1998, 399, 403.
[21] *Stegmaier* DStZ 1996, 83, 84 m.w.N.
[22] BFH v. 22.1.1997 – DStR 1997, 495, 496.
[23] BFH v. 5.5.1999 – ZErb 1999, 36.
[24] BFH v. 5.5.1999 – ZErb 1999, 36.
[25] BFH v. 20.10.1970 – DB 2000, 556; BStBl. II 1970, 826 = DB 1971, 272; BFH v. 18.6.1986 – BStBl. II 1986, 704 = DB 1975, 2648; KG v. 15.1.1959 – NJW 1959, 1086.
[26] BFH v. 9.6.1999 – HFR 1999, 809, 810.

Erbfalls schuldrechtliche Ansprüche erbrechtlicher Natur gegenüber dem oder den Erben zustehen – Vermächtnisnehmern (vgl. § 2174 BGB), Pflichtteilsberechtigten (s. § 2213 Abs. 1 u. 3 BGB), Erbersatzanspruchsberechtigten (§ 1934 a BGB) – muss der Testamentsvollstrecker in der Regel keine Erbschaftsteuererklärung abgeben.[27] Etwas anderes gilt nur, wenn der Erblasser auch hinsichtlich eines Vermächtnisses Testamentsvollstreckung angeordnet hat. Kommt der Testamentsvollstrecker der Pflicht zur Abgabe einer Steuererklärung nicht nach, wird gemäß § 170 Abs. 2 Nr. 1 AO der Anlauf der Festsetzungsfrist gehemmt.

(2) Ablaufhemmung (§ 171 AO). Wird vor Ablauf der Festsetzungsfrist **außerhalb eines** **Einspruchs- oder Klageverfahrens** ein Antrag auf Steuerfestsetzung oder auf Aufhebung oder Änderung einer Steuerfestsetzung oder ihrer Berichtigung nach § 129 AO gestellt, so läuft die Festsetzungsfrist insoweit nicht ab, bevor über den Antrag unanfechtbar entschieden worden ist (§ 171 Abs. 3 AO). Der Umfang des Antrags auf Änderung bestimmt den Umfang, in dem der Ablauf der Festsetzungsfrist nach § 171 Abs. 3 AO gehemmt ist. Die **Ablaufhemmung** nach Einlegung eines Einspruchs oder einer Klage bestimmt sich nach § 171 Abs. 3 a AO neue Fassung. Der neue § 171 Abs. 3 a AO stellt klar, dass der Ablauf der Festsetzungsfrist **hinsichtlich des gesamten Steueranspruchs** gehemmt ist, soweit der Rechtsbehelf zulässig ist. Demnach kann sich die Ablaufhemmung auch zum Nachteil des Steuerpflichtigen auswirken, falls eine verbösernde Entscheidung getroffen wird.[28]

Ist die Festsetzung einer Steuer nach § 165 AO ausgesetzt oder die **Steuer vorläufig festgesetzt** worden, so endet die Festsetzungsfrist nicht vor Ablauf eines Jahres, nachdem die Ungewissheit beseitigt ist und die Finanzbehörde hiervon Kenntnis erhalten hat (§ 171 Abs. 8 AO). Nach § 171 Abs. 9 AO endet die Festsetzungsfrist in den Fällen, in denen ein Steuerpflichtiger vor Ablauf der Festsetzungsfrist eine **Berichtigungsanzeige** nach § 153 AO erstattet, nicht vor Ablauf eines Jahres nach Eingang der Anzeige.

b) Bedarfsbewertung. Durch das Jahressteuergesetz 1997 vom 20.12.1996[29] erfolgt die Grundbesitzbewertung für Erwerbe bei der Erbschaft- und Schenkungsteuer mit Rückwirkung zum 1.1.1996[30] im Wege der **Bedarfsbewertung**.

aa) Zum Begriff. Nach § 138 Abs. 5 S. 1 BewG wird Bedarfsbewertung damit umschrieben, dass die **Grundbesitzwerte gesondert festzustellen** sind, wenn sie für die Feststellung der Höhe der Erbschaftsteuer erforderlich sind. Der Grundbesitzwert ist aus verwaltungsökonomischen Gründen nur dann in einem rechtlich selbständigen Verfahren (der sog. Bedarfsbewertung) zu ermitteln, wenn dies sowohl dem Grunde als auch der Höhe nach für die Durchführung der Erbschaft- oder Schenkungsbesteuerung erforderlich ist.[31] Der von den Bewertungsstellen der Lage-Finanzämter (§ 18 Abs. 1 Nr. 1 AO) zu erlassende Feststellungsbescheid ist ein **Grundlagenbescheid**, der für den Erbschaft-, Schenkung- oder Grunderwerbsteuerbescheid **präjudizielle Bindungswirkung** besitzt[32] und daher stets genau zu prüfen und vor Ablauf der Einspruchsfrist ggf. anzugreifen ist (vorsorglicher Einspruch). Maßgeblich für die Feststellung der Grundstückswerte bzw. der land- und forstwirtschaftlichen Grundbesitzwerte sind einerseits die **tatsächlichen Verhältnisse im Besteuerungszeitpunkt** (z.B. im Todesfall, § 9 Abs. 1 ErbStG), andererseits die **Wertverhältnisse vom 1.1.1996**, die nach § 138 Abs. 4 BewG bis einschließlich 31.12.2006 zugrunde zu legen sind.

bb) Zum Verfahren. Das Erbschaftsteuerfinanzamt hat nach Mitteilung des Standesamtes über einen Sterbefall zunächst zu prüfen, ob eine **materielle Steuerpflicht** überhaupt besteht. Das Erfordernis einer Bewertung kann nur dann nach § 12 Abs. 3 ErbStG angenommen werden, wenn bereits ohne Berücksichtigung des Grundbesitzes eine Erbschaft-(bzw. Schenkung-)steuer zweifelsfrei entstanden ist (Vgl. § 38 AO i.V.m. §§ 9 ff. ErbStG). In allen anderen Fällen ist gemäß § 88 Abs. 1 AO vor Durchführung eines gesonderten Feststellungsverfahrens von dem Erbschaftsteuer-Finanzamt eine „**überschlägige Bewertung**" des Grundbesitzes anhand

---

[27] BFH v. 9.6.1999 – HFR 1999, 809, 810.
[28] *Siegert* BB 2000, 748, 749.
[29] BGBl. I 1996, 2049.
[30] Vgl. bei der Grunderwerbsteuer erst mit Wirkung zum 1.1.1997, § 8 Abs. 2 GrEStG.
[31] *Olbertz* DStR 1998, 1293, 1294.
[32] *Tipke/Lang* § 13 Rdnr. 28.

der „Anlage Grundstücke" (Beweismittel i.S.d. § 92 AO) vorzunehmen. Zu diesem Zweck übersendet das Finanzamt dem/den durch Erbfall/Schenkung Begünstigten ein Steuererklärungsformular (einschließlich einer Anlage „Grundstücke").[33] Hält das Finanzamt eine materielle Steuerpflicht für möglich, fordert es die Bewertungsstelle des Lagefinanzamtes auf, einen Grundbesitzwert für das Grundstück festzustellen. Das Erbschaftsteuer-Finanzamt überträgt im Bedarfsfall des § 12 ErbStG die Ermittlungs- und Feststellungskompetenz partiell auf das Lage-Finanzamt i.S.d. § 17 AO i.V.m. § 180 Abs. 1 Nr. 1 AO. Auch nach der Übertragung behält das Erbschaftsteuer-Finanzamt gemäß § 155 Abs. 2 AO vorläufig die sachliche und örtliche Zuständigkeit – bis zum Erlass des Feststellungsbescheides – die erforderlichen Besteuerungsgrundlagen in eigener Kompetenz zu ermitteln und als unselbständige Besteuerungsgrundlage der Festsetzung zugrunde zu legen. Der Bundesfinanzhof stellt in seinem Urteil vom 20.9.1989[34] klar, dass die Regelung des § 155 Abs. 2 AO dem Festsetzungs-Finanzamt die Befugnis zu vorläufigen Maßnahmen im Besteuerungsverfahren gewährt, ggf. auch eine **Schätzung** nach § 162 Abs. 3 AO durchzuführen. Das Lagefinanzamt wendet sich im Bedarfsfall erneut an die Begünstigten, indem es sie zur Abgabe einer Feststellungserklärung anhält.[35] Was die Bewertung der Grundstücke selbst betrifft ist zwischen der Bewertung **unbebauter** und **bebauter** Grundstücke zu unterscheiden.[36]

24 c) *Sonstiges. aa) Das Handeln der Finanzbehörde.* Gemäß § 155 Abs. 1 AO setzt die Finanzbehörde die Steuern durch Steuerbescheid fest. Der Steuerbescheid ist ein **Verwaltungsakt** und nach § 122 AO demjenigen Beteiligten bekannt zu geben, für den er bestimmt ist. Er wird mit dem Inhalt wirksam, mit dem er bekannt gegeben wird (§ 124 Abs. 1 S. 2 AO). Das Handeln der Finanzverwaltung muss nicht unbedingt auf einen Verwaltungsakt ausgerichtet sein. Unter Umständen sind auch **tatsächliche Verständigungen** zwischen der Finanzverwaltung und dem Steuerpflichtigen möglich. Bei der tatsächlichen Verständigung handelt es sich um eine Art Vergleich oder Außerstreitstellung.[37] Der Bundesfinanzhof unterscheidet hierbei hinsichtlich der Bindungskraft zwischen „tatsächlicher Verständigung" über **Sachverhaltsfragen** und einer „Vereinbarung über den Steueranspruch selbst", d.h. über **Rechtsfragen**. Letztere sind unzulässig, erstere hingegen zulässig und nach Treu und Glauben auch verbindlich.[38] Insbesondere bei Unklarheiten im Sachverhalt, die nicht oder nur erschwert aufgeklärt werden können, bietet es sich daher an, das Gespräch mit dem zuständigen Amtsträger (Sachgebietsleiter oder Vorsteher) zu suchen.

25 *(1) Nichtigkeit des Steuerbescheides.* Die Steuerfestsetzung ist nicht wirksam, wenn der Steuerbescheid gemäß § 125 AO nichtig ist. Nach § 125 Abs. 5 AO kann die Finanzbehörde die **Nichtigkeit** jederzeit **von Amts wegen feststellen**. Nach § 125 Abs. 1 AO ist ein Verwaltungsakt nichtig, soweit er an einem besonders schwerwiegenden Fehler leidet und dies bei vernünftiger Würdigung aller in Betracht kommenden Umstände offenkundig ist. § 125 Abs. 2 AO zählt einzelne Beispielsfälle nichtiger Steuerbescheide auf, bei denen es auf die Voraussetzungen des Abs. 1 nicht ankommt. § 125 Abs. 3 AO enthält Gründe, die für die Nichtigkeit eines Verwaltungsakts noch nicht ausreichend sein sollen. § 125 Abs. 4 AO enthält eine dem § 139 BGB umgekehrt vergleichbare Regelung. Schriftliche Steuerbescheide müssen nach § 119 Abs. 1 AO **inhaltlich hinreichend bestimmt** sein, ansonsten sind sie nichtig. Der Regelungsinhalt muss dem Verwaltungsakt eindeutig entnommen werden können. Er muss erkennen lassen, welche Behörde den Verwaltungsakt erlassen hat (§ 119 Abs. 3 AO), wer die Steuer schuldet und die festgesetzte Steuer nach Art und Betrag bezeichnen (§ 157 Abs. 1 S. 2 AO). Letzteres erfordert die Angabe der konkret durch die Verwirklichung eines bestimmten Steuertatbestandes jeweils ausgelösten Steuerschuld.[39] Macht das Finanzamt von der verfahrensrechtlichen Möglichkeit Gebrauch, **mehrere Erwerbe** (etwa mehrere schenkungsteuerlich relevante Sachverhalte) in ei-

---

[33] *Tipke/Lang* § 13 Rdnr. 29.
[34] BFH v. 20.9.1989 – BStBl. II 1990, 177.
[35] S. zum Verfahrensablauf *Gürsching/Stenger/Christoffel* § 138 Rdnr. 64 ff. (mit Schaubild).
[36] *Kreutziger/Schaffner* § 146 Rdnr. 2.
[37] *Jakobs* § 4 Rdnr. 30.
[38] BFH v. 11.12.1984 – BStBl. II 1985, 354; BFH v. 5.10.1990 – BStBl. II 1991, 45; BFH v. 6.2.1991 – BStBl II 673, OFD Hannover v. 2.7.1992 – Stbg. 1993, 3.
[39] BFH v. 15.10.1980 – BFHE 131, 448, BStBl. II 1981, 84, HFR 1981, 53.

nem Steuerbescheid zusammenzufassen,⁴⁰ so ist es unzulässig, verschiedene Steuerschulden desselben Steuerschuldners in einem Betrag unaufgegliedert zusammenzufassen.⁴¹ Bei körperlicher Zusammenfassung mehrerer Steuerfälle ist für jeden Steuerfall eine gesonderte Festsetzung der Steuer erforderlich.⁴² Nur ausnahmsweise kann der getrennte Steuerausweis entbehrlich sein. Dies ist jedenfalls nicht der Fall, wenn die Finanzbehörde bei jeweils selbständigen, nicht voneinander abhängigen notariellen Schenkungsverträgen überprüft, ob Leistung und Gegenleistung in einem offenbaren Missverhältnis stehen.⁴³

(2) Bestandskraft und Korrektur. Steuerbescheide können gemäß § 172 Abs. 1 Nr. 2 d) AO nur gemäß §§ 172 ff. AO und § 129 AO geändert werden und nicht nach den allgemeinen Änderungsvorschriften für Verwaltungsakte (§§ 130, 131 AO).

(a) Berichtigung offenbarer Unrichtigkeiten beim Erlass eines Verwaltungsaktes (§ 129 AO). Nach § 129 AO kann die Finanzbehörde Schreibfehler, Rechenfehler und ähnliche offenbare Unrichtigkeiten, die beim Erlass des Verwaltungsaktes unterlaufen sind, jederzeit berichtigen. Eine **offenbare Unrichtigkeit scheidet aus,** wenn auch nur die ernsthafte Möglichkeit besteht, dass die Nichtbeachtung einer feststehenden Tatsache in einer fehlerhaften Tatsachenwürdigung oder in einem sonstigen sachverhaltsbezogenen Denk- oder Überlegungsfehler begründet ist oder auf mangelnder Sachaufklärung beruht.⁴⁴ Enthält eine Schenkungsteuererklärung beispielsweise keine Angaben zum Verwandtschaftsverhältnis der Vertragsparteien und schließt der Sachbearbeiter die Sachverhaltslücke durch die unzutreffende Überlegung, es handle sich um eine Zuwendung vom Vater an den Sohn, liegt ein Überlegungsfehler und in dessen Folge eine mangelnde Sachaufklärung vor, die der Annahme einer offenbaren Unrichtigkeit entgegensteht.⁴⁵ Es liegt dann keine offenbare Unrichtigkeit nach § 129 AO vor, wenn die Schenkungsteuer nach der unzutreffenden Steuerklasse festgesetzt wird.⁴⁶

(b) Änderung nach §§ 172 ff. AO. Abgesehen von den praktisch weniger häufigen Fällen des § 172 Abs. 1 Nr. 2 b und c AO können nach § 172 Abs. 1 Nr. 2 a AO Steuerbescheide **zu Gunsten** des Steuerpflichtigen geändert werden, wenn der Steuerpflichtige vor Ablauf der Einspruchsfrist zugestimmt oder den Antrag gestellt hat oder wenn die Finanzbehörde einem Einspruch oder einer Klage abhilft. Über § 132 AO ist § 172 Abs. 1 S. 1 Nr. 2 a AO auch während eines finanzgerichtlichen Verfahrens anwendbar. Nach der **Neufassung des § 172 AO** kann die Steuerfestsetzung in Form der Einspruchsentscheidung nach § 172 Abs. 1 S. 3 AO auch noch außerhalb des Klageverfahrens geändert werden,⁴⁷ wenn der Steuerpflichtige dieser Änderung zugestimmt hat oder sie sich zu seinen Gunsten auswirkt und er diese innerhalb der Klagefrist beantragt (§ 172 Abs. 1 S. 3 AO).

(aa) Korrektur nach § 173 AO. Nach § 173 AO sind **Steuerbescheide aufzuheben oder zu ändern,**
- Nr. 1: soweit Tatsachen oder Beweismittel nachträglich bekannt werden, die zu einer höheren Steuer führen,
- Nr. 2: soweit Tatsachen oder Beweismittel nachträglich bekannt werden, die zu einer niedrigeren Steuer führen und den Steuerpflichtigen kein grobes Verschulden daran trifft.

„**Tatsache**" ist alles, was Merkmal oder Teilstück eines gesetzlichen Steuertatbestandes sein kann, also Geschehnisse oder Zustände der Außenwelt (äußere Tatsachen) und Vorgänge des Seelenlebens (innere Tatsachen).⁴⁸
- Zu § 173 Abs. 1 Nr. 1:
Für die Frage, ob dem Erbschafts- bzw. Schenkungsteuer-Finanzamt Tatsachen, die zu einer höheren Bewertung eines steuerpflichtigen Erwerbs von Bedeutung sind, **nachträglich** i. S. v.

---

⁴⁰ Vgl. zu dieser Möglichkeit BFH v. 16.12.1992 – BFH/NV 1993, 298, und BFH v. 20.2.1980 – BFHE 130, 176, BStBl. II 1980, 414, HFR 1980, 381.
⁴¹ BFH v. 28.1.1983 – BFHE 138, 188, BStBl. II 1983, 472, HFR 1983, 375.
⁴² BFH v. 9.12.1998 – HFR 1999, 697, 698.
⁴³ BFH v. 9.12.1998 – HFR 1999, 697, 698.
⁴⁴ BFH v. 9.12.1998 – HFR 1999, 613, 614.
⁴⁵ BFH v. 9.12.1998 – HFR 1999, 613, 614.
⁴⁶ BFH v. 9.12.1998 – HFR 1999, 613.
⁴⁷ Vgl. *Siegert* BB 2000, 748, 751.
⁴⁸ BFH v. 31.3.1981 – BFHE 133, 13 – BStBl. II 1981, 507.

§ 173 Abs. 1 Nr. 1 AO bekannt geworden sind, kommt es grundsätzlich allein auf die Kenntnis dieses Finanzamtes an.[49] Das Finanzamt kann sich aber die Kenntnis eines anderen Finanzamtes zu Eigen machen, wenn es den Wert einer Beteiligung an einer Personengesellschaft dadurch ermittelt, dass es diesen aus einem von einem anderen Finanzamt (Betriebs-Finanzamt) festgestellten Bescheid über den Wert des Betriebsvermögens der Gesellschaft ableitet.[50] Die Kenntnisse des Betriebs-Finanzamts sind in diesem Fall daher (mit) zu berücksichtigen.

- Zu § 173 Abs. 1 Nr. 2 AO:

31   Wenn die Gewährung einer Steuervergünstigung nicht nur vom Vorliegen objektiver Tatbestandsmerkmale, sondern außerdem von einer **subjektiven Willensentscheidung des Steuerpflichtigen** abhängt, dann ist auch diese Entscheidung eine – innere – Tatsache i.S.d. § 173 AO.[51] Die Kenntnis des Steuerpflichtigen über einen antragsgebundenen Freibetrag (z.B. der Betriebsvermögensfreibetrag nach § 13 Abs. 2 a S. 1 Nr. 2 ErbStG für Erwerbe im Wege der vorweggenommenen Erbfolge) ist eine innere Tatsache i.S.d. § 173 Abs. 1 Nr. 2 AO.[52] Die Abgabe der Erklärung, einen Freibetrag nach § 13 Abs. 2 a S. 1 Nr. 2 ErbStG in Anspruch zu nehmen, setzt in subjektiver Hinsicht voraus, dass sich der Schenker dieses vom Gesetz eingeräumten Freibetrages bewusst ist und er den Willen hat, diesen für einen bestimmten steuerpflichtigen Erwerb tatsächlich in Anspruch zu nehmen.[53] Hat der Schenker erst im Nachhinein von der Existenz dieses Freibetrages erfahren und ist dieser Umstand als innere Tatsache dem Finanzamt erst nachträglich bekannt geworden (z.B. aus einem Änderungsantrag) und damit nach der abschließenden Zeichnung des ersten Steuerbescheides,[54] kann der Steuerbescheid noch nach § 173 Abs. 1 Nr. 2 S. 1 AO geändert werden. Die **nachträgliche Geltendmachung des Freibetrages** führt zu einer niedrigeren Steuer i.S.d. § 173 Abs. 1 Nr. 2 S. 1 AO. Der Inanspruchnahme des Freibetrages steht nicht die Bestandskraft des Steuerbescheides entgegen, da ein Steuerpflichtiger ein **nicht fristgebundenes Wahlrecht** unter den Voraussetzungen des § 173 Abs. 1 Nr. 2 AO im Rahmen eines Änderungsantrages erstmalig ausüben kann.[55] Eine zeitliche Befristung ist für § 13 a Abs. 1 Nr. 2 ErbStG nicht vorgesehen.

32   Außerdem darf nach § 173 Abs. 1 Nr. 2 AO kein grobes Verschulden des Steuerpflichtigen vorliegen. Als **grobes Verschulden** i.S.d. § 173 Abs. 1 Nr. 2 AO hat der Steuerpflichtige Vorsatz und grobe Fahrlässigkeit zu vertreten. Grobe Fahrlässigkeit liegt vor, wenn er die ihm nach seinen persönlichen Verhältnissen zumutbare Sorgfalt in ungewöhnlichem Maße und in nicht entschuldbarer Weise verletzt hat.[56] Der Steuerpflichtige handelt beispielsweise grob fahrlässig, wenn er eine unzutreffende oder unvollständige Steuererklärung abgibt.[57] Ist der vom Finanzamt übersandte Erklärungsvordruck allerdings veraltet und enthält er deshalb keinen Hinweis auf die Möglichkeit der Steuerbefreiung, so führt die fehlende Geltendmachung desselben nicht zu einem groben Verschulden.[58] Das **Verschulden eines steuerlichen Beraters** ist dem Steuerpflichtigen bei Anwendung des § 173 Abs. 1 Nr. 2 AO zuzurechnen.[59] An die Sorgfaltsanforderungen der steuerlichen Berater werden erhöhte Anforderungen gestellt.[60] Irrtümer bei der Anwendung neuer und komplizierter Gesetzesbestimmungen begründen jedoch lediglich den Vorwurf leichter Fahrlässigkeit.[61]

33   *(bb) Korrektur nach § 174 AO bei widerstreitenden Steuerfestsetzungen.* § 174 AO spricht Fallgestaltungen an, in denen **derselbe Sachverhalt** in mehreren Steuerbescheiden **mehrfach besteuert oder nicht besteuert** wurde, und normiert die Voraussetzungen, unter denen die Kolli-

---

[49] BFH v. 14.1.1998 – DStR 1998, 604.
[50] BFH v. 14.1.1998 – DStR 1998, 604.
[51] BFH v. 9.12.1987.
[52] FG Köln v. 12.12.1997 – EFG 1999, 205.
[53] FG Köln v. 12.12.1997 – EFG 1999, 205, 206.
[54] Zum Zeitpunkt, wann etwas „nachträglich bekannt" wird: BFH v. 18.3.1987 – BFHE 149, 141 – BStBl. II 1987, 416.
[55] St. Rspr. seit BFH v. 28.9.1984 – BFHE 141, 532 – BStBl. II 1985, 117.
[56] BFH v. 21.7.1989 – BFHE 157, 488 – BStBl. II 1989, 960.
[57] BFH v. 9.8.1991 – BFHE 165, 454 – BStBl. II 1992, 65.
[58] FG Köln v. 12.12.1997 – EFG 1999, 205, 207.
[59] BFH Urt. v. 26.8.1987 – BFHE 152, 299 – BStBl. II 1988, 109.
[60] BFH Urt. v. 3.2.1983 – BFHE 137, 547 – BStBl. II 1983, 325.
[61] FG Köln v. 12.12.1997 – EFG 1999, 205, 207; *Tipke/Kruse* § 173 Rdnr. 83.

sion zwischen solchen widerstreitenden Steuerfestsetzungen durch Aufhebung oder Änderung des jeweils rechtswidrigen Bescheids korrigiert werden kann.

(cc) Korrektur nach § 175 AO: Aufhebung oder Änderung von Steuerbescheiden in sonstigen Fällen. Gemäß § 175 Abs. 1 Nr. 1 AO ist ein Steuerbescheid zu erlassen, aufzuheben oder zu ändern, soweit ein **Grundlagenbescheid** (§ 171 Abs. 10 AO), dem Bindungswirkung für diesen Steuerbescheid zukommt, erlassen, aufgehoben oder geändert wird. Der Feststellungsbescheid betreffend den Grundbesitzwert im Rahmen der Bedarfsbewertung nach § 138 Abs. 5 BewG ist beispielsweise ein Grundlagenbescheid i. S. v. § 171 Abs. 10 AO für den (Erbschaft-)-Steuerbescheid.[62] Nach § 175 Abs. 1 Nr. 2 AO ist ein Steuerbescheid zu erlassen, aufzuheben oder zu ändern, soweit ein Ereignis eintritt, das steuerliche Wirkung für die Vergangenheit hat (sog. **rückwirkendes Ereignis**). Haben Schenker und Beschenkter von vornherein eine **Rückfallklausel** vereinbart (geschieht in der Praxis häufig, damit der Schenker die Rückübertragung des Vermögens beispielsweise dann verlangen kann, falls Umstände eintreten, unter denen er die Schenkung nicht vorgenommen hätte),[63] so führt die Ausübung des Rückforderungsrechts schon unter dem Gesichtspunkt des § 29 Abs. 1 Nr. 1 ErbStG (lex specialis gegenüber § 175 Abs. 1 Nr. 2 AO) nicht zu einer neuen Schenkung.[64] Der Eintritt der in der Rückfallklausel umschriebenen Voraussetzungen führt vielmehr auch zum Eintritt eines „rückwirkenden Ereignisses" i.S.d. § 175 Abs. 1 Nr. 2 AO. Die Finanzverwaltung muss daher nach § 175 Abs. 1 Nr. 2 AO den zunächst erlassenen Schenkungsteuerbescheid nach § 175 Abs. 1 Nr. 2 AO ändern.[65]

(dd) Vorläufigkeitsvermerk (§ 165 AO). Nach § 165 Abs. 1 AO kann die Steuer vorläufig festgesetzt werden, soweit **ungewiss** ist, ob die Voraussetzungen für die Entstehung einer Steuer eingetreten sind. Soweit die Finanzbehörde eine Steuer vorläufig festgesetzt hat, kann sie die Festsetzung aufheben oder ändern (§ 165 Abs. 2 AO). Nach § 165 Abs. 2 Nr. 2 bzw. 3 AO hat die Festsetzung unter anderem dann vorläufig zu erfolgen, wenn das Bundesverfassungsgericht die Unvereinbarkeit eines Steuergesetzes mit dem Grundgesetz festgestellt hat und der Gesetzgeber zu einer Neuregelung verpflichtet ist (Nr. 2) oder die Vereinbarkeit eines Steuergesetzes mit höherrangigem Recht Gegenstand eines Verfahrens bei dem Gerichtshof der Europäischen Gemeinschaft, dem Bundesverfassungsgericht oder obersten Bundesgericht ist (Nr. 3). Der **Umfang der Vorläufigkeit** ergibt sich bei objektiver Unklarheit durch Auslegung[66] aus der Sicht eines objektiven, verständigen Empfängers.[67] Der Vorläufigkeitsvermerk setzt sich als **unselbständige Nebenbestimmung** zum Steuerbescheid automatisch an Änderungsbescheiden fort, wenn nicht die Änderung die Besteuerungsgrundlagen, die vom Vorläufigkeitsvermerk umfasst sind, berührt oder der Vorläufigkeitsvermerk ausdrücklich aufgehoben wird.[68]

(ee) Steuerfestsetzung unter dem Vorbehalt der Nachprüfung (§ 164 AO). Es steht im Ermessen des Finanzamtes, eine Steuerfestsetzung unter dem Vorbehalt der Nachprüfung (§ 164 AO) durchzuführen. Der Vorbehaltsvermerk dient der Beschleunigung des Steuerfestsetzungsverfahrens und **befreit die Finanzbehörde von Ihrer Ermittlungspflicht**. Im Gegensatz zum Vorläufigkeitsvermerk erstreckt sich die Wirkung des Vorbehalts stets auf den ganzen Bescheid. Der Steuerfall bleibt somit nach allen Seiten offen. Demnach kann die Steuerfestsetzung in den Grenzen der Festsetzungsverjährung jederzeit aufgehoben oder sowohl zugunsten, als auch zuungunsten des Steuerpflichtigen geändert werden.

(3) Festzusetzender Steuersatz. Der Erbschaftsteuertarif (Durchschnittsteuer-Stufentarif) wird dadurch charakterisiert, dass bei Überschreitung der Stufen jeweils der gesamte steuer-

---

[62] *Tipke/Lang* § 21 Rdnr. 88.
[63] Bsp. für Rückfallklauseln bei *Brinkmeier*, Betrieb und Wirtschaft 2000, 90, 93, Bsp.: „Der Schenker behält sich das Recht vor, die Rückübertragung des gesamten Vertragsobjekts auf sich zu verlangen, wenn der Beschenkte ohne Zustimmung des Schenkers über den geschenkten Gegenstand verfügt". Vgl. hierzu auch § 1 Rdnr. 8 des vorliegenden Werkes.
[64] Vgl. hierzu Troll/Gebel/Jülicher/*Jülicher* § 29 Rdnr. 3.
[65] Vgl. *Brinkmeier*, Betrieb und Wirtschaft 2000, 90, 93.
[66] BFH v. 6.3.1992 – BFHE 167, 290 – BStBl. II 1992, 588; BFH v. 26.10.1988 – BFHE 155, 8 – BStBl. II 1989, 1390.
[67] BFH v. 27.11.1996 – BFHE 183, 348 – BStBl. II 1997, 791; zu den Auslegungsgrundsätzen im Zusammenhang mit § 165 AO s. weiter: FG Köln v. 17.12.1998 – Rev. Eingelegt, EFG 1999, 361.
[68] BFH Urt. v. 9.9.1988 – BFHE 154, 430 – BStBl. II 1989, 9; BFH v. 24.4.1990 – BFH/NV 1991, 139.

pflichtige Erwerb dem höheren Steuersatz unterliegt.[69] Lediglich der Freibetrag wirkt sich – im Gegensatz zu einer Freigrenze – auch bei höheren Erwerben steuermindernd aus. § 19 Abs. 3 ErbStG regelt einen Härteausgleich in den Fällen geringfügiger Überschreitung der Stufengrenzen, wodurch der an der Stufengrenze existierende **Grenzsteuersatz auf maximal 50% beschränkt** wird. In § 19 a ErbStG ist eine Tarifbegrenzung enthalten, die gewährleistet, dass der Übergang von Betriebsvermögen, wesentlichen Beteiligungen an Kapitalgesellschaften und land- und forstwirtschaftlichen Vermögen unabhängig vom Verwandtschaftsgrad nach dem günstigen Tarif der Steuerklasse I besteuert wird. Die Steuer wird dabei auf die Besteuerung herabtransferiert, die bei Anwendung der Steuerklasse I auftreten würde.[70] Die Besteuerung von Betriebsvermögen fällt i. d. R. geringer als die von Privatvermögen aus, da die Steuerbilanzwerte, an welchen sich auch die Bewertung von typischen Industriegrundstücken orientiert, erheblich unter den Verkehrswerten liegen. Hinzu kommt ein **Bewertungsabschlag von 40% (§ 13 a Abs. 2 ErbStG)**. Falls trotz dieser Vergünstigungen dennoch Erbschaftsteuer zu entrichten sein sollte, sieht das Erbschaftsteuerrecht speziell für Betriebsvermögen eine besondere (bei Erwerb von Todes wegen zinslose) **zehnjährige Stundungsmöglichkeit** vor (§ 28 ErbStG).

38 *(4) Zusammenrechnung durch die Berücksichtigung früherer Erwerbe nach neuem Recht (§ 14 ErbStG).* Das Jahressteuergesetz 1997 hat die Anrechnung der für frühere Erwerbe bereits bezahlten Erbschaftsteuer geändert. Aus der Zusammenfassung ergibt sich **eine Art Progressionsvorbehalt**, welcher den Letzterwerb auf die Steuerstufe des Gesamterwerbs hebt.[71]

39 *(5) Gesamtrechtsnachfolge (§ 45 AO).* Nach § 45 AO gehen bei Gesamtrechtsnachfolge die Forderungen und Schulden aus dem Steuerschuldverhältnis auf den Rechtsnachfolger über. Der Erbe tritt als Gesamtrechtsnachfolger materiell- und verfahrensrechtlich grundsätzlich in die **gesamte abgabenrechtliche Stellung** des verstorbenen Steuerpflichtigen ein.[72] Zu dieser auf den Erben übergehenden verfahrensrechtlichen Rechtsstellung gehören auch Antrags- und Wahlrechte,[73] insbesondere dann, wenn das Wahlrecht erhebliche vermögensrechtliche Auswirkungen hat.[74] Bei der Erklärung über die Inanspruchnahme des Freibetrags für Betriebsvermögen bei vorweggenommener Erbfolge nach § 13 Abs. 2 a S. 1 Nr. 2 ErbStG 1994 handelt es sich um ein höchstpersönliches – allerdings auch **vererbliches** – Recht.[75] Diese Erklärung, die bis spätestens zur Bestandskraft der Steuerfestsetzung abzugeben ist, kann auch von dem Gesamtrechtsnachfolger des verstorbenen Schenkers (Alleinerbe, ungeteilte Erbengemeinschaft) abgegeben werden.[76] Der **Erbe wird selbst zum Steuerschuldner** aus dem von seinem Vorgänger verwirklichten Steuertatbestand.[77] Gegebenenfalls ist auch an eine Ausschlagung der Erbschaft zu denken, wenn gewichtige weitere Gründe vorliegen.

40 Der Nachfolger muss einen noch dem Rechtsvorgänger **zugegangenen Steuerbescheid** gegen sich – auch ohne neue Bekanntgabe – gelten lassen.[78] Er kann den Bescheid nur anfechten, wenn der Bescheid noch nicht unanfechtbar geworden ist (§ 166 AO). Schwebt ein Rechtsbehelfsverfahren, tritt der Nachfolger an die Stelle des Vorgängers. Ist noch kein Steuerbescheid ergangen, ist er unter Kenntlichmachung des Nachfolgeverhältnisses an den Nachfolger zu richten. Besteuerungsgrundlagen, die der Nachfolger in eigener Person verwirklicht, sind von denen seines Vorgängers, in dessen Steuerschuld er eingetreten ist, abzusondern. Daher ist beispielsweise bei Vererbung eines Unternehmens der **Gewinn zum Todeszeitpunkt** durch Zwischenbilanz oder Schätzung zu ermitteln.

---

[69] *Bareis/Elser* DStR 1997, 557, 558.
[70] *Bareis/Elser* DStR 1997, 557, 558.
[71] Vgl. im einzelnen *Bareis/Elser* DStR 1997, 557, 560 m.w.N.
[72] BFH v. 25.4.1969 – BFHE 96, 93 – BStBl. II 1969, 622; BFH v. 22.1.1993 – BFH/NV 1993, 455.
[73] BFH v. 25.8.1983 – BFHE 139, 205 – BStBl. II 1984, 31.
[74] BFH v. 29.10.1963 – BFHE 77, 754 – BStBl. III 1963, 597.
[75] *Kapp/Ebeling* § 13 Rdnr. 201.
[76] FG Nürnberg v. 24.6.1999 – EFG 2000, 27, Revision zugelassen; *Kapp/Ebeling* § 13 Rdnr. 201; a.A.: FG Rheinland-Pfalz v. 20.3.1997 – DStRE 1997, 521.
[77] *Jakobs* § 2 Rdnr. 13.
[78] *Jakobs* § 2 Rdnr. 13.

(6) Gestaltungsmissbrauch (§ 42 AO). Nach § 42 AO kann durch Missbrauch von Gestal- 41
tungsmöglichkeiten das Steuergesetz nicht umgangen werden. Rechtsfolge ist nach § 42 S. 2
AO, dass der Steueranspruch so entsteht, wie er bei einer den wirtschaftlichen Vorgängen angemessenen rechtlichen Gestaltung entsteht. Missbrauchs**absicht** ist kein Tatbestandsmerkmal
des § 42 AO.[79] Das Finanzamt trägt für einen Gestaltungsmissbrauch die Feststellungslast.
Eine Vermutung für Rechtsmissbrauch besteht allgemein nicht.[80]

Beispiel Nr. 1:
Wird ein Grundstück unentgeltlich übertragen und schafft der Gesetzgeber nachträglich Steuervorteile,
die der Steuerpflichtige bei entgeltlicher Übertragung hätte in Anspruch nehmen können, so entfällt
nicht die Geschäftsgrundlage. Wird die Schenkung rückgängig gemacht, um die Übertragung entgeltlich
gestalten zu können, liegt eine schenkungsteuerpflichtige Rückschenkung vor.[81]

Beispiel Nr. 2:
Eine Grundstücksschenkung und der unmittelbar anschließende Verkauf dieses Grundstücks stellen keinen Gestaltungsmissbrauch dar.[82]

Beispiel Nr. 3:
Die Ausschlagung einer Erbschaft aus Erbschaftsteuerersparnisgründen ist *kein* Mißbrauch von Gestal-
tungsmöglichkeiten.[83]
Beispiele, bei denen die Annahme einer **Steuerumgehung** droht:
- Kettenschenkung[84]
- Nutzung der Freibetragsregelung[85]
- Rückwirkende Güterstandsvereinbarungen[86]
- Verteilung der einem Angestellten zugedachten Kommanditbeteiligung auf ihn und dessen Kinder[87]
- Vorübergehende Wohnsitzverlegung ins Ausland[88]
- Vereinbarte Zugewinngemeinschaft[89]

(7) Möglichkeit der Verböserung im Einspruchsverfahren. Insbesondere aus Beratersicht ist 42
zu beachten, dass dem Finanzamt nach § 367 Abs. 2 S. 2 AO ausdrücklich die Möglichkeit der
Verböserung eingeräumt ist. In der Praxis nutzt das Finanzamt diese Möglichkeit häufig, indem
es dem Steuerpflichtigen zunächst ankündigt, den **Steuerbescheid zu dessen Nachteil** ändern
zu wollen. Auf diese Weise wird Druck auf den Steuerpflichtigen ausgeübt. Hier ist jeweils
abzuwägen, ob die Rücknahme des Einspruchs günstiger ist, sofern dadurch die Verböserung
noch abgewendet werden kann und dieses erwartete Ergebnis die begehrte Änderung des angegriffenen Bescheids positiv überwiegt. Ob das Finanzamt eine verbösernde Entscheidung auch
noch während eines anhängigen finanzgerichtlichen Prozesses treffen kann, war noch nicht
Gegenstand einer gerichtlichen Auseinandersetzung.[90]

(8) Haftung. Nur solange der Nachlass ungeteilt ist, haftet dieser nach § 20 Abs. 3 ErbStG 43
für die Steuer aller am Erbfall Beteiligten. Ansonsten **haftet jeder Erwerber unbeschränkt** sowohl mit dem erworbenen als auch mit seinem bereits vorhandenen eigenen Vermögen für die
Steuer, die für seinen Erwerb festgesetzt wird.[91]

(9) Beschränkung der Erbenhaftung im Zwangsvollstreckungsverfahren. Eine Beschrän- 44
kung der Erbenhaftung wegen übergegangener Steuerschulden des Erblassers durch die
Einrede der Dürftigkeit oder der Unzulänglichkeit des Nachlasses kann weder im Steuerfest-

---

[79] BFH v. 10.9.1992 – BStBl. II 1993, 253.
[80] Vgl. *Kapp/Ebeling* § 7 Rdnr. 331 ff.
[81] FG München v. 2.10.1998 – ZErb 1999, 36.
[82] *Kapp/Ebeling* § 7 Rdnr. 332.
[83] *Kapp/Ebeling* § 3 Rdnr. 145.
[84] *Kapp/Ebeling* § 7 Rdnr. 395 ff.
[85] *Kapp/Ebeling* § 16 Rdnr. 22 ff.
[86] *Kapp/Ebeling* § 5 Rdnr. 55.
[87] *Kapp/Ebeling* § 7 Rdnr. 311.
[88] *Kapp/Ebeling* § 2 Rdnr. 10.
[89] *Kapp/Ebeling* § 5 Rdnr. 53, 59.
[90] Vgl. *Siegert* BB 2000, 748, 750, die sich für diese Möglichkeit ausspricht.
[91] Troll/Gebel/Jülicher/*Jülicher* § 20 Rdnr. 2.

setzungsverfahren noch gegen das Leistungsgebot geltend gemacht werden, sondern allein im Zwangsvollstreckungsverfahren.[92]

III. Darstellung der Rechtsbehelfe

1. Außergerichtlicher Rechtsbehelf: Einspruch

45 Seit 1.1.1996 ist als Rechtsbehelf nur noch der **Einspruch** gegeben. Dem Einspruch kommt **kein Devolutiveffekt** zu. Es handelt sich dabei also nicht um ein Rechtsmittel.

46 a) **Zulässigkeitsvoraussetzungen.** Nach § 358 S. 1 AO hat die Finanzbehörde zunächst über die Zulässigkeit des Einspruchs zu befinden. Ist der Einspruch nicht zulässig, kann auch keine verbösernde Entscheidung ergehen. Die Verfahrensvoraussetzungen sind im Wesentlichen mit den Zulässigkeitsvoraussetzungen für eine finanzgerichtliche Klage identisch:
1. Zulässigkeit des Finanzverwaltungsweges (§ 347 AO)
2. Statthaftigkeit des eingelegten Einspruchs (§§ 347 Abs. 1, 348 AO)
3. Einspruchsbefugnis (§§ 350 bis 353 AO)
4. Beteiligtenfähigkeit, d.h. Steuerrechtsfähigkeit
5. Handlungsfähigkeit (§ 365 Abs. 1 AO i.V.m. § 79 AO)
6. Bei Einspruch durch Angehörige der steuerberatenden Berufe: Vollmacht (§ 365 Abs. 1 AO i.V.m. § 80 AO)
7. Kein Rechtsbehelfsverzicht: (§ 354 AO)
8. Wahrung der Einspruchsfrist, grds. 1 Monat (§ 355 Abs. 1 AO)
9. Wahrung der Einspruchsform (§ 358 S. 1 AO)
10. Rechtsschutzbedürfnis
11. Keine Rücknahme des Einspruchs (§ 362 Abs. 2 S. 1 AO)

47 b) **Eingeschränkter Suspensiveffekt des Einspruchs.** Grundsätzlich wird durch die Einlegung des Einspruchs **nur der Eintritt der formellen Bestandskraft,** nicht aber die Vollziehung des angegriffenen Verwaltungsakts, **gehemmt;** es entfällt insbesondere nicht die Verpflichtung zur Zahlung der Steuer (vgl. § 361 AO). Insofern geht § 361 Abs. 1 AO in seinem Anwendungsbereich über die Parallelvorschrift des § 80 Abs. 2 Nr. 1 VwGO noch hinaus, indem nicht nur für vermögensrechtliche Verwaltungsakte, sondern für alle Steuerverwaltungsakte (z.B. auch Mitwirkungsverlangen) die sofortige Vollziehbarkeit angeordnet wird. Es besteht jedoch die Möglichkeit, den Einspruch mit einem Antrag auf Aussetzung der Vollziehung in einem Dokument zusammenzufassen.[93]

48 c) **Ausgestaltung des Einspruchsverfahren.** *aa) Umfang der Überprüfungspflicht der Finanzbehörde.* Die Finanzbehörde hat die Ausgangsentscheidung auf ihre **Recht- und Zweckmäßigkeit** hin zu überprüfen und zudem den Sachverhalt aufzuklären. Die Vorschriften über das Ermittlungsverfahren gelten daher sinngemäß (§ 365 Abs. 1 und 2 AO). Es gilt das **Beschleunigungsgebot,** d.h. das Verfahren ist innerhalb angemessener Zeit abzuwickeln. Bei unbegründeter Verfahrensverzögerung kann **Untätigkeitsklage** unter den Voraussetzungen des § 46 FGO erhoben werden. Hat die Untätigkeitsklage Erfolg, entfällt die sonst zu erfüllende Voraussetzung, vor einer Klage ein Einspruchsverfahren durchführen zu müssen. Der Umfang der Überprüfungspflicht wird durch den angefochtenen oder begehrten Verwaltungsakt als formellen Gegenstand des Rechtsbehelfs begrenzt. Ein Verwaltungsakt, der einen formell bestandskräftigen Verwaltungsakt ändert, kann nur insoweit angegriffen werden, als seine Änderung reicht (§ 351 AO).

49 *bb) Rechtliches Gehör/Erörterung des Sach- und Streitstandes.* Die Finanzbehörde hat dem Beteiligten auf Antrag oder bei gegebenem Anlass die **Besteuerungsgrundlagen mitzuteilen,** soweit dies noch nicht geschehen ist (§ 364 AO). Wird hiergegen verstoßen, kann das Finanzgericht die Einspruchsentscheidung nach § 100 Abs. 3 FGO wegen eines nicht geheilten Ver-

---

[92] BFH v. 24.6.1981 – BStBl II 1981, 729 = StRK AO 1977 § 45 Rdnr. 1.
[93] Vgl. Muster § 65 Rdnr. 126.

fahrensfehlers aufheben.[94] § 364 AO gewährt allerdings kein Recht auf Akteneinsicht. § 364 a AO sieht einen **Erörterungstermin im Einspruchsverfahren** vor.[95] Auf Antrag des Einspruchsführers soll – von Amts wegen kann – die Finanzbehörde vor Erlass einer Einspruchsentscheidung den Sach- und Streitstand mit den Beteiligten erörtern. Ziel dieses Verfahrens ist die einvernehmliche Beilegung des zugrunde liegenden Streits. Die Bedeutung des Rechtsinstituts der sog. **tatsächlichen Verständigung** dürfte daher weiter wachsen. Die tatsächliche Verständigung ist auch im Einspruchsverfahren zulässig.[96] Die Behörde muss in Regelfall dem Wunsch des Einspruchsführers nachkommen, einen Erörterungstermin durchzuführen. Die Ablehnung des Antrags ist nach dem in § 44 a VwGO zum Ausdruck gebrachten allgemeinen Rechtsgedanken nicht gesondert anfechtbar, da es sich nur um eine **verfahrensleitende Verfügung** handelt.[97]

cc) Präklusion verspäteten Tatsachenvortrages (§ 364 b AO). Die Finanzbehörde ist seit dem 1.1.1996 nach § 364 b Abs. 1 AO berechtigt, dem Einspruchsführer zur Angabe von Tatsachen, zur Erklärung über bestimmte Punkte, zur Bezeichnung von Beweismitteln und zur Vorlage von Urkunden eine **Frist** zu setzen. Wenn der Einspruchsführer Erklärungen und Beweismittel erst nach der Frist vorbringt, dürfen diese von der Finanzbehörde nach § 364 b Abs. 2 S. 1 AO nicht mehr zu Gunsten des Einspruchsführers berücksichtigt werden. Eine Verböserung nach § 367 Abs. 2 S. 2 AO bleibt dagegen gemäß § 364 b Abs. 2 S. 2 AO weiterhin möglich. 50

Die überwiegende Meinung hält die Fristsetzung nach § 364 b Abs. 1 AO für einen **Verwaltungsakt**, der selbständig anfechtbar sei.[98] Die Fristsetzung ist nach dem Sinn und Zweck des § 364 b AO und dem allgemeinen Rechtsgedanken des § 44 a VwGO unanfechtbar. Eine fehlerhafte Fristsetzung kann daher nur in der Klage gerügt werden. § 364 b Abs. 3 AO zufolge ist der Einspruchsführer mit der Fristsetzung über die Rechtsfolgen nach § 364 b Abs. 2 AO zu belehren. Die Frist ist nach § 109 Abs. 1 S. 1 AO grundsätzlich verlängerbar.[99] Nach Fristablauf darf die Finanzbehörde gemäß § 364 b Abs. 2 S. 3 AO i.V.m. § 110 AO nur noch **Wiedereinsetzung in den vorigen Stand** gewähren. Die Korrekturvorschriften (siehe oben) bleiben durch die Präklusion unberührt. Auch führt die Präklusion nicht zu einer Teilbestandskraft des Verwaltungsakts.[100] 51

dd) Aussetzung und Ruhen des Verfahrens (§ 363 AO). Nach § 363 Abs. 1 AO kann die Finanzbehörde die Entscheidung über den Einspruch aussetzen, wenn die Entscheidung ganz oder zum Teil von dem Bestehen oder Nichtbestehen eines Rechtsverhältnisses abhängt, das den Gegenstand eines anhängigen Rechtsstreits bildet oder von einem Gericht oder einer Verwaltungsbehörde festzustellen ist (sog. **Aussetzung wegen Vorgreiflichkeit**). Die Finanzbehörde kann nach § 363 Abs. 2 S. 1 AO das **Verfahren** mit Zustimmung des Einspruchsführers **ruhen lassen**, wenn das aus wichtigen Gründen zweckmäßig erscheint, etwa weil zu einer entscheidungserheblichen Rechtsfrage ein Musterprozess vor Finanzgerichten schwebt.[101] Das Ruhen des Verfahrens tritt gemäß § 363 Abs. 2 S. 2 AO **kraft Gesetzes** ein, wenn wegen der in Frage stehenden Verfassungsmäßigkeit einer Rechtsnorm oder wegen einer Rechtsfrage ein Verfahren bei dem Europäischen Gerichtshof, dem Bundesverfassungsgericht oder einem obersten Bundesgericht anhängig ist. 52

Letzteres gilt nicht, wenn die Steuer aufgrund § 165 Abs. 1 S. 2 Nr. 3 AO vorläufig festgesetzt wird. Die Ablehnung eines Antrags auf Aussetzung/Ruhen des Verfahrens kann nach § 363 Abs. 3 AO **nicht selbständig angefochten** werden.

d) Abschluss des Einspruchsverfahren. *aa) Unzulässiger oder unbegründeter Einspruch.* Ist der Einspruch unzulässig, wird er in einer förmlichen Einspruchsentscheidung als unzulässig verworfen (§ 358 S. 2 AO). Erweist er sich als unbegründet, wird er in einer förmlichen Entscheidung als unbegründet zurückgewiesen (§ 366 AO). Nach § 367 Abs. 2 AO kann die Fi- 53

---

[94] *Tipke/Lang* § 22 Rdnr. 35.
[95] Vgl. im Gerichtsverfahren: § 79 Abs. 1 S. 2 Nr. 1 FGO; vgl. *Tipke/Kruse* § 364 a Rdnr. 13.
[96] *Jakobs* § 16 Rdnr. 35.
[97] *Tipke/Lang* § 22 Rdnr. 38.
[98] *Tipke/Lang* § 22 Rdnr. 41.
[99] Str., vgl. *Tipke/Lang* § 22 Rdnr. 42.
[100] *Tipke/Lang* § 22 Rdnr. 43.
[101] *Tipke/Lang* § 22 Rdnr. 45.

nanzbehörde eine verbösernde Entscheidung (**reformatio in peius**) treffen. Durch den Hinweis auf die Verböserungsabsicht erhält der Rechtsbehelfsführer die Möglichkeit, den Einspruch zurückzunehmen.

54 *bb) Begründeter Einspruch.* Erweist sich der Einspruch in vollem Umfang als begründet, bestehen folgende **Möglichkeiten:**

55 (1) Die Finanzbehörde hilft dem Einspruch in vollem Umfang ab durch antragsgemäße Zurücknahme, Änderung oder Erlass (§ 367 Abs. 2 S. 3 i.V.m. § 132 AO). Dann bedarf es keiner förmlichen Rechtsbehelfsentscheidung nach § 366 AO.

56 (2) Die Behörde erlässt eine förmliche Rechtsbehelfsentscheidung (§ 366 AO), in der sie den angefochtenen Verwaltungsakt antragsgemäß zurücknimmt, ändert oder erlässt (§ 367 Abs. 2 S. 1 AO).

57 *cc) Teilweise begründeter Einspruch.* Erweist sich der Einspruch teilweise als begründet, kann die Finanzbehörde dem Einspruch **teilweise abhelfen** und im Übrigen in einer förmlichen Einspruchsentscheidung (§ 366 AO) zurückweisen.

Die Finanzbehörde kann auch eine förmliche Einspruchsentscheidung erlassen, in der sie dem Einspruch **teilweise stattgibt** (§ 367 Abs. 2 S. 1 AO).[102]

58 *dd) Teilabhilfe und Erledigungserklärung.* Die Praxis hat für alle Fälle der Teilabhilfe das aus dem Prozessrecht bekannte Institut der **Erledigungserklärung** in das außergerichtliche Rechtsbehelfsverfahren übernommen.[103] Das Finanzamt hilft dem Einspruch teilweise ab, indem es mit Zustimmung des Einspruchsführers den angefochtenen Verwaltungsakt nach §§ 172 Abs. 1 Nr. 2 a, 132 AO korrigiert. Daraufhin erklärt der Einspruchsführer seinen Einspruch für erledigt und beendet so das Verfahren.[104] Durch dieses Verfahren wird eine förmliche Einspruchsentscheidung vermieden, die ansonsten erforderlich wäre, da § 362 AO vom Sonderfall des Abs. 1 a abgesehen keine teilweise Rücknahme des Einspruchs zulässt. Die von den Finanzämtern häufig praktizierte einseitige Erledigungserklärung vermag das Verfahren hingegen nicht zu beenden.[105]

59 *ee) Fortbestehen des Vorbehalts der Nachprüfung (§ 164 AO) oder der teilweisen Vorläufigkeit (§ 165 AO).* Steht der angefochtene Verwaltungsakt unter dem Vorbehalt der Nachprüfung (§ 164 AO) oder ist er teilweise vorläufig (§ 165 AO) können Vorbehalt bzw. Vorläufigkeitsvermerk in der Einspruchsentscheidung beibehalten werden. Sie bleiben bestehen und sind weiterhin wirksam, wenn sie nicht in der Einspruchsentscheidung **ausdrücklich aufgehoben** werden.[106]

60 **e) Kosten des Einspruchsverfahren.** Das außergerichtliche Einspruchsverfahren ist kostenfrei. Nur wenn der Einspruchsführer im späteren Klageverfahren obsiegt, können seine Kosten des Vorverfahren (**externe Rechtsberatungskosten**) erstattungsfähig sein. Diese Regelung steht im Widerspruch zu der in § 80 VwVfG getroffenen Regelung für den Widerspruch im Verwaltungsverfahren. Aus Beratersicht kann es daher sinnvoll sein, dem Mandanten zur finanzgerichtlichen Klage zu raten, sofern dieser nicht auf eine schnelle Entscheidung angewiesen ist. Denkbar ist auch, dass der Einspruchsführer im Rahmen eines **Amtshaftungsprozesses** vor den Zivilgerichten die Kosten des Einspruchsverfahren gegen die Finanzbehörden durchsetzt.[107]

61 **f) Aussetzung der Vollziehung/Ruhen des Verfahrens.** *aa) Aussetzung der Vollziehung.* Durch die Einlegung des Einspruchs wird die Vollziehung des angefochtenen Verwaltungsakts nicht gehemmt. Um den Suspensiveffekt in vollem Umfang herzustellen, kann und sollte der Rechtsbehelfsführer Aussetzung der Vollziehung beantragen (§ 361 Abs. 2 S. 2 AO, § 69 Abs. 2 FGO), sofern dies nach Abwägung von Erfolgsaussichten und Zinsaspekten für den Mandanten insgesamt vorteilhaft erscheint. § 361 Abs. 2 S. 1 AO stellt es in das pflichtgemäße

---

[102] Vgl. *Tipke/Lang* § 22 Rdnr. 47.
[103] *Tipke/Lang* § 22 Rdnr. 48.
[104] Vgl. BFH v. 4.11.1981 – BStBl. II 1982, 270, 272.
[105] *Tipke/Lang* § 22 Rdnr. 48.
[106] BFH v. 1.8.1984 – BStBl. II 1984, 788; BFH v. 16.10.1984 – BStBl. II 1985, 448; BFH v. 9.9.1988 – BStBl. II 1989, 9, 10 f.
[107] Vgl. hierzu: *Hermes* DStZ 1996, 9; *Nacke* DStZ 1996, 20; *Nissen,* Amtshaftung der Finanzverwaltung, 1997, 13.

Ermessen der Finanzbehörde, von Amts wegen die Vollziehung des angefochtenen Verwaltungsaktes ganz oder teilweise auszusetzen. Bei **Vorliegen ernstlicher Zweifel** an der Rechtmäßigkeit des angefochtenen Verwaltungsaktes oder in Fällen, in denen die Vollziehung für den Betroffenen eine unbillige, nicht durch überwiegende öffentliche Interessen gebotene Härte zur Folge hätte, kann sich das Entschließungsermessen zu einer Aussetzungspflicht verdichten.[108]

Soweit der Rechtsbehelf in der Hauptsache keinen Erfolg hat, sind **Aussetzungszinsen in Höhe von 0,5% pro Monat** zu berechnen (§§ 237 Abs. 1, 238 Abs. 1 AO). Noch ungeklärt ist die Frage, ob ein Steuerverwaltungsakt vor der Bescheidung eines Aussetzungsantrags bereits **vollzogen** werden darf.[109] Die Finanzverwaltung beschränkt im Anwendungserlass vom 15.7.1998[110] ihre Vollstreckungsbefugnis auf Ausnahmefälle, in denen der Antrag offensichtlich aussichtslos oder nur ein Hinausschieben der Vollstreckung bezweckt oder Gefahr im Verzug ist. Nach § 363 Abs. 1 AO kann die Finanzbehörde die Entscheidung über den Einspruch aussetzen, wenn sie zumindest teilweise vom Bestehen oder Nichtbestehen eines Rechtsverhältnisses abhängt, das Gegenstand eines anderen Verfahrens ist oder von einem Gericht oder einer Verwaltungsbehörde festzustellen ist.

bb) Ruhen des Verfahrens. Nach § 363 Abs. 2 S. 1 AO kann die Finanzbehörde mit Zustimmung des Einspruchsführers das Verfahren auch ruhen lassen, wenn dies aus wichtigen Gründen zweckmäßig erscheint, etwa weil ein entsprechender **Musterprozess** vor einem Finanzgericht anhängig ist. Das Verfahren ruht nach § 363 Abs. 2 S. 2 AO kraft Gesetzes, wenn wegen der konkreten Rechtsfrage, auf die der Einspruch gestützt wird, ein Musterverfahren bei dem Europäischen Gerichtshof, dem Bundesverfassungsgericht oder einem obersten Bundesgericht anhängig ist. Dies gilt nicht, wenn die Steuer vorläufig festgesetzt wird. Für bestimmte Gruppen von Fällen kann die Finanzbehörde durch eine Allgemeinverfügung im Sinne des § 118 S. 2 AO ein Ruhen anordnen.

2. Gerichtliche Rechtsbehelfe und Rechtsmittel

a) **Gerichtsverfassung.** Die Finanzgerichtsbarkeit für die in § 33 Abs. 1 FGO genannten Streitigkeiten wird in den Ländern durch die Finanzgerichte als oberste Landesgerichte und im Bund durch den Bundesfinanzhof (§ 2 FGO) ausgeübt. Der **Aufbau** der Finanzgerichtsbarkeit ist **zweistufig**: Im ersten Rechtszug als Tatsacheninstanz (§ 35 FGO), während der Bundesfinanzhof seit dem Finanzgerichtsänderungsgesetz vom 1.1.1993 nur noch ausschließlich Rechtsmittelinstanz für Revisionen und Beschwerden gegen Entscheidungen der Finanzgerichte ist (§ 36 FGO). Die Finanzgerichte verfügen als oberste Landesgerichte über eine Senatsverfassung (§§ 5 Abs. 2, 10 Abs. 2 FGO). Sie entscheiden grundsätzlich in der Besetzung von **drei Berufsrichtern und zwei ehrenamtlichen Richtern** (§ 5 Abs. 3 S. 1 FGO). In den Fällen von Beschlüssen außerhalb der mündlichen Verhandlung und bei Gerichtsbescheiden entscheiden die ehrenamtlichen Richter nicht mit (§ 5 Abs. 3 S. 2 FGO). Der Bundesfinanzhof entscheidet in der Besetzung von fünf Berufsrichtern, bei Beschlüssen außerhalb der mündlichen Verhandlung reduziert sich die Zahl auf drei Berufsrichter (§ 10 Abs. 3 FGO). Durch die Regelung des § 6 FGO wurde in Anlehnung an § 348 ZPO der sog. **fakultative Einzelrichter** eingeführt. Es steht im Ermessen des Senats des Finanzgerichts, den Rechtsstreit einem seiner Mitglieder als Einzelrichter zur Entscheidung zu übertragen. In bestimmten Fällen ist die Übertragung auf den Einzelrichter ausgeschlossen (siehe § 6 FGO). Der Übertragungs- und auch der Rückübertragungsbeschluss sind **grundsätzlich unanfechtbar** (§ 6 Abs. 4 S. 1 FGO). Die Beschlüsse sind nur dann ausnahmsweise durch Beschwerde anfechtbar, wenn die Entscheidung mit der Rechtsordnung schlechthin unvereinbar ist.[111]

In der Praxis wird der finanzgerichtliche Einzelrichter wegen § 115 Abs. 1 FGO (bis 31.12.2000: Art. 1 Nr. 5 BFH-EntlG) in vielen Fällen zugleich zur ersten und letzten gerichtli-

---

[108] BFH GrS v. 4.12.1967 – BStBl. II 1968, 199, 201.
[109] Vgl. *Tipke/Lang* § 22 Rdnr. 28.
[110] BStBl. I 1998, 630, 801.
[111] BFH v. 18.8.1993 – BFH/NV 1994, 328; BFH v. 19.1.1994 – BFH/NV 1994, 725; BFH v. 17.4.1996 – BFH/NV 1996, 767; BFH v. 29.5.1996 – BFH/NV 1996, 908; BFH v. 27.2.1997 – BFH/NV 1997, 680; BFH v. 17.4.1997 – BFH/NV 1997, 860.

chen Instanz ohne jegliche Streitwertbegrenzung.[112] Die Geltung des BFH-Entlastungsgesetzes endete am 31.12.2000. Dieses ergänzende Gesetz ging in der Novelle der FGO ab 1.1.2001 auf. Mit Einverständnis der Beteiligten kann auch ohne Bindung an die Voraussetzungen des § 6 FGO der Berichterstatter oder der Vorsitzende anstelle des Senats entscheiden (sog. **konsentierter Einzelrichter**, § 79 a Abs. 3 und 4 FGO).

66 b) **Klagesystem der Finanzgerichtsordnung.** Die Finanzgerichtsordnung kennt folgende vier Klagearten:
- Anfechtungsklage
- Verpflichtungsklage
- Allgemeine Leistungsklage
- Feststellungsklage

Zu den Klagearten im Einzelnen:

67 aa) **Anfechtungsklage.** Nach § 40 Abs. 1 Alt. 1 FGO kann durch Klage die Aufhebung eines Verwaltungsakts begehrt werden (Anfechtungsklage). § 40 Abs. 1 Alt. 1 Unterabs. 2 FGO sieht für die Fälle des § 100 Abs. 2 FGO die sog. **Abänderungsklage** als Unterfall der Anfechtungsklage vor. Sie betrifft Geldbeträge festsetzende Verwaltungsakte, also vor allem Steuerbescheide und auf diese bezogene Feststellungsbescheide, insbesondere Grundlagenbescheide nach §§ 179 ff. AO. Außerdem sieht § 100 Abs. 1 S. 4 FGO als Unterfall der Anfechtungsklage die sog. **Fortsetzungsfeststellungsklage** vor, wenn sich der angefochtene Verwaltungsakt vor der gerichtlichen Entscheidung erledigt hat und der Betroffene ein besonderes Interesse an der Feststellung der Rechtswidrigkeit des Verwaltungsakts besitzt. Über § 100 Abs. 1 S. 4 FGO kann Fortsetzungsfeststellungsklage auch erhoben werden, wenn sich der Verwaltungsakt vor oder nach Erhebung der Anfechtungsklage erledigt hat.[113]

68 bb) **Verpflichtungsklage.** In § 40 Abs. 1 Alt. 2 FGO ist die **verwaltungsaktbezogene Leistungsklage** geregelt. Die Verpflichtungsklage i. e. S. richtet sich gegen einen ganz oder zum Teil abgelehnten Verwaltungsakt. Bei Geldverwaltungsakten ist für die Abgrenzung Anfechtungs-/Verpflichtungsklage der systematische Zusammenhang von § 40 Abs. 1 Alt. 1 Unterabs. 2 FGO und § 100 Abs. 2 S. 1 FGO zu beachten.[114] Mit der Verpflichtungsklage kann auch die sog. **Untätigkeitsklage** erhoben werden, wonach der Erlass eines infolge Untätigkeit unterlassenen Verwaltungsakts begehrt wird. Nach § 347 Abs. 1 S. 2 AO muss der Kläger sein Begehren zunächst mit dem außergerichtlichen Untätigkeitseinspruch geltend gemacht haben.[115] Entsprechend § 100 Abs. 1 S. 4 FGO kann bei Erledigung von Verpflichtungsklagen ebenfalls Fortsetzungsfeststellungsklage erhoben werden.[116]

69 cc) **Allgemeine Leistungsklage.** Nach § 40 Abs. 1 Alt. 3 FGO kann die sonstige allgemeine Leistungsklage erhoben werden, wenn das Begehren des Klägers auf die **Verurteilung zu einer Leistung** gerichtet ist, **die nicht in einem Verwaltungsakt besteht**. Sie kann auch als Unterlassungsklage oder vorbeugende Unterlassungsklage erhoben werden.[117] Bei ihr ist weder eine Klagefrist einzuhalten (§ 47 FGO) noch ist ein Vorverfahren erforderlich (§ 44 Abs. 1 FGO).

70 dd) **Feststellungsklage.** Schließlich gibt es noch die Feststellungsklage (§ 41 FGO) als finanzgerichtliche Klageart. Nach § 41, 1. Alt FGO dient sie der Feststellung des Bestehens oder Nichtbestehens eines Rechtsverhältnisses, das im Abgabenrecht wurzelt. Rechtsverhältnis ist hierbei das **Steuerrechtsverhältnis**. Nach § 41, 2. Alt. FGO kann durch sie auch die Nichtigkeit eines Verwaltungsaktes festgestellt werden. Ist unsicher, ob der Verwaltungsakt nichtig ist, kann es sich in der Praxis empfehlen, hauptsächlich Anfechtungsklage[118] und **nur hilfsweise Nichtigkeitsfeststellungsklage** zu erheben. Bei der Feststellungsklage ist keine Klagefrist

---

[112] Vgl. *Tipke/Lang* § 22 Rdnr. 69.
[113] BFH v. 7.11.1985 – BStBl. II 1986, 435, 436; BFH v. 4.2.1988 – BStBl. II 1988, 413, 414; BFH v. 25.1.1989 – BStBl. II 1989, 483, 488; BFH v. 10.4.1990 – BStBl. II 1990, 721, 722.
[114] BFH v. 12.3.1970 – BStBl. II 1970, 625; BFH v. 9.3.1973 – BStBl. II 1973, 487, 489; BFH v. 21.1.1985 – BStBl. II 1985, 303, 304 GrS; *Tipke/Lang* § 23 Rdnr. 78.
[115] *Tipke/Lang* § 22 Rdnr. 79.
[116] BFH v. 19.6.1991 – BStBl. II 1991, 914.
[117] *Tipke/Lang* § 22 Rdnr. 81.
[118] Zulässig lt. BFH v. 28.9.1984 – BStBl. II 1985, 42, 44.

(§ 47 FGO) und kein Vorverfahren (§ 44 Abs. 1 FGO) einzuhalten. Sie ist **subsidiär** gegenüber Anfechtungs- und Verpflichtungsklage nach § 44 Abs. 2 FGO (Ausn.: Nichtigkeitsfeststellungsklage). Da nach § 41 FGO zugunsten des Klägers ein eigenes, berechtigtes nicht zwingend rechtliches (auch wirtschaftliches) Interesse an der alsbaldigen Feststellung für eine Feststellungsklage vorausgesetzt wird, ist ihre **praktische Bedeutung** im Steuerprozess **gering**.[119]

c) Zulässigkeit der Klage. Fehlt es an einer Sachentscheidungsvoraussetzung, ist die Klage durch Prozessurteil als unzulässig abzuweisen.[120] Liegen die Zulässigkeitsvoraussetzungen zunächst nicht vor, muss es nicht sogleich zur Klageabweisung kommen. Das Gesetz sieht nämlich in einer Reihe von Fällen eine Prozessfürsorgepflicht des Gerichts oder seines Vorsitzenden vor (§§ 65 Abs. 2, 76 Abs. 2 FGO).

aa) Zulässigkeit des Finanzrechtsweges. § 33 FGO normiert eine abdrängende Sonderzuweisung und damit eine **Ausnahme** zu § 40 VwGO. Im Regelfall ist der Finanzrechtsweg nach § 33 Abs. 1 Nr. 1 FGO gegeben, da in der Praxis meistens eine öffentlich-rechtliche Streitigkeit über Abgabenangelegenheiten vorliegt. Der Begriff „Abgabenangelegenheit" ist legaldefiniert in § 33 Abs. 2 S. 1 FGO. Im Wesentlichen sind alle mit der Verwaltung von Abgaben zusammenhängenden Angelegenheiten erfasst, wobei hierunter auch die Anwendung von Zwangsmitteln (§§ 328 ff. AO) und von Zuschlägen fällt. Straf- und Bußgeldangelegenheiten (§ 33 Abs. 3 FGO) sind keine Abgabenangelegenheiten. Hierfür sind die ordentlichen Gerichte zuständig. Bei Unzuständigkeit ist in einem Beschluss gemäß § 155 FGO, § 17 a Abs. 2 GVG nach Anhörung der Beteiligten die **Unzulässigkeit des Rechtsweges** auszusprechen und der Rechtsstreit an das zuständige Gericht des zulässigen Rechtsweges zu verweisen. Der Verweisungsbeschluss ist mit der zulassungsbedürftigen Beschwerde zum Bundesfinanzhof anfechtbar (§§ 128 ff., 155 FGO, § 17 a Abs. 4 S. 4 GVG).

bb) Zuständigkeit des Gerichts. Die Finanzgerichte sind im ersten Rechtszug ausschließlich sachlich zuständig (§ 35 FGO). **Örtlich zuständig** ist das Finanzgericht, in dessen Bezirk die Behörde, gegen die die Klage gerichtet ist, ihren Sitz hat (§ 38 Abs. 1 FGO). Die örtliche und sachliche Zuständigkeit wird gemäß § 70 S. 1 FGO, § 17 Abs. 1 S. 1GVG durch eine nach Rechtshängigkeit (§ 66 FGO) eintretende Veränderung der sie begründenden Umstände nicht berührt (sog. **Perpetuatio fori**). Ist das Finanzgericht unzuständig, wird der Rechtsstreit von Amts wegen an das zuständige Finanzgericht (§ 70 S. 1 FGO, § 17 a Abs. 2 GVG) verwiesen. Der Beschluss ist nicht anfechtbar (§ 70 S. 2 FGO).

cc) Statthafte Klageart. Wählt der Kläger eine unrichtige Klageart, wird er nach § 76 Abs. 2 FGO vom Vorsitzenden über den Formfehler belehrt und auf den adäquaten Klagetyp und den sachdienlichen Antrag **hingewiesen**.

dd) Erfolgloses Vorverfahren (§ 44 Abs. 1 FGO). Nach § 44 Abs. 1 FGO ist die Klage vorbehaltlich der Untätigkeitsklage (§ 46 FGO) und der Sprungklage (§ 45 FGO) nur zulässig, wenn das Vorverfahren über den außergerichtlichen Rechtsbehelf ganz oder zum Teil erfolglos geblieben ist. Dies kann nur unter der Voraussetzung gelten, dass dem Kläger ein **statthafter außergerichtlicher Rechtsbehelf** (Einspruch) zur Verfügung stand. Da sich der Einspruch nur gegen Verwaltungsakte richtet, ist die sonstige allgemeine Leistungsklage und die Feststellungsklage auch ohne Vorverfahren zulässig.[121] Das Vorverfahren muss bis zum Schluss der mündlichen Verhandlung oder der Entscheidung abgeschlossen sein. Die **Klage kann** also **in die Zulässigkeit hineinwachsen**.[122] Es gibt **Ausnahmen** vom Vorverfahren als Sachurteilsvoraussetzung:

(1) Untätigkeitsklage. Die **Untätigkeitsklage** (§ 46 FGO) ist keine eigene Klageart. § 46 Abs. 1 FGO besagt nur, dass die Anfechtungs- oder Verpflichtungsklage trotz nicht abgeschlossenen Vorverfahrens zulässig ist, wenn über den außergerichtlichen Rechtsbehelf ohne Mitteilung eines zureichenden Grundes in angemessener Zeit sachlich nicht entschieden worden ist.[123]

---

[119] *Tipke/Lang* § 22 Rdnr. 88.
[120] BFH v. 17.10.1990 – BStBl. II 1991, 242, 243.
[121] *Tipke/Lang* § 22 Rdnr. 104.
[122] BFH v. 17.5.1985 – BStBl. II 1985, 521, 522; BFH v. 7.8.1990 – BFH/NV 1991, 569, 571.
[123] Zu den Einzelheiten vgl. *Tipke/Lang* § 22 Rdnr. 106 ff.

77 (2) *Sprungklage.* Nach § 45 FGO kann **mit Zustimmung der Finanzbehörde,** die über den außergerichtlichen Rechtsbehelf zu entscheiden hat, das **Vorverfahren übersprungen** werden bzw. vom bereits eingelegten Rechtsbehelf zur **Sprungklage** übergegangen werden.[124] Die Sprungklage erspart Zeit und verhindert die Möglichkeit einer „Verböserung". Nachteilig kann sich auswirken, dass das Gericht Ermessensverwaltungsakte (Stundung, Erlass) nur in eingeschränktem Umfang überprüfen kann (§ 102 FGO). Außerdem **löst die Sprungklage** im Gegensatz zum Einspruch **Kosten aus.** Im Sicherungsverfahren (Arrestverfahren, §§ 324 bis 326 AO) kann die Sprungklage ohne Zustimmung der Finanzbehörde und ohne Abgabeberechtigung des Gerichts erhoben werden (§ 45 Abs. 4 FGO).

78 *ee) Klagebefugnis.* In § 40 Abs. 2 FGO ist die für die Anfechtungs- und Verpflichtungsklage erforderliche Klagebefugnis geregelt. Klagebefugt ist nur, wer geltend macht, **selbst in seinen Rechten verletzt** zu sein. Die vorgetragenen Umstände müssen die Rechtsverletzung zumindest als möglich erscheinen lassen. Der Vorsitzende hat nach § 76 Abs. 2 FGO in Erfüllung seiner Prozessfürsorgepflicht auf eine eventuell erforderliche Nachbesserung durch den Kläger hinzuwirken.[125] Dem Kläger kann eine Ausschlussfrist nach § 65 Abs. 2 S. 2 FGO gesetzt werden, wenn es an einer hinreichenden Bezeichnung des Klagebegehrens (§ 65 Abs. 1 S. 1 FGO) fehlt. Verbandsklagen sind nicht möglich. In seinen Rechten verletzt ist insbesondere, wem **rechtswidrig eine Last oder eine Pflicht auferlegt** oder eine Vergünstigung verweigert worden oder wessen Sphäre sonst nachteilig betroffen ist.[126] Die Rechtsverletzung muss sich aus dem Ausspruch des Verwaltungsaktes ergeben. Klagebefugt ist in der Regel der **Inhaltsadressat.** Dritte sind klagebefugt, soweit sie durch den Inhalt des Verwaltungsaktes betroffen sind.

79 Eine in der Praxis sehr bedeutsame Einschränkung der Rechtsverletzung enthält § 42 FGO, der auf § 351 AO verweist. § 351 AO stellt klar, dass die Klagebefugnis des durch einen Änderungsbescheid Betroffenen nicht weiter reichen kann, als seine **Rechtsposition verändert** worden ist.[127] Der schon bestandskräftig geregelte, unveränderte Teil des Verwaltungsakts kann daher nicht mehr angegriffen werden.

80 Eine Rechtsverletzung kann sich auch daraus ergeben, dass der Bescheid zu Unrecht unter dem Vorbehalt der Nachprüfung (§ 164 AO) oder vorläufig (§ 165 AO) erlassen wird. Ferner können Entscheidungen in einem **Grundlagenbescheid** nur durch Anfechtung dieses Bescheids, nicht des Folgebescheids angefochten werden (§ 351 Abs. 2 AO i.V.m. § 42 FGO).

81 *ff) Beteiligten-, Prozess-, Postulationsfähigkeit.* Beteiligtenfähigkeit ist die Fähigkeit, Subjekt eines finanzgerichtlichen Prozessverhältnisses zu sein.[128] Die Prozessfähigkeit nach § 58 FGO setzt die Fähigkeit voraus, alle Prozesshandlungen selbst oder durch selbstgewählte Vertreter vor- bzw. entgegenzunehmen.[129] Der prozessfähige Beteiligte ist vor den Finanzgerichten auch postulationsfähig, er **kann** also **selbst auftreten** und Verfahrenshandlungen vornehmen. Vor dem Bundesfinanzhof besteht nach § 62 a FGO 2001[130] **Vertretungszwang.** Die Beteiligten können sich nach §§ 62, 62 a FGO durch Bevollmächtigte (z.B. RAe, WP, StB) vertreten lassen.

82 *gg) Klagefrist.* Bei Anfechtungs- und Verpflichtungsklagen beträgt die Klagefrist einen Monat (§ 47 Abs. 1 FGO). Sie beginnt grundsätzlich mit der Entscheidung über den Einspruch (§ 47 Abs. 1 Alternative 1 FGO). Die Frist ist gewahrt, wenn die Klageschrift bis zum letzten Tag der Frist, 24 Uhr, dem zuständigen Finanzgericht zugeht. Nach § 47 Abs. 2 FGO reicht es zur Fristwahrung aber auch aus, wenn die Klage **rechtzeitig bei der Ausgangs- oder der Rechtsbehelfsbehörde angebracht** wird.[131] Der Bundesfinanzhof lässt es genügen, wenn die Klage in einem verschlossenen und postalisch an das Finanzgericht adressierten Briefumschlag in den Briefkasten des Finanzamtes eingeworfen oder beim Finanzamt abgegeben wird. Solange dem angefochtenen Verwaltungsakt bzw. der angefochtenen Rechtsbehelfsentscheidung

---

[124] BFH v. 28.8.1973 – BStBl. II 1973, 852, 853.
[125] *Tipke/Lang* § 22 Rdnr. 129.
[126] *Tipke/Lang* § 22 Rdnr. 118.
[127] *Tipke/Lang* § 22 Rdnr. 123.
[128] *Tipke/Lang* § 22 Rdnr. 136.
[129] *Tipke/Lang* § 22 Rdnr. 137.
[130] Davor Art. 1 Nr. 1 BFH-EntlG.
[131] BFH v. 26.4.1995 – BStBl. II 1995, 601, 602; BFH v. 16.1.1997 – BFH/NV 1997, 508; BFH v. 14.2.1997 – BFH/NV 1997, 675.

keine ordnungsgemäße Rechtsbehelfsbelehrung beigefügt ist, beginnt die Frist nicht zu laufen (§ 55 Abs. 1 FGO); ist die **Rechtsbehelfsbelehrung unterblieben oder unrichtig erteilt**, ist die Einleitung der Klage grundsätzlich aber nur innerhalb eines Jahres nach § 55 Abs. 2 FGO möglich. War der Kläger ohne Verschulden an der Einhaltung der Klagefrist verhindert, kann ihm auf Antrag Wiedereinsetzung in den vorigen Stand (gemäß § 56 FGO, § 126 Abs. 3 AO) gewährt werden. Sonstige allgemeine Leistungsklagen und Feststellungsklagen sind nicht fristgebunden.

hh) Richtiger Beklagter (Passivlegitimation, § 63 FGO). Nach § 63 Abs. 1 Nr. 1 FGO ist die Anfechtungsklage gegen die Behörde zu richten, die den **ursprünglichen Verwaltungsakt** erlassen hat. Die Verpflichtungsklage oder allgemeine Leistungsklage ist gegen die Behörde zu richten, die den beantragten Verwaltungsakt oder die andere Leistung unterlassen oder abgelehnt hat (§ 63 Nr. 2 FGO). Bei der Feststellungsklage ist die Behörde der richtige Beklage, der gegenüber die Feststellung begehrt wird (§ 63 Nr. 3 FGO). Wenn die falsche Behörde verklagt wird, ist die Klage unzulässig, wenn sie nicht geändert (zur Klageänderung siehe § 68 FGO) wird.[132] 83

ii) Ordnungsgemäßheit der Klageerhebung (§§ 64, 65 FGO). *(1) Form.* § 64 Abs. 1 FGO ordnet für alle Klagearten die **Schriftform** zwingend an. Sie wird auch durch die Niederschrift des Urkundsbeamten der Geschäftsstelle gewahrt. Die Rechtsprechung hat auch die Klageerhebung durch Telegramm, Fernschreiber, Telebrief oder Telefax zugelassen.[133] In diesen Fällen verlangt sie zur Wahrung der Schriftform eine eigenhändige Unterschrift, die als „individueller Schriftzug mit charakteristischen Merkmalen" erkennbar sein muss. 84

(2) Inhalt. § 65 Abs. 1 S. 1 FGO regelt den notwendigen Inhalt der Klage. Das Gericht muss durch **substantiierten Klagevortrag** in die Lage versetzt werden, die Grenzen der gerichtlichen Entscheidungsbefugnis (s. § 96 Abs. 1 S. 2 FGO) zu bestimmen.[134] Soweit Mussinhalte fehlen oder unzureichend sind, hat das Gericht in Wahrnehmung seiner **Prozessförderungspflicht** den Kläger zur erforderlichen Ergänzung innerhalb einer Frist aufzufordern (§ 65 Abs. 2 S. 1 FGO). Der Kläger soll einen **bestimmten Antrag** stellen und die zur Begründung dienenden **Tatsachen und Beweismittel** angeben (§ 65 Abs. 1 S. 2 und 3 FGO). 85

Entspricht die Klage diesen Anforderungen nicht, kann eine Frist nach § 65 Abs. 2 S. 1 FGO gesetzt werden. Die Fristsetzung nach § 65 Abs. 2 FGO kann mit einer Fristsetzung nach § 79 b Abs. 1 S. 1 FGO verbunden werden. Nach § 79 b Abs. 1 FGO kann das Gericht dem Kläger eine **Frist setzen** zur Angabe der Tatsachen, durch deren Berücksichtigung oder Nichtberücksichtigung im Verwaltungsverfahren er sich beschwert fühlt. Werden Tatsachen und Beweismittel erst nach Ablauf einer nach § 79 b Abs. 1 S. 1 FGO gesetzten Frist vorgebracht, so können sie unter den Voraussetzungen des § 79 b Abs. 3 FGO zurückgewiesen werden.[135] Zur fristwahrenden Bezeichnung des Klagegegenstandes i. S. des § 65 Abs. 1 und 2 FGO reicht es nicht aus, wenn der Kläger dem Finanzgericht innerhalb der Ausschlussfrist mitteilt, er habe die Steuererklärung beim Finanzamt eingereicht.[136] **Prozesshandlungen** können nämlich **nur gegenüber dem zuständigen Gericht** vorgenommen werden.[137] Dies gilt nach Ansicht des Finanzgerichts Düsseldorf[138] auch dann, wenn grundsätzlich das Einreichen einer Steuererklärung im Einzelfall für die Bezeichnung des Klagegegenstandes ausreicht.[139] 86

Wird die Ausschlussfrist i.S.d. § 65 Abs. 2 AO versäumt, ist ggf. noch **Wiedereinsetzung in den vorigen Stand** (gemäß § 65 Abs. 2 S. 3 AO i.V.m. § 56 FGO) möglich, wenn der Steuerpflichtige an der Fristeinhaltung unverschuldet verhindert war. Grundsätzlich besteht auch 87

---

[132] BFH v. 26.2.1980 – BStBl. II 1980, 331, 333.
[133] BFH v. 22.3.1983 – BStBl. II 1983, 579, 580; BFH v. 23.6.1987 – BStBl. II 1987, 717, 718; BFH v. 26.3.1991 – BStBl. II 1991, 463, 464; BFH v. 15.6.1994 – BStBl. II 1994, 763; BverwG v. 19.12.1994 – NJW 1995, 2121.
[134] BFH v. 8.11.1996 – BFH/NV 1997, 363.
[135] *Tipke/Lang* § 22 Rdnr. 151.
[136] FG Düsseldorf v. 21.5.1999 – Rev. eingelegt = entgegen BFH v. 21.5.1997 – BFH/NV 1997, 870.
[137] BFH v. 26.1.1995 – BFH/NV 1995, 896.
[138] FG Düsseldorf v. 21.5.1999 – EFG 1999, 854.
[139] BFH Urt. v.16.3.1988 – BFHE 153, 290 – BStBl. II 1988, 895.

die Möglichkeit, dass ein Rechtsirrtum einen Wiedereinsetzungsgrund begründet.[140] Der Steuerpflichtige darf sich aber nicht darauf verlassen, dass ein für die Entgegennahme unzuständiger Dritter, demgegenüber er die angeforderte Erklärung abgibt, diese fristgerecht weiterleiten wird.[141] Beruht die Versäumung der Frist auf einer Postlaufzeitverzögerung wegen falscher Postleitzahl auf dem Briefumschlag, kann Wiedereinsetzung in den vorigen Stand gewährt werden, wenn der Fehler dem ansonsten zuverlässig arbeitenden Büropersonal unterlaufen ist und der Fehler für den Prozessbevollmächtigten nicht leicht erkennbar war.[142]

88   kk) *Rechtsschutzbedürfnis.* Das Rechtsschutzbedürfnis fehlt, wenn sich das vom Kläger verfolgte Ziel **auf andere,** offensichtlich **einfachere** und näher liegende **Weise** erreichen lässt. Es fehlt z.B. für eine aus verfassungsrechtlichen Gründen erhobene Klage, wenn das Finanzamt den Steuerbescheid noch vor Klageerhebung wegen des verfassungsrechtlichen Streitpunktes nach § 165 Abs. 1 Nr. 2 u./o. 3 AO im Hinblick auf ein beim Bundesverfassungsgericht anhängiges Musterverfahren für vorläufig erklärt hat.[143]

89   *ll) Negative Sachurteilsvoraussetzungen.* Es darf **kein Klageverzicht** (§ 50 Abs. 1 S. 3 FGO) vorliegen. Der Klageverzicht kann erst nach Erlass des Verwaltungsaktes wirksam ausgesprochen werden.[144] Die Klage darf nicht zurückgenommen worden sein. Anders als im allgemeinen Verwaltungsprozess (§ 92 VwGO) führt die Rücknahme zum Verlust der Klage (§ 72 Abs. 2 S. 1 FGO). Danach ist eine erneut erhobene Klage unzulässig. Die Klage darf nicht anderweitig rechtshängig sein. Die Rechtshängigkeit löst eine Sperrwirkung aus (§ 155 FGO, § 17 Abs. 1 S. 2 GVG).

90   **d) Vorläufiger Rechtsschutz.** Art. 19 Abs. 4 GG gebietet einen effektiven Rechtsschutz und damit auch die Möglichkeit eines vorläufigen Rechtsschutzes, der dazu dient, den **status quo zu sichern** und einen fest zementierten – möglicherweise rechtswidrigen – Zustand zu vermeiden. Es soll auch eine Entscheidung über die Anwendbarkeit des materiellen Rechts bis zur Entscheidung in der Hauptsache getroffen werden können.[145] Der vorläufige Rechtsschutz im Finanzgerichtsprozess ist **zweigleisig:** der Rechtsschutzsuchende kann die Aussetzung der Vollziehung (§ 69 Abs. 2 u. 3 FGO) oder den Erlass einer einstweiligen Anordnung (§ 114 Abs. 1 FGO), die gegenüber der Aussetzung subsidiär ist (§ 114 Abs. 5 FGO), beantragen. Wegen ihrer Eilbedürftigkeit sind die Verfahren des vorläufigen Rechtsschutzes **summarische Verfahren,** d.h. dass sich der Prozessstoff in tatsächlicher Hinsicht auf die sog. präsenten Beweismittel beschränkt und die entscheidungserheblichen Tatsachen lediglich glaubhaft gemacht werden müssen.[146]

91   *aa) Aussetzung der Vollziehung.* Durch Einspruch oder Klage wird die Vollziehung grundsätzlich nicht gehemmt (§ 361 Abs. 1 AO, § 69 Abs. 1 FGO). Die Aussetzung der Vollziehung kommt in Betracht, wenn die Rechtsverletzung durch einen **vollziehbaren Verwaltungsakt** erfolgt und der Suspensiveffekt des gerichtlichen Rechtsbehelfs hergestellt werden soll, also z.B. bei Anfechtungsklagen. Das Finanzamt entscheidet nach § 361 AO während des schwebenden Einspruchsverfahrens und nach § 69 Abs. 2 FGO im Anschluss daran über eine Aussetzung der Vollziehung, wobei die Entscheidungsvoraussetzungen in beiden Fällen gleich sind. Lehnt das Finanzamt die Aussetzung der Vollziehung ab, kann gegen die Ablehnung als Verwaltungsakt **Einspruch** eingelegt werden.[147] Lehnt die Finanzbehörde den Einspruch ab, besteht nur noch die Möglichkeit eines Antrags beim Finanzgericht nach § 69 Abs. 3 FGO. Lehnt auch das Finanzgericht die Aussetzung ab, bleibt noch die zulassungsbedürftige Beschwerde zum Bundesfinanzhof (§ 128 Abs. 3 FGO). Gemäß § 69 Abs. 4 FGO ist der gerichtliche Aussetzungsantrag also nur zulässig, wenn die Finanzbehörde zuvor einen entsprechenden Antrag abgelehnt hat.[148] Eine Ausnahme hiervon kann nur durch das geschützte Interesse an einem effektiven

---

[140] FG Düsseldorf v. 21.5.1999 – EFG 1999, 853, 854.
[141] FG Düsseldorf v. 21.5.1999 – EFG 1999, 853, 855.
[142] BFH v. 10.6.1999 – BB 2000, 813.
[143] BFH v. 10.11.1993 – BStBl. II 1994, 119; BFH v. 9.8.1994 – BStBl. II 1994, 803, 805.
[144] *Tipke/Lang* § 22 Rdnr. 153.
[145] *Tipke/Lang* § 22 Rdnr. 210.
[146] *Tipke/Lang* § 22 Rdnr. 212.
[147] *Jakobs* § 16 Rdnr. 61.
[148] Nach BFH v. 30.8.1994 – BFH/NV 1995, 413, ist dies sogar Zugangsvoraussetzung.

Rechtsschutz gerechtfertigt werden.[149] Die Aussetzung der Vollziehung kann nur gegen einen vollziehbaren Verwaltungsakt gerichtet sein. **Vollziehung** ist jeglicher Gebrauch des materiellen Inhalts der behördlichen Maßnahme.[150] Nicht vollziehbar sind Verwaltungsakte, die sich in einer Negation erschöpfen (Bsp. Ablehnung von Stundung oder Erlass).

Bei der Entscheidung über die Aussetzung handelt es sich um eine **Ermessensentscheidung**. Das Ermessen richtet sich nach den in § 69 Abs. 2, Abs. 3 S. 1 Hs. 2 FGO aufgestellten Kriterien (ernstliche Zweifel an der Rechtmäßigkeit des angefochtenen Verwaltungsaktes; unbillige Härte durch Vollziehung für den Betroffenen wird durch öffentliches Interesse nicht überwogen; wobei das zuletzt genannte Kriterium nicht eindeutig geklärt und in der Praxis eher unbedeutend ist).[151] Bei vollzogenem Verwaltungsakt kann das Gericht die Aufhebung der Vollziehung anordnen (§ 69 Abs. 3 S. 3 FGO). Die Aussetzung/Aufhebung der Vollziehung kann die Finanzbehörde von der Erbringung einer Sicherheitsleistung abhängig machen (§ 69 Abs. 2 S. 3, Abs. 3 S. 3 FGO).

92 Voraussetzung für die Zulässigkeit eines Antrags auf Aussetzung der Vollziehung bei Gericht nach § 69 Abs. 3 FGO ist wie bei einer Klage (vgl. § 65 Abs. 1 S. 1 FGO) u. a. die **genaue Bezeichnung des Gegenstandes** des Antragsbegehrens. Der Antragsteller muss dartun, worin die Rechtswidrigkeit eines Verwaltungsakts und eine hieraus bei ihm eintretende **Rechtsverletzung** besteht, wenn er einen Antrag gemäß § 69 Abs. 3 FGO stellt. Falls er ihn auf ernstliche Zweifel an der Rechtmäßigkeit des angefochtenen Verwaltungsakts stützt, muss er somit darlegen, aus welchen Umständen sich die ernstlichen Zweifel an der Rechtmäßigkeit des angefochtenen Verwaltungsakts ergeben. Hierzu hat er die erforderlichen **Tatsachen** vorzutragen und es dadurch dem angerufenen Gericht der Hauptsache zu ermöglichen, in dem **summarischen Aussetzungsverfahren** festzustellen, ob die Vollziehung des angefochtenen Bescheids bis zur Entscheidung über die Hauptsache auszusetzen ist.[152] Es steht in Abweichung zu § 65 Abs. 2 S. 1 FGO nicht im Belieben eines Antragstellers nach § 69 Abs. 3 FGO, zu welchem Zeitpunkt des Verfahrens er das Antragsbegehren bezeichnet.

93 Dem abgekürzten und vereinfachten Verfahren widerspricht es, wenn eine wiederholt **gesetzte Frist zur Begründung des Antrags unbeachtet** bleibt und keine erheblichen Gründe gemäß § 54 Abs. 2 FGO, § 224 ZPO für eine Fristverlängerung glaubhaft gemacht werden.[153] Abweichend von § 65 Abs. 2 S. 2 FGO führt beim Aussetzungsverfahren nicht erst das Versäumen einer Ausschlussfrist zur Folge der Unzulässigkeit. Dies folgt aus dem summarischen Charakter des Verfahrens nach § 69 FGO.[154] In der Rechtsprechung besteht ein **Rechtsschutzbedürfnis** für einen Aussetzungsantrag bereits dann nicht, wenn ein solcher nach acht Wochen noch nicht begründet wurde.[155] Eine längere Verfahrensdauer ist jedenfalls dann nicht angemessen, wenn nicht besondere Gründe eine solche rechtfertigen.[156]

94 *bb) Einstweilige Anordnung.* Die einstweilige Anordnung kommt in den Fällen als vorläufiger Rechtsschutz in Betracht, in denen die **Aussetzung der Vollziehung unstatthaft** ist (§ 114 Abs. 5 FGO). Die einstweilige Anordnung bietet bei Verpflichtungs- und sonstigen Leistungsklagen vorläufigen Rechtsschutz. § 114 Abs. 1 FGO unterscheidet zwischen der sog. Sicherungsanordnung und der sog. Regelungsanordnung.

95 Der Antrag auf Erlass einer einstweiligen Anordnung ist nur dann erfolgreich, wenn der Antragsteller einen **Anordnungsanspruch und** einen **Anordnungsgrund** glaubhaft machen kann. Ob ein Anordnungsanspruch vorliegt, hängt von den Erfolgsaussichten der Klage in der Hauptsache ab. Der Anordnungsgrund setzt voraus, dass das Hauptsacheverfahren aus den in § 114 Abs. 1 FGO genannten Gründen nicht abgewartet werden kann. Die Hauptsache darf nicht vorweggenommen werden, außer wenn die Versagung des vorläufigen Rechtsschutzes für den

---

[149] Fälle des § 69 Abs. 4 S. 2 Nr. 1 und 2 FGO, vgl. *Tipke/Lang* § 22 Rdnr. 217 ff.
[150] BFH GrS v. 3.7.1995 – BStBl. II 1995, 730; BFH v. 31.8.1995 – BStBl. II 1996, 55.
[151] *Tipke/Lang* § 22 Rdnr. 221.
[152] BFH v. 31.1.1967 – BFHE 87, 600 – BStBl. III 1967, 255.
[153] FG Köln v. 22.10.1998 – EFG 1999, 127.
[154] BFH v. 15.6.1966 – BFHE 86, 316 – BStBl. III 1966, 467.
[155] FG Köln v. 22.10.1998 – EFG 1999, 127; FG Baden-Württemberg, Außensenate Stuttgart v. 29.4.1998 – EFG 1998, 1143 und v. 30.11.1994 – EFG 1995, 534.
[156] FG Köln v. 22.10.1998 -EFG 1999, 127, 128.

Antragsteller irreparable Folgen hätte.[157] Soweit der Rechtsbehelf in der Hauptsache endgültig keinen Erfolg hat, sind **Aussetzungszinsen** in Höhe von **0,5 % pro Monat** zu berechnen (§§ 237 Abs. 1, 238 Abs. 1 AO).

96 e) **Rechtsmittel.** *aa) Revision.* Gegen Urteile und Gerichtsbescheide kommt die Revision als **Rechtsmittel** in Betracht (§§ 115 Abs. 1, 90 a Abs. 2 Nr. 1 FGO). Die Revision ist regelmäßig davon abhängig, dass das Finanzgericht sie **zulässt** (§ 115 Abs. 1 Alt. 2, Abs. 2 FGO).[158] Die Revision kann nach § 118 Abs. 1 S. 1 FGO nur darauf gestützt werden, dass das angefochtene Urteil auf der **Verletzung von Bundesrecht** beruht. Wenn sie aus anderen Gründen im Ergebnis zutreffend ist, beruht sie nicht auf der Verletzung materiellen Rechts (§ 126 Abs. 4 FGO). Der Bundesfinanzhof ist an die tatsächlichen Feststellungen des Finanzgerichts gebunden (§ 118 Abs. 2 Hs. 1 FGO). Die Revision ist **innerhalb eines Monats beim Bundesfinanzhof** (nicht: beim Finanzgericht) schriftlich einzulegen und innerhalb eines weiteren Monats zu begründen (§ 120 Abs. 1 und 2 FGO).[159] Die Revisionsbegründungsschrift muss das angefochtene Urteil angeben sowie einen bestimmten Antrag und die Angabe der verletzten Rechtsnorm bzw. der Tatsachen enthalten, die den Verfahrensmangel ergeben.[160] Für das Revisionsverfahren gelten die Vorschriften über das Verfahren im ersten Rechtszug sinngemäß. Eine Übertragung auf den Einzelrichter ist allerdings ausgeschlossen.[161]

97 *bb) Nichtzulassungsbeschwerde (§ 115 Abs. 3 FGO).* Die Nichtzulassung der Revision durch das Finanzgericht kann selbständig durch Beschwerde innerhalb eines Monates nach Zustellung des Urteils oder Gerichtsbescheides angefochten werden (§ 115 Abs. 3 S. 1 FGO). Sie ist beim Bundesfinanzhof **einzulegen** (§ 116 Abs. 2 S. 1 FGO). Innerhalb der **Frist von einem Monat** muss die Beschwerde und die Begründung in der Form des § 115 Abs. 3 S. 3 FGO erfolgt sein. Damit die Beschwerde nicht wie nahezu die Hälfte (= rund 45 %) aller Nichtzulassungsbeschwerden an der Zulässigkeit scheitert, ist besonders auf die Substantiierung des Zulassungsgrundes (§ 115 Abs. 2, § 116 Abs. 3 FGO) zu achten.[162] Hilft das Finanzgericht der Nichtzulassungsbeschwerde nicht ab, hat der Bundesfinanzhof gemäß § 116 Abs. 5 S. 1 FGO durch Beschluss zu entscheiden.

Nach § 90 a Abs. 2 Nr. 2 FGO kann bei vorliegendem Gerichtsbescheid anstelle der Nichtzulassungsbeschwerde zunächst mündliche Verhandlung vor dem Spruchkörper des Finanzgerichts beantragt werden.

98 *cc) (Einfache) Beschwerde.* Gegen andere finanzgerichtliche Entscheidungen, die weder Urteile noch Gerichtsbescheide sind, kommt die Beschwerde in Betracht (§ 128 Abs. 1 FGO). Sie ist binnen zweier Wochen nach Bekanntgabe der Entscheidung beim abhilfeberechtigten Finanzgericht schriftlich oder zur Niederschrift einzulegen (§ 129 Abs. 1 FGO). Hilft das Finanzgericht nicht ab, entscheidet der Bundesfinanzhof durch Beschluss. § 128 Abs. 2 und 4 FGO erklären eine Reihe finanzgerichtlicher Entscheidungen für unanfechtbar, insbes. prozessleitende Verfügungen und Kostenentscheidungen.

99 f) **Kosten des Gerichtsverfahrens.** Nach § 135 Abs. 1 FGO trägt der unterliegende Beteiligte die Kosten. Dieser Grundsatz kann im Falle einer Prozessverschleppung nach § 137 FGO durchbrochen werden. Bei teilweisem Obsiegen und Unterliegen der Beteiligten werden die Kosten der Kläger nach § 136 Abs. 1 FGO entweder gegeneinander aufgehoben oder verhältnismäßig geteilt. Kosten des Gerichtsverfahrens sind nach § 139 Abs. 1 FGO die **Gerichtskosten und die zur zweckentsprechenden Rechtsverfolgung notwendigen Aufwendungen.** Falls der Rechtsstreit übereinstimmend für erledigt erklärt wird, ist nur noch gemäß § 139 FGO durch Beschluss über die Kosten zu entscheiden. Bei der nach § 138 Abs. 1 FGO zu treffenden Billigkeitsentscheidung ist auch von Bedeutung, ob bei vernünftiger Würdigung des Falles für den Kläger ein Anlass bestanden hatte, das Gericht anzurufen.[163] Sind seit Einspruchseinlegung

---

[157] *Tipke/Lang* § 22 Rdnr. 228.
[158] Vgl. *Tipke/Lang* § 22 Rdnr. 233.
[159] Zur Frage der Vertretung vor dem Bundesfinanzhof vgl. o. Rdnr. 6.
[160] *Tipke/Lang* § 22 Rdnr. 243.
[161] *Tipke/Lang* § 22 Rdnr. 245.
[162] Vgl. *Tipke/Lang* § 22 Rdnr. 254.
[163] FG Bremen v. 23.6.1999 – rechtskräftig (nicht beschwerdefähig) – EFG 1999, 855.

zehn Monate vergangen, kann es dem Einspruchsführer zuzumuten sein, vor Erhebung der Untätigkeitsklage beim Finanzamt die **Entscheidung über den Einspruch anzumahnen**.[164] Der Kläger soll außerdem keinen Anlass zur Erhebung der Untätigkeitsklage haben, wenn ihm bekannt ist, dass das Finanzamt bei Erheben der Untätigkeitsklage mit der Bearbeitung seiner im Einspruchsverfahren gestellten Anträge auf Aussetzung der Vollziehung befasst war.[165] Die Kosten eines erfolglos eingelegten Rechtsmittels hat derjenige zu tragen, der das Rechtsmittel eingelegt hat (§ 135 Abs. 2 FGO). Wer eine Klage oder ein Rechtsmittel zurücknimmt, hat nach § 136 Abs. 2 FGO die Kosten zu tragen. Gemäß § 142 FGO i.V.m. § 114 Abs. 1 S. 1 ZPO ist einem Beteiligten für das finanzgerichtliche Verfahren **Prozesskostenhilfe** zu gewähren, wenn er nach seinen persönlichen und wirtschaftlichen Verhältnissen die Kosten der Prozessführung nicht, nur zum Teil oder nur in Raten aufbringen kann und die beabsichtigte Rechtsverfolgung oder Rechtsverteidigung hinreichende Aussicht auf Erfolg bietet, soweit die beabsichtigte Rechtsverfolgung nicht mutwillig erscheint.

g) **Rechtskraft (§ 110 FGO)**. Urteile und Gerichtsbescheide werden mit Eintritt ihrer Unanfechtbarkeit formell rechtskräftig. Die materielle Bindungswirkung eines Urteils oder Gerichtsbescheides erstreckt sich nur soweit, als das Gericht über den Streitgegenstand selbst entschieden hat (= sog. Entscheidungsgegenstand).[166] Die Rücknahme der Klage ist bis zum Eintritt der Rechtskraft mit Zustimmung des/der Beklagten möglich (§ 72 Abs. 1 FGO).

h) **Verfassungsrechtlicher Rechtsschutz**. Mit der Verfassungsbeschwerde kann der Steuerpflichtige selbst Verfassungsrechtsschutz durch das Bundesverfassungsgericht erwirken (Art. 93 Abs. 1 Nr. 4 a GG). Der Steuerpflichtige muss bei der Verfassungsbeschwerde darlegen, dass er durch die öffentliche Gewalt **in seinen Grundrechten verletzt** ist. Nach dem Grundsatz der Subsidiarität ist vor der Verfassungsbeschwerde zunächst der Rechtsweg zu den Fachgerichten (Finanzgericht, Bundesfinanzhof) zu erschöpfen (Art. 94 Abs. 2 S. 2 GG, § 90 Abs. 2 S. 1 BVerfGG). Die Verfassungsbeschwerde ist binnen eines Monats nach Zustellung der (fachgerichtlichen) Entscheidung einzulegen und innerhalb dieser Frist auch zu begründen (§§ 93 Abs. 1, 92 BVerfGG). Das Gericht kann ggf. über die Normenkontrollvorlage nach Art. 100 Abs. 1 GG **weiteren verfassungsprozessualen Rechtsschutz** herbeiführen. Nach § 34 Abs. 1 BVerfGG sind die Verfahren vor dem Bundesverfassungsgericht grundsätzlich kostenfrei. Bei einer missbräuchlich erhobenen Verfassungsbeschwerde darf das Bundesverfassungsgericht dem Beschwerdeführer eine Gebühr in Höhe von bis zu € 2.500,– auferlegen (§ 34 Abs. 2 BVerfGG).

i) **Europarechtlicher Rechtsschutz**. Verletzen der nationale Gesetzgeber oder die Finanzbehörden das Gemeinschaftsrecht, so kann der davon betroffene Steuerpflichtige diesen Verstoß vor den Finanzgerichten rügen.[167] Der **Anwendungsvorrang des Gemeinschaftsrechts** wirkt sich allerdings nur dort aus, wo das Gemeinschaftsrecht unmittelbar wirkt und damit das innerstaatliche Recht verdrängt. Der Steuerpflichtige kann sich vor den nationalen Gerichten unmittelbar auf eine EG-Richtlinie berufen, wenn diese „**self-executing**"-Charakter besitzt.[168] Ein der Verfassungsbeschwerde entsprechendes Klagerecht zum Europäischen Gerichtshof existiert nicht. Für das Steuerrecht übt der Europäische Gerichtshof primär eine objektive Rechtskontrolle aus.[169]

IV. Darstellung des finanzgerichtlichen Prozesses

1. Verfahrensgrundsätze

Im Finanzgerichtsprozess gilt der **Untersuchungsgrundsatz**, das Gericht erforscht den Sachverhalt also von Amts wegen. Es ist nicht an das Vorbringen und an die Beweisanträge der Beteiligten gebunden (§ 76 Abs. 1 S. 5 FGO). Die Mitwirkungspflichten, die den Beteiligten ob-

---

[164] FG Bremen v. 23.6.1999 – EFG 1999, 855.
[165] FG Bremen v. 23.6.1999 – EFG 1999, 855.
[166] Vgl. BFH v. 7.2.1990 – BStBl. II 1990, 1032, 1033.
[167] *Tipke/Lang* § 22 Rdnr. 300.
[168] Vgl. *Tipke/Lang* § 22 Rdnr. 301.
[169] *Tipke/Lang* § 22 Rdnr. 302.

liegen (§ 76 Abs. 1 S. 2 bis 4 FGO) sind Ausdruck der Kooperationsmaxime. Das Finanzgericht hat den Sachverhalt nicht „ins Blaue hinein" zu erforschen.[170] Umgekehrt trifft das Gericht eine **Prozessfürsorgepflicht** gegenüber den Beteiligten (§§ 65 Abs. 2, 76 Abs. 2 FGO).

104   Die Herrschaft über den Streitgegenstand liegt (anders im Strafprozess) weitgehend bei den Beteiligten (sog. **Dispositionsmaxime**). Streitgegenstand ist nach der herrschenden sog. Saldierungstheorie[171] die Rechtsbehauptung des Klägers, er sei im Ergebnis in seinen Rechten verletzt.[172] Nach dieser Theorie können in einem Verwaltungsakt enthaltene Fehler, die sich zu Lasten des Klägers auswirken, mit Fehlern saldiert werden, die dem Finanzamt zugunsten des Klägers unterlaufen sind (anders dagegen die Individualisierungstheorie). Das Gericht darf über das Klagebegehren nicht hinausgehen (§ 96 Abs. 1 S. 2 FGO) und nicht zuungunsten des Klägers verbösern (**Verbot der reformatio in peius**). Unter den Voraussetzungen des § 67 FGO kann der Kläger die Klage ändern bzw. nach § 72 FGO den Prozess durch Klagerücknahme ganz beenden. Bei Änderung des angefochtenen Verwaltungsaktes oder Ersetzung, wird dieser auf Antrag des Klägers nach § 68 FGO Gegenstand des Verfahrens, wenn die Monatsfrist nach § 68 S. 2 FGO eingehalten wird. Ansonsten tritt **Präklusion** ein. Der Kläger ist ggf. aufgrund der Prozessförderungspflicht nach § 76 Abs. 2 FGO vom Gericht auf die Frist des § 68 FGO hinzuweisen. Die Beteiligten können den Rechtsstreit in der Hauptsache übereinstimmend für erledigt erklären (s. § 138 FGO), gleichgültig ob die Hauptsache auch tatsächlich erledigt ist.

105   Der Amtsgrundsatz ist nur schwach ausgebildet. Die FGO sieht weder ein Anerkenntnisurteil (§ 307 ZPO) noch einen Prozessvergleich vor (anders § 106 VwGO, 101 SGG), da der materielle Steueranspruch nicht zur Disposition der Parteien steht. Deren Wirkungen lassen sich dafür aber im Wege der **Erledigungserklärung** erreichen.[173] Die FGO geht vom **Grundsatz der Mündlichkeit** aus (§ 90 Abs. 1 S. 1 FGO). Praktisch ist das Mündlichkeitsprinzip aber zur Ausnahme geworden.[174] Eine mündliche Verhandlung ist nur für Urteile obligatorisch (§ 90 Abs. 1 S. 2 FGO) und kann auch dort mit Einverständnis der Beteiligten (§ 90 Abs. 2 FGO) unterbleiben. In geeigneten Fällen kann das Gericht oder der Einzelrichter ohne mündliche Verhandlung durch **Gerichtsbescheid** entscheiden (§ 90 a Abs. 1 FGO). Im vorbereitenden Verfahren kann der Vorsitzende oder Berichterstatter ohne mündliche Verhandlung durch Gerichtsbescheid entscheiden (§ 79 a Abs. 2 u. 4 FGO). Die mündliche Verhandlung ist grundsätzlich öffentlich (§ 52 Abs. 1 FGO, § 169 GVG). Auf Antrag des Steuerpflichtigen ist die Öffentlichkeit auszuschließen (§ 52 Abs. 2 FGO). Zur Wahrung des Steuergeheimnisses kann das Gericht die Öffentlichkeit ausschließen (§ 52 Abs. 1 FGO, § 172 Nr. 2 GVG).

106   Nach Art. 103 Abs. 1 GG hat jedermann vor Gericht **Anspruch auf rechtliches Gehör**. § 96 Abs. 2 FGO ist Ausdruck dieses Grundsatzes, indem er anordnet, dass eine gerichtliche Entscheidung nur auf solche Tatsachen und Beweisergebnisse gestützt werden darf, zu denen die Beteiligten sich äußern konnten.

Weitere Ausprägungen des Anspruchs auf rechtliches Gehör:
- Mitteilung (§ 75 FGO)
- Akteneinsichtsrecht der Beteiligen (§ 78 FGO)
- Grundsatz der Beteiligtenöffentlichkeit bei Beweisaufnahme (§ 83 FGO)
- Erörterungspflicht (§ 93 Abs. 1 FGO)

Die Verletzung rechtlichen Gehörs ist ein Verfahrensmangel im Sinne des § 115 Abs. 2 Nr. 3, 119 Nr. 3 FGO und absoluter Revisionsgrund.[175]

2. Sachaufklärung und Entscheidungsfindung durch das Gericht

107   Die finanzgerichtliche Sachaufklärung verläuft in **drei Phasen**.[176]

---

[170] BFH v. 16.12.1970 – BStBl. II 1971, 200, 201.
[171] BFH GrS v. 17.7.1967 – BStBl. II 1968, 344, 347; BFH GrS v. 26.11.1979 – BStBl. II 1980, 99, 102.
[172] *Tipke/Lang* § 22 Rdnr. 162 Fn. 110.
[173] *Tipke/Lang* § 22 Rdnr. 163.
[174] *Tipke* StuW 1993, 213, 218.
[175] *Tipke/Lang* § 22 Rdnr. 168.
[176] Vgl. *Tipke/Lang* § 22 Rdnr. 174.

Erste Phase: Das Gericht sammelt den Prozessstoff anhand der Klageschrift (§ 65 Abs. 1 FGO) und der Stellungnahme der beklagten Finanzbehörde einschließlich der von dieser übersandten Akten (§§ 71, 77 FGO).
Zweite Phase: der Vorsitzende oder der Berichterstatter bereitet die mündliche Verhandlung vor, indem er nach §§ 79 bis 79 b FGO alle Anordnungen trifft, die notwendig sind, um den Rechtsstreit möglichst in einer mündlichen Verhandlung zu erledigen.
Soweit erforderlich, schließt sich in einer **dritten Phase** die Beweiserhebung (§§ 81 ff. FGO) an.

108 Ziel der vorbereitenden Sachaufklärung ist es, den Rechtsstreit entweder in einem Erörterungstermin (§ 79 Abs. 1 S. Nr. 1 FGO), durch Gerichtsbescheid (§§ 79 a Abs. 2, 90 a Abs. 1 FGO) oder möglichst in einer mündlichen Verhandlung (§ 90 Abs. 1 FGO) zu erledigen.[177] Dem Finanzgericht stehen als Mittel zur Aufklärung der Schriftsatzaustausch (§§ 65 Abs. 1, 71, 77 FGO), die Auskunftseinholung (§ 79 Abs. 1 S. 2 Nr. 2 und 3 FGO), Anordnungen (§ 79 Abs. 1 S. 1 FGO) und Fristsetzungen (§ 79 b FGO) zur Verfügung.[178] Die **Beweiserhebung** nimmt grundsätzlich das Kollegialgericht gemäß § 81 Abs. 1 S. 1 FGO im Rahmen der mündlichen Verhandlung vor. In Einzelfällen kann der Vorsitzende oder der Berichterstatter schon vor der mündlichen Verhandlung einzelne Beweise erheben (s. § 79 Abs. 3 S. 1 FGO). Das Gericht hat – nach Durchführung einer Schlüssigkeitsprüfung – nur über entscheidungserhebliche Tatsachen Beweis zu erheben.

109 Der Beweisaufnahme geht ein förmlicher Beweisbeschluss voran (§ 82 FGO, §§ 358 ff. ZPO), außer wenn das Beweismittel in der mündlichen Verhandlung präsent ist und die Beweisaufnahme sogleich durchgeführt werden kann.[179] Die Beweisaufnahme unterliegt den Regeln des **Strengbeweises**, es gilt insbesondere der Grundsatz der formellen Unmittelbarkeit der Beweisaufnahme, der in §§ 81 Abs. 2, 79 Abs. 3 FGO durchbrochen wird.[180] Der Grundsatz besagt, dass der entscheidende Spruchkörper des Gerichts unter persönlicher Anwesenheit aller seiner Mitglieder die erforderlichen Beweise zu erheben hat. Materiell hat der Unmittelbarkeitsgrundsatz zum Gegenstand, dass das tat-, sach- oder beweisthemennächste Beweismittel heranzuziehen ist.[181] Das Gericht entscheidet nach seiner freien, aus dem Gesamtergebnis des Verfahrens gewonnenen Überzeugung (§ 96 Abs. 1 S. 1 Hs. 1 FGO). Zum Gesamtergebnis gehören auch die Stellungnahmen der Beteiligten.[182]

110 Erklärungen und Beweismittel, die erst nach Ablauf der von der Finanzbehörde nach § 364 b Abs. 1 AO gesetzten Frist (s. o.) im Einspruchsverfahren oder im finanzgerichtlichen Verfahren vorgebracht werden, kann das Gericht gemäß § 76 Abs. 3 FGO **zurückweisen** und ohne weitere Ermittlungen entscheiden.[183] Nach § 76 Abs. 3 S. 1 FGO liegt es im Ermessen des Gerichts, nachträgliches Vorbringen noch zu berücksichtigen, wobei sich das Ermessen an § 79 b Abs. 3 FGO orientiert.[184] Nach dem BFH Urt. vom 9.9.1998[185] sei eine auf § 76 Abs. 3 FGO gestützte Zurückweisung eines nach § 364 b AO verspäteten Sachvortrages **nur dann ermessensgerecht,** wenn der nachgereichte Sachvortrag keine sofortige Entscheidung zugunsten des Steuerpflichtigen ermöglicht und das Finanzgericht daher sofort eine mündliche Verhandlung anberaumen würde oder aber unmittelbar nach Eingang des verspäteten Sachvortrages einen auf § 76 Abs. 3 FGO gestützten Gerichtsbescheid erließe, an den sich im Falle eines Antrags auf mündliche Verhandlung ein sogleich anberaumter Verhandlungstermin anschließen würde. Dem Finanzgericht Köln zufolge ist die finanzgerichtliche Nichtberücksichtigung von nach Maßgabe der §§ 364 b AO, 79 b Abs. 3 FGO unentschuldbar verspätet vorgebrachter Erklärungen und/oder Beweismittel stets dann **ermessensfehlerfrei,** wenn diese Erklärungen/Beweismittel zum Zeit-

---

[177] *Tipke/Lang* § 22 Rdnr. 175.
[178] Vgl. *Tipke/Lang* § 22 Rdnr. 177 ff.
[179] *Tipke/Lang* § 22 Rdnr. 185 Fn. 138.
[180] *Tipke/Lang* § 22 Rdnr. 187.
[181] Vgl. *Tipke/Lang* § 22 Rdnr. 187.
[182] *Tipke/Lang* § 22 Rdnr. 189.
[183] Vgl. hierzu *Tipke/Lang* § 22 Rdnr. 39 f.
[184] Beachte hierzu die Grundsätze der Rspr. BFH v. 9.9.1998 – BFHE 186, 511 – BStBl. II 1999, 26; BFH v. 19.3.1998 – BFHE 185, 134, entgegen der Rspr. des 1. Senats des BFH: FG des Saarlandes v. 29.4.1999 – EFG 1999, 758 f., rechtskräftig.
[185] BFHE 186, 511.

punkt des **Entstehens** der jeweiligen Rechtssache zur gerichtlichen Entscheidung noch weitere, die gerichtliche Entscheidungsfindung **verzögernde Ermittlungen** erfordern.[186] Kein Ermessensfehler soll jedenfalls dann vorliegen, wenn sich das Gericht in einem vorangegangenen Gerichtsbescheid mit dem verspäteten Vorbringen des Klägers sachlich auseinander gesetzt hat und dabei darauf hingewiesen hat, was von Seiten des Klägers noch erforderlich ist, um dem Klagebegehren zum Erfolg zu verhelfen, der Kläger diese Hinweise jedoch nicht beachtet hat.[187]

111 Grundlage der Beweiswürdigung ist die allgemeine Lebenserfahrung, die allgemeinen Denkgesetze und die speziellen Erfahrungssätze. Eine vorweggenommene Beweiswürdigung ist unzulässig. Ein Beweismittel darf in Anlehnung an § 244 Abs. 3 bis 5 StPO nur in bestimmten Fällen abgelehnt werden, z.B. bei unerheblichen Tatsachen oder wenn das Beweismittel unzulässig ist. Ein **Sachverhalt ist erwiesen,** wenn er sich mit an Sicherheit grenzender Wahrscheinlichkeit feststellen lässt. Für eine Schätzung nach § 96 Abs. 1 S. 1 Hs. 2 FGO i.V.m. § 162 AO ist das gesetzliche Beweismaß allerdings reduziert.[188] Ist nur die Glaubhaftmachung nach dem Gesetz erforderlich, genügt eine Sachverhaltsfeststellung mit überwiegender Wahrscheinlichkeit. Die **Beweislastverteilung** hat eine sphärenorientierte Beweisrisikoverteilung zu berücksichtigen.[189] Nach § 76 Abs. 1 S. 2 bis 4 FGO bilden der Kläger und die beklagte Finanzbehörde hinsichtlich der Sachaufklärung eine Verantwortungsgemeinschaft (Kooperationsmaxime). Daher ist eine an der Normenbegünstigungstheorie orientierte Beweislastentscheidung nur zulässig, wenn sie nicht mit der Sphärenverantwortung der Beteiligten kollidiert.[190] Wenn die Entscheidung vom Bestehen oder Nichtbestehen eines Rechtsverhältnisses abhängt, das sich in einem anderen gerichtlichen Verfahren im Streit befindet oder von einer noch ausstehenden behördlichen Entscheidung abhängt, kann das Finanzgericht den **Rechtsstreit** bis zur Erledigung des vorgreiflichen Rechtsstreits nach § 74 FGO **aussetzen.**[191] Nicht bereits ausreichend ist es, wenn es in dem anderen Verfahren nur um dieselbe Rechtsfrage geht.[192] Die Rechtsprechung lässt die Aussetzung allerdings wegen solcher Musterprozesse zu, die vor dem Bundesverfassungsgericht anhängig sind.[193]

3. Entscheidung des Gerichts

112 Das Finanzgericht entscheidet entweder aufgrund mündlicher Verhandlung durch Urteil (§ 95 FGO) oder durch Gerichtsbescheid (§§ 90 a, 79 a Abs. 2 FGO). Tatbestand und Entscheidungsgründe sind bis spätestens **fünf Monate** nach der Verkündung der Entscheidung der Geschäftsstelle zu übergeben.[194]

Das Gericht braucht in der Hauptsache keine Entscheidung zu treffen, wenn sich die Hauptsache erledigt hat, oder sie übereinstimmend für erledigt erklärt wird.[195]

113 **In einfach gelagerten Fällen** oder wenn eine Ausschlussfrist (z.B. § 65 Abs. 2 FGO) ohne zureichenden Grund unbeachtet geblieben ist, kann der Vorsitzende/Berichterstatter den Rechtsstreit in der Hauptsache ohne mündliche Verhandlung durch **Gerichtsbescheid** (§§ 79 a Abs. 2 S. 1, 90 a Abs. 1 FGO) entscheiden.[196] Als Rechtsbehelf kann hiergegen **binnen eines Monats** nach Zustellung des **Gerichtsbescheids** nur ein Antrag auf mündliche Verhandlung (vor dem Senat) gestellt werden (§§ 79 a Abs. 2, 90 a Abs. 3 FGO).[197]

114 Kann der Rechtsstreit noch im Stadium des **vorbereitenden Verfahrens** erledigt werden, dann trifft zur Verfahrensvereinfachung nicht der Senat, sondern der Vorsitzende bzw. Berichterstatter die erforderlichen Nebenentscheidungen (§ 79 Abs. 1 Nr. 1 bis 5, Abs. 4 FGO).

---

[186] Finanzgericht des Saarlandes v. 29.4.1999 – EFG 1999, 758, rechtskräftig.
[187] Finanzgericht des Saarlandes v. 29.4.1999 – EFG 1999, 758, rechtskräftig.
[188] *Tipke/Lang* § 22 Rdnr. 191.
[189] *Tipke/Lang* § 22 Rdnr. 191.
[190] Vgl. zu den Beweisregeln im Steuerrecht *Tipke/Lang* § 21 Rdnr. 217.
[191] Vgl. *Tipke/Lang* § 22 Rdnr. 192.
[192] BFH v. 16.12.1987 – BStBl. II 1988, 600.
[193] BFH v. 9.8.1994 – BStBl. II 1994, 803, 804.
[194] BFH v. 18.4.1996 – BStBl. II 1996, 578.
[195] Vgl. *Tipke/Lang* § 22 Rdnr. 204.
[196] *Tipke/Lang* § 22 Rdnr. 182.
[197] BFH v. 3.11.1993 – BStBl. II 1994, 118, 119; BFH v. 8.3.1994 – BStBl. II 1994, 571, 572.

Hat die **Anfechtungsklage** Erfolg, hebt das Finanzgericht den angefochtenen Verwaltungsakt einschließlich der außergerichtlichen Rechtsbehelfsentscheidung ganz oder teilweise auf (sog. **Kassation** gemäß § 100 Abs. 1 S. 1 Hs. 1 FGO). Die Finanzbehörde ist an die rechtliche Beurteilung und an die tatsächlichen Feststellungen des Gerichts gebunden (§ 100 Abs. 1 S. 1 Hs. 2 FGO). Bei einer Abänderungsklage gegen Geldverwaltungsakte kann das Gericht selbst den Betrag ändern (§ 100 Abs. 2 S. 1 FGO: sog. **Reformation**). Das Gericht kann die rechnerische Ermittlung des Betrages aber auch der Finanzbehörde überlassen und ihr nur die zu ändernden Besteuerungsgrundlagen mitteilen (§ 100 Abs. 2 S. 2 FGO). 115

In Ausnahmefällen darf das Gericht den angefochtenen Verwaltungsakt und die außergerichtliche Rechtsbehelfsentscheidung aufheben, ohne in der Sache selbst zu entscheiden (§ 100 Abs. 3 S. 1 FGO); z.B. wenn das FA nicht oder nur sehr unzureichend aufgeklärt hat.[198] 116

Ist eine **Verpflichtungsklage** erfolgreich, so verpflichtet das Finanzgericht die Finanzbehörde zum **Erlass** des Verwaltungsakts, wenn die Sache spruchreif ist (§ 101 S. 1 FGO), ansonsten ergeht ein **Bescheidungsurteil** nach § 101 S. 2 FGO. Die Entscheidung aufgrund einer erfolgreichen allgemeinen Leistungs- oder Feststellungsklage richtet sich nach dem Einzelfall. Ermessensentscheidungen der Finanzbehörde sind nach § 102 FGO, § 5 AO nur beschränkt überprüfbar. 117

V. Praxisrelevante Fragen zum Erbschaftsteuerrecht

Aufgrund § 31 ErbStG und der allg. Mitwirkungsverpflichtungen des § 90 Abs. 1 AO ist das Erbschaftsteuer-Finanzamt (soweit erforderlich) berechtigt, **konkrete Angaben** gemäß §§ 149, 150 AO bzw. grundstücksbezogene Auskünfte gemäß § 93 AO zu verlangen. 118

1. Erklärungsverpflichtung und Anzeigeverpflichtung

Die Erklärungsverpflichtung des § 31 ErbStG ist von der Anzeigeverpflichtung gemäß § 30 ErbStG zu unterscheiden (siehe im Einzelnen oben). Die Anzeige ist eine vom Grunde her **vorausgehende Auskunft** bzgl. des Erbanfalls.[199] Sie soll dem Finanzamt nur einen ersten „Überblick" bezogen auf den Erbanfall verschaffen. Nach Eingehen der Anzeige fordert das Finanzamt die Erbschaftsteuererklärung an, welche dem Finanzamt die tatsächliche Basis für die genaue Ermittlung/Berechnung der Besteuerungsgrundlagen ermöglichen soll. 119

2. Steuererklärung bei der Bedarfsbewertung

Nach § 31 Abs. 2 ErbStG ist der Erbe verpflichtet, die „für die Feststellung des Wertes des Erwerbs erforderlichen Angaben" zu machen. Für die Feststellung des neuen Grundbesitzwertes sind dies einerseits die tatsächlichen Verhältnisse im Erwerbszeitpunkt für die Anwendung der §§ 9 ff. ErbStG, andererseits auch die Wertverhältnisse zum 1.1.1996 für die Anwendung der §§ 138 ff. BewG.[200] Erst danach kann das Erbschaftsteuer-Finanzamt die **sachliche und örtliche Zuständigkeit für die Bedarfsbewertung** nach § 12 ErbStG i.V.m. § 138 Abs. 5 BewG auf das Lage-Finanzamt i.S.d. § 138 Abs. 6 BewG übertragen. Bei Eintritt des Bedarfsfalls i.S.d. § 12 ErbStG gelten nicht die allgemeinen Regeln zur Erklärungspflicht im Feststellungsfall, die sich aus § 181 Abs. 2 AO ergeben, sondern es greift insoweit die **vorrangige Regelung** des § 138 Abs. 6 BewG ein.[201] 120

VI. Amtliche Formulare zur Erbschaftsteuererklärung

1. Erbschaftsteuererklärung

Folgende **amtliche Formulare**[202] sind bei der Abgabe der Erbschaftsteuererklärung (in diesem Fall in Bayern) zu verwenden: 121

---

[198] *Tipke/Lang* § 22 Rdnr. 196.
[199] BFH v. 16.10.1996 – BStBl. II 1997, 73.
[200] *Olbertz* DStR 1998, 1293, 1295.
[201] *Olbertz* DStR 1998, 1293 ff.
[202] Die Formulare sind über die Homepage des Bayerischen Staatsministeriums der Finanzen (www.stmf.bayern.de) zu beziehen; in den anderen Bundesländern ist ebenfalls die jeweilige Landesfinanzverwaltung zuständig.

§ 69

Erbschaftsteuererklärung

An das Finanzamt | **Aktenzeichen** | Eingangsstempel
FA 11 Steuernummer | UFA 71 Zeitraum | Vorgang 1

Zeile	
1	**Todestag** Tag Monat Jahr beurkundet vom Standesamt
2	Tragen Sie bitte eine „1" in das nebenstehende Feld ein, wenn die erklärten Beträge in Euro angegeben werden. 32 ja = 1
3	**Erblasser** Name, Vorname — Staatsangehörigkeit — 99 11
4	Letzter Wohnsitz: Straße, Hausnummer — 32
5	Postleitzahl Ort
6	Zuständiges Finanzamt, letzte Steuernummer
7	Familienstand am Todestag: ledig — verheiratet seit: — verwitwet seit: (Sterbeort des vorverstorbenen Ehegatten) — geschieden
8	In welchem Güterstand lebte der Erblasser zuletzt mit seinem Ehegatten? (bei vertraglichem Güterstand: bitte Vertrag einreichen) — Vertraglicher Güterstand
9	Gesetzlicher Güterstand (Zugewinngemeinschaft) — Gesetzlicher Güterstand nach § 13 FGB (DDR) — Güterstand nach ausländischem Recht
10	Ist ein Testament / Erbvertrag vorhanden? Name, Aktenzeichen des Gerichts / Urkundenrollen-Nummer des Notars: nein ja
11	Ist ein Testamentsvollstrecker — Nachlasspfleger — Nachlassverwalter bestimmt?
12	Name, Anschrift, Telefonnummer:
13	Ist ein Erbschein beantragt worden? Name, Aktenzeichen des Gerichts / Urkundenrollen-Nummer des Notars: nein ja
14	War der Erblasser bei seinem Tod beteiligt an Erbengemeinschaft — fortgesetzter Gütergemeinschaft?
15	Name, Sterbetag und letzter Wohnsitz des vorverstorbenen Erblassers; Erbschaftsteuer-Finanzamt und ggf. Steuernummer:
16	War der Erblasser bei seinem Tod Vorerbe — Vorvermächtnisnehmer?
17	Name, Sterbetag und letzter Wohnsitz des vorverstorbenen Erblassers; Erbschaftsteuer-Finanzamt und ggf. Steuernummer:
18	Unterhielt der Erblasser ein Schließfach? Name und Anschrift des Geldinstituts: nein ja
19	Welche Gegenstände / Werte befanden sich in dem Schließfach, wo sind diese in der Erklärung aufgeführt? (bitte ggf. gesondertes Blatt beifügen)
20	**Beteiligte** (falls die Zeilen der Erklärung nicht ausreichen, bitte gesondertes Blatt beifügen)
21	Name, Vorname — lfd. Nr. der Anlage „Erwerber" — Name, Vorname — lfd. Nr. der Anlage „Erwerber"
22	Name, Vorname — lfd. Nr. der Anlage „Erwerber" — Name, Vorname — lfd. Nr. der Anlage „Erwerber"
23	Name, Vorname — lfd. Nr. der Anlage „Erwerber" — Name, Vorname — lfd. Nr. der Anlage „Erwerber"
24	Name, Vorname — lfd. Nr. der Anlage „Erwerber" — Name, Vorname — lfd. Nr. der Anlage „Erwerber"
25	**Unterschrift(en)** Die mit der Steuererklärung angeforderten Daten werden aufgrund der §§ 149 ff AO und des § 31 ErbStG erhoben. Die Angabe der Telefonnummer ist freiwillig.
26	Ich versichere (Wir versichern), dass ich (wir) die Angaben in diesem Vordruck und den beigefügten Anlagen wahrheitsgemäß nach bestem Wissen und Gewissen gemacht habe(n). Steuererklärungen ohne Unterschrift gelten als nicht abgegeben. — Bei der Anfertigung dieser Steuererklärung und der Anlagen hat mitgewirkt:
27	
28	
29	Datum, Unterschrift(en)

Erbschaftsteuererklärung (Mantelbogen) – Dez. 2000

Hinterlassene Vermögenswerte

Land- und forstwirtschaftliches Vermögen
Gehört zum Nachlass inländisches land- und forstwirtschaftliches Vermögen? nein
ja — Anzahl der beigefügten Anlage(n) land- und forstwirtschaftlicher Grundbesitzwert — selbst errechneter Gesamtwert:

Gehört zum Nachlass ausländisches land- und forstwirtschaftliches Vermögen? nein
ja Lage: — Gemeiner Wert:

Grundvermögen
Gehört zum Nachlass inländisches Grundvermögen? nein
ja — Anzahl der beigefügten Anlage(n) Grundstückswert — selbst errechneter Gesamtwert:

Gehört zum Nachlass ausländisches Grundvermögen? nein
ja Lage: — Gemeiner Wert:

Betriebsvermögen
Gehört zum Nachlass inländisches Betriebsvermögen? nein
ja — Anzahl der beigefügten Anlage(n) Betriebsvermögen — selbst errechneter Gesamtwert:

Gehört zum Nachlass ausländisches Betriebsvermögen? nein
ja Firma: — Gemeiner Wert:

Übriges Vermögen
Gehören zum Nachlass nichtnotierte Anteile an Kapitalgesellschaften? nein
ja — Anzahl der beigefügten Anlage(n) Anteilsbewertung — selbst errechneter Gesamtwert:

Gehören zum Nachlass Wertpapiere, andere Anteile und dergleichen? nein
ja Bezeichnung — ggf. Name des verwahrenden Geldinstituts / Bankleitzahl — Wert (einschl. Stückzinsen)

Summe:

Gehören zum Nachlass Guthaben bei Geldinstituten? nein
ja Kontonummer — Name des Geldinstituts / Bankleitzahl — Wert

Summe:

Gehören zum Nachlass Bausparguthaben? nein
ja Bausparnummer — Name der Bausparkasse — Wert

Gehören zum Nachlass Steuererstattungsansprüche? nein
ja Bezeichnung — Name des Finanzamtes, Steuernummer — Wert

Gehören zum Nachlass andere Kapitalforderungen? nein
ja Bezeichnung — Name des Schuldners, Nennbetrag, Zinssatz — Wert

Gehören zum Nachlass sonstige Forderungen? nein
ja Bezeichnung, Name des Schuldners — Wert

– 3 –

noch: Übriges Vermögen

Gehören zum Nachlass Zinsansprüche (soweit in Guthaben – Zeilen 50, 55 und 59 – nicht enthalten)? nein
ja Bezeichnung Name des Schuldners Wert

Gehören zum Nachlass Versicherungen, Sterbegelder, Abfindungen? nein
ja ggf. Vers.-Nr. Name des Schuldners Wert

Summe: 56

Gehören zum Nachlass Renten oder andere wiederkehrende Bezüge? nein
ja Bezeichnung Name des Schuldners, Laufzeit bis Jahreswert

Gehören zum Nachlass – in- und ausländische Zahlungsmittel (Bargeld)? nein
ja Wert: 58

– Münzen, unverarbeitete Edelmetalle, Edelsteine, Perlen? nein
ja Wert: 59

– Hausrat? nein
ja Wert: 60

– Andere bewegliche körperliche Gegenstände (z. B. Kraftfahrzeuge, Boote, Kunstgegenstände, Schmuck)? nein
ja Wert: 61

– sonstige Rechte (Urheberrechte, Erfindungen, Patente und Ähnliches)? nein
ja Wert: 62

Welche Vermögenswerte sind von Dritten außerhalb des Nachlasses unmittelbar erworben worden?
Anspruchsberechtigter Art des Anspruchs Wert

Nachlassverbindlichkeiten

Schulden des Erblassers – Bitte fügen Sie entsprechende Unterlagen / Belege bei. –

Hatte der Erblasser Darlehensschulden? nein
ja Name und Anschrift des Gläubigers, Nennbetrag, Zinssatz Wert

Summe: 10

Hatte der Erblasser Steuerschulden? nein
ja Name des Finanzamtes, Steuernummer Wert

12

Hatte der Erblasser sonstige Verbindlichkeiten? nein
ja Bezeichnung, Name und Anschrift des Gläubigers, Nennbetrag, Zinssatz Wert

Summe: 14

§ 69 Besteuerungsverfahren

– 4 –

Zeile				Wert		
96	42	**Erbfallkosten** Nur auszufüllen, wenn insgesamt mehr als 20 000 DM (Pauschbetrag) geltend gemacht werden. Bitte fügen Sie entsprechende Unterlagen / Belege bei.			99	42
						Bestattungskosten
97		Kosten der Bestattung des Erblassers	20		20	
						Grabdenkmalkosten
98		Kosten für ein angemessenes Grabdenkmal	22		22	
						Grabpflege
99		Kosten für die übliche Grabpflege durchschnittlich jährlich anfallende Kosten (Jahreswert)	25		25	
						Nachlassreg.-Kosten
100		Kosten der Nachlassregelung	26		26	
						Ersatz Erbfallkosten
101		abzüglich Kostenersatz (Sterbegeld u.Ä.)	28		28	
102		**Vermächtnisse, Auflagen, Pflichtteilsansprüche**				
103		Hatte der Erblasser Vermächtnisse, Auflagen angeordnet? ☐ nein				
		☐ ja Name, Anschrift des Berechtigten	Art des Anspruchs	Wert		
104						
105						
						Vermächtnis u.Ä.
106			Summe:	30	30	
107		Sind Pflichtteilsansprüche geltend gemacht worden? ☐ nein				
		☐ ja Name und Anschrift des Berechtigten; wann geltend gemacht?		Wert		
108						
109						
						Pflichtteil
110			Summe:	32	32	
111		**Schenkungen** Sollte der Platz für die Eintragungen nicht ausreichen, bitte gesondertes Blatt beifügen.				
		Hatte der Erblasser zu seinen Lebzeiten Schenkungen oder andere unentgeltliche Zuwendungen gemacht? ☐ nein				
112		☐ ja, an folgende Personen, Stiftungen, Trusts usw.: Name, Anschrift des Beschenkten / Art, Wert und Zeitpunkt der Zuwendung	veranlagt beim Finanzamt / Steuernummer			
113						
114						
115						
116						
117		**Bemerkungen**				
118						
119						

Anlage Erwerber
zur Erbschaftsteuererklärung

Finanzamt

Aktenzeichen

lfd. Nr. der Anlage

FA 11 | Steuernummer | UFA 71 | Zeitraum | Vorgang 1 | 99 36 | Identifikationsmerkmal des Erbfalls 10

Erwerber
Allgemeine Angaben zur Person

- Name, Vorname
- Geburtsdatum — Tag | Monat | Jahr — Bankverbindung
- Straße, Hausnummer — Postleitzahl | Postfach
- Postleitzahl | Wohnort — Telefonisch erreichbar
- Postleitzahl | Wohnsitzfinanzamt — Steuernummer

Verwandtschaftsverhältnis **zum Erblasser** — Bitte beachten Sie die Erläuterungen in der Anleitung.

Nur bei Ehegatten bzw. Kindern bis zur Vollendung des 27. Lebensjahres:
Ansprüche als Hinterbliebener des Erblassers auf gesetzliche / vertraglich vereinbarte Versorgungsbezüge? nein

ja | Name des Zahlungsverpflichteten | Jahresbetrag | Einmalbetrag der Bruttobezüge

Nur bei Ehegatten im Güterstand der Zugewinngemeinschaft:
Wurde die Zugewinngemeinschaft vertraglich vereinbart? nein

ja, bitte Vertrag beifügen.

Wert der Ausgleichsforderung nach § 5 Abs. 1 ErbStG (bitte Berechnung beifügen) — Wert:

Anrechenbare gezahlte ausländische Erbschaftsteuer (bitte Steuerbescheide und Zahlungsbelege beifügen) — Wert: 32

Erwerb durch Erbanfall

Nur für Erben auszufüllen:
Erbanteil 12 | Zähler — 13 | Nenner

Gesondert zu tragende Schulden; ggf. Anteil daran
Art | Wert

Gesondert zu tragende Erbfallkosten; ggf. Anteil daran
Art | Wert

Gesondert zu tragende Vermächtnisse, Auflagen; ggf. Anteil daran
Art | Wert

Sonstige Erwerbe

Wert

- Erwerb durch Vermächtnis — 10
- Erwerb aufgrund eines Vertrags zugunsten Dritter — 11
- Erwerb aufgrund eines geltend gemachten Pflichtteilsanspruchs
  Wann geltend gemacht? — 12
- Anderer sonstiger Erwerb — 19

Anlage Erwerber zur Erbschaftsteuererklärung – Dez. 2000

§ 69 Besteuerungsverfahren

– 2 –

Zeile			Wert		
	44				Schulden
31	Schulden im Zusammenhang mit dem sonstigen Erwerb	20		20	
32	Verbindlichkeiten aus Vermächtnissen / Auflagen, soweit sie den sonstigen Erwerb belasten	30		30	Vermächtnis / Auflagen
33	Gesondert zu tragende Erbfallkosten, soweit sie den sonstigen Erwerb belasten	40		40	Erbfallkosten
34	im sonstigen Erwerb enthaltener Hausrat	51		51	Hausrat
35	im sonstigen Erwerb enthaltene andere bewegl. körperl. Gegenstände	52		52	beweg. körperl. Gegenst.

Schenkungen

Zeile						99	46
36	46						
37	Haben Sie vom Erblasser zu seinen Lebzeiten Schenkungen oder andere (teil-) unentgeltliche Zuwendungen erhalten?			nein	10		Gesamtwert Vorerwerbe
38	ja	Art, Wert und Zeitpunkt der Zuwendung	veranlagt beim Finanzamt	Steuernummer	12		Wert § 19 a
39					20		Steuer Vorerwerbe
40					22		Steuer Vorerwerbe (pers.)
41					24		Erbt. begr. § 19 a
42					25		aus St. Vorerwerbe

Bekanntgabe

43	Der Bescheid soll nicht mir bekannt gegeben werden, sondern:		60	Hausrat
44	Name, Vorname		61	Bew. körp. Gegenst.
45	Straße, Hausnummer	Postleitzahl Postfach		
46	Postleitzahl Wohnort	Telefonisch erreichbar		

Bemerkungen / Anträge

47

48

49

99	12	Erläuterungstexte					
99	15	pers. erechn. Steuer 10	Steuer § 25 11	Kz. Wert 15	Jahressteuer § 23 16		
99	30	Verspätungszuschlag 45	Dauer in Monate	Verspät.Zuschlg. Betrag 46	Bearb. Hinweis 1301 61	ja = 1	Schlüssel Einzelwert 67	Datum Einzelwert 81
99	84	ORG-Kz 10	4 = 50	Speicherpflege 16	ja = 1	Ausschlussgrund 17	Kz. Wert	Kz. Wert

Verfügung

1. Die aufgeführten Daten sind mit Hilfe des geprüften Programms maschinell zu verarbeiten. In Höhe der maschinell ermittelten Ergebnisse werden die Steuern und der Verspätungszuschlag festgesetzt. Das Ergebnis ist bekannt zu geben.

Erledigt (Name/z. Datum)   Erledigt (Name/z. Datum)

2. ☐ Erklärungsdaten geprüft
3. Von Erklärung abgewichen ☐ nein ☐ ja
   Stpfl. vorher gehört ☐ nein ☐ ja
   Abweichung in Bescheid oder Anlage erläutert ☐ nein ☐ ja
4. ☐ Belege gesondert zurückgegeben
5. ☐ Belege / Anlage Bescheid beigefügt

6. ☐ Datenerfassung / Dateneingabe
7. ☐ Datenfreigabe
8. ☐ Änderung / Berichtigung vermerkt
9. ☐ Überwachungsfall, Überwachungslisten-Nummer
10. Bescheid zur Post am
11.

Erfasst   Kontrollzahl

SGL   Datum   Bearb.

2. Amtliche Anleitung zur Erbschaftsteuererklärung

Anleitung zur Erbschaftsteuererklärung

Allgemeines

Die Anleitung informiert Sie, wie Sie die Erklärungsvordrucke richtig ausfüllen. Die Erläuterungen können nicht erschöpfend sein; sie enthalten gegebenenfalls Verweise auf die gesetzlichen Vorschriften und die Erbschaftsteuer-Richtlinien (BStBl I Sondernummer 1/2003 S. 2) sowie die dazu ergangenen Hinweise (BStBl I Sondernummer 1/2003 S. 91).
In den Erklärungsvordrucken und in dieser Anleitung werden folgende Abkürzungen verwendet:
AO = Abgabenordnung; BewG = Bewertungsgesetz; BGB = Bürgerliches Gesetzbuch; BGBl = Bundesgesetzblatt; BStBl = Bundessteuerblatt; EGBGB = Einführungsgesetz zum Bürgerlichen Gesetzbuch; ErbStG = Erbschaftsteuer- und Schenkungsteuergesetz; ErbStR = Erbschaftsteuer-Richtlinien; FGB (DDR) = Familiengesetzbuch der ehemaligen DDR; v.H. = vom Hundert.
Allgemeine Angaben zur Rechtsgrundlage für die Erhebung der Erbschaftsteuer finden Sie am Ende der Anleitung.

Zunächst einige Hinweise

Die Erklärung ist auch dann abzugeben, wenn Sie der Auffassung sind, dass eine Erbschaftsteuer nicht zu erheben ist. Die Entscheidung darüber, was steuerpflichtig und was nicht steuerpflichtig ist, bleibt dem Finanzamt vorbehalten.
Erkennen Sie nachträglich, dass die Steuererklärung unrichtig oder unvollständig ist, sind Sie verpflichtet, dies unverzüglich anzuzeigen (§ 153 AO).
Wenn ein Erwerber Erbschaftsteuer zu entrichten hat, erhält er vom Finanzamt einen Erbschaftsteuerbescheid. Testamentsvollstreckern, Nachlasspflegern oder Nachlassverwaltern wird der Steuerbescheid für die Erben bekannt gegeben; sie haben für die Bezahlung der Erbschaftsteuer zu sorgen (§ 32 ErbStG). Nach § 20 Abs. 3 ErbStG haftet der Nachlass bis zur Auseinandersetzung für die Steuer als am Erbfall Beteiligten. Vertreter, Bevollmächtigte, Testamentsvollstrecker, Nachlasspfleger oder Nachlassverwalter haften unter Umständen auch persönlich. Es empfiehlt sich daher, vor der Nachlassverteilung ausreichende Mittel zurückzuhalten, um die Steuer bezahlen zu können.

So wird der Vordruck ausgefüllt

Verwenden Sie bitte nur die amtlichen Vordrucke und füllen Sie diese deutlich und vollständig aus. Benutzen Sie für die Eintragungen nur die zutreffenden weißen Felder oder kreuzen Sie diese an. Fügen Sie die erforderlichen Anlagen und Belege bei. Wenn bei einzelnen Fragen nichts anzugeben ist oder keine Angaben gemacht werden können, dann vermerken Sie es bitte.
Soweit bei längeren Namen oder Bezeichnungen der Platz nicht ausreicht, verwenden Sie bitte aussagekräftige Abkürzungen. Sollte der in den amtlichen Vordrucken vorgesehene Raum nicht ausreichen, machen Sie bitte die Angaben auf einem gesonderten Blatt. Sie erleichtern dem Finanzamt die Arbeit, wenn Sie dabei möglichst den vorgegebenen Aufbau der Vordrucke berücksichtigen. Tragen Sie bitte auch in diesen Fällen vorgesehene Gesamtwerte, z.B. für bestimmte Vermögensgegenstände oder Verbindlichkeiten, die jeweils zusammen zu erfassen sind, in die entsprechende Summenspalte ein.
Tragen Sie nur volle Euro-Beträge (bis zum 31.12.2001: DM-Beträge; vgl. unten Erläuterungen zur Zeile 2) ein. Cent- bzw. Pfennig-Beträge runden Sie zu Ihren Gunsten auf volle €- bzw. DM-Beträge auf oder ab. Das gilt auch für sämtliche Anlagen.

Abgabefrist

Können Sie die Erklärung nicht innerhalb der gesetzlichen Frist abgeben, beantragen Sie bitte beim Finanzamt rechtzeitig Fristverlängerung unter Angabe des Grundes. Bei Nichtabgabe oder nicht fristgerechter Abgabe der Erklärung kann ein Verspätungszuschlag bis zu 10 v.H. der Steuer sowie Zwangsgelder festgesetzt werden. Bei unrichtigen oder unvollständigen Angaben können sich steuerstrafrechtliche Folgen ergeben und Bußgelder festgesetzt werden.

Besondere Erläuterungen zum Mantelbogen

Todestag
Zeile 1
Für alle Angaben in den amtlichen Vordrucken sind grundsätzlich die Verhältnisse zur Zeit des Todes des Erblassers maßgebend (Bewertungsstichtag; §§ 9, 11 ErbStG).

Währungsangabe
Zeile 2
In Erbfällen bis zum 31.12.2001 sind die Beträge in den amtlichen Vordrucken nur in DM anzugeben. In Erbfällen ab 01.01.2002 sind alle Beträge nur in Euro anzugeben. Sollte in Absprache mit dem Finanzamt bereits in einem Erbfall bis zum 31.12.2001 die Angabe der Beträge in Euro erfolgen, tragen Sie bitte in Zeile 2 eine "1" ein.

Wohnsitz, Staatsangehörigkeit
Zeilen 4 und 5
War der Erblasser oder der Erwerber zur Zeit der Entstehung der Steuer ein Inländer, tritt unbeschränkte Steuerpflicht ein. Als Inländer gelten (§ 2 Abs. 1 Nr. 1 ErbStG):
a) natürliche Personen, die in der Bundesrepublik Deutschland einen Wohnsitz oder ihren gewöhnlichen Aufenthalt haben,
b) deutsche Staatsangehörige, die sich nicht länger als 5 Jahre vor dem Erbfall dauernd im Ausland aufgehalten haben,
c) deutsche Auslandsbeamte und die zu ihrem Haushalt gehörenden Angehörigen, die die deutsche Staatsangehörigkeit besitzen,
d) Körperschaften, Personenvereinigungen und Vermögensmassen, die ihre Geschäftsleitung oder ihren Sitz in der Bundesrepublik Deutschland haben.
Die unbeschränkte Steuerpflicht erstreckt sich grundsätzlich auf das gesamte, auch im Ausland befindliche, Vermögen des Erblassers.
Waren weder der Erblasser noch der Erwerber Inländer, tritt beschränkte Steuerpflicht ein (§ 2 Abs. 1 Nr. 3 ErbStG). Sie erstreckt sich nur auf das Inlandsvermögen (§ 121 BewG). Dazu zählen insbesondere das in der Bundesrepublik Deutschland befindliche land- und forstwirtschaftliche Vermögen, Grundvermögen, Betriebsvermögen einschließlich Beteiligungen sowie die Grundpfandrechte und Nutzungsrechte an solchen Vermögensgegenständen.

Güterstand bei Ehegatten
Zeilen 8 und 9
Besteht ein vertraglicher Güterstand, fügen Sie bitte eine Kopie des Ehevertrags bei. Entsprechendes gilt auch, wenn der gesetzliche Güterstand der Zugewinngemeinschaft modifiziert oder erst nachträglich vertraglich vereinbart oder ein anderer vertraglicher Güterstand aufgehoben wurde.

Testament, Erbvertrag
Zeile 10
Ein nicht amtlich verwahrtes Testament ist an das Nachlassgericht abzuliefern (§ 2259 BGB). Geschieht dies nicht, fügen Sie bitte dieser Erklärung eine Kopie des Testaments bei.

Erbengemeinschaft, fortgesetzte Gütergemeinschaft
Zeilen 14 und 15
Hier ist der Erblasser anzugeben, bei dessen Tod die Erbengemeinschaft entstand oder die fortgesetzte Gütergemeinschaft eingetreten ist. War der Erblasser an einer Erbengemeinschaft (ungeteilter Nachlass) beteiligt, sind die auf ihn entfallenden Anteile an den Vermögensgegenständen und den Schulden der Erbengemeinschaft anzugeben. Entsprechend ist in den Fällen der fortgesetzten Gütergemeinschaft hinsichtlich des Anteils des Erblassers (anteilsberechtigtem Abkömmling) am Gesamtgut zu verfahren. Als Erwerber des Erbschaftsanteils gelten diejenigen, denen der Anteil nach § 1490 Satz 2 und 3 BGB zufällt.

Vorerbe, Vorvermächtnisnehmer
Zeilen 16 und 17
Hier ist der Erblasser anzugeben, der die Vor- und Nacherbschaft (das Vor- und Nachvermächtnis) angeordnet hat. Soweit zum Nachlass Vermögen gehört, dem der Nacherbfolge unterliegt, ist dieses besonders zu kennzeichnen. Werden die Erben des Vorerben nicht zugleich Nacherber des Erblassers, geben Sie bitte die Namen und Anschriften der Nacherben an.

Beteiligte
Zeilen 20 bis 24
Bitte geben Sie für jeden am Erbfall Beteiligten (z.B. Erbe, Vermächtnisnehmer, sonstige Erwerber) den Namen und Vornamen an und fügen Sie die vollständig ausgefüllte **Anlage Erwerber** bei (Einzelheiten hierzu auf Seite 3 dieser Anleitung). Wegen der beschränkten oder unbeschränkten Steuerpflicht eines Erwerbers vgl. die Erläuterungen zu Zeilen 4 und 5.

Unterschrift(en)
Zeilen 25 bis 29
Vergessen Sie nicht, die Erklärung nach dem Ausfüllen zu unterschreiben. Nicht unterschriebene Erklärungen gelten als nicht abgegeben.
Sind mehrere Erben vorhanden, können diese die Erklärung gemeinsam abgeben; die Erklärung ist dann von Allen zu unterschreiben. Ist ein Testamentsvollstrecker, Nachlassverwalter oder Nachlasspfleger vorhanden hat dieser die Erklärung abzugeben und zu unterschreiben. Bei Testamentsvollstreckung und Nachlassverwaltung kann das Finanzamt verlangen, dass die Erklärung auch von einem oder mehreren Erben mit unterschrieben wird.
Hat ein Erwerber keinen Wohnsitz in der Bundesrepublik Deutschland geben Sie bitte einen in der Bundesrepublik Deutschland wohnhaften Bevollmächtigten an, der berechtigt ist, den Steuerbescheid, dazu ergehende Rechtsbehelfsentscheidungen und die mit dem Veranlagungsverfahren zusammenhängenden sonstigen Verfügungen und Mitteilungen der Finanzbehörden in Empfang zu nehmen. In diesem Fall und bei anderen Empfangsvollmachten ist zu deren Wirksamkeit die Unterschrift der Beteiligten erforderlich, die einen Empfangsbevollmächtigten bestellen.

Anleitung zur Erbschaftsteuererklärung Dezember 2000

Hinterlassene Vermögenswerte
Zeilen 30 bis 81
Es sind sämtliche Vermögensgegenstände anzugeben, gleichgültig, ob sie sich im Inland oder im Ausland befinden.

Land- und forstwirtschaftliches Vermögen
Zeilen 31 und 32
Für inländische land- und forstwirtschaftliche Betriebe sind nach § 138 Abs. 2 BewG Grundbesitzwerte unter Anwendung der §§ 139 bis 144 BewG zu ermitteln und gesondert festzustellen, wenn sie für die Erbschaftsteuer erforderlich sind. Geben Sie bitte für jede wirtschaftliche Einheit eine gesonderte **Anlage land- und forstwirtschaftlicher Grundbesitzwert** ab (mehrere Stückländereien können unter den Voraussetzungen des R 129 Abs. 3 ErbStR zu einer wirtschaftlichen Einheit zusammengefasst werden). Ein Betrieb der Land- und Forstwirtschaft umfasst den Betriebsteil, die Betriebswohnungen (Wohnungen der Arbeitnehmer des Betriebs) und den Wohnteil (selbst genutzte Wohnung des Betriebsinhabers und seiner Familie sowie der Altenteil). Ein Erbschaftsteuerbescheid kann bereits erteilt werden, wenn der Feststellungsbescheid noch nicht erteilt ist. In diesem Fall kann der Wert des land- und forstwirtschaftlichen Betriebs geschätzt werden. Nach Vorliegen des Feststellungsbescheids für den Grundbesitzwert wird die Erbschaftsteuerveranlagung von Amts wegen geändert. Den Vordruck **Anlage land- und forstwirtschaftlicher Grundbesitzwert** können Sie beim Finanzamt anfordern. Bitte geben Sie stets auch den aufgrund der Anlage(n) errechneten Gesamtwert des inländischen land- und forstwirtschaftlichen Vermögens an.

Zeile 34
Für Betriebe, die im Ausland liegen, ist der gemeine Wert (Verkehrswert) am Stichtag anzugeben und zu belegen.

Grundvermögen
Zeilen 35 und 36
Für inländische Grundstücke sind nach § 138 Abs. 3 BewG Grundbesitzwerte unter Anwendung der §§ 139 und 145 bis 150 BewG zu ermitteln und gesondert festzustellen, wenn sie für die Erbschaftsteuer erforderlich sind. Geben Sie bitte für jede wirtschaftliche Einheit eine gesonderte **Anlage Grundstückswert** ab. Ein Erbschaftsteuerbescheid kann bereits erteilt werden, wenn der Feststellungsbescheid noch nicht erteilt ist. In diesem Fall kann der Wert des Grundstücks geschätzt werden. Nach Vorliegen des Feststellungsbescheids für den Grundstückswert wird die Erbschaftsteuerveranlagung von Amts wegen geändert. Den Vordruck **Anlage Grundstückswert** können Sie beim Finanzamt anfordern. Bitte geben Sie stets auch den aufgrund der Anlage(n) errechneten Gesamtwert des inländischen Grundvermögens an.

Zeilen 37 und 38
Für Grundstücke, die im Ausland liegen, ist der gemeine Wert (Verkehrswert) am Stichtag anzugeben und zu belegen.

Betriebsvermögen
Zeilen 39 und 40
Für jeden Gewerbebetrieb, der dem Erblasser als Einzelgewerbetreibendem gehört hat, ist eine gesonderte **Anlage Betriebsvermögen** abzugeben. Das der Ausübung eines freien Berufs dienende Vermögen gilt als Betriebsvermögen im Sinne des BewG. Zum Betriebsvermögen gehören auch die Anteile an Offenen Handelsgesellschaften, Kommanditgesellschaften oder ähnlichen Gesellschaften und die Beteiligung an Gemeinschaften von Angehörigen freier Berufe. Reichen Sie in diesem Fall bitte zusätzlich auch eine ausgefüllte **Anlage AUF** sowie eine Kopie des Gesellschaftsvertrags ein. Bitte fügen Sie stets auch eine Kopie der Bilanz bei, die der Wertermittlung für das Betriebsvermögen zugrunde gelegt wurde. Den Vordruck **Anlage Betriebsvermögen** und **Anlage AUF** können Sie beim Finanzamt anfordern. Bitte geben Sie stets auch den aufgrund der Anlage(n) errechneten Gesamtwert des inländischen Betriebsvermögens an.

Zeilen 41 und 42
Für Gewerbebetriebe und Beteiligungen an Personengesellschaften im Ausland ist der gemeine Wert (Verkehrswert) am Stichtag anzugeben und zu belegen. Bitte fügen Sie auch eine Kopie der Bilanz bei.

Übriges Vermögen
Zeilen 43 bis 77
Zum übrigen Vermögen gehören alle Gegenstände, die nicht zum land- und forstwirtschaftlichen Vermögen, Grundvermögen oder zum Betriebsvermögen rechnen. Vor allem zählen hierzu das in- und ausländische Kapitalvermögen sowie die übrigen Sachen und Rechte. Dazu gehören auch Ansprüche nach dem Gesetz zur Regelung offener Vermögensfragen (BGBl. 1994 Teil I Seite 3610, mit späteren Änderungen; vgl. R 25 ErbStR).

Nichtnotierte Anteile an Kapitalgesellschaften
Zeilen 43 und 44
Nicht an einer deutschen Börse notierte Aktien und Anteile sind mit dem gemeinen Wert zum Zeitpunkt der Entstehung der Steuer anzusetzen (R 95 Abs. 3, R 96 ff. ErbStR). Für jede Beteiligung, die dem Erblasser gehört hat, ist eine gesonderte **Anlage Anteilsbewertung** abzugeben. Bitte fügen Sie auch eine Kopie des Gesellschaftsvertrags bei. Den Vordruck **Anlage Anteilsbewertung** können Sie beim Finanzamt anfordern. Bitte geben Sie stets auch den aufgrund der Anlage(n) errechneten Gesamtwert der Aktien und Anteile an.

Bei ausländischen Wertpapieren ist der gemeine Wert möglichst aus den Kursen des Emissionslandes oder aus Verkäufen abzuleiten (R 95 Abs. 3 und 4 ErbStR).

Wertpapiere, andere Anteile und dergleichen
Zeilen 45 bis 49
Anteile an Kapitalgesellschaften (z.B. Aktien, Kuxe, Genussscheine) sowie festverzinsliche Wertpapiere (z.B. Anleihen des Bundes, der Länder, Industrieobligationen, Pfandbriefe), die am Stichtag an einer deutschen Börse zum amtlichen Handel zugelassen oder in den Freiverkehr einbezogen waren, sind mit dem niedrigsten am Stichtag für sie notierten Kurs anzusetzen. Liegt am Stichtag keine Notierung vor, ist der letzte innerhalb von 30 Tagen vor dem Stichtag notierte Kurs maßgebend. Bei festverzinslichen Wertpapieren sind auch die bis zum Todestag angefallenen Stückzinsen anzugeben. Zertifikate eines Investmentfonds und eines offenen Immobilienfonds sind mit dem Rücknahmepreis anzusetzen. Bitte fügen Sie einen Depotauszug des verwahrenden Geldinstituts bei. Anzugeben sind auch solche Wertpapiere, die nicht bei einem Geldinstitut verwahrt werden (sog. Tafelpapiere). Bei Beteiligungen an geschlossenen Immobilienfonds fügen Sie bitte eine Aufstellung der Fondsverwaltung über das Fondsvermögen und seinen erbschaftsteuerlich maßgebenden Wert im Besteuerungszeitpunkt bei.

Guthaben bei Geldinstituten
Zeilen 50 bis 54
Anzugeben sind auch Guthaben auf Gemeinschaftskonten sowie Konten des Erblassers mit einem Namen Dritter (z.B. Ehefrau, Kinder) angelegt sind. Kapitalforderungen sind grundsätzlich mit dem Nennwert zu bewerten. Geldguthaben sind zuzüglich der bis zum Todestag angefallenen Zinsen anzusetzen. Soweit in dem Guthaben Beträge enthalten sind, die zurückzuzahlen sind (z.B. eine im Voraus erhaltene Rente), ist das Guthaben nicht um die Rückzahlungsverpflichtung zu kürzen; diese ist vielmehr unter Nachlassverbindlichkeiten (Zeilen 91 bis 95) anzugeben.

Steuererstattungsansprüche
Zeilen 57 und 58
Bitte fügen Sie ggf. eine detaillierte Einzelaufstellung aller Steuererstattungsansprüche des Erblassers bei.

Andere Kapitalforderungen
Zeilen 59 und 60
Hierzu gehören u.a. am Todestag bereits beschlossene Dividendenausschüttungen sowie Ansprüche auf rückständige Gehälter und Löhne. Kapitalforderungen sind grundsätzlich mit dem Nennwert zu bewerten. Noch nicht fällige Ansprüche aus Lebens-, Kapital- und Rentenversicherungen des Erblassers sind mit zwei Dritteln der eingezahlten Prämien oder mit dem Rückkaufswert anzugeben.

Sonstige Forderungen
Zeilen 61 und 62
Zu den sonstigen Forderungen gehören u.a. Sachleistungsansprüche. Sie sind grundsätzlich mit dem gemeinen Wert anzugeben. Zur Behandlung von Sachleistungsansprüchen im Zusammenhang mit Grundstücken vgl. R 36 ErbStR.

Versicherungen, Sterbegelder, Abfindungen
Zeilen 66 bis 69
Hier sind nur solche Ansprüche anzugeben, die durch den Todesfall entstanden sind und in den Nachlass fallen. Von Dritten unmittelbar mit dem Tod des Erblassers erworbene Ansprüche sind in Zeilen 78 bis 81 und in der jeweiligen **Anlage Erwerber** (dort Zeile 28) einzutragen.

Renten und andere wiederkehrende Bezüge
Zeilen 70 bis 72
Hier sind nur solche Ansprüche anzugeben, die in den Nachlass fallen. Von Dritten unmittelbar mit dem Tod des Erblassers erworbene Ansprüche sind in Zeilen 78 bis 81 und in der jeweiligen **Anlage Erwerber** (dort Zeile 28) einzutragen. Anzugeben ist der Jahreswert der Rente oder des wiederkehrenden Bezugs. Das Finanzamt ermittelt den Kapitalwert.

Hausrat und andere bewegliche körperliche Gegenstände
Zeilen 73 bis 76
Anzugeben ist der gemeine Wert. Dieser Wert darf nicht um die nachfolgend genannten Freibeträge gekürzt werden. Das Finanzamt berücksichtigt diese Freibeträge von Amts wegen.
Hausrat einschließlich Wäsche und Kleidungsstücke bleiben steuerfrei, soweit der Wert beim Erwerb durch Personen der Steuerklasse I insgesamt 80.000 DM bzw. 41.000 € nicht übersteigt. Andere bewegliche körperliche Gegenstände wie Kunstgegenstände und Sammlungen (z.B. Briefmarkensammlungen), Stücke aus Edelmetall, Schmuck, Musikinstrumente, Tiere, Kraftfahrzeuge, Boote usw.) bleiben steuerfrei, soweit der Wert beim Erwerb durch Personen der Steuerklasse I insgesamt 20.000 DM bzw.10.300 € nicht übersteigt. Hausrat einschließlich Wäsche und Kleidungsstücke und andere bewegliche körperliche Gegenstände bleiben steuerfrei, soweit der Wert beim Erwerb durch Personen der Steuerklassen II und III insgesamt 20.000 DM bzw.10.300 € nicht übersteigt. Die Freibeträge gelten nicht für Gegenstände, die zum land- und forstwirtschaftlichen Vermögen, zum Grundvermögen oder zum Betriebsvermögen gehören, für Zahlungsmittel, Wertpapiere, Münzen, unbearbeitete Edelmetalle, Edelsteine und Perlen.

Vermögenswerte, die von Dritten unmittelbar erworben worden sind
Zeilen 78 bis 81
Hier sind auch Ansprüche aus Lebensversicherungsverträgen, die der Erblasser abgeschlossen hatte, oder Ansprüche auf wiederkehrende Bezüge anzugeben, die ein Dritter aufgrund eines vom Erblasser geschlossenen Vertrages mit seinem Tod unmittelbar erwirbt (z.B. Kaufpreisrenten, Leibrenten). Dazu gehören die Hinterbliebenenbezüge aufgrund eines Gesellschaftsvertrags; das gilt auch, wenn sie auf einer Tätigkeit des Erblassers als beherrschender Gesellschafter-Geschäftsführer einer Kapitalgesellschaft beruhen (vgl. R 8 Abs. 4 ErbStR). Hier zu erklären sind auch die in der **Anlage Erwerber** (dort Zeilen 8 bis 11) aufgeführten nicht steuerbaren Versorgungsbezüge aufgrund eines Arbeits- oder Dienstverhältnisses des Erblassers.

Nachlassverbindlichkeiten
Zeilen 82 bis 110
Nachlassverbindlichkeiten sind insbesondere die Schulden des Erblassers und die durch den Sterbefall entstandenen Kosten.
Schulden und Lasten, die mit ganz oder teilweise steuerbefreiten Vermögensgegenständen in wirtschaftlichem Zusammenhang stehen, sind nicht oder nur mit dem Betrag abzugsfähig, der dem steuerpflichtigen Teil entspricht (Ausnahme: nach § 13a ErbStG steuerbefreites Betriebsvermögen). Der Erwerber von land- und forstwirtschaftlichem Vermögen oder von Anteilen an Kapitalgesellschaften im Sinne des § 13a Abs. 4 Nr. 2 und 3 ErbStG kann auf die Befreiungen nach § 13a ErbStG verzichten, wenn im Einzelfall der volle Schuldenabzug günstiger ist als der ganz oder teilweise gekürzte Schuldenabzug vom steuerpflichtig verbleibenden Wert dieses Vermögens.
Ein mit einem Nutzungsrecht (z.B. Nießbrauch, Wohnrecht), mit einer Rentenschuld oder einer Verpflichtung zu sonstigen wiederkehrenden Leistungen zugunsten des überlebenden Ehegatten belasteter Erwerb unterliegt der Besteuerung, ohne dass die Belastung abzuziehen ist (§ 25 ErbStG). Die Steuer, die auf den Kapitalwert dieser Belastung entfällt, ist jedoch bis zu deren Erlöschen zinslos zu stunden.

Schulden des Erblassers
Zeilen 83 bis 95
Betriebsschulden (§ 103 BewG) sind beim Betriebsvermögen zu berücksichtigen. Hypotheken- und Grundschulden sowie andere Darlehensschulden sind mit dem Betrag anzugeben, der am Todestag noch geschuldet wurde. Bitte fügen Sie ggf. eine Gläubigerbescheinigung bei.
Schulden, zu deren Erfüllung auch der Erblasser neben anderen Personen verpflichtet sind, dürfen nur mit dem Anteil abgezogen werden, der auf den Erblasser entfällt (z.B. Hypothekenschulden auf einem Grundstück, das mehreren Miteigentümern gehört; Schulden aus Miet- und Pachtverhältnissen). Arzt- und Krankenhauskosten und ähnliche Kosten sind um die zu erwartenden Erstattungen durch Krankenkassen, Beihilfen usw. zu kürzen.

Eine sonstige Verbindlichkeit des Erblassers ist auch die Ausgleichsforderung des überlebenden Ehegatten, wenn es mit Beendigung der Zugewinngemeinschaft zur güterrechtlichen Abwicklung des Zugewinnausgleichs kommt (§ 1371 Abs. 2 BGB). Bitte erläutern Sie deren Berechnung.
Fügen Sie bitte zu den Steuerschulden des Erblassers eine detaillierte Einzelaufstellung bei.

Erbfallkosten
Zeilen 96 bis 101
Angaben sind nur erforderlich, wenn die angefallenen Kosten den Pauschbetrag von 20.000 DM bzw. 10.300 € (§ 10 Abs. 5 Nr. 3 ErbStG) übersteigen.
Bestattungskosten sind die Kosten für die Erd- oder Feuerbestattung des Erblassers und für die landesüblichen kirchlichen und bürgerlichen Leichenfeierlichkeiten. Sterbegeldzahlungen der Krankenkassen oder anderer Stellen mindern die eigenen Aufwendungen, sie sind gesondert in Zeile 101 anzugeben.
Die Kosten der **üblichen Grabpflege** sind nach § 10 Abs. 5 Nr. 3 ErbStG in Verbindung mit § 13 Abs. 2 BewG mit dem 9,3-fachen ihres Jahreswerts abzugsfähig. Dies gilt unabhängig von der tatsächlichen Dauer der Grabpflege. Einzutragen ist der Jahreswert der Grabpflegekosten. Das Finanzamt ermittelt den Kapitalwert.
Nachlassregelungskosten sind die Kosten, die dem Erwerber unmittelbar im Zusammenhang mit der Abwicklung, Regelung oder Verteilung des Nachlasses oder mit der Erlangung des Erwerbs entstehen. Hierzu gehören insbesondere die Testamentseröffnungs- und Erbscheingebühren, die einem gerichtlich anhängigen Nachlasspflegschaft und Testamentsvollstreckerhonorare. Des Weiteren gehören hierzu die Steuerberatungskosten für die Erstellung der Erbschaftsteuererklärung, nicht aber die Kosten eines anschließenden Rechtsbehelfsverfahrens oder finanzgerichtlichen Verfahrens, die der Erwerber zu tragen hat.
Kosten für die Verwaltung des Nachlasses sind nicht abzugsfähig. Auch die vom Erwerber zu entrichtende **Erbschaftsteuer** kann nicht abgezogen werden.

Vermächtnisse, Auflagen, Pflichtteilsansprüche
Zeilen 102 bis 110
Hier sind auch solche Vermächtnisse und Auflagen anzugeben, die der Erblasser zugunsten eines Erben verfügt hat. Der Erwerb dieser Ansprüche ist beim jeweiligen Erwerber in der **Anlage Erwerber** (dort Zeilen 27 und 30) zu erfassen.

Schenkungen
Zeilen 111 bis 116
Hier sind alle Schenkungen des Erblassers einschließlich gemischten Schenkungen, bei denen deren Wert den Wert einer Gegenleistung übersteigt, anzugeben, auch solche, die bisher nicht angezeigt worden sind. Hat der Erblasser innerhalb der letzten zehn Jahre Schenkungen an einen der am Erbfall beteiligten Erwerber ausgeführt, sind diese Schenkungen auch in der jeweiligen **Anlage Erwerber** (dort Zeilen 36 bis 42) anzugeben.

Besondere Erläuterungen zur Anlage Erwerber

Allgemeines
Für jeden am Erbfall beteiligten Erwerber ist eine gesonderte Anlage auszufüllen. Vordrucke für die **Anlage Erwerber** können Sie beim Finanzamt anfordern. Wenn zum Vermögensanfall eines Erwerbers begünstigtes Vermögen im Sinne der §§ 13a, 19a ErbStG gehört, ist zusätzlich eine **Anlage Steuerentlastungen §§ 13a, 19a ErbStG** auszufüllen und beizufügen.
Bitte tragen Sie die Nummer des Erwerbers aus dem Mantelbogen der Erbschaftsteuererklärung (dort Zeilen 21 bis 24) unter "lfd. Nr." ein.

Erwerber
Zeilen 1 bis 6
Bei minderjährigen Erwerbern ist auch der Name und die Anschrift der/des gesetzlichen Vertreter/s anzugeben.

Verwandtschaftsverhältnis
Zeile 7
Geben Sie bitte das Verwandtschaftsverhältnis zwischen Erblasser und Erwerber wie folgt an: " Der Erwerber ist .... des Erblassers", z.B. Sohn, Tochter, Kind des Sohnes/der Tochter (nicht Enkel), Sohn des Bruders (nicht Neffe), Bruder des Vaters (nicht Onkel), Tochter des Bruders der Mutter (nicht Cousine). Bei Enkelkindern ist hinzuzufügen, ob es sich um den Abkömmling eines noch lebenden oder eines verstorbenen Kindes handelt.

Besonderer Versorgungsfreibetrag
Zeilen 8 bis 11
Dem überlebenden Ehegatten wird neben dem persönlichen Freibetrag von 600.000 DM bzw. 307.000 € ein besonderer Versorgungsfreibetrag von 500.000 DM bzw. 256.000 € gewährt (§ 17 Abs. 1 ErbStG). Dieser Freibetrag ist bei Ehegatten, denen aus Anlass des Todes des Erblassers nicht der Erbschaftsteuer unterliegende Versorgungsbezüge zustehen, um den Kapitalwert dieser Bezüge zu kürzen. Solche Bezüge sind Hinterbliebenenrenten aus der Sozialversicherung, Bezüge der Hinterbliebenen von Beamten, Richtern, Soldaten, sonstige gesetzlich geregelte Hinterbliebenenbezüge nach den Diätengesetzen des Bundes und der Länder, die Bezüge, die den Hinterbliebenen von Angehörigen der freien Berufe aus einer berufsständischen Pflichtversicherung zustehen, sowie vertraglich vereinbarte Bezüge aus einem Arbeitsverhältnis (anhängige Tätigkeit) des Erblassers (vgl. R 8 ErbStR). Geben Sie bitte den Jahresbetrag der Bruttobezüge, die nicht auf Lebenszeit des Ehegatten gewährten Versorgungsbezüge gesondert und auch die voraussichtliche Laufzeit, und Einmalbeträge an. Das Finanzamt ermittelt den Kapitalwert.
Kindern im Sinne der Steuerklasse I Nr. 2 wird bis zur Vollendung des 27. Lebensjahres neben dem allgemeinen Freibetrag von 400.000 DM bzw. 205.000 € für Erwerbe von Todes wegen ein besonderer Versorgungsfreibetrag gewährt, der je nach Alter zwischen 20.000 DM bzw. 10.300 € und 100.000 DM bzw. 52.000 € beträgt. Stehen dem Kind steuerfreie Versorgungsbezüge zu (siehe Abs. 1), ist der Freibetrag um den Kapitalwert der Bezüge zu kürzen. Geben Sie bitte den Jahresbetrag der Bezüge und gesondert die voraussichtliche Laufzeit sowie Einmalbeträge an. Das Finanzamt ermittelt den Kapitalwert.

Zugewinngemeinschaft
Zeilen 12 bis 14
Lebten Eheleute beim Tod eines Ehegatten im Güterstand der Zugewinngemeinschaft, und kommt es mit deren Beendigung zur erbrechtlichen Abwicklung des Zugewinnausgleichs (§ 1371 Abs. 1 BGB), gilt beim überlebenden Ehegatten der Betrag nicht als Erwerb von Todes wegen, den er im Fall der güterrechtlichen Abwicklung des Zugewinnausgleichs (vgl. § 1371 Abs. 2 BGB) als Ausgleichsforderung geltend machen könnte (§ 5 Abs. 1 ErbStG; vgl. R 11 ErbStR).
Geben Sie bitte den Wert der steuerfreien Ausgleichsforderung an und erläutern Sie die Berechnung. Übersteigt der Wert des vom überlebenden Ehegatten erworbenen Vermögens offensichtlich nicht die Freibeträge, insbesondere den Ehegattenfreibetrag und ggf. den besonderen Versorgungsfreibetrag, ist eine Angabe nicht erforderlich.
Kommt es zur güterrechtlichen Abwicklung, gehört eine dabei entstehende Ausgleichsforderung (§ 1378 Abs. 3 BGB) nicht zum steuerpflichtigen Erwerb (§ 5 Abs. 2 ErbStG; vgl. R 12 ErbStR). Diese ist nicht hier, sondern als Nachlassverbindlichkeit im Mantelbogen (Zeilen 91 bis 95) anzugeben.

Ausländische Erbschaftsteuer
Zeile 15
Gehört im Fall der unbeschränkten Steuerpflicht zum Erwerb Auslandsvermögen, kann die hierfür entrichtete ausländische Erbschaftsteuer nach Maßgabe des § 21 ErbStG auf Antrag angerechnet werden (vgl. R 82 ErbStR).

Erwerb durch Erbanfall
Zeilen 16 bis 25
Hier sind Angaben nur zu machen, wenn der Erwerber Erbe ist. Tragen Sie bitte den Erbanteil als Bruch mit Angabe der Zählers und Nenners ein. In den Zeilen 18 bis 25 können Sie solche Nachlassverbindlichkeiten eintragen, die nicht den Nachlass als solchen belasten, sondern vom Erben gesondert zu tragen sind. Zusätzliche Erwerbe eines Erben aus anderen Rechtsgründen, z.B. aufgrund eines Vorausvermächtnisses oder Vertrags zugunsten Dritter, geben Sie bitte in den Zeilen 27 bis 35 an.

Sonstige Erwerbe
Zeilen 27 bis 33
Tragen Sie bitte den Wert des Vermögens ein, das der Erwerber als Vermächtnisnehmer, auch Vorausvermächtnisnehmer (Zeile 27), Begünstigter aus einem Vertrag zugunsten Dritter (Zeile 28), Pflichtteilsberechtigter (Zeile 29) oder sonstige anspruchs- oder abfindungsberechtigte Person (Zeile 30) aus Anlass des Todes des Erblassers erworben hat. Hierzu gehören auch Abfindungsleistungen, die gewährt wurden, weil der Empfänger auf einen entstandenen Pflichtteilsanspruch verzichtet hat oder eine Erbschaft oder ein Vermächtnis ausgeschlagen hat. In Zeile 28 sind neben den aus Anlass des Todes des Erblassers fällig gewordenen Versicherungssummen aller Art einschließlich der Sterbegelder auch Ansprüche auf wiederkehrende Bezüge anzugeben, die aufgrund eines vom Erblasser geschlossenen Vertrages mit seinem Tod erworben worden sind (z.B. Kaufpreisrenten, Leibrenten). Hierzu gehören auch die Hinterbliebenenbezüge aufgrund eines Gesellschaftsvertrags; das gilt auch, wenn sie auf einer Tätigkeit des Erblassers als beherrschender Gesellschafter-Geschäftsführer einer Kapitalgesellschaft beruhen (vgl. R 8 Abs. 4 ErbStR). Nicht steuerbar und hier nicht zu erklären sind die in Zeile 8 bis 11 aufgeführten Versorgungsbezüge aufgrund eines Arbeits- oder Dienstverhältnisses des Erblassers.
In den Zeilen 31 bis 33 können Sie solche Nachlassverbindlichkeiten eintragen, die nicht den Nachlass als solchen belasten, sondern vom Erwerber gesondert zu tragen sind.

Hausrat und andere bewegliche körperliche Gegenstände
Zeilen 34 und 35
Die in den Zeilen 27 bis 30 enthaltenen Gegenstände sind mit ihrem gemeinen Wert anzugeben. Dieser Wert darf nicht um Freibeträge gekürzt werden (vgl. Erläuterungen zum Mantelbogen, dort Zeilen 73 bis 76). Das Finanzamt berücksichtigt diese Freibeträge von Amts wegen.

Schenkungen
Zeilen 36 bis 42
Hier sind alle Schenkungen, auch gemischte Schenkungen (hierbei übersteigt deren Wert den Wert einer vom Beschenkten zu erbringenden Gegenleistung), anzugeben, die der Erwerber innerhalb der letzten zehn Jahre vom Erblasser erhalten hat, auch solche, die bisher nicht angezeigt wurden.

Bemerkungen/Anträge
Zeilen 47 bis 49
Hier können Sie sonstige Befreiungen oder Vergünstigungen geltend machen sowie Anträge stellen, zum Beispiel:
a) Nach § 23 ErbStG kann ein Erwerber beantragen, Steuern, die von dem Kapitalwert von Renten oder anderen wiederkehrenden Nutzungen/Leistungen zu entrichten sind, statt vom Kapitalwert jährlich im Voraus von dem Jahreswert dieser Nutzungen/Leistungen zu entrichten. Die Steuer wird in diesem Fall nach dem Steuersatz erhoben, der sich für den gesamten Erwerb einschließlich des Kapitalwerts der Renten oder anderen wiederkehrenden Nutzungen/Leistungen ergibt. Das Antragsrecht steht nur dem Erwerber persönlich zu. Eine spätere Ablösung der Jahressteuer ist möglich (§ 23 Abs. 2 ErbStG).
b) Soweit ein Erwerb mit einem Nutzungsrecht (z.B. Nießbrauch, Wohnrecht) oder einer Renten- oder anderen Verpflichtung zu sonstigen wiederkehrenden Leistungen zugunsten des überlebenden Ehegatten belastet ist, unterliegt er der Besteuerung, ohne dass die Belastung abgezogen werden kann (§ 25 ErbStG). Die Steuer, die auf den Kapitalwert dieser Belastung entfällt, ist jedoch bis zu deren Erlöschen zinslos zu stunden. Die gestundete Steuer kann vom Erwerbers jederzeit mit ihrem Barwert abgelöst werden. Dies kann zu einer Steuerersparnis führen. Die Abzinsung erfolgt auf den Zeitpunkt an dem der Antrag beim Finanzamt eingeht. Wird der Antrag mit der fristgerecht abgegebenen Steuererklärung gestellt, wird die Abzinsung rückwirkend auf den Todestag des Erblassers vorgenommen. Durch die Ablösung ist die gestundete Steuer getilgt.
c) Personen, die dem Erblasser unentgeltlich oder gegen ein unzureichendes Entgelt Pflege oder Unterhalt gewährt haben, können einen Betrag bis zu 10.000 DM bzw. 5.200 € absetzen, soweit die Zuwendung als angemessenes Entgelt anzusehen ist (§ 13 Abs. 1 Nr. 9 ErbStG). Er kommt für den Erwerber in Betracht, die gesetzlich zur Pflege (z.B. Ehegatte) oder zum Unterhalt (z.B. Ehegatte oder Verwandte in gerader Linie) verpflichtet sind.
d) Haben Eltern oder Voreltern ihren Abkömmlingen Vermögen durch Schenkung oder Übergabevertrag zugewandt und fällt dieses Vermögen durch den Tod des Abkömmlings wieder zurück, bleibt der Rückerwerb steuerfrei (§ 13 Abs. 1 Nr. 10 ErbStG).
e) Fällt einer Person der Steuerklasse I von Todes wegen Vermögen an, das innerhalb der letzten 10 Jahre bereits von einer Person dieser Steuerklasse erworben worden ist, kann sich die Erbschaftsteuer für seinen Erwerb je nach dem Zeitablauf bis zu 50 v.H. ermäßigen (§ 27 ErbStG).

Zu Ihrer weiteren Information

Rechtsgrundlage für die Erhebung der Erbschaftsteuer ist das Erbschaftsteuer- und Schenkungsteuergesetz in der Fassung der Bekanntmachung vom 27.2.1997 (BGBl. 1997 Teil I Seite 378, BStBl 1997 Teil I Seite 298) mit späteren Änderungen.

Erbschaftsteuer wird nur erhoben, wenn der steuerliche Wert des Erwerbs bestimmte Freibeträge übersteigt. Innerhalb der letzten 10 Jahre vor dem Todestag vom Erblasser erhaltene Vermögensvorteile (z. B. Schenkungen) werden mit dem Erwerb von Todes wegen zusammengerechnet.

Nach dem persönlichen Verhältnis des Erwerbers zum Erblasser unterscheidet § 15 ErbStG die folgenden drei **Steuerklassen**:

Steuerklasse I
1. der Ehegatte,
2. die Kinder und Stiefkinder,
3. die Abkömmlinge der in Nummer 2 genannten Kinder und Stiefkinder
4. die Eltern und Voreltern bei Erwerben von Todes wegen.

Steuerklasse II
1. die Eltern und Voreltern, soweit sie nicht zur Steuerklasse I gehören,
2. die Geschwister,
3. die Abkömmlinge ersten Grades von Geschwistern,
4. die Stiefeltern,
5. die Schwiegerkinder,
6. die Schwiegereltern,
7. der geschiedene Ehegatte.

Steuerklasse III
alle übrigen Erwerber und die Zweckzuwendungen.

Die Steuerklassen I und II Nr. 1 bis 3 gelten auch dann, wenn die Verwandtschaft durch Annahme als Kind bürgerlich-rechtlich erloschen ist.

Im Fall **unbeschränkter Erbschaftsteuerpflicht** richtet sich die Höhe des **persönlichen Freibetrags** nach der Steuerklasse des Erwerbers (§ 16 Abs. 1 ErbStG). Er beträgt:

	DM	€
1. für den Ehegatten	600.000	307.000
2. für die Kinder im Sinne der Steuerklasse I Nr. 2 und der Kinder verstorbener Kinder im Sinne der Steuerklasse I Nr. 2 je	400.000	205.000
3. für die übrigen Personen der Steuerklasse I je	100.000	51.200
4. für Personen der Steuerklasse II je	20.000	10.300
5. für Personen der Steuerklasse III je	10.000	5.200

Im Fall **beschränkter Steuerpflicht** wird in allen Steuerklassen ein persönlicher Freibetrag von 2.000 DM bzw. 1.100 € gewährt (§ 16 Abs. 2 ErbStG).
Diese Freibeträge wie auch die besonderen Versorgungsfreibeträge werden von Amts wegen berücksichtigt. Der Wert des dem einzelnen Erwerber angefallenen Vermögens darf nicht um die Freibeträge gekürzt werden.

Die Erbschaftsteuer wird nach folgendem **Steuertarif** erhoben:

Wert des steuerpflichtigen Erwerbs bis einschließlich		Vonhundertsatz in der Steuerklasse		
DM	€	I	II	III
100.000	52.000	7	12	17
500.000	256.000	11	17	23
1.000.000	512.000	15	22	29
10.000.000	5.113.000	19	27	35
25.000.000	12.783.000	23	32	41
50.000.000	25.565.000	27	37	47
über 50.000.000	über 25.565.000	30	40	50

Anlage Steuerentlastungen §§ 13a, 19a ErbStG zur Erbschaftsteuererklärung

Finanzamt		
Aktenzeichen		zur lfd. Nr. der Anlage Erwerber

FA	Steuernummer	UFA	Zeitraum	Vorgang
11		71		1

Zeile				
1	45	**Erwerber** Name, Vorname		99 45

Steuerentlastungen nach § 13a ErbStG

2	Wird auf die Steuerentlastungen nach § 13a ErbStG verzichtet?			nein	
3	ja; bezieht sich der Verzicht?	auf welche Vermögensart	land- und forstwirtschaftliches Vermögen	Anteile an Kapitalgesellschaften	Freibetrag § 13a 50
4	Liegt eine schriftliche Verfügung des Erblassers über die Freibetragsverteilung vor?		ja nein		Vorerwerb § 13a 51
5	Wurde ein Freibetrag nach § 13a ErbStG (bis 31. 12. 1995 § 13 Abs. 2a ErbStG) vom jetzigen oder einem anderen Erwerber in Anspruch genommen?			nein	
6	ja; beim Finanzamt:		Steuernummer:		Vorerwerb FB bedingt 52

Erwerb durch Erbanfall

7		Wert	
8	Begünstigtes Betriebsvermögen Firma:		Betriebsvermögen 12
9	Begünstigtes land- und forstwirtschaftliches Vermögen Lage:		L + F Vermögen 10
10	Damit zusammenhängende Schulden (bitte ggf. auf Beiblatt erläutern)		Schulden L + F 40
11	Begünstigte Anteile an Kapitalgesellschaften Gesellschaft	Beteiligung in v. H. des Nennkapitals	Wert
12			Anteile Kap. Gesellsch. 14
13	Damit zusammenhängende Schulden (bitte ggf. auf Beiblatt erläutern)		Schulden Kap. Gesellsch. 42

Sonstige Erwerbe (Vermächtnis, Auflage, Vertrag o. Ä.)

14		Wert	
15	Begünstigtes Betriebsvermögen Firma:		Betriebsvermögen 22
16	Begünstigtes land- und forstwirtschaftliches Vermögen Lage:		L + F Vermögen 20
17	Damit zusammenhängende Schulden (bitte ggf. auf Beiblatt erläutern)		Schulden L + F 41
18	Begünstigte Anteile an Kapitalgesellschaften Gesellschaft	Beteiligung in v. H. des Nennkapitals	Wert
19			Anteile Kap. Gesellsch. 24
20	Damit zusammenhängende Schulden (bitte ggf. auf Beiblatt erläutern)		Schulden Kap. Gesellsch. 43

Steuerentlastung nach § 19a ErbStG

21	Ist bereits ein früherer Erwerb entlastet worden?		nein	
22	ja; beim Finanzamt:	Steuernummer:		Vorerwerbe § 19a 38

Erwerb durch Erbanfall

23		Wert	
24	Begünstigtes land- und forstwirtschaftliches Vermögen Lage:		L + F Vermögen 30
25	Begünstigte Anteile an Kapitalgesellschaften Gesellschaft	Beteiligung in v. H. des Nennkapitals	Wert
26			Anteile Kap. Gesellsch. 34

Sonstige Erwerbe (Vermächtnis, Auflage, Vertrag o. Ä.)

27		Wert	
28	Begünstigtes land- und forstwirtschaftliches Vermögen Lage:		L + F Vermögen 31
29	Begünstigte Anteile an Kapitalgesellschaften Gesellschaft	Beteiligung in v. H. des Nennkapitals	Wert
30			Anteile Kap. Gesellsch. 35

Anlage Steuerentlastungen §§ 13a, 19a ErbStG zur Erbschaftsteuererklärung – Dez. 2000

Anleitung zur Anlage Steuerentlastungen

Allgemeines

Ein am Erbfall beteiligter Erwerber braucht diese Anlage nur auszufüllen, wenn zu seinem Erwerb begünstigtes Vermögen im Sinne der §§ 13a, 19a ErbStG gehört. Den Vordruck **Anlage Steuerentlastungen nach §§ 13a, 19a ErbStG** können Sie beim Finanzamt anfordern. In Erbfällen bis zum 31. 12. 2001 sind die Beträge in den Vordrucken nur in DM anzugeben. In Erbfällen ab dem 1. 1. 2002 sind alle Beträge nur in Euro anzugeben (vgl. die Erläuterungen zum **Mantelbogen**, Zeile 2).

Steuerentlastungen nach § 13 a ErbStG
Zeilen 2 bis 20
Begünstigtes Betriebsvermögen (R 51 ErbStR) und land- und forstwirtschaftliches Vermögen (R 52 ErbStR) sowie begünstigte Anteile an Kapitalgesellschaften (R 53 ErbStR) bleiben insgesamt bis zu einem Wert von 256.000 EUR (für Besteuerungszeitpunkte bis zum 31.12.2001 500.000 DM und ab dem 01.01.2004 225.000 €) außer Ansatz. Der verbleibende Wert ist mit 60 v.H. (ab dem 01.01.2004 mit 65 v.H.) anzusetzen. Der Wert des begünstigten Vermögens darf nicht um diese Entlastungen gekürzt werden. Das Finanzamt berücksichtigt sie von Amts wegen.

Verzicht auf die Steuerentlastungen
Zeilen 2 und 3
Der Erwerber kann beim Erwerb von begünstigtem land- und forstwirtschaftlichem Vermögen oder begünstigten Anteilen an Kapitalgesellschaften jeweils getrennt auf die Steuerbefreiungen verzichten (§ 13a Abs. 6 ErbStG; R 68 ErbStR). Aufgrund der Verzichtserklärung ist der Erwerber so zu besteuern, als sei das Vermögen, auf das sie sich erstreckt, auf ihn als nicht begünstigtes Vermögen übergegangen (vgl. zum Abzug von Nachlassverbindlichkeiten die Erläuterungen zum Mantelbogen, Zeilen 82 bis 110).

Aufteilung des Freibetrags
Zeile 4
Beim Erwerb durch mehrere Erwerber ist für jeden Erwerber ein Teilbetrag von 256.000 EUR (für Besteuerungszeitpunkte bis zum 31.12.2001 500.000 DM und ab dem 01.01.2004 225.000 €) entsprechend einer vom Erblasser schriftlich verfügten Aufteilung des Freibetrags aufzuwenden. Fügen Sie bitte die schriftliche Verfügung des Erblassers bei. Hat der Erblasser keine Aufteilung verfügt, steht der Freibetrag, wenn nur Erwerber sind, jedem Erben entsprechend seinem Erbteil zu. Sind Erben und Nichterben oder nur Nichterben Erwerber, steht der Freibetrag allen zu gleichen Teilen zu. Das Finanzamt berücksichtigt den (anteiligen) Freibetrag von Amts wegen.

Vorerwerbe, Sperrfrist für den Freibetrag
Zeilen 5 und 6
Der Freibetrag steht für das vom Erblasser innerhalb von zehn Jahren insgesamt zugewendete begünstigte Vermögen nur einmal zur Verfügung (§ 13a Abs. 1 Satz 2 ErbStG; R 59 ErbStR). Geben Sie bitte an, ob für eine Schenkung begünstigten Vermögens, die der Erblasser innerhalb der letzten zehn Jahre ausgeführt hat, der Freibetrag in Anspruch genommen wurde und zwar unabhängig davon, ob dabei solches Vermögen auf denselben oder einen anderen Erwerber übertragen worden ist.

Erwerb durch Erbanfall
Zeilen 7 bis 13
Geben Sie bitte – getrennt nach Vermögensarten in den Zeilen 8, 9 und 12 – den Wert des begünstigten Vermögens an, das (anteilig) auf den Erwerber durch Erbanfall übergegangen ist. Beim land- und forstwirtschaftlichen Vermögen sind neben dem Betriebsteil und den Betriebswohnungen (§ 141 Abs. 1 Nr. 1 und 2 BewG) auch solche Grundstücke zu berücksichtigen, die bewertungsrechtlich zum Grundvermögen gehören, aber nach § 13a Abs. 4 Nr. 2 ErbStG begünstigt sind. Nicht begünstigt sind der Wohnteil und die Altenteilerwohnungen (§ 141 Abs. 1 Nr. 3 BewG). Soweit der Erwerber begünstigtes Vermögen aufgrund einer letztwilligen oder rechtsgeschäftlichen Verfügung des Erblassers auf einen Dritten übertragen muss (§ 13a Abs. 3 ErbStG; R 61 ErbStR), innerhalb der fünfjährigen Behaltensfrist in schädlicher Weise darüber verfügt (§ 13a Abs. 5 ErbStG; R 62 ff. ErbStR) oder auf die Steuerbefreiungen verzichtet (§ 13a Abs. 6 ErbStG; vgl. oben zu Zeilen 2 und 3), kann er die Befreiungen nicht in Anspruch nehmen. Der Wert dieses Vermögens darf deshalb hier nicht mit angegeben werden. Schulden und Lasten, die mit dem begünstigten Vermögen in wirtschaftlichem Zusammenhang stehen, sind, soweit sie das land- und forstwirtschaftliche Vermögen und Anteile an Kapitalgesellschaften betreffen, mit dem

Betrag abzugsfähig, der dem Verhältnis des nach Anwendung des § 13a ErbStG verbleibenden Werts dieses Vermögens zu dem Wert vor der Anwendung des § 13a ErbStG entspricht (§ 10 Abs. 6 Satz 4 und 5 ErbStG). Diese Berechnungen müssen Sie jedoch nicht selbst vornehmen. Geben Sie bitte den Wert der (anteiligen) Schulden und Lasten an, die mit dem vom Erwerber durch Erbanfall erworbenen begünstigten land- und forstwirtschaftlichen Vermögen (Zeile 10) bzw. begünstigten Anteilen an Kapitalgesellschaften (Zeile 13) zusammenhängen.

Erwerb aus sonstigen Gründen
Zeilen 14 bis 20
Geben Sie bitte in den Zeilen 15, 16 und 19 getrennt nach Vermögensarten den Wert des begünstigten Vermögens an, das der Erwerber, ggf. anteilig, durch sonstigen Erwerb (nicht durch Erbanfall) erhalten hat (vgl. die Erläuterungen in der **Anlage Erwerber**, dort Zeilen 27 bis 33). Geben Sie bitte den Wert der (anteiligen) Schulden und Lasten an, die mit dem vom Erwerber durch sonstigen Erwerb erworbenen begünstigten land- und forstwirtschaftlichen Vermögen (Zeile 17) bzw. begünstigten Anteilen an Kapitalgesellschaften (Zeile 20) zusammenhängen (vgl. die entsprechenden Erläuterungen zu Zeilen 7 bis 13).

Steuerentlastung nach § 19 a ErbStG
Zeilen 21 bis 30
Gehören zum Erwerb einer natürlichen Person der Steuerklassen II oder III begünstigtes Betriebsvermögen, land- und forstwirtschaftliches Vermögen oder begünstigte Anteile an Kapitalgesellschaften, kann von der tariflichen Erbschaftsteuer ein Entlastungsbetrag abgezogen werden. Art und Umfang des begünstigten Vermögens stimmen grundsätzlich mit dem nach § 13a ErbStG begünstigten Vermögen überein (R 77 ErbStR).

Vorerwerbe
Zeilen 21 und 22
Geben Sie bitte alle Schenkungen begünstigten Vermögens an, die der Erblasser innerhalb der letzten zehn Jahre an den Erwerber ausgeführt hat und bei denen ein Entlastungsbetrag nach § 19a ErbStG berücksichtigt worden ist.

Erwerb durch Erbanfall
Zeilen 23 bis 26
Eintragungen sind hier nur erforderlich, wenn der Erwerber eine natürliche Person der Steuerklasse II oder III ist und das begünstigte Vermögen nicht zugleich auch nach § 13a ErbStG durch Freibetrag und/oder Bewertungsabschlag entlastet wird, weil der Erwerber beim Erwerb von begünstigtem land- und forstwirtschaftlichem Vermögen oder begünstigten Anteilen an Kapitalgesellschaften auf die Steuerbefreiung verzichtet hat (vgl. Erläuterungen zu Zeilen 2 und 3). Wenn der Freibetrag und/oder der Bewertungsabschlag zu berücksichtigen ist, gewährt das Finanzamt den Entlastungsbetrag nach § 19 a ErbStG von Amts wegen.
Geben Sie dann hier bitte – getrennt nach Vermögensarten in den Zeilen 24 und 26 – den Wert des begünstigten Vermögens an, das (anteilig) auf den Erwerber durch Erbanfall übergegangen ist. Beim land- und forstwirtschaftlichen Vermögen sind auch solche Grundstücke zu berücksichtigen, die bewertungsrechtlich zum Grundvermögen gehören, aber nach § 19a Abs. 2 Nr. 2 ErbStG begünstigt sind. Soweit der Erwerber begünstigtes Vermögen aufgrund einer letztwilligen oder rechtsgeschäftlichen Verfügung des Erblassers auf einen Dritten übertragen muss (§ 19a Abs. 2 Satz 2 ErbStG; R 78 ErbStR) oder innerhalb der fünfjährigen Behaltensfrist in schädlicher Weise darüber verfügt (§ 19a. Abs. 5 ErbStG; R 80 ff. ErbStR), kann er den Entlastungsbetrag nicht in Anspruch nehmen. Der Wert dieses Vermögens darf deshalb hier nicht mit angegeben werden.

Erwerb aus sonstigen Gründen
Zeilen 27 bis 30
Eintragungen sind hier nur erforderlich, wenn der Erwerber eine natürliche Person der Steuerklasse II oder III ist und das begünstigte Vermögen nicht zugleich auch nach § 13a ErbStG durch Freibetrag und/oder Bewertungsabschlag entlastet wird (vgl. Erläuterungen zu Zeilen 23 bis 26). Geben Sie dann bitte – getrennt nach Vermögensarten in den Zeilen 28 und 30 – den Wert des begünstigten Vermögens an, das (anteilig) auf den Erwerber nicht durch Erbanfall, sondern durch sonstigen Erwerb übergegangen ist (vgl. die Erläuterungen zu Zeilen 14 bis 20).

Anleitung zur Anlage Steuerentlastungen - Dez. 2000

3. Ergänzende Hinweise zum Ausfüllen der Steuererklärung

125 Zum Mantelbogen:

Die Zeilen 1 bis 19 sind mit den zur Verfügung stehenden Angaben jeweils vollständig auszufüllen, um unnötige Rückfragen zu vermeiden. Zeilen 20 bis 24 bedürfen vor dem Ausfüllen genauer Prüfung, je nachdem, ob die Beteiligten aus einem Testament/Erbvertrag bekannt sind oder die gesetzliche Erbfolge greift.

Zeilen 111 bis 116 bedarf u.U. genauerer Erläuterung, sofern hier Vorschenkungen bekannt geworden sind. Die hier zu machenden Angaben bergen nicht nur das Risiko bislang nicht erklärter Schenkungen (und möglicher Schenkungsteuerhinterziehung), sondern auch Konfliktpotenzial bei mehreren Erben, die u.U. Rückforderungsrechte geltend machen (vgl. insoweit auch „Anlage Erwerber" Zeilen 36 bis 42).

Sofern sich die Vorschenkung von Betriebsvermögen herausstellen sollte, ist insbesondere vorab zu klären, wann und inwieweit der Freibetrag nach § 13 a ErbStG bereits in Anspruch genommen worden ist. Hier empfiehlt sich die Rücksprache mit dem steuerlichen Berater des Mandanten, der diesen während der letzten Jahre betreut hat. Ungeachtet dessen sollte jedoch auch beim zuständigen Finanzamt der dortige Kenntnisstand erfragt werden, um mögliche Abweichungen von vornherein einschätzen zu können.

126 Die Zeilen 30 bis 81 (Hinterlassene Vermögenswerte) werden insbesondere hinsichtlich der anzugebenden gemeinen Werte der später festzusetzenden Erbschaftsteuerermittlung zugrunde gelegt. Daher ist parallel zur Einholung von Informationen über bisherige steuerliche Grundlagen wie Bilanzen oder Abschreibungstabellen auch nachzuforschen, ob wertmindernde Umstände wie Bodenkontaminationen oder aktuelle gesetzgeberische oder wirtschaftliche Entwicklungen (z.B. Verlegung der Einflugschneise eines nahen Flughafens, Ausbau einer nahen Autobahn oder Zugstrecke) Anlass zur Dokumentation maßgeblicher Wertminderungen (z.B. durch Lärmeinwirkung, Niederschlag von Luftverschmutzung) bieten. Erfahrungsgemäß ist ein Nachschieben solcher Argumente nach Einreichung der Erbschaftsteuererklärung mit ungleich größeren Schwierigkeiten verbunden.

4. Muster: Einspruchsschreiben mit Antrag auf Aussetzung der Vollziehung

127 Finanzamt
Abgabenstr. 11
12345 Steuerstadt

Steuernummer: 123.456.7890, Erbschaftsteuerbescheid vom 11.11.2006
Sehr geehrte Damen und Herren,
hiermit erheben wir namens und im Auftrag unseres Mandanten unter Vollmachtsvorlage

EINSPRUCH

gegen den vorbezeichneten Erbschaftsteuerbescheid vom 11.11.2006.
Außerdem stellen wir den Antrag, die Vollziehung des angefochtenen Erbschaftsteuerbescheids bis zur rechtskräftigen Entscheidung in der Hauptsache auszusetzen[203] und die Aussetzung der Vollziehung nicht von einer Sicherheitsleistung abhängig zu machen.[204]
Begründung:
Der Einspruch wendet sich gegen den Erbschaftsteuerbescheid vom 11.11.2006, zugestellt am 15.11.2006. (...)

---

[203] Die Aussetzung der Vollziehung führt bei späterem Obsiegen des Beklagten gemäß §§ 237, 238 AO zu zusätzlichen Zinsnachforderungen i.H.v. 0,5 % pro vollem Monat. Insoweit ist stets abzuwägen, ob der Aussetzungsantrag vor dem Hintergrund der vom Berater prognostizierten Erfolgsaussichten eher vorteilhaft oder eher nachteilig ist. Zudem sollte der Berater unter psychologischen Gesichtspunkten bedenken, ob eine spätere Rückzahlung des zunächst zu leistenden Steuerbetrages nach erfolgreichem Einspruchsverfahren auch aus Mandantensicht nicht ohnehin günstiger erscheint.

[204] Vgl. § 361 Abs. 2 S. 5 AO.

5. Muster: Finanzgerichtliche Klage
a) im Verfahren zur Erlangung vorläufigen Rechtsschutzes

128

Finanzgericht
Rechtsstreitstr. 1
12345 Steuerstadt
Az.: Neu
In der Finanzstreitsache
des Herrn Stefan Schnell, Flugsstr. 38, 12345 Steuerstadt,
– Antragsteller –
Verfahrensbevollmächtigter: Rechtsanwalt ...
gegen
Finanzamt Steuerstadt, Abgabenstr. 11, 12345 Steuerstadt
vertreten durch den Herrn Vorsteher/die Frau Vorsteherin
– Antragsgegner –
wegen Erbschaftsteuer, Steuernummer: 123/456/7890
beantragen wir namens und im Auftrag des Antragstellers unter Vollmachtsvorlage:
1. Die Vollziehung des Erbschaftsteuerbescheides vom 11.11.2006, (...) wird ab Fälligkeit bis einen Monat nach Zustellung der Einspruchsentscheidung ohne Sicherheitsleistung ausgesetzt.
2. Hilfsweise wird beantragt, Beschwerde zum Bundesfinanzhof gegen die Entscheidung des Finanzgerichts zuzulassen.
3. Die Kosten des Verfahrens trägt der Antragsgegner.
Begründung:
Der Antrag auf Aussetzung der Vollziehung ist zulässig. § 69 Abs. 3 u. 4 FGO. Der Antragsteller hat mit Schreiben vom 20.11.2006 einen Antrag auf Aussetzung der Vollziehung gestellt, welcher durch den Antragsgegner abgelehnt wurde. Über den mit gleichem Schriftsatz eingelegten Einspruch gegen den Erbschaftsteuerbescheid ist noch nicht entschieden.
Es bestehen ernstliche Zweifel i.S.v. § 69 FGO, ob ...
Nach der Rechtsprechung des BFH ...

Rechtsanwalt

b) im Hauptsacheverfahren

129

Finanzgericht
Rechtsstreitstr. 1
12345 Steuerstadt
Az.: Neu
In der Finanzstreitsache
des Herrn Stefan Schnell, Flugsstr. 38, 12345 Steuerstadt,
– Kläger –
Verfahrensbevollmächtigter: Rechtsanwalt ...
gegen
Finanzamt Steuerstadt, Abgabenstr. 11, 12345 Steuerstadt
vertreten durch den Herrn Vorsteher/die Frau Vorsteherin
– Beklagte –
wegen Erbschaftsteuer, Steuernummer: 123/456/7890

erheben wir namens und im Auftrag des Antragstellers unter Vollmachtsvorlage:

KLAGE

In der mündlichen Verhandlung werden wir folgende Anträge stellen:

1. Der Erbschaftsteuerbescheid vom 11.11.2006, (...) in Gestalt der Einspruchsentscheidung vom 22.12.2006 wird aufgehoben, die Erbschaftsteuer auf EURO .... festgesetzt.

2. Hilfsantrag: Die Revision wird zugelassen.

3. Die Kosten des Verfahrens trägt die Beklagte.

4. Die Hinzuziehung eines Bevollmächtigten für das Vorverfahren wird für notwendig erklärt.

Auf mündliche Verhandlung wird nicht verzichtet.

Begründung:

Die Klage wendet sich gegen den Erbschaftsteuerbescheid vom 11.11.2006, Steuernummer (...) in Gestalt der Einspruchsentscheidung vom 22.12.2006, Rechtsbehelfslistennummer XY, dem Kläger mit Postzustellungsurkunde zugestellt am 27.12.2006.

Streitig ist, ob ...

Nach der Rechtsprechung des BFH ...

Weitere Klagebegründungen sowie eine Klageerweiterung bleibt vorbehalten.

Rechtsanwalt

Teil E. Besonderheiten bei der Tätigkeit eines Notars

§ 70 Besonderheiten bei der Tätigkeit eines Notars

Übersicht

	Rdnr.
I. Grundzüge des Beurkundungsrechts	1–34
1. Vorbemerkung	1
2. Sinn und Zweck der Form	2–6
3. Stellung und Zuständigkeit des Notars im Beurkundungsverfahren	7–29
a) Allgemeine Zuständigkeit	8/9
b) Ausschließungsgründe/Mitwirkungsverbote	10–13
c) Amtspflichten	14–28
4. Aufsicht/Disziplinarrecht	30–34
II. Das Beurkundungsverfahren bei Verfügungen von Todes wegen	35–45
1. Privatschriftliches oder öffentliches Testament?	35–39
2. Besonderheiten für die Beurkundung einer Verfügung von Todes wegen	40–45
III. Die Amtshaftung des Notars	46–61
1. Allgemeine Haftungsgrundsätze	46–59
a) Voraussetzungen der Notarhaftung	49–56
b) Subsidiäre Haftung des Notars	57/58
c) Mitverschulden Beteiligter	59
2. Verjährung	60
3. Haftungsbeschränkung	61
IV. Kosten des Notars	62–87
1. Grundzüge des Kostenrechts, Gebührentatbestände im Erbrecht	62–81
a) Testament, gemeinschaftliches Testament, Erbvertrag	70–72
b) Widerruf eines Testaments, Aufhebung eines Erbvertrags	73
c) Erbvertrag i.V.m. rechtsgeschäftlichen Erklärungen unter Lebenden	74
d) Erbverzicht, Pflichtteilsverzicht	75
e) Erbscheinsantrag	76
f) Testamentsvollstreckerzeugnis	77
g) Erbteilsübertragung, Erbauseinandersetzung	78/79
h) Erbauseinandersetzung durch Abschichtung	80
i) Gebührentabelle (verkürzt):	81
2. Wertermittlung	82/83
3. Fälligkeit und Vollstreckbarkeit der Notarkosten	84–87

Schrifttum: *Baumann*, Das Amt des Notars – seine öffentlichen und sozialen Funktionen, MittRhNotK 1996, 1; Beck'sches Notarhandbuch, 4. Aufl. 2006, Teil F + G; *Bengel*, Anmerkung zu BGH Urt. v. 13.7.1989, DNotZ 1990, 316; *Bohrer*, Das Berufsrecht der Notare, 1991; *Daimer/Reithmann*, Die Prüfungs- und Belehrungspflicht des Notars, 4. Aufl., 1974; *Dittmann/Reimann/Bengel*, Testament und Erbvertrag, 3. Aufl. 2000; *Eylmann/Vaasen*, Kommentar zur BNotO und Beurkundungsgesetz, 2000; *Göttlich/Mümmler*, Kostenordnung, 13. Aufl. 1997; *Haug*, Die Amtshaftung des Notars, 2. Aufl., 1997; *Heller/Vollrath*, „Vorbefassung" des hauptberuflichen Notars?, MittBayNot 1998, 322; *Huhn/v. Schuckmann*, Beurkundungsgesetz, Kommentar, 3. Aufl. 1995; *Jansen*, Beurkundungsgesetz, Kommentar, 1971; *Korintenberg/Lappe/Bengel/Reimann*, Kostenordnung, 14. Aufl., 1999; *Keidel/Winkler*, BeurkG, Kommentar, 14. Aufl. 1999; *Keller*, Ausscheiden eines Miterben aus der Erbengemeinschaft durch „Abschichtung"?, ZEV 1998, 281; *Keim*, Das notarielle Beurkundungsverfahren, 1990; *Köhler*, Rechtsprechungsprognose als Amtspflicht des Notars, Festschrift 125 Jahre Bayerisches Notariat, 1987; *Mecke/Lerch*, Beurkundungsgesetz, 2. Aufl. 1991; *Nieder*, Handbuch der Testamentsgestaltung, 2. Aufl. 2000; Notarkasse A.d.ö.R. (Hrsg.), Streifzug durch die Kostenordnung, 4. Aufl. 1997; *Reimann*, Erbauseinandersetzung durch Abschichtung, ZEV 1998, 213; *Reithmann*, Notarpraxis, 14. Aufl. 1999; *ders.*, Wandel der Aufgaben des Notars, DNotZ Sonderheft 1986, 37 ff.; *Rieger*, Anmerkung zu BGH Urt. v. 21.1.1998, DNotZ 1999, 64; *Rohs/Wedewer*, Kostenordnung, Kommentar; *Rossak*, Folgen des verfassungswidrigen Ausschlusses Mehrfachbehinderter von jeglicher Testiermöglichkeit für die notarielle Praxis, ZEV 1999, 254; *Schippel*, BNotO, Kommentar, 7. Aufl. 2000; *Sudhoff/Scherer*, Unternehmensnachfolge, 4. Aufl. 2000; *Vaasen/Starke*, Zur Reform des notariellen Berufsrechts, DNotZ 1998, 661; *Winkler*, Urkunden in Vermerkform nach dem Beurkundungsgesetz, DNotZ 1971, 140; *ders.*, Änderungen des Beurkundungsgesetzes, MittBayNot 1999, 1.

I. Grundzüge des Beurkundungsrechts

1. Vorbemerkung

1   Das Beurkundungsgesetz vom 28.8.1969 (BGBl. I S. 1513 ff.) konzentriert die Beurkundungszuständigkeiten allgemein auf den Notar (§ 20 BNotO) und regelt einheitlich das einzuhaltende **Beurkundungsverfahren** sowie die Allgemeinen und die besonderen Amtspflichten des Notars. Nur wenige Beurkundungskompetenzen anderer Urkundsstellen wurden aufrechterhalten. Zu nennen sind hier vor allem die Konsuln, die gem. § 10 KonsG mit allgemeiner Beurkundungszuständigkeit ausgestattet sind. Auch beim Tätigwerden des Konsuls als „Notar" sind gem. § 10 Abs. 3 KonsG im Wesentlichen die Vorschriften des Beurkundungsgesetzes maßgeblich. In begrenztem Umfang blieben reine Beglaubigungsbefugnisse bei den Ratsschreibern der staatlichen Grundbuchämter in den Gemeinden Baden-Württembergs (§ 3 Abs. 3 ba-wü LFGG). Schließlich hat das Amtsgericht Zuständigkeiten, vor allem im Bereich des Erbrechts (Entgegennahme von Erklärungen zur Ausschlagung, Anfechtung der Annahme oder Ausschlagung der Erbschaften, §§ 1945, 1955 BGB; Entgegennahme der eidesstattlichen Versicherung zur Erwirkung des Erbscheins oder eines Testamentsvollstreckerzeugnisses, §§ 2356 Abs. 2 S. 1, 2368 Abs. 3 BGB). Das nach dem BeurkG vorgeschriebene Verfahren bei der Urkundtätigkeit des Notars wird durch Bestimmungen der Bundesnotarordnung (BNotO) und der Dienstordnung für Notare (DONot) ergänzt.

2. Sinn und Zweck der Form

2   Im Allgemeinen haben gesetzliche Formvorschriften (einfache Schriftform, Textform und elektronische Form §§ 126, 126 a, b, 127 BGB, öffentliche Beglaubigung, § 129 BGB, und notarielle Beurkundung, § 128 BGB) zwei Funktionen: den Schutz vor Übereilung (**Warnfunktion**) und die Klarstellung des Abschlusses und Inhalt eines Rechtsgeschäfts (**Klarstellungs- und Beweisfunktion**).[1] Die Gewichtigkeit der beiden Gesichtspunkte ist unterschiedlich je nach Formvorschrift.

3   Die spezielle Form der notariellen Beurkundung geht über die genannten Gesichtspunkte weit hinaus. Neben dem Schutz der Beteiligten vor unüberlegten und voreiligen Willenserklärungen (Erschwerung des Vertragsschlusses) i.V.m. der **Beweisfunktion**, die allgemein beide auch durch einfache Schriftform gewährleistet werden können, ermöglicht die notarielle Beurkundung eine sachkundige Belehrung und Beratung der Beteiligten durch den Notar (Beratungs- und **Belehrungs**funktion). Die verantwortliche Mitwirkung des Notars an der Rechtsgestaltung dient so zum einen der gedanklichen und inhaltlichen Präzisierung des Rechtsgeschäfts und verhindert weiter die Gefahr der unrichtigen und unwirksamen Rechtsgestaltung aus Rechtsunkenntnis. Gesetzlich verankert ist die Beratungs- und **Belehrungspflicht** insbesondere in § 17 BeurkG, wobei § 17 Abs. 1 S. 2 BeurkG den Notar verpflichtet, darauf zu achten, dass Irrtümer und Zweifel vermieden und unerfahrene und ungewandte Beteiligte nicht benachteiligt werden.[2] Letztlich kann hieraus die Funktion des Verbraucherschutzes hergeleitet werden. Auch die Beweisfunktion ist gegenüber anderen Urkunden verstärkt (voller Beweis im Rahmen des § 415 ZPO). Neben der Warnfunktion ist als weiterer Grund für die notarielle Form schließlich die Erkennbarkeit der Rechtsgeschichte für Dritte (Kundbarmachung von Rechtsverhältnissen)[3] zu nennen.

4   Die Rechtsordnungen aller Staaten kennen Formvorschriften; die meisten – jetzt auch weitgehend alle GUS-Nachfolgestaaten – haben als Urkundsperson den öffentlichen Notar im Hauptberuf bestimmt. Gleichwohl gibt es in der Praxis ständig Probleme sowohl mit der **Anerkennung deutscher Urkunden im Ausland** als auch mit der Anerkennung ausländischer öffentlicher Urkunden im Inland, soweit aufgrund bilateraler Abkommen keine Spezialregelungen getroffen sind.

---

[1] Zum Formzweck der notariellen Beurkundung vgl. etwa auch *Bernhard*, Beck'sches Notarhandbuch, Teil F Rdnr. 9 ff.; *Keidel/Winkler* Einl. Rdnr. 19 ff.

[2] Zu § 17 BeurkG vgl. ausf. noch u. 2. c) bb).

[3] B. bei Gesellschaftsbeteiligungen, die im Handelsregister nicht eingetragen sind (GmbH!); hierzu *Reithmann* DNotZ Sonderheft 1986, 33.

Die teilweise zeitraubenden Verfahren zur Anerkennung sind deshalb erforderlich, weil einer Urkunde nach allgemeinen Regeln Beweiskraft nur zuerkannt werden kann, wenn sie echt ist. Dieser Echtheitsbeweis wird in Deutschland durch die **Legalisation** geführt (§ 438 Abs. 2 ZPO). Bilaterale Abkommen bestehen allerdings nur mit wenigen Staaten.[4] Greifen solche Abkommen nicht ein, so ist grundsätzlich die Legalisation (Bestätigung der Echtheit der Unterschrift des Notars) erforderlich, die von der zuständigen Vertretung des ausländischen Staates in Deutschland vorgenommen wird, in dem die Urkunde verwendet werden soll. Dabei bestimmt die Rechtsordnung des jeweiligen ausländischen Staates, welche Anforderungen an die Legalisation gestellt werden. Vor der Legalisation hat allerdings noch die so genannte „Zwischenbeglaubigung" durch den jeweiligen Landgerichtspräsidenten zu erfolgen, der hierin die Befugnis des Notars zur Vornahme der Amtshandlung sowie die Echtheit des beigedrückten Siegels nebst Unterschrift bestätigt. Einige Staaten verlangen darüber hinaus noch eine „Endbeglaubigung" durch das Bundesverwaltungsamt in Köln.

Die Legalisation wird hinsichtlich einer Reihe von Staaten durch die sog. **Apostille** ersetzt.[5] Sie wird von der zuständigen Stelle des Errichtungsstaates erteilt, in Deutschland vom jeweiligen Landgerichtspräsidenten. Bei dieser „Überbeglaubigung" wird die Echtheit der Unterschrift des Notars und des beigedrückten Siegels bestätigt.

3. Stellung und Zuständigkeit des Notars im Beurkundungsverfahren

Der Notar ist Träger eines öffentlichen Amtes, § 1 BNotO. Dies bedeutet, dass er originäre staatliche Aufgaben erfüllt, also immer **hoheitlich** tätig wird.[6] Er ist in seiner Amtsausübung unparteilich und unabhängig. Als **Organ der vorsorgenden Rechtspflege** ist er nicht Beauftragter der Beteiligten, sondern erfüllt eine öffentliche Aufgabe, ungeachtet der Frage, ob der Notar der Gerichtsbarkeit, der Verwaltung oder der Rechtspflegeverwaltung im engeren Sinne eindeutig zugeordnet werden kann.

a) **Allgemeine Zuständigkeit.** Die §§ 20 bis 24 BNotO regeln die Zuständigkeit des Notars. Gem. § 20 Abs. 1 BNotO ist der Notar zuständig, Beurkundungen jeder Art vorzunehmen. Die §§ 20 Abs. 2 bis 5 BNotO sowie §§ 21 bis 24 BNotO regeln Sonderzuständigkeiten des Notars. Hauptaufgabe des Notars ist daher die **Beurkundung**, wobei die Beurkundungszuständigkeit des Notars umfassend ist und nicht nur für Willenserklärungen, sondern auch für sonstige Erklärungen aller Art gilt. Beurkunden bedeutet das Herstellen eines bezeugenden Schriftstücks über die Wahrnehmungen von „Tatsachen" durch die Urkundsperson. Hierbei ist gleichgültig, ob die wahrgenommenen „Tatsachen" Willenserklärungen, Erklärungen nicht rechtsgeschäftlichen Inhalts oder sonstige Vorgänge und Zustände der Außenwelt sind.[7]

Im Inland ist der Notar örtlich für jede Beurkundung zuständig, für die er auch sachlich zuständig ist.[8] Da die Befugnis zur öffentlichen Beurkundung von der Staatsgewalt abgeleitet ist, sind **Beurkundungen des deutschen Notars im Ausland** unwirksam; sie haben jedoch ggf. die Wirkung einer Privaturkunde.[9] Regelungen zur grenzüberschreitenden notariellen Amtshilfe finden sich nunmehr in § 11 a BNotO.[10]

b) **Ausschließungsgründe/Mitwirkungsverbote.**[11] Der Notar ist zu unparteiischer Amtsführung verpflichtet, § 14 Abs. 1 S. 2 BNotO. Er ist nicht Vertreter einer Partei und darf daher nie-

---

[4] Vgl. hierzu *Zimmermann*, Becksches Notarhandbuch, Teil G Rdnr. 240 ff. sowie die ausf. Übersicht über das Verfahren einschl. entspr. Länderlisten in: Bayerisches Justizministerialblatt Nr. 1/2001, 2 ff.
[5] Es sind dies die Staaten, die dem Haager Übereinkommen v. 5.10.1961 zur Befreiung ausländischer öffentlicher Urkunden von der Legalisation (BGBl. 1965 II 875) beigetreten sind; vgl. hierzu die Länderliste bei *Zimmermann* a.a.O. S. 1135 ff., Eylmann/Vaasen/*Zimmer* § 2 Rdnr. 19 sowie Bayerisches Justizministerialblatt Nr. 1/2001, 9 f.
[6] Eylmann/Vaasen/*Frenz* § 1 BNotO Rdnr. 18 m.w.N.; BVerfG Urt. v. 11.6.1958 – BVerfGE 17, 381; BVerfG Beschl. v. 1.3.1978 – BVerfGE 47, 320.
[7] *Daimer/Reithmann* Rdnr. 2; *Schippel/Reithmann* § 20 BNotO Rdnr. 4; *Keidel/Winkler* § 1 Rdnr. 2; *Bernhard* a.a.O. Rdnr. 7.
[8] Eylmann/Vaasen/*Zimmer* § 2 BeurkG Rdnr. 4; *Bernhard* a.a.O. Rdnr. 8.
[9] Dittmann/Reimann/Bengel/*Bengel* § 2 BeurkG Rdnr. 7; *Winkler* DNotZ 1971, 146; *Keidel/Winkler* § 2 Rdnr. 2 m.w.N.
[10] Vgl. hierzu *Bernhard* a.a.O. Rdnr. 8 m.w.N.; Eylmann/Vaasen/*Zimmer* § 2 BeurkG Rdnr. 9 sowie Eylmann/Vaasen/*Frenz* Kommentierung zu § 11 a BNotO.
[11] Vgl. Übersicht bei *Bernhard* a.a.O. Rdnr. 25.

manden bevorzugen und niemanden benachteiligen. Nach § 14 Abs. 2 BNotO hat der Notar seine Amtstätigkeit zu versagen, wenn sie mit seinen Amtspflichten nicht vereinbar wäre, also gegen den **Grundsatz der Unparteilichkeit** verstößt. Daraus ergibt sich, dass der Notar nicht in Angelegenheiten tätig werden darf, in denen er selbst beteiligt ist. Konkretisiert werden diese Mitwirkungsverbote bzw. Ausschließungsgründe in den §§ 3, 6, 7 und 27 BeurkG. Hierbei handelt es sich um ein abgestuftes System der Tätigkeitsbeschränkungen, wobei sich auch aus dem in § 14 Abs. 1 BNotO verankerten Unparteilichkeitsgebot die Pflicht zur Nichtmitwirkung ergeben kann, selbst wenn keiner der gesetzlich normierten Mitwirkungsverbots- bzw. Ausschließungsgründe gegeben ist.

Neben den genannten Mitwirkungsverboten und Ausschließungsgründen ist zu beachten, dass § 16 Abs. 2 BNotO dem Notar bei jeder Amtstätigkeit das Recht zur Selbstablehnung wegen Befangenheit einräumt.

11   § 6 BeurkG enthält **Ausschließungsgründe** wegen der formellen Beteiligung des Notars oder ihm nahe stehender Personen bzw. deren Vertretern, § 7 BeurkG wegen der Begünstigung des genannten Personenkreises durch die beurkundeten Willenserklärungen. Ein Verstoß gegen § 6 BeurkG, der gemäß seinem Abs. 2 von einem formellen Beteiligtenbegriff ausgeht, führt zur vollen Unwirksamkeit der Beurkundung der Willenserklärung, während § 7 BeurkG, der gem. § 27 BeurkG für Personen, die durch Verfügungen von Todes wegen bedacht oder zum Testamentsvollstrecker ernannt werden, entsprechend gilt, nur zur teilweisen Unwirksamkeit der Beurkundung von Willenserklärungen führt, nämlich nur insoweit, als die Willenserklärung darauf gerichtet ist, dem genannten Personenkreis einen rechtlichen Vorteil zu verschaffen. Für Eide und eidesstattliche Versicherungen gilt § 6 BeurkG gemäß § 38 BeurkG entsprechend.[12]

§ 3 BeurkG ist lediglich eine Sollvorschrift. Verstößt der Notar gegen die dort normierten Verbote, verletzt er seine Amtspflichten. Die Willenserklärungen bleiben jedoch gleichwohl wirksam. Anders dagegen die qualifizierten Tatbestände der Ausschließungsgründe, die in §§ 6 und 7 BeurkG normiert sind. Im Übrigen gelten die §§ 6 und 7 BeurkG nur für die Beurkundung von Willenserklärungen, nicht aber für die Beurkundung anderer Erklärungen, wie tatsächlicher Vorgänge.[13]

12   § 3 BeurkG enthält Fallgruppen, die eine Gefährdung der Unabhängigkeit und Unparteilichkeit des Notars nahe legen. In Abs. 1 sind **Mitwirkungsverbote** geregelt, Abs. 2 und 3 enthalten **Ablehnungsrechte** der Beteiligten. Diese Vorschrift ist durch das 3. Gesetz zur Änderung der BNotO u. a. Gesetze vom 31.8.1998 erheblich ausgeweitet worden.[14] Hintergrund dieser Ausweitung ist die erweiterte Zulässigkeit von nebenberuflichen Tätigkeiten sowie neuen Möglichkeiten beruflicher Zusammenarbeit. § 3 gilt für die gesamte Amtstätigkeit des Notars, § 16 Abs. 1 BNotO; eine Ausnahme ergibt sich aus sachlichen Gründen nur für Vollzugsvollmachten. Zu prüfen ist bei § 3 Abs. 1 BeurkG, ob der beurkundende Notar in den in Nummern 1 bis 9 näher bezeichneten Beziehungen zu Personen steht, um deren „Angelegenheiten" es sich bei der Beurkundung handelt. Um eine Angelegenheit einer Person handelt es sich nicht, wenn nur mittelbare Auswirkungen auf rechtliche oder wirtschaftliche Interessen vorliegen.[15] Erforderlich ist vielmehr, dass die Rechte und Pflichten der betroffenen Personen durch den Urkundsvorgang unmittelbar betroffen werden. Neu aufgenommen in § 3 Abs. 1 BeurkG wurde insbesondere Nr. 7, der ein Mitwirkungsverbot in Angelegenheiten einer Person vorsieht, für die der Notar (oder einer seiner Sozien bzw. eine Person, mit der er gemeinsame Geschäftsräume hat) außerhalb der Amtstätigkeit in derselben Angelegenheit bereits tätig war oder ist, es sei denn, diese Tätigkeit wurde im Auftrag einer Person ausgeübt, die an der Beurkundung beteiligt ist. Ein Verbot besteht daher bei allen Tätigkeiten, mit denen der Notar in derselben Angelegenheit außerhalb seiner Amtstätigkeit in irgendeiner Weise beruflich, geschäftlich oder in sonstiger Weise (z. B. als Anwalt, Steuerberater, Wirtschaftsprüfer) befasst ist oder befasst war. Ein Verbot besteht dagegen nicht, wenn die Vorbefassung im Rahmen der

---

[12] Ob § 7 BeurkG auch bei Eiden und eidesstattlichen Versicherungen (§ 38 BeurkG) gilt, ist str.; vgl. *Keidel/Winkler* § 7 Rdnr. 2 m.w.N. zum Streitstand.
[13] Eylmann/Vaasen/*Eylmann* § 6 BeurkG Rdnr. 2 und § 7 BeurkG Rdnr. 1; *Keidel/Winkler* § 6 Rdnr. 2.
[14] Zu den geänderten Vorschriften des § 3 vgl. etwa *Winkler* MittBayNot 1999, 1, 2 ff. sowie die Einzelkommentierungen bei *Eylmann/Vaasen* und *Keidel/Winkler*.
[15] Dittmann/Reimann/Bengel/*Zimmer* § 3 BeurkG Rdnr. 5; *Keidel/Winkler* § 3 Rdnr. 25 m.w.N.

Amtstätigkeit des Notars oder seines Notarsozius erfolgte.[16] § 3 Abs. 1 Nr. 7 BeurkG ist für den zur hauptberuflichen Amtsausübung bestellten Notar (Nur-Notar) nicht einschlägig, da ihm eine außeramtliche Tätigkeit grundsätzlich nicht gestattet ist.[17]

§ 3 Abs. 2 BeurkG begründet **Hinweispflichten** des Notars, die zu einem Ablehnungsrecht der Beteiligten führen. In den dort genannten Fällen hat der Notar die Anwesenden zu fragen, ob er die Beurkundung trotz Vorliegens einer der genannten Fälle vornehmen soll. 13

c) **Amtspflichten. aa) Allgemein.** Die Amtspflichten des Notars ergeben sich aus der BNotO, dem BeurkG sowie der Dienstordnung für Notare (DONot). 14

Als allgemeine Amtspflicht besteht für den Notar die Pflicht zur **Amtsbereitschaft**; er ist zur Amtsausübung bei den Amtsgeschäften der §§ 20 bis 27 BNotO verpflichtet. Ohne ausreichenden Grund darf er seine Tätigkeit nicht verweigern, § 15 BNotO. Die Übernahme weiterer Tätigkeiten im Sinne der §§ 23, 24 BNotO steht ihm frei.

Der Notar schwört bei seiner Bestellung, die **verfassungsmäßige Ordnung** zu wahren und die Pflichten eines Notars gewissenhaft und unparteiisch zu erfüllen (§ 13 Abs. 1 BNotO). Die Pflicht zur Wahrung der verfassungsmäßigen Ordnung besteht gegenüber dem Staat und begründet keine Amtspflicht gegenüber den Beteiligten. Weiter ergibt sich aus dem Eid die Pflicht zur Unparteilichkeit (§ 14 Abs. 1 S. 2 BNotO). Die Pflicht der Unparteilichkeit kann unter gewissen Umständen einen Widerspruch zu der sich aus § 17 BeurkG ergebenden Belehrungspflicht ergeben. Der Notar darf z. B. seine Auffassung einer ausgewogenen Vertragsgestaltung den Parteien nicht aufdrängen; andererseits hat er jedoch auf die Parteien so einzuwirken, dass eine gerechte Vertragsgestaltung entsteht.[18]

Weitere allgemeine Amtspflicht ist die **Pflicht zur Verschwiegenheit**, normiert in § 18 BNotO. Die Wahrung der Vertraulichkeit und Verschwiegenheit gehört zu den wichtigsten Amtspflichten des Notars. Zur Erfüllung seiner Aufgaben im Rahmen der vorsorgenden Rechtspflege ist der Notar darauf angewiesen, dass die Beteiligten ihm ihre persönlichen Verhältnisse ebenso darlegen wie ihre Vermögensverhältnisse, was nur geschehen wird, wenn der Notar Vertrauen genießt und über diese Kenntnisse schweigt. Von der Schweigepflicht kann der Notar gem. § 18 Abs. 1 S. 2 BNotO durch die Beteiligten befreit werden, da die Amtspflicht zur Verschwiegenheit ausschließlich im Interesse der Beteiligten besteht. Hat der Notar im Einzelfall Zweifel über die Pflicht zur Verschwiegenheit, so kann er die Entscheidung der Aufsichtsbehörde nachsuchen (§ 18 Abs. 3 S. 1 BNotO). Die Belehrungs- und Aufklärungspflichten des Notars haben jedoch Vorrang vor der Pflicht zur Verschwiegenheit.[19] 15

bb) Prüfungs-, Betreuungs- und Belehrungspflicht. Grundlegende Pflichten für den Notar hinsichtlich der **Beurkundung von Willenserklärungen** ergeben sich aus § 17 BeurkG. Danach soll der Notar den Willen der Beteiligten erforschen, den Sachverhalt klären und die Beteiligten über die rechtliche Tragweite des Geschäfts belehren. Er soll dabei darauf achten, dass Irrtümer und Zweifel vermieden und unerfahrene und ungewandte Beteiligte nicht benachteiligt werden. 16

Zu beachten ist, dass § 17 BeurkG lediglich eine **Sollvorschrift** enthält. Wird die Vorschrift vom Notar nicht beachtet, verletzt er seine Amtspflichten, die Beurkundung wird dadurch jedoch nicht unwirksam.[20] § 17 BeurkG steht im Übrigen als Grundnorm an der Spitze der Normen über die Prüfungs- und Belehrungspflicht. Die §§ 18 bis 21 BeurkG regeln Unterfälle dieser Pflicht. 17

Wie bereits dargelegt,[21] rechtfertigt erst die Prüfungs- und Belehrungspflicht des Notars den Formzwang der notariellen Beurkundung. § 17 BeurkG soll gewährleisten, dass der Notar eine rechtswirksame Urkunde über den **wahren Willen der Beteiligten** errichtet. So ist Ziel des § 17 18

---

[16] *Winkler* MittBayNot 1999, 7; *Vaasen/Starke* DNotZ 1998, 661, 670; *Keidel/Winkler* § 3 Rdnr. 110.
[17] Ausf. hierzu *Heller/Vollrath* MittBayNot 1998, 322 ff.; *Keidel/Winkler* § 3 Rdnr. 102 ff. Daher trifft den hauptberuflichen Notar auch keine Frage- und Vermögenspflicht gem. § 3 Abs. 1 S. 2 BeurkG; vgl. *Keidel/Winkler* § 3 Rdnr. 142. A.A. zum ganzen: Eylmann/Vaasen/*Eylmann* § 3 BeurkG Rdnr. 42, 52.
[18] Vgl. auch *Bernhard* a.a.O. Rdnr. 47.
[19] BGH Urt. v. 13.12.1971 – DNotZ 1973, 174, 179; BGH Urt. v. 22.11.1977 – DNotZ 1978, 373, 374 f.; BGH Urt. v. 22.2.1973 – DNotZ 1973, 494, 486; *Bernhard* a.a.O. Rdnr. 48.
[20] Vgl. etwa Dittmann/Reimann/Bengel/*Reimann* § 17 BeurkG Rdnr. 2.
[21] Vgl. hierzu o. Rdnr. 16.

BeurkG eine Urkunde, die dem wahren Willen der Beteiligten entspricht, der Sachlage gerecht wird und rechtlich einwandfrei und klar gefasst ist und bei der insbesondere unerfahrene und ungewandte Personen nicht benachteiligt werden. Die Grundnorm des § 17 BeurkG regelt daher die Pflichten des Notars, die sich zusammenfassen lassen in Aufklärungs-, Prüfungs-, Belehrungs- und Betreuungspflichten.

19 *(1) Aufklärungspflichten.* Im Rahmen der **Aufklärungspflicht** hat der Notar den Willen der Beteiligten zu ermitteln und den Sachverhalt aufzuklären. Ohne eine Willens- und Sachverhaltserforschung ist es dem Notar nicht möglich, eine Urkunde zu errichten, die den wahren Willen der Beteiligten irrtums- und zweifelsfrei sowie rechtlich einwandfrei enthält. Im Rahmen dieser Aufklärungspflicht ist zu erforschen, welche wirtschaftlichen Zwecke von den Beteiligten verfolgt werden, und sodann zu prüfen, ob der Notar seine Amtstätigkeit zu versagen hat, weil unerlaubte bzw. unredliche Zwecke verfolgt werden.[22] Ferner ist zu prüfen, ob bei der geplanten Rechtsgestaltung Verstöße gegen das Gesetz, gegen die guten Sitten oder gegen Treu und Glauben vorliegen, ob das angestrebte rechtsgeschäftliche Ziel sicher erreichbar ist und ob das von den Beteiligten erwünschte Ergebnis für die Beteiligten ausgewogen und gerecht ist, wobei der Notar jedoch nicht seinen Willen an die Stelle des Willens der Beteiligten setzen darf.

20 Im Beurkundungsverfahren gilt allerdings nicht der **Grundsatz der Amtsermittlung**[23]. Für den Notar besteht prinzipiell kein Anlass, an der Richtigkeit und Vollständigkeit der Sachverhaltserklärungen der Beteiligten zu zweifeln. Nur wenn sich Zweifel aufdrängen, hat der Notar weitere Nachforschungen anzustellen. Um eine richtige Grundlage für die Beurkundung zu schaffen, hat der Notar die rechtlichen Gegebenheiten des Geschäfts zu ermitteln, insbesondere den Güterstand der Beteiligten festzustellen, etwaige Vertretungsverhältnisse zu klären, den Grundbuchinhalt durch Einsicht festzustellen sowie sich zu unterrichten, ob frühere Verfügungen von Todes wegen mit bindenden Verfügungen vorliegen.

21 *(2) Prüfungspflichten.* Nicht von der Aufklärungspflicht zu trennen ist die **Prüfungspflicht** des Notars. So hat er die Identitätsfeststellungen der Beteiligten vorzunehmen und diese in der Urkunde so genau zu bezeichnen, dass eine Verwechslung ausgeschlossen ist, §§ 9 Abs. 1 S. 1 Nr. 1, 10 BeurkG.

22 Des Weiteren hat er zu prüfen, ob die Beteiligten **geschäftsfähig** sind. Bei volljährigen Beteiligten ist davon regelmäßig auszugehen. Nachforschungen sind nur erforderlich, wenn sich dem Notar Zweifel aufdrängen. Während grundsätzlich in den Urkunden des Notars keine Feststellung über die bestehende Geschäftsfähigkeit aufgenommen wird, sofern keine Zweifel an der Geschäftsfähigkeit bestehen (§ 11 Abs. 1 BeurkG), soll der Notar gem. § 28 BeurkG bei der Beurkundung von Verfügungen von Todes wegen seine Wahrnehmungen über die Geschäftsfähigkeit ausdrücklich in die Urkunde aufnehmen.

23 Tritt für einen der Beteiligten ein Vertreter auf, hat der Notar die **Prüfung der Vertretungsmacht** zu übernehmen, da bei einem Fehlen der Vertretungsbefugnis der erstrebte rechtliche Erfolg nicht eintritt.[24] So hat er zunächst zu prüfen, ob eine Vertretung grundsätzlich zulässig ist. Im Falle einer rechtsgeschäftlichen Vertretung ist weiter zu prüfen, ob die Vollmacht wirksam erteilt und nicht entzogen wurde und sodann, ob das Rechtsgeschäft vom Umfang der Vollmacht gedeckt ist.

24 Des Weiteren hat der Notar Festellungen über die **Verfügungsbefugnis** zu treffen. So hat er insbesondere das Grundbuch einzusehen (§ 21 Abs. 1 BeurkG).

25 *(3) Belehrungspflichten.* Untrennbar mit den Prüfungspflichten ist auch die **Belehrungspflicht** im engeren Sinne, also die Pflicht zur Belehrung über die rechtliche Tragweite des Rechtsgeschäfts verbunden.

So hat der Notar gem. § 18 BeurkG über sämtliche **Genehmigungserfordernisse** zu belehren, d. h. er hat zu prüfen, inwieweit Genehmigungen erforderlich sind. Dies gilt gem. § 20 BeurkG

---

[22] § 4 BeurkG § 14 Abs. 2 BNotO; *Bernhard* a.a.O. Rdnr. 51 ff.; Zur Verpflichtung zur Erforschung des Willens der Beteiligten vgl. auch Eylmann/Vaasen/*Frenz* § 17 BeurkG Rdnr. 4 f.
[23] Eylmann/Vaasen/*Frenz* § 17 BeurkG Rdnr. 6; *Bernhard* a.a.O. Rdnr. 54; *Keidel/Winkler* § 17 Rdnr. 72; Dittmann/Reimann/Bengel/*Reimann* § 17 BeurkG Rdnr. 6.
[24] Vgl. hierzu ausf. *Bernhard* a.a.O. Rdnr. 61 ff.

ebenso für gesetzliche Vorkaufsrechte. Im Übrigen hat der Notar die Beteiligten über die **rechtliche Tragweite** des Geschäftes zu belehren.[25]

Neben die in §§ 17 ff. BeurkG normierten Belehrungspflichten können erweiterte Belehrungspflichten treten. Dieser **Bereich der erweiterten Beratung** beginnt immer dort, wo über die Zweckmäßigkeit von Rechtsverhältnissen gesprochen wird.[26] Dies kann nicht nur bei Tätigkeiten des Notars im Rahmen des § 24 BNotO der Fall sein, sondern bei jeder Beurkundungstätigkeit. Diese erweiterte Beratungspflicht besteht jedoch nur dann, wenn besondere Umstände vorliegen. Die näheren Umstände müssen darauf hindeuten, dass einem Beteiligten ein Schaden droht und er sich dessen aus tatsächlichen oder rechtlichen Gründen nicht bewusst ist. Diese Umstände müssen sich aus der besonderen rechtlichen Gestaltung des Vertrags oder seiner beabsichtigten Durchführung ergeben. Grundsätzlich ist es eine Entscheidung des Einzelfalls, inwieweit der Notar die Beteiligten zu belehren hat. Grenze der Belehrungspflicht ist jedenfalls die in § 14 BNotO normierte Pflicht zur Unparteilichkeit.[27] Des Weiteren ist es nicht Aufgabe des Notars, die Beteiligten über die wirtschaftliche Zweckmäßigkeit der zu erstellenden Urkunde zu belehren. 26

Stehen mehrere Vorgehensmöglichkeiten zur Auswahl, hat der Notar den Beteiligten die **sicherere und gefahrlosere Möglichkeit** zu empfehlen. Des Weiteren hat er eine Vorgehensweise zu wählen, die unnötige Kosten vermeidet. Insbesondere hat er mehrere Erklärungen in einer Urkunde zusammenzufassen, soweit ein innerer Zusammenhang besteht. Im Übrigen ist der Notar nicht verpflichtet, ohne Anfrage über seine Kosten und Gebühren zu belehren. Eine Hinweispflicht entsteht nur auf Anfrage der Beteiligten.[28] 27

Auch über **steuerliche Folgen** der beurkundeten Rechtsgeschäfte hat der Notar **nicht** zu belehren. Ausnahmen von diesem Grundsatz sind die in § 19 BeurkG normierte Hinweispflicht auf die Unbedenklichkeitsbescheinigung sowie der Hinweis auf eine möglicherweise bestehende Pflicht zur Zahlung von Erbschaft- bzw. Schenkungsteuer, § 8 Abs. 1, Abs. 2 i.V.m. § 8 Abs. 4 ErbStDV.[29] 28

(4) Notarielle Pflichten gegenüber Dritten. Grundsätzlich bestehen die durch § 17 BeurkG normierten Belehrungs- und Betreuungspflichten nur gegenüber den i.S.v. § 6 Abs. 2 BeurkG formell an der Beurkundung beteiligten Personen.[30] In besonderen Fällen können jedoch auch **Dritte** unter den Schutzbereich des § 17 BeurkG fallen.[31] 29

Dies ist dann der Fall, wenn dem Dritten ein Schaden droht, dessen er sich aus tatsächlich oder rechtlichen Gründen nicht bewusst ist. Des Weiteren müssen besondere Umstände in der rechtlichen Gestaltung oder Durchführung des beurkundeten Geschäftes vorliegen. Nach diesen Grundsätzen kann eine Belehrungs- und Betreuungspflicht gegenüber Dritten dann bestehen, wenn diese anlässlich der Beurkundung mit dem Notar Verbindung aufnehmen, wenn in deren Interesse Erklärungen beurkundet werden sollen oder wenn der Dritte nach der Beurkundung Kontakt mit dem Notar aufnimmt und der Notar falsche oder unvollständige Auskünfte gibt. Besondere Betreuungspflichten können jedoch auch gegenüber Dritten bestehen, die mit dem Notar nicht in Kontakt getreten sind und auch nicht mittelbare Urkundsbeteiligte sind. Maßgebend wird in der Rechtsprechung darauf abgestellt, ob der Schutz des Dritten bezweckt oder mitbezweckt wird.[32]

---

[25] Zum Umfang der Belehrungspflicht im Einzelnen vgl. etwa *Keidel/Winkler* § 17 Rdnr. 77 ff.; Eylmann/Vaasen/*Frenz* § 17 BeurkG Rdnr. 9 ff.
[26] Zur Belehrung über die wirtschaftliche Bedeutung des Rechtsgeschäfts vgl. etwa *Bernhard* a.a.O. Rdnr. 55 m.w.N. zur Rspr.; Eylmann/Vaasen/*Frenz* § 17 BeurkG Rdnr. 18 sowie ausf. *Keidel/Winkler* § 17 Rdnr. 83 ff.
[27] Zu den Fällen der Pflichtenkollision vgl. im Einzelnen *Keidel/Winkler* § 47 Rdnr. 6 ff. sowie *Starke*, Beck'sches Notarhandbuch, Teil K I Rdnr. 85 ff. und 96 ff.
[28] Zur Hinweispflicht auf die Gebühren vgl. *Waldner*, Beck'sches Notarhandbuch, Teil H Rdnr. 15 m.w.N.
[29] Zur Belehrungspflicht hinsichtlich steuerlicher Folgen vgl. etwa *Keidel/Winkler* § 17 Rdnr. 114 ff.; Dittmann/Reimann/Bengel/*Reimann* § 17 BeurkG Rdnr. 12; Eylmann/Vaasen/*Frenz* § 17 BeurkG Rdnr. 19.
[30] BGH Urt. v. 8.7.1993 – NJW 1993, 2617, 2618 = DNotZ 1995, 494, 495; *Bernhard* a.a.O. Rdnr. 55; *Keidel/Winkler* § 17 Rdnr. 11; Dittmann/Reimann/Bengel/*Reimann* § 17 BeurkG Rdnr. 13.
[31] Vgl. hierzu im Einzelnen etwa *Bernhard* a.a.O. Rdnr. 127 ff.; *Keidel/Winkler* § 17 Rdnr. 14 f.; Dittmann/Reimann/Bengel/*Reimann* § 17 BeurkG Rdnr. 13 ff.
[32] BGH Urt. v. 28.9.1959 – DNotZ 1960, 240; BGH Urt. v. 30.6.1981 – DNotZ 1981, 773, 773 ff.; BGH Urt. v. 28.9.1959 – BGHZ 31, 5, 10 f.; BGH Urt. v. 2.5.1972 – DNotZ 1973, 240, 243 f.

4. Aufsicht/Disziplinarrecht

30 Die Dienstaufsicht über die Notare sowie die Disziplinarverfahren sind in §§ 92 ff. BNotO geregelt. **Aufsichtsbehörden** sind der Präsident des Landgerichtes für die in seinem Bezirk tätigen Notare, der Präsident des OLG für die Notare im OLG Bezirk und schließlich die Landesjustizverwaltung für alle Notare des Landes. Die konkrete Zuständigkeit ergibt sich aus den jeweiligen Landesorganisationsgesetzen bzw. -verordnungen der Justizminister.

31 Die Dienstaufsicht des Notars dient primär der Sicherung der staatlichen Justizgewährungspflicht. Sie hat sowohl repressive, also Fehler beseitigende, als auch präventive, also auf Vermeidung künftiger Fehler, gerichtete Funktion.[33] Den vorbeugenden Charakter erfüllt sie primär durch die **Prüfung und Überwachung** der Amtsführung der Notare gem. § 93 BNotO.

Die Dienstaufsicht ist zwar zwingende Folge der vom Notar wahrgenommenen hoheitlichen Funktionen.[34] Sie dient aber nicht dem Schutz der einzelnen Urkundsbeteiligten. Fehlerhafte Aufsichtsmaßnahmen lösen deshalb grundsätzlich keine Schadensersatzansprüche gegen den Staat gem. Art. 34 GG i.V.m. § 839 BGB aus.[35]

Bei leichten Verstößen gegen die dem Notar obliegenden Verpflichtungen wird der Vorstand der jeweiligen Notarkammer, vertreten durch den Präsidenten, eine **Ermahnung** gem. § 75 BNotO aussprechen. Leichtere Dienstvergehen außerhalb des förmlichen Disziplinarverfahrens können durch eine **Missbilligung** durch die staatliche Aufsichtsbehörde (LG-Präsident) geahndet werden. Während die Ermahnung nach § 75 BNotO nur ordnungswidriges Verhalten leichter Art umfasst, wird mit der Missbilligung ordnungswidriges Verhalten schlechthin oder eine (leichtere) Pflichtverletzung getadelt.

32 Die schuldhafte Verletzung notarieller Amtspflichten, mag sie auch noch so unbedeutend und geringfügig sein, stellt ein **Dienstvergehen** gem. § 95 BNotO dar. Für das Disziplinarverfahren gegen Notare gelten die landesrechtlichen Disziplinarvorschriften, die im Wesentlichen mit der Bundesdisziplinarordnung (BDO) übereinstimmen. Die zur Aufklärung des Sachverhalts erforderlichen Ermittlungen werden von Amts wegen vorgenommen. Voraussetzung ist grundsätzlich, dass der Aufsichtsbehörde Tatsachen bekannt werden, die den Verdacht eines Dienstvergehens rechtfertigen (§ 26 Abs. 1 BDO), wobei sich solche Tatsachen sowohl aus internen Geschäftsprüfungen, Hinweisen oder Mitteilungen der Notarkammer, aber auch aus Eingaben oder Beschwerden von Rechtssuchenden bzw. deren Vertretern bis schließlich hin zu anonymen Anzeigen ergeben können.[36]

33 Die Disziplinarmaßnahmen sind abschließend in § 97 BNotO aufgeführt: **Verweis, Geldbuße, Entfernung aus dem Amt** (wobei als minderschwere Maßnahme gem. § 97 Abs. 2 BNotO bei hauptberuflichen Notaren die Entfernung vom bisherigen Amtssitz, beim Anwaltsnotar gem. § 97 Abs. 3 BNotO die Entfernung vom Amt auf bestimmte Zeit angeordnet werden kann).

Gegen ausgeschiedene Notare sind disziplinarrechtliche Maßnahmen nicht mehr zulässig. Leichtere Dienstvergehen, also solche, die nicht eine zeitlich befristete oder dauerhafte Entfernung aus dem Amt oder eine Entfernung vom bisherigen Amtssitz rechtfertigen, verjähren mit Ablauf von fünf Jahren, gerechnet ab Beendigung der Amtspflichtverletzung (§ 95 a BNotO).

Für schwere Dienstvergehen sieht die BNotO kein Verfolgungsverbot, also keine Verjährungsfrist, vor, so dass die Entfernung aus dem Amt – wie im Beamtenrecht – zeitlich unbegrenzt zulässig ist.[37]

34 Bei Rechtsanwälten, die während einer Notarvertretung oder -verwaltung gegen notarielle Pflichten verstoßen, kann ein **anwaltsgerichtliches Verfahren** eingeleitet werden.[38]

---

[33] BGH Beschl. v. 14.12.1992 – DNotZ 1993, 465, 467; Eylmann/Vaasen/*Baumann* § 92 BNotO Rdnr. 3.
[34] *Baumann* MittRhNotK 1996, 17.
[35] BGH Urt. v. 24.4.1961 – BGHZ 34, 44; Eylmann/Vaasen/*Baumann* § 93 BNotO Rdnr. 14.
[36] Eylmann/Vaasen/*Stockebrand* § 96 BNotO Rdnr. 4 ff.
[37] *Schippel/Lemke* § 95 a BNotO Rdnr. 6.
[38] Eylmann/Vaasen/*Stockebrand* § 95 BNotO Rdnr. 7.

II. Das Beurkundungsverfahren bei Verfügungen von Todes wegen
1. Privatschriftliches oder öffentliches Testament?

Als ordentliche Testamentsformen kennt das BGB das eigenhändige und das öffentliche Testament.[39] Bezüglich der erbrechtsgestaltenden Wirkung sind beide Formen **gleichwertig**; die erbrechtlich zulässigen Verfügungen von Todes wegen können in beiden Formen wirksam niedergelegt werden. Lediglich der Minderjährige, der das 16. Lebensjahr vollendet hat, ist auf die Form des öffentlichen Testaments angewiesen (§ 2333 Abs. 1 BGB). Auch ist die Form der Testamentserrichtung bei leseunkundigen Personen und bei nicht hinreichend sprechfähigen Menschen auf die öffentliche Urkunde beschränkt (§ 2233 Abs. 2, 3 BGB).[40]

Die **Vorteile des öffentlichen Testaments** sind so erheblich, dass es eindeutig gegenüber dem privatschriftlichen Testament den Vorzug verdient, wenngleich nicht verkannt werden darf, dass bei einfachen und klaren Vermögensverhältnissen, bei Nichtvorhandensein von Grundbesitz und in Eilfällen sich das privatschriftliche Testament anbieten kann. Jedenfalls sollte der Anwalt, häufig infolge langjähriger Mandantenbeziehung auch Initiator einer Verfügung von Todes wegen, vertraut mit den besonderen Umständen des Einzelfalls, vor allem im Bereich der Wechselwirkung von Gesellschafts- und Familienrecht zum Erbrecht, den gemeinsamen Weg mit dem Mandanten zum Notar nicht scheuen, schon im Hinblick auf die unparteiische Kontrolle seines Entwurfs bzw. seiner Vorgaben und die Wirkungen eines öffentlichen Testaments:[41]

- **Beweiskraft**: Das notarielle Testament ist eine öffentliche Urkunde und begründet so vollen Beweis hinsichtlich Ort und Zeit der Errichtung, der Identität des Testators, dessen Geschäftsfähigkeit und im Hinblick auf den wiedergegebenen Inhalt sowie die Vollständigkeit der abgegebenen Erklärungen (§§ 415, 418 ZPO),[42] **ungeachtet** des zulässigen Gegenbeweises der unrichtigen Beurkundung (§ 415 Abs. 2 ZPO). Soweit Grundbesitz in den Nachlass fällt, ergibt sich ein weiterer erheblicher Vorteil durch § 35 GBO, wonach der Erbfolgenachweis nicht durch Erbschein (wie beim privatschriftlichen Testament) geführt werden muss; vielmehr genügt die öffentliche Urkunde i. V. m. der Niederschrift über die Eröffnung der Verfügung. Gleiches gilt für den Nachweis der Rechtsnachfolge gem. § 12 Abs. 2 S. 2 HGB. Schließlich ist auf Nr. 5 der AGB-Sparkassen 1993[43] hinzuweisen, wonach regelmäßig auch für die meisten Bankgeschäfte die Vorlage einer Ausfertigung bzw. begl. Abschrift der notariellen Verfügung einschließlich der Eröffnungsverhandlungsniederschrift ausreicht.
- Die **Vorteile** in der Beweisführung erfassen zwar nicht die Richtigkeit der abgegebenen Erklärungen; aber die Sachkunde des Notars, dessen Pflicht zur Erforschung des Willens, zur Beratung und zur Betreuung sowie auch der Übereilungsschutz der Formvorschrift schalten die beim privatschriftlichen Testament bestehenden Risiken weitgehend aus. Dies gilt auch im Hinblick auf von Laien häufig unzutreffend verwendete Rechtsbegriffe.[44]
- Als **Nachteil** des notariellen Testaments wird meistens die Kostenfolge empfunden. Dies stellt indes eine irrige Meinung dar; denn zum einen richten sich die Kosten nach dem Reinvermögen (also mit Schuldenabzug); zum anderen löst der Erbschein denselben Gebührensatz aus wie das Testament, ist jedoch meist aus einem höheren Wert zu errechnen, da in der Regel bei der Abfassung einer Verfügung von Todes wegen der Testator über weniger Vermögen verfügt als bei seinem Ableben. Jedenfalls sind regelmäßig die Kosten bei vorhandenem Grundbesitz, ob das Ableben mit notariellen Verfügung von Todes wegen oder mit

---

[39] Vgl. hierzu ausf. *Stahle* § 5 Rdnr. 28 f.
[40] Nach der Entscheidung des BVerfG v. 19.1.1999 (ZEV 1999, 147) dürfen §§ 2232, 2233 BGB § 31 BeurkG auf schreibunfähige Stumme bis zu einer gesetzlichen Neuregelung nicht mehr angewandt werden; bis dahin gelten die allg. Vorschriften (§§ 22 bis 26, 27 bis 30, 32 bis 35 BeurkG). Eine Beurkundung darf der Notar nicht nach § 4 BeurkG ablehnen, was nunmehr auch für sonstige mehrfach Behinderte gelten wird (vgl. etwa *Rossak* ZEV 1999, 254; *Bengel/Reimann*, Beck'sches Notarhandbuch, Teil C Rdnr. 46).
[41] Hierzu auch *Sudhoff/Scherer* S. 34,
[42] Dittmann/Reimann/Bengel/*Voit* § 2231 BGB Rdnr. 5; *Nieder*, Handbuch der Testamentsgestaltung, Rdnr. 1046.
[43] Abgedruckt in NJW 1993, 844 ff.
[44] Dittmann/Reimann/Bengel/*Voit* § 2231 BGB Rdnr. 9.

privatschriftlichem Testament erfolgt, identisch. Darüber hinaus ist zu berücksichtigen, dass bei Erfüllung von Grundstücksvermächtnissen oder Durchführung einer Teilungsanordnung § 38 Abs. 1 Nr. 6 KostO Anwendung findet. Danach löst der notarielle Vollzugsakt lediglich eine 5/10 Gebühr aus; bei privatschriftlichen Anordnungen muss aus demselben Geschäftswert eine Gebühr gem. § 36 Abs. 2 KostO, also ein 20/10-Gebühr erhoben werden.

38 • Das notarielle Testament muss – anders als das privatschriftliche Testament – gem. § 34 Abs. 1 S. 4 BeurkG unverzüglich in die **amtliche Verwahrung** gebracht werden. Diese löst Kosten gem. § 101 KostO mit einer 1/4 Gebühr aus. Als Nachteil des öffentlichen Testaments kann dies keinesfalls angesehen werden, denn aus Sicherheitsgründen sollte auch das privatschriftliche Testament bei Gericht verwahrt werden. So ist sichergestellt, dass das Testament nicht verloren geht und auf jeden Fall nach dem Tode des Erblassers auch gefunden wird.

39   Kostenvergleich

Wert	1 Öffentliches Testament durch Einzelperson Notarkosten	2 Notwendige Hinterlegungskosten bei Gericht	3 Eröffnungsniederschrift bei Gericht	4 Erbscheinskosten bei Gericht
EURO	EURO	EURO	EURO	EURO
11.500.000,–	11.807,–	1.201,75	11.403,50	11.614,–
11.000.000,–	11.557,–	1.389,25	11.778,50	13.114,–
12.500.000,–	13.807,–	1.951,75	11.903,50	17.614,–
15.000.000,–	17.557,–	1.889,25	13.778,50	15.114,–
10.000.000,–	10.757,–	2.689,25	15.378,50	21.514,–
50.000.000,–	27.257,–	6.464,25	12.928,50	54.514,–

Bei der öffentlichen Urkunde fallen die Gebühren der Spalten 1 und 2 sofort mit Beurkundung (§ 46 Abs. 1 KostO) und Verwahrung der Urkunde beim Nachlassgericht (§ 101 KostO) an (Wert: Reinnachlass im Zeitpunkt der Beurkundung, § 46 Abs. 4 KostO), die Kosten der Eröffnungsniederschrift (§ 102 KostO) erst bei der Eröffnung nach dem Erbfall. Da der Erbschein idR nicht erforderlich ist, entfallen die Kosten gem. Spalte 4.

Beim privatschriftlichen Testament sind zwingend Kosten für die eidesstattliche Versicherung (vor Gericht oder Notar, §§ 107, Abs. 1, 49 KostO) und die Erbscheinserteilung (§ 107 Abs. 1 S. 1 KostO) zu erheben (also eine 20/10 Gebühr; Wert des Reinnachlasses im Todeszeitpunkt!)

Der Vergleich der kumulierten Gebühren der Spalten 1 bis 3 ergibt, dass diese niedriger sind als die Gebühr in Spalte 4. Bei diesem Kostenvorteil ist eine wahrscheinliche Geschäftswertveränderung noch nicht berücksichtigt. Ferner erhöht sich der Gebührenunterschied zugunsten der notariellen Verfügung von Todes wegen, wenn das privatschriftliche Testament ebenfalls in die amtliche Verwahrung gebracht wird. Hier sind dann die Kosten Spalte 3 und 4 zu addieren. Bei gemeinschaftlichen Testamenten oder Erbverträgen potenziert sich der Kostenvorteil.

2. Besonderheiten für die Beurkundung einer Verfügung von Todes wegen

40 Die Vorschriften der §§ 27 bis 35 BeurkG sind Sondervorschriften, die bei der Beurkundung einer Verfügung von Todes wegen neben den allgemeinen Vorschriften über die Beurkundung von Willenserklärungen zu beachten sind. Während die materielle Form im BGB geregelt ist, sind die **Verfahrensvorschriften** bei Errichtung einer öffentlichen Verfügung von Todes wegen ausschließlich im Beurkundungsgesetz enthalten.

Diese Sondervorschriften des BeurkG haben teils klarstellende und teils ergänzende Funktion.

§ 27 BeurkG stellt klar, dass Personen, die in einer Verfügung von Todes wegen bedacht oder als Testamentsvollstrecker berufen werden, solchen Personen gleichstehen, die aus einer zu beurkundenden Willenserklärung einen rechtlichen Vorteil erlangen.[45]

Die Sollvorschrift, der Notar habe seine **Wahrnehmungen über die erforderliche Geschäftsfähigkeit** des Testators in der Niederschrift zu vermerken (§ 28 BeurkG), bedeutet, dass er zwar verpflichtet ist, die entsprechenden Vermerke anzubringen, ohne dass die Verletzung der Vorschrift zur Unwirksamkeit der Beurkundung führen würde.[46] 41

Soweit nicht eine Zuziehung nach § 22 BeurkG (Beteiligung von Tauben, Stummen oder Blinden) oder § 25 BeurkG (Schreibunfähige) vorgeschrieben ist, sind bei der Beurkundung einer Verfügung von Todes wegen nur dann bis zu **zwei Zeugen** oder ein **zweiter Notar** hinzuzuziehen, wenn dies von den Beteiligten verlangt wird. Hierzu genügt allerdings schlüssiges Verhalten der Beteiligten, wenn dies erkennbar den diesbezüglichen Wunsch zum Ausdruck bringt. Für die Wirksamkeit der Beurkundung ist indes die Beachtung der Sollvorschrift des § 29 BeurkG ohne Bedeutung. 42

In der kautelarjuristischen Praxis nahezu keine Rolle spielt die Verfügung von Todes wegen zu öffentlicher Urkunde durch **Übergabe einer Schrift**. Gem. §§ 2232, 2276 BGB können sowohl Testament als auch Erbvertrag zur Niederschrift eines Notars dergestalt errichtet werden, dass der Erblasser der Amtsperson eine Schrift übergibt und erklärt, dass diese Schrift seinen letzten Willen enthalte. Hierbei kann die Schrift sowohl offen als auch verschlossen übergeben werden. Unterzeichnung der Schrift durch den Erblasser ist genauso wenig erforderlich wie Einhaltung der privatschriftlichen Form.[47] Während nach § 30 S. 4 BeurkG der Notar vom Inhalt einer offen übergebenen Schrift Kenntnis nehmen soll, um diese gem. § 17 BeurkG zu prüfen und den Erblasser auf mögliche Bedenken hinweisen zu können, kann dies bei Übergabe einer verschlossenen Schrift nicht gelten. Unerfahrene und ungewandte Beteiligte (§ 17 Abs. 1 S. 2 BeurkG) sind bei Übergabe einer verschlossenen Schrift insbesondere darüber zu belehren, dass dann erhebliche Gefahren bestehen, wenn die verschlossene Schrift laienhafte und damit oft unnachvollziehbare und nichtige Anordnungen enthält. Der Beteiligte begibt sich bei Übergabe einer verschlossenen Schrift der gesamten Belehrungs- und Beratungsmöglichkeit und -pflicht durch den Notar. Die allgemein für dieses Verfahren vorgetragenen Gründe der Geheimhaltung sind angesichts der Verschwiegenheitspflicht des Notars häufig nur vordergründig. Ebenso nur als vordergründig und letztlich inhaltlos kann das Argument für die Übergabe einer verschlossenen Schrift gewertet werden, dass damit die Ersparung von Notargebühren und Hinterlegungskosten durch unzutreffende Geschäftswertangaben erspart werden können. Bei unzutreffenden Wertangaben ist – spätestens bei Eröffnung durch das Nachlassgericht – die Nachholung der Kostenberechnung gem. dem wahren Wert im Zeitpunkt der Testamentserrichtung möglich.[48] Stumme Menschen, die schreibfähig sind, waren auch früher geltendem Recht faktisch testierfähig. Zufolge der Entscheidung des BVerfG[49] verstößt der generelle Ausschluss schreib- und sprechunfähiger Personen von der Testiermöglichkeit gegen die **Erbrechtsgarantie** des Art. 14 Abs. 1 GG sowie gegen den **allgemeinen Gleichheitsgrundsatz des Art. 3 Abs. 1 GG** und das Benachteiligungsverbot für Behinderte in Art. 3 Abs. 3 S. 2 GG. Demzufolge dürfen die Formvorschriften der §§ 2231, 2232 BGB, § 31 BeurkG nicht mehr auf den vorgenannten Personenkreis angewendet werden. Der schreib- und sprechunfähige Erblasser kann also vor dem Notar letztwillige Verfügungen errichten, wobei jedoch die allgemeinen Vorschriften der §§ 22 bis 26 BeurkG und die besonderen Vorschriften der §§ 27 bis 29, 34, 35 BeurkG anzuwenden sind. Zwingend ist bei Schreibunfähigkeit § 25 BeurkG zu beachten (Zuziehung eines Zeugen oder zweiten Notars).[50] 43

§ 16 BeurkG bestimmt generell für alle notariellen Beurkundungen, welches Verfahren anzuwenden ist, wenn ein Beteiligter der **deutschen Sprache** nicht hinreichend mächtig ist. § 23 BeurkG ergänzt diese Bestimmung für die mündliche Erklärung des letzten Willens durch den 44

---

[45] Keidel/Winkler § 27 BeurkG Rdnr. 2; Dittmann/Reimann/Bengel/Bengel § 27 BeurkG Rdnr. 1.
[46] Keidel/Winkler § 28 Rdnr. 14; Eylmann/Vaasen/Baumann § 28 BeurkG Rdnr. 5.
[47] Dittmann/Reimann/Bengel/Voit § 2233 BGB Rdnr. 16.
[48] Korintenberg/Reimann § 46 Rdnr. 37.
[49] BVerfG Beschl. v. 19.1.1999 – NJW 1999, 853 = ZEV 1999, 147.
[50] Dittmann/Reimann/Bengel/Bengel § 31 BeurkG Rdnr. 14.

Erblasser. Hier muss – soweit der Erblasser hierauf nicht verzichtet (§ 32 S. 2 BeurkG) – eine schriftliche Übersetzung angefertigt werden, die der Niederschrift beigefügt werden soll. Soweit verzichtet wird, ist der Verzicht in der Urkunde zwingend niederzulegen (weil wesentliches Erfordernis). Für Erbverträge gilt dies entsprechend.

45 In § 34 BeurkG werden Sollvorschriften für die **Verschließung** und **Verwahrung** einer beurkundeten Verfügung von Todes wegen niedergelegt, deren Nichtbeachtung die Wirksamkeit der Verfügung von Todes wegen allerdings nicht beeinträchtigt. Testamente sind gem. § 34 Abs. 1 BeurkG vom Notar zu verschließen (im Original) und unverzüglich in die besondere amtliche Verwahrung beim örtlich zuständigen bzw. gewählten Nachlassgericht zu verbringen. Für Erbverträge ist dies ebenfalls der Grundsatz (§ 34 Abs. 2 BeurkG), allerdings können die Parteien des Erbvertrags die besondere amtliche Verwahrung ausschließen mit der Wirkung, dass dieser beim Notar in der allgemeinen Urkundensammlung aufzubewahren sind. Der letztere Weg ist gleichwohl grundsätzlich nicht empfehlenswert, weil dem Prinzip der Risikominimierung lediglich die besondere amtliche Verwahrung beim Nachlassgericht gerecht wird. In diesem Zusammenhang ist auch auf § 35 BeurkG hinzuweisen. Hiernach wird die Niederschrift über die Errichtung einer Verfügung von Todes wegen auch dann nicht unwirksam, wenn die gem. § 13 Abs. 3 BeurkG unabdingbare Unterschrift des Notars fehlt, soweit dieser die Aufschrift auf dem verschlossenen Hinterlegungsumschlag zur Hinterlegung unterschrieben hat. Dies gilt auch bei Erbverträgen dann, wenn sie in die amtliche Verwahrung gegeben werden. Wird jedoch ein Erbvertrag gem. § 34 Abs. 2 BeurkG zufolge der Weisung der Beteiligten nicht in die amtliche Verwahrung gegeben, sondern in der allgemeinen Urkundensammlung des Notars verwahrt, kann der Mangel der Unterschrift unter der Urkunde nicht über § 35 BeurkG beseitigt werden.[51]

III. Die Amtshaftung des Notars

1. Allgemeine Haftungsgrundsätze

46 § 19 BNotO ist die zentrale und ausschließliche Anspruchsgrundlage für die Notarhaftung. Für Fehler bei seiner Amtstätigkeit haftet ein Notar unbeschränkt und unbeschränkbar. Nach den Prinzipien des Amtshaftungsrechts[52] ist der Notar zwar Inhaber eines öffentlichen Amtes, gleichwohl haftet er persönlich und nicht der Staat (§ 19 Abs. 1 S. 4 BNotO). Anderes gilt allein für die Notare im Landesdienst in Baden-Württemberg.[53]

47 Da der Notar unmittelbar persönlich haftet und der Staat für ihn nicht eintritt, verlangt die BNotO vom Notar eine ausreichende Pflichtversicherung, um evtl. Haftpflichtansprüche gegen den Notar auch realisieren zu können. Diese Versicherungssumme beträgt derzeit € 500.000,- zufolge der gem. § 19 a Abs. 3 BNotO vom Notar abgeschlossenen Basisversicherung und weitere € 500.000,- durch die von den zuständigen Notarkammern gem. § 67 Abs. 3 Nr. 3 BNotO abgeschlossenen Gruppenanschlussversicherungsverträge. In manchen Kammerbezirken ist die Anschlussversicherung höher, vor allem im Bereich der Notarkasse Bayern/Pfalz und im Bereich der Ländernotarkasse, wo die Gesamtversicherung pro Notar € 3 Mio/Jahr beträgt. Die Gesamtversicherungsleistung für alle innerhalb eines Versicherungsjahres verursachten Haftpflichtschäden kann im Grundbereich gem. § 19 a Abs. 3 S. 2 BNotO auf den doppelten Betrag der Mindestversicherungssumme (= € 1 Mio) limitiert werden. Für die Zusatzhaftpflichtversicherung gem. § 67 Abs. 3 Nr. 3 BNotO dürfen die Leistungen des Versicherers für alle innerhalb eines Versicherungsjahres von einem Notar verursachten Schäden auf den vierfachen Betrag der Mindestversicherungssumme begrenzt werden.

48 Die Haftpflichtversicherung deckt jedoch nicht Schäden, die bei wissentlichen und vorsätzlichen Pflichtverletzungen des Notars eintreten. Gem. § 67 Abs. 2 Nr. 3 BNotO sind die Notarkammern verpflichtet, Versicherungen für solche „Vertrauensschäden" abzuschließen.[54] Zusätzlich haben alle Notarkammern in Deutschland bereits 1981 einen Vertrauensschadenfonds

---

[51] Dittmann/Reimann/Bengel/*Bengel* § 35 BeurkG Rdnr. 5.
[52] Generell zur Amtshaftung des Notars das Standardwerk von *Haug*, Die Amtshaftung des Notars, 2. Aufl., 1997; *ders.*, Beck'sches Notarhandbuch, Teil J S. 1168 ff. m.w.N.
[53] Staatshaftung gem. Art. 34 GG i.V.m. § 839 BGB.
[54] Mindestversicherungssumme € 250.000,– je Notar.

gegründet. Dieser wird bei der Bundesnotarkammer in Köln als nicht rechtsfähiges Zweckvermögen des öffentlichen Rechts geführt. Da die Institution freiwillig geschaffen ist, besteht kein Rechtsanspruch auf bestimmte Entschädigungsleistungen. Wegen der Qualifizierung als Zweckvermögen des öffentlichen Rechts hat jedoch jeder Geschädigte Anspruch darauf, dass nach pflichtgemäßem Ermessen über die Gewährung oder Verweigerung einer Leistung an ihn entschieden wird.[55]

a) **Voraussetzungen der Notarhaftung.** *aa)* Nach dem Wortlaut des § 19 Abs. 1 S. 1 BNotO **49** hat der Notar bei einer schuldhaften Verletzung der „ihm einem anderen gegenüber obliegenden Amtspflicht" Schadensersatz zu leisten. Nach der Rechtsprechung des BGH[56] gilt die sog. **Funktions- und Zwecktheorie**, nach welcher eine Person dann durch die Amtspflicht geschützt wird, wenn zu ihr über die konkrete Amtspflicht eine Beziehung besteht. Die geforderte Beziehung besteht dann, wenn die Amtspflicht den Schutz des Betreffenden bezweckt oder mitbezweckt. Die h. M. unterscheidet im Bereich der Drittbeziehungen drei Gruppen:
- die **unmittelbar Beteiligten**, die zum eigentlichen Schutzbereich des § 19 Abs. 1 S. 1 BNotO **50** gehören, weil sie als materiell Beteiligte mit Ansuchen in eigener Sache die Notartätigkeit veranlassen;
- die **mittelbar Beteiligten**, die zwar selbst nicht um Amtstätigkeit nachsuchen, aber deren **51** Interessen durch die notarielle Tätigkeit berührt werden und die deshalb mit dem Notar Kontakt aufnehmen;
- **sonstige Dritte**, die weder unmittelbar noch mittelbar am Amtsgeschäft beteiligt sind, jedoch **52** zufolge der Amtshandlung durch die Schaffung von Rechten und/oder Sicherheiten begünstige Personen sind.[57] Gerade im Bereich der lediglich mittelbar Beteiligten oder sonstigen Dritten gibt es eine sehr kasuistische Rechtsprechung, vor allem im Hinblick auf denkbare Belehrungspflichten und die Schadensersatzpflicht des Notars über den Umweg der Schuldnerhaftung des unmittelbar Beteiligten für den Notar als seinen Erfüllungsgehilfen (§ 278 BGB).[58]

bb) Die bloße Pflichtwidrigkeit des Handelns eines Notars führt als solche noch nicht zur **53** Haftung. Hinzutreten muss ein **Verschulden**, das sich stets auf die Verletzung der Amtspflicht bezieht; wobei allerdings die festgestellte objektive Pflichtwidrigkeit nahezu stets den Fahrlässigkeitsvorwurf indiziert. Im Bereich der Fahrlässigkeit spielt eine große Rolle, welche Anforderungen hinsichtlich der juristischen Kenntnisse an den Notar gestellt werden. Zweifelsfrei kann der Notar sich nicht auf mangelnde Rechts- und Gesetzeskenntnis berufen; seine juristischen Fähigkeiten müssen denen eines Durchschnittsnotars entsprechen. Der BGH stellt Notar und Anwalt gleich im Hinblick auf die notwendige Kenntnis der veröffentlichten Rechtsprechung. Danach soll der Notar die in den amtlichen Sammelungen und den für seine Amtstätigkeit wesentlichen Zeitschriften veröffentlichten Entscheidungen auswerten.[59] Hierunter fällt auch die Beachtung der sog. „obiter dicta" bis hin zu einer Rechtsprechungsprognose bei noch nicht gefestigter Judikatur.[60] Jedenfalls darf der Notar einer gefestigten höchstrichterlichen Rechtsprechung vertrauen.[61]

Der Notar handelt schuldhaft, wenn er von mehreren gangbaren Wegen nicht den „siche- **54** reren und gefahrloseren" wählt.[62] Dieser Leitsatz durchzieht mit mehr oder minder großen Abweichungen die gesamte BGH-Haftpflichtrechtsprechung.[63] Jedenfalls ist die Forderung, den sichersten Weg zu gehen, dann unbegründet, wenn nicht mehrere Wege zur Wahl stehen. Jedenfalls hat der BGH in seinen neuesten Entscheidungen lediglich den „relativ sichersten

---

[55] Schippel/*Kanzleiter* § 67 BNotO Rdnr. 39.
[56] BGH Urt. v. 28.9.1959 – DNotZ 1969, 157.
[57] Hierzu ausf. m.w.N. Schippel/*Haug* § 19 BNotO Rdnr. 14 ff.; *Haug* Rdnr. 13 ff.
[58] Vgl. vor allem sehr ausf. *Haug* Rdnr. 24 ff.
[59] BGH Urt. v. 9.7.1992 – NJW 1992, 3237; *Haug* Rdnr. 71 ff.
[60] *Köhler*, FS 125 Jahre Bayerisches Notariat, S. 197 ff.
[61] BGH Urt. v. 21.10.1980 – DNotZ 1981, 515; BGH Urt. v. 25.3.1983 – DNotZ 1983, 618.
[62] RGZ 148, 321, 325.
[63] BGH Urt. v. 19.5.1958 – DNotZ 1958, 554, 556; BGH Urt. v. 13.11.1973 – DNotZ 1974, 296, 300; BGH Urt. v. 12.7.1977 – DNotZ 1978, 177; zutr. krit. *Haug* Rdnr. 83 ff. die Übersteigerung zum „sichersten und gefahrlosesten" Weg.

Weg" gefordert.[64] Die subjektiven Anforderungen beziehen sich auf das juristische Können eine Durchschnittsnotars. Der endgültigen (meist oberstgerichtlichen) Entscheidung vorausgegangene Kollegialgerichtsentscheidungen können entschuldigend wirken.[65]

55 Für Amtspflichtverletzungen seines Vertreters haftet der Notar **gesamtschuldnerisch** mit dem **Vertreter** (§ 46 BNotO). Im Außenverhältnis entspricht so die Amtshaftung des Vertreters voll der Notarhaftung gem. § 19 Abs. 1 BNotO. Im Innenverhältnis hingegen haftet der Vertreter allein (§ 46 S. 2 BNotO). Allerdings wird häufig im Innenverhältnis zwischen Notar und Vertreter eine Vereinbarung über die Einschränkung der Rückgriffshaftung getroffen; dies gilt vor allem in den Bereichen, in denen üblicherweise Notarassessoren zum Vertreter bestellt werden.

56 Gem. § 9 Abs. 1 BeurkG können sich Notare, die zur hauptberuflichen Ausübung bestellt sind und gem. § 9 Abs. 2 BNotO **Anwaltsnotare**, die das Amt „nur im Nebenberuf ausüben" (§ 3 Abs. 2 BNotO), unter bestimmten Vorgaben zur gemeinsamen Berufsausübung verbinden („Sozietäten"). Anders als bei der reinen Anwaltssozietät entsteht für die durch Gesellschaftsvertrag oder bloße Bürogemeinschaft verbundenen Notare **keine** Sozietätshaftung; dies folgt aus der hoheitlichen Funktion des Notars als unabhängiger Amtsträger und aus seiner Pflicht zur persönlichen, selbständigen Amtsausübung.[66] Ungeachtet dessen kann eine gesamtschuldnerische Haftung von verbundenen Notaren allerdings dann entstehen, wenn beide in derselben Sache tätig waren und durch ihr Tätigwerden oder über die Haftung ihrer gemeinsamen Hilfspersonen einen Schaden verursacht haben.[67] Soweit der Ausbildungsnotar gem. § 19 Abs. 2 S. 2 BNotO dem **Notarassessor** Tätigkeiten gem. §§ 23, 24 BNotO überlassen hat, haften Notar und Assessor als Gesamtschuldner. Bei der Haftung für Hilfspersonen ist das Urteil des BGH vom 23.11.1995[68] zu beachten: Für den Einsatz von Hilfspersonen zur Grundbucheinsicht haftet der Notar analog § 278 BGB. Im Übrigen sind die §§ 278, 831 BGB für Pflichtverletzungen der Hilfspersonen auf den Notar nicht anwendbar.[69] Da der Notar die Organisation seines Büros sicherzustellen hat und ihn die Pflicht zur zutreffenden Auswahl und konsequenten Überwachung seines Personals trifft, er darüber hinaus die von ihm persönlich wahrzunehmenden Amtspflichten nicht Mitarbeitern delegieren darf, wird ohnehin regelmäßig ein entsprechendes Verschulden zur unmittelbaren Haftung des Notars führen.

57 **b) Subsidiäre Haftung des Notars.** § 19 Abs. 1 S. 2 BeurkG ist § 839 Abs. 1 S. 2 BGB nachgebildet: Der Notar haftet bei **fahrlässiger Amtspflichtverletzung** nur, wenn der Geschädigte nicht auf andere Weise Ersatz zu erlangen vermag. Bei vorsätzlicher Pflichtverletzung gilt dieses **Verweisungsprivileg** nicht, auch nicht bei Betreuungstätigkeiten nach §§ 23, 24 BeurkG gegenüber dem Auftraggeber.[70] Voraussetzung für die Subsidiärhaftung des Notars ist, dass der Geschädigte eine anderweitige Ersatzmöglichkeit hat. Dies ist jede Möglichkeit der Schadloshaltung, sofern sie aus dem Sachverhaltskern hergeleitet werden kann, aus dem sich die Amtshaftung ergeben würde, sie wirtschaftlich Erfolg verspricht und dem Geschädigten zumutbar ist.[71] Aus der hilfsweisen Haftung des Notars folgt, dass der Geschädigte, der von Dritten zur Wahrung seiner Interessen beraten wurde (z. B. Rechtsanwalt, Wirtschaftsprüfer, Steuerberater), zunächst seine Ersatzmöglichkeiten gegenüber diesen wahrnehmen muss.[72]

58 Über § 19 Abs. 1 S. 3 BNotO ist § 839 Abs. 3 BGB entsprechend anwendbar. Die Haftpflicht des Notars tritt demzufolge auch dann nicht ein, wenn der Geschädigte es schuldhaft unterlassen hat, den Schaden durch **Gebrauch eines Rechtsmittels** abzuwenden. Der Begriff „Rechtsmittel" wird von der Rechtsprechung untechnisch betrachtet; er umfasst alle Rechtsbehelfe, die geeignet sind, die schädigende Amtshandlung oder Unterlassung zu berichtigen oder zu beseitigen.[73]

---

[64] BGH Urt. v. 17.1.199- NJW 1991, 1172.
[65] *Haug* Rdnr. 91 ff.
[66] BayObLG Beschl. v. 14.10.1980 – DNotZ 1981, 317; *Schippel* § 9 Rdnr. 2; *Haug* Rdnr. 108.
[67] *Haug* Rdnr. 110.
[68] BGH Urt. v. 23.11.1995 – DNotZ 1996, 581.
[69] BGH Urt. v. 4.10.1956 – DNotZ 1958, 33; *Haug* Rdnr. 127 m.w.N.
[70] Eylmann/Vaasen/*Frenz* § 19 BNotO Rdnr. 36.
[71] Eylmann/Vaasen/*Frenz* § 19 Rdnr. 38 m.w.N.
[72] *Haug* Rdnr. 193 m.w.N.; Eylmann/Vaasen/*Frenz* § 19 BNotO Rdnr. 38.
[73] *Haug* Rdnr. 220; Eylmann/Vaasen/*Frenz* § 19 BNotO Rdnr. 42.

c) Mitverschulden Beteiligter. Schuldhaftes Nicht-Einlegen eines Rechtsmittels ist gem. § 19 **59** Abs. 1 S. 3 BNotO i.V.m. § 839 Abs. 3 BGB ein Fall des mitwirkenden Verschuldens, der ohne Abwägung gem. § 254 BGB den **völligen Ausschluss der Notarhaftung** zur Folge hat.[74] Mithin findet keine Abwägung der Umstände des Einzelfalles statt. Demzufolge wird auch der eingetretene Schaden nicht geteilt. Vorstehende Grundsätze gelten auch bei Mitverschulden von Beratern oder Vertretern des Geschädigten mit der Folge, dass bei subsidiärer Haftung des Notars völliger Haftungsausschluss eintritt. Es gilt das Prinzip: „Solange möglicherweise ein anderer haftet, ist der Notar, der fahrlässig gehandelt hat, überhaupt nicht schadensersatzpflichtig."[75] Fehlen hingegen die Voraussetzungen für einen Haftungsausschluss,[76] ist § 254 BGB einschlägig.[77]

2. Verjährung

Die Verjährungsregelung für Haftpflichtansprüche gegen den Notar ist für den Ersatzberech- **60** tigten ausgesprochen günstig. Grundsätzlich gilt § 195 BGB, also die absolute **Verjährungsfrist von 30 Jahren**, gerechnet ab Begehung der Handlung (§ 852 Abs. 1 BGB). Allerdings **verkürzt** § 852 BGB die Verjährungsfrist auf **drei Jahre** ab Kenntnis des Schadens und Ersatzpflichtigen (§ 19 Abs. 2 S. 3 BNotO; § 852 Abs. 2 BGB). Diese Verjährungsfrist beginnt ungeachtet der Kenntnis erst mit der Schadensverwirklichung.[78] Kenntnis vom Schaden verlangt nicht, dass der Umfang oder evtl. Folgeschäden schon überblickt werden können; es genügt allgemein das Wissen um die Schädigung, die Kenntnis der Tatsachen, die bei verständiger Würdigung ausreichen, um Haftpflichtklage erheben zu können.[79] **Hemmung** der Verjährungsfrist tritt ein, soweit eine andere Ersatzmöglichkeit für den Geschädigten besteht (§ 19 Abs. 1 S. 2 BNotO) oder über den noch zu leistenden Schadensersatz zwischen den Beteiligten verhandelt wird (§ 852 Abs. 2 BGB). Sollte der Notar während der Verjährungsfrist versterben, bleiben die Ansprüche gegen die Erben als Gesamtrechtsnachfolger bestehen. Die lange Verjährungsfrist des § 195 BGB spielt vor allem eine Rolle im Erbrecht, wenn die Ansprüche auf einer unwirksam oder unrichtig gestalteten Verfügung von Todes wegen beruhen, die eben ihre unheilvollen Wirkungen erst mit dem Tod des Erblassers entfaltet.

3. Haftungsbeschränkung

Die öffentlich-rechtliche Amtshaftung ist dem Grunde und Umfang nach in § 19 BNotO **61** bestimmt. Eine **Haftungsbeschränkung** bei Amtspflichtverletzungen durch privatschriftliche Vereinbarung ist unzulässig.[80]

Soweit der Notar nicht als „Notar" sondern als Gutachter, also im sog. **dispositiven Tätigkeitsbereich** tätig wird, müssen ihm dieselben Haftungsbeschränkungsmöglichkeiten wie Universitätsprofessoren oder Wirtschaftsprüfer eingeräumt werden. Bei diesen Aufhaben handelt es sich nicht um die Wahrnehmung von Amtspflichten, sondern um vom Gesetz her gestattete Nebentätigkeiten, für die das uneingeschränkte Haftungsprinzip nicht gilt. Bei gutachterlicher oder sachverständiger Tätigkeit handelt es sich nicht unbedingt um selbständige Betreuungsgeschäfte gem. §§ 23, 24 BNotO, bei welchen wiederum die volle und unbeschränkte Haftung Platz greifen würde, sondern um Tätigkeiten, die der Notar als „Nicht-Notar" übernimmt, also nicht um eigentliche Amtstätigkeiten.

IV. Kosten des Notars

1. Grundzüge des Kostenrechts, Gebührentatbestände im Erbrecht

Die Kostenordnung (KostO), das Gerichtskostengesetz in Angelegenheiten der freiwilligen **62** Gerichtsbarkeit, regelt die Notarkosten prinzipiell erschöpfend (Ausnahmen: landesrechtliche

---

[74] Palandt/*Thomas* § 839 Rdnr. 73; *Haug* Rdnr. 234.
[75] BGH Urt. v. 9.7.1963 – DNotZ 1964, 61; *Haug* Rdnr. 238.
[76] § 839 Abs. 3 BGB ist im konkreten Fall nicht anwendbar oder der Subsidiaritätseinwand gem. § 19 Abs. 1 S. 2 BNotO ist nicht begründet.
[77] Zur kasuistischen Rspr. *Haug* Rdnr. 241 ff.
[78] BGH NJW 1992, 3034; *Zugehör* Beilage zu NJW 1995, Heft 21; *Haug* Rdnr. 261 ff.
[79] *Haug*, Beck'sches Notarhandbuch, J Rdnr. 40.
[80] Absolut h.M., *Haug* Rdnr. 282 m.w.N.

Regelungen gem. § 158 KostO). Diese sind gegliedert in Gebühren und Auslagen (§§ 1, 141 KostO). Der Notar darf für seine amtliche Tätigkeit Gebühren allein nach der KostO berechnen. **Vereinbarungen** über die Höhe der Kosten sind gem. § 140 S. 2 KostO unwirksam. Eine **Pflicht zur Kostenauskunft** besteht nur dann, wenn dem Notar ein Beurkundungsauftrag erteilt wird und die Beteiligten nach Auftragserteilung die Höhe der voraussichtlich entstehenden Kosten wissen wollen.[81]

63 Die Vereinbarung des Anwalts-Notars mit den Beteiligten, dass seine notarielle Tätigkeit gebührenmäßig als Anwaltstätigkeit zu behandeln sei, unterfällt § 140 S. 2 KostO mit der Folge deren Unwirksamkeit.[82] Bei einer „Gesamthonorar-Vereinbarung" mit dem Rechtsanwalt/Notar, mit welchem beide Tätigkeiten abgegolten werden sollen, sind gleichwohl die Notarkosten in nachvollziehbarer Weise gem. § 154 Abs. 1, 2 KostO auszuweisen.

64 Ein **Gebührenerlass** ist nur in extremen Ausnahmefällen zulässig (§ 17 Abs. 1 S. 2 BNotO).

65 Die Gebühr des Notars richtet sich nicht nach dem Arbeitsaufwand des Notars; es handelt sich um eine nach dem Geschäftswert gestaffelte Gebühr, also um eine reine **Wert-Gebühr**. In der Wertgebühr kommt auch das Sozialstaatsprinzip zum Ausdruck. Der Notar wird in die Lage versetzt, auch nicht-kostendeckende Angelegenheiten mit gleicher Sorgfalt zu behandeln, ohne dass die Beteiligten hier Gebühren zahlen müssten, die in keinem Verhältnis zum wirtschaftlichen Wert der Angelegenheit stehen. Die Gebührentabelle ist degressiv. Die Degressionsstufen greifen ein bei Werten über 5 Mio, 25 Mio, 50 Mio und € 250 Mio.

66 Mit der Beurkundungsgebühr ist grundsätzlich die gesamte auf das Geschäft verwendete Tätigkeit **einschließlich der Nebengeschäfte** abgegolten (§ 35 KostO). Spezielle Einzelvorschriften bei Grundstücksgeschäften gehen jedoch der allgemeinen Norm vor (§§ 146, 147 KostO). Auffangnorm für alle notariellen Tätigkeiten (also auch im Erbrecht) ist § 147 Abs. 2 KostO, wonach die isolierte Beratung, die ohne Beurkundung oder Entwurfserstellung erfolgt, zu bewerten ist.

67 Die **Entwurfsgebühr** bestimmt sich nach § 145 KostO: Fertigt der Notar unabhängig von einer vorgesehenen Beurkundungstätigkeit einen Entwurf, der von selbstständiger Bedeutung ist, dann wird für diesen Entwurf die für die Beurkundung bestimmte Gebühr erhoben (§ 145 Abs. 1 S. 1 KostO). Hat der Notar bereits Auftrag zu Beurkundung und nicht lediglich selbständigen Auftrag zur Fertigung eines Entwurfs erhalten, und wird der Entwurf gefertigt und ausgehändigt, so fällt die Hälfte der für die Beurkundung bestimmten Gebühr dann an, wenn die Beurkundung aus Gründen unterbleibt, die nicht in der Person des Notars liegen (§ 145 Abs. 3 KostO).

68 Beim Anwaltsnotar gibt es im Entwurfsbereich erhebliche Abgrenzungsfragen, ebenso wie bei „Sonstigen Geschäften" gem. § 147 Abs. 2 bis 4 KostO.[83] Die Abgrenzung der notariellen zur anwaltlichen Tätigkeit ist zwar in § 24 Abs. 2 BNotO geregelt, allerdings hilft diese Norm mit der Auslegungsregel zugunsten anwaltlicher Tätigkeit häufig nicht weiter. Der BGH stellt als Abgrenzungskriterium darauf ab, ob der Anwalt als einseitiger Interessenvertreter seines Auftraggebers tätig wird oder nicht.[84]

69 Die **Rücknahme eines Antrags**, bevor die beantragte Handlung stattgefunden hat, löst höchstens € 20,- gem. § 130 Abs. 2, 3 KostO aus; hat der Notar bereits mit den Beteiligten verhandelt, ist eine Gebühr nach § 57 KostO zu erheben (höchstens € 50,-). Dies gilt jedoch nur dann, wenn nicht die Entwurfstatbestände (§ 145 KostO) erfüllt sind.

Grundsätzlich richtet sich die Gebühr nach dem Wert, den der Gegenstand des Geschäfts **zur Zeit der Fälligkeit** der Gebühr hat (§ 18 Abs. 1 KostO). Der „Gegenstand des Geschäfts" entspricht dem Streitgegenstand im Zivilprozess. Maßgebender Zeitpunkt ist die Fälligkeit der Gebühr, also der Zeitpunkt der Beendigung des Geschäfts (Beurkundung, § 7 KostO). Während allgemein Verbindlichkeiten, die auf dem Geschäftsgegenstand lasten, nicht abgezogen werden, gelten im Erbrecht Sonderregeln.

---

[81] Korintenberg/*Bengel* § 140 Rdnr. 4.
[82] OLG Hamm Beschl. v. 17.12.1955 – DNotZ 1956, 154.
[83] Korintenberg/*Bengel* § 145 Rdnr. 5 sowie § 147 Fn. 22 ff.
[84] Urt. v. 14.5.1992 – DNotZ 1992, 813, 818; zu den Abgrenzungsfragen m.w.N. vor allem *Schippel/Reithmann* § 24 BNotO Rdnr. 49 ff.; *Eylmann/Vaasen* § 24 BNotO Rdnr. 40 f.

Wichtige Gebührentatbestände im Erbrecht:

a) **Testament, gemeinschaftliches Testament, Erbvertrag.** Die **Wertbestimmung** für Verfügungen von Todes wegen erfolgt nach § 46 KostO: Wird über den Gesamtnachlass nach Erbeinsetzung verfügt, ist das **Reinvermögen** des Erblassers im Zeitpunkt der Beurkundung maßgebend; bereits vorhandene Schulden werden abgezogen. Spätere Entwicklungen (z. B. hypothetische Ansprüche aus Versicherungen oder später erst entstehende Verbindlichkeiten) sind **nicht** zu berücksichtigen. 70

Wird nur über einen Bruchteil des Nachlasses durch Erbeinsetzung verfügt, bestimmt sich der Wert nach dem anteiligen Reinvermögen.

Bei nicht-vermögensrechtlichen Anordnungen (Vormundbenennung, Testamentsvollstreckerbenennung) ist der Wert nach § 30 Abs. 3 KostO zu bestimmen (regelmäßig € 3000,–). 71

Testamente lösen eine 10/10-Gebühr aus, **gemeinschaftliche Testamente** oder **Erbverträge** stets eine 20/10-Gebühr (§ 46 Abs. 1 KostO). 72

Vermächtnis: Ist Gegenstand des Testaments oder des Erbvertrags nur ein Vermächtnis (also keine Erbeinsetzung), dann erfolgt bezüglich des Vermächtnisgegenstands kein Schuldenabzug; der Geschäftswert richtet sich nach dem (Verkehrs-)Wert dieses Gegenstandes (§ 18 Abs. 3 KostO), auch wenn das gesamte Reinvermögen (wegen erheblicher Verbindlichkeiten) geringer ist als der Verkehrswert des Vermächtnisses ohne Schuldenabzug.

b) **Widerruf eines Testaments, Aufhebung eines Erbvertrags.** Gem. § 46 Abs. 2 KostO löst die Beurkundung des Widerrufs einer Verfügung von Todes wegen oder die (vertragliche) Aufhebung eines Erbvertrages genauso wie der (einseitige) Rücktritt vom Erbvertrag eine 5/10-Gebühr aus. Der Wert bestimmt sich nach dem Wert der Verfügung von Todes wegen; maßgebender **Zeitpunkt** ist jedoch hier nicht der der Testamentserrichtung, sondern der der **Aufhebung**. 73

c) **Erbvertrag i.V.m. rechtsgeschäftlichen Erklärungen unter Lebenden.** Wird ein Ehevertrag mit einem Erbvertrag gleichzeitig beurkundet, betreffen beide Verträge dieselben Vermögensgegenstände. Werden sie von denselben Personen abgeschlossen, so wird die **Gebühr nur einmal** und zwar nach dem höchsten Geschäftswert berechnet (§ 46 Abs. 3 KostO). 74

Werden hingegen mit einem Erbvertrag andere rechtsgeschäftliche Erklärungen unter Lebenden beurkundet (z. B. Erbverzicht oder Pflichtteilsverzicht), sind die Gebühren getrennt zu berechnen; § 44 KostO findet keine Anwendung.[85]

d) **Erbverzicht, Pflichtteilsverzicht.** Maßgebender Wert ist der Reinwertbruchteil des Verzichtenden am Vermögen des Erblassers im **Zeitpunkt der Beurkundung** (§§ 39 Abs. 1, 18 Abs. 1 KostO).[86] Die Gegenansicht[87] lässt gem. § 30 Abs. 1 KostO Abschläge vom Vermögenswert je nach Wahrscheinlichkeit des Überlebens des Verzichtenden und der Veränderung der Vermögensverhältnisse zu. 75

Gegenseitige Verzichte (z.B. zwischen Ehegatten) stellen einen „Austauschvertrag" dar; deshalb ist nur der höherwertige Verzicht für die Wertbestimmung maßgebend.

Beim reinen Pflichtteilsverzicht sind diejenigen Vermögenswerte vom auf das Reinvermögen bezogenen Wert des Pflichtteils in Abzug zu bringen, die dem Verzichtenden vorher unter Anrechnung auf dessen Pflichtteilsrecht gem. § 2315 BGB zugewendet worden sind.[88]

e) **Erbscheinsantrag.** Der an sich formfreie Antrag auf Erteilung eines Erbscheins bedarf gem. § 2356 Abs. 2 BGB einer **eidesstattlichen Versicherung** entweder zu notarieller Urkunde oder zu Protokoll des Nachlassgerichts. Für die Beurkundung der Versicherung an Eides statt – gleich ob sie durch das Gericht oder durch den Notar erfolgt – ist eine 10/10-Gebühr gem. § 49 Abs. 1 KostO zu erheben. Geschäftswert ist der Wert des Reinnachlasses im Zeitpunkt des Erbfalles, also der Nachlass unter Abzug der Vermächtnisse, Auflagen und Pflichtteilsansprüche.[89] 76

Die eidesstattliche Versicherung kann gem. § 2356 Abs. 2 S. 2 BGB vom Nachlassgericht erlassen werden (pflichtgemäßes Ermessen des Gerichts). Sorgfältige und glaubwürdige Begrün-

---

[85] Korintenberg/*Reimann* § 44 Rdnr. 6.
[86] Korintenberg/*Bengel* § 39 Rdnr. 24.
[87] *Rohs/Wedewer* § 39 Rdnr. 24; *Göttlich/Mümmler* Kostenordnung S. 402.
[88] Korintenberg/*Bengel* § 39 Rdnr. 24.
[89] Korintenberg/*Lappe* § 7 Rdnr. 16 ff.

dung des Antrags sind (schon im Hinblick auf die Kostenersprarnis) von erheblicher Bedeutung. Gegen die Anforderung der eidesstattlichen Versicherung ist nach h.M. die Beschwerde zulässig.[90]

77 **f) Testamentsvollstreckerzeugnis.** Den Antragsteller eines Testamentsvollstreckerzeugnisses treffen die gleichen Substantiierungs- und Beweiserbringungspflichten wie beim Antrag auf Erteilung eines Erbscheins (§§ 2368, 2356 BGB). Deshalb ist regelmäßig auch hier eine **eidesstattliche Versicherung** erforderlich.[91] Der Geschäftswert ist gem. §§ 49 Abs. 2, 109 Abs. 1 Nr. 2, 30 Abs. 2 KostO nach freiem Ermessen anzusetzen. Höchstwert ist € 500.000,–. Für die Wertbestimmung sind u. a. maßgebend der Bruttowert des Nachlasses, die Art der Testamentsvollstreckung, Umfang und Aufgaben des Testamentsvollstreckers, Schwierigkeit der Tätigkeit und Haftung des Testamentsvollstreckers.[92]

78 **g) Erbteilsübertragung, Erbauseinandersetzung.** Da bei der Erbteilsveräußerung und -übertragung sowohl das Verpflichtungsgeschäft (§ 2371 BGB) als auch das Vollzugsgeschäft (§ 2033 BGB) der notariellen Beurkundung bedarf, werden regelmäßig beide Vorgänge in einer einheitlichen notariellen Urkunde zusammengefasst. Der Gebührensatz richtet sich nach § 36 Abs. 2 KostO (20/10-Gebühr). Der Wert des Erbanteils bestimmt sich nach dem **Anteil des Miterben am Nachlassvermögen** (§ 18 Abs. 3 KostO) ohne Abzug der Verbindlichkeiten. Bei entgeltlicher Übertragung sind gem. § 39 Abs. 2 KostO stets die Gegenleistung und der effektive Wert des betroffenen Anteils gegenüberzustellen, wobei der höhere Wert als Geschäftswert zugrundezulegen ist. Soweit der Notar die Anzeige gem. §§ 2034, 510 BGB an die vorkaufsberechtigten Miterben vornimmt, ist hierfür eine Zusatzgebühr gem. § 147 Abs. 2 KostO zu erheben; der Geschäftswert richtet sich nach § 30 Abs. 1 KostO (Schätzung, ca. 10% des Gegenstandswertes). Dieselbe Gebühr ist zu erheben, wenn der Notar auftragsgemäß die Anzeige an das Nachlassgericht gem. § 2384 BGB vornimmt.[93]

79 Da durch die Erbteilsübertragung in der Regel das Grundbuch unrichtig wird, ist ein entsprechender Antrag auf Grundbuchberichtigung notwendig. Dieser ist, wenn er – was notwendig ist – in der Übertragungsurkunde enthalten ist, **gegenstandsgleich** mit der Erbteilsübertragung und daher gem. § 44 Abs. 1 KostO nicht gesondert zu bewerten.

Die Auseinandersetzung einer Erbengemeinschaft löst ebenfalls eine Gebühr nach § 36 Abs. 2 KostO aus (20/10). Der Geschäftswert entspricht dem Gesamtwert des auseinander gesetzten Vermögens, jedoch ohne Schuldenabzug (§§ 39 Abs. 1 S. 1, 18 Abs. 3 KostO). Bei **Landwirten** ist § 19 Abs. 4 KostO zu beachten (als Wert ist hier der 4-fache Einheitswert anzusetzen, es sei denn, dass die Gegenleistungen des Übernehmers höherwertig sind).

80 **h) Erbauseinandersetzung durch Abschichtung.** Der BGH hat die Erbauseinandersetzung des Nachlasses durch „Abschichtung" als dritten Weg (neben Erbauseinandersetzung und Anteilsübertragung) als zulässig erklärt.[94] Da die Abschichtung analog dem Ausscheiden eines Gesellschafters aus der BGB-Gesellschaft erfolgen soll, wird sie als formfreie Erbauseinandersetzung nach § 2042 BGB angesehen. Die dingliche Wirkung erfolgt nach BGH über das **Anwachsungsprinzip** in analoger Anwendung von § 738 BGB auf die Erbengemeinschaft. Soweit Grundbesitz betroffen ist, ist demgemäß lediglich eine Grundbuchberichtigung erforderlich, wobei die Unrichtigkeit in der Form des § 29 GBO nachgewiesen werden muss. Für die Erstellung des Antrags einschließlich der Beglaubigung der Unterschriften fällt eine Gebühr nach § 38 Abs. 2 Nr. 5 a KostO (5/10) an. Maßgebend ist der volle Wert des betroffenen Grundbesitzes, da ein neuer Rechtsträger eingetragen wird.[95]

Die Lit. empfiehlt wegen der unsicheren Rechtslage gleichwohl die vollständige Beurkundung des Abschichtungsvorganges:[96] In diesem Fall entsteht eine Gebühr nach § 36 Abs. 2

---

[90] Palandt/*Edenhofer* § 2356 Rdnr. 14 f. m.w.N.
[91] Erlass möglich; vgl. Rdnr. 76
[92] Korintenberg/*Lappe* § 109 Rdnr. 16 ff.
[93] Notarkasse, Streifzug Rdnr. 205; a.A. *Mümmler* JurBüro 1993, 464 f.
[94] BGH Urt. v. 21.1.1998 – DNotZ 1999, 60; str.; a.A. *Reimann* ZEV 1998, 213; *Keller* ZEV 1998, 281; *Rieger* DNotZ 1999, 64; Muster für eine solche Abschichtung befinden sich bei *Bengel/Reimann*, Beck'sches Notarhandbuch, Teil C Rdnr. 250, Muster dort nach *Reiman* ZEV 1998, 216.
[95] Korintenberg/*Reimann* § 30 Rdnr. 93; BayObLG Beschl. v. 12.9.1975 – Rpfleger 1975, 448.
[96] *Keller* ZEV 1998, 281; *Rieger* DNotZ 1999, 64.

§ 70 Besonderheiten bei der Tätigkeit eines Notars

KostO (20/10) aus dem Wert der Beteiligung des ausscheidenden Miterben. Soweit dieser mit Grundbesitz abgefunden wird, ist der höhere Wert maßgebend.

i) Gebührentabelle (verkürzt):

Geschäftswert bis zu EURO	viertel Gebühr	halbe Gebühr	volle Gebühr	doppelte Gebühr
1.000	10,00	10,00	10,00	20,00
2.000	10,00	10,00	18,00	36,00
5.000	10,50	21,00	42,00	84,00
11.000	13,50	27,00	54,00	108,00
14.000	15,00	30,00	60,00	120,00
20.000	18,00	36,00	72,00	144,00
26.000	21,00	42,00	84,00	168,00
29.000	22,50	45,00	90,00	180,00
32.000	24,00	48,00	96,00	192,00
35.000	25,50	51,00	102,00	204,00
41.000	28,50	57,00	114,00	228,00
44.000	30,00	60,00	120,00	240,00
50.000	33,00	66,50	132,00	264,00
60.000	36,75	73,50	147,00	294,00
70.000	40,50	81,00	162,00	324,00
80.000	44,25	88,50	177,00	354,00
90.000	48,00	96,00	192,00	384,00
100.000	51,75	103,50	207,00	414,00
150.000	70,50	141,00	282,00	564,00
200.000	89,25	178,50	357,00	714,00
250.000	108,00	216,00	432,00	864,00
300.000	126,75	253,50	507,00	1014,00
350.000	145,50	291,00	582,00	1.164,00
400.000	164,25	328,50	657,00	1.314,00
450.000	183,00	366,00	732,00	1.464,00
500.000	201,75	403,50	807,00	1.614,00
600.000	239,25	478,50	957,00	1.914,00
700.000	276,75	553,50	1.107,00	2.214,00
800.000	314,25	628,50	1.257,00	2.514,00
900.000	351,75	703,50	1.407,00	2.814,00

Geschäftswert bis zu EURO	viertel Gebühr	halbe Gebühr	volle Gebühr	doppelte Gebühr
1.000.000	389,25	778,50	1.557,00	3.114,00
1.250.000	483,00	966,00	1.932,00	3.864,00
1.500.000	576,75	1.153,50	2.307,00	4.614,00
1.750.000	670,50	1.341,00	2.582,00	5.364,00
2.000.000	764,25	1.528,50	3.057,00	6.114,00
2.500.000	951,75	1.903,50	3.807,00	7.614,00
3.000.000	1.139,25	2.278,50	4.557,00	9.114,00
4.000.000	1.514,25	3.028,50	6.057,00	12.114,00
5.000.000	1.889,25	3.778,50	7.557,00	15.114,00
10.000.000	2.689,25	5.378,50	10.757,00	21.514,00
50.000.000	6.464,25	12.928,50	25.857,00	51.714,00
60.000.000	6.534,25	13.068,50	26.137,00	52.274,00

Durch das Gesetz zur Modernisierung des Kostenrechts v. 5.5.2004 (BGBl. I S. 718) wurde über § 18 Abs. 1 S. 2 KostO ein Höchstwert von 60 Mio Euro für die Kosten der KostO eingeführt.

2. Wertermittlung

82 Die für die Kostenberechnung gem. KostO maßgeblichen Wertvorschriften befinden sich in den §§ 18 bis 30 KostO. Die Grundzüge bestimmt § 18 KostO: Geschäftswert ist der Wert, den der **Gegenstand des Geschäfts zum Zeitpunkt der Fälligkeit** hat. – Schuldrechtliche oder beschränkte sachenrechtliche Verbindlichkeiten werden lediglich beim Ehevertrag und bei Verfügungen von Todes wegen, soweit es sich nicht um alleinige Vermächtniszuwendungen handelt, in Abzug gebracht (§ 18 Abs. 3 KostO). Die starre Bestimmung des § 18 KostO kann dazuführen, dass die Gebührenwerte nicht denen des bürgerlichen Rechtsverkehrs entsprechen. Dies ist vor allem bei der Bewertung von Unternehmen offensichtlich (ein Handelsgeschäft oder ein Gewerbebetrieb wird mit der Summe der Aktiva des Geschäfts angesetzt; lediglich echte Wertberichtigungsposten und Verlustvorträge auf der Aktivseite sind in Abzug zu bringen).[97] Besondere Schwierigkeiten können bei der Ermittlung des Werts von Grundbesitz auftreten. Grundsätzlich gilt auch hier als Geschäftswert der gemeine Wert, der durch den Preis bestimmt wird, der im gewöhnlichen Geschäftsverkehr nach Beschaffenheit der Sache unter Berücksichtigung aller den Preis beeinflussenden Umstände bei einer Veräußerung zu erzielen wäre.[98] Der Notar darf zur Feststellung des Wertes keine Beweisaufnahme durchführen (§ 19 Abs. 2 S. 1 Halbs. 2 KostO), so dass eine förmliche Beweiserhebung nicht stattfindet. Der sog. Freibeweis[99] ist auf die sich aus § 19 Abs. 2 S. 1 KostO ergebenden Beweismittel beschränkt. Daraus folgt, dass – sofern der Verkehrswert nicht allgemeinkundig oder gerichtskundig ist – gemäß dem Untersuchungsgrundsatz, der die Beteiligten zur allgemeinen Mitwirkung verpflichtet, von Amts wegen zu ermitteln ist. Hierbei haben Rechtsprechung und Literatur eine Vielzahl von Ermittlungsmethoden entwickelt, mit denen regelmäßig der Verkehrswert festgestellt werden kann.

83 Für Einwendungen gegen die Kostenberechnung ist der ordentliche Rechtsweg ausgeschlossen. Gem. § 156 KostO stehen dem Kostenschuldner nur zwei Behelfe zur Verfügung: Die **Beschwerde** nach § 156 Abs. 1 S. 1 KostO und die **Beanstandung** gegenüber dem Notar nach

---

[97] Korintenberg/*Bengel* § 18 Rdnr. 11 ff.
[98] Korintenberg/*Bengel* § 19 Rdnr. 9.
[99] Korintenberg/*Lappe* § 31 Rdnr. 31.

§ 70 Besonderheiten bei der Tätigkeit eines Notars

§ 156 Abs. 1 S. 3 KostO. Für die Beschwerde ist sachlich und örtlich zuständig das Landgericht, welches für den Amtssitz des Notars zuständig ist. Die Beschwerde ist unbefristet zulässig (§ 567 ZPO). In der Regel erfolgt jedoch zunächst die Beanstandung der Kostenberechnung (formlos) beim Notar, welcher entweder dem gerügten Mangel abhilft, den Schuldner auf den Weg der Beschwerde verweist oder selbst nach § 156 Abs. 1 S. 3 KostO die Entscheidung des Landgerichts beantragt.[100]

3. Fälligkeit und Vollstreckbarkeit der Notarkosten

Gem. § 7 KostO werden Gebühren mit der „Beendigung" des gebührenpflichtigen Geschäfts fällig. Unter Beendigung ist die **Erfüllung** des in der KostO bestimmten **Gebührentatbestandes** zu verstehen.[101] Vollzugsgebühren werden mit Beendigung der Vollzugstätigkeit fällig.[102]

Allerdings verlagert § 8 Abs. 1 KostO über die **allgemeine Vorschusspflicht** die Fälligkeit bei Antragsgeschäften bereits auf den Zeitpunkt der Antragstellung.[103] Diese Bestimmung gilt zwar über § 141 KostO auch für die Notare. In der Praxis werden jedoch regelmäßig Vorschüsse nicht verlangt. Die Nichtanwendung des § 8 stellt auch keine Amtspflichtverletzung des Notars dar.[104] Allerdings zieht der BGH[105] aus der zumindest theoretischen Möglichkeit, Kostenvorschuss gem. § 8 Abs. 1 KostO zu verlangen, den Schluss, dass der Notar für nicht rechtzeitig entrichtete Notarkosten keine Verzugszinsen und auch keinen Verzugsschaden beanspruchen können soll.[106]

Für Notare gilt gem. § 143 Abs. 1 KostO nicht die vierjährige Frist des § 17 KostO. Die Gebühren und Auslagen des Notars verjähren gem. § 196 Abs. 1 Nr. 15 BGB zwei Jahre nach Schluss des Jahres, in welchem der Anspruch des Notars fällig geworden ist (§ 201 BGB). Da jedoch die Vorschriften des BGB über Hemmung und Unterbrechung der Verjährung entsprechend anzuwenden sind, genügt bereits die Übersendung einer den Formvorschriften des § 154 KostO entsprechenden Kostenberechnung an den Kostenschuldner für die Unterbrechung der Verjährung.[107] Allerdings kann die Verjährung durch Übersendung der formgerechten Kostenberechnung nur **einmal** unterbrochen werden.[108]

Üblicherweise verwendet der Notar als Mittel zur **Unterbrechung** der Verjährung die Zustellung einer vollstreckbaren Ausfertigung der Kostenberechnung gem. § 155 KostO. Hier kann nach jeder Unterbrechung durch erneutes Zustellen wieder eine weitere Verjährungsfrist von zwei Jahren in Gang gesetzt werden.[109]

Wird die Kostenberechnung gem. § 156 Abs. 3 S. 1 KostO unanfechtbar, soll die Kostenforderung des Notars der dreißigjährigen Verjährungsfrist unterliegen.[110] Jedenfalls unterliegt sie der 30-jährigen Verjährungsfrist, wenn die Kostenforderung im Verfahren nach § 156 KostO bestätigt worden ist.

Der Notar erteilt sich hinsichtlich der Kostenanforderung die **Vollstreckungsklausel** entsprechend § 725 ZPO selbst (§ 155 KostO). Die Kostenberechnung mit Vollstreckungsklausel gilt als Vollstreckungstitel i.S.d. § 724 ZPO und muss die in § 750 ZPO geforderten Angaben enthalten. Die Zwangsvollstreckung darf erst beginnen, wenn die zweiwöchige Wartefrist des § 798 ZPO eingehalten ist. Einwendungen gegen die Kostenberechnung gem. § 154 KostO sind unmittelbar bei dem für den Amtssitz des Notars zuständigen Landgericht im Wege der Beschwerde geltend zu machen. Der ordentliche Rechtsweg ist für Ansprüche nach der KostO ausgeschlossen; das Verfahren ist abschließend in § 156 KostO geregelt. Gegen die Entschei-

---

[100] Zum Verfahren vgl. ausf. Korintenberg/*Bengel* § 156 Rdnr. 8 ff.
[101] Z.B. bei Beurkundung nach Unterzeichnung, bei Unterschriftsbeglaubigung vor Aushändigung des Schriftstücks, bei Entwürfen mit Fertigstellung des Entwurfs.
[102] Korintenberg/*Bengel* § 146 Rdnr. 6.
[103] Korintenberg/*Lappe* § 8 Rdnr. 1.
[104] BayObLG Beschl. v. 6.2.1992 – BayObLGZ 1992, 7 = DNotZ 1992, 591.
[105] BGH Urt. v. 13.7.1989 – NJW 1989, 2615.
[106] A.A. die h.M., vgl. etwa *Bengel* DNotZ 1990, 316; Korintenberg/*Bengel* § 154 Rdnr. 4 m.w.N.
[107] Unterbrechungsgrund; Korintenberg/*Bengel* § 143 Rdnr. 7.
[108] OLG Celle Beschl. v. 22.6.1976 – DNotZ 1976, 759; Korintenberg/*Bengel* § 143 Rdnr. 7; *Rohs/Wedewer* § 143 Rdnr. 6.
[109] Notarkasse, Streifzug, Rdnr. 376.
[110] Str.; zum Meinungsstand vgl. Korintenberg/*Bengel* § 156 Rdnr. 18.

dung des Landgerichts ist die **weitere Beschwerde** nur zulässig, wenn sie das Landgericht wegen der grundsätzlichen Bedeutung ausdrücklich zugelassen hat (§ 156 Abs. 2 S. 1 KostO).[111] Seit 1.1.2002 ist die Divergenzvorlage zum BGH zulässig (§ 28 FGG).

---

[111] § 156 Abs. 2 S. 1 KostO; zum weiteren Verfahren, vor allem zur sog. „Nichtzulassungsbeschwerde", s. Korintenberg/*Bengel* § 156 Rdnr. 80 m.w.N.

Sachverzeichnis

Fettgedruckte Zahlen bezeichnen die Kapitel, magere die Randnummern.

Abänderungsklage, finanzgerichtliche **69** 115
Abbauland, erbschaftsteuerliche Bewertung **35** 70
Abfärbetheorie 35 189; **36** 54
Abfindung
– Ausschlagung gegen **36** 278
– bei Erbverzicht **43** 17
– bei Fortsetzungsklausel **40** 30
– Erbschaftsteuer bei A. für Erbverzicht **35** 12, 14
– Hofeswert **43** 15
– Stundungsvereinbarung bei Ausschlagung **36** 281
– überhöhte bei Hofübergabevertrag **43** 48
Abfindung, umgekehrte, bei Teilerbauseinandersetzung **35** 207
Abfindungsanspruch
– Ausschluss/Beschränkung **29** 187
– bei Eintrittsklausel **40** 39
– Bewertungsklausel, unterwertige **29** 186
– Buchwertklausel **29** 185
– Erbe Personengesellschaftsbeteiligung **29** 183
– Satzungsregelung bei GmbH **29** 202
– Vererblichkeit **5** 12
Abfindungsausschluss, gesellschaftsvertraglicher **29** 187
Abfindungsbeschränkung, gesellschaftsvertragliche **32** 106
Abfindungsergänzungsanspruch, Erbschaftsteuer **35** 10
Abfindungsklausel
– Bewertung **46** 29
– Personengesellschaft **29** 189
Abfindungsregelung, unterwertige, bei GmbH **29** 202
Abgabenrecht, Eintritt des Erben in Stellung des Erblassers **4** 13
Abgrenzung, Internationales Erbrecht **33** 51 f.
Abkömmling
– gesetzliche Erbfolge **4** 38
– Pflichtteilsberechtigter **29** 4
– Pflichtteilsentziehung **29** 61
Abkömmling, bedachter, Wegfall nach Testamentserrichtung **6** 37
Abkömmling, entfernter
– Pflichtteilsberechtigung **29** 9
– Verjährung Pflichtteilsanspruch **29** 28
Ablaufhemmung, Steuerfestsetzung **69** 20
Ablehnungsrecht, Ablehnung des Notars **70** 12
Abschichtung
– Begriff **26** 93

– Erbengemeinschaft mit Beteiligung Minderjähriger **42** 69
– Notarkosten **70** 80
Abschichtungsvereinbarung 26 82, 93 f.; **26** 93 f.
– bei Beteiligung Minderjähriger **26** 114
– Form **26** 93
– Gewährleistung **26** 99
– Kostenregelung **26** 99
– Minderjährige **42** 69
– Sicherung Leistung/Gegenleistung **26** 96
– Steuerfolge **26** 99 a
– Vertragsgegenstand **26** 93, 94
– zu erbringende Leistung/Fälligkeit **26** 95
Abschichtungsvertrag 55 14
Abschlussgebühr, Testamentsvollstreckervergütung **19** 172
Absonderungsrecht
– Masseverwertung Nachlassinsolvenz **25** 71
– Nachlassinsolvenz **25** 86, 140
Abspaltung, steuerlich relevante Fristen **36** 4
Abstammung
– Blutsverwandtschaft **4** 21
– rechtliche Verwandtschaft **4** 29
Abstandszahlung 32 69
– zusätzlich bei Vermögensübergabe gegen Versorgungsleistung gezahlte **36** 182
Abtretung
– GmbH-Geschäftsanteil **29** 201
– Pflichtteilsanspruch **29** 21
Abtretungsklausel 40 43
Abtretungsverlangen, bei Einziehungsklausel **40** 45
Abwachsung 40 24
Abwesenheitspfleger 53 8
Abwicklungstestamentsvollstrecker
– Aufgaben **19** 88
– Vorausvermächtnisnehmer als **8** 42
Abwicklungstestamentsvollstreckung 19 88 f.; **26** 107 f.
– Auseinandersetzungsplan **26** 109
– Beendigung **19** 210
– Teilungsplan **26** 109
Abwicklungsvollstreckung
– Aufgabenkreis bei **19** 14
– Formulierungsmuster **19** 41
– gesetzliche Regelung **19** 5
Abzinsung, unverzinsliche Forderung **35** 33
Abzinsungstabelle
– unverzinsliche Forderung/Schuld und Tilgung in einem Betrag **35** 254

Sachverzeichnis

fett gedruckte Zahlen = Paragrafen

– unverzinsliche Forderung/Schuld und Tilgung in gleichen Jahresraten **35** 255
Abzugssteuer, fiktive **35** 164
Abzugsverbot, erbschaftsteuerliches **35** 96
Ackerbau 43 9
actio ex testamento 13 6
Administrator
– ausländisches Erbstatut **33** 64
– internationales Nachlassverfahrensrecht **33** 122
Adoption 4 23 f.
– Pflichtteilsberechtigung bei **29** 5
Adoptionsstatut, Abgrenzung zu Erbstatut **33** 68
Akteneinsicht, in eröffnetes Testament/Erbvertrag **52** 27
Akteneinsichtsrecht 66 9
Aktenverwahrung, Erbvertrag **10** 25
Aktie
– Bewertung **46** 31, 47
– Einziehung bei Kapitalherabsetzung **40** 46
– erbschaftsteuerliche Bewertung **35** 26
– Nießbrauch **40** 89
– Paketzuschlag **46** 47
– Steuerverstrickung **3** 6
– Vererblichkeit **40** 27, 46
– Vererbung an Erbengemeinschaft **40** 154
Aktie, vinkulierte, Übertragung bei Vermächtnis **40** 146
Aktiengesellschaft
– Beteiligung minderjähriger Erben bei Geschäftsführung **42** 136
– Beteiligungsübergang bei Erbengemeinschaft **26** 130
– Erbauseinandersetzung **26** 131
– Minderjähriger als Erbe **42** 134
– Pflichtteil **29** 203
– steuerliche Behandlung **36** 70
– Vererbung **40** 27
Aktiengesellschaftsanteil, Bewertung **46** 31
Aktives Zuhören, Mediationstechnik **68** 42
Aktivprozess, bei Nachlassinsolvenz **25** 52
Albanien, Nachlassspaltung **33** 84
Alleinerbeinsetzung, Vermeidung Erbengemeinschaft **26** 121
Alleinerbschein 50 26
Altenteil
– Begriff **32** 61
– beschränkt persönliche Dienstbarkeit **32** 61, 62
– Hofübergabevertrag **43** 42
– Sicherung durch Reallast **32** 61, 62
– Zwangsversteigerungsprivileg **32** 61
Altenteilslast
– erbschaftsteuerlicher Abzug **35** 88
– überhöhte bei Hofübergabevertrag **43** 48
Altenteilsvertrag 32 61
Altenteilvertrag, Ausschluss Rückforderungsrecht **32** 95
Alter, Besorgnis undurchführbarer Zeugenbefragung/Beweisaufnahme **56** 6

Altersabsicherung, gemischte Schenkung Betriebsvermögen **40** 106
Altersdemenz
– Nachweis **5** 20
– Testierfähigkeit **5** 15, 16
Altersversorgung, berufständische **3** 64
Alterwertminderung 35 50
Altlasten, Erbenhaftung **23** 109
Amtannahme, Testamentsvollstrecker **19** 56
Amtsführung, Haftung Testamentsvollstrecker **19** 154 f.
Amtsgericht, Zuständigkeit im Bereich des Erbrechts **70** 1
Amtshaftung
– Beschränkung **70** 61
– Notar **70** 46, 49 f.
– subsidiäre Haftung des Notars **70** 57
Amtshilfe, notarielle, grenzüberschreitende **70** 9
Amtspflichten, Notar **70** 14
Amtspflichtverletzung, fahrlässige, Notarhaftung **70** 57
Amtstheorie, Testamentsvollstreckung **19** 9
Anatomie, Widmung des eigenen Körpers **13** 45
Andenken, Auflage **14** 16
Anderkonto, steuerliche Anzeigepflicht bei Erbfall **37** 3
Änderung
– letztwillige Verfügung **5** 31
– Steuerbescheid **69** 28 f.
Änderungsvorbehalt
– Erbvertrag nichteheliche Lebensgemeinschaft **12** 19
– Erbvertrag **10** 47
Andeutungstheorie 6 2; **7** 31
– Verfügung von Todes wegen **48** 19
Anerbengesetz
– Bewertung Landgut **46** 69
– Erteilung Erbschein **43** 24
– Rheinland-Pfalz **43** 23
Anerbengesetze, landesrechtliche, Geltungsbereich **43** 5
Anerbenrecht
– Beschränkung Testierfreiheit **5** 10
– Höfeordnung **43** 4
– landesrechtliches **43** 5
– Landgüterrecht **43** 6, 7
– landwirtschaftliche Sondernachfolge **43** 1 f.
– neue Bundesländer **43** 7
– Rechtsgrundlagen **43** 3
– Sondererbfolge **4** 2
Anerkennung
– ausländische Urkunde **70** 4
– ausländisches Urteil **33** 115
– deutsches Testament im Ausland **33** 158
– Familienstiftung **38** 11
– Stiftung **38** 38
– Unternehmensverbundene Stiftung **38** 13
Anfall, Vermächtnis **13** 291
Anfangstermin, Vermächtnis **13** 246

Sachverzeichnis

Anfangsvermögen, Zugewinnausgleich 35 85
Anfechtung s. a. *Erbanfechtung*
- Adressat 7 44
- Aufhebungstestament 9 27
- Auflage 14 37
- Ausschlagungserklärung 3 68
- Bedingung 15 21
- Beratungsbedarf 1 22
- Berechtigte 7 43
- Bestätigung der letztwilligen Verfügung durch Anfechtungsberechtigten 7 42
- Beweislast 7 38
- durch Pflichtteilsberechtigten 22 50
- Ehegattentestament 7 58
- Eigenschaftsirrtum 22 47
- Einrede der 7 50
- einseitige Verfügung des verstorbenen durch überlebenden Ehegatten/Lebenspartner 11 71
- Erb-/Pflichtteilsverzicht 32 92
- Erbeinsetzung (Formulierungsmuster) 7 46
- Erbschaftsanfechtung 22 62
- Erbschaftsannahme 22 43 f.
- Erbschaftsannahme/-ausschlagung bei Beschränkung/Beschwer 29 48
- Erbschaftsausschlagung 22 43 f.; 48 27
- Erbschaftsausschlagung nach ZGB 29 54
- Erbunwürdigkeit 30 3, 22 f.
- Erbvertrag 7 59; 10 60
- Erbvertrag nichteheliche Lebensgemeinschaft 12 20
- Erbverzicht 7 52
- Erheblichkeit des Irrtums 22 53
- Erklärungsirrtum 7 33; 22 46
- Form 7 45
- Frist 7 45
- gemeinschaftliches Testament 11 68 f.
- Inhaltsirrtum 7 33
- Insolvenzanfechtung 25 87 f.
- Irrtum über künftige Entwicklung 7 36
- letztwillige Verfügung 5 11; 7 24 f.; 9 13
- Minderjährige 42 129
- Motivirrtum 7 34
- nach ZGB 7 51
- Pflichtteilsberechtigter 29 48
- Pflichtteilsverzicht 7 52
- qualifizierte Verfügung durch Dritte 11 72
- Rechtsfolgen 7 48
- Rechtsfolgenirrtum 22 48
- Selbstanfechtung wechselbezüglicher Verfügung 9 39
- subjektive Vorstellung des Erblassers 7 36
- Testament nach ZGB 48 14
- Übergehen eines Pflichtteilsberechtigten 7 35, 49
- Verfügung von Todes wegen 7 24 ff.
- Verfügung von Todes wegen aufgrund Veränderungen im deutsch-deutschen Verhältnis 48 20
- Vermächtnis (Formulierungsmuster) 7 47
- Vertrag zugunsten Dritter 65 2

- Verzicht 7 42
- Vorrang der Auslegung 7 28
- wechselbezügliche Verfügung 7 58; 11 68 f.
- wechselbezügliche Verfügung durch Dritte 11 72
- widerrechtliche Drohung 7 37
- Widerruf Testamentsrückgabe 9 22
- Widerruf wechselbezüglicher Verfügung 9 35
- Widerrufshandlung 9 18
- Widerrufstestament 9 13
- Willensmangel des Vertreters 22 49
- Zuständigkeit Amtsgericht 70 1
Anfechtungsgrund 7 33 f.
- Erheblichkeit 7 39
Anfechtungsklage
- bei Erbunwürdigkeit 30 22 f., 32
- Erbunwürdigkeit 56 20 f.
- finanzgerichtliche 69 67
- Finanzrechtsweg 69 6
- Formulierungsmuster bei Erbunwürdigkeit 30 38
- Formulierungsmuster Klageantrag 56 25
- Verbindung mit Erbschaftsklage 30 37
Anfechtungsrecht
- Vererblichkeit 4 6
- Vermächtnis 13 101
- Vertrag zugunsten Dritter 32 44
Angehörige, nächste, steuerlicher Begriff bei Stiftung 39 4
Angemessenheitsprüfung, Familiengesellschaft 36 81
Ankaufsrecht, gesellschaftsvertragliche Sicherung bei lebzeitiger Übertragung 32 125
Anknüpfung
- selbständige 33 31
- Staatsangehörigkeit 33 15
- Veränderung anknüpfungserheblicher Tatsachen 33 42
- Wechsel der erbrechtlichen 33 169
- Wechsel der vermögensrechtlichen 33 170
Ankündigung, Verfügung von Todes wegen 7 4
Anlaufhemmung
- Festsetzungsverjährung 69 15
- mehrere Erben 69 19
Annahme
- aufschiebend bedingtes/befristetes Vermächtnis 13 342
- Erbschaft 22 1, 3 f.
- Vermächtnis 13 328
- Zuständigkeit Amtsgericht 70 1
Annuitätentilgung 35 37
Anordnung, Testamentsvollstreckung 19 35 f.
Anordnung, einstweilige
- finanzgerichtliche 69 94
- Finanzrechtsweg 69 6
Anordnungsantrag, Nachlassverwaltung 24 83
Anrechnung
- auf Pflichtteilsquote 29 87, 94
- ausländischer Erbschaftsteuer 34 49 f., 53

Hagen

Sachverzeichnis

fett gedruckte Zahlen = Paragrafen

- bei Erbauseinandersetzung **26** 69 f.
- Eigengeschenk bei Pflichtteilsergänzung **29** 144

Anrechnungsbestimmung
- Aufhebung **29** 229
- bedingte **29** 227
- Zuwendung **29** 227

Anrechnungsklausel, Schenkung **32** 6

Anrechnungsmethode,
Doppelbesteuerungsabkommen **34** 60

Anrechnungswert, Reichsheimstättengesetz **46** 44

Anspruch, öffentlich-rechtlicher, Vererblichkeit **4** 13

Anspruch, schuldrechtlicher, Vererblichkeit **4** 6

Anstandsschenkung 19 120
- Auskunftsanspruch des Pflichtteilsberechtigten **29** 170
- Begriff **29** 131

Anteile, einbringungsgeborene, erbschaftsteuerbegünstigter Erwerb **35** 123

Anwachsung 8 63; **40** 24
- Ausschluss der **8** 64
- Grundbuchberichtigung **55** 15
- Vermächtnis **13** 347
- Vorrang der Ersatzerbfolge **8** 58

Anwaltsnotar 1 28
- Haftung bei Sozietät mit Notar **70** 56
- Interessenkollision **2** 6, 9

Anwaltsvertrag
- Haftung **2** 32
- Pflichten **2** 33

Anwaltszwang, finanzgerichtlicher **69** 81

Anwartschaft
- Nacherbe **17** 1; **17** 42, 43,103 f.

Anwartschaftsrecht, Vermächtnis **57** 5

Anzeigepflicht
- Anlaufhemmung Festsetzungsverjährung **69** 16
- bei Schenkung unter Lebenden **35** 20
- Betriebsverpachtung **36** 127
- erbschaftsteuerliche **69** 7 f., 9
- Nachsteuertatbestände **35** 140
- steuerliche bei Erbfall **37** 3

Apostille 70 6

Arbeitnehmererfindung, Vererblichkeit **4** 7

Arbeitsverpflichtung Anfechtungsrecht, Vererblichkeit **4** 6

Arbeitsvertrag, Internationales Erbrecht **33** 72

Archiv, öffentlich erhaltenswertes, Erbschaftsteuer **35** 103

Argentinien, Nachlassspaltung **33** 84

Armenien
- Fortgeltung Deutsch-sowjetischer Konsularvertrag **33** 106
- Nachlassspaltung **33** 84, 106

Arrest 57 13
- Erbenhaftung **60** 28
- Formulierungsmuster Geldvermächtnis **57** 13

- Vermächtnisnehmer **13** 317

Arzt, postmortale Schweigepflicht **66** 10

Aserbaidschan, Fortgeltung Deutsch-sowjetischer Konsularvertrag **33** 106

Atypisch stille Gesellschaft, einkommensteuerliche Behandlung **35** 217

Aufenthalt, gewöhnlicher
- Mehrstaater **33** 24
- steuerlicher **34** 10

Aufforderungsschreiben, Annahme/Ausschlagung Vermächtnis **13** 331

Aufgabebesteuerung, Beratungsbedarf **1** 23

Aufgabegewinn, Erblasser bei Fortsetzungsklausel **35** 174

Aufgebotseinrede 23 58

Aufgebotsverfahren
- Ausschlusswirkung **23** 33
- Durchführung **23** 31
- Einrede des A. bei Erbauseinandersetzung **26** 57
- Formulierungsmuster Antrag **23** 31
- Frist **23** 31
- Klärung der Nachlassverhältnisse **23** 30
- Kosten **23** 32
- prozessuale Geltendmachung der Ausschließung/Verschweigung **23** 35

Aufhebung
- Aufhebungstestament **9** 27
- Ausschluss Lebenspartnererbrecht **11** 73
- Erbvertrag **9** 5; **10** 50
- Erbverzicht **31** 28, 59 f.
- letztwillige Verfügung **9** 5
- Steuerbescheid **69** 34
- Stiftung **38** 57
- Testament durch Erbvertrag **9** 28
- Testament durch Testament **9** 1 f., 5,23 f.

Aufhebungsantrag, Nachlassverwaltung **24** 83

Aufhebungstestament 5 11
- Anfechtung/Aufhebung/Widerruf **9** 27

Aufhebungsvertrag
- Erbverzicht **31** 59
- Form **31** 59
- Rückwirkung **31** 61

Aufklärungspflicht, notarielle **70** 19

Auflage 14 1 f.
- Abgrenzung zu Vermächtnis **13** 22
- Anfechtung **14** 37
- Auflagenvermächtnis **13** 234
- Ausschlagung **14** 37
- Begünstigte **14** 5
- bei Berliner Testament **11** 96, 99
- bei Insolvenz **14** 38
- bei Schenkung **32** 11
- Beschwer Vermächtnisnehmer **13** 187
- Beschwerte **14** 6
- caritative Anliegen **14** 18
- Durchsetzung **14** 22
- Einbeziehung Lebensversicherung in Testamentsvollstreckung **19** 31
- Erbfallschulden **35** 94

magere Zahlen = Randnummern

Sachverzeichnis

- Erbschaftssteuer bei **14** 41
- Erbschaftsteuer bei Vollziehung der **35** 12
- Erbschaftsteuer bei Zuwendung unter **35** 14
- Erbteilungsverbot **16** 15
- Ersatzauflage **14** 2
- Erwirkung bestimmten Verhaltens **14** 11
- Fälligkeit **14** 3
- Form **14** 8
- Fristsetzung durch Nachlassgericht **14** 25
- Gattungsauflage **14** 2
- Gestaltungsmöglichkeiten **14** 9 f.
- Gewährleistung **14** 33
- Grabpflege **14** 10
- Grenzen **14** 19
- Haftung bei Unmöglichkeit **14** 36
- Kontrolle des Bestimmungsrechts **14** 31
- Kosten der Vollziehung **14** 23
- Kunstförderung **14** 17
- Leistungsklage zur Durchsetzung der **16** 24
- nach ZGB **48** 14
- Nachlassverwaltung durch Erben **14** 14
- Nutzungen/Verwendungen **14** 34
- Pflichtteilsrecht **14** 40
- Quotenauflage **14** 2
- Rechtslage nach ZGB **14** 44
- Rückforderung der Schenkung bei Nichtvollziehung der **32** 81
- Schenkung auf den Todesfall **14** 15
- Schiedsgerichtsklausel **67** 20
- Sicherung durch Sanktionen **14** 29
- Sicherung Teilungsanordnung **16** 23
- Sittenwidrigkeit **14** 45
- Testament **5** 4
- Testamentsvollstreckung **14** 28
- Unmöglichkeit **14** 35
- Unternehmensführung **40** 134
- Vererbbarkeit **14** 4
- Verjährung des Vollziehungsanspruchs **14** 19
- Verschaffungsauflage **14** 2
- Verteilung von Andenken **14** 16
- Verteilungsauflage **14** 2
- Verwaltungsvollmacht **14** 12
- Verzicht **14** 37
- Vollziehung der **14** 7, 19
- Vollziehungsberechtigte **14** 7, 22
- Wahlauflage **14** 1 ff.
- Wegfall des Beschwerten **14** 21
- Wissenschaftsförderung **14** 17
- zeitliche Beschränkung **14** 19
- zugunsten Lebewesen **14** 9
- Zweckauflage **14** 2

Auflagen-Modell 36 267
Auflagenschenkung, Rückforderung bei Nichtvollziehung **32** 81
Auflagenvermächtnis 13 234
Auflassung
- Formulierungsmuster Klageantrag **57** 15
- Klage auf Auflassung des Grundstücks **57** 14
- Vererblichkeit **4** 5
- Vermächtnis **13** 102

Auflassungserklärung, Formulierungsmuster **57** 16
Auflösung, GbR bei Tod eines Gesellschafters **40** 17
Aufrechnung
- bei Nachlassverwaltung **24** 31
- im Nachlassinsolvenzverfahren **25** 49
- Miterbe **23** 69

Aufsichtsgremien
- Einsetzung bei Unternehmensnachfolge **40** 55
- freiwillige **40** 56

Aufspaltung, steuerlich relevante Fristen **36** 4
Aufteilung, Mietshaus in Eigentumswohnungen **1** 9
Aufteilungsmethode, bei teilentgeltlicher Übertragung **35** 224
Aufteilungsverfügung
- Betriebsvermögensfreibetrag **35** 129
- Ersatzbegünstigung **35** 132
- Schriftform **35** 131

Auftragrecht, Internationales Erbrecht **33** 72
Aufwandsentnahme
- bei Vermächtnisnießbrauch **36** 238
- bei Zuwendungsnießbrauch **36** 232

Aufwendungsersatz
- Erbe bei Nachlassinsolvenz **25** 127
- Erbe bei Nachlassverwaltung **24** 87
- Nachlassverwalter **24** 76
- Testamentsvollstrecker **19** 191

Aufzeichnungspflicht 45 22
Ausbildungskosten
- Ausgleichspflicht bei Erbauseinandersetzung **26** 74
- Stiefabkömmling **13** 36

Ausbildungszuwendung
- einmalige **35** 111
- lebzeitige erbschaftsteuerbefreite **35** 111
- Schuldenerlass **35** 110

Auseinandersetzungsanordnung, bei Erbeinsetzung **8** 40
Auseinandersetzungsgebühr, Testamentsvollstreckervergütung **19** 172
Auseinandersetzungsplan
- Abwicklungstestamentsvollstreckung **26** 109
- bei Beteiligung Minderjähriger **42** 122
- Verbindlicherklärung **26** 109
- Vermittlungsverfahren **54** 10
- Vollzug **26** 110

Auseinandersetzungsverbot 13 140
- Absicherung **26** 112
- Erbengemeinschaft **26** 111
- Verwaltungstestamentsvollstreckung **26** 112

Auseinandersetzungsvereinbarung, bei Beteiligung Minderjähriger **42** 125
Auseinandersetzungsvertrag 19 92
Auseinandersetzungsvollstreckung
- Formulierungsmuster **19** 41
- gesetzliche Regelung **19** 5

Ausgangswert, gekürzter
- Grundstücksbewertung **35** 51

Hagen

Sachverzeichnis

fett gedruckte Zahlen = Paragrafen

- Zuschlag **35** 51, 52
Ausgedinge 32 61
Ausgleich, bei Ausstattung **29** 225
Ausgleichsbetrag Erbauseinandersetzung,
  Berechnung **26** 80
Ausgleichsforderung, fiktive,
  Zugewinnausgleich **35** 85
Ausgleichsgeld, Erbschaftsteuer **35** 14
Ausgleichsgemeinschaft 11 9
- Erbfolge bei Lebenspartnerschaft **4** 38
- Lebenspartnerschaft **32** 117
Ausgleichspflicht
- bei Erbauseinandersetzung **26** 69 f.
- bei Pflichtteil **29** 91, 94
- bei Pflichtteilsergänzung **29** 160
- Feststellungsklage **62** 28
- nachträgliche Änderung **26** 76
- nachträgliche Anordnung **26** 78
- nachträgliche Aufhebung **26** 77
Ausgleichszahlung, an andere Erbanwärter bei
  Schenkung **32** 72
Ausgleichung, anwendbares Recht bei
  Nachlassspaltung **33** 86
Ausgliederung
- Nachsteuertatbestände **35** 153
- zur Neugründung **19** 229
Auskehrungsanspruch, Erbe bei
  Nachlassverwaltung **24** 86
Ausklärungsinteresse, Krankenakte **66** 11
Auskunft, Begriff **45** 17
Auskunftsadresse, Kreditinstitute **45** 105
Auskunftsanspruch
- Abgrenzung §§ 2027/2038 BGB **45** 46
- Anspruchsgrundlagen **45** 4
- ausgleichspflichtige Zuwendungen **45** 85
- Auskunfterteilung/Erbenermittlung **45** 12
- Auskunftsberechtigung bei Pflichtteil **29** 175
- Auskunftsquellen **45** 105
- Bankgeheimnis **45** 101
- bei Erbengemeinschaft **45** 80 f.
- bei Erbvertrag **45** 15
- bei Vor-/Nacherbschaft **45** 74
- Beweislast **45** 37
- einstweiliger Rechtsschutz **66** 8
- Erbe gegen Erbschaftsbesitzer **27** 19
- Erbe gegen Nachlassverwalter **24** 82
- Erbe gegenüber Testamentsvollstrecker
  19 143
- Erbfall **45** 13
- Formulierungsmuster Pflichtteilsberechtigter
  29 174
- gegen Erblasserbank **45** 100
- gegen Erbschaftsbesitzer **45** 33
- gegen Hausgenossen **45** 40 f.
- gegen Miterben **45** 94
- gegen Nachlasspfleger **45** 63
- gegen Nachlassverwalter **45** 63
- gegen sonstigen Besitzer **45** 33
- gegen vorläufigen Erben **45** 26
- gegenüber Nachlassgericht **52** 25
- Geheimhaltungsanspruch **45** 102

- Gerichtsstand **45** 39
- Grundlagen **45** 4
- Klage des Nacherben gegen Vorerben **58** 12
- lebzeitiger **45** 15
- Miterbe **45** 80 f., 90
- Nacherbe **17** 118
- Nacherbe gegen Vorerbe **45** 75
- Nachlassbestand **45** 5
- Nachlasspfleger gegen Erblasserbank **45** 65
- Pflichtteilsberechtigter **29** 165 f., 175,178
- Testamentsvollstrecker **45** 54 f.
- Testamentsvollstreckung **45** 6
- Vererblichkeit **4** 6; **45** 13
- Vererblichkeit gem. § 2027 BGB **45** 36
- Verjährung **29** 178; **45** 38, 53,92,110
- Vermächtnisnehmer **13** 322; **45** 67
- Vertragserbe bei beeinträchtigender
  Schenkung **64** 11
- Verzicht **45** 106
- Verzichtsvertrag **45** 88
Auskunftserteilung, Instrumentarien **45** 19
Auskunftsklage 66 2
- bei Klage auf Herausgabe der Erbschaft
  63 1
- Formulierungsmuster **66** 12
- gegen Erbschaftsbesitzer **66** 12
- Gegenstandswert **2** 12
- Pflichtteilsanspruch **62** 5
- Streitwert **60** 8
- Stufenklage des Pflichtteilsberechtigten
  66 16
- Stufenklage gegen Hausgenossen **66** 15
- Verjährung **66** 2
Auskunftspflicht
Auskunftspflichten
- bei Erbengemeinschaft **45** 80 f.
- Miterben bei Vorempfang **45** 85
- Testamentsvollstrecker bei Beteiligung
  Minderjähriger **42** 118
Auskunftsrecht 45 1 f.
- Erbenermittlung **45** 12
- Instrumentarien zur Erteilung **45** 19
- Miterben bei Vorempfang **45** 85
- Rechtsquellen **45** 4
- Verfahren **45** 1
Auskunftsverzichtsvertrag,
  Formulierungsmuster **45** 89
Ausländer, letztwillige Verfügung nach
  deutschem Recht **5** 26
Auslandsbeteiligung
- Einbringung in deutsche Gesellschaft **40** 167
- Vererbung **40** 161
Auslandsbezug 33 1 f.
- anwendbares Recht bei **33** 3
- Erbvertrag **10** 18
- IPR **11** 21
- Schiedsgericht **67** 13
- Wahlrecht für inländisches Grundvermögen
  11 36
Auslandsimmobilie
- Bewertung **3** 41; **34** 72

magere Zahlen = Randnummern   **Sachverzeichnis**

- Vererbung 3 57
- **Auslandssachverhalte**, Gestaltungsberatung 1 16
- **Auslandsunternehmen**, Vererbung 40 161
- **Auslandsverlagerung**, Beratungsbedarf 1 9
- **Auslandsvermögen** 3 56
  - Bewertung 34 19
  - erbschaftsteuerlicher Begriff 34 50
  - Masseverwertung 25 78
  - Nachlassinsolvenzverfahren 25 39
  - Steuerbarkeit 34 52
  - Stichtagsprinzip 34 20
  - Testamentserrichtung 5 26
  - Vererbung Unternehmen/-sbeteiligung 40 161
- **Auslandsvermögensbegriff, großer** 34 15
- **Auslegung**
  - als Revisionsgrund 6 64
  - Auslegungsvertrag 6 50 f.
  - befreite Vorerbschaft 17 88
  - Beweislast 6 60
  - Erbeinsetzung 8 9
  - Erblasserwille 6 5
  - Erbvertrag
  - ergänzende 6 23 f.; 7 30
  - erklärende 7 30
  - erläuternde 7 30
  - gemeinschaftliches Testament 6 47, 48
  - gesetzliche Auslegungsregeln 6 35 f.
  - gesetzliche Erbfolge 4 17
  - im Erbscheinverfahren 6 62
  - letztwillige Verfügung 6 1 ff.; 7 28
  - prozessuale Hinweise 6 59 f.
  - richterliche Beweiswürdigung 6 63
  - Testament nach ZGB 48 15
  - Testierwille 7 4
  - Textform 6 11
  - Textzusammenhang 6 9
  - Umstände nach Errichtung des letztwilligen Verfügung 6 19
  - ungenaue Erbeinsetzung 8 29
  - Verfügung von Todes wegen 48 19
  - Verfügung von Todes wegen mit Vor-/Nacherbschaft 17 22
  - Vorrang vor Anfechtung 7 28
  - weitere Erblassererklärungen 6 13
  - weitere Umstände außerhalb der letztwilligen Verfügung 6 18
  - wohlwollende 6 46; 7 30
  - wörtliche 6 6
- **Auslegung, ergänzende**, Ersatzbestimmung 3 37
- **Auslegung, erläuternde**, Ersatzbestimmung 3 37
- **Auslegungsregelung**, bei fehlender Ersatzbestimmung 3 37
- **Auslegungsvertrag** 6 50 f.; 7 32; 8 76
  - Erbschaftsbesteuerung 6 57
  - feststellender 6 51
  - Form 6 52
  - Formulierungsmuster 6 58

- Grundbuchverfahren 6 56
- Rechtsfolgen 6 53
- vergleichender 6 51
- **Ausreiseantrag**, Erbschaftsausschlagung aufgrund widerrechtlicher Drohung 48 28
- **Ausschlagender**, Geschäftsführung ohne Auftrag 22 38
- **Ausschlagung** s. a. *Erbschaftsausschlagung*
  - Anfechtung 3 68
  - Anfechtung der Erbschaftsausschlagung nach ZGB 29 54
  - Auflage 14 37
  - aufschiebend bedingtes/befristetes Vermächtnis 13 342
  - Ausschluss Erbrecht bei gewillkürter Erbfolge 11 136
  - Behindertentestament 41 40
  - bei Berliner Testament 3 4
  - bei Testamentsvollstreckung 3 18
  - bei Widerspruch zum gesellschaftsvertraglichen Erbgang 36 285
  - Beratungsbedarf 1 22
  - Checkliste 36 271
  - Erbschaft 3 66 f.; 22 1, 17 f.
  - Erbschaftsteuer bei 35 8, 12
  - gegen Abfindung 36 278
  - gegen Versorgungsleistung 36 275
  - Hoferbe 43 17
  - Minderjährige 18 4
  - minderjähriger Nacherbe 42 95
  - nach Maß 36 282
  - Nacherbschaft 17 125; 29 243
  - Pflichtteil bei 29 14
  - Pflichtteilsanspruch nach 3 68
  - Pflichtteilsberechtigter
  - Staatserbrecht 4 57, 59
  - Sonderbetriebsvermögen 1 23
  - steuerlich motivierte bei ausgeschöpften Freibeträgen 36 299
  - steuerliche motivierte bei Berliner Testament 36 291
  - steuerliche motivierte bei Betriebsaufspaltung 36 289
  - steuerliche motivierte bei Erbauseinandersetzung 36 290
  - steuerliche motivierte bei Kapitalgesellschaftsbeteiligung 36 290
  - steuerliche motivierte bei Vermächtnis 36 287
  - steuerliche motivierte Gestaltung 36 271 f.
  - steuerliche motivierte Gestaltung bei Testament 36 283
  - steuerliche motivierte Gestaltung bei Vorversterben 36 297
  - Stundungsvereinbarung bei Abfindung 36 281
  - Teilausschlagung 11 144
  - Überlebender Ehegatte/Lebenspartner 11 143
  - überschuldeter Nachlass 1 25
  - Vermächtnis 13 328; 22 41

Hagen 1801

Sachverzeichnis

fett gedruckte Zahlen = Paragrafen

- Vermächtnis bei Erbschaftsausschlagung **13** 304
- vermächtnisweise Zuwendung erbschaftsteuerlich begünstigtem Vermögen **36** 300
- Wegfall Stammelternteil **4** 35
- wechselseitige Verfügung **11** 58
- Zuständigkeit Amtsgericht **70** 1

Ausschlagung, strategische, Erbengemeinschaft **26** 102, 104

Ausschlagungserklärung, Frist **3** 66

Ausschlagungsvertrag 36 284

Ausschluss
- des Staates **4** 59
- Ehegatten-/Lebenspartnererbrecht **11** 73
- Ehegattenerbrecht **11** 126 f.

Ausschlussgrund, Notar **70** 11

Ausschlussklausel
- automatische **21** 12, 13
- fakultative **21** 12, 14

Ausschlussklausel, freie, gesellschaftsvertragliche **32** 105

Ausschüttung
- ausländische Familienstiftung **34** 37
- Trust **34** 44

Außenanlagen, Bewertung **35** 45

Aussetzung
- erbschaftsteuerliches Einspruchsverfahren **69** 52
- Feststellungsklage **56** 12

Aussetzung der Vollziehung
- erbschaftsteuerliche **69** 61
- finanzgerichtliche **69** 91
- Finanzrechtsweg **69** 6

Aussetzungszinsen 69 62

Aussonderungsrecht
- Ersatzaussonderung **25** 139
- Nachlassinsolvenz **25** 85, 138

Ausstattung
- Ausgleichspflicht **29** 225
- Begriff **32** 17
- Rückforderung **32** 86

Ausstattung, lebzeitige, Ausgleichspflicht bei Erbauseinandersetzung **26** 72

Austauschleistung
- einkommensteuerliche Behandlung **35** 216
- Vermögensübergabe gegen **36** 199 f.

Austauschvertrag, entgeltlicher 32 14

Austrag 32 61

Australien
- anwendbare Rechtsordnung **33** 24
- Nachlassspaltung **33** 84

Austrittskündigung, des volljährig gewordenen Zuwendungsempfängers **32** 94

Auszug 32 61

Bahamas, Nachlassspaltung **33** 84
Bangladesh, Nachlassspaltung **33** 84
Bank, Testamentsvollstrecker **19** 47
Bankgeheimnis 45 101
Bankguthaben
- Bewertung **46** 46

- Vermächtnis **13** 101

Bankschließfach, steuerliche Anzeigepflicht bei Erbfall **37** 3

Barbados, Nachlassspaltung **33** 84

Barwert, Berechnung der Barwerte der Zinsdifferenzen für hoch- und niedrigverzinsliche Kapitalforderungen und Schulden mit Ratentilgung **35** 256

Bauchrednervollmacht 26 114

Bauerwartungsland
- Ausgleich Wertsteigerung bei Erbauseinandersetzung **26** 103
- Erbauseinandersetzung **26** 103, 104
- erbschaftsteuerliche Bewertung **35** 68

Bauerwartungsland, nicht betriebsnotwendiges, Bewertung **46** 66

Bauland, Hofeswert **43** 15

Bauland, nicht betriebsnotwendiges, Bewertung **46** 66

Baulandumlegung 26 103

Baurecht, Erbhaftung **23** 108

Baureifes Grundstück, Bewertung zum Verkehrswert bei Landgut **43** 21

Bausparkasse, steuerliche Anzeigepflicht bei Erbfall **37** 3

Beamtenpension 3 64

Beamtenrecht, Vererblichkeit von Ansprüchen **4** 13

Bedachter
- unvorhersehbares Verhalten **6** 33
- Verfehlung bei gemeinschaftlichem Testament **11** 64
- Wegfall nach Testamentserrichtung **6** 37
- Wegfall vor Testamentserrichtung **6** 45

Bedarfsbewertung 69 21 f.
- Angabeverpflichtung des Erben **69** 120
- Begriff **69** 22
- Schätzung **69** 23
- Verfahren **69** 23

Bedingung 15 1 f.
- Abgrenzungen **15** 14
- Anfechtung **15** 21
- auflösende **15** 8
- aufschiebende **15** 6
- Ausweis im Erbschein **15** 5
- Bedingungseintritt **15** 18
- berufliche Qualifikation **15** 37
- Beschränkung Verfügungsbefugnis **15** 33
- Erbeinsetzung **8** 6, 66 f.
- erbrechtliche Schranken **15** 22
- Erbschaftsausschlagung **22** 25
- Erbschaftsteuer bei Erfüllung der **35** 12
- Erbschaftsteuer bei Zuwendung unter **35** 14
- Ersatzregelung für Vorversterben des auflösend bedingt/befristet Bedachten **15** 44
- Ersatzregelungen bei **15** 44
- Form **15** 5
- Geltungsdauer **15** 24
- Grenzen der Einflussnahme **15** 39
- Haftung des Beschwerten **15** 27
- Haftungsbeschränkung durch **15** 27

- kaptatorische Klausel **15** 42
- Konfessionswahl **15** 39
- Lebensgestaltung des Bedachten **15** 36
- Lebenswandel **15** 38
- Nacherbenvermerk **15** 35
- Nutzungen/Früchte bei **15** 20
- Partnerwahl/Ehe/Scheidung **15** 40
- Pflichtteilsklausel **15** 43
- Potestativbedingung **15** 10
- Rechtsbedingung **15** 14
- Rechtslage nach ZGB **15** 28
- Sicherung bei Vermächtnis **15** 26
- Sicherung einer Mindestzuwendung **15** 46
- Sittenwidrigkeit **15** 39, 48
- steuerliche Regelung bei **15** 29
- Strafklausel **15** 34
- Überleben des Schenkers **32** 34
- Unmöglichkeit **15** 25, 47
- Veräußerungsverbot **15** 32
- Vermächtnis **13** 245
- Verwirkungsklausel **15** 31
- Wiederverheiratungsklausel **15** 41
- Wohlverhaltensklausel **15** 36
- zugunsten Dritter **15** 12

Bedingung, auflösende 32 102
Bedürftigkeit, Rückforderung Schenkung **32** 79
Beendigung, Testamentsvollstreckung **19** 208
Beerdigungskosten
- Erbfallschuld **23** 17
- erbschaftsteuerlicher Abzug **35** 95

Befreiungsvermächtnis 13 157
Befristung 15 13
- Ausweis im Erbschein **15** 5
- Befristungseintritt **15** 18
- Form **15** 5
- Geltungsdauer **15** 24
- Vermächtnis **13** 245

Beglaubigung
- Funktion **70** 2
- Überbeglaubigung **70** 6
- Zuständigkeit **70** 1
- Zwischenbeglaubigung **70** 5

Behaltensfrist
- Betriebsvermögen **35** 139
- Entnahmebegrenzung **35** 151
- steuerlich relevante **36** 4

Behaltensregel, Betriebsvermögen **3** 45
Behandlungsabbruch, Patientenverfügung **44** 35
Behandlungslegitimierung, Patientenverfügung **44** 37
Beherrschungsidentität, Betriebsaufspaltung **36** 137
Behindertentestament 41 8 f.
- Abwicklung **41** 24
- Ausschlagung **41** 40
- ehevertragliche Gestaltungen **41** 11
- erbrechtliche Gestaltungen **41** 13 f.
- Erträgnisverwendung **19** 110
- Formulierungsmuster Vermächtnis bei Ergänzungsansprüchen
- Nacherben **41** 18
- Nacherbenbeschränkung **41** 43
- Pflichtteil **41** 2, 8 f.,34,36
- Pflichtteilsergänzung **41** 36
- post-/transmortale Vollmacht **41** 29
- Quoten-/Werttheorie **41** 34
- Rentenvermächtnis **41** 27
- Sittenwidrigkeit **7** 13; **41** 33
- Testamentsvollstreckung **19** 2; **41** 19
- Überwachung Testamentsvollstreckung **41** 22
- Vermächtnislösung **41** 25 f.
- Versorgungsvermächtnis **41** 27
- Verwaltungsanordnung **41** 21, 35
- Vor-/Nacherbschaft **41** 13
- Zusatzpflichtteil **41** 26

Behinderter, geistig, Zuwendung bei Sozialhilfe **2** 57
Behinderung
- Prüfung eventueller **2** 57
- Testamentserrichtung bei Mehrfachbehinderung **5** 34

Beihilfe, Erbenhaftung **23** 107
Beihilfeanspruch, Vererblichkeit **4** 13
Beirat
- beratender **40** 57
- Einsetzung bei Unternehmensnachfolge **40** 55
- freiwilliger **40** 56
- organschaftlicher **40** 57
- schlafender **40** 57
- Stiftung **38** 50, 56

Beköstigung, Verpflichtung zur **32** 58
Belarus
- Fortgeltung Deutsch-sowjetischer Konsularvertrag **33** 106
- Nachlassspaltung **33** 84, 106

Belegenheitsprinzip, ausländisches Grundvermögen **5** 26
Belegenheitsstatut 33 15
Belehrungspflicht
- Erbschaftsausschlagung **22** 20
- notarielle **70** 16, 25
- notarielle gegenüber Dritten **70** 29
- steuerliche durch Notar **70** 28
- steuerliche Folgen **35** 1
- steuerliche Folgen bei erbrechtlicher Beratung **36** 1
- Vor-/Nacherbschaft **3** 32

Belgien
- Nachlass-Spaltung **3** 57; **33** 84
- Vollstreckungsabkommen mit **33** 115

Berater, steuerstrafrechtliche Verantwortung **37** 29
Beratung
- Abgleich mit Gesellschaftsverträgen **1** 7
- Abgleich Testament mit Gesellschaftsvertrag **3** 60 f.
- Aufgabebesteuerung **1** 23

Sachverzeichnis

fett gedruckte Zahlen = Paragrafen

- Auslandssachverhalte **1** 16
- Auslandsvermögen **3** 56
- Ausschlagung **3** 66 f.
- Auswahl Unternehmensnachfolger durch Dritte **40** 155
- Belehrungspflicht bei steuerrechtlicher **36** 1
- Berliner Testament **3** 1 f.
- Bewertungsfragen **1** 10; **3** 39 f.
- Ehevertrag **1** 13
- Einsetzung Aufsichts-/Beratungsgremien **40** 55
- Entwurfsfertigung **1** 17
- Erb-/Pflichtteilsverzicht **3** 69
- Erbengemeinschaft **26** 5
- erbrechtliche Gestaltung **9** 1
- erbrechtlicher **1** 2 ff.
- Erbschafts-/Erbteilskauf **28** 1 f.
- Erbverzicht **31** 1 f.
- Ersatzbestimmungen **3** 36
- Familienvermögensverwaltungsgesellschaft **3** 47
- forum-shopping **3** 57
- gerichtliche Geltendmachung von Ansprüchen **1** 19
- Gestaltungsmöglichkeiten im internationalen Erbrecht **33** 143 f.
- Gestaltungswahl Testament oder Erbvertrag **10** 4
- Güterstandswahl **3** 58
- Herausgabe von Nachlassgegenständen **1** 19
- internationales Erbrecht **33** 2
- KGaA **3** 55
- Lebensversicherung **1** 14; **3** 63
- lebzeitige Vermögensübertragung **32** 1 f.
- letztwillige Verfügung **1** 17
- Liquidität **1** 12
- minderjähriger Erbe **42** 15
- Miterbenauseinandersetzung **1** 19; **3** 72 f.
- nach dem Erbfall **1** 22 f.
- Nacherbschaft **1** 26
- Nachlassbewertung **1** 19
- Nachlassplanung **1** 5 f.
- Nachlassstrukturierung **1** 9
- Pensionsanspruch **3** 64
- Pflichtteilsergänzung **1** 19
- Pflichtteilsrecht **1** 19
- Rechtsänderung **1** 2
- Registerberichtigung **1** 24
- Sachverhaltsaufnahme **1** 6
- Sachverhaltsfeststellung **2** 51 f.
- Schaffung klarer Unternehmensstruktur **40** 50
- Schenkung **3** 81 f.
- Selbstanzeige **1** 23; **37** 12
- Steuergefahren bei stillen Reserven **3** 6 f.
- steuerliche Haftung **35** 1
- Steuerplanung **1** 11
- Steuerstrafrecht **1** 23
- Stiftung **3** 51 f.
- Teilungsanordnung **3** 93
- Testamentsvollstreckung **1** 27; **3** 12 f.
- überschuldeter Nachlass **1** 25
- Umwandlung Privat- in Betriebsvermögen **1** 9; **3** 46
- Unternehmensnachfolge **40** 1
- Verlagerung in Ausland **1** 9
- Versorgungsbedarf **1** 6
- Verträge auf den Todesfall **32** 1 f.
- vertragliche Anpassung zur Vorbereitung Nachfolgeregelung **40** 53
- Vollmacht **1** 15
- Vor-/Nacherbschaft **3** 28 f.
- Vorausvermächtnis **3** 93
- Vorbereitung einvernehmliche Erbauseinandersetzung **26** 51
- Vorerbschaft **1** 26
- Vormundschaft **1** 18
- Vorsorgebedarf **1** 6, 14
- vorweggenommene Erbfolge **1** 8
- Wegzugsplanung **34** 11

Beratungsrechtsschutz 2 25 f.
Beratungsvertrag, Pensionen **1** 14
Bereicherungsschulden 23 18
Berichterstattung
- Nachlassverwaltung **24** 70
- Verwaltung Kindesvermögen **32** 122

Berichtigung, Steuerbescheid **69** 27
Berichtigungsanzeige 69 17, 20
Berliner Testament 3 1 f.; **8** 47; **11** 76 f.
- Auflage bei **11** 96, 99
- Ausschlagung des überlebenden Ehegatten **3** 4
- Beschränkung zugunsten Schlusserbe **11** 92
- Doppelbesteuerung des Nachlasses **13** 138
- gegenseitige Einsetzung **11** 77
- Geltendmachung Pflichtteil **3** 4
- gleichzeitiges Versterben **11** 85
- Herausgabevermächtnis bei **11** 93
- Jastrow'sche Klausel **13** 259; **21** 29
- Pflegeranordnung für minderjährige Kinder **11** 87
- Pflichtteilsklausel **11** 101
- Pflichtteilsstrafklausel **36** 296
- Pflichtteilsverzicht **11** 98
- Quotenvermächtnis bei **11** 92
- Schlusserbe **11** 80
- Sicherung Immobilienvermögen **11** 99
- steuerliche Gestaltungsaspekte **5** 27
- steuerliche motivierte Ausschlagung **36** 291
- steuerliche motivierte Geltendmachung von Pflichtteilsansprüchen **36** 295
- Strafklausel bei Pflichtteil **11** 94
- Vermächtnis in **11** 89
- Vermächtnisse an Kinder **3** 3
- Vollerbschaft **11** 90
- Vor-/Nacherbschaft **17** 32
- Vorerbschaft **11** 90
- Wiederverheiratungsklausel **11** 89 f.
- Wiesbadener Modell **3** 5

Bermudas, Nachlassspaltung **33** 84
Berufsausbildung, als Bedingung **15** 37

magere Zahlen = Randnummern **Sachverzeichnis**

Berufsausbildungsaufwand, Ausgleichspflicht bei Erbauseinandersetzung 26 74
Berufshaftpflicht, internationales Erbrecht 33 2
Berufshaftpflichtversicherung 2 50
Beschenkter, Leistungsklage wegen Pflichtteilsergänzung gegen 62 19
Beschlussfassung, Erbengemeinschaft 26 34, 37,41 a
Beschränkung, Pflichtteilsberechtigter 29 34
Beschwer, Pflichtteilsberechtigter 29 34
Beschwerde 69 98
– Erbscheinsverfahren 50 33
Besitzer, Auskunftspflichten 45 33
Besitzrecht, Vermächtnis 13 106 f.
Besitzunternehmen
– Betriebsaufspaltung 36 131
– Einbringung in Betriebsgesellschaft 36 141
Bestandsidentität, Grundsatz der 35 60, 61
Bestandskraft, Steuerbescheid 69 26
Bestandsverzeichnis
– amtliches 29 171
– Anspruch auf Vorlage 29 167
– eidesstattliche Versicherung 19 146
– Eidesstattliche Versicherung 29 172
– Ergänzungsanspruch 29 173
– Muster 29 168
– Vorlage durch Testamentsvollstrecker 19 145
Bestattungskosten, Erbfallschulden 23 17
Besteuerung
– Aktiengesellschaft 36 70
– atypisch stille Gesellschaft 36 63
– atypische Unterbeteiligung 36 67
– ausländische Familienstiftung 39 30
– Betriebsverpachtung 36 98
– Destinatär bei Familienstiftung
– Destinatär gemeinnütziger Stiftung
– Familienstiftung 36 74; 39 19 f.
– gemeinnützige Stiftung 39 13
– GmbH 36 68
– GmbH & atypisch Still 36 65
– GmbH & Co. KG 36 58
– KGaA 36 71
– Kommanditgesellschaft 36 54 f.
– privatnützige Stiftung 39 19 f.
– Stiftung 39 14
– Stiftung & Co. KG 39 32
– typisch stille Gesellschaft 36 62
– typische Unterbeteiligung 36 66
– unselbständige Stiftung 39 31
Besteuerung, einkommensteuerliche 35 173 f.
– Abfärbetheorie 35 189
– Alleinerbe 35 178
– Atypisch stille Gesellschaft 35 217
– Ausscheiden des Miterben aus Erbengemeinschaft 35 192
– bei Teilerbauseinandersetzung 35 205
– beim Erbfall bei Personengesellschaft 35 180 f.
– entgeltliche Vermögensübertragung 35 240
– Erbauseinandersetzung 35 190

– Erbe 35 176 f.
– Erbengemeinschaft 35 179
– Erbfallschulden 35 208
– Erblasser 35 174
– Gegenleistungsrente 35 227
– Geldvermächtnis 35 219
– Hoferbe beim Erfall 35 188
– hofesfreies Vermögen 35 188
– land-/forstwirtschaftlicher Betrieb beim Erbfall 35 188
– Nießbrauchsvermächtnis 35 213
– Realteilung mit Ausgleichszahlung 35 201
– Realteilung ohne Ausgleichszahlung 35 195
– Rentenvermächtnis 35 214
– Sachvermächtnis 35 209
– Schenkung 35 220
– Sonderbetriebsvermögen bei Personengesellschaft 35 185
– Stille Gesellschaft 35 217
– teilentgeltliche Vermögensübertragung 35 240
– unentgeltliche Übertragung aus Betriebsvermögen 35 231, 232
– unentgeltliche Übertragung aus Privatvermögen 35 233
– unentgeltliche Vermögensübertragung 35 230
– unentgeltlicher Erwerb 35 231
– Unterbeteiligung 35 218
– Unterhaltsleistung 35 229, 239
– Unterhaltsrente 35 214
– Veräußerung Erbanteil 35 191
– Veräußerung Mischnachlass 35 191
– Veräußerung Nachlassgegenstand 35 194
– Versorgungsleistung 35 215, 234, 228, 234
Besteuerung, erbschaftsteuerliche
– Beschwerde 69 98
– Einspruchsverfahren 69 48
– Mitwirkungspflichten 69 118
– Nichtzulassungsbeschwerde 69 97
– Rechtsbehelf, außergerichtlicher 69 45
– Rechtsbehelfe 69 45 f.
– Rechtsbehelfe, gerichtliche 69 96
– Rechtsmittel 69 96
– Revision 69 96
– Suspensiveffekt 69 47, 61
– Untätigkeitsklage 69 48, 68
– Verböserung im Einspruchsverfahren 69 42, 53
Besteuerung, ertragsteuerliche
– Familienstiftung 39 20, 23
– privatnützige Stiftung 39 20, 23
– Stifter 39 6, 20
Besteuerung, laufende
– Familienstiftung, ausländische 34 34
– Trust 34 43
Besteuerungsfrist, steuerlich relevante 36 4
Besteuerungsverfahren, erbschaftsteuerliches 69 1 f.
– Anzeigefrist 69 9
– außergerichtliches 69 5

Sachverzeichnis

fett gedruckte Zahlen = Paragrafen

- Bedarfsbewertung **69** 21 f.
- Berücksichtigung früherer Erwerbe **69** 38
- Einordnung **69** 4
- festzusetzender Steuersatz **69** 37
- gerichtliches **69** 6
- Gesamtrechtsnachfolge **69** 39
- Gestaltungsmissbrauch **69** 41
- Handeln der Finanzbehörde **69** 24
- Rechtsbehelfsverfahren **69** 5
- steuerpflichtige Vorgänge **69** 7
- Verständigung **69** 24
- Zuständigkeit **69** 9

Bestimmungsrecht, Befristung **8** 19
Beteiligtenfähigkeit, finanzgerichtliche **69** 81
Beteiligung, Steuerverstrickung **3** 6
Beteiligung, wesentliche, einkommensteuerliche Behandlung der entgeltlichen Vermögensübertragung aus Privatvermögen **35** 244
Beteiligungsidentität, Betriebsaufspaltung **36** 136
Beteiligungsträgerstiftung 38 12, 16
Betragsvermächtnis, bei Berliner Testament **11** 93
Betreuer
- Testament zugunsten des **5** 9
- Testamentsvollstrecker **19** 45
- Widerruf Vorsorgevollmacht **44** 20

Betreuung, Testierfähigkeit **5** 18
Betreuungspflicht
- notarielle **70** 16
- notarielle gegenüber Dritten **70** 29

Betreuungsverfügung 44 2, 29 f.
- Ausgestaltung **44** 31
- Beratungsbedarf **1** 15
- Betreuerauswahl **44** 30
- Form **44** 32
- Regelungsinhalt **44** 30
- Schenkung des Betreuers **44** 31
- Verfahren **44** 32

Betrieb, steuerlich relevante Fristen **36** 4
Betriebsaufgabe
- Aufgabeerklärung **36** 115
- Betriebsverpachtung **36** 98, 115
- steuerlich relevante Fristen **36** 4
- steuerliche Behandlung **36** 115

Betriebsaufspaltung
- Beendigung **36** 139
- Begriff **36** 131
- Beherrschungsidentität **36** 137
- Besitzunternehmen **36** 131
- Beteiligungsidentität **36** 136
- Betriebsunternehmen **36** 131
- Betriebsverpachtung bei Wegfall der personellen Verflechtung **36** 140
- Checkliste **36** 128
- echte **36** 132
- einkommensteuerliche Belastung **40** 69
- gewerbliche Familiengrundbesitzgesellschaft **36** 23
- kapitalistische **36** 132
- mit Familienmitglied **36** 138
- mitunternehmerische **36** 132
- personelle Verflechtung **36** 136
- Personengruppentheorie **36** 137
- sachliche Verflechtung **36** 133
- steuerliche Behandlung Stiller Reserven bei Beendigung **36** 140
- steuerliche Gestaltung bei Beendigung **36** 140
- steuerliche motivierte Ausschlagung **36** 289
- steuerliche motivierte Gestaltung **36** 128 f.
- umgekehrte **36** 132
- unechte **36** 132
- Wiesbadener Modell **36** 130

Betriebseröffnungsanzeige, bei Betriebsverpachtung **36** 127
Betriebsfortführung, steuerliche Behandlung bei Betriebsverpachtung **36** 109
Betriebsgrundlage, wesentliche, steuerlich relevante Fristen **36** 4
Betriebsgrundlagen
- Veräußerung unwesentlicher **35** 147, 148
- Veräußerung wesentlicher **35** 141, 145, 147

Betriebsgrundlagen, wesentliche, Betriebsverpachtung **36** 100
Betriebsgrundstück, Zuwendungsnießbrauch **36** 232
Betriebsübergabe, gemischte Schenkung **35** 82
Betriebsübertragung, steuerliche Behandlung bei Betriebsverpachtung **36** 118
Betriebsübertragung, unentgeltliche, gewerbesteuerliche Behandlung **35** 246
Betriebsunterbrechung, Betriebsverpachtung **36** 98, 109
Betriebsunternehmen, Betriebsaufspaltung **36** 131
Betriebsvermächtnis, erbschaftsteuerliche Bewertung **35** 76
Betriebsvermögen
- Aufdeckung stiller Reserven **3** 7
- Aufgabebesteuerung **1** 23
- Behaltensfrist **35** 139
- Behaltensregel **3** 45
- Bestandsidentität **35** 60, 61
- Bewertung Grundstück **46** 35
- Bewertungsabschlag **3** 43; **35** 138
- einkommensteuerliche Behandlung bei unentgeltlicher Übertragung **35** 231
- einkommensteuerliche Behandlung entgeltlicher Vermögensübertragung **35** 241, 242
- Entnahmegewinnbesteuerung **3** 7
- erbschaftsteuerliche Begünstigung **1** 9
- erbschaftsteuerlicher Freibetrag **40** 63
- Erbschaftsteuerbefreiung Lebensversicherung **47** 104
- erbschaftsteuerliche Bewertung **35** 59 f.
- erbschaftsteuerliche Privilegierung **3** 42 f.
- erbschaftsteuerlicher Bewertungsabschlag **69** 37
- Miterbenauseinandersetzung **3** 76

- mittelbare Schenkung 36 19
- Nachsteuer 35 139
- Nachsteuertatbestände 35 141 f.
- Personengesellschaft 35 67
- Realteilung 3 76; 35 196, 202
- rückwirkender Wegfall der Erbschaftsteuerbegünstigung 35 139
- Sonderbetriebsvermögen Personengesellschaft 35 61, 62
- steuerbegünstigtes 35 117 f.
- Steuerklasse 3 43
- steuerliche motivierte Ausschlagung der vermächtnisweisen Zuwendung von 36 287
- steuerliche motivierte Generierung 36 37 f.
- steuerliche motivierte Umwandlung in 36 41
- steuerunschädliche Entnahme 35 149
- Stundung Erbschaftsteuer 69 37
- Tarifvergünstigung 35 167
- Umsatzsteuer bei Sachentnahme 35 252
- Vermögensaufstellung 35 59
- Wertsteigerung 3 46

Betriebsvermögen, ausländisches
- erbschaftsteuerbegünstigter Erwerb 35 123
- erbschaftsteuerliche Bewertung 35 63

Betriebsvermögen, gewillkürtes 35 62; 36 43

Betriebsvermögen, inländisches
- Erbschaftsteuerbegünstigung 35 120 f.
- erbschaftsteuerlicher Begriff 35 121

Betriebsvermögen, land-/forstwirtschaftliches, einkommensteuerliche Behandlung der Entnahme/Veräußerung von Grundvermögen 35 242

Betriebsvermögen, notwendiges 35 62

Betriebsvermögensfreibetrag 3 43, 125 f.
- 10-Jahresfrist 35 137
- anteilige Verfügung 35 135
- Aufteilung 35 125, 126
- Aufteilungsvereinbarung der Miterben 35 132
- Aufteilungsverfügung 35 129
- Ersatzbegünstigung Aufteilungsverfügung 35 132
- Kumulierungsverbot 35 136, 137
- Miterbe bei Erwerb bei Nachfolgeklausel 35 124
- nachträglich weggefallener 35 158
- Schenkung unter Lebenden 35 135
- Verbrauch 35 137
- Vor-/Nacherbfolge 35 133
- Wegfall bei Nachversteuerung 35 156
- Wiederverheiratungsklausel 35 134

Betriebsverpachtung
- Anzeigepflicht 36 127
- Betriebsaufgabe 36 98, 115
- Betriebsaufspaltung 36 104
- Betriebsunterbrechung 36 98, 109
- Checkliste 36 97
- einkommensteuerliche Behandlung 36 98
- Gegenstand 36 100
- Gewerbesteuer 36 123
- Grunderwerbsteuer 36 125

- Mitunternehmerschaft zwischen Verächter/Pächter bei 36 105
- steuerliche Behandlung Betriebsfortführung 36 109
- steuerliche Behandlung Betriebsübertragung 36 118
- steuerliche motivierte Gestaltung 36 97 f.
- Umsatzsteuer bei 36 126
- Wahlrecht des Verpächters bei 36 99, 106, 122

Betriebswert, erbschaftsteuerliche Bewertung 35 69

Betriebswohnung, Landarbeiterwohnung 35 72

Beurkundung
- ausländische 70 9
- bei Blinden/Schreibunfähigen/Stummen/Tauben 70 42
- Funktion 70 2
- Geschäftsfähigkeitsvermerk 70 41
- inländische 70 9
- Kostenvergleich 70 39
- Schenkungsversprechen 32 20
- Sprachkenntnis des Beteiligten 70 44
- Verschließung der Urkunde 70 45
- Verwahrung der Urkunde 70 45
- Zuständigkeit 70 1
- Zuständigkeit Notar 70 7 f.

Beurkundung, notarielle, Funktion 70 3

Beurkundungsgebühr, abgegoltener Tätigkeitsumfang 70 66

Beurkundungsrecht 70 1 f.

Beurkundungsverfahren 70 1
- Verfügung von Todes wegen 70 35, 40

Bevollmächtigter, Widerruf Vorsorgevollmacht 44 18

Bevollmächtigung, bei Vollzug Schenkung 32 42

Beweislast
- anwaltliche Haftung 2 38
- Pflichtteilsstreit 62 33

Beweislastregelung, bei Klagen im Bereich Vor-/Nacherbschaft 58 4

Beweisverfahren, selbständiges, Feststellungsklage 56 6

Beweiswürdigung, richterliche, Auslegung 6 63

Bewertung 3 39 f.
- Abfindungsklausel 46 29
- abgekürzte Leibrente 35 43
- Abschlag 46 28, 32, 43
- Aktie 46 47
- Anteil an Kapitalgesellschaft 3 40
- Anteil an KGaA 3 55
- Anteil an Personengesellschaft 3 40
- aufschiebend/auflösend bedingte Verbindlichkeiten 46 9
- ausländisches Betriebsvermögen 35 62
- ausländisches Vermögen 34 19
- Bankkonto 46 46
- Bargeld 46 46

Sachverzeichnis

fett gedruckte Zahlen = Paragrafen

- befristete wiederkehrende Nutzungen/Leistungen 35 41
- Betriebsvermögen 35 59 f.
- Betriebsvermögen bei bilanzierendem Freiberufler 35 60
- Betriebsvermögen bei bilanzierendem Gewerbebetrieb 35 60
- Betriebsvermögen bei bilanzierender Personengesellschaft 35 61
- Betriebsvermögen bei nichtbilanzierender Personengesellschaft 35 62, 66
- börsennotierte Kapitalgesellschaft 35 26
- Briefmarken 46 57
- Buchwert 46 5
- Buchwert-Abfindungsklausel 46 30
- Einfamilienhaus 46 40
- Einheimischenmodell 46 45
- Einzelunternehmen 46 16 f.
- Erbbaurecht 35 57
- erbschaftsteuerliche 35 21 f.
- fehlender Geschäftsführungseinfluss 35 31
- Ferienwohnung, ausländische 46 43
- festverzinsliche Wertpapiere 46 47
- Forst-/Landwirtschaftliche Nutzung 35 69, 70
- Forstwirtschaftlicher Betrieb 35 68
- gemeiner Wert 35 25
- gewerbliches Schutzrecht 46 62
- Gewinnbezugsrecht 35 32
- Gewinnverwendungsbeschluss 35 32
- Gold-/Silbermünzen 46 46
- Grundstück 46 33 f.
- Grundstück, ausländisches 46 43
- Grundvermögen 3 41; 35 45 f.
- Hausrat 46 60
- Höchstzeitrente 35 43
- Hofwert 46 70
- Kapitalforderung 35 33 f.
- Kapitalforderung/-schuld mit Annuitätentilgung 35 37
- Kapitalgesellschaft/-santeil 46 31
- Kapitalschuld 35 33 f.
- Komplementär-GmbH 35 31
- Kraftfahrzeug 46 59
- Kunstgegenstand 46 53
- Kunstsammlung 46 54
- Land- und Forstwirtschaftlicher Betrieb 46 8, 64
- Landarbeiterwohnungen 35 72
- Landgut 46 8, 64
- Landgut nach Anerbengesetz 46 69
- Landgut nach Höfeordnung 46 69
- Landwirtschaftlicher Betrieb 35 68
- lebenslängliche Nutzungen/Leistungen 35 42
- Lebensversicherung 46 49; 47 86 f.
- Leistungsrecht 35 39
- Liebhaberwert 46 7
- Liquidationsgesellschaft 35 31
- Lizenzen 46 63
- Mehrheitsbeteiligung 46 28
- Minderheitsbeteiligung 46 28
- Möbel 46 60
- nach ausländischem Recht 34 3
- Nachlass 29 107; 46 1 f.
- nicht betriebsnotwendiges Bau-/Bauerwartungsland 46 66
- nicht börsennotierte Kapitalgesellschaft 35 27
- Nießbrauch 35 40
- notwendiges Betriebsvermögen bei nichtbilanzierendem Freiberufler 35 62, 66
- notwendiges Betriebsvermögen bei nichtbilanzierendem Gewerbebetrieb 35 62, 66
- Nutzungsrecht 35 39
- Oldtimer 46 59
- Pelze 46 60
- Personengesellschaft 46 28
- persönliche Gegenstände 46 60
- Pflichtteilsergänzung Lebensversicherung 46 50
- Renten 46 61
- Rentenrecht 35 39
- Sachleistungsanspruch/-verpflichtung 35 38
- Sachverständigengutachten 46 3
- Schmuck 46 56
- Spekulationssteuer 46 48
- Stichtag 35 23; 46 9
- Stuttgarter Verfahren 35 27
- Teppich 46 60
- Treuhandverhältnis 35 38
- unbefristete wiederkehrende Nutzungen/Leistungen 35 42
- Unternehmen 46 13
- Unternehmensnachfolge 1 10
- verlängerte Leibrente 35 43
- Vermächtnisgegenstand 35 74
- Vinkulierungsklausel 46 32
- voller wirklicher Wert 46 4
- wahrer innerer Wert 46 6
- Wein 46 58
- Wertermittlung 46 4
- wirtschaftliche Einheit 35 24
- Wohnrecht 46 61
- Wohnungseinrichtung 46 60
- Zeitrente 35 41
- Zuschlag 46 28, 43
- Zuwendungsgegenstand bei Lebensversicherung 47 64

Bewertungsabschlag 35 164
- Betriebsvermögen 3 43; 35 138
- Wegfall bei Nachversteuerung 35 156

Bewertungsabschlag, erbschaftsteuerliche, Betriebsvermögen 69 37

Bewertungsfragen, Beratungsbedarf 1 19

Bewertungsidentität 35 63

Bewertungsklausel, unterwertige, Abfindungsanspruch 29 186

Bewertungsmethode
- bei Unternehmen 46 13
- Grundstücksbewertung 46 34
- Vorgabe der 46 11

magere Zahlen = Randnummern

Sachverzeichnis

Bewertungsprivileg, Land- und Forstwirtschaftlicher Betrieb **46** 12
Bewertungsstichtag **46** 9
- Unternehmensbewertung **46** 15
Bewilligungserklärung, Vermächtnisanspruch **57** 9
Beziehungssurrogation **26** 11
Bezugsberechtigter
Bezugsberechtigter Lebensversicherung
- als Versicherungsnehmer bei Lebensversicherung **47** 123
- Anzeigepflicht bei Lebensversicherung **47** 156
- Begünstigung durch Verfügung von Todes wegen **47** 47
- Bestimmung des **47** 24, 33
- Ehescheidung **47** 41
- Prämienzahlung Lebensversicherung durch **47** 112
- Rechtsstellung **47** 30
Bezugsberechtigung, Bestimmung des steuerbaren Zuwendungsgegenstands bei Lebensversicherung **47** 64 f.
Bezugsrecht
- bei Vor-/Nacherbschaft **17** 144
- Lebensversicherung **32** 43
- Testamentsvollstrecker **19** 270
BGB-Gesellschaft
- Beteiligungsübergang bei Erbengemeinschaft **26** 130
- Eintrittsklausel **29** 195; **40** 38
- Erbenhaftung **23** 100
- Fortsetzungsklausel **40** 29
- Grundbuchberichtigung bei Anwachsung **55** 15
BGB-Gesellschaftsanteil
- Fremdverwaltung **19** 248
- Nachlassinsolvenzverfahren **25** 34
- Umwandlung in Kommanditbeteiligung **19** 233
- Vererbung **40** 17
Bibliothek, öffentlich erhaltenswerte, Erbschaftsteuer **35** 103
Bindungswirkung
- wechselseitige Verfügung **11** 57 f.
- Wegfall bei Verfehlung **11** 63
Birma, Nachlassspaltung **33** 84
Blindenschrift **5** 17
- Testament **5** 28, 33
Blinder, Leseunfähigkeit **5** 17
Blindheit
- Beurkundung bei **70** 42
- Testamentserrichtung bei **5** 33, 36
Blutspende, Patientenverfügung **44** 39
Blutsverwandtschaft, gesetzliche Erbfolge **4** 21
Bodenbewirtschaftung **43** 9
Bodenrichtwert **35** 46; **46** 39
- Bewertung unbebautes Grundstück **3** 41
- ermäßigter **35** 46, 55
Bodenveränderung, Erbenhaftung **23** 109
Bolivien, Nachlassspaltung **33** 84

brainstorming, Mediationstechnik **68** 48
Brasilien, Nachlassspaltung **33** 84
Brief, letztwillige Verfügung in **5** 21
Briefmarken, Bewertung **46** 57
Briefwechsel, letztwillige Verfügung im **5** 28
Bruchteilseigentum, Abgrenzung zu Gesamthandseigentum **26** 14
Bruchteilsnießbrauch **40** 86; **49** 19
Bücher, Erbschaftsteuerbefreiung **35** 102
Buchwert, Wertermittlung **46** 5
Buchwert-Abfindungsklausel, Bewertung **46** 30
Buchwertklausel, Abfindungsanspruch **29** 185
Bundesamt für Wirtschaft, Genehmigung Indexklausel **13** 152
Bundesentschädigungsgesetz, steuerfreie Ansprüche nach **35** 116
Bundesländer, neue, landwirtschaftliches Erbrecht **43** 7
Bundesverband der Deutschen Banken **45** 105
Bundesverband der Deutschen Volks- und Raiffeisenbanken e.V. **45** 105
Bundesverband öffentlicher Banken Deutschland **45** 105
Bürgermeistertestament **5** 40
- Formulierungsmuster **5** 45
Bürgerstiftung **38** 23
Bürgschaft, Vererblichkeit **4** 6
Bürogemeinschaft, Interessenkollision **2** 3
Bußgeldverfahrenseinleitung, Strafbefreiungsausschluss bei Selbstanzeige **37** 22

Caritative Zuwendung, Auflage **14** 18
caucus, Mediationstechnik **68** 43
cautela socini **21** 19; **29** 34
Cayman Islands, Nachlassspaltung **33** 84
China, Nachlassspaltung **33** 84
Costa Rica, Nachlassspaltung **33** 84
cum-viribus-Haftung **23** 5

Damnationslegat **13** 7; **33** 66
Dänemark, Doppelbesteuerungsabkommen **34** 62, 63,70
Datumsangabe, letztwillige Verfügung **5** 29
Dauernde Last
- Abänderbarkeit **32** 67
- Begriff **32** 67
- einkommensteuerliche Behandlung **35** 215, 234
- Sicherung durch Reallast **32** 67
Dauertestamentsvollstreckung
- Aufgabenkreis bei **19** 15
- Beendigung **19** 210
- Formulierungsmuster **19** 41
- gesetzliche Regelung **19** 5
- Höchstdauer **19** 210
- Kapitalgesellschaftsanteil **19** 265
- Komplementärbeteiligung **19** 235
- OHG-Beteiligung **19** 235
Dauervollstreckung **3** 13
Dauerwohnrecht **32** 54

Hagen

Sachverzeichnis

fett gedruckte Zahlen = Paragrafen

Deckungszusage, Rechtsschutzversicherung **2** 29
Demenz, Testierfähigkeit **5** 15, 16
Der Eine teilt, der Andere wählt, Mediationstechnik **68** 51
Desorientiertheit, Testierfähigkeit **5** 15
Destinatär
– Ausreichung von Stiftungsleistung an **32** 7
– steuerliche Behandlung **36** 76
– steuerliche Behandlung bei Familienstiftung **39** 26
– steuerliche Behandlung bei gemeinnütziger Stiftung **39** 17
Deutsch-deutsches Erbrecht
– Anfechtung Erbschaftsausschlagung **48** 27
– Anfechtung Verfügung von Todes wegen **48** 20
– Begriff **48** 1
– DDR-Immobilie **48** 6
– Erbschaftsausschlagung **48** 22 f.
– Erbschein **48** 39 f.
– Erbvertrag **48** 16
– Erbverzicht **48** 37
– gemeinschaftliches Testament **48** 12 f.
– gesetzliche Erbfolge **48** 10
– gewillkürte Erbfolge **48** 12 f.
– Kaufkraftschwund **48** 34
– Kollisionsrecht **48** 3
– Korrektur nach VermG **48** 38
– Nachlassspaltung **48** 6
– nachträgliche Korrektur der von Fehlvorstellungen beeinflussten Verfügungen von Todes wegen **48** 17 f.
– nachträgliche Pflichtteilsergänzung nach BGB **48** 31
– nachträgliche Pflichtteilsergänzung nach ZGB **48** 35
– nichteheliches Kind **48** 7
– örtliche Kollision **48** 5
– Parentelsystem **48** 11
– Pflichtteilsrecht **48** 30 f.
– Testierfähigkeit **48** 13
– Verfügung von Todes wegen **48** 12 f.
– zeitliche Kollision **48** 4
Deutsches Internationales Erbrecht **33** 8 f.
– Anwendung fremden Rechts **33** 30
– Art. 6 EGBGB **33** 37
– beschränkte Steuerpflicht **34** 21
– erweitert beschränkte Steuerpflicht **34** 24
– EU-Recht **34** 71
– Fallprüfung **33** 11 f.
– Gesamtnormverweisung **33** 17
– Gesetzesumgehung **33** 41
– Grundrechtsverstoß bei Anwendung ausl. Rechts **33** 37
– Nachlassspaltung **33** 20, 27
– Qualifikation **33** 11
– Rückverweisung **33** 18
– Sachnormverweisung **33** 17
– selbständige Anknüpfung **33** 31
– Staatsangehörigkeit **33** 15
– Statutenwechsel **33** 47
– Substitution **33** 45
– testamentary trust **33** 50
– unbeschränkte Steuerpflicht **34** 7
– Vorfragen **33** 30
– Vorrang des Einzelstatus **33** 26
– Vorrang staatsvertraglicher Kollisionsnormen **33** 16, 100 f.
– Wahl des Erbstatuts **33** 73
– Weiterverweisung **33** 21
Deutsch-iranisches Niederlassungsabkommen **33** 101
– Minderjährige **42** 12
Deutsch-sowjetischer Konsularvertrag **33** 106
Deutsch-türkischer Konsularvertrag **33** 103
Devolutiveffekt, erbschaftsteuerlicher Einspruch **69** 45
Dienstaufsicht, Notar **70** 30
Dienstbarkeit, beschränkt persönliche
– Altenteil **32** 61, 62
– Klage auf Bestellung **57** 17
– Sicherungsinstrument **32** 110
– Vererblichkeit **4** 5
– Vermächtnis **13** 104, 113
Dienstbezüge, Erbenhaftung bei Rückzahlung **23** 106
Dienstleistungsverpflichtung, Vererblichkeit **4** 6
Dienstrecht, Internationales Erbrecht **33** 72
Dienstvergehen, Notar **70** 32
Direktversicherung, Mitteilung des Lebensversicherers **47** 161
Dispositionsmaxime, finanzgerichtliche **69** 103
Dispositionsnießbrauch **49** 22
Disziplinarmaßnahmen, gegen Notar **70** 33
Disziplinarverfahren, gegen Notar **70** 30
Dominikanische Republik, Nachlassspaltung **33** 84
Doppelbesteuerungsabkommen **34** 60
– Checkliste **34** 61
– Dänemark/D **34** 62, 63,70
– Griechenland/D **34** 62, 64
– Österreich/D **34** 62, 65,70
– Schweden/D **34** 62, 63,70
– Schweiz/D **34** 62, 66,70
– USA/D, vorzeitige Trusterrichtungsbesteuerung **34** 56
– USA/D **34** 62, 69,70
Doppelehe, Erbrecht **11** 8
Doppelerbschein **48** 41
Doppelstaatsangehörigkeit, Vermeidung faktischer Nachlassspaltung **33** 146
Doppelstiftung **38** 29
Dotationsquelle **38** 12
Dreiphasenmethode, Ertragswertverfahren **46** 18
Dreißigster **4** 55; **11** 18; **13** 34
– Erbschaftsteuer **35** 10
– Erbschaftsteuerbefreiung **35** 103
Dreizeugentestament **5** 41
– Formulierungsmuster **5** 46
Drittbestimmung

magere Zahlen = Randnummern

Sachverzeichnis

- durch Vermächtnis **40** 160
- Unternehmensnachfolger **40** 155
- Verbot der **7** 5

Drittwiderklage, Erbauseinandersetzungsklage **61** 30

Drogensucht, Pflichtteilentziehung **29** 63

Drohung, widerrechtliche 7 37
- Erbschaftsausschlagung bei Ausreise aus DDR **48** 28

Duldungsauflage, erbschaftsteuerliche Wertermittlung **35** 78

Duldungsklage, Streitwert **60** 8

Dürftigkeitseinrede 1 25; **23** 46 f.; **69** 44
- Einwendungsklage des Erben bei **60** 20
- Erbenhaftung **23** 3
- Vermächtnis **13** 301

Echtheitsbeweis, Urkunde **70** 5

Edelmetalle, Erbschaftsteuer **35** 102

Edelstein, Erbschaftsteuer **35** 102

Ehe
- gesetzliche Erbfolge **4** 19
- steuerliche motivierte Gestaltung von Güterstandsvereinbarungen **36** 246

Ehe, aufgehobene, Erbberechtigung **4** 43

Ehe, geschiedene, Erbberechtigung **4** 43

Eheaufhebbarkeit, Kenntnis der **11** 135

Eheaufhebung, Erbrecht bei **11** 127

Eheaufhebungsantrag, Erbberechtigung bei **4** 43

Eheaufhebungsantrag, rechtshängiger, erbrechtliche Wirkung **11** 127

Ehegatte/n
- Anfechtung wechselbezügliche Verfügung **11** 68
- Ansprüche des geschiedenen E. nach Erbfall **11** 146
- Antrag Nachlassverwaltung **24** 14
- Aufhebung Erbvertrag **10** 52
- Ausschlagung des Überlebenden **11** 143
- Dreißigste **11** 18
- ehebedingte Zuwendungen **40** 79
- Einheits-/Trennungslösung **11** 31, 45
- Eintritt in Mietvertrag **11** 19
- Einzeltestament **11** 27, 29
- Erbstatut **11** 22
- Formulierungsmuster Erbvertrag **10** 67
- Formulierungsmuster für E. mit Kind **10** 66
- Freibetrag bei Voraus **35** 10
- gemeinschaftliches Testament **11** 40 f.
- Genehmigung Vermögensverfügung des anderen E. **32** 47
- gesetzliches Erbrecht **11** 1 f.
- gleichzeitiges Versterben der **11** 20
- Güterrechtsstatut **11** 23
- Güterstandsschaukel **40** 79
- Lebensversicherung auf verbundene Leben **47** 139
- Pflichtteilsberechtigter **29** 7
- Pflichtteilsquote **29** 78
- Pflichtteilsverzicht **29** 237
- postmortale Vollmacht **11** 28
- rückwirkender Güterstandwechsel **32** 113
- Selbstanfechtung wechselbezüglicher Verfügung **9** 39
- Vermächtnisnehmerstellung bei gemeinschaftlichem Testament **11** 122
- Versorgungsbedarf **1** 6
- Voraus **4** 54; **11** 17; **29** 218
- Widerruf einseitiger Verfügung in gemeinschaftlichem Testament **9** 29
- Widerruf gemeinschaftliches Testament **9** 30
- Widerruf wechselbezüglicher Verfügung in gemeinschaftlichem Testament **9** 31
- Widerruf wechselbezüglicher Verfügung nach dem Tod des anderen Ehegatten **9** 38
- Widerruf wechselbezüglicher Verfügung zu Lebzeiten des anderen Ehegatten **9** 32
- Wohnungsnutzung **11** 18
- zustimmungsgebundene Geschäfte **32** 48
- Zustimmung zur Vermögensverfügung des Ehegatten bei Erbauseinandersetzung **26** 68
- Zuwendung der eigengenutzten Immobilie **3** 84
- Zuwendung Familienwohnheim **35** 104
- Zuwendung von Vermögensgegenständen unter Lebenden **40** 78

Ehegatte, erbberechtigter 4 43

Ehegatte, geschiedener
- erbrechtliche Gestaltungen **11** 147
- Unterhaltsanspruch **13** 37
- Unterhaltsanspruch gegen Erben
- Unterhaltsanspruch im Erbfall **11** 146
- Vermögenssorge für gemeinsames Kind **11** 148

Ehegatte, überlebender
- finanzielle Versorgung **40** 75
- großer Pflichtteil **13** 384
- Hausrat **40** 74
- Nießbrauchsvermächtnis **13** 130, 138
- Pflichtteil bei Zugewinngemeinschaft **13** 381
- Rentenzahlung an **40** 83
- Versorgung bei Unternehmensnachfolge **40** 72 f.
- Versorgung durch variable Leistungen **40** 92
- Versorgung mit Nießbrauch **40** 85
- Versorgungslücke **40** 77
- Zuwendung Privatvermögen **40** 81 f.

Ehegattenberatung, Interessenkollision **2** 7

Ehegattenerbrecht 4 43 f.
- Deutsch-deutsches Erbrecht **48** 10
- Ansprüche des geschiedenen Ehegatten nach Erbfall **11** 146
- Ausschlagung des Überlebenden **11** 143
- Ausschluss **11** 73
- Ausschluss bei gewillkürter Erbfolge **11** 136
- Ausschluss bei Kenntnis der Aufhebbarkeit der Ehe **11** 135
- Ausschluss des **11** 126 f.
- bei gesetzlichem Güterstand **4** 50
- bei Gütergemeinschaft **4** 52
- bei Gütertrennung **4** 51
- bei Scheidung **11** 127

Hagen

Sachverzeichnis

fett gedruckte Zahlen = Paragrafen

– bei Zugewinngemeinschaft **4** 50
– Berliner Testament **11** 76 f.
– DDR **11** 26
– Erbteil neben Verwandten **4** 45
– Erbvertrag **11** 123
– gemeinschaftliches Testament mit Trennungslösung **11** 107 f.
– gesetzliches **11** 1 ff.
– gewillkürte Erbfolge **11** 27 ff., 27 ff.
– Gütergemeinschaft **11** 12
– Güterstand **4** 49 f.; **11** 9
– Gütertrennung **11** 11
– IPR **11** 21
– Pflichtteilsrecht **11** 139
– Umfang **4** 44
– Verhalten des Überlebenden nach Erbfall **11** 141
– Voraus **4** 53, 54
– Wahl der Verfügungsart **11** 125
– Zugewinngemeinschaft **11** 14
Ehegattenfreibetrag, deutsche Zugewinngemeinschaft **34** 31
Ehegattenhof
– Eigentumsverhältnisse **43** 10
– formloser Hofübergabevertrag **43** 36
– geschlossene Hofvererbung **43** 12, 13
– Hoferbenbestimmung **43** 13
Ehegattenpflichtteil, Entziehung **29** 65
Ehegattentestament
– Anfechtung **7** 58
– Ausgleichsanspruch Begünstigter bei Nießbrauch **49** 60
– Erbschaftsausschlagung **22** 39
– Unwirksamkeit **7** 53 f., 55
– Voll-/Schlusserbschaft **17** 36
– Vor-/Nacherbschaft **17** 35
Ehescheidung
– als Bedingung **15** 40
– Ausschluss Erbrecht **11** 73
– Widerruf der Bezugsberechtigung bei Lebensversicherung **47** 41
Eheschließung
– als Bedingung **15** 40; **15** 40
– Deutsches Internationales Privatrecht **33** 33
Ehestand, gesetzlicher, Erbquote **3** 58
Ehevertrag
– Behindertentestament **41** 11
– Beratungsbedarf bei Nachlassplanung **1** 13
– Erb-/Pflichtteilsverzicht **31** 42 f., 50
– Erbverzicht **31** 37
– Güterstandsschaukel **36** 258
– Modifikationsklausel Zugewinngemeinschaft **36** 253
– Notarkosten bei Verbindung mit Erbvertrag **70** 74
Ehevertrag, notarieller, Modifikation Zugewinngemeinschaft **36** 251
Eidesstattliche Versicherung s. *Versicherung, eidesstattliche*
Eigengeschenk, Anrechnung bei Pflichtteilsergänzung **29** 144

Eigenheim, selbstgenutztes, Übertragung auf Ehepartner **40** 78
Eigenheimzulage, bei mittelbarer Grundstücksschenkung **36** 12
Eigeninteresse, lebzeitiges 7 17
Eigenmacht, verbotene 27 2
Eigenschaftsirrtum, Anfechtung Erbschaftsannahme/-ausschlagung **22** 47
Eigentum, Vererblichkeit **4** 5
Eigentum, wirtschaftliches
– bei Familiengesellschaft **36** 50
– erbschaftsteuerlicher Begriff **36** 6
– steuerrechtlicher Begriff **36** 5
Eigentumswohnung
– Aufteilung Mietshaus **1** 9
– Genehmigung der Übertragung bei Erbauseinandersetzung **26** 68
Eigenvermögen, Einwendungsklage bei Vollstreckung in **60** 19
Eigenverwaltung 25 58
Einbringung
– Auslandsbeteiligung in deutsche Gesellschaft **40** 167
– Nachsteuertatbestände **35** 153
– steuerliche motivierte E. in Betriebsvermögen **36** 42
– Unternehmen **40** 51
Einbringungsgeborener Anteil 3 74
– Steuerverstrickung **34** 87
Einfamilienhaus, eigengenutztes, Bewertung **46** 40
Einfußnahme, unlautere, Errichtung/Aufhebung letztwilliger Verfügungen **30** 13
Einheimischenmodell, Bewertung **46** 45
Einheitslösung, Pflichtteilsstrafklausel bei **21** 11
Einheitsmethode, bei teilentgeltlicher Übertragung **35** 225
Einheitstheorie, Pflichtteilsquote Ehegatte **29** 80
Einheitswert, Bewertung Grundstück **3** 41
Einheitswert, steuerlicher 46 5
Einigungsgebühr, Rechtsanwaltshonorar **2** 17
Einkommensteuer 35 173 f.
– Abzugsfähigkeit Testamentsvollstreckervergütung **19** 310
– bei Nachlassverwaltung **24** 65, 88
– Erblasserverbindlichkeit **35** 89
– Nachfolgeplanung **40** 67
Einkommensteuerbelastung, bei Miterbenauseinandersetzung **3** 72 f.
Einkommenszuschuss, Ausgleichspflicht bei Erbauseinandersetzung **26** 73
Einkünfte aus Gewerbebetrieb, Erbengemeinschaft **35** 179
Einlage, Wirtschaftsgut in Betriebsvermögen **36** 42
Einlage, stille, erbschaftsteuerliche Bewertung **35** 66

Einlage, verdeckte, steuerliche Behandlung bei GmbH 36 68
Einlagen, Testamentsvollstrecker 19 270
Einlagenlösung, bei Realteilung mit Ausgleichszahlung 35 202
Einrede, des Erben nach § 2014 BGB 23 54
Einrede der Dürftigkeit s. Dürftigkeitseinrede
Einrede der Schiedsgerichtsbarkeit 67 14, 38
Einreden, Pflichtteilsanspruch 62 29
Einschub, letztwillige Verfügung 5 31
Einsichtsrecht
- Krankenakte 66 10
- Sachverständigengutachten 66 10
- Unternehmensunterlagen durch Pflichtteilsberechtigten 29 173
Einspruch, erbschaftsteuerlicher 69 45 f.
- begründeter 69 54
- Erledigterklärung 65 58
- Teilabhilfe
- teilweise begründeter 69 57
- unzulässiger/unbegründeter 69 53
- Vorbehalt/Vorläufigkeitsvermerk 69 59
Einspruchsentscheidung 69 53 f.
Einspruchsverfahren, erbschaftsteuerliches 69 48
- Abschluss 69 53
- Aussetzung 69 52
- Aussetzung der Vollziehung 69 61
- Einspruchsentscheidung 69 53 f.
- Präklusion 69 50, 104
- rechtliches Gehör 69 49
- reformatio in peius 69 42, 53
- Ruhen 69 52, 63
- Ruhen des Verfahrens 69 63
- Verfahrenskosten 69 60
- Wiedereinsetzung in den vorherigen Stand 69 51
Einstellung Geschäftsbetrieb, Haftung der Miterben bei 23 87
Eintrittsklausel 3 61
- einkommensteuerliche Behandlung beim Erbfall 35 187
- Erbengemeinschaft 26 130
- Erbenhaftung bei 23 98
- Erbschaftsteuer bei 35 9
- Erbschaftsteuerbegünstigung bei 35 124
- erbschaftsteuerliche Bewertung 35 64
- Formulierungsmuster 40 40
- Gewinnrealisierungsproblematik 40 40
- Pflichtteilsanspruch bei 29 193
- Pflichtteilsergänzung bei 29 196
- rechtsgeschäftliche 40 38
- Vererblichkeit Abfindungsanspruch 5 12
- Vor-/Nacherbschaft 17 138
Eintrittsklausel, qualifizierte, Ausschlagung des nicht qualifizierten Erben als steuerliche motivierte Gestaltung 36 286
Eintrittsklausel, rechtsgeschäftliche 4 12
Eintrittsrecht
- bei Wegfall Stammelternteil 4 35
- Vermächtnis 13 98

Einwendungsklage
- bei Vollstreckung in Eigenvermögen 60 19
- des Erben 60 19 f.
- des Erben bei Zwangsvollstreckung 60 5
- Dürftigkeit des Nachlasses 60 20
- Konkurrenz zur Erinnerung nach § 766 ZPO 60 21
- Streitwert 60 19
- Zuständigkeit 60 11
Einwilligung, Klage des Vorerben gegen Nacherben auf 58 8
Einzelrichter, fakultativer, Finanzgericht 69 64
Einzelrichter, konsentierter, Finanzgericht 69 65
Einzelstatus, Vorrang 33 26
Einzelunternehmen
- Alternativen zur Unternehmensnachfolge 19 227
- Beteiligungsübergang bei Erbengemeinschaft 26 130
- Bewertung 46 16 f.
- Bewertung bei Unternehmensfortführung 46 26
- einkommensteuerliche Behandlung beim Erbfall 35 178
- Einstellung durch Testamentsvollstrecker 19 216
- Erbauseinandersetzung 26 135
- Ertragswertverfahren 46 17
- Formulierungsmuster Handelsregisteranmeldung 55 27
- Fremdverwaltung 19 217
- Fremdverwaltung durch Vollmachtlösung 20 44
- Gesellschaftsgründungsklausel, letztwillige 19 228
- gewerbesteuerliche Behandlung bei Erbfall 35 245
- Haftung des Alleinerben für Geschäftsschulden 23 77 f.
- Haftung des minderjährigen Erben bei Fortführung 23 10
- Handelsregisteranmeldung bei 55 24
- Liquidationswertverfahren 46 25
- Nachlassverwaltung bei 24 43
- Nießbrauch 40 87
- postmortale Vollmacht 19 24
- Realteilung 35 196
- steuerliche Pflichten des Testamentsvollstreckers 19 304
- Substanzwertverfahren 46 19
- Testamentsvollstreckervermerk 19 220
- Testamentsvollstreckung 19 216 f.
- Testamentsvollstreckung bei minderjährigem Erbe 19 225
- Treuhandlösung Fremdverwaltung 19 218, 222
- Umgründung 19 227
- Unternehmensnachfolge durch Vermächtnis 40 139
- Vererblichkeit 4 12

Sachverzeichnis

fett gedruckte Zahlen = Paragrafen

- Vererbung 40 15
- Vererbung an Erbengemeinschaft 40 147
- Vollmachtlösung Fremdverwaltung 19 220, 223
- Vollstreckungssperre 19 226
- Vor-/Nacherbschaft 17 136
- Vorbehaltsnießbrauch an 36 218

Einziehung
- Erbschein 50 22, 35
- Geschäftsanteil 4 12
- GmbH-Geschäftsanteil 29 201
- Kapitalgesellschaftsanteil 5 13
- Testamentsvollstreckerzeugnis 51 26

Einziehung Gesellschaftsanteil, Erbschaftsteuer 35 9

Einziehungsklausel 40 43
- Abtretungsverlangen 40 45

Elfenbeinküste, Nachlassspaltung 33 84

Elterliche Sorge
- Einschränkung bei Rechtsgeschäft mit minderjährigem Kind 32 49
- Verwaltung Kindesvermögen 32 122

Eltern
- Ausschluss der Vertretungsmacht für Minderjährige 26 115
- gesetzliche Erbfolge 4 39
- Pflichtteilsberechtigung 29 9
- Verjährung Pflichtteilsanspruch 29 28
- Vertretung Minderjähriger bei Erbauseinandersetzung 26 113
- Verwaltung Kindesvermögen 32 122
- Vormundbenennung für Minderjährige 18 8

Elternpflichtteil, Entziehung 29 64

Elternteil
- Ausschluss von Vermögensverwaltung 18 4
- Testamentsvollstrecker 19 45

Endtermin, Vermächtnis 13 246

Endvermögen, Zugewinnausgleich 35 86

Enterbung 8 77 f.
- bedingte 11 60
- gesetzlicher Erbe 5 4; 8 81
- Pflichtteilsanspruch 29 13
- Sittenwidrigkeit 7 13
- Wegfall Stammelternteil 4 35

Entlassung, Testamentsvollstrecker 19 203

Entlassungsantrag
- Nachlassverwalter 24 83
- Testamentsvollstrecker 19 207

Entlastung, Testamentsvollstrecker 19 153

Entmündigung, Testierfähigkeit bei 5 18

Entnahme, steuerlich relevante Fristen 36 4

Entnahme, steuerunschädliche, Betriebsvermögen 35 149

Entnahme, unentgeltliche, einkommensteuerliche Behandlung bei Betriebsvermögen 35 232

Entnahmebegrenzung
- Behaltensfrist 35 151
- Nachversteuerung 35 150

Entnahmegewinn, bei Anteilsübergang aufgrund qualifizierter Nachfolgeklausel 35 89

Entnahmegewinnbesteuerung
- Betriebsvermögen 3 7
- Sonderbetriebsvermögen 3 8

Entwurfsfertigung, Beratungsbedarf 1 17

Entziehung
- elterliche Vertretungsmacht 42 16
- Pflichtteil 29 61 f.

Erbanfall
- Begriff 35 5
- Vermächtnis 35 7

Erbanteil
- einkommensteuerliche Behandlung der Veräußerung 35 191
- Teilung des im Nachlass befindlichen 26 66
- Verfügung über 26 20
- Vorkaufsrecht Miterbe 26 21

Erbanteilsübertragung
- bedingte 28 16
- bei Beteiligung Minderjähriger 26 114
- Grundbuchberichtigung 55 14

Erbanwärter, Rechtsstellung vor Erbfall bei Gesamtrechtsnachfolge 4 14

Erbauseinandersetzung
- Absicherung Auseinandersetzungsverbot 26 112
- Abwicklungstestamentsvollstreckung 26 107 f.
- AG-Beteiligung 26 131
- Anrechnungspflicht 26 69 f.
- Anspruch 26 56, 61
- Anspruch des Gläubigers 26 61
- Ausbildungs-/Studienkosten 26 74
- Auseinandersetzungsvertrag 19 92; 26 84
- Ausgleichsberechnung 26 80
- Ausgleichspflicht 26 69 f.
- Ausgleichspflichtänderung mittels letztwilliger Verfügung 26 76
- ausgleichspflichtige Pflegeleistung 26 81
- ausgleichspflichtige Zuwendung des Erblassers 26 71, 75
- Bauerwartungsland 26 103, 104
- Baulandumlegung 26 103, 104
- Begleichung Nachlassverbindlichkeit 26 62 a
- Beratungsbedarf Gestaltungsmöglichkeiten 26 104
- Beteiligte 26 52
- Checkliste Mediation 68 17
- einkommensteuerliche Behandlung bei Testamentsvollstreckung 19 95
- einkommensteuerliche Behandlung der Erbengemeinschaft 35 190
- einkommensteuerliche Behandlung der Realteilung mit Ausgleichszahlung 35 201
- einkommensteuerliche Behandlung der Realteilung ohne Ausgleichszahlung 35 195
- einkommensteuerliche Behandlung der Veräußerung des Erbanteils 35 191

magere Zahlen = Randnummern **Sachverzeichnis**

– einkommensteuerliche Behandlung der Veräußerung von Nachlassgegenständen 35 194
– einkommensteuerliche Behandlung des ausscheidenden Miterben 35 193
– einkommensteuerliche Behandlung des Ausscheidens von Miterben 35 192
– Einrede des Aufgebotsverfahrens 26 57
– einvernehmliche 26 83 f.
– einzelkaufmännisches Handelsgeschäft 26 135
– Einzelunternehmen 26 135
– Erbschaftsteuer 35 6
– erbschaftsteuerliche Abzug der Kosten der 35 95
– Erbteilsveräußerung zur 28 4
– Ermittlung Aktiva/Passiva 26 62
– Ermittlung des Nachlassbestandes 26 61
– ertragsteuerliche Konsequenzen 16 13
– Gegenstandswert 2 12
– Genehmigungserfordernisse 26 68
– gesetzliche 26 55 f.
– GmbH-Beteiligung 26 132
– Grunderwerbwerbsteuer 35 248
– Klagen gegen Miterben 61 1 f.
– lebzeitige Ausstattung 26 72
– Mediation 26 54
– nicht ohne Wertverlust teilbare Gegenstände 26 63
– Notarkosten 70 78
– Notarkosten bei Abschichtung 70 80
– Personengesellschaftsanteil 26 134
– Sachverhaltsermittlung 26 51
– Schadensersatz bei verspäteter Teilung 26 82
– sonstige Zuwendungen/Geschenke 26 75
– steuerliche motivierte Ausschlagung 36 290
– Steuerplanung 1 11
– Strategien zur Streitvermeidung 26 54
– strategische Ausschlagung 26 102, 104
– Teilerbauseinandersetzung 26 105
– Teilung GmbH-Geschäftsanteil 40 154
– Teilung im Nachlass befindlicher Erbanteile 26 66
– Teilung persönlicher Unterlagen 26 67
– Teilung von Grundstücken 26 64
– Teilung wertloser Nachlassgegenstände 26 65
– Teilungsverbot 26 57, 111 f.
– Teilungsverlangen zur Unzeit 26 59
– Testamentsvollstrecker 19 88 f.
– über Erbteil liegende Zuwendung 26 79
– unbekannter Aufenthalt des Erben 26 58
– unbestimmter Miterbe 26 58
– Verfahrensschritte 26 62 f.
– vergessener Erbe 26 120
– vergessener Nachlassgegenstand 26 119
– Vermittlungsverfahren 54 1 f.
– Vermittlungsverfahren, nachlassgerichtliches 26 54
– vertraglicher Ausschluss der Teilung 26 60
– Vorbereitung einvernehmlicher 26 51

– Wertermittlung Nachlassvermögen 26 53
– Zuschüsse zum Einkommen 26 73
– Zuständigkeit Vermittlungsverfahren 54 3
Erbauseinandersetzungsklage 61 2 f.
– Aktivlegitimation 61 28
– ausstehende Teilungsversteigerung 61 7
– Bindungswirkung Erbschein 61 23
– Drittwiderklage 61 30
– einstweiliger Rechtsschutz 61 24
– Feststellungsklage zur Vorabklärung 61 19
– Genehmigungen 61 15
– Klageantrag 61 26
– Klageerhebung 61 25
– klageweise Geltendmachung der zum Vollzug des Teilungsplans erforderlichen dinglichen Erklärungen 61 13
– Leistungsklage auf Übertragung einzelner Vermögensgegenstände 61 21
– Miterbe als Zeuge 61 22
– Passivlegitimation 61 28
– Prozessführungsbefugnis 61 16
– Prozesskostenrisiko 61 17
– Prozesstaktik 61 18 f.
– Rückstellungen 61 8
– Teilerbauseinandersetzungsklage 61 20
– Teilungsplan 61 5, 9 f.
– Teilungsreife 61 6
– Verhältnis zu Teilungsversteigerung 61 18
– Verteidigung des beklagten Miterben 61 29
– Vorabklärung 61 19
– Vorbereitung der Teilungsklage 61 5
– Vorgehen gegen nichtverklagten Miterben 61 14
– Zuständigkeit 61 27
Erbauseinandersetzungsvertrag 26 84
– Erklärungen zum Vollzug 26 91
– Finanzierung Ausgleichszahlung 26 90
– Form 26 84
– Gewährleistung 26 89
– Grundschuld 26 86
– Kostenregelung 26 92
– Sicherung Leistung/Gegenleistung 26 88
– Steuerfolge 26 92
– Übergang Nutzen/Lasten 26 89
– Vertragsgegenstand 26 86
– Zuweisung einzelner Vermögenswerte/Gegenleistungen 26 87
Erbausgleich, vorzeitiger, Erbschaftsteuer für Abfindung 35 14
Erbausschlagung s. *Ausschlagung*
Erbausschluss, des Staates als Erbe 4 59
Erbaussicht, Anwartschaft 17 1
Erbbaurecht
– erbschaftsteuerliche Bewertung 35 57
– Vererblichkeit 4 5
– Vermächtnis 13 42
Erbe
– Abgrenzung Eigenschulden zu Nachlasserbenschulden 23 24
– als Testamentsvollstrecker 19 44

Hagen 1815

Sachverzeichnis

fett gedruckte Zahlen = Paragrafen

- Anhörung bei Abwicklungstestamentsvollstreckung **19** 91
- Anordnungsantrag Nachlassverwaltung **24** 83
- Ansprüche gegen vermeintlichen Erben **27** 2
- Antrag Nachlassverwaltung **24** 9, 19
- Aufgebotseinrede **23** 58
- Aufgebotsverfahren **23** 30
- Aufhebungsantrag Nachlassverwaltung **24** 83
- Aufwendungsersatz bei Nachlassinsolvenz **25** 127
- Aufwendungsersatz bei Nachlassverwaltung **24** 87
- Aufzeichnungspflicht **45** 22
- Auskehrungsanspruch bei Nachlassverwaltung **24** 86
- Auskunftsanspruch gegen Erbschaftsbesitzer **27** 19; **45** 33
- Auskunftsanspruch gegen Nachlassverwalter **24** 82
- Auskunftsanspruch gegen Testamentsvollstrecker **19** 143
- Auskunftserteilung an Nachlassverwalter **24** 91
- Auskunftspflicht gegenüber Pflichtteilsberechtigtem **29** 165f.178
- Befriedigung Nachlassgläubiger **23** 48
- behinderter **41** 1 f.
- Benachrichtigung durch Testamentsvollstrecker **45** 55, 56
- Berichtigung Nachlassverbindlichkeit **23** 28
- Beschwerung mit Auflage **14** 6
- Dürftigkeitseinrede **23** 45 f.
- Einkommensteuer bei Nachlassinsolvenzverfahren **25** 44
- Einkommensteuer bei Nachlassverwaltung **24** 88
- einkommensteuerliche Behandlung **35** 176 f.
- Einrede des § 2014 BGB **23** 54
- Einwendungsklage **60** 19
- Erbschaftsanspruch **27** 6
- Erschöpfungseinrede **23** 51
- gesetzliches Schuldverhältnis zwischen Testamentsvollstrecker und **19** 133 f.
- Haftung bei GbR **23** 100
- Haftung bei KG **23** 99
- Haftung bei Nachlassverwaltung **24** 92
- Haftung bei Vermächtnis **13** 300
- Haftung für Geschäftsschulden **23** 77 f.
- Haftung für gesellschaftsrechtliche Verbindlichkeiten **23** 89 f.
- Haftung für Gewerbesteuer des Erblassers **35** 245
- Haftung für öffentlich-rechtliche Erbfallschulden **23** 107
- Haftung für öffentlich-rechtliche Verbindlichkeiten **23** 101 f., 106
- Haftung für Steuerschulden des Erblassers **23** 103

- Haftung für Umsatzsteuer des Erblassers **35** 250
- Haftung Prozesskosten **60** 6
- Haftungsbeschränkung außerhalb Nachlassverwaltung **23** 44 f.
- Haftungsbeschränkung gegen Feststellungsklage **60** 4
- Haftungsbeschränkung gegen Leistungsklage **60** 2
- Haftungsbeschränkungsvorbehalt bei Leistungsklage **60** 2
- Hauptintervention **59** 14
- Hinzuziehung bei Aufnahme Nachlassverzeichnis **19** 77
- Insolvenzantragsverpflichtung bei Nachlassverwaltung **23** 29
- Inventar **23** 36
- Klage gegen durch Lebensversicherung Begünstigten **65** 1
- Klage im Zusammenhang mit § 2287 BGB **64** 2 f.
- Klärung Nachlassverhältnisse **23** 30
- Kürzungsrecht Pflichtteilslast **29** 114
- Kürzungsrechte gegenüber Vermächtnisnehmer **13** 387 f.
- Leistungsverweigerungsrecht bei Pflichtteilsergänzung **29** 148
- Minderjährige **42** 24
- Mitvor-/-nacherbe **17** 38
- mitwirkendes Verschulden bei Haftung des Testamentsvollstreckers **19** 161
- Nachhaftungsbegrenzung **23** 111
- Nachlassinsolvenzverfahren **25** 7, 27
- Nachlassverwaltung nach Annahme **23** 27
- Nachlassverwaltung vor Annahme **23** 26
- Nebenintervenient im Prozess des Testamentsvollstreckers **59** 14
- noch nicht gezeugte Person **17** 25
- Pflichten im Nachlassinsolvenzverfahren **25** 117
- Prozessführungsbefugnis bei Nachlassverwaltung **59** 17 f., 23 f.
- Prozessführungsbefugnis bei Testamentsvollstreckung **59** 11, 23
- Rechte bei Nachlassverwaltung **24** 82 f.
- Rechtsbehelfe bei Nachlassverwaltung **24** 84
- Rechtsstellung im Nachlassinsolvenzverfahren **25** 113
- steuerliche Anzeigepflicht bei Erbfall **37** 3
- Überschwerungseinrede **23** 50
- umsatzsteuerlicher Unternehmer **35** 251
- unbekannter **49** 6
- unbekannter Aufenthalt **26** 58
- unbekannter Aufenthalt des **53** 8
- unbestimmter Miterbe **26** 58
- Unterrichtung durch Testamentsvollstrecker **19** 139
- Unzulänglichkeitseinrede **23** 49
- Verfügung über Erbanteil **26** 20
- Verfügungsbeschränkung bei Testamentsvollstreckung **19** 128

Sachverzeichnis

magere Zahlen = Randnummern

- vergessener bei Erbauseinandersetzung 26 120
- Verpflichtungsgeschäft bei Testamentsvollstreckung 19 130
- Verwalterhaftung 23 48
- Verwaltungspflichten 23 25
- Verweigerung Eidesstattliche Versicherung 23 43
- Vorlage Bestandsverzeichnis durch Testamentsvollstrecker 19 145
- Zwangsvollstreckung gegen 60 5

Erbe, ausscheidender, Haftung bei OHG 23 93

Erbe, familienfremder, Sicherung einer Mindestzuwendung 15 46

Erbe, gesetzlicher
- Ausschaltung durch Vor-/Nacherbschaft 17 8
- Enterbung 8 81

Erbe, minderjähriger
- Beschränkung elterlicher Vermögensverwaltung 18 1
- gesellschaftsrechtliche Nachfolgeregelung 32 123
- Haftung 23 7
- Haftung bei Fortführung Einzelunternehmen 23 10
- Testamentsvollstreckung
- Testamentsvollstreckung Einzelunternehmen 19 225
- Testamentsvollstreckung Personengesellschaftsanteil 19 241

Erbe, pflichtteilsberechtigter
- Annahme Erbteil, Ausschlagung Vermächtnis 13 359
- Annahme Erbteil und Vermächtnis 13 356
- Ausschlagung Erbteil, Annahme Vermächtnis 13 363
- Ausschlagung Erbteil und Vermächtnis 13 377
- Beschwerung mit Vermächtnis 13 349, 353 f.
- Übersicht Erbteil/Vermächtnis 13 385

Erbe, vorläufiger
- Nachlassverwaltung 23 26
- Rechenschaft des 45 26

Erbe, weichender
- Abfindung nach Höfeordnung 43 15, 44
- Korrekturmöglichkeiten des 32 92 f.
- Pflichtteils-/Pflichtteilsergänzungsanspruch nach Landgüterrecht 43 50
- Rechte im Genehmigungsverfahren bei Hofübernahme 43 49

Erbeinsetzung 8 1 ff.
- Absicherung 8 41
- Anfechtung (Formulierungsmuster) 7 46
- Anwachsung 8 63
- Auflage 8 22
- auflösend bedingte 26 112
- Auseinandersetzungsanordnnung 8 40
- Auslegung 8 9
- Auslegung ungenauer 8 29 f.

- Bedingung 8 6, 66
- Befristung 8 66 f.
- Begriff 8 1
- Berliner Testament 8 47
- Erbschaftsteuer 35 6
- Ersatzerbeinsetzung 8 55 f.
- fehlende Bestimmung der Erbquote 8 33
- fehlende Bezeichnung als 8 36
- fehlende Erbenbestimmung 8 34
- fehlende Verteilungsanordnung 8 34
- Form 8 45
- Frankfurter Testament 8 49
- gegenständliche 8 34
- Gegenwartsbedingung 8 68
- gemeinschaftliche 8 24 f.
- gemeinschaftlicher Erbteil 8 25
- kaptatorische Klausel zur 15 42
- konkludente Enterbung 8 77
- Nacherbe unter Bedingung 8 10
- nicht erzeugte Person 17 13, 25
- nichtige Bedingung 8 73
- noch nicht gezeugte Person 17 25
- Potestativbedingung 8 69
- Rechenfehler 8 43
- Schiedsgerichtsklausel 8 23
- Teilungsanordnung 8 40
- Teilvergabe 8 30
- Umdeutung 8 12
- Universalsukzession 8 1
- Universalvermächtnis 8 18
- Vorausvermächtnis 8 40
- Vorerbe 8 10
- Vorversterben des Bedachten 8 75
- Zuwendungsverzicht 31 54
- Zweckauflage 8 12

Erbeinsetzung, aufschiebend bedingte 15 6

Erbeinsetzung, bedingte, Erbschein 15 5

Erbeinsetzung, gegenseitige
- nach ZGB 48 14
- nichteheliche Lebensgemeinschaft 12 11

Erbenauseinandersetzung, minderjähriger Miterbe 42 64

Erbenbestimmung 8 5
- bedingte/befristete 6 43
- befristetes Recht zur 8 19
- durch Dritte 8 6
- fehlende 8 34
- Umdeutung 8 12

Erbenermittlung
- Auskunftsrecht 45 12
- amtliche 52 24

Erbenfeststellungsklage, bei Klage auf Herausgabe der Erbschaft 63 2

Erbengemeinschaft 26 1 f.
- Abfärbetheorie 35 189
- Abschichtung Minderjähriger 42 69
- Abschichtungsvereinbarung 26 93 f.
- Auflösung 26 84, 93,100
- Auseinandersetzung bei Bauerwartungsland 26 103, 104

Hagen

Sachverzeichnis

fett gedruckte Zahlen = Paragrafen

- Auseinandersetzung bei Baulandumlegung **26** 103, 104
- Auseinandersetzung mit Minderjährigen **42** 64
- Auseinandersetzungs-/Teilungsverbot **26** 111
- Auseinandersetzungsvertrag **26** 84
- Auskunftsanspruch gegen Erblasserbank **45** 93
- Auskunftsanspruch gegen Miterben **45** 93
- Auskunftspflichten **45** 80 f.
- Auskunftsverzichtsvertrag **45** 89
- außerordentliche Verwaltungsmaßnahme **26** 37
- Austritt Minderjähriger **42** 62
- Beschlussfassung **26** 34, 37,41 a
- Beteiligungsübergang bei AG **26** 130
- Beteiligungsübergang bei einzelkaufmännischem Handelsgeschäft **26** 130
- Beteiligungsübergang bei Einzelunternehmen **26** 130
- Beteiligungsübergang bei GbR **26** 130
- Beteiligungsübergang bei GmbH **26** 130
- Beteiligungsübergang bei KG **26** 130
- Beteiligungsübergang bei OHG **26** 130
- Beteiligungsübergang bei Partnerschaftsgesellschaft **26** 130
- Beteiligungsübergang bei Stiller Gesellschaft **26** 130
- Beziehungssurrogation **26** 11
- Bindung an Erblasserverfügung **26** 112
- Checkliste Erblasserberatung **26** 1
- Checkliste Miterbenberatung **26** 2
- einkommensteuerliche Behandlung bei Erbauseinandersetzung **35** 190
- einkommensteuerliche Behandlung bei Teilerbauseinandersetzung **35** 205
- einkommensteuerliche Behandlung beim Übergang land-/forstwirtschaftlichen Betriebs **35** 189
- einkommensteuerliche Behandlung der Realteilung mit Ausgleichszahlung **35** 201
- einkommensteuerliche Behandlung der Realteilung ohne Ausgleichszahlung **35** 195
- einkommensteuerliche Behandlung des ausscheidenden Miterben **35** 192
- einkommensteuerliche Besteuerung **35** 179
- Einkünfte aus Gewerbebetrieb **35** 179
- einvernehmliche Auseinandersetzung **26** 83 f.
- Entstehung **26** 3
- Erbenversammlung **26** 40
- Erbschaftsteuer **35** 6
- Erbstatut **33** 62
- freiberufliche Qualifikation der Miterben **35** 189
- Gegenstandswert **2** 12
- Geltendmachung Nachlassanspruch **26** 39, 44
- Geltendmachung Nachlassforderung **26** 44
- Gesamthandsprinzip **26** 13 f.
- Gesamtrechtsnachfolge **26** 6
- gesetzliche Teilungsregeln **26** 55
- Grundbuchberichtigung **26** 43
- Grundbucheinsicht **26** 42
- Grundstücksveräußerungsvollmacht **26** 47
- Haftung unternehmenstragender Miterbengemeinschaft **23** 86
- Hinwegsetzen über Teilungsverbot des Erblassers **26** 112
- Klage des Miterben auf Leistung an die **61** 45
- Kündigungsrecht des Minderjährigen **26** 118
- Lastenverteilung **26** 50
- laufende Verwaltung bei minderjährigen Miterben **42** 41
- Mandat **26** 5
- minderjähriger Miterbe **26** 113
- Mitgliedschaftübergang bei Verein **26** 130
- Mitwirkungsrecht bei Nießbrauch **49** 49
- Nachlassvollmacht **26** 49
- nicht notwendige Verwaltung bei minderjährigen Miterben **42** 52
- Nießbrauch an Erbteil **26** 26
- Notverwaltung bei minderjährigen Miterben **42** 55
- Notverwaltungsmaßnahme **26** 36
- Notverwaltungsrecht **65** 6
- Nutzung Nachlassgegenstand **26** 50
- Sonderrechtsnachfolge **26** 7
- Spannungen bei Eintrittsrecht **4** 36
- Spezialvollmacht **26** 46, 47
- steuerliche Anzeigepflicht bei Erbfall **37** 3
- Stimmrechtsvollmacht **26** 48
- strategische Ausschlagung **26** 99, 101
- Streitvermeidung durch Nachlassplanung **26** 123 f.
- Surrogationsprinzip **26** 8
- Teilerbauseinandersetzung **26** 105
- Teilungsplan **26** 55
- Übertragung sämtlicher Erbteile auf einen Miterben **26** 100
- Unternehmensbeteiligungen in der **26** 130 f.
- Vererbung von Unternehmen/-santeilen an **40** 147
- Verfügung über Erbanteil **26** 20
- Verfügungsgeschäft Minderjähriger **42** 49
- Verjährung Auskunftsanspruch **45** 92
- Vermeidung durch lebzeitige Zuwendung **26** 122
- Vermeidung durch Nachlassplanung **26** 121
- Verpflichtungsgeschäft Minderjähriger **42** 46
- Versammlungsprotokoll **26** 41
- Verteilung gezogener Früchte **26** 50
- Vertretung Minderjähriger **42** 41
- Verwaltung des Nachlasses **26** 31 f.
- Verwaltungsmaßnahmen **26** 34
- Verwaltungsvereinbarung **26** 33
- Verzicht des Erben auf Mitgliedschaftsrecht **26** 93
- Vollmachten **26** 45 f.
- Vorerben **17** 38

Sachverzeichnis

magere Zahlen = Randnummern

- Vorkaufsrecht des Miterben 26 21
Erbenhaftung 23 1 f.
- Altlasten 23 109
- Arrest 60 28
- Aufgebotseinrede 23 58
- Baugenehmigung 23 108
- BBodSchG 23 109
- bei BGB-Gesellschaft 23 100
- bei Eintrittsklausel 23 98
- bei Fortsetzungsklausel 23 90
- bei Nachfolgeklausel 23 92
- bei Nachlassinsolvenz 23 53; 25 121, 123
- bei Nachlassverwaltung 24 92
- bei Testamentsvollstreckung 23 63
- beschränkbare 23 3
- Beschränkung bei öffentlich-rechtlichen Verbindlichkeiten 23 111
- Beschränkung im Zwangsvollstreckungsverfahren 69 44
- cum-viribus-Haftung 23 5
- dingliche 23 62
- Dürftigkeitseinrede 23 3, 46
- Einrede des § 2014 BGB 23 54
- Erben des Kommanditisten 23 99
- Erbschaftsteuer 23 107; 69 43
- Erschöpfungseinrede 23 51
- Fortführung Handelsgeschäft unter neuer Firma 23 83
- für Geschäftsschulden 23 77 f.
- für Neuverbindlichkeiten bei Handelsgeschäftfortführung 23 82, 85
- für Verbindlichkeiten des OHG-Gesellschafters 23 90 f.
- gegenständlich beschränkte 23 5
- Geldstrafen/-bußen 23 102
- Geldverpflichtungen des Erblassers 23 106
- gesellschaftsrechtliche Verbindlichkeiten 23 89 f.
- in Höhe des Nachlasswertes 23 6
- Klagen im Zusammenhang mit 60 1 f.
- Klagpflegschaft 60 27
- minderjähriger Erbe 23 7
- Miterbenhaftung 23 65 f.
- nach Beendigung Nachlassverwaltung 23 53
- nach Nachlassinsolvenzverfahren 25 74
- nach ZGB 23 5
- Nachlasserbenschulden 23 61
- Nachlassinsolvenzverfahren 25 48
- öffentlich-rechtliche Erbfallschulden 23 107
- öffentlich-rechtliche Verbindlichkeiten 23 101 f., 106
- Ordnungspflichten 23 108
- Schlussverteilung 23 51
- Sozialleistungen 23 105
- Steuerschulden des Erblassers 23 104
- trotz Nachlassabsonderung 23 60
- Überschwerungseinrede 23 50
- unbeschränkte 23 3
- unternehmenstragende Miterbengemeinschaft 23 86
- Unzulänglichkeitseinrede 23 49
- Versorgungsbezüge 23 106
- vorläufiger Rechtsschutz 60 22 f.
- Zwangsgeld 23 102
Erbenhaftung, beschränkte,
 Verschaffungsvermächtnis 13 82
Erbeninsolvenz
- Abgrenzung zu Nachlassinsolvenz 25 3
- neben Nachlassinsolvenz 25 6
- Testamentsvollstreckung 19 82, 84
Erbenversammlung
- Einladung 26 40
- Protokoll 26 41
Erbersatzanspruch
- Erbschaftsteuer bei Verzicht 35 12
- erbschaftsteuerbefreiter Verzicht 35 114
Erbersatzsteuer 39 5, 23
- Familienstiftung 39 23
- trust 36 80
Erbeserbe, Erbschaftsannahme 22 8
Erbfähigkeit 5 4
Erbfall
- Auskunftsanspruch 45 13
- Auslandsberührung 40 161
- Beratungsbedarf nach dem 1 22 f.
- steuerliche Anzeigepflichten 37 3
Erbfallkosten
- Begriff 35 95
- erbschaftsteuerlicher Abzug 35 95
- Pauschbetrag 35 95
Erbfallschulden
- Beerdigungskosten 23 17
- Begriff 23 16; 35 93
- Bereicherungsschulden 23 18
- einkommensteuerliche Behandlung 35 208
- erbschaftsteuerlicher Abzug 35 93
- Nachlasskostenschulden 23 20
- Nachlassverwalter 24 64
- Nachlassverwaltungsschulden 23 20
- Vermächtnis 35 93
Erbfallschulden, öffentlich-rechtliche,
 Erbenhaftung 23 107
Erbfolge, gesetzliche 4 15 ff.
- bei Pflichtteilsverzicht 29 230, 232
- Deutsch-deutsches Erbrecht 48 10
- Ehe 4 19
- Ehegattenerbrecht 4 43 f.
- eingetragene Lebenspartnerschaft 4 19, 53
- Enterbung 5 4
- Erbrecht des Staates 4 56 f.
- Erbteilserhöhung 4 61
- Feststellung der 2 53
- neben gewillkürter Erbfolge 4 16
- Staatszugehörigkeit 4 19
- Subsidiarität 4 15
- Verwandtschaft 4 19
- Wegfall Stammelternteil 4 35
Erbfolge, gewillkürte 5 1
- Ausschluss Ehegatten-/Lebenspartnererbrecht 11 136
- DDR 11 39

Hagen 1819

Sachverzeichnis

fett gedruckte Zahlen = Paragrafen

- Deutsch-deutsches Erbrecht **48** 12 f.
- Ehegattenerbrecht **11** 27 ff.
- IPR **11** 34
- Lebenspartnererbrecht **11** 27 ff.
- neben gesetzlicher Erbfolge **4** 16
- Vorrang der **4** 15

Erbfolge, unklare, Nachlasssicherung **53** 6

Erbfolge, vorweggenommene 32 1 f.
- Ausgestaltung **40** 108
- Begriff **40** 102
- Beratungsbedarf **1** 8
- Beteiligung Minderjähriger **40** 115 f.
- Erbschaftsteuerbegünstigung **35** 118
- Erbschaftsteuerplanung **40** 60
- Erbverzicht **31** 40
- Familienvermögensverwaltungsgesellschaft **3** 47
- gemischte Schenkung **40** 105
- gewerbesteuerlicher Verlustabzug **35** 247
- Internationales Erbrecht **33** 167
- Korrektur **1** 8
- Landgut nach Landgüterrecht **43** 20
- mittelbare Schenkung **36** 21
- nach Höfeordnung **43** 25 f.
- Nachfolgeplanung **40** 94 f.
- Pflichtteilsanrechnung **40** 114
- Pflichtteilsanspruch bei **29** 221
- Pflichtteilsverzichtsvereinbarung **40** 99
- Planung/Checkliste **32** 2
- Rückforderungsrecht **40** 109
- Rückgängigmachung **32** 78 f.
- Schenkung **40** 103
- Schenkung unter Auflagen **40** 104
- Steuerfreibeträge **1** 8
- steuerliche Aspekte **40** 100
- Übergabevertrag **26** 124; **29** 224
- Vorsorgebedarf **1** 6
- Wertbestimmung durch Erblasser **29** 226
- Widerrufsvorbehalt **40** 110, 111

Erblasser
- Ablauf Schiedsverfahren **67** 37
- Anrechnungsbestimmung bei Zuwendung **29** 227
- Aufteilungsverfügung Betriebsvermögensfreibetrag **35** 129
- Besetzung Schiedsgericht **67** 33
- Besteuerung bei Fortsetzungsklausel **35** 174
- Einkommensteuerpflicht **42** 174
- Erbenbestimmung **8** 5
- Gestattung der Ausschlagung nach Maß **36** 282
- Inländereigenschaft **34** 17
- lebzeitige Gestaltungsmöglichkeiten **32** 1 f.
- missbräuchliche Schenkung zu Lasten des Vertragserben **64** 4
- nachträgliche Änderung der Ausgleichspflicht **26** 76
- Schiedsgerichtsanordnung **67** 16, 19
- Sicherungsinstrumente des **32** 107 f.
- Staatsangehörigkeitswechsel **33** 42
- Steuererklärung durch Testamentsvollstrecker **19** 284
- Testamentsvollstreckervergütung **19** 164
- Testierfähigkeit **7** 7
- Testierwille **7** 4
- Wertbestimmung bei vorweggenommener Erbfolge **29** 226

Erblasser, ausländischer
- Nachlassinsolvenz **33** 133, 136,137
- Nachlassspaltung **33** 84
- Schiedsgerichtsanordnung **67** 19
- Wahl des Erbstatuts **33** 73
- Wahlrecht für inländisches Grundvermögen **11** 36

Erblasser, deutscher, Nachlassinsolvenz **33** 138, 139, 140

Erblasser, exterritorialer, Nachlassinsolvenzverfahren **25** 26

Erblasseranordnung
- Außerkraftsetzung bei Testamentsvollstreckung **19** 112
- Beschränkung Verfügungsbefugnis Testamentsvollstreckers **19** 127
- Bindung der Erben **26** 112
- Maßgeblichkeit bei Testamentsvollstreckung **19** 109
- Mitgliedschaftsrechte **19** 259

Erblasserbank
- Auskunftsadressen **45** 105
- Auskunftspflichten **45** 65, 93, 101
- Bankgeheimnis **45** 101
- Hinterlegung der Unterlagen bei streitiger Auskunftslage **45** 102

Erblasserirrtum 7 36, 38

Erblasserschulden 23 12 f.
- familienrechtliche Verpflichtungen **23** 14
- Nachlassverwalter **24** 64
- schuldrechtliche Verpflichtungen **23** 13
- Vererblichkeit **23** 12
- vermögensrechtliche Verpflichtungen **23** 15

Erblasserverbindlichkeit
- Begriff **35** 88
- erbschaftsteuerlicher Abzug **35** 88 f.
- verjährte Schulden **35** 91

Erblasserwille
- Andeutungstheorie **7** 31
- Auslegung **7** 28 f.
- Auslegung juristischer Fachbergriffe **6** 12
- Auslegung Testamentsform **6** 11
- Auslegung Textzusammenhang **6** 9
- ergänzende Auslegung **6** 23 f.
- Ermittlung **6** 5
- gesetzliche Auslegungsregeln **6** 35 f.
- hypothetischer **7** 30
- nach Errichtung der letztwilligen Verfügung **6** 19
- weitere Erblassererklärungen **6** 13
- weitere Umstände außerhalb der letztwilligen Verfügung **6** 18
- wohlwollende Auslegung **6** 46
- wörtliche Auslegung **6** 6

magere Zahlen = Randnummern

Sachverzeichnis

– Zeitpunkt der Testierung **6** 19
Erbquote
– Erbschaftsteuer **35** 6
– Erhöhung bei gesetzlicher Erbfolge **4** 61
– fehlende Bestimmung der **8** 33
– Güterstand **3** 58
Erbrecht
– Anfechtungsklage **56** 20 f.
– Feststellungsklage des Erbrechts **56** 1 f.
– Gerichtsstand **33** 110
– nichtehelicher Lebenspartner **12** 3 f.
– vorläufiger Rechtsschutz **56** 19
Erbrecht, deutsch-deutsches s.
Deutsch-deutsches Erbrecht
Erbrecht, gesetzliches, eingetragene Lebenspartnerschaft **12** 44
Erbrecht, interlokales 7 23
Erbrecht, internationales, Testamentsvollstreckung **19** 314
Erbrecht, staatliches 8 80
Erbrechtsfeststellung, Gegenstandswert **2** 12
Erbrechtsstreitverfahren
– ausländisches Recht **33** 113
– Parteifähigkeit **33** 114
– Prozessfähigkeit **33** 114
– Prozessvollmacht **33** 114
– Zuständigkeit **33** 108
– Zustellungsbevollmächtigter für ausl. Partei **33** 114
Erbschaft
– aufschiebend bedingte **26** 112
– Ausschlagung **3** 66 f.
– Nacherbfall **17** 109
– Nießbrauch **26** 28
– steuerliche Behandlung bei Ausschlagung **36** 272
– Teilausschlagung **11** 144
Erbschaftliches Geschäft, Begriff **45** 48
Erbschaftsanfechtung s. a. *Anfechtung* **22** 43 f.
– Anfechtung der **22** 62
– Anfechtungserklärung **22** 55
– Berechtigte **22** 54
– Beweislast **22** 61
– der Ausschlagung nach ZGB **29** 54
– durch Pflichtteilsberechtigten **22** 50
– Eigenschaftsirrtum **22** 47
– Erbschaftsannahme **23** 43 f.
– Erbschaftsausschlagung **23** 43 f.
– Erheblichkeit des Irrtums **22** 53
– Erklärungsirrtum **22** 46
– Form **22** 55
– Formulierungsmuster **22** 57
– Frist **22** 56
– Minderjährige **42** 33
– Miterbe, minderjähriger **42** 34
– nach ZGB **22** 60
– Rechtsfolge **22** 59
– Rechtsfolgenirrtum **22** 48
– Willensmangel des Vertreters **22** 49
Erbschaftsannahme 22 1, 3 f.
– Anfechtung **22** 43 f.

– Anfechtungsberechtigte **22** 54
– Annahmeerklärung **22** 5
– ausdrückliche **22** 6
– Beweislast **22** 15
– Erbeserbe **22** 8
– Fiktion **22** 9
– konkludente **22** 6
– Minderjährige **42** 24
– Minderjähriger **22** 13
– Miterbe, minderjähriger **42** 34
– nach ZGB **22** 16
– Rechtsfolge der **22** 14
– Teilannahme **22** 10
– Vererblichkeit **22** 8
– Wirksamkeit der **22** 10
Erbschaftsanspruch 27 1 f.
– Anspruchskonkurrenz zu Einzelansprüchen **27** 5
– Beratungsbedarf **1** 22
– Ersitzung **27** 18
– Gläubiger **27** 6
– Haftung Erbschaftsbesitzer **27** 12
– Nutzungen **27** 11
– Schuldner **27** 7
– Surrogate **27** 10
– Umfang Herausgabepflicht **27** 9
– Verbesserung der Gläubigerstellung gegenüber Einzelansprüchen **27** 3
– Verbesserung der Schuldnerstellung gegenüber Einzelansprüchen **27** 4
– Verjährung **27** 18
Erbschaftsausschlagung s. a. *Ausschlagung* **22** 1, 17 f.
– Adressat **22** 29
– Anfechtung **22** 43 f.
– Anfechtung aufgrund Veränderungen im deutsch-deutschen Verhältnis **48** 27
– Anfechtungsberechtigte **22** 54
– Ausschlagungserklärung **22** 22
– Bedingung **22** 25
– bei Ehegattentestament **22** 39
– bei Erbvertrag **22** 40
– Belehrungspflicht **22** 20
– Checkliste **22** 21
– Deutsch-deutsches Erbrecht **48** 22 f.
– Erbschaftsteuer **35** 8, 12
– Fiskus **22** 26
– Form **22** 30
– Formulierungsmuster **22** 31
– Frist **22** 27
– gegen wiederkehrende Leistung **36** 169
– insolventer Erbe **22** 18
– Minderjährige **42** 27
– Miterbe **22** 34
– Miterbe, minderjähriger **42** 34
– nach ZGB **22** 42
– Pflichtteil bei **22** 36
– Pflichtteilsberechtigter bei Beschränkung/Beschwer **29** 48
– Rechtsfolgen **22** 33
– taktische **22** 17

Hagen 1821

Sachverzeichnis

fett gedruckte Zahlen = Paragrafen

- Widerruf **22** 25
- Wirksamkeit der **22** 23
- zugunsten Drittem **22** 19

Erbschaftsbesitzer
- Aufzeichnungspflicht **45** 22
- Auskunftsanspruch des Erben gegen **27** 19
- Auskunftsklage gegen **66** 12
- Auskunftspflichten **45** 33
- Einreden **27** 17
- Einwendungen des **27** 15
- Erbschaftsklage bei Erbunwürdigkeit **56** 27
- Ersitzung **27** 18
- Haftung des bösgläubigen/verklagten **27** 13
- Haftung des deliktischen **27** 14
- Haftung des gutgläubigen/nicht verklagten **27** 12
- Stufen-/Erbschaftsklageklage gegen **66** 14
- Verwendungsersatzanspruch **27** 15
- Zurückbehaltungsrecht **27** 16

Erbschaftsbesteuerung
- Auslegungsvertrag **6** 57
- internationale **34** 4

Erbschaftserwerb, Anfechtungsklage **56** 20 f.

Erbschaftsherausgabe
- Formulierungsmuster Stufenklage **63** 3
- Klage des Nacherben gegen Vorerben **58** 14
- Klagen im Zusammenhang mit § 2018 BGB **63** 1 f.
- Verbindung mit Auskunftsklage **63** 1
- Verbindung mit Erbenfeststellungsklage **63** 2

Erbschaftskauf 28 1 f.
- Beratungsbedarf **1** 22
- durch Minderjährigen **28** 13
- Formulierungsmuster Kaufvertrag **28** 25
- Gefahrübergang **28** 21
- Grundbuchberichtigung **55** 14
- Haftung bei **28** 19 f.
- Haftung gegenüber Nachlassgläubiger **28** 22
- Sach-/Rechtsmängelhaftung **28** 19
- Sicherung **28** 15
- Steuern **28** 24
- Übergang Nutzen/Lasten **28** 21

Erbschaftskäufer, Antrag Nachlassverwaltung **24** 14

Erbschaftsklage
- Formulierungsmuster Stufenklage **66** 14
- Stufenklage gegen Erbschaftsbesitzer **66** 14
- Verbindung mit Anfechtungsklage **30** 37

Erbschaftsteuer 35 2 f.
- Abfindung auf Erbverzicht **35** 12
- Abfindung für vorzeitigem Erbausgleich **35** 14
- Abfindungsergänzungsanspruch nach HöfeO **35** 10
- Abzug von Kosten zur Erfüllung sittlicher Pflichten **47** 100
- Abzugsfähigkeit Testamentsvollstreckervergütung **19** 307
- Anerkennung Schiedsspruch/-vergleich **67** 48
- Anzeige steuerpflichtigen Erwerbs **35** 3
- Anzeigefrist **69** 9
- Anzeigepflicht **19** 291
- Anzeigepflicht für steuerpflichtigen Vorgang **69** 9
- Anzeigeverpflichtung **69** 119
- Ausgleichsgeld **35** 14
- ausländische Familienstiftung **34** 32
- ausländisches Betriebsvermögen **35** 123
- Auszahlung Lebensversicherung **47** 51 f.
- befreiende Lebensversicherung **47** 108, 111
- bei Auflage **14** 41
- bei Auflagenvollziehung **35** 12
- bei Ausschlagung Erbschaft/Vermächtnis **35** 8, 12
- bei Einziehung eines Gesellschaftsanteils **35** 9
- bei Erfüllung der Bedingung **35** 12
- bei gesellschaftsrechtlicher Eintrittsklausel **35** 9
- bei gesellschaftsrechtlicher Fortsetzungsklausel **35** 9
- bei Rückforderung **35** 171
- bei Teilungsanordnung **16** 13
- bei Vereinbarung der Gütergemeinschaft **35** 14
- bei Vermächtnis **13** 323
- bei Vermögenseinbringung in Stiftung **3** 54
- bei Weiterleitung **35** 172
- Bemessungsgrundlage **35** 21 f.
- Bemessungsgrundlage bei mittelbarer Grundstücksschenkung **36** 15
- Berechnung **35** 167
- Bereicherung des Erwerbers **35** 22 f.
- Besteuerungsunterschiede zur Schenkungssteuer **3** 87 f.
- Besteuerungsverfahren **69** 1 f.
- Bestimmung der steuerbaren Zuwendung bei Lebensversicherung **47** 64 f.
- Betriebsvermögen **35** 59 f
- Bewertung ausländisches Vermögen **34** 19
- Bewertung Lebensversicherung **47** 86 f.
- Bezahlung **19** 298
- Doppelbesteuerungsabkommen **34** 60
- Dreißigster **35** 10
- durch Schenker übernommene **35** 19
- ehebedingte Zuwendung **35** 17
- Ehegattenfreibetrag **34** 31
- entgeltlicher Erwerb Lebensversicherung **47** 59
- Erbanfall **35** 5
- Erbauseinandersetzung **35** 6
- Erbbaurecht **35** 57
- Erbeinsetzung **35** 6
- Erbengemeinschaft **35** 6
- Erbenhaftung **23** 107
- Erbquote **35** 6
- Erbverzicht **35** 12
- Erklärungsverpflichtung **69** 119
- Erlöschen **35** 171
- Erwerb von Todes wegen **35** 4 f.
- Familiengesellschaft **36** 95

magere Zahlen = Randnummern

Sachverzeichnis

- Festsetzungsverjährung **69** 14
- festzusetzender Steuersatz **69** 37
- fiktive Abzugssteuer 35 164
- Forstwirtschaftlicher Betrieb 35 68
- Freibeträge bei Lebensversicherung 47 115
- gemischte Schenkung 3 88; 35 16, 77
- Gesamtrechtsnachfolge **69** 39
- Gestaltungen im internationalen Bereich **34** 75 f.
- Gestaltungsmissbrauch **69** 41
- Gleichstellungsgeld 35 14
- Grenzsteuersatz **69** 37
- Grundvermögen 35 45 f.
- Haftung für **69** 43
- Haftung für Erbschaftsteuer bei Auslandsberührung **34** 26
- Haftungsschuld des Schenkers 35 19
- Herausgabe Vorerbschaftsvermögen an Nacherben 35 14
- Hinweispflicht des Notars **70** 28
- Inländereigenschaft **34** 17
- internationale **34** 1 f.
- Jahreswert 47 114
- Kapitalforderungen/-schulden 35 33
- Kfz-Insassen-Unfallversicherungsleistung 35 10
- Landwirtschaftlicher Betrieb 35 68
- Lebensversicherung 3 63; 47 51 f., 61
- Lebensversicherung bei Prämienzahlung durch Bezugsberechtigten 47 112
- Lebensversicherungsleistung 35 10
- Leistungsrechte 35 39
- Luftunfallversicherungsleistung 35 10
- Minderung Bemessungsgrundlage bei Lebensversicherung 47 145
- Miterbenauseinandersetzung 3 73 f.
- Nacherbe **17** 149
- Nachfolgeplanung **40** 58
- Nachlassverbindlichkeiten 35 7, 88
- Nachlassverwaltung **24** 64
- Nachsteuer 35 139
- nichteheliche Lebensgemeinschaft **12** 22
- Nießbrauchsverzicht **36** 243
- Nutzungsrechte 35 39
- Pension 3 64
- persönlicher Freibetrag 35 162
- Planung **34** 87
- Privilegierung Betriebsvermögen 3 42 f.
- qualifizierte Nachfolgeklausel 35 6
- Rechtsbehelfe **19** 297
- Rentenrechte 35 39
- rückwirkendes Erlöschen bei Zuwendung an Stiftung **39** 7
- Schenkung auf den Todesfall 35 9
- Schenkung unter Lebenden 35 14 f.
- Schenkung unter Leistungsauflage 35 77
- Sicherheitsleistung **19** 299
- steuerbare Erwerbsvorgänge **34** 29
- steuerbare Zuwendung bei Übertragung der Lebensversicherung 47 76
- steuerbegünstigtes Betriebsvermögen 35 117 f.
- Steuererklärung **69** 12
- Steuerhinterziehung durch unterlassene Anzeige **37** 2, 7
- Steuerklassen 35 161
- steuerpflichtiger Erwerb 35 21 f.
- Steuerplanung **1** 11
- Steuerschuldner **19** 290
- Stichtagsbewertung 35 23
- Stichtagsprinzip **34** 20
- Stundung 35 168
- Stundung bei Betriebsvermögen **69** 37
- Tarife 35 166
- Tarifvergünstigung 35 167
- Teilungsanordnung 35 6
- Testamentsvollstreckung **19** 290
- Unbedenklichkeitsbescheinigung **34** 28
- unentgeltlicher Erwerb Lebensversicherung 47 53
- Unfallversicherungsleistung 35 10
- Verböserung im Einspruchsverfahren **69** 42, 53
- Vermächtnis **13** 17; 35 7, 74
- Vermögensübergang auf Stiftung 35 11, 14
- Vermögensübergang auf testamentary trust 35 11
- Versorgungsbezüge 3 65
- Versorgungsfreibetrag 35 162, 163
- Vertrag zugunsten Dritter 35 10
- Vor-/Nacherbschaft 3 33; **17** 145 f.
- Voraus 35 10
- Vorausvermächtnis 3 94; **16** 13
- Vorerbe **17** 146
- Wegzugsplanung **34** 11
- Zugewinnausgleich **1** 3; 35 84
- Zusammenrechnung durch Berücksichtigung früherer Erwerbe **69** 38
- Zuständigkeit **69** 9
- Zuwendung bei Ausscheiden eines Gesellschafters 35 14
- Zuwendung, freigiebige 35 14
- Zuwendung nach §§ 1512-1514 BGB 35 10

Erbschaftsteuer, ausländische, Anrechnung **34** 49 f., 53

Erbschaftsteuer, unbeschränkte, bei Aufgabe der Staatsangehörigkeit **34** 16

Erbschaftsteueranrechnung 34 49 f.
- Anrechnungsbetrag **34** 57
- ausländische **34** 13, 49 f.
- Verfahren **34** 59
- zeitliche Begrenzung **34** 54

Erbschaftsteuerbefreiung
- allgemein zugänglich gemachter Grundbesitz 35 103
- Ansprüche nach Bundesentschädigungsgesetz 35 116
- Ansprüche nach Lastenausgleichsgesetz 35 116
- Ausbildungszuwendung 35 111
- bei gesetzlicher Zwangsversicherung 47 108

Sachverzeichnis

fett gedruckte Zahlen = Paragrafen

- bei Lebensversicherung 47 102 f.
- Dreißigster 35 103
- Familienwohnheim 35 104 f.
- Gelegenheitsgeschenk 35 115
- gemeinnützige/mildtätige/kirchliche Zuwendung 35 116
- Hausrat 35 102
- im öffentlichen Interesse erhaltenswerte Gegenstände 35 102, 103
- Pflegezuwendung 35 111
- sachliche 35 100 f.
- Schuldenerlass des Erben gegenüber Erblasser 35 110
- Unterhaltszuwendung 35 111
- Vermögensrückfall 35 112
- Verzicht 35 96, 159
- Zuwendung an Gebietskörperschaften 35 116
- Zuwendungen an Kirche 35 116
- Zuwendungen an Pensions-/Unterstützungskasse 25 116

Erbschaftsteuerbegünstigung 35 118
- Bewertungsabschlag Betriebsvermögen 35 138
- inländisches Betriebsvermögen 35 120 f.
- inländisches land- und forstwirtschaftliches Vermögen 35 120, 122
- Kapitalgesellschaftsanteil 35 120, 123
- Personengesellschaftsanteil 35 121

Erbschaftsteuerbelastung, bei Gestaltung zur Vermeidung von Pflichtteilsansprüchen 33 152

Erbschaftsteuerbescheid, Bekanntgabe an Testamentsvollstrecker 19 296

Erbschaftsteuererklärung 1 23; 69 12, 121
- Abgabe bei Testamentsvollstreckung 19 292
- Abgabe durch Testamentsvollstrecker 19 87
- Abgabepflicht 69 8, 18
- Anlage Erwerber (amtlicher Vordruck) 69 122
- Anlage Steuerentlastungen (amtlicher Vordruck) 69 124
- Anleitung (amtlicher Vordruck) 69 123
- Ausübung von Wahlrechten 19 295
- Bedarfsbewertung 69 120
- erbschaftsteuerlicher Abzug der Kosten für 35 95
- ergänzende Hinweise 69 125
- unterlassene Berichtigung 37 7
- Verspätungszuschlag 69 13
- Vordruck, amtlicher 69 121

Erbschaftsteuerermäßigung, § 27 ErbStG 35 165

Erbschaftsteuerfreibetrag, persönlicher 35 162

Erbschaftsteuerpflicht
- beschränkte 34 21
- erweitert beschränkte 34 24
- gewöhnlicher Aufenthalt 34 10
- unbeschränkte 34 7 f.
- Wegzug 34 11
- Wohnsitz 34 9

Erbschaftsteuerpflicht, beschränkte
- Anknüpfung 34 21
- erfasstes Vermögen 34 22
- Gestaltungen 34 79

Erbschaftsteuerpflicht, erweitert beschränkte 34 24
- Anknüpfung 34 24
- erfasstes Inlandsvermögen 34 25
- Gestaltungen 34 85

Erbschaftsteuerpflicht, unbeschränkte 34 7 f.
- Anknüpfung 34 8
- Gestaltungen 34 75
- nacheilende 34 11

Erbschaftsteuerplanung
- internationale 34 87 f.
- Nachfolgeplanung 40 58
- vorweggenommene Erbfolge 40 60

Erbschaftsteuerschuldner
- bei Erwerb von Todes wegen 35 13
- bei Schenkung unter Lebenden 35 19

Erbschaftsteuertarif 35 166; 69 37
- Vergünstigung 35 167

Erbschaftsverkauf
- Genehmigung Nachlassgericht 28 11
- Vorkaufrecht des Miterben 28 12

Erbschaftsvertrag 26 123
- bei Erbverzicht 31 28

Erbschein
- Alleinerbschein 50 26
- Anerkennung des ausländischen 33 127
- Antrag 50 10 f., 15
- Antrag allgemeiner/gegenständlich beschränkter 33 124
- Antragsberechtigte 50 16
- Antragsverfahren 50 15
- Arten 50 26
- ausländischer 50 31
- bedingte/befristete Erbeinsetzung 15 5
- bei Auslandsberührung 50 30
- bei Erbauseinandersetzungsklage 61 23
- Checkliste 50 10
- Doppelerbschein 48 41
- Einziehung 50 22, 35
- Einziehung des unrichtigen 33 125
- Erteilung nach Anerbengesetz 43 24
- Fremdrechtserbschein 50 26
- für Grundbuchzwecke 50 27
- für im Beitrittsgebiet belegene Immobilien(Altfälle) 48 41
- für im Beitrittsgebiet belegene Immobilien(Neufälle) 48 43
- gegenständlich beschränkter 50 26
- gegenständliche Beschränkung bei Testamentsvollstreckung 19 64
- gemeinschaftlicher 50 26
- Grundbuchberichtigung 55 7
- Gruppenerbschein 50 26
- Gültigkeit DDR-Erbschein 48 39
- Herausgabeantrag bei Erbunwürdigkeitsklage 56 26

magere Zahlen = Randnummern

Sachverzeichnis

- Herausgabeantrag bei Feststellungsklage 56 5, 8,18
- Hoffolgeerbschein 50 26
- internationale Zuständigkeit 33 118
- Kosten für 5 39
- Kraftloserklärung 50 38
- Notarkosten 70 76
- öffentlicher Glaube 50 12
- Rechtswirkungen 50 11
- Sammelerbschein 50 26
- Teilerbschein 50 26
- Vermerk der Testamentsvollstreckung 19 62
- Vor-/Nacherbfall 50 29
- Vorbescheid 50 17
- Vorerben-Erbschein 50 29
- Zuständigkeit 50 15
- Zuständigkeit Amtsgericht für eidesstattliche Versicherung 70 1
- Zuständigkeit, internationale 50 30
- Zwischenverfügung 50 16

Erbschein, gegenständlich beschränkter 33 121
- Gültigkeit DDR-Erbschein 48 39

Erbscheineinziehungsverfahren, Gegenstandswert 2 12

Erbscheineinziehung, Gleichlaufgrundsatz 33 118

Erbscheinserteilung, Gleichlaufgrundsatz 33 118

Erbscheinverfahren 50 10, 15 f.
- Auslegung durch Amtsermittlung 6 62
- Beratungsbedarf 1 20
- Beweiserhebung 50 21
- Deutsch-deutsches Erbrecht 48 39 f.
- Formulierungsmuster Beschwerde 50 33
- Formulierungsmuster Erbscheinsantrag 50 25, 28
- Gegenstandswert 2 12
- Hilfsantrag 50 19
- Kosten 50 24
- Kostenentscheidung 50 23
- rechtliches Gehör 50 20
- Rechtsanwaltshonorar 50 24
- Rechtsbehelf 50 32

Erbscheinverfahren

Erbstatut 11 22
- Abgrenzung zu Adoptionsstatut 33 68
- Abgrenzung zu Gesellschaftsstatut 33 56
- Abgrenzung zu Güterrechtsstatut 33 51
- Abgrenzung zu Sachenrechtsstatut 33 65
- ausländischer Erblasser 33 123
- Nachlassverbindlichkeit 33 89
- qualifizierte Nachfolgeklausel 33 61
- testamentary trust 33 50
- Testamentsvollstreckung 33 161
- Testierfähigkeit 33 49
- Umfang 33 48
- Wahlrecht des ausländischen Erblassers 33 73

Erbstatutswahl 33 73
- Form 33 74
- Formulierungsmuster 33 79

- Teilrechtswahl 33 76

Erbteil
- Begriff 4 1
- Erbschaftsanspruch des Erwerber 27 6
- Nießbrauch 26 26
- Quotenvergleich bei Pflichtteil 29 38
- Übertragung 28 9
- Verfügung Minderjähriger 42 62
- Verpfändung 26 29
- Wegfall der Beschränkung/Beschwer bei Pflichtteil 29 34

Erbteil, besonderes, bei Erbteilserhöhung 4 61

Erbteil, gemeinschaftlicher
- Erbeinsetzung 8 25
- Anwachsung der Miterben 8 63

Erbteilbeschränkung, Wegfall bei Pflichtteil 29 34

Erbteilerhöhung 4 61

Erbteilkauf 28 1 f.
- Beratungsbedarf 1 22

Erbteilübertragung 28 9
- Notarkosten 70 78
- sämtliche Erbanteile auf einen Miterben 26 100

Erbteilveräußerung 28 1 f.
- an Dritten 28 5
- durch Minderjährigen 28 13
- Form 28 6
- Formulierungsmuster Kaufvertrag 28 25
- Gefahrübergang 28 21
- Genehmigung Nachlassgericht 28 11
- Grundbesitz 28 10
- Haftung gegenüber Nachlassgläubiger 28 22
- Nacherbenanwartschaft 28 8
- Sach-/Rechtsmängelhaftung 28 19
- Sicherung des Erwerber 28 17
- Sicherung des Veräußerers 28 16
- Steuern 28 24
- Übergang Nutzen/Lasten 28 21
- unentgeltliche 28 3
- Verjährung 28 23
- Vertragsgegenstand 28 7
- Vorkaufsrecht des Miterben 28 12
- Wirkung 28 9
- zur Erbauseinandersetzung 28 4

Erbteilung
- durch Dritte 16 17
- durch Schiedsgericht/-gutachter 16 18

Erbteilungsklage, Gegenstandswert 2 12

Erbteilungsverbot 16 14 f.
- Wirkung 16 16

Erbunwürdigkeit 30 1 f., 5
- Anfechtung bei 30 22 f.
- Anfechtungsberechtigter 30 27
- Anfechtungsfrist 30 25
- Anfechtungsklage 30 32
- Anfechtungsrecht 30 3, 22 f.
- Anfechtungs(wider)klage 56 20 f., 22
- Ausschluss Erbrecht bei gewillkürter Erbfolge 11 136
- Fälschung 30 14

Hagen

Sachverzeichnis

fett gedruckte Zahlen = Paragrafen

- Formulierungsmuster Anfechtungsklage 30 38
- Gegenstandswert 2 12
- Herbeiführung Testierunfähigkeit 30 11
- Kausalität 30 16
- Pflichtteilsberechtigter 30 39, 41
- Staatserbrecht 4 57, 59
- Tötungsversuch 30 10
- unlautere Einflussnahme auf letztwillige Verfügung 30 13
- Urkundsdelikte 30 14
- Verhinderung letztwilliger Verfügungen 30 12
- Vermächtnisnehmer 14 346; 30 39, 40
- Verzeihung 30 18
- vorsätzliche Tötung des Erblassers 30 9
- Wegfall Stammelternteil 4 35
- Zuständigkeitsstreitwert 30 36

Erbunwürdigkeitsklage 56 20 f.
- Aktivlegitimation 56 29
- Darlegungs-/Beweislast 56 32
- ergänzende Erbschaftsklage gegen Erbschaftsbesitzer 56 27
- Formulierungsmuster Klageantrag 56 25
- Herausgabeantrag bei 56 26
- Klagebegründung 56 29
- Klageerwiderung 56 31
- Passivlegitimation 56 29
- Streitwert 56 30
- vorläufiger Rechtsschutz 56 33

Erbverfahrensrecht
- ausländisches Recht im Prozess 33 113
- Forum-shopping 33 111, 154
- lex fori 33 109

Erbverfahrensrecht, internationales, Zuständigkeit 33 108

Erbvertrag 10 1 f.
- Akteneinsicht in eröffneten 52 27
- amtliche Verwahrung 70 45
- Änderungsvorbehalt 10 47; 12 19
- Anfechtung 7 59; 10 60
- Aufhebung 9 5; 10 16, 44 f.,50, 50
- Aufhebung früheres Testament 9 28
- Auflage 14 8
- Ausgleichsanspruch Begünstigter bei Nießbrauch 49 60
- Auskunftsanspruch bei 45 15
- Auslandsberührung 10 18
- Auslegung
- Beteiligte 10 12
- Bindungswirkung 10 13, 33 f.
- Ehegatten-/Lebenspartnererbrecht 11 123
- einseitige Verfügungen 10 14
- einseitiger 10 26
- Erbschaftsausschlagung 22 40
- Erbstatutswahl 33 79
- Eröffnung 52 1, 11,20
- Errichtung 10 21
- familienrechtliche Veränderung 10 43
- Formulierungsmuster für E. zwischen Ehegatte und Kind 10 66
- Formulierungsmuster für Ehegatten 10 67
- gemeinschaftlicher 10 29
- Haftung bei Beratung 2 43
- Hoferbenbestimmung 43 33
- Inhalt 10 7 f.
- Klage des Vertragserben im Zusammenhang mit § 2287 BGB 64 2 f.
- Mediationsklausel 68 22
- Minderjährige 42 20
- nach ZGB 7 23; 48 16
- nichteheliche Lebensgemeinschaft 12 10
- Nichtigkeit 7 57
- notarielle Beurkundung 10 21
- Notarkosten 70 70, 74
- Rücktritt 10 53
- Rücktrittsvorbehalt 10 56; 12 18
- Schiedsgerichtsanordnung 67 16, 25,32
- schuldrechtliche Verpflichtung bez. Vermächtnisgegenstand 13 321
- Schutz des Bedachten 7 17
- Schutz des bedachten Dritten 10 17, 33
- Schutz gegen beeinträchtigende Schenkungen 10 36
- Schutz gegen spätere letztwillige Verfügung 10 41
- Schutzwirkung 10 33
- Sittenwidrigkeit 7 57
- Totalvorbehalt 12 20
- Unternehmensnachfolge 10 20
- Unwirksamkeit 7 53 f., 56
- Verfügung mit Auslandsberührung 5 26
- Verfügungsunterlassungsvertrag 10 37; 64 13
- vertragsmäßige Verfügungen 10 16
- vertragswidrige Verfügungen 10 38
- Verwahrung 10 25
- Zustimmung des Bedachten 10 45
- zwei-/mehrseitiger 10 29

Erbvertrag nichteheliche Lebensgemeinschaft 12 10
- Änderungsvorbehalt 12 19
- Anfechtung 12 20
- Rücktrittsvorbehalt 12 18
- Totalvorbehalt 12 20

Erbvertragsaufhebung, Notarkosten 70 73

Erbverzicht 3 69; 31 1 f.
- Abgrenzung zu Pflichtteilsverzicht 29 230
- abstraktes Verfügungsgeschäft 31 4
- Anfechtung 7 52; 32 92
- Aufhebung 31 28, 59 f.
- bedingter 31 9
- bei lebzeitiger Übertragung 32 74
- Beurkundung 31 15, 27
- Checkliste 31 1
- Deutsch-deutsches Erbrecht 48 37
- Erbschaftsteuer 35 12
- Erbschaftsteuer für Abfindung 35 12, 14
- Feststellung des eventuellen 2 55
- Form 31 15, 27; 32 29, 77
- Geschiedenenunterhalt 31 42, 50
- Hofanfall 43 17

magere Zahlen = Randnummern **Sachverzeichnis**

- Kinder aus mehreren Ehen 31 36
- Korrekturmöglichkeit des weichenden Erben 32 92
- Minderjährige 42 108
- Notarkosten 70 75
- Pflichtteilsergänzung bei 29 134
- Pflichtteilsergänzungsanspruch 31 41
- Rücktrittsvereinbarung bei 31 11
- Staatserbrecht 4 57, 59
- stillschweigender 31 19
- teilweiser 31 20
- Vermächtnisnehmer 14 346
- Verpflichtungsgeschäft 31 6
- vorweggenommene Erbfolge 31 40
- Wagnisvereinbarung 32 92
- weichender Erbe bei Hofübergabevertrag 43 44
- Wirkung 31 30 f.
- Wirkung bei gesetzlicher Erbfolge 4 37
- zu Lebzeiten des Erblasers 31 13

Erbvolumen, Statistik 1 1
Erfolgshonorar 2 20
Erfüllung, Vermächtnis 13 296 f., 305
Erfüllung, aufgeschobene, Schenkung 32 97
Ergänzung
- gesetzliche Erbfolge 4 17
- letztwillige Verfügung 5 31

Ergänzungsanspruch, Bestandsverzeichnis 29 173
Ergänzungsbetreuung, minderjähriger Vermächtnisnehmer 13 310
Ergänzungspfleger
- Bestellung 26 115
- Bestellung bei Rechtsgeschäften mit minderjährigem Kind 32 49
- Minderjährige 40 121
- Vertretung Minderjähriger bei Erbauseinandersetzung 26 113, 115

Ergänzungspflegschaft, bei Testamentsvollstreckung 19 45
Erhaltungskosten, bei Vor-/Nacherbschaft 17 82
Erholungswald, Erbschaftsteuer 35 103
Erinnerung nach § 766 ZPO, Konkurrenz zu Einwendungsklage 60 21
Erinnerungsgegenstände, Auflage 14 16
Erklärungsbote, Schenkung durch 32 39
Erklärungsfrist, Annahme Vermächtnis 29 60
Erklärungsirrtum 7 33
- Anfechtung Erbschaftsannahme/-ausschlagung 22 46

Erlassvermächtnis 13 156
Ermahnung, Notar 70 31
Ernennung, Testamentsvollstrecker 19 53
Eröffnung
- amtlich verwahrtes Testament 5 22
- letztwillige Verfügung 52 1 f.

Eröffnungstermin, Testamentseröffnung 52 15
Errichtungsstatut 33 47
Ersatzauflage 14 2
Ersatzaussonderung 25 139

Ersatzbegünstigung, Aufteilungsverfügung Betriebsvermögensfreibetrag 35 132
Ersatzbestimmung
- Auslegung 3 37
- in letztwilliger Verfügung 3 36

Ersatzbevollmächtigter, Vorsorgevollmacht 44 28
Ersatzerbe 8 55
- Abgrenzung zu Abkömmling 8 59
- Abgrenzung zu Abkömmling als Nacherbe 8 62
- Abgrenzung zu Nacherbe 8 60
- bei Zuwendungsverzicht 31 55
- Benennung bei Wegfall Stammelternteil 4 36
- Bestimmung bei Unternehmensnachfolgeregelung 40 130
- Stellung des 8 57

Ersatzerbeinsetzung 8 55 f.
- Vermutung stillschweigender 6 37

Ersatzerbenbestimmung 11 59
- für Nacherbe 17 41
- für Vorerbe 17 40
- Vorversterben 6 28

Ersatzerbfolge, Vorrang vor Anwachsung 8 58
Ersatzerbschaftsteuer
- Familienstiftung 36 77, 79; 39 23
- Stiftung 3 52

Ersatznacherbenvermerk 17 42
Ersatzregelung, für Vorversterben des auflösend bedingt/befristet Bedachten 15 44
Ersatzsurrogation 26 10
Ersatztestamentsvollstrecker 3 19; 19 54
Ersatzvermächtnis 13 196
- Wegfall des Vermächtnisnehmers 13 346

Erschließungsbeitrag, Erbenhaftung 23 106
Erschöpfungseinrede 23 51
Ersitzung, Erbschaftsanspruch 27 18
Erträgnisverwendung, Testamentsvollstreckung 19 110
Ertragshundertsatz, Stuttgarter Verfahren 35 29
Ertragsnießbrauch
- an Unternehmen 36 221
- Kapitalgesellschaftsanteil 40 89

Ertragsprognose, Vermögensübergabe gegen Versorgungsleistung 36 175
Ertragsvermächtnis, schuldrechtliches 40 91
Ertragswert
- Bewertung bebautes Grundstück 3 41
- Bewertung Landgut 46 64
- Landgut 43 21

Ertragswertverfahren
- Betriebswert 35 69
- Bewertung bebautes Grundstück mit Mieterträgen 35 48
- Bewertung Einzelunternehmen 46 17
- Bewertung Grundstück 46 35
- Stille Reserven 46 18
- Unternehmensbewertung 46 13, 17

Erwartungsirrtum 7 36

Hagen

Sachverzeichnis

fett gedruckte Zahlen = Paragrafen

Erwerb, gutgläubiger, Nachlassgegenstand **19** 129
Erwerb unter Lebenden, steuerlich relevante Fristen **36** 4
Erwerb von Todes wegen
– Erbschaftsteuer **35** 4 f.
– Ermittlung des steuerpflichtigen Werts **35** 21
– steuerlich relevante Fristen **36** 4
Erwerbsanwartschaft
– bei Schenkungsversprechen **32** 37
– Schenkung **32** 13
Erwerbsgartenbau **43** 9
Erwerbsvorgang, Besteuerung nach deutschem ErbStG **34** 29
estate planning **1** 5
EU-Recht **34** 71
Europäisches Erbkollisionsrecht **33** 4
Europarechtlicher Rechtsschutz, steuerrechtlicher **69** 102
Exekutor, ausländisches Erbstatut **33** 64

Fälligkeit, Vermächtnis **13** 293
Fälschung, Erbunwürdigkeit **30** 14
Falzidisches Quart **13** 6
Familiäre Probleme, Beratungsbedarf bei Nachfolgeplanung **1** 6
Familienangehöriger, Dreißigster **13** 34
Familienberatung, Interessenkollision **2** 7
Familienbindung, Vor-/Nacherbschaft **17** 7
Familiengericht
– Bestellung Ergänzungspfleger **26** 115
– Genehmigung bei minderjährigem Nacherben **42** 94
– Genehmigung bei minderjährigem Vorerben **42** 87
– Genehmigung Erbauseinandersetzung mit Minderjährigem **26** 114
– Genehmigung Nachlassverwaltung mit Beteiligung Minderjähriger **42** 51
– genehmigungspflichtige elterliche Rechtsgeschäfte **32** 51
– Vermächtniserfüllung Minderjähriger **42** 61
– Zustimmung bei Rechtsgeschäft für Minderjährige **42** 9
Familiengerichtliche Genehmigung **32** 51
Familiengesellschaft
– AG **36** 70
– Angemessenheitsprüfung **36** 81
– atypisch stille Gesellschaft **36** 63
– atypische Unterbeteiligung **36** 67
– Beteiligung Minderjähriger **36** 92
– Checkliste **36** 48
– Erbschaftsteuer **36** 95
– Fremdvergleich **36** 81
– Gesellschafterstellung Familienmitglied **36** 92
– Gewerbesteuer **36** 50
– Gewinnverteilung **36** 86
– GmbH **36** 68
– GmbH & atypisch Still **36** 65
– GmbH & Co. KG **36** 58
– KGaA **36** 71

– Kommanditgesellschaft **36** 54 f.
– kritische Vertragsklauseln zur Mitunternehmerschaft **36** 85
– Mitunternehmerschaft Familienmitglied **36** 82
– steuerliche motivierte Gestaltung **36** 48 f.
– sukzessive Beteiligung **36** 52
– trust **36** 80
– typisch stille Gesellschaft **36** 62
– typische Unterbeteiligung **36** 66
– Veräußerungsfreibetrag **36** 51
– Verlustzurechnung **36** 50
– Vermögensverschiebung zwischen Gesellschafter/f. **36** 96
– Vertragsvollzug **36** 94
– wirtschaftliches Eigentum **36** 50
Familiengrundbesitzgesellschaft
– gewerbliche **36** 23
– steuerliche motivierte Gestaltung **36** 22 f.
– vermögensverwaltende **36** 29
Familiengrundbesitzgesellschaft, gewerbliche **36** 22
– Beteiligung der Familienmitglieder **36** 26
– Betriebsaufspaltung **36** 23
– erbschaftsteuerliche Behandlung **36** 28
– ertragssteuerliche Behandlung **36** 26
– Grunderwerbsteuer **36** 27
– Sonderbetriebsvermögen **36** 23
– Steuervergünstigung nach §§ 13 a, 19 a ErbStG **36** 23
– Stille Reserven **36** 23
– unentgeltliche Übertragung **36** 25
Familiengrundbesitzgesellschaft, vermögensverwaltende **36** 29 f.
– Anteilsveräußerung **36** 33
– Drei-Objekte-Grenze **36** 34
– Einbringung in **36** 29, 35
– ent-/teilentgeltliche Übertragung auf **36** 30
– Erbschaftsteuer **36** 36
– ertragssteuerliche Behandlung **36** 32
– gewerblicher Grundstückshandel **36** 34
– steuerliche motivierte Gestaltung **36** 29 f.
– unentgeltliche Übertragung auf **36** 29
Familienmitglied
– Betriebsaufspaltung **36** 138
– Gesellschafterstellung **36** 92
– Gewinnverteilung **36** 86
– Mitunternehmerschaft **36** 82
Familienrecht
– erbrechtliche Problemstellung **1** 3
– Vererblichkeit **4** 8
– Vermächtnis **13** 104
Familienrechtliche Anordnung **18** 1 f.
– Gütergemeinschaft **18** 11
– Vormund **18** 8
Familienschutz, Beschränkung Testierfreiheit **5** 7
Familienstiftung **3** 52; **38** 8
– Anerkennung **38** 11
– Besteuerung Destinatär **39** 26
– Doppelstiftung **38** 29

magere Zahlen = Randnummern

Sachverzeichnis

- Erbersatz-/Ersatzerbschaftsteuer 39 23
- Erbersatzsteuer 39 5, 23
- erbschaftsteuerlicher Begriff 36 77
- Errichtung 36 78
- Ersatzerbschaftsteuer 36 77, 79
- laufende Besteuerung 39 23
- steuerliche Behandlung 36 74; 39 19 f.
- steuerliche Behandlung Vermögensanfall 39 25
- steuerliche Qualifizierung als 39 5
- Umwandlung in gemeinnützige Stiftung 39 24
- verdeckte Zuwendung 36 75
- wesentliches Familieninteresse 36 77

Familienstiftung, ausländische 34 32 f.
- Auflösung 34 38
- Ausschüttungen 34 37
- Errichtungsbesteuerung 34 33
- laufende Besteuerung 34 34
- steuerliche Behandlung 36 80; 39 30

Familientag, Unternehmensnachfolgeplanung 40 8

Familienunternehmen
- Erbvertrag 10 20
- Fortführung 40 3
- Fortsetzungsklausel 40 31
- qualifizierte Nachfolgeklausel 40 34
- Schaffung klarer Unternehmensstruktur 40 50

Familienvermögensverwaltungsgesellschaft 3 47
- als Erbe 3 48

Familienwohnheim
- bei ehelichem Erwerb 35 17
- erbschaftsteuerbefreite Zuwendungen bei inländischem 35 104
- erbschaftsteuerlicher Begriff 35 105
- Kettenschenkung 35 107
- Rückforderungsrecht 35 108
- steuerschädliche Vermietung 35 106
- steuerunschädliche Nutzungen 35 106
- Wohnheimschaukel 35 109
- Zuwendung des eigengenutzten F. an Ehegatten 3 84

favor testamenti, Spaltnachlass 33 97
Fehlbelegungsabgabe, Erbenhaftung 23 106
Feindschaft, Erbe/Testamentsvollstrecker 19 205
Ferienhaus 35 105
Ferienwohnung, Bewertung ausländischer 46 43
Festsetzungsfrist, Ablaufhemmung 69 20
Festsetzungsverjährung 69 14
- Anlaufhemmung 69 15
- bei Anzeigepflicht 69 16
- bei Steuererklärungspflicht 69 18

Feststellungsklage
- auf Feststellung des Pflichtteils 62 27
- Aussetzung 56 12
- Darlegungs-/Beweislast 56 16

- Einrede der beschränkten Erbenhaftung bei 60 4
- Erbrecht bei erteiltem Erbschein 56 5 f.
- Erbrecht bei nicht erteiltem Erbschein 56 4 f.
- ergänzende Stufenklageanträge 56 9
- Feststellung des Erbrechts bei Erbschaftsherausgabe 63 2
- Feststellungsinteresse 56 12
- finanzgerichtliche 69 70
- Finanzrechtsweg 69 6
- Formulierungsmuster Klageantrag 56 7
- Herausgabeantrag Erbschein 56 5, 8,18
- Klageantrag 56 7
- Klagebegründung 56 11
- Klageerwiderung 56 14
- Nacherbe 45 79
- Pflichtteilsentziehung 29 69
- Streitwert 56 13
- Streitwert bei Vorabklärung 61 19
- Un-/Wirksamkeit Verfügung von Todes wegen 56 1 f.
- Vertragserbe 64 14
- Vorabklärung bei Erbauseinandersetzungsklage 61 19
- Vorerbe 17 63
- vorläufiger Rechtsschutz 56 19
- Zulässigkeit 56 12
- Zuständigkeit 56 12
- Zwischenfeststellungsklage 56 6

Feststellungsprozess, bestrittene Insolvenzforderung 25 66
Feststellungswiderklage 56 14
- Antrag 56 10

FGG-Verfahren
- beteiligte Behörden 50 4, 8
- Nachlass-/Teilungssachen 50 1, 5 f.

Fideikommis 13 7
Finanzamt, Selbstanzeige 37 16
Finanzgericht
- Besetzung 69 64
- Entscheidung 69 112 f.
- Kassation 69 115
- Reformation 69 115
- Zuständigkeit 69 73

Finanzgerichtsbarkeit, Aufbau 69 64
Finanzgerichtsprozess
- Anfechtungsklage 69 67
- Anwaltszwang 69 81
- Aussetzung der Vollziehung 69 91
- Beteiligtenfähigkeit 69 81
- Beweiserhebung 69 108
- Dispositionsmaxime 69 104
- einstweilige Anordnung 69 94
- Entscheidung des Gerichts 69 112
- Feststellungsklage 69 70
- Form der Klageerhebung 69 84
- Gerichtsbescheid 69 105, 113
- Grundsatz der Mündlichkeit 69 105
- Klagebefugnis 69 78

Hagen

Sachverzeichnis

fett gedruckte Zahlen = Paragrafen

- Klagefrist **69** 82
- Klageverzicht **69** 89
- Klagevortrag **69** 85
- Leistungsklage **69** 69
- Passivlegitimation **69** 83
- Postulationsfähigkeit **69** 81
- Präklusion **69** 104
- Prozessfähigkeit **69** 81
- Prozessfürsorgepflicht **69** 104
- rechtliches Gehör **69** 106
- Rechtskraft **69** 100
- Sachaufklärung **69** 107
- Sprungklage **69** 77
- Statthaftigkeit der Klage **69** 74
- Strengbeweis **69** 109
- Untätigkeitsklage **69** 68
- Untersuchungsgrundsatz **69** 103
- Verböserung im **69** 104
- Verfahren **69** 103
- Verfahrenskosten **69** 99
- Verpflichtungsklage **69** 68
- vorläufiger Rechtsschutz **69** 90 f.
- Vorverfahren **69** 75
- Zulässigkeit der Klage **69** 71

Finanzgerichtsweg
- erbschaftsteuerlicher **69** 6
- Zulässigkeit **69** 72

Finanzierungsdarlehen, bei Nießbrauch **49** 41

Firma, Vererblichkeit **4** 12

Firmenrente, Reduzierung bei Tod des Ehepartners **40** 72

Firmenwagen, Wegfall **40** 72

Fischereibetrieb 43 9

Fischereirecht, erbschaftsteuerliche Bewertung **35** 68

Fiskus, Erbrecht des **8** 80

Förderstiftung 38 26

Forderung, schuldrechtliche, Internationales Erbrecht **33** 72

Forderungsanmeldung
- Muster **25** 64
- Nachlassinsolvenzverfahren **25** 61 f.

Forderungsvermächtnis 13 144 f.
- einkommensteuerliche Aspekte **13** 154
- Wertsicherung **13** 151

Formerfordernis
- Erbverzicht **32** 29
- Leibrentenversprechen **32** 28, 65
- Nießbrauch **32** 24
- Pflichtteilsverzicht **32** 29
- registerrechtliches **32** 31
- Schenkungsversprechen **32** 20
- Vertrag auf den Todesfall **32** 21
- vertraglich vereinbartes **32** 30
- Zuwendung gegenwärtigen Vermögens **32** 27
- Zuwendung Grundvermögen **32** 25
- Zuwendung Nachlass **32** 27

Formmangel
- bei Verträgen über Grundvermögen **32** 26
- Heilung bei Leibrente **32** 28, 65

- Heilung bei Schenkung **32** 22

Formverstöße, letztwillige Verfügung **5** 30

Formvorschriften, gesetzliche **70** 2

Forstwirt, Betriebseröffnungsanzeige bei Betriebsverpachtung **36** 127

Forstwirtschaftliche Nutzung,
erbschaftsteuerliche Bewertung **35** 69, 70

Forstwirtschaftlicher Betrieb
- Betriebswert **35** 69
- Bewertung ausländischer **35** 73
- Bewertung Betriebsteil **35** 69
- Bewertung Betriebswohnungen **35** 72
- Bewertung Wohnteil **35** 71
- einkommensteuerliche Behandlung beim Erbfall **35** 188
- Entnahmebegrenzung **35** 150
- erbschaftsteuerliche Bewertung **35** 68
- steuerlich relevante Fristen **36** 4
- steuerunschädliche Entnahme **35** 149

Forstwirtschaftliches Grundstück,
Genehmigung nach Grundstücksverkehrsgesetz **32** 52

Forstwirtschaftliches Vermögen,
Tarifvergünstigung **35** 167

Forstwirtschaftliches Vermögen, inländisches,
erbschaftsteuerbegünstigter Erwerb **35** 120, 122

Fortführung Handelsgeschäft
- Haftung bei Fortführung unter neuer Firma **23** 83
- Haftung der nicht zustimmenden Miterben **23** 87
- Haftung des Erben **23** 77 f.
- Haftungsausschluss **23** 81
- Miterbenhaftung **23** 87

Fortsetzungsklausel 40 29
- Abfindung bei **40** 30
- Aufdeckung stiller Reserven **3** 9
- Besteuerung Erblasser bei **35** 174
- einkommensteuerliche Behandlung beim Erbfall **35** 181
- Erbengemeinschaft **26** 130
- Erbenhaftung für Verbindlichkeiten des OHG-Gesellschafters **23** 90
- Erbschaftsteuer bei **35** 9
- Erbschaftsteuerbegünstigung bei **35** 124
- erbschaftsteuerliche Bewertung **35** 64
- ertragsteuerliche Folgen **3** 78

forum-shopping 3 57; **33** 111, 154
- Gerichtsstandsvereinbarung zur Verhinderung des **33** 154

Frankfurter Testament 8 49; **40** 152
- Formulierungsmuster **8** 53

Frankreich
- dingliche Teilungsanordnung **33** 67
- dingliches Vermächtnis **33** 66
- Nachlass-Spaltung **3** 57
- Nachlassspaltung **33** 84
- Pflichtteil **33** 92

Freiberufler, Betriebseröffnungsanzeige bei Betriebsverpachtung **36** 127

Freiberufler, bilanzierender
- Bewertungsidentität Steuerbilanz/Vermögensaufstellung 35 63
- erbschaftsteuerliche Bewertung Betriebsvermögen 35 60

Freiberufler, nichtbilanzierender
- Entnahmebegrenzung 35 150
- erbschaftsteuerliche Bewertung Kapitalforderungen 35 66
- erbschaftsteuerliche Bewertung notwendiges Betriebsvermögen 35 62, 66

Freiberufliche Praxis
- freiberufliche Qualifikation der Miterben 35 189
- gewerbesteuerliche Umqualifizierung bei Erbfall 35 245

Freiberufliche Qualifikation, beim Erbanfall 35 189

Freibetrag
- Betriebsvermögensfreibetrag 35 125 f.
- Erbschaftsteuer Lebensversicherung 47 115
- Hausrat 35 102
- im öffentlichen Interesse erhaltenswerte Gegenstände 35 102, 103
- Kettenschenkung 3 82
- nachträgliche Geltendmachung 69 31
- § 27 ErbStG 35 165
- persönlicher 35 162
- Pflege-/Unterhaltsentgelt 35 111
- steuerlich motivierte Ausschlagung bei ausgeschöpftem 36 299
- Testamentsgestaltung 5 27
- Veräußerungsfreibetrag 36 51
- Versorgungsfreibetrag 35 162, 163
- Voraus 35 10
- Vorerwerbe 35 164

Freibetragsregelung, erbschaftsteuerliche Steuerumgehung 69 41

Freigabe, Nachlassgegenstände bei Testamentsvollstreckung 19 100

Freihändiger Verkauf, Nachlassgegenstand 24 63

Freistellung, vorbehaltene, bei wechselseitiger Verfügung 11 65

Freistellungsmethode, Doppelbesteuerungsabkommen 34 60

Freiwillige Gerichtsbarkeit 1 20

Fremdanzeige, strafbefreiende 37 25 f.

Fremdfinanzierung, Erbauseinandersetzungsvertrag 26 90

Fremdmanagement, Beratungsbedarf bei Nachfolgeplanung 1 6

Fremdrechtserbschein 50 26
- Grundbuchberichtigung 55 17
- Zuständigkeit 33 119, 121

Fremdrechts-Testamentsvollstreckerzeugnis 51 30

Fremdrechttestamentsvollstreckerzeugnis 33 126

Fremdvergleich, bei Familiengesellschaft 36 81

Fremdverwaltung
- BGB-Gesellschaftsanteil 19 248
- Einzelunternehmen 19 217
- Haftungsdisparität bei Personengesellschaft 19 239
- Kommanditanteil 19 253
- Personengesellschaftsanteil 19, 231 f.

Fremdwährungen, erbschaftsteuerliche Bewertung 35 66

Freund, Sicherung einer Mindestzuwendung 15 46

Fristen, steuerlich relevante 36 4

Früchte, Vermächtnis 13 108

Fruchtziehung, bei Erbengemeinschaft 26 50

Fünftel-Regelung 36 51

Gabun, Nachlassspaltung 33 84

Gartenbaubetrieb 43 9

Gärtnerische Nutzung, erbschaftsteuerliche Bewertung 35 69, 70

Gattungsauflage 14 2

Gattungsvermächtnis 13 65
- beschränktes 13 70
- Gewährleistung 13 76
- Leistungsklage 57 19

GbR
- Auflösung bei Tod des Gesellschafters 40 17
- Beteiligung minderjähriger Erben bei Geschäftsführung 42 135
- Beteiligungsübergang bei Erbengemeinschaft 26 130
- einfache Nachfolgeklausel 40 32
- Eintrittsklausel 40 38
- Fortsetzungsklausel 40 29
- Minderjähriger als Erbe 42 133
- nichteheliche Lebensgemeinschaft 12 29
- Vererblichkeit Gesellschaftsanteil 4 12

GbR-Anteil
- Testamentsvollstreckung 19 248
- Vererblichkeit 5 12
- Vererbung 40 17

Gebärdensprachdolmetscher 5 36

Gebietskörperschaft, erbschaftsteuerbefreite Zuwendung an 35 116

Gebot des sichersten Weges 2 33

Gebrauchsmusterrecht
- Vererblichkeit 4 7
- Vermächtnis 13 101

Gebrauchsüberlassung, unentgeltliche 32 15

Gebrauchsvorteile, Vermächtnis 13 108

Gebühren, Rechtsanwaltshonorar 2 13

Gedenkbüste, Auflagenvermächtnis 13 235

Gefälligkeit, Haftung 2 32

Gegenleistung, erbschaftsteuerliche Wertermittlung bei gemischter Schenkung 35 77

Gegenleistungsrente 36 199
- einkommensteuerliche Behandlung 35 227

Gegenstand
- Übernahmewert 16 11
- Zuweisung durch Teilungsanordnung 16 7
- Zuweisung durch Übernahmerecht 16 10

Sachverzeichnis

fett gedruckte Zahlen = Paragrafen

Gegenstände des persönlichen Gebrauchs, Erbschaftsteuerbefreiung 35 102
Gegenstände, öffentlich erhaltenswerte, Erbschaftsteuer 35 103
Gegenstände, persönliche, Erbschaftsteuerbefreiung 35 102
Gegenstandsverschiedenheit, Rechtsanwalthonorar 2 18
Gegenstandswert
– erbrechtlicher 2 11
– Vergleich 2 17
Gegenvorstellung, Teilungsversteigerung 61 36
Gegenwartsbedingung, Erbeinsetzung 8 68
Gegenwartswert, Bewertung Kapitalforderung 35 33
Gehör, rechtliches
– Einspruchsverfahren 69 49
– Finanzgerichtsprozess 69 106
Geistestätigkeit, vorübergehend gestörte, Testierfähigkeit bei 5 19
Geldschenkung, mittelbare 36 10, 17
Geldschenkung, unter Auflage, Abgrenzung zur mittelbaren Grundstücksschenkung 36 13
Geldstrafe/-buße, Erbenhaftung 23 102
Geldsummenvermächtnis 13 170
Geldvermächtnis 13 67; 13 166
– einkommensteuerliche Behandlung 35 219
– erbschaftsteuerliche Bewertung 35 76
– Formulierungsmuster Arrest 57 13
– Grundstück an Erfüllung statt 13 175
– Quotenvermächtnis 13 182
– zum Grundstückserwerb 13 173
Geldwertvermächtnis 13 170
Gelegenheitsgeschenk, Erbschaftsteuerbefreiung 35 115
Geliebtentestament 7 13
Geltungsdauer, letztwillige Verfügung 5 5
Gemeiner Wert
– erbschaftsteuerliche Bewertung 35 25
– Nachlass 29 107
– Stuttgarter Verfahren 35 30
Gemeinnützige Zuwendung, Erbschaftsteuerbefreiung 35 116
Gemeinnützigkeit
– Formulierungsmuster 38 47
– Stiftung 38 45
Genehmigung
– familiengerichtliche 32 51
– grundstücksverkehrsgesetzliche 32 52
– Hofübergabe nach Landgüterrecht 43 50
– Hofübergabevertrag 43 47
– Indexklausel 13 152
– vormundschaftsgerichtliche 32 51
Genehmigung, nachlassgerichtliche, Erbteilsverkauf 28 11
Genehmigung, vormundschaftsgerichtliche
– Patientenverfügung 44 44
– Rechtsgeschäfte Minderjähriger 40 121
– Teilungsplan Testamentsvollstrecker 19 93
– Vorsorgevollmacht 44 6

Genehmigungspflicht, Beschwerung Nacherbe 17 98
Genehmigungsverfahren Hofübergabe 43 45
– Rechte des weichenden Erben 43 49
Genehmigungsvorbehalt, vormundschaftsrechtlicher 24 80
Genossenschaftsanteil, Vererblichkeit 4 12
genuine link, Staatsangehörigkeitswechsel 33 43
Georgien
– Fortgeltung Deutsch-sowjetischer Konsularvertrag 33 106
– Nachlassspaltung 33 84, 106
Gerichtsbescheid 69 105, 113
– Rechtsbehelf 69 113
Gerichtskostengesetz, Notarkosten 70 62
Gerichtsstand
– der Erbschaft 60 10
– erbrechtliche Streitigkeit 33 110
– Pflichtteilsstreit 62 4
– Testamentsvollstreckung 60 10
Gerichtsstandsklausel, internationale 33 156, 157
Gerichtsstandsvereinbarung
– Wirkung gegenüber Erben 60 9
– zur Vermeidung Forum-shopping 33 154
– zur Vermeidung Nachlassspaltung 33 147, 154
Gerichtsverfassung 69 64
Geringstland, erbschaftsteuerliche Bewertung 35 69
Gesamtbefreiung, Vorerbe 17 91
Gesamt, steuerlich relevante Fristen 36 4
Gesamthandseigentum 26 13 f.
– Abgrenzung zu Bruchteilseigentum 26 14
– Gläubigerzugriff auf 26 15
Gesamthandsklage
– gegen Miterben 60 14
– Miterbeneinwendungen 23 70
– Miterbenhaftung 23 67
Gesamthandsprinzip 26 13
Gesamtnormverweisung 33 17
Gesamtrechtsnachfolge 4 1 ff.; 26 6
– Einzelfälle 4 5 f.
– erbschaftsteuerliche 69 39
– Stellung der Erben vor Erbfall 4 14
– Umfang 4 4
Gesamtschuldklage
– gegen Miterben 60 14
– Miterbeneinwendungen 23 69
– Miterbenhaftung 23 66, 71
Geschäft, erbschaftliches, Begriff 45 48
Geschäftsbetrieb
– mittelbare Schenkung 36 19
– Realteilung 35 198, 202
– steuerlich relevante Fristen 36 4
Geschäftsfähigkeit
– Testierfähigkeit 5 15
– Vermerk bei Beurkundung 70 41
Geschäftsführer ohne Auftrag, vorläufiger Erbe 45 26

Sachverzeichnis

Geschäftsführung
- Beteiligung Minderjähriger 42 135
- Unternehmensverbundene Stiftung 38 21

Geschäftsgebühr, Rechtsanwalthonorar 2 13

Geschäftspartner, Sicherung einer Mindestzuwendung 15 46

Geschäftsschulden, handelsrechtliche Haftung des Erben 23 77 f.

Geschäftsunterlagen, Einsichtsrecht Pflichtteilsberechtigter 29 173

Geschäftswert 46 20
- Beurkundung 70 69, 82
- Vorsorgevollmacht 44 26

Geschenk, Ausgleichspflicht bei Erbauseinandersetzung 26 75

Geschiedenen-Testament, Vor-/Nacherbschaft 3 28; 17 20

Geschiedenenunterhalt 13 37
- Auskunftsanspruch zum Nachlass 31 47
- Erb-/Pflichtteilsverzicht 31 42 f., 50
- Pflichtteilsergänzung 31 45

Geschmacksmusterrecht
- Internationales Erbrecht 33 72
- Vererblichkeit 4 7
- Vermächtnis 13 101

Geschwister, gesetzliche Erbfolge 4 39

Gesellschaft, Austritt aus G. durch Testamentsvollstrecker 19 34

Gesellschaft bürgerlichen Rechts s. GbR

Gesellschaft mit beschränkter Haftung s. GmbH

Gesellschafter, geschäftsführender, Hinterbliebenenversorgung 3 64

Gesellschafter, persönlich haftender, Ausscheiden aus Gesellschaft bei Tod 40 21

Gesellschafterdarlehen, Vermächtnis 13 95

Gesellschafterstellung, Familienmitglied bei Familiengesellschaft 36 92

Gesellschaftsanteil
- erbschaftsteuerbegünstigter Erwerb 35 121
- erbschaftsteuerliche Bewertung 3 40
- mittelbare Schenkung 36 19
- Nießbrauchsvermächtnis 13 122 f.
- Übertragung unter Lebenden für Todesfall 32 13
- Umwandlung durch Testamentsvollstrecker 19 34
- Vererblichkeit 5 12; 40 14 f.
- Vererbung 40 1 f.

Gesellschaftsanteil, ausländischer, Vererbung 40 161

Gesellschaftsanteil, stiller, Vererblichkeit 5 12

Gesellschaftsbeteiligung, Pflichtteilsanspruch bei 29 181 f.

Gesellschaftsgründungsklausel, letztwillige 19 228

Gesellschaftsrecht
- Beschränkung Testierfreiheit 5 12
- erbrechtliche Problemstellung 1 3
- Vermächtnis 13 85

Gesellschaftsstatut
- Abgrenzung zu Erbstatut 33 56
- Nachfolgeklausel 33 60

Gesellschaftsvertrag
- Abfindungsbeschränkung 32 106
- Abstimmung mit Testament
- Änderung bei Beteiligung Minderjähriger 42 137
- Beratungsbedarf bei Nachfolgeplanung 1 7
- freie Ausschlussklausel 32 105
- Güterstandsklausel (Modifizierung Zugewinngemeinschaft) 36 253
- Hinauskündigungsklausel 32 105
- Nachfolgeregelung für minderjährigen Erben 32 123
- Nachfolgeregelungen 3 60
- Sicherungs-/Kontrollinstrumente 32 125
- Sonderbetriebsvermögen 3 9
- Zustimmung Ehe-/Lebenspartner 32 48

Gesellschaftsvertragsänderung, Testamentsvollstrecker 19 261

Gesetz über das gerichtliche Verfahren in Landwirtschaftssachen (LwVG), Geltungsbereich 43 24

Gesetzesumgehung, Internationales Erbrecht 33 41

Gesetzesverstoß, Verfügung von Todes wegen 7 9

Gestaltung, steuerlich motivierte 36 1 f.

Gestaltung, lebzeitige 32 1 f.
- Ausstattung 32 17
- Austauschvertrag, entgeltlicher 32 14
- Gebrauchsüberlassung, unentgeltliche 32 15
- Leihe 32 15
- Pacht 32 16
- Schenkung 32 3
- Schenkung, aufschiebend bedingte 32 13
- Schenkung, gemischte 32 8
- Schenkung unter Auflage 32 11
- Schenkung unter Nießbrauchsvorbehalt 32 9, 70, 71
- Schenkung von Todes wegen 32 13
- Wirkung auf den Todesfall 32 32 f.
- Zuwendung, ehe-/lebenspartnerschaftsbedingte 32 18
- Zweckschenkung 32 12

Gestaltung, steuerliche, Testamentsvollstrecker 19 3

Gestaltungsmissbrauch 69 41
- bei Lebensversicherung 47 150
- Feststellungslast 69 41

Gestaltungsrecht, Vererblichkeit 4 6

Gestaltungswahl, Testament oder Erbvertrag 10 4

Gewerbebetrieb
- erbschaftsteuerbegünstigter Erwerb 35 121
- Vermächtnis 13 100

Gewerbebetrieb, bilanzierender
- Bewertungsidentität Steuerbilanz/Vermögensaufstellung 35 63

Hagen 1833

Sachverzeichnis

fett gedruckte Zahlen = Paragrafen

- erbschaftsteuerliche Bewertung
  Betriebsvermögen **35** 60
- **Gewerbebetrieb, nichtbilanzierender**
- Entnahmebegrenzung **35** 150
- erbschaftsteuerliche Bewertung notwendiges
  Betriebsvermögen **43** 62, 66
- erbschaftsteuerliche Bewertung
  Vorratsvermögen **35** 66
- **Gewerbesteuer 35** 245 f.
- bei Familiengesellschaft **36** 50
- bei vorweggenommener Erbfolge **35** 247
- gemeinnützige Stiftung **39** 14
- GmbH & Co. KG **36** 61
- Kommanditgesellschaft **36** 57
- privatnützige Stiftung **39** 23
- steuerliche Behandlung bei
  Betriebsverpachtung **36** 123
- Stiftung **39** 14
- **Gewerbetreibender**, Betriebseröffnungsanzeige bei Betriebsverpachtung **36** 127
- **Gewerbliches Schutzrecht**, Bewertung **46** 62
- **Gewinnanteil**, Testamentsvollstreckung
  Personengesellschaftsanteil **19** 246
- **Gewinnausschüttung, verdeckte**
- Pensionszusage an
  Gesellschafter-Geschäftsführer
  32 125
- steuerliche Behandlung bei GmbH **36** 68
- **Gewinnbezugsrecht**
- Bewertung **46** 47
- erbschaftsteuerliche Bewertung **35** 32
- Vermächtnis **13** 95, 109
- **Gewinnrealisierung**, bei Eintrittsklausel **40** 40
- **Gewinnrücklage**, Vermächtnis **13** 95
- **Gewinnverteilung**, Familiengesellschaft **36** 86
- **Gewinnverwendungsbeschluss**,
  erbschaftsteuerliche Bewertung **35** 32
- **Ghana**, Nachlassspaltung **33** 84
- **Gibraltar**, Nachlassspaltung **33** 84
- **Gläubiger**
- Anspruch auf Erbauseinandersetzung **26** 61
- Pfändung Nachlassgegenstand bei
  Gesamthandseigentum **26** 17
- Sicherungsmaßnahme bei
  Gesamthandseigentum **26** 17
- **Gläubigeraufgebot**, Nachlassverwaltung **24** 61
- **Gläubigerausschuss 25** 148
- **Gläubigerversammlung 25** 145
- Abwahl Insolvenzverwalter **25** 105
- Nachlassinsolvenz **25** 65
- **Gläubigerzugriff**, Gesamthandseigentum **26** 15
- **Gleichlauf**, Gestaltung zur Herstellung bei Erb- und Vermögensstatut **33** 168
- **Gleichlaufgrundsatz**
- Erbscheinserteilung/-einziehung **33** 118
- Nachlassspaltung **33** 120
- **Gleichstellungsgeld**
- Erbschaftsteuer **35** 14
- zusätzlich bei Vermögensübergabe gegen Versorgungsleistung gezahltes **36** 182
- **Gleichstellungsvereinbarung 26** 123

Glücksspiel, Pflichtteilentziehung **29** 63
GmbH
- Abtretungsklausel **40** 43
- Beteiligung minderjähriger Erben bei
  Geschäftsführung **42** 136
- Beteiligungsübergang bei Erbengemeinschaft
  26 130
- Einziehung Geschäftsanteil **29** 201
- Einziehungsklausel **40** 43
- Erbauseinandersetzung **26** 132
- Handelsregisteranmeldung bei **55** 34
- Minderjähriger als Erbe **42** 134
- Nießbrauch an Geschäftsanteil **40** 89
- Pflichtteil **29** 199
- Satzungsregelung Abfindungsanspruch
  29 202
- Satzungsregelung Anteilsabtretung **29** 201
- Satzungsregelung der Nachfolge **29** 201
- steuerliche Behandlung **36** 68
- unterwertige Abfindungsregelung **29** 202
- Vererblichkeit Geschäftsanteil **29** 199
- Vererbung Geschäftsanteil an
  Erbengemeinschaft **40** 154
GmbH & atypisch Still, steuerliche
  Behandlung **36** 65
GmbH & Co. KG
- Aufdeckung stiller Reserven bei Vererbung
  Gesellschaftsanteil **3** 9
- Gewerbesteuer **36** 61
- gewerblich geprägte **36** 45
- steuerliche Behandlung **36** 58
GmbH-Anteil
- Bewertung **46** 31
- Teilung bei Erbauseinandersetzung **40** 154
- Vererbung **40** 26
Goldmünze, Bewertung **46** 46
Good Will 46 14, 20
Grabdenkmal, Erbfallschuld **23** 17
Grabpflege, Auflage **14** 10
Grabpflegekosten 23 17
Gradualsystem, Erbfolgeregelung **4** 41
Griechenland
- Doppelbesteuerungsabkommen **34** 62, 64
- Vollstreckungsabkommen mit **33** 115
Großbritannien
- Anerkennungs- und
  Vollstreckungsabkommen mit
  33 115
- anwendbare Rechtsordnung **33** 24
- Nachlass-Spaltung **3** 57
- Nachlassspaltung **33** 84
- Pflichtteil **33** 92
Großeltern, gesetzliche Erbfolge **4** 40
Großspendenregelung 39 11
Grünbuch, Erb-/Testamentsrecht der EU **33** 4
Grundbesitz s. a. *Grundstück*
- Bedarfsbewertung **69** 21 f.
- Begriff **35** 45
- Bewertung **3** 41

magere Zahlen = Randnummern

Sachverzeichnis

- Erbschaftsteuerbefreiung des für die Allgemeinheit frei zugänglich gemachten 35 103
- erbschaftsteuerliche Bewertung 35 45 f.
- Erbteilsveräußerung 28 10
- Formerfordernisse bei Verträgen über 32 25
- Miterbenauseinandersetzung 3 73
- Schenkung 3 83
- Sicherung bei Berliner Testament 11 99
- Steuerverstrickung 3 6
- Verfügungsbeschränkung des Vorerben 17 51
- Vermächtnis nach ausländischem Recht 13 309
- Wahlrecht ausländischer Erblasser 11 36
- Wertgutachten 3 41
- Zuwendung eigengenutzter G. an Ehegatten 3 84

Grundbesitz, ausländischer
- Belegenheitsprinzip bei Erbfolge 5 26
- Beratungs-/Gestaltungsbedarf 1 16
- erbschaftsteuerliche Bewertung 3 41; 35 63; 46 43
- Vererbung 3 57

Grundbuch 55 1 f.
- Auslegungsvertrag 6 56
- Hofvermerk 46 71
- Nacherbenvermerk 17 55, 64
- Testamentsvollstreckervermerk 19 65

Grundbuchamt, Nachweis Verfügungsbefugnis Testamentsvollstrecker 19 132

Grundbuchberichtigung 55 3
- Abschichtungsvertrag 55 14
- Absehen von 55 4
- Antrag 55 5
- aufgrund Erbschein 55 7
- aufgrund Verfügung von Todes wegen 55 10
- bei Anwachsung 55 15
- bei Auslandsberührung 55 16
- bei Erbanteilsübertragung 55 14
- bei Erbschaftskauf 55 14
- bei gemischter Schenkung 55 12
- bei Testamentseröffnung 52 19
- bei Testamentsvollstreckung 55 11
- bei Vor-/Nacherbschaft 55 13
- Erbengemeinschaft 26 43
- Formulierungsmuster Antrag 55 9
- Klage auf 60 16
- Klage des Nacherben gegen beschenkten Dritten auf Einwilligung 58 9
- Kosten 55 3, 18
- Kostenbefreiung, befristete 55 3, 19
- Nacherbe 17 63
- Rechtsbehelfe 55 20
- Unrichtigkeitsnachweis 55 6
- Zwangsandrohung 55 3

Grundbucheinsicht, Erbengemeinschaft 26 42

Grundbuchverfahren, ausländischer Erbschein 50 31

Grunddienstbarkeit, Sicherungsinstrument 32 109

Grunderwerbsteuer 35 248
- bei Betriebsverpachtung 36 125
- bei Einbringung in gewerbliche Familiengrundbesitzgesellschaft 36 27
- bei Erwerb durch Stiftung 39 13
- bei Übertragung auf Miterbe 26 92
- Erbschaftskauf 28 24
- Schenkung 35 249
- Verfügung von Todes wegen 35 248

Grundlagenbescheid, Bindungswirkung 69 34

Grundpfandgläubiger, Insolvenzverfahren 25 144

Grundpfandrecht, bei Rückübertragung 32 99

Grundrechtsverstoß, bei Anwendung ausl. Rechts 33 37

Grundsatz der Bestandsidentität 36 43

Grundschuld
- Erbauseinandersetzungsvertrag 26 86
- Klage auf Löschung 60 16
- Verfügung Vorerbe 17 60

Grundstockvermögen 38 48

Grundstück s. a. Grundbesitz
- Altenteilsvertrag 32 61
- Anfechtung Erbschaftsausschlagung im deutsch-deutschen Verhältnis 48 28
- Bewertung 46 33 f.
- Doppelerbschein für im Beitrittsgebiet belegenes(Altfälle) 48 41
- einstweilige Verfügung auf Eintragung einer Vormerkung 60 29
- einstweilige Verfügung auf Eintragung eines Widerspruchs 60 31
- Hausumbau bei Nießbrauch 49 41
- Nießbrauch 49 7
- Sicherung mittels Verfügungsunterlassungsvertrag 64 13
- steuerlich relevante Fristen 36 4
- Steuerverstrickung 3 6
- Teilung 26 64
- Teilungsversteigerung 61 31 f., 34
- Teilwert 3 7
- Testamentsvollstreckervermerk 13 243
- Vererbung DDR-Immobilie 48 6
- Vermächtnisnießbrauch 36 238
- Vorerbschaft 3 29
- Wertfestsetzung bei Teilungsversteigerung 61 36

Grundstück, ausländisches, Bewertung 35 63; 46 43

Grundstück, bebautes, Bewertung 46 40

Grundstück, unbebautes, Bewertung 46 39

Grundstücke, Berichtigung Grundbuch 55 2

Grundstücksauflassung
- Klage auf Auflassung 57 14
- Klage des Nachlassgläubigers gegen Erben 60 12

Grundstücksbewertung s. a. Grundstückswert
- Betriebsvermögen 46 35
- Bodenrichtwert 35 46; 46 39
- erlösmindernde Kosten 46 35

Hagen 1835

Sachverzeichnis

fett gedruckte Zahlen = Paragrafen

- Ertragswertverfahren **46** 35
- latente Einkommensteuerlast **46** 35
- Sachwertverfahren **46** 35
- Stopp-Preis **46** 37
- Vergleichswertverfahren **46** 35
- Verkaufswert **46** 34
- Verkehrswert **46** 34
- vorübergehender Preisrückgang **46** 38
- WertermittlungsVO **46** 34
- zeitnahe Veräußerung **46** 36

Grundstücksentnahme, Umsatzsteuer **35** 252

Grundstückserwerb, Grunderwerbsteuer **35** 248

Grundstücksgeschäft, Genehmigungsvorbehalt Nachlassgericht **24** 80

Grundstückshandel, gewerblicher, Familiengrundbesitzgesellschaft **36** 34

Grundstücksnießbrauch 13 104, 118

Grundstücksrechte, Formulierungsmuster Klageantrag **57** 17

Grundstücksschenkung, mittelbare 3 83; **36** 12 f.
- Abgrenzung zur Geldschenkung unter Auflage **36** 13
- Bemessungsgrundlage Erbschaftsteuer **36** 15
- gegen wiederkehrende Leistung **36** 170
- Grundbesitzwert **36** 16
- Nebenkosten **36** 16
- Rückforderung **32** 98
- verunglückte **36** 18
- zur Eigennutzung **36** 12

Grundstücksveräußerungsvollmacht 26 47

Grundstücksverfügung, Klage gegen Erben/Miterben auf Vornahme einer **60** 16

Grundstücksverkehrsgesetz
- Genehmigung bei Erbauseinandersetzung **26** 68
- Genehmigung Hofübergabevertrag **43** 47
- Genehmigung Hofübergabevertrag nach BGB **43** 50
- Genehmigung nach **32** 52

Grundstücksvermächtnis
- Antrag auf Erlass einer einstweiligen Verfügung zwecks Eintragung einer Vormerkung **57** 12
- erbschaftsteuerliche Bewertung **35** 76
- Ersetzungsbefugnis durch Zahlung einer Geldsumme **13** 180
- Klage auf Auflassung des Grundstücks **57** 14
- Klage auf Einräumung von sonstigen Grundstücksrechten **57** 17
- Sicherung des fälligen Vermächtnisanspruchs **57** 10
- Sicherung des künftigen Anspruchs **57** 8, 9
- steuerliche Behandlung **13** 17
- Vormerkung **57** 5, 8

Grundstückswert s. a. *Grundstücksbewertung*
- Alterwertminderung **35** 50
- ausländisches Grundstück **46** 43
- Außenanlagen **35** 45
- bebautes Grundstück **35** 47; **46** 43
- bebautes Grundstück mit Mieterträgen **35** 48, 54
- betrieblich genutztes Grundstück **35** 60
- Bodenrichtwert **35** 46; **46** 39
- Bootshaus **35** 55
- eigengenutztes Einfamilienhaus **46** 40
- Eigennutzung **35** 49
- Eigentumswohnung **35** 51
- Einheimischenmodell **46** 45
- erbschaftsteuerliche Bewertung **35** 45 f.
- Ertragswertverfahren **35** 48
- Gebäude **35** 45
- Gebäudewert **35** 56
- gekürzter Ausgangswert **35** 51
- gemisch genutzte Räume **35** 51
- Gewächshaus **35** 55
- Grund und Boden **35** 56
- Heimstätte **46** 44
- Jahresnettokaltmiete **35** 48
- Kaufpreis **35** 53
- Klinik **35** 55
- Laboratorium **35** 55
- Mehrfamilienhaus **46** 41
- Mietshaus **46** 41
- Mindestwert **35** 52
- Miteigentumsanteil **46** 42
- nicht betriebsnotwendiges Bau-/Bauerwartungsland **46** 66
- Öffnungsklausel **35** 53
- Sachwertverfahren **35** 55
- Sanatorium **35** 55
- Tankstelle **35** 55
- übliche Miete **35** 49
- unbebautes Grundstück **35** 46; **46** 39
- Vergleichsmiete **35** 49
- Verkehrswert **35** 53
- Werkstattgebäude **35** 55
- Zuschlag **35** 51, 52

Gründung, Kapitalgesellschaft durch Testamentsvollstrecker **19** 272

Gründungsklausel, letztwillige **19** 228

Gründungstheorie 33 56

Grundvermögen s. *Grundbesitz*

Grundvermögen, belastetes, Einbringung in gewerbliche Personengesellschaft **3** 89

Grundvermögensgesellschaft, steuerliche Anzeigepflicht bei Erbfall **37** 3

Gruppenerbschein 50 26

Guatemala, Nachlassspaltung **33** 84

Guinea, Nachlassspaltung **33** 84

Gutachten, Rechtsanwalthonorar **2** 16

Gütergemeinschaft
- Ehegattenerbrecht **4** 52; **11** 12
- Erbschaftsteuer bei Vereinbarung der **35** 14
- familienrechtliche Anordnung bei **18** 11
- fortgesetzte **11** 13
- Güterstandsregelung **32** 116
- Inanspruchnahme ehebedingter Zuwendung bei Scheidung **32** 91
- Pflichtteilsanspruch bei **29** 214

- Pflichtteilsquote 29 83
Güterrecht
- gewillkürte Erbfolge 11 32
- Wertbestimmung 46 12
Güterrecht, immaterielles, Vererblichkeit 4 7
Güterrechtsstatut
- Abgrenzung zu Erbstatut 33 51
- Ehegatte 11 23
- Lebenspartner 11 23
Güterstand
- Ehegattenerbrecht 4 49 f., 9
- Gestaltungen bei Behindertentestament 41 11
- Wahl des 3 58
Güterstand, gesetzlicher, Ehegattenerbrecht 4 50
Güterstandsregelung 32 113
Güterstandsschaukel 29 133; 32 118; 36 258; 40 79
Güterstandsvereinbarung, steuerliche motivierte Gestaltung 36 246
Güterstandsvereinbarungen, rückwirkende, erbschaftsteuerliche Steuerumgehung 69 41
Güterstandswechsel 32 118
- entgeltliche Zuwendung bei 29 217
- rückwirkender 32 113
Gütertrennung
- Ehegattenerbrecht 4 51; 11 11
- Erbquote 3 58
- Güterstandsregelung 32 115
- Inanspruchnahme ehebedingter Zuwendung bei Scheidung 32 89
- Pflichtteil bei 3 58
- Pflichtteilsanspruch bei 29 210
- Pflichtteilsquote 29 84
Gutgläubiger Erwerb
- Verfügungsbeschränkung des Vorerben 17 55
- Vermächtnisgegenstand 57 7

Haager Minderjährigenschutzabkommen 42 12
Haager Testamentsformabkommen 33 5, 16,80,82
Haftpflichtversicherung
- Notar 70 47
- Testamentsvollstrecker 19 162, 193
Haftung
- bei Beratung zur Lebensversicherung 47 153
- bei Erbschaftskauf 28 19 f.
- Belehrungspflicht steuerliche Folgen 35 1
- Beschränkung durch Bedingung 15 27
- Beschränkung Erbenhaftung im Zwangsvollstreckungsverfahren 69 44
- Beschwerde bei Vermächtnis 13 300
- Einwendungen des Miterben 23 68
- Erbe bei Nachlassinsolvenz 25 121, 123
- Erbe bei Nachlassinsolvenzverfahren 25 48
- Erbe bei Nachlassverwaltung 24 92
- Erbschaftsbesitzer 27 12
- Erbschaftsteuer 69 43
- Erbschaftsteuerschuld bei Schenkung 35 19

- Fiskus für Nachlassverbindlichkeit 4 60
- Fortführung Handelsgeschäft durch Erben 23 77 f.
- Fortführung Handelsgeschäft unter neuer Firma 23 83
- Fremdverwaltung Personengesellschaftsanteil 19 239
- für Erbschaftsteuer bei Auslandberührung 34 26
- Insolvenzverwalter 25 100
- internationales Erbrecht 33 2
- Klage bei teilschuldnerischer Haftung 60 18
- minderjährige Erben bei Fortführung Einzelunternehmen 23 10
- Minderjähriger 26 116
- minderjähriger Erbe 23 7
- Miterbe 23 65 f.
- Nacherbe 17 120
- Nachfolgegestaltung 4 14
- Nachlassverbindlichkeiten 23 1 f.
- Nachlassverwalter 24 73
- Nachlassverwaltung 23 25 f.
- Notar 70 46, 49 f.
- Testamentsvollstrecker 3 26
- Testamentsvollstrecker für Amtsführung 19 154 f.
- überschuldeter Nachlass 3 66
- Vorerbe 3 32; 17 79, 85
Haftung, anwaltliche 2 31 f.
- Begrenzung auf einzelne Anwälte 2 49
- Beschränkung des Mandats 2 47
- Beweislast 2 38
- c.i.c. 2 32
- erbrechtliche Besonderheiten 2 40
- Formulierungsmuster Haftungsbeschränkung 2 48
- Gefälligkeit 2 32
- Haftpflichtversicherung 2 50
- Haftungsbegrenzung 2 46 f.
- Mitverschulden 2 39
- Sekundäranspruch 2 34, 37
- Sozietät 3 36
- Verjährung 2 37
- Verschuldensmaßstab 2 35
- Vertrag mit Schutzwirkung für Dritte 2 45
- vertragliche Haftungsbeschränkung 2 48
Haftungsausschluss, Erbe bei Fortführung Handelsgeschäft 23 81
Haftungsbegrenzung 2 46 f.
Haftungsbeschränkung
- bei Feststellungsklage 60 4
- Dürftigkeitseinrede 23 45 f.
- Minderjährige 40 117
- minderjähriger Erbe 23 7
- Nachlasserbenschulden 23 23
- öffentlich-rechtliche Verbindlichkeiten 23 111
- Sozietät 2 49
- vertragliche 2 48
Haftungsbeschränkungsvorbehalt, bei Leistungsklage 60 2

Hagen

Sachverzeichnis

fett gedruckte Zahlen = Paragrafen

Haiti, Nachlassspaltung **33** 84
Halbeinkünfteverfahren, Besteuerung
  Destinatär **39** 27, 29
Handelsgeschäft
– Haftung bei Erwerb vom Nachlassverwalter **24** 63
– Nießbrauchsvermächtnis **13** 136
– Testamentsvollstreckung **3** 17
– Vermächtnis **13** 44, 100
Handelsgeschäft, einzelkaufmännisches
– Erbauseinandersetzung **26** 135
– Vererblichkeit **4** 12
Handelsname, Vererblichkeit **4** 12
Handelsrecht, erbrechtliche Problemstellung **1** 3
Handelsregister **55** 21 f.
– Kosten der Registerberichtigung **55** 38
– registerrechtliche Formerfordernisse **32** 31
– Testamentsvollstreckervermerk **19** 66, 220, 255
Handelsregisteranmeldung
– Anmeldepflicht **55** 21
– bei Einzelfirma **55** 24
– bei GmbH **55** 34
– bei KG **55** 31
– bei OHG **55** 28
– Rechtsbehelfe **55** 39
– Verfahren **55** 22
Handelsregistereintragung, Rechtsbehelfe **55** 39
Hauptinsolvenzverfahren **33** 130
Hauptintervention, Erbe im Prozess des Testamentsvollstreckers **59** 14
Hausangestellte, Auskunftspflichten **45** 44
Hausgenosse
– Auskunftspflichten **45** 40 f., 50
– Begriff **45** 44
– Formulierungsmuster Stufenklage gegen **66** 15
– Versicherung an Eides statt **45** 51
Haushaltsführung, Verpflichtung zur **32** 58
Haushaltsgegenstände
– Begriff **4** 54
– Voraus **13** 29
Hausrat
– Bewertung **46** 60
– Erbschaftsteuerbefreiung **35** 102
– Freibetrag **35** 102
– Versorgung des überlebenden Ehegatten **40** 74
Hausstand, Sonderrechtsnachfolge **4** 3
Heimatzuflucht **43** 44
Heimbewohner, Testament des **5** 9
Heimgesetz
– Ausnahmegenehmigung **5** 9
– Beschränkung Testierfreiheit **5** 9
Heimleiter, Testament zugunsten **5** 9
Heimmitarbeiter, Testament zugunsten **5** 9
Heimstätte, Bewertung **46** 44
Heimstättenfolgezeugnis **50** 26
Herausgabe Nachlassgegenstand **1** 19

– bei Beteiligung Minderjähriger **42** 116
Herausgabeanordnung, Auslegung **17** 27
Herausgabeanspruch
– des Vertragserben bei missbräuchlicher Schenkung des Erblassers **64** 4, 11
– Klage des Beschenkten bei aufschiebend bedingter Versprechensschenkung **65** 4
– Nacherbfall **17** 113
Herausgabeklage, bei Testamentsvollstreckung **19** 69
Herausgabepflicht, letztwillige Verfügung **5** 23
Herausgabevermächtnis **3** 35; **13** 217 f.
– auf den Tod befristetes **17** 5
– aufschiebend bedingtes/befristetes **17** 102
– bei Berliner Testament **11** 93
Herzschrittmacher, Vererblichkeit **4** 9
Hinauskündigungsklausel, gesellschaftsvertragliche **32** 105
Hinterbliebenenversorgung, geschäftsführender Gesellschafter **3** 64
Hinterlegung
– Auskünfte/Unterlagen Erblasserbank **45** 102
– Vorsorgevollmacht **44** 27
Hinterziehungszinsen, Erblasserverbindlichkeit **35** 89
Hinweispflicht, Ablehnung des Notars **70** 13
Höchstzeitrente, erbschaftsteuerliche Bewertung **35** 43
Hochzeitsgeschenk, Voraus **4** 54
Hofeigenschaft **43** 8
– Art der Besitzung **43** 9
– Beseitigung der **43** 37
– Eigentumsverhältnisse **43** 10
– Hofgröße **43** 11
– Hofvermerk **43** 11
– Verlust **43** 11
– Wirtschaftswert **43** 11
Höfeordnung
– Bewertung Landgut **46** 69
– Erbschaftsteuer Abfindungsergänzungsanspruch **35** 10
– Erbschaftsteuerbegünstigung bei **35** 124
– erbschaftsteuerliche Bewertung der Sondernachfolge **35** 64
– Geltungsbereich **43** 4
– Hofeigenschaft **43** 8
– Verfahrensrecht **43** 18
– Vermächtnis bei **13** 299
– vorweggenommene Erbfolge **43** 25 f.
Hoferbe
– Ausschlagung **43** 17
– Berufungsvoraussetzungen **43** 12
– einkommensteuerliche Behandlung beim Erbfall **35** 188
– Wirtschaftsfähigkeit **43** 13, 31
Hoferbenbestimmung
– bindende **43** 33
– formlos bindende **43** 36
– nach Höfeordnung **43** 13
– nach Landgüterrecht **43** 20

magere Zahlen = Randnummern

Sachverzeichnis

Hoferbenfolge
- gesetzliche 43 12
- Sondererbfolge 43 14

Hoferbrecht 43 2 f.
- Abfindung der weichenden Erben 43 15, 44
- Nachabfindungsanspruch 43 16, 44

Höferecht
- Beschränkung Testierfreiheit 5 10
- fakultatives 43 11
- Sondererbfolge 4 2
- Zuständigkeit 50 8

Hoferklärung, vorsorgliche 43 11
Höferolle, Rheinland-Pfalz 43 23

Hofeswert
- Abfindung des weichenden Erben 43 15
- Bauland 43 15
- Berechnung 43 15

Hoffolgeerbschein 50 26

Hoffolgezeugnis
- Erteilung nach Anerbengesetz 43 24
- Zuständigkeit 50 8

Hofübergabe
- Genehmigung nach Landgüterrecht 43 50
- geschlossene 43 28
- nach Landgüterrecht 43 50

Hofübergabevertrag 43 26
- Abfindung weichender Erben 43 15, 44
- Abgrenzung 43 26
- Altenteils 43 42
- Beseitigung der Hofeigenschaft 43 37
- Beteiligung weichender Erben 43 44
- entgegenstehende bindende Hoferbenbestimmung 43 32 f.
- Erb-/Pflichtteilsverzicht des weichenden Erben 43 44
- Form 43 41
- formloser bei Ehegattenhof 43 36
- Genehmigung 38 47
- Genehmigungsverfahren 43 47
- geschlossene Übergabe 43 28
- Heimatzuflucht 43 44
- Hoferbenbestimmung 43 13
- Inhaltskontrolle 43 48
- Parteien 43 29
- Pflichtteilsergänzungsverzicht 43 44
- Sicherung weichender Erben 43 45
- Tod des Hofübergebers 43 39
- Tod des Hofübernehmers 43 40
- überhöhte Abfindung/Altenteillast 43 48
- Übernahme Hofschulden 43 43
- unwirksamer 43 38
- Verfügungsfreiheit des Übergebers 43 32
- Verfügungsverbot 43 46
- Vertragsmuster 43 27
- Vertretung bei Vertragsschluss 43 30
- zweiter 43 35

Hofveräußerung, Nachabfindung 43 16
Hofvererbung, geschlossene, Ehegattenhof 43 12, 13
Hofvermerk 43 11; 46 71
Hofwert, Berechnung 46 70

Holzlast, erbschaftsteuerlicher Abzug 35 88
Hörbehinderung, Errichtung öffentliches Testament bei 5 32 f., 36

Hypothek
- Verfügung Vorerbe 17 60
- Vermächtnis 13 56

Hypothekenforderung, Forderungsvermächtnis 13 144

Immaterielles Güterrecht, Vererblichkeit 4 7
Immobilie s. *Grundbesitz, Grundstück, Grundvermögen*

Immobilienfonds, geschlossener
- erbschaftsteuerliche Wertermittlung 35 82
- steuerliche Anzeigepflicht bei Erbfall 37 3

Immobilienvermögen, Sicherung bei Berliner Testament 11 99

Indexklausel
- Forderungsvermächtnis 13 151
- Genehmigung 13 152

Indien, Nachlassspaltung 33 84
Indizierung, Anfangsvermögen Zugewinnausgleich 35 85
Indonesien, Nachlassspaltung 33 84
Informationserhebung, Mediation 68 45
Informationsobliegenheit, Haftung bei Verletzung 2 39
Informationspflicht, Testamentsvollstrecker gegenüber Erben 19 139
Inhaberaktie, Vererblichkeit 40 27

Inhaberpapier
- Nachlassverwaltung 24 54
- bei Vor-/Nacherbschaft 17 64

Inhaltsirrtum 7 33
Inländereigenschaft, Erbschaftsteuer 34 17
Innengesellschaft, einkommensteuerliche Behandlung 35 218
In-Sich-Geschäfte, Testamentsvollstreckung 3 15

Insolvenz
- Auflage 14 38
- des Testamentsvollstreckers 19 80
- Prüfung durch Testamentsvollstrecker 19 82
- Rangfolge Vermächtnis 13 315
- Vermächtnis bei 13 15

Insolvenzanfechtung 25 87 f.

Insolvenzantrag
- Antragsverpflichtung bei Nachlassverwaltung 23 29
- Masselosigkeit 24 45
- Nachlassverwalter 24 44, 60

Insolvenzantragspflicht, Erbenhaftung 25 123

Insolvenzforderung
- Anmeldefrist 25 63
- Anmeldemuster 25 64
- Anmeldung 25 61
- bestrittene 25 66
- Feststellungsprozess 25 66
- nachrangige 25 62
- Prüfungstermin 25 65

Insolvenzforum-shopping 33 130
Insolvenzgericht 25 104 f.

Hagen

Sachverzeichnis

fett gedruckte Zahlen = Paragrafen

- Bestellung Insolvenzverwalter **25** 105
- Entscheidungskompetenz **25** 106
- Überwachung Insolvenzverwalter **25** 108
- Verfahrensleitung **25** 106
- Zuständigkeit **25** 106

Insolvenzgläubiger 25 129
Insolvenzplan, Nachlassinsolvenz **25** 67
Insolvenzplanverfahren 25 68
Insolvenzrecht, deutsches internationales **33** 130
Insolvenzstatus 25 83
Insolvenzverfahren
- Amtsermittlungsgrundsatz **25** 107
- Verfahrensleitung **25** 106

Insolvenzverwalter
- Abwahl durch Gläubigerversammlung **25** 105
- Auswahl **25** 104
- Bestellung **25** 105
- Erstellung Vermögensübersicht **25** 83
- Gläubigerverzeichnis **25** 84
- Haftung **25** 100
- Insolvenzanfechtung **25** 87 f.
- Masseverwaltung **25** 78, 81
- Masseverwertung **25** 70
- Nachlassinsolvenzverfahren **25** 76 f.
- Personenkreis **25** 104
- Pflichten **25** 78
- Pflichten bei Massearmut **25** 96
- Pflichten gegenüber Absonderungsberechtigten **25** 86
- Pflichten gegenüber Aussonderungsberechtigten **25** 85
- Rechnungslegung **25** 98
- Steuererklärungen **25** 93
- steuerliche Pflichten **25** 91
- Tätigkeitsbericht **25** 99
- Überwachung des **25** 108
- Vergütung **25** 103
- Verzeichnis der Massegegenstände **25** 84

inter vivos trust 33 50
Interessen, gegenläufige, Mandatsannahme **2** 2
Interessenkollision 2 3
- bei Beteiligung Minderjähriger **42** 16
- Beratung der Familie **2** 7
- Ehegattenberatung **2** 7
- Miterbengemeinschaft **2** 7
- Nachlassverwalter **2** 9
- Normen **2** 4
- Prüfung bei Mandatsannahme **2** 1
- Standesrecht **2** 3
- Testamentsvollstrecker **19** 205
- Vergütungsanspruch **2** 3

Interlokales Privatrecht 33 22
Internationales Erbrecht 33 1 f.
- Abgrenzung **33** 51 f.
- Anknüpfung **33** 15
- Anknüpfung bei Mehrrechtsstaater **33** 22
- Anknüpfung, selbständige **33** 30

- Art. 6 EGBGB **33** 37
- Ausgleichung Nachlassspaltung **33** 86
- Belegenheitsstatut **33** 15
- Berufshaftpflicht **33** 2
- Bewertungsproblematik **34** 3
- deutsches **33** 8 f.
- Doppelbesteuerungsabkommen **34** 60
- erbschaftssteuerliche Gestaltungen **34** 75 f.
- Erbschaftsteuer **34** 1 f.
- Erbschaftsteueranrechnung **34** 49 f.
- Erbschein **33** 118
- Erbstatut Nachlassverbindlichkeit **33** 89
- Europäisches Erbkollisionsrecht **33** 4
- faktische Nachlassspaltung **33** 29, 84
- Fallprüfung **33** 11 f.
- Form letztwilliger Verfügungen **33** 80
- Formfragen **33** 5, 80,82
- Gerichtsstandsklausel **33** 156, 157
- Gesamtnormverweisung **33** 17
- Gesetzesumgehung **33** 41
- Gestaltungsüberlegungen **33** 143 f.
- Gleichlauf Erb-/Vermögensstatut **33** 168
- hinkendes Rechtsverhältnis **33** 29, 78,84
- interlokales Privatrecht **33** 22
- Lebensversicherung **33** 71
- lebzeitige Rechtsgeschäfte **33** 167
- lex fori **33** 13
- lex rei sitae **33** 15, 48
- Mehrfachbesteuerung **34** 2
- Nachlassspaltung **33** 20, 27
- Nachlassverfahrensrecht **33** 118
- Pflichtteilsstrafklausel **33** 153
- Pflichtteilsvermeidungsstrategien **33** 149
- Qualifikation **33** 11
- Rückverweisung **33** 18
- Sachnormverweisung **33** 17
- Sachverhaltserfassung **33** 7
- schuldrechtliche Forderungen **33** 72
- Staatsangehörigkeit **33** 15
- staatsvertragliches **33** 100
- Statutenwechsel **33** 47
- Substitution **33** 45
- Testamentsvollstreckerzeugnis **33** 126
- Testamentsvollstreckung **33** 161
- Verfahrensrecht **33** 108 f.
- Verzahnungsklausel **33** 97, 160
- Vollmachten **33** 166
- Vorfragen **33** 30
- Vorrang des Einzelstatus **33** 26
- Wahl des Erbstatuts **33** 73
- Weiterverweisung **33** 21
- Zuständigkeit **33** 108
- Zuständigkeit Verfahrensrecht **33** 6

Internationales Erbverfahrensrecht 33 4, 108 f.
Internationales Privatrecht (IPR) 33 3
- bei ausländischer Staatsangehörigkeit **11** 21
- gewillkürte Erbfolge **11** 34
- Prüfung deutsches IPR **33** 8
- Statut **33** 4

Interventionsklage, Streitwert **60** 8

Sachverzeichnis

Inventar
- Abgrenzung zur Nachlassverzeichnis 45 23
- amtliche Aufnahme 23 40
- Antrag Nachlassgläubiger 23 38
- Begriff 23 36
- eidesstattliche Versicherung 23 41
- Errichtung 23 37
- Inventarfrist 23 39
- Nachlassinventar 23 36

Inventaruntreue 23 43
- Erbenhaftung 23 60

Inverwahrungnahme, amtliche, Nachlasssicherung 53 14
Investitionen, bei Rückübertragung 32 99
Iran, Deutsch-iranisches Niederlassungsabkommen 33 101
Irland, Nachlassspaltung 33 84
Irrtum, Selbstanfechtung wechselbezüglicher Verfügung 9 39
Italien
- Anerkennungs- und Vollstreckungsabkommen mit 33 115
- dingliches Vermächtnis 33 66
- gemeinschaftliches Testament 33 83
- Pflichtteil 33 92

Jagdrecht, erbschaftsteuerliche Bewertung 35 68
Jahresnettokaltmiete 35 48
Jahreswert
- Erbschaftsteuer Rentenleistung 47 114
- Nutzung 35 39
Jamaika, Nachlassspaltung 33 84
Jastrow'sche Klausel 13 259; 21 22 f.
- Fälligkeit Vermächtnis 13 294
- Formulierungsmuster 21 25
- steuerliche Aspekte 13 264
joint tenancy 33 67
Jugoslawien, interlokales Privatrecht 33 22

Kamerun, Nachlassspaltung 33 84
Kanada
- anwendbare Rechtsordnung 33 24
- Nachlassspaltung 33 84
Kapitalaufnahme, nachträgliche, Unternehmensverbundene Stiftung 38 22
Kapitalerhöhung
- gesellschaftsvertragliche Sicherung bei lebzeitiger Übertragung 32 125
- Nießbrauchsvermächtnis 13 134
Kapitalerhöhung Kapitalgesellschaft, Testamentsvollstrecker 19 269
Kapitalerhöhung Personengesellschaft, Testamentsvollstrecker 19 263
Kapitalertragsteuer, Besteuerung Destinatär 39 29
Kapitalforderung
- Abzinsung 35 33
- Bewertung bei Annuitätentilgung 35 37
- Bewertung hochverzinslicher 35 35
- Bewertung niedrigverzinslicher 35 35
- Bewertung unverzinslicher 35 33
- erbschaftsteuerliche Bewertung 35 33 f.
- erbschaftsteuerliche Bewertung beim Nichtbilanzierenden 35 66
- Gegenwartswert 35 33
Kapitalgesellschaft
- Bewertung 46 31
- Erbschaftsteuer bei Ausscheidenszuwendung an Gesellschafter 35 14
- Familienvermögensverwaltungsgesellschaft 3 49
- Kapitalerhöhung durch Testamentsvollstrecker 19 269
- MHbeG 19 278
- Mitwirkungsrecht bei Nießbrauch 49 46
- Neugründung durch Testamentsvollstrecker 19 272
- Pflichtteilsanspruch bei 29 199 f.
- vertragliche Nachfolgeregelungen 40 42 f.
Kapitalgesellschaftsanteil
- Bewertung 3 40; 46 31
- einbringungsgeborener 34 87
- einkommensteuerliche Behandlung der Übertragung von im Privatvermögen gehaltenem 35 244
- erbschaftsteuerbegünstigter Erwerb 35 120, 123
- Miterbenauseinandersetzung 3 74
- mittelbare Schenkung 36 19
- Nachlassinsolvenzverfahren 25 36
- Nachlassverwaltung bei 24 43
- Nachsteuertatbestände 35 152
- Nießbrauch an 40 89
- Nießbrauchsvermächtnis 13 122 f., 131
- Schenkung ins Ausland 3 92
- steuerliche motivierte Ausschlagung 36 290
- steuerlich relevante Fristen 36 4
- Steuerverstrickung 3 6
- Tarifvergünstigung 35 167
- Testamentsvollstreckung 19 265
- Unternehmensnachfolge durch Vermächtnis 40 1445
- Vererblichkeit 4 12; 5 13
- Vererbung 40 25
- Vererbung an Erbengemeinschaft 40 154
- Vererbung ins Ausland 3 92
- Vermächtnis 13 87, 95
- Vor-/Nacherbschaft 17 144
- Vorbehaltsnießbrauch 36 226
- Vorkaufsrecht 40 28
Kapitalgesellschaftsanteil, börsennotierter, erbschaftsteuerliche Bewertung 35 26
Kapitalgesellschaftsanteil, nicht börsennotierter, erbschaftsteuerliche Bewertung 35 27
Kapitalherabsetzung 40 41
Kapitalisierungsfaktor, Reinertrag 46 65
Kapitallebensversicherung 3 63
- Übertragung auf Ehepartner 40 78
Kapitalrücklage, Vermächtnis 13 95
Kapitalverkehrsfreiheit 34 71

Hagen

Sachverzeichnis

fett gedruckte Zahlen = Paragrafen

Kapitalvermögen
- steuerliche Behandlung Vermächtnisnießbrauch **36** 239
- Zuwendungsnießbrauch **36** 233

Kapitalwert
- Berechnung der Kapitalwerte der Zinsdifferenzen für hochverzinsliche Kapitalforderungen/-schulden mit Annuitätsvertilgung(Grenzzinsfuss: 9 v.H.) **35** 258
- Berechnung der Kapitalwerte der Zinsdifferenzen für niedrigverzinsliche Kapitalforderungen/-schulden mit Annuitätentilgung(Grenzzinsfuss: 3 v.H.) **35** 257
- der wiederkehrenden Leistung auf Lebenszeit **36** 189, 204
- lebenslängliche Leistung/Nutzung **35** 261
- Renten-/Leistungs-/Nutzungsrecht **35** 39
- wiederkehrende, zeitlich beschränkte Leistung/Nutzung **35** 260

Kaptatorische Klausel, als Bedingung **15** 42
Kaptatorische Verfügung 5 11; **17** 42

Kasachstan
- Fortgeltung Deutsch-sowjetischer Konsularvertrag **33** 106
- Nachlassspaltung **33** 84, 106

Kassation, finanzgerichtliche **69** 115
Kaufkraftschwund, Deutsch-deutsches Erbrecht **48** 34

Kaufrechtsvermächtnis 13 103
- einkommensteuerliche Behandlung **35** 216
- erbschaftsteuerliche Bewertung **35** 76

Kenia, Nachlassspaltung **33** 84
Kernbereichslehre 19 257
Kettenauflassung, mittelbare Schenkung **36** 10
Kettenerbausschlagung 48 23
Kettenschenkung 3 82
- erbschaftsteuerliche Steuerumgehung **69** 41
- Familienwohnheim **35** 107

Kfz, Bewertung **46** 59
Kfz-Insassen-Unfallversicherung, Erbschaftsteuer **35** 10
KG s. *Kommanditgesellschaft*
KGaA s. *Kommanditgesellschaft auf Aktien*
Kiesgrube, erbschaftsteuerliche Bewertung **35** 69

Kind, bedachtes, Wegfall vor Testamentserrichtung **6** 45
Kind, behindertes 41 1 f.
- Vermögenssorge für **11** 148

Kind, gemeinsames, Vermögenssorge für **11** 148

Kind, minderjähriges
- Beratungsbedarf Vormundschaft **1** 18
- Bestellung Ergänzungspfleger bei Rechtsgeschäften mit **32** 49
- Vermögenssorge für **11** 148

Kind, nichteheliches
- Beratungsbedarf bei Nachfolgeplanung **1** 6
- Deutsch-deutsches Erbrecht **48** 7

- Erbberechtigung **4** 30
- Erbrecht ab 1.4.98 **12** 37 f.
- Erbrecht bis 31.3.98 **12** 30 f.
- Erbrecht des vor dem 1.7.49 geborenen **12** 39
- Erbverzicht des einseitigen/unehelichen **31** 36
- Sorgeerklärung **18** 2
- Vermögensverwaltung für **18** 2

Kinder, uneheliche
Kindervermögen, Rechnungslegung **32** 122
Kindesvermögen
- Berichterstattung über **32** 122
- Vermögensverzeichnis **32** 122
- Verwaltung des **32** 122

Kirchliche Zuwendung, Erbschaftsteuerbefreiung **35** 116
Kirgisistan, Fortgeltung Deutsch-sowjetischer Konsularvertrag **33** 106

Klage
- Abtretung von Rechten **57** 18
- Antrag gegen Vollstreckungsandrohung **60** 22
- Arrest **57** 13
- auf Feststellung des Pflichtteils **62** 27
- auf Pflichtteilsrestanspruch **62** 23
- Auskunftsanspruch **66** 1 f.
- Auskunftsklage gegen Erbschaftsbesitzer
- bei teilschuldnerischer Haftung **60** 18
- bei Vertrag zugunsten Dritter auf den Todesfall **65** 1, 8
- Bestellung einer beschränkt persönlichen Dienstbarkeit **57** 17
- Bestellung sonstiger Grundstücksrechte **57** 17
- des Miterben auf Leistung an die Erbengemeinschaft **61** 45
- des Miterben auf Zustimmung zu Verwaltungsmaßnahme **61** 48
- des Nachlassgläubigers auf Auflassung bei Verwaltungsvollstreckung **60** 13
- des Nachlassgläubigers gegen Erben auf Grundstücksauflassung **60** 12
- des Vertragserben im Zusammenhang mit § 2287 BGB **64** 1 f.
- einstweilige Verfügung auf Eintragung einer Vormerkung **57** 12
- einstweilige Verfügung Vor-/Nacherbschaft **58** 5
- Erbauseinandersetzungsklage **61** 2 f.
- Erbe gegen durch Lebensversicherung Begünstigten **65** 1
- Erbschaftsklage **56** 27
- Erbunwürdigkeit **56** 25
- Feststellung Erbrecht **56** 7
- gegen Erben/Miterben auf Löschung einer Grundschuld **60** 16
- gegen Erben/Miterben auf Vornahme einer Verfügung **60** 16
- gegen unbeschränkbar haftenden Miterben vor Nachlassteilung **60** 17

magere Zahlen = Randnummern

Sachverzeichnis

- Grundstücksauflassung 57 14
- Herausgabe 56 26
- im Zusammenhang mit Erbenhaftung 60 1 f.
- im Zusammenhang mit Herausgabe der Erbschaft (§ 2018 BGB) 63 1 f.
- im Zusammenhang mit Miterben 61 1 f.
- im Zusammenhang mit Pflichtteilsanspruch 62 1 f.
- im Zusammenhang mit Testamentsvollstreckung 59 1 f.
- im Zusammenhang mit Vor-/Nacherbschaft 58 1 f.
- Nießbrauchseinräumung 57 17
- persönliche gegen Testamentsvollstrecker 59 33
- Pflichtteilsanspruch des Pflichtteilsergänzungsgläubigers 62 24
- Pflichtteilsergänzung 62 15 f.
- Rechnungslegung des Vorerben 58 14
- Stufenklage gegen Hausgenossen 66 15
- Übereignung beweglicher Sachen 57 18
- Vorerbe gegen Nacherbe auf Einwilligung 58 8
- Zahlungsklage bei Testamentsvollstreckung 60 15
- Zahlungsklage gegen Miterben 60 14

Klageantrag
- auf Auflassung des Grundstücks 57 14, 15
- auf Einräumung von sonstigen Grundstücksrechten 57 17

Klagebefugnis, finanzgerichtliche 69 78
Klageverzicht, finanzgerichtlicher 69 89
Klagpflegschaft 60 27
Klarstellung, letztwillige Verfügung 5 31
Klauselerinnerung 24 40
Klauselgegenklage 24 40
Kleidung, Erbschaftsteuerbefreiung 35 102
Kollisionsprüfung, Mandatsannahme 2 1
Kollisionsrecht, Deutsch-deutsches Erbrecht 48 3
Kollisionsregeln, interlokale 7 51
Kommanditanteil
- Fremdverwaltung 19 253
- Nießbrauch 13 126
- Testamentsvollstreckung 19 253
- Vererblichkeit 4 12; 5 12
- Vererbung 40 19

Kommanditbeteiligung, erbschaftsteuerliche Steuerumgehung 69 41
Kommanditbeteiligung, atypische, Testamentsvollstreckung 19 264
Kommanditgesellschaft
- Aufdeckung stiller Reserven bei Vererbung Gesellschaftsanteil 3 9
- Beteiligung minderjähriger Erben bei Geschäftsführung 42 135
- Beteiligungsübergang bei Erbengemeinschaft 26 130
- Erbenhaftung bei 23 99
- Gewerbesteuer 36 57
- Handelsregisteranmeldung 55 31
- Minderjähriger als Erbe 42 133
- steuerliche Behandlung 36 54 f.
- Vererbung 40 18
- Vererblichkeit Gesellschaftsanteil 4 12; 5 12
- Verlustverrechnung 36 56

Kommanditgesellschaft auf Aktien (KGaA)
- erbschaftsteuerliche Bewertung 3 55
- steuerliche Behandlung 36 71
- Vererbung 40 47

Kommanditist, Haftung des Erben 23 99
Kommanditistenstellung, ergänzungspflichtige Zuwendung bei unentgeltlicher Aufnahme als 29 196
Komplementäranteil
- Nießbrauch 13 126
- Vererbung 40 20

Komplementärbeteiligung
- Dauertestamentsvollstreckung 19 235
- Fremdverwaltung durch Vollmachtlösung 20 44
- Verwaltungstestamentsvollstreckung 19 235

Komplementär-GmbH, Bewertung 35 31
Konfessionswahl, als Bedingung 15 39
Konfliktlösung auf Basis der Rechtslage, Mediation 68 52
Konfusion
- bei Nachlassverwaltung 24 30
- bei Vor-/Nacherbschaft 17 119

Konsortialvertrag 40 27, 46
Konstituierungsgebühr, Testamentsvollstreckervergütung 19 172
Konsul, Beurkundung durch 70 1
Konsulat, ausländisches 50 9
Kontosperrung, Nachlasssicherung 53 15
Kontrollinstrumente, gesellschaftsvertragliche 32 125
Kontrollmitteilung, Selbstanzeige bei 37 23
Kontrollrecht, bei befreiter Vorerbschaft 45 78
Körper, eigener, Widmung zur Anatomie 13 45
Körperschaftsteuer
- gemeinnützige Stiftung 39 14
- privatnützige Stiftung 39 23
- Stiftung 39 14

Körperteil, künstliches, Vererblichkeit 4 9
Korrespondenzprinzip, Leibrente 35 235
Kosten
- amtliche Verwahrung 5 22
- Grundbuchberichtigung 55 3, 18
- Handelsregisterberichtigung 55 38
- Testament 5 39

Kostenberechnung, Einwendungen gegen notarielle 70 83
Kostenerstattung, Mediationskosten 68 64
Kostenordnung, Notarkosten 70 62
Kostenvergleich, Beurkundungskosten 70 39
Kostgeld 32 58
Kraftfahrzeug, Bewertung 46 59
Kraftloserklärung
- Erbschein 50 38
- Testamentsvollstreckerzeugnis 51 26

Hagen 1843

Sachverzeichnis

fett gedruckte Zahlen = Paragrafen

Krankenakte, Einsicht in **66** 10
Krankheit, fortschreitende,
  Besorgnis undurchführbarer
  Zeugenbefragung/Beweisaufnahme **56** 6
Kreditaufnahme, Vor-/Nacherbschaft **17** 65, 82
Kreditinstitut
– Haftung für Erbschaftsteuer bei Auslandsberührung **34** 27
– steuerliche Anzeigepflicht bei Erbfall **37** 3
Kumulierungsverbot,
  Betriebsvermögensfreibetrag
  35 136, 137
Kündigung, Testamentsvollstreckeramt **19** 202
Kündigungsrecht, Erbengemeinschaft durch Minderjährigen **26** 118
Kunstförderung, Auflage zur **14** 17
Kunstgegenstand
– Bewertung **46** 53
– Erbschaftsteuerbefreiung **35** 102, 103
Kunstgegenstand, erhaltungswerter, Erbschaftsteuerbefreiung **35** 96
Künstlername, Unterzeichnung mit **5** 28
Kunstsammlung **13** 30
– Bewertung **46** 54
Kunstsammlung, öffentlich erhaltenswerte, Erbschaftsteuer **35** 103
Kuratorium
– Beschlüsse **38** 56
– Stiftung **38** 50
Kürzung, Vermächtnis **13** 390 f.
Kürzungsrecht
– Erbe gegenüber Vermächtnisnehmer **13** 387 f.
– Pflichtteilslast **29** 114
– Vermächtnis **13** 190

Land- und Forstwirtschaftlicher Betrieb
– Bewertungsprivileg **46** 12
– Wertermittlung **46** 8, 64
Landarbeiterwohnung, Bewertung **35** 72
Landgut
– Begriff **43** 19, 8, 64
– Bewertung **29** 222; **46** 8, 64
– Bewertung baureifer Grundstücke **43** 21
– Bewertung nach Anerbengesetz **46** 69
– Bewertung nach Höfeordnung **46** 69
– Bewertung nicht betriebsnotwendiges Bau-/Bauerwartungsland **46** 66
– Ertragswert **43** 21; **46** 64
– Nebenerwerb **43** 19
– Pflichtteilsanspruch bei **29** 222
– Pflichtteilsergänzung bei **29** 222, 224
– Übernahmepreis **46** 67
– Wertbestimmung durch Erblasser **29** 226
Landgüterrecht
– Anordnungen des Erblassers **43** 20
– Bewertung Landgut **43** 21
– Ehescheidung **43** 22
– Formulierungsmuster Zuweisungsantrag **43** 20
– Geltungsbereich **43** 6, 7

– Hoferbenbestimmung **43** 20
– Hofübergabe **43** 50
– Landgut **43** 19
Landwirt, Betriebseröffnungsanzeige bei Betriebsverpachtung **36** 127
Landwirtschaft
– hobbymäßige **43** 9
– nebenerwerbswirtschaftliche **43** 9
Landwirtschaftliche Nutzung, Bewertung **35** 69, 70
Landwirtschaftliche Sondernachfolge **43** 1 f.
Landwirtschaftlicher Betrieb
– Betriebswert **35** 69
– Bewertung ausländischer **35** 73
– Bewertung Betriebsteil **35** 69
– Bewertung Betriebswohnungen **35** 72
– Bewertung Wohnteil **35** 71
– Bewertungsprivileg **46** 12
– einkommensteuerliche Behandlung beim Erbfall **35** 188
– Entnahmebegrenzung **35** 150
– erbschaftsteuerliche Bewertung **35** 68
– Genehmigung der Veräußerung **43** 48
– steuerlich relevante Fristen **36** 4
– steuerunschädliche Entnahme **35** 149
– Wertermittlung **46** 8, 64
Landwirtschaftlicher Nebenerwerbsbetrieb, Pflichtteilsanspruch bei **29** 223
Landwirtschaftliches Grundstück, Genehmigung nach Grundstücksverkehrsgesetz **32** 52
Landwirtschaftliches Vermögen
– erbschaftsteuerbegünstigter Erwerb **35** 120, 122
– Tarifvergünstigung **35** 167
Landwirtschaftsgericht
– Einbezug höferechlicher Aspekte **43** 48
– Genehmigung Hofübergabevertrag **43** 47
– Genehmigung Veräußerung eines landwirtschaftlichen Betriebes **43** 48
– Inhaltskontrolle Hofübergabevertrag **43** 48
– Zuständigkeit **43** 18; **50** 8
– Zuständigkeit Erbscheinerteilung **43** 24
Last, abgekürzte dauernde, Versorgungsleistung **36** 159
Last, dauernde, Versorgungsleistung **36** 159
Last, verlängerte dauernde, Versorgungsleistung **36** 159
Lastenausgleichsgesetz, steuerfreie Ansprüche nach **35** 116
Lastentragung, bei Vor-/Nacherbschaft **17** 84
Lastenverteilung, Erbengemeinschaft **26** 50
Last-Offer-Schiedsverfahren **68** 53
Leasing-Kfz **13** 30
Lebenserwartung, mittlere, abgeleitet aus „Sterbetafel für die Bundesrepublik Deutschland 1986/88 nach dem Gebietsstand seit dem 3.10.1990" **35** 259
Lebensgefährte
– Auskunftspflichten **45** 44

magere Zahlen = Randnummern

Sachverzeichnis

- Dreißigster **13** 34
- **Lebensgemeinschaft, gleichgeschlechtliche**
- eingetragene Lebenspartnerschaft **12** 41 f.
- Grenzen der Erbeinsetzung **12** 26
- **Lebensgemeinschaft, nichteheliche**
- Anfechtung Erbvertrag **12** 20
- Erbrecht **12** 3 f.
- Erbschaftsteuer **12** 22
- Erbvertrag **12** 10
- Formulierungsmuster Erbvertrag
- GbR **12** 29
- gemeinschaftliches Testament **12** 8
- gewerbliche Prägung des Nachlassvermögens **12** 23
- Grenzen der Erbeinsetzung **12** 26
- Lebensversicherung **47** 136
- Partnerschaftsvertrag **12** 28
- Pflichtteilrecht der Familienangehörigen **12** 13
- Pflichtteilsberechtigung **29** 12
- Pflichtteilsentziehung **29** 63
- Pflichtteilsverzicht **12** 14
- postmortale Vollmacht **12** 24
- Sicherung einer Mindestzuwendung **15** 46
- Testament **12** 6
- Verfügung von Todes wegen **12** 5
- Vermögenszuordnung **12** 27
- Vertrag zugunsten Dritte auf Todesfall **12** 24
- Widerruf der Bezugsberechtigung bei Lebensversicherung **47** 45
- **Lebenspartner**
- Anfechtung wechselbezügliche Verfügung **11** 68
- Ausschlagung des Überlebenden **11** 143
- Dreißigste **11** 18
- Einheits-/Trennungslösung **11** 31, 45
- Eintritt in Mietvertrag **11** 19
- Einzeltestament **11** 27, 29
- Erbstatut **11** 22
- gemeinschaftliche Testamente **11** 40 f.
- Genehmigung Vermögensverfügung des anderen L. **32** 47
- gesetzliches Erbrecht **11** 1 f.
- gleichzeitiges Versterben **11** 20
- Güterrechtsstatut **11** 23
- Pflichtteilsberechtigung **29** 9
- Unterhaltsverpflichtung im Erbfall **11** 146
- Vermächtnisnehmerstellung bei gemeinschaftlichem Testament **11** 122
- Voraus **4** 53
- Wohnungsnutzung **11** 18
- zustimmungsgebundene Geschäfte **32** 48
- **Lebenspartner, ehemaliger,** erbrechtliche Gestaltungen **11** 147
- **Lebenspartnererbrecht**
- Ansprüche des ehemaligen L. nach Erbfall **11** 146
- Ausschlagung des Überlebenden **11** 143
- Ausschluss **11** 73
- Ausschluss bei gewillkürter Erbfolge **11** 136
- Ausschluss des **11** 126 f., 130

- Berliner Testament **11** 76 f.
- Erbvertrag **11** 123
- gemeinschaftliches Testament mit Trennungslösung **11** 107 f.
- gesetzliches **11** 1 ff.
- gewillkürte Erbfolge **11** 27 ff., 27 ff.
- Pflichtteilsrecht **11** 139
- Verhalten des Überlebenden nach Erbfall **11** 141
- Wahl der Verfügungsart **11** 125
- **Lebenspartnerschaft**
- Ausgleichsgemeinschaft **11** 9; **32** 117
- Begründungsgeschenk als Voraus **4** 54
- Berliner Testament **11** 76 f.
- Erbrecht bei aufgehobener **11** 130
- IPR **11** 21
- postmortale Vollmacht **11** 28
- Voraus **11** 17
- **Lebenspartnerschaft, eingetragene 12** 41 f.
- Eingehung neuer L. bei gemeinschaftlichem Testament **11** 116
- Enterbung **12** 54
- Erbrecht bei Aufhebung der **12** 45
- Erbvertrag **12** 46
- Erbverzicht **12** 53
- gemeinschaftliches Testament **12** 46
- gesetzliche Erbfolge **4** 19, 53
- gesetzliches Erbrecht **12** 44
- Gütertrennung **12** 52
- Pflichtteil **12** 48
- Voraus **12** 44
- Zugewinngemeinschaft **12** 51
- **Lebensversicherer,** steuerliche Mitteilungspflicht **47** 161
- **Lebensversicherung 3** 63; **47** 1 f.
- Änderung im Valutaverhältnis **47** 38
- Anzeigepflicht des Bezugsberechtigten **47** 156
- Anzeigepflicht Notar **47** 157
- auf den Erlebensfall **47** 8
- auf den Todesfall **47** 8, 36
- auf verbundene Leben **47** 139
- Austausch des Versicherungsnehmers **47** 137
- befreiende **47** 108, 111
- Beitragsdepot **47** 10
- Beratungsbedarf bei Nachlassplanung **1** 14
- Bestimmung Bezugsberechtigter **47** 24, 33
- Bestimmung steuerbarer Zuwendungsgegenstand **47** 64 f.
- Bewertung **46** 49
- Bewertung bei Vertragsübernahme **47** 97
- Bewertung erbschaftsteuerlich abzugsfähiger Kosten **47** 99
- Bezugsberechtigter als Versicherungsnehmer **47** 123
- Bezugsberechtigung durch Verfügung von Todes wegen **47** 47
- Deckungsverhältnis
- Ehegatten als Versicherungsnehmer **47** 22
- Ehescheidung **47** 41

Hagen

Sachverzeichnis

fett gedruckte Zahlen = Paragrafen

- Einbeziehung in Verwaltungsbefugnis des Testamentsvollstreckers **19** 31
- Einsetzung Bezugsberechtigter **47** 6
- entgeltlicher Erwerb **47** 59
- Erbschaftsteuer **35** 10; **47** 51 f., 61
- Erbschaftsteuer bei Übertragung **47** 76
- Erbschaftsteuer im Erlebensfall **47** 60
- Erbschaftsteuerbefreiung **47** 102 f.
- Erbschaftsteuerklassen/-sätze **47** 113
- erbschaftsteuerliche Bewertung **47** 86 f.
- erbschaftsteuerliche Bewertung fälliger Ansprüche **47** 95
- erbschaftsteuerliche Bewertung fondsgebundener **47** 89
- erbschaftsteuerliche Bewertung nicht fälliger Ansprüche **47** 88
- erbschaftsteuerliche Gestaltungen **47** 119 f.
- fondsgebundene **47** 11
- Freibeträge Erbschaftsteuer **47** 115
- Gestaltungsmissbrauch **47** 150
- Haftungsfragen bei Beratung **47** 153
- Informationsgewinnung im Internet **47** 2
- Internationales Erbrecht **33** 71
- kapitalbildende **47** 9
- Kapital-Lebensversicherung **47** 12
- Klage des Erben gegen Begünstigten **65** 1
- Minderung Bemessungsgrundlagen **47** 145
- Mitteilungspflicht des Versicherers **41** 161
- Nachfolgeplanung **47** 13
- Nachlassinsolvenz **25** 41
- nichteheliche Lebensgemeinschaft **47** 136
- Personenversicherung **47** 4
- Pflichtteil **47** 18, 20
- Pflichtteilsergänzung **46** 50; **47** 19
- Prämienzahlung **47** 10
- Prämienzahlung durch Bezugsberechtigten **47** 112
- Rangrücktrittsvereinbarung **46** 52
- Rechtsstellung Bezugsberechtigter **47** 30
- Renten-Lebensversicherung **47** 12
- Rückkaufwert **47** 89, 93,97,145
- sittenwidriges Valutaverhältnis **47** 46
- Sonderrechtsnachfolge **4** 3
- steuergünstige Vertragsgestaltung **47** 7
- steuerlich relevante Fristen **36** 4
- Tilgung betrieblicher Verbindlichkeiten **1** 14
- Übertragung auf Ehepartner **40** 78
- Übertragung des Vertrages **47** 6, 23
- Übertragung durch Vertragsübernahme **47** 23
- unentgeltlicher Erwerb **47** 53
- unterhaltsberechtigte Person als Versicherungsnehmer **47** 131
- unwiderrufliches Bezugsrecht **47** 72
- Valutaverhältnis **47** 29
- Valutaverhältnisänderung **47** 38
- verbundene **47** 22, 139 f.
- Vermächtnis **13** 105
- Versicherungsvertrag **47** 21
- Vertrag zugunsten Dritter **47** 5, 14
- Vertrag zugunsten Dritter auf den Todesfall **32** 43
- vertragliches Rückforderungsrecht bei **47** 147
- Weiterzahlung der Prämien nach Schenkung **47** 92
- Widerruf Bezugsberechtigung **9** 3
- Widerruf der Bezugsberechtigung **47** 24, **32**,38 f.
- widerrufliches Bezugsrecht **47** 70
- Zugehörigkeit zum Nachlass **47** 14, 16
- Zweidrittelwert **47** 89, 93,97,145

Lebensversicherungsvertrag, Benennung Bezugsberechtigter **32** 43

Lebenswandel, verschwenderischer, Pflichtteilsbeschränkung **29** 71

Lebenswandelklausel 15 38

legal representative, internationales Nachlassverfahrensrecht **33** 122

Legalisation 70 5

Leibgedinge 32 61

Leibgedingevertrag, Rückforderung bei **32** 100

Leibrente 32 63
- an überlebenden Ehepartners **40** 83
- einkommensteuerliche Behandlung **35** 215, 234
- erbschaftsteuerliche Bewertung **35** 43
- Korrespondenzprinzip **35** 235
- Schenkung gegen **29** 137
- Sicherung durch Reallast **32** 66, 108
- Sicherung durch Rentenschuld **32** 66
- Vermächtnis **13** 104
- Versorgungsleistung **36** 159
- Wertsicherungsklausel **32** 65

Leibrente, abgekürzte, Versorgungsleistung **36** 159

Leibrente, verlängerte, Versorgungsleistung **36** 159

Leibrenteversprechen, Form **32** 28, 65

Leibzucht 32 61

Leichenmahl, Erbfallschuld **23** 17

Leichnam 13 45
- Vererblichkeit **4** 9

Leihe 32 15

Leistungsauflage, erbschaftsteuerliche Wertermittlung **35** 78

Leistungsklage
- auf nur der Gattung nach bestimmten Gegenstand **57** 19
- bei Erbauseinandersetzung **61** 21
- des Miterben auf Leistung an Erbengemeinschaft **61** 45
- finanzgerichtliche **69** 69
- Finanzrechtsweg **69** 6
- Formulierungsmuster Pflichtteilsergänzung **62** 12
- Gegenstandswert **2** 12
- Haftungsbeschränkungsvorbehalt **60** 2
- Klage des Miterben auf Zustimmung zu Verwaltungsmaßnahme **61** 48

magere Zahlen = Randnummern

Sachverzeichnis

- Pflichtteilsergänzungsanspruch gegen Beschenkten 62 19
- Pflichtteilsergänzungsanspruch gegen Erben 62 15
- Pflichtteilsrestanspruch 62 23
- Zwischenfeststellungsklage 56 6

Leistungsrecht, erbschaftsteuerliche Bewertung 35 39

Leistungsverweigerungsrecht, Miterbe 23 69

Lesefähigkeit
- Feststellungslast 5 17
- Testierfähigkeit 5 17

Lettland, Nachlassspaltung 33 84

Letztwillige Verfügung
- Anpassung an veränderte Lebensumstände 1 2
- Beurkundungsverfahren 70 35, 40

lex fori
- Begriff 33 13
- Erbverfahrensrecht 33 109

lex rei sitae, Internationales Erbrecht 33 15, 48

Liberia, Nachlassspaltung 33 84

Lichter Moment, Feststellungslast 5 16

Liebhabereibetrieb, Vermögensübergabe gegen Versorgungsleistung 36 178

Liebhaberwert 46 7

Liniensystem, Verwandtenerbfolge 4 33

Liquidationsgesellschaft, Bewertung 35 31

Liquidationswert, Bewertung Einzelunternehmen 46 25

Liquidationswertverfahren, Unternehmensbewertung 46 13, 25

Liquidität, Beratungsbedarf 1 12

Litauen, Nachlassspaltung 33 84

Lizenzen, Bewertung 46 63

Logrolling, Mediationstechnik 68 49

Luftfahrzeug, Berichtigung Register 55 2

Luftunfallversicherung, Erbschaftsteuer 35 10

Luxemburg, Nachlassspaltung 33 84

Madagaskar, Nachlassspaltung 33 84

Mahnung, steuerliche 69 18

Maklercourtage, Wertermittlung 46 7

Mali, Nachlassspaltung 33 84

Malta, Nachlassspaltung 33 84

Management, Unternehmensnachfolge 40 11

Management Buy Out(MBO), Beratungsbedarf bei Nachfolgeplanung 1 6

Managementfaktor, Unternehmensbewertung 46 14

Mandantenberatung
- bei Selbstanzeige 37 13
- des nicht selbstanzeigewilligen Mandanten 37 13
- steuerstrafrechtliche Verantwortung 37 29

Mandat
- Beschränkung 2 47
- Erbengemeinschaft 26 5
- Sachverhaltsfeststellung 2 51 f.

Mandatsannahme
- Interessenkollision 2 3

- Kollisionsprüfung 2 1
- Minderjährige 42 14

Mandatsniederlegung, Interessenkollision 2 3

Manisch-Depresiver, Testierfähigkeit 5 15

Markenrecht, Vererblichkeit 4 7

Massedarlehen, Genehmigungsvorbehalt Nachlassgericht 24 80

Massegläubiger 25 125
- Nachlassinsolvenz 25 135

Massekostendeckung, Nachlassinsolvenz 25 23

Massekostenvorschuss 25 24

Masselosigkeit
- Nachlass 24 45, 47
- Nachlassinsolvenz 25 96

Masseunzulänglichkeit, Nachlassinsolvenz 25 97

Masseverbindlichkeit, Begründung ungedeckter 25 102

Masseverkürzung, Haftung Insolvenzverwalter 25 100

Masseverwertung, Nachlassinsolvenz 25 70

Mätressentestament 12 26

Matten-Theorie, Strafbefreiungsausschluss bei Selbstanzeige 37 21

Mauritius, Nachlassspaltung 33 84

MedArb-Verfahren 68 53

Mediation 1 21; 68 1 f., 76
- Abgrenzung zu Prozess 68 7
- Abgrenzung zu Schiedsverfahren 67 18; 68 7
- Abgrenzung zu Schlichtung 68 9
- Abschluss Vergleichsvertrag 68 54
- Abschlussakt 68 57
- aktives Zuhören 68 42
- als qualifizierte Dienstleistung 68 10
- Begriff 68 2
- brainstorming 68 48
- caucus 68 43
- Der Eine teilt, der Andere wählt- Verfahren 68 51
- Entscheidungshilfe Verfahrenswahl 68 17
- Erbauseinandersetzung 26 54
- Erbmediation 68 11 f., 76
- Ermittlung wechselseitiger Interessen 68 41
- Familienfrieden 68 14
- Grundbedingungen 68 16
- Hinweispflicht auf 68 72
- Image 68 5
- Informationserhebung, objektive 68 45
- Konfliktlösung auf Basis der Rechtslage 68 52
- Last-Offer-Schiedsverfahren 68 53
- Logrolling 68 49
- Mediator 68 30
- Michigan-Mediation 68 53
- Nachlassaufteilung 68 51
- Nachteile 68 15
- Nachteile gerichtlicher Erbauseinandersetzung 68 12
- One text -Verfahren 68 50
- persönliche Teilnahme 68 16

Hagen

1847

Sachverzeichnis

fett gedruckte Zahlen = Paragrafen

- Procedere **68** 35 f.
- Prozesskostenhilfe **68** 65
- Prozessrisikoanalyse **68** 52
- Schlichtungsvorschlag des Mediators **68** 53
- schriftliche Vorbereitung der Verhandlung **68** 33
- shuttle-/Pendeldiplomatie **68** 59
- Tätigkeit als Mediator **68** 69
- Tätigkeit als Parteianwalt **68** 71
- Teilnahme Parteianwalt **68** 74
- Überführung in MedArb-Verfahren **68** 53
- Vereinbarung im Konflikt **68** 21, 29
- Verfahrensablauf **68** 35 f.
- Verfahrenseinleitung **68** 20 f., 28
- Verfahrenskosten **68** 58 f.
- Verfahrensordnung **68** 26
- Verhandlung **68** 3
- Verhandlung und Lösungssuche **68** 48
- Verhandlungsvertrag **68** 37
- Vorbereitung der **68** 30
- Vorgehensweise **68** 18
- vorgeschaltete **68** 12
- Vorteile **68** 13, 67
- win-win-Lösung **68** 50

Mediationsklausel
- Erbvertrag **68** 22
- Formulierungsmuster **68** 27
- Testament **68** 22
- unverbindliche **68** 25
- verbindliche **68** 23
- Verfahrensordnung **68** 26

Mediationskosten 68 58 f.
- Honorar der Parteianwälte **68** 62
- Kostenerstattung **68** 64
- Kostenvergleich zu Prozess **68** 66
- Mediationsvereinigung **68** 59
- Mediatorvergütung **68** 60
- Rechtsschutzversicherung **68** 65
- sonstige **68** 63

Mediationstechniken 68 48 f.
Mediationsvereinigung, Verfahrensgebühr **68** 59

Mediator
- Beauftragung **68** 31
- Bestimmung des **68** 30
- Rechtsanwalt als **68** 69
- Rechtsanwalt als Parteianwalt **68** 71
- Schlichtungsvorschlag **68** 53
- Tätigkeit **68** 69
- Verfahrensablauf **68** 35 f.
- Vergütung **68** 60
- Vertrag **68** 32
- Vorbereitung **68** 34

Mehrfachbehinderung, Testamentserrichtung bei **5** 34
Mehrfachbesteuerung, Internationales Erbrecht **34** 2
Mehrfachwohnsitz, faktische Nachlassspaltung bei **33** 146
Mehrfamilienhaus, Bewertung **46** 41

Mehrheitsbeteiligung, Bewertungszuschlag **46** 28
Mehrstaater
- Anknüpfung Internationales Erbrecht **33** 15, 22 f.
- gewöhnlicher Aufenthalt **33** 24
- Interlokales Privatrecht **33** 22
- Vermeidung faktischer Nachlassspaltung **33** 146

Mehrzugewinn, Wertbestimmung **46** 12
Melderegister, Auskunft **52** 28
Michigan-Mediation 68 53
Miete, Vermächtnis **13** 110
Mieter, Auskunftspflichten **45** 44
Mietshaus
- Aufteilung in Eigentumswohnungen **1** 9
- Bewertung **46** 41

Mietverhältnis, Sonderrechtsnachfolge **4** 3
Mietvertrag, Eintrittsrecht Ehegatte/Lebenspartner **11** 19
Milchlieferrecht, erbschaftsteuerliche Bewertung **35** 68
Milchquotenveräußerung, Nachabfindung **43** 16
Milchreferenzmenge 43 19
Mildtätige Zuwendung, Erbschaftsteuerbefreiung **35** 116
Minderheitsbeteiligung, Bewertungsabschlag **46** 28
Minderjährige 42 1 f.
- Abschichtungsvereinbarung **42** 69
- Alleinerbe **42** 24
- Anfechtung **42** 129
- Anfechtung Erbschaftsannahme/-ausschlagung **42** 33
- Annahme Erbschaft **42** 24
- Auseinandersetzungsplan **42** 122
- Auseinandersetzungsvereinbarung **42** 125
- Ausschlagung **18** 4
- Ausschlagung Erbschaft **42** 27
- Austritt aus Erbengemeinschaft **42** 62
- Austrittskündigung des volljährig gewordenen Zuwendungsempfängers **32** 94
- bei Nachlassauseinandersetzung **42** 120
- Bestellung Ergänzungspfleger bei Rechtsgeschäften mit **32** 49
- Beteiligung an Erbengemeinschaft **26** 113
- Deutsch-iranisches Niederlassungsabkommen **42** 12
- Erb-/Pflichtteilsverzicht der Eltern **42** 111
- Erbe Kapitalgesellschaft/-santeil **42** 134
- Erbe Personengesellschaft/-santeil **42** 133
- Erbenhaftung **23** 7
- Erbschaftsannahme **22** 13
- Erbvertrag **42** 20
- Erbverzicht **42** 108
- Ergänzungsbetreuung bei Vermächtnis **13** 310
- Ergänzungspfleger **40** 121

1848 *Hagen*

Sachverzeichnis

magere Zahlen = Randnummern

- familien-/vormundschaftsgerichtliche Genehmigung bei Erbauseinandersetzung 26 68
- Genehmigung bei Erbschaftserwerb/-veräußerung 28 13
- Geschäftsführung 42 135
- Gesellschafter bei Familiengesellschaft 36 92
- Gesellschaftsvertragsänderung 42 137
- Haager Minderjährigenschutzabkommen 42 12
- Haftungsbeschränkung 26 116; 40 117; 42 139
- Handeln des Testamentsvollstreckers für 19 93
- Interessenskonflikt bei Vertretung 42 16
- internationales 42 11
- Kündigung Erbengemeinschaft 26 118
- Mandatsannahme 42 14
- Miterbe 42 34 f.
- Miterbenauseinandersetzung 42 64
- Nacherbe 17 128; 42 88
- Pflegeranordnung in Berliner Testament 11 87
- Pflegschaft 42 7
- Pflichtteilsanspruch gegen Elternteil 42 102
- Pflichtteilsanspruch gegen Geschwister 42 106
- Pflichtteilsverzicht 42 108
- Pflichtteilsverzichtsvertrag 40 136
- Sorgerechtsstatut 42 12
- Teilungsanordnung 42 65
- Testament 5 2, 14
- Testamentsvollstreckung bei Beteiligung Minderjähriger 42 113 f.
- Testator 42 18
- Testierfähigkeit 5 14
- Verfügung über Erbteil 42 62
- Verfügungsgeschäft 42 49
- Verjährung Pflichtteilsanspruch 29 24
- Vermächtniserfüllung 42 56
- Vermächtnisnehmer 42 96
- Vermögenssorge für 40 116
- Verpflichtungsgeschäft 42 46
- Vertretung 42 3
- Vertretung durch Eltern 26 113
- Vertretung durch Ergänzungspfleger 26 113, 115
- Vertretung in Erbengemeinschaft 42 41
- Vertretungsberechtigung für 40 118
- Verwaltungsanordnung bei Schenkung an 32 119
- Vor-/Nacherbschaft 42 74 f.
- Vor-/Nachvermächtnisnehmer 42 100
- Vorerbe 42 74 f.
- vormundschaftsgerichtliche Genehmigung 40 121
- vorweggenommene Erbfolge 40 115 f.
- Wahlvermächtnis 42 56

Minderjährigenadoption 4 24
Minderjährigenhaftungsbeschränkungsgesetz 26 116

Mindestzeitrente, Versorgungsleistung 36 159
Mindestzuwendung, Sicherung durch Bedingung 15 46
Mischnachlass
- einkommensteuerliche Behandlung der Veräußerung 35 191
- Realteilung 35 196, 199,204

Missbilligung, Notar 70 31
Missbrauch, Vorsorgevollmacht 44 9
Missbrauchskorrektur 64 7
Mitarbeiter, freier, Interessenkollision 2 3
Miteigentumsanteil
- Grundstücksbewertung 46 42
- joint tenancy 33 67
- Teilungsversteigerung 61 44

Miterbe
- Aufteilungsvereinbarung Betriebsvermögensfreibetrag 35 132
- Auskunftsrechte/-pflichten bei Vorempfang 45 85
- Antrag Nachlassverwaltung 24 9
- Aufzeichnungspflicht 45 22
- Auskunftsanspruch 45 80 f., 90
- Auskunftsanspruch auf realen Nachlassbestand 45 84
- Auskunftsanspruch gegen Erblasserbank 45 100
- Auskunftspflichten bei ausgleichspflichtigen Zuwendungen 45 85
- Auskunftspflichten gegenüber Erbengemeinschaft 45 93
- Beratung nach Todesfall 26 2
- einkommensteuerliche Behandlung des aus Erbengemeinschaft ausscheidenden 35 192
- einstweiliger Rechtsschutz bei Verwaltungsmaßnahme 61 50
- Einwendungen bei Erbauseinandersetzungsklage 61 29
- Erbauseinandersetzungsklage 61 2 f.
- Erbschaftsanspruch 27 6
- Erbschaftsausschlagung 22 34
- Geltendmachung Nachlassforderung 26 39, 44
- Gesamthandsprinzip 26 13
- Klage auf Leistung an die Erbengemeinschaft 61 45
- Klage auf Zustimmung zu Verwaltungsmaßnahme 61 48
- Klagen im Zusammenhang mit 61 1 f.
- Minderjährige 42 34 f.
- minderjähriger bei Erbengemeinschaft 26 113
- Rechtsgeschäfte zwischen künftigen 26 123
- Schadensersatz bei verspäteter Teilung 26 82
- steuerliche Anzeigepflicht bei Erbfall 37 3
- unbestimmter 26 58
- Verfügung über Erbanteil 26 20
- vergessener bei Erbauseinandersetzung 26 120
- Vorkaufsrecht 26 21

Sachverzeichnis

fett gedruckte Zahlen = Paragrafen

Miterbenanteil, Vorkaufsrecht **8** 27
Miterbenauseinandersetzung
– Beratungsbedarf **1** 19
– Beratungsbedarf Wertausgleich **1** 11
– Betriebsvermögen **3** 76
– Einkommensteuerbelastung bei **3** 72
– Minderjährige **42** 64
– Privatvermögen **3** 73
– Realteilung **3** 75, 76
– Spekulationsgewinne **3** 73, 74
– Steuerplanung **1** 11
– Teilungsanordnung **3** 93
Miterbengemeinschaft, Interessenkollision **2** 7
Miterbengemeinschaft, unternehmenstragende, Haftung Miterbe **23** 86
Miterbengläubiger, Haftung Miterben **23** 75
Miterbenhaftung **23** 65 f.
– bei Einstellung des Geschäftsbetriebs **23** 87
– bei unternehmenstragender Miterbengemeinschaft **23** 86
– Beschränkung **23** 73
– Einwendungen **23** 68
– gegenüber Miterbengläubiger **23** 75
– Gesamthandsklage **23** 67
– Gesamtschuldklage **23** 66, 71
– nach Teilung **23** 71
– Neuverbindlichkeiten bei Handelsgeschäftfortführung **23** 88
– Teilschuld **23** 73
– vor Teilung **23** 66
Miterben-Modell **36** 268
Mitgliedschaft
– Vererblichkeit **4** 11; **5** 8
Mitgliedschaftsrechte
– Erblasseranordnung **19** 259
– Testamentsvollstreckung Personengesellschaft **19** 257
– Verzicht des Miterben bei Erbengemeinschaft **26** 93
– Vorerbe **17** 140
Mitunternehmeranteil
– mittelbare Schenkung **36** 19
– Realteilung **35** 198, 202
– steuerlich relevante Fristen **36** 4
Mitunternehmerinitiative, Begriff **36** 84
Mitunternehmerrisiko, Begriff **36** 83
Mitunternehmerschaft
– bei Betriebsverpachtung **36** 105
– bei Familiengesellschaft **36** 82
– gewerbesteuerliche Behandlung bei Übertragung **35** 246
– steuerlicher Begriff **36** 83
Mitunternehmerschaft, geborene **35** 179
Mitverschulden, anwaltliche Haftung **2** 39
Mitwirkungspflichten, Erbschaftsteuerliche **69** 118
Mitwirkungsrechte, Nießbrauch **49** 44 f.
Mitwirkungsverbot
– Notar **70** 10; **70** 12
Möbel, Bewertung **46** 60

Möhring'sche Tabelle, Testamentsvollstreckervergütung **19** 175
Moldawien, Nachlassspaltung **33** 84
Molkerei **43** 19
Monaco, Nachlassspaltung **33** 84
Mongolei, Nachlassspaltung **33** 84
Montenegro, interlokales Privatrecht **33** 22
Motivirrtum **7** 34
– aufgrund Veränderungen im deutsch-deutschen Verhältnis **48** 28
Multiinfarkt-Demenz, Testierfähigkeit **5** 16
Mündelgeld, Nachlassverwaltung **24** 54
Mündelsichere Vermögensanlage
– Kindesvermögen **32** 122
– Testamentsvollstrecker **3** 27
– Vorerbe **3** 31
Münzen, Erbschaftsteuer **35** 102
Mutter, abstammungsrechtlicher Begriff **4** 29

Nachabfindungsanspruch
– bei Erbverzicht **43** 17
– bei Erbverzicht **43** 44
– nach Höfeordnung **43** 16, 44
Nacherbe
– Abgrenzung zum Ersatzerben **8** 60
– Anwartschaft **17** 1, 42, 43;103 f.
– Auskunftsanspruch **17** 76, 118; **45** 75
– Auskunftsanspruch gegen Erbschaftsbesitzer **45** 35
– Begriff **17** 1
– Beschwerung mit Genehmigungspflicht **17** 98
– Erbschaftsteuer **17** 149
– Ersatzerbenbestimmung für **17** 41
– Ersatznacherbe **17** 39
– fehlende Benennung **17** 28
– Feststellungsklage **45** 79
– Grundbuchberichtigung **17** 63
– Haftung **17** 120
– Herausgabeanspruch des **17** 113
– Innenverhältnis zu Vorerbe **17** 81
– Klage gegen beschenkten Dritten auf Einwilligung in Grundbuchberichtigung **58** 9
– Klage gegen Vorerben auf Auskunftserteilung **58** 12
– Klage gegen Vorerben auf Erbschaftsherausgabe **58** 14
– Klage gegen Vorerben auf Mitteilung eines Nachlassverzeichnisses **58** 11
– Klage gegen Vorerben auf Rechnungslegung **58** 14
– Klage gegen Vorerben auf Sicherheitsleistung **58** 13
– Minderjährige **42** 88
– minderjähriger **17** 128
– Mitnacherbe **17** 38
– Mitverwaltungsrecht des **17** 67
– Pflichtteilsberechtigter als **29** 44
– Rechnungslegungsanspruch **17** 118
– Rechte des **3** 31
– Rechtsstellung des **17** 103 f.

Sachverzeichnis

- Schadensersatzanspruch **17** 114
- Testamentsvollstreckung für **17** 132
- unbekannter **17** 129
- Zustimmung zu Vorerbenverfügung **17** 66

Nacherbe, minderjähriger
- Ausschlagung **42** 95
- Eltern/-teil als Vorerbe **42** 89
- Genehmigung Familien-/Vormundschaftsgericht **42** 94
- mehrer Minderjährige **42** 93
- minderjährige Geschwister als Vorerbe **42** 92

Nacherbeinsetzung
- aufschiebend bedingte Erbeinsetzung **15** 6
- Ersatzerbe **17** 26

Nacherbenanwartschaft
- Übertragbarkeit **17** 106
- Übertragung auf Vorerben **17** 108
- Übertragung der **28** 8
- Vererblichkeit **17** 42, 43,104

Nacherbenbeschränkung, Behindertentestament **41** 43

Nacherbeneinsetzung, unter Vorbehalt anderer Verfügung des Vorerben **17** 16

Nacherbentestamentsvollstreckung 17 100, 132; **19** 8
- Abgrenzung **19** 18
- Aufgabenkreis bei **19** 17
- Formulierungsmuster **19** 41
- Vermerk **19** 63

Nacherbenvermerk 15 35; **17** 55, 64
Nacherbenzustimmungserklärung 3 30

Nacherbfall
- Anfall der Erbschaft **17** 109
- Herausgabeanspruch **17** 113
- Pflegerbestellung **17** 129
- Schadensersatzanspruch **17** 114
- Verfügung des Vorerben nach Eintritt des N. **17** 124
- Wiederaufleben erloschener Rechtsverhältnisse **17** 119

Nacherbfolge
- Abgrenzung zu Nachvermächtnis **13** 199
- auflösend bedingte **17** 16
- konstruktive **17** 15
- Teilungsanordnung **16** 19
- Unternehmensnachfolgeplanung **40** 132

Nacherbschaft 3 28 f.; **17** 1 f.
- Ausschlagung **17** 125; **29** 243
- bedingte **15** 35
- bei gemeinschaftlichem Testament **11** 61, 108
- Beratungsbedarf **1** 26
- Geltungsdauer **5** 5
- Testamentsvollstreckung **17** 131
- Testamentsvollstreckung bei **3** 20

Nachfolgegestaltung, Haftung **4** 14

Nachfolgeklausel
- Beratungsbedarf **1** 7
- Erbengemeinschaft **26** 130

- Erbenhaftung für Verbindlichkeiten des OHG-Gesellschafters **23** 92
- gesellschaftsvertragliche **40** 41
- gesellschaftsvertragliche Sicherung bei lebzeitiger Übertragung **32** 125
- Haftung bei Beratung **2** 44
- Personenhandelsgesellschaft **4** 12
- rechtsgeschäftliche **40** 41

Nachfolgeklausel, einfache 3 61, 32
- einkommensteuerliche Behandlung beim Erbfall **35** 183
- Erbschaftsteuerbegünstigung bei **35** 124
- erbschaftsteuerliche Bewertung **35** 64
- ertragsteuerliche Folgen **3** 79
- Gesellschaftsstatut **33** 60
- Pflichtteilsanspruch **29** 189
- stille Reserven **3** 10
- Vor-/Nacherbschaft **17** 138

Nachfolgeklausel, qualifizierte 1 7; **3** 62; **5** 12; **40** 34
- Aufdeckung stiller Reserven **3** 10
- Ausschlagung des nicht qualifizierten Erben als steuerliche motivierte Gestaltung **36** 286
- Beschränkung der Unternehmensnachfolger **40** 37
- einkommensteuerliche Behandlung beim Erbfall **35** 184
- einkommensteuerliche Belastung **40** 68
- Erbschaftsteuer **35** 6
- Erbschaftsteuerbegünstigung bei **35** 124
- erbschaftsteuerliche Bewertung **35** 64
- Erbstatut **33** 61
- ertragsteuerliche Folgen **3** 80
- mit Sonderkündigungsrecht **40** 40
- Pflichtteilsanspruch bei **29** 189
- Vor-/Nacherbschaft **17** 138
- Wertausgleich **1** 12

Nachfolgekonzept
- Entwicklung **40** 9 f.
- ganzheitliches **40** 9
- Management **40** 11

Nachfolgeplanung
- Auflagen an Unternehmensführung **40** 134
- ausländische Beteiligungen/Unternehmen **40** 161
- Auswahl Unternehmensnachfolger durch Dritte **40** 155
- Beratungsbedarf **1** 2 ff., 5
- einkommensteuerliche Aspekte **40** 67
- Einsetzung Aufsichts-/Beratungsgremien **40** 55
- Erbschaftsteuerplanung **40** 58
- erbschaftsteuerrechtliche Aspekte **40** 58
- Ersatzerbe **40** 130
- Interessenkollision **2** 7
- internationale **34** 87, 91
- Internationales Erbrecht **33** 56 f.
- Konfliktvermeidung **40** 7
- Konzept **40** 8, 9
- Lebensversicherung **47** 13

Hagen

Sachverzeichnis

fett gedruckte Zahlen = Paragrafen

- lebzeitige Beteiligung Minderjähriger 40 115 f.
- Nacherbfolge 40 132
- Nießbrauch zugunsten des überlebenden Ehepartners 40 85
- Pflichtteils-/Erbverzicht 31 35
- Pflichtteilsverzichtvertrag bei 40 136
- Rechtsformwahl 40 48
- Testamentsvollstreckung 40 169
- Unternehmen 40 2
- Unternehmensnachfolge durch Vermächtnis 40 137 f.
- Unternehmensnachfolger als Alleinerbe 40 127
- Unternehmensrente an überlebenden Ehepartners 40 83
- Unternehmensstruktur 40 50
- variable Leistungen an überlebenden Ehepartner 40 92
- Vermächtnis an übrige Kinder 40 136
- Versorgung des überlebenden Ehepartners 40 72 f.
- Versorgung des überlebenden Ehepartners mit Privatvermögen 40 81
- Verteilungsgerechtigkeit 40 6, 13
- vertragliche Anpassung zur Vorbereitung 40 53
- Vorerbfolge 40 132
- vorweggenommene Erbfolge 40 94 f.

Nachfolgeregelung
- gesellschaftsvertragliche 3 61
- gesellschaftsvertragliche Sicherungs-/Kontrollinstrumente 32 125
- gesetzliche 3 61
- GmbH-Satzungsregelung 29 201
- Vor-/Nacherbschaft 17 135 f.
- Vorsorge für minderjährige Erben 32 123

Nachfolgeregelung, vertragliche, Kapitalgesellschaft 40 42

Nachhaftungsbegrenzung 23 111

Nachlass
- Bewertung 46 1 f.
- Dauervollstreckung 3 13
- Dürftigkeitseinrede 23 45 f.
- Erfassung bei Erbauseinandersetzung 26 62
- Erschöpfungseinrede 23 51
- Feststellung des 2 52
- Haftung für Erbschaftsteuer 69 43
- Herausgabeklage bei Testamentsvollstreckung 19 69
- Inventar 23 36
- Lebensversicherung 47 14, 16
- Masselosigkeit 24 45, 47
- Nießbrauch zur Versorgung des überlebenden Ehepartners 40 85
- Realteilung 3 75
- Teilungsreife 61 6
- Trennung Nutzung von Substanz 17 9
- überschuldeter 1 25
- Überschuldung 23 29, 49
- Überschwerungseinrede 23 50

- Unzulänglichkeitseinrede 23 49
- Verwaltungsvollstreckung 3 13
- Zahlungsunfähigkeit 23 29

Nachlass, fiktiver, Ermittlung 45 4

Nachlass, überschuldeter, Haftungsbegrenzung 3 66

Nachlassabsonderung, Erbenhaftung trotz 23 60

Nachlassabwicklung
- abzugsfähiger Pauschalbetrag 19 309
- Strategien zur Streitvermeidung 26 54

Nachlassakten, Auskunftsanspruch 52 25

Nachlassanspruch, Geltendmachung bei Erbengemeinschaft 26 39, 44

Nachlassaufteilung, Mediation 68 51

Nachlassauseinandersetzung
- bei Beteiligung Minderjähriger 42 120
- einkommensteuerliche Belastung 40 71

Nachlassbestand
- Aktivbestand 29 100
- Auflistung 61 10
- Auskunftsanspruch 45 5
- Erbfallschulden 29 104
- Erblasserschulden 29 104
- Ermittlung 45 4
- Ermittlung des 29 98
- Konfusion 29 101
- Konsolidation 29 102
- Passivbestand 29 104
- Sicherung 60 26
- unvererbliche Rechte 29 102
- Voraus des Ehegatten 29 105
- vorläufiger Rechtsschutz 60 22 f.

Nachlassbewertung
- Beratungsbedarf 1 19
- Checkliste 46 1
- Pflichtteilsstreit 62 39

Nachlassdürftigkeit s. Dürftigkeitseinrede

Nachlasserbenschulden
- Abgrenzung zu Eigenschulden des Erben 23 24
- Begriff 23 21
- Entstehung 23 22
- Haftungsbeschränkung 23 23

Nachlassforderung
- Geltendmachung bei Erbengemeinschaft 26 44
- Verschweigen der 23 34

Nachlassgegenstand
- einkommensteuerliche Behandlung der Veräußerung 35 194
- Freigabe durch Testamentsvollstrecker 3 25; 19 100
- gutgläubiger Erwerb 19 129
- Herausgabeanspruch 1 19
- Herausgabe bei Beteiligung Minderjähriger 42 116
- irrtümliche Freigabe 19 102
- Nutzung durch Miterben 26 50
- Pfändung bei Gesamthandseigentum 26 17
- Teilung persönlicher 26 67

1852 *Hagen*

magere Zahlen = Randnummern

Sachverzeichnis

- Teilung wertloser 26 65
- Überprüfung der Bewertung 62 39
- Untersagungsverfügung der Verfügung über 56 19
- Verfügungsbeschränkung der Erben 19 128
- vergessener 26 119
- Wertermittlung 26 53
- Zuweisung 16 7 f.
- Zuweisung im Auseinandersetzungsvertrag 26 87

Nachlassgericht
- amtliche Erbenermittlung 52 24
- Anordnung Nachlassverwaltung 24 21
- Aufgaben/Pflichten des 50 1, 5 f.
- Aufgebotsverfahren 23 31
- Aufhebungsbeschluss Nachlassverwaltung 24 47
- Auskunftsanspruch gegenüber 52 25
- Auswahl Nachlassverwalter 24 77
- Bestellung Nachlassverwalter 24 23, 77
- Einziehung Erbschein 50 35
- Entlassung Testamentsvollstrecker 19 203
- Erbscheinsverfahren 50 15 f.
- Eröffnung letztwilliger Verfügung 52 2
- Erteilungsverfahren Testamentsvollstreckerzeugnis 51 13
- Festsetzung Nachlassverwaltervergütung 24 75
- Genehmigung Erbteilsveräußerung 28 11
- Genehmigungsvorbehalte 24 80
- Kraftloserklärung Erbschein 50 38
- Nachlassverwaltung 24 16, 41
- örtliche Zuständigkeit 50 3, 15
- Rechtsbehelfe gegen Verfügungen des 24 84
- sachliche Zuständigkeit 50 2
- Testamentseröffnung 5 22
- Testamentseröffnungsverfahren 52 13 f.
- Überwachung Nachlassverwalter 24 78
- Verhältnis zu Testamentsvollstrecker 19 11
- Vermittlungsverfahren bei Erbauseinandersetzung 26 54
- Vermittlungsverfahren Erbauseinandersetzung 54 2
- Zuständigkeit Nachlasssicherung 53 2
- Zuständigkeit Testamentsvollstreckerzeugnis 51 8

Nachlassgläubiger
- Antrag auf Abgabe eidesstattlicher Versicherung zum Inventar 23 42
- Antrag auf Errichtung eines Inventars 23 38
- Antrag Nachlassverwaltung 24 10, 20, 99
- Auskunftsanspruch 24 97
- Ausschlusswirkung 23 33
- Befriedigung durch Erben 23 48
- Erfüllungsanspruch 24 95
- Forderungsanmeldung 23 30; 25 61
- Geltendmachung von Ansprüchen 24 98
- Klage auf Auflassung bei Verwaltungsvollstreckung 60 13

- Klage gegen Erben auf Grundstücksauflassung 60 12
- Nachlassinsolvenz 25 129
- Nachlassinsolvenzverfahren 25 10, 28
- Prozessnachlasspflegschaft 53 23
- prozessuale Geltendmachung 23 35
- Rechtsbehelfe bei Nachlassverwaltung 24 99

Nachlassgrundstück, Zwangsversteigerung 24 63

Nachlasshaftung 3 66

Nachlassinsolvenz 23 29; 25 1 f.
- Abgrenzung zu Erbeninsolvenz 25 3
- Absonderungsrecht 25 86, 140
- ausländischer Erblasser 33 133, 136,137
- Aussonderungsrecht 25 85, 138
- deutscher Erblasser 33 138, 139, 140
- Eigenverwaltung 25 58
- Erbe als Gemeinschuldner 25 110 f.
- Erbenhaftung 23 53; 25 121
- Ersatzaussonderung 25 139
- fortgesetzte 25 6
- Gläubiger 25 128 f.
- Gläubigerausschuss 25 148
- Gläubigerversammlung 25 145
- Grundpfandgläubiger 25 144
- Haftungsbeschränkung außerhalb 23 44 f.
- Hauptinsolvenzverfahren 33 130
- Insolvenzforum-shopping 33 130
- internationale 33 130
- internationale Zuständigkeit 33 132
- Massegläubiger 25 135
- Nachlassgläubiger 25 129
- Nachlassspaltung 33 136, 140
- neben Erbeninsolvenz 25 6
- Partikularverfahren 33 130
- Regelinsolvenzverfahren 25 57
- Rückschlagsperre 25 56, 88
- Sekundärinsolvenzverfahren 33 130
- Verbraucherinsolvenzverfahren 25 57

Nachlassinsolvenzverfahren 1 25; 19 82; 24 44, 48; 25 1 f.
- Ablauf 25 57
- Absonderungsrecht 25 71
- Aktivprozesse 25 52
- Anmeldefrist Insolvenzforderung 25 63
- Anspruch Nachlassgläubiger gegen Erben 25 40
- Antragsbefugnis 25 7
- Antragsformalien 25 26 f.
- antragstellender Erbe 25 27, 31
- antragstellender Nachlassgläubiger 25 28
- Aufrechnung 25 49
- Auslandsvermögen 25 39
- Beendigung 25 73
- Beendigung, vorzeitige 25 75
- drohende Zahlungsunfähigkeit 25 20
- Erbenhaftung 25 121
- Erbenhaftung nach Beendigung 25 74
- erfasstes Vermögen 25 32 f.
- Eröffnungsverfahren 25 59
- Forderungsanmeldung 25 61 f.

Hagen

Sachverzeichnis

fett gedruckte Zahlen = Paragrafen

- Formulierungsmuster Eigenantrag **25** 31
- GbR **25** 34
- Gläubigerversammlung **25** 65
- Haftung bei Beendigung **23** 51
- Haftung des Erben **25** 48
- Insolvenzantrag **25** 5
- Insolvenzgericht **25** 104 f.
- Insolvenzplan **25** 67
- Insolvenzplanverfahren **25** 68
- Insolvenzstatus **25** 83
- Insolvenzverwalter **25** 76 f.
- Kapitalgesellschaftsanteil **25** 36
- Konsolidierung Insolvenzmasse **25** 60
- Lebensversicherungsanspruch **25** 41
- massebezogene Prozesse **25** 54
- Massekostendeckung **25** 23
- Massekostenvorschuss **25** 24
- Masselosigkeit **25** 96
- Masseunzulänglichkeit **25** 97
- Masseverwertung **25** 70
- Muster Forderungsanmeldung **25** 64
- Nachlassbeschlagnahme **25** 42
- Partnerschaftsgesellschaft **25** 34
- Passivprozesse **25** 53
- Personengesellschaftsanteil **25** 35
- Pflichten des Erben **25** 117
- prozessuale Auswirkungen **25** 51
- Prüfungstermin Insolvenzforderungen **25** 65
- Rechtsstellung des Erben im **25** 113
- Schadensersatzanspruch **25** 38
- Schlussverzeichnis **25** 73
- steuerliche Auswirkungen **25** 44
- Surrogation **25** 37
- Teilungsmassestreit **25** 53
- Testamentsvollstreckervergütung **19** 190
- Überschuldung **25** 17
- Unternehmensanteile **25** 33 f.
- Verfügungsrecht im **25** 42
- Verteilungsverfahren **25** 72
- Zahlungsunfähigkeit **25** 15
- Zulässigkeit **25** 4
- Zuständigkeit **25** 26
- Zwangsvollstreckung **25** 55

Nachlassinsolvenzverwalter
- Auskunftsanspruch bei ausgleichspflichtiger Zuwendung **45** 90
- Erbschaftsanspruch **27** 6

Nachlassinventar
- Aufnahme durch Testamentsvollstrecker **19** 86
- Errichtung **23** 36

Nachlasskostenschulden 23 20

Nachlassnutzung, bei Vor-/Nacherbschaft **17** 81

Nachlasspfleger
- Antragsbefugnis Nachlassverwaltung **24** 15
- Auskunftsanspruch gegen Erblasserbank **45** 65
- Auskunftsanspruch gegen Erbschaftsbesitzer **45** 35
- Auskunftspflichten **45** 63

- Auswahl **53** 20
- bei Nachlassinsolvenz **25** 112
- Bestellung **53** 20
- Fristbeginn bei Nachlassverwaltung **23** 59
- Nachlassinsolvenzverfahren **25** 9
- Vergütung **53** 21

Nachlasspflegschaft 53 17 f.
- Erbenermittlung **52** 24
- Formulierungsmuster Antrag **53** 22
- Rechtsnatur **53** 19

Nachlassplanung 1 5
- Eheverträge **1** 13
- Gesellschaftsform **3** 9 f., 50 f.,60
- lebzeitige Maßnahmen zur Streitvermeidung bei Erbengemeinschaft **26** 123
- letztwillige Verfügung **1** 17
- letztwillige Verfügung zur Streitvermeidung **26** 125 f.
- Schiedsklausel zur Streitvermeidung **26** 129
- steuerliche Aspekte **1** 9
- Steuerplanung **1** 11
- Streitvermeidung in der Erbengemeinschaft **26** 123 f.
- Strukturierung **1** 9
- Teilungsanordnung zur Streitvermeidung **26** 127
- Testamentsvollstreckung **26** 126
- Übergabevertrag **26** 124
- Verfahrensrecht **1** 19 f.
- Vermeidung Erbengemeinschaft **26** 121
- Vollmachten **1** 15
- Vorausvermächtnis zur Streitvermeidung bei Erbengemeinschaft **26** 128

Nachlassregelungskosten, erbschaftsteuerlicher Abzug **35** 95

Nachlassrest
- Auskehrung durch Nachlassverwalter **24** 71
- Auskehrungsanspruch des Erben **24** 86

Nachlasssicherung 53 1 f.
- Abgrenzung zu Nachlassverwaltung **53** 25
- amtliche Inverwahrungnahme **53** 14
- Aufnahme Nachlassverzeichnis **53** 16
- Beratungsbedarf **1** 20
- Formulierungsmuster Siegelungsantrag **53** 13
- Maßnahmen **53** 11
- Nachlasspflegschaft **53** 17 f.
- Nachlassverwalter **24** 52
- Prozessnachlasspflegschaft **53** 23
- Rechtsbehelfe **53** 26
- Sicherungsbedürfnis **53** 9
- Siegelung **53** 12
- Sperrung von Bankkonten **53** 15
- Unklarheit über Erbfolge **53** 6
- Zuständigkeit **53** 2

Nachlassspaltung 5 26
- anwendbares Recht für Ausgleichung **33** 86, 86
- ausländischer Erblasser **33** 84
- DDR-Immobilien **48** 6
- durch Erbstatutswahl **33** 74

magere Zahlen = Randnummern **Sachverzeichnis**

- Erbschein bei 50 30
- faktische 33 29, 84
- fälschliche 33 125
- Forum-shopping 33 111, 154
- Gestaltungsmöglichkeiten 33 143
- Gleichlaufgrundsatz 33 120
- Gütigkeit von letztwilligen Verfügungen bei 33 97
- Internationales Erbrecht 33 20, 27
- Nachlassinsolvenz 25 39; 33 136, 140
- Nachlassverbindlichkeiten 33 89
- Notwendigkeit mehrerer Testamente 33 160
- Ost-Immobilien(Altfälle) 48 39, 41
- Pflichtteilrechte bei 33 92
- Rechtsfolgen 33 84
- Rechtsfragen 33 84 f.
- Vererbung Auslandsvermögen 3 57

Nachlassspaltung, faktische
- Forum-shopping 33 111, 154
- Gestaltungsmöglichkeiten 33 146
- Testamentsvollstreckung 19 316

Nachlassteilung
- durch Schiedsgericht/-gutachter 16 18
- Klage gegen unbeschränkbar haftenden Miterben vor 60 17
- Miterbenhaftung 23 72

Nachlassübertragung, Formerfordernis bei Zuwendung 32 27

Nachlassveräußerung, Genehmigungsvorbehalt Nachlassgericht 24 80

Nachlassverbindlichkeit
- Begleichung bei Erbauseinandersetzung 26 62 a
- Berichtigung durch Erben 23 28
- Berichtigung durch Nachlassverwalter 24 67
- Ehegattenunterhalt 11 146
- Einteilung 23 11
- Erb-/Pflichtteilsverzicht 31 43
- Erbenhaftung Fiskus 4 60
- Erbfallschulden 23 16
- Erblasserschulden 23 12
- erbschaftsteuerlicher Abzug 35 88 f.
- Erbstatut 33 89
- Haftung bei Erbschaftskauf 28 22
- Haftung des Nacherben 17 120
- Haftung für 23 1 f.
- Haftung Vorerbe 17 79
- Kosten Schiedsverfahren 67 52
- Nachlasserbenschulden 23 21
- Prozesskosten des Erblassers 60 6
- Vermächtnis 35 7
- Wohngeldverpflichtung 23 19

Nachlassverfahren
- Akteneinsicht in eröffnetes Testament/Erbvertrag 52 27
- Auskunftsanspruch gegenüber Nachlassgericht 52 25

Nachlassverfahren, internationales
- Anerkennung ausländischer Verfahrensakte 33 127
- Erbschein 33 118

- Nachlassinsolvenz 33 130
- Nachlassverwaltung 33 129

Nachlassverhältnisse, Klärung durch Aufgebotsverfahren 23 30

Nachlassvermögen, ordnungsgemäße Nachlassverwaltung 19 104

Nachlassverteilung 61 11, 12

Nachlassverwalter
- Aufwendungsersatz 24 76
- Auskehrung Nachlassrest 24 71
- Auskunftsanspruch gegen Erben 24 91
- Auskunftsanspruch gegen Erbschaftsbesitzer 45 35
- Auskunftspflicht 24 69, 82
- Auskunftspflichten 45 63
- ausländisches Erbstatut 33 64
- Auswahl 24 77
- Berichterstattung 24 70
- Berichtigung Nachlassverbindlichkeit 24 67
- Bestellung 24 23, 77
- Einkommensteuer der Erben 24 65, 88
- Entlassungsantrag 24 83
- Erbschaftsanspruch 27 6
- Erbschaftsteuer 24 64, 65
- Erstellung Nachlassverzeichnis 24 58
- Gläubigeraufgebot 24 61
- Haftung 24 73
- Haftung aus steuerlichen Pflichten 24 66
- Herausgabeanspruch gegen Erben 24 89
- Insolvenzantrag 24 44, 60
- Interessenkollision 2 9
- Nachlassinsolvenzverfahren 25 9
- Nachlasssicherung 24 52
- Pflichten 24 51
- Rechnungslegung 24 70
- Stellung des 24 50
- Steuererklärungen des Erblassers 24 65
- steuerliche Verpflichtungen 24 64
- Überwachung 24 78
- Verfügungsbefugnis 24 25
- Vergütung 2 10; 24 74
- Verwaltung des Nachlasses 24 54
- Verwertung der Nachlassgegenstände 24 62
- vormundschaftsrechtliche Genehmigungsvorbehalte 24 80
- Zulänglichkeitsprüfung 24 60

Nachlassverwaltung 1 25; 3 13; 19 96 f.; 24 1 f.
- Abgrenzung zu Nachlasspflegschaft 53 25
- Abgrenzung zu Prozesspflegschaft 60 27
- Ablehnung mangels Masse 24 22
- Anhörung des Erben bei Fremdantrag 24 22
- Anlage von Vermögen 19 106
- Anordnung durch Nachlassgericht 24 21
- Anordnungsantrag 19 85
- Anordnungsbeschluss 24 41
- Antrag 24 8
- Antrag des Erben 24 83
- Antrag Nachlasspfleger 24 15
- Antragsbefugnis Ehegatte 24 14
- Antragsbefugnis Erbe 24 9

Hagen 1855

Sachverzeichnis

fett gedruckte Zahlen = Paragrafen

- Antragsbefugnis Nachlassgläubiger **24** 10, 99
- Antragsbefugnis Testamentsvollstrecker **24** 13
- Antragsformalien **24** 16
- Aufhebungsantrag des Erben **24** 83
- Auflage an Erben **14** 14
- Aufrechnung bei **24** 31
- Aufwendungsersatz des Erben **24** 87
- Aufwendungsersatz des Nachlassverwalters **24** 76
- Auskehrungsanspruch **24** 86
- Auskunftsanspruch des Erben **24** 82
- Beendigung **24** 47
- Begriff **19** 97
- Begriff der ordnungsgemäßen **19** 104
- bei Beteiligung Minderjähriger **42** 40 f., 114 f.
- bei Einzelunternehmen **24** 43
- bei Insolvenzeröffnung **25** 112
- bei Kapitalgesellschaftsanteil **24** 43
- bei Personengesellschaftsanteil **24** 43
- Berichtigung Nachlassverbindlichkeit **23** 28
- Beschränkung durch Erblasser **19** 98
- Einkommensteuer des Erben **24** 88
- einstweiliger Rechtsschutz **59** 38
- Erbengemeinschaft **26** 31 f.
- erbrechtliche Beschränkung Testamentsvollstrecker **19** 260
- Erträgnisverwendung **19** 110
- Formulierungsmuster Beschwerde **24** 85
- Formulierungsmuster Eigenantrag **24** 19
- Formulierungsmuster Fremdantrag **24** 20
- Gläubigeraufgebot **24** 61
- Haftung **23** 25 f.
- Haftung bei Beendigung **23** 53
- Haftung des Erben **24** 92
- Haftungsbeschränkung außerhalb **23** 44 f.
- Handlungen nach Beendigung **24** 49
- Herausgabepflicht des Erben **24** 89
- Inbesitz-/Inverwaltungsnahme **24** 42, 52
- Insolvenzantrag **23** 29; **24** 44
- internationale **33** 129
- Inventarerrichtung **23** 36
- Klärung Nachlassverhältnisse **23** 30
- Konfusion **24** 30
- Kostendeckung **24** 7, 21
- laufende Prozesse bei **24** 34
- Maßgeblichkeit von Erblasseranordnungen **19** 109
- nach Annahme **23** 27
- Nachlassgläubiger **24** 95
- Nachlasssicherung **24** 52
- Prozessführungsbefugnis **24** 33
- Prozessführungsbefugnis bei Passivprozess **59** 17 f.
- Rechte des Erben **24** 82 f.
- Rechtsbehelfe **24** 24
- Rechtsbehelfe des Erben **24** 84
- Rechtsschutzbedürfnis **24** 7
- Schlussrechnung **24** 70
- sofortige Beschwerde gegen Anordnung der **24** 24
- Stilllegung Geschäftsbetrieb **24** 56, 80
- Unternehmensfortführung **24** 56
- Verfahrensablauf **24** 41
- Verfügungsrecht **24** 25
- Vergütung Nachlassverwalter **24** 74
- Vermächtnis **13** 320
- Vermögensverwaltung **24** 54
- Verpflichtungsgeschäfte **19** 114
- Verwalterhaftung **23** 48
- Verwertung der Nachlassgegenstände **24** 46
- Vollmacht des Erblassers bei **24** 29, 55
- Vollstreckungsgegenklage **24** 40
- vor Annahme **23** 25
- Vorerbe **17** 65 f.
- vorläufiger Erbe **23** 26
- Wirkung **24** 25 f.
- Zustimmungspflicht des Nacherben **17** 66
- Zwangsvollstreckungsmaßnahmen bei **24** 37, 57

Nachlassverwaltung, gerichtliche, Antrag auf Anordnung der **58** 7

Nachlassverwaltungskosten, steuerliche Abzugsfähigkeit **67** 52

Nachlassverwaltungsschulden 23 20

Nachlassverwertung 24 46, 62
- Ermessen **24** 62
- freihändiger Verkauf **24** 63
- Haftung **24** 63
- öffentliche Versteigerung **24** 63

Nachlassverwertungskosten 35 95

Nachlassverzeichnis
- Abgrenzung zu Inventar **24** 58; **45** 23
- amtliches **19** 77; **29** 171
- Anforderungen **45** 61
- Aufnahme zur Nachlasssicherung **53** 16
- Aufzeichnungspflichten **45** 20, 22
- Auskunftsinstrument **45** 20
- bei Vor-/Nacherbschaft **45** 75
- bei Vorerbschaft **3** 31
- Beteiligung Minderjähriger **42** 115
- eidesstattliche Versicherung der Vollständigkeit **19** 78
- Errichtung Inventar **23** 37
- Erstellung **19** 70
- Erstellung durch Nachlassverwalter **24** 58
- Erstellung durch Testamentsvollstrecker **3** 23
- Gegenstandswert **2** 12
- Hinzuziehung der Erben **19** 77
- Klage des Nacherben gegen Vorerben auf Mitteilung des **58** 11
- Kosten **19** 79
- Muster **24** 59; **45** 62
- Muster Bestandsverzeichnis **29** 168
- Nachlassverbindlichkeiten **19** 74
- Stichtag **19** 76
- Streitwert bei Klage auf Vorlage **60** 8
- Testamentsvollstrecker **45** 57, 62
- Vor-/Nacherbschaft **17** 74

magere Zahlen = Randnummern **Sachverzeichnis**

– Zulänglichkeitsprüfung 24 60
Nachlassvollmacht 26 49
– internationale 33 166
Nachlasswert
– Bewertungsstichtag 29 110
– gemeiner Wert 29 107
– wahrer innerer Wert 29 108
– Wertbestimmung des Erblassers 29 111
Nachrangvereinbarung, bei Pflegeleistungen 32 59
Nachsteuer 35 139
– Berechnung 35 156
Nachsteuertatbestände
– Anzeigepflicht 35 140
– Betriebsvermögen 35 141 f.
– privat gehaltene Kapitalgesellschaftsanteile 35 152
– Übertragung Einzelwirtschaftsgut 35 155
– Umwandlung 35 153
Nachtrag, letztwillige Verfügung 5 31
Nachvermächtnis 13 199 f.; 17 4
– Abgrenzung zur Nacherbfolge 13 199
– Anordnung Verwaltungstestamentsvollstreckung 29 74
– Rechtssicherheit bez. Annahme/Ausschlagung 13 336
Nachvermächtnisnehmer, Minderjährige 42 100
Nachversteuerung
– Sondervergütung 35 149
– Überentnahme 35 148
– Unternehmensaufgabe 35 142, 144
– Unternehmensveräußerung 35 142, 143
– Veräußerung wesentlicher Betriebsgrundlagen 35 141, 145
– Wegfall Bewertungsabschlag 35 156
– Wegfall Freibeträge 35 156
Nachversteuerungsfrist, steuerlich relevante 36 4
Nachversteuerungstatbestände, Verhaltenszurechnung 35 157
Namensaktie, Vererblichkeit 40 27, 46
Namensaktie, vinkulierte, Vererblichkeit 5 13
Namibia, Nachlassspaltung 33 84
nasciturus, Nachlasssicherung 53 6
Nebenbetrieb
– erbschaftsteuerliche Bewertung 35 69, 70
Nebenerwerb, Landgut 43 19
Nebenerwerbsbetrieb, landwirtschaftlicher, Pflichtteilsanspruch bei 29 223
Nebenerwerbslandwirtschaft 43 9
Nebenintervenient, Erbe 59 14
Neffe, gesetzliche Erbfolge 4 39
Neue Rheinische Tabelle, Testamentsvollstreckervergütung 19 173, 176
Neugründung, gewerbesteuerliche 35 245
Neuseeland, Nachlassspaltung 33 84
Neuverbindlichkeiten

– Erbenhaftung bei Handelsgeschäftfortführung 23 82, 85
– Miterbenhaftung bei Fortführung Handelsgeschäft 23 88
Nichte, gesetzliche Erbfolge 4 39
Nichtehe
– Erbberechtigung 4 43
– Erbrecht bei 11 127
Nichtehelichenrecht, Erbberechtigung 4 30
Nichtigkeit
– Erbvertrag 7 57
– Steuerbescheid 69 25
– wechselseitige Verfügung 11 51
Nichtigkeitsfeststellungsklage 69 70
Nicht-Lebenspartnerschaft, Erbrecht bei 11 130
Nichtzulassungsbeschwerde 69 97
Niederlande, Anerkennungs- und Vollstreckungsabkommen mit 33 115
Niederlassungsfreiheit 33 57
Niederstwertprinzip, Schenkung 29 126
Nießbrauch 49 1 f.
– Abhängigkeit von unternehmerischen Entscheidungen 40 90
– am Nachlass 40 85 f.; 49 11
– an beweglichen Sachen 49 6
– an Einzelunternehmen 40 87
– an Erbteil
– an Personengesellschaftsanteil 36 222; 40 88
– an Rechten 49 9
– Aufspaltung Erträge/Verfügungsbefugnis 49 2, 32 f.
– Ausgestaltung 49 17 f.
– Ausgleichsanspruch Begünstigter aus Erbvertrag/Ehegattentestament 49 60
– Ausschluss einzelner Nutzungen 49 21
– Begriff 49 1
– bei vorweggenommener Erbfolge 1 8
– beschränkt dingliches Recht 49 1, 5 f.
– Beschränkung 49 17
– Bestellung 49 3
– Bruchteilsnießbrauch 49 19
– Bruttonießbrauch 49 34, 40,42
– Checkliste 49 4
– dinglich wirkender 33 67
– Dispositionsnießbrauch 49 22
– Erbschaft 26 28
– erbschaftsteuerliche Bewertung 35 40
– Erbteil 26 26
– Finanzierungsdarlehen 49 41
– Form 32 24, 27
– Formulierungsmuster Bruttonießbrauch 49 40
– Formulierungsmuster Nettonießbrauch 49 40
– Formulierungsmuster Nießbrauchsbestellung 26 27
– gesellschaftsrechtliche Regelungen 49 43
– GmbH-Anteil 40 89
– Grenzen Gestaltungsfreiheit 49 23

Hagen 1857

Sachverzeichnis

fett gedruckte Zahlen = Paragrafen

- Grundstück **49** 7
- Grundvermögen **13** 104, 118
- Herausgabeanspruch Pflichtteilberechtigter/Vertragserbe **49** 58
- hintereinandergeschaltete **49** 20
- Klage auf Einräumung **57** 16
- Mitwirkungsrecht bei Erbengemeinschaft **49** 49
- Mitwirkungsrecht bei Kapitalgesellschaft **49** 46
- Mitwirkungsrecht bei Personengesellschaft **49** 44
- Mitwirkungsrecht bei Wohnungseigentümergemeinschaft **49** 48
- Mitwirkungsrechte **49** 44 f.
- Nettonießbrauch **49** 34, 40
- Pflichtteilergänzungsanspruch **49** 59
- Quotennießbrauch **49** 18
- Rechtsschutz Nießbraucher **49** 15
- Steuerklausel **36** 242
- steuerliche Behandlung bei Verzicht **36** 243
- steuerliche Behandlung bei Widerruf **36** 244
- steuerliche Behandlung der Zuwendung an familienfremde Dritte **36** 164
- steuerliche motivierte Gestaltungen **49** 4
- Übertragbarkeit **49** 24 f.
- Umbau Hausgrundstück **49** 41
- Vererblichkeit **4** 5; **5** 8; **11** 119
- Verfügung von Todes wegen **49** 3
- Vermächtnis **13** 104, 116,117
- Vermächtniserfüllungsvertrag **26** 27
- Versorgung des überlebenden Ehepartners **40** 85
- Vertragsgestaltung **49** 40
- vorweggenommene Erbfolge **49** 3
- Wiederrufsklausel **36** 244
- zugunsten Gesamthandsgemeinschaft **49** 20
- zugunsten mehrerer als Gesamtgläubiger **49** 20
- Zuordnung von Aufwendungen **49** 35
- Zuordnung von öffentlichen/privaten Lasten **49** 38
- Zuständigkeitsabgrenzung Eigentümer/Nießbraucher **49** 32 f.
- Zustimmung Ehe-/Lebenspartner **32** 48
- Zwangsverwaltung **49** 31
- Zwangsvollstreckung **49** 30

Nießbrauch, partieller, gegen wiederkehrende Leistung **36** 169, 182,191

Nießbraucher
- juristische Person **49** 28
- natürliche Person **49** 24
- Rechtsschutz des **49** 15
- Zuständigkeitsabgrenzung Eigentümer/Nießbraucher **49** 32 f.

Nießbrauchsgestaltung
- Checkliste **36** 210
- steuerliche motivierte Gestaltung **36** 210 f.

Nießbrauchsvermächtnis 3 35; **13** 117 f.
- Abgrenzung zu Vor-/Nacherbschaft **17** 3, 24; **49** 50

- Auseinandersetzungsverbot **13** 140
- bei gemeinschaftlichen Testament **11** 119
- einkommensteuerliche Aspekte **13** 143
- einkommensteuerliche Behandlung **35** 213
- erbschaftsteuerliche Aspekte **13** 142
- erbschaftsteuerliche Bewertung **35** 76
- Gesellschaftsanteil **13** 122 f.
- Handelsgeschäft **13** 136
- Kapitalerhöhung **13** 134

Nießbrauchsverzicht 36 243

Nießbrauchsvorbehalt
- bei Schenkung **32** 9, 70,71
- Versorgungsleistungen **32** 71
- vertragliches Rücktrittsrecht nach § 346 BGB **32** 104

Nießbrauchswiderruf, steuerliche Behandlung **36** 244

Nigeria, Nachlassspaltung **33** 84

Norwegen, Anerkennungs- und Vollstreckungsabkommen mit **33** 115

Notar
- Ablehnungsrecht des Beteiligten **70** 12
- Amtsbereitschaft **70** 14
- Amtshaftung **70** 46, 49 f.
- Amtspflichten **70** 14
- Aufklärungspflicht **70** 19
- Aufsichtsbehörde **70** 30
- Ausschluss **70** 11
- Belehrungspflicht **70** 16, 25
- Betreuungspflicht **70** 16
- Beurkundungsverfahren **70** 1, 7 f.
- Dienstaufsicht **70** 30
- Dienstvergehen **70** 32
- Disziplinarverfahren **70** 30
- grenzüberschreitende notarielle Amtshilfe **70** 9
- Haftpflichtversicherung **70** 47
- Haftung bei Beratung zur Lebensversicherung **47** 153
- Hinweispflicht auf Ablehnungsrecht **70** 13
- Mitwirkungsverbot **70** 10, 12
- Pflichten gegenüber Dritten **70** 29
- Prüfungspflicht **70** 16, 21
- Schenkungsanzeige **47** 157
- steuerliche Anzeigepflicht bei Erbfall **37** 3
- steuerliche Anzeigepflichten **47** 157
- steuerliche Belehrungspflicht **70** 28
- Übergabe einer Schrift an **70** 43
- Unparteilichkeit **70** 10
- Verschwiegenheit **70** 15
- Zuständigkeit Beurkundung **70** 8

Notar, beurkundender, als Testamentsvollstrecker **19** 46

Notarassessor, Haftung **70** 56

Notarhaftung 70 46, 49 f.
- bei Sozietät mit Anwaltsnotar **70** 56
- des Vertreters **70** 55
- dispositive Tätigkeiten **70** 61
- für Hilfspersonen **70** 56
- für Notarassessor **70** 56
- gesamtschuldnerische **70** 55

magere Zahlen = Randnummern **Sachverzeichnis**

- Grundsatz des sichereren und gefahrloseren Weges 70 54
- Haftungsbeschränkung 70 61
- Mitverschulden Beteiligter 70 59
- Sozietätshaftung 70 56
- subsidiäre 70 57
- Verjährung 70 60
- Verschulden 70 53
- Vertreter 70 55

Notarkosten 70 62 f.
- Abgeltungsbereich 70 66
- Auskunftspflicht 70 62
- bei Antragsrücknahme 70 68
- Beurkundungsgebühr 70 66
- Einwendungen gegen Kostenberechnung 70 83
- einzelne Gebührentatbestände 70 70 f.
- Entwurfsgebühr 70 67
- Fälligkeit 70 84
- Gebührenerlass 70 64
- Gebührentabelle 70 81
- Gerichtskostengesetz 70 62
- Geschäftswert 70 69, 82
- Kostenordnung 70 62
- Vereinbarung 70 62
- Verjährung 70 85
- Vollstreckungsklausel 70 87
- Vorschuss 70 84
- Wertgebühr 70 65

Notbedarf, Rückforderung Schenkung 32 79

Noterbrecht
- Erbrecht des Staates 4 56
- internationales Nachlassverfahrensrecht 33 122

Notgeschäftsführung, Erbengemeinschaft 65 6

Notizbuch, letztwillige Verfügung auf 5 21

Nottestament 5 2; 5 40 f.
- Formulierungsmuster 5 45, 46,47
- gemeinschaftliches Testament 11 44
- nach ZGB 48 14
- Widerruf bei Rückgabe 9 19

Notverwaltungsmaßnahme, Erbengemeinschaft 26 36

Notverwaltungsrecht, bei Erbengemeinschaft 65 6

Nutzungsauflage, erbschaftsteuerliche Wertermittlung 35 78

Nutzungsdauer, gewöhnliche, Alterswertminderung 35 50

Nutzungsrecht
- erbschaftsteuerliche Bewertung 35 39
- Vermächtnis 13 106 f.

Obduktion, Patientenverfügung 44 39
Öffnungsklausel, Grundstücksbewertung 35 53
OHG
- Aufdeckung stiller Reserven bei Vererbung Gesellschaftsanteil 3 9
- Beteiligung minderjähriger Erben bei Geschäftsführung 42 135
- Beteiligungsübergang bei Erbengemeinschaft 26 130

- Erbenhaftung bei Auflösung der Gesellschaft 23 91
- Erbenhaftung bei Wahl der Kommanditistenstellung 23 96
- Erbenhaftung für Verbindlichkeiten des Gesellschafters 23 90 f.
- Haftung des ausscheidenden Erben 23 93
- Handelsregisteranmeldung bei 55 28
- Minderjähriger als Erbe 42 133

OHG-Beteiligung
- Dauertestamentsvollstreckung 19 235
- Umwandlung in Kommanditanteil 40 22
- Vererbung 40 18
- Vererblichkeit 5 12
- Verwaltungstestamentsvollstreckung 19 235

Oldtimer, Bewertung 46 59
one text-Verfahren, Mediationstechnik 68 50
Onkel, gesetzliche Erbfolge 4 40
Ordnungen, Verwandtenerbfolge 4 38 f.
Ordnungsrecht, Erbenhaftung 23 108
Ordnungssystem, Verwandtenerbfolge 4 31
Organe, Stiftung 38 50
Organentnahme, Patientenverfügung 44 39
Organspende, Vermächtnis 13 45
Ortsangabe, letztwillige Verfügung 5 29
Österreich
- Anerkennungs- und Vollstreckungsabkommen mit 33 115
- Doppelbesteuerungsabkommen 34 62, 65,70
- Nachlassspaltung 33 84

Pacht 32 16
- Vermächtnis 13 110

Pakistan, Nachlassspaltung 33 84
Panama, Nachlassspaltung 33 84
Paraguay, Nachlassspaltung 33 84
Parentelsystem 4 31
- gesetzliche Erbfolge nach ZGB 48 11

Parkinson-Syndrom, Testierfähigkeit 5 15
Partei, ausländische, Zustellungsbevollmächtigter 33 114

Parteianwalt
- Checkliste Mediation 68 75
- Mediation 68 71
- Mediationsverhandlung 68 74
- Vorbereitung Mediation 68 73, 75

Parteifähigkeit 33 114
Parteiverrat 2 3
Partikularinsolvenzverfahren 25 26
Partikularverfahren 33 130
Partnerschaft, Haftungsbegrenzung 2 49
Partnerschaftsgesellschaft
- Abfindungsanspruch des/r Erben 29 188
- Beteiligungsübergang bei Erbengemeinschaft 26 130
- Nachlassinsolvenzverfahren 25 34
- Pflichtteilsanspruch bei 29 188
- Vererbung 40 17

Partnerschaftsvertrag, nichteheliche Lebensgemeinschaft 12 28

Hagen   1859

Sachverzeichnis

fett gedruckte Zahlen = Paragrafen

Passive Sterbehilfe **44** 7
Passivlegitimation, finanzgerichtliche **69** 83
Passivprozess, Nachlassinsolvenz **25** 53
Patentnichtigkeitsklage, passive Prozessführungsbefugnis **59** 19
Patentrecht
– Internationales Erbrecht **33** 72
– Vererblichkeit **4** 7
– Vermächtnis **13** 101
Patientenbrief **44** 34
Patiententestament **44** 34
Patientenverfügung **44** 2, 34 f.
– Ausgestaltung **44** 43
– Begriff **44** 34
– Behandlungsabbruch **44** 35
– Behandlungslegitimierung **44** 37
– Beratungsbedarf **1** 15
– Blutspende **44** 39
– Einsichts-/Geschäftsfähigkeit **44** 40
– Form **44** 41
– Formulierungsmuster **44** 47
– Obduktion **44** 39
– Organentnahme **44** 39
– psychiatrische Behandlung **44** 39
– Reform **44** 46
– Sterbehilfe **44** 35
– vormundschaftsgerichtliche Genehmigung **44** 44
Patronatslast, erbschaftsteuerlicher Abzug **35** 88
Pauschalgebühr, Rechtsanwalthonorar **2** 19
Pauschalhonorar, Vergütungsvereinbarung **2** 21
Pelze, Bewertung **46** 60
Pendeldiplomatie, Mediationstechnik **68** 50
Pensionen, Beratungsbedarf bei Nachlassplanung **1** 14
Pensionsanspruch **3** 64
Pensionskasse, steuerfreie Zuwendung **35** 116
Pensionsverpflichtung, erbschaftsteuerliche Bewertung **35** 66
Pensionszusage, gesellschaftsvertragliche Sicherung bei lebzeitiger Übertragung **32** 125
Perlen, Erbschaftsteuer **35** 102
Person, juristische
– Erbfähigkeit **5** 4
– Testamentsvollstrecker **19** 43
Person, natürliche, Erbfähigkeit **5** 4
personal representative, ausländisches Erbstatut **33** 64
Personalstatut, Internationales Erbrecht **33** 15
Personengesellschaft
– Abfindungsanspruch des/r Erben **29** 183
– Abwicklung durch Testamentsvollstrecker **19** 232
– Aufspaltung Nießbrauch/Gesellschafterstellung **40** 88
– Aufstockung bestehender Beteiligung des Erben **19** 256
– Aufteilung Betriebsvermögen **35** 67

– Ausscheiden sämtlicher persönlich haftender Gesellschafter **40** 23
– Beratungsbedarf bei Nachfolgeregelung **1** 3
– Beschränkung Testierfreiheit **5** 12
– Bewertung bei Abfindungsklausel **46** 29
– Buchwert-Abfindungsklausel **46** 30
– einfache Nachfolgeklausel **40** 32
– einkommensteuerliche Behandlung beim Erbfall **35** 180
– Eintrittsklausel **40** 38
– Erbauseinandersetzung **26** 134
– Erbschaftsteuer bei Ausscheidenszuwendung an Gesellschafter **35** 14
– Erbschaftsteuerbegünstigung bei Erwerb durch Nachfolgeklauseln **35** 124
– erbschaftsteuerliche Bewertung bei Nachfolgeklauseln **35** 64
– Fortsetzungsklausel **40** 29
– gewerbesteuerliche Behandlung bei Erbfall **35** 245
– gewerblich geprägte **36** 45
– Mitwirkungsrecht bei Nießbrauch **49** 44
– Nachfolgeregelungen **40** 29 f.
– Pflichtteilsanspruch bei **29** 181
– Pflichtteilsanspruch bei Abfindungsklausel **29** 189
– Pflichtteilsanspruch bei Eintrittsklausel **29** 193
– Sondererbfolge **4** 2
– steuerlich relevante Fristen **36** 4
– Testamentsvollstreckervermerk **19** 255
– Testamentsvollstreckung **3** 17; **19** 231 f., 244
– Testamentsvollstreckung Mitgliedschaftsrechte **19** 57
– Unternehmensbewertung **46** 28
– Zustimmung der Mitgesellschafter zur Fremdverwaltung **19** 237
Personengesellschaft, bilanzierende
– Bewertungsidentität Steuerbilanz/Vermögensaufstellung **35** 63
– erbschaftsteuerliche Bewertung Betriebsvermögen **35** 61
Personengesellschaft, gewerblich geprägte, Familienvermögensverwaltungsgesellschaft **3** 49
Personengesellschaft, gewerbliche, gemischte Schenkung **3** 90
Personengesellschaft, nichtbilanzierende
– erbschaftsteuerliche Bewertung Betriebsvermögen **35** 62, 66
– erbschaftsteuerliche Bewertung Vorratsvermögen **35** 66
Personengesellschaft, vermögensverwaltende, gemischte Schenkung **3** 90
Personengesellschaftsanteil
– Abfindungsanspruch bei Testamentsvollstreckung **19** 233
– Austrittskündigung des volljährig gewordenen Zuwendungsempfängers **32** 94

magere Zahlen = Randnummern **Sachverzeichnis**

- bei Auflösung der Personengesellschaft 19 232
- Bewertung 3 40; 46 28
- erbrechtliche Schranken Testamentsvollstreckung 19 260
- erbschaftsteuerbegünstigter Erwerb 35 121
- Fremdverwaltung 19 231 f.
- mittelbare Schenkung 36 20
- Nachlassinsolvenzverfahren 25 35
- Nachlassverwaltung bei 24 43
- Nießbrauch 40 88
- Nießbrauch an 36 222
- Nießbrauchsvermächtnis 13 122 f.
- postmortale Vollmacht 19 24
- Testamentsvollstreckung 19 32, 231 f., 244
- Testamentsvollstreckung bei minderjährigem Erbe 19 241
- Testamentsvollstreckung Weisungsgeberlösung 19 247
- Umwandlung in Kommanditanteil 40 22
- Unternehmensnachfolge durch Vermächtnis 40 141
- Vererblichkeit 4 12; 5 12
- Vererbung 40 18
- Vererbung an Erbengemeinschaft 40 148
- Vermächtnis 13 88, 94
- Vollrechtsnießbrauch 13 124
- Vor-/Nacherbschaft 17 138
- Zuwendungsnießbrauch 36 233

Personengruppentheorie 36 137
Personenhandelsgesellschaft
- Vererblichkeit Gesellschaftsanteil 4 12
- Vererbung 40 18

Persönliche Gegenstände, Bewertung 46 60
Persönlichkeitsrecht, Vererblichkeit 4 10
Persönlichkeitsschutz, postmortaler 4 10
Pfandrecht
- Bestellung bei Erbteil 26 29
- Vererblichkeit 4 5

Pfändung
- Nachlassgegenstand bei Gesamthandseigentum 26 17
- Pflichtteilsanspruch 29 22

Pfändungsgläubiger, Auskunftsanspruch gegen Erbschaftsbesitzer 45 35
Pfandverkauf, ausstehender bei Erbauseinandersetzungsklage 61 7
Pferdehaltung 43 9
Pflegedienste
- Nachrangvereinbarung 32 59
- Verpflichtung zur Leistung 32 58

Pflegeentgelt
- erbschaftsteuerbefreites 35 111
- Freibetrag 35 111

Pflegekind, Dreißigster 13 34
Pflegeleistung, Ausgleichspflicht bei Erbauseinandersetzung 26 81
Pfleger, Vermögensverwaltung für Minderjährige 18 4
Pflegeranordnung, für gleichzeitiges Versterben der Eltern 11 87

Pflegerbestellung, bei Nacherbfall 17 129
Pflegeversicherung, Leistungen aus der P. bei vertraglichen Pflegediensten 32 59
Pflegezuwendung, steuerbefreite 35 111
Pflegschaft
- Minderjährige 42 7
- Verwaltung Kindesvermögen 32 122

Pflegschaft, befreite, Verwaltung Kindesvermögen 32 122
Pflicht, öffentlich-rechtliche, Vererblichkeit 4 13
Pflichtschenkung
- Auskunftsanspruch des Pflichtteilsberechtigten 29 170
- Begriff 29 131

Pflichtteil 29 1 f.
- AG 29 203
- Anrechnung Voraus 13 33
- anzurechnende Zuwendung 29 227
- bei Aufhebung Lebenspartnerschaft 11 130
- bei Auslandsvermögen 3 57
- bei Ausschlagung der Erbschaft 22 36
- bei Ausschlagung der Vor-/Nacherbschaft 3 34
- bei Gütertrennung 3 58
- bei Scheidung 11 127
- bei Staatsangehörigkeitswechsel des Erblassers 33 42
- bei Testamentsvollstreckung und Erbschaftsausschlagung 3 18
- bei Vermächtniszuwendung an Pflichtteilsberechtigten 29 56
- bei Vor-/Nacherbschaft 29 240
- bei Voraus 11 17
- bei Zugewinngemeinschaft 3 58
- Beratungsbedarf bez. Liquidität 1 12
- des überlebenden Ehegatten bei Zugewinngemeinschaft 13 381
- einfache Nachfolgeklausel 29 189
- eingetragene Lebenspartnerschaft 12 48
- Eintrittsklausel 29 193
- Entziehung 29 61 f.
- Ergänzungsanspruch 29 121 f.
- Geltendmachung bei Berliner Testament 3 4
- GmbH-Geschäftsanteil 29 199
- Großbritannien 33 92
- großer 13 384; 29 33, 80
- Höhe 29 97
- Jastrow'sche Klausel 21 22 f.
- Kapitalgesellschaftsanteil 29 199 f.
- Klage auf Feststellung 62 27
- kleiner 13 381; 29 33, 80
- Lebensversicherung 47 18, 20
- Minderjährige 42 101
- nach Ausschlagung 3 68
- Nachlassspaltung 33 92
- Nachlasswert 29 107
- nichtehelicher Lebenspartner 12 4
- Partnerschaftsgesellschaft 29 188
- Personengesellschaft 29 181
- Pflichtteilslast 29 112

Hagen 1861

Sachverzeichnis

fett gedruckte Zahlen = Paragrafen

- qualifizierte Nachfolgeklausel **29** 189
- Quote **29** 76 f.
- Reduktion durch Güterstandsvereinbarung **29** 204 f.
- steuerliche Behandlung bei Ausschlagung **36** 276
- Stichtagsprinzip **29** 98
- Testamentsvollstreckung **19** 20
- Unternehmensbeteiligung **29** 181 f.
- Unwürdigkeit **30** 41
- Wertbestimmung durch Erblasser **29** 226
- Wertermittlungsvorschrift **46** 4
- Werttheorie bei anzurechnendem Vorempfang **29** 40

Pflichtteil, großer 13 384; **29** 33, 80
Pflichtteil, kleiner 13 381; **29** 33, 80
- Geschiedenenunterhalt **13** 37

Pflichtteilsanrechnung, vorweggenommene Erbfolge **40** 114

Pflichtteilsanspruch
- Abgrenzung zu Pflichtteilsrecht **29** 13
- Abtretung **29** 21
- AG **29** 203
- Auskunftsklage **62** 5
- Ausschlagung Vermächtnis **13** 339
- Ausschluss durch Vor-/Nacherbschaft **29** 240
- außerordentlicher **62** 15
- Ausstattung **29** 225
- bei Nachlassspaltung **33** 92
- bei Partnerschaftsgesellschaft **29** 188
- bei Personengesellschaft **29** 181
- Beratungsbedarf **1** 22
- Eidesstattliche Versicherung bei Stufenklage **62** 7
- einfache Nachfolgeklausel **29** 189
- Einreden **62** 29
- Enterbung **29** 13
- Entstehung **29** 13
- erbschaftsteuerbefreiter Verzicht **35** 114
- Erbverzicht **29** 230
- Formulierungsmuster Stufenklage **62** 11; **66** 17
- Gegenstandswert **2** 12
- gegen Stiftung **3** 51
- Geldanspruch **29** 18
- Gütergemeinschaft **29** 214
- Gütertrennung **29** 210
- internationale Vermeidungsstrategien **33** 149
- Kapitalgesellschaftsanteil **29** 199 f.
- Klage des Pflichtteilsergänzungsgläubigers **62** 24
- Landgut **29** 222
- landwirtschaftlicher Nebenerwerbsbetrieb **29** 223
- nach ZGB **48** 30 f.
- Pfändung **29** 22
- Pflichtteilsverzicht **29** 230
- qualifizierte Nachfolgeklausel **29** 189
- Reduktion durch Güterstandsvereinbarung **29** 204 f.

- steuerliche motivierte Geltendmachung bei Berliner Testament **36** 295
- Stufenklage **29** 20; **62** 7
- Stundung **29** 23
- Testamentsvollstrecker **3** 24
- Übertragung **29** 21
- Vererblichkeit **29** 21
- Verjährung **1** 22; **29** 24; **62** 5, 29, 31
- Verjährungshemmung **29** 29; **62** 8, 32
- Verzinsung **29** 18
- Voraus des Ehegatten **29** 218
- Voraussetzung **29** 13
- vorweggenommene Erbfolge **29** 221
- weichender Erbe nach Landgüterrecht **43** 50
- Wertbestimmung durch Erblasser **29** 226
- Zugewinnausgleich **29** 204
- Zugewinngemeinschaft **29** 205

Pflichtteilsberechtigter
- als Nacherbe **29** 44; **29** 242
- Anfechtung bei Beschränkung/Beschwer **29** 48
- Anfechtung bei Übergehen des **7** 35, 49
- Anfechtung Erbschaftsannahme/-ausschlagung **22** 50
- Annahme bei Beschränkung/Beschwer **29** 48
- Anspruch auf Vorlage Bestandsverzeichnis **29** 167
- Aufzeichnungspflicht **45** 22
- Auskunft zu Unternehmensbeteiligungen **29** 173
- Auskunftsanspruch des nichterbenden Abkömmling bei ausgleichspflichtiger Zuwendung **45** 90
- Auskunftsanspruch gegen Erben **29** 165 f., 178
- Auskunftsbegehren **29** 174
- Auskunftsberechtigung **29** 175
- Ausschaltung durch Vor-/Nacherbschaft **17** 8
- Ausschlagung bei Beschränkung/Beschwer
- Ausschlagung Erbteil **3** 68
- bei Zuwendung eines Vermächtnisses **29** 56
- Beschränkung/Beschwer des Erbteils **29** 34
- Einsichtsrecht Unternehmensunterlagen **29** 173
- Feststellung eventueller **2** 53
- Formulierungsmuster Stufenklage **66** 17
- Herausgabeanspruch bei Nießbrauch **49** 58
- Interessenkollision **2** 9
- Stufenklage **66** 16
- Verzicht auf Auskunftsanspruch **45** 106
- Vorausvermächtnis **29** 59
- Wertermittlungsanspruch **29** 179

Pflichtteilsberechtigung
- Abkömmlinge des Erblassers **29** 4
- ausgeschlossene Angehörige **29** 12
- bei Adoption **29** 5
- bei Scheidungsantrag **29** 7
- Ehegatte des Erblassers **29** 7
- Eltern des Erblassers **29** 9
- entfernte Abkömmlinge **29** 9

magere Zahlen = Randnummern **Sachverzeichnis**

- Lebenspartner **29** 9
- nichteheliche Lebensgemeinschaft **29** 12

Pflichtteilsbeschränkung 29 71
- Ausgestaltung der **29** 73
- Verwaltungstestamentsvollstreckung **29** 74

Pflichtteilsentziehung 29 61 f.
- Begründung **29** 66
- Beweislast **29** 68
- Ehegattenpflichtteil **29** 65
- Elternpflichtteil **29** 64
- Entziehungsgründe **29** 61
- Feststellungsklage **29** 69; **62** 27
- Form **29** 66
- Verzeihung **29** 70

Pflichtteilsergänzung
- anrechenbare Schenkung bei **29** 155
- Anrechnung Eigengeschenk **29** 144
- Anspruch **29** 121 f.
- Anstandsschenkung **29** 131
- Ausgleichspflicht bei **29** 160
- Behindertentestament **41** 36
- bei Eintrittsklausel **29** 196
- Beratungsbedarf **1** 19
- Berechnung **29** 139
- Beweislasterleichterung **29** 124
- ehebedingte Zuwendung **29** 216
- eheliche Vermögensverlagerung **29** 133
- Formulierungsmuster Leistungsklage **62** 16
- Formulierungsmuster Leistungsklage gegen Beschenkten **62** 22
- Frist **29** 135
- gemischte Schenkung **29** 122; **62** 18
- Güterstandsschaukel **29** 133
- Inanspruchnahme des Beschenkten **29** 149
- Landgut **29** 222, 224
- Lebensversicherung **47** 19
- Leistungsverweigerungsrecht des Erben **29** 148
- nachträgliche nach BGB im deutsch-deutschen Verhältnis **48** 31
- nachträgliche nach ZGB **48** 35
- Niederstwertprinzip **29** 126
- Personengesellschaft **29** 181, 187
- Pflichtschenkung **29** 131
- Schenkung gegen Leibrente **29** 137
- Schenkung unter Auflage **29** 125
- Schenkung unter Ehegatten **29** 138
- Schenkung unter Nießbrauchsvorbehalt **29** 125
- Schenkungsbegriff **29** 122
- Stiftung **38** 37
- unbenannte Schenkung **29** 132
- Verjährung nach BGB im deutsch-deutschen Verhältnis **48** 34
- Verzicht bei Hofübergabevertrag **43** 44
- weichender Erbe nach Landgüterrecht **43** 50
- Zuwendung bei Erb-/Pflichtteilsverzicht **29** 134

Pflichtteilsergänzungsanspruch
- bei Nießbrauch **49** 59

- bei über Erbteil liegender ausgleichspflichtiger Zuwendung **26** 79
- Erbverzicht **31** 41
- gegen Stiftung **3** 51
- Leistungsklage gegen Beschenkten **62** 19
- Leistungsklage gegen Erben **62** 15
- nach ZGB **48** 36
- Verjährung **29** 26

Pflichtteilsergänzungsgläubigers, Klage auf Pflichtteilsanspruch **62** 24

Pflichtteilshöhe 29 97
- Nachlassbestand **29** 98
- Stichtagsprinzip **29** 98
- Wertkorrekturen **29** 98

Pflichtteilsklausel 21 8 f.
- als Bedingung **15** 43
- bei gemeinschaftlichem Testament **11** 111
- Berliner Testament **11** 101
- Einheitslösung **21** 11
- Freistellung des Letztversterbenden **21** 16

Pflichtteilslast 29 112
- Kürzungsrecht **29** 114
- Verteilung der **29** 112

Pflichtteilsquote 29 76 f.
- Anrechnung auf **29** 85, 87,94
- Ausgleichung bei **29** 91, 94
- Berechnung **29** 76
- Ehegatte **29** 78
- Einheitstheorie **29** 80
- erbrechtliche Lösung **29** 80
- großer Pflichtteil **29** 80
- Gütergemeinschaft **29** 83
- güterrechtliche Lösung **29** 80
- Gütertrennung **29** 84
- kleiner Pflichtteil **29** 80
- Zugewinngemeinschaft **29** 79

Pflichtteilsrecht 29 1 f.
- Abgrenzung zu Pflichtteilsanspruch **29** 13
- Auflage bei **14** 40
- Ausschlagung Nacherbschaft **17** 125
- Behindertentestament **41** 2, 8 f.,34,36
- Beratungsbedarf **1** 19
- Beschränkung Testierfreiheit **5** 6
- Deutsch-deutsches Erbrecht **48** 30 f.
- Ehegatten-/Lebenspartnererbrecht **11** 139
- gesetzliche Erbfolge **4** 18
- Kürzungsrechte der Erben gegenüber Vermächtnisnehmer **13** 387 f.
- pflichtteilsberechtigter Vermächtnisnehmer **13** 349 f.
- Schiedsgerichtsbarkeit **67** 28
- Teilungsanordnung **16** 5
- Übersicht Erbteil/Vermächtnis **13** 385
- vermächtnisbeschwerter Erbe **13** 349 f.
- Zusatzpflichtteil des Vermächtnisnehmers **13** 352

Pflichtteilsreduktion 3 35

Pflichtteilsrestanspruch 13 357; **29** 30 f.
- bei Vermächtnis **29** 56
- Klage auf **62** 23
- Verjährung **29** 26

Hagen 1863

Sachverzeichnis

fett gedruckte Zahlen = Paragrafen

- Zugewinngemeinschaft **11** 14
Pflichtteilsschulden, erbschaftsteuerlicher Abzug **35** 98
Pflichtteilsstrafklausel 21 8 f.
- Abschreckungswirkung **21** 9, 20
- internationale **33** 153
Pflichtteilsstreit
- Auskunftsklage **62** 5, 7
- bei Testamentsvollstreckung **62** 13
- Darlegungs-/Beweislast **62** 33
- Gebührenstreitwert **62** 12
- Gerichtsstand **62** 4
- Klage des Pflichtteilsergänzungsgläubigers **62** 24
- Klagen im Zusammenhang mit Pflichtteilsanspruch **62** 1 f.
- Leistungsklagen wegen Pflichtteilsergänzung **62** 15
- Nachlassbewertung **62** 39
- Pflichtteilsergänzungsklage gegen Beschenkten **62** 19
- Pflichtteilsergänzungsklage gegen Erben **62** 15
- Pflichtteilsrestanspruch **62** 23
- Prozesszinsen **62** 14
- Rechtsmittel **62** 36
- Rechtsmittelinteresse **62** 37
- Stufenklage **62** 7
- Verjährung **62** 31
- Verjährungshemmung **62** 32
- Zuständigkeit **62** 2
- Zuständigkeitsstreitwert **62** 12
Pflichtteilsstrafklausel 36 296
Pflichtteilsunwürdigkeit 30 39, 41
- Anfechtungserklärung **56** 23
Pflichtteilsverzicht 3 69; **12** 14; **29** 230 f.; **31** 1 f.
- Anfechtung **7** 52; **32** 92
- Aufhebung **31** 59
- Aufhebung des beschränkten **31** 28
- bei gemeinschaftlichem Testament **11** 46
- bei lebzeitiger Übertragung **32** 74
- Berliner Testament **11** 98
- Beschränkung **29** 235
- Ehegatten **29** 237
- Erbschaftsteuer für Abfindung **35** 12
- Ergänzungsanspruch **31** 40
- Feststellung des eventuellen **2** 55
- Feststellungsklage **62** 27
- Form **31** 15, 27; **32** 29, 77
- gegen wiederkehrende Leistung **36** 169
- Geschiedenenunterhalt **31** 42, 50
- gesetzliche Erbfolge bei **29** 230, 232
- Korrekturmöglichkeit des weichenden Erben **32** 92
- Minderjährige **42** 108
- Notarkosten **70** 75
- Pflichtteilsergänzung bei **36** 134
- Sanktionsklausel **12** 15
- schwebend unwirksamer **31** 14
- teilweiser **31** 20

- Vertretung bei **29** 234
- Wagnisvereinbarung **32** 92
- Wirkung **31** 32 f.
Pflichtteilsverzichtsvereinbarung, vorweggenommene Erbfolge **40** 99
Pflichtteilsverzichtsvertrag, bei Unternehmensnachfolgeregelung nicht berücksichtigter Kinder **40** 136
Pflichtteil-Vervollständigungsanspruch, Verjährung **29** 26
Pflichtverletzung, anwaltliche **2** 33, 40
Polizeirecht, Erbenhaftung **23** 108
Poolvertrag 40 27, 46
Porzellan, Erbschaftsteuerbefreiung **35** 102
Postkarte, letztwillige Verfügung auf **5** 21
Postulationsfähigkeit, finanzgerichtliche **69** 81
Potestativbedingung 15 10
- Erbeinsetzung **8** 69
- Sittenwidrigkeit **8** 70
- Vermächtnis **13** 245
Präklusion
- Einspruchsverfahren **69** 50
- im Finanzgerichtsprozess **69** 104
Preisentwicklung, Wertermittlung **46** 7
Preisindex für die Lebenshaltung aller privater Haushalte, Tabelle (2000=100) **35** 85
Prinzip der subjektiven Äquivalenz 32 14
Privatrecht, interlokales **33** 22
Privaturkunde, Beurkundung durch deutschen Notar im Ausland **70** 9
Privatvermögen
- einkommensteuerliche Behandlung bei unentgeltlicher Übertragung aus **35** 233
- Miterbenauseinandersetzung **3** 73
- Realteilung **35** 201
- steuerliche motivierte Umwandlung/Einbringung in Betriebsvermögen **36** 41 f.
- Steuerverstrickung **3** 6
- Umwandlung in Betriebsvermögen **1** 9; **3** 46
- Zuwendung an überlebenden Ehepartner **40** 81
Progressionsvorbehalt
- Doppelbesteuerungsabkommen **34** 60
- erbschaftsteuerliche Berücksichtigung früherer Erwerbe **69** 38
Prostitution, Pflichtteilsentziehung **29** 63
Prozessfähigkeit 33 114
- finanzgerichtliche **69** 81
Prozessführungsbefugnis
- bei Nachlassverwaltung **24** 33
- bei Pflichtteilsanspruch **59** 25
- des Erben bei Testamentsvollstreckung **59** 11, 23
- Erbauseinandersetzungsklage **61** 16
- Testamentsvollstrecker **19** 7
- Testamentsvollstrecker bei Aktivklage **59** 4 f.
- Testamentsvollstrecker bei Passivprozess **59** 17 f.
- Vorerbe **17** 70

magere Zahlen = Randnummern **Sachverzeichnis**

Prozessfürsorgepflicht, finanzgerichtliche 69 104
Prozesskosten, Haftung des Erben 60 6
Prozesskostenhilfe
– bei Mediation 68 65
– bei Tod der Partei 60 6
– finanzgerichtliches Verfahren 69 99
– Testamentsvollstrecker 59 3
– Vergütungsvereinbarung bei 2 20
Prozessnachlasspflegschaft 53 23
Prozesspflegschaft, Abgrenzung zu Nachlassverwaltung 60 27
Prozessrisikoanalyse, Mediation 68 52
Prozessstandschaft, gesetzliche, Nachlassverwaltung 24 33
Prozessstandschaft, gewillkürte, Erbe bei Testamentsvollstreckung 59 11
Prozessunterbrechung, bei Anordnung Nachlassverwaltung 24 34
Prozessvertrag, Wirkung gegenüber Erben 60 9
Prozessvollmacht 33 114
Prozesszinsen
– Pflichtteilsstreit 62 14
– Schiedsverfahren 67 40
Prüfungspflicht, notarielle 70 16, 21
Psychiatrische Behandlung, Patientenverfügung 44 39
Psychopath, Testierfähigkeit 5 15
Publikumsfonds, erbschaftsteuerliche Bewertung Sachleistungsanspruch 35 38

Qualifikation
– Anknüpfung 33 15
– Begriff 33 11
Qualifikationsklausel 15 37
Querulatorische Veranlagung, Testierfähigkeit 5 15
quota litis 2 20
Quotenauflage 14 2
Quotennießbrauch 40 86; 49 18
Quotentheorie, Behindertentestament 41 34
Quotenvergleich, Erbteil zu Pflichtteil 29 38
Quotenvermächtnis 13 182
– bei Berliner Testament 11 92

Rahmendaten, volkswirtschaftliche, Testamentsauselegung 6 31
Rangrücktrittsvereinbarung, Lebensversicherung 46 52
Raten, langfristige, Versorgungsleistung 36 159
Ratsschreiber, Beglaubigung durch 70 1
Rauschgiftsucht, Pflichtteilentziehung 29 63
Reallast
– Altenteil 32 61, 62
– dauernde Last 32 67
– Gewährung von Wohnraum 32 57
– Leibrente 32 66, 108
– Sicherung von Leistungspflichten 32 60
– Sicherungsinstrument 32 108
Realteilung
– Betriebsvermögen 3 76

– einkommensteuerliche Behandlung der R. mit Ausgleichszahlung 35 201
– einkommensteuerliche Behandlung der R. ohne Ausgleichszahlung 35 195
– Nachsteuertatbestände 35 154
– Privatvermögen 3 75
Rechenschaftspflicht, Testamentsvollstrecker bei Beteiligung Minderjähriger 42 118
Rechnungslegung
– Begriff 45 18
– Entlastung Testamentsvollstrecker 19 153
– Insolvenzverwalter 25 98
– jährliche 19 151
– Klage des Nacherben gegen Vorerben 58 14
– Nachlassverwalter 24 70
– Testamentsvollstrecker 19 147; 45 58
– Umfang 19 148
– Verwaltung Kindesvermögen 32 122
– Vorerbe 17 118
– Zeitpunkt 19 150
Rechnungslegungsanspruch, Vererblichkeit 4 6
Rechnungslegungsklage, Gegenstandswert 2 12
Recht, dingliches, Vererblichkeit 4 5
Rechteeinräumung, Vermächtnis 13 83 f.
Rechtlicher Vorteil, bei Rechtsgeschäft mit Minderjährigem 32 50
Rechtsabtretung, Klage auf 57 18
Rechtsänderung, Beratungsbedarf 1 2
Rechtsanwalt
– anwaltsgerichtliches Verfahren gegen 70 34
– Belehrungspflicht bei steuerrechtlicher Beratung 36 1
– Doppelbesteuerung bei überhöhtem Testamentsvollstreckerhonorar 35 7
– Haftung 2 31 f.
– Haftungsbegrenzung 2 46
– Haftungserweiterung 2 45
– Pflichten 2 33
– steuerrechtliche Anzeigepflicht bei Erbfall 37 3
– Tätigkeit als Mediator 68 69
– Tätigkeit als Parteianwalt 68 71
Rechtsanwalthonorar
– Abgeltungsbereich der Gebühr 2 19
– außergerichtliche Tätigkeit 2 13, 23
– bei Interessenkollision 2 3
– Einholung Deckungszusage 2 29
– Einigungsgebühr 2 17
– Erbscheinsverfahren 50 24
– freiwillige Gerichtsbarkeit 2 14
– Gebühren 2 13
– Gegenstandsverschiedenheit 2 18
– Gegenstandswert 2 11
– Geschäftsgebühr 2 13
– Gutachten 2 16
– Parteianwalt bei Mediation 68 62
– Pauschal-/Stunden-/Zeithonorar 2 21
– Pauschalgebühr 2 19
– Schiedsrichtervergütung 67 49
– streitige/freiwillige Gerichtsbarkeit 2 15
– Vergütungsvereinbarung 2 20 f.
– vertragliche Grundlage 2 10

Hagen 1865

Sachverzeichnis

fett gedruckte Zahlen = Paragrafen

- Vertretung mehrerer Mandanten **2** 18
- Zusatzgebühr bei Wiederaufnahme eines durch Tod unterbrochenen Rechtsstreits **60** 7

Rechtsbedingung 15 14

Rechtsbehelf
- Erbscheinsverfahren **50** 32
- Grundbuchberichtigung **55** 20
- Handelsregisteranmeldung/-eintragung **55** 39
- Testamentseröffnung **52** 5

Rechtsbehelf, außergerichtlicher, Erbschaftsteuer **69** 45

Rechtsentwicklung, Testamentsauslegung **6** 30

Rechtsfolgenirrtum, Anfechtung Erbschaftsannahme/-ausschlagung **22** 48

Rechtsformwahl, Nachfolgeplanung **40** 48

Rechtsformwechsel 40 48
- Nachlassstrukturierung **1** 9

Rechtshängigkeitsvermerk 63 9
- Eintragung **60** 32

Rechtskraftwirkung, Klageentscheidung bei Testamentsvollstreckung **59** 15, 29

Rechtsmangel, Stückvermächtnis **13** 55

Rechtsmittel
- finanzgerichtliche **69** 96
- Pflichtteilsstreit **62** 36
- Teilungsversteigerung **61** 36 f.
- Testamentsvollstreckerzeugnis **51** 23

Rechtsmittelgebrauch, Notarhaftung **70** 58, 59

Rechtsmittelinteresse, Wertermittlung **62** 37

Rechtsschutz
- verfassungsrechtlicher **69** 101
- europarechtlicher **69** 102

Rechtsschutz, vorläufiger
- Auskunftsanspruch **66** 8
- bei Erbauseinandersetzungsklage **61** 24
- bei Erbschaftsherausgabe **63** 9
- bei Feststellungsklage **56** 19
- bei Vor-/Nacherbschaft **58** 5
- Erbunwürdigkeitsklage **56** 33
- Finanzgerichtlicher **69** 90 f.
- gegen Testamentsvollstrecker **59** 37
- nach Annahme der Erbschaft **60** 25
- Schiedsverfahren **67** 38
- Sicherung Nachlassbestand **60** 26
- Verwaltungsmaßnahme des Miterben **61** 50
- vor Annahme der Erbschaft **60** 24
- Zustimmung zu Verwaltungsmaßnahme **61** 51

Rechtsschutzbedürfnis, steuerrechtliches **69** 88

Rechtsschutzversicherung 2 25 f.
- Anspruch **2** 28
- Deckungszusage **2** 29
- Musteranschreiben an **2** 30
- Reichweite **2** 26
- Übernahme Mediationskosten **68** 65

Rechtssurogation 26 9

Rechtsverhältnis, hinkendes 33 29, 78,84
- örtliche Zuständigkeit bei **33** 111

reformatio in peius
- Finanzgerichtsprozess **69** 104

- im Einspruchsverfahren **69** 42, 53

Reformation, finanzgerichtliche **69** 115

Regelgebühr, Testamentsvollstreckervergütung **19** 172

Regelinsolvenzverfahren 25 57

Register
- Beratungsbedarf bei Berichtigung **1** 24
- Formerfordernisse **32** 31

Reinertrag, Bewertung Landgut **46** 65

Religionsfreiheit, Beschränkung Testierfreiheit **5** 7

Rente
- Erbenhaftung bei überzahlter **23** 106
- steuerliche Aspekte **40** 84
- Versorgung des überlebenden Ehepartners **40** 83

Rentenleistung, Erbschaftsteuer vom Jahreswert **47** 114

Rentenrecht, erbschaftsteuerliche Bewertung **35** 39

Rentenschuld 32 100
- Sicherung Leibrente **32** 66
- Verfügung Vorerbe **17** 60

Rentenstammrecht 35 234

Rentenvermächtnis
- behindertes/r Kind/Erbe **41** 27
- einkommensteuerliche Behandlung **35** 214

Rentenverpflichtung, bei vorweggenommener Erbfolge **1** 8

Rentenversicherung, gesetzliche **3** 64

Rentenzahlung, Bewertung **46** 61

Repräsentationssystem, Verwandtenerbfolge **4** 34

Reserve-Komplementär-GmbH 40 23

Reserven, stille
- bei Realteilung mit Ausgleichszahlung **35** 201 f.
- bei Realteilung ohne Ausgleichszahlung **35** 195 f.
- bei Unternehmensbewertung **46** 18
- Betriebsvermögen **3** 6, 7
- gewerbliche Familiengrundbesitzgesellschaft **36** 23
- Sonderbetriebsvermögen **3** 9
- steuerliche Behandlung bei Beendigung Betriebsaufspaltung **36** 140
- ungewollte Aufdeckung **3** 6

Revision 69 96
- Auslegungsmethode/-regeln **6** 64
- Bewertung Nachlassgegenstand **62** 39

revocable trust 33 50

Rheinische Tabelle, Testamentsvollstreckervergütung **19** 173

Rheinland-Pfalz, Anerbengesetz **43** 23

Rindenblindheit, Lesefähigkeit **5** 17

Risikolebensversicherung 3 63

Rollentausch-Modell 36 266

Rückabwicklung
- ehebedingte Zuwendung **32** 87
- vertragliche Gestaltungsmöglichkeiten **32** 96

Rückauflassungsvormerkung 32 107

magere Zahlen = Randnummern **Sachverzeichnis**

Rückfallklausel
- erbschaftsteuerliche Behandlung 69 34
- Schenkungsvertrag 1 8
- Zuwendung unter Lebenden an Ehepartner 40 80

Rückforderung
- Ausschluss bei Altenteilvertrag 32 95
- Ausstattung 32 86
- ex tunc 32 100
- gemischte Schenkung 32 84
- mittelbare Grundstücksschenkung 32 98
- Schenkung 32 78 f.
- Sicherung der Rechte des Schenkers 32 112
- vertragliche Gestaltungsmöglichkeiten 32 96, 98
- Zuwendung 32 85
- Zuwendung während Ehe 32 88

Rückforderungsklausel, vorweggenommene Erbfolge 40 110

Rückforderungsrecht
- bei Lebensversicherung 47 147
- bei Schenkung 35 113
- Erbschaftsteuer bei 35 171
- Vertragserbe 64 14
- vorweggenommene Erbfolge 40 109

Rückgabe, amtlich verwahrtes Testament 9 19 f.

Rückgabeverlangen, Testament 9 21

Rückkaufwert, Lebensversicherung 47 89, 93,97,145

Rücklagen, Vermächtnis 13 94, 95

Rücklagenbildung, Testamentsvollstrecker 19 270

Rücknahme, Testament aus amtlicher Verwahrung 5 22

Rückschenkung 35 171

Rückschlagsperre 25 56, 88

Rücktritt, Erbvertrag 10 53

Rücktrittsrecht
- Vererblichkeit 4 6
- vertragliches nach § 346 BGB 32 104

Rücktrittsvereinbarung, Erbverzicht 31 11

Rücktrittsvorbehalt
- Erbvertrag 10 56
- Erbvertrag nichteheliche Lebensgemeinschaft 12 18

Rückübertragung
- Angebot des Beschenkten 32 103
- ehebedingter Zuwendungen 32 100
- Sicherung der 32 107
- zwischenzeitlich getätigte Investitionen 32 99
- zwischenzeitliche eingetragene Grundpfandrechte 32 99

Rückvermächtnis 13 216

Rückverweisung, Internationales Erbrecht 33 18

Rückwirkendes Ereignis, erbschaftsteuerliche Behandlung 69 34

Rückwirkung, Aufhebungsvertrag Erbverzicht 31 61

Ruhen des Verfahrens, erbschaftsteuerliches 69 52, 63

Rumänien, Nachlassspaltung 33 84

Russische Föderation, Deutsch-sowjetischer Konsularvertrag 33 106

Russland
- Deutsch-sowjetischer Konsularvertrag 33 106
- Nachlassspaltung 33 84, 107

Saatzucht, erbschaftsteuerliche Bewertung 35 70

Sache, bewegliche, Klage auf Übereignung 57 18

Sachenrecht, Vererblichkeit 4 5

Sachenrechtsstatut, Abgrenzung zu Erbstatut 33 65

Sachentnahme, Umsatzsteuer 35 252

Sachleistungsanspruch, Bewertung 35 75

Sachleistungsanspruch/-verpflichtung, erbschaftsteuerliche Bewertung 35 38

Sachmangel, Stückvermächtnis 13 53

Sachnormverweisung 33 17

Sachverhalt
- Aufnahme 1 6
- Checkliste 2 51
- Einschränkung Testierfreiheit 2 54
- Feststellung der gesetzlichen Erbfolge 2 53
- Feststellung Erb-/Pflichtteilsverzicht 2 55
- Nachlassfeststellung 2 52
- Pflichtteilsberechtigte 2 53
- Vollmachten 2 56

Sachverhaltsfeststellung 2 51 f.

Sachvermächtnis
- einkommensteuerliche Behandlung 35 209
- erbschaftsteuerliche Bewertung 35 76

Sachvermögen, ausländisches, erbschaftsteuerliche Bewertung 35 63

Sachverständigengutachten
- Bewertung 46 3
- Grundstücksbewertung 3 41
- Informationsgewinnung aus 66 10
- Testierfähigkeit 5 20

Sachwertabfindung, einkommensteuerliche Behandlung 35 193

Sachwertverfahren
- Bewertung bebautes Grundstück 35 55
- Bewertung Grundstück 46 35

Sammelerbschein 50 26

Sammlung, wissenschaftliche, Erbschaftsteuer 35 103

San Marino, Nachlassspaltung 33 84

Sanktionsklausel 8 74
- Pflichtteilsverzicht 12 15

Satzungsänderung, Stiftung 38 57

Schadensersatz
- Haftung des Vorerben 17 114
- Klage gegen Testamentsvollstrecker 59 33

Schadensersatzanspruch
- Informationspflichtverletzung Testamentsvollstrecker 19 142
- Internationales Erbrecht 33 72

Hagen

Sachverzeichnis

fett gedruckte Zahlen = Paragrafen

- Nacherbe gegen Vorerbe **3** 32
- Nachlassinsolvenzverfahren **25** 38
- Veräußerung Vermächtnisgegenstand durch Beschwerten **56** 7
- Verjährung **19** 163

Schätzung
- Bedarfsbewertung **69** 23
- Wertermittlung **46** 4

Scheidung
- Ehegattenerbrecht bei **11** 127
- Zugewinnausgleichsregelung bei **3** 59

Scheidungsantrag
- Ausschluss Erbrecht **11** 73
- Erbberechtigung bei **4** 43
- Pflichtteil bei **29** 7

Scheidungsantrag, rechtshängiger, erbrechtliche Wirkung **11** 127

Scheidungsvereinbarung, Erbverzicht **31** 37

Scheinerbe, einkommensteuerliche Behandlung **35** 177

Scheinerklärung 7 6

Scheinlebenspartnerschaft, Erbrecht bei **11** 130

Schenker
- Anzeigepflicht **35** 20
- Haftung Erbschaftsteuer **35** 19
- Übernahme der anfallenden Erbschaftsteuer **35** 19

Schenkung 3 81 f.; **32** 3
- an übernächste Generation **3** 85
- Anordnung der Weitergabe **32** 121
- Anrechnung bei Pflichtteilsergänzung **29** 155
- Anrechnungsklausel **32** 6
- Anzeigepflicht **35** 20
- auf den Todesfall **16** 15; **32** 34
- aufgeschobene Erfüllung **32** 97
- auflösend bedingte **32** 102
- aufschiebend bedingte **32** 13
- aufschiebend bedingte Versprechensschenkung **65** 4
- Ausgleichszahlung an andere Erbanwärter **32** 72
- bei Erbvertrag **10** 36
- Betriebsvermögensfreibetrag **35** 126, 135
- durch Bevollmächtigung des Beschenkten **32** 42
- durch Erklärungsboten/Dritten **32** 39
- eigengenutzte Immobilie an Ehegatten **3** 84
- einkommensteuerliche Behandlung **35** 220
- entgeltliche Übertragung **35** 222
- Erbschaftsteuer **34** 7, 17; **35** 14 f.
- Erbschaftsteuerbefreiung Lebensversicherung **47** 102
- Erbteil an Minderjährigen **28** 13
- Erfüllung bei Tod des Schenkers **32** 33
- ertragssteuerliche Steuerentstrickung **34** 87
- Erwerbsanwartschaft **32** 13
- Erwerbsanwartschaft bei **32** 37
- gegen Abstandszahlung **32** 69
- gegen Altenteil **32** 61 f.
- gegen dauernde Last **32** 67
- gegen Leibrente **32** 63
- gegen tatsächliche Versorgungsleistungen **32** 58 f.
- gegen Versorgungszeitrente **32** 68
- gegen wiederkehrende Leistungen **35** 227
- gegen Wohnrecht **32** 46 f.
- gemischte **32** 8
- Grundvermögen **3** 83
- Heilung Formmangel **32** 22
- Inanspruchnahme des Beschenkten bei Pflichtteilsergänzung **29** 149
- ins Ausland **3** 92
- Kettenschenkung **3** 82
- Lebensversicherung **3** 63
- lebzeitig vollzogene auf den Todesfall **32** 37
- mittelbare **32** 23
- Niederstwertprinzip **29** 126
- Nießbrauchsvorbehalt mit Versorgungsleistungen **32** 71
- notarielle Beurkundung **32** 20
- Notbedarf **32** 79
- Pflichtteilsergänzungsfrist **29** 135
- rechtlich vorteilhafte **32** 50
- Rückforderung bei Bedürftigkeit **32** 79
- Rückforderung bei grobem Undank **32** 80
- Rückforderung bei Nichtvollziehung der Auflage **32** 81
- Rückforderung bei Wegfall der Geschäftsgrundlage **32** 83
- Rückforderung bei Zweckverfehlung **32** 82
- Rückforderung, gesetzliche **32** 78 f.
- Rückforderung, vertragliche **32** 98
- Rückforderungsrecht **32** 112; **35** 113
- Rückschenkung **35** 171
- Rückübertragungsangebot des Beschenkten **32** 102
- steuerbare Zuwendung bei Lebensversicherung **47** 68
- steuerlich motivierte **36** 264
- steuerliche Anzeigepflicht des Notars **47** 157
- teilentgeltliche **32** 6
- teilentgeltliche Übertragung **35** 223
- Überlebensbedingung **32** 34
- unentgeltliche Übertragung **35** 221
- Unentgeltlichkeit **32** 5; **35** 16, 18
- unter Auflage **32** 11
- unter Nießbrauchsvorbehalt **32** 9, 70, 71
- Unterlassungsverpflichtung bei **32** 40
- Verpflichtungen der Begünstigten gegenüber Schenker **32** 74
- Verpflichtungen des Empfängers gegenüber Dritten **32** 72
- Verpflichtungen des Empfängers gegenüber Schenker **32** 53 f.
- Verschaffensform **32** 22
- Versorgungsrente an Ehepartner des Schenkers **32** 73
- Verwaltungsanordnung bei S. an Minderjährige **32** 119
- Vollzug bei betagter **32** 40
- Vollzug unter Bedingung **32** 40
- Vollzug unter Lebenden **32** 20

- von Todes wegen **32** 13
- vorweggenommene Erbfolge **40** 103
- Weiterzahlung Lebensversicherungsprämien **47** 92
- Widerruf **41** 8
- Widerrufsvorbehalt bei **32** 41, 101
- Zugang der Willenserklärung nach Ableben des Schenkers **32** 38
- Zustimmung Ehe-/Lebenspartner **32** 48
- Zweckschenkung **32** 12

Schenkung auf den Todesfall
- Erbschaftsteuer **35** 9
- steuerlich motivierte **36** 264

Schenkung, bedingte, auf den Todesfall 32 34

Schenkung, gemischte
- Betriebsübergabe **35** 82
- Erbschaftsteuer **3** 88; **35** 16
- erbschaftsteuerliche Wertermittlung **35** 77
- Grundbuchberichtigung **55** 12
- Herausgabe an Vertragserben **64** 4
- Pflichtteilsergänzung **29** 122; **62** 18
- Rückforderung bei **32** 84
- Schenkungssteuer **3** 88
- vorweggenommene Erbfolge **40** 105

Schenkung, missbräuchliche, Klage des Vertragserben **64** 2 f.

Schenkung, mittelbare
- Begriff **36** 8
- Betriebsvermögen **36** 19
- Erbschaftsteuerbegünstigung **35** 119
- Gesellschaftsanteil **36** 19
- Kettenauflassung **36** 10
- Personengesellschaftsbeteiligung **36** 20
- Rückforderung **32** 98
- Sonderbetriebsvermögen **36** 20
- Spekulationsfrist **36** 10
- steuerliche motivierte Gestaltung **36** 7 f.
- Steuervergünstigung nach §§ 13 a, 19 a ErbStG **36** 21
- vorweggenommene Erbfolge **36** 21

Schenkung, unbenannte, Pflichtteilsergänzung **29** 132

Schenkung unter Auflage
- Pflichtteilsergänzung **29** 125
- vorweggenommene Erbfolge **40** 104

Schenkung unter Lebenden
- Entstehung der Erbschaftsteuerpflicht **35** 20
- Erbschaftsteuerbegünstigung **35** 118
- Ermittlung des steuerpflichtigen Werts **35** 21
- Grunderwerbsteuer **35** 249

Schenkung unter Leistungsauflage, erbschaftsteuerliche Wertermittlung **35** 78, 79

Schenkung unter Nießbrauchsvorbehalt, Pflichtteilsergänzung **29** 125

Schenkungssteuer
- bei gewerblicher Personengesellschaft **3** 89
- bei Rückfall/Widerruf **40** 80
- Besteuerungsunterschiede zur Erbschaftsteuer **3** 87 f.
- gemischte Schenkung **3** 88

- Übernahme der **3** 86
- Vermächtnis **13** 17

Schenkungsversprechen
- Erwerbsanwartschaft **32** 37
- Form **32** 20
- lebzeitig vollzogene Schenkung auf den Todesfall **32** 37
- Testamentsvollstrecker **19** 116
- Unterlassungsverpflichtung bei **32** 40
- von Todeswegen **32** 34

Schenkungsvertrag, Beratungsbedarf **1** 8

Schiedsabrede 67 15

Schiedsgericht, Nachlassteilung durch **16** 18

Schiedsgericht, erbrechtliches 67 1 f.; **67** 33
- Abgrenzung zu Mediation **67** 18; **68** 7
- Abgrenzung zu Schiedsgutachten **67** 17
- Abgrenzungen **67** 15 f.
- Abzugsfähigkeit der Kosten **67** 52
- Anordnung in letztwilliger Verfügung **67** 16, 19
- Begriff **67** 2
- Besetzung **67** 33
- einstweiliger Rechtsschutz **67** 38
- Familienfrieden **67** 12
- Formulierungsmuster **67** 53
- Gebühren/Vergütung **67** 49
- grenzüberschreitende Sachverhalte **67** 13
- Kompetenz **67** 7
- Kosten **67** 51
- Schiedsspruch **67** 42
- Schiedsvergleich **67** 44
- Vereinbarung **67** 16, 32
- Verfahrensablauf **67** 37
- Vertraulichkeit **67** 6
- Zeitkomponente **67** 11
- Zulässigkeit **67** 19
- Zweckmäßigkeit **67** 5

Schiedsgericht, vertragliches 67 15, 32

Schiedsgerichtsanordnung
- Erblasser **67** 16, 19
- Erbvertrag **67** 16, 25,32
- Formulierungsmuster **67** 53
- gemeinschaftliches Testament **67** 32
- im Testament **67** 16, 22,24,26 f.
- Rechtsnatur **67** 20
- Reichweite **67** 26
- Zulässigkeit **67** 19
- zur Erschwerung Forum-shopping **33** 157
- zur Vermeidung faktischer Nachlassspaltung **33** 147, 157

Schiedsgerichtsbarkeit, Einrede der **67** 14, 38

Schiedsgerichtsklausel 67 15
- Anfechtungsrecht **67** 30
- Auflage **67** 20
- Entlassung Testamentsvollstrecker **67** 31
- Formulierungsmuster **67** 53
- Pflichtteil **67** 28
- Rechtsnatur **67** 20
- Zulässigkeit **67** 19

Schiedsgutachter, Nachlassteilung durch **16** 18

Schiedsgutachteranordnung 67 17

Sachverzeichnis

fett gedruckte Zahlen = Paragrafen

Schiedsklausel
- Nachlassplanung zur Streitvermeidung bei Erbengemeinschaft **26** 129
- Unzulässigkeit der Klage bei **56** 12

Schiedsrichter
- Bestellung **67** 37
- Formulierungsmuster Vergütung **67** 53
- Testamentsvollstrecker **19** 3
- Vergütung **67** 49

Schiedsspruch **67** 42
- erbschaftsteuerliche Anerkennung **67** 48

Schiedsvereinbarung, Wirkung gegenüber Erben **60** 9

Schiedsverfahren **1** 21
- Abgrenzung zu Mediation **67** 18; **68** 7
- Ablauf **67** 37
- Prozesszinsen **67** 40
- Schiedsspruch **67** 42
- Streitwert **67** 50
- Vergleich **67** 44
- Verjährung **67** 40

Schiedsverfahrenskosten **67** 49
- Nachlassverbindlichkeit **67** 52
- steuerliche Abzugsfähigkeit **67** 52

Schiedsvergleich **67** 44
- erbschaftsteuerliche Anerkennung **67** 48

Schiedsvertrag **67** 15

Schiefertafel, letztwillige Verfügung auf **5** 21

Schiff, Berichtigung Schiffsregister **55** 2

Schizophrenie, Testierfähigkeit **5** 15

Schlaganfall, Errichtung öffentliches Testament nach **5** 35

Schlichtung, Abgrenzung zu Mediation **68** 9

Schlusserbe, Berliner Testament **11** 80

Schlusserbschaft, Auslegung Textzusammenhang **6** 9

Schlussrechnung, Nachlassverwaltung **24** 70

Schlussverteilung, Erbenhaftung **23** 51

Schlussverzeichnis, Nachlassinsolvenzverfahren **25** 73

Schmerzensgeldanspruch, Internationales Erbrecht **33** 72

Schmuck
- Bewertung **46** 56
- Erbschaftsteuerbefreiung **35** 102

Schottland, Nachlassspaltung **33** 84

Schreibunfähigkeit
- Beurkundung bei **70** 42, 43
- Errichtung öffentliches Testament bei **5** 32 f., 36

Schriftbild, auffälliges **5** 17

Schulden
- erbschaftsteuerliche Bewertung **35** 33 f.
- erbschaftsteuerliches Abzugsverbot **35** 96

Schuldenerlass, Erbschaftsteuerbefreiung **35** 110

Schuldenüberhang, erbschaftsteuerlicher **35** 96

Schuldübergang, erbschaftsteuerliche Behandlung **35** 82

Schuldverhältnis
- Vererblichkeit **4** 6

- Vermächtnis auf Einräumung/Umgestaltung **13** 144 f.

Schuldvermächtnis **13** 162

Schutzrecht, Vermächtnis **13** 101

Schwachsichtigkeit, Lesefähigkeit **5** 17

Schwachsinn, Testierfähigkeit **5** 15

Schwarzgeld
- bei Erbfall **37** 2
- Beratungsbedarf bei Nachfolgeplanung **1** 6

Schweden, Doppelbesteuerungsabkommen **34** 62, 63,70

Schweigepflicht, postmortale **66** 10

Schweigepflicht, ärztliche, nach Tod des Erblassers **5** 20

Schweigepflichtentbindung **66** 11

Schweiz
- Anerkennungs- und Vollstreckungsabkommen mit **33** 115
- Doppelbesteuerungsabkommen **34** 62, 66,70

Seetestament **5** 42
- Formulierungsmuster **5** 47

Sehbehinderung
- Errichtung öffentliches Testament bei **5** 32 f., 36
- Lesefähigkeit **5** 17

Sekundärhaftung **2** 34

Sekundärinsolvenzverfahren **33** 130

Selbstanfechtung, wechselbezügliche Verfügung **11** 70

Selbstanzeige **37** 4, 11 f.; **37** 11 f.
- Abgabe durch Vertreter **37** 15
- Adressat **37** 16
- bei Einleitung Bußgeld-/Strafverfahren **37** 22
- bei Kontrollmitteilung **37** 23
- bei Strafverfolgungsverjährung **37** 14
- bei Tatentdeckung **37** 23
- Beratung des Mandanten **37** 13
- Beratungsbedarf **1** 23
- Festsetzungsverjährung **37** 14
- Form **37** 17
- Inhalt **37** 18
- Matten-Theorie **37** 21
- mehrfache **37** 15
- Nachentrichtung der Steuer **37** 19
- Strafbefreiung **37** 12, 15
- Strafbefreiungsausschluss **37** 20, 22,23
- strafrechtliche Verjährung der Tat **37** 14
- Teil-/Stufen-Selbstanzeige **37** 18

Selbstkontrahieren
- Stiftungsvorstand **38** 55
- Testamentsvollstrecker **19** 123, 267

Selbstzweckstiftung **38** 43

seperatio bonorum, Testamentsvollstreckung **19** 7

Serbien, interlokales Privatrecht **33** 22

Seychellen, Nachlassspaltung **33** 84

shuttle-Diplomatie, Mediationstechnik **68** 50

Sicherheitsleistung
- des Vorerben **17** 77
- Erbschaftsteuer **19** 299

Sachverzeichnis

magere Zahlen = Randnummern

- Klage des Nacherben gegen Vorerben auf 58 13
- Vorerbe 58 7

Sicherung
- Erbteilskauf/-veräußerung 28 15
- lebzeitige Übertragungen 32 107 f.
- Teilungsanordnung 16 22
- Vermächtnis 13 317

Sicherungsinstrumente, gesellschaftsvertragliche 32 125

Sicherungsmaßnahme, Gläubiger bei Gesamthandseigentum 26 17

Sicherungsrecht, akzessorisches, Vererblichkeit 4 6

Siegelung
- Formulierungsmuster 53 13
- Nachlasssicherung 53 12

Singapur, Nachlassspaltung 33 84

Singularzukzession 4 2

Sittenwidrigkeit
- Auflage 14 45
- Bedingung 15 39, 48
- Behindertentestament 41 33
- Beschränkung Testierfreiheit 5 7
- Erbeinsetzung nichtehelicher Lebenspartner 12 26
- Erbvertrag 7 57
- letztwillige Verfügung 7 12
- Potestativbedingung 8 70
- Verschaffungsvermächtnis 13 81

Sitztheorie 33 56

Sonderausgabe, steuerliche
- Spende/Zuwendung an Stiftung 38 26
- Spendenabzug 39 8
- Stiftungsausstattung 38 26

Sonderbetriebsvermögen 35 61, 62
- Aufdeckung stiller Reserven 3 9
- Beratungsbedarf 1 23
- einkommensteuerliche Behandlung bei Personengesellschaft 35 185
- einkommensteuerliche Belastung 40 69
- Entnahmegewinnbesteuerung 3 8
- gewerbliche Familiengrundbesitzgesellschaft 36 23
- mittelbare Schenkung 36 20
- qualifizierte Nachfolgeklausel 40 36
- Steuerverstrickung 3 6
- Wiesbadener Modell 3 11

Sonderbetriebsvermögen II, gewillkürtes Betriebsvermögen 36 43

Sondererbfolge 3 61; 4 2; 5 12
- Beratungsbedarf 1 2
- einfache Nachfolgeklausel 40 33
- Vererbung Kommanditanteil 40 19

Sondernachfolge, erbschaftsteuerliche Bewertung bei Höfeordnung 35 64

Sonderrechtsnachfolge 26 7
- außerhalb Erbrecht 4 3

Sondervergütung, Nachversteuerung 35 149

Sondervorteil, ungerechtfertigter, Mandatsannahme 2 2

Sorgeerklärung, für nichteheliches Kind 18 2

Sorgerechtsstatut, Minderjährige 42 12

Sozialhilfe
- bei Zuwendung an geistig behindertes Kind 2 57
- Erbenhaftung bei Erstattungsansprüchen 23 105
- Subsidiaritätsprinzip 41 1

Sozialhilfeanspruch, Vererblichkeit 4 13

Sozialhilferecht, bei Verfügung von Todes wegen 41 1

Sozialhilfeträger
- Überleitung von Ansprüchen auf 41 2
- Zugriff auf Vermögen des Behindertenerblassers 41 23
- Zugriff auf Vermögen des Nachvermächtnisnehmers 41 28

Sozialleistung, Haftung bei Erstattungsansprüchen 23 105

Sozialrecht, erbrechtliche Problemstellung 1 3

Sozietät
- Haftpflichtversicherung 2 50
- Haftung 3 36
- Haftungsbegrenzung 2 49
- Interessenkollision 2 3

Spaltnachlass
- Gütigkeit von letztwilligen Verfügungen bei 33 97
- Vermeidung Pflichtteilsanspruch 33 150

Spaltung
- Haftung Testamentsvollstrecker 19 276
- Nachsteuertatbestände 35 153

Spanien
- Anerkennungs- und Vollstreckungsabkommen mit 33 115
- interlokales Privatrecht 33 22

Sparbuch, Forderungsvermächtnis 13 144

Spardosen-These 36 53

Sparguthaben, Vermächtnis 13 101

Spekulationsgeschäft, bei mittelbarer Schenkung 36 10

Spekulationsgewinn
- bei Miterbenauseinandersetzung 3 73, 74
- Steuerverstrickung 3 6

Spekulationssteuer, bei Bewertung 46 48

Spende
- an Stiftung 38 49
- Steuerbegünstigung der S. an Stiftung 38 26

Spendenabzug 39 8
- Großspenden 39 11
- Grundförderung 39 9
- Zusatzspenden 39 10

Sperrung Bankkonto, Nachlasssicherung 53 15

Sperrvermerk, Anlage Kindesvermögen 32 122

Spezialsukzession, Sondererbfolge Höferecht 43 14

Spitzname, Unterzeichnung mit 5 28

Sprachbehinderung, Errichtung öffentliches Testament bei 5 32 f., 36

Sprungklage, Vorverfahren 69 77

Sachverzeichnis

fett gedruckte Zahlen = Paragrafen

Sri Lanka, Nachlassspaltung **33** 84
Staat, Erbrecht des **4** 56 f.
Staatenloser, Internationales Erbrecht **33** 15
Staatsangehöriger, ausländischer
– Testamentserrichtung **5** 26
– Vererbung Unternehmen/-sbeteiligung **40** 161
Staatsangehörigkeit
– Änderung/Wechsel **33** 42, 43
– Anknüpfung Internationales Erbrecht **33** 15
– Erbschaftsteuer **34** 16
– genuine Link bei Wechsel der **33** 43
– gesetzliche Erbfolge **4** 19
Staatsangehörigkeit, ausländische, IPR **11** 21
Staatsangehörigkeit, mehrfache, Internationales Erbrecht **33** 15, 22 f.
Staatserbrecht
– Haftung Nachlassverbindlichkeit **4** 60
– Träger **4** 58
Staatsvertrag, inkorporierter **33** 16
Stammelternteil, Wegfall bei gesetzlicher Erbfolge **4** 35
Stammessystem, Verwandtenerbfolge **4** 33
Standesamt, Auskunft **52** 28
Standesrecht, Interessenkollision **2** 3
Statistik, Erbvolumen **1** 1
Statut, Begriff **33** 4
Statutenwechsel, Internationales Erbrecht **33** 47
Steinbruch, erbschaftsteuerliche Bewertung **35** 69
Stellvertretung, bei Erbeinsetzung **5** 4
Sterbehilfe
– Grenzen **44** 36
– Patientenverfügung **44** 35
– Zulässigkeit **44** 35
Sterbehilfe, passive **44** 7
Sterbetafel, mittlere Lebenserwartung **35** 259
Steuerberater
– Doppelbesteuerung bei überhöhtem Testamentsvollstreckerhonorar **35** 7
– steuerliche Anzeigepflicht bei Erbfall **37** 3
– Testamentsvollstrecker **19** 47
Steuerberatungskosten, Erblasserverbindlichkeit **35** 92
Steuerberichtigung **37** 6
– Abgrenzung zur Selbstanzeige **37** 7
– nachträgliche Erkenntnis der Unrichtigkeit/-vollständigkeit **37** 10
– Steuerverkürzung **37** 9
– unrichtige/-vollständige Erklärung **37** 8
– unverzügliche **37** 10
Steuerbescheid
– Änderung nach §§ 172 ff. AO **69** 28
– Aufhebung nach § 175 AO **69** 34
– bei Änderung Grundlagenbescheid **69** 34
– Berichtigung offenbarer Unrichtigkeiten **69** 27
– Bestandskraft **69** 26
– Korrektur nach § 173 AO **69** 29
– Korrektur nach § 174 AO **69** 33

– Korrektur nach § 175 AO **69** 34
– Nichtigkeit **69** 25
– unter Vorbehalt der Nachprüfung **69** 36
– Verwaltungsakt **69** 24
– Vorläufigkeitsvermerk **69** 35
Steuerentlastungen, Anlage zur Erbschaftsteuererklärung (amtlicher Vordruck) **69** 124
Steuerentstrickung, ertragssteuerliche **34** 87
Steuererklärung
– Insolvenzverwalter **25** 93
– unrichtige/-vollständige **37** 9
Steuererklärungspflicht
– Anlaufhemmung Festsetzungsverjährung **69** 18
– Mahnung **69** 18
Steuerfestsetzung
– unter Vorbehalt der Nachprüfung **69** 36
– widerstreitende **69** 33
Steuerfreibetrag, bei vorweggenommener Erbfolge **1** 8
Steuerhinterziehung
– durch Testamentsvollstrecker **19** 286
– durch unterlassene Anzeige **37** 2, 7
– Erblasserverbindlichkeit **35** 89
– Selbstanzeige **37** 4, 11 f.
– unterlassene Berichtigung Steuererklärung **37** 7
Steuerklasse, Betriebsvermögen **3** 43
Steuerklassen, Erbschaftsteuer **35** 161
Steuerklausel, bei Nießbrauch **36** 242
Steuerliche Gestaltung, letztwillige Verfügung **5** 27
Steuerpflicht, beschränkte, erbschaftsteuerlicher Abzug bei **35** 99
Steuerplanung, Beratungsbedarf **1** 11
Steuerrecht
– Einkommensteuer **35** 173 f.
– Erbschaftsteuer **35** 2 f.
– Gewerbesteuer **35** 245 f.
– Grunderwerbsteuer **35** 248
– Testamentsvollstrecker **19** 279 f.
– Umsatzsteuer **35** 250
– Vererblichkeit von Ansprüchen **4** 13
Steuerrechtsänderung, Beratungsbedarf **1** 2
Steuerschulden
– bei Nachlassinsolvenz **25** 92
– Erbenhaftung **23** 104
Steuerstrafrecht **37** 1 f.
– Beratungsbedarf **1** 23
– Fremdanzeige **37** 25 f.
– Selbstanzeige **37** 11 f.
– Steuerberichtigung **37** 6 f.
– Verantwortung des Beraters **37** 29
Steuerumgehung, erbschaftsteuerliche **69** 41
Steuerverkürzung
– durch Testamentsvollstrecker **19** 286
– Erblasserverbindlichkeit **35** 89
Steuerverstrickung
– durch letztwillige Verfügung **3** 11
– Privatvermögen **3** 6

Sachverzeichnis

magere Zahlen = Randnummern

Stiefabkömmling, Ausbildungskosten 13 36
Stifter
- ertragsteuerliche Behandlung 39 6, 20
- steuerliche Abzugsmöglichkeiten 39 6, 20

Stiftung 3 51 f.; 38 1 f.
- Anerkennung 38 38
- Aufhebung 38 57
- Auflagenvermächtnis 13 235
- Aufsichtsorgan 38 50
- Ausreichung an Destinatär 32 7
- Ausstattung nach Errichtung 38 49
- Begriff 38 2
- Beirat 38 50
- Beratungsbedarf bei Nachfolgeplanung 1 6
- Beschlüsse 38 56
- besonderer Vertreter 38 51
- Beteiligungsträgerstiftung 38 12, 16
- Bürgerstiftung 38 23
- Doppelstiftung 38 29
- Dotationsquelle 38 12
- Entstehung 38 34 f.
- Erbschaftsteuer bei Errichtung 35 11, 14
- Errichtung durch Testamentsvollstrecker 19 3
- Ersatzerbschaftsteuer 3 52
- Familienstiftung 38 9
- Förderstiftung 38 26
- gemeinnützige 38 5, 45; 39 1 f.
- Gemeinnützigkeit 38 45
- Geschäftsführung 38 54
- Geschäftsjahr 38 59
- Geschäftsordnung 38 54
- Gewerbesteuer 39 14
- Grunderwerbsteuer 39 13
- Grundstockvermögen 38 48
- kirchliche 38 6
- kommunale 38 7
- Körperschaftsteuer 39 14
- Kuratorium 38 50, 56
- lebzeitige Errichtung 38 34, 36
- Mindestgrundstockvermögen 38 48
- Name 38 41
- nichtrechtsfähige 38 27
- öffentliche 38 5
- öffentlich-rechtliche 38 3
- Organe 38 50
- Pflichtteilsergänzung 38 37
- privatnützige 38 5
- privatrechtliche 38 3
- rechtsfähige 38 3
- Rechtsform 38 41
- Satzung 38 40
- Satzungsänderung 38 57
- Selbstzweckstiftung 38 43
- Sitz 38 41
- Sonderformen 38 8
- Spende 38 49
- steuerbegünstigte 39 1 f.
- steuerbegünstigte Spende/Zustiftung an 38 26
- steuerliche Behandlung 39 14
- steuerliche Behandlung Zweckbetrieb 39 14
- Steuerrecht 39 1 f.
- Stiftung & Co. KG 38 30
- Stiftungs-GmbH 38 24
- Stiftungsrat 38 50, 56
- Stiftungsverein 38 24
- Stiftungsvermögen 38 48
- Stiftungszweck 38 42
- Testamentsvollstreckung bei Stiftung von Todes wegen 38 34
- treuhänderische 38 27
- unselbständige 38 27
- Unternehmensträgerstiftung 38 12 f.
- unternehmensverbundene 38 12 f.
- Vereinsrecht 38 56
- Verfügung von Todes wegen 38 27, 34, 36
- Vermögensanfall bei Auflösung der 38 58
- Vertretung der 38 50
- Verwaltungsrat 38 50, 56
- Vorstand 38 50 f.
- Zusammenlegung 38 57
- Zustiftung 38 49
- Zuwendung 38 49
- Zweckverwirklichungsbetrieb 38 12

Stiftung & Co KG 38 30
- steuerliche Behandlung 36 75; 39 32

Stiftung, gemeinnützige 3 52, 53, 1 f.
- Abgrenzung zu Familienstiftung 39 5
- Besteuerung Destinatär 39 17
- Erbschaftsteuer bei Zuwendung an 39 7
- Gemeinnützigkeit 38 45
- Gewerbesteuer 39 14
- Körperschaftsteuer 39 14
- Mittelverwendung 39 3
- nächste Angehörige 39 4
- steuerliche Anerkennung 38 39
- steuerliche Behandlung 39 1 f., 13
- steuerliche Behandlung bei Auflösung 39 16
- Stiftungszweck 38 44
- Umsatzsteuer 39 15
- Wegfall der Steuerfreiheit 39 16

Stiftung, privatnützige 3 52
- steuerliche Behandlung 39 19 f.

Stiftung, unselbständige, steuerliche Behandlung 39 31

Stiftungsausstattung
- Buchwertprivileg bei gemeinnütziger Stiftung 39 6
- Förderstiftung 38 26
- steuerliche Absetzung 38 26
- steuerliche Behandlung bei Familienstiftung 39 20

Stiftungsgeschäft
- Formulierungsmuster 38 36
- Gestaltung 38 35
- unter Lebenden 38 34, 36
- Vermögensausstattung 38 37
- von Todes wegen 38 29, 34

Stiftungs-GmbH 38 24
- Gestaltungsfreiheit 38 25

Sachverzeichnis

fett gedruckte Zahlen = Paragrafen

- steuerbegünstigte Spende/Zustiftung an 38 26
Stiftungsrat 38 50, 56
Stiftungssteuerrecht 39 1 f.
Stiftungsverein 38 24
Stiftungsvermögen 38 48
Stiftungsvorstand 38 50
- Altersgrenze 38 53
- Anzahl der Mitglieder 38 52
- Aufgaben/Befugnisse 38 54
- Beschlussfähigkeit 38 56
- Beschlussfassung 38 56
- Bestellung 38 53
- Einberufung 38 56
- Kooptation 38 52
- Selbstkontrahieren 38 55
Stille Gesellschaft
- Beteiligungsübergang bei Erbengemeinschaft 26 130
- einkommensteuerliche Behandlung 35 217
- erbschaftsteuerliche Bewertung 35 66
Stille Gesellschaft, atypische, steuerliche Behandlung 36 63
Stille Gesellschaft, typische, steuerliche Behandlung 36 62
Stilllegung, durch Nachlassverwalter 24 56, 80
Stimmbindungsvereinbarung, gesellschaftsvertragliche Sicherung bei lebzeitiger Übertragung 32 125
Stimmbindungsvertrag, Internationales Erbrecht 33 167
Stimmgewichtung, gesellschaftsvertragliche Sicherung bei lebzeitiger Übertragung 32 125
Stimmrechtsvollmacht 26 48
Stopp-Preis 46 5, 37
Strafklausel 15 34; 21 2 f.
- Pflichtteilsanspruch bei Berliner Testament 11 94
- Teilungsanordnung 16 24
Strafverfahrenseinleitung, Strafbefreiungsausschluss bei Selbstanzeige 37 22
Streitvermeidung
- Nachlassplanung bei Erbengemeinschaft 26 123 f.
- Schiedsklausel 26 129
- Strategien bei Erbauseinandersetzung 26 54
Streitwert
- Abgabe der eidesstattlichen Versicherung 60 8
- Anfechtungsklage Erbunwürdigkeit 30 36
- Auskunftsklage 60 8
- bei Klagen gegen Erben 60 8
- Duldungsklage 60 8
- Eidesstattliche Versicherung 62 12
- Einwendungsklage 60 19
- Erbunwürdigkeitsklage 56 30
- Feststellungsklage 56 13
- Feststellungsklage bei Erbauseinandersetzungsklage 61 19

- Interventionsklage 60 8
- Klage auf Vorlage Nachlassverzeichnis 60 8
- Klage auf Vornahme einer Grundstücksverfügung 60 16
- Pflichtteilsstreit 62 12
- Schiedsverfahren 67 50
- Stufenklage 66 7
- Stufenklage Erbschaftsherausgabe 63 6
- Vollstreckungsgegenklage 60 8
- Zahlungsklage 60 8
Strengbeweis, Finanzgerichtsprozess 69 109
Strukturierung, Nachlass 1 9
Stückländerei 35 122
Stückvermächtnis 13 46
- Rechtsmangel 13 55
- Sachmangel 13 53
- Umfang 13 48
Studienkosten, Ausgleichspflicht bei Erbauseinandersetzung 26 74
Stufenklage
- Auskunftsanspruch 66 4
- Eidesstattliche Versicherung 66 4
- Eidesstattliche Versicherung bei Pflichtteilsanspruch 62 7
- Formulierungsmuster bei Pflichtteilsanspruch 62 11
- Formulierungsmuster Erbschaftsklage gegen Erbschaftsbesitzer 66 14
- Formulierungsmuster Klageantrag 56 9
- gegen Hausgenossen 66 15
- Klägerherrschaft 66 6
- Risiken 66 5
- Streitwert 62 12; 66 7
- Verjährung 66 3
- Zuständigkeitsstreitwert 62 12
Stufenklage Erbschaftsherausgabe
- Darlegungs-/Beweislast 63 7
- Formulierungsmuster 63 3
- Gebührenstreitwert 63 6
- vorläufiger Rechtsschutz 63 9
- Zuständigkeit 63 4
Stufenklage Pflichtteilsanspruch 62 7
Stummheit
- Beurkundung bei 70 42, 43
- Errichtung öffentliches Testament bei 5 32 f., 35
Stundenhonorar, Vergütungsvereinbarung 2 21
Stundung
- Erbschaftsteuer 35 168
- Erbschaftsteuer bei Betriebsvermögen 69 37
- Pflichtteilsanspruch 29 23
Stundungsvereinbarung, Abfindung bei Ausschlagung 36 281
Stuttgarter Modell, Versorgungsleistung 36 150
Stuttgarter Verfahren 3 40; 40 62
- Bewertung Kapitalgesellschaft 35 27
- Ertragshundertsatz 35 29
- Gemeiner Wert 35 30
- Vermögenswert 35 28

Substanzwert
- Berichtigung nach Maßgabe der Ertragsfähigkeit **46** 22
- Ermittlung **46** 20
- good will **46** 20

Substanzwertverfahren
- Bewertung Einzelunternehmen **46** 19
- Unternehmensbewertung **46** 13, 19

Substitution, Internationales Erbrecht **33** 45
Südafrika, Nachlassspaltung **33** 84
Surrogation
- Nachlassinsolvenzverfahren **25** 37
- Vor-/Nacherbschaft **17** 48

Surrogationsprinzip 26 8
Suspensiveffekt, erbschaftsteuerlicher Einspruch **69** 47, 61

Tadschikistan
- Fortgeltung Deutsch-sowjetischer Konsularvertrag **33** 106
- Nachlassspaltung **33** 84, 106

Tansania, Nachlassspaltung **33** 84
Tante, gesetzliche Erbfolge **4** 40
Tatentdecker 37 34
Tatentdeckung, Strafbefreiungsausschluss bei Selbstanzeige **37** 23
Tätigkeit, außergerichtliche
- Rechtsanwaltshonorar **2** 13, 23
- Vergütungsvereinbarung **2** 23

Tatsachen, nachträgliche, Korrektur Steuerbescheid **69** 29
Taubheit
- Beurkundung bei **70** 42
- Errichtung öffentliches Testament bei **5** 32 f., 35

Taubstummheit, Errichtung öffentliches Testament bei **5** 32 f., 35
Teichwirtschaft, erbschaftsteuerliche Bewertung **35** 70
Teilausschlagung, Erbschaft **11** 144
Teilbetrieb
- erbschaftsteuerbegünstigter Erwerb **35** 121
- gewerbesteuerliche Behandlung der Übertragung **35** 246
- mittelbare Schenkung **36** 19
- Realteilung **35** 198, 202
- steuerlich relevante Fristen **36** 4

Teilentgeltlicher Erwerb, bei Vermögensübergabe gegen Versorgungsleistung **36** 182, 190
Teilerbauseinandersetzung 26 105
- einkommensteuerliche Behandlung bei **35** 205

Teilerbauseinandersetzungsklage 61 20
Teilerbschein 50 26
- gemeinschaftlicher **50** 26

Teilnachfolgeklausel, einkommensteuerliche Behandlung beim Erbfall **35** 186
Teilrechtswahl, Erbstatut **33** 76
Teilung
- Grundstück **26** 64
- im Nachlass befindlicher Erbanteil **26** 66
- persönliche Erblasserunterlagen **26** 67
- Schadensersatzanspruch bei verspäteter **26** 82
- wirtschaftliche wertloser Gegenstände **26** 65

Teilungsanordnung 3 93; **16** 1 f.
- Abgrenzung zu Vermächtnis **13** 10
- Abgrenzung zu Vorausvermächtnis **16** 8
- Anordnungsbefugnisse für Dritte **16** 17
- Anrechnung auf Erbteil **16** 6
- Auflage zur Sicherung **16** 23
- Auswechslung **16** 21
- bedingte Erbeinsetzung zur Sicherung **16** 24
- bei Erbeinsetzung **8** 40
- bei Gesamtrechtsnachfolge **4** 1
- bestimmter Gegenstand **16** 7
- dingliche **33** 67
- drittbestimmte **8** 20
- erbrechtliche Bindung **16** 20
- Erbschaftsteuer **16** 13; **35** 6
- Erbteilungsverbot **16** 15
- formelle **16** 2
- materielle **16** 2
- Minderjährige **42** 65
- Nacherbfolge **16** 19
- Nachlassplanung zur Streitvermeidung bei Erbengemeinschaft **26** 127
- nachträgliche **16** 21
- pflichtteilsberechtigter Erbe **16** 5
- schuldrechtliche Bindung **16** 3
- Sicherung **16** 22
- steuerlich motivierte echte **36** 269
- steuerlich motivierte unechte **36** 270
- Strafklausel zur Sicherung **16** 24
- und Vorausvermächtnis **16** 9
- Wertausgleich **1** 12; **3** 93
- wertverschiebende **16** 4
- wesentliche Änderung der Vermögensstruktur **6** 34

Teilungsmassestreit 25 53
Teilungsplan
- Abwicklungstestamentsvollstreckung **26** 109
- Antrag auf Zustimmung **61** 25
- Aufbau **61** 9
- Erbauseinandersetzung **19** 91; **26** 55
- Erbauseinandersetzungsklage **61** 5 f.
- klageweise Geltendmachung der zum Vollzug erforderlichen dinglichen Erklärungen **61** 13
- Minderjähriger **19** 93
- Nachlassbestand **61** 10
- Nachlassverteilung **61** 11
- Rückstellung der Schulden **61** 8
- Verbindlicherklärung **26** 109

Teilungsreife, Nachlass **61** 6
Teilungsverbot
- Erbauseinandersetzung **26** 57, 111 f.
- Erbengemeinschaft **26** 111

Teilungsverlangen
- Erbengemeinschaft **26** 56, 61
- vertraglicher Ausschluss **26** 60
- zur Unzeit **26** 59

Sachverzeichnis

fett gedruckte Zahlen = Paragrafen

Teilungsversteigerung **61** 31
- Antragsbefugnis **61** 32
- ausstehende bei Erbauseinandersetzungsklage **61** 7
- Bekanntmachung des Termins **61** 41
- Beschlusszustellung **61** 41
- einstweilige Einstellung nach § 765 a ZPO **61** 39
- entgegenstehende Rechte **61** 40
- Formulierungsmuster Antrag **61** 35
- Fristen **61** 41
- Kosten **61** 43
- Miteigentumsanteil **61** 44
- Rechtsmittel **61** 36 f.
- Verfahrenseinstellung nach § 180 Abs. 2 ZVG **61** 37
- Versteigerungserlös **61** 42
- während Erbauseinandersetzungsklage **61** 18
- Wertfestsetzung **61** 36
- Zuständigkeit **61** 33

Teilunwirksamkeitsklausel **7** 22
Teilvergabe, Erbeinsetzung **8** 30
Teilwert, Grundstück **3** 7
Teppich, Bewertung **46** 60
Terminsbestimmung, Testamentseröffnung **52** 13
Testament **5** 1 ff.
- Abgleich mit Gesellschaftsvertrag **3** 60
- Ablieferung bei Nachlassgericht **52** 10
- Abstimmung mit Gesellschaftsvertrag
- Akteneinsicht in eröffnetes **52** 27
- Alleinerbe **5** 4
- amtliche Verwahrung **5** 22
- Änderung **5** 31
- Anfechtung nach ZGB **48** 14
- Aufhebung durch Erbvertrag **9** 28
- Aufhebung durch neues Testament **9** 1 f., 5,23 f.
- Auflage **5** 4; **14** 8
- Auflage nach ZGB **48** 14
- ausländischer Erblasser **5** 26
- Auslandsberührung **5** 26
- Auslegung Erblasserwille **6** 2 f.
- Auslegung nach ZGB **48** 15
- bedingte Enterbung **11** 60
- Behindertentestament **41** 8 f.
- bei Todesbesorgnis **5** 40, 41
- Beratungsbedarf **1** 17, 22
- Berliner Testament **8** 47; **11** 76 f.
- Beseitigung der Aufhebungswirkung **9** 27
- Beweislast Testierfähigkeit **5** 20
- Bindungswirkung früheres **5** 11
- Blindenschrift **5** 28, 33
- Blinder Erblasser **5** 17
- Checkliste Sachverhaltsfeststellung **2** 51
- Datumsangabe **5** 29
- datumsgleich errichtetes **9** 24
- eigenhändiges **5** 2, 28
- Enterbung **5** 4
- Entwurf **5** 21
- ergänzende Auslegung **6** 23 f., 27
- Ergänzung **5** 31
- Eröffnung **52** 1
- Errichtungszeitpunkt **5** 19; **9** 24
- Form **5** 2, 25
- Form für internationale Anerkennung **33** 158
- Formen **5** 28 f.
- Formulierungsmuster **5** 43
- Formverstöße **5** 30
- Frankfurter Testament **8** 49
- Geschiedenen-Testament **3** 28
- Geschiedenentestament **17** 20
- gesetzliche Auslegungsregeln **6** 35 f.
- Haager Testamentsformabkommen **33** 5, 16,80,82
- Heimgesetz **5** 9
- Herausgabepflicht **5** 23
- höchstpersönlich **5** 28
- Hoferbenbestimmung **43** 34
- in Brieform **5** 21
- Inhalt **5** 3
- Kosten **5** 39
- Lesefähigkeit des Erblassers **5** 17
- Material der Urkunde **5** 21
- Mediationsklausel **68** 22
- mehrere bei Nachlassspaltung **33** 160
- Minderjährige **42** 18
- nach ZGB **7** 23; **48** 14
- Nachtrag **5** 31
- nichteheliche Lebensgemeinschaft **12** 6
- Notarkosten **70** 70
- Nottestament **5** 2, 40 f.
- öffentliches **5** 2, 32
- Ortsangabe **5** 29
- postmortale Vollmacht **20** 19
- privatschriftliches **5** 28
- Rechtsfolgen mehrerer **9** 26
- Rückholung des amtlich verwahrten **2** 42
- sachlich abweidendes **9** 25
- Schiedsgerichtsanordnung **67** 16, 22,24,26 f.
- Sittenwidrigkeit **5** 7
- Sonderregelung nach ZGB **5** 24
- steuerliche Gestaltungsaspekte **5** 27
- steuerliche motivierte Gestaltung bei fehlendem/ungültigem **36** 283
- Teilungsanordnung **5** 4
- Teilunwirksamkeitsklausel **7** 22
- Testierfreiheit **5** 3, 14 f.
- Testierwille **5** 21
- unauffindbare Originalurkunde **9** 16
- unfreiwillig verlorenes **9** 14
- Unterschrift **5** 28
- Unterschrift mehrseitiges **5** 30
- unvererbliche Rechte **5** 8
- Veränderung/Vernichtung in Widerrufsabsicht **9** 14
- Vermächtnis **5** 4
- Verzahnungsklausel **33** 97, 160
- Wahl der Testamentsform **5** 37
- Widerruf **5** 11; **9** 1 ff., 4

magere Zahlen = Randnummern

Sachverzeichnis

- Widerruf durch Rückgabe/-nahme 9 19
- Widerruf nach ZGB 9 40
- Widerrufsabsicht 9 17
- Widerrufshandlung 9 15
- Widerrufstestament 9 6 f., 10
- Widerspruch zu nachfolgendem 9 24
- Zentrale Testamentskartei beim AG Berlin-Schoeneberg 45 105
- Zuwendungsverzicht 31 52

Testament, amtlich verwahrtes, Rückgabe 9 19 f.

Testament, außerordentliches, nach ZGB 48 14

Testament, gemeinschaftliches 11 40 f.
- amtliche Verwahrung 11 43
- Anfechtung 11 68 f.
- Aufhebungstestament 5 11
- Auflage 14 8
- Auslegung 6 47, 48; 11 46
- Ausschlagung 11 58
- Ausschlagung des Überlebenden 11 143
- Ausschluss des Erbrechts 11 73
- Befreiung des Vorerben von Beschränkungen 11 114
- bei Auslandsberührung 5 26
- Berliner Testament 11 76 f.
- Bindungswirkung 7 16; 11 45
- Bindungswirkung nach ZGB 5 24
- Bindungswirkung(Übersicht) 10 35
- Deutsch-deutsches Erbrecht 48 12 f.
- Ehegatten 11 27, 40 f.
- eigenhändiges 11 42
- eingetragene Lebenspartnerschaft 12 46
- einseitige Verfügungen 11 48
- einseitiger Widerruf 11 53
- einvernehmlicher Widerruf 11 52
- Errichtung 11 42
- Form 5 2, 25
- Formen 11 42
- Formulierungsmuster 5 44
- gegenseitige Abhängigkeit 11 45
- Hoferbenbestimmung 43 33
- Klage bei missbräuchlicher Schenkung 64 2
- Kosten 5 39
- Lebenspartner 11 27, 40 f.
- nach italienischem Recht 33 83
- nach ZGB 48 14
- Nacherbschaft 11 108
- Nacherbschaft bei 11 61
- neue Lebenspartnerschaft bei 11 116
- nichteheliche Lebensgemeinschaft 12 8
- Nichtigkeit 11 51
- Nießbrauchvermächtnis 11 119
- Notarkosten 70 70
- Nottestament 11 44
- öffentliches 11 43
- Pflichtteilsklausel 11 111
- Pflichtteilsverzicht 29 237
- Pflichtteilsverzicht bei 11 46
- qualifizierte Verfügungen 11 48
- Schiedsgerichtsanordnung 67 32
- Schutz des Bedachten 7 17
- Testamentseröffnung 52 20
- Trennungslösung 11 107 f.
- Verfehlungen des Bedachten 11 64
- Verhalten des Überlebenden nach Erbfall 11 141
- Vermächtnisnehmerstellung des Ehegatten/Lebenspartners 11 122
- vorbehaltliche/r Freistellung/Widerruf 11 65
- Vorerbschaft bei 11 61, 108
- wechselbezügliche Verfügungen 11 47
- Wegfall Bindungswirkung 11 63
- Widerruf 5 11; 9 4, 30
- Widerruf einseitiger Verfügungen 9 29
- Widerruf nach Tod des anderen Ehegatten 9 38
- Widerruf nach ZGB 9 41
- Widerruf wechselbezüglicher Verfügungen 9 31 f.
- Widerruf zu Lebzeiten des anderen Ehegatten 9 32
- Widerrufserklärung 9 33
- Wiederverheiratung bei 11 116
- Wiederverheiratungsklausel 11 66

Testament, konsularisches, Widerruf bei Rückgabe 9 19

Testament, notarielles 5 32
- amtliche Verwahrung 70 38
- Beurkundungsverfahren 70 35
- Beweiskraft 70 36
- Errichtung 5 2, 25
- Kosten 5 39; 70 39
- nach ZGB 7 23
- Widerruf bei Rückgabe 9 19

Testament, öffentliches 5 32
- Beurkundungsverfahren 70 35
- Errichtung bei Mehrfachbehinderung 5 34
- Errichtung durch Blinden 5 33
- Errichtungszeitpunkt 5 19
- Form 5 2
- Gebärdensprachdolmetscher 5 36
- Kosten 70 39
- Übergabe einer Schrift 5 33
- Veränderung/Vernichtung in Widerrufsabsicht 9 14
- Verwahrung 5 22
- Widerruf bei Rückgabe 9 19
- Wideruftestament 9 6

Testament, privatschriftliches 5 28

Testament, vermutetes, eidesstattliche Versicherung bei 5 23

testamentary trust 33 50
- Erbschaftsteuer bei Errichtung 35 11

Testamentsanfechtung, Gegenstandswert 2 12

Testamentsauslegung
- Änderung der Vermögensstruktur
- Änderung volkswirtschaftlicher Rahmendaten 6 31
- Auslegungsvertrag 6 50 f.
- bedingte/-fristete Zuwendung 6 43
- Beweislast 6 60

Sachverzeichnis

fett gedruckte Zahlen = Paragrafen

- ergänzende **6** 23 f., 27
- Erblaserwille **6** 2
- Ersatzerbenbestimmung bei Vorversterben **6** 28
- Fortentwicklung der Rechtslage **6** 30
- gesetzliche Regeln **6** 35 f.
- Grundsätze **6** 2
- pauschale Formulierung **6** 44
- prozessuale Hinweise **6** 59 f.
- unabsehbares Verhalten des Bedachten **6** 33
- ungenaue Formulierung **6** 41
- Vermutung stillschweigender Erbeinsetzung **6** 37
- Wegfall bedachter Kinder vor Testamentserrichtung **6** 45
- Wegfall Bedachter nach Testamentserrichtung **6** 37
- wohlwollende **6** 46
- Zuwendung an gesetzliche Erben **6** 41
- Zuwendung an Verwandte **6** 44

Testamentserbe, Ermittlung **52** 24
Testamentseröffnung 52 1 f.
- amtlich verwahrtes Testament **5** 22; **52** 9
- behördlich verwahrtes Testament **52** 11
- Benachrichtigung nicht anwesender Beteiligter **52** 16
- Erbvertrag **52** 11, 20
- Eröffnungstermin **52** 15
- Gegenstand **52** 8
- gemeinschaftliches Testament **52** 20
- Grundbuchberichtigung **52** 19
- Kosten **52** 7; **70** 39
- Ladung der Beteiligten zur **52** 13
- Mitteilung an Finanzamt **52** 18
- notariell verwahrtes Testament **52** 11
- privat verwahrtes Testament **52** 10
- Rechtsbehelf **52** 5
- Rechtsfolgen **52** 18
- Terminsbestimmung **52** 13
- Tod des Erblassers **52** 12
- Verfahren **52** 13 f.
- Zuständigkeit **52** 2

Testamentsfälschung, Beratungsbedarf **1** 22
Testamentsform, Wahl der **5** 37
Testamentsrückgabe
- an Erblasser persönlich **9** 21
- Anfechtung **9** 22
- Widerruf der **9** 22
- Widerruf durch **9** 19

Testamentsurkunde, Vernichtung in Widerrufsabsicht **9** 14
Testamentsverwahrung, nach ZGB **7** 23
Testamentsvollstrecker
- Abgabe Erbschaftsteuererklärung **69** 13
- Abwicklung Personengesellschaft **19** 232
- Abwicklungstestamentsvollstreckung **19** 88 f.
- Aktivklage des **59** 4 f.
- als Bestimmungsberechtigter **19** 3
- als Schiedsrichter **19** 3
- Amtstheorie **19** 9

- Amtsübertragung **19** 137
- Änderung Gesellschaftsvertrag **19** 261
- Anhörung der Erben **19** 91
- Annahmeerklärung **3** 22; **19** 56
- Anstandsschenkung **19** 120
- Antrag Nachlassverwaltung **24** 13
- Aufnahme Nachlassinventar **19** 86
- Aufwendungsersatz **19** 191
- Aufzeichnungspflicht **45** 22
- Auseinandersetzungsplan bei Beteiligung Minderjähriger **42** 122
- Auseinandersetzungsvereinbarung bei Beteiligung Minderjähriger **42** 125
- Auseinandersetzungsvertrag **19** 92
- Ausgliederung zur Neugründung **19** 229
- Auskunftsanspruch **45** 54 f.
- Auskunftsanspruch bei ausgleichspflichtiger Zuwendung **45** 90
- Auskunftsanspruch des Erben **19** 143
- Auskunftsanspruch gegen Erben **19** 69
- Auskunftspflicht bei Beteiligung Minderjähriger **42** 118
- Auskunftspflichten **45** 54 f.
- ausländisches Erbstatut **33** 64
- Außerkraftsetzung der Erblasseranordnung **19** 112
- Austritt aus Gesellschaft **19** 34
- Ausübung erbschaftsteuerlicher Wahlrechte **19** 295
- Bank als **19** 47
- Beendigung des Amtes **19** 8
- Beendigung des Testamentsvollstreckeramtes **19** 201 f.
- Beendigung durch Vereinbarung mit Erben **19** 213
- Befugnisse **19** 67 f.
- bei höchstpersönlichen Rechten(des Erben) **19** 33
- bei Nachlassinsolvenz **19** 83; **25** 112
- Berichtigung der Steuererklärung des Erblassers **19** 285
- Beschränkung **19** 21
- Bestimmung nach ZGB **48** 14
- beurkundender Notar als **19** 46
- Bezahlung Erbschaftsteuer **19** 298
- Bezugsrechtsausübung **19** 270
- Delegation von Aufgaben **19** 136
- Durchführung der Auseinandersetzung **19** 89
- eigennütziges Verhalten **19** 205
- eingeräumte Rechte **3** 15
- einkommensteuerliche Behandlung der Erbauseinandersetzung **19** 95
- Einschränkung der Nachlassverwaltung **19** 98 f.
- Entlassung des **19** 203
- Entlastung **19** 153
- Entnahme Testamentsvollstreckervergütung **19** 185
- Erbauseinandersetzung **26** 107
- Erbe als **19** 44

magere Zahlen = Randnummern **Sachverzeichnis**

- erbrechtliche Schranken der Verwaltungsbefugnis **19** 260
- Erbschaftsanspruch **27** 6
- Erbschaftsteuer **19** 290 f.
- Erbschaftsteuerbescheid **19** 296
- Erbschaftsteuererklärung **19** 292
- Erbteilung durch **16** 17
- Erfüllung Pflichtteilsansprüche **3** 24
- Ermächtigung des Erben zur Prozessführung **59** 11
- Ernennung **19** 53
- Ersatztestamentsvollstrecker **19** 54
- Erträgnisverwendung **19** 110
- Freigabe von Nachlassgegenständen **3** 25; **19** 100
- gegenständliche Begrenzung **19** 99, 100
- Gerichtsstand **59** 16, 28
- Geschäftsführer Kapitalgesellschaft **19** 267
- gesetzliches Schuldverhältnis zwischen Erbe und **19** 133 f.
- Grenzen der Rechtsmacht **19** 29
- Grundstücksverkehr **19** 131
- Haftpflichtversicherung **19** 162, 193
- Haftung **3** 26
- Haftung Amtsführung **19** 154 f.
- Haftung bei Aufgabenübertragung **19** 138
- Haftung bei Informationspflichtverletzung **19** 142
- Haftung bei Rechtsstreit **59** 3
- Haftung bei Umwandlung **19** 240
- Haftung bei Vor-GmbH **19** 276
- Haftung Fremdverwaltung Personengesellschaft **19** 240
- Haftung mehrerer **19** 160
- Handeln für Minderjährige **19** 93
- Herausgabeklage **19** 69
- höchstpersönliche Amtsausübung **19** 136
- Inbesitznahme des Nachlasses **19** 68
- Informationspflicht **19** 139
- insolvenzrechtliche Prüfung **19** 82
- Interessenkollision **19** 205
- Kapitalerhöhung bei Kapitalgesellschaft **19** 269
- Kapitalerhöhung bei KG **19** 263
- Konstituierung des Nachlasses **19** 67
- Kündigung **19** 202
- Legitimation **51** 6
- Maßgeblichkeit von Erblasseranordnungen **19** 109
- mehrere **19** 51
- Missachtung Erblasseranordnung **19** 111
- Mitgliedschaftsrechte Personengesellschaft **19** 257
- mitwirkendes verschulden des Erben **19** 161
- Nachlass als Gegenstand der Verwaltung **19** 29
- Nachlassauseinandersetzung bei Beteiligung Minderjähriger **42** 120
- Nachlassverwaltung **19** 85, 96 f.
- Nachlassverzeichnis **19** 70; **45** 57, 62
- Nachweis des Amtes **19** 61
- Neugründung Kapitalgesellschaft **19** 272
- ordnungsgemäße Nachlassverwaltung **19** 104
- Partei kraft Amtes **59** 2
- Passivklage gegen **59** 17 f.
- Person des **19** 42 f.
- persönliche Klage gegen **59** 33
- Pflichten **19** 67 f.
- Prozessführungsbefugnis **19** 7
- Prozessführungsbefugnis bei Aktivklage **59** 4 f.
- Prozessführungsbefugnis bei Passivprozess **59** 17 f.
- Prozesskostenhilfe **59** 3
- Rechenschaftspflicht bei Beteiligung Minderjähriger **42** 118
- Rechnungslegung durch **45** 58
- Rechnungslegungspflicht **19** 147
- rechtliche Stellung des **19** 9 f.
- Rechtsbehelfe Erbschaftsteuerbescheid **19** 297
- Rechtsgeschäfte vor Annahme **19** 60
- Rechtsmacht **1** 3
- Schenkungsversprechen des **19** 116
- Selbstkontrahieren **19** 123, 267
- Steuerberater als **19** 47
- Steuererklärung für Erblasser **19** 284
- Steuererklärungspflicht **69** 19
- Steuerhinterziehung/-verkürzung **19** 286
- steuerliche Haftung **19** 286, 289
- steuerliche Pflichten **19** 279 f.
- steuerliche Pflichten bei Fortführung Einzelunternehmen **19** 304
- steuerliche Pflichten nach Erbfall **19** 301
- steuerliche Rechtsmittel für Erblasser **19** 288
- Steuern des Erblassers **19** 282
- Steuerpflichten **3** 26
- steuerrechtliche Pflichten **19** 87
- Steuerzahlungen/-erstattungen **19** 289
- Streit unter Erbprätendenten **19** 81
- Teilungsplan **19** 91
- Testamentsvollstreckerzeugnis **19** 61
- tiefgreifende Feindschaft mit Erbe **19** 205
- Treuhandlösung bei Verwaltung Einzelunternehmen **19** 218, 222
- Überprüfung letztwilliger Verfügungen des Erblassers **19** 80
- Umgründung Einzelunternehmen **19** 229
- Umwandlung Gesellschaftsanteil **19** 34
- Umwandlung in Kapitalgesellschaft **19** 272
- unentgeltliche Verfügung **19** 120
- Unfähigkeit **19** 204
- Unterrichtung der Erben **45** 55, 56
- Vereinbarkeit mit Rechtsberatungsgesetz **19** 47
- Vereinbarungen der Erben **19** 94
- Verfügungsbefugnis **19** 119
- Verfügungsbefugnisbeschränkung **19** 127
- Vergütung **2** 10; **3** 21; **19** 164 f.
- Vergütung bei Unternehmensvermögen **40** 170

Hagen 1879

Sachverzeichnis

fett gedruckte Zahlen = Paragrafen

- Vergütung bei Wegfall **19** 166
- Vergütung des vermeintlichen **19** 166
- Verhältnis zu Nachlassgericht **19** 11
- Verjährung Schadensersatzanspruch gegen **19** 163
- Vermögensanlage **19** 106
- Verpflichtungsbefugnis **19** 113 f.
- Verwaltung des Nachlasses **19** 96 f.
- Verwaltung Personengesellschaftsanteil **19** 32
- Vollmacht an **3** 16
- Vollmachten des **19** 136
- Vollmachtlösung bei Verwaltung Einzelunternehmen **19** 220, 223
- Vollziehung einer Auflage **14** 7, 28
- Vorlage Bestandsverzeichnis an Erben **19** 145
- vorläufige Entlassung **59** 37
- Vorschenkungen **19** 294
- Zeugnisverweigerungsrecht **59** 3
- Zurückbehaltungsrecht wegen Vergütung **19** 186

Testamentsvollstreckerbenennung, Notarkosten 70 71

Testamentsvollstreckervergütung 19 164 f.
- Abschlussgebühr **19** 172
- Angemessenheit **19** 168
- Aufwendungsersatz **19** 191
- Auseinandersetzungsgebühr **19** 172
- bedingtes Vermächtnis **19** 165, 198
- bei Geschäftsbetrieben **19** 178
- bei Unternehmen **19** 178
- Besteuerung **19** 194
- Dauertestamentsvollstreckung **19** 177
- Doppelbesteuerung bei überhöhter **35** 7
- Einkommen-/Erbschaftsteuer **19** 197
- Entnahme **19** 185
- Fälligkeit **19** 184
- Formulierungsmuster **19** 200
- Gegenüberstellung der Tabellen **19** 179, 181
- Geltendmachung **19** 184
- gerichtliche Geltendmachung **19** 189
- im Nachlassinsolvenzverfahren **19** 190
- Konstituierungsgebühr **19** 172
- mehrere Testamentsvollstrecker **19** 182
- Möhring'sche Tabelle **19** 175
- Neue Rheinische Tabelle **19** 173, 176
- Regelgebühr **19** 172
- Rheinische Tabelle **19** 173
- Schuldner der **19** 183
- steuerliche Abzugsfähigkeit **19** 307
- Teilzahlung **19** 184
- Umsatzsteuer **19** 194
- unangemessen hohe **19** 165, 198; **35** 7
- Vergütungsgrundbetrag **19** 177
- Verjährung **19** 187
- Verwaltungsgebühr **19** 172
- Verwirkung **19** 188
- Wertgebühr **19** 170
- Zeitmodelle **19** 169
- Zurückbehaltungsrecht wegen **19** 186
- Zuschläge **19** 177

Testamentsvollstreckervermerk 13 243
- Einzelunternehmen **19** 220
- Grundbuch **19** 65
- Handelsregister **19** 66, 220, 255
- im Erbschein **19** 62
- in öffentlichen Registern **19** 62
- Personengesellschaft **19** 255

Testamentsvollstreckerzeugnis 3 22, 61; **51** 1 f.
- Anerkennung des ausländischen **33** 127
- Anhörung der Erben **51** 14
- Antrag **51** 9, 12
- Antragsberechtigte **51** 11
- bedingte/befristete Testamentsvollstreckung **15** 5
- bei Amtsende des Testamentsvollstreckers **51** 27
- bei Auslandsberührung **51** 30
- Beratungsbedarf **1** 20
- Einziehung **33** 126; **51** 26
- Erteilung **33** 126
- Erteilungsverfahren **51** 13
- Formulierungsmuster Antrag auf Erteilung **51** 10
- Fremdrechttestamentsvollstreckerzeugnis **33** 126
- Inhalt **51** 17
- Kosten **51** 6, 16
- Kraftloserklärung **51** 26
- Nachweis Verfügungsbefugnis **19** 132
- Notarkosten **70** 77
- Rechtsmittel **51** 23
- Rechtswirkungen **51** 2
- über Fortbestehen der Testamentsvollstreckung **51** 28
- Verhältnis zu Erbschein **51** 7
- Vorbescheid **51** 15
- Zuständigkeit **51** 8
- Zuständigkeit Amtsgericht für eidesstattliche Versicherung **70** 1

Testamentsvollstreckung 3 12 f.; **19** 1 f.
- Abfindungsanspruch Personengesellschaftsanteil **19** 233
- Abgrenzung zu trans-/postmortaler Vollmacht **20** 13
- Abgrenzung zu Vormund **18** 9
- Abgrenzung zur postmortalen Vollmacht **19** 22 f.
- Abwicklungsvollstreckung **19** 5; **26** 107
- Annahmeerklärung **3** 22
- Anordnung **3** 13; **19** 35 f.
- Anordnung, unwirksame **19** 39
- Anordnungsform **19** 37
- atypische Kommanditbeteiligung **19** 264
- Aufgaben **19** 14 f.
- Auflage **14** 28
- Aufstockung bestehender Personengesellschaftsbeteiligung des Erben **19** 256
- Auseinandersetzungsvollstreckung **19** 5

magere Zahlen = Randnummern

Sachverzeichnis

- Auskunftsobliegenheiten 45 54 f.
- Auskunftsrecht bei 45 6
- Ausschlagung der Erbschaft 3 18
- Ausschlagung der Erbschaft durch Pflichtteilsberechtigten 3 18
- Ausweis Bedingung/Befristung 15 5
- beaufsichtigende 19 21, 98
- Beendigung 19 208
- Beendigung bei Beteiligung Minderjähriger 42 127
- Beendigung durch Vereinbarung 19 213
- Behindertentestament 19 2; 41 19
- bei Beteiligung Minderjähriger 42 113 f.
- bei Erbeinsetzung 8 41
- bei faktischer Nachlassspaltung 19 316
- bei Gesamtrechtsnachfolge 4 1
- bei minderjährigem Erbe
- bei Stiftung von Todes wegen 38 34
- bei Vermächtnis 19 239
- Beratungsbedarf 1 27
- Beratungscheckliste 19 36
- Beschränkungsvermerk 19 64
- Beteiligung an Personengesellschaft 3 17
- BGB-Gesellschaftsanteil 19 248
- Dauertestamentsvollstreckung 19 5
- Durchführung 3 22 f.
- Einbeziehung Lebensversicherung in 19 31
- Einzelunternehmen 19 216 f.
- Erbenhaftung 23 63
- Erbschaftsteuer 19 290
- Erbschaftsteuererklärung 19 292
- Erbstatut 33 161
- Ergänzung durch trans-/postmortale Vollmacht 20 8 f.
- Ergänzungspflegschaft 19 45
- Ersatztestamentsvollstrecker 3 19
- Freigabe von Nachlassgegenständen 19 100
- für Nacherben bis Eintritt Nacherbfall 17 132
- GbR-Anteil 19 248
- gegenständliche Beschränkung 19 21, 99, 100
- Geltendmachung von Ansprüchen gegen Erben 59 23
- Geltendmachung von Pflichtteilsansprüchen 59 25
- Geltungsdauer 5 5
- Gerichtsstand 59 16, 28; 60 10
- gesetzliche Regelung 19 5
- Gewinnanspruch Personengesellschaft 19 246
- grenzüberschreitende 33 161
- Grundbuchberichtigung 55 11
- Gründe für 19 2
- Grundstücksverkehr 19 131
- Handelsgeschäft 3 17
- In-Sich-Geschäfte 3 15
- internationales Erbrecht 19 314
- Kapitalgesellschaftsanteil 19 265
- Klagen im Zusammenhang mit 59 1 f.
- Kommanditanteil 19 253
- Komplementärbeteiligung 19 235 f.
- Konstituierung des Nachlasses 19 67
- Nacherbentestamentsvollstreckung 19 8
- Nacherbschaft 17 131
- Nachfolgeklausel Personengesellschaft 19 234
- Nachlass als Gegenstand der Verwaltung 19 29
- Nachlassfreigabe 3 25
- Nachlassplanung zur Streitvermeidung bei Erbengemeinschaft 26 126
- Nachlassverzeichnis 3 23
- Neugründung von/Umwandlung auf Kapitalgesellschaft 19 272
- OHG-Beteiligung 19 235 f.
- Personengesellschaft 19 231 f., 244
- Pflichtteilsbeschränkung 19 20
- Pflichtteilsstreit 62 13
- Prozessführungsbefugnis des Erben 59 11
- Rechnungslegung 19 147
- Rechnungslegung durch Testamentsvollstrecker 45 58 f.
- Rechte 3 15
- Rechtskraftwirkung Klageentscheidung 59 15, 29
- Schenkung 3 16
- Schutz des ererbten Vermögens 19 2
- Sicherstellung Unternehmensführung 19 3
- Sondernachfolge außerhalb des Erbrechts 19 30
- Steuerpflichten 3 26
- Steuerrecht 19 279 f.
- Stiftung 19 3
- Testamentsvollstrecker 19 42 f.
- Überwachung bei Behindertentestament 41 22
- Umsatzsteuer 3 21
- Umwandlungsklausel 19 251
- Unternehmensvermögen 40 169
- unternehmerische Vermögenswerte 19 215 f.
- Verfügungsbeschränkung der Erben 19 128
- Vergütungsregelung 3 21
- Verhältnis zu Vormundschaftsgericht 19 13
- Verlängerung der Höchstdauer 19 212
- Vermächtnisvollstreckung 19 8
- Vermerk in öffentlichem Register 19 62
- Vermögensanlage 3 27
- Verwaltungs- 19 2
- Verwaltungstestamentsvollstreckung 19 5
- Verwaltungsvollmacht 14 12
- Verwirklichung steuerlicher Gestaltungen 19 3
- Vollmacht 3 16
- Vor-/Nacherbschaft 3 20; 17 134
- Vorerbe 17 100
- Vorerbschaft 17 130
- Vorlage Bestandsverzeichnis 19 145
- Wechselwirkung mit trans-/postmortaler Bevollmächtigung 20 15
- Weisungsgeberlösung bei Personengesellschaft 19 247

Hagen 1881

Sachverzeichnis

fett gedruckte Zahlen = Paragrafen

- Zahlungsklage gegen Testamentsvollstrecker bei **60** 15
- Zeitablauf **19** 209
- zeitliche Dauer **19** 6
- Zeugnis über Fortbestehen der **51** 28
- Zielsetzung des Erblassers **19** 36
- zur Erfüllung des Vermächtnisses **13** 325
- Zwangsvollstreckung **59** 30

Testamentswiderruf, Notarkosten **70** 73
Testierfähigkeit 5 14
- bei Betreuung **5** 18
- Beratungsbedarf **1** 22
- Beurteilungszeitpunkt **5** 19
- Beweislast **5** 20
- Erblasser **7** 7
- Erbstatut **33** 49
- Errichtungsstatut **33** 47
- Geschäftsfähigkeit **5** 15
- Lesefähigkeit **5** 17
- Minderjährige **5** 14
- nach ZGB **7** 23; **48** 13
- Nachweis **5** 20
- partielle Unfähigkeit **5** 15
- Sachverständigengutachten **5** 20
- undatierte Verfügung **5** 31
- Widerrufstestament **9** 7

Testierfreiheit 4 15; **5** 3, 14 f.
- Bindungswirkung letztwilliger Verfügungen **5** 11
- Feststellung von Einschränkungen **2** 54
- gesellschaftsrechtliche Beschränkung **5** 12
- HeimG **5** 9
- Höferecht **5** 10
- Schranken **5** 6 f.

Testierunfähigkeit, vorsätzliche Herbeiführung **30** 11
Testierwille 5 21; **7** 4
- Auslegung **7** 4
- mehrere Verfügungen am gleichen Tag **5** 21

Thailand, Nachlassspaltung **33** 84
Theorie der bewusst geplanten Doppelgesellschaft 36 137
Tier
- Auflage zugunsten **14** 9
- Vermächtnis **13** 43

Tierhaltung 43 9
Tierhaltung, gemeinschaftliche, erbschaftsteuerliche Bewertung **35** 70
Tierheim, Auflage zugunsten **14** 9
Titelumschreibung, Formulierungsmuster bei Zwangsvollstreckung **59** 32
Tochtergesellschaft, Einbringung **40** 50
Tod, Wegfall Stammelternteil **4** 35
Todesbesorgnis, Nottestament bei **5** 40, 41
Torfstich, erbschaftsteuerliche Bewertung **35** 69
Totalvorbehalt, Erbvertrag nichteheliche Lebensgemeinschaft **12** 20
Tötung, vorsätzliche, Erbunwürdigkeit **30** 9
Tötungsversuch, Erbunwürdigkeit **30** 10
Transplantationsgesetz 13 45

Traueranzeige, Erbfallschulden **23** 17
Trauerfeierlichkeit, Erbfallschulden **23** 17
Trennungslösung 29 46
- Jastrow'sche Klausel bei **21** 27

Trennungstheorie, bei teilentgeltlicher Übertragung **35** 224
Treuhand
- Fremdverwaltung Einzelunternehmen **19** 218, 222
- Vollrechtsnießbrauch Personengesellschaftsanteil **13** 124

Treuhänder
- erbschaftsteuerliche Anzeigepflicht **69** 11
- steuerliche Anzeigepflicht bei Erbfall **37** 3

Treuhandkonto, steuerliche Anzeigepflicht bei Erbfall **37** 3
Treuhandverhältnis, erbschaftsteuerliche Bewertung Sachleistungsanspruch **35** 38
Trinidad und Tobago, Nachlassspaltung **33** 84
Trunksucht, Pflichtteilentziehung **29** 63
Trust 34 41 f.
- Auflösung der Vermögensmasse **34** 47
- Ausschüttungen **34** 44
- Besteuerung **34** 42
- Erbschaftsteuer **36** 80
- Erbstatut **33** 50
- Errichtung der Vermögensmasse **34** 42
- laufende Besteuerung **34** 43
- steuerliche motivierte Gestaltung **36** 80
- Unternehmensnachfolge **3** 57
- vorzeitige Errichtungsbesteuerung nach DBA USA/D **34** 56

Tunesien, Anerkennungs- und Vollstreckungsabkommen mit **33** 115
Türkei
- Deutsch-türkischer Konsularvertrag **33** 103
- Nachlassspaltung **33** 84, 104

Überbeglaubigung 70 6
Überentnahme, Nachversteuerung **35** 148
Übergabe einer Schrift, Verfügung von Todes wegen **70** 43
Übergabevertrag
- Nachlassplanung zur Streitvermeidung bei Erbengemeinschaft **26** 124
- vorweggenommene Erbfolge **29** 224

Übergabevertrag, landwirtschaftlicher, Altenteil **32** 61
Übergangsvollmacht 20 5
- Formulierungsmuster **20** 6

Überlebendbedingung, Schenkung **32** 34
Überleitung, Anspruch auf Sozialhilfeträger **41** 2
Übermaßfrüchte, bei Vor-/Nacherbschaft **17** 81
Übernahmeerklärung 16 10
Übernahmeklausel
- einkommensteuerliche Behandlung beim Erbfall **35** 182
- Erbschaftsteuerbegünstigung bei **35** 124
- erbschaftsteuerliche Bewertung **35** 64

Übernahmepreis, Bewertung Landgut **46** 67

1882 *Hagen*

magere Zahlen = Randnummern **Sachverzeichnis**

Übernahmerecht
– bestimmter Gegenstand **16** 10
– Frist **16** 12
Übernahmewert 16 11
Überschuldung
– Nachlass **1** 25; **23** 29, 49
– Nachlassinsolvenzverfahren **25** 17
– Pflichtteilsbeschränkung **29** 71
– Unzulänglichkeitseinrede **23** 49
Überschuldungsstatus, Muster **25** 19
Überschwerungseinrede 23 50
Übertragbarkeit, Nießbrauch **49** 24 f.
Übertragung, Lebensversicherung durch Vertragsübernahme **47** 23
Übertragung, lebzeitige
– gesellschaftsvertragliche Sicherungs-/Kontrollinstrumente **32** 125
– Hof **43** 25 f.
– Sicherungsinstrumente **32** 107 f.
Übertragung, mittelbare, beschränkte Erbschaftsteuerpflicht **34** 23
Uganda, Nachlassspaltung **33** 84
Uhren, Erbschaftsteuerbefreiung **35** 102
Ukraine
– Fortgeltung Deutsch-sowjetischer Konsularvertrag **33** 106
– Nachlassspaltung **33** 84, 106
Umbau, Haus bei Nießbrauch **49** 41
Umdeutung, Erbenbestimmung **8** 12
Umfang, Erbstatut **33** 48
Umgehungsgeschäft, Vorkaufsrecht Erbanteil **26** 21
Umgründung, Einzelunternehmen **19** 227
Umqualifizierung, freiberufliche Praxis beim Erbfall **35** 189
Umqualifizierung, gewerbesteuerliche, Freiberufliche Praxis bei Erbfall **35** 245
Umsatzsteuer 35 250
– bei Betriebsverpachtung **36** 126
– bei Testamentsvollstreckervergütung **19** 194
– gemeinnützige Stiftung **39** 15
– Grundstückseinbringung in Familiengrundbesitzgesellschaft **36** 26, 35
– Sachentnahme Betriebsvermögen **35** 252
– Testamentsvollstreckervergütung **3** 21
Umschichtung
– bei Vermögensübergabe gegen wiederkehrende Leistung **36** 184, 194 f.
– in nicht existenzsicherndes Vermögen **36** 197
Umwandlung
– Einzelunternehmen durch Testamentsvollstrecker **19** 227
– Familienstiftung in gemeinnützige Stiftung **39** 24
– GbR-Anteil in Kommanditanteil **19** 250
– in Kapitalgesellschaft durch Testamentsvollstrecker **19** 272
– Nachsteuertatbestände **35** 153
– Personengesellschaft durch Testamentsvollstrecker **19** 240

– steuerlich relevante Fristen **36** 4
– steuerliche motivierte U. in Betriebsvermögen **36** 41
– Unternehmen **1** 9
Umwandlung, formwechselnde, Nachsteuertatbestände **35** 154
Umwandlung in Betriebsvermögen
– steuerlich motivierte **36** 41
– steuerliche Behandlung **36** 46
Umwandlungsklausel 19 251
Unbedenklichkeitsbescheinigung
– erbschaftsteuerliche **34** 28
– Hinweispflicht des Notars **70** 28
Undank, grober, Rückforderung Schenkung **32** 80
Unentgeltlichkeit, Begriff **19** 121
Unfähigkeit, Testamentsvollstrecker **19** 204
Unfallversicherung, Erbschaftsteuer **35** 10
Universalsukzession 4 1; **26** 6
– Erbeinsetzung **8** 1
Universalvermächtnis 8 18; **13** 184
Universität, Auflage zugunsten **14** 9
Unland, erbschaftsteuerliche Bewertung **35** 69
Unmöglichkeit
– Auflage **14** 35
– Bedingung **15** 25, 47
– letztwillige Verfügung **7** 14
– Verschaffungsvermächtnis **13** 79
Unrichtigkeit, Einziehung Erbschein **33** 125
Unrichtigkeit, offenbare, Korrektur Steuerbescheid **69** 27
Untätigkeitsklage
– erbschaftsteuerliche **69** 48, 68
– Vorverfahren **69** 76
Unterbeteiligung, atypische, steuerliche Behandlung **36** 67
Unterbeteiligung, mitunternehmerische, einkommensteuerliche Behandlung **35** 218
Unterbeteiligung, typische, steuerliche Behandlung **36** 66
Unterbrechung, Prozess bei Anordnung Nachlassverwaltung **24** 34
Unterhalt
– Dreißigster **4** 55
– geschiedener Ehegatte **13** 37
Unterhaltsanspruch
– im Erbfall **11** 146
– Vererblichkeit **4** 8
– Vermächtnis **13** 104
Unterhaltsberechtigter, als Versicherungsnehmer Lebensversicherung **47** 131
Unterhaltsentgelt
– erbschaftsteuerbefreites **35** 111
– Freibetrag **35** 111
Unterhaltsleistung
– Begriff **36** 205
– einkommensteuerliche Behandlung **35** 239
– Vermögensübergabe gegen **36** 205 f.
– Vermögensübergabe gegen wiederkehrende Leistung **36** 151

Hagen   1883

Sachverzeichnis

fett gedruckte Zahlen = Paragrafen

Unterhaltsleistungen, einkommensteuerliche Behandlung **35** 229
Unterhaltsrente, einkommensteuerliche Behandlung **35** 214
Unterhaltsverbindlichkeit, Vererblichkeit **4** 8
Unterhaltsverpflichtung, bei Erbfall bestehende **11** 146
Unterhaltszahlung, Verpflichtung der Erben zur **11** 146
Unterhaltszuwendung
– einmalige **35** 111
– lebzeitige erbschaftsteuerbefreite **35** 111
– Schuldenerlass **35** 110
Unterlassungsanspruch, Internationales Erbrecht **33** 72
Unterlassungsverpflichtung
– bei Schenkung **32** 40
– Vererblichkeit **4** 6
Unternehmen
– Einbringung **40** 51
– Ertragsnießbrauch an **36** 221
– steuerliche Behandlung Vermächtnisnießbrauch **36** 239
– Vererblichkeit **4** 12; **40** 14 f.
– Vererbung **40** 1 f.
Unternehmen, ausländisches, Vererbung **40** 161
Unternehmensaufgabe **35** 142, 144
Unternehmensbeteiligung
– Auskunftsanspruch Pflichtteilsberechtigter **29** 173
– Beteiligungsübergang bei Erbengemeinschaft **26** 130 f.
– Pflichtteilsanspruch bei **29** 181 f.
– Vererblichkeit **4** 12
Unternehmensbewertung **46** 13
– Bewertungsstichtag **46** 15
– Einzelunternehmen **46** 16 f.
– Ertrag-/Substanzwertverfahren **46** 22
– Ertragswertverfahren **46** 13, 17
– good will **46** 14, 20
– hypothetische Veräußerungskosten **46** 23
– Kapitalgesellschaft/-santeil **46** 31
– latente Steuern **46** 23
– Liquidationswertverfahren **46** 13, 25
– Managementfaktor **46** 14
– nicht betriebsnotwendiges Vermögen **46** 178
– Personengesellschaft/-santeil **46** 28
– Stille Reserven **46** 18
– Substanzwertverfahren **46** 13, 19
– Vinkulierungsklausel **46** 32
Unternehmensfortführung, Beratungsbedarf bei Nachfolgeplanung **1** 6
Unternehmensführung, Auflagen bei Unternehmensnachfolge **40** 134
Unternehmensnachfolge
– Alleinerbe **40** 127
– an Erbengemeinschaft **40** 147
– Auflagen an Unternehmensführung **40** 134
– ausländische Beteiligungen/Unternehmen **40** 161

– Auswahl Unternehmensnachfolger durch Dritte **40** 155
– Beratungsbedarf **1** 6
– Bestimmung des Nachfolgers durch Dritte **13** 285
– durch Vermächtnis **40** 137 f.
– Eigentümerstellung **40** 4
– einfache Nachfolgeklausel **40** 32
– einkommensteuerliche Aspekte **40** 67
– Einsetzung Aufsichts-/Beratungsgremien **40** 55
– Eintrittsklausel **40** 38
– Einzelunternehmen **19** 227
– erbschaftsteuerliche Aspekte **40** 58
– Erbvertrag **10** 20
– Ersatzerbe **40** 130
– Familientage **40** 8
– finanzielle Belastungen durch Erbfall **40** 5, 12
– Fortsetzungsklausel **40** 29
– Frankfurter Testament **8** 49
– gesellschaftsvertragliche Nachfolgeklausel **40** 41
– Internationales Erbrecht **33** 56 f.
– Konfliktvermeidung **40** 7
– lebzeitige Beteiligung Minderjähriger **40** 115 f.
– letztwillige Gesellschaftsgründungsklausel **19** 228
– Management **40** 11
– Nacherbfolge **40** 132
– Nachfolgekonzept **40** 8, 9 f.
– Nießbrauch zugunsten des überlebenden Ehepartners **40** 85
– Pflichtteils-/Erbverzicht **31** 35
– Pflichtteilsverzichtsvertrag des unberücksichtigten Kindes **40** 136
– Planung **40** 2
– qualifizierte Nachfolgeklausel **40** 34
– Rechtsformwahl **40** 48
– rechtsgeschäftliche Nachfolgeklausel **40** 41
– Trust **3** 57
– Unternehmensrente an überlebenden Ehepartners **40** 83
– Unternehmensstruktur **40** 50
– Unternehmerziele **40** 10
– variable Leistungen an überlebenden Ehepartner **40** 92
– Vermächtnis an übrige Kinder **40** 136
– Versorgung des überlebenden Ehepartners **40** 72 f.
– Versorgung des überlebenden Ehepartners mit Privatvermögen **40** 81
– Verteilungsgerechtigkeit **40** 6, 13
– vertragliche Anpassung zur Vorbereitung **40** 53
– Vor-/Nacherbschaft **17** 135 f.
– Vorerbfolge **40** 132
– vorweggenommene Erbfolge **40** 94 f.
Unternehmensnachfolgeplanung
– Abgleich mit Gesellschaftsverträgen **1** 7

magere Zahlen = Randnummern **Sachverzeichnis**

- Beratungsbedarf **1** 5
- Bewertung **1** 10
- Liquidität **1** 12
- Testamentsvollstreckung **40** 169

Unternehmensnachfolger, Beschränkung durch Klausel 40 37

Unternehmensnießbrauch
- an Einzelunternehmen **36** 218
- partieller **36** 222

Unternehmensrente, an Ehepartner 40 83

Unternehmensschenkung, mittelbare, gegen wiederkehrende Leistung 36 170

Unternehmensschließung, Genehmigungsvorbehalt Nachlassgericht 24 80

Unternehmensstilllegung, Nachlassverwalter 24 56, 80

Unternehmensstruktur, Schaffung klarer 40 50

Unternehmensträgerstiftung 38 12 f.

Unternehmensumwandlung, Beratungsbedarf 1 9

Unternehmensveräußerung 35 142, 143

Unternehmensverbundene Stiftung 38 12 f.
- Anerkennung **38** 13
- Auswahl Geschäftsführung **38** 21
- nachträgliche Kapitalaufnahme **38** 22
- Perpetuierung des Unternehmerwillen **38** 17
- Stiftung & Co. KG **38** 30, 33

Unternehmensverkauf
- Beratungsbedarf bei Nachfolgeplanung **1** 6
- Genehmigungsvorbehalt Nachlassgericht **24** 80

Unternehmensvermögen, Testamentsvollstreckung 40 169

Unternehmensverpachtung, Beratungsbedarf bei Nachfolgeplanung 1 6

Unterrichtungspflicht, Vorsorgevollmacht 44 27

Untersagungsverfügung, Verfügung über Nachlassgegenstand 56 19

Unterschrift
- letztwillige Verfügung **5** 28
- mehrseitiges Testament **5** 30
- seitliche **5** 30

Unterstützungskasse, steuerfreie Zuwendung 35 116

Untervermächtnis 13 187
- Nachvermächtnis **13** 200
- Rechtssicherheit bez. Annahme/Ausschlagung **13** 336

Untervollmacht, Vorsorgevollmacht 44 28

Unterzeichnung
- letztwillige Verfügung **5** 28
- mehrseitige Verfügung **5** 30

Unvermögen, Verschaffungsvermächtnis 13 79

Unwirksamkeit
- Ehegattentestament **7** 53 f., 55
- Erbvertrag **7** 53 f., 56
- letztwillige Verfügung **7** 2 ff.
- Verfügung von Todes wegen **7** 2 ff.
- wechselbezüglicher Verfügung **7** 55

Unwürdigkeit, Erb-/Pflichtteilsunwürdigkeit 30 1 f.

Unzulänglichkeitseinrede 23 49
- Vermächtnis **13** 301

Urgroßeltern, gesetzliche Erbfolge 4 41

Urheberrecht
- Internationales Erbrecht **33** 72
- sonstige Rechte **13** 101
- Vererblichkeit **4** 7
- Vermächtnis **13** 101

Urkunde, Legalisation 70 5

Urkunde, ausländische, Anerkennung 70 4

Urkundsdelikt, Erbunwürdigkeit 30 14

Urlaubsabgeltung, Vererblichkeit 5 8

Urlaubsanspruch, Vererblichkeit 5 8

Urteil, ausländisches
- Anerkennung **33** 115
- Vollstreckung **33** 115

Uruguay, Nachlassspaltung 33 84

USA
- anwendbare Rechtsordnung **33** 24
- Doppelbesteuerungsabkommen **34** 62, 69, 70
- Nachlass-Spaltung **3** 57
- Nachlassspaltung **33** 84

Usbekistan, Fortgeltung Deutsch-sowjetischer Konsularvertrag 33 106

Vater, abstammungsrechtlicher Begriff 4 29

Veränderung, Testament 9 14 f.

Veräußerung, landwirtschaftlicher Betrieb 43 48

Veräußerung Erbanteil, einkommensteuerliche Behandlung 35 191

Veräußerung wesentlicher Betriebsgrundlagen 35 141, 145

Veräußerungsfreibetrag, bei Familiengesellschaft 36 51

Veräußerungsgewinn, Erblasser bei Fortsetzungsklausel 35 174

Veräußerungsverbot 15 32
- bei Erbunwürdigkeitsklage **56** 33

Verbindlicherklärung, Teilungsplan 26 109

Verbindlichkeit, schuldrechtliche, Vererblichkeit 4 6

Verbindlichkeiten, gesellschaftsrechtliche, Erbhaftung 23 89 f.

Verbindlichkeiten, öffentlich-rechtliche
- Erbenhaftung **23** 101 f., 106
- Haftungsbeschränkung **23** 111

Verböserung
- im Einspruchsverfahren **69** 42, 53
- im Finanzgerichtsprozess **69** 104

Verbotsgesetz, Verfügung von Todes wegen 7 9

Verbraucherinsolvenzverfahren 25 57

Verein, Beteiligungsübergang bei Erbengemeinschaft 26 130

Verein, nicht rechtsfähiger, Auflage zugunsten 14 9

Vereinsmitgliedschaft
- Internationales Erbrecht **33** 72
- Vererblichkeit **4** 11

Vererbung, ins Ausland 3 92

Hagen 1885

Sachverzeichnis

fett gedruckte Zahlen = Paragrafen

Verfahrensablauf, Mediation 68 35 f.
Verfahrenseinstellung, Teilungsversteigerung 61 37
Verfahrenseinstellung, einstweilige, Teilungsversteigerung 61 39
Verfahrenskosten, finanzgerichtliche 69 99
Verfassungsbeschwerde 69 101
Verfehlung
– Bedachter bei gemeinschaftlichem Testament 11 64
– Rückforderung Schenkung 32 80
Verfügung, einseitige
– Anfechtung durch überlebenden Ehegatten/Lebenspartner 11 71
– gemeinsames Testament 11 48
– Widerruf 11 52
Verfügung, einstweilige
– bei Vor-/Nacherbschaft 58 5
– Eintragung eines Widerspruchs 60 31
– Formulierungsmuster zur Vormerkungseintragung bei Vermächtnis 57 12
– Herausgabeanspruch nach § 2287 BGB zu Lebzeiten des Erblassers 64 12
– Vermächtnisnehmer 13 317
– vorläufige Entziehung der Verwaltungsbefugnis bei Vor-/Nacherbschaft 58 5
– Vormerkung 60 29
Verfügung, kaptatorische 5 11; 17 42
Verfügung, letztwillige
– amtliche Verwahrung 5 22
– Änderung 5 31
– Änderung Ausgleichspflicht 26 76
– Anfechtbarkeit 7 24 ff.
– Anfechtung 9 13
– Anfechtungsberechtigte 7 43
– Anfechtungsgründe 7 33 f.
– Anfechtungsverzicht 7 42
– Aufhebung 9 5
– Auslegung 6 1 ff.; 7 28
– Auslegungsvertrag 7 32
– Ausschluss der Anwachsung 8 64
– befreite Vorerbschaft 17 86 f.
– bei aufgelöstem Verlöbnis 7 18
– Beratungsbedarf 1 17
– Bestätigung des Anfechtungsberechtigten 7 42
– Bindungswirkung 5 11
– Datumsangabe 5 29
– durch ausländischen Staatsangehörigen 5 26
– Ehegatten 11 27
– entgegenstehende bestandskräftige Verfügung 5 15
– Erbenbestimmung 8 5
– ergänzende Auslegung 6 23 f.
– Ergänzung 5 31
– Eröffnung 52 1
– Ersatzbestimmungen in 3 36
– Formverstöße 5 30
– Geltungsdauer 5 5
– Gütigkeit bei Spaltnachlässen 33 97
– Herausgabepflicht 5 23
– internationale Formfragen 33 80
– Kosten 5 39
– Landgut 43 20
– Lebenspartner, eingetragene 11 27
– Mängel, inhaltliche 7 8 f.
– nach ZGB 7 23
– Nachlassplanung zur Streitvermeidung bei Erbengemeinschaft 26 125 f.
– Nachtrag 5 31
– nichteheliche Lebenspartner 12 5
– Ortsangabe 5 29
– Sittenwidrigkeit 7 12
– steuerliche Gestaltungsaspekte 5 27
– Teilunwirksamkeitsklausel 7 22
– undatierte 5 31
– Unmöglichkeit 7 14
– Unterschrift 5 28
– Unwirksamkeit 7 2 ff.
– Unwirksamkeitsfolgen 7 20
– Verstoß gegen gesetzliches Verbot 7 9
– Vor-/Nacherbschaft 17 15
– Voraus 4 54
– Wahl der Form 5 37
– Widerruf 9 1 ff., 4
Verfügung, qualifizierte
– Anfechtung durch Dritte 11 72
– Bindungswirkung 11 57
– gemeinsames Testament 11 48
Verfügung, unentgeltliche
– bei Vorerbschaft 3 30
– durch Testamentsvollstrecker 19 120
– Vorerbe 17 57
Verfügung von Todes wegen
– Andeutungstheorie 48 19
– Anfechtbarkeit 7 24 ff.
– Anfechtung aufgrund Veränderungen im deutsch-deutschen Verhältnis 48 20
– Auslegung 48 19
– Auslegung Vor-/Nacherbschaft 17 22
– Ausschluss der Anwachsung 8 64
– Beurkundungsverfahren 70 35, 40
– Bezugsberechtigung Lebensversicherung 47 47
– Deutsch-deutsches Erbrecht 48 12 f.
– Ehegatten 11 27
– entgegenstehende bestandskräftige Verfügung 5 15
– Errichtungsstatut 33 47
– Feststellungsklage der Un-/Wirksamkeit 56 1 f.
– Gebühren-Wertbestimmung 70 70
– Grundbuchberichtigung 55 10
– Lebenspartner, eingetragene 11 27
– Mängel, inhaltliche 7 8 f.
– nach ZGB 7 23
– nachträgliche Korrektur der von Fehlvorstellungen beeinflussten Verfügungen über DDR-Vermögen 48 17 f.
– nichtehelicher Lebenspartner 12 5

magere Zahlen = Randnummern **Sachverzeichnis**

- postmortale Vollmacht 20 19
- Schenkung auf den Todesfall 32 34
- Sittenwidrigkeit 7 12
- sozialhilferechtliche Grundlagen 41 1
- Stiftung 38 34, 36
- Teilunwirksamkeitsklausel 7 22
- Übergabe einer Schrift 70 43
- unlautere Einflussnahme 30 13
- Unmöglichkeit 7 14
- unselbständige Stiftung 38 27
- Unwirksamkeit 7 2 ff.
- Unwirksamkeitsfolgen 7 20
- Verhinderung der Errichtung/Aufhebung 30 12
- Verstoß gegen gesetzliches Verbot 7 9

Verfügung, wechselbezügliche
- Anfechtung 7 58; 11 68 f.
- Anfechtung durch Dritte 11 72
- Anfechtung Widerruf 9 35
- Auslegung 11 50
- Ausschlagung 11 58
- Ausschluss Ehegatten-/Lebenspartnererbrecht 11 73
- Berliner Testament 11 76 f.
- Bindungswirkung 11 57 f.
- einseitiger Widerruf 11 53
- einvernehmlicher Widerruf 11 52
- gemeinsames Testament 11 47
- Nichtigkeit 11 51
- Selbstanfechtung 9 39
- Selbstanfechtung des überlebenden Partners 11 70
- Übermittlung Widerrufserklärung 9 33
- Unwirksamkeit 7 55
- vorbehaltliche/r Freistellung/Widerruf 11 65
- Widerruf 5 11; 9 31 f.
- Widerruf durch Testament 9 36
- Widerruf nach dem Tod des anderen Ehegatten 9 38
- Widerruf nach Ehescheidung 9 37
- Widerruf nach Tod des Erstversterbenden 11 57
- Widerruf zu Lebzeiten 11 52
- Widerruf zu Lebzeiten des anderen Ehegatten 9 32
- Widerrufserklärung 9 33
- Wiederverheiratungsklausel 11 66

Verfügungsart, Wahl der 11 125

Verfügungsbefugnis
- Beschränkung der 15 33
- Beschränkung Testamentsvollstrecker 19 127
- Testamentsvollstrecker 19 119

Verfügungsfreiheit, Einschränkung bei Ehe/Lebenspartnerschaft 32 47

Verfügungsgeschäft
- Minderjährige 42 49
- minderjähriger Vorerbe 42 77, 81

Verfügungsunterlassungsvertrag 10 37; 64 13

Verfügungsverbot, bei Veräußerungsabsicht des Vermächtnisgegenstands 57 7

Vergleich
- Einigungsgebühr 2 17
- Gegenstandswert 2 17

Vergleichsvertrag
- Abschluss Mediation 68 54
- Genehmigungsvorbehalt Nachlassgericht 24 80

Vergleichswertverfahren, Bewertung Grundstück 46 35

Vergütung
- Angemessenheit bei Testamentsvollstreckung 19 168
- Insolvenzverwalter 25 103
- Mediator 68 60
- Nachlasspfleger 53 21
- Nachlassverwalter 24 74
- Schiedsrichter 67 49
- Testamentsvollstrecker 19 164 f.
- Testamentsvollstrecker bei Unternehmensvermögen 40 170

Vergütungsanspruch
- Interessenkollision 2 3
- Nachlassverwalter 2 10
- Testamentsvollstrecker 2 10
- vertragliche Grundlage 2 10

Vergütungsvereinbarung 2 10, 20 f.
- außergerichtliche Tätigkeit 2 23
- Form 2 21, 23
- Formulierungsmuster 2 24
- Kontrolle 2 22
- mit Vollmacht 2 21
- niedrigere als gesetzliche Gebühr 2 23

Verhalten, unvorhersehbares, ergänzende Testamentsauslegung 6 33

Verhinderung, Errichtung/Aufhebung letztwilliger Verfügungen 30 12

Verjährung
- Auskunftsanspruch 45 38, 53, 92, 110
- Auskunftsanspruch Pflichtteilsberechtigter 29 178
- Auskunftsklage 66 2
- Erbschaftsanspruch 27 18
- Erbteilskauf-/verkauf 28 23
- Haftung des Notars 70 60
- Haftung Rechtsanwalt 2 37
- Notarkosten 70 85
- Pflichtteilsanspruch 1 22; 29 24; 62 5, 29, 31
- Pflichtteilsergänzung im deutsch-deutschem Erbrecht 48 34
- Pflichtteilsergänzungsanspruch 29 26
- Pflichtteilsrestanspruch 29 26
- Prüfung vor Selbstanzeige 37 14
- Schadensersatzanspruch gegen Testamentsvollstrecker 19 163
- Schiedsverfahren 67 40
- Stufenklage 66 3
- Testamentsvollstreckervergütung 19 187
- Vermächtniserfüllung 13 297
- Vollziehungsanspruch Auflage 14 19

Hagen 1887

Sachverzeichnis

fett gedruckte Zahlen = Paragrafen

Verjährungshemmung
- Pflichtteilsanspruch **29** 29; **62** 8, 32

Verkauf, Beratungsbedarf bei Nachfolgeplanung 1 6

Verkaufswert, Wertermittlung 46 4

Verkehrswert
- Begriff **29** 108
- Bewertung Grundstück **3** 41; **46** 34
- Korrekturen **46** 6
- Öffnungsklausel Grundstückswert **35** 53
- Wertermittlung **46** 4

Verlängerte Maßgeblichkeit, Handelsbilanz für Vermögensaufstellung 35 65

Verlobung, aufgelöste, letztwillige Verfügung bei 7 18

Verlustabzug 35 176

Verlustabzug, gewerbesteuerlicher 35 245, 247

Verlustabzug, steuerlicher, Vererblichkeit 4 13

Verlustverrechnung, Kommanditgesellschaft 36 56

Verlustvortrag 35 176

Vermächtnis 13 1 ff.
- Abgrenzung zur Auflage **13** 22
- Abgrenzung zur Teilungsanordnung **13** 10
- an Behinderten **41** 25 f.
- Anfall **13** 291
- Anfangs-/Endtermin **13** 246
- Anfechtung (Formulierungsmuster) **7** 47
- Anfechtungsrecht **13** 101
- Annahme **13** 328
- Anordnung **13** 265 f.
- Anordnung durch Erblasser **13** 23
- Anwachsung bei Wegfall des Vermächtnisnehmers **14** 347
- Anwartschaftsrecht des Vermächtnisnehmer bei **57** 5
- Arten **13** 41 f.
- Atypisch stille Gesellschaft **35** 217
- auf den Tod befristetes Herausgabevermächtnis **17** 5
- Auflagen-Modell **36** 267
- Auflagenvermächtnis **13** 234
- Auflassung **13** 102
- aufschiebend bedingtes/befristetes **13** 342
- Ausbildungskosten Stiefabkömmling **13** 36
- Auslandberührung **13** 309
- Auslegung **13** 12
- Ausschlagung **13** 328; **22** 41
- Ausschlagung der Erbschaft **13** 304
- Ausschlagungsfrist **29** 60
- Bedingung **13** 245
- Befreiungsvermächtnis **13** 157
- Befristung **13** 245
- Begriff **13** 1
- bei Berliner Testament **3** 3
- bei Gesamtrechtsnachfolge **4** 1
- bei Höfeordnung **13** 299
- bei Insolvenz **13** 314
- bei Nichterteilung einer Genehmigung **13** 346
- Beratungsbedarf **1** 22
- beschränkt persönliche Dienstbarkeit **13** 104, 113
- Beschränkung mit Testamentsvollstreckung **13** 239
- Beschwerung/Beschränkung des Vermächtnisnehmers **13** 186 f.
- Besitzrechte **13** 106 f.
- Bestimmung des Vermächtnisgegenstands **13** 265 f., 287
- Bestimmung Vermächtnisnehmer **13** 265, 276
- Beteiligungsverhältnis bei **13** 272
- Betragsvermächtnis **11** 93
- dingliches **33** 66
- Dreißigster **13** 34
- Drittbestimmungsrecht **40** 160
- Dürftigkeitseinrede **13** 301
- einkommensteuerliche Behandlung Geldvermächtnis **35** 219, 219
- einkommensteuerliche Behandlung Kaufrechtsvermächtnis **35** 216
- einkommensteuerliche Behandlung Nießbrauchsvermächtnis **35** 213
- einkommensteuerliche Behandlung Rentenvermächtnis **35** 214
- einkommensteuerliche Behandlung Sachvermächtnis **35** 209
- einkommensteuerliche Behandlung Verschaffensvermächtnis **35** 219
- Einräumung von Rechten **13** 83 f.
- Einräumung von Schuldverhältnissen **13** 144 f.
- Eintrittsrecht **13** 98
- Erbfallschulden **35** 93
- Erblasser bei Berliner Testament **11** 89
- Erbschaftsteuer **35** 7
- Erbschaftsteuer bei **13** 323
- Erbschaftsteuer bei Ausschlagung **35** 8, 12
- erbschaftsteuerliche Bewertung **35** 74
- erbschaftsteuerliche Bewertung Sachleistungsanspruch **35** 38
- Erbteilungsverbot **16** 15
- Erfüllung **13** 296 f., 305
- Erfüllung gegenüber Minderjährigen **42** 56
- Erfüllungsort **13** 312
- Ergänzungsbetreuung **13** 310
- Erlassvermächtnis **13** 156
- Ersatzvermächtnis **13** 196
- Ersatzvermächtnisnehmer **13** 346
- Fälligkeit des Vermächtnisanspruchs **13** 293
- Forderungsvermächtnis **13** 144 f.
- Form **13** 269
- Formulierungsmuster Aufforderungsschreiben Annahme/Ausschlagung **13** 331
- Formulierungsmuster Erfüllungsvertrag **26** 27
- Fristsetzung zur Annahme/Ausschlagung **13** 329
- Gattungsvermächtnis **13** 65
- Geldvermächtnis **13** 67, 166

Sachverzeichnis

- Geltungsdauer aufgeschobenes 5 5
- gemeinschaftliches 13 272
- Gesellschaftsrechte 13 85
- gesellschaftsrechtliche Einschränkung 13 311
- gesetzliche Vermächtnisse 13 28 f.
- Gestaltungsmöglichkeiten 13 23
- Grundstücksnießbrauch 13 104, 118
- Grundvermögen 13 42
- Haftung Beschwerte 13 300
- Haftungsbeschränkung durch Bedingung 15 27
- Handelsgeschäft 13 44, 100
- Herausgabevermächtnis 3 35; 11 93; 13 217 f.
- Jastrow'sche Klausel 13 259
- Kapitalgesellschaftsanteil 13 87, 95
- Kaufrechtsvermächtnis 13 103
- Klage auf Auflassung des Grundstücks 57 14
- Klage auf Einräumung von sonstigen Grundstücksrechten 57 17
- Kosten 13 313
- Kosten der Vermächtniserfüllung 57 1
- Kürzung 13 390 f.
- Kürzungsrecht 13 190
- Miterben-Modell 36 268
- Nachlassverbindlichkeit 35 7
- nachträgliche Anordnung der Ausgleichspflicht 26 77
- Nachvermächtnis 13 199 f.; 17 4
- Nießbrauch an Gesellschaftsanteil 13 122 f.
- Nießbrauchsrecht 13 104, 116
- Nießbrauchsvermächtnis 3 35; 13 117 f.
- Notarkosten 70 72
- Nutzungsrechte 13 106 f.
- öffentlich-rechtliche Genehmigung 13 309
- Organspende 13 45
- Patentrecht 13 101
- Personengesellschaftsanteil 13 88, 94
- Pflichtteilsberechtigter 29 56
- Potestativbedingung bei Vermächtnisanordnung 13 245
- Quotenvermächtnis 11 93
- Rangfolge bei Insolvenz 13 15
- Regelungsinhalt 13 1
- Rollentausch-Modell 36 266
- Rückvermächtnis 13 216
- schuldrechtliches Ertragsvermächtnis 40 91
- Schuldvermächtnis 13 162
- Sicherung des 13 317
- sonstige Rechte 13 101
- steuerlich motivierte Gestaltungen 36 262 f.
- steuerliche Behandlung 13 17
- steuerliche Behandlung bei Ausschlagung 36 272
- steuerliche motivierte Ausschlagung 36 287
- Stille Gesellschaft 35 217
- Stückvermächtnis 13 46
- Testamentsvollstreckung zur Erfüllung 13 325
- Tiere 13 43
- Übereignung von Sachen 13 41
- Umdeutung Erbeinsetzung 8 12
- Umgestaltung von Rechten 13 83 f.
- Umgestaltung von Schuldverhältnissen 13 144 f.
- unangemessen hohe Testamentsvollstreckerkosten 35 7
- unangemessen hohe Testamentsvollstreckervergütung 19 165, 198
- unbewegliches Vermögen 13 41
- Universalvermächtnis 13 184
- Unterhaltsanspruch des geschiedenen Ehegatten 13 37
- Unternehmensnachfolge durch 40 137 f.
- Unternehmensnachfolge Einzelunternehmen 40 139
- Unternehmensnachfolge Kapitalgesellschaftsanteil 40 145
- Unternehmensnachfolge Personengesellschaftsanteil 40 141
- Untervermächtnis 13 187
- unvererbliche Rechte 13 104
- unwirksames 13 270
- Unwürdigkeit 30 40
- Unzulänglichkeitseinrede 13 301
- Urheberrecht 13 101
- Verjährung Erfüllungsanspruch 13 297
- Vermächtniserfüllungsvertrag 57 11
- Vermächtnisvollstreckung 13 243
- Verschaffungsvermächtnis 13 47, 77
- vinkulierte Aktie 40 146
- Voraus 13 28
- Vorausvermächtnis 3 35; 13 227
- Vormerkung 2 41
- Vorvermächtnis 17 4
- Wahlvermächtnis 13 58
- Wegfall des Vermächtnisnehmers 13 196, 328 f.
- Wiederverheiratungsklausel 13 252
- Wohnrecht 13 84, 104
- Zuwendungsverzicht 31 54
- Zweckvermächtnis 13 158

Vermächtnis, gesetzliches
- Dreißigster 4 55
- Unterhalt 4 55
- Voraus 4 54
- Wohnungsnutzung 4 55

Vermächtnisanspruch
- Aktivlegitimation 57 3
- Arrest 57 13
- Aufforderung zur Erfüllung des sofort fälligen 57 10
- Aufforderung zur Sicherung des künftigen 57 8, 9
- bei Insolvenz des Erben 57 6
- Bewilligungserklärung 57 9
- einstweilige Verfügung zur Vormerkungseintragung 57 12
- Formulierungsmuster Arrest 57 13

Sachverzeichnis

fett gedruckte Zahlen = Paragrafen

- Formulierungsmuster Aufforderungsschreiben fälliges Vermächtnis **57** 10
- Formulierungsmuster Aufforderungsschreiben künftigen Vermächtnisses **57** 9
- Formulierungsmuster einstweilige Verfügung zwecks Eintragung einer Vormerkung **57** 12
- Klage auf Abtretung von Rechten **57** 18
- Klage auf Bestellung einer beschränkt persönlichen Dienstbarkeit **57** 17
- Klage auf Einräumung eines Nießbrauchsrechts **57** 17
- Klage auf Übereignung einer beweglichen Sache **57** 18
- Leistungsklage eines nur der Gattung nach bestimmten Gegenstands **57** 19
- prozessuale Durchsetzung bei Nachlassverwaltung **57** 2
- prozessuale Grundsätze zur Durchsetzung **57** 1 f.
- Zuständigkeit der Klage **57** 4

Vermächtniserfüllungsvertrag 26 27, 11
- Formulierungsmuster **57** 11

Vermächtnisgegenstand
- Auswahl **13** 287
- Bestimmung durch Dritte **13** 287
- Bestimmung durch Erblasser **13** 287
- schuldrechtliche Verpflichtung in Erbvertrag **13** 321
- Veräußerung an Gutgläubigen **57** 7
- Veräußerungsabsicht des Beschwerten **57** 7
- Vollstreckung in **13** 319

Vermächtnisgestaltung, steuerlich motivierte **36** 262 f.

Vermächtnisnehmer
- Antrag auf Nachlassverwaltung **57** 6
- Auskunftsanspruch **13** 322; **45** 67
- Ausschlagung des pflichtteilsberechtigten **13** 329
- bei Insolvenz **13** 314
- Beschränkung/Beschwerung des **13** 186 f.
- Beschwerung mit Auflage **14** 6
- Bestimmung durch Dritten **13** 276
- Bestimmung durch Erblasser **13** 265
- einkommensteuerliche Aspekte **13** 143
- einstweilige Verfügung **57** 7
- Erbschaftsteuer **13** 323
- Erbunwürdigkeit **14** 346
- Fristsetzung des V. zur Annahme/Ausschlagung **13** 329
- Klage gegen Erben auf Grundstücksauflassung **60** 12
- Kürzungsrecht Pflichtteilslast **29** 114
- Kürzungsrechte des Erben gegenüber V. **13** 387 f.
- Leistungsanspruch des **13** 296
- Minderjährige **42** 96
- Pflichtteilrecht **13** 349 f.
- Recht zum Besitz **57** 7
- Schadensersatzanspruch bei Veräußerung des Vermächtnisgegenstands **57** 7

- Sicherung der Rangfolge **57** 6
- Sicherung des Anspruchs **13** 317
- Sicherung gegen dingliche Verfügung **15** 26
- Sicherungsinteresse **57** 7 f.
- Verjährung Pflichtteilsansprüche **13** 339
- Verzicht **13** 346
- Vorversterben des **13** 346
- Wegfall des **13** 328 f.
- Wertermittlungsanspruch **45** 73

Vermächtnisnehmer, minderjähriger,
Ergänzungsbetreuer **13** 310

Vermächtnisnehmer, pflichtteilsberechtigter **13** 349 f.
- Annahme Erbteil, Ausschlagung Vermächtnis **13** 359
- Annahme Erbteil und Vermächtnis **13** 356
- Anspruch auf Zusatzpflichtteil **13** 352
- Ausschlagung Erbteil, Annahme Vermächtnis **13** 363
- Ausschlagung Erbteil und Vermächtnis **13** 377
- Übersicht Erbteil/Vermächtnis **13** 385

Vermächtnisnießbrauch
- an Betriebsgrundstück **36** 238
- an Grundstück **36** 238
- an Kapitalvermögen **36** 239
- Aufwandsentnahme **36** 238
- erbschaftsteuerliche Behandlung **36** 240
- ertragsteuerliche Behandlung **36** 238
- gegen wiederkehrende Leistung **36** 169
- steuerliche motivierte Gestaltung **36** 238 f.

Vermächtnistestamentsvollstreckung
- Aufgabenkreis bei **19** 19
- Formulierungsmuster **19** 41
- Vermerk **19** 63

Vermächtnisunwürdigkeit 30 39, 40
- Anfechtungserklärung **56** 23

Vermächtnisvollstreckung 13 243; **19** 8

VermG, Korrektur Deutsch-deutsches Erbrecht **48** 38

Vermittlungsverfahren
- Antrag **54** 4, 5
- Antragsberechtigung **54** 4
- Auseinandersetzung **54** 10
- Auseinandersetzungsvertrag **54** 11
- Durchführung **54** 9
- Erbauseinandersetzung **54** 1 f.
- Formulierungsmuster Antrag **54** 6
- Kosten **54** 11
- Rechtsmittel
- Säumnis **54** 9, 10
- Verfahrensabschnitte **54** 9, 10
- vorbereitende Maßnahmen **54** 8
- Zuständigkeit **54** 3

Vermittlungsverfahren, nachlassgerichtliches,
Erbauseinandersetzung **26** 54

Vermögen, erbrechtlicher Begriff **4** 4

Vermögen, geschütztes **41** 6, 21

Vermögen, hofesfreies **35** 188

Vermögen, unbewegliches
- deutscher Begriff **33** 75

magere Zahlen = Randnummern

Sachverzeichnis

- Erbstatutswahl **33** 73
Vermögen, unternehmerisches,
Testamentsvollstreckung **19** 215 f.
Vermögensanfall
- bei Auflösung der Stiftung **38** 58
- steuerliche Behandlung bei Familienstiftung **39** 25
Vermögensanlage
- bei Testamentsvollstreckung **3** 27
- durch Vorerbe **3** 31
- ordnungsgemäße Nachlassverwaltung **19** 106
Vermögensanlage, mündelsichere 3 31
Vermögensaufstellung
- Bestandsidentität **35** 60
- Betriebsvermögen **35** 59
Vermögensausstattung, Stiftung **38** 37
Vermögensgegenstände, Zuwendung unter Lebenden an Ehepartner **40** 78
Vermögensnießbrauch 33 67
Vermögensrückfall, erbschaftsteuerbefreiter **35** 112
Vermögensschutz
- Schutz des ererbten Vermögens **19** 2
- Testamentsvollstreckung **19** 2
Vermögenssorge
- für Minderjährige **40** 116
- testamentarische Regelung der V. für Kind **11** 148
Vermögensstandsregelung 32 113
Vermögensstrukturänderung, Testamentsauslegung **6** 32
Vermögensübergabe gegen Austauschleistung
- Checkliste **36** 199
- steuerliche motivierte Gestaltung **36** 199 f.
Vermögensübergabe gegen Unterhaltsleistung
- Checkliste **36** 206
- steuerliche motivierte Gestaltung **36** 205 f.
Vermögensübergabe gegen Versorgungsleistung
- Änderung der Verhältnisse **36** 158
- ertragbringende Wirtschaftseinheit (Typus 1) **36** 153 f., 174 f.
- Ertragsprognose **36** 175
- existenzsichernde Wirtschaftseinheit **36** 167
- Familienverbund **36** 165
- Kapitalgesellschaftsanteil **36** 181
- Leistung auf bestimmte Zeit **36** 159
- Leistung auf Lebenszeit **36** 159
- Liebhabereibetrieb **36** 178
- nicht ausreichend ertragsbringende Wirtschaftseinheit (Typus 2) **36** 186 f.
- Rückwirkung **36** 156
- sachlicher Zusammenhang **36** 161
- steuerliche Behandlung **36** 153 f., 186 f.
- steuerliche motivierte Gestaltung **36** 153 f., 186 f.
- teilentgeltlicher Erwerb bei **36** 182
- Übertragung von geringfügigem Vermögen **36** 173
- Vereinbarung **36** 154
- Versorgungsempfänger **36** 161, 185

- Vertragsänderung **36** 157
- Zusatzleistungen bei **36** 182
Vermögensübergabe gegen wiederkehrende Leistung
- Abgrenzungen **36** 153
- Checkliste **36** 142
- einkommensteuerliche Behandlung **36** 146
- erbschaftsteuerliche Behandlung **36** 143
- steuerliche motivierte Gestaltung **36** 142 f.
- Umschichtung **36** 184, 194 f.
- Unterhaltsleistung **36** 151
- Versorgungsleistung **36** 147, 153
- Versorgungsleistung (Typus 2) **36** 186 f.
- Weiterübertragung **36** 198
Vermögensübersicht, Nachlassinsolvenz **25** 83
Vermögensübertragung, Formerfordernis bei Zuwendung **32** 27
Vermögensübertragung, entgeltliche
- einkommensteuerliche Behandlung **35** 240
- einkommensteuerliche Behandlung von im Privatvermögen gehaltenen Kapitalgesellschaftsanteilen **35** 244
Vermögensübertragung, lebzeitige 32 1 f.
- Wirkung auf Todesfall **32** 32 f.
Vermögensübertragung, teilentgeltliche, einkommensteuerliche Behandlung **35** 240
Vermögensübertragung, unentgeltliche, ertragsteuerliche Behandlung **42** 230
Vermögensverfügung, Genehmigung durch Ehegatten/Lebenspartner **32** 47
Vermögensverlagerung, eheliche, Pflichtteilsergänzung **29** 133
Vermögensverschiebung, Gesellschafter/Familiengesellschaft **36** 96
Vermögensverschlechterung, Korrekturmöglichkeit des Zuwendungsempfängers **32** 94
Vermögensverwahrer
- erbschaftsteuerliche Anzeigepflicht **69** 11
- steuerliche Anzeigepflicht bei Erbfall **37** 3
Vermögensverwalter
- erbschaftsteuerliche Anzeigepflicht **69** 11
- steuerliche Anzeigepflicht bei Erbfall **37** 3
Vermögensverwaltung
- bei Erbengemeinschaft **26** 31 f.
- für nichteheliches Kind **18** 2
- Nachlassverwaltung **24** 54
- Pfleger **18** 4
Vermögensverwaltung, elterliche
- Ausschluss von der **18** 4, 6
- Beschränkung der **18** 1
- Formulierungsmuster **18** 6, 7
- Verwaltungsanordnung **18** 5, 6
Vermögensverzeichnis, Kindesvermögen **32** 122
Vermögenswert, Stuttgarter Verfahren **35** 28
Vermögenszuordnung, bei nichtehelicher Lebensgemeinschaft **12** 27
Vernichtung, Testament **9** 14 f.
Verpächter, Wahlrecht bei Betriebsverpachtung **36** 99, 106, 122

Hagen

Sachverzeichnis

fett gedruckte Zahlen = Paragrafen

Verpachtung, Beratungsbedarf bei Nachfolgeplanung **1** 6
Verpfändung
– Erbteil **26** 29
– Formulierungsmuster Erbteil **26** 30
Verpflichtungsbefugnis, Testamentsvollstrecker **19** 113 f.
Verpflichtungsgeschäft
– Einwilligung der Erben **19** 118
– Minderjährige **42** 46
– Testamentsvollstreckung **19** 113 f.
Verpflichtungsklage
– finanzgerichtliche **69** 68
– Finanzrechtsweg **69** 6
Verschaffensvermächtnis, einkommensteuerliche Behandlung **35** 219
Verschaffungsauflage **14** 2
Verschaffungsvermächtnis **13** 47; **13** 77, 83
– beschränkte Erbenhaftung **13** 82
– erbschaftsteuerliche Bewertung **35** 76
– Sittenwidrigkeit **13** 81
– Unmöglichkeit **13** 79
– Untergang **13** 80
– Unvermögen **13** 79
– Verbindung/-mengung/-mischung **13** 80
Verschmelzung
– Haftung Testamentsvollstrecker **19** 276
– Nachsteuertatbestände **35** 153
Verschollenheit, Nachlasssicherung **53** 6
Verschulden, grobes, des Steuerpflichtigen **69** 32
Verschwendung, Pflichtteilsbeschränkung **29** 71
Verschwiegenheit, Notar **70** 15
Verschwiegenheitspflicht, Mandatsannahme **2** 2
Versicherung, eidesstattliche
– bei vermutetem Testament **5** 23
– Bestandsverzeichnis **29** 172
– Bestandsverzeichnis Testamentsvollstreckung **19** 146
– Formulierungsmuster Nachlassgläubiger **23** 42
– Gegenstandswert **2** 12
– Hausgenosse **45** 51
– Nachlassinventar **23** 41
– Nachlassverzeichnis **19** 78
– Notarkosten **70** 76, 77
– Streitwert **60** 8; **62** 12
– Stufenklage **66** 4
– Stufenklage Pflichtteilsanspruch **62** 7
– Verweigerung durch Erben **23** 43
– Zuständigkeit Amtsgericht **70** 1
Versicherungsunternehmen
– erbschaftsteuerliche Anzeigepflicht **69** 11
– Haftung für Erbschaftsteuer bei Auslandsberührung **34** 26
Versicherungsvertragsstatut, Lebensversicherung **33** 71
Versiegelung, Nachlasssicherung **53** 12

Versorgung, finanzielle, des überlebenden Ehepartners **40** 75
Versorgung, gegenständliche, des überlebenden Ehepartners **40** 74
Versorgungsbedarf, Beratungsbedarf **1** 6
Versorgungsbezüge
– Erbenhaftung **23** 106
– Erbschaftsteuer **3** 65
Versorgungsfreibetrag **3** 65; **35** 162, 163
– Erbschaftsteuer Lebensversicherung **47** 115
Versorgungskosten, Übernahmeverpflichtung zur **32** 58
Versorgungsleistung
– Vermögensübergabe gegen nicht ausreichend ertragsbringende Wirtschaftseinheit Typus 2) **36** 186 f.
– Ausschlagung gegen **36** 275
– einkommensteuerliche Behandlung **35** 215, 228, 234, 228, 234
– Empfänger **36** 161, 185
– erbschaftsteuerliche Behandlung **35** 77
– erbschaftsteuerliche Wertermittlung **35** 80
– Nießbrauchsvorbehalt **32** 71
– Sicherung durch Reallast **32** 60
– steuerliche Behandlung der Zuwendung an familienfremde Dritte **36** 164
– Stuttgarter Modell **36** 150
– Vermögensübergabe gegen ertragsbringende Wirtschaftseinheit (Typus 1) **36** 153 f.
– Vermögensübergabe gegen wiederkehrende Leistung **36** 147, 153
– Verpflichtung zu tatsächlicher **32** 58, 71
– Wertsicherungsklausel **35** 237
– Wiederverheiratungsklausel **36** 159
Versorgungslücke, Versorgung des überlebenden Ehepartners **40** 77
Versorgungsrente, an Ehegatten des Schenkers **32** 73
Versorgungsvermächtnis, behindertes/r Kind/Erbe **41** 27
Versorgungszeitrente **32** 68
Verspätungszuschlag, bei Abgabe der Steuererklärung **69** 13
Versprechensschenkung, aufschiebend bedingte **65** 4
Verständigung, Besteuerungsverfahren **69** 24
Versteigerung, öffentliche, Nachlassverwertung **24** 63
Versterben, gleichzeitiges, Ehegatten **11** 85
Verteilungsauflage **14** 2
Verteilungsgerechtigkeit, Unternehmensnachfolgeplanung **40** 6, 13
Verteilungsverfahren, Nachlassinsolvenz **25** 72
Verteilungsverzeichnis, Nachlassinsolvenz **25** 72
Vertrag auf den Todesfall **32** 1 f.; **32** 21
Vertrag mit Schutzwirkung für Dritte, Haftung **2** 45
Vertrag zugunsten Dritter
– Anfechtung **65** 2
– Anfechtungsrecht **32** 44

magere Zahlen = Randnummern

Sachverzeichnis

– auf den Todesfall **32** 43
– bei nichtehelicher Lebensgemeinschaft **12** 24
– Erbschaftsteuer **35** 10
– Formulierungsmuster Klageantrag **65** 8
– Internationales Erbrecht **33** 167
– Klage des Erben gegen Dritten **65** 1, 8
– Lebensversicherung **47** 5, 14
– Sonderrechtsnachfolge **4** 3
– Widerruf der Bezugsberechtigung **47** 32
Vertragserbe
– Auskunftsanspruch bei beeinträchtigender Schenkung **64** 11
– Feststellungsklage **64** 14
– Herausgabeanspruch bei Nießbrauch **49** 58
– Klage im Zusammenhang mit § 2287 BGB **64** 2 f.
– Rückforderungsrecht **64** 14
Vertragsübernahme, Lebensversicherungsvertrag **47** 23
Vertreter, besonderer, Stiftung **38** 51
Vertretung
– bei Selbstanzeige **37** 15
– Minderjährige **42** 3
Vertretungsberechtigung, für Minderjährige **40** 118
Vertretungsmacht, elterliche
– anwendbares Recht **42** 11
– eigene Annahme, Ausschlagung für Kind **42** 36
– eigene Annahme für sich und Kind, Ausschlagung für anderes Kind **42** 38
– eigene Ausschlagung, Annahme für Kind **42** 35
– Entziehung **42** 16
– Erbvertrag mit Minderjährigem **42** 23
Vervielfältiger
– für die Abzinsung unverzinslicher Forderung/Schuld und Tilgung in einem Betrag **35** 254
– für die Abzinsung unverzinslicher Forderung/Schuld und Tilgung in gleichen Jahresraten **35** 255
Vervollständigungsanspruch
– Beschränkung/Beschwer gem. § 2306 BGB **29** 34
– Pflichtteilsberechtigter als Nacherbe **29** 44
– Pflichtteilsrestanspruch **29** 30 f.
– Verjährung **29** 26
– Werttheorie **29** 40
– Zuwendung Vermächtnis **29** 56
Verwahrung
– der beurkundeten Urkunde **70** 45
– Erbvertrag **10** 25
– Kosten **5** 22
Verwahrung, amtliche 5 22
– gemeinschaftliche Testament **11** 43
– Kosten **5** 39; **70** 39
– Nachlasssicherung **53** 14
Verwalterhaftung, Erbe **23** 48
Verwaltungsakt, Steuerbescheid **69** 24

Verwaltungsanordnung
– bei Behindertentestament **41** 21, 35
– bei Schenkung an Minderjährige **32** 119
– elterliche Vermögensverwaltung **18** 5
– Formulierungsmuster **18** 6, 7
Verwaltungsauflage 14 13
Verwaltungsbefugnis
– einstweilige Verfügung auf vorläufige Entziehung **58** 5
– erbrechtliche Beschränkung Testamentsvollstrecker **19** 260
Verwaltungsgebühr, Testamentsvollstreckervergütung **19** 172
Verwaltungsmaßnahme
– außerordentliche bei Erbengemeinschaft **26** 37
– einstweiliger Rechtsschutz bei Zustimmung zu **61** 51
– einstweiliger Rechtsschutz des Miterben **61** 50
– Erbengemeinschaft **26** 34
– Klage der Miterben auf Zustimmung zur **61** 48
Verwaltungsrat, Stiftung **38** 50, 56
Verwaltungstestamentsvollstreckung
– Aufgabenkreis bei **19** 15
– Auseinandersetzungsverbot **26** 112
– Beendigung **19** 210
– bei Anordnung Nachvermächtnis **29** 74
– gesetzliche Regelung **19** 5
– Höchstdauer **19** 210
– Kapitalgesellschaftsanteil **19** 265
– Komplementärbeteiligung **19** 235
– OHG-Beteiligung **19** 235
– Pflichtteilsbeschränkung **29** 74
Verwaltungstestamentvollstreckung, für minderjährigen Erben **19** 2
Verwaltungsvereinbarung, Erbengemeinschaft **26** 33
Verwaltungsvollmacht, Testamentsvollstrecker **14** 12
Verwaltungsvollstreckung 3 13
– Klage des Nachlassgläubigers auf Auflassung **60** 13
Verwandtenadoption 4 25
– Pflichtteilsberechtigung **29** 6
Verwandtenerbfolge
– dritte Ordnung **4** 40
– Eintrittsrecht **4** 35
– erste Ordnung **4** 38
– Gradualsystem **4** 41
– Grundsätze **4** 31
– Liniensystem **4** 33
– mehrfache Verwandtschaft **4** 42
– Ordnungssystem **4** 31
– Patentelsystem **4** 31
– Repräsentationssystem **4** 34
– Stammessystem **4** 33
– vierte Ordnung **4** 41
– zweite Ordnung **4** 39

Hagen 1893

Sachverzeichnis

fett gedruckte Zahlen = Paragrafen

Verwandtenerbrecht **4** 20 f.
Verwandter, Sicherung einer Mindestzuwendung **15** 46
Verwandtschaft
- Adoption **4** 23 f.
- Blutsverwandtschaft **4** 21
- gesetzliche Erbfolge **4** 19
- rechtliche **4** 22 f.

Verwandtschaft, mehrfache **4** 42
Verwandtschaft, rechtliche, Abstammungsregelungen **4** 29
Verwendungen, sonstige, bei Vor-/Nacherbschaft **17** 83
Verwendungsersatzanspruch, Erbschaftsbesitzer **27** 15
Verwirkung, Testamentsvollstreckervergütung **19** 188
Verwirkungsklausel **8** 74; **15** 31; **21** 2 f.
- zeitliche Grenze **21** 6

Verwirrtheit, vorübergehende, Testierfähigkeit **5** 16
Verzahnungsklausel **33** 97, 160
- Formulierungsmuster **33** 99

Verzeichnis national wertvoller Archive **35** 103
Verzeichnis, privatschriftliches, Auskunftsinstrument **45** 21
Verzeichnis wertvollen Kulturguts **35** 103
Verzeihung
- bei Pflichtteilsentziehung **29** 70
- erbunwürdige Verfehlung **30** 18

Verzicht
- Anfechtung **7** 42
- Auflage **14** 37
- Auskunftsanspruch **45** 106
- Ausschluss Erbrecht bei gewillkürter Erbfolge **11** 136
- Erbschaftsteuerbefreiung **35** 159
- steuerliche Behandlung bei Nießbrauchsverzicht **36** 243
- Vorkaufsrecht **26** 24

Verzinsung, Pflichtteilsanspruch **29** 18
Vindikationslegat **13** 7; **33** 66
- Vermächtnis nach ausländischem Recht **13** 309

Vinkulierung **5** 13
- gesellschaftsvertragliche Sicherung bei lebzeitiger Übertragung **32** 125

Vinkulierungsklausel, Bewertung **46** 32
Volladoption **4** 24
Volljährigenadoption **4** 26
Vollmacht
- Bauchrednervollmacht **26** 114
- bei Anordnung Nachlassverwaltung **24** 29, 55
- Beratungsbedarf **1** 15
- Erbengemeinschaft **26** 45 f.
- Fremdverwaltung Einzelunternehmen **19** 220, 223
- internationale Nachlassvollmacht **33** 166
- Nachlassvollmacht **26** 49
- Prüfung eventueller **2** 56
- Stimmrechtsvollmacht **26** 48
- Testamentsvollstreckung **3** 16
- über Tod hinaus an Vorerben **3** 35
- Vererblichkeit **4** 6
- Vergütungsvereinbarung mit **2** 21
- Verwaltungsvollmacht an Testamentsvollstrecker **14** 12
- Vollmachtstatut **33** 166
- Vorsorgevollmacht **44** 1, 3 f.
- zur Veräußerung von Grundbesitz **26** 47

Vollmacht, postmortale **20** 1 f.
- Abgrenzung zur Testamentsvollstreckung **19** 22 f.; **20** 13
- als Ergänzung der Testamentsvollstreckung **20** 8, 15
- Begriff **20** 4
- bei behindertem Kind/Erbe **41** 29, 31
- bei Ehegatten **11** 28
- bei Erbeinsetzung **8** 41
- bei Lebenspartnerschaft **11** 28
- bei nichtehelicher Lebensgemeinschaft **12** 24
- Beschleunigung Erbabwicklung **20** 10
- Bevollmächtigte **20** 23
- erbrechtliche Ausgestaltung **20** 41
- erbrechtliche Gestaltungen **20** 8 f.
- Erlöschen der **20** 35
- Erteilung durch Verfügung von Todes wegen **20** 19
- Erteilung unter Lebenden **20** 18
- Form **20** 21
- Formulierungsmuster **20** 18
- internationale Geltung **33** 166
- Missbrauch **20** 29
- Rechtsstellung des Bevollmächtigten **20** 26
- Übergangsvollmacht **20** 5
- Umfang Verpflichtungsbefugnis **20** 33
- unentgeltliche Zuwendungen an Dritte **20** 11
- verdrängende Wirkung **19** 26
- Widerruf **19** 25; **20** 35

Vollmacht, transmortale **20** 1 f.
- Abgrenzung zur Testamentsvollstreckung **20** 13
- als Ergänzung der Testamentsvollstreckung **20** 8, 15
- Begriff **20** 3
- bei behindertem Kind/Erbe **41** 29, 32
- Beschleunigung Erbabwicklung **20** 10
- Bevollmächtigte **20** 23
- erbrechtliche Ausgestaltung **20** 41
- erbrechtliche Gestaltungen **20** 8 f.
- Erlöschen der **20** 35
- Erteilung unter Lebenden **20** 18
- Form **20** 21
- internationale Geltung **33** 166
- Missbrauch **20** 29
- Rechtsstellung des Bevollmächtigten **20** 26
- Umfang Verpflichtungsbefugnis **20** 33
- Vorerbe **17** 99
- Vorsorgevollmacht **20** 7
- Widerruf **20** 35

Vollmachtsbetreuung, Vorsorgevollmacht 44 24
Vollmachtstatut 33 166
Vollrechtsnießbrauch, Personengesellschaftsanteil 13 124
Vollstreckung, ausländisches Urteil 33 115
Vollstreckung in Eigenvermögen, Einwendungsklage 60 19
Vollstreckungsandrohung, Klageantrag des Erben gegen 60 22
Vollstreckungserinnerung 24 40
Vollstreckungsgegenklage
– des Erben 25 74
– Nachlassverwaltung 24 40
– Streitwert 60 8
Vollstreckungsklausel, Notarkosten 70 87
Vollstreckungsschutz, Vor-/Nacherbschaft 17 11
Vollstreckungssperre, Testamentsvollstreckung Einzelunternehmen 19 226
Vollstreckungsurteil, Vollstreckung ausländischen Urteils 33 117
Vollzug, Erbauseinandersetzungsvertrag 26 91
Vor-/Nacherbschaft 3 28 f.; 17 1 f.
– Abgrenzung zu auf den Tod befristetes Heraugabevermächtnis 17 5
– Abgrenzung zu Herausgabevermächtnis 13 218
– Abgrenzung zu Nachvermächtnis 13 201
– Abgrenzung zu Nießbrauchsvermächtnis 17 3, 24; 49 50
– Abgrenzung zu Vor-/Nachvermächtnis 17 4
– Abgrenzungen 17 2
– Anordnung durch letztwillige Verfügung 17 15
– Anordnung mehrerer Nacherbfolgen 17 33
– Anordnungsgründe für 17 7 f.
– Antrag auf Anordnung der gerichtlichen Nachlassverwaltung 58 7
– aufschiebend bedingtes Herausgabevermächtnis 17 102
– Auskunft 17 76
– Auskunftsanspruch bei 45 74
– Auslegung der Verfügung von Todes wegen 17 22
– Ausschaltung unerwünschter ges. Erben/Pflichtteilsberechtigter 17 8
– Ausschlagung durch pflichtteilsberechtigten Abkömmling 3 34
– Ausschluss nach ZGB 48 14
– Ausschluss Pflichtteilsansprüche 29 240
– Beeinflussung des Verhaltens 17 12
– Behindertentestament 41 13
– Berliner Testament 17 32
– Beschränkung des Vorerben 17 78
– Betriebsvermögensfreibetrag 35 133
– Bezugsrechte 17 144
– Buchforderungen 17 68
– Darlegungs-/Beweislast 58 4
– Dividenden 17 144

– Ehegattentestament 17 35
– Einfluss des Vorerben auf Nacherbenbestimmung 17 16
– Einsetzung der Erben des Vorerben als Nacherben 17 20
– Einsetzung noch nicht gezeugter Person 17 13, 25
– einstweilige Verfügung auf vorläufige Entziehung der Verwaltungsbefugnis 58 5
– einstweiliger Rechtsschutz 58 5
– Eintritt der Nacherbfolge 17 35
– Einzelunternehmen 17 136
– Erbschaftsteuer 17 145 f.; 34 18
– Erbschein 50 29
– Erhaltungskosten 17 82
– Ersatznacherbenbestimmung 17 41
– Ersatzvor-/Ersatznacherbe 17 39 f.
– Ersatzvorerbenbestimmung 17 40
– fehlende Nacherbenbenennung 17 28
– fehlende Vorerbenbenennung 17 29
– fehlender Zeitpunkt der Nacherbfolge 17 30
– gegenständliche 17 44
– Geschiedenentestament 17 20
– Gewinnausschüttung/-entnahme 17 143
– Grundbuchberichtigung 55 13
– Herausgabeanordnung 17 27
– Herausgabevermächtnis 3 35
– im Unternehmensbereich 17 135 f.
– Inhaberpapiere 17 67
– Kapitalgesellschaftsanteil 17 144
– kinderloser Vorerbe 17 31
– Klage des Nacherben gegen beschenkten Dritten auf Einwilligung in Grundbuchberichtigung 58 9
– Klage des Vorerben gegen Nacherben auf Einwilligung 58 8
– Klage gegen Vorerbe auf Mitteilung eines Nachlassverzeichnisses 58 11
– Klage gegen Vorerben auf Auskunftserteilung 58 12
– Klage gegen Vorerben auf Erbschaftsherausgabe 58 14
– Klage gegen Vorerben auf Rechnungslegung 58 14
– Klage gegen Vorerben auf Sicherheitsleistung 58 13
– Klagen im Zusammenhang mit Vor-/Nacherbfolge 58 1 f.
– Konfusion 17 119
– konstruktive 17 15
– Kreditaufnahme 17 65, 82
– Lastentragung 17 84
– Minderjährige 42 74 f.
– Mitgliedschaftsrechte Vorerbe 17 140
– Mitverwaltungsrecht des 17 67
– Mitvor-/Mitnacherben 17 38
– mündelsichere Anlage 17 69
– Nacherbe/Ersatzerbe 17 26
– Nacherbeneinsetzung unter Vorbehalt anderer Verfügung des Vorerben 17 16
– Nacherbfolge bez. Bruchteil 17 34

Sachverzeichnis

fett gedruckte Zahlen = Paragrafen

- Nachfolgeklauseln **17** 138
- Nachlassverzeichnis **17** 74
- Nachteile **17** 14
- Nießbrauchsvermächtnis **3** 35
- örtliche Klagezuständigkeit **58** 3
- Personengesellschaftsanteil **17** 138
- Pflichtteilsreduktion **3** 35
- Rechtsstellung des Nacherben **17** 103 f.
- Rechtsstellung des Vorerben **17** 47 f.
- sachliche Klagezuständigkeit **58** 2
- Sachverständigengutachten **17** 75
- Sicherheitsleistung **17** 77
- Sicherung des Nacherben **17** 74
- sonstige Verwendungen **17** 83
- steuerliche Nachteile **17** 14
- Steuerung Vermögensfluss **17** 6
- Surrogation **17** 48
- Testamentsvollstreckung **17** 100, 134
- Trennung Nachlassnutzung/-substanz **17** 9
- Verteilung Nutzung/Lasten **17** 81
- Vollstreckungsschutz **17** 11
- Vorausvermächtnis **3** 35
- Wald **17** 75
- Wiederverheiratung **17** 35
- Wirtschaftsplan **17** 75
- zeitliche Grenzen **17** 45
- Zeitüberbrückung **17** 10
- Zustimmungspflicht des Nacherben **17** 66
- Zwangsvollstreckung **58** 7

Vor-/Nachvermächtnis, Abgrenzung zu Vor-/Nacherbschaft **17** 4

Voraus 13 28 f.
- Anrechnung bei Pflichtteil **13** 33
- bei Scheidung **11** 127
- Ehegatte **4** 54
- eingetragene Lebenspartnerschaft **12** 44
- Erbschaftsteuer **35** 10
- Freibetrag **35** 10
- großer **11** 17
- kleiner **11** 17
- Lebenspartner **4** 53
- Lebenspartnerschaft **11** 17
- Pflichtteilsanspruch bei **29** 218

Vorausvermächtnis 3 35; **3** 93; **13** 227
- Abgrenzung zu Teilungsanordnung **16** 8
- Abgrenzung zur Teilungsanordnung **13** 11
- an Vorerbe **17** 97
- bei Erbeinsetzung **8** 40
- Betriebsvermögensfreibetrag **35** 126
- Erbschaftsteuer **16** 13
- Nachlassplanung zur Streitvermeidung **26** 128
- Pflichtteilsberechtigter **29** 59
- und Teilungsanordnung **16** 9 f.
- Voraus **11** 17

Vorausvermächtnis, drittbestimmtes 8 18
Vorausvermächtnis, gesetzliches, Voraus **4** 54
Vorausvermächtnisnehmer, als Abwicklungstestamentsvollstrecker **8** 42

Vorbehalt der Nachprüfung 69 36
- Einspruchsentscheidung **69** 59

Vorbehalt, geheimer 7 6
Vorbehaltsnießbrauch
- Abzugsfähigkeit Werbungskosten **36** 215
- an Einzelunternehmen **36** 218
- an Kapitalgesellschaftsanteil **36** 226
- an Kapitalvermögen **36** 226
- erbschaftsteuerliche Behandlung **36** 227
- ertragsteuerliche Behandlung **36** 213
- Grundstück im Privatvermögen **36** 214
- steuerliche motivierte Gestaltung **36** 212 f.
- Wirtschaftsgut des Betriebsvermögens **36** 217

Vorbescheid
- Erbschein **50** 17
- Testamentsvollstreckerzeugnis **51** 15

Vorempfang
- Anrechnung bei Pflichtteilsberechnung **29** 85
- Ausgleichung bei Pflichtteilsberechnung **29** 91
- Auskunftsrechte/-pflichten der Miterben **45** 85
- Ermittlung **45** 4

Vorempfang, anzurechnender, bei Pflichtteil **29** 40

Vorerbe
- Ankunftspflicht des **17** 76
- Aufzeichnungspflicht **45** 22
- Auskunftspflicht gegenüber Nacherbe **3** 31
- Auskunftspflichten **45** 75
- bedingte/befristete Befreiung **17** 96
- befreiter **3** 29, 31
- Befreiung bei mehrfacher Nacherbfolge **17** 92
- Befreiung von Verwaltungspflichten **17** 69
- Begriff **17** 1
- Einfluss auf Nacherbenbestimmung **17** 16
- eingeschränkte Befreiung **17** 93
- Erbschaftsteuer **17** 146
- Ersatzerbenbestimmung für **17** 40
- Ersatzvorerbe **17** 39
- fehlende Benennung **17** 29
- Feststellungsklage **17** 63
- Gesamtbefreiung **17** 91
- Gesellschafter-Vorerbe **17** 139
- Haftung **17** 85
- Haftung auf Schadensersatz **17** 114
- Haftung für Nachlassverbindlichkeit **17** 79
- Inhaberpapiere **17** 67
- Innenverhältnis zu Nacherbe **17** 81
- kinderloser **17** 31
- Klage gegen Nacherben auf Einwilligung **58** 8
- Kreditaufnahme **17** 65, 82
- Minderjährige **42** 74 f.
- Mitgliedschaftsrechte, gesellschaftsrechtliche **17** 140
- Mitvorerbe **17** 38
- Nachlassverzeichnis **17** 74
- personenbezogene Befreiung **17** 93
- Prozessführungsbefugnis **17** 70
- Rechnungslegung **17** 118

magere Zahlen = Randnummern

Sachverzeichnis

- Rechtsmacht **1** 3
- Rechtsstellung des **17** 47 f.
- Schadensersatz des **3** 32
- Schenkung **17** 57
- Sicherheitsleistung **17** 77
- Sicherung des Nacherben **17** 74
- Stärkung der Position des **17** 97 f.
- Surrogation **17** 48
- transmortale Vollmacht **17** 99
- Übertragung der Nacherbenanwartschaft auf **17** 108
- unentgeltliche Verfügung **17** 57
- Verfügung Gesamthandsanteil **17** 52
- Verfügung Gesellschaftsanteil **17** 52
- Verfügung Grundschuld **17** 60
- Verfügung Grundvermögen **17** 51
- Verfügung Hypothekenforderung **17** 60
- Verfügung nach Eintritt des Nacherbfalls **17** 124
- Verfügung Rentenschuld **17** 60
- Verfügungsbeschränkung **17** 50
- Verfügungsfreiheit **17** 49
- Vermögensanlage **3** 31
- Vermögensrechte, gesellschaftsrechtliche **17** 143
- Verpflichtungsfreiheit **17** 49
- Verwaltungspflicht **19** 65 f., 78
- Vollmacht über Tod hinaus **3** 35
- Vorausvermächtnis **17** 97
- Wahlrecht Kommanditistenstellung **17** 140
- Zwangsvollstreckung gegen **17** 61

Vorerbe, minderjähriger
- Eltern/-teil als Nacherbe **42** 75
- Genehmigung Familien-/Vormundschaftsgericht **42** 87
- Geschwister als Nacherbe **42** 75
- mehrere Minderjährige **42** 84

Vorerben-Erbschein 50 29
Vorerbentestamentsvollstreckung 17 100
Vorerbfolge, Unternehmensnachfolgeplanung **40** 132
Vorerbschaft 3 28 f.; **17** 1 f.
- Befreiung des Vorerben von Beschränkungen **11** 114
- bei gemeinschaftlichem Testament **11** 108
- bei Volljährigenadoption **4** 27
- Belehrungspflichten **3** 32
- Beratungsbedarf **1** 26
- Erbschaftsteuer **3** 33
- Geltungsdauer **5** 5
- Nachlassverzeichnis **3** 31
- Testamentsvollstreckung **17** 130
- Testamentsvollstreckung bei **3** 20
- unentgeltliche Verfügungen des Vorerben **3** 30
- Verfügung über Grundstücksrechte **3** 29

Vorerbschaft, befreite 17 86 f.
- Anordnung **17** 87
- Auslegung **17** 88
- bedingte/befristete **17** 96
- bei mehrfacher Nacherbfolge **17** 92

- Beschwerung Nacherbe **17** 98
- eingeschränkte **17** 93
- gegenständlich beschränkte **17** 95
- Gesamtbefreiung **17** 91
- Grenzen **17** 89
- Kontrollrechte bei **45** 78
- personenbezogene **17** 93
- Stärkung der Position des Vorerben **19** 97 f.
- Testamentsvollstreckung **17** 100

Vorerbschaftsvermögen, Erbschaftsteuer bei Herausgabe an Nacherben **35** 14
Vorerwerbe, Freibetrag **35** 164
Vorfälligkeitsentschädigung 46 46
Vorfragen, Internationales Erbrecht **33** 30
Vor-GmbH, Haftung Testamentsvollstrecker **19** 276
Vorkaufsrecht
- Ausübung **26** 22
- Belehrung **26** 25
- gesellschaftsvertragliche Sicherung bei lebzeitiger Übertragung **32** 125
- Haftungsausschluss **26** 25
- Kaufpreisfälligkeit **26** 25
- Miterbe **26** 21
- Miterbe bei Erbschafts-/Erbteilskauf **28** 12
- Miterbenanteil bei gemeinschaftlicher Erbeinsetzung **8** 27
- nach § 24 BauGB **26** 68
- Rücktrittsklausel **26** 25
- Umgehungsgeschäft **26** 21
- Vererbung Kapitalgesellschaftsanteil **40** 28
- Vertragsklausel **26** 25
- Verzicht **26** 24
- Wirkung **26** 23

Vorkaufsrecht, dingliches, Vererblichkeit **4** 5
Vorläufigkeit, Einspruchsentscheidung **69** 59
Vorläufigkeitsvermerk 69 35
Vormerkung
- bei Vermächtnisanspruch **2** 41
- einstweilige Verfügung **60** 29
- Formulierungsmuster Antrag auf Erlass einstweiliger Verfügung **57** 12
- Sicherung Grundstücksvermächtnis **57** 5, 8
- Vererblichkeit **4** 5
- Verfügungsunterlassungsvertrag **64** 12

Vormund
- Abgrenzung zur Testamentsvollstreckung **18** 9
- Ausschluss der Vertretungsmacht für Minderjährige **26** 115
- Benennung für Minderjährige **18** 8
- Testamentsvollstrecker **19** 45
- Vertretung Minderjähriger bei Erbauseinandersetzung **26** 113

Vormundbenennung, Notarkosten **70** 71
Vormundschaft, Beratungsbedarf **1** 18
Vormundschaftsgericht
- Abwesenheitspfleger **53** 8
- Bestellung Ergänzungspfleger **26** 115
- Genehmigung bei minderjährigem Nacherben **42** 94

Hagen

Sachverzeichnis

fett gedruckte Zahlen = Paragrafen

- Genehmigung bei minderjährigem Vorerben **42** 87
- Genehmigung Erbauseinandersetzung mit Minderjährigem **26** 114
- genehmigungspflichtige Rechtsgeschäfte des Ergänzungspflegers **32** 51
- Verhältnis zu Testamentsvollstrecker **19** 13
- Zustimmung bei Rechtsgeschäft für Minderjährige **42** 10

Vormundschaftsgerichtliche Genehmigung 32 51
- Patientenverfügung **44** 44
- Vorsorgevollmacht **44** 6

Vorratsvermögen, erbschaftsteuerliche Bewertung beim Nichtbilanzierenden **35** 66

Vorschenkung, Erbschaftsteuererklärung **19** 294

Vorsorgebedarf, Beratungsbedarf **1** 6, 14

Vorsorgebezüge, Erbenhaftung bei Rückzahlung **23** 106

Vorsorgevollmacht 20 7, 1, 3 f.
- Ausgestaltung **44** 4
- Beratungsbedarf **1** 15
- Doppelvollmacht **44** 21
- Ersatzbevollmächtigter **44** 28
- Form **44** 5, 25
- Formulierungsmuster **44** 28
- Formulierungsmuster i.V.m. Patientenverfügung **44** 47
- Generalvollmacht **44** 4
- Geschäftswert **44** 26
- Grundverhältnis **44** 8
- Hinterlegung **44** 27
- in persönlichen Angelegenheiten **44** 5
- Kosten **44** 26
- mehrere Bevollmächtigter **44** 21
- Registrierung **44** 27
- Sicherung gegen Missbrauch **44** 9 f.
- Unterrichtungspflicht **44** 27
- Untervollmacht **44** 28
- Vermögensangelegenheiten **44** 4
- Vollmachtsbetreuung **44** 24
- vormundschaftsgerichtliche Genehmigung **44** 6
- Widerruf **44** 15
- Widerruf durch Betreuer **44** 20
- Widerruf durch Bevollmächtigten **44** 18

Vorsteuerabzug, umsatzsteuerlicher **35** 251

Vorteil, rechtlicher, bei Rechtsgeschäft mit Minderjährigem **32** 50

Vorvermächtnis 17 4
- ordnungsgemäße Verwaltung **13** 211

Vorvermächtnisnehmer, Minderjährige **42** 100

Vorversterben
- Ersatzerbenbestimmung **6** 28
- Rückforderungsrecht bei Schenkung **35** 113
- steuerliche motivierte Gestaltung **36** 297

Wagnisvereinbarung, Korrekturmöglichkeit weichender Erben **32** 92

Wahlauflage 14 2

Wahlkampfspende 35 116

Wahlrechte, erbschaftsteuerliche **19** 295

Wahlvermächtnis 13 58
- erbschaftsteuerliche Bewertung **35** 76
- gerichtliche Überprüfung von Bestimmungs-/Auswahlrechten **57** 20
- Minderjährige **42** 56

Wahnvorstellung, Testierfähigkeit **5** 15

Wanderschäferei, erbschaftsteuerliche Bewertung **35** 69, 70

Warenzeichenrecht
- Internationales Erbrecht **33** 72
- Vermächtnis **13** 101

Wart und Pflege 32 58

Wegeunterhaltslast, erbschaftsteuerlicher Abzug **35** 88

Wegfall der Geschäftsgrundlage, Rückforderung Schenkung **32** 83

Wegzug
- erbschaftsteuerliche Steuerpflicht **34** 11
- ertragsteuerliche Steuerentstrickung **34** 87

Wegzugsplanung 34 11

Weiderecht, erbschaftsteuerliche Bewertung **35** 68

Weidewirtschaft 43 9

Weihnachtsbaumkultur, erbschaftsteuerliche Bewertung **35** 69, 70

Wein, Bewertung **46** 58

Weinbaubetrieb 43 9

Weinbauliche Nutzung, erbschaftsteuerliche Bewertung **35** 69, 70

Weißrussland
- Fortgeltung Deutsch-sowjetischer Konsularvertrag **33** 106
- Nachlassspaltung **33** 84, 106

Weitergabeanordnung, bei Schenkung an Minderjährige **32** 121

Weitergeberlösung, Testamentsvollstreckung Personengesellschaftsanteil **19** 247

Weiterleitungsklausel, Erbschaftsteuer bei **35** 172

Weiterübertragung, Vermögensübergabe gegen wiederkehrende Leistung **36** 198

Weiterverweisung, Internationales Erbrecht **33** 21

Wert, wahrer innerer, Begriff **29** 108

Wertausgleich
- Beratungsbedarf bei Miterbenauseinandersetzung **1** 11, 12
- Teilungsanordnung **3** 93

Wertbegriff 46 2

Wertbestimmung
- durch Erblasser bei vorweggenommener Erbfolge **29** 226
- Güterrecht **46** 12

Wertermittlung 46 4
- Bewertungsstichtag **46** 9
- Buchwert **46** 5
- Landgut **46** 8, 64
- Liebhaberwert **46** 77
- Nachlassgegenstand **26** 53

1898 Hagen

magere Zahlen = Randnummern

Sachverzeichnis

- politische Umstände **46** 6
- Preisentwicklung **46** 7
- Schätzung **46** 4
- Stopp-Preis **46** 6, 37
- Unkosten **46** 7
- Verkaufswert **46** 4
- Verkehrswert **46** 4
- Zugewinn **46** 12

Wertermittlungsanspruch
- des Pflichtteilsberechtigten **29** 179
- Vermächtnisnehmer **45** 73

WertermittlungsVO, Bewertung Grundstück **46** 34

Wertfestsetzung, steuerliche 46 5

Wertpapier, erbschaftsteuerliche Bewertung **35** 26

Wertpapierveräußerung, Steuerverstrickung **3** 6

Wertsicherung, Forderungsvermächtnis **13** 151

Wertsicherungsklausel
- Leibrente **32** 65
- Versorgungsleistung **35** 237

Wertsteigerung
- Ausgleich bei Bauerwartungsland bei Erbauseinandersetzung **26** 103
- Betriebsvermögen **3** 46

Wertstufen, Erbschaftsteuertarif **35** 166

Werttheorie 29 40
- Behindertentestament **41** 34

Wettbewerbsverbot, Vererblichkeit **4** 6

Widerruf
- Abgrenzung **9** 3
- Anfechtung **9** 18
- Aufhebungstestament **9** 27
- Bezugsberechtigung Lebensversicherung **9** 3; **47** 24, 32,38 f.
- einseitige Verfügung **11** 52
- gemeinschaftliches Testament **9** 29 f.; **11** 52
- letztwillige Verfügung **9** 4
- post-/transmortale Vollmacht **20** 35
- postmortale Vollmacht **19** 25
- Rückgabe/-nahme **9** 15
- Testament **5** 11; **9** 1 ff., 4
- Testament nach ZGB **9** 40
- Testamentsrückgabe **9** 22
- Übermittlung Widerrufserklärung wechselbezüglicher Verfügung **9** 33
- Vorsorgevollmacht **44** 15
- wechselbezügliche Verfügung **5** 11; **11** 52
- wechselbezügliche Verfügung in gemeinschaftlichem Testament **9** 31 f.
- Widerruf des Widerrufs **9** 18
- Widerrufsabsicht **9** 17
- Widerrufshandlung **9** 15

Widerruf, vorbehaltener, bei wechselseitiger Verfügung **11** 65

Widerrufsklausel
- Schenkungsvertrag **1** 8
- Testament **9** 10
- Zuwendung unter Lebenden an Ehepartner **40** 80

Widerrufstestament 9 6 f., 10

- Anfechtung **9** 13
- Form **9** 9
- Rechtsfolgen **9** 10
- Testierfähigkeit **9** 7
- Widerruf des **9** 11
- Widerrufsklausel **9** 10
- Zuwendungsverzichtsvertrag **9** 8

Widerrufsvorbehalt
- bei Schenkung **32** 41
- freier **40** 111
- vertraglicher **32** 101
- vorweggenommene Erbfolge **40** 110, 111

Widerspruch, einstweilige Verfügung auf Eintragung **60** 31

Widerspruchsklage, Konkurrenz zur Erinnerung nach § 766 ZPO **60** 21

Wiederaufforstung, Erbenhaftung **23** 108

Wiederbeschaffungswert 46 5

Wiedereinsetzung in den vorherigen Stand 69 51, 87

Wiederrufsklausel, bei Nießbrauch **36** 244

Wiederverheiratung
- befreite Vorerbschaft **17** 88
- bei gemeinschaftlichem Testament **11** 116
- Vor-/Nacherbschaft **17** 35

Wiederverheiratungsklausel 11 66; **15** 41
- bei Berliner Testament **11** 89 f.
- Betriebsvermögensfreibetrag **35** 134
- Vermächtnis **13** 252
- Versorgungsleistung **36** 159

Wiesbadener Modell 3 5, 130
- Sonderbetriebsvermögen **3** 11

Wiesenwirtschaft 43 9

Willenserklärung, einstweiliger Rechtsschutz auf Abgabe **61** 51

Willensmangel, Anfechtung Erbschaftsannahme/-ausschlagung **22** 48

Willensschwäche, Testierfähigkeit **5** 15

Willensvertretung 8 7

win-win-Lösung, Mediation **68** 50

Wirtschaftliche Einheit, erbschaftsteuerliche Bewertung **35** 24

Wirtschaftseinheit, existenzsichernde
- Nutzungsdauer **36** 172
- Versorgungsleistung **36** 167
- Zeitpunkt für Berechnung **36** 176

Wirtschaftsfähigkeit, Hoferbe **43** 13, 31

Wirtschaftsgut
- einkommensteuerliche Behandlung bei teil-/entgeltlicher Übertragung aus Betriebsvermögen **35** 242
- einkommensteuerliche Behandlung bei unentgeltlicher Übertragung aus Betriebsvermögen **35** 232
- steuerlich motivierte Einlage/Einbringung in Betriebsvermögen **36** 42

Wirtschaftsgut, bewegliches, steuerlich relevante Fristen **36** 4

Wirtschaftsprüfer
- Doppelbesteuerung bei überhöhtem Testamentsvollstreckerhonorar **35** 7

Sachverzeichnis

fett gedruckte Zahlen = Paragrafen

- Testamentsvollstrecker **19** 47
- **Wirtschaftswert**, Hofeigenschaft **43** 11
- **Wissenschaftliche Sammlung**, öffentlich erhaltenswerte, Erbschaftsteuer **35** 103
- **Wissenschaftsförderung**, Auflage zur **14** 17
- **Witwensplitting 35** 175
- **Wochenendhaus 35** 105
- **Wohlverhaltensklausel 15** 36
- **Wohngeldverpflichtung 23** 19
- **Wohnheimschaukel**, Familienwohnheim **35** 109
- **Wohnraumgewährung**, als Reallast **32** 57
- **Wohnrecht 32** 53
  - Bewertung **46** 61
  - Vermächtnis **13** 84, 104
- **Wohnsitz**, steuerlicher **34** 9
- **Wohnsitzaufgabe**, steuerlich relevante Fristen **36** 4
- **Wohnsitzverlegung**, vorübergehende ins Ausland, erbschaftsteuerliche Steuerumgehung **69** 41
- **Wohnungsausstattung**, Erbschaftsteuerbefreiung **35** 102
- **Wohnungseigentum**, Vermächtnis **13** 42
- **Wohnungseigentümergemeinschaft**, Mitwirkungsrecht bei Nießbrauch **49** 48
- **Wohnungseinrichtung**, Bewertung **46** 60
- **Wohnungsmitbenutzung 32** 56
- **Wohnungsnutzung**
  - Dreißigster **4** 55
  - Ehegatte/Lebenspartner **11** 18
- **Wohnungsreallast 32** 57
- **Wohnungsrecht**, dingliches **32** 55
  - Instandhaltungsregelung **32** 55
- **Wohnungsrecht**, unentgeltliches **32** 15
- **Wohnungsversiegelung**, Nachlasssicherung **53** 12

- **Zahlungsklage**
  - bei Testamentsvollstreckung **60** 15
  - gegen Miterben **60** 14
  - Streitwert **60** 8
- **Zahlungsstockung 25** 16
- **Zahlungsunfähigkeit**
  - Abgrenzung zu Zahlungsstockung **25** 16
  - Nachlass **23** 29
  - Nachlassinsolvenzverfahren **25** 15
- **Zahlungsunfähigkeit**, drohende, Nachlassinsolvenzverfahren **25** 20
- **Zahlungsweise**, mittelschüssige, Abzinsung Kapitalforderung **35** 34
- **Zebragesellschaft 36** 106
- **Zeithonorar**, Vergütungsvereinbarung **2** 21
- **Zeitraum-Illiquidität 25** 21
- **Zeitrente 32** 64, 68
  - erbschaftsteuerliche Bewertung **35** 41
  - Versorgungsleistung **36** 159
- **Zeitüberbrückung**, Vor-/Nacherbschaft **17** 10
- **Zentrale Testamentskartei beim AG Berlin-Schoeneberg 45** 105

- **Zeuge**, Besorgnis undurchführbarer Befragung/Beweisaufnahme wegen Alter/fortschreitende Krankheit **56** 6
- **Zeugnisverweigerungsrecht**, Testamentsvollstrecker **59** 3
- **Zinsen**, Prozesszinsen Pflichtteilsstreit **62** 14
- **Zuckerfabrik 43** 19
- **Zuckerrübenkontingent 43** 19
- **Zuflussprinzip**, steuerliche Behandlung **36** 69
- **Zugewinn**, Wertermittlung **46** 12
- **Zugewinnausgleich**
  - Anfangsvermögen **35** 85
  - bei gleichzeitigem Versterben der Ehegatten **11** 20
  - Endvermögen **35** 86
  - Erblasserverbindlichkeit **35** 90
  - Erbschaftsteuer **1** 3
  - erbschaftsteuerliche Bewertung **35** 84
  - gegen wiederkehrende Leistung **36** 169
  - Indizierung Anfangsvermögen **35** 85
  - Pflichtteilsanspruch bei **29** 204
  - Wertermittlung nach erbrechtlicher Lösung **35** 85
  - Wertermittlung nach güterrechtlicher Lösung **35** 87
- **Zugewinnausgleichsanspruch 3** 58; **3** 58
  - des überlebenden Ehegatten **13** 381
- **Zugewinnausgleichsforderung**, Vererblichkeit **4** 8
- **Zugewinngemeinschaft**
  - bei Scheidung **3** 59
  - Ausschluss bei Ehescheidung **36** 252
  - Checkliste **36** 245
  - Ehegattenerbrecht **4** 50; **11** 14
  - Ehegattenfreibetrag **34** 31
  - ehevertragliche Modifikationsklausel **36** 253
  - Einschränkung der Verfügungsfreiheit bei **32** 47
  - Erbquote **3** 58
  - erbrechtliche Lösung **11** 14
  - Erbschaftsteuerbefreiung Lebensversicherung **47** 105
  - erbschaftsteuerliche Behandlung bei Modifizierung **36** 254
  - erbschaftsteuerliche Steuerumgehung **69** 41
  - Geltendmachung Zugewinn **5** 6
  - gesellschaftsvertragliche Modifikationsklausel **36** 253
  - Grenzen steuerliche motivierter Gestaltung **36** 257
  - güterrechtliche Lösung **11** 15
  - Güterstandsregelung **32** 114
  - Güterstandsschaukel **36** 258
  - Inanspruchnahme ehebedingter Zuwendung bei Scheidung **32** 90
  - kleiner Pflichtteil neben **13** 381
  - lebzeitige Beendigung des Güterstands der **36** 255
  - modifizierte **3** 59; **11** 16, **32**; **35** 84
  - Pflichtteil bei **3** 58; **29** 33, 78
  - Pflichtteilsanspruch bei **29** 204

magere Zahlen = Randnummern

Sachverzeichnis

- Pflichtteilsquote des Ehegatten 29 79
- Pflichtteilsrestanspruch 11 14
- steuerliche motivierte Gestaltung 36 245 f.
- steuerliche motivierte Modifikation 36 251
- Verjährung Pflichtteilsanspruch 29 27
- zwischenzeitlicher Ausgleich bei fortgesetzter 36 258

Zugewinngemeinschaft, modifizierte 3 59; 11 16, 32; 35 84

Zulänglichkeitsprüfung, Nachlassverzeichnis 24 60

Zurechnung, Steuerklausel 36 242

Zurückbehaltungsrecht
- Erbschaftsbesitzer 27 16
- wegen Testamentsvollstreckervergütung 19 186

Zusammenlegung, Stiftung 38 57

Zusatzpflichtteil, des Vermächtnisnehmers 13 352

Zuständigkeit
- Beurkundung 70 1
- Einwendungsklage 60 11
- Erbauseinandersetzungsklage 61 27
- Erbschein 50 15
- Eröffnung letztwillige Verfügung 52 2
- Finanzgericht 69 73
- Insolvenzgericht 25 106
- internationale Gerichtsbarkeit 33 108
- Klagen bei Vor-/Nacherbschaft 58 2
- Nachlassinsolvenzverfahren 25 26
- Nachlasssicherung 53 2
- Pflichtteilsstreit 62 2
- sachliche „-Nachlassgericht 50 2
- Stufenklage Erbschaftsherausgabe 63 4
- Teilungsversteigerung 61 33
- Testamentsvollstreckerzeugnis 51 8
- Vermittlungsverfahren Erbauseinandersetzung 54 3

Zuständigkeit, örtliche, Nachlassgericht 50 3, 15

Zuständigkeitsstreitwert
- Stufenklage 62 12; 63 5

Zustellungsbevollmächtigter 33 114

Zustiftung 38 49
- Steuerbegünstigung der 38 26

Zustimmung
- familiengerichtliche 42 9
- Gegenstandswert 2 12
- vormundschaftsgerichtliche 42 10

Zuweisungsantrag, landwirtschaftlicher Betrieb(Formulierungsmuster) 43 20

Zuwendung
- an erwerbsunfähige Eltern/Voreltern 35 111
- an Stiftung 38 49
- Anrechnungsbestimmung durch Erblasser 29 227
- auflösend bedingte 32 102
- Ausgleich bei Ausstattung 29 225
- Auskunftsanspruch des Miterben 45 85
- Auskunftsverzichtsvertrag 45 89

- Bestimmung der steuerbaren Z. bei Lebensversicherung 47 64 f.
- Gegenleistung 32 14
- Kommanditistenstellung 29 196
- Korrekturmöglichkeiten 32 85
- Pflegeleistung 26 81
- Schenkung 32 3
- Steuerbegünstigung der Z. an Stiftung 38 26
- über Erbteil liegende 26 79
- Unentgeltlichkeit 32 5
- Vertrag auf den Todesfall 32 21
- Wertbestimmung durch Erblasser 29 226
- wesentliche Vermögensverschlechterung des Zuwendenden 32 94
- Widerrufsvorbehalt 32 101

Zuwendung, ausgleichspflichtige, des Erblassers 26 71, 75

Zuwendung, ehebedingte 32 18; 40 79
- Auskunftsanspruch des Pflichtteilsberechtigten 29 170
- bei Güterstandswechsel 29 217
- Erbschaftsteuer 35 17
- Inanspruchnahme bei Scheidung/Gütergemeinschaft 32 91
- Inanspruchnahme bei Scheidung/Gütertrennung 32 89
- Inanspruchnahme bei Scheidung/Zugewinngemeinschaft 32 90
- Pflichtteilsergänzung 29 132, 216
- Rückabwicklung 32 87
- Rückforderung während Ehe 32 88
- Rückübertragungsregelung 32 100

Zuwendung, freigiebige
- Begriff 35 15
- Erbschaftsteuer 35 14

Zuwendung, lebenspartnerschaftsbedingte 32 18

Zuwendung, lebzeitige, Vermeidung Erbengemeinschaft 26 122

Zuwendung nach §§ 1512-1514 BGB, Erbschaftsteuer 35 10

Zuwendung, unbenannte, Erbschaftsteuer 35 17

Zuwendung, unentgeltliche, durch postmortale Vollmacht 20 11

Zuwendung, verdeckte, steuerliche Behandlung bei Familienstiftung 36 75

Zuwendung, vermächtnisweise, erbschaftsteuerlich begünstigtes Vermögen 36 300

Zuwendungsempfänger, Korrekturmöglichkeiten des 32 94

Zuwendungsnießbrauch
- an Kapitalvermögen 36 233
- Aufwandsentnahme 36 232
- Betriebsgrundstück 36 232
- erbschaftsteuerliche Behandlung 36 235
- ertragsteuerliche Behandlung 36 229
- Personengesellschaftsanteil 36 233
- Steuerklausel 36 242
- steuerliche motivierte Gestaltung 36 228 f.

Hagen

Sachverzeichnis

fett gedruckte Zahlen = Paragrafen

– zwischen Angehörigen **36** 234
Zuwendungsverzicht 31 52 f.
– Checkliste **31** 1
– Ersatzerbe **31** 55
– Form **31** 53
– Gegenstand **31** 54
– Wirkung **31** 58
Zuwendungsverzichtsvertrag 9 8
Zwangserbrecht, Staat **4** 59
Zwangsgeld, Erbenhaftung **23** 102
Zwangsmittel, zur Herausgabe letztwilliger Verfügung **5** 23
Zwangsversteigerung
– Altenteil **32** 61
– Nachlassgrundstück **24** 63
Zwangsverwaltung, Nießbrauch **49** 31
Zwangsvollstreckung
– bei Nachlassinsolvenz **25** 55
– bei Nachlassverwaltung **24** 37, 57
– bei Testamentsvollstreckung **59** 30
– bei Vor-/Nacherbschaft **58** 7
– Beschränkung Erbenhaftung **69** 44

– Dürftigkeitseinrede **23** 47
– Einwendungsklage des Erben **60** 5
– gegen Erben **60** 5
– gegen Vorerben **17** 61
– Nießbrauch **49** 30
– Titelumschreibung **59** 32
Zweckauflage 14 2
– Umdeutung Erbeinsetzung **8** 12
Zweckbetrieb, steuerliche Behandlung **39** 14
Zweckschenkung 32 12
Zweckverfehlung, Rückforderung Schenkung **32** 82
Zweckvermächtnis 13 158
– gerichtliche Überprüfung von Bestimmungs-/Auswahlrechten **57** 20
Zweckverwirklichungsbetrieb 38 12
Zweifelsregelung, Vor-/Nacherbschaft **11** 61
Zwischenbeglaubigung 70 5
Zwischenfeststellungsklage, des Erbrechts bei Leistungsklage **56** 6
Zypern, Nachlassspaltung **33** 84